Dictionnaire

Maxipoche 2011

LAROUSSE
DICTIONNAIRES

21, rue du Montparnasse 75283 Paris Cedex 06

Pour la présente édition :

Direction éditoriale
Jacques Florent

Mise à jour de la partie noms communs
Patricia Maire

Mise à jour de la partie noms propres
Françoise Delacroix

Lecture-correction
Service de lecture-correction Larousse

Direction artistique
Uli Meindl

Fabrication
Marlène Delbeken

Pour la précédente édition :

Direction éditoriale
Yves Garnier, Line Karoubi

Édition et Rédaction

Partie noms communs :

Responsable de l'édition et de la rédaction
Hélène Houssemaine-Florent

Édition
Jacques Florent

Rédaction
Sabine Delacherie-Henry, Cécile Nief, Vanessa Vandevoorde
avec la collaboration de Dorine Morel

Partie noms propres :

Édition
Patricia Maire

Rédaction
Patricia Maire ; Michel Giraud, Nathalie Lanckriet

Informatique éditoriale
Service d'informatique éditoriale Larousse

Cahier Langue française. **Édition :** Jacques Florent. **Rédaction :** Nicole Rein-Nikolaev, avec la collaboration de Michel Tamine ; *pour la grammaire,* fiches de 1 à 41 réalisées à partir du dictionnaire *Difficultés et pièges du français* de Daniel Péchoin et Bernard Dauphin. © Larousse. **Maquette :** Nord Compo.

ISBN 978-2-03-584575-7/978-2-03-584574-0

Le Larousse Maxipoche *est un dictionnaire pratique et maniable, conçu pour répondre aux besoins quotidiens de ceux qui souhaitent utiliser la langue française correctement et à bon escient et qui veulent disposer de repères culturels indispensables.*

Le *Larousse Maxipoche* réunit de fait trois ouvrages en un :

– un dictionnaire de français, qui offre quelque 75 000 définitions claires et rigoureuses des différents sens de plus de 40 000 mots, qu'ils appartiennent à la langue courante ou spécialisée ;

– un dictionnaire des noms propres, qui présente, classées selon un ordre alphabétique strict, près de 10 000 notices claires et concises pour offrir un véritable panorama de l'histoire universelle ;

– un guide pratique de langue, qui rassemble, au fil d'environ 250 petits développements ou tableaux, des aides clairement exposées sur l'orthographe, la grammaire et la conjugaison.

UN DICTIONNAIRE DU FRANÇAIS

Un souci d'efficacité et de fonctionnalité a présidé aux différents choix rédactionnels :

❶ Priorité a été donnée au vocabulaire général d'aujourd'hui dans la nomenclature qui inclut les sigles et les acronymes.

❷ Pour chaque mot, tous les renseignements sont d'une utilité immédiate :
- la prononciation (dans l'Alphabet phonétique international), quand elle présente une difficulté ;
- la forme du féminin, quand elle diffère de celle du masculin ;
- la catégorie grammaticale, indispensable pour employer correctement le mot dans une phrase ;
- le pluriel, dans les cas où sa formation échappe aux règles générales et pour chaque mot composé ;
- l'origine du mot (l'étymologie) si elle peut aider à mémoriser une orthographe difficile, à retenir le sens précis d'un mot ou à relier les mots d'une famille entre eux.

❸ Le domaine auquel appartient le mot ou l'un de ses sens est mentionné pour indiquer le contexte précis où l'un ou l'autre sont employables.

❹ Les différents sens des mots sont expliqués, du plus courant au plus rare, en recourant le cas échéant à la notion d'opposition ou d'équivalence. Pour chacun d'eux, on trouvera :
- **des exemples** tirés de la langue d'aujourd'hui, qui constituent des modèles d'emploi ;
- **des synonymes et des contraires** en plus des équivalents qui peuvent figurer dans la définition ;
- **des indications de construction** (les prépositions demandées par certains verbes ou adjectifs) ou de conjugaison ;
- **le niveau de langue** du mot, de son synonyme ou de son contraire, quand celui-ci ne correspond pas au registre standard, mais qu'il est familier, vieilli, littéraire, etc. ;
- **les locutions et expressions** dans lesquelles figure le mot, classées par ordre alphabétique à la fin de l'article pour un repérage immédiat, avec leur sens et, le cas échéant, l'indication du niveau de langue, les contraires et les synonymes.

UN DICTIONNAIRE DES NOMS PROPRES

Cette partie encyclopédique du *Larousse Maxipoche* répond aux questions de base sur le monde et les civilisations humaines. Elle consacre des notices aux :
- personnages qui ont marqué l'histoire universelle ;
- grands savants, écrivains et artistes ;
- œuvres et réalisations majeures qui constituent le patrimoine mondial ;
- événements, époques et périodes les plus importants ;
- lieux et ensembles géographiques les plus importants (villes, pays, régions, etc.).

UN GUIDE PRATIQUE DE LANGUE

Selon un classement simple des informations favorisant une consultation ponctuelle et sur mesure, ce petit « mode d'emploi du français » permet de s'exprimer sans faute à l'écrit comme à l'oral en déjouant les pièges en orthographe, en grammaire et en conjugaison.

Prononciation du français

Sons	Graphies courantes		Autres graphies	
	VOYELLES ORALES			
[a]	a, à	p**a**p**a**, p**a**tte, ç**à**, l**à**	e + nn, ea, e + mm	sol**e**nnel, J**ea**nne, f**e**mme
[ɑ]	â	m**â**t, p**â**te		
[e]	é e + ss	pr**é**, m**é**rite, d**e**ssin, m**e**ssieurs	œ, æ, er, ez, ë	f**œ**tus, t**æ**nia, mang**er**, n**ez**, cano**ë**
[ɛ]	è, ê, ai e, é	pr**è**s, **ê**tre, ch**ai**r, b**e**c, all**é**gement	ë, eî ey, ei	bo**ë**te, r**eî**tre, b**ey**, pl**ei**ne
[i]	i, î y, ï	**i**l, g**î**te, t**y**pe, ma**ï**s	ee, ea, ie	sp**ee**ch, l**ea**der, l**ie**d
[o]	o, ô au, eau	s**o**t, r**o**se, c**ô**te, b**au**x, b**eau**	aô, a ow, aw	Sa**ô**ne, footb**a**ll, bungal**ow**, cr**aw**l
[ɔ]	o	s**o**rte, b**o**sse, **o**r	oi, um, au	**oi**gnon, magn**um**, P**au**l
[y]	u, û	m**u**r, m**û**r	eu, ü	**eu**, **eu**sse, Sa**ü**l
[ø]	eu, eû	f**eu**, ém**eu**te, j**eû**ne	œ, ö	l**œ**ss, f**ö**hn
[œ]	eu, œu	fl**eu**r, s**œu**r	ue, u	c**ue**illir, cl**u**b
[ə]	e	v**e**nir, p**e**tit	ai, on	f**ai**san, m**on**sieur
[u]	ou, oû	f**ou**, g**oû**t	aou, aoû, où ew, oo, ow	s**aou**l, **aoû**t, **où**, intervi**ew**, f**oo**ting, b**ow**ling
	VOYELLES NASALES			
[ɑ̃]	an, en am, em	**an**tre, **en**lever, l**am**pe, **em**bellir	aon, aen aën, ean	p**aon**, C**aen**, Saint-S**aën**s, J**ean**
[ɛ̃]	in, im ain, en, ein	f**in**, **im**possible, s**ain**, exam**en**, empr**ein**te	yn, ym aim, em	s**yn**cope, th**ym**, f**aim**, s**em**pervirent
[ɔ̃]	on, om	s**on**, s**om**bre		
[œ̃]	un um	empr**un**t, br**un**, parf**um**	eun	à j**eun**
	SEMI-VOYELLES ou SEMI-CONSONNES			
[j]	il, ill y + voyelle i + voyelle	ra**il**, pa**ill**e, f**ill**e, **y**eux, pa**y**ons, **l**iane, **l**ieu, **l**ionne	ï	fa**ï**ence
[w]	ou + voyelle w, wh	**ou**i, **ou**est, **ou**ate, **w**att, **wh**isky	oî, oe, oê oy, eoi, ua	cl**oî**tre, m**oe**lle, p**oê**le, r**oy**al, ass**eoi**r, adéq**ua**t
[ɥ]	u + voyelle	l**u**i, aig**u**ille, b**u**ée		
	CONSONNES			
[p]	p, pp	**p**ou, **p**ont, a**pp**ort	b	a**b**solu, a**b**scons
[b]	b, bb	**b**as, a**b**onder, a**bb**é		
[t]	t, tt	**t**as, é**t**é, mue**tt**e	th, pt	**th**éâtre, se**pt**
[d]	d, dd	**d**ur, bro**d**er, ble**d**, a**dd**ition		
[k]	c, cc qu k, q	**c**ar, **c**œur, a**cc**use **qu**e, a**qu**ilin, **k**ilo, co**q**	cqu, kh ch, cch	be**cqu**ée, **kh**an, **ch**œur, ba**cch**ante
[g]	g, gg gu	**g**are, a**g**ate, a**gg**loméré, **gu**et, **gu**i	gh, c	**gh**etto, se**c**ond
[f]	f, ff	**f**aire, a**f**in, a**ff**ût	ph	**ph**are, nénu**ph**ar
[v]	v	**v**ous, a**v**oir	w	**w**agon, **w**agnérien
[s]	s, ss, c c, ç	**s**ac, pen**s**ée, a**ss**is, **c**ent, le**ç**on	sth, z, x sc, t	a**sth**me, quart**z**, di**x**, a**sc**enseur, na**t**ion
[z]	s, z	ro**s**e, **z**èbre	x	deu**x**ième
[ʃ]	ch	**ch**ou, a**ch**at	sh, sch	**sh**ampooing, **sch**éma
[ʒ]	j, g	**j**e, **j**oue, **g**ibier, **g**ypse	ge	man**ge**a, **ge**ôle
[l]	l, ll	**l**es, **l**it, vi**ll**e, co**ll**e		
[r]	r, rr	**r**at, plai**r**e, a**rr**ive	rh	**rh**ume
[m]	m, mm	**m**on, a**m**ande, so**mm**e		
[n]	n, nn	**n**on, e**nn**eigé		
[ɲ]	gn	ro**gn**on, **gn**occhi		
[ŋ]	ng (anglais)	planni**ng**, campi**ng**		
[x]	j (espagnol)	**j**ota, azule**j**o, **j**erez	kh (arabe), ch (allemand)	**kh**amsin, Rorscha**ch**
[lj]	ll (espagnol)	**ll**anos		

Abréviations utilisées dans l'ouvrage

Les abréviations en capitales correspondent à des indications de niveau de langue ou à des marqueurs d'usage.

abrév.	abréviation
adj.	adjectif ; adjectival
adv.	adverbe ; adverbial
all.	allemand
alphab.	alphabétique
altér.	altération
anc. ; ANC.	ancien ; anciennement
anc. fr.	ancien français
angl.	anglais
anglic.	anglicisme
anglo-amér.	anglo-américain
appos.	apposition
apr. J.-C.	après Jésus-Christ
ar.	arabe
ARG.	argot
ARG. SCOL.	argot scolaire
art.	article
augment.	augmentatif
autref.	autrefois
auxil.	auxiliaire
av. J.-C.	avant Jésus-Christ
c.-à-d.	c'est-à-dire
card.	cardinal (adj. num. card.)
cath.	catholique
celt.	celtique
chin.	chinois
chrét.	chrétien
class.	classique
collect.	collectif
compl.	complément
cond.	conditionnel
conj.	conjonction ; conjonctif
contr.	contraire
coord.	coordination (conj. coord.)
cour. ; COUR.	courant ; couramment
dan.	danois
d'apr.	d'après
déf.	défini
dém.	démonstratif
dér.	dérivé
dialect. ; DIALECT.	dialectal
didact. ; DIDACT.	didactique
dimin.	diminutif
dir.	direct
ecclés.	ecclésiastique (lat. ecclés.)
ellipt.	elliptique ; elliptiquement
empr.	emprunt du ; emprunté à
en partic.	en particulier
env.	environ
esp.	espagnol
étym.	étymologie
ex.	exemple
exclam.	exclamation ; exclamatif
express.	expression
f., fém.	féminin
fam. ; FAM.	familier
fig. ; FIG.	figuré ; au figuré
fr.	français
frq.	francique
fut.	futur
gaul.	gaulois
génér.	général ; généralement
germ.	germanique
gr.	grec
hab.	habitant
hébr.	hébreu
hongr.	hongrois
imp.	imparfait (conjugaison)
impér.	impératif (conjugaison)
impers.	impersonnel (verbe)
impropr.	improprement
incert.	incertain
ind.	indicatif (conjugaison)
indéf.	indéfini
indir.	indirect
inf.	infinitif
infl.	influence
interj.	interjection ; interjectif
interr.	interrogatif ; interrogation
intr.	intransitif
inv.	invariable
irland.	irlandais
iron. ; IRON.	ironique ; ironiquement
island.	islandais
it., ital.	italien
jap.	japonais
lat.	latin
litt. ; LITT.	littéraire
loc.	locution
m., masc.	masculin
max.	maximal
médiév.	médiéval
mod.	moderne
mythol.	mythologique
n.	nom
néerl.	néerlandais
n.f.	nom féminin
n.f. pl.	nom féminin pluriel
n.m.	nom masculin
n.m. pl.	nom masculin pluriel
norvég.	norvégien
notamm.	notamment
n. pr.	nom propre
num.	numéral
obsc.	obscur
onomat.	onomatopée
ord.	ordinal (adj. num. ord.)
orig.	origine
par ex.	par exemple
par ext.	par extension
par opp. à	par opposition à
partic.	particulièrement
pass.	passif ; forme passive
p.-ê.	peut-être
péjor. ; PÉJOR.	péjoratif
pers.	personne ; personnel
pl.	pluriel
poét. ; POÉT.	poétique
polon.	polonais
pop.	populaire (lat. pop.)
port.	portugais
poss.	possessif
p. passé, p.p.	participe passé
p. présent, p.pr.	participe présent
précéd.	précédemment
préf.	préfixe
prép.	préposition ; prépositif
princ.	principal ; principalement
priv.	privatif
probabl.	probablement
pron.	pronom ; pronominal
propr.	au sens propre
prov.	provençal
p.s.	passé simple
qqch	quelque chose
qqn	quelqu'un
rac.	racine
rad.	radical
recomm. off.	recommandation officielle
région. ; RÉGION.	régionalisme
relat.	relatif
roum.	roumain
s.	siècle
scand.	scandinave
scientif.	scientifique
seult	seulement
signif.	signifiant
sing.	singulier
sout. ; SOUT.	soutenu
spécial.	spécialement
sub.	subordination (conj. sub.)
subj.	subjonctif (conjugaison)
subst.	substantif
suéd.	suédois
suiv.	suivant
syn.	synonyme
trans.	transitif
v.	verbe ; vers
var.	variante
verb.	verbal
v.i.	verbe intransitif
v. pr.	verbe pronominal
v.t.	verbe transitif
v.t. ind.	verbe transitif indirect
vulg. ; VULG.	vulgaire
vx ; VX	vieux
→	se reporter à

A *a*

a [a] n.m. inv. Première lettre (voyelle) de l'alphabet français. ▸ ***A,*** la note *la,* dans les systèmes de notation musicale anglo-saxon et germanique. ***De A à Z,*** du début à la fin. ***Prouver par a + b,*** démontrer rigoureusement : *Je vais vous prouver par a + b que c'est faux.*

à [a] prép. (lat. *ad,* vers). **1.** Indique le lieu : *Elles sont à la maison. Il va au marché.* **2.** Indique le temps : *Elle viendra à 6 heures.* **3.** Indique la distribution, la répartition : *Faire du cent à l'heure. Ils ne sont plus payés au mois. C'est à qui sera le plus rusé.* **4.** Indique l'appartenance : *C'est une amie à moi. Ce livre est à lui.* **5.** Indique la destination : *Donner de l'argent à qqn. Du papier à lettres.* **6.** Indique la caractéristique : *Un avion à réaction. Une pompe à essence. Un fer à repasser.* **7.** Indique le moyen, la manière : *Pêcher à la ligne. Marcher au pas. Une coupe au rasoir.* **8.** Introduit des compléments d'objet indirects : *Prenez garde à la marche. Parler à un voisin.* **9.** Introduit des compléments d'adjectifs ou de noms : *Un homme fidèle à sa parole. C'est horrible à voir. Conformité au modèle.* **10.** S'emploie devant l'attribut de l'objet dans des locutions : *Je vous prends à témoin de ma sincérité. Prendre qqn à partie.* ▸ ***À la grecque, à la périgourdine,*** etc., à la manière des Grecs, des Périgourdins : *Champignons à la grecque.*

abaisse n.f. Morceau de pâte aminci au rouleau que l'on étale dans un moule et sur lequel on pose une garniture sucrée ou salée.

abaisse-langue n.m. inv. Spatule avec laquelle on appuie sur la langue pour examiner la bouche et la gorge.

abaissement n.m. **1.** Action d'abaisser : *L'abaissement du prix du pétrole* (**SYN.** baisse, diminution ; **CONTR.** augmentation, hausse). **2.** Fait d'abaisser, d'avilir, de s'abaisser : *Chercher l'abaissement d'un adversaire* (**SYN.** déchéance, humiliation ; **CONTR.** valorisation).

abaisser v.t. [conj. 3]. **1.** Faire descendre ; mettre à un niveau plus bas : *Abaisser un store* (**SYN.** baisser). **2.** Diminuer l'importance, le niveau de : *Un médicament qui permet d'abaisser la fièvre* (= faire baisser ; **SYN.** diminuer). *Abaisser l'âge de la retraite.* **3.** Faire perdre de sa dignité ; rabaisser : *La misère abaisse l'être humain* (**SYN.** avilir, dégrader ; **CONTR.** améliorer, valoriser). ▸ ***Abaisser une perpendiculaire,*** tracer une perpendiculaire à une droite à partir d'un point. ◆ **s'abaisser** v.pr. **[à].** Perdre de sa dignité ; se compromettre : *Elle ne s'abaissera pas à répondre à vos insinuations* (**SYN.** s'avilir, se dégrader).

abajoue n.f. (de *la bajoue,* partie inférieure de la joue). Poche de la joue de certains mammifères, comme le hamster, qui leur sert de réserve à aliments.

abandon n.m. (de l'anc. fr. [*mettre*] *a bandon,* au pouvoir de). **1. [de].** Action d'abandonner, de quitter, de cesser d'occuper : *Le ministre a annoncé l'abandon de la réforme* (**SYN.** renonciation à). *Abandon de poste* (= désertion). **2.** Fait de renoncer à poursuivre une compétition : *On signale de nombreux abandons dans le marathon.* **3.** Fait de s'abandonner ; laisser-aller ou absence de réserve : *Parler avec un total abandon* (**SYN.** confiance ; **CONTR.** retenue). ▸ ***À l'abandon,*** laissé sans soin, en désordre : *Des terres à l'abandon* (= en friche).

abandonner v.t. [conj. 3]. **1.** Se retirer définitivement d'un lieu ; cesser d'occuper : *Abandonner sa maison* (**SYN.** quitter, s'en aller de). **2.** Ne pas poursuivre une action ; renoncer à : *Abandonner ses études* (**SYN.** arrêter). *Il n'abandonne jamais la lutte* (= il ne capitule pas). **3.** Laisser volontairement qqch ou qqn sans plus s'en soucier ; négliger, quitter : *On ne peut abandonner les réfugiés à leur triste sort* (**SYN.** délaisser). **4.** Laisser au pouvoir de qqn : *Abandonner à son notaire la gestion de ses biens* (**SYN.** confier). **5.** Faire défaut à qqn : *Son courage l'a abandonné* (**SYN.** déserter). ◆ **s'abandonner** v.pr. **[à].** Se laisser aller à : *S'abandonner à la paresse* (**SYN.** se livrer à).

abandonnique adj. En psychologie, se dit d'une personne qui vit dans la crainte d'être abandonnée.

abaque n.m. (gr. *abax,* table à calcul). **1.** Graphique, diagramme permettant de simplifier certains calculs. **2.** *Anc.* Table qui servait à calculer ; boulier : *Un abaque primitif.*

abasourdir [abazurdir] v.t. (de l'anc. v. arg. *basourdir,* tuer) [conj. 32]. **1.** Jeter dans la stupéfaction : *Nous sommes abasourdis par cette déclaration* (**SYN.** dérouter, ébahir, sidérer, stupéfier). **2.** Étourdir par un grand bruit : *Le vacarme des réacteurs abasourdit les riverains* (**SYN.** assommer).

abasourdissant, e [abazurdisɑ̃, ɑ̃t] adj. Qui abasourdit : *Une musique abasourdissante* (**SYN.** abrutissant). *Un revirement abasourdissant* (**SYN.** sidérant).

abâtardir v.t. [conj. 32]. **1.** Faire perdre ses qualités originelles à : *Abâtardir une race d'animaux.* **2.** Faire perdre sa force, sa vigueur, sa valeur à : *Ils ont abâtardi le surréalisme* (**SYN.** avilir, rabaisser). ◆ **s'abâtardir** v.pr. Perdre ses qualités originelles : *Des idées qui se sont abâtardies* (**SYN.** dégénérer).

abâtardissement n.m. Action d'abâtardir ; état de ce qui est abâtardi : *L'abâtardissement d'une race bovine* (**SYN.** dégénérescence).

abatis n.m. Au Québec, terrain où il reste encore des souches d'arbres abattus.

abat-jour n.m. inv. Dispositif fixé autour d'une lampe et destiné à rabattre la lumière : *Des abat-jour en soie.*

abats n.m. pl. (de *abattre*). Parties comestibles des animaux de boucherie qui ne consistent pas en chair, en muscles, telles que les rognons, le foie, le mou.

abattage n.m. **1.** Action de faire tomber, d'abattre : *L'abattage des pins a commencé.* **2.** Action de tuer un animal de boucherie : *L'abattage des veaux.* ▸ *Fam.* ***Avoir de l'abattage,*** avoir de l'allant, de l'entrain (**SYN.** dynamisme).

abattant n.m. Partie mobile d'un meuble, qu'on peut lever ou rabattre : *L'abattant d'un secrétaire.*

abattement n.m. **1.** Fait d'être abattu ; affaiblissement physique ou moral : *Abattement dû à un accident* (**SYN.** épuisement). *Son échec l'a jetée dans un grand abattement* (**SYN.** accablement, découragement, prostration). **2.** Déduction faite sur une somme à payer : *Vous avez droit à un abattement de dix pour cent sur vos revenus annuels* (**SYN.** remise, ristourne).

abattis n.m. Coupe faite dans un bois, une forêt : *Un abattis de chênes.* ◆ n.m. pl. Abats de volaille. ▸ *Fam.* ***Numéroter ses abattis,*** s'assurer qu'on est indemne après une lutte.

abattoir n.m. **1.** Local spécialement aménagé pour abattre les animaux de boucherie et les préparer à la consommation. **2.** *Fam.* Endroit où l'on massacre des gens : *Envoyer des soldats à l'abattoir* (= à la guerre, au front).

abattre v.t. (bas lat. *abbattuere,* tuer) [conj. 83]. **1.** Faire tomber : *Abattre un arbre* (**SYN.** couper). *Abattre un mur* (**SYN.** démolir). *Le vent a abattu des pylônes* (**SYN.** renverser). **2.** Tuer un animal de boucherie. **3.** Ôter ses forces physiques ou morales à : *Cette grippe l'a abattu* (**SYN.** épuiser). *Ne vous laissez pas abattre* (**SYN.** décourager, démoraliser). ▸ ***Abattre de la besogne*** ou ***du travail,*** exécuter rapidement, efficacement, des tâches nombreuses. ***Abattre qqn,*** le tuer avec une arme à feu. ***Abattre ses cartes*** ou ***son jeu,*** déposer ses cartes en les montrant, étaler son jeu ; fig., dévoiler son plan à l'adversaire. ***Abattre une distance,*** la parcourir malgré certaines difficultés : *La cordée de secours abattait trois kilomètres à l'heure.* ◆ v.i. En parlant d'un voilier, s'écarter du lit du vent. ◆ **s'abattre** v.pr. **1.** Tomber brusquement et brutalement : *Le grand mât s'est abattu sur le pont. Des trombes d'eau se sont abattues sur la région.* **2.** Se laisser tomber, se précipiter : *L'aigle s'abat sur sa proie* (**SYN.** fondre). **3.** Survenir soudainement et durement ; accabler : *Le malheur s'est abattu sur cette famille.*

abattu, e adj. Qui est à bout de forces physiques ou morales ; découragé : *Depuis cet échec, ils sont très abattus* (**SYN.** déprimé, prostré).

abbatial, e, aux [abasjal, o] adj. (lat. ecclés. *abbatialis*). **1.** Relatif à une abbaye. **2.** Relatif à un abbé ou à une abbesse. ◆ **abbatiale** n.f. Église d'une abbaye.

abbaye [abei] n.f. (lat. ecclés. *abbatia*). **1.** Communauté de moines ou de moniales, gouvernée par un abbé ou une abbesse. **2.** Ensemble des bâtiments abritant ces moines ou moniales.

abbé n.m. (lat. ecclés. *abbas,* de l'araméen *abba,* père). **1.** Supérieur d'une abbaye. **2.** Prêtre séculier. **3.** En Afrique, prêtre d'origine africaine (par opp. à père).

abbesse n.f. Supérieure d'une abbaye.

abc [abese] n.m. inv. Premiers éléments, base d'un art, d'une science ; rudiments : *N'en être encore qu'à l'abc* (**SYN.** b.a.-ba). ▸ ***C'est l'abc du métier,*** c'est la première chose à savoir, c'est élémentaire.

abcès [apsɛ] n.m. (lat. *abcessus,* corruption). Amas de pus dans un point déterminé du corps : *Abcès dentaire.* ▸ ***Abcès de fixation,*** ce qui permet de circonscrire un phénomène néfaste ou dangereux, de limiter son extension. ***Crever*** ou ***vider l'abcès,*** dénouer avec énergie une situation confuse et malsaine.

abdication n.f. Action d'abdiquer, de renoncer au pouvoir (**SYN.** démission, renonciation).

abdiquer v.i. (lat. *abdicare*) [conj. 3]. **1.** Renoncer au pouvoir : *Le roi a abdiqué* (**SYN.** se démettre). **2.** Renoncer à agir ; abandonner : *Ils ont abdiqué devant la violence* (**SYN.** capituler). ◆ v.t. En parlant d'un souverain, renoncer à sa charge ; se démettre de, démissionner de : *Abdiquer la couronne.*

abdomen [abdɔmɛn] n.m. (mot lat.). **1.** Région du corps de l'homme, située entre le thorax et le bassin et comprenant l'appareil digestif ; ventre. **2.** Partie postérieure du corps des arthropodes : *L'abdomen de la guêpe contient le dard.*

abdominal, e, aux adj. De l'abdomen : *Douleurs abdominales.* ◆ **abdominaux** n.m. pl. **1.** Muscles constituant les parois antérieures et latérales de l'abdomen. **2.** Exercices de gymnastique destinés à renforcer ces muscles : *Faire chaque jour des abdominaux.*

abducteur adj.m. et n.m. (du lat. *abducere,* emmener). Se dit d'un muscle qui produit l'abduction (par opp. à adducteur).

abduction n.f. Mouvement par lequel un membre s'éloigne de l'axe du corps (par opp. à adduction).

abécédaire n.m. (bas lat. *abecedarius,* de *a b c d*). Livre illustré qui servait à l'apprentissage de l'alphabet et de la lecture.

abeille n.f. (prov. *abelha,* lat. *apicula,* dimin. de *apis*). Insecte social que l'on élève dans une ruche pour récolter le miel et la cire qu'il produit : *Un essaim d'abeilles.*

aber [abɛr] n.m. (mot celt. signif. « estuaire »). En Bretagne, basse vallée d'un cours d'eau envahie par la mer, formant un estuaire profond et découpé (**SYN.** ria).

aberrant, e adj. (du lat. *aberrare,* s'écarter). Qui s'écarte du bon sens, des règles, des normes : *Cette hypothèse est aberrante* (**SYN.** absurde, insensé, saugrenu ; **CONTR.** cohérent, logique, sensé).

aberration n.f. Grave erreur de jugement ; idée absurde : *C'est une aberration de refuser de se faire vacciner* (**SYN.** absurdité, folie). ▸ ***Aberration chromosomique,*** anomalie de nombre ou de structure touchant un ou plusieurs chromosomes, cause de diverses maladies génétiques : *La trisomie 21, ou mongolisme, est une aberration chromosomique.*

abêtir v.t. [conj. 32]. Rendre bête, stupide : *Tous ces messages publicitaires abêtissent le public* (**SYN.**

abrutir ; **CONTR.** cultiver, éveiller). ◆ **s'abêtir** v.pr. Devenir bête, stupide.

abêtissant, e adj. Qui abêtit : *Ce travail répétitif est abêtissant* (**SYN.** abrutissant).

abêtissement n.m. Action d'abêtir ; fait d'être abêti (**SYN.** abrutissement, hébétement).

abhorrer v.t. (lat. *abhorrere*) [conj. 3]. *Litt.* Avoir en horreur ; éprouver de l'aversion pour : *Abhorrer l'injustice* (**SYN.** détester, exécrer ; **CONTR.** adorer, chérir).

abîme n.m. (du gr. *abussos*, sans fond). **1.** Gouffre très profond : *Pic montagneux dressé au bord de l'abîme* (**SYN.** précipice). **2.** Ce qui divise, sépare, oppose profondément des personnes : *Il y a un abîme entre les conceptions éducatives d'hier et celles d'aujourd'hui* (**SYN.** gouffre, monde). *L'abîme entre les générations* (**SYN.** fossé). **3.** Symbole, image du désastre : *Entreprise au bord de l'abîme* (**SYN.** ruine). ▸ ***En abîme*** → **abyme.** ***Un abîme de,*** le plus haut degré de : *Elle était plongée dans un abîme d'incertitude.*

abîmé, e adj. En mauvais état : *Des chaussures abîmées* (**SYN.** détérioré, usé). *La peinture est abîmée* (**SYN.** endommagé).

abîmer v.t. [conj. 3]. Mettre en mauvais état : *La pluie a abîmé son chapeau* (**SYN.** détériorer, endommager). ◆ **s'abîmer** v.pr. **1.** Subir des dommages : *Une peau fragile qui s'abîme au soleil* (**SYN.** se détériorer). *La viande s'abîme à l'air libre* (**SYN.** se gâter). **2.** *Sout.* Disparaître comme dans un abîme : *L'avion s'abîma dans la mer* (**SYN.** s'engloutir). **3.** *Litt.* S'enfoncer profondément dans : *S'abîmer dans ses pensées* (**SYN.** s'absorber, se plonger).

ab intestat [abɛ̃tɛsta] loc. adj. inv. et loc. adv. (du lat. *ab*, de la part de, et *intestatus*, sans testament). Se dit d'une personne décédée sans avoir rédigé de testament, ainsi que de son héritage : *Mourir ab intestat.*

abject, e [abʒɛkt] adj. (lat. *abjectus*, rejeté). Qui inspire le mépris par sa bassesse : *Ils ont eu une attitude abjecte* (**SYN.** ignoble, infâme ; **CONTR.** digne). *Vous êtes un être abject* (**SYN.** méprisable, répugnant ; **CONTR.** estimable, noble).

abjectement adv. De façon abjecte (**SYN.** bassement).

abjection n.f. (lat. *abjectio*, rejet). Abaissement moral qui entraîne le mépris des autres : *La délation est une abjection* (**SYN.** ignominie, infamie ; **CONTR.** noblesse).

abjuration n.f. Action d'abjurer sa foi, de renoncer à une opinion (**SYN.** apostasie, reniement).

abjurer v.t. (lat. *abjurare*, nier par serment) [conj. 3]. Renoncer solennellement à une religion, une opinion : *Abjurer sa foi* (**SYN.** apostasier). *Abjurer son engagement* (**SYN.** renier).

ablatif n.m. (lat. *ablativus*, de *ablatus*, enlevé). En grammaire, dans les langues à déclinaison, cas exprimant la séparation, l'éloignement, l'origine.

ablation n.f. (bas lat. *ablatio*, enlèvement). Intervention chirurgicale consistant à enlever totalement ou partiellement un organe, une tumeur, un corps étranger ; exérèse.

ablette n.f. (du lat. *albulus*, blanchâtre). Poisson d'eau douce, à dos vert métallique et à ventre argenté, qui abonde dans les lacs alpins.

ablution n.f. (du lat. *abluere*, laver). Action de laver le corps ou une partie du corps pour purifier, prescrite par certaines religions. ◆ **ablutions** n.f. pl. *Fam.* Action de faire sa toilette : *Faire ses ablutions matinales.*

abnégation n.f. (lat. *abnegatio*, renoncement). Action de faire taire ses sentiments, de renoncer à ses intérêts au profit d'autrui : *Faire preuve d'abnégation* (**SYN.** dévouement, sacrifice ; **CONTR.** égoïsme).

aboi n.m. (de *aboyer*). À la chasse, cri du chien courant devant le gibier arrêté. ◆ **abois** n.m. pl. ▸ ***Être aux abois,*** être dans une situation désespérée.

aboiement n.m. Cri du chien.

abolir v.t. (lat. *abolere*, détruire) [conj. 32]. Faire cesser la validité d'un acte juridique, d'un usage, d'une pratique ; annuler, abroger : *Abolir l'esclavage* (**SYN.** supprimer ; **CONTR.** instituer, promulguer).

abolition n.f. Action d'abolir ; annulation : *L'abolition de la peine de mort* (**SYN.** abrogation, suppression).

abolitionnisme n.m. Doctrine tendant à l'abolition d'une loi, d'un usage, notamm. de l'esclavage, de la peine de mort.

abolitionniste adj. et n. Qui relève de l'abolitionnisme ; qui en est partisan : *Une loi abolitionniste. Une manifestation des abolitionnistes.*

abominable adj. **1.** Qui provoque l'aversion, l'horreur : *Un individu abominable* (**SYN.** atroce, odieux ; **CONTR.** attirant, charmant). **2.** Extrêmement désagréable : *Il y avait une atmosphère abominable pendant la réunion* (**SYN.** détestable, exécrable ; **CONTR.** excellent).

abominablement adv. De façon abominable : *Ils ont été abominablement traités* (**SYN.** ignoblement, odieusement ; **CONTR.** admirablement). *Il est abominablement laid* (**SYN.** affreusement, horriblement).

abomination n.f. **1.** *Litt.* Irrésistible dégoût, horreur qu'inspire qqch, qqn : *Avoir le mensonge, les menteurs en abomination* (= détester). **2.** Action, parole abominable : *Ce crime est une abomination* (**SYN.** horreur).

abominer v.t. (lat. *abominari*, repousser comme un mauvais présage) [conj. 3]. *Litt.* Avoir en horreur : *Abominer l'hypocrisie* (**SYN.** abhorrer [litt.], détester, exécrer).

abondamment adv. Avec abondance ; à profusion : *N'hésitez pas à vous servir abondamment* (**SYN.** copieusement, largement ; **CONTR.** parcimonieusement).

abondance n.f. **1. [de].** Grande quantité : *Une abondance de nouveaux cédéroms* (**SYN.** foison, pléthore, profusion ; **CONTR.** pénurie). **2.** Aisance matérielle procurée par des ressources importantes : *Vivre dans l'abondance* (**SYN.** opulence, richesse ; **CONTR.** dénuement, gêne). ▸ ***Corne d'abondance,*** corne débordant de fleurs et de fruits, emblème de l'abondance. ***En abondance,*** en grande quantité ; à profusion. *Litt.* ***Parler d'abondance,*** avec aisance et en improvisant.

abondant, e adj. Qui abonde ; qui existe en grande quantité ; fourni : *Une abondante récolte de fruits* (**SYN.** copieux, important ; **CONTR.** insuffisant, maigre).

abondement n.m. Versement complémentaire effectué par une entreprise sur le plan d'épargne ou le plan par actions de ses salariés.

abonder v.i. (lat. *abundare*, affluer) [conj. 3]. **1.** Exister en grande quantité : *Le poisson abonde dans cette rivière* (**SYN.** pulluler ; **CONTR.** manquer). **2. [en].** Contenir en grande quantité, être rempli de : *Ses films abondent en allusions* (**SYN.** foisonner de, regorger de). ▸ ***Abonder dans le sens de qqn,*** approuver pleinement ce qu'il a dit. ◆ v.t. Pour une entreprise, faire un abondement (**SYN.** augmenter).

abonné, e adj. et n. **1.** Qui est titulaire d'un abonnement : *Les personnes abonnées seront prioritaires. Tous les abonnés du journal ont été prévenus.* **2.** *Fam.* Coutumier de qqch : *Un chanteur abonné au succès.* ▸ ***Aux abonnés absents,*** se dit d'une personnalité politique, d'un organisme, etc., qui, en cas de problème, se prétend indisponible et injoignable : *La députée, le ministre sont aux abonnés absents.*

abonnement n.m. Paiement effectué en contrepartie de la fourniture régulière d'un produit ou de l'usage habituel d'un service : *Souscrire un abonnement à un journal. Prendre une carte d'abonnement au théâtre.*

abonner v.t. (de l'anc. fr. *bonne,* borne) [conj. 3]. Prendre un abonnement pour qqn : *Abonner qqn à un magazine.* ◆ **s'abonner** v.pr. Souscrire un abonnement pour soi-même : *S'abonner à une revue.*

abord n.m. (de *aborder*). Manière d'être de qqn vis-à-vis de la personne qu'il accueille : *Elle est d'un abord aimable* (**SYN.** contact). *Sous un abord rude, j'ai trouvé une grande courtoisie* (**SYN.** extérieur). ▸ ***Au premier abord*** ou ***de prime abord,*** à première vue, sur le coup : *Au premier abord, j'ai cru qu'il plaisantait.* ***D'abord, tout d'abord,*** avant tout, pour commencer : *D'abord, je voudrais vous remercier d'être venus* (= en premier lieu ; **SYN.** premièrement). ◆ **abords** n.m. pl. Accès immédiats d'un lieu ; environs : *Les abords de la capitale* (**SYN.** périphérie, voisinage). *Éviter les encombrements aux abords du stade* (**SYN.** alentours).

abordable adj. **1.** Où l'on peut aborder : *L'île est difficilement abordable par gros temps* (**SYN.** accessible). **2.** Qui est d'un abord aimable ou aisé ; accessible : *Un directeur tout à fait abordable.* **3.** Que l'on peut s'offrir ; dont le coût n'est pas excessif : *Un appartement vendu à un prix abordable* (**SYN.** raisonnable). *Les fruits sont abordables en cette saison* (**CONTR.** cher).

abordage n.m. **1.** Assaut donné d'un navire à un autre : *Monter à l'abordage.* **2.** Choc accidentel entre deux navires : *L'abordage a pu être évité* (**SYN.** collision). **3.** Action d'atteindre un rivage, d'aborder.

aborder v.i. (de *bord*) [conj. 3]. Arriver au rivage ; atteindre la terre : *Aborder à Marseille* (**SYN.** accoster ; **CONTR.** appareiller). ◆ v.t. **1.** S'approcher de qqn et lui parler : *Aborder un passant pour demander son chemin* (**SYN.** accoster). **2.** Arriver à un lieu, à un passage que l'on doit emprunter : *Aborder un virage trop vite.* **3.** Commencer à faire qqch, à traiter, à étudier ; entreprendre : *Aborder une nouvelle vie avec enthousiasme* (**SYN.** entamer). **4.** En parlant d'un navire, venir bord contre bord avec un autre navire pour l'attaquer ou en le heurtant accidentellement.

aborigène adj. et n. (lat. *aborigines,* premiers habitants d'un pays, de *origo, originis,* origine). **1.** Qui est originaire du pays où il vit (**SYN.** autochtone, indigène). **2.** (Avec une majuscule). Autochtone d'Australie : *Les instruments de musique des Aborigènes.* ◆ adj. Se dit d'un végétal originaire du pays où il se trouve : *Une plante aborigène d'Asie.*

abortif, ive adj. (lat. *abortivus,* avorté). **1.** Se dit d'un acte, d'une substance qui provoque l'avortement. **2.** Se dit d'un processus pathologique qui s'arrête avant le terme normal de son évolution : *Éruption abortive.* ◆ **abortif** n.m. Substance qui provoque l'avortement.

abouchement n.m. Action d'aboucher des tubes, des conduits ; jonction, raccordement : *L'abouchement de deux tuyaux, de deux vaisseaux sanguins.*

aboucher v.t. (de *bouche*) [conj. 3]. **1. [à].** Appliquer l'un contre l'autre des conduits par leurs ouvertures : *Aboucher une canalisation à une autre* ou *deux canalisations entre elles* (**SYN.** abouter). **2. [à, avec].** Mettre des gens en rapport : *Aboucher une personne à une autre* ou *avec une autre.* ◆ **s'aboucher** v.pr. **[à, avec].** *Péjor.* Se mettre en rapport avec : *S'aboucher à* ou *avec un trafiquant* (**SYN.** s'acoquiner).

aboulie n.f. (du gr. *boulê,* volonté, décision). Incapacité pathologique à agir, à prendre une décision ; apathie, inertie.

aboulique adj. et n. Atteint d'aboulie.

abouter v.t. (de *bout*) [conj. 3]. Joindre deux objets par leurs bouts : *Abouter deux rameaux d'un arbre fruitier* (**SYN.** lier). *Abouter deux tubes* (**SYN.** aboucher).

aboutir v.t. ind. (de *bout*) [conj. 32]. **[à].** **1.** Se terminer en un lieu précis : *La piste aboutit à la plage* (**SYN.** finir à, mener à). **2.** Avoir pour résultat, pour conséquence : *La non-intervention internationale a abouti à une catastrophe humanitaire* (**SYN.** s'achever par, conduire à). ◆ v.i. Avoir une issue favorable : *Il a tout fait pour que la négociation aboutisse* (**SYN.** réussir ; **CONTR.** échouer).

aboutissant n.m. ▸ ***Les tenants et les aboutissants*** → **tenant.**

aboutissement n.m. Ce qui constitue le terme ou la conséquence de qqch : *Cette exposition est l'aboutissement de dix années de travail* (**SYN.** issue, résultat ; **CONTR.** commencement, prémices).

aboyer [abwaje] v.i. (lat. pop. *abbaudiare*) [conj. 13]. **1.** Crier, en parlant du chien. **2.** *Fam.* Crier, hurler, en parlant de qqn : *Il ne sait pas nous parler sans aboyer* (**SYN.** vociférer). ◆ v.t. ind. **[après, contre].** **1.** Pour un chien, poursuivre qqn de ses cris : *Leur chien aboie après tous les passants.* **2.** Crier après qqn, l'abreuver d'invectives : *Cessez d'aboyer après eux.* ▸ ***Aboyer à la lune,*** crier sans résultat.

aboyeur, euse n. Personne dont le métier exige qu'elle parle en criant ; appariteur, portier.

abracadabra n.m. (du gr. *abrasax*). Mot que l'on disait magique et que prononçaient des magiciens ou des sorciers pour éloigner les maladies ou les dangers ou pour provoquer des métamorphoses.

abracadabrant, e adj. Qui provoque l'étonnement par son étrangeté ou son incohérence ; invraisemblable : *Une idée abracadabrante* (**SYN.** bizarre, extravagant ; **CONTR.** rationnel, sensé). *Elle nous a raconté une histoire abracadabrante* (**SYN.** délirant, incohérent ; **CONTR.** cohérent).

abrasif, ive adj. Qui sert à user, à polir par frottement : *De la poudre abrasive.* ◆ **abrasif** n.m. Substance abrasive.

abrasion n.f. (du lat. *abradere,* racler). Action d'user par frottement, d'enlever par grattage.

abrégé n.m. **1.** Forme réduite d'un texte plus long : *Les journalistes ont eu un abrégé de son discours* (**SYN.** digest, résumé). **2.** Ouvrage contenant le résumé d'une science, d'une technique : *Un abrégé de grammaire* (**SYN.** précis, sommaire). ▸ ***En abrégé,*** en peu de mots ; en employant des abréviations : *Voilà, en abrégé, ce qu'elle nous a dit* (= pour résumer ; **SYN.** brièvement, sommairement). *Écrire un mot en abrégé* (= sous forme d'abréviation).

abrègement n.m. Action d'abréger ; fait d'être abrégé : *L'abrègement du temps de travail* (**SYN.** raccourcissement ; **CONTR.** allongement).

abréger v.t. (du lat. *brevis,* bref) [conj. 22]. **1.** Diminuer la durée de : *La maladie a abrégé sa carrière* (**SYN.** écourter ; **CONTR.** prolonger). **2.** Diminuer la longueur d'un texte, d'un récit : *Abréger un compte rendu* (**SYN.** raccourcir ; **CONTR.** développer). **3.** Raccourcir un mot par suppression d'une partie des lettres ou des syllabes : *On abrège couramment « télévision » en « télé ».*

abreuver v.t. (lat. pop. *abbiberare,* du class. *bibere,* boire) [conj. 3]. **1.** Faire boire un animal domestique. **2.** *Sout.* Mouiller abondamment : *Cette averse a abreuvé le sol* (**SYN.** imbiber, imprégner). ▸ ***Abreuver qqn de coups, d'injures,*** le battre, l'injurier copieusement : *Ses adversaires l'ont abreuvé de quolibets* (**SYN.** accabler). ◆ **s'abreuver** v.pr. **1.** Boire, en parlant d'un animal. **2.** *Fig.* **[de].** En parlant d'une personne, se délecter de qqch : *Un tyran qui s'abreuve de la souffrance de ses victimes* (**SYN.** se repaître).

abreuvoir n.m. Lieu, récipient, dispositif où boivent les animaux d'élevage.

abréviatif, ive adj. Qui sert à noter par abréviation : *Le point est un signe abréviatif.*

abréviation n.f. (bas lat. *abbreviatio*). Réduction graphique d'un mot ou d'une suite de mots ; mot ou suite de lettres qui en résulte : *Dans ce dictionnaire, « prép. » est l'abréviation de « préposition ».*

abri n.m. (du lat. *apricari,* se chauffer au soleil). Lieu où l'on peut se protéger des intempéries, du soleil, du danger ; installation construite à cet effet : *L'arbre nous a servi d'abri pendant l'averse* (**SYN.** refuge). *Un abri souterrain. Un abri contre le vent.* ▸ ***À l'abri,*** protégé d'un risque, d'un danger ; en sûreté : *Les documents importants sont à l'abri* (= en lieu sûr). ***À l'abri de,*** protégé de ; protégé par : *Rester à l'abri du soleil. Être à l'abri du besoin* (= avoir de quoi vivre). *Se réfugier à l'abri d'un porche.*

Abribus [abribys] n.m. (nom déposé). Petite construction sur une voie publique, destinée à servir d'abri aux voyageurs à un arrêt d'autobus.

abricot n.m. (de l'ar.). Fruit comestible de l'abricotier, à noyau lisse, à peau et chair jaunes. ◆ adj. inv. D'une couleur tirant sur le jaune-orangé : *Des écharpes abricot.*

abricotier n.m. Arbre à fleurs blanches ou roses, cultivé pour ses fruits, les abricots.

abrier v.t. [conj. 9]. Au Québec, couvrir pour protéger ; fig., cacher, dissimuler : *Abrier le bois de chauffage.* ◆ **s'abrier** v.pr. Se mettre à l'abri : *S'abrier sous une couverture.*

abri-sous-roche n.m. (pl. *abris-sous-roche*). Cavité naturelle située sous un surplomb rocheux, qui servait d'habitation aux hommes préhistoriques.

abrité, e adj. Qui est à l'abri du vent : *La terrasse est bien abritée* (**CONTR.** exposé).

abriter v.t. [conj. 3]. **1. [de, contre].** Protéger du soleil, des intempéries, d'un danger : *L'auvent nous abritait de la pluie, contre le soleil* (**CONTR.** exposer). **2.** Recevoir des occupants, en parlant d'un local : *Cet hôpital abrite une centaine de malades* (**SYN.** héberger, loger). **3.** En parlant d'un bâtiment, être affecté à : *L'aile droite du château abrite un écomusée.* ◆ **s'abriter** v.pr. **[de, contre].** Se mettre à l'abri : *Nous nous sommes abrités de l'averse sous un porche* (**SYN.** se protéger).

abrogatif, ive ou **abrogatoire** adj. Qui a pour effet d'abroger ; qui abroge : *Un décret abrogatif.*

abrogation n.f. Action d'abroger une loi, un décret (**SYN.** annulation ; **CONTR.** promulgation).

abroger v.t. (lat. *abrogare,* supprimer) [conj. 17]. Annuler une loi, un décret ; rendre caduc : *Abroger certaines dispositions d'une loi* (**SYN.** invalider, supprimer ; **CONTR.** promulguer).

abrupt, e [abrypt] adj. (lat. *abruptus,* escarpé). **1.** Dont la pente est raide ; qui tombe à pic : *Une falaise abrupte* (**SYN.** escarpé). **2.** Se dit de qqn qui est rude et entier, de son comportement : *Cette question abrupte les a décontenancés* (**SYN.** brusque, direct ; **CONTR.** affable, aimable). ◆ **abrupt** n.m. Pente très raide (**SYN.** à-pic).

abruptement adv. De façon abrupte, inattendue : *Interpeller qqn abruptement* (**SYN.** brusquement, inopinément).

ex **abrupto** loc. adv. → **ex abrupto.**

abruti, e adj. et n. **1.** Qui semble privé de ses facultés intellectuelles : *Les blessés étaient abrutis par le choc* (**SYN.** hébété). **2.** (Souvent injurieux). Qui est complètement stupide : *Espèce d'abruti !* (**SYN.** demeuré, idiot, imbécile).

abrutir v.t. (de *brute*) [conj. 32]. **1.** Mettre dans un état de torpeur, d'accablement : *La chaleur nous a abrutis* (**SYN.** hébéter). **2.** Rendre stupide, incapable de réfléchir : *Ces émissions abrutissent le public* (**SYN.** abêtir ; **CONTR.** éveiller). *On abrutit les gens de consignes contradictoires* (**SYN.** écraser, surcharger). ◆ **s'abrutir** v.pr. Dégrader son intelligence ; devenir stupide : *Ils s'abrutissent en écoutant cette musique tonitruante* (**SYN.** s'abêtir).

abrutissant, e adj. Qui abrutit : *Des tâches répétitives et abrutissantes* (**SYN.** abêtissant).

abrutissement n.m. Action d'abrutir ; fait d'être abruti (**SYN.** abêtissement, hébétement).

ABS n.m. (sigle de l'all. *Antiblockiersystem*). Système qui évite le blocage des roues d'un véhicule en cours de freinage.

abscisse [apsis] n.f. (du lat. *abscissa* [*linea*], [ligne] coupée). En mathématique, l'un des nombres (appelés *coordonnées*) servant à définir la position d'un point dans un plan (par opp. à ordonnée) : *L'axe horizontal des abscisses.*

abscons, e [apskɔ̃, ɔ̃s] adj. (lat. *absconsus,* caché). *Litt.* Difficile à comprendre ; obscur : *Un raisonnement abscons* (**SYN.** hermétique, incompréhensible, inintelligible ; **CONTR.** clair, compréhensible).

absence [apsɑ̃s] n.f. **1.** Fait de n'être pas présent : *Son absence a été remarquée* (**CONTR.** présence). **2.** Fait de manquer ; inexistence : *L'absence d'harmonie d'un* *poème* (**SYN.** défaut, manque). **3.** Moment d'inattention ; brève perte de mémoire ou de conscience : *Elle a eu une absence et ne se souvient pas de ce que j'ai dit* (**SYN.** distraction). *Avoir des absences* (= des trous de mémoire).

absent, e [apsɑ̃, ɑ̃t] adj. et n. (lat. *absens*, qui n'est pas là). **1.** Se dit de qqn qui n'est pas présent en un lieu : *Il est absent pour la semaine. Elle est absente de Paris.* **2.** Se dit de qqch qui fait défaut, qui manque : *La modestie est totalement absente de ses Mémoires.* ◆ adj. *Litt.* Se dit d'une personne dont l'esprit est ailleurs, de son attitude : *Il semble absent* (**SYN.** distrait). *Un regard absent.*

absentéisme [apsɑ̃teism] n.m. (angl. *absenteeism*). Fait d'être fréquemment absent du lieu de travail, de l'école ou de ne pas participer à une activité (**CONTR.** assiduité).

absentéiste [apsɑ̃teist] adj. et n. Qui est fréquemment absent ; qui pratique l'absentéisme.

s'**absenter** [apsɑ̃te] v.pr. (lat. *absentare*, rendre absent) [conj. 3]. **1. [de].** S'éloigner momentanément : *Je m'absenterai du bureau de 10 heures à midi* (**SYN.** quitter ; **CONTR.** demeurer, rester). **2.** (Sans compl.). Quitter un endroit : *Elle s'absenta et revint avec un verre d'eau* (**SYN.** sortir).

abside [apsid] n.f. (du gr. *apsis, apsidos*, voûte). Extrémité, en demi-cercle ou polygonale, du chœur d'une église.

absinthe [apsɛ̃t] n.f. (lat. *absinthium*, du gr.). **1.** Plante aromatique des lieux incultes, contenant une essence amère et toxique. **2.** Liqueur alcoolique fabriquée autref. avec cette plante.

absolu, e [apsɔly] adj. (lat. *absolutus*, achevé). **1.** Qui est sans restriction, sans réserve : *Je vous demande une discrétion absolue* (**SYN.** entier, total ; **CONTR.** relatif). *Une confiance absolue* (**SYN.** plein). **2.** Qui est sans nuance ni concession : *Ordre absolu* (**SYN.** formel, impérieux). *Elle a un caractère absolu* (**SYN.** entier ; **CONTR.** conciliant). *Il est moins absolu que son frère* (**SYN.** intransigeant ; **CONTR.** tolérant). **3.** Qui tient de soi-même sa propre justification ; sans limitation : *Pouvoir absolu* (**SYN.** autocratique, despotique, tyrannique ; **CONTR.** libéral). ▸ ***Au sens absolu,*** en grammaire, se dit d'un verbe transitif employé sans complément d'objet direct. ◆ **absolu** n.m. **1.** Ce qui existe indépendamment de toute condition (par opp. à relatif). **2.** Ce qui atteint un haut degré d'achèvement : *La recherche de l'absolu* (**SYN.** perfection). ▸ ***Dans l'absolu,*** sans tenir compte des contingences : *Dans l'absolu, ça devrait marcher* (= en théorie).

absolument [apsɔlymɑ̃] adv. **1.** À un très haut degré ; complètement, entièrement : *C'est absolument impossible* (**SYN.** parfaitement, totalement). **2.** D'une façon qui n'admet ni restriction ni réserve : *Je dois absolument parler à un responsable* (= à tout prix ; **SYN.** vraiment). ▸ ***Employer un mot absolument,*** en grammaire, l'employer sans épithète ni complément.

absolution [apsɔlysjɔ̃] n.f. (lat. *absolutio*). **1.** Dans la religion catholique, pardon, rémission des péchés, accordés par un prêtre : *Donner l'absolution.* **2.** Dans la langue juridique, action d'absoudre l'auteur d'une infraction : *L'absolution n'est pas un acquittement* (**CONTR.** condamnation).

absolutisme [apsɔlytism] n.m. Régime politique dans lequel tous les pouvoirs sont détenus par le chef de l'État (**SYN.** autocratie).

absolutiste [apsɔlytist] adj. et n. Relatif à l'absolutisme ; qui en est partisan.

absorbant, e [apsɔrbɑ̃, ɑ̃t] adj. **1.** Qui absorbe les liquides : *Tissu absorbant.* **2.** Qui occupe l'esprit, le temps disponible : *Un travail absorbant* (= qui accapare ; **SYN.** prenant).

absorber [apsɔrbe] v.t. (lat. *absorbere*, avaler) [conj. 3]. **1.** Faire pénétrer ou laisser pénétrer par imprégnation : *La terre absorbe l'eau* (**SYN.** boire, s'imbiber de ; **CONTR.** rejeter). **2.** Prendre, consommer un aliment, un liquide : *Elle n'a rien absorbé depuis hier* (**SYN.** avaler, ingérer, ingurgiter ; **CONTR.** régurgiter, rendre). **3.** Faire disparaître en neutralisant ou en utilisant : *Une entreprise qui en absorbe une autre* (**SYN.** intégrer). *La restauration de la ferme a absorbé toutes leurs économies* (**SYN.** engloutir). **4.** Occuper la pensée, le temps de qqn : *Cette recherche nous absorbe totalement* (**SYN.** accaparer). ◆ **s'absorber** v.pr. **[dans].** Être occupé entièrement par : *S'absorber dans la rédaction d'un texte* (**SYN.** s'abîmer [litt.], se plonger).

absorption [apsɔrpsjɔ̃] n.f. **1.** Action d'absorber : *L'absorption de ce médicament doit se faire à heures fixes* (**SYN.** ingestion). **2.** En économie, disparition d'une société après apport de son actif et de son passif à une autre société.

absoudre [apsudr] v.t. (lat. *absolvere*, acquitter) [conj. 87]. **1.** Dans la religion catholique, pardonner ses péchés à un pénitent : *Ils seront absous, elles seront absoutes.* **2.** Dans la langue juridique, exempter de peine l'auteur d'une infraction ; gracier : *La prescription permet d'absoudre un coupable.*

absoute [apsut] n.f. Dans la religion catholique, prières dites autour du cercueil, après l'office des morts : *Donner l'absoute.*

s'**abstenir** [apstənir] v.pr. (lat. *abstinere*, se tenir à l'écart) [conj. 40]. **1. [de].** S'interdire, éviter de : *Ils se sont abstenus de répondre, de tout commentaire* (**SYN.** se garder de). **2. [de].** Se priver volontairement de : *Vous devriez vous abstenir de fumer* (**SYN.** se passer de). **3.** (Sans compl.). Renoncer à agir : *Dans le doute, abstiens-toi.* **4.** (Sans compl.). Ne pas prendre part à un vote : *Beaucoup d'électeurs se sont abstenus.*

abstention [apstɑ̃sjɔ̃] n.f. (lat. *abstentio*, action de retenir). **1.** Action de s'abstenir de faire qqch (**CONTR.** intervention, participation). **2.** Fait de ne pas participer à un vote : *Taux d'abstention. Les abstentions sont nombreuses.*

abstentionnisme [apstɑ̃sjɔnism] n.m. Comportement d'une personne qui refuse de voter.

abstentionniste [apstɑ̃sjɔnist] adj. et n. Qui relève de l'abstentionnisme ; qui en est partisan.

abstinence [apstinɑ̃s] n.f. (lat. *abstinentia*, action de s'abstenir). Action de s'interdire certains aliments, certains plaisirs, soit pour obéir aux prescriptions d'une religion, soit par choix personnel ; tempérance.

abstinent, e [apstinɑ̃, ɑ̃t] adj. et n. Qui pratique l'abstinence, notamm. en ce qui concerne l'alcool (**SYN.** continent, tempérant).

abstract [apstrakt] n.m. (mot angl.). Résumé d'un texte scientifique, d'un article de revue.

abstraction [apstraksjɔ̃] n.f. **1.** Opération par laquelle la pensée isole l'un des caractères d'un objet et le considère indépendamment des autres caractères de cet objet : *À quel âge un enfant est-il capable d'abstraction ?* **2.** Élément ainsi isolé ; notion qui en découle : *La bonté est une abstraction* (**SYN.** concept, idée). **3.** Être ou chose imaginaire, sans rapport avec la réalité : *Le héros de ce film est une pure abstraction* (= vue de l'esprit ; **CONTR.** réalité). ▸ ***Faire abstraction de qqch,*** ne pas en tenir compte : *Essayez de faire abstraction de ses antécédents* (= écarter).

abstraire [apstrɛr] v.t. (lat. *abstrahere,* tirer de) [conj. 112]. Isoler par la pensée l'un des caractères d'un objet : *Abstraire de la vie la notion de bonheur.* ◆ **s'abstraire** v.pr. **1.** S'isoler mentalement du milieu où l'on se trouve : *Chaque soir, il s'abstrayait avant d'entrer en scène.* **2. [de].** Laisser momentanément de côté qqch de préoccupant : *Comment s'abstraire de toutes ces souffrances* (**SYN.** se détacher).

abstrait, e [apstrɛ, ɛt] adj. **1.** Qui résulte d'une abstraction ; qui procède de l'abstraction : *La bonté et la haine sont des idées abstraites* (= des concepts). *Blancheur et politesse sont des noms abstraits* (**CONTR.** concret). **2.** Difficile à comprendre parce que trop éloigné du réel : *Un raisonnement abstrait* (**SYN.** hermétique, subtil ; **CONTR.** clair, limpide). **3.** Se dit d'un courant artistique qui rejette la représentation de la réalité tangible : *Art abstrait* (**CONTR.** figuratif).

abstraitement [apstrɛtmɑ̃] adv. De façon abstraite (**CONTR.** concrètement).

abstrus, e [apstry, yz] adj. (lat. *abstrusus,* caché). *Litt.* Difficile à comprendre : *Sa poésie est abstruse* (**SYN.** hermétique, obscur ; **CONTR.** clair, lumineux).

absurde [apsyrd] adj. (du lat. *surdus,* sourd). **1.** Contraire à la logique, à la raison : *Une hypothèse absurde* (**SYN.** aberrant, incohérent ; **CONTR.** logique, rationnel). *Sa décision est absurde* (**SYN.** déraisonnable, insensé, stupide ; **CONTR.** judicieux, sage). **2.** Se dit d'une personne qui manque de logique ou de bon sens (**SYN.** extravagant, ridicule ; **CONTR.** sage, sensé). ◆ n.m. **1.** Ce qui est absurde, contraire au bon sens. **2.** (Précédé de l'art. déf.). Absurdité du monde et de la destinée humaine, chez certains écrivains et philosophes contemporains : *L'absurde chez Sartre.* ▸ ***Raisonnement par l'absurde,*** raisonnement qui valide une proposition en montrant que sa négation conduit à une contradiction, à une impossibilité.

absurdement [apsyrdəmɑ̃] adv. De façon absurde.

absurdité [apsyrdite] n.f. **1.** Caractère de ce qui est absurde, contraire au sens commun : *L'absurdité d'une doctrine politique* (**SYN.** incohérence, stupidité ; **CONTR.** logique). **2.** Action ou parole absurde (**SYN.** idiotie, ineptie).

abus [aby] n.m. (lat. *abusus,* de *abuti,* faire mauvais usage de). **1.** Usage injustifié ou excessif de qqch : *L'abus de sucreries* (**SYN.** excès). **2.** (Sans compl.). Mauvais usage qui est fait d'un droit, d'un pouvoir par son titulaire : *Faire cesser les abus* (**SYN.** injustice). ▸ ***Abus de confiance,*** délit consistant à tromper la confiance d'autrui, et notamm. à détourner des objets ou des valeurs confiés temporairement. *Fam.* ***Il y a de l'abus,*** c'est exagéré, cela passe les bornes.

abuser v.t. ind. [conj. 3]. **1. [de].** Faire un usage mauvais ou excessif de : *Abuser du tabac. Il a abusé de votre naïveté* (**SYN.** profiter). **2.** (Sans compl.). Dépasser la mesure : *Je suis tolérante, mais il ne faut pas abuser* (**SYN.** exagérer). ▸ ***Abuser d'une femme, d'un enfant,*** les violer. ◆ v.t. *Litt.* Tromper qqn en profitant de sa crédulité : *Vos prétextes ne m'ont pas abusé longtemps* (**SYN.** berner, duper). ◆ **s'abuser** v.pr. *Litt.* Se tromper soi-même : *Il s'abuse sur l'influence qu'il peut avoir* (**SYN.** se leurrer, se méprendre). *Si je ne m'abuse* (= si je ne fais pas erreur).

abusif, ive adj. **1.** Qui constitue un abus : *Licenciements abusifs* (**SYN.** injuste ; **CONTR.** équitable, juste). *Prescription abusive de somnifères* (**SYN.** excessif, immodéré). **2.** Qui, abusant de liens affectifs, maintient qqn dans une relation d'étroite dépendance : *Parents abusifs.* ▸ ***Emploi abusif d'un mot,*** emploi d'un mot dans un sens qu'il n'a pas selon la norme : *Quand on dit « une boutique bien achalandée » pour dire « une boutique bien approvisionnée », on fait un emploi abusif de l'adjectif « achalandé ».*

abusivement adv. De façon abusive : *Un mot employé abusivement.*

abyme n.m. (var. de *abîme*). ▸ ***En abyme*** ou ***en abîme,*** se dit d'une œuvre citée et emboîtée à l'intérieur d'une autre de même nature, telle qu'un récit à l'intérieur d'un récit, un tableau à l'intérieur d'un tableau.

abyssal, e, aux adj. Relatif aux abysses ; propre aux abysses : *Faune abyssale.*

abysse n.m. (du gr. *abussos,* sans fond). Fond océanique situé à plus de 2 000 mètres de profondeur.

acabit [akabi] n.m. *Péjor.* ▸ ***De cet acabit, du même acabit,*** de cette sorte, de même nature : *Essayons d'éviter les gens du même acabit* (**SYN.** genre, type).

acacia n.m. (mot lat., du gr.). **1.** Arbre ou arbrisseau souvent épineux, dont un grand nombre d'espèces sont cultivées, sous le nom impropre de *mimosa,* pour leurs fleurs jaunes odorantes. **2.** Nom usuel, abusif en botanique, du *robinier.*

académicien, enne n. **1.** Membre d'une académie. **2.** Membre de l'Académie française.

académie n.f. (lat. *Academia,* gr. *Akadêmia,* nom du jardin où enseignait Platon). **1.** Société regroupant des artistes, des savants : *Une académie artistique, scientifique.* **2.** Circonscription administrative de l'enseignement, en France. **3.** Lieu où l'on s'exerce à la pratique d'un art, d'un jeu : *Une académie de dessin, de danse.* **4.** Représentation dessinée, peinte ou sculptée, d'un modèle nu. **5.** (Avec une majuscule). Institution spécialisée : *L'Académie des sciences, des beaux-arts.* **6.** (Avec une majuscule et sans compl.). L'Académie française : *Elle a été reçue à l'Académie.*

académique adj. **1.** Propre à, relatif à une académie artistique, scientifique. **2.** Qui est conforme aux traditions et sans originalité : *Un style académique* (**SYN.** conventionnel ; **CONTR.** nouveau). **3.** En Belgique et en Suisse, universitaire ; au Canada, scolaire : *Année académique.*

académiquement adv. De façon académique, conventionnelle, traditionnelle.

académisme n.m. Imitation sans originalité de règles et de modèles traditionnels.

acadianisme n.m. Fait de langue propre au français parlé en Acadie.

acadien, enne adj. et n. D'Acadie. ◆ **acadien** n.m. Parler franco-canadien utilisé dans l'est du Canada.

acajou n.m. (port. *acaju*, du tupi-guarani). **1.** Arbre des régions tropicales au bois dur et rougeâtre : *Une plantation d'acajous.* **2.** Bois de cet arbre, très employé en ébénisterie. ◆ adj. inv. D'une couleur rougeâtre : *Des boiseries acajou.*

acanthe n.f. (du gr. *akantha*, épine). **1.** Plante ornementale à feuilles longues, très découpées, cultivée dans le midi de la France. **2.** Ornement d'architecture imité de la feuille de cette plante et caractéristique du chapiteau corinthien (on dit aussi *une feuille d'acanthe*) : *Des acanthes, des feuilles d'acanthe.*

a cappella [akapela] loc. adj. inv. (loc. it. signif. « à chapelle »). Se dit d'une œuvre musicale exécutée sans accompagnement d'instruments : *Des chants a cappella.* ◆ loc. adv. ▸ ***Chanter a cappella,*** chanter sans accompagnement instrumental, en parlant d'un soliste ou d'un chœur.

acariâtre adj. (de [*mal*] *aquariastre*, mal qui rend fou). D'une humeur querelleuse, difficile à supporter (**SYN.** grincheux, revêche ; **CONTR.** affable, amène [litt.]).

acarien n.m. (du lat. *acarus*, gr. *akari*, mite). Très petit arachnide (quelques millimètres), représenté par de nombreuses espèces, dont certaines, comme le sarcopte de la gale, l'aoûtat ou la tique, sont parasites.

acaule adj. (gr. *akaulos*, sans tige). En botanique, se dit d'une plante dont la tige n'est pas apparente.

accablant, e adj. Qui accable : *Un témoignage accablant* (**SYN.** écrasant). *Chaleur accablante* (**SYN.** étouffant, oppressant).

accablement n.m. État d'une personne très abattue, physiquement ou moralement : *Son accablement depuis son licenciement fait peine à voir* (**SYN.** abattement, prostration ; **CONTR.** soulagement).

accabler v.t. (de l'anc. fr. dialect. *caable*, catapulte, gr. *katabolê*) [conj. 3]. **1. [de].** Imposer à qqn une chose pénible, difficile à supporter : *Accabler la population d'impôts* (**SYN.** écraser, surcharger). *Accabler de reproches* (**SYN.** abreuver). **2.** Prouver la culpabilité de : *Ce témoignage l'accable* (**SYN.** accuser). **3.** Peser sur qqn : *La chaleur nous accablait* (**SYN.** écraser). *Ils sont accablés par cette nouvelle* (**SYN.** abattre, consterner, terrasser ; **CONTR.** soulager).

accalmie n.f. (de *calme*, sur le modèle d'*embellie*). **1.** Calme momentané du vent ou de la mer (**SYN.** éclaircie, embellie). **2.** Diminution ou cessation momentanée d'une activité particulièrement intense, d'un état d'agitation : *Accalmie sur les marchés boursiers* (**SYN.** apaisement, répit ; **CONTR.** agitation, recrudescence).

accaparement n.m. Action d'accaparer ; fait d'être accaparé : *L'accaparement de certains produits* (**SYN.** monopolisation).

accaparer v.t. (anc. it. *accaparrare*, de *caparra*, arrhes) [conj. 3]. **1.** Amasser et stocker un bien de consommation afin de provoquer sa raréfaction et l'augmentation de son prix (**SYN.** monopoliser, truster). **2.** S'emparer de qqch à son seul profit ; se réserver l'usage de : *Les hommes ne pourront plus accaparer les places de candidats* (**SYN.** monopoliser ; **CONTR.** partager). *Distributeur de films qui accapare les écrans* (**SYN.** envahir, occuper). ▸ ***Accaparer qqn,*** occuper complètement le temps, la pensée de qqn ; retenir qqn près de soi : *Son bébé l'accapare tout entière* (**SYN.** absorber). *Ils ont accaparé le guide pendant la visite.*

accapareur, euse n. et adj. Personne qui accapare des denrées ; spéculateur.

accastillage n.m. Ensemble des superstructures d'un navire.

accastiller v.t. (esp. *acastillar*, de *castillo*, château) [conj. 3]. Garnir un navire de son accastillage.

accédant, e n. ▸ ***Accédant à la propriété,*** personne qui est en train d'acquérir un logement.

accéder v.t. ind. (lat. *accedere*, s'approcher) [conj. 18]. **[à]. 1.** Avoir accès à un lieu : *Ce sentier accède à la plage* (**SYN.** aboutir à). *On accède au salon par un couloir* (**SYN.** entrer, parvenir, pénétrer ; **CONTR.** sortir). **2.** Atteindre un état, une situation, un poste : *Il rêve d'accéder à la présidence du comité* (**SYN.** parvenir à). **3.** Répondre favorablement à un désir, une demande : *Nous regrettons de ne pouvoir accéder à votre requête* (**SYN.** acquiescer, consentir, souscrire à ; **CONTR.** refuser, repousser).

accelerando [akselerɑ̃do] adv. (mot it.). Terme de musique indiquant qu'il faut accélérer progressivement le mouvement. ◆ **accélérando** n.m. Passage d'une œuvre exécuté dans ce tempo : *Des accélérandos.*

① **accélérateur, trice** adj. Qui accélère qqch, en parlant d'une force, d'un dispositif.

② **accélérateur** n.m. Organe commandant l'admission du mélange gazeux dans le moteur d'un véhicule et qui permet de faire varier la vitesse de celui-ci : *Pédale d'accélérateur.* ▸ ***Accélérateur de particules,*** appareil permettant de communiquer des vitesses très élevées à des particules et servant à étudier les structures de la matière.

accélération n.f. **1.** Accroissement de la vitesse, à un moment donné ou pendant un temps donné, d'un corps en mouvement : *L'accélération du T.G.V.* (**CONTR.** ralentissement). **2.** Rapidité accrue d'exécution : *Accélération des travaux* (**CONTR.** ralentissement).

accéléré n.m. Au cinéma, effet spécial, réalisé le plus souvent à la prise de vues, donnant l'illusion de mouvements plus rapides que dans la réalité (par opp. à ralenti).

accélérer v.t. (du lat. *celer*, rapide) [conj. 18]. Accroître la vitesse de : *Accélérer le rythme d'une chaîne d'assemblage* (**SYN.** activer, hâter, presser). ◆ v.i. Aller plus vite : *La voiture accéléra brutalement* (**CONTR.** freiner, ralentir). ◆ **s'accélérer** v.pr. Devenir plus rapide : *Son pouls s'accélère* (**CONTR.** ralentir).

accent n.m. (lat. *accentus*, intonation). **1.** Prononciation, intonation, rythme propres à l'élocution dans une région, un milieu : *Parler français avec un accent anglais.* **2.** En phonétique, mise en relief d'une syllabe, d'un mot ou d'un groupe de mots dans la chaîne parlée : *Accent tonique. Accent de hauteur, d'intensité.* **3.** Inflexion expressive de la voix : *Sa remarque avait un accent de moquerie* (**SYN.** intonation). **4.** Signe graphique placé sur une voyelle pour noter un fait phonétique ou grammatical : *Accent aigu (´), grave (`), circonflexe (^).* ▸ ***Mettre l'accent sur,*** mettre en relief ; attirer l'attention sur : *Ils ont mis l'accent sur les difficultés de la lutte contre le chômage* (= insister sur).

accentuation n.f. **1.** Action d'accentuer ; fait de s'accentuer : *Une accentuation de la chute des valeurs boursières* (**SYN.** aggravation, renforcement ; **CONTR.** atténuation). **2.** Action d'accentuer une syllabe ou un mot : *L'accentuation particulière à une langue.* **3.** Action de mettre des accents à certaines voyelles : *Erreur d'accentuation.*

accentué, e adj. **1.** Marqué : *Visage aux traits accentués* (**SYN.** prononcé ; **CONTR.** doux). **2.** Qui porte un accent : *Voyelle accentuée. Syllabe accentuée* (**CONTR.** atone).

accentuer v.t. [conj. 7]. **1.** Rendre plus intense, plus marqué : *Accentuer la poussée sur un levier* (**SYN.** accroître, intensifier). *Cette coupe de cheveux accentue leur ressemblance* (**SYN.** souligner ; **CONTR.** atténuer). **2.** Prononcer une syllabe, un mot en les marquant d'un accent. **3.** Placer un accent sur une voyelle : *Les dérivés de ce mot ne sont pas accentués* (= ne portent pas d'accent). ◆ **s'accentuer** v.pr. Devenir plus intense, plus fort : *Le froid s'accentue* (**SYN.** augmenter ; **CONTR.** s'atténuer).

acceptabilité n.f. Caractère d'une chose plus ou moins acceptable, tolérable : *Le seuil d'acceptabilité de la pollution.*

acceptable adj. Qui peut être accepté, toléré : *Sa dernière proposition est acceptable* (**SYN.** satisfaisant, valable ; **CONTR.** inacceptable). *Travail acceptable* (**SYN.** honnête, passable ; **CONTR.** insuffisant).

acceptation n.f. Fait d'accepter qqch, de consentir à : *Donner son acceptation à une suggestion* (**SYN.** consentement ; **CONTR.** refus).

accepter v.t. (lat. *acceptare,* recevoir) [conj. 4]. **1.** Vouloir bien prendre, recevoir, admettre : *Veuillez accepter nos remerciements* (**SYN.** agréer ; **CONTR.** repousser). *Elle a accepté de présider la réunion* (**SYN.** consentir ; **CONTR.** décliner, refuser). **2.** En droit, s'engager à payer une traite à l'échéance.

acception n.f. (lat. *acceptio,* fait de recevoir). Sens particulier dans lequel un mot est employé : *Le mot « cœur » a de nombreuses acceptions* (**SYN.** signification). ▸ *Litt.* ***Sans acception de personne,*** sans préférence ni faveur à l'égard de qui que ce soit : *On doit rendre la justice sans acception de personne.*

accès n.m. (du lat. *accedere,* s'approcher). **1.** Possibilité d'atteindre un lieu, d'y pénétrer ; moyen, voie qui permet d'y entrer : *Immeuble d'accès difficile pour les handicapés* (**SYN.** abord). *Accès interdit à toute personne étrangère au service* (**SYN.** entrée). *C'est le seul accès à la plage* (**SYN.** chemin). **2.** Période de manifestation intense d'un état physique, mental ou affectif : *Accès de fièvre* (**SYN.** poussée). *Accès de folie* (**SYN.** bouffée, crise). **3.** Facilité plus ou moins grande de comprendre qqch : *Son œuvre est d'accès difficile* (**SYN.** compréhension). ▸ ***Avoir accès à,*** pouvoir obtenir : *Nous n'avons pas eu accès aux conclusions de l'expert.* ***Donner accès à,*** permettre de pénétrer quelque part : *Cette porte donne accès à l'auditorium* ; offrir le moyen, le droit de : *Ce concours vous donne accès à la fonction publique.*

accessibilité n.f. **1.** Caractère de qqch, d'un lieu qui sont accessibles : *Faciliter l'accessibilité des transports en commun aux handicapés.* **2.** Possibilité, droit d'avoir accès à qqch : *L'accessibilité de tous à l'emploi.*

accessible adj. **1.** Se dit d'un lieu qu'on peut atteindre : *Le chalet n'est pas accessible quand il neige* (**SYN.** abordable ; **CONTR.** inaccessible). **2.** Se dit de qqn que l'on peut facilement approcher, rencontrer : *Des dirigeants accessibles* (**SYN.** abordable, ouvert, réceptif ; **CONTR.** fermé, inabordable). **3.** Se dit de qqch qu'on peut comprendre : *Musique accessible à tous* (**SYN.** compréhensible, intelligible ; **CONTR.** ardu, incompréhensible).

accession n.f. (lat. *accessio,* action d'approcher). **1.** Action d'accéder à qqch, d'y parvenir : *Accession à la propriété.* **2.** Action de parvenir à une position supérieure, d'acquérir un avantage : *L'accession aux plus hautes fonctions. Accession au trône* (**SYN.** avènement).

accessit [aksesit] n.m. (mot lat. signif. « il s'est approché »). Distinction honorifique accordée à ceux qui sont les plus proches du premier prix : *Des accessits.*

① **accessoire** adj. (du lat. *accedere,* ajouter). **1.** Qui suit ou qui accompagne une chose principale : *Lire attentivement les clauses accessoires d'un contrat* (**SYN.** annexe, secondaire ; **CONTR.** principal). **2.** Qui n'est pas fondamental : *Passer sur les détails accessoires* (**SYN.** insignifiant, négligeable ; **CONTR.** essentiel). ◆ n.m. Ce qui est accessoire (**CONTR.** essentiel).

② **accessoire** n.m. (Souvent au pl.). **1.** Pièce destinée à compléter un élément principal ou à aider à son fonctionnement : *Les accessoires d'un aspirateur.* **2.** Élément qui s'ajoute à une toilette (gants, sac, chaussures), avec laquelle il s'harmonise par la couleur, la matière. **3.** Objet, élément du décor, des costumes, dans la mise en scène d'une pièce de théâtre, d'un film.

accessoirement adv. De façon accessoire, secondaire (**CONTR.** essentiellement, principalement).

accessoiriser v.t. [conj. 3]. Compléter une toilette avec des accessoires.

accessoiriste n. Personne qui s'occupe des accessoires, dans un théâtre, un studio de cinéma ou de télévision.

accident n.m. (du lat. *accidens,* qui survient). **1.** Événement imprévu et soudain entraînant des dégâts, des blessures : *Il faut réduire le nombre des accidents de la route. Accident du travail* (= qui survient pendant le travail ou sur le trajet vers le travail). **2.** Événement qui modifie ou interrompt fortuitement le cours de qqch : *Les accidents qui émaillent la vie des réfugiés* (**SYN.** drame, revers, tragédie, vicissitude). ▸ ***Accident de parcours,*** incident sans gravité qui ne remet pas en cause l'évolution favorable d'un processus (= péripétie). ***Accident de terrain,*** inégalité du relief. ***Accident vasculaire cérébral*** ou ***A.V.C.,*** affection cérébrale soudaine, correspondant à une hémorragie ou à un infarctus du cerveau. ***Par accident,*** par hasard : *Si, par accident, elle te téléphone, préviens-la* (= d'aventure).

accidenté, e adj. Qui présente des accidents, des inégalités : *Terrain accidenté* (**SYN.** inégal). ◆ adj. et n. Qui a subi un accident.

accidentel, elle adj. **1.** Dû à un accident : *Mort accidentelle* (**CONTR.** naturel). **2.** Dû au hasard : *Rencontre accidentelle* (**SYN.** fortuit, imprévu, inopiné).

accidentellement adv. **1.** De façon accidentelle : *Mourir accidentellement* (**CONTR.** naturellement). **2.** De façon fortuite ; par hasard (**SYN.** fortuitement).

accidenter v.t. [conj. 3]. **1.** Causer un accident, un dommage à ; faucher, heurter : *Accidenter un cycliste,* *une voiture.* **2.** *Litt.* Émailler d'incidents parfois fâcheux : *Bien des péripéties ont accidenté ce voyage* (**SYN.** troubler).

accidentologie n.f. Étude scientifique des accidents dans lesquels des véhicules automobiles sont impliqués, de leurs causes et de leurs conséquences.

accise [aksiz] n.f. Au Canada, impôt indirect frappant des produits comme les bijoux, l'alcool, le tabac, etc.

acclamation n.f. Cri de joie ou d'enthousiasme collectif : *Le chanteur a été accueilli par les acclamations du public* (**SYN.** applaudissement, vivat ; **CONTR.** huée, sifflet). *Sa dernière tirade fut saluée par une acclamation* (**SYN.** ovation). ▸ ***Par acclamation,*** unanimement ou massivement, sans recourir à un scrutin : *Être élu par acclamation.*

acclamer v.t. (du lat. *clamare,* appeler) [conj. 3]. Saluer par des cris d'enthousiasme : *La foule acclame les vainqueurs du match* (**SYN.** ovationner ; **CONTR.** conspuer, huer, siffler).

acclimatable adj. Qui peut être acclimaté : *Espèce animale acclimatable.*

acclimatation n.f. Action d'acclimater un être vivant à un nouveau milieu : *L'acclimatation de certains animaux se révèle impossible* (**SYN.** adaptation).

acclimatement n.m. Pour un être vivant, fait de s'adapter à un nouvel environnement, à un nouveau climat : *L'acclimatement à l'altitude* (**SYN.** accoutumance).

acclimater v.t. (de *climat*) [conj. 3]. **1.** Adapter, habituer un animal, un végétal à un nouveau climat : *Acclimater des pandas en Europe.* **2. [à].** Habituer qqn à un nouveau milieu : *Acclimater des nomades à un habitat sédentaire* (**SYN.** accoutumer). ◆ **s'acclimater** v.pr. **1.** S'adapter à un nouveau climat : *Ces singes se sont acclimatés en Europe.* **2. [à].** S'habituer à un nouveau milieu : *Elle a du mal à s'acclimater à la campagne* (**SYN.** s'accoutumer, s'adapter).

accointances [akwɛ̃tɑ̃s] n.f. pl. *Péjor.* Relations suivies avec des personnes jugées peu recommandables : *Il a des accointances avec des gens inquiétants* (**SYN.** rapport).

s'**accointer** [akwɛ̃te] v.pr. [conj. 3]. **[avec].** *Fam., péjor.* Se lier avec qqn : *S'accointer avec un escroc* (**SYN.** s'aboucher, s'acoquiner).

accolade n.f. **1.** Fait de serrer qqn dans ses bras en signe d'affection, d'amitié ou lors d'une remise de décoration : *Donner, recevoir l'accolade* (**SYN.** embrassade). **2.** Signe typographique ({) pour réunir des mots, des lignes, etc.

accolement n.m. Action d'accoler, de réunir : *L'accolement de son nom à celui d'un escroc* (**SYN.** association).

accoler v.t. (de *col,* cou) [conj. 3]. **1.** Réunir par un trait, par une accolade : *Accoler deux par deux les noms d'une liste.* **2. [à].** Faire figurer une chose à côté d'une autre : *Les clichés que l'on accole à la police* (**SYN.** accoupler, joindre). *Accoler un suffixe à un mot* (**SYN.** adjoindre, ajouter).

accommodant, e adj. Qui est conciliant : *Savoir se montrer accommodant* (**SYN.** arrangeant ; **CONTR.** intraitable).

accommodation n.f. **1.** Action d'accommoder qqch à un usage ; fait de s'accommoder : *L'accommodation à de nouvelles méthodes de travail* (**SYN.** adaptation). **2.** En biologie, ensemble des modifications morphologiques et physiologiques non héréditaires par lesquelles un être vivant s'adapte à un nouveau milieu et peut y survivre. **3.** En médecine, modification de la courbure du cristallin de l'œil, qui permet la formation d'images nettes sur la rétine.

accommodement n.m. Arrangement à l'amiable : *Les deux parties cherchent un accommodement* (**SYN.** compromis, transaction).

accommoder v.t. (du lat. *commodus,* convenable) [conj. 3]. **1.** Apprêter un mets : *Savoir accommoder les restes* (**SYN.** cuisiner). **2. [à].** Mettre une chose en accord avec une autre : *Accommoder ses désirs à la réalité* (**SYN.** adapter). ◆ v.i. Réaliser l'accommodation, en parlant de l'œil. ◆ **s'accommoder** v.pr. **1. [de].** Trouver qqn, qqch agréable, à sa convenance : *Ils se sont accommodés l'un de l'autre* (**SYN.** s'arranger de). *Elle est facile à vivre, elle s'accommode de tout* (**SYN.** se satisfaire de). **2. [à].** Harmoniser son comportement avec une situation, une règle : *Elles se sont accommodées à leur nouveau statut* (**SYN.** s'adapter à, se plier à).

accompagnateur, trice n. **1.** Personne qui accompagne la partie principale d'une pièce de musique avec un instrument ou avec la voix. **2.** Personne qui accompagne et guide qqn : *Dix enfants et une accompagnatrice.*

accompagnement n.m. **1.** Action, fait d'accompagner ; entourage, escorte : *L'accompagnement sera assuré par des étudiants* (**SYN.** encadrement). *Des structures d'accompagnement pour les enfants en difficulté* (= de soutien). **2.** Ce qui accompagne un mets : *Des pigeons avec un accompagnement de raisins* (**SYN.** garniture). **3.** Partie, ensemble des parties vocales ou instrumentales secondaires soutenant la partie principale d'une pièce de musique.

accompagner v.t. (de l'anc. fr. *compain,* compagnon) [conj. 3]. **1.** Aller quelque part avec qqn : *Les journalistes qui accompagnent le président* (**SYN.** escorter). *Accompagner qqn à la gare* (**SYN.** conduire). **2.** Soutenir par un accompagnement musical : *Accompagner une chanteuse à la guitare.* **3.** Joindre une chose à une autre : *Accompagner un refus d'un sourire* (**SYN.** assortir). **4.** Aller avec ; être joint à : *Un document joint accompagnait le message électronique. Des tapas pour accompagner un apéritif.* **5.** Fournir des conseils, une assistance à : *Les industriels qui accompagnent les jeunes créateurs d'entreprise* (**SYN.** aider, assister). ▸ ***Accompagner un malade, un mourant,*** être près de lui et le soutenir à la fin de sa vie. ◆ **s'accompagner** v.pr. **1.** Avoir comme conséquence : *Les mutations industrielles s'accompagnent souvent de chômage* (**SYN.** amener, entraîner). **2.** Jouer un accompagnement musical tout en chantant soi-même : *Elle s'est toujours accompagnée au piano.*

accompli, e adj. **1.** Entièrement achevé : *Il faut avoir dix-huit ans accomplis* (**SYN.** révolu). **2.** Qui atteint, dans son genre, un degré supérieur (parfois iron.) : *Une diplomate accomplie* (**SYN.** consommé, modèle). *C'est un menteur accompli* (**SYN.** fieffé). ▸ ***Fait accompli,*** ce sur quoi il n'est plus possible de revenir : *Nous avons été mis devant le fait accompli.*

accomplir v.t. (lat. *complere,* remplir) [conj. 32].

1. Exécuter ce qui est prescrit ou ce qui est promis : *Accomplir sa mission* (**SYN.** s'acquitter de, remplir). *Le gouvernement a accompli d'importantes réformes* (**SYN.** réaliser). **2.** Réaliser entièrement : *Après cette guerre, le pays doit accomplir sa reconstruction* (= mener à terme). ◆ **s'accomplir** v.pr. **1.** Se produire ; devenir une réalité : *Une mutation profonde s'est accomplie* (= avoir lieu). *La prédiction s'est accomplie* (**SYN.** se réaliser). **2.** Trouver une grande satisfaction dans qqch : *Elle s'accomplit dans son travail* (**SYN.** s'épanouir).

accomplissement n.m. Action d'accomplir ; fait d'être accompli : *Œuvrer à l'accomplissement d'un projet* (**SYN.** exécution ; **CONTR.** échec). *C'est l'accomplissement de mes rêves* (**SYN.** réalisation).

accord n.m. **1.** Harmonie entre des personnes proches par leurs idées, leurs sentiments : *Une équipe au sein de laquelle règne un accord parfait* (**SYN.** concorde, entente ; **CONTR.** discorde, dissension). **2.** Consentement donné à une décision, une action : *Demander l'accord de ses supérieurs* (**SYN.** assentiment, autorisation). **3.** Arrangement entre plusieurs parties : *Les rebelles et l'armée ont signé un accord* (**SYN.** convention, pacte, traité). **4.** Ensemble d'au moins trois sons musicaux émis simultanément : *Accord de trois, quatre, cinq notes.* **5.** Action d'accorder un instrument de musique ; son résultat. **6.** En grammaire, rapport entre des mots, dont l'un régit l'autre ou les autres : *Accord de l'adjectif en genre et en nombre avec le nom.* **7.** Correspondance entre plusieurs choses : *Les accords de couleurs dans un tableau* (**SYN.** harmonie). ▸ ***D'accord,*** oui, c'est entendu. ***D'un commun accord,*** avec le consentement de tous. ***Être d'accord avec qqn,*** être du même avis que lui. ***Se mettre d'accord,*** arriver à une entente : *Se mettre d'accord sur un lieu de rendez-vous.*

accordailles n.f. pl. *Vx* Fiançailles.

accord-cadre n.m. (pl. *accords-cadres*). Accord entre partenaires sociaux donnant les orientations d'accords ultérieurs plus détaillés.

accordéon n.m. (all. *Akkordion,* de *Akkord,* accord). Instrument de musique portatif, à touches ou à boutons, dont les anches de métal sont mises en vibration par un soufflet. ▸ ***En accordéon,*** qui forme des plis : *Des chaussettes en accordéon.*

accordéoniste n. Personne qui joue de l'accordéon.

accorder v.t. (du lat. *cor, cordis,* cœur) [conj. 3]. **1.** Donner son accord, son consentement à : *Accorder des facilités de paiement* (**SYN.** concéder, consentir, octroyer ; **CONTR.** refuser). **2.** Admettre une chose ; reconnaître qqch pour vrai : *Je vous accorde que vous avez raison* (**SYN.** concéder ; **CONTR.** dénier). **3.** Régler la justesse d'un instrument de musique ; mettre des instruments au même diapason. **4. [avec].** En grammaire, appliquer à un mot les règles de l'accord : *Accorder le verbe avec le sujet, l'adjectif avec le nom.* ◆ **s'accorder** v.pr. **1.** Être, se mettre d'accord : *Les témoins s'accordent pour dire qu'il roulait trop vite.* **2.** En grammaire, être en concordance grammaticale avec un autre mot : *Dans ce cas, le participe passé ne s'accorde pas.*

accordeur, euse n. Personne qui accorde des instruments de musique.

accort, e [akɔr, ɔrt] adj. (it. *accorto,* avisé). *Litt.* (Surtout au fém.). Se dit d'une personne aimable et enjouée : *Une vendeuse accorte s'approcha de nous* (**SYN.** avenant, gracieux ; **CONTR.** désagréable).

accostage n.m. Action d'accoster : *Les manœuvres d'accostage d'un cargo.*

accoster v.t. (de l'anc. fr. *coste,* côté) [conj. 3]. **1.** S'approcher, se ranger bord à bord avec, en parlant d'un navire : *Accoster un débarcadère* (**SYN.** aborder ; **CONTR.** appareiller). *La vedette de la police a accosté le cargo.* **2.** (Sans compl.). Arriver à quai : *Le paquebot va accoster.* **3.** Aller près de qqn pour lui parler : *Accoster un passant pour demander son chemin* (**SYN.** aborder). ◆ v.t. ind. **[à].** Se ranger le long de qqch, en parlant d'un navire : *La barque a accosté au débarcadère.*

accotement n.m. Partie d'une route comprise entre la chaussée et le fossé : *Il est interdit de stationner sur les accotements* (**SYN.** bas-côté).

accoter v.t. (du lat. *cubitus,* coude, avec infl. de *accoster*) [conj. 3]. Appuyer qqch d'un côté : *Accoter une échelle contre un arbre. Cabane accotée à un mur* (**SYN.** adosser). ◆ **s'accoter** v.pr. S'appuyer : *S'accoter à ou contre le chambranle d'une porte.*

accotoir n.m. Appui pour les bras sur les côtés d'un siège (**SYN.** accoudoir, appui-bras).

accouchée n.f. Femme qui vient d'accoucher ; parturiente.

accouchement n.m. **1.** Action d'accoucher, de mettre au monde un enfant ; couches, délivrance ; parturition : *Accouchement à terme.* **2.** Action d'aider une femme à accoucher : *Il a fait trois accouchements cette nuit.* ▸ ***Accouchement sans douleur,*** accouchement auquel la femme a été préparée par un entraînement destiné à atténuer les sensations pénibles et à permettre une relaxation maximale pendant le travail.

accoucher v.t. ind. (de *couche*) [conj. 3]. **1. [de].** Mettre au monde : *Accoucher d'une fille.* **2.** (Sans compl.). Mettre un enfant au monde : *Elle a accouché hier.* ▸ *Fam.* ***Accouche !,*** parle !, explique-toi ! ***C'est la montagne qui accouche d'une souris,*** c'est un bien piètre résultat par rapport aux moyens mis en œuvre. ◆ v.t. Aider une femme à mettre un enfant au monde : *C'est une sage-femme qui l'a accouchée.*

accoucheur, euse n. Médecin spécialiste de la grossesse et des accouchements. ◆ n.f. En Belgique, sage-femme.

s'**accouder** v.pr. [conj. 3]. **[à, sur].** Poser les coudes sur qqch dont on se sert comme appui : *S'accouder au rebord de la fenêtre, sur le piano.*

accoudoir n.m. Bras d'un fauteuil ou partie rabattable d'un siège d'automobile sur lesquels on peut s'accouder (**SYN.** accotoir, appui-bras).

accouplement n.m. **1. [à, avec].** En zoologie, union sexuelle du mâle et de la femelle en vue de la reproduction : *L'accouplement d'un âne avec une jument ou à une jument produit un mulet.* **2. [à].** Action d'accoupler des animaux, de les réunir deux par deux pour un travail : *L'accouplement de bœufs pour tirer une charrette, à une charrette.* **3. [à].** Jonction de deux ou de plusieurs éléments mécaniques ; dispositif assurant cette fonction : *Accouplement de deux wagons, d'un train à une locomotive.*

accoupler v.t. [conj. 3]. **1. [à, avec].** En zoologie, unir le mâle et la femelle pour la reproduction : *Accoupler un cheval à une jument.* **2. [à].** Réunir des animaux par deux pour effectuer un travail. **3. [à].** Rendre deux choses solidaires dans leur fonctionnement : *Accoupler un moteur à un autre.* ◆ **s'accoupler** v.pr. En zoologie, s'unir pour la reproduction.

accourir v.i. [conj. 45 ; auxil. *être* ou *avoir*]. Venir en hâte : *Elles ont accouru* ou *sont accourues à son chevet* (**SYN.** se précipiter ; **CONTR.** tarder).

accoutrement n.m. Habillement bizarre ou ridicule (**SYN.** défroque).

accoutrer v.t. (du lat. *consutura*, couture) [conj. 3]. **[de].** Habiller d'une manière bizarre ou ridicule : *Ces fillettes sont accoutrées d'un uniforme désuet* (**SYN.** affubler). ◆ **s'accoutrer** v.pr. S'habiller bizarrement.

accoutumance n.f. **1.** Fait de s'accoutumer, de s'habituer progressivement à qqch : *Accoutumance aux rigueurs de l'hiver canadien* (**SYN.** acclimatement, adaptation). **2.** Adaptation permettant aux êtres vivants de supporter des doses croissantes de substances actives ou toxiques : *Accoutumance aux calmants.*

accoutumé, e adj. Dont on a l'habitude ; coutumier : *Se retrouver à l'heure accoutumée* (**SYN.** habituel, ordinaire ; **CONTR.** inaccoutumé, inhabituel). ▸ ***À l'accoutumée,*** à l'ordinaire, d'habitude : *Elle a été très accueillante, comme à l'accoutumée.*

accoutumer v.t. (de *coutume*) [conj. 3]. **[à].** Donner l'habitude de qqch : *Accoutumer un animal sauvage à la présence de l'homme* (**SYN.** familiariser). *Accoutumer un enfant à se nourrir correctement* (**SYN.** habituer). *Elle est accoutumée à rester seule.* ◆ **s'accoutumer** v.pr. **[à].** Prendre l'habitude de : *Il leur faudra s'accoutumer à un réveil matinal, à se lever tôt* (**SYN.** s'adapter à, se faire à).

accréditation n.f. **1.** Action d'accréditer ; fait d'être accrédité : *L'accréditation d'un ambassadeur.* **2.** Document qui accrédite : *Les journalistes doivent montrer leur accréditation* (**SYN.** laissez-passer).

accréditer v.t. (de *crédit*) [conj. 3]. **1.** Rendre croyable, vraisemblable : *Son absence des écrans accrédite la rumeur de sa maladie* (**CONTR.** contredire, démentir). **2.** Donner à qqn l'autorité nécessaire pour accomplir sa mission : *Accréditer un consul, un journaliste, un photographe.* **3.** Ouvrir un crédit dans une banque au moyen d'un accréditif. ◆ **s'accréditer** v.pr. Devenir plus crédible : *Le bruit de sa démission s'accrédite peu à peu* (**SYN.** se confirmer).

accréditif, ive adj. Se dit d'un document par lequel une banque permet à un client d'obtenir un crédit auprès d'un autre établissement financier. ◆ **accréditif** n.m. Document accréditif.

accro adj. et n. *Fam.* **1. [à].** Qui est dépendant d'une drogue (**SYN.** toxicomane). **2. [à, de].** Qui est passionné de qqch : *Elles sont accros à la danse moderne* (**SYN.** fanatique de).

Accrobranche n.m. (nom déposé). Activité sportive itinérante pratiquée en forêt et combinant le grimper et le déplacement d'arbre en arbre sur un parcours sécurisé et démontable.

accroc [akro] n.m. (de *accrocher*). **1.** Déchirure faite dans un tissu par un objet qui accroche : *Il a fait un accroc à sa chemise* (**SYN.** trou). **2.** Incident qui a des conséquences néfastes : *Un voyage sans accroc* (**SYN.** anicroche, contretemps, difficulté). *Ce fut le premier accroc à la cohabitation* (**SYN.** entorse, transgression).

accrochage n.m. **1.** Action d'accrocher qqch : *L'accrochage des tableaux de l'expo* (**CONTR.** décrochage). **2.** *Fam.* Action de heurter qqch, de se disputer avec qqn : *Un accrochage entre deux voitures* (**SYN.** collision). *Ils ont de sérieux accrochages* (**SYN.** altercation, querelle). **3.** Bref engagement entre détachements militaires adverses de faible effectif (**SYN.** escarmouche).

accroche n.f. Partie d'un texte publicitaire conçue pour attirer l'attention : *L'accroche d'une affiche.*

accroche-cœur n.m. (pl. *accroche-cœurs* ou inv.). Mèche de cheveux aplatie en boucle sur le front ou la tempe (**SYN.** guiche).

accrocher v.t. (de *croc*) [conj. 3]. **1. [à].** Suspendre à un crochet, à un clou, etc. : *Accrocher un tableau au mur* (**SYN.** fixer ; **CONTR.** décrocher). **2.** Faire un accroc à : *Les ronces ont accroché son manteau* (**SYN.** déchirer). **3.** Heurter légèrement, en parlant d'un véhicule ou de son conducteur : *Le bus a accroché un taxi* (**SYN.** cogner). **4.** *Fam.* Retenir l'attention de : *Il a accroché ton regard.* **5.** *Fam.* Aborder qqn en l'arrêtant dans sa marche : *S'il vous accroche, vous en avez pour la matinée.* ◆ **s'accrocher** v.pr. **1. [à].** Se suspendre, se retenir avec force : *L'enfant s'accrocha à une branche basse* (**SYN.** se cramponner). **2. [à].** Faire de grands efforts pour conserver qqch : *Il s'accroche à son poste. S'accrocher à la vie.* **3.** *Fam.* Persévérer ; être tenace : *Il va falloir s'accrocher pour finir dans les délais.* **4.** *Fam.* Se disputer, se quereller. **5.** Engager brièvement le combat : *Deux patrouilles se sont accrochées.*

accrocheur, euse adj. Qui retient l'attention : *Une annonce accrocheuse. Sourire accrocheur* (**SYN.** aguicheur). ◆ adj. et n. *Fam.* Qui montre de la ténacité dans ce qu'il entreprend : *Des vendeurs accrocheurs* (**SYN.** opiniâtre, tenace ; **CONTR.** indolent, mou).

accroire v.t. (du lat. *credere*, croire). *Litt.* (Toujours à l'inf.). ▸ ***En faire accroire à qqn,*** abuser de sa crédulité, le tromper : *Vous ne m'en ferez pas accroire.* ***Laisser accroire qqch à qqn,*** le laisser croire une chose qui n'est pas vraie : *Il nous laisse accroire qu'il a réussi.*

accroissement n.m. Action d'accroître ; fait de s'accroître : *Accroissement des investissements* (**SYN.** augmentation, progression ; **CONTR.** diminution, réduction).

accroître v.t. (du lat. *crescere*, croître) [conj. 94]. Augmenter l'importance ou l'intensité de : *Accroître la production de pétrole* (**SYN.** développer). *Cette remarque a accru sa colère* (**SYN.** amplifier, intensifier). ◆ **s'accroître** v.pr. Devenir plus étendu, plus important : *Sa popularité s'est accrue* (**SYN.** croître, se renforcer). *Son patrimoine s'est accru* (**SYN.** augmenter).

s'**accroupir** v.pr. (de *croupe*) [conj. 32]. S'asseoir sur les talons : *Les enfants se sont accroupis.*

accroupissement n.m. Position d'une personne accroupie.

accru, e adj. (p. passé de *accroître*). Plus grand : *Un effort accru. Des responsabilités accrues.*

accu n.m. (abrév.). Accumulateur électrique. ▸ *Fam.* ***Recharger les accus,*** reconstituer ses forces.

accueil n.m. **1.** Action, manière d'accueillir : *Réserver un accueil très chaleureux à ses invités* (**SYN.** réception). **2.** Espace, bureau où, dans un lieu public, on accueille les visiteurs (**SYN.** réception). ▸ ***Centre d'accueil,*** destiné à recevoir des personnes en difficulté.

accueillant, e adj. **1.** Qui fait bon accueil : *Une famille accueillante* (**SYN.** avenant, hospitalier ; **CONTR.** froid, glacial). **2.** Dont l'aspect est agréable : *Une ville accueillante* (**SYN.** engageant ; **CONTR.** inhospitalier).

accueillir v.t. (du lat. *colligere*, rassembler) [conj. 41]. **1.** Recevoir qqn d'une certaine manière : *Accueillir qqn à bras ouverts, froidement.* **2.** Donner l'hospitalité à qqn : *Accueillir des réfugiés* (**SYN.** héberger). **3.** Ménager un accueil, bon ou mauvais, à qqch : *Comment a-t-il accueilli cette nouvelle ?* (**SYN.** prendre, recevoir).

acculer v.t. (de *cul*) [conj. 3]. **1.** Pousser contre un obstacle qui empêche de reculer : *Ils l'avaient acculé au fond de l'impasse.* **2. [à].** Mettre dans l'impossibilité de se soustraire à une situation fâcheuse : *Ses créanciers l'ont acculé à la faillite* (**SYN.** réduire).

acculturation n.f. (mot anglo-amér., du lat. *ad*, vers, et *cultura*, culture). Processus par lequel un groupe humain ou une ethnie entre en contact avec une culture différente de la sienne et l'assimile totalement ou en partie : *L'acculturation des réfugiés.*

acculturer v.t. [conj. 3]. Provoquer l'acculturation de : *Les télévisions satellitaires tendent à acculturer les peuples.*

accumulateur n.m. Dispositif susceptible d'emmagasiner de l'énergie électrique sous forme chimique et de la restituer : *Batterie d'accumulateurs d'une automobile.* ▸ ***Accumulateur électrique,*** appareil emmagasinant de l'énergie sous forme chimique pour la restituer sous forme électrique (abrév. fam. accu).

accumulation n.f. Action d'accumuler ; fait de s'accumuler : *L'accumulation de papiers sur mon bureau* (**SYN.** amoncellement, empilement, entassement). ▸ ***Chauffage à*** ou ***par accumulation,*** dispositif de chauffage électrique mettant en réserve de la chaleur qu'il restitue ensuite.

accumuler v.t. (du lat. *cumulus*, amas) [conj. 3]. Mettre ensemble en grande quantité : *Accumuler des preuves contre un accusé* (**SYN.** amasser, réunir ; **CONTR.** disséminer, éparpiller). ◆ **s'accumuler** v.pr. S'entasser : *Les nuages s'accumulaient à l'horizon* (**SYN.** s'amonceler ; **CONTR.** se disperser, se dissiper).

accusateur, trice adj. Qui accuse : *Écrire un pamphlet accusateur.* ◆ n. Personne qui accuse.

accusatif n.m. (du lat. *accusare*, faire apparaître). Dans les langues à déclinaison, cas qui sert à marquer le complément d'objet des verbes et le complément introduit par certaines prépositions.

accusation n.f. **1.** Action d'accuser, de signaler comme coupable ; fait d'être accusé : *Être l'objet d'accusations graves* (**SYN.** attaque, critique). **2.** Action en justice par laquelle on accuse une personne d'un délit ou d'un crime : *Le greffier a lu l'acte d'accusation. Répondre de trois chefs d'accusation* (= points reprochés à l'accusé). **3.** (Précédé de l'art. déf.). Le ministère public (par opp. à la défense) : *L'accusation a demandé une peine exemplaire.*

accusé, e n. **1.** Personne à qui l'on impute une infraction. **2.** Dans la langue juridique, personne à qui un crime est imputé et qui est renvoyée devant la cour d'assises : *L'accusée a été acquittée.* ◆ **accusé** n.m. ▸ ***Accusé de réception,*** avis informant l'expéditeur que l'objet qu'il a envoyé a été reçu par le destinataire ; récépissé, reçu.

accuser v.t. (lat. *accusare*, de *causa*, affaire judiciaire) [conj. 3]. **1. [de].** Imputer à qqn une faute, une action blâmable : *Accuser qqn de traîtrise* ou *d'être un traître* (**SYN.** attaquer, blâmer, critiquer). **2. [de].** Déférer en justice pour un délit ou un crime : *Il est accusé de meurtre* (**SYN.** poursuivre pour). **3.** Rendre une caractéristique plus visible, la faire ressortir : *Un maquillage qui accuse les traits* (**SYN.** accentuer). **4.** Laisser apparaître ; montrer : *Son visage accuse la fatigue* (**SYN.** indiquer). ▸ ***Accuser le coup,*** montrer qu'on est affecté, touché. ***Accuser réception,*** faire savoir qu'on a reçu un envoi. ◆ **s'accuser** v.pr. **[de].** Se reconnaître coupable de : *S'accuser d'un crime. Il s'accuse de ne pas avoir réagi assez vite.*

ace [ɛs] n.m. (mot angl. signif. « as »). Au tennis, balle de service que l'adversaire ne peut toucher.

acéphale adj. (du gr. *kephalê*, tête). Sans tête : *Statue acéphale.*

acéracée n.f. (du lat. *acer*, érable). Arbre à grandes feuilles opposées, tel que l'érable.

acerbe adj. (lat. *acerbus*, aigre). Qui est agressif et cherche à blesser : *Une remarque acerbe* (**SYN.** caustique, incisif, mordant ; **CONTR.** aimable, bienveillant).

acéré, e adj. (de *acer*, forme anc. de *acier*). **1.** Dont la pointe, le tranchant est aiguisé, tranchant : *La lame acérée d'un poignard* (**SYN.** affilé ; **CONTR.** émoussé). **2.** *Litt.* D'une vivacité blessante : *Des commentaires acérés* (**SYN.** acerbe, caustique ; **CONTR.** bienveillant).

acériculteur, trice n. Au Québec, personne qui exploite une érablière.

acériculture n.f. (du lat. *acer*, érable, et de *culture*). Au Québec, exploitation industrielle des érablières.

acétate n.m. Constituant de fibres textiles, de matières plastiques, de films (on dit aussi *acétate de cellulose*).

acétique adj. ▸ ***Acide acétique,*** acide auquel le vinaigre doit sa saveur. ***Fermentation acétique,*** fermentation qui donne naissance au vinaigre.

acétone n.f. Liquide incolore, volatil, inflammable, d'odeur éthérée, utilisé comme solvant.

acétylène n.m. (du lat. *acetum*, vinaigre, et du gr. *hulê*, bois). Gaz inflammable, obtenu en traitant le carbure de calcium par l'eau : *Lampe à acétylène.*

acétylsalicylique adj. (du lat. *salix, salicis*, saule). ▸ ***Acide acétylsalicylique,*** aspirine.

achaine [akɛn] n.m. → **akène.**

achalandage n.m. **1.** *Vieilli* Ensemble des marchandises que l'on trouve chez un commerçant. **2.** Au Québec, clientèle d'un magasin ; fréquentation d'un lieu : *Une baisse de l'achalandage.*

achalandé, e adj. (de *chaland*). **1.** (Emploi critiqué mais cour.). Fourni en marchandises : *Une librairie bien achalandée* (= bien approvisionnée). **2.** Au Québec, qui attire de nombreux clients ; très fréquenté ou passant : *Une boutique toujours achalandée. Une autoroute achalandée.*

achards [aʃar] n.m. pl. Condiment d'origine indienne composé de fruits et de légumes macérés dans du vinaigre.

acharné, e adj. **1.** Qui est fait avec fougue et ardeur : *Il y a une concurrence acharnée sur le marché de* *l'informatique* (**SYN.** âpre, féroce). **2.** Qui est obstiné dans ce qu'il entreprend : *Un travailleur acharné* (**SYN.** opiniâtre, tenace ; **CONTR.** négligent).

acharnement n.m. Fait de s'acharner : *Elle a travaillé avec acharnement* (**SYN.** obstination, opiniâtreté, ténacité ; **CONTR.** indolence, négligence). ▸ ***Acharnement thérapeutique,*** fait de chercher à maintenir en vie, par tous les moyens thérapeutiques possibles, une personne dont l'état est jugé désespéré.

s'**acharner** v.pr. (de l'anc. fr. *charn,* chair) [conj. 3]. **1.** Mettre beaucoup de ténacité, de fougue dans ce qu'on entreprend ou employer toute son énergie pour obtenir qqch : *Il a dit qu'il y arriverait et il s'acharne* (**SYN.** s'obstiner ; **CONTR.** abandonner, renoncer à). *S'acharner au travail, à réussir.* **2. [sur, contre].** Poursuivre avec violence, hostilité : *Ils se sont acharnés sur la dernière arrivée* (**SYN.** persécuter). *Le sort s'acharne contre cette famille.*

achat n.m. (de l'anc. fr. *achater,* acheter). **1.** Action d'acheter : *L'achat d'un appartement* (**SYN.** acquisition ; **CONTR.** vente). **2.** Ce que l'on a acheté : *Montrer ses achats à qqn* (**SYN.** emplette).

acheminement n.m. Action d'acheminer, de s'acheminer : *L'acheminement du courrier. L'acheminement des secouristes par hélicoptère* (**SYN.** marche, progression).

acheminer v.t. (de *chemin*) [conj. 3]. Diriger qqn, qqch vers un lieu : *Acheminer des renforts par bateau* (**SYN.** transporter). ◆ **s'acheminer** v.pr. **1.** Se diriger vers un lieu : *La colonne de réfugiés s'achemine vers le camp* (**SYN.** aller). **2.** Avancer, tendre vers l'aboutissement de qqch : *Les négociations s'acheminent vers la signature d'un accord* (**SYN.** progresser).

acheter v.t. (du lat. *captare,* chercher à prendre) [conj. 28]. **1.** Obtenir, se procurer en payant : *Acheter une voiture* (**SYN.** acquérir). *Acheter comptant, à crédit.* **2.** Payer la complicité de qqn : *Acheter un témoin* (**SYN.** soudoyer). **3.** Obtenir avec effort, avec peine : *Acheter très cher sa liberté* (**SYN.** payer).

acheteur, euse n. **1.** Personne qui achète qqch : *Les acheteurs se bousculaient pour profiter des soldes* (**SYN.** client). *Un acheteur s'est présenté pour notre maison* (**SYN.** acquéreur, preneur ; **CONTR.** vendeur). **2.** Personne chargée de faire les achats de marchandises pour une entreprise, un grand magasin.

achevé, e adj. Qui est parfait en son genre (parfois en mauvaise part) : *C'est le type achevé du gastronome* (**SYN.** accompli). *C'est d'un ridicule achevé* (**SYN.** complet).

achèvement n.m. Action de mener à son terme, de finir : *L'achèvement de la construction d'un pont* (**SYN.** réalisation ; **CONTR.** abandon, interruption).

achever v.t. (de l'anc. fr. *a chief,* à bout) [conj. 19]. **1.** Mener une entreprise à son terme : *Elle doit achever cet article pour demain* (**SYN.** finir, terminer ; **CONTR.** abandonner, interrompre). **2.** Donner le dernier coup qui tue à un animal, à qqn : *Achever un cheval* (**SYN.** abattre ; **CONTR.** épargner). **3.** Accabler, décourager qqn : *Ce dernier malheur l'a achevé* (**SYN.** anéantir). ◆ **s'achever** v.pr. Arriver à son terme : *La soirée s'est achevée dans la bonne humeur* (**SYN.** finir, se terminer ; **CONTR.** commencer).

achigan [aʃigɑ̃] n.m. (mot algonquien). Au Québec, perche noire des étangs.

Achille [aʃil] n.pr. ▸ ***Talon d'Achille*** → **talon.**

achillée [akile] n.f. (gr. *akhilleios,* du nom d'Achille). Plante à feuilles très découpées, dont l'espèce la plus commune est la mille-feuille.

achoppement n.m. ▸ ***Pierre d'achoppement,*** difficulté ; cause d'échec : *La question du travail de nuit est la pierre d'achoppement des négociations* (**SYN.** écueil, obstacle).

achopper v.i. (de *chopper,* buter, d'orig. onomat.) [conj. 3]. **[sur]. 1.** *Litt.* Heurter qqch du pied (**SYN.** trébucher). **2.** Être arrêté par une difficulté : *Achopper sur le « th » en anglais* (**SYN.** buter sur).

achromatique [akromatik] adj. (du gr. *khrôma,* couleur). Qui laisse passer la lumière blanche sans la décomposer.

achromatisme n.m. Propriété d'un système optique achromatique.

acide adj. (lat. *acidus*). **1.** Qui a une saveur piquante : *Ces fruits sont acides* (**SYN.** aigre ; **CONTR.** sucré). **2.** Qui est désagréable ou blessant : *Une critique acide* (**SYN.** caustique, mordant ; **CONTR.** aimable, doux). **3.** En chimie, qui a les propriétés d'un acide : *Une solution acide.* ◆ n.m. En chimie, corps qui agit sur les bases et les métaux en formant des sels, et qui fait virer au rouge la teinture bleue de tournesol.

acidifiant, e adj. et n.m. Se dit d'une substance qui a la propriété de rendre qqch acide.

acidifier v.t. [conj. 9]. **1.** Rendre acide : *L'air acidifie le vin.* **2.** En chimie, transformer en acide.

acidité n.f. **1.** Saveur acide, aigre : *L'acidité d'un fruit vert.* **2.** Caractère mordant : *Une remarque pleine d'acidité* (**SYN.** causticité ; **CONTR.** bienveillance). **3.** En chimie, caractère acide d'un corps.

acidulé, e adj. D'une saveur légèrement acide : *Des bonbons acidulés.*

acier n.m. (du lat. *acies,* pointe). Alliage de fer et de carbone susceptible d'acquérir, par traitement mécanique et thermique, des propriétés très variées : *Des structures en acier. Acier inoxydable.* ▸ ***D'acier,*** qui est dur, résistant : *Une poigne d'acier* (= fort). *Un cœur d'acier* (= inflexible). ◆ adj. inv. D'un gris mat, métallique : *Des étoffes acier.*

aciéré, e adj. Qui contient de l'acier ; recouvert d'acier : *Fonte aciérée.*

aciérie n.f. Usine où l'on fabrique de l'acier.

acmé n.m. ou n.f. (gr. *akmê,* pointe). *Litt.* Point culminant : *L'acmé flamboyant de la civilisation grecque* (**SYN.** apogée, zénith).

acné n.f. (lat. scientif. *acne,* transcription erronée du gr. *akmê,* pointe). Affection de la peau caractérisée par des boutons siégeant surtout au visage : *Acné disgracieuse.*

acnéique adj. Relatif à l'acné : *Visages acnéiques.*

acolyte n.m. (gr. *akolouthos,* serviteur). **1.** *Péjor.* Personne qui en accompagne une autre pour l'aider à commettre des actes délictueux : *Un mafioso et ses acolytes.* **2.** Dans la religion catholique, clerc qui assiste le prêtre à l'autel.

acompte n.m. Paiement partiel à valoir sur le montant d'une somme à payer : *Vous devrez verser un* *acompte à la commande* (**SYN.** provision). *Demander un acompte sur son salaire* (**SYN.** avance).

aconit [akɔnit] n.m. Plante vénéneuse des régions montagneuses, à feuilles vert sombre, possédant un pétale supérieur en forme de casque.

a contrario [akɔ̃trarjo] loc. adj. inv. (loc. lat. signif. « par le contraire »). Se dit d'un raisonnement qui considère que, si l'on part d'hypothèses inverses, on aboutit à des conclusions inverses : *Des preuves a contrario.* ◆ loc. adv. En procédant par un raisonnement a contrario : *Justifier qqch a contrario.*

s'**acoquiner** v.pr. (de *coquin*) [conj. 3]. *Péjor.* Se lier avec des personnes peu recommandables : *Il s'était acoquiné avec des trafiquants* (**SYN.** s'aboucher).

à-côté n.m. (pl. *à-côtés*). **1.** Point secondaire, accessoire : *Vous vous perdez dans les à-côtés de la question.* **2.** Ce que l'on gagne en plus de son salaire habituel ; dépenses qui viennent en supplément : *Se faire des à-côtés en travaillant au noir. Les à-côtés imprévus augmentent le prix du voyage.*

à-coup n.m. (pl. *à-coups*). **1.** Arrêt brusque immédiatement suivi d'une reprise ; saccade : *Le moteur eut quelques à-coups puis cala* (**SYN.** raté, secousse, soubresaut). **2.** Incident fâcheux : *Une vie pleine d'à-coups* (**SYN.** complication, ennui). ▸ ***Par à-coups,*** de façon intermittente, irrégulière : *La reprise économique se fait par à-coups.*

acouphène n.m. (du gr. *akouein,* entendre, et *phainein,* apparaître). Sensation auditive perçue en l'absence de tout stimulus extérieur : *Les bourdonnements et sifflements d'oreille sont des acouphènes.*

acousticien, enne n. Spécialiste d'acoustique.

acoustique adj. (du gr. *akouein,* entendre). Relatif à la perception des sons ; qui relève de l'audition : *Le nerf acoustique.* ◆ n.f. **1.** Partie de la physique qui étudie les sons. **2.** Qualité d'un lieu du point de vue de la propagation des sons : *L'acoustique de l'auditorium est excellente.*

acquéreur n.m. Personne qui acquiert un objet représentant un certain investissement financier : *Elle s'est portée acquéreur d'un restaurant* (**SYN.** acheteur, preneur).

acquérir v.t. (lat. *acquirere*) [conj. 39]. **1.** Devenir propriétaire d'un bien, d'un droit, par achat, échange, succession : *La maison de campagne qu'ils ont acquise* (**SYN.** acheter). *Elle acquerra le domaine familial par voie d'héritage.* **2.** Arriver à avoir, obtenir grâce à un effort, à l'expérience, au temps : *Il a acquis la célébrité avec son troisième roman* (**SYN.** conquérir, gagner ; **CONTR.** perdre). **3.** Faire avoir ; procurer : *Son attitude courageuse lui a acquis notre gratitude* (**SYN.** valoir).

acquêt n.m. Bien acheté par l'un des époux et qui entre dans la communauté (par opp. à bien propre) : *Être marié sous le régime de la communauté réduite aux acquêts.*

acquiescement n.m. Action d'acquiescer à une proposition, une idée : *Guetter l'acquiescement de qqn* (**SYN.** agrément, assentiment, consentement ; **CONTR.** refus).

acquiescer v.i. (lat. *acquiescere,* se reposer) [conj. 21]. *Litt.* Se ranger à l'avis de son interlocuteur : *Il acquiesça tout de suite* (**SYN.** accepter, approuver ; **CONTR.** refuser). ◆ v.t. ind. **[à].** Donner son accord, son approbation à : *Elle acquiesçait à tous nos désirs* (**SYN.** souscrire à ; **CONTR.** s'opposer à).

acquis, e adj. (p. passé de *acquérir*). **1.** Qui est obtenu par la recherche, le travail, l'habitude : *Une rapidité acquise par la pratique.* **2.** Qui a été obtenu, reconnu une fois pour toutes et ne peut être contesté : *Fait acquis. Droits, avantages acquis.* ▸ ***Acquis à,*** entièrement gagné, dévoué à une idée, à qqn ; partisan de : *Être acquis à une cause. Je vous suis tout acquis.* ***Caractères acquis,*** qui ne font pas partie du patrimoine génétique mais sont apportés par les circonstances (**CONTR.** héréditaire, inné). ◆ **acquis** n.m. **1.** Ensemble de privilèges, d'avantages, de droits obtenus par la lutte : *Le droit de grève fut un acquis considérable.* **2.** Connaissances, savoir obtenus par l'étude ou l'expérience : *Vivre sur ses acquis* (**SYN.** bagage). ☞ **REM.** Ne pas confondre avec *un acquit.*

acquisition n.f. **1.** Action d'acquérir un bien : *Faire l'acquisition d'un réfrigérateur* (**SYN.** achat ; **CONTR.** vente). **2.** Action d'acquérir un savoir : *L'acquisition du langage.* **3.** Ce que l'on a acheté : *Montre-moi ta dernière acquisition* (**SYN.** achat, emplette).

acquit n.m. (de *acquitter*). Reconnaissance écrite d'un paiement (**SYN.** quittance, reçu). ▸ ***Par acquit de conscience,*** pour éviter des remords par la suite : *J'ai tout vérifié par acquit de conscience.* ***Pour acquit,*** formule écrite au verso d'un chèque, au bas d'un billet, pour certifier qu'ils ont été payés. ☞ **REM.** Ne pas confondre avec *acquis.*

acquittement n.m. **1.** Fait de payer ce que l'on doit : *L'acquittement d'une dette* (**SYN.** paiement, remboursement). **2.** Action de déclarer innocent par une décision judiciaire : *L'acquittement d'un accusé* (**CONTR.** condamnation).

acquitter v.t. (de *quitte*) [conj. 3]. **1.** Payer ce que l'on doit : *Acquitter ses impôts, une facture* (**SYN.** payer, régler). **2.** Déclarer non coupable : *Acquitter un accusé* (**SYN.** blanchir, disculper, innocenter ; **CONTR.** condamner). ◆ **s'acquitter** v.pr. **[de].** Accomplir ce à quoi on est tenu : *S'acquitter d'une mission difficile* (**SYN.** accomplir). *S'acquitter de ses dettes envers qqn* (**SYN.** se libérer, rembourser).

acra n.m. (orig. obsc.). Dans la cuisine créole, boulette de morue pilée ou de pulpe de légume enrobée de pâte à beignet, frite à l'huile bouillante.

acre n.f. (mot anglo-normand). Ancienne mesure agraire qui valait environ 52 ares en France.

âcre adj. (lat. *acer*). Dont la saveur ou l'odeur est forte et irritante : *L'odeur âcre d'un vieux chiffon qui brûle* (**SYN.** piquant). *Ces fruits verts sont âcres* (**SYN.** amer, âpre ; **CONTR.** doux).

âcreté n.f. Caractère de ce qui est âcre : *L'âcreté d'un fruit vert* (**SYN.** amertume, âpreté ; **CONTR.** douceur).

acridien n.m. (du gr. *akris, akridos,* sauterelle). Insecte sauteur tel que le criquet.

acrimonie n.f. (lat. *acrimonia,* de *acer,* âcre). *Litt.* Mauvaise humeur qui se manifeste par un ton mordant, des propos acerbes : *Essayer de s'expliquer sans acrimonie* (**SYN.** agressivité, aigreur, hargne ; **CONTR.** courtoisie, gentillesse).

acrimonieux, euse adj. *Litt.* Plein d'acrimonie :

Éviter les paroles acrimonieuses (**SYN.** acerbe, agressif, aigre ; **CONTR.** aimable, bienveillant).

acrobate n. (du gr. *akrobatein,* aller sur la pointe des pieds). **1.** Artiste qui exécute des exercices d'agilité, d'adresse ou de force dans un cirque, un music-hall. **2.** Personne qui recourt à des procédés habiles mais peu conventionnels : *Un acrobate de la Bourse.*

acrobatie [akrɔbasi] n.f. **1.** Exercice d'acrobate, difficile ou périlleux : *Les acrobaties d'un funambule.* **2.** Façon de faire ingénieuse, mais compliquée et souvent discutable : *Se livrer à des acrobaties financières* (= tour de passe-passe). ▸ ***Acrobatie aérienne,*** manœuvres acrobatiques exécutées avec un avion.

acrobatique adj. **1.** Qui tient de l'acrobatie : *Un saut acrobatique.* **2.** D'une virtuosité périlleuse : *Un redressement financier acrobatique.*

acronyme n.m. (du gr. *akros,* élevé, haut, et *onoma,* nom). Sigle qui peut être prononcé comme un mot ordinaire : *C.A.P.E.S., qui signifie « certificat d'aptitude au professorat de l'enseignement du second degré », est un acronyme.*

acropole n.f. (du gr. *akros,* élevé, haut, et *polis,* ville). **1.** Partie la plus élevée des cités grecques, servant de citadelle. **2.** (Avec une majuscule). La citadelle d'Athènes : *Visiter l'Acropole.*

acrostiche n.m. (du gr. *akros,* élevé, haut, et *stikhos,* vers). Pièce de vers composée de telle sorte qu'en lisant dans le sens vertical la première lettre de chaque vers on trouve le mot pris pour thème, le nom de l'auteur ou celui du dédicataire : *Un ingénieux acrostiche.*

acrylique adj. et n.m. (du lat. *acer, acris,* acide, et du gr. *hulê,* matière). Se dit d'une fibre textile synthétique, obtenue par polymérisation : *Des tissus en fibre acrylique. De l'acrylique.* ◆ adj. et n.f. Se dit d'une peinture obtenue par la dispersion de pigments dans une émulsion aqueuse.

① **acte** n.m. (lat. *actum,* fait, action). **1.** Manifestation concrète de l'activité humaine, considérée en tant que fait objectif et accompli : *Assez discuté, passons aux actes* (**SYN.** action). **2.** Action humaine adaptée à une fin, de caractère volontaire ou involontaire : *Acte automatique. Ce revirement est un acte de folie.* **3.** Dans la langue juridique, écrit constatant une opération ou une situation juridique : *Acte de naissance, de décès. Acte de vente. La greffière a lu l'acte d'accusation.* ▸ ***Acte manqué,*** acte que l'on substitue inconsciemment à celui qu'on avait l'intention de faire. ***Dont acte,*** bonne note est prise. ***Faire acte de,*** témoigner de, donner la preuve de : *Faire acte d'autorité.* ***Passage à l'acte,*** réalisation d'une tendance, d'un désir impulsif jusque-là réprimé. ***Prendre acte de*** ou ***que,*** déclarer que l'on se prévaudra par la suite du fait constaté : *Nous prenons acte de votre accord, que vous acceptez notre proposition.*

② **acte** n.m. (lat. *actus,* représentation scénique). Chacune des grandes divisions d'une pièce de théâtre ou d'un opéra : *Son monologue se situe dans la scène 2 du premier acte.*

acter v.t. [conj. 3]. Prendre acte de ; entériner, valider.

acteur, trice n. (lat. *actor,* celui qui agit). **1.** Artiste qui joue dans une pièce de théâtre ou dans un film : *La palme de la meilleure actrice* (**SYN.** comédien). **2.** Personne qui prend une part active dans une entreprise : *Les acteurs de cette escroquerie* (**SYN.** protagoniste ; **CONTR.** spectateur, témoin).

① **actif, ive** adj. (lat. *activus*). **1.** Qui agit, qui manifeste de l'activité, de l'énergie ; qui implique de l'activité : *Des seniors qui restent actifs* (**SYN.** dynamique, entreprenant ; **CONTR.** oisif, passif). *La police mène d'actives recherches* (**SYN.** énergique ; **CONTR.** mou). **2.** Qui joue un rôle effectif ; qui est en exercice, en activité : *Un membre actif du comité. La population active* (= l'ensemble des citoyens qui travaillent ou cherchent un emploi). **3.** Qui agit efficacement : *Remède actif* (**SYN.** efficace ; **CONTR.** inopérant). ▸ ***D'active,*** se dit d'un membre des forces armées permanentes d'une nation (par opp. à de réserve). ***Vie active,*** période de la vie où l'on exerce une activité professionnelle : *Entrer dans la vie active.* ***Voix active,*** forme du verbe qui, aux temps simples, n'a pas d'auxiliaire et qui présente l'action comme faite par le sujet (par opp. à voix passive).

② **actif, ive** n. Personne appartenant à la population active.

③ **actif** n.m. (de *1. actif*). **1.** Ensemble des biens possédés par un particulier, une entreprise : *L'actif de la société se compose d'immeubles et d'actions* (**CONTR.** passif). **2.** Voix active d'un verbe (par opp. à passif) : *Dans la phrase « Pierre mange une pomme », le verbe est conjugué à l'actif.* ▸ ***Avoir qqch à son actif,*** être en mesure de se prévaloir de : *Elle a à son actif l'escalade de plusieurs hauts sommets.*

actinie n.f. (du gr. *aktis, aktinos,* rayon). Polype à nombreux tentacules, fixé aux rochers littoraux, appelé cour. *anémone de mer.*

① **action** n.f. (lat. *actio,* de *agere,* agir). **1.** Fait d'agir, de manifester sa volonté en accomplissant qqch : *Par son action audacieuse, le ministre a évité la crise* (**SYN.** acte ; **CONTR.** réflexion). *Elle est passée à l'action* (**SYN.** acte ; **CONTR.** inaction). *Homme, femme d'action* (= actif, entreprenant). **2.** Ce que l'on fait ; manifestation concrète de la volonté de qqn, d'un groupe : *Le mobile d'une action* (**SYN.** acte). *Action d'éclat* (= exploit). **3.** Effet produit par qqch ou qqn agissant d'une manière déterminée ; manière d'agir : *L'action du vent sur le littoral* (**SYN.** effet). *Un traitement à action rapide.* **4.** Mouvement collectif organisé en vue d'un effet particulier : *Action revendicative.* **5.** Engagement militaire limité dans sa durée et dans ses objectifs ; coup de main, combat. **6.** Ensemble des événements qui constituent la trame d'un récit ; progression dramatique, péripéties d'une œuvre : *Situer l'action d'un roman au siècle dernier. Unité d'action. Son dernier film manque d'action* (= il n'y a pas de rebondissements). **7.** Exercice d'un droit en justice : *Intenter une action* (= porter plainte). **8.** En Suisse, vente promotionnelle. ▸ ***Mettre en action,*** réaliser ce qui n'était encore qu'un projet. ***Verbe d'action,*** verbe exprimant une action (par opp. à verbe d'état) : *« Courir, marcher, sauter, prendre » sont des verbes d'action.*

② **action** n.f. Titre représentant une fraction de capital dans certaines sociétés et donnant droit à une part des bénéfices : *Acheter, vendre des actions.* ▸ ***Ses actions sont en hausse, en baisse,*** se dit d'une personne dont la popularité augmente, diminue.

actionnaire n. Personne qui possède des actions dans une société : *Les actionnaires réclament plus de dividendes.*

actionnariat n.m. **1.** Division en actions du capital des entreprises. **2.** Fait d'être actionnaire : *Chercher à développer l'actionnariat des salariés.* **3.** Ensemble des actionnaires.

actionner v.t. [conj. 3]. Faire fonctionner ; mettre en mouvement : *Chute d'eau qui actionne une turbine* (**SYN.** entraîner ; **CONTR.** arrêter, immobiliser).

activation n.f. **1.** Action d'activer : *L'inondation a engendré une activation de l'épidémie* (**SYN.** accélération, extension). **2.** En chimie, augmentation de la réactivité d'un corps, notamm. par absorption de radiations.

activement adv. De façon active : *La police recherche activement des témoins* (**SYN.** énergiquement ; **CONTR.** mollement).

activer v.t. (de *1. actif*) [conj. 3]. **1.** Rendre plus vif, plus actif : *Le vent violent activait l'incendie* (**SYN.** aviver, renforcer ; **CONTR.** calmer). **2.** Rendre plus rapide : *Activer la préparation d'un sommet diplomatique* (**SYN.** accélérer ; **CONTR.** ralentir). **3.** En chimie, soumettre à l'activation. ◆ **s'activer** v.pr. Travailler avec diligence, avec ardeur : *Les diplomates s'activent avant l'ouverture de la conférence* (**SYN.** s'affairer ; **CONTR.** traîner).

activisme n.m. **1.** Attitude politique qui préconise l'action directe, la propagande active. **2.** Attitude morale qui insiste sur les nécessités de la vie et de l'action, plus que sur les principes théoriques.

activiste adj. et n. Relatif à l'activisme politique ; qui en est partisan.

activité n.f. **1.** Ensemble des phénomènes par lesquels se manifeste la vie, un processus ; action : *Avoir une activité en rapport avec son âge. Activité physique, intellectuelle.* **2.** Vivacité et énergie dans l'action de qqn ; dynamisme : *Des enfants d'une activité débordante* (**SYN.** entrain ; **CONTR.** apathie, indolence). **3.** Action d'une personne, d'une entreprise, d'une nation dans un domaine défini ; domaine dans lequel s'exerce cette action : *L'activité économique d'une région* (**SYN.** vie). *Avoir de nombreuses activités* (**SYN.** occupation). *Les activités d'un groupe industriel.* ▸ ***En activité,*** se dit d'un fonctionnaire en exercice, en service (par opp. à en disponibilité, en retraite) ; se dit d'un volcan susceptible d'entrer en éruption (par opp. à éteint).

actuaire n. (lat. *actuarius*). Spécialiste des calculs statistiques appliqués aux assurances.

actualisation n.f. Action d'actualiser ; fait d'être actualisé : *Faire l'actualisation d'une base de données* (**SYN.** adaptation, rénovation).

actualiser v.t. [conj. 3]. Rendre actuel ; adapter à l'époque présente : *Actualiser ses connaissances grâce à Internet. Actualiser un dictionnaire* (= le mettre à jour).

actualité n.f. **1.** Caractère de ce qui appartient ou convient au moment présent : *Cette question est d'une actualité brûlante.* **2.** Ensemble des événements, des faits actuels, récents : *L'actualité économique, sportive.* ◆ **actualités** n.f. pl. Journal filmé d'informations politiques et générales.

actuariel, elle adj. (du lat. *actuarius,* comptable). ▸ ***Taux actuariel,*** taux de rendement produit par un capital dont les intérêts et le remboursement sont assurés par une série de versements échelonnés dans le temps.

actuel, elle adj. (bas lat. *actualis,* agissant). Qui existe dans le moment présent, l'époque présente : *La politique actuelle du gouvernement* (**CONTR.** passé). *Les romancières actuelles* (**SYN.** contemporain, moderne ; **CONTR.** ancien).

actuellement adv. Dans la période présente ; en ce moment : *Son œuvre est actuellement exposée au musée municipal* (**SYN.** maintenant, présentement ; **CONTR.** autrefois). *Actuellement, l'urgence est de trouver un vaccin* (= de nos jours ; **SYN.** aujourd'hui ; **CONTR.** hier).

acuité n.f. (du lat. *acutus,* aigu). **1.** Caractère de ce qui est aigu, vif : *Acuité d'un son, d'une douleur* (**SYN.** intensité). **2.** Capacité d'un organe des sens à percevoir un stimulus : *Baisse de l'acuité auditive, visuelle.* **3.** Capacité de l'esprit à comprendre : *Intelligence d'une grande acuité* (**SYN.** finesse, pénétration, perspicacité).

acupuncteur, trice ou **acuponcteur, trice** [akypɔ̃ktœr, tris] n. Médecin spécialiste de l'acupuncture.

acupuncture ou **acuponcture** [akypɔ̃ktyr] n.f. (du lat. *acus,* aiguille, et *punctura,* piqûre). Traitement médical d'origine chinoise qui consiste à piquer des aiguilles en certains points du corps.

acutangle adj. Se dit d'un triangle qui a trois angles aigus.

adage n.m. (lat. *adagium*). Maxime ancienne et populaire empruntée au droit coutumier ou écrit : *« Nul n'est censé ignorer la loi » est un adage.*

adagio [adadʒjo] adv. (mot it.). Terme de musique indiquant qu'un morceau doit être joué lentement. ◆ n.m. Passage d'une œuvre exécuté dans ce tempo : *Des adagios.*

adamantin, e adj. (gr. *adamantinos,* dur comme l'acier). *Litt.* Qui rappelle le diamant par son brillant, son éclat.

adaptabilité n.f. Capacité d'un organisme à s'adapter à de nouveaux milieux.

adaptable adj. Qui peut être adapté ; qui peut s'adapter.

① **adaptateur** n.m. Instrument, dispositif permettant de faire fonctionner un appareil dans des conditions pour lesquelles il n'est pas conçu : *Adaptateur pour prises de courant.*

② **adaptateur, trice** n. Personne qui adapte une œuvre littéraire au cinéma, au théâtre.

adaptation n.f. Action d'adapter, de s'adapter ; son résultat : *Son intégration dans l'équipe a nécessité un effort d'adaptation. L'adaptation d'un roman au cinéma* (**SYN.** transposition). *Faciliter l'adaptation d'animaux à un nouveau milieu* (**SYN.** acclimatation).

adapter v.t. (du lat. *aptus,* apte) [conj. 3]. **1.** Réaliser la jonction d'une chose avec une autre dans un but déterminé : *Adapter un robinet à un tuyau* (**SYN.** ajuster). **2.** Mettre en accord avec : *Adapter sa pédagogie à ses élèves* (**SYN.** approprier, harmoniser). **3.** Transformer une œuvre littéraire en la faisant passer dans un autre mode d'expression ou d'une langue à une autre : *Plusieurs romans de Balzac ont été adaptés au cinéma* (**SYN.** transposer). *Molière a adapté des pièces de la* *commedia dell'arte.* ◆ **s'adapter** v.pr. **[à].** Approprier son comportement aux circonstances, au milieu : *Les enfants s'adaptent rapidement à leur environnement* (SYN. s'accoutumer, s'habituer). *S'adapter à un nouveau mode de vie* (SYN. se faire).

addenda [adɛ̃da] n.m. inv. (mot lat. signif. « choses à ajouter »). Ensemble d'articles, de notes que l'on ajoute à un ouvrage pour le compléter (SYN. annexe, appendice).

addictif, ive adj. Relatif à l'addiction.

addiction n.f. (mot angl., du lat.). Toxicomanie.

additif n.m. **1.** Produit qu'on ajoute à un autre pour en améliorer les caractéristiques, les propriétés : *Les additifs alimentaires.* **2.** Paragraphe, clause ajoutés à un texte : *Présenter des additifs à une loi.*

addition n.f. (du lat. *addere,* ajouter). **1.** Action d'ajouter ; ce qu'on ajoute : *L'addition d'un codicille à un testament* (SYN. adjonction, ajout). **2.** Première des quatre opérations fondamentales de l'arithmétique, symbolisée par le signe + (plus) : *Vérifier le total d'une addition* (CONTR. soustraction). **3.** Facture de ce que l'on a consommé au café, au restaurant : *Garçon, l'addition, s'il vous plaît !* (SYN. note).

additionnel, elle adj. Qui est ajouté : *Relire attentivement les clauses additionnelles.*

additionner v.t. [conj. 3]. **1.** Ajouter deux ou plusieurs quantités, deux ou plusieurs nombres pour en calculer le total : *Additionner les recettes de la semaine* (SYN. totaliser ; CONTR. retrancher, soustraire). *Additionner 5 et 8* ou *5 à 8.* **2.** Modifier une substance en y ajoutant un élément d'une autre nature : *Du lait additionné d'eau* (SYN. étendre). ◆ **s'additionner** v.pr. S'ajouter les uns aux autres : *Depuis un an, les erreurs se sont additionnées* (SYN. s'accumuler, se succéder).

adducteur adj.m. et n.m. (du lat. *adducere,* amener). Se dit d'un muscle qui produit l'adduction (par opp. à abducteur).

adduction n.f. **1.** Mouvement qui rapproche un membre de l'axe du corps (par opp. à abduction). **2.** Action de conduire un fluide à l'endroit où il est utilisé, consommé : *Travaux d'adduction d'eau, de gaz.*

adénite n.f. Inflammation des ganglions lymphatiques.

adénoïde adj. Qui se rapporte au tissu glandulaire.

adénome n.m. (du gr. *adên,* glande). Tumeur bénigne qui se développe dans une glande.

adénovirus n.m. Virus dont le patrimoine génétique est constitué d'une molécule d'A.D.N. (par opp. à rétrovirus).

adepte n. (du lat. *adeptus,* qui a obtenu, atteint). **1.** Personne affiliée à un mouvement, un groupement : *Les adeptes d'une secte* (SYN. fidèle, membre). **2.** Partisan convaincu d'une doctrine ou de son promoteur : *Les nombreux adeptes du positivisme* (SYN. partisan, sectateur, tenant ; CONTR. détracteur, opposant). **3.** Personne qui privilégie et pratique telle activité : *Une adepte de l'alimentation bio.*

adéquat, e [adekwa, at] adj. (lat. *adaequatus,* de *aequus,* égal). Qui correspond parfaitement à son objet, à ce qu'on attend : *Elle a eu la réaction adéquate* (SYN. ad hoc, approprié ; CONTR. impropre, inadéquat).

adéquatement [adekwatmɑ̃] adv. De façon adéquate : *Ses chansons reflètent adéquatement l'air du temps* (SYN. exactement, parfaitement).

adéquation [adekwasjɔ̃] n.f. Accord parfait entre le but qu'on vise et le résultat qu'on atteint : *L'adéquation de la réforme à l'attente de la population* (SYN. concordance ; CONTR. discordance).

adhérence n.f. **1.** État d'une chose qui tient à une autre, qui est fortement attachée, collée : *Par temps de pluie, l'adhérence des pneus à la route diminue.* **2.** Accolement pathologique de deux organes normalement séparés : *Adhérence des deux feuillets de la plèvre.*

① **adhérent, e** adj. Qui colle fortement : *La glu est une substance adhérente* (SYN. adhésif, collant).

② **adhérent, e** n. et adj. Personne inscrite dans une association, un parti politique : *Le nombre d'adhérents diminue* (SYN. membre, militant).

adhérer v.t. ind. (lat. *adhaerere,* être attaché) [conj. 18]. **[à].** **1.** Se fixer fortement à : *Ventouse adhérant mal à un support* (SYN. coller à). **2.** S'inscrire à un parti, à une association : *Je souhaite adhérer à votre syndicat* (SYN. s'affilier). **3.** Se ranger à un avis ; partager une opinion : *Votre analyse est juste et j'y adhère* (SYN. approuver, souscrire à).

adhésif, ive adj. Se dit de qqch qui peut coller à une surface ; adhérent : *Pansement, papier adhésif* (SYN. collant). ◆ **adhésif** n.m. **1.** Substance synthétique capable de fixer deux surfaces entre elles ; colle. **2.** Ruban, papier adhésif.

adhésion n.f. **1.** Action de s'inscrire à un parti, à une association : *Un bulletin d'adhésion* (SYN. inscription). *Les adhésions augmentent* (SYN. affiliation). **2.** Action de souscrire à une idée ou à une doctrine : *Son éloquence a emporté l'adhésion de l'auditoire* (SYN. accord, approbation ; CONTR. opposition, rejet).

ad hoc [adɔk] loc. adj. inv. (loc. lat. signif. « pour cela »). Qui convient à la situation, au sujet : *Il faudra choisir les mots ad hoc* (SYN. adéquat, approprié, opportun ; CONTR. inadéquat, inopportun).

ad hominem [adɔminɛm] loc. adj. inv. (loc. lat. signif. « à l'homme »). ▸ ***Arguments ad hominem,*** arguments par lesquels on attaque directement l'adversaire en lui opposant ses propres déclarations.

adieu interj. et n.m. (de *à* et *Dieu*). Formule de salut employée quand on quitte qqn pour longtemps ou pour toujours : *Il faut se dire adieu* (SYN. au revoir ; CONTR. bonjour). *Elle monta dans le train pour couper court aux adieux.* ▸ ***Dire adieu à qqch,*** y renoncer : *Avec ce film, il dit adieu à la violence.*

à Dieu vat [adjøvat] ou **à Dieu va** interj. (de *à Dieu* et *va,* impér. du verbe *aller*). Formule employée pour indiquer que l'on s'en remet à la Providence : *Ma décision est prise, à Dieu vat !* (= à la grâce de Dieu).

adipeux, euse adj. (du lat. *adeps, adipis,* graisse). **1.** Qui a les caractères de la graisse ; qui renferme de la graisse : *Tissu adipeux* (SYN. graisseux). **2.** Bouffi de graisse : *Un visage adipeux* (SYN. empâté, gras ; CONTR. maigre).

adjacent, e adj. (lat. *adjacens,* situé auprès). Situé auprès de : *Les terres adjacentes sont en friche* (SYN. attenant, limitrophe, voisin ; CONTR. distant, éloigné).

▸ ***Angles adjacents,*** angles ayant le même sommet, un côté commun, et situés de part et d'autre de ce côté.

① **adjectif** n.m. (du lat. *adjectivum* [*nomen*], [nom] qui s'ajoute). Mot variable qui qualifie ou détermine le substantif auquel il est joint : *Adjectif qualificatif, démonstratif, possessif.* ▸ ***Adjectif verbal,*** adjectif issu du participe présent du verbe.

② **adjectif, ive** ou **adjectival, e, aux** adj. Qui a le caractère de l'adjectif : *« À l'emporte-pièce » est une locution adjective.*

adjectivé, e adj. Transformé en adjectif ; utilisé comme adjectif : *Le nom « phare » est adjectivé dans l'expression « des produits phares ».*

adjectivement adv. Avec la valeur d'un adjectif : *Dans l'expression « des photos chocs », le nom « choc » est employé adjectivement.*

adjoindre v.t. (lat. *adjungere*) [conj. 82]. **[à]. 1.** Associer, joindre une chose à une autre : *Il a adjoint un lexique à son ouvrage* (**SYN.** annexer ; **CONTR.** supprimer). **2.** Associer une personne à une autre pour la seconder, l'aider : *On a adjoint deux stagiaires à la secrétaire.* ◆ **s'adjoindre** v.pr. Engager comme aide : *Elle s'est adjoint une assistante* (**SYN.** s'attacher, prendre).

adjoint, e n. et adj. Personne associée à une autre pour la seconder : *Je vous présente le directeur adjoint* (= en second ; **SYN.** auxiliaire). *J'ai besoin d'une adjointe* (**SYN.** assistant, second). *L'adjointe de l'intendante a assuré l'intérim.* ▸ ***Adjoint au maire,*** conseiller municipal qui assiste le maire dans ses fonctions.

adjonction n.f. Action, fait d'adjoindre : *L'adjonction d'une carte mémoire à un ordinateur* (**SYN.** addition, ajout).

adjudant, e n. (esp. *ayudante,* de *ayudar,* aider). Sous-officier d'un grade immédiatement supérieur au grade de sergent-chef. ◆ **adjudant-chef, adjudante-chef** n. (pl. *adjudants-chefs, adjudantes-chefs*). Sous-officier d'un grade intermédiaire entre ceux d'adjudant et de major.

adjudicataire n. Bénéficiaire d'une adjudication.

adjudicateur, trice n. Personne qui met en adjudication un bien ou un marché.

adjudication n.f. Attribution d'un marché public ou, dans une vente aux enchères, d'un bien, à la personne qui offre le meilleur prix : *La commune met en adjudication la construction d'une piscine olympique.*

adjuger v.t. (lat. *adjudicare*) [conj. 17]. **1.** Concéder par adjudication : *Les perles ont été adjugées au plus offrant. Une fois, deux fois, trois fois, adjugé* (= l'enchère est terminée). **2.** Attribuer une récompense : *La palme lui a été adjugée à l'unanimité* (**SYN.** conférer, décerner). ◆ **s'adjuger** v.pr. S'emparer de qqch de façon arbitraire : *Elle s'est adjugé la paternité du projet* (**SYN.** s'approprier).

adjuration n.f. Action d'adjurer : *Céder aux adjurations de sa famille* (**SYN.** prière, supplication).

adjurer v.t. (lat. *adjurare,* sommer au nom de Dieu) [conj. 3]. Prier instamment : *Je vous adjure de ne pas partir aujourd'hui* (**SYN.** conjurer, implorer, supplier).

adjuvant, e adj. (du lat. *adjuvare,* aider). **1.** Se dit de ce qui renforce ou complète les effets de la médication principale : *Médicament, traitement adjuvant.* **2.** Se dit d'un produit que l'on ajoute à un autre pour en améliorer les caractéristiques. ◆ **adjuvant** n.m. Produit adjuvant : *Les adjuvants du béton.*

ad libitum [adlibitɔm] loc. adv. (loc. lat., de *libet,* il plaît). À volonté ; au choix (abrév. ad lib.) : *Demain, vous pourrez photographier les fresques ad libitum* (= autant que vous le désirez).

A.D.M. ou **ADM** [adeɛm] (sigle). ▸ ***Arme de destruction massive*** → **arme.**

admettre v.t. (lat. *admittere*) [conj. 84]. **1.** Laisser entrer dans un lieu, au sein d'un groupe : *Les animaux ne sont pas admis dans les commerces de bouche.* **2.** Considérer comme ayant satisfait aux exigences d'une épreuve d'examen, comme ayant les qualités requises : *Nous n'admettrons que les candidats ayant plus que la moyenne* (**SYN.** recevoir ; **CONTR.** ajourner, éliminer). *Elle a été admise dans la classe supérieure.* **3.** Permettre à qqn d'obtenir qqch : *Elle a été admise à faire valoir ses droits à la retraite. Ils ont admis que vous puissiez faire appel.* **4.** Laisser la possibilité d'exister à : *Ce texte admet plusieurs interprétations* (**SYN.** permettre ; **CONTR.** refuser). **5.** Reconnaître pour vrai : *Il est difficile d'admettre ses torts* (**SYN.** accepter, croire à ; **CONTR.** rejeter, repousser). *J'admets que vous avez vu juste. Il n'admet pas que vous ayez raison.*

administrateur, trice n. **1.** Personne qui gère les biens, les affaires d'un particulier, d'une société, de l'État : *L'administrateur est responsable de la bonne marche de l'affaire* (**SYN.** gestionnaire). **2.** Membre d'un conseil d'administration : *Les administrateurs sont réunis en assemblée générale.*

administratif, ive adj. Qui relève de l'administration : *Une décision administrative.*

administration n.f. **1.** Action d'administrer : *On lui a confié l'administration de la filiale* (**SYN.** gestion). *Conseil d'administration* (= groupe de personnes qui a pour mission de gérer une entreprise). **2.** Service public : *L'administration des Douanes.* **3.** (Avec une majuscule). L'ensemble des services de l'État : *Entrer dans l'Administration* (= la fonction publique).

administré, e n. Personne dépendant d'une administration : *Une séance du conseil municipal à laquelle sont invités les administrés.*

administrer v.t. (lat. *administrare,* servir, de *minister,* serviteur) [conj. 3]. **1.** Gérer les affaires publiques ou privées : *Elle administre un grand groupe* (**SYN.** diriger). **2.** Fournir à qqn ce dont il a besoin : *L'infirmière administre les médicaments* (**SYN.** donner). **3.** Dans la religion chrétienne, conférer un sacrement : *Administrer le baptême.* **4.** *Fam.* Infliger : *Administrer une gifle* (**SYN.** donner). *Administrer des coups* (= frapper).

admirable adj. **1.** Qui suscite l'admiration : *Elle a été admirable de courage* (**SYN.** sublime). *Des paysages admirables* (**SYN.** magnifique, splendide, superbe ; **CONTR.** affreux). **2.** De très grande qualité (parfois iron.) : *Un documentaire admirable* (**SYN.** excellent, incomparable ; **CONTR.** détestable). *Un stratagème admirable* (= qui a leurré tout le monde).

admirablement adv. D'une manière admirable ; extrêmement bien : *Une œuvre admirablement mise en scène* (**SYN.** merveilleusement, parfaitement).

admirateur, trice n. Personne qui admire qqn, qqch : *Vedette assiégée par ses admirateurs* (**SYN.** fan).

Les admirateurs de l'art baroque (**SYN.** amateur ; **CONTR.** détracteur).

admiratif, ive adj. Qui dénote l'admiration : *Un murmure admiratif* (**CONTR.** dédaigneux, railleur).

admiration n.f. **1.** Sentiment éprouvé devant qqch, le beau, le bien : *Avoir de l'admiration pour le courage de qqn* (**CONTR.** mépris). *Être en admiration devant un paysage, devant qqn* (**SYN.** extase, ravissement). **2.** *Vieilli* Objet d'admiration : *Ce poète fut l'admiration des adolescents de son époque.*

admirativement adv. Avec admiration : *Contempler qqn admirativement* (= avec ravissement).

admirer v.t. (lat. *admirari*, s'étonner de) [conj. 3]. **1.** Éprouver un sentiment d'admiration pour qqn, qqch : *Admirer un peintre* (**SYN.** aimer, s'engouer de ; **CONTR.** critiquer, dénigrer). *J'admire la finesse de son dernier ouvrage* (**SYN.** applaudir, goûter ; **CONTR.** railler, moquer). *Un poète admiré de* ou *par tous.* **2.** Regarder avec admiration : *Les touristes s'arrêtent pour admirer le portail de la cathédrale* (**SYN.** s'extasier). **3.** *Iron.* Trouver étrange, blâmable : *J'admire comme il s'en sort en accusant les autres, qu'il s'en sorte ainsi.*

admis, e adj. et n. Accepté à un examen, un concours.

admissibilité n.f. Fait d'être admissible à un examen, un concours.

admissible adj. (du lat. *admittere*, admettre). Considéré comme valable, supportable : *Une excuse admissible* (**SYN.** acceptable, plausible, recevable ; **CONTR.** inacceptable, inadmissible). *Est-il admissible que cette situation se prolonge ?* (**SYN.** tolérable ; **CONTR.** insupportable). ◆ adj. et n. Qui est admis à se présenter aux épreuves orales d'un examen après en avoir subi les épreuves écrites avec succès.

admission n.f. **1.** Action d'admettre ; fait d'être admis : *L'admission à un concours* (**CONTR.** ajournement, élimination). *Elle a fait sa demande d'admission au club de gym* (**SYN.** entrée). **2.** Entrée des gaz dans le cylindre ou dans la chambre de combustion d'un moteur : *Soupape d'admission.*

admonestation n.f. *Litt.* Réprimande sévère et solennelle : *Le juge a conclu par une admonestation* (**SYN.** mercuriale [litt.], réprimande, semonce).

admonester v.t. (du lat. *admonere*, avertir) [conj. 3]. *Litt.* Faire une sévère remontrance à : *Le directeur a admonesté les lycéens* (**SYN.** morigéner, tancer).

admonition n.f. (du lat. *admonere*, avertir). *Litt.* Avertissement fait à qqn sur sa conduite : *Une sévère admonition* (**SYN.** observation, remontrance).

A.D.N. ou **ADN** n.m. (sigle de *acide désoxyribonucléique*). **1.** Constituant essentiel des chromosomes et support matériel de l'hérédité : *Un A.D.N. masculin a été retrouvé sur les lieux du crime.* **2.** *Fig.* Caractéristique fondamentale d'une entreprise, d'une marque, porteuse de son identité et de son savoir-faire : *L'ADN d'une maison de couture.*

adolescence n.f. Période de la vie comprise entre la puberté et l'âge adulte : *L'adolescence est un âge difficile.*

adolescent, e n. (du lat. *adolescere*, grandir). Jeune qui est à l'âge de l'adolescence (abrév. fam. ado) : *Publicité qui vise les adolescents.*

adonis [adɔnis] n.m. (de *Adonis*, personnage mythologique célèbre pour sa beauté). *Litt.* Jeune homme d'une beauté remarquable (**SYN.** apollon).

s'**adonner** v.pr. (du lat. *donare*, faire un don) [conj. 3]. **[à].** **1.** Se livrer avec ardeur et persévérance à qqch : *S'adonner à la navigation sur Internet* (**SYN.** se consacrer). **2.** Se laisser aller à un penchant parfois néfaste : *S'adonner au spiritisme* (**SYN.** se complaire dans).

adoptant, e adj. et n. Qui adopte : *Les familles adoptantes* (**SYN.** adoptif).

adopté, e adj. et n. Qui a fait l'objet d'une adoption : *Un enfant adopté.*

adopter v.t. (lat. *adoptare*, choisir) [conj. 3]. **1.** Prendre légalement pour fils ou pour fille : *Ils ont adopté leur nièce.* **2.** Faire sienne l'opinion de qqn ou imiter son comportement : *Ils ont adopté la mentalité de leur nouveau pays* (**SYN.** opter pour, se rallier à, se ranger à ; **CONTR.** rejeter). *Adopter la mode du jour* (**SYN.** suivre). **3.** Admettre en son sein : *Sa belle-famille l'a tout de suite adopté* (**SYN.** accueillir ; **CONTR.** chasser). **4.** En parlant d'une assemblée, approuver par un vote (**SYN.** entériner, ratifier ; **CONTR.** repousser).

adoptif, ive adj. **1.** Qui a été adopté : *Fils adoptif.* **2.** Qui adopte : *Famille adoptive* (**SYN.** adoptant).

adoption n.f. **1.** Action d'adopter un enfant : *Entamer des démarches en vue d'une adoption. Faciliter les adoptions.* **2.** Action d'approuver un texte : *Adoption de la loi à main levée* (**SYN.** ratification, vote ; **CONTR.** rejet). ▸ ***D'adoption,*** qu'on a choisi sans en être originaire, en parlant d'un pays, d'un milieu : *La France est sa patrie d'adoption.*

adorable adj. Dont le charme, l'agrément est extrême : *Un enfant adorable* (**SYN.** charmant ; **CONTR.** insupportable). *Ils ont une adorable maison* (**SYN.** ravissant ; **CONTR.** laid).

adorablement adv. De façon exquise : *Elle est toujours adorablement habillée* (**SYN.** délicieusement, joliment ; **CONTR.** affreusement).

adorateur, trice n. **1.** Personne qui rend un culte à une divinité, à un objet divinisé : *Les adorateurs du Soleil.* **2.** Personne qui éprouve une grande affection, une grande admiration pour qqn : *Un chanteur poursuivi par ses adoratrices* (**SYN.** admirateur).

adoration n.f. Action d'adorer ; amour ardent pour qqn : *Cet acteur est l'objet d'une véritable adoration* (**SYN.** dévotion, vénération ; **CONTR.** aversion, hostilité). *Elle lui voue une sorte d'adoration* (**SYN.** adulation, amour, idolâtrie). *Il est en adoration devant elle* (**SYN.** extase).

adorer v.t. (lat. *adorare*, prier) [conj. 3]. **1.** Honorer d'un culte divin : *Adorer Dieu. Le Soleil était adoré par les anciens Égyptiens.* **2.** Aimer passionnément : *Il adore sa femme, son enfant* (**SYN.** chérir, idolâtrer ; **CONTR.** exécrer). *Un professeur adoré de ses élèves.* **3.** Apprécier beaucoup qqn, qqch : *Elle adore nager, la planche à voile* (**SYN.** aimer ; **CONTR.** détester).

ados [ado] n.m. Talus que l'on élève pour protéger les cultures des intempéries.

adosser v.t. [conj. 3]. **[à, contre].** Placer qqn le dos contre qqch ; placer l'arrière d'un objet, d'un bâtiment contre qqch : *Adosser un malade à un oreiller* (**SYN.** appuyer). *Adosser un appentis au mur* ou *contre le mur du jardin* (**SYN.** accoter). ◆ **s'adosser** v.pr. **[à,**

contre]. S'appuyer, être appuyé contre qqch : *Effarée, elle s'adossa à la porte.*

adoubement n.m. **1.** Cérémonie au cours de laquelle un homme était armé chevalier, au Moyen Âge. **2.** *Fig.* Action d'adouber ; consécration.

adouber v.t. [conj. 3]. **1.** Armer chevalier par l'adoubement, au Moyen Âge. **2.** Reconnaître qqn comme faisant partie des meilleurs : *Musicien adoubé par la critique* (**SYN.** consacrer).

adoucir v.t. [conj. 32]. **1.** Rendre plus doux à la vue, au toucher, au goût : *Mettre un abat-jour pour adoucir une lumière trop crue* (**SYN.** atténuer, voiler). **2.** Rendre moins pénible, moins rude : *Adoucir une sanction* (**SYN.** diminuer ; **CONTR.** aggraver). *Tenter d'adoucir le chagrin de qqn* (**SYN.** alléger, apaiser, atténuer ; **CONTR.** aggraver, exacerber). ◆ **s'adoucir** v.pr. Devenir plus doux : *La température s'adoucit* (**SYN.** se radoucir). *Il s'est adouci quand j'ai présenté mes excuses* (**CONTR.** se durcir).

adoucissant, e adj. Se dit d'un produit qui calme les irritations, qui sert à adoucir : *Lotion adoucissante.* ◆ **adoucissant** n.m. Produit qui conserve leur douceur aux textiles que l'on lave.

adoucissement n.m. Action d'adoucir ; fait de s'adoucir : *Adoucissement de la température* (**SYN.** radoucissement ; **CONTR.** refroidissement).

adoucisseur n.m. Appareil servant à supprimer les sels calcaires de l'eau.

ad patres [adpatrɛs] loc. adv. (mots lat. signif. « vers les ancêtres »). ▸ *Fam.* ***Envoyer qqn ad patres,*** le tuer.

adrénaline n.f. (du lat. *ad,* vers, et *ren,* rein). Hormone sécrétée par les glandes surrénales, qui accélère le rythme cardiaque. ▸ ***Poussée d'adrénaline,*** brusque état d'excitation ou de colère.

① **adresse** n.f. (de *adresser*). **1.** Indication précise du domicile de qqn : *Inscrivez vos nom et adresse. Carnet d'adresses.* **2.** Dans une monarchie constitutionnelle, requête adressée par les représentants de la nation au souverain. **3.** En informatique, localisation codée d'une information dans une mémoire électronique. ▸ ***Adresse électronique,*** désignation conventionnelle qui permet d'identifier un utilisateur de courrier électronique et permet d'acheminer les messages qui lui sont destinés (abrév. anglo-amér. e-mail, abrév. fr. mél).

② **adresse** n.f. (de l'anc. fr. *adrece,* bonne direction). **1.** Habileté dans les gestes, les mouvements du corps : *Il faut beaucoup d'adresse pour jouer au bilboquet* (**SYN.** dextérité ; **CONTR.** gaucherie, maladresse). **2.** Utilisation habile des ressources de l'esprit : *Elle a déployé une grande adresse pour convaincre le comité* (**SYN.** doigté, finesse, subtilité ; **CONTR.** balourdise).

adresser v.t. (de *dresser*) [conj. 3]. **1.** Faire parvenir à qqn : *Adresser une lettre au médiateur* (**SYN.** envoyer, expédier). **2.** Dire, proférer à l'intention de qqn : *Le public lui adressa des huées. Adresser la parole à qqn* (= lui parler). **3.** Demander à qqn de se rendre quelque part, d'avoir recours à qqn : *Adresser un patient à un spécialiste* (**SYN.** recommander). ◆ **s'adresser** v.pr. **[à]. 1.** Adresser la parole à : *Je m'adresse à vous tous* (**SYN.** parler). **2.** Avoir recours à : *Adressez-vous au service après-vente* (**SYN.** questionner, se tourner vers). **3.** Être destiné à : *Cette remarque ne s'adresse pas à vous* (**SYN.** concerner, intéresser, regarder).

adret n.m. (mot du Sud-Est signif. « droit [vers le soleil] »). Versant d'une vallée exposé au soleil dans les pays montagneux (par opp. à ubac).

adroit, e adj. **1.** Qui fait preuve d'habileté manuelle : *Un jongleur adroit* (**SYN.** habile ; **CONTR.** gauche, maladroit). **2.** Qui fait preuve de finesse d'esprit : *Une adroite négociatrice* (**SYN.** fin, subtil ; **CONTR.** balourd, inhabile). **3.** Qui révèle de l'intelligence, de l'habileté : *Un adroit stratagème* (**SYN.** ingénieux, habile ; **CONTR.** lourd, malhabile).

adroitement adv. Avec adresse, habileté : *Négocier adroitement* (**SYN.** habilement ; **CONTR.** maladroitement).

ADSL n.m. (sigle de l'angl. *asymmetric digital subscriber line,* ligne d'abonné numérique asymétrique). Réseau large bande sur une ligne de téléphone, dédié à la transmission de données multimédias et audiovisuelles.

adulateur, trice n. *Litt.* Personne qui flatte bassement, souvent dans un but intéressé ; flagorneur : *Les adulateurs du ministre* (**SYN.** courtisan, thuriféraire [litt.]).

adulation n.f. *Litt.* Flatterie, admiration excessive, presque servile (**SYN.** flagornerie).

aduler v.t. (lat. *adulari*) [conj. 3]. Témoigner une admiration passionnée à : *Un présentateur que le public adule* (**SYN.** chérir, idolâtrer).

adulescent, e n. et adj. (de *adu*[*lte*] et [*ado*]*lescent*). Jeune adulte qui continue à avoir un comportement comparable à celui qu'ont généralement les adolescents.

adulte adj. (lat. *adultus,* qui a grandi). Parvenu au terme de sa croissance : *Animal, plante adulte.* ◆ n. Personne parvenue à sa maturité physique, intellectuelle et affective (par opp. à enfant, adolescent) : *Film réservé aux adultes* (= grandes personnes).

adultération n.f. Action d'adultérer, de falsifier : *L'adultération de denrées alimentaires* (**SYN.** altération).

① **adultère** n.m. (lat. *adulterium*). Violation du devoir de fidélité entre époux (**SYN.** infidélité, trahison ; **CONTR.** fidélité).

② **adultère** adj. (lat. *adulter*). Qui se livre à l'adultère ; qui relève de l'adultère : *Des époux adultères* (**SYN.** infidèle). *Des relations adultères.*

adultérer v.t. (lat. *adulterare,* falsifier) [conj. 18]. Introduire dans qqch des éléments qui en faussent la nature, la pureté : *Adultérer du vin* (**SYN.** altérer, frelater). *Adultérer un texte* (**SYN.** dénaturer, fausser).

adultérin, e adj. ▸ ***Enfant adultérin,*** enfant né d'un adultère.

advenir v.i. (lat. *advenire*) [conj. 40]. Arriver par hasard, sans qu'on s'y attende : *Voici ce qu'il advint* (= eut lieu ; **SYN.** se passer). *Les changements qui sont advenus depuis* (**SYN.** se produire). *Quoi qu'il advienne* (**SYN.** arriver, survenir). *S'il advient qu'il cède.* ▸ ***Advienne que pourra,*** peu importent les conséquences.

adventice [advɑ̃tis] adj. (lat. *adventicius,* supplémentaire). **1.** Qui s'ajoute accessoirement, incidemment : *Des remarques adventices.* **2.** Qui pousse sans avoir été semé : *Des plantes adventices.*

adventif, ive adj. (du lat. *adventicius,* supplémentaire). Se dit d'un organe végétal qui se développe à un endroit anormal sur une plante : *Les racines nées sur la tige sont des racines adventives.*

adventiste [advɑ̃tist] n. et adj. (anglo-amér. *adventist,* du lat. *adventus,* arrivée). Membre d'un mouvement évangélique qui attend un second avènement du Messie.

adverbe n.m. (du lat. *ad,* auprès, et *verbum,* verbe). Mot invariable dont la fonction est de modifier le sens d'un verbe, d'un adjectif ou d'un autre adverbe : *« Vite » dans « manger vite », « trop » dans « trop gentil » sont des adverbes.*

adverbial, e, aux adj. Qui a le caractère de l'adverbe : *« À l'aveuglette » est une locution adverbiale.*

adverbialement adv. Avec la valeur d'un adverbe, en fonction d'adverbe : *Dans « voir grand », « grand » est employé adverbialement.*

adversaire n. Personne que l'on affronte dans un conflit, un combat, un jeu : *Les adversaires refusent toute médiation* (**SYN.** antagoniste, ennemi ; **CONTR.** allié). *Les adversaires sont sur la ligne de départ* (**SYN.** compétiteur, concurrent ; **CONTR.** partenaire). *Les adversaires d'une réforme* (**SYN.** opposant ; **CONTR.** partisan).

adverse adj. (lat. *adversus,* qui est en face). Qui se trouve en opposition avec : *Tromper la défense adverse* (**SYN.** ennemi ; **CONTR.** allié, ami). *Deux groupes adverses* (**SYN.** antagoniste, hostile). ▸ ***Partie adverse,*** dans un procès, partie contre laquelle on plaide.

adversité n.f. *Litt.* Circonstances pénibles où l'on est accablé : *Montrer du courage dans l'adversité* (**SYN.** détresse, infortune, malheur ; **CONTR.** félicité, prospérité).

ad vitam aeternam [advitameternam] adv. Pour toujours ; à jamais ; éternellement.

aède n.m. (gr. *aoidos,* chanteur). Poète grec de l'époque primitive, qui chantait ou récitait en s'accompagnant sur la lyre.

aérateur n.m. Appareil, dispositif augmentant l'aération naturelle d'une pièce.

aération n.f. Action d'aérer ; fait d'être aéré : *Cette pièce a une aération insuffisante* (**SYN.** ventilation).

aéré, e adj. **1.** Dont l'air est renouvelé : *Un local bien aéré.* **2.** Dont la présentation n'est pas trop compacte : *Un album aux pages aérées* (**CONTR.** dense). ▸ ***Centre aéré,*** organisme qui propose des activités de plein air pour les enfants des classes maternelles et primaires pendant les vacances.

aérer v.t. (du lat. *aer, aeris,* air) [conj. 18]. **1.** Renouveler l'air dans un espace clos : *Aérer son bureau matin et soir* (**SYN.** ventiler). **2.** Exposer à l'air : *Aérer des draps, du linge.* **3.** Rendre moins massif, moins épais, moins lourd : *Aérer un texte en introduisant des illustrations* (**CONTR.** alourdir).

aérien, enne adj. **1.** Qui se trouve dans l'air, à l'air : *Câble aérien. Métro aérien* (**CONTR.** souterrain). *Racines aériennes.* **2.** De l'air ; constitué d'air : *Courants aériens* (= ceux qui sont dans l'atmosphère). **3.** Qui semble léger, insaisissable comme l'air : *Une grâce aérienne* (**SYN.** éthéré). **4.** Relatif aux avions, à l'aviation (par opp. à maritime, terrestre) : *Forces aériennes.* ▸ ***Espace aérien d'un pays,*** zone de circulation des aéronefs située au-dessus d'un pays et contrôlée par lui.

aérobic n.m. (anglo-amér. *aerobics,* de même formation que le fr. *aérobie*). Gymnastique qui active la respiration et l'oxygénation des tissus par des mouvements rapides exécutés en musique.

aérobie adj. et n.m. (du gr. *bios,* vie). Se dit de micro-organismes qui ne peuvent se développer qu'en présence d'air ou d'oxygène (par opp. à anaérobie) : *Cette moisissure est un aérobie.*

aéro-club n.m. (pl. *aéro-clubs*). Club dont les membres pratiquent en amateur des activités aéronautiques, et notamm. le vol à moteur et le vol à voile.

aérodrome n.m. (du gr. *dromos,* course). Terrain spécialement aménagé pour permettre le décollage et l'atterrissage des avions et pour assurer leur maintenance.

aérodynamique adj. Qui est spécialement conçu, dessiné pour offrir peu de résistance à l'air : *Carrosserie aérodynamique.* ◆ n.f. Science qui étudie les phénomènes liés au mouvement relatif des solides dans l'air.

aérodynamisme n.m. Caractère aérodynamique d'une carrosserie d'un véhicule.

aérofrein n.m. Sur un avion, panneau mobile augmentant le freinage.

aérogare n.f. **1.** Ensemble des bâtiments d'un aéroport réservés aux voyageurs et aux marchandises. **2.** Lieu de départ et d'arrivée des services d'autocars assurant la liaison avec l'aéroport, dans une ville.

aéroglisseur n.m. Véhicule de transport dont l'équilibre est assuré par un coussin d'air de faible hauteur injecté sous lui ; hovercraft.

aérolithe ou **aérolite** n.m. (du gr. *lithos,* pierre). *Vieilli* Météorite : *Un gros aérolithe.*

aéromodélisme n.m. Technique de la construction et de l'utilisation des modèles réduits d'avions.

aéronaute n. (du gr. *nautês,* matelot). Membre de l'équipage d'un aérostat : *L'aéronaute s'élève dans sa montgolfière.*

aéronautique adj. Qui a rapport à la navigation aérienne. ◆ n.f. Science de la navigation aérienne, de la technique qu'elle met en œuvre.

aéronaval, e, als adj. Relatif à la fois à la marine et à l'aviation : *Les personnels aéronavals.*

aéronef n.m. (de *nef,* navire). Tout appareil capable de s'élever ou de circuler dans les airs : *Un petit aéronef.*

aérophagie n.f. (du gr. *phagein,* manger). Déglutition involontaire d'air qui s'accumule dans l'estomac et provoque des douleurs.

aéroplane n.m. *Vieilli* Avion.

aéroport n.m. Ensemble des bâtiments et des équipements nécessaires au trafic aérien et génér. installés près des grandes villes ; organisme qui gère un tel ensemble.

aéroporté, e adj. Transporté par voie aérienne et parachuté sur l'objectif : *Troupes aéroportées.*

aéroportuaire adj. Relatif à un aéroport : *Un important trafic aéroportuaire.*

aéropostal, e, aux adj. Relatif à la poste aérienne : *Les premiers vols aéropostaux.*

aéroréfrigérant, e adj. Se dit d'un dispositif dans lequel un courant d'air sert à refroidir des eaux qui ont été réchauffées par une source d'énergie : *Tours aéroréfrigérantes d'un hôpital.*

aérosol [aerɔsɔl] n.m. (de *sol,* terme de chimie pour

solution). **1.** Suspension de particules très fines, solides ou, plus souvent, liquides, dans un gaz : *Les aérosols constituent un mode d'administration de certains médicaments.* **2.** Conditionnement permettant de projeter cette suspension : *Un déodorant en aérosol* (**SYN.** atomiseur, spray).

aérospatial, e, aux adj. Relatif à la fois à l'aéronautique et à l'astronautique. ◆ **aérospatiale** n.f. ▸ ***L'aérospatiale,*** la construction, les techniques aérospatiales.

aérostat [aerɔsta] n.m. (du gr. *statos,* qui se tient). Tout appareil dont l'équilibre dans l'air est assuré par un gaz plus léger que l'air ambiant : *Les ballons et les dirigeables sont des aérostats.*

aérostatique n.f. Étude des lois de l'équilibre des gaz à l'état de repos.

aérotransporté, e adj. Transporté par voie aérienne et déposé au sol : *Troupes aérotransportées.*

æschne [ɛskn] n.f. (du lat.). Grande libellule à l'abdomen brun ou bleu.

affabilité n.f. Qualité, attitude d'une personne affable : *Accueillir qqn avec affabilité* (**SYN.** courtoisie, gentillesse, politesse ; **CONTR.** brusquerie, impolitesse).

affable adj. (lat. *affabilis,* d'un abord facile). Qui manifeste de la politesse, de la bienveillance : *Une personne affable* (**SYN.** accueillant, aimable ; **CONTR.** bourru, revêche). *Elle a toujours été affable avec* ou *à l'égard de tous. Des paroles affables* (**SYN.** amène, obligeant ; **CONTR.** brutal, désagréable).

affablement adv. Avec affabilité : *Elle nous a affablement renseignés* (**SYN.** aimablement, courtoisement ; **CONTR.** brutalement, impoliment).

affabulation n.f. (lat. *affabulatio,* moralité d'une fable). **1.** Invention plus ou moins mensongère : *Ne le croyez pas, c'est de l'affabulation* (**SYN.** mensonge). **2.** Organisation du récit dans une œuvre littéraire.

affabuler v.i. [conj. 3]. Présenter des faits de manière fantaisiste ou même mensongère : *Ça ne s'est pas passé ainsi, il affabule* (**SYN.** fabuler).

affadir v.t. [conj. 32]. **1.** Rendre fade ; faire perdre sa saveur à : *Affadir une sauce en y ajoutant trop d'eau* (**CONTR.** relever). **2.** *Fig.* Affaiblir la vigueur de : *Affadir un récit par de longues digressions* (**SYN.** affaiblir ; **CONTR.** corser, rehausser).

affadissement n.m. Fait de devenir fade ; perte de saveur.

affaiblir v.t. [conj. 32]. Rendre faible : *La maladie l'a beaucoup affaibli* (**SYN.** diminuer ; **CONTR.** revigorer). ◆ **s'affaiblir** v.pr. Devenir faible : *Sa vue s'affaiblit* (**SYN.** baisser, décliner ; **CONTR.** s'améliorer). *Souvenirs qui s'affaiblissent* (**SYN.** décroître, s'effacer ; **CONTR.** s'intensifier).

affaiblissement n.m. Fait de s'affaiblir ; état qui en résulte : *L'affaiblissement d'un malade. L'affaiblissement rapide d'une dictature* (**SYN.** déclin ; **CONTR.** consolidation, renforcement).

affaire n.f. (de *faire*). **1.** Ce que l'on a à faire : *Vaquer à ses affaires* (**SYN.** obligation, occupation). **2.** Entreprise industrielle ou commerciale : *Sa famille possède une affaire d'agroalimentaire* (**SYN.** firme, usine). **3.** Transaction commerciale ; transaction avantageuse : *Affaire conclue* (**SYN.** marché). *Nous avons fait affaire avec lui. À ce prix-là, c'est une affaire* (= nous y gagnons). **4.** Ensemble de faits, souvent en marge de la légalité, qui vient à la connaissance du public : *Une affaire de faux électeurs* (**SYN.** scandale). **5.** Ce qui oppose et met aux prises des personnes ou des institutions : *Cette affaire sera jugée à la fin de l'année* (**SYN.** litige, procès). **6.** Situation périlleuse, embarrassante ; complication, ennui : *Se tirer, être hors d'affaire* (**SYN.** embarras). *C'est une affaire délicate* (**SYN.** histoire, question). *Racontez-moi votre affaire* (**SYN.** difficulté). **7.** Chose qui concerne qqn en particulier ; intérêt personnel : *C'est mon affaire, pas la sienne* (**SYN.** problème). *L'informatique, c'est son affaire* (**SYN.** spécialité). ▸ ***Avoir affaire à qqn,*** l'avoir comme interlocuteur ou comme adversaire ; être en rapport avec lui : *Ne vous en mêlez pas ou vous aurez affaire à moi. J'ai eu affaire au président lui-même.* ☞ **REM.** Ne pas confondre avec *avoir à faire un travail urgent.* ***C'est l'affaire d'un instant,*** cela peut être réglé très vite. ***C'est une affaire de,*** cela dépend de : *La peinture c'est une affaire de goût, de mode.* ***Être à son affaire,*** se plaire à ce que l'on fait : *Devant son ordinateur, elle est à son affaire.* ***Faire l'affaire,*** convenir : *Ce grand sac fera l'affaire.* ***Faire son affaire de qqch,*** s'en charger personnellement et y veiller avec une attention particulière : *Je fais mon affaire du déblocage des crédits.* ◆ **affaires** n.f. pl. **1.** Ensemble des activités économiques et financières : *Être dans les affaires.* **2.** Gestion des intérêts de l'État et des collectivités publiques : *Les affaires municipales. Les affaires étrangères* (= les relations extérieures d'un pays). **3.** *Fam.* Situation matérielle ou psychologique de qqn : *Ceci n'arrange pas mes affaires.* **4.** Effets, objets personnels : *Rangez vos affaires.* ▸ ***Homme, femme d'affaires,*** qui pratique les affaires ; qui a le sens des affaires. ***Les affaires sont les affaires,*** les transactions commerciales ou financières se passent de toute considération morale. ***Revenir aux affaires,*** à la direction de l'État. ***Toutes affaires cessantes*** → **cessant.**

affairé, e adj. Qui a beaucoup d'occupations, d'activités : *La vendeuse était très affairée* (**SYN.** occupé ; **CONTR.** désœuvré, inoccupé).

affairement n.m. Fait d'être affairé : *L'affairement des libraires à la rentrée* (**SYN.** agitation, fièvre).

s'**affairer** v.pr. [conj. 3]. Déployer une grande activité : *Les infirmiers s'affairaient auprès du blessé* (**SYN.** s'activer, s'empresser).

affairisme n.m. État d'esprit, activité d'un affairiste.

affairiste n. Personne qui a la passion des affaires, qui subordonne tout au profit, fût-il réalisé malhonnêtement.

affaissement n.m. Mouvement de qqch qui s'affaisse ; état de ce qui est affaissé : *L'affaissement d'une route* (**SYN.** éboulement, effondrement).

affaisser v.t. (de *faix*) [conj. 3]. Faire fléchir, baisser sous le poids ; provoquer l'effondrement de : *Le poids de la bibliothèque a affaissé le plancher.* ◆ **s'affaisser** v.pr. **1.** Plier, s'enfoncer : *La poutre s'est affaissée* (**SYN.** s'effondrer). **2.** Ne plus tenir debout ; tomber sans force sous son propre poids : *À bout de forces, le coureur s'est affaissé sur la ligne d'arrivée* (**SYN.** s'affaler, s'écrouler).

affaler v.t. (néerl. *afhalen*) [conj. 3]. Tirer un cordage de navire vers le bas ; faire descendre une ligne, un chalut. ◆ **s'affaler** v.pr. Se laisser tomber lourdement : *S'affaler dans un fauteuil* (**SYN.** s'écrouler, s'effondrer).

affamé, e adj. et n. Qui a grand faim ; qui souffre de la faim : *Secourir les réfugiés affamés* (**CONTR.** rassasié, repu). ▸ ***Affamé de,*** avide de : *Être affamé de richesses* (**SYN.** assoiffé).

affamer v.t. [conj. 3]. Faire souffrir de la faim en privant de nourriture : *L'armée tentait d'affamer les assiégés* (**CONTR.** alimenter, nourrir).

affameur, euse n. Personne qui affame une population en créant une situation de disette.

affect [afɛkt] n.m. (lat. *affectus,* disposition de l'âme). En psychologie, impression élémentaire d'attraction ou de répulsion qui est à la base de l'affectivité et de la pulsion.

① **affectation** n.f. (de *1. affecter*). **1.** Action de déterminer l'usage auquel sera destiné un objet : *Affectation du rez-de-chaussée aux activités artisanales* (**SYN.** attribution). *Affectation des fonds à la réparation du toit de l'église* (**SYN.** imputation). **2.** Désignation à une fonction, un poste : *Demander une nouvelle affectation* (**SYN.** nomination).

② **affectation** n.f. (de *2. affecter*). Manque de sincérité dans la manière d'agir, de parler : *Il y a de l'affectation dans tout ce qu'elle fait* (**SYN.** afféterie [litt.], pose, recherche ; **CONTR.** naturel, spontanéité).

affecté, e adj. Qui manque de naturel : *Langage affecté* (**SYN.** recherché ; **CONTR.** naturel, simple).

① **affecter** v.t. (anc. fr. *afaitier,* préparer) [conj. 3]. **1.** Destiner à un usage déterminé : *Affecter des crédits à la réhabilitation d'un quartier* (**SYN.** consacrer, imputer). **2.** Attacher qqn à un service, à un poste : *Affecter un chargé de clientèle à une filiale* (**SYN.** désigner, nommer). **3.** Accompagner une variable d'un signe, en partic. pour en modifier le sens, la valeur : *Affecter un nombre du signe moins, du coefficient 5.*

② **affecter** v.t. (lat. *affectare,* feindre) [conj. 3]. **1.** Montrer des sentiments que l'on n'éprouve pas : *Elle affecte une joie qui dissimule mal son dépit* (**SYN.** afficher, simuler). *Il affecte d'être désolé* (= il fait semblant). **2.** Avoir, prendre telle ou telle forme : *Cristaux qui affectent la forme de cônes* (**SYN.** revêtir).

③ **affecter** v.t. (du lat. *affectus,* disposition de l'âme) [conj. 3]. **1.** Causer une douleur morale, une émotion pénible à : *Cette nouvelle l'a beaucoup affecté* (**SYN.** affliger, peiner ; **CONTR.** réjouir). **2.** Causer une altération physique à : *Cette maladie affecte surtout les reins* (**SYN.** atteindre). ◆ **s'affecter** v.pr. **[de].** Souffrir de : *S'affecter de la misère qui règne dans le monde* (**SYN.** s'affliger ; **CONTR.** se réjouir).

affectif, ive adj. Qui relève de la sensibilité, des sentiments : *Réaction affective* (**SYN.** émotionnel ; **CONTR.** rationnel).

affection n.f. (lat. *affectio,* de *afficere,* disposer). **1.** Attachement que l'on éprouve pour qqn : *Donner à qqn des marques d'affection* (**SYN.** tendresse). *Gagner l'affection de tous* (**SYN.** amitié, sympathie ; **CONTR.** antipathie, aversion). **2.** Altération de la santé : *Une affection chronique* (**SYN.** maladie).

affectionné, e adj. Qui a de l'affection : *Votre neveu affectionné* (**SYN.** dévoué).

affectionner v.t. [conj. 3]. Marquer de l'amitié pour qqn, du goût pour qqch : *Elle affectionne sa marraine* (**SYN.** aimer, chérir). *J'affectionne particulièrement les films d'aventure* (**SYN.** aimer, raffoler de ; **CONTR.** détester).

affectivité n.f. Ensemble des phénomènes affectifs (**SYN.** sensibilité).

affectueusement adv. De façon affectueuse, tendre : *Il regardait affectueusement son enfant* (**SYN.** tendrement ; **CONTR.** froidement).

affectueux, euse adj. (du lat. *affectus,* disposition de l'âme). Qui éprouve, manifeste de l'affection : *Un enfant affectueux* (**SYN.** aimant, câlin, tendre ; **CONTR.** dur, froid).

afférent, e adj. (lat. *afferens,* qui apporte). **1. [à].** Dans la langue juridique, qui revient à qqn, qui se rapporte à qqch : *La part afférente à chaque héritier. Veuillez relire le contrat et les clauses y afférentes.* **2.** Se dit d'un vaisseau sanguin qui se jette dans un autre, qui arrive à un organe.

affermage n.m. Action d'affermer un bien rural.

affermer v.t. [conj. 3]. Prendre ou donner un domaine rural en location.

affermir v.t. (du lat. *firmus,* ferme) [conj. 32]. Rendre solide, stable : *Affermir la reprise économique* (**SYN.** consolider ; **CONTR.** miner, saper). *Ces difficultés ont affermi sa résolution* (**SYN.** renforcer ; **CONTR.** affaiblir, ébranler). ◆ **s'affermir** v.pr. Devenir plus ferme : *Son autorité s'affermit* (**SYN.** se renforcer).

affermissement n.m. Action d'affermir ; son résultat : *L'affermissement du pouvoir de l'État* (**SYN.** consolidation ; **CONTR.** affaiblissement).

afféterie [afɛtri] n.f. (de l'anc. verbe *affaiter,* façonner). *Litt.* Manières affectées ou prétentieuses dans le comportement, le langage : *Elle s'exprime toujours sans afféterie* (**SYN.** minauderie, simagrées).

affichage n.m. **1.** Action d'afficher ; son résultat : *L'affichage est interdit sur les bâtiments publics.* **2.** Visualisation de données, de mesures par divers procédés : *Écran à affichage numérique.*

affiche n.f. Feuille imprimée, portant un avis officiel ou publicitaire, collée sur un mur ou sur un endroit prévu à cet effet : *Campagne d'information par voie d'affiches* (**SYN.** placard). *Colleur d'affiches.* ▸ ***Être à l'affiche,*** se trouver en période de représentation, en parlant d'un spectacle : *Sa nouvelle pièce est à l'affiche.* ***Mettre à l'affiche,*** annoncer un spectacle par voie d'affiches. ***Quitter l'affiche,*** cesser d'être représenté, en parlant d'un spectacle. ***Tenir l'affiche,*** être représenté longtemps, en parlant d'un spectacle. ***Tête d'affiche,*** acteur qui joue le rôle principal d'un spectacle et figure en premier sur l'affiche.

afficher v.t. (de *ficher*) [conj. 3]. **1.** Apposer une annonce officielle ou publicitaire : *Afficher un avis de recherche* (**SYN.** placarder, poser). **2.** (Sans compl.). Poser une affiche : *Défense d'afficher.* **3.** Annoncer par voie d'affiches : *Presque tous les cinémas de la ville affichent son film.* **4.** Annoncer au moyen d'un panneau d'affichage, d'un écran cathodique : *Les résultats sont affichés au fur et à mesure du dépouillement.* **5.** Montrer avec ostentation un sentiment, une opinion, etc. : *Afficher sa joie* (**SYN.** étaler ; **CONTR.** cacher). ◆ **s'afficher** v.pr. Se montrer ostensiblement avec : *S'afficher avec un chanteur célèbre* (**SYN.** parader).

affichette n.f. Petite affiche.

afficheur, euse n. **1.** Personne qui pose des affiches. **2.** Professionnel qui fait poser des affiches publicitaires ; annonceur qui utilise l'affiche comme support.

affichiste n. Artiste spécialisé dans la création d'affiches.

affidé, e n. et adj. (du lat. *affidare,* promettre). *Litt.* Personne à qui l'on se fie pour commettre une action répréhensible : *Un conspirateur et ses affidés* (**SYN.** acolyte, complice).

affilé, e adj. Aiguisé : *Un couteau bien affilé* (**SYN.** coupant, tranchant). ▸ ***Avoir la langue bien affilée,*** avoir de la repartie ; être bavard et médisant.

d'**affilée** loc. adv. Sans arrêt ; sans interruption : *Elle a parlé deux heures d'affilée* (**SYN.** sans discontinuer).

affiler v.t. (du lat. *filum,* fil) [conj. 3]. Rendre tranchant : *Affiler une lame* (**SYN.** affûter, aiguiser).

affiliation n.f. Action d'affilier, de s'affilier ; fait d'être affilié : *Son affiliation au club lui donne certains avantages* (**SYN.** adhésion, inscription).

affilié, e adj. et n. Qui appartient à une association, à un organisme : *La liste des personnes affiliées, des affiliés* (**SYN.** adhérent, membre).

affilier v.t. (du lat. *filius,* fils) [conj. 9]. Faire entrer dans un parti, un groupement : *Affilier une école à une association culturelle* (**SYN.** inscrire). ◆ **s'affilier** v.pr. **[à].** S'inscrire en tant que membre dans une organisation : *S'affilier à un syndicat* (**SYN.** adhérer, entrer dans).

affinage n.m. Action d'affiner ; opération par laquelle on affine : *L'affinage de l'acier, du fromage.*

affinement n.m. Fait de s'affiner.

affiner v.t. (de *2. fin*) [conj. 3]. **1.** Rendre plus pur en éliminant les impuretés, les éléments étrangers : *Affiner du verre* (**SYN.** épurer, purifier). **2.** Rendre plus fin ; faire paraître plus fin : *Coiffure qui affine le visage.* **3.** Rendre plus précis ou plus subtil : *Affiner une analyse* (**SYN.** peaufiner). *Affiner l'esprit de qqn* (**SYN.** cultiver, éduquer). **4.** En parlant du fromage, lui faire achever sa maturation. ◆ **s'affiner** v.pr. **1.** Devenir plus fin : *Sa taille s'est affinée. Il s'est affiné à leur contact* (= il est devenu plus raffiné). **2.** En parlant d'un fromage, achever sa maturation.

affinité n.f. (lat. *affinitas,* voisinage). **1.** Ressemblance entre plusieurs choses : *Il y a des affinités entre ces deux symphonies* (**SYN.** analogie, parenté ; **CONTR.** divergence). **2.** Harmonie de goûts, de pensées entre des personnes : *Avoir des affinités avec qqn* (**SYN.** inclination, sympathie ; **CONTR.** antipathie). *Il y a une affinité entre elles* (**SYN.** accord ; **CONTR.** antagonisme).

affirmatif, ive adj. **1.** Qui affirme, contient une affirmation : *Un ton affirmatif. Une réponse affirmative* (**CONTR.** négatif). **2.** Qui affirme, soutient qqch : *Il s'est montré tout à fait affirmatif* (**CONTR.** évasif). ◆ **affirmatif** adv. *Fam.* Oui : *M'entendez-vous ? — Affirmatif !*

affirmation n.f. Action d'affirmer ; énoncé par lequel on affirme : *Ses affirmations n'ont convaincu personne* (**SYN.** assertion). *Son discours renferme une nouvelle affirmation de son désir de paix* (**SYN.** proclamation).

affirmative n.f. Réponse par laquelle on assure que qqch est vrai, est approuvé : *Répondre par l'affirmative* (= en disant oui). ▸ ***Dans l'affirmative,*** dans le cas où la chose est vraie, où la réponse est positive.

affirmativement adv. De façon affirmative : *De nombreuses personnes ont répondu affirmativement* (= ont répondu en disant oui ; **CONTR.** négativement).

affirmer v.t. (du lat. *firmus,* solide) [conj. 3]. **1.** Dire très fermement qu'une chose est vraie : *J'affirme que je n'en savais rien* (**SYN.** assurer, soutenir). *Elle affirme que c'est faux* (**SYN.** certifier, garantir). **2.** Manifester clairement : *Jeune cinéaste qui affirme son indépendance* (**SYN.** montrer, prouver). ◆ **s'affirmer** v.pr. Devenir plus manifeste, plus fort : *Sa capacité à occuper ce poste s'affirme de jour en jour* (**SYN.** se confirmer, se renforcer).

affixe n.m. (lat. *affixus,* attaché). En linguistique, élément qui se place au début (préfixe), à l'intérieur (infixe) ou à la fin (suffixe) d'un mot, d'un radical pour former un mot, un radical nouveau : *Dans « ensemencement », « en- » et « -ment » sont des affixes adjoints au mot « semence ».*

affleurement n.m. Fait d'apparaître à la surface de l'eau ou de la terre : *Des affleurements rocheux.*

affleurer v.t. (de *à fleur* [*de*]) [conj. 3]. Arriver au niveau de : *La rivière affleure les berges.* ◆ v.i. Apparaître à la surface : *Écueil qui affleure.*

affliction n.f. Ce qui afflige ; peine profonde : *Sa mort nous a plongés dans l'affliction* (**SYN.** désespoir, détresse ; **CONTR.** joie, ravissement).

affligeant, e adj. **1.** Qui afflige : *Cette nouvelle est affligeante* (**SYN.** attristant, désolant ; **CONTR.** réjouissant). **2.** Qui inspire la pitié ou le rejet : *Son dernier film est affligeant* (**SYN.** consternant, lamentable).

affliger v.t. (lat. *affligere,* frapper, accabler) [conj. 17]. Causer une peine profonde à qqn : *L'échec de son fils l'afflige* (**SYN.** désoler, peiner ; **CONTR.** réjouir). *Le spectacle de sa déchéance afflige sa famille* (**SYN.** consterner, navrer ; **CONTR.** ravir). ◆ **s'affliger** v.pr. **[de].** Éprouver un grand chagrin, de l'affliction du fait de qqch : *S'affliger des injustices commises* (**SYN.** se désoler). *Elle s'est affligée de votre absence, que vous ne puissiez venir* (**CONTR.** se réjouir).

affluence n.f. Arrivée ou présence de nombreuses personnes en un même lieu : *Affluence de visiteurs à une exposition* (**SYN.** afflux). *L'affluence était grande* (**SYN.** foule). *Prendre le métro aux heures d'affluence* (= de pointe).

affluent, e adj. Se dit d'un cours d'eau qui se jette dans un autre : *Rivière affluente.* ◆ **affluent** n.m. Cours d'eau qui se jette dans un autre : *L'Epte est un affluent de la Seine.*

affluer v.i. (lat. *affluere,* couler vers) [conj. 3]. **1.** Couler abondamment vers : *Le sang afflua à son visage* (**CONTR.** refluer). **2.** Arriver en grand nombre en un lieu : *Les manifestants affluaient sur la place* (**SYN.** confluer, converger ; **CONTR.** s'éloigner, se retirer). *Les secours affluent du monde entier.*

afflux [afly] n.m. **1.** Brusque arrivée d'un liquide organique, en partic. du sang, dans une partie du corps : *Un afflux de sang à la tête.* **2.** Arrivée en un même lieu d'un grand nombre de personnes : *Un afflux de touristes* (**SYN.** affluence, déferlement, flot).

affolant, e adj. **1.** Qui provoque une vive émotion : *La découverte affolante d'un secret de famille* (**SYN.** bouleversant, troublant). **2.** Très inquiétant : *Les accidents de la route se multiplient, c'est affolant* (**SYN.** alarmant ; **CONTR.** rassurant).

affolé, e adj. **1.** Rendu comme fou par une émotion

violente ; qui manifeste un grand trouble : *Les passants affolés fuyaient le lieu de l'explosion* (**SYN.** hagard, terrifié, terrorisé). **2.** Se dit de l'aiguille aimantée d'une boussole qui montre des déviations subites et irrégulières sous l'action des perturbations du champ magnétique.

affolement n.m. **1.** Fait de s'affoler ; état d'une personne affolée : *L'affolement gagnait les passagers* (**SYN.** panique). **2.** État d'une aiguille aimantée affolée.

affoler v.t. (de *fol,* fou) [conj. 3]. Faire perdre son sang-froid à qqn, un animal ; le rendre comme fou : *Les hurlements des enfants affolèrent les oiseaux* (**SYN.** effrayer, épouvanter ; **CONTR.** calmer, rassurer). *L'audace du dompteur affolait le public* (**SYN.** terrifier). ◆ **s'affoler** v.pr. Être saisi par la peur ; perdre son sang-froid : *Elles se sont affolées et ont sauté. Ne vous affolez pas, nous le retrouverons* (**SYN.** s'inquiéter, se tourmenter).

affouage n.m. (de l'anc. fr. *affouer,* chauffer). Droit de prendre du bois dans les forêts d'une commune.

affranchi, e adj. et n. En histoire, se dit d'un esclave libéré de la servitude : *Les affranchis de César.* ◆ adj. Qui manifeste une totale indépendance à l'égard des conventions sociales : *Une génération affranchie* (**SYN.** émancipé).

affranchir v.t. (de *2. franc*) [conj. 32]. **1.** Rendre libre, indépendant : *Affranchir de la domination, de la misère, de la crainte* (**SYN.** libérer). **2.** En histoire, donner la liberté à un esclave. **3.** Exempter d'une charge, d'une hypothèque, de taxes : *Les intérêts de cette épargne sont affranchis de tout impôt* (**SYN.** exonérer). **4.** Payer le port d'une lettre, d'un paquet, etc., afin qu'il soit acheminé vers son destinataire : *Affranchir le coupon-réponse au tarif en vigueur.* **5.** *Arg.* Confier une information qui aurait dû rester secrète : *Ne compte pas sur lui pour nous affranchir* (**SYN.** informer, renseigner). ◆ **s'affranchir** v.pr. **[de].** Se libérer de : *S'affranchir de sa timidité* (**SYN.** se débarrasser de).

affranchissement n.m. **1.** Action de rendre libre, indépendant : *L'affranchissement des esclaves grecs* (**SYN.** libération). **2.** Action de payer le port d'une lettre, d'un paquet pour qu'ils soient acheminés : *Quel est le tarif d'affranchissement d'une lettre pour le Canada ?*

affres n.f. pl. (probabl. de l'anc. prov. *affre,* effroi). *Litt.* Très vive inquiétude accompagnée de terreur : *Les affres de l'attente* (**SYN.** torture, tourment, transe).

affrètement n.m. Action d'affréter un navire, un avion.

affréter v.t. (de *fret*) [conj. 18]. Prendre un navire, un avion en louage.

affréteur n.m. Celui qui prend en location un navire, un avion (par opp. à fréteur).

affreusement adv. **1.** De façon affreuse : *Les victimes sont affreusement brûlées* (**SYN.** atrocement, horriblement). **2.** À un très haut degré : *Je suis affreusement en retard* (**SYN.** extrêmement, très).

affreux, euse adj. (de *affres*). **1.** Qui provoque la peur, la douleur, le dégoût : *Une affreuse blessure* (**SYN.** horrible ; **CONTR.** attrayant). *Le sort affreux des réfugiés* (**SYN.** atroce, effroyable). *Un affreux personnage* (**SYN.** répugnant, vil ; **CONTR.** admirable). **2.** D'une extrême laideur : *Ces nouveaux jouets sont affreux* (**SYN.** hideux, laid ; **CONTR.** beau, superbe). **3.** Qui est désagréable, choquant : *Quel temps affreux !* (**SYN.** épouvantable, exécrable). *Ils parlent dans un jargon affreux* (**SYN.** détestable).

affriolant, e adj. **1.** Qui tente ; qui attire : *Offre affriolante* (**SYN.** alléchant). **2.** Qui excite le désir : *Tenue affriolante* (**SYN.** émoustillant). *Star affriolante* (**SYN.** désirable).

affrioler v.t. (de l'anc. fr. *friolet,* gourmand, de *frire*) [conj. 3]. **1.** Attirer par quelque chose d'agréable : *La perspective de gagner une grosse somme l'affriole* (**SYN.** tenter). **2.** Exciter le désir de : *Vedette qui affriole son public* (**SYN.** émoustiller).

affront n.m. Marque publique de mépris : *Infliger, subir un affront* (**SYN.** avanie [litt.], camouflet, humiliation).

affrontement n.m. Action d'affronter ; fait de s'affronter : *L'affrontement de deux visions du monde* (**SYN.** choc). *De nombreux affrontements ont eu lieu entre manifestants et policiers* (**SYN.** heurt).

affronter v.t. (de *front*) [conj. 3]. **1.** Aborder résolument de front ; aller avec courage au-devant de : *Affronter ses adversaires* (**SYN.** braver, défier). *Elle a dû affronter un grave problème avec ses élèves* (= faire face à). **2.** Mettre de front, de niveau : *Affronter deux lattes* (**SYN.** aligner). ◆ **s'affronter** v.pr. Lutter l'un contre l'autre : *Les militants des deux bords se sont affrontés* (**SYN.** se battre). *Deux tendances s'affrontent au sein de notre association* (**SYN.** s'opposer).

affubler v.t. (du lat. *fibula,* agrafe) [conj. 3]. **1.** Vêtir d'une manière ridicule : *On les a affublés d'un uniforme grotesque* (**SYN.** accoutrer). **2.** Attribuer qqch de ridicule à qqn : *Ses neveux l'ont affublé d'un sobriquet.* ◆ **s'affubler** v.pr. **[de].** S'habiller bizarrement : *Elles se sont affublées de vieilles fripes* (**SYN.** s'accoutrer).

affût n.m. **1.** Support du canon d'une bouche à feu, qui sert à la pointer, à la déplacer. **2.** À la chasse, endroit où l'on se poste pour guetter le gibier. ▸ ***Être à l'affût de,*** guetter le moment favorable pour s'emparer de qqch ; guetter l'apparition de : *Les paparazzi sont à l'affût de chacune de ses apparitions.*

affûtage n.m. Action d'affûter une lame, un outil (**SYN.** aiguisage, repassage).

affûter v.t. (de *fût,* partie d'un tronc d'arbre) [conj. 3]. Donner du tranchant à : *Le boucher affûte ses couteaux* (**SYN.** affiler, aiguiser, repasser ; **CONTR.** émousser).

afghan, e adj. et n. De l'Afghanistan. ▸ ***Lévrier afghan,*** lévrier à poil long. ◆ **afghan** n.m. Langue parlée en Afghanistan (**SYN.** pachto).

aficionado [afisjɔnado] n.m. (mot esp., de *afición,* goût, passion). **1.** Amateur de courses de taureaux. **2.** Passionné de : *Les aficionados du documentaire animalier* (**SYN.** fanatique).

afin de loc. prép. (de *à* et *1. fin*). (Suivi de l'inf.). Indique l'intention, le but : *Elle a recommencé afin de tout vérifier* (**SYN.** pour). ◆ **afin que** loc. conj. (Suivi du subj.). Indique l'intention, le but : *Prévenez-le afin qu'il n'y aille pas pour rien* (**SYN.** pour que).

à-fonds n.m. pl. ▸ ***Faire les à-fonds,*** en Suisse, faire le grand nettoyage de printemps.

a fortiori [afɔrsjɔri] loc. adv. (du lat. scolast. *a fortiori* [*causa*], par [une raison] plus forte). À plus forte raison : *C'est difficile, a fortiori pour une femme seule.*

africain, e adj. et n. D'Afrique.

africanisme n.m. Mot, expression, tournure particuliers au français parlé en Afrique noire.

africaniste n. Spécialiste des langues et des civilisations africaines.

afrikaans [afrikɑ̃s] n.m. (mot néerl.). Langue néerlandaise parlée en Afrique du Sud, qui est l'une des langues officielles de ce pays.

afrikaner [afrikanɛr] ou **afrikaander** [afrikɑ̃dɛr] adj. et n. Se dit d'une personne d'origine néerlandaise parlant l'afrikaans, en Afrique du Sud.

afro adj. inv. Se dit d'une coiffure où les cheveux, frisés et non coupés, forment une masse volumineuse autour du visage.

afro-américain, e adj. et n. (pl. *afro-américains, es*). Qui est d'origine africaine, aux États-Unis.

afro-asiatique adj. (pl. *afro-asiatiques*). Qui concerne à la fois l'Afrique et l'Asie.

afro-cubain, e adj. et n. (pl. *afro-cubains, es*). Qui est d'origine africaine, à Cuba.

after [aftœr] n.m. (mot angl. signif. « après »). Réception, fête organisée après la fermeture des établissements ouverts la nuit.

after-shave [aftœrʃɛv] n.m. inv. (mot angl.). Après-rasage.

A.F.U. ou **AFU** [afy] n.m. (sigle de *aide* ou *assistance au freinage d'urgence*). Système qui, en cas d'urgence, amplifie la force de freinage d'un véhicule.

agaçant, e adj. Qui agace, irrite : *Un tic agaçant* (SYN. énervant, horripilant ; CONTR. apaisant, reposant).

agace ou **agasse** n.f. (du germ. *agaza*). Nom régional de la pie.

agacement n.m. Action d'agacer ; fait d'être agacé : *Plus tu parlais, moins il pouvait cacher son agacement* (SYN. énervement, exaspération ; CONTR. calme). *Elle laissa échapper un soupir d'agacement* (SYN. impatience, irritation ; CONTR. tranquillité).

agacer v.t. (du lat. *acies*, tranchant [des dents]) [conj. 16]. **1.** Causer de l'irritation à : *Son bavardage incessant m'agace* (SYN. énerver, exaspérer ; CONTR. calmer). **2.** Produire une sensation désagréable sur : *Le citron agace les dents* (SYN. irriter ; CONTR. apaiser).

agacerie n.f. (Surtout au pl.). Mine, parole, regard destinés à aguicher (SYN. coquetterie, minauderie).

agape n.f. (gr. *agapê*, amour). Repas pris en commun par les premiers chrétiens. ◆ **agapes** n.f. pl. Repas copieux et gai entre amis : *Célébrer son anniversaire par de joyeuses agapes* (SYN. banquet, festin).

agar-agar n.m. (pl. *agars-agars*). Substance extraite de diverses algues marines, utilisée dans l'industrie, en pharmacie et en cuisine.

agaric n.m. (lat. *agaricum*, du gr.). Champignon comestible à chapeau et à lamelles roses ou brunes, dont le type est le champignon de couche.

agasse n.f. → **agace.**

agate n.f. (du gr. *Akhatês*, nom d'une rivière de Sicile). Roche siliceuse, variété de calcédoine, divisée en zones concentriques de colorations diverses.

agave n.m. (du gr. *agauos*, admirable). Plante originaire d'Amérique centrale, dont les feuilles fournissent des fibres textiles.

age n.m. (du frq.). Longue pièce de bois ou de fer qui forme l'axe d'une charrue.

âge n.m. (du lat. *aetas*). **1.** Temps écoulé depuis la naissance d'un être humain, depuis la création d'une chose : *Cacher son âge. Un homme entre deux âges* (= ni jeune ni vieux). *L'âge d'un vin.* **2.** Période de la vie correspondant à une phase de l'évolution de l'être humain : *Des enfants en bas âge* (= très jeunes). *Un sport praticable à tout âge.* **3.** Période de l'évolution du monde, de l'histoire : *L'âge du bronze. Le Moyen Âge.* **4.** La vieillesse : *Les effets de l'âge. L'âge semble n'avoir aucune prise sur elle.* ▸ ***Âge légal,*** âge fixé par la loi pour l'exercice de certains droits civils ou politiques. ***Âge mental,*** niveau de développement intellectuel d'un enfant tel qu'il est mesuré par certains tests ; par ext., niveau de maturité intellectuelle d'une personne, quel que soit son âge. ***Classe d'âge,*** groupe d'individus ayant approximativement le même âge. ***L'âge d'or,*** époque idéale de bonheur parfait ; par ext., époque de plus grand rayonnement de quelque chose : *L'âge d'or du classicisme.* ***Quatrième âge,*** période suivant le troisième âge, où la plupart des activités deviennent impossibles, et qui correspond à la grande vieillesse. ***Troisième âge,*** période qui suit l'âge adulte et où cessent les activités professionnelles.

âgé, e adj. D'un âge avancé : *Places réservées aux personnes âgées. Il est très âgé* (SYN. vieux). ▸ ***Âgé de,*** qui a tel âge : *Les enfants âgés de sept ans et plus.* ***Plus, moins âgé (que),*** qui compte plus, moins d'années que : *Elle est bien plus âgée que moi.*

agence n.f. (it. *agenzia*, du lat. *agere*, agir). **1.** Entreprise commerciale proposant en général des services d'intermédiaire entre les professionnels d'une branche d'activité et leurs clients : *Agence de voyages. Agence immobilière.* **2.** Organisme administratif chargé d'une mission d'information et de coordination dans un domaine déterminé : *Agence nationale pour l'emploi.* **3.** Succursale d'une banque : *Ils ont ouvert de nombreuses agences.* **4.** Ensemble des bureaux, des locaux occupés par une agence : *On a agrandi l'agence.*

agencement n.m. Action d'agencer ; état de ce qui est agencé : *L'agencement de cette boutique est à revoir* (SYN. aménagement, disposition). *L'agencement des vers d'un poème* (SYN. ordonnancement).

agencer v.t. (de l'anc. fr. *gent*, beau) [conj. 16]. Disposer les éléments d'un ensemble pour former qqch de commode ou d'harmonieux : *Ce studio est bien agencé* (SYN. aménager, arranger). *Un spectacle mal agencé* (SYN. ordonnancer).

agenda [aʒɛ̃da] n.m. (mot lat. signif. « ce qui doit être fait »). **1.** Carnet permettant d'inscrire jour par jour ce qu'on a à faire : *Noter un rendez-vous sur* ou *dans son agenda. De grands agendas.* **2.** Ensemble des choses à traiter dans une période donnée : *Le comité a un agenda chargé* (= un emploi du temps). ▸ ***Agenda électronique*** → **organiseur.**

agender [aʒɛ̃de ou aʒɑ̃de] v.t. [conj. 3]. En Suisse, inscrire dans un agenda ; fixer une date pour : *Agender un rendez-vous. Agendons notre prochaine réunion.*

agenouillement n.m. Action de s'agenouiller ; fait d'être agenouillé : *L'agenouillement des fidèles.*

s'**agenouiller** v.pr. [conj. 3]. **1.** Se mettre à genoux : *Les pèlerins s'agenouillèrent pour prier.* **2.** Prendre une attitude de soumission devant qqn, qqch : *Le peuple refusa de s'agenouiller devant l'occupant* (SYN. se soumettre ; CONTR. se rebeller, résister).

① **agent** n.m. (du lat. *agere*, agir). **1.** Tout phénomène physique qui a une action déterminante : *Les agents* *naturels, chimiques d'érosion* (**SYN.** facteur). *Agents pathogènes* (**SYN.** principe). **2.** En grammaire, être ou objet qui accomplit l'action exprimée par le verbe : *Dans « le soleil a défraîchi les tentures », « soleil » est l'agent.* ▸ ***Complément d'agent,*** complément d'un verbe passif, introduit par les prépositions *par* ou *de*, désignant l'être ou l'objet par lequel l'action est accomplie, et qui est le sujet de la phrase active correspondante : *Dans « elle est aimée de tous », « tous » est le complément d'agent.*

② **agent, e** n. Personne chargée d'une mission par une société, un gouvernement ; personne qui a la charge d'administrer pour le compte d'autrui : *Un agent d'assurances. Agent immobilier. Une agente littéraire.* ▸ ***Agent de maîtrise,*** salarié dont le statut se situe entre celui de l'ouvrier et celui du cadre. ***Agent (de police),*** fonctionnaire subalterne, génér. en uniforme, chargé de la police de la voie publique : *Demandons notre chemin à l'agent.* ***Agent secret,*** membre d'un service de renseignements ; espion.

aggiornamento [adʒjɔrnamɛnto] n.m. (mot it. signif. « mise à jour »). **1.** Adaptation de l'Église à l'évolution de la société contemporaine. **2.** Adaptation au monde actuel, à ses changements : *Un aggiornamento politique* (**SYN.** modernisation, réforme, renouvellement).

agglomérat n.m. **1.** Masse de substances minérales agglomérées : *Cette roche est constituée d'un agglomérat détritique* (**SYN.** agrégat). **2.** Assemblage disparate de personnes ou de choses : *Un agglomérat de bibelots de toutes provenances* (**SYN.** fatras).

agglomération n.f. **1.** Action d'agglomérer ; amas ainsi constitué : *Une agglomération de particules de bois.* **2.** Ensemble urbain formé par une ville et sa banlieue : *L'agglomération lilloise.* **3.** Groupe d'habitations formant une unité : *Les agglomérations de plus de 10 000 habitants* (**SYN.** cité, ville).

aggloméré n.m. **1.** Bois reconstitué, obtenu par l'agglomération sous forte pression de copeaux, de sciure, etc., mêlés de colle : *Une bibliothèque en aggloméré.* **2.** Matériau de construction moulé : *Les cloisons des bureaux sont constituées de panneaux d'aggloméré.*

agglomérer v.t. (du lat. *glomus, glomeris*, pelote) [conj. 18]. Réunir en une seule masse compacte des éléments auparavant distincts : *Agglomérer des copeaux et de la colle* (**SYN.** agréger, mêler ; **CONTR.** dissocier). ◆ **s'agglomérer** v.pr. Se réunir en un tas, une masse compacte : *Les badauds s'aggloméraient autour du camion de prises de vues* (**SYN.** s'agglutiner, se grouper, se masser).

agglutination n.f. **1.** Action d'agglutiner ; fait de s'agglutiner : *Pour éviter l'agglutination de la farine en grumeaux.* **2.** Formation d'un mot par la soudure de deux ou plusieurs mots distincts à l'origine : *« L'hierre » est devenu « le lierre » par agglutination.*

agglutiner v.t. (du lat. *gluten, glutinis*, colle) [conj. 3]. Unir, joindre en collant, en formant une masse : *L'humidité a agglutiné les bonbons dans le sachet* (**SYN.** agréger, coller ; **CONTR.** disjoindre, séparer). ◆ **s'agglutiner** v.pr. Se réunir en une masse compacte : *Les pigeons s'agglutinaient autour du quignon de pain* (**SYN.** s'agglomérer, se grouper).

aggravant, e adj. ▸ ***Circonstances aggravantes,*** circonstances qui augmentent la gravité d'une faute, notamm. d'un délit (par opp. à circonstances atténuantes).

aggravation n.f. Action d'aggraver ; fait de s'aggraver : *On prévoit une nette aggravation du froid* (**SYN.** accroissement, recrudescence ; **CONTR.** atténuation). *L'aggravation de sa maladie paraît inéluctable* (**SYN.** progression ; **CONTR.** amélioration, rémission).

aggraver v.t. (du lat. *gravis*, lourd) [conj. 3]. Rendre plus grave, plus difficile à supporter : *La pollution aggrave les pathologies pulmonaires* (**SYN.** accroître ; **CONTR.** apaiser). *Le jury a aggravé la peine requise par le procureur* (**SYN.** alourdir ; **CONTR.** alléger). ◆ **s'aggraver** v.pr. Devenir plus grave : *L'état de la blessée s'est aggravé* (**SYN.** empirer). *La situation s'est aggravée* (**CONTR.** s'améliorer).

agile adj. (du lat. *agere*, agir). **1.** Qui bouge avec aisance et vivacité : *Les mains agiles d'une claviste* (**SYN.** alerte, vif ; **CONTR.** pesant). *Je ne suis plus aussi agile qu'à vingt ans* (**SYN.** leste, souple). **2.** Qui comprend vite : *Un esprit agile* (**SYN.** alerte, délié ; **CONTR.** lent).

agilement adv. Avec agilité : *Elle enjamba agilement la rigole* (**SYN.** prestement ; **CONTR.** pesamment).

agilité n.f. **1.** Aptitude à se mouvoir avec aisance et rapidité : *L'agilité d'un prestidigitateur* (**SYN.** légèreté, souplesse ; **CONTR.** gaucherie). **2.** Vivacité intellectuelle : *Son esprit se joue avec agilité des difficultés* (**SYN.** rapidité ; **CONTR.** lenteur, lourdeur).

agio [aʒjo] n.m. (it. *aggio*). (Surtout au pl.). Ensemble des frais qui grèvent une opération bancaire : *Payer des agios après un découvert bancaire* (**SYN.** intérêts).

a giorno [adʒjɔrno] loc. adj. inv. (loc. it. signif. « par [la lumière] du jour »). Se dit d'un éclairage comparable à la lumière du jour : *Des éclairages a giorno mettent les tableaux en valeur.* ◆ loc. adv. ▸ ***Éclairé a giorno,*** comme par la lumière du jour : *Des salles de musée éclairées a giorno.*

agiotage n.m. Spéculation frauduleuse sur les fonds publics, les changes, les valeurs mobilières.

agir v.i. (lat. *agere*) [conj. 32]. **1.** Entrer ou être en action ; faire qqch : *Assez parlé, il faut agir !* **2.** Produire un effet : *Le médicament a agi très vite* (**SYN.** opérer). **3.** Se manifester de telle ou telle façon par ses actions : *Agir en adulte responsable* (**SYN.** se comporter). *Vous avez mal agi avec eux* (**SYN.** se conduire). **4. [sur].** Avoir tel effet, telle influence sur : *Les massages agissent sur la douleur lombaire. Ces heures difficiles ont agi sur les enfants* (**SYN.** influencer). ◆ **s'agir** v.pr. impers. ▸ ***Il s'agit de*** (+ n.), il est question de : *C'est de vous qu'il s'agit. C'est ce dont il s'agit* ou *c'est de cela qu'il s'agit. Tant qu'il ne s'était agi que d'informatique...* ***Il s'agit de*** (+ inf.), il convient de, il est nécessaire de : *Il s'agit de se décider : êtes-vous d'accord ou pas ?* (= il faut).

âgisme n.m. Discrimination exercée à l'encontre des personnes d'un certain âge.

agissant, e adj. Qui a une grande activité, une action puissante : *Le leader agissant d'un mouvement* (**SYN.** actif, entreprenant ; **CONTR.** hésitant, passif). *Un massage agissant* (**SYN.** efficace).

agissements n.m. pl. Actions coupables ou blâmables : *Le maire refuse de cautionner les agissements* *de ses adjoints* (**SYN.** manigance, manœuvre). *La police surveille ses agissements* (**SYN.** manège, menées).

agitateur, trice n. Personne qui provoque ou entretient des troubles sociaux, politiques, qui suscite l'agitation : *Plusieurs agitateurs ont été arrêtés* (**SYN.** factieux, meneur).

agitation n.f. **1.** État de ce qui est animé de mouvements continuels et irréguliers : *L'agitation de la mer* (**SYN.** turbulence). **2.** État d'une personne qui bouge sans cesse ; spécial., mouvements continuels causés par un trouble pathologique : *Calmer l'agitation d'un malade* (**SYN.** excitation, fébrilité). **3.** État de mécontentement politique ou social, se traduisant par des manifestations ou des troubles publics : *L'agitation s'amplifie dans la zone frontalière* (**SYN.** effervescence, remous ; **CONTR.** calme, ordre).

agité, e adj. et n. Qui manifeste de l'agitation ; qui est en proie à l'agitation : *Cet enfant est très agité* (**SYN.** excité, remuant, turbulent ; **CONTR.** calme, posé, tranquille). *Malade agité* (**SYN.** fébrile, tourmenté). ◆ adj. **1.** Remué vivement en tous sens : *Des eaux agitées* (**SYN.** houleux ; **CONTR.** dormant). **2.** Troublé par des mouvements continuels : *Un sommeil agité* (**SYN.** tourmenté ; **CONTR.** paisible, serein).

agiter v.t. (lat. *agitare,* pousser) [conj. 3]. **1.** Remuer vivement en tous sens : *Agitez bien le bocal avant d'ouvrir* (**SYN.** secouer). **2.** Présenter qqch comme un danger imminent : *Elle agita la menace d'un gel des crédits* (**SYN.** brandir). **3.** Causer une vive émotion à : *Les informations contradictoires agitaient les rescapés* (**SYN.** angoisser, bouleverser ; **CONTR.** apaiser, rasséréner). *Ses outrances verbales agitent la population* (**SYN.** enfiévrer, exciter ; **CONTR.** calmer). ▸ ***Agiter une question,*** l'examiner, en débattre à plusieurs : *On a agité la question du nouveau contrat* (**SYN.** aborder, traiter). ◆ **s'agiter** v.pr. **1.** Remuer vivement en tous sens : *Cesse de t'agiter sur ta chaise !* (**SYN.** se trémousser). **2.** Manifester du mécontentement, de l'inquiétude : *Les milieux étudiants s'agitent* (**SYN.** se soulever).

agneau n.m. (lat. *agnus*). **1.** Petit de la brebis : *Les agneaux nés au printemps.* **2.** Chair comestible de cet animal : *De l'agneau rôti.* **3.** Fourrure, cuir de cet animal : *Une toque en agneau.* ▸ ***Agneau pascal,*** agneau immolé chaque année par les juifs pour commémorer la sortie d'Égypte. ***Doux comme un agneau,*** d'une douceur extrême.

agnelage n.m. Mise bas, chez la brebis ; moment où elle a lieu.

agneler v.i. [conj. 24]. Mettre bas, en parlant de la brebis.

agnelet n.m. Petit agneau.

agnelle n.f. Agneau femelle.

agnosie [agnɔzi] n.f. (gr. *agnôsia,* ignorance). Trouble de la reconnaissance des sensations et des objets, dû à une lésion localisée du cortex cérébral.

agnosticisme [agnɔstisism] n.m. Doctrine philosophique qui considère que l'absolu, tout ce qui est au-delà de l'expérience, est inaccessible à l'esprit humain.

agnostique [agnɔstik] adj. (du gr. *agnôstos,* qui ne peut être connu). Relatif à l'agnosticisme. ◆ adj. et n. Qui professe l'agnosticisme.

Agnus Dei [agnysdei ou agnusdei] n.m. inv. (mots lat. signif. « agneau de Dieu »). Prière de la messe commençant par ces mots ; musique composée sur cette prière. ◆ **agnus-Dei** n.m. inv. Médaillon de cire blanche portant l'image d'un agneau, bénit par le pape.

agonie n.f. (gr. *agônia,* lutte). **1.** Moment qui précède immédiatement la mort : *Être à l'agonie* (= être sur le point de mourir). **2.** *Fig.* Déclin progressif : *L'agonie d'une coutume ancestrale* (**SYN.** disparition, extinction ; **CONTR.** regain, renouveau).

agonir v.t. (croisement de l'anc. fr. *ahonnir,* faire honte, et de *agonie*) [conj. 32]. ▸ ***Agonir qqn d'injures, de reproches,*** etc., lui en adresser un grand nombre : *Il les agonissait d'insultes* (**SYN.** accabler, couvrir). ☞ **REM.** Ne pas confondre avec *agoniser.*

agonisant, e adj. et n. Qui est à l'agonie : *Les râles d'un agonisant* (**SYN.** moribond, mourant).

agoniser v.i. (lat. ecclés. *agonizare,* lutter) [conj. 3]. **1.** Être à l'agonie : *Des blessés agonisaient dans les décombres.* **2.** *Fig.* Être près de disparaître : *Une petite industrie qui agonise* (**SYN.** décliner, s'éteindre). ☞ **REM.** Ne pas confondre avec *agonir.*

agoniste adj. (du lat. ecclés. *agonista,* qui combat dans les jeux). Se dit d'un muscle qui concourt à l'exécution d'un mouvement (par opp. à antagoniste).

agora n.f. **1.** Place bordée d'édifices publics, centre de la vie politique, religieuse et économique de la cité, dans l'Antiquité grecque. **2.** Espace piétonnier dans une ville nouvelle.

agoraphobe adj. et n. Atteint d'agoraphobie.

agoraphobie n.f. (du gr. *agora,* place publique, et *phobos,* crainte). Crainte pathologique des espaces découverts, des lieux publics.

agouti n.m. (mot du Brésil). Mammifère rongeur de l'Amérique du Sud.

agrafage n.m. Action d'agrafer ; son résultat.

agrafe n.f. (de l'anc. fr. *grafe,* crochet). **1.** Pièce de métal permettant d'attacher plusieurs papiers ensemble : *Réunir des documents avec une agrafe.* **2.** Crochet servant à réunir les bords opposés d'un vêtement. **3.** Languette servant à accrocher un stylo au revers d'une poche. **4.** Petite lame de métal à deux pointes servant à suturer les plaies.

agrafer v.t. [conj. 3]. **1.** Attacher avec une agrafe ; assembler à l'aide d'agrafes. **2.** *Fam.* Retenir qqn pour lui parler : *Elle nous a agrafés au passage* (**SYN.** accrocher).

agrafeuse n.f. Machine à poser des agrafes.

agraire adj. (du lat. *ager, agri,* champ). Relatif aux terres cultivées, à l'agriculture : *Unités de mesure des surfaces agraires. Réforme agraire* (= instaurant une nouvelle répartition des terres agricoles).

agrammatical, e, aux adj. Qui n'est pas conforme aux règles de la grammaire : *Une phrase agrammaticale* (**CONTR.** grammatical).

agrandir v.t. [conj. 32]. **1.** Rendre plus grand ou plus important : *Le musée a été agrandi* (**SYN.** étendre ; **CONTR.** réduire). *Faire agrandir des photos. Agrandir l'audience d'une radio* (**SYN.** accroître, développer ; **CONTR.** restreindre). **2.** Faire paraître plus grand : *Ce maquillage agrandit les yeux.* ◆ **s'agrandir** v.pr. **1.** Devenir plus grand : *Ville qui s'agrandit* (**SYN.** s'étendre). *La famille des monospaces s'est agrandie de trois nouveaux modèles.* **2.** *Fig.* Devenir plus important : *Le* *fossé entre les deux populations s'est agrandi* (**SYN.** se creuser ; **CONTR.** se combler).

agrandissement n.m. **1.** Action d'agrandir, de s'agrandir : *L'agrandissement du domaine depuis la mort de l'aïeule* (**SYN.** accroissement). *L'agrandissement d'une succursale* (**SYN.** extension). **2.** Épreuve agrandie d'une photographie : *Ces agrandissements sont superbes.*

agrandisseur n.m. Appareil permettant d'exécuter des agrandissements photographiques.

agraphie n.f. (du gr. *graphein,* écrire). Trouble neurologique qui se traduit par la perte de la capacité d'écrire.

agréable adj. (de *agréer*). Qui plaît, qui satisfait, qui charme : *Passer un moment agréable* (**SYN.** plaisant ; **CONTR.** ennuyeux). *C'est bien agréable de boire un verre d'eau fraîche par cette chaleur* (**SYN.** délectable ; **CONTR.** pénible). *Une personne agréable* (**SYN.** aimable, charmant ; **CONTR.** déplaisant, désagréable). ◆ n.m. Ce qui plaît, charme : *Joindre l'utile à l'agréable.*

agréablement adv. De façon agréable : *Le dîner s'est déroulé agréablement* (**SYN.** plaisamment ; **CONTR.** péniblement). *Elle était agréablement surprise de vous rencontrer* (**CONTR.** désagréablement).

agréation n.f. En Belgique, action d'agréer, de ratifier.

agréé, e adj. Qui a obtenu l'agrément d'une autorité : *Le comptable agréé par le ministère.*

agréer v.t. (de *gré*) [conj. 15]. Recevoir favorablement ; approuver : *Il n'agréera pas des excuses de cette sorte* (**SYN.** accepter, admettre ; **CONTR.** rejeter). *Veuillez agréer mes salutations distinguées* (= formule de politesse à la fin d'une lettre). ◆ v.t. ind. **[à].** *Litt.* Convenir à : *Cette idée agréait à tous* (**SYN.** plaire).

agrégat n.m. Masse formée d'éléments unis intimement et solidement entre eux : *Ici, le sol est un agrégat de cailloux et d'argile* (**SYN.** agglomérat).

agrégatif, ive n. et adj. Personne qui prépare le concours de l'agrégation.

agrégation n.f. **1.** Action de réunir des éléments distincts pour former un tout homogène ; assemblage ainsi réalisé : *Ces roches sont issues de l'agrégation de diverses particules minérales.* **2.** En France, concours de recrutement des professeurs de lycée ou, dans certaines disciplines (droit et sciences économiques, médecine, pharmacie), des professeurs d'université ; grade que confère la réussite à ce concours.

agrégé, e n. et adj. Personne reçue à l'agrégation.

agréger v.t. (lat. *aggregare,* rassembler, de *grex, gregis,* troupeau) [conj. 22]. **1.** Réunir en un tout, une masse : *La chaleur a agrégé les morceaux de métal* (**SYN.** agglomérer, agglutiner ; **CONTR.** disjoindre, séparer). **2. [à].** Admettre qqn dans un groupe constitué : *Agréger quelques éléments jeunes à la direction d'un parti* (**SYN.** associer, intégrer ; **CONTR.** écarter, rejeter). ◆ **s'agréger** v.pr. **[à].** Se joindre, s'associer à : *S'agréger à un groupe* (**SYN.** s'intégrer).

agrément n.m. **1.** Fait d'agréer, de consentir à qqch : *Nous ne pouvons rien faire sans son agrément* (**SYN.** accord, assentiment ; **CONTR.** désapprobation). *Ce médicament a reçu l'agrément de remboursement* (**SYN.** acceptation ; **CONTR.** refus). **2.** Qualité par laquelle qqn ou qqch plaît, est agréable : *Sa compagnie est pleine d'agrément* (**SYN.** charme). *Les agréments d'une maison de campagne* (**SYN.** attrait). ▸ ***D'agrément,*** qui est destiné au seul plaisir et n'a pas de destination utilitaire : *Jardin, voyage d'agrément.*

agrémenter v.t. [conj. 3]. Rendre plus attrayant en ajoutant des ornements : *Maisonnettes agrémentées d'un jardin* (**SYN.** égayer, embellir ; **CONTR.** déparer). *Agrémenter un récit de détails piquants* (**SYN.** enjoliver).

agrès n.m. (du scand. *greida,* équiper). Chacun des appareils utilisés en gymnastique sportive (anneaux, barre, poutre, etc.), en éducation physique (corde à grimper), au cirque (trapèze) : *Un agrès qui demande beaucoup de concentration.* ◆ n.m. pl. *Vx* ou *litt.* Éléments du gréement d'un navire (poulies, voiles, vergues, cordages, etc.).

agresser v.t. (lat. *aggredi,* attaquer) [conj. 3]. **1.** Commettre une agression sur : *Agresser un passant* (**SYN.** assaillir, attaquer ; **CONTR.** défendre). **2.** Provoquer, choquer qqn, par la parole, par son comportement : *Spot publicitaire qui agresse le public* (**SYN.** déranger, heurter). **3.** Constituer une agression, une nuisance pour ; endommager : *Déchets polluants qui agressent l'écosystème* (**CONTR.** protéger).

agresseur adj.m. et n.m. Qui commet une agression : *Pays agresseur* (**SYN.** assaillant). *Son agresseur était une jeune fille.*

agressif, ive adj. **1.** Qui a tendance à agresser, à attaquer : *Un enfant agressif* (**SYN.** batailleur, belliqueux, querelleur ; **CONTR.** doux, paisible). **2.** Qui a le caractère d'une agression : *Un discours agressif* (**SYN.** provocant, violent ; **CONTR.** accommodant, pondéré). **3.** *Fig.* Qui heurte les sens ; qui choque : *Couleur agressive* (**SYN.** criard ; **CONTR.** discret, sobre). *Publicité agressive* (**SYN.** provocant).

agression n.f. **1.** Attaque brutale et soudaine : *Les agressions se multiplient dans ce quartier.* **2.** Atteinte à l'intégrité psychologique ou physiologique des personnes, due à l'environnement visuel, sonore, etc. : *Les agressions de la vie urbaine.*

agressivement adv. De façon agressive ; avec agressivité : *Jeunes auteurs qui imposent agressivement leur conception de la société* (**SYN.** violemment ; **CONTR.** pacifiquement).

agressivité n.f. Caractère agressif de qqn, de qqch ; dispositions agressives : *On s'étonne de l'agressivité de la critique à l'égard de son film* (**SYN.** hargne, hostilité ; **CONTR.** bienveillance).

agreste adj. *Litt.* Qui appartient aux champs, à la campagne : *Des plantes agrestes* (**SYN.** champêtre, rustique ; **CONTR.** citadin, urbain).

agricole adj. (lat. *agricola,* laboureur). Qui relève de l'agriculture ; qui concerne l'agriculture : *Une exploitation agricole. Engins agricoles.*

agriculteur, trice n. Personne qui se consacre à l'agriculture, qui met en valeur une exploitation agricole.

agriculture n.f. Ensemble des travaux qui permettent d'obtenir les produits végétaux et animaux utiles à l'homme, en partic. ceux destinés à son alimentation : *La culture et l'élevage font partie de l'agriculture.*

agripper v.t. (de *gripper,* saisir) [conj. 3]. Prendre vivement en serrant avec les doigts : *Le voleur agrippa le sac de la passante et s'enfuit* (**SYN.** happer, saisir ;

CONTR. lâcher). ◆ **s'agripper** v.pr. **[à].** S'accrocher fermement : *Elle avait le vertige et s'agrippait à la rambarde* (**SYN.** se cramponner).

agritourisme ou **agrotourisme** n.m. Tourisme qui se pratique en milieu rural.

agroalimentaire adj. Se dit des industries qui transforment les produits agricoles en denrées alimentaires : *Les débouchés offerts par les filières agroalimentaires.* ◆ n.m. Ensemble des industries agroalimentaires : *Travailler dans l'agroalimentaire.*

agrocarburant n.m. Biocarburant.

agrochimie n.f. Ensemble des activités de l'industrie chimique fournissant des produits pour l'agriculture (engrais et pesticides notamm.).

agro-industrie n.f. (pl. *agro-industries*). Ensemble des industries dont l'agriculture est le client (matériel agricole) ou le fournisseur (agroalimentaire).

agrologie n.f. Partie de l'agronomie qui a pour objet l'étude des terres cultivables.

agronome n. Spécialiste de l'agronomie.

agronomie n.f. Étude scientifique des relations entre les plantes cultivées, le milieu (sol, climat) et les techniques agricoles.

agronomique adj. Relatif à l'agronomie.

agropastoral, e, aux adj. Se dit d'une population qui pratique à la fois l'agriculture et l'élevage.

agrotourisme n.m. → **agritourisme.**

agrume n.m. (it. *agruma*, du lat. *acer*, aigre). **1.** Arbre, comme l'oranger, le mandarinier, le citronnier, cultivé dans les régions chaudes pour ses fruits. **2.** (Souvent au pl.). Fruit d'un arbre de ce genre (orange, mandarine, cédrat, pamplemousse, etc.).

aguerrir v.t. (de *guerre*) [conj. 32]. **1.** *Vx* Habituer aux fatigues, aux périls de la guerre (**SYN.** entraîner, exercer). **2.** Habituer aux choses pénibles : *De longs hivers l'ont aguerrie* (**SYN.** endurcir, tremper ; **CONTR.** amollir). ◆ **s'aguerrir** v.pr. **[à, contre].** S'habituer à qqch de difficile, de dur : *Ils se sont aguerris au froid.*

aguets n.m. pl. (de *agaitier*, forme anc. de *guetter*). ▸ ***Aux aguets,*** qui est sur ses gardes et observe pour surprendre ou n'être pas surpris : *Chat qui reste aux aguets près d'une touffe d'herbe* (**SYN.** à l'affût).

agueusie n.f. (du gr. *geusis*, goût). Diminution ou perte du sens du goût.

aguichant, e adj. Qui veut aguicher : *Une fille aguichante* (**SYN.** affriolant, provocant).

aguicher v.t. (de l'anc. fr. *guiche*, courroie) [conj. 3]. Chercher à séduire par la coquetterie, l'artifice : *Elle aguiche les garçons* (**SYN.** émoustiller ; **CONTR.** rabrouer).

aguicheur, euse adj. et n. Qui aguiche : *Des sourires aguicheurs. C'est une aguicheuse.*

ah interj. (onomat.). Sert à accentuer l'expression d'un sentiment, d'une idée : *Ah ! que je suis émue !*

ahaner [aane] v.i. [conj. 3]. *Litt.* Respirer bruyamment par suite d'un effort pénible, d'une grande fatigue.

ahuri, e adj. et n. Étonné au point d'en paraître stupide : *Prendre un air ahuri* (**SYN.** ébahi, médusé, stupéfait). *Quel ahuri, celui-là !* (**SYN.** idiot).

ahurir v.t. (de *hure*, tête hérissée) [conj. 32]. *Litt.* Étonner au plus haut point : *Le succès de ce film a de quoi vous ahurir* (**SYN.** abasourdir, effarer ; **CONTR.** rassurer).

ahurissant, e adj. Qui ahurit : *Une réponse ahurissante* (**SYN.** sidérant, stupéfiant). *Les résultats de ce sondage sont ahurissants* (**SYN.** déconcertant, déroutant).

ahurissement n.m. État d'une personne ahurie : *Elle le regarda avec ahurissement* (**SYN.** ébahissement, stupéfaction).

aï [ai] n.m. (mot tupi-guarani). Mammifère arboricole de l'Amérique du Sud, que ses mouvements très lents font également appeler *paresseux* : *Des aïs.*

aiche n.f. → **esche.**

aidant, e n. Personne qui s'occupe d'une personne dépendante (âgée, malade ou handicapée).

① **aide** n.f. **1.** Action d'aider ; assistance, secours apportés par qqn ou par qqch : *Offrir son aide à qqn* (**SYN.** appui, concours). *Venir en aide à qqn* (= lui prêter main-forte). *Appeler à l'aide* (= au secours). **2.** Secours économique ou financier : *Aide à la création d'entreprises* (**SYN.** subside, subvention). *Aide sociale* (= secours matériel ou financier apporté à des personnes en difficulté). ▸ ***À l'aide de,*** grâce à, au moyen de : *Ils ont ouvert la porte à l'aide d'un levier* (**SYN.** avec). ◆ **aides** n.f. pl. En équitation, moyens dont dispose le cavalier pour guider le cheval (mains, jambes, cravache, etc.).

② **aide** n. Personne qui aide, qui seconde qqn dans un travail, une fonction : *Entourée de ses aides, elle surveille l'expérience. Une aide anesthésiste. Aide familiale.* ▸ ***Aide de camp,*** officier attaché à la personne d'un chef d'État, d'un général, etc. ***Aide ménagère,*** en France, personne déléguée par les centres d'aide sociale pour s'occuper des personnes âgées.

aide-éducateur, trice n. (pl. *aides-éducateurs, trices*). En France, personne chargée d'assister les enseignants, d'aider les élèves et de contribuer à prévenir la violence dans les établissements scolaires.

Aïd-el-Fitr n.f. inv. (de l'ar.). Fête religieuse musulmane marquant la fin du ramadan.

Aïd-el-Kébir n.f. inv. (de l'ar.). Fête religieuse musulmane commémorant le sacrifice d'Abraham.

aide-mémoire n.m. inv. Ouvrage présentant en résumé l'essentiel d'une matière, d'un programme d'examen, etc. ; recueil de dates, de formules : *De nombreux aide-mémoire sont vendus avant les examens.*

aider v.t. (lat. *adjutare*) [conj. 3]. **1.** Fournir une aide, une assistance à : *Nous l'avons aidé à déménager* (= donner un coup de main). *Il faut aider les réfugiés* (**SYN.** assister, secourir). *Peux-tu m'aider dans cette recherche ?* (**SYN.** seconder, épauler). *Les régions sinistrées ont été aidées par l'État* (**SYN.** subventionner, soutenir). **2.** Contribuer à produire tel effet ; favoriser : *La crise aidant, la consommation a baissé. La chaleur aide l'épidémie à se propager.* ◆ v.t. ind. **[à].** Contribuer à qqch : *Aider à la découverte de la vérité* (**SYN.** faciliter). *La campagne d'affichage a aidé à la réussite du candidat.* ◆ **s'aider** v.pr. **[de].** Se servir, tirer parti de : *Étalez la pâte en vous aidant d'un rouleau.*

aide-soignant, e n. (pl. *aides-soignants, es*). Personne qui aide les infirmiers et infirmières à donner des soins aux malades.

aïe [aj] interj. (onomat.). Exprime la douleur, l'inquiétude, etc. : *Aïe ! Ça fait mal ! Aïe, elle va être furieuse !*

aïeul, e [ajœl] n. (lat. *avus*) [pl. *aïeuls, aïeules*]. *Litt.*

Grand-père, grand-mère : *Les aïeuls racontaient leurs souvenirs, les aïeules souriaient* (= les grands-parents).

aïeux [ajø] n.m. pl. (de *aïeul*). *Litt.* Ancêtres, ascendants au-delà du grand-père. ▸ ***Mes aïeux !,*** interjection exprimant l'étonnement, l'admiration : *Mes aïeux ! Quelle aventure pour arriver jusqu'ici !*

aigle n.m. (lat. *aquila*). **1.** Oiseau rapace diurne de grande taille nichant dans les hautes montagnes. **2.** Emblème, décoration figurant un aigle : *L'aigle noir de Prusse.* ▸ ***Ce n'est pas un aigle,*** se dit d'un homme d'une intelligence médiocre. ***Yeux, regard d'aigle,*** yeux vifs, vue perçante. ◆ n.f. **1.** Aigle femelle. **2.** Drapeau national ou militaire représentant un aigle : *Les aigles napoléoniennes.*

aiglefin n.m. → **églefin.**

aiglon, onne n. Petit de l'aigle.

aigre adj. (lat. *acer,* piquant). **1.** Qui a une saveur piquante : *On sert souvent le bortsch avec une crème aigre* (SYN. acide, sur ; CONTR. doux, sucré). **2.** *Fig.* Désagréable à l'odorat, à l'ouïe : *La senteur aigre du linge moisi* (SYN. piquant). *Une voix aigre* (SYN. aigu, criard, perçant ; CONTR. doux). *Nous fûmes saisis par la bise aigre* (SYN. mordant, vif). **3.** *Fig.* Qui blesse par sa méchanceté, son amertume : *Une entrée en matière aigre* (SYN. acerbe, âpre, cinglant ; CONTR. amène). *Elle a été très aigre dans ses remarques* (SYN. agressif, malveillant ; CONTR. aimable, bienveillant). ◆ n.m. Goût ou odeur aigre : *Vin qui sent l'aigre.* ▸ ***Tourner à l'aigre,*** devenir virulent ; s'envenimer : *Le débat tourne à l'aigre.*

aigre-doux, aigre-douce adj. (pl. *aigres-doux, aigres-douces*). **1.** D'un goût à la fois acide et sucré : *Du porc à la sauce aigre-douce.* **2.** Désagréable ou blessant en dépit d'une apparente douceur : *Remarques aigres-douces. Propos aigres-doux.*

aigrefin n.m. Personne qui vit de procédés indélicats, de vols : *Les personnes âgées sont des proies faciles pour les aigrefins* (SYN. escroc).

aigrelet, ette adj. Légèrement aigre : *Groseilles aigrelettes* (SYN. acidulé). *Voix aigrelette* (SYN. pointu).

aigrement adv. Avec aigreur : *Elle a répliqué aigrement à ses contradicteurs.*

aigrette n.f. (du prov. *aigron,* héron). **1.** Grand héron blanc des pays chauds, dont la tête est ornée d'un faisceau de longues plumes. **2.** Faisceau de plumes qui surmonte la tête de certains oiseaux. **3.** Bouquet de plumes ornant certaines coiffures : *Aigrette d'un casque.* **4.** Ornement de pierres fines ou précieuses, qui a la forme d'une aigrette.

aigreur n.f. **1.** Fait d'être aigre ; caractère de ce qui est aigre : *L'aigreur d'un vin piqué* (SYN. acidité). *L'aigreur d'une réflexion* (SYN. acrimonie, animosité). **2.** (Surtout au pl.). Sensation de brûlure dans la région de l'estomac.

aigri, e adj. et n. Se dit d'une personne rendue irritable et agressive par les déceptions, les épreuves (SYN. amer).

aigrir v.t. [conj. 32]. **1.** Rendre aigre : *L'air aigrit le vin.* **2.** Rendre amer et irritable : *Les échecs successifs l'ont aigri.* ◆ **s'aigrir** v.pr. Devenir irritable et amer : *Elles se sont aigries avec l'âge.*

aigu, uë [egy] adj. (lat. *acutus,* pointu). **1.** Terminé en pointe : *La lame aiguë d'un couteau à découper* (SYN. effilé ; CONTR. émoussé). **2.** D'une fréquence élevée, en parlant d'un son, d'une voix, etc. : *Les voix aiguës des chanteuses traditionnelles* (SYN. haut, strident ; CONTR. grave). **3.** D'une grande acuité ; d'une grande lucidité : *Une intelligence aiguë* (SYN. fin, pénétrant ; CONTR. lourd, obtus). *Un sens aigu des responsabilités* (SYN. profond). **4.** Qui s'élève d'un coup à son paroxysme : *Douleur aiguë* (SYN. violent, vif ; CONTR. sourd). *Maladie aiguë* (CONTR. chronique). ▸ ***Accent aigu,*** accent incliné de droite à gauche (par opp. à grave). ***Angle aigu,*** angle plus petit que l'angle droit (CONTR. obtus). ◆ **aigu** n.m. Son aigu ; registre aigu : *Ces baffles restituent parfaitement les aigus. Chanteur à l'aise dans l'aigu.*

aigue-marine n.f. (du prov. *aiga marina,* eau de mer) [pl. *aigues-marines*]. Pierre fine, variété de béryl dont la transparence et la couleur bleu clair tirant sur le vert évoquent l'eau de mer.

aiguière [egjɛr] n.f. (prov. *aiguiera,* du lat. *aqua,* eau). Vase à pied, muni d'un bec et d'une anse, destiné à contenir de l'eau.

aiguillage [egɥijaʒ] n.m. **1.** Dispositif ferroviaire constitué de rails mobiles (aiguilles), permettant de faire passer les trains d'une voie sur une autre ; manœuvre d'un tel dispositif : *Poste, centre d'aiguillage.* **2.** *Fig.* Orientation d'une personne, d'une action dans une certaine direction : *L'enquête a connu plusieurs changements d'aiguillage.* ▸ ***Erreur d'aiguillage,*** manœuvre qui engage un train sur une mauvaise voie ; fig., mauvaise orientation donnée à une personne, à une action.

aiguille [egɥij] n.f. (du lat. *acus,* pointe). **1.** Petite tige d'acier trempé et poli, dont une extrémité est pointue et l'autre percée d'un trou pour passer un fil et qui sert à coudre, à broder, à raccommoder : *Le chas de cette aiguille est trop petit pour ce coton.* **2.** Tige rigide servant à divers usages : *Des aiguilles à tricoter. Les aiguilles d'une horloge. Aiguille à ponction.* **3.** Feuille rigide et aiguë des conifères : *Aiguilles de pin.* **4.** Sommet pointu d'une montagne : *L'aiguille du Midi* (SYN. pic). **5.** Portion de rail mobile d'un aiguillage ferroviaire. ▸ ***Chercher une aiguille dans une botte de foin,*** chercher une chose presque impossible à trouver. ***De fil en aiguille,*** en passant progressivement d'une idée, d'une parole, d'un acte à l'autre.

aiguillée [egɥije] n.f. Longueur de fil enfilé sur une aiguille.

aiguiller [egɥije] v.t. [conj. 3]. **1.** Diriger un véhicule ferroviaire, un convoi en manœuvrant un aiguillage : *Aiguiller un train sur une voie de garage.* **2.** *Fig.* Diriger vers telles études, telle activité : *On les a aiguillées vers l'apprentissage* (SYN. orienter). *Ce crime aiguille l'enquête sur une nouvelle piste.*

aiguilleté, e [egɥijte] adj. Se dit d'une moquette fabriquée en entremêlant des fibres textiles à l'aide d'aiguilles à crochets.

aiguillette [egɥijɛt] n.f. **1.** Partie du rumsteck. **2.** Mince tranche de filet de volaille : *Découper des aiguillettes dans un filet de canard.* ◆ **aiguillettes** n.f. pl. Ornement d'uniforme militaire fait de cordons tressés.

aiguilleur [egɥijœr] n.m. Agent du chemin de fer chargé de la manœuvre des aiguillages. ▸ ***Aiguilleur du ciel,*** contrôleur de la navigation aérienne.

aiguillon [egɥijɔ̃] n.m. **1.** Dard de certains insectes (abeille, guêpe, etc.). **2.** Long bâton muni d'une pointe de fer qui servait à mener les bœufs. **3.** *Fig., litt.* Ce qui incite à l'action : *Cette O.N.G. est un aiguillon pour divers gouvernements* (**SYN.** stimulant).

aiguillonner [egɥijɔne] v.t. [conj. 3]. (Souvent au passif). Inciter à l'action : *L'opinion publique, aiguillonnée par les médias, réclame une enquête* (**SYN.** éperonner, stimuler ; **CONTR.** modérer, tempérer). *Le capitaine aiguillonne son équipe* (**SYN.** encourager, pousser ; **CONTR.** freiner).

aiguisage [egizaʒ] ou **aiguisement** [egizmɑ̃] n.m. Action d'aiguiser : *L'aiguisage d'un outil* (**SYN.** affûtage, repassage).

aiguise-crayon [egizkrɛjɔ̃] n.m. (pl. *aiguise-crayons*). *Fam.* Au Québec, taille-crayon.

aiguiser [egize] v.t. (du lat. *acutus*, aigu) [conj. 3]. **1.** Rendre tranchant : *Aiguiser une lame, un outil* (**SYN.** affûter, repasser). **2.** *Fig.* Rendre plus vif, plus intense : *Le succès de ce film a aiguisé l'appétit des producteurs* (**SYN.** attiser, stimuler ; **CONTR.** freiner, modérer).

aiguiseur, euse [egizœr, øz] n. Personne dont le métier est d'aiguiser les instruments tranchants, les outils, etc.

aiguisoir [egizwar] n.m. Instrument servant à aiguiser.

aïkido [aikido] n.m. (mot jap.). Art martial d'origine japonaise, fondé sur la neutralisation de la force de l'adversaire par des mouvements de rotation et d'esquive.

ail [aj] n.m. (lat. *allium*)[pl. *ails* ou *aulx*]. Plante potagère dont le bulbe, à l'odeur forte et au goût piquant, est utilisé en cuisine.

aile n.f. (lat. *ala*). **1.** Membre mobile assurant le vol, chez les oiseaux, les chauves-souris, les insectes : *L'aigle déploie ses ailes.* **2.** Morceau de volaille cuite comprenant tout le membre qui constitue l'aile : *Manger une aile de poulet.* **3.** Chacun des principaux plans de sustentation d'un avion. **4.** Ce qui occupe une position latérale par rapport à une partie centrale : *L'aile droite d'un château. Les ailes du nez. Attaquer une armée sur son aile gauche* (**SYN.** flanc). **5.** Partie de la carrosserie d'une automobile qui recouvre la roue. **6.** Chacun des châssis mobiles garnis de toile qui entraînent le mécanisme d'un moulin à vent. **7.** Extrémité latérale de la ligne d'attaque d'une équipe de football, de rugby, etc. ▸ ***Aile libre,*** engin servant au vol libre et constitué essentiellement d'une carcasse légère tendue d'une voilure et d'un harnais auquel on se suspend. ***Avoir des ailes,*** se sentir léger, insouciant ; se mouvoir facilement. ***Battre de l'aile,*** être en difficulté ; aller mal : *Entreprise qui bat de l'aile* (= qui périclite). ***Voler de ses propres ailes,*** agir seul, sans l'aide d'autrui.

ailé, e adj. Pourvu d'ailes : *Insecte ailé.*

aileron n.m. **1.** Extrémité de l'aile d'un oiseau. **2.** Nageoire de certains gros poissons : *Ailerons d'espadon.* **3.** Volet articulé placé à l'arrière d'une aile d'avion, que l'on manœuvre pour faire virer celui-ci.

ailette n.f. Petite pièce mécanique en forme d'aile : *Radiateur à ailettes.*

ailier, ère n. Joueur, joueuse qui se trouve placé(e) aux extrémités latérales de la ligne d'attaque d'une équipe de football, de rugby, etc.

ailler [aje] v.t. [conj. 3]. Garnir ou frotter d'ail : *Vous aillerez le rôti.*

ailleurs adv. (du lat. [*in*] *aliore* [*loco*], [dans] un autre [lieu]). Dans un autre endroit : *Ne cherchez pas ailleurs, j'ai ce qu'il vous faut* (**CONTR.** ici). ◆ n.m. Contrée éloignée ou mythique : *Ce poème est une invitation à l'ailleurs.* ◆ **d'ailleurs** adv. De plus : *Tu n'aimes pas l'opéra, et d'ailleurs l'interprétation n'était pas bonne.* ◆ **par ailleurs** loc. adv. D'un autre point de vue, d'autre part : *Vous savez bien, par ailleurs, qu'elle refuse de le rencontrer* (**SYN.** en outre, de plus).

ailloli n.m. → **aïoli.**

aimable adj. (du lat. *amare*, aimer). Qui cherche à faire plaisir, à être agréable : *Ils sont très aimables* (**SYN.** affable, amène, prévenant ; **CONTR.** désobligeant, revêche). *Des paroles aimables* (**SYN.** courtois, gentil ; **CONTR.** désagréable, froid).

aimablement adv. Avec amabilité (**SYN.** courtoisement, poliment).

① **aimant, e** adj. Porté à aimer : *Des enfants aimants* (**SYN.** affectueux, tendre ; **CONTR.** dur, insensible).

② **aimant** n.m. (lat. *adamas, adamantis*, fer, diamant, du gr.). Oxyde de fer qui attire naturellement le fer.

aimantation n.f. Action d'aimanter ; fait d'être aimanté.

aimanter v.t. [conj. 3]. Communiquer la propriété de l'aimant à un corps : *L'aiguille aimantée d'une boussole indique le nord.*

aimantin n.m. Objet décoratif aimanté (**SYN.** magnet [anglic.]).

aimer v.t. (lat. *amare*) [conj. 3]. **1.** Éprouver une profonde affection, un attachement très vif pour qqn, qqch : *Aimer ses enfants, ses parents* (**SYN.** chérir ; **CONTR.** détester, haïr). *Aimer son pays.* **2.** Éprouver une inclination très vive fondée à la fois sur la tendresse et l'attirance physique ; être amoureux de : *Elle l'aime à la folie.* **3.** Avoir un penchant, du goût, de l'intérêt pour : *Aimer la promenade, la photo* (**SYN.** apprécier, goûter). *Aimer se promener, faire des photos. Il aime qu'on soit à l'heure.* **4.** En parlant d'une plante, croître particulièrement bien dans tel lieu, tel environnement : *Plante qui aime les sols argileux, la lumière, l'humidité* (= qui s'y développe mieux). ▸ ***Aimer à*** (+ inf.), éprouver du plaisir : *Ils aiment à écouter le bruit du ressac. J'aime à croire qu'ils sont heureux* (= je veux espérer que). ***Aimer mieux,*** préférer : *Elle aime mieux la voiture que le train. J'aime mieux partir. J'aime mieux lui écrire que lui téléphoner* ou *que de lui téléphoner. Elle aime mieux que ses enfants aillent à la garderie.* ◆ **s'aimer** v.pr. **1.** Éprouver une affection réciproque : *« Deux pigeons s'aimaient d'amour tendre »* [La Fontaine]. **2.** Se trouver bien ; se plaire : *Elle ne s'aime pas avec les cheveux courts.*

aine n.f. (lat. *inguen, inguinis*). Partie du corps entre le haut de la cuisse et le bas-ventre : *Pli de l'aine* (= pli de flexion de la cuisse sur l'abdomen).

aîné, e adj. et n. (de l'anc. fr. *ainz*, avant, et *né*). **1.** Qui est né le premier dans une fratrie (par opp. à cadet, puîné) : *Fils aîné.* **2.** Qui est né avant d'autres, dans une fratrie : *Elle est l'aînée des filles.* **3.** Personne plus âgée qu'une autre : *Il est mon aîné de trois ans.*

aînesse n.f. ▸ ***Droit d'aînesse,*** droit qui réservait à l'aîné une part prépondérante dans l'héritage, au détriment des autres enfants : *Le droit d'aînesse a été aboli pendant la Révolution.*

ainsi adv. (de *si*, lat. *sic*). **1.** De la façon qui vient d'être dite : *Des milliers d'oiseaux migrent ainsi chaque année* (= de cette façon). *Ne me parle pas ainsi.* **2.** De la façon que l'on va dire : *Nous aborderons le problème ainsi : d'abord un récapitulatif...* (= de la manière suivante). **3.** *Litt.* De même : *Comme un baume adoucit une blessure, ainsi ces paroles apaisèrent sa douleur* (= de la même façon). **4.** En conclusion ; par conséquent : *Ainsi, elle ne s'est pas présentée à l'audience.* ▸ ***Ainsi soit-il,*** formule qui termine les prières chrétiennes (= amen). ***Et ainsi de suite,*** indique que des faits, des actions se déroulent selon un processus immuable : *Chaque dimanche, il y avait la salade de carottes, le rôti de veau, et ainsi de suite.* ***Pour ainsi dire,*** presque, à peu près : *Après ce succès, il n'a pour ainsi dire jamais quitté la première place.* ***Puisqu'il en est ainsi,*** dans ces conditions. ◆ **ainsi que** loc. conj. **1.** De la façon que : *Tout s'est déroulé ainsi que vous l'aviez demandé* (**SYN.** comme). **2.** Et aussi : *L'usine assure la fabrication des pièces ainsi que l'assemblage final* (= de la même façon que). *Mon fils ainsi que ma fille se joignent à moi pour vous remercier* (**SYN.** et).

aïoli ou **ailloli** [ajɔli] n.m. (mot prov., de *ai*, ail, et *oli*, huile). **1.** Coulis d'ail pilé avec de l'huile d'olive : *Des aïolis.* **2.** Plat de morue et de légumes pochés servi avec cette sauce.

① **air** n.m. (lat. *aer*, du gr. *aêr*). **1.** Mélange gazeux qui constitue l'atmosphère : *L'air est composé principalement d'azote et d'oxygène.* **2.** Ce mélange gazeux, en tant que milieu de vie : *Le bon air. Respirer l'air pur des montagnes. Ouvrez la fenêtre, on manque d'air ici.* **3.** Espace qu'occupe l'air : *Fusée qui s'élève dans l'air, dans les airs* (**SYN.** atmosphère). **4.** Vent léger ; souffle : *Le soir, il y a un peu d'air. Ouvre la fenêtre pour faire un courant d'air.* ▸ ***Air comprimé,*** air dont on réduit le volume par compression en vue d'utiliser l'énergie qu'il produit en se détendant. ***Air liquide,*** air liquéfié par détentes et compressions successives, et utilisé dans l'industrie. ***En l'air,*** en haut, au-dessus de la tête ; sans fondement : *Regarder en l'air* (**CONTR.** par terre). *Ce sont des promesses en l'air.* ***En plein air,*** à l'extérieur ; dans la nature : *Passer toutes ses vacances en plein air.* ***Être dans l'air,*** faire l'objet de nombreuses conversations ; être imminent : *Ces idées sont dans l'air. Sa démission est dans l'air.* ***L'air,*** l'aviation, l'aéronautique, les transports aériens : *Hôtesse de l'air. Armée de l'air. Baptême de l'air.* ***L'air du temps,*** ce qui est d'actualité, occupe les esprits et fonde les grandes tendances de l'opinion : *L'air du temps est à l'optimisme.* ***Le grand air,*** la nature ; les grands espaces : *Le grand air lui fera du bien.* *Fam.* ***Ne pas manquer d'air,*** faire preuve d'une certaine impudence. ***Prendre l'air,*** se promener, sortir de chez soi ; s'envoler, en parlant d'un avion.

② **air** n.m. (de *1. air*). Manière d'être, apparence d'une personne : *Elle a un air gentil, satisfait.* ▸ ***Avoir l'air,*** présenter tel aspect ; faire tel effet : *Ces pêches ont l'air bonnes. Cette enseignante a l'air gentille* ou *a l'air gentil.* ***Avoir l'air de,*** donner l'impression de : *Elle a l'air d'aller bien. Votre dernière phrase a l'air d'une menace.* ***Avoir un air de famille,*** présenter une certaine ressemblance souvent due à la parenté. ***N'avoir l'air de rien,*** donner l'impression fausse d'être insignifiant, facile ou sans valeur. ***Sans en avoir l'air,*** en prétendant faire autre chose. ◆ **airs** n.m.pl. ▸ ***Prendre des airs*** ou ***de grands airs,*** affecter la supériorité.

③ **air** n.m. (it. *aria*). **1.** Mélodie instrumentale : *Un air de clarinette.* **2.** Pièce musicale chantée : *Air à boire* (**SYN.** chanson). *Le grand air de « Tosca ».*

airain n.m. (du lat. *aes, aeris*). *Vx* ou *litt.* Bronze. ▸ ***D'airain,*** implacable, impitoyable : *Cœur d'airain.*

airbag n.m. (mot angl.). Coussin qui, lors d'un choc, protège les passagers d'un véhicule en se gonflant immédiatement de gaz ; coussin gonflable : *Airbags latéraux.*

aire n.f. (lat. *area*, emplacement). **1.** Terrain délimité et aménagé pour une activité, une fonction : *Aire de jeu, de stationnement, d'atterrissage, de lancement.* **2.** Zone, secteur où se produit un fait observable : *Aire d'influence, d'activité* (**SYN.** domaine, sphère). *Aire culturelle, linguistique.* **3.** Surface sur laquelle les oiseaux de proie construisent leur nid ; ce nid. **4.** En mathématiques, nombre mesurant une surface ; cette surface : *Aire d'un triangle.*

airelle n.f. (prov. *aire*, du lat. *atra*, noire). Arbrisseau montagnard à baies rouges ou noires rafraîchissantes ; son fruit.

aisance n.f. (lat. *adjacentia*, environs, puis « commodités »). **1.** Facilité, liberté avec laquelle qqn se comporte, s'exprime : *Mener un débat avec aisance* (**SYN.** assurance, naturel ; **CONTR.** gaucherie, lourdeur). **2.** Situation de fortune qui assure le bien-être : *Vivre dans l'aisance* (**SYN.** prospérité ; **CONTR.** besoin, gêne). ▸ ***Lieux*** ou ***cabinets d'aisances,*** locaux destinés à la satisfaction des besoins naturels (**SYN.** toilettes).

① **aise** n.f. (lat. *adjacens*, situé auprès). **1.** (Dans des loc.). État moral et physique d'une personne que rien n'incommode ni ne contrarie. ▸ ***À l'aise,*** dans une situation financière prospère : *Ses droits d'auteur lui permettent de vivre à l'aise* (= dans l'aisance). ***À l'aise, à mon, ton, son aise,*** sans gêne ni contrainte : *Je suis à l'aise* ou *à mon aise dans ces vieux vêtements. Elle est à l'aise dans tous les milieux* (**CONTR.** emprunté, gauche). *Mettez-vous à votre aise* (= ne soyez pas intimidé, installez-vous confortablement). ***En prendre à son aise,*** agir avec désinvolture. ***Mal à l'aise*** ou ***mal à son aise,*** avec un sentiment de gêne : *Être* ou *se sentir mal à son aise. Une ambiance qui met mal à l'aise.* **2.** (Dans des loc.). Sentiment de contentement, de plaisir. ***D'aise,*** de joie, de bonheur : *Soupirer d'aise. Vous me comblez d'aise.* ◆ **aises** n.f. pl. Confort ; bien-être : *Aimer ses aises.* ▸ ***Prendre ses aises,*** s'installer confortablement sans se soucier de gêner les autres.

② **aise** adj. (de *1. aise*). ▸ *Litt.* ***Être bien, fort aise de, que,*** être content, satisfait de, que : *Ils étaient bien aises que vous soyez de retour. « Vous chantiez ? J'en suis fort aise / Eh bien ! dansez maintenant »* [La Fontaine].

aisé, e adj. (de l'anc. fr. *aisier*, mettre à l'aise, de *1. aise*). **1.** Que l'on fait sans peine : *L'utilisation de ce logiciel est aisée* (**SYN.** facile, simple ; **CONTR.** ardu, compliqué). *Ce ne sera pas chose aisée de la convaincre* (**SYN.** commode ; **CONTR.** difficile). **2.** Qui a une certaine fortune : *Des familles aisées* (**SYN.** fortuné ; **CONTR.** pauvre).

aisément adv. **1.** Avec facilité, sans peine : *Cela se* *comprend aisément* (**SYN.** facilement). **2.** Dans l'aisance : *Ses revenus lui permettent de vivre aisément* (**SYN.** confortablement ; **CONTR.** chichement).

aisselle n.f. (lat. *axilla*). Cavité située sous l'épaule, à la jonction du bras avec le thorax : *Une épilation des aisselles.*

ajonc [aʒɔ̃] n.m. (de *ajou*, mot d'un patois de l'Ouest). Arbrisseau à feuilles épineuses et à fleurs jaunes, croissant sur les sols siliceux.

ajourer v.t. [conj. 3]. Orner avec des jours, des ouvertures : *Ajourer une nappe. Des serviettes ajourées.*

ajournement n.m. Action d'ajourner ; fait d'être ajourné : *L'ajournement du débat à l'Assemblée a mécontenté l'opinion* (**SYN.** renvoi).

ajourner v.t. [conj. 3]. Renvoyer à plus tard, à un autre jour : *Nous devons ajourner notre départ* (**SYN.** différer, retarder). *Ajourner un rendez-vous* (**SYN.** remettre, reporter). ▸ ***Ajourner un candidat,*** le renvoyer à une autre session d'examen (**SYN.** refuser ; **CONTR.** admettre).

ajout n.m. Ce qui est ajouté : *La nouvelle édition comporte quelques ajouts* (**SYN.** addenda, addition ; **CONTR.** suppression).

ajoute n.f. En Belgique, ajout, addition.

ajouter v.t. (du lat. *juxta*, auprès de) [conj. 3]. **1.** Joindre une chose à une autre ; mettre en plus : *Ajouter une carte son à un ordinateur* (**CONTR.** ôter, retirer). *Le pluriel s'obtient souvent en ajoutant un « s »* (**CONTR.** retrancher). **2.** Dire en plus : *Elle ajouta qu'elle prendrait vite sa décision.* ▸ ***Ajouter foi à qqch,*** y croire. ◆ v.t. ind. **[à].** Rendre plus intense, plus fort : *La pluie ajoutait à la mélancolie du lieu* (**SYN.** accentuer, augmenter ; **CONTR.** diminuer). ◆ **s'ajouter** v.pr. **[à].** Venir en plus de : *Ces investissements s'ajoutent à ceux qui étaient déjà prévus* (**CONTR.** se déduire de).

ajustage n.m. Action d'ajuster des pièces mécaniques ; résultat de cette action.

ajusté, e adj. Serré à la taille par des pinces : *Un vêtement ajusté* (**SYN.** collant ; **CONTR.** ample, vague).

ajustement n.m. Action d'ajuster ; fait d'être ajusté : *Ajustement d'un vêtement à la taille de qqn* (**SYN.** adaptation). *L'ajustement des salaires à l'inflation* (**SYN.** harmonisation).

ajuster v.t. (de *juste*) [conj. 3]. **1.** Adapter parfaitement une chose à une autre ; mettre plusieurs choses en harmonie : *Ajuster un vêtement* (**SYN.** adapter). *Ajuster un couvercle sur une boîte. Ajuster une théorie aux faits* (**SYN.** accorder). **2.** Façonner une pièce mécanique de manière à permettre un assemblage parfait avec une autre. **3.** Rendre juste, conforme à une norme ; rendre précis : *Ajuster une balance. Ajuster son tir.* **4.** Arranger avec soin : *Ajuster sa cravate, sa coiffure.* **5.** Prendre pour cible : *Ajuster un perdreau.* ◆ **s'ajuster** v.pr. **[à].** S'adapter parfaitement à : *Le tenon s'ajuste à la mortaise* (**SYN.** s'emboîter).

ajusteur, euse n. Ouvrier, ouvrière qui ajuste des pièces mécaniques.

ajutage n.m. (de *ajuster*). Tuyau qu'on adapte à l'orifice d'écoulement d'un fluide sous pression pour en modifier le débit.

akène ou **achaine** [akɛn] n.m. (du gr. *khainein*, ouvrir). Fruit sec, à une seule graine : *Les akènes du pissenlit, du chêne.*

alacrité n.f. (lat. *alacritas*). *Litt.* Vivacité gaie : *Son alacrité faisait merveille avec les enfants* (**SYN.** enjouement, entrain ; **CONTR.** mollesse).

alaise ou **alèse** n.f. (de *la laize*, par fausse coupe). Pièce de tissu, souvent imperméable, placée sous le drap de dessous pour protéger le matelas.

alambic n.m. (d'un mot ar., du gr. *ambix*, vase). Appareil qui sert à distiller l'alcool.

alambiqué, e adj. Raffiné jusqu'à être obscur, très compliqué : *Un texte alambiqué* (**SYN.** amphigourique, confus ; **CONTR.** simple).

alanguir v.t. [conj. 32]. Priver d'énergie ; rendre languissant : *Cette chaleur nous alanguit* (**SYN.** amollir ; **CONTR.** revigorer). ◆ **s'alanguir** v.pr. Perdre de son énergie.

alanguissement n.m. Fait d'être alangui : *La fièvre la plongeait dans une sorte d'alanguissement* (**SYN.** engourdissement, langueur ; **CONTR.** pétulance, vivacité).

alarmant, e adj. Qui alarme, inquiète : *Ces nouvelles sont alarmantes* (**CONTR.** rassurant).

alarme n.f. (de l'it. *all'arme !*, aux armes !). **1.** Appareil, dispositif destiné à prévenir d'un danger : *Tirer le signal d'alarme.* **2.** Émotion, frayeur due à un danger, réel ou supposé : *Une explosion a jeté l'alarme dans le quartier* (**SYN.** effroi, inquiétude ; **CONTR.** paix, sérénité). ▸ ***Donner*** ou ***sonner l'alarme,*** prévenir d'un danger ; alerter : *C'est le chien qui a donné l'alarme.*

alarmer v.t. [conj. 3]. Causer de l'inquiétude, de la peur à qqn : *La menace des terroristes alarmait les négociateurs* (**SYN.** inquiéter, tracasser ; **CONTR.** rasséréner, rassurer, tranquilliser). ◆ **s'alarmer** v.pr. **[de].** S'inquiéter vivement : *Les médecins se sont alarmés de sa perte de conscience.*

alarmisme n. m. Tendance à être alarmiste.

alarmiste n. et adj. Personne qui répand des propos, des bruits propres à créer de l'inquiétude. ◆ adj. De nature à alarmer : *Nouvelles alarmistes.*

albanais, e adj. et n. D'Albanie. ◆ **albanais** n.m. Langue indo-européenne parlée en Albanie, ainsi que par les communautés albanaises de Macédoine et du Kosovo.

albâtre n.m. (lat. *alabastrum*, du gr.). **1.** Pierre blanche et translucide dont on fait des objets d'art : *Une vasque en albâtre laiteux.* **2.** Objet, sculpture d'albâtre : *Une exposition d'albâtres.* ▸ ***D'albâtre,*** qui a la blancheur délicate de l'albâtre : *Un cou d'albâtre.*

albatros [albatros] n.m. (du port. *alcatraz*). Grand oiseau palmipède des mers australes, au vol puissant, très vorace.

albigeois, e n. et adj. Au Moyen Âge, adepte d'un mouvement religieux du sud-ouest de la France : *La croisade des albigeois* (**SYN.** cathare).

albinisme n.m. (de *albinos*). Absence congénitale de pigmentation de la peau et du système pileux que l'on rencontre chez l'homme et chez certains animaux.

albinos [albinos] adj. et n. (esp. *albino*, du lat. *albus*, blanc). Atteint d'albinisme.

album [albɔm] n.m. (mot lat. signif. « tableau blanc » puis « liste », de *albus*, blanc). **1.** Cahier cartonné destiné à recevoir des photographies, des dessins, etc. : *Un album de cartes postales.* **2.** Grand livre abondamment illustré : *Des albums de bandes dessinées.*

3. Disque de variété comprenant plusieurs morceaux : *Je préfère ses premiers albums.*

albumen [albymɛn] n.m. (mot lat.). **1.** Blanc d'œuf. **2.** Tissu riche en réserves nutritives, qui entoure l'embryon de certaines graines.

albumine n.f. (du bas lat. *albumen, albuminis,* blanc d'œuf). Substance organique soluble dans l'eau, coagulable par la chaleur, contenue dans le blanc d'œuf, le plasma, le lait.

albuminurie n.f. Présence d'albumine dans l'urine.

alcade n.m. (esp. *alcalde,* d'un mot ar. signif. « le juge »). Maire, en Espagne.

alcali n.m. (ar. *al-qily,* la soude). Substance chimique dont les propriétés sont voisines de celles de la soude et de la potasse. ▸ ***Alcali volatil,*** ammoniaque.

alcalin, e adj. **1.** Relatif aux alcalis : *Saveur alcaline.* **2.** Qui contient une base : *Solution alcaline.*

alcaloïde n.m. (de *alcali*). Substance organique azotée et basique tirée de végétaux : *La morphine, la quinine, la strychnine sont des alcaloïdes.*

alcazar n.m. (mot esp., de l'ar.). Palais fortifié des souverains maures d'Espagne ou de leurs successeurs chrétiens.

alchimie n.f. (d'un mot ar. signif. « la chimie »). **1.** Science occulte qui avait pour objet la découverte d'un remède universel capable d'opérer une transmutation de l'être, de la matière : *L'alchimie prétendait découvrir la pierre philosophale.* **2.** *Fig.* Suite complexe de réactions et de transformations : *La mystérieuse alchimie de la vie.*

alchimique adj. Relatif à l'alchimie.

alchimiste n. Personne qui pratiquait l'alchimie.

alcool [alkɔl] n.m. (lat. des alchimistes *alkohol,* d'un mot ar. signif. « antimoine pulvérisé »). **1.** Liquide incolore, volatil, inflammable, obtenu par la distillation du vin, de jus sucrés fermentés ou de graines (SYN. éthanol). **2.** Ce même liquide utilisé, après dénaturation, en pharmacie ou pour certains usages domestiques : *Désinfecter une plaie à l'alcool à 90 °. De l'alcool à brûler.* **3.** Toute boisson contenant de l'alcool ; boisson à fort titre en alcool : *Elle ne boit jamais d'alcool. Un alcool de mirabelle* (SYN. eau-de-vie).

alcoolat [alkɔla] n.m. Liquide obtenu par distillation de l'alcool sur une substance aromatique : *L'eau de Cologne est un alcoolat.*

alcoolémie [alkɔlemi] n.f. Présence d'alcool dans le sang : *Le taux d'alcoolémie pour les conducteurs ne doit pas excéder, en France, 0,50 gramme par litre.*

alcoolique [alkɔlik] adj. **1.** Qui contient de l'alcool : *Boisson alcoolique.* **2.** Relatif à l'alcool : *Fermentation alcoolique.* **3.** Qui résulte de l'alcoolisme : *Délire alcoolique.* ◆ adj. et n. Qui boit trop d'alcool : *Un, une alcoolique.*

alcoolisation [alkɔlizasjɔ̃] n.f. **1.** Transformation en alcool. **2.** Intoxication due à l'alcoolisme.

alcoolisé, e [alkɔlize] adj. **1.** Qui contient de l'alcool ; à quoi l'on a ajouté de l'alcool : *Boisson alcoolisée.* **2.** Qui est sous l'emprise de l'alcool ; où l'on consomme beaucoup d'alcool : *Un conducteur alcoolisé* (SYN. ivre, soûl). *Une soirée alcoolisée.*

alcooliser [alkɔlize] v.t. [conj. 3]. Ajouter de l'alcool à : *Alcooliser une salade de fruits.*

alcoolisme [alkɔlism] n.m. Abus de boissons alcooliques ; dépendance qui en résulte : *Lutte contre l'alcoolisme.*

alcoologie [alkɔlɔʒi] n.f. Discipline médicale qui étudie l'alcoolisme et sa prévention.

alcoologue [alkɔlɔg] n. Médecin spécialiste d'alcoologie.

alcoomètre [alkɔmɛtr] n.m. Appareil qui sert à mesurer la teneur en alcool des vins, des liqueurs (SYN. pèse-alcool).

alcoométrie [alkɔmetri] n.f. Mesure de la teneur en alcool des vins, des liqueurs.

Alcotest ou **Alcootest** [alkɔtɛst] n.m. (nom déposé). Appareil portatif permettant de déceler et d'évaluer l'alcoolémie d'une personne par la mesure de la teneur en alcool de l'air expiré ; éthylotest, éthylomètre.

alcôve n.f. (esp. *alcoba,* d'un mot ar. signif. « la petite chambre »). Renfoncement ménagé dans une chambre pour recevoir un lit : *Une alcôve profonde.* ▸ ***D'alcôve,*** relatif à la vie galante, intime : *Secret d'alcôve.*

alcyon [alsjɔ̃] n.m. (gr. *alkuôn*). **1.** Dans la mythologie grecque, oiseau fabuleux qui passait pour ne faire son nid que sur une mer calme et dont la rencontre était tenue pour un heureux présage. **2.** Animal marin formant des colonies massives de polypes.

aldéhyde n.m. Liquide volatil dérivant d'un alcool par oxydation.

al dente [aldɛnte] loc. adj. inv. et loc. adv. (mot it. signif. « à la dent »). Se dit d'un aliment cuit de façon à rester ferme sous la dent : *Des pâtes cuites al dente.*

ale [ɛl] n.f. (mot néerl.). Bière anglaise légère.

aléa n.m. (lat. *alea,* dé, jeu, chance). (Surtout au pl.). Événement dû au hasard ; évolution hasardeuse d'une situation : *Cette affaire présente bien des aléas* (SYN. risque). *Les aléas de la météo* (SYN. incertitude). ▸ ***Aléa thérapeutique,*** risque d'effets indésirables inhérent à un traitement médical, même en l'absence de faute de la part du praticien.

aléatoire adj. (lat. *aleatorius,* relatif au jeu). **1.** Qui dépend d'un événement incertain : *Bénéfices aléatoires* (SYN. hasardeux, hypothétique, problématique ; CONTR. assuré, certain). **2.** En mathématiques, se dit d'une variable dont la variation dépend d'une loi de probabilité.

aléatoirement adv. De manière aléatoire.

alémanique adj. et n. (bas lat. *alamanicus,* du nom des Alamans). Qui appartient à la Suisse de langue allemande. ◆ adj. et n.m. Se dit des dialectes parlés en Suisse allemande et en Alsace.

alêne n.f. Poinçon servant à percer le cuir.

alentour adv. (de *à l'entour,* dans le voisinage). Dans la région avoisinante : *Le lanceur de fusées domine la forêt alentour.* ☞ REM. Ne pas confondre avec *à l'entour.* ▸ ***D'alentour,*** des environs : *Les villages d'alentour.*

alentours n.m. pl. (de *alentour*). Lieux qui environnent un espace, un bâtiment : *Les alentours de la place étaient pleins de manifestants* (SYN. abords, environs). ▸ ***Aux alentours,*** dans les environs : *Il n'y a pas de boulangerie aux alentours.* ***Aux alentours de,*** à proximité de : *S'installer aux alentours de Lyon* ; fig., approximativement, environ : *Cela s'achèvera aux* *alentours de 2020. La rentabilité se situe aux alentours de 12 %.*

aleph [alɛf] n.m. inv. (mot hébreu). Première lettre de l'alphabet hébreu.

① **alerte** n.f. (de l'it. *all'erta !,* sur la hauteur !, cri d'appel des gardes). **1.** Appel, signal qui prévient de la menace d'un danger : *Alerte aérienne. Alerte à la bombe.* **2.** L'état de danger ainsi signalé : *L'alerte a duré deux heures.* ▸ ***En état d'alerte*** ou ***en alerte,*** prêt à intervenir : *Les pompiers sont en état d'alerte.* ◆ interj. Cri lancé pour prévenir de l'imminence d'un danger : *Alerte ! ils reviennent !* (**SYN.** attention).

② **alerte** adj. (de *1. alerte*). **1.** Prompt dans ses mouvements : *Un vieillard encore alerte* (**SYN.** agile, fringant, sémillant ; **CONTR.** engourdi, pesant). **2.** Qui fait preuve de vivacité intellectuelle : *Un esprit alerte* (**SYN.** délié, vif ; **CONTR.** lent, lourd).

alertement adv. Avec aisance et vivacité : *Marcher alertement. Répliquer alertement.*

alerter v.t. [conj. 3]. **1.** Avertir d'un danger : *Alerter la population sur les risques* ou *des risques de pollution* (**SYN.** prévenir). **2.** Mettre en éveil ; attirer l'attention de : *Le bruit m'a alerté.*

alésage n.m. **1.** Usinage très précis de la surface intérieure d'une pièce mécanique creuse. **2.** Diamètre intérieur d'un cylindre de moteur.

alèse n.f. → **alaise.**

aléser v.t. (anc. fr. *alaisier,* élargir, du lat. *latus,* large) [conj. 18]. Effectuer un alésage : *Aléser le tube d'une carabine.*

alevin n.m. (du lat. *allevare,* élever). Très jeune poisson servant à repeupler les étangs, les rivières.

alevinage n.m. Action de peupler des eaux avec des alevins.

aleviner v.t. [conj. 3]. Peupler d'alevins : *Aleviner un étang.*

alexandrin n.m. (du *Roman d'Alexandre,* poème du XIIe s.). Vers de douze syllabes, dans la poésie française : *« Comment en un plomb vil l'or pur s'est-il changé ? » est un alexandrin de Racine.*

alezan, e adj. (esp. *alazán,* de l'ar.). Se dit d'un cheval dont la robe et les crins sont jaune rougeâtre : *Des juments alezanes. Des chevaux alezan foncé.* ◆ n. Cheval alezan, jument alezane : *Un alezan. Une alezane.*

alfa n.m. (de l'ar.). Plante herbacée d'Afrique du Nord et d'Espagne, employée à la fabrication de cordages, d'espadrilles, de pâte à papier, et aussi appelée *spart* ou *sparte.*

algarade n.f. (esp. *algarada,* d'un mot ar. signif. « attaque à main armée »). Altercation vive et inattendue : *Une algarade éclata devant le bar* (**SYN.** querelle, rixe).

algèbre n.f. (ar. *al-djabr,* la réduction). **1.** Branche des mathématiques qui s'occupe du calcul des grandeurs représentées par des lettres affectées du signe plus (+) ou du signe moins (−) : *En algèbre, on apprend à résoudre des équations. La nouvelle algèbre.* **2.** *Fam.* Chose difficile à comprendre : *C'est de l'algèbre pour moi* (**SYN.** chinois, hébreu).

algébrique adj. Qui appartient à l'algèbre : *Les règles du calcul algébrique.*

algébriquement adv. Selon les règles de l'algèbre.

algérien, enne adj. et n. D'Algérie.

algérois, e adj. et n. D'Alger.

algie n.f. (du gr. *algos,* douleur). En médecine, douleur physique, quels qu'en soient la cause, le siège, le caractère.

algique adj. En médecine, qui concerne la douleur.

algoculture n.f. Culture des algues marines pour une utilisation industrielle ou alimentaire.

algonquien, enne [algɔ̃kjɛ̃, ɛn] adj. Se dit d'une famille de langues amérindiennes du Canada et, par ext., des peuples qui les parlent. ◆ **algonquien** n.m. Famille de langues amérindiennes du Canada.

algorithme n.m. (du nom d'un mathématicien arabe). Suite finie d'opérations élémentaires constituant un schéma de calcul ou de résolution d'un problème.

algorithmique adj. De la nature de l'algorithme. ◆ n.f. Science des algorithmes, utilisée notamm. en informatique.

algue n.f. (lat. *alga*). Végétal aquatique chlorophyllien sans racines ni vaisseaux.

alias [aljas] adv. (mot lat. signif. « dans d'autres circonstances »). Autrement appelé ; nommé : *Romain Gary, alias Émile Ajar.*

alibi n.m. (mot lat. signif. « ailleurs »). **1.** Moyen de défense par lequel un suspect prouve qu'il était présent en un autre lieu au moment où le délit dont on l'accuse a été commis : *Tous les alibis seront vérifiés.* **2.** Ce qui sert de prétexte, d'excuse : *Un travail à finir est un bon alibi pour échapper à ce dîner.*

alicament n.m. (de *ali*[*ment*] et [*médi*]*cament*). Préparation alimentaire enrichie en principes énergétiques, vitaminiques, etc., et annoncée comme ayant un effet bénéfique sur la santé : *Alicaments sous forme de yaourts ou de barres chocolatées.*

aliénable adj. Qui peut être aliéné, vendu : *Une propriété aliénable* (**SYN.** cessible).

aliénant, e adj. Qui soumet à de lourdes contraintes et restreint la liberté : *Un travail aliénant.*

aliénation n.f. **1.** Dans le domaine juridique, transmission à autrui d'un bien ou d'un droit : *Aliénation d'une propriété par donation, par vente.* **2.** En philosophie, état d'asservissement, de frustration où se trouve un individu soumis à des conditions de vie qui lui échappent. ▸ *Vieilli* ***Aliénation mentale,*** trouble mental entraînant une inaptitude à vivre en société (**SYN.** démence, folie).

aliéné, e n. *Vieilli* Malade mental dont l'état justifie l'internement.

aliéner v.t. (lat. *alienare,* de *alienus,* étranger) [conj. 18]. **1.** Dans le domaine juridique, transmettre à autrui la propriété d'un bien, d'un droit : *Aliéner un terrain.* **2.** Abandonner volontairement : *Accepter des horaires pareils serait aliéner sa liberté* (**SYN.** renoncer à). **3.** Rendre hostile, détourner de qqn : *Cette désinvolture lui a aliéné ses collègues* (**SYN.** éloigner). **4.** En philosophie, entraîner l'aliénation de. ◆ **s'aliéner** v.pr. Détourner, éloigner de soi : *Elles se sont aliéné toutes les sympathies. Elle s'est aliéné les quelques amis qui lui restaient* (**SYN.** perdre).

aliéniste n. et adj. *Vx* Psychiatre.

alignement n.m. **1.** Action d'aligner, de s'aligner ; fait d'être aligné : *Les arbres de l'allée sont dans un alignement parfait.* **2.** Ensemble de choses alignées, rangées : *L'alignement des produits sur un rayon de magasin.* **3.** Action de maintenir en rapport étroit une chose avec une autre : *Alignement du salaire des apprentis sur celui des derniers embauchés* (**SYN.** ajustement). **4.** Détermination, par l'autorité administrative, des limites d'une voie publique ; servitude qui en résulte pour les riverains : *Maison frappée d'alignement.* ◆ **alignements** n.m. pl. Ensemble de menhirs implantés en lignes parallèles : *Les alignements de Carnac.*

aligner v.t. [conj. 3]. **1.** Ranger, présenter sur une ligne droite : *Aligner les fruits sur un étal.* **2.** Présenter en ordre, en liste, faire se succéder : *Il a aligné quelques phrases d'excuse. Le ministre a aligné des chiffres* (**SYN.** débiter). **3. [sur].** Faire coïncider une chose avec une autre : *Aligner la production d'automobiles sur la demande* (**SYN.** ajuster). ◆ **s'aligner** v.pr. **1.** Se ranger, être rangé sur une même ligne : *Les élèves se sont alignés.* **2. [sur].** Se mettre en rapport étroit, en conformité avec qqch : *Ils s'alignent sur les indices boursiers* (**SYN.** se conformer à, suivre).

aligot n.m. Dans la cuisine auvergnate, purée de pommes de terre additionnée de tomme fraîche.

aliment n.m. (du lat. *alere*, nourrir). **1.** Ce qui sert de nourriture à un être vivant : *Des aliments naturels* (**SYN.** mets, nourriture). *Le contrôle des aliments pour bétail.* **2.** Ce qui sert à entretenir, à fortifier qqch : *Les produits chimiques stockés dans l'entrepôt ont constitué un aliment pour l'incendie.* ◆ **aliments** n.m. pl. Dans le domaine juridique, ce qui est nécessaire à l'entretien d'une personne (logement, nourriture, etc.).

alimentaire adj. **1.** Propre à servir d'aliment : *Denrées, conserves alimentaires.* **2.** Relatif à l'alimentation : *Régime alimentaire. Les industries alimentaires.* **3.** Qui est fait dans un but purement lucratif : *Une série de films alimentaires lui a permis de tourner son chef-d'œuvre.* ▸ ***Pension alimentaire,*** pension allouée à une personne pour lui permettre de vivre. ◆ n.m. Le secteur économique de l'alimentation : *L'alimentaire a été touché par cette crise.*

alimentation n.f. **1.** Action d'alimenter ; manière de s'alimenter : *L'alimentation des poulets est automatisée. Le riz est la base de leur alimentation* (**SYN.** nourriture). **2.** Produits servant à alimenter des êtres vivants ; commerce de ces produits : *Les magasins d'alimentation sont ouverts le lundi.* **3.** Action d'approvisionner : *L'alimentation d'un générateur. Assurer l'alimentation d'une ville en eau potable.*

alimenter v.t. [conj. 3]. **1.** Fournir des aliments à : *Alimenter des réfugiés* (**SYN.** nourrir ; **CONTR.** affamer). **2.** Pourvoir qqch de ce qui est nécessaire à son fonctionnement : *Le barrage alimentera la région en électricité* (**SYN.** fournir). *Alimenter un feu* (**SYN.** entretenir). **3.** Fournir la matière propre à la continuation d'une action : *Alimenter la conversation.* ◆ **s'alimenter** v.pr. Prendre les aliments nécessaires à sa subsistance : *Ils ne s'alimentent pas correctement* (**SYN.** se nourrir).

alinéa n.m. (du lat. médiév. *a linea*, en s'écartant de la ligne). Retrait d'une ligne annonçant un nouveau paragraphe, dans un texte ; passage compris entre deux retraits : *Des alinéas trop longs.*

alise ou **alize** n.f. Fruit de l'alisier, rouge et doucement aigrelet.

alisier ou **alizier** n.m. Arbre à feuilles lobées et à fleurs blanches, dont le bois est utilisé en ébénisterie.

alitement n.m. Fait d'être alité.

aliter v.t. [conj. 3]. Obliger qqn à garder le lit : *Une pneumonie l'a alitée plusieurs semaines.* ◆ **s'aliter** v.pr. Rester au lit par suite de maladie.

alize n.f. → **alise.**

alizé adj.m. et n.m. (de l'esp. [*ventos*] *alisios*, [vents] alizés). Se dit de vents réguliers qui soufflent toute l'année vers l'ouest dans la zone intertropicale : *L'alizé de l'hémisphère Nord, de l'hémisphère Sud.*

alizier n.m. → **alisier.**

allaitement n.m. Action d'allaiter : *Allaitement artificiel* (= au biberon). ☞ **REM.** Ne pas confondre avec *le halètement.*

allaiter v.t. [conj. 3]. Nourrir de lait, de son lait : *Allaiter son bébé* (= lui donner le sein). *La chatte allaite ses petits.*

allant, e adj. (p. prés. de *aller*). *Litt.* Qui se déplace avec aisance, qui aime le mouvement : *Elle n'est plus très allante* (**SYN.** alerte, dynamique ; **CONTR.** lent, mou). ◆ **allant** n.m. Vivacité et entrain à agir : *Il est plein d'allant* (**SYN.** dynamisme, vitalité ; **CONTR.** apathie, mollesse).

alléchant, e adj. **1.** Se dit d'un aliment qui fait envie : *Un dessert alléchant* (**SYN.** appétissant ; **CONTR.** répugnant). **2.** *Fig.* Qui séduit par l'espérance d'un plaisir : *Une proposition alléchante* (**SYN.** attirant, tentant ; **CONTR.** rebutant).

allécher v.t. (lat. *allectare*) [conj. 18]. **1.** Faire envie en flattant le goût, l'odorat : *« Maître Renard par l'odeur alléché... »* [La Fontaine] (**SYN.** attirer ; **CONTR.** dégoûter, écœurer). **2.** Attirer par l'espérance de qqch d'agréable, de profitable : *Allécher qqn par de belles promesses* (**SYN.** appâter, tenter ; **CONTR.** rebuter).

allée n.f. (de *aller*). **1.** Voie bordée d'arbres, de haies, de plates-bandes : *Les allées d'un jardin. Trois allées de cèdres rayonnent de l'esplanade.* **2.** Passage entre des rangées de chaises, de bancs : *Remonter dans l'allée latérale.* ▸ ***Allée couverte,*** alignement de dolmens formant une galerie. ***Allées et venues,*** déplacements de personnes qui vont et viennent ; fig., ensemble de démarches effectuées pour obtenir qqch.

allégation n.f. (lat. *allegatio*). Action d'alléguer un fait, un texte ; ce qui est allégué : *Les allégations de la prévenue ont ébranlé les jurés* (**SYN.** déclaration, dire). *Il faut contrôler la véracité de cette allégation* (**SYN.** affirmation, assertion).

allégé, e adj. Se dit d'un produit alimentaire débarrassé de tout ou partie de ses graisses ou de ses sucres : *Fromage allégé.*

allégeance n.f. (angl. *allegiance*, anc. fr. *lijance, liejance*, état d'un homme ou d'une terre liges). **1.** En histoire, obligation de fidélité et d'obéissance d'un vassal à son souverain. **2.** *Fig.* Manifestation de soutien, de soumission : *Faire allégeance à un homme politique.*

allégement n.m. **1.** Action de diminuer le poids de qqch : *L'allégement d'un sac à dos* (**CONTR.** alourdissement). **2.** *Fig.* Action de réduire les charges qui pèsent sur qqn : *L'allégement des programmes scolaires, des impôts* (SYN. diminution, réduction).

alléger v.t. (du lat. *levis,* léger) [conj. 22]. **1.** Rendre moins lourd : *Il faudrait alléger cette malle* (CONTR. alourdir). **2.** *Fig.* Rendre moins pesant ; adoucir, soulager : *Je voudrais alléger votre peine* (SYN. atténuer ; CONTR. accroître, aggraver). *Ils devraient alléger les prélèvements* (SYN. diminuer, réduire ; CONTR. augmenter).

allégorie n.f. (lat. *allegoria,* du gr. *allêgorein,* parler par images). **1.** En littérature, expression d'une idée par une métaphore (image, analogie, etc.) longuement développée ; dans les arts plastiques, représentation d'une idée abstraite par un personnage ou une scène concrète. **2.** Œuvre littéraire ou plastique utilisant cette forme d'expression : *Le « Roman de la Rose » est une allégorie littéraire.*

allégorique adj. Qui a rapport à l'allégorie, qui y appartient : *Un squelette tenant une faux est une figure allégorique de la Mort.*

allègre adj. (du lat. *alacer,* vif). À la fois léger et joyeux : *Les enfants accueillent les vacances d'un cœur allègre* (SYN. enjoué, guilleret ; CONTR. abattu). *Marcher d'un pas allègre* (SYN. alerte, preste ; CONTR. pesant).

allègrement adv. Avec entrain (parfois par plaisanterie) : *Il va allègrement sur ses 90 ans !*

allégresse n.f. Joie très vive qui se manifeste souvent par des démonstrations collectives bruyantes : *Son retour se fit dans l'allégresse générale* (SYN. enthousiasme, liesse ; CONTR. consternation).

allegretto [alegreto] adv. (mot it., dimin. de *allegro*). Terme de musique indiquant qu'il faut jouer selon un tempo moins rapide qu'allegro. ◆ **allégretto** n.m. Passage d'une œuvre exécuté dans ce tempo : *Des allégrettos.*

allegro [alegro] adv. (mot it. signif. « vif, enjoué »). Terme de musique indiquant qu'il faut jouer vivement et gaiement. ◆ **allégro** n.m. Passage d'une œuvre exécuté dans ce tempo : *Des allégros.*

alléguer v.t. (lat. *allegare*) [conj. 18]. Citer un texte, un fait pour s'en prévaloir ; mettre en avant pour se justifier : *Il allégua la lettre ouverte de Zola dans « l'Aurore »* (SYN. invoquer, se référer à). *Alléguer une grippe pour refuser une invitation* (SYN. avancer, prétexter).

alléluia [aleluja] interj. (mot hébreu signif. « louez l'Éternel »). Exclamation d'allégresse, dans la liturgie juive et chrétienne. ◆ n.m. **1.** Chant d'allégresse faisant partie du rituel de la messe. **2.** *Litt.* Cri de joie : *Des alléluias jaillirent de toutes parts.* **3.** Plante herbacée, qui fleurit vers Pâques.

allemand, e adj. et n. (du n. des *Alamans*). D'Allemagne. ◆ **allemand** n.m. Langue indo-européenne du groupe germanique, parlée notamm. en Allemagne, en Autriche et en Suisse. ◆ **allemande** n.f. Danse de cour d'origine germanique, de caractère grave et de rythme lent.

① **aller** v.i. (issu de trois verbes latins : *ambulare,* se promener, *ire* et *vadere,* aller) [conj. 31 ; auxil. être]. **1.** Se déplacer d'un lieu à un autre : *Nous allons à Lille. Vous irez à pied, en train. Vas-y à vélo.* **2.** Avoir une certaine destination : *Ce sentier va à la plage* (SYN. conduire, mener). **3.** Agir ; se comporter : *N'allez pas trop vite dans votre travail, vous ferez des erreurs.* **4.** Être dans tel état de santé : *Comment va-t-elle ?* (SYN. se porter). **5.** Convenir, être adapté à : *Est-ce que ce tailleur me va ?* (SYN. seoir). *Ce bleu irait avec la couleur du tapis* (SYN. s'accorder, s'harmoniser ; CONTR. détonner, jurer). **6.** Avoir un cours, un fonctionnement satisfaisant ou non : *La Bourse va mal en ce moment. Pour eux, tout va bien* (SYN. marcher). **7.** (Suivi de l'inf.). Sert à exprimer le futur immédiat : *Je vais sortir un instant. Elle allait me répondre quand le téléphone a sonné.* **8.** (Suivi de l'inf.). Sert à renforcer un impératif négatif, un souhait négatif : *N'allez pas croire cela ! Pourvu qu'il n'aille pas imaginer une chose pareille !* **9.** (Suivi d'un gérondif ou d'un p. présent). Sert à exprimer la progression : *Sa santé va en s'améliorant. En janvier, le froid va croissant.* ▸ ***Allons ! Allez ! Va !,*** interj. servant à marquer la stimulation, l'incrédulité, l'impatience, etc. : *Allez ! Fais un effort. Allons donc ! Tu plaisantes !* ***Il en va de*** (telle personne, telle chose) ***comme de*** (telle autre), les deux sont dans la même situation : *Il en ira de cette affaire comme de la précédente.* ***Il va de soi*** ou ***il va sans dire,*** il est évident, naturel : *Il va de soi que vous serez remboursé.* ***Il y va de,*** il s'agit de : *Il y allait de son avenir* (= son avenir était en jeu). ***Se laisser aller à,*** laisser libre cours à : *Se laisser aller à l'amertume* (SYN. s'abandonner à). ***Y aller*** (+ adv.), agir, parler d'une certaine manière : *Allez-y doucement, elle est sensible. Il y va fort* (= il exagère). ***Y aller de qqch,*** engager qqch, le produire comme contribution : *Y aller de sa poche* (= débourser, payer). *Elle y va de son petit air d'accordéon à chaque occasion.* ◆ **s'en aller** v.pr. **1.** Quitter un lieu : *Elle s'en va ce soir* (SYN. partir). *Va-t'en. Allez-vous-en.* **2.** Mourir : *Le malade s'en va doucement* (SYN. s'éteindre, expirer). **3.** En parlant d'une marque, d'une trace, disparaître : *La tache s'en ira au lavage* (SYN. s'effacer, partir).

② **aller** n.m. **1.** Trajet d'un endroit à un autre (par opp. à retour) : *À l'aller, nous prendrons le train.* **2.** Billet qui permet de faire ce trajet : *Deux allers pour Brest.* ▸ ***Aller et retour*** → **aller-retour.**

allergène n.m. Substance responsable d'une réaction de type allergique : *Ces cosmétiques contenaient un allergène.*

allergie n.f. (all. *Allergie,* du gr. *allos,* autre, et *ergon,* action). **1.** Réaction anormale, excessive de l'organisme à une substance : *Allergie à la pénicilline.* **2.** Incapacité à supporter qqn, qqch ; hostilité instinctive : *Son allergie à tout changement est bien connue* (SYN. aversion).

allergique adj. Relatif à l'allergie : *Réaction allergique.* ▸ ***Être allergique à qqch,*** souffrir d'une allergie à qqch : *Être allergique au pollen* ; fig., mal supporter qqch, y être réfractaire : *Il est allergique à la musique contemporaine.*

allergisant, e adj. Susceptible de provoquer une allergie.

allergologie n.f. Partie de la médecine qui étudie les mécanismes de l'allergie et les maladies allergiques.

allergologiste ou **allergologue** n. Médecin spécialiste d'allergologie.

aller-retour n.m. (pl. *allers-retours*). Trajet effectué dans les deux sens ; titre de transport correspondant (on dit aussi *un aller et retour, des allers et retours*) : *L'avion permet de faire l'aller-retour dans la journée. Des allers-retours.*

alleu [alø] n.m. (d'un mot frq. signif. « propriété complète »)[pl. *alleux*]. En histoire, terre libre qui ne relevait d'aucun seigneur et était exempte de toute redevance.

alliacé, e [aljase] adj. (du lat. *allium,* ail). Qui est propre à l'ail ; qui contient de l'ail : *Une odeur, une sauce alliacée.*

alliage n.m. Produit métallique résultant de la combinaison d'un ou de plusieurs éléments à un métal : *Le laiton est un alliage de cuivre et de zinc.*

alliance n.f. **1.** Union contractée entre des États, entre des puissances : *L'alliance d'un pays avec un autre* (**SYN.** accord, entente). **2.** Accord entre des personnes, des groupes : *Ils ont fait alliance avec les locataires de l'immeuble voisin* (**SYN.** coalition, union). **3.** Union par le mariage ; parenté qui en résulte : *Elle est ma cousine par alliance.* **4.** Anneau de mariage : *Porter une alliance.* **5.** Combinaison de choses différentes : *Une alliance de mièvrerie et d'audace* (**SYN.** mélange). ▸ ***Alliance de mots,*** en rhétorique, rapprochement de mots qui semblent incompatibles : *« Se faire une douce violence » est une alliance de mots* (**SYN.** oxymore).

allié, e adj. et n. **1.** Uni par traité : *Les pays alliés. L'armée des alliés.* **2.** Uni à la suite d'un mariage : *Parents et alliés.* **3.** Qui apporte une aide : *J'ai trouvé en elle une alliée sûre.* ▸ ***Les Alliés,*** l'ensemble des pays qui luttèrent contre l'Allemagne au cours des deux guerres mondiales.

allier v.t. (lat. *alligare,* lier) [conj. 9]. **1.** Réaliser un alliage : *Allier du fer et du carbone pour faire de la fonte.* **2. [à, avec].** Réunir en un tout ; associer étroitement : *Allier l'intelligence à la générosité* (**SYN.** combiner, joindre). *Elle sait allier la fermeté avec une bienveillance souriante* (**SYN.** marier, mêler, unir). ◆ **s'allier** v.pr. **[à, avec].** S'unir par le mariage, par un accord : *Il s'est allié à une des plus anciennes familles de la ville. Ils se sont alliés contre moi.*

alligator n.m. (mot angl., de l'esp. *el lagarto,* le lézard). Reptile d'Amérique, voisin du crocodile.

allitération n.f. (du lat. *ad,* vers, et *littera,* lettre). Répétition d'une consonne, d'un groupe de consonnes, dans des mots qui se suivent, produisant un effet d'harmonie imitative ou suggestive : *« Pour qui sont ces serpents qui sifflent sur vos têtes ? » est une allitération de Racine.*

allô interj. (anglo-amér. *hallo, hello,* onomat.). Mot que l'on prononce en commençant une conversation téléphonique : *Allô ! Pourrais-je parler à Charles Disée ?*

allocataire n. Personne qui perçoit une allocation.

allocation n.f. (d'*allouer,* d'après *location*). **1.** Action d'allouer qqch à qqn : *L'allocation d'une indemnité de déplacement* (**SYN.** attribution). **2.** Somme allouée : *Verser une allocation aux chômeurs en fin de droits* (**SYN.** indemnité, subside). *Allocation logement* (= destiné à payer une partie du loyer). ▸ ***Allocations familiales,*** en France, prestation versée aux familles ayant au moins deux enfants à charge.

allocution n.f. (du lat. *alloqui,* haranguer). Discours assez bref, de caractère officiel : *L'allocution télévisée du chef de l'État.*

allogène adj. et n. Se dit d'une population récemment arrivée dans un pays (par opp. à autochtone, indigène).

allonge n.f. **1.** Ce qui sert à allonger qqch (**SYN.** rallonge). **2.** Crochet de boucherie. **3.** Longueur des bras chez un boxeur.

allongé, e adj. Étiré, étendu en longueur : *Une variété de fraise allongée.* ▸ ***Mine*** ou ***figure allongée,*** qui exprime la déconvenue.

allongement n.m. Action d'augmenter en longueur ou en durée : *Allongement des congés d'hiver* (**SYN.** prolongation ; **CONTR.** abrégement).

allonger v.t. [conj. 17]. **1.** Rendre plus long : *Allonger les manches d'une veste* (**SYN.** rallonger ; **CONTR.** raccourcir). *Elle allongeait inutilement la discussion* (**SYN.** prolonger ; **CONTR.** écourter). **2.** Faire paraître plus long : *Une coiffure qui allonge le visage.* **3.** Faire reposer de tout son long : *Allonger un blessé sur le sol* (**SYN.** coucher, étendre). **4.** Rendre plus liquide, moins consistant ; ajouter du liquide à : *Allonger une sauce. Du sirop allongé d'eau.* ▸ ***Allonger les bras, les jambes,*** les tendre, les étendre : *Allonger ses jambes devant le feu.* ***Allonger le pas,*** se hâter en marchant. *Fam.* ***Allonger un coup,*** asséner un coup qui suppose l'extension d'un membre. *Fam.* ***Allonger une somme,*** la verser, la donner. ◆ v.i. Devenir plus long, durer plus longtemps : *Les jours, les nuits allongent* (**CONTR.** raccourcir). ◆ **s'allonger** v.pr. **1.** S'étendre de tout son long : *S'allonger par terre* (**SYN.** se coucher). **2.** Devenir plus long en durée et en taille : *Les jours s'allongent* (**CONTR.** raccourcir). *Adolescent qui s'allonge* (**SYN.** grandir ; **CONTR.** se tasser).

allopathie n.f. Méthode de traitement qui emploie des médicaments qui visent à contrarier les symptômes de la maladie à combattre (par opp. à homéopathie).

allopathique adj. Relatif à l'allopathie.

allophone adj. et n. Se dit d'une personne dont la langue maternelle n'est pas celle de la communauté dans laquelle elle se trouve.

allotropie n.f. Propriété de certains corps, comme le carbone, le phosphore, le soufre, de se présenter sous plusieurs formes ayant des propriétés physiques différentes.

allotropique adj. Relatif à l'allotropie.

allouer v.t. (bas lat. *allocare,* placer) [conj. 6]. **1.** Accorder un avantage en argent : *Allouer une indemnité compensatrice* (**SYN.** attribuer, octroyer ; **CONTR.** refuser, retirer). **2.** Accorder un temps déterminé pour une tâche déterminée : *Les délais qui nous sont alloués* (**SYN.** impartir).

allumage n.m. **1.** Action d'allumer : *L'allumage d'une lampe, du chauffage.* **2.** Action d'enflammer le mélange gazeux dans un moteur à explosion ; dispositif assurant cette inflammation : *Panne d'allumage.*

allume-cigare ou **allume-cigares** n.m. (pl. *allume-cigares*). Dispositif servant à allumer les cigarettes, les cigares, notamm. dans une automobile.

allume-feu n.m. (pl. *allume-feux* ou inv.). Préparation très inflammable servant à allumer le feu.

allume-gaz n.m. inv. Petit appareil pour allumer le gaz par échauffement d'un filament ou par production d'étincelles.

allumer v.t. (du lat. *luminare,* éclairer) [conj. 3]. **1.** Mettre le feu à ; produire un feu : *Allumer une cigarette. Allumer un incendie.* **2.** Rendre lumineux : *Allumer une lampe, des phares.* **3.** (Sans compl.). Donner, répandre de la lumière : *Voulez-vous allumer dans l'entrée ? Dès qu'elle entre, elle allume* (= elle actionne l'interrupteur). **4.** Faire fonctionner un appareil en établissant un contact électrique : *Allumer le chauffage, la télévision.* **5.** *Fig.* Provoquer l'apparition de qqch ; susciter : *Allumer la discorde* (**SYN.** déchaîner). *Allumer les passions* (**SYN.** enflammer, embraser). ▸ *Très fam.* ***Allumer qqn,*** provoquer son désir, l'aguicher ; le critiquer violemment : *Les journalistes l'ont allumé.* ◆ **s'allumer** v. pr. **1.** Prendre feu : *Ces brindilles s'allument bien* (**SYN.** s'embraser). **2.** Devenir lumineux : *La veilleuse s'allume quand on éteint le couloir.* **3.** Devenir brillant : *Les yeux des enfants s'allument de convoitise.*

allumette n.f. **1.** Petit brin de bois, de carton, ou petite mèche enduite de cire, dont l'une des extrémités est imprégnée d'une composition que l'on enflamme par frottement : *Craquer une allumette.* **2.** Gâteau feuilleté long et mince. ▸ ***Pommes allumettes,*** pommes de terre frites coupées très finement.

allumeur n.m. **1.** Dispositif qui sert à l'allumage d'un moteur à explosion. **2.** Dispositif qui provoque la déflagration d'une charge explosive. ▸ *Vieilli* ***Allumeur de réverbères,*** personne qui était préposée à l'allumage et à l'extinction des appareils d'éclairage public.

allumeuse n.f. *Fam., péjor.* Femme qui cherche à aguicher les hommes.

allure n.f. (de *aller*). **1.** Façon plus ou moins rapide dont se déplace un être vivant ; démarche : *Les principales allures d'un cheval sont le pas, le trot, le galop. Courir sans changer d'allure* (**SYN.** train). **2.** Direction que suit un bateau à voiles par rapport au vent. **3.** Manière de se conduire, de se présenter ; aspect de qqch : *Sa liberté d'allure faisait jaser* (**SYN.** comportement). *Une allure digne* (**SYN.** maintien, port). *Une villa qui a belle allure.* ▸ ***À toute allure,*** très vite. ***Avoir de l'allure,*** avoir de la distinction, de l'élégance.

allusif, ive adj. Qui contient une allusion ; qui procède par allusions : *Il a évoqué l'affaire en quelques phrases allusives. Un style allusif.*

allusion n.f. (du lat. *alludere*, badiner). Mot, phrase qui évoquent une personne, une chose sans la nommer : *Elle n'a pas saisi votre allusion* (**SYN.** sous-entendu). *À quoi fait-il allusion ?*

allusivement adv. De façon allusive ; par allusion : *L'affaire était mentionnée allusivement* (**CONTR.** explicitement).

alluvial, e, aux adj. Qui est produit ou constitué par des alluvions : *Plaine alluviale.*

alluvion n.f. (du lat. *alluere*, baigner). (Surtout au pl.). Dépôts de sédiments (boues, sables, graviers, cailloux) abandonnés par un cours d'eau quand la pente ou le débit sont devenus insuffisants.

alluvionnaire adj. Relatif aux alluvions.

alma mater [almamater] n.f. sing. (mots lat. signif. « mère nourricière »). En Belgique, au Québec, en Suisse, université.

almanach [almana] n.m. (d'un mot ar.). Calendrier, souvent illustré, comportant des indications astronomiques, météorologiques, ainsi que des renseignements divers (médecine, cuisine, astrologie) : *Des almanachs.*

aloès [alɔɛs] n.m. (gr. *aloê*). Plante d'Afrique, cultivée aussi en Asie et en Amérique, et dont les feuilles charnues fournissent une résine amère, employée comme purgatif et en teinturerie.

aloe vera [alɔevera] n.m. inv. (lat. scientif., de *aloe*, aloès, et *vera*, vraie). **1.** Aloès cultivé pour ses propriétés médicinales ou comme plante ornementale. **2.** (Nom déposé). Substance médicinale ou produit cosmétique extrait de cette plante.

aloi n.m. (de l'anc. v. *aloyer*, faire un alliage). *Vx* Proportion de métal précieux qui entre dans un alliage (**SYN.** titre). ▸ ***De bon, de mauvais aloi,*** de bonne ou de mauvaise qualité ; qui suscite ou non l'estime : *Une plaisanterie de mauvais aloi. Un succès de bon aloi.*

alopécie n.f. (du gr. *alôpêx*, renard [parce que cet animal perd ses poils chaque année]). Chute ou absence, partielle ou généralisée, temporaire ou non, des cheveux ou des poils.

alors adv. (de *à* et *lors*). **1.** Indique un moment précis dans le temps ; à ce moment-là : *Le village était alors en plein déclin* (= dans le passé). *Est-ce qu'alors tu auras plus de courage ?* (= dans le futur). *Ce prix était jusqu'alors décerné à des artistes chevronnés* (= jusqu'à maintenant). **2.** Introduit l'expression de la conséquence ; dans ces conditions : *Si cela vous convient, alors téléphonons-lui* (= en ce cas). *J'avais froid, alors j'ai acheté une veste* (= c'est pourquoi). **3.** Après « *ou* », souligne une alternative : *Elle ne viendra pas, ou alors elle arrivera à la fin.* **4.** *Fam.* Marque l'étonnement, l'impatience, l'indifférence : *Ça alors ! Alors, ça vient ? Alors là, ça dépasse les bornes ! Et alors, qu'est-ce que ça change ?* **5.** *Fam.* S'emploie pour relier très librement des éléments d'un récit : *Alors, je lui ai dit ce qu'il avait répondu, et alors elle a ri.* ◆ **alors que** loc. conj. **1.** Marque une opposition, une contradiction : *Ici, ils les parfument à l'anis alors que traditionnellement on utilise la bergamote* (**SYN.** tandis que). *On l'implique dans cette affaire alors qu'elle n'était pas encore en poste* (**SYN.** bien que). **2.** *Litt.* Marque un rapport de temps dans le passé : *Alors qu'il était encore enfant, on lui avait offert un télescope.* ▸ ***Alors même que*** (+ cond.), exprime un refus : *Alors même qu'il l'exigerait, je ne partirais pas.*

alose [aloz] n.f. (bas lat. *alausa*, du gaul.). Poisson marin voisin de la sardine, à chair estimée, venant pondre dans les cours d'eau au printemps.

alouette n.f. (lat. *alauda*, du gaul.). Oiseau passereau à plumage brunâtre, commun dans les champs, ne perchant pas sur les arbres.

alourdir v.t. [conj. 32]. **1.** Rendre lourd, plus lourd : *Ces livres vont alourdir la malle* (**CONTR.** alléger). **2.** Encombrer de choses superflues : *Ces énumérations alourdissent le texte* (**SYN.** surcharger). **3.** Rendre moins vif ; causer une sensation de lourdeur : *L'âge avait alourdi sa démarche* (**SYN.** appesantir). *La chaleur alourdissait les esprits* (**SYN.** engourdir ; **CONTR.** stimuler). ◆ **s'alourdir** v.pr. Devenir lourd, pesant.

alourdissement n.m. État d'une chose, d'une personne devenue plus lourde : *L'alourdissement des impôts* (**SYN.** augmentation). *Une sensation d'alourdissement* (**SYN.** lourdeur).

aloyau [alwajo] n.m. (probabl. de l'anc. fr. *aloel*, alouette)[pl. *aloyaux*]. Morceau de bœuf correspondant à la région du rein et de la croupe et renfermant le filet, le contre-filet et le romsteck.

alpaga n.m. (esp. *alpaca,* mot d'une langue indienne du Pérou). **1.** Ruminant voisin du lama, que l'on élève pour sa longue fourrure laineuse. **2.** Fibre textile faite de la laine de cet animal : *L'alpaga est doux et chaud.* **3.** Tissu fait de fibres d'alpaga et d'autres fibres : *Un manteau en alpaga.*

alpage n.m. ou **alpe** n.f. Pâturage en haute montagne.

alpaguer v.t. (de l'arg. *alpague,* manteau, de *alpaga*) [conj. 3]. *Arg.* S'emparer de qqn et le retenir prisonnier ; appréhender, arrêter.

alpestre adj. Propre aux Alpes : *Des torrents alpestres.*

alpha n.m. inv. (mot gr.). Première lettre de l'alphabet grec (A, α). ▸ ***L'alpha et l'oméga,*** le commencement et la fin : *La rentabilité est l'alpha et l'oméga de leur discours.* ***Rayons alpha,*** rayonnement émis par des corps radioactifs et constitué de noyaux d'hélium.

alphabet n.m. (de *alpha* et *bêta,* noms des deux premières lettres de l'alphabet grec). Liste de toutes les lettres servant à transcrire les sons d'une langue et énumérées selon un ordre conventionnel : *L'alphabet cyrillique.* ▸ ***Alphabet phonétique international,*** répertoire de caractères graphiques qui servent à transcrire la prononciation des mots des différentes langues du monde.

alphabétique adj. **1.** Se dit d'une écriture qui utilise les lettres de l'alphabet (par opp. à idéographique). **2.** Qui suit l'ordre des lettres de l'alphabet : *Liste alphabétique des destinataires d'une note.*

alphabétiquement adv. Selon l'ordre alphabétique : *Les noms sont classés alphabétiquement.*

alphabétisation n.f. Action d'alphabétiser ; son résultat : *Cours d'alphabétisation.*

alphabétisé, e adj. et n. Se dit de qqn qui a appris à lire et à écrire à l'âge adulte.

alphabétiser v.t. [conj. 3]. Apprendre à lire et à écrire à un individu, à un groupe social.

alphanumérique adj. Qui comporte à la fois des caractères alphabétiques et des chiffres : *Un code alphanumérique.*

alpin, e adj. **1.** Des Alpes : *Les routes alpines seront fermées dès ce soir.* **2.** De la haute montagne : *Ski alpin* (par opp. à ski nordique). *Plantes alpines.* **3.** Qui concerne l'alpinisme : *Club alpin.* **4.** Relatif aux grands mouvements de l'écorce terrestre survenus pendant le tertiaire : *Plissement alpin.* ▸ ***Chasseur alpin,*** fantassin spécialisé dans le combat de montagne.

alpinisme n.m. Sport qui consiste à faire des ascensions en montagne : *Faire de l'alpinisme dans l'Himalaya.*

alpiniste n. Personne qui pratique l'alpinisme.

alsacien, enne adj. et n. D'Alsace. ◆ **alsacien** n.m. Dialecte germanique parlé en Alsace.

altaïque adj. ▸ ***Langues altaïques,*** famille de langues turques et mongoles.

altérabilité n.f. Caractère de ce qui peut être altéré : *L'altérabilité du vin à l'air.*

altérable adj. Qui peut s'altérer : *Les premières bandes vidéo étaient altérables* (**SYN.** fragile, périssable ; **CONTR.** inaltérable).

altération n.f. **1.** Action d'altérer la nature de qqch ; résultat de cette action : *Cassette que l'on peut réenregistrer sans altération du son* (**SYN.** dégradation, détérioration ; **CONTR.** amélioration). *Discours reproduit sans altération* (**SYN.** adultération, falsification). *L'altération des traits du visage sous l'effet de l'émotion* (**SYN.** bouleversement, décomposition ; **CONTR.** impassibilité). **2.** En musique, signe conventionnel qui modifie la hauteur de la note à laquelle il est affecté : *Les altérations musicales sont le dièse, le bémol et le bécarre.*

altercation n.f. Dispute soudaine et violente ; querelle : *Une altercation éclata entre les spectateurs du dernier rang.*

altéré, e adj. **1.** Faussé, dénaturé : *Une voix altérée par la peur. Des couleurs altérées par le soleil.* **2.** Assoiffé : *Le promeneur altéré s'est assis à la terrasse d'un café.*

alter ego [altɛrego] n.m. inv. (mots lat. signif. « un autre moi-même »). Personne en qui l'on a une confiance absolue et que l'on charge éventuellement d'agir à sa place : *Vous pouvez parler devant elle, c'est mon alter ego.*

altérer v.t. (bas lat. *alterare,* changer, de *alter,* autre) [conj. 18]. **1.** Changer, modifier en mal la forme ou la nature de qqch : *Manger trop gras altère la santé* (**SYN.** abîmer, endommager). *Ce témoin a altéré la vérité* (= il a menti ; **SYN.** dénaturer, falsifier). *Cet échec a altéré l'image du gouvernement* (**SYN.** détériorer ; **CONTR.** améliorer). **2.** Donner soif à : *Cette escalade les a altérés* (**SYN.** assoiffer). ◆ **s'altérer** v.pr. Subir une détérioration ; s'abîmer : *La beauté s'altère avec le temps.*

altérité n.f. Caractère de ce qui est autre : *Accepter l'altérité des cultures* (**SYN.** différence ; **CONTR.** identité).

altermondialisation n.f. Mouvement de contestation de la mondialisation libérale.

altermondialisme n.m. Courant de pensée des altermondialistes.

altermondialiste n. et adj. Partisan de l'altermondialisation.

alternance n.f. **1.** Fait d'alterner, de se succéder, en parlant de deux ou plusieurs choses : *L'alternance des saisons.* **2.** Action d'alterner deux ou plusieurs choses dans le temps ou l'espace : *Un gratin fait d'une alternance de couches de légumes et de poisson. Ces deux pièces sont jouées en alternance au Théâtre de la Place* (= alternativement, tour à tour). **3.** Succession démocratique de partis politiques différents à la tête d'un État : *Nous avons eu une alternance de gouvernements de gauche et de droite* (**SYN.** succession). *Les électeurs ont choisi l'alternance* (= le changement).

alternant, e adj. Qui alterne : *Tendances alternantes de la mode.*

alternat n.m. Fait, pour des phénomènes différents, de se succéder régulièrement.

alternateur n.m. Appareil générateur de courants électriques alternatifs.

alternatif, ive adj. **1.** Qui se répète à des moments plus ou moins espacés : *Système de stationnement alternatif* (**SYN.** alterné). **2.** Qui propose une alternative, un choix entre deux possibilités : *Un projet alternatif de relance économique.* ▸ ***Courant alternatif,*** courant électrique qui change périodiquement de sens dans un circuit (par opp. à courant continu).

alternative n.f. **1.** Choix à faire entre deux

possibilités opposées : *Placée devant cette alternative, elle a démissionné* (SYN. dilemme). **2.** (Calque de l'angl. *alternative* ; emploi critiqué). Solution de remplacement : *Le tramway sera peut-être l'alternative à la voiture.* **3.** Succession de phénomènes ou d'états opposés : *Passer par des alternatives d'espoir et de découragement.*

alternativement adv. Tour à tour, à tour de rôle : *Les cyclones sont alternativement baptisés de prénoms masculins et féminins* (= en alternance).

alterne adj. **1.** En botanique, se dit de feuilles, de fleurs disposées une à une, en spirale, le long de la tige. **2.** En mathématiques, se dit des angles situés de part et d'autre de la sécante coupant deux droites : *Angles alternes externes, internes.*

alterné, e adj. **1.** Se dit de choses qui se succèdent en s'opposant : *Les cases alternées d'un damier.* **2.** Qui se fait en alternance : *Pendant les travaux, la route est en circulation alternée* (= les voitures circulent dans un sens puis dans l'autre ; SYN. alternatif). *Résidence alternée des enfants de divorcés.*

alterner v.t. ind. (lat. *alternare,* de *alter,* autre) [conj. 3]. **[avec].** Se succéder plus ou moins régulièrement en s'opposant, en parlant de deux ou de plusieurs choses : *L'espoir alternait avec l'abattement dans l'esprit des otages. Les scènes chantées alternent avec les scènes parlées* (SYN. se relayer). ◆ v.t. Faire se succéder régulièrement : *L'émission alterne interviews et scènes de la vie quotidienne.*

altesse n.f. (it. *altezza,* du lat. *altus,* haut). Titre d'honneur que l'on donne aux princes, aux princesses.

altier, ère adj. (it. *altiero,* du lat. *altus,* haut). *Litt.* Qui manifeste de l'orgueil ou un orgueil exagéré : *Un port de tête altier* (SYN. fier, orgueilleux ; CONTR. modeste). *La réponse altière d'un artiste à des critiques* (SYN. arrogant, hautain ; CONTR. humble).

altimètre n.m. (du lat. *altus,* haut). Appareil qui sert à mesurer l'altitude.

altiport n.m. Terrain d'atterrissage aménagé en haute montagne.

altiste n. Personne qui joue de l'alto.

altitude n.f. **1.** Hauteur d'un point, d'une région calculée à partir du niveau de la mer : *Une station de sports d'hiver située à 1 500 mètres d'altitude.* **2.** Élévation d'un aéronef au-dessus du sol : *Avion qui prend, qui perd de l'altitude.*

alto n.m. (mot it., du lat. *altus,* haut). **1.** Voix de femme la plus grave (SYN. contralto). **2.** Instrument de musique de la famille des violons. ◆ adj. et n.m. Se dit d'un instrument de musique dont l'échelle sonore correspond approximativement à celle de la voix d'alto : *Saxophone alto.* ◆ n.f. Chanteuse qui possède la voix d'alto.

altocumulus [altokymylys] n.m. Nuage d'altitude moyenne, formé de gros flocons aux contours assez nets : *Les altocumulus donnent un ciel pommelé.*

altostratus [altostratys] n.m. Nuage d'altitude moyenne formant un voile grisâtre de très grande étendue.

altruisme n.m. (du lat. *alter,* autre). Disposition à s'intéresser aux autres, à ne pas faire primer son propre intérêt ; philanthropie : *Il est entré dans un mouvement humanitaire par altruisme* (SYN. bonté, générosité ; CONTR. égoïsme).

altruiste adj. et n. Relatif à l'altruisme ; qui fait preuve d'altruisme : *Le renouveau des idées altruistes* (SYN. généreux, philanthropique ; CONTR. égocentrique). *Les bénévoles sont des altruistes* (SYN. philanthrope ; CONTR. égoïste).

Altuglas [altyglas] n.m. (nom déposé). Matière synthétique très résistante, translucide ou colorée, aux nombreux usages : *Des bacs de disques en Altuglas.*

alumine n.f. Oxyde d'aluminium qui, diversement coloré, constitue un certain nombre de pierres précieuses (rubis, saphir, etc.).

aluminisation ou **aluminure** n.f. ou **aluminiage** n.m. Opération qui consiste à déposer une fine couche d'aluminium sur le verre des miroirs.

aluminium [alyminjɔm] n.m. (mot angl., du lat. *alumen, aluminis,* alun). Métal blanc brillant, léger, ductile et malléable, s'altérant peu à l'air et utilisé pur ou en alliage.

alun [alœ̃] n.m. Sulfate d'aluminium et de potassium, ou composé analogue aux propriétés astringentes : *L'alun aide à fixer les teintures.*

alunir v.i. [conj. 32]. Se poser sur la Lune.

alunissage n.m. Action d'alunir.

alvéolaire adj. **1.** Relatif aux alvéoles dentaires ou pulmonaires. **2.** En forme d'alvéole : *Des espaces alvéolaires.*

alvéole n.f. [n.m. selon l'Académie] (lat. *alveolus,* de *alveus,* cavité de ruche). **1.** Cellule hexagonale des rayons d'une ruche. **2.** Toute cavité qui rappelle cette cellule par sa forme. **3.** Minuscule cavité située à l'extrémité d'une bronchiole. **4.** Chaque cavité des os maxillaires où est enchâssée une dent.

alvéolé, e adj. Qui présente des alvéoles : *Structure alvéolée. Une roche alvéolée.*

Alzheimer (maladie d') [alzajmɛr], maladie neurologique dégénérative, qui provoque une démence progressive.

amabilité n.f. **1.** Fait d'être aimable ; caractère d'une personne aimable : *Vous pourriez mettre plus d'amabilité dans votre demande* (SYN. affabilité, courtoisie, politesse ; CONTR. grossièreté, impolitesse). *Elle a eu l'amabilité de porter ma valise* (SYN. bonté, gentillesse, obligeance). **2.** (Souvent au pl.). Marque de politesse, de prévenance : *Elle fait des amabilités à tout le monde.*

amadou n.m. (mot prov. signif. « amoureux »). Substance spongieuse provenant d'un champignon du chêne, l'*amadouvier,* et préparée pour prendre feu facilement : *Briquet à amadou.*

amadouer v.t. (de *amadou*) [conj. 6]. Rendre plus conciliant, en flattant adroitement, en se montrant aimable : *Chercher à amadouer qqn par des promesses* (SYN. enjôler, gagner). *C'est un homme dur en affaires qu'il sera difficile d'amadouer* (SYN. se concilier).

amaigri, e adj. Devenu maigre, plus maigre : *Visage amaigri.*

amaigrir v.t. [conj. 32]. Rendre maigre : *Sa maladie l'a considérablement amaigri.* ◆ **s'amaigrir** v.pr. Devenir maigre : *Elle s'est amaigrie en vieillissant.*

amaigrissant, e adj. Qui fait maigrir : *Régime amaigrissant.*

amaigrissement n.m. Fait de maigrir : *Un amaigrissement inquiétant.*

amalgame n.m. (lat. *amalgama*, de l'ar. *al-madjma*, fusion). **1.** Alliage du mercure et d'un autre métal : *L'amalgame d'étain sert à étamer les glaces.* **2.** Alliage d'argent et d'étain employé pour les obturations dentaires ; plombage. **3.** Mélange de choses ou de personnes très différentes dont on a fait un tout : *Ce conte est un amalgame de plusieurs légendes* (**SYN.** assemblage, combinaison). **4.** Assimilation abusive, notamm. en politique, afin de créer une confusion : *Faire l'amalgame entre des manifestants et des casseurs.*

amalgamer v.t. [conj. 3]. Faire un amalgame : *Amalgamer des métaux* (**SYN.** fondre). *Le romancier a amalgamé plusieurs histoires pour écrire cette saga* (**SYN.** combiner, réunir). ◆ **s'amalgamer** v.pr. S'unir, se fondre en un tout : *Cette nation est issue de peuples qui se sont plus ou moins bien amalgamés.*

aman [amɑ̃] n.m. (mot ar.). En pays musulman, octroi de la vie sauve à un ennemi vaincu.

amande n.f. **1.** Graine comestible de l'amandier, riche en huile et en sucres : *Huile d'amande douce.* **2.** Graine contenue dans un noyau : *L'amande d'un noyau de pêche.* **3.** (Employé en appos.). Qui est d'une certaine nuance de vert : *Des écharpes vert amande.* ▸ ***En amande,*** dont la forme oblongue rappelle celle de l'amande : *Yeux en amande.*

amandier n.m. Arbre originaire d'Asie, cultivé pour ses graines, les amandes.

amandine n.f. Tartelette garnie d'une préparation aux amandes.

amanite n.f. Champignon à lamelles, très commun dans les forêts : *Certaines amanites sont comestibles (amanite des Césars, ou oronge vraie), d'autres sont vénéneuses (amanite tue-mouches, ou fausse oronge), d'autres sont mortelles (amanite phalloïde).*

amant n.m. (lat. *amans, amantis*, p. présent de *amare*, aimer). Homme qui a des relations sexuelles avec une femme en dehors du mariage. ◆ **amant, e** n. *Vx* ou *litt.* Celui, celle qui éprouve un amour partagé pour une personne de l'autre sexe : *Chimène, l'amante de Rodrigue.* ◆ **amants** n.m. pl. Couple de personnes qui ont des relations sexuelles en dehors du mariage.

amarante n.f. Plante ornementale aux fleurs rouges en grappes, appelée aussi *queue-de-renard* ou *passe-velours.* ▸ ***Bois d'amarante,*** acajou de Cayenne, rouge vineux. ◆ adj. inv. D'une couleur rouge bordeaux velouté : *De la soie amarante.*

amareyeur, euse n. (de *mareyeur*). Personne qui s'occupe de l'entretien des parcs à huîtres.

amaril, e adj. (esp. *amarillo*, jaune). Relatif à la fièvre jaune.

amariner v.t. (de *marin*) [conj. 3]. **1.** Habituer un équipage à la mer, aux manœuvres : *Amariner des matelots.* **2.** Faire occuper par un équipage un navire pris à l'ennemi. ◆ **s'amariner** v.pr. S'habituer à la mer.

amarrage n.m. Action d'amarrer ; fait d'être amarré : *L'amarrage de vélos sur le toit d'une voiture. L'amarrage de deux véhicules spatiaux l'un à l'autre.*

amarre n.f. Câble, cordage pour maintenir en place un navire : *Dans la tempête, le navire a rompu ses amarres.*

amarrer v.t. [conj. 3]. Maintenir, attacher avec des amarres, des cordes, des câbles, etc. : *Amarrer un cargo. Amarrer des bagages sur la galerie d'une voiture* (**SYN.** arrimer, fixer).

amaryllis [amarilis] n.f. (nom d'une bergère, chantée par Virgile). Plante bulbeuse à grandes fleurs d'un rouge éclatant et à l'odeur suave, appelée aussi *lis Saint-Jacques.*

amas [ama] n.m. **1.** Accumulation de choses entassées n'importe comment ; amoncellement : *Un amas de ferraille, de paperasses* (**SYN.** monceau, tas). **2.** En astronomie, concentration d'étoiles ou de galaxies appartenant à un même système.

amasser v.t. [conj. 3]. Réunir en une masse importante par additions successives : *Amasser de l'argent* (**SYN.** entasser). *Amasser des documents sur un sujet* (**SYN.** accumuler). ▸ ***Pierre qui roule n'amasse pas mousse,*** celui qui change souvent de métier, de résidence ne s'enrichit jamais.

amateur, trice n. et adj. (lat. *amator*, de *amare*, aimer). **1.** Personne qui pratique un sport, qui s'adonne à un art, etc., pour son agrément, sans en faire profession : *Orchestre de musiciens amateurs* (**CONTR.** professionnel). *Une joueuse de tennis amatrice.* **2.** Personne qui a du goût, une attirance particulière pour qqch : *Elle est amatrice de peinture* (**SYN.** connaisseur, passionné). **3.** *Fam.* Personne disposée à acquérir qqch : *Si tu n'achètes pas ce tableau, moi je suis amateur* (**SYN.** acheteur). **4.** Personne qui manque de sérieux ou de compétence : *Cet étudiant suit les cours en amateur* (**SYN.** dilettante, fantaisiste). *C'est du travail d'amateur* (= du travail mal fait). ☞ **REM.** Au Québec, la forme *amateure* prévaut au féminin.

amateurisme n.m. **1.** Qualité d'une personne qui pratique un sport, un art, etc., en amateur : *L'amateurisme est de règle aux jeux Olympiques* (**CONTR.** professionnalisme). **2.** Défaut d'une personne qui manque de zèle, de sérieux, qui ne s'engage pas vraiment dans ce qu'elle fait : *La direction critique beaucoup son amateurisme* (**SYN.** dilettantisme).

a maxima loc. adj. inv. ▸ ***Appel a maxima,*** dans la langue juridique, appel formé par le ministère public quand il estime la peine trop lourde.

amazone [amazon] n.f. (de *Amazones*, femmes guerrières de la mythologie). **1.** Femme qui monte à cheval (**SYN.** cavalière). **2.** Longue jupe que portaient les femmes pour monter à cheval. ▸ ***Monter en amazone,*** avec les deux jambes du même côté de la selle.

ambages n.f. pl. (lat. *ambages*, détours). ▸ ***Sans ambages,*** d'une manière directe, sans détour : *Parler sans ambages* (**SYN.** franchement).

ambassade n.f. **1.** Mission, fonction d'un ambassadeur : *Envoyer qqn en ambassade dans un pays étranger.* **2.** Ensemble du personnel diplomatique, des agents et des services assurant cette mission ; bâtiment qui les abrite : *Les dissidents se sont réfugiés dans l'ambassade de France.*

ambassadeur, drice n. **1.** Personne représentant un État auprès d'un État étranger : *Elle a été nommée ambassadeur de France en Chine.* **2.** Personne qui, dans un domaine donné, représente son pays à l'étranger : *Elle est considérée comme l'ambassadrice de la chanson française.* ☞ **REM.** Une *ambassadrice* désigne également l'épouse d'un ambassadeur.

ambiance n.f. **1.** Atmosphère qui existe autour de qqn, dans un lieu, dans une réunion : *Il règne une bonne ambiance dans ce bureau* (**SYN.** climat). **2.** Humeur gaie ; animation : *Mettre de l'ambiance* (**SYN.** entrain, gaieté).

ambiancer v.i. [conj. 16]. En Afrique, mettre de l'ambiance, de l'animation.

ambianceur n.m. En Afrique, personne qui met de l'ambiance, de l'animation dans une fête.

ambiant, e adj. (du lat. *ambire*, entourer). **1.** Se dit du milieu physique et matériel dans lequel on vit : *Température ambiante. Ouvrir les fenêtres pour renouveler l'air ambiant.* **2.** Se dit du contexte intellectuel, moral, politique dans lequel on vit : *La mondialisation ambiante.*

ambidextre adj. et n. (du lat. *ambo*, deux, et *dexter*, droit). Qui se sert avec autant d'habileté de chacune de ses deux mains (par opp. à droitier et à gaucher) : *Un joueur de tennis ambidextre.*

ambigu, uë [ɑ̃bigy] adj. (lat. *ambiguus*). **1.** Dont le sens peut être interprété de différentes façons : *Elle m'a répondu en termes ambigus* (**SYN.** énigmatique, sibyllin ; **CONTR.** clair, net). *Dans cette affaire, sa conduite est restée ambiguë* (**SYN.** équivoque ; **CONTR.** explicite). **2.** Se dit d'une personne qui est difficile à définir, à cerner, dont la conduite est complexe : *Un personnage ambigu.*

ambiguïté [ɑ̃bigɥite] n.f. Caractère de ce qui est ambigu ; ce qui est ambigu : *L'ambiguïté d'une situation* (**SYN.** équivoque ; **CONTR.** clarté, netteté). *S'exprimer sans ambiguïté* (= clairement). *Ce texte présente des ambiguïtés* (= des points obscurs).

ambitieusement adv. De façon ambitieuse ; avec ambition : *Elle a ambitieusement annoncé que son prochain roman serait un succès.*

ambitieux, euse adj. et n. Qui manifeste de l'ambition : *Un politicien ambitieux* (**SYN.** arriviste, carriériste ; **CONTR.** humble, modeste). *Voilà un projet bien ambitieux* (**SYN.** audacieux, prétentieux ; **CONTR.** timoré).

ambition n.f. **1.** Désir ardent de réussite, de fortune, de gloire, d'honneurs : *Elle est dévorée d'ambition* (**CONTR.** humilité, modestie). *Il a de grandes ambitions pour son fils* (**SYN.** aspiration, visée). **2.** Désir profond de qqch : *Sa seule ambition est de promouvoir la paix* (**SYN.** but, objectif, vœu).

ambitionner v.t. [conj. 3]. Rechercher vivement qqch que l'on juge avantageux, supérieur : *Il ambitionne le poste de rédacteur en chef* (**SYN.** briguer, convoiter, viser). *Elle ambitionne de devenir chef d'orchestre* (**SYN.** aspirer à, prétendre).

ambivalence n.f. **1.** Caractère de ce qui peut être compris, interprété de deux façons opposées : *L'ambivalence d'un rêve.* **2.** Caractère d'une personne qui éprouve des sentiments contradictoires ou opposés à l'égard d'une même personne, d'une même chose.

ambivalent, e adj. Qui présente une ambivalence : *Une déclaration ambivalente. Un personnage ambivalent.*

amble n.m. (du lat. *ambulare*, marcher). Allure d'un cheval qui, au pas ou au trot, lève en même temps les deux jambes du même côté : *Aller l'amble.*

amblyope adj. et n. Atteint d'amblyopie ; malvoyant.

amblyopie n.f. (du gr. *amblus*, faible, et *ôps*, vue). Diminution de l'acuité visuelle sans altération organique de l'œil.

ambre n.m. (de l'ar.). ▸ ***Ambre jaune***, résine fossile jaune ou rouge utilisée en bijouterie, en ébénisterie. ***Ambre gris***, substance parfumée qui se forme dans l'intestin du cachalot et qui entre dans la composition de parfums de luxe. ◆ adj. inv. D'une couleur jaune doré ou rougeâtre : *Les yeux ambre d'une vipère.*

ambré, e adj. **1.** Parfumé à l'ambre gris : *Eau de toilette ambrée.* **2.** De la couleur de l'ambre jaune : *Vin ambré.*

ambroisie n.f. (gr. *ambrosia*, de *ambrosios*, immortel). Dans la mythologie grecque, nourriture des dieux qui leur procurait l'immortalité : *Le nectar et l'ambroisie.*

ambulance n.f. Véhicule servant au transport des malades ou des blessés. ▸ *Fam.* ***Tirer sur l'ambulance***, s'acharner sur une personne en mauvaise posture, en difficulté.

ambulancier, ère n. Personne chargée du transport de malades ou de blessés en ambulance.

ambulant, e adj. (du lat. *ambulare*, marcher). Qui se déplace selon les besoins de sa profession ou d'une activité : *Un pizzaiolo ambulant* (**SYN.** itinérant ; **CONTR.** sédentaire). *Un cirque ambulant* (**SYN.** nomade ; **CONTR.** fixe).

ambulatoire adj. Se dit d'un acte médical ou chirurgical qui n'empêche pas le malade de mener une vie active ou qui ne nécessite pas d'hospitalisation prolongée : *Soin, traitement ambulatoire.*

âme n.f. (lat. *anima*, souffle, vie). **1.** Principe de vie et de pensée de l'homme, qui anime son corps : *Croire en l'immortalité de l'âme.* **2.** Individu, considéré du point de vue moral, intellectuel, etc. : *Le héros est dépeint comme une âme noble et généreuse.* **3.** *Litt.* Habitant : *Une bourgade de 3 000 âmes.* **4.** Personne qui anime, qui dirige qqch : *Cette femme est l'âme de la renaissance du théâtre* (**SYN.** agent, animateur, moteur). **5.** Partie centrale, médiane, principale d'une pièce, d'une structure : *L'âme d'une poutre, d'un câble.* **6.** Petite baguette de bois placée dans un instrument de musique à cordes et qui communique les vibrations à toutes les parties. **7.** Intérieur du tube d'une bouche à feu : *L'âme d'un canon.* ▸ ***Âme sœur***, personne que ses sentiments, ses inclinations rapprochent d'une autre : *Trouver l'âme sœur.* ***Bonne âme***, personne compatissante et vertueuse (souvent iron.) : *Les bonnes âmes n'ont pas manqué de faire des commentaires* (= les personnes malveillantes). ***En son âme et conscience***, en toute honnêteté ; en se laissant guider par la seule justice : *Les jurés se prononcent en leur âme et conscience.* ***État d'âme***, préoccupation morale parfois excessive : *Il a décidé les licenciements sans état ou états d'âme* (= sans scrupules). ***Rendre l'âme***, mourir.

améliorable adj. Qui peut être amélioré : *Un résultat encore améliorable* (**SYN.** perfectible).

amélioration n.f. **1.** Action d'améliorer ; son résultat : *Apporter des améliorations à une technique* (**SYN.**

perfectionnement ; **CONTR.** dégradation). *L'amélioration des conditions de vie* (**SYN.** progrès). **2.** Fait de s'améliorer : *Son travail est en nette amélioration.*

améliorer v.t. (du lat. *melior,* meilleur) [conj. 3]. Rendre meilleur ; changer en mieux : *Améliorer la circulation de l'information* (**SYN.** perfectionner ; **CONTR.** dégrader). *Cette technique a amélioré la qualité du vin* (**CONTR.** altérer, dégrader). ◆ **s'améliorer** v.pr. Devenir meilleur : *Les conditions de vie se sont améliorées depuis un siècle* (**SYN.** progresser ; **CONTR.** se dégrader). *Son caractère ne s'améliore guère* (**SYN.** s'arranger, se bonifier).

amen [amɛn] n.m. inv. (mot hébreu signif. « ainsi soit-il »). Mot par lequel on termine une prière (= ainsi soit-il). ▸ *Fam.* ***Dire amen,*** approuver entièrement, sans réserve : *Ils disent amen à toutes les suggestions qu'on leur fait.*

aménageable adj. Qui peut être aménagé : *Toutes les dépendances de la ferme sont aménageables.*

aménagement n.m. Action d'aménager un lieu, qqch ; résultat de cette action : *L'aménagement de la grange est aisément réalisable* (**SYN.** agencement, installation, transformation). *Demander l'aménagement des horaires de travail.* ▸ ***Aménagement du territoire,*** politique visant à une meilleure répartition géographique des activités économiques en fonction des ressources naturelles et humaines.

aménager v.t. (de *ménage*) [conj. 17]. **1.** Arranger un lieu, un local, le modifier pour le rendre plus pratique, plus agréable : *Ils ont fini d'aménager leur appartement* (**SYN.** arranger, installer). *Un magasin bien aménagé* (**SYN.** agencer, disposer). *Ils veulent aménager les combles* (= les rendre habitables ; **SYN.** transformer). **2.** Apporter des modifications en vue d'une meilleure adaptation : *Aménager une loi ancienne* (**SYN.** corriger, modifier).

amende n.f. (de *amender*). Sanction infligée par la justice et consistant dans le versement d'une somme d'argent : *Elle a dû payer une amende de 50 euros.* ▸ ***Faire amende honorable,*** reconnaître ses torts. ***Mettre qqn à l'amende,*** lui infliger par jeu une sanction légère, lui imposer un gage.

amendement n.m. **1.** Modification apportée à un projet ou à une proposition de loi par une assemblée législative. **2.** Substance incorporée au sol pour le rendre plus fertile : *La marne est un amendement calcaire.*

amender v.t. (lat. *emendare,* rectifier) [conj. 3]. **1.** Modifier un texte par amendement : *Les députés ont amendé le projet de loi.* **2.** Améliorer un sol par des amendements (**SYN.** bonifier, fertiliser ; **CONTR.** épuiser). **3.** En Suisse, infliger une amende à qqn. ◆ **s'amender** v.pr. *Sout.* Devenir meilleur : *Ces adolescents se sont amendés* (**SYN.** s'améliorer, se corriger).

amène adj. (lat. *amœnus,* agréable). *Sout.* D'une courtoisie aimable ; affable : *Une personne amène* (**SYN.** avenant, gentil ; **CONTR.** revêche). *Échanger des propos peu amènes* (= désagréables).

amenée n.f. Action d'amener de l'eau : *Canal d'amenée.*

amener v.t. [conj. 19]. **1.** Faire venir qqn avec soi ; provoquer la venue de qqn : *Puis-je amener un ami à votre soirée ? Je vais vous dire ce qui m'amène.* **2.** Porter, transporter qqn, qqch vers une destination : *Le tramway vous amène directement à la gare* (**SYN.** conduire). *La péniche amène le sable jusqu'au chantier* (**SYN.** acheminer). **3.** Pousser, entraîner qqn à faire qqch : *Son métier l'amène à voyager beaucoup, à des déplacements fréquents.* **4.** Avoir pour conséquence : *Ce médicament amène un apaisement immédiat* (**SYN.** causer, engendrer, entraîner). **5.** Donner une certaine orientation à une discussion : *Amener la conversation sur le sujet de la production agricole. Une comparaison bien amenée* (**SYN.** présenter). ▸ ***Amener les couleurs*** → **couleur.** ◆ **s'amener** v.pr. *Fam.* Venir : *Alors, vous vous amenez ?* (**SYN.** arriver).

aménité n.f. *Sout.* Comportement affable et doux : *Il traite ses subordonnés sans aménité* (= avec rudesse). ◆ **aménités** n.f. pl. *Iron.* Paroles blessantes : *Échanger des aménités.*

aménorrhée n.f. (du gr. *mên,* mois, et *rhein,* couler). Terme médical désignant l'absence de règles.

amenuisement n.m. Fait de s'amenuiser : *L'augmentation des taxes conduit à l'amenuisement des revenus* (**SYN.** diminution ; **CONTR.** accroissement).

amenuiser v.t. (de *menuisier,* au sens anc. de « rendre menu ») [conj. 3]. Rendre qqch plus petit, plus mince : *Chaque jour qui passe amenuise nos chances de les sauver* (**SYN.** diminuer, réduire ; **CONTR.** augmenter). ◆ **s'amenuiser** v.pr. Devenir moins important : *Leurs forces vont en s'amenuisant* (**SYN.** diminuer).

① **amer, ère** [amɛr] adj. (lat. *amarus*). **1.** Qui a une saveur aigre, rude et souvent désagréable : *Un café amer* (**SYN.** âpre ; **CONTR.** doux, sucré). *Confiture d'oranges amères.* **2.** Qui blesse par sa méchanceté ; dur, cruel : *Des moqueries amères* (**SYN.** mordant, sarcastique ; **CONTR.** aimable). **3.** Qui manifeste ou cause de la tristesse, de l'amertume : *Elle garde de cette époque d'amers souvenirs* (**SYN.** douloureux, pénible, triste ; **CONTR.** heureux). **4.** Se dit de qqn qui est déçu et plein de ressentiment : *Son échec l'a rendue amère* (**SYN.** aigri).

② **amer** [amɛr] n.m. (du néerl. *merk,* limite). Objet, bâtiment fixe et visible situé sur une côte et servant de point de repère pour la navigation.

amèrement adv. Avec amertume, tristesse : *Je regrette amèrement de lui avoir fait confiance.*

américain, e adj. et n. **1.** Relatif aux États-Unis d'Amérique : *Boston est une ville américaine. L'entrée en guerre des Américains.* **2.** D'Amérique : *Le continent américain.* ▸ ***Nuit américaine,*** au cinéma, effet spécial permettant de filmer de jour une scène censée se dérouler la nuit. ***Vedette américaine,*** artiste qui passe sur une scène de music-hall juste avant la vedette principale.

américanisation n.f. Action d'américaniser ; fait de s'américaniser.

américaniser v.t. [conj. 3]. Donner le caractère de l'Amérique du Nord, des États-Unis à : *Le tourisme a américanisé ces petites îles.* ◆ **s'américaniser** v.pr. Prendre les manières des Américains du Nord, leur mode de vie.

américanisme n.m. **1.** Mot, expression, tournure particuliers à l'anglais parlé en Amérique du Nord. **2.** Tendance à s'inspirer de ce qui se fait aux États-Unis.

américaniste n. Spécialiste de l'étude du continent américain.

amérindien, enne adj. et n. Propre aux Indiens d'Amérique : *Le tupi est une langue amérindienne du Brésil.*

amerrir v.i. [conj. 32]. Se poser sur la mer, sur l'eau, en parlant d'un hydravion ou d'un vaisseau spatial : *La capsule spatiale a amerri à l'endroit prévu.*

amerrissage n.m. Action d'amerrir.

amertume n.f. **1.** Saveur amère : *L'amertume d'une tisane.* **2.** Ressentiment mêlé de tristesse et de déception : *Elle a déclaré avec amertume qu'elle ne serait pas candidate* (**SYN.** chagrin, peine ; **CONTR.** joie).

améthyste n.f. (gr. *amethustos,* pierre qui préserve de l'ivresse). Pierre fine, variété violette de quartz. ◆ adj. inv. De couleur violette : *Des yeux améthyste.*

ameublement n.m. (de *3. meuble*). Ensemble des meubles et des objets qui garnissent et décorent une habitation : *Un ameublement austère. Tissu d'ameublement* (= destiné à décorer un logement).

ameublir v.t. (de *1. meuble*) [conj. 32]. Rendre une terre plus meuble, plus légère.

ameublissement n.m. Action d'ameublir.

ameuter v.t. [conj. 3]. Rassembler en faisant du bruit, du scandale ; exciter la haine de : *Ses cris finirent par ameuter tout le voisinage. Ameuter des manifestants contre un leader* (**SYN.** déchaîner).

amharique n.m. (de *Amhara,* nom d'une province éthiopienne). Langue sémitique parlée en Éthiopie, où elle a le statut de langue officielle.

ami, e n. (lat. *amicus*). **1.** Personne pour laquelle on a de l'amitié, de l'affection, ou avec laquelle on a des affinités : *Un vieil ami* (**SYN.** camarade). *Ils viennent d'arriver dans la région et n'ont encore que peu d'amis* (**SYN.** connaissance, relation). *C'est un surnom connu seulement de ses amis* (**SYN.** familier, intime, proche). **2.** Personne qui a du goût pour qqch : *Les amis de la nature.* ▸ ***Faux ami,*** terme d'une langue qui présente une forte ressemblance avec un terme d'une autre langue, mais qui n'a pas le même sens : *Le mot anglais « library » est un faux ami car il signifie en réalité « bibliothèque ».* ***Petit ami, petite amie,*** personne qui est liée à une autre par un sentiment tendre, par l'amour ; amant, maîtresse : *Elle vit depuis deux ans chez son petit ami* (**SYN.** compagnon). *Sa petite amie* (**SYN.** compagne). ◆ adj. **1.** Lié par l'affection, les goûts, les intérêts : *Il est très ami avec mon frère. Les pays amis* (**SYN.** allié ; **CONTR.** ennemi). **2.** Qui témoigne de l'affection, de la bienveillance : *Elle a été reçue dans une maison amie* (**SYN.** accueillant ; **CONTR.** hostile).

amiable adj. Qui concilie des intérêts opposés : *Conclure un accord amiable.* ▸ ***À l'amiable,*** en se mettant d'accord de gré à gré, sans intervention de la justice : *Ils n'ont pas fait de constat d'accident et se sont arrangés à l'amiable.*

amiante n.m. (gr. *amiantos,* incorruptible). Matière minérale fibreuse, résistant à l'action du feu et désormais interdite en France : *L'amiante est nocif.*

amibe n.f. (gr. *amoibê,* transformation). Animal unicellulaire des eaux douces ou salées, des sols humides, dont une espèce parasite l'intestin de l'homme (**SYN.** amibien).

amibiase n.f. Affection intestinale causée par les amibes.

amibien, enne adj. Causé par les amibes : *Dysenterie amibienne.* ◆ **amibien** n.m. Amibe.

amical, e, aux adj. **1.** Inspiré par l'amitié : *Un geste amical* (**SYN.** cordial ; **CONTR.** hostile, inamical). *Avec mon amical souvenir* (= s'emploie à la fin d'une lettre). **2.** Qui ne comporte pas d'enjeu, en parlant d'une rencontre sportive : *Un match amical.*

amicale n.f. Association de personnes d'une même profession, d'une même école ou pratiquant la même activité : *L'amicale des anciens élèves.*

amicalement adv. De façon amicale : *Il m'a écouté amicalement* (= avec bienveillance).

amidon n.m. (lat. *amylum,* du gr. *amulos,* non moulu). **1.** Substance organique qui s'accumule dans certaines parties des végétaux : *L'amidon de riz, de maïs, de pomme de terre.* **2.** Solution de cette substance dans l'eau, servant à divers usages et notamm. à empeser le linge.

amidonnage n.m. Action d'amidonner ; fait d'être amidonné (**SYN.** empesage).

amidonner v.t. [conj. 3]. Enduire, imprégner d'amidon : *Amidonner des napperons* (**SYN.** empeser).

amincir v.t. [conj. 32]. Rendre ou faire paraître plus mince : *Sa maladie l'a considérablement amincie* (**SYN.** amaigrir). *Ce pull t'amincit.* ◆ **s'amincir** v.pr. Devenir plus mince : *La tige s'amincit à son extrémité.*

amincissant, e adj. Qui amincit : *Une nouvelle crème amincissante.*

amincissement n.m. Action d'amincir, fait de s'amincir ; leur résultat : *Le dégel a provoqué un amincissement de la couche de glace* (**CONTR.** épaississement).

aminé, e adj. ▸ ***Acide aminé,*** substance organique qui est le constituant fondamental des protéines.

a minima loc. adj. inv. ▸ ***Appel a minima,*** dans la langue juridique, appel que le ministère public interjette quand il estime la peine insuffisante.

amiral n.m. (d'un mot ar. signif. « prince de la mer ») [pl. *amiraux*]. Officier général d'une marine militaire. ◆ **amiral, e, aux** adj. ▸ ***Bâtiment amiral,*** navire ayant à son bord un amiral commandant une force navale. ***Société amirale,*** entreprise considérée comme le fleuron du groupe auquel elle appartient.

amirale n.f. Épouse d'un amiral.

amirauté n.f. **1.** Corps des amiraux ; haut commandement de la marine militaire. **2.** Siège du commandement d'un amiral.

amitié n.f. **1.** Sentiment d'affection, de sympathie qu'une personne éprouve pour une autre ; relation qui se crée ainsi : *Leur amitié date de l'école* (**SYN.** camaraderie ; **CONTR.** antipathie, inimitié). *Ils ont consenti à m'aider par amitié pour mes parents* (**SYN.** affection, attachement ; **CONTR.** animosité, hostilité). **2.** Rapport harmonieux ; entente cordiale : *Renforcer les liens d'amitié qui unissent deux pays.* ▸ *Vieilli* ***Amitié particulière,*** liaison homosexuelle, notamm. entre deux adolescents, deux adolescentes. ◆ **amitiés** n.f. pl. Témoignages d'affection : *Fais-leur mes amitiés.*

amitieux, euse [amisjø, øz] adj. *Fam.* En Belgique et dans le nord de la France, affectueux, gentil.

ammoniac [amɔnjak] n.m. Composé gazeux d'azote et d'hydrogène, à l'odeur très piquante.

ammoniacal, e, aux adj. Qui contient de l'ammoniac ; qui en a les propriétés : *Sels ammoniacaux.*

ammoniaque n.f. Solution aqueuse d'ammoniac, aussi appelée *alcali volatil.*

ammonite n.f. (du nom lat. d'un dieu égyptien). Mollusque fossile à coquille enroulée, caractéristique de l'ère secondaire.

amnésie n.f. Diminution ou perte totale de la mémoire due à des causes pathologiques.

amnésique adj. et n. Qui est atteint d'amnésie.

amniocentèse [amnjɔsɛ̃tɛz] n.f. (de *amnios,* et du gr. *kentêsis,* action de piquer). Prélèvement de liquide amniotique pendant la grossesse pour en faire l'analyse.

amnios [amnjos] n.m. (gr. *amnion*). Membrane interne qui enveloppe le fœtus, chez les mammifères, les oiseaux et les reptiles.

amniotique adj. ▸ ***Liquide amniotique,*** liquide qui remplit la poche de l'amnios et dans lequel baigne le fœtus.

amnistiable adj. Qui peut être amnistié : *Les crimes contre l'humanité ne sont pas amnistiables.*

amnistie n.f. (gr. *amnêstia,* de *amnêstos,* oublié). Loi qui a pour effet d'effacer certaines condamnations ou d'arrêter les poursuites pénales ; pardon légal : *Ces faits sont couverts par l'amnistie.*

amnistié, e adj. et n. Qui a bénéficié d'une amnistie : *Les amnistiés purent rentrer dans leur pays.*

amnistier v.t. [conj. 9]. Accorder une amnistie à : *Amnistier des infractions, des condamnés.*

amocher [conj. 3]. *Fam.* **1.** Détériorer qqch : *J'ai amoché l'avant de ma voiture* (**SYN.** abîmer, endommager). **2.** Blesser qqn : *Il s'est fait amocher pendant la bagarre* (**SYN.** défigurer).

amodiataire n. (du lat. *modius,* boisseau). Personne qui prend à bail des terres agricoles.

amoindrir v.t. [conj. 32]. Diminuer la force ou la valeur de : *Son accident l'a beaucoup amoindri* (**SYN.** affaiblir, diminuer ; **CONTR.** revigorer). *Ces échecs répétés ont amoindri son autorité* (**SYN.** réduire ; **CONTR.** accroître). ◆ **s'amoindrir** v.pr. Devenir moindre ; perdre de ses forces : *Son énergie s'amoindrit avec l'âge* (**SYN.** décliner, décroître).

amoindrissement n.m. Action d'amoindrir ; fait de s'amoindrir ; baisse, diminution : *L'amoindrissement des facultés intellectuelles de qqn* (**SYN.** affaiblissement, déclin).

amollir v.t. [conj. 32]. **1.** Rendre mou : *La chaleur amollit le bitume* (**SYN.** ramollir). **2.** Rendre moins énergique, moins ferme : *Les échecs ont amolli sa volonté* (**SYN.** émousser ; **CONTR.** fortifier). ◆ **s'amollir** v.pr. Devenir mou, moins ferme : *Le cuir s'amollit au trempage* (**CONTR.** durcir).

amollissant, e adj. Qui amollit, diminue l'énergie : *Chaleur, climat amollissants* (**SYN.** débilitant ; **CONTR.** tonique).

amollissement n.m. Action d'amollir, de s'amollir ; son résultat : *L'amollissement de la neige provoque des avalanches* (**SYN.** ramollissement ; **CONTR.** durcissement).

amonceler v.t. [conj. 24]. Réunir en monceau, en tas : *Amonceler des journaux sur un guéridon* (**SYN.** empiler, entasser). *Le vent amoncelle la neige devant la porte* (**SYN.** amasser). ◆ **s'amonceler** v.pr. Former un tas ; s'accumuler : *Le courrier en retard s'amoncelle sur son bureau* (**SYN.** s'entasser). *Les preuves s'amoncellent contre lui.*

amoncellement n.m. Entassement de choses : *Un amoncellement de rochers* (**SYN.** amas, tas).

amont n.m. sing. (du lat. *ad,* vers, et *mons,* montagne). **1.** Partie d'un cours d'eau qui est du côté de la source, par rapport à un point considéré (par opp. à aval). **2.** Début d'un processus de production : *L'industrie du bois se situe à l'amont de la production du papier.* ▸ ***En amont de,*** plus près de la source, par rapport à un point considéré : *Orléans est en amont de Tours sur la Loire.* ◆ adj. inv. Qui est du côté de la montagne, en parlant du ski ou du skieur : *Être en appui sur le ski amont* (**CONTR.** aval).

amoral, e, aux adj. Qui est indifférent aux règles de la morale ou qui les ignore : *Un écrivain amoral.*

amoralisme n.m. **1.** Attitude d'une personne amorale. **2.** Philosophie selon laquelle il n'y a pas de morale universelle.

amoralité n.f. Caractère de ce qui est amoral ; conduite amorale.

amorçage n.m. Action d'amorcer qqch : *Amorçage d'une pompe. L'amorçage d'une négociation.*

amorce n.f. (de l'anc. fr. *amordre,* mordre). **1.** Petite masse d'explosif dont la détonation enflamme la charge d'une cartouche ou d'une mine. **2.** Quantité, fragment de matière nécessaire à la mise en route d'un dispositif : *L'amorce d'une pellicule, d'une bande magnétique.* **3.** Phase initiale de qqch : *Ce n'est que l'amorce d'un roman* (**SYN.** ébauche). **4.** Produit jeté dans l'eau pour attirer le poisson ; appât.

amorcer v.t. [conj. 16]. **1.** Garnir d'une amorce : *Amorcer un hameçon.* **2.** Assurer la mise en route d'un dispositif par une opération initiale qui entraînera son fonctionnement : *Amorcer une pompe, un siphon.* **3.** Commencer à exécuter, à réaliser qqch : *Il amorça un geste de refus puis s'arrêta* (**SYN.** ébaucher, esquisser). *Amorcer un virage* (**SYN.** entamer). **4.** (Sans compl.). Chercher à attirer le poisson par de l'amorce : *Amorcer avec du pain* (**SYN.** appâter).

amorphe adj. (gr. *amorphos,* sans forme). Qui est ou paraît sans énergie, mou, inactif : *Un enfant amorphe* (**SYN.** apathique, indolent ; **CONTR.** vif).

amorti n.m. Dans certains sports, effet donné à une balle, à un ballon, en en réduisant plus ou moins le rebond.

amortie n.f. Balle résultant d'un amorti.

amortir v.t. (du lat. *mors, mortis,* mort) [conj. 32]. **1.** Diminuer l'effet, la force, l'intensité de qqch : *La neige amortit les bruits* (**SYN.** affaiblir, atténuer). **2.** Reconstituer progressivement le capital employé à une acquisition grâce aux bénéfices tirés de celle-ci ; par ext., rentabiliser un bien en l'utilisant : *Nous amortirons l'achat d'une machine à laver en diminuant nos frais de blanchissage* (**SYN.** rembourser). **3.** Rembourser un emprunt à termes échelonnés. ◆ **s'amortir** v.pr. Perdre de sa force, de son intensité ; s'estomper : *Le bruit s'amortit avec la distance* (**SYN.** s'affaiblir).

amortissable adj. Qui peut être remboursé par des versements échelonnés, en parlant d'une dette.

amortissement n.m. **1.** Action d'amortir ; fait d'être amorti : *Amortissement d'un choc* (SYN. affaiblissement, atténuation). **2.** Action d'amortir, de rembourser : *Calculer sur trois ans l'amortissement de sa voiture. Amortissement d'un investissement.*

amortisseur n.m. Dispositif qui amortit la violence d'un choc, les vibrations d'une machine, etc. : *Changer les amortisseurs d'une voiture.*

amour n.m. (lat. *amor*). **1.** Sentiment très intense, attachement englobant la tendresse et l'attirance physique, entre deux personnes : *Éprouver de l'amour pour qqn* (SYN. affection, attachement). *Une histoire d'amour.* **2.** Relation impliquée par ce sentiment, relation amoureuse : *Un amour qui s'achève* (SYN. idylle, liaison). *Un amour platonique.* **3.** Personne qui est, a été, l'objet de ce sentiment : *Rencontrer un amour de jeunesse.* **4.** Sentiment d'affection qui unit les membres d'une même famille : *Amour maternel, paternel, filial, fraternel* (SYN. tendresse). **5.** Mouvement de dévotion, de dévouement qui porte vers qqn, une divinité, un idéal : *L'amour de Dieu* (= piété). *L'amour du prochain* (= altruisme). **6.** Goût très marqué, intérêt très vif pour qqch ; inclination, penchant : *L'amour de la mer.* **7.** Représentation symbolique de l'amour, souvent sous la forme d'un enfant armé d'un arc : *De petits amours joufflus ornaient le plafond de la salle.* ▸ ***Faire l'amour,*** avoir des relations sexuelles avec qqn. ***La saison des amours,*** moment où les animaux sont poussés par leur instinct à s'accoupler. ***Pour l'amour de qqn,*** en raison de l'amour qu'on lui porte : *Pour l'amour de vos enfants, ne faites pas cela* (= par égard à). *Fam.* ***Un amour de*** (+ n.), qqch ou qqn de charmant, d'adorable : *Un amour de chapeau.* ***Amour blanc,*** poisson originaire de Chine, importé en Europe pour nettoyer les voies d'eau dont il mange les plantes. ◆ **amours** n.f. pl. *Litt.* Relation amoureuse : *Évoquer les amours enfantines.*

s'**amouracher** v.pr. [conj. 3]. **[de].** Éprouver pour qqn une passion soudaine et souvent passagère : *Il s'est amouraché de ma fille* (SYN. s'enticher, s'éprendre).

amourette n.f. Amour passager, sans profondeur (SYN. aventure, flirt, passade).

amourettes n.f. pl. (anc. prov. *amoretas,* testicules de coq, de *amor,* amour). Morceau de moelle épinière des animaux de boucherie.

amoureusement adv. **1.** Avec amour ; tendrement : *Il la couve amoureusement des yeux.* **2.** Avec un soin particulier : *Un logiciel libre amoureusement créé par un passionné.*

amoureux, euse adj. et n. **1.** Qui éprouve de l'amour pour qqn : *Être, tomber amoureux de qqn. Un mari très amoureux* (SYN. épris). *Elle a rendez-vous avec son amoureux* (= son petit ami). **2.** Qui a un goût très vif pour qqch : *C'est un amoureux de la nature* (SYN. amateur, passionné). ◆ adj. Relatif à l'amour ; qui manifeste de l'amour : *Des regards amoureux* (SYN. ardent, langoureux, passionné).

amour-propre n.m. (pl. *amours-propres*). Sentiment de sa propre valeur, de sa dignité : *Il a été atteint dans son amour-propre* (SYN. fierté).

amovibilité n.f. Fait d'être amovible.

amovible adj. (du lat. *amovere,* déplacer). **1.** Qui peut être enlevé, séparé d'un ensemble : *Un soutien-gorge à bretelles amovibles* (SYN. détachable). **2.** Qui peut être destitué ou muté, en parlant de certains fonctionnaires.

A.M.P. ou **AMP** [aɛmpe] n.f. (sigle). ▸ ***Assistance médicale à la procréation*** → **assistance.**

ampélographie n.f. (du gr. *ampelos,* vigne). Étude scientifique de la vigne.

ampélopsis [ɑ̃pelɔpsis] n.m. (du gr. *ampelos,* vigne, et *opsis,* apparence). Arbrisseau grimpant, souvent ornemental, dont le nom usuel est *vigne vierge.*

ampérage n.m. Intensité d'un courant électrique.

ampère n.m. (de *Ampère,* physicien français). Unité de mesure d'intensité de courant électrique. ▸ ***Ampère par mètre,*** unité de mesure de champ magnétique.

ampère-heure n.m. (pl. *ampères-heures*). Unité de mesure de quantité d'électricité.

ampèremètre n.m. Appareil gradué en ampères, servant à mesurer l'intensité d'un courant électrique.

amphétamine n.f. Substance médicamenteuse qui stimule le système nerveux et diminue la faim.

amphi n.m. *Fam.* Abréviation de *amphithéâtre.*

amphibie adj. (gr. *amphibios,* de *amphi,* des deux côtés, et *bios,* vie). **1.** Qui peut vivre sur la terre et dans l'eau : *Animal amphibie.* **2.** Qui peut se mouvoir sur terre et sur l'eau : *Voiture amphibie.* ◆ n.m. Animal amphibie : *La tortue de mer est un amphibie.*

amphibien n.m. Vertébré à peau nue, à température variable et à respiration à la fois pulmonaire et cutanée, comme la grenouille (autref. appelé *batracien*).

amphibole n.f. (gr. *amphibolos,* équivoque). Minéral noir, brun ou vert, qui est un constituant des roches éruptives et métamorphiques.

amphibologie n.f. (du gr. *amphibolos,* équivoque). Double sens présenté par une phrase : *La phrase « les magistrats jugent les enfants coupables » recèle une amphibologie* (= on peut comprendre « les enfants qui sont coupables » ou « que les enfants sont coupables » ; SYN. ambiguïté, équivoque).

amphibologique adj. Qui offre un double sens ; ambigu : *Une phrase amphibologique* (SYN. équivoque ; CONTR. clair, explicite, univoque).

amphigouri n.m. (orig. obsc.). *Litt.* Écrit ou discours embrouillé, inintelligible : *Son exposé est un amphigouri* (= c'est du charabia ; SYN. galimatias).

amphigourique adj. *Litt.* Dont l'expression est embrouillée et obscure : *Une déclaration amphigourique* (SYN. confus, incompréhensible ; CONTR. clair).

amphithéâtre n.m. (du gr. *amphi,* autour, et *theatron,* théâtre). **1.** Dans l'Antiquité romaine, vaste édifice garni de gradins s'élevant autour d'une arène où avaient lieu des combats de gladiateurs et divers autres spectacles. **2.** Grande salle de cours à gradins : *Cours magistral en amphithéâtre* (abrév. fam. amphi). **3.** Ensemble des places situées au-dessus des balcons et des galeries, dans un théâtre.

amphitryon n.m. (de *Amphitryon,* n. pr.). *Litt.* Personne chez qui l'on mange : *C'est le plus raffiné des amphitryons* (SYN. hôte).

amphore n.f. (du gr.). Vase à deux anses symétriques, au col rétréci, avec ou sans pied, qui servait à conserver et à transporter les aliments, dans l'Antiquité : *Des plongeurs ont repéré des amphores au large de Marseille.*

ample adj. (lat. *amplus*). **1.** D'une largeur, d'une longueur qui dépassent l'ordinaire : *Veste, manteau amples* (**CONTR.** ajusté, cintré). *Jupe ample* (**CONTR.** étroit, serré). **2.** Qui est abondant, volumineux, puissant : *Une voix ample* (**SYN.** plein, riche ; **CONTR.** fluet). *Faire une ample provision de souvenirs* (**SYN.** grand, vaste ; **CONTR.** mince). ▸ ***Jusqu'à plus ample informé,*** en attendant qu'on ait recueilli plus d'informations.

amplement adv. De façon plus que suffisante : *Ils ont amplement donné les détails demandés* (**SYN.** largement, grandement).

ampleur n.f. **1.** Caractère de ce qui est ample, large : *La veste manque d'ampleur aux épaules* (= elle est étriquée ; **SYN.** largeur). **2.** Importance, portée de qqch : *Nul ne connaît encore l'ampleur de la catastrophe* (**SYN.** étendue). *Mouvement social d'une ampleur exceptionnelle* (**SYN.** retentissement). *Chanteur qui travaille sa voix pour lui donner de l'ampleur* (**SYN.** intensité, volume).

ampli n.m. *Fam.* Abréviation de *amplificateur.*

ampliatif, ive adj. Dans la langue juridique, qui ajoute à ce qui a été dit dans un acte précédent, qui le complète : *Un codicille ampliatif.*

ampliation n.f. (du lat. *ampliare*, agrandir). Copie authentique d'un acte administratif ayant valeur d'original (= copie conforme ; **SYN.** duplicata).

amplificateur, trice adj. Qui amplifie qqch ; qui exagère l'importance de qqch : *Le retentissement donné par les médias a eu sur cette affaire un effet amplificateur* (**SYN.** grossissant). ◆ **amplificateur** n.m. **1.** Dispositif permettant d'amplifier un signal électrique sans introduire de distorsion notable. **2.** Ce dispositif, installé avant les haut-parleurs, sur une chaîne hi-fi (abrév. fam. ampli).

amplification n.f. Action d'amplifier ; son résultat : *Les O.N.G. réclament l'amplification de l'aide humanitaire* (**SYN.** augmentation, développement ; **CONTR.** baisse, diminution). *L'amplification d'une rumeur* (**SYN.** grossissement).

amplifier v.t. [conj. 9]. Accroître le volume, l'étendue ou l'importance de : *Le mégaphone amplifie la voix de l'orateur* (**SYN.** renforcer ; **CONTR.** diminuer). *La chaleur amplifie la croissance de cette algue* (**SYN.** développer, multiplier ; **CONTR.** restreindre). *Les journaux ont amplifié l'incident* (**SYN.** exagérer, grossir ; **CONTR.** étouffer, minimiser). ◆ **s'amplifier** v.pr. Augmenter en quantité, en importance, en force : *La baisse du nombre des chômeurs s'amplifie* (**SYN.** s'accentuer).

amplitude n.f. Écart entre la plus petite et la plus grande valeur d'un phénomène périodique : *L'amplitude des marées sur la côte atlantique.*

ampli-tuner [ɑ̃plitynɛr] n.m. (pl. *amplis-tuners*). Élément d'une chaîne haute-fidélité regroupant un amplificateur, un préamplificateur et un tuner.

ampoule n.f. (lat. *ampulla*, petit flacon). **1.** Enveloppe de verre d'une lampe électrique ; cette lampe : *Changer une ampoule grillée. Des ampoules de 60 watts.* **2.** Petite boursouflure de l'épiderme, pleine de sérosité, due à un frottement prolongé : *Mes nouvelles chaussures me font des ampoules* (**SYN.** cloque). **3.** Tube de verre scellé contenant un médicament liquide ; contenu de ce tube : *Prendre une ampoule de vitamines chaque matin.* ▸ ***La sainte ampoule,*** vase contenant l'huile bénite qui servait à sacrer les rois de France.

ampoulé, e adj. Se dit d'un style, d'un discours emphatique et prétentieux : *Des phrases ampoulées* (**SYN.** grandiloquent, pompeux ; **CONTR.** simple, sobre).

amputation n.f. Ablation chirurgicale totale ou partielle d'un membre, d'un organe : *L'amputation d'une jambe, du rectum.*

amputé, e adj. et n. Qui a été amputé d'un membre : *Un amputé de guerre.*

amputer v.t. (lat. *amputare*, tailler) [conj. 3]. **1.** Pratiquer une amputation : *Amputer un bras* (**SYN.** couper). *Amputer un blessé.* **2.** *Fig.* Entamer l'intégrité de qqch en en retranchant une partie : *La censure a amputé son film* (**SYN.** tronquer).

s'**amuïr** v.pr. (du lat. *mutus*, muet) [conj. 32]. Devenir muet, ne plus être prononcé : *Dans le mot « instinct », les deux consonnes finales se sont amuïes.*

amuïssement [amɥismɑ̃] n.m. Fait de s'amuïr : *L'amuïssement du « s » final en français.*

amulette n.f. (lat. *amuletum*). Objet qu'on porte sur soi et auquel on accorde des vertus magiques : *Un collier d'ambre lui sert d'amulette* (**SYN.** gri-gri, porte-bonheur, talisman).

amure n.f. En marine ancienne, cordage qui retenait le point inférieur d'une voile du côté d'où venait le vent.

amusant, e adj. Qui amuse, chasse l'ennui ; qui divertit : *Un jeu très amusant* (**SYN.** distrayant, divertissant ; **CONTR.** ennuyeux). *C'est un garçon très amusant* (**SYN.** drôle, spirituel ; **CONTR.** morose).

amuse-bouche n.m. (pl. *amuse-bouches* ou inv.). Au restaurant, amuse-gueule.

amuse-gueule n.m. (pl. *amuse-gueules* ou inv.). *Fam.* Petit hors-d'œuvre servi avec l'apéritif.

amusement n.m. **1.** Action d'amuser ; fait de s'amuser : *Ses jeux de mots font l'amusement de ses lecteurs* (**SYN.** hilarité, joie). **2.** Occupation divertissante ; passe-temps agréable : *Trouver des amusements pour les jours de pluie* (**SYN.** distraction, divertissement, jeu). *Ce sport devrait rester un amusement* (**SYN.** délassement, récréation).

amuser v.t. [conj. 3]. **1.** Distraire agréablement ; égayer par qqch de drôle : *Ce dessin animé m'a bien amusé* (**SYN.** divertir ; **CONTR.** ennuyer). **2.** Distraire par des artifices, des faux-semblants pour détourner l'attention, pour gagner du temps : *Elle a amusé le gardien pendant qu'il se glissait à l'intérieur.* ▸ ***Amuser la galerie,*** faire rire les personnes présentes, les divertir. ◆ **s'amuser** v.pr. **1.** Se distraire ; passer le temps agréablement : *Les enfants s'amusent dans le jardin* (**SYN.** jouer ; **CONTR.** s'ennuyer). *Il s'amuse à créer des applications informatiques* (**SYN.** se plaire à). **2. [à].** Être gai, prendre du plaisir : *Nous nous sommes bien amusés à écouter vos histoires* (**SYN.** rire). **3. [de].** Se moquer de : *S'amuser des petites manies de ses collègues* (**SYN.** railler, rire de). **4.** (Sans compl.). Faire qqch sans se presser, en prenant son temps : *Nous n'avons pas le temps de nous amuser, il faut avoir fini ce soir* (**SYN.** paresser).

amusette n.f. *Fam., vx* Distraction sans grande

portée : *Ses recherches généalogiques ne sont qu'une amusette.*

amuseur, euse n. **1.** Personne qui amuse, divertit : *Émission de télévision qui présente les nouveaux amuseurs* (**SYN.** comique). **2.** *Péjor.* Personne qui n'est pas prise au sérieux ; bouffon.

amygdale [amidal] n.f. (lat. *amygdala*, amande, du gr.). Chacune des deux glandes placées de part et d'autre du fond de la gorge : *L'ablation des amygdales.*

amygdalectomie [amidalɛktɔmi] n.f. Ablation chirurgicale des amygdales.

amygdalite [amidalit] n.f. Inflammation des amygdales.

amylacé, e adj. (du lat. *amylum*, amidon, du gr.). De la nature de l'amidon.

amyotrophie n.f. (du gr. *mus*, muscle). Atrophie des muscles.

an n.m. (lat. *annus*). **1.** Temps que met la Terre pour faire sa révolution autour du Soleil, qui est utilisé comme mesure de durée ; cet espace de temps envisagé sans limites très définies : *L'an prochain* (**SYN.** année). **2.** Durée de douze mois complets : *Elle devra faire un stage de deux ans. Deux fois par an.* **3.** Espace de temps légal compris entre le 1er janvier et le 31 décembre, dans le calendrier grégorien : *Fêter l'an nouveau* (**SYN.** année). **4.** (Précédé d'un adj. num. card.). Unité de mesure de l'âge : *La majorité légale est à dix-huit ans.* ▸ ***Bon an mal an,*** en moyenne, une bonne année compensant une mauvaise. ***Le jour de l'An, le Nouvel An, le premier de l'An,*** le premier jour de l'année. *Fam.* ***Se moquer de qqch comme de l'an quarante,*** n'y attacher aucune importance.

anabaptisme n.m. Doctrine d'une secte protestante du XVIe s., qui déniait toute valeur au baptême des enfants et réclamait un second baptême à l'âge adulte.

anabaptiste adj. et n. Relatif à l'anabaptisme ; qui professe cette doctrine.

anabolisant, e adj. et n.m. Se dit d'une substance qui favorise l'anabolisme.

anabolisme n.m. (du gr. *anabolê*, hauteur, action de monter). Ensemble des phénomènes physiologiques qui permettent l'assimilation des aliments par les êtres vivants.

anacarde n.m. Fruit de l'anacardier, qui contient une graine oléagineuse et comestible, aussi appelé *noix de cajou.*

anacardier n.m. Arbre de l'Amérique tropicale dont une espèce, appelée *acajou à pommes,* est cultivée pour ses fruits.

anachorète [anakɔrɛt] n.m. (du gr. *anakhôrein*, s'éloigner). **1.** Moine vivant dans la solitude (**SYN.** ermite ; **CONTR.** cénobite). **2.** *Litt.* Personne qui mène une vie retirée (**SYN.** ermite, solitaire).

anachronique [anakrɔnik] adj. **1.** Qui contient des anachronismes ; qui confond les époques : *Un poteau télégraphique est anachronique dans un décor de Moyen Âge.* **2.** Qui appartient à une autre époque ; vieilli, démodé : *Des idées complètement anachroniques* (**SYN.** désuet, périmé).

anachronisme [anakrɔnism] n.m. (du gr. *khronos*, temps). **1.** Erreur qui consiste à ne pas remettre un événement à sa date ou dans son époque ; confusion entre des époques différentes : *Dans le tournage d'un film, la scripte veille à éviter les anachronismes.* **2.** Caractère de ce qui est anachronique, démodé ; comportement qui appartient à une époque révolue : *À l'époque du traitement de texte, la machine à écrire est un anachronisme.*

anacoluthe n.f. (gr. *anakolouthos*, sans suite). Rupture dans la construction syntaxique d'une phrase : *La phrase « Une fois sortis du cinéma, il se mit à pleuvoir » renferme une anacoluthe, car le participe passé « sortis » renvoie à des personnes qui ne sont pas le sujet de la phrase.*

anaconda n.m. Grand serpent de l'Amérique du Sud se nourrissant d'oiseaux et de mammifères.

anaérobie adj. et n.m. (de *aérobie*). Qui peut se développer en l'absence d'air et d'oxygène, en parlant d'un micro-organisme, d'un tissu (par opp. à aérobie) : *Un anaérobie bactérien.*

anaglyphe n.m. (du gr. *anagluphos*, ciselé). Photographie stéréoscopique en deux couleurs complémentaires, donnant l'illusion du relief.

anaglyptique adj. et n.f. Se dit d'une écriture, d'une impression en relief à l'usage des aveugles.

anagramme n.f. Mot formé des lettres d'un autre mot disposées dans un ordre différent : *« Signe » est une anagramme de « singe ».*

anal, e, aux adj. De l'anus ; relatif à l'anus.

analgésie n.f. (gr. *analgêsia*, insensibilité à la douleur). Disparition de la sensibilité à la douleur, spontanée ou thérapeutique : *L'anesthésie provoque une analgésie.*

analgésique adj. et n.m. Se dit d'une substance, d'un médicament qui fait disparaître la douleur : *L'aspirine, le paracétamol sont des analgésiques* (**SYN.** antalgique, sédatif).

anallergique adj. Qui ne provoque pas de réaction allergique : *Produits de beauté anallergiques.*

analogie n.f. Rapport de ressemblance que présentent deux ou plusieurs choses, deux ou plusieurs personnes : *Les policiers ont remarqué une certaine analogie entre ces crimes* (**SYN.** ressemblance, similitude ; **CONTR.** différence). *On constate une certaine analogie de goûts entre les deux sœurs* (**SYN.** conformité ; **CONTR.** divergence, opposition). ▸ ***Par analogie,*** d'après les rapports de ressemblance constatés entre deux choses : *Les montants d'une table s'appellent des pieds par analogie avec le pied de l'homme.*

analogique adj. **1.** Fondé sur l'analogie : *Dictionnaire analogique* (= qui regroupe les mots en fonction des relations sémantiques qui existent entre eux). **2.** Qui représente, traite ou transmet des données sous la forme de variations continues d'une grandeur physique (par opp. à numérique) : *Un potentiomètre à affichage analogique.*

analogue adj. Qui offre une ressemblance, une analogie avec autre chose : *Elle a un point de vue analogue au vôtre* (**SYN.** comparable, semblable ; **CONTR.** différent, divergent, opposé). *Remplacez les mots soulignés par d'autres de sens analogue* (**SYN.** proche, voisin ; **CONTR.** contraire). ◆ n.m. Ce qui se rapproche de, ressemble à : *Son oratorio n'a pas d'analogue dans la musique contemporaine* (**SYN.** équivalent).

analphabète adj. et n. (gr. *analphabêtos*, qui ne sait ni A ni B). Qui n'a jamais appris à lire ni à écrire.

analphabétisme n.m. État d'une personne, d'une population analphabète : *Taux d'analphabétisme.*

analysable adj. Que l'on peut analyser.

analysant, e n. Personne qui est en cure psychanalytique.

analyse n.f. (gr. *analusis*, décomposition). **1.** Action de décomposer une substance pour en isoler les éléments constituants et les étudier : *Analyse de l'air, du sang.* **2.** Étude faite en vue de déterminer les différentes parties d'un tout, pour l'expliquer, le comprendre : *Analyse d'une œuvre littéraire* (**SYN.** examen). **3.** Méthode de raisonnement qui va du tout vers ses éléments, de ce qui est complexe vers ce qui est simple (par opp. à synthèse). **4.** Cure psychanalytique : *Il est en analyse depuis cinq ans* (**SYN.** psychanalyse). **5.** Partie des mathématiques qui étudie les fonctions, les dérivées et les primitives. **6.** En informatique, ensemble des études, des opérations que l'on fait pour aboutir à la mise au point d'un programme. ▸ ***Analyse grammaticale,*** étude de la nature et de la fonction des mots dans une proposition. ***Analyse logique,*** étude de la nature et de la fonction des propositions dans une phrase. ***En dernière analyse,*** après avoir tout bien examiné ; en définitive : *En dernière analyse, nous pouvons affirmer que cette solution était la meilleure.*

analysé, e n. Personne qui a entrepris une cure psychanalytique.

analyser v.t. [conj. 3]. **1.** Soumettre à une analyse ; étudier par l'analyse : *Analyser l'urine d'un malade. Il faut analyser les résultats de l'élection* (**SYN.** disséquer, examiner). **2.** Psychanalyser.

analyseur n.m. Appareil permettant de faire une analyse : *Analyseur de son.*

analyste n. **1.** Spécialiste de l'analyse mathématique, informatique, financière, etc. **2.** Psychanalyste.

analyste-programmeur, euse n. (pl. *analystes-programmeurs, euses*). Informaticien qui est chargé des travaux d'analyse et de la création du programme correspondant.

analytique adj. **1.** Qui procède par analyse, qui envisage les choses dans leurs éléments constitutifs et non dans leur ensemble : *Un esprit analytique* (**CONTR.** synthétique). **2.** Qui comporte ou constitue une analyse : *Un compte rendu analytique* (= un sommaire, un résumé). **3.** Psychanalytique.

anamorphose n.f. (du gr. *anamorphoûn*, transformer). **1.** Image déformée d'un objet donnée par certains systèmes optiques, comme les miroirs courbes. **2.** Représentation artistique volontairement déformée d'un objet, dont l'apparence réelle ne peut être distinguée qu'en regardant l'image sous un angle particulier ou dans un miroir courbe.

ananas [anana ou ananas] n.m. (mot tupi-guarani). Plante originaire de l'Amérique tropicale, cultivée pour son gros fruit à pulpe sucrée et savoureuse ; ce fruit.

anapeste n.m. (gr. *anapaistos*, frappé à rebours). Pied d'un vers grec ou latin composé de deux syllabes brèves et d'une syllabe longue.

anaphore n.f. (gr. *anaphora*, action d'élever). Effet de style qui consiste à reprendre un mot ou un groupe de mots au début de phrases successives, et qui produit une impression de renforcement, de symétrie : *Il y a une anaphore dans ces vers du « Cid » de Corneille : « Mon bras qu'avec respect toute l'Espagne admire / Mon bras qui tant de fois a sauvé cet empire. »*

anaphorique adj. et n.m. En linguistique, se dit d'un terme qui renvoie à un mot apparu dans une phrase précédente : *Les pronoms sont des mots anaphoriques.*

anaphylactique adj. Propre à l'anaphylaxie : *État, choc anaphylactique.*

anaphylaxie n.f. (du gr. *ana*, contraire, et *phulaxis*, protection). Forme d'allergie aiguë dont les symptômes apparaissent immédiatement après le contact avec l'antigène.

anar n. et adj. *Fam.* Abréviation de anarchiste.

anarchie n.f. (gr. *anarkhia*, absence de chef). **1.** État de désordre dans un pays, dû à l'absence d'autorité politique, à la carence des lois : *Après la guerre, le pays fut en proie à l'anarchie.* **2.** État de confusion, de désorganisation dû à l'absence de règles : *Il réorganisa le service, où régnait l'anarchie la plus totale* (**SYN.** chaos, désordre). **3.** Anarchisme.

anarchique adj. **1.** Qui tient de l'anarchie ; désorganisé : *Situation anarchique.* **2.** Qui n'obéit à aucune règle : *La prolifération anarchique d'une algue* (**SYN.** déséquilibré).

anarchiquement adv. De façon anarchique ; n'importe comment : *Certains secteurs de l'Internet se sont développés anarchiquement.*

anarchisant, e adj. et n. Qui tend vers l'anarchisme ; qui a des sympathies pour l'anarchisme.

anarchisme n.m. Doctrine politique qui préconise la suppression de l'État et de toute contrainte sociale sur l'individu (**SYN.** anarchie).

anarchiste n. et adj. Partisan de l'anarchisme ; qui en relève (abrév. fam. anar).

anastomose n.f. (gr. *anastomôsis*, embouchure). Communication naturelle ou chirurgicale entre deux vaisseaux, deux nerfs ou deux fibres musculaires.

anastomoser v.t. [conj. 3]. Réunir deux organes par anastomose chirurgicale.

anastrophe n.f. Renversement de l'ordre habituel des mots dans une phrase ; inversion.

anathème n.m. (gr. *anathêma*, malédiction). **1.** Dans la religion catholique, excommunication majeure prononcée contre un hérétique. **2.** Condamnation publique ; blâme solennel : *Jeter l'anathème sur la corruption et les corrompus.* ◆ n. Personne frappée d'anathème.

anatomie n.f. (du gr. *anatomê*, dissection). **1.** Science qui étudie la forme, la disposition et la structure des organes de l'homme, des animaux et des plantes : *Anatomie humaine, animale, végétale. Anatomie du cerveau, du poumon.* **2.** Structure d'un être organisé : *Étudier l'anatomie d'une mouche.* **3.** *Fam.* Forme extérieure, aspect du corps humain ; corps nu : *Une belle anatomie* (**SYN.** 2. plastique).

anatomique adj. **1.** Qui a rapport à l'anatomie : *Étude anatomique de l'escargot. Les planches anatomiques d'un livre de médecine.* **2.** Qui est spécialement adapté à l'anatomie du corps humain : *Un siège, une poignée anatomique.*

anatomiste n. Spécialiste d'anatomie.

anatomopathologie n.f. Partie de la médecine qui étudie les modifications de forme ou de structure provoquées par la maladie au sein des organes et des tissus.

anatomopathologiste n. Médecin spécialiste d'anatomopathologie.

anatoxine n.f. Toxine microbienne ayant perdu son pouvoir toxique, et qui a des propriétés immunisantes : *Les anatoxines sont utilisées comme vaccins.*

ancestral, e, aux adj. **1.** Qui vient des ancêtres ; qui appartient aux ancêtres : *Le patrimoine ancestral.* **2.** Qui remonte à un passé très lointain : *Le vin est une boisson ancestrale* (**SYN.** ancien, séculaire ; **CONTR.** récent).

ancêtre n. (lat. *antecessor*, prédécesseur). **1.** Personne de qui qqn descend ; ascendant plus éloigné que le grand-père : *Nous nous sommes découvert un ancêtre commun* (**SYN.** aïeul). *L'ancêtre commun à l'homme et au chimpanzé.* **2.** Initiateur lointain d'une idée, d'une doctrine : *On peut dire que Buffon est l'ancêtre des évolutionnistes.* **3.** Première forme d'une chose qui a subi ensuite de profondes transformations : *Le cédrat est l'ancêtre du citron.* ◆ **ancêtres** n.m. pl. **1.** Ensemble de ceux dont on descend : *Mes ancêtres étaient établis en Picardie* (**SYN.** aïeux). **2.** Ceux qui ont vécu dans les siècles passés : *Nos ancêtres les Gaulois.*

anche n.f. (frq. *ankja*, canal de l'os). Languette dont les vibrations produisent les sons dans certains instruments à vent : *Les clarinettes, hautbois et saxophones sont des instruments à anche.* ☞ **REM.** Ne pas confondre avec *la hanche.*

anchois n.m. Petit poisson, commun en Méditerranée, qui est le plus souvent conservé dans la saumure ou dans l'huile.

ancien, enne adj. (du lat. *ante*, avant). **1.** Qui existe depuis longtemps ; qui date de longtemps : *Le chœur est la partie la plus ancienne de cette église* (**SYN.** vieux ; **CONTR.** nouveau, récent). *Une amitié très ancienne.* **2.** Qui a existé autrefois ; qui appartient à une époque révolue : *Des civilisations anciennes* (**SYN.** antique ; **CONTR.** contemporain, moderne). *Dans l'ancien temps* (= autrefois, jadis). **3.** Se dit d'une personne qui a exercé autrefois telle fonction, qui est entrée en fonction depuis plus longtemps qu'une autre, qui avait un statut qu'elle n'a plus : *Une ancienne eurodéputée* (= une ex-eurodéputée). *Allez le voir, il est ancien dans la maison* (**CONTR.** nouveau). *Mon ancienne directrice. Un ancien élève.* **4.** Se dit d'une chose qui avait autrefois tel usage : *La salle de concert a été construite dans une ancienne grange.* ◆ n. **1.** Personne qui en a précédé d'autres dans une fonction : *Demander conseil à une ancienne du service.* **2.** Personne qui appartient à une génération précédente : *Les anciens n'avaient jamais vu d'inondation de cette ampleur* (**SYN.** aïeul, aîné). ◆ **ancien** n.m. **1.** Ce qui est ancien, en parlant d'objets, de meubles, d'immeubles : *Se meubler en ancien* (**CONTR.** contemporain, moderne). *Acheter un appartement dans de l'ancien* (**CONTR.** neuf). **2.** (Avec une majuscule). Personnage ou écrivain de l'Antiquité gréco-romaine : *La vie des Anciens.* **3.** En Afrique, homme à qui son âge confère le rang d'un notable, dans un village.

anciennement adv. Dans une époque reculée ou révolue ; jadis : *Les pays anciennement colonisés* (**SYN.** autrefois ; **CONTR.** dernièrement, récemment).

ancienneté n.f. **1.** Caractère de ce qui est ancien : *L'ancienneté d'une fresque.* **2.** Temps passé dans une fonction, un emploi, à partir du jour de la nomination : *Quand on change d'entreprise, on perd son ancienneté.*

ancillaire [ɑ̃silɛr] adj. (du lat. *ancillaris*, de *ancilla*, servante). *Litt.* Relatif aux servantes, au métier de servante : *Des amours ancillaires* (= avec une, des servantes).

ancolie n.f. Plante vivace dont les fleurs de couleurs variées ont cinq pétales en forme d'éperon recourbé.

ancrage n.m. **1.** Action de jeter l'ancre ; endroit convenable pour le faire : *Le bateau est resté à l'ancrage* (**SYN.** mouillage). **2.** Action, manière d'attacher solidement qqch, en partic. un élément de construction, à un point fixe ; dispositif assurant une telle fixation : *L'ancrage des câbles d'un pont suspendu* (**SYN.** fixation). **3.** Fait d'être solidement implanté : *L'ancrage de l'idée de justice dans l'esprit de nos contemporains* (**SYN.** enracinement). ☞ **REM.** Ne pas confondre avec *encrage.* ▸ ***Point d'ancrage,*** point de fixation d'une ceinture de sécurité dans une voiture ; fig., point, élément fondamental autour duquel s'organise un ensemble : *Le point d'ancrage d'une réforme.*

ancre n.f. **1.** Lourde pièce d'acier munie d'au moins deux traverses recourbées et reliée par une chaîne à un navire qu'elle sert à immobiliser en s'accrochant au fond de l'eau : *Les diverses ancres de marine. Le navire est à l'ancre.* **2.** Pièce qui régularise le mouvement du balancier, dans une horloge. ☞ **REM.** Ne pas confondre avec *encre.* ▸ ***Jeter l'ancre,*** la faire descendre pour immobiliser un navire. ***Lever l'ancre,*** la faire remonter pour que le bateau puisse repartir ; fig., fam., partir, s'en aller : *Il se fait tard, il est temps de lever l'ancre.*

ancrer v.t. [conj. 3]. **1.** Immobiliser au moyen d'une ancre ; jeter l'ancre : *Ancrer un navire à l'entrée d'une baie* (**SYN.** mouiller). **2.** Attacher solidement à un point fixe : *Un pont ancré dans la roche* (**SYN.** arrimer, fixer). **3.** Fixer profondément, solidement : *Ancrer la tolérance dans les esprits* (**SYN.** enraciner, inculquer). ☞ **REM.** Ne pas confondre avec *encrer.* ◆ **s'ancrer** v.pr. **1.** En parlant d'un navire, jeter l'ancre : *Le yacht s'est ancré au port de plaisance.* **2.** S'établir fermement et durablement : *Comment de telles idées ont-elles pu s'ancrer dans la tête des gens ?* (**SYN.** s'enraciner, s'implanter).

andalou, ouse adj. et n. D'Andalousie.

andante [ɑ̃dɑ̃t ou ɑ̃dɑ̃te] adv. (mot it., de *andare*, aller). Terme de musique indiquant qu'il faut jouer selon un tempo modéré. ◆ n.m. Passage d'une œuvre exécuté dans ce tempo : *Des andantes.*

andantino adv. Terme de musique indiquant qu'il faut jouer selon un tempo un peu plus vif qu'andante. ◆ n.m. Passage d'une œuvre exécuté dans ce tempo : *Des andantinos.*

andouille n.f. (du lat. *inducere*, faire entrer dans). **1.** Charcuterie cuite faite principalement de tripes de porc emballées dans un boyau, et qui se mange froide. **2.** *Fam.* Personne sotte et maladroite ; imbécile, idiot.

andouiller n.m. (du lat. *ante,* devant, et *oculus,* œil). Ramification des bois du cerf et des autres cervidés.

andouillette n.f. Charcuterie cuite, emballée dans un boyau, faite principalement d'intestins de porc, parfois de veau, et qui se mange grillée.

androgène adj. et n.m. Se dit d'une substance hormonale qui provoque le développement des caractères sexuels mâles.

androgyne adj. (du gr. *anêr, andros,* homme, et *gunê,* femme). **1.** Se dit d'un être qui tient des deux sexes (**SYN.** hermaphrodite). **2.** Se dit des plantes qui portent à la fois des fleurs mâles et des fleurs femelles : *Le noyer est un arbre androgyne.* ◆ n.m. Être androgyne. ◆ **androgynie** n.f. Caractère d'un androgyne.

androïde n.m. Automate à apparence humaine.

andrologie n.f. Partie de la médecine qui étudie l'homme et l'appareil génital masculin.

andropause n.f. Ensemble des troubles observés chez l'homme à partir d'un certain âge, comprenant notamm. la diminution de l'activité génitale.

androstérone n.f. Hormone sexuelle mâle.

âne n.m. (lat. *asinus*). **1.** Mammifère voisin du cheval, à longues oreilles et au pelage souvent gris : *L'âne est domestiqué comme bête de somme ou de trait.* **2.** Personne ignorante, à l'esprit borné (**SYN.** imbécile).

anéantir v.t. (de *néant*) [conj. 32]. **1.** Détruire entièrement : *L'inondation a anéanti les récoltes* (**SYN.** ruiner). *Cette panne d'ordinateur a anéanti le travail de toute une journée* (**SYN.** annihiler). **2.** Ôter ses forces physiques ou morales à : *Après ce déménagement, je suis anéantie* (**SYN.** épuiser, exténuer). *Ces mauvaises nouvelles l'ont anéanti* (**SYN.** abattre, briser). ◆ **s'anéantir** v.pr. Être réduit à rien : *Nos espoirs se sont anéantis* (**SYN.** s'écrouler, s'effondrer).

anéantissement n.m. **1.** Fait d'être anéanti ; destruction totale : *Les armes nucléaires pourraient conduire à l'anéantissement du genre humain* (**SYN.** disparition, extinction, fin). *Cette révélation fut l'anéantissement de ses illusions* (**SYN.** écroulement, effondrement, ruine). **2.** Profond abattement ; accablement, désespoir.

anecdote n.f. (du gr. *anekdota,* choses inédites). Récit succinct d'un fait piquant, curieux ou peu connu ; historiette : *Il a toujours une ou deux anecdotes à raconter* (**SYN.** histoire). *Nous ne retiendrons cette phrase que pour l'anecdote* (= pour la petite histoire).

anecdotique adj. **1.** Qui est fondé sur des anecdotes : *L'histoire anecdotique* (= les à-côtés des grands événements). **2.** Qui tient de l'anecdote ; qui ne touche pas à l'essentiel : *Détail purement anecdotique* (**SYN.** accessoire, secondaire).

anémie n.f. (gr. *anaimia,* manque de sang). **1.** Diminution du nombre des globules rouges dans le sang provoquant un affaiblissement général de l'organisme. **2.** *Fig.* Affaiblissement en quantité ou en qualité ; dépérissement : *L'anémie d'un secteur industriel* (**SYN.** dépression ; **CONTR.** dynamisme, vigueur).

anémié, e adj. Atteint d'anémie ; affaibli : *Organisme anémié* (**SYN.** fatigué).

anémier v.t. [conj. 9]. Rendre anémique : *Ce régime trop sévère l'a anémiée.*

anémique adj. et n. Relatif à l'anémie ; atteint d'anémie : *Un teint anémique* (**SYN.** pâle). *Une plante anémique* (= qui s'étiole ; **CONTR.** vigoureux). *Une monnaie anémique* (**SYN.** faible ; **CONTR.** ferme, fort, puissant).

anémomètre n.m. (du gr. *anemos,* vent). Instrument qui sert à mesurer la vitesse du vent.

anémone (du gr. *anemos,* vent). Plante herbacée dont plusieurs espèces sont cultivées pour leurs fleurs décoratives. ▸ ***Anémone de mer,*** nom usuel de l'actinie.

ânerie n.f. Parole ou acte stupide : *Dire des âneries* (**SYN.** bêtise, fadaise, ineptie). *C'était une belle ânerie de refuser !* (**SYN.** idiotie, maladresse, sottise).

ânesse n.f. Femelle de l'âne.

anesthésiant, e adj. Qui anesthésie, rend insensible : *Une substance anesthésiante.* ◆ n.m. Produit qui anesthésie : *Le froid est un anesthésiant* (**SYN.** anesthésique).

anesthésie n.f. (gr. *anaisthêsia,* insensibilité). **1.** Perte locale ou générale de la sensibilité, entraînée par une maladie ou produite par un agent anesthésique : *L'intervention a été pratiquée sous anesthésie générale. Une anesthésie locale.* **2.** État d'indifférence, de désintérêt ; incapacité de réagir : *L'anesthésie d'un parti politique après son échec aux élections.*

anesthésier v.t. [conj. 9]. **1.** Pratiquer une anesthésie sur : *Anesthésier un patient avant de l'opérer* (**SYN.** endormir). *Anesthésier la gencive de qqn* (**SYN.** insensibiliser). **2.** Rendre insensible, faire perdre toute capacité de réaction à : *Toutes ces flatteries anesthésient votre sens critique* (**SYN.** endormir ; **CONTR.** stimuler).

anesthésiologie n.f. Partie de la médecine qui étudie l'anesthésie et les techniques qui s'y rattachent, notamm. la réanimation.

anesthésique adj. Qui se rapporte à l'anesthésie : *Choc anesthésique.* ◆ adj. et n.m. Se dit d'un procédé, d'un agent, d'une substance qui produit l'anesthésie : *On lui a fait respirer un anesthésique* (**SYN.** anesthésiant).

anesthésiste n. Médecin ou infirmier qui pratique l'anesthésie.

anesthésiste-réanimateur, trice n. (pl. *anesthésistes-réanimateurs, trices*). Médecin qui pratique l'anesthésie et la réanimation.

aneth [anɛt] n.m. (lat. *anethum,* du gr.). Plante aromatique à feuilles vert foncé, appelée couramment *faux anis* ou *fenouil bâtard.*

anévrysme ou **anévrisme** n.m. (gr. *aneurusma,* dilatation). Poche qui se forme sur le trajet d'une artère, du fait de la dilatation des parois : *Une rupture d'anévrysme provoque une hémorragie.*

anfractuosité n.f. (du lat. *anfractus,* sinuosité). Cavité profonde et irrégulière dans une roche : *Les crabes trouvent refuge dans les anfractuosités des rochers* (**SYN.** trou). *Grimper en s'aidant des anfractuosités de la paroi* (**SYN.** creux, renfoncement ; **CONTR.** bosse, saillie).

ange n.m. (lat. *angelus,* gr. *aggelos,* messager). **1.** Être purement spirituel, intermédiaire entre Dieu et l'homme : *L'ange Gabriel est l'ange de l'Annonciation.* **2.** Personne parfaite ou qui semble posséder au plus haut degré telle ou telle qualité : *Ma sœur est un ange. Un ange de générosité.* **3.** Terme d'affection : *Mon ange, mon petit ange.* ▸ ***Ange gardien,*** selon la religion catholique, ange attaché à la personne de chacun pour le protéger ; fig., personne qui exerce sur une autre une surveillance vigilante. ***Être aux anges,*** être au comble de la joie. ***Un ange passe,*** se dit lorsqu'une conversation est interrompue par un long silence. ***Une patience d'ange,*** une patience exemplaire.

angéiologie n.f. → **angiologie.**

angéiologue n. → **angiologue.**

① **angélique** adj. **1.** Relatif aux anges ; de la nature de l'ange : *La pureté angélique.* **2.** Digne d'un ange ; qui évoque les qualités qu'on attribue traditionnellement aux anges : *Une patience angélique* (**SYN.** céleste, séraphique [litt.] ; **CONTR.** diabolique). *Un sourire angélique* (**SYN.** doux ; **CONTR.** démoniaque, satanique).

② **angélique** n.f. **1.** Plante aromatique cultivée pour ses tiges et ses pétioles que l'on consomme confits. **2.** Tige confite de cette plante.

angéliquement adv. De façon angélique ; comme un ange : *Une personne angéliquement bonne.*

angélisme n.m. **1.** Désir de pureté extrême. **2.** Refus d'admettre la réalité par excès de candeur ; naïveté.

angelot n.m. Petit ange, surtout dans l'imagerie religieuse.

angélus n.m. (lat. *angelus,* ange). **1.** (Avec une majuscule). Dans la religion catholique, prière en latin, commençant par ce mot, récitée ou chantée le matin, à midi et le soir. **2.** Sonnerie de cloche annonçant cette prière.

angine n.f. (lat. *angina,* de *angere,* serrer). Inflammation aiguë du fond de la bouche et du pharynx. ▸ ***Angine de poitrine,*** affection qui se traduit par des douleurs dans la région cardiaque et une sensation d'étouffement et d'angoisse ; angor.

angineux, euse adj. Accompagné d'angine ; relatif à l'angine ou à l'angine de poitrine. ◆ adj. et n. Qui souffre d'angine, qui y est sujet.

angiographie n.f. Radiographie des vaisseaux sanguins après injection d'une substance opaque aux rayons X.

angiologie ou **angéiologie** [ɑ̃ʒejɔlɔʒi] n.f. (du gr. *aggeion,* vaisseau, capsule). Partie de l'anatomie qui étudie les vaisseaux sanguins et les vaisseaux lymphatiques.

angiologue ou **angéiologue** [ɑ̃ʒejɔlɔg] n. Spécialiste d'angiologie.

angiome [ɑ̃ʒjom] n.m. Malformation bénigne des vaisseaux sanguins (appelée aussi *tache de vin*).

angiosperme n.f. (du gr. *aggeion,* capsule, et *sperma,* graine). Végétal dont les graines sont enfermées dans des cavités closes, à l'intérieur d'un fruit, et appelé couramment *plante à fleur.*

anglais, e adj. et n. D'Angleterre : *Un groupe anglais de rock. Les Anglais ont gagné.* ◆ **anglais** n.m. Langue indo-européenne du groupe germanique, parlée principalement en Grande-Bretagne et aux États-Unis : *Apprendre l'anglais.*

anglaise n.f. (de *anglais*). **1.** Écriture penchée à droite. **2.** Boucle de cheveux longue et roulée en spirale. ▸ ***À l'anglaise,*** cuit à la vapeur : *Pommes à l'anglaise.* Fam. ***S'en aller, filer à l'anglaise,*** discrètement et sans prendre congé : *Il a réussi à filer à l'anglaise* (= en douce).

angle n.m. (lat. *angulus*). **1.** Saillie formée par l'intersection de deux lignes ou de deux surfaces : *Son école est située à l'angle de la rue et du boulevard* (**SYN.** coin). *Un guéridon occupait un angle de la pièce* (**SYN.** encoignure). **2.** En géométrie, figure formée par deux demi-droites, ou *côtés,* qui ont la même origine, ou *sommet* : *Un angle aigu, droit, obtus, plat.* ▸ ***Angle mort,*** partie de la route inaccessible à la vue du conducteur dans le rétroviseur. ***Arrondir*** ou ***adoucir les angles,*** concilier des personnes en désaccord ; aplanir les difficultés. ***Sous l'angle de, sous cet angle,*** du point de vue de ; dans une certaine perspective : *Vue sous l'angle du profit, et sous cet angle seulement, l'affaire est intéressante.*

anglican, e adj. et n. Qui a rapport à l'anglicanisme : *Les prêtres anglicans ne sont pas voués au célibat.*

anglicanisme n.m. Église officielle d'Angleterre, reconnaissant pour son chef le souverain du royaume, depuis la rupture d'Henri VIII avec Rome en 1534.

angliciser v.t. [conj. 3]. Donner un air, un caractère anglais à : *Angliciser ses manières, un mot.* ◆ **s'angliciser** v.pr. Prendre un caractère anglais ; en parlant d'une langue, emprunter des mots à l'anglais : *Empêcher le vocabulaire de l'Internet de s'angliciser.*

anglicisme n.m. **1.** Expression, tournure particulière à la langue anglaise : *« Réaliser » dans le sens de « se rendre compte de » est un anglicisme entré dans l'usage.* **2.** Emprunt à l'anglais : *« Interview » et « supporter » sont des anglicismes.*

angliciste n. Spécialiste de la langue ou de la civilisation anglaises.

anglo-américain, e adj. et n. (pl. *anglo-américains, es*). **1.** Commun à l'Angleterre et aux États-Unis d'Amérique. **2.** Relatif aux Américains de souche anglo-saxonne. ◆ **anglo-américain** n.m. Langue anglaise parlée aux États-Unis.

anglo-arabe adj. et n.m. (pl. *anglo-arabes*). Se dit d'une race de chevaux qui provient de croisements entre le pur-sang et l'arabe.

anglomane adj. et n. Qui admire, emprunte exagérément les usages, les termes anglais.

anglomanie n.f. Comportement des anglomanes.

anglo-normand, e adj. et n. (pl. *anglo-normands, es*). **1.** Qui réunit des éléments anglais et normands ; qui a cette double origine : *Race anglo-normande de chevaux. Les îles Anglo-Normandes* (= l'archipel britannique situé au large des côtes normandes). **2.** Qui appartient à la culture française (normande, angevine) établie en Angleterre après la conquête normande (1066). ◆ **anglo-normand** n.m. Dialecte de langue d'oïl parlé des deux côtés de la Manche entre 1066 et la fin du XIVe s.

anglophile adj. et n. Favorable aux Anglais, à ce qui est anglais.

anglophilie n.f. Sympathie pour l'Angleterre, les Anglais, ce qui est anglais.

anglophobe adj. et n. Qui ressent, qui manifeste de l'anglophobie.

anglophobie n.f. Aversion pour l'Angleterre, les Anglais, ce qui est anglais.

anglophone adj. et n. De langue anglaise ; qui parle l'anglais : *L'Afrique anglophone.*

anglo-saxon, onne adj. et n. (pl. *anglo-saxons, onnes*). **1.** Se dit des peuples de civilisation britannique : *La fête d'Halloween fait partie du folklore anglo-saxon.* **2.** Se dit des peuples germaniques (Angles, Jutes, Saxons) qui envahirent l'Angleterre au ve s. ◆ **anglo-saxon** n.m. Langue parlée par les peuples qui envahirent l'Angleterre au ve s.

angoissant, e adj. Qui cause de l'angoisse : *Nous avons reçu des nouvelles angoissantes* (**SYN.** affolant, alarmant, inquiétant ; **CONTR.** apaisant, rassurant).

angoisse n.f. (lat. *angustia*, resserrement, de *angere*, serrer). Inquiétude profonde née d'un sentiment de menace imminente et accompagnée d'un malaise physique (oppression, palpitations, etc.) : *Elle a passé une nuit d'angoisse à son chevet* (**SYN.** souci, tourment). *L'angoisse avant un entretien d'embauche* (**SYN.** appréhension ; **CONTR.** calme, placidité).

angoissé, e adj. et n. Qui éprouve de l'angoisse ; qui est sujet à l'angoisse : *Le médecin essayait de rassurer les parents angoissés* (**SYN.** inquiet ; **CONTR.** calme, serein). *Le yoga est une activité conseillée aux angoissés* (**SYN.** anxieux ; **CONTR.** flegmatique, placide). ◆ adj. Qui révèle, exprime de l'angoisse ; qui s'accompagne d'angoisse : *Elle parlait d'une voix angoissée* (**SYN.** affolé, effrayé, paniqué ; **CONTR.** impassible). *Une attente angoissée* (**SYN.** fébrile, tendu ; **CONTR.** décontracté, serein).

angoisser v.t. [conj. 3]. Causer de l'angoisse à : *L'aventure les angoisse* (**SYN.** inquiéter ; **CONTR.** rassurer). *Ne la laissez pas dans le noir, cela l'angoisse* (**SYN.** effrayer, épouvanter ; **CONTR.** apaiser, calmer). ◆ **s'angoisser** v.pr. Devenir anxieux, se laisser gagner par l'angoisse, l'inquiétude : *Elle s'angoisse au moindre retard de ses enfants* (**SYN.** s'alarmer, paniquer).

angor n.m. Terme utilisé en médecine pour désigner l'*angine de poitrine.*

angora adj. et n. (du nom de la ville d'*Angora*, auj. *Ankara*). Se dit de certains animaux (chat, lapin, chèvre) qui ont des poils longs et soyeux : *Des chèvres angoras. Ces chats sont des angoras.* ◆ adj. et n.m. Se dit d'une fibre textile faite de poil de chèvre ou de lapin angoras : *De la laine angora. Un pull en angora.*

angström [ɑ̃gstrœm] n.m. (de *Ångström*, physicien suédois). Unité de mesure utilisée en microphysique et valant un dix-milliardième de mètre (10^{-10} m).

anguille n.f. (lat. *anguilla*, dimin. de *anguis*, serpent). Poisson osseux à la peau visqueuse, au corps allongé et aux nageoires réduites, qui vit dans les cours d'eau, mais dont la reproduction a lieu dans la mer des Sargasses : *Cuisiner une matelote d'anguille.* ▸ ***Il y a anguille sous roche,*** il y a qqch qui se prépare et que l'on cherche à dissimuler.

angulaire adj. Qui forme un angle ; qui est situé à un angle : *Un pilier angulaire.* ▸ ***Pierre angulaire,*** pierre d'angle censée assurer la solidité d'un bâtiment ; fig., élément essentiel, fondamental de qqch : *Le suffrage universel est la pierre angulaire de la démocratie.*

anguleux, euse adj. Qui présente des angles, des arêtes vives : *Des rochers anguleux.* ▸ ***Visage anguleux,*** dont les traits sont fortement marqués.

anhydre adj. (du gr. *hudôr*, eau). Se dit d'un corps chimique qui ne contient pas d'eau.

anhydride n.m. Corps chimique qui, combiné à l'eau, donne naissance à un acide.

anicroche n.f. (de *croche*, crochet). Petit obstacle, petit ennui qui gêne ou retarde la réalisation de qqch : *La réunion s'est déroulée sans la moindre anicroche* (**SYN.** incident, difficulté). *À la première anicroche, il a démissionné* (**SYN.** accroc).

ânier, ère n. Personne qui conduit des ânes.

aniline n.f. (du port. *anil*, indigo). Produit extrait du benzène, qui sert à fabriquer des colorants synthétiques.

① **animal** n.m. (mot lat., de *anima*, souffle, vie) [pl. *animaux*]. **1.** Être vivant, organisé, doué de mobilité, de sensibilité et se nourrissant de substances organiques (par opp. à minéral, végétal) : *L'homme est un animal doué de raison.* **2.** Être animé, dépourvu du langage (par opp. à homme, humain) : *Les animaux domestiques, sauvages. La zoologie est la science qui étudie les animaux.* **3.** Personne stupide, grossière ou brutale : *Cet animal est encore en retard !* (**SYN.** butor, rustaud).

② **animal, e, aux** adj. (lat. *animalis*, animé). **1.** Propre aux animaux (par opp. à minéral ou végétal) : *Le règne animal.* **2.** Propre à l'animal, aux animaux (par opp. à humain) : *La vie animale.* **3.** Qui évoque un animal, le comportement des animaux : *Avoir une confiance animale en qqn* (**SYN.** instinctif ; **CONTR.** conscient, réfléchi). ▸ ***Chaleur animale,*** chaleur dégagée par le corps de l'homme et de certains animaux, comme les mammifères ou les oiseaux.

animalcule n.m. Animal très petit, visible seulement au microscope.

animalerie n.f. **1.** Magasin spécialisé dans la vente d'animaux de compagnie. **2.** Dans un laboratoire, lieu où sont rassemblés les animaux destinés aux expériences.

animalier, ère adj. Qui se rapporte à la représentation artistique des animaux : *Peintre animalier. Documentaire animalier* (= sur la vie des animaux). ▸ ***Parc animalier,*** parc où les animaux vivent en semi-liberté. ◆ n. **1.** Peintre ou sculpteur qui représente des animaux. **2.** Personne qui soigne les animaux dans un laboratoire, un zoo.

animalité n.f. Ensemble des caractères, des instincts propres à l'animal ; bestialité.

animateur, trice n. **1.** Personne qui mène, anime une réunion, un spectacle, une émission : *L'animateur d'un show télévisé* (**SYN.** présentateur). **2.** Personne chargée d'organiser et d'encadrer des activités dans une collectivité : *Les enfants jouent sous la surveillance de l'animatrice du centre aéré* (**SYN.** moniteur).

animation n.f. **1.** Mouvement, activité qui se manifeste au sein d'un groupe, d'un milieu : *L'animation des rues les jours de marché* (**SYN.** agitation, fièvre). *Mettre de l'animation dans une soirée* (= de l'ambiance ; **SYN.** entrain, gaieté). **2.** Mouvement vif, ardent : *Discuter avec animation* (**SYN.** ardeur, fougue, passion ; **CONTR.** calme, détachement, flegme). **3.** Ensemble des méthodes et des moyens mis en œuvre pour faire participer les membres d'une collectivité à la vie du groupe : *Le service d'animation socioculturelle d'une cité.* **4.** Technique cinématographique consistant à filmer image par image des dessins, des marionnettes, etc., que leur projection à 24 images par seconde fera paraître animés : *Des films d'animation.*

animé, e adj. Plein d'animation : *Une bourgade animée* (**SYN.** vivant ; **CONTR.** mort). *Une discussion animée* (**SYN.** agité, houleux, vif ; **CONTR.** froid, morne). ▸ ***Dessin animé*** → **dessin.** ***Être animé,*** être vivant.

animer v.t. (lat. *animare*, de *anima*, souffle, vie) [conj. 3]. **1.** Donner du mouvement, de la vie à : *Le festival anime cette région très calme le reste de l'année* (**SYN.** réveiller ; **CONTR.** engourdir). **2.** Donner de l'entrain, du dynamisme, de la vivacité à : *Heureusement qu'il est là pour animer la conversation* (= la rendre plus vivante, plus intéressante ; **SYN.** stimuler). *Cette controverse anime tous les esprits* (**SYN.** exciter, enflammer). **3.** Pousser à agir : *Il est animé par le désir de bien faire* (**SYN.** aiguillonner, guider ; **CONTR.** paralyser). **4.** Être l'animateur de : *Animer un groupe de travail, un débat* (**SYN.** conduire, diriger, mener). *Animer un spectacle, une émission* (**SYN.** présenter). ◆ **s'animer** v.pr. Devenir vivant, plein d'animation : *Les rues s'animent à la sortie des bureaux* (**SYN.** s'éveiller).

animisme n.m. Religion, croyance qui attribue une âme aux animaux, aux phénomènes et aux objets naturels.

animiste adj. et n. Qui relève de l'animisme ; qui en est adepte.

animosité n.f. (du lat. *animosus*, courageux). Antipathie qui se manifeste souvent par l'emportement, le désir de nuire : *Avoir de l'animosité contre qqn* (**SYN.** hostilité, malveillance ; **CONTR.** bienveillance, sympathie). *Elle a ignoré l'animosité de ses adversaires* (**SYN.** agressivité, violence, virulence ; **CONTR.** cordialité).

anion n.m. (de *an[ode]* et *ion*). Ion de charge électrique négative (par opp. à cation) : *Dans l'électrolyse, l'anion se dirige vers l'anode.*

anis [ani ou anis] n.m. (lat. *anisum*, du gr.). Nom commun à la badiane *(anis étoilé)* et à plusieurs plantes aromatiques *(pimprenelle, cumin, fenouil)* : *Une infusion d'anis.* ▸ ***Faux anis,*** aneth.

aniser v.t. [conj. 3]. Aromatiser avec de l'anis.

anisette n.f. Liqueur fabriquée avec des graines d'anis, de l'alcool, de l'eau et du sucre.

ankylose n.f. (gr. *ankulôsis*, courbure). Diminution complète ou partielle de la mobilité d'une articulation : *L'ankylose de votre genou est due à une mauvaise position.*

ankylosé, e adj. Atteint d'ankylose : *J'ai les jambes tout ankylosées d'être resté accroupi trop longtemps* (**SYN.** engourdi, raide).

ankyloser v.t. [conj. 3]. Causer une ankylose : *L'immobilité prolongée ankylose les membres.* ◆ **s'ankyloser** v.pr. **1.** Être atteint d'ankylose : *Elle sentait ses membres s'ankyloser* (**SYN.** s'engourdir, se raidir). **2.** Perdre son dynamisme, s'engourdir : *Région qui s'ankylose à cause de la crise économique* (**SYN.** se scléroser).

annal, e, aux adj. (lat. *annalis*, de *annus*, année). Dans la langue juridique, se dit de ce qui dure un an : *Un bail annal.*

annales n.f. pl. **1.** Ouvrage qui rapporte les événements année par année ; chronique. **2.** *Litt.* Recueil d'événements concernant un domaine particulier : *Le succès de ces figurines restera dans les annales du marketing.*

annaliste n. Auteur d'annales.

anneau n.m. (lat. *annellus*). **1.** Cercle de matière dure, auquel on peut attacher ou suspendre qqch : *Les anneaux du rideau sont passés sur une tringle.* **2.** Cercle, souvent de métal précieux, que l'on porte au doigt ; bague : *Elle portait pour tout bijou un anneau d'or à la main droite. L'anneau nuptial, de mariage* (= l'alliance). **3.** Ce qui a ou évoque la forme d'un cercle, d'une boucle : *Le serpent enserre sa proie dans ses anneaux. Les anneaux de Saturne* (= les cercles lumineux qui entourent cette planète). ◆ **anneaux** n.m. pl. Agrès mobile de gymnastique, composé essentiellement de deux cercles métalliques fixés aux extrémités de cordes accrochées à un portique.

année n.f. (de *an*). **1.** Période de douze mois, correspondant conventionnellement à la durée de la révolution de la Terre autour du Soleil (**SYN.** an). **2.** Période de douze mois, considérée dans sa durée : *Nous avons eu trois années de sécheresse. Entrer dans sa vingtième année.* **3.** Période de douze mois commençant le 1er janvier et se terminant le 31 décembre : *En quelle année êtes-vous né ? L'année dernière, l'année prochaine* (**SYN.** an). **4.** Temps que met une planète à faire sa révolution autour du Soleil : *Année martienne.* ▸ ***Année civile*** ou ***calendaire,*** du 1er janvier au 31 décembre. ***Année de lumière,*** terme utilisé en astronomie pour *année-lumière.* ***Année scolaire,*** de la rentrée des classes aux vacances d'été, de septembre à juin. ***Les Années folles,*** la période de l'entre-deux-guerres qui précède la grande crise (de 1919 à 1929 env.). ***Les années 20, 30,*** etc., la décennie partant de 1920, 1930, etc. ***Souhaiter la bonne année,*** adresser ses vœux à l'occasion du 1er janvier.

année-lumière n.f. (pl. *années-lumière*). **1.** Unité de longueur équivalant à la distance parcourue en un an par la lumière dans le vide. **2.** *Fig.* Abîme incommensurable entre des personnes, des choses : *Entre un projet et sa réalisation, il y a des années-lumière.*

annelé, e adj. **1.** En botanique, en zoologie, qui présente une succession d'anneaux : *Un ver annelé. Une tige annelée.* **2.** Décoré, orné d'anneaux : *Colonne annelée.*

annélide n.f. Ver annelé, aquatique ou terrestre, au corps constitué d'une succession de segments sans pattes, tel que le lombric, la sangsue et la néréide.

annexe adj. (lat. *annexus*, attaché à). Qui se rattache, qui est lié à une chose principale : *Les pièces annexes d'un dossier* (**CONTR.** principal). *Ceci n'est pas une tâche annexe* (**SYN.** accessoire, secondaire). *La mairie annexe ouvrira l'été prochain.* ◆ n.f. **1.** Ce qui se rattache à une chose principale, qui la complète : *Vous trouverez des plans et des tableaux en annexe de l'ouvrage.* **2.** Bâtiment, service annexe : *Ils ont cours dans l'annexe du lycée.* **3.** (Souvent au pl.). Pièce, document annexe : *Se référer aux annexes du rapport.*

annexer v.t. [conj. 4]. **1.** Faire entrer dans un groupe, un ensemble ; joindre à qqch de principal : *Annexer de nouveaux témoignages à un dossier* (**SYN.** réunir). **2.** Faire passer tout ou partie d'un territoire sous la souveraineté d'un autre État : *Nice fut annexée à la France au XIXe siècle* (**SYN.** incorporer, rattacher). ◆ **s'annexer** v.pr. S'attribuer de façon exclusive : *Elle* *s'est annexé deux pièces de la maison* (**SYN.** accaparer).

annexion n.f. Action d'annexer un territoire ; le territoire ainsi annexé : *L'annexion de la Savoie à la France eut lieu en 1860* (**SYN.** rattachement, réunion). *Défendre ses annexions.*

annexionnisme n.m. Politique visant à l'annexion de nouveaux territoires ou pays.

annexionniste adj. et n. Qui vise à l'annexion d'un pays à un autre ; partisan de l'annexionnisme.

annihilation n.f. *Sout.* Action d'annihiler ; son résultat : *Une drogue qui conduit à l'annihilation de la volonté* (**SYN.** anéantissement, destruction, ruine).

annihiler v.t. (du lat. *nihil*, rien) [conj. 3]. Détruire complètement : *Chercher à annihiler toute revendication* (**SYN.** anéantir, écraser). *Sa mauvaise gestion a annihilé tous les efforts que nous avions faits* (**SYN.** ruiner).

anniversaire adj. (lat. *anniversarius*, qui revient tous les ans). Qui rappelle un événement arrivé à pareil jour une ou plusieurs années auparavant : *Jour, date anniversaire de l'armistice. Messe anniversaire* (**SYN.** commémoratif). ◆ n.m. Retour annuel d'un jour marqué par un événement, en partic. du jour de la naissance ; la fête, la cérémonie qui accompagne ce jour : *Cette année, mon anniversaire tombe un dimanche. Gâteau d'anniversaire. Anniversaire de mariage.*

annonce n.f. **1.** Action d'annoncer, de faire savoir : *L'annonce de son départ nous a surpris* (**SYN.** nouvelle). *Nous attendons l'annonce de sa nomination* (**SYN.** notification, proclamation). **2.** Avis, message donné au public par voie d'affiche, par la presse : *Mettre une annonce chez les commerçants pour donner des leçons particulières* (**SYN.** affichette). *Les dernières pages du journal sont consacrées aux petites annonces* (= offres et demandes de toutes sortes : emploi, logement, services, etc.). **3.** Ce qui laisse prévoir qqch : *On vit dans cet incident l'annonce d'événements graves* (**SYN.** présage, signe). **4.** À certains jeux de cartes, déclaration de chaque joueur sur les cartes qu'il a et sur le contrat qu'il se propose de remplir ; enchère.

annoncer v.t. (lat. *adnuntiare*, de *nuntius*, messager) [conj. 16]. **1.** Faire savoir ; rendre public : *J'ai une bonne, une mauvaise nouvelle à vous annoncer* (**SYN.** apprendre, communiquer). *Il m'annonce son prochain mariage* (**SYN.** avertir de, aviser de). *La météo annonce de la pluie pour demain* (**SYN.** signaler). **2.** Être le signe de : *Ce silence annonce qu'elle n'est pas d'accord* (**SYN.** indiquer). *Cette molécule annonce une nouvelle classe de médicaments* (**SYN.** préluder à [litt.]). **3.** À certains jeux de cartes, faire une annonce. ▸ ***Annoncer qqn,*** faire savoir que cette personne est arrivée et demande à être reçue : *Veuillez m'annoncer au directeur. Qui dois-je annoncer ?* ◆ **s'annoncer** v.pr. Commencer de telle ou telle façon : *La saison touristique s'annonce bien, mal* (**SYN.** se présenter).

annonceur, euse n. Personne qui présente les programmes à la radio, à la télévision (**SYN.** présentateur, speaker, speakerine). ◆ **annonceur** n.m. Personne, société qui fait passer une annonce publicitaire dans un média.

annonciateur, trice adj. Qui annonce ; qui présage : *Les signes annonciateurs de la reprise économique* (**SYN.** avant-coureur, précurseur).

Annonciation n.f. **1.** Dans la religion chrétienne, message de l'ange Gabriel à la Vierge Marie lui annonçant qu'elle serait mère de Jésus-Christ ; fête commémorant cet événement. **2.** Représentation artistique de cette scène : *Des Annonciations du* XVIe *siècle.*

annoncier, ère n. Personne chargée de la composition et de la mise en pages des annonces et des petites annonces d'un journal.

annotateur, trice n. Personne qui fait des annotations : *Les annotateurs des textes anciens.*

annotation n.f. Action d'annoter un ouvrage, un devoir d'élève ; le commentaire ainsi porté : *Les annotations se sont effacées avec le temps* (**SYN.** glose, note, remarque).

annoter v.t. [conj. 3]. Faire par écrit des remarques, des commentaires sur un texte, un ouvrage : *J'ai annoté en marge le rapport que vous m'avez remis. Une édition annotée par l'auteur.*

annuaire n.m. (du lat. *annuus*, annuel). Ouvrage publié chaque année, donnant la liste des membres d'une profession, des abonnés à un service, ou divers renseignements pratiques : *Annuaire du téléphone. L'annuaire des marées* (= qui donne les heures et les hauteurs des marées à certains points du littoral).

annualisation n.f. Action d'annualiser ; son résultat : *L'annualisation des salaires.*

annualiser v.t. [conj. 3]. **1.** Donner une périodicité annuelle à qqch : *Annualiser un festival de cinéma.* **2.** Établir qqch en prenant l'année pour base : *Annualiser le temps de travail.*

annualité n.f. Caractère de ce qui est annuel : *L'annualité de l'impôt.*

annuel, elle adj. **1.** Qui dure un an : *La présidence du comité est annuelle.* **2.** Qui revient chaque année : *La fête annuelle de l'école.* ▸ ***Plante annuelle,*** plante qui fleurit, fructifie et meurt l'année même où elle germe (par opp. à plante vivace).

annuellement adv. Par an ; chaque année : *La liste des promus est établie annuellement par la présidente.*

annuité n.f. **1.** Somme que l'on verse chaque année pour rembourser une dette : *Ils remboursent leur emprunt par annuités.* **2.** Équivalence d'une année de service pour le calcul des droits à une pension, à la retraite, etc.

annulable adj. Qui peut être annulé : *Passé ce délai, le contrat n'est plus annulable* (**SYN.** résiliable).

① **annulaire** adj. (du lat. *annulus*, anneau). Qui a la forme d'un anneau : *Un atoll est une île annulaire.* ▸ ***Éclipse annulaire de Soleil,*** éclipse durant laquelle le Soleil apparaît comme un anneau lumineux entourant le disque de la Lune.

② **annulaire** n.m. (du lat. *an(n)ularis [digitus]*, [doigt] qui porte l'anneau). Le quatrième doigt de la main, en partant du pouce, qui porte ordinairement l'anneau de mariage, l'alliance.

annulation n.f. Action d'annuler ; son résultat : *L'annulation d'un contrat, d'une commande* (**SYN.** résiliation ; **CONTR.** confirmation, ratification). *Obtenir l'annulation d'un mariage* (**SYN.** dissolution). *L'annulation d'une élection* (**SYN.** invalidation ; **CONTR.** validation).

annuler v.t. [conj. 3]. Rendre, déclarer nul, sans effet :

Annuler une élection (**SYN.** invalider ; **CONTR.** ratifier, valider). *Le docteur a dû annuler tous ses rendez-vous* (**SYN.** décommander, supprimer ; **CONTR.** confirmer). ◆ **s'annuler** v.pr. Produire un résultat nul en s'opposant : *Deux forces contraires et égales s'annulent* (**SYN.** se neutraliser).

anoblir v.t. [conj. 32]. Accorder, conférer un titre de noblesse à : *La reine d'Angleterre a anobli le Premier ministre.* ☞ **REM.** Ne pas confondre avec *ennoblir.*

anoblissement n.m. Action d'anoblir ; fait d'accéder à la noblesse.

anode n.f. (gr. *anodos,* route vers le haut). Électrode positive reliée à la borne positive du générateur qui alimente un électrolyseur, un tube électrique (par opp. à cathode).

anodin, e adj. (gr. *anôdunos,* sans douleur). **1.** Se dit de qqch qui ne présente aucun danger ou qui n'a pas d'importance : *Une blessure anodine* (**SYN.** bénin, léger ; **CONTR.** grave). *Tenir des propos anodins* (= sans méchanceté ; **SYN.** insignifiant ; **CONTR.** important). **2.** Se dit de qqn qui a peu de personnalité, qui est sans originalité : *C'est un personnage bien anodin* (**SYN.** falot, terne ; **CONTR.** brillant, remarquable).

anomal, e, aux adj. (gr. *anômalos,* irrégulier). *Didact.* Qui s'écarte de la norme, de la règle générale : *Une conjugaison anomale* (**CONTR.** régulier). *Réaction anomale à un vaccin* (= qui présente une anomalie).

anomalie n.f. (lat. *anomalia,* irrégularité, du gr.). **1.** Ce qui s'écarte de la norme, d'un modèle habituel : *Les animaux en captivité peuvent présenter des anomalies de comportement* (**SYN.** bizarrerie, singularité). *La conjugaison du verbe « aller » présente quelques anomalies* (**SYN.** irrégularité, particularité). **2.** En biologie, déviation du type normal : *Le daltonisme est une anomalie de la vue.*

ânon n.m. Petit de l'âne.

ânonnement n.m. Action d'ânonner : *Les ânonnements d'un enfant qui apprend à lire.*

ânonner v.t. (de *ânon*) [conj. 3]. Lire, réciter avec peine et en hésitant : *La présentatrice débutante ânonnait son texte.* ◆ v.i. Parler avec peine et sans intonation expressive : *Acteur qui ânonne.*

anonymat n.m. État de qqn dont le nom n'est pas connu, de qqch dont l'auteur n'est pas connu : *Le dénonciateur a préféré garder l'anonymat* (= ne pas se déclarer l'auteur de cet acte ; **SYN.** incognito). *Le gagnant du gros lot a fini par sortir de l'anonymat* (= dévoiler son identité). *Des touristes qu'une prise d'otages a brusquement sortis de l'anonymat* (= elle les a rendus célèbres).

anonyme adj. et n. (gr. *anônumos,* sans nom). **1.** Dont l'auteur est inconnu : *Lettre anonyme. Don de sperme anonyme.* **2.** Dont le nom est inconnu : *Ce documentaire regroupe des témoignages de gens célèbres ou anonymes.* **3.** Sans personnalité ; sans originalité : *Revêtir une tenue anonyme pour passer inaperçu* (**SYN.** banal, quelconque ; **CONTR.** voyant). ▸ ***Société anonyme*** → **société.** ◆ n. Personne anonyme : *Don d'un anonyme.*

anonymement adv. En gardant l'anonymat : *Répondre anonymement à un questionnaire.*

anophèle n.m. (gr. *anôphelês,* nuisible). Moustique dont la femelle peut transmettre le paludisme.

anorak n.m. (mot inuit, de *anoré,* vent). Veste de sport, matelassée, imperméable et chaude, avec ou sans capuche.

anorexie n.f. (du gr. *orexis,* appétit). Perte de l'appétit. ▸ ***Anorexie mentale,*** refus de s'alimenter, surtout chez le nourrisson et l'adolescente, qui traduit un conflit psychique.

anorexigène adj. et n.m. Se dit d'une substance qui provoque une diminution de l'appétit.

anorexique adj. Propre à l'anorexie : *Troubles anorexiques.* ◆ adj. et n. Atteint d'anorexie.

anormal, e, aux adj. (du lat. *norma,* équerre). **1.** Qui s'écarte de la norme, de la moyenne, de la règle générale : *Températures anormales pour la saison* (= trop élevées ou trop basses ; **SYN.** exceptionnel, inhabituel). *Cette rougeur anormale aurait dû vous alarmer* (**SYN.** atypique, insolite ; **CONTR.** normal). **2.** Contraire à l'ordre juste des choses : *Il est anormal que des gens meurent de faim* (**SYN.** injuste, scandaleux ; **CONTR.** légitime). ◆ adj. et n. Se dit d'une personne psychologiquement instable, perturbée (**SYN.** déséquilibré).

anormalement adv. De façon anormale : *Température anormalement basse.*

anosmie n.f. (du gr. *osmê,* odeur). Diminution ou perte de l'odorat.

anoure n.m. (du gr. *oura,* queue). Amphibien dépourvu de queue à l'âge adulte : *La grenouille, le crapaud, la rainette sont des anoures.*

anoxie n.f. (de *ox*[*ygène*]). Diminution importante de la quantité d'oxygène dans les tissus et dans les cellules.

anse n.f. **1.** Partie recourbée en arc, en anneau par laquelle on prend un récipient, un panier : *L'anse de la tasse est cassée. Un sac à deux anses* (**SYN.** poignée). **2.** Petite baie peu profonde sur un littoral : *Nous avons découvert une anse à l'abri de la foule des estivants.*

antagonique adj. Qui est en opposition : *Des forces antagoniques* (**SYN.** contraire, opposé). *Un muscle extenseur et un muscle fléchisseur sont antagoniques* (= ils ont des fonctions opposées).

antagonisme n.m. Opposition entre des personnes, des groupes sociaux, des théories : *Un antagonisme né d'intérêts divergents dressait ces deux puissances l'une contre l'autre* (**SYN.** conflit, lutte, rivalité ; **CONTR.** concorde, entente).

antagoniste n. Personne, groupe en lutte, en opposition avec un(e) autre : *Il eut fort à faire pour défendre son point de vue devant ses antagonistes* (**SYN.** adversaire, opposant ; **CONTR.** allié, ami). ◆ adj. Qui s'oppose : *Des thèses antagonistes* (**SYN.** contraire, inverse, opposé ; **CONTR.** concordant). *Le biceps et le triceps sont des muscles antagonistes* (par opp. à agoniste).

antalgique adj. et n.m. Se dit d'une substance propre à calmer la douleur : *L'aspirine, la cortisone sont des antalgiques* (**SYN.** analgésique, antidouleur).

d'**antan** loc. adj. (du lat. *ante annum,* l'année d'avant). *Litt.* Du temps passé : *Des scènes du Paris d'antan* (= d'autrefois ; **SYN.** ancien ; **CONTR.** actuel, moderne).

antarctique [ɑ̃tartik ou ɑ̃tarktik] adj. (du gr. *anta,* en face, et *arktikos,* arctique). Relatif au pôle Sud et aux régions environnantes : *Une expédition antarc-*

tique (= au pôle Sud). *La faune antarctique* (**SYN.** austral ; **CONTR.** arctique, boréal).

ante n.f. Pilier carré saillant sur la face d'un mur, au coin d'un édifice.

antécédent, e adj. Qui précède, qui vient avant dans le temps : *Les gouvernements antécédents* (**SYN.** antérieur, précédent ; **CONTR.** futur, postérieur). ◆ **antécédent** n.m. **1.** Dans une proposition relative, élément qui précède le pronom relatif et que celui-ci représente : *Dans la proposition « la lettre que tu as écrite », « lettre » est l'antécédent du pronom relatif « que ».* **2.** Fait antérieur auquel on se réfère : *Il n'y a pas d'antécédent dans la jurisprudence* (= de cas semblable ; **SYN.** précédent). ◆ **antécédents** n.m. pl. Actes appartenant au passé de qqn, qui permettent de comprendre, de juger sa conduite actuelle : *Avoir de bons, de mauvais antécédents.*

antéchrist n.m. (lat. *antechristus*, où *ante-* est une déformation de *anti-*, contre). Adversaire du Christ qui, d'après saint Jean, doit venir quelque temps avant la fin du monde pour s'opposer à l'établissement du royaume de Dieu.

antédiluvien, enne adj. (du lat. *diluvium*, déluge). **1.** Qui a précédé le Déluge : *Des fossiles datant de l'époque antédiluvienne.* **2.** *Fig.* Très ancien et démodé : *Elle se sert d'une machine à écrire antédiluvienne* (**SYN.** antique ; **CONTR.** moderne).

anténatal, e, als adj. Qui a lieu avant la naissance, pendant la vie utérine : *Établir un diagnostic anténatal.*

antenne n.f. **1.** Organe mobile et articulé, situé de chaque côté de la tête des insectes et des crustacés : *Les antennes d'un papillon, d'un moustique, d'une langouste.* **2.** Conducteur métallique qui permet d'émettre ou de recevoir des ondes radioélectriques : *Toits d'immeubles hérissés d'antennes de télévision. Une antenne parabolique.* **3.** Connexion qui permet le passage en direct d'une émission de radio, de télévision : *Vous êtes à l'antenne, parlez ! Garder, rendre l'antenne.* **4.** Unité, service dépendant d'un organisme, d'un établissement principal : *Une antenne du commissariat. Antenne médicale* (= unité mobile de secours).

antenniste n. Spécialiste de la pose d'antennes de télévision.

antépénultième adj. et n.f. Se dit de la syllabe d'un mot qui précède l'avant-dernière : *Dans « métropolitain », « po » est l'antépénultième syllabe.*

antéposé, e adj. Se dit d'un élément linguistique placé avant un autre (par opp. à postposé) : *Dans « une brave femme », l'adjectif « brave » est antéposé.*

antérieur, e adj. **1.** Qui s'est déroulé avant dans le temps : *Il est impossible de revenir à la situation antérieure* (**SYN.** ancien, précédent ; **CONTR.** ultérieur). *Ces faits sont bien antérieurs à mon entrée dans l'entreprise* (= ils ont eu lieu avant mon arrivée ; **CONTR.** postérieur). **2.** Qui est situé en avant, à l'avant dans l'espace : *La cabine des hôtesses est située dans la partie antérieure de l'avion* (**SYN.** avant ; **CONTR.** arrière). *Les pattes antérieures d'une mouche* (**CONTR.** postérieur). ▸ ***Futur antérieur,*** temps du verbe qui marque l'antériorité d'une action future par rapport à une autre action future : *Dans la phrase « tu partiras quand tu auras fini », « tu auras fini » est au futur antérieur.* ***Passé antérieur,*** temps du verbe qui marque l'antériorité d'une action passée par rapport à une autre action passée : *Dans la phrase « elle partit quand elle eut fini », « elle eut fini » est au passé antérieur.*

antérieurement adv. À une époque antérieure : *La loi a été votée antérieurement à son élection* (**SYN.** avant ; **CONTR.** après, ultérieurement).

antériorité n.f. Caractère de ce qui est antérieur dans le temps : *L'antériorité du grec sur le latin* (**CONTR.** postériorité).

anthère n.f. (du gr. *anthos*, fleur). Partie supérieure de l'organe mâle des plantes à fleurs, dans laquelle se forment les grains de pollen et qui s'ouvre à maturité pour les laisser échapper.

anthologie n.f. (du gr. *anthos*, fleur). Recueil de morceaux choisis d'œuvres littéraires ou musicales : *Une anthologie des poètes allemands du XIXe siècle.* ▸ ***Morceau d'anthologie,*** action si remarquable qu'elle mérite de passer à la postérité : *Le débat à l'Assemblée a été un morceau d'anthologie.*

anthracite n.m. (gr. *anthrax, anthrakos*, charbon). Charbon de très faible teneur en matières volatiles qui brûle sans fumée, en dégageant beaucoup de chaleur. ◆ adj. inv. Gris foncé : *Des manteaux anthracite.*

anthrax n.m. (mot gr. signif. « charbon »). **1.** Accumulation de plusieurs furoncles en un point du corps avec infection du tissu sous-cutané. **2.** Nom anglais de la maladie du charbon.

anthropique adj. Se dit d'un paysage, d'un sol, etc., dont la formation résulte de l'intervention de l'homme : *Une érosion anthropique.*

anthropocentrique adj. Propre à l'anthropocentrisme.

anthropocentrisme n.m. Système philosophique, attitude qui place l'homme au centre de l'Univers et considère que toute chose se rapporte à lui.

anthropoïde n.m. et adj. Grand singe qui ressemble le plus à l'homme par ses particularités anatomiques comme l'absence de queue et un volume crânien important : *L'orang-outan, le chimpanzé et le gorille sont des anthropoïdes.*

anthropologie n.f. (du gr. *anthrôpos*, homme, et *logos*, science). Science qui étudie l'homme et les groupes humains.

anthropologique adj. Qui relève de l'anthropologie : *L'ethnologie est une science anthropologique.*

anthropologue ou **anthropologiste** n. Spécialiste d'anthropologie.

anthropométrie n.f. Branche de l'anthropologie ayant pour objet tout ce qui, dans l'organisme humain, peut être mesuré (poids des organes, pression artérielle, etc.) ; mensuration des différentes parties du corps humain. ▸ ***Anthropométrie judiciaire,*** méthode permettant d'identifier des individus d'après leurs mensurations, leurs signes distinctifs et leurs empreintes digitales.

anthropométrique adj. Fondé sur l'anthropométrie : *Les fiches anthropométriques de la police judiciaire.*

anthropomorphe adj. Dont la forme rappelle celle

de l'homme : *Objets d'art anthropomorphes* (= qui ont la forme d'une tête ou d'un corps humains).

anthropomorphique adj. Qui relève de l'anthropomorphisme : *La mythologie donne de la création de l'Univers une conception anthropomorphique.*

anthropomorphisme n.m. Tendance à attribuer aux objets naturels, aux animaux et aux dieux des caractères propres à l'homme : *L'anthropomorphisme dans les fables de La Fontaine* (= où les animaux ont des réactions d'humains).

anthroponyme n.m. Nom propre de personne : *Le prénom, le surnom, le nom de famille sont des anthroponymes.*

anthroponymie n.f. Science qui a pour objet l'étude des noms de personnes.

anthropophage adj. et n. Qui pratique l'anthropophagie : *Robinson Crusoé arracha Vendredi aux anthropophages* (**SYN.** cannibale).

anthropophagie n.f. Pour un homme, fait de manger de la chair humaine : *L'anthropophagie correspond à une pratique rituelle* (**SYN.** cannibalisme).

antiacarien, enne adj. et n.m. Se dit d'un produit, d'un traitement contre les acariens.

antiacnéique adj et n.m. Se dit d'un produit pharmaceutique destiné à traiter l'acné.

antiadhésif, ive adj. et n.m. Se dit d'un revêtement qui empêche les adhérences, notamm. sur les récipients destinés à la cuisson.

antiaérien, enne adj. Qui s'oppose à l'action des avions ou des engins aériens ; qui protège de leurs effets : *Abri, missile antiaérien.*

antialcoolique adj. Qui combat ou aide à combattre l'alcoolisme : *Une campagne antialcoolique.*

antiallergique adj. Propre à traiter, à prévenir les allergies : *Crème solaire antiallergique.*

antiatomique adj. Qui protège des effets d'une explosion ou d'un rayonnement nucléaire : *Combinaison, abri antiatomique.*

antibiogramme n.m. Examen de laboratoire permettant de déterminer quels antibiotiques peuvent le mieux combattre une variété donnée de bactérie.

antibiorésistance n.f. Résistance d'une bactérie à l'action d'un antibiotique.

antibiothérapie n.f. Traitement médical utilisant les antibiotiques.

antibiotique n.m. et adj. (du gr. *biôtikos,* qui sert à la vie). Substance, naturelle ou synthétique, qui détruit les micro-organismes ou empêche leur croissance : *Être sous antibiotiques* (= sous traitement antibiotique).

antibrouillard adj. inv. et n.m. Propre à percer le brouillard : *Phares antibrouillard. Une voiture équipée d'antibrouillards.*

antibruit adj. inv. Destiné à protéger du bruit : *Les murs antibruit construits le long du boulevard périphérique.*

anticalcaire adj. et n.m. Se dit d'un dispositif qui empêche les dépôts de calcaire dans un appareil, un circuit, une canalisation : *Un fer à vapeur équipé d'une tige anticalcaire.*

anticancéreux, euse adj. Qui est destiné à lutter contre le cancer : *Il est soigné dans un centre anticancéreux.* ◆ **anticancéreux** n.m. Médicament anticancéreux.

anticapitaliste adj. et n. Se dit de qqn qui est hostile au régime capitaliste.

antichambre n.f. (it. *anticamera,* chambre de devant). **1.** Pièce qui commande une ou plusieurs autres pièces ; hall d'entrée, vestibule. **2.** Pièce qui sert de salle d'attente dans un bureau, un édifice public : *Les antichambres ministérielles.* ▸ ***Faire antichambre,*** attendre, souvent longtemps, pour être reçu par qqn : *J'avais pris rendez-vous mais j'ai quand même fait antichambre pendant une heure.*

antichar adj. Qui s'oppose à l'action des chars, des blindés : *Des canons antichars.*

antichoc adj. Qui permet d'amortir, d'éviter les chocs : *Des casques antichocs.*

anticipation n.f. **1.** Action de faire qqch avant le moment prévu ou fixé : *Une anticipation de paiement. Rembourser une dette par anticipation* (= en avance, avant terme). **2.** Action de prévoir, d'imaginer des situations, des événements futurs : *Ne faisons pas d'anticipation avant les résultats du second tour* (**SYN.** conjecture). ▸ ***D'anticipation,*** se dit d'une œuvre dont l'action se passe dans l'avenir, dans un monde futur : *Roman, film d'anticipation* (= de science-fiction).

anticipé, e adj. Qui se produit avant la date prévue : *Prendre une retraite anticipée* (**SYN.** précoce, prématuré). ▸ ***Avec mes remerciements anticipés,*** formule de politesse employée dans une lettre pour remercier par avance du service demandé.

anticiper v.t. (lat. *anticipare,* devancer) [conj. 3]. **1.** Accomplir, exécuter avant la date prévue ou fixée : *Anticiper un remboursement de six mois.* **2.** Supposer que qqch va arriver et adapter sa conduite à cet événement : *Les places boursières ont anticipé le krach et ont fermé très tôt* (**SYN.** prévoir). ◆ v.i. Considérer des événements comme ayant eu lieu avant même qu'ils ne se produisent : *Elle sera certainement reçue, mais n'anticipons pas.* ◆ v.t. ind. **[sur]. 1.** Agir comme si l'on disposait de qqch alors qu'on ne l'a pas encore : *Il a anticipé sur l'héritage de son oncle* (= il a commencé à le dépenser). **2.** Supposer que qqch va arriver et adapter sa conduite à cette supposition : *Il anticipe sur le résultat des élections et commence à former son cabinet ministériel.*

anticlérical, e, aux adj. et n. Qui est opposé à l'influence ou à l'ingérence du clergé dans les affaires publiques.

anticléricalisme n.m. Attitude, doctrine, politique anticléricale.

anticlinal, e, aux adj. et n.m. (du gr. *antiklinein,* pencher en sens contraire). Se dit de la partie convexe, bombée d'un plissement de terrain (par opp. à synclinal).

anticoagulant, e adj. Se dit de ce qui empêche ou retarde la coagulation du sang : *L'aspirine est anticoagulante.* ◆ **anticoagulant** n.m. Substance anticoagulante : *Un surdosage d'anticoagulants peut entraîner une hémorragie.*

anticolonialisme n.m. Opposition au colonialisme.

anticolonialiste adj. et n. Relatif à l'anticolonialisme ; qui en est partisan : *Un écrivain anticolonialiste.*

anticommunisme n.m. Hostilité à l'égard du communisme.

anticommuniste adj. et n. Qui est hostile au communisme : *Des thèses anticommunistes.*

anticonceptionnel, elle adj. Destiné à empêcher la fécondation et la conception d'un enfant (**SYN.** contraceptif).

anticoncurrentiel, elle adj. Qui va à l'encontre du libre jeu de la concurrence : *Le monopole est une pratique anticoncurrentielle.*

anticonformisme n.m. Attitude d'opposition aux usages établis, aux traditions : *Par anticonformisme, il avait toujours refusé de se marier* (**SYN.** non-conformisme ; **CONTR.** traditionalisme).

anticonformiste adj. et n. Qui fait preuve d'anticonformisme : *Une créatrice de mode anticonformiste* (**SYN.** non-conformiste, original).

anticonjoncturel, elle adj. Destiné à redresser une conjoncture économique défavorable : *L'aide à l'exportation a été considérée comme une mesure anticonjoncturelle efficace.*

anticonstitutionnel, elle adj. Contraire à la Constitution : *Le projet de loi a été déclaré anticonstitutionnel.*

anticonstitutionnellement adv. D'une façon qui n'est pas conforme à la Constitution.

anticorps n.m. Substance défensive engendrée par l'organisme quand une substance étrangère, ou antigène, s'y est introduite, et qui participe au mécanisme de l'immunité : *Les immunoglobulines agissent comme des anticorps.*

anticyclonal, e, aux ou **anticyclonique** adj. Relatif à un anticyclone : *Zones anticycloniques.*

anticyclone n.m. Centre de hautes pressions atmosphériques (par opp. à dépression) : *Au cœur des anticyclones, le temps est normalement beau.*

antidater v.t. [conj. 3]. Apposer sur un document une date antérieure à la date réelle de sa rédaction : *Antidater un contrat* (**CONTR.** postdater).

antidémarrage adj. inv. et n.m. Se dit d'un dispositif antivol empêchant le démarrage d'un véhicule.

antidémocratique adj. Qui est contraire à la démocratie, à ses principes : *Une politique antidémocratique.*

antidépresseur adj.m. et n.m. Se dit d'un médicament employé pour traiter les états dépressifs : *Les antidépresseurs sont des psychotropes.*

antidérapant, e adj. Qui empêche de déraper.

antidiphtérique adj. Qui combat ou prévient la diphtérie : *Vaccination antidiphtérique.*

antidopage adj. inv. Qui s'oppose à la pratique du dopage dans les sports : *Un coureur disqualifié après un contrôle antidopage positif.*

antidote n.m. (du gr. *antidotos,* donné contre). **1. [à, de].** Substance qui permet de combattre les effets d'un poison : *La vitamine B12 est un antidote du cyanure* (**SYN.** contrepoison). **2. [à, de, contre].** Remède contre un mal moral, psychologique : *Le yoga est un bon antidote contre le stress* (**SYN.** dérivatif, exutoire).

antidouleur adj. inv. Qui est destiné à lutter contre la souffrance physique : *Des centres antidouleur.* ◆ adj. inv. et n.m. Se dit d'un médicament qui supprime ou atténue la douleur : *Un antidouleur à base de paracétamol* (**SYN.** analgésique, antalgique).

antiémétique adj. et n.m. Se dit d'un médicament propre à arrêter les vomissements (**CONTR.** émétique, vomitif).

antienne [ɑ̃tjɛn] n.f. (du gr. *antiphônos,* qui répond). **1.** Dans la liturgie chrétienne, verset chanté avant et après un psaume. **2.** *Litt.* Discours répété sans cesse, d'une manière lassante : *Ma mère reprenait tous les soirs la même antienne* (**SYN.** leitmotiv, refrain).

antiesclavagiste adj. et n. Qui est opposé à l'esclavage : *En Amérique, pendant la guerre de Sécession, les États du Nord étaient antiesclavagistes* (**SYN.** abolitionniste).

antifasciste [ɑ̃tifaʃist] adj. et n. Opposé au fascisme.

antifongique adj. et n.m. (du lat. *fongus,* champignon). Se dit d'un médicament qui détruit les champignons et les levures parasites et traite les mycoses (**SYN.** antimycosique).

anti-g adj. inv. (de *g,* symbole de l'intensité de la pesanteur). ▸ ***Combinaison anti-g,*** combinaison de vol qui atténue les effets de l'accélération et de la décélération : *Les combinaisons anti-g des pilotes de chasse et des spationautes.*

antigang adj. inv. ▸ ***Brigade antigang,*** unité de police constituée spécialement pour la lutte contre le grand banditisme (auj. remplacée par la *brigade de recherche et d'investigation*). ◆ n.f. Brigade antigang.

antigel n.m. et adj. inv. Produit que l'on incorpore à un liquide pour l'empêcher de geler : *Mettre de l'antigel dans le lave-glace d'une voiture. Des substances antigel.*

antigélif n.m. Substance que l'on incorpore au béton pour le protéger du gel après durcissement.

antigène n.m. Agent (bactérie, virus, substance chimique ou organique) qui, introduit dans l'organisme, provoque la formation d'un anticorps : *Les toxines sont des antigènes.*

antigénique adj. Relatif aux antigènes.

antigivrant, e adj. et n.m. Propre à empêcher la formation de givre : *Dispositifs antigivrants d'un avion.*

antiglisse adj. inv. Se dit d'un vêtement de ski fait dans un tissu de texture rêche qui accroche la neige et empêche de glisser en cas de chute : *Combinaisons antiglisse.*

antigouvernemental, e, aux adj. Qui est opposé au gouvernement, à sa politique : *Campagne de presse antigouvernementale.*

antihéros n.m. Personnage de fiction ne présentant pas les caractères convenus du héros traditionnel : *Les antihéros ne sont ni grands, ni beaux, ni courageux, mais plutôt faibles et effacés.*

antihistaminique adj. et n.m. Se dit d'une substance qui s'oppose à l'action nocive de l'histamine : *Les antihistaminiques sont prescrits dans le traitement des allergies.*

antihygiénique adj. Contraire à l'hygiène : *Il est antihygiénique de dormir toutes fenêtres fermées.*

anti-infectieux, euse adj. et n.m. (pl. *anti-*

infectieux, euses). Se dit d'un médicament qui permet de combattre l'infection.

anti-inflammatoire adj. et n.m. (pl. *anti-inflammatoires*). Se dit d'un médicament qui permet de combattre une inflammation : *Les anti-inflammatoires se prennent au milieu des repas.*

antijeu n.m. Action contraire aux règles, à l'esprit du jeu : *Faire de l'antijeu. Pénalité pour antijeu.*

antillais, e adj. et n. Des Antilles : *Les Antillais de Paris. La cuisine antillaise.*

antilope n.f. Mammifère ruminant sauvage d'Afrique ou d'Asie.

antimatière n.f. Forme de la matière constituée d'antiparticules, par opp. à la matière ordinaire, constituée de particules.

antimigraineux, euse adj. et n.m. Se dit d'une substance, d'un médicament qui permet de combattre la migraine.

antimilitarisme n.m. Opposition déclarée à l'égard des institutions et de l'esprit militaires.

antimilitariste adj. et n. Relatif à l'antimilitarisme ; qui en est partisan : *Des tracts antimilitaristes.*

antimissile adj. Destiné à neutraliser l'action de missiles assaillants : *Des installations antimissiles.*

antimite adj. inv. Se dit d'un produit qui protège les lainages, les fourrures, etc., contre les mites : *Des boules antimite.* ◆ n.m. Produit antimite : *Des antimites odorants.*

antimitotique adj. et n.m. Se dit d'une substance capable de s'opposer à la division des cellules (mitose), empêchant ainsi leur multiplication : *Les antimitotiques sont employés dans les traitements anticancéreux.*

antimoine n.m. (lat. *antimonium*, de l'ar. *ithmid*). Métal blanc, cassant, qui se rapproche de l'arsenic.

antimondialisation n.f. Courant d'opinion qui manifeste son hostilité aux buts et aux effets de la mondialisation de l'économie.

antimondialiste adj. et n. Relatif à l'antimondialisation ; qui en est partisan.

antimycosique adj. et n.m. Se dit d'un médicament qui permet de soigner les mycoses (**SYN.** antifongique).

antinazi, e n. et adj. Adversaire du nazisme.

antinévralgique adj. et n.m. Se dit d'une substance, d'un procédé qui permettent de combattre les névralgies.

antinomie n.f. (du gr. *nomos*, loi). Contradiction entre deux idées, deux principes, deux propositions : *Il y a antinomie, une antinomie entre ces deux articles de la loi* (**SYN.** opposition ; **CONTR.** accord, concordance).

antinomique adj. Qui forme une antinomie ; qui contient une contradiction : *Deux propositions antinomiques* (**SYN.** antithétique, contradictoire ; **CONTR.** concordant).

antinucléaire adj. et n. Hostile à l'emploi de l'énergie nucléaire : *Une manifestation des antinucléaires.*

antioxydant n.m. Agent qui ralentit la dégradation des aliments due aux effets de l'oxydation.

antipaludéen, enne adj. Se dit d'un médicament qui traite ou prévient le paludisme.

antipape n.m. Pape qui avait été élu irrégulièrement et n'était pas reconnu par l'Église romaine.

antiparasite adj. inv. et n.m. Se dit d'un dispositif qui diminue la production ou l'action des perturbations affectant la réception de sons ou d'images.

antiparasiter v.t. Munir d'un antiparasite : *Antiparasiter une voiture.*

antiparlementaire adj. et n. Qui est opposé au régime parlementaire ; partisan de l'antiparlementarisme.

antiparlementarisme n.m. Opposition au régime parlementaire.

antiparticule n.f. Particule élémentaire *(positron, antiproton, antineutron)*, de masse égale, mais de propriétés électromagnétiques et de charge opposées à celles de la particule correspondante.

antipathie n.f. (du gr. *pathos*, passion). Hostilité instinctive à l'égard de qqn ou de qqch : *Éprouver une profonde antipathie pour qqn* (**SYN.** aversion, inimitié ; **CONTR.** affinité, inclination, sympathie). *Avoir de l'antipathie pour le boursicotage* (**SYN.** répugnance ; **CONTR.** attirance).

antipathique adj. Qui inspire de l'antipathie : *Trouver qqn antipathique* (**SYN.** déplaisant, désagréable ; **CONTR.** plaisant, sympathique). *Sa façon de se décharger de ses responsabilités sur les autres est antipathique* (**SYN.** détestable ; **CONTR.** agréable).

antipelliculaire adj. Se dit d'un produit qui agit contre les pellicules du cuir chevelu : *Lotion antipelliculaire.*

antipersonnel adj. inv. Se dit des armes, des engins destinés à mettre les personnes hors de combat, sans s'attaquer au matériel : *Demander l'interdiction des mines antipersonnel.*

antiphonaire n.m. (du gr. *antiphônos*, qui répond à). Livre liturgique contenant l'ensemble des chants exécutés par le chœur à l'office ou à la messe.

antiphrase n.f. (du gr. *phrasis*, élocution, langage). Manière de s'exprimer qui consiste à dire le contraire de ce qu'on pense, par ironie ou par euphémisme : *« C'est malin ! » dit-elle par antiphrase à l'enfant qui venait de renverser son verre.*

antipode n.m. (du gr. *pous, podos*, pied). Lieu de la Terre diamétralement opposé à un autre lieu : *La Nouvelle-Zélande est située à l'antipode, aux antipodes de la France.* ▸ ***Être à l'antipode*** ou ***aux antipodes de,*** être à l'opposé de ; être le contraire, l'inverse de : *Cette politique est aux antipodes de la démocratie.*

antipodiste n. Acrobate qui, couché sur le dos, exécute des tours d'adresse avec les pieds.

antipoison adj. inv. ▸ ***Centre antipoison,*** centre médical spécialisé dans la prévention et le traitement des intoxications : *Des centres antipoison.*

antipollution adj. inv. Destiné à éviter ou à diminuer la pollution : *Cheminée d'usine équipée de filtres antipollution.*

antipyrétique adj. et n.m. (du gr. *puretikos*, fébrile). Qui combat la fièvre : *Les bains froids ont une action antipyrétique* (**SYN.** fébrifuge).

antiquaille n.f. *Fam., péjor.* Objet ancien de peu de valeur : *Un salon plein d'antiquailles* (**SYN.** vieillerie).

antiquaire n. (du lat. *antiquarius*, relatif à

l'Antiquité). Personne spécialisée dans la vente et l'achat de meubles et d'objets d'art anciens.

antique adj. (lat. *antiquus*, ancien). **1.** Qui appartient à l'Antiquité : *La mythologie antique. Visiter la Rome antique.* **2.** Qui date d'une époque reculée ; qui existe depuis très longtemps : *Une antique croyance* (**SYN.** ancien, séculaire ; **CONTR.** nouveau, récent). **3.** (Par plaisanterie). Très vieux ; passé de mode : *Une antique machine à écrire* (**SYN.** antédiluvien, vétuste ; **CONTR.** moderne, récent). ◆ n.m. Art antique, ensemble des œuvres artistiques de l'Antiquité : *C'est une copie de l'antique.* ◆ n.f. Objet d'art de l'Antiquité : *Une collection d'antiques.*

antiquisant, e adj. Se dit d'un artiste, d'une œuvre qui s'inspire de l'antique.

antiquité n.f. **1.** (Avec une majuscule). Période de l'histoire que l'on situe des origines des temps historiques à la chute de l'Empire romain : *L'Antiquité égyptienne.* **2.** (Avec une majuscule). La civilisation gréco-romaine : *Les cités grecques de l'Antiquité.* **3.** Temps très ancien : *C'est une pratique qui remonte à la plus haute antiquité.* **4.** Caractère de ce qui est très ancien : *L'antiquité d'une coutume* (**SYN.** ancienneté). **5.** (Souvent au pl.). Œuvre d'art de l'Antiquité : *Les antiquités découvertes au cours des fouilles.* **6.** (Souvent au pl.). Objet ancien : *Magasin d'antiquités.*

antirabique adj. Qui combat ou prévient la rage : *Vaccin antirabique.*

antiracisme n.m. Refus du racisme.

antiraciste adj. et n. Qui combat le racisme : *De nouvelles lois antiracistes.*

antiradar adj. inv. Destiné à neutraliser les radars ennemis : *Dispositifs antiradar.*

antireflet adj. inv. Qui supprime la lumière réfléchie par la surface des verres d'optique : *Nous avons des écrans d'ordinateur antireflet.*

antireligieux, euse adj. Hostile à la religion.

antirétroviral, e, aux adj. et n.m. Se dit d'un médicament actif contre un rétrovirus.

antirides adj. et n.m. Se dit d'un cosmétique destiné à prévenir la formation des rides ou à les atténuer : *Crème, masque antirides.*

antirouille adj. inv. et n.m. Se dit d'une substance qui permet de protéger qqch de la rouille ou de la faire disparaître : *Utiliser des peintures antirouille. Des antirouilles pour tissus synthétiques.*

antiroulis adj. inv. Se dit d'un dispositif qui vise à supprimer ou à atténuer le roulis dans un véhicule ou un bateau.

antiscientifique adj. Opposé à la science ; contraire à l'esprit scientifique.

antisèche n.f. (de *sécher*, ne pas pouvoir répondre). *Fam.* Ensemble de notes qu'un élève s'est constitué comme aide-mémoire et qu'il compte utiliser en fraude à un examen.

antisémite adj. et n. Hostile aux Juifs : *Être condamné pour avoir tenu des propos antisémites.*

antisémitisme n.m. Doctrine ou attitude d'hostilité systématique à l'égard des Juifs.

antisepsie n.f. (du gr. *sêpsis*, putréfaction). Destruction des micro-organismes capables de provoquer des infections ; ensemble des méthodes employées à cet effet : *L'antisepsie se fait par la chaleur, les radiations ou des agents chimiques.*

antiseptique adj. et n.m. Se dit d'un agent, d'un médicament qui détruit les agents infectieux ou s'oppose à leur prolifération : *Appliquer un antiseptique sur une plaie* (**SYN.** désinfectant).

antisismique adj. Conçu pour résister aux séismes : *Immeubles antisismiques* (**SYN.** parasismique).

antisocial, e, aux adj. **1.** Qui porte atteinte à l'ordre social ; qui est hostile à la société : *Une attitude, une théorie antisociale.* **2.** Contraire aux intérêts des travailleurs : *Des mesures antisociales.*

anti-sous-marin, e adj. (pl. *anti-sous-marins, es*). Qui détecte, combat les sous-marins.

antispasmodique adj. et n.m. Se dit d'un médicament destiné à calmer les spasmes.

antistatique adj. et n.m. Se dit d'un produit qui empêche ou limite la formation de l'électricité statique : *Shampooing qui contient un antistatique.*

antitabac adj. inv. Qui lutte contre l'usage du tabac : *Des campagnes antitabac.*

antiterroriste adj. Relatif à la lutte contre le terrorisme ; qui combat le terrorisme.

antitétanique adj. Qui combat ou prévient le tétanos : *Vaccination antitétanique.*

antithèse n.f. **1.** Figure de style qui consiste à placer dans une phrase deux mots ou expressions correspondant à des notions opposées afin de souligner une idée par effet de contraste : *Dans la phrase « la nature est grande dans les petites choses », l'antithèse est constituée par le rapprochement de « grand » et de « petit ».* **2.** *Sout.* Ce qui constitue l'opposé, l'inverse de qqch, de qqn : *Elle est vraiment l'antithèse de sa sœur* (**SYN.** contraire, inverse).

antithétique adj. Qui constitue une antithèse : *Vos positions respectives sont antithétiques* (**SYN.** antinomique, opposé).

antitoxine n.f. Anticorps élaboré par l'organisme et qui neutralise une toxine.

antitrust adj. inv. Qui s'oppose à la création ou à l'extension de trusts : *Voter des lois antitrust.*

antituberculeux, euse adj. Qui permet de combattre la tuberculose : *Le B.C.G. est le vaccin antituberculeux.*

antitussif, ive adj. et n.m. (du lat. *tussis*, toux). Se dit d'un médicament qui calme ou supprime la toux : *Prendre un sirop antitussif.*

antiulcéreux, euse adj. et n.m. Se dit d'un médicament qui traite les ulcères de l'estomac et du duodénum.

antivariolique adj. Qui permet de combattre la variole : *Vaccin antivariolique.*

antivenimeux, euse adj. Qui combat l'effet toxique des venins : *Sérum antivenimeux.*

antiviral, e, aux adj. et n.m. Se dit d'une substance active contre les virus.

antivirus n.m. Logiciel utilitaire qui détecte et élimine les virus informatiques s'attaquant à la mémoire et aux fichiers d'un ordinateur : *L'antivirus se déclenche lorsqu'on allume l'ordinateur.*

antivol adj. inv. et n.m. Se dit d'un dispositif de

sécurité destiné à empêcher le vol ou l'effraction : *Des chaînes antivol pour motos. Toutes sortes d'antivols.*

antonomase n.f. (de *anti*, à la place de, et *onoma*, nom). Figure de style consistant à désigner une personne ou un type de personnes à l'aide du nom d'un personnage célèbre, qui est considéré comme le modèle : *Par antonomase, on peut dire « c'est un tartuffe » pour « c'est un hypocrite ».*

antonyme n.m. Mot qui a un sens opposé à celui d'un autre : *« Chaud » est l'antonyme de « froid »* (**SYN.** contraire ; **CONTR.** synonyme).

antre n.m. (lat. *antrum*, creux). **1.** *Litt.* Caverne, grotte qui peut servir d'abri ou de repaire à une bête sauvage : *Un antre profond* (**SYN.** tanière). **2.** Lieu mystérieux et inquiétant habité par qqn : *L'antre des conspirateurs.*

anus [anys] n.m. (mot lat.). Orifice extérieur du rectum.

anxiété n.f. **1.** Vive inquiétude née de l'incertitude d'une situation, de la crainte d'un événement : *Ses mains tremblantes trahissaient son anxiété* (**SYN.** angoisse ; **CONTR.** calme, sérénité). **2.** État émotionnel de crainte et de tension nerveuse souvent chronique : *Elle prend des médicaments contre l'anxiété* (**SYN.** nervosité ; **CONTR.** calme).

anxieusement adv. Avec anxiété : *Ils restent anxieusement à l'écoute des dernières nouvelles* (**SYN.** fiévreusement, nerveusement ; **CONTR.** sereinement).

anxieux, euse adj. et n. (lat. *anxius*, de *angere*, serrer). Qui éprouve ou manifeste de l'anxiété : *Plus la soirée avançait, plus nous étions anxieux* (**SYN.** inquiet, soucieux ; **CONTR.** confiant, serein). *Un regard anxieux* (**SYN.** préoccupé, tendu ; **CONTR.** décontracté, tranquille). *C'est une anxieuse* (**SYN.** angoissé ; **CONTR.** flegmatique). ◆ adj. Qui s'accompagne d'anxiété : *Une attente anxieuse.* ▸ *Litt.* ***Être anxieux de*** (+ inf.), être impatient, désireux de : *Je suis anxieuse de connaître la vérité.*

anxiogène adj. Qui suscite l'anxiété ou l'angoisse : *Être séparé de sa mère est pour un enfant une situation anxiogène.*

anxiolytique adj. et n.m. Se dit d'un médicament qui apaise l'anxiété : *Prendre des anxiolytiques* (**SYN.** calmant, sédatif, tranquillisant).

A.O.C. ou **AOC** n.f. (sigle). ▸ ***Appellation d'origine contrôlée*** → **appellation.**

aoriste n.m. (gr. *aoristos*, qui n'a pas de limite). Dans certaines langues (grec, sanskrit), temps de la conjugaison qui exprime un passé indéfini.

aorte n.f. (gr. *aortê*, veine). Artère qui naît à la base du ventricule gauche du cœur et qui est le tronc commun des artères portant le sang oxygéné dans toutes les parties du corps.

août [u ou ut] n.m. (du lat. *augustus*, mois consacré à Auguste). Huitième mois de l'année. ▸ ***Le 15 Août***, fête légale de l'Assomption.

aoûtat [auta] n.m. Larve d'un acarien (le trombidion), dont la piqûre entraîne de vives démangeaisons.

aoûtien, enne [ausjɛ̃, ɛn] n. Personne qui prend ses vacances au mois d'août : *Le chassé-croisé des juillettistes et des aoûtiens.*

apaisant, e adj. Qui apaise ; qui calme : *Des paroles apaisantes* (**SYN.** lénifiant, rassurant, réconfortant ; **CONTR.** exaspérant, énervant).

apaisement n.m. Action d'apaiser ; fait de s'apaiser : *Éprouver un sentiment d'apaisement* (**SYN.** calme, paix, sérénité ; **CONTR.** exaspération, irritation). ▸ ***Donner des apaisements à qqn***, lui promettre qqch pour le rassurer : *Le préfet a donné des apaisements aux agriculteurs.*

apaiser v.t. (de *paix*) [conj. 4]. **1.** Ramener au calme, à des sentiments de paix : *Comme je commençais à m'emporter, elle chercha à m'apaiser* (**SYN.** calmer, radoucir ; **CONTR.** agacer, énerver). *Apaiser les esprits* (**SYN.** détendre, rasséréner ; **CONTR.** exciter). **2.** Rendre moins vif, moins violent : *Ces comprimés apaiseront rapidement sa douleur* (**SYN.** calmer, endormir). **3.** Satisfaire un besoin, un sentiment, un désir : *Apaiser sa soif* (**SYN.** assouvir, étancher). ◆ **s'apaiser** v.pr. Revenir au calme : *Ne prenez pas de décision avant de vous être apaisé* (**SYN.** se calmer, se radoucir). *Au matin, la tempête s'apaisa enfin* (**SYN.** s'arrêter, tomber). *Les conflits s'apaiseront avec le temps* (**SYN.** disparaître, s'éteindre ; **CONTR.** s'envenimer).

apanage n.m. (du lat. *apanare*, donner du pain, nourrir). **1.** Sous l'Ancien Régime, portion du domaine royal dévolue aux frères ou aux fils cadets du roi jusqu'à extinction de sa lignée mâle. **2.** Ce qui appartient en propre à qqn, qqch : *Le droit de grâce est un apanage présidentiel* (**SYN.** prérogative, privilège). *Vous n'avez pas l'apanage de la clairvoyance* (= vous n'êtes pas seul à être clairvoyant ; **SYN.** exclusivité, monopole).

aparté n.m. (du lat. *a parte*, à part). **1.** Paroles dites par un acteur à l'écart de ses partenaires et que seuls les spectateurs doivent entendre. **2.** Paroles échangées à l'écart, en présence d'autres personnes : *Il est malpoli de faire des apartés.* ▸ ***En aparté***, en évitant d'être entendu des autres : *Il m'a dit en aparté qu'il désapprouvait cette décision.*

apartheid [apartɛd] n.m. (mot afrikaans signif. « séparation »). Ségrégation systématique des populations non blanches, en Afrique du Sud : *Le régime d'apartheid fut aboli en 1994.*

apathie n.f. (gr. *apatheia*, insensibilité). **1.** Incapacité d'agir due à une absence de volonté, d'énergie ou d'émotion : *Il faut secouer votre apathie* (**SYN.** mollesse, nonchalance, paresse ; **CONTR.** dynamisme, énergie, vivacité). **2.** Inertie d'un groupe, d'un secteur économique : *L'apathie des marchés boursiers* (**SYN.** engourdissement ; **CONTR.** frénésie).

apathique adj. Qui fait preuve d'apathie ; qui paraît sans volonté, sans énergie : *Un employé apathique* (**SYN.** indolent, mou ; **CONTR.** actif, dynamique). *Une administration apathique* (**SYN.** amorphe ; **CONTR.** énergique).

apatride adj. et n. Se dit d'une personne qui, ayant perdu sa nationalité et n'en ayant pas acquis une autre, est sans nationalité légale : *Des réfugiés apatrides.*

apercevoir v.t. [conj. 52]. **1.** Voir qqch plus ou moins nettement, après un certain effort : *On apercevait, dans la vallée, les lumières d'un village* (**SYN.** discerner, distinguer). **2.** Voir de façon fugitive : *Il me semble que je l'ai aperçu dans la foule* (**SYN.** entrevoir). **3.** Se rendre compte de ; comprendre : *Son stage lui a permis d'apercevoir les possibilités offertes dans cette branche* (**SYN.** découvrir, repérer). ◆ **s'apercevoir** v.pr. **[de].** Prendre conscience de ; se rendre compte de : *Elle s'est vite aperçue de votre absence* (**SYN.** constater, découvrir, remarquer).

aperçu n.m. Vue d'ensemble, souvent rapide, d'une question, d'un problème : *Voici un aperçu de la situation de l'entreprise* (**SYN.** idée, notion).

① **apéritif** n.m. **1.** Boisson, souvent alcoolisée, qu'on prend avant le repas (abrév. fam. apéro). **2.** Réception où sont servis des boissons alcoolisées, ou non, et des mets pour les accompagner : *Ils m'ont invité à un apéritif* (**SYN.** cocktail).

② **apéritif, ive** adj. (du lat. *aperire*, ouvrir). *Litt.* Qui ouvre, stimule l'appétit : *Une promenade apéritive.*

apesanteur n.f. Disparition des effets de la pesanteur terrestre, notamm. à l'intérieur d'un engin spatial : *Spationautes en état d'apesanteur.*

apétale adj. Qui n'a pas de pétales : *Fleur apétale.* ◆ n.f. Plante dont les fleurs sont dépourvues de pétales : *Le chêne, le gui, le saule, l'ortie, la betterave sont des apétales.*

à-peu-près n.m. inv. Approximation superficielle : *Ce ne sont que des à-peu-près, vous devez être plus précis. Il m'a donné un prix, mais ce n'est qu'un à-peu-près* (= une estimation grossière).

apeuré, e adj. Saisi de peur ; qui manifeste la peur : *L'enfant apeuré se réfugia auprès de son père* (**SYN.** effrayé). *Geste, regard apeuré* (**SYN.** craintif, inquiet).

apex [apɛks] n.m. (mot lat. signif. « sommet »). Pointe, sommet d'un organe, comme la langue, le cœur, le bec d'un oiseau.

aphasie n.f. (gr. *aphasia*, impuissance à parler). Perte de la parole ou trouble du langage à la suite d'une lésion du cortex cérébral.

aphasique adj. et n. Qui concerne l'aphasie ; qui en est atteint : *Troubles aphasiques.*

aphélie n.m. (du gr. *apo*, loin, et *hêlios*, soleil). Point de l'orbite d'une planète ou d'une comète le plus éloigné du Soleil (par opp. à périhélie).

aphérèse n.f. (gr. *aphairesis*, action d'enlever). Chute d'un ou de plusieurs phonèmes au début d'un mot (par opp. à apocope) : *On dit « car » pour « autocar » par aphérèse.*

aphone [afɔn] adj. (gr. *aphônos*, sans voix). Qui est privé de l'usage de la voix ou dont la voix est affaiblie : *L'angine l'a rendu aphone* (= il a une extinction de voix).

aphorisme n.m. (gr. *aphorismos*, définition). Formule brève exprimant une idée générale, une morale, une vérité : *« Pas de nouvelles, bonnes nouvelles » est un aphorisme* (**SYN.** adage, maxime, sentence).

aphrodisiaque adj. et n.m. (de *Aphrodite*, déesse grecque de l'Amour). Se dit d'une substance qui est censée provoquer ou stimuler le désir sexuel.

aphte [aft] n.m. (du gr. *haptein*, faire brûler). Ulcération superficielle douloureuse de la muqueuse buccale ou génitale.

aphteux, euse adj. Caractérisé par la présence d'aphtes : *Angine aphteuse.* ▸ ***Fièvre aphteuse,*** maladie épizootique due à un virus et atteignant le bœuf, le mouton, le porc.

api n.m. (du nom de *Appius*, qui, le premier, aurait cultivé des pommes de ce genre). ▸ ***Pomme d'api,*** petite pomme rouge d'un côté et blanche de l'autre.

à-pic n.m. inv. Versant d'une montagne, d'une falaise dont la pente est proche de la verticale : *Des à-pic vertigineux* (**SYN.** abrupt).

apicole adj. Qui concerne l'élevage des abeilles.

apiculteur, trice n. Personne qui élève des abeilles.

apiculture n.f. (du lat. *apis*, abeille). Élevage des abeilles pour leur miel.

apigeonner v.i. [conj. 3]. En Suisse, appâter, leurrer.

apiquer v.t. [conj. 3]. Dans le vocabulaire de la marine, incliner les vergues sur l'horizontale.

apitoiement n.m. Fait de s'apitoyer : *Les pleurs de l'enfant provoquèrent l'apitoiement de quelques passants* (**SYN.** compassion, pitié).

apitoyer v.t. (de *pitié*) [conj. 13]. Susciter la pitié, la compassion de : *Le visage terrifié des enfants a apitoyé les soldats* (**SYN.** attendrir, émouvoir, toucher). ◆ **s'apitoyer** v.pr. **[sur].** Être pris d'un sentiment de pitié pour qqn, qqch : *L'opinion s'est apitoyée sur le sort des réfugiés* (**SYN.** s'émouvoir de).

aplanir v.t. (de *2. plan*) [conj. 32]. **1.** Rendre plat, uni ce qui est inégal, raboteux : *Aplanir un terrain pour y construire un court de tennis* (**SYN.** égaliser, niveler). **2.** Faire disparaître ce qui constitue un obstacle ou un désaccord : *La négociation a permis d'aplanir le différend* (**SYN.** arranger, régler). *Son intervention a aplani bien des difficultés* (**SYN.** lever). ◆ **s'aplanir** v.pr. Devenir plus aisé à surmonter : *Après cette discussion, les difficultés se sont aplanies.*

aplanissement n.m. Action d'aplanir ; fait d'être aplani : *L'aplanissement d'un chemin* (**SYN.** nivellement).

à-plat (pl. *à-plats*) ou **aplat** n.m. Surface de couleur uniforme, dans une peinture, une gravure, un imprimé : *Des aplats de bleu.*

aplati, e adj. Rendu plat ; dont la courbure est peu accentuée ou nulle : *Un nez aplati* (**SYN.** camus, épaté). *Un oiseau au bec aplati* (= court et plat).

aplatir v.t. [conj. 32]. **1.** Rendre plat, plus plat : *Aplatir une barre de fer à coups de marteau. Elle coiffe ses cheveux en les aplatissant avec du gel* (**SYN.** lisser, plaquer ; **CONTR.** gonfler). *Ne pose pas ce sac sur mon chapeau, tu vas l'aplatir* (**SYN.** écraser). **2.** *Fam.* L'emporter sur qqn d'une manière écrasante : *Nous avons aplati l'équipe adverse* (= battu à plates coutures ; **SYN.** vaincre). ◆ **s'aplatir** v.pr. **1.** Devenir plat, plus plat ; prendre une forme aplatie : *La Terre s'aplatit aux pôles.* **2.** S'allonger sur le sol : *Elle s'est aplatie sous son lit pour ne pas être vue* (**SYN.** se plaquer). **3.** *Fam.* Tomber de tout son long sur le sol : *Il a buté sur une souche et s'est aplati par terre.* **4.** *Fam.* Prendre une attitude servile devant qqn : *Elle ne s'est jamais aplatie devant eux* (= se mettre à plat ventre ; **SYN.** s'abaisser, s'humilier, ramper).

aplatissement n.m. Action d'aplatir ; fait d'être aplati, de s'aplatir : *L'aplatissement d'une boîte dû à un choc* (**SYN.** écrasement). *L'aplatissement de qqn devant le pouvoir* (**SYN.** abaissement, servilité).

aplomb n.m. (de la loc. *à plomb*, à la verticale). **1.** Verticalité donnée par le fil à plomb : *Vérifier l'aplomb d'un mur.* **2.** Stabilité, équilibre d'un objet placé dans la position verticale : *Cette colonne manque d'aplomb.* **3.** Confiance en soi allant parfois jusqu'à l'effronterie : *Avoir de l'aplomb* (**SYN.** assurance, hardiesse ; **CONTR.** timidité). *Tu as eu l'aplomb de lui répondre !* (**SYN.** hardiesse, impudence ; **CONTR.** gêne, retenue). ▸ ***D'aplomb,*** debout, vertical et stable : *L'armoire n'est pas d'aplomb* ; fig., en forme, en bonne santé : *Ce mois à la campagne vous remettra d'aplomb.*

aplomber v.t. [conj. 3]. Au Québec, mettre d'aplomb ; caler. ◆ **s'aplomber** v.pr. Au Québec, s'installer correctement, se redresser.

apnée n.f. (du gr. *pnein*, respirer). Suspension, volontaire ou non, de la respiration : *Plonger en apnée* (= sans bouteille). *Apnées du sommeil* (= troubles de la respiration pendant le sommeil).

apnéiste n. Personne qui plonge en apnée.

apocalypse n.f. (gr. *apokalupsis*, révélation). **1.** Catastrophe épouvantable dont l'étendue et la gravité sont comparables à la fin du monde : *Vision, paysage d'apocalypse.* **2.** (Avec une majuscule). Dernier livre du Nouveau Testament, attribué à l'apôtre Jean.

apocalyptique adj. **1.** Qui évoque la fin du monde : *Ce film présente une vision apocalyptique de New York en 2050* (**SYN.** effroyable, épouvantable). **2.** Relatif à l'Apocalypse : *Symboles apocalyptiques.*

apocope n.f. (gr. *apokopê*, fait de retrancher). Chute d'un ou de plusieurs phonèmes à la fin d'un mot (par opp. à aphérèse) : *« Accu », « vélo » sont des abréviations par apocope de « accumulateur » et « vélocipède ».*

apocryphe adj. (gr. *apokruphos*, tenu secret). Se dit d'un texte dont l'authenticité n'est pas établie : *Un document apocryphe* (**SYN.** douteux, suspect ; **CONTR.** authentique).

apode adj. (du gr. *pous, podos*, pied). Qui n'a pas de pieds, de pattes, de nageoires. ◆ n.m. Poisson qui nage par ondulation du corps entier : *L'anguille, la murène, le congre sont des apodes.*

apogée n.m. (du gr. *apo*, loin de, et *gê*, Terre). **1.** Point de l'orbite d'un astre ou d'un satellite gravitant autour de la Terre qui est le plus éloigné de celle-ci (par opp. à périgée). **2.** Le plus haut degré que qqn, qqch puisse atteindre : *Elle était alors à l'apogée de sa carrière* (**SYN.** comble, faîte, sommet, zénith). *L'apogée glorieux d'un royaume.*

apolitique adj. et n. Qui se place en dehors de la politique ; qui professe une neutralité politique : *Un syndicat apolitique.*

apollinien, enne adj. Relatif à Apollon, dieu grec de la Beauté et des Arts.

apollon n.m. Homme d'une grande beauté : *Son frère est un apollon* (**SYN.** adonis).

apologétique adj. Qui tient de l'apologie ; qui contient une apologie : *Un livre apologétique* (**CONTR.** critique).

apologie n.f. (gr. *apologia*, défense). Discours ou écrit visant à défendre, justifier qqn, qqch : *Faire l'apologie d'un homme d'État* (**SYN.** éloge ; **CONTR.** critique). *Son exposé était une apologie de l'énergie nucléaire* (**SYN.** défense, plaidoyer ; **CONTR.** condamnation).

apologiste n. Personne qui fait l'apologie de qqn, de qqch : *Se faire l'apologiste d'une cause* (**SYN.** avocat, défenseur ; **CONTR.** censeur, critique).

apologue n.m. (gr. *apologos*, récit fictif). Court récit comportant un enseignement de caractère souvent moral : *Les fables de La Fontaine sont des apologues.*

aponévrose n.f. Membrane conjonctive qui enveloppe les muscles et permet leur fixation aux os.

apophtegme [apɔftɛgm] n.m. (gr. *apophthegma*, sentence). *Litt.* Parole mémorable exprimée de façon concise et claire (**SYN.** aphorisme, maxime, sentence).

apophyse n.f. Excroissance naturelle d'un os, partie saillante : *L'apophyse de l'omoplate.*

apoplectique adj. et n. Relatif à l'apoplexie ; prédisposé à l'apoplexie : *Un visage apoplectique* (= congestionné, rouge).

apoplexie n.f. (du gr. *apoplêssein*, renverser). Perte de connaissance brutale due à un accident circulatoire : *Être frappé d'apoplexie.*

aporie n.f. (gr. *aporia*, difficulté). En philosophie, contradiction insurmontable dans un raisonnement.

apostasie n.f. (gr. *apostasis*, abandon). **1.** Abandon public et volontaire d'une religion, surtout de la foi chrétienne : *L'apostasie d'un prêtre* (**SYN.** abjuration, reniement ; **CONTR.** conversion). **2.** *Litt.* Abandon d'un parti, d'une doctrine : *L'apostasie de ses idéaux d'adolescent* (**SYN.** désaveu).

apostasier v.t. et v.i. [conj. 9]. Faire acte d'apostasie.

apostat, e adj. et n. Qui fait acte d'apostasie : *Un prêtre apostat.*

a posteriori loc. adv. (loc. lat. signif. « en partant de ce qui vient après »). En se fondant sur l'expérience, sur les faits constatés (par opp. à a priori) : *Elle s'est aperçue de ses erreurs a posteriori* (= après coup). ◆ loc. adj. inv. Acquis par l'expérience : *Jugement, notions a posteriori.*

apostille n.f. (de l'anc. fr. *postille*, annotation, du lat. *post illa*, après cela). Addition faite en marge d'un acte juridique : *Les apostilles doivent être paraphées.*

apostiller v. t. [conj. 3]. Mettre une apostille à.

apostolat n.m. **1.** Mission d'un apôtre ; activité de propagation de la foi chrétienne : *Les missionnaires ont fait un travail d'apostolat dans le monde entier* (**SYN.** prosélytisme). **2.** Activité désintéressée à laquelle on s'adonne avec beaucoup d'altruisme et d'abnégation : *L'humanitaire est pour elle un apostolat* (**SYN.** sacerdoce, vocation).

apostolique adj. **1.** Qui relève des apôtres ; qui est conforme à leur mission : *L'Église catholique, apostolique et romaine.* **2.** Qui émane du pape, le représente : *Nonce apostolique.*

① **apostrophe** n.f. (gr. *apostrophê*, action de se retourner). **1.** Interpellation brusque et peu courtoise : *La ministre fut interrompue par l'apostrophe d'un député.* **2.** Fonction grammaticale du mot désignant la personne ou la chose personnifiée à qui on s'adresse directement : *Mot mis en apostrophe. « Toi », dans « Toi, viens ici ! », est une apostrophe.*

② **apostrophe** n.f. (gr. *apostrophos*, signe courbé). Signe (') servant à indiquer l'élision d'une voyelle : *L'apostrophe remplace « a » dans « l'école ».*

apostropher v.t. [conj. 3]. S'adresser à qqn avec brusquerie et impolitesse : *Un ivrogne s'est mis à apostropher les passants* (**SYN.** interpeller).

apothéose n.f. (du lat. *apotheosis*, déification, du gr.). **1.** Dernière partie, la plus brillante, d'une manifestation artistique, sportive, etc. : *Le marathon a été l'apothéose des jeux Olympiques* (**SYN.** bouquet). **2.** Honneurs extraordinaires rendus à qqn : *Les obsèques de cette chanteuse furent une apothéose* (**SYN.** consécration, triomphe). **3.** Dans l'Antiquité, déification d'un héros ou d'un souverain après sa mort.

apothicaire n.m. (du gr. *apothêkê*, boutique). *Vx* Pharmacien. ▸ ***Compte d'apothicaire,*** compte minutieux, compliqué et mesquin : *Partageons la note en deux, on ne va pas se lancer dans des comptes d'apothicaire !*

apôtre n.m. (lat. *apostolus*, gr. *apostolos*, envoyé de Dieu). **1.** Chacun des douze disciples choisis par Jésus-Christ ; nom donné à ceux qui ont été les premiers propagateurs de l'Évangile. **2.** Personne qui se met au service d'une cause, d'une idée : *Elle s'est faite l'apôtre de l'aide humanitaire* (**SYN.** défenseur, serviteur). ▸ ***Faire le bon apôtre,*** jouer la comédie de la bonté et de la vertu : *Il disait qu'il voulait nous aider, le bon apôtre !*

apparaître v.i. (lat. *apparere*) [conj. 91 ; auxil. *être*]. **1.** Devenir visible : *La première lueur de l'aube apparaît à l'horizon* (**SYN.** poindre ; **CONTR.** disparaître, s'estomper). *Les premières rougeurs sont apparues sur le visage* (**SYN.** surgir, survenir ; **CONTR.** s'effacer). *Si on clique sur le mot, on voit apparaître une traduction* (**SYN.** se présenter). **2.** Commencer à exister ; se manifester : *La vie est apparue sur la Terre il y a environ 5 milliards d'années* (**SYN.** commencer, naître ; **CONTR.** disparaître). **3.** Commencer à germer dans l'esprit de qqn ; se faire jour : *Les immenses possibilités engendrées par cette découverte lui sont apparues immédiatement* (**SYN.** se manifester, se révéler). **4.** (Avec un attribut). Se présenter sous tel ou tel aspect : *Elle nous apparaissait déterminée et confiante.* ▸ ***Il apparaît que,*** on constate que : *Il apparaît que vos soupçons étaient fondés* (= il s'avère que).

apparat n.m. (lat. *apparatus*, préparatif). Éclat, faste qui accompagne une cérémonie, une manifestation : *La reine a été reçue avec apparat, en grand apparat* (= avec solennité, en grande pompe). *Être en tenue d'apparat* (= de cérémonie). ▸ ***Apparat critique,*** notes explicatives accompagnant l'édition d'un texte.

apparatchik n.m. (mot russe). *Péjor.* Membre de la direction d'un parti, d'un syndicat.

apparaux n.m. pl. (du lat. *apparare*, préparer). Ensemble des appareils servant à manœuvrer un navire.

appareil n.m. (du lat. *apparare*, préparer). **1.** Objet, machine, dispositif formé d'un assemblage de pièces et destiné à produire un certain résultat : *Un aspirateur est un appareil électroménager. Des appareils de mesure* (**SYN.** matériel). *Un appareil à distribuer les billets de banque* (= un distributeur ; **SYN.** machine). **2.** Combiné téléphonique : *Allô, qui est à l'appareil ?* (**SYN.** téléphone). **3.** Avion : *Les passagers à bord de l'appareil sont priés de boucler leur ceinture.* **4.** Appareil photo : *N'oubliez pas vos appareils !* **5.** Prothèse amovible : *Un appareil dentaire* (= un dentier). *Porter un appareil.* **6.** Ensemble des organes qui concourent à une même fonction, chez un être vivant : *L'appareil respiratoire, circulatoire, digestif* (**SYN.** système). **7.** Ensemble des organismes assurant la direction et l'administration d'un parti, d'un syndicat, etc. : *Parti qui procède au renouvellement de son appareil* (= de ses dirigeants). **8.** Agrès de gymnastique : *Cette gymnaste est un peu faible à la poutre, mais elle se rattrapera aux autres appareils.* **9.** Taille et disposition des pierres dans un ouvrage de maçonnerie : *Appareil cyclopéen* (= avec des blocs de grande taille). ▸ *Fam.* ***Dans le plus simple appareil,*** entièrement nu : *Les enfants se baignaient dans le plus simple appareil.*

① **appareillage** n.m. (de *1. appareiller*). Ensemble d'appareils et d'accessoires : *L'appareillage informatique d'une entreprise. La réanimation postopératoire nécessite tout un appareillage.*

② **appareillage** n.m. (de *2. appareiller*). Pour un navire, action d'appareiller ; ensemble des manœuvres de départ.

① **appareiller** v.t. [conj. 4]. Munir d'un appareil de prothèse : *Appareiller un amputé.*

② **appareiller** v.i. [conj. 4]. Pour un navire, quitter le port, le mouillage.

③ **appareiller** v.t. (de *pareil*) [conj. 4]. Grouper des choses semblables pour former un ensemble : *Appareiller des couverts* (**SYN.** assortir ; **CONTR.** dépareiller).

apparemment adv. En s'en tenant aux apparences : *Apparemment, personne n'a été blessé* (= à première vue).

apparence n.f. **1.** Aspect extérieur d'une chose ou d'une personne : *Une villa de belle apparence* (**SYN.** extérieur). *Un enfant d'apparence chétive* (**SYN.** air, allure, mine, physique). **2.** Aspect immédiatement perceptible d'une personne, d'une chose qui correspond ou non à la réalité : *Son discours avait toutes les apparences de la sincérité* (**SYN.** air, dehors). *Ne vous fiez pas aux apparences* (= à ce que vous voyez). ▸ ***Contre toute apparence,*** contrairement à ce qui a été vu, pensé : *Contre toute apparence, les cambrioleurs ne sont pas passés par la fenêtre.* ***En apparence,*** extérieurement, d'après ce qu'on voit : *En apparence, le problème était résolu* (**SYN.** apparemment ; **CONTR.** réellement). ***Sauver les apparences,*** dissimuler ce qui pourrait nuire à la réputation ou aller à l'encontre des convenances : *Elle cherche surtout à sauver les apparences* (= sauver la face). ***Selon toute apparence,*** d'après ce qu'on voit, ce qu'on sait : *Selon toute apparence, le suspect n'a pas quitté la ville.*

apparent, e adj. **1.** Qui apparaît clairement aux yeux ou à l'esprit : *La mode est aux vêtements aux coutures apparentes* (**SYN.** perceptible, visible ; **CONTR.** indécelable, invisible). *Il est parti, sans raison apparente* (**SYN.** évident, manifeste ; **CONTR.** caché). **2.** Dont l'aspect ne correspond pas à la réalité : *Ces détails n'ont qu'une utilité apparente* (**SYN.** illusoire, superficiel ; **CONTR.** réel, véritable). *Mouvement apparent du Soleil autour de la Terre* (= tel qu'on le perçoit).

apparenté, e adj. **1.** Qui a des liens de parenté, par le sang ou par alliance ; parent, allié : *Familles apparentées.* **2.** Qui présente des traits communs avec qqch : *Virus apparenté à celui du sida* (**SYN.** proche, voisin). ◆ adj. et n. Se dit de personnes, de groupes liés par un accord électoral : *Députés apparentés à un parti.*

apparentement n.m. Dans certains systèmes électoraux, faculté offerte à des listes de candidats de se grouper pour le décompte des votes, afin de remporter des sièges sur des adversaires communs.

s'**apparenter** v.pr. [conj. 3]. **[à].** **1.** S'allier par mariage : *Ils se sont apparentés à une vieille famille italienne.* **2.** Avoir des traits communs avec qqn, qqch : *Cette séparation s'apparente à une rupture* (**SYN.** ressembler à, tenir de). **3.** Pratiquer l'apparentement dans une élection.

appariement n.m. *Sout.* Action d'apparier ; fait d'être apparié : *L'appariement de deux vases* (**SYN.** assortiment).

apparier v.t. (de l'anc. fr. *pairier,* de *pair*) [conj. 9]. **1.** Assortir par paires : *Apparier des gants, des chaussettes* (**CONTR.** dépareiller, déparier). **2.** Accoupler le mâle et la femelle pour la reproduction, notamm. en parlant des oiseaux : *Apparier des canaris.* ◆ **s'apparier** v.pr. Se réunir en couple pour la reproduction, notamm. en parlant des oiseaux.

appariteur n.m. (du lat. *apparere,* apparaître). Huissier, dans une université, dans un service administratif.

apparition n.f. **1.** Fait d'apparaître, de commencer à exister, de devenir visible : *La publicité fit son apparition à la télévision en 1968* (**SYN.** entrée). *On assiste à l'apparition d'un nouveau moyen de communication : l'Internet* (**SYN.** émergence, naissance). *Appliquer la pommade dès l'apparition des boutons* (**SYN.** sortie ; **CONTR.** disparition). **2.** Action de se montrer dans un lieu, en parlant de qqn : *À chacune de ses apparitions sur scène, le public applaudit. Elle n'a fait qu'une apparition à la fête* (= elle n'est restée qu'un court instant). **3.** Manifestation d'un être surnaturel ; cet être lui-même : *L'apparition de la Vierge. Il prétend qu'il a vu des apparitions* (**SYN.** fantôme, spectre).

apparoir v. impers. Être évident. ▸ ***Il appert*** → **appert.**

appartement n.m. (it. *appartamento,* de *appartare,* séparer). **1.** Local d'habitation situé dans un immeuble et comportant plusieurs pièces communicantes : *Un appartement de trois pièces* (**SYN.** logement). **2.** (Souvent au pl.). Dans un palais, un château, un hôtel, etc., suite de pièces habitées par un haut personnage : *Les appartements d'un ambassadeur.* ▸ ***Appartement témoin*** → **témoin.**

appartenance n.f. **1.** Fait d'être membre d'une collectivité : *Députée sans appartenance politique* (**SYN.** affiliation). **2.** En algèbre, propriété d'être un élément d'un ensemble.

appartenir v.t. ind. (lat. *adpertinere,* être attenant) [conj. 40]. **[à]. 1.** Être la propriété de qqn : *Ce livre m'appartient* (= il est à moi, je le possède). **2.** Être à la disposition de qqn : *Le monde appartient aux audacieux* (**SYN.** s'offrir). **3.** Faire partie de : *Ces marques appartiennent à un grand groupe international* (**SYN.** se rattacher à). *La perruche appartient à la même famille que l'ara.* **4.** Dépendre de qqn ; être propre à qqn : *Le droit de grâce appartient au président de la République* (= est le privilège, l'apanage de). ▸ ***Il appartient à qqn de,*** il est du devoir, il entre dans les attributions de qqn de : *Il vous appartient de veiller au bon déroulement du débat* (= il vous incombe, il vous revient). ◆ **s'appartenir** v.pr. ▸ ***Ne plus s'appartenir,*** ne plus être libre d'agir comme on l'entend : *J'ai trop de travail, je ne m'appartiens plus.*

appas n.m. pl. (de *appâter*). *Litt.* Charmes physiques d'une femme.

appât n.m. (de *appâter*). Nourriture placée dans un piège ou fixée à un hameçon : *Mettre un bout de fromage comme appât dans une souricière.* ▸ ***L'appât de qqch,*** ce qui attire et qui pousse à agir : *C'est l'appât du gain qui les pousse à prendre tant de risques* (**SYN.** désir).

appâter v.t. (de l'anc. fr. *past,* nourriture, lat. *pastus*) [conj. 3]. **1.** Attirer avec un appât : *Appâter des poissons* (**SYN.** amorcer). **2.** Attirer par qqch d'alléchant : *Pour les appâter, ils leur disent qu'elles seront mannequins* (**SYN.** allécher, séduire). **3.** (Sans compl. direct). Pêcher avec un certain type d'appât : *Appâter au pain, à la mouche.*

appauvrir v.t. [conj. 32]. **1.** Rendre pauvre ; priver qqn de l'argent nécessaire pour subvenir à ses besoins : *Ces années de chômage ont appauvri la famille* (**SYN.** ruiner ; **CONTR.** enrichir). **2.** Diminuer la production, l'énergie, la fertilité de : *L'agriculture intensive appauvrit la terre* (**SYN.** épuiser). ◆ **s'appauvrir** v.pr. Devenir pauvre ; perdre de sa richesse : *Région qui s'appauvrit à cause de la crise. Si l'on refuse tout néologisme, la langue s'appauvrit.*

appauvrissement n.m. Fait de s'appauvrir ; état de ce qui est appauvri : *L'appauvrissement d'un pays, d'une langue* (**SYN.** épuisement ; **CONTR.** enrichissement).

appeau n.m. (var. de *appel*). Petit instrument avec lequel on imite le cri des animaux pour les attirer et les capturer.

appel n.m. **1.** Action d'appeler, d'inviter à venir ou à agir : *Le chien répond à l'appel de son maître. Appel au secours* (**SYN.** cri). *Ce reportage est un appel à la révolte* (**SYN.** exhortation, incitation). *Les gens répondirent généreusement à l'appel des organismes humanitaires* (**SYN.** demande, sollicitation). **2.** Action d'attirer qqn vers un lieu, un état, une activité : *L'appel de la recherche scientifique* (**SYN.** attirance, attrait, fascination). **3.** Action de nommer successivement toutes les personnes d'un groupe pour vérifier leur présence : *L'accompagnateur fait l'appel des touristes. Répondre à l'appel.* **4.** Action de téléphoner à qqn ; communication téléphonique : *Il y a eu trois appels pour vous* (= coup de téléphone). **5.** Recours ; voie de recours contre une décision de justice rendue en première instance : *Faire* ou *interjeter appel d'un jugement. Jugement sans appel* (= irrévocable). *Cour d'appel.* **6.** Convocation des jeunes gens d'un contingent au service national. **7.** Appui d'un pied sur le sol, au terme de la course d'élan, et qui amorce le saut en hauteur, en longueur : *Pied, jambe d'appel. Prendre son appel.* ▸ ***Appel d'air,*** aspiration d'air qui facilite la combustion dans un foyer. *Fam.* ***Appel du pied,*** avance ou invite implicite : *Le discours du Premier ministre est un appel du pied aux centristes.* ***Faire appel à qqn, qqch,*** demander l'aide, l'appui, le concours de : *Faire appel aux bonnes volontés* (= solliciter).

appelé, e n. *Anc.* Jeune accomplissant son service national.

appeler v.t. (lat. *appellare*) [conj. 24]. **1.** Attirer l'attention en donnant de la voix ; inviter à venir, à faire qqch : *Appeler de loin un ami qu'on voit dans la rue* (**SYN.** héler, interpeller). *Appelle ta sœur, on va se mettre à table. Appeler un témoin à comparaître devant le tribunal* (**SYN.** citer, convoquer). *Appeler au secours* (**SYN.** crier, demander). *Appeler les travailleurs à la grève* (**SYN.** inciter, exhorter). **2.** Entrer en communication téléphonique avec qqn : *Appelez-moi vers cinq heures* (**SYN.** téléphoner). *Appeler les pompiers.* **3.** Rendre souhaitable, nécessaire ; entraîner comme conséquence : *Cette* *déclaration appelle une sanction diplomatique* (**SYN.** nécessiter, réclamer). *La violence appelle la violence.* **4.** Désigner par un prénom, un nom : *Ils ont appelé leur fille Ambre* (**SYN.** prénommer, nommer). *J'appelle cela du courage* (**SYN.** qualifier). *Comment appelle-t-on les méls au Québec ?* (**SYN.** désigner). **5.** En informatique, commander l'exécution d'une séquence d'instructions considérée comme un sous-ensemble autonome d'un programme : *Appeler une application.* ▸ ***Appeler les choses par leur nom,*** dire nettement la vérité, ne pas avoir peur des mots. ***Appeler qqn à une fonction, à un poste,*** l'y nommer, l'y désigner : *Elle a été appelée à la direction de l'entreprise.* ◆ v.t. ind. ▸ ***Appeler d'un jugement,*** recourir à une juridiction supérieure pour faire réviser un jugement : *La secte a appelé de la condamnation prononcée* (**SYN.** contester). ***En appeler à,*** s'en remettre à : *Il en a appelé à notre tact. En appeler à l'amitié de qqn* (**SYN.** invoquer). ◆ **s'appeler** v.pr. (Suivi d'un attribut). Avoir pour nom, pour titre : *Il s'appelle Pierre Davers* (**SYN.** se nommer). *Les instituteurs s'appellent officiellement professeurs des écoles.* ▸ ***Voilà qui s'appelle parler,*** c'est exactement ce qu'il fallait dire, la façon dont il fallait le dire.

appelette n.f. (angl. *applet*). Appliquette.

① **appellatif, ive** adj. Se dit de la fonction grammaticale remplie par les appellatifs.

② **appellatif** n.m. Terme que l'on utilise pour interpeller l'interlocuteur : *Les termes « Madame », « Monseigneur » sont des appellatifs.*

appellation n.f. Façon d'appeler, de nommer : *« Roman » est une appellation bien élogieuse pour ce modeste récit* (**SYN.** épithète, qualificatif). *Choisir une appellation pour un nouveau produit* (**SYN.** dénomination). ▸ ***Appellation d'origine contrôlée*** ou ***A.O.C.,*** label garantissant l'origine et la qualité de certains vins et de certains produits alimentaires : *Vin, fromage, beurre qui bénéficient d'une A.O.C.*

appendice [apɛ̃dis] n.m. (lat. *appendix*, ce qui pend). **1.** Partie qui complète, prolonge une partie principale : *Le hangar forme un appendice à la ferme.* **2.** Petite cavité, en forme de doigt de gant, située au bout de la partie initiale du gros intestin : *L'inflammation de l'appendice provoque une appendicite.* **3.** Ensemble de notes, de notices, de documents à la fin d'un ouvrage ; complément : *Une bibliographie sera donnée en appendice.* **4.** En zoologie, membre ou organe des insectes et des crustacés : *Les antennes, les mandibules et les pattes sont des appendices.*

appendicectomie [apɛ̃disɛktɔmi] n.f. Ablation chirurgicale de l'appendice.

appendicite [apɛ̃disit] n.f. Inflammation de l'appendice : *Une crise d'appendicite.*

appentis [apɑ̃ti] n.m. (de l'anc. v. *appendre*, suspendre). **1.** Toit à une seule pente, dont le bord supérieur s'appuie à un mur. **2.** Petit bâtiment adossé à un grand.

il **appert** loc. v. (du lat. *apparere*, apparaître). ▸ ***Il appert de qqch que*** (+ ind.), dans la langue juridique, il ressort avec évidence que : *Il appert des pièces présentées que la demande du plaignant est fondée.* ☞ **REM.** Cette locution vient du verbe *apparoir* qui ne subsiste plus que sous cette forme.

appertisation n.f. (de *N. Appert*, nom de l'inventeur du procédé). Procédé de conservation des denrées alimentaires par stérilisation à la chaleur, en vase clos.

appesantir v.t. (de *pesant*) [conj. 32]. **1.** Rendre plus lourd, moins vif : *L'eau appesantissait ses vêtements* (**SYN.** alourdir). **2.** Rendre plus dur, plus accablant : *Appesantir sa domination* (**SYN.** accentuer). ◆ **s'appesantir** v.pr. Se faire lourd, pesant : *Ses paupières s'appesantissent sous l'effet du sommeil.* ▸ ***S'appesantir sur qqch,*** en parler longuement, avec insistance : *Elle s'appesantit trop sur les détails* (**SYN.** s'attarder, insister).

appesantissement n.m. Action, fait de s'appesantir, de devenir plus pesant, plus lourd.

appétence n.f. (du lat. *appetere*, chercher à atteindre). *Litt.* Désir qui porte vers tout objet propre à satisfaire ses penchants naturels ; désir, envie.

appétissant, e adj. **1.** Qui excite l'appétit, qui donne envie de manger : *Ce gigot est très appétissant* (**SYN.** alléchant ; **CONTR.** dégoûtant). **2.** Qui plaît ; qui suscite l'envie, le désir (**SYN.** attirant, séduisant ; **CONTR.** rebutant, repoussant).

appétit n.m. (lat. *appetitus*, désir). **1.** Désir de manger : *Cette séance de natation nous a ouvert l'appétit. La vue des blessés lui a coupé l'appétit. Manger de bon appétit.* **2.** Vif désir de satisfaire un désir, un penchant, un goût pour qqch : *Un encyclopédiste dont l'appétit de connaissances est sans limites* (**SYN.** faim, passion, soif ; **CONTR.** dégoût, répugnance). *Le marché des téléphones portables suscite de nombreux appétits* (**SYN.** convoitise). ▸ ***Mettre en appétit,*** donner envie de manger ; fig., susciter l'envie ou la curiosité : *Ce qu'on m'a dit de ce film m'a mise en appétit.*

applaudimètre n.m. Enregistreur de l'intensité des applaudissements, censé fournir la mesure de la popularité d'un orateur, d'une vedette.

applaudir v.t. et v.i. [conj. 32]. Battre des mains en signe d'approbation, de contentement ; faire une ovation à : *Applaudir une chanteuse* (**SYN.** acclamer, ovationner ; **CONTR.** huer, siffler). *Le public a applaudi à tout rompre.* ◆ v.t. ind. **[à].** Manifester son approbation : *Les journaux ont applaudi à cette initiative* (**SYN.** approuver, se réjouir de ; **CONTR.** condamner, réprouver). ◆ **s'applaudir** v.pr. **[de].** *Sout.* Être content, se réjouir de qqch : *C'est une décision dont je n'ai fait que m'applaudir* (**CONTR.** se désoler de).

applaudissement n.m. Action d'applaudir, de battre des mains ; cri d'approbation : *Les acteurs saluent sous les applaudissements du public* (**SYN.** acclamation, ovation). *Un tonnerre d'applaudissements.*

applet [aplɛ] n.m. Au Québec, appliquette.

applicable adj. Susceptible d'être appliqué : *La loi est applicable à tous.*

applicateur adj.m. et n.m. Qui permet d'appliquer directement un produit : *Un tube de cirage avec bouchon applicateur.*

application n.f. **1.** Action d'appliquer qqch sur un objet, une surface : *L'application d'un vernis sur un meuble* (**SYN.** pose). *Laisser sécher entre chaque application du produit* (**SYN.** couche). **2.** Mise en œuvre ; mise en pratique : *Cette théorie peut trouver des applications pratiques* (**SYN.** utilisation). *Nous demandons l'application stricte de la loi* (**SYN.** exécution). **3.** Soin, peine que l'on prend à la réalisation d'une tâche : *Travailler avec application* (**SYN.** attention, zèle). **4.** Programme destiné à aider l'utilisateur d'un ordinateur pour le traitement d'une tâche précise.

applique n.f. (de *appliquer*). Appareil d'éclairage fixé directement au mur.

appliqué, e adj. **1.** Qui manifeste un soin méticuleux : *Un élève appliqué* (**SYN.** consciencieux, studieux, travailleur ; **CONTR.** négligent). **2.** Se dit de tout domaine où les études théoriques débouchent sur des applications concrètes, pratiques : *Recherche appliquée. Technologie appliquée à l'agriculture.* ▸ ***Arts appliqués*** → **arts décoratifs.**

appliquer v.t. [conj. 3]. **1.** Mettre une chose sur une autre de façon qu'elle adhère : *Appliquer du papier peint sur un mur* (**SYN.** étendre, poser ; **CONTR.** enlever, ôter). *Appliquer de la pommade* (**SYN.** étaler, mettre). **2.** Mettre en œuvre, en pratique : *Appliquer une taxe sur les gains réalisés au casino* (**SYN.** instituer ; **CONTR.** supprimer). *Le gouvernement applique une politique de rigueur* (**SYN.** réaliser). *Pour mettre au pluriel, il suffit d'appliquer la règle* (**SYN.** employer). **3.** Faire porter une action sur : *Appliquer une peine sévère à un coupable* (**SYN.** infliger). *Elle lui appliqua une gifle retentissante* (**SYN.** assener). ◆ **s'appliquer** v.pr. **[à]. 1.** Être adapté à qqch : *Cette campagne publicitaire s'applique bien à la situation* (**SYN.** convenir, correspondre). **2.** Apporter beaucoup de soin, d'attention à : *Elle s'applique trop aux petites choses* (**SYN.** s'attacher, se consacrer ; **CONTR.** se désintéresser, négliger). ▸ ***S'appliquer à*** (+ inf.), s'efforcer de faire qqch : *Je m'applique à t'expliquer le fonctionnement de cette machine et tu n'écoutes pas* (**SYN.** essayer de, s'évertuer à).

appliquette n.f. Petite application interactive que l'utilisateur d'un système informatique charge sur un navigateur, à partir d'une page Web d'un serveur, pour l'exécuter sur sa machine (**SYN.** appelette). ☞ **REM.** Au Québec, on dit *applet* [aplɛ].

appoggiature [apɔdʒjatyr] n.f. (de l'it. *appoggiare*, appuyer). En écriture musicale, note d'ornement qui précède la note réelle et qui est écrite en caractères plus petits.

appoint n.m. (de *1. appointer*). **1.** Petite monnaie qu'on ajoute à une somme pour atteindre un montant exact ; somme exacte due lors d'un achat : *Les clients sont priés de faire l'appoint* (= de payer en remettant la somme exacte). **2.** Ce qui s'ajoute à qqch pour le compléter : *Un deuxième salaire serait un appoint indispensable pour faire construire leur maison* (**SYN.** aide, complément, contribution). *Chauffage, lit d'appoint* (= que l'on utilise occasionnellement).

appointé n.m. En Suisse, soldat de première classe.

appointements n.m. pl. (de *1. appointer*). Rémunération fixe attachée à un poste, un emploi : *Les appointements d'un employé* (**SYN.** paie, rétribution).

① **appointer** v.t. (de *1. point*) [conj. 3]. Verser des appointements à qqn : *Des bûcherons appointés au mois* (**SYN.** payer, rémunérer, rétribuer).

② **appointer** v.t. (de *pointe*) [conj. 3]. Tailler qqch en pointe ; rendre pointu : *Appointer un crayon.*

appondre v.t. (lat. *apponere*, ajouter) [conj. 75]. En Savoie, en Suisse, joindre, fixer bout à bout : *Appondre des cordages.*

apponse n.f. (de *appondre*). En Suisse, pièce ajoutée, pièce appondue.

appontage n.m. Action d'apponter : *L'appontage d'un avion, d'un hélicoptère.*

appontement n.m. Plate-forme fixe le long de laquelle les navires viennent s'amarrer pour permettre le chargement ou le déchargement.

apponter v.i. (de *pont*) [conj. 3]. En parlant d'un avion, d'un hélicoptère, se poser sur le pont d'un bâtiment porteur.

apport n.m. **1.** Action d'apporter : *Nous attendons un nouvel apport de preuves.* **2.** Ce qui est apporté : *L'apport de Verdi à la lutte de libération de l'Italie* (**SYN.** contribution). **3.** Ensemble de biens, de capitaux que l'on apporte à une société : *De nouveaux apports sont nécessaires pour maintenir l'entreprise à flot. Retirer son apport.*

apporter v.t. [conj. 3]. **1.** Porter à qqn ; porter avec soi en un lieu : *« Je vous ai apporté des bonbons »* [*les Bonbons*, J. Brel] (**CONTR.** emporter). *Le mécanicien a apporté sa trousse à outils* (**CONTR.** remporter). **2.** Mettre à la disposition de qqn, d'un groupe : *Apporter des capitaux dans une affaire. Elle n'apporte aucune preuve* (**SYN.** donner, fournir). **3.** Produire un effet, un résultat : *Ces cachets ont apporté un soulagement au malade* (**SYN.** procurer). *Leur amitié m'a beaucoup apporté* (= m'a enrichi). **4.** Manifester tel état d'esprit : *Il apporte beaucoup de soin à ce qu'il fait* (**SYN.** mettre).

apporteur n.m. Personne qui fait un apport de biens, de capitaux.

apposer v.t. (de *poser*) [conj. 3]. Mettre une chose sur une autre : *Apposer une affiche sur un mur* (**SYN.** coller, poser). *Le peintre appose sa signature au bas du tableau* (**SYN.** inscrire). ▸ ***Apposer une clause à un acte,*** dans la langue juridique, l'y insérer.

apposition n.f. **1.** Action d'apposer : *L'apposition du tampon de la mairie est obligatoire.* **2.** En grammaire, mot (ou groupe de mots) placé près d'un nom ou d'un pronom et qui sert à le qualifier ou à le déterminer : *Dans la proposition « Les généticiens, fer de lance de la médecine moderne », « fer de lance » est mis en apposition.*

appréciable adj. **1.** Qui peut être apprécié, évalué : *Une baisse appréciable des taux d'intérêt* (**SYN.** évaluable, mesurable ; **CONTR.** imperceptible). **2.** Qui mérite d'être pris en considération ; assez important : *Ce nouveau travail présente des avantages appréciables* (**SYN.** notable, substantiel ; **CONTR.** insignifiant).

appréciateur, trice n. Personne qui apprécie, estime la valeur de qqch, de qqn : *Un grand appréciateur de vin* (**SYN.** connaisseur, expert).

appréciatif, ive adj. Qui exprime une appréciation : *Faire un état appréciatif d'un stock* (**SYN.** estimatif).

appréciation n.f. **1.** Action de déterminer la valeur de qqch : *Faire l'appréciation d'un stock* (**SYN.** estimation, évaluation). *L'accident est dû à une mauvaise appréciation de la distance* (**SYN.** calcul). *Le pourboire est laissé à l'appréciation du client* (**SYN.** avis, opinion). **2.** Jugement porté sur qqch, qqn après un examen critique : *Le contremaître donne ses appréciations chaque mois* (**SYN.** observation).

apprécier v.t. (du lat. *pretium*, prix) [conj. 9]. **1.** Estimer, déterminer la valeur, l'importance de qqch : *Un expert saura apprécier la juste valeur de ce tableau*

(**SYN.** évaluer, expertiser). *Apprécier une distance* (**SYN.** calculer, juger de). *Apprécier les conséquences d'un acte* (**SYN.** mesurer, peser). **2.** Juger bon, agréable ; faire cas de : *Elle sait apprécier un bon vin* (**SYN.** goûter, savourer ; **CONTR.** méconnaître, mésestimer). *Je n'apprécie pas ce genre de plaisanterie.* ◆ **s'apprécier** v.pr. Prendre de la valeur (par opp. à se déprécier) : *Monnaie qui s'est appréciée par rapport à une autre.*

appréhender v.t. (lat. *apprehendere*, saisir) [conj. 3]. **1.** Procéder à l'arrestation de qqn : *Ils ont appréhendé les voleurs* (**SYN.** arrêter ; **CONTR.** relâcher). **2.** S'inquiéter par avance d'un danger ou d'un malheur possible : *Elle appréhendait ce séjour en tête à tête* (**SYN.** craindre, redouter). *J'appréhende de le revoir.* **3.** *Litt.* Saisir intellectuellement : *Tenter d'appréhender les phénomènes météorologiques dans toute leur complexité* (**SYN.** comprendre, concevoir, pénétrer).

appréhension n.f. Crainte vague d'un possible danger, d'un échec, etc. : *Les appréhensions liées aux achats sur Internet* (**SYN.** angoisse, anxiété, inquiétude). *Ils ont abordé ce sujet avec appréhension.*

apprenant, e n. Personne qui suit un enseignement (par opp. à enseignant) : *Un manuel pour apprenants étrangers* (**SYN.** élève).

apprendre v.t. (lat. *apprehendere*, saisir) [conj. 79]. **1.** Acquérir la connaissance, la pratique de qqch : *Apprendre à lire. Apprendre à se servir d'un ordinateur* (**SYN.** s'initier à). *Mon petit frère apprend à monter à vélo* (**SYN.** s'exercer). *Apprendre les mathématiques, le piano* (**SYN.** étudier). **2.** Informer qqn de qqch : *C'est le maire qui a appris la nouvelle aux parents* (**SYN.** révéler ; **CONTR.** cacher, dissimuler). **3.** Faire acquérir la connaissance, la pratique de ; faire acquérir une expérience : *Apprendre le dessin à un enfant* (**SYN.** enseigner). *Un moniteur leur apprend à skier* (**SYN.** entraîner). *La vie lui apprendra la patience* (**SYN.** montrer).

apprenti, e n. **1.** Personne qui apprend un métier, qui est en apprentissage : *Une apprentie vendeuse.* **2.** Personne encore peu habile, inexpérimentée : *C'est du travail d'apprenti* (**SYN.** débutant, novice). ▸ ***Apprenti sorcier,*** personne qui met en route un processus qu'elle ne sait pas maîtriser.

apprentissage n.m. Action d'apprendre un métier manuel ou intellectuel ; formation professionnelle des apprentis ; état d'apprenti : *Être en apprentissage. Un apprentissage de deux ans.* ▸ ***Faire l'apprentissage de qqch,*** s'y exercer, s'y entraîner : *Il a fait l'apprentissage de son métier sur le tas* ; faire l'expérience de qqch pour la première fois : *Faire très tôt l'apprentissage du malheur.* ***Taxe d'apprentissage,*** taxe imposée aux employeurs, qui permet un financement partiel de l'apprentissage.

apprêt n.m. **1.** Traitement qu'on fait subir à certaines matières premières (cuirs, tissus, fils, etc.) avant de les travailler ou de les livrer au commerce ; matière utilisée pour ce traitement. **2.** Préparation, enduit qu'on applique sur une surface avant de la peindre. **3.** *Litt.* Affectation, recherche : *Elle est nette et sans apprêt* (**SYN.** afféterie ; **CONTR.** naturel, spontanéité).

apprêté, e adj. *Litt.* Dépourvu de simplicité, de naturel : *Il a un langage apprêté* (**SYN.** affecté, maniéré ; **CONTR.** simple, spontané).

apprêter v.t. (lat. *praesto*, à la portée de) [conj. 4]. **1.** *Litt.* Mettre en état pour une utilisation prochaine : *Apprêter une salle d'opération* (**SYN.** arranger, préparer). *Apprêter un repas* (**SYN.** accommoder, cuisiner). **2.** Donner de l'apprêt : *Apprêter un cuir, une étoffe.* ◆ **s'apprêter** v.pr. Faire sa toilette ; s'habiller avec soin : *S'apprêter pour une réception* (**SYN.** se parer, se préparer). ▸ ***S'apprêter à*** (+ inf.), être sur le point de : *Nous nous apprêtions à dîner* (**SYN.** se disposer à).

apprivoisement n.m. Action d'apprivoiser ; fait d'être apprivoisé : *L'apprivoisement d'un faon.*

apprivoiser v.t. (lat. *privatus*, domestique) [conj. 3]. **1.** Rendre un animal moins sauvage, moins farouche : *Ils ont réussi à apprivoiser un lionceau* (**SYN.** domestiquer, dresser). **2.** Rendre qqn plus sociable, plus docile : *Elle a réussi à apprivoiser la nouvelle venue* (**SYN.** conquérir, gagner ; **CONTR.** effaroucher, effrayer). ◆ **s'apprivoiser** v.pr. Devenir moins sauvage : *L'ours s'apprivoise assez facilement.*

approbateur, trice adj. et n. Qui approuve : *Un murmure approbateur s'éleva dans la salle* (**SYN.** favorable ; **CONTR.** désapprobateur, réprobateur).

approbatif, ive adj. Qui contient une approbation : *La mention « lu et approuvé » est une mention approbative.*

approbation n.f. Action d'approuver qqch, de consentir à qqch : *Il hocha la tête en signe d'approbation* (**SYN.** acquiescement, assentiment). *Les mineurs ne peuvent s'inscrire sans l'approbation de leurs parents* (**SYN.** accord, consentement, permission). *L'approbation du maire est nécessaire pour organiser cette fête* (**SYN.** agrément, autorisation). *L'approbation d'une loi par les députés* (**SYN.** ratification, vote).

approchable adj. (Surtout en tournure négative). Se dit de qqn qu'on peut aborder aisément : *Depuis qu'elle est à ce poste, elle n'est plus approchable* (**SYN.** accessible, abordable ; **CONTR.** inabordable).

approchant, e adj. ▸ ***Quelque chose, rien d'approchant,*** quelque chose, rien d'analogue, de semblable : *Je n'ai pas l'article que vous voulez, mais voici quelque chose d'approchant* (**SYN.** équivalent, similaire ; **CONTR.** différent, opposé).

approche n.f. **1.** Action d'approcher ; mouvement par lequel on approche de qqch, de qqn : *À l'approche du promeneur, les lapins détalèrent* (**SYN.** arrivée). **2.** Proximité d'un événement, d'un moment : *L'approche des examens. À l'approche de la nuit, les oiseaux se taisent* (**SYN.** venue). **3.** (Calque de l'angl. *approach* ; emploi critiqué). Manière d'aborder un sujet, un problème : *C'est une mauvaise approche de la situation.* ▸ ***Travaux d'approche,*** démarches entreprises pour parvenir à un but. ◆ **approches** n.f. pl. *Litt.* Abords d'un lieu ; alentours, environs : *Nous avons croisé le convoi aux approches de la frontière* (= dans les parages de).

approché, e adj. À peu près exact : *Cela vous donnera une idée approchée de ce qui s'est passé* (**SYN.** approximatif ; **CONTR.** précis).

approcher v.t. (du lat. *prope*, près de) [conj. 3]. **1.** Mettre près ou plus près de qqn, de qqch : *Approcher une table d'une autre* (**SYN.** rapprocher ; **CONTR.** écarter, éloigner). **2.** Venir auprès de qqn ; avoir accès à qqn : *Ne l'approche pas, elle est contagieuse. C'est un homme qu'on ne peut approcher* (**SYN.** rencontrer).

3. Établir un contact avec qqn en vue d'une négociation : *La direction d'une entreprise concurrente cherche à l'approcher* (**SYN.** contacter, joindre, voir). ◆ v.t. ind. **[de].** Être près d'atteindre qqch dans l'espace ou dans le temps : *Nous approchons de la gare* (**SYN.** s'éloigner de). *J'approche de la trentaine* (**SYN.** friser). ◆ v.i. **1.** Être proche dans le temps : *L'été approche* (**SYN.** arriver). **2.** Venir près, plus près de qqn : *Approchez, sinon vous n'entendrez rien.* ◆ **s'approcher** v.pr. **[de].** Venir, être près de qqn, de qqch : *L'infirmière s'approche du malade* (**SYN.** se rapprocher ; **CONTR.** s'éloigner de). *Elle s'est approchée pour me saluer* (**SYN.** s'avancer).

approfondir v.t. [conj. 32]. **1.** Examiner de plus près, plus à fond : *Je voudrais approfondir l'analyse de ce sondage* (**SYN.** creuser, explorer ; **CONTR.** effleurer). *Une étude approfondie* (= minutieuse, poussée). **2.** Rendre plus profond : *Approfondir un fossé de quelques centimètres* (**SYN.** creuser).

approfondissement n.m. Action d'approfondir, d'examiner plus avant : *Son témoignage mériterait quelques approfondissements* (**SYN.** recherche).

appropriation n.f. Action de s'approprier, de se rendre possesseur de qqch : *L'appropriation du sol par les paysans sans terre.*

approprié, e adj. **[à].** Qui convient : *Trouver un traitement approprié à une maladie* (**SYN.** adéquat, convenable ; **CONTR.** impropre). *Un style approprié au sujet traité* (**SYN.** conforme ; **CONTR.** inadéquat).

approprier v.t. (du lat. *proprius*, propre) [conj. 10]. Rendre adéquat à un emploi, à une destination : *Approprier un local à un usage d'habitation* (**SYN.** adapter). *Approprier sa tenue aux circonstances* (**SYN.** accorder, conformer). ◆ **s'approprier** v.pr. S'attribuer la propriété de qqch : *Ils se sont approprié un immeuble vide* (**SYN.** s'attribuer, s'emparer de). *Des pouvoirs qu'ils se sont injustement appropriés* (**SYN.** s'arroger).

approuver v.t. (du lat. *proba*, preuve) [conj. 3]. **1.** Considérer qqch comme juste, louable, convenable : *Le président a approuvé la modération de l'opposition* (**SYN.** souscrire à ; **CONTR.** critiquer, désapprouver). **2.** Donner raison à qqn ; être du même avis que lui : *Je vous approuve de les avoir aidés* (**SYN.** féliciter, louer ; **CONTR.** blâmer). **3.** Autoriser par décision administrative : *Le Sénat a approuvé le budget* (**SYN.** voter ; **CONTR.** repousser). ▸ ***Lu et approuvé,*** formule dont le signataire fait précéder sa signature au bas d'un acte, pour indiquer qu'il en accepte les termes.

approvisionnement n.m. **1.** Action d'approvisionner : *La sécheresse compromet l'approvisionnement en eau de la capitale* (**SYN.** alimentation, ravitaillement). **2.** Ensemble des provisions rassemblées : *Renouveler l'approvisionnement* (**SYN.** réserve, stock).

approvisionner v.t. [conj. 3]. **1.** Fournir les provisions, les choses nécessaires à la subsistance, au fonctionnement : *Approvisionner un hypermarché en fruits bio* (**SYN.** pourvoir, ravitailler). *Approvisionner un compte en banque* (= y déposer de l'argent ; **SYN.** alimenter, fournir). **2.** Placer une cartouche, un chargeur dans le magasin d'une arme à feu : *Approvisionner une mitrailleuse.* ◆ **s'approvisionner** v.pr. Faire des provisions, des achats : *S'approvisionner dans un grand magasin, chez un bon fournisseur* (**SYN.** se fournir).

approximatif, ive adj. **1.** Qui résulte d'une approximation : *Le nombre approximatif des manifestants* (**SYN.** approché ; **CONTR.** exact). **2.** Qui n'approche que de loin la réalité : *Un témoignage approximatif* (**SYN.** imprécis, 1. vague ; **CONTR.** précis, rigoureux).

approximation n.f. (du lat. *proximus*, très proche). **1.** Évaluation approchée d'un chiffre, d'une grandeur : *Une approximation de la longueur nécessaire de papier peint* (**SYN.** estimation). **2.** Ce qui n'approche que de loin la réalité : *Un rapport plein d'approximations* (**SYN.** à-peu-près).

approximativement adv. De manière approximative ; à peu près : *Cette pièce fait approximativement 10 mètres carrés* (**SYN.** environ ; **CONTR.** exactement, précisément).

appui n.m. **1.** Ce qui sert à soutenir ou à maintenir la solidité, la stabilité : *Mettre un appui à une plante qui penche* (**SYN.** support, tuteur). *Construire un mur d'appui* (**SYN.** soutènement, soutien). **2.** Aide accordée à qqn : *Trouver du travail grâce à l'appui d'une assistante sociale* (**SYN.** assistance, concours). *Le commissaire a l'appui du préfet dans cette affaire* (**SYN.** accord, soutien). ▸ ***À l'appui,*** pour servir de confirmation : *Présenter une découverte scientifique, preuves à l'appui.*

appui-bras n.m. (pl. *appuis-bras*) ou **appuie-bras** n.m. inv. Dans un véhicule, support permettant d'appuyer le bras (**SYN.** accotoir, accoudoir).

appui-tête n.m. (pl. *appuis-tête*) ou **appuie-tête** n.m. inv. Dispositif adapté au dossier d'un siège et destiné à soutenir la tête (**SYN.** repose-tête).

appuyé, e adj. Qui insiste trop : *Une allusion appuyée* (**SYN.** lourd ; **CONTR.** fin, subtil).

appuyer [apɥije] v.t. (du lat. *podium*, base) [conj. 14]. **1.** Placer une chose sur une autre qui lui sert de support : *Appuyer une échelle contre un arbre* (**SYN.** adosser). *N'appuie pas tes coudes sur la table !* (**SYN.** mettre, poser). **2.** *Fig.* Apporter son aide à qqn ; manifester son soutien à qqch, à une action : *Le conseiller général appuie cette candidate pour les municipales* (**SYN.** recommander). *Le ministre appuie le projet de loi* (**SYN.** encourager, pousser). ◆ v.i. **1. [sur, contre].** Peser plus ou moins fortement, exercer une pression sur qqch : *Appuyer sur le frein. Appuie sur le bouton pour éteindre l'ordinateur* (**SYN.** presser). **2.** Aller dans une direction : *La voiture appuie sur la gauche.* **3.** Donner une importance particulière à : *L'avocat a appuyé sur le jeune âge de son client* (= mettre l'accent sur ; **SYN.** insister sur, souligner). ◆ **s'appuyer** v.pr. **1. [à, sur, contre].** Prendre appui sur qqch : *Elle s'est appuyée contre un arbre* (**SYN.** s'adosser). **2. [sur].** Se servir de qqn, de qqch comme d'un support, d'un soutien : *S'appuyer sur des documents pour une étude* (**SYN.** se fonder sur). *Il s'appuie trop sur ses parents* (**SYN.** compter sur, se reposer sur). **3.** *Fam.* Faire qqch contre son gré : *S'appuyer une visite chez le dentiste.*

apraxie n.f. (du gr. *praxis*, action). Incapacité d'exécuter des mouvements coordonnés (écriture, marche), sans qu'il y ait atteinte de la motricité ni de la sensibilité.

âpre adj. **1.** Désagréable au goût : *Fruit âpre* (**SYN.** aigre ; **CONTR.** doux). **2.** *Sout.* Dont le contact, la sonorité est désagréable, pénible à supporter : *Une âpre soirée d'hiver* (**SYN.** perçant, rigoureux ; **CONTR.** clément, doux). *Un instrument désaccordé au son âpre* (**SYN.** rude, strident ; **CONTR.** harmonieux, mélodieux). **3.** *Sout.* Qui manifeste de la violence, de la dureté : *Le débat entre les deux hommes politiques a été âpre* (**SYN.** brutal, farouche ; **CONTR.** courtois). ▸ ***Âpre au gain,*** qui a un amour immodéré pour l'argent (**SYN.** cupide).

âprement adv. Avec âpreté : *S'opposer âprement à une réforme* (**SYN.** durement, farouchement).

après prép. **1.** Indique la postériorité dans le temps : *Aller à la piscine après son travail* (**CONTR.** avant). *Après avoir dîné, nous partirons.* **2.** Indique la postériorité dans l'espace : *L'immeuble où elle travaille se trouve après la mairie* (**CONTR.** avant). **3.** Indique un degré inférieur dans une échelle de valeurs : *L'attaché culturel vient après l'ambassadeur. L'argent vient après l'or et le platine.* **4.** Après certains verbes, indique l'hostilité ou le désir : *Le chien aboie après les passants. Nous attendons après vous.* ▸ ***Après cela*** ou ***après quoi,*** ensuite : *Après cela, les cours de la Bourse ont chuté. Écoutez-le, après quoi vous donnerez votre avis.* ***Après coup,*** quand le moment opportun est passé ; trop tard : *J'y ai pensé après coup.* ***Après quatre heures,*** en Belgique, partie de la journée qui suit le goûter. ***Après tout,*** tout bien considéré : *Après tout, cet homme n'est pas intéressant* (**SYN.** finalement). ***Par après,*** en Belgique, par la suite. ◆ adv. **1.** Indique la postériorité dans le temps ; par la suite : *Je mange et je lui téléphonerai après* (= puis je lui téléphonerai ; **SYN.** ensuite ; **CONTR.** auparavant, avant, d'abord). **2.** Indique la postériorité dans l'espace : *Allez jusqu'au stop et tournez à gauche après.* **3.** Indique un rang inférieur dans une échelle de valeurs : *Les responsables viennent en premier, les autres après.* ◆ **après que** loc. conj. (Suivi de l'ind.). À la suite du moment où ; une fois que : *Après que tu auras fini, tu pourras sortir.* ◆ **d'après** loc. prép. **1.** Selon les propos de ; en se référant à : *D'après le présentateur de la météo, il pleuvra demain* (**SYN.** selon). **2.** En prenant pour modèle, pour référence : *Peindre d'après nature. Se faire une idée d'après un échantillon.*

après-demain adv. Le second jour après celui où l'on est : *C'est jeudi, la fête a lieu après-demain samedi.*

après-guerre n.m. ou n.f. (pl. *après-guerres*). Époque qui suit une guerre.

après-midi n.m. inv. ou n.f. inv. Partie de la journée comprise entre midi et le soir : *Mes après-midi sont chargés. Je viendrai cet après-midi* (= tantôt).

après-rasage adj. inv. Se dit d'une lotion, d'un baume rafraîchissant que les hommes appliquent sur la peau après s'être rasés : *Des baumes après-rasage* (**SYN.** after-shave [anglic.]). ◆ n.m. (pl. *après-rasages*). Produit qui s'applique après le rasage : *Des après-rasages parfumés.*

après-ski n.m. (pl. *après-skis*). Chaussure fourrée, bottillon que l'on porte pour marcher dans la neige.

après-soleil adj. inv. Se dit d'un produit cosmétique hydratant la peau après l'exposition au soleil : *Des crèmes après-soleil.* ◆ n.m. (pl. *après-soleils*). Produit après-soleil : *Des après-soleils adoucissants.*

après-vente adj. inv. ▸ ***Service après-vente,*** dans une entreprise, service qui assure la mise en marche, l'entretien et la réparation des produits vendus.

âpreté n.f. **1.** Caractère de ce qui est âpre : *L'âpreté d'un fruit* (**SYN.** amertume ; **CONTR.** douceur). *L'âpreté de l'hiver* (**SYN.** dureté, rigueur ; **CONTR.** clémence). **2.** *Sout.* Caractère d'actes ou de paroles rudes ou brutaux : *L'âpreté d'un débat* (**SYN.** brutalité, rudesse ; **CONTR.** civilité, modération).

a priori loc. adv. (mots lat. signif. « en partant de ce qui précède »). En se fondant sur des données admises avant toute expérience (par opp. à a posteriori) : *A priori, votre demande est irrecevable* (= à première vue). ◆ loc. adj. inv. Admis avant toute expérience : *Jugements a priori.* ◆ n.m. inv. Idée, argument acquis a priori : *Avoir des a priori sur un pays* (**SYN.** préjugé).

apriorique adj. Fondé sur des a priori : *Idée apriorique.*

apriorisme n.m. Jugement a priori : *Rejeter les apriorismes.*

à-propos n.m. inv. Justesse et rapidité d'une réaction, d'une repartie : *Le candidat répond à la question avec à-propos* (**SYN.** pertinence). *Cet avocat fait preuve d'à-propos* (= présence d'esprit).

APS [apeɛs] n.m. (sigle de l'anglo-amér. *advanced photographic system*). Système photographique dans lequel le film peut enregistrer diverses informations (date, heure, choix du cadrage, etc.).

apte adj. **[à].** Qui a les qualités nécessaires pour ; capable de : *Un athlète apte au marathon. Employé apte à ce poste de travail.*

aptère adj. (gr. *apteros,* de *pteron,* aile). Se dit d'un animal dépourvu d'ailes : *La puce, le pou sont des insectes aptères.*

aptéryx n.m. Nom scientifique de l'oiseau *kiwi.*

aptitude n.f. **[à].** Disposition naturelle ou acquise permettant à qqn de faire qqch : *Il a une grande aptitude à répondre du tac au tac* (**SYN.** capacité, don ; **CONTR.** incapacité). *Avoir des aptitudes à l'informatique* (**SYN.** facilité, prédisposition ; **CONTR.** inaptitude).

apurement n.m. Fait d'apurer un compte ; son résultat.

apurer v.t. [conj. 3]. En comptabilité, vérifier et arrêter définitivement un compte.

aquacole [akwakɔl] ou **aquicole** [akɥikɔl] adj. **1.** Qui vit dans l'eau : *Un mammifère aquacole.* **2.** Qui se rapporte à l'aquaculture : *Un élevage aquacole.*

aquaculteur, trice [akwakyltœr, tris] ou **aquiculteur, trice** [akɥikyltœr, tris] n. Personne qui pratique l'aquaculture.

aquaculture [akwakyltyr] ou **aquiculture** [akɥikyltyr] n.f. (du lat. *aqua,* eau, et de *culture*). Élevage des animaux aquatiques ; culture des plantes aquatiques.

aquafortiste [akwafɔrtist] n. (de l'it. *acquaforte,* eau-forte). Graveur à l'eau-forte.

Aquagym [akwaʒim] n.f. (nom déposé). Gymnastique qui se fait dans l'eau, à la piscine.

aquaplanage [akwaplanaʒ] n.m. Dérapage d'un véhicule automobile, dû à la présence d'une mince pellicule d'eau entre la chaussée et les pneus (**SYN.** aquaplaning [anglic.]).

aquaplane [akwaplan] n.m. Sport nautique consistant à se tenir debout sur une planche tirée par un bateau à moteur ; cette planche.

aquarelle [akwarɛl] n.f. (it. *acquarello,* couleur

détrempée). **1.** Peinture délayée à l'eau, légère, transparente, appliquée le plus souvent sur du papier blanc : *Peindre à l'aquarelle.* **2.** Œuvre exécutée selon ce procédé : *Une exposition d'aquarelles.*

aquarelliste [akwarelist] n. Personne qui peint à l'aquarelle.

aquariophile [akwarjɔfil] n. Personne qui pratique l'aquariophilie.

aquariophilie [akwarjɔfili] n.f. Élevage en aquarium de poissons d'ornement.

aquarium [akwarjɔm] n.m. (mot lat. signif. « réservoir »). **1.** Réservoir transparent dans lequel on élève des animaux, des plantes aquatiques : *Des aquariums pour poissons exotiques.* **2.** Établissement où sont élevés et exposés des animaux d'aquarium : *L'aquarium de Boulogne-sur-Mer.*

aquatinte [akwatɛ̃t] n.f. (it. *acqua tinta,* eau teintée). Gravure à l'eau-forte imitant le lavis.

aquatique [akwatik] adj. **1.** Qui pousse, qui vit dans l'eau ou près de l'eau : *Le nénuphar est une plante aquatique.* **2.** Où il y a de l'eau : *Le paysage aquatique des rizières.*

aquavit ou **akvavit** [akwavit] n.m. (mot suédois signif. « eau-de-vie »). Eau-de-vie de grain ou de pomme de terre, qui est une spécialité des pays scandinaves.

aqueduc n.m. (du lat. *aquae ductus,* conduite d'eau). **1.** Canal aérien ou souterrain qui conduit l'eau d'un lieu à un autre. **2.** Pont sur lequel passe ce canal.

aqueux, euse adj. **1.** Qui contient de l'eau : *Un abricot aqueux* (**CONTR.** sec). **2.** Qui est de la nature de l'eau ; qui ressemble à de l'eau : *La partie aqueuse du sang. Des vapeurs aqueuses.* ▸ ***Solution aqueuse,*** en chimie, solution dont l'eau est le solvant.

aquicole adj. → **aquacole.**

aquiculteur, trice n. → **aquaculteur.**

aquiculture n.f. → **aquaculture.**

aquifère [akɥifɛr] adj. Qui contient de l'eau en grande quantité : *Nappe aquifère.*

aquilin [akilɛ̃] adj.m. (du lat. *aquila,* aigle). ▸ ***Nez aquilin,*** nez fin et recourbé, faisant penser à un bec d'aigle (**SYN.** busqué).

aquilon [akilɔ̃] n.m. *Poét.* Vent du nord (**SYN.** borée [litt.]).

ara n.m. (mot tupi-guarani). Grand perroquet d'Amérique latine, à longue queue et au plumage vivement coloré.

arabe adj. et n. Relatif aux peuples parlant l'arabe. ▸ ***Chiffres arabes,*** ensemble de dix signes (de 0 à 9) utilisés pour représenter les nombres (par opp. à chiffres romains). ◆ n.m. Langue sémitique parlée principalement dans le nord de l'Afrique et au Moyen-Orient.

arabesque n.f. (it. *arabesco,* arabe). **1.** Ornement peint ou sculpté formé de motifs végétaux très stylisés : *Les fines arabesques des médaillons coraniques.* **2.** Ligne sinueuse formée de courbes : *Les arabesques du fleuve dans son delta.*

arabica n.m. Caféier le plus cultivé dans le monde ; café qu'il produit : *Boire une tasse d'arabica.*

arabique adj. D'Arabie. ▸ ***Gomme arabique*** → **gomme.**

arabisant, e n. et adj. Spécialiste de la langue ou de la civilisation arabe.

arabisation n.f. Action d'arabiser ; fait d'être arabisé : *L'arabisation d'un pays.*

arabiser v.t. [conj. 3]. Donner un caractère arabe à : *Arabiser l'enseignement* (= l'assurer en langue arabe).

arable adj. (du lat. *arare,* labourer). Se dit d'un sol qui peut être cultivé : *Terre arable* (**SYN.** cultivable).

arabophone adj. et n. De langue arabe ; qui parle l'arabe : *Un enfant arabophone.*

arachide n.f. (d'un mot gr.). Plante des pays chauds cultivée pour sa graine, la cacahouète, dont on extrait une huile alimentaire. ▸ ***Beurre d'arachide,*** au Québec, pâte onctueuse à base de graines d'arachide grillées et moulues.

arachnéen, enne [arakneɛ̃, ɛn] adj. (du gr. *arakhnê,* araignée). **1.** Relatif à l'araignée. **2.** *Litt.* Qui a la légèreté, la finesse de la toile d'araignée : *De la lingerie arachnéenne.*

arachnide [araknid] n.m. Animal invertébré terrestre, sans antennes ni mandibules : *L'araignée, le scorpion, le faucheur et les acariens sont des arachnides.*

arachnoïde [araknɔid] n.f. Membrane très fine qui enveloppe le cerveau.

araignée n.f. (lat. *aranea*). **1.** Animal invertébré à quatre paires de pattes : *Le grenier est plein de toiles d'araignée.* **2.** En boucherie, morceau de bœuf très tendre provenant des muscles de la paroi abdominale. **3.** Crochet de fer à plusieurs branches ; courroie élastique, tendeur à huit branches. ▸ ***Araignée de mer,*** grand crabe comestible aux longues pattes. *Fam.* ***Avoir une araignée dans le plafond,*** être un peu fou.

araire n.m. (du lat. *aratrum,* charrue). Instrument de labour qui rejette la terre de part et d'autre du sillon.

araméen, enne adj. Relatif aux Araméens. ◆ **araméen** n.m. Langue sémitique parlée pendant l'Antiquité dans tout le Proche-Orient.

arasement n.m. Action d'araser ; fait d'être arasé (**SYN.** nivellement).

araser v.t. (du lat. *radere,* raser) [conj. 3]. **1.** Mettre de niveau : *Araser les fondations d'une maison* (**SYN.** niveler). **2.** En géologie, user un relief, une surface jusqu'à disparition des saillies : *Massif arasé par l'érosion* (**SYN.** aplanir).

aratoire adj. (du lat. *arare,* labourer). Qui concerne le labourage, le travail de la terre : *La charrue est un instrument aratoire.*

araucaria n.m. (de *Arauco,* nom d'une ville du Chili). Conifère d'Amérique du Sud et d'Océanie, souvent cultivé dans les parcs européens.

arawak [arawak] n. m. Famille de langues que parlent des peuples amérindiens.

arbalète n.f. (du lat. *arcuballista,* baliste à arc). **1.** Arme de guerre du Moyen Âge, composée d'un arc d'acier bandé à la main ou par un mécanisme. **2.** Sport dans lequel on tire à l'arbalète.

arbalétrier n.m. **1.** Soldat qui était armé d'une arbalète. **2.** Sportif qui pratique le tir à l'arbalète.

arbitrage n.m. **1.** Action d'arbitrer : *L'arbitrage d'un match de rugby. Assurer l'arbitrage d'un conflit* (**SYN.** conciliation, médiation). **2.** Sentence rendue par un arbitre : *L'arbitrage lui est défavorable* (**SYN.** jugement, verdict).

arbitraire adj. **1.** Qui dépend de la seule volonté, du libre choix, qui n'est pas imposé de l'extérieur : *Le choix du symbole représentant l'arobase est arbitraire* (**SYN.** conventionnel). **2.** Qui n'est pas conforme à la justice ; qui dépend du seul caprice de qqn : *Procéder à des arrestations arbitraires* (**SYN.** injustifié, irrégulier ; **CONTR.** légal). *Un pouvoir arbitraire* (**SYN.** despotique, tyrannique ; **CONTR.** légitime). ◆ n.m. Caractère de ce qui est arbitraire, dépend du bon vouloir ; autorité qui s'exerce sans limite ; autoritarisme.

arbitrairement adv. De façon arbitraire : *Une personne jugée arbitrairement* (**SYN.** irrégulièrement ; **CONTR.** légalement).

arbitral, e, aux adj. **1.** Prononcé par voix d'arbitre : *Un jugement arbitral.* **2.** Composé d'arbitres.

arbitralement adv. Par l'intermédiaire d'un arbitre.

① **arbitre** n. (lat. *arbiter*). **1.** Personne choisie par deux ou plusieurs personnes, par des groupes en désaccord pour trancher leur différend : *Le gardien a servi d'arbitre entre les deux locataires* (**SYN.** conciliateur, médiateur). **2.** Personne, groupe possédant un poids suffisant pour imposer sa volonté : *Les arbitres de l'élégance, de la pensée politique.* **3.** Personne chargée de diriger une rencontre sportive ou un jeu dans le respect des règlements : *L'arbitre siffle un penalty.*

② **arbitre** n.m. (lat. *arbitrium*). ▸ ***Libre arbitre,*** faculté qu'a une personne de prendre des décisions, d'agir par sa seule volonté : *Quand on agit sous la menace, on n'a plus son libre arbitre.*

arbitrer v.t. [conj. 3]. Juger ou contrôler en qualité d'arbitre : *Arbitrer un match de tennis. Arbitrer un débat entre deux hommes politiques.*

arboré, e adj. Planté d'arbres : *Terrain arboré.*

arborer v.t. (it. *arborare,* dresser un mât) [conj. 3]. **1.** Hisser un drapeau, déployer une bannière : *Les supporters arborent la bannière de leur équipe.* **2.** Porter qqch de façon à être remarqué : *L'adolescent arbora fièrement sa casquette de marque américaine* (**SYN.** exhiber). **3.** Montrer ouvertement : *Arborer ses opinions politiques* (**SYN.** afficher ; **CONTR.** cacher, taire).

arborescence n.f. **1.** État d'un végétal arborescent. **2.** Partie arborescente d'un végétal. **3.** Forme arborescente : *Les arborescences du givre* (**SYN.** arborisation). **4.** En informatique, structure hiérarchisée de données, de fichiers.

arborescent, e adj. Qui a la forme d'un arbre : *Fougères arborescentes.*

arboretum [arbɔretɔm] n.m. (mot lat.). Terrain planté d'arbres de diverses espèces, en vue d'étudier leur évolution : *Visiter des arboretums.*

arboricole adj. **1.** Se dit d'un animal qui vit sur les arbres : *Un singe arboricole.* **2.** Qui se rapporte à l'arboriculture.

arboriculteur, trice n. Personne qui pratique l'arboriculture.

arboriculture n.f. (du lat. *arbor,* arbre, et de *culture*). Culture des arbres et, en partic., des arbres fruitiers.

arborisation n.f. Dessin naturel évoquant des ramifications ; arborescence : *Les arborisations du givre, de l'agate.*

arborisé, e adj. **1.** Qui présente des arborisations : *Agate arborisée.* **2.** En Suisse, arboré.

arbouse n.f. Fruit rouge de l'arbousier, dont on fait une liqueur.

arbousier n.m. Arbrisseau du Midi, à feuilles rappelant celles du laurier, dont le fruit, comestible, est l'arbouse.

arbovirus [arbɔvirys] n.m. Virus transmis à l'homme par la piqûre d'un moustique, d'une tique, etc., et responsable d'une maladie appelée *arbovirose.*

arbre n.m. (lat. *arbor*). **1.** Grande plante ligneuse dont la tige, ou tronc, fixée au sol par des racines, n'est chargée de branches et de feuilles qu'à partir d'une certaine hauteur : *Des arbres ornementaux, fruitiers. Les arbres abattus par la tempête.* **2.** En mécanique, axe qui transmet un mouvement ou le transforme : *Arbre à cames.* ▸ ***Arbre à palabres,*** en Afrique, arbre sous lequel se réunissent les anciens du village. ***Arbre généalogique,*** graphique en forme d'arbre dont les ramifications représentent la filiation des membres d'une famille.

arbrisseau n.m. Petit arbre qui ne dépasse pas 4 mètres, et a une tige ramifiée dès la base : *Planter des arbrisseaux.*

arbuste n.m. Petit arbre ne dépassant pas 7 mètres, dont la tige n'est pas ramifiée dès la base : *Le lilas est un arbuste.*

arbustif, ive adj. **1.** Relatif à l'arbuste ; composé d'arbustes : *Végétation arbustive.* **2.** De la taille d'un arbuste : *Une plante tropicale arbustive.*

arc n.m. (lat. *arcus*). **1.** Arme formée d'une tige flexible dont les extrémités sont reliées par une corde que l'on tend fortement pour lancer des flèches : *Un champion de tir à l'arc.* **2.** Objet, forme, ligne dont la courbure rappelle celle d'un arc : *L'arc des sourcils.* **3.** Partie, portion courbe de certains organes : *Arc du côlon, d'une vertèbre.* **4.** En architecture, partie d'un édifice franchissant un espace en dessinant une ou plusieurs courbes : *Arc en ogive.* ▸ ***Arc de cercle,*** en géométrie, portion de cercle comprise entre deux points ; fig., courbe quelconque : *Disposer des chaises en arc de cercle.* ***Arc de triomphe,*** monument en forme d'arc, construit à la gloire de qqn ou pour commémorer un événement.

① **arcade** n.f. (it. *arcata*). **1.** Ouverture faite d'un arc reposant sur deux piliers ou colonnes. **2.** (Au pl.). Galerie à arcades : *Les arcades de la rue de Rivoli, à Paris.* **3.** Organe, partie du corps en forme d'arc : *Le boxeur s'est ouvert l'arcade sourcilière.*

② **arcade** n.f. (angl. *arcade,* galerie marchande). En Suisse, petit local commercial. ▸ ***Jeu d'arcade,*** jeu vidéo payant installé dans un lieu public.

arcane n.m. (du lat. *arcanus,* secret). *Litt.* Opération mystérieuse dont le secret n'est connu que des seuls initiés : *L'arcane fascinant de la création musicale* (**SYN.** énigme). ◆ **arcanes** n.m. pl. Chose secrète ; pratique mystérieuse : *Chercher à percer les nombreux arcanes de la politique* (**SYN.** secret).

arc-boutant n.m. (pl. *arcs-boutants*). Maçonnerie en arc élevée à l'extérieur d'un édifice gothique, servant à soutenir un mur, une voûte : *Les arcs-boutants d'une cathédrale* (**SYN.** appui, contrefort, étai).

arc-bouter v.t. [conj. 3]. Soutenir une construction

au moyen d'un arc-boutant : *Arc-bouter une voûte* (**SYN.** étayer). ◆ **s'arc-bouter** v.pr. **[contre, à, sur].** Prendre fortement appui sur une partie du corps pour exercer un effort de résistance : *Elle s'est arc-boutée contre la porte pour nous empêcher de l'ouvrir* (**SYN.** s'appuyer).

arceau n.m. **1.** Objet en forme de petit arc : *Les arceaux d'un jeu de croquet.* **2.** En architecture, petit arc décoratif.

arc-en-ciel [arkɑ̃sjɛl] n.m. (pl. *arcs-en-ciel*). Arc lumineux coloré parfois visible dans le ciel, à l'opposé du soleil, pendant une averse : *Les sept couleurs de l'arc-en-ciel sont le rouge, l'orangé, le jaune, le vert, le bleu, l'indigo et le violet.* ☞ **REM.** Le pluriel se prononce comme le singulier. ◆ adj. inv. Qui a les couleurs de l'arc-en-ciel : *Des chaussettes arc-en-ciel* (**SYN.** multicolore).

archaïque [arkaik] adj. **1.** Qui appartient à une époque passée ; qui n'est plus en usage : *Un système économique archaïque* (**SYN.** anachronique, démodé, dépassé ; **CONTR.** actuel, moderne). *« Cherra » est une forme conjuguée archaïque du verbe « choir »* (**SYN.** ancien, désuet ; **CONTR.** actuel). **2.** Dans les beaux-arts, antérieur aux époques classiques ; primitif : *Une statuette égyptienne archaïque.*

archaïsant, e [arkaizɑ̃, ɑ̃t] adj. et n. Qui imite un style ancien ; qui contient des archaïsmes : *Un roman archaïsant.*

archaïsme [arkaism] n.m. (du gr. *arkhaios*, ancien). **1.** Caractère de ce qui est très ancien, de ce qui est périmé : *L'archaïsme d'une machine agricole* (**CONTR.** modernité). **2.** Mot, tournure langagière qui n'est plus en usage : *« Col », « garce » sont deux archaïsmes pour « cou » et « fille »* (**CONTR.** néologisme).

archange [arkɑ̃ʒ] n.m. Ange d'un niveau supérieur : *Les archanges Gabriel, Michel et Raphaël.*

① **arche** n.f. (lat. *arcus*). **1.** Voûte prenant appui sur les deux piles d'un pont. **2.** Petite voûte en forme de berceau percée dans une construction de peu d'épaisseur. **3.** Four utilisé pour recuire le verre.

② **arche** n.f. (du lat. *arca*, coffre). ▸ ***Arche d'alliance,*** coffre où les Hébreux gardaient les Tables de la Loi ; armoire où est enfermé le rouleau de la Torah. ***Arche de Noé,*** selon la Bible, vaisseau que Noé construisit sur l'ordre de Dieu pour sauver du Déluge sa famille et les espèces animales.

archelle n.f. En Belgique, étagère pourvue de crochets pour la suspension de récipients à anse.

archéologie [arkeɔlɔʒi] n.f. (du gr. *arkhaios*, ancien, et *logos*, science). Étude scientifique des civilisations passées, par l'analyse des vestiges matériels mis au jour par les fouilles.

archéologique [arkeɔlɔʒik] adj. Relatif à l'archéologie : *Des fouilles archéologiques.*

archéologue [arkeɔlɔg] n. Personne spécialisée en archéologie.

archéoptéryx [arkeɔpteriks] n.m. Oiseau fossile du jurassique présentant des caractères reptiliens.

archer n.m. Tireur à l'arc.

archerie n.f. **1.** Technique du tir à l'arc. **2.** Équipement du tireur à l'arc.

archet n.m. (de *arc*). Baguette souple tendue de crins, qui sert à faire vibrer, par frottement, les cordes de certains instruments (violon, violoncelle, etc.).

archèterie n.f. Fabrication et commerce des archets.

archetier, ère n. Personne qui fabrique des archets.

archétypal, e, aux [arketipal, o] ou **archétypique** [arketipik] adj. Qui concerne un archétype : *« Impression soleil levant » de Monet est le tableau archétypal du mouvement impressionniste.*

archétype [arketip] n.m. (gr. *arkhetupon*, modèle primitif). Modèle original ou idéal d'après lequel sont bâtis un ouvrage, une œuvre : *« Le Voleur de bicyclette » est l'archétype des films néoréalistes.*

archevêché [arʃəveʃe] n.m. Étendue de la province ecclésiastique d'un archevêque ; sa résidence.

archevêque [arʃəvɛk] n.m. Titre honorifique conféré à certains évêques.

archidiacre n.m. Prélat responsable de l'administration d'une partie du diocèse, sous l'autorité de l'évêque.

archiduc n.m. *Anc.* Prince de la maison d'Autriche.

archiduchesse n.f. *Anc.* **1.** Princesse de la maison d'Autriche. **2.** Épouse, fille d'un archiduc.

archiépiscopal, e, aux adj. Relatif à l'archevêque : *Fonctions archiépiscopales.*

archiépiscopat n.m. Dignité d'archevêque ; durée de sa fonction.

archipel n.m. (it. *arcipelago*, du gr. *pelagos*, mer). Groupe d'îles : *L'archipel des Açores.*

architecte n. (gr. *arkhitektôn*, maître constructeur). **1.** Personne qui réalise les plans d'un édifice, d'un bâtiment, et qui en contrôle l'exécution. **2.** *Litt.* Personne qui conçoit un ensemble, une organisation complexe et qui participe à sa réalisation : *L'architecte de la construction européenne* (= le maître d'œuvre). ▸ ***Architecte naval,*** ingénieur en construction navale chargé de la conception d'un navire, d'une plate-forme marine, etc.

architectonique n.f. Organisation, structure d'une œuvre artistique.

architectural, e, aux adj. Relatif à l'architecture ; qui évoque une œuvre d'architecture : *Le Colisée de Rome est une réussite architecturale. La structure architecturale d'un tableau.*

architecture n.f. **1.** Art de concevoir et de construire un bâtiment selon des règles techniques et esthétiques déterminées ; science de l'architecte : *Les grands travaux d'architecture contemporaine.* **2.** *Litt.* Ce qui constitue l'ossature, la charpente d'une œuvre : *L'architecture d'un exposé* (**SYN.** organisation, structure).

architecturer v.t. [conj. 3]. Construire, agencer une œuvre avec rigueur : *Émile Zola architecturait toujours ses romans* (**SYN.** structurer).

architrave n.f. (de l'it.). Partie inférieure d'un entablement, reposant directement sur les supports.

archivage n.m. Action d'archiver ; fait d'être archivé.

archiver v.t. [conj. 3]. Recueillir des documents et les classer dans des archives : *Elle a archivé tous les journaux relatifs à cette affaire.*

archives n.f. pl. (du gr. *arkheion*, ce qui est ancien). **1.** Ensemble des documents relatifs à l'histoire d'une ville, d'une famille, etc. : *Consulter les archives nationales avant d'écrire un roman historique.* **2.** Lieu où sont conservés de tels documents : *Aller aux archives d'un journal.*

archiviste n. Spécialiste de la conservation, du classement, de l'étude des archives.

archonte [arkɔ̃t] n.m. Haut magistrat, dans diverses cités grecques anciennes.

arçon n.m. (du lat. *arcus,* arc). **1.** Armature d'une selle de cheval, formée de parties cintrées, du pommeau et de la partie postérieure. **2.** Sarment de vigne, rameau d'arbre fruitier que l'on courbe pour lui faire produire plus de fruits. ▸ ***Vider les arçons,*** tomber de cheval.

arctique [artik ou arktik] adj. (du gr. *arktikos,* du nord). Du pôle Nord et des régions environnantes (par opp. à antarctique).

ardemment [ardamɑ̃] adv. Avec ardeur : *Désirer ardemment une médaille* (**SYN.** passionnément, vivement).

ardent, e adj. (lat. *ardens,* brûlant). **1.** Qui brûle, chauffe fortement ; qui cause une sensation de chaleur : *Soleil ardent* (**SYN.** brûlant ; **CONTR.** froid, glacial). **2.** *Fig.* Qui est plein d'ardeur ; passionné : *Un ardent défenseur des droits de l'enfant* (**SYN.** acharné, fervent ; **CONTR.** mou, tiède). *Une discussion ardente* (**SYN.** enflammé, fougueux). **3.** Se dit d'une couleur vive : *Des cheveux d'un roux ardent* (**SYN.** éclatant). ▸ ***Chapelle ardente,*** chambre mortuaire éclairée de cierges.

ardeur n.f. (lat. *ardor,* de *ardere,* brûler). **1.** Force qui pousse à faire qqch ; force que l'on met à faire qqch : *Une équipe pleine d'ardeur* (**SYN.** fougue, vigueur, vitalité ; **CONTR.** mollesse, tiédeur). *Défendre une cause avec ardeur* (**SYN.** acharnement, enthousiasme, ferveur ; **CONTR.** indolence, tiédeur). **2.** *Litt.* Chaleur extrême : *L'ardeur du soleil.*

ardillon n.m. Pointe métallique qui, dans une boucle de ceinture, sert à arrêter la courroie.

ardoise n.f. (mot gaul.). **1.** Roche schisteuse, gris foncé, se divisant facilement en plaques minces : *Les toits d'ardoise des maisons bretonnes.* **2.** Tablette sur laquelle on peut écrire à la craie ou avec un crayon spécial appelé *crayon d'ardoise* : *Les écoliers font leurs calculs sur une ardoise.* **3.** (Employé en appos.). Qui est d'une certaine nuance de gris : *Des gants gris ardoise.* **4.** *Fam.* Somme due, crédit ouvert chez un commerçant : *Avoir une ardoise chez le boulanger.*

ardoisier, ère adj. Relatif à l'ardoise : *Industrie ardoisière.*

ardoisière n.f. Carrière d'ardoise.

ardu, e adj. Difficile à comprendre, à résoudre : *Confier un dossier ardu à un avocat* (**SYN.** malaisé, pénible ; **CONTR.** aisé, facile). *Un problème de mathématiques ardu* (**SYN.** compliqué ; **CONTR.** simple).

are n.m. (lat. *area,* surface). Unité de mesure des surfaces agraires : *L'are vaut 100 mètres carrés.*

arec [arɛk] ou **aréquier** n.m. Palmier à tige élancée de l'Asie du Sud-Est, dont le fruit est la *noix d'arec* : *On extrait le cachou de la noix d'arec.*

aréna n.m. Au Québec, patinoire couverte ou centre sportif : *L'aréna est ouvert le dimanche.*

arène n.f. (du lat. *arena,* sable). **1.** Dans l'Antiquité romaine, espace sablé d'un cirque, d'un amphithéâtre où se déroulaient les jeux : *Les gladiateurs combattaient dans l'arène.* **2.** Aire sablée sur laquelle ont lieu les courses de taureaux : *Le torero entre dans l'arène.* **3.** *Fig.* Espace public où s'affrontent des partis, des courants d'idées : *L'arène politique.* ◆ **arènes** n.f. pl. Édifice où se déroulaient les jeux sous l'Antiquité et où ont lieu aujourd'hui les courses de taureaux : *Les arènes de Nîmes.*

arénicole adj. Se dit d'un animal, d'une plante qui vit dans le sable : *La coque est un coquillage arénicole.*

aréole n.f. (du lat. *area,* aire). **1.** En anatomie, cercle pigmenté qui entoure le mamelon du sein. **2.** En médecine, zone rougeâtre qui entoure un point inflammatoire.

aréomètre n.m. (du gr. *araios,* peu dense). Instrument servant à déterminer la densité d'un liquide (**SYN.** densimètre).

aréopage n.m. (du gr. *Areios pagos,* colline d'Arès). *Litt.* Assemblée de personnes compétentes, savantes : *Rassembler un aréopage de scientifiques pour une émission télévisée.*

aréquier n.m. → **arec.**

arête n.f. (lat. *arista,* épi). **1.** Os pointu du squelette des poissons : *Retirer les arêtes d'une sardine grillée.* **2.** En anatomie, ligne osseuse saillante : *Arête du nez.* **3.** En architecture, angle saillant formé par la rencontre de deux surfaces : *Arête d'un toit.* **4.** Barbe de l'épi de certaines graminées : *Les arêtes de l'orge, du seigle.* **5.** En mathématiques, droite commune à deux plans qui se coupent : *Un cube a 12 arêtes.* **6.** En géographie, ligne qui sépare les deux versants d'une montagne : *Une arête rocheuse.*

arêtier n.m. Pièce de charpente formant l'arête d'un toit.

arêtière n.f. et adj.f. Tuile recouvrant l'arêtier.

argent n.m. (lat. *argentum*). **1.** Métal précieux blanc, brillant, qui peut être étiré sans se rompre. **2.** Ce métal allié à du cuivre : *Vaisselle d'argent. Une bague en argent.* **3.** Monnaie, en pièces ou en billets ; richesse qu'elle représente : *Retirer de l'argent à la banque* (**SYN.** espèces, liquidités). *Avoir de l'argent* (= être riche). ▸ ***Argent de poche,*** somme destinée à de petites dépenses personnelles. ***D'argent,*** qui, par sa couleur, rappelle l'argent poli : *La mer a des éclats d'argent.* ***En avoir, en vouloir pour son argent,*** en proportion de ce qu'on a déboursé ou de l'effort que l'on a fait. ***Faire de l'argent,*** s'enrichir : *Un boursicoteur qui fait de l'argent.* ***Homme, femme d'argent,*** qui aime l'argent, qui sait le faire fructifier.

argentage n.m. Action d'argenter : *L'argentage de bijoux.*

argentan ou **argenton** n.m. Alliage de nickel, de cuivre et de zinc, dont la couleur blanche rappelle celle de l'argent : *Des couverts en argentan.*

argenté, e adj. **1.** Recouvert d'argent : *Bague en métal argenté.* **2.** *Litt.* Qui évoque l'argent, par sa couleur ou son éclat : *Des cheveux argentés* (= poivre et sel). **3.** *Fam.* Qui a de l'argent : *Ils sont peu argentés* (**SYN.** fortuné, riche ; **CONTR.** pauvre).

argenter v.t. [conj. 3]. **1.** Recouvrir d'argent : *Argenter des fourchettes.* **2.** *Litt.* Donner la blancheur, l'éclat de l'argent à : *Le soleil argente l'eau du lac.*

argenterie n.f. Vaisselle et accessoires de table en argent ou en métal argenté.

argentier n.m. Avant la Révolution, officier de la maison du roi chargé de l'ameublement et de l'habillement. ▸ *Fam.* ***Grand argentier,*** ministre des Finances.

argentifère adj. Se dit d'un minerai qui renferme de l'argent : *Du plomb argentifère.*

argentin, e adj. *Litt.* Dont le son clair évoque celui d'une pièce d'argent qu'on fait sonner : *La voix argentine d'un enfant.*

argenton n.m. → **argentan.**

argenture n.f. Dépôt d'une couche d'argent à la surface d'un objet ; couche d'argent ainsi appliquée.

argile n.f. Roche sédimentaire meuble, imperméable, grasse au toucher, qui, imbibée d'eau, peut être façonnée et qui est utilisée en poterie et en briqueterie : *Un buste en argile.* ▸ ***Colosse aux pieds d'argile,*** personne, État dont la puissance, immense en apparence, repose sur des bases fragiles.

argileux, euse adj. Qui contient de l'argile : *Un terrain argileux.*

argon n.m. (du gr. *argos,* inactif). Gaz inerte, incolore, constituant environ le centième de l'atmosphère terrestre.

argonaute n.m. (gr. *Argonautês,* nom mythol.). Mollusque des mers chaudes, dont la femelle fabrique une coquille calcaire blanche pour abriter sa ponte.

argot n.m. **1.** Vocabulaire, langage particulier à un groupe social, une profession : *L'argot des prisons. L'argot des médecins* (**SYN.** jargon). **2.** (Emploi abusif). Langage familier mêlé de mots argotiques ; langage populaire.

argotier, ère n. Personne qui connaît et parle l'argot, un argot.

argotique adj. Relatif à l'argot : *Termes argotiques.*

argotisme n.m. Mot, expression argotique : *« En cabane » est un argotisme signifiant « en prison ».*

argotiste n. Spécialiste de l'étude de l'argot, des argots.

argousin n.m. (de l'esp. *alguacil,* agent de police). *Litt., vieilli.* Agent de police.

arguer [argɥe ou, cour., arge] v.t. (lat. *arguere,* prouver) [conj. 8]. **1.** Tirer comme conséquence ; conclure : *Que peut-on arguer de ce revirement du ministre ?* (**SYN.** déduire, inférer [litt.]). **2.** Avancer comme argument, comme excuse ; invoquer : *Il a argué que son radio-réveil s'était arrêté* (**SYN.** alléguer, prétexter). ◆ v.t. ind. **[de].** Utiliser qqch comme argument, comme prétexte : *Les compagnies pétrolières arguent du prix du baril pour augmenter celui de l'essence à la pompe* (= faire état de, mettre en avant ; **SYN.** se prévaloir de).

argument n.m. **1.** Preuve, élément qui vient à l'appui d'une affirmation, d'une thèse, d'une demande : *Vous devez avoir des arguments convaincants pour obtenir son accord* (**SYN.** raison). **2.** Résumé du sujet d'une œuvre littéraire, lyrique, dramatique : *L'argument d'un opéra de Verdi.*

argumentaire n.m. **1.** Ensemble d'arguments que l'on présente pour défendre une opinion : *La députée rédige un argumentaire pour défendre son projet de loi.* **2.** Liste d'arguments de vente à l'usage du vendeur : *Les vendeurs débutants consultent souvent leur argumentaire.*

argumentation n.f. Action d'argumenter ; ensemble d'arguments : *L'argumentation fantaisiste d'un chauffard* (**SYN.** raisonnement).

argumenter v.i. [conj. 3]. Présenter des arguments sur, contre qqn, qqch : *Syndicaliste qui argumente contre la mondialisation* (= qui remet en cause). ◆ v.t. Justifier, appuyer par des arguments un discours, un exposé : *Ce chercheur argumente sa thèse à l'aide de découvertes récentes* (**SYN.** étayer).

argus [argys] n.m. (lat. *Argus,* nom d'un géant mythologique aux cent yeux). Journal spécialisé, donnant des informations précises et chiffrées : *Une voiture cotée 1 000 euros à l'argus.*

argutie [argysi] n.f. (lat. *argutia,* subtilité). (Souvent au pl.). Raisonnement qui dissimule son absence de sérieux sous une subtilité excessive.

① **aria** n.m. (de l'anc. fr. *harier,* harceler). *Vieilli.* Ennui, souci, tracas, embarras.

② **aria** n.f. (mot it.). **1.** Mélodie vocale ou instrumentale, avec accompagnement : *Une aria, des arias de Bach.* **2.** Grand air chanté par un soliste, dans un opéra : *L'aria de la Reine de la nuit dans « la Flûte enchantée » de Mozart.*

arianisme n.m. (du nom d'*Arius*). Doctrine d'Arius et de ses adeptes niant la divinité du Christ.

aride adj. **1.** Sec, privé d'humidité : *Un sol aride où rien ne pousse* (**SYN.** désertique ; **CONTR.** humide). *Climat aride* (= où il ne pleut presque pas). **2.** Difficile et sans agréments : *Effectuer un travail aride* (**SYN.** ingrat, rébarbatif ; **CONTR.** attrayant, intéressant). **3.** *Litt.* Qui ne manifeste ni générosité ni imagination : *Une femme d'affaires au cœur aride* (**SYN.** insensible, sec ; **CONTR.** sensible).

aridité n.f. État de ce qui est aride : *L'aridité des sols désertiques* (**SYN.** sécheresse ; **CONTR.** humidité).

arien, enne adj. et n. Relatif à l'arianisme ; partisan, adepte de l'arianisme.

ariette n.f. Courte mélodie de caractère léger, gracieux.

aristocrate n. et adj. Membre de l'aristocratie ; noble.

aristocratie [aristɔkrasi] n.f. (du gr. *aristos,* excellent, et *kratos,* pouvoir). **1.** Classe des nobles, des privilégiés (**SYN.** noblesse). **2.** Gouvernement exercé par cette classe. **3.** *Litt.* Petit nombre de personnes qui se distinguent dans un domaine quelconque : *L'aristocratie de la bonne cuisine* (**SYN.** élite).

aristocratique adj. **1.** De l'aristocratie : *Une famille aristocratique.* **2.** Digne d'un aristocrate : *Elle a des manières aristocratiques* (**SYN.** distingué, raffiné ; **CONTR.** vulgaire).

aristoloche n.f. (gr. *aristolokhia,* qui favorise les accouchements). Plante grimpante, à fleurs jaunes en forme de tube.

aristotélicien, enne adj. et n. Relatif à la philosophie d'Aristote ; adepte de cette philosophie.

arithméticien, enne n. Spécialiste d'arithmétique.

arithmétique n.f. (gr. *arithmêtikê,* science des nombres). Partie des mathématiques qui étudie les propriétés élémentaires des nombres. ◆ adj. Relatif à l'arithmétique : *L'addition, la soustraction, la multiplication et la division sont des opérations arithmétiques.*

arlequin n.m. (anc. fr. *Hellequin,* nom d'un diable).

Personne déguisée d'un costume bariolé rappelant celui d'Arlequin, personnage de la comédie italienne.

arlésien, enne adj. et n. D'Arles. ▸ ***L'Arlésienne,*** personne dont on parle tout le temps et qu'on ne voit jamais (par allusion à l'opéra de Bizet où ce personnage ne paraît jamais sur scène).

armada n.f. (de l'*Invincible Armada*). *Litt.* Grande quantité de personnes ou de choses : *Une armada de journalistes attend la vedette à l'aéroport* (= un grand nombre ; **SYN.** essaim, foule). *Une armada d'ambulances* (**SYN.** multitude, nuée).

armagnac n.m. Eau-de-vie de raisin produite dans l'Armagnac.

armailli n.m. En Suisse, et particulièrement dans le canton de Fribourg, vacher.

armateur n.m. Personne qui arme et exploite un navire dont elle est propriétaire ou locataire.

armature n.f. (lat. *armatura*, armure). **1.** Assemblage de pièces, souvent métalliques, qui renforce, soutient les parties d'un objet, d'un ouvrage : *L'armature d'une tente* (**SYN.** ossature). **2.** Partie rigide qui sous-tend un bonnet de soutien-gorge. **3.** *Fig.* Base d'un projet, d'une organisation ; ce qui soutient, maintient en place : *L'écotaxe est l'armature de leur programme de réforme* (**SYN.** charpente).

arme n.f. (lat. *arma*, armes). **1.** Objet, appareil, engin servant à attaquer ou à se défendre : *L'arme a été retrouvée près de la victime.* **2.** *Fig.* Moyen quelconque de se défendre ou de résister : *La ruse est sa meilleure arme.* **3.** Élément de l'armée de terre chargé d'une mission particulière au combat : *On a mobilisé les trois armes, l'infanterie, l'artillerie et les blindés.* ▸ ***Arme à feu,*** qui emploie la force explosive de la poudre : *Le revolver, le fusil sont des armes à feu.* ***Arme blanche,*** arme de main à lame d'acier. ***Arme de destruction massive*** ou ***A.D.M.,*** arme nucléaire, biologique ou chimique provoquant d'énormes pertes matérielles ou humaines. ***Armes spéciales,*** armes nucléaires, biologiques ou chimiques (par opp. aux armes classiques ou conventionnelles). *Fam.* ***Passer l'arme à gauche,*** mourir. ◆ **armes** n.f. pl. **1.** (Précédé de l'art. déf.). Carrière militaire : *Choisir les armes pour échapper au chômage.* **2.** Pratique de l'escrime : *Salle, maître d'armes.* **3.** Armoiries : *Les armes de la Bourgogne.* ▸ ***Faire ses premières armes,*** débuter dans la carrière militaire ; fig., débuter dans une carrière, une entreprise : *Il a fait ses premières armes dans l'enseignement.* ***Fait d'armes,*** exploit militaire. ***Passer qqn par les armes,*** le fusiller. ***Prendre les armes,*** se révolter, combattre. ***Prise d'armes,*** rassemblement de troupes en armes pour une cérémonie militaire.

armé, e adj. **1.** Muni d'une arme, d'armes : *Un groupe armé a forcé l'entrée du stade.* **2.** Pourvu d'une armature : *Béton armé.*

armée n.f. **1.** Ensemble des forces militaires d'un État : *Armée de l'air, de terre, de mer.* **2.** Grande unité terrestre groupant plusieurs divisions : *Général d'armée.* **3.** Grande quantité de personnes ou de choses : *Une armée de touristes visite le Louvre* (**SYN.** armada [litt.], foule). *Une armée de moustiques* (**SYN.** multitude, nuée). ▸ ***Grande Armée,*** celle qui était commandée par Napoléon Ier de 1805 à 1814.

armement n.m. **1.** Action d'armer une personne, un lieu : *L'armement des rebelles.* **2.** Ensemble des armes dont est équipé qqn, qqch : *L'armement d'un sous-marin.* **3.** (Souvent au pl.). Ensemble des moyens dont dispose un État pour assurer sa sécurité : *Freiner la course aux armements.* **4.** Action d'armer, d'équiper un navire.

arménien, enne adj. et n. D'Arménie. ◆ **arménien** n.m. Langue indo-européenne parlée en Arménie.

armer v.t. [conj. 3]. **1.** Pourvoir d'armes une personne, un lieu : *Faut-il armer les policiers municipaux ?* (**CONTR.** désarmer). *Armer un pays pour qu'il se défende contre l'oppresseur.* **2.** Lever et équiper des troupes : *Armer des volontaires.* **3.** Mettre une arme, un mécanisme, en état de fonctionner : *Armer une caméra.* **4.** *Fig.* Donner à qqn les moyens d'affronter une situation : *Cette maladie l'a armé contre la douleur* (**SYN.** endurcir). **5.** Munir un navire de ce qui est nécessaire à son fonctionnement et à sa sécurité. ◆ **s'armer** v.pr. **[de]. 1.** Se saisir d'une arme : *Elle s'arma d'un bâton.* **2.** Se préparer à faire face à une situation : *Ils se sont armés de courage avant de lire les résultats* (**SYN.** se munir de).

armistice n.m. (du lat. *arma*, armes, et *sistere*, s'arrêter). Convention par laquelle des chefs militaires suspendent les hostilités : *L'armistice du 11 novembre 1918 mit fin à la Première Guerre mondiale.*

armoire n.f. (lat. *armarium*). **1.** Meuble de rangement, à tablettes, fermé par des portes : *Armoire à linge. Armoire à pharmacie* (= petit meuble où l'on range les médicaments). **2.** Au Québec, placard : *Des armoires de cuisine.* ▸ *Fam.* ***Armoire à glace,*** personne qui a de larges épaules.

armoiries n.f. pl. (de l'anc. fr. *armoyer*, orner d'armes héraldiques). Ensemble des signes, devises et ornements de l'écu d'un État, d'une ville, d'une famille (**SYN.** armes, blason).

armoise n.f. (lat. *artemisia*, plante d'Artémis). Plante aromatique à odeur amère : *L'absinthe, le génépi et l'estragon sont des armoises.*

armorial, e, aux adj. Relatif aux armoiries : *Les couleurs armoriales d'une famille.* ◆ **armorial, aux** n.m. Recueil d'armoiries : *L'armorial des villes de France.*

armoricain, e adj. et n. D'Armorique : *Massif armoricain.*

armorier v.t. [conj. 9]. Orner d'armoiries : *Armorier le fronton d'une mairie.*

armure n.f. **1.** Ensemble des défenses métalliques qui protégeaient le corps des guerriers au Moyen Âge. **2.** Façon dont les fils de chaîne et de trame d'un tissu s'entrecroisent : *Armure toile, sergé.*

armurerie n.f. Atelier, magasin d'armurier.

armurier n.m. Personne qui fabrique, répare ou vend des armes.

A.R.N. ou **ARN** [aɛrɛn] n.m. (sigle de *acide ribonucléique*). Acide indispensable à la synthèse des protéines à partir du programme génétique porté par l'A.D.N. : *Un A.R.N. viral.*

arnaque n.f. *Fam.* Escroquerie, tromperie : *Ce site Web est une arnaque.*

arnaquer v.t. (picard *harnacher*, travestir) [conj. 3]. *Fam.* Tromper qqn, souvent pour le voler : *Se faire arnaquer par une voyante* (**SYN.** duper, escroquer).

arnaqueur, euse n. *Fam.* Personne qui arnaque : *Cet arnaqueur m'a vendu une voiture volée* (**SYN.** escroc).

arnica n.m. ou n.f. (gr. *ptarmika,* plantes qui provoquent un éternuement). **1.** Plante vivace des montagnes, très toxique, à fleurs jaunes. **2.** Teinture extraite de cette plante, utilisée contre les contusions.

arobase ou **arrobe** n.f. (de l'esp. *arroba,* unité de mesure utilisée en Espagne et en Amérique du Sud). Caractère typographique @, utilisé dans les adresses de courrier électronique.

arolle ou **arole** n.m. En Suisse, espèce de pin qui pousse dans les Alpes.

aromate n.m. (mot gr.). Substance végétale qui répand une odeur agréable, utilisée en médecine, en parfumerie ou en cuisine : *Le basilic et la muscade sont des aromates utilisés en cuisine* (**SYN.** épice).

aromatique adj. De la nature des aromates ; qui exhale un parfum agréable : *La lavande est une plante aromatique* (**SYN.** odoriférant [litt.]).

aromatiser v.t. [conj. 3]. Parfumer avec une substance aromatique : *Aromatiser une compote de pommes avec de la cannelle.*

arôme n.m. (gr. *arôma,* parfum). Odeur agréable qui s'exhale de certaines substances végétales ou animales : *L'arôme du café frais* (**SYN.** parfum, senteur [litt.]). *L'arôme d'un vin* (**SYN.** bouquet).

aronde n.f. (lat. *hirundo,* hirondelle). ▸ ***À*** ou ***en queue d'aronde,*** en forme de queue d'hirondelle, plus large à une extrémité qu'à l'autre : *Assemblage en queue d'aronde* (= où le tenon et la mortaise ont cette forme).

arpège n.m. En musique, accord exécuté en jouant successivement et rapidement les notes : *Un arpège harmonieux.*

arpéger v.t. [conj. 22]. En musique, exécuter, jouer en arpège : *Arpéger un accord* (**CONTR.** plaquer).

arpent n.m. (gaul. *arepennis*). Ancienne mesure agraire qui valait de 35 à 50 ares.

arpentage n.m. Action d'arpenter un terrain ; mesure ainsi réalisée.

arpenter v.t. [conj. 3]. **1.** Mesurer la superficie d'un terrain. **2.** Parcourir à grands pas : *Arpenter sa chambre en attendant un coup de téléphone important.*

arpenteur n.m. Spécialiste qui était chargé de mesurer la superficie d'un terrain (auj. appelé *géomètre topographe*).

arpète ou **arpette** n. (de l'all. *Arbeiter,* travailleur). *Fam., vieilli.* Jeune apprenti.

arqué, e adj. Courbé en arc : *Jambes arquées. Nez arqué* (**SYN.** busqué).

arquebuse n.f. (néerl. *Hakebusse,* mousquet à crochet). Arme à feu (en usage en France de la fin du XVe s. au début du XVIIe), qu'il fallait appuyer sur une fourche plantée en terre.

arquebusier n.m. Soldat qui était armé d'une arquebuse.

arquer v.t. (de *arc*) [conj. 3]. Courber en arc : *Arquer une tige de fer.*

arrachage n.m. Action d'arracher qqch : *L'arrachage des pommes de terre* (**SYN.** récolte ; **CONTR.** plantation).

à l'**arrache** loc. adv. *Fam.* **1.** De façon précipitée et sommaire : *Une loi votée à l'arrache.* **2.** En se débrouillant, au gré des circonstances : *Des jeunes qui vivent à l'arrache.*

arraché n.m. Exercice d'haltérophilie consistant à soulever la barre d'un seul mouvement continu au-dessus de la tête au bout d'un ou des deux bras tendus. ▸ *Fam.* ***À l'arraché,*** grâce à un effort violent, et souvent de justesse : *Remporter la victoire à l'arraché.*

arrachement n.m. **1.** Action d'arracher, de détacher par un effort violent : *L'arrachement d'une dent* (**SYN.** extirpation, extraction). **2.** Séparation brutale, moralement douloureuse : *Le départ de son frère a été un arrachement* (**SYN.** déchirement).

d'**arrache-pied** loc. adv. Avec acharnement et sans interruption ; avec persévérance : *Lutter d'arrache-pied contre l'intolérance* (**SYN.** ardemment ; **CONTR.** mollement).

arracher v.t. (du lat. *eradicare,* déraciner) [conj. 3]. **1.** Enlever de terre qqch qui y est fixé par des racines : *Arracher des carottes* (**SYN.** récolter ; **CONTR.** planter). *Arracher des mauvaises herbes* (**SYN.** extirper). **2.** Détacher, retirer par la force ou avec peine : *Arracher une dent. Arracher une épine d'un doigt* (**SYN.** extirper, extraire). **3.** Enlever de force ; prendre : *Arracher une arme des mains d'un forcené* (**SYN.** retirer). *Elle m'a arraché la lettre des mains.* **4.** Obtenir avec peine, de force ou par ruse : *Arracher une promesse* (**SYN.** soutirer). *Cette petite équipe a arraché la victoire* (**SYN.** enlever). **5. [à].** Faire sortir qqn d'un état dans lequel il était : *La sonnette l'arracha à sa rêverie* (**SYN.** tirer de ; **CONTR.** plonger dans). *Ils ont tout fait pour l'arracher à la mort.* **6.** Obliger qqn à quitter un lieu : *La guerre les a arrachés à leur pays.* ◆ **s'arracher** v.pr. **1. [de, à].** S'éloigner ; quitter à regret : *Elle s'est arrachée de son fauteuil. Il s'arracha à ses pensées et se remit au travail.* **2.** Se disputer la présence de qqn : *Toutes les émissions de télévision s'arrachent ce chanteur.* ▸ ***S'arracher les cheveux,*** être désespéré : *Elle s'arrache les cheveux devant l'ampleur de la tâche.*

arracheur n.m. ▸ *Fam.* ***Mentir comme un arracheur de dents,*** mentir effrontément.

arraisonnement n.m. Action d'arraisonner un navire, un avion.

arraisonner v.t. (du lat. *ratio,* compte) [conj. 3]. **1.** Arrêter en mer un navire et contrôler son état sanitaire, sa cargaison, l'identité de son équipage. **2.** Contrôler en vol un avion.

arrangeant, e adj. Avec qui on s'arrange facilement : *Un responsable de service très arrangeant* (**SYN.** accommodant, conciliant ; **CONTR.** exigeant, intraitable).

arrangement n.m. **1.** Action de disposer des choses d'une certaine manière ; manière dont qqch est arrangé : *Modifier l'arrangement des meubles* (**SYN.** agencement, disposition). **2.** Accord amiable conclu entre deux parties : *Les deux États ont trouvé un arrangement* (**SYN.** compromis, conciliation ; **CONTR.** litige, procès). **3.** Transformation d'une œuvre musicale en vue de son exécution par des voix, des instruments ou des ensembles différents de ceux d'origine ; le morceau ainsi modifié : *L'arrangement d'une chanson de Brel par un groupe de rock* (**SYN.** adaptation).

arranger v.t. (de *ranger*) [conj. 17]. **1.** Mettre en ordre, disposer harmonieusement : *Arranger des livres dans une bibliothèque* (**SYN.** ranger ; **CONTR.** déranger). *Arranger un parterre de tulipes* (**SYN.** ordonner, organiser ; **CONTR.** bouleverser). **2.** Mettre ou remettre en ordre, en place, en état (par opp. à déranger) : *Arranger une serrure* (**CONTR.** casser, dérégler). *Arranger sa coiffure.* **3.** Modifier pour affecter à une destination particulière : *Arranger un programme scolaire pour des enfants en difficulté* (**SYN.** adapter). **4.** Procéder à l'arrangement d'une œuvre musicale. **5.** Régler de manière satisfaisante : *Le maire a arrangé le conflit entre les copropriétaires* (**SYN.** accommoder ; **CONTR.** embrouiller). **6.** Prendre les dispositions nécessaires pour organiser qqch : *Arranger une entrevue entre deux hommes d'État* (**SYN.** combiner, régler). **7.** Convenir à qqn ; satisfaire : *Ces nouveaux horaires arrangent les employés* (**SYN.** aller). ◆ **s'arranger** v.pr. **1.** Se mettre d'accord ; s'entendre : *Ils se sont arrangés pour partager les frais.* **2.** Finir bien ; évoluer favorablement : *La situation de cette entreprise s'est arrangée.* **3. [pour].** Prendre des dispositions en vue de qqch : *Arrange-toi pour obtenir ce papier au plus vite.* **4. [de].** Se contenter de qqch, malgré les inconvénients : *Les victimes du séisme s'arrangent pour le moment des locaux prêtés par la mairie* (**SYN.** s'accommoder de, se satisfaire de).

arrangeur, euse n. Personne qui fait un arrangement musical.

arrérages n.m. pl. (de *arrière*). **1.** Intérêts versés au titulaire d'une rente ou d'une pension. **2.** Ce qui reste dû d'une rente, d'un revenu quelconque : *Recevoir les arrérages du trimestre précédent.*

arrestation n.f. Action d'arrêter qqn par autorité de justice ou de police ; résultat de cette action : *L'arrestation d'un trafiquant* (**SYN.** capture). *Être en état d'arrestation* (**SYN.** détention, incarcération).

arrêt n.m. **1.** Action d'arrêter, de s'arrêter : *L'arrêt des cours a lieu en juin* (**SYN.** cessation, interruption, suspension ; **CONTR.** reprise). *Les randonneurs font un arrêt au refuge* (**SYN.** halte). *Ne pas descendre avant l'arrêt du train* (**SYN.** immobilisation). **2.** Endroit où s'arrête un véhicule de transport en commun : *Nous descendons du métro au prochain arrêt* (**SYN.** station). **3.** Pièce, dispositif destinés à arrêter, à bloquer un élément mobile : *Un couteau à cran d'arrêt.* **4.** Décision de justice rendue par une juridiction supérieure : *Arrêt de la Cour de cassation* (**SYN.** jugement, sentence). ▸ ***Arrêt de*** ou ***du travail,*** interruption du travail pour congés payés, congé maladie ou pour des raisons sociales (grève par ex.), ou économiques (chômage par ex.). ***Arrêt maladie*** ou ***de maladie,*** interruption de travail due à un accident de santé. ***Chien d'arrêt,*** chien de chasse qui s'immobilise quand il sent le gibier (par opp. à chien courant). ***Coup d'arrêt,*** interruption brutale imposée à un mouvement, à un processus : *Ce scandale a été un coup d'arrêt à sa carrière.* ***Être*** ou ***tomber en arrêt devant qqch,*** rester immobile sous l'effet de la surprise, de l'intérêt, de la convoitise. ***Maison d'arrêt,*** prison réservée aux personnes soumises à la détention provisoire et aux condamnés à une courte peine. ***Sans arrêt,*** continuellement : *Être sans arrêt devant son ordinateur* (**SYN.** sans cesse). *Travailler sans arrêt* (**SYN.** sans relâche, sans répit). ◆ **arrêts** n.m. pl. Punition infligée à un militaire, l'obligeant à rester en dehors du service en un lieu déterminé : *Soldat mis aux arrêts pour deux jours.*

① **arrêté, e** adj. Se dit de ce qui a été décidé et ne peut plus être modifié : *Ne discute pas, c'est une chose arrêtée* (**SYN.** irrévocable). *Elle a des idées bien arrêtées sur ce sujet* (**SYN.** inébranlable ; **CONTR.** flou, vague).

② **arrêté** n.m. Décision administrative : *Un arrêté municipal interdisant aux véhicules de circuler dans une rue.*

arrêter v.t. (du lat. *restare,* rester) [conj. 4]. **1.** Empêcher d'avancer, d'agir ; interrompre le mouvement, la marche, le fonctionnement, le déroulement de : *Une barrière arrête les vélos* (**SYN.** immobiliser, stopper). *Pendant la grève, tous les programmes sont arrêtés* (**SYN.** interrompre, suspendre ; **CONTR.** reprendre). *Pommade qui arrête les saignements de nez* (**CONTR.** favoriser). **2.** Appréhender qqn et le retenir prisonnier : *La police a arrêté un dangereux terroriste* (**SYN.** capturer, s'emparer de ; **CONTR.** relâcher). **3. [de].** (Suivi de l'inf.). Ne pas poursuivre une activité, une action : *Elle a arrêté de fumer il y a cinq ans* (**SYN.** cesser de ; **CONTR.** commencer à). **4.** Déterminer de façon définitive : *Nous avons arrêté la conduite à tenir* (**SYN.** convenir de, fixer). **5.** En couture ou en tricot, nouer les fils d'un ouvrage pour empêcher les points ou les mailles de se défaire : *Arrêter un ourlet.* ▸ ***Arrêter son regard, sa pensée sur qqn, qqch,*** s'y attarder, y prêter attention. ***Ne pas arrêter de*** (+ inf.), faire qqch de manière systématique, répétitive : *Elle n'arrête pas de triturer ses cheveux.* ◆ v.i. **1.** Cesser d'avancer : *Elle a demandé au chauffeur d'arrêter au coin de la rue* (**CONTR.** continuer). **2.** Cesser de faire qqch : *Ne crie pas comme ça, arrête ! Je n'ai pas arrêté de la journée* (= j'ai travaillé sans cesse). **3.** Pour un chien de chasse, s'immobiliser dès qu'il sent ou voit le gibier. ◆ **s'arrêter** v.pr. **1.** Ne pas aller au-delà d'un certain point ; se terminer : *Le sentier s'arrête au bord de la falaise* (**CONTR.** continuer). *L'histoire de ce livre s'arrête en 1900.* **2. [à].** Porter son choix sur ; prêter attention à qqch : *S'arrêter à une couleur de papier peint* (**SYN.** se décider pour). *Vous vous arrêtez à des détails* (**SYN.** s'appesantir ; **CONTR.** glisser sur).

arrhes [ar] n.f. pl. (lat. *arrha,* gage). Somme d'argent que l'acheteur verse au vendeur comme avance sur le prix d'achat pour assurer l'exécution du contrat : *Verser des arrhes importantes pour réserver une voiture.*

arriération n.f. ▸ *Vieilli.* ***Arriération intellectuelle*** ou ***mentale,*** déficience intellectuelle importante.

① **arrière** adv. (du lat. *ad retro,* en arrière). **1.** Du côté opposé ; en sens contraire : *Avoir le vent arrière.* **2.** (Dans des locutions). Indique la direction opposée à celle de la marche, de la progression : *La voiture fait marche arrière* (= recule). ▸ ***Faire machine arrière,*** pour un bateau, reculer ; fig., revenir sur ce qu'on a dit : *La direction fait machine arrière en ce qui concerne les promesses d'embauche.* ◆ interj. S'emploie pour demander à qqn de s'écarter, de reculer : *Arrière, laissez passer le médecin !* ◆ adj. inv. Situé à l'arrière (par opp. à avant) : *Les sièges arrière de la voiture sont confortables. La marche arrière d'une voiture* (= position du levier de vitesse qui permet de reculer). ◆ **en arrière** loc. adv. Indique un point de l'espace situé dans la direction opposée à celle de la marche, du regard ; indique un moment du passé : *Faire trois pas en arrière* (**SYN.** derrière ; **CONTR.** devant). *Le narrateur* *revient en arrière pour s'intéresser à l'enfance du héros.*

② **arrière** n.m. **1.** Partie postérieure (par opp. à avant) : *Ajouter des haut-parleurs à l'arrière d'une voiture. L'arrière du train est bondé* (**SYN.** queue ; **CONTR.** tête). **2.** Zone en dehors des combats en temps de guerre (par opp. à front). ◆ n. Joueur placé près du but de son équipe et ayant essentiellement un rôle de défenseur, dans les sports collectifs. ◆ **arrières** n.m. pl. **1.** Zone située derrière la ligne de front et par laquelle une armée assure son ravitaillement et ses communications. **2.** Base sûre à partir de laquelle on développe ses activités : *Homme politique qui protège ses arrières.*

arriéré, e adj. **1.** *Péjor.* Qui est en retard sur son époque : *Mes grands-parents ont parfois des idées arriérées* (**SYN.** démodé, rétrograde ; **CONTR.** moderne). **2.** *Péjor.* Qui n'a que fort peu été touché par le progrès : *Région arriérée.* **3.** Se dit d'une somme demeurée impayée : *Une mensualité arriérée.* ◆ adj. et n. *Vieilli.* Atteint d'arriération mentale. ◆ **arriéré** n.m. Somme qui n'a pas été payée à la date convenue : *Rembourser un arriéré.*

arrière-ban n.m. (pl. *arrière-bans*). ▸ ***Convoquer, lever le ban et l'arrière-ban*** → **ban.**

arrière-boutique n.f. (pl. *arrière-boutiques*). Pièce située derrière une boutique.

arrière-cour n.f. (pl. *arrière-cours*). Cour située à l'arrière d'un bâtiment : *Les enfants jouent dans l'arrière-cour.*

arrière-cuisine n.f. (pl. *arrière-cuisines*). Petite pièce située derrière une cuisine : *Elle étend le linge dans l'arrière-cuisine.*

arrière-garde n.f. (pl. *arrière-gardes*). Détachement de sûreté agissant en arrière d'une troupe en marche pour la couvrir et la renseigner. ▸ ***Combat d'arrière-garde,*** mené en vain pour empêcher des changements qui sont inévitables ; dépassé, démodé.

arrière-gorge n.f. (pl. *arrière-gorges*). Partie de la gorge située derrière les amygdales.

arrière-goût n.m. (pl. *arrière-goûts*). **1.** Goût que laisse dans la bouche un mets, une boisson, et qui diffère de ce qu'on avait d'abord senti : *Vin qui a un arrière-goût de bouchon.* **2.** *Fig.* Sentiment qui subsiste après l'événement qui lui a donné naissance : *Cette réunion leur a laissé un arrière-goût de déception.*

arrière-grand-mère n.f. (pl. *arrière-grands-mères*). Mère du grand-père ou de la grand-mère.

arrière-grand-père n.m. (pl. *arrière-grands-pères*). Père du grand-père ou de la grand-mère.

arrière-grands-parents n.m. pl. Le père et la mère des grands-parents.

arrière-pays [arjɛrpei] n.m. inv. Région située en arrière des côtes, à l'intérieur (par opp. à littoral) : *Louer un gîte rural dans l'arrière-pays pour être au calme.*

arrière-pensée n.f. (pl. *arrière-pensées*). Pensée, intention qu'on ne manifeste pas : *Agir sans arrière-pensée* (**SYN.** calcul). *Sa soudaine générosité cache une arrière-pensée.*

arrière-petit-fils, arrière-petite-fille [arjɛrpətifis, arjɛrpətitfij] n. (pl. *arrière-petits-fils, arrière-petites-filles*). Fils, fille du petit-fils ou de la petite-fille.

arrière-petits-enfants n.m. pl. Enfants du petit-fils ou de la petite-fille.

arrière-plan n.m. (pl. *arrière-plans*). Plan du fond, dans un paysage, un tableau, une photographie (par opp. à premier plan) : *On voyait la mer en arrière-plan* (**SYN.** derrière ; **CONTR.** devant). ▸ ***À l'arrière-plan,*** dans une position secondaire : *Un projet de loi relégué à l'arrière-plan.*

arrière-saison n.f. (pl. *arrière-saisons*). Fin de l'automne : *Dans cette région, les arrière-saisons sont froides.*

arrière-salle n.f. (pl. *arrière-salles*). Salle située derrière la salle principale : *L'arrière-salle du réfectoire sert de salle de réunion.*

arrière-train n.m. (pl. *arrière-trains*). Partie postérieure du corps d'un animal qui marche sur quatre pattes : *Ce vieux chien a l'arrière-train paralysé.*

arrimage n.m. Action d'arrimer ; manière dont qqch est arrimé : *L'arrimage de vélos sur une galerie de voiture.*

arrimer v.t. (moyen angl. *rimen,* arranger) [conj. 3]. Attacher solidement le chargement d'un navire, d'un véhicule, d'un avion.

arrivage n.m. Arrivée de marchandises, de matériel, par un moyen de transport quelconque ; ces marchandises : *Le commerçant attend un nouvel arrivage de trottinettes.*

arrivant, e n. Personne qui arrive quelque part : *Cette année, il y a trois nouveaux arrivants dans la classe* (**CONTR.** partant).

arrivé, e adj. et n. Qui est arrivé, parvenu quelque part : *Les premiers arrivés. Les arrivés de fraîche date.* ◆ adj. Qui a réussi socialement, professionnellement : *Un club privé qui n'accepte que des personnes arrivées.*

arrivée n.f. **1.** Action d'arriver ; moment de cette action : *On annonce l'arrivée du train de Barcelone* (= entrée en gare). *Je les verrai dès leur arrivée.* **2.** Début de qqch : *Attendre l'arrivée du printemps* (**SYN.** apparition, commencement ; **CONTR.** fin). **3.** Endroit où qqn, qqch arrive : *L'arrivée du Tour de France a lieu à Paris* (**CONTR.** départ). ▸ ***Arrivée d'air, d'essence,*** alimentation en air, en essence ; canalisation, ouverture par laquelle se fait cette alimentation.

arriver v.i. (du lat. *ripa,* rive) [conj. 3 ; auxil. *être*]. **1.** Parvenir à destination, au terme de sa route : *Après plusieurs mois en mer, la navigatrice est enfin arrivée.* **2.** Venir de quelque part ; approcher : *Ce courrier arrive de Rome. Une tempête arrive sur les côtes* (**SYN.** s'approcher de ; **CONTR.** s'éloigner de). **3.** Atteindre une certaine taille, un certain niveau : *Sa femme lui arrive à l'épaule. L'eau du fleuve arrive jusqu'au parking* (**SYN.** monter, s'élever). **4.** Atteindre un état ; aborder une étape : *Arriver à l'âge de la retraite. Arriver à la fin d'un livre* (**SYN.** parvenir). **5.** Réussir à obtenir le résultat souhaité ; parvenir à faire qqch : *Le policier est arrivé à lui faire avouer son crime. Je ne suis pas arrivée à nager jusqu'à la bouée.* **6.** Parvenir à une situation sociale jugée supérieure : *Avec un tel diplôme, il arrivera* (**SYN.** réussir). **7.** Se produire, avoir lieu : *Ce malheur lui est arrivé quand elle avait dix ans* (**SYN.** advenir, survenir). ▸ ***En arriver à*** (+ n.), aborder un nouveau point dans l'examen de qqch, dans un discours : *J'en* *arrive à ma conclusion* (**SYN.** en venir à). ***En arriver à*** (+ inf.), aboutir à tel sentiment, à tel comportement : *J'en arrive à douter de moi-même. Comment en est-il arrivé à tuer ?* ◆ v. impers. **1.** Se produire ; survenir : *Il est arrivé un drame* (**SYN.** advenir). *Il leur est arrivé une drôle d'histoire !* **2.** Se produire parfois ; faire partie des éventualités : *Il arrive qu'il neige à cette époque. Il lui est arrivé de faire du parapente.*

arrivisme n.m. État d'esprit, comportement d'un arriviste.

arriviste n. et adj. Personne qui veut réussir à tout prix ; ambitieux sans scrupule : *Cet arriviste souhaite prendre la place de son directeur* (**SYN.** intrigant).

arrobe n.f. → **arobase.**

arrogance n.f. Orgueil qui se manifeste par des manières hautaines, méprisantes : *Il nous a dévisagées avec arrogance* (**SYN.** fatuité, morgue [sout.], suffisance ; **CONTR.** déférence, humilité).

arrogant, e adj. et n. (lat. *arrogans*, revendiquant). Qui témoigne de l'arrogance : *Son attitude arrogante lui attire bien des antipathies* (**SYN.** dédaigneux, hautain, supérieur ; **CONTR.** modeste, simple). *Parler d'un ton arrogant* (**SYN.** méprisant ; **CONTR.** déférent).

s'**arroger** v.pr. (lat. *arrogare*, demander pour soi) [conj. 17]. S'attribuer un pouvoir, un titre sans y avoir droit : *Elle s'est arrogé le titre de docteur* (**SYN.** usurper). *Les pouvoirs qu'il s'est arrogés le rendent impopulaire* (**SYN.** s'approprier ; **CONTR.** abandonner).

arroi n.m. (de l'anc. fr. *arroyer*, arranger). *Litt.* Équipage, escorte entourant un grand personnage : *Le président arrive en grand arroi* (= en grande pompe).

arrondi, e adj. Se dit de ce qui a, présente une forme ronde : *La surface arrondie d'une loupe* (**SYN.** bombé, convexe ; **CONTR.** concave). ◆ **arrondi** n.m. **1.** Partie, ligne arrondie : *L'arrondi d'un vase.* **2.** Action d'arrondir un nombre ; valeur approchée de ce nombre : *Un arrondi à l'euro inférieur, à l'euro supérieur.*

arrondir v.t. [conj. 32]. **1.** Donner une forme ronde, courbe à : *La danseuse arrondit son dos.* **2.** *Fig.* Agrandir, étendre qqch pour constituer un ensemble plus important : *Ils ont arrondi leur domaine en achetant les propriétés voisines* (**SYN.** accroître, élargir ; **CONTR.** amoindrir, réduire). **3.** Donner la valeur approchée d'un nombre pour le simplifier : *Je te dois 99,55 euros, arrondissons à 100.* ▸ ***Arrondir un pantalon, une jupe,*** en égaliser l'ourlet. ◆ **s'arrondir** v.pr. Devenir plus rond, plus important : *Son ventre s'arrondit, elle est sans doute enceinte. Leur fortune s'est arrondie.*

① **arrondissement** n.m. Subdivision administrative des départements et de certaines grandes villes : *Paris est divisée en arrondissements.*

② **arrondissement** n.m. Action d'arrondir un nombre ; son résultat : *L'arrondissement de la moyenne des notes d'un élève. Arrondissement à l'euro supérieur.*

arrosage n.m. Action d'arroser : *Cette plante a besoin d'un arrosage modéré.*

arrosé, e adj. **1.** Qui reçoit de l'eau, des précipitations : *La Grande-Bretagne est un pays très arrosé.* **2.** Traversé par un cours d'eau ; irrigué : *Pays arrosés par le Nil.* **3.** *Fam.* Accompagné de vin, d'alcool : *Repas bien arrosé.*

arroser v.t. (du lat. *ros, roris*, rosée) [conj. 3]. **1.** Répandre de l'eau ou un liquide sur qqch ou sur qqn : *Arroser les fleurs du jardin. Les pompiers arrosent les bâtiments voisins* (**SYN.** asperger). *Arroser une tarte de coulis de framboise.* **2.** Couler à travers ; irriguer : *Le Rhône arrose Lyon* (**SYN.** traverser). **3.** Répandre, lancer abondamment qqch sur : *Les enfants nous arrosaient de confettis.* **4.** Bombarder longuement et méthodiquement : *L'artillerie arrosait les premières lignes de défense.* **5.** Servir avec du vin, de l'alcool : *Arroser un bon repas.* **6.** Inviter à boire à l'occasion d'un événement : *Arroser ses cinquante ans avec ses amis* (**SYN.** fêter). **7.** *Fam.* Verser de l'argent à qqn pour obtenir une faveur : *Arroser un élu pour obtenir un permis de construire* (**SYN.** acheter, corrompre, soudoyer). ▸ ***Arroser un rôti,*** l'humecter avec son jus de cuisson. ◆ **s'arroser** v.pr. ▸ ***Ça s'arrose !,*** c'est un événement qui se fête en buvant.

arroseur n.m. **1.** Employé qui arrose la voie publique : *Après le marché, des arroseurs viennent nettoyer la place.* **2.** Appareil, dispositif servant à arroser. ▸ *Fam.* ***L'arroseur arrosé,*** celui qui est victime de ses propres machinations.

arroseuse n.f. Véhicule utilisé pour arroser les rues.

arrosoir n.m. Récipient muni d'une anse et d'un tuyau verseur, servant à l'arrosage des plantes.

arsenal n.m. (it. *arsenale*, de l'ar.) [pl. *arsenaux*]. **1.** Centre de construction et d'entretien des navires de guerre : *L'arsenal de Toulon.* **2.** Grande quantité d'armes : *La police des frontières a découvert un arsenal dans un camion.* **3.** *Anc.* Fabrique d'armes et de matériel militaire. **4.** *Fig.* Ensemble de moyens d'action, de lutte : *Il a tout un arsenal d'arguments pour se justifier* (**SYN.** catalogue, recueil). *L'arsenal des lois* (= l'ensemble des droits et devoirs contenus dans les lois). **5.** Équipement, matériel compliqué : *L'arsenal d'un campeur* (**SYN.** attirail).

arsenic n.m. (lat. *arsenicum*, du gr. *arsenikon*, de *arsên*, mâle). **1.** Corps simple de couleur grise, à l'éclat métallique. **2.** Oxyde d'arsenic, utilisé comme poison : *La mort-aux-rats contient de l'arsenic.*

arsenical, e, aux ou **arsénié, e** adj. Qui contient de l'arsenic.

art n.m. (lat. *ars, artis*). **1.** Expression, à travers les œuvres humaines, de la notion idéale de beau ; ensemble des activités humaines qui aboutissent à la création de ces œuvres ; ensemble des œuvres artistiques d'un pays, d'une époque : *Les grands créateurs d'art. L'art plastique. L'art cinématographique. L'art japonais. L'art précolombien.* **2.** Aptitude, habileté à faire qqch : *Il a l'art de trouver les mots qui réconfortent* (**SYN.** don, génie). *Avoir l'art d'accommoder les restes* (**SYN.** talent). **3.** Ensemble des moyens, des procédés, des règles intéressant une activité, une profession : *Art culinaire. Art dramatique* (= qui préside à l'écriture d'une pièce de théâtre et à sa mise en scène). **4.** Manière de faire qui manifeste un goût, une recherche, un sens esthétique : *Cuisinier qui présente ses plats avec art.* **5.** Chacun des domaines où s'exerce la création esthétique, artistique : *L'enluminure, art du Moyen Âge. L'échantillonnage est-il un nouvel art ?* ▸ ***Arts décoratifs*** → **décoratif.** ***Art nouveau*** → **nouveau.** ***Arts plastiques*** → **plastique.** ***Homme de l'art,*** spécialiste d'une discipline ; médecin. ***L'art pour l'art,***

doctrine selon laquelle l'art doit se pratiquer en dehors de toute préoccupation morale ou utilitaire et ne doit avoir d'autre fin que lui-même. ***Septième, huitième, neuvième art*** → **septième, huitième, neuvième.** ◆ **arts** n.m. pl. Ensemble de disciplines artistiques, notamm. celles qui sont consacrées à la beauté des lignes et des formes, appelées aussi *beaux-arts.*

artefact ou **artéfact** [artefakt] n.m. (du lat. *artis facta,* effets de l'art). *Didact.* Phénomène d'origine artificielle ou accidentelle, que l'on rencontre au cours d'une observation ou d'une expérience scientifique.

artère n.f. **1.** Vaisseau qui porte le sang du cœur aux organes : *Artère pulmonaire, fémorale.* **2.** Grande rue d'une ville : *Ce boulevard est la principale artère de la ville.*

artériel, elle adj. Relatif aux artères : *Prendre la pression* ou *tension artérielle d'un patient.*

artériographie n.f. Radiographie des artères et de leurs branches qui se fait après injection d'un produit opaque aux rayons X.

artériole n.f. En anatomie, petite artère.

artériosclérose n.f. Maladie de la paroi des artères qui entraîne leur durcissement : *L'artériosclérose accompagne souvent l'hypertension.*

artérite n.f. Maladie des artères, souvent due à l'athérome.

artésien, enne adj. et n. De l'Artois. ▸ ***Puits artésien,*** puits d'où l'eau, le liquide jaillit spontanément.

arthrite n.f. (du gr. *arthron,* articulation). Inflammation, parfois déformante, d'une articulation : *Avoir de l'arthrite à un doigt* (**SYN.** rhumatisme).

arthritique adj. Relatif à l'arthrite. ◆ adj. et n. Atteint d'arthrite.

arthropode n.m. Animal invertébré, dont le corps est formé d'anneaux articulés : *Les crustacés, les insectes et les araignées sont des arthropodes.*

arthrose n.f. Affection rhumatismale dégénérative, correspondant à la destruction du cartilage d'une ou de plusieurs articulations : *Une arthrose de la hanche.*

artichaut n.m. (lombard *articiocco,* de l'ar.). Plante potagère dont la fleur, comestible, est une boule (appelée *tête*) constituée par une multitude de feuilles à base charnue, imbriquées les unes dans les autres : *Manger des artichauts à la vinaigrette.* ▸ ***Artichaut d'Espagne*** ou ***d'Israël,*** fruit du pâtisson. ***Cœur d'artichaut,*** partie centrale du l'artichaut où se trouvent les feuilles les plus tendres ; fig., personne volage. ***Fond d'artichaut,*** pièce charnue et ronde sur laquelle sont fixées les feuilles.

article n.m. (lat. *articulus,* articulation). **1.** Partie, souvent numérotée, qui constitue une division d'un traité, d'une loi, d'un contrat, d'un compte, d'un chapitre budgétaire, etc. : *L'avocat cite l'article 221 du Code pénal pour défendre son client.* **2.** Écrit formant un tout distinct dans un journal, dans une publication : *Un article du rédacteur en chef sur la vie en prison. L'événement a été annoncé dans un petit article* (**SYN.** entrefilet). *Un article de dictionnaire* (= la définition d'un mot et son illustration par des exemples et des expressions). **3.** Sujet traité ; matière dont on parle : *Sur cet article, tu as raison* (**SYN.** chapitre, point). **4.** Objet proposé à la vente : *Les articles de maroquinerie sont au premier étage.* **5.** En grammaire, mot qui accompagne le nom dans certaines langues pour le déterminer, tout en indiquant son genre et son nombre : *Articles définis, indéfinis, partitifs.* **6.** Chacun des segments qui forment le corps des arthropodes. ▸ ***À l'article de la mort,*** sur le point de mourir. ***Article de foi,*** dans une religion, point sur lequel la croyance ne peut être discutée ; fig., opinion qui n'admet aucune discussion : *Tout ce qu'il trouve sur l'Internet est pour lui article de foi.* ***Faire l'article,*** vanter les mérites d'une marchandise : *La vendeuse fait l'article d'un nouveau parfum* ; fig., faire les louanges de qqn, de qqch : *L'imprésario fait l'article de son nouveau spectacle.*

articulaire adj. Relatif aux articulations des membres : *Douleur articulaire.*

articulation n.f. **1.** Jonction entre deux os ; partie anatomique où se fait cette jonction : *Le coude est l'articulation du bras avec l'avant-bras.* **2.** Jonction des diverses parties du corps des arthropodes. **3.** Lien non rigide entre deux pièces mécaniques, autorisant des mouvements de rotation de l'une par rapport à l'autre : *Les articulations d'un robot.* **4.** Liaison entre les parties d'un discours, d'une œuvre écrite : *L'articulation d'une dissertation philosophique* (**SYN.** enchaînement). **5.** Action, manière dont qqn articule les sons d'une langue : *Ses douleurs à la mâchoire l'empêchent d'avoir une bonne articulation* (**SYN.** prononciation).

articulatoire adj. Qui concerne l'articulation des sons du langage : *L'orthophoniste corrige les problèmes articulatoires.*

articulé, e adj. **1.** Qui comporte une, des articulations : *Un automate aux doigts articulés.* **2.** Énoncé, exprimé nettement ; audible : *Un logiciel qui retranscrit les phrases bien articulées.*

articuler v.t. (du lat. *articulus,* articulation) [conj. 3]. **1.** Émettre les sons du langage : *Ne pas bien articuler les mots contenant le son « ps »* (**SYN.** prononcer). **2.** (Sans compl.). Prononcer un, des mots distinctement, de façon audible : *Ce comédien a appris à articuler* (**SYN.** s'exprimer ; **CONTR.** bafouiller, bredouiller). **3.** Faire l'articulation d'un discours, d'un livre : *Articuler les paragraphes d'un texte.* **4.** Réaliser l'articulation de pièces mécaniques. ◆ **s'articuler** v.pr. **1.** En anatomie, former une articulation : *Le radius s'articule sur l'humérus.* **2.** Former un ensemble organisé, cohérent : *La campagne électorale s'articule autour du problème du chômage.*

artifice n.m. (lat. *artificium,* art, métier). **1.** *Litt.* Procédé ingénieux, habile pour tromper ou pour corriger la réalité : *Un paparazzi qui use d'artifices pour s'introduire chez une personnalité* (**SYN.** ruse, stratagème, subterfuge). *Les artifices d'une mise en scène.* **2.** Composition pyrotechnique destinée à être enflammée pour produire certains effets déterminés : *Le feu de Bengale est un artifice.* ▸ ***Feu d'artifice,*** spectacle produit par la mise à feu de pièces pyrotechniques qui explosent en produisant des effets sonores et lumineux : *Le feu d'artifice du 14 Juillet* ; fig., succession rapide de répliques fines, brillantes : *La chronique de cet humoriste est un feu d'artifice.*

artificiel, elle adj. **1.** Produit par une technique humaine, et non par la nature ; qui remplace un élément naturel : *Bureau éclairé à la lumière artificielle* (**CONTR.** naturel). *Respirer grâce à un poumon artificiel.*

2. Qui manque de naturel, de spontanéité : *La gentillesse de ce commerçant est artificielle* (**SYN.** affecté, factice ; **CONTR.** réel, sincère).

artificiellement adv. De façon artificielle : *Des meubles artificiellement patinés* (**CONTR.** naturellement).

artificier n.m. Personne qui prépare, installe et tire des feux d'artifice.

artificieusement adv. *Litt.* Avec ruse et fourberie : *Il a artificieusement prétendu être un policier* (**SYN.** hypocritement, mensongèrement ; **CONTR.** franchement).

artificieux, euse adj. *Litt.* Qui essaie de tromper en rusant et en mentant : *Des paroles artificieuses* (**SYN.** hypocrite ; **CONTR.** franc, sincère). *Une voyante artificieuse qui soutire de l'argent à ses clients.*

artillerie n.f. **1.** Ensemble des armes à feu non portatives, de leurs munitions et des véhicules qui les transportent : *Pièce d'artillerie.* **2.** Partie de l'armée affectée à leur service : *Artillerie navale.* ▸ ***Grosse artillerie*** ou ***artillerie lourde,*** moyens militaires puissants ; fig., arguments percutants, dénués de finesse : *Ils ont utilisé la grosse artillerie pour lancer leur nouveau produit.*

artilleur n.m. Militaire qui sert dans l'artillerie.

artimon n.m. Mât arrière d'un voilier ; voile que porte ce mât.

artiodactyle [artjɔdaktil] n.m. Mammifère ongulé tel que les ruminants, les porcins, les camélidés.

artisan, e n. (it. *artigiano*). Personne qui exerce à son compte un métier manuel : *Le plombier, le cordonnier, le menuisier, le potier sont des artisans.* ▸ ***Être l'artisan de qqch,*** en être l'auteur, le responsable : *Cette ministre est l'artisane de la réforme.*

artisanal, e, aux adj. **1.** Propre à l'artisan, à l'artisanat : *Exercer un métier artisanal. Un fromage artisanal.* **2.** Qui est fait manuellement ou avec des moyens rudimentaires (par opp. à industriel) : *Production artisanale de tommettes.*

artisanalement adv. De manière artisanale : *Meuble réalisé artisanalement par un ébéniste.*

artisanat n.m. **1.** Métier, activité, technique de l'artisan : *Un village touristique qui développe l'artisanat d'art.* **2.** Ensemble des artisans.

artiste n. **1.** Personne qui pratique professionnellement un des beaux-arts, en partic. un art plastique : *Cet artiste pratique la peinture et la sculpture.* **2.** Interprète d'une œuvre théâtrale, musicale, cinématographique, etc. : *Un spectacle qui réunit des artistes de tous horizons : comédiens, chanteurs, musiciens, acrobates, danseurs.* **3.** (Par plaisanterie, parfois péjor.). Personne qui, sans forcément pratiquer un art, aime la vie de bohème, le non-conformisme. ▸ ***Travail d'artiste,*** travail très habile : *Votre dentiste a fait un travail d'artiste.* ◆ adj. *Litt.* Qui a le goût des arts, l'amour du beau : *Vivre dans un milieu artiste.*

artistement adv. *Litt.* Avec art, avec goût : *Un appartement artistement décoré.*

artistique adj. **1.** Relatif à l'art, aux arts : *Un enfant doué pour les matières artistiques.* **2.** Qui a les qualités d'une œuvre d'art : *La valeur artistique d'un film.*

artistiquement adv. De façon artistique : *Un buffet de mariage artistiquement présenté.*

artothèque n.f. Organisme de prêt d'œuvres d'art.

arum [arɔm] n.m. (gr. *aron*). Plante dont les fleurs sont entourées d'un cornet de couleur blanche ou verte : *Un bouquet d'arums.*

aruspice n.m. → **haruspice.**

aryen, enne adj. et n. (d'un mot sanskrit signif. « noble »). **1.** Du peuple qui, dans l'Antiquité, se répandit en Iran et dans le nord de l'Inde. **2.** Dans la doctrine nazie, qui appartient à la « race pure » et « supérieure ».

arythmie n.f. Irrégularité et inégalité des contractions du cœur.

as [as] n.m. (mot lat. désignant une unité de monnaie et de poids). **1.** Face du dé, moitié du domino ou carte à jouer marquée d'un seul point : *Avoir un carré d'as au poker.* **2.** Le numéro un, au tiercé, au loto, etc. : *Il fallait jouer l'as, le trois et le neuf.* **3.** Personne qui excelle dans une activité : (**SYN.** champion, virtuose). ▸ *Fam.* ***Être plein aux as,*** avoir beaucoup d'argent. *Fam.* ***Passer à l'as,*** être oublié, escamoté : *La question embarrassante est passée à l'as.*

ascaris [askaris] ou **ascaride** n.m. Ver parasite de l'intestin grêle de l'homme, du cheval, du porc, etc.

ascendance n.f. **1.** Ensemble des ascendants, des générations précédentes dont est issue une personne : *Il y a des Bretons dans son ascendance maternelle* (**SYN.** ancêtres ; **CONTR.** descendance). **2.** En météorologie, courant aérien qui se déplace de bas en haut.

ascendant, e adj. (du lat. *ascendere,* monter). Qui va en montant : *Des vents ascendants. Le mouvement du parapente est ascendant* (**SYN.** ascensionnel ; **CONTR.** descendant). ▸ ***Astre ascendant,*** qui s'élève au-dessus de l'horizon. ◆ **ascendant** n.m. **1.** Attrait, influence intellectuelle ou morale qu'une personne exerce sur qqn, sur un groupe : *Peintre qui a subi l'ascendant de Cézanne. Professeur qui a de l'ascendant sur ses élèves* (**SYN.** autorité, emprise). **2.** En astrologie, point de l'horizon où se trouve l'astre ascendant au moment de la naissance de qqn : *Elle est Lion, ascendant Balance.* **3.** (Surtout au pl.). Parent dont qqn est issu : *Tous ses ascendants sont originaires du nord de la France* (**SYN.** aïeux [litt.], ancêtres ; **CONTR.** descendant).

ascenseur n.m. **1.** Appareil permettant de transporter des personnes dans une cabine qui se déplace verticalement. **2.** En informatique, petit dispositif, vertical ou horizontal, qui permet de faire défiler rapidement à l'écran le contenu d'un fichier. ▸ *Fam.* ▸ ***Ascenseur social,*** possibilité de promotion sociale par les études, la formation, le travail, etc. ***Renvoyer l'ascenseur,*** répondre à un service par une action comparable.

ascension n.f. **1.** Action de s'élever, d'aller vers le haut : *L'ascension d'un cerf-volant* (**SYN.** montée ; **CONTR.** descente). **2.** Action de monter, de gravir : *L'ascension d'un rocher* (**SYN.** escalade). **3.** *Fig.* Fait de s'élever socialement : *L'ascension professionnelle d'un ouvrier devenu cadre* (**SYN.** progression). **4.** (Avec une majuscule). Dans la religion chrétienne, montée au ciel du Christ, quarante jours après Pâques ; fête commémorant cet événement ; œuvre d'art représentant cette scène : *Le jeudi de l'Ascension.*

ascensionnel, elle adj. Qui tend à monter ou à faire monter : *Le mouvement ascensionnel de l'air chaud* (**SYN.** ascendant ; **CONTR.** descendant). ▸ ***Parachutisme ascensionnel,*** sport consistant à se faire tirer en parachute par un véhicule ou un bateau à moteur.

ascensoriste n. Spécialiste de l'installation et de la maintenance des ascenseurs.

ascèse [asɛz] n.f. (gr. *askêsis,* exercice). Discipline de vie visant à la perfection spirituelle : *L'ascèse de certains moines.*

ascète [asɛt] n. **1.** Personne qui, par piété, pratique l'ascèse. **2.** Personne qui s'impose une discipline stricte, austère : *Mener une vie d'ascète* (**CONTR.** jouisseur).

ascétique [asetik] adj. Propre à un ascète ; qui concerne l'ascèse : *Une vie ascétique* (**SYN.** austère, monacal ; **CONTR.** épicurien, voluptueux).

ascétisme [asetism] n.m. **1.** Pratique de l'ascèse : *L'ascétisme d'un pèlerin* (**CONTR.** épicurisme, matérialisme). **2.** Manière de vivre très austère ; puritanisme, rigorisme.

ascidie [asidi] n.f. (gr. *askidion,* petite outre). Petit animal marin vivant fixé aux rochers, en solitaire ou en colonie.

ASCII (code) [aski], code normalisé employé pour l'échange de données informatiques.

ascomycète n.m. (du gr. *askos,* outre, et *mukês,* champignon). Champignon tel que les morilles, les truffes, les levures de bière et les pénicilliums.

ascorbique adj. ▸ ***Acide ascorbique,*** vitamine C : *La carence en acide ascorbique provoque le scorbut.*

asepsie [asɛpsi] n.f. (de *a-* et du gr. *sêpsis,* infection). Absence de micro-organismes dans un local, sur un objet ; méthode permettant de maintenir cet état : *L'asepsie d'une salle réservée aux prématurés.*

aseptique [asɛptik] adj. **1.** Exempt de tout germe (par opp. à septique) : *Un pansement aseptique.* **2.** Relatif à l'asepsie : *Les méthodes aseptiques utilisées dans les hôpitaux.*

aseptisation n.f. Action d'aseptiser : *L'aseptisation d'une salle d'opération.*

aseptisé, e adj. **1.** Qui a subi une aseptisation : *Des instruments chirurgicaux aseptisés* (**SYN.** stérilisé). **2.** *Fig.* Qui est à l'abri de tout risque, de toute difficulté ; par ext., qui est dépourvu d'originalité : *Ils mènent une vie aseptisée* (**SYN.** ouaté). *Les textes de ses chansons sont aseptisés* (**SYN.** impersonnel ; **CONTR.** original).

aseptiser v.t. [conj. 3]. Stériliser : *Aseptiser un piercing* (**SYN.** désinfecter).

asexué, e adj. Qui n'a pas de sexe (par opp. à sexué) : *Les personnes qui croient aux anges prétendent qu'ils sont asexués.* ▸ ***Multiplication asexuée,*** en botanique, multiplication qui s'effectue sans l'intermédiaire de cellules reproductrices : *Le bouturage, le greffage, le marcottage sont des modes de multiplication asexuée.*

ashkénaze [aʃkenaz] n. et adj. (mot hébr.). Juif originaire des pays germaniques et slaves (par opp. à séfarade).

ashram [aʃram] n.m. En Inde, lieu de retraite où un gourou dispense un enseignement spirituel à ses adeptes.

asiatique adj. et n. Qui se rapporte à l'Asie ; habitant ou originaire de l'Asie.

asilaire adj. *Péjor.* Relatif à un hôpital psychiatrique.

asile n.m. (du gr. *asulon,* refuge sacré). **1.** Lieu où l'on peut trouver un abri, une protection : *Cette église sert d'asile aux sans-papiers* (**SYN.** refuge). *Donner asile à un ami.* **2.** Endroit où l'on peut se reposer, trouver le calme : *Cette maison est un asile de paix* (**SYN.** havre [litt.]). **3.** *Vieilli.* Hôpital psychiatrique. ▸ ***Droit d'asile,*** protection accordée par un État à un réfugié politique.

asocial, e, aux [asɔsjal, o] adj. et n. Qui ne s'adapte pas à la vie en société ; qui manifeste cette inadaptation : *Un comportement asocial.*

asparagus [asparagys] n.m. (mot lat.). Plante voisine de l'asperge, dont le feuillage est utilisé par les fleuristes pour agrémenter les bouquets.

aspartame ou **aspartam** n.m. (de *asparagine,* nom d'un composé chimique). Produit chimique au goût sucré, mais contenant moins de calories que le sucre.

aspect [aspɛ] n.m. (du lat. *aspectus,* regard). **1.** Manière dont qqn ou qqch se présente à la vue, à l'esprit : *Elle a l'aspect d'une chanteuse de rock* (**SYN.** air, allure). *L'aspect pittoresque d'un quartier* (**SYN.** physionomie). **2.** Manière d'examiner une question, un problème : *Nous avons examiné cette affaire sous tous ses aspects* (**SYN.** angle, perspective, point de vue). **3.** En grammaire, manière dont l'action exprimée par le verbe est envisagée dans sa durée, son déroulement ou son achèvement : *Aspect perfectif, imperfectif des verbes russes.*

asperge n.f. (lat. *asparagus*). **1.** Plante potagère dont on mange les pousses, appelées *turions.* **2.** Pousse de cette plante : *Des asperges à la vinaigrette.* **3.** *Fam.* Personne grande et maigre : *Son fils est une vraie asperge.*

asperger v.t. (lat. *aspergere,* arroser) [conj. 17]. Mouiller qqn, qqch en projetant de l'eau, un liquide : *Les enfants aspergent les passants avec un pistolet à eau* (**SYN.** arroser). *Le bus nous a aspergés en roulant dans le caniveau* (**SYN.** tremper). ◆ **s'asperger** v.pr. Projeter, verser un liquide sur soi : *Il s'asperge d'eau de Cologne.*

aspérité n.f. (lat. *asperitas,* rugosité). (Souvent au pl.). Saillie, inégalité d'une surface ; bosse, proéminence : *Enlever les aspérités d'une planche avec un rabot.*

aspersion n.f. Action d'asperger : *Une aspersion d'insecticide sur un nid de frelons.*

asphaltage n.m. Action d'asphalter ; son résultat : *L'asphaltage d'un trottoir* (**SYN.** bitumage).

asphalte n.m. (du lat. *asphaltus,* bitume). Calcaire imprégné de bitume qui sert au revêtement des trottoirs et des chaussées.

asphalter v.t. [conj. 3]. Couvrir d'asphalte : *Asphalter des routes de campagne* (**SYN.** bitumer).

asphodèle n.m. Plante bulbeuse à fleurs blanches dont une espèce est ornementale.

asphyxiant, e adj. Qui asphyxie : *Un gaz asphyxiant. La chaleur asphyxiante de la discothèque* (**SYN.** étouffant, irrespirable, suffocant).

asphyxie n.f. (du gr. *sphuxis,* pouls). **1.** État d'un organisme qui manque d'oxygène, d'une personne qui ne peut plus respirer : *Le conducteur de la voiture tombée dans le canal est mort d'asphyxie* (**SYN.** étouffement). **2.** *Fig.* Blocage, arrêt d'une activité, d'une fonction essentielle : *L'asphyxie de l'industrie agroalimentaire* (**SYN.** paralysie, stagnation ; **CONTR.** essor).

asphyxier v.t. [conj. 9]. Causer l'asphyxie de qqn, de qqch : *Les émanations de gaz l'ont asphyxié. Le gel des crédits a asphyxié la ville* (**SYN.** paralyser). ◆ **s'asphyxier** v.pr. Souffrir d'asphyxie ; mourir d'asphyxie : *On s'asphyxie dans ce sous-sol* (**SYN.** étouffer). *Secteur industriel qui s'asphyxie* (**SYN.** dépérir).

① **aspic** n.m. (lat. *aspis*, du gr.). Vipère des lieux secs et pierreux, au museau retroussé : *L'aspic est l'une des trois espèces de vipères vivant en France.*

② **aspic** n.m. Préparation culinaire froide faite de filets de viande, de poisson, de légumes, enrobés de gelée moulée : *Aspic de volaille, de langouste.*

① **aspirant, e** adj. Qui aspire : *La pompe aspirante du dentiste* (= qui aspire la salive).

② **aspirant** n.m. **1.** Dans l'armée, grade qui précède celui de sous-lieutenant. **2.** Dans la marine, officier dont le grade correspond à celui de sous-lieutenant des armées de terre et de l'air.

aspirateur n.m. **1.** Appareil ménager servant à aspirer les poussières, les menus déchets : *Passer l'aspirateur sur la moquette.* **2.** Appareil servant à aspirer un liquide, un gaz : *Aspirateur chirurgical.*

aspiration n.f. **1.** Action d'aspirer, de faire entrer de l'air dans ses poumons : *Aspiration d'un gaz toxique* (**SYN.** inhalation, inspiration ; **CONTR.** expiration). **2.** Mouvement, élan vers un idéal, un but : *L'aspiration à la paix, à l'égalité* (**SYN.** souhait). **3.** En phonétique, prononciation d'un son en l'accompagnant d'un souffle : *En anglais, dans le mot « hello », on fait entendre l'aspiration du « h ».*

aspiré, e adj. Se dit d'une consonne dont la prononciation s'accompagne d'une aspiration. ▸ ***H aspiré,*** marquant l'interdiction d'une liaison, en français : *Dans « haricot » et « hérisson », le « h » est aspiré.*

aspirer v.t. (lat. *aspirare*, souffler) [conj. 3]. **1.** Faire entrer l'air dans ses poumons en respirant : *Aspirer de l'air frais* (**SYN.** inhaler, inspirer ; **CONTR.** expirer, souffler). *Aspirer les bonnes odeurs de la forêt* (**SYN.** humer). **2.** Attirer un liquide, un fluide, des poussières : *Aspirer l'eau qui a pénétré dans la cave avec une pompe* (**SYN.** pomper ; **CONTR.** refouler). ◆ v.t. ind. **[à].** Porter son désir vers ; souhaiter ardemment : *Étudiant qui aspire à une haute fonction* (**SYN.** ambitionner, briguer). *Aspirer à devenir célèbre* (**SYN.** brûler de, désirer).

aspirine n.f. Médicament, que l'on appelle aussi *acide acétylsalicylique*, qui calme la douleur et fait tomber la fièvre.

aspiro-batteur n.m. (pl. *aspiro-batteurs*). Aspirateur-balai utilisé pour le dépoussiérage et le battage des tapis, des moquettes.

assagir v.t. [conj. 32]. Rendre sage ; calmer : *L'amende qu'il a reçue pour excès de vitesse l'a assagi* (**SYN.** modérer). ◆ **s'assagir** v.pr. Devenir sage, raisonnable : *Cet enfant s'est assagi en classe* (**SYN.** se calmer ; **CONTR.** se dissiper). *Depuis son mariage, elle s'est assagie* (**SYN.** se ranger ; **CONTR.** se dévergonder).

assagissement n.m. Fait de s'assagir ; apaisement.

assaillant, e adj. et n. Qui assaille, qui attaque : *Les troupes assaillantes. Repousser les assaillants* (**SYN.** attaquant ; **CONTR.** défenseur).

assaillir v.t. (lat. *assilire*, de *salire*, sauter) [conj. 47]. **1.** Se jeter sur qqn ; attaquer : *Elle a été assaillie en pleine rue par un malfaiteur* (**SYN.** agresser). **2.** *Fig.* Importuner sans cesse : *Les paparazzis assaillent les célébrités* (**SYN.** harceler, persécuter). *Les auditeurs assaillent le présentateur de questions* (**SYN.** accabler). *Je suis assaillie de soucis* (**SYN.** obséder, ronger).

assainir v.t. [conj. 32]. **1.** Rendre sain : *Assainir une région en asséchant les marais* (= rendre salubre). *Assainir une eau phosphatée* (**SYN.** purifier). **2.** *Fig.* Ramener à la normale : *Le nouveau directeur a assaini la situation financière de l'entreprise* (**SYN.** équilibrer, stabiliser).

assainissement n.m. **1.** Action d'assainir ; son résultat : *L'assainissement des nappes phréatiques* (**SYN.** désinfection, purification ; **CONTR.** pollution). *L'assainissement du marché boursier* (**SYN.** normalisation, stabilisation). **2.** Évacuation et traitement des eaux usées et résidus boueux : *Des travaux d'assainissement* (**SYN.** épuration).

assainisseur n.m. Produit, appareil qui sert à détruire les mauvaises odeurs : *Mettre un assainisseur dans un lieu public* (**SYN.** désodorisant).

assaisonnement n.m. **1.** Mélange d'ingrédients (sel, épices, aromates, huile, vinaigre, etc.) utilisé pour relever le goût d'un mets. **2.** Action d'assaisonner ; manière dont les mets sont assaisonnés : *L'assaisonnement de cette salade est fade.*

assaisonner v.t. (de *saison*) [conj. 3]. **1.** Incorporer un assaisonnement à un mets : *Assaisonner des carottes râpées* (**SYN.** accommoder). **2.** *Fig.* Rendre plus agréable, plus vif en ajoutant qqch de plaisant, d'inattendu : *Assaisonner un discours de jeux de mots* (**SYN.** agrémenter, pimenter ; **CONTR.** affadir). **3.** *Fam., vx* Réprimander, maltraiter qqn.

① **assassin** n.m. (d'un mot ar. signif. « fumeur de haschisch »). Personne qui commet un assassinat : *L'assassin du bijoutier était sa voisine* (**SYN.** meurtrier, tueur).

② **assassin, e** adj. **1.** *Litt.* Qui a commis un assassinat ; qui a servi à le perpétrer : *Une main assassine.* **2.** Qui manifeste une séduction provocante : *Une voix assassine* (= aux intonations aguicheuses). **3.** Qui manifeste l'hostilité, la malveillance : *Lancer une phrase assassine à un adversaire politique* (**CONTR.** bienveillant).

assassinat n.m. Homicide volontaire avec préméditation : *Condamner qqn pour assassinat.*

assassiner v.t. [conj. 3]. Tuer avec préméditation : *Le chef des rebelles a été assassiné* (**SYN.** abattre).

assaut n.m. (du lat. *ad*, vers, et *saltus*, saut). **1.** Action d'assaillir ; offensive vive et violente, à plusieurs : *L'assaut du repaire des gangsters par les gendarmes* (**SYN.** attaque). *Donner l'assaut à qqch* (= l'attaquer). **2.** *Fig.* Attaque verbale contre qqn ; harcèlement : *Le président a subi l'assaut des journalistes.* **3.** Combat ou exercice d'escrime. ▸ ***Faire assaut de,*** rivaliser de : *Les magasins font assaut d'offres promotionnelles alléchantes.* ***Prendre d'assaut,*** s'emparer par la force de ; se précipiter dans un lieu, sur qqch en grand nombre : *Toutes les places assises ont été prises d'assaut.*

assèchement n.m. Action d'assécher ; son résultat : *L'assèchement d'un étang* (**SYN.** assainissement, drainage ; **CONTR.** inondation).

assécher v.t. (du lat. *siccare*, sécher) [conj. 18]. Ôter l'eau de ; mettre à sec : *Les employés du zoo assèchent le bassin des phoques pour le nettoyer* (**SYN.** vider ;

CONTR. remplir). ◆ **s'assécher** v.pr. Devenir sec : *La terre s'assèche au grand soleil.*

assemblage n.m. **1.** Action d'assembler des éléments formant un tout ; ensemble qui en résulte : *L'assemblage d'un meuble en kit* (**SYN.** montage ; **CONTR.** démontage). **2.** Réunion d'éléments divers : *Votre exposé est un assemblage d'idées* (**SYN.** amalgame, fatras). **3.** Dans l'art moderne, œuvre à trois dimensions faite d'objets divers : *Un assemblage de Picasso.*

assemblée n.f. **1.** Réunion de personnes dans un même lieu : *Son entrée en scène déchaîna l'assemblée* (**SYN.** assistance, auditoire, public). **2.** Ensemble de délégués, de personnes, qui délibèrent sur des questions particulières ou publiques ; lieu, séance qui les réunit : *L'assemblée générale des actionnaires. Reporter l'assemblée au mois prochain.* **3.** Ensemble de personnes élues par le peuple et chargées de le représenter dans la gestion des affaires de l'État : *En France, les députés siègent à l'Assemblée nationale.* ▸ ***La Haute Assemblée,*** le Sénat, en France.

assembler v.t. (du lat. *simul*, ensemble) [conj. 3]. **1.** Mettre des choses ensemble pour former un tout cohérent : *Assembler les pièces d'un Meccano* (**SYN.** réunir ; **CONTR.** disjoindre, disloquer). *Assembler les pièces d'un procès* (**SYN.** rassembler, regrouper ; **CONTR.** disperser). **2.** Réunir des éléments d'ordinateur, en parlant d'un assembleur. ◆ **s'assembler** v.pr. **1.** Se réunir massivement en un lieu : *La foule s'est assemblée pour regarder le feu d'artifice* (**SYN.** se grouper, se masser ; **CONTR.** s'éparpiller). **2.** Aller bien ensemble ; s'accorder : *Qui se ressemble s'assemble.*

assembleur n.m. **1.** En informatique, programme qui permet de traduire un langage symbolique en instructions directement exécutables par un ordinateur. **2.** Société qui vend sous sa marque des ordinateurs construits à partir d'éléments préalablement assemblés par d'autres fabricants.

asséner [conj. 18] ou **assener** [asene] v.t. [conj. 19] (de l'anc. fr. *sen*, direction). **1.** Porter avec violence un coup à qqn : *Le boxeur asséna un direct sur le nez de son adversaire.* **2.** Exprimer avec force une opinion : *L'avocat asséna alors un argument décisif.*

assentiment n.m. (du lat. *assentire*, donner son accord). Acte par lequel on approuve qqch ; consentement : *Le président du conseil général a donné son assentiment pour la construction d'une nouvelle crèche* (**SYN.** accord, agrément, approbation ; **CONTR.** désapprobation, refus, veto).

asseoir [aswar] v.t. (lat. *assidere*) [conj. 65]. **1.** Installer qqn sur un siège, de façon qu'il repose sur son derrière : *L'infirmière assied* ou *assoit* ou *asseoit le malade dans son lit.* **2.** Poser sur qqch de solide : *Asseoir une statue sur son socle.* **3.** Établir de manière stable : *Politique visant à asseoir la démocratie, la paix* (**SYN.** affermir, consolider ; **CONTR.** affaiblir, ébranler). **4.** *Fam.* Déconcerter par un argument décisif, une révélation inattendue : *Sa réplique nous a assis* (**SYN.** ébahir, stupéfier). ▸ ***Asseoir l'impôt,*** fixer les bases de l'imposition. ◆ **s'asseoir** v.pr. Se mettre sur un siège, en appui sur son derrière : *Asseyez-vous* ou *assoyez-vous* (**CONTR.** se lever). *Elle s'est assise sur un banc.*

assermenté, e adj. et n. Qui a prêté serment devant un tribunal ou pour l'exercice d'une fonction, d'une profession : *Un témoin assermenté. Un huissier de justice assermenté.*

assertion [asɛrsjɔ̃] n.f. Proposition que l'on exprime en affirmant qu'elle est vraie : *Raisonnement fondé sur des assertions invérifiables* (**SYN.** affirmation).

asservir v.t. (de *serf*) [conj. 32]. Réduire à un état de dépendance absolue : *Ce pays a asservi tous les petits États frontaliers* (**SYN.** assujettir, enchaîner, soumettre ; **CONTR.** affranchir, libérer).

asservissant, e adj. *Sout.* Qui asservit : *Un métier asservissant* (**SYN.** aliénant ; **CONTR.** émancipateur).

asservissement n.m. Action d'asservir ; fait d'être asservi : *L'asservissement d'un peuple* (**SYN.** assujettissement, sujétion).

assesseur n.m. (du lat. *assidere*, s'asseoir auprès). Personne qui siège à côté d'une autre pour l'assister dans ses fonctions : *Les assesseurs d'un président de tribunal, d'un bureau de vote.*

assez [ase] adv. (du lat. *ad*, vers, et *satis*, suffisamment). **1.** Indique une quantité, une intensité suffisante : *Avez-vous assez mangé ?* (**SYN.** suffisamment). *Il n'est pas assez sévère avec ses enfants. Je n'ai pas assez d'œufs pour faire un gâteau. Il y a assez de lumière.* **2.** Marque une intensité modérée ou élevée ; passablement : *Un devoir assez bon* (**SYN.** plutôt, relativement). *Ce jeu me plaît assez* (**SYN.** bien). ▸ ***Assez bien de,*** dans le nord de la France et en Belgique, bon nombre de, pas mal de : *Assez bien de gens ont vu ce film.* ***En avoir assez de qqch, de qqn,*** ne plus pouvoir les supporter, en être excédé : *J'en ai assez de te servir de chauffeur. J'en ai assez des gens qui se plaignent toujours.*

assidu, e adj. **1.** Qui est continuellement auprès de qqn, présent dans un lieu : *Une aide-soignante assidue* (**SYN.** dévoué, empressé ; **CONTR.** négligent). *Un étudiant assidu à la bibliothèque.* **2.** Qui manifeste de la constance, de l'application : *Un apprenti assidu* (**SYN.** appliqué, zélé). *Ce malade a besoin de soins assidus* (**SYN.** constant). *Fournir un travail assidu* (**SYN.** régulier, soutenu ; **CONTR.** irrégulier).

assiduité n.f. **1.** Présence régulière dans le lieu où l'on doit être : *Employé qui reçoit une prime pour son assiduité* (**SYN.** ponctualité, régularité ; **CONTR.** laisser-aller, négligence). **2.** Application constante : *L'assiduité d'un élève* (**SYN.** zèle). ◆ **assiduités** n.f. pl. Empressement peu discret auprès d'une femme : *Le comédien poursuit la costumière de ses assiduités.*

assidûment adv. Avec assiduité : *Faire de la gymnastique assidûment* (**SYN.** régulièrement ; **CONTR.** irrégulièrement).

assiégé, e adj. Qui est assiégé : *Territoire assiégé.* ◆ adj. et n. Qui subit un siège : *La population assiégée manque d'eau. Les assiégés se rendent.*

assiégeant, e adj. et n. Qui assiège : *Les assiégeants empêchent toute sortie.*

assiéger v.t. [conj. 22]. **1.** Entourer un lieu afin de s'en emparer, d'y pénétrer : *Les forces alliées ont assiégé le palais occupé par les rebelles* (= fait le siège de ; **SYN.** investir). *Les journalistes assiègent la salle d'audience* (= ne s'éloignent pas de ; **SYN.** bloquer). **2.** *Litt.* Harceler qqn de sollicitations, de demandes importunes : *Depuis qu'il a gagné de l'argent à ce jeu, il est assiégé de toutes parts* (**SYN.** poursuivre, tourmenter).

assiette n.f. (du lat. *assidere*, être assis). **1.** Pièce de vaisselle, individuelle, à fond plat et à bord incliné, servant à contenir les aliments ; son contenu : *Une assiette creuse, plate, à dessert. Reprendre une assiette de gratin* (SYN. assiettée). **2.** Manière d'être assis à cheval : *Cavalière qui a une bonne assiette* (SYN. équilibre). **3.** Stabilité d'une chose posée sur une autre : *Vérifier l'assiette du linteau d'une porte* (SYN. assise). **4.** Dans la langue juridique, base de calcul d'une cotisation, d'un impôt. ▸ ***Assiette anglaise,*** assortiment de viandes froides. ***Assiette profonde,*** en Belgique, assiette creuse. *Fam.* ***Ne pas être dans son assiette,*** ne pas se sentir bien, ne pas être dans son état normal.

assiettée n.f. Contenu d'une assiette : *Manger une assiettée de pâtes.*

assignat n.m. Papier-monnaie créé sous la Révolution française, et dont la valeur était remboursable sur la vente des biens du clergé.

assignation n.f. **1.** Action d'assigner qqch à qqn, à qqch : *L'assignation d'un poste à un enseignant* (SYN. attribution). **2.** Dans la langue juridique, citation à comparaître devant la justice. ▸ ***Assignation à résidence,*** dans la langue juridique, obligation faite à qqn de résider dans un lieu précis.

assigner v.t. (lat. *assignare*) [conj. 3]. **1.** Attribuer qqch à qqn, à qqch : *On leur a assigné la mission de former les élèves de sixième à l'Internet* (SYN. fixer). *On m'a assigné le bureau du rez-de-chaussée* (SYN. affecter, donner). **2.** Dans la langue juridique, appeler qqn à se présenter devant un juge, un tribunal. ▸ ***Assigner qqn à résidence,*** dans la langue juridique, l'obliger à résider en un lieu déterminé.

assimilable adj. **1.** Qui peut être assimilé par l'organisme : *Ce nouveau médicament contient une molécule plus assimilable.* **2. [à].** Se dit d'une personne ou d'une chose semblable à une autre : *Le son d'un instrument assimilable à celui du piano* (SYN. analogue, comparable, similaire).

assimilation n.f. **1.** Action d'assimiler ou de s'assimiler ; son résultat : *L'assimilation d'une fleur à ou avec une autre* (SYN. comparaison, rapprochement). *L'assimilation des nouveaux élèves s'est faite facilement* (SYN. intégration). **2.** En physiologie, processus par lequel les êtres vivants forment et reconstituent leur propre substance à partir d'éléments puisés dans le milieu environnant et transformés par la digestion. ▸ ***Assimilation chlorophyllienne,*** synonyme vieilli de photosynthèse.

assimilé, e n. Personne qui a le statut d'une catégorie donnée sans en avoir le titre : *Circulaire destinée aux fonctionnaires et assimilés.*

assimiler v.t. (lat. *assimilare*, de *similis*, semblable) [conj. 3]. **1.** Rendre semblable ; considérer comme semblable : *Assimiler l'exil à la mort* (SYN. comparer, rapprocher de ; CONTR. distinguer). *Assimiler une catégorie de personnel à la catégorie supérieure* (SYN. fondre, intégrer ; CONTR. dissocier). **2.** Intégrer des personnes à un groupe social : *Assimiler les familles d'immigrants.* **3.** En physiologie, transformer les éléments absorbés en substances utiles à l'organisme : *Assimiler des aliments.* ▸ ***Assimiler des connaissances, des idées,*** les comprendre, les intégrer. ◆ **s'assimiler** v.pr. **1.** Se transformer : *Aliments qui s'assimilent plus difficilement que d'autres.* **2.** Se fondre dans un groupe social : *Des étrangers qui se sont bien assimilés* (SYN. s'intégrer).

assis, e adj. **1.** Installé sur un siège ; appuyé sur son derrière : *Un canapé où l'on est mal assis.* **2.** *Fig.* Solidement fondé, stable : *Une réputation bien assise.* ▸ ***Magistrature assise,*** ensemble des magistrats qui siègent au tribunal, par opp. aux magistrats du parquet (*magistrature debout*). ***Place assise,*** où l'on peut s'asseoir : *Avoir deux places assises au premier rang.*

assise n.f. **1.** Base qui donne de la stabilité, de la solidité : *Les assises d'un pont* (SYN. fondation). *Les assises d'une théorie* (SYN. fondement, principe). **2.** Dans une construction, rangée de pierres, de briques, posées horizontalement : *Il manque des briques à la dernière assise du mur.*

assises n.f. pl. **1.** Séances tenues par des magistrats pour juger les crimes ; lieu où se tiennent ces séances : *Passer devant les assises.* **2.** Congrès d'un mouvement, d'un parti politique, d'un syndicat. ▸ ***Cour d'assises,*** juridiction chargée de juger les crimes : *Procès jugé en cour d'assises.*

assistanat n.m. **1.** Fonction d'assistant : *Ce metteur en scène est passé par l'assistanat avant de diriger son propre film.* **2.** *Péjor.* Fait d'être assisté, secouru.

assistance n.f. **1.** Action d'assister, d'être présent à une réunion, à une cérémonie : *Votre assistance est obligatoire* (SYN. présence). **2.** Ensemble des personnes présentes en un même lieu : *Réclamer l'attention de l'assistance* (SYN. assemblée, auditoire, public). **3.** Action d'assister qqn, de lui venir en aide : *La Croix-Rouge prête assistance aux S.D.F.* (SYN. appui, soutien). *Ce serveur informatique nous assure une assistance 24 heures sur 24* (SYN. aide). ▸ ***Assistance médicale à la procréation*** ou ***A.M.P.,*** ensemble des méthodes de traitement de la stérilité d'un couple, telles que la fécondation in vitro, l'insémination artificielle, etc. *Anc.* ***Assistance publique,*** administration qui était chargée, en France, de venir en aide aux personnes les plus défavorisées.

① **assistant, e** n. Personne qui assiste qqn, le seconde : *L'assistant du vétérinaire maintient le chien sur la table.* ▸ ***Assistant social,*** personne chargée de remplir un rôle d'assistance (morale, médicale, juridique ou matérielle) auprès des individus ou des familles. ◆ **assistants** n.m. pl. Personnes présentes en un lieu, qui assistent à qqch ; assistance.

② **assistant** n.m. Logiciel interactif qui aide l'utilisateur d'un système informatique en le guidant. ▸ ***Assistant personnel,*** ordinateur de poche qui permet de gérer un carnet d'adresses et des prises de rendez-vous.

① **assisté, e** n. et adj. *Péjor.* Personne qui bénéficie d'une assistance, notamm. financière : *Refuser de devenir un assisté.*

② **assisté, e** adj. Qui est pourvu d'un dispositif grâce auquel l'effort exercé par l'utilisateur est amplifié par un apport extérieur d'énergie : *Automobile à direction assistée.* ▸ ***Assisté par ordinateur,*** se dit d'une activité dans laquelle l'ordinateur apporte une aide : *Cet atelier pratique la fabrication assistée par ordinateur.*

assister v.t. (lat. *assistere*, se tenir auprès) [conj. 3]. **1.** Porter aide ou secours à qqn : *La mairie assiste les familles démunies* (SYN. secourir ; CONTR. délaisser, négliger). **2.** Seconder qqn : *L'apprenti assiste le chef dans la confection de ce gâteau* (SYN. aider). ◆ v.t. ind. **[à].**

1. Être présent à ; participer à : *Assister à un spectacle de danse* (**SYN.** voir ; **CONTR.** manquer). **2.** Être le témoin de ; constater : *On assiste à une baisse du chômage.*

associatif, ive adj. Relatif à une association de personnes : *Créer un mouvement associatif pour empêcher la fermeture d'une école.* ◆ n. Membre d'un mouvement associatif : *Les associatifs demandent des logements sociaux.*

association n.f. **1.** Action d'associer, de s'associer : *L'association de plusieurs cinémas indépendants pour lutter contre un multiplexe* (**SYN.** collaboration, coopération ; **CONTR.** division, scission). **2.** Groupement de personnes réunies dans un intérêt commun, non lucratif : *L'association sportive d'une école* (**SYN.** club). *Fonder une association contre l'esclavage dans le monde* (**SYN.** ligue). **3.** Réunion de choses diverses pour produire un effet particulier : *L'association de deux styles d'architecture* (**SYN.** combinaison). ▸ ***Association d'idées,*** processus psychologique par lequel une idée ou une image en évoque une autre.

associé, e n. Personne liée à d'autres par des intérêts communs : *Mon associé veut s'installer à son compte* (**SYN.** collaborateur, partenaire).

associer v.t. (du lat. *socius,* allié) [conj. 9]. **1.** Mettre ensemble, réunir : *Associer les syndicats ouvriers et patronaux pour une négociation* (**SYN.** grouper, rassembler). **2. [à].** Faire participer qqn à une chose : *Associer ses collaborateurs au succès d'un livre.* **3. [à].** Réunir des choses : *Le biathlon associe le tir au ski de fond* (**SYN.** combiner). *Elle associe l'efficacité à la rapidité* (**SYN.** allier, joindre, unir). ◆ **s'associer** v.pr. **1. [à].** Participer à qqch : *Quelques médecins s'associent à l'action des infirmières* (**SYN.** se joindre à, prendre part à). **2. [à, avec].** S'unir avec qqn en vue d'une entreprise commune : *Plusieurs chefs d'État se sont associés à cet homme dans sa lutte contre la drogue* (**SYN.** collaborer, coopérer). **3.** S'harmoniser avec : *Le canapé s'associe bien avec les rideaux* (**SYN.** s'assortir, se marier ; **CONTR.** détonner, jurer).

assoiffé, e adj. Qui a soif : *Donner à boire à un chien assoiffé.* ▸ ***Assoiffé de,*** avide de : *Être assoiffé de pouvoir.*

assoiffer v.t. [conj. 3]. Donner soif à qqn : *Cette longue promenade m'a assoiffé* (**SYN.** altérer).

assolement n.m. Répartition successive des cultures sur les parcelles d'une exploitation agricole : *Assolement triennal* (= qui change tous les trois ans).

assoler v.t. (de *sole,* parcelle de terre) [conj. 3]. Réaliser l'assolement de : *Assoler ses terres.*

assombrir v.t. [conj. 32]. **1.** Rendre sombre : *Cette peinture assombrit la pièce* (**SYN.** obscurcir ; **CONTR.** éclaircir). **2.** Rendre triste : *La mort de son frère l'a assombrie* (**SYN.** affliger, attrister ; **CONTR.** égayer, réjouir). ◆ **s'assombrir** v.pr. **1.** Devenir sombre : *Le ciel s'assombrit.* **2.** Devenir triste ou inquiétant : *En entendant son nom, elle s'est assombrie* (**SYN.** se rembrunir ; **CONTR.** se dérider). *L'avenir de l'entreprise s'assombrit.*

assombrissement n.m. Fait d'assombrir, de s'assombrir.

assommant, e adj. *Fam.* Ennuyeux à l'excès : *Cette émission de télévision est assommante* (**SYN.** fastidieux ; **CONTR.** intéressant).

assommer v.t. (du lat. *somnus,* sommeil) [conj. 3]. **1.** Frapper d'un coup qui renverse, étourdit, tue : *Dans la bagarre, il assomma son adversaire d'un coup de poing.* **2.** *Fam.* Ennuyer fortement : *Un conférencier qui assomme son auditoire* (**SYN.** fatiguer, lasser ; **CONTR.** captiver, intéresser).

assommoir n.m. *Vx* Débit de boissons où l'on servait des alcools de mauvaise qualité.

Assomption [asɔ̃psjɔ̃] n.f. (du lat. *adsumere,* prendre avec soi). Dans la religion chrétienne, élévation miraculeuse et présence corporelle de la Vierge au ciel après sa mort ; fête commémorant cet événement (le 15 août).

assonance n.f. (du lat. *assonare,* faire écho). **1.** Répétition d'une même voyelle dans une phrase (par opp. à allitération). **2.** En poésie, rime réduite à l'identité de la dernière voyelle accentuée : *Les mots « sombre » et « tondre », « peintre » et « feindre », « âme » et « âge » forment des assonances.*

assorti, e adj. Qui est en accord, en harmonie : *Couple bien assorti. Ces serviettes sont assorties à la nappe.* ▸ ***Magasin, rayon bien assorti,*** pourvu d'un grand choix d'articles.

assortiment n.m. **1.** Série de choses formant un ensemble : *Un assortiment de couleurs* (**SYN.** alliance, mélange, variété). **2.** Collection de marchandises de même genre, chez un commerçant : *Assortiment de rideaux* (**SYN.** choix, stock). **3.** Plat composé d'aliments variés mais appartenant à une même catégorie : *Un assortiment de fruits de mer, de fromages.*

assortir v.t. (de *sorte*) [conj. 32]. **1.** Réunir des personnes, des choses qui conviennent, s'harmonisent : *Assortir ses invités. Assortir la couleur du canapé à celle des murs* (**SYN.** accorder, marier ; **CONTR.** dépareiller). **2.** Approvisionner en marchandises : *Assortir le rayon des bonbons* (**SYN.** fournir). **3. [à, avec].** Accorder à, mettre en harmonie avec : *Assortir un chemisier à la couleur de ses yeux* (**SYN.** harmoniser). **4. [de].** Ajouter à : *Il assortissait ses paroles de gestes menaçants* (**SYN.** accompagner). ◆ **s'assortir** v.pr. **1. [à].** Être en accord, en harmonie avec qqch : *Ce foulard s'assortit à ma veste* (**SYN.** s'harmoniser, se marier). **2.** (Sans compl.). S'accorder, se convenir : *Ces couleurs s'assortissent parfaitement.* **3. [de].** S'accompagner de, être complété par : *Ce CD s'assortit d'un livret contenant les paroles des chansons.*

assoupi, e adj. **1.** À demi endormi : *Une vieille dame assoupie dans son fauteuil* (= qui somnole). **2.** *Litt.* Qui a perdu de sa vigueur, de sa violence : *Une haine assoupie* (**SYN.** affaibli, atténué ; **CONTR.** exacerbé).

assoupir v.t. (du lat. *assopire,* endormir) [conj. 32]. **1.** Endormir à demi : *Cette musique l'assoupit.* **2.** *Fig.* Rendre moins fort, atténuer : *Une pommade qui assoupit la douleur* (**SYN.** apaiser, calmer ; **CONTR.** ranimer). ◆ **s'assoupir** v.pr. **1.** S'endormir doucement, à demi : *Elle s'est assoupie après le repas.* **2.** Devenir moins aigu, moins violent : *Les rancœurs se sont assoupies* (**SYN.** s'éteindre ; **CONTR.** se raviver).

assoupissement n.m. Fait de s'assoupir, d'être assoupi ; demi-sommeil : *Quand il regarde la télévision le soir, il ne peut résister à l'assoupissement* (**SYN.** somnolence).

assouplir v.t. [conj. 32]. **1.** Rendre plus souple : *Assouplir ses muscles* (**SYN.** délier ; **CONTR.** raidir).

Assouplir des chaussures en toile (**CONTR.** durcir). **2.** Rendre moins rigoureux, moins sévère : *Assouplir une loi* (**SYN.** atténuer ; **CONTR.** durcir). ◆ **s'assouplir** v.pr. Devenir plus souple : *Le cuir s'est assoupli à l'usage* (**CONTR.** se raidir). *Son caractère s'est assoupli* (**CONTR.** se durcir).

assouplissant ou **assouplisseur** n.m. Produit de rinçage qui évite au linge de devenir rêche après son lavage dans une eau calcaire : *Un assouplissant à la lavande* (**SYN.** adoucissant).

assouplissement n.m. Action d'assouplir ; fait de s'assouplir : *La danseuse fait des exercices d'assouplissement. L'assouplissement d'un emploi du temps* (**SYN.** aménagement).

assouplisseur n.m. → **assouplissant.**

assourdir v.t. [conj. 32]. **1.** Rendre comme sourd par l'excès de bruit : *Ce marteau-piqueur m'assourdit* (**SYN.** abasourdir). **2.** Rendre moins sonore : *La moquette assourdit les bruits de pas* (**SYN.** amortir, étouffer ; **CONTR.** amplifier).

assourdissant, e adj. Qui assourdit : *Une musique assourdissante* (= trop bruyante).

assourdissement n.m. Action d'assourdir ; fait d'être assourdi.

assouvir v.t. (du lat. *assopire,* endormir) [conj. 32]. *Litt.* Combler, apaiser un besoin, une envie, un sentiment : *Assouvir sa soif* (= étancher ; **CONTR.** aiguiser, stimuler). *Il peut enfin assouvir sa passion du modélisme* (**SYN.** contenter, satisfaire).

assouvissement n.m. Action d'assouvir ; son résultat : *L'assouvissement d'une envie* (**SYN.** satisfaction).

assuétude n.f. (lat. *assuetudo,* habitude). *Vieilli* En médecine, dépendance envers une substance toxique ; toxicomanie.

assujetti, e n. et adj. Personne tenue par la loi de verser un impôt ou de s'affilier à un organisme : *Une femme d'affaires assujettie à l'impôt sur les grandes fortunes.*

assujettir v.t. [conj. 32]. **1.** Placer sous sa domination un peuple, une nation : *Une grande puissance qui a assujetti de petits pays* (**SYN.** asservir, dominer ; **CONTR.** affranchir, libérer). **2.** Soumettre qqn à une obligation stricte : *Être assujetti à la T.V.A.* (**SYN.** astreindre ; **CONTR.** exempter, exonérer). **3.** Fixer une chose de manière qu'elle soit stable ou immobile : *Elle a assujetti le battant de la porte avec un crochet* (**SYN.** fixer, immobiliser).

assujettissement n.m. Action d'assujettir ; fait d'être assujetti.

assumer v.t. (lat. *assumere,* prendre sur soi) [conj. 3]. Prendre en charge une fonction ; accepter les conséquences de : *L'ancien maire assume la fonction de ministre. Le malfaiteur assume ses erreurs* (**SYN.** endosser ; **CONTR.** rejeter). ◆ **s'assumer** v.pr. Se prendre en charge ; s'accepter tel qu'on est : *Elle a dû s'assumer à la mort de ses parents.*

assurage n.m. En alpinisme, en spéléologie, action d'assurer ; dispositif servant à assurer : *La corde et le baudrier font partie du matériel d'assurage.*

assurance n.f. **1.** Parole, acte qui sert à garantir qqch : *Je veux avoir l'assurance que tu ne lui diras rien* (**SYN.** certitude, garantie ; **CONTR.** incertitude). **2.** Confiance en soi : *Un enfant qui prend de l'assurance en natation* (**SYN.** aisance, hardiesse). **3.** Garantie accordée par un assureur à un assuré de l'indemniser d'éventuels dommages, moyennant une prime ou une cotisation ; document attestant cette garantie : *Prendre une assurance contre le vol. Assurance automobile.* ▸ *Anc.* ***Assurances sociales,*** assurances qui garantissent les personnes contre la maladie, l'invalidité, la vieillesse.

assurance-crédit n.f. (pl. *assurances-crédits*). Contrat d'assurance qui garantit un créancier contre le risque de non-paiement de la part de son débiteur.

assurance-maladie n.f. (pl. *assurances-maladie*). Système de protection sociale contre les risques liés à la maladie, accordé à tout cotisant ainsi qu'à sa famille.

assurance-vie n.f. (pl. *assurances-vie*). Contrat d'assurance garantissant, en cas de décès, le versement d'un capital ou d'une rente en faveur du conjoint ou de tout autre ayant droit désigné par l'assuré.

① **assuré, e** adj. **1.** Se dit d'un comportement plein d'assurance, de fermeté : *Entrer en scène d'un pas assuré* (**SYN.** confiant, décidé ; **CONTR.** timide). **2.** Qui ne peut manquer de se produire : *Les commentateurs sportifs considèrent la victoire des Bleus comme assurée* (**SYN.** immanquable, sûr ; **CONTR.** douteux, hypothétique).

② **assuré, e** n. Personne garantie par un contrat d'assurance. ▸ ***Assuré social,*** personne affiliée à un régime de Sécurité sociale.

assurément adv. Sans aucun doute ; certainement : *La viande que l'on achète à la boucherie est assurément meilleure que celle du supermarché* (**SYN.** incontestablement, indéniablement, indiscutablement).

assurer v.t. (du lat. *assecurare,* rendre sûr) [conj. 3]. **1.** Affirmer que qqch est vrai : *L'élu assure qu'il tiendra ses promesses* (**SYN.** jurer, soutenir ; **CONTR.** nier). *Le vendeur assure son client de la qualité de cet article* (**SYN.** certifier, garantir ; **CONTR.** contester). **2.** Mettre à l'abri d'un danger ; protéger : *Assurer la paix par des traités* (**SYN.** garantir ; **CONTR.** compromettre). *Assurer le bonheur de ses enfants* (**SYN.** préserver ; **CONTR.** risquer). **3.** Garantir le bon fonctionnement, la réalisation de qqch : *Assurer le ravitaillement d'un village enneigé* (**SYN.** pourvoir à). *Assurer une permanence la nuit* (**SYN.** tenir). **4.** En alpinisme, en spéléologie, garantir d'une chute par un dispositif approprié : *Le guide assure les randonneurs avec une corde pour marcher sur les glaciers.* **5.** Garantir, faire garantir par un contrat d'assurance : *Assurer du matériel informatique.* ◆ v.i. *Fam.* Se montrer à la hauteur de sa responsabilité, de sa tâche : *Une directrice qui assure.* ◆ **s'assurer** v.pr. **1.** Rechercher la confirmation de qqch ; vérifier : *Elle s'est assurée que le gîte contenait bien trois chambres* (**SYN.** contrôler, vérifier). **2.** Se garantir le concours de qqn, l'usage de qqch : *S'assurer des conseillers intègres. S'assurer un petit capital* (**SYN.** se ménager). **3.** Se protéger contre qqch ; passer un contrat d'assurance : *S'assurer contre la foudre. Tout automobiliste est tenu de s'assurer.*

assureur n.m. Personne qui s'engage à couvrir un risque moyennant le paiement d'une somme déterminée par contrat.

aster [astɛr] n.m. (du gr. *astêr,* étoile). Plante cultivée pour ses fleurs décoratives en forme d'étoile, aux coloris variés : *Des asters violets.*

astérie n.f. Animal marin invertébré communément appelé *étoile de mer.*

astérisque n.m. (du gr. *asteriskos*, petite étoile). Signe typographique en forme d'étoile (*), indiquant un renvoi ou une particularité lexicale : *Dans ce dictionnaire, le « h aspiré » est indiqué par un astérisque.*

astéroïde n.m. Petit corps rocheux ou métallique, de forme génér. irrégulière, qui gravite autour du Soleil. *Le Petit Prince venait d'un astéroïde.*

asthénie n.f. (du gr. *sthenos*, force). En médecine, état de fatigue et d'épuisement.

asthénique adj. Relatif à l'asthénie. ◆ adj. et n. Atteint d'asthénie.

asthmatique [asmatik] adj. Relatif à l'asthme. ◆ adj. et n. Atteint d'asthme.

asthme [asm] n.m. (gr. *asthma*, respiration difficile). Maladie caractérisée par une difficulté à respirer, survenant par crises.

asticot n.m. Larve de la mouche à viande, utilisée comme appât à la pêche à la ligne.

asticoter v.t. [conj. 3]. *Fam.* Contrarier, harceler jusqu'à l'énervement : *Enfant qui asticote sa sœur* (**SYN.** agacer, taquiner).

astigmate adj. et n. Atteint d'astigmatisme.

astigmatisme n.m. (du gr. *stigma*, point). Anomalie de la vision, due à des inégalités de courbure de la cornée.

astiquage n.m. Action d'astiquer : *L'astiquage de couverts en argent.*

astiquer v.t. [conj. 3]. Nettoyer pour faire briller ; fourbir : *Pense à astiquer la cuisine* (**SYN.** récurer). *Astiquer des bottes* (**SYN.** cirer).

astragale n.m. (gr. *astragalos*, osselet). Os de la région du talon qui s'articule avec le tibia et le péroné.

astrakan n.m. (de *Astrakhan*, ville de Russie). Fourrure de jeune agneau d'Asie, à poil frisé : *Des astrakans noirs. Un manteau en astrakan.*

astral, e, aux adj. Relatif aux astres : *Les thèmes astraux* (**SYN.** zodiacal). *La lumière astrale* (**SYN.** sidéral).

astre n.m. (lat. *astrum*, gr. *astron*). Corps céleste naturel ; étoile : *La Lune et le Soleil sont des astres.*

astreignant, e adj. Qui tient constamment occupé : *Un travail astreignant* (**SYN.** contraignant). *Des horaires astreignants* (**SYN.** strict ; **CONTR.** souple).

astreindre v.t. (lat. *astringere*, serrer) [conj. 81]. Soumettre à une obligation stricte : *Le médecin les a astreints à un régime sévère* (**SYN.** assujettir, contraindre). ◆ **s'astreindre** v.pr. **[à]**. S'imposer qqch, de faire qqch : *Elle s'est astreinte à se lever tôt* (**SYN.** s'obliger à ; **CONTR.** se dispenser de).

astreinte n.f. **1.** Obligation imposée à un débiteur de payer une certaine somme par jour de retard : *Payer mille euros d'astreinte par jour.* **2.** Obligation rigoureuse ; contrainte : *S'accommoder des astreintes de la vie scolaire.* ▸ ***Être d'astreinte,*** être tenu de se mettre à la disposition de son employeur : *Lorsqu'il est d'astreinte, un travailleur attend chez lui d'être appelé.*

astringent, e adj. et n.m. (lat. *astringens, astringentis*, serrant). En médecine, se dit d'une substance qui resserre et assèche les tissus et peut faciliter leur cicatrisation : *L'alun est un astringent.*

astrolabe n.m. (du gr. *astron*, astre, et *lambanein*, prendre). Instrument servant à observer l'instant où une étoile atteint une hauteur déterminée.

astrologie n.f. Art divinatoire fondé sur l'observation des astres et sur la croyance que leur position influe sur la destinée humaine.

astrologique adj. Qui relève de l'astrologie : *Des prédictions astrologiques.*

astrologue n. Personne qui pratique l'astrologie.

astronaute n. Occupant d'un engin spatial américain. ☞ **REM.** On dit *cosmonaute* pour un Russe, *spationaute* pour un Français et *taïkonaute* pour un Chinois.

astronautique n.f. (du gr. *astron*, astre, et *nautikê*, navigation). **1.** Science de la navigation dans l'espace. **2.** Ensemble des activités qui ont trait aux vols spatiaux.

astronef n.m. Véhicule spatial : *Un astronef géant.*

astronome n. Spécialiste d'astronomie.

astronomie n.f. Science qui étudie la position, les mouvements, la structure et l'évolution des astres.

astronomique adj. **1.** Relatif à l'astronomie : *Une lunette astronomique.* **2.** *Fam.* Très élevé ; exagéré, démesuré : *Ce vendeur pratique des prix astronomiques* (**SYN.** excessif).

astrophysicien, enne n. Spécialiste d'astrophysique.

astrophysique n.f. Partie de l'astronomie qui étudie la constitution, les propriétés physiques et l'évolution des astres.

astuce n.f. (lat. *astutia*, ruse). **1.** Manière habile et inventive d'agir, de parler : *Elle a fait preuve d'astuce pour s'en sortir* (**SYN.** finesse, ingéniosité). **2.** Procédé pratique et ingénieux : *Elle connaît les astuces des bricoleurs* (**SYN.** secret). **3.** *Fam.* Plaisanterie, jeu de mots : *Une astuce qui tombe à plat* (**SYN.** boutade).

astucieusement adv. De façon astucieuse, ingénieuse : *Éviter astucieusement un piège* (**SYN.** finement, habilement).

astucieux, euse adj. **1.** Qui fait preuve d'astuce : *Une décoratrice astucieuse* (**SYN.** habile, ingénieux). **2.** Qui dénote du savoir-faire, de l'adresse ou de la ruse : *Un procédé de montage astucieux.*

asymétrie [asimetri] n.f. Absence de symétrie : *La tour de droite entraîne l'asymétrie du bâtiment.*

asymétrique [asimetrik] adj. Sans symétrie : *Une façade asymétrique. Barres asymétriques.*

asymptomatique [asɛ̃ptomatik] adj. Se dit d'une maladie sans symptômes observables.

asymptote [asɛ̃ptɔt] n.f. (de *a-* priv. et du gr. *sumptôsis*, rencontre). En géométrie, ligne droite qui, si on la prolonge à l'infini, se rapproche indéfiniment d'une courbe sans jamais la toucher.

asynchrone [asɛ̃kron] adj. Qui n'est pas synchrone, simultané : *Les mouvements asynchrones d'un petit enfant.*

asyndète [asɛ̃dɛt] n.f. En stylistique, suppression de mots de liaison (conjonctions, adverbes), afin de produire un effet de style : *« Cédéroms, disquettes,* *cassettes, tout était éparpillé sur le bureau » est une asyndète.*

ataca n.m. → **atoca.**

ataraxie n.f. (gr. *ataraxia,* absence de trouble). Dans la philosophie stoïcienne et épicurienne, quiétude absolue de l'âme.

atavique adj. Relatif à l'atavisme : *La réapparition d'une particularité atavique* (**SYN.** héréditaire).

atavisme n.m. (du lat. *atavus,* ancêtre). **1.** Réapparition, chez un sujet, de certains caractères ancestraux disparus depuis une ou plusieurs générations. **2.** Ensemble des caractères biologiques ou psychologiques que l'on hérite de son ascendance : *Un double atavisme artistique* (**SYN.** hérédité).

ataxie n.f. Manque de coordination des mouvements volontaires dû à une atteinte des centres nerveux.

atchoum onomat. et n.m. Bruit fait en éternuant.

atèle n.m. Singe de l'Amérique du Sud, aux membres très longs. ☞ **REM.** Ne pas confondre avec *une attelle.*

atelier n.m. (de l'anc. fr. *astelle,* éclat de bois). **1.** Local où travaillent des artisans, des ouvriers ; ensemble des personnes qui travaillent dans ce lieu : *Un atelier de ferronnerie. Tout l'atelier a approuvé sa demande.* **2.** Lieu où travaille un peintre, un sculpteur : *L'atelier de Picasso au Bateau-Lavoir.* **3.** Groupe de travail : *Atelier d'informatique, d'écriture.*

atémi n.m. (mot jap.). Dans les arts martiaux japonais, coup porté avec le tranchant de la main, le coude, le genou ou le pied : *Des atémis.*

a tempo [atɛmpo] loc. adv. (mots it. signif. « au temps »). Terme de musique indiquant qu'il faut reprendre la vitesse d'exécution initiale du morceau de musique.

atemporel, elle adj. Qui ne dépend pas du temps ; qui est hors du temps : *Un décor d'opéra atemporel.*

ater [atɛr] n. (acronyme de *attaché temporaire d'enseignement et de recherche*). Titulaire d'un doctorat ou étudiant préparant une thèse qui enseigne temporairement à l'université : *Engager des aters en chimie.*

atermoiement n.m. Dans la langue juridique, délai accordé à un débiteur pour le remboursement de sa créance. ◆ **atermoiements** n.m. pl. Action d'atermoyer, de remettre à plus tard un choix, une décision ; faux-fuyants : *Il faut mettre fin à ces atermoiements en donnant enfin une réponse* (**SYN.** tergiversation).

atermoyer [atɛrmwaje] v.i. (de l'anc. fr. *termoyer,* vendre à terme) [conj. 13]. Essayer de gagner du temps en ajournant une décision : *Le gouvernement atermoie par peur de mécontenter sa majorité* (**SYN.** temporiser, tergiverser).

athée adj. et n. (du gr. *theos,* dieu). Qui nie l'existence de Dieu, de toute divinité : *Elle est athée* (**SYN.** incroyant, irréligieux ; **CONTR.** théiste). *C'est un athée* (**CONTR.** croyant).

athéisme n.m. Attitude, doctrine d'une personne athée.

athénée n.m. (gr. *athênaion,* temple d'Athéna). En Belgique, établissement d'enseignement secondaire.

athermique adj. Qui ne dégage ni n'absorbe de chaleur : *Une réaction chimique athermique.*

athérome [aterom] n.m. (du gr. *athera,* bouillie). Dépôt de plaques de cholestérol sur la paroi interne des artères, provoquant l'athérosclérose.

athérosclérose n.f. Maladie due à un athérome et caractérisée par un épaississement et un durcissement de la paroi artérielle qui gênent la circulation sanguine.

athlète n. (gr. *athlêtês,* lutteur). **1.** Sportif pratiquant l'athlétisme : *Les athlètes françaises s'entraînent au stade.* **2.** Personne ayant une musculature très développée : *Un déménageur à la carrure d'athlète.*

athlétique adj. **1.** Propre à un athlète ; qui concerne un athlète : *Un corps athlétique* (**SYN.** musclé ; **CONTR.** chétif). **2.** Relatif à l'athlétisme : *Les performances athlétiques de l'année.*

athlétisme n.m. Ensemble de disciplines sportives comprenant des courses de plat et d'obstacles, des concours de saut et de lancer ainsi que des épreuves de marche.

atlante n.m. (de *Atlas,* nom d'un géant mythol.). Statue d'homme soutenant un balcon, un porche (**SYN.** télamon).

atlantique adj. (de *Atlas,* nom d'une montagne). Relatif à l'océan Atlantique ou aux pays qui le bordent : *Le littoral atlantique de l'Afrique.*

atlantisme n.m. Doctrine politique des pays qui s'alignent sur la politique des États-Unis d'Amérique.

atlas [atlas] n.m. (de *Atlas,* nom d'un géant mythol.). **1.** Recueil de cartes géographiques, historiques, économiques, linguistiques, astronomiques : *Des atlas mondiaux.* **2.** En anatomie, première vertèbre du cou qui supporte la tête.

atmosphère n.f. (du gr. *atmos,* vapeur, et *sphaira,* sphère). **1.** Couche gazeuse entourant une planète : *La sonde traverse l'atmosphère de Vénus.* **2.** Partie de la couche gazeuse qui enveloppe la Terre, dans laquelle se déroulent les phénomènes météorologiques : *Les rejets des usines polluent l'atmosphère.* **3.** Air que l'on respire en un lieu : *La pluie a rafraîchi l'atmosphère.* **4.** *Fig.* Environnement, ambiance qui règnent dans un milieu et dont on subit l'influence : *Vivre dans une atmosphère pesante, chaleureuse.*

atmosphérique adj. Relatif à l'atmosphère de la Terre ou d'une autre planète : *La pression atmosphérique. Les diverses couches atmosphériques.*

atoca ou **ataca** n.m. (mot amérindien). Au Québec, canneberge : *Une dinde aux atocas.*

atoll n.m. (mot des îles Maldives). Île des mers tropicales, formée de récifs coralliens qui entourent une lagune centrale, dite *lagon.*

atome [atom] n.m. (gr. *atomos,* qu'on ne peut diviser, de *temnein,* couper). **1.** Constituant élémentaire de la matière ; assemblage de particules fondamentales : *Un corps constitué d'atomes identiques est un corps simple. Atome d'hydrogène.* **2.** Très petite quantité de ; chose infime, négligeable : *Vous n'avez pas un atome d'humour* (**SYN.** brin, miette). ▸ *Fam.* ***Avoir des atomes crochus,*** des affinités qui créent une bonne entente.

atomicité n.f. En chimie, nombre d'atomes contenus dans une molécule.

atomique adj. Relatif aux atomes : *Masse atomique* (= des atomes d'un élément chimique). ▸ ***Arme atomique,*** arme utilisant les réactions de fission du plutonium ou de l'uranium, employée pour la première fois en 1945. *Vieilli* ***Énergie atomique,*** énergie nucléaire.

atomisation n.f. Action d'atomiser ; fait d'être atomisé : *L'atomisation d'un parti en courants politiques* (**SYN.** division, éclatement, scission).

atomisé, e adj. et n. Qui a subi les effets des radiations nucléaires : *La région atomisée de Tchernobyl.*

atomiser v.t. [conj. 3]. **1.** Détruire avec des armes atomiques : *Décider d'atomiser une ville au cours d'une guerre* (**SYN.** désintégrer). **2.** Réduire en fines gouttelettes ou particules : *Le vaporisateur atomise l'eau de toilette* (**SYN.** pulvériser). **3.** *Fig.* Diviser un ensemble, un groupe en petits éléments : *Le chômage a atomisé le monde du travail* (**SYN.** désagréger ; **CONTR.** souder).

atomiseur n.m. Appareil servant à vaporiser des liquides ; aérosol, pulvérisateur.

atomiste n. et adj. Spécialiste de la physique atomique ou de l'énergie nucléaire.

atonal, e, als ou **aux** adj. Se dit d'un morceau de musique écrit suivant les principes de l'atonalité : *La musique dodécaphonique est atonale.*

atonalité n.f. Écriture musicale contemporaine caractérisée par l'abandon des règles classiques de la tonalité et l'utilisation des douze degrés de la gamme chromatique.

atone adj. (gr. *atonos,* relâché). **1.** Qui manque de tonicité, de vitalité, de vigueur : *Des muscles atones* (**SYN.** flasque). *Une élève atone* (**SYN.** amorphe, mou ; **CONTR.** dynamique, énergique). *Un regard atone* (**SYN.** inexpressif, morne ; **CONTR.** vif). **2.** Qui ne porte pas d'accent tonique : *Une voyelle, une syllabe atone* (**CONTR.** tonique).

atonie n.f. Caractère d'une chose atone, d'une personne qui manque de force, de vitalité : *L'atonie musculaire. L'importance de l'enjeu a tiré les électeurs de leur atonie* (**SYN.** abattement, torpeur ; **CONTR.** dynamisme, vitalité).

atours n.m. pl. (de l'anc. fr. *atourner,* préparer, orner). *Litt.* Éléments de la parure d'une femme : *Elle s'est parée de ses plus beaux atours.*

atout n.m. (de *à* et *tout*). **1.** Dans les jeux de cartes, couleur choisie ou prise au hasard et qui l'emporte sur les autres : *Jouer atout, une carte d'atout.* **2.** Chance, moyen de réussir : *Votre connaissance de ce logiciel est un sérieux atout pour obtenir ce poste* (**SYN.** avantage).

atrabilaire adj. et n. (du lat. *ater,* noir, et *bilis,* bile). *Litt.* Qui est souvent désagréable, revêche : *Un vieux monsieur atrabilaire* (**SYN.** acariâtre, irascible, renfrogné ; **CONTR.** affable, avenant).

âtre n.m. *Litt.* Partie de la cheminée où l'on fait le feu ; la cheminée elle-même : *Les bûches se consument dans l'âtre* (**SYN.** foyer).

atriau n.m. En Suisse, crépinette ronde.

atrium [atrijɔm] n.m. (mot lat.). Dans l'Antiquité, pièce principale de la maison romaine, avec une ouverture carrée au centre du toit pour recueillir les eaux de pluie.

atroce adj. **1.** Qui provoque la répulsion par sa cruauté, sa dureté ou sa laideur : *Un crime atroce* (**SYN.** abominable, révoltant). **2.** Insupportable, très pénible à endurer : *D'atroces souffrances* (**SYN.** effroyable, terrible). **3.** Très désagréable ; affreux, détestable : *Il fait un temps atroce* (**SYN.** horrible). *Une couleur atroce* (**SYN.** hideux).

atrocement adv. **1.** De façon atroce : *Elle a atrocement souffert* (**SYN.** cruellement). **2.** À un très haut degré ; extrêmement : *On s'ennuie atrocement ici* (**SYN.** terriblement).

atrocité n.f. **1.** Caractère de ce qui est atroce : *L'atrocité des massacres* (**SYN.** barbarie, cruauté, férocité). **2.** Action atroce, qui fait horreur : *Ils ont commis des atrocités* (**SYN.** crime, monstruosité).

atrophie n.f. (gr. *atrophia,* privation de nourriture). Diminution de volume d'un tissu, d'un organe, d'un organisme (par opp. à hypertrophie) : *La myopathie provoque une atrophie musculaire.*

s'**atrophier** v.pr. [conj. 9]. **1.** Diminuer de volume, en parlant d'un membre ou d'un organe : *Son bras paralysé s'atrophie* (**CONTR.** se développer, se fortifier). **2.** Perdre de sa vigueur ; se dégrader : *Ses facultés mentales se sont atrophiées* (**SYN.** s'affaiblir, décroître).

atropine n.f. (du lat. *atropa,* belladone). Alcaloïde extrait de la belladone, utilisé pour dilater la pupille de l'œil et pour combattre les spasmes.

s'**attabler** v.pr. [conj. 3]. S'asseoir à table : *Les convives se sont attablés.*

attachant, e adj. Qui attire la sympathie, provoque l'attendrissement : *C'est une enfant attachante* (**SYN.** touchant). *Des contes attachants* (**SYN.** captivant, prenant ; **CONTR.** banal, ennuyeux).

attache n.f. **1.** Ce qui sert à attacher : *Mettre une attache à un cheval* (**SYN.** bride). **2.** Partie du corps où est fixé un muscle, un ligament : *Elle a des attaches très fines* (= les poignets, les chevilles). ▸ ***Port d'attache,*** port où un navire est immatriculé ; fig., lieu où une personne qui se déplace fréquemment revient habituellement. ◆ **attaches** n.f. pl. Relations amicales ou familiales : *J'ai toutes mes attaches dans cette ville.*

attaché, e n. Membre d'une ambassade, d'un cabinet ministériel, d'un service administratif : *Un attaché culturel, militaire.* ▸ ***Attaché de presse,*** dans une entreprise ou un organisme, personne chargée d'assurer les relations avec les médias, et d'informer les journalistes des activités de l'entreprise, de l'organisme.

attaché-case [ataʃekɛz] n.m. (de l'angl. *case,* valise, boîte)[pl. *attachés-cases*]. Mallette plate et rigide servant de porte-documents.

attachement n.m. Sentiment d'affection ou de sympathie éprouvé pour qqn, pour qqch : *Avoir de l'attachement pour son chien. Elle montre un attachement profond aux idéaux de sa jeunesse.*

attacher v.t. (de l'anc. fr. *estachier,* fixer) [conj. 3]. **1.** Mettre un lien à, faire tenir à qqch : *Les ravisseurs ont attaché leur victime sur une chaise* (**SYN.** ligoter). *Attacher une plante à un tuteur* (**SYN.** lier). **2.** Réunir par un lien un ensemble de choses : *Attacher des cheveux avec un ruban* (**SYN.** nouer). *Attacher des documents avec un trombone* (**SYN.** assembler, lier). **3.** Réunir deux parties pour fermer : *Attacher son gilet* (**SYN.** boutonner). *Attacher ses chaussures* (**SYN.** lacer). *Attachez vos ceintures* (**SYN.** boucler). **4.** Unir durablement : *Attacher son nom à un procédé* (**SYN.** associer). **5.** Donner, attribuer une qualité, une valeur à : *Attacher de l'importance, du prix, de l'intérêt à la vie* *familiale.* ◆ v.i. **1.** Coller au fond d'un récipient pendant la cuisson, en parlant des aliments : *Les carottes ont attaché.* **2.** En parlant d'un ustensile de cuisson, provoquer l'adhérence des aliments : *Cette casserole attache.* ◆ **s'attacher** v.pr. Se fixer, se fermer par tel moyen : *Ce chemisier s'attache sur le côté.* ▸ ***S'attacher à,*** aller de pair avec : *Les avantages qui s'attachent à cette fonction sont nombreux.* ***S'attacher à qqn, à qqch,*** devenir proche de qqn, apprécier qqch : *Les chiens s'attachent à leur maître* (= leur sont fidèles). *Elle s'est attachée à son nouveau travail.* ***S'attacher à qqch, à*** (+ inf.), s'appliquer avec insistance à faire qqch : *Ils se sont attachés à des détails* (**SYN.** se préoccuper). *Elle va s'attacher à résoudre cette énigme* (**SYN.** s'appliquer à).

attaquant, e adj. et n. Qui attaque militairement : *Les attaquants ont investi la ville* (**SYN.** assaillant). ◆ n. Sportif de la ligne d'attaque dans les sports d'équipe.

attaque n.f. **1.** Action d'attaquer : *Attaque à main armée* (**SYN.** agression). **2.** Critique violente ; accusation : *Le Premier ministre a ignoré les attaques de l'opposition.* **3.** Action militaire pour conquérir un objectif ou pour détruire des forces ennemies : *Attaque aérienne* (**SYN.** offensive). *Contenir l'attaque ennemie* (**SYN.** assaut). **4.** En sports, action visant à prendre un avantage sur l'adversaire ; ensemble des joueurs participant à cette action, dans les sports d'équipe. **5.** Accès subit d'une maladie ; accident vasculaire cérébral, hémorragie cérébrale : *Elle a encore eu une attaque.* ▸ *Fam.* ***Être d'attaque,*** être en forme.

attaquer v.t. (it. *attaccare,* attacher) [conj. 3]. **1.** Agresser physiquement : *Le voleur l'a attaquée par-derrière* (**SYN.** assaillir). **2.** S'en prendre avec une certaine violence à qqn, à qqch : *Attaquer les institutions* (**SYN.** critiquer, dénigrer). **3.** Prendre l'initiative d'une action militaire : *Ils ont attaqué le pays voisin.* **4.** Détruire peu à peu ; détériorer : *L'acide attaque la pierre* (**SYN.** ronger). **5.** Commencer qqch ; commencer à manger : *Attaquer un roman, une tâche* (**SYN.** entreprendre). *On attaque ce camembert ?* (**SYN.** entamer). ▸ ***Attaquer qqn, un organisme en justice,*** intenter une action judiciaire contre lui. ◆ **s'attaquer** v.pr. **[à].** Affronter sans hésiter ; entreprendre qqch de difficile : *Les manifestants se sont attaqués aux policiers. S'attaquer au racisme.*

attardé, e adj. et n. **1.** Dont l'intelligence s'est peu développée. **2.** En retard sur son époque ; périmé : *Des conceptions attardées* (**SYN.** désuet, vieillot).

s'**attarder** v.pr. (de *tard*) [conj. 3]. **1.** Rester trop longtemps quelque part ; se mettre en retard : *Ils se sont attardés à bavarder chez des amis.* **2.** Prendre le temps de faire qqch : *S'attarder à revivre de bons moments.*

atteindre v.t. (du lat. *tangere,* toucher) [conj. 81]. **1.** Parvenir à : *Nous avons atteint le sommet dans l'après-midi* (**SYN.** arriver à, rejoindre). **2.** Toucher en blessant, avec un projectile : *Une balle perdue l'a atteint au bras.* **3.** Causer un préjudice, une douleur à ; troubler profondément : *Cette maladie atteint les moutons. Vos paroles l'ont atteinte* (**SYN.** bouleverser, toucher). **4.** Réussir à joindre, à rencontrer : *Il est difficile à atteindre* (**SYN.** contacter). ◆ v.t. ind. **[à].** *Sout.* Parvenir à réaliser une chose difficile : *Sculpteur qui atteint à la perfection.*

atteinte n.f. **1.** Préjudice matériel ou moral ; dommage : *Résister aux atteintes du froid. Porter atteinte à la réputation de qqn* (**SYN.** préjudice). **2.** *Sout.* Action, fait d'atteindre, de parvenir à : *L'atteinte d'un objectif* (**SYN.** réalisation). ▸ ***Atteinte à la sûreté de l'État,*** crime ou délit de nature à compromettre la sûreté intérieure ou extérieure de l'État. ***Hors d'atteinte,*** qui ne peut être touché : *Placez ces produits hors d'atteinte des enfants.*

attelage n.m. **1.** Action ou manière d'atteler un ou plusieurs animaux ; ensemble des animaux attelés : *Un attelage de chevaux.* **2.** Dispositif d'accrochage de plusieurs véhicules ferroviaires entre eux.

atteler v.t. (lat. pop. *attelare*) [conj. 24]. **[à]. 1.** Attacher des animaux à une voiture ou à une machine agricole. **2.** Relier un véhicule, une machine agricole à un autre véhicule pour le tracter : *Elle attelle la remorque à sa voiture.* **3.** *Fam.* Faire entreprendre à qqn une tâche pénible et de longue haleine : *Je l'ai attelé au classement des fiches.* ◆ **s'atteler** v.pr. **[à].** Entreprendre un travail long et difficile : *Elle s'est attelée à sa thèse.*

attelle n.f. Petite pièce de bois ou de métal qui sert à maintenir des os fracturés (**SYN.** éclisse). ☞ **REM.** Ne pas confondre avec *un atèle.*

attenant, e adj. (de l'anc. v. *attenir,* tenir à). Qui est contigu à un lieu, qui le touche : *Une forêt attenante à une propriété* (**SYN.** adjacent, limitrophe).

attendre v.t., v.i. (lat. *attendere,* être attentif) [conj. 73]. **1.** Rester quelque part jusqu'à ce que qqn vienne ou que qqch arrive ou soit prêt ; (sans compl.) patienter : *Je t'attends depuis une heure. Attendre un taxi. Elle n'aime pas attendre.* **2.** Rester dans le même état, en parlant d'une chose : *Ce travail peut attendre* (= n'est pas urgent). **3.** Être prêt pour qqn, en parlant d'une chose : *Le dîner nous attend.* **4.** Compter sur qqch ; prévoir : *Attendre une lettre, une réponse* (**SYN.** escompter, espérer). ▸ ***En attendant,*** pendant ce temps : *En attendant, tu peux habiter chez moi* (**SYN.** provisoirement) ; quoi qu'il en soit : *Il a peut-être raison ; en attendant, il aurait mieux fait de se tenir tranquille* (= toujours est-il que...). ◆ v.t. ind. **[après].** *Région.* Compter avec impatience sur ; avoir besoin de : *Il attend après cette somme.* ◆ **s'attendre** v.pr. **[à].** Prévoir, imaginer : *Elle ne s'attend pas à cette surprise. Elle s'était attendue à payer plus cher.*

attendrir v.t. (de *1. tendre*) [conj. 32]. **1.** Toucher la sensibilité de qqn : *Vos larmes l'avaient attendri* (**SYN.** émouvoir). **2.** Rendre moins dur : *Attendrir de la viande.* ◆ **s'attendrir** v.pr. Être ému ; éprouver de la pitié : *Elle s'est attendrie sur leur sort* (**SYN.** s'apitoyer).

attendrissant, e adj. Qui attendrit, émeut : *Des images attendrissantes* (**SYN.** touchant).

attendrissement n.m. Mouvement d'émotion, de tendresse : *Il se souvient avec attendrissement de son enfance.*

attendrisseur n.m. Appareil de boucherie pour attendrir la viande.

① **attendu** prép. *Sout.* Vu, en raison de : *Attendu les événements* (= étant donné). ◆ **attendu que** loc. conj. Vu que, puisque : *Nous n'avons pas besoin de son accord, attendu qu'il ne participe plus aux réunions* (= étant donné que).

② **attendu** n.m. (Surtout au pl.). Dans la langue juridique, chacun des alinéas qui énonce les arguments sur lesquels est fondée une décision judiciaire et qui commence par les mots « attendu que ».

attentat n.m. Attaque criminelle contre les personnes, les biens, les mœurs ; action d'attenter à un droit : *Perpétrer, commettre un attentat. Attentat à la bombe. Attentat à la pudeur* (= agression sexuelle commise avec violence, menace ou surprise).

attentatoire adj. (de *attenter*). Qui porte atteinte à qqch : *Mesure attentatoire à la liberté.*

attente n.f. **1.** Action d'attendre qqn ou qqch ; temps pendant lequel on attend : *Encore une journée d'attente. Salle d'attente.* **2.** Action de compter sur ; souhait : *Répondre à l'attente de ses électeurs* (**SYN.** désir, espérance). ▸ ***Contre toute attente,*** contrairement aux prévisions : *Contre toute attente, elle a été élue.* ***Dans l'attente de,*** en espérant, en comptant sur : *Dans l'attente de votre réponse, je vous prie d'agréer mes salutations distinguées.*

attenter v.t. ind. (lat. *attentare*, porter la main sur) [conj. 3]. **[à].** Commettre un attentat contre : *Ils voulaient attenter à la vie du chef de l'État.* ▸ ***Attenter à ses jours*** ou ***à sa vie,*** tenter de se suicider.

attentif, ive adj. **1.** Qui prête, porte attention à qqn, à qqch : *Un auditoire attentif* (**SYN.** vigilant ; **CONTR.** distrait, inattentif). **2.** Plein d'attentions, de prévenance : *Une éducatrice attentive* (**SYN.** diligent, zélé). *Des soins attentifs.* ▸ ***Attentif à,*** soucieux de : *Être attentif à ne blesser personne.*

attention n.f. (du lat. *attendere*, être attentif). **1.** Action de se concentrer sur, de s'appliquer ; vigilance : *Regarder un tableau avec attention* (**SYN.** intérêt ; **CONTR.** distraction, indifférence). *Faire attention à* ou *de ne rien oublier* (= veiller à). **2.** Marque d'affection, d'intérêt ; obligeance : *Son attention nous a beaucoup touchés.* ▸ ***À l'attention de,*** introduit le nom du destinataire d'une lettre. ***Faire attention à qqn, à qqch,*** remarquer qqn, qqch : *Elle n'a pas fait attention à nous* (= elle ne nous a pas vus ou elle nous a négligés). ◆ interj. Sert à mettre qqn en garde : *Attention ! vous allez vous faire mal* (= prenez garde !).

attentionné, e adj. Plein d'attention, de gentillesse : *Une hôtesse attentionnée* (**SYN.** empressé, prévenant).

attentisme n.m. Attitude consistant à attendre pour agir et décider en fonction des événements ; opportunisme.

attentiste adj. et n. Qui pratique l'attentisme ; opportuniste.

attentivement adv. Avec attention : *Écouter attentivement* (**CONTR.** distraitement).

atténuant, e adj. ▸ ***Circonstances atténuantes,*** faits particuliers dont les juges tiennent compte pour diminuer la peine prévue par la loi pour une infraction (par opp. à circonstances aggravantes).

atténuation n.f. Action d'atténuer ; fait de s'atténuer ; adoucissement : *Obtenir une atténuation de la souffrance grâce à un calmant* (**SYN.** diminution).

atténuer v.t. (lat. *attenuare*, amoindrir) [conj. 7]. Rendre moins intense, moins grave : *Le double vitrage atténue les bruits de la rue* (**SYN.** amoindrir, amortir, diminuer ; **CONTR.** intensifier). ◆ **s'atténuer** v.pr. Devenir moindre : *Sa douleur s'est atténuée peu à peu* (**SYN.** diminuer, s'estomper ; **CONTR.** augmenter).

atterrage n.m. Dans la marine, approche, voisinage de la terre, d'un port.

atterrant, e adj. Qui provoque la consternation ; accablant : *Des paroles atterrantes* (**SYN.** affligeant, consternant ; **CONTR.** réjouissant).

atterrer v.t. (de *terre*) [conj. 4]. Jeter dans la consternation, l'affliction ; accabler : *Les images de la catastrophe m'ont atterré* (**SYN.** affliger, consterner, terrifier).

atterrir v.i. (de *terre*) [conj. 32]. **1.** En parlant d'un avion, d'un engin spatial, prendre contact avec le sol : *La navette a atterri sur la piste* (**SYN.** se poser ; **CONTR.** décoller de). **2.** *Fam.* Arriver, se trouver quelque part inopinément : *Comment ce livre a-t-il atterri sur ma table ?*

atterrissage n.m. Action d'atterrir ; son résultat : *Un atterrissage forcé. Train d'atterrissage.*

attestation n.f. Déclaration verbale ou écrite, preuve qui témoigne de la véracité d'un fait : *Attestation de domicile* (**SYN.** certificat). *Aucune attestation d'une vie extraterrestre n'a encore été trouvée* (**SYN.** indice, preuve).

attesté, e adj. Se dit d'un mot, d'une forme de la langue connus par un emploi daté.

attester v.t. (du lat. *testis*, témoin) [conj. 3]. **1.** Certifier la vérité, l'authenticité ou l'exactitude de : *J'atteste que cet homme est innocent* (**SYN.** garantir, jurer ; **CONTR.** nier). **2.** Constituer un témoignage, une preuve de : *Cette lettre atteste sa bonne foi* ou *de sa bonne foi* (**SYN.** démontrer, prouver ; **CONTR.** démentir).

attiédir v.t. [conj. 32]. *Litt.* Rendre tiède : *Le soleil attiédissait les murs* (**SYN.** chauffer).

attifer v.t. (de l'anc. fr. *tifer*, parer) [conj. 3]. *Fam., péjor.* Habiller, parer avec mauvais goût ou d'une manière un peu ridicule ; accoutrer. ◆ **s'attifer** v.pr. *Fam., péjor.* S'habiller d'une manière bizarre : *Ils se sont attifés de costumes démodés* (**SYN.** s'affubler).

attique adj. Relatif à l'Attique, à Athènes et à leurs habitants : *L'art attique.* ◆ n.m. Dialecte ionien qui était la langue de l'Athènes antique.

attirail [atiraj] n.m. (de l'anc. fr. *atirier*, disposer). Ensemble d'objets divers, parfois encombrants, destiné à un usage bien précis ; équipement : *Des attirails de pêcheur à la ligne* (**SYN.** matériel).

attirance n.f. Action d'attirer ou fait d'être attiré ; séduction exercée par qqn ou qqch : *Il éprouve de l'attirance pour les métiers d'art* (**SYN.** attrait ; **CONTR.** dégoût). *Elle dit qu'elle ressent une certaine attirance pour cet homme* (**SYN.** fascination ; **CONTR.** aversion).

attirant, e adj. Qui attire, séduit : *Un métier attirant* (**SYN.** attrayant ; **CONTR.** rebutant). *Une femme attirante* (**SYN.** séduisant ; **CONTR.** repoussant).

attirer v.t. (de *tirer*) [conj. 3]. **1.** Tirer, amener à soi : *L'aimant attire le fer.* **2.** Faire venir en exerçant un attrait, en éveillant l'intérêt : *Cet homme l'attire beaucoup* (**SYN.** plaire). **3.** Provoquer un événement heureux ou malheureux : *Son attitude va lui attirer des ennuis* (**SYN.** occasionner). ◆ **s'attirer** v.pr. Susciter tel sentiment à son propre égard : *Elle s'est attiré la colère des voisins* (**SYN.** provoquer).

attiser v.t. (du lat. *titio*, tison) [conj. 3]. **1.** Aviver, ranimer le feu, les flammes : *Attiser un feu.* **2.** *Litt.* Exciter, entretenir : *Attiser la fureur de qqn* (**SYN.** aviver ; **CONTR.** apaiser, calmer).

attitré, e adj. **1.** Qui est chargé en titre d'un emploi, d'un rôle : *L'humoriste attitré d'un journal.* **2.** Que l'on se réserve exclusivement ; dont on a l'habitude, que l'on préfère : *Avoir sa place attitrée dans un restaurant. Fournisseur attitré* (**SYN.** habituel).

attitude n.f. (it. *attitudine,* posture). **1.** Manière de tenir son corps : *Une mauvaise attitude* (**SYN.** pose, posture). **2.** Manière dont on se comporte avec les autres : *Son attitude a été odieuse* (**SYN.** comportement).

attorney [atɔrnɛ] n.m. (mot angl., de l'anc. fr. *atorné,* préposé à). Homme de loi, dans les pays anglo-saxons.

attouchement n.m. **1.** Action de toucher légèrement avec la main. **2.** Dans un contexte juridique, caresse abusive : *Enfant victime d'attouchements.*

attractif, ive adj. **1.** Qui a la propriété d'attirer : *La force attractive d'un aimant* (**CONTR.** répulsif). **2.** (Emploi critiqué). Qui plaît ; qui présente un avantage : *Des prix particulièrement attractifs* (**SYN.** intéressant).

attraction n.f. (du lat. *attrahere,* tirer à soi). **1.** Force en vertu de laquelle un corps est attiré par un autre : *L'attraction terrestre.* **2.** Distraction mise à la disposition du public : *Parc d'attractions.* **3.** Numéro de cirque, de variétés : *L'attraction suivante présente des otaries.* **4.** Fait d'attirer, de séduire ; attrait.

attractivité n.f. Caractère de ce qui est attractif, attrayant : *L'attractivité des prix.*

attrait n.m. **1.** Qualité par laquelle qqn, qqch attire, plaît : *Une femme pleine d'attrait* (**SYN.** charme). **2.** Fait d'être attiré : *Il éprouve de l'attrait pour le danger* (**SYN.** attirance, inclination, penchant).

attrape n.f. Objet destiné à tromper par jeu, par plaisanterie : *Magasin de farces et attrapes.*

attrape-nigaud n.m. (pl. *attrape-nigauds*). Ruse grossière qui ne peut tromper que les gens trop naïfs.

attraper v.t. (de *trappe,* piège) [conj. 3]. **1.** Saisir, prendre, atteindre qqch ou qqn qui bouge : *Attraper un ballon. J'ai couru pour attraper le bus. Attrape-le, il m'a pris mon stylo !* **2.** Prendre au piège, sur le fait : *Attraper une souris.* **3.** *Fam.* Être atteint d'une maladie : *Attraper une bronchite* (**SYN.** contracter). **4.** *Fam.* Faire des reproches à ; réprimander : *Attraper un enfant* (**SYN.** gronder). **5.** Tromper par ruse : *Elle s'est laissé attraper par des flatteries* (**SYN.** abuser, duper, leurrer). ▸ ***Être bien attrapé,*** être désagréablement surpris : *Si tu perds, tu seras bien attrapée.*

attrape-tout adj. inv. Se dit d'un parti politique au programme assez vague pour séduire le plus grand nombre d'électeurs.

attrayant, e adj. Se dit de qqch qui attire, séduit : *Une lecture attrayante* (**SYN.** captivant, plaisant ; **CONTR.** rébarbatif, rebutant).

attribuer v.t. (du lat. *tribuere,* accorder en partage) [conj. 7]. **1.** Accorder comme avantage, donner : *La présidente a attribué des fonds à ce service* (**SYN.** adjuger, allouer ; **CONTR.** refuser). **2.** Considérer qqn comme auteur, qqch comme cause de qqch : *On attribue cette sonate à Bach* (**SYN.** prêter ; **CONTR.** dénier). *Attribuer un échec à la fatigue* (**SYN.** imputer). ◆ **s'attribuer** v.pr. ▸ ***S'attribuer qqch,*** le faire sien, se l'accorder comme avantage, se l'octroyer : *Elle s'est attribué la plus grosse part* (**SYN.** s'approprier).

attribut n.m. (lat. *attributum,* chose attribuée). **1.** Ce qui appartient, ce qui est propre à : *La parole est un attribut de l'homme* (**SYN.** apanage, caractéristique). **2.** Signe distinctif représentant une fonction, un métier : *La balance est l'attribut de la justice* (**SYN.** symbole). **3.** En grammaire, terme (adjectif, nom, etc.) qualifiant le sujet ou le complément d'objet direct par l'intermédiaire d'un verbe : *Dans la phrase « Les Mellaz sont mes voisins », « mes voisins » est l'attribut du sujet. Dans la phrase « Elle croit sa mère fatiguée », « fatiguée » est l'attribut du complément d'objet.*

attribution n.f. Action d'attribuer : *L'attribution des noms de domaine sur Internet* (**SYN.** affectation, octroi). ▸ ***Complément d'attribution,*** en grammaire, nom ou pronom qui désigne la personne ou la chose à laquelle s'adresse un don, un ordre, un discours, etc., ou à laquelle appartient un être ou une chose : *Dans la phrase « J'ai donné un livre à mon amie », « mon amie » est le complément d'attribution.* ◆ **attributions** n.f. pl. Pouvoirs attribués au titulaire d'une fonction, à un organisme : *Cette tâche n'entre pas dans mes attributions* (= n'est pas de mon ressort ; **SYN.** compétence, rôle).

attristant, e adj. Qui rend triste ; qui déçoit : *Le spectacle attristant des casseurs* (**SYN.** affligeant, désolant ; **CONTR.** plaisant, réjouissant).

attrister v.t. [conj. 3]. Rendre triste ; peiner : *L'idée de ne plus les voir l'attriste* (**SYN.** chagriner, désoler ; **CONTR.** égayer, réjouir). ◆ **s'attrister** v.pr. **[de].** Devenir triste à cause de qqch : *Elle s'est attristée de leur absence de solidarité.*

attroupement n.m. Rassemblement de personnes sur la voie publique : *L'accident a provoqué un attroupement de curieux.*

attrouper v.t. (de *troupe*) [conj. 3]. Rassembler des personnes, grouper : *Le camelot attroupe les passants* (**SYN.** assembler ; **CONTR.** disperser). ◆ **s'attrouper** v.pr. Se réunir en nombre, en foule : *Des badauds se sont attroupés, intrigués par les cris.*

atypique adj. Qui diffère du type habituel ; que l'on peut difficilement classer : *Une émission de radio atypique. Une sénatrice atypique.*

au art. déf. masc. (contraction de *à* et *le*). Forme contractée qui s'emploie devant un nom masculin commençant par une consonne ou un « h aspiré » : *Elle est au bureau. Une pièce qui se fixe au harnais.* ◆ **aux** art. déf. pl. (contraction de *à* et *les*). Forme contractée qui s'emploie devant un nom masculin ou féminin pluriel : *Elle pense aux jours heureux. Venez aux heures d'ouverture.*

aubade n.f. Concert donné à l'aube, le matin, sous les fenêtres de qqn (par opp. à sérénade).

aubaine n.f. (de l'anc. adj. *aubain,* étranger, du lat. *alibi,* ailleurs). Avantage, profit inespéré : *Ce remboursement d'impôt est une aubaine* (**SYN.** chance).

① **aube** n.f. (du lat. *alba,* blanche). Première lueur du jour : *Nous partirons à l'aube, dès l'aube.* ▸ *Sout.* ***À l'aube de,*** au commencement de : *L'humanité est à l'aube d'un monde nouveau.*

② **aube** n.f. (du lat. *albus,* blanc). Dans la religion

catholique, longue robe blanche portée par les prêtres et les enfants de chœur pendant les offices ainsi que par les premiers communiants.

③ **aube** n.f. (lat. *alapa,* soufflet). Partie d'une roue hydraulique sur laquelle s'exerce l'action de l'eau : *Roue, bateau, moulin à aubes.*

aubépine n.f. (du lat. *alba spina,* épine blanche). Arbre ou arbrisseau épineux à fleurs blanches ou roses odorantes, à baies rouges comestibles appelées *cenelles.*

auberge n.f. (de *héberger*). **1.** Restaurant ou hôtel-restaurant au cadre intime et chaleureux, souvent situé à la campagne. **2.** *Anc.* Établissement simple et sans luxe situé à la campagne et offrant le gîte et le couvert pour une somme modique. ▸ ***Auberge de jeunesse,*** centre d'accueil et de vacances pour les jeunes. ***Auberge espagnole,*** lieu où l'on ne trouve que ce qu'on y apporte. *Fam.* ***Ne pas être sorti de l'auberge,*** être loin d'en avoir fini avec les difficultés.

aubergine n.f. Plante potagère cultivée pour son fruit comestible ; fruit de cette plante, violet, charnu et allongé, à peau lisse : *Un gratin d'aubergines.* ◆ adj. inv. De couleur violet sombre : *Des gants aubergine.*

aubergiste n. Personne qui tient une auberge ; hôtelier, restaurateur.

aubette n.f. **1.** En Belgique, dans le nord de la France et en Alsace, kiosque à journaux ou abri pour les usagers des transports en commun. **2.** Mot qu'il est recommandé d'employer à la place de *Abribus.*

aubier n.m. (du lat. *albus,* blanc). Partie tendre du tronc et des branches d'un arbre, qui se forme annuellement sous l'écorce.

auburn [obœrn] adj. inv. (mot angl., de l'anc. fr. *auborne,* blond). D'un brun tirant légèrement sur le roux : *Des cheveux, des mèches auburn.*

aucun, e adj. et pron. indéf. (du lat. *aliquis,* quelqu'un, et *unus,* un seul). Employé avec *ne* ou précédé de *sans,* indique l'absence totale : *Vous n'avez aucune raison de dire cela* (= pas une seule). *Elle a répondu sans aucune difficulté. Aucun n'a eu un tel succès* (**SYN.** nul [sout.], personne). *Aucuns frais supplémentaires ne sont à prévoir. « As-tu reçu des lettres ? — Aucune. »* ▸ *Litt.* ***D'aucuns,*** quelques-uns : *D'aucuns pensent que son dernier discours était très mauvais* (**SYN.** certains).

aucunement adv. *Sout.* Pas du tout : *Il n'est aucunement tenu d'être présent* (= absolument pas ; **SYN.** nullement).

audace n.f. (du lat. *audere,* oser). **1.** Courage qui pousse à braver les obstacles ; hardiesse : *Il lui a fallu de l'audace pour être tête de liste aux élections* (**SYN.** cran, intrépidité ; **CONTR.** crainte, pusillanimité). **2.** Rejet des convenances ; effronterie : *Il a eu l'audace d'interrompre le président* (**SYN.** front, impertinence, impudence ; **CONTR.** respect, retenue).

audacieusement adv. Avec audace : *Elle a audacieusement donné son avis* (**CONTR.** craintivement, timidement).

audacieux, euse adj. et n. Qui a de l'audace ; décidé, téméraire : *Une chirurgienne audacieuse* (**SYN.** énergique, résolu ; **CONTR.** timoré). *Un spéculateur audacieux* (**SYN.** imprudent ; **CONTR.** réservé). *La fortune sourit aux audacieux* (**SYN.** intrépide). ◆ adj. Qui révèle de l'audace : *Une réforme audacieuse* (**SYN.** courageux).

au-dedans adv. À l'intérieur : *Un coffret blanc au-dedans et rouge au-dehors.* ◆ **au-dedans de** loc. prép. À l'intérieur de : *La tortue se retire au-dedans de sa carapace.*

au-dehors adv. À l'extérieur : *Au-dehors, on entendait gronder la tempête.* ◆ **au-dehors de** loc. prép. À l'extérieur de : *Elle n'a jamais voyagé au-dehors de l'Europe.*

au-delà adv. Plus loin : *Avancez jusqu'à la barrière, mais pas au-delà.* ◆ n.m. inv. ▸ ***L'au-delà,*** ce qui se passe après la mort : *Le mystère de l'au-delà.* ◆ **au-delà de** loc. prép. **1.** De l'autre côté de : *La région située au-delà de la montagne.* **2.** À un degré supérieur à : *Le succès a été au-delà de nos espérances.*

au-dessous adv. À un niveau inférieur : *Mettez la date et signez au-dessous* (= plus bas). ◆ **au-dessous de** loc. prép. À un niveau inférieur à : *Les températures sont au-dessous de zéro.* ▸ ***Être au-dessous de tout,*** être complètement nul ou indigne.

au-dessus adv. À un niveau supérieur : *Ils habitent à l'étage au-dessus.* ◆ **au-dessus de** loc. prép. À un niveau supérieur à : *Il neige au-dessus de 900 mètres* (= plus haut que). ▸ ***Être au-dessus de qqch,*** ne pouvoir être atteint par une critique, une bassesse : *Elle est au-dessus de ces mesquineries.*

au-devant adv. En avant ; devant : *Restez ici, je vais au-devant.* ◆ **au-devant de** loc. prép. À la rencontre de : *Allons au-devant d'eux.* ▸ ***Aller au-devant de qqch,*** le pressentir : *Elle va au-devant de nos moindres besoins* ; s'y exposer : *Il va au-devant de bien des ennuis en agissant ainsi.*

audible adj. (du lat. *audire,* entendre). **1.** Perceptible à l'oreille : *Des sons audibles* (**CONTR.** inaudible). **2.** Qui peut être entendu sans déplaisir : *Ce disque est trop usé, il n'est pas audible.*

audience n.f. (lat. *audientia,* attention accordée à des paroles). **1.** Attention, intérêt suscités auprès du public : *Ce projet a rencontré une audience favorable.* **2.** Pourcentage de personnes touchées par un média : *L'audience de la chaîne* (= le nombre de téléspectateurs). **3.** Entretien accordé par un supérieur, une personnalité : *Solliciter, obtenir une audience.* **4.** Dans la langue juridique, séance au cours de laquelle le tribunal interroge les parties, entend les plaidoiries et rend sa décision.

Audimat [odimat] n.m. (nom déposé). **1.** Audimètre utilisé par les chaînes de télévision, les stations de radio. **2.** Taux d'écoute d'une chaîne, d'une station : *L'émission a grimpé dans l'Audimat.*

audimètre n.m. (du lat. *audire,* entendre). Dispositif adapté à un récepteur de radio ou de télévision, utilisé pour mesurer le taux d'écoute.

audimétrie n.f. Mesure de l'audience d'une émission de télévision ou de radio.

audio adj. inv. Qui concerne l'enregistrement ou la transmission des sons (par opp. à vidéo) : *Des cassettes audio.*

audiogramme n.m. Courbe représentant la sensibilité de l'oreille aux différents sons.

audiologie n.f. Discipline médicale qui étudie l'audition.

audiomètre n.m. Appareil de mesure permettant d'établir un audiogramme.

audiométrie n.f. Mesure de la sensibilité de l'oreille aux différents sons.

audionumérique adj. Se dit d'un support d'enregistrement sur lequel les sons sont enregistrés sous forme de signaux numériques et lus par un système à laser.

audiophone n.m. Petit appareil acoustique qui amplifie les sons et que certains malentendants portent à l'oreille.

audioprothésiste n. Technicien qui délivre, adapte et contrôle les appareils de prothèse auditive.

audiovisuel, elle adj. Qui appartient aux méthodes d'information, de communication ou d'enseignement associant l'image et le son : *Une méthode audiovisuelle pour apprendre l'anglais.* ◆ **audiovisuel** n.m. Ensemble des méthodes, des techniques utilisant l'image et le son ; les entreprises qui utilisent ces techniques : *L'audiovisuel public.*

① **audit** [odit] n.m. (mot angl.). **1.** Procédure de contrôle de la comptabilité et de la gestion d'une entreprise, d'une administration : *Un audit a eu lieu dans tous les services.* **2.** Étude des conditions de fonctionnement d'une entreprise : *Des audits sociaux.* **3.** Personne chargée d'une telle mission (SYN. auditeur).

② **audit, à ladite, auxdits, auxdites** adj. (contraction de *au, à la, aux* et de l'adj. *dit*). Dans la langue administrative ou juridique, sert à désigner une personne précédemment nommée : *Pour communication immédiate du jugement audit commerçant, à ladite commerçante, auxdits commerçants, auxdites commerçantes* (SYN. susdit, susnommé).

auditer v.t. [conj. 3]. Soumettre à un audit : *Auditer les comptes de l'an dernier. Auditer une filiale.*

auditeur, trice n. (lat. *auditor*, de *audire*, entendre). **1.** Personne qui écoute un concert, une émission de radio, un cours : *Les auditeurs peuvent aussi venir pendant l'émission. Auditeur libre* (= personne qui assiste à un cours universitaire sans y être inscrite). **2.** Personne chargée d'un audit.

auditif, ive adj. Qui concerne l'ouïe ou l'oreille en tant qu'organe de l'ouïe : *Sensations auditives. Nerf auditif.*

audition n.f. **1.** Fonction de l'ouïe qui permet d'entendre les sons : *Trouble de l'audition.* **2.** Action d'entendre, d'écouter : *L'audition des témoins.* **3.** Présentation par un artiste d'un extrait de son répertoire en vue d'obtenir un engagement : *Passer une audition.*

auditionner v.t. [conj. 3]. Faire passer une audition à un artiste : *Le metteur en scène a auditionné cinq comédiens.* ◆ v.i. En parlant d'un artiste, passer une audition : *Elle auditionne demain pour le rôle de Fanny.*

auditoire n.m. (lat. *auditorium*, lieu où l'on s'assemble pour écouter). Ensemble des personnes qui écoutent : *Un auditoire très attentif* (SYN. assistance, public).

auditorium [oditɔrjɔm] n.m. (mot lat.). Salle aménagée pour l'audition des œuvres musicales ou théâtrales, pour les émissions de radio ou de télévision : *Des auditoriums ultramodernes.*

auge n.f. (du lat. *alvus*, ventre). **1.** Récipient dans lequel boivent ou mangent les animaux domestiques. **2.** Récipient dans lequel les ouvriers du bâtiment délaient le plâtre, le mortier, etc.

augmentatif, ive adj. et n.m. Se dit d'un préfixe *(archi-, super-)* ou d'un suffixe *(-issime)* servant à renforcer le sens d'un mot (CONTR. diminutif).

augmentation n.f. **1.** Accroissement en quantité, en intensité, en valeur : *Augmentation des prix, du nombre des chômeurs* (SYN. montée ; CONTR. baisse). **2.** Quantité, somme qui vient s'ajouter à une autre : *Son supérieur lui a accordé une augmentation* (= une hausse de salaire). ▸ ***Augmentation de capital***, accroissement du capital d'une société par apport d'argent ou par incorporation des réserves figurant au bilan.

augmenter v.t. (du lat. *augere*, croître) [conj. 3]. **1.** Rendre plus grand, plus important : *Augmenter sa fortune* (SYN. accroître ; CONTR. diminuer). **2.** Accroître le prix de : *Augmenter l'essence.* **3.** Faire bénéficier d'une rémunération plus élevée : *Son patron l'a augmentée de dix pour cent.* ◆ v.i. **1.** Devenir plus grand, croître en quantité, en intensité, en valeur : *Les prix augmentent* (SYN. monter ; CONTR. baisser). *Sa peur augmente* (SYN. grandir ; CONTR. diminuer). **2.** Devenir plus cher : *Les légumes augmentent en hiver* (CONTR. baisser).

① **augure** n.m. (lat. *augur*). Dans l'Antiquité, prêtre chargé de tirer des présages du vol ou du chant des oiseaux, des éclairs et de la foudre, etc.

② **augure** n.m. (lat. *augurium*). Dans l'Antiquité, présage tiré d'un signe céleste. ▸ ***Être de bon, de mauvais augure***, présager une issue heureuse, malheureuse. ***J'en accepte l'augure***, j'espère que le succès que vous annoncez se réalisera. ***Oiseau de mauvais augure***, personne dont l'arrivée ou les paroles portent malheur.

augurer [ogyre] v.t. (lat. *augurare*, tirer un présage du vol des oiseaux) [conj. 3]. *Sout.* Tirer un présage, une prévision de : *Cette première réaction du public nous permet d'augurer le succès* (SYN. pronostiquer). *Je peux d'ores et déjà augurer qu'elle va refuser* (SYN. prévoir). ▸ ***Augurer bien, mal de qqch***, prévoir qu'une situation aura un dénouement heureux, malheureux (SYN. pressentir).

① **auguste** adj. *Litt.* Qui inspire le respect ; imposant : *Un auguste discours* (SYN. solennel). « *Le geste auguste du semeur* » [V. Hugo] (SYN. majestueux, noble).

② **auguste** n.m. Clown accoutré de façon grotesque, qui se livre à des pitreries (par opp. à clown blanc).

aujourd'hui adv. (de *au, jour*, et de l'anc. adv. *hui*, aujourd'hui). **1.** Au jour où l'on est ; ce jour : *Il arrive aujourd'hui. Son éditorial d'aujourd'hui était féroce.* **2.** Au temps où nous vivons ; de nos jours : *Aujourd'hui, beaucoup de gens utilisent Internet* (SYN. actuellement, maintenant ; CONTR. autrefois).

aula n.f. En Suisse, grande salle d'un musée, amphithéâtre d'une université.

aulnaie [onɛ] ou **aunaie** n.f. Lieu planté d'aulnes.

aulne [on] ou **aune** n.m. (lat. *alnus*). Arbre poussant au bord des eaux, dont l'espèce la plus courante est le vergne.

aulx [o] n.m. pl. → **ail.**

aumône n.f. **1.** Don fait aux démunis ; charité : *Demander l'aumône* (= mendier). *Faire l'aumône.* **2.** Ce que l'on accorde avec un peu de pitié, en se faisant prier : *Il lui a fait l'aumône d'un sourire* (**SYN.** faveur, grâce).

aumônerie n.f. **1.** Charge d'aumônier. **2.** Lieu où un aumônier exerce ses fonctions : *L'aumônerie de la prison.*

aumônier n.m. Ecclésiastique attaché à un organisme ou à un établissement : *L'aumônier du régiment, de la prison.*

aumônière n.f. Petite bourse que l'on portait à la ceinture et qui contenait l'argent pour les aumônes.

aunaie n.f. → **aulnaie.**

① **aune** n.f. (frq. *alina,* avant-bras). Ancienne mesure de longueur, utilisée surtout pour les étoffes et valant env. 1,20 mètre. ▸ *Litt.* ***À l'aune de,*** en mesurant par rapport à, en comparant avec : *Repenser la médecine à l'aune de la révolution biotechnologique.*

② **aune** n.m. → **aulne.**

auparavant adv. Avant dans le temps ; antérieurement : *Deux jours auparavant* (= plus tôt). *Elle viendra, mais auparavant elle téléphonera* (**SYN.** d'abord).

auprès de loc. prép. **1.** Tout près de, à côté de : *Elle préfère s'installer auprès du feu.* **2.** En s'adressant à : *Il faut faire une demande auprès du maire.* **3.** En comparaison de : *Ce logiciel n'est rien auprès de celui qui vient de sortir* (= par rapport à). **4.** *Sout.* Dans l'opinion de : *Elle jouit d'une excellente réputation auprès des journalistes* (= aux yeux de). ◆ **auprès** adv. *Litt.* Dans le voisinage, tout près : *Les maisons bâties auprès.*

auquel, à laquelle, auxquels, auxquelles pron. relat. et interr. (contractions de *à* et de *lequel, lesquels, lesquelles*). S'emploie comme complément prépositionnel à la place de *qui* ou de *que* : *L'homme auquel je parle a les yeux bleus. La personne à laquelle je voulais vous présenter. Ces objets auxquels ils attachent tant d'importance. Les vendanges auxquelles il a participé. Auquel, à laquelle, auxquels, auxquelles souhaitez-vous répondre ?* (= à quelle[s] personne[s] ou à quelle[s] lettre[s]). ▸ ***Auquel cas,*** en ce cas : *Elle pourrait être retenue ailleurs, auquel cas la réunion serait reportée à demain.*

aura n.f. (mot lat. signif. « souffle »). *Litt.* Atmosphère spirituelle qui enveloppe un être ou une chose : *Il a acquis une aura de grandeur dans ce combat politique.*

auréole n.f. (du lat. [*corona*] *aureola,* [couronne] d'or). **1.** Cercle dont les peintres, les sculpteurs entourent la tête des saints (**SYN.** nimbe). **2.** Rayonnement, éclat qu'une personne acquiert par ses actes : *L'auréole de la victoire* (**SYN.** gloire, prestige). **3.** Cercle lumineux autour d'un astre, d'un objet (**SYN.** halo). **4.** Tache en anneau laissée par un liquide qui a séché : *Le café renversé a laissé des auréoles sur le bois.*

auréoler v.t. [conj. 3]. **1.** *Litt.* Entourer d'une auréole : *Sa chevelure auréolait son visage* (**SYN.** ceindre, nimber). **2.** Parer de qualités éminentes, de prestige : *Auréoler un champion de toutes les vertus.*

auriculaire adj. (du lat. *auricula,* petite oreille). **1.** De l'oreille : *Le cartilage auriculaire.* **2.** Des oreillettes du cœur : *Artères auriculaires.* ▸ ***Témoin auriculaire,*** témoin auditif d'une scène qu'il rapporte (par opp. à témoin oculaire). ◆ n.m. Cinquième doigt de la main ; petit doigt.

aurifère adj. (du lat. *aurum,* or). Qui contient de l'or : *Sable aurifère.*

aurige n.m. Dans l'Antiquité, conducteur de char de course.

aurochs [orɔk] n.m. Bœuf sauvage noir de grande taille, dont l'espèce est éteinte.

aurore n.f. **1.** Lueur qui précède le lever du soleil ; moment où le soleil va se lever : *Partir à l'aurore* (**SYN.** aube). **2.** Commencement d'une époque : *L'aurore d'un monde nouveau* (**SYN.** début, prémices ; **CONTR.** crépuscule, fin). ▸ ***Aurore polaire,*** phénomène lumineux dû à un faible rayonnement solaire dans le ciel des régions polaires (elle est dite *australe* au pôle Sud, et *boréale* au pôle Nord.) ***Aux aurores,*** très tôt : *Il se lève aux aurores.*

auscultation n.f. Technique médicale consistant à écouter les bruits produits par les organes pour faire un diagnostic.

ausculter v.t. (lat. *auscultare,* écouter) [conj. 3]. Pratiquer l'auscultation de : *Le médecin m'a auscultée.*

auspices n.m. pl. (du lat. *avis,* oiseau, et *spicere,* examiner). Dans l'Antiquité, présage tiré du vol, du chant, du comportement des oiseaux ; augure. ▸ ***Sous d'heureux, de funestes auspices,*** dans des circonstances favorables, extrêmement défavorables : *Sa campagne a commencé sous les meilleurs auspices* (= dans les meilleures conditions). *Sout.* ***Sous les auspices de qqn,*** sous la protection, avec l'appui de qqn.

aussi adv. (du lat. *aliud,* autre chose, et de *si*). **1.** Exprime une équivalence, une identité : *Toi aussi* (**SYN.** de même ; **CONTR.** non plus). *Je le crois aussi* (**SYN.** également). *Elle est aussi grande que sa sœur.* **2.** Introduit un ajout : *Beaucoup d'enfants étaient là, et aussi quelques parents* (= en plus). *Il y avait aussi des journalistes étrangers* (= en outre). **3.** Marque une intensité relative : *Nous ne le savions pas aussi riche* (**SYN.** si). **4.** Employé avec *que* suivi du subj., exprime un rapport de concession ; bien que : *Aussi surprenant que cela paraisse* (**SYN.** si ... que). ◆ conj. Exprime la conséquence ; c'est pourquoi : *Aussi ai-je immédiatement fait appel à ses services.*

aussitôt adv. Dans le moment même : *Je l'ai appelé et il est venu aussitôt* (**SYN.** sur-le-champ). *Aussitôt après son arrivée* (**SYN.** immédiatement). ▸ ***Aussitôt dit, aussitôt fait,*** dès que la décision a été prise, on est passé à l'action. ◆ **aussitôt que** loc. conj. Immédiatement après : *Nous partirons aussitôt que tu seras prêt* (**SYN.** dès que).

austère adj. (lat. *austerus,* âpre au goût). **1.** Qui manifeste de la sévérité envers soi, de la rigidité dans ses principes, son comportement : *Une vie austère* (**SYN.** ascétique, monacal ; **CONTR.** agréable, plaisant). *Un air austère* (**SYN.** dur, glacial ; **CONTR.** doux). **2.** Dépouillé de tout ornement : *Une bâtisse austère* (**SYN.** sévère ; **CONTR.** riant).

austérité n.f. **1.** Manière de vivre excluant la douceur, les plaisirs superflus : *L'austérité d'une vie vouée au travail* (**SYN.** rigorisme). **2.** Absence de tout ornement, de toute fantaisie : *L'austérité d'un style* (**SYN.** dépouillement, sobriété ; **CONTR.** liberté). ▸ ***Politique***

d'austérité, politique économique visant à la diminution des dépenses de consommation.

austral, e, als ou **aux** adj. (du lat. *auster*, vent du midi). Qui se situe au sud de l'équateur ou au pôle Sud (par opp. à boréal) : *L'hémisphère austral* (= l'hémisphère Sud). *Les terres australes* (**SYN.** antarctique ; **CONTR.** arctique).

australopithèque n.m. Hominidé fossile bipède qui vivait en Afrique australe et orientale il y a plus de 5 millions d'années.

autan n.m. (mot prov., du lat. *altanus*, vent de la haute mer). Vent violent, chaud et sec, soufflant du sud-est sur l'Aquitaine.

autant adv. (du lat. *aliud*, autre chose, et de *tant*). **1.** Marque l'égalité de quantité, de valeur : *Il mange autant que vous. Il y a autant de motos que de vélos* (= le même nombre). **2.** Marque l'égalité d'intensité, le degré élevé : *Travailles-tu toujours autant ?* (= aussi intensément). *J'ignorais qu'il y avait autant de monde* (**SYN.** tant). *N'importe qui peut en faire autant* (= peut faire aussi bien). **3.** (Suivi de l'inf.). Indique une équivalence entre deux possibilités d'agir, deux interprétations : *Autant dire qu'il est perdu* (= c'est comme si l'on disait que...). *Autant lui annoncer la vérité maintenant* (= il vaudrait mieux...). ▸ ***Autant... autant,*** insiste sur l'égalité de quantité ou d'intensité des éléments : *Autant l'histoire la passionne, autant la géographie l'ennuie.* ***Autant que possible,*** sert à nuancer un ordre, une attente : *J'aimerais autant que possible que cela soit terminé demain* (= dans la mesure du possible). ***D'autant,*** dans la même proportion : *Faites un versement, vous réduirez votre dette d'autant.* ***D'autant plus, moins, mieux... que*** (+ ind.), indique l'intensité proportionnelle à la cause exprimée : *Il est d'autant plus content qu'il n'attendait plus leur venue.* ***D'autant que,*** dans une relation causale, sert à insister : *Je ne comprends pas que cet accident ait eu lieu, d'autant que la machine était neuve* (**SYN.** dans la mesure où, vu que). ***Pour autant,*** indique un contraste, une opposition : *Elle a beaucoup travaillé, mais elle n'a pas réussi pour autant* (**SYN.** cependant). ***Pour autant que*** (+ subj.), exprime une certaine restriction : *Pour autant que je sache, le dossier a été transmis* (= dans la mesure où j'ai été bien informé).

autarcie n.f. (gr. *autarkeia*, qui se suffit à soi-même). Régime économique d'un pays qui tend à se suffire à lui-même.

autarcique adj. Relatif à l'autarcie ; fondé sur l'autarcie : *Une économie autarcique.*

autel n.m. (du lat. *altus*, haut). **1.** Table, construction destinée à la réception des offrandes, à la célébration des sacrifices à la divinité. **2.** Dans la religion chrétienne, table où l'on célèbre l'eucharistie. ☞ **REM.** Ne pas confondre avec *hôtel.*

auteur, e n. (lat. *auctor*, celui qui produit, de *augere*, augmenter). **1.** Personne qui est à l'origine de qqch, responsable d'un acte : *L'auteur d'une découverte* (= découvreur). *La police recherche les auteurs du vol* (= les voleurs). **2.** Écrivain, créateur d'une œuvre littéraire, artistique, d'un texte : *Cette femme est un auteur à succès. L'auteur d'un film* (= le réalisateur).

authenticité n.f. Caractère de ce qui est authentique, vrai : *Prouver l'authenticité d'un manuscrit* (= qu'il est bien de la main de l'auteur présumé). *L'authenticité d'un testament* (**SYN.** légalité ; **CONTR.** falsification).

authentification n.f. Action d'authentifier ; fait d'être authentifié.

authentifier v.t. [conj. 9]. **1.** Certifier la vérité, l'exactitude, l'origine de : *L'expert a authentifié la toile.* **2.** Reconnaître comme authentique ; légaliser : *Le cachet de la mairie authentifie la photocopie* (**SYN.** certifier).

authentique adj. (gr. *authentikos*, qui agit de sa propre autorité). **1.** Dont l'exactitude, l'origine est incontestable : *Un tableau authentique* (= dont l'origine est établie). *Une histoire authentique* (**SYN.** exact, véridique). **2.** D'une sincérité totale : *Une émotion authentique* (**SYN.** sincère ; **CONTR.** affecté, feint). **3.** Dans la langue juridique, revêtu des formes légales : *Des titres de propriété authentiques.*

authentiquement adv. De façon authentique.

autisme n.m. (all. *Autismus*, du gr. *autos*, soi-même). Trouble psychiatrique caractérisé par un repli sur soi et une perte de contact avec le monde extérieur.

autiste adj. et n. Atteint d'autisme : *Un enfant autiste.*

auto n.f. (abrév.). Automobile.

autoallumage n.m. Allumage spontané et accidentel du mélange carburant dans un moteur à explosion.

autobiographe n. Auteur d'une autobiographie.

autobiographie n.f. Biographie d'une personne écrite par elle-même : *Cette actrice a écrit son autobiographie.*

autobiographique adj. Qui concerne la vie même d'un auteur : *Une œuvre qui contient des détails autobiographiques.*

autobronzant, e adj. et n.m. Se dit d'un produit cosmétique permettant de bronzer sans soleil : *Une crème autobronzante.*

autobus [otobys] n.m. Grand véhicule automobile de transport en commun urbain et suburbain ; bus : *Attendre, prendre l'autobus.*

autocar n.m. (mot angl., de *car*, voiture). Grand véhicule automobile de transport en commun, routier ou touristique ; car : *Le voyage se fait en autocar.*

autocaravane n.f. Fourgonnette aménagée spécialement pour le camping (**SYN.** camping-car [anglic.]).

autocariste n. Patron d'une compagnie d'autocars ; conducteur d'autocar.

autocassable adj. Se dit d'une ampoule contenant un médicament, dont les extrémités se cassent sans lime.

autocensure n.f. Censure sur ses propres écrits, ses propres paroles, ses propres actes.

s'**autocensurer** v.pr. [conj. 3]. Pratiquer une autocensure sur ses œuvres, ses propos, ses actes.

autochtone [otɔktɔn] adj. et n. (du gr. *khthôn*, terre). Qui est originaire du pays qu'il habite : *Les populations autochtones* (**SYN.** indigène). ◆ adj. Des habitants du pays : *Les coutumes autochtones.*

autoclave adj. et n.m. (du lat. *clavis*, clef). Se dit d'un récipient à fermeture hermétique conçu pour cuire ou stériliser son contenu, sous pression : *Dans un autoclave, les aliments cuisent à la vapeur.*

autocollant, e adj. Qui adhère à une surface sans être humecté : *Des enveloppes autocollantes.* ◆ **autocollant** n.m. Image, vignette autocollante en papier glacé ou en plastique : *Collectionner les autocollants.*

autocouchette ou **autocouchettes** ou **autos-couchettes** adj. inv. Se dit d'un train de nuit qui permet de transporter en même temps des voyageurs, en couchettes, et leurs véhicules.

autocrate n.m. (gr. *autokratês,* qui gouverne lui-même). Monarque dont le pouvoir est absolu ; despote, tyran.

autocratie [otɔkrasi] n.f. Système politique dominé par un autocrate ; exercice d'un pouvoir absolu.

autocratique adj. Qui relève de l'autocratie ; despotique, tyrannique.

autocritique n.f. Critique de sa propre conduite, surtout dans le domaine politique : *Faire son autocritique* (= dire ce qui, dans son comportement, n'est pas conforme à la ligne suivie par un parti).

autocuiseur n.m. Récipient métallique à fermeture hermétique, qui permet la cuisson rapide des aliments à la vapeur sous pression.

autodafé n.m. (du port. *auto da fe,* acte de foi). **1.** En histoire, proclamation solennelle d'un jugement de l'Inquisition contre un hérétique sommé de se convertir ; exécution du coupable, surtout sur le bûcher. **2.** Destruction par le feu : *Des autodafés de livres.*

autodéfense n.f. Défense assurée par ses propres moyens, sans l'aide des forces de l'ordre.

autodérision n.f. Moquerie cruelle à l'égard de soi-même.

autodestructeur, trice adj. Qui vise à se détruire soi-même : *Des conduites autodestructrices.*

autodestruction n.f. **1.** Destruction physique ou psychique de soi. **2.** Destruction par un dispositif interne : *Autodestruction de la mallette en cas de choc.*

s'**autodétruire** v.pr. [conj. 98]. **1.** En parlant de qqch, se détruire tout seul. **2.** En parlant de qqn, se détruire soi-même.

autodétermination n.f. Libre choix du statut politique d'un pays par ses habitants : *Le droit à l'autodétermination.*

autodictée n.f. Exercice scolaire consistant à retranscrire, de mémoire, un texte de quelques lignes.

autodidacte adj. et n. (du gr. *didaskein,* enseigner). Qui s'est instruit par lui-même, sans professeur : *Un chimiste autodidacte. Une autodidacte du multimédia.*

autodiscipline n.f. Discipline que s'impose volontairement un individu ou un groupe.

auto-école n.f. (pl. *auto-écoles*). École où l'on enseigne la conduite des véhicules automobiles : *Elle s'est inscrite à l'auto-école pour passer le permis de conduire.*

autoentrepreneur, euse n. Personne qui crée son entreprise, grâce à un régime juridique simplifié, pour exercer une activité professionnelle indépendante, à titre principal ou complémentaire.

autofiction n.f. Roman dans lequel l'auteur s'inspire de sa propre vie ; autobiographie romancée.

autofinancement n.m. Financement des investissements d'une entreprise par un prélèvement sur ses bénéfices.

s'**autofinancer** v.pr. [conj. 16]. Pratiquer l'autofinancement : *Cette jeune entreprise s'est autofinancée.*

autofocus [otɔfɔkys] adj. (mot angl., de *to focus,* mettre au point). Se dit d'un système de mise au point automatique équipant un appareil photo, une caméra, un projecteur. ◆ n.m. Appareil équipé de ce système.

autogène adj. ▸ ***Soudage autogène,*** soudage de deux pièces d'un même métal sans apport d'un autre métal.

autogéré, e adj. Soumis à l'autogestion : *Une entreprise autogérée.*

autogestion n.f. Gestion d'une entreprise par l'ensemble de son personnel ; gestion d'une collectivité par l'ensemble de ses membres.

autogestionnaire adj. Relatif à l'autogestion ; qui est favorable à l'autogestion, qui la pratique : *Une administration autogestionnaire.*

autographe adj. (du gr. *graphein,* écrire). Écrit de la main même de l'auteur : *Lettre autographe de Napoléon.* ◆ n.m. Signature autographe d'un personnage célèbre : *L'écrivain m'a signé un autographe.*

autogreffe n.f. En médecine, greffe réalisée à partir d'un greffon prélevé sur le sujet lui-même.

autoguidage n.m. Procédé par lequel un missile, un aéronef dirige lui-même son mouvement vers le but assigné.

autoguidé, e adj. Qui est dirigé par autoguidage : *Des engins autoguidés.*

auto-immunité (pl. *auto-immunités*) ou **auto-immunisation** (pl. *auto-immunisations*). n.f. État d'un organisme vivant qui produit des anticorps contre ses propres constituants.

autolyse n.f. (du gr. *lusis,* dissolution). Destruction d'un tissu animal ou végétal par ses propres enzymes : *L'autolyse entraîne la décomposition des fruits.*

automate n.m. (du gr. *automatos,* qui se meut par lui-même). **1.** Jouet, objet figurant un être vivant, dont il simule les mouvements grâce à un mécanisme : *Les automates de Vaucanson* (**SYN.** androïde). **2.** Personne qui agit mécaniquement, sans réflexion et sans volonté ; marionnette, pantin. **3.** Machine, mécanisme imitant un mouvement humain ; robot industriel : *Des automates assurent le montage des automobiles.* **4.** En Suisse, distributeur automatique.

automaticité n.f. *Didact.* Caractère de ce qui est automatique : *L'automaticité d'un réflexe.*

automatique adj. **1.** Qui fonctionne sans intervention humaine : *Fermeture automatique des portes.* **2.** Qui se produit régulièrement ou en vertu de règles préétablies : *Reconduction automatique d'un contrat. Prélèvements automatiques.* **3.** Qui est fait sans que la volonté intervienne : *Gestes automatiques* (**SYN.** machinal ; **CONTR.** intentionnel, volontaire). ▸ ***Arme automatique,*** arme à feu pouvant tirer plusieurs coups sans être rechargée.

automatiquement adv. **1.** De façon automatique : *Le changement de vitesse se fait automatiquement.* **2.** De façon systématique ou inévitable : *Si c'est toi qui le proposes, automatiquement il refusera.*

automatisation n.f. **1.** Fait d'automatiser l'exécution d'une tâche, d'installer des automates industriels : *L'automatisation d'une usine.* **2.** Exécution totale ou partielle de tâches techniques par des machines fonctionnant sans intervention humaine : *Les conséquences de l'automatisation sur l'emploi.*

automatiser v.t. [conj. 3]. Rendre automatique un processus, un fonctionnement, une installation.

automatisme n.m. **1.** Fait d'être automatique ; mécanisme, système automatique : *L'automatisme de la minuterie est en panne.* **2.** Acte, geste accompli mécaniquement, sans réfléchir, par habitude ou après apprentissage : *Elle a acquis des automatismes dans son travail.*

automédication n.f. Prise de médicaments en dehors d'un avis médical.

automitrailleuse n.f. Véhicule blindé, rapide, à roues, armé d'un canon ou de mitrailleuses.

automnal, e, aux [otɔnal, o] adj. De l'automne : *Un temps automnal. Une lumière automnale.*

automne [otɔn] n.m. (lat. *autumnus*). Saison qui succède à l'été et précède l'hiver, et qui, dans l'hémisphère Nord, commence le 22 ou le 23 septembre et finit le 21 ou le 22 décembre : *En automne, il fait plus frais. Les feuilles jaunissent à l'automne. Des automnes précoces.* ▸ Litt. ***À l'automne de la vie,*** à l'approche de la vieillesse.

① **automobile** adj. (du lat. *mobilis,* qui se meut). **1.** Relatif à l'automobile : *Industrie automobile. Les sports automobiles.* **2.** Qui possède son propre moteur de propulsion : *Canot automobile.*

② **automobile** n.f. Véhicule routier léger, à moteur, génér. à quatre roues, pour le transport des personnes (abrév. auto) : *Rouler en automobile* (**SYN.** voiture).

automobiliste n. Personne qui conduit une automobile ; conducteur.

automoteur, trice adj. Se dit d'un véhicule capable de se déplacer par ses propres moyens au lieu d'être tracté ou poussé. ◆ **automotrice** n.f. Véhicule ferroviaire, souvent pour le transport des voyageurs, se déplaçant grâce à son propre moteur.

autoneige n.f. Au Québec, véhicule automobile équipé de chenilles pour circuler sur la neige.

autonettoyant, e adj. Qui assure son nettoyage par son propre fonctionnement : *Four autonettoyant.*

autonome adj. (gr. *autonomos,* qui se gouverne par ses propres lois). Qui jouit de l'autonomie : *Région autonome. Élève autonome.* ◆ adj. et n. Se dit d'une personne, d'un groupe qui agit en dehors des structures syndicales ou politiques existantes.

autonomie n.f. **1.** Possibilité de se gouverner librement, par rapport à un pouvoir central : *L'autonomie des universités.* **2.** Capacité de qqn à vivre en ne dépendant pas d'autrui : *Acquérir son autonomie en travaillant.* **3.** Distance que peut parcourir un véhicule à moteur ou temps de fonctionnement d'un appareil sans ravitaillement en carburant ou en énergie : *Ce téléphone mobile a cent heures d'autonomie.*

autonomiser v.t. Rendre autonome : *Autonomiser un enfant, une université.* ◆ **s'autonomiser** v.pr. Devenir autonome : *Adolescent qui s'autonomise.*

autonomiste n. et adj. Partisan de l'autonomie politique d'un territoire.

autopalpation n.f. Méthode de dépistage du cancer du sein chez la femme, consistant à palper soi-même ses seins.

auto-patrouille n.f. (pl. *autos-patrouilles*). Au Québec, véhicule de police.

autopompe n.f. Véhicule équipé d'une pompe à incendie.

autoportrait n.m. Portrait d'un artiste par lui-même.

s'**autoproclamer** v.pr. [conj. 3]. S'attribuer de sa propre autorité la fonction, le titre, le statut de : *Ils se sont autoproclamés généraux.*

autopropulsé, e adj. Qui assure sa propre propulsion : *Fusée autopropulsée.*

autopsie n.f. (gr. *autopsia,* action de voir de ses propres yeux). Examen d'un cadavre avant et après dissection, en vue de déterminer les causes de la mort ou pour une recherche scientifique.

autopsier v.t. [conj. 9]. Pratiquer une autopsie : *Le médecin légiste a autopsié le corps d'un noyé.*

autoradio n.m. Appareil récepteur de radiodiffusion conçu pour fonctionner dans une automobile : *Un autoradio puissant.*

autorail n.m. Véhicule ferroviaire pour le transport des voyageurs et dont la propulsion est assurée par un moteur thermique : *Des autorails assurent la liaison entre ces villes.*

autoréparable adj. Se dit d'un appareil ou d'un système qui peut se réparer automatiquement en cas de défaillance.

autoreverse ou **auto-reverse** [otorivɛrs] adj. inv. (mot angl.). Se dit de tout lecteur de bande magnétique qui permet le retournement automatique de la bande en fin de lecture : *Des baladeurs autoreverse.* ◆ n.m. Appareil autoreverse : *Des autoreverses portables.*

autorisation n.f. **1.** Action d'autoriser ; permission accordée : *Nous avons obtenu l'autorisation du propriétaire* (**SYN.** accord, consentement ; **CONTR.** refus). *Autorisation de stationner* (**SYN.** droit, permis ; **CONTR.** interdiction). **2.** Document faisant état de cette permission : *Montrer son autorisation de sortie du territoire* (**SYN.** permis).

autorisé, e adj. **1.** Qui est permis : *Les aliments autorisés par le médecin* (**CONTR.** interdit). *Vitesse maximale autorisée* (**SYN.** toléré). **2.** Qui fait autorité : *Information confirmée par une source autorisée* (**SYN.** qualifié). ▸ ***Personne autorisée,*** personne qui a l'autorité pour déclarer, faire qqch.

autoriser v.t. (du lat. *auctor,* garant) [conj. 3]. **1.** Donner à qqn la permission, le pouvoir ou le droit de : *Elle m'a autorisé à m'absenter* (**SYN.** permettre de). *Sa fonction ne l'autorise pas à nous traiter ainsi* (**SYN.** habiliter). **2.** Rendre qqch possible, légitime : *Les prévisions météorologiques autorisent un espoir de décrue* (**SYN.** justifier ; **CONTR.** exclure). ◆ **s'autoriser** v.pr. **[de].** Litt. Se servir de qqch comme justification : *S'autoriser de la déclaration du ministre pour demander un délai de paiement* (**SYN.** invoquer, se prévaloir de).

autoritaire adj. **1.** Qui impose son autorité, son pouvoir d'une manière absolue : *Régime autoritaire* (**SYN.** dictatorial, totalitaire). **2.** Qui manifeste la volonté d'être obéi : *Ton autoritaire* (**SYN.** impérieux). *Une personne autoritaire* (**SYN.** tyrannique).

autoritairement adv. De façon autoritaire.

autoritarisme n.m. **1.** Caractère, attitude d'une personne autoritaire. **2.** Système politique despotique ; totalitarisme.

autorité n.f. (du lat. *auctor*, garant). **1.** Droit, pouvoir de commander, de prendre des décisions, de se faire obéir : *En vertu de l'autorité du chef de l'État. La nouvelle succursale est placée sous l'autorité d'une directrice* (**SYN.** tutelle). **2.** Personne, organisme qui exerce ce pouvoir ; administration : *Décision de l'autorité compétente.* **3.** Qualité, ascendant par lesquels qqn se fait obéir : *Avoir de l'autorité* (**SYN.** emprise, influence, poids). **4.** Personne ou ouvrage auxquels on se réfère, qu'on peut invoquer pour justifier qqch : *C'est une autorité en la matière* (**SYN.** référence). ▸ ***Autorité parentale,*** autorité exercée en commun par le père et la mère, ou à défaut par l'un des deux, jusqu'à la majorité ou l'émancipation d'un mineur. ***D'autorité, de sa propre autorité,*** sans consulter quiconque ; de manière impérative. ***Faire autorité,*** s'imposer, s'affirmer comme référence, en parlant d'un auteur, d'un ouvrage. ◆ **autorités** n.f. pl. Représentants de la puissance publique ; hauts fonctionnaires : *Accuser les autorités d'incompétence.*

autoroute n.f. Route à deux chaussées séparées, conçue pour une circulation automobile rapide et sûre, aux accès spécialement aménagés et sans croisement à niveau : *Il y a de nombreuses autoroutes à péage.* ▸ ***Autoroute de l'information,*** réseau de télécommunication à large bande permettant de transmettre à haut débit des informations, des données de manière interactive.

autoroutier, ère adj. Relatif à une autoroute, aux autoroutes : *Le réseau autoroutier.*

autosatisfaction n.f. Contentement de soi.

auto-scooter [otoskutœr] n.f. (pl. *autos-scooters*). En Belgique, auto tamponneuse.

autos-couchettes adj. inv. → **autocouchette.**

auto-stop n.m. sing. Pratique consistant, pour un piéton, à faire signe à un automobiliste de s'arrêter et à se faire transporter gratuitement : *Faire de l'auto-stop* (abrév. fam. stop).

auto-stoppeur, euse n. (pl. *auto-stoppeurs, euses*). Personne qui pratique l'auto-stop : *Elle a pris deux auto-stoppeuses en allant à Lille.*

autosuffisance n.f. Fait de posséder des ressources suffisantes pour subvenir à ses besoins sans aide extérieure.

autosuffisant, e adj. Dont les ressources suffisent à assurer les besoins.

autosuggestion n.f. Action de s'influencer soi-même, de se persuader soi-même de qqch.

autotracté, e adj. Se dit d'un engin à traction autonome : *Une tondeuse à gazon autotractée.*

autotransfusion n.f. Injection à un sujet de son propre sang préalablement prélevé.

① **autour** n.m. (du lat. *accipiter*, épervier). Grand oiseau rapace diurne, se nourrissant d'oiseaux et de petits mammifères.

② **autour** adv. Indique ce qui entoure, l'espace environnant : *Mettez un ruban autour. Il y avait des forêts tout autour.* ◆ **autour de** loc. prép. **1.** Dans l'espace qui fait le tour de : *Elle a une chaîne autour du cou. La Terre tourne autour du Soleil.* **2.** Dans le voisinage de : *Les spectateurs se pressent autour du stade.* **3.** Dans l'entourage de : *Demande autour de toi si quelqu'un a besoin d'un studio.* **4.** À partir d'un sujet, d'un thème : *La discussion tourne autour de la publicité.* **5.** Sert à indiquer une grandeur, une quantité approximative ; environ : *Le sac pesait autour de dix kilos* (= à peu près). *Autour des années 80* (= aux alentours des).

autovaccin n.m. Vaccin obtenu à partir de germes prélevés sur le malade lui-même.

autre adj. et pron. indéf. (lat. *alter*). **1.** Qui n'est pas semblable ; distinct : *Sa première chanson était romantique, celle-ci est vraiment d'une autre inspiration* (**SYN.** différent, dissemblable ; **CONTR.** identique). *Je l'avais prise pour une autre* (= une personne qui n'est pas elle). **2.** Qui vient en supplément, s'ajoute à qqch ; supplémentaire : *Il a réalisé depuis lors un autre film* (**SYN.** nouveau). *Délicieux, ces biscuits ; j'en prendrais bien un autre. Désirez-vous autre chose ?* **3.** Indique ce qui complète un premier élément ou une série pour constituer un tout : *Les premiers sont là, les autres ont prévenu qu'ils seraient en retard. Les pommiers, les cerisiers et autres arbres fruitiers.* ▸ *Fam.* ***À d'autres !,*** n'espérez pas me faire croire ça : *Lui, un homme d'affaires ? À d'autres !* ***Autre part,*** ailleurs : *Je ne le trouve pas, cherchons autre part.* ***C'est autre chose*** ou ***c'est tout autre chose,*** c'est différent, mieux ou meilleur. ***Entre autres,*** sert à présenter ce qu'on veut distinguer d'un ensemble ; sert à introduire des exemples : *Ce magasin vend des articles de sport, entre autres du matériel de camping.* ***L'autre fois*** ou ***l'autre jour,*** sert à situer un événement de manière imprécise dans un passé relativement proche : *L'autre jour, elle m'a paru en forme.* ***L'un et l'autre, ni l'un ni l'autre, l'un ou l'autre, l'un... l'autre..., les uns les autres*** → **2. un.**

autrefois adv. Dans un passé lointain ; anciennement : *Les légendes d'autrefois* (= d'antan). *Il a été autrefois très beau* (**SYN.** jadis).

autrement adv. **1.** Dans le cas contraire ; sinon : *Partez vite, autrement vous serez en retard* (= sans quoi). **2.** De façon différente : *Le plancher est si beau qu'on n'ose pas y marcher autrement que sur la pointe des pieds* (**SYN.** différemment). **3.** À un plus haut degré ; bien plus : *Cette fois-ci, c'est autrement difficile* (= infiniment plus). ▸ ***Autrement dit,*** en d'autres termes. ***Pas autrement,*** très peu : *Sa décision ne nous a pas autrement surpris* (= guère).

autruche n.f. **1.** Grand oiseau coureur d'Afrique et du Proche-Orient, aux ailes inadaptées au vol. **2.** Viande de cet animal : *Un steak d'autruche.* ▸ *Fam.* ***Estomac d'autruche,*** estomac qui digère tout. ***Politique de l'autruche,*** refus de prendre un danger, une menace en considération.

autrui pron. indéf. *Sout.* Toute personne autre que soi ; l'ensemble des hommes en dehors de soi-même : *Se dévouer à autrui* (= son prochain). *Apprendre à communiquer avec autrui* (= les autres).

auvent n.m. Petit toit en saillie, placé au-dessus d'une porte, d'une fenêtre, d'une façade.

aux [o] art. déf. pl. → **au.**

① **auxiliaire** adj. (du lat. *auxilium*, secours). Qui aide, temporairement ou accessoirement : *Maître auxiliaire. Moteur auxiliaire.*

② **auxiliaire** n. **1.** Personne qui fournit une aide, apporte son concours à une tâche : *Elle m'a été une auxiliaire précieuse dans ce dossier* (**SYN.** aide, secours). **2.** Employé recruté à titre provisoire par l'Administration (par opp. à titulaire) ; contractuel, vacataire. ▸ ***Auxiliaire de justice,*** professionnel qui aide à la bonne administration de la justice (avocat, expert, huissier, etc.). ***Auxiliaire médical,*** personne qui traite les malades par délégation du médecin (infirmier, kinésithérapeute, orthophoniste, etc.). ◆ n.m. et adj. En grammaire, verbe qui sert à former les temps composés ou le passif des autres verbes : *Dans « j'ai aimé », « je suis parti », « j'ai été bousculé », on utilise les auxiliaires « avoir » et « être ».*

auxquels, auxquelles pron. relat. et pron. interr. pl. → **auquel.**

s'**avachir** v.pr. [conj. 32]. **1.** Perdre sa forme, sa fermeté : *Ses bottes se sont avachies* (**SYN.** se déformer). **2.** Se laisser aller par manque d'énergie : *Elle s'est avachie dans un fauteuil* (= s'affaler).

avachissement n.m. Fait de s'avachir.

① **aval** n.m. sing. **1.** Partie d'un cours d'eau qui est du côté de l'embouchure, par rapport à un point considéré (par opp. à amont). **2.** Étape postérieure dans un processus : *La distribution est à l'aval de la production.* ▸ ***En aval de,*** plus près de l'embouchure, par rapport à un point considéré : *Nantes est en aval de Tours sur la Loire.* ◆ adj. inv. Qui est du côté de la vallée, en parlant d'un ski ou d'un skieur : *Être en appui sur le ski aval* (**CONTR.** amont).

② **aval** n.m. (d'un mot ar. signif. « mandat »)[pl. *avals*]. **1.** Garantie donnée par une personne qui s'engage à payer à la place du débiteur si celui-ci ne le fait pas ; caution. **2.** Soutien, accord : *Ai-je votre aval pour m'engager ?* (**SYN.** approbation). *Le président a donné son aval à la signature du traité.*

avalanche n.f. (du lat. *labina*, éboulement). **1.** Importante masse de neige qui dévale les flancs d'une montagne à grande vitesse. **2.** *Fig.* Grande quantité de choses qui surviennent en même temps : *Elle a reçu une avalanche de compliments* (**SYN.** déluge). *Une avalanche de procès* (**SYN.** kyrielle).

avalancheux, euse adj. Qui présente un risque d'avalanche : *Un couloir avalancheux.*

avaler v.t. (de *1. aval*) [conj. 3]. **1.** Faire descendre par la gorge ; ingurgiter : *Avaler sa salive. Avaler de travers. Il a avalé son verre d'un trait* (**SYN.** engloutir). *Avaler un sandwich* (= le manger à la hâte). **2.** *Fam.* Croire naïvement ; supporter : *C'est dur à avaler* (**SYN.** accepter, admettre). ▸ ***Avaler un mot, un son,*** ne pas les prononcer distinctement. *Fam.* ***Faire avaler qqch à qqn,*** lui faire croire qqch en abusant de sa crédulité.

avaleur, euse n. ▸ ***Avaleur de sabres,*** saltimbanque qui fait pénétrer ou fait semblant d'introduire un sabre dans son gosier.

avaliser v.t. (de *2. aval*) [conj. 3]. **1.** Dans le langage juridique, garantir par un aval : *Avaliser une traite.* **2.** Appuyer en donnant sa caution : *Avaliser une décision* (**SYN.** cautionner).

à-valoir n.m. inv. Somme payée, à déduire de ce qui est dû : *Cette somme est un à-valoir sur les mille euros que nous vous devons* (**SYN.** acompte).

avance n.f. **1.** Action d'avancer ; progression : *Notre avance a été ralentie par la pluie* (**SYN.** marche). **2.** Distance ou espace de temps qui sépare des suivants : *L'avance du groupe de tête a diminué.* **3.** Gain de temps par rapport au moment prévu : *Prendre de l'avance dans un travail* (**CONTR.** retard). **4.** Paiement anticipé de tout ou partie d'une somme due ; prêt consenti à certaines conditions : *J'ai versé une avance* (**SYN.** acompte). *Demander une avance sur son salaire. La banque fit l'avance de fonds nécessaire.* ▸ ***À l'avance*** ou ***d'avance*** ou ***par avance,*** avant le moment fixé ou prévu ; par anticipation : *Prévenir plusieurs jours à l'avance. Chambre payable d'avance. Je vous envoie par avance la liste.* ***En avance,*** avant l'heure, la date ; avant le moment considéré comme normal dans une évolution : *Elle est arrivée en avance. Cette élève est en avance d'un an. Être en avance sur son temps* (= avoir des idées nouvelles). ◆ **avances** n.f. pl. Tentatives de nouer ou de renouer des relations, ou d'entamer une liaison amoureuse : *Faire des avances à qqn.*

avancé, e adj. **1.** Qui a commencé depuis longtemps, qui est loin de son début : *Stade avancé d'une maladie. Âge avancé* (= vieillesse). *À une heure avancée de la journée* (= tardive). **2.** En avance sur les autres dans son évolution : *Un enfant avancé pour son âge* (= précoce). **3.** Situé en avant : *Position, place forte avancée.* **4.** Propre à faire progresser par sa nouveauté, son originalité ; d'avant-garde : *Des idées avancées.* **5.** Se dit d'une denrée qui commence à s'abîmer : *Viande avancée* (**CONTR.** frais). ▸ *Iron.* ***Te voilà bien avancé(e) !*** ou ***tu es bien avancé(e) !,*** tu as fait tout cela pour rien.

avancée n.f. **1.** Fait d'avancer ; progrès : *Les avancées de la recherche.* **2.** Partie qui avance, qui fait saillie : *L'avancée d'un toit.*

avancement n.m. **1.** Action d'avancer, de progresser : *L'avancement des travaux* (**SYN.** progression). **2.** Action de monter en grade : *Obtenir de l'avancement* (**SYN.** promotion).

avancer v.t. (du lat. *ab ante*, en avant) [conj. 16]. **1.** Porter, pousser en avant dans l'espace : *Avancer le bras* (= le tendre). *Avancez-lui une chaise* (**SYN.** approcher). **2.** Faire en sorte qu'un événement ait lieu avant le moment, la date prévus : *Elle a avancé son retour* (**SYN.** précipiter, rapprocher ; **CONTR.** retarder). *J'ai avancé l'heure du rendez-vous* (**CONTR.** reculer). **3.** Faire progresser qqch : *J'ai bien avancé la rédaction de mon rapport.* **4.** Faire gagner du temps à qqn ; lui être utile : *Voulez-vous relire ce texte, cela m'avancerait. C'est son ancienne adresse, cela ne m'avance pas* (= ne me sert à rien). ▸ ***Avancer de l'argent,*** en prêter. ***Avancer une idée, une hypothèse,*** les mettre en avant, les proposer. ***Avancer une montre, une pendule,*** faire tourner leurs aiguilles vers la droite (**CONTR.** retarder). ◆ v.i. **1.** Aller vers l'avant : *Avance, tu gênes la circulation.* **2.** Faire des progrès, approcher du terme : *Elle avance dans sa carrière* (**SYN.** monter). *La recherche avance à grands pas* (**SYN.** progresser). **3.** Indiquer une heure en avance sur l'heure réelle : *Ta montre avance* (**CONTR.** retarder). **4.** Faire saillie : *Le porche avançait de quelques mètres sur la façade* (**SYN.** dépasser). ◆ **s'avancer** v.pr. **1.** Se porter en avant, progresser : *Elle s'est* *avancée à pas de loup* (**SYN.** s'approcher). **2.** Émettre une hypothèse audacieuse ; se hasarder à dire, à faire : *Elle s'est avancée en disant qu'il sera réélu.* **3.** Prendre de l'avance dans la réalisation d'une tâche : *Avance-toi dans ton travail.*

avanie n.f. (it. *avania*). *Litt.* Affront public ; humiliation : *Subir des avanies* (**SYN.** offense).

① **avant** prép. (du lat. *ab,* en venant de, et *ante,* auparavant). **1.** Indique l'antériorité dans le temps : *Avant la signature du contrat, elle enverra un mél* (**SYN.** préalablement à ; **CONTR.** après). **2.** Indique l'antériorité dans l'espace : *La mairie est avant la gare* (**CONTR.** après). **3.** Indique un degré supérieur dans une hiérarchie, dans une échelle de valeurs : *Le lieutenant est avant le sergent. La défense de l'environnement devrait passer avant la recherche du profit* (= primer sur). ▸ ***Avant peu,*** dans peu de temps. ***Avant tout*** ou ***avant toute chose,*** principalement, surtout : *Avant tout, je vous recommande la prudence.* ◆ adv. **1.** Indique un moment antérieur : *Ils viennent à 8 heures, mais je serai rentrée avant* (= plus tôt ; **SYN.** auparavant). **2.** Indique une situation dans l'espace par rapport à qqch situé plus loin : *N'allez pas jusqu'à la poste, son hôtel se trouve avant.* **3.** Indique une priorité dans une hiérarchie : *La personne la plus âgée passe avant.* ▸ ***En avant,*** devant soi : *Se pencher en avant* ; devant les autres : *Elle marchait en avant.* ***En avant !,*** s'emploie pour commander à qqn d'avancer ou pour l'inviter à poursuivre sa marche. ***Mettre qqch en avant,*** le donner comme excuse, comme prétexte : *Mettre en avant ses obligations professionnelles.* ***Mettre qqn en avant,*** le mettre en vue, attirer l'attention sur lui. ◆ **avant de** loc. prép. (Suivi de l'inf.). Indique la priorité dans le temps : *Prenez sa température avant d'appeler le médecin.* ◆ **avant que** loc. conj. (Suivi du subj.). Avant le moment où : *Il y aura d'autres problèmes avant que ce chantier ne soit terminé.*

② **avant** n.m. **1.** Partie antérieure de qqch : *L'avant de la voiture a été abîmé. Le moteur est à l'avant.* **2.** Dans les sports collectifs, joueur de la ligne d'attaque : *Une percée des avants.* ▸ ***Aller de l'avant,*** continuer à marcher, à avancer ; fig., persévérer malgré les obstacles. ◆ adj. inv. Qui est à l'avant ; situé à l'avant : *Les roues avant.*

avantage n.m. (de *1. avant*). **1.** Ce qui sert, est utile ou profitable ; profit, gain : *Elle a perdu les avantages de son statut* (**SYN.** atout, intérêt). *Les horaires souples sont un avantage* (**CONTR.** dommage, préjudice). **2.** Ce qui fait qu'on l'emporte sur qqn : *Elle a réussi à prendre l'avantage sur ses concurrents* (= le dessus ; **SYN.** supériorité ; **CONTR.** infériorité). *Profiter de son avantage* (**SYN.** suprématie). **3.** Au tennis, point marqué par un des joueurs lorsque le score est de 40 partout. ▸ ***Avantage acquis,*** toute amélioration du statut d'un salarié dans l'entreprise, par rapport à ce qui est prévu par la loi. ***Tirer avantage de,*** tirer un bénéfice de. ◆ **avantages** n.m. pl. ▸ ***Avantages en nature,*** éléments de rémunération fournis par l'employeur à un salarié et qui ne sont pas versés en argent (logement, nourriture, par exemple).

avantager v.t. [conj. 17]. **1.** Donner un avantage, des avantages à : *Cette décision avantage nos concurrents* (**SYN.** favoriser ; **CONTR.** désavantager, léser). **2.** Mettre en valeur : *Cette nouvelle coiffure l'avantage* (**SYN.** embellir, flatter ; **CONTR.** enlaidir).

avantageusement adv. De façon avantageuse, favorablement : *L'aquarelle remplace avantageusement la photo* (= est mieux que ; **SYN.** heureusement ; **CONTR.** fâcheusement).

avantageux, euse adj. **1.** Qui procure un avantage, un profit : *Faire une offre avantageuse* (**SYN.** profitable, rentable ; **CONTR.** désavantageux). *Un conditionnement de détergent avantageux* (**SYN.** économique ; **CONTR.** onéreux). *Prix avantageux* (**SYN.** modique). **2.** Qui met en valeur : *Une tenue avantageuse* (**SYN.** flatteur). *Il l'a présentée sous un jour avantageux* (**SYN.** élogieux, favorable). **3.** Sûr de soi ; prétentieux : *Air, ton avantageux* (**SYN.** vaniteux ; **CONTR.** modeste, simple).

avant-bras n.m. inv. Partie du bras comprise entre le coude et le poignet.

avant-centre n. (pl. *avants-centres*). Joueur placé au centre de la ligne d'attaque, notamm. au football.

avant-coureur adj. m. (pl. *avant-coureurs*). Qui annonce un événement prochain : *Détecter les signes avant-coureurs d'une catastrophe* (**SYN.** annonciateur, précurseur ; **CONTR.** consécutif).

avant-dernier, ère adj. et n. (pl. *avant-derniers, ères*). Situé immédiatement avant le dernier : *Le 30 août est l'avant-dernier jour du mois* (**SYN.** pénultième). *L'avant-dernière a rejoint la précédente.*

avant-garde n.f. (pl. *avant-gardes*). **1.** Détachement militaire à l'avant d'une troupe. **2.** Doctrine novatrice ou groupe précurseur dans le domaine artistique, technique : *Les avant-gardes technologiques. Des idées d'avant-garde* (= en avance sur leur temps). *Une recherche à l'avant-garde de la science* (= à la pointe de).

avant-gardisme n.m. (pl. *avant-gardismes*). *Didact.* Fait de se montrer d'avant-garde : *L'avant-gardisme musical* (**CONTR.** passéisme).

avant-gardiste adj. et n. (pl. *avant-gardistes*). Qui concerne l'avant-garde : *Des opinions avant-gardistes* (**CONTR.** passéiste).

avant-goût n.m. (pl. *avant-goûts*). Première impression que procure l'idée d'un événement à venir : *En stage, il a eu des avant-goûts de ce qui l'attendait dans l'entreprise* (**SYN.** aperçu, échantillon).

avant-guerre n.m. ou n.f. (pl. *avant-guerres*). Période ayant précédé une guerre, en partic. l'une des deux guerres mondiales : *Le premier avant-guerre.*

avant-hier [avɑ̃tjɛr] adv. Deux jours avant le jour où l'on est : *Aujourd'hui c'est jeudi, avant-hier c'était mardi.*

avant-midi n.m. inv. ou n.f. inv. En Belgique et au Québec, matinée.

avant-plan n.m. (pl. *avant-plans*). En Belgique, premier plan.

avant-port n.m. (pl. *avant-ports*). **1.** Partie d'un port entre le chenal d'entrée et les bassins. **2.** Port situé en aval d'un port primitif : *Saint-Nazaire est un avant-port de Nantes.*

avant-poste n.m. (pl. *avant-postes*). Détachement de sécurité posté à l'avant d'une troupe à l'arrêt.

avant-première n.f. (pl. *avant-premières*). Présentation d'un spectacle, d'un film avant la première représentation, la première projection publique. ▸ ***En avant-première,*** avant la représentation publique : *Elle a vu* *le film en avant-première* ; avant les autres : *Je te l'annonce en avant-première.*

avant-projet n.m. (pl. *avant-projets*). Étude préparatoire d'un projet.

avant-propos n.m. inv. Courte introduction d'un livre : *Des avant-propos riches de précisions.*

avant-scène n.f. (pl. *avant-scènes*). **1.** Partie de la scène d'un théâtre située en avant du rideau ; proscenium. **2.** Loge placée sur le côté de la scène : *Elle a loué des avant-scènes.*

avant-soirée n.f. (pl. *avant-soirées*). À la télévision, tranche horaire précédant le journal de 20 heures.

avant-veille n.f. (pl. *avant-veilles*). Jour qui précède la veille du jour où l'on est : *Mardi est l'avant-veille de jeudi.*

avare adj. et n. (du lat. *avarus*, avide). Qui aime amasser de l'argent et répugne à en dépenser : *Un avare qui vit chichement* (**SYN.** harpagon [litt.], pingre ; **CONTR.** dépensier). ◆ adj. ▸ ***Avare de,*** qui donne peu de ; économe de : *Être avare de son temps* (= ne pas le perdre en futilités ; **CONTR.** prodigue). *Être avare de paroles* (= peu bavard).

avarice n.f. Attachement excessif à l'argent (**SYN.** cupidité, pingrerie ; **CONTR.** prodigalité).

avaricieux, euse adj. et n. *Litt.* Qui montre de l'avarice dans les plus petites choses : « *Je dis que la peste soit de l'avarice et des avaricieux* » [Molière] (**SYN.** ladre, pingre ; **CONTR.** prodigue).

avarie n.f. (mot ar. signif. « biens avariés »). Dommage survenu à un navire, à un véhicule ou à leur cargaison : *La cargaison de l'avion a subi une avarie* (**SYN.** sinistre).

avarié, e adj. Se dit d'un aliment qui n'est plus propre à la consommation : *De la viande avariée* (**SYN.** gâté).

avarier v.t. [conj. 9]. Causer des dommages à : *L'iceberg a avarié le bateau* (**SYN.** endommager). *La chaleur avarie les denrées* (**SYN.** gâter).

avatar n.m. (d'un mot sanskrit signif. « descente sur la terre d'une divinité »). **1.** Chacune des incarnations de Vishnou, dans la religion hindoue. **2.** Changement dans le sort de ; transformation : *Le projet a connu bien des avatars avant de se concrétiser* (**SYN.** évolution, métamorphose). **3.** (Abusif). Événement fâcheux, accident. **4.** Image virtuelle choisie par un internaute pour apparaître aux autres dans un jeu ou dans un lieu de rencontre en ligne.

A.V.C. ou **AVC** [avese] n.m. (sigle). ▸ ***Accident vasculaire cérébral*** → **accident.**

Ave [ave] ou **Ave Maria** [avemarja] n.m. inv. (mot lat. signif. « salut »). Prière catholique adressée à la Vierge : *Deux Pater et trois Ave.*

avec prép. (du lat. *apud*, auprès de, et *hoc*, ceci). **1.** Indique une relation d'accompagnement, d'appartenance, d'accord, d'association : *Elle est venue avec une de ses collègues* (= en compagnie de). *Il sort toujours avec un parapluie. Un studio avec mezzanine* (= équipé d'une mezzanine). *Elle est aimable avec tout le monde* (**SYN.** envers). *Il est marié avec une chanteuse.* **2.** Indique le moyen, l'instrument : *Sélectionner le texte avec la souris* (= à l'aide de). **3.** Indique la manière : *Je le ferai avec joie.* **4.** Indique la cause : *Avec ce verglas, j'ai mis deux heures pour arriver ici.* **5.** Indique la simultanéité : *Il se lève avec le jour* (= en même temps que). ◆ adv. *Fam.* Indique le moyen, l'accompagnement : *Elle a pris son vélo et est partie avec.* ◆ **d'avec** loc. prép. Exprime la séparation, la différence : *Démêler le vrai d'avec le faux. Divorcer d'avec sa femme.*

aveline n.f. (du lat. [*nux*] *abellana*, [noisette] d'Abella [ville de Campanie]). Grosse noisette allongée, fruit de l'*avelinier.*

avelinier n.m. Variété cultivée de noisetier.

Ave Maria [avemarja] n.m. inv. → **Ave.**

aven [avɛn] n.m. (mot du Rouergue). Gouffre creusé par les eaux d'infiltration, en région calcaire.

① **avenant** n.m. (de l'anc. fr. *avenir*, convenir). Acte écrit qui modifie les clauses primitives d'un contrat : *Avenant à une police d'assurance.*

② **avenant, e** adj. Qui plaît par son air aimable, sa grâce : *Des manières avenantes* (**SYN.** agréable, plaisant ; **CONTR.** revêche). ◆ **à l'avenant** loc. adv. En accord, en harmonie, en rapport ; pareillement : *Un discours bêtifiant et des questions à l'avenant* (**SYN.** également ; **CONTR.** à l'opposé).

avènement n.m. (de l'anc. fr. *avenir*, arriver). **1.** Accession au trône ; élévation à une dignité suprême : *Avènement d'une reine. Avènement à la papauté.* **2.** Arrivée, établissement de qqch d'important : *Nous attendons l'avènement d'une ère de paix.* ▸ ***L'avènement du Christ,*** sa venue sur terre.

avenir n.m. (du lat. *advenire*, arriver). **1.** Temps futur : *Personne ne peut prévoir l'avenir* (**SYN.** futur). **2.** Situation, sort, réussite futurs : *Une jeune femme pleine d'avenir. Cette bêtise pourrait compromettre son avenir* (**SYN.** carrière). **3.** La postérité, les générations futures : *L'avenir lui rendra justice.* ▸ ***À l'avenir,*** à partir de maintenant : *À l'avenir, sers-toi d'un dictionnaire pour rédiger* (**SYN.** désormais, dorénavant). ***D'avenir,*** qui doit se développer, s'imposer dans le futur : *Métiers, techniques d'avenir.*

avent n.m. (lat. *adventus*, arrivée). Dans le christianisme, période qui finit à Noël et débute le premier des quatre dimanches précédant cette fête.

aventure n.f. (lat. *adventura*, choses qui doivent arriver). **1.** Événement imprévu, surprenant : *Film d'aventures.* **2.** Entreprise hasardeuse : *Le président est ennemi de toute aventure* (= ne veut pas prendre de risques). *Je tente l'aventure.* **3.** Liaison amoureuse passagère et superficielle : *Elle a eu une aventure avec lui* (**SYN.** relation). ▸ ***À l'aventure,*** sans but fixé : *Partir à l'aventure.* *Litt.* ***D'aventure*** ou ***par aventure,*** par hasard : *Si d'aventure vous le rencontrez.* ***Dire la bonne aventure,*** prédire l'avenir.

aventurer v.t. [conj. 3]. Exposer à des risques ; hasarder : *Aventurer sa réputation* (**SYN.** compromettre, risquer). ◆ **s'aventurer** v.pr. Courir un risque ; se hasarder : *Elle s'est aventurée dans des ruelles obscures* (**SYN.** se risquer).

aventureusement adv. En courant des risques : *Ils ont aventureusement misé sur une hausse de la Bourse* (**SYN.** dangereusement ; **CONTR.** prudemment).

aventureux, euse adj. **1.** Qui aime l'aventure : *Esprit aventureux* (**SYN.** audacieux, hardi ; **CONTR.** circonspect, prudent). **2.** Plein d'aventures, de risques, d'aléas : *Existence aventureuse. Un projet aventureux* (**SYN.** dangereux, périlleux).

aventurier, ère n. **1.** Personne qui recherche l'aventure par goût du risque : *Une aventurière de la navigation en solitaire.* **2.** Personne sans scrupule, qui ne se soucie pas des moyens pour se procurer de l'argent ou le pouvoir ; intrigant : *Les aventuriers de la finance.*

aventurisme n.m. Tendance à prendre des décisions hâtives et irréfléchies.

aventuriste adj. et n. Qui fait preuve d'aventurisme : *Une politique aventuriste.*

avenu, e adj. (de l'anc. fr. *avenir,* arriver). ▸ ***Nul et non avenu,*** considéré comme n'ayant jamais existé.

avenue n.f. (de l'anc. fr. *avenir,* arriver). **1.** Large voie urbaine, souvent bordée d'arbres. **2.** *Sout.* Ce qui permet de réaliser ses ambitions : *La nouvelle économie leur ouvre les avenues de la réussite.*

avéré, e adj. Qui est reconnu comme vrai ; exact : *C'est un fait avéré* (**SYN.** authentique, véridique ; **CONTR.** faux, inexact). *Sa complicité est avérée* (**SYN.** incontestable ; **CONTR.** douteux, hypothétique).

s'**avérer** v.pr. (du lat. *verus,* vrai) [conj. 18]. Se révéler, apparaître : *L'entreprise s'est avérée difficile. Il s'avère que ton conseil était bon.*

avers [avɛr] n.m. (du lat. *adversus,* qui est en face). Côté face d'une monnaie, d'une médaille, qui porte l'élément principal (par opp. à revers).

averse n.f. Pluie subite et abondante, de courte durée : *J'ai essuyé une averse en rentrant* (**SYN.** ondée).

aversion n.f. (lat. *aversio,* action de se détourner). Répugnance extrême ; répulsion : *Avoir de l'aversion pour, contre, à l'égard de qqn* (**SYN.** haine, inimitié ; **CONTR.** inclination, sympathie). *Prendre qqch en aversion* (= le détester).

averti, e adj. **1.** Qui a reçu les informations nécessaires : *Un homme averti en vaut deux* (**SYN.** avisé, informé). *Elle est très avertie de l'actualité* (= au courant de). **2.** Qui a une expérience certaine ; expert : *Un critique averti* (**SYN.** compétent).

avertir v.t. (lat. *advertere*) [conj. 32]. Informer ; attirer l'attention de : *Je l'ai avertie du danger* (**SYN.** prévenir). *Il m'a averti que l'émission commençait* (**SYN.** aviser).

avertissement n.m. **1.** Action d'informer, de faire savoir : *Il est parti sans le moindre avertissement.* **2.** Appel à l'attention ou à la prudence : *Un avertissement salutaire* (= mise en garde). *Il a négligé les avertissements du médecin* (**SYN.** conseil, recommandation). **3.** Réprimande avec menace de sanction : *Recevoir un avertissement* (**SYN.** admonestation, blâme). **4.** Courte préface en tête d'un livre ; avant-propos, préambule. **5.** Avis adressé au contribuable pour le paiement de l'impôt.

avertisseur n.m. Dispositif destiné à donner un signal : *Avertisseur sonore. Des avertisseurs d'incendie* (= sirène).

aveu n.m. Déclaration par laquelle on avoue, révèle ou reconnaît qqch : *Recueillir les aveux d'un criminel* (**SYN.** confession). *Faire l'aveu d'une faute* (= l'avouer). ▸ ***De l'aveu de qqn,*** ainsi que le reconnaît cette personne.

aveuglant, e adj. **1.** Qui éblouit : *Une lumière aveuglante* (**SYN.** éclatant). **2.** Qu'il est impossible de ne pas remarquer ; évident : *Une preuve aveuglante* (**SYN.** flagrant, patent).

aveugle adj. **1.** Privé de la vue : *Elle est aveugle de naissance.* **2.** À qui la passion fait perdre la clairvoyance, la lucidité : *L'amour rend aveugle* (**CONTR.** lucide, raisonnable). *Il fut pris d'une colère aveugle.* **3.** Qui ne connaît pas de limites : *Confiance aveugle* (**SYN.** absolu, total ; **CONTR.** limité). **4.** Qui frappe au hasard, sans discernement : *Attentat aveugle.* **5.** Qui ne reçoit pas la lumière du jour : *Un débarras aveugle.* ◆ n. Personne privée de la vue (**SYN.** non-voyant). ▸ ***En aveugle,*** sans réflexion ; imprudemment : *Vous avez agi en aveugle.* ***Essai thérapeutique en aveugle,*** méthode d'étude d'un nouveau traitement médical, dans laquelle les patients ignorent s'ils reçoivent le nouveau ou l'ancien médicament.

aveuglement n.m. Manque de discernement par passion ou obstination : *Son aveuglement nous conduit à la catastrophe* (**SYN.** entêtement).

aveuglément adv. Sans discernement ni réflexion : *Faire aveuglément confiance à qqn.*

aveugler v.t. [conj. 5]. **1.** Rendre aveugle : *Des éclats du pare-brise l'ont aveuglé.* **2.** Brouiller la vue : *Les hautes flammes aveuglent les pompiers* (**SYN.** éblouir). **3.** Priver de discernement, de lucidité : *La colère l'aveugle* (**SYN.** égarer). **4.** Boucher, colmater : *Aveugler une fenêtre, une voie d'eau.* ◆ **s'aveugler** v.pr. **[sur].** Manquer de discernement, refuser d'admettre : *Elle s'est aveuglée sur ses propres capacités.*

à l'**aveuglette** loc. adv. **1.** À tâtons, sans y voir : *Chercher ses clefs à l'aveuglette.* **2.** Au hasard ; sans réfléchir : *J'ai choisi à l'aveuglette.*

aviaire adj. (du lat. *avis,* oiseau). Qui concerne les oiseaux : *La grippe aviaire.*

aviateur, trice n. Personne qui pilote un avion : *L'armée de l'air compte quelques aviatrices.*

aviation n.f. **1.** Navigation aérienne au moyen d'avions ; ensemble des avions, des installations et du personnel affectés à la navigation aérienne : *Des compagnies d'aviation.* **2.** Technique de la construction des avions. **3.** En Afrique, aéroport ou aérodrome. ▸ ***Aviation commerciale,*** assurant le transport des passagers et des marchandises. ***Aviation militaire,*** conçue et employée à des fins militaires ; armée de l'air.

avicole adj. Qui concerne l'aviculture : *Une ferme avicole.*

aviculteur, trice n. Éleveur d'oiseaux, de volailles.

aviculture n.f. Élevage des oiseaux, des volailles.

avide adj. (lat. *avidus*). **1.** Qui manifeste un désir ardent et immodéré de qqch : *Ils sont avides d'apprendre l'anglais* (**SYN.** impatient). *Avide d'argent* (= cupide). **2.** Qui exprime l'avidité : *Un regard avide* (**CONTR.** indifférent).

avidement adv. Avec avidité : *Avaler avidement son goûter* (**SYN.** voracement).

avidité n.f. Désir ardent et immodéré de qqch : *L'avidité du pouvoir* (**SYN.** convoitise, faim, soif ; **CONTR.** indifférence). *Manger avec avidité* (**SYN.** gloutonnerie).

avilir v.t. (de *vil*) [conj. 32]. Rendre méprisable ; dégrader, déshonorer : *Ces déclarations racistes l'avilissent* (**SYN.** abaisser, discréditer). ◆ **s'avilir** v.pr. Devenir méprisable ; se déshonorer, se dégrader : *Ils se sont avilis en reniant leurs convictions* (**SYN.** déchoir).

avilissant, e adj. Qui avilit ; dégradant, déshonorant : *Des traitements avilissants* (**SYN.** humiliant, infamant).

avilissement n.m. Action d'avilir ; fait de s'avilir ; dégradation, rabaissement.

aviné, e adj. Qui a trop bu d'alcool ; qui dénote l'ivresse : *Un passant aviné* (**SYN.** ivre). *Une voix avinée.*

avion n.m. (nom de l'appareil inventé par Clément Ader, du lat. *avis,* oiseau). Appareil de navigation aérienne plus lourd que l'air, muni d'ailes, se déplaçant dans l'atmosphère à l'aide de moteurs à hélice ou à réaction.

avion-cargo n.m. (pl. *avions-cargos*). Avion de gros tonnage pour le transport des marchandises : *Les avions-cargos acheminent le matériel.*

avion-citerne n.m. (pl. *avions-citernes*). Avion pour le ravitaillement en vol d'autres appareils : *Des avions-citernes ont décollé.*

avionique n.f. Application des techniques de l'électronique, de l'informatique à l'aviation ; équipement électronique et informatique d'un avion, d'un aéronef.

avionnerie n.f. Au Québec, usine de construction aéronautique ; industrie aéronautique.

avionneur n.m. Constructeur d'avions.

aviron n.m. (de l'anc. fr. *viron,* tour, de *virer*). **1.** En marine, rame : *Les avirons de la barque.* **2.** Canotage pratiqué comme sport, souvent sur des plans d'eau aménagés.

avis [avi] n.m. (de l'anc. fr. *ce m'est à vis,* cela me semble bon). **1.** Ce que l'on pense d'un sujet, que l'on exprime dans une discussion ou à la demande de qqn : *Donnez-nous votre avis* (**SYN.** opinion, point de vue). *À mon avis* (= selon moi, de mon point de vue). **2.** Information communiquée aux personnes concernées : *Avis à la population. Un avis d'imposition* (**SYN.** notification). *Sauf avis contraire* (**SYN.** indication, ordre). **3.** Point de vue exprimé officiellement par un organisme, une assemblée, après délibération, et n'ayant pas force de décision : *Avis du Conseil d'État.* ▸ ***Avis au lecteur,*** courte préface en tête d'un livre ; avertissement. ***Être d'avis que*** (+ subj.), juger préférable de, que : *Je suis d'avis que nous partions tout de suite* (= je pense qu'il faut).

avisé, e adj. Qui manifeste un comportement prudent et réfléchi : *Des conseils avisés* (**SYN.** sage, sensé ; **CONTR.** imprudent, irréfléchi). *J'ai été bien avisée de lui parler* (= j'ai eu raison).

① **aviser** v.t. (de *viser*) [conj. 3]. *Litt.* Apercevoir : *Il avisa sa cousine dans la foule* (**SYN.** distinguer). ◆ v.i. Réfléchir pour décider de ce que l'on doit faire : *Je préfère ne pas vous répondre tout de suite, j'aviserai.* ◆ **s'aviser** v.pr. **1.** S'apercevoir, prendre conscience de : *Elle s'est avisée de ma présence* ou *que j'étais présent* (= elle s'en est rendu compte). **2. [de].** (Surtout en tournure négative). Avoir l'audace de : *Ne t'avise pas de la contrarier !* (**SYN.** s'aventurer à, oser).

② **aviser** v.t. (de *avis*) [conj. 3]. Avertir, informer : *La banque m'a avisée du versement* ou *que le versement était fait.*

aviso n.m. (de l'esp. *barca de aviso,* barque pour porter des avis). Petit navire militaire utilisé pour des missions d'escorte ou de lutte anti-sous-marine : *Des avisos armés de missiles.*

avitailler v.t. (de l'anc. fr. *vitaille,* vivres) [conj. 3]. Approvisionner un navire en vivres, en matériel ; ravitailler un avion en carburant.

avitaminose n.f. Maladie due à un manque de vitamines.

aviver v.t. (du lat. *vivus,* ardent) [conj. 3]. **1.** Donner de l'éclat, de la vivacité à : *Le vent avive le teint* (**SYN.** colorer). **2.** Rendre plus vif ; augmenter : *Aviver le chagrin de qqn* (**SYN.** ranimer, réveiller ; **CONTR.** apaiser, calmer).

① **avocat, e** n. (lat. *advocatus,* celui qui est appelé auprès, défenseur). **1.** Auxiliaire de justice qui conseille et représente ses clients en justice ; défenseur : *L'avocate a plaidé la démence.* **2.** Personne qui intercède pour une autre : *Elle s'est faite l'avocate de cette cause, de ce projet* (**SYN.** apôtre, champion). ▸ ***Avocat du diable,*** ecclésiastique qui formule des objections dans un procès de canonisation ; fig., personne qui, par jeu ou pour susciter des objections, défend une cause qu'elle sait mauvaise.

② **avocat** n.m. (esp. *avocado*). Fruit comestible de l'avocatier, à pulpe jaune, contenant un gros noyau : *Des avocats à la vinaigrette. De l'huile d'avocat.*

avocatier n.m. Arbre originaire d'Amérique, cultivé pour ses fruits, les avocats.

avoine n.f. Céréale dont les grains servent surtout à l'alimentation des chevaux. ▸ ***Folle avoine,*** avoine sauvage commune dans les champs, les lieux incultes.

① **avoir** v.t. (lat. *habere*) [conj. 1]. **1.** Posséder, disposer de : *Ils ont une grosse fortune* (**SYN.** détenir). **2.** Être en relation avec des personnes : *Il a de nombreux amis. Elle a des collègues charmants.* **3.** Présenter une caractéristique quelconque : *Cet appartement a cinq pièces* (**SYN.** comporter). *On a tous la varicelle* (= on est atteints de). *Il a dix ans* (= il est âgé de). *Cette table a 2 mètres de long* (**SYN.** mesurer). *Elle a beaucoup d'esprit* (= elle est spirituelle). *Il a de la patience* (= il est patient). **4.** Être dans tel état physique, moral ou intellectuel : *Nous avons peur, faim* (= nous ressentons de la peur, de la faim). *Vous avez raison.* **5.** *Fam.* Duper, tromper, jouer un tour à : *Elle nous a bien eus* (**SYN.** berner). ▸ ***Avoir à*** (+ inf.), devoir faire qqch : *J'ai à travailler.* ***Avoir l'air*** → **2. air.** ***Il y a,*** voir à son ordre alphabétique. ◆ v. auxil. Suivi d'un participe passé, sert à former les temps composés des verbes transitifs, des verbes impersonnels et de certains verbes intransitifs : *J'ai fait un gâteau. Il a fallu revenir. Tu as couru.*

② **avoir** n.m. **1.** Ensemble des biens qu'on possède : *Voilà tout mon avoir* (**SYN.** bien). **2.** Partie d'un compte financier où l'on porte les sommes dues (par opp. à doit) ; actif, crédit. ▸ ***Avoir fiscal,*** dégrèvement fiscal dont bénéficient les actionnaires ayant touché des dividendes au cours de l'année.

avoisinant, e adj. Qui est situé dans le voisinage : *L'incendie a gagné les maisons avoisinantes* (**SYN.** proche, voisin ; **CONTR.** lointain).

avoisiner v.t. [conj. 3]. Être voisin, proche de : *La maison avoisine la route* (**SYN.** jouxter [litt.]). *Les dégâts avoisinent le million* (**SYN.** approcher de).

avorté, e adj. Qui a échoué avant d'atteindre son plein développement : *Une tentative avortée.*

avortement n.m. **1.** Interruption, naturelle ou provoquée, d'une grossesse. **2.** Échec : *L'avortement de leur projet* (**SYN.** faillite, insuccès).

avorter v.i. (du lat. *ab*, marquant une déviation, et *ortus*, né) [conj. 3]. **1.** Expulser un embryon ou un fœtus avant le moment où il devient viable. **2.** Ne pas aboutir : *La réforme a avorté* (**SYN.** échouer ; **CONTR.** réussir). ◆ v.t. Provoquer l'avortement chez une femme : *Elle s'est fait avorter.*

avorton n.m. **1.** *Péjor.* Être chétif et mal fait. **2.** Plante ou animal qui n'a pas atteint un développement normal.

avouable adj. Qui peut être avoué sans honte : *Motifs avouables* (**SYN.** honnête, honorable ; **CONTR.** inavouable).

avoué n.m. (lat. *advocatus*). Officier ministériel seul compétent pour représenter les plaideurs devant les cours d'appel.

avouer v.t. (lat. *advocare*, appeler auprès, recourir à) [conj. 6]. **1.** Reconnaître qu'on est l'auteur, le responsable de qqch de blâmable : *Avouer un mensonge* ou *que l'on a menti* (**SYN.** admettre ; **CONTR.** nier). **2.** (Sans compl.). Reconnaître sa culpabilité : *Le coupable a avoué.* **3.** Reconnaître comme vrai, réel : *Avouer son ignorance* (**SYN.** confesser). *Avouer son amour* (**SYN.** déclarer). ◆ **s'avouer** v.pr. Se reconnaître comme : *Ils se sont avoués vaincus.*

avril [avril] n.m. Le quatrième mois de l'année. ▸ ***Poisson d'avril,*** attrape, plaisanterie traditionnelle du 1er avril.

avunculaire [avɔ̃kylɛr] adj. (du lat. *avunculus*, oncle maternel). *Didact.* Relatif à l'oncle ou à la tante : *L'autorité avunculaire.*

axe n.m. (lat. *axis*, essieu). **1.** En mécanique, pièce autour de laquelle tournent un ou plusieurs éléments : *Axe d'une poulie* (**SYN.** pivot). **2.** Ligne droite, réelle ou fictive, passant par le centre d'un corps, qui peut tourner autour d'elle : *L'axe de rotation de la Terre, d'une roue de brouette.* **3.** Ligne, réelle ou fictive, partageant une chose concrète dans sa plus grande dimension : *L'axe du corps humain, d'une rue.* **4.** En géométrie, droite orientée munie d'une origine et d'une unité : *L'axe des ordonnées et l'axe des abscisses.* **5.** Grande voie de communication : *Les camionneurs bloquent les axes routiers.* **6.** Orientation générale : *Les grands axes de la politique gouvernementale* (**SYN.** ligne).

axer v.t. [conj. 3]. **1.** Orienter suivant un axe : *Les avenues sont axées sur l'Arc de triomphe.* **2.** Organiser autour d'un thème, d'une idée essentiels : *La candidate a axé sa campagne sur les problèmes sociaux* (**SYN.** centrer).

axial, e, aux adj. **1.** Relatif à un axe. **2.** Disposé en suivant l'axe de qqch : *Éclairage axial d'une avenue.*

axiomatique adj. Qui concerne les axiomes ; qui se fonde sur des axiomes : *Théorie axiomatique.* ◆ n.f. Ensemble d'axiomes formant la base d'une branche des mathématiques.

axiome n.m. (gr. *axiôma*, estimation). **1.** Vérité, proposition admise comme évidente par tous : *Les axiomes de la vie en société* (**SYN.** principe). **2.** En mathématiques, proposition première, vérité admise sans démonstration et sur laquelle se fonde une science ; principe posé de manière hypothétique à la base d'une théorie déductive : *Les axiomes de l'algèbre.*

axis [aksis] n.m. (mot lat. signif. « axe »). Deuxième vertèbre cervicale.

axolotl [aksɔlɔtl] n.m. (mot mexicain). Vertébré amphibien des lacs mexicains, capable de se reproduire à l'état larvaire et qui prend rarement la forme adulte.

axone n.m. (gr. *axôn*, axe). Prolongement du neurone qui conduit le message nerveux vers d'autres cellules.

ayant droit n.m. (pl. *ayants droit*). **1.** Personne qui bénéficie du régime d'assurance sociale d'une autre personne. **2.** Dans la langue juridique, personne qui a des droits à qqch : *Stationnement interdit, sauf aux ayants droit.*

ayatollah [ajatɔla] n.m. (d'un mot ar. signif. « signes d'Allah »). **1.** Titre donné aux principaux chefs religieux de l'islam chiite. **2.** *Fam.* Personnage disposant d'un pouvoir considérable dans un domaine et qui impose son autorité avec intransigeance : *Les ayatollahs de la diététique.*

aye-aye [ajaj] n.m. (pl. *ayes-ayes*). Primate nocturne de Madagascar, arboricole et insectivore, à grands yeux : *Les ayes-ayes font partie des espèces protégées.*

azalée n.f. (du gr. *azaleos*, sec). Arbuste originaire des montagnes d'Asie, voisin du rhododendron, cultivé pour ses fleurs colorées.

azidothymidine n.f. → **A.Z.T.**

azimut [azimyt] n.m. (d'un mot ar. signif. « le droit chemin »). En astronomie, angle formé par le plan vertical d'un astre et le plan qui passe par les pôles et le point d'observation. ▸ *Fam.* ***Tous azimuts,*** dans toutes les directions : *Ces jeunes sociétés recrutent tous azimuts.*

azimuté, e adj. *Fam.* Fou : *Il faut être azimuté pour faire du 100 km/h en ville.*

azorer v.t. [conj. 3]. En Suisse, réprimander.

azote n.m. (du gr. *zôê*, vie). Corps chimique simple et gazeux, incolore et inodore, qui est le principal constituant de l'atmosphère terrestre.

azoté, e adj. Qui contient de l'azote : *Des engrais azotés.*

A.Z.T. ou **AZT** [azɛdte] n.m. (nom déposé ; sigle de *azidothymidine*). Médicament antiviral utilisé dans le traitement du sida (**SYN.** zidovudine).

aztèque [astɛk] adj. Relatif aux Aztèques, à leur civilisation : *L'art aztèque.*

azulejo [azulexo ou azuleʒo] n.m. (de l'esp. *azul*, bleu). Carreau de faïence décoré à dominante bleue, utilisé pour le revêtement des murs ou des sols : *Décorer une salle de bains avec des azulejos portugais.*

azur n.m. (d'un mot persan signif. « lapis-lazuli »). **1.** *Sout.* Bleu clair et intense, notamm. celui du ciel : *L'azur d'un ciel d'été.* **2.** *Litt.* Le ciel lui-même : *L'oiseau disparut dans l'azur.* **3.** (Employé en appos.). Qui est d'une nuance de bleu qui rappelle l'azur : *Une chemisette bleu azur.*

azuré, e adj. *Litt.* De couleur azur : *Une tenture azurée.*

azuréen, enne adj. De la Côte d'Azur : *Les plages azuréennes.*

azyme adj. (du gr. *zumê*, levain). Se dit du pain cuit sans levain. ▸ ***Pain azyme,*** pain non levé, se présentant sous la forme d'une galette, utilisé pour la Pâque juive ; chez les catholiques, pain dont on fait les hosties. ◆ n.m. Pain azyme.

B b

b [be] n.m. inv. Deuxième lettre (consonne) de l'alphabet français. ▸ ***B,*** la note *si* bémol, dans le système de notation musicale germanique ; la note *si* dans le système anglo-saxon. ***Film de série B,*** film médiocre ou à petit budget.

B.A. [bea] n.f. (sigle de *bonne action*). *Parfois iron.* Action charitable, généreuse : *Faire sa B.A.*

b.a.-ba [beaba] n.m. inv. Notions élémentaires que l'on acquiert au début d'un apprentissage : *C'est le b.a.-ba du métier* (**SYN.** rudiments).

① **baba** adj. ▸ *Fam.* ***En être*** ou ***en rester baba,*** sans voix, stupéfait : *Elles en sont restées babas.*

② **baba** n.m. (mot polon.). Gâteau fait avec une pâte levée mélangée de raisins secs, et imbibé, après cuisson, de rhum ou de kirsch : *Des babas au rhum.*

③ **baba** n.m. À la Réunion, bébé.

babeurre n.m. Résidu liquide de la fabrication du beurre.

babil [babil] n.m. **1.** Bavardage continuel, enfantin ou futile. **2.** Vocalisation spontanée des nourrissons ; lallation, babillage.

babillage n.m. **1.** Action de babiller : *Un babillage incessant* (**SYN.** bavardage, caquetage). **2.** Babil : *Les babillages d'un bébé de deux mois.*

babiller v.i. [conj. 3]. **1.** Parler beaucoup et à propos de rien (**SYN.** bavarder, caqueter). **2.** Pousser son cri, en parlant du merle.

babines n.f. pl. **1.** Lèvres pendantes de certains mammifères tels le chameau ou le singe. **2.** *Fam.* Lèvres : *Elle s'est essuyé les babines.* ▸ ***Se lécher*** ou ***se pourlécher les babines,*** se délecter à l'avance de qqch.

babiole n.f. (it. *babbola,* bêtise). Objet sans valeur ; chose sans importance : *Les touristes achètent des babioles. Cessons de discuter de ces babioles* (**SYN.** broutille, vétille).

babiroussa n.m. (du malais *babi,* porc, et *rusa,* cerf). Porc sauvage d'Indonésie, dont les canines supérieures se sont développées en défenses très recourbées.

bâbord n.m. (du néerl.). Côté gauche d'un navire, en regardant vers l'avant (par opp. à tribord).

babouche n.f. (de l'ar.). Chaussure, pantoufle de cuir laissant le talon libre.

babouin n.m. (de *babine*). Singe terrestre d'Afrique, au museau ressemblant à celui du chien, vivant en société organisée.

baby-boom [babibum ou bebibum] n.m. (de l'angl. *baby,* bébé, et *boom,* explosion)[pl. *baby-booms*]. Augmentation brutale de la natalité : *Le baby-boom de l'après-guerre.*

baby-boomeur, euse [babibumœr, øz ou bebibumœr, øz] n. (angl. *baby-boomer*). Personne née pendant le baby-boom qui a suivi la Seconde Guerre mondiale.

baby-foot [babifut] n.m. inv. Football de table comportant des figurines que l'on actionne à l'aide de tiges mobiles ; table pour y jouer : *Des baby-foot modernes.*

baby-sitter [babisitœr ou bebisitœr] n. (mot angl., de *baby,* bébé, et *to sit,* s'asseoir)[pl. *baby-sitters*]. Personne payée pour garder un enfant, des enfants en l'absence de leurs parents : *Des baby-sitters expérimentées.*

baby-sitting [babisitiŋ ou bebisitiŋ] n.m. (pl. *baby-sittings*). Activité des baby-sitters : *Faire des baby-sittings pendant les vacances.*

① **bac** [bak] n.m. (du lat. pop. *baccu,* récipient). **1.** Bateau large et plat assurant la traversée d'un cours d'eau, d'un lac. **2.** Récipient, souvent de forme rectangulaire, servant à divers usages ; bassin, cuve : *Un évier à deux bacs. Bac à légumes, bac à glace d'un réfrigérateur.* **3.** En Belgique, casier à bouteilles.

② **bac** n.m. (abrév.). Baccalauréat : *Quels sont les bacs les plus difficiles ?*

baccalauréat n.m. (du lat. *bacca lauri,* baie de laurier). **1.** En France, examen de fin d'études secondaires, sanctionné par un diplôme qui confère le premier des grades universitaires (abrév. bac) : *Les baccalauréats généraux et professionnels.* **2.** Au Québec, diplôme sanctionnant les trois années du premier cycle universitaire.

baccara n.m. Jeu de cartes qui se joue entre un banquier et des joueurs appelés *pontes.*

baccarat n.m. Cristal ou objet en cristal de la manufacture de Baccarat, en France : *Des verres en baccarat.*

bacchanale [bakanal] n.f. (lat. *Bacchanalia,* fêtes de Bacchus). *Vieilli* ou *litt.* Fête tournant à la débauche, à l'orgie.

bacchante [bakɑ̃t] n.f. (de *Bacchus*). Prêtresse du culte de Bacchus.

bacchantes [bakɑ̃t] n.f. pl. *Fam.* Moustaches.

bâche n.f. (du lat. *bascauda,* baquet). **1.** Toile épaisse et imperméabilisée ; pièce formée de cette toile servant à protéger des intempéries : *Les caisses sont recouvertes d'une bâche.* **2.** Caisse à châssis vitrés, abritant de jeunes plantes.

bachelier, ère n. Titulaire du baccalauréat.

bâcher v.t. [conj. 3]. Couvrir d'une bâche : *Des tuiles sont tombées, il faut bâcher le toit.*

bachique [baʃik] adj. **1.** Relatif à Bacchus, à son culte : *Fête bachique.* **2.** *Litt.* Qui évoque une bacchanale ; qui célèbre le vin, l'ivresse : *Poème bachique.*

bachotage n.m. *Fam.* Action de bachoter.

bachoter v.i. (de *bachot*, abrév. vieillie de *baccalauréat*) [conj. 3]. *Fam.* Préparer intensivement un examen ou un concours : *Il bachote quinze jours avant les partiels.*

bacillaire [basilɛr] adj. Relatif aux bacilles : *Une maladie bacillaire* (= due à un bacille). ◆ adj. et n. Se dit d'un malade atteint de tuberculose pulmonaire, pendant la phase contagieuse de la maladie.

bacille [basil] n.m. (lat. *bacillus*, bâtonnet). **1.** Bactérie en forme de bâtonnet droit. **2.** Insecte herbivore du midi de la France ressemblant à une brindille.

bâclage n.m. *Fam.* Action de bâcler ; travail peu soigné.

bâcler v.t. (du lat. *baculum*, bâton) [conj. 3]. *Fam.* Faire à la hâte et sans soin : *Il a bâclé sa traduction* (**SYN.** expédier, saboter ; **CONTR.** parfaire, soigner).

bacon [bekɔn] n.m. (du frq. *bakko*, jambon). Pièce de carcasse de porc, salée et fumée, débitée en tranches minces : *Des œufs au bacon.*

bactéricide adj. et n.m. Se dit d'un produit qui détruit les bactéries.

bactérie n.f. (gr. *baktêria*, bâton). Micro-organisme unicellulaire sans noyau, de forme allongée *(bacille)* ou sphérique, présent dans tous les milieux.

bactérien, enne adj. Relatif aux bactéries : *Contamination bactérienne* (= due aux bactéries).

bactériologie n.f. Partie de la microbiologie qui étudie les bactéries.

bactériologique adj. Relatif à la bactériologie : *Analyse bactériologique.* ▸ ***Arme, guerre bactériologique,*** arme, guerre qui utilise les bactéries porteuses de maladies contagieuses.

bactériologiste n. Spécialiste de bactériologie.

badaud, e n. et adj. (du prov. *badar*, regarder bouche bée). Passant, promeneur dont la curiosité est facilement séduite par ce qui se passe dans la rue : *Les badauds s'attroupent autour du camelot.*

baderne n.f. *Fam., péjor.* Homme borné et rétrograde : *Son père est une baderne.*

badge [badʒ] n.m. (mot angl.). **1.** Insigne muni d'une inscription ou d'un dessin et porté en broche : *Les participants portent des badges à leur nom.* **2.** Document d'identité codé, lisible par des appareils spéciaux appelés *lecteurs de badges* ou *badgeuses* : *La porte ne s'ouvre pas sans badge.*

badger [badʒe] v.i. [conj. 17]. Introduire son badge dans un lecteur pour accéder à un local ou en sortir, ou pour enregistrer ses horaires de travail.

badgeuse n.f. Machine qui permet de badger.

badiane n.f. (d'un mot persan signif. « anis »). Arbuste originaire du Viêt Nam, dont le fruit, appelé *anis étoilé*, est utilisé dans la fabrication de boissons anisées.

badigeon n.m. Enduit à base de lait de chaux, utilisé pour le revêtement des murs.

badigeonner v.t. [conj. 3]. **1.** Peindre avec du badigeon : *Je badigeonnerai le mur.* **2.** Enduire d'une préparation pharmaceutique : *Le médecin lui a badigeonné la gorge avec un désinfectant.*

badin, e adj. (mot prov. signif. « sot »). *Litt.* Qui manifeste une gaieté légère, du goût pour la plaisanterie : *Sa mère, très badine, s'amusait de nos réactions* (**SYN.** enjoué ; **CONTR.** grave). *Un ton badin* (**CONTR.** sérieux).

badinage n.m. *Litt.* Action de badiner ; propos badin, attitude badine ; plaisanterie.

badine n.f. Baguette mince et flexible qu'on tient à la main pour l'utiliser comme cravache.

badiner v.i. [conj. 3]. Prendre les choses légèrement ; agir par jeu : *Je voulais badiner* (**SYN.** plaisanter). ◆ v.t. ind. (Surtout en tournure négative). Prendre à la légère ; plaisanter avec, sur : *« On ne badine pas avec l'amour », pièce d'Alfred de Musset. Ne cherchez pas à badiner sur la sécurité ici.*

badminton [badmintɔn] n.m. (mot angl.). Sport apparenté au tennis, pratiqué avec un volant.

baffe n.f. *Fam.* Gifle.

baffle n.m. (mot angl. signif. « écran »). Enceinte acoustique : *Le baffle droit de la chaîne hi-fi.*

bafouer v.t. [conj. 6]. Tourner en ridicule : *Il m'a bafoué devant tous* (**SYN.** outrager). *Ils ont bafoué les règles internationales* (**SYN.** défier).

bafouillage n.m. *Fam.* Action de bafouiller ; élocution embrouillée, confuse : *Ses bafouillages trahissent son émotion* (**SYN.** bredouillage).

bafouiller v.i. et v.t. [conj. 3]. *Fam.* Parler d'une manière inintelligible, embarrassée : *Elle bafouille parce qu'elle est timide. Il a bafouillé des excuses* (**SYN.** balbutier, bredouiller).

bâfrer v.t. [conj. 3]. *Fam.* Manger avidement et avec excès (**SYN.** se gaver).

bâfreur, euse n. *Fam.* Personne qui aime bâfrer ; glouton, goinfre.

bagad [bagad] n.m. (mot breton). Ensemble musical breton comprenant des binious et des bombardes : *Les bagads jouent des airs traditionnels bretons dans les fest-noz.*

bagage n.m. (de l'angl. *bag*, paquet). **1.** (Surtout au pl.). Ensemble des valises, sacs contenant les affaires que l'on emporte en voyage : *Préparer ses bagages* (= les remplir). *Un bagage à main* (= gardé avec soi pendant le transport). **2.** Ensemble des connaissances acquises dans un domaine : *Elle a un bon bagage scientifique.* ▸ *Fam.* ***Partir avec armes et bagages,*** partir en emportant tout. ***Plier bagage,*** partir : *La pluie menace, plions bagage.*

bagagiste n.m. **1.** Employé dans un hôtel, une gare, un aéroport, chargé de porter les bagages. **2.** Industriel fabriquant des bagages.

bagarre n.f. (prov. *bagarro*, rixe). **1.** Querelle violente accompagnée de coups, entre plusieurs personnes : *Deux personnes ont été blessées au cours de la bagarre* (**SYN.** altercation, rixe). **2.** Vive compétition ; lutte : *Les grands magasins se lancent dans la bagarre des produits allégés* (**SYN.** bataille, concurrence). ▸ ***Chercher la bagarre,*** avoir un comportement agressif et provocateur.

bagarrer v.i. [conj. 3]. *Fam.* Lutter pour atteindre un but : *Elle a beaucoup bagarré pour arriver à ce poste* (**SYN.** se battre). ◆ **se bagarrer** v.pr. **1.** Prendre part à une bagarre : *Les deux bandes se sont bagarrées* (**SYN.** s'affronter, se battre). **2.** Déployer de l'énergie ; lutter avec ardeur : *Ils se sont bagarrés pour obtenir des crédits* (**SYN.** batailler).

bagarreur, euse adj. et n. *Fam.* Qui aime la bagarre ; belliqueux : *Ils sont bagarreurs* (**SYN.** batailleur). *C'est une bagarreuse* (= elle est combative).

bagatelle n.f. (it. *bagatella*, tour de bateleur). **1.** Chose sans importance ; objet de peu de valeur : *Ce sont des bagatelles que j'ai trouvées aux puces* (**SYN.** babiole). *On les a punis pour une bagatelle* (**SYN.** broutille, vétille). **2.** Petite somme ou, par ironie, somme importante : *Je l'ai eu pour une bagatelle. Ça lui a coûté la bagatelle de 10 000 euros.* ▸ *Fam.* ***La bagatelle,*** l'amour physique.

bagnard n.m. *Anc.* Personne condamnée au bagne, aux travaux forcés (**SYN.** forçat).

bagne n.m. (it. *bagno*, bain, par allusion à l'établissement de bains où l'on détenait, à Constantinople, les chrétiens destinés aux galères). **1.** Établissement, lieu où, jusqu'en 1942, était subie la peine des travaux forcés ou de la relégation ; la peine elle-même : *Le bagne de Toulon* (**SYN.** pénitencier). *Vingt ans de bagne.* **2.** *Fig.* Lieu où l'on est astreint à un travail, à une activité très pénible : *Cette usine, c'est le bagne !*

bagnole n.f. (de *banne*, tombereau, du lat. *benna*). *Fam.* Automobile.

bagou ou **bagout** n.m. (de *bagouler*, parler inconsidérément). *Fam.* Grande facilité à parler ; bavardage incessant : *Avoir du bagou.*

baguage n.m. Opération consistant à baguer un oiseau : *Le baguage des cigognes.*

bague n.f. (néerl. *bagge*, anneau). **1.** Anneau, orné ou non d'une pierre, que l'on porte au doigt : *Une bague ornée d'un saphir.* **2.** Objet, pièce mécanique en forme d'anneau : *Bague de cigare en papier doré.* **3.** Anneau fixé sur la patte d'un oiseau, notamm. pour étudier ses déplacements. ▸ *Fam.* ***Avoir la bague au doigt,*** être marié.

baguenauder v.i. (du prov. *baganaudo*) [conj. 3]. *Fam.* Se promener en s'attardant : *Le beau temps l'incitait à baguenauder* (**SYN.** flâner).

baguer v.t. [conj. 3]. **1.** Garnir d'une bague : *Un cigare bagué d'or.* **2.** Identifier, marquer un oiseau au moyen d'une bague fixée à l'une des pattes : *L'éleveur bague ses poulets.*

baguette n.f. (it. *bacchetta*, du lat. *baculum*, bâton). **1.** Petit bâton mince, plus ou moins long et flexible : *Le chef d'orchestre lève sa baguette. Frapper un animal avec une baguette* (**SYN.** badine). *Baguettes de tambour.* **2.** Pain long d'environ 250 grammes. **3.** Bâton, souvent de coudrier, que les sourciers, les radiesthésistes utilisent pour découvrir des sources, des objets perdus ou cachés. **4.** Petite moulure, souvent arrondie, servant à décorer, masquer un joint, des fils électriques. ▸ *Fam.* ***Cheveux en baguettes de tambour,*** cheveux raides. ***D'un coup de baguette magique,*** comme par enchantement : *Le travail ne se fera pas d'un coup de baguette magique.* ***Marcher à la baguette,*** obéir sans discussion. ***Mener*** ou ***faire marcher qqn à la baguette,*** diriger qqn avec une autorité intraitable.

bah interj. Exprime le doute, l'indifférence : *Bah ! inutile d'insister !*

bahut n.m. **1.** Buffet rustique long et bas. **2.** *Arg. scol.* Lycée, collège. **3.** *Fam.* Camion.

bai, e [bɛ] adj. (lat. *badius*, brun). Se dit d'un cheval dont la robe est brun roussâtre et dont les crins et l'extrémité des membres sont noirs : *Des juments baies.* ◆ **bai** n.m. **1.** Cheval bai. **2.** Couleur baie.

① **baie** n.f. (de l'esp.). Partie découpée du littoral entrant plus ou moins dans les terres ; grand golfe : *La baie d'Hudson.*

② **baie** n.f. (lat. *baca*). Fruit charnu sans noyau, à graines ou à pépins : *Les raisins, les groseilles sont des baies. Des baies d'églantier.*

③ **baie** n.f. (de *bayer*). Ouverture dans un mur, fermée (fenêtre, porte) ou non (arcade) : *Baie vitrée.*

baignade n.f. **1.** Action de se baigner : *Baignade interdite.* **2.** Endroit où l'on peut se baigner : *Une baignade aménagée sur la rive d'un lac.*

baigner v.t. (du lat. *balneum*, bain) [conj. 4]. **1.** Plonger et tenir totalement ou partiellement dans l'eau, dans un liquide, notamm. pour laver, soigner : *Baigner un bébé. Baigner son pied endolori dans de l'eau tiède* (**SYN.** tremper). **2.** Humecter, mouiller : *Baigner ses tempes d'eau fraîche* (**SYN.** bassiner). *Des yeux baignés de larmes.* **3.** Border de ses eaux : *La Méditerranée baigne la Provence. La Loire baigne Tours* (**SYN.** arroser). **4.** *Litt.* Envelopper de tous côtés : *Le soleil baignait la campagne* (**SYN.** inonder). ◆ v.i. **1.** Être plongé dans un liquide ; être mouillé par un liquide : *Un rôti baignant dans son jus.* **2.** Être enveloppé par, imprégné de : *Depuis ce succès, elle baigne dans la joie* (**SYN.** nager). ▸ ***Baigner dans son sang,*** être couvert du sang de ses blessures. *Fam.* ***Ça baigne*** ou ***tout baigne,*** ça va, ça marche bien. ◆ **se baigner** v.pr. Plonger son corps ou une partie du corps dans l'eau : *Elle s'est baignée dans le lac. Elle s'est baigné les pieds.*

baigneur, euse n. Personne qui se baigne. ◆ **baigneur** n.m. Poupée en plastique représentant un bébé (**SYN.** poupon).

baignoire n.f. **1.** Appareil sanitaire dans lequel une personne peut prendre un bain. **2.** Loge de rez-de-chaussée, dans un théâtre.

bail [baj] n.m. (de *bailler*)[pl. *baux*]. Contrat par lequel le possesseur d'un bien en cède la jouissance à qqn pour un prix et un temps déterminés ; contrat de location : *Un bail renouvelable.* ▸ ***Bail commercial,*** bail d'un local à usage artisanal, commercial ou industriel. *Fam.* ***Ça fait un bail*** ou ***il y a un bail,*** il y a longtemps.

bâillement n.m. **1.** Action de bâiller : *Il réprime un bâillement d'ennui.* **2.** Fait de bâiller, d'être entrouvert ; ouverture de ce qui bâille : *Le bâillement de sa chemise.*

bailler v.t. (lat. *bajulare*, porter) [conj. 3]. ▸ ***Vous me la baillez bonne*** ou ***belle,*** vous voulez me faire croire une chose invraisemblable.

bâiller v.i. (du lat. *batare*, tenir la bouche ouverte) [conj. 3]. **1.** Ouvrir largement et involontairement la bouche, de sommeil, de faim, d'ennui ou de fatigue.

2. Être entrouvert, mal fermé, mal ajusté : *La porte bâille.*

bailleur, eresse n. Personne qui cède la jouissance de son bien par bail (par opp. à preneur) : *La bailleresse a trouvé un locataire.* ◆ **bailleur** n.m. ▸ ***Bailleur de fonds,*** celui qui fournit des capitaux.

bâilleur, euse n. Personne qui bâille : *Un bon bâilleur en fait bâiller dix.*

bailli n.m. (de l'anc. fr. *baillir,* administrer). Au Moyen Âge et sous l'Ancien Régime, agent du roi qui était chargé de fonctions administratives et judiciaires.

bailliage [bajaʒ] n.m. **1.** Circonscription administrative et judiciaire d'un bailli. **2.** Tribunal du bailli.

bâillon n.m. Bandeau, tissu, objet qu'on met sur la bouche ou dans la bouche de qqn pour l'empêcher de parler ou de crier.

bâillonnement n.m. Action de bâillonner.

bâillonner v.t. [conj. 3]. **1.** Mettre un bâillon à : *Ils ont bâillonné les otages.* **2.** Mettre dans l'impossibilité de s'exprimer librement : *La junte a bâillonné la presse* (**SYN.** museler).

bain n.m. (lat. *balneum*). **1.** Action de se baigner, de baigner : *Prendre un bain. Donner le bain à son fils.* **2.** Eau, liquide dans lesquels on se baigne, on baigne qqn, qqch, une partie du corps : *Faire couler un bain. Le bain est trop chaud.* **3.** Exposition à qqch ; immersion dans un milieu quelconque : *Bain de soleil. Bain de boue.* **4.** Partie d'une piscine désignée selon la profondeur ; bassin : *Petit bain* (= peu profond). *Grand bain* (= profond). **5.** Solution, préparation dans laquelle on immerge qqch pour le soumettre à une opération quelconque ; récipient contenant cette solution : *Bain colorant. Bain de fixage en photographie.* ▸ ***Bain de bouche,*** solution antiseptique pour les soins de la bouche ; soin ainsi pratiqué : *Faire des bains de bouche.* ***Bain de foule,*** pour une personnalité, un chef d'État, action d'aller au contact de la foule et de serrer des mains. ***Être, mettre qqn dans le bain,*** être initié, initier qqn à un travail, à une affaire ; être compromis, compromettre qqn. ***Se remettre dans le bain,*** reprendre contact avec qqch, un milieu, etc. ◆ **bains** n.m. pl. Établissement public où l'on prend des bains, des douches.

bain-marie n.m. (de *Marie,* sœur de Moïse, considérée comme une alchimiste)[pl. *bains-marie*]. **1.** Eau bouillante dans laquelle on plonge un récipient contenant un aliment, une préparation à chauffer doucement : *Cuisson au bain-marie.* **2.** Récipient à deux compartiments concentriques pour la cuisson au bain-marie : *Il faudra deux bains-marie.*

baïonnette [bajɔnɛt] n.f. (de *Bayonne,* où cette arme fut mise au point). **1.** Lame effilée qui s'adapte au bout d'un fusil. **2.** Dispositif de fixation qui évoque celui d'une baïonnette : *Douille à baïonnette d'une lampe. Des ampoules à baïonnette.*

baisemain n.m. Geste de respect ou de civilité consistant à effleurer d'un baiser la main d'une femme ou d'un souverain.

baisement n.m. Baiser religieux rituel : *Le baisement des pieds par le pape le Jeudi saint.*

① **baiser** n.m. Action de poser ses lèvres sur qqn, qqch ; geste de la main simulant un baiser : *Couvrir qqn de baisers. Un baiser sur la joue. Envoyer des baisers.* ▸ ***Baiser de Judas,*** démonstration d'affection hypocrite.

② **baiser** v.t. [conj. 4]. **1.** Donner un baiser ; poser ses lèvres sur : *Elle a baisé le front de son fils* (**SYN.** embrasser). **2.** *Vulg.* Avoir des relations sexuelles avec. **3.** *Très fam.* Duper, tromper : *Il s'est fait baiser* (**SYN.** berner).

baisse n.f. Action, fait de baisser, de descendre : *Baisse des prix* (**SYN.** diminution ; **CONTR.** augmentation, hausse). *Baisse du pouvoir d'achat* (**SYN.** réduction ; **CONTR.** relèvement).

baisser v.t. (du lat. *bassus,* bas) [conj. 4]. **1.** Mettre, faire descendre plus bas : *Baisser un store* (**CONTR.** lever). **2.** Diriger vers le bas une partie du corps : *Baisser la tête* (**SYN.** incliner). *Baisser les yeux.* **3.** Diminuer la force, l'intensité, la hauteur, la valeur de : *Veuillez baisser la voix.* ◆ v.i. **1.** Venir à un point inférieur : *Le niveau de la rivière a baissé de 30 centimètres* (**SYN.** décroître). **2.** Diminuer de valeur, de prix, d'intensité, de force : *Les actions baissent* (**CONTR.** monter). *Les prix baissent* (**CONTR.** augmenter). *Sa vue baisse* (**SYN.** décliner, faiblir ; **CONTR.** s'améliorer). ◆ **se baisser** v.pr. S'incliner, se courber : *Elle s'est baissée pour pouvoir passer sous la branche* (**SYN.** se pencher).

baissier, ère n. Personne qui, à la Bourse, spécule sur la baisse (par opp. à haussier). ◆ adj. Relatif à la baisse des cours de la Bourse : *Tendance baissière.*

bajoue n.f. **1.** Partie latérale de la tête de certains animaux (veau, cochon), qui s'étend de l'œil à la mâchoire. **2.** *Fam.* Joue humaine flasque et pendante.

bakchich [bakʃiʃ] n.m. (mot persan signif. « don »). *Fam.* Pourboire, pot-de-vin : *Ici, il faut verser des bakchichs pour avoir un visa* (**SYN.** dessous-de-table).

Bakélite n.f. (nom déposé). Résine synthétique qui imite l'ambre ou l'écaille.

bal n.m. (de l'anc. fr. *baller,* danser)[pl. *bals*]. Réunion où l'on danse ; lieu où se tient cette réunion : *Donner un bal. Aller au bal. Les bals populaires.* ▸ ***Bal de têtes,*** bal où les danseurs sont grimés ou masqués. ***Ouvrir le bal,*** être le premier à danser ; fig., être le premier à entreprendre qqch, commencer.

balade n.f. *Fam.* Promenade : *Faire une balade en forêt.*

balader v.t. (de *ballade*) [conj. 3]. *Fam.* Promener, traîner avec soi : *Elle balade son sac partout avec elle.* ◆ v.i. ▸ *Fam.* ***Envoyer balader qqn, qqch,*** se débarrasser de qqn ; abandonner qqch : *Ils m'ont envoyé balader* (= ils m'ont éconduit, rabroué). *Il a envoyé balader son travail.* ◆ **se balader** v.pr. *Fam.* Se promener : *Elle s'est baladée sur les quais.*

① **baladeur, euse** adj. *Fam.* Qui aime à se balader, à se promener : *Être d'humeur baladeuse.* ▸ *Fam.* ***Avoir la main baladeuse,*** se livrer à des caresses déplacées. ***Micro baladeur,*** micro muni d'un long fil qui permet de le déplacer.

② **baladeur** n.m. Lecteur de cassettes, de disques compacts ou poste de radio portatif, muni d'écouteurs (**SYN.** Walkman [anglic., nom déposé]).

baladeuse n.f. Lampe électrique munie d'un long fil qui permet de la déplacer.

baladin n.m. (du prov. *ballar,* danser). *Anc.* Comédien ambulant ; saltimbanque.

balafon n.m. Instrument à percussion de l'Afrique noire comparable au xylophone.

balafre n.f. (de l'anc. fr. *leffre,* lèvre). Longue entaille faite par une arme ou un instrument tranchant, partic. au visage ; cicatrice qu'elle laisse ; estafilade.

balafré, e adj. et n. Qui présente une balafre, des balafres : *Un visage balafré* (**SYN.** couturé).

balafrer v.t. [conj. 3]. Faire une balafre à : *De la pointe de son poignard, il lui a balafré le bras* (**SYN.** entailler, taillader).

balai n.m. (d'un mot gaul. signif. « genêt »). **1.** Ustensile composé d'un assemblage de fibres animales ou végétales, parfois en forme de brosse, fixé à un manche et utilisé pour nettoyer les sols : *Passe le balai dans le couloir.* **2.** *Fam.* Année d'âge : *Avoir trente balais* (**SYN.** an). **3.** *Fam.* Dernier bus, dernier train, dernier métro circulant en fin de journée. ▸ ***Balai d'essuie-glace,*** raclette qui se déplace sur le pare-brise ou la lunette arrière d'un véhicule pour le nettoyer. ***Balai mécanique,*** appareil à brosses rotatives montées sur un petit chariot. ***Coup de balai,*** nettoyage rapide d'un sol avec un balai ; fig., licenciement du personnel d'une entreprise ou déstockage massif de marchandises. *Fam.* ***Du balai !,*** dehors !, déguerpissez ! ***Manche à balai,*** levier actionnant les organes de commande longitudinale et latérale d'un avion ; manette de commande de certains jeux vidéo.

balai-brosse n.m. (pl. *balais-brosses*). Brosse très dure montée sur un manche à balai.

balalaïka n.f. (mot russe). Luth russe, à caisse triangulaire et à trois cordes : *Danser au son des balalaïkas.*

balance n.f. (du lat. *bis,* deux fois, et *lanx,* plateau). **1.** Instrument servant à peser, à comparer des masses : *Le commerçant pose les fruits sur la balance. Monter sur la balance* (= se peser ; **SYN.** pèse-personne). **2.** Symbole de la Justice, figurée par deux plateaux suspendus à un fléau : *Le glaive et la balance* (= les attributs de la justice, qui tranche équitablement les litiges). **3.** État d'équilibre qui se crée entre deux situations, deux groupes : *La balance des forces en présence.* **4.** *Arg.* Dénonciateur. **5.** En comptabilité, montant représentant la différence entre le débit et le crédit ; document comptable présentant l'égalité des deux. **6.** Dispositif de réglage de l'équilibre sonore entre les deux voies d'une chaîne stéréophonique. **7.** Filet en forme de plateau de balance pour la pêche à la crevette et à l'écrevisse. ▸ ***Faire pencher la balance en faveur*** ou ***du côté de,*** avantager qqn ; faire prévaloir qqch. ***Jeter qqch dans la balance,*** faire ou dire qqch de décisif : *Elle a jeté son autorité dans la balance.* ***Mettre en balance,*** peser le pour et le contre, mesurer les avantages et les inconvénients ; comparer. ***Peser dans la balance,*** avoir une importance : *Ses arguments n'ont pas pesé lourd dans la balance.* ***Tenir la balance égale,*** ne privilégier aucune des personnes ou des choses que l'on compare. ◆ **Balance** n. inv. et adj. inv. Personne née sous le signe de la Balance, entre le 23 septembre et le 22 octobre : *Elles sont Balance.* ◆ **balances** n.f. pl. Avoirs étrangers en une monnaie donnée : *Balances dollars.*

balancé, e adj. Équilibré, harmonieux : *Une prose balancée* (**CONTR.** heurté, saccadé). ▸ *Fam.* ***Bien balancé,*** se dit d'une personne dont le corps est harmonieux, bien bâti.

balancelle n.f. Siège de jardin, à plusieurs places, suspendu à une structure fixe et permettant de se balancer.

balancement n.m. **1.** Mouvement par lequel un corps, un objet penche alternativement d'un côté puis de l'autre de son centre d'équilibre : *Le balancement d'une cloche qui sonne.* **2.** État de ce qui paraît harmonieux, en équilibre : *Le balancement d'une phrase* (**SYN.** équilibre).

balancer v.t. [conj. 16]. **1.** Faire aller alternativement d'un côté puis de l'autre : *Marcher en balançant les bras.* **2.** *Fam.* Jeter au loin ; se débarrasser de : *Ils balancent des pierres par-dessus le mur. J'ai envie de tout balancer* (**SYN.** abandonner). **3.** *Arg.* Dénoncer : *Il a balancé ses complices.* ▸ *Fam.* ***Balancer un coup de pied, une gifle à qqn,*** les lui asséner. ◆ v.i. **1.** Aller d'un côté et de l'autre : *Les mâts des voiliers balancent dans le vent* (**SYN.** osciller). **2.** *Litt.* Être indécis : *Balancer entre deux options* (**SYN.** hésiter). ◆ **se balancer** v.pr. **1.** Se mouvoir d'un côté et d'un autre d'un point fixe : *Ne te balance pas sur ta chaise.* **2.** Faire de la balançoire. ▸ *Fam.* ***S'en balancer,*** n'en faire aucun cas (**SYN.** s'en moquer).

balancier n.m. **1.** Pièce, organe mobile autour d'un axe et qui sert à régulariser ou à stabiliser un mouvement : *Le balancier d'une horloge.* **2.** Longue perche dont se servent les funambules, les acrobates pour assurer leur équilibre. **3.** Organe stabilisateur des insectes tels les mouches et les moustiques, qui remplace chez eux les ailes postérieures.

balançoire n.f. **1.** Siège suspendu au bout de deux cordes et sur lequel on se balance. **2.** Longue pièce de bois ou de métal mise en équilibre sur un point d'appui et sur laquelle basculent alternativement deux personnes assises chacune à un bout (**SYN.** bascule).

balayage [balɛjaʒ] n.m. Action de balayer.

balayer [balɛje] v.t. [conj. 11]. **1.** Nettoyer avec un balai : *Il balaiera la salle.* **2.** Pousser, écarter avec un balai : *Balayer des feuilles mortes.* **3.** Chasser, disperser, faire disparaître : *Le vent balaie les nuages. Ce contretemps a balayé nos espoirs* (**SYN.** anéantir, ruiner). **4.** Parcourir un espace, une surface : *Balayer une zone au radar* (**SYN.** explorer).

balayette [balɛjɛt] n.f. Petit balai à manche court ; petite brosse.

balayeur, euse [balɛjœr, øz] n. Personne préposée au balayage des rues, des trottoirs.

balayeuse [balɛjøz] n.f. Véhicule muni de balais rotatifs servant au nettoyage des rues, des trottoirs.

balayures [balɛjyr] n.f. pl. Ce que l'on rassemble avec le balai ; déchets, poussières.

balbutiant, e [balbysjɑ̃, ɑ̃t] adj. Se dit de qqn, de qqch qui balbutie.

balbutiement [balbysimɑ̃] n.m. **1.** Action de balbutier ; paroles indistinctes : *Les balbutiements d'un bébé* (**SYN.** bredouillement). **2.** (Surtout au pl.). Débuts tâtonnants ; premiers essais : *Les balbutiements de la thérapie génique.*

balbutier [balbysje] v.i. (lat. *balbus,* bègue) [conj. 9]. **1.** Articuler avec hésitation : *La timidité la faisait balbutier* (**SYN.** bredouiller). **2.** En parlant de qqch, en être seulement à ses débuts : *À cette époque, le système* *d'achat sur Internet balbutiait encore.* ◆ v.t. Prononcer en bredouillant : *Balbutier une excuse.*

balbuzard n.m. (angl. *bald,* chauve, et *buzzard,* rapace). Oiseau de proie piscivore diurne qui vit sur les côtes et les étangs.

balcon n.m. (it. *balcone,* estrade). **1.** Plate-forme en saillie sur la façade d'un bâtiment, entourée d'une balustrade et qui communique avec l'intérieur. **2.** Chacune des galeries au-dessus de l'orchestre, dans les salles de spectacle.

baldaquin n.m. (it. *baldacchino,* étoffe de soie de Bagdad). Ouvrage de tapisserie dressé au-dessus d'un lit, d'un trône, d'un catafalque ; dais : *Lit à baldaquin.*

bale n.f. → **3. balle.**

baleine n.f. **1.** Mammifère marin, de très grande taille, qui possède des lames en corne, appelées *fanons,* à la place des dents. **2.** Lame ou tige flexible servant à tendre un tissu, à renforcer une armature : *Baleine de parapluie.* ▸ *Fam.* ***Rire comme une baleine,*** rire en ouvrant grand la bouche, sans retenue.

baleinier n.m. **1.** Navire équipé pour la chasse à la baleine. **2.** Marin travaillant sur un tel navire.

baleinière n.f. **1.** *Anc.* Embarcation légère et pointue aux deux extrémités, qui servait à la chasse à la baleine. **2.** Canot équipant les bateaux de gros tonnage.

balénoptère n.m. Mammifère marin voisin de la baleine, à face ventrale striée et possédant une nageoire dorsale, dont l'une des espèces est le rorqual.

balisage n.m. **1.** Action de disposer des balises : *Procéder au balisage de la piste.* **2.** Ensemble des balises et autres signaux disposés pour signaler des dangers à éviter, indiquer la route à suivre : *Balisage d'un rallye.*

① **balise** n.f. **1.** Marque, objet indiquant le tracé d'une voie : *Des balises matérialisent le virage.* **2.** Dispositif destiné à émettre des signaux pour prévenir d'un danger : *Balise de détresse.* **3.** En informatique, marque destinée à identifier un élément d'un texte tout en lui attribuant certaines caractéristiques.

② **balise** n.f. Fruit du balisier.

baliser v.t. [conj. 3]. Munir de balises : *Baliser un chenal. Baliser un texte.*

balisier n.m. Plante originaire de l'Inde et cultivée dans les régions chaudes pour son rhizome, riche en féculents.

baliste n.f. (du gr. *ballein,* lancer). Machine de guerre de l'Antiquité et du Moyen Âge servant à lancer des projectiles.

balistique n.f. (de *baliste*). Science qui étudie les mouvements des corps lancés dans l'espace et, plus spécial, des projectiles. ◆ adj. Qui relève de la balistique : *Missile, engin balistique.*

baliveau n.m. Arbre que l'on ne coupe pas dans un taillis pour qu'il puisse devenir bois de futaie.

baliverne n.f. (Souvent au pl.). Propos futile, souvent sans fondement ou erroné : *Ce ne sont que des balivernes* (**SYN.** billevesée, fadaise, sornette).

balkanique adj. Des Balkans : *La péninsule balkanique.*

balkanisation n.f. Éclatement en de nombreux États de ce qui constituait auparavant une entité territoriale et politique.

ballade n.f. (prov. *balada,* danse, de *ballar,* danser). **1.** Poème à forme fixe qui apparaît au XIVe s., composé génér. de trois strophes suivies d'un envoi ou d'une demi-strophe : *La « Ballade des dames du temps jadis », de François Villon.* **2.** Pièce musicale adaptée au texte d'une ballade.

ballant, e adj. (de l'anc. fr. *baller,* danser). Se dit d'une partie du corps qui se balance, qui pend : *Elle était assise sur la table, les jambes ballantes. Ne reste pas les bras ballants, aide-moi !* ◆ **ballant** n.m. Mouvement d'oscillation ; balancement : *Le bateau a pris du ballant.*

ballast n.m. (mot angl. signif. « lest pour navires »). **1.** Couche de pierres concassées qui servent à maintenir les traverses d'une voie ferrée ; matériau constitué par ces pierres concassées. **2.** Compartiment étanche d'un navire servant au transport de l'eau douce ou au lestage et à l'équilibrage. **3.** Compartiment de remplissage d'un sous-marin pour la plongée : *Vider les ballasts pour refaire surface.*

① **balle** n.f. (it. *palla*). **1.** Objet sphérique pouvant rebondir et servant à divers jeux ou sports : *Balle de tennis, de golf.* **2.** Projectile des armes à feu portatives : *Au cours du hold-up, plusieurs balles ont été tirées.* **3.** *Fam.* Franc : *T'as pas cent balles ?* ▸ ***Enfant de la balle,*** artiste élevé et formé dans le milieu du spectacle. ***La balle est dans mon, ton, son camp,*** c'est à moi, à toi, à lui ou à elle de faire des propositions, de prendre des initiatives. ***Prendre*** ou ***saisir la balle au bond,*** profiter immédiatement de l'occasion. ***Renvoyer la balle,*** répliquer, riposter vivement. ***Se renvoyer la balle,*** se rejeter mutuellement une responsabilité.

② **balle** n.f. (frq. *balla,* ballot). Gros paquet de marchandises : *Des balles de coton.*

③ **balle** ou **bale** n.f. (anc. fr. *baller,* vanner). Enveloppe du grain des céréales : *De la balle d'avoine.*

ballerine n.f. (de l'it. *ballare,* danser). **1.** Danseuse de ballet. **2.** Chaussure de femme, légère et plate, qui rappelle un chausson de danse.

ballet n.m. (it. *balletto,* petit bal). **1.** Spectacle chorégraphique interprété par un ou par plusieurs danseurs : *Le chorégraphe règle le ballet.* **2.** Troupe de danseurs et de danseuses : *Les Ballets russes.* **3.** Suite musicale accompagnant un spectacle chorégraphique. **4.** Activité faite d'allées et venues, de mouvements, en partic. de diplomates, d'hommes politiques, lors de négociations : *Le ballet des ministres avant un remaniement ministériel.* ▸ ***Corps de ballet,*** ensemble des danseurs d'un théâtre qui ne sont ni solistes ni étoiles.

① **ballon** n.m. (it. *pallone,* grosse balle). **1.** Grosse balle à jouer, le plus souvent gonflée d'air : *Ballon de football, de rugby, de basket. Le ballon rond* (= le football). *Le ballon ovale* (= le rugby). **2.** Poche de caoutchouc léger, gonflée d'air ou de gaz et qui peut s'envoler : *Le ballon a éclaté. Un marchand de ballons.* **3.** Aérostat de taille variable, utilisé à des fins scientifiques, sportives ou militaires : *Ascension en ballon.* **4.** (Aussi employé en appos.). Verre à pied de forme sphérique ; son contenu : *Des verres ballon. Deux ballons de vin rouge.* **5.** Dans un laboratoire, récipient de verre sphérique à col effilé. ▸ ***Ballon d'essai,*** nouvelle lancée pour sonder l'opinion ; expérience faite pour tester les chances de réussite d'un projet. ***Ballon dirigeable*** → **dirigeable.** ***Ballon d'oxygène,*** réservoir contenant de l'oxygène, pour les malades ; fig., ce qui offre un sursis et peut sauver : *Cette subvention a été un véritable ballon d'oxygène. Fam.* ***Souffler dans le ballon,*** être soumis à un Alcotest.

② **ballon** n.m. (all. *Belchen*). Sommet arrondi, dans les Vosges : *Le ballon d'Alsace.*

ballonné, e adj. Gonflé, distendu : *Ventre ballonné.*

ballonnement n.m. Distension, gonflement du ventre par accumulation de gaz dans les intestins ; flatulence.

ballonner v.t. [conj. 3]. ▸ ***Ballonner le ventre, l'estomac,*** enfler, distendre le ventre, l'estomac par l'accumulation de gaz.

ballonnet n.m. Petit ballon que l'on gonfle.

ballon-sonde n.m. (pl. *ballons-sondes*). Ballon muni d'appareils enregistreurs destinés à l'exploration météorologique de la haute atmosphère.

ballot n.m. (de *balle,* paquet). **1.** Paquet de marchandises : *Des ballots de livres.* **2.** *Fam.* Maladroit, sot : *Quel ballot ! il a tout fait tomber.*

ballotin n.m. Emballage en carton pour les confiseries : *Des chocolats en ballotin.*

ballottage n.m. Résultat du premier tour d'une élection à l'issue duquel aucun des candidats n'a réuni le nombre de voix nécessaires pour être élu, c'est-à-dire n'a eu la majorité absolue : *Candidats en ballottage.* ▸ ***Scrutin de ballottage,*** deuxième tour d'une élection à l'issue duquel la majorité relative suffit pour être élu.

ballottement n.m. Mouvement de ce qui ballotte, est ballotté : *Bercé par le ballottement du train* (**SYN.** balancement).

ballotter v.t. (anc. fr. *ballotte,* petite balle) [conj. 3]. **1.** Balancer dans divers sens : *La tempête ballotte les navires* (**SYN.** remuer, secouer). **2.** (Surtout au passif). Faire passer qqn d'une personne à une autre, d'un sentiment à un autre : *Elle est ballottée entre les deux familles. Être ballotté entre la peur et la curiosité* (**SYN.** tirailler). ◆ v.i. Remuer ou être secoué en tous sens : *Le violon ballotte dans son étui.*

ballottine n.f. Petite galantine roulée, composée de volaille et de farce.

ball-trap [baltrap] n.m. (de l'angl. *ball,* balle, et *trap,* ressort)[pl. *ball-traps*]. Appareil à ressort lançant en l'air des disques d'argile servant de cibles pour le tir au fusil ; tir pratiqué avec cet appareil.

balluchon ou **baluchon** n.m. (de *balle,* paquet). *Fam.* Paquet de vêtements, de linge ; petit ballot. ▸ ***Faire son balluchon,*** se préparer à partir ; partir.

balnéaire adj. (du lat. *balneum,* bain). Se dit d'un lieu de séjour situé au bord de la mer et aménagé pour l'accueil des vacanciers : *Stations balnéaires.*

balourd, e adj. et n. Qui est dépourvu de finesse, de tact ; qui manque de grâce, d'élégance : *Elle est parfois balourde* (**SYN.** gauche, maladroit ; **CONTR.** gracieux). *C'est un gros balourd* (**SYN.** lourdaud ; **CONTR.** malin).

balourdise n.f. **1.** Caractère d'une personne balourde : *Sa balourdise surprend au début* (**SYN.** lourdeur, sottise ; **CONTR.** finesse). **2.** Parole ou action qui vient mal à propos : *Commettre une balourdise* (**SYN.** gaffe, maladresse).

balsa [balza] n.m. (mot esp.). Bois très léger d'un arbre d'Amérique tropicale, utilisé notamm. pour les modèles réduits.

balsamine [balzamin] n.f. Plante à fleurs de couleurs vives, appelée aussi *impatiente,* dont le fruit, à maturité, éclate au moindre contact en projetant des graines.

balsamique [balzamik] adj. (du lat. *balsamum,* baume). Qui a les propriétés, l'odeur d'un baume : *D'agréables senteurs balsamiques.*

balte adj. et n. De la Baltique ou des pays Baltes. ◆ n.m. Groupe de langues indo-européennes comprenant le *lituanien* et le *letton.*

baltique adj. De la mer Baltique ou des pays qui la bordent.

baluchon n.m. → **balluchon.**

balustrade n.f. Rampe constituée par une rangée de colonnettes ou de petits piliers, couronnée d'une tablette et qui enclôt une terrasse, un balcon, etc. ; garde-corps : *S'accouder à la balustrade du pont* (**SYN.** garde-fou).

balustre n.m. Colonnette renflée servant d'appui à une balustrade.

balzacien, enne adj. **1.** Relatif à Balzac, à son œuvre. **2.** Qui évoque le style, l'atmosphère des romans de Balzac : *Une intrigue balzacienne.*

balzan adj. (it. *balzano*). Se dit d'un cheval qui a des poils blancs au-dessus des sabots. ◆ **balzane** n.f. Tache de poils blancs au-dessus des sabots d'un cheval.

bambin n.m. (it. *bambino,* petit enfant). *Fam.* Jeune enfant ; gamin.

bambocher v.i. (de l'it. *bamboccio,* pantin) [conj. 3]. Faire la fête ; s'amuser.

bambou n.m. **1.** Plante des pays chauds, à tige cylindrique, creuse et ligneuse utilisée pour l'ameublement et la construction légère : *Des bambous de 40 mètres de haut.* **2.** Canne faite d'une tige de bambou. ▸ *Fam.* ***Coup de bambou,*** fatigue extrême et soudaine ; note très élevée à payer. ***Pousse de bambou,*** bourgeon comestible du bambou.

bamboula n.f. (mot bantou signif. « tambour »). ▸ *Fam., vieilli* ***Faire la bamboula,*** faire la noce, la fête.

bambouseraie [bɑ̃buzrɛ] n.f. Lieu planté de bambous.

ban n.m. **1.** Sonnerie de clairon ou roulement de tambour commençant ou clôturant une cérémonie militaire : *Ouvrir, fermer le ban.* **2.** Ovation par des applaudissements rythmés : *Un ban pour le marié !* **3.** Au Moyen Âge, convocation par le seigneur de tous ses vassaux ; l'ensemble de ces vassaux. **4.** *Vx* Condamnation à l'exil ; bannissement. ▸ ***Convoquer*** ou ***lever le ban et l'arrière-ban,*** convoquer tous les membres d'un groupe ou toutes les ressources possibles en hommes. ***Être en rupture de ban,*** vivre en ayant rompu avec son milieu social, sa famille. ***Mettre qqn au ban de la société, un pays au ban des nations,*** le déclarer indigne, le condamner devant l'opinion publique. ◆ **bans** n.m. pl. Annonce de mariage affichée à la mairie et parfois à l'église : *Publier les bans.*

① **banal, e, als** adj. (de *ban*). Dépourvu d'originalité ; commun : *Ses films sont banals* (**SYN.** ordinaire, rebattu ; **CONTR.** original). *Mener une vie banale* (**SYN.** insignifiant, insipide).

② **banal, e, aux** adj. (de *ban*). Sous la féodalité, se

disait d'un four à pain, d'un moulin dont les paysans se servaient en payant une redevance au seigneur : *Les fours banaux.*

banalement adv. De façon banale : *Elle a banalement prétexté une migraine.*

banalisation n.f. Action de banaliser, fait d'être banalisé : *La banalisation de la violence au cinéma.*

banaliser v.t. [conj. 3]. **1.** Rendre banal, ordinaire, commun : *Il ne faut pas banaliser les crimes de guerre.* **2.** Supprimer les signes distinctifs de : *Voiture de police banalisée.* **3.** Placer sous le droit commun en retirant son affectation à : *Le ministre a banalisé la caserne.* ◆ **se banaliser** v.pr. Devenir habituel, ordinaire : *Le piercing s'est banalisé.*

banalité n.f. **1.** Caractère banal de qqch : *Ce roman est d'une grande banalité* (SYN. pauvreté, platitude ; CONTR. originalité). **2.** Propos banal ; idée banale : *Dire des banalités* (= des lieux communs). **3.** Dans la féodalité, servitude concernant l'usage des biens banaux.

banane n.f. (port. *banana,* du bantou). **1.** Fruit comestible du bananier, oblong, à peau jaune à maturité, à pulpe riche en amidon : *Un régime de bananes.* **2.** *Fam.* Coiffure masculine faite d'une grosse mèche de cheveux enroulée sur le front. **3.** (Aussi employé en appos.). Petit sac souple de forme oblongue porté à la taille grâce à une ceinture : *Des sacs banane.*

bananeraie n.f. Plantation de bananiers.

① **bananier** n.m. **1.** Grande plante à feuilles longues cultivée dans les régions chaudes pour ses fruits, les bananes. **2.** Cargo aménagé pour le transport des bananes.

② **bananier, ère** adj. Qui concerne la culture des bananes. ▸ ***République bananière,*** État où le pouvoir réel est aux mains de groupes industriels étrangers.

banc n.m. (du germ.). **1.** Siège avec ou sans dossier, étroit et long, où peuvent s'asseoir plusieurs personnes ; ce siège, réservé à certaines personnes dans une assemblée : *Banc de jardin.* **2.** Bâti en bois ou en métal, installation réservée à un usage technique, artisanal déterminé : *Banc de menuisier* (SYN. établi). **3.** Amas de matière formant un dépôt ou constituant un obstacle : *Banc de sable. Banc de brume.* ▸ ***Banc de neige,*** au Québec, congère. ***Banc de poissons,*** troupe de poissons d'une même espèce se formant à certaines périodes. ***Banc d'essai,*** installation permettant de déterminer les caractéristiques d'un moteur, d'une machine ; fig., ce qui permet d'éprouver les capacités de qqn, qqch.

bancaire adj. Relatif à la banque : *Agence bancaire.*

bancal, e, als adj. (de *banc*). **1.** Se dit d'un meuble qui a des pieds de hauteur inégale : *Ces fauteuils sont bancals.* **2.** *Fam.* Qui boite fortement : *Son accident l'a laissée bancale* (SYN. boiteux, claudicant). **3.** Qui ne repose pas sur des bases solides, rigoureuses : *Raisonnement bancal* (SYN. aberrant, incorrect).

Bancassurance n.f. (nom déposé). Pratique des opérations d'assurance par les banques.

① **banco** n.m. (mot it. signif. « comptoir de banque »). ▸ ***Faire banco,*** tenir seul l'enjeu contre le banquier, à certains jeux comme le baccara. ◆ interj. *Fam.* Indique que l'on relève un défi ; chiche !

② **banco** n.m. (d'une langue d'Afrique). En Afrique, matériau de construction traditionnel, sorte de pisé.

banc-titre n.m. (pl. *bancs-titres*). Dispositif constitué par une caméra fixe et par un plateau perpendiculaire sur lequel sont fixés les documents plans à filmer (dessins, photos, sous-titres) ; procédé qui utilise ce dispositif.

bandage n.m. **1.** Action de bander une partie du corps ; pansement ainsi constitué : *Resserrer un bandage.* **2.** Cercle métallique ou bande de caoutchouc entourant la jante d'une roue.

① **bande** n.f. (frq. *binda,* lien). **1.** Morceau d'étoffe, de papier, etc., plus long que large, servant à lier, serrer, couvrir, protéger, orner qqch : *Mettre une bande autour du genou d'un blessé* (SYN. bandage). *Une bande de papier collant.* **2.** Ruban servant de support d'enregistrement des sons, des images : *Des bandes magnétiques.* **3.** Ce qui s'étend en longueur et se distingue d'un ensemble en entourant, bordant, délimitant qqch : *Bande de terre, de terrain. Un tissu d'ameublement à bandes roses* (= à larges rayures, à raies). **4.** Dans les télécommunications, ensemble des fréquences comprises entre deux limites : *La bande FM.* **5.** Rebord élastique qui entoure le tapis d'un billard. **6.** Dispositif d'assemblage de cartouches qui sert à alimenter les armes automatiques. ▸ ***Bande d'arrêt d'urgence,*** sur une autoroute, voie aménagée le long de chacune des chaussées pour permettre aux véhicules de stationner en cas de panne et aux véhicules de secours de progresser rapidement même en cas d'embouteillage. ***Bande de roulement,*** partie d'un pneumatique en contact avec le sol. ***Bande dessinée,*** série de dessins qui racontent une histoire et où les paroles, les bruits sont inscrits dans des bulles (abrév. B.D.). ***Bande originale*** ou ***B.O.,*** édition, en disque ou en cassette, de la musique originale d'un film. ***Bande sonore,*** partie de la pellicule cinématographique où est enregistré le son (SYN. bande-son). *Fam.* ***Par la bande,*** indirectement : *J'ai appris son retour par la bande.*

② **bande** n.f. (anc. prov. *banda,* troupe). Groupe de personnes réunies par affinités ou pour faire qqch ensemble : *Des bandes armées* (SYN. gang). *Une bande d'amis* (SYN. groupe). *Faire partie d'une bande* (SYN. clan). ▸ ***Bande amérindienne*** ou ***indienne,*** au Canada, subdivision, légalement reconnue, d'une nation amérindienne ou indienne. *Fam.* ***Bande de*** (+ n.), injure adressée à un groupe : *Bande de crétins !* ***Bande organisée,*** groupe de personnes agissant de manière concertée pour préparer et commettre une infraction : *Arrestation de dix personnes pour escroquerie en bande organisée.* *Fam.* ***Faire bande à part,*** ne pas vouloir se mélanger à un groupe, se tenir à l'écart.

③ **bande** n.f. (anc. prov. *banda,* côté). Inclinaison que prend un navire sur un bord sous l'effet du vent ou du poids d'une cargaison mal répartie : *Bateau qui donne de la bande.*

bande-annonce n.f. (pl. *bandes-annonces*). Montage d'extraits d'un film de long métrage, projeté à des fins publicitaires.

bandeau n.m. **1.** Bande qui entoure la tête ou qui, mise devant les yeux, empêche de voir : *Le bandeau d'un joueur de tennis* (SYN. serre-tête). *Les otages avaient un bandeau sur les yeux.* **2.** Bande de papier ajoutée à des fins publicitaires sur la couverture d'un livre : *Les bandeaux des prix littéraires.* ▸ ***Avoir un***

bandeau sur les yeux, ne pas voir la réalité telle qu'elle est, être aveuglé par la passion, par un préjugé.

bandelette n.f. Petite bande de tissu : *Des bandelettes entourent les momies.*

bander v.t. [conj. 3]. **1.** Entourer avec une bande : *Bander une blessure. Avoir la tête bandée.* **2.** Couvrir d'un bandeau : *Bander les yeux d'un enfant pour jouer à colin-maillard.* **3.** Raidir en tendant : *Bander un arc.* ◆ v.i. *Vulg.* Avoir une érection.

banderille [bɑ̃drij] n.f. (esp. *banderilla,* petite bannière). Dard orné de rubans que le torero plante par paires sur le garrot des taureaux.

banderole n.f. (it. *banderuola,* petite bannière). Large bande d'étoffe, attachée à un mât, à une hampe ou à des montants et qui porte souvent des dessins ou des inscriptions : *Les manifestants déploient une banderole.*

bande-son n.f. (pl. *bandes-son*). Bande sonore.

bande-vidéo n.f. (pl. *bandes-vidéo*). Bande magnétique pour l'enregistrement des images et des sons. ▸ ***Bande-vidéo promotionnelle,*** court-métrage servant à illustrer une chanson (**SYN.** clip [anglic.]).

bandit n.m. (it. *bandito,* banni). **1.** Personne qui s'adonne au vol, à l'attaque à main armée, au crime : *Des bandits ont dévalisé la bijouterie* (**SYN.** gangster, malfaiteur). **2.** *Fam., vieilli* Personne malhonnête et sans scrupule : *Ce commerçant est un bandit* (**SYN.** fripouille, voleur). ▸ *Fam.* ***Bandit manchot,*** machine à sous.

banditisme n.m. Ensemble des actions criminelles commises : *Lutter contre le banditisme* (**SYN.** criminalité). *Le grand banditisme* (= les organisations criminelles qui commettent des hold-up, des enlèvements).

bandonéon n.m. (de *Heinrich Band,* nom de l'inventeur). Petit accordéon hexagonal, utilisé notamm. dans les orchestres de tango.

bandoulière n.f. Bande de cuir, d'étoffe portée en diagonale sur la poitrine pour soutenir une arme, un objet quelconque : *La bandoulière de son sac s'est cassée.* ▸ ***En bandoulière,*** se dit d'un objet porté en écharpe, de l'épaule à la hanche opposée : *Porter son fusil en bandoulière.*

banjo [bɑ̃ʒo ou bɑ̃dʒo] n.m. Luth, à caisse ronde, dont la table d'harmonie est formée d'une membrane : *Les banjos du folk.*

banlieue n.f. (de *ban* et *lieue,* territoire d'une lieue autour d'une ville où s'exerçait le droit de ban). Ensemble des localités qui entourent une grande ville et qui, tout en étant administrativement autonomes, sont en relation étroite avec elle : *La grande banlieue* (= les localités les plus éloignées de la grande ville).

banlieusard, e n. Personne qui habite la banlieue d'une grande ville : *Le transport des banlieusards.*

banne n.f. (lat. *benna*). **1.** Bâche, toile protégeant des intempéries, au-dessus de la devanture d'un magasin. **2.** Grand panier d'osier.

banni, e adj. et n. Exilé de son pays ; proscrit : *L'errance des bannis.*

bannière n.f. (de *ban*). **1.** Étendard d'une confrérie, d'une corporation, d'une paroisse, porté dans les processions. **2.** Pièce d'étoffe, drapeau que suivaient les vassaux d'un seigneur pour aller à la guerre. **3.** Sur l'Internet, partie d'une page web contenant un message publicitaire qui oriente vers le site de l'annonceur. ▸ *Fam.* ***C'est la croix et la bannière,*** c'est compliqué à obtenir, à faire. ***Sous la bannière de qqn,*** à ses côtés dans la lutte, dans son parti : *Elle se présente sous la bannière du maire sortant.*

bannir v.t. (frq. *bannjan,* donner un signal, proclamer) [conj. 32]. **1.** *Sout.* Exclure, écarter définitivement qqch ; supprimer : *Bannir un mot de son vocabulaire* (**SYN.** ôter, rayer). **2.** Condamner qqn au bannissement.

bannissement n.m. Sanction, abolie en France, interdisant à un citoyen de séjourner dans son pays (**SYN.** exil).

banque n.f. (it. *banca,* banc, table de changeur). **1.** Établissement privé ou public qui facilite les paiements des particuliers et des entreprises, avance et reçoit des fonds, et gère des moyens de paiement ; siège local de cette entreprise : *Succursale d'une banque. Ouvrir un compte dans une banque.* **2.** Branche de l'activité économique constituée par les banques et les établissements de même nature : *Travailler dans la banque.* **3.** Dans certains jeux, fonds d'argent remis à l'un des joueurs et destiné à payer ceux qui gagnent : *Tenir la banque. Faire sauter la banque* (= gagner tout l'argent que la banque a mis en jeu). **4.** Service public ou privé qui recueille, conserve et distribue des tissus, des organes : *Banque de cornées, d'os. Banque du sang, du sperme.* ▸ ***Banque de données,*** ensemble de données relatives à un domaine, organisées par traitement informatique, accessibles en ligne et à distance.

banqueroute n.f. (it. *banca rotta,* banc rompu du changeur insolvable). **1.** Délit commis par un commerçant qui, à la suite d'agissements irréguliers ou frauduleux, est en état de cessation de paiements : *Faire banqueroute.* **2.** Échec total : *La banqueroute d'un parti aux élections* (**SYN.** déconfiture).

banqueroutier, ère n. Personne qui a fait banqueroute.

banquet n.m. (it. *banchetto,* petit banc, en raison des bancs disposés autour des tables). Grand repas, festin organisé pour fêter un événement important : *Les assises du parti se sont terminées par un banquet.*

banqueter v.i. [conj. 27]. **1.** Prendre part à un banquet. **2.** Faire un bon repas : *Nous avons bien banqueté pendant les fêtes* (**SYN.** festoyer).

banquette n.f. (languedocien *banqueta,* petit banc). **1.** Banc rembourré ou canné, avec ou sans dossier : *Banquette de cuisine, de piano.* **2.** Siège rembourré à dossier pour plusieurs personnes, dans un véhicule, un lieu public : *Sur la banquette arrière de la voiture. Les banquettes du métro, du restaurant.*

banquier, ère n. **1.** Directeur d'une banque ; personne qui gère les comptes des clients dans une banque. **2.** Personne qui tient la banque, dans un jeu.

banquise n.f. (du scand. *pakke,* paquet, et *is,* glace). Couche de glace formée par la congélation de l'eau de mer dans les régions polaires.

bantou, e adj. ou **bantu** [bɑ̃tu] adj. inv. en genre Qui concerne les Bantous, les peuples de ce groupe : *Les populations bantoues. La culture bantu.* ◆ **bantou** ou **bantu** n.m. Groupe de langues africaines parlées dans toute la moitié sud du continent africain.

bantoustan n.m. Territoire attribué aux différentes

ethnies noires, en Afrique du Sud, pendant l'apartheid : *Les bantoustans furent supprimés en 1994.*

baobab [baɔbab] n.m. (d'un mot ar.). Arbre des régions tropicales d'Afrique et d'Australie, dont le tronc peut atteindre 25 mètres de circonférence et dont les fruits charnus sont comestibles.

baptême [batɛm] n.m. (du gr. *baptizein,* immerger). Sacrement de la religion chrétienne, qui marque l'intégration à l'Église ; cette cérémonie : *Conférer, recevoir le baptême.* ▸ ***Baptême de l'air,*** premier vol en avion. ***Baptême du feu,*** premier combat ; fig., première expérience : *Son premier entretien d'embauche, c'est son baptême du feu.* ***Baptême d'une cloche, d'un navire,*** bénédiction solennelle d'une cloche, d'un navire. ***Nom de baptême,*** prénom qu'on reçoit au moment du baptême.

baptiser [batize] v.t. [conj. 3]. **1.** Administrer le sacrement du baptême à : *Le prêtre a baptisé deux enfants et un adulte.* **2.** Donner un nom de baptême, une appellation à : *Baptiser une rue du nom d'un homme politique* (**SYN.** appeler, dénommer, nommer). *Cette manifestation a été baptisée « marche verte »* (**SYN.** surnommer). **3.** *Fam.* Salir pour la première fois qqch de neuf avec un liquide : *Il a baptisé la nappe avec du vin.* ▸ *Fam.* ***Baptiser du vin, du lait,*** y ajouter de l'eau.

baptismal, e, aux [batismal, o] adj. Qui se rapporte au baptême : *Fonts baptismaux.*

baptisme [batism] n.m. Doctrine religieuse protestante du XVIIᵉ s. selon laquelle le baptême ne doit être administré qu'à des adultes professant foi et repentir.

baptiste [batist] adj. et n. Relatif au baptisme ; qui en est adepte.

baptistère [batistɛr] n.m. Bâtiment annexe à une cathédrale ou chapelle d'une église destinés à l'administration du baptême.

baquet n.m. (de *1. bac*). **1.** Petite cuve de bois servant à divers usages domestiques. **2.** Siège bas d'une voiture de sport.

① **bar** n.m. (mot angl. signif. « barre du comptoir »). **1.** Débit de boissons, dont une partie est aménagée pour consommer debout ou assis sur des tabourets hauts devant un comptoir : *Des bars à vins* (= où l'on peut boire au verre des vins de qualité). **2.** Comptoir sur lequel on sert à boire. **3.** Meuble dans lequel on range les alcools, les verres. ▸ ***Bar à café,*** en Suisse, établissement où l'on ne sert que des boissons non alcoolisées.

② **bar** n.m. (néerl. *baers*). Poisson de mer vorace, à chair estimée, voisin de la perche, et appelé aussi *loup.*

③ **bar** n.m. (gr. *baros,* pesanteur). Unité de mesure de pression valant 10^5 pascals, utilisée pour mesurer la pression atmosphérique.

barachois n.m. Au Québec, sur les côtes du golfe du Saint-Laurent, petite baie peu profonde protégée par une barre sablonneuse ; la barre elle-même.

baragouin n.m. (du breton *bara,* pain, et *gwin,* vin). *Fam.* Langage incompréhensible : *Je ne comprends rien à ce baragouin* (**SYN.** charabia).

baragouinage n.m. *Fam.* Manière de parler embrouillée, difficile à comprendre.

baragouiner v.t. [conj. 3]. *Fam.* Parler de façon impropre, maladroite : *Elle baragouine le russe. Ils ont baragouiné une excuse.* ◆ v.i. *Fam., péjor.* S'exprimer de façon confuse ou incompréhensible : *Il ne fait que baragouiner.*

baraka n.f. (mot ar. signif. « bénédiction »). *Fam.* Chance : *Avoir la baraka.*

baraque n.f. (esp. *barraca,* hutte). **1.** Construction légère en planches : *Des baraques foraines. Des baraques de chantier.* **2.** *Fam., péjor.* Maison peu confortable ou en mauvais état : *Il y a des courants d'air dans cette baraque.*

baraqué, e adj. *Fam.* Qui a une forte carrure : *Une fille baraquée.*

baraquement n.m. Grande baraque ou ensemble de constructions rudimentaires destinés à l'accueil ou au logement provisoire de personnes : *Les rescapés ont été installés dans des baraquements.*

baraquer v.i. (de l'ar.) [conj. 3]. S'accroupir, en parlant du chameau ou du dromadaire.

baratin n.m. (de l'anc. fr. *barater,* tromper). *Fam.* Bavardage destiné à séduire ou à tromper : *Arrête ton baratin* (**SYN.** boniment). *C'est du baratin* (= ce sont des promesses en l'air).

baratiner v.t. [conj. 3]. *Fam.* Chercher à convaincre ou à séduire par de belles paroles : *Il le baratine pour lui vendre sa camelote.*

baratineur, euse adj. et n. *Fam.* Qui sait baratiner.

barattage n.m. Brassage de la crème du lait pour obtenir le beurre.

baratte n.f. (anc. fr. *barate,* agitation). Appareil pour faire le barattage.

baratter v.t. [conj. 3]. Faire le barattage de.

barbant, e adj. *Fam.* Ennuyeux : *Elle est barbante à vouloir se mêler de tout.*

barbare adj. et n. (gr. *barbaros,* étranger). **1.** Qui est d'une grande cruauté ; inhumain : *Un tyran barbare* (**SYN.** cruel, impitoyable). *Ces mercenaires sont des barbares assoiffés de sang.* **2.** Étranger, pour les Grecs et les Romains de l'Antiquité. ▸ ***Les Barbares,*** les peuples (Goths, Vandales, Huns, etc.) qui, à partir du IIIᵉ siècle, envahirent l'Empire romain. ◆ adj. Contraire à l'usage ou au bon goût, aux règles d'une langue : *Musique barbare. Son comportement est barbare* (**SYN.** grossier). *Terme barbare* (**SYN.** incorrect).

barbarie n.f. **1.** Cruauté, férocité : *De nombreux actes de barbarie ont été commis* (**SYN.** sauvagerie ; **CONTR.** bonté, douceur). **2.** Manque de civilisation, d'humanité : *La barbarie nazie* (**SYN.** inhumanité ; **CONTR.** bonté, charité, sensibilité).

barbarisme n.m. Faute consistant à déformer ou à mal former un mot, à utiliser un mot qui n'existe pas ; mot ainsi utilisé : *Employer « vous disez » au lieu de « vous dites » est un barbarisme.*

① **barbe** n.f. (lat. *barba*). **1.** Ensemble des poils qui poussent sur le menton, les joues de l'homme : *Se laisser pousser la barbe et la moustache.* **2.** Touffe des poils sous la mâchoire de certains animaux : *Barbe de singe, de bouc.* **3.** Filaments qui se développent sur les épis de céréales : *Des barbes de seigle.* **4.** Chacun des filaments finement ramifiés implantés dans le tuyau d'une plume d'oiseau. ▸ ***À la barbe de qqn,*** sous ses yeux, malgré lui. ***Barbe à papa,*** confiserie faite de filaments de sucre enroulés sur un bâtonnet. *Fam.* ***La***

barbe !, quelle barbe !, marque l'impatience, l'agacement : *Quelle barbe de devoir attendre demain !* ***Parler dans sa barbe,*** parler trop bas, de façon inintelligible. ***Rire dans sa barbe,*** rire sans le montrer.

② **barbe** n.m. et adj. (de l'it. *Barberia,* Barbarie). Cheval de selle originaire d'Afrique du Nord.

barbeau n.m. (du lat. *barba,* barbe, en raison des barbillons du poisson). **1.** Poisson d'eau douce à barbillons, dont la chair est estimée mais dont les œufs sont toxiques. **2.** Autre nom du bleuet (fleur). ◆ adj. inv. ▸ ***Bleu barbeau,*** bleu clair comme celui des fleurs du bleuet.

barbecue [barbəkju] n.m. (mot anglo-amér.). Appareil de cuisson au charbon de bois, pour griller les aliments à l'air libre ; repas en plein air autour de cet appareil : *Allumer le barbecue. Il organise des barbecues dans son jardin.*

barbe-de-capucin n.f. (pl. *barbes-de-capucin*). Chicorée sauvage amère que l'on mange en salade.

barbelé, e adj. (anc. fr. *barbel,* petite pointe). Se dit d'un fil de fer muni de pointes, servant de clôture ou de moyen de défense : *Un pré entouré de fils de fer barbelés.* ◆ **barbelé** n.m. Fil de fer barbelé : *Mettre du barbelé* ou *des barbelés autour d'un champ.*

barber v.t. [conj. 3]. *Fam.* Ennuyer : *Il me barbe avec ses questions* (**SYN.** importuner). ◆ **se barber** v.pr. *Fam.* S'ennuyer : *Tu ne t'es pas trop barbée chez lui ?* (**CONTR.** s'amuser).

barbiche n.f. Touffe de barbe au menton.

barbichette n.f. *Fam.* Petite barbiche. ▸ ***Se tenir par la barbichette,*** être contraints à l'entente en raison de compromissions communes ; procéder à un chantage mutuel.

barbichu, e adj. et n. *Fam., vieilli* Qui porte une petite barbe, une barbiche.

barbier n.m. *Anc.* Homme dont le métier était de faire la barbe, de raser le visage.

barbillon n.m. **1.** Filament olfactif ou gustatif placé des deux côtés de la bouche, chez certains poissons. **2.** Repli de la peau situé sous la langue du bœuf ou du cheval. **3.** Petit du barbeau.

barbiturique n.m. Médicament utilisé dans le traitement de l'épilepsie et, naguère, de l'insomnie.

barbon n.m. (it. *barbone,* grande barbe). *Litt., péjor.* Homme d'un âge avancé.

barboter v.i. [conj. 3]. S'agiter dans l'eau ou la boue : *Ta fille barbote dans son bain.* (**SYN.** patauger). ◆ v.t. *Fam.* Voler : *Il a barboté un livre* (**SYN.** dérober).

barboteuse n.f. **1.** Combinaison de petit enfant à manches courtes et à culotte courte légèrement bouffante. **2.** Au Québec, pataugeoire.

barbouillage ou **barbouillis** n.m. Action de barbouiller ; peinture, écriture, dessin ainsi obtenus : *Une page pleine de barbouillages* (**SYN.** gribouillage).

barbouiller v.t. [conj. 3]. **1.** Salir, tacher : *Visage barbouillé de chocolat.* **2.** Couvrir grossièrement ou maladroitement de peinture : *Peintre du dimanche qui barbouille une toile* (**SYN.** peinturlurer). ▸ ***Avoir l'estomac barbouillé,*** avoir la nausée. *Fam.* ***Barbouiller du papier,*** rédiger, écrire sans talent.

barbouilleur, euse n. *Péjor.* Personne qui barbouille ; mauvais peintre, mauvais écrivain.

barbouillis n.m. → **barbouillage.**

barbouze n.m. ou n.f. *Fam.* Agent d'un service secret de police ou de renseignements.

barbu, e adj. et n. Qui a de la barbe : *Des garçons barbus* (**CONTR.** glabre, imberbe). ◆ **barbu** n.m. *Fam., péjor.* Militant islamiste.

barbue n.f. (de *barbu,* en raison des barbillons que porte ce poisson). Poisson marin à chair estimée, voisin du turbot.

barcarolle n.f. (it. *barcarolo,* gondolier). Chanson des gondoliers vénitiens.

barda n.m. (ar. *barda'a,* bât d'âne). *Fam.* Bagage, équipement encombrant qu'on emporte avec soi : *Pose ton barda ici* (**SYN.** chargement).

① **barde** n.m. (lat. *bardus,* du gaul.). Poète celte qui chantait les exploits des héros.

② **barde** n.f. (de l'ar. *barda'a,* bât). Fine tranche de lard dont on enveloppe une viande ou une volaille à rôtir.

① **bardeau** n.m. Planchette en forme de tuile, servant à couvrir une toiture ou une façade, notamm. en montagne : *Un toit de bardeaux.*

② **bardeau** n.m. → **bardot.**

① **barder** v.t. [conj. 3]. Envelopper d'une barde : *Barder un rôti.* ▸ ***Être bardé de,*** être couvert, abondamment pourvu de : *Être bardé de décorations, de diplômes.*

② **barder** v. impers. [conj. 3]. ▸ *Fam.* ***Ça barde, ça va barder,*** c'est violent ou dangereux ; cela va dégénérer.

bardot ou **bardeau** n.m. (it. *bardotto,* bête qui porte le bât). Hybride produit par l'accouplement d'un cheval et d'une ânesse.

bare-foot [barfut] n.m. inv. (mot angl. signif. « pied nu »). Sport comparable au ski nautique, mais qui se pratique pieds nus.

barème n.m. (de *François Barrême,* mathématicien du XVIIe s.). Table ou répertoire de données chiffrées : *Barème des prix des matières premières.*

baréter v.i. [conj. 18]. Barrir, en parlant de l'éléphant.

① **barge** n.f. (lat. pop. *barga*). Grande péniche largement ouverte à la partie supérieure pour les transports de marchandises en vrac.

② **barge** adj. et n. → **barjo.**

barguigner v.i. [conj. 3]. ▸ *Vieilli* ou *litt.* ***Sans barguigner,*** sans hésiter, sans rechigner : *Elle s'est pliée sans barguigner à toutes nos demandes.*

baril [baril] n.m. (lat. *barriculus*). **1.** Petit tonneau ; son contenu : *Des barils de poudre.* **2.** Emballage pour la poudre à laver. **3.** Mesure de capacité valant 158,98 litres, utilisée pour les produits pétroliers : *Suivre les cours du baril de pétrole.*

barillet [barijɛ] n.m. **1.** Cylindre mobile d'un revolver, destiné à recevoir les cartouches. **2.** Partie cylindrique d'un bloc de sûreté, dans une serrure. **3.** Boîte cylindrique contenant le ressort d'entraînement d'une montre, d'une pendule.

bariolage n.m. Aspect bariolé : *Le bariolage d'un tapis* (**SYN.** bigarrure).

bariolé, e adj. Marqué de taches ou de bandes de

couleurs vives, souvent mal assorties : *Une robe bariolée* (**SYN.** bigarré).

barioler v.t. (de *barre* et de l'anc. fr. *rioler*, rayer) [conj. 3]. Peindre de couleurs vives et mal harmonisées : *Barioler une palissade* (**SYN.** peinturlurer).

barjo ou **barge** adj. et n. (verlan de *jobard*). *Fam.* Un peu fou ; farfelu : *Elles sont barjos.*

barmaid [barmɛd] n.f. (mot angl., de *bar* et *maid*, serveuse). Serveuse de bar.

barman [barman] n.m. (mot angl., de *bar* et *man*, homme)[pl. *barmans* ou *barmen*]. Serveur de bar qui sert au comptoir les boissons qu'il prépare.

bar-mitsva n.f. inv. (mot hébreu). Cérémonie au cours de laquelle un jeune garçon juif accède à sa majorité religieuse.

baromètre n.m. (du gr. *baros*, pesanteur). **1.** Instrument qui sert à mesurer la pression atmosphérique : *Baromètre à mercure. Le baromètre est au beau fixe.* **2.** *Fig.* Ce qui permet de mesurer, d'évaluer certaines variations, certaines tendances et les exprime : *Sa présence au gouvernement est considérée comme un baromètre des intentions du président.*

barométrique adj. Qui se rapporte au baromètre, aux mesures de la pression atmosphérique : *Pression barométrique* (= indiquée par le baromètre).

① **baron** n.m. (frq. *baro*, homme libre). **1.** En France, noble possédant un titre situé entre ceux de chevalier et de vicomte. **2.** *Fig.* Personnage qui occupe une position importante dans un domaine : *Un baron de l'Internet* (**SYN.** magnat).

② **baron** n.m. Morceau de mouton ou d'agneau comprenant les gigots, les selles et les filets.

baronet ou **baronnet** n.m. En Angleterre, titre de noblesse situé entre ceux de baron et de chevalier.

baronne n.f. **1.** Épouse d'un baron. **2.** Femme possédant une baronnie.

baronnie n.f. Seigneurie, terre d'un baron.

baroque n.m. (port. *barroco*, perle irrégulière). Style artistique et littéraire né en Italie et caractérisé par la profusion des ornements : *Le baroque s'oppose au classicisme.* ◆ adj. **1.** Qui appartient au baroque : *Des chapelles baroques.* **2.** Qui est inattendu, étrange : *Poser une question baroque* (**SYN.** bizarre, saugrenu ; **CONTR.** logique, naturel). *Sa sœur est vraiment baroque* (**SYN.** excentrique, fantasque, original ; **CONTR.** normal, prévisible). ◆ **baroqueux, euse** n. Spécialiste de musique baroque.

baroud [barud] n.m. (mot ar.). ▸ ***Baroud d'honneur,*** combat désespéré livré seulement pour l'honneur.

baroudeur, euse n. *Fam.* **1.** Personne qui a beaucoup combattu, qui aime se battre. **2.** Personne dynamique, qui aime les risques ; aventurier.

barque n.f. Petit bateau doté de voiles, de rames ou d'un moteur : *Des barques de pêcheurs* (**SYN.** embarcation). ▸ ***Bien, mal mener sa barque,*** bien, mal diriger ses affaires.

barquette n.f. **1.** Petite pâtisserie en forme d'ovale effilé aux deux bouts : *Barquettes aux amandes.* **2.** Récipient léger et rigide utilisé pour emballer des aliments ; son contenu : *Une barquette de carottes râpées.*

barracuda [barakuda] n.m. (mot esp.). Grand poisson marin, carnassier, réputé agressif.

barrage n.m. **1.** Action de barrer le passage, de faire obstacle ; l'obstacle lui-même : *Effectuer le barrage d'une rue. Un barrage de police.* **2.** Ouvrage artificiel coupant le lit d'un cours d'eau et servant à en assurer la régulation, à pourvoir à l'alimentation en eau des villes ou à l'irrigation des cultures, ou à produire de l'énergie. ▸ ***Tir de barrage,*** tir d'artillerie destiné à briser une offensive ennemie ; fig., série d'actions qui visent à faire échouer une idée, un projet : *La majorité a opposé un tir de barrage à cet amendement.* ***Match de barrage,*** dans certains sports, match destiné à départager des équipes ou des concurrents à égalité, à en qualifier pour la suite de la compétition.

barragiste n. Équipe, concurrent disputant un match de barrage.

barre n.f. (d'un mot gaul.). **1.** Longue et étroite pièce de bois, de métal rigide et droite : *Barre de fer.* **2.** Objet de matière quelconque ayant cette forme : *Trois barres de chocolat.* **3.** Objet en forme de parallélépipède rectangle : *Barre d'or, de platine* (**SYN.** lingot). *Barres chocolatées.* **4.** Niveau déterminant, limite : *Le dollar est passé sous la barre de un euro.* **5.** Trait graphique droit : *Barre de fraction. La barre du « t ».* **6.** Zone rectangulaire sur un écran d'ordinateur : *Barre de menus, d'outils.* **7.** En sports, traverse horizontale fixant le niveau à franchir aux sauts en hauteur et à la perche. **8.** Barrière d'un tribunal derrière laquelle déposent les témoins et où plaident les avocats : *Appeler un témoin à la barre.* **9.** Organe de commande du gouvernail d'un navire : *Le timonier tient la barre.* **10.** Immeuble moderne plus long que haut (par opp. à une tour). **11.** Tringle de bois horizontale, fixée au mur, servant d'appui aux danseurs lors des exercices ; ces exercices eux-mêmes : *Degas a peint plusieurs « Danseuses à la barre ».* **12.** Crête rocheuse verticale. **13.** Haut-fond formé à l'embouchure d'un fleuve par le contact des eaux fluviales et marines ; déferlement violent des vagues sur ces hauts-fonds. ▸ ***Avoir barre*** ou ***barres sur qqn,*** le dominer, avoir prise sur lui. ***Barre de mesure,*** ligne verticale qui sépare les mesures sur une partition musicale. ***Barre oblique*** ou ***barre de fraction,*** slash. ***Barres asymétriques,*** agrès de gymnastique féminine composé de deux barres fixes parallèles reposant chacune sur des montants de hauteurs différentes. ***Barres parallèles,*** agrès de gymnastique masculine composé de deux barres fixées parallèlement et à la même hauteur sur des montants verticaux. *Fam.* ***C'est de l'or en barre,*** c'est une valeur sûre, qqn ou qqch de précieux : *Un talent pareil, c'est de l'or en barre.* ***Code à barres*** → **code-barres.** *Fam.* ***Coup de barre,*** fatigue soudaine ; prix excessif. ***Placer haut la barre,*** fixer, se fixer des objectifs ambitieux : *Il a échoué car il avait placé trop haut la barre.* ***Prendre, tenir la barre,*** prendre, avoir la direction de qqch : *Depuis qu'elle a pris la barre, les affaires reprennent.* ◆ **barres** n.f. pl. Espace entre les incisives et les molaires chez le cheval (où l'on place le mors), le bœuf, le lapin.

barré, e adj. Fermé à la circulation : *Route barrée.* ▸ ***Chèque barré,*** chèque rayé en diagonale par un double trait de telle sorte que son bénéficiaire ne peut le toucher que par l'intermédiaire de l'établissement où il est titulaire d'un compte.

barreau n.m. **1.** Petite barre de bois, de métal, qui sert de soutien, de fermeture : *Les barreaux d'une chaise.* **2.** Place réservée aux avocats dans un prétoire et qui était autref. délimitée par une barre de bois ou de fer. **3.** Ensemble des avocats établis auprès d'un même tribunal de grande instance : *Le barreau de Paris.* ▸ ***Être derrière les barreaux,*** être en prison.

barrer v.t. [conj. 3]. **1.** Fermer un passage, en constituant une barrière, un obstacle : *Des éboulements barrent le chemin* (**SYN.** obstruer). *La voiture barre le passage* (**SYN.** boucher). **2.** Rayer d'un trait pour supprimer : *Barrer un paragraphe* (**SYN.** biffer, raturer). **3.** (Souvent sans compl.). Tenir la barre d'une embarcation pour gouverner : *C'est à ton tour de barrer.* **4.** Au Québec, fermer à clef ; verrouiller : *Barrer la porte.* ▸ ***Barrer la route à qqn,*** empêcher qqn d'arriver à ses fins : *Ils lui ont barré la route de la mairie. Fam.* ***Être mal barré,*** être mal parti ; s'annoncer mal. ◆ **se barrer** v.pr. *Fam.* S'en aller : *Elle s'est barrée en voiture* (**SYN.** partir).

① **barrette** n.f. (dimin. de *barre*). **1.** Pince à fermoir pour les cheveux : *Elle met une barrette pour attacher sa queue de cheval.* **2.** Bijou allongé et étroit servant d'agrafe : *Barrette de saphirs* (**SYN.** broche). **3.** Ruban de décoration monté sur un support : *La barrette du Mérite national.* **4.** En informatique, composant électronique que l'on peut ajouter à un ordinateur : *Installer une barrette pour étendre la mémoire d'un ordinateur.*

② **barrette** n.f. (du bas lat. *birrum,* capote à capuche). Bonnet plat et carré, à trois ou quatre cornes, porté par les ecclésiastiques : *La barrette noire des prêtres, violette des évêques, rouge des cardinaux.*

barreur, euse n. **1.** Personne qui manœuvre la barre d'une embarcation. **2.** Personne qui rythme la cadence des avirons.

barricade n.f. (de *barrique,* qui servait à édifier les barricades). Obstacle fait de matériaux divers entassés en travers d'une rue pour se protéger lors de combats : *Dresser des barricades.* ▸ ***Être, passer de l'autre côté de la barricade,*** être, se ranger du côté du parti adverse. ***Monter aux barricades,*** en Suisse, monter au créneau.

barricader v.t. [conj. 3]. **1.** Fermer solidement : *Barricader portes et fenêtres.* **2.** Fermer par des barricades : *Barricader une place.* ◆ **se barricader** v.pr. **1.** S'enfermer avec soin quelque part : *La forcenée s'est barricadée chez elle.* **2.** S'abriter derrière une barricade.

barrière n.f. (de *barre*). **1.** Assemblage de pièces qui ferme un passage et forme clôture : *Ouvrir, fermer les barrières d'un passage à niveau.* **2.** Obstacle naturel : *Barrière de corail.* **3.** Ce qui constitue un obstacle matériel ou moral : *Les barrières douanières* (= les droits de douane). *Barrières sociales, culturelles.* ▸ ***Barrière de dégel,*** signalisation routière interdisant aux véhicules lourds de circuler sur une voie donnée pendant le dégel. ***Être de l'autre côté de la barrière,*** être dans le camp adverse.

barrique n.f. (gascon *barrico*). Tonneau d'environ 200 litres ; son contenu.

barrir v.i. (du lat. *barrus,* éléphant) [conj. 32]. Émettre un barrissement, en parlant de l'éléphant (**SYN.** baréter).

barrissement n.m. Cri de l'éléphant.

bartavelle n.f. (prov. *bartavelo*). Perdrix des montagnes.

barycentre n.m. (du gr. *barus,* lourd). Centre de gravité.

baryton n.m. (gr. *barutonos,* qui a un son grave). Voix d'homme intermédiaire entre le ténor et la basse ; chanteur qui possède cette voix : *Les barytons de la chorale.* ◆ adj. et n.m. Se dit d'un instrument de musique dont l'échelle sonore correspond approximativement à celle de la voix de baryton : *Saxophone baryton.*

baryum [barjɔm] n.m. (du gr. *barus,* lourd). Métal analogue au calcium, blanc argenté, qui décompose l'eau à froid.

barzoï [barzɔj] n.m. (mot russe). Grand lévrier russe à poil long : *Un éleveur de barzoïs.*

① **bas, basse** adj. (lat. *bassus,* épais). **1.** De faible hauteur : *Table basse. Appartement bas de plafond* (**CONTR.** haut). **2.** Dont le niveau, l'altitude est faible : *Marée basse* (**CONTR.** haut). *Les nuages sont bas.* **3.** Incliné vers le bas : *Marcher la tête basse* (**CONTR.** droit, haut). **4.** Se dit d'un son grave : *Note basse* (**CONTR.** aigu). **5.** Qui est faible en valeur, en qualité, en grandeur, en intensité ; peu élevé en rang social : *Les bas salaires* (**CONTR.** haut). *Vendre à bas prix* (**SYN.** modéré, vil ; **CONTR.** élevé, excessif). *Parler à voix basse* (= doucement ; **CONTR.** haut). *Le bas clergé. Être chargé des basses besognes.* **6.** Dépourvu d'élévation morale : *L'envie est un sentiment bas* (**SYN.** abject, vil ; **CONTR.** noble). **7.** Qui vient après dans le temps : *Le bas Moyen Âge* (= celui qui est le plus près de nous ; **CONTR.** haut). **8.** Se dit du cours d'un fleuve près de son embouchure ou de certaines régions de moindre altitude (par opp. à haut) : *Le bas Rhône. La basse Normandie.* ▸ ***Avoir la vue basse,*** avoir une mauvaise vue. ***Bas âge,*** petite enfance : *Un enfant en bas âge.* ***Bas morceaux,*** en boucherie, les parties de troisième catégorie, qui sont les moins chères. ***Basses eaux,*** niveau d'un cours d'eau à l'époque de l'année où le débit est le plus faible. ***Ciel bas,*** ciel couvert de nuages situés à peu de hauteur. ***En ce bas monde,*** sur la terre (par opp. à au ciel) ; ici-bas. ***Messe basse*** → **messe.** ◆ **bas** adv. **1.** À faible, moindre hauteur : *L'avion vole bas* (= à faible altitude). **2.** À un niveau inférieur : *Sa maison se trouve une rue plus bas* (= au-dessous, plus loin). **3.** Avec une faible intensité : *Parler bas* (**SYN.** doucement). ▸ *Fam.* ***Bas les mains !*** ou ***bas les pattes !,*** ne me touchez pas ! ; lâchez-moi ! ***Être bien*** ou ***très bas,*** être dans un mauvais état physique ou moral. ***Mettre bas,*** mettre au monde des petits, en parlant d'une femelle. ◆ **bas** n.m. Partie inférieure : *Le bas du visage.* ▸ ***À bas !,*** cri d'hostilité : *À bas les despotes !* ***Des hauts et des bas,*** des périodes heureuses et malheureuses : *J'ai connu des hauts et des bas cette année.* ***En bas,*** vers le bas ; au-dessous : *Regarder en bas. J'habite en bas* (= à un étage inférieur). ***En bas de,*** dans la partie inférieure de : *Sa maison est située en bas de la rue.*

② **bas** n.m. (de *bas[-de-chausses]*, partie inférieure des chausses). Pièce de vêtement féminin destinée à couvrir le pied et la jambe jusqu'au haut de la cuisse. ▸ *Fam.* ***Bas de laine,*** cachette où l'on met ses économies ; sommes économisées.

basal, e, aux adj. Qui constitue la base de qqch ; fondamental : *Métabolisme basal* (= de base).

basalte n.m. Roche volcanique basique, de couleur sombre, formant des coulées étendues.

basaltique adj. Formé de basalte : *Roches basaltiques.*

basane n.f. (ar. *bitana*, doublure de vêtement). **1.** Peau de mouton tannée dont on se sert en sellerie, maroquinerie, chaussure et reliure. **2.** Peau souple qui garnit en partie les pantalons des cavaliers.

basané, e adj. Bronzé par le soleil, le grand air ; naturellement brun : *Un teint basané.*

bas-bleu n.m. (calque de l'angl. *bluestocking*)[pl. *bas-bleus*]. *Vieilli* Femme pédante à prétentions littéraires.

bas-côté n.m. (pl. *bas-côtés*). **1.** Partie de l'accotement d'une route accessible aux piétons. **2.** Nef latérale d'une église : *Les bas-côtés voûtés.*

bascule n.f. (de *basse*, et de l'anc. fr. *baculer*, frapper le derrière contre terre). **1.** Appareil de pesage servant à mesurer la masse des objets lourds et volumineux comme des véhicules, des bagages, etc. **2.** Balançoire à pivot dont l'une des extrémités s'abaisse quand l'autre s'élève. ▸ ***À bascule,*** qui bascule ; qui permet de basculer : *Cheval, fauteuil à bascule.*

basculement n.m. **1.** Action, fait de basculer, de chavirer : *Le basculement du véhicule dans le fossé.* **2.** Changement brusque d'opinion : *Le basculement d'un parti de la majorité dans l'opposition.*

basculer v.i. [conj. 3]. **1.** Perdre sa position d'équilibre : *Voiture qui bascule dans le ravin* (**SYN.** chavirer, verser). **2.** Changer brutalement de position, d'orientation : *Basculer dans le camp adverse* (**SYN.** passer). *La situation a basculé vers le drame.* ◆ v.t. **1.** Renverser en faisant pivoter : *Basculer une brouette* (**SYN.** culbuter). **2.** Faire changer de direction, de destination : *Basculer un appel téléphonique d'un poste sur l'autre.*

bas-de-casse n.m. inv. → **3. casse**

base n.f. (gr. *basis*, action de marcher). **1.** Partie inférieure d'un objet sur laquelle celui-ci repose : *Base d'un édifice* (**SYN.** assise, fondation). *La base d'une colonne* (**SYN.** pied). **2.** Partie inférieure ; extrémité plus large : *La base d'une montagne* (**CONTR.** cime, sommet). *Base du nez.* **3.** Côté ou face d'une figure géométrique pris comme référence de mesure ; chacun des côtés parallèles d'un trapèze. **4.** Ensemble des militants d'un parti, d'un syndicat, par rapport aux dirigeants : *Consulter la base.* **5.** Principe fondamental sur lequel est établi un système, un raisonnement, une action : *Elle est à la base de ce projet* (**SYN.** source). *Établir les bases d'un accord* (**SYN.** condition). *Les bases d'une théorie* (**SYN.** assise, fondement). **6.** Principal composant : *Médicament à base de pénicilline.* **7.** Crème fluide qui s'applique sur le visage avant le maquillage : *Une base de maquillage.* **8.** Lieu de rassemblement des troupes et des moyens nécessaires à la conduite d'opérations militaires : *Les avions rentrent à la base. Base navale.* **9.** En grammaire, radical nu d'un mot, sans aucune désinence : *Le verbe « parler » a pour base « parl ».* **10.** En chimie, corps capable de neutraliser les acides en se combinant à eux. ▸ ***Base de données,*** en informatique, ensemble de données évolutives, logiquement organisé pour être exploité par des programmes multiples, eux-mêmes évolutifs. ***Base de lancement,*** lieu où sont réunies les installations nécessaires à la préparation, au lancement et au contrôle en vol des engins spatiaux.

base-ball [bɛzbol] n.m. (mot anglo-amér.) [pl. *base-balls*]. Sport dérivé du cricket, très populaire aux États-Unis.

baser v.t. [conj. 3]. **1.** Établir comme élément fondamental de ; faire reposer : *Baser sa décision sur des témoignages* (**SYN.** appuyer, asseoir, fonder). **2.** Établir dans une base militaire : *Unité de chars basée dans une ville frontière.* ◆ **se baser** v.pr. **[sur].** Fonder son opinion sur : *Sur quoi s'est-elle basée pour affirmer cela ?* (**SYN.** s'appuyer sur, se fonder sur).

bas-fond n.m. (pl. *bas-fonds*). **1.** Fond éloigné de la surface de la mer, d'un cours d'eau (par opp. à haut-fond). **2.** Terrain en contrebas des terrains voisins. ◆ **bas-fonds** n.m. pl. Quartiers misérables ou malfamés d'une ville ; catégories misérables de la population : *Les bas-fonds de la société* (**SYN.** lie [litt.] ; **CONTR.** élite).

basic [bazik] n.m. (acronyme de l'angl. *Beginner's All purpose Symbolic Instruction Code*). Langage de programmation conçu pour l'utilisation interactive de terminaux ou de micro-ordinateurs.

basicité n.f. **1.** Propriété qu'a un corps de jouer le rôle de base chimique. **2.** Qualité d'un milieu dont le pH est supérieur à 7.

basidiomycète n.m. (de *baside*, cellule reproductrice, et du gr. *mukês, mukêtos*, champignon). Champignon dont les spores se forment sur une expansion microscopique appelée *baside* : *Les agarics, les amanites et les bolets sont des basidiomycètes.*

basilic n.m. (gr. *basilikon*, plante royale). Plante originaire de l'Inde, employée comme aromate et comme condiment : *Tomates au basilic.*

basilique n.f. (du gr. *basilikê* [*stoa*], [portique] royal). **1.** Dans l'Antiquité romaine, vaste édifice rectangulaire, qui abritait diverses activités publiques. **2.** Église dotée par le pape d'une dignité particulière : *Basilique Saint-Pierre de Rome.*

① **basique** adj. Qui a les propriétés d'une base chimique.

② **basique** adj. Fondamental, de base : *Le français basique.* ◆ n.m. Élément fondamental d'une garde-robe : *Le jean fait partie des basiques.*

basket [baskɛt] n.f. Chaussure en toile renforcée ou en cuir, fermée sur le dessus et munie d'une semelle antidérapante : *Elle met ses baskets.*

basket-ball [baskɛtbol] ou **basket** n.m. (mot anglo-amér. signif. « balle au panier »)[pl. *basket-balls, baskets*]. Sport opposant deux équipes de cinq joueurs qui doivent lancer un ballon dans le panier suspendu de l'équipe adverse.

basketteur, euse n. Joueur de basket-ball.

basmati n.m. Riz à grain long cultivé en Inde.

basquaise adj.f. Se dit d'une préparation culinaire faite avec une garniture à base de tomates, de poivrons et d'oignons : *Poulet basquaise* ou *à la basquaise.*

① **basque** n.f. Chacun des deux pans d'une redingote, d'une jaquette. ▸ *Fam.* ***Être pendu aux basques de qqn,*** le suivre partout.

② **basque** adj. et n. Du Pays basque. ◆ n.m. Langue non indo-européenne parlée au Pays basque.

bas-relief n.m. (pl. *bas-reliefs*). Sculpture adhérant à un fond, dont elle se détache avec une faible saillie (par opp. à haut-relief) : *Les bas-reliefs des frontons des temples grecs.*

basse n.f. **1.** Partie la plus grave d'une composition instrumentale ou vocale. **2.** Voix masculine la plus grave ; chanteur qui a cette voix : *Un rôle qui doit être chanté par une basse.* **3.** Instrument servant à jouer la partie basse, la plus grave : *Basse d'orchestre de jazz* (= contrebasse). **4.** Son grave : *Des enceintes qui rendent bien les basses.*

basse-cour n.f. (pl. *basses-cours*). Cour, bâtiment d'une ferme où l'on élève la volaille et les lapins ; l'ensemble des animaux qui y vivent.

basse-fosse n.f. (pl. *basses-fosses*). Cachot souterrain d'un château fort.

bassement adv. De façon basse, vile : *Vous avez agi bassement* (**SYN.** indignement ; **CONTR.** noblement).

bassesse n.f. **1.** Manque d'élévation morale : *La délation est une preuve de bassesse* (**SYN.** indignité, infamie ; **CONTR.** grandeur, noblesse). **2.** Action vile, déshonorante : *Il ne recule devant aucune bassesse* (**SYN.** ignominie, vilenie).

basset n.m. Chien courant, aux pattes courtes et parfois torses.

bassin n.m. (lat. pop. *baccinus*, récipient). **1.** Récipient portatif large et peu profond ; récipient plat destiné à recevoir les déjections d'un malade alité. **2.** Pièce d'eau servant d'ornement ou de réservoir ; réceptacle des eaux d'une fontaine ; vasque. **3.** Chacune des parties d'une piscine de profondeur variable : *Le petit et le grand bassin.* **4.** Partie d'un port limitée par des quais et des digues : *Bassin de radoub.* **5.** Région drainée par un fleuve et ses affluents : *Le bassin de la Garonne.* **6.** Vaste région en forme de cuvette : *Le Bassin parisien.* **7.** Vaste gisement sédimentaire formant une unité géographique et géologique : *Bassin houiller, minier.* **8.** Dans le corps humain et celui de certains vertébrés, ceinture osseuse située à la partie inférieure du tronc.

bassine n.f. Bassin large et profond à usages domestiques ou industriels ; son contenu : *Faire de la confiture dans une bassine en cuivre.*

bassiner v.t. [conj. 3]. **1.** Humecter légèrement une partie du corps : *Bassiner le front d'un enfant fiévreux.* **2.** *Fam.* Importuner par ses paroles : *Elle nous bassine avec ses histoires de planning* (**SYN.** ennuyer, fatiguer).

bassinet n.m. Organe en forme d'entonnoir, qui s'ouvre dans la concavité du rein, dont il collecte l'urine, et se continue par l'uretère. ▸ *Fam.* ***Cracher au bassinet,*** donner de l'argent de mauvais gré.

bassinoire n.f. Bassin à couvercle ajouré, pourvu d'un long manche et qui, rempli de braises, servait à chauffer les lits.

bassiste n. **1.** Contrebassiste. **2.** Joueur de guitare basse.

① **basson** n.m. (it. *bassone*, grosse basse). Instrument de musique à vent en bois, constituant dans l'orchestre la basse de la famille des hautbois ; musicien jouant de cet instrument.

② **basson** n.m. ou **bassoniste** n. Joueur de basson.

basta interj. (mot it. signif. « il suffit »). *Fam.* Interjection qui marque l'impatience ou la lassitude : *Basta ! n'en parlons plus* (= assez ! ça suffit !).

bastide n.f. (prov. *bastido*, bâti). **1.** Au Moyen Âge, ville neuve fortifiée, dans le sud-ouest de la France. **2.** En Provence, maison de campagne (**SYN.** mas).

bastille n.f. (altér. de *bastide*). **1.** Ouvrage de défense qui était situé à l'entrée d'une ville ; château fort. **2.** *Fig.* Idées soutenues par ceux qui défendent leurs privilèges : *Il y a d'autres bastilles auxquelles il faudra s'attaquer.* ▸ ***La Bastille,*** forteresse parisienne qui servait de prison d'État et symbolisait le pouvoir arbitraire.

bastingage n.m. (du prov. *bastengo*, toile matelassée). Parapet destiné à empêcher de tomber du pont d'un bateau : *Des passagers étaient accoudés au bastingage* (**SYN.** garde-corps, garde-fou).

bastion n.m. (var. de *bastillon*, petite bastille). **1.** Ouvrage servant à renforcer une enceinte fortifiée : *Un château fort avec des bastions.* **2.** Ce qui constitue une position forte, une défense, un soutien inébranlable : *Ils ont perdu leurs derniers bastions aux élections* (**SYN.** fief, forteresse).

bastonnade n.f. Volée de coups de bâton.

bastringue n.m. *Fam.* **1.** Vacarme : *Faire un bastringue de tous les diables* (**SYN.** tapage, tintamarre). **2.** Ensemble d'objets hétéroclites : *Ôte ton bastringue de là* (**SYN.** bazar). **3.** En Suisse, fête ou manifestation de grande ampleur. **4.** *Vieilli* Bal populaire ; guinguette.

bas-ventre n.m. (pl. *bas-ventres*). Partie inférieure du ventre : *Il l'a frappé au bas-ventre.*

bât [bɑ] n.m. (du gr. *bastazein*, porter un fardeau). Selle en bois placée sur le dos des bêtes de somme pour le transport des fardeaux. ▸ ***C'est là que le bât blesse,*** c'est sur ce point qu'un problème se pose, qu'une personne est vulnérable : *Nous n'avons pas d'argent, c'est là que le bât blesse. Elle est très susceptible, c'est là que le bât blesse* (= c'est son point faible).

bataclan n.m. *Fam.* Attirail embarrassant. ▸ ***Et tout le bataclan,*** et tout le reste : *Il me faut un marteau, des clous et tout le bataclan.*

bataille n.f. (lat. *battalia*, escrime). **1.** Combat important entre deux groupes armés : *La bataille de Stalingrad. Les troupes ont livré bataille* (= ont combattu). **2.** Lutte réelle ou par jeu entre deux ou plusieurs personnes : *La police est intervenue pour mettre fin à une bataille* (**SYN.** bagarre, rixe). *Bataille de boules de neige.* **3.** Combat d'idées ; lutte contre des obstacles, des difficultés : *Bataille électorale. Mener une bataille contre le racisme.* **4.** Jeu de cartes qui se joue à deux et dans lequel une carte plus forte permet de prendre celle de l'adversaire : *Jouer à la bataille.* ▸ ***Bataille navale,*** jeu dans lequel chacun des deux joueurs doit repérer et couler la flotte adverse, dessinée en secret sur les cases d'un papier quadrillé. ***Cheval de bataille,*** sujet, argument favori : *Si elle enfourche son cheval de bataille, elle sera intarissable.* ***En bataille,*** de travers, en désordre : *Il est arrivé les cheveux en bataille.*

batailler v.i. [conj. 3]. **1.** En venir aux mains : *Ces enfants sont toujours prêts à batailler* (**SYN.** se bagarrer). **2.** Lutter sans relâche : *Elle a dû batailler pour obtenir une promotion* (**SYN.** se battre).

batailleur, euse adj. et n. Qui est porté à batailler : *Des enfants batailleurs* (**SYN.** bagarreur, belliqueux ; **CONTR.** pacifique, paisible). *Un tempérament batailleur* (**SYN.** combatif).

bataillon n.m. (it. *battaglione*, escadron). **1.** Unité militaire composée de plusieurs compagnies : *Des bataillons d'infanterie. Des chefs de bataillon.* **2.** Groupe composé de nombreuses personnes : *De gros bataillons de diplômés arrivent sur le marché de l'emploi* (**SYN.** flot, légion). ▸ *Fam.* ***Inconnu au bataillon,*** se dit de qqn dont personne n'a jamais entendu parler.

bâtard, e n. et adj. **1.** Enfant né d'une union illégitime : *Un enfant bâtard* (**SYN.** adultérin, naturel ; **CONTR.** légitime). **2.** Animal qui n'est pas de race pure : *Un bâtard de cocker* (**SYN.** corniaud). ◆ adj. Qui tient de deux espèces différentes ; qui n'est pas nettement défini : *Une solution bâtarde* (**SYN.** hybride). ◆ **bâtard** n.m. Pain d'une demi-livre, plus court que la baguette. ◆ **bâtarde** n.f. Écriture intermédiaire entre la ronde et l'anglaise.

bâtardise n.f. État de ce qui est bâtard.

batavia n.f. (du lat. *Batavi*, Hollandais). Laitue à feuilles dentées et croquantes : *Des batavias.*

bâté, e adj. ▸ ***Âne bâté,*** personne sotte ou ignorante.

bateau n.m. (anc. angl. *bât*). **1.** Construction servant à se déplacer sur l'eau ; embarcation : *Bateau de pêche. Bateau à voiles* (= voilier). *Bateaux de guerre* (**SYN.** bâtiment, navire). *Bateau pneumatique* (**SYN.** canot). **2.** Diminution de la hauteur d'un trottoir devant une porte cochère, un passage pour piétons : *Il est interdit de se garer le long d'un bateau.* **3.** (En appos.). En forme de bateau : *Encolures bateau.* ▸ ***Le bateau,*** la navigation de plaisance : *Faire du bateau. Fam.* ***Monter un bateau à qqn*** ou ***mener qqn en bateau,*** inventer une histoire pour le tromper. ◆ adj. inv. *Fam.* Que l'on peut prévoir ; classique, traditionnel : *Ses romans traitent de thèmes bateau* (**SYN.** banal, éculé ; **CONTR.** inédit, original).

bateau-citerne n.m. (pl. *bateaux-citernes*). Bateau aménagé pour le transport des liquides en vrac.

bateau-mouche n.m. (pl. *bateaux-mouches*). Bateau à moteur, équipé pour promener les touristes sur la Seine, à Paris.

bateau-phare (pl. *bateaux-phares*) ou **bateau-feu** (pl. *bateaux-feux*). n.m. Bateau muni d'un phare et ancré près des endroits dangereux.

bateleur, euse n. (de l'anc. fr. *baastel*, tour d'escamoteur). *Vieilli* Artiste forain qui fait des tours d'acrobatie, de force, d'adresse sur les places publiques (**SYN.** baladin, saltimbanque).

batelier, ère n. Conducteur professionnel de bateau sur les cours d'eau, les canaux (**SYN.** marinier).

batellerie n.f. **1.** Industrie du transport fluvial. **2.** Ensemble des bateaux de navigation intérieure.

bâter v.t. [conj. 3]. Mettre un bât sur une bête de somme.

bat-flanc [baflɑ̃] n.m. inv. (de *battre* et *flanc*). **1.** Pièce de bois qui sépare deux chevaux dans une écurie, deux vaches dans une étable ; cloison entre deux lits dans un dortoir. **2.** Plancher incliné et surélevé servant de lit aux prisonniers, aux soldats.

bathymétrie [batimetri] n.f. (du gr. *bathus*, profond). Mesure, par sondage, des profondeurs marines.

bathyscaphe [batiskaf] n.m. (du gr. *bathus*, profond, et *skaphê*, barque). Engin de plongée à grande profondeur, autonome et habitable.

① **bâti, e** adj. ▸ ***Propriété bâtie*** ou ***terrain bâti,*** propriété ou terrain sur lesquels est construit un bâtiment. ***Bien bâti, mal bâti*** ou ***malbâti,*** dont le corps est bien, mal proportionné : *Des enfants bien bâtis.*

② **bâti** n.m. **1.** Couture provisoire à grands points (**SYN.** faufil). **2.** Assemblage de pièces de menuiserie ou de charpente. **3.** Support qui maintient assemblées les diverses pièces d'une machine : *Bâti d'un véhicule* (**SYN.** châssis).

batifoler v.i. [conj. 3]. *Fam.* S'amuser à des choses futiles : *Ils batifolent au lieu de travailler* (**SYN.** folâtrer).

batik n.m. (mot malais). Tissu teint en en masquant certaines parties avec un enduit de cire ; ce procédé : *Les craquelures des batiks.*

bâtiment n.m. **1.** Construction destinée à servir d'abri et à isoler : *L'usine comporte plusieurs bâtiments* (**SYN.** bâtisse). *Le ravalement des bâtiments publics* (**SYN.** édifice). **2.** Ensemble des métiers et industries de la construction : *Travailler dans le bâtiment. Peintre en bâtiment.* **3.** Bateau de grande ou de moyenne capacité : *Bâtiment de guerre* (**SYN.** navire, vaisseau).

bâtir v.t. (du frq. *basta*, fil de chanvre) [conj. 32]. **1.** Élever une construction sur le sol avec des pierres, du ciment, des matériaux divers : *Bâtir de nouveaux lycées* (**SYN.** édifier ; **CONTR.** démolir). *Faire bâtir sa maison* (**SYN.** construire). **2.** Former en combinant des éléments : *Bâtir une théorie sur des faits contestables* (**SYN.** échafauder, édifier, fonder). **3.** Assembler à grands points et provisoirement des pièces de tissu : *Bâtir une jupe* (**SYN.** faufiler).

bâtisse n.f. Grand bâtiment sans caractère : *Une bâtisse délabrée* (**SYN.** édifice, maison).

bâtisseur, euse n. **1.** Personne qui bâtit ou fait bâtir en quantité ou en importance : *Le Corbusier est un bâtisseur de villes nouvelles* (**SYN.** architecte). **2.** Personne qui fonde, crée : *Alexandre et Napoléon sont des bâtisseurs d'empire* (**SYN.** fondateur).

batiste n.f. (de *Baptiste de Cambrai*, nom du premier fabricant). Toile de lin très fine et très serrée utilisée en lingerie : *Mouchoir de batiste.*

bâton n.m. (lat. *bastum*). **1.** Long morceau de bois cylindrique que l'on peut tenir à la main : *Il marche en s'appuyant sur un bâton* (**SYN.** canne). *Elle se sert d'un bâton pour gauler les noix* (**SYN.** perche). *Recevoir une volée de coups de bâton* (= une bastonnade). **2.** Tige métallique sur laquelle le skieur s'appuie : *Le slalomeur garde son équilibre grâce à ses bâtons.* **3.** Petit morceau cylindrique d'une matière consistante : *Bâton de craie, de colle, de réglisse. Bâton de rouge à lèvres* (**SYN.** stick). **4.** Trait vertical que font les enfants qui apprennent à écrire ou que l'on trace pour compter. **5.** *Anc., fam.* Un million de centimes : *Gagner trois bâtons au Loto* (= trente mille francs). ▸ ***Bâton de golf,*** au Québec, club de golf. ***Bâton de hockey,*** au Québec, crosse de hockey. ***Bâton de maréchal,*** insigne de commandement du maréchal ; fig., la situation sociale la plus élevée à laquelle qqn puisse prétendre. ***Bâton de vieillesse,*** soutien d'une personne âgée : *Sa fille est son bâton de vieillesse.* ***Mettre des bâtons***

dans les roues à qqn, lui créer des difficultés. ***Parler à bâtons rompus,*** avoir une conversation décousue.

bâtonnet n.m. **1.** Morceau cylindrique court ou de faible diamètre d'une matière consistante : *Bâtonnets de surimi.* **2.** En anatomie, cellule de forme cylindrique constituante de la rétine et qui permet la vision en faible luminosité : *Les bâtonnets et les cônes.*

bâtonnier n.m. En France, président du conseil de l'Ordre des avocats, élu par ses confrères : *Le bâtonnier du barreau de Lyon.*

batracien n.m. (du gr. *batrakhos,* grenouille). *Vieilli* Amphibien.

battage n.m. **1.** Action de battre pour séparer les grains des épis, des gousses : *Le battage du blé.* **2.** Action de battre pour nettoyer : *Le battage des tapis.* **3.** *Fam.* Publicité tapageuse : *On fait un battage monstre autour de ce film.*

① **battant, e** adj. ▸ ***Le cœur battant,*** le cœur qui bat très vite sous l'effet d'une émotion : *Elle attend le cœur battant les résultats.* ***Pluie battante,*** pluie qui tombe très drue ; pluie torrentielle. ***Porte battante,*** porte à battants libres qui peut s'ouvrir dans les deux sens : *Le serveur quitte les cuisines par la porte battante.* ◆ n. Personne combative et énergique : *Elle a un tempérament de battante* (**SYN.** gagneur).

② **battant** n.m. **1.** Pièce métallique suspendue à l'intérieur d'une cloche dont elle vient frapper la paroi. **2.** Partie d'une porte, d'une fenêtre, d'un meuble, mobile autour de gonds : *Armoire, fenêtre à deux battants* (**SYN.** vantail).

batte n.f. (de *battre*). **1.** Au cricket et au base-ball, bâton renflé à une extrémité servant à frapper la balle. **2.** Outil servant à battre, à tasser, à écraser, à fouler : *Batte de maçon.*

battement n.m. **1.** Choc répété entraînant un bruit ; bruit ainsi produit : *Le battement du volet contre le mur* (**SYN.** heurt). *Battements de mains* (= applaudissements). **2.** Mouvement alternatif rapide : *Battement d'ailes, de cils.* **3.** Pulsation rythmique du cœur et des organes de la circulation : *Battement du pouls.* **4.** Intervalle de temps entre deux moments : *Il y aura un battement de vingt minutes entre les deux séances* (**SYN.** pause).

batterie n.f. **1.** Ensemble d'éléments de même nature destinés à fonctionner ensemble, ou d'éléments qui se complètent : *Batterie de projecteurs. Batterie de cuisine* (= ustensiles nécessaires à la préparation et à la cuisson des aliments). **2.** Ensemble d'appareils de même type, générateurs de courant électrique : *Il faut recharger la batterie (d'accumulateurs) de la voiture.* **3.** Instrument composé de plusieurs percussions dont joue un seul musicien : *Un solo de batterie.* **4.** Ensemble des instruments à percussion d'un orchestre. **5.** Réunion de pièces d'artillerie et du matériel nécessaire à leur fonctionnement ; lieu, ouvrage fortifié où ces pièces sont disposées : *Batteries de la défense aérienne.* ◆ **batteries** n.f. pl. Plan d'action, moyens que l'on se donne pour atteindre son but : *Il faut changer nos batteries* (= nos projets). *Dévoiler ses batteries* (= ses intentions).

① **batteur, euse** n. **1.** Joueur de batterie : *La batteuse du groupe.* **2.** Au cricket, au base-ball, joueur qui renvoie la balle avec une batte.

② **batteur** n.m. Appareil électroménager de cuisine servant à battre, à mélanger : *Il monte les blancs en neige avec le batteur* (**SYN.** fouet, mixeur).

battoir n.m. *Anc.* Palette de bois utilisée pour essorer le linge : *Les battoirs des lavandières.*

battre v.t. (lat. *battuere*) [conj. 83]. **1.** Donner des coups à : *Ne bats pas ton petit frère* (**SYN.** frapper, taper). **2.** Remporter la victoire sur : *Les Alliés ont battu l'Allemagne nazie* (**SYN.** triompher de, vaincre). *L'Espagne a battu l'Angleterre par trois à zéro* (= l'a emporté sur). **3.** Frapper dans un but précis : *Il bat le tapis pour le dépoussiérer.* **4.** Agiter pour mélanger : *Battre des œufs avec un fouet.* **5.** Heurter de façon répétée et avec violence : *La pluie bat les fenêtres* (**SYN.** cingler, fouetter). **6.** Parcourir en tous sens pour rechercher qqn, qqch : *Les gendarmes battent la région pour retrouver l'enfant* (= font une battue). ▸ ***Battre la campagne,*** la parcourir en tous sens ; fig., déraisonner, divaguer. *Fam.* ***Battre le beurre,*** en Belgique, s'embrouiller. ***Battre le fer pendant qu'il est chaud,*** profiter d'une occasion favorable, poursuivre ce qui est en bonne voie. ***Battre le pavé,*** errer sans but. ***Battre les cartes,*** les mêler. ***Battre qqn comme plâtre,*** le frapper violemment. ***Battre un record,*** faire mieux que la meilleure performance. ◆ v.i. **1.** Produire des mouvements rapides et répétés : *Son cœur bat fort* (= palpite). *Battre des mains* (= applaudir). **2.** Être animé d'un mouvement de va-et-vient : *De vieilles affiches qui battent au vent* (**SYN.** claquer). ▸ ***Battre en retraite,*** reculer devant l'ennemi ; au fig., cesser de soutenir une opinion, de s'opposer : *C'est un argument qui l'obligera à battre en retraite.* ◆ **se battre** v.pr. **1. [contre, avec].** Engager la lutte ; combattre : *Elle s'est battue contre ses agresseurs* (**SYN.** se débattre, lutter contre). *Il se bat sans cesse avec son frère.* **2.** Se donner mutuellement des coups ; se disputer : *Elles se sont battues pour une broutille* (**SYN.** se bagarrer). ▸ ***Se battre contre, pour,*** mobiliser son énergie contre, pour : *Se battre contre les tyrans, pour la liberté* (**SYN.** lutter). *Nous nous battons contre le chômage* (**SYN.** batailler). *Elle s'est battue pour toi* (= elle a pris ta défense).

battu, e adj. **1.** Qui a reçu de nombreux coups : *Enfants battus.* **2.** Qui a perdu une bataille, une compétition : *Le candidat battu* (**SYN.** vaincu). ▸ ***Avoir l'air d'un chien battu,*** avoir un air humble et craintif. ***Sentiers battus,*** usages établis, idées banales, procédés courants : *Sortir des sentiers battus* (= innover). ***Terre battue,*** terre durcie, foulée, tassée : *Court de tennis en terre battue.* ***Yeux battus,*** yeux cernés à cause de la fatigue, du chagrin.

battue n.f. Action de battre les bois, les taillis, les champs pour en faire sortir le gibier, pour retrouver qqn : *Les gendarmes organisent une battue pour capturer le prisonnier évadé.*

batture n.f. Au Québec, partie du rivage découverte à marée basse.

baud [bo] n.m. (de *Émile Baudot,* nom d'un ingénieur français). En télégraphie, en informatique, unité de rapidité de modulation d'un signal, valant une impulsion par seconde.

baudelairien, enne adj. Relatif à Baudelaire, à son œuvre : *Le spleen baudelairien.*

baudet n.m. (de l'anc. fr. *bald,* lascif). **1.** *Fam.* Âne :

Elle est chargée comme un baudet. **2.** Âne reproducteur.

baudrier n.m. Bande de cuir ou d'étoffe portée en bandoulière pour soutenir une arme, un tambour, un ceinturon.

baudroie n.f. Poisson marin comestible, à tête énorme, couverte d'appendices et d'épines, et communément appelé *lotte de mer.*

baudruche n.f. **1.** Pellicule de caoutchouc dont on fait des ballons très légers ; ballon de cette sorte. **2.** *Anc.* Pellicule fabriquée avec le gros intestin du bœuf ou du mouton et dont on faisait les ballons. **3.** Personne insignifiante et prétentieuse : *Cet homme est une baudruche.*

bauge n.f. **1.** Gîte boueux du sanglier. **2.** *Fig.* Lieu très sale (**SYN.** bouge, taudis).

baume n.m. (lat. *balsamum,* du gr.). **1.** Substance résineuse odorante sécrétée par certaines plantes, que l'on utilisait en pharmacie ou dans l'industrie. **2.** Préparation médicamenteuse à usage externe : *Le baume du tigre.* ▸ ***Mettre du baume au cœur,*** redonner de la joie, du courage en consolant un peu : *Ta sollicitude m'a mis du baume au cœur* (= m'a réconforté).

baux n.m. pl. → **bail.**

bauxite n.f. (du nom des *Baux-de-Provence*). Roche sédimentaire rougeâtre, exploitée comme minerai d'aluminium : *Des mines de bauxite.*

bavard, e adj. et n. (de *bave,* babil). **1.** Qui parle beaucoup, souvent inutilement : *Un conférencier bavard et prétentieux* (**SYN.** prolixe, verbeux). *Il est bavard comme une pie* (= très bavard). *Tu n'es pas très bavarde aujourd'hui* (**SYN.** loquace, volubile ; **CONTR.** silencieux, taciturne). **2.** Incapable de garder un secret : *Méfie-toi, il est bavard* (**SYN.** indiscret ; **CONTR.** discret, réservé).

bavardage n.m. **1.** Action de bavarder : *Son bavardage incessant m'exaspère* (**SYN.** babillage, caquetage). **2.** (Surtout au pl.). Propos futiles, médisants ou indiscrets : *N'en crois rien, ce ne sont que des bavardages* (**SYN.** commérage, racontar).

bavarder v.i. [conj. 3]. **1.** Parler beaucoup et futilement ou à bâtons rompus : *Ils bavardent au lieu de travailler* (**SYN.** jacasser). *Viens me voir et nous bavarderons* (**SYN.** causer, converser). **2.** Parler de façon indiscrète ou médisante : *Les voisins bavardent sur notre compte* (**SYN.** jaser, parler ; **CONTR.** se taire).

bave n.f. (lat. *baba*). **1.** Salive qui s'écoule de la bouche d'un être humain, de la gueule d'un animal : *La bave d'un bébé.* **2.** Liquide visqueux sécrété par certains mollusques : *La traînée de bave de l'escargot.*

baver v.i. [conj. 3]. **1.** Laisser s'échapper de la bave : *Tu as bavé en mangeant ta soupe.* **2.** En parlant d'un liquide, s'étaler en produisant des souillures : *L'encre bavait.* ▸ ***Baver de*** (+ n. de sentiment), manifester sans retenue le très vif sentiment que l'on éprouve : *Baver d'envie, d'admiration, de jalousie. Fam.* ***Baver sur,*** dire du mal de : *Il n'arrête pas de baver sur ses voisins* (**SYN.** calomnier, dénigrer ; **CONTR.** glorifier, louer, vanter). *Fam.* ***En baver*** ou ***en baver des ronds de chapeau,*** avoir beaucoup d'ennuis ; se donner beaucoup de mal : *J'en ai bavé pour terminer à temps.*

bavette n.f. **1.** Petite serviette de tissu ou de plastique qui s'attache au cou : *Mettre une bavette à un bébé* (**SYN.** bavoir). **2.** Partie d'un tablier qui couvre la poitrine : *Tablier à bavette.* **3.** Viande de bœuf découpée dans la région abdominale : *Un bifteck dans la bavette.* ▸ *Fam.* ***Tailler une bavette avec qqn,*** bavarder avec lui.

baveux, euse adj. Qui bave : *Chien baveux.* ▸ ***Omelette baveuse,*** omelette au cœur encore moelleux.

bavoir n.m. Pièce de tissu ou de plastique qui protège des taches la poitrine des bébés (**SYN.** bavette).

bavure n.f. **1.** Trace laissée par de l'encre qui a bavé : *Un exemplaire plein de bavures* (**SYN.** tache, traînée). **2.** Faute due au non-respect d'une procédure ; conséquence fâcheuse qui en découle : *Bavures policières.* ▸ *Fam.* ***Sans bavure*** ou ***sans bavures,*** d'une manière irréprochable, impeccable : *Un travail net et sans bavure* (= parfait).

bayadère [bajadɛr] n.f. (port. *bailadeira,* danseuse). Danseuse sacrée de l'Inde.

bayer [baje] v.i. (var. de *béer*) [conj. 11]. ▸ ***Bayer aux corneilles,*** regarder en l'air, bouche bée : *Plutôt que de bayer aux corneilles, prends un livre* (**SYN.** rêvasser).

bayou [baju] n.m. (d'un mot amérindien signif. « petite rivière »)[pl. *bayous*]. Bras secondaire du Mississippi ; méandre abandonné : *Se promener sur les bayous.*

bazar n.m. (mot persan). **1.** Marché public en Orient et en Afrique du Nord. **2.** Magasin où l'on vend toutes sortes d'articles : *J'ai trouvé quelques bibelots au bazar.* **3.** *Fam.* Lieu où règne le désordre ; ensemble d'objets hétéroclites en désordre : *Quel bazar, ici !* (**SYN.** capharnaüm). *Il a un bazar invraisemblable dans son cartable* (**SYN.** bric-à-brac).

bazarder v.t. [conj. 3]. *Fam.* Se débarrasser de : *Elle bazarde un tas de vieilleries* (**SYN.** jeter ; **CONTR.** conserver).

bazooka [bazuka] n.m. (mot anglo-amér.). Lance-roquette antichar portable : *Les malfaiteurs ont attaqué le fourgon avec des bazookas.*

B.C.B.G. [besebeʒe] adj. inv. (sigle de *bon chic bon genre*). *Fam.* Conforme au bon goût, aux conventions ; classique : *Des filles, des tenues très B.C.B.G.*

B.C.G. ou **BCG** [beseʒe] n.m. inv. (sigle de [*vaccin*] *bilié* (= contenant de la bile) *de Calmette et Guérin*). Vaccin contre la tuberculose.

B.D. ou **BD** [bede] n.f. inv. (sigle). Bande dessinée : *Je t'ai acheté des B.D.* (**SYN.** bédé [fam.]).

béance n.f. *Litt.* ou *didact.* État de ce qui est béant : *La béance d'un précipice.*

béant, e adj. Largement ouvert : *Plaie béante. La porte de la maison était béante.*

béarnais, e adj. et n. Du Béarn, de ses habitants : *La littérature béarnaise. Un écrivain béarnais.* ▸ ***Sauce béarnaise,*** sauce à base d'échalotes, d'estragon, de jaune d'œuf et de beurre fondu. ◆ **béarnaise** n.f. Sauce béarnaise : *Une béarnaise maison.*

béat, e adj. (lat. *beatus,* heureux). Qui manifeste un contentement un peu niais : *Un sourire béat* (**SYN.** idiot).

béatement adv. De façon béate : *Il contemple béatement ses enfants* (= d'un air béat).

béatification n.f. Acte solennel par lequel le pape béatifie un défunt : *Procès en béatification.*

béatifier v.t. (du lat. *beatus*, heureux) [conj. 9]. Dans la religion catholique, mettre au rang des bienheureux : *Le pape béatifiera un prêtre-ouvrier.*

béatitude n.f. **1.** Bonheur parfait : *La contemplation du feu dans la cheminée le plonge dans une profonde béatitude* (**SYN.** ravissement ; **CONTR.** malheur, tristesse). **2.** Dans la religion chrétienne, félicité des élus au ciel.

beatnik [bitnik] n. et adj. (de l'anglo-amér. *beat generation*, génération foutue). Adepte d'un mouvement contestataire, né dans les années 1950 aux États-Unis, en réaction contre la société industrielle de consommation.

① **beau** ou **bel** (devant voyelle ou « h » muet), **belle** adj. (lat. *bellus*, joli, gracieux). **1.** Qui procure un plaisir esthétique ; qui ravit les sens : *Un bel homme* (**SYN.** séduisant ; **CONTR.** disgracieux, laid). *Un très beau tableau* (**SYN.** admirable, sublime ; **CONTR.** affreux, hideux). *De beaux opéras. Une belle vue* (**SYN.** magnifique, splendide). **2.** Qui procure du plaisir ; agréable : *Nous avons eu beau temps* (**SYN.** radieux ; **CONTR.** épouvantable). *Faire un beau voyage* (**SYN.** merveilleux ; **CONTR.** décevant). **3.** Qui témoigne d'une grande élévation morale : *Tu as fait un beau geste en aidant ta rivale* (**SYN.** admirable, sublime ; **CONTR.** ignoble, méprisable). *La clémence est un beau sentiment* (**SYN.** élevé, noble ; **CONTR.** bas, vil). *Ce n'est pas beau de mentir* (= ce n'est pas bien ; **SYN.** moral ; **CONTR.** blâmable). **4.** Qui est remarquable par son importance ; considérable : *Elle a amassé une belle fortune* (**SYN.** gros ; **CONTR.** modeste, petit). *Tu nous as fait une belle peur* (**SYN.** immense). *Un beau talent* (**SYN.** grand ; **CONTR.** médiocre). **5.** Qui est très satisfaisant, très réussi, qui convient parfaitement : *Avoir un beau jeu* (= avoir les cartes qui permettent de gagner). *Une belle santé* (**SYN.** bon, excellent ; **CONTR.** mauvais). ▸ ***De plus belle,*** encore plus fort qu'avant : *La pluie recommence à tomber de plus belle.* ***Le bel âge,*** la jeunesse. ***Le plus beau,*** ce qu'il y a de plus étonnant : *Le plus beau de l'histoire, c'est que tout le monde était au courant sauf lui.* ***Un beau jour*** ou ***un beau matin,*** à un moment indéterminé ; inopinément : *Et puis un beau jour elle est partie* (= sans que l'on s'y attende). ◆ **beau** adv. ▸ ***Avoir beau*** (+ inf.), s'efforcer en vain de : *Vous aurez beau faire, il ne changera pas d'avis* (= quoi que vous fassiez). ***Bel et bien,*** réellement, effectivement : *Elle s'est bel et bien trompée* (= incontestablement). ***Il fait beau,*** le soleil brille. *Sout.* ***Il ferait beau voir,*** il serait scandaleux de voir : *Il ferait beau voir qu'ils désobéissent.*

② **beau** n.m. Ce qui suscite un plaisir esthétique, de l'admiration : *Chaque époque a sa notion du beau* (**SYN.** beauté). ▸ *Iron.* ***C'est du beau !,*** il n'y a pas de quoi être fier : *C'est du beau de frapper un plus petit que soi !* (= c'est mal). ***Faire le beau,*** en parlant d'un chien, être assis en levant ses pattes de devant ; en parlant de qqn, se pavaner. *Péjor.* ***Vieux beau,*** homme âgé qui cherche encore à plaire.

beaucoup adv. **1.** (Avec un v.). Exprime la quantité, l'intensité, la fréquence : *Boire, manger beaucoup* (**SYN.** abondamment ; **CONTR.** modérément). *J'aime beaucoup ce livre* (**SYN.** énormément). *Il sort beaucoup en ce moment* (**SYN.** souvent ; **CONTR.** guère, rarement). **2.** (Suivi d'un comparatif ou de *trop*). Sert à renforcer le degré de comparaison, l'écart ; bien : *Elle est beaucoup plus grande que toi. Tu conduis beaucoup trop vite.* **3.** (Sans compl.). Un grand nombre de personnes ; une grande quantité de choses : *Beaucoup ont réussi à survivre. Il y en a beaucoup qui pensent le contraire. Elle gagne beaucoup* (= beaucoup d'argent). *Il y a de nombreuses questions, beaucoup vous concernent.* ▸ ***Beaucoup de*** (+ n.), un grand nombre de, une grande quantité de : *Ils ont beaucoup d'enfants. Elle a lu beaucoup de livres. Il a beaucoup d'esprit.* ***De beaucoup,*** indique une différence considérable : *Elle est de beaucoup la plus âgée* (= de loin). *Tu t'es trompé de beaucoup* (= largement).

beauf [bof] n.m. (abrév.). *Fam.* **1.** Beau-frère. **2.** Français moyen aux idées étroites.

beau-fils [bofis] n.m. (pl. *beaux-fils*). **1.** Fils que le conjoint a eu d'un mariage précédent : *Mes beaux-fils viennent voir leur père.* **2.** Époux de la fille (**SYN.** gendre).

Beaufort (échelle de), système utilisé pour mesurer la force du vent, gradué de 0 à 12 degrés : *Un vent de force 10 sur l'échelle de Beaufort.*

beau-frère n.m. (pl. *beaux-frères*). **1.** Frère du conjoint. **2.** Mari de la sœur ou de la belle-sœur.

beau-parent n.m. (pl. *beaux-parents*). Dans une famille recomposée, conjoint de la mère ou conjointe du père : *La nouvelle loi tente de définir le statut du beau-parent.* ◆ **beaux-parents** n.m. pl. Père et mère du conjoint ; belle-famille.

beau-père n.m. (pl. *beaux-pères*). **1.** Père du conjoint. **2.** Époux de la mère, pour les enfants de celle-ci nés d'un autre mariage.

beaupré n.m. (néerl. *boegspriet*, mât de proue). Mât placé plus ou moins obliquement à l'avant d'un voilier.

beauté n.f. (du lat. *bellus*, joli). **1.** Qualité de ce qui est beau, conforme à un idéal esthétique : *La beauté d'un paysage* (**SYN.** splendeur ; **CONTR.** laideur). **2.** Qualité d'une personne belle : *La beauté d'un visage* (**SYN.** charme, grâce, harmonie ; **CONTR.** disgrâce, hideur). *Un homme d'une grande beauté* (**SYN.** séduction ; **CONTR.** laideur). **3.** Caractère de ce qui est intellectuellement ou moralement digne d'admiration : *Ce geste de solidarité est d'une grande beauté* (**SYN.** noblesse ; **CONTR.** bassesse). ▸ ***En beauté,*** d'une façon brillante : *Terminer un discours en beauté* (= très bien ; **SYN.** magnifiquement ; **CONTR.** mal). ***Être en beauté,*** paraître plus beau que d'habitude : *Elle est très en beauté avec cette robe* (= elle est à son avantage). *Fam.* ***Se faire, se refaire une beauté,*** se maquiller et se coiffer ; rectifier son maquillage et sa coiffure. ***Soins de beauté,*** soins destinés à entretenir et à embellir le visage et le corps. ***Une beauté,*** une personne très belle. ◆ **beautés** n.f. pl. Les choses belles : *Les beautés de la Grèce* (= les sites et les monuments).

beaux-arts [bozar] n.m. pl. Nom donné à l'architecture et aux arts plastiques et graphiques (sculpture, peinture, gravure), parfois à la musique et à la danse : *Elle étudie les arts plastiques à l'École des beaux-arts.*

beaux-enfants n.m. pl. Dans une famille recomposée, enfants d'un conjoint nés d'une union antérieure.

beaux-parents n.m. pl. → **beau-parent.**

bébé n.m. (angl. *baby*). **1.** Tout petit enfant ; nourrisson : *Les soins à apporter aux bébés* (**SYN.** nouveau-né). **2.** *Fam.* Enfant ou adulte immature dont la conduite est puérile : *C'est un vrai bébé, il fuit ses responsabilités.* **3.** Petit d'un animal : *Bébé phoque.* **4.** *Fam.* Tâche lourde ou délicate : *On m'a refilé le bébé. C'est toi qui hérites du bébé.* ▸ ***Attendre un bébé,*** être enceinte. *Fam.* ***Jeter le bébé avec l'eau du bain,*** rejeter qqch en totalité sans tenir compte des éléments positifs qui y sont présents.

bébé-éprouvette n.m. (pl. *bébés-éprouvette*). Enfant né d'une fécondation in vitro.

be-bop n.m. → **bop.**

bec [bɛk] n.m. (mot d'orig. gaul.). **1.** Organe corné, à bords tranchants, qui constitue une partie de la tête des oiseaux et renferme leurs mâchoires : *La forme du bec de chaque espèce d'oiseau est adaptée à son régime alimentaire.* **2.** *Fam.* Bouche : *Elle lui a cloué le bec* (= elle l'a fait taire). **3.** Extrémité effilée, en biseau ou en pointe : *Le bec d'une plume. Bec verseur. Une flûte à bec* (**SYN.** embouchure). **4.** *Fam.* Au Québec et en Suisse, baiser : *Donne-moi un bec.* ▸ *Fam.* ***Avoir une prise de bec avec qqn,*** se disputer avec lui, avoir une altercation avec lui. *Anc.* ***Bec Bunsen*** → **Bunsen.** *Anc.* ***Bec de gaz,*** réverbère alimenté au gaz. *Fam.* ***Rester le bec dans l'eau,*** ne pas savoir quoi répondre ; être dans une situation sans issue. ***Se défendre bec et ongles,*** se défendre avec acharnement. *Fam.* ***Tomber sur un bec,*** rencontrer une difficulté imprévue ; échouer.

bécane n.f. *Fam.* **1.** Bicyclette, cyclomoteur ou moto. **2.** Machine sur laquelle on travaille : *Une bécane performante* (= machine-outil ou micro-ordinateur).

bécarre n.m. (it. *b quadro,* b carré [où *b* représente la note *si*]). En musique, signe d'altération (♮) qui ramène à son ton naturel une note précédemment modifiée par un dièse ou un bémol. ◆ adj. inv. Se dit d'une note affectée d'un bécarre : *Des fa bécarre.*

bécasse n.f. (de *bec*). **1.** Oiseau échassier migrateur aux pattes courtes, à bec long, mince et flexible. **2.** *Fam.* Fille ou femme un peu sotte.

bécassine n.f. Oiseau échassier voisin de la bécasse, mais plus petit.

bec-de-cane n.m. (pl. *becs-de-cane*). Serrure sans clé fonctionnant avec un bouton ou une poignée ; cette poignée, en forme de bec de cane.

bec-de-lièvre n.m. (pl. *becs-de-lièvre*). Malformation congénitale consistant en une fente de la lèvre supérieure : *La chirurgie réparatrice peut supprimer les becs-de-lièvre.*

bec-de-perroquet n.m. (pl. *becs-de-perroquet*). Excroissance osseuse des vertèbres due à l'arthrose.

bêchage n.m. Action de bêcher la terre.

béchamel n.f. (du nom de son inventeur). Sauce blanche à base d'un roux additionné de lait : *Des épinards béchamel* ou *à la béchamel. Je réussis bien les béchamels.*

bêche n.f. Outil composé d'une large lame de métal, plate et tranchante, adaptée à un long manche, qui permet de retourner la terre.

① **bêcher** v.t. (lat. *bessicare,* de *bessus,* bêche) [conj. 4]. Retourner la terre avec une bêche : *Elle bêchera son jardin avant de semer.*

② **bêcher** v.i. et v.t. (dialect. *béguer,* attaquer à coups de bec) [conj. 4]. *Fam.* Se montrer hautain et méprisant : *Depuis qu'il est directeur, il bêche* ou *il nous bêche* (**SYN.** snober).

bêcheur, euse n. et adj. (de 2. *bêcher*). *Fam.* Personne prétentieuse, méprisante : *Elles sont sacrément bêcheuses.*

bécot n.m. (de *bec*). *Fam.* Petit baiser : *Je t'envoie plein de bécots.*

bécoter v.t. [conj. 3]. *Fam.* Donner de petits baisers à. ◆ **se bécoter** v.pr. *Fam.* Se donner des baisers ; s'embrasser.

becquée ou **béquée** n.f. Quantité de nourriture qu'un oiseau prend dans son bec : *La pie donne la becquée à ses oisillons.*

becquerel n.m. (du nom du physicien *Henri Becquerel*). Unité de mesure d'activité d'une source radioactive.

becquet ou **béquet** n.m. **1.** Languette de papier que l'on colle sur une épreuve d'imprimerie pour signaler qu'elle porte une correction. **2.** Élément ajouté à la carrosserie d'une automobile pour la rendre aérodynamique.

becqueter ou **béqueter** [bɛkte] v.t. [conj. 27]. Piquer, attraper avec le bec, en parlant d'un oiseau : *Les pigeons becquettent des morceaux de pain* (**SYN.** picorer).

bedaine n.f. (de l'anc. fr. *boudine,* nombril). *Fam.* Gros ventre : *Il a pris de la bedaine* (= du ventre).

bédane n.m. (de *bec,* et de l'anc. fr. *ane,* canard). Ciseau en acier trempé, plus épais que large : *Le bédane du menuisier.*

bédé n.f. (de *B.D.*). *Fam.* Bande dessinée.

bedeau n.m. Employé laïque d'une église, chargé de veiller au bon déroulement des offices, des cérémonies : *Les bedeaux sonnent les cloches.*

bédéphile n. et adj. (de *B.D.*). Amateur ou collectionneur de bandes dessinées.

bédéthèque n.f. Collection de bandes dessinées ; département des bandes dessinées dans une bibliothèque.

bedon n.m. *Fam.* Ventre rebondi : *Il a un sacré bedon.*

bedonnant, e adj. *Fam.* Qui a du ventre (**SYN.** ventripotent, ventru).

bedonner v.i. [conj. 3]. *Fam.* Prendre du ventre.

bédouin, e adj. et n. Qui se rapporte aux Bédouins, Arabes nomades du désert.

bée adj.f. ▸ ***Bouche bée,*** bouche ouverte d'admiration, d'étonnement, de stupeur : *Cet exploit l'a laissée bouche bée* (= elle en était stupéfaite). *Les enfants restent bouche bée devant les culbutes du clown* (= muets d'admiration).

béer v.i. (du lat. pop. *batare,* bâiller) [conj. 15]. *Litt.* Être grand ouvert : *Toutes les portes de la maison béaient.*

beffroi n.m. (haut all. *bergfrid,* ce qui garde la paix). Dans une ville, tour de guet, dotée d'une cloche, d'une horloge et qui symbolise le pouvoir municipal : *Les beffrois de Gand et de Lille.*

bégaiement n.m. Trouble de la parole caractérisé par le fait de répéter involontairement ou de ne pas pouvoir prononcer certaines syllabes.

bégayer [begeje] v.i. [conj. 11]. Être atteint d'un bégaiement : *Les bègues ne bégaient pas en chantant.*

◆ v.t. Exprimer avec embarras : *Elles ont bégayé des excuses* (**SYN.** balbutier, bredouiller).

bégonia n.m. (du nom de *Bégon*, intendant général de Saint-Domingue). Plante originaire de l'Amérique du Sud, cultivée pour son feuillage décoratif et ses fleurs vivement colorées : *Une bordure de bégonias.*

bègue adj. et n. (de l'anc. fr. *béguer*, bégayer). Atteint de bégaiement : *Elle est bègue.*

bégueule adj. et n. (de *bée gueule*). *Fam.* Qui témoigne d'une pudibonderie excessive ou affectée : *Il n'est pas bégueule du tout* (**SYN.** prude ; **CONTR.** dévergondé, libertin).

béguin n.m. **1.** *Fam.* Penchant amoureux passager ; personne qui en est l'objet : *Avoir le béguin pour qqn* (= être entiché de qqn). *C'est son dernier béguin* (**SYN.** amoureux, flirt). **2.** Coiffe à capuchon portée par les béguines. **3.** *Anc.* Bonnet de bébé noué sous le menton.

béguinage n.m. Communauté de béguines ; ensemble des bâtiments abritant cette communauté.

béguine n.f. Religieuse chrétienne d'une communauté où l'on entre sans prononcer de vœux perpétuels, notamm. aux Pays-Bas et en Belgique.

bégum [begɔm] n.f. (du hindi *beg*, seigneur). En Inde, titre d'honneur donné aux princesses.

béhaviorisme n.m. (de l'anglo-amér. *behavior*, comportement). Doctrine qui limite la psychologie à l'étude du comportement (**SYN.** comportementalisme).

béhavioriste adj. et n. Relatif au béhaviorisme ; partisan du béhaviorisme.

beige adj. D'une couleur brun très clair proche du jaune pâle : *Des vestes beiges. Des chaussures beige foncé.* ◆ n.m. Couleur brun très clair : *Des beiges allant du plus pâle au plus sombre.*

① **beigne** n.f. (anc. fr. *buyne*, bosse). *Fam.* Gifle ; claque.

② **beigne** n.m. (de *1. beigne*). Au Québec, anneau de pâte sucrée frite : *Des beignes au sirop d'érable* (**SYN.** beignet).

beignet n.m. (de *1. beigne*). Préparation culinaire composée d'une pâte, enrobant ou non un aliment et que l'on plonge dans la friture : *Un beignet aux pommes. Des beignets de fruits de mer.*

béké n. (mot du créole antillais). Aux Antilles, créole martiniquais ou guadeloupéen descendant d'immigrés blancs.

bel adj. m. sing. → **1. beau.**

bel canto n.m. inv. (mots it. signif. « beau chant »). Style de chant fondé sur la beauté du son et la recherche de la virtuosité.

bêlement n.m. **1.** Cri des moutons et des chèvres. **2.** *Péjor.* Voix chevrotante ; plainte ou cri geignard : *Les bêlements d'un chanteur* (**SYN.** chevrotement, trémolo).

bêler v.i. [conj. 4]. **1.** Émettre un bêlement, en parlant du mouton, de la chèvre. **2.** *Péjor.* Parler d'une voix chevrotante, geignarde ; chevroter, geindre.

bel-étage n.m. inv. En Belgique, rez-de-chaussée surélevé.

bel et bien loc. adv. → **1. beau.**

belette n.f. (dimin. de *belle*). Petit mammifère carnivore au corps long, au pelage fauve sur le dos et au ventre blanc.

belge adj. et n. De la Belgique ; de ses habitants : *Les Communautés belges.*

belgicisme n.m. Mot, sens, tournure propre au français de Belgique : *« Clignoteur », « cuistax » et « minimex » sont des belgicismes.*

bélier n.m. (du néerl.). **1.** Mouton mâle. **2.** Dans l'Antiquité et au Moyen Âge, machine de guerre, constituée d'une poutre terminée par une masse métallique et utilisée pour défoncer les murs, les portes. ▸ ***Coup de bélier,*** choc violent qui ébranle ; coup porté pour saper les fondements : *Les coups de bélier des jeunes militants contre la mondialisation* (= leurs attaques contre elle). **3.** (Employé en appos., avec ou sans trait d'union). Qui est utilisé à la manière d'un bélier du Moyen Âge : *Un vol à la voiture bélier.* ◆ **Bélier** n. inv. et adj. inv. Personne née sous le signe du Bélier, entre le 21 mars et le 20 avril : *Mes amies Bélier.*

bélître n.m. *Vx* Vaurien ; escroc.

belladone n.f. (it. *belladonna*, belle dame). Plante des taillis et décombres, à baies noires de la taille d'une cerise, très vénéneuse, qui contient de l'*atropine*, employée en médecine.

bellâtre n.m. (de *bel*). *Vieilli, péjor.* Homme d'une beauté fade.

① **belle** adj.f. → **1. beau.**

② **belle** n.f. **1.** Belle femme, jolie fille ; femme aimée : *La Belle et la Bête. Il se promène avec sa belle.* **2.** Partie qui départage deux joueurs, deux équipes à égalité. ▸ *Fam., iron.* ***En dire, en faire, en entendre de belles,*** dire, faire, entendre des choses blâmables, scandaleuses. *Fam.* ***Se faire la belle,*** s'évader de prison.

belle-de-jour n.f. (pl. *belles-de-jour*). Liseron dont les fleurs ne s'épanouissent que le jour.

belle-de-nuit n.f. (pl. *belles-de-nuit*). Plante dont les grandes fleurs colorées s'ouvrent la nuit.

belle-famille n.f. (pl. *belles-familles*). Famille du conjoint.

belle-fille n.f. (pl. *belles-filles*). **1.** Fille que le conjoint a eue d'un mariage précédent : *Mes belles-filles viennent voir leur mère.* **2.** Femme du fils (**SYN.** bru).

belle-mère n.f. (pl. *belles-mères*). **1.** Mère du conjoint : *Les belles-mères de nos filles.* **2.** Épouse du père, pour les enfants de celui-ci nés d'un autre mariage.

belles-lettres n.f. pl. Ensemble des arts littéraire, poétique et rhétorique (**SYN.** littérature).

belle-sœur n.f. (pl. *belles-sœurs*). **1.** Femme du frère ou du beau-frère. **2.** Sœur du conjoint.

bellicisme n.m. (du lat. *bellum*, guerre). Tendance à préconiser l'emploi de la force pour régler les différends internationaux (**CONTR.** non-violence, pacifisme).

belliciste n. et adj. Partisan du bellicisme (**CONTR.** pacifiste).

belligérance n.f. Situation d'un pays en état de guerre.

belligérant, e adj. (du lat. *bellum*, guerre, et *gerere*, faire). Se dit d'un pays qui participe à une guerre : *Les puissances belligérantes* (**CONTR.** neutre, non belligérant). ◆ adj. et n. Se dit d'un combattant des forces armées d'un pays en état de guerre : *Les droits des belligérants sont reconnus par des conventions internationales.*

◆ **belligérants** n.m. pl. L'ensemble des pays en guerre : *La stratégie des belligérants.*

belliqueux, euse adj. (lat. *bellicosus,* guerrier). **1.** Qui aime la guerre ; qui cherche à provoquer la guerre : *Des déclarations belliqueuses* (**CONTR.** pacifiste). **2.** Qui cherche les querelles : *Tempérament belliqueux* (**SYN.** batailleur, querelleur ; **CONTR.** pacifique, paisible).

belluaire n.m. (du lat. *bellua,* bête fauve). Dans la Rome antique, gladiateur qui combattait les bêtes féroces (**SYN.** bestiaire).

belon n.f. (de *Belon,* fleuve breton). Huître plate et ronde, à chair brune.

belote n.f. (du nom de *F. Belot,* qui perfectionna ce jeu). Jeu qui se joue avec 32 cartes entre deux, trois ou quatre joueurs ; la dame et le roi d'atout quand ils sont dans la même main : *Belote et rebelote.*

béluga [beluga] ou **bélouga** n.m. (du russe). **1.** Mammifère des mers arctiques, proche du narval, de couleur blanche. **2.** En Bretagne, dauphin ou gros poisson (thon, requin). **3.** Espèce d'esturgeon de la mer Caspienne ; caviar qu'il fournit.

belvédère n.m. (de l'it. *bello,* beau, et *vedere,* voir). Pavillon ou terrasse en hauteur d'où la vue porte loin.

bémol n.m. (it. *b molle,* b arrondi [où *b* représente la note *si*]). En musique, signe d'altération (♭) qui baisse d'un demi-ton la note qu'il précède : *Les bémols, les dièses et les bécarres.* ▸ *Fam.* ***Mettre un bémol,*** parler moins fort ; atténuer la violence de ses propos : *Elle a mis un bémol à ses exigences* (= elle les a modérées). ◆ adj. inv. Se dit d'une note affectée d'un bémol : *Des mi bémol.*

ben [bɛ̃] adv. (de *1. bien*). *Fam.* Eh bien : *Ben quoi, tu viens pas ?*

bénard, e adj. et n.f. (de *Bernard*). Se dit d'une serrure, d'un verrou s'actionnant des deux côtés par une clé à tige pleine, dite *clé bénarde.*

bénédicité n.m. (du lat. *benedicite,* bénissez, premier mot de la prière). Prière qui se dit avant le repas : *Ils disent trois bénédicités par jour.*

bénédictin, e n. et adj. (du lat. *Benedictus,* Benoît). Religieux de l'ordre fondé par saint Benoît de Nursie. ▸ ***Travail de bénédictin,*** travail long et minutieux : *Rédiger une thèse, c'est un travail de bénédictin.*

bénédiction n.f. **1.** Prière, cérémonie par laquelle un religieux bénit qqn, qqch : *Bénédiction « urbi et orbi »* (= que le pape donne à la ville de Rome et au monde). **2.** Approbation sans réserve : *Faire un investissement avec la bénédiction des actionnaires* (**SYN.** accord, assentiment ; **CONTR.** désapprobation). ▸ ***C'est une bénédiction,*** c'est un bienfait qui arrive au moment voulu : *C'est une bénédiction que tu sois venu.*

bénéfice n.m. (lat. *beneficium,* bienfait). **1.** Profit financier que l'on retire d'une opération commerciale : *La société intéresse ses employés aux bénéfices qu'elle réalise* (**SYN.** excédent, gain ; **CONTR.** déficit, perte). **2.** Avantage, bienfait tiré de qqch : *Perdre le bénéfice de ses efforts* (**SYN.** fruit, profit). ▸ ***Au bénéfice de,*** grâce à : *Obtenir l'acquittement au bénéfice du doute* ; au profit de : *Spectacle organisé au bénéfice d'une association humanitaire.* ***Sous bénéfice d'inventaire,*** sous réserve de vérification : *Je me rallie à votre proposition sous bénéfice d'inventaire.*

bénéficiaire adj. et n. Qui profite d'un bénéfice : *Les bénéficiaires de la mesure gouvernementale.* ◆ adj. Qui concerne un bénéfice financier ; qui produit un bénéfice : *Marge bénéficiaire. Opération commerciale bénéficiaire* (**SYN.** lucratif, rentable ; **CONTR.** déficitaire).

bénéficier v.t. ind. [conj. 9]. **1. [de].** Tirer un profit, un avantage de ; obtenir tel avantage, telle faveur de : *Il bénéficie de la bonne réputation de sa famille* (**SYN.** profiter de ; **CONTR.** pâtir de, souffrir de). *Elle a bénéficié des circonstances atténuantes. Ils ont pu bénéficier du droit d'asile* (**SYN.** jouir de). **2. [à].** Apporter un avantage, un profit à : *La solidarité bénéficie à tous* (**SYN.** profiter à). ◆ v.i. En Afrique, faire des bénéfices.

bénéfique adj. Qui a un effet positif ; qui est favorable : *Cette mesure a un effet bénéfique sur l'économie* (**SYN.** salutaire ; **CONTR.** désastreux, fâcheux). *Son mois de vacances lui a été très bénéfique* (**SYN.** bienfaisant, profitable ; **CONTR.** néfaste).

benêt [bənɛ] adj.m. et n.m. (lat. *benedictus,* béni). Se dit d'un garçon maladroit et un peu sot : *De grands benêts* (**SYN.** dadais, niais, nigaud ; **CONTR.** malin).

bénévolat n.m. Situation d'une personne qui fait un travail bénévole : *Encourager le bénévolat.*

bénévole adj. et n. (du lat. *bene,* bien, et *volo,* je veux). Qui accomplit un travail sans être rémunéré, sans être obligé de le faire : *Une animatrice bénévole* (**CONTR.** payé, rétribué). *Les bénévoles des associations caritatives.* ◆ adj. Fait sans obligation ni rétribution : *Une aide bénévole* (**SYN.** désintéressé, gracieux).

bénévolement adv. De façon bénévole : *Elle travaille bénévolement pour les sans-abri* (**SYN.** gratuitement).

① **bengali, e** [bɛ̃gali] adj. et n. Relatif au Bengale, à ses habitants : *Littérature bengalie.* ◆ **bengali** n.m. Langue indo-aryenne parlée au Bengale.

② **bengali** [bɛ̃gali] n.m. Petit passereau à plumage brun taché de couleurs vives, originaire de l'Afrique tropicale, souvent élevé en volière.

bénignité [beniɲite] n.f. (lat. *benignitas,* bienveillance). Caractère de ce qui est bénin, sans gravité : *La bénignité d'une maladie.*

bénin, igne [benɛ̃, beniɲ] adj. (lat. *benignus,* bienveillant). Sans conséquences graves : *Rhume bénin* (**SYN.** léger ; **CONTR.** dangereux, sérieux). *Tumeur bénigne* (**CONTR.** malin). *Des erreurs bénignes* (**SYN.** anodin ; **CONTR.** important).

bénir v.t. (lat. *benedicere,* de *bene,* bien, et *dicere,* dire) [conj. 32]. **1.** Appeler la protection de Dieu sur : *Le pape a béni les fidèles. Prêtre qui bénit un bateau.* **2.** Montrer une grande reconnaissance envers ; se féliciter de : *Je la bénis de m'avoir tiré d'embarras* (**SYN.** louer ; **CONTR.** maudire). ▸ ***Béni des dieux,*** favorisé par le sort : *Une région bénie des dieux.*

bénit, e adj. (anc. p. passé de *bénir*). Qui a reçu une bénédiction rituelle : *Eau bénite. Des rameaux bénits.* ▸ *Fam.* ***C'est pain bénit,*** c'est une aubaine.

bénitier n.m. **1.** Bassin à eau bénite. **2.** Mollusque dont les grandes valves étaient utilisées comme bénitiers.

benjamin, e [bɛ̃ʒamɛ̃, in] n. (de *Benjamin,* le plus jeune fils de Jacob). Le plus jeune enfant d'une famille ; la plus jeune personne d'un groupe : *La benjamine de* *la famille* (**SYN.** dernier-né ; **CONTR.** aîné). *Le benjamin de l'Assemblée nationale* (**CONTR.** doyen). ◆ n. et adj. Jeune sportif, jeune sportive entre 11 et 13 ans.

benjoin [bɛ̃ʒwɛ̃] n.m. (d'un mot ar. signif. « encens de Java »). Résine aromatique tirée du tronc d'un arbre de l'Asie méridionale, et utilisée comme antiseptique.

benne n.f. (lat. *banna*). **1.** Caisson utilisé pour le transport de matériaux : *Les bennes à ordures. Camion à benne basculante.* **2.** Appareil à mâchoires métalliques génér. monté sur une grue et qui sert à prendre et à déplacer des matériaux. **3.** Cabine de téléphérique.

benoît, e adj. (lat. *benedictus*, béni). *Litt.* Qui est d'une douceur hypocrite : *Un sourire benoît* (**SYN.** doucereux ; **CONTR.** franc, sincère).

benzène [bɛ̃zɛn] n.m. (du lat. *benzoe*, benjoin). Liquide incolore, volatil, combustible, obtenu à partir du pétrole ou de la houille et utilisé comme dissolvant.

benzine [bɛ̃zin] n.f. (du rad. de *benzène*). Mélange d'hydrocarbures utilisé comme solvant et détachant.

benzol [bɛ̃zɔl] n.m. (du rad. de *benzène*). Mélange de benzène et de toluène, extrait des goudrons de houille et utilisé comme carburant.

béotien, enne [beɔsjɛ̃, ɛn] adj. et n. **1.** Relatif à la Béotie. **2.** Qui s'intéresse peu à la culture ; qui manque de goût : *Un individu des plus béotiens* (**SYN.** fruste, inculte ; **CONTR.** cultivé, fin). *Quel béotien tout de même !* (**SYN.** ignorant, rustre). **3.** Qui est incompétent dans un domaine : *Cette application devrait permettre aux béotiens de l'informatique de se débrouiller* (**SYN.** profane ; **CONTR.** expert, spécialiste).

B.E.P. ou **BEP** [beəpe] n.m. (sigle). ▸ ***Brevet d'études professionnelles*** → **brevet.**

béquée n.f. → **becquée.**

béquet n.m. → **becquet.**

béqueter v.t. [conj. 27] → **becqueter.**

béquille [bekij] n.f. (de *bec*, et du lat. *anaticula*, petit canard). **1.** Canne surmontée d'une traverse à placer sous l'aisselle sur laquelle s'appuient les personnes infirmes ou blessées pour marcher : *Marcher avec des béquilles.* **2.** Support pour maintenir à l'arrêt un deux-roues.

ber [bɛr] n.m. (lat. *bercium*, du gaul.). Charpente, épousant la forme de la coque, sur laquelle repose un navire de faible tonnage en construction ou en réparation (**SYN.** berceau).

berbère adj. et n. Relatif aux Berbères, peuple d'Afrique du Nord : *Des tribus berbères.* ◆ n.m. Langue parlée par les Berbères et dénommée *tamazight* par ces derniers.

bercail [bɛrkaj] n.m. sing. (du lat. *berbex*, brebis). *Fam.* Foyer familial ; pays natal : *Nous rentrons au bercail* (= chez nous).

berçante ou **berceuse** n.f. Au Québec, chaise ou fauteuil à bascule.

berceau n.m. (de *ber*). **1.** Lit de bébé souvent conçu de façon à pouvoir être balancé : *Les berceaux des jumeaux.* **2.** *Fig.* Lieu de naissance, d'origine : *La Grèce, berceau de la civilisation occidentale.* **3.** Dans la marine, ber. **4.** En architecture, voûte à simple courbure, reposant sur deux murs parallèles (on dit aussi *voûte en berceau*). ▸ ***Au berceau*** ou ***dès le berceau,*** dès le plus jeune âge.

bercement n.m. Action de bercer ; fait d'être bercé : *Le bercement d'un bateau* (**SYN.** balancement, tangage).

bercer v.t. [conj. 16]. **1.** Balancer d'un mouvement doux et régulier de va-et-vient : *Bercer un bébé dans ses bras. Se laisser bercer par les flots.* **2.** Procurer un sentiment de bien-être, de calme : *Nous étions bercés par la douce musique de l'orchestre* (**SYN.** apaiser ; **CONTR.** exalter). **3. [de].** Pousser par des paroles trompeuses à des espoirs vains : *Le candidat berce l'opinion de promesses fallacieuses* (**SYN.** berner, endormir ; **CONTR.** détromper). ▸ ***Être bercé de,*** être imprégné durablement de : *Elle a été bercée de musique et de poésie* (= elle en a entendu dès l'enfance). ◆ **se bercer** v.pr. **[de].** Se tromper soi-même en s'attachant à une idée qui nous flatte : *Elle s'est bercée d'illusions.*

berceuse n.f. **1.** Chanson au rythme lent pour endormir les enfants ; pièce musicale sur le même rythme. **2.** Au Québec, berçante.

béret n.m. (béarnais *berret*, du lat. *birrum*, capote à capuchon). Coiffure souple, ronde et plate, sans visière ni bords : *Béret basque.*

bérézina n.f. (du nom d'un fleuve russe). *Fam.* Échec complet de quelque chose ; défaite catastrophique de quelqu'un : *La bérézina de la netéconomie* (**SYN.** désastre). *Ils ont connu une bérézina électorale* (**SYN.** déroute).

bergamote n.f. (du turc *begarmadé*, poire du seigneur). **1.** Fruit du bergamotier dont la peau fournit une essence odoriférante : *Thé à la bergamote.* **2.** Bonbon à l'essence de bergamote : *Les bergamotes de Nancy.*

bergamotier n.m. Arbre voisin de l'oranger, cultivé pour ses fruits, les bergamotes.

① **berge** n.f. Bord d'un cours d'eau : *Les berges de la rivière sont en pente* (**SYN.** rive). *Les automobilistes empruntent les voies sur berge* (= voie à grande circulation distincte du quai).

② **berge** n.f. *Fam.* Année d'âge : *Il a quarante berges* (**SYN.** an).

① **berger, ère** n. (du lat. *berbex*, brebis). Personne qui garde les moutons, les chèvres : *La bergère conduit son troupeau.* ▸ *Litt.* ***Bon berger, mauvais berger,*** bon, mauvais guide ou conseiller : *Les mauvais bergers des sectes.* ***L'étoile du berger,*** la planète Vénus.

② **berger** n.m. Chien de berger : *Berger allemand. Berger des Pyrénées.*

bergère n.f. Large fauteuil à dossier rembourré et coussin sur le siège, dont les côtés sont pleins.

bergerie n.f. Bâtiment où l'on abrite et soigne les moutons et les brebis. ▸ ***Enfermer*** ou ***faire entrer le loup dans la bergerie,*** introduire sans méfiance qqn dans un lieu où il peut nuire.

bergeronnette n.f. (de *bergère*, cet oiseau fréquentant les bergeries). Oiseau passereau insectivore, aussi appelé *hochequeue* ou *lavandière*, vivant au bord des eaux et qui marche en remuant sa longue queue.

béribéri n.m. (d'une langue de l'Inde). Maladie due à une carence en vitamine B1, caractérisée par des œdèmes et une insuffisance cardiaque ou par des troubles nerveux.

berk [bɛrk] ou **beurk** interj. *Fam.* Exprime le dégoût, l'écœurement : *Berk ! C'est infect* (**SYN.** pouah).

berline n.f. (de *Berlin,* ville où cette voiture fut mise à la mode). **1.** Automobile à quatre portes et quatre vitres latérales. **2.** *Anc.* Voiture à cheval, à suspension et à quatre roues, recouverte d'une capote.

berlingot n.m. (it. *berlingozzo,* gâteau). **1.** Bonbon aromatisé à quatre faces triangulaires, strié de minces filets colorés : *Il suce des berlingots aux fruits.* **2.** Emballage commercial de forme tétraédrique ou cylindrique, utilisé pour les liquides ; son contenu : *Eau de Javel en berlingot. Un berlingot de crème fraîche.*

berlue n.f. (de l'anc. fr. *belluer,* éblouir). ▸ *Fam.* ***Avoir la berlue,*** être le jouet d'une illusion, d'une erreur de jugement : *J'ai la berlue ou il se laisse pousser la barbe ?* (= je me trompe).

bermuda n.m. (mot anglo-amér.). Short long s'arrêtant un peu au-dessus du genou : *Elles portent des bermudas rayés.*

bernardin, e n. Religieux cistercien.

bernard-l'ermite ou **bernard-l'hermite** n.m. inv. (mot languedocien). Crustacé à abdomen mou, qui se loge dans des coquilles de gastropodes vides : *Elle ramasse des bernard-l'ermite sur la plage.*

berne n.f. ▸ ***Drapeau en berne,*** drapeau hissé à mi-hauteur du mât ou roulé autour de sa hampe, en signe de deuil : *Mettre les drapeaux en berne.*

berner v.t. (anc. fr. *berner,* vanner le blé) [conj. 3]. Tromper en mentant, en agissant de façon perfide : *Elle nous a bernés* (**SYN.** abuser [litt.], duper).

① **bernique** ou **bernicle** n.f. (breton *bernic*). Mollusque comestible à coquille conique, aussi appelé *patelle* ou *chapeau chinois.*

② **bernique** interj. (du normand *emberniquer,* salir). *Vieilli* Marque la déception ou exprime un refus : *Sans outil pour réparer, bernique !* (= rien à faire, impossible). *On comptait sur l'argent, mais bernique !* (= rien du tout).

berrichon, onne adj. et n. Relatif au Berry, à ses habitants. ◆ **berrichon** n.m. Dialecte de langue d'oïl parlé dans le Berry.

béryl [beril] n.m. Pierre précieuse dont les principales variétés sont celle de couleur verte, appelée *émeraude,* et celle de couleur bleue tirant sur le vert, appelée *aigue-marine.*

béryllium [beriljɔm] n.m. Métal léger, gris, utilisé dans les réacteurs nucléaires et l'industrie aérospatiale.

besace n.f. (du lat. *bis,* deux fois, et *saccus,* sac). Long sac s'ouvrant en son milieu et dont les extrémités forment des poches : *La besace se porte sur l'épaule.*

bésef ou **bézef** adv. (mot ar.). ▸ *Fam.* ***Pas bésef,*** pas beaucoup.

bésicles [bezikl] ou **besicles** [bəzikl] n.f. pl. (de *béryl,* pierre fine dont on faisait des loupes). *Vx* Lunettes rondes. ▸ ***Chausser ses bésicles,*** mettre ses lunettes (se dit par plaisanterie).

besogne n.f. (anc. fém. de *besoin*). Tâche professionnelle ou imposée par les circonstances : *J'ai achevé ma besogne quotidienne* (**SYN.** ouvrage, travail). *Abattre de la besogne* (= travailler beaucoup et rapidement). ▸ ***Aller vite en besogne,*** travailler vite ; fig., brûler les étapes, tirer des conclusions hâtives : *C'est aller un peu vite en besogne que de mettre ces incidents sur le même plan.*

besogner v.i. [conj. 3]. *Vieilli, péjor.* Travailler avec peine pour un piètre résultat : *Il besogne pour faire vivre sa famille* (**SYN.** peiner).

besogneux, euse adj. et n. **1.** *Péjor.* Qui fait scrupuleusement ou médiocrement une besogne mal rétribuée : *Un écrivain besogneux* (**SYN.** médiocre). **2.** *Vx* Qui est dans la misère : *Une famille besogneuse* (**SYN.** démuni, nécessiteux ; **CONTR.** riche).

besoin n.m. (du frq. *bisunnia*). **1.** Insatisfaction née du sentiment que qqch d'indispensable nous manque ; nécessité d'y remédier qui en résulte : *Un être vivant a besoin de manger, de boire et de dormir. Un besoin de savoir* (**SYN.** exigence). *Elle a besoin de distraction* (**SYN.** désir, envie). **2.** Ce qui est nécessaire pour satisfaire un désir personnel, pour répondre à une nécessité sociale : *Les séjours à la mer sont pour elle un besoin* (**SYN.** nécessité). ▸ ***Au besoin,*** si nécessaire : *Au besoin, nous dormirons sur place* (= s'il le faut). ***Avoir besoin de*** (+ inf.), ***que*** (+ subj.), sentir la nécessité de : *J'ai besoin de savoir* (= il faut que je sache). *Elle a besoin que vous l'aidiez.* ***Avoir besoin de qqch,*** en sentir l'utilité : *Vous n'avez pas besoin de portable.* ***Être dans le besoin,*** manquer d'argent : *Venir en aide à ceux qui sont dans le besoin* (= dans le dénuement, la misère). ***Si besoin est*** ou ***s'il en est besoin,*** si cela est nécessaire : *Si besoin est, je lui en toucherai un mot* (= s'il le faut). ◆ **besoins** n.m. pl. **1.** Ce qui est nécessaire à la vie et que l'on obtient par l'argent : *Subvenir aux besoins de qqn. Les besoins d'un pays en électricité.* **2.** Excréments ; déjections naturelles : *Faire ses besoins* (= uriner, déféquer). ▸ ***Pour les besoins de la cause,*** dans le seul but de démontrer ce que l'on dit, de se justifier : *Il a dû mentir pour les besoins de la cause.*

① **bestiaire** n.m. (lat. *bestiarius,* de *bestia,* bête). Dans la Rome antique, gladiateur qui combattait les bêtes féroces (**SYN.** belluaire).

② **bestiaire** n.m. (lat. *bestiarium*). **1.** Traité ou recueil d'images concernant des animaux réels ou imaginaires, au Moyen Âge : *Un bestiaire illustré.* **2.** Recueil de poèmes ou de fables sur les animaux.

bestial, e, aux adj. Qui fait ressembler l'homme à la bête : *Comportement bestial* (**SYN.** brutal, grossier ; **CONTR.** délicat, raffiné). *Une violence bestiale* (**SYN.** sauvage).

bestialement adv. De façon bestiale : *Ils se sont jetés bestialement sur la nourriture* (**SYN.** sauvagement).

bestialité n.f. Caractère d'une personne qui se conduit bestialement ; caractère bestial de qqch : *La bestialité d'un criminel, d'un crime* (**SYN.** barbarie, cruauté, sauvagerie).

bestiau n.m. *Fam.* Animal : *Il y a un bestiau dans la salade* (**SYN.** bestiole, bête). ◆ **bestiaux** n.m. pl. Animaux domestiques élevés en troupeaux : *Marchand de bestiaux* (**SYN.** bétail).

bestiole n.f. Petite bête : *Un rosier plein de bestioles* (**SYN.** insecte).

best of [bɛstɔf] n.m. inv. (mots angl. signif. « [le] meilleur de »). Sélection des meilleurs passages d'une œuvre ; anthologie, compilation, florilège.

best-seller [bɛstsɛlœr] n.m. (mot angl. signif. « le mieux vendu »)[pl. *best-sellers*]. **1.** Livre qui se vend très bien : *La liste des best-sellers de la rentrée* (= des succès de librairie). **2.** Gros succès commercial : *Cette voiture est un best-seller.*

① **bêta** n.m. inv. Deuxième lettre de l'alphabet grec (Β, β). ▸ ***Rayons bêta,*** flux d'électrons ou de positrons émis par certains éléments radioactifs.

② **bêta, asse** adj. et n. *Fam.* Qui est d'une naïveté ridicule : *Elle est un peu bêtasse mais gentille* (**SYN.** nigaud, sot ; **CONTR.** futé, malin). *Un grand bêta.* ▸ ***Gros bêta,*** terme affectueux : *Mais non, gros bêta, je ne pars pas !*

bêtabloquant, e adj. et n.m. Se dit d'une substance, d'un médicament contre l'hypertension : *Une prescription de bêtabloquants.*

bétail [betaj] n.m. sing. (de *bête*). Ensemble des animaux d'élevage d'une ferme, à l'exception des volailles et des lapins : *Foire au bétail* (**SYN.** bestiaux). ▸ ***Gros bétail,*** chevaux, ânes, mulets, bovins. ***Petit bétail,*** moutons, chèvres, porcs. ***Traiter qqn comme du bétail,*** le traiter sans ménagement : *Ce rustre nous traite comme du bétail.*

bétaillère [betajɛr] n.f. Véhicule à claire-voie, remorque qui sert au transport du bétail.

① **bête** n.f. (du lat. *bestia*). **1.** Tout animal autre que l'homme : *Le lion, le tigre sont des bêtes fauves* (= des fauves). *Les ânes, les mulets sont des bêtes de somme* (= animaux auxquels on fait porter des fardeaux). *Les bêtes à cornes* (= bœufs, vaches, chèvres). **2.** Instinct animal chez l'homme : *Dompter la bête en soi* (**SYN.** animalité). ▸ ***Bête à bon Dieu,*** coccinelle. *Fam.* ***Bête à concours,*** personne qui réussit brillamment dans ses études en raison, notamm., d'une grande capacité de travail. *Fam.* ***Bête de scène,*** artiste qui a une très grande présence sur scène, qui y déploie toute son énergie. ***Chercher la petite bête,*** s'évertuer à découvrir un défaut sans importance. *Fam.* ***Comme une bête,*** exprime une très grande intensité : *Elle souffre, travaille comme une bête* (= beaucoup). ***La bête noire de qqn,*** personne, chose que l'on déteste ou que l'on craint : *La correction des copies, c'est sa bête noire. Ce critique est la bête noire des cinéastes.* ***Regarder qqn comme une bête curieuse,*** regarder qqn avec étonnement et insistance. *Fam.* ***Sale bête,*** personne malveillante, méprisable. ◆ **bêtes** n.f. pl. **1.** Le bétail : *Elle mène les bêtes au pré* (**SYN.** bestiaux). **2.** Petits animaux que l'on craint sans vouloir ou savoir les nommer ; vermine, vers, insectes : *Il y a beaucoup de bêtes dans l'herbe de la pelouse.*

② **bête** adj. (de *1. bête*). **1.** Dépourvu d'intelligence ; sot : *Il est trop bête pour saisir la nuance* (**SYN.** borné, stupide ; **CONTR.** fin, intelligent, subtil). *Un sourire bête* (**SYN.** idiot). *Il a posé une question très bête* (**SYN.** inepte ; **CONTR.** pertinent). **2.** Se dit d'une personne distraite : *Mais que je suis bête ! J'ai encore oublié ma clef !* (**SYN.** écervelé, étourdi). **3.** Se dit de qqch de désolant, de regrettable : *C'est bête que tu ne viennes pas* (**SYN.** malheureux ; **CONTR.** heureux). ▸ *Fam.* ***Bête comme chou,*** facile à comprendre ou à faire : *Un exercice bête comme chou* (= enfantin, simple). *Fam.* ***Bête comme ses pieds*** ou ***bête à manger du foin,*** se dit d'une personne totalement stupide. ***En rester tout bête,*** rester sans réaction sous l'effet de la surprise, du désappointement.

bétel n.m. **1.** Poivrier grimpant originaire de Malaisie, dont les feuilles séchées ont des vertus toniques et astringentes. **2.** Substance enveloppée dans une feuille de bétel que l'on mastique en Inde et en Extrême-Orient.

bêtement adv. De façon bête : *Agir bêtement* (**SYN.** sottement, stupidement ; **CONTR.** intelligemment). *J'ai bêtement laissé passer l'heure* (= par distraction). ▸ ***Tout bêtement,*** tout simplement : *J'ai tout bêtement trouvé votre adresse dans l'annuaire.*

bêtifiant, e adj. *Fam.* Qui bêtifie ; stupide : *Une émission bêtifiante.*

bêtifier v.i. [conj. 9]. *Fam.* S'exprimer de façon puérile : *Éviter de bêtifier avec des enfants.*

bêtise n.f. **1.** Manque d'intelligence, de subtilité : *Sa bêtise risque de tout compromettre* (**SYN.** imbécillité, stupidité ; **CONTR.** finesse, intelligence). *Une remarque d'une bêtise insondable* (**SYN.** idiotie ; **CONTR.** pertinence, subtilité). **2.** Parole, action dénuée d'intelligence, de réflexion : *J'ai fait une bêtise* (**SYN.** ânerie, bévue). *Dire des bêtises* (**SYN.** sottise). **3.** Action imprudente ou condamnable : *Elle a commis une grosse bêtise qui a failli la mener en prison* (= un acte répréhensible). **4.** Chose sans importance : *Se disputer pour une bêtise* (**SYN.** broutille, vétille). ▸ ***Bêtise de Cambrai,*** bonbon à la menthe, spécialité de Cambrai.

bêtisier n.m. Recueil amusant de bêtises dites ou écrites : *Le bêtisier des hommes politiques* (**SYN.** sottisier). *Le bêtisier de la télévision.*

béton n.m. (lat. *bitumen,* bitume). **1.** Matériau de construction fait de cailloux, de graviers, de sable, de ciment et d'eau : *Un mur en béton.* **2.** *Fam.* (Aussi employé en appos.). Ce qui est sûr, solide, inattaquable : *Ils ont un alibi en béton. Cette excuse, c'est du béton. Des arguments béton.* ▸ ***Béton armé,*** coulé sur une armature métallique permettant de réaliser des constructions très solides : *Un pont en béton armé.*

bétonnage n.m. Action de bétonner ; maçonnerie faite avec du béton.

bétonner v.t. [conj. 3]. **1.** Construire avec du béton : *Ils ont bétonné le sol de la cave.* **2.** *Fam.* Rendre impossible à contester : *L'avocate bétonne sa plaidoirie.*

bétonneur n.m. *Péjor.* Promoteur immobilier qui construit sans souci de l'environnement.

bétonneuse n.f. (Emploi critiqué). Bétonnière.

bétonnière n.f. Machine à cuve tournante dans laquelle les matériaux et l'eau sont malaxés pour fabriquer du béton.

bette ou **blette** n.f. Plante potagère cultivée pour ses feuilles et ses côtes que l'on consomme comme légume.

betterave n.f. Plante cultivée pour sa racine charnue. ▸ ***Betterave fourragère,*** betterave cultivée pour l'alimentation du bétail. ***Betterave potagère*** ou ***betterave rouge,*** betterave cultivée pour sa racine rouge et sucrée, utilisée comme légume et comme colorant. ***Betterave sucrière,*** betterave dont la racine sert à fabriquer du sucre.

betteravier, ère adj. Qui se rapporte à la production ou à l'utilisation de la betterave : *L'industrie betteravière du nord de la France.* ◆ **betteravier** n.m. Producteur de betteraves.

beuglement n.m. **1.** Cri du bœuf, de la vache et du taureau (**SYN.** meuglement, mugissement). **2.** Bruit assourdissant : *Les beuglements d'une sirène* (**SYN.** hurlement, mugissement).

beugler v.i. (du lat. *buculus*, jeune taureau) [conj. 5]. **1.** Pousser des beuglements : *Le taureau beuglait* (**SYN.** meugler, mugir). **2.** *Fam.* Émettre un son assourdissant et désagréable : *La radio des voisins beugle* (**SYN.** hurler). ◆ v.t. *Fam.* Crier à tue-tête : *Il beugle des insultes* (**SYN.** vociférer).

beur n. (déformation du verlan de *arabe*). *Fam.* Jeune d'origine maghrébine né en France de parents immigrés : *Ses copains sont des beurs.* ◆ adj. inv. en genre Relatif aux beurs : *La culture beur. Les traditions beurs.*

beurette n.f. *Fam.* Jeune fille, jeune femme beur.

beurk interj. → **berk.**

beurre n.m. (du gr. *bous*, bœuf, et *buros*, fromage). **1.** Matière grasse alimentaire fabriquée à partir de la crème de lait de vache : *Une tartine de beurre et de confiture. Des croissants au beurre.* **2.** Matière grasse alimentaire extraite d'un végétal : *Beurre de cacao, de cacahouète.* **3.** Mélange d'aliments en purée et de beurre : *Beurre d'anchois, d'écrevisse.* ▸ *Fam.* ***Battre le beurre,*** en Belgique, s'embrouiller. ***Beurre blanc,*** sauce à base de vinaigre, d'échalotes et de beurre cru : *Truite au beurre blanc.* ***Beurre noir,*** beurre chauffé jusqu'à ce qu'il devienne brun : *Raie au beurre noir.* *Fam.* ***Compter pour du beurre,*** être considéré comme qqch de négligeable : *Et moi alors, je compte pour du beurre ?* *Fam.* ***Faire son beurre,*** gagner beaucoup d'argent : *Elle fait son beurre en boursicotant.* *Fam.* ***Œil au beurre noir,*** œil meurtri par un coup. ◆ adj. inv. Jaune très pâle : *Des chapeaux beurre frais.*

beurrée n.f. Au Québec, tartine de beurre.

beurrer v.t. [conj. 5]. Mettre une couche de beurre sur, dans : *Nous beurrerons des toasts. Beurrer un moule à tarte.*

beurrier n.m. Récipient dans lequel on conserve, on sert du beurre.

beuverie n.f. Réunion où l'on boit beaucoup, jusqu'à l'ivresse.

bévue n.f. (de *bé-*, préf. péjor., et *vue*). Grossière erreur due à l'ignorance, à la maladresse : *Elle a commis trop de bévues* (**SYN.** faute, impair).

bey [bɛ] n.m. (mot turc signif. « seigneur »). **1.** *Anc.* Souverain vassal du sultan : *Le bey de Tunis.* **2.** Haut fonctionnaire, officier supérieur, dans l'Empire ottoman.

bézef adv. → **bésef.**

biais n.m. (du gr. *epikarsios*, oblique). **1.** Moyen détourné, habile de résoudre une difficulté, d'atteindre un but : *Il a trouvé un biais pour échapper aux corvées* (**SYN.** ruse, subterfuge). **2.** Diagonale d'un tissu par rapport à sa chaîne et à sa trame : *Vêtement taillé dans le biais.* ▸ ***De biais*** ou ***en biais,*** obliquement, de travers : *Tu marches de biais. Mettre son bureau en biais pour recevoir la lumière* (= en diagonale). ***Par le biais de,*** par le moyen indirect, par l'intermédiaire de : *Nous l'avons su par le biais de la secrétaire.* ***Regarder de biais,*** regarder obliquement, sans se faire remarquer.

biaiser v.i. [conj. 4]. **1.** User de moyens détournés : *Inutile de biaiser avec elle* (**SYN.** louvoyer, tergiverser). **2.** Être, aller en biais : *La porte biaise un peu.* ◆ v.t. ▸ ***Biaiser les résultats,*** les fausser.

biathlète n. Sportif pratiquant le biathlon.

biathlon [biatlɔ̃] n.m. (du gr. *athlos*, combat). Épreuve de ski nordique comportant une course de fond entrecoupée de tirs au fusil.

bibelot n.m. Petit objet décoratif : *Des bibelots rapportés de voyage* (**SYN.** babiole, souvenir).

biberon n.m. (du lat. *bibere*, boire). Petite bouteille munie d'une tétine pour faire boire les bébés ; contenu de cette bouteille : *Elle élève son enfant au biberon* (= au lait artificiel). *Il donne le biberon à sa fille. Elle a bu tout son biberon.*

① **bibi** n.m. *Fam., vieilli* Petit chapeau de femme.

② **bibi** pron. pers. *Fam.* Moi : *C'est toujours bibi qui trinque.*

bibine n.f. *Fam.* Boisson alcoolisée de mauvaise qualité : *Ce vin, c'est de la bibine.*

bible n.f. (lat. *biblia*, livres sacrés). **1.** (Avec une majuscule). Pour les chrétiens, recueil des saintes Écritures, composé de l'Ancien et du Nouveau Testament ; pour les israélites, l'Ancien Testament. **2.** Exemplaire de la Bible : *Je me suis acheté une bible.* **3.** Ouvrage de référence, souvent consulté : *La bible du bricoleur.* ▸ ***Papier bible,*** papier d'imprimerie à la fois mince et opaque.

bibliobus [biblijɔbys] n.m. (de *biblio[thèque]* et *[auto]bus*). Bibliothèque itinérante, aménagée dans un véhicule automobile : *Des bibliobus passent chaque mois dans tous les villages.*

bibliographe n. **1.** Spécialiste du livre en tant qu'objet : *Une bibliographe expertise ma bibliothèque.* **2.** Auteur d'une bibliographie.

bibliographie n.f. (du gr. *biblion*, livre, et *graphein*, écrire). Liste des ouvrages cités ou utilisés dans un livre ; répertoire des écrits (livres, articles) sur un sujet, sur un auteur : *Reportez-vous à la bibliographie en fin d'ouvrage. La bibliographie de Balzac* (= la liste de ses écrits).

bibliographique adj. Relatif à la bibliographie : *Des notices bibliographiques.*

bibliophile n. Amateur de livres rares et précieux.

bibliophilie n.f. (du gr. *biblion*, livre, et *philos*, ami). Amour des livres ; science du bibliophile.

bibliothécaire n. Professionnel qui dirige ou gère une bibliothèque : *La bibliothécaire de la commune.*

bibliothèque n.f. (du gr. *biblion*, livre, et *thêkê*, armoire). **1.** Bâtiment, pièce où est conservée une collection de livres qui peuvent être consultés sur place et parfois empruntés : *Bibliothèque d'entreprise. Elle aime travailler dans la bibliothèque.* **2.** Meuble à rayonnages pour ranger des livres : *Nous avons deux grandes bibliothèques dans notre salon.* **3.** Collection de livres ; collection de logiciels, de programmes informatiques : *Elle s'est constitué une bibliothèque de romans policiers.*

biblique adj. Relatif à la Bible : *Études bibliques. Les personnages bibliques.*

bicaméral, e, aux adj. Relatif au bicamérisme.

bicamérisme ou **bicaméralisme** n.m. (du lat. *camera*, chambre). Système politique où le pouvoir législatif est détenu par deux assemblées, ou chambres : *Le bicamérisme de la France.*

bicarbonate n.m. ▸ ***Bicarbonate de soude,*** sel de sodium, utilisé pour soigner les troubles digestifs.

bicentenaire adj. Qui a deux cents ans : *Une armoire bicentenaire.* ◆ n.m. Anniversaire d'un événement qui a eu lieu deux cents ans auparavant : *En 1989, nous avons célébré le bicentenaire de la Révolution.*

bicéphale adj. (du gr. *kephalê*, tête). **1.** Qui a deux têtes : *Ce pays a un aigle bicéphale comme emblème.* **2.** Qui est partagé entre deux chefs : *Direction bicéphale.*

biceps [bisɛps] n.m. (mot lat. signif. « qui a deux têtes »). Muscle qui fléchit l'avant-bras sur le bras : *Des biceps bien gonflés.*

biche n.f. (du lat. *bestia*, bête). **1.** Femelle du cerf ou d'un cervidé. **2.** En Afrique, gazelle ou antilope. ▸ *Fam.* ***Ma biche,*** terme d'affection adressé à une femme, à une fille.

bicher v.i. [conj. 3]. *Fam.* Se réjouir : *Cette nouvelle va la faire bicher.*

bichon, onne n. (de *barbichon*, petit barbet [chien d'arrêt]). Petit chien à long poil blanc, laineux et ondulé.

bichonner v.t. (de *bichon*) [conj. 3]. *Fam.* **1.** Parer avec soin et recherche ; pomponner. **2.** Entourer de soins attentifs : *Les enfants bichonnent leur chien* (**SYN.** choyer, dorloter). ◆ **se bichonner** v.pr. *Fam.* Se préparer avec recherche et coquetterie (**SYN.** se pomponner).

bicolore adj. Qui comporte deux couleurs : *Des drapeaux bicolores. Une jupe bicolore.*

biconcave adj. Qui présente deux faces concaves opposées : *Une lentille de verre biconcave est divergente.*

biconvexe adj. Qui présente deux faces convexes opposées : *Une lentille de verre biconvexe est convergente.*

bicoque n.f. (it. *bicocca*, petit fort). *Fam.* **1.** *Péjor.* Maison de médiocre apparence ou mal entretenue : *Ces vieilles bicoques menacent de s'effondrer* (**SYN.** cahute, masure). **2.** Toute maison : *Ils ont acheté une bicoque dans le Midi.*

bicorne n.m. (lat. *bicornis*, à deux cornes). Chapeau d'uniforme à deux pointes : *Le bicorne des académiciens français.*

bicross [bikrɔs] n.m. Vélo tout-terrain à petites roues, sans changement de vitesse ; sport pratiqué avec ce vélo : *Un champion de bicross.*

bicycle n.m. *Fam.* Au Québec, bicyclette ou motocyclette.

bicyclette n.f. Véhicule à deux roues d'égal diamètre, dont la roue arrière est actionnée par une chaîne entraînée par des pédales : *Faire de la bicyclette, rouler à bicyclette* (**SYN.** vélo).

bidasse n.m. (nom du personnage d'une chanson de 1900). *Fam.* Simple soldat.

bide n.m. (de *bidon*). *Fam.* **1.** Ventre : *Avoir, prendre du bide* (**SYN.** bedaine). **2.** Échec total : *Sa dernière chanson a fait un bide* (**SYN.** fiasco, four).

bidet n.m. (de l'anc. fr. *bider*, trotter). **1.** Cuvette oblongue basse, à pied, pour la toilette intime. **2.** Petit cheval de selle ou de trait léger ; iron., cheval.

① **bidon** n.m. (p.-ê. de l'anc. nordique *bida*, vase). **1.** Récipient à fermeture pour le transport du liquide : *Des bidons de lait, d'huile, d'essence.* **2.** *Fam.* Ventre : *Avoir du bidon.*

② **bidon** adj. inv. (de *1. bidon*, qui désignait une pièce de drap pliée de manière à gonfler et à tromper l'acheteur). *Fam.* Qui n'est pas réellement ce qu'il paraît être : *Des élections bidon* (**SYN.** truqué). *Une entreprise bidon* (**SYN.** factice). *Ce type est bidon* (= il n'est pas ce qu'il prétend). ◆ n.m. ▸ *Fam.* ***C'est du bidon,*** c'est un mensonge, un leurre : *N'écoute pas son histoire, c'est du bidon* (= elle est fausse).

se **bidonner** v.pr. *Fam.* Rire : *Elle s'est bidonnée toute la soirée.*

bidonville [bidɔ̃vil] n.m. Agglomération d'abris de fortune en matériaux de récupération, dont les habitants vivent dans des conditions précaires, à la périphérie des grandes villes.

bidouillage n.m. *Fam.* Action de bidouiller ; réparation approximative.

bidouiller v.t. [conj. 3]. *Fam.* Réparer approximativement : *Elle a bidouillé le logiciel* (**SYN.** bricoler).

bidule n.m. *Fam.* Objet, personne indéterminés : *À quoi ça sert, ce bidule ?* (**SYN.** truc [fam.]). *J'ai rencontré bidule l'autre jour* (**SYN.** machin [fam.]).

bief [bjɛf] n.m. **1.** Section de canal entre deux écluses ; section de cours d'eau entre deux chutes, deux rapides. **2.** Canal de dérivation de l'eau vers une machine hydraulique : *Les biefs des moulins.*

bielle n.f. Barre dont les extrémités sont articulées à deux pièces mobiles et qui assure la transmission, la transformation d'un mouvement.

biélorusse adj. et n. Qui concerne la Biélorussie ou ses habitants. ◆ n.m. Langue slave parlée en Biélorussie.

① **bien** adv. (lat. *bene*). **1.** Conformément à une morale, à l'idée qu'on se fait de ce qui est juste : *Elle a bien agi* (**SYN.** convenablement ; **CONTR.** mal). **2.** Conformément à l'idée qu'on se fait de la perfection ; de manière satisfaisante : *Il a bien parlé* (**SYN.** admirablement ; **CONTR.** maladroitement). *Elle a bien vendu son appartement* (**SYN.** avantageusement ; **CONTR.** médiocrement). *Aller bien* (= être en bonne santé). *Vous arrivez bien* (= au moment opportun). *Cette robe lui va bien, mais elle t'irait mieux.* **3.** Indique l'intensité, le degré élevé : *Merci bien* (**SYN.** beaucoup). *Je suis bien contente de vous voir* (**SYN.** extrêmement ; **CONTR.** peu). **4.** Renforce une affirmation ou répond à une mise en doute : *Elle habite bien ici* (**SYN.** réellement). *Nous sommes bien le 15 ?* (**SYN.** véritablement). *Je sais bien que vos chances sont faibles* (**SYN.** parfaitement). **5.** Indique une estimation minimale ; au moins : *Elle a bien cinquante ans. Vous en aurez bien pour mille euros* (= au bas mot). **6.** Entérine ce qui vient d'être dit ou fait : *Vous avez compris ? Bien, maintenant passons à l'étape suivante* (= dans ce cas). ▸ ***Bien de*** (+ n. sing.) ou ***bien des*** (+ n. pl.), beaucoup de : *Elle s'est fait bien du souci. Bien des gens pensent comme vous.* ***C'est bien fait,*** c'est une punition méritée. ***Eh bien*** → **eh.** ***Faire bien de*** (+ inf.), avoir raison de : *Tu fais bien de me prévenir.* ***Il faut, il fallait bien,*** c'est, c'était nécessaire : *Il fallait bien en passer par là !* (= on ne pouvait pas faire autrement). ◆ **bien que** loc. conj. (Suivi du subj., du part. présent, du part. passé, d'un adj. ou d'un n.). Marque la concession : *Bien que je n'approuve pas entièrement sa démarche, je le soutiendrai* (SYN. encore que, quoique). *Bien qu'étant fatiguée ou bien que fatiguée, je t'accompagne* (= malgré, en dépit de ma fatigue). *Bien que chimiste, il apprécie la poésie.* ◆ **si bien que** loc. conj. (Suivi de l'ind.). Marque la conséquence : *Il n'a pas suffisamment réfléchi, si bien que son projet n'a pas abouti* (SYN. de sorte que).

② **bien** adj. inv. **1.** Conforme à l'idée qu'on se fait du bien, de la justice, de la morale : *Elle a été très bien* (= elle s'est comportée comme il le fallait). *Des gens bien* (SYN. droit, honnête ; CONTR. indigne, méprisable). **2.** Qui satisfait en s'approchant de l'idée que l'on se fait de la perfection : *C'est bien, très bien* (SYN. excellent ; CONTR. mauvais). ▸ ***Bien de sa personne,*** se dit d'une personne agréable à regarder, belle. ***Être*** ou ***se sentir bien,*** être à l'aise, dans un état de confort physique ou psychologique. ***Être bien avec qqn,*** être en bons termes avec lui. ***Faire bien,*** faire bon effet : *Ce tableau fait bien sur le mur.* ***Ne pas être bien*** ou ***ne pas se sentir bien,*** ressentir un malaise, être malade : *Certains enfants ne se sentaient pas bien après le déjeuner.* ***Nous voilà bien,*** nous sommes dans une situation difficile, embarrassante.

③ **bien** n.m. **1.** Ce qui est conforme à un idéal, à la morale, à la justice : *Discerner le bien du mal. Faire le bien* (CONTR. mal). **2.** Ce qui procure un avantage moral, matériel ou physique : *C'est pour ton bien que je te dis cela* (= c'est dans ton intérêt ; SYN. profit ; CONTR. préjudice). *Ce médicament me fait du bien* (= me soulage). *Dire du bien, parler en bien de qqn* (= en parler favorablement). *La santé, la liberté sont des biens précieux* (SYN. bienfait ; CONTR. malheur). *Le bien public, le bien commun* (= l'intérêt général). **3.** (Souvent au pl.). Chose que l'on possède : *Dilapider son bien* (SYN. capital, fortune, patrimoine, richesse). *Elle a des biens en province* (SYN. avoir, propriété). **4.** En économie, toute chose créée par le travail et correspondant à un besoin individuel ou collectif : *Les biens de production* (= les usines, les machines, l'outillage). *Les biens de consommation courante* (= les aliments, les vêtements). ▸ ***Biens nationaux,*** ensemble des biens confisqués par l'État pendant la Révolution et revendus à de nouveaux propriétaires. ***En tout bien tout honneur,*** avec des intentions honnêtes : *Il l'a invitée à dîner en tout bien tout honneur* (= sans arrière-pensée). *Iron.* ***Grand bien te, lui, vous fasse !,*** se dit quand qqn s'intéresse à une chose que soi-même on dédaigne.

bien-aimé, e [bjɛ̃neme] adj. (pl. *bien-aimés, es*). *Litt.* Aimé tendrement : *Ma fille bien-aimée* (SYN. chéri). ◆ n. *Litt.* Personne aimée d'amour : *Il se promène avec sa bien-aimée* (SYN. belle, fiancée, maîtresse). *Elle a reçu une lettre de son bien-aimé* (SYN. amoureux, fiancé, amant).

bien-être [bjɛ̃nɛtr] n.m. inv. **1.** Sensation agréable résultant de l'absence de besoins et de préoccupations : *Ressentir du bien-être* (SYN. plaisir, quiétude, satisfaction ; CONTR. malaise, souffrance). **2.** Aisance financière permettant un certain confort : *L'aspiration de tous au bien-être* (SYN. luxe, opulence ; CONTR. indigence, misère).

bienfaisance [bjɛ̃fəzɑ̃s] n.f. ▸ ***De bienfaisance,*** dont le but est de secourir les gens dans le besoin : *Gala de bienfaisance. Les œuvres de bienfaisance.*

bienfaisant, e [bjɛ̃fəzɑ̃, ɑ̃t] adj. Qui a une action positive, salutaire : *Les effets bienfaisants du traitement* (SYN. bénéfique ; CONTR. maléfique, nocif).

bienfait n.m. **1.** (Surtout au pl.). Effet bienfaisant : *Les bienfaits du progrès* (SYN. avantage ; CONTR. méfait). **2.** *Vx* ou *litt.* Acte généreux : *Elle comble son entourage de bienfaits* (SYN. aide, cadeau, présent).

bienfaiteur, trice n. Personne qui apporte son aide, son soutien : *Ce centre de prévention a été financé grâce à une généreuse bienfaitrice* (SYN. donateur). *Membre bienfaiteur* (= personne qui apporte un soutien financier à une association dont il est membre). ▸ ***Bienfaiteur de l'humanité,*** savant ou philanthrope dont l'action a bénéficié à un grand nombre de personnes.

bien-fondé n.m. (pl. *bien-fondés*). Caractère légitime, rationnellement motivé de qqch : *Examiner le bien-fondé d'une réclamation* (SYN. légitimité, pertinence).

bien-fonds n.m. (pl. *biens-fonds*). Dans la langue juridique, bien immeuble constitué par des terres ou des bâtiments.

bienheureux, euse adj. *Litt.* **1.** Qui est très heureux : *Bienheureux sont ceux qui peuvent travailler et vivre loin des grandes villes* (SYN. enchanté, ravi ; CONTR. infortuné, malheureux). **2.** Qui rend heureux : *Cette bienheureuse coïncidence a permis de le disculper* (= cette coïncidence opportune ; SYN. propice ; CONTR. maudit). ◆ n. Personne dont l'Église catholique a reconnu les mérites et les vertus par la béatification.

biennal, e, aux adj. (lat. *biennalis*, de *annus*, année). **1.** Qui dure deux ans : *Elle occupe une fonction biennale.* **2.** Qui se produit tous les deux ans : *Des congrès biennaux* (SYN. bisannuel).

biennale n.f. Manifestation organisée tous les deux ans : *La biennale de Venise* (= manifestation bisannuelle d'art contemporain).

bien-pensance n.f. (pl. *bien-pensances*). **1.** Opinion, comportement des bien-pensants : *Se démarquer de la bien-pensance.* **2.** Ensemble des bien-pensants : *La bien-pensance a vivement réagi.*

bien-pensant, e adj. et n. (pl. *bien-pensants, es*). **1.** *Péjor.* Dont les idées sont jugées conformistes et conservatrices : *La majorité bien-pensante. L'opposition des bien-pensants à cette loi* (SYN. traditionaliste). **2.** Qui se conforme à l'ensemble des opinions dominantes.

bienséance n.f. *Sout.* Observation des usages, des règles de conduite en société ; correction, courtoisie : *Ce que tu as dit n'est pas conforme à la bienséance* (SYN. décence, politesse, savoir-vivre ; CONTR. inconvenance, incorrection).

bienséant, e adj. (de *bien* et *seoir*). *Sout.* Qui est conforme aux usages de la bienséance, de la politesse : *Une attitude timide et bienséante* (SYN. convenable, correct ; CONTR. incorrect, malséant). *Il n'est pas bienséant d'arriver en retard* (= il est grossier, inconvenant).

bientôt adv. **1.** Dans peu de temps ; dans un avenir proche : *J'aurai bientôt fini* (SYN. incessamment). *Elle reviendra bientôt* (SYN. prochainement). **2.** En un court laps de temps : *Cela fut bientôt fait* (SYN. rapidement, vite ; CONTR. lentement). ▸ ***À bientôt !,*** je souhaite te, vous retrouver sous peu.

bienveillance n.f. Disposition favorable envers autrui : *Elle a gagné la bienveillance de ses nouveaux* *collègues* (**SYN.** cordialité, sympathie ; **CONTR.** antipathie, hostilité). *Un chef du personnel qui fait preuve de bienveillance* (**SYN.** compréhension, mansuétude ; **CONTR.** âpreté, dureté). ▸ ***J'ai l'honneur de solliciter de votre haute bienveillance,*** formule traditionnelle dans une lettre de requête adressée à une personnalité.

bienveillant, e adj. (de *bien* et de l'anc. fr. *veuillant,* voulant). Qui manifeste de la bienveillance : *Elle se montre bienveillante envers ses élèves* (**SYN.** bon, indulgent ; **CONTR.** dur, intraitable). *Sourire, regard bienveillant* (**SYN.** aimable, doux ; **CONTR.** hostile, malveillant).

bienvenu, e adj. (de l'anc. fr. *bienvenir,* accueillir favorablement). Qui est accueilli avec plaisir ; qui arrive au moment approprié : *Votre intervention était bienvenue* (= elle nous a soulagés). *Une augmentation serait bienvenue* (**SYN.** opportun ; **CONTR.** malvenu). ◆ n. ▸ ***Le bienvenu, la bienvenue,*** personne que l'on reçoit avec plaisir : *Soyez les bienvenus chez nous.*

bienvenue n.f. Formule de courtoisie pour accueillir qqn : *Bienvenue à bord. Bienvenue aux nouveaux membres de notre association.* ▸ ***De bienvenue,*** qui est fait pour montrer à qqn l'importance de sa venue et pour bien l'accueillir : *Cadeau, discours de bienvenue.* ***Souhaiter la bienvenue à qqn,*** l'accueillir par une formule chaleureuse et courtoise.

① **bière** n.f. (néerl. *bier*). Boisson fermentée légèrement alcoolisée, préparée à partir de céréales germées et parfumée avec du houblon ; contenu d'un verre de cette boisson : *Bière blonde, brune, blanche. Prendre, boire une bière* (= un verre, une chope de bière). ▸ *Fam.* ***Ce n'est pas de la petite bière,*** c'est une chose importante : *Reprendre des études à son âge, ce n'est pas de la petite bière* ; c'est un personnage important : *Ces gens ne sont pas de la petite bière et pourtant ils n'ont pas été invités.*

② **bière** n.f. (frq. *bera,* civière). Cercueil : *La mise en bière aura lieu demain matin.*

biface n.m. Outil préhistorique de pierre taillé sur ses deux faces (**SYN.** coup-de-poing).

biffer v.t. (de l'anc. fr. *biffe,* étoffe rayée) [conj. 3]. Barrer pour supprimer : *Elle a biffé certains noms de la liste* (**SYN.** raturer, rayer ; **CONTR.** ajouter, inscrire).

biffure n.f. Trait par lequel on biffe ; rature.

bifide adj. (du lat. *findere,* fendre). Fendu en deux parties : *La langue bifide des serpents.*

bifidus [bifidys] n.m. Bactérie utilisée comme ferment dans certains produits laitiers : *Yaourts au bifidus.*

bifocal, e, aux adj. Se dit d'une lentille, de la partie optique d'un appareil, qui a deux foyers : *Verres bifocaux* (= à double foyer).

bifteck [biftɛk] n.m. (de l'angl. *beef,* bœuf, et *steak,* tranche). Tranche de bœuf à griller : *Achète deux biftecks chez le boucher* (**SYN.** steak). ▸ *Fam.* ***Défendre son bifteck,*** défendre ses intérêts, son emploi. *Fam.* ***Gagner son bifteck,*** gagner sa vie.

bifurcation n.f. **1.** Division en deux branches, deux axes rappelant une fourche : *La bifurcation de l'artère pulmonaire, d'un chemin.* **2.** Point où une voie de communication se divise en deux : *Prenez à droite à la bifurcation* (**SYN.** carrefour, embranchement, fourche). **3.** Changement d'orientation : *Une bifurcation dans ses études lui a fait préparer un B.T.S.*

bifurquer v.i. (du lat. *bifurcus,* fourchu) [conj. 3]. **1. [vers].** En parlant d'une voie de communication, se séparer en deux : *La route bifurque à droite vers le bois, à gauche vers le village.* **2. [sur, vers].** Abandonner un itinéraire pour prendre une autre direction : *Les cyclistes bifurqueront vers la gauche. Le camion a bifurqué sur Lille avant l'entrée de l'autoroute.* **3. [vers].** Prendre une autre orientation : *Elle a bifurqué vers les sciences* (**SYN.** s'orienter). *La conversation a bifurqué vers la politique.*

bigame adj. et n. (du gr. *gamos,* mariage). Qui est marié à deux personnes en même temps : *Une personne bigame peut être polyandre ou polygame.*

bigamie n.f. Situation d'une personne bigame.

bigarade n.f. (prov. *bigarrado,* bigarré). Orange amère utilisée en confiserie, dans les marmelades et dans la fabrication du curaçao.

bigaradier n.m. Oranger produisant la bigarade et dont les fleurs fournissent, par distillation, une essence parfumée et l'eau de fleur d'oranger.

bigarré, e adj. (de l'anc. fr. *garre,* bigarré). **1.** Qui a des couleurs et des motifs variés : *Une cravate bigarrée* (**SYN.** bariolé, chamarré ; **CONTR.** uni). *Les ailes bigarrées d'un papillon* (**SYN.** diapré [litt.]). **2.** *Litt.* Composé d'éléments variés et disparates ; qui est sans unité : *La foule bigarrée du carnaval* (**SYN.** hétérogène ; **CONTR.** homogène).

bigarreau n.m. (de *bigarré*). Cerise rouge ou blanche, à chair très ferme et sucrée : *Elle cueille les bigarreaux en juillet.*

bigarrure n.f. **1.** Apparence bigarrée : *Les bigarrures du papier peint* (**SYN.** bariolage, chamarrure ; **CONTR.** uniformité). **2.** *Litt.* Réunion d'éléments hétérogènes : *La bigarrure d'une troupe de touristes* (**SYN.** disparité, diversité, variété ; **CONTR.** homogénéité).

big band [bigbɑ̃d] n.m. (mots angl.)[pl. *big bands*]. Grand orchestre de jazz : *Les big bands et les quartettes.*

big bang ou **big-bang** [bigbɑ̃g] n.m. sing. (mot anglo-amér. signif. « grand boum »). Explosion qui, selon la plupart des cosmologistes, serait survenue il y a près de 15 milliards d'années et qui marquerait le commencement de l'expansion de l'Univers.

bigler v.i. (lat. *bisoculare,* loucher) [conj. 3]. *Fam.* Avoir les yeux de travers (**SYN.** loucher). ◆ v.t. *Fam.* Jeter un regard de convoitise sur : *Bigle sa trottinette !* (**SYN.** regarder).

bigleux, euse adj. et n. *Fam.* **1.** Qui a une mauvaise vue ; myope. **2.** Qui louche (**SYN.** loucheur).

bigophone n.m. *Fam.* Téléphone.

bigorneau n.m. (de *bigorne,* petite enclume). Petit coquillage comestible à coquille en spirale, aussi appelé *escargot de mer* : *Les bigorneaux sont en train de cuire.*

bigot, e adj. et n. *Péjor.* Qui montre une dévotion étroite et bornée : *De vieilles bigotes assidues* (**SYN.** cagot, tartuffe).

bigoterie n.f. ou **bigotisme** n.m. *Péjor.* Dévotion étroite et excessive ; tartufferie.

bigouden [bigudɛ̃, fém. ɛn] ou **bigouden, ène** [bigudɛ̃, ɛn] adj. et n. (mot breton signif. « pointe de la coiffe »). De la région de Pont-l'Abbé, dans le

Finistère : *Le pays bigouden. La coiffe des Bigoudens ou des Bigoudènes.*

bigoudi n.m. Petit rouleau sur lequel on enroule les cheveux préalablement mouillés pour les boucler : *Des bigoudis chauffants.*

bigre interj. (de *bougre*). Exprime l'étonnement, la protestation : *Bigre ! Que c'est inquiétant ! Bigre ! C'est une grosse somme !*

bigrement adv. *Fam.* Fortement ; beaucoup : *Ça me fait bigrement rager* (**SYN.** extrêmement). *Elle est bigrement belle* (**SYN.** prodigieusement, très).

biguine [bigin] n.f. (mot antillais). Danse de couple antillaise caractérisée par le balancement des hanches et l'immobilité des épaules.

bihebdomadaire adj. Qui se produit deux fois par semaine : *Des publications bihebdomadaires. Un cours de judo bihebdomadaire.*

bijou n.m. (breton *bizou,* anneau)[pl. *bijoux*]. **1.** Objet précieux, porté comme ornement : *Dans son coffret à bijoux, il y a un bracelet en or et un collier de perles. Un bijou ancien* (**SYN.** joyau). **2.** Ce qui est admirable par son aspect esthétique ou par le travail habile que cela a exigé : *La chapelle est un bijou d'art roman* (**SYN.** chef-d'œuvre). *Ce moteur est un petit bijou.*

bijouterie n.f. **1.** Fabrication et commerce des bijoux : *La bijouterie emploie divers alliages d'or.* **2.** Magasin, boutique où l'on vend des bijoux : *Je suis allé dans une bijouterie faire élargir ma bague.* **3.** Ensemble des objets fabriqués par le bijoutier : *Bijouterie fantaisie* (= qui utilise des métaux et des pierres non précieux).

bijoutier, ère n. Personne qui fabrique ou vend des bijoux.

bijoutier-joaillier [biʒutjeʒɔaje] n.m. (pl. *bijoutiers-joailliers*). Joaillier.

Bikini n.m. (nom déposé). Maillot de bain composé d'un slip et d'un soutien-gorge de dimensions très réduites.

bilame n.m. (de *lame*). Bande métallique formée de deux lames soudées, minces et étroites, qui s'incurve quand la température augmente : *Le bilame d'un chauffe-eau.*

bilan n.m. (it. *bilancio,* balance). **1.** Tableau récapitulatif de la situation financière d'une entreprise à une date donnée : *Le comptable a établi le bilan.* **2.** Inventaire des conséquences d'un événement, d'une action ; résultat d'ensemble : *Les sauveteurs dressent le bilan humain et matériel de la catastrophe. Elle a tiré le bilan de ses années de pouvoir.* ▸ ***Bilan de santé,*** examen médical complet en vue de prévenir, de dépister les maladies ou de suivre leur évolution ; check-up (anglic.). ***Bilan social,*** document qui récapitule en chiffres la politique sociale et salariale d'une entreprise.

bilatéral, e, aux adj. **1.** Qui a deux côtés, qui se rapporte aux deux côtés, aux deux faces d'une chose, d'un organisme. **2.** Qui engage réciproquement les deux parties contractantes : *Accords bilatéraux.* ▸ ***Stationnement bilatéral,*** des deux côtés d'une rue.

bilboquet n.m. (de l'anc. fr. *biller,* jouer à la bille, et *bouquet,* petite boule). Jouet formé d'une boule percée d'un trou et reliée par une cordelette à un petit bâton pointu, sur lequel il faut enfiler cette boule après l'avoir lancée en l'air.

bile n.f. Liquide jaunâtre et âcre sécrété par le foie et accumulé dans la vésicule biliaire, d'où il est déversé dans le duodénum au moment de la digestion. ▸ *Fam.* ***Se faire de la bile,*** se faire du souci.

bileux, euse adj. *Fam.* Qui se fait de la bile, s'inquiète facilement (**SYN.** anxieux, tourmenté ; **CONTR.** insouciant).

bilharzie n.f. (du nom de *T. Bilharz*). Ver parasite du système circulatoire de l'homme, qui provoque une émission de sang par les voies urinaires.

bilharziose n.f. Maladie provoquée par les bilharzies.

biliaire adj. Relatif à la bile : *Voies biliaires. Calcul biliaire.* ▸ ***Vésicule biliaire,*** réservoir situé sous le foie, où la bile s'accumule entre les digestions.

bilieux, euse adj. Qui résulte d'un excès de bile, dénote une mauvaise santé : *Teint bilieux.* ◆ adj. et n. Enclin à la colère, à la mauvaise humeur ; hargneux, irascible : *Un chroniqueur bilieux* (**SYN.** acariâtre, coléreux, revêche ; **CONTR.** affable, charmant).

bilingue adj. **1.** Qui est en deux langues : *Texte bilingue. Dictionnaire bilingue.* **2.** Où l'on parle deux langues : *Régions bilingues.* ◆ adj. et n. Qui parle, connaît deux langues : *Des enfants bilingues.*

bilinguisme [bilɛ̃gɥism] n.m. Pratique usuelle de deux langues par une personne, une communauté.

bilirubine n.f. Pigment de la bile, dont l'accumulation dans l'organisme provoque la jaunisse.

billard n.m. (de *2. bille*). **1.** Jeu qui se pratique avec des boules, appelées *billes,* qu'on pousse avec un bâton droit appelé *queue* sur une table spéciale : *Billard français, américain.* **2.** Table rectangulaire, à rebords (ou *bandes*) élastiques, recouverte d'un tapis vert, servant à jouer au billard. **3.** Lieu, salle où l'on joue au billard : *Le billard était bondé pour la finale.* **4.** *Fam.* Table d'opération chirurgicale : *Elle est passée sur le billard hier.* ▸ ***Billard électrique,*** flipper. *Fam.* ***Boule de billard,*** tête chauve. *Fam.* ***C'est du billard,*** c'est très facile, ça va tout seul.

① **bille** n.f. (frq. *bikkil,* dé). **1.** Petite boule en pierre, en verre, utilisée dans des jeux d'enfants : *Un sac de billes. Jouer aux billes.* **2.** Boule avec laquelle on joue au billard. **3.** Outillage, sphère d'acier très dur utilisés pour faciliter le mouvement de certains organes de liaison : *Des roulements à billes* (= dans lesquels des billes d'acier diminuent le frottement des pièces entre elles). **4.** *Fam.* Visage : *Elle a vraiment une bonne bille* (= un visage avenant). ▸ *Fam.* ***Bille en tête,*** sans hésitation ni ménagement : *Elle m'a déclaré bille en tête que c'était une mauvaise idée* (= carrément). *Fam.* ***Reprendre*** ou ***retirer ses billes,*** se retirer d'une affaire, d'une entreprise (**SYN.** se désengager). ***Stylo à bille,*** stylo dont la pointe est formée d'une petite sphère métallique, qui en roulant dépose de l'encre sur le papier.

② **bille** n.f. (mot gaul.). En sylviculture, tronc d'arbre non encore équarri pour être débité.

billet n.m. (de *1. bulle*). **1.** Billet de banque : *Une liasse de billets.* **2.** Petit carton imprimé ou écrit justifiant d'un droit ou d'une convention : *Billet d'avion, de loto.* **3.** Petit article de journal souvent polémique ou satirique : *Ses billets sont redoutés.* **4.** *Vieilli* Bref écrit qu'on adresse à qqn : *Billet d'invitation.* ▸ ***Billet de banque,*** document en papier, émis par une banque d'État, qui a valeur de monnaie. *Vieilli* ***Billet doux,*** lettre d'amour. *Fam.* ***Je te, vous fiche mon billet que,*** je te, vous garantis que : *Je te fiche mon billet qu'il ment.*

billetterie n.f. **1.** Ensemble des opérations ayant trait à l'émission et à la délivrance de billets (transports, spectacles, etc.) ; lieu où les billets sont délivrés : *La billetterie est ouverte.* **2.** Distributeur de billets de banque fonctionnant avec une carte de crédit.

billevesée n.f. (de l'anc. fr. *vesé,* ventru). *Litt.* (Surtout au pl.). Propos vides de sens ou futiles ; fariboles, sornettes : *Dire des billevesées* (**SYN.** baliverne, fadaise).

billion [biljɔ̃] n.m. Un million de millions, mille milliards (10^{12}).

billot n.m. (de *2. bille*). **1.** Tronc de bois gros et court sur lequel on coupe la viande, le bois, etc. **2.** Pièce de bois sur laquelle on décapitait les condamnés. ▸ ***La tête sur le billot,*** même si ma vie en dépendait : *La tête sur le billot, je déclarerais qu'elle a tort.*

bimbeloterie n.f. (de *bimbelot,* var. de *bibelot*). Fabrication ou commerce de petits objets de la vie quotidienne, de gadgets ; ensemble de ces objets.

bimensuel, elle adj. Qui se produit deux fois par mois : *Rencontre parlementaire bimensuelle. Magazine bimensuel* (= qui paraît deux fois par mois). ◆ **bimensuel** n.m. Périodique bimensuel.

bimestre n.m. Durée de deux mois : *Les statistiques portent sur le dernier bimestre de l'année.*

bimestriel, elle adj. Qui se produit tous les deux mois : *Rendez-vous bimestriel. Revue bimestrielle* (= qui paraît tous les deux mois). ◆ **bimestriel** n.m. Périodique bimestriel.

bimétallique adj. Composé de deux métaux : *Câble bimétallique.*

bimétallisme n.m. Système monétaire établi sur un double étalon, or et argent (par opp. à monométallisme).

bimoteur adj.m. et n.m. Se dit d'un avion muni de deux moteurs.

binage n.m. Action de biner.

binaire adj. (lat. *binarius,* de *bini,* deux par deux). **1.** Qui met en jeu deux éléments : *Un composé chimique binaire. Le rythme binaire d'un poème.* **2.** Qui procède de façon simpliste ou manichéenne : *Une argumentation binaire.* ▸ ***Mesure binaire,*** en musique, mesure dont chaque temps est divisible par deux. ***Numération binaire,*** système de numération qui a pour base 2 et qui fait appel aux seuls chiffres 0 et 1.

biner v.t. [conj. 3]. Ameublir le sol, sarcler avec une binette : *Biner une plate-bande.*

① **binette** n.f. (de *biner*). Outil de jardinier servant au binage ou au sarclage.

② **binette** n.f. (de *trombine*). **1.** *Fam.* Visage : *Tu en fais une drôle de binette !* (**SYN.** tête). **2.** Au Québec, recommandation officielle pour l'anglicisme *smiley.*

bingo [bingo] n.m. (mot anglo-amér.). **1.** Jeu de hasard proche du loto. **2.** Rentrée massive d'argent : *La vente de produits dérivés permet d'espérer le bingo* (**SYN.** pactole). ◆ interj. Victoire ! c'est gagné ! : *Bingo ! il a eu une augmentation.*

biniou n.m. (mot breton). Cornemuse bretonne : *Les binious d'un bagad.*

binoclard, e n. et adj. *Fam., péjor.* Personne qui porte des lunettes.

binocle n.m. (du lat. *bini,* deux par deux, et *oculus,* œil). *Anc.* Paire de lunettes sans branches qui se fixaient sur le nez ; lorgnon, pince-nez. ◆ **binocles** n.m.pl. *Fam.* Lunettes.

binoculaire adj. **1.** Relatif aux deux yeux (par opp. à monoculaire) : *Vision binoculaire.* **2.** Se dit d'un appareil d'optique à deux oculaires : *Une loupe binoculaire.*

binôme n.m. (du gr. *nomos,* part). **1.** Expression algébrique à deux termes formée par la somme ou la différence de deux termes appelés *monômes.* **2.** Ensemble de deux éléments, de deux personnes : *Les deux équipes travaillent en binôme. Un binôme d'accompagnateurs encadre les enfants.* **3.** *Arg. scol.* Condisciple avec lequel on prépare un exposé, on effectue une recherche.

binomial, e, aux adj. Relatif à un binôme algébrique.

bintje [bintʃ ou binʒ] n.f. Variété de pomme de terre à chair peu ferme.

bio adj. inv. (abrév. de *biologique*). *Fam.* Cultivé sans engrais ni pesticides chimiques ; naturel : *Des légumes bio.* ◆ n.m. *Fam.* ▸ ***Le bio,*** l'agriculture, l'alimentation bio.

biocarburant n.m. Carburant obtenu à partir de végétaux, comme le blé, la betterave, la pomme de terre, le colza.

biocénose ou **biocœnose** [bjosenoz] n.f. (du gr. *bios,* vie, et *koinos,* commun). Ensemble des êtres vivants présents dans un même milieu ou *biotope.*

biochimie n.f. Étude des constituants de la matière vivante et de leurs réactions chimiques.

biochimique adj. Relatif à la biochimie.

biochimiste n. Spécialiste de biochimie.

biocide adj. et n.m. Se dit d'un produit qui détruit les micro-organismes : *Les herbicides sont des biocides.*

bioclimatique adj. Se dit d'un habitat visant à tirer le meilleur parti du rayonnement solaire pour le chauffage et la climatisation afin de réduire la consommation d'énergie.

biocœnose [bjosenoz] n.f. → **biocénose.**

biocompatible adj. Se dit d'une substance, d'une matière qui est tolérée par l'organisme et peut donc être implantée.

bioconversion n.f. Transformation d'une substance organique en une ou plusieurs autres par l'action des micro-organismes : *Méthane obtenu par bioconversion.*

biodégradable adj. Qui peut être détruit par les bactéries ou d'autres agents biologiques : *Détergent, couches-culottes biodégradables.*

biodégradation n.f. Décomposition d'un produit biodégradable.

biodiesel n.m. Biocarburant produit à partir d'oléagineux qui, incorporé au gazole, peut être utilisé dans les moteurs Diesel.

biodiversité n.f. Diversité des espèces vivantes ; diversité au sein des espèces.

bioénergie n.f. Énergie renouvelable obtenue par la transformation chimique de la biomasse.

bioéthique n.f. Ensemble des problèmes engageant la responsabilité morale des médecins et des biologistes dans leurs recherches et dans les applications de celles-ci ; éthique médicale.

biogenèse n.f. **1.** Première étape de l'évolution du vivant, jusqu'à l'apparition de la cellule dite *eucaryote*, où noyau et cytoplasme sont nettement séparés. **2.** Apparition de la vie sur la Terre.

biogéographie n.f. Étude de la répartition géographique des espèces végétales et animales.

biographe n. Auteur d'une biographie.

biographie n.f. Histoire écrite de la vie de qqn : *Elle va écrire la biographie de Frédéric Chopin. Lire beaucoup de biographies.*

biographique adj. Relatif à la biographie : *Faire une recherche biographique. Un téléfilm biographique* (= inspiré d'une biographie).

bio-industrie n.f. (pl. *bio-industries*). Exploitation industrielle des techniques de bioconversion à des fins alimentaires, pharmaceutiques ou énergétiques.

bio-informaticien, enne n. (pl. *bio-informaticiens, ennes*). Spécialiste de bio-informatique.

bio-informatique n.f. (pl. *bio-informatiques*). Application de modèles informatiques à la recherche en biologie.

biologie n.f. Science qui étudie la forme, le fonctionnement, la reproduction, la diversité des espèces vivantes, ainsi que les rapports qu'elles entretiennent entre elles et avec leur environnement : *Biologie animale, végétale.* ▸ ***Biologie moléculaire***, étude des molécules et macromolécules constitutives des êtres vivants.

biologique adj. **1.** Relatif à la biologie : *Recherche biologique.* **2.** Qui est produit sans engrais ni pesticides chimiques : *Légume biologique.* ▸ ***Arme biologique***, arme utilisant des organismes vivants (virus, bactéries) ou des toxines.

biologiste n. Spécialiste de biologie.

bioluminescence [bjɔlyminesɑ̃s] n.f. Émission de signaux lumineux par certaines espèces animales (ver luisant, luciole), qui leur sert à la capture des proies ou à la rencontre des sexes.

biomasse n.f. Masse totale des êtres vivants occupant une surface donnée du sol ou un volume donné d'eau océanique ou douce : *La biomasse d'une forêt.*

biomatériau n.m. Substance, matière destinée à être implantée dans un organisme vivant : *Le silicone est un biomatériau. Des biomatériaux utilisés pour des prothèses.*

biome [bjɔm] n.m. En écologie, chacun des grands milieux de la planète : *L'océan, la forêt, l'ensemble des eaux douces sont des biomes.*

biomédical, e, aux adj. Qui concerne à la fois la biologie et la médecine : *Des recherches biomédicales.*

biométricien, enne n. Spécialiste de biométrie.

biométrie n.f. **1.** Étude statistique des dimensions et de la croissance des êtres vivants. **2.** Technique servant à l'identification des personnes par reconnaissance automatique de certaines de leurs caractéristiques physiques (empreintes digitales, traits du visage, voix, etc.) préalablement numérisées et stockées.

biométrique adj. Relatif à la biométrie.

biomoléculaire adj. Relatif aux molécules biologiques, à la biologie moléculaire.

bionique n.f. (anglo-amér. *bionics*, de *biology* et *electronics*). Étude de certains processus biologiques (locomotion, orientation, écholocation) à des fins industrielles. ◆ adj. Relatif à la bionique : *Puce bionique implantée dans l'œil d'un aveugle.*

biophysicien, enne n. Spécialiste de biophysique.

biophysique n.f. Étude des phénomènes biologiques, notamm. des transformations d'énergie, par les méthodes de la physique.

biopic n.m. (de l'angl. *bio[graphical] pic[ture]*, film biographique). Film dont le scénario s'inspire de la vie d'un personnage célèbre.

biopsie n.f. Prélèvement sur un être vivant d'un fragment de tissu pour l'examen de celui-ci.

biopuce n.f. Petite plaque d'un matériau inerte, sur laquelle ont été greffés des brins d'A.D.N. et qui est utilisée dans le diagnostic médical, la recherche pharmaceutique, etc. ; puce à A.D.N.

biorythme n.m. Variation périodique régulière d'un phénomène physiologique ; rythme biologique : *Biorythme respiratoire. Plante qui a un biorythme bisannuel* (= qui fleurit tous les deux ans).

biosciences n.f. pl. Ensemble des sciences de la vie.

biosphère n.f. Ensemble des régions de la Terre où l'on rencontre des êtres vivants : *La biosphère est constituée de portions de l'atmosphère, de l'hydrosphère et de la lithosphère.*

biotechnologie ou **biotechnique** n.f. Ensemble des techniques qui utilisent les manipulations génétiques pour produire des molécules biologiques ou des organismes transgéniques utilisables par l'industrie agroalimentaire, pharmaceutique, etc.

biotechnologique ou **biotechnique** adj. Relatif à la biotechnologie ; qui utilise la biotechnologie : *Risques biotechnologiques.*

bioterrorisme n.m. Forme de terrorisme dans laquelle les armes biologiques, comme le bacille de la maladie du charbon, sont utilisées.

bioterroriste adj. et n. Relatif au bioterrorisme ; qui pratique le bioterrorisme.

biothérapie n.f. Méthode qui vise à soigner les maladies par des micro-organismes (levures, ferments) ou des substances biologiques (lait, bile).

biotope n.m. Aire géographique de dimensions variables, offrant des conditions constantes ou cycliques aux espèces animales et végétales qui la peuplent et qui constituent la biocénose.

biotype n.m. Élément de la biotypologie ; type physique d'être humain.

biotypologie n.f. Classification des êtres humains en types physiques.

biovigilance n.f. Surveillance des applications agricoles et industrielles des biotechnologies, notamm. en ce qui concerne les conséquences sur l'environnement des cultures d'O.G.M.

bip n.m. (onomat.). **1.** Signal acoustique bref et répété émis par un appareil : *Le répondeur se déclenche au bout de quatre bips.* **2.** Appareil émettant ce signal.

biparti, e ou **bipartite** adj. (de l'anc. fr. *partir*, partager). **1.** Constitué ou issu de deux éléments : *Un* *gouvernement bipartite.* **2.** En biologie, se dit d'un organe divisé en deux sur plus de la moitié de sa longueur : *Une feuille bipartie.*

bipartisme n.m. Organisation de la vie politique d'un État en fonction de deux partis qui alternent au pouvoir.

bipartition n.f. Division en deux parties : *Les cellules vivantes se multiplient par bipartition.*

bipède adj. et n. (du lat. *pes, pedis,* pied). **1.** Se dit d'un animal qui marche sur deux pieds : *Les oiseaux sont bipèdes.* **2.** *Fam.* Personne quelconque ; individu (par plaisanterie). ◆ n.m. Ensemble de deux membres, chez un cheval : *Bipède antérieur, diagonal.*

bipenné, e ou **bipenne** adj. (du lat. *penna,* plume). Se dit d'un organe végétal (feuille) ou animal (antenne, tentacule) dont l'axe porte deux rangées symétriques d'éléments identiques.

biphasé, e adj. En électricité, se dit d'un système dont les deux phases fournissent des tensions égales et de signe contraire.

biplace adj. et n.m. Se dit d'un véhicule à deux places : *Un avion biplace.*

biplan n.m. Avion muni de deux paires d'ailes placées l'une au-dessus de l'autre : *Cet avion de voltige est un biplan.*

bipolaire adj. Qui a deux pôles, deux extrémités : *Aimant bipolaire.*

bipolarisation n.f. Situation politique caractérisée par la prédominance de deux partis ou de deux puissances.

bique n.f. (de *biche*). *Fam.* Chèvre. ▸ *Péjor.* ***Vieille bique,*** vieille femme méchante.

biquet, ette n. **1.** *Fam.* Petit de la chèvre, de la bique (**SYN.** chevreau, chevrette). **2.** Terme d'affection : *Mon biquet, ma biquette.*

biquotidien, enne adj. Qui a lieu deux fois par jour : *Journal télévisé biquotidien.*

biréacteur n.m. Avion muni de deux turboréacteurs.

biréfringent, e adj. En optique, se dit d'un corps transparent qui dévie dans deux directions l'onde lumineuse qui le pénètre : *Un diamant biréfringent.*

birman, e adj. et n. De Birmanie. ◆ **birman** n.m. Langue officielle de la Birmanie.

① **bis, e** [bi, biz] adj. Gris foncé ou gris-brun : *Une veste bise.* ▸ ***Pain bis,*** pain qui contient du son.

② **bis** [bis] adv. (mot lat. signif. « deux fois »). Indique la répétition ; une seconde fois : *Habiter au 7 bis de la rue Maillol.* ◆ interj. et n.m. Cri que l'on adresse à un artiste pour qu'il rechante un morceau, qu'il rejoue un passage : *Elle a bien mérité un bis.*

bisaïeul, e [bizajœl] n. (pl. *bisaïeuls, bisaïeules*). *Litt.* Père, mère d'un aïeul : *La bisaïeule de mon grand-père est morte à cent ans* (= mon arrière-grand-mère).

bisannuel, elle adj. Qui revient tous les deux ans : *Une fête bisannuelle* (**SYN.** biennal). ▸ ***Plante bisannuelle,*** plante dont le cycle vital est de deux ans : *La carotte et la betterave sont des plantes bisannuelles* (= elles fleurissent et fructifient la seconde année).

bisbille [bisbij] n.f. (it. *bisbiglio,* murmure). *Fam.* Petite dispute ; chicane : *Ils sont en bisbille à propos de la couleur de sa robe* (**SYN.** désaccord).

biscornu, e adj. **1.** De forme irrégulière : *Une église biscornue.* **2.** *Fam.* Bizarre ; extravagant : *Quelle question biscornue !* (**SYN.** absurde, saugrenu).

biscotte n.f. (it. *biscotto,* biscuit). Tranche de pain de mie séchée et grillée au four industriellement : *Manger des biscottes au petit déjeuner.*

biscuit n.m. **1.** Petit gâteau sec fait de farine, d'œufs et de sucre : *Un paquet de biscuits.* **2.** Gâteau à pâte levée : *Biscuit de Savoie.* **3.** Porcelaine cuite deux fois et non émaillée, imitant le marbre ; objet fait en cette matière : *Une figurine en biscuit.*

biscuiterie n.f. **1.** Fabrication et commerce des biscuits. **2.** Fabrique de biscuits.

① **bise** n.f. (du frq.). Vent violent et froid soufflant du nord ou du nord-est.

② **bise** n.f. (de *biser,* embrasser). *Fam.* Baiser : *Elle fait la bise à ses amies* (= les embrasse pour les saluer).

biseau n.m. (du lat. *bis,* deux fois). Bord taillé en biais : *Le biseau d'un miroir.* ▸ ***En biseau,*** en biais : *L'embouchure en biseau d'un pipeau.*

biseauter v.t. [conj. 3]. **1.** Tailler en biseau : *Biseauter un miroir.* **2.** Faire une marque sur la tranche d'une carte à jouer pour pouvoir la reconnaître et tricher.

biset n.m. Pigeon sauvage, gris bleuté.

bisexualité [bisɛksɥalite] n.f. **1.** Comportement d'une personne bisexuelle. **2.** Caractère d'une plante, d'un animal bisexués.

bisexué, e [bisɛksɥe] adj. Se dit d'une plante, d'un animal qui possède les organes reproducteurs des deux sexes (par opp. à unisexué) : *L'escargot est bisexué* (**SYN.** hermaphrodite).

bisexuel, elle [bisɛksɥɛl] adj. et n. Se dit d'une personne qui est à la fois homosexuelle et hétérosexuelle.

bismuth [bismyt] n.m. Métal d'un blanc jaunâtre, dont certains composés sont utilisés comme médicaments.

bison n.m. Grand mammifère sauvage, proche du bœuf, caractérisé par son cou bossu et son grand collier de fourrure laineuse : *Les Indiens d'Amérique chassaient le bison.*

bisou n.m. *Fam.* Dans le langage enfantin, baiser.

bisphénol n.m. (de *phénol*). Famille de composés organiques de synthèse : *Le* bisphénol A *est présent dans certaines matières plastiques d'utilisation courante, et suspecté d'être toxique.*

bisque n.f. (du nom de la province espagnole de *Biscaye*). Potage fait d'un coulis de crustacés : *Préparer une bisque de homard.*

bisquer v.i. ▸ *Fam.* ***Faire bisquer qqn,*** le faire enrager, l'agacer : *Son frère est allé sans lui au cinéma pour le faire bisquer* (= le contrarier).

bissectrice n.f. En mathématiques, demi-droite issue du sommet d'un angle et le divisant en deux angles égaux.

bisser v.t. Répéter ou faire répéter par un bis : *Il a bissé sa dernière chanson. Bisser une diva.*

bissextile adj.f. (lat. *bissextilis,* qui a deux fois le sixième jour). ▸ ***Année bissextile,*** année comportant un jour de plus en février, soit 366 jours, et qui revient tous les quatre ans.

bistouri n.m. Instrument chirurgical à lame courte servant à faire des incisions dans les chairs ; scalpel : *Bistouri électrique.*

bistre n.m. *Anc.* Préparation de couleur bistre obtenue à partir de la suie et utilisée pour la technique artistique du lavis. ◆ adj. inv. Brun jaunâtre : *Avoir la peau bistre* (**SYN.** basané, tanné).

bistré, e adj. De couleur brun jaunâtre.

bistrot ou **bistro** n.m. *Fam.* Débit de boissons ; café. ▸ ***Style bistrot,*** style de meubles, d'objets des bistrots du début du siècle, remis à la mode vers 1960.

bit [bit] n.m. (mot anglo-amér., de *bi*[*nary*] [*digi*]*t*, chiffre binaire). En informatique, unité élémentaire d'information ne pouvant prendre que deux valeurs distinctes notées 1 et 0.

bitension n.f. Caractère d'un appareil électrique pouvant être utilisé sous deux tensions différentes.

bitoniau n.m. *Fam.* Petite partie d'un dispositif mécanique qu'on ne peut pas ou qu'on ne veut pas nommer : *Le bitoniau de l'interphone est cassé* (= bouton).

bitte n.f. (anc. nordique *biti*, poutre). **1.** Pièce de bois ou d'acier, cylindrique, fixée verticalement sur le pont d'un navire pour enrouler les amarres. **2.** Bitte d'amarrage. ▸ ***Bitte d'amarrage,*** bitte en acier ou en béton, située sur un quai, permettant d'amarrer les bateaux.

bitter [bitɛr] (néerl. *bitter*, amer) n.m. Boisson apéritive au goût amer.

bitumage n.m. Action de bitumer ; son résultat : *Le bitumage d'une cour d'école.*

bitume n.m. Matière organique naturelle ou provenant de la distillation du pétrole, utilisée notamm. pour le revêtement des routes : *Recouvrir un trottoir de bitume* (**SYN.** asphalte, goudron).

bitumer v.t. Enduire, recouvrir de bitume : *Bitumer une route pavée* (**SYN.** goudronner).

bitumeux, euse adj. Fait avec du bitume : *Revêtement bitumeux.*

bitumineux, euse adj. Qui contient du bitume ou du goudron : *Schiste bitumineux.*

bivalent, e adj. Qui a deux rôles, deux fonctions : *Cet homme est bivalent, il est professeur et écrivain.*

bivalve adj. Dont la coquille a deux valves : *Un coquillage bivalve.* ◆ n.m. Mollusque à coquille bivalve : *La moule, l'huître, la coque sont des bivalves* (**SYN.** lamellibranche).

bivouac n.m. (alémanique *Biwacht*, service de garde supplémentaire). **1.** Campement léger et provisoire en plein air : *Installer un bivouac.* **2.** Lieu de ce campement.

bivouaquer v.i. [conj. 3]. Camper en plein air ; installer un bivouac : *Ils ont bivouaqué sur la plage.*

bizarre adj. (it. *bizzarro*, coléreux). Qui est inhabituel, hors du commun ; étrange : *Une attitude bizarre* (**SYN.** singulier, surprenant ; **CONTR.** naturel). *Une sculpture bizarre* (**SYN.** baroque, insolite ; **CONTR.** normal, simple). *Ce mec est bizarre, il ne fait rien comme tout le monde* (**SYN.** extravagant, fantasque ; **CONTR.** raisonnable, sensé).

bizarrement adv. De façon bizarre : *Bizarrement, il ne s'est rien passé* (**SYN.** curieusement, étrangement).

bizarrerie n.f. **1.** Caractère de ce qui est bizarre, étrange : *La bizarrerie d'une idée.* (**SYN.** étrangeté, singularité). **2.** Chose ou action bizarre ; extravagance : *Les bizarreries de l'orthographe* (**SYN.** anomalie, curiosité).

bizarroïde [bizarɔid] adj. *Fam.* Se dit d'une chose bizarre : *La forme bizarroïde d'une maison* (**SYN.** curieux, insolite).

bizut ou **bizuth** [bizy] n.m. **1.** *Arg. scol.* Élève de première année dans une grande école. **2.** *Fam.* Novice ; débutant.

bizutage n.m. *Arg. scol.* Action de bizuter : *Cette forme de bizutage constitue un délit.*

bizuter v.t. [conj. 3]. *Arg. scol.* Faire subir des brimades à un bizut.

bla-bla ou **bla-bla-bla** n.m. inv. *Fam.* Discours inintéressant : *Il est lassant avec ses interminables bla-bla* (**SYN.** délayage, verbiage). ☞ **REM.** On peut aussi écrire *blabla* et *blablabla.*

blackbouler v.t. (angl. *to blackball*, rejeter avec une boule noire) [conj. 3]. *Fam.* **1.** Infliger un échec à qqn : *Il a été blackboulé aux élections* (**SYN.** écarter, évincer). **2.** Rejeter qqch : *Projet, budget, planning, ils ont tout blackboulé* (**SYN.** repousser ; **CONTR.** accepter).

black jack [blakʒak] n.m. (pl. *black jacks*). Jeu de cartes américain, pratiqué par sept joueurs au maximum.

blacklister ou **black-lister** v.t. (angl. *to blacklist*). Inscrire qqn sur une liste noire, le désigner comme indésirable : *Blacklister un internaute sur un blog.*

black-out [blakawt] n.m. inv. (de l'angl. *black*, noir, et *out*, dehors). Fait de plonger toute une ville dans le noir pour éviter l'attaque d'avions ennemis. ▸ ***Faire le black-out,*** faire le silence complet sur une information : *Les médias ont fait le black-out sur cette affaire.*

blafard, e adj. Pâle ; d'un blanc terne : *Un malade au teint blafard* (**SYN.** blême, livide ; **CONTR.** coloré, frais, vif). *Un éclairage blafard.*

blaff n.m. (mot du créole antillais). Dans la cuisine antillaise, poisson cuit dans un court-bouillon à la tomate : *Un blaff de requin.*

① **blague** n.f. (du néerl. *blagen*, se boursoufler). Petit sac pour mettre le tabac.

② **blague** n.f. (de *1. blague*). **1.** *Fam.* Histoire imaginée pour faire rire ou pour tromper : *Lire des blagues sur Internet* (**SYN.** plaisanterie). *Nous avons tous cru à sa blague.* **2.** Maladresse, imprudence ; erreur : *Il a fait une blague en oubliant les clés* (**SYN.** bêtise). ▸ *Fam.* ***Blague à part,*** sérieusement : *Blague à part, dis-moi ce que tu as vraiment fait.*

blaguer v.i. [conj. 3]. *Fam.* Dire des blagues : *Elle blague sans cesse* (**SYN.** plaisanter). ◆ v.t. *Fam.* Se moquer de qqn sans méchanceté : *Il la blague parce qu'elle rougit sans cesse* (**SYN.** taquiner).

blagueur, euse adj. et n. *Fam.* Qui dit des blagues ; qui se moque : *Sacré blagueur !* (**SYN.** farceur, plaisantin).

blair n.m. (de *blaireau*). *Arg.* Nez.

blaireau n.m. **1.** Mammifère carnassier, plantigrade, omnivore, commun dans les bois d'Europe de l'Ouest. **2.** Gros pinceau que l'on utilise pour savonner la barbe.

blairer v.t. [conj. 3] (de *blair*). *Fam.* (Surtout en tournure négative). Supporter, sentir qqn : *Je ne peux pas blairer les hypocrites* (= je les déteste).

blâmable adj. Qui mérite un blâme ; condamnable : *Sa conduite à l'égard de son supérieur est blâmable* (**SYN.** répréhensible ; **CONTR.** louable).

blâme n.m. **1.** Sanction disciplinaire ; réprimande : *Cet élève a reçu un blâme pour son insolence* (**SYN.** désaveu). **2.** Jugement condamnant la conduite ou les paroles de qqn : *En prenant cette décision, la France s'est attiré le blâme des autres pays européens* (**SYN.** désapprobation, réprobation).

blâmer v.t. (du lat. *blasphemare*) [conj. 3]. **1.** Désapprouver ; condamner : *Blâmer l'exportation d'armes* (**SYN.** critiquer, réprouver ; **CONTR.** louer). **2.** Infliger un blâme à qqn.

① **blanc, blanche** [blɑ̃, blɑ̃ʃ] adj. **1.** De la couleur de la neige, du lait : *De la peinture blanche. Pendant le décollage de l'avion, il était blanc de peur* (= blême). **2.** De couleur claire : *Avoir la peau blanche. Raisin blanc* (par opp. à noir). *Vin blanc.* **3.** Parfaitement propre, sans tache : *Ce voilage n'est plus très blanc* (**SYN.** immaculé). **4.** Innocent ; pur : *Il est sorti entièrement blanc de cette histoire de vol* (**CONTR.** coupable). **5.** Qui ne porte aucun signe écrit, aucun dessin : *Une rame de papier blanc* (**SYN.** vierge). **6.** Qui n'est marqué par aucun profit ou perte importante, par aucun succès : *Opération blanche.* **7.** Relatif aux Blancs : *Une chanteuse de jazz blanche.* ▸ ***Blanc comme neige,*** innocent. ***Bois blanc,*** bois léger (sapin, peuplier, hêtre) utilisé pour faire des meubles à bon marché. ***Bulletin blanc,*** bulletin de vote qui ne porte aucun nom. ***Examen blanc,*** examen que l'on passe avant l'épreuve officielle, pour s'y préparer. ***Mariage blanc,*** mariage non consommé charnellement. ***Nuit blanche,*** nuit passée sans dormir. ***Sauce blanche,*** sauce préparée avec du beurre et de la farine. ***Voix blanche,*** voix sans timbre, sans intonation particulière.

② **blanc, blanche** [blɑ̃, blɑ̃ʃ] n. **1.** (Avec une majuscule). Personne ayant la peau blanche (par opp. à Noir, Jaune) : *Il s'est marié avec une Blanche.* **2.** Adversaire du régime communiste, après 1917, en Russie (par opp. à rouge). **3.** Insurgé vendéen, pendant la Révolution française.

③ **blanc** [blɑ̃] n.m. **1.** Couleur blanche : *Le blanc de la neige me fait mal aux yeux.* **2.** Matière colorante blanche : *Le clown s'est passé du blanc sur le visage.* **3.** Partie blanche de qqch : *Manger un blanc de poulet. Battre des blancs d'œufs en neige.* **4.** Vin blanc : *Boire une bouteille de blanc.* **5.** Linge de maison : *Faire une lessive de blanc.* **6.** Partie d'une page où rien n'est écrit ni imprimé : *Laisser un blanc entre deux mots* (**SYN.** 2. espace). **7.** Interruption d'une conversation ; lacune dans un récit : *Après cet incident, il y eut un blanc dans la discussion.* **8.** Note, rapport administratif sans en-tête : *La juge a été avertie par un blanc.* **9.** En Suisse, trou de mémoire : *Avoir un blanc.* ▸ ***À blanc,*** de manière à rendre blanc : *Un métal chauffé à blanc.* ***Blanc de baleine,*** substance huileuse contenue dans la tête du cachalot, utilisée en cosmétique (**SYN.** spermaceti). ***Regarder qqn dans le blanc des yeux,*** le regarder en face et avec fermeté. ***Saigner qqn à blanc,*** l'épuiser ; le ruiner. ***Signer en blanc,*** signer un papier en laissant de la place pour écrire qqch dont on assume par avance la responsabilité : *Signer un chèque en blanc* (= sans écrire de somme). ***Tir, cartouche à blanc,*** sans projectile.

blanc-bec n.m. (pl. *blancs-becs*). *Fam., péjor.* Jeune homme sans expérience et prétentieux ; novice.

blanchaille n.f. Petits poissons blancs (ablette, gardon, etc.) que l'on pêche à la ligne ou qui servent d'appât.

blanchâtre adj. D'une couleur qui tire sur le blanc : *Les lueurs blanchâtres de l'aube.*

blanche n.f. En musique, note valant la moitié d'une ronde, ou deux noires.

blancheur n.f. Qualité de ce qui est blanc : *La blancheur de ses mains.*

blanchiment n.m. **1.** Action de blanchir ; son résultat : *Le blanchiment des murs embellit la pièce.* **2.** Action de décolorer certaines matières en utilisant des solutions chimiques : *Le blanchiment d'un tissu avec de l'eau de Javel.* **3.** Action de blanchir de l'argent : *Le blanchiment de l'argent de la drogue.*

blanchir v.t. [conj. 32]. **1.** Rendre blanc ; recouvrir d'une matière blanche : *Blanchir les murs d'une maison.* **2.** Laver ; rendre propre : *Blanchir une vieille couverture* (**SYN.** nettoyer ; **CONTR.** salir). **3.** Prouver l'innocence de qqn : *Ce témoignage le blanchit* (**SYN.** disculper). **4.** Plonger un aliment dans de l'eau bouillante avant de le cuisiner : *Blanchir des feuilles de chou.* ▸ ***Blanchir de l'argent, des capitaux,*** faire disparaître toute preuve de leur origine illégale : *Blanchir l'argent de la prostitution.* ◆ v.i. Devenir blanc : *Les poils de mon vieux chat blanchissent.*

blanchissage n.m. **1.** Action de blanchir le linge (**SYN.** nettoyage). **2.** Action de raffiner le sucre.

blanchissant, e adj. **1.** Qui rend blanc : *Passer un produit blanchissant sur des draps jaunis.* **2.** Qui commence à blanchir : *Des cheveux blanchissants.*

blanchissement n.m. Fait de blanchir, de devenir blanc : *Le blanchissement des feuilles d'un rosier malade.*

blanchisserie n.f. **1.** Entreprise ou magasin où l'on lave et repasse du linge. **2.** Métier de blanchisseur.

blanchisseur, euse n. Personne dont le métier est de laver et de repasser le linge.

blanchon n.m. Au Québec, petit du phoque, à fourrure blanche.

blanc-seing [blɑ̃sɛ̃] n.m. (pl. *blancs-seings*). Document signé en blanc que l'on remet à qqn pour qu'il en dispose à son gré ; la signature apposée sur un tel document.

blanquette n.f. Viande blanche bouillie servie avec une sauce blanche.

blasé, e adj. et n. Qui ne s'intéresse plus à rien, ne s'enthousiasme plus pour rien : *Des enfants blasés par de trop nombreux cadeaux* (**SYN.** désenchanté, indifférent).

blaser v.t. (du néerl. *blasen*, gonfler) [conj. 3]. Rendre qqn indifférent, par lassitude ou par dégoût : *Le succès l'a blasé. Je suis blasé de ce chanteur* (**SYN.** lasser, rassasier ; **CONTR.** enthousiasmer).

blason n.m. Ensemble des armoiries qui composent un écu : *Le blason de notre ville* (**SYN.** armes).

blasphémateur, trice n. et adj. Personne qui blasphème.

blasphématoire adj. Qui contient ou qui constitue un blasphème : *L'Église considère ce livre comme blasphématoire* (**SYN.** impie, sacrilège).

blasphème n.m. (mot gr. signif. « parole impie »). Parole, discours qui insulte Dieu, la religion ou ce qui est considéré comme sacré et respectable : *Proférer un blasphème.*

blasphémer v.t. et v.i. [conj. 18]. Proférer des blasphèmes contre qqn, qqch : *Blasphémer le nom de Dieu.*

blastoderme n.m. (du gr. *blastos,* bourgeon, et *derma,* peau). En biologie, ensemble de cellules de l'œuf qui formeront l'embryon animal.

blatérer v.i. [conj. 18]. Crier, en parlant du chameau, du bélier.

blatte n.f. Insecte aplati que l'on trouve surtout dans les lieux obscurs et chauds : *Le local à poubelles est infesté de blattes* (**SYN.** cafard, cancrelat).

blazer [blazɛr] n.m. (mot angl., de *to blaze,* flamboyer). Veste croisée ou droite, en tissu gris ou bleu marine.

blé n.m. (frq. *blad,* produit de la terre). **1.** Céréale qui produit le grain dont on tire la farine pour faire notamm. le pain et les pâtes alimentaires ; grain de cette plante : *Un champ de blé. Trois sacs de blé.* **2.** *Fam.* Argent : *Il n'a plus de blé, il a tout perdu au poker.* ▸ ***Blé d'Inde,*** au Québec, maïs. ***Blé noir,*** sarrasin : *Manger une galette de blé noir.* ***Manger son blé en herbe,*** dépenser d'avance son revenu.

bled [blɛd] n.m. (d'un mot ar. signif. « pays, région »). **1.** Intérieur des terres, en Afrique du Nord. **2.** *Fam.* Village isolé : *La ville la plus proche de son bled est à 20 kilomètres.*

blême adj. **1.** Se dit d'un visage, d'un teint très pâle : *Être blême de peur* (**SYN.** blanc, livide). **2.** D'un blanc terne : *Un matin blême* (**SYN.** blafard).

blêmir v.i. (du scand. *blâmi,* couleur bleuâtre) [conj. 32]. Devenir blême : *Il blêmit en apprenant son licenciement* (**SYN.** pâlir).

blêmissement n.m. Fait de blêmir, de devenir très pâle.

blende [blɛ̃d] n.f. Sulfure de zinc.

blennorragie n.f. (du gr. *blenna,* mucus, et *rhagê,* éruption). Maladie sexuellement transmissible, due à un microbe *(gonocoque),* qui infecte les organes génito-urinaires.

blèsement n.m. Défaut de prononciation d'une personne qui blèse ; zézaiement.

bléser v.i. (du lat. *blaesus,* bègue) [conj. 18]. Parler en remplaçant des consonnes par d'autres ; zézayer.

blessant, e adj. Qui blesse moralement ; qui humilie : *Il a tenu des propos blessants sur son physique* (**SYN.** offensant, vexant ; **CONTR.** agréable, flatteur). *Il ne peut pas s'empêcher d'être blessant avec ses collègues* (**SYN.** arrogant, désagréable ; **CONTR.** aimable, charmant).

blessé, e adj. et n. Qui a reçu une blessure, des blessures : *Les passagers blessés sont soignés sur place. L'attentat a fait de nombreux blessés.* ◆ adj. Qui a été offensé : *Blessée par cet article, elle porta plainte contre le journal* (**SYN.** humilié, vexé).

blesser v.t. (du frq.) [conj. 4]. **1.** Frapper ou percuter en causant une blessure, une plaie : *Dans la bagarre, il a été blessé au bras.* **2.** Faire mal ; causer une sensation désagréable : *La courroie de son sac à dos le blesse* (**SYN.** gêner). *Cette lumière me blesse les yeux.* **3.** Faire souffrir moralement ; humilier : *Ces insultes l'ont terriblement blessé* (**SYN.** heurter, offenser). ◆ **se blesser** v.pr. **1.** Se faire une blessure : *Se blesser en ouvrant les huîtres* (**SYN.** se couper). **2.** Souffrir moralement à la suite d'une offense : *Elle s'est blessée pour des broutilles* (**SYN.** se formaliser, se vexer).

blessure n.f. **1.** Contusion, plaie produite par un choc, un coup, un objet : *Elle s'est fait une petite blessure au doigt avec un marteau.* **2.** Souffrance morale : *Les joueurs ressentirent une blessure à l'annonce de leur disqualification* (**SYN.** affliction, peine). *Une blessure provoquée par une réflexion désagréable* (**SYN.** humiliation, offense).

blet, blette [blɛ, blɛt] adj. (frq. *blet,* pâle). Se dit d'un fruit trop mûr et abîmé : *Banane blette* (**SYN.** avancé ; **CONTR.** ferme).

blette n.f. → **bette.**

blettir v.i. [conj. 32]. Devenir blet : *Ces poires blettissent.*

① **bleu, e** adj. (pl. *bleus, bleues*). **1.** De la couleur du ciel sans nuages : *Écrire avec de l'encre bleue. Des chaussettes bleu marine.* **2.** Se dit de la couleur de la peau sous l'effet du froid ou d'une contusion : *Mes mains sont bleues de froid.* **3.** Se dit d'une viande très peu cuite : *Commander un steak bleu au restaurant.* ▸ ***Colère, peur bleue,*** colère très violente ; peur très intense : *Avoir une peur bleue des serpents.* ***Maladie bleue,*** malformation du cœur qui entraîne une coloration bleue de la peau. ***Sang bleu,*** sang noble : *Cette femme a du sang bleu dans les veines.* ***Zone bleue,*** zone à stationnement réglementé contrôlé par disque.

② **bleu** n.m. (pl. *bleus*). **1.** Couleur bleue : *Le bleu du ciel* (= l'azur). *Bleu roi* (= bleu soutenu). **2.** Matière colorante bleue : *Se mettre un peu de bleu sur les paupières.* **3.** Tache bleue qui apparaît sur la peau à la suite d'un choc : *Après s'être cogné le genou, il eut un bleu* (**SYN.** ecchymose). **4.** Vêtement en grosse toile bleue que les ouvriers portent pour le travail : *Le bleu de ce mécanicien est couvert de taches de cambouis.* **5.** Fromage à moisissures bleues : *Déguster un bleu d'Auvergne.* **6.** *Fam.* Jeune soldat ; nouveau venu : *Il y a un bleu dans l'école.* ▸ ***Au bleu,*** se dit de la cuisson d'un poisson jeté vivant dans un court-bouillon : *Truite au bleu.* *Litt.* ***Des bleus à l'âme,*** les séquelles de blessures psychologiques ou morales : *Certains ont des bleus à l'âme après la défaite aux élections.*

bleuâtre adj. D'une couleur qui tire sur le bleu : *Une fumée bleuâtre s'élève au-dessus de la cheminée.*

bleuet n.m. **1.** Plante à fleurs bleues, très commune dans les champs de blé (**SYN.** barbeau). **2.** Petite baie bleue, comestible, proche de la myrtille, produite par le bleuetier.

bleuetier [bløɛtje] n.m. Espèce d'airelle d'Amérique du Nord, qui produit le bleuet.

bleuetière [bløɛtjɛr] n.f. Au Québec, terrain où pousse le bleuetier.

bleuir v.t. [conj. 32]. Rendre bleu : *Le froid a bleui ses lèvres.* ◆ v.i. Devenir bleu : *La solution chimique bleuit.*

bleuissement n.m. Fait de se colorer progressivement en bleu.

bleuté, e adj. Légèrement bleu : *Les plumes de cet oiseau ont des reflets bleutés.*

blindage n.m. **1.** Action de blinder : *Un serrurier*

spécialiste du blindage des portes. **2.** Plaque de métal installée derrière une porte pour la renforcer, empêcher l'effraction : *Un blindage inviolable.* **3.** Revêtement métallique qui protège les engins militaires des effets des projectiles. **4.** Dispositif de protection contre les rayonnements électromagnétiques ou radioactifs.

① **blindé, e** adj. Protégé par un blindage : *Installer une porte blindée. La voiture blindée du pape.* ▸ ***Engin blindé,*** véhicule de combat pourvu d'un blindage.

② **blindé** n.m. Engin blindé : *Les blindés progressent.*

blinder v.t. (all. *blenden,* aveugler) [conj. 3]. **1.** Protéger par un blindage : *Blinder une porte.* **2.** *Fam.* Rendre moins sensible, plus fort moralement : *Son travail dans une O.N.G. l'a blindée* (**SYN.** cuirasser, endurcir).

blini n.m. (du russe). Dans la cuisine russe, petite crêpe épaisse servie avec certains hors-d'œuvre.

blister [blistɛr] n.m. (mot angl. signif. « cloque, boursouflure »). Emballage constitué d'une coque de plastique transparent collée sur du carton, pour présenter des marchandises de petite taille : *Les piles et les ampoules sont vendues sous blister.*

blizzard n.m. (mot anglo-amér.). Vent du nord glacial, accompagné de tempêtes de neige, qui souffle sur le Canada et le nord des États-Unis.

bloc n.m. (néerl. *bloc,* tronc d'arbre abattu). **1.** Masse compacte et pesante : *Sculpter un bloc de glace.* **2.** Ensemble de feuilles collées les unes aux autres et facilement détachables ; bloc-notes : *Le bloc d'ordonnances du médecin.* **3.** Groupement de partis, d'États qui ont des intérêts communs : *Le bloc formé par ces trois partis a remporté les élections* (**SYN.** coalition). **4.** *Arg.* Prison ; salle de police : *Passer une nuit au bloc.* ▸ ***À bloc,*** à fond : *Serrer une vis à bloc.* ***Bloc opératoire,*** ensemble des installations servant aux opérations chirurgicales. ***En bloc,*** en totalité, sans faire le détail : *Nier en bloc.* ***Faire bloc,*** s'unir étroitement : *Les ouvriers ont fait bloc contre leur patron.*

blocage n.m. **1.** Action de bloquer ; son résultat : *Le blocage d'une porte avec une cale. Le blocage des prix, des salaires.* **2.** Impossibilité d'agir ou de réagir intellectuellement dans une situation donnée : *Il a eu un blocage et n'a pu répondre aux questions.*

bloc-cylindres n.m. (pl. *blocs-cylindres*). Ensemble des cylindres d'un moteur fabriqués en une seule pièce.

bloc-évier n.m. (pl. *blocs-éviers*). Élément de cuisine préfabriqué comprenant une cuve ou plusieurs et une paillasse ou plusieurs.

blockhaus [blɔkos] n.m. (mot all., de *Block,* bloc, et *Haus,* maison). **1.** Petit ouvrage fortifié ou blindé, pour la défense d'un point particulier. **2.** Poste de commandement blindé des grands navires militaires.

bloc-moteur n.m. (pl. *blocs-moteurs*). Ensemble constitué du moteur, de l'embrayage et de la boîte de vitesses dans une automobile ou un camion.

bloc-notes n.m. (pl. *blocs-notes*). Bloc de feuilles de papier détachables sur lesquelles on prend des notes.

blocus [blɔkys] n.m. (néerl. *blochuus,* fortin). Encerclement d'une ville, d'un port, d'un pays pour l'empêcher de communiquer avec l'extérieur et de se ravitailler. ▸ ***Blocus économique,*** ensemble des mesures de représailles prises contre un pays pour le priver de toute relation commerciale (**SYN.** embargo).

blog ou **blogue** n.m. (angl. *blog*). Site Web sur lequel un internaute tient son journal ou une chronique (**SYN.** weblog).

blogosphère n.f. **1.** Ensemble des blogs présents sur le Web. **2.** Communauté interactive formée par les blogueurs.

blogueur, euse n. Auteur d'un blog.

blond, e adj. D'une couleur intermédiaire entre le châtain clair et le doré : *Chevelure blonde. Les blés blonds de l'été.* ▸ ***Bière blonde,*** bière fabriquée à partir de malts de couleur claire (par opp. à bière brune, bière rousse). ***Tabac blond,*** tabac dont la fermentation a été arrêtée au stade du jaunissement de la feuille (par opp. à tabac brun). ◆ adj. et n. Qui a des cheveux blonds : *Des enfants blonds.* ◆ **blond** n.m. Couleur blonde : *Le blond de ses cheveux n'est pas naturel.*

blondasse adj. *Péjor.* D'un blond fade.

blonde n.f. **1.** Cigarette de tabac blond : *Il fume des blondes.* **2.** Bière blonde : *Boire une blonde.* **3.** Dentelle faite au fuseau. **4.** *Fam.* Au Québec, petite amie ; épouse.

blondeur n.f. Qualité de ce qui est blond : *La blondeur des champs de blé.*

blondinet, ette adj. et n. Se dit d'une jeune personne, d'un enfant blond : *Une jolie blondinette.*

blondir v.i. [conj. 32]. Devenir blond : *Ses cheveux ont blondi.* ▸ ***Faire blondir,*** faire cuire un aliment jusqu'à ce qu'il soit légèrement doré : *Faire blondir des oignons dans de l'huile d'olive.* ◆ v.t. Rendre blond.

bloquer v.t. [conj. 3]. **1.** Empêcher qqch, qqn de bouger, de se déplacer : *Bloquer la grille du jardin avec une cale* (**SYN.** caler). *Bloquer un écrou. Son mal de dos le bloque à la maison* (**SYN.** immobiliser, retenir). *Être bloqué dans l'ascenseur* (**SYN.** coincer). **2.** Serrer au maximum : *Cette vis a été bloquée, je ne peux pas l'enlever.* **3.** Rendre un passage impraticable : *Les pompiers ont bloqué la rue* (**SYN.** barrer, obstruer). **4.** Consacrer une certaine période de temps à qqch ; rassembler des choses à faire dans cette période : *Bloquer deux semaines pour partir en vacances. Bloquer tous ses rendez-vous en début de semaine.* **5.** Suspendre la libre disposition de biens ; empêcher tout mouvement d'augmentation : *La banque a bloqué son compte d'épargne. Bloquer les crédits, les salaires* (**SYN.** geler). **6.** Empêcher d'agir ou de réagir intellectuellement : *Le fait de parler devant tout le monde le bloque.* **7.** *Fam.* En Belgique, étudier sans relâche ; bûcher. ▸ ***Bloquer un ballon,*** l'arrêter dans sa course, en l'attrapant. ◆ **se bloquer** v.pr. **1.** Ne plus fonctionner : *La photocopieuse s'est bloquée.* **2.** Se fixer dans une attitude de refus : *Dès qu'on pose une question, il se bloque.*

se **blottir** v.pr. (all. *blotten,* écraser) [conj. 32]. Se replier sur soi-même ; se réfugier auprès de qqn : *L'animal traqué s'est blotti dans un coin* (**SYN.** se réfugier, se tapir). *Le chat se blottit sur mes genoux* (**SYN.** se pelotonner).

blousant, e adj. Se dit d'un vêtement qui blouse : *Corsage blousant* (**SYN.** bouffant ; **CONTR.** ajusté).

blouse n.f. **1.** Vêtement de travail que l'on porte par-dessus ses vêtements, pour se protéger : *Les élèves portent une blouse pendant le cours de chimie.* **2.** Corsage de femme de forme ample (**SYN.** chemisier).

▸ ***Les blouses blanches,*** le personnel médical : *Les blouses blanches de l'hôpital réclament plus de moyens.*

① **blouser** v.t. (de *blouse*, trou aux coins d'un billard) [conj. 3]. *Fam.* Induire en erreur : *On l'a blousé en lui faisant croire qu'il aurait une augmentation* (**SYN.** abuser, tromper).

② **blouser** v.i. (de *blouse*) [conj. 3]. Avoir de l'ampleur donnée par des fronces, en parlant d'un vêtement : *Un chemisier qui blouse.*

blouson n.m. Veste d'allure sportive, courte et ample, serrée à la taille : *Un blouson en jean.*

blue-jean [bludʒin] ou **blue-jeans** [bludʒins] n.m. (mot anglo-amér. signif. « treillis bleu »)[pl. *blue-jeans*]. Jean : *Un blue-jean délavé.*

blues [bluz] n.m. (mot anglo-amér., de *blue devils*, idées noires). **1.** Complainte du folklore noir américain, au rythme lent. **2.** *Fam.* Tristesse, mélancolie : *Il a le blues depuis qu'elle est partie.*

bluette n.f. (de l'anc. fr. *belluer*, éblouir). *Vx.* Petit ouvrage littéraire sans prétention ; historiette.

bluff [blœf] n.m. (mot anglo-amér.). **1.** Attitude, action de qqn qui veut faire illusion, donner le change : *Sa promesse d'augmentation, c'est du bluff.* **2.** Au poker, procédé qui consiste à miser gros sans avoir un bon jeu, pour que l'adversaire renonce à jouer.

bluffer [blœfe] v.t. et v.i. [conj. 3]. **1.** Cacher sa situation réelle ou ses intentions : *Il nous bluffe pour qu'on le soutienne.* **2.** Faire un bluff, au poker.

bluffeur, euse [blœfœr, øz] n. et adj. Personne qui bluffe, qui a l'habitude de bluffer : *Quelle bluffeuse ! Elle nous ferait croire n'importe quoi.*

blush [blœʃ] n.m. (de l'angl. *to blush*, rougir). Fard à joues que l'on applique avec un pinceau.

bluter v.t. [conj. 3]. Faire passer de la farine à travers un tamis pour la séparer du son.

blutoir n.m. Grand tamis qui sert à bluter la farine.

B.O. ou **BO** n.f. (sigle). ▸ ***Bande originale*** → **1. bande.**

boa n.m. (mot lat. signif. « serpent d'eau »). **1.** Serpent d'Amérique tropicale, non venimeux, qui étouffe ses proies. **2.** *Anc.* Rouleau de plumes ou de fourrure, que les femmes portaient autour du cou vers 1900.

boat people [botpipœl] n. inv. (mots angl. signif. « gens des bateaux »). Réfugié fuyant son pays sur une embarcation de fortune : *Aider des boat people cambodgiens.*

bob n.m. (de l'anglo-amér.). Chapeau d'été en toile, en forme de cloche.

bobard n.m. *Fam.* Fausse nouvelle : *La nouvelle diffusée à tous les internautes n'était qu'un bobard* (**SYN.** histoire, mensonge).

bobèche n.f. Disque de verre ou de métal qui arrête les coulures de bougie sur un bougeoir.

bobinage n.m. Action de bobiner ; son résultat : *Le bobinage d'une ficelle.*

bobine n.f. **1.** Petit cylindre en bois, en métal ou en plastique, autour duquel on enroule du fil, de la ficelle, des rubans, des pellicules photographiques. **2.** Le cylindre et la matière enroulée : *Placer une bobine de fil vert sur une machine à coudre.* **3.** Cylindre sur lequel s'enroule un fil conducteur d'électricité. **4.** *Fam.* Visage ; expression du visage : *Ce clown a une drôle de bobine* (**SYN.** figure, tête).

bobineau n.m. → **bobinot.**

bobiner v.t. [conj. 3]. Enrouler qqch sur une bobine : *Bobiner du ruban.*

bobinot n.m. **1.** Support autour duquel on bobine les fibres textiles. **2.** Film ou bande vidéo en rouleau utilisés dans les studios de télévision.

① **bobo** n.m. (onomat.). (Surtout dans le langage enfantin). Douleur ou blessure légères : *Il a bobo au doigt* (**SYN.** mal). *Ce sont de tout petits bobos.*

② **bobo** n. (de *bo*[*urgeois*] et *bo*[*hème*]). *Fam.* Personne d'une couche sociale aisée qui affiche un air de simplicité et d'authenticité et cultive l'anticonformisme. ◆ adj. *Fam.* Des bobos : *Les quartiers bobos.*

bobsleigh [bɔbslɛg] ou **bob** n.m. (mot angl., de *to bob*, être ballotté, et *sleigh*, traîneau). Traîneau servant à effectuer des glissades sur des pistes de glace ; sport pratiqué avec ce traîneau.

bocage n.m. (mot normand). Région où les champs et les prés sont entourés de haies et de rangées d'arbres et où l'habitat est dispersé en fermes et en hameaux.

bocager, ère adj. Relatif au bocage : *Un paysage bocager.*

bocal n.m. (pl. *bocaux*). Récipient en verre à large ouverture ; son contenu : *Ranger des bocaux de confiture* (**SYN.** pot). *Tout le bocal de cornichons y est passé.*

bock n.m. (de l'all. *Bockbier*, bière très forte). **1.** Verre à bière contenant un quart de litre ; son contenu : *Boire deux bocks.* **2.** Récipient muni d'un tube souple utilisé pour les lavements (on dit aussi *bock à injection*).

body n.m. (mot angl. signif. « corps »)[pl. *bodys* ou *bodies*]. Vêtement féminin moulant qui couvre le buste et se ferme à l'entrejambe : *Elle porte souvent des bodys.*

Bodyboard [bɔdibɔrd] n.m. (nom déposé ; angl. *body*, corps, et *board*, planche). Planche sur laquelle on surfe couché ou à genoux ; sport pratiqué avec cette planche.

bodybuilding [bɔdibildiŋ] n.m. (mot angl. signif. « construction du corps »). Culturisme.

boette [bwɛt] ou **boitte** [bwat] n.f. (breton *boued*, nourriture). Appât que l'on met à l'hameçon pour la pêche en mer.

bœuf [bœf], au pl. [bø] n.m. (lat. *bos, bovis*). **1.** Mâle châtré adulte de l'espèce bovine : *Les bœufs et les vaches paissent dans le pré.* **2.** Viande de bovin autre que le veau : *Les bouchers vendent moins de bœuf depuis l'épidémie d'E.S.B.* **3.** Mâle de la famille des bovidés : *Le bison, le yack, le buffle et le zébu sont des bœufs.* **4.** Réunion de musiciens de jazz jouant pour leur seul plaisir : *Ils font un bœuf.* ▸ *Fam.* ***Être fort comme un bœuf,*** être très robuste, très vigoureux. *Fam.* ***Souffler comme un bœuf,*** être très essoufflé ; souffler bruyamment. ◆ adj. inv. *Fam.* Très étonnant, inattendu : *Son arrivée en Cadillac a fait un effet bœuf.*

bof interj. (onomat.). Exprime le doute, l'ironie ou l'indifférence : *Bof ! Elle fait ce qu'elle veut, cela m'est égal.*

bogie [bɔʒi] ou **boggie** [bɔgi] n.m. Châssis à deux

ou trois essieux sur lequel repose chacune des extrémités d'un wagon de chemin de fer.

① **bogue** n.f. (breton *bolc'h*). Enveloppe du marron, de la châtaigne, recouverte de piquants.

② **bogue** n.m. (angl. *bug*, bestiole, puis défaut). En informatique, défaut de conception ou de réalisation d'un programme, se manifestant par des anomalies de fonctionnement (**SYN.** bug [anglic.]).

bogué, e adj. Se dit d'un logiciel qui contient des erreurs de programmation et ne fonctionne pas correctement.

boguet n.m. En Suisse, cyclomoteur.

bohème adj. et n. (de *Bohême*, partie occidentale de la République tchèque). *Vieilli* Qui a des habitudes de vie irrégulières ; original : *La vie de bohème. Il fréquente des gens bohèmes* (**SYN.** non-conformiste). ◆ n.f. Le milieu des artistes, des écrivains, qui mènent une vie au jour le jour, en marge de la société ; ce genre de vie.

bohémien, enne adj. et n. **1.** Originaire de Bohême. **2.** Tsigane. **3.** *Péjor.* Vagabond.

boille [bɔj] ou **bouille** [buj] n.f. En Suisse, grand bidon cylindrique servant à transporter le lait ; hotte métallique utilisée pour le sulfatage des vignes.

① **boire** v.t. (lat. *bibere*) [conj. 108]. **1.** Avaler un liquide ; se désaltérer : *Boire de l'eau. Le bébé boit deux biberons de lait par jour.* **2.** Absorber un liquide, en parlant de qqch : *La terre a bu toute l'eau* (**SYN.** pomper). ▸ ***Boire les paroles de qqn,*** l'écouter très attentivement, avec admiration : *Les élèves boivent les paroles de leur professeur.* ***Il y a à boire et à manger,*** il y a dans cette affaire du bon et du mauvais, du vrai et du faux. ◆ v.i. Absorber de l'alcool avec excès : *Il a trop bu au réveillon* (= il s'est enivré). ◆ **se boire** v.pr. Devoir être consommé, bu : *Ce vin se boit chambré.*

② **boire** n.m. ▸ ***Le boire et le manger,*** le fait de boire et de manger ; les nécessités de la vie : *Il travaille tellement qu'il en perd le boire et le manger.*

bois n.m. (du germ. *bosk*, buisson). **1.** Lieu couvert ou planté d'arbres : *Se promener dans un bois* (**SYN.** forêt). **2.** Matière compacte, plus ou moins dure et recouverte d'écorce, constituant l'essentiel du tronc, des racines et des branches des arbres : *Du bois de chauffage. Le bois utilisé pour ce meuble est de qualité.* **3.** Objet ou partie d'un objet en bois : *La balle a tapé contre le bois de ma raquette* (= manche, cadre). ▸ *Fam.* ***Avoir la gueule de bois,*** avoir mal à la tête et la langue pâteuse après avoir bu trop d'alcool. ***Faire feu*** ou ***faire flèche de tout bois,*** recourir à tous les moyens possibles pour atteindre un but. ***Ne pas être de bois,*** être sensible ou sensuel. ***Toucher du bois,*** conjurer le mauvais sort en touchant un objet en bois. ◆ n.m. pl. **1.** Famille des instruments à vent, en bois (hautbois, clarinette, cor anglais, basson) ou dont le son est comparable à celui des instruments en bois (flûte, saxophone). **2.** Cornes des cervidés qui tombent chaque année : *Les bois du cerf.*

boisage n.m. Opération consistant à consolider les galeries de mines à l'aide d'éléments en bois ou en métal ; ensemble de ces éléments.

boisé, e adj. Garni d'arbres : *Notre région est très boisée.*

boisement n.m. Action de planter des arbres dans un lieu : *Le boisement d'un terrain vague.*

boiser v.t. [conj. 3]. **1.** Planter un lieu d'arbres : *Boiser une région côtière.* **2.** Renforcer, soutenir par un boisage : *Boiser une galerie de mine, un tunnel.*

boiserie n.f. Ouvrage de menuiserie qui couvre les murs intérieurs d'une habitation ; lambris.

boisseau n.m. (lat. *buxitellum*). **1.** *Anc.* Mesure de capacité pour les grains ; récipient dont le contenu équivalait à cette mesure. **2.** Tuyau qui s'emboîte avec d'autres pour former un conduit de cheminée, une évacuation sanitaire. ▸ ***Mettre*** ou ***garder*** ou ***cacher qqch sous le boisseau,*** dissimuler qqch qui mériterait d'être connu.

boisson n.f. (lat. *bibere*, boire). **1.** Liquide que l'on boit : *Se préparer une boisson chaude.* **2.** Liquide alcoolisé destiné à la consommation : *Taxe sur les boissons et spiritueux.* ▸ ***Être pris de boisson,*** être ivre. ***La boisson,*** l'alcoolisme : *Les ravages de la boisson.*

boîte n.f. (lat. *buxida*, du gr. *puxos*, buis). **1.** Contenant en matière rigide, avec ou sans couvercle : *Une boîte à bijoux en acajou* (**SYN.** coffret, écrin). *Une boîte de conserve. Une boîte d'allumettes.* **2.** Contenu d'une boîte : *Ils ont mangé une boîte de maquereaux au vin blanc.* **3.** Établissement ouvert la nuit, où l'on peut danser et boire (on peut aussi dire *boîte de nuit*) : *Aller en boîte le samedi soir* (**SYN.** discothèque). **4.** *Fam.* Lieu de travail : *Notre boîte est en pleine restructuration* (**SYN.** entreprise). ▸ ***Boîte à gants,*** aménagement situé à l'avant d'une automobile, pour ranger divers objets. ***Boîte à idées,*** boîte placée dans un lieu public, une entreprise pour recueillir des suggestions. ***Boîte à rythmes,*** instrument de musique électronique reproduisant des sons de batterie et de percussions. ***Boîte aux lettres*** ou ***boîte à lettres,*** boîte dans laquelle sont déposées les lettres à expédier ou les lettres reçues par un particulier à son domicile ; en informatique, espace réservé pour stocker les messages envoyés ou reçus via un service de messagerie électronique. ***Boîte crânienne,*** partie du crâne contenant le cerveau. ***Boîte de dialogue,*** fenêtre qu'un logiciel affiche sur l'écran d'un ordinateur pour demander des précisions à l'utilisateur. ***Boîte de vitesses,*** organe renfermant les engrenages du changement de vitesses d'un véhicule automobile. ***Boîte noire,*** appareil enregistreur placé à bord d'un avion, d'un camion, qui permet de connaître les conditions de déroulement d'un trajet. *Fam.* ***Mettre qqn en boîte,*** le taquiner, se moquer de lui.

boitement n.m. Action de boiter : *Son boitement l'empêche de marcher très longtemps* (**SYN.** claudication [litt.]).

boiter v.i. (p.-ê. de [*pied*] *bot*) [conj. 3]. **1.** Marcher en inclinant le corps d'un côté plus que de l'autre : *Sa douleur au genou le fait boiter* (**SYN.** claudiquer [litt.]). **2.** Manquer de stabilité, d'équilibre : *Un vieux fauteuil qui boite.* **3.** Manquer de cohérence : *Ton raisonnement boite.*

boiterie n.f. Irrégularité de la démarche de qqn qui boite.

boiteux, euse adj. et n. Se dit de qqn qui boite. ◆ adj. Se dit de qqch qui boite : *Une table boiteuse* (**SYN.** bancal, branlant ; **CONTR.** stable). *Cette phrase est* *boiteuse* (**SYN.** incorrect ; **CONTR.** correct). *Une paix boiteuse* (**SYN.** fragile ; **CONTR.** durable, solide).

boîtier n.m. **1.** Boîte, coffre à compartiments : *Ranger ses instruments de manucure dans un boîtier.* **2.** Boîte renfermant un mécanisme, une pile : *Le boîtier d'une montre, d'un téléphone mobile.* **3.** Élément d'un appareil photographique, sur lequel s'adapte l'objectif : *Mettre une nouvelle pellicule dans le boîtier.*

boitillement n.m. Action de boitiller.

boitiller v.i. [conj. 3]. Boiter légèrement : *Sa crampe au mollet le fait boitiller.*

boiton ou **boîton** n.m. En Suisse, porcherie.

boit-sans-soif n. inv. *Fam.* Personne qui boit de l'alcool avec excès : *Des boit-sans-soif* (**SYN.** alcoolique, ivrogne).

boitte n.f. → **boette.**

① **bol** n.m. (angl. *bowl*, jatte). **1.** Récipient sans anse, ayant la forme d'une demi-sphère, qui sert à contenir certaines boissons ; son contenu : *Sortir les bols pour le petit déjeuner. Il boit un bol de café tous les matins.* **2.** *Fam.* Chance : *Tu as du bol de partir skier. Manque de bol, il a raté son train* (= par malchance). ▸ *Fam.* ***En avoir ras le bol,*** ne plus pouvoir supporter qqn ou qqch.

② **bol** n.m. (gr. *bôlos*, motte). ▸ ***Bol alimentaire,*** volume d'aliments mastiqués que l'on peut avaler en une déglutition.

bolchevique ou **bolchevik** adj. et n. (d'un mot russe signif. « de la majorité »). Qui appartenait à la fraction du parti ouvrier social-démocrate russe qui adopta les thèses de Lénine.

bolchevisme n.m. Courant politique dominé par les bolcheviques.

bolduc n.m. (de *Bois-le-Duc*, nom d'une ville des Pays-Bas). Ruban utilisé pour ficeler, décorer les paquets : *Des bolducs rouges.*

bolée n.f. Contenu d'un bol : *Boire une bolée de cidre.*

boléro n.m. (esp. *bolero*, danseur). **1.** Danse d'origine andalouse, à trois temps, exécutée en couple ; air sur lequel elle se danse. **2.** Veste droite et courte, non boutonnée.

bolet n.m. Champignon, dont la face intérieure du chapeau est constituée de petits tubes serrés et dont certaines espèces sont comestibles : *Les cèpes sont des bolets comestibles.*

bolide n.m. (lat. *bolis, bolidis*, trait). Véhicule très rapide : *Ces nouvelles voitures sont des bolides.* ▸ ***Comme un bolide,*** très vite : *Il est arrivé chez nous comme un bolide.*

bolognais, e adj. ▸ ***Sauce bolognaise,*** dans la cuisine italienne, sauce à base de tomates et de viande hachée.

bombage n.m. Action d'écrire, de dessiner avec de la peinture en bombe ; l'inscription ainsi tracée ; graff, tag.

bombance n.f. (anc. fr. *bobance*, orgueil). *Fam., vieilli* Repas copieux ; festin, banquet. ▸ *Fam.* ***Faire bombance,*** manger beaucoup.

bombarde n.f. (lat. *bombus*, bruit sourd). **1.** Instrument à vent en bois à anche double, de tonalité grave : *Les bombardes d'un bagad.* **2.** Arme à feu primitive tirant des boulets de pierre (XIVe-XVIe s.).

bombardement n.m. Action de bombarder : *Des bombardements de plus en plus précis.*

bombarder v.t. [conj. 3]. **1.** Attaquer un objectif avec des bombes, des projectiles explosifs : *Bombarder un port.* **2.** Lancer en grand nombre des projectiles sur qqn : *Les invités ont bombardé les mariés de grains de riz.* **3.** Solliciter qqn sans cesse ; harceler : *Elle l'a bombardé de lettres* (**SYN.** accabler). **4.** *Fam.* Nommer soudainement qqn à un poste, à un emploi : *Elle a été bombardée ministre à 35 ans.*

bombardier n.m. **1.** Avion chargé d'effectuer des bombardements : *Des bombardiers nucléaires.* **2.** Membre de l'équipage d'un bombardier, chargé du largage des bombes. ▸ ***Bombardier d'eau,*** avion équipé de réservoirs d'eau, utilisé pour lutter contre les incendies de forêts ; Canadair.

① **bombe** n.f. (lat. *bombus*, bruit sourd). **1.** Projectile creux chargé de matière explosive ou incendiaire ; tout projectile explosif : *L'avion largua une bombe sur l'usine. Les terroristes menacent de déposer une bombe à l'ambassade.* **2.** Récipient métallique contenant un liquide sous pression destiné à être vaporisé ; aérosol : *Utiliser une bombe insecticide pour se débarrasser des mouches. De la crème Chantilly vendue en bombe.* **3.** Casque à visière, que portent les cavaliers. ▸ ***Bombe à retardement*** → **retardement.** ***Bombe glacée,*** entremets glacé en forme de demi-sphère ou de cône. *Fam.* ***Faire l'effet d'une bombe,*** provoquer la stupéfaction, le scandale : *Sa condamnation a fait l'effet d'une bombe.*

② **bombe** n.f. (de *bombance*). ▸ ***Faire la bombe,*** faire la fête (= festoyer).

bombé, e adj. De forme arrondie, renflée : *Les verres de ses lunettes sont bombés* (**SYN.** convexe). *Un front bombé* (**CONTR.** plat).

bombement n.m. Fait d'être bombé : *Le bombement de la chaussée la rend dangereuse pour les deux-roues* (**SYN.** convexité, renflement).

① **bomber** v.t. [conj. 3]. **1.** Rendre convexe une partie du corps : *Bomber la poitrine* (**SYN.** gonfler). **2.** Donner une forme convexe, arrondie à qqch : *Bomber la crête d'une muraille.* ▸ ***Bomber le torse,*** faire l'important. ◆ v.i. **1.** Avoir une forme convexe : *Le mur bombe par endroits* (= fait saillie). **2.** *Fam.* Aller très vite : *Il a dû bomber pour rendre son travail à temps.*

② **bomber** v.t. [conj. 3]. Tracer, dessiner avec de la peinture en bombe : *Les murs de la station de métro ont été bombés cette nuit* (**SYN.** taguer).

bombonne n.f. → **bonbonne.**

bombyx n.m. (gr. *bombux*, ver à soie). Papillon dont une espèce, le *bombyx du mûrier*, a pour chenille le ver à soie.

bôme n.f. (néerl. *boom*, arbre, mât). En marine, longue pièce de bois horizontale sur laquelle est fixée la partie basse d'une voile.

① **bon, bonne** adj. (lat. *bonus*). **1.** Qui convient, qui possède les qualités requises : *Il veut un bon ordinateur* (**SYN.** correct ; **CONTR.** mauvais). *Avoir une bonne raison de ne pas assister à une réunion* (**SYN.** convaincant, valable ; **CONTR.** inacceptable, irrecevable). *Il est bon en anglais* (**SYN.** doué, fort ; **CONTR.** mauvais). *C'est un bon professeur* (**SYN.** compétent, consciencieux ; **CONTR.** médiocre). **2.** Qui procure du plaisir : *Il nous prépare* *un bon repas* (**SYN.** délicieux). *J'ai passé de très bonnes vacances* (**SYN.** excellent ; **CONTR.** désagréable, pénible). **3.** Dont l'effet est bénéfique pour le corps ou l'esprit : *Il prend un bon petit déjeuner avant de faire du sport* (**SYN.** copieux, substantiel). *Il aurait besoin d'un bon massage pour se décontracter* (**SYN.** efficace). **4.** Qui fait le bien ; qui manifeste de la bonté : *Il est très bon avec ses amis qui sont dans le besoin* (**SYN.** charitable, généreux). *Un père trop bon avec ses enfants* (**SYN.** gentil ; **CONTR.** sévère). **5.** Se dit de ce qui est juste, conforme à une norme : *Le compte est bon* (**SYN.** exact ; **CONTR.** faux). *C'est écrit en bon français* (**SYN.** correct ; **CONTR.** incorrect). *Libérer un prisonnier pour bonne conduite.* **6.** Qui marque un degré important, une intensité élevée : *J'ai un bon rhume* (**SYN.** gros). *Courir dix bons kilomètres sans s'arrêter.* **7.** En sports, se dit de la balle, du ballon tombés dans les limites du jeu : *Les balles de ce joueur de tennis sont toujours bonnes.* **8.** S'emploie dans des formules de souhait : *Bon courage ! Je te souhaite un bon anniversaire.* ▸ ***À quoi bon ?,*** à quoi cela servirait-il ? *Fam.* ***Avoir qqn à la bonne,*** l'estimer, le trouver sympathique. ***Bon à*** (+ inf.), dans les conditions voulues pour : *Sa veste est bonne à jeter.* ***Bon à rien,*** se dit d'une personne qui ne réussit rien : *Un bon à rien* (= un incapable). ***Bon pour,*** formule dont on fait précéder sa signature sur un écrit qui n'est pas de sa main : *Bon pour accord.* ***C'est bon,*** c'est d'accord ; ça m'est égal ; ça suffit : *C'est bon, j'accepte ta proposition.* ***Elle est bien bonne !,*** se dit d'une histoire drôle ou d'une nouvelle inattendue, incroyable. ***En avoir de bonnes,*** exagérer ; exiger trop de qqn : *Tout finir pour ce soir, elle en a de bonnes !* ***En dire*** ou ***en raconter de bonnes,*** raconter des choses drôles ou surprenantes. ◆ **bon** n.m. **1.** (Surtout au masc. pl.). Personne juste, vertueuse : *Les bons et les méchants* (**SYN.** gentil). **2.** Ce qui est bon, agréable : *Il y a du bon et du mauvais dans sa proposition* (= des avantages). ◆ **bon** adv. ▸ ***Il fait bon,*** le temps est doux, agréable. ***Il fait bon*** (+ inf.), il est agréable de : *Il fait bon rentrer chez soi.* ***Il est bon de*** (+ inf.), ***il est bon que*** (+ subj.), il est souhaitable, convenable de, que : *Il serait bon de le mettre au courant. Il est bon qu'elle sache la vérité.* ***Pour de bon,*** réellement, sérieusement : *Il est parti pour de bon* (**SYN.** effectivement, vraiment). ***Sentir bon,*** avoir une odeur agréable. ***Tenir bon,*** ne pas lâcher prise ; résister. ◆ **bon** interj. Marque une approbation, une conclusion, une constatation : *Bon, d'accord ! Tu peux regarder la télévision.* ▸ ***Ah bon,*** exprime le soulagement, l'étonnement : *Ah bon ? Elle est d'accord ?*

② **bon** n.m. (de l'express. *bon [pour]*). Document qui autorise à recevoir qqch, à toucher de l'argent : *Ce commerçant offre un bon d'achat de dix euros à ses meilleurs clients.* ▸ ***Bon du Trésor,*** titre émis par l'État représentant un emprunt à court terme.

bonace n.f. *Vieilli* Calme plat, en mer ; accalmie.

bonapartisme n.m. **1.** Attachement à la dynastie de Napoléon Bonaparte. **2.** Forme de gouvernement autoritaire issu d'un plébiscite.

bonapartiste adj. et n. Relatif au bonapartisme ; partisan du bonapartisme.

bonasse adj. *Péjor.* Qui fait preuve d'une bonté excessive, par faiblesse ou naïveté ; débonnaire.

bonbec n.m. *Fam.* Petite friandise ou confiserie ; bonbon.

bonbon n.m. (redoublement de *1. bon*). Confiserie, friandise sucrée et aromatisée : *Des bonbons à la menthe.*

bonbonne ou **bombonne** n.f. (prov. *boumbouno,* du fr. *bombe*). Bouteille de contenance variable, souvent de forme renflée : *Une bonbonne d'huile d'olive.*

bonbonnière n.f. **1.** Boîte à bonbons. **2.** *Fig.* Petit appartement coquet et douillet.

bond n.m. **1.** Mouvement brusque de détente des jambes ou des pattes par lequel une personne ou un animal s'élance vers l'avant ou vers le haut : *D'un bond, elle enjamba la flaque. Le kangourou se déplace par bonds* (**SYN.** saut). **2.** Mouvement de ce qui rebondit : *Bonds et rebonds d'un ballon de basket.* **3.** *Fig.* Progrès soudain et important : *La Bourse a fait un bond* (**SYN.** envolée, hausse ; **CONTR.** chute). ▸ ***Faire faux bond à qqn,*** manquer à une promesse ; ne pas venir à un rendez-vous.

bonde n.f. **1.** Pièce métallique fixée à l'orifice d'écoulement d'un évier, d'un appareil sanitaire. **2.** Trou rond fait dans un tonneau, qui permet de le remplir ; bouchon qui sert à fermer ce trou.

bondé, e adj. Rempli de personnes autant qu'il est possible : *Salle de cinéma bondée* (**SYN.** comble, plein ; **CONTR.** vide).

bondieuserie n.f. *Fam., péjor.* **1.** Dévotion exagérée et superficielle : *Sa pratique de la religion consiste en des bondieuseries* (**SYN.** bigoterie). **2.** Objet de piété, ornement d'église de mauvais goût : *Un magasin de bondieuseries.*

bondir v.i. (lat. *bombire,* faire du bruit) [conj. 32]. **1.** Faire un ou plusieurs bonds ; sauter : *Le policier bondit sur lui et lui prit son arme* (**SYN.** s'élancer). **2.** Sursauter sous le coup d'une émotion violente : *Bondir de joie. Ta décision l'a fait bondir* (= l'a indigné).

bon enfant [bɔnɑ̃fɑ̃] adj. inv. D'une gentillesse pleine de bienveillance : *Ils sont très bon enfant* (**SYN.** brave, serviable ; **CONTR.** méchant). *Elle a un air bon enfant* (**SYN.** bonhomme, débonnaire).

bonheur n.m. **1.** État de complète satisfaction, de plénitude : *On lit le bonheur sur son visage* (**SYN.** béatitude, félicité [litt.] ; **CONTR.** malheur). **2.** Événement heureux ; situation favorable : *Quel bonheur de partir avec vous !* (**SYN.** joie, plaisir ; **CONTR.** malheur). *J'ai eu le bonheur de me présenter au moment où ils recrutaient* (**SYN.** chance ; **CONTR.** infortune, malchance). ▸ ***Au petit bonheur (la chance),*** au hasard, n'importe comment : *Au Loto, il choisit des numéros au petit bonheur.* ***Par bonheur,*** heureusement : *Par bonheur, son portefeuille a été retrouvé.*

bonhomie [bɔnɔmi] n.f. Caractère d'une personne qui allie la bonté à la simplicité : *La bonhomie de la mère Denis a fait le succès de cette publicité* (**SYN.** bonté, douceur ; **CONTR.** arrogance, dureté).

① **bonhomme, bonne femme** n. (pl. *bonshommes, bonnes femmes*). *Fam.* Personne, individu jugés sympathiques ou, au contraire, inspirant la méfiance : *Cette sacrée bonne femme les a tous convaincus. C'est un drôle de bonhomme hirsute et peu communicatif.* ▸ ***Aller son petit bonhomme de chemin,*** poursuivre une action tranquillement, sans hâte et sans vantardise. *Fam.* ***Un grand bonhomme, une grande bonne femme,*** qqn qu'on admire, qu'on respecte : *Cet* *acteur était un grand bonhomme. Cette ministre est une grande bonne femme.* ***Un petit bonhomme, une petite bonne femme,*** un petit garçon, une petite fille. ◆ **bonhomme** n.m. Représentation grossièrement exécutée d'une forme humaine : *Les enfants réalisent des bonshommes en pâte à modeler. Faire un bonhomme de neige.*

② **bonhomme** adj. Qui exprime la bonté, la simplicité : *Des sourires, des manières bonhommes* (**SYN.** bienveillant, débonnaire ; **CONTR.** arrogant, hautain).

boni n.m. (du lat. [*aliquid*] *boni,* [quelque chose] de bon). **1.** Économie faite sur une dépense prévue ; bénéfice. **2.** Supplément versé à un salarié pour ses excellents résultats : *Des bonis individuels* (**SYN.** prime).

bonification n.f. **1.** Action de bonifier, de se bonifier. **2.** Avantage, points supplémentaires accordés à un concurrent dans une épreuve sportive.

bonifier v.t. [conj. 9]. **1.** Améliorer la qualité de ; rendre meilleur : *Le vieillissement bonifie le vin.* **2.** En Suisse, créditer un compte bancaire. ◆ **se bonifier** v.pr. Devenir meilleur : *Ces liqueurs se sont bonifiées en un an. Son caractère se bonifie* (**SYN.** s'améliorer).

boniment n.m. (de l'argot *bonir,* en dire de bonnes). *Péjor.* Discours habile et trompeur qui a pour but de flatter, séduire ou convaincre : *Le boniment d'un camelot. On ne peut plus croire tous ces boniments sur la reprise économique* (**SYN.** mensonge, sornette).

bonimenteur, euse n. Personne qui fait du boniment, raconte des boniments.

bonite n.f. Thon de la Méditerranée.

bonjour n.m. Terme utilisé pour saluer qqn que l'on rencontre dans la journée : *Bonjour, as-tu bien dormi ? J'ai eu droit à un bonjour très froid* (**SYN.** salutation). *Faire bonjour de la main* (**SYN.** saluer). ▸ ***Donner le bonjour à qqn,*** transmettre une salutation à qqn.

bon marché adj. inv. Que l'on peut acheter pour peu d'argent : *Dans ce magasin, les cédéroms sont bon marché* (**SYN.** abordable ; **CONTR.** cher, coûteux).

bonne n.f. Employée de maison chargée des travaux de ménage. ▸ *Péjor.* ***Bonne à tout faire,*** domestique qui fait le ménage, la cuisine, les courses.

bonne femme n.f. → **1. bonhomme.**

bonne-maman n.f. (pl. *bonnes-mamans*). Grand-mère, dans le langage enfantin.

bonnement adv. ▸ ***Tout bonnement,*** tout simplement ; réellement : *Ses nausées s'expliquent ; elle est tout bonnement enceinte.*

bonnet n.m. **1.** Coiffure souple et sans bords : *Se tricoter un bonnet pour l'hiver. Elle met un bonnet de bain pour protéger ses cheveux.* **2.** Chacune des poches d'un soutien-gorge. **3.** Seconde poche de l'estomac des ruminants. ▸ ***Avoir la tête près du bonnet,*** se mettre facilement en colère. ***Bonnet d'âne,*** bonnet à longues oreilles, imposé jadis aux mauvais élèves ; fig., symbole d'ignorance. *Fam.* ***Bonnet de nuit,*** personne triste et ennuyeuse. ***C'est bonnet blanc et blanc bonnet,*** cela revient au même. ***Deux têtes sous un même*** ou ***seul bonnet,*** deux personnes toujours du même avis. *Fam.* ***Gros bonnet,*** personne importante : *Les gros bonnets de l'informatique.* ***Prendre qqch sous son bonnet,*** en assumer la responsabilité.

bonnet-de-prêtre n.m. (pl. *bonnets-de-prêtre*). Fruit du pâtisson.

bonneteau n.m. Jeu d'argent dans lequel le parieur doit repérer une carte parmi trois présentées, retournées puis interverties par un manipulateur.

bonneterie [bɔnɛtri ou bɔntri] n.f. **1.** Industrie, commerce des articles d'habillement en tissu à mailles. **2.** Ensemble des articles fabriqués par le bonnetier : *Bas, chaussettes et slips sont des articles de bonneterie.*

bonnetier, ère [bɔntje, ɛr] n. Personne qui fabrique ou vend de la bonneterie.

bonnetière [bɔntjɛr] n.f. Armoire à linge haute et étroite.

bonnette n.f. En photographie, lentille que l'on adapte à un objectif pour modifier la distance focale.

bon-papa n.m. (pl. *bons-papas*). Grand-père, dans le langage enfantin.

bonsaï [bɔ̃zaj] n.m. (mot jap. signif. « arbre en pot »). Arbre nain obtenu par la taille des racines et des rameaux : *Cultiver des bonsaïs.*

bonsoir n.m. Terme utilisé pour saluer qqn que l'on rencontre ou que l'on quitte en fin d'après-midi ou le soir : *Bonsoir, comment allez-vous ? Il souhaita le bonsoir à tout le monde et sortit.*

bonté n.f. Caractère d'une personne bonne, bienveillante : *Elle a hérité de la bonté de sa mère* (**SYN.** gentillesse ; **CONTR.** méchanceté). *Aurais-tu la bonté de me préparer un café ?* (**SYN.** altruisme, amabilité, obligeance). ◆ **bontés** n.f. pl. Actes de bienveillance : *Elle n'a pas oublié les bontés que tu as eues pour elle.*

bonus [bɔnys] n.m. (mot lat. signif. « bon »). **1.** Réduction de la prime d'assurance automobile accordée aux assurés qui ne déclarent pas d'accident (par opp. à malus.) **2.** *Fig.* Ce qui vient en plus ou en mieux dans un montant, un résultat : *Cette année, il a eu deux bonus : un pour la qualité de son travail et un autre pour son assiduité* (**SYN.** prime). **3.** Ensemble des suppléments (interviews, making of, etc.) contenus dans un DVD.

bonze, bonzesse n. (port. *bonzo,* du jap. *bozu,* prêtre). Religieux, religieuse bouddhiste. ◆ **bonze** n.m. *Fam., péjor.* Personne prétentieuse qui aime donner des leçons : *Rencontrer les bonzes de la direction.*

boogie-woogie [bugiwugi] n.m. (mot anglo-amér.) [pl. *boogie-woogies*]. Style de jazz né vers 1930 aux États-Unis ; danse très rythmée, sur des airs de ce style.

bookmaker [bukmekœr] n.m. (mot angl., de *book,* livre, et *to make,* faire). Professionnel qui reçoit les paris sur les champs de courses, et dont l'activité est soumise, en France, à une autorisation préalable.

booléen, enne [buleɛ̃, ɛn] adj. Relatif à l'algèbre de Boole : *Résoudre une équation booléenne.* ▸ ***Variable booléenne,*** variable susceptible de prendre deux valeurs s'excluant mutuellement, par ex. 0 et 1 (on dit aussi *un booléen*).

boom [bum] n.m. (mot anglo-amér. signif. « détonation »). **1.** Hausse soudaine des valeurs en Bourse, des prix : *Ces actions ont connu un boom sans précédent* (**CONTR.** chute, krach). **2.** Développement soudain et rapide d'un phénomène : *Le boom démographique après la Seconde Guerre mondiale* (**SYN.** explosion).

boomer [bumœr] n.m. (mot angl.). Haut-parleur qui reproduit les sons graves.

boomerang [bumrɑ̃g] n.m. (d'une langue indigène d'Australie). **1.** Arme de jet des aborigènes d'Australie, faite d'une lame étroite de bois en forme de coude, qui revient à son point de départ en tournant sur elle-même, lorsque la cible est manquée. **2.** Engin pour le jeu et le sport qui ressemble à cette arme. **3.** *Fig.* Action hostile qui se retourne contre son auteur : *Son mensonge a fait boomerang.*

① **booster** [bustœr] n.m. (mot anglo-amér. signif. « accélérateur »). **1.** Propulseur qui permet d'augmenter la poussée d'une fusée au décollage. **2.** Amplificateur qui permet d'augmenter la puissance d'un autoradio.

② **booster** [buste] v.t. (angl. *to boost,* augmenter) [conj. 3]. *Fam.* Stimuler, développer, renforcer : *Il faut booster les échanges commerciaux avec l'Afrique.*

boots [buts] n.m. pl. (mot angl. signif. « bottes »). Bottes qui s'arrêtent au-dessus des chevilles.

bop [bɔp] ou **be-bop** [bibɔp] n.m. (mot anglo-amér., onomat.). Style de jazz au rythme rapide, né à New York vers 1944.

boqueteau n.m. Petit bois, bouquet d'arbres isolé : *Cette région compte de nombreux boqueteaux* (**SYN.** bosquet).

borate n.m. Sel de l'acide borique.

borborygme n.m. **1.** Bruit produit par le déplacement des gaz et des liquides dans le tube digestif (**SYN.** gargouillement). **2.** (Surtout au pl.). Parole incompréhensible ; son que l'on ne peut identifier ; bredouillement : *Sous le coup de l'émotion, elle ne put émettre que des borborygmes.*

borchtch n.m. → **bortsch.**

bord n.m. (frq. *bord,* bord de vaisseau). **1.** Contour, limite d'une surface, d'un objet : *Les bords de la nappe s'effilochent* (**SYN.** bordure). *Il s'assit au bord du bassin et regarda les gens nager* (**SYN.** rebord). *Le chat est couché au bord du lit. Le sentier suit le bord du lac* (**SYN.** rivage, rive). *Habiter au bord de la mer* (= sur le littoral). *Se mettre au bord de la route pour faire de l'auto-stop* (= sur le bas-côté). **2.** Côté d'un bateau : *Ils sont attaqués des deux bords* (= de bâbord et de tribord). **3.** Le bateau lui-même : *Le commandant de bord.* ▸ ***À bord d'un véhicule,*** à l'intérieur : *Je peux prendre cinq personnes à bord de ma voiture. Monter à bord d'une péniche.* ***Bord à bord,*** se dit de deux objets qui se touchent sans se chevaucher. ***Être au bord de,*** sur le point de, proche de : *Son père est au bord de la crise de nerfs.* ***Être du bord de qqn*** ou ***du même bord que qqn,*** avoir la même opinion, les mêmes idées politiques que lui. *Fam.* ***Sur les bords,*** légèrement ; iron., beaucoup : *Ne serais-tu pas un peu gourmand sur les bords ?* (= très gourmand). ***Virer de bord,*** en parlant d'un bateau, changer de direction ; fig., changer d'opinion, de parti.

bordage n.m. Chacune des planches ou des tôles longitudinales recouvrant la charpente d'un navire et qui constituent le revêtement étanche de la coque, ou *bordé.*

bordeaux n.m. Vin produit dans la région de Bordeaux. ◆ adj. inv. et n.m. D'une couleur rouge foncé tirant sur le violet : *Des chaussures bordeaux.*

bordée n.f. **1.** Distance que parcourt un navire entre deux virements de bord. **2.** Chacune des deux parties de l'équipage d'un bateau, affectée au même service. **3.** Décharge simultanée des canons du même bord d'un bateau. **4.** *Fam.* Grande quantité de : *Il lui lança une bordée d'insultes.* ▸ ***Bordée de neige,*** au Québec, chute de neige très abondante. *Fam.* ***Tirer une bordée,*** descendre à terre pour boire et s'amuser, en parlant des marins.

bordel n.m. **1.** *Vulg.* Maison de prostitution (**SYN.** lupanar [litt.]). **2.** *Très fam.* Grand désordre : *Quel bordel dans cette chambre !*

bordélique adj. *Très fam.* Extrêmement désordonné.

border v.t. [conj. 3]. **1.** Garnir le bord de ; faire une bordure à : *Border une tapisserie de fil doré. Border une allée de tilleuls.* **2.** Occuper le bord de, se tenir sur le bord de : *Le chemin est bordé de maisonnettes. Une petite route borde la falaise* (**SYN.** côtoyer, longer). ▸ ***Border un lit, qqn dans son lit,*** replier le bord des draps et des couvertures sous le matelas ; border le lit où qqn est couché.

bordereau n.m. Relevé récapitulatif d'opérations financières, commerciales : *Le contrôleur fiscal vérifie tous les bordereaux de commande de ce commerçant.*

bordier, ère adj. ▸ ***Mer bordière,*** mer située en bordure d'un continent. ◆ adj. et n. En Suisse, riverain.

bordure n.f. **1.** Partie la plus éloignée du centre d'une surface : *Les vaches paissent à la bordure du pré* (**SYN.** lisière, pourtour). **2.** Ce qui garnit le bord de qqch ; ce qui marque le bord, la limite de qqch : *Son papier à lettres est orné d'une bordure bleue. Construire une bordure de pierres autour d'un bassin.* ▸ ***En bordure de,*** immédiatement à l'extérieur, le long de : *Se garer en bordure d'un parc.*

bordurette n.f. Dans les rues des grandes villes, dispositif de séparation placé entre deux voies de circulation et génér. destiné à protéger un couloir de bus ou de vélos.

bore n.m. Corps solide, dur et noirâtre qui s'apparente au carbone.

boréal, e, als ou **aux** adj. (du gr. *boreas,* vent du nord). Qui se situe au nord de l'équateur (par opp. à austral) : *Hémisphère boréal. Les glaciers boréals* ou *boréaux* (**SYN.** arctique).

borée n.m. *Litt.* Vent du nord.

borgne adj. et n. Qui ne voit que d'un œil : *Il est devenu borgne à la suite d'un grave accident.* ◆ adj. Se dit d'un mur qui ne comporte aucune ouverture ou d'une fenêtre à demi bouchée. ▸ ***Hôtel borgne,*** hôtel sordide, fréquenté par des personnes louches.

borie n.f. (mot prov.). En Provence, maison construite en pierres sèches.

borique adj. Se dit d'un acide dérivé du bore.

borne n.f. (du gaul.). **1.** Pierre, maçonnerie destinée à matérialiser la limite d'un terrain, à barrer un passage : *Installer des bornes sur un trottoir, pour empêcher les voitures de s'y garer.* **2.** Dispositif évoquant par sa forme une borne : *Les bornes téléphoniques d'une autoroute. Une borne d'incendie.* **3.** *Fam.* Kilomètre : *Il habite à dix bornes de chez moi.* **4.** Point de connexion d'un circuit électrique : *Les bornes d'une* *pile* (**SYN.** pôle). ▸ ***Borne kilométrique,*** pierre, panneau indiquant au bord des routes les distances entre les localités. ◆ **bornes** n.f. pl. Limite : *Personne ne connaît les bornes de sa générosité.* ▸ ***Dépasser*** ou ***franchir les bornes,*** aller au-delà de ce qui est juste, permis, convenable : *Votre violence dépasse les bornes.* ***Sans bornes,*** qui n'a pas de limites : *Elle lui voue une admiration sans bornes* (**SYN.** illimité). *Une patience sans bornes* (**SYN.** infini).

borné, e adj. **1.** Qui est étroitement limité : *Ses possibilités d'évoluer au sein de l'entreprise sont bornées* (**CONTR.** large, vaste). **2.** Limité intellectuellement : *On n'obtiendra rien de lui, il a l'esprit borné* (**SYN.** obtus).

borne-fontaine n.f. (pl. *bornes-fontaines*). Petite fontaine en forme de borne.

borner v.t. [conj. 3]. **1.** Délimiter à l'aide de bornes ; marquer la limite de : *Il a borné le terrain qu'il vient d'acheter. Un ruisseau borne le parc à l'ouest* (**SYN.** limiter). **2.** Limiter, restreindre : *Il borne son étude au siècle des Lumières* (**SYN.** circonscrire ; **CONTR.** élargir, étendre). ◆ **se borner** v.pr. **[à].** S'en tenir à ; se limiter à : *Je me suis bornée à lui serrer la main* (**SYN.** se contenter de).

bortsch ou **borchtch** [bɔrtʃ] n.m. (mot russe). Dans la cuisine russe, potage à base de chou et de betterave, servi avec de la crème aigre.

bosco n.m. Dans la marine, maître de manœuvre.

boskoop [bɔskɔp] n.f. Pomme d'une variété à chair ferme.

bosquet n.m. (it. *boschetto*). Groupe d'arbres ou d'arbustes ; boqueteau.

boss n.m. (mot anglo-amér.). *Fam.* Patron : *Nos boss se sont rencontrés.*

bossage n.m. Pierre saillante d'un mur destinée à recevoir des sculptures ou à servir d'ornement.

bossa-nova n.f. (mot port.)[pl. *bossas-novas*]. Danse brésilienne proche de la samba ; musique rythmée sur laquelle elle se danse.

bosse n.f. (du frq. *botan,* frapper). **1.** Gonflement qui apparaît à la suite d'un coup : *Il s'est fait une bosse en se cognant contre la table.* **2.** Saillie arrondie du dos, due à une déformation vertébrale ; gibbosité. **3.** Protubérance naturelle sur le dos de certains animaux : *Le chameau a deux bosses et le dromadaire en a une.* **4.** Relief naturel du crâne humain. **5.** Élévation, saillie arrondie : *Cette route est pleine de bosses* (**SYN.** inégalité). ▸ *Fam.* ***Avoir la bosse de qqch,*** être très doué pour cela : *Elle a la bosse des mathématiques* (**SYN.** don, génie). *Fam.* ***Rouler sa bosse,*** mener une vie aventureuse ou voyager beaucoup.

bosselé, e adj. Déformé par des bosses : *Une casserole bosselée* (**SYN.** cabossé).

bosselure n.f. Ensemble des bosses d'une surface : *Une carrosserie pleine de bosselures.*

bosser v.i. (de *bosser [du dos],* être courbé sur un travail) [conj. 3]. *Fam.* Travailler : *Elle bosse dans une nouvelle entreprise. Il bosse dur pour réussir son concours.*

bosseur, euse adj. et n. *Fam.* Qui travaille beaucoup : *Elle aura son examen, c'est une bosseuse* (**SYN.** travailleur).

bossoir n.m. Appareil de levage servant à mettre à l'eau une embarcation ou à l'en sortir, ou à manœuvrer des ancres.

bossu, e adj. et n. Qui a une bosse, par suite d'une déformation vertébrale : *Un vieil homme bossu.* ▸ *Fam.* ***Rire comme un bossu,*** rire beaucoup, très fort.

bossuer v.t. [conj. 7]. *Vx* Déformer accidentellement qqch par des bosses : *Bossuer son casque de moto* (**SYN.** bosseler, cabosser ; **CONTR.** aplanir).

bot, e [bo, bɔt] adj. (germ. *butta,* émoussé). Se dit d'un membre affecté d'une déformation ou d'une malformation acquise à la naissance : *Un pied bot. Une main bote.*

botanique n.f. (gr. *botanê,* plante). Étude scientifique des végétaux. ◆ adj. Relatif à l'étude des végétaux : *Un jardin botanique.*

botaniste n. Spécialiste de botanique.

① **botte** n.f. (néerl. *bote,* poignée de lin). Assemblage de végétaux de même nature liés ensemble : *Donner une botte de foin aux chevaux. Acheter une botte de poireaux.*

② **botte** n.f. (it. *botta,* coup). Coup donné avec la pointe d'un fleuret ou d'une épée : *Porter une botte au bras de son adversaire.* ▸ ***Botte secrète,*** coup dont l'adversaire ignore la parade.

③ **botte** n.f. (p.-ê. de *bot*). Chaussure à tige montante qui recouvre le pied et la jambe : *Enfiler ses bottes fourrées pour marcher dans la neige* (= après-ski). ▸ ***Bruit de bottes,*** préparatifs militaires annonçant une menace de guerre. ***Être à la botte de qqn,*** lui être entièrement dévoué ou soumis. ***Sous la botte,*** se dit d'un pays opprimé militairement.

botteler v.t. [conj. 24]. Lier en bottes : *Botteler de la paille.*

botter v.t. [conj. 3]. **1.** Mettre des bottes aux pieds de qqn. **2.** *Fam.* Donner un coup de pied à : *Je vais vous botter le derrière, si vous recommencez !* **3.** Au rugby, au football, donner un coup de pied dans le ballon : *Il a botté en touche* (**SYN.** shooter, tirer). **4.** *Fam.* Convenir, plaire : *Ce jeu me botte.*

botteur n.m. Au rugby, joueur chargé de transformer les essais, de tirer les pénalités.

bottier n.m. Personne qui confectionne des chaussures et des bottes sur mesure.

bottillon n.m. Chaussure à tige montante, souvent fourrée.

Bottin n.m. (nom déposé). Annuaire téléphonique.

bottine n.f. Chaussure montante qui serre la cheville, et se ferme avec des boutons ou des lacets.

botulisme n.m. (du lat. *botulus,* boudin). Intoxication grave causée par l'ingestion de conserves mal stérilisées ou de viandes avariées.

boubou n.m. (mot africain). Tunique longue et ample portée en Afrique noire : *Un marchand de boubous.*

bouc n.m. (gaul. *bucco*). **1.** Mâle de la chèvre : *Des boucs aux puissantes cornes.* **2.** Barbiche : *Il se laisse pousser le bouc.* ▸ ***Bouc émissaire,*** personne rendue responsable de toutes les fautes qui ont été commises.

boucan n.m. (it. *baccano,* tapage). *Fam.* Grand bruit : *Les voisins ont enfin arrêté leur boucan* (**SYN.** tintamarre, vacarme).

boucanage n.m. Action de boucaner.

boucané, e adj. Se dit d'une personne brunie par l'air, par le soleil.

boucaner v.t. (d'une langue amérindienne) [conj. 3]. Fumer de la viande, du poisson pour les conserver.

boucanier n.m. **1.** Pirate ; aventurier. **2.** *Anc.* Aventurier qui chassait le bœuf sauvage aux Antilles pour boucaner la viande ou faire le commerce des peaux.

bouchage n.m. Action de boucher : *Le bouchage d'une fissure* (SYN. colmatage).

bouche n.f. (lat. *bucca*). **1.** Cavité constituant le début du tube digestif de l'homme et de certains animaux, permettant d'ingérer des aliments, de respirer et servant à parler : *Ne parle pas la bouche pleine.* **2.** Les lèvres : *Tu as la bouche barbouillée de glace au chocolat.* **3.** Personne à qui l'on doit donner les moyens de manger : *Elle travaille dur car elle a cinq bouches à nourrir.* **4.** Ouverture d'une cavité, d'un conduit : *La bouche de métro est fermée par une grille* (SYN. entrée). *Bouche d'aération. Bouche d'égout.* **5.** Partie du canon d'une arme à feu par où sort le projectile. ▸ ***Bouche à feu,*** arme à feu non portative. ***Bouche d'incendie,*** prise d'eau à l'usage des pompiers. ***Commerces de bouche,*** liés au secteur économique de l'alimentation ou de la restauration. ***De bouche à oreille,*** de vive voix et directement : *La nouvelle s'est répandue de bouche à oreille.* ***Faire la fine bouche,*** faire le difficile, le dégoûté. ***Faire venir*** ou ***mettre l'eau à la bouche,*** exciter l'appétit ; fig., faire envie : *La publicité présentant ce pays met l'eau à la bouche.* ***Fermer la bouche à qqn,*** le faire taire. ***Fine bouche,*** gourmet. ***Garder qqch pour la bonne bouche,*** garder le meilleur pour la fin. ***La bouche en cœur,*** avec une naïveté ou une amabilité feintes : *Il est arrivé à la fin de la réunion, la bouche en cœur.* ◆ **bouches** n.f. pl. **1.** Embouchure d'un fleuve : *Les bouches du Nil.* **2.** Entrée d'un golfe, d'un détroit : *Les bouches du détroit de Gibraltar.*

bouché, e adj. **1.** Fermé par un obstacle : *Une baignoire bouchée par des cheveux* (SYN. engorgé, obstrué). **2.** *Fam.* Qui comprend lentement, qui manque de finesse : *Il est bouché, il n'a pas encore compris* (SYN. borné, obtus). ▸ ***Cidre bouché,*** cidre conservé en bouteilles fermées d'un bouchon de liège. ***Ciel, temps bouché,*** ciel, temps couvert, sans visibilité.

bouche-à-bouche n.m. inv. Méthode de respiration artificielle, où le sauveteur souffle dans la bouche de la victime : *Faire du bouche-à-bouche à un noyé.*

bouche-à-oreille n.m. inv. Transmission d'une information faite de vive voix de personne à personne, de bouche à oreille : *Le bouche-à-oreille a fait le succès du film.*

bouchée n.f. **1.** Quantité d'aliments portée à la bouche en une fois : *Enfant qui mange de grandes bouchées.* **2.** Croûte en pâte feuilletée garnie de compositions diverses : *Manger des bouchées aux fruits de mer.* **3.** Gros bonbon de chocolat fourré. ▸ ***Mettre les bouchées doubles,*** aller vite : *Tu vas devoir mettre les bouchées doubles si tu veux finir ce soir.* ***Ne faire qu'une bouchée de qqch,*** l'avaler gloutonnement. ***Ne faire qu'une bouchée de qqn,*** le vaincre facilement. ***Pour une bouchée de pain,*** pour un prix dérisoire : *Elle a acheté son ordinateur pour une bouchée de pain.*

① **boucher** v.t. (anc. fr. *bousche,* gerbe) [conj. 3]. **1.** Fermer une ouverture : *Boucher un puits avec du ciment* (SYN. obturer). *Boucher un flacon de parfum* (= mettre un bouchon). **2.** Barrer une voie, empêcher le passage de : *Le camion de déménageurs bouche la rue* (SYN. obstruer). *L'évier est bouché* (SYN. engorger). ▸ ***Boucher la vue,*** empêcher de voir, faire écran : *Cet immeuble nous bouche la vue sur la mer* (SYN. cacher). *Fam.* ***Ça m'en bouche un coin,*** ça m'épate. ***Se boucher les oreilles, les yeux,*** refuser d'entendre, de voir.

② **boucher, ère** n. (de *bouc*). Personne qui prépare et vend de la viande au détail. ◆ **boucher** n.m. **1.** Homme cruel, sanguinaire ; assassin, bourreau. **2.** *Fam.* Chirurgien, dentiste maladroit.

bouchère n.f. En Suisse, fissure infectée à la commissure des lèvres.

boucherie n.f. **1.** Commerce de la viande. **2.** Boutique où l'on vend de la viande. **3.** Massacre, tuerie : *Cette répression a été une vraie boucherie* (SYN. carnage).

bouche-trou n.m. (pl. *bouche-trous*). *Fam.* Personne ou objet qui ne sert qu'à combler une place vide, à faire nombre : *Jouer les bouche-trous lors d'une fête.*

bouchon n.m. **1.** Objet qui sert à boucher, à fermer une ouverture ; pièce qui se loge dans le goulot d'une bouteille, d'un flacon : *Dévisser le bouchon d'un tube de dentifrice* (SYN. capuchon). *Collectionner les bouchons de champagne.* **2.** Ce qui bouche un conduit ou une voie de circulation : *Chaque soir, ils sont pris dans des bouchons* (SYN. embouteillage, encombrement). **3.** Flotteur d'une ligne de pêche : *Le pêcheur surveille son bouchon.* **4.** Poignée de paille tortillée servant à bouchonner un animal. **5.** À Lyon, petit restaurant rustique. **6.** *Anc.* Jeu consistant à renverser avec un palet un bouchon supportant des pièces de monnaie. ▸ *Fam.* ***C'est plus fort que de jouer au bouchon,*** c'est extraordinaire ou intolérable. ***Goût de bouchon,*** goût désagréable communiqué au vin par un bouchon de mauvaise qualité. *Fam.* ***Lancer*** ou ***pousser trop loin le bouchon,*** aller trop loin dans ses demandes, exagérer.

bouchonné, e adj. ▸ ***Vin bouchonné,*** vin qui a un goût de bouchon.

bouchonner v.t. [conj. 3]. Frotter un animal avec un bouchon de paille ou une brosse, pour le nettoyer : *Bouchonner les chevaux d'un haras.* ◆ v.i. Former un embouteillage.

bouchot n.m. (mot poitevin). Ensemble de pieux enfoncés dans la vase, sur lesquels se fait l'élevage des moules.

bouchoyer v.t. [conj. 13]. En Suisse, abattre et découper en morceaux un animal, surtout un porc.

bouclage n.m. Action de boucler, de fermer, d'enfermer ; fait d'être bouclé : *Le bouclage du journal s'est fait plus tard que prévu. Ils se sont sauvés malgré le bouclage du quartier* (SYN. encerclement).

boucle n.f. (lat. *buccula,* petite bouche). **1.** Anneau muni d'une traverse servant à attacher les deux extrémités d'une courroie, d'une ceinture ; objet d'ornement en forme d'anneau : *La boucle de mon sac à main est cassée.* **2.** Ce qui s'enroule en forme d'anneau ; ligne courbe qui se recoupe : *Attacher ses lacets en faisant une boucle* (SYN. rosette). **3.** Mèche de cheveux enroulée sur elle-même : *Il a de belles* *boucles rousses.* **4.** Courbe accentuée d'un cours d'eau : *Les boucles de la Seine* (**SYN.** méandre). **5.** Itinéraire qui ramène au point de départ : *Faire une boucle de quinze kilomètres.* ▸ ***Boucle d'oreille,*** bijou que l'on fixe à l'oreille. ***En boucle,*** se dit d'un mode de diffusion dans lequel la séquence est répétée plusieurs fois : *La température et l'heure défilent en boucle.*

bouclé, e adj. Qui a des boucles : *Il a de beaux cheveux bouclés* (**SYN.** frisé ; **CONTR.** plat, raide). *Une petite fille bouclée.*

boucler v.t. [conj. 3]. **1.** Serrer, attacher avec une boucle : *Aviez-vous bouclé votre ceinture de sécurité ?* **2.** *Fam.* Fermer : *Boucler sa maison tous les soirs.* **3.** *Fam.* Maintenir qqn dans un endroit clos : *On les a bouclés dans leur appartement pendant l'arrestation* (**SYN.** enfermer ; **CONTR.** libérer). **4.** En parlant de forces militaires ou policières, encercler une zone pour la contrôler : *La police a bouclé la région.* **5.** Donner la forme d'une boucle : *Boucler des mèches de cheveux* (**SYN.** friser, onduler ; **CONTR.** aplatir). **6.** Accomplir un parcours, une tâche : *La commissaire a bouclé ce dossier* (**SYN.** achever, terminer). **7.** Passer un anneau dans le nez d'un animal : *Boucler des taureaux de concours.* ▸ ***Boucler la boucle,*** revenir à son point de départ. ***Boucler sa valise, ses bagages,*** les fermer en vue du départ. ***Boucler son budget,*** équilibrer les recettes et les dépenses. ***Boucler un journal, une édition,*** en terminer la composition ; y insérer le dernier élément pour en assurer la fabrication. *Fam.* ***La boucler,*** se taire. ◆ v.i. Former des boucles : *Tes cheveux bouclent davantage quand il pleut* (**SYN.** friser).

bouclette n.f. Petite boucle de cheveux.

bouclier n.m. (de [*écu*] *bouclé,* [écu] garni d'une boucle). **1.** *Anc.* Arme défensive, épaisse plaque portée au bras pour parer les coups de l'adversaire : *Son bouclier de bronze le sauva plus d'une fois.* **2.** *Fig.* Moyen de protection, de défense : *Le bouclier atomique américain. L'humour est un excellent bouclier.* ▸ ***Bouclier humain,*** otage placé sur un site stratégique pour empêcher l'adversaire d'attaquer. ***Levée de boucliers,*** protestation générale contre un projet, une mesure ; bronca, tollé.

bouddha n.m. (sanskrit *Buddha,* illuminé, éveillé). **1.** Dans le bouddhisme, celui qui s'éveille à la connaissance parfaite de la vérité. **2.** Statue, statuette religieuse représentant un bouddha : *Des bouddhas de jade.*

bouddhique adj. Qui concerne le bouddhisme : *La religion bouddhique.*

bouddhisme n.m. Religion et philosophie orientales fondées par le Bouddha.

bouddhiste adj. et n. Qui appartient au bouddhisme ; adepte du bouddhisme : *Un moine bouddhiste* (= un bonze).

bouder v.i. [conj. 3]. Marquer du dépit, de la mauvaise humeur par une attitude renfrognée, par son silence : *Ne t'occupe pas de lui, il boude depuis ce matin.* ◆ v.t. Montrer son mécontentement, son indifférence à l'égard de qqn, de qqch, en l'évitant : *Elle me boude toujours. Le public a boudé son dernier film* (= peu de gens sont allés le voir).

bouderie n.f. Action de bouder : *Ses bouderies peuvent durer plusieurs jours.*

boudeur, euse adj. et n. Qui boude : *Une petite fille boudeuse* (**SYN.** maussade, morose ; **CONTR.** enjoué). *Un visage boudeur* (**SYN.** renfrogné ; **CONTR.** réjoui).

boudin n.m. (d'un rad. onomat. *bod,* exprimant le gonflement). **1.** Charcuterie cuite, à base de sang et de gras de porc, mise dans un boyau de porc : *Du boudin noir aux pommes.* **2.** Tout objet long et cylindrique : *Faire un boudin avec la pâte.* **3.** *Fam., péjor.* Fille, femme grosse et sans grâce. ▸ ***Boudin blanc,*** fait avec une farce à base de viande blanche. ***Ressort à boudin,*** constitué d'un fil métallique tourné en hélice. *Fam.* ***S'en aller*** ou ***tourner en eau de boudin,*** finir par un échec.

boudiné, e adj. **1.** *Fam.* Qui forme des bourrelets de graisse : *Des doigts boudinés* (**SYN.** dodu, potelé). **2.** Qui est serré dans ses vêtements : *Elle est boudinée dans son corsage* (**SYN.** engoncé).

boudiner v.t. [conj. 3]. *Fam.* Serrer de manière à faire ressortir les bourrelets : *Ce body la boudine.*

boudoir n.m. (de *bouder*). **1.** Biscuit allongé saupoudré de sucre. **2.** *Anc.* Petit salon où une dame recevait ses intimes.

boue n.f. (gaul. *bawa*). **1.** Terre ou poussière détrempée d'eau : *En se retirant de la maison, l'eau a laissé une épaisse couche de boue* (**SYN.** vase). **2.** Dépôt qui se forme au fond d'un récipient : *La boue au fond d'un fût de vin.* ▸ ***Traîner qqn dans la boue,*** l'accabler de propos infamants, le déshonorer.

bouée n.f. (germ. *baukn,* signal). **1.** Anneau gonflable, flottant, qui permet à qqn de se maintenir à la surface de l'eau : *Il n'a plus besoin de sa bouée, il sait nager à présent.* **2.** Objet flottant disposé en mer pour repérer un point, marquer un danger ou supporter certains appareils de signalisation (**SYN.** balise). ▸ ***Bouée de sauvetage,*** bouée destinée à être jetée à une personne tombée à l'eau ; fig., ce qui peut tirer qqn d'une situation désespérée : *Ce chèque a été ma bouée de sauvetage.*

bouéler v.i. [conj. 18]. *Fam.* En Suisse, crier.

① **boueux, euse** adj. Couvert ou taché de boue : *Quand il pleut, ce terrain devient boueux* (**SYN.** bourbeux, fangeux [litt.]). *Des chaussures boueuses* (**SYN.** crotté).

② **boueux** n.m. *Fam.* Éboueur.

bouffant, e adj. Qui bouffe, qui est comme gonflé : *Cheveux bouffants. Porter une jupe bouffante.*

bouffarde n.f. *Fam.* Grosse pipe.

① **bouffe** adj. (de l'it. *opera buffa,* opéra comique). ▸ ***Opéra bouffe*** ou ***opéra-bouffe*** → **opéra.**

② **bouffe** n.f. (de *bouffer,* manger). *Fam.* Nourriture ; repas.

bouffée n.f. **1.** Souffle ou inspiration qui passe par la bouche ou par le nez : *Elle aspira une bouffée de cigarette et toussa.* **2.** Mouvement passager de l'air : *Des bouffées d'air froid entrent par la lucarne.* **3.** Manifestation brusque et passagère de qqch : *Son enfant a quelquefois des bouffées de colère* (**SYN.** accès, crise, explosion). ▸ ***Bouffée de chaleur,*** brusque sensation d'échauffement d'une partie du corps.

bouffer v.i. [conj. 3]. Se gonfler, prendre un certain volume : *Son chemisier bouffait légèrement. Faire bouffer ses cheveux.* ◆ v.t. *Fam.* **1.** Manger. **2.** Consommer : *Cet engin bouffe beaucoup d'huile.* **3.** Occuper tout le temps de qqn ; absorber : *Il se laisse bouffer* *par son travail* (**SYN.** accaparer). ▸ *Fam.* ***Bouffer du curé, du flic,*** en parler de façon injurieuse ou agressive. ◆ **se bouffer** v.pr. ▸ *Fam.* ***Se bouffer le nez,*** se disputer.

bouffi, e adj. Qui est gonflé : *Des yeux bouffis de sommeil* (**SYN.** boursouflé). ▸ ***Bouffi d'orgueil,*** d'une grande vanité, prétentieux.

bouffir v.t. et v.i. [conj. 32]. Enfler ; devenir enflé : *L'alcool a bouffi son visage* (**SYN.** boursoufler). *Avec l'âge, il bouffit* (**SYN.** grossir ; **CONTR.** mincir).

bouffissure n.f. Gonflement de la peau : *Avoir des bouffissures sur les paupières* (**SYN.** boursouflure).

① **bouffon** n.m. (it. *buffo,* comique). **1.** Personne dont les plaisanteries font rire : *Être le bouffon de la classe* (**SYN.** amuseur, pitre). **2.** *Fam.* Individu rendu ridicule par sa conduite : *Dans le milieu de la politique, il est considéré comme un bouffon* (**SYN.** pantin). **3.** *Anc.* Personnage grotesque que les rois gardaient auprès d'eux pour les divertir (**SYN.** fou).

② **bouffon, onne** adj. (de *1. bouffon*). Grotesque ; qui prête à rire : *Se retrouver à la piscine sans maillot de bain, quelle situation bouffonne !* (**SYN.** burlesque, cocasse).

bouffonnerie n.f. Action ou parole bouffonne ; caractère de ce qui est bouffon : *Les bouffonneries d'un présentateur* (**SYN.** pitrerie, plaisanterie).

bougainvillée [bugɛ̃vile] n.f. ou **bougainvillier** [bugɛ̃vilje] n.m. (de *Louis Antoine de Bougainville,* nom d'un navigateur). Plante grimpante, ornementale, cultivée pour ses fleurs d'un rouge violacé.

bouge n.m. **1.** Logement malpropre, misérable (**SYN.** taudis). **2.** Café, bar misérable et mal fréquenté.

bougé n.m. En photographie, mouvement de l'appareil au moment du déclenchement, qui produit une image floue.

bougeoir n.m. Petit chandelier sans pied, muni d'un anneau ou d'un manche.

bougeotte n.f. *Fam.* ▸ ***Avoir la bougeotte,*** avoir la manie de bouger sans cesse ; avoir l'envie de se déplacer, de voyager.

bouger v.i. (lat. *bullire,* bouillir) [conj. 17]. **1.** Faire un mouvement ; remuer : *Le bébé bouge en dormant* (**SYN.** s'agiter). **2.** Sortir de chez soi, d'un lieu : *Ils ne bougent jamais pendant les vacances* (**SYN.** se déplacer). **3.** Changer d'aspect ; se modifier : *Ces nouveaux textiles ne bougent pas au lavage* (**SYN.** s'altérer). **4.** Agir, passer à l'action pour protester : *Les syndicats bougent* (**SYN.** s'agiter). ◆ v.t. **1.** Mouvoir une partie du corps : *Bouger le bras pour signaler sa présence* (**SYN.** remuer). **2.** *Fam.* Transporter dans un autre endroit : *Bouge ta voiture, elle gêne* (**SYN.** déplacer ; **CONTR.** laisser). ◆ **se bouger** v.pr. *Fam.* Se remuer, se donner de la peine pour : *Ses collègues ne se sont pas beaucoup bougés pour l'aider* (**SYN.** agir). ▸ ***Bouge-toi de là !,*** va-t'en !

bougie n.f. (de *Bougie,* ville d'Algérie d'où venait la cire). **1.** Bâtonnet de cire, de paraffine, en forme de cylindre, entourant une mèche qui, allumée, fournit une flamme qui éclaire : *Placer des bougies sur un gâteau d'anniversaire.* **2.** Pièce d'allumage électrique d'un moteur à explosion.

bougnat n.m. (de *charbougna,* prononciation à l'auvergnate de *charbonnier*). *Fam., vieilli* Débitant de boissons et marchand de charbon, souvent d'origine auvergnate.

bougon, onne adj. et n. *Fam.* Qui est de mauvaise humeur ; renfrogné : *Un voisin bougon qui dit rarement bonjour* (**SYN.** acariâtre, revêche ; **CONTR.** aimable, gracieux). *Cesse d'être bougon !* (**SYN.** grincheux).

bougonnement n.m. Action de bougonner ; propos de qqn qui bougonne.

bougonner v.t. et v.i. [conj. 3]. *Fam.* Prononcer entre ses dents des paroles de protestation : *Un client qui bougonne contre la hausse des prix* (**SYN.** grommeler, marmonner).

bougre, esse n. (du lat. *Bulgarus,* Bulgare). *Fam., vieilli* Individu : *Quel drôle de bougre !* (**SYN.** gaillard). ▸ ***Bougre de,*** espèce de : *Bougre d'âne. Bougre d'idiote.* ***Ce n'est pas un mauvais bougre,*** c'est un brave homme. ◆ **bougre** interj. *Fam., vieilli* Sert à exprimer la surprise, l'admiration : *Bougre ! L'addition est salée !*

bougrement adv. *Fam.* Très : *Un jeu bougrement difficile* (**SYN.** extrêmement ; **CONTR.** modérément, peu).

boui-boui n.m. (pl. *bouis-bouis*). *Fam., péjor.* Petit café, restaurant de qualité médiocre : *Boire un verre dans un boui-boui.*

bouillabaisse n.f. (prov. *bouiabaisso*). Dans la cuisine provençale, soupe préparée avec divers poissons et crustacés et relevée d'ail, de safran et d'huile d'olive.

bouillant, e adj. **1.** Qui bout : *Plonger les pâtes dans de l'eau bouillante.* **2.** Très chaud : *Se brûler la langue en buvant un café bouillant.* **3.** Emporté, ardent : *Un jeune homme au tempérament bouillant* (**SYN.** explosif, fougueux, volcanique ; **CONTR.** indolent, mou).

① **bouille** n.f. *Fam.* Visage ; expression du visage : *Avoir une jolie bouille* (**SYN.** figure). *Elle a une bonne bouille* (= elle a l'air sympathique).

② **bouille** n.f. → **boille.**

bouilleur n.m. ▸ ***Bouilleur de cru,*** en France, agriculteur qui a le droit de distiller sa propre récolte de vin ou de cidre pour son usage personnel.

bouilli n.m. Viande bouillie : *Manger du bouilli de bœuf.*

bouillie n.f. **1.** Aliment plus ou moins pâteux composé de farine, de lait ou d'eau bouillis ensemble : *Le bébé mange de la bouillie.* **2.** Pâte très fluide : *Le pain est resté sous la pluie, ce n'est plus qu'une bouillie.* ▸ *Fam.* ***C'est de la bouillie pour les chats,*** c'est un récit, un texte confus, incompréhensible. ***En bouillie,*** écrasé : *Trouver des biscottes en bouillie dans leur paquet.*

bouillir v.i. (lat. *bullire,* faire des bulles) [conj. 48]. **1.** En parlant d'un liquide, dégager des bulles de vapeur sous l'effet de la chaleur : *L'eau bout à 100 °C.* **2.** Être chauffé, cuit dans un liquide qui bout : *Les pâtes bouillent.* **3.** Contenir un liquide qui bout : *La marmite bout.* ▸ ***Avoir le sang qui bout dans les veines,*** être plein d'énergie, de fougue. ***Bouillir de colère, d'impatience,*** être animé d'une violente colère, d'une grande impatience. *Fam.* ***Faire bouillir la marmite,*** assurer la subsistance de la maisonnée, de la famille. *Fam.* ***Faire bouillir qqn,*** provoquer son irritation (= exaspérer). ◆ v.t. *Fam.* Faire bouillir : *Bouillir du lait.*

bouilloire n.f. Récipient en métal qui sert à faire bouillir de l'eau.

bouillon n.m. **1.** Aliment liquide obtenu en faisant

bouillir de la viande et des légumes dans de l'eau : *Bouillon de poule.* **2.** (Surtout au pl.). Bulle qui s'élève à la surface d'un liquide bouillant ; bouillonnement : *Cuire des spaghettis à gros bouillons.* **3.** Mouvement d'un liquide, d'un courant qui s'écoule vivement : *Bouillons de l'eau provoqués par l'hélice d'un bateau* (**SYN.** remous). **4.** *Fam.* Ensemble des exemplaires invendus d'un journal. ▸ *Fam.* ***Boire un bouillon,*** avaler de l'eau en nageant ; fig., essuyer un échec : *Ce producteur a bu un bouillon avec son précédent film.* ***Bouillon de culture,*** liquide préparé comme milieu de culture pour les bactéries ; fig., milieu favorable au développement d'un phénomène collectif qui peut se révéler néfaste. *Fam.* ***Bouillon d'onze heures,*** breuvage empoisonné.

bouillon-blanc n.m. (pl. *bouillons-blancs*). Plante couverte d'un duvet blanc, à fleurs jaunes.

bouillonnant, e adj. Qui bouillonne : *Un torrent bouillonnant. Un esprit bouillonnant* (**SYN.** effervescent, vif ; **CONTR.** apathique).

bouillonnement n.m. État de ce qui bouillonne : *Le bouillonnement de la lave dans le cratère d'un volcan. Le bouillonnement des esprits* (**SYN.** agitation, effervescence).

bouillonner v.i. [conj. 3]. **1.** Produire un bouillonnement, être en effervescence : *Le cachet d'aspirine bouillonne dans mon verre d'eau.* **2.** Être en effervescence ; s'agiter : *Les idées bouillonnent dans sa tête* (**SYN.** se presser). **3.** En parlant d'un journal, avoir beaucoup d'invendus. ▸ ***Bouillonner de colère,*** être animé d'une violente colère.

bouillotte n.f. Récipient que l'on remplit d'eau bouillante et dont on se sert pour chauffer un lit ou se réchauffer.

boulange n.f. *Fam.* Métier ou commerce de boulanger.

① **boulanger** v.i. et v.t. (de 2. *boulanger*) [conj. 17]. Faire du pain.

② **boulanger, ère** n. (du picard *boulenc,* faiseur de pain en boule). Personne qui fait ou vend du pain. ◆ adj. Relatif à la boulangerie. ▸ ***Pommes boulangères,*** pommes de terre en tranches fines cuites au four, souvent avec des oignons.

boulangerie n.f. **1.** Boutique du boulanger. **2.** Fabrication et commerce du pain : *Boulangerie artisanale.*

boule n.f. **1.** Objet sphérique destiné à rouler : *Boules de billard, de flipper.* **2.** Objet en forme de sphère : *Une boule à thé. Une bataille de boules de neige. Manger deux boules de glace. Tailler un buis en boule.* **3.** *Fam.* Tête : *Ils ont la boule à zéro* (= le crâne rasé). ▸ ***Avoir une boule dans la gorge,*** être angoissé. ***Boule de cristal,*** boule en verre servant à prédire l'avenir. ***Boule de gomme,*** bonbon rond à base de gomme ; en Belgique, bonbon à sucer. ***Boule de loto,*** jeton, sphère utilisés au jeu de loto. *Fam.* ***Des yeux en boules de loto,*** ronds et proéminents. *Fam.* ***Être, se mettre en boule,*** être, se mettre en colère. ***Faire boule de neige,*** grossir, prendre de l'ampleur : *Leur dette a fait boule de neige.* ***La boule,*** jeu de casino proche de la roulette. *Fam.* ***Perdre la boule,*** s'affoler ; devenir fou. ***Se rouler en boule,*** se pelotonner : *Le chat s'est roulé en boule pour dormir.* ◆ **boules** n.f. pl. Jeu qui, comme la pétanque, se joue avec des boules : *Jouer aux boules sur la place du village.* ▸ *Très fam.* ***Avoir les boules,*** être angoissé, déprimé ou exaspéré.

bouleau n.m. (lat. *betula*). Arbre des pays froids et tempérés, à écorce blanche et à bois blanc, utilisé en menuiserie et en papeterie.

boule-de-neige n.f. (pl. *boules-de-neige*). Nom usuel de l'*obier.*

bouledogue n.m. (angl. *bull-dog,* de *bull,* taureau, et *dog,* chien). Chien de petite taille, à grosse tête carrée, aux mâchoires proéminentes, aux oreilles droites.

bouler v.i. (de *boule*) [conj. 3]. ▸ *Fam.* ***Envoyer bouler qqn,*** le repousser avec rudesse : *L'actrice a envoyé bouler le journaliste qui l'attendait devant sa porte* (**SYN.** éconduire [litt.]).

boulet n.m. **1.** *Anc.* Projectile de pierre ou de métal en forme de boule, dont on chargeait les canons (XIVe-XIXe s.). **2.** *Anc.* Boule de métal fixée à une chaîne qu'on attachait au pied des forçats. **3.** *Fam.* Personne à charge, contrainte dont on ne peut se libérer : *La naissance du bébé pendant leurs études a été un boulet* (**SYN.** fardeau, poids). **4.** Aggloméré de charbon de forme ovale. **5.** Articulation de la jambe des chevaux et des ruminants. ▸ ***Avoir un boulet au pied,*** être bloqué par une obligation pénible. ***Comme un boulet de canon,*** très vite. ***Sentir passer le vent du boulet,*** avoir frôlé la catastrophe, avoir couru un sérieux danger. ***Tirer à boulets rouges sur qqn,*** l'attaquer très violemment.

boulette n.f. **1.** Petite boule : *Boulette de papier.* **2.** Préparation façonnée en forme de petite boule, qu'on fait frire : *Des boulettes de bœuf.* **3.** *Fam.* Erreur grossière, faute stupide : *Le maire a fait une boulette en ne recevant pas cette association* (**SYN.** bévue, maladresse).

boulevard n.m. (moyen néerl. *bolwerc,* ouvrage de fortification). Large rue plantée d'arbres : *Dimanche prochain, les boulevards parisiens seront interdits aux voitures.* ▸ ***Théâtre de boulevard,*** théâtre de caractère léger où dominent le vaudeville et la comédie.

boulevardier, ère adj. Propre au théâtre de boulevard : *Le comique boulevardier.*

bouleversant, e adj. Qui bouleverse : *Un souvenir bouleversant* (**SYN.** déchirant, douloureux).

bouleversement n.m. Action, fait de bouleverser ; état, situation, émotion qui en résulte : *Sa démission a provoqué quelques bouleversements au sein de l'équipe* (**SYN.** changement). *Le bouleversement des victimes est poignant* (**SYN.** ébranlement, émoi ; **CONTR.** calme).

bouleverser v.t. [conj. 3]. **1.** Provoquer une émotion violente : *Ce documentaire sur la faim dans le monde l'a bouleversé* (**SYN.** remuer, troubler ; **CONTR.** apaiser, calmer). **2.** Mettre sens dessus dessous ; mettre le désordre dans une organisation : *En perdant les billets de train, le guide a bouleversé notre voyage* (**SYN.** désorganiser, perturber). **3.** Renouveler totalement : *La thérapie génique a bouleversé la médecine* (**SYN.** révolutionner).

boulgour n.m. (mot turc). Dans la cuisine orientale, blé concassé que l'on consomme cuit à l'eau ou à la vapeur.

boulier n.m. Appareil fait de boules coulissant sur des tiges et servant à compter : *Un boulier chinois.*

boulimie n.f. (du gr. *bous,* bœuf, et *limos,* faim).

1. Besoin maladif d'absorber de grandes quantités de nourriture (par opp. à anorexie). **2.** *Fig.* Désir ardent de qqch : *Elle a une boulimie de lecture.*

boulimique adj. et n. Relatif à la boulimie ; qui est atteint de boulimie.

boulingrin n.m. (angl. *bowling-green,* gazon pour jouer aux boules). Parterre de gazon limité par un talus, une bordure.

boulisme n.m. Pratique du jeu de boules.

bouliste n. Joueur de boules : *Les boulistes jouent sur la place de l'église.*

boulocher v.i. [conj. 3]. En parlant d'un tricot, d'un tissu, former de petites boules pelucheuses.

boulodrome n.m. Terrain pour le jeu de boules.

boulon n.m. Ensemble constitué d'une vis et de l'écrou qui s'y adapte. ▸ *Fam.* ***Serrer*** ou ***resserrer les boulons,*** renforcer l'application des règlements, la discipline ; restreindre les dépenses.

boulonnage n.m. **1.** Action de boulonner qqch ; son résultat. **2.** Ensemble des boulons d'un assemblage.

boulonner v.t. [conj. 3]. Maintenir avec un, des boulons : *Boulonner une poutre.* ◆ v.i. *Fam.* Travailler beaucoup : *Elle boulonne pour nourrir sa famille* (**CONTR.** paresser).

boulonnerie n.f. Industrie et commerce des boulons.

① **boulot, otte** adj. et n. (de *boule*). *Fam.* De petite taille et gros : *Une petite fille un peu boulotte.*

② **boulot** n.m. (de *bouler*). *Fam.* Travail ; emploi : *Confier un nouveau boulot à un subordonné* (**SYN.** poste). *Le boulot qu'il exerce dépend de la fonction publique* (**SYN.** métier). ▸ *Fam.* ***Petit boulot,*** emploi précaire et mal rémunéré.

① **boum** interj. (onomat.). Sert à exprimer le bruit sourd causé par une chute, une explosion : *Boum ! tout a sauté !*

② **boum** n.m. (de *1. boum*). ▸ *Fam.* ***En plein boum,*** en pleine activité : *Le cuisinier est en plein boum, il prépare un repas pour cent personnes.*

③ **boum** n.f. (abrév. de *surboum*). *Fam.* Surprise-partie : *Être invité à trois boums le même jour.*

boumer v.i. (de *2. boum*) [conj. 3]. ▸ *Fam.* ***Ça boume,*** ça va bien.

① **bouquet** n.m. (de l'anc. fr. *bosc,* du lat. *boscus,* bois). **1.** Touffe de fleurs, de plantes liées ensemble : *Disposer un bouquet de tulipes dans un vase. Un bouquet de persil.* **2.** Arôme d'un vin, perçu lorsqu'on le boit : *Ce bourgogne a du bouquet.* **3.** Final d'un feu d'artifice. ▸ ***Bouquet de programmes,*** ensemble de programmes de télévision diffusés par satellite. ***Bouquet garni,*** assortiment de plantes aromatiques servant en cuisine. *Fam.* ***C'est le bouquet !,*** c'est le comble ! : *Et en plus, il arrive en retard, c'est le bouquet !*

② **bouquet** n.m. (de *bouc*). Grosse crevette rose ; palémon.

bouqueté, e adj. Se dit d'un vin qui a du bouquet.

bouquetière n.f. Personne qui compose, vend des bouquets de fleurs dans les lieux publics.

bouquetin n.m. Chèvre sauvage des montagnes, à longues cornes incurvées marquées d'anneaux.

① **bouquin** n.m. (de *bouc*). **1.** Vieux bouc. **2.** Lièvre ou lapin mâle.

② **bouquin** n.m. (néerl. *boeckin,* petit livre). *Fam.* Livre : *Le bouquin que je lis est passionnant.*

bouquiner v.i. et v.t. [conj. 3]. *Fam.* Lire : *Elle aime bouquiner dans le train.*

bouquiniste n. Vendeur de livres d'occasion : *Les bouquinistes des quais de la Seine.*

bourbe n.f. (gaul. *borvo*). Boue noire, épaisse qui se dépose au fond des marais, des étangs.

bourbeux, euse adj. Plein de bourbe : *L'eau de ce lac est bourbeuse* (**SYN.** fangeux [litt.] ; **CONTR.** clair, limpide).

bourbier n.m. **1.** Lieu très bourbeux, où l'on s'enlise : *La pluie a transformé le champ en bourbier.* **2.** *Fig.* Situation, affaire difficile, dont on a du mal à se tirer : *On s'est mis dans un vrai bourbier en oubliant de payer le tiers provisionnel* (= mauvais pas ; **SYN.** impasse).

bourbillon n.m. (de *bourbe*). Pus épais et blanc, au centre d'un furoncle.

bourbon n.m. (du nom d'un comté du Kentucky). Whisky à base de maïs, fabriqué aux États-Unis.

bourbonien, enne adj. Relatif à la dynastie des Bourbons. ▸ ***Nez bourbonien,*** nez busqué.

bourdaine n.f. Arbuste dont les tiges sont utilisées en vannerie et dont l'écorce est laxative.

bourde n.f. *Fam.* Erreur, méprise due à l'ignorance, à la sottise : *J'ai fait une bourde en le prenant pour son frère* (**SYN.** bévue, maladresse).

① **bourdon** n.m. *Anc.* Long bâton de pèlerin portant un ornement en forme de gourde.

② **bourdon** n.m. (orig. onomat.). **1.** Insecte proche de l'abeille, à corps velu et à abdomen marqué de trois larges bandes, vivant en groupes peu nombreux. **2.** Grosse cloche à son grave : *Le bourdon de Notre-Dame.* **3.** Jeu de l'orgue, rendant une sonorité douce. ▸ *Fam.* ***Avoir le bourdon,*** être triste, mélancolique (**SYN.** spleen [litt.]). ***Faux bourdon,*** abeille mâle.

③ **bourdon** n.m. (de *bourde*). Dans un texte imprimé, omission d'un mot, d'une phrase ou d'un passage tout entier.

bourdonnant, e adj. Qui bourdonne : *Mouche bourdonnante.*

bourdonnement n.m. **1.** Bruit fait par des insectes qui battent des ailes : *Le bourdonnement des mouches dans l'étable.* **2.** Bruit sourd et continu d'un moteur, d'une foule : *Le bourdonnement d'un ventilateur* (**SYN.** vrombissement). *Un bourdonnement provenait de la salle de réunion* (**SYN.** murmure). ▸ ***Bourdonnement d'oreille,*** sensation auditive pathologique accompagnant divers malaises (= acouphène).

bourdonner v.i. [conj. 3]. **1.** Faire entendre un bruit sourd et continu : *La guêpe bourdonne. Ce vieil ordinateur bourdonne* (**SYN.** ronfler, vrombir). **2.** Percevoir un bourdonnement : *Après le concert, ses oreilles ont bourdonné.*

bourg [bur] n.m. (lat. *burgus,* du germ. *burg*). **1.** Gros village qui sert de marché pour les villages voisins. **2.** Agglomération centrale d'une commune, aux habitations regroupées (par opp. aux hameaux périphériques).

bourgade n.f. Petit bourg.

bourgeois, e n. (de *bourg*). **1.** Personne qui appartient à la bourgeoisie (par opp. à ouvrier, paysan) ou qui en a les manières. **2.** Personne conformiste et sans idéal, préoccupée de son seul confort matériel. **3.** Au Moyen Âge, habitant d'un bourg, d'une ville jouissant de certains privilèges. **4.** En Suisse, personne qui a droit de bourgeoisie. ▸ ***En bourgeois,*** en civil. ***Épater le bourgeois,*** faire impression sur le public. ◆ adj. **1.** Relatif aux bourgeois, à la bourgeoisie : *Recevoir une éducation bourgeoise.* **2.** *Péjor.* Conservateur, bien-pensant : *Mener une petite vie bourgeoise* (**SYN.** prosaïque, terre à terre). *Il est devenu très bourgeois.* **3.** Bien installé ; confortable : *Une maison bourgeoise* (**SYN.** cossu). **4.** En Suisse, se dit des partis du centre et de la droite. ▸ ***Cuisine bourgeoise,*** cuisine simple et de bon goût.

bourgeoisement adv. De façon bourgeoise ; dans l'aisance : *Il vit bourgeoisement de l'héritage de son père* (**SYN.** tranquillement).

bourgeoisial, e, aux adj. En Suisse, de la bourgeoisie.

bourgeoisie n.f. **1.** Ensemble des personnes qui n'exercent pas un travail manuel et dont les revenus sont relativement élevés : *Une famille issue de la haute bourgeoisie. La petite bourgeoisie.* **2.** Selon le marxisme, classe sociale détentrice des moyens de production et d'échange dans le régime capitaliste (par opp. à prolétariat). **3.** En Suisse, droit de cité, citoyenneté dans une commune.

bourgeon n.m. (du lat. *burra,* bourre). Petite formation végétale pointue, qui se développera en fleur ou en feuille après son éclosion : *Les bourgeons apparaissent au printemps.*

bourgeonnement n.m. Fait de bourgeonner ; apparition des bourgeons : *Observer le bourgeonnement des feuilles du châtaignier.*

bourgeonner v.i. [conj. 3]. **1.** En parlant d'une plante, produire des bourgeons : *Les rosiers ont bourgeonné.* **2.** En parlant du visage, se couvrir de boutons : *Un front qui bourgeonne.*

bourgmestre [burgmɛstr] n.m. (all. *Bürgermeister,* maître du bourg). En Belgique, premier magistrat d'une commune (**SYN.** maïeur).

bourgogne n.m. Vin produit en Bourgogne : *Des bourgognes aligotés.*

bourguignon, onne adj. et n. De Bourgogne. ◆ adj. ▸ ***Bœuf bourguignon,*** ragoût de bœuf cuisiné aux oignons et au vin rouge (on dit aussi *un bourguignon*).

bourlinguer v.i. [conj. 3]. **1.** En parlant d'un navire, rouler et tanguer violemment. **2.** *Fam.* Voyager beaucoup ; mener une vie aventureuse : *Il a bourlingué avant de s'installer ici.*

bourlingueur, euse n. et adj. *Fam.* Personne qui bourlingue, qui a bourlingué.

bouronner v.i. [conj. 3]. En Suisse, se consumer lentement ; couver sous la cendre.

bourrache n.f. (d'un mot ar. signif. « père de la sueur »). Plante annuelle très velue, à grandes fleurs bleues, employée en infusion : *De la bourrache fraîche.*

bourrade n.f. (de *bourrer,* maltraiter). Coup brusque donné pour pousser qqn ou comme marque d'amitié : *Donner une bourrade dans le dos d'un ami.*

bourrage n.m. **1.** Action de bourrer ; son résultat : *Le bourrage d'un oreiller avec des plumes.* **2.** Matière servant à bourrer : *Le fauteuil perd son bourrage* (**SYN.** bourre). **3.** Incident de fonctionnement d'une machine, d'un appareil qui bourre : *Le bourrage d'une imprimante.* ▸ *Fam.* ***Bourrage de crâne,*** propagande intensive ; acquisition intensive de connaissances qui n'apporte aucun enrichissement culturel.

bourrasque n.f. (it. *burrasca,* du gr. *boreas,* vent du nord). Coup de vent brusque et violent : *La bourrasque a emporté des tuiles* (**SYN.** tornade).

bourratif, ive adj. *Fam.* Se dit d'un aliment qui bourre, qui alourdit l'estomac : *Gâteau bourratif* (**SYN.** lourd ; **CONTR.** léger).

bourre n.f. (lat. *burra,* étoffe grossière, bure). **1.** Amas de poils d'origine animale, utilisé pour la confection de feutre, de matériaux isolants. **2.** Toute matière servant à bourrer, à rembourrer : *La bourre d'un oreiller* (**SYN.** bourrage). **3.** Ce qui reste d'une fibre après l'avoir peignée ou mise en pelote : *Bourre de laine, de soie.* **4.** Tampon qui maintient une charge explosive dans une cartouche. **5.** Duvet d'un bourgeon. ▸ *Fam.* ***De première bourre,*** de première qualité ; excellent. *Fam.* ***Être à la bourre,*** être pressé, en retard.

bourré, e adj. *Fam.* **1.** Plein ou trop plein : *Une salle de spectacle bourrée* (**SYN.** bondé, comble). *Une valise bourrée.* **2.** Ivre (**SYN.** soûl).

bourreau n.m. (de *bourrer,* maltraiter). **1.** Personne qui était chargée d'infliger la peine de mort prononcée par un tribunal (**SYN.** exécuteur des hautes œuvres). **2.** Personne qui maltraite qqn : *Les bourreaux des camps nazis* (**SYN.** tortionnaire). ▸ *Fam.* ***Bourreau des cœurs,*** séducteur (**SYN.** don Juan). ***Bourreau de travail,*** personne qui travaille sans relâche.

① **bourrée** n.f. (de *bourrer,* frapper). Danse folklorique du centre de la France ; air sur lequel elle se danse.

② **bourrée** n.f. En Suisse, grande affluence, foule.

bourrelé, e adj. ▸ *Sout.* ***Bourrelé de remords,*** hanté, torturé par le remords.

bourrelet n.m. (de *bourre*). **1.** *Fam.* Excès de graisse à certains endroits du corps : *Avoir des bourrelets au ventre.* **2.** Gaine remplie de bourre, de matière élastique, servant à protéger des chocs, à obstruer une ouverture : *Mettre un bourrelet à la fenêtre pour empêcher le froid d'entrer.* **3.** Partie saillante, arrondie, longeant ou faisant le tour de qqch : *Le bourrelet d'une cicatrice.*

bourrelier, ère n. (de l'anc. fr. *bourrel,* collier d'une bête de trait). Personne qui fabrique et vend des pièces de harnais pour animaux de trait et des articles de cuir ; sellier.

bourrellerie n.f. Profession, commerce du bourrelier.

bourrer v.t. (de *bourre*) [conj. 3]. **1.** Remplir qqch en tassant : *Bourrer un sac de voyage* (**CONTR.** vider). *Bourrer une boîte aux lettres de prospectus.* **2.** Faire manger abondamment : *Bourrer un enfant de pain* (**SYN.** gaver). **3.** Faire acquérir des connaissances trop vite et en trop grande quantité : *Bourrer des élèves de mathématiques.* **4.** Garnir de bourre une pièce de literie, de mobilier : *Bourrer des coussins.* ▸ *Fam.* ***Bourrer le crâne à qqn,*** l'intoxiquer de propagande ; lui raconter des balivernes, le tromper. ***Bourrer qqn de coups,*** le battre violemment. ◆ v.i. **1.** En parlant d'une machine, être bloquée en un point du circuit par une accumulation de papier, de film : *La photocopieuse bourre.* **2.** *Fam.* Aller vite ; se hâter : *Bourrer pour arriver à temps.* **3.** *Fam.* Remplir l'estomac : *Une bonne assiettée de spaghettis, ça bourre.* ◆ **se bourrer** v.pr. *Fam.* **1.** Manger trop, avec excès : *Je n'ai plus faim, je me suis bourrée de bonbons.* **2.** S'enivrer (**SYN.** se soûler).

bourriche n.f. Cageot fermé pour le transport du gibier, du poisson, des coquillages ; son contenu : *Bourriche d'huîtres.*

bourrichon n.m. *Fam.* ▸ ***Monter le bourrichon à qqn,*** l'exciter, l'exalter en lui racontant des histoires ; lui monter la tête contre qqn, qqch. ***Se monter le bourrichon,*** se faire des illusions.

bourricot n.m. (esp. *borrico*). Petit âne.

bourrin n.m. *Fam.* Cheval.

bourrique n.f. (esp. *borrico*). **1.** Âne ; ânesse. **2.** *Fam.* Personne têtue, stupide. ▸ *Fam.* ***Faire tourner qqn en bourrique,*** l'exaspérer à force de le taquiner, de le contredire.

bourru, e adj. (de *bourre*). Dont les manières sont brusques ; renfrogné : *Un commerçant bourru* (**SYN.** acariâtre, revêche ; **CONTR.** aimable, souriant). ▸ ***Vin bourru,*** vin en fin de fermentation.

① **bourse** n.f. (gr. *bursa*, outre en cuir). **1.** Petit sac en cuir, en tissu, où on met les pièces de monnaie (**SYN.** porte-monnaie). **2.** Argent dont on dispose : *Ouvrir sa bourse à un ami* (= lui prêter de l'argent). **3.** Pension accordée à un élève, à un étudiant ou à un chercheur pour l'aider à poursuivre ses études, ses recherches. ▸ ***À la portée de toutes les bourses,*** peu cher. ***Sans bourse délier,*** gratuitement : *S'abonner à un site Internet sans bourse délier.* ***Tenir les cordons de la bourse,*** contrôler les dépenses dans un ménage, une association. ◆ **bourses** n.f. pl. Enveloppe cutanée des testicules ; scrotum.

② **Bourse** n.f. (du nom des *Van der Burse*, banquiers à Bruges). **1.** Édifice, institution où est organisé le marché des valeurs mobilières ; ce marché : *Jouer en Bourse.* **2.** Milieu des opérateurs en Bourse : *La crise politique inquiète la Bourse.* ▸ ***Bourse de commerce,*** marché sur lequel sont négociées des marchandises, des matières premières. ***Bourse du travail,*** lieu mis à la disposition de divers syndicats pour y tenir leurs réunions, y conserver leur documentation.

boursicoter v.i. (de *boursicot*, petite bourse) [conj. 3]. Jouer de petites sommes à la Bourse (**SYN.** spéculer).

boursicoteur, euse n. Personne qui boursicote (**SYN.** spéculateur).

① **boursier, ère** adj. et n. Qui bénéficie d'une bourse d'études : *Élève boursière.* ◆ n. En Suisse, trésorier d'une commune.

② **boursier, ère** adj. Relatif à la Bourse : *Un krach boursier. Opérations boursières.* ◆ n. Professionnel qui opère en Bourse.

boursouflage n.m. → **boursouflement.**

boursouflé, e adj. **1.** Enflé, gonflé : *Un visage boursouflé* (**SYN.** bouffi). **2.** Inintéressant et prétentieux : *Un texte au style boursouflé* (**SYN.** ampoulé, emphatique, grandiloquent ; **CONTR.** concis, simple).

boursouflement ou **boursouflage** n.m. Fait de se boursoufler, d'être boursouflé : *Le boursouflement de la peau d'un brûlé* (**SYN.** boursouflure, cloque).

boursoufler v.t. [conj. 3]. Enfler par places une surface qui devrait être lisse : *Des feuilles de chêne boursouflées par une maladie* (**SYN.** cloquer). ◆ **se boursoufler** v.pr. Devenir boursouflé : *Peinture qui se boursoufle* (**SYN.** cloquer). *Sa main s'est boursouflée sous l'effet de la piqûre d'un frelon* (**SYN.** enfler, gonfler).

boursouflure n.f. **1.** Partie boursouflée de qqch : *La brûlure a laissé des boursouflures sur sa peau* (**SYN.** boursouflement, cloque). **2.** Caractère affecté, grandiloquent d'un discours : *Boursouflure du style* (**SYN.** emphase ; **CONTR.** simplicité).

bousculade n.f. **1.** Agitation, désordre d'une foule où l'on se bouscule ; poussée qui bouscule : *Quelle bousculade à la sortie du match !* **2.** Hâte, précipitation : *Dans la bousculade des préparatifs, nous avons oublié d'acheter du pain.*

bousculer v.t. (du moyen fr. *bousser*, heurter, et *culer*, marcher à reculons) [conj. 3]. **1.** Heurter qqn, qqch, le renverser ; écarter violemment des personnes pour s'ouvrir un passage : *Bousculer un passant. Elle a bousculé le guéridon. Bousculer tout le monde pour passer le premier* (**SYN.** pousser). **2.** Apporter un renouvellement brutal, un changement complet dans : *En refusant de reprendre l'entreprise de son père, elle a bousculé les traditions familiales* (**SYN.** révolutionner, secouer ; **CONTR.** respecter). **3.** Inciter qqn à aller plus vite : *Il faut le bousculer pour qu'il apprenne ses leçons* (**SYN.** pousser, presser). **4.** Traiter sans ménagement : *Vous n'obtiendrez rien d'eux en les bousculant ainsi* (**SYN.** malmener, rudoyer). ◆ **se bousculer** v.pr. **1.** Se pousser mutuellement : *Les enfants se sont bousculés pour avoir le dernier gâteau.* **2.** Se succéder de façon désordonnée : *Les souvenirs se bousculent dans ma tête.* ▸ *Fam.* ***Se bousculer au portillon,*** arriver en grand nombre et en désordre.

bouse n.f. Excrément de bœuf, de vache.

bousier n.m. Insecte qui façonne des boulettes de bouse pour nourrir ses larves : *Le scarabée est un bousier.*

bousiller v.t. (de *bouse*) [conj. 3]. *Fam.* **1.** Détruire qqch : *Il a bousillé sa montre en la mettant sous l'eau* (**SYN.** détériorer). **2.** Exécuter sans soin et très vite un travail : *Il a bousillé le remplacement de la vitre cassée* (**SYN.** saboter ; **CONTR.** soigner). **3.** Tuer.

boussole n.f. (it. *bussola*, petite boîte). Appareil, boîte contenant une aiguille aimantée, mobile autour d'un pivot et qui indique le nord. ▸ *Fam.* ***Perdre la boussole,*** devenir fou ; perdre la tête en s'affolant.

boustifaille n.f. *Fam.* Nourriture.

bout n.m. (de *bouter*, frapper). **1.** Morceau, fragment de qqch : *Un bout de pain* (**SYN.** bribe). **2.** Extrémité, partie extrême d'une chose, d'un objet long : *Tenir une queue de billard par le bout.* **3.** Limite visible d'un espace ; fin d'une durée, d'une action : *Arriver au bout du tunnel sous la Manche. Voir le bout d'un travail* (**SYN.** achèvement, terme). **4.** Limite des forces, des possibilités de qqn : *Ne craque pas, tu dois tenir jusqu'au bout.* ▸ ***À tout bout de champ,*** constamment : *Son téléphone portable sonne à tout bout de champ.* ***Au bout de,*** après une durée de : *Elle est arrivée au bout d'une heure.* ***Bout à bout,*** une extrémité touchant l'autre : *Placer deux dominos bout à bout.* ***Bout d'essai,*** séquence que l'on fait tourner à un comédien pour déterminer s'il est apte à jouer tel rôle. ***De bout en bout*** ou ***d'un bout à l'autre,*** du début à la fin : *Il a dormi d'un bout à l'autre du voyage.* ***En connaître un bout,*** savoir beaucoup de choses. ***Être à bout,*** être épuisé ; être sur le point de craquer nerveusement. ***Être à bout de force, de patience,*** ne plus avoir de force, de patience. *Fam.* ***Mettre les bouts,*** partir ; s'enfuir. ***Ne pas savoir par quel bout prendre qqn,*** ne pas savoir comment se comporter avec une personne exigeante ou revêche. ***Prendre qqch par le bon, le mauvais bout,*** commencer un travail, une action de la bonne manière, d'une manière maladroite. ***Pousser qqn à bout,*** provoquer sa colère, l'exaspérer. ***Tenir le bon bout,*** être près de réussir. ***Tirer à bout portant,*** de très près. ***Un bout de*** (+ n.), désigne qqch de petit : *Un bout de jardin devant la maison.* ***Venir à bout de,*** terminer, réussir qqch ; triompher de qqn, de qqch : *Venir à bout de sa peur* (= la vaincre).

boutade n.f. Plaisanterie, mot d'esprit, vif et imprévu : *Répondre à une attaque par une boutade* (**SYN.** saillie).

boutargue n.f. → **poutargue.**

boute-en-train n.m. inv. **1.** Personne qui a le don d'animer joyeusement une réunion, une fête : *Les cadettes sont les boute-en-train de la famille.* **2.** Cheval, mouton utilisé pour repérer les femelles en chaleur.

boutefas n.m. En Suisse, gros saucisson de porc.

bouteille n.f. (du lat. *buttis,* tonneau). **1.** Récipient à goulot étroit, en verre ou en plastique, destiné à contenir des liquides ; son contenu : *Collectionner les bouteilles de parfum* (**SYN.** flacon). *Boire une bouteille d'eau.* **2.** Récipient de 70 à 75 centilitres, dont la forme varie selon les régions, destiné à contenir le vin d'appellation contrôlée (par opp. à litre) : *Une bouteille de bourgogne.* **3.** Récipient métallique destiné à contenir des gaz sous pression : *Bouteille d'oxygène, de butane.* **4.** (Précédé de l'art. déf.). Le vin, les boissons alcoolisées : *Aimer la bouteille.* ▸ *Fam.* ***Avoir, prendre de la bouteille,*** avoir, prendre de l'expérience ou de l'âge. ***Bouteille isolante,*** contenant à deux parois entre lesquelles on a fait le vide, placé dans une enveloppe métallique renfermant un isolant et qui permet de garder un liquide à température ; Thermos. *Fam.* ***C'est la bouteille à l'encre,*** une situation confuse, embrouillée. ***Lancer*** ou ***jeter une bouteille à la mer,*** lancer un message en espérant qu'il trouvera un destinataire.

bouter v.t. (du germ.) [conj. 3]. ▸ *Vx* ***Bouter hors, dehors,*** pousser dehors ; chasser : *Jeanne d'Arc bouta les Anglais hors de France.*

bouteur n.m. Engin de terrassement très puissant ; bulldozer.

boutique n.f. (gr. *apothêkê,* magasin). **1.** Local où se tient un commerce de détail : *Tenir une boutique de fleurs* (**SYN.** magasin). **2.** Magasin où un grand couturier vend sous sa griffe des accessoires ou des articles de confection. ▸ *Fam.* ***Parler boutique,*** s'entretenir de sujets professionnels. ***Plier boutique,*** démonter et rentrer ses étalages ; fam., cesser une activité.

boutiquier, ère n. Personne qui tient une boutique. ◆ adj. *Péjor.* Se dit d'une personne à l'esprit étroit.

boutoir n.m. Ensemble formé par le groin et les canines du sanglier. ▸ ***Coup de boutoir,*** attaque violente ; propos brusque et blessant.

bouton n.m. (de *bouter*). **1.** Bourgeon dont l'éclosion donne une fleur : *Le cerisier est en boutons.* **2.** Petite pustule sur la peau : *Boutons de varicelle.* **3.** Petite pièce de matière dure servant à orner ou à fermer un vêtement : *Il manque deux boutons à sa veste.* **4.** Pièce mobile servant à actionner manuellement un mécanisme ou un appareil électrique : *Bouton de porte* (**SYN.** poignée). *Appuyer sur le bouton de l'ordinateur* (**SYN.** commutateur, interrupteur).

bouton-d'or n.m. (pl. *boutons-d'or*). Renoncule à fleurs jaunes.

boutonnage n.m. **1.** Action de boutonner ; manière dont se boutonne un vêtement : *Le boutonnage se fait à gauche pour les femmes et à droite pour les hommes.* **2.** Ensemble des boutons et boutonnières servant à fermer un vêtement : *Un boutonnage en cuir.*

boutonner v.t. [conj. 3]. Fermer par des boutons : *Boutonner sa chemise.* ◆ v.i. Produire des boutons : *Le rosier commence à boutonner.* ◆ v.i. ou **se boutonner** v.pr. Se fermer par des boutons : *Une robe qui se boutonne dans le dos.*

boutonneux, euse adj. Qui est couvert de boutons : *Un nez boutonneux.*

boutonnière n.f. Fente faite à un vêtement pour y passer un bouton.

bouton-pression n.m. (pl. *boutons-pression*) ou **pression** n.f. Petit bouton qui entre par pression dans un œillet métallique.

bout-rimé n.m. (pl. *bouts-rimés*). Pièce de vers composée sur des rimes données à l'avance.

bouturage n.m. Multiplication des végétaux par bouture.

bouture n.f. Jeune pousse prélevée sur une plante et qui, placée en terre humide, prend racine et donne une nouvelle plante.

bouturer v.i. [conj. 3]. Produire de jeunes pousses, en parlant d'une plante : *Les plantes de l'aquarium ont bouturé.* ◆ v.t. Reproduire une plante par boutures : *Bouturer des bégonias.*

bouvet n.m. (de *bœuf*). Rabot de menuisier servant à faire des rainures, des languettes.

bouvier, ère n. (de *bœuf*). Personne qui conduit les bœufs et les garde.

bouvillon n.m. Jeune bœuf castré.

bouvreuil n.m. (de *bouvier*). Oiseau des bois et des jardins, à tête et ailes noires, à dos gris et ventre rose (femelle) ou rouge (mâle).

bouzouki ou **buzuki** [buzuki] n.m. (mot grec). Instrument à long manche et à caisse bombée, utilisé dans la musique grecque.

bovarysme n.m. (du nom de l'héroïne du roman de Gustave Flaubert *Madame Bovary*). Comportement qui consiste à fuir dans le rêve l'insatisfaction éprouvée dans la vie.

bovidé n.m. (du lat. *bos, bovis,* bœuf). Mammifère ruminant aux cornes creuses : *Les bovins, les ovins, les caprins, les antilopes sont des bovidés.*

bovin, e adj. Relatif au bœuf, à la vache : *Élevage bovin. Espèce bovine.* ▸ ***Regard bovin,*** regard morne, sans intelligence. ◆ **bovin** n.m. Bovidé tel que le bœuf, le buffle, le bison.

bowling [buliŋ ou boliŋ] n.m. (mot angl., de *bowl*, boule). Jeu de quilles d'origine américaine ; lieu où se pratique ce jeu.

bow-window [bowindo] n.m. (mot angl., de *bow*, arc, et *window*, fenêtre) [pl. *bow-windows*]. Fenêtre ou balcon vitré en saillie sur une façade (**SYN.** oriel).

① **box** n.m. (mot angl. signif. « boîte ») [pl. *box* ou *boxes*]. **1.** Dans une écurie, stalle pour un cheval non attaché : *Mettre de la paille dans les box.* **2.** Garage individuel et fermé dans le sous-sol d'un immeuble, dans un parking. **3.** Compartiment cloisonné aménagé dans un dortoir, une salle, un prétoire : *Le prévenu entre dans le box des accusés.*

② **box** ou **box-calf** n.m. (mot anglo-amér.) [pl. *box-calfs*]. Cuir de veau teint, tanné au chrome et lissé : *Un sac en box.*

boxe n.f. (angl. *box*, coup). Sport de combat où les deux adversaires s'affrontent à coups de poing *(boxe anglaise)* ou à coups de poing et de pied *(boxe française, boxe américaine)* : *Des gants de boxe.*

① **boxer** v.i. [conj. 3]. Pratiquer la boxe : *Elle boxe depuis deux ans.* ◆ v.t. *Fam.* Frapper à coups de poing : *Si tu continues, il va te boxer.*

② **boxer** [bɔksɛr] n.m. (mot all. signif. « boxeur »). Chien de garde, voisin du dogue allemand et du bouledogue.

boxeur, euse n. Personne qui pratique la boxe.

box-office n.m. (mot anglo-amér. signif. « guichet de théâtre ») [pl. *box-offices*]. Cote de succès d'un spectacle, d'un acteur, calculée selon le montant des recettes : *Ce film est premier au box-office.*

boy [bɔj] n.m. (mot angl. signif. « garçon »). **1.** *Anc.* Serviteur indigène, dans les pays colonisés. **2.** Danseur de music-hall : *Les boys entourent la vedette.*

boyard [bɔjar] n.m. (mot russe). *Anc.* Noble de haut rang en Russie et en Roumanie.

boyau [bwajo] n.m. (lat. *botellus*, petite saucisse) [pl. *boyaux*]. **1.** Intestin d'animal : *Les boyaux de porc sont utilisés en charcuterie.* **2.** Sur une bicyclette, bandage pneumatique, comportant une chambre à air solidaire de son enveloppe. **3.** Passage, chemin étroit : *Les boyaux d'une grotte.* **4.** Corde faite avec l'intestin de certains animaux et servant à garnir divers instruments de musique ou des raquettes (on dit aussi *corde de boyau*). ◆ **boyaux** n.m. pl. *Fam.* Viscères de l'homme.

boycott [bɔjkɔt] ou **boycottage** [bɔjkɔtaʒ] n.m. **1.** Cessation volontaire de toutes relations avec un groupe, un pays afin d'exercer une pression ou des représailles : *Appeler au boycott de certains produits.* **2.** Refus de faire qqch, de participer à qqch : *Le boycott des élections.*

boycotter [bɔjkɔte] v.t. (du nom de *Ch. C. Boycott*, premier propriétaire anglais d'Irlande mis à l'index) [conj. 3]. Pratiquer le boycott de ; exclure temporairement : *Boycotter le vin d'un pays. Nous boycotterons toutes les émissions de ce genre.*

boy-scout [bɔjskut] n.m. (mot angl. signif. « garçon éclaireur ») [pl. *boy-scouts*]. *Vieilli* Scout.

B.P. ou **BP** n.f. (sigle). ▸ ***Boîte postale*** → **postal.**

brabançon, onne adj. et n. Du Brabant.

bracelet n.m. (de *bras*). **1.** Bijou en forme d'anneau ou de chaînette qui se porte autour du poignet, du bras, de la cheville. **2.** Support d'une montre portée au poignet : *Un bracelet de montre en cuir.* **3.** Pièce de cuir ou d'étoffe que certains travailleurs ou sportifs fixent autour du poignet pour le protéger. ▸ ***Bracelet électronique,*** dispositif fixé sur un condamné placé en liberté conditionnelle et permettant de contrôler à distance ses déplacements.

bracelet-montre n.m. (pl. *bracelets-montres*). Montre fixée à un bracelet et portée au poignet (**SYN.** montre-bracelet).

brachial, e, aux [brakjal, o] adj. (du lat. *brachium*, bras). En anatomie, relatif au bras : *Les muscles brachiaux.*

brachycéphale [brakisefal] adj. et n. (du gr. *brakhus*, court, et *kephalê*, tête). Qui a le crâne aussi large que long (par opp. à dolichocéphale).

braconnage n.m. Action de braconner ; délit constitué par cette action.

braconner v.i. (du prov. *bracon*, chien de chasse) [conj. 3]. Chasser ou pêcher sans respecter la loi, les interdictions.

braconnier, ère n. Personne qui braconne.

bractée n.f. (lat. *bractea*, feuille de métal). Petite feuille, différente des autres, située sur une tige au point d'insertion d'une fleur.

brader v.t. (néerl. *braden*, gaspiller) [conj. 3]. Se débarrasser de qqch à bas prix : *Magasin qui brade tout son stock* (**SYN.** liquider).

braderie n.f. Vente de marchandises d'occasion ; liquidation de soldes.

bradeur, euse n. Personne qui brade.

bradycardie n.f. (du gr. *bradus*, lent, et *kardia*, cœur). Lenteur du rythme cardiaque (par opp. à tachycardie).

braguette n.f. (de l'anc. fr. *brague*, culotte). Ouverture verticale sur le devant d'un pantalon.

brahmane n.m. (du sanskrit). Membre de la caste des prêtres, la première des castes hindoues.

brahmanisme n.m. Système religieux et social de l'Inde, caractérisé par une division de la société en quatre castes héréditaires.

braies [brɛ] n.f. pl. (mot gaul.). Pantalon ample des Gaulois.

braillard, e ou **brailleur, euse** adj. et n. *Fam.* Qui braille : *Un voisin braillard* (**SYN.** criard).

braille n.m. (de *Louis Braille*, nom de l'inventeur). Écriture en relief à l'usage des aveugles : *Un livre en braille.*

braillement n.m. *Fam.* Action de brailler ; cri d'une personne qui braille : *Les braillements d'un client mécontent* (**SYN.** hurlement, vocifération).

brailler v.i. (de *braire*) [conj. 3]. *Fam.* Parler, pleurer très fort ; chanter mal et fort : *Un bébé qui braille* (**SYN.** hurler). ◆ v.t. *Fam.* Dire ou chanter qqch très fort : *Les supporters braillent des encouragements* (**SYN.** beugler).

brailleur, euse adj. et n. → **braillard.**

braiment n.m. Cri de l'âne.

brainstorming [brɛnstɔrmiŋ] n.m. (mot anglo-amér., de *brain*, cerveau, et *storming*, assaut). Recherche d'idées originales dans un groupe, par la libre expression sur un sujet donné ; remue-méninges.

brain-trust [brɛntrœst] n.m. (mot anglo-amér., de *brain*, cerveau, et *to trust*, confier) [pl. *brain-trusts*]. Équipe restreinte d'experts, de techniciens, au service d'une direction, dans une entreprise, un ministère.

braire v.i. (mot gaul.) [conj. 112]. **1.** Crier, en parlant de l'âne. **2.** Dans le nord de la France et en Belgique, pleurer.

braise n.f. Résidu, brûlant ou éteint, de la combustion du bois : *Viande cuite sur la braise.*

braiser v.t. [conj. 4]. Faire cuire à feu doux, à l'étouffée : *Braiser des endives.*

brame ou **bramement** n.m. Cri de rut du cerf et du daim.

bramer v.i. (du prov. *bramar*, braire) [conj. 3]. Crier, en parlant du cerf et du daim.

brancard n.m. (du normand *branque*, branche). **1.** Bras de civière ; la civière elle-même : *Transporter un blessé sur un brancard.* **2.** Chacune des deux pièces longitudinales d'une brouette, d'une voiture à bras. **3.** Chacune des deux pièces de bois qui prolongent une voiture ou une machine agricole et entre lesquelles on attelle un animal de trait. ▸ ***Ruer dans les brancards,*** protester vivement ; se rebeller.

brancarder v.t. [conj. 3]. Transporter sur un brancard : *Brancarder un blessé.*

brancardier, ère n. Porteur de brancard, de civière.

branchage n.m. Ensemble des branches d'un arbre : *Le branchage touffu du chêne* (**SYN.** frondaison, ramure). ◆ **branchages** n.m. pl. Branches coupées : *Ramasser des branchages pour faire du feu.*

branche n.f. (lat. *branca*, patte). **1.** Ramification du tronc d'un arbre, d'un arbrisseau ou d'un arbuste : *L'écureuil saute de branche en branche.* **2.** Ramification ou division d'un élément principal formant axe ou centre : *Branches d'un chemin, d'un chandelier.* **3.** Élément mobile de certains objets articulés : *Branches de compas, de lunettes.* **4.** Activité particulière ; domaine d'étude : *Peu d'étudiants choisissent cette branche* (**SYN.** discipline, spécialité). **5.** Division d'une science, d'une discipline : *Les différentes branches de l'enseignement* (**SYN.** section). **6.** Division d'un arbre généalogique : *La branche aînée d'une famille.* ▸ *Fam.* ***Avoir de la branche,*** avoir de l'élégance ; être distingué. *Fam.* ***Vieille branche,*** camarade, copain.

branché, e adj. et n. *Fam.* Qui est au courant, à la mode : *Un journaliste branché.*

branchement n.m. Action de brancher : *Effectuer le branchement d'un lecteur DVD à un téléviseur* (**SYN.** connexion, raccordement).

brancher v.t. [conj. 3]. **1.** Rattacher à une canalisation, à une conduite, à un circuit électrique ; mettre en marche un appareil : *Ils vont nous brancher sur le câble* (**SYN.** raccorder). *Brancher le grille-pain.* **2. [sur].** *Fam.* Orienter, diriger qqn vers qqch : *Le vendeur l'a branché sur une voiture d'occasion* (**SYN.** aiguiller). *Brancher un ami sur le sujet des vacances.* ▸ *Fam.* ***Ça me branche,*** cela m'intéresse, cela me plaît. ◆ v.i. Percher sur les branches d'un arbre : *La chouette branche et guette sa proie.* ◆ **se brancher** v.pr. **1. [sur].** Capter le programme d'une station radiophonique ou d'une chaîne de télévision : *Elle s'est branchée sur une chaîne du câble.* **2. [sur].** *Fam.* S'intéresser particulièrement à qqch ; se mettre à participer à une activité : *Se brancher sur le modélisme.* **3.** *Fam.* Au Québec, se décider, choisir.

branchette n.f. Petite branche ; rameau.

branchial, e, aux [brɑ̃ʃjal, o] adj. Relatif aux branchies.

branchie [brɑ̃ʃi] n.f. Organe respiratoire de nombreux animaux aquatiques : *Branchies des poissons, des crustacés.*

brandade n.f. (du prov. *brandar*, remuer). Préparation de morue à la provençale, pilée avec de l'huile d'olive et de l'ail.

brande n.f. Végétation constituant le sous-bois des forêts de pins ; terrain où pousse cette végétation : *Des bruyères, des ajoncs, des fougères et des genêts poussent sur cette brande.*

brandebourg [brɑ̃dbur] n.m. (de *Brandebourg*, province d'Allemagne). Galon ornant une veste ou un manteau, entourant les boutonnières.

brandir v.t. (de l'anc. fr. *brand*, épée) [conj. 32]. **1.** Lever une arme, un objet d'un geste menaçant : *Il brandit sa canne et ils s'enfuirent.* **2.** Agiter qqch en l'air : *Brandir son chapeau dans la foule pour attirer l'attention d'un ami.* **3.** Présenter qqch comme une menace : *Brandir un préavis de grève.*

brandon n.m. (du germ.). Débris enflammé d'une matière en combustion : *Le vent soulève des brandons au-dessus de l'incendie.* ▸ *Sout.* ***Brandon de discorde,*** cause de querelle, de conflit. ◆ **brandons** n.m. pl. ▸ ***Les Brandons,*** en Suisse, fête traditionnelle pour célébrer la fin de l'hiver.

brandy n.m. (mot angl.) [pl. *brandys* ou *brandies*]. Eau-de-vie, en Angleterre.

branlant, e adj. Qui branle, qui manque de stabilité : *Une table branlante* (**SYN.** bancal, boiteux). *Une démocratie branlante* (**SYN.** chancelant, instable ; **CONTR.** solide).

branle n.m. Mouvement de va-et-vient ou de balancement : *Le branle d'une cloche.* ▸ ***Mettre, se mettre en branle,*** mettre, se mettre en mouvement, en action : *Mettre en branle un vaste projet de réhabilitation d'un vieux quartier.*

branle-bas n.m. inv. (de *mettre bas les branles*, déposer les hamacs des matelots). Grande agitation, désordre qui précède une action : *À l'annonce de son arrivée, ce fut un branle-bas dans toute la maison* (**SYN.** dérangement, remue-ménage). ▸ ***Branle-bas de combat,*** préparation au combat ; fig., préparatifs avant une action importante.

branler v.i. (de *brandir*) [conj. 3]. Être instable, manquer d'équilibre : *Un fauteuil qui branle* (**SYN.** boiter). ◆ v.t. ▸ ***Branler la tête,*** la remuer (**SYN.** hocher).

braquage n.m. **1.** Action de braquer les roues d'une voiture, les parties orientables d'une machine. **2.** *Fam.* Attaque à main armée : *Le braquage d'une banque* (**SYN.** hold-up).

braque n.m. Chien de chasse à poil ras et aux oreilles pendantes.

braquer v.t. (du lat. *brachium*, bras) [conj. 3]. **1. [sur].** Diriger une arme, un instrument d'optique sur un objectif : *Braquer ses jumelles sur le mont*

Blanc (**SYN.** pointer). **2.** Orienter les roues directrices d'un véhicule, la gouverne d'un avion, sur le côté : *Braquer le volant à gauche pour éviter un obstacle.* **3.** *Fam.* Menacer qqn avec une arme ; se livrer à une attaque à main armée : *Braquer une banque.* **4.** Fixer son regard sur : *Braquer les yeux sur un tableau.* **5. [contre].** Rendre une personne hostile à qqn, qqch : *Il veut la braquer contre ses parents* (**SYN.** dresser contre). ◆ v.i. Obliquer, en parlant d'une voiture : *Une automobile qui braque bien* (**SYN.** tourner, virer). ◆ **se braquer** v.pr. Prendre une attitude d'hostilité, de rejet systématique : *Les élues se sont braquées dès qu'on a abordé ce sujet* (**SYN.** se buter).

braquet n.m. Rapport de démultiplication entre le pédalier et le pignon d'une bicyclette : *Mettre le petit braquet pour monter une côte et le grand braquet pour le sprint.*

bras n.m. (lat. *brachium*). **1.** Partie du membre supérieur de l'homme située entre l'épaule et le coude (par opp. à avant-bras) ; le membre supérieur en entier (par opp. à jambe) : *Ses gros bras lui permettent de porter de lourdes charges. Avoir les bras ballants.* **2.** Région du membre antérieur comprise entre l'épaule et le coude, chez le cheval. **3.** Tentacule de la seiche, du calmar, de la pieuvre : *Les huit bras de la pieuvre.* **4.** Pince de certains crustacés : *Les bras de l'écrevisse.* **5.** Objet, partie d'objet dont la forme évoque un bras : *Bras d'une platine. Les bras d'un fauteuil* (**SYN.** accotoir, accoudoir). **6.** Division d'un fleuve, d'une mer : *Les oiseaux se réfugient sur un îlot situé entre les deux bras du fleuve.* ▸ ***À bout de bras,*** au-dessus de soi, les bras tendus : *Porter un carton à bout de bras* ; fig., par ses seuls efforts : *Elle a porté tout le projet à bout de bras.* ***À bras,*** mû par la force des bras : *Voiture à bras.* ***À bras raccourcis,*** avec violence : *Se jeter sur qqn à bras raccourcis.* ***À tour de bras,*** de toutes ses forces ; en grande quantité : *Frapper qqn à tour de bras. Ils lui ont distribué des compliments à tour de bras.* ***Avoir le bras long,*** avoir de l'influence. ***Avoir qqn, qqch sur les bras,*** avoir qqn à sa charge, être chargé de qqch. ***Baisser les bras,*** renoncer, abandonner : *Baisser les bras devant l'ampleur de la tâche.* ***Bras armé,*** partie d'une organisation chargée de l'exécution de tâches souvent brutales ou illégales : *Le bras armé de la Mafia.* ***Bras de fer,*** jeu où deux adversaires, coudes en appui, mains empoignées, essaient chacun de rabattre le bras de l'autre sur la table ; fig., épreuve de force : *Un bras de fer entre deux hommes politiques.* ***Bras dessus, bras dessous,*** en se donnant le bras. ***Bras d'honneur,*** geste de mépris effectué avec l'avant-bras, qu'on replie en serrant le poing. ***Couper bras et jambes,*** ôter toute force ; frapper d'étonnement. *Fam.* ***Gros bras,*** personne qui étale sa force. *Fam.* ***Jouer petit bras,*** ménager ses efforts ; agir sans conviction. ***Le bras droit de qqn,*** son principal assistant. ***Les bras m'en tombent,*** je suis stupéfait. ***Recevoir qqn à bras ouverts,*** le recevoir avec chaleur, avec amitié. ***Se croiser les bras,*** ne rien faire, refuser de travailler.

braser v.t. (de *braise*) [conj. 3]. Assembler deux pièces métalliques par brasure.

brasero [brazero] n.m. (mot esp.). Récipient métallique percé de trous et destiné au chauffage en plein air : *Les ouvriers du chantier se réchauffent autour du brasero.*

brasier n.m. (de *braise*). Foyer où brûle un feu vif ; incendie de très grande importance : *La forêt n'est plus qu'un immense brasier qui empêche les sauveteurs d'approcher* (**SYN.** fournaise).

à **bras-le-corps** loc. adv. **1.** Par le milieu du corps : *Elle saisit l'enfant à bras-le-corps et le tira sur le trottoir.* **2.** D'une manière résolue, sans esquiver les difficultés : *Prendre un problème à bras-le-corps.*

brassage n.m. Action de brasser ; fait de se brasser : *Le brassage d'un métal en fusion. Le brassage des populations* (**SYN.** mélange).

brassard n.m. (de *bras*). Ruban porté au bras comme signe distinctif : *Les membres de l'équipe portent leur brassard.*

brasse n.f. (lat. *brachia,* étendue des deux bras). Nage sur le ventre où les mouvements des bras et des jambes sont symétriques.

brassée n.f. Ce que peuvent contenir les deux bras : *Une brassée de branchages.*

brasser v.t. (de l'anc. fr. *brais,* orge) [conj. 3]. **1.** Mêler en remuant : *Brasser la salade.* **2.** Mélanger du malt avec de l'eau pour préparer la bière. ▸ ***Brasser des affaires,*** en traiter beaucoup. ◆ **se brasser** v.pr. Se mêler en un tout : *Des peuples très divers se sont brassés au Brésil.*

brasserie n.f. **1.** Restaurant où l'on sert de la bière et des repas vite préparés. **2.** Lieu où l'on fabrique la bière. **3.** Industrie de la fabrication de la bière.

① **brasseur, euse** n. Personne qui fabrique ou vend de la bière. ▸ ***Brasseur d'affaires,*** homme qui traite de nombreuses affaires commerciales, financières.

② **brasseur, euse** n. Personne qui nage la brasse.

brassière n.f. **1.** Chemise en tissu fin ou chandail en laine pour bébé, qui se ferme dans le dos. **2.** Soutien-gorge ou haut moulant qui s'enfile par la tête. **3.** Pull ou tee-shirt s'arrêtant sous la poitrine.

brasure n.f. Soudure obtenue en insérant, entre les pièces à joindre, un alliage ou un métal fusible ; l'alliage ou le métal utilisé.

bravache n.m. et adj. Personne qui fait semblant d'être brave : *Ce n'est qu'un bravache* (**SYN.** fanfaron, fier-à-bras [litt.], matamore). ◆ adj. Qui dénote ou manifeste un caractère fanfaron : *Un air bravache.*

bravade n.f. (de l'it. *bravare,* se vanter). Étalage de bravoure ; action, attitude de défi : *Par bravade, il a bêtement risqué sa vie* (**SYN.** fanfaronnade, rodomontade [litt.]). *Elle a dit ça par bravade* (**SYN.** crânerie, forfanterie [litt.], provocation).

brave adj. et n. (lat. *barbarus,* barbare). Qui ne craint pas le danger : *Une femme brave qui entra dans la Résistance* (**SYN.** courageux, intrépide, valeureux ; **CONTR.** couard [litt.], lâche). ▸ *Vieilli* ***Mon brave,*** s'emploie par condescendance à l'égard d'un inférieur ou présumé tel. ◆ adj. **1.** (Placé avant le n.). Qui se montre bon, honnête, droit : *Une brave fille.* **2.** Gentil, mais peu subtil : *Ils sont bien braves.*

bravement adv. Avec bravoure ; sans hésitation : *Affronter bravement le danger* (**SYN.** courageusement, vaillamment ; **CONTR.** peureusement).

braver v.t. [conj. 3]. **1.** Affronter sans peur : *Cet aventurier brave la faim et la soif* (**SYN.** s'exposer à ; **CONTR.** esquiver, éviter). **2.** Affronter avec insolence : *Elle a bravé* *les interdits de son époque* (**SYN.** défier, narguer ; **CONTR.** observer, respecter).

bravo interj. (mot it.). Exclamation pour approuver, applaudir un spectacle : *Bravo ! Une autre !* ◆ n.m. Cri d'approbation ; applaudissements : *Les bravos de la salle en délire.*

bravoure n.f. Courage, vaillance : *Elle a fait preuve de bravoure en le secourant* (**CONTR.** lâcheté, poltronnerie). ▸ ***Morceau de bravoure,*** passage d'une œuvre artistique dont le style est particulièrement brillant et qui nécessite une grande virtuosité.

① **break** [brɛk] n.m. (mot angl.). Automobile comportant à l'arrière un hayon relevable et une banquette que l'on peut replier : *Ils vendent de plus en plus de breaks.*

② **break** [brɛk] n.m. (mot angl. signif. « interruption »). **1.** Écart creusé entre deux adversaires, deux équipes : *Faire le break au tennis.* **2.** Courte interruption du jeu d'un orchestre de jazz, pour faire place au soliste. **3.** *Fam.* Courte pause dans l'accomplissement d'une tâche : *Faire un break pour prendre un café.*

brebis n.f. (lat. *berbix, berbicis*). Femelle du mouton.

brèche n.f. (haut all. *brecha,* fracture). **1.** Ouverture faite dans un mur, un rempart, une haie : *Colmater une brèche.* **2.** Brisure faite au tranchant d'une lame, au rebord d'un verre, d'une assiette. ▸ ***Battre en brèche,*** attaquer vivement et systématiquement : *Son projet de réforme est battu en brèche par l'opposition.* ***Être toujours sur la brèche,*** être toujours en action. ***Faire une brèche dans,*** endommager : *Ce scandale a fait une brèche dans sa réputation* ; entamer : *Elle a fait une brèche dans ses économies.*

bréchet n.m. (angl. *brisket*). Crête du sternum de la plupart des oiseaux, sur laquelle s'insèrent les muscles des ailes.

bredouille adj. ▸ ***Rentrer bredouille,*** en parlant d'un chasseur, d'un pêcheur, revenir sans avoir rien pris ; fig., n'avoir rien obtenu d'une démarche : *Elles ont cherché son dernier disque mais elles sont rentrées bredouilles.*

bredouillement ou **bredouillage** ou **bredouillis** n.m. Fait de bredouiller ; paroles indistinctes : *Nous n'avons rien compris à ses bredouillements.*

bredouiller v.i. (de l'anc. fr. *bretonner,* bégayer) [conj. 3]. Parler de manière confuse, indistincte : *Il a bredouillé pendant tout l'entretien* (**SYN.** balbutier). ◆ v.t. Dire qqch précipitamment et confusément : *Elle finit par bredouiller une excuse* (**SYN.** marmonner ; **CONTR.** articuler).

① **bref, brève** adj. (lat. *brevis,* court). **1.** De courte durée : *Notre séjour ici fut bref* (**SYN.** rapide ; **CONTR.** long). **2.** Exprimé en peu de mots : *Faire un bref résumé d'une entrevue* (**SYN.** concis, succinct ; **CONTR.** prolixe). *Sa réponse fut brève* (**SYN.** laconique ; **CONTR.** diffus, verbeux). ▸ ***D'une voix brève*** ou ***d'un ton bref,*** de façon sèche et autoritaire : *S'adresser à ses subordonnés d'un ton bref.* ***Être bref,*** s'exprimer en peu de mots, d'une manière concise : *Sois brève, je suis pressé.* ***Syllabe, voyelle brève,*** dont la durée d'émission est courte. ◆ **bref** adv. En un mot, enfin ; pour conclure : *Bref, on ne le verra plus.*

② **bref** n.m. (lat. *breve*). Lettre du pape, ne portant pas son sceau.

brelan n.m. (haut all. *bretling,* table de jeu). Au poker, réunion de trois cartes de même valeur : *Brelan d'as.*

breloque n.f. Petit bijou que l'on attache à un bracelet, à une chaîne. ▸ *Fam., vieilli* ***Battre la breloque,*** mal fonctionner ou battre irrégulièrement, en parlant d'un mécanisme, du cœur ; déraisonner, en parlant d'une personne : *Depuis ce drame elle bat la breloque.*

brème n.f. (mot germ.). Poisson d'eau douce, au corps comprimé et plat.

brent [brɛnt] n.m. (de *Brent,* en mer du Nord). Prix d'un baril de pétrole provenant de la mer du Nord et servant de référence pour le marché européen.

brésilien, enne adj. et n. Du Brésil. ◆ **brésilien** n.m. Langue portugaise parlée au Brésil.

bretelle n.f. (haut all. *brettil,* rêne). **1.** Courroie passée sur l'épaule pour porter un objet : *La bretelle d'un sac à main* (**SYN.** bandoulière). **2.** Bande de tissu passant sur les épaules, servant à retenir certains vêtements ou sous-vêtements : *Les bretelles d'un soutien-gorge. Une robe à bretelles. Son père porte des bretelles* (= pour tenir son pantalon). **3.** Raccordement entre une autoroute et une autre voie routière. ▸ *Fam.* ***Remonter les bretelles à qqn,*** lui faire des reproches.

breton, onne adj. et n. De Bretagne. ◆ **breton** n.m. Langue celtique parlée dans l'ouest de la Bretagne.

bretonnant, e adj. et n. Qui a conservé la langue et les coutumes bretonnes : *La Bretagne bretonnante.*

bretteur n.m. (de *brette,* épée de duel). *Vx* Homme qui aimait se battre à l'épée : *D'Artagnan fut un fameux bretteur.*

bretzel [brɛtzɛl] n.m. ou n.f. (mot alsacien). **1.** Biscuit sec alsacien en forme de huit, saupoudré de sel et de graines de cumin. **2.** En Suisse, sorte de biscuit sec croquant sous la dent.

breuvage n.m. (de l'anc. fr. *boivre,* boire). *Litt.* ou *péjor.* Boisson : *« Qui te rend si hardi de troubler mon breuvage ? »* [La Fontaine]. *Le matin elle avale un drôle de breuvage énergétique* (**SYN.** potion).

① **brève** adj. f. → **1. bref.**

② **brève** n.f. **1.** Syllabe, voyelle brève (par opp. à longue). **2.** Courte information, de dernière heure ou peu importante.

brevet n.m. (dimin. de *2. bref*). **1.** Diplôme ou certificat délivré après examen par l'État : *Passer le brevet des collèges à la fin de la troisième.* **2.** Titre officiel délivré pour protéger une invention ou un procédé et pour en garantir à l'auteur l'exploitation exclusive pendant vingt ans (on dit aussi *brevet d'invention*) : *Déposer un brevet.* ▸ ***Brevet de technicien supérieur*** ou ***B.T.S.,*** diplôme préparé en deux ans par les bacheliers ou par les personnes qui possèdent un titre de technicien ou d'agent technique. ***Brevet d'études professionnelles*** ou ***B.E.P.,*** diplôme français sanctionnant une formation de deux ans d'ouvrier ou d'employé qualifié.

brevetable [brəvtabl] adj. Qui peut faire l'objet d'un brevet : *Le génome humain est-il brevetable ?*

breveté, e [brəvte] adj. **1.** Qui est titulaire d'un brevet : *Moniteur breveté* (**SYN.** diplômé, qualifié). **2.** Qui est protégé par un brevet d'invention : *Appareil breveté.*

breveter [brəvte] v.t. [conj. 27]. Protéger par un brevet d'invention : *Ils brevettent immédiatement leurs procédés de fabrication.*

bréviaire n.m. (lat. *brevis,* bref). **1.** Livre contenant les prières que les religieux catholiques lisent chaque jour ; l'ensemble de ces prières. **2.** *Litt.* Livre auquel on se réfère souvent et que l'on considère comme un guide, un modèle : *Ce roman philosophique est son bréviaire* (= livre de chevet ; **SYN.** bible).

bréviligne adj. et n. Se dit de qqn qui a les membres courts, un aspect trapu (par opp. à longiligne).

briard n.m. (de *Brie*). Chien de berger, à poil long.

bribe n.f. (onomat.). (Surtout au pl.). **1.** Restes d'un repas ; petits morceaux d'un aliment : *Des bribes de pain* (**SYN.** miettes). **2.** Fragment d'un tout : *Il lui reste des bribes de souvenirs. Saisir des bribes de conversation.*

bric-à-brac [brikabrak] n.m. inv. (onomat.). Amas d'objets divers, usagés ou en mauvais état, entassés n'importe comment : *Quel bric-à-brac dans le grenier !* (**SYN.** capharnaüm, désordre).

bricelet n.m. En Suisse, galette très fine et croustillante.

de **bric et de broc** [brikedbrɔk] loc. adv. (onomat.). Avec des éléments de toute provenance : *Ils se sont meublés de bric et de broc.*

① **brick** n.m. (angl. *brig*). Navire à deux mâts garnis de voiles carrées.

② **brick** n.m. Dans la cuisine tunisienne, galette très fine à base de blé dur : *Un brick à l'œuf.*

bricolage n.m. **1.** Action de bricoler ; son résultat : *Dès qu'elle a un moment, elle fait du bricolage.* **2.** Réparation provisoire : *C'est du bricolage, je n'ai pas les bons outils pour réparer la machine.* **3.** Travail peu rentable : *Il vit de petits bricolages par-ci, par-là.*

bricole n.f. (it. *briccola,* machine de guerre). **1.** *Fam.* Chose sans importance : *J'ai rapporté des bricoles pour chacun de vous* (**SYN.** babiole). *Ils se sont disputés pour une bricole* (**SYN.** broutille, vétille). **2.** *Fam.* Ennui : *Ne continue pas ainsi, il va t'arriver des bricoles* (**SYN.** désagrément). **3.** Besogne insignifiante ; petit travail discontinu : *Il viendra quand il aura terminé les quelques bricoles qu'il lui reste à faire.*

bricoler v.i. [conj. 3]. **1.** Faire de petites réparations, des aménagements de ses propres mains : *Elle bricole bien ; c'est elle qui a fait la bibliothèque.* **2.** Gagner sa vie à des travaux peu rentables ; s'occuper à des riens : *Depuis son licenciement, il bricole à droite et à gauche.* ◆ v.t. *Fam.* Construire, réparer sommairement : *Il a bricolé un site Internet pour notre association.*

bricoleur, euse n. et adj. Personne qui bricole.

bride n.f. (haut all. *brîdel,* rêne). **1.** Pièce de harnais placée sur la tête du cheval et comprenant le mors et les rênes. **2.** En couture, suite de points formant une boutonnière ou réunissant les parties d'une broderie. **3.** Lien métallique en forme de collier qui sert à unir plusieurs pièces. ▸ ***À bride abattue,*** très vite : *Courir à bride abattue.* ***Avoir la bride sur le cou,*** pouvoir agir en toute liberté. ***Lâcher la bride à qqn,*** lui donner toute liberté. ***Tenir la bride à qqn,*** ne pas lui laisser toute liberté d'agir. ***Tourner bride,*** faire demi-tour.

bridé, e adj. ▸ ***Yeux bridés,*** yeux aux paupières étirées sur le côté.

brider v.t. [conj. 3]. **1.** Passer la bride à un cheval, à un âne. **2.** Empêcher de se manifester ; réfréner : *Brider ses envies* (**SYN.** contenir, freiner ; **CONTR.** libérer). **3.** Limiter la puissance d'un moteur, d'une machine. **4.** Serrer trop : *Cette robe la bride à la taille* (**SYN.** comprimer). **5.** Fixer des objets avec une bride métallique : *Brider deux tuyaux.* ▸ ***Brider une volaille,*** la ficeler pour la faire cuire (**SYN.** trousser).

① **bridge** n.m. (mot anglo-amér.). Jeu qui se pratique avec 52 cartes, entre deux équipes de deux joueurs : *Un tournoi de bridge.*

② **bridge** n.m. (mot angl. signif. « pont »). Prothèse dentaire en forme de pont fixée à ses extrémités sur deux dents saines.

bridger v.i. [conj. 17]. Jouer au bridge.

bridgeur, euse n. Personne qui joue au bridge.

brie n.m. Fromage au lait de vache, à pâte molle, fabriqué dans la Brie.

briefer [brife] v.t. [conj. 3]. *Fam.* Mettre au courant, renseigner par un bref exposé : *Le directeur a briefé son équipe.*

briefing [brifiŋ] n.m. (mot angl.). **1.** Réunion d'un groupe de travail qui a pour but de définir les objectifs, les méthodes. **2.** Réunion d'information qui a pour but de donner aux équipages les dernières instructions avant une mission aérienne.

brièvement adv. En peu de mots, de manière concise : *Exposez brièvement votre problème* (**SYN.** rapidement, succinctement ; **CONTR.** longuement).

brièveté n.f. Courte durée d'une action, d'un état : *Brièveté d'un discours* (**SYN.** concision, laconisme ; **CONTR.** longueur, prolixité [litt.]).

brigade n.f. (it. *brigata,* troupe). **1.** Corps de police ou de gendarmerie spécialisé dans un domaine particulier : *Brigade antigang.* **2.** Unité militaire composée de plusieurs régiments : *Brigade de chars.* **3.** Équipe d'ouvriers, d'employés qui travaillent ensemble sous la surveillance d'un chef. ▸ ***Brigade de gendarmerie,*** la plus petite unité de cette arme, installée dans chaque chef-lieu de canton français.

① **brigadier, ère** n. **1.** Chef d'une brigade de gendarmerie. **2.** Militaire dont le grade équivaut à celui de caporal. ◆ **brigadier-chef, brigadière-chef** n. (pl. *brigadiers-chefs, brigadières-chefs*). Grade intermédiaire entre ceux de brigadier et de maréchal des logis.

② **brigadier** n.m. Bâton qui sert à frapper les trois coups au théâtre.

brigand n.m. (it. *brigante,* qui va en troupe). **1.** Homme qui se livre à des vols à main armée, à des pillages : *Des brigands ont tendu une embuscade aux journalistes* (**SYN.** bandit, malfaiteur). **2.** *Vieilli* Personne malhonnête, sans aucun scrupule : *Ce commerçant est un brigand* (**SYN.** escroc, voleur).

brigandage n.m. Vol à main armée commis génér. par des bandes organisées : *Se livrer à des actes de brigandage* (**SYN.** pillage).

brigander v.t. [conj. 3]. En Suisse, malmener, maltraiter.

brigue n.f. (it. *briga,* querelle). *Litt.* Manœuvre, ruse pour triompher d'un concurrent : *Obtenir un poste par la brigue* (**SYN.** intrigue).

briguer v.t. [conj. 3]. Chercher à obtenir ; souhaiter

ardemment : *Il brigue le poste de directeur* (= il ambitionne de devenir directeur ; **SYN.** viser).

brillamment adv. De façon brillante : *Un film brillamment réalisé* (**SYN.** excellemment [litt.], remarquablement).

brillance n.f. *Litt.* Qualité de ce qui brille ; éclat lumineux : *La brillance du diamant.*

brillant, e adj. **1.** Qui brille ; qui est lumineux : *Un tissu brillant* (**SYN.** chatoyant, rutilant ; **CONTR.** éteint, terne). **2.** Qui séduit, qui se fait remarquer par son intelligence, son aisance : *Le style de cet écrivain est brillant* (**SYN.** étincelant, fleuri ; **CONTR.** banal, lourd). *Un brillant pianiste* (**SYN.** éblouissant, remarquable ; **CONTR.** lamentable). ▸ ***Ne pas être brillant,*** être médiocre : *Sa santé n'est pas brillante. Ce n'est pas brillant comme résultat* (**SYN.** fameux ; **CONTR.** déplorable). ◆ **brillant** n.m. **1.** Qualité de ce qui brille : *Le brillant de ces perles a disparu* (**SYN.** éclat, lustre). **2.** Diamant taillé à facettes.

brillantine n.f. Gel parfumé utilisé pour donner du brillant aux cheveux.

briller v.i. (it. *brillare,* du lat. *beryllus,* béryl) [conj. 3]. **1.** Émettre ou réfléchir une vive lumière ; être lumineux : *Les étoiles brillent dans le ciel* (**SYN.** scintiller). *Des chaussures cirées qui brillent* (**SYN.** reluire). *Sa robe en soie brille sous les lumières* (**SYN.** chatoyer, miroiter). **2.** Manifester, exprimer avec beaucoup d'intensité : *Ses yeux brillaient de joie* (**SYN.** pétiller, rayonner). **3.** Se faire remarquer par une qualité particulière : *Ce peintre brille par son audace. Une comédienne qui brille dans l'interprétation d'une pièce* (**SYN.** exceller). ▸ ***Briller par son absence,*** se dit d'une personne ou d'une chose dont l'absence ne peut passer inaperçue.

brimade n.f. **1.** Épreuve ou plaisanterie que les anciens imposent aux nouveaux dans certaines écoles, à l'armée. **2.** Mesure vexatoire provenant de qqn qui veut faire sentir son autorité : *Le chef de service impose des brimades à deux de ses subordonnés* (**SYN.** tracasserie, vexation).

brimbaler v.t. et v.i. → **bringuebaler.**

brimborion n.m. (lat. *breviarium,* bréviaire). *Litt.* Petit objet de peu de valeur (**SYN.** babiole, bagatelle).

brimer v.t. (de *brume*) [conj. 3]. Soumettre à des brimades : *Brimer des employés* (**SYN.** harceler, persécuter). ▸ ***Se sentir brimé,*** éprouver un sentiment d'injustice, de frustration.

brin [brɛ̃] n.m. **1.** Petite partie d'une chose mince et allongée ; petite tige : *Un brin d'herbe. Un brin de muguet.* **2.** Petite quantité de ; un petit peu : *Un brin de fantaisie. Je suis un brin inquiète. Va vite faire un brin de toilette.* **3.** Fil qui, tordu avec d'autres, forme un câble ou un cordage : *Une corde à trois brins.* ▸ *Fam.* ***Un beau brin de fille,*** une belle fille.

brindille n.f. Branche très mince et légère ; morceau de branche sèche : *Ramasse des brindilles pour allumer le feu.*

① **bringue** n.f. (de l'all. *bringen,* porter un toast). *Fam.* **1.** Sortie entre amis pour s'amuser, manger, boire : *Ils ont fait la bringue toute la nuit* (**SYN.** fête). **2.** En Suisse, querelle ; rengaine.

② **bringue** n.f. (de *brin*). ▸ *Fam.* ***Grande bringue,*** fille ou femme grande et maigre, dégingandée.

bringuebaler ou **brinquebaler** ou **brimbaler** v.t. (de *bribe* et *trimbaler*) [conj. 3]. *Fam.* Secouer de droite à gauche : *Ne bringuebalez pas ces verres.* ◆ v.i. Être agité, secoué ; osciller : *Les paquets bringuebalent dans le coffre de la voiture* (**SYN.** ballotter).

brio n.m. (mot it.). **1.** Vivacité brillante ; entrain : *Réciter un texte avec brio* (**SYN.** éclat, fougue). **2.** Technique, interprétation brillante : *Soliste qui joue avec brio* (**SYN.** virtuosité).

brioche n.f. (du normand *brier,* broyer). **1.** Pâtisserie légère, à base de farine, de levure, de beurre et d'œufs, le plus souvent en forme de boule surmontée d'une boule plus petite. **2.** *Fam.* Ventre rebondi : *Avoir de la brioche.*

brioché, e adj. Qui se rapproche de la brioche par son goût et sa consistance : *Pain brioché.*

① **brique** n.f. (néerl. *bricke*). **1.** Matériau de construction à base d'argile, moulé mécaniquement et cuit au four, en forme de parallélépipède rectangle : *Une maison en brique* ou *de brique. Un mur de briques* ou *en briques creuses.* **2.** Produit présenté sous la forme d'une brique : *Une brique de lait.* **3.** *Fam.* Avant l'euro, un million de centimes. ◆ adj. inv. De couleur rougeâtre : *Des chaussettes brique.*

② **brique** n.f. (du germ. *brekan,* briser). En Suisse, éclat, fragment, tesson.

briquer v.t. [conj. 3]. *Fam.* Nettoyer à fond pour faire briller : *Briquer le parquet* (**SYN.** astiquer, fourbir).

briquet n.m. (de *brique,* morceau). Petit appareil servant à produire du feu : *Allumer la bougie avec un briquet.*

briqueterie [brikɛtri ou briktri] n.f. (de *1. brique*). Usine où l'on fabrique des briques.

briquette n.f. **1.** Petite brique : *Construire une niche avec des briquettes.* **2.** Petite brique faite avec de la tourbe ou des poussières de charbon agglomérées, servant de combustible.

bris [bri] n.m. Fracture illégale et intentionnelle : *Ils sont jugés pour bris de vitrine.*

brisant n.m. Rocher, écueil sur lequel les vagues se brisent violemment. ◆ **brisants** n.m. pl. Vagues violentes qui se brisent sur un écueil.

briscard ou **brisquard** n.m. (de *brisque,* carte à jouer). Militaire qui a de nombreuses années de service. ▸ *Fam.* ***Un vieux briscard,*** un homme expérimenté et astucieux.

brise n.f. Petit vent frais peu violent : *Une légère brise souffle ce matin.*

brisé, e adj. Se dit d'un volet, d'un vantail formé de panneaux qui se replient. ▸ ***Arc brisé,*** en architecture, arc à deux branches concaves se rejoignant en pointe au sommet. ***Pâte brisée,*** pâte composée d'un mélange de beurre et de farine, utilisée pour faire des tartes. ***Voix brisée,*** voix affaiblie par l'émotion ou la fatigue.

brise-bise n.m. inv. Rideau court garnissant le bas d'une fenêtre.

brisées n.f. pl. ▸ *Sout.* ***Aller*** ou ***marcher sur les brisées de qqn,*** rivaliser, entrer en concurrence avec lui.

brise-fer n. inv. *Fam.* Personne maladroite qui casse les objets les plus solides : *Ces filles sont des brise-fer.*

brise-glace ou **brise-glaces** n.m. inv. Navire équipé pour briser la glace et frayer un passage dans les mers polaires.

brise-jet n.m. (pl. *brise-jets* ou inv.). Embout que l'on adapte à un robinet pour atténuer la force du jet.

brise-lames n.m. inv. Ouvrage construit à l'entrée d'un port ou d'une rade pour les protéger de la violence des vagues.

brisement n.m. Action de briser ; fait d'être brisé : *Brisement de cœur.*

brise-mottes n.m. inv. Rouleau à disques qui sert à écraser les mottes de terre après le labourage.

briser v.t. (mot gaul.) [conj. 3]. **1.** Mettre en pièces : *Briser un vase* (**SYN.** casser, fracasser). **2.** Venir à bout de ; faire céder : *Briser une révolte* (**SYN.** triompher de, vaincre). *Cet échec a brisé sa volonté.* **3.** Faire cesser subitement ; mettre un terme à : *Sa blessure a brisé sa carrière de sportif* (**SYN.** détruire, ruiner). *Briser des fiançailles* (**SYN.** annuler, rompre). **4.** Fatiguer physiquement ou moralement : *Le voyage nous a brisés* (**SYN.** épuiser, exténuer ; **CONTR.** remonter, revigorer). *La mort de son enfant l'a brisée* (**SYN.** anéantir, démoraliser ; **CONTR.** réconforter). ▸ ***Briser des chaussures,*** les assouplir quand elles sont neuves. ***Briser le cœur à qqn,*** lui faire une peine profonde. ***Briser une grève,*** la faire échouer. ◆ v.t. ind. **[avec].** *Sout.* Cesser toute relation avec qqn : *Briser avec son compagnon* (**SYN.** rompre ; **CONTR.** renouer). ◆ **se briser** v.pr. **1.** Être mis en pièces : *Ces verres en cristal se brisent au moindre choc* (**SYN.** se casser). **2.** Se diviser en heurtant : *Les vagues se brisent sur les rochers* (**SYN.** déferler). **3.** Être détruit ; ne plus continuer : *Après l'annonce d'un nouvel attentat, tous les espoirs de paix se sont brisés.*

brise-tout n. inv. *Fam.* Personne maladroite qui casse tout ce qu'elle touche : *Sa sœur est une brise-tout.*

briseur, euse n. *Litt.* Personne qui brise qqch : *Des briseurs de vitrines ont perturbé la manifestation* (**SYN.** casseur). ▸ ***Briseur de grève,*** dans une entreprise, personne qui travaille alors que les autres sont en grève (**SYN.** jaune [péjor.]).

brisquard n.m. → **briscard.**

bristol n.m. (de *Bristol,* ville d'Angleterre). **1.** Carton plus ou moins épais, fortement satiné, de qualité supérieure. **2.** *Vieilli* Carte de visite ou d'invitation.

brisure n.f. *Litt.* Fente, fêlure dans un objet brisé ; fragment d'objet brisé : *Cette assiette a une légère brisure* (**SYN.** brèche, cassure). *Recoller les brisures d'un vase* (**SYN.** éclat, morceau). ◆ **brisures** n.f. pl. Fragments de grains utilisés pour l'alimentation animale : *Des brisures de blé.*

britannique adj. et n. De Grande-Bretagne.

broc [bro] n.m. (du gr. *brokhis,* pot). Récipient haut, à col resserré et à bec, muni d'une anse, utilisé pour transporter des liquides ; son contenu : *Un broc à eau.*

brocante n.f. **1.** Commerce, métier de brocanteur. **2.** Ensemble d'objets d'occasion : *La foire à la brocante.*

brocanteur, euse n. (haut all. *brocko,* morceau). Personne qui achète et revend des objets usagés : *Acheter des chaises à une brocanteuse.*

brocard n.m. (du moyen fr. *broquer,* piquer). *Litt.* (Souvent au pl.). Moquerie offensante : *Sa conduite indigne lui a valu quelques brocards* (**SYN.** quolibet, raillerie, sarcasme).

brocarder v.t. [conj. 3]. *Litt.* Se moquer de : *Cet humoriste brocarde les hommes politiques* (**SYN.** persifler [sout.], railler).

brocart n.m. (it. *broccato,* tissu broché). Étoffe brochée de soie, d'or ou d'argent.

brochage n.m. **1.** Action de brocher des livres ; son résultat : *Des brochages défectueux.* **2.** Action de brocher une étoffe ; son résultat : *Un brochage d'or.*

broche n.f. (lat. *broccha,* choses pointues). **1.** Bijou de femme muni d'une épingle permettant de l'agrafer sur un vêtement. **2.** Tige de fer pointue sur laquelle on enfile une viande pour la faire rôtir : *Cuire un agneau à la broche.* **3.** En chirurgie, tige qui permet d'immobiliser des os fracturés. **4.** Partie mâle d'une prise de courant, d'un culot de lampe.

broché n.m. Étoffe brochée : *Une robe en broché gris.*

brocher v.t. [conj. 3]. **1.** Plier, assembler, coudre et couvrir des feuilles imprimées pour en faire un livre. **2.** Tisser une étoffe de fils d'or, de soie, pour faire apparaître des dessins en relief sur un fond uni : *Du satin broché d'argent.* ▸ *Litt.* ***Et, brochant sur le tout,*** et en plus, et pour comble : *Elle n'avait pas de parapluie et, brochant sur le tout, elle ne trouva aucun abri.*

brochet n.m. (de *broche,* en raison de la forme de ses mâchoires). Poisson d'eau douce très vorace, aux mâchoires garnies de plusieurs centaines de dents. ▸ ***Brochet de mer,*** barracuda.

brochette n.f. **1.** Petite broche sur laquelle on enfile des morceaux de viande, de poisson, de légumes, pour les faire griller : *Du bœuf en brochette.* **2.** Ce qui grille sur la brochette : *Manger des brochettes de mouton.* ▸ *Fam.* ***Une brochette de*** (+ n. pl.), une rangée, un groupe de : *Une brochette de décorations. Ce film présente une belle brochette d'acteurs.*

brocheur, euse n. Personne qui broche les livres.

brochure n.f. **1.** Livre, petit ouvrage broché : *Une brochure publicitaire* (**SYN.** opuscule, plaquette). **2.** Activité industrielle ou artisanale consistant à brocher les livres. **3.** Dessin broché sur une étoffe : *Une brochure représentant une fleur.*

brocoli n.m. Chou-fleur vert à plusieurs petites pommes.

brodequin n.m. Forte chaussure, qui monte au-dessus de la cheville, utilisée pour le travail ou la marche.

broder v.t. [conj. 3]. **1.** Orner de broderies : *Broder des initiales sur du linge de maison.* **2.** *Fig.* Embellir en ajoutant des détails, des fioritures : *Elle a brodé son récit pour se faire remarquer.* ◆ v.i. Inventer des détails superflus ou imaginaires : *Raconter sa vie en brodant un peu* (**SYN.** exagérer).

broderie n.f. Art d'exécuter à l'aiguille ou à la machine des motifs ornementaux sur une étoffe ; ouvrage ainsi réalisé : *Faire de la broderie. Une tapisserie aux magnifiques broderies.*

brodeur, euse n. Personne qui fait de la broderie.

broiement n.m. → **broyage.**

brome n.m. (du gr. *brômos,* puanteur). En chimie, corps simple liquide rouge foncé, analogue au chlore.

broméliacée n.f. (du nom du botaniste suéd. *Bromel*). Plante des pays tropicaux, dont les feuilles portent des épines : *L'ananas est une broméliacée.*

bromure n.m. **1.** Combinaison du brome avec un autre corps. **2.** Papier photographique au bromure d'argent ; épreuve de photogravure ou de photocomposition sur ce papier.

bronca n.f. (mot esp.). Protestation collective : *Cette réforme a provoqué une bronca* (**SYN.** tollé).

bronche n.f. (gr. *bronkhia*). Conduit par lequel l'air va de la trachée aux poumons : *Avoir les bronches fragiles.*

broncher v.i. (du lat. *bruncare*, trébucher) [conj. 3]. **1.** (Surtout en tournure nég.). Manifester son désaccord, sa mauvaise humeur par des paroles ou des gestes : *Obéir sans broncher* (**SYN.** réagir, sourciller). **2.** Faire un faux pas, en parlant d'un cheval (**SYN.** trébucher).

bronchiole [brɔ̃ʃjɔl] n.f. Ramification des bronches.

bronchiolite [brɔ̃ʃjɔlit] n.f. Inflammation des bronchioles.

bronchique [brɔ̃ʃik] adj. Relatif aux bronches : *Les veines bronchiques.*

bronchite [brɔ̃ʃit] n.f. Inflammation des bronches.

bronchiteux, euse [brɔ̃ʃitø, øz] adj. et n. Qui est sujet à la bronchite.

bronchitique [brɔ̃ʃitik] adj. Relatif à la bronchite. ◆ adj. et n. Atteint de bronchite.

bronchodilatateur, trice [brɔ̃kodilatatœr] n.m. et adj. Substance provoquant une augmentation du diamètre des bronches, ce qui diminue la gêne respiratoire, au cours de l'asthme et de la bronchite chronique.

broncho-pneumonie [brɔ̃kopnømɔni] n.f. (pl. *broncho-pneumonies*). Grave infection respiratoire atteignant les bronchioles et les alvéoles pulmonaires.

brontosaure n.m. (du gr. *brontê*, tonnerre, et *saura*, lézard). Dinosaure qui dépassait vingt mètres de long.

bronzage n.m. **1.** Action de bronzer ; coloration brune de la peau qui en résulte : *À la plage, le bronzage est son unique passe-temps. Mon bronzage a déjà disparu.* **2.** Action de bronzer un objet ; son résultat.

bronzant, e adj. Se dit d'un produit qui accélère le bronzage : *Crème bronzante.*

bronze n.m. **1.** Alliage de cuivre et d'étain : *Statuette de bronze.* **2.** Objet d'art en bronze : *Exposition de bronzes anciens.* ▸ ***Âge du bronze,*** période préhistorique au cours de laquelle s'est diffusée l'utilisation du bronze, entre 4 000 et 2 000 ans avant Jésus-Christ.

bronzé, e adj. et n. Dont la peau a une coloration brune : *Un visage bronzé* (**SYN.** basané, hâlé, tanné).

bronzer v.t. [conj. 3]. **1.** Donner à la peau une coloration brune : *Le soleil a bronzé son visage* (**SYN.** brunir, hâler). **2.** Donner l'aspect ou la couleur du bronze à un objet : *Bronzer des poignées de porte.* ◆ v.i. Être, devenir brun de peau : *Il a bien bronzé pendant ses vacances* (**SYN.** brunir).

brossage n.m. Action de brosser ; son résultat : *Le brossage des dents doit durer trois minutes.*

brosse n.f. (lat. *bruscum*, excroissance de l'érable). **1.** Ustensile formé d'une monture portant des poils, des filaments plus ou moins souples et utilisé pour nettoyer, polir, frotter : *Brosse à cheveux, à ongles.* **2.** Pinceau d'artiste peintre, plat et large. **3.** Pinceau de peintre en bâtiment, rond et large, en fibres assez grosses. **4.** En Belgique, balai. ▸ ***Cheveux en brosse,*** cheveux coupés courts et droits.

brosser v.t. [conj. 3]. **1.** Frotter avec une brosse pour nettoyer, faire briller, enlever les poils : *Brosser un vêtement. Elle brosse son chien.* **2.** Peindre, ébaucher un tableau avec une brosse : *Brosser un paysage.* **3.** *Fam.* En Belgique, ne pas assister à un cours. ▸ ***Brosser un tableau,*** décrire qqch sans rentrer dans les détails : *Il a brossé un tableau de notre situation financière.* ◆ **se brosser** v.pr. **1.** Frotter, nettoyer une partie de son corps : *Elle s'est brossé les dents, les cheveux.* **2.** *Fam.* Devoir se passer de qqch que l'on était sûr d'obtenir : *S'il croit que je vais lui pardonner, il peut se brosser !*

brosserie n.f. Fabrication, commerce de brosses, de balais, de pinceaux.

brou n.m. (de *brout*, pousse verte). Enveloppe verte des fruits à écale : *Enlever le brou des amandes.* ▸ ***Brou de noix,*** liquide brun tiré du brou de la noix : *Le brou de noix est utilisé en ébénisterie pour teinter le bois.*

brouet n.m. (haut all. *brod*, bouillon). *Litt.* Aliment liquide ; bouillon, potage.

brouette n.f. (lat. *birota*, véhicule à deux roues). Petite caisse montée sur une roue et munie de deux brancards : *Le jardinier transporte des mauvaises herbes dans sa brouette.*

brouettée n.f. Contenu d'une brouette : *Une brouettée de terre.*

brouetter v.t. [conj. 4]. Transporter dans une brouette : *Brouetter des feuilles mortes.*

brouhaha n.m. (onomat.). Bruit de voix confus émanant d'une foule : *Dès que le chef d'orchestre entre, le brouhaha cesse* (**SYN.** bourdonnement, murmure).

brouillage n.m. Action de perturber un signal radioélectrique en le rendant inaudible : *Le brouillage d'une émission de radio.*

brouillamini n.m. *Fam.* Confusion, complication inextricable : *Tous ces contrordres ont créé un incroyable brouillamini* (**SYN.** désordre, imbroglio).

① **brouillard** n.m. (de l'anc. fr. *broue*, brouillard). Concentration, à proximité du sol, de fines gouttelettes d'eau en suspension formant un nuage qui limite la visibilité : *Un brouillard dense. Le brouillard se lève.* ▸ *Fam.* ***Être dans le brouillard,*** ne pas voir clairement la situation : *Elle est dans le brouillard, elle n'a pas compris que c'était un escroc.* *Fam.* ***Foncer dans le brouillard,*** se lancer sans réfléchir dans une action.

② **brouillard** n.m. (de *brouiller*). En comptabilité, registre sur lequel on inscrit toute opération commerciale journalière (**SYN.** main courante).

brouillasse n.f. Brouillard qui tombe en fines gouttelettes (**SYN.** bruine, crachin).

brouillasser v. impers. [conj. 3]. Tomber, en parlant de la brouillasse : *Ce matin, il a brouillassé* (**SYN.** bruiner).

brouille n.f. Mésentente entre des personnes : *Une brouille entre deux frères* (**SYN.** désunion, fâcherie ; **CONTR.** entente, harmonie).

brouillé, e adj. ▸ ***Œufs brouillés,*** œufs dont le jaune dilué dans le blanc est cuit à feu très doux. ***Teint brouillé,*** pâle, terne.

brouiller v.t. (de l'anc. fr. *brou*, bouillon) [conj. 3]. **1.** Mettre en désordre ; mêler en agitant : *Brouiller des dossiers* (**SYN.** mélanger). *Brouiller des œufs* (**SYN.** battre).

2. Rendre trouble : *Produit qui brouille une solution chimique* (**SYN.** troubler). *Ses explications ont brouillé mes idées* (**SYN.** embrouiller). **3.** Faire cesser la bonne entente qui régnait entre des personnes : *Il a réussi à brouiller les familles* (**SYN.** désunir, fâcher ; **CONTR.** réconcilier). **4.** Rendre inaudible : *Brouiller une émission de radio* (**SYN.** parasiter). ▸ ***Être brouillé avec qqch,*** ne pas avoir d'aptitude pour cela : *Elle est brouillée avec la physique.* ◆ **se brouiller** v.pr. **1.** Devenir trouble, confus : *Ma vue se brouille. Les souvenirs se brouillent dans ma tête* (**SYN.** s'emmêler). **2.** Cesser d'être en bons termes avec qqn : *Elle s'est brouillée avec ses amis* (**SYN.** se fâcher). **3.** Devenir gris, pluvieux, en parlant du temps (**SYN.** se gâter).

brouillerie n.f. *Fam.* Fâcherie passagère, sans gravité : *Leurs brouilleries ne durent jamais très longtemps* (**SYN.** désaccord, discorde).

① **brouillon, onne** adj. et n. (de *brouiller*). Qui manque d'ordre, de clarté : *Il a un esprit brouillon* (**SYN.** confus ; **CONTR.** clair, méthodique). *Ce travail n'est pas fait pour une brouillonne comme elle.*

② **brouillon** n.m. (de *brouiller*). Premier état d'un écrit destiné à être recopié : *Faire un exercice au brouillon. Cahier de brouillon.*

broussaille n.f. (de *brosse,* buisson). (Surtout au pl.). Végétation formée d'arbustes et de plantes épineuses, caractéristique des sous-bois et des terres non cultivées : *Le lièvre se réfugia dans les broussailles* (**SYN.** fourré, taillis). ▸ ***Cheveux, barbe, sourcils en broussaille,*** qui sont mal peignés, en désordre.

broussailleux, euse adj. **1.** Couvert de broussailles : *Un terrain broussailleux.* **2.** Épais et en désordre : *Barbe, sourcils broussailleux* (**SYN.** hirsute).

broussard, e n. **1.** Personne qui vit dans la brousse, qui en a l'expérience. **2.** *Fam., péjor.* En Afrique, provincial, paysan.

brousse n.f. (prov. *brousso,* broussaille). **1.** Végétation caractéristique des régions tropicales à saison sèche et composée d'arbrisseaux, d'arbustes. **2.** Contrée sauvage couverte de cette végétation, à l'écart de toute civilisation : *Vivre dans un village de la brousse.* **3.** *Fam.* Campagne isolée : *Une ferme perdue dans la brousse.*

broutard ou **broutart** n.m. Veau qui broute de l'herbe.

brouter v.t. (de l'anc. fr. *brost,* pousse) [conj. 3]. Manger l'herbe ou les jeunes pousses en les arrachant sur place, en parlant du bétail : *Les vaches broutent l'herbe du pré* (**SYN.** paître). ◆ v.i. Tourner, fonctionner par à-coups, en parlant d'un mécanisme : *Embrayage qui broute.*

broutille n.f. (de l'anc. fr. *brost,* pousse). Chose de peu d'importance, de peu de valeur : *Il s'est fâché pour des broutilles* (**SYN.** bagatelle, rien, vétille).

brownie [broni] n.m. Dans la cuisine des États-Unis, petit gâteau carré au chocolat, garni de noix.

brownien [bronjɛ̃ ou brawnjɛ̃] adj.m. ▸ ***Mouvement brownien,*** mouvement des particules microscopiques dans un fluide.

browning [broniŋ] n.m. (du nom de son inventeur *J. M. Browning*). Pistolet automatique de 7,65 mm.

broyage [brwajaʒ] ou **broiement** n.m. Action de broyer ; son résultat : *Le broyage des noix dans un mixeur.*

broyer [brwaje]. v.t. (germ. *brekan,* briser) [conj. 13]. **1.** Réduire en miettes, par choc ou par pression : *Broyer du café en grains* (**SYN.** moudre, piler). **2.** Écraser par accident : *La machine lui a broyé plusieurs doigts.* **3.** *Fig.* Briser par des difficultés, des souffrances : *Travailleurs broyés par la mondialisation* (**SYN.** anéantir). ▸ ***Broyer du noir,*** être déprimé, avoir des idées tristes, moroses.

broyeur, euse [brwajœr, øz] adj. et n. Qui broie : *Une machine broyeuse.* ◆ **broyeur** n.m. Machine à broyer : *Un broyeur d'ordures ménagères.*

bru n.f. Épouse du fils (**SYN.** belle-fille).

bruant n.m. (de *bruire*). Petit oiseau passereau dont une espèce est l'ortolan.

brucelles n.f. pl. Pince très fine qui sert à saisir de très petits objets : *Des brucelles de philatéliste.*

brucellose n.f. Maladie commune à l'homme et à certaines espèces animales (ruminants, équidés, porcins), causée par une bactérie.

bruche n.f. Insecte coléoptère dont la larve dévore les pois.

brugnon n.m. Pêche à peau lisse dont le noyau adhère à la chair.

brugnonier n.m. Variété de pêcher qui produit les brugnons.

bruine n.f. (lat. *pruina,* gelée blanche). Petite pluie très fine (**SYN.** brouillasse, crachin).

bruiner v. impers. [conj. 3]. Tomber, en parlant de la bruine : *Cette nuit, il a bruiné* (**SYN.** brouillasser).

bruineux, euse adj. Chargé de bruine : *Un temps bruineux.*

bruire v.i. (du lat. *brugere,* braire, et *rugire,* rugir) [conj. 105]. *Litt.* Faire entendre un bruissement : *Les feuilles du tilleul bruissent dans la brise* (**SYN.** murmurer).

bruissement n.m. *Litt.* Bruit faible et confus : *Le bruissement de l'eau qui bout* (**SYN.** murmure).

bruisser v.i. [conj. 3]. Bruire.

bruit n.m. (de *bruire*). **1.** Ensemble des sons produits par des vibrations et perceptibles par l'oreille (par opp. à silence) : *Le bruit de la sirène des pompiers. Le bruit du tonnerre* (**SYN.** grondement). **2.** Ensemble de sons désagréables à entendre : *Les voisins font du bruit* (**SYN.** vacarme, tapage). **3.** Nouvelle répandue dans le public : *Un bruit court à son sujet* (**SYN.** rumeur). ▸ ***Faire du bruit,*** en parlant d'un événement, avoir un grand retentissement : *Sa nomination à la tête de l'entreprise a fait du bruit.* ***Faux bruit,*** nouvelle infondée : *La nouvelle concernant sa maladie était un faux bruit.*

bruitage n.m. Action de bruiter ; son résultat : *Le bruitage d'un film.*

bruiter v.t. [conj. 3]. Reconstituer artificiellement les bruits qui accompagnent l'action, au théâtre, au cinéma, à la radio : *Bruiter un dessin animé.*

bruiteur, euse n. Personne qui bruite.

brûlage n.m. **1.** Destruction par le feu des herbes et des broussailles. **2.** Action de brûler la pointe des cheveux après une coupe : *Se faire faire un brûlage chez le coiffeur.*

brûlant, e adj. **1.** Qui donne une sensation de brûlure ou de grande chaleur : *L'eau du bain est brûlante. Ce café est brûlant* (**SYN.** bouillant). *Soleil brûlant* (**SYN.** ardent). **2.** Qui éprouve une sensation de forte chaleur ; qui est très chaud : *Avoir le front brûlant* (**CONTR.** glacé). *Un enfant brûlant* (**SYN.** fiévreux). **3.** Qui témoigne de l'ardeur, de la passion : *Un regard brûlant* (**SYN.** enflammé, passionné). **4.** Qui est d'actualité ; qui soulève les passions : *Aborder un sujet brûlant* (**SYN.** délicat, épineux).

① **brûlé, e** adj. **1.** Détruit ou endommagé par le feu : *Des forêts brûlées* (**SYN.** incendié). *Un gigot brûlé* (**SYN.** calciné, carbonisé). **2.** *Fam.* Se dit d'une personne dont l'activité clandestine ou illicite a été découverte : *Il est brûlé auprès des entreprises de la région* (= il a été démasqué). ▸ ***Cerveau brûlé*** ou ***tête brûlée,*** personne prête à prendre tous les risques possibles. ◆ adj. et n. Qui souffre de brûlures : *Un hôpital pour grands brûlés.*

② **brûlé** n.m. Ce qui est brûlé : *L'odeur de brûlé vient de la cuisine.* ▸ ***Sentir le brûlé,*** avoir l'odeur d'une chose qui brûle ; fig., prendre mauvaise tournure : *Cette affaire sent le brûlé* (**SYN.** roussi).

brûle-gueule n.m. inv. Pipe à tuyau très court.

brûle-parfum n.m. (pl. *brûle-parfums*) ou **brûle-parfums** n.m. inv. Vase dans lequel on fait brûler des parfums (**SYN.** cassolette).

à **brûle-pourpoint** loc. adv. Brusquement et sans ménagement : *Il lui déclara à brûle-pourpoint qu'il ne l'aimait plus* (**SYN.** soudain).

brûler v.t. (du lat. *ustulare,* avec infl. de l'anc. fr. *bruir,* brûler) [conj. 3]. **1.** Détruire par le feu ; consumer : *Brûler des mauvaises herbes. Tout l'immeuble a été brûlé* (**SYN.** incendier). *Brûler les carcasses d'animaux morts* (**SYN.** incinérer). **2.** Endommager, altérer par le feu ou des produits chimiques : *Le dermatologue lui brûle une verrue à la neige carbonique. Brûler un rôti* (**SYN.** calciner, carboniser). *L'acide a brûlé la pierre* (**SYN.** corroder). **3.** Causer une sensation de brûlure, de forte chaleur : *L'eau de la piscine lui brûle les yeux* (**SYN.** piquer). *Cette soupe m'a brûlé la langue.* **4.** Consommer comme source d'énergie pour le chauffage, l'éclairage : *Brûler du charbon, de l'électricité.* **5.** Dépasser sans s'arrêter un signal d'arrêt : *Brûler un feu rouge.* **6.** Soumettre à l'action du feu : *Brûler du café* (**SYN.** griller, torréfier). ▸ ***Brûler la cervelle à qqn,*** le tuer d'un coup de feu dans la tête, tiré de très près. *Litt.* ***Brûler la politesse à qqn,*** passer devant lui ou le quitter brusquement. ***Brûler les étapes,*** se précipiter vers le but que l'on s'est fixé sans respecter les façons de faire ni les délais. ◆ v.i. **1.** Se consumer sous l'action du feu : *Ce bois brûle bien. Feu qui brûle dans la cheminée* (**SYN.** flamber). **2.** Être détruit, endommagé par le feu : *La forêt brûle. Le gâteau a brûlé* (**SYN.** se calciner). **3.** Se consumer en éclairant : *La lampe a brûlé toute la nuit* (= est restée allumée). **4.** Être très chaud, brûlant : *Le fer à repasser brûle. Brûler de fièvre.* **5.** Dans certains jeux, être sur le point de trouver l'objet caché, la solution. **6. [de].** Désirer ardemment ; éprouver un sentiment très vif : *Je brûle de vous revoir* (**SYN.** griller de [litt.]). ◆ **se brûler** v.pr. Se causer une brûlure : *Je me suis brûlée avec un fer à souder.* ▸ ***Se brûler la cervelle,*** se tirer une balle dans la tête. ***Se brûler les ailes,*** subir un préjudice en agissant sans réfléchir pour obtenir ce qu'on désire.

brûlerie n.f. **1.** Atelier où l'on brûle du café. **2.** Distillerie d'eau-de-vie.

brûleur n.m. Appareil assurant une combustion.

brûlis n.m. Action de brûler les végétaux d'une partie d'une forêt, d'un champ afin de préparer le sol à la culture ; partie de forêt, de champ ainsi brûlée.

brûloir n.m. Appareil de torréfaction du café.

brûlon n.m. En Suisse, odeur de brûlé.

brûlot n.m. **1.** Journal, tract, article violemment polémique : *Un brûlot contre le pouvoir en place.* **2.** *Anc.* Petit bateau rempli de matières inflammables employé pour incendier les vaisseaux ennemis. **3.** Au Québec, moustique dont la piqûre provoque une sensation de brûlure.

brûlure n.f. **1.** Marque sur la peau provoquée par la chaleur, par des produits caustiques ou par des rayonnements : *Se faire une brûlure à la main avec un fer à repasser.* **2.** Trace, trou faits par qqch qui a brûlé : *Une brûlure de cigarette sur un canapé.* **3.** Sensation de forte chaleur, d'irritation : *Il a des brûlures d'estomac.*

brumaire n.m. (de *brume*). Deuxième mois du calendrier républicain, allant du 22, 23 ou 24 octobre au 20, 21 ou 22 novembre.

brume n.f. (lat. *bruma,* solstice d'hiver). **1.** Brouillard léger : *La brume matinale.* **2.** *Litt.* État confus ; manque de clarté de la pensée : *Les brumes de l'alcool.* **3.** Brouillard de mer : *Banc de brume.*

brumeux, euse adj. **1.** Chargé de brume : *Temps brumeux.* **2.** *Litt.* Qui manque de clarté : *Paroles brumeuses* (**SYN.** confus, nébuleux, obscur ; **CONTR.** clair, limpide).

Brumisateur n.m. (nom déposé). Atomiseur qui projette de l'eau d'Évian en gouttelettes, utilisé pour les soins du visage.

brun, e [brœ̃, bryn] adj. (du germ.). **1.** D'une couleur intermédiaire entre le roux et le noir : *Un ours brun. Des cheveux bruns.* **2.** Qui est bronzé, hâlé : *Devenir brun au soleil* (**SYN.** basané). **3.** Relatif au nazisme ou au néonazisme : *La peste brune.* ▸ ***Bière brune,*** bière fabriquée à partir de malts de couleur foncée (par opp. à bière blonde, bière rousse). ***Tabac brun,*** tabac dont les opérations de séchage ont lieu à l'air libre, avant maturation et fermentation (par opp. à tabac blond). ◆ adj. et n. Qui a les cheveux bruns : *Une brune aux yeux bleus.* ◆ **brun** n.m. Couleur brune : *Des cheveux d'un brun foncé.*

brunante n.f. Au Québec, crépuscule : *À la brunante, il fait doux.*

brunâtre adj. D'une couleur qui tire sur le brun.

brunch [brœnʃ] n.m. (mot angl., de *br[eakfast],* petit déjeuner, et *[l]unch,* déjeuner) [pl. *brunchs* ou *brunches*]. Repas tardif pris dans la matinée, tenant lieu de petit déjeuner et de déjeuner.

bruncher [brœnʃe] v.i. [conj. 3]. Prendre un brunch.

brune n.f. **1.** Cigarette de tabac brun : *Fumer des brunes.* **2.** Bière brune : *Boire une brune.* ▸ *Litt.* ***À la brune,*** au crépuscule.

brunet, ette adj. et n. Qui a les cheveux bruns, en

parlant d'une personne jeune : *Sa fille est une jolie brunette.*

brunir v.t. [conj. 32]. **1.** Rendre brun : *Le soleil a bruni sa peau* (**SYN.** bronzer, hâler). *L'air brunit les bananes* (**SYN.** noircir). **2.** Polir la surface d'un métal, le rendre brillant (par opp. à matir). ◆ v.i. Devenir brun de peau : *Brunir facilement* (**SYN.** bronzer).

brunissage n.m. Action de brunir un métal.

brunissement n.m. Action de brunir la peau ; fait de devenir brun.

brunissoir n.m. Outil d'orfèvre, de doreur, de graveur utilisé pour brunir les ouvrages d'or, d'argent, les planches de cuivre.

Brushing [brœʃiŋ] n.m. (nom déposé). Mise en forme des cheveux, mèche après mèche, à l'aide d'une brosse ronde et d'un séchoir à main : *Se faire un Brushing.*

brusque adj. (it. *brusco*, âpre). **1.** Qui manifeste une certaine brutalité, de la rudesse : *Répondre d'un ton brusque* (**SYN.** bourru, cassant, sec ; **CONTR.** affable, doux). *Des gestes brusques* (**SYN.** nerveux, vif ; **CONTR.** doux). **2.** Qui arrive de façon soudaine : *La brusque arrivée de la neige* (**SYN.** imprévu, inattendu).

brusquement adv. D'une manière brusque, soudaine, brutale : *Il lui a pris le bras brusquement* (**SYN.** brutalement ; **CONTR.** doucement).

brusquer v.t. [conj. 3]. **1.** Traiter qqn avec rudesse, sans ménagement : *Il brusque ses élèves* (**SYN.** rudoyer). **2.** Hâter la fin, précipiter le cours de qqch : *Brusquer un accouchement* (**SYN.** accélérer ; **CONTR.** ralentir, retarder).

brusquerie n.f. **1.** Comportement, manières brusques : *Traiter ses enfants avec brusquerie* (**SYN.** brutalité, rudesse ; **CONTR.** amabilité, douceur). **2.** Caractère brusque, brutal de qqch : *La brusquerie de son départ* (**SYN.** soudaineté).

brut, e [bryt] adj. (lat. *brutus*, pesant, stupide). **1.** Qui n'a pas été façonné, poli ; qui n'a pas subi de transformation : *Bois brut* (**CONTR.** dégrossi, façonné). *De la laine brute* (**SYN.** naturel, pur, vierge). **2.** Qui n'a pas subi certaines déductions de frais, de taxes ou de retenues (par opp. à net) : *Salaire brut.* **3.** Qui est brutal, sauvage : *Des manières brutes* (**SYN.** rude). *La force brute* (**SYN.** barbare, sauvage). **4.** Se dit d'un champagne, d'un cidre très sec, très peu sucré. ▸ *Fam.* ***Brut de décoffrage,*** qui est présenté tel qu'il vient d'être produit, sans élaboration ni fioritures ; par ext., sans nuances : *Des revendications brutes de décoffrage.* ***Pétrole brut,*** pétrole non raffiné. ***Poids brut,*** poids de la marchandise et de son emballage, d'un véhicule avec son chargement. ◆ **brut** adv. Sans déduction de poids ou de frais (par opp. à net) : *Ce colis pèse deux kilos brut.* ◆ **brut** n.m. **1.** Salaire brut : *Combien gagnez-vous en brut ?* **2.** Pétrole brut. **3.** Champagne, cidre brut : *Boire du brut.*

brutal, e, aux adj. et n. Qui agit avec violence, avec grossièreté : *Un homme brutal et insensible* (**SYN.** dur, violent ; **CONTR.** doux). ◆ adj. **1.** Qui est direct et sans ménagement : *Il faut s'habituer à sa franchise brutale* (**SYN.** brusque, entier). **2.** Qui est soudain, inattendu : *Mort brutale* (**SYN.** subit ; **CONTR.** lent, progressif).

brutalement adv. **1.** Avec violence ou colère : *Il refusa brutalement* (**SYN.** durement, violemment ; **CONTR.** gentiment). **2.** De façon soudaine, inopinée : *Elle s'est trouvée brutalement seule avec ses deux enfants* (**SYN.** subitement ; **CONTR.** graduellement).

brutaliser v.t. [conj. 3]. Traiter de façon brutale : *Des voyous ont brutalisé une vieille dame* (**SYN.** malmener, molester).

brutalité n.f. **1.** Caractère d'une personne brutale, violente : *Les vigiles ont chassé le journaliste avec brutalité* (**SYN.** brusquerie, rudesse ; **CONTR.** amabilité, gentillesse). *La brutalité des tortionnaires nazis* (**SYN.** cruauté, sauvagerie). **2.** Caractère de ce qui est brusque, soudain : *La brutalité avec laquelle la maladie l'a emporté* (**SYN.** rapidité, soudaineté). **3.** (Surtout au pl.). Acte brutal : *Les brutalités exercées sur les prisonniers* (**SYN.** sévices, violences).

brute n.f. **1.** Personne grossière, inculte : *Certains automobilistes se conduisent comme des brutes* (**SYN.** bête, sauvage). **2.** Personne d'une violence excessive : *Ce dictateur est une brute* (**SYN.** violent).

bruyamment [brɥijamɑ̃] adv. En faisant du bruit : *Mâcher un chewing-gum bruyamment* (**CONTR.** silencieusement).

bruyant, e [brɥijɑ̃, ɑ̃t] adj. **1.** Qui fait beaucoup de bruit : *Des enfants bruyants* (**SYN.** turbulent ; **CONTR.** calme, silencieux). **2.** Où il y a beaucoup de bruit : *Une salle de réunion bruyante* (**SYN.** sonore).

bruyère [bryjɛr ou brɥijɛr] n.f. Plante à fleurs violettes ou roses poussant sur les sols siliceux. ▸ ***Terre de bruyère,*** terre formée par la décomposition des feuilles de bruyère.

bryologie n.f. (du gr. *bruon*, mousse). Partie de la botanique qui étudie les mousses.

bryophyte n.f. (du gr. *bruon*, mousse, et *phuton*, plante). Plante sans racines ni vaisseaux, comme les mousses.

B.T.S. ou **BTS** [beteɛs] n.m. (sigle). ▸ ***Brevet de technicien supérieur*** → **brevet.**

buanderie n.f. **1.** Local qui, dans une maison, est réservé à la lessive. **2.** Au Québec, blanchisserie.

buandier, ère n. (de l'anc. fr. *buer*, faire la lessive). *Vx* Personne qui lave le linge.

bubale n.m. (du gr. *bubalos*, buffle). Antilope africaine à cornes en forme de U ou de lyre.

bubon n.m. Inflammation d'un ganglion lymphatique de l'aine, du cou ou des aisselles, dans certaines maladies sexuellement transmissibles et la peste.

bubonique adj. Caractérisé par la présence de bubons : *Peste bubonique.*

buccal, e, aux adj. (du lat. *bucca*, bouche). Relatif à la bouche : *Prendre un médicament par voie buccale* (**SYN.** oral).

buccin [byksɛ̃] n.m. **1.** Dans l'Antiquité, trompette romaine en corne, en bois ou en airain. **2.** Coquillage comestible des côtes de l'Atlantique (**SYN.** bulot).

bucco-dentaire adj. (pl. *bucco-dentaires*). Qui se rapporte à la bouche et aux dents : *Soins bucco-dentaires.*

bucco-génital, e, aux adj. Qui concerne la bouche et les organes génitaux : *Rapports bucco-génitaux.*

bûche n.f. (germ. *busk*, baguette). Gros morceau de bois de chauffage : *Mettre des bûches dans la cheminée* (**SYN.** rondin). ▸ ***Bûche de Noël,*** gâteau en forme de bûche composé d'une génoise fourrée de crème au beurre, qui est le dessert traditionnel du repas de Noël. *Fam.* ***Prendre*** ou ***ramasser une bûche,*** tomber, faire une lourde chute.

① **bûcher** n.m. (de *bûche*). **1.** Lieu où l'on empile le bois à brûler. **2.** *Anc.* Amas de bois sur lequel on brûlait les personnes condamnées au supplice du feu ; ce supplice : *Un hérétique condamné au bûcher.*

② **bûcher** v.t. et v.i. (de *bûcher,* frapper, dégrossir une bûche) [conj. 3]. **1.** *Fam.* Travailler sans relâche ; étudier avec ardeur : *Bûcher les maths* (**SYN.** apprendre). *Elle a bûché pour préparer son examen.* **2.** Au Québec, abattre des arbres.

bûcheron, onne n. (de l'anc. fr. *bosc,* bois). Personne dont le métier est d'abattre les arbres.

bûchette n.f. Petit morceau de bois sec.

bûcheur, euse n. *Fam.* Personne qui travaille, étudie avec ardeur : *C'est une bûcheuse, elle réussira* (**SYN.** travailleur).

bucolique adj. (du gr. *boukolos,* bouvier). Qui évoque la vie des bergers : *Mener une existence bucolique à la montagne* (**SYN.** pastoral, rustique).

budget n.m. (mot angl., de l'anc. fr. *bougette,* petite bourse). **1.** Ensemble des comptes prévisionnels et annuels des ressources et des charges de l'État, des collectivités et établissements publics : *Le budget de la commune a augmenté.* **2.** Ensemble des recettes et des dépenses d'un particulier, d'une famille, d'un groupe ; somme dont on dispose : *Elle prévoit un budget de 6 000 euros pour son mariage.*

budgétaire adj. Relatif au budget : *Contrôle budgétaire dans une entreprise.*

budgéter v.t. → **budgétiser.**

budgétisation n.f. Action de budgétiser : *La budgétisation des dépenses liées à une réforme.*

budgétiser [conj. 3] ou **budgéter** [conj. 18] v.t. Inscrire une dépense, une recette au budget.

budgétivore adj. et n. *Fam.* Qui grève un budget ; très coûteux.

buée n.f. (de l'anc. fr. *buer,* faire la lessive). Vapeur d'eau condensée en fines gouttelettes : *La glace de la salle de bains est couverte de buée.*

buffet n.m. **1.** Meuble, où l'on range la vaisselle, les couverts, la verrerie : *Un buffet de cuisine.* **2.** Table où sont servis les mets, les boissons, dans une réception ; l'ensemble de ces mets et boissons : *Le buffet est bien décoré. Un excellent buffet.* **3.** Café, restaurant, dans une gare. **4.** Ouvrage de menuiserie qui renferme le mécanisme d'un orgue.

buffle n.m. Mammifère ruminant, proche du bœuf, dont il existe plusieurs espèces en Europe méridionale, en Asie et en Afrique.

buffleterie [byflətri ou byflɛtri] n.f. Partie de l'équipement militaire individuel servant à soutenir les armes et les cartouches.

bufflonne ou **bufflesse** n.f. Femelle du buffle.

bug [bœg] n.m. (mot angl. signif. « bestiole, microbe »). En informatique, bogue.

buggy [bœgi] n.m. (mot angl.). Automobile tout terrain à moteur à l'arrière, à carrosserie simplifiée ouverte, à pneus très larges : *Une course de buggys.*

bugle n.m. (mot angl., du lat. *buculus,* jeune bœuf). Instrument à vent à pistons, proche du clairon.

bugne n.f. Dans la cuisine lyonnaise, languette de pâte frite à l'huile et saupoudrée de sucre.

building [bildiŋ ou byldiŋ] n.m. (mot anglo-amér., de *to build,* construire). Vaste immeuble à nombreux étages : *Les buildings new-yorkais* (**SYN.** tour).

buis n.m. (lat. *buxus,* du gr. *puksos*). Arbrisseau à feuilles persistantes, dont le bois, très dur, est employé pour le façonnage au tour et la sculpture. ▸ ***Buis bénit,*** branche de buis que l'on bénit le jour des Rameaux.

buisson n.m. (de *bois*). **1.** Touffe d'arbrisseaux sauvages : *L'oiseau se cache dans les buissons* (**SYN.** broussaille, fourré, taillis). **2.** Plat composé d'éléments dressés en pyramide : *Buisson d'écrevisses.* ▸ ***Battre les buissons,*** les frapper avec un bâton pour faire sortir le gibier ; fig., se livrer à une recherche approfondie.

buissonneux, euse adj. Couvert de buissons ou fait de buissons : *Un terrain buissonneux* (**SYN.** broussailleux).

buissonnier, ère adj. ▸ ***Faire l'école buissonnière,*** se promener, flâner au lieu d'aller en classe.

bulbaire adj. Relatif au bulbe rachidien.

bulbe n.m. (lat. *bulbus,* oignon). **1.** Organe végétal souterrain, de forme renflée, rempli de réserves nutritives permettant à une plante de se reformer chaque année : *Planter des bulbes de tulipes* (**SYN.** oignon). **2.** En anatomie, partie renflée de certains organes : *Bulbe pileux.* **3.** En architecture, dôme, toiture en forme de bulbe : *Les bulbes des églises russes.* ▸ ***Bulbe rachidien,*** portion inférieure du cerveau, qui constitue un centre nerveux important.

bulbeux, euse adj. **1.** Se dit d'une plante pourvue d'un bulbe. **2.** En forme de bulbe : *Un clocher bulbeux.*

bulgare adj. et n. De Bulgarie. ◆ n.m. Langue slave parlée en Bulgarie.

bulldog [buldɔg] n.m. (angl. *bull,* taureau, et *dog,* chien). Bouledogue anglais, aux oreilles tombantes.

bulldozer [byldɔzɛr] n.m. (mot anglo-amér.). **1.** Engin de terrassement très puissant monté sur un tracteur à chenilles et qui sert à pousser des terres et à niveler des sols ; bouteur. **2.** *Fam.* Personne décidée que rien n'arrête : *Cette ministre est un vrai bulldozer.*

① **bulle** n.f. (lat. *bulla,* sceau). **1.** Autrefois, sceau de métal attaché à un acte pour l'authentifier. **2.** Lettre portant le sceau du pape et que l'on désigne génér. par les premiers mots du texte.

② **bulle** n.f. (lat. *bulla,* bulle d'air). **1.** Globule d'air, de gaz qui s'élève à la surface d'un liquide, d'une matière en fusion : *Bulles de savon. Des bulles dans le champagne.* **2.** Soulèvement de la peau rempli de liquide, qui forme une petite bosse (**SYN.** ampoule, cloque). **3.** Élément graphique qui sort de la bouche des personnages de bandes dessinées et qui renferme leurs paroles, leurs pensées (**SYN.** phylactère). **4.** Espace où l'on se sent protégé, où l'on peut s'épanouir : *La bulle familiale.* **5.** Enceinte stérile transparente dans laquelle vivent certains enfants (appelés *enfants bulle*) atteints de déficience immunitaire grave. **6.** *Arg. scol.* Zéro : *Avoir une bulle en dictée.*

③ **bulle** adj. inv. ▸ ***Papier bulle,*** papier jaunâtre, grossier et résistant, utilisé pour l'emballage.

buller v.i. [conj. 3]. **1.** Présenter des cloques, des bulles : *Peinture qui bulle sous l'effet de l'humidité* (**SYN.** cloquer). **2.** *Fam.* Rester à ne rien faire : *Il a bullé toute la journée* (**SYN.** paresser).

bulletin n.m. (de *1. bulle*). **1.** Publication périodique de textes officiels ou d'annonces obligatoires : *Bulletin officiel. Le bulletin météorologique.* **2.** Rapport périodique sur le travail en classe d'un élève : *Un bulletin scolaire encourageant* (**SYN.** carnet). **3.** Attestation, reçu délivrés à un usager : *Bulletin de retard, de bagages.* ▸ ***Bulletin de paie*** ou ***de salaire,*** document qui doit accompagner le salaire et comportant notamm. le montant du salaire et des différentes retenues (= feuille de paie ou de salaire). ***Bulletin de santé,*** rapport périodique sur l'état de santé d'une personnalité. ***Bulletin de vote,*** papier servant à exprimer un vote. ***Bulletin d'informations,*** résumé des nouvelles de la journée, à la radio, à la télévision.

bulletin-réponse n.m. (pl. *bulletins-réponses* ou *bulletins-réponse*). Imprimé à remplir et à renvoyer pour participer à un jeu, à un concours.

bull-terrier [bulterje] n.m. (mot angl.) [pl. *bull-terriers*]. Chien d'origine anglaise, bon chasseur de rats.

bulot n.m. Autre nom du coquillage appelé *buccin.*

bungalow [bœ̃galo] n.m. (mot angl., du hindi). **1.** Construction légère servant de résidence de vacances, à l'intérieur d'un camping, d'un ensemble hôtelier : *Louer plusieurs bungalows.* **2.** Habitation de l'Inde à un étage, entourée de vérandas. **3.** Au Québec, maison de plain-pied.

① **bunker** [bunkœr] n.m. (mot all. signif. « soute »). Construction en béton armé, conçue pour résister aux bombardements ; blockhaus, casemate.

② **bunker** [bœnkœr] n.m. (mot angl.). Au golf, fosse sableuse sur le parcours d'un trou.

Bunsen (bec) [bœ̃zɛn], brûleur à gaz, à flamme nue, que l'on utilisait dans les laboratoires.

bupreste n.m. (gr. *bouprêstis,* qui gonfle les bœufs). Insecte coléoptère aux couleurs métalliques dont la larve vit dans le bois des arbres.

buraliste n. **1.** Personne qui tient un bureau de tabac. **2.** Personne préposée à un bureau de paiement, de recette, de poste.

bure n.f. (du lat. *burra,* bourre). **1.** Grosse étoffe de laine brune. **2.** Vêtement fait de cette étoffe : *La bure du moine.*

bureau n.m. (de *bure,* laquelle servait à recouvrir les tables). **1.** Table, munie ou non de tiroirs, sur laquelle on écrit : *L'ordinateur prend beaucoup de place sur mon bureau.* **2.** Pièce où se trouve ce meuble : *La réunion aura lieu dans son bureau.* **3.** Lieu de travail des employés d'une administration, d'une entreprise : *Se rendre à son bureau.* **4.** Personnel d'un bureau : *Tout le bureau était d'accord* (= l'ensemble des collègues). **5.** Établissement public assurant des services administratifs, commerciaux : *Tenir un bureau de vote. Acheter des cigarettes au bureau de tabac.* **6.** Service ou organisme chargé d'une fonction particulière : *Un bureau d'études. Bureau d'état-major.* **7.** Ensemble des membres dirigeant une assemblée, une commission, un parti politique, un syndicat : *Le bureau s'est rassemblé pour élire un nouveau secrétaire.* **8.** En informatique, espace délimité sur l'écran d'un ordinateur sur lequel sont disposées les icônes représentant les outils de travail, comme les applications, les accès à l'Internet, à la messagerie ou à des bases de données, la corbeille, etc. ▸ *Anc.* ***Deuxième bureau,*** service de renseignements de l'armée.

bureaucrate n. *Péjor.* **1.** Fonctionnaire persuadé de l'importance de son rôle, et abusant de son pouvoir auprès du public. **2.** Employé de bureau : *Ce bureaucrate est d'une lenteur !* (**SYN.** rond-de-cuir [péjor.]).

bureaucratie [byrokrasi] n.f. **1.** Pouvoir administratif d'un État, d'un parti, d'une entreprise. **2.** *Péjor.* Ensemble des bureaucrates, des fonctionnaires envisagé dans sa puissance abusive, routinière.

bureaucratique adj. Propre à la bureaucratie : *Un régime bureaucratique.*

bureaucratisation n.f. Action de bureaucratiser ; son résultat : *Lutter contre la bureaucratisation d'un parti.*

bureaucratiser v.t. [conj. 3]. Soumettre à une bureaucratie ; transformer en bureaucratie : *Bureaucratiser une entreprise.*

bureauticien, enne n. Spécialiste de la Bureautique.

Bureautique n.f. (nom déposé). Ensemble des techniques informatiques et téléinformatiques visant à l'automatisation des travaux de bureau.

burette n.f. (de l'anc. fr. *buire*). **1.** Petit flacon à goulot long et étroit : *Les burettes d'un huilier.* **2.** Récipient métallique muni d'un tube effilé contenant de l'huile, utilisé pour graisser les rouages d'une machine. **3.** Dans la religion catholique, petit vase contenant l'eau ou le vin de la messe.

burin n.m. **1.** Ciseau d'acier servant à graver sur les métaux, le bois : *Une sculpture réalisée au burin.* **2.** Estampe, gravure obtenue au moyen d'une planche gravée au burin : *Une exposition de burins.* **3.** Ce procédé de gravure (par opp. à l'eau-forte, à la pointe sèche).

buriné, e adj. ▸ ***Visage buriné, traits burinés,*** marqués de rides, de sillons, comme travaillés au burin.

buriner v.t. [conj. 3]. Graver au burin : *Buriner un portrait.*

burka [burka] n.f. ou n.m. → **burqa.**

burlesque adj. (it. *burlesco,* du lat. *burla,* farce). **1.** D'un comique extravagant : *Une situation burlesque* (**SYN.** cocasse, grotesque, ridicule ; **CONTR.** dramatique, tragique). **2.** Qui relève du burlesque en tant que genre littéraire ou cinématographique : *Regarder un film burlesque* (**SYN.** comique). ◆ n.m. **1.** Caractère d'une chose, d'une personne ridicule, saugrenue : *Cette coïncidence tient du burlesque* (= elle est risible, cocasse ; **SYN.** comique). **2.** Genre cinématographique caractérisé par un comique extravagant, fondé sur une succession rapide de gags : *Le burlesque américain.* **3.** Auteur qui pratique ce genre : *Charlie Chaplin est considéré comme un grand burlesque.*

burnous [byrnu ou byrnus] n.m. **1.** Manteau d'homme en laine, à capuchon, porté dans les pays musulmans. **2.** Manteau ou cape à capuchon pour les nourrissons.

burqa [burka] n.f. ou n.m. Vêtement traditionnel des

femmes musulmanes, qui dissimule leur corps de la tête aux pieds.

① **bus** [bys] n.m. (abrév.). *Fam.* Autobus.

② **bus** [bys] n.m. (mot angl., de *omnibus*). Dans un ordinateur, ensemble de conducteurs électriques transmettant des données.

busard n.m. Oiseau rapace diurne vivant près des marais.

① **buse** n.f. (lat. *buteo*). Rapace diurne aux formes lourdes, au bec et aux serres faibles.

② **buse** n.f. (de l'anc. fr. *busel*, tuyau). **1.** Tuyau, conduite de fort diamètre, assurant l'écoulement d'un fluide : *Une buse en fonte.* **2.** Pièce raccordant un appareil de chauffage au conduit de fumée.

③ **buse** n.f. (mot wallon signif. « chapeau haut de forme »). *Fam.* En Belgique, échec à un examen.

buser v.t. [conj. 3]. *Fam.* En Belgique, faire échouer, refuser à un examen ; recaler.

bush [buʃ] n.m. (mot angl. signif. « broussailles ») [pl. *bushes*]. Type de végétation adaptée à la sécheresse, constituée d'arbustes serrés et d'arbres bas : *Les bushes africain et australien.*

business [biznɛs] n.m. (mot angl. signif. « affaire »). *Fam.* **1.** Activité économique, commerciale ou financière : *Elle a le sens du business* (= des affaires). **2.** Affaire compliquée ou louche : *Ton business te conduira en prison.*

businessman [biznɛsman] n.m. (mot angl.) [pl. *businessmans* ou *businessmen*]. Homme d'affaires.

businesswoman [biznɛswuman] n.f. (mot angl.) [pl. *businesswomans* ou *businesswomen*]. Femme d'affaires.

busqué, e adj. (de l'anc. fr. *busc*, lame recourbée). De courbure convexe ; arqué : *Nez busqué* (**SYN.** aquilin, bourbonien ; **CONTR.** droit).

buste n.m. (it. *busto*, poitrine). **1.** Partie supérieure du corps humain, de la taille au cou : *Il a un buste musclé* (**SYN.** torse). **2.** Poitrine de la femme : *Ce body met son buste en valeur* (**SYN.** gorge, seins). **3.** Sculpture représentant la tête et le haut du buste d'une personne : *Il y a un buste en marbre de Marianne dans le salon de la mairie.*

bustier n.m. **1.** Soutien-gorge muni de baleines, sans bretelles, prolongé par un corselet de maintien. **2.** Corsage ajusté emboîtant le buste et laissant les épaules nues.

but [by ou byt] n.m. **1.** Point matériel que l'on vise : *La flèche est passée à côté du but* (**SYN.** cible, objectif). **2.** Point où l'on doit parvenir : *Le but de l'excursion est le sommet du mont Blanc* (**SYN.** destination). **3.** Dans certains sports, espace délimité que doit franchir le ballon pour qu'un point soit marqué ; point ainsi obtenu : *Gardien de but. Marquer cinq buts au basket* (**SYN.** panier). **4.** Fin que l'on se propose d'atteindre ; ce à quoi on veut parvenir : *Son but est de faire découvrir la nature à ses élèves* (**SYN.** dessein [sout.], intention). *Le but de la conférencière est d'inciter les gens à aller dans les musées* (**SYN.** objectif). ▸ ***But en or,*** premier but marqué au cours des prolongations d'un match de football, qui donne la victoire à l'équipe qui l'inscrit (on dit aussi *but décisif*). ***Dans le but de*** (+ inf.), dans l'intention de : *J'ai agi ainsi dans le but de te faire plaisir.* ***De but en blanc,*** sans préparation, brusquement : *Il lui avoua de but en blanc qu'il en aimait une autre* (**SYN.** à brûle-pourpoint).

butane n.m. (de *butyrique*). Hydrocarbure gazeux, employé comme combustible et vendu, liquéfié sous faible pression, dans des bouteilles métalliques.

buté, e adj. Qui se bute, s'obstine : *Il est buté, il ne veut pas admettre qu'il a encore tort* (**SYN.** entêté, têtu ; **CONTR.** arrangeant, conciliant).

butée n.f. Massif de maçonnerie destiné à résister à une poussée : *Les butées d'un pont* (**SYN.** culée).

buter v.t. ind. (de *but*) [conj. 3]. **[sur, contre]. 1.** Heurter qqch, un obstacle : *Buter contre une pierre* (**SYN.** trébucher sur). **2.** Être arrêté par une difficulté : *Buter sur la conversion des francs en euros* (**SYN.** achopper sur). **3.** Appuyer contre qqch qui sert d'arrêt : *La poutre bute contre le mur.* ◆ v.t. **1.** Amener qqn à une attitude d'entêtement, de refus systématique : *Vos refus successifs ne font que la buter* (**SYN.** braquer, cabrer). **2.** Faire reposer qqch contre : *Buter un mur avec des poutres* (**SYN.** étayer, soutenir). ◆ **se buter** v.pr. Prendre une attitude fermée ; s'obstiner : *Devant votre attitude intransigeante, elle s'est butée* (**SYN.** s'entêter).

buteur, euse n. Joueur qui marque des buts.

butin n.m. (de l'anc. bas all. *bute*, partage). **1.** Produit d'un vol : *Le montant du butin s'élève à 10 000 euros.* **2.** Ce qu'on enlève à l'ennemi : *Les vainqueurs ont amassé un important butin de guerre* (**SYN.** prise). **3.** *Litt.* Produit d'une recherche : *Le butin des fouilles d'un archéologue.*

butiner v.t. et v.i. [conj. 3]. Recueillir le pollen des fleurs, en parlant de certains insectes : *Les abeilles butinent le nectar et l'apportent à la ruche.*

butineur, euse adj. et n.f. Qui butine ; dont le rôle est de butiner : *Un insecte butineur. Une abeille butineuse* ou *une butineuse.* ◆ **butineur** n.m. Au Québec, logiciel de navigation sur Internet ; navigateur.

butoir n.m. **1.** Obstacle placé à l'extrémité d'une voie ferrée (**SYN.** heurtoir). **2.** (Employé en appos.). Qui indique une limite stricte fixée à l'avance : *Vendredi est la date butoir pour renvoyer vos réponses.*

butor n.m. (du lat. *butio*, butor, et *taurus*, taureau). **1.** Oiseau échassier proche du héron, à plumage fauve tacheté de noir, nichant dans les roseaux. **2.** Homme grossier et stupide : *Ce butor passe toujours devant tout le monde à la cantine* (**SYN.** goujat, malotru, mufle).

butte n.f. (de *but*). **1.** Légère élévation de terrain ; petite colline : *Les enfants font de la luge sur la butte enneigée* (**SYN.** monticule, tertre). **2.** Masse de terre accumulée au pied d'une plante ou sur un rang de culture. ▸ ***Être en butte à qqch,*** être exposé à, menacé par qqch : *Le président est actuellement en butte aux critiques des ministres.*

butter v.t. [conj. 3]. Entourer une plante, un rang de culture d'une butte de terre : *Butter des pommes de terre.*

butyrique adj. (du lat. *butyrum*, beurre). Relatif à la matière grasse du lait, au beurre. ▸ ***Acide butyrique,*** acide organique entrant dans la composition du beurre et de nombreuses matières grasses.

buvable adj. (de *boire*). **1.** Que l'on peut boire ; qui n'est pas désagréable à boire : *L'eau de ce puits est* *buvable* (SYN. potable). *Un vin buvable malgré son jeune âge* (CONTR. imbuvable). **2.** *Fam.* (Surtout en tournure nég.). Se dit de qqch que l'on peut accepter, tolérer ou de qqn que l'on peut supporter : *Son dernier livre est buvable. Cet acteur n'est vraiment pas buvable* (= il est imbuvable ; SYN. supportable). **3.** Se dit d'un médicament à prendre par la bouche : *Un soluté buvable.*

buvard n.m. **1.** Papier qui absorbe l'encre fraîche ; feuille de ce papier : *Un dessinateur qui utilise du buvard. Achète des buvards.* **2.** Sous-main recouvert d'un buvard : *L'illustratrice essuie ses plumes sur son buvard.*

buvette n.f. **1.** Petit local, comptoir où l'on sert des boissons et des aliments légers : *Se rendre à la buvette du théâtre pendant l'entracte* (SYN. bar). **2.** Dans un établissement thermal, endroit où l'on va boire les eaux.

buveur, euse n. **1.** Personne qui a l'habitude de boire qqch : *Une buveuse de café.* **2.** Personne qui est en train de boire : *Buveurs attablés à la terrasse d'un café* (SYN. consommateur). **3.** Personne qui boit habituellement et avec excès du vin ou des boissons alcoolisées : *Un buveur* (SYN. alcoolique, ivrogne).

buzz [bœz] n.m. (mot angl. signif. « bourdonnement »). **1.** Forme de publicité dans laquelle le consommateur contribue à lancer un produit ou un service via des courriels, des blogs, des forums ou d'autres médias en ligne. **2.** (Par ext.). Rumeur, retentissement médiatique autour d'un événement, d'un spectacle, d'une personnalité, etc. : *Le film a fait un énorme buzz.*

bye-bye [bajbaj] ou **bye** [baj] interj. (de l'angl. [*good*] *bye*). Au revoir ; adieu : *Bye-bye, à l'année prochaine !*

byzantin, e adj. et n. De Byzance, de l'Empire byzantin : *L'architecture byzantine.* ▸ ***Discussion byzantine,*** discussion que des excès de subtilité rendent sans intérêt.

C c

c [se] n.m. inv. Troisième lettre (consonne) de l'alphabet français. ▸ ***C,*** chiffre romain valant cent. ***C,*** la note *do,* dans les systèmes de notation musicale anglo-saxon et germanique.

① **ça** pron. dém. (de *cela*). *Fam.* **1.** Remplace « cela, cette chose-là » : *Donnez-moi ça.* **2.** Renforce une interrogation : *Qui ça ? Comment ça ?* **3.** S'emploie comme sujet indéterminé dans des constructions impersonnelles : *Ça sent bon, ici. Si ça se trouve, elle est arrivée avant nous* (= il est possible qu'elle soit arrivée...). ▸ ***Comme ci, comme ça,*** ni bien ni mal ; pas trop bien.

② **ça** n.m. inv. (traduction du pron. all. *es*). Selon Freud, ensemble des pulsions refoulées dans l'inconscient.

çà adv. (lat. pop. *ecce hac,* renforcement par *ecce,* voici, de *hac,* par ici). ▸ ***Çà et là,*** de côté et d'autre : *Elle allait çà et là, perdue dans ses pensées.* ◆ interj. Marque l'étonnement, l'impatience : *Ah çà ! Je ne vous crois pas !*

cabale n.f. (hébr. *qabbalah,* tradition). **1.** Ancienne graphie de *kabbale.* **2.** Ensemble de menées secrètes, d'intrigues dirigées contre qqch, qqn ; groupe de personnes réunies dans un tel dessein : *Monter une cabale contre la candidature de qqn* (**SYN.** complot, intrigue). *Il est boudé par la cabale des snobs* (**SYN.** clan, clique [péjor.], coterie).

cabaliste n. Ancienne graphie de *kabbaliste.*

cabalistique adj. Qui présente un aspect obscur, énigmatique ; sibyllin : *Griffonner des signes cabalistiques* (**SYN.** incompréhensible, mystérieux ; **CONTR.** clair, compréhensible, limpide).

caban n.m. (it. de Sicile *cabbanu,* de l'ar.). Manteau court, avec ou sans capuchon, en gros drap imperméabilisé, en usage dans la marine.

cabane n.f. (prov. *cabana*). **1.** Petite construction rudimentaire faite de matériaux grossiers ; cahute : *Cabane à outils. Une cabane de chantier* (**SYN.** baraque). **2.** Abri destiné aux animaux : *Cabane à lapins* (= clapier). *La cabane des poules* (= le poulailler). **3.** En Suisse, refuge pour alpinistes. **4.** *Arg.* Prison : *Ils resteront en cabane un bon bout de temps.* ▸ ***Cabane à sucre,*** au Québec, bâtiment où l'on fabrique le sucre et le sirop d'érable.

cabanon n.m. **1.** Petite cabane. **2.** En Provence, petite maison à la campagne ou au bord de la mer.

cabaret n.m. (néerl. *cabret*). **1.** *Anc.* Débit de boissons ; bar (**SYN.** estaminet [région.]). **2.** Établissement où l'on peut consommer des boissons, dîner, danser ou assister à des spectacles de variétés.

cabaretier, ère n. *Vx* Personne qui tenait un cabaret ou un bar.

cabas [kaba] n.m. (mot prov.). Sac à provisions souple.

cabestan [kabɛstɑ̃] n.m. Treuil à axe vertical, employé dans la marine et l'industrie.

cabillaud n.m. (néerl. *kabeljauw*). **1.** Morue fraîche. **2.** Nom parfois donné à l'*églefin.*

cabine n.f. (du même rad. que *cabane*). **1.** Petite chambre à bord d'un navire : *Les cabines sont éclairées par des hublots.* **2.** Réduit isolé, petite construction à usage déterminé : *Une cabine de douche, d'essayage. Cabine téléphonique.* **3.** Partie d'un ascenseur, d'un téléphérique où se tiennent les usagers. **4.** Espace aménagé pour le conducteur sur un camion, un engin de travaux publics, une motrice de chemin de fer ou pour l'équipage d'un avion. **5.** Sur les avions de transport, partie du fuselage réservée aux passagers : *Il n'est possible de garder qu'un petit bagage en cabine.* ▸ ***Cabine de projection,*** local qui abrite les appareils de projection d'une salle de cinéma. ***Cabine spatiale,*** habitacle d'un vaisseau spatial piloté.

cabinet n.m. (de *cabine*). **1.** Petite pièce, servant de dépendance ou de complément à une pièce principale : *Cabinet de toilette* (= petite salle d'eau qui communique avec une chambre). **2.** *Anc.* Pièce réservée à l'étude : *Cabinet de travail* (= bureau). **3.** Local où s'exerce une profession libérale ; clientèle d'une personne exerçant une telle profession : *Le médecin nous a reçus dans son cabinet. Racheter un cabinet d'avocats.* **4.** Ensemble des membres du gouvernement d'un État ; ensemble des collaborateurs d'un ministre, d'un préfet : *Former un nouveau cabinet. Le chef de cabinet d'un ministre* (= le premier de ses collaborateurs). **5.** Département spécialisé d'un musée, d'une bibliothèque : *Cabinet des estampes.* ▸ ***Cabinet noir,*** pièce de débarras sans fenêtre. ◆ **cabinets** n.m. pl. Lieu réservé aux besoins naturels : *Aller aux cabinets* (**SYN.** toilettes, waters, W.-C.).

câblage n.m. **1.** Ensemble des connexions d'un dispositif électrique. **2.** Installation d'un réseau de télécommunication audiovisuelle par câble : *Le câblage du quartier est en cours.*

câble n.m. (bas lat. *capulum,* corde). **1.** Gros cordage en fibres textiles ou synthétiques ou en fils métalliques : *Câble d'un téléphérique.* **2.** Faisceau de fils conducteurs protégés par des gaines isolantes, assurant le transport et la distribution de l'énergie électrique ainsi que les liaisons par télécommunications : *Liaisons téléphoniques intercontinentales assurées par câble sous-marin.* **3.** Diffusion de programmes de télévision à des abonnés dont l'appareil est relié par câble à la tête de réseau : *Le lancement d'une nouvelle chaîne sur le câble* (**SYN.** télédistribution).

câblé, e adj. **1.** Qui est relié à un réseau de télédistribution : *Un quartier câblé.* **2.** Qui est diffusé par télédistribution : *Une chaîne câblée.*

câbler v.t. [conj. 3]. **1.** Équiper d'un réseau de télécommunication audiovisuelle par câble, d'un réseau de connexions informatiques : *Câbler un quartier, un immeuble de bureaux.* **2.** Établir les connexions d'un appareil électrique, électronique.

câblodistributeur n.m. Entreprise qui distribue des programmes de télévision par câble.

câblodistribution n.f. Télédistribution.

câblo-opérateur n.m. (pl. *câblo-opérateurs*). Entreprise qui installe des réseaux de télévision par câble.

cabochard, e adj. et n. (de *caboche*). *Fam.* Qui n'en fait qu'à sa tête (**SYN.** entêté, têtu).

caboche n.f. (du lat. *caput,* tête). **1.** *Fam.* Tête ; esprit, intelligence : *Avoir la caboche dure* (= être entêté). **2.** Clou à tête large et ronde, utilisé notamm. en cordonnerie.

cabochon n.m. (de *caboche*). **1.** Pierre fine arrondie et polie, non taillée. **2.** Clou à tête décorative. **3.** Pièce de protection du système optique d'un véhicule automobile : *Un cabochon de clignotant.*

① **cabosse** n.f. Fruit du cacaoyer.

② **cabosse** n.f. En Suisse, bosse ou creux à la surface de qqch qui est cabossé.

cabosser v.t. (de *bosse*) [conj. 3]. Déformer par des bosses ou des creux : *En entrant au parking, il a cabossé la portière avant de sa voiture* (**SYN.** bosseler, froisser). *Le nez cabossé d'un boxeur* (= qui est contusionné, meurtri).

① **cabot** n.m. (abrév.). *Fam.* Cabotin.

② **cabot** n.m. (du normand *cabot,* têtard). **1.** *Fam.* Chien. **2.** Poisson à chair estimée, commun en Méditerranée.

cabotage n.m. Navigation marchande le long des côtes, et spécial. entre les ports d'un même pays (par opp. à navigation au long cours).

caboter v.i. (probabl. de *cap*) [conj. 3]. Faire du cabotage.

caboteur n.m. Navire qui pratique le cabotage.

cabotin, e n. et adj. (du nom d'un comédien du XVIIe s.). **1.** Acteur médiocre qui a une haute opinion de lui-même. **2.** Personne au comportement affecté : *Des enfants très cabotins* (**SYN.** comédien).

cabotinage n.m. Comportement, attitude d'une personne qui cabotine (**SYN.** affectation ; **CONTR.** naturel, spontanéité).

cabotiner v.i. [conj. 3]. Se conduire en cabotin, avoir une attitude affectée et prétentieuse : *Acteur qui cabotine.*

caboulot n.m. *Vieilli* ou *litt.* Petit café à clientèle populaire.

cabrer v.t. (de l'anc. prov. *cabra,* lat. *capra,* chèvre) [conj. 3]. **1.** Faire se dresser un animal, en partic. un cheval, sur les membres postérieurs : *Les écuyères cabrèrent leurs montures.* **2.** Amener qqn à une attitude d'opposition, de révolte : *Votre intransigeance le cabre encore plus* (**SYN.** braquer, buter ; **CONTR.** amadouer, désarmer). ◆ **se cabrer** v.pr. **1.** Se dresser sur ses membres postérieurs, en partic. en parlant d'un cheval. **2.** S'opposer avec vigueur ou violence à : *Devant mon refus, elles se sont cabrées* (**SYN.** se braquer, se rebeller).

cabri n.m. (prov. *cabrit,* du lat. *capra,* chèvre). Chevreau. ▸ ***Sauter comme un cabri,*** faire des bonds désordonnés en signe de joie.

cabriole n.f. (it. *capriola,* du lat. *capra,* chèvre). **1.** Demi-tour exécuté en sautant légèrement ; bond agile : *Les champions faisaient des cabrioles* (**SYN.** gambade). *Les cabrioles d'un clown* (**SYN.** culbute). **2.** En équitation, figure de haute école exécutée par un cheval qui se cabre puis rue avant que ses membres antérieurs ne touchent le sol.

cabrioler v.i. [conj. 3]. Faire des cabrioles : *Enfants qui cabriolent sur une pelouse* (**SYN.** batifoler, s'ébattre).

cabriolet n.m. (de *cabrioler*). **1.** Automobile décapotable. **2.** *Anc.* Voiture hippomobile légère à deux roues, génér. à capote.

cabus [kaby] n.m. (du lat. *caput,* tête). Chou pommé à feuilles lisses.

CAC 40 [kakkarɑ̃t] n.m. inv. (nom déposé ; acronyme de *cotation assistée en continu*). Indice établi à partir du cours des quarante valeurs mobilières les plus actives du marché, qui sert de référence à la Bourse française.

caca n.m. (du lat. *cacare,* déféquer). Dans le langage enfantin, excrément : *Faire caca* (= déféquer). ◆ **caca d'oie** adj. inv. et n.m. inv. D'une couleur brun verdâtre : *Des moufles caca d'oie.*

cacahouète ou **cacahuète** [kakawɛt] n.f. (esp. *cacahuete*). Fruit ou graine de l'arachide, que l'on consomme après torréfaction et dont on extrait une huile alimentaire.

cacaille n.f. *Fam.* En Belgique, objet sans valeur.

cacao n.m. (mot esp.). Graine du cacaoyer, dont on extrait une poudre qui sert à fabriquer le chocolat, et des matières grasses, comme le beurre de cacao.

cacaoté, e adj. Qui contient du cacao ; chocolaté : *Une boisson cacaotée.*

cacaotier n.m. → **cacaoyer.**

cacaoui ou **kakawi** n.m. (mot algonquien). Petit canard des régions arctiques.

cacaoyer [kakaɔje] ou **cacaotier** n.m. Petit arbre originaire de l'Amérique du Sud, cultivé pour la production de cacao.

cacarder v.i. [conj. 3]. Crier, en parlant de l'oie.

cacatoès [kakatɔɛs] n.m. (mot malais). Oiseau d'Océanie et d'Asie du Sud-Est, au plumage uni et à la huppe érectile.

cacatois n.m. (de *cacatoès*). **1.** Petite voile de marine carrée placée au-dessus de la voile appelée « perroquet ». **2.** Mât supportant cette voile.

cachalot n.m. (port. *cachalotte,* de *cachola,* grosse tête). Mammifère cétacé de grande taille, à tête énorme, aux dents fixées à la mâchoire inférieure, vivant dans les mers chaudes.

① **cache** n.f. Lieu secret pour cacher qqch ou pour se cacher : *La police cherche la cache du fugitif* (SYN. cachette).

② **cache** n.m. Feuille de carton ou de papier destinée à cacher certaines parties d'un cliché photographique, d'un film, qui ne doivent pas apparaître au tirage.

cache-cache n.m. inv. Jeu d'enfants dans lequel tous les joueurs se cachent à l'exception d'un seul, qui doit découvrir les autres : *Jouer à cache-cache. Faire une partie de cache-cache.*

cache-cœur n.m. (pl. *cache-cœurs* ou inv.). Pièce de layette ou vêtement féminin ayant la forme d'un gilet dont les pans se croisent sur la poitrine et se nouent par des liens.

cache-col n.m. (pl. *cache-cols* ou inv.). Écharpe courte et étroite.

cachectique [kaʃɛktik] adj. et n. Qui souffre de cachexie.

cachemire n.m. **1.** Tissu fin fait avec le poil de chèvres du Cachemire. **2.** Vêtement en cachemire. **3.** Motif décoratif, coloré et sinueux, à l'origine celui des châles de cachemire, imprimé sur un tissu.

cache-misère n.m. inv. **1.** *Fam.* Vêtement ample que l'on porte sur une tenue usagée pour la dissimuler. **2.** *Fig.* Ce qui dissimule les défauts ou masque l'inefficacité d'une action : *Une émission littéraire qui est le cache-misère d'une chaîne de télévision.*

cache-nez n.m. inv. Longue écharpe de laine protégeant du froid le cou et le bas du visage.

cache-pot n.m. (pl. *cache-pots* ou inv.). Vase décoratif qui sert à dissimuler un pot de fleurs.

cache-poussière n.m. inv. **1.** *Anc.* Long pardessus ample et léger que portaient les automobilistes aux débuts de l'automobile. **2.** Long manteau, féminin ou masculin, remis à la mode dans les années 1960.

cache-prise n.m. (pl. *cache-prises* ou inv.). Dispositif de sécurité qu'on enfonce dans les alvéoles d'une prise de courant pour rendre ses contacts inaccessibles.

① **cacher** v.t. (du lat. *coactare*, contraindre) [conj. 3]. **1.** Mettre, placer dans un lieu secret, pour soustraire à la vue, aux recherches : *Les paysans cachaient les maquisards* (SYN. dissimuler ; CONTR. livrer). *Cacher des papiers personnels* (SYN. camoufler ; CONTR. étaler, montrer). **2.** Ne pas exprimer, ne pas laisser paraître ; masquer : *Cacher sa joie* (SYN. dissimuler, taire ; CONTR. afficher, avouer). **3.** Empêcher de voir ; dérober à la vue : *Un mur cache le parc* (SYN. masquer ; CONTR. dévoiler). *Des nuages cachent le soleil* (SYN. voiler). **4.** Déguiser un sentiment sous une attitude affectée : *Sa décontraction cache une détermination totale* (SYN. dissimuler ; CONTR. montrer, révéler). ▸ ***Cacher son jeu*** ou ***ses cartes,*** ne pas laisser paraître ses intentions. ◆ **se cacher** v.pr. Se soustraire aux regards, aux recherches : *Ils se sont cachés à l'arrivée du surveillant* (SYN. se terrer ; CONTR. se montrer). ▸ ***Ne pas se cacher de qqch*** ou ***de*** (+ inf.), en convenir : *Elle ne se cache pas de son intervention* ou *d'être intervenue en leur faveur.* ***Se cacher de qqn,*** lui cacher ce que l'on fait : *Téléphoner en se cachant de ses collègues* (= en cachette de).

② **cacher** ou **cachère** [kaʃɛr] adj. inv. → **kasher.**

cacherout [kaʃrut] n.f. → **kashrout.**

cache-sexe n.m. (pl. *cache-sexes* ou inv.). Triangle de tissu couvrant le sexe ; slip.

cachet n.m. (de *cacher*, presser). **1.** Tampon en métal ou en caoutchouc portant en relief le nom, la raison sociale, etc., de son possesseur ; marque apposée à l'aide de ce tampon : *Faire apposer le cachet de garantie* (SYN. sceau, timbre). *Le cachet de la poste porte le lieu, l'heure et la date du dépôt.* **2.** Sceau gravé, destiné à imprimer sur la cire les armes, les initiales de la personne ou de la société qui l'utilisent ; empreinte laissée par ce sceau : *Le cachet du ministère qui scellait le pli est intact* (SYN. estampille). **3.** Marque distinctive, aspect particulier qui retient l'attention ; caractère : *Ces toits de lauses ont du cachet* (SYN. originalité). **4.** Médicament en poudre contenu dans une enveloppe assimilable par l'organisme ; capsule, gélule : *Prendre un cachet tous les soirs.* **5.** Rétribution perçue pour une collaboration à un spectacle, à une émission : *Travailler au cachet.* ▸ ***Lettre de cachet,*** lettre fermée d'un cachet du roi, qui, avant la Révolution, donnait l'ordre d'emprisonner qqn.

cachetage n.m. Action de cacheter.

cache-tampon n.m. inv. Jeu d'enfants dans lequel l'un des joueurs cache un objet que les autres doivent retrouver.

cacheter v.t. (de *cachet*) [conj. 27]. **1.** Fermer une enveloppe en la collant : *Vous cachetterez les enveloppes* (CONTR. décacheter). **2.** Sceller avec de la cire, marquée ou non d'un cachet. ▸ ***Vin cacheté,*** vin en bouteille dont le bouchon est recouvert de cire ; vin fin.

cachetonner v.i. [conj. 3]. *Fam.* Pour un acteur, jouer de petits rôles mal payés : *Elle a cachetonné longtemps avant de percer.*

cachette n.f. Lieu propre à cacher ou à se cacher : *On a trouvé la cachette du ravisseur* (SYN. cache). *Une vieille maison pleine de cachettes* (= de coins et de recoins). ▸ ***En cachette,*** en secret, à la dérobée : *Naviguer sur Internet en cachette* (CONTR. ouvertement). ***En cachette de,*** à l'insu de : *Agir en cachette de tous* (CONTR. au vu et au su de).

cachexie [kaʃɛksi] n.f. (du gr. *kakos*, mauvais, et *hexis*, constitution). État d'amaigrissement et d'affaiblissement extrêmes, dû à la malnutrition ou à une maladie grave.

cachot n.m. Cellule où un prisonnier est mis à l'isolement : *Mettre qqn au cachot.*

cachotterie n.f. *Fam.* (Souvent au pl.). Secret de peu d'importance : *Faire des cachotteries* (SYN. mystère).

cachottier, ère adj. et n. *Fam.* Qui aime à faire des cachotteries : *Quel cachottier, il n'a rien dit !*

cachou n.m. (port. *cacho*, du tamoul) [pl. *cachous*]. Substance astringente extraite de la noix d'arec ; pastille aromatique parfumée avec cette substance. ◆ adj. inv. De la couleur brune du cachou : *Des tentures cachou.*

cacique n.m. (mot esp., d'une langue amérindienne). **1.** Notable local, en Espagne et en Amérique espagnole. **2.** Chef de certaines tribus indiennes d'Amérique. **3.** *Fam.* Personnage important (souvent péjor.) : *Les caciques d'un parti politique* (SYN. hiérarque).

cacochyme [kakɔʃim] adj. et n. (du gr. *kakos*, mauvais, et *khumos*, humeur). *Litt.* Se dit d'une personne en mauvaise santé (souvent par plaisanterie) : *Un vieillard cacochyme* (**SYN.** maladif, souffreteux ; **CONTR.** robuste, vigoureux).

cacographie n.f. (du gr. *kakos*, mauvais, et *graphein*, écrire). Mauvaise façon d'écrire (orthographe, style, lisibilité).

cacophonie n.f. (du gr. *kakos*, mauvais, et *phônê*, voix). **1.** Ensemble de sons, de bruits discordants, peu agréables à entendre : *C'est la première répétition, quelle cacophonie !* (**SYN.** tintamarre, vacarme ; **CONTR.** harmonie). **2.** Ensemble de mots ou de syllabes peu harmonieux : *La cacophonie d'un texte* (**SYN.** dissonance ; **CONTR.** euphonie, mélodie).

cacophonique adj. Qui tient de la cacophonie ; qui est peu harmonieux : *Des clameurs cacophoniques* (**SYN.** discordant).

cacosmie n.f. (du gr. *kakos*, mauvais, et *osmê*, odeur). Perception pathologique d'une odeur fétide.

cactus [kaktys] n.m. (gr. *kaktos*, artichaut épineux). Plante grasse épineuse.

c.-à-d. [setadir] adv. Abréviation écrite de *c'est-à-dire*.

cadastral, e, aux adj. Du cadastre ; conforme au cadastre : *Plan cadastral. Les registres cadastraux.*

cadastre n.m. (mot prov., du gr. *katastikhon*, registre). **1.** Ensemble des documents sur lesquels sont enregistrés le découpage d'un territoire en propriétés et en cultures ainsi que le nom des propriétaires des parcelles. **2.** Administration qui a la charge d'établir et de conserver ces documents.

cadavéreux, euse adj. Qui a l'apparence d'un cadavre : *Teint cadavéreux* (**SYN.** blême, cadavérique, cireux, livide).

cadavérique adj. **1.** Propre à un cadavre : *La rigidité cadavérique* (= le durcissement des muscles après la mort). **2.** Cadavéreux ; livide.

cadavre n.m. (lat. *cadaver*). **1.** Corps d'un être humain ou d'un animal mort : *On a découvert trois cadavres dans les décombres* (**SYN.** corps, dépouille). **2.** *Fam.* Bouteille dont on a bu le contenu. ▸ ***Cadavre ambulant,*** personne pâle et très maigre. ***Cadavre exquis,*** en littérature, jeu collectif consistant à composer des phrases à partir de mots que chacun écrit à son tour en ignorant ce qu'a écrit le joueur précédent : *« Le cadavre exquis a bu le vin nouveau » est une des premières phrases créées par les surréalistes, qui pratiquèrent beaucoup ce jeu.*

① **caddie** n.m. (mot angl., du fr. *cadet*). Personne qui porte les clubs d'un joueur de golf ; cadet.

② **Caddie** n.m. (nom déposé). Petit chariot métallique utilisé par les clients d'un magasin, les voyageurs d'une gare ou d'un aéroport.

cade n.m. Genévrier qui pousse dans le Midi.

cadeau n.m. (prov. *capdel*, lettre capitale ornementale, du lat. *caput*, tête). **1.** Chose que l'on offre à qqn pour lui faire plaisir : *Se cotiser pour offrir un cadeau à qqn* (**SYN.** présent, souvenir). **2.** (Employé en appos., avec ou sans trait d'union). Qui sert à présenter un cadeau : *Du papier cadeau. Des paquets-cadeaux.* ▸ *Fam.* ***Ce n'est pas un cadeau,*** c'est une chose déplaisante ; c'est une personne insupportable ou incompétente. ***Ne pas faire de cadeau à qqn,*** n'accepter aucune erreur de sa part ; ne pas le ménager.

cadeauter v.t. [conj. 3]. ▸ ***Cadeauter qqn de qqch,*** en Afrique, offrir qqch en cadeau à qqn.

cadenas [kadna] n.m. (prov. *cadenat*, du lat. *catena*, chaîne). Petite serrure mobile, munie d'un arceau métallique que l'on passe dans des pitons fermés ou dans les maillons d'une chaîne.

cadenasser v.t. [conj. 3]. Fermer avec un cadenas : *Toutes les malles doivent être cadenassées.*

cadence n.f. (it. *cadenza*, du lat. *cadere*, tomber). **1.** Rythme régulier et mesuré d'une succession de sons, de mouvements, d'actions, créant souvent un effet de répétition : *Les chevaux suivent la cadence de la musique* (**SYN.** mouvement, tempo). **2.** Rythme d'exécution d'une tâche : *Les cadences d'une chaîne de montage. C'est difficile de travailler à cette cadence* (**SYN.** allure, vitesse). **3.** Rythme produit par l'arrangement des mots, la disposition des accents et des pauses, en prose et surtout en poésie ; harmonie : *La cadence d'un alexandrin.* ▸ ***En cadence,*** selon un rythme régulier : *Les rameurs frappent l'eau en cadence.*

cadencé, e adj. Qui se produit sur un rythme régulier : *Le bruit cadencé d'une machine.* ▸ ***Pas cadencé,*** dont le rythme est régulier et marqué : *Défiler au pas cadencé.*

cadencer v.t. [conj. 16]. **1.** Donner un rythme régulier à : *Cadencer ses phrases* (**SYN.** rythmer). **2.** Faire qqch selon un certain rythme : *Les recrues apprennent à cadencer leur marche.*

cadet, ette n. et adj. (gascon *capdet*, du lat. *capitellum*, petite tête). **1.** Enfant qui vient après l'aîné ou qui est plus jeune qu'un ou plusieurs enfants de la même famille ; benjamin, puîné : *Elle est ma cadette* (**CONTR.** aîné). *Il a deux frères cadets.* **2.** Personne moins âgée et sans relation de parenté : *Il est mon cadet d'un an* (= il a un an de moins que moi). **3.** Jeune sportif, jeune sportive âgés de treize à seize ans. ▸ *Fam.* ***C'est le cadet de mes soucis,*** c'est ce qui me préoccupe le moins. ◆ adj. ▸ ***Branche cadette,*** lignée issue du cadet des enfants. ◆ **cadet** n.m. **1.** *Anc.* Jeune gentilhomme destiné à la carrière militaire. **2.** Élève officier : *Les cadets de Saumur.* **3.** Au golf, caddie.

cadi n.m. (d'un mot ar. signif. « celui qui décide »). Juge musulman dont la compétence s'étend aux affaires touchant la religion.

cadmium [kadmjɔm] n.m. (du gr.). Métal blanc utilisé pour faire des alliages.

cadogan n.m. → **catogan.**

cador n.m. (de l'ar. *quaddour*, puissant). *Arg.* **1.** Chien. **2.** Personnage puissant ou extrêmement compétent dans un domaine : *Les cadors de la grande distribution* (**SYN.** magnat). *Un cador en informatique* (**SYN.** as, champion).

cadrage n.m. Mise en place du sujet dans le champ du viseur d'un appareil photographique ou d'une caméra : *Modifier un cadrage en zoomant.*

cadran n.m. (lat. *quadrans*, quart). **1.** Surface portant les divisions d'une grandeur (temps, pression, vitesse) et devant laquelle se déplace une aiguille qui indique la valeur de cette grandeur : *Cadran d'une horloge, d'un baromètre.* **2.** Ancien dispositif manuel d'appel d'un téléphone : *Composer un numéro sur le cadran.*

▸ ***Cadran solaire,*** surface portant des divisions correspondant aux heures du jour et qui indique l'heure d'après la projection de l'ombre d'une tige plantée en son milieu et éclairée par le Soleil (**SYN.** gnomon). *Fam.* ***Faire le tour du cadran,*** dormir douze heures d'affilée.

① **cadre** n.m. (it. *quadro,* lat. *quadrus,* carré). **1.** Bordure ornementale d'un miroir, d'un tableau : *Ce cadre vieil or fait ressortir la douceur des couleurs* (**SYN.** encadrement). **2.** Assemblage de pièces rigides constituant l'armature de certains objets : *Une toile montée sur un cadre de bois* (**SYN.** bâti, châssis). *Le cadre d'une bicyclette. Le cadre d'une porte* (**SYN.** chambranle, encadrement). **3.** Ce qui borne, limite l'action de qqn, de qqch ; ce qui circonscrit un sujet : *Vous sortez du cadre de la loi. Sans sortir du cadre de mes fonctions* (**SYN.** champ, domaine, sphère). **4.** Ce qui entoure un objet, un lieu, une personne : *Vivre dans un cadre harmonieux* (**SYN.** décor, environnement). *Le cadre familial* (**SYN.** entourage, milieu). ▸ ***Dans le cadre de qqch,*** dans les limites de : *Une négociation menée dans le cadre d'un accord mondial.*

② **cadre** n. (de *1. cadre*). **1.** Salarié exerçant une fonction de direction, de conception ou de contrôle dans une entreprise et bénéficiant d'un statut particulier : *Cadre moyenne, supérieure. Les cadres* (= le personnel d'encadrement). **2.** Chacune des catégories de personnel de la fonction publique, définie par son statut.

cadrer v.i. (de *1. cadre*) [conj. 3]. **[avec].** Avoir un rapport avec ; s'accorder avec : *Cette initiative ne cadre pas avec sa personnalité* (**SYN.** concorder avec, correspondre à ; **CONTR.** contraster, détonner, jurer avec). ◆ v.t. Effectuer un cadrage : *Il a mal cadré les photos.*

cadreur, euse n. Technicien de cinéma ou de télévision chargé du maniement d'une caméra et de la détermination du champ de prise de vues pour composer l'image (**SYN.** cameraman [anglic.], opérateur de prises de vues).

caduc, uque [kadyk] adj. (lat. *caducus,* de *cadere,* tomber). **1.** Qui tombe chaque année : *Arbre à feuilles caduques* (**CONTR.** persistant). *Les bois du cerf sont caducs.* **2.** Qui n'a plus cours, qui n'est plus en usage ; désuet, suranné : *Un logiciel rendu caduc par une avancée informatique* (**SYN.** périmé, dépassé ; **CONTR.** moderne, nouveau). *Une conception caduque de l'économie* (**SYN.** abandonné, obsolète ; **CONTR.** actuel).

caducée n.m. (lat. *caduceus,* du gr. *kêrukeion,* bâton des hérauts). Emblème du corps médical, composé d'un faisceau de baguettes autour duquel s'enroule le serpent d'Esculape et que surmonte le miroir de la Prudence : *Elle a collé un caducée sur son pare-brise* (= un macaron attestant qu'elle est médecin).

caducifolié, e adj. (du lat. *caducus,* qui tombe, et *foliatus,* garni de feuilles). Se dit d'un arbre qui perd ses feuilles en hiver, ou à la saison sèche sous les tropiques (**CONTR.** sempervirent).

caducité n.f. Caractère d'un acte juridique qu'un fait postérieur a rendu caduc : *Son mariage a entraîné la caducité de la donation.*

cæcum [sekɔm] n.m. (du lat. *caecus,* aveugle). Cul-de-sac formé par la partie initiale du gros intestin et portant l'appendice vermiculaire.

cæsium [sezjɔm] n.m. → **césium.**

① **cafard, e** n. (d'un mot ar. signif. « renégat »). *Fam.* Personne qui dénonce (**SYN.** rapporteur).

② **cafard** n.m. (de *1. cafard*). **1.** Nom courant de la blatte (**SYN.** cancrelat). **2.** *Fam.* Tristesse, idées noires : *Avoir le cafard* (= être mélancolique, triste ; **SYN.** spleen [litt.]).

cafarder v.i. et v.t. [conj. 3]. *Fam.* Rapporter ce qui devrait être tu : *On vous le dit, mais n'allez pas cafarder* (= le répéter). *Cafarder qqn* (**SYN.** dénoncer). ◆ v.i. *Fam.* Avoir le cafard ; être triste, déprimé.

cafardeur, euse n. et adj. *Fam.* Dénonciateur.

cafardeux, euse adj. *Fam.* Qui dénote ou qui cause de la tristesse : *Avoir un air cafardeux* (**SYN.** déprimé, triste ; **CONTR.** gai, radieux). *Quelle ambiance cafardeuse !* (**SYN.** lugubre, maussade, morne ; **CONTR.** joyeux).

café n.m. (it. *caffè,* ar. *qahwa*). **1.** Graine du caféier, contenant un alcaloïde et un principe aromatique. **2.** Graines torréfiées du caféier : *Un paquet de café.* **3.** Boisson obtenue à partir de graines de café torréfiées : *Un café noir ou un café noisette ? Des cafés crème* ou *cafés-crème.* **4.** Établissement où l'on sert des boissons, de la restauration légère : *Retrouvons-nous au café du coin* (**SYN.** bar). **5.** Moment où l'on boit le café à la fin d'un repas : *Je vous rejoindrai pour le café.* ▸ *Fam.* ***C'est un peu fort de café,*** c'est incroyable ; c'est inadmissible. ◆ adj. inv. Qui est d'un brun presque noir : *Des écharpes café.* ▸ ***Café-au-lait,*** dont la couleur évoque cette boisson : *Des soies café-au-lait.*

café-concert n.m. (pl. *cafés-concerts*). *Anc.* Théâtre où l'on pouvait boire et fumer en assistant à un spectacle de variétés.

caféier n.m. Arbrisseau tropical cultivé pour ses fruits qui contiennent les graines de café.

caféine n.f. Alcaloïde du café, présent aussi dans le thé et le kola, utilisé comme tonique.

cafetan ou **caftan** [kaftɑ̃] n.m. (de l'ar.). Robe d'apparat, longue, avec ou sans manches, souvent richement brodée, portée dans les pays musulmans.

cafétéria n.f. (mot esp. signif. « magasin de café »). Établissement implanté dans un centre commercial ou administratif, une université, etc., où l'on sert des boissons, des repas légers.

café-théâtre n.m. (pl. *cafés-théâtres*). Café, petite salle où se donnent des pièces courtes, des spectacles souvent en marge des circuits traditionnels.

cafetier n.m. Patron d'un café.

cafetière n.f. Récipient ou appareil ménager utilisé pour préparer le café : *Une cafetière programmable.*

cafouillage ou **cafouillis** n.m. *Fam.* Fonctionnement défectueux, déroulement confus de qqch : *Au début, il y a toujours du cafouillage* (**SYN.** confusion, désordre).

cafouiller v.i. (mot picard, de *ca-,* préf. péjor., et *fouiller*) [conj. 3]. *Fam.* **1.** Fonctionner mal : *Ce logiciel cafouille un peu.* **2.** Agir d'une manière désordonnée, inefficace et confuse : *Le témoin a cafouillé* (**SYN.** s'embrouiller, s'empêtrer).

cafouillis n.m. → **cafouillage.**

caftan n.m. → **cafetan.**

cafter v.i. et v.t. (de *1. cafard*) [conj. 3]. *Arg. scol.* Dénoncer (**SYN.** moucharder [fam.]).

cage n.f. (lat. *cavea,* de *cavus,* creux). **1.** Espace clos par des barreaux ou du grillage pour enfermer des animaux : *Les gens se pressent devant la cage des singes. Les paons sont dans une grande cage* (= une volière). **2.** Dans certains sports (football, hockey, handball), volume délimité par les poteaux, la barre transversale et les filets qui y sont fixés ; enceinte grillagée ouverte délimitant la zone de lancement du disque et du marteau. ▸ ***Cage d'escalier, d'ascenseur,*** espace ménagé à l'intérieur d'un bâtiment pour recevoir un escalier, un ascenseur. ***Cage thoracique,*** partie du squelette, formée par les vertèbres dorsales, les côtes et le sternum, qui contient le cœur et les poumons.

cageot n.m. ou **cagette** n.f. (de *cage*). Emballage léger, à claire-voie, fait de lattes de bois et destiné au transport de fruits, de légumes ; son contenu : *Acheter un cageot de pêches* (**SYN.** clayette).

cagibi n.m. (mot de l'Ouest, de *cabas*, meubles à jeter). *Fam.* Petite pièce servant de remise ou de débarras : *Cagibi aménagé dans un renfoncement* (**SYN.** débarras, réduit).

cagnard n.m. (de l'anc. fr. *cagne*, chienne). **1.** Dans le Midi, grand soleil brûlant. **2.** En Suisse, petite pièce servant de débarras.

cagneux, euse adj. et n. (de l'anc. fr. *cagne*, chienne). **1.** Qui a les jambes rapprochées à la hauteur des genoux et écartées près des pieds ; tordu, en parlant des jambes, des genoux. **2.** Se dit d'un animal, notamm. d'un cheval, dont les pieds sont tournés en dedans (par opp. à panard).

cagnotte n.f. (prov. *cagnoto*, petite cuve). **1.** Caisse commune dans laquelle les membres d'une association, d'un groupe versent leur cotisation ; somme recueillie dans cette caisse : *Chacun a mis dix euros dans la cagnotte. Il est en train de compter la cagnotte.* **2.** Dans certains jeux de hasard, somme d'argent qui s'accumule au fil des tirages et qu'un joueur peut gagner dans sa totalité : *Cagnotte de dix millions pour le tirage de la Saint-Valentin.*

cagot, e n. et adj. (mot béarnais signif. « lépreux blanc », c.-à-d. « sans lésion apparente »). *Litt.* Personne qui affecte une dévotion outrée (= faux dévot ; **SYN.** bigot, tartuffe).

cagouille n.f. Dans le sud-ouest de la France, nom usuel de l'*escargot.*

cagoulard n.m. Membre de la Cagoule, organisation clandestine d'extrême droite active entre 1936 et 1941.

cagoule n.f. (lat. *cucullus*, capuchon). **1.** Passe-montagne en laine se prolongeant autour du cou, porté par les enfants. **2.** Capuchon encadrant de très près le visage, percé à l'endroit des yeux : *Les agresseurs portaient des cagoules.*

cahier n.m. (du lat. *quaterni*, quatre à quatre). **1.** Assemblage de feuilles de papier cousues ou attachées ensemble et protégées par une couverture, dont on se sert pour écrire ou dessiner : *Cahier à spirale. Cahier de musique, de brouillon.* **2.** En imprimerie, grande feuille imprimée, pliée, découpée au format et assemblée, constituant une partie d'un livre, d'un magazine : *Cahier de 16, 24, 32 pages.* ▸ ***Cahier des charges,*** document qui établit les obligations réciproques d'un fournisseur et d'un client, notamm. en ce qui concerne les caractéristiques techniques du produit, du projet à fournir. ***Cahier de textes,*** cahier sur lequel les élèves inscrivent les leçons qu'ils doivent apprendre, les devoirs qu'ils ont à faire. ◆ **cahiers** n.m. pl. ▸ ***Cahiers de doléances,*** documents dans lesquels les assemblées qui préparaient les états généraux de 1789 consignaient les réclamations et les vœux que leurs représentants devaient faire valoir.

cahin-caha adv. (onomat.). *Fam.* Tant bien que mal ; avec des hauts et des bas : *Les grands chantiers avancent cahin-caha* (**SYN.** péniblement).

cahot n.m. Secousse d'un véhicule due aux inégalités d'une chaussée : *Les cahots de l'autocar nous jetaient les uns contre les autres* (**SYN.** cahotement, soubresaut). ☞ **REM.** Ne pas confondre avec *chaos.*

cahotant, e adj. **1.** Qui cahote ; qui provoque des cahots : *Une vieille voiture cahotante* (= qui bringuebale). *Un chemin cahotant* (**SYN.** cahoteux). **2.** Qui est émaillé d'incidents, de difficultés ; qui est irrégulier : *La vie cahotante des réfugiés. Une écriture cahotante.*

cahotement n.m. Fait de cahoter, d'être cahoté : *Les cahotements de la voiture l'empêchent de dormir* (**SYN.** cahot, secousse, soubresaut).

cahoter v.t. (de l'all. *hotten*, secouer) [conj. 3]. Secouer par des cahots : *Le vieil autocar cahote les touristes* (**SYN.** ballotter, bringuebaler). ◆ v.i. Être secoué, ballotté : *Un camion qui cahote dans les ornières* (**SYN.** bringuebaler).

cahoteux, euse adj. Qui provoque des cahots : *Chemin cahoteux* (**SYN.** cahotant, inégal, raboteux). ☞ **REM.** Ne pas confondre avec *chaotique.*

cahute n.f. (croisement de *hutte* avec *cabane*). Petite cabane : *La cahute d'un marchand de gaufres* (**SYN.** baraque).

caïd [kaid] n.m. (d'un mot ar. signif. « chef »). **1.** *Anc.* Chef militaire, dans les pays arabes. **2.** *Fam.* Chef ; chef de bande : *Un caïd de la drogue.*

caïdat [kaida] n.m. **1.** Organisation d'un milieu social en bandes dominées par des caïds, notamm. dans les prisons. **2.** Domination exercée par un caïd, un chef de bande.

caïeu ou **cayeu** [kajø] n.m. (du lat. *catellus*, petit chien). Bourgeon secondaire qui se développe sur le côté du bulbe de certaines plantes : *Des caïeux d'ail* (**SYN.** gousse).

caillant, e adj. En Belgique, très froid : *Il fait caillant.*

caillasse n.f. *Fam.* Masse de cailloux cassés : *Marcher dans la caillasse* (**SYN.** pierraille).

caille n.f. (bas lat. *quaccula*, d'orig. onomat.). Oiseau voisin de la perdrix, migrateur, habitant les champs et les prairies des plaines.

caillé n.m. **1.** Lait caillé. **2.** Partie du lait obtenue par coagulation et servant à fabriquer le fromage.

caillebotis [kajbɔti] n.m. Treillis de bois ou de métal, servant de plancher amovible dans les endroits humides ou boueux, ou employé comme grille d'aération : *Le caillebotis d'une salle de douches.*

cailler v.t. (lat. *coagulare*, épaissir, figer) [conj. 3]. Transformer en caillots : *La présure caille le lait* (**SYN.** coaguler). ◆ v.i. ou **se cailler** v.pr. **1.** Se transformer en caillots : *Le sang caille* ou *se caille à l'air* (**SYN.** se coaguler). **2.** *Fam.* Avoir froid : *On caille* ou *on se caille ici* (**SYN.** geler, se geler). ▸ *Fam.* (En usage impers.). ***Il caille,*** il fait froid.

caillette n.f. (dimin. de l'anc. fr. *cail,* du lat. *coagulum,* présure). Quatrième poche de l'estomac des ruminants, qui sécrète le suc gastrique.

caillot n.m. (de *cailler*). Petite masse de liquide coagulé : *Un caillot de sang.*

caillou n.m. (mot gaul.) [pl. *cailloux*]. Fragment de pierre de petite dimension ; gravier : *Le sentier est plein de cailloux.* ▸ *Fam.* ***N'avoir plus un poil sur le caillou,*** être complètement chauve.

caillouteux, euse adj. Qui est plein de cailloux : *Sur le causse, le terrain est caillouteux* (**SYN.** pierreux, rocailleux).

cailloutis n.m. Cailloux concassés, utilisés pour empierrer les routes.

caïman [kaimɑ̃] n.m. (esp. *caimán,* du caraïbe). Crocodile de l'Amérique centrale et méridionale à museau court et large, et dont le cuir est recherché en maroquinerie.

caïque n.m. (du turc). Embarcation des mers d'Orient : *Un étroit caïque.*

cairn [kɛrn] n.m. (mot irland.). **1.** Tumulus de terre et de pierres recouvrant les sépultures mégalithiques. **2.** Monticule de pierres édifié par des explorateurs, des alpinistes pour marquer un repère, indiquer un passage.

caisse n.f. (prov. *caissa,* lat. *capsa,* boîte). **1.** Coffre, souvent en bois, servant à l'emballage et au transport de marchandises ou au rangement d'objets : *Décharger des caisses de magnétoscopes. Caisse à outils.* **2.** Boîte qui renferme un mécanisme ou protège un ensemble délicat : *La caisse d'une horloge.* **3.** Carrosserie d'un véhicule : *Recycler des caisses de voitures.* **4.** *Arg.* Automobile. **5.** Cylindre de certains instruments de musique à percussion ; l'instrument lui-même : *La caisse d'un tambour. Jouer de la grosse caisse.* **6.** Meuble, coffre ou tiroir où un commerçant range sa recette ; la recette elle-même : *Une caisse enregistreuse. Vérifier la caisse.* **7.** Comptoir d'un magasin où sont payés les achats : *Allez régler à la caisse et revenez avec votre ticket.* **8.** Guichet d'une administration où se font les paiements ; fonds qui y sont déposés. **9.** Organisme financier ou administratif qui reçoit et administre des fonds : *Caisse d'épargne.* **10.** Organisme de gestion d'un régime de sécurité sociale, de retraite. ▸ ***Caisse noire*** → **noir.** ***Livre de caisse,*** registre où sont inscrits les mouvements de fonds d'un établissement commercial ou bancaire.

caissette n.f. Petite caisse.

caissier, ère n. Personne qui tient la caisse d'un établissement commercial, d'une banque.

caisson n.m. **1.** Enceinte étanche employée dans les travaux publics pour travailler au-dessous du niveau de l'eau. **2.** Compartiment étanche d'un navire faisant partie de la coque et assurant sa flottabilité. **3.** En architecture, compartiment creux d'un plafond, orné de moulures, de peintures : *Un plafond à caissons.* ▸ *Fam.* ***Se faire sauter le caisson,*** se tuer d'une balle dans la tête.

cajoler v.t. (du moyen fr. *gayoler,* caqueter) [conj. 3]. Entourer de soins tendres, de paroles affectueuses : *Une mère qui cajole son bébé* (**SYN.** câliner, dorloter ; **CONTR.** malmener, rudoyer). ◆ v.i. Crier, en parlant du geai.

cajolerie n.f. Paroles, gestes tendres et caressants : *Les cajoleries d'une mère à son bébé* (**SYN.** câlinerie, caresse ; **CONTR.** brusquerie, brutalité).

cajoleur, euse adj. et n. Qui aime les cajoleries : *Un enfant cajoleur* (**SYN.** câlin, caressant, tendre ; **CONTR.** bourru, revêche).

cajou n.m. (tupi-guarani *cajú*) [pl. *cajous*]. ▸ ***Noix de cajou,*** nom usuel de l'*anacarde.*

cajun [kaʒœ̃] adj. et n. inv. en genre (déformation de *acadien*). Se dit des francophones de Louisiane, de leur parler, de leur culture : *Les parlers cajuns. La cuisine cajun.*

cake [kɛk] n.m. (mot angl.). Gâteau constitué d'une pâte aux œufs levée, dans laquelle on incorpore des fruits confits et des raisins secs imbibés de rhum.

cal n.m. (lat. *callum*) [pl. *cals*]. **1.** Durillon qui se forme sur la peau à l'endroit d'un frottement ; callosité. **2.** Cicatrice d'un os fracturé.

calage n.m. Action d'assurer l'équilibre de qqch dans une certaine position : *Le calage d'un bateau dans un bassin de radoub.*

calamar n.m. → **calmar.**

calame n.m. (lat. *calamus*). Dans l'Antiquité, roseau taillé que l'on utilisait pour écrire sur papyrus, sur parchemin.

calamine n.f. (lat. médiév. *calamina,* du gr. *kadmeia,* minerai de zinc). Résidu de la combustion d'un carburant qui encrasse les cylindres d'un moteur à explosion.

se **calaminer** v.pr. [conj. 3]. Se couvrir de calamine.

calamistré, e adj. (lat. *calamistratus,* frisé, de *calamus,* roseau). **1.** Se dit de cheveux frisés, ondulés au fer. **2.** (Emploi abusif). Se dit de cheveux recouverts de brillantine ou de gel coiffant.

calamité n.f. (lat. *calamitas*). Malheur, désastre qui frappe un grand nombre de personnes : *Cette tempête est une calamité* (**SYN.** cataclysme, catastrophe, fléau). *Le chômage et les calamités qu'il engendre* (**SYN.** douleur, misère ; **CONTR.** bonheur, joie).

calamiteux, euse adj. **1.** *Litt.* Qui s'accompagne de calamités ; qui a le caractère d'une calamité : *Son passage au pouvoir a été calamiteux* (**SYN.** désastreux, funeste ; **CONTR.** faste). *Un événement calamiteux pour l'économie* (**SYN.** nocif, pernicieux ; **CONTR.** bénéfique, propice). *Un roman calamiteux* (**SYN.** lamentable). **2.** Qui semble frappé par une calamité : *Un groupe de réfugiés calamiteux* (**SYN.** misérable, pitoyable ; **CONTR.** comblé, heureux).

calandre n.f. (bas lat. *calendra,* gr. *kulindros,* cylindre). Garniture, en matière plastique ou en métal, placée devant le radiateur d'une automobile.

calanque n.f. (prov. *calanco*). Crique étroite et profonde, aux parois rocheuses escarpées : *Les calanques de Marseille.*

calcaire adj. Qui contient du carbonate de calcium : *Roches, terrain calcaires.* ◆ n.m. Roche sédimentaire formée essentiellement de carbonate de calcium.

calcanéum [kalkaneɔm] n.m. (lat. *calcaneum,* talon). Os qui constitue le talon.

calcédoine n.f. (de *Chalcédoine,* ville de Bithynie). Silice translucide cristallisée, dont diverses variétés (cornaline, sardoine, agate, onyx) sont utilisées en joaillerie.

calcémie n.f. Concentration de calcium dans le sang.

calcification n.f. Apport et fixation de sels de calcium dans les tissus organiques.

calcifié, e adj. Qui a subi une calcification.

calciner v.t. [conj. 3]. **1.** Transformer des pierres calcaires en chaux par chauffage intense. **2.** Détruire par le feu : *Les décombres calcinés d'un bâtiment* (**SYN.** carboniser). **3.** Dessécher, griller une viande en la soumettant à une température trop élevée : *Le rôti va être calciné* (**SYN.** brûler, carboniser).

calcique adj. Relatif au calcium ; qui renferme du calcium.

calcium [kalsjɔm] n.m. **1.** Métal blanc, mou, fusible à 840 °C, obtenu par électrolyse de son chlorure et qui décompose l'eau à la température ordinaire : *Le calcaire, le plâtre, la craie sont des composés du calcium.* **2.** Élément chimique présent dans la nature, qui entre dans la composition de la coquille des escargots, des crustacés et des œufs et dont la présence dans le corps humain est indispensable à la solidité osseuse et au fonctionnement des cellules musculaires et nerveuses : *Le calcium est essentiellement contenu dans les produits laitiers.*

① **calcul** n.m. (de *calculer*). **1.** Opération ou ensemble d'opérations (addition, soustraction, multiplication, division) effectuées sur des nombres : *Le calcul d'une moyenne, d'une taxe. Il faut refaire tous les calculs.* **2.** Technique de la résolution des problèmes d'arithmétique élémentaire : *Être bon en calcul.* **3.** Mise en œuvre de règles opératoires, quelle qu'en soit la nature : *Calcul différentiel.* **4.** Action de calculer, d'évaluer la probabilité qu'une chose survienne ou réussisse : *Faire un bon, un mauvais calcul* (**SYN.** estimation, supputation). *Selon ses calculs, tout sera prêt* (**SYN.** prévision). **5.** Ensemble de mesures habilement combinées pour obtenir un résultat : *Le calcul sournois d'un adversaire* (**SYN.** manigance, manœuvre, menées). *Agir par calcul* (**SYN.** intérêt ; **CONTR.** désintéressement). ▸ ***Calcul mental,*** opérations arithmétiques effectuées de tête, sans recours à l'écriture.

② **calcul** n.m. (lat. *calculus*, petit caillou). Concrétion pierreuse pathologique qui se forme dans diverses cavités anatomiques : *Calcul biliaire, rénal.*

calculable adj. Qui peut se calculer.

① **calculateur, trice** adj. et n. **1.** Qui effectue des calculs ; qui sait calculer. **2.** *Péjor.* Qui agit par calcul : *Un homme d'affaires calculateur* (**SYN.** rusé, roublard ; **CONTR.** sincère, spontané).

② **calculateur** n.m. Machine de traitement de l'information susceptible d'effectuer automatiquement des opérations numériques, logiques ou analogiques.

calculatrice n.f. Petite machine qui effectue des opérations numériques.

calculer v.t. (du lat. *calculus*, petit caillou [servant à compter]) [conj. 3]. **1.** Déterminer par le calcul : *Calculer le montant que chacun doit verser* (**SYN.** chiffrer, compter). **2.** Évaluer, déterminer par la pensée, le raisonnement, en fonction de certains facteurs : *Calculer les risques d'échec* (**SYN.** estimer, prévoir, supputer). **3.** Combiner en vue d'un but déterminé ; préparer habilement : *Acteur qui calcule ses effets* (**SYN.** mesurer, peser). ◆ v.i. **1.** Faire des calculs : *Elle calcule très vite.* **2.** Dépenser avec mesure ou parcimonie : *Depuis qu'il est au chômage, la famille doit calculer* (**SYN.** compter). ▸ ***Machine à calculer,*** machine servant à faire automatiquement certains calculs. ◆ **se calculer** v.pr. Pouvoir être calculé.

calculette n.f. Calculatrice électronique de poche.

caldarium [kaldarjɔm] n.m. (mot lat.). Dans l'Antiquité romaine, partie des thermes où se trouvaient les piscines chaudes.

caldoche adj. et n. *Fam.* Se dit des Blancs de souche coloniale en Nouvelle-Calédonie.

① **cale** n.f. (all. *Keil*). Objet que l'on place sous ou contre un autre pour équilibrer celui-ci ou l'immobiliser : *Mettre une cale sous le pied d'une table. Placer une pierre en guise de cale derrière la roue de la voiture.*

② **cale** n.f. (de *2. caler*). Partie interne d'un navire, destinée à recevoir la cargaison : *Le grutier laisse tomber les ballots dans la cale.* ▸ ***Cale sèche,*** bassin que l'on peut mettre à sec pour y réparer un navire. *Fam.* ***Être à fond de cale,*** se retrouver dénué de toutes ressources.

calé, e adj. (p. passé de *1. caler*). *Fam.* **1.** Qui connaît beaucoup de choses : *Elle est calée en droit international* (**SYN.** fort, savant ; **CONTR.** ignare, ignorant). **2.** Difficile à comprendre ou à réaliser : *Une question calée* (**SYN.** ardu, compliqué, dur ; **CONTR.** aisé, facile, simple). **3.** Rassasié : *Je ne pourrais plus rien avaler, je suis calé* (**SYN.** gavé, repu ; **CONTR.** affamé).

calebasse n.f. (esp. *calabaza*, courge, citrouille). **1.** Fruit du calebassier et de diverses courges qui, vidé ou séché, est utilisé comme récipient et comme instrument de musique. **2.** *Fam.* Tête ; crâne.

calebassier n.m. Arbre des régions chaudes d'Amérique, qui fournit les calebasses.

calèche n.f. (all. *Kalesche*). *Anc.* Voiture hippomobile découverte, suspendue, à quatre roues, et munie d'une capote à soufflet.

caleçon n.m. (it. *calzoni*, de *calza*, chausses). **1.** Sous-vêtement masculin en forme de culotte : *Un caleçon long, court.* **2.** Pantalon féminin très collant, génér. en maille.

caleçonnade n.f. *Péjor.* Situation scabreuse, inconvenante ; pièce de théâtre fondée sur ce genre de situation.

calembour n.m. Jeu de mots fondé sur la différence de sens entre des mots qui se prononcent de la même façon : *« Ne pas confondre la sensualité et la sangsue alitée » est un calembour.*

calembredaine n.f. (Souvent au pl.). Propos extravagant ou futile : *Ce ne sont que des calembredaines* (**SYN.** baliverne, fadaise, sornette).

calendaire adj. Relatif au calendrier ; qui suit le calendrier : *Organisation calendaire d'un planning.*

calendes [kalɑ̃d] n.f. pl. (lat. *calendae*). Premier jour du mois chez les Romains. ▸ ***Renvoyer qqch aux calendes grecques,*** remettre qqch à une date qui n'arrivera jamais, les mois grecs n'ayant pas de calendes.

calendrier n.m. (lat. *calendarium*, registre de comptes, de *calendae*, calendes). **1.** Système de division du temps fondé sur les principaux phénomènes astronomiques : *Un calendrier lunaire, solaire.* **2.** Tableau des jours de l'année, disposés en semaines et en mois, indiquant éventuellement la commémoration des saints, les fêtes liturgiques ou laïques, etc. : *Regarde dans le calendrier quel jour tombe son anniversaire.* **3.** Programme des activités prévues ; emploi du temps : *Calendrier de fabrication d'un produit* (**SYN.** planning). *Mon calendrier du jour est très chargé* (**SYN.** agenda). ▸ ***Calendrier républicain,*** calendrier institué par la Convention nationale en 1793, qui resta en usage jusqu'en 1805.

cale-pied n.m. (pl. *cale-pieds*). Dispositif qui sert à maintenir le pied d'un cycliste sur la pédale d'un vélo.

calepin n.m. (de *Calepino,* auteur italien de dictionnaires). Petit carnet : *Je vais le noter dans* ou *sur mon calepin* (**SYN.** agenda).

① **caler** v.t. (de *1. cale*) [conj. 3]. **1.** Immobiliser, fixer avec une ou plusieurs cales : *Essayez de caler la porte avec ce bout de carton. Caler une armoire.* **2.** Régler le fonctionnement d'une machine, d'un appareil : *Caler un compresseur, une presse à imprimer.* ◆ **se caler** v.pr. S'installer confortablement : *Elle s'est calée dans un coin du canapé* (**SYN.** se carrer).

② **caler** v.t. (prov. *calar,* abaisser, du gr. *khalan,* détendre) [conj. 3]. **1.** Dans la marine, abaisser une voile, une vergue, un mât. **2.** Bloquer, arrêter brusquement : *Caler son moteur.* ◆ v.i. **1.** S'arrêter brusquement, en parlant d'un moteur, d'un véhicule : *Au feu rouge, la voiture a calé.* **2.** *Fam.* Abandonner ce qu'on a entrepris ; ne pas pouvoir continuer : *J'ai calé sur la dernière question* (**SYN.** s'incliner, renoncer ; **CONTR.** persévérer, poursuivre). *Pas de dessert, je cale* (= je suis rassasié).

calfatage n.m. Action de calfater.

calfater v.t. (anc. prov. *calfatar,* de l'ar.) [conj. 3]. Rendre étanches la coque, le pont d'un navire à l'aide d'étoupe et de mastic.

calfeutrage ou **calfeutrement** n.m. Action de calfeutrer ; fait d'être calfeutré : *Le calfeutrage de cette fenêtre nous permettrait d'avoir moins froid.*

calfeutrer v.t. (de *calfater* et *feutre*) [conj. 3]. Boucher les fentes d'une porte, d'une fenêtre, afin d'empêcher l'air et le froid de pénétrer : *Calfeutrer une porte avec un bourrelet.* ◆ **se calfeutrer** v.pr. S'enfermer : *Il a la varicelle et est obligé de se calfeutrer chez lui* (**SYN.** se claquemurer, se cloîtrer).

calibrage n.m. Action de calibrer : *Le calibrage des pommes après la cueillette* (= leur tri selon la grosseur). *Le calibrage d'un texte* (= le calcul du nombre de signes ou de lignes qu'il contient).

calibre n.m. (d'un mot ar. signif. « forme de chaussure »). **1.** Diamètre intérieur d'un cylindre creux, d'un objet sphérique : *Le calibre d'un tuyau.* **2.** Diamètre intérieur du canon d'une arme à feu : *Le calibre d'un pistolet.* **3.** Diamètre d'un projectile : *Un obus de gros calibre.* ▸ ***De ce calibre,*** de cette importance, de cette nature : *Une affaire de ce calibre peut t'attirer des ennuis* (**SYN.** envergure, taille). *Fam.* ***Un gros, un petit calibre,*** une personne considérée du point de vue de son importance dans un domaine : *C'est un gros calibre de la politique.*

calibrer v.t. [conj. 3]. **1.** Classer, trier selon la grosseur : *Calibrer des pommes de terre.* **2.** Dans l'imprimerie, compter les signes d'un texte pour en évaluer la longueur : *Calibrer une annonce publicitaire.* **3.** Mettre au diamètre, au calibre voulu : *Calibrer une balle de revolver.*

calice n.m. (lat. *calix, calicis,* coupe, du gr.). **1.** Dans la religion catholique, vase sacré dans lequel est consacré le vin, à la messe. **2.** Ensemble des sépales d'une fleur. ▸ *Litt.* ***Boire le calice jusqu'à la lie,*** supporter jusqu'au bout les pires vexations, les plus grands malheurs.

calicot n.m. (de *Calicut,* ville de l'Inde). **1.** Tissu de coton : *Un chemisier en calicot.* **2.** Bande d'étoffe portant une inscription : *Les lycéens préparent des calicots pour une manifestation* (**SYN.** banderole).

califat ou **khalifat** n.m. **1.** Dignité de calife ; durée de son règne. **2.** Territoire soumis à l'autorité d'un calife.

calife ou **khalife** n.m. Chef suprême de la communauté islamique, après la mort de Mahomet.

à **califourchon** loc. adv. (du breton *kall,* testicules, et de *fourche*). Dans la position d'un homme à cheval : *S'asseoir à califourchon sur un arbre couché* (**SYN.** à cheval).

câlin, e adj. et n. Qui aime les câlins ; qui exprime de la tendresse : *Un enfant très câlin* (**SYN.** affectueux, cajoleur, caressant). *Sa mère lui parla d'une voix câline* (**SYN.** aimant, tendre). ◆ **câlin** n.m. Échange de gestes tendres, de caresses affectueuses : *Le frère et la sœur se font un câlin.*

câliner v.t. (mot normand signif. « se reposer à l'ombre ») [conj. 3]. Faire un câlin à : *L'enfant câline son père* (**SYN.** cajoler, caresser).

câlinerie n.f. (Surtout au pl.). Attitude, manières câlines ; cajolerie : *Se faire des câlineries* (**SYN.** câlin, caresse).

calisson n.m. (prov. *calissoun,* clayon de pâtissier). Petit-four en forme de losange, en pâte d'amandes, au dessus glacé, qui est une spécialité d'Aix-en-Provence.

calleux, euse adj. Qui présente des cals, des callosités : *Les mains calleuses d'un jardinier* (**CONTR.** doux, fin). ▸ ***Corps calleux,*** lame épaisse de substance blanche, réunissant les hémisphères cérébraux.

call-girl [kolgœrl] n.f. (mot angl., de *call,* appel [téléphonique], et *girl,* fille) [pl. *call-girls*]. Prostituée que l'on appelle par téléphone.

calligramme n.m. (de *Calligrammes,* titre d'un recueil de G. Apollinaire). Texte, le plus souvent poétique, dont les mots sont disposés de manière à représenter un objet qui constitue le thème du poème : *Un calligramme d'Apollinaire représente une colombe poignardée et un jet d'eau.*

calligraphe n. Artiste spécialiste de calligraphie.

calligraphie n.f. (gr. *kalligraphia,* de *kallos,* beauté, et *graphein,* écrire). Art de former d'une façon élégante et ornée les caractères de l'écriture ; écriture ainsi formée : *Les moines s'adonnaient à la calligraphie. La calligraphie chinoise.*

calligraphier v.t. et v.i. [conj. 9]. Écrire en calligraphie : *Calligraphier un poème.*

callipyge adj. (du gr. *kallos,* beauté, et *pugê,* fesse). Se dit d'une statue de femme qui a de belles fesses : *Une Vénus callipyge.*

callosité n.f. Épaississement, durcissement de la peau dus à des frottements répétés ; cal, durillon.

calmant, e adj. Qui calme : *Boire une tisane calmante* (**SYN.** lénifiant, sédatif). ◆ **calmant** n.m. Médicament qui calme la nervosité ou la douleur : *Depuis son* *accident, il prend des calmants pour dormir* (**SYN.** sédatif, tranquillisant).

calmar ou **calamar** n.m. (it. *calamaro,* écritoire, en raison de la poche d'encre du calmar). Mollusque marin voisin de la seiche, recherché pour sa chair (**SYN.** encornet).

① **calme** n.m. (it. *calma,* du gr. *kauma,* chaleur étouffante). **1.** Absence d'agitation ; tranquillité : *Elle s'isole à la campagne pour écrire son livre dans le calme* (**SYN.** paix ; **CONTR.** agitation, tumulte). *Avoir besoin de calme pour se détendre* (**SYN.** quiétude [sout.]). **2.** Absence de nervosité ; maîtrise de soi : *Malgré la tempête, la navigatrice garde son calme* (**SYN.** assurance, sang-froid ; **CONTR.** énervement).

② **calme** adj. (de *1. calme*). **1.** Qui est sans agitation, sans animation vive : *Le voyage a été calme* (**SYN.** paisible ; **CONTR.** agité, mouvementé). *La maison est calme depuis que les enfants sont partis* (**SYN.** tranquille ; **CONTR.** bruyant). **2.** Qui reste maître de soi ; tranquille : *Un karatéka calme en toutes circonstances* (**SYN.** placide, serein ; **CONTR.** emporté, exalté). *Le bébé a été calme cette nuit* (**SYN.** paisible ; **CONTR.** agité). **3.** Qui a une activité réduite : *La boutique est calme pendant les vacances* (= il y a très peu de clients).

calmement adv. Avec calme : *Ce médecin parle toujours calmement à ses patients* (**SYN.** doucement, posément). *Le concert s'est déroulé calmement* (= sans incident).

calmer v.t. [conj. 3]. **1.** Rendre plus calme : *Le professeur a réussi à calmer les élèves* (**SYN.** apaiser ; **CONTR.** énerver, exciter). **2.** Rendre moins intense ; atténuer : *Ce massage a calmé mon mal de dos* (**SYN.** soulager ; **CONTR.** aviver). *Le psychiatre l'a aidé à calmer ses angoisses* (**SYN.** apaiser, tempérer ; **CONTR.** envenimer, exacerber). ▸ *Fam.* ***Calmer le jeu,*** détendre une situation trop tendue, une ambiance trop agressive. ◆ **se calmer** v.pr. **1.** Devenir moins intense : *Le vent s'est calmé* (**SYN.** s'apaiser, tomber). **2.** Retrouver son sang-froid : *Calme-toi, ils vont bien finir par baisser leur musique* (**SYN.** se contenir ; **CONTR.** s'emporter, s'énerver).

calomniateur, trice n. Personne qui calomnie (**SYN.** détracteur, diffamateur).

calomnie n.f. Accusation mensongère qui blesse la réputation, l'honneur : *Les calomnies de ses adversaires risquent de lui faire perdre les élections* (**SYN.** diffamation).

calomnier v.t. [conj. 9]. Atteindre qqn par des calomnies : *Il a dit que les journalistes l'ont calomnié* (**SYN.** dénigrer, diffamer).

calomnieux, euse adj. Qui calomnie : *Ce livre calomnieux a été retiré de la vente* (**SYN.** diffamatoire).

calorie n.f. (du lat. *calor,* chaleur). **1.** Ancienne unité de mesure de la quantité de chaleur qui équivalait à 4,185 joules. **2.** En diététique, unité de mesure de la valeur énergétique des aliments.

calorifère n.m. *Vieilli* Appareil pour chauffer les maisons par air chaud.

calorifique adj. Qui produit de la chaleur : *Un appareil calorifique.*

calorifuge adj. et n.m. Qui empêche la déperdition de chaleur : *La laine de verre est calorifuge.*

calorifuger v.t. [conj. 17]. Recouvrir avec un matériau calorifuge : *Calorifuger une soupente.*

calorimètre n.m. Instrument qui sert à mesurer les quantités de chaleur.

calorimétrie n.f. Mesure de la chaleur.

calorimétrique adj. Relatif à la calorimétrie.

calorique adj. **1.** Énergétique : *Une boisson calorique* (**CONTR.** diététique). **2.** Qui concerne la chaleur ; relatif à la chaleur : *Mesure calorique.* ▸ ***Ration calorique,*** en diététique, quantité de calories nécessaires à un organisme : *La ration calorique varie selon les individus.*

① **calot** n.m. (de l'anc. fr. *cale,* coiffure). Coiffure militaire à deux pointes, sans bords et sans visière.

② **calot** n.m. (de *écale*). Grosse bille à jouer.

calotin n.m. *Fam., péjor.* Partisan du cléricalisme ; bigot.

calotte n.f. (du moyen fr. *cale,* coiffure). **1.** Petit bonnet rond ne couvrant que le sommet du crâne : *Calotte de chirurgien.* **2.** Partie du chapeau qui emboîte le crâne. **3.** Coiffure que les membres du clergé catholique portent pendant le culte : *La calotte pourpre d'un cardinal.* **4.** *Fam.* Tape donnée sur la tête : *Donner une calotte à un enfant désobéissant.* ▸ ***Calotte crânienne,*** partie supérieure de la boîte crânienne. ***Calotte glaciaire,*** masse de neige et de glace recouvrant le sommet de certaines montagnes et les régions polaires. *Fam., péjor.* ***La calotte,*** le clergé ; les calotins.

calque n.m. **1.** Reproduction d'un dessin obtenue en suivant ses traits sur un papier transparent qui le recouvre : *Faire des calques d'une carte de l'Europe.* **2.** Papier-calque : *Utiliser du calque pendant le cours de sciences.* **3.** Reproduction exacte de qqch : *Ce château est un calque du château de Chambord* (**SYN.** copie, imitation). **4.** En linguistique, traduction mot à mot d'une construction, d'une langue dans une autre : *« Libre-penseur » est un calque de l'anglais « free thinker ».*

calquer v.t. (du lat. *calcare,* presser, fouler) [conj. 3]. **1.** Faire le calque d'un dessin : *Calquer une planche d'anatomie.* **2.** Imiter exactement : *Il calque sa coiffure et ses tenues vestimentaires sur celles d'un chanteur à la mode* (**SYN.** copier).

caluger v.i. (de *luge*) [conj. 17]. En Suisse, se renverser avec une luge ; fig., échouer.

calumet n.m. (forme normande de *chalumeau*). Pipe à long tuyau des Indiens de l'Amérique du Nord : *Ils fumèrent le calumet de la paix en signe de réconciliation.*

calvados [kalvados] n.m. (de *Calvados,* n.pr.). Eau-de-vie de cidre (abrév. fam. calva).

calvaire n.m. (lat. *calva,* crâne). **1.** Représentation peinte ou sculptée de la Passion du Christ sur la colline du Calvaire. **2.** Croix en plein air, commémorant la Passion du Christ : *Un calvaire breton.* **3.** Longue suite de souffrances physiques ou morales : *La vie des bagnards était un calvaire* (**SYN.** martyre). *Le fait d'être séparée de ses enfants fut pour elle un vrai calvaire* (**SYN.** supplice).

calvinisme n.m. Doctrine religieuse protestante issue de la pensée de Calvin et de la Réforme.

calviniste adj. et n. Relatif au calvinisme ; qui professe le calvinisme : *Un prêtre calviniste.*

calvitie [kalvisi] n.f. (du lat. *calvus*, chauve). Fait de ne plus avoir de cheveux ou presque plus de cheveux : *Calvitie précoce.*

camaïeu [kamajø] n.m. (p.-ê. d'un mot ar. signif. « bourgeon ») [pl. *camaïeux*]. Peinture où l'on emploie les différents tons d'une même couleur, du clair au foncé : *Des camaïeux anciens.*

camarade n. (de l'esp. *camarada*, chambrée). **1.** Personne avec laquelle on est lié par des activités communes ou par l'amitié : *Une réunion d'anciens camarades d'école* (**SYN.** ami, condisciple). *Ma camarade de bureau* (**SYN.** collègue). **2.** Appellation que se donnent entre eux les membres d'un parti de gauche, d'un syndicat ouvrier.

camaraderie n.f. Entente, solidarité entre camarades : *L'esprit de camaraderie qui naît dans les fêtes de quartier* (**SYN.** amitié ; **CONTR.** mésentente).

camard, e adj. et n. (de *camus*). *Litt.* Se dit d'un visage au nez plat et écrasé, ou de ce nez lui-même : *Un rugbyman au nez camard* (**SYN.** épaté). ◆ **camarde** n.f. (Avec une majuscule). *Litt.* La Mort, représentée comme un squelette : *« La Camarde qui ne m'a jamais pardonné / D'avoir semé des fleurs dans les trous de son nez »* [Georges Brassens, *Supplique pour être enterré sur une plage de Sète*].

camber v.t. [conj. 3]. En Suisse, enjamber.

cambiste n. et adj. (de l'it. *cambio*, change). Employé de banque qui effectue des opérations de change.

cambodgien, enne adj. et n. Du Cambodge (**SYN.** khmer). ◆ **cambodgien** n.m. Autre nom du khmer, langue du Cambodge.

cambouis n.m. Huile ou graisse noircie par le frottement des organes d'une machine : *Un moteur de locomotive plein de cambouis.*

cambré, e adj. Qui présente une cambrure : *Avoir les pieds cambrés* (**SYN.** arqué ; **CONTR.** plat).

cambrer v.t. (du lat. *camur*, arqué) [conj. 3]. Courber en forme d'arc : *La danseuse cambre les reins avant de sauter.* ◆ **se cambrer** v.pr. Se redresser en bombant le torse : *La gymnaste s'est cambrée.*

cambrien n.m. (du lat. *Cambria*, pays de Galles). En géologie, première période de l'ère primaire (paléozoïque inférieur).

cambriolage n.m. Action de cambrioler : *Il a été victime de deux cambriolages en un mois* (**SYN.** vol).

cambrioler v.t. (prov. *cambro*, chambre) [conj. 3]. Commettre un vol dans une habitation, un magasin en s'y introduisant par effraction : *La bijouterie vient d'être cambriolée* (**SYN.** dévaliser).

cambrioleur, euse n. Personne qui cambriole : *L'alarme s'est déclenchée à l'arrivée des cambrioleurs* (**SYN.** malfaiteur, voleur).

cambrousse ou **cambrouse** n.f. *Fam., péjor.* Campagne : *Leur maison est en pleine cambrousse.*

cambrure n.f. **1.** Courbure en arc ; état de ce qui est cambré : *Cambrure du dos.* **2.** Pièce qui, dans la semelle d'une chaussure, soutient la voûte plantaire.

cambuse n.f. **1.** Dans un navire, local dans lequel sont entreposés les vivres et le vin. **2.** *Fam.* Chambre, habitation sans confort.

① **came** n.f. (all. *Kamm*, peigne). Pièce mécanique tournante, servant à transformer un mouvement de rotation en un mouvement de translation : *Arbre à cames.*

② **came** n.f. (abrév. de *camelote*). *Fam.* **1.** Marchandise de mauvaise qualité : *Il vend sa came dans le métro* (**SYN.** pacotille). **2.** Drogue.

camée n.m. Pierre fine ornée d'une figure en relief (par opp. à intaille) : *Faire monter un camée en chevalière.*

caméléon n.m. (gr. *khamaileôn*, lion rampant). **1.** Lézard qui attrape les insectes avec sa longue langue et qui change de couleur selon l'environnement dans lequel il se trouve. **2.** *Fig.* Personne qui change facilement d'opinion : *Cette journaliste est un caméléon.*

camélia n.m. (du nom du père jésuite *Camelli*). **1.** Arbrisseau dont il existe de nombreuses espèces ornementales. **2.** Fleur de cet arbrisseau : *Accrocher un camélia blanc à sa boutonnière.*

camélidé n.m. (du lat. *camelus*, chameau). Mammifère ongulé des régions sèches, sans cornes, pourvu de canines supérieures, aux sabots très larges : *Le chameau, le dromadaire, le lama sont des camélidés.*

camelot n.m. (de l'arg. anc. *coesmelot*, petit mercier). Marchand ambulant qui vend des objets de pacotille : *Un lieu touristique envahi par les camelots* (**SYN.** colporteur).

camelote n.f. *Fam.* Marchandise de mauvaise qualité : *Ta nouvelle montre s'est arrêtée, c'est vraiment de la camelote* (**SYN.** pacotille).

camembert n.m. (de *Camembert*, village de l'Orne). **1.** Fromage à pâte molle fait à partir du lait de vache, fabriqué à l'origine en Normandie. **2.** *Fam.* Graphique rond divisé en secteurs : *Le camembert de la répartition des emplois par secteurs d'activités.*

se **camer** v.pr. [conj. 3]. *Fam.* Consommer de la drogue ; se droguer.

caméra n.f. (de l'angl. *movie camera*, du lat. *camera*, chambre). Appareil utilisé pour filmer des images, pour le cinéma ou la télévision : *Toutes les caméras sont braquées sur le président.*

cameraman [kameraman] n.m. (mot angl.) [pl. *cameramans* ou *cameramen*]. Personne chargée de filmer des images pour le cinéma ou la télévision ; cadreur.

camériste n.f. **1.** *Litt.* Femme de chambre. **2.** *Anc.* Dame d'honneur des femmes nobles, en Italie et en Espagne.

camerlingue n.m. (du germ. *kamerling*, chambellan). Cardinal qui a la charge des affaires de l'Église entre le décès d'un pape et l'élection d'un nouveau pape.

Caméscope n.m. (nom déposé). Caméra vidéo portative à magnétoscope intégré : *Filmer un mariage au Caméscope.*

camion n.m. Gros véhicule automobile servant au transport de lourdes charges ; poids lourd : *Les camions ne peuvent pas circuler sur l'autoroute le dimanche.*

camion-citerne n.m. (pl. *camions-citernes*). Camion servant à transporter des liquides : *Le camion-citerne décharge de l'essence à la station-service.*

camionnage n.m. Transport par camion : *Organiser le camionnage de maisons préfabriquées.*

camionner v.t. [conj. 3]. Transporter par camion : *Camionner des fruits, des meubles.*

camionnette n.f. Petit camion léger et rapide dont la charge ne peut dépasser 1 500 kg : *Le maraîcher transporte des caisses de légumes dans sa camionnette* (**SYN.** fourgonnette).

camionneur, euse n. Personne qui conduit un camion : *Les camionneurs ont barré l'autoroute pour faire entendre leurs revendications* (**SYN.** routier). ◆ **camionneur** n.m. Chef d'une entreprise de camionnage.

camisard n.m. (du languedocien *camiso,* chemise). Protestant des Cévennes qui s'insurgea contre l'Administration et les armées de Louis XIV après la révocation de l'édit de Nantes (1685).

camisole n.f. (prov. *camisola,* dimin. de *camisa,* chemise). **1.** *Anc.* Chemise de nuit courte. **2.** Au Québec, en Suisse, maillot de corps. ▸ *Péjor.* ***Camisole chimique,*** utilisation massive de tranquillisants pour calmer des malades. *Anc.* ***Camisole de force,*** blouse sans manches utilisée pour maîtriser les malades mentaux agités.

camomille n.f. (gr. *khamaimêlon,* pomme à terre, au sol). Plante odorante dont plusieurs espèces sont utilisées en infusion pour leurs vertus digestives.

Camorra n.f. (mot it.). Association secrète de malfaiteurs, équivalent napolitain de la Mafia.

camouflage n.m. **1.** Action de dissimuler du matériel de guerre, des troupes à l'observation ennemie ; son résultat : *Militaires en tenue de camouflage.* **2.** *Fig.* Action de dissimuler ou de déguiser la réalité : *Le camouflage du nombre réel de morts dans une guerre* (**SYN.** dissimulation). *Sa jovialité n'est qu'un camouflage* (**SYN.** déguisement).

camoufler v.t. (de *camouflet*) [conj. 3]. **1.** Rendre méconnaissable ou invisible : *Camoufler un piège avec des branchages* (**SYN.** dissimuler ; **CONTR.** exposer, montrer). **2.** Dissimuler sous une apparence trompeuse : *Camoufler un crime en accident* (**SYN.** déguiser, maquiller). *Camoufler sa timidité* (**SYN.** cacher ; **CONTR.** afficher, montrer). ◆ **se camoufler** v.pr. *Fam.* Se cacher : *Elle s'est prudemment camouflée derrière un arbre* (**SYN.** se dissimuler).

camouflet n.m. (de l'anc. fr. *chault mouflet,* fumée que l'on souffle au nez de qqn). *Litt.* Parole, action, situation humiliante : *Elle a essuyé beaucoup de camouflets avant d'imposer son projet* (**SYN.** avanie [litt.], offense, outrage).

camp [kɑ̃] n.m. (du lat. *campus,* champ). **1.** Lieu aménagé pour le stationnement ou l'instruction d'une armée ; l'armée elle-même : *Un camp militaire destiné à la formation des recrues* (**SYN.** cantonnement). *Le camp tout entier est à la manœuvre* (**SYN.** troupe). **2.** Lieu où l'on campe ; bivouac : *Les alpinistes ont établi un camp de base* (**SYN.** campement). **3.** Espace clos et gardé, sommairement équipé, où des personnes sont regroupées dans des conditions précaires et au mépris des droits fondamentaux : *Ce dictateur envoie les opposants politiques dans des camps.* **4.** Dans certains sports ou jeux, terrain défendu par une équipe ; cette équipe : *Les défenseurs restent dans leur camp. Le camp adverse domine.* **5.** Groupe de personnes défendant une idée et opposé à un autre groupe : *Le camp des défenseurs de la nature s'élargit* (**SYN.** parti). ▸ ***Camp de concentration*** → **concentration.** ***Camp d'extermination*** → **extermination.** ***Camp retranché,*** terrain entouré d'une enceinte fortifiée où campe une armée. *Fam.* ***Ficher le camp,*** s'en aller (**SYN.** déguerpir). *Litt.* ***Lever le camp,*** partir, se retirer.

campagnard, e adj. et n. Qui est de la campagne : *Un campagnard venu s'installer à Paris.*

campagne n.f. (forme normande de l'anc. fr. *champaigne,* vaste étendue de pays plat). **1.** Étendue de pays découvert et plat ou modérément accidenté (par opp. à bois, à montagne) : *Se promener dans la campagne.* **2.** Les régions rurales (par opp. à la ville) : *Respirer l'air de la campagne. Passer ses vacances à la campagne.* **3.** Expédition militaire, ensemble d'opérations militaires : *Les troupes sont en campagne.* **4.** Entreprise exigeant un ensemble de travaux, de durée déterminée, pour atteindre un but : *Campagne de fouilles.* **5.** Ensemble d'actions destinées à exercer une influence sur l'opinion, sur certaines personnes : *Le ministre de l'Éducation entreprend une campagne sur les méfaits du tabac. Campagne électorale. Faire campagne contre l'alcool au volant.* ▸ ***Entrer en campagne,*** commencer une entreprise quelconque : *Les militants écologistes sont entrés en campagne.* ***Se mettre en campagne,*** commencer à faire des démarches ou des recherches dans un but précis : *Se mettre en campagne pour que son enfant ait une place dans une crèche.*

campagnol n.m. (it. *campagnolo,* campagnard). Petit rongeur terrestre ou nageur, à queue courte et velue, très nuisible à l'agriculture.

campanile n.m. (mot it., de *campana,* cloche). **1.** Tour isolée d'une église qui contient les cloches. **2.** Petit clocher à jour, situé au sommet d'un édifice.

campanule n.f. (lat. *campanula,* petite cloche). Plante des champs ou des montagnes, dont les fleurs ont la forme d'une cloche.

campement n.m. **1.** Lieu équipé d'installations, d'abris provisoires ; camping : *Un campement de scouts* (**SYN.** bivouac, camp). **2.** Ensemble des personnes vivant dans un campement : *Le campement se réunit autour d'un feu.* **3.** *Fig.* Installation provisoire et rudimentaire : *Pour l'instant, mon studio est un campement.*

camper v.i. [conj. 3]. **1.** Établir un camp militaire : *Camper près de la frontière* (**SYN.** bivouaquer, cantonner). **2.** S'installer provisoirement quelque part : *En attendant qu'un logement se libère, elle campe chez sa sœur.* **3.** Faire du camping : *Camper au bord de la mer.* ▸ ***Camper sur ses positions,*** ne pas vouloir renoncer à une opinion. ◆ v.t. **1.** Exprimer, représenter un personnage, une scène avec vigueur et précision : *Cette romancière campe à merveille les Américains moyens* (**SYN.** croquer, saisir). *Il campe un colonel Chabert terriblement émouvant* (**SYN.** interpréter). **2.** *Vieilli* Poser, placer qqch hardiment : *Camper son chapeau sur sa tête.* ◆ **se camper** v.pr. Prendre une pose solide, fière, décidée : *Il se campa devant le coupable* (**SYN.** se dresser, se planter).

campeur, euse n. Personne qui fait du camping.

camphre n.m. (de l'ar.). Substance aromatique

extraite du camphrier, qui se présente sous forme de cristaux : *Une pommade au camphre.*

camphré, e adj. Qui contient du camphre : *Huile camphrée.*

camphrier n.m. Laurier d'Asie, dont on extrait le camphre.

camping [kɑ̃piŋ] n.m. (mot angl., de *to camp,* camper). **1.** Mode de séjour touristique consistant à vivre sous une tente ou dans une caravane avec un matériel adéquat : *Faire du camping pendant les vacances.* **2.** Lieu aménagé pour cette activité : *Cette ville possède plusieurs campings.*

camping-car [kɑ̃piŋkar] n.m. (mot angl., de *to camp,* camper, et *car,* voiture) [pl. *camping-cars*]. Fourgonnette aménagée pour faire du camping ; autocaravane.

Camping-Gaz [kɑ̃piŋgaz] n.m. inv. (nom déposé). Petit réchaud de camping à gaz butane.

campus [kɑ̃pys] n.m. (mot anglo-amér., du lat. *campus,* plaine, champ). Ensemble universitaire regroupant les unités d'enseignement et des résidences pour les étudiants.

camus, e [kamy, yz] adj. (de *museau*). Se dit d'un nez court et plat : *Un boxeur au nez camus* (SYN. aplati, camard [litt.], épaté).

canada n.f. Pomme reinette d'une variété à peau jaune ou gris-beige : *Cueillir des canadas.*

Canadair n.m. (nom déposé). Avion équipé de réservoirs à eau pour lutter contre les incendies de forêt ; bombardier d'eau.

canadianisme n.m. Mot, expression, tournure particuliers au français ou à l'anglais parlés au Canada.

canadien, enne adj. et n. Relatif au Canada, à ses habitants : *Le succès des chanteuses canadiennes. Un Canadien français.*

canadienne n.f. **1.** Veste doublée de fourrure, à col enveloppant. **2.** Petite tente de camping à deux mâts.

canaille n.f. (de l'it. *cane,* chien). **1.** Individu méprisable, malhonnête : *Cet homme est une canaille qui vend de la drogue* (SYN. crapule, gredin, vaurien). **2.** (Par plaisanterie). Enfant espiègle : *Qu'a donc encore inventé cette petite canaille ?* (SYN. coquin, polisson). ◆ adj. **1.** Dont l'honnêteté est douteuse : *Méfiez-vous, il est un peu canaille* (SYN. crapuleux, malhonnête ; CONTR. honnête, probe [litt.]). **2.** D'une vulgarité un peu étudiée ; populacier : *Prendre un air canaille.*

canaillerie n.f. *Litt.* **1.** Caractère canaille, grivois de qqn, de qqch. **2.** Acte malhonnête, indélicat.

canal n.m. (du lat. *canna,* roseau, tuyau) [pl. *canaux*]. **1.** Voie d'eau artificielle : *La péniche remonte le canal. Des canaux d'irrigation. Le canal de Suez.* **2.** Bras de mer : *Le canal de Mozambique* (SYN. détroit). **3.** Conduit servant au transport des liquides ou des gaz. **4.** Conduit naturel permettant l'écoulement de liquides organiques autres que le sang : *Canal biliaire.* **5.** Portion des fréquences radioélectriques destinée à être utilisée par un émetteur de radio ou de télévision : *Une nouvelle chaîne est diffusée sur ce canal.* ▸ ***Canal de distribution,*** filière suivie par un produit pour aller du producteur au consommateur. ***Par le canal de,*** par l'intermédiaire de : *Apprendre son licenciement par le canal d'un collègue.*

canalisable adj. Qui peut être canalisé : *Ce fleuve n'est pas canalisable.*

canalisation n.f. **1.** Action de canaliser ; son résultat : *La canalisation d'un cours d'eau.* **2.** Conduite, tuyauterie assurant la circulation d'un fluide : *Enterrer des canalisations de gaz* (SYN. gazoduc, tuyau).

canaliser v.t. [conj. 3]. **1.** Rendre navigable en aménageant comme un canal, en régularisant le débit : *Canaliser une partie d'un fleuve.* **2.** Diriger dans une direction déterminée en empêchant l'éparpillement, la dispersion : *Les moniteurs canalisent les enfants vers le car* (SYN. aiguiller, orienter ; CONTR. disperser). *Elle est chargée de canaliser les méls de commande* (SYN. centraliser, réunir).

canapé n.m. (du gr. *kônôpeion,* moustiquaire). **1.** Long siège à dossier et à accoudoirs, où plusieurs personnes peuvent s'asseoir : *S'asseoir dans le canapé pour regarder la télévision* (SYN. sofa). **2.** Petite tranche de pain de mie garnie d'aliments variés : *Canapés au foie gras.* **3.** Tranche de pain frite au beurre sur laquelle on dispose certains mets : *Cailles sur canapé.*

canapé-lit n.m. (pl. *canapés-lits*). Canapé transformable en lit (SYN. convertible).

canaque adj. et n. → **kanak.**

canard n.m. (de l'anc. fr. *caner,* caqueter). **1.** Oiseau aquatique pourvu de palmes, au vol puissant, migrateur à l'état sauvage : *Un élevage de canards. Un vol de canards sauvages.* **2.** Fausse note criarde : *Le saxophoniste fait des canards* (SYN. couac). **3.** Morceau de sucre trempé dans le café, dans une liqueur. **4.** Tasse à bec utilisée pour faire boire les malades. **5.** *Fam.* Journal : *Un canard d'étudiants.* **6.** *Fam.* Fausse nouvelle : *Sa candidature à la mairie n'était qu'un canard* (SYN. rumeur). ▸ ***Canard boiteux,*** membre d'un groupe qui fait preuve de moins d'aptitudes que les autres : *C'est le canard boiteux du gouvernement* ; entreprise en difficulté, à la suite d'une mauvaise gestion.

canarder v.t. [conj. 3]. *Fam.* Tirer, lancer des projectiles sur qqn, en étant soi-même à l'abri : *Cachée derrière un arbre, elle canarde les enfants de boules de neige* (SYN. mitrailler).

① **canari** n.m. (esp. *canario,* du nom des îles *Canaries*). Petit oiseau des îles Canaries, de couleur jaune verdâtre (SYN. serin). ◆ adj. inv. D'un jaune tirant sur le vert : *Des housses canari.*

② **canari** n.m. (d'une langue amérindienne). En Afrique et aux Antilles, vase en terre cuite pour l'eau potable.

canasson n.m. (de *canard*). *Fam., péjor.* Cheval : *Ce canasson n'avance pas* (SYN. haridelle [vieilli]).

canasta n.f. (mot esp. signif. « corbeille »). Jeu qui se pratique avec deux jeux de 52 cartes et 4 jokers, et qui consiste à réaliser le plus grand nombre de séries de sept cartes de même valeur ; série ainsi constituée.

① **cancan** n.m. (du lat. *quamquam,* quoique). *Fam.* Bavardage malveillant : *Ces cancans l'ont obligé à démissionner* (SYN. commérage, médisance).

② **cancan** n.m. (de *canard*). Danse excentrique, en vogue dans les cabarets depuis la fin du XIXe siècle : *Une danseuse de French cancan.*

cancaner v.i. [conj. 3]. **1.** *Fam.* Tenir des propos malveillants ; faire des commérages : *Cancaner sur la* *rapide promotion d'une animatrice de télévision* (**SYN.** bavarder, jaser). **2.** Crier, en parlant du canard.

cancanier, ère adj. et n. Qui a l'habitude de tenir des propos malveillants : *Leurs voisins sont cancaniers* (**SYN.** bavard, médisant ; **CONTR.** discret).

cancer [kɑ̃sɛr] n.m. (mot lat. signif. « crabe »). **1.** Tumeur formée par la prolifération anormale des cellules d'un tissu ou d'un organe ; grave maladie qui en résulte : *Être atteint d'un cancer du foie, des poumons.* **2.** *Fig.* Mal qui se répand dangereusement au sein d'un groupe : *La corruption est le cancer de cette institution.* ◆ **Cancer** n. inv. et adj. inv. Personne née sous le signe du Cancer, commençant le 22 juin, finissant le 22 juillet : *Mes enfants sont Cancer.*

cancéreux, euse adj. Du cancer ; de la nature du cancer : *Tumeur cancéreuse.* ◆ adj. et n. Atteint d'un cancer : *Soigner des cancéreux.*

cancérigène ou **cancérogène** adj. Qui peut provoquer l'apparition d'un cancer ; carcinogène, oncogène : *Des éléments radioactifs cancérigènes. Le tabac est cancérigène.*

cancérogenèse n.f. Processus de formation du cancer ; carcinogenèse.

cancérologie n.f. Discipline médicale qui étudie et traite le cancer ; carcinologie, oncologie.

cancérologue n. Médecin spécialiste du cancer ; oncologiste, oncologue.

cancoillotte [kɑ̃kwajɔt] n.f. (de l'anc. fr. *caillote*, lait caillé). Fromage à pâte molle fabriqué en Franche-Comté.

cancre n.m. (du lat. *cancer*, crabe). *Fam.* Élève paresseux et qui ne réussit pas : *Tu es un cancre, tu n'arriveras à rien !*

cancrelat n.m. Nom courant de la blatte (**SYN.** cafard).

candela [kɑ̃dela] n.f. (mot lat. signif. « chandelle »). Unité de mesure d'intensité lumineuse.

candélabre n.m. (du lat. *candela*, chandelle). Grand chandelier à plusieurs branches.

candeur n.f. (du lat. *candor*, blancheur). Ingénuité proche de la naïveté ; parfaite innocence : *Sa candeur l'a amené à se laisser entraîner dans une secte* (**SYN.** crédulité ; **CONTR.** méfiance). *La candeur des enfants* (**SYN.** pureté ; **CONTR.** cynisme).

candi, e adj. (d'un mot ar. signif. « sucre cristallisé »). **1.** Se dit du sucre purifié et cristallisé en gros cristaux. **2.** Se dit d'un fruit enrobé de sucre candi : *Une orange candie.*

candidat, e n. (du lat. *candidus*, blanc, les candidats aux fonctions publiques s'habillant de blanc dans la Rome antique). **1.** Personne qui aspire à un titre, qui se présente à une élection : *Les candidats à la mairie.* **2.** Personne qui postule un emploi : *Faire passer un entretien à chaque candidat* (**SYN.** postulant). **3.** Personne qui se présente à un examen, à un concours : *Un candidat sur deux est admis à l'issue du concours. Les candidats d'un jeu télévisé.*

candidature n.f. **1.** Fait d'être candidat ; action de se porter candidat : *Poser sa candidature dans plusieurs entreprises.* **2.** En Belgique, premier cycle des études universitaires.

candide adj. (du lat. *candidus*, blanc). Plein de candeur ; d'une grande ingénuité : *Elle a l'air candide mais c'est une redoutable négociatrice* (**SYN.** ingénu, innocent, naïf ; **CONTR.** retors, rusé). *Question candide* (**SYN.** innocent, naïf). *Une personne candide qui ne connaît pas le mal* (**SYN.** pur ; **CONTR.** cynique, fourbe).

candidement adv. Avec candeur : *Donner candidement son numéro de carte bleue à un inconnu* (**SYN.** ingénument, naïvement).

candidose n.f. Mycose provoquée par une levure appelée *candida.*

cane n.f. Femelle du canard. ☞ **REM.** Ne pas confondre avec *canne.*

caneton n.m. Petit du canard.

① **canette** n.f. Petite cane.

② **canette** ou **cannette** n.f. (du lat. *canna*, roseau, tuyau). **1.** Petite boîte métallique cylindrique contenant une boisson ; son contenu : *Prendre une canette dans un distributeur de boissons. Boire une canette de soda.* **2.** Petit cylindre autour duquel on enroule le fil sur un métier à tisser ou sur une machine à coudre.

canevas n.m. (de l'anc. fr. *chenevas*, chanvre). **1.** Grosse toile claire à tissage peu serré sur laquelle on exécute la tapisserie à l'aiguille ; travail de tapisserie effectué sur cette toile : *Chaque automne, elle commence un canevas.* **2.** Ensemble des principaux points d'une œuvre littéraire, d'un exposé, d'un article ; schéma général : *Présenter le canevas d'un cours* (**SYN.** plan, structure). *Le canevas d'un roman* (**SYN.** trame).

caniche n.m. (de *cane*, ce chien aimant barboter). Chien d'agrément à poils frisés : *Des caniches abricot.*

caniculaire adj. Qui relève de la canicule : *Le mois d'août a été caniculaire* (**CONTR.** frais). *Un temps caniculaire* (**SYN.** torride ; **CONTR.** glacé).

canicule n.f. (lat. *canicula*, petite chienne, nom donné à l'étoile Sirius). Période de très grande chaleur ; cette chaleur : *Plusieurs personnes ont eu un malaise pendant la canicule.*

canidé n.m. (du lat. *canis*, chien). Mammifère carnivore aux griffes non rétractiles, tel que le loup, le chien, le chacal.

canif n.m. Petit couteau de poche à une ou plusieurs lames repliables : *Il a toujours un canif dans sa poche.*

canin, e adj. (du lat. *canis*, chien). Relatif au chien : *Le caniche et le berger allemand sont des représentants de l'espèce canine.*

canine n.f. (de *canin*). Dent, souvent pointue, située entre les incisives et les prémolaires, chez les mammifères : *Les canines du chien sont appelées « crocs ».*

canisse n.f. → **cannisse.**

canitie n.f. (du lat. *canus*, blanc). État de décoloration complète ou partielle des cheveux, qui deviennent blancs naturellement ou accidentellement.

caniveau n.m. **1.** Canal d'évacuation des eaux, placé de chaque côté d'une chaussée : *Le chien fait ses besoins dans le caniveau.* **2.** Conduit dans lequel on fait passer des tuyaux, des câbles électriques pour les protéger.

canna n.m. (mot lat. signif. « roseau »). Fleur tropicale ornementale.

cannabis [kanabis] n.m. (mot lat. signif. « chanvre »). **1.** Chanvre indien. **2.** Drogue dérivée du chanvre indien, telle que le haschisch ou la marijuana.

cannage n.m. Action de canner un siège ; garniture cannée d'un siège : *Le chat fait ses griffes sur le cannage du fauteuil.*

canne n.f. (lat. *canna,* roseau, tuyau). **1.** Bâton sur lequel on s'appuie en marchant : *Le promeneur prit un bâton en guise de canne.* **2.** Nom usuel de certains roseaux ou bambous. **3.** Long tube servant à souffler le verre. ▸ ***Canne anglaise,*** munie d'un support pour l'avant-bras et d'une poignée pour la main ; béquille : *Tant que sa jambe est plâtrée, il doit se déplacer avec des cannes anglaises.* ***Canne à pêche,*** perche flexible au bout de laquelle s'attache la ligne. ***Canne à sucre,*** plante tropicale cultivée pour le sucre extrait de sa tige. ***Canne blanche,*** canne utilisée par une personne aveugle. ☞ **REM.** Ne pas confondre avec *cane.*

canné, e adj. Garni d'un cannage de jonc, de rotin : *Un siège canné.*

canneberge n.f. Arbrisseau des tourbières de montagne, qui fournit une baie comestible ; cette baie rouge acidulée. ☞ **REM.** Au Québec, on dit aussi *atoca.*

canne-épée n.f. (pl. *cannes-épées*). Canne creuse dissimulant une épée.

cannelé, e adj. Orné de cannelures : *Les colonnes cannelées des anciens temples grecs.*

cannelier n.m. Arbre du genre laurier, de l'Inde, de Ceylan, de Chine, dont l'écorce fournit la cannelle.

① **cannelle** n.f. (de *canne,* roseau). Poudre que l'on obtient en raclant l'écorce du cannelier, employée comme aromate : *Mettre de la cannelle dans une compote.* ▸ ***Pomme cannelle,*** fruit comestible d'un arbre des régions tropicales : *Des pommes cannelle.* ◆ adj. inv. De la couleur brun clair de la cannelle : *Un maquillage aux tons cannelle.*

② **cannelle** n.f. (de *canne,* tube, tuyau). Robinet d'un tonneau.

cannelloni n.m. (mot it., de *canna,* roseau, tuyau) [pl. *cannellonis*]. Dans la cuisine italienne, pâte roulée en cylindre et farcie : *Des cannellonis.*

cannelure n.f. **1.** En architecture, rainure verticale creusée sur une colonne. **2.** Chacune des stries parallèles qui ornementent la tranche d'une pièce de monnaie.

canner v.t. [conj. 3]. Garnir le fond, le dossier d'un siège d'un treillis de jonc, de rotin : *Canner des chaises.*

cannette n.f. → **2. canette.**

① **cannibale** adj. et n. (du caraïbe *caribe,* hardi, terme par lequel se désignent les Caraïbes). Se dit d'un homme qui mange de la chair humaine (**SYN.** anthropophage). ◆ adj. Qui dévore les animaux de sa propre espèce : *Cette espèce de poisson est cannibale.*

② **cannibale** n.m. En Belgique, steak tartare servi sur un toast.

cannibalisation n.f. Action de cannibaliser ; fait d'être cannibalisé : *La cannibalisation d'un ancien modèle par un nouveau.*

cannibaliser v.t. [conj. 3]. **1.** Récupérer les pièces détachées en bon état d'un objet, d'un appareil hors d'usage afin de les utiliser sur un autre : *Cannibaliser un ordinateur.* **2.** En parlant d'un produit, concurrencer un autre produit de la même maison, jusqu'à occuper sa place sur le marché : *Ce cédérom risque de cannibaliser l'encyclopédie.*

cannibalisme n.m. Fait pour un homme, un animal de manger ses semblables : *La tribu de Vendredi dans « Robinson Crusoé » pratiquait le cannibalisme* (**SYN.** anthropophagie).

cannisse ou **canisse** n.f. (mot prov., de *canne*). Tige de roseau que l'on assemble en claies pour servir de coupe-vent.

canoë [kanɔe] n.m. (mot angl., d'une langue amérindienne). **1.** Embarcation légère et portative, à fond plat, propulsée par une pagaie simple. **2.** Sport pratiqué avec cette embarcation : *Faire du canoë sur une rivière.*

canoéiste n. Personne qui pratique le canoë.

canoë-kayak [kanɔekajak] n.m. sing. Ensemble des épreuves disputées avec un canoë ou un kayak.

① **canon** n.m. (de l'it. *canna,* tube, du lat.). **1.** Pièce d'artillerie non portative servant à lancer des projectiles lourds : *Canon antiaérien.* **2.** Dans une arme à feu, tube par lequel passe le projectile : *Nettoyer le canon d'un fusil.* ▸ ***Canon à neige,*** appareil utilisé pour projeter de la neige artificielle sur les pistes de ski.

② **canon** n.m. (gr. *kanôn,* règle). **1.** Décret, règle concernant la foi ou la discipline religieuse : *Les canons de l'Église.* **2.** Dans l'Antiquité, ensemble de règles servant à déterminer les proportions idéales du corps humain : *Le canon des sculpteurs grecs* (**SYN.** idéal, modèle). **3.** *Litt.* Principe servant de règle ; objet pris comme modèle : *Certains journaux féminins imposent des canons de beauté.* **4.** Composition musicale à deux ou plusieurs voix qui entrent l'une après l'autre à intervalles identiques en répétant le même motif mélodique : *Chanter « Frère Jacques » en canon.* ◆ adj. ▸ ***Droit canon,*** droit ecclésiastique.

③ **canon** adj. inv. *Fam.* Se dit d'une femme très belle : *Elles sont vraiment canon.* ◆ n.m. Très belle femme : *Ses sœurs sont des canons* (**SYN.** beauté).

cañon n.m. → **canyon.**

canonial, e, aux adj. **1.** Réglé par les canons de l'Église. **2.** Relatif aux chanoines.

canonique adj. **1.** Conforme aux canons de l'Église. **2.** Qui est conforme aux règles ordinaires ; qui correspond à la norme ; normal, régulier. ▸ ***Âge canonique,*** âge minimal de quarante ans imposé aux servantes des ecclésiastiques ; fig., âge respectable. ***Droit canonique,*** droit canon.

canonisation n.f. Action de canoniser ; proclamation solennelle du pape en faisant état.

canoniser v.t. [conj. 3]. Admettre une personne au nombre des saints.

canonnade n.f. Échange ou succession de coups de canon : *La canonnade a duré toute la journée.*

canonner v.t. [conj. 3]. Tirer au canon sur un objectif : *Canonner un fort.*

canonnier n.m. Militaire spécialisé dans le tir au canon.

canonnière n.f. Petit bateau armé de canons et employé sur les fleuves et près des côtes.

canope n.m. Urne funéraire de l'Égypte pharaonique, qui contenait les viscères des morts.

canopée n.f. (de l'angl.). Étage supérieur de la forêt tropicale humide, qui abrite la majorité des espèces animales et végétales de la forêt.

canot n.m. (esp. *canoa,* mot caraïbe). **1.** Embarcation non pontée mue à la rame, à la voile ou grâce à un moteur : *Se promener en canot pneumatique sur un étang.* **2.** Au Québec, embarcation légère, à extrémités relevées, mue à la pagaie. ▸ ***Canot de sauvetage,*** embarcation munie de caissons insubmersibles, qui sert à porter secours en mer aux naufragés.

canotage n.m. Action de canoter : *Le canotage est interdit sur ce lac.*

canoter v.i. [conj. 3]. Manœuvrer un canot ; se promener en canot : *Elle canote déjà très bien.*

canotier n.m. **1.** Rameur faisant partie de l'équipage d'un canot. **2.** Chapeau de paille à calotte plate et bords plats.

cantabile [kɑ̃tabile] adv. (mot it. signif. « chantant »). Terme de musique indiquant qu'il faut jouer ou chanter d'une manière expressive et mélancolique.

cantal n.m. (pl. *cantals*). Fromage d'Auvergne, au lait de vache.

cantaloup n.m. (de *Cantalupo,* nom d'une anc. villa des papes). Melon à côtes rugueuses et à chair orange foncé.

cantate n.f. (de l'it. *cantare,* chanter). Composition musicale à une ou à plusieurs voix avec accompagnement instrumental : *Une cantate de Bach.*

cantatrice n.f. Chanteuse professionnelle d'opéra ou de chant classique : *Écouter un disque d'une cantatrice célèbre* (= d'une diva).

cantilène n.f. Au Moyen Âge, chant à caractère épique.

cantine n.f. (de l'it. *cantina,* cave). **1.** Service qui prépare les repas d'une collectivité ; réfectoire où sont pris ces repas : *Son enfant mange à la cantine.* **2.** Petite malle de voyage utilisée en particulier par les militaires. **3.** En Suisse, vaste tente dressée en plein air pour une fête, une manifestation.

cantinier, ère n. Personne qui travaille dans une cantine. ◆ **cantinière** n.f. *Anc.* Femme qui s'occupait de la cantine d'un régiment.

cantique n.m. (lat. *canticum,* chant). Chant religieux en langue courante et non en latin : *Chanter un cantique pendant la messe de minuit.*

canton n.m. (de l'anc. prov. *canton,* coin). **1.** En France, subdivision territoriale d'un département : *Cette ville est le chef-lieu du canton.* **2.** En Suisse, chacun des États qui composent la Confédération. **3.** Au Luxembourg, chacune des principales divisions administratives. **4.** Au Québec, division territoriale couvrant généralement 100 milles carrés (env. 259 km^2).

cantonade n.f. (du prov. *cantonada,* angle d'une construction). Dans un théâtre, intérieur des coulisses. ▸ ***Dire qqch, parler à la cantonade,*** dire qqch, parler pour être entendu par de nombreuses personnes et sans paraître s'adresser précisément à qqn : *Le ministre annonça à la cantonade qu'il tiendrait une conférence de presse.*

cantonais, e adj. et n. De Canton. ◆ **cantonais** n.m. Dialecte chinois parlé au Guangdong et au Guangxi (**SYN.** yue).

cantonal, e, aux adj. Relatif au canton. ▸ ***Élections cantonales,*** en France, élections des conseillers généraux dans un canton. ◆ **cantonales** n.f. pl. Élections cantonales.

cantonnement n.m. Installation temporaire de troupes dans des locaux qui ne sont pas destinés à les recevoir ; lieu où cantonne une troupe : *Les soldats sont bloqués dans leurs cantonnements* (**SYN.** camp).

cantonner v.t. [conj. 3]. **1.** Installer des troupes dans des cantonnements. **2.** Mettre à l'écart d'un groupe : *Cantonner des moutons atteints de fièvre aphteuse* (**SYN.** isoler ; **CONTR.** rassembler, regrouper). ◆ v.i. S'installer dans un cantonnement : *Les troupes cantonnent près de la frontière.* ◆ **se cantonner** v.pr. **1.** Se tenir à l'écart : *Elle se cantonne dans son bureau pour travailler* (**SYN.** se claquemurer, se confiner). **2. [à].** Se limiter à : *Le guide s'est cantonné aux trois premières salles du musée* (**SYN.** se borner à, s'en tenir à).

cantonnier n.m. Ouvrier chargé de l'entretien des routes et des chemins.

cantonnière n.f. **1.** Bande d'étoffe servant à masquer le haut des rideaux au-dessus d'une fenêtre. **2.** Garniture métallique qui renforce les coins d'une malle, d'un coffre.

canular n.m. *Fam.* Action ou propos visant à faire croire qqch de faux à qqn (**SYN.** farce, mystification).

canule n.f. (lat. *cannula,* petit roseau). Petit tuyau introduit dans un orifice de l'organisme, pour permettre le passage d'air ou de liquides.

canut, use [kany, yz] n. (de *canette*). Ouvrier, ouvrière spécialisés dans le tissage de la soie sur un métier à bras, à Lyon : *La révolte des canuts en 1831.*

canyon ou **cañon** [kanjɔn ou kanjɔ̃] n.m. (mot esp.). Vallée étroite et profonde aux parois verticales, creusée par un cours d'eau : *Le Grand Canyon du Colorado aux États-Unis.*

canyoning [kanjɔniŋ] n.m. Sport mêlant la randonnée, la nage en eau vive et l'escalade, et consistant à descendre des cours d'eau accidentés.

C.A.O. ou **CAO** [seao] n.f. (sigle). ▸ ***Conception assistée par ordinateur*** → **conception.**

caoutchouc [kautʃu] n.m. (d'une langue de l'Amérique du Sud). **1.** Substance élastique et résistante provenant du latex d'arbres tropicaux ou obtenue à partir de certains dérivés du pétrole : *Les pneus de voiture sont en caoutchouc.* **2.** Chaussure, vêtement en caoutchouc ou imperméabilisé au caoutchouc : *Mettre des caoutchoucs pour aller au jardin.* **3.** *Fam.* Élastique. **4.** Plante grimpante d'appartement appelée aussi *ficus.*

caoutchouter v.t. [conj. 3]. Enduire qqch de caoutchouc : *Caoutchouter un tissu pour le rendre imperméable.*

caoutchouteux, euse adj. Qui a la consistance, l'élasticité ou l'aspect du caoutchouc : *Un steak caoutchouteux.*

cap n.m. (du lat. *caput,* tête). **1.** Pointe de terre qui s'avance dans la mer : *Le cap Horn.* **2.** Direction de l'axe d'un navire, de l'arrière à l'avant : *Maintenir le cap à ou vers l'ouest.* ▸ ***De pied en cap,*** des pieds à la tête : *S'habiller de neuf de pied en cap.* ***Doubler*** ou ***passer le cap,*** franchir une étape jugée difficile, décisive : *Passer le cap de la cinquantaine.* ***Mettre le cap sur,*** se diriger vers : *Mettez le cap sur Lyon.*

C.A.P. ou **CAP** [seape] n.m. (sigle). ▸ ***Certificat d'aptitude professionnelle*** → **certificat.**

capable adj. (du lat. *capere,* prendre, contenir).

1. (Sans compl.). Qui a les aptitudes, les qualités requises par ses fonctions : *Un informaticien très capable* (**SYN.** compétent, qualifié ; **CONTR.** incompétent). **2. [de].** Qui a le pouvoir de faire qqch, de manifester une qualité, de produire un effet : *Il est capable d'envoyer des virus à n'importe quel ordinateur* (= à même de ; **SYN.** apte à ; **CONTR.** incapable de). *Être capable de gentillesse. La seule chose capable de l'émouvoir* (**SYN.** susceptible de). ▸ ***Capable de tout,*** prêt à tout faire, même de mauvaises actions, pour atteindre son but.

capacité n.f. (du lat. *capax,* qui peut contenir). **1.** Quantité que peut contenir un récipient : *Un aquarium d'une capacité de dix litres* (**SYN.** contenance, volume). **2.** Fait d'être apte à faire, à comprendre qqch : *Elle a la capacité d'apprendre une langue en quelques mois* (**SYN.** aptitude, compétence ; **CONTR.** inaptitude, incapacité). *Je doute de ses capacités* (**SYN.** moyens, possibilités). ▸ ***Capacité en droit,*** diplôme délivré par les facultés de droit aux élèves non bacheliers.

caparaçon n.m. (de l'esp. *capa,* manteau). *Anc.* Housse d'ornement pour les chevaux, dans une cérémonie. ☞ **REM.** Attention : ce mot n'est pas de la famille de *carapace.*

caparaçonner v.t. [conj. 3]. Couvrir un cheval d'un caparaçon : *Caparaçonner un cheval pour une corrida.*

cape n.f. (prov. *capa*). **1.** Manteau ample, porté sur les épaules, avec ou sans fentes pour passer les bras : *Une cape de fourrure. La cape d'un torero.* **2.** Feuille de tabac qui forme l'enveloppe, la robe d'un cigare. ▸ ***De cape et d'épée,*** se dit d'un film, d'un roman d'aventures, qui met en scène des héros chevaleresques et batailleurs. ***Rire sous cape,*** rire à part soi, en cachette.

capeline n.f. (de l'it. *capello,* chapeau). Chapeau de femme à grands bords souples.

C.A.P.E.S. ou **CAPES** [kapɛs] n.m. (sigle). ▸ ***Certificat d'aptitude au professorat de l'enseignement du second degré*** → **certificat.**

capésien, enne [kapesjɛ̃, ɛn] n. Professeur qui a le C.A.P.E.S. (**SYN.** certifié).

capet n.m. En Suisse, calotte de vacher, de religieux.

C.A.P.E.T. ou **CAPET** [kapɛt] n.m. (sigle). ▸ ***Certificat d'aptitude au professorat de l'enseignement technique*** → **certificat.**

capétien, enne [kapesjɛ̃, ɛn] adj. et n. Relatif à la dynastie des Capétiens : *Une princesse capétienne.*

capharnaüm [kafarnaɔm] n.m. (de *Capharnaüm,* nom d'une ville de Galilée). Endroit très encombré et en désordre : *Ce grenier est un vrai capharnaüm* (**SYN.** bric-à-brac).

① **capillaire** [kapilɛr] adj. (du lat. *capillus,* cheveu). **1.** Qui se rapporte aux cheveux : *Lotion capillaire.* **2.** Fin comme un cheveu : *Tube capillaire.* ▸ ***Vaisseau capillaire,*** en anatomie, vaisseau microscopique à parois très fines, contenant du sang ou de la lymphe. ◆ n.m. Vaisseau capillaire.

② **capillaire** [kapilɛr] n.m. Fougère à pétioles noirs longs et fins : *Un capillaire noir.*

capillarité [kapilarite] n.f. Ensemble des phénomènes physiques qui se produisent à la surface d'un liquide : *Le pétrole monte dans la mèche d'une lampe par capillarité.*

capilotade n.f. (de l'esp. *capirotada,* ragoût). ▸ *Fam.* ***En capilotade,*** se dit d'une partie du corps où l'on a mal : *Après cette journée, j'ai la tête, le dos en capilotade* ; se dit de qqch qui est écrasé, qui est en pièces : *Les fruits étaient en capilotade au fond du panier.*

① **capitaine** n. (du lat. *caput,* tête). **1.** Officier des armées de terre et de l'air dont le grade se situe entre celui de lieutenant et celui de commandant : *Capitaine de gendarmerie.* **2.** Officier qui commande un navire de commerce. **3.** Chef d'une équipe sportive : *Le capitaine d'une équipe de football.*

② **capitaine** n.m. En Afrique, poisson osseux apprécié pour sa chair.

capitainerie n.f. Bureau du capitaine d'un port.

① **capital, e, aux** adj. (du lat. *caput,* tête). **1.** Se dit de ce qui est considéré comme essentiel ; qui prime tout le reste : *Un témoignage capital* (**SYN.** fondamental, primordial ; **CONTR.** accessoire, secondaire). *Il est capital que je réussisse cet examen* (**SYN.** essentiel, indispensable). **2.** Qui entraîne la mort d'un condamné : *Exécution capitale. L'abolition de la peine capitale* (= peine de mort). ▸ ***Lettre capitale,*** lettre majuscule. ***Péchés capitaux,*** dans la religion chrétienne, les sept péchés qui sont considérés comme source de tous les autres : *Les sept péchés capitaux sont l'orgueil, l'avarice, la luxure, l'envie, la gourmandise, la colère et la paresse.*

② **capital** n.m. (de *1. capital*) [pl. *capitaux*]. **1.** Ensemble des biens, monétaires ou autres, possédés par une personne ou une entreprise, constituant un patrimoine et pouvant rapporter un revenu ; ensemble des richesses possédées par qqn : *Ce groupe a acquis 10 % du capital d'une compagnie pétrolière. Les candidats à la présidence doivent révéler leur capital* (**SYN.** avoir, fortune). **2.** Somme d'argent représentant l'élément principal d'une dette, par opposition aux intérêts que la somme peut produire : *Le repreneur a remboursé le capital des principaux créanciers.* **3.** *Fig.* Ensemble des biens intellectuels, spirituels, moraux : *Le capital culturel d'une ville* (**SYN.** patrimoine, trésor). ◆ **capitaux** n.m. pl. Argent dont dispose une entreprise : *Les capitaux permettent de racheter cette usine* (**SYN.** fonds).

capitale n.f. (de *ville capitale* et de *lettre capitale*). **1.** Ville où siège le gouvernement d'un État : *Rome est la capitale de l'Italie.* **2.** Ville devenue le principal centre d'une activité : *Hollywood, capitale du cinéma américain.* **3.** Lettre capitale (par opp. à bas de casse) : *Écrire son nom en capitales.* ▸ ***Petite capitale,*** lettre majuscule de la hauteur d'une minuscule.

capitalisable adj. Qui peut être capitalisé.

capitalisation n.f. Action de capitaliser : *Capitalisation des intérêts.*

capitaliser v.t. [conj. 3]. **1.** Accroître un capital des intérêts qu'il produit ; amasser, thésauriser. **2.** *Fig.* Accumuler qqch afin d'en profiter plus tard : *Capitaliser les expériences avant de postuler à un emploi* (**SYN.** emmagasiner). ◆ v.i. Amasser de l'argent ; constituer un capital.

capitalisme n.m. Système économique et social fondé sur la propriété privée des moyens de production et d'échange.

capitaliste n. et adj. **1.** Personne qui possède des

capitaux et les investit dans des entreprises. **2.** *Fam., péjor.* Personne très riche (**SYN.** nanti ; **CONTR.** pauvre). ◆ adj. Qui se rapporte au capitalisme : *Une société capitaliste.*

capital-risque n.m. sing. ▸ ***Société de capital-risque,*** société qui finance le développement d'entreprises présentant des risques.

capital-risqueur n.m. (pl. *capital-risqueurs*). Personne ou société finançant la création ou le développement d'entreprises à risques mais à fort potentiel de croissance.

capite n.f. En Suisse, petite maison isolée ; poste de garde.

capiteux, euse adj. (it. *capitoso,* du lat. *caput, capitis,* tête). *Sout.* Qui est fort, entêtant ; qui enivre : *L'odeur de cet encens est capiteuse* (**SYN.** enivrant, grisant). *Vin capiteux.*

capiton n.m. (de l'it. *capitone,* grosse tête). **1.** Capitonnage. **2.** Garniture de siège, de lit, à piqûres losangées et à boutons. **3.** Amas graisseux sous-cutané ; cellulite.

capitonnage n.m. **1.** Action de capitonner : *Le capitonnage d'une porte d'entrée.* **2.** Rembourrage d'un siège, d'un lit : *Un capitonnage moelleux* (**SYN.** bourre, capiton).

capitonner v.t. [conj. 3]. Rembourrer avec un capiton ; matelasser : *Capitonner un fauteuil.*

capitulation n.f. **1.** Action de capituler : *La capitulation de l'armée ennemie* (**SYN.** reddition ; **CONTR.** résistance). *La capitulation d'un maire face aux exigences de ses administrés* (**SYN.** abdication, renonciation). **2.** Convention réglant la reddition d'une place, des forces militaires d'un pays.

capitule n.m. En botanique, inflorescence formée de petites fleurs serrées les unes contre les autres et insérées sur le pédoncule élargi en plateau : *Les petits capitules de la pâquerette.*

capituler v.i. (lat. *capitulum,* article, clause) [conj. 3]. **1.** Abandonner par force ou par raison une opinion, une position que l'on soutenait ; s'avouer vaincu : *L'État a capitulé, l'aéroport ne se construira pas ici* (**SYN.** renoncer, s'incliner). *Capituler devant le caprice d'un enfant* (**SYN.** céder ; **CONTR.** résister, s'obstiner). **2.** Se rendre à l'ennemi : *L'armée en déroute a capitulé.*

capoeira [kapoɛra] n.f. (du guarani). Art martial du Brésil se pratiquant avec un accompagnement musical.

① **caporal, e** n. (de l'it. *capo,* tête)[pl. *caporaux*]. Militaire dont le grade est situé entre celui de soldat et celui de caporal-chef. ◆ **caporal-chef, caporale-chef** n. (pl. *caporaux-chefs, caporales-chefs*). Militaire dont le grade est situé entre celui de caporal et celui de sergent.

② **caporal** n.m. (pl. *caporaux*). Tabac à fumer, brun et fort.

caporalisme n.m. **1.** Régime politique militaire ; dictature. **2.** Autoritarisme étroit et mesquin.

① **capot** n.m. (de *cape*). **1.** Partie mobile de la carrosserie d'une automobile recouvrant et protégeant le moteur : *Ouvrir le capot pour contrôler le niveau d'huile.* **2.** Couvercle amovible protégeant les parties fragiles ou dangereuses d'une machine : *Le capot d'un ordinateur, d'une tondeuse à gazon.*

② **capot** adj. inv. Se dit d'un joueur de cartes qui n'a fait aucune levée : *Mes adversaires sont capot.*

capote n.f. (de *cape*). **1.** Toit mobile d'un cabriolet automobile, d'un landau, en matériau souple : *Remets la capote, il pleut.* **2.** Manteau des troupes militaires à pied. **3.** *Fam.* Préservatif masculin (on dit aussi *capote anglaise*).

capoter v.i. (du prov. *faire cabot,* saluer) [conj. 3]. **1.** Se retourner complètement, en parlant d'une voiture ou d'un avion : *La voiture a capoté dans le ravin* (**SYN.** culbuter, se renverser). **2.** Ne pas aboutir, en parlant d'un projet, d'une entreprise : *Le projet concernant la construction d'un nouveau multiplexe a capoté* (**SYN.** échouer). **3.** *Fam.* Au Québec, devenir un peu fou, perdre la tête.

a **cappella** loc. → **a cappella.**

cappuccino [kaputʃino] n.m. (mot it.). Café au lait mousseux : *Deux cappuccinos.*

câpre n.f. Bouton à fleur du câprier que l'on fait macérer dans du vinaigre et qui sert de condiment : *Manger une raie aux câpres.*

caprice n.m. (de l'it. *capriccio,* frisson). **1.** Désir, exigence soudains, irréfléchis et changeants : *L'enfant fait un caprice pour avoir une console de jeu. Il essaie de satisfaire le moindre caprice de ses clients* (**SYN.** extravagance, fantaisie, lubie). **2.** Amour très passager, peu sérieux : *Quitter sa femme pour un caprice* (**SYN.** amourette, passade). **3.** Changement auquel sont exposées certaines choses : *Les caprices de la Bourse* (**SYN.** irrégularité, variation ; **CONTR.** constance).

capricieusement adv. De façon capricieuse : *La star agit capricieusement avec le metteur en scène.*

capricieux, euse adj. et n. Qui agit par caprice : *Une vedette capricieuse* (**SYN.** fantasque, lunatique, versatile ; **CONTR.** raisonnable). ◆ adj. Sujet à des changements brusques, imprévus : *Une humeur capricieuse* (**SYN.** changeant, irrégulier ; **CONTR.** constant).

capricorne n.m. (du lat. *caper, capri,* bouc, et *cornu,* corne). Insecte coléoptère aux longues antennes. ◆ **Capricorne** n. inv. et adj. inv. Personne née sous le signe du Capricorne, commençant le 22 décembre, finissant le 20 janvier : *Ses filles sont Capricorne.*

câprier n.m. Arbuste épineux méditerranéen qui produit les câpres.

caprin, e adj. (du lat. *capra,* chèvre). Relatif à la chèvre : *Élevage caprin.* ◆ **caprin** n.m. Mammifère ruminant aux cornes rabattues en arrière : *La chèvre et le bouquetin sont des caprins.*

capsule n.f. (du lat. *capsula,* petite boîte, de *capsa,* boîte). **1.** Petit couvercle en métal ou en plastique qui sert à boucher une bouteille : *Enlever la capsule d'une bouteille de lait.* **2.** En anatomie, membrane fibreuse enveloppant un organe ou une articulation : *Capsule du rein.* **3.** Enveloppe soluble de certains médicaments. **4.** En botanique, fruit sec qui s'ouvre par des fentes (œillet) ou des pores (pavot). ▸ ***Capsule spatiale,*** petit véhicule spatial récupérable.

capsule-congé n.f. (pl. *capsules-congés*). Capsule à apposer sur chaque bouteille, attestant le paiement de droits sur les vins et alcools.

capsuler v.t. [conj. 3]. Boucher une bouteille avec une capsule : *Machine à capsuler* (**CONTR.** décapsuler).

captage n.m. Action de capter ; son résultat : *Le captage des eaux d'une source.*

captation n.f. (de *capter*). **1.** En droit, fait de s'emparer d'un héritage par des manœuvres illégales. **2.** Enregistrement d'un spectacle scénique ; film qui en est tiré : *La captation d'un opéra.*

capter v.t. (lat. *captare*, chercher à prendre) [conj. 3]. **1.** Recevoir au moyen d'appareils radioélectriques : *Je ne capte pas les nouvelles chaînes. Capter des messages sur une C.B.* (**SYN.** intercepter). **2.** Recueillir une énergie, un fluide, pour l'utiliser : *Capter un cours d'eau* (**SYN.** canaliser). **3.** Obtenir, gagner qqch par ruse : *Capter l'attention des internautes* (**SYN.** retenir). **4.** *Fam.* Comprendre : *Il ne capte rien à ce qu'on lui dit.*

capteur n.m. Petit dispositif capable d'analyser une grandeur physique ; détecteur. ▸ ***Capteur solaire,*** dispositif recueillant l'énergie solaire pour la transformer en énergie thermique ou électrique : *Placer un capteur solaire sur le toit d'une maison.*

captieux, euse [kapsjø, øz] adj. (du lat. *captio*, piège). *Litt.* Qui vise à tromper par une apparence de vérité ou de raison : *Un discours captieux* (**SYN.** fallacieux, spécieux [sout.], trompeur ; **CONTR.** fondé, juste, vrai).

① **captif, ive** adj. et n. (du lat. *capere*, prendre). **1.** *Litt.* Qui a été fait prisonnier par l'ennemi : *Les Alliés tentent de libérer les captifs.* **2.** Qui est privé de liberté : *Les animaux captifs des zoos.*

② **captif, ive** adj. ▸ ***Ballon captif,*** aérostat retenu au sol par un câble. ***Marché captif,*** marché offert en exclusivité à des concurrents en très petit nombre : *Les restoroutes constituent un marché captif.*

captivant, e adj. Qui captive : *Un feuilleton captivant* (**SYN.** intéressant, palpitant, passionnant ; **CONTR.** inintéressant).

captiver v.t. [conj. 3]. Retenir l'attention en suscitant un grand intérêt : *Ce tableau captive les visiteurs du musée* (**SYN.** fasciner, subjuguer). *Un roman qui captive le lecteur du début à la fin* (**SYN.** enchanter, envoûter, passionner ; **CONTR.** lasser, rebuter).

captivité n.f. **1.** Condition, situation d'un prisonnier de guerre : *Il ne s'est jamais remis de sa captivité* (**SYN.** détention, internement). **2.** Absence de liberté, spécialement pour un animal sauvage : *Des loups qui se reproduisent en captivité.*

capture n.f. (du lat. *capere*, prendre). **1.** Action de capturer ; fait d'être capturé : *La capture du tueur en série a soulagé la population* (**SYN.** arrestation ; **CONTR.** libération). **2.** Ce qui est capturé : *Cette carpe est une belle capture* (**SYN.** prise).

capturer v.t. [conj. 3]. S'emparer d'un être vivant : *La police a capturé les malfaiteurs* (**SYN.** appréhender, arrêter ; **CONTR.** libérer, relâcher). *Le chat a encore capturé un mulot* (**SYN.** attraper, prendre).

capuche n.f. (var. picarde de *capuce*, de *cape*). Capuchon d'un vêtement : *La capuche de mon blouson est amovible.*

capuchon n.m. **1.** Partie d'un vêtement en forme de bonnet ample, qui peut se rabattre dans le dos ; capuche. **2.** Bouchon d'un stylo, d'un tube, etc.

capucin, e n. (it. *cappuccino*, petit capuchon). Religieux, religieuse d'une branche réformée des franciscains.

capucine n.f. Plante ornementale, à feuilles rondes et à fleurs orangées.

caque n.f. (de l'anc. scand. *kaggr*, tonneau). Barrique utilisée pour presser et conserver les harengs salés ou fumés.

caquelon n.m. Poêlon assez profond en terre ou en fonte : *Un caquelon à fondue.*

caquet n.m. (onomat.). **1.** Cri, gloussement de la poule qui va pondre ou qui a pondu. **2.** *Vieilli* Bavardage indiscret : *Les caquets d'une commère* (**SYN.** caquetage). ▸ ***Rabattre le caquet à*** ou ***de qqn,*** le faire taire ; le remettre à sa place.

caquetage ou **caquètement** n.m. **1.** Cri de la poule ; caquet. **2.** Bavardage futile et gênant : *Arrêtez vos caquetages et écoutez !* (**SYN.** jacassement).

caqueter [kakte] v.i. [conj. 27]. **1.** Crier, en parlant de la poule sur le point de pondre ou qui a pondu. **2.** Bavarder, parler sans arrêt et de choses sans intérêt : *Ces élèves caquètent pendant les cours* (**SYN.** jacasser).

① **car** conj. (lat. *quare*, c'est pourquoi). Dans une relation de causalité, introduit la raison, l'explication : *Il fait un régime car il doit perdre 5 kilos* (**SYN.** parce que).

② **car** n.m. (abrév.). Autocar.

carabe n.m. (du gr. *karabos*, crabe). Insecte à corps allongé noir ou de couleur métallique, qui dévore les limaces, les escargots.

carabin n.m. (de l'anc. fr. *escarabin*, ensevelisseur de pestiférés). *Fam.* Étudiant en médecine.

carabine n.f. (de *carabin*, soldat). Fusil léger, souvent court, à canon rayé, utilisé comme arme de guerre, de chasse ou de sport.

carabiné, e adj. *Fam.* Très fort ; intense : *Elle a une grippe carabinée.*

carabinier n.m. **1.** *Anc.* Soldat à cheval ou à pied, armé d'une carabine (XVIIe-XIXe s.). **2.** En Italie, gendarme. ▸ *Fam.* ***Arriver comme les carabiniers,*** arriver trop tard.

carabistouilles n.f. pl. *Fam.* En Belgique, bêtises, propos frivoles ; fariboles.

caraco n.m. **1.** Sous-vêtement féminin droit et court, couvrant le buste. **2.** *Anc.* Corsage droit, flottant sur la jupe ou cintré, que portaient les paysannes.

caracoler v.i. (de l'esp. *caracol*, limaçon) [conj. 3]. **1.** En parlant d'un cheval, sauter avec légèreté de divers côtés : *Les poulains caracolent dans le pré.* **2.** *Fig.* Occuper une place dominante, sans grand risque d'être concurrencé : *La ministre caracole en tête des sondages.*

caractère n.m. (du gr. *kharaktêr*, signe gravé). **1.** Manière habituelle de réagir propre à chaque personne ; personnalité : *Ce n'est pas dans son caractère d'être jaloux* (**SYN.** nature, tempérament). *Caractère enjoué* (**SYN.** naturel). **2.** Aptitude à s'affirmer ; fermeté, trempe : *Elle a fait preuve de caractère pour s'imposer au sein de l'entreprise* (**SYN.** opiniâtreté [litt.], ténacité). **3.** Ce qui donne à qqch son originalité : *Ce petit théâtre a du caractère* (**SYN.** cachet, style). **4.** Marque distinctive de qqch ou de qqn ; état ou qualité propre de qqn, de qqch : *Décrire les principaux caractères d'un arbre* (**SYN.** caractéristique, trait). *Sa mutation n'a aucun caractère officiel* (**SYN.** aspect). **5.** Chacune des particularités physiques ou biologiques de l'organisme commandées par un ou plusieurs gènes : *La couleur des yeux, la forme des mains font partie des caractères innés d'un individu.* **6.** En imprimerie, lettre ou signe ayant un dessin ou un style particulier servant à la composition des textes : *Caractère gras, romain, italique.* **7.** Élément, symbole d'une écriture : *Caractères arabes, chinois, grecs. Déchiffrer les caractères hiéroglyphiques* (= les hiéroglyphes). *Titre d'un journal en gros caractères* (**SYN.** lettre). **8.** En informatique, symbole (lettre, chiffre, etc.) utilisé dans le traitement de textes : *Un article qui ne doit pas dépasser 10 000 caractères.*

caractériel, elle n. et adj. Personne dont le comportement affectif et social est en rupture continuelle avec le milieu où elle vit : *Un adolescent caractériel.* ◆ adj. Qui affecte le caractère : *Souffrir de troubles caractériels.*

caractérisation n.f. Action, manière de caractériser.

caractérisé, e adj. Qui est nettement marqué ; typique : *Des symptômes caractérisés* (**SYN.** marquant, net ; **CONTR.** anodin, insignifiant).

caractériser v.t. [conj. 3]. **1.** Mettre en relief les traits dominants de qqn, de qqch : *Caractériser le mode d'action d'une nouvelle molécule médicamenteuse* (**SYN.** définir, montrer, préciser). **2.** Constituer le trait dominant de qqn, de qqch : *Ce style de musique caractérise la dernière décennie* (= en est la marque distinctive). *La gentillesse qui la caractérise* (**SYN.** distinguer). ◆ **se caractériser** v.pr. **[par].** Avoir pour signe distinctif : *Ce vin se caractérise par sa couleur jaune* (**SYN.** se différencier par, se singulariser par).

caractéristique adj. Qui constitue le signe distinctif de : *Un plat caractéristique de la cuisine alsacienne* (**SYN.** propre à, spécifique de, typique de). *Un symptôme caractéristique* (**SYN.** déterminant, particulier, significatif). ◆ n.f. Caractère distinctif de qqn ou de qqch ; particularité : *Les caractéristiques d'une imprimante laser* (**SYN.** originalité, spécificité).

caractérologie n.f. En psychologie, étude et classification des types de caractère.

caracul [karakyl] n.m. → **karakul.**

carafe n.f. (it. *caraffa*, de l'ar.). Bouteille à base large et à col étroit ; son contenu : *Une carafe en cristal. Boire une carafe d'eau.* ▸ *Fam.* ***Rester en carafe,*** être laissé de côté : *Rester en carafe pendant une soirée dansante* ; être en panne, bloqué quelque part : *Elle est restée en carafe sur le périphérique.*

carafon n.m. Petite carafe.

caraïbe adj. et n. Des Caraïbes. ◆ n.m. *Anc.* Caribe.

carambolage n.m. Fait de toucher, de heurter qqch : *Le conducteur ivre a provoqué un carambolage entre trois voitures* (**SYN.** collision, tamponnement).

caramboler v.t. (de l'esp. *carambola,* fruit exotique) [conj. 3]. *Fam.* En parlant d'un véhicule automobile, heurter plusieurs obstacles ou d'autres véhicules : *La voiture a carambolé des véhicules en stationnement* (**SYN.** percuter, tamponner). ◆ v.i. Au billard, toucher les deux autres billes avec sa bille. ◆ **se caramboler** v.pr. *Fam.* Se heurter l'un contre l'autre : *Trois fourgonnettes se sont carambolées* (**SYN.** se tamponner, se télescoper).

carambouillage n.m. ou **carambouille** n.f. (de l'esp. *carambola,* tromperie). Escroquerie qui consiste à revendre une marchandise sans avoir fini de la payer.

caramel n.m. (mot esp.). **1.** Produit obtenu en chauffant du sucre humecté d'eau : *Un chou à la crème nappé de caramel.* **2.** Bonbon fait avec du caramel, de la crème ou du lait et un parfum : *Caramels mous, durs.* ◆ adj. inv. D'une couleur entre le beige et le roux : *Des vestes caramel.*

caramélé, e adj. **1.** Aromatisé au caramel : *Une crème caramélée.* **2.** Qui a la couleur ou l'aspect du caramel ; beige.

caramélisé, e adj. Recouvert ou additionné de caramel : *Un gâteau caramélisé.*

caraméliser v.t. [conj. 3]. Recouvrir de caramel. ◆ v.i. Se transformer en caramel, en parlant du sucre.

carapace n.f. (esp. *carapacho*). **1.** Organe en forme de revêtement dur et solide qui protège le corps de certains animaux : *La tortue, les crustacés ont une carapace.* **2.** *Fig.* Ce qui isole qqn des contacts extérieurs, le protège : *Une carapace d'indifférence* (**SYN.** cuirasse, rempart).

se **carapater** v.pr. [conj. 3]. *Fam.* S'enfuir ; se sauver.

carassin n.m. Poisson d'eau douce, voisin de la carpe : *Le carassin doré est aussi appelé « poisson rouge ».*

carat n.m. (d'un mot ar. signif. « poids »). **1.** Quantité d'or fin contenue dans un alliage, exprimée en vingt-quatrièmes de la masse totale : *L'or à vingt-quatre carats est de l'or pur.* **2.** Unité de mesure correspondant à 2 décigrammes, employée dans le commerce des diamants et des pierres précieuses. ▸ *Fam.* ***Dernier carat,*** dernier moment, dernière limite : *Je t'attendrai jusqu'à midi dernier carat.*

caravane n.f. (du persan). **1.** Roulotte de camping aménagée pour plusieurs personnes et tirée par une voiture. **2.** Groupe de voyageurs, de nomades, de marchands qui traversent ensemble un désert, sur des bêtes de somme ou en voiture. **3.** Groupe de personnes voyageant ensemble : *Une caravane de randonneurs.*

caravanier, ère n. **1.** Personne qui pratique le caravaning. **2.** Personne conduisant des bêtes de somme dans une caravane ou membre d'un groupe traversant des régions désertiques.

caravaning [karavaniŋ] n.m. (mot angl.). Camping en caravane : *Le caravaning est interdit sur ce parking.*

caravansérail [karavɑ̃seraj] n.m. (du persan). *Anc.* Hôtellerie pour les caravanes, en Orient : *Les caravansérails pouvaient aussi servir d'entrepôts.*

caravelle n.f. Navire rapide et de petit tonnage utilisé aux XVe - XVIe s., surtout dans les voyages de découverte : *Les caravelles de Christophe Colomb.*

carbet n.m. Aux Antilles, en Guyane, petite cabane ou grande case ouverte servant d'abri.

carbochimie n.f. Chimie industrielle des produits issus de la houille.

carbonade n.f. → **carbonnade.**

carbonaro n.m. (mot it. signif. « charbonnier ») [pl. *carbonaros* ou *carbonari*]. Membre d'une société secrète italienne, fondée au début du XIXe siècle et qui défendait des idées révolutionnaires.

carbonate n.m. Sel de l'acide carbonique.

carbone n.m. (du lat. *carbo, carbonis,* charbon). **1.** Corps simple non métallique, constituant l'élément essentiel des charbons et des composés organiques : *Le diamant et le graphite sont des formes de carbone* *cristallisé.* **2.** (En appos.). Se dit de ce qui concerne les émissions de dioxyde de carbone dans l'atmosphère : *Bilan carbone. Crédit carbone. Taxe carbone.* **3.** Papier enduit de couleur sur une face, utilisé pour obtenir des copies d'un document, surtout avec une machine à écrire (on dit aussi *papier carbone*). ▸ ***Carbone 14,*** élément chimique radioactif qui est utilisé pour la datation de vestiges d'origine animale ou végétale (on dit aussi *radiocarbone*).

carbonifère n.m. En géologie, période de l'ère primaire au cours de laquelle se sont formés les grands dépôts de houille.

carbonique adj. ▸ ***Acide carbonique,*** acide faible, trop instable pour être isolé. ***Gaz carbonique,*** gaz formé de deux volumes d'oxygène pour un volume de carbone ; anhydride carbonique, dioxyde de carbone.

carbonisation n.f. Transformation d'un corps en charbon, notamm. par combustion.

carboniser v.t. [conj. 3]. **1.** Brûler une viande en la soumettant à une température trop élevée : *Le gigot a été carbonisé* (**SYN.** calciner). **2.** Réduire en charbon : *Carboniser du bois.*

carbonnade ou **carbonade** n.f. (Surtout au pl.). Dans le nord-est de la France et en Belgique, morceaux de bœuf bouillis et cuits à l'étuvée : *Carbonnades flamandes.*

carburant n.m. Combustible liquide qui alimente un moteur à explosion ou un moteur à combustion interne : *L'essence et le G.P.L. sont des carburants.*

carburateur n.m. Organe d'un moteur à explosion qui réalise la carburation : *Carburateur d'automobile, d'avion.*

carburation n.f. Formation, dans le carburateur, du mélange d'air et de carburant vaporisé alimentant le moteur à explosion.

carbure n.m. Combinaison de carbone et d'un autre corps simple : *Carbure d'hydrogène.*

carburer v.t. [conj. 3]. Mélanger un carburant à l'air pour produire la combustion, en parlant d'un moteur à explosion. ◆ v.i. *Fam.* **1.** Réfléchir : *Les chercheurs carburent pour trouver un remède à cette maladie.* **2. [à].** Boire une boisson en grande quantité : *Elle carbure au Coca-Cola.* ▸ ***Ça carbure,*** tout va bien.

carcajou n.m. (mot algonquien). Au Québec, nom du mammifère appelé *glouton* : *Des carcajous.*

carcan n.m. **1.** *Anc.* Collier de fer qui servait à attacher un criminel au poteau d'exposition, ou pilori. **2.** Ce qui contraint, asservit : *Le carcan du règlement* (**SYN.** chaîne, joug [litt.]).

carcasse n.f. **1.** Squelette d'un animal ; ossature : *La carcasse d'une gazelle. Carcasse de poulet* (= poulet sans les cuisses ni les ailes). **2.** *Fam.* Corps d'une personne : *Traîner sa vieille carcasse.* **3.** Ce qui forme l'armature de certains objets : *La carcasse d'un abat-jour. La carcasse d'une voiture* (**SYN.** châssis).

carcéral, e, aux adj. (du lat. *carcer,* prison). Relatif à la prison, au régime pénitentiaire : *La vie carcérale* (= de ceux qui sont en prison).

carcinogène adj. et n.m. En médecine, cancérigène.

carcinogenèse n.f. En médecine, cancérogenèse.

carcinologie n.f. En médecine, cancérologie.

carcinome n.m. Tumeur cancéreuse de la peau.

cardamome n.f. Plante d'Asie dont les graines odorantes ont une saveur poivrée.

cardan n.m. (du nom de J. *Cardan*). En mécanique automobile, mécanisme qui permet de transmettre le mouvement de rotation aux roues motrices et directrices (on dit aussi *joint de cardan*).

carde n.f. Côte comestible des feuilles de cardon et de bette.

carder v.t. (du lat. *cardus,* chardon) [conj. 3]. Démêler des fibres textiles, les peigner : *Carder de la laine.*

cardia n.m. (du gr. *kardia,* cœur). Orifice par lequel l'estomac communique avec l'œsophage.

cardialgie n.f. Douleur siégeant dans la région du cœur ou dans la région du cardia.

cardiaque adj. Relatif au cœur : *Rythme cardiaque. Crise cardiaque.* ◆ adj. et n. Atteint d'une maladie du cœur : *Manège déconseillé aux cardiaques.*

cardigan n.m. (mot angl., du nom du comte de *Cardigan*). Veste de tricot, à manches longues, sans col, qui se boutonne jusqu'au cou.

① **cardinal, e, aux** adj. (du lat. *cardo, cardinis,* pivot). *Litt.* Qui forme la partie essentielle ; qui constitue le point fondamental : *L'idée cardinale d'une thèse* (**SYN.** capital, primordial, principal ; **CONTR.** accessoire, secondaire). ▸ ***Adjectif numéral cardinal,*** adjectif qui exprime la quantité exacte, le nombre précis (par opp. à ordinal) : *Un, deux, vingt, cent, mille sont des adjectifs numéraux cardinaux.* ***Points cardinaux,*** les quatre points de repère géographiques permettant de s'orienter : *Les points cardinaux sont le nord, l'est, le sud et l'ouest.* ◆ **cardinal** n.m. Adjectif numéral cardinal : *Quinze et cinquante sont des cardinaux.*

② **cardinal** n.m. (de *1. cardinal*) [pl. *cardinaux*]. **1.** Chacun des prélats qui sont les électeurs et les conseillers du pape : *Les cardinaux sont vêtus de rouge et portent le titre d'« éminence ».* **2.** Oiseau passereau d'Amérique, au plumage rouge écarlate.

cardinalat n.m. Dignité de cardinal.

cardinalice adj. Relatif aux cardinaux.

cardiologie n.f. Partie de la médecine qui traite du cœur et de ses maladies.

cardiologue n. Spécialiste de cardiologie.

cardiomyopathie n.f. Myocardiopathie.

cardiopathie n.f. Affection, maladie du cœur.

cardiotonique adj. et n.m. Se dit d'une substance qui stimule l'activité cardiaque (**SYN.** tonicardiaque).

cardio-vasculaire adj. (pl. *cardio-vasculaires*). Qui concerne le cœur et les vaisseaux : *L'infarctus du myocarde et l'angine de poitrine sont des maladies cardio-vasculaires.*

cardon n.m. Plante potagère vivace, cultivée pour la base charnue de ses feuilles, appelée *côte* ou *carde.*

carême n.m. (du lat. *quadragesima* [*dies*], le quarantième [jour]). **1.** Pour les catholiques, période de pénitence de quarante jours qui s'étend du mercredi des Cendres au jour de Pâques ; jeûne observé pendant cette période : *Faire carême.* **2.** Aux Antilles, saison sèche. **3.** En Afrique, jeûne du ramadan. ▸ ***Arriver comme marée en carême,*** arriver fort à propos, comme le poisson pendant le carême. ***Arriver comme mars en carême,*** arriver avec une régularité absolue. *Fam.* ***Face de carême,*** visage blême, triste et maussade.

carénage n.m. **1.** Action de caréner un navire ; son résultat. **2.** Partie d'un port où se fait cette opération. **3.** Carrosserie d'un véhicule carénée : *Le carénage d'une voiture de formule 1.*

carence n.f. (du lat. *carere,* manquer). **1.** Fait pour une personne, une autorité de se dérober devant ses obligations ; situation qui en résulte : *L'opposition dénonce les carences du gouvernement* (**SYN.** impuissance, inaction, insuffisance). **2.** En médecine, absence ou insuffisance d'éléments indispensables à l'organisme : *Carence en fer* (**SYN.** déficience, manque). ▸ ***Délai de carence,*** dans la langue juridique, période légale pendant laquelle une personne, notamm. un assuré social malade, n'est pas indemnisée.

carène n.f. (du lat. *carina,* coquille de noix). Partie de la coque d'un navire qui se trouve sous l'eau.

caréner v.t. [conj. 18]. **1.** Nettoyer, réparer la carène d'un navire. **2.** Donner une forme aérodynamique à la carrosserie d'un véhicule : *Caréner un T.G.V.*

carentiel, elle [karɑ̃sjɛl] adj. En médecine, relatif, consécutif à une carence : *Le scorbut est une maladie carentielle.*

caressant, e adj. **1.** Qui caresse ; qui aime les caresses : *Un chien très caressant* (**SYN.** affectueux, câlin). **2.** *Fig.* Qui a la douceur d'une caresse : *Une voix caressante* (**SYN.** doux, tendre ; **CONTR.** dur, sec).

caresse n.f. **1.** Attouchement tendre, affectueux ou sensuel : *Un enfant qui ne manque pas de caresses* (**SYN.** cajolerie, câlinerie). **2.** *Fig., litt.* Frôlement doux et agréable : *Les caresses du soleil sur la peau.*

caresser v.t. (de l'it. *carezzare,* chérir) [conj. 4]. **1.** Faire des caresses à qqn, à un animal : *La mère caresse son bébé pour le calmer* (**SYN.** cajoler, câliner). *Caresser un chat.* **2.** *Fig., litt.* Effleurer agréablement : *La brise lui caresse le visage* (**SYN.** frôler). **3.** Entretenir avec complaisance une pensée, un désir : *Elle caresse l'espoir de s'installer au bord de la mer lorsqu'elle sera retraitée* (**SYN.** nourrir).

① **caret** n.m. (mot des Caraïbes). Grande tortue des mers chaudes.

② **caret** n.m. (du picard *car,* char). Dévidoir utilisé par les cordiers.

car-ferry n.m. (mot angl., de *car,* voiture, et *ferry,* passage) [pl. *car-ferrys* ou *car-ferries*]. Navire aménagé pour le transport des passagers et de leur véhicule ; navire transbordeur, transbordeur.

cargaison n.f. (du prov. *cargar,* charger). **1.** Ensemble des marchandises transportées par un navire, un avion, un camion : *Les dockers déchargent la cargaison de tomates* (**SYN.** chargement, fret). **2.** *Fam.* Grande quantité : *Elle est arrivée avec une cargaison de CD.*

cargo n.m. (de l'angl. *cargo-boat,* bateau de charge). Navire qui transporte des marchandises : *Un port réservé aux cargos.* ▸ ***Cargo mixte,*** qui transporte des marchandises et quelques passagers.

cari n.m. → **curry.**

cariacou n.m. Cerf d'Amérique aux bois recourbés vers l'avant, aussi appelé *cerf de Virginie* : *Des cariacous.*

cariatide n.f. → **caryatide.**

caribe n.m. et adj. Famille de langues amérindiennes qui regroupe des langues issues ou parentes de celles des anciens Caraïbes.

caribou n.m. (mot algonquien). **1.** Renne du Canada : *Des caribous.* **2.** Au Québec, boisson traditionnelle faite d'un mélange de vin et d'alcool.

caricatural, e, aux adj. **1.** Qui tient de la caricature : *Ton attitude manichéenne est caricaturale* (**SYN.** grotesque, ridicule). **2.** Qui déforme la réalité, en exagérant certains aspects ou certains détails : *Ce reportage donne une vision caricaturale de la vie en banlieue* (**SYN.** outré [litt.] ; **CONTR.** conforme, fidèle).

caricature n.f. (it. *caricatura,* du lat. *caricare,* charger). **1.** Portrait peint ou dessiné de qqn exagérant certains traits du visage, certaines proportions de l'ensemble, dans une intention satirique : *La caricature d'un chanteur* (**SYN.** charge). **2.** Description satirique ou burlesque de la société, d'une personne : *L'auteur a fait une caricature du monde de la télévision* (**SYN.** satire). **3.** Représentation infidèle d'une réalité : *Cet article est une caricature de mes propos* (**SYN.** déformation).

caricaturer v.t. [conj. 3]. Faire une caricature écrite, dessinée ou mimée de qqn ou de qqch : *Ce dessinateur caricature les hommes politiques. Un comique qui caricature les vedettes* (**SYN.** contrefaire, parodier).

caricaturiste n. Dessinateur, imitateur qui fait des caricatures.

carie n.f. (lat. *caries,* pourriture). Maladie des dents due à la dégradation progressive de l'émail et de l'ivoire, et aboutissant à la formation d'une cavité : *Tu manges trop de sucreries, tu vas avoir des caries !*

carier v.t. [conj. 9]. Détruire par une carie : *Une dent malade peut en carier d'autres.* ◆ **se carier** v.pr. Être attaqué par une carie : *Cette molaire s'est cariée.*

carillon n.m. (du lat. *quaternio,* groupe de quatre objets). **1.** Série de cloches fixes, frappées de l'extérieur, disposées de manière à fournir une ou plusieurs gammes permettant l'exécution de mélodies : *Le carillon d'un beffroi.* **2.** Sonnerie de cloches, vive et gaie (par opp. à glas, à tocsin). **3.** Horloge sonnant les quarts et les demies, et faisant entendre un air pour marquer les heures.

carillonné, e adj. ▸ ***Fête carillonnée,*** fête solennelle annoncée par des carillons.

carillonner v.i. [conj. 3]. **1.** Sonner en carillon : *Les cloches carillonnent.* **2.** *Fam.* Appuyer vivement et longuement sur une sonnette : *Carillonner aux portes.* ◆ v.t. **1.** Annoncer par un carillon : *Carillonner une fête.* **2.** Proclamer une nouvelle avec bruit : *Il carillonne qu'il a gagné* (**SYN.** claironner).

carillonneur, euse n. Personne qui fait sonner un carillon.

cariste n. (du lat. *carrus,* chariot). Personne qui conduit un chariot de manutention dans une usine, un entrepôt.

caritatif, ive adj. (du lat. *caritas,* charité). Qui apporte une aide matérielle ou morale aux plus démunis : *Une association caritative* (**SYN.** charitable).

car-jacking [kardʒakiŋ] n.m. (de l'angl. *car,* voiture, et *hijacking,* piraterie aérienne) [pl. *car-jackings*]. Vol d'une automobile sur la voie publique avec violences ou menaces sur son conducteur.

carlin n.m. Petit chien à poil ras et museau aplati.

carlingue n.f. (scand. *kerling*). Partie d'un avion occupée par l'équipage et les passagers.

carmagnole n.f. (de *Carmagnola,* ville d'Italie). **1.** Veste courte portée pendant la Révolution. **2.** (Avec une majuscule). Ronde chantée et dansée en farandole par les sans-culottes à partir de 1792.

carme n.m. (du nom du mont *Carmel,* en Palestine). Religieux de l'ordre du Carmel qui vit cloîtré et se consacre à la prière.

carmélite n.f. Religieuse de l'ordre du Carmel.

carmin n.m. (d'un mot ar. signif. « cochenille »). **1.** Matière colorante d'un rouge légèrement violacé : *Le carmin était tiré autrefois de la femelle de la cochenille.* **2.** Couleur rouge vif. ◆ adj. inv. De la couleur du carmin : *Des robes carmin.*

carminé, e adj. Qui tire sur le carmin : *Des lèvres carminées.*

carnage n.m. (du lat. *caro, carnis,* chair). Massacre sanglant de personnes ; tuerie de nombreux animaux : *Le responsable de ce carnage va être jugé par un tribunal international* (**SYN.** boucherie, hécatombe).

carnassier, ère adj. (mot prov., du lat. *caro, carnis,* chair). Se dit d'un animal qui se nourrit exclusivement de proies vivantes : *Le lion est un animal carnassier.* ▸ ***Dent carnassière,*** grosse molaire coupante des carnivores (on dit aussi *une carnassière*).

carnassière n.f. **1.** Sac pour mettre le gibier : *Le chasseur met le lièvre mort dans sa carnassière* (**SYN.** gibecière). **2.** Dent carnassière d'un carnivore.

carnation n.f. (it. *carnagione,* du lat. *caro, carnis,* chair). Coloration de la peau : *Une carnation très claire* (**SYN.** teint).

carnaval n.m. (it. *carnevale,* mardi gras) [pl. *carnavals*]. **1.** Période de réjouissances populaires, se situant dans les jours qui précèdent le mercredi des Cendres ; manifestations, bals, défilés qui ont lieu pendant cette période : *Les carnavals du Nord.* **2.** (Avec une majuscule). Mannequin grotesque personnifiant le carnaval, enterré ou brûlé le mercredi des Cendres : *Sa Majesté Carnaval. Le char de Carnaval.*

carnavalesque adj. Relatif au carnaval ; qui a le caractère grotesque du carnaval : *Une tenue carnavalesque* (**SYN.** extravagant, insolite). *Les conflits au sein de ce parti politique sont carnavalesques* (**SYN.** ridicule).

carne n.f. (normand *carne,* charogne). *Fam.* **1.** Viande dure. **2.** *Vx* Vieux cheval.

carné, e adj. (du lat. *caro, carnis,* chair). **1.** Qui se compose surtout de viande : *Alimentation carnée. Interdiction des farines carnées pour le bétail.* **2.** D'un rose très pâle : *Œillet carné.*

carnet n.m. (du lat. *quaternio,* groupe de quatre). **1.** Petit cahier de poche servant à inscrire des notes, des comptes, etc. : *Noter ses dépenses dans un carnet* (**SYN.** agenda, calepin, répertoire). *Les élèves reçoivent leur carnet de notes trimestriel* (= leur livret scolaire). **2.** Assemblage d'imprimés, de tickets, de timbres, de billets, détachables : *Carnet de chèques* (= chéquier). *Acheter un carnet de tickets de métro.* ▸ ***Carnet d'adresses,*** petit cahier alphabétique où l'on note le nom et les coordonnées des personnes avec qui l'on souhaite rester en contact : *Noter un numéro de téléphone dans son carnet d'adresses* (**SYN.** agenda, répertoire) ; par ext., réseau constitué par toutes les personnes ainsi répertoriées : *Elle a un carnet d'adresses impressionnant* ; base de données contenant notamm. les adresses électroniques des personnes avec qui l'on est en contact. ***Carnet de commandes,*** ensemble des commandes reçues par une entreprise et qui restent à exécuter ou à livrer : *Le carnet de commandes des chantiers navals est plein.* ***Carnet de mariage,*** en Belgique, livret de famille. ***Carnet de voyage,*** journal intime tenu par un voyageur sous la forme de notes et/ou de dessins.

carnettiste n. Personne qui tient un carnet de voyage.

carnier n.m. Petite carnassière (**SYN.** gibecière).

carnivore adj. et n. (lat. *caro, carnis,* chair, et *vorare,* dévorer). Qui se nourrit de chair : *La panthère est un animal carnivore.* ▸ ***Plante carnivore,*** plante possédant des organes capables de capturer des insectes pour s'en nourrir. ◆ n.m. Mammifère terrestre muni de griffes, de fortes canines *(crocs)* et de molaires tranchantes *(carnassières),* et qui se nourrit essentiellement de chair : *Le chien et le chat sont des carnivores.*

carnotzet ou **carnotset** [karnɔtzɛ] n.m. En Suisse, local aménagé pour boire entre amis.

carolingien, enne adj. Relatif à la dynastie des Carolingiens, dont le plus illustre représentant fut Charlemagne : *Les rois carolingiens.*

caroncule n.f. (du lat. *caro, carnis,* chair). Petit organe charnu de couleur rougeâtre : *Caroncule lacrymale* (= située à l'angle interne de l'œil humain). *La caroncule du dindon* (= située au cou de cet animal).

carotène n.m. (de *carotte*). Pigment jaune ou rouge présent chez les végétaux (carotte) et les animaux (carapace des crustacés) : *Le carotène est utilisé comme colorant alimentaire.*

carotide n.f. (du gr. *karoun,* assoupir). Artère conduisant le sang du cœur à la tête.

carotte n.f. (lat. *carota,* du gr.). **1.** Plante cultivée pour sa racine comestible riche en sucre ; cette racine : *Manger des carottes râpées.* **2.** Feuille de tabac à chiquer roulée en forme de carotte. **3.** Enseigne des bureaux de tabac, évoquant la forme d'une carotte à chiquer. **4.** Échantillon cylindrique de terrain prélevé en profondeur par forage. ▸ ***Carotte rouge,*** en Suisse, betterave rouge. ***La carotte et le bâton,*** l'alternance de promesses et de menaces. *Fam.* ***Les carottes sont cuites,*** le dénouement est proche ; l'affaire est perdue. ◆ adj. inv. De couleur rouge tirant sur le roux : *Cheveux carotte.*

carotter v.t. [conj. 3]. **1.** *Fam.* Soutirer qqch à qqn par ruse : *Il m'a carotté dix euros* (**SYN.** extorquer). **2.** Extraire du sol une carotte de terrain pour l'analyser.

caroube ou **carouge** n.f. Fruit comestible du caroubier, à pulpe sucrée.

caroubier n.m. Grand arbre méditerranéen à feuilles persistantes, dont le fruit est la caroube.

carpaccio [karpatʃjo] n.m. (du nom de Vittore *Carpaccio*). **1.** Viande de bœuf crue ou poisson cru, découpés en fines lamelles et servis avec un assaisonnement. **2.** Tout mets cru servi finement tranché.

① **carpe** n.f. (lat. *carpa*). Gros poisson habitant les eaux profondes des rivières et des étangs, apprécié pour sa chair. ▸ ***Muet comme une carpe,*** se dit de qqn qui ne dit pas un mot.

② **carpe** n.m. (du gr. *karpos*, jointure). Ensemble des os du poignet.

carpelle n.m. (du gr. *karpos*, fruit). Chacune des pièces florales, dont l'ensemble forme le pistil des fleurs : *Un carpelle soudé.*

carpette n.f. **1.** Petit tapis, souvent rectangulaire : *Le chien dort sur la carpette au pied du lit.* **2.** *Fam.* Personne servile.

carquois n.m. Étui contenant les flèches, que l'archer portait en bandoulière.

carrare n.m. Marbre blanc extrait à Carrare, en Italie.

carre n.f. **1.** Angle que forme une face d'un objet avec une des autres faces. **2.** Baguette d'acier bordant la semelle d'un ski. **3.** Tranchant de l'arête d'un patin à glace. **4.** En Savoie et en Suisse, violente averse, souvent de courte durée.

① **carré, e** adj. (du lat. *quadrare*, rendre carré). **1.** Qui a la forme d'un carré, d'un cube : *Une feuille carrée. Planter des fleurs dans un bac carré* (**SYN.** cubique). **2.** Qui a des angles, des contours bien marqués : *Un homme aux épaules carrées* (**SYN.** large ; **CONTR.** tombant). *Un visage carré* (**CONTR.** allongé, ovale). **3.** Qui est net et tranché, fait sans hésitation ; catégorique : *Une réponse carrée* (**SYN.** direct, franc ; **CONTR.** hésitant). **4.** Qui fait preuve de franchise et de décision : *Une femme carrée en affaires* (**SYN.** droit, loyal ; **CONTR.** fuyant). ▸ ***Mètre carré, décimètre carré,*** etc., mesure de surface équivalant à un carré qui aurait un mètre, un décimètre, etc., de côté : *Un appartement de quatre-vingts mètres carrés.* ***Racine carrée*** → **racine.**

② **carré** n.m. (de *1. carré*). **1.** Quadrilatère qui a quatre angles droits et quatre côtés de même longueur : *Calculer la surface d'un carré.* **2.** Produit d'un nombre multiplié par lui-même : *25 est le carré de 5. Élever un nombre au carré.* **3.** Figure, surface, objet ayant la forme d'un carré : *Un carré de ciel bleu. Les soixante-quatre carrés d'un jeu d'échecs* (**SYN.** case). *Manger un carré de chocolat.* **4.** Partie de jardin, de potager où l'on cultive une même plante : *Bêcher un carré de salades* (**SYN.** planche). **5.** Foulard court : *Carré de soie.* **6.** Réunion de quatre cartes à jouer de même valeur : *Carré d'as.* **7.** Coupe de cheveux dans laquelle les cheveux sont égalisés à leur extrémité (on dit aussi *coupe au carré*) : *Se faire faire un carré chez le coiffeur.* **8.** Ensemble des côtelettes de mouton, de porc : *Un carré d'agneau rôti.* **9.** Pièce servant de salon, de salle à manger aux officiers d'un navire.

carreau n.m. (du lat. *quadrus*, carré). **1.** Petite plaque, génér. carrée, de céramique, de marbre, etc., utilisée pour recouvrir des sols, des parois : *Poser des carreaux sur le sol de la salle à manger* (**SYN.** dalle, pavé). **2.** Sol pavé de carreaux : *Ne marche pas pieds nus sur le carreau !* (**SYN.** carrelage). **3.** Plaque de verre garnissant une fenêtre, une porte : *Casser un carreau avec un ballon* (**SYN.** vitre). **4.** Dessin de forme carrée servant de motif décoratif ou faisant partie d'un quadrillage : *Une jupe à carreaux verts et rouges* (= écossaise). *Des feuilles de classeur à gros carreaux.* **5.** Une des quatre couleurs du jeu de cartes, dont la marque est un losange rouge ; carte de cette couleur : *Dame de carreau. Il me reste deux carreaux.* **6.** Grosse flèche d'arbalète munie d'un fer à quatre faces. **7.** En Suisse, carré de jardin. ▸ *Fam.* ***Se tenir à carreau,*** être sur ses gardes ; se tenir tranquille. *Fam.* ***Sur le carreau,*** à terre, assommé ou tué : *L'un des agresseurs est resté sur le carreau* ; éliminé : *La moitié des candidats sont sur le carreau.*

carreauté, e adj. Au Québec, se dit d'un motif à carreaux : *Une chemise carreautée.*

carrée n.f. *Fam.* Chambre.

carrefour [karfur] n.m. (du lat. *quadrifurcus*, à quatre fourches). **1.** Lieu où se croisent plusieurs routes ou rues : *Des policiers règlent la circulation au carrefour* (**SYN.** croisement, embranchement). **2.** Situation, circonstance importante où l'on doit faire un choix : *Tu es à un carrefour de ta vie : soit tu continues tes études, soit tu travailles.* **3.** Rencontre organisée en vue d'une discussion, d'une confrontation d'idées : *Une émission télévisée présentée comme un carrefour d'opinions.*

carrelage n.m. **1.** Action de carreler : *Le carrelage de la cuisine a pris trois jours.* **2.** Pavage ou revêtement de carreaux : *Passer la serpillière sur le carrelage.*

carreler v.t. [conj. 24]. Revêtir une surface de carreaux : *Ensuite, nous carrellerons les murs de la salle de bains.*

carrelet n.m. **1.** Poisson marin plat, comestible (**SYN.** plie). **2.** Filet de pêche carré. **3.** En Suisse, morceau d'un aliment coupé en petits cubes : *Carrelets de lard.*

carreleur n.m. Ouvrier qui pose des carrelages.

carrément adv. (de *carré*). **1.** Franchement ; sans détour : *Elle a carrément dit qu'elle n'aimait pas ton livre* (= sans ambages ; **CONTR.** mollement, vaguement). **2.** *Fam.* Totalement : *À ce volume de son, on risque de devenir carrément sourd* (**SYN.** complètement).

se **carrer** v.pr. [conj. 3]. S'installer confortablement : *Elle s'est carrée dans le canapé* (**SYN.** se caler).

carrier n.m. Ouvrier qui extrait des pierres dans une carrière.

① **carrière** n.f. (du lat. *carrus*, char). Activité professionnelle comportant des étapes à franchir, des degrés successifs : *Les carrières de la fonction publique* (**SYN.** métier). *Elle a fait une brillante carrière politique.* ▸ *Litt.* ***Donner carrière à qqch,*** lui donner libre cours : *Un peintre qui donne carrière à son imagination.* ***Faire carrière,*** gravir les échelons d'une hiérarchie. ***La Carrière,*** la diplomatie.

② **carrière** n.f. (du lat. *quadrus*, carré). Terrain d'où l'on extrait des matériaux de construction : *Une carrière de sable* (= une sablière). *Une carrière de marbre* (= une marbrière).

carriérisme n.m. *Péjor.* Comportement, état d'esprit d'un carriériste.

carriériste n. *Péjor.* Personne qui ne recherche que sa réussite professionnelle sans s'embarrasser de scrupules.

carriole n.f. (mot prov., du lat. *carrus*, char). **1.** Charrette parfois recouverte d'une bâche. **2.** Au Québec, traîneau sur patins bas, tiré par un cheval.

carron n.m. En Suisse, grosse brique en terre cuite ou en ciment.

carrossable adj. Où les voitures peuvent rouler : *En hiver, cette route n'est pas carrossable* (**SYN.** praticable).

carrosse n.m. (du lat. *carrus*, char). Voiture de grand luxe, tirée par des chevaux, à quatre roues, couverte et suspendue : *Le carrosse de la reine d'Angleterre.* ▸ ***La***

cinquième roue du carrosse, personne qui ne sert à rien ou qui est considérée comme inutile.

carrosser v.t. [conj. 3]. **1.** Munir d'une carrosserie : *Carrosser le châssis d'un wagon, d'un car.* **2.** Dessiner la carrosserie d'une automobile.

carrosserie n.f. **1.** Revêtement, le plus souvent de tôle, qui habille le châssis d'un véhicule : *Seule la carrosserie a été endommagée par le choc.* **2.** Industrie, technique du carrossier. **3.** Habillage d'un appareil ménager : *La carrosserie d'un lave-linge.*

carrossier n.m. **1.** Personne spécialisée dans la tôlerie automobile, qui répare les voitures accidentées. **2.** Concepteur, constructeur de carrosseries automobiles.

carrousel [karuzɛl] n.m. **1.** Parade équestre au cours de laquelle les cavaliers exécutent des figures convenues ; lieu où se tient cette parade. **2.** *Fig.* Circulation intense ; succession rapide : *Le carrousel des camions aux abords du chantier. Un carrousel d'images tournait dans ma tête* (**SYN.** cascade, kyrielle). **3.** En Belgique et en Suisse, manège forain. **4.** Dispositif rond et mobile permettant de déplacer des objets en circuit fermé : *Carrousel pour diapositives. Récupérer ses bagages sur le carrousel de l'aérogare.*

carroyage [karwajaʒ] n.m. En cartographie, quadrillage d'une carte, facilitant le repérage des lieux par un index.

carroyer [karwaje] v.t. [conj. 13]. Appliquer un carroyage sur une carte.

carrure n.f. (de *carrer*). **1.** Largeur du dos d'une personne d'une épaule à l'autre : *Une nageuse à forte carrure.* **2.** Largeur d'un vêtement entre les épaules : *La carrure d'une veste.* **3.** Forte personnalité de qqn : *Cette ministre a plus de carrure que son prédécesseur* (**SYN.** envergure).

carry n.m. → **curry.**

cartable n.m. (du lat. *charta,* papier). Sac à compartiments, qui sert à porter des livres, des cahiers, etc. ; sacoche : *L'écolier met son cartable sur son dos. Le notaire met des dossiers dans son cartable* (**SYN.** serviette).

carte n.f. (lat. *charta,* papier). **1.** Document imprimé officiel constatant l'identité de qqn, conférant certains droits, certains avantages, etc. : *Présenter sa carte de transport au contrôleur. Ce commerçant propose une carte de fidélité à ses bons clients. N'oubliez pas votre carte d'identité.* **2.** Carré ou rectangle de carton mince et souple portant une inscription : *Carte d'invitation* (**SYN.** bristol). **3.** Liste des plats, des boissons que l'on peut choisir dans un restaurant, avec l'indication des prix correspondants : *Prendre un repas à la carte* (par opp. à menu). *Le serveur présente la carte des desserts.* **4.** Carton sur lequel sont fixés des petits objets de même nature qui se vendent ensemble : *La mercière sort une carte de boutons bleus.* **5.** Petit carton fin et rectangulaire, portant sur une face une figure de couleur, avec lequel on joue à divers jeux : *Les cartes du jeu de tarot. Le magicien fait un tour de cartes.* **6.** Représentation conventionnelle, génér. plane, d'un espace géographique, accompagnée parfois de données démographiques, économiques : *Le professeur de géographie accroche une carte de l'Europe sur un mur de la classe. Les randonneurs se dirigent à l'aide d'une carte de la forêt* (**SYN.** plan). **7.** Petit rectangle comportant un microprocesseur qui mémorise certaines données (on dit aussi *carte à puce*) : *Retirer des billets avec une carte bancaire. Carte de téléphone.* **8.** Matériel pouvant se brancher sur un micro-ordinateur pour en étendre les capacités : *Carte son. Carte d'extension mémoire.* ▸ ***À la carte,*** selon un libre choix : *Un bouquet numérique qui propose des programmes à la carte.* ***Brouiller les cartes,*** créer volontairement la confusion ; compliquer une situation : *Sa candidature inattendue a brouillé les cartes.* ***Carte de visite,*** petit rectangle de bristol sur lequel sont imprimés ou gravés le nom de qqn ou la raison sociale d'une entreprise, l'adresse, le numéro de téléphone, l'adresse électronique, etc. ***Carte maîtresse,*** au jeu, celle qui permet de faire une levée : *À la belote, le valet est la carte maîtresse à l'atout* ; fig., principal moyen de succès : *Cette émission littéraire est la carte maîtresse de cette chaîne.* ***Carte postale,*** carte souple et rectangulaire dont le recto présente une photo, un dessin imprimé et dont le verso est destiné à la correspondance : *Une collection de cartes postales.* ***Donner*** ou ***laisser carte blanche à qqn,*** lui accorder l'autorisation, le pouvoir d'agir à sa guise : *Je vous donne carte blanche pour l'organisation du colloque.* ***Jouer la carte de,*** s'engager à fond dans une option, un choix : *Le maire joue la carte de la transparence* (**SYN.** miser sur, parier sur). ***Jouer sa dernière carte,*** mettre en œuvre le dernier moyen dont on dispose : *En faisant appel à l'opinion publique, il joue sa dernière carte.* ***Le dessous des cartes,*** ce qu'on dissimule d'une affaire, d'un événement. ***Jouer*** ou ***mettre cartes sur table,*** agir franchement, loyalement ; ne dissimuler aucun élément, aucune information sur qqch.

cartel n.m. (de l'it. *cartello,* affiche). **1.** Entente réalisée entre des entreprises afin de limiter ou de supprimer la concurrence (**SYN.** consortium). **2.** Entente réalisée entre des groupements professionnels ou politiques. **3.** Entente locale ou régionale de trafiquants de drogue. **4.** Pendule murale.

carte-lettre n.f. (pl. *cartes-lettres*). Carte mince, pliée en deux, se fermant par des bords encollés, tarifée comme une lettre.

carter [kartɛr] n.m. (mot angl., de *Carter,* nom de l'inventeur). Enveloppe protectrice des organes d'un mécanisme : *Le carter de la boîte de vitesses d'une automobile.*

carte-réponse n.f. (pl. *cartes-réponses* ou *cartes-réponse*). Carte, imprimé à remplir pour répondre à un questionnaire.

Carterie n.f. (nom déposé). Établissement, comptoir qui vend des cartes postales.

cartésianisme n.m. Philosophie de Descartes et de ses disciples.

cartésien, enne adj. et n. (de *Cartesius,* nom lat. de Descartes). **1.** Relatif à la philosophie, aux œuvres de Descartes. **2.** Méthodique et rationnel : *Il a l'esprit cartésien et son argumentation est sans faille* (**SYN.** rigoureux).

cartilage n.m. (lat. *cartilago*). Tissu résistant et élastique formant le squelette de l'embryon avant l'apparition de l'os et persistant chez l'adulte dans le pavillon de l'oreille, dans le nez, à l'extrémité des os.

cartilagineux, euse adj. De la nature du cartilage : *Tissu cartilagineux.*

cartographe n. Spécialiste de cartographie.

cartographie n.f. **1.** Ensemble des opérations d'élaboration, de dessin et d'édition des cartes géographiques. **2.** Représentation d'un phénomène au moyen d'une carte : *Cartographie du génome humain.*

cartographique adj. Relatif à la cartographie.

cartomancie n.f. (de *carte,* et du gr. *manteia,* divination). Art de lire l'avenir d'après les combinaisons qu'offrent les cartes, notamm. celles du tarot.

cartomancien, enne n. Personne qui pratique la cartomancie : *Ils vont consulter une cartomancienne* (= tireuse de cartes).

carton n.m. (de l'it. *carta,* papier). **1.** Feuille rigide, faite de pâte à papier, mais plus épaisse qu'une feuille de papier : *La couverture en carton d'un livre.* **2.** Objet, emballage fabriqué dans cette matière : *Carton à chapeaux* (**SYN.** boîte). *Acheter un carton de six bouteilles de vin.* **3.** Au football, carte brandie par l'arbitre pour sanctionner un joueur : *Le carton jaune annonce un avertissement ; le carton rouge, une expulsion.* ▸ ***Carton à dessin,*** grand portefeuille en carton servant à ranger ou à transporter des dessins, des gravures. *Fam.* ***Faire un carton,*** tirer sur qqn ou qqch et l'atteindre ; fig., remporter un vif succès : *Un jeu vidéo qui fait un carton.* *Fam.* ***Prendre*** ou ***ramasser un carton,*** subir une défaite sévère, un grave échec : *Il a ramassé un carton avec son dernier film.*

cartonnage n.m. **1.** Fabrication, commerce des objets en carton. **2.** Boîte, emballage en carton : *Garder le cartonnage d'un ordinateur le temps de la garantie.* **3.** Reliure en carton d'un livre.

cartonner v.t. [conj. 3]. Relier un ouvrage par cartonnage : *Un livre cartonné.* ◆ v.i. *Fam.* Obtenir un vif succès : *Un film qui cartonne.*

carton-pâte n.m. (pl. *cartons-pâtes*). Carton fabriqué à partir de déchets de papier, susceptible d'être moulé : *Des marionnettes en carton-pâte.* ▸ ***En carton-pâte,*** factice : *Un décor de cinéma en carton-pâte.*

cartoon [kartun] n.m. (mot angl.). Chacun des dessins d'une bande dessinée, d'un film d'animation ; cette bande dessinée, ce film d'animation : *Regarder des cartoons à la télévision* (= des dessins animés).

cartophile ou **cartophiliste** n. Personne qui collectionne les cartes postales.

cartophilie n.f. Passe-temps du cartophile.

cartothèque n.f. Lieu où sont conservées et classées des cartes géographiques.

① **cartouche** n.f. (du lat. *charta,* papier). **1.** Étui cylindrique de carton ou de métal, contenant la charge d'une arme à feu : *Le chasseur met une cartouche dans son fusil.* **2.** Charge d'explosif ou de poudre prête au tir : *Une cartouche de dynamite.* **3.** Recharge d'encre pour un stylo. **4.** Emballage groupant plusieurs paquets de cigarettes, plusieurs boîtes d'allumettes.

② **cartouche** n.m. (it. *cartoccio,* cornet de papier). **1.** Ornement, le plus souvent en forme de feuille de papier à demi déroulée, destiné à recevoir une inscription ou des armoiries : *Un cartouche décoratif.* **2.** Emplacement réservé au titre, dans un dessin, dans une carte géographique ancienne. **3.** Boucle ovale enserrant le prénom et le nom du pharaon dans l'écriture hiéroglyphique : *Le cartouche de Ramsès II.*

cartoucherie n.f. Fabrique de cartouches d'armes légères.

cartouchière n.f. Ceinture à compartiments cylindriques où le chasseur place ses cartouches.

carvi n.m. Plante des prairies dont les fruits aromatiques sont utilisés en assaisonnement ; fruit de cette plante : *Fromage au carvi.*

cary n.m. → **curry.**

caryatide ou **cariatide** n.f. Colonne en forme de statue de femme : *Les caryatides des temples grecs.*

caryotype n.m. (du gr. *karuon,* noyau). Ensemble des chromosomes d'une cellule d'être vivant.

① **cas** [ka] n.m. (du lat. *casus,* accident). **1.** Ce qui arrive ou peut arriver ; fait, circonstance : *Ce cas est de plus en plus fréquent* (**SYN.** événement, situation). *Dans le cas contraire, nous ne pourrons accepter votre dossier* (**SYN.** éventualité). *Il faut envisager le cas d'un redoublement pour cet élève* (**SYN.** hypothèse, possibilité). **2.** Situation particulière par rapport à la loi : *L'avocat travaille sur un cas complexe* (**SYN.** affaire, dossier). *Défendre le cas des sans-papiers* (**SYN.** condition, position). *Un cas de légitime défense.* **3.** Manifestation d'une maladie chez qqn ; le malade lui-même : *On signale plusieurs cas de méningite dans la région. Occupez-vous de cette dame, c'est un cas urgent.* **4.** Personne qui se singularise par son caractère, son comportement : *Ta sœur est vraiment un cas !* ▸ ***Au cas où*** ou ***dans le cas où,*** dans l'hypothèse où, à supposer que : *Au cas où vous changeriez d'avis, appelez-moi* (= si jamais). ***Cas de conscience,*** situation délicate ou douloureuse ; problème moral difficile à résoudre : *Il est devant un cas de conscience : soit il dénonce cet abus et perd son emploi, soit il se tait.* ***Cas de figure,*** situation envisagée par hypothèse : *Dans ce cas de figure, il perdrait les élections.* ***Cas d'espèce,*** cas qui n'entre pas dans la règle générale. ***Cas social,*** personne vivant dans un milieu psychologiquement ou socialement défavorisé : *Une assistante sociale qui rencontre de nombreux cas sociaux.* ***En cas de,*** dans l'hypothèse de : *En cas d'empêchement, prévenez-nous.* ***En ce cas,*** alors, dans ces conditions : *Le vainqueur a mordu sur la ligne ; en ce cas, la médaille d'or est attribuée au second.* *Fam.* ***En tout cas*** ou ***dans tous les cas,*** de toute façon, quoi qu'il arrive : *En tout cas, il donnera sa réponse demain.* ***Faire grand cas de, ne faire aucun cas de,*** attacher de l'importance à, n'attacher aucune importance à.

② **cas** [ka] n.m. (du lat. *casus,* terminaison). Dans les langues à déclinaisons, chacune des formes prises par les noms, pronoms, adjectifs ou participes, suivant leur fonction dans la phrase : *Le latin avait six cas : le nominatif, le vocatif, l'accusatif, le génitif, le datif et l'ablatif.*

casanier, ère adj. et n. (de l'it. *casaniere,* prêteur d'argent). Qui aime à rester chez soi ; qui dénote ce caractère : *Elle devient casanière avec l'âge* (**SYN.** sédentaire). *Des aspirations étouffées par une routine casanière.*

casaque n.f. (d'un mot persan signif. « jaquette »). **1.** Veste des jockeys. **2.** Veste de femme qui recouvre la jupe jusqu'aux hanches. ▸ *Fam.* ***Tourner casaque,***

changer de parti, d'opinion : *Au vu de ces sondages catastrophiques, il a tourné casaque.*

casbah [kazba] n.f. (d'un mot ar.). En Afrique du Nord, citadelle ou palais d'un chef ; quartier entourant ce palais : *La casbah d'Alger.*

cascade n.f. (de l'it. *cascare*, tomber). **1.** Chute d'eau naturelle ou artificielle : *Après la fonte des neiges, la cascade est beaucoup plus importante.* **2.** Au cinéma, scène exécutée par un cascadeur. **3.** *Fig.* Grande abondance de choses qui arrivent à la suite : *Une cascade de félicitations.* ▸ ***En cascade,*** à la suite l'un de l'autre et rapidement : *Un sportif qui s'est fait des blessures en cascade.*

cascadeur, euse n. Artiste spécialisé qui, dans les films, double les comédiens dans les scènes dangereuses.

casco n.f. En Suisse, assurance automobile.

① **case** n.f. (du lat. *casa*, hutte). **1.** Habitation en paille, en branches d'arbres, etc., dans les pays tropicaux : *Cases africaines.* **2.** À la Réunion, maison.

② **case** n.f. (esp. *casa*). **1.** Espace délimité par le croisement de lignes horizontales et verticales sur une surface quelconque : *Les cases d'une grille de mots croisés, d'un damier. Signez dans cette case.* **2.** Compartiment d'un meuble, d'un tiroir : *Les cases d'une boîte à bijoux. L'écolier range ses livres dans la case de son pupitre* (SYN. casier). **3.** En Suisse, boîte postale. ▸ *Fam.* ***Avoir une case en moins*** ou ***une case vide,*** être un peu fou. *Fam.* ***Revenir*** ou ***retourner à la case départ,*** se retrouver au point de départ : *Si ce disque n'a pas de succès, elle retourne à la case départ* (= elle recommence à zéro).

caséine n.f. (du lat. *caseus*, fromage). Protéine du lait.

casemate n.f. (du gr. *khasma*, gouffre). **1.** Dans un fort, abri souterrain, destiné à loger les troupes ou les munitions. **2.** Petit ouvrage fortifié ; bunker, fortin.

caser v.t. [conj. 3]. **1.** Parvenir à mettre qqn, qqch dans un espace souvent réduit : *Toutes les personnes sinistrées ont été casées dans le gymnase* (SYN. installer, loger). *J'ai réussi à caser tous les D.V.D. dans le tiroir* (SYN. placer, ranger). **2.** *Fam.* Procurer un emploi, une situation à qqn : *Il voudrait bien caser son fils dans l'entreprise locale.* ◆ **se caser** v.pr. *Fam.* Se marier ; trouver un emploi.

caserne n.f. (prov. *cazerna*, groupe de quatre personnes). Bâtiment affecté au logement des militaires ; ensemble des militaires qui y sont logés : *La caserne des pompiers. Toute la caserne participe à la manœuvre.*

casernement n.m. **1.** Installation de militaires dans une caserne. **2.** Ensemble des bâtiments d'une caserne.

cash [kaʃ] adv. (mot angl.). *Fam.* En réglant en espèces et en une seule fois ; comptant : *Il exige d'être payé cash.* ◆ n.m. *Fam.* Argent liquide : *Préfères-tu du cash ou un chèque ?*

casher [kaʃɛr] adj. inv. → **kasher.**

cashmere [kaʃmir] n.m. → **cachemire.**

casier n.m. **1.** Meuble comprenant une série de compartiments ouverts par-devant ; compartiment, case de ce meuble : *Un casier à bouteilles, à disques. Chaque professeur dispose d'un casier à son nom.* **2.** Nasse d'osier ou de grillage métallique servant à pêcher les gros crustacés. ▸ ***Casier judiciaire,*** bulletin mentionnant les antécédents judiciaires d'une personne ; lieu où sont centralisés ces bulletins : *Un criminel au casier judiciaire chargé.*

casino n.m. (mot it., de *casa*, maison). Établissement comprenant des salles de jeux, un restaurant et, souvent, une salle de spectacle.

casinotier n.m. Propriétaire, exploitant d'un casino.

casoar n.m. **1.** Oiseau coureur d'Australie, portant sur le sommet du crâne une sorte de casque osseux et coloré. **2.** Plumet rouge et blanc ornant le shako des saint-cyriens.

casque n.m. (de l'esp. *casco*, tesson). **1.** Coiffure rigide destinée à protéger la tête : *Mettre un casque pour faire du roller. Les ouvriers mettent un casque sur le chantier.* **2.** Appareil constitué de deux écouteurs montés sur un support formant serre-tête : *Casque d'un baladeur. L'animateur de l'émission radiophonique a un casque lui permettant d'entendre les conseils de son assistant.* **3.** Appareil électrique qui souffle de l'air chaud et sous lequel on s'assied pour se sécher les cheveux. ▸ ***Casque bleu,*** membre de la force militaire internationale de l'O.N.U. : *Les Casques bleus surveillent la frontière de ce pays en guerre.*

casqué, e adj. Coiffé d'un casque : *Motard casqué.*

casquer v.t. [conj. 3]. *Fam.* Payer, génér. une somme importante : *Elle a casqué les 600 euros sans rechigner* (SYN. débourser). ◆ v.i. *Fam.* Payer : *C'est son tour de casquer.*

casquette n.f. **1.** Coiffure ronde, munie d'une visière : *Les coureurs ont tous une casquette qui les protège du soleil.* **2.** *Fam.* Fonction sociale, en tant qu'elle donne autorité pour qqch, sur qqch : *Je vous parle sans ma casquette de délégué du personnel* (= hors de ma charge de délégué). *Reprenant sa casquette d'ancien ministre de l'Agriculture, il a répondu aux manifestants. Avoir la double casquette de maire et de chef d'entreprise.*

cassable adj. Qui peut se casser, être cassé : *Attention, ces figurines sont cassables !* (SYN. fragile ; CONTR. incassable).

cassage n.m. Action de casser : *Cassage du verre recyclable.*

cassandre n.f. ou **Cassandre** n.f. inv. (de *Cassandre*, nom mythol.). Personne qui prédit une issue défavorable aux événements, au risque de déplaire ou de ne pas être crue : *Les cassandres* ou *les Cassandre de la science.*

cassant, e adj. **1.** Qui se casse facilement : *Avoir les cheveux secs et cassants.* **2.** Qui est catégorique, qui n'admet aucune réplique : *Un directeur cassant avec ses subordonnés* (SYN. dur, péremptoire, tranchant ; CONTR. aimable, gentil). *Parler sur un ton cassant* (SYN. impérieux, incisif).

cassate n.f. (it. *cassata*). Crème glacée faite de tranches diversement parfumées et garnie de fruits confits.

cassation n.f. Annulation, par une cour suprême, d'un jugement, d'une décision rendue en dernier ressort par une juridiction inférieure : *L'accusé s'est pourvu en cassation.*

① **casse** n.f. (de *casser*). **1.** Action de casser ; son résultat ; cassage : *Lorsque cette maladroite fait la* *vaisselle, il y a toujours de la casse.* **2.** *Fam.* Dégâts corporels et matériels résultant d'une action violente : *Pendant la manifestation, il y a eu de la casse.* ▸ *Fam.* ***Mettre, envoyer qqch à la casse,*** le mettre, l'envoyer à la ferraille : *Envoyer une vieille voiture à la casse.*

② **casse** n.f. ou **cassier** n.m. (lat. *cassia*). Arbuste des régions chaudes, à fleurs jaunes et à fruits en gousses.

③ **casse** n.f. (de l'it. *cassa,* caisse). *Anc.* Boîte plate divisée en compartiments de taille inégale, qui servait à ranger les caractères d'imprimerie employés par le typographe. ▸ ***Bas de casse,*** partie inférieure de la casse où se trouvent les lettres minuscules ; ces lettres : *Une lettre bas de casse* (= un bas-de-casse ; **CONTR.** capitale, majuscule).

④ **casse** n.m. *Arg.* Cambriolage avec effraction : *Le casse d'une bijouterie.*

cassé, e adj. **1.** Qui ne fonctionne plus ; brisé : *Ma montre est cassée. Avoir trois côtes cassées.* **2.** Se dit d'une personne âgée qui est voûtée, courbée. ▸ ***Blanc cassé,*** tirant légèrement sur le gris ou le jaune : *Une peinture blanc cassé.* ***Voix cassée,*** voix rude et comme enrouée, tremblante : *Elle a la voix cassée après ses concerts.*

casse-cou n. inv. et adj. inv. Personne qui prend des risques, qui n'a pas peur du danger : *Il y a un casse-cou dans le groupe. Des adolescentes casse-cou* (**SYN.** intrépide, hardi ; **CONTR.** craintif, prudent). ▸ ***Crier casse-cou à qqn,*** l'avertir d'un danger.

casse-croûte n.m. inv. **1.** Collation légère absorbée rapidement ; sandwich : *Préparer des casse-croûte pour une randonnée.* **2.** Au Québec, snack-bar.

casse-gueule adj. inv. *Fam.* **1.** Qui présente des risques : *Des projets casse-gueule.* **2.** Qui prend des risques : *Il est casse-gueule au volant.*

cassement n.m. ▸ *Fam., vieilli* ***Cassement de tête,*** grande fatigue intellectuelle causée par un bruit insupportable ou un problème à résoudre.

casse-noisettes n.m. inv. Pince utilisée pour casser les noisettes.

casse-noix n.m. inv. Pince utilisée pour casser les noix.

casse-pieds n. inv. et adj. inv. *Fam.* Personne qui dérange, ennuie ; gêneur : *Cette passagère est une vraie casse-pieds* (**SYN.** importun). ◆ adj. inv. Ennuyeux : *Un film casse-pieds* (**SYN.** soporifique ; **CONTR.** passionnant).

casse-pierre n.m. (pl. *casse-pierres*) ou **casse-pierres** n.m. inv. Autre nom de la *pariétaire.*

casse-pipe n.m. (pl. *casse-pipes* ou inv.) ou **casse-pipes** n.m. inv. Tir forain dans lequel les cibles sont des pipes en terre. ▸ *Fam.* ***Le casse-pipe,*** la guerre ; la zone des combats, le front : *Envoyer des soldats au casse-pipe.*

casser v.t. (du lat. *quassare,* secouer) [conj. 3]. **1.** Mettre en morceaux, sous l'action d'un choc, d'un coup : *Casser un miroir* (**SYN.** briser). *Sous l'effet de la colère, il cassa sa maquette* (= il la mit en pièces ; **SYN.** détruire). **2.** Causer une fracture à un membre, à un os : *En tombant, le meuble lui a cassé un orteil* (**SYN.** fracturer). **3.** Mettre hors d'usage un appareil : *Tu as cassé la télévision, il n'y a plus d'images !* **4.** Briser la coquille, la coque de : *Casser des noisettes.* **5.** Interrompre le cours de qqch : *Casser des fiançailles.* **6.** Dans la langue juridique, annuler une décision juridictionnelle : *Elle a fait appel et le jugement a été cassé.* **7.** Faire perdre sa situation à un fonctionnaire ; faire perdre son grade à un militaire : *Casser un officier* (**SYN.** dégrader). *Elle est cassée pour faute professionnelle* (**SYN.** destituer, révoquer). ▸ *Fam.* ***À tout casser,*** extraordinaire, inoubliable : *Un concert à tout casser* ; au maximum, en parlant d'une quantité : *Vous en aurez pour dix euros à tout casser.* *Fam.* ***Casser la croûte*** ou ***la graine,*** prendre un repas rapide. *Fam.* ***Casser la tête*** ou ***les oreilles,*** fatiguer par trop de bruit, de paroles. *Fam.* ***Casser les pieds,*** importuner, agacer. ***Casser les prix,*** baisser fortement les prix. *Fam.* ***Ne rien casser*** ou ***ne pas casser des briques,*** être sans originalité, sans intérêt particulier : *Une exposition de peinture qui ne casse pas des briques.* ◆ v.i. ou **se casser** v.pr. Se briser, se rompre : *La laisse du chien a cassé* ou *s'est cassée* (**SYN.** céder, lâcher). ◆ **se casser** v.pr. **1.** Se blesser à la suite d'un choc : *Elle s'est cassé la jambe au ski* (**SYN.** se fracturer). **2.** *Fam.* S'en aller. ▸ *Fam.* ***Ne pas se casser,*** ne pas se fatiguer, ne pas faire d'efforts. *Fam.* ***Se casser le nez,*** trouver porte close : *Nous nous sommes cassé le nez, le magasin est fermé pour inventaire* ; échouer : *Il s'est cassé le nez en croyant pouvoir racheter cette entreprise.* *Fam.* ***Se casser la tête,*** se tourmenter pour résoudre une difficulté : *Elle s'est cassé la tête pour lui trouver un cadeau original.*

casserole n.f. (de l'anc. fr. *casse,* poêle). **1.** Ustensile de cuisine cylindrique, à fond plat et à manche, servant à cuire des aliments ; son contenu : *Une casserole en Inox. Une casserole d'eau bouillante.* **2.** *Fam.* Son, voix, instrument de musique discordants, peu mélodieux : *Tu chantes comme une casserole !* **3.** *Fam.* Événement, action dont les conséquences négatives nuisent à la réputation de qqn : *Il traîne quelques casseroles.* ▸ ***Casserole à pression,*** en Belgique, autocuiseur. *Fam.* ***Passer à la casserole,*** être tué ; subir une épreuve pénible.

casse-tête n.m. inv. **1.** Problème difficile à résoudre ; travail qui demande une grande application : *Finaliser la loi sur la bioéthique est un casse-tête pour le gouvernement et les sages.* **2.** Jeu manuel ou électronique consistant à reconstituer des formes en combinant des éléments de formes variées (on dit aussi *casse-tête chinois*). **3.** Massue dont une extrémité forme une protubérance. **4.** Bruit assourdissant, pénible à supporter. **5.** Au Québec, puzzle.

cassette n.f. (du lat. *capsa,* boîte). **1.** Boîtier hermétique contenant une bande magnétique destinée à l'enregistrement, à la reproduction du son, d'images, de données : *Mettre une cassette dans le magnétoscope.* **2.** Coffret où l'on conserve des objets précieux, de l'argent : *La cassette d'Harpagon.*

cassettothèque n.f. Collection de bandes magnétiques en cassettes.

casseur, euse n. **1.** Personne qui récupère et vend des pièces détachées de voitures mises à la casse. **2.** Personne qui profite d'une manifestation pour dégrader la voie publique, piller les magasins. **3.** *Arg.* Cambrioleur.

① **cassier** n.m. ou **cassie** n.f. Acacia cultivé dans les régions méditerranéennes pour ses petites fleurs jaunes très parfumées.

② **cassier** n.m. → **2. casse.**

① **cassis** [kasis] n.m. (mot poitevin, de *2. casse*). **1.** Arbuste voisin du groseillier, produisant des baies noires, comestibles ; baie de cet arbuste : *Glace au cassis.* **2.** Liqueur obtenue à partir de cette baie : *Un kir au cassis.*

② **cassis** [kasi] n.m. (de *casser*). Brusque dénivellation sur la chaussée d'une route (par opp. à dos-d'âne).

cassolette n.f. **1.** Petit récipient pouvant aller au four ; mets préparé en cassolette : *Une cassolette de poisson.* **2.** Vase dans lequel on fait brûler un parfum (**SYN.** brûle-parfum).

cassonade n.f. (de *casson*, pain de sucre). Sucre roux qui n'a été raffiné qu'une fois.

cassoulet n.m. (mot du Languedoc, de *cassolo*, nom d'un récipient). Ragoût de haricots blancs et de confit d'oie, de canard, de mouton, de porc.

cassure n.f. **1.** Endroit où un objet est cassé : *Cette assiette a une cassure sur le bord* (**SYN.** brisure [litt.], fêlure). **2.** Rupture de liens affectifs ; brouille : *Cela a provoqué une cassure dans leur amitié.*

castagne n.f. (mot gascon signif. « châtaigne »). *Fam.* Échange de coups ; bagarre : *Cet ivrogne cherche la castagne.*

castagnettes n.f. pl. (de l'esp. *castañeta*, petite châtaigne). Instrument de percussion typique du flamenco, composé de deux petits éléments creusés, qu'on fait résonner en les frappant l'un contre l'autre dans la main.

castard adj.m. et n.m. En Belgique, fort, costaud.

caste n.f. (du port. *casta*, chaste). **1.** Groupe social qui se distingue par des privilèges et son esprit d'exclusion pour toute personne qui lui est étrangère : *Ne fréquenter que des personnes de sa caste* (**SYN.** classe, milieu). **2.** En Inde, groupe social, héréditaire, composé d'individus exerçant génér. une activité commune : *La caste des brahmanes, des artisans.*

castel n.m. (mot prov.). *Litt.* Petit château ; manoir.

castelet n.m. Petit théâtre aménagé pour les spectacles de marionnettes.

castillan, e adj. et n. De Castille. ◆ **castillan** n.m. L'espagnol parlé en Espagne, par opp. soit aux autres langues ibériques (portugais, catalan, etc.), soit à l'espagnol parlé en Amérique latine.

casting [kastiŋ] n.m. (mot angl. signif. « distribution »). Sélection des acteurs, des figurants pour un spectacle, un film ; distribution des rôles, distribution artistique.

castor n.m. (gr. *kastôr*). **1.** Mammifère rongeur de l'Amérique du Nord et d'Europe, à pattes postérieures palmées et à queue aplatie. **2.** Fourrure de cet animal : *Manteau de castor.*

castrat n.m. **1.** *Anc.* Chanteur dont la voix d'enfant (registre, timbre) était conservée par castration. **2.** Individu mâle qui a subi la castration.

castrateur, trice adj. **1.** *Cour.* Très sévère, très autoritaire : *Des remarques castratrices.* **2.** En psychanalyse, qui provoque ou qui est susceptible de provoquer un complexe de castration : *Une mère castratrice.*

castration n.f. Ablation ou destruction des glandes génitales : *La castration d'un jeune coq.* ▸ ***Complexe de castration,*** en psychanalyse, peur fantasmatique qui se développe chez le jeune enfant lorsqu'il découvre la différence anatomique des sexes.

castrer v.t. (lat. *castrare*, châtrer) [conj. 3]. Pratiquer la castration sur : *Faire castrer un chien* (**SYN.** châtrer).

castrisme n.m. Doctrine ou pratique politique qui s'inspire des idées de Fidel Castro.

castriste adj. et n. Relatif au castrisme ; partisan du castrisme.

casuel, elle adj. *Didact.* Qui peut arriver ou non ; qui dépend des circonstances ; éventuel.

casuiste n.m. (du lat. *casus*, cas de conscience). En théologie, spécialiste de la casuistique.

casuistique n.f. **1.** Partie de la théologie morale qui traite des cas de conscience. **2.** *Litt.* Tendance à argumenter avec une subtilité excessive, notamm. sur les problèmes de morale.

casus belli [kazysbeli] n.m. inv. (mots lat. signif. « cas de guerre »). Acte de nature à provoquer une déclaration de guerre entre deux États : *L'annexion de ce territoire constitue un casus belli.*

C.A.T. ou **CAT** [seate] n.m. (sigle). ▸ ***Centre d'aide par le travail*** → **centre.**

catachrèse [katakrɛz] n.f. (du gr. *katakhrêsis*, abus). En rhétorique, utilisation d'un mot au-delà de son sens strict : *C'est par catachrèse que l'on dit « le pied d'une montagne » ou « les flancs d'un navire ».*

cataclysmal, e, aux adj. Qui présente la nature d'un cataclysme, d'un désastre (**SYN.** cataclysmique).

cataclysme n.m. (gr. *kataklusmos*, inondation). **1.** Grand bouleversement, destruction causés par un phénomène naturel (tremblement de terre, cyclone) : *La crue soudaine de la rivière a causé un cataclysme dans les villages* (**SYN.** catastrophe, désastre). **2.** Bouleversement total dans la situation d'un pays, d'un groupe ; désastre : *L'explosion de la centrale nucléaire a été un cataclysme* (**SYN.** calamité, fléau).

cataclysmique adj. **1.** Cataclysmal. **2.** Qui concerne un cataclysme géologique, météorologique, astronomique.

catacombes n.f. pl. (du lat. *tumba*, tombe). Vaste souterrain ayant servi de sépulture ou d'ossuaire : *D'anciennes catacombes.*

catadioptre n.m. (du rad. gr. *katophron*, miroir, et de *dioptre*). Dispositif optique qui réfléchit les rayons lumineux, utilisé pour la signalisation d'obstacles ou de véhicules sur les voies de circulation : *Un catadioptre signale la bretelle de l'autoroute* (**SYN.** Cataphote [nom déposé]).

catafalque n.m. (it. *catafalco*). Estrade décorative sur laquelle est posé le cercueil, lors d'une cérémonie funéraire.

catalan, e adj. et n. De la Catalogne. ◆ **catalan** n.m. Langue romane parlée en Catalogne, aux îles Baléares et dans le Roussillon.

catalepsie n.f. (gr. *katalêpsis*, attaque). Perte momentanée de la capacité à effectuer des gestes volontaires, le corps restant figé dans l'attitude où il était, observée dans certaines maladies psychiatriques.

cataleptique adj. et n. De la nature de la catalepsie ; atteint de catalepsie : *Un sommeil cataleptique.*

catalogage n.m. Action de cataloguer ; son résultat.

catalogne n.f. (de *Catalogne,* n. pr.). Au Québec, étoffe tissée artisanalement, dont la trame est constituée de bandes de tissu.

catalogue n.m. (du gr. *katalogos,* liste). **1.** Liste énumérant, par ordre, des choses, des personnes : *Un catalogue de chansons* (**SYN.** index, répertoire). *Le catalogue des saints.* **2.** Livre, brochure contenant une liste d'articles, de produits proposés à la vente : *Le catalogue d'une maison de vente par correspondance.* **3.** *Fig.* Liste, énumération de propos, d'idées : *Son programme se résume à un catalogue de bonnes intentions* (**SYN.** recueil).

cataloguer v.t. [conj. 3]. **1.** Classer selon un certain ordre ; dresser le catalogue de : *Cataloguer les films d'une vidéothèque* (**SYN.** indexer, répertorier). *Cataloguer une bibliothèque* (**SYN.** inventorier). **2.** Ranger définitivement dans une catégorie jugée médiocre : *Cataloguer qqn comme une mauvaise langue* (**SYN.** étiqueter).

catalpa n.m. Arbre ornemental à très grandes feuilles.

catalyse n.f. (gr. *katalusis,* dissolution). En chimie, action par laquelle un corps (appelé catalyseur) provoque ou accélère une réaction chimique sans être lui-même modifié par cette action.

catalyser v.t. [conj. 3]. **1.** En chimie, effectuer une catalyse. **2.** En parlant d'une personne, d'un événement, provoquer ou accélérer une réaction psychologique : *Sa démission a catalysé le mécontentement des adhérents.*

catalyseur n.m. **1.** En chimie, corps qui provoque une catalyse. **2.** Événement, personne qui provoquent une réaction par leur seule existence : *La victoire de l'équipe a été le catalyseur d'une explosion de joie.*

catalytique adj. Relatif à une catalyse chimique. ▸ ***Pot catalytique*** → **pot.**

catamaran n.m. (mot angl., du tamoul *kattu,* lien, et *maram,* bois). Embarcation à voiles ou à moteur, faite de deux coques accouplées.

Cataphote n.m. (nom déposé). Catadioptre : *Un Cataphote rougeoyant.*

cataplasme n.m. (gr. *kataplasma,* emplâtre). *Anc.* Bouillie médicamenteuse que l'on appliquait, entre deux linges, sur une partie du corps, pour combattre une inflammation.

catapulte n.f. (gr. *katapeltês*). **1.** *Anc.* Machine de guerre utilisée pour lancer des projectiles. **2.** Dispositif utilisant la force d'expansion de la vapeur pour lancer des avions depuis le pont d'un porte-avions (on dit aussi *catapulte à vapeur*).

catapulter v.t. [conj. 3]. **1.** Lancer avec une catapulte : *Catapulter un avion.* **2.** Lancer avec force ou violence et loin : *Le choc a catapulté la valise à l'avant du véhicule* (**SYN.** projeter). **3.** *Fam.* Placer soudainement qqn dans une situation meilleure : *On l'a catapulté directeur de la nouvelle collection* (**SYN.** élever, promouvoir). *Son dernier disque l'a catapultée en tête des meilleures ventes* (**SYN.** porter, propulser).

cataracte n.f. (gr. *kataraktês*). **1.** Chute d'eau importante sur un fleuve ; cascade. **2.** Opacité du cristallin ou de ses membranes produisant une cécité partielle ou totale : *Soigner une cataracte au laser.*

catarrhe n.m. (gr. *katarrhos,* écoulement). *Anc.* Inflammation aiguë ou chronique des muqueuses, avec une sécrétion supérieure à la normale (**SYN.** rhume).

catastrophe n.f. (gr. *katastrophê,* renversement). **1.** Événement subit qui cause un bouleversement pouvant entraîner des destructions, des morts : *C'est la plus grande catastrophe ferroviaire du siècle* (**SYN.** calamité, désastre, fléau). **2.** Événement considéré comme grave par celui qui le subit ; détérioration brutale d'une situation : *Son licenciement est une véritable catastrophe pour la famille* (**SYN.** détresse, drame, tragédie). **3.** (Employé en appos., avec ou sans trait d'union). Qui dépeint ou évoque un accident grave, un événement catastrophique : *Un film-catastrophe* (= qui relate une catastrophe). *Un scénario catastrophe sur l'invasion des virus informatiques* (= qui prédit une catastrophe). ▸ ***Courir à la catastrophe,*** agir d'une façon qui mène inévitablement à un désastre. ***En catastrophe,*** en hâte et en essayant d'éviter le pire : *Le chauffeur a arrêté le camion en catastrophe dans un chemin forestier.*

catastropher v.t. [conj. 3]. *Fam.* Jeter dans le découragement, l'abattement : *Cette nouvelle nous a catastrophés* (**SYN.** accabler, atterrer, consterner, navrer ; **CONTR.** réjouir).

catastrophique adj. **1.** Qui a le caractère d'une catastrophe : *Le naufrage du pétrolier a eu des conséquences catastrophiques* (**SYN.** calamiteux, désastreux, effroyable). **2.** Qui est particulièrement insuffisant ou mauvais : *Les résultats de cet enfant sont catastrophiques* (**SYN.** lamentable).

catastrophisme n.m. État d'esprit qui pousse à imaginer des catastrophes, à envisager le pire : *Le changement de siècle a poussé certains au catastrophisme* (**SYN.** pessimisme).

catastrophiste adj. et n. Qui imagine toujours le pire (**SYN.** pessimiste).

catch [katʃ] n.m. (de l'angl. *catch [as catch can],* attrape [comme tu peux]). Lutte libre, très spectaculaire, admettant presque toutes les prises qui ne sont pas portées à fond.

catcher [katʃe] v.i. [conj. 3]. Pratiquer le catch.

catcheur, euse [katʃœr, øz] n. Personne qui pratique le catch.

catéchèse [kateʃɛz] n.f. Dans la religion chrétienne, instruction religieuse.

catéchiser [kateʃize] v.t. (du gr. *kathêkizein,* instruire à haute voix) [conj. 3]. **1.** Instruire dans la religion chrétienne. **2.** *Péjor.* Chercher à persuader qqn de faire telle chose, d'agir de telle façon ; endoctriner.

catéchisme [kateʃism] n.m. **1.** Enseignement de la foi et de la morale chrétiennes ; livre qui contient cet enseignement ; cours où il est dispensé : *Aller au catéchisme.* **2.** Résumé dogmatique des principes fondamentaux d'une doctrine, d'une science : *Ce livre constitue le catéchisme des internautes* (**SYN.** bible, credo).

catéchiste [kateʃist] n. Personne qui enseigne le catéchisme.

catéchumène [katekymɛn] n. (du gr. *katêkhoumenos,* qui reçoit une instruction orale). Personne que l'on instruit pour la disposer à recevoir le baptême.

catégorie n.f. (gr. *katêgoria,* qualité attribuée à un objet). **1.** Ensemble de choses ou de personnes de même nature : *Cette voiture entre dans la catégorie des monospaces* (**SYN.** classe, espèce, famille, série). *Un boxeur de la catégorie des poids moyens. Elle est de la catégorie des perfectionnistes* (**SYN.** genre, sorte). **2.** Dans la philosophie d'Aristote, chacun des genres les plus généraux dans lesquels peuvent être rangés les objets de la pensée. ▸ ***Catégories grammaticales,*** classes, appelées aussi *parties du discours*, entre lesquelles sont répartis les éléments du vocabulaire selon la fonction qu'ils remplissent dans la phrase (on dit aussi *classe grammaticale*) : *Le verbe, l'adjectif, le nom, l'adverbe sont des catégories grammaticales.*

catégoriel, elle adj. Qui concerne une catégorie ou ne s'applique qu'à une catégorie de personnes : *Revendications catégorielles* (= concernant une catégorie de salariés).

catégorique adj. (gr. *katêgorikos*, affirmatif). **1.** Se dit de ce qui ne laisse aucune possibilité de doute, d'équivoque : *Sa réponse a été catégorique* (**SYN.** absolu, définitif, formel ; **CONTR.** ambigu, évasif). *Il a condamné leur déclaration de façon catégorique* (**SYN.** péremptoire ; **CONTR.** équivoque). **2.** Se dit d'une personne qui exprime un avis, une opinion d'une manière nette et sans réplique : *Elle a été tout à fait catégorique : il n'y avait personne* (**SYN.** affirmatif ; **CONTR.** évasif).

catégoriquement adv. De façon catégorique : *Il a catégoriquement nié toute participation à cette affaire* (**SYN.** formellement, nettement ; **CONTR.** évasivement).

catégorisation n.f. Classement de choses par catégories en vue d'une étude statistique : *Catégorisation de nouveaux virus.*

catégoriser v.t. [conj. 3]. Classer par catégories : *Catégoriser le personnel d'une entreprise.*

catelle n.f. En Suisse, carreau de faïence vernissé servant à revêtir un poêle, le sol ou les parois d'une cuisine, d'une salle de bains.

caténaire n.f. et adj. f. (du lat. *catena*, chaîne). Système de suspension du fil d'alimentation en énergie électrique des locomotives ou des tramways (on dit aussi *une suspension caténaire*) : *La circulation des trains est interrompue à la suite de la rupture d'une caténaire.*

catgut [katgyt] n.m. (mot angl. signif. « boyau de chat »). Lien, qui se résorbe spontanément en quelques jours, utilisé en chirurgie pour la suture des plaies.

cathare n. et adj. (gr. *katharos*, pur). Au Moyen Âge, adepte d'un mouvement religieux du sud-ouest de la France, connu aussi sous le nom d'*albigeois*.

catharsis [katarsis] n.f. (du gr. *katharsis*, purification). **1.** Selon Aristote, « purification » produite chez les spectateurs par une représentation dramatique. **2.** Méthode de psychothérapie reposant sur une décharge émotionnelle.

cathédrale n.f. (de *église cathédrale*, du lat. *cathedra*, siège). Église épiscopale d'un diocèse : *Visiter la cathédrale de Chartres.* ◆ adj. inv. ▸ ***Verre cathédrale,*** verre translucide à surface inégale.

catherinette n.f. Jeune fille qui coiffe sainte Catherine : *Les chapeaux des catherinettes.*

cathéter [kateter] n.m. (gr. *kathetêr*, sonde). Tige creuse que l'on introduit dans un canal naturel de l'organisme pour effectuer un examen médical, réaliser une perfusion.

cathode n.f. (du gr. *cathodos*, route vers le bas). Électrode négative par laquelle le courant sort d'un appareil à électrolyse (par opp. à anode).

cathodique adj. **1.** Relatif à une cathode. **2.** *Fam.* Qui concerne la télévision en tant que moyen de communication ; télévisuel : *Les stars cathodiques.* ▸ ***Tube cathodique,*** tube à vide dans lequel des faisceaux d'électrons sont dirigés sur une surface fluorescente (*écran cathodique* d'un téléviseur, d'un ordinateur) où leur impact produit une image visible.

catholicisme n.m. Religion des chrétiens qui reconnaissent l'autorité du pape en matière de dogme et de morale.

catholicité n.f. **1.** Conformité à la doctrine de l'Église catholique. **2.** Ensemble des catholiques.

catholique n. et adj. (gr. *katholikos*, universel). Personne qui professe le catholicisme : *Les catholiques.* ◆ adj. **1.** Qui appartient au catholicisme : *L'Église catholique, apostolique et romaine.* **2.** (Surtout en tournure négative). *Fam.* Conforme à la règle, à la morale : *Tout ceci ne m'a vraiment pas l'air très catholique* (**SYN.** honnête).

catilinaire n.f. (du nom des quatre harangues écrites par Cicéron contre *Catilina*). *Litt.* Discours virulent contre qqn ; réquisitoire : *Une série de catilinaires contre le président* (**SYN.** diatribe, philippique [litt.]).

en **catimini** loc. adv. (du gr. *katamênia*, menstrues). En cachette, discrètement : *Écrire un roman en catimini* (**SYN.** secrètement).

catin n.f. (dimin. de *Catherine*). *Fam., vieilli* Femme de mauvaise vie ; prostituée.

cation [katjɔ̃] n.m. (de *cat[hode]* et *ion*). Ion de charge positive (par opp. à anion), qui, dans l'électrolyse, se dirige vers la cathode.

catogan ou **cadogan** n.m. (du nom du général angl. *Cadogan*). **1.** Nœud retenant les cheveux sur la nuque. **2.** Sorte de queue de cheval basse portée par les hommes.

cattleya ou **catleya** [katleja] n.m. Variété d'orchidée cultivée en serre pour ses fleurs très colorées.

caucasien, enne adj. Du Caucase ; relatif aux Caucasiens. ▸ ***Langues caucasiennes,*** famille de langues de la région du Caucase, à laquelle appartiennent le géorgien et le tchétchène.

cauchemar n.m. (de l'anc. fr. *caucher*, fouler, et du néerl. *mare*, fantôme). **1.** Rêve pénible, angoissant et oppressant : *Elle fait toujours le même cauchemar.* **2.** Idée, chose ou personne qui effraie ou qui importune : *Dès que les dinosaures apparaissent sur l'écran, le cauchemar commence. Encore une réunion, quel cauchemar !* (**SYN.** hantise, tourment).

cauchemarder v.i. [conj. 3]. *Fam.* Faire des cauchemars : *Un enfant qui cauchemarde beaucoup.*

cauchemardesque ou **cauchemardeux, euse** adj. Qui produit une impression analogue à celle d'un cauchemar : *Les gens s'enfuyaient en hurlant, c'était cauchemardesque* (**SYN.** terrifiant).

caucus [kokys] n.m. (mot anglo-amér.). Au Canada et aux États-Unis, réunion à huis clos des dirigeants d'un parti politique ; personnes ainsi réunies.

caudal, e, aux adj. (du lat. *cauda*, queue). De l'extrémité postérieure de la queue d'un animal : *Plumes caudales.* ▸ ***Nageoire caudale,*** nageoire terminant la queue des cétacés, des poissons, des crustacés. ◆ **caudale** n.f. Nageoire caudale.

caudillo [kodijo ou kawdijɔ] n.m. (mot. esp. signif. « capitaine, chef »). **1.** Au XIXe siècle, dans les pays hispaniques, chef militaire ayant pris le pouvoir par la force. **2.** Titre porté par le général Franco à partir de 1931.

caulerpe n.f. (du lat. *caulis*, tige, et du gr. *herpein*, ramper). Algue verte originaire des mers tropicales, qui envahit aujourd'hui certaines zones de la Méditerranée.

cauri [kori] ou **cauris** [koris] n.m. (mot hindi). Coquillage du groupe des porcelaines, qui a longtemps servi de monnaie en Inde et en Afrique noire.

causal, e, als ou **aux** adj. Qui annonce un rapport de cause à effet : *Discerner un lien causal entre deux événements.* ▸ ***Proposition causale,*** en grammaire, proposition donnant la raison ou le motif de l'action exprimée par le verbe principal. ◆ **causale** n.f. Proposition causale.

causalité n.f. Rapport qui unit la cause à l'effet. ▸ ***Principe de causalité,*** principe philosophique selon lequel tout fait possède une cause, les mêmes causes, dans les mêmes conditions, produisant les mêmes effets.

causant, e adj. (de *2. causer*). *Fam.* Qui parle, qui communique volontiers avec les autres : *Vous n'êtes pas très causant ce matin* (**SYN.** bavard, disert [litt.], loquace, volubile ; **CONTR.** silencieux, taciturne).

cause n.f. (lat. *causa*). **1.** Ce par quoi une chose existe ; ce qui provoque ou produit qqch : *On ne connaît pas la cause de cette panne* (**SYN.** origine). *Les causes économiques d'une guerre* (**SYN.** source ; **CONTR.** conséquence). **2.** Ce pourquoi on fait qqch : *Nous ignorons la cause de son refus* (**SYN.** motif, raison). *Les causes qui l'ont déterminée à partir sont d'ordre personnel* (**SYN.** mobile). **3.** Affaire pour laquelle qqn comparaît en justice : *Les causes célèbres* (**SYN.** procès). *L'avocat a refusé cette cause* (**SYN.** cas, dossier). **4.** Ensemble d'intérêts, d'idées que l'on se propose de soutenir : *Défendre la cause de l'enfance maltraitée* (**SYN.** parti). ▸ ***À cause de,*** en raison de ; en considération de ; par la faute de. ***Avoir*** ou ***obtenir gain de cause, donner gain de cause*** → **gain.** ***En connaissance de cause*** → **connaissance.** ***En désespoir de cause*** → **désespoir.** ***En tout état de cause,*** de toute manière ; quoi qu'il en soit. ***Et pour cause,*** se dit lorsqu'on ne veut pas préciser des motifs trop évidents ou qu'on souhaite les taire : *Il n'ose rien demander, et pour cause !* ***Être cause de*** ou ***la cause de,*** être responsable de, être la raison de ; causer, occasionner : *Ses insolences répétées sont cause de son renvoi.* ***Être en cause,*** faire l'objet d'un débat ; être incriminé, compromis : *De gros intérêts sont en cause dans cette affaire* (= sont en jeu). *Des personnages haut placés sont en cause* (= sont accusés). ***Être hors de cause,*** être lavé de tout soupçon. ***Faire cause commune avec qqn,*** unir ses intérêts aux siens. ***La bonne cause,*** celle qu'on considère comme juste (souvent iron.) : *On l'a licencié pour la bonne cause.* ***La cause est entendue,*** l'affaire est jugée ; par ext., se dit pour signifier que l'on a assez d'éléments pour se faire une opinion, que l'on sait à quoi s'en tenir. ***Mettre en cause,*** incriminer ; mettre en question qqch, exiger de qqn une justification. ***Pour cause de,*** en raison de : *Le magasin est fermé pour cause de décès.* ***Prendre fait et cause pour qqn,*** prendre son parti, le soutenir sans réserve.

① **causer** v.t. (de *cause*) [conj. 3]. Être la cause de qqch ; produire : *Les chutes de neige ont causé de nombreux accidents* (**SYN.** déclencher, entraîner, provoquer). *Ce virus informatique nous a causé beaucoup de dégâts* (**SYN.** occasionner, attirer).

② **causer** v.t. ind. (du lat. *causari*, plaider) [conj. 3]. **1. [avec].** Échanger familièrement des paroles avec ; s'entretenir avec : *Il cause beaucoup de son avenir avec ses parents* (**SYN.** discuter, parler). *Venez demain, nous causerons ensemble* (**SYN.** bavarder, converser, deviser). *Nous avons causé politique avec son frère* (**SYN.** débattre, discuter). **2.** *Fam.* **[à].** (Emploi critiqué). Adresser la parole à : *Ce n'est pas à vous que je cause* (**SYN.** parler). ◆ v.i. Parler de qqn avec malveillance : *Fais un effort pour arriver à l'heure, les gens commencent à causer* (**SYN.** jaser).

causerie n.f. Petite conférence sans prétention : *Elle fait une causerie hebdomadaire à la radio.*

causette n.f. **1.** *Fam.* Conversation familière : *J'ai fait la causette* ou *un brin de causette avec eux.* **2.** En informatique, communication entre plusieurs personnes sur le réseau Internet (**SYN.** 2. chat). ☞ **REM.** Au Québec, on dit *clavardage.*

causeur, euse n. et adj. Personne qui possède l'art de parler : *Un brillant causeur. Elle n'est pas causeuse* (**SYN.** disert [litt.], loquace, volubile ; **CONTR.** taciturne).

causeuse n.f. Petit canapé à deux places.

causse n.m. (mot prov., du lat. *calx, calcis*, chaux). Plateau calcaire du Massif central (Grands Causses) et du bassin d'Aquitaine (Quercy).

causticité n.f. **1.** Caractère d'une substance caustique, corrosive : *La causticité d'un acide.* **2.** *Litt.* Caractère mordant, incisif : *Ce critique est d'une causticité redoutable* (**SYN.** acrimonie ; **CONTR.** bienveillance). *La causticité d'une satire* (**SYN.** mordant ; **CONTR.** douceur, mansuétude [litt.]).

caustique adj. et n.m. (du gr. *kaustikos*, brûlant). Qui attaque les tissus organiques : *La soude est caustique* (**SYN.** corrosif). *Un puissant caustique.* ◆ adj. Mordant, incisif dans la moquerie, la satire : *Un esprit impertinent et caustique* (**SYN.** acerbe ; **CONTR.** débonnaire, doux).

cauteleux, euse adj. (du lat. *cautela*, prudence). *Litt.* Qui manifeste à la fois de la méfiance et de la ruse (**SYN.** matois, sournois ; **CONTR.** franc, loyal).

cautère n.m. (du gr. *kautêrion*, brûlure). En médecine, tige métallique chauffée ou substance chimique, que l'on utilise pour brûler un tissu organique et détruire des parties malades ou arrêter un écoulement de sang. ▸ ***Un cautère sur une jambe de bois,*** un remède inutile ; un moyen inefficace.

cautérisation n.f. Action de cautériser ; son résultat.

cautériser v.t. [conj. 3]. Brûler avec un cautère : *Cautériser une plaie.*

caution [kosjɔ̃] n.f. (du lat. *cautio*, précaution). **1.** Appui, garantie morale donnés par une personne influente ; cette personne : *Je l'ai fait avec la caution du directeur* (**SYN.** aval, soutien). *La secrétaire d'État est* *notre caution* (**SYN.** répondant). **2.** Somme que l'on verse pour servir de garantie : *Une caution équivalant à trois mois de loyer. Mise en liberté sous caution.* **3.** Engagement de faire face à une dette contractée par qqn d'autre ; personne qui prend cet engagement : *Ils se portent caution pour leur fils. Je serai votre caution* (**SYN.** garant). ▸ ***Sujet à caution,*** dont la vérité n'est pas établie ; suspect, douteux : *Information sujette à caution. Ce procédé est sujet à caution* (= contestable).

cautionnement n.m. **1.** Contrat par lequel qqn se porte caution auprès d'un créancier. **2.** Dépôt de fonds destiné à servir de garantie ; versement : *Un cautionnement est exigé des candidats à l'élection présidentielle.*

cautionner v.t. [conj. 3]. **1.** Se porter caution pour qqn : *Cautionner son frère.* **2.** Donner son appui, son approbation à : *Le président cautionne le Premier ministre* (**SYN.** appuyer, soutenir ; **CONTR.** désavouer). *Les députés refusent de cautionner une telle loi* (**SYN.** approuver ; **CONTR.** condamner).

cavalcade n.f. *Fam.* Course agitée et bruyante d'un groupe de personnes : *La cavalcade des journalistes dans l'aéroport pour approcher la star.*

cavale n.f. *Arg.* Évasion d'une prison : *Cavale réussie pour un dangereux malfaiteur.* ▸ ***En cavale,*** en fuite et activement recherché.

cavaler v.i. (de *cavale,* jument) [conj. 3]. *Fam.* Courir très vite ; fuir : *Le voleur cavala à l'approche du vigile.*

cavalerie n.f. **1.** Corps d'armée constitué à l'origine par des troupes à cheval, et aujourd'hui par des troupes motorisées : *Une charge de cavalerie. Officier de cavalerie.* **2.** Fraude financière consistant à approvisionner artificiellement un compte bancaire avec des chèques ou des traites de complaisance ; escroquerie.

cavaleur, euse adj. et n. *Fam.* Qui recherche les aventures amoureuses : *C'est un cavaleur* (**SYN.** don Juan).

① **cavalier, ère** n. (it. *cavaliere*). **1.** Personne à cheval. **2.** Personne avec laquelle on forme un couple, dans une réception, un bal : *Son cavalier est un excellent danseur* (**SYN.** partenaire). ▸ ***Faire cavalier seul,*** distancer ses concurrents, dans une course ; fig., agir isolément : *Elle ne s'associe pas à nous pour le cadeau, elle préfère faire cavalier seul.* ◆ **cavalier** n.m. **1.** Militaire servant dans la cavalerie. **2.** Pièce du jeu d'échecs représentant une tête de cheval. **3.** Carte du tarot entre la dame et le valet. **4.** Clou en forme d'U.

② **cavalier, ère** adj. (de *1. cavalier*). Qui fait preuve d'une liberté excessive ; impertinent : *Des manières cavalières* (**SYN.** désinvolte, inconvenant, leste ; **CONTR.** respectueux). ▸ ***Allée, piste cavalière,*** allée, piste aménagées pour les promenades à cheval.

cavalièrement adv. De façon cavalière, impertinente : *Il a agi un peu trop cavalièrement* (**SYN.** irrévérencieusement [litt.] ; **CONTR.** respectueusement).

① **cave** n.f. (du lat. *cava,* fossé). **1.** Local souterrain, souvent voûté ; pièce en sous-sol d'un bâtiment, servant de débarras, de cellier : *Descendre à la cave.* **2.** Réserve, souterraine ou non, où l'on conserve le vin ; ensemble des bouteilles de vin : *Il faut maintenir une température constante dans la cave. Se constituer une bonne cave.* **3.** Coffret à compartiments où l'on met divers produits : *Cave à cigares.* **4.** Dancing, boîte de nuit en sous-sol.

② **cave** n.f. (de *caver,* miser). Somme que chaque joueur place devant lui pour payer ses enjeux : *La cave d'un joueur de poker.*

③ **cave** adj. (lat. *cavus*). *Litt.* Creux : *Une jeune femme aux joues caves.* ▸ ***Veines caves,*** les deux grosses veines qui amènent le sang à l'oreillette droite du cœur.

④ **cave** n.m. *Arg.* Imbécile ; niais.

caveau n.m. (de *1. cave*). **1.** Construction, fosse aménagée en sépulture sous un édifice, dans un cimetière : *Caveau familial.* **2.** Théâtre de chansonniers.

caverne n.f. (du lat. *cavus,* creux). **1.** Cavité naturelle assez vaste, dans une zone rocheuse : *Pendant l'orage, les randonneurs se sont abrités dans une caverne.* **2.** En médecine, cavité apparaissant dans un organe : *Caverne du poumon, du rein.* ▸ ***L'homme des cavernes,*** de la préhistoire.

caverneux, euse adj. ▸ ***Voix caverneuse,*** voix grave, qui semble sortir d'une caverne : *Les élèves sont impressionnés par la voix caverneuse de leur professeur* (**SYN.** sépulcral [litt.]).

cavernicole adj. et n.m. Se dit d'un animal qui supporte l'obscurité et vit dans les milieux souterrains.

caviar n.m. (d'un mot turc). Mets composé d'œufs d'esturgeon marinés.

caviardage n.m. Action de caviarder ; son résultat : *Le caviardage de la préface de ce livre a choqué les auteurs* (**SYN.** censure).

caviarder v.t. [conj. 3]. Supprimer un passage d'un texte, d'un article ; censurer.

caviste n. Personne ayant la charge d'une cave à vins, chez un producteur, un restaurateur.

cavité n.f. (du lat. *cavus,* creux). Partie creuse, vide d'un objet solide, organique : *Les cavités d'un rocher* (**SYN.** anfractuosité). *Les quatre cavités du cœur.*

C.B. ou **CB** [sibi] n.f. (sigle). **1.** Citizen band. **2.** Appareil émetteur-récepteur pour la citizen band.

C.C.P. ou **CCP** [sesepe] n.m. (sigle). Compte chèques postal.

CD [sede] n.m. (sigle). Compact Disc.

C.D.D. ou **CDD** [sedede] n.m. (sigle). Contrat à durée déterminée : *On ne m'a proposé qu'un C.D.D. de six mois.*

C.D.I. ou **CDI** [sedei] n.m. (sigle). **1.** Au collège et au lycée, centre de documentation et d'information : *Consulter des ouvrages au C.D.I. de son collège.* **2.** Contrat à durée indéterminée : *Elle a enfin un C.D.I.*

CD-ROM ou **CD-Rom** [sederɔm] n.m. inv. Cédérom.

① **ce** ou **cet** (devant voyelle ou « h » muet), **cette, ces** adj. dém. (du lat. *ecce,* voici, et *iste,* cela). **1.** Sert à déterminer la personne ou la chose que l'on montre ou dont on vient de parler : *Ce pain est rassis. Cet enfant est adorable. Cette actrice était très populaire. Ces boucles d'oreilles te vont bien.* **2.** Détermine un nom désignant un moment proche : *Cet après-midi, je ne travaille pas* (= tantôt). *Ce week-end, ils vont à la plage* (= le week-end prochain). *J'ai fait un cauchemar cette nuit* (= la nuit dernière).

② **ce** pron. dém. inv. (du lat. *ecce,* voici, et *hoc,* cela).

1. (Construit avec le verbe *être*). Assure une fonction de sujet et sert à indiquer un objet, sa nature : *Ce ne sont pas mes lunettes. Ce sera un peu long. Est-ce un livre intéressant ? C'était parfait. Ton idée, c'est une idée géniale. Vouloir, c'est pouvoir.* **2.** (Construit avec un pron. relat.). Assure une fonction de sujet, d'attribut ou de complément : *Ce que je vois ne me plaît guère. Ce style de robe est ce qui se vend le mieux. Fais ce que tu peux. Ce dont je vais vous parler nécessite beaucoup d'attention.* ▸ ***Ce faisant,*** en faisant cela ; de la sorte : *Elle nous a menti, ce faisant, elle a perdu notre confiance.* *Fam.* ***Ce que,*** comme, combien : *Ce qu'elle est belle ! Si tu savais ce qu'on a ri !* ***C'est que,*** sert à donner une explication, une raison : *S'il ne vient pas, c'est qu'il est malade.* ***C'est... qui, que, dont,*** etc., servent à mettre en relief un mot quelconque de la phrase : *C'est moi qui ai raison. C'est cette maison que j'aimerais avoir. C'est nous qui l'avons fait. Ce sont des secrets qui doivent être gardés. C'est la commune dont il est le maire.* ***Et ce,*** sert à rappeler ce qui vient d'être dit : *Elle a refusé, et ce sous le prétexte que nous avions déjà eu une réduction.* *Sout.* ***Pour ce faire,*** pour faire cela : *Il faut aller vite et pour ce faire les laboratoires pharmaceutiques travaillent ensemble.* ***Sur ce,*** sur ces entrefaites, après cela : *Sur ce, il quitta le bureau.*

① **C.E.** ou **CE** [seə] n.m. (sigle). ▸ ***Cours élémentaire*** → **élémentaire.**

② **C.E.** ou **CE** [seə] n.m. (sigle). ▸ ***Comité d'entreprise*** → **comité.**

céans [seɑ̃] adv. (de *çà*, et de l'anc. fr. *enz*, dedans). *Vx* Ici, en ces lieux : *Je vous attends céans.* ▸ *Litt.* ***Le maître de céans,*** le maître des lieux (aussi iron.). ☞ **REM.** Ne pas confondre avec *séant*.

cébiste n. Utilisateur de la citizen band, ou C.B. (**SYN.** cibiste [anglic.]).

ceci pron. dém. inv. **1.** Désigne la chose qu'on montre : *Ceci est son premier tableau.* **2.** Désigne ce dont on va parler : *Retiens bien ceci : l'araignée n'est pas un insecte.* **3.** Désigne ce dont il est question : *Tout ceci est ridicule.* ▸ ***Et ceci,*** et ce : *Il a démissionné, et ceci sans raison valable.*

cécité n.f. (du lat. *caecus*, aveugle). Fait d'être aveugle ; état d'une personne aveugle : *Depuis son accident, il est atteint de cécité.*

céder v.t. (du lat. *cedere*, s'en aller) [conj. 18]. **1.** Renoncer à qqch qu'on a, dont on bénéficie, qu'on occupe, au profit de qqn : *Céder sa place assise à une personne âgée. Je vous cède la parole* (**SYN.** abandonner, laisser ; **CONTR.** conserver, garder). **2.** Vendre : *Il souhaiterait céder son commerce pour prendre sa retraite* (**CONTR.** acheter, acquérir). ▸ *Litt.* ***Céder le pas à qqn,*** s'effacer devant lui pour le laisser passer ; fig., reconnaître sa supériorité. *Sout.* ***Ne le céder en rien à,*** être l'égal de : *Ce film ne le cède en rien à une production hollywoodienne.* ◆ v.t. ind. **[à]. 1.** Se plier à la volonté de qqn, ne pas lui opposer de résistance : *Le réalisateur du film a cédé à tous les caprices de la vedette* (**SYN.** se résigner à, se soumettre à ; **CONTR.** s'opposer à). **2.** Ne pas résister à : *Céder à l'envie de manger une glace* (**SYN.** succomber à). ◆ v.i. **1.** Ne pas résister à une force, à une action ; se rompre : *La ficelle qui retenait le tableau a cédé* (**SYN.** casser, craquer, lâcher ; **CONTR.** tenir). **2.** Cesser d'opposer une résistance physique ou morale : *Devant la pression des syndicats, la direction a cédé* (**SYN.** capituler, s'incliner ; **CONTR.** résister). **3.** Cesser de se manifester ; diminuer : *La fièvre a cédé* (**SYN.** baisser, tomber ; **CONTR.** augmenter, monter).

cédérom [sederɔm] n.m. (abrév. de l'angl. *compact disc read only memory*, disque compact à mémoire morte). Disque compact à lecture laser, à grande capacité de mémoire et qui stocke à la fois des textes, des images et des sons : *Graver des cédéroms.* ☞ **REM.** On peut aussi écrire *CD-ROM* ou *CD-Rom*.

cédéthèque n.f. Collection ou organisme de prêt de CD, de cédéroms.

cédétiste adj. et n. Relatif à la Confédération française démocratique du travail (C.F.D.T.) ; membre de ce syndicat.

cedex [sedɛks] n.m. (acronyme de *courrier d'entreprise à distribution exceptionnelle*). Mention qui suit le code postal lorsqu'on envoie un courrier à une grande entreprise, à une administration.

cédille n.f. (esp. *cedilla*, petit c). Signe graphique qui se place, en français, sous la lettre *c* devant *a, o, u* pour lui donner le son « s » : *Le c de « français », de « glaçon » et de « gerçure » prend une cédille.*

cédrat n.m. (it. *cedrato*, du lat. *citrus*, citron). Fruit du cédratier, sorte de gros citron à peau épaisse, utilisé en confiserie.

cédratier n.m. Arbre des régions chaudes, dont le fruit est le cédrat.

cèdre n.m. **1.** Grand arbre, à branches étalées horizontalement en plans superposés ; le bois de cet arbre : *Une commode en cèdre.* **2.** Au Québec, thuya.

cédrière n.f. Au Québec, terrain planté de cèdres.

cégep [seʒɛp] n.m. (acronyme). Au Québec, collège d'enseignement général et professionnel précédant l'université.

cégépien, enne n. Au Québec, élève d'un cégep.

cégétiste adj. et n. Relatif à la Confédération générale du travail (C.G.T.) ; membre de ce syndicat.

ceindre v.t. (lat. *cingere*) [conj. 81]. *Litt.* **1.** Mettre qqch autour de la tête, d'une partie du corps : *Le maire était ceint de l'écharpe tricolore* (= il l'avait revêtue). **2.** Entourer le corps, la tête, en parlant d'une chose : *Une couronne lui ceignait la tête* (**SYN.** enserrer).

ceinture n.f. (lat. *cinctura*, de *cingere*, ceindre). **1.** Bande de cuir, d'étoffe, portée pour fixer un vêtement autour de la taille ou comme ornement : *Une ceinture porte-billet. Elle accroche son baladeur à sa ceinture.* **2.** Partie fixe d'un vêtement qui maintient celui-ci autour de la taille : *Reprendre une jupe à la ceinture.* **3.** Taille, partie du corps où se place la ceinture : *Son enfant lui arrive à la ceinture. Ils avaient de l'eau jusqu'à la ceinture.* **4.** Partie du squelette où les membres s'articulent au tronc : *Ceinture pelvienne* (= bassin). **5.** Ce qui entoure un lieu : *Une ceinture de fossés entoure le château.* **6.** Bande de tissu dont la couleur symbolise un grade, au judo et au karaté ; ce grade : *Notre professeur est ceinture noire.* ▸ ***Ceinture de sécurité,*** bande coulissante, destinée à maintenir une personne sur le siège d'un véhicule, en cas de choc, d'accident. ***Ceinture fléchée,*** au Québec, longue ceinture de laine à franges, décorée de motifs en forme de flèches, qui se porte à l'occasion de fêtes populaires, notamment de fêtes folkloriques. ***Ceinture verte,*** espaces verts aménagés autour d'une agglomération. *Fam.* ***Se serrer la ceinture,*** ne pas manger à sa faim ; renoncer à qqch.

ceinturer v.t. [conj. 3]. **1.** Saisir qqn par le milieu du corps en vue de le maîtriser : *Le vigile ceintura le voleur.* **2.** Entourer un lieu, un espace : *Le boulevard périphérique ceinture Paris* (**SYN.** cerner, encercler).

ceinturon n.m. Ceinture très solide sur laquelle on peut fixer des accessoires : *Le ceinturon d'un uniforme militaire.*

cela pron. dém. inv. (de *ce* et *là*). **1.** Désigne qqch qu'on montre : *Cela va très bien avec ta jupe. Montre-moi cela.* **2.** Désigne ce dont on a parlé : *Je suis d'accord avec cela.* **3.** Renforce une interrogation : *Comment cela ?* ▸ ***Cela dit*** ou ***cela étant,*** malgré tout : *Ce livre pour enfants manque d'illustrations ; cela dit, il est vraiment très bien écrit.* ***En cela,*** de ce point de vue, sur ce point : *En cela, personne ne peut le contredire.*

céladon adj. inv. et n.m. (du nom d'un personnage du roman « l'Astrée »). D'une couleur vert pâle : *Des écharpes céladon. Le céladon est une couleur délicate.* ◆ n.m. Porcelaine d'Extrême-Orient de couleur vert pâle.

célébrant n.m. Ecclésiastique qui célèbre la messe ; officiant.

célébration n.f. Action de célébrer un événement : *La célébration de leur mariage se fera dans la plus stricte intimité* (**SYN.** cérémonie). *La célébration de l'anniversaire de la mort d'un poète* (**SYN.** commémoration).

célèbre adj. (du lat. *celeber,* fréquenté). Connu de tous ; glorieux, réputé : *Un pianiste célèbre* (**SYN.** illustre, renommé ; **CONTR.** inconnu). *La célèbre héroïne de Victor Hugo* (**SYN.** fameux, légendaire ; **CONTR.** obscur).

célébrer v.t. [conj. 18]. **1.** Marquer une date, un événement par une cérémonie, une fête : *Célébrer l'anniversaire de l'abolition de l'esclavage* (**SYN.** commémorer). **2.** Accomplir un office liturgique : *Le prêtre a célébré la messe.* **3.** *Litt.* Faire publiquement l'éloge de qqn : *Le maire célèbre cette ancienne résistante* (**SYN.** glorifier, louer ; **CONTR.** dénigrer, stigmatiser).

célébrité n.f. **1.** Grande réputation ; gloire : *Ce chanteur doit sa célébrité à sa première chanson* (**SYN.** notoriété, popularité, renommée). **2.** Personne célèbre : *Toutes les célébrités se rendent au Festival de Cannes* (**SYN.** gloire ; **CONTR.** inconnu).

celer [sәle] v.t. [conj. 25]. *Litt.* Cacher ; ne pas révéler : *Celer une partie de la vérité* (**SYN.** taire). *Elle cèle ses intentions* (**SYN.** dissimuler ; **CONTR.** dévoiler, révéler).

céleri [sɛlri] n.m. (du lombard *seleri*). Plante potagère dont on consomme les tiges ou la racine.

céleri-rave [sɛlrirav] n.m. (pl. *céleris-raves*). Variété de céleri dont on consomme la racine.

célérité n.f. (du lat. *celer,* rapide). *Litt.* Rapidité dans l'exécution d'une tâche : *Il a tapé tout le rapport avec une célérité incroyable* (**SYN.** diligence, vélocité, vitesse ; **CONTR.** lenteur).

célesta [selesta] n.m. Instrument de musique à percussion, pourvu d'un clavier.

céleste adj. (du lat. *caelum,* ciel). **1.** Relatif au ciel, au firmament : *Corps céleste* (= astre). **2.** Relatif au ciel en tant que séjour de la divinité ; divin : *Les puissances célestes.* **3.** *Litt.* Qui charme par sa beauté, sa douceur : *Musique céleste* (**SYN.** séraphique). *Voix céleste* (**SYN.** angélique ; **CONTR.** démoniaque). ▸ ***Globe céleste*** → **globe.** ***Sphère céleste*** → **sphère.**

célibat n.m. (du lat. *caelebs, caelibis,* célibataire). État d'une personne en âge d'être mariée et qui ne l'est pas.

célibataire n. et adj. Personne qui vit dans le célibat.

celle, celles pron. dém. fém. → **celui.**

celle-ci, celles-ci pron. dém. fém. → **celui-ci.**

celle-là, celles-là pron. dém. fém. → **celui-là.**

cellier n.m. (du lat. *cellarium,* magasin, grenier). Pièce, lieu frais où l'on entrepose le vin et les provisions.

Cellophane n.f. (nom déposé). Pellicule transparente, fabriquée à partir de cellulose et utilisée pour l'emballage : *Jambon vendu sous Cellophane.*

cellulaire adj. **1.** Relatif aux cellules des organismes végétaux ou animaux ; formé de cellules : *Tissu cellulaire.* **2.** Relatif aux cellules des prisonniers : *Le régime cellulaire d'une prison.* **3.** Se dit du mode de fonctionnement d'un système de radiocommunication : *Un téléphone cellulaire.* ▸ ***Fourgon cellulaire,*** voiture servant au transport des prisonniers. ◆ n.m. Au Québec, téléphone portable.

cellule n.f. (du lat. *cellula,* petite chambre). **1.** Pièce, chambre, génér. individuelle, où l'on vit isolé : *Ramener un prisonnier dans sa cellule. Le moine prie dans sa cellule.* **2.** Dans une ruche, alvéole des rayons de cire où les abeilles déposent les couvains et la nourriture. **3.** En biologie, élément constitutif fondamental de tout être vivant : *On a détecté des cellules cancéreuses.* **4.** *Fig.* Élément constitutif fondamental d'un ensemble : *Cellule familiale.* **5.** Groupement de base de certains partis politiques, notamm. des partis communistes. **6.** Au sein d'un organisme, groupe de travail constitué pour traiter d'un problème particulier : *Le ministre a créé une cellule de réflexion pour analyser la multiplication des violences scolaires. Une cellule de crise a été mise en place par la préfecture.* **7.** Tête de lecture d'un lecteur de disques audio. **8.** En informatique, case qui se trouve à l'intersection d'une ligne et d'une colonne, dans un tableur. **9.** Dans les télécommunications, zone minimale couverte par une station de radiocommunication cellulaire. ▸ ***Cellule souche,*** cellule de l'embryon ou de certains tissus de l'adulte qui a la faculté de se diviser indéfiniment : *Les cellules souches peuvent être utilisées de nombreuses façons en biologie et en médecine.*

cellulite n.f. **1.** *Cour.* Dépôt de graisse sous-cutané qui donne à certains endroits du corps un aspect grenu ; capiton. **2.** En médecine, inflammation grave du tissu situé sous la peau, d'origine infectieuse.

Celluloïd n.m. (nom déposé). Matière plastique très malléable à chaud mais très inflammable : *Jouets en Celluloïd.*

cellulose n.f. Substance contenue dans les membranes des cellules végétales : *La cellulose est utilisée pour la fabrication de papiers et de textiles.*

cellulosique adj. Qui est de la nature de la cellulose ; qui en contient : *Colle cellulosique.*

Celsius (degré) → **degré.**

① **celtique** ou **celte** adj. et n. Relatif aux Celtes.

② **celtique** n.m. Langue indo-européenne parlée par les anciens Celtes.

celui, celle pron. dém. (du lat. *ecce*, voici, et *ille*, celui-là) [pl. *ceux, celles*]. Désigne la personne ou la chose dont il est question : *Mon professeur d'anglais est celui qui a des lunettes. Cette revue est celle dont je t'ai parlé. Ces disques sont ceux de mon père.*

celui-ci, celle-ci pron. dém. (pl. *ceux-ci, celles-ci*). **1.** Désigne une personne, une chose proche que l'on peut montrer : *Celle-ci est habillée en bleu et celle-ci en rose. Celui-ci est en acrylique. Prends celles-ci, elles sont moins chères.* **2.** Désigne une personne, une chose dont il vient d'être question (par opp. à celui-là) : *Il a essayé toute la journée de joindre sa mère, mais celle-ci est en vacances.*

celui-là, celle-là pron. dém. (pl. *ceux-là, celles-là*). **1.** Désigne une personne, une chose que l'on montre ; désigne une personne, une chose éloignée : *« Et s'il n'en reste qu'un, je serai celui-là »* [Victor Hugo]. *Cet oiseau est une pie, celui-là est une hirondelle.* **2.** Désigne une personne, une chose dont il a d'abord été question (par opp. à celui-ci) : *Il achète un cédérom de jeux et un cédérom éducatif ; celui-là pour se détendre et celui-ci pour se cultiver.* ◆ **celle-là** n.f. *Fam.* Cette histoire-là, cette affaire-là : *Elle est bien bonne, celle-là !*

cément n.m. (du lat. *caementum*, moellon). **1.** Tissu dur recouvrant l'ivoire de la racine des dents. **2.** Substance utilisée dans la cémentation, comme le carbone pour l'acier.

cémentation n.f. Chauffage d'une pièce métallique au contact d'un cément afin de lui conférer des propriétés particulières (dureté, par ex.).

cémenter v.t. [conj. 3]. Soumettre à la cémentation.

cénacle n.m. (du lat. *cenaculum*, salle à manger). **1.** Dans la religion chrétienne, salle où eut lieu la Cène. **2.** *Litt.* Petit groupe de personnes qui partagent les mêmes idées : *Cénacle philosophique* (**SYN.** cercle, club).

cendre n.f. (lat. *cinis, cineris*). **1.** Résidu solide produit par la combustion d'une substance : *De la maison incendiée, il ne reste que des cendres. Cuire des pommes de terre sous la cendre. La cendre d'une cigarette.* **2.** Matière sous forme de poudre que rejette un volcan en éruption. ▸ ***Couver sous la cendre,*** se développer sourdement avant d'éclater au grand jour : *Une rébellion couve sous la cendre.* ◆ **cendres** n.f. pl. **1.** Restes d'un mort après incinération : *Il voulait qu'on jette ses cendres dans l'océan.* **2.** (Avec une majuscule). Dans la religion chrétienne, symbole de la dissolution du corps, signe de pénitence : *Mercredi des Cendres.* ▸ ***Réduit en cendres,*** anéanti : *Une ville réduite en cendres par les bombardements.* ***Renaître de ses cendres,*** prendre un nouvel essor : *Un style de musique qui renaît de ses cendres.*

cendré, e adj. *Litt.* Qui tire sur la couleur grise ou bleutée de la cendre : *Cheveux blond cendré. Des lumières cendrées.*

cendrier n.m. **1.** Récipient destiné à recevoir les cendres de tabac. **2.** Partie d'un fourneau, d'un poêle où tombe la cendre.

cène n.f. (du lat. *cena*, repas du soir). ▸ ***La Cène,*** le dernier repas de Jésus-Christ avec ses apôtres, au cours duquel il institua l'eucharistie. ***La sainte cène,*** communion sous les deux espèces (pain et vin), dans le culte protestant. ☞ **REM.** Ne pas confondre avec *scène*.

cenelle n.f. Fruit de l'aubépine.

cenellier ou **senellier** [sənɛlje] n.m. Dans le centre de la France et au Québec, aubépine.

cénobite n.m. (du gr. *koinobion*, vie en commun). Moine qui vit en communauté (par opp. à anachorète).

cénotaphe n.m. (du gr. *kenos*, vide, et *taphos*, tombeau). Monument élevé à la mémoire d'un mort et qui ne contient pas ses restes.

cens [sɑ̃s] n.m. (du lat. *census*, recensement). *Anc.* Montant d'imposition nécessaire pour être électeur ou éligible, dans le suffrage censitaire.

censé, e adj. (du lat. *censere*, juger). Considéré comme devant être ou devant faire qqch ; supposé : *Nul n'est censé ignorer la loi.* ☞ **REM.** Ne pas confondre avec *sensé*.

censément adv. D'après ce qu'on peut supposer ; vraisemblablement : *C'est censément fini.* ☞ **REM.** Ne pas confondre avec *sensément*.

censeur n.m. (lat. *censor*, censeur, critique). **1.** Membre d'une commission de censure. **2.** Personne qui critique avec malveillance les actions des autres : *Ses chansons déchaînent toujours les censeurs* (**SYN.** détracteur). **3.** *Anc.* Dans un lycée, proviseur adjoint.

censitaire [sɑ̃sitɛr] adj. ▸ ***Suffrage censitaire,*** système dans lequel le droit de vote est réservé aux contribuables versant un montant minimal d'impôts, ou cens.

censure n.f. **1.** Examen effectué par un gouvernement, une autorité, sur la presse, les spectacles, etc., destinés au public, qui permet de décider des autorisations ou des interdictions : *Ce film a obtenu un visa de censure* (= il peut sortir en salles). **2.** Action d'interdire tout ou partie d'une information : *L'ambassade a demandé la censure de certaines parties de ce reportage* (**SYN.** interdiction ; **CONTR.** autorisation). ▸ ***Commission de censure,*** groupe de personnes chargées de l'examen des œuvres, de la presse, etc., destinées au public. ***Motion de censure,*** motion émanant de l'Assemblée nationale, qui met en cause la responsabilité du gouvernement et peut entraîner la démission de celui-ci.

censurer v.t. [conj. 3]. **1.** Pratiquer la censure contre : *Censurer une chanson* (**SYN.** interdire). **2.** Voter une motion de censure : *Censurer le gouvernement.*

① **cent** [sɑ̃] adj. num. card. (lat. *centum*). **1.** Dix fois dix : *Cent enfants ont envoyé un dessin. C'est à cent kilomètres. La salle contient quatre cents personnes. Elle est morte à cent dix ans.* **2.** (Inv., en fonction d'ordinal). De rang numéro cent ; centième : *La page deux cent.* **3.** Un grand nombre de : *Il y a cent façons de passer de bonnes vacances.* ▸ ***Cent fois,*** très souvent : *J'ai compris, tu me l'as déjà dit cent fois !* ; tout à fait : *Tu as cent fois raison.* ◆ n.m. **1.** (Inv.). Le nombre qui suit quatre-vingt-dix-neuf dans la série des entiers naturels : *Cinquante et cinquante font cent. Il habite au cent de la rue Rodin.* **2.** (Variable). Centaine : *Deux cents d'huîtres.* ▸ *Fam.* ***À cent pour cent,*** tout à fait : *Je suis à cent pour cent en faveur de cette candidate.* ***Cent pour cent,*** entièrement : *Une jupe cent pour cent coton.* *Fam.* ***Cent sept ans,*** très longtemps, interminablement. ***Pour cent,*** pour une quantité de cent unités : *Cinquante pour cent.*

② **cent** [sɛnt] n.m. (mot anglo-amér., du lat. *centum,* cent). Centième partie de l'unité monétaire principale de divers pays (Australie, Canada, États-Unis, Pays-Bas, etc.).

③ **cent** [sɑ̃] n.m. Centième partie de l'euro ; centime d'euro : *3 euros 21 cents.*

centaine n.f. **1.** Groupe de cent ou d'environ cent unités : *Cette espèce s'est éteinte il y a une centaine d'années.* **2.** Grand nombre : *Les gens arrivent par centaines dans le centre-ville pour fêter la victoire de l'équipe.*

centaure n.m. (gr. *kentauros*). Dans la mythologie grecque, être fabuleux, au buste et au visage d'homme, au corps de cheval.

centaurée n.f. (du gr. *kentauriê,* plante de centaure). Plante à fleurs bleues, roses ou violettes : *Le bleuet est une centaurée.*

centenaire adj. et n. Qui a atteint cent ans : *Un chêne centenaire* (**SYN.** séculaire). *Il y a de plus en plus de centenaires* (= de personnes âgées de cent ans et plus). ◆ n.m. Anniversaire des cent ans : *Commémorer le centenaire de la mort d'un poète.*

centésimal, e, aux adj. Qui est divisé ou gradué en cent parties égales : *Échelle de température centésimale* (= graduée de 0 à 100).

centiare n.m. Centième partie d'un are (abrév. ca) : *Un centiare vaut 1 m².*

centième adj. num. ord. De rang numéro cent : *La centième représentation d'une pièce de théâtre.* ▸ ***La centième fois,*** marque l'exaspération ; une fois de plus : *C'est la centième fois que je vous le dis !* ◆ n. Personne, chose qui occupe le centième rang : *Elle est la centième sur ma liste.* ◆ adj. et n.m. Qui correspond à la division d'un tout en cent parties égales : *La centième partie d'une somme. Ce petit pays représente le centième de la Chine.*

centigrade n.m. Centième partie du grade, unité d'angle. ▸ ***Degré centigrade*** → **degré.**

centigramme n.m. Centième partie du gramme (abrév. cg).

centilitre n.m. Centième partie du litre (abrév. cl).

centime n.m. **1.** *Anc.* Centième partie du franc. **2.** Centième partie de l'euro (**SYN.** 3. cent). ☞ **REM.** On dit aussi *centime d'euro.* **3.** (Surtout en tournure nég.). La plus petite somme d'argent : *Il n'a plus un centime sur lui.*

centimètre n.m. **1.** Centième partie du mètre (abrév. cm). **2.** Ruban souple de métal ou de plastique divisé en centimètres, servant à prendre des mesures : *Centimètre de couturière.*

centrage n.m. Action de centrer qqch, un objet : *Le centrage du titre d'un journal.*

① **central, e, aux** adj. **1.** Qui est au centre, près du centre ; relatif au centre : *Résider dans le quartier central d'une grande ville* (**CONTR.** périphérique). **2.** Qui constitue le centre, le pivot d'un ensemble organisé ; qui centralise : *Fichier central. Administration centrale.* **3.** Qui constitue le point principal, essentiel : *L'idée centrale d'une thèse* (**SYN.** dominant, fondamental ; **CONTR.** accessoire, secondaire). ▸ ***Maison*** ou ***prison centrale,*** prison réservée aux détenus condamnés à des peines supérieures à un an.

② **central** n.m. (pl. *centraux*). Court principal d'un stade de tennis : *La finale du tournoi se déroule sur le central.* ▸ ***Central téléphonique,*** lieu où aboutissent les lignes du réseau public de téléphone et où des commutateurs permettent d'établir toutes les communications.

centrale n.f. **1.** Usine qui produit du courant électrique : *Centrale hydraulique. Centrale nucléaire.* **2.** Groupement national de syndicats de salariés : *Les différentes centrales ouvrières appellent à la grève.* **3.** Prison centrale : *Elle a tenté de s'évader de la centrale.*

centralisateur, trice adj. Qui centralise : *Un organisme centralisateur.*

centralisation n.f. **1.** Action de centraliser ; fait d'être centralisé : *La centralisation des informations.* **2.** Type d'organisation d'un État confiant la plupart des pouvoirs à une autorité centrale, dont dépendent entièrement les autorités locales.

centraliser v.t. [conj. 3]. **1.** Réunir en un centre unique : *La Croix-Rouge centralise les dons qui arrivent de partout.* **2.** Faire dépendre d'un organisme, d'un pouvoir central : *Centraliser des services.*

centralisme n.m. Système d'organisation qui entraîne la centralisation des décisions et de l'action.

centre n.m. (lat. *centrum,* du gr. *kentron,* pointe). **1.** Point situé à égale distance de tous les points d'un cercle ou d'une sphère : *« Voyage au centre de la Terre » est un roman de Jules Verne.* **2.** Espace situé à égale distance des bords d'une surface quelconque : *Planter un arbre au centre du jardin* (**SYN.** milieu). *L'acteur se place au centre du plateau.* **3.** Localité caractérisée par l'importance de sa population ou de l'activité qui s'y déploie : *Cette ville est un centre universitaire* (**SYN.** foyer, pôle). **4.** Partie d'une ville où sont concentrées les activités de commerce, de loisir : *De nombreux magasins se sont ouverts dans le centre* (**SYN.** centre-ville). **5.** Lieu où sont rassemblées des personnes, des activités : *Centre hospitalier. Centre antidouleur. Elle fait de la peinture au centre culturel de sa ville.* **6.** Bureau, organisme centralisateur : *Centre de documentation.* **7.** Point de convergence ; point où se développe un phénomène : *La Jamaïque est le centre de la musique reggae* (**SYN.** foyer, siège). **8.** Courant politique qui se situe entre la droite et la gauche ; ensemble des membres de ce courant. **9.** *Fig.* Point principal, essentiel : *Le droit de vote des immigrés est au centre du débat* (**SYN.** cœur). **10.** *Fig.* Personne vers laquelle convergent l'attention, l'intérêt : *Le présentateur est le centre de l'émission* (**SYN.** âme, pivot). **11.** Dans certains sports d'équipe, joueur qui se trouve au milieu de la ligne d'attaque. ▸ ***Centre commercial,*** ensemble regroupant des magasins de détail et divers services (banque, poste, etc.). ***Centre d'aide par le travail*** ou ***C.A.T.,*** établissement médico-social fournissant du travail aux handicapés. ***Centre de gravité*** → **gravité.**

centre-avant n. (pl. *centres-avants*). En Belgique, avant-centre.

centrer v.t. [conj. 3]. **1.** Ramener au centre ; placer au milieu : *Centrer une photographie* (= mettre le sujet principal au milieu). **2.** Donner une direction, une orientation précise : *Centrer un programme électoral sur les problèmes sociaux* (**SYN.** axer, diriger, orienter). **3.** En sports, envoyer le ballon de l'aile vers l'axe du terrain.

centre-ville n.m. (pl. *centres-villes*). Quartier central d'une ville, le plus animé ou le plus ancien.

centrifugation n.f. Séparation des constituants d'un mélange par la force centrifuge.

centrifuge adj. (du lat. *centrum,* centre, et *fugere,* fuir). Qui tend à éloigner du centre (par opp. à centripète) : *Force centrifuge.*

centrifuger v.t. [conj. 17]. Soumettre à l'action de la force centrifuge ; passer à la centrifugeuse : *Centrifuger du sérum.*

centrifugeuse n.f. ou **centrifugeur** n.m. **1.** Appareil qui effectue la centrifugation. **2.** Appareil ménager électrique destiné à produire du jus de fruits ou de légumes : *Faire du jus d'orange avec une centrifugeuse* (**SYN.** presse-agrumes).

centripète adj. (du lat. *centrum,* centre, et *petere,* se diriger vers). Qui tend à rapprocher du centre (par opp. à centrifuge) : *Force centripète.*

centrisme n.m. Attitude, conception politique fondée sur le refus des extrêmes.

centriste adj. et n. En politique, qui se situe au centre : *Candidat centriste.*

centuple adj. et n.m. Qui vaut cent fois un nombre, une quantité donnée : *Au tiercé, elle a gagné le centuple de sa mise.* ▸ ***Au centuple,*** cent fois plus ; fig., en quantité beaucoup plus grande : *Son effort a été récompensé au centuple.*

centupler v.t. [conj. 3]. **1.** Multiplier par cent : *Ils ont ainsi centuplé leur investissement.* **2.** Augmenter considérablement : *Le préfet a centuplé le nombre de policiers dans cette zone.* ◆ v.i. Augmenter dans une très forte proportion : *Certains prix ont centuplé.*

centurie n.f. Dans l'Antiquité romaine, unité politique, administrative et militaire formée de cent personnes.

centurion n.m. Officier commandant une centurie, dans la légion romaine.

cénure ou **cœnure** [senyr] n.m. Ténia parasite de l'intestin grêle du chien, dont la larve provoque le tournis du mouton.

cep [sɛp] n.m. (du lat. *cippus,* pieu). Pied de vigne : *Des rangées de ceps.*

cépage n.m. Plant de vigne, considéré dans sa spécificité ; variété de vigne dont on tire un vin déterminé : *Les cépages de Bourgogne.*

cèpe n.m. (du gascon *cep,* tronc). Bolet d'une variété comestible : *Omelette aux cèpes.*

cépée n.f. Touffe de tiges ou rejets de bois sortant d'une même souche.

cependant adv. (de *ce* et *pendant*). Marque une opposition, une contradiction avec ce qui a été dit : *Des divergences subsistent entre eux, cependant ils ont décidé d'une action commune* (**SYN.** néanmoins, pourtant).

céphalée ou **céphalgie** n.f. En médecine, mal de tête.

céphalique adj. Relatif à la tête.

céphalopode n.m. Animal marin au corps mou, carnivore et nageur, dont la tête porte des tentacules munis de ventouses : *La seiche et la pieuvre sont des céphalopodes.*

céphalo-rachidien, enne adj. (pl. *céphalo-rachidiens, ennes*). Relatif à la tête et à la colonne vertébrale.

céphalothorax n.m. Région antérieure du corps de certains invertébrés comme les crustacés, l'araignée, le scorpion, chez lesquels la tête et le thorax sont soudés.

cérame adj. (du gr. *keramos,* argile). ▸ ***Grès cérame,*** grès vitrifié qui sert à faire des vases, des carrelages, etc.

céramide n.m. Molécule organique, constituant principal de certains lipides des membranes cellulaires et du système nerveux : *Crème de beauté aux céramides.*

céramique n.f. (du gr. *keramos,* argile). **1.** Art de fabriquer les poteries et autres objets de terre cuite, de faïence, de porcelaine : *S'initier à la céramique.* **2.** Objet en terre cuite : *Une exposition de céramiques.*

céramiste n. Personne qui fabrique, décore de la céramique.

céraste n.m. (du gr. *kerastês,* cornu). Serpent venimeux d'Afrique et d'Asie, appelé aussi *vipère à cornes.*

cerbère n.m. *Litt.* Portier, gardien sévère, intraitable : *Ce cerbère m'a empêché d'entrer dans la discothèque.*

cerceau n.m. (du lat. *circus,* cercle). **1.** Cercle léger utilisé dans certains jeux ou sports : *Le dompteur fait sauter la panthère à travers un cerceau.* **2.** Cercle ou arceau de bois, de métal, servant d'armature, de support : *Cerceaux d'un lampion.* **3.** Cercle de bois ou de métal servant à maintenir les pièces de bois formant le corps d'un tonneau (**SYN.** cercle).

cerclage n.m. Action de cercler ; fait d'être cerclé.

cercle n.m. **1.** Courbe fermée dont tous les points sont situés à égale distance d'un point fixe appelé *centre* : *Tracer un cercle au compas.* **2.** Dessin, surface, objet ayant approximativement la forme d'un cercle : *Un cercle représente la tête du bonhomme* (**SYN.** rond). *Les cercles d'un tonneau* (**SYN.** cerceau). **3.** Réunion de personnes, ensemble de choses disposées en rond : *Un cercle s'est formé autour du camelot.* **4.** Groupement de personnes réunies dans un but particulier ; local où elles se réunissent : *Cercle d'études. Cercle littéraire* (**SYN.** chapelle, clan). *Un tournoi de bridge a lieu au cercle.* **5.** Ensemble des personnes qu'on fréquente, des choses constituant un domaine d'activités, de connaissance : *Avoir un petit cercle d'amis. Le cercle de ses activités s'est élargi depuis qu'il est retraité.* ▸ ***Cercle de famille,*** la proche famille réunie. ***Cercle vertueux,*** enchaînement de faits favorables et de décisions judicieuses qui permettent l'amélioration d'une situation (par opp. à cercle vicieux). ***Cercle vicieux,*** enchaînement de faits désastreux qu'on ne peut arrêter (par opp. à cercle vertueux) : *Elle a contracté un emprunt pour payer ses dettes et ne peut plus sortir de ce cercle vicieux* (= de cette situation inextricable). ***Le premier cercle,*** les personnes, les milieux les plus proches d'un pouvoir, du pouvoir.

cercler v.t. [conj. 3]. Garnir, entourer d'un cercle, de cercles : *Cercler un tonneau.*

cercopithèque n.m. (du gr. *kerkos,* queue, et *pithêkos,* singe). Singe d'Afrique à longue queue.

cercueil [sɛrkœj] n.m. (du gr. *sarkophagos,* qui mange la chair). Long coffre dans lequel on enferme le corps d'un mort (**SYN.** bière).

céréale n.f. (de *Cérès,* déesse romaine des Moissons). Plante cultivée, dont les grains, surtout réduits en farine, servent à la nourriture de l'homme et des animaux domestiques. ◆ **céréales** n.f. pl. Préparation alimentaire à base de blé, de maïs, d'avoine, que l'on consomme génér. avec du lait : *Manger des céréales au petit déjeuner.*

céréalier, ère adj. Relatif aux céréales : *La Brie est une région céréalière française.* ◆ **céréalier** n.m. **1.** Personne qui cultive des céréales. **2.** Navire spécialisé dans le transport des grains en vrac.

cérébelleux, euse adj. (du lat. *cerebellum,* cervelle). Relatif au cervelet.

cérébral, e, aux adj. (du lat. *cerebrum,* cerveau). **1.** Relatif au cerveau : *Hémorragie cérébrale. Accidents vasculaires cérébraux.* **2.** Qui concerne l'esprit, la pensée : *Aimer les activités cérébrales telles que les mots croisés et le Scrabble.* ◆ adj. et n. Se dit d'une personne chez qui prédomine le raisonnement, l'activité intellectuelle.

cérébro-spinal, e, aux adj. Relatif au cerveau et à la moelle épinière : *Méningite cérébro-spinale.*

cérémonial n.m. (pl. *cérémonials*). Ensemble des règles que l'on doit respecter lors des cérémonies civiles, militaires ou religieuses : *Les cérémonials varient selon les pays* (**SYN.** étiquette, protocole).

cérémonie n.f. (du lat. *caeremonia,* caractère sacré). **1.** Forme extérieure et régulière d'un culte, d'un événement de la vie sociale : *Les cérémonies d'investiture d'un chef d'État. La cérémonie de clôture des jeux Olympiques* (**SYN.** fête, gala). **2.** Marque exagérée de courtoisie ; excès de politesse : *Elle lui parle avec autant de cérémonie que si c'était le président* (**SYN.** façons, manières ; **CONTR.** naturel, simplicité). ▸ ***Faire des cérémonies,*** se faire prier longuement avant d'accepter qqch ; faire des manières. ***Sans cérémonie,*** sans façon, en toute simplicité : *Manger chez des amis sans cérémonie.*

cérémoniel, elle adj. Qui a le caractère d'une cérémonie : *Un gala cérémoniel* (**SYN.** solennel ; **CONTR.** simple).

cérémonieusement adv. De façon cérémonieuse ; solennellement.

cérémonieux, euse adj. Qui fait trop de cérémonies ; qui exprime une politesse excessive : *Un discours de bienvenue cérémonieux* (**SYN.** affecté, guindé ; **CONTR.** simple, spontané).

cerf [sɛr] n.m. (lat. *cervus*). Animal ruminant des forêts d'Europe, d'Asie et d'Amérique, vivant en troupeau : *Le cerf fait partie de la famille des cervidés.*

cerfeuil n.m. Plante aromatique dont les feuilles d'un vert vif sont utilisées comme condiment.

cerf-volant [sɛrvɔlɑ̃] n.m. (pl. *cerfs-volants*). **1.** Jouet léger constitué d'une armature sur laquelle on tend un papier fort ou une étoffe et que l'on fait voler dans le vent au bout d'une longue ficelle : *Des vacanciers jouent au cerf-volant sur la plage.* **2.** Activité sportive pratiquée avec un cerf-volant. **3.** Nom courant du lucane.

cerf-voliste [sɛrvɔlist] n. (pl. *cerfs-volistes*). Sportif qui pratique le cerf-volant (**SYN.** lucaniste, lucanophile).

cerisaie n.f. Lieu planté de cerisiers.

cerise n.f. (lat. *cerasium,* du gr.). Fruit charnu et à noyau du cerisier : *Un clafoutis aux cerises.* ▸ ***La cerise sur le gâteau,*** le petit plus qui vient s'ajouter à un résultat déjà satisfaisant. ◆ adj. inv. De couleur rouge vif : *Des lèvres cerise.*

cerisier n.m. Arbre à fleurs blanches, dont le fruit est la cerise ; bois de cet arbre utilisé en ébénisterie.

cerne n.m. (du lat. *circinus,* cercle). **1.** Cercle bleuâtre qui entoure les yeux ou une plaie : *La fatigue lui donne des cernes.* **2.** Chacun des cercles concentriques visibles sur le tronc d'un arbre coupé : *Le nombre des cernes permet de connaître l'âge d'un arbre.* **3.** Tache en forme de cercle : *Ce détachant a laissé un cerne sur le tissu* (**SYN.** auréole).

cerné, e adj. ▸ ***Yeux cernés,*** yeux entourés de cernes.

cerneau n.m. Moitié d'une noix retirée de sa coque.

cerner v.t. (du lat. *circinare,* faire un cercle) [conj. 3]. **1.** Entourer comme d'un cercle : *Des remparts cernent la ville* (**SYN.** encercler). *La police cerne la maison* (**SYN.** bloquer, boucler). **2.** Marquer le contour d'une figure d'un trait appuyé : *Cerner le soleil d'un trait jaune vif.* ▸ ***Cerner un problème, une question,*** etc., en définir les limites : *La discussion entre les chercheurs a permis de cerner le problème* (**SYN.** circonscrire, délimiter).

certain, e adj. (du lat. *certus,* sûr). **1.** Se dit de qqch qui ne peut manquer de se produire, qui est inévitable ; se dit de qqch dont on ne peut douter, qui est indéniable : *La victoire de l'équipe est certaine* (**SYN.** assuré ; **CONTR.** incertain). *Il a un intérêt certain pour l'art* (**SYN.** évident, manifeste ; **CONTR.** douteux, incertain). *Un médicament d'une efficacité certaine* (**SYN.** incontestable, indiscutable ; **CONTR.** discutable, hypothétique). **2.** Se dit d'une personne qui a la certitude de qqch : *Elle est certaine qu'il a raison* (**SYN.** persuadé, sûr ; **CONTR.** dubitatif). *Je ne suis pas certaine que sa maison soit après le carrefour* (**SYN.** convaincu). ◆ adj. indéf. **1.** (Au sing., précédé de l'art. indéf.). Indique une détermination sans grande précision : *Un certain nombre de personnes se sont rassemblées pour lui rendre hommage. Il faut un certain talent pour réaliser une telle œuvre. Un certain Daniel a demandé à vous voir.* **2.** (Au pl.). Quelques, plusieurs : *Certaines chansons de l'album sont en anglais.* ◆ **certains, certaines** pron. indéf. pl. **1.** Plusieurs, quelques-uns : *Certains de ses textes sont remarquables.* **2.** (Au masc.). Des gens : *Certains apprécient ce genre de romans.*

certainement adv. **1.** De façon certaine, indubitable : *C'est certainement le plus drôle de ses films* (**SYN.** incontestablement). **2.** Assurément, bien sûr : *Viendras-tu ? Certainement* (**SYN.** certes).

certes adv. (lat. *certo*). **1.** Assurément, certainement : *Est-il honnête ? Certes.* **2.** (Souvent employé en corrélation avec *mais*). Sert à marquer une opposition, à indiquer que l'on fait une restriction : *Certes, la région est belle, mais je n'aimerais pas y vivre.*

certificat n.m. (lat. médiév. *certificatum*). **1.** Écrit officiel, ou dûment signé par une personne compétente, qui atteste un fait : *Un certificat médical attestant* *qu'un enfant est asthmatique.* **2.** Nom donné à certains diplômes. ▸ ***Certificat d'aptitude professionnelle*** ou ***C.A.P.,*** diplôme décerné à la fin des études de l'enseignement technique court : *Un C.A.P. de cuisinier.* ***Certificat d'aptitude au professorat de l'enseignement du second degré*** ou ***C.A.P.E.S.,*** concours de recrutement des professeurs de collège et de lycée ; grade obtenu à la réussite de ce concours : *Passer le C.A.P.E.S. de français.* ***Certificat d'aptitude au professorat de l'enseignement technique*** ou ***C.A.P.E.T.,*** concours de recrutement des professeurs de lycée technique ; grade obtenu à la réussite de ce concours : *Passer le C.A.P.E.T. d'électronique.*

certification n.f. Attestation de conformité d'une denrée ou d'un produit à des caractéristiques ou à des normes préétablies : *Certification d'un poulet élevé au grain.*

certifié, e n. et adj. Professeur titulaire du C.A.P.E.S. ou du C.A.P.E.T.

certifier v.t. [conj. 9]. Affirmer qqch à qqn ; assurer que qqch est vrai : *Elle nous a certifié qu'elle était innocente* (**SYN.** jurer, soutenir). *L'expert certifie que ce tableau a été peint au* XVIIe *siècle* (**SYN.** attester ; **CONTR.** démentir, infirmer). ▸ ***Copie certifiée conforme,*** en droit, copie attestée comme étant conforme au document original par l'autorité compétente.

certitude n.f. **1.** Sentiment qu'on a de la réalité d'un fait, de la vérité de qqch ; conviction : *Il a la certitude d'être déjà venu ici* (**SYN.** assurance). **2.** Chose certaine, assurée, vraie : *Sa culpabilité est une certitude* (**SYN.** évidence).

céruléen, enne adj. *Litt.* De couleur bleu ciel : *Des yeux céruléens.*

cérumen [serymɛn] n.m. (du lat. *cera,* cire). Substance grasse, jaune brun, sécrétée dans l'oreille par des glandes sébacées.

céruse n.f. Colorant blanc à base de plomb que l'on employait pour la peinture : *La céruse est toxique et son usage est aujourd'hui interdit.*

cerveau n.m. (du lat. *cerebellum,* cervelle). **1.** Masse nerveuse contenue dans la boîte crânienne et comprenant le cerveau, le cervelet et le bulbe rachidien ; encéphale. **2.** Siège des facultés mentales : *Il a le cerveau un peu dérangé* (= il est un peu fou ; **SYN.** cervelle, esprit, tête). **3.** Centre de direction, d'organisation ; personne qui a conçu, préparé un coup, une affaire : *Le cerveau du cambriolage a été arrêté* (**SYN.** chef). **4.** Personne exceptionnellement intelligente : *Cette femme est un cerveau* (**SYN.** tête).

cervelas [sɛrvəla] n.m. Saucisson cuit, dont il existe différentes variétés régionales.

cervelet n.m. Organe situé dans la boîte cranienne, sous le cerveau.

cervelle n.f. (lat. *cerebella,* plur. de *cerebellum*). **1.** Substance qui constitue le cerveau. **2.** Siège des facultés intellectuelles : *Il n'arrive pas à rentrer ces dates dans sa cervelle* (**SYN.** cerveau). **3.** Cerveau de certains animaux, destiné à l'alimentation : *Cervelle d'agneau.* ▸ *Fam.* ***Cela lui trotte dans la cervelle,*** cela le préoccupe. ***Sans cervelle,*** étourdi : *Il est sans cervelle, il n'est pas descendu à la bonne gare.*

cervical, e, aux adj. (du lat. *cervix, cervicis,* cou). **1.** Relatif au cou : *Vertèbre cervicale.* **2.** Relatif au col de l'utérus : *Glaire cervicale.*

cervidé n.m. (du lat. *cervus,* cerf). Ruminant qui porte des cornes pleines, ramifiées, appelées *bois* : *Le cerf, le chevreuil, le daim, l'élan, le renne sont des cervidés.*

cervoise n.f. (du gaul.). Bière faite avec de l'orge ou d'autres céréales, et consommée dans l'Antiquité et au Moyen Âge.

ces adj. dém. pl. → **1. ce.**

C.E.S. ou **CES** [seəɛs] n.m. (sigle de *collège d'enseignement secondaire*). *Anc.* Collège.

① **césar** n.m. (du lat. [*Caius Julius*] *Caesar,* nom de Jules César). Dans l'Antiquité, titre donné aux empereurs romains.

② **césar** n.m. (du nom du sculpteur *César,* qui créa la statuette accompagnant le prix). Récompense cinématographique décernée chaque année en France : *Le césar du meilleur scénario.*

césarienne n.f. (du lat. *caedere,* couper). Opération chirurgicale qui consiste à extraire le fœtus par incision de la paroi de l'abdomen et de celle de l'utérus, quand l'accouchement est impossible par les voies naturelles.

césarisme n.m. Dictature qui s'appuie ou prétend s'appuyer sur le peuple.

césium ou **cæsium** [sezjɔm] n.m. (du lat. *caesius,* bleu). Métal alcalin, mou, jaune pâle.

cessant, e adj. ▸ ***Toutes affaires cessantes,*** avant toute autre chose ; tout de suite : *Il faut s'occuper de son cas toutes affaires cessantes* (**SYN.** immédiatement).

cessation n.f. Fait de cesser : *La cessation des hostilités* (**SYN.** arrêt, fin ; **CONTR.** continuation, poursuite). *Une cessation de travail* (**SYN.** suspension ; **CONTR.** recommencement, reprise). ▸ ***Cessation de paiements,*** situation d'un commerçant, d'une entreprise qui ne peut exécuter ses engagements par défaut d'actif disponible, entraînant le dépôt de bilan.

cesse n.f. ▸ *Litt.* ***N'avoir de cesse que*** ou ***n'avoir pas de cesse que*** (+ subj.), ne pas s'arrêter avant que : *Elle n'aura de cesse qu'on ne lui ait pardonné.* ***Sans cesse,*** de manière continue ou répétitive ; sans arrêt : *Ce mois-ci, il a plu sans cesse.*

cesser v.t. (lat. *cessare,* de *cedere,* tarder, s'interrompre) [conj. 4]. Mettre fin à ; interrompre : *Cesser les échanges commerciaux avec un pays* (**SYN.** arrêter ; **CONTR.** continuer). *Cesse de te plaindre ! Elle ne cesse de bavarder* (= elle bavarde sans arrêt). ◆ v.i. Prendre fin : *La pluie a cessé* (**CONTR.** continuer).

cessez-le-feu n.m. inv. Cessation des hostilités ; armistice, trêve : *Le cessez-le-feu a enfin été proclamé.*

cessible adj. Dans la langue juridique, qui peut ou qui doit être cédé, vendu : *Ces actions ne seront cessibles que dans deux ans* (**SYN.** négociable, vendable).

cession n.f. (du lat. *cedere,* céder). Dans la langue juridique, transmission à un autre de la chose ou du droit dont on est propriétaire ou titulaire : *La cession d'un fonds de commerce* (**SYN.** vente). ☞ **REM.** Ne pas confondre avec *session.*

c'est-à-dire [setadir] adv. Introduit une explication, une définition, une précision : *Cet animal est un lombric, c'est-à-dire un ver de terre* (= autrement dit, en d'autres termes). *Ils rentreront à l'époque des vendanges, c'est-à-dire fin septembre* (**SYN.** soit).

◆ **c'est-à-dire que** loc. conj. Introduit une explication : *Cette pierre est gélive, c'est-à-dire qu'elle se fend sous l'effet du gel* (= ce qui signifie que).

cestode n.m. (du gr. *kestos,* ceinture, et *eidos,* forme). Ver parasite des mammifères : *Le ténia est un cestode.*

césure n.f. (du lat. *caedere,* couper). Repos ménagé dans un vers après une syllabe accentuée.

cet adj. dém. → **1. ce.**

cétacé n.m. (du gr. *kêtos,* gros poisson). Mammifère marin au corps ressemblant à celui d'un poisson : *La baleine, le cachalot, le dauphin sont des cétacés.*

céteau n.m. Petite sole (poisson) : *Pêcher des céteaux.*

cétoine n.f. Insecte vert doré qui se nourrit de fleurs.

cétone n.f. Composé chimique dont la constitution est analogue à celle de l'acétone.

cette adj. dém. fém. → **1. ce.**

ceux pron. dém. pl. → **celui.**

ceux-ci pron. dém. pl. → **celui-ci.**

ceux-là pron. dém. pl. → **celui-là.**

cévenol, e [sevnɔl] adj. et n. Des Cévennes. ◆ **cévenol** n.m. Dialecte des Cévennes.

cf. [kɔ̃fɛr] loc. verb. (abrév. du lat. *confer,* reportez-vous à). Confer (voir à son ordre alphabétique).

C.F.A. ou **CFA** n.f. (sigle de *Communauté financière africaine* ou de *Coopération financière en Afrique*). ▸ ***Franc C.F.A.*** → **1. franc.**

C.F.C. ou **CFC** n.m. (sigle). Composé gazeux chloré utilisé notamm. dans les bombes aérosols et qui est dommageable à la couche d'ozone (**SYN.** chlorofluorocarbure).

C.F.P. ou **CFP** n.m. (sigle de *change franc Pacifique*). ▸ ***Franc C.F.P.*** ou ***franc Pacifique*** → **1. franc.**

c.g.s. ou **cgs** adj. (sigle). *Anc.* Système d'unités dont les unités fondamentales étaient le centimètre, le gramme et la seconde.

châble n.m. En Suisse, dévaloir.

chabler v.t. [conj. 3]. ▸ *Région.* ***Chabler les noix,*** les faire tomber du noyer, les gauler.

① **chablis** n.m. Vin de Bourgogne blanc.

② **chablis** n.m. (de *chabler*). Arbre renversé par le vent.

chablon n.m. En Suisse, pochoir.

chabrot ou **chabrol** n.m. ▸ *Région.* ***Faire chabrot,*** dans le Sud-Ouest, finir sa soupe en y versant du vin et en buvant à même l'assiette.

chacal n.m. (du persan) [pl. *chacals*]. Mammifère carnivore d'Asie et d'Afrique, de la taille d'un renard, se nourrissant de charognes.

chacun, e pron. indéf. (du lat. *unum cata unum,* un à un, et *quisque,* chacun). **1.** Toute personne, toute chose considérée individuellement dans un ensemble : *Le professeur interroge chacun des élèves. Chacun des clients recevra un cadeau. Chacune de ces pièces a été faite à la main.* **2.** (Au masc.). Toute personne sans distinction : *Chacun sait cela* (= tout le monde). ▸ ***Tout un chacun,*** tout le monde : *Tout un chacun peut entrer et écouter les débats.*

chafouin, e adj. (de *chat* et *fouin,* masc. de *fouine*). Sournois et rusé : *Un air chafouin* (**SYN.** fourbe ; **CONTR.** franc, ouvert).

① **chagrin, e** adj. (de *chat* et *grigner,* faire un faux pli). *Litt.* **1.** Qui éprouve de la tristesse, du déplaisir : *Elle paraît chagrine ce matin* (**SYN.** maussade, triste ; **CONTR.** enjoué, gai). **2.** Qui est enclin à la tristesse, à la mauvaise humeur : *Un esprit chagrin* (**SYN.** bougon, revêche ; **CONTR.** jovial, optimiste).

② **chagrin** n.m. (de *1. chagrin*). Souffrance morale ; tristesse : *Il eut du chagrin en apprenant la mauvaise nouvelle* (**SYN.** peine). *Son chagrin fait peine à voir* (**SYN.** douleur ; **CONTR.** gaieté, joie).

③ **chagrin** n.m. (du turc). Cuir grenu, en peau de chèvre ou de mouton, utilisé en reliure. ▸ ***Une peau de chagrin,*** une chose qui se rétrécit, diminue sans cesse (par allusion au roman de Balzac) : *Mes économies sont une peau de chagrin.*

chagriner v.t. [conj. 3]. Causer du chagrin, de la peine à : *La nouvelle de leur divorce m'a chagriné* (**SYN.** attrister, peiner ; **CONTR.** réjouir). *Cela me chagrine qu'il arrête ses études* (**SYN.** tourmenter, tracasser).

chah ou **shah** n.m. (mot persan signif. « roi »). Titre porté par des souverains d'Iran, de l'Asie centrale et de l'Inde.

chahut n.m. Agitation, tapage organisés pendant un cours, dans un lieu public, pour gêner ou pour protester contre qqch, contre qqn : *La réponse de la ministre a déclenché un chahut chez les députés* (**SYN.** tumulte).

chahuter v.i. (de *chat-huant*) [conj. 3]. Faire du chahut : *Les élèves chahutent pendant ce cours.* ◆ v.t. **1.** Empêcher qqn de parler en créant du désordre. **2.** Empêcher qqch de fonctionner ; traiter qqn sans ménagement : *Cette annonce a chahuté les cours de la Bourse. Les spectateurs ont chahuté le metteur en scène.*

chahuteur, euse adj. et n. Qui fait du chahut : *Le professeur a puni les chahuteurs.*

chai n.m. (du gaul.). Lieu où sont emmagasinés les vins en fûts et les eaux-de-vie.

chaîne n.f. (lat. *catena*). **1.** Succession d'anneaux en métal, en plastique, etc., engagés les uns dans les autres, pour lier ou maintenir qqch, interdire un accès, servir d'ornement : *Le chien a cassé sa chaîne. Porter une chaîne autour du cou.* **2.** Lien flexible fait de maillons métalliques articulés, servant à transmettre un mouvement de rotation : *Chaîne de vélo.* **3.** Ensemble de montagnes rattachées entre elles et alignées sur une certaine distance (par opp. à massif). *La chaîne des Pyrénées.* **4.** Série, succession de faits : *La chaîne des événements* (**SYN.** enchaînement). **5.** Méthode d'action utilisant successivement une série de personnes volontaires : *Chaîne de solidarité.* **6.** Ensemble d'établissements commerciaux appartenant à la même organisation : *Une chaîne de restaurants.* **7.** Réseau d'émetteurs de radiodiffusion ou de télévision diffusant simultanément le même programme ; organisme responsable de la programmation sur un tel réseau : *Cette chaîne de radio passe trop de publicités.* **8.** Ensemble d'appareils permettant la reproduction du son : *Chaîne haute-fidélité. Chaîne stéréo.* **9.** Ensemble des fils parallèles disposés dans le sens de la longueur d'un tissu, entre lesquels passe la trame. ▸ ***Chaîne alimentaire,*** ensemble d'espèces vivantes dont chacune se nourrit de la précédente : *Dans la chaîne alimentaire, la vache mange de l'herbe, et elle est elle-même mangée par l'homme.* ***Chaîne d'arpenteur,*** chaîne de 10 mètres servant à mesurer un terrain. ***Chaîne de fabrication*** ou ***de montage,*** ensemble de postes de travail, conçu pour réduire les temps morts et les manutentions dans la fabrication d'un produit. ***Chaîne du froid,*** ensemble des moyens successivement mis en œuvre pour la conservation des produits surgelés ou congelés. ***Faire la chaîne,*** se placer à la suite les uns des autres pour se passer qqch : *Les voisins font la chaîne pour se passer les seaux d'eau.* ***Réaction en chaîne,*** suite de phénomènes déclenchés les uns par les autres : *Sa démission a déclenché une réaction en chaîne.* ***Travail à la chaîne,*** organisation du travail dans laquelle le produit à fabriquer se déplace devant les ouvriers chargés d'une seule et même opération, selon une cadence constante. ◆ **chaînes** n.f. pl. **1.** Dispositif adapté aux pneus d'une voiture pour rouler sur la neige ou sur la glace. **2.** *Fig.* État de dépendance, de servitude : *Un peuple opprimé qui brise ses chaînes* (**SYN.** fers [litt.]).

chaînette n.f. Petite chaîne : *Une chaînette en or.*

chaînon n.m. **1.** Anneau d'une chaîne (**SYN.** maillon). **2.** *Fig.* Élément d'une série, indispensable pour établir une continuité ou une suite logique : *Ce nouveau témoin était le chaînon manquant de l'enquête.*

chair n.f. (lat. *caro, carnis*). **1.** Tissu musculaire du corps humain et animal, recouvert par la peau : *L'écharde est entrée dans la chair.* **2.** *Litt.* Enveloppe corporelle, charnelle (par opp. à esprit, à âme). **3.** *Sout.* Ensemble des désirs physiques ; instinct sexuel : *Les plaisirs de la chair.* **4.** Viande hachée servant à la préparation de certains aliments : *Farcir des tomates de chair à saucisse.* **5.** Pulpe des fruits : *Une poire à la chair juteuse.* ☞ **REM.** Ne pas confondre avec *la chaire* ou *la chère.* ▸ ***Bien en chair,*** potelé : *Une enfant bien en chair.* ***Couleur chair,*** rose très pâle : *Des bas couleur chair.* ***En chair et en os,*** en personne : *Il a vu ce chanteur en chair et en os.* ***Ni chair ni poisson,*** se dit d'une personne indécise, qui n'a pas d'opinions tranchées.

chaire n.f. (lat. *cathedra*). **1.** Tribune, estrade d'où un professeur ou prédicateur parle à son auditoire : *Le prêtre monta en chaire.* **2.** Poste de professeur d'université : *Obtenir la chaire de philosophie.* ☞ **REM.** Ne pas confondre avec *la chair* ou *la chère.*

chaise n.f. (lat. *cathedra*). Siège à dossier, sans accoudoirs : *Disposer les chaises autour de la table. Chaise de jardin.* ▸ *Anc.* ***Chaise à porteurs,*** moyen de locomotion, constitué d'un siège fermé et couvert, dans lequel on se faisait porter par deux personnes. ***Chaise électrique,*** instrument constitué d'un siège muni d'électrodes servant pour l'électrocution des condamnés à mort dans certains États des États-Unis. ***Chaise longue,*** fauteuil pliable, génér. en toile, dans lequel on peut s'allonger. ***Chaises musicales,*** jeu dans lequel les joueurs se disputent des chaises, le nombre de chaises étant inférieur de un au nombre de joueurs ; fig., série de mutations au sein d'une équipe dirigeante, qui risque de laisser l'une des personnes sans poste. ***Être assis entre deux chaises,*** être dans une position instable, dans une situation incertaine. ***Mener une vie de bâton de chaise,*** vivre de façon agitée, déréglée.

chaisier, ère n. **1.** Personne qui loue des chaises dans un jardin public, une église. **2.** Personne qui fabrique des chaises.

① **chaland** n.m. (gr. byzantin *khelandion*). Bateau à fond plat, destiné au transport des marchandises sur les cours d'eau et dans les ports.

② **chaland, e** n. (de l'anc. fr. *chaloir*, importer). *Vx* Client d'une boutique.

chalandise n.f. ▸ ***Zone de chalandise,*** aire d'attraction commerciale d'un magasin, d'un centre commercial, d'une localité, d'une région.

chalazion [ʃalazjɔ̃] n.m. (du gr. *khalazion*, grêlon). Petit kyste inflammatoire situé au bord de la paupière.

châle n.m. (mot d'orig. persane). Grand morceau d'étoffe que l'on porte sur les épaules : *Un châle en laine.*

chalet n.m. (mot de Suisse romande). **1.** Maison de haute montagne, faite surtout de bois, au toit très pentu. **2.** Au Québec, maison de campagne. ▸ ***Chalet de nécessité,*** aux Antilles, petite construction abritant des toilettes publiques.

chaleur n.f. (lat. *calor*). **1.** Qualité de ce qui est chaud ; température élevée d'un corps, d'un lieu : *La chaleur d'un plat sorti du micro-ondes. Quelle chaleur dans cette région !* (**SYN.** canicule ; **CONTR.** fraîcheur). **2.** Élévation de la température normale du corps, qui s'accompagne d'une sensation de malaise, de fatigue : *Une bouffée de chaleur.* **3.** Ardeur, fougue manifestée dans les sentiments : *Il nous reçoit toujours avec beaucoup de chaleur* (**CONTR.** froideur). *L'acteur récite son texte avec chaleur* (**SYN.** animation, fougue, véhémence ; **CONTR.** indifférence). ▸ ***Être en chaleur,*** rechercher le mâle en vue de l'accouplement, en parlant des femelles des mammifères (par opp. à rut, pour les mâles). ◆ **chaleurs** n.f. pl. **1.** Période de l'année où il fait très chaud : *Les grandes chaleurs ont commencé dès le mois de mai cette année.* **2.** Période où les femelles des mammifères sont en chaleur.

chaleureusement adv. De façon chaleureuse : *Les spectateurs applaudirent chaleureusement le danseur* (**SYN.** ardemment ; **CONTR.** fraîchement, froidement).

chaleureux, euse adj. Qui manifeste de l'enthousiasme, de la chaleur : *Ce restaurateur réserve toujours un accueil chaleureux à ses clients* (**SYN.** cordial ; **CONTR.** froid).

châlit n.m. (du lat. *lectus*, lit). Bois de lit ou armature métallique d'un lit.

challenge [ʃalɑ̃ʒ] n.m. (mot angl. signif. « défi »). **1.** Épreuve sportive, compétition, disputée en dehors des championnats ; récompense obtenue à cette occasion. **2.** *Fig.* Entreprise difficile dans laquelle on s'engage comme pour relever un défi : *Sa réhabilitation se présente comme un véritable challenge* (**SYN.** gageure [sout.]).

challenger ou **challengeur** [ʃalɑ̃ʒœr] n.m. (mot angl.). Athlète défiant officiellement le tenant d'un titre.

chaloir v. impers. (du lat. *calere*, avoir chaud). ▸ *Litt.* ***Peu me chaut*** ou ***peu m'en chaut,*** peu m'importe : *Peu me chaut qu'elle soit partie !* ☞ **REM.** Ce verbe ne subsiste plus que dans cette locution.

chaloupe n.f. (de l'anc. fr. *eschalope*, coquille de noix). **1.** Grand canot à rames ou à moteur, embarqué sur les navires pour transporter les passagers jusqu'à la côte ou pour les évacuer en cas de naufrage. **2.** Au Québec, embarcation légère utilisée notamment pour la pêche sportive.

chaloupé, e adj. ▸ ***Danse, démarche chaloupée,*** que l'on fait en balançant les épaules et les hanches.

chalumeau n.m. (du lat. *calamus*, roseau). **1.** Appareil produisant une flamme très chaude qu'on utilise pour souder et découper les métaux. **2.** Petit tuyau de matière plastique permettant d'aspirer un liquide (**SYN.** paille). **3.** *Vx* Petit instrument à vent, à anche simple, ancêtre de la clarinette.

chalut n.m. Filet de pêche en forme de poche, traîné sur le fond de la mer ou entre deux eaux par un chalutier.

chalutier n.m. **1.** Bateau de pêche qui traîne le chalut. **2.** Pêcheur qui se sert du chalut.

chamade n.f. (de l'it. *chiamata*, appel). *Vx* Batterie de tambour qui annonçait la reddition d'une ville assiégée. ▸ ***Cœur qui bat la chamade,*** cœur dont le rythme s'accélère sous l'effet d'une violente émotion.

se **chamailler** v.pr. (de l'anc. fr. *chapeler*, frapper, et *mail*, marteau) [conj. 3]. *Fam.* Se disputer pour des raisons futiles : *Ses enfants se chamaillent sans arrêt* (**SYN.** se quereller).

chamaillerie ou **chamaille** n.f. *Fam.* Dispute, querelle peu sérieuse : *Ils vont vite se réconcilier, ce n'est qu'une chamaillerie.*

chamailleur, euse adj. et n. *Fam.* Qui aime se chamailler : *Un couple chamailleur* (**SYN.** querelleur).

chaman, e [ʃaman] n. (mot d'une langue altaïque). Personne, à la fois religieux, sorcier et guérisseur, qui, dans certaines sociétés d'Asie du Nord et d'Amérique, est censée communiquer avec le monde des esprits.

chamanisme n.m. Système de pensée caractérisé par le rôle conféré au chaman ; ensemble des pratiques rituelles effectuées par un chaman.

chamarré, e adj. (de l'esp. *zamarra*, vêtement en peau de mouton). **1.** Se dit d'un tissu, d'un vêtement de couleurs vives et variées : *Une robe chamarrée* (**SYN.** bariolé). **2.** Orné de galons, de décorations : *L'uniforme chamarré d'un officier.*

chamarrure n.f. Ensemble d'ornements voyants et de mauvais goût.

chambard n.m. *Fam.* Grand désordre accompagné de vacarme ; scandale : *Cette rumeur a fait un beau chambard dans le monde politique* (**SYN.** esclandre).

chambardement n.m. *Fam.* Changement, bouleversement total : *Sa venue dans l'entreprise a provoqué un chambardement.* ▸ ***Le grand chambardement,*** la révolution.

chambarder v.t. [conj. 3]. *Fam.* Bouleverser de fond en comble : *La pluie a chambardé notre projet de promenade.*

chambellan n.m. (du germ.). Officier qui était chargé de tout ce qui concernait le service de la chambre d'un souverain.

chamboulement n.m. *Fam.* Action de chambouler ; son résultat : *Le chamboulement de notre plan* (**SYN.** bouleversement, modification).

chambouler v.t. (de *bouler*, tomber) [conj. 3]. *Fam.* Bouleverser ; mettre sens dessus dessous : *Ne chamboulons pas tout, tenons-nous en à notre première idée.*

chambranle n.m. (du lat. *camerare*, voûter). Encadrement d'une porte, d'une fenêtre, d'une cheminée : *Un chambranle en marbre.*

chambray n.m. Tissu dont le fil de chaîne est souvent bleu.

chambre n.f. (lat. *camera*, plafond voûté, chambre). **1.** Pièce d'une habitation où l'on dort : *Ses enfants ont chacun leur chambre. Chambre d'hôtel.* **2.** Assemblée parlementaire : *En France, la chambre des députés s'appelle l'Assemblée nationale.* **3.** Organisme qui représente et défend les intérêts d'une profession : *La chambre de commerce et d'industrie.* **4.** Section d'une juridiction : *Chambre des mises en accusation.* **5.** Partie du canon d'une arme à feu recevant la cartouche ou la charge. ▸ ***Chambre à air,*** tube de caoutchouc placé à l'intérieur d'un pneu et gonflé à l'air comprimé. ***Chambre à gaz,*** salle alimentée en gaz toxique qui, dans les camps d'extermination nazis, servait à donner la mort aux déportés ; local servant à l'exécution des condamnés à mort, dans certains États des États-Unis. ***Chambre de bains, chambre à manger, chambre à lessive,*** en Suisse, salle de bains, salle à manger, buanderie. ***Chambre forte,*** pièce blindée où sont placés les coffres, dans une banque. ***Chambre noire,*** enceinte obscure d'un appareil photographique, recevant la pellicule ; local obscur d'un laboratoire où se font le traitement et le tirage des photographies. ***Faire chambre à part,*** coucher séparément, en parlant d'un couple. ***Femme, valet de chambre,*** domestiques travaillant pour des particuliers ou dans un hôtel. ***Garder la chambre,*** rester chez soi parce qu'on est fatigué ou malade.

chambrée n.f. Ensemble de personnes couchant dans une même chambre ; cette chambre : *Des camarades de chambrée.*

chambrer v.t. (de *chambre*) [conj. 3]. **1.** Amener du vin en bouteille à la température ambiante (par opp. à frapper). **2.** *Fam.* Se moquer de qqn en sa présence : *Elle l'a chambré sur son mauvais caractère* (**SYN.** taquiner).

chambrette n.f. Petite chambre.

chambrière n.f. **1.** Long fouet utilisé pour faire travailler les chevaux dans les manèges. **2.** *Litt.* Femme de chambre.

chambriste n. Musicien spécialiste de musique de chambre.

chameau n.m. (gr. *kamêlos*). **1.** Mammifère ruminant d'Asie centrale, à deux bosses graisseuses sur le dos, adapté à la vie dans les régions arides où il sert de monture et d'animal de trait. **2.** *Fam.* Personne méchante ou acariâtre : *Quel chameau, cette fille !*

chamelier n.m. Personne chargée de soigner et de conduire des chameaux.

chamelle n.f. Femelle du chameau.

chamito-sémitique [kamitɔsemitik] adj. et n.m. (pl. *chamito-sémitiques*). Se dit d'une famille de langues comprenant le sémitique, l'égyptien, le berbère, les langues éthiopiennes et les langues tchadiennes.

chamois n.m. **1.** Mammifère ruminant aux cornes recourbées vers l'arrière, qui vit dans les hautes montagnes d'Europe et du Proche-Orient. **2.** Épreuve de ski servant de test de niveau ; titre obtenu à l'issue de cette épreuve : *Elle est chamois d'or, de bronze.* ▸ ***Chamois des Pyrénées,*** isard. ***Peau de chamois,*** peau tannée par un traitement aux huiles de poisson, utilisée pour nettoyer les vitres, les chromes, etc. ◆ adj. inv. De couleur jaune clair : *Des chaussures chamois.*

chamoisine n.f. Tissu utilisé pour l'époussetage.

champ n.m. (lat. *campus*). **1.** Parcelle de terre cultivable : *Champ de blé. Champ de betteraves.* **2.** Grande étendue de terrain : *Champ de courses* (= hippodrome). *Champ de foire.* **3.** Domaine dans lequel se situe une activité, une recherche : *Cette question concerne le champ de la médecine* (**SYN.** sphère). **4.** Portion d'espace qu'embrasse l'œil, un objectif photographique, un instrument d'optique : *Ce figurant n'est pas dans le champ de la caméra.* ▸ ***À travers champs,*** en traversant les champs, les prés. ***Champ d'action,*** domaine où peut s'étendre l'activité ou le pouvoir de qqn : *Le conseiller municipal a un champ d'action limité.* ***Champ de bataille,*** endroit où a lieu une bataille ; front. ***Champ de manœuvre,*** terrain où se fait l'instruction des troupes. ***Champ de mines,*** terrain semé de mines explosives. ***Champ de tir,*** terrain militaire où sont exécutés les tirs d'exercice ; base de lancement et d'expérimentation de missiles. *Litt.* ***Champ d'honneur,*** champ de bataille : *Mourir au champ d'honneur.* ***Champ opératoire,*** région du corps délimitée, sur laquelle porte une intervention chirurgicale ; compresse stérile utilisée pour border cette région. ***Champ visuel,*** espace qu'on peut percevoir en gardant les yeux immobiles. ***Laisser le champ libre à qqn, avoir le champ libre,*** laisser à qqn toute liberté d'action ; avoir tout pouvoir d'agir à son gré : *L'animateur laisse le champ libre à son assistant pour la programmation musicale* (= laisse toute latitude). ***Prendre du champ,*** prendre du recul afin de mieux juger : *Tu devrais prendre du champ par rapport aux événements.* ◆ **champs** n.m. pl. Terres cultivées, pâturages : *Cueillir des fleurs des champs.*

champagne n.m. Vin blanc pétillant que l'on prépare en Champagne : *Sabler le champagne.*

champagnisation n.f. Action, manière de champagniser.

champagniser v.t. [conj. 3]. Transformer un vin pour le rendre pétillant, selon la méthode utilisée en Champagne.

champêtre adj. *Litt.* Qui se rapporte à la campagne, aux champs ; qui évoque la vie à la campagne : *Un bal champêtre.*

champignon n.m. (du lat. *campus*, champ). **1.** Végétal sans chlorophylle, sans tige ni feuilles, dont certaines espèces sont comestibles, et qui pousse dans les lieux humides : *Cueillir des champignons dans la forêt. Le cèpe est un champignon apprécié.* **2.** Forme microscopique de champignon dont certaines variétés peuvent provoquer des affections parasitaires chez l'homme (mycose) ou chez les végétaux (mildiou), dont d'autres sont utilisées pour fabriquer des médicaments comme la pénicilline ou la streptomycine, d'autres (levure) utilisées pour la fermentation de certains produits alimentaires comme le vin, le pain ou la bière, et d'autres (pénicillium) utilisées pour la fabrication des fromages : *J'ai attrapé des champignons à la piscine* (= une mycose). *Depuis l'inondation, des champignons apparaissent sur les murs* (= des moisissures). **3.** *Fam.* Pédale d'accélérateur : *Appuyer sur le champignon.* ▸ ***Champignon de couche*** ou ***de Paris,*** champignon comestible des champs, à chapeau et à lamelles, cultivé dans les champignonnières. ***Pousser comme un champignon,*** grandir très vite : *Dans cette ville, les maisons poussent comme des champignons.*

champignonnière n.f. Endroit, le plus souvent souterrain, où l'on cultive des champignons.

champignonniste n. Personne qui cultive des champignons de couche.

champion, onne n. (mot d'orig. germ.). **1.** Vainqueur d'un championnat, en sports, dans un jeu : *Championne de tir à l'arc. Champion d'échecs.* **2.** *Fig.* Personne qui parvient à se distinguer, en bien ou en mal, dans un domaine quelconque ; as : *Une championne des disques à succès. Le champion de la bévue.* **3.** Personne prenant la défense de qqch avec ardeur ; partisan : *Elle s'est déclarée la championne des droits de l'enfant.* ◆ adj. *Fam.* Remarquable, excellent : *Au Scrabble, elle est championne.*

championnat n.m. Compétition où le vainqueur, un individu ou une équipe, reçoit le titre de champion : *Championnat du monde de gymnastique.*

chamsin [xamsin ou kamsin] n.m. → **khamsin.**

chance n.f. (du lat. *cadere*, tomber). **1.** Sort favorable ; part d'imprévu heureux liée aux événements : *Avoir de la chance au jeu* (**CONTR.** malchance). *Les footballeurs ont eu de la chance car la pluie s'est arrêtée dès le début du match.* **2.** (Surtout au pl.). Probabilité que qqch se produise : *Elle a toutes les chances de réussir l'examen. Il y a de grandes chances que son livre paraisse en juin.* ▸ ***Bonne chance !,*** souhait de succès adressé à qqn. ***Donner sa chance à qqn,*** lui donner la possibilité de réussir : *Ce chef d'entreprise donne leur chance à d'anciens délinquants.* ***Porter chance à qqn,*** lui permettre involontairement de réussir, lui porter bonheur : *Ce tee-shirt lui porte chance.*

chancelant, e adj. Qui chancelle : *Une démarche chancelante* (**SYN.** vacillant ; **CONTR.** assuré, ferme). *Une santé chancelante* (**SYN.** fragile ; **CONTR.** robuste, solide).

chanceler v.i. (du lat. *cancellare*, disposer en treillis, d'où « marcher en zigzag ») [conj. 24]. **1.** Perdre l'équilibre : *Sous le choc, elle chancela* (**SYN.** tituber, vaciller). **2.** *Fig.* Manquer de solidité, de stabilité ; montrer de l'hésitation : *Son enthousiasme chancelle* (**SYN.** fléchir ; **CONTR.** se raffermir).

chancelier, ère n. (lat. *cancellarius*, huissier). **1.** Dignitaire qui a la garde des sceaux dans un consulat, un corps, une administration. **2.** Chef du gouvernement en Allemagne et en Autriche. **3.** En Suisse, haut fonctionnaire associé aux travaux du gouvernement. ☞ **REM.** Une *chancelière* désigne aussi l'épouse d'un chancelier.

chancelière n.f. *Vx* Sac fourré qui servait à tenir les pieds au chaud.

chancellerie n.f. **1.** Administration, ensemble des services qui dépendent d'un chancelier. **2.** Administration centrale du ministère de la Justice.

chanceux, euse adj. et n. Qui a de la chance : *Cette chanceuse vient encore de gagner au tiercé* (**CONTR.** malchanceux).

chancre n.m. (lat. *cancer*). **1.** Ulcération de la peau et des muqueuses due à une maladie sexuellement transmissible. **2.** En botanique, maladie des rameaux et du tronc des arbres.

chandail n.m. (de *marchand d'ail*). Vêtement en tricot qu'on enfile par la tête : *En hiver, elle ne porte que des chandails* (**SYN.** pull).

Chandeleur n.f. (lat. *festa candelarum*, fête des chandelles). Dans la religion catholique, fête de la Présentation de Jésus au Temple, qui a lieu le 2 février.

chandelier n.m. (lat. *candelabrum*). **1.** Support destiné à recevoir les bougies, les cierges, les chandelles : *Poser des chandeliers sur toutes les tables d'un restaurant* (**SYN.** bougeoir). **2.** Personne qui fabrique ou vend des chandelles.

chandelle n.f. (lat. *candela*). **1.** Tige de suif, de résine ou d'une autre matière inflammable entourant une mèche, utilisée pour l'éclairage : *Faire un dîner aux chandelles* (**SYN.** bougie). **2.** Figure de voltige aérienne consistant à monter rapidement à la verticale. ▸ ***Brûler la chandelle par les deux bouts,*** ne pas être économe de son argent ou de sa santé. ***Devoir une fière chandelle à qqn,*** lui être redevable de qqch de très important. ***Économies de bouts de chandelle,*** économies réalisées sur de trop petites choses pour être vraiment utiles. ***Le jeu n'en vaut pas la chandelle,*** le résultat ne vaut pas le mal qu'on se donne. *Fam.* ***Voir trente-six chandelles,*** éprouver un éblouissement après un choc violent, un coup.

chanfrein n.m. (du lat. *caput*, tête, et *frenare*, freiner). Partie antérieure de la tête du cheval et de certains mammifères, qui va du front aux naseaux.

change n.m. Opération qui consiste à vendre ou à échanger la monnaie d'un pays contre celle d'un autre pays ; taux auquel se fait cette opération : *Bureau de change. Le change est élevé.* ▸ ***Change complet,*** couche-culotte. ***Donner le change à qqn,*** arriver à lui cacher parfaitement ses intentions : *Elle s'est montrée aimable pour lui donner le change.* ***Lettre de change,*** écrit par lequel un créancier donne l'ordre à son débiteur de payer à une date déterminée la somme qu'il lui doit, à l'ordre de lui-même ou d'un tiers (**SYN.** traite). ***Perdre, gagner au change,*** être désavantagé, avantagé par un échange, un changement : *Nous perdons au change avec les nouveaux voisins.*

changeant, e adj. **1.** Qui est sujet à changer : *Il est d'une humeur changeante* (**SYN.** inconstant ; **CONTR.** constant). *Le taux du CAC 40 est changeant* (**SYN.** instable ; **CONTR.** fixe, stable). *Prends ton parapluie, le temps est changeant* (**SYN.** capricieux, incertain, variable). **2.** Dont la couleur varie selon la lumière : *Des cheveux aux reflets changeants* (**SYN.** chatoyant).

changement n.m. **1.** Action, fait de changer, de se modifier, en parlant de qqn ou de qqch : *Le brusque changement de température l'a rendu malade* (**SYN.** variation). *Un changement d'emploi du temps* (**SYN.** modification). *Le nouveau chef d'entreprise promet des changements* (**SYN.** innovation, nouveauté). *Je n'avais pas vu ton jardin depuis un mois : quels changements !* (**SYN.** transformation). *Ce professeur a demandé son changement pour Nantes* (**SYN.** mutation). **2.** Correspondance dans les transports en commun : *Si on prend le métro, il y a deux changements.* ▸ ***Changement de vitesse,*** mécanisme constitué d'un levier et d'une boîte de vitesses qui transmet, avec des vitesses différentes, le mouvement du moteur aux roues motrices d'un véhicule automobile.

changer v.t. (lat. *cambiare*, échanger) [conj. 17]. **1.** Remplacer qqn ou qqch par qqn ou qqch d'autre : *Changer l'hôtesse d'accueil d'une entreprise* (**CONTR.** conserver, garder). *Changer l'eau d'un vase.* **2.** Faire passer d'un état à un autre : *Les fortes pluies ont changé le terrain en bourbier* (**SYN.** transformer). **3.** Modifier qqn, qqch : *Cette coiffure te change complètement* (**SYN.** métamorphoser). *Changer sa voix au téléphone* (**SYN.** altérer, contrefaire, déguiser). **4.** Convertir une monnaie en une autre monnaie : *Changer mille euros en dollars.* ▸ ***Changer un bébé,*** lui mettre une couche propre. ◆ v.i. Passer d'un état à un autre : *Depuis cet événement, son enfant est changé* (**SYN.** métamorphoser). *La qualité de vie des retraités a changé* (**SYN.** évoluer, se modifier). ◆ v.t. ind. **[de].** Remplacer par qqn ou qqch d'autre : *Changer de boucher. Changer d'appartement.* ▸ ***Changer d'air,*** partir, s'éloigner d'un lieu provisoirement ou définitivement. ***Changer de visage,*** se troubler sous le coup d'une émotion et le montrer en pâlissant ou en rougissant : *Elle changea de visage en apprenant leur arrestation.* ◆ **se changer** v.pr. Changer de vêtements : *Elle s'est changée pour aller courir.*

changeur n.m. **1.** Appareil dans lequel on introduit une pièce ou un billet pour avoir de la monnaie ou des jetons. **2.** Professionnel faisant des opérations de change ; cambiste.

channe n.f. En Suisse, pot d'étain.

chanoine n.m. (du gr. *kanôn*, règle). **1.** Ecclésiastique qui fait partie de l'assemblée de la cathédrale ou de l'église collégiale. **2.** Religieux de certains ordres.

chanoinesse (de *chanoine*). n.f. Religieuse de certaines communautés.

chanson n.f. (du lat. *cantus*, chant). **1.** Composition musicale divisée en couplets et destinée à être chantée : *Le texte de cette chanson est poétique.* **2.** Propos sans importance, répété sans cesse : *On connaît la chanson* (**SYN.** refrain). ▸ ***Chanson de geste*** → **2. geste.**

chansonnette n.f. Petite chanson sur un sujet léger.

chansonnier, ère n. Artiste qui compose et interprète des textes ou des chansons satiriques.

① **chant** n.m. (de *chanter*). **1.** Action, art de chanter : *Le chant choral. Un professeur de chant.* **2.** Suite de sons modulés émis par la voix : *On entendait des chants joyeux.* **3.** Cri de certains oiseaux ; gazouillement : *Le chant du coq m'a réveillé. Le chant du merle* (**SYN.** ramage). **4.** Bruit émis par certains animaux : *Le chant des cigales.* **5.** Division d'un poème épique ou lyrique : *« L'Iliade » d'Homère comprend vingt-quatre chants.*

② **chant** n.m. (du lat. *canthus*, bord). ▸ ***De chant*** ou ***sur chant,*** dans le sens de la longueur et sur la face la plus étroite, dans un plan vertical : *Poser une brique de chant.*

chantage n.m. **1.** Délit qui consiste à extorquer de l'argent à qqn en le menaçant de révélations compromettantes. **2.** *Fig.* Utilisation de moyens de pression psychologiques pour obtenir de qqn qqch qu'il refuse : *Faire un chantage au suicide.*

chantant, e adj. **1.** Qui a des intonations mélodieuses, musicales : *Une langue chantante. Un accent* *chantant.* **2.** Qui se chante et se retient facilement : *Un refrain chantant.*

chantefable n.f. Récit médiéval où alternent la prose récitée et les vers chantés.

chanter v.i. (lat. *cantare*) [conj. 3]. **1.** Produire avec la voix des sons mélodieux : *Les convives lui demandèrent de chanter.* **2.** Produire des sons modulés, expressifs, harmonieux, en parlant d'oiseaux, d'insectes, d'instruments de musique, etc. : *Les tourterelles chantent dans leur cage* (**SYN.** roucouler). ▸ ***Faire chanter qqn,*** exercer un chantage sur lui. ◆ v.t. **1.** Exécuter un chant, une chanson : *Chanter une berceuse à son enfant* (**SYN.** fredonner). **2.** *Fam.* Raconter des sottises : *Qu'est-ce que tu me chantes ?* **3.** Célébrer : *Les journalistes chantent la victoire de l'équipe.* ◆ v.t. ind. **[à].** *Fam.* Paraître agréable, plaire à : *Il va au cinéma quand cela lui chante* (**SYN.** convenir à). *Elle répondra si ça lui chante.*

① **chanterelle** n.f. (de *chanter*). **1.** Corde la plus aiguë d'un instrument à cordes et à manche : *La chanterelle du violon.* **2.** Appeau servant à attirer les oiseaux.

② **chanterelle** n.f. (du gr. *cantharos,* coupe). Champignon comestible à chapeau jaune d'or, appelé aussi *girolle.*

chanteur, euse n. (lat. *cantor*). Personne qui chante en amateur ou en professionnel : *Une chanteuse lyrique.* ▸ ***Chanteur de charme,*** qui chante surtout des chansons tendres et sentimentales. ***Maître chanteur,*** personne qui exerce un chantage sur qqn. ◆ adj. Se dit d'un animal, notamm. d'un oiseau, dont le chant est agréable à entendre.

chantier n.m. (du lat. *cantherius,* support). **1.** Lieu, terrain où ont lieu des travaux de construction, de réparation : *L'architecte rencontre les ouvriers du chantier. Chantier naval.* **2.** Endroit où sont entassés des matériaux de construction, des combustibles, etc. **3.** *Fig., fam.* Grand désordre : *Quel chantier dans cet appartement !* **4.** Travail, projet de grande envergure : *Le chantier de la réforme de l'enseignement.* ▸ ***En chantier,*** en travaux : *Une école en chantier.* ***Mettre qqch en chantier,*** en commencer l'exécution, être en train de le réaliser : *L'informaticien met un programme en chantier.*

chantilly n.f. (de la ville de *Chantilly*). ▸ ***Crème Chantilly*** → **crème.**

chantoir n.m. En Belgique, gouffre de petite taille.

chantonnement n.m. Action de chantonner.

chantonner v.t. et v.i. [conj. 3]. Chanter à mi-voix : *Chantonner un air à la mode* (**SYN.** fredonner).

chantoung [ʃɑ̃tuŋ] n.m. → **shantung.**

chantourner v.t. (de *2. chant* et *tourner*) [conj. 3]. Découper une pièce de bois ou de métal suivant un profil donné.

chantre n.m. (lat. *cantor*). **1.** Personne qui chante aux offices religieux. **2.** *Litt.* Personne qui fait les louanges de qqn ou de qqch : *Elle s'est faite le chantre du gouvernement* (**SYN.** laudateur [litt.]).

chanvre n.m. (lat. *cannabis,* du gr.). Plante annuelle à feuilles palmées, cultivée pour sa tige, qui fournit une excellente fibre textile, et pour ses graines, dont on fait de l'huile. ▸ ***Chanvre indien,*** variété de chanvre dont on extrait le haschisch et la marijuana (**SYN.** cannabis).

chaos [kao] n.m. **1.** En philosophie, confusion générale des éléments de la matière, avant la création du monde. **2.** *Fig.* Désordre épouvantable, confusion générale : *Les inondations ont plongé la ville dans le chaos.* ☞ **REM.** Ne pas confondre avec *cahot.*

chaotique [kaɔtik] adj. Qui tient du chaos : *La vision chaotique d'une région bombardée.* ☞ **REM.** Ne pas confondre avec *cahoteux.*

chapardage n.m. *Fam.* Action de chaparder.

chaparder v.t. (de l'arg. *choper*) [conj. 3]. *Fam.* Dérober des choses de peu de valeur : *Chaparder des pommes dans un verger* (**SYN.** marauder).

chapardeur, euse n. et adj. *Fam.* Personne qui chaparde.

chape n.f. (du lat. *cappa,* capuchon). **1.** Couche de ciment, d'asphalte, etc., dont on recouvre un sol pour lui conférer certaines caractéristiques : *Une chape d'étanchéité. Poser du carrelage sur une chape de béton.* **2.** Partie extérieure d'un pneu, qui est en contact avec le sol. **3.** Vêtement liturgique en forme de grande cape : *La chape d'un évêque.* ▸ ***Chape de plomb,*** ce qui paralyse, constitue un fardeau moral très lourd : *Après le putsch, une chape de plomb s'est abattue sur l'opposition.*

chapeau n.m. (du lat. *cappa,* capuchon). **1.** Coiffure de forme variable, composée d'une calotte souple ou rigide, avec ou sans bord : *Elle met un chapeau de paille quand il fait très chaud. Le marié porte un chapeau.* **2.** Partie supérieure charnue, de forme arrondie, portée par le pied de certains champignons : *Le chapeau rouge tacheté de blanc de l'amanite tue-mouches.* **3.** Partie supérieure ou protectrice de certaines pièces mécaniques : *Chapeau de roue* (= enjoliveur). **4.** Courte introduction en tête d'un article de journal ou de revue. ▸ ***Chapeau chinois,*** nom courant de la patelle. ***Coup de chapeau,*** salut donné en soulevant légèrement son chapeau ; fig., témoignage d'admiration, d'estime : *La qualité du jeu de cet acteur lui a valu un coup de chapeau du réalisateur.* *Fam.* ***Porter le chapeau,*** être rendu responsable d'un échec : *Le ministre n'a pas voulu porter le chapeau de la défaite électorale.* *Fam.* ***Sur les chapeaux de roue,*** à très grande vitesse : *La voiture démarra sur les chapeaux de roue* ; fig., à un rythme rapide : *Ce roman démarre sur les chapeaux de roue.* *Fam.* ***Travailler du chapeau,*** être un peu fou. ◆ interj. S'emploie pour exprimer la considération, l'admiration : *Chapeau, ton article est remarquable !* (**SYN.** bravo).

chapeauter v.t. [conj. 3]. *Fam.* Avoir une supériorité hiérarchique sur : *La directrice du département chapeaute plusieurs services* (**SYN.** coiffer, contrôler).

chapelain n.m. (de *chapelle*). Prêtre qui assure le service religieux d'une chapelle privée.

chapelet n.m. (dimin. de *chapeau*). **1.** Collier à plusieurs grains enfilés, que l'on fait glisser entre les doigts en récitant des prières ; ensemble des prières récitées : *Chapelet bouddhique, musulman. Dire son chapelet.* **2.** Succession, suite d'objets ou de paroles : *Cette rue comporte un chapelet de dos-d'âne. Le piéton débita un chapelet d'injures à l'automobiliste* (**SYN.** cascade, kyrielle).

chapelier, ère n. et adj. Personne qui fabrique ou vend des chapeaux.

chapelle n.f. (du lat. *cappa,* capuchon). **1.** Petit édifice religieux ayant génér. un autel, construit dans un domaine privé : *La chapelle d'un hôpital, d'un château.* **2.** Partie d'une église comportant un autel secondaire. **3.** *Fig.* Petit groupe de personnes dans lequel il est difficile de s'introduire : *Chapelle littéraire* (**SYN.** cercle, clan). ▸ ***Chapelle ardente*** → **ardent. *Maître de chapelle,*** personne qui dirige les chanteurs et les musiciens dans une église.

chapellerie n.f. Industrie, commerce du chapelier.

chapelure n.f. (du lat. *capulare,* couper). Pain séché au four, écrasé ou râpé, dont on enrobe certains aliments avant de les faire frire ou gratiner : *Mettre de la chapelure sur un hachis parmentier* (**SYN.** panure).

chaperon n.m. (de *chape*). **1.** *Anc.* Femme âgée qui accompagnait une jeune fille dans ses sorties (**SYN.** duègne). **2.** *Fig.* Personne qui sort avec qqn pour le surveiller : *Sa grande sœur lui sert de chaperon.* **3.** *Anc.* Capuchon qui couvrait la tête et les épaules : *« Cette bonne femme* [sa grand-mère] *lui fit faire un petit chaperon rouge qui lui seyait si bien, que partout on l'appelait le petit Chaperon rouge »* [Perrault].

chaperonner v.t. [conj. 3]. Accompagner qqn en qualité de chaperon : *Chaperonner une amie.*

chapiteau n.m. (du lat. *caput, capitis,* tête). **1.** Élément élargi qui forme le sommet d'une colonne, d'un pilier. **2.** Tente sous laquelle a lieu un spectacle de cirque : *Dresser un chapiteau sur la place du village.*

chapitre n.m. (lat. *capitulum,* de *caput,* tête). **1.** Division d'un livre, d'un traité, d'un code, etc. : *Dans le premier chapitre, l'auteur raconte l'enfance du héros.* **2.** Assemblée tenue par des chanoines ou des religieux, des religieuses. ▸ ***Avoir voix au chapitre,*** avoir le droit de prendre la parole et de donner son avis : *Elle a voix au chapitre dans cette affaire.* ***Chapitre du budget,*** subdivision du budget d'un ministère. ***Sur le chapitre de,*** en ce qui concerne ; à propos de : *Sur le chapitre de la propreté, il est irréprochable.*

chapitrer v.t. [conj. 3]. Réprimander sévèrement ; gronder : *Le professeur l'a chapitré pour son insolence* (**SYN.** admonester [litt.], sermonner, tancer [litt.] ; **CONTR.** complimenter, féliciter).

chapka n.f. (mot russe). Bonnet de fourrure qui protège les oreilles, le front et la nuque.

chapon n.m. Jeune coq castré engraissé pour la consommation : *Cuisiner un chapon pour Noël.*

chapska ou **schapska** n.m. Coiffure militaire polonaise adoptée par les lanciers français au XIXe s.

chaptalisation n.f. Action de chaptaliser un vin.

chaptaliser v.t. (du nom de *Jean Chaptal,* inventeur du procédé) [conj. 3]. Augmenter la teneur en alcool d'un vin en ajoutant du sucre au raisin avant la fermentation.

chaque adj. indéf. (de *chacun*). **1.** Indique la répartition élément par élément à l'intérieur d'un ensemble : *Chaque objet a une place déterminée dans la vitrine. Elle connaît le chef-lieu de chaque département.* **2.** Indique la distribution, la répétition : *Le chien s'arrête à chaque arbre. J'écoute cette émission chaque matin.*

char n.m. (lat. *carrus*). **1.** Grande voiture décorée où prennent place des personnages masqués ou symboliques, lors de certaines fêtes publiques : *Le défilé de chars du carnaval.* **2.** Dans l'Antiquité, voiture à deux roues, ouverte à l'arrière, utilisée pour les combats, les jeux : *Une course de chars.* **3.** *Fam.* Au Québec, automobile, voiture. ▸ ***Char à bancs,*** véhicule à quatre roues tiré par un cheval, muni de bancs disposés en travers. ***Char à voile,*** engin muni de voiles et monté sur roues, qui avance avec la seule force du vent sur des étendues plates : *Elle fait du char à voile sur la plage.* ***Char de combat*** ou ***char d'assaut,*** véhicule blindé muni de chenilles, armé de mitrailleuses, de canons, de missiles. *Litt.* ***Char funèbre,*** corbillard.

charabia n.m. (mot prov., de l'esp. *algarabia,* la langue arabe). *Fam.* Langage incompréhensible ; style très confus ou incorrect : *Quel charabia, il aurait pu mieux préparer son exposé !* (**SYN.** galimatias).

charade n.f. (de l'occitan *charrado,* causerie). Devinette où l'on doit retrouver un mot de plusieurs syllabes à partir de la définition d'un homonyme de chacune d'entre elles et de la définition du mot entier : *La solution de la charade : « Mon premier marche sur terre, mon second nage dans la mer et mon tout vole dans les airs » est « hanneton » (= âne + thon).*

charançon n.m. Insecte à tête prolongée en bec, nuisible aux cultures.

charançonné, e adj. Attaqué par des charançons : *Du blé charançonné.*

charbon n.m. (lat. *carbo*). **1.** Matière combustible solide, de couleur noire, d'origine végétale et qui renferme une forte proportion de carbone : *Mine de charbon. Se chauffer au charbon.* **2.** Maladie des céréales, produite par des champignons parasites et nécessitant la désinfection des semences : *Charbon du blé, de l'avoine.* **3.** Maladie infectieuse grave, atteignant certains animaux domestiques (ruminants, chevaux, porcins) et l'homme (on dit aussi *maladie du charbon*). ▸ *Fam.* ***Aller au charbon,*** s'astreindre à faire qqch de pénible : *Devant le mécontentement des députés, le Premier ministre est allé au charbon.* ***Charbon de bois,*** produit obtenu par la combustion lente et incomplète du bois. ***Être sur des charbons ardents,*** être très impatient ou inquiet : *En attendant les résultats, les candidats sont sur des charbons ardents.*

charbonnage n.m. (Surtout au pl.). Ensemble des mines de charbon exploitées dans une région.

charbonneux, euse adj. **1.** Qui est noir comme du charbon ; noirci, sali. **2.** Qui se rapporte à la maladie du charbon : *Pustule charbonneuse.*

charbonnier, ère n. Personne qui fabrique et vend du charbon de bois. ◆ adj. Qui se rapporte à la vente ou à la fabrication du charbon : *L'industrie charbonnière est en déclin.*

charcutage n.m. *Fam.* Action de charcuter ; fait d'être charcuté : *Le charcutage des circonscriptions électorales.*

charcuter v.t. [conj. 3]. *Fam.* **1.** Opérer qqn de façon maladroite, brutale : *Le dentiste m'a charcuté, je ne devrais pas avoir si mal.* **2.** Remanier profondément qqch, en découpant, en supprimant, en rapprochant, etc. : *Charcuter un article.*

charcuterie n.f. **1.** Produit à base de viande de porc cuite ou salée, comme le jambon, le saucisson, les rillettes, etc. : *Une assiette de charcuterie. Dans cette région, on fabrique beaucoup de charcuteries.* **2.** Boutique où l'on vend de la charcuterie. **3.** Activité, commerce de charcutier.

charcutier, ère n. (de *chair cuite*). Personne qui prépare ou vend de la charcuterie. ◆ adj. Relatif à la charcuterie : *Industrie charcutière.*

chardon n.m. (lat. *cardus*). **1.** Plante à feuilles et tiges épineuses, à petites fleurs roses. **2.** Ensemble de pointes de fer courbées destiné à empêcher l'escalade d'un mur ou d'une grille. ▸ ***Chardon bleu,*** nom courant du panicaut.

chardonneret n.m. Petit oiseau chanteur à plumage rouge, noir, jaune et blanc, qui se nourrit notamm. de graines de chardon.

charentaise n.f. Pantoufle chaude et confortable.

charge n.f. **1.** Ce que porte ou peut porter qqn, un animal, un véhicule, etc. : *Débarrasser un déménageur de sa charge* (**SYN.** fardeau). *Ces sacs sont une charge trop lourde pour l'âne. La charge maximale du lave-linge est de 5 kilos.* **2.** Obligation matérielle coûteuse ; dépense : *Cette vieille maison familiale est une lourde charge. Les propriétaires versent 300 euros de charge pour l'entretien de la résidence. Elle doit faire face à de grosses charges familiales* (**SYN.** frais). **3.** Obligation plus ou moins pénible imposée à qqn : *La garde de ton chat n'est vraiment pas une charge pour moi* (**SYN.** gêne). **4.** Indice pouvant faire croire à la culpabilité de qqn : *Ce cheveu constitue une nouvelle charge contre le suspect* (**SYN.** présomption). **5.** Mission, responsabilité confiée à qqn : *Vous aurez la charge de convoquer les membres du comité.* **6.** Fonction transmissible, conférée à vie par nomination de l'autorité publique : *Une charge de notaire.* **7.** Critique virulente et parfois comique dirigée contre qqn, qqch : *Ce roman est une charge contre les milieux de la publicité* (**SYN.** satire). **8.** Action d'attaquer, de se ruer sur un groupe : *La charge des C.R.S. contre les manifestants* (**SYN.** assaut). **9.** Quantité d'explosif contenue dans un projectile ou une mine : *Une charge de nitroglycérine.* **10.** Quantité d'électricité portée par un corps : *La charge d'un électron.* **11.** Action de fournir de l'énergie à un accumulateur : *La batterie est en charge.* ▸ ***À charge de revanche,*** à cette condition qu'on paiera le service rendu par un autre équivalent : *Je te laisse les meilleures places, à charge de revanche.* ***À charge pour qqn de*** (+ inf.), à condition de : *Tu peux utiliser la photocopieuse, à charge pour toi de fournir le papier.* ***Avoir qqn à charge*** ou ***à sa charge,*** subvenir à ses besoins : *Ils ont encore deux enfants à charge.* ***Cahier des charges*** → **cahier.** ***Charges sociales,*** ensemble des dépenses incombant à un employeur pour assurer la protection sociale des travailleurs. ***Être à la charge de qqn,*** dépendre totalement de qqn pour les besoins matériels : *Depuis son accident, il est à la charge de son fils* ; en parlant d'une dépense, devoir être payée par qqn : *Les sorties sont à la charge des touristes.* ***Prendre en charge qqn, qqch,*** s'engager à l'entretenir financièrement, à s'en occuper pendant une durée plus ou moins longue : *Elle a pris en charge ses neveux jusqu'à leur majorité. Le notaire prend en charge ce dossier.* ***Prise en charge,*** acceptation par la Sécurité sociale de payer ou de rembourser les frais de traitement de l'assuré. ***Revenir à la charge,*** insister à plusieurs reprises pour obtenir qqch : *Elle est revenue à la charge pour obtenir une augmentation.* ***Témoin à charge,*** personne qui témoigne contre un suspect.

① **chargé, e** n. ▸ ***Chargé d'affaires,*** diplomate représentant son gouvernement auprès d'un chef d'État étranger en l'absence de l'ambassadeur. ***Chargé de cours,*** dans l'enseignement supérieur, professeur non titulaire.

② **chargé, e** adj. ▸ ***Estomac chargé,*** qui a du mal à digérer les aliments absorbés ; lourd. ***Langue chargée,*** recouverte d'un dépôt blanchâtre. ***Temps, ciel chargé,*** plein de nuages ; couvert.

chargement n.m. **1.** Action de charger un véhicule, un animal ; ensemble des objets, des marchandises chargés : *Le chargement d'un camion de déménagement* (**CONTR.** déchargement). *Cette voiture transportait un chargement de cocaïne* (**SYN.** cargaison, fret). **2.** Action de charger un appareil, une arme, un dispositif : *Le chargement de la caméra ne prend que quelques secondes.*

charger v.t. (lat. *carricare*, de *carrus*, char) [conj. 17]. **1.** Mettre qqch de lourd sur qqn, sur qqch, sur un animal : *Laisse ce sac, je ne voudrais pas que tu sois trop chargée* (= surchargée). *Charger des caisses sur la galerie d'une voiture* (**CONTR.** débarrasser, décharger). **2.** Prendre qqn ou qqch en charge pour le transporter : *Le car charge un groupe d'enfants.* **3.** Introduire une cartouche dans une arme : *Charger un revolver.* **4.** Munir un appareil de ce qui est nécessaire à son fonctionnement : *Charger un appareil photographique avec une pellicule.* **5.** Fournir de l'énergie à un dispositif qui l'emmagasine : *Charger la batterie d'un téléphone portable* (**CONTR.** vider). **6.** Témoigner contre qqn : *La victime charge l'accusé* (**SYN.** accuser, incriminer ; **CONTR.** disculper, innocenter). **7.** Imposer une redevance, une obligation coûteuse : *Charger les classes moyennes d'impôts* (**SYN.** accabler, écraser ; **CONTR.** exempter, exonérer). **8.** Se précipiter violemment sur ; attaquer : *Le taureau chargea le picador* (**SYN.** se jeter sur, se ruer sur ; **CONTR.** se dérober, fuir). **9.** (Sans compl.). Donner l'assaut : *Le capitaine ordonna de charger.* **10.** Couvrir, recouvrir abondamment de qqch : *Une main chargée de bagues. Charger un mur de posters.* **11. [de].** Donner à qqn une responsabilité, une mission ; déléguer : *Je te charge de préparer l'omelette. La mère charge ses enfants de la décoration du sapin* (**SYN.** confier à). **12.** Exagérer les caractéristiques de qqn pour s'en moquer ; grossir un fait : *Dans cet article, le journaliste charge le portrait de l'industriel* (**SYN.** caricaturer, forcer, outrer). *Elle charge ses comptes rendus de digressions* (**SYN.** surcharger). ◆ **se charger** v.pr. **[de].** Prendre sur soi la responsabilité de qqn ou de qqch : *Va te promener, je me charge des enfants* (**SYN.** garder, veiller sur). *Je me charge du rapport. Elle s'est chargée d'acheter le cadeau pour leur collègue* (**SYN.** s'occuper de).

chargeur n.m. **1.** Dispositif permettant d'introduire successivement plusieurs cartouches dans une arme à feu : *Le chargeur de son revolver est vide.* **2.** Boîte étanche à la lumière, contenant une pellicule photographique et permettant de charger en plein jour un appareil de prise de vues. **3.** Appareil utilisé pour recharger une batterie. **4.** Négociant qui affrète un navire, y fait charger des marchandises et les expédie.

charia [ʃarja] n.f. (mot ar.). Loi islamique régissant la vie religieuse, politique, sociale et individuelle, appliquée de manière stricte dans certains États musulmans.

chariot n.m. (de *char*). **1.** Voiture à quatre roues utilisée pour déplacer des charges sur de faibles distances, parfois en les levant : *Mettre ses bagages dans un chariot. Chariot élévateur.* **2.** Partie d'une machine à écrire comportant le rouleau pour le papier et se déplaçant à chaque frappe. **3.** Pièce mobile d'une machine-outil sur laquelle est fixé l'outil : *Tour à chariot.*

chariotage n.m. Façonnage de pièces avec un tour à chariot.

charioter v.t. [conj. 3]. Exécuter une opération de chariotage.

charismatique [karismatik] adj. Se dit d'une personnalité qui sait séduire les foules, qui jouit d'un grand prestige auprès d'elles : *Un jeune ministre charismatique.* ▸ ***Mouvement charismatique,*** courant religieux qui fait une large part à l'action concrète et immédiate, notamm. auprès des communautés les plus déshéritées.

charisme [karism] n.m. (du gr. *kharisma,* grâce, faveur). **1.** Grand prestige d'une personnalité exceptionnelle ; influence qu'elle exerce sur les autres : *Ce maire a du charisme.* **2.** Dans la religion chrétienne, ensemble des dons spirituels extraordinaires octroyés par Dieu à des individus ou à des groupes.

charitable adj. **1.** Qui agit par charité ; qui dénote de la charité : *Cette personne charitable a sauvé l'entreprise de la faillite* (**SYN.** généreux, secourable ; **CONTR.** cupide, égoïste). *Des paroles charitables* (**SYN.** aimable, bienveillant ; **CONTR.** désobligeant, malveillant). **2.** Qui a pour but de porter secours : *Faire un don à une œuvre charitable* (**SYN.** caritatif).

charitablement adv. De façon charitable : *Il nous a charitablement offert son hospitalité* (**SYN.** généreusement).

charité n.f. (lat. *caritas*). **1.** Amour du prochain qui nous pousse à vouloir lui faire du bien : *Toute sa vie, elle fit preuve de charité* (**SYN.** altruisme, philanthropie ; **CONTR.** égoïsme, insensibilité). **2.** Acte de générosité ; secours apporté à qqn : *Faire la charité à un mendiant* (**SYN.** aumône). ▸ ***Vente de charité,*** vente dont tout le bénéfice est versé à une association caritative.

charivari n.m. (du gr. *karêbaria,* mal de tête). Bruit assourdissant ; vacarme : *Le charivari des avertisseurs sur le périphérique* (**SYN.** tintamarre, tumulte).

charlatan n.m. (de l'it. *ciarlare,* bavarder). **1.** *Péjor.* Personne qui sait exploiter la crédulité des gens pour vanter ses produits, sa science : *Ce charlatan lui a fait croire qu'il avait un remède miracle contre les rides* (**SYN.** imposteur). **2.** *Anc.* Personne qui vendait des médicaments médiocres sur les places publiques. **3.** En Afrique, devin, guérisseur, sorcier.

charlatanesque adj. *Péjor.* Qui relève du charlatanisme : *Un remède charlatanesque.*

charlatanisme n.m. ou **charlatanerie** n.f. *Péjor.* Procédé, comportement de charlatan : *Ces mesures sont prises pour lutter contre le charlatanisme* (**SYN.** imposture, supercherie).

charleston [ʃarlɛstɔn] n.m. (de *Charleston,* ville des États-Unis). Danse d'origine américaine, en vogue vers 1925 et remise à la mode dans les années 1970.

charlot n.m. (du nom du personnage créé par Charlie Chaplin). *Fam.* Individu peu sérieux ; pitre : *Il fait souvent le charlot en classe* (**SYN.** clown).

charlotte n.f. (du prénom *Charlotte*). **1.** Entremets composé de fruits ou de crème, que l'on dépose dans un moule tapissé de biscuits : *Une charlotte au chocolat.* **2.** Chapeau, coiffure de femme à bords froncés.

charmant, e adj. **1.** Qui plaît, qui séduit ; agréable à regarder : *J'ai passé une charmante soirée* (**SYN.** délicieux, excellent ; **CONTR.** exécrable, mauvais). *C'est maintenant une charmante jeune fille* (**SYN.** beau, gracieux, séduisant ; **CONTR.** hideux, laid, repoussant). *Quelle charmante robe !* (**SYN.** adorable, ravissant ; **CONTR.** horrible). **2.** Qui est très agréable avec les autres : *Tu as un mari charmant* (**SYN.** délicieux, sympathique ; **CONTR.** désagréable, détestable). **3.** *Iron.* Se dit de qqn, de qqch qui est extrêmement désagréable : *Quel homme charmant, il ne nous dit jamais bonjour !*

① **charme** n.m. (du lat. *carmen,* formule magique). **1.** Attrait exercé sur qqn par qqn ou qqch : *Votre fille est adorable, je suis sous le charme* (**SYN.** fascination ; **CONTR.** dégoût, répulsion). *Cette région a un charme mystérieux* (**SYN.** attirance ; **CONTR.** répugnance). **2.** Qualité de qqn ou de qqch qui séduit, qui est gracieux : *Cette comédienne a beaucoup de charme* (**SYN.** grâce, séduction). *Ce style de maison a du charme* (**SYN.** agrément). **3.** Enchantement magique : *On lui a jeté un charme* (**SYN.** envoûtement, sort, sortilège). **4.** Petit objet magique ; amulette, porte-bonheur, talisman. ▸ ***Faire du charme à qqn,*** chercher à le séduire : *Il fait du charme à sa voisine* (**SYN.** courtiser). ***Presse de charme,*** qui montre des jeunes femmes plus ou moins dénudées. ***Rompre le charme,*** faire cesser ce qui paraissait un enchantement, reprendre conscience de la réalité. *Fam.* ***Se porter comme un charme,*** être en très bonne santé.

② **charme** n.m. (lat. *carpinus*). Arbre très répandu dans les forêts tempérées, à bois blanc et dense ; bois de cet arbre.

charmer v.t. [conj. 3]. Tenir qqn sous le charme ; plaire à : *Ton amie m'a charmé* (**SYN.** séduire, subjuguer). *Ce concert les a charmés* (**SYN.** enchanter, ravir ; **CONTR.** déplaire, mécontenter). ▸ ***Être charmé de*** (+ inf.), avoir plaisir à, être heureux de (souvent utilisé comme formule de politesse) : *Je suis charmé de faire votre connaissance.*

charmeur, euse n. Personne qui fait du charme : *Méfie-toi, c'est un charmeur* (**SYN.** don Juan, séducteur). ◆ adj. Qui manifeste la volonté de séduire : *Un sourire charmeur* (**SYN.** aguicheur, séducteur).

charmille n.f. **1.** Allée de charmes. **2.** Ensemble de charmes ou d'autres arbres qui forment une tonnelle.

charnel, elle adj. (du lat. *caro, carnis,* chair). Qui se rapporte au corps, à la chair, aux plaisirs des sens : *Des relations charnelles* (**SYN.** physique, sexuel ; **CONTR.** chaste, platonique).

charnellement adv. D'une façon charnelle : *Aimer charnellement.*

charnier n.m. (du lat. *caro, carnis,* chair). **1.** Fosse où sont entassés des cadavres en grand nombre : *Les Alliés* *ont découvert un charnier sur les lieux du massacre.* **2.** *Anc.* Lieu couvert où l'on déposait les morts ; ossuaire.

charnière n.f. (du lat. *cardo, cardinis,* gond). **1.** Sur une fenêtre, une porte, etc., dispositif de rotation formé de deux pièces métalliques, l'une fixe, l'autre mobile, articulées au moyen d'une broche. **2.** *Fig.* (Employé en appos.). Se dit de ce qui sert de transition entre deux périodes, deux domaines : *Cet événement a été une date charnière dans l'histoire de la Ve République.* **3.** Petite bande de papier adhésif servant à fixer les timbres de collection sur un album.

charnu, e adj. (du lat. *caro, carnis,* chair). **1.** Qui a une chair abondante : *Des lèvres charnues* (**SYN.** épais, gros). *Des bras charnus* (**SYN.** dodu, potelé ; **CONTR.** décharné, maigre, squelettique). **2.** Formé de chair : *Les parties charnues du corps.* ▸ ***Fruit charnu,*** fruit à pulpe épaisse et consistante : *L'abricot et la pêche sont des fruits charnus.*

charognard n.m. **1.** Animal qui se nourrit de charognes : *Le vautour, l'hyène et le chacal sont des charognards.* **2.** *Fam.* Personne qui profite du malheur des autres.

charogne n.f. (du lat. *caro, carnis,* chair). Corps d'un animal mort et déjà en putréfaction.

charolais, e adj. et n. **1.** Du Charolais. **2.** De la race des charolais : *Des vaches charolaises. Un mouton charolais.* ◆ **charolais** n.m. Bovin, mouton d'une race française réputée pour sa viande.

charpente n.f. (lat. *carpentum*). **1.** Assemblage de pièces de bois, de métal, de béton armé, constituant ou soutenant les diverses parties d'une construction : *La charpente d'un toit.* **2.** Squelette d'un être vivant : *Une charpente fragile* (**SYN.** ossature). **3.** Ensemble des branches principales d'un arbre fruitier. **4.** Structure, plan d'une œuvre : *La charpente d'un article* (**SYN.** architecture [litt.], organisation). ▸ ***Bois de charpente,*** bois destiné à la construction.

charpenté, e adj. **1.** Qui est pourvu d'une forte charpente osseuse : *Un homme bien charpenté* (**SYN.** bâti). **2.** Se dit d'une œuvre dont les différentes parties sont bien assemblées : *Une nouvelle bien charpentée* (**SYN.** construit, structuré).

charpenter v.t. [conj. 3]. Tailler des pièces de bois pour faire une charpente.

charpentier, ère n. Personne qui effectue des travaux de charpente.

charpie n.f. (de l'anc. fr. *charpir,* déchirer). *Anc.* Produit obtenu par effilage ou râpage de tissu usé, qu'on utilisait pour panser les plaies. ▸ ***Mettre*** ou ***réduire qqch en charpie,*** le déchirer en menus morceaux ; le déchiqueter : *En jouant, le chiot a réduit le journal en charpie.*

charretée n.f. Contenu d'une charrette : *Une charretée de paille.*

charretier, ère n. Personne qui conduit une charrette. ▸ ***Jurer comme un charretier,*** proférer des jurons très grossiers à tout propos.

charrette n.f. (de *char*). **1.** Voiture à deux roues, tirée par un animal, munie d'un brancard simple ou double ; son contenu : *Charrette tirée par des chevaux. Vider une charrette de foin* (**SYN.** charretée). **2.** *Fam.* Ensemble de personnes licenciées en même temps d'une entreprise, exclues d'une organisation, expulsées d'un pays : *Cet employé fait partie de la dernière charrette.* **3.** *Fam.* Travail intensif effectué pour remettre à temps un projet. ◆ interj. *Fam.* En Suisse, exprime la surprise, l'admiration, l'embarras : *Charrette, comme tu as grandi !*

charriage n.m. Action de charrier : *Le charriage de troncs d'arbres par le fleuve.*

charrier v.t. (de *char*) [conj. 9]. **1.** Entraîner, emporter dans son cours : *La rivière charrie des détritus.* **2.** Transporter qqch en charrette : *Charrier des betteraves* (**SYN.** charroyer). **3.** *Fam.* Se moquer de qqn : *Les élèves charrient leur nouveau camarade* (**SYN.** plaisanter, railler, taquiner). ◆ v.i. *Fam.* Exagérer, aller trop loin : *Tu charries, tu pourrais laisser du gâteau pour les autres !* (**SYN.** abuser).

charroi n.m. (de *char*). Transport de bois, de foin, etc., par chariot ou par charrette.

charron n.m. (de *char*). Personne qui fabrique et répare des chariots, des charrettes, des voitures tirées par des chevaux.

charroyer [ʃarwaje] v.t. (de *char*) [conj. 13]. Transporter sur des charrettes, des chariots.

charrue n.f. (du lat. *carruca,* char). Instrument agricole servant à labourer, qui rejette et retourne la terre d'un seul côté. ▸ *Fam.* ***Mettre la charrue avant les bœufs,*** commencer par où l'on devrait finir.

charte n.f. (du lat. *charta,* papier). **1.** Loi, règle fondamentale : *Chacun des membres s'engage à respecter la charte de l'association.* **2.** Ensemble des lois constitutionnelles d'un État : *La Grande Charte d'Angleterre de 1215.*

charter [ʃartɛr] n.m. (mot angl.). Avion affrété par une compagnie de tourisme ou par un groupe de personnes, sur lequel le prix du billet est très avantageux.

chartiste n. Élève ou ancien élève de l'École nationale des chartes, établissement d'enseignement supérieur qui forme les spécialistes de la science des archives, des documents anciens et des écritures anciennes.

chartreuse n.f. **1.** Couvent de chartreux. **2.** Liqueur aromatique verte ou jaune, fabriquée à l'origine par les chartreux. **3.** Dans le sud-ouest de la France, maison de campagne souvent basse et longue.

① **chartreux, euse** n. (du nom du massif de la *Chartreuse*). Religieux, religieuse de l'ordre de Saint-Bruno, qui vivent cloîtrés et se consacrent à la prière.

② **chartreux** n.m. (de *1. chartreux*). Chat à poil gris cendré.

Charybde [karibd] n. pr. ▸ ***Tomber de Charybde en Scylla,*** n'éviter un mal que pour tomber dans un autre, plus grand encore. ☞ **REM.** *Charybde* est un tourbillon, et *Scylla* un écueil du détroit de Messine.

chas [ʃa] n.m. (du lat. *capsus,* boîte). Trou d'une aiguille, par où l'on fait passer le fil.

chasse n.f. **1.** Action de chasser, de guetter et de poursuivre un animal pour le capturer ou le tuer : *Dimanche, il ira à la chasse aux canards. Participer à une chasse à courre.* **2.** Espace de terrain réservé pour la chasse : *Chasse gardée.* **3.** Gibier capturé ou tué : *La chasse leur fera plusieurs repas.* **4.** Action de chercher, de poursuivre qqn ou qqch pour s'en emparer : *La police donne la chasse aux fugitifs. Faire la chasse aux meilleurs soldes. Cet aventurier part à la chasse au trésor.* **5.** Appareil à écoulement d'eau rapide permettant de vider une cuvette de W.-C. (on peut aussi dire *chasse d'eau*). **6.** Aviation de chasse : *La chasse est intervenue.* ▸ ***Aviation de chasse,*** corps de l'armée de l'air équipé d'avions légers et rapides, dits *avions de chasse, chasseurs* ou *intercepteurs,* capables de détruire les appareils ennemis en vol. ***Chasse aérienne,*** action menée par les avions de chasse. ***Être en chasse,*** poursuivre le gibier, en parlant des chiens ; rechercher le mâle en vue de l'accouplement, en parlant des mammifères femelles (= être en chaleur). ***Prendre en chasse,*** poursuivre : *La police a pris en chasse les malfaiteurs.*

châsse n.f. (du lat. *capsa,* boîte). **1.** Reliquaire en forme de sarcophage muni d'un couvercle à deux pentes, dans lequel on conserve les restes d'un saint ou d'une sainte. **2.** Monture, encadrement servant à recevoir et maintenir une pièce : *La châsse d'un verre de lunette.*

chassé-croisé n.m. (pl. *chassés-croisés*). **1.** Mouvement en sens inverse de deux groupes qui se croisent : *Le 30 juillet est un jour de chassé-croisé entre les vacanciers.* **2.** Suite de mouvements, d'échanges n'aboutissant pas toujours à un résultat : *Un chassé-croisé de démarches.*

chasselas n.m. (nom d'un village de Saône-et-Loire). Raisin blanc de table.

chasse-neige n.m. inv. **1.** Engin conçu pour déblayer la neige sur une route ou une voie ferrée : *La ville dispose de plusieurs chasse-neige.* **2.** Position des skis obtenue en écartant les talons, qu'on utilise notamm. pour freiner, virer ou s'arrêter ; descente dans cette position.

chasser v.t. (du lat. *captare,* chercher à prendre). **1.** Guetter, poursuivre un animal pour le capturer ou le tuer : *La lionne chasse une antilope. Ce groupe d'hommes chasse un sanglier.* **2.** Faire partir qqn d'un lieu avec violence : *La police a chassé les squatteurs de cet immeuble* (**SYN.** expulser). *La personne qui avait détourné de l'argent a été chassée* (**SYN.** congédier, renvoyer ; **CONTR.** embaucher, engager). **3.** Faire disparaître qqch : *Le vent a chassé les nuages* (**SYN.** dissiper). *Ce cachet a chassé mon mal de ventre* (**SYN.** supprimer). ◆ v.i. Glisser de côté par suite d'une adhérence insuffisante au sol, en parlant d'un véhicule : *Les roues chassent sur le verglas* (**SYN.** déraper, patiner). ▸ ***Chasser sur les terres de qqn,*** braconner ; fig., empiéter sur ses droits.

chasseresse n.f. et adj.f. *Poét.* Femme qui chasse ; chasseuse. ▸ ***Diane chasseresse,*** dans la mythologie romaine, déesse de la Chasse.

chasseur, euse n. Personne qui chasse, qui a l'habitude de chasser des animaux ; nemrod. ▸ ***Chasseur de têtes,*** personne spécialisée dans le recrutement des cadres de haut niveau. ◆ **chasseur** n.m. **1.** Employé en livrée qui fait les courses dans un restaurant ou un hôtel de grande classe (**SYN.** groom). **2.** Soldat de certains corps d'infanterie et de cavalerie : *Chasseurs alpins.* **3.** Appareil de l'aviation de chasse ; pilote de cet appareil. **4.** Navire ou véhicule conçu pour une mission particulière : *Chasseur de mines.*

chassie n.f. (du lat. *cacare,* déféquer). Substance visqueuse et jaunâtre qui se dépose sur le bord des paupières.

chassieux, euse adj. et n. Qui a de la chassie : *Des yeux chassieux.*

châssis n.m. (de *châsse*). **1.** Cadre fixe ou mobile, en bois ou en métal, qui entoure ou supporte qqch : *Le châssis d'une fenêtre.* **2.** Cadre en bois sur lequel est tendue la toile d'un tableau. **3.** Assemblage rectangulaire qui supporte le moteur et la carrosserie d'un véhicule ou la caisse d'un wagon. **4.** Accessoire contenant le film ou la plaque sensible d'un appareil photographique.

chaste adj. (du lat. *castus,* pur). **1.** Qui respecte les règles de la pudeur, de la décence : *Une chaste pensée* (**SYN.** pur ; **CONTR.** impur, licencieux, obscène). *Une jeune fille chaste* (**SYN.** vertueux ; **CONTR.** débauché). **2.** Qui exclut les rapports sexuels : *Un amour chaste* (**SYN.** platonique ; **CONTR.** charnel).

chastement adv. De façon chaste ; avec chasteté.

chasteté n.f. Fait de ne pas avoir de rapports sexuels, par conformité à une morale : *Les moines font vœu de chasteté.*

chasuble n.f. (du lat. *casula,* manteau à capuchon). Vêtement liturgique ayant la forme d'un manteau sans manches, que le prêtre met pour célébrer la messe. ▸ ***Robe chasuble,*** robe de femme, échancrée et sans manches.

① **chat, chatte** n. (lat. *cattus, catta*). Mammifère carnivore au museau court et arrondi, aux griffes rétractiles, dont il existe des espèces domestiques et des espèces sauvages : *Les enfants caressent le chat du voisin.* ▸ *Vieilli* ***Acheter chat en poche,*** acheter sans regarder la marchandise. ***Appeler un chat un chat,*** dire les choses telles qu'elles sont : *Appelons un chat un chat, leur défaite est écrasante.* ***Avoir d'autres chats à fouetter,*** avoir des préoccupations plus sérieuses : *Nous en reparlerons demain, j'ai d'autres chats à fouetter.* ***Avoir un chat dans la gorge,*** être enroué. *Vx* ***Chat à neuf queues,*** fouet à neuf lanières garnies de pointes de fer. ***Chat échaudé craint l'eau froide,*** proverbe signifiant qu'une expérience malheureuse rend extrêmement prudent. ***Chat sauvage,*** au Québec, raton laveur. ***Donner sa langue au chat,*** s'avouer incapable de répondre à une question. ***Écrire comme un chat,*** de façon illisible. ***Il n'y a pas de quoi fouetter un chat,*** ça n'est pas très grave : *Tu as eu une mauvaise note ce mois-ci, il n'y a pas de quoi fouetter un chat.* *Fam.* ***Il n'y a pas un chat,*** il n'y a personne. ***Jouer à chat,*** jouer à un jeu de poursuite dans lequel un des joueurs, le chat, poursuit et touche un autre joueur, qui devient chat à son tour. ***Jouer au chat et à la souris,*** se dit de deux personnes dont l'une cherche vainement à joindre l'autre, qui lui échappe sans cesse.

② **chat** [tʃat] n.m. (mot angl. signif. « bavardage »). En informatique, espace virtuel de dialogue en ligne réunissant des internautes qui communiquent par échanges de messages électroniques (**SYN.** causette). ☞ **REM.** Au Québec, on dit *clavardage.*

châtaigne n.f. (lat. *castanea*). **1.** Fruit du châtaignier, appelé aussi *marron* : *Manger des châtaignes grillées.* **2.** *Fam.* Coup de poing. ▸ ***Châtaigne de mer,*** nom courant de l'oursin. ◆ adj. inv. Marron clair : *Des perruques châtaigne.*

châtaigneraie n.f. Lieu planté de châtaigniers.

châtaignier [ʃatɛɲe] n.m. Arbre à feuilles longues et dentées, dont les fruits sont les châtaignes ; bois de cet arbre utilisé en menuiserie et en ébénisterie : *Une table en châtaignier.*

châtain adj. inv. en genre (de *châtaigne*). Se dit de cheveux, d'une barbe brun clair : *Des moustaches châtains.* ☞ REM. Le féminin *châtaine* est littéraire. ◆ n.m. Couleur brun clair : *Elle préfère le châtain.*

château n.m. (lat. *castellum*). **1.** Au Moyen Âge, demeure féodale fortifiée appelée aussi *château fort*. **2.** Résidence d'un seigneur ou d'un roi, entourée de jardins ou de parcs : *Visiter les châteaux de la Loire.* **3.** Grande demeure somptueuse située à la campagne ; gentilhommière, manoir. **4.** Partie d'un navire où logent les passagers et l'équipage. ▸ ***Bâtir des châteaux en Espagne,*** faire des projets qui ne peuvent aboutir. ***Château d'eau,*** réservoir d'eau surélevé. ***Château de cartes,*** construction que l'on fait avec des cartes à jouer ; fig., chose instable, fragile : *Pendant la tempête, les cabines de la plage sont tombées comme un château de cartes.* ***Une vie de château,*** une existence passée dans le luxe et l'oisiveté.

chateaubriand ou **châteaubriant** n.m. Épaisse tranche de filet de bœuf grillé.

châtelain, e n. **1.** Propriétaire ou locataire d'un château : *La châtelaine fait visiter le château.* **2.** Seigneur qui possédait un château et qui en dépendait.

chat-huant n.m. (pl. *chats-huants*). Nom courant de la hulotte.

châtier v.t. (lat. *castigare*, de *castus*, pur) [conj. 9]. **1.** *Sout.* Punir sévèrement ; corriger : *L'élève qui a tagué les murs du collège a été châtié* (CONTR. féliciter, récompenser). **2.** Donner le maximum de correction, de pureté à son style ; soigner son langage.

chatière n.f. (de *chat*). **1.** Petite ouverture au bas d'une porte destinée à laisser passer les chats. **2.** Trou d'aération dans les combles.

châtiment n.m. Action de châtier ; sanction sévère frappant un coupable ou punissant une faute grave : *Un châtiment immérité* (SYN. punition).

chatoiement n.m. Reflet brillant et changeant d'une pierre précieuse, d'une étoffe : *Le chatoiement d'un diamant.*

① **chaton** n.m. (de *chat*). **1.** Jeune chat. **2.** Inflorescence ou épi composé de très petites fleurs, dont la forme rappelle la queue d'un chat : *Les fleurs mâles du châtaignier, du noisetier sont des chatons.* **3.** Amas laineux de poussière qui s'accumule sous les meubles ; mouton.

② **chaton** n.m. (du frq. *kasto*, caisse). Partie centrale d'une bague où est enchâssée une pierre ou une perle.

chatouille n.f. *Fam.* (Surtout au pl.). Attouchement léger qui chatouille : *Il lui fait des chatouilles avec une plume* (SYN. chatouillement).

chatouillement n.m. **1.** Action de chatouiller ; sensation de rire ou d'agacement qui en résulte : *Elle craint le chatouillement* (= elle est chatouilleuse). **2.** Léger picotement en certaines parties du corps : *J'ai des chatouillements dans les pieds* (SYN. fourmillement).

chatouiller v.t. [conj. 3]. **1.** Provoquer, par un attouchement léger de la peau, une réaction de rire ou d'agacement : *Chatouiller les pieds d'un bébé.* **2.** Produire une sensation agréable : *L'odeur du pain frais nous chatouillait les narines* (SYN. flatter, titiller). **3.** *Fam.* Exciter, énerver pour provoquer des réactions : *Elle sait que ce sujet chatouille son père* (SYN. irriter). **4.** Flatter agréablement : *Chatouiller l'amour-propre de qqn.*

chatouilleux, euse adj. **1.** Sensible au chatouillement : *Il est très chatouilleux.* **2.** *Fig.* Qui se vexe ou s'irrite facilement sur certains points ; ombrageux : *Elle est très chatouilleuse sur ses prérogatives* (SYN. pointilleux, susceptible).

chatouillis n.m. *Fam.* Léger chatouillement.

chatoyant, e adj. Qui chatoie : *Un foulard en soie aux reflets chatoyants* (SYN. changeant).

chatoyer v.i. (de *chat*, en raison des yeux changeants de cet animal) [conj. 13]. Avoir des reflets qui changent suivant les jeux de la lumière, en parlant de pierres précieuses, d'étoffes ou d'objets brillants : *L'eau du lac chatoie sous la lune* (SYN. miroiter, scintiller).

châtrer v.t. (lat. *castrare*) [conj. 3]. Enlever ou détruire les organes génitaux d'un animal pour l'empêcher de se reproduire : *Châtrer un jeune coq* (SYN. castrer).

chatte n.f. → **1. chat.**

chattemite n.f. (de *chatte* et *mite*). ▸ *Litt.* ***Faire la chattemite,*** affecter un air doux et humble pour mieux tromper ou séduire.

chatter ou **tchatter** v.i. (de 2. *chat*) [conj. 3]. Participer à un chat entre internautes.

chatterie n.f. **1.** Friandise très délicate. **2.** (Surtout au pl.). Caresse câline et hypocrite : *Elle ne se laisse pas prendre à toutes ces chatteries.*

chatterton [ʃatɛrtɔn] n.m. (du nom de son inventeur). Ruban adhésif, employé pour isoler des fils conducteurs d'électricité.

① **chaud, e** adj. (lat. *calidus*). **1.** Qui a ou donne de la chaleur ; qui est d'une température élevée par rapport à celle du corps humain : *Un blouson chaud* (= qui tient au chaud ; CONTR. léger). *Un chaud soleil nous empêche de sortir* (SYN. ardent, torride ; CONTR. froid, glacial). *Attention, le volant est très chaud !* (SYN. brûlant ; CONTR. frais, glacé). **2.** Marqué par une forte agitation ; animé : *Le débat fut assez chaud* (SYN. agité, vif ; CONTR. calme, paisible). *Le quartier chaud d'une ville.* **3.** Qui montre de la passion, de l'ardeur à faire qqch : *Elle n'est pas chaude pour aller voir ce film* (SYN. enthousiaste). *Le député est un chaud défenseur de cette loi* (SYN. ardent, fervent ; CONTR. indolent, mou). ▸ ***Avoir la tête chaude,*** s'emporter ou se battre facilement. ***Couleur chaude,*** couleur proche du rouge ou du jaune (par opp. à couleur froide) : *L'orangé est une couleur chaude.* ***Pleurer à chaudes larmes,*** pleurer abondamment. ***Point chaud,*** sujet qui provoque une violente contestation : *Le point chaud d'un débat* ; lieu où il risque de se produire un conflit : *La zone frontière est un point chaud.* ◆ **chaud** adv. ▸ ***Avoir chaud,*** éprouver une sensation de chaleur : *J'ai trop chaud sous cette couette.* ***Cela ne me fait ni chaud ni froid,*** cela m'est indifférent : *Tu peux t'en aller, cela ne nous fait ni chaud ni froid.* ***Il fait chaud,*** la température ambiante est élevée (par opp. à il fait frais ou froid). *Fam.* ***J'ai eu chaud,*** j'ai évité de peu un danger : *Elle a eu chaud, la guêpe ne l'a pas piquée.* ***Manger,***

boire chaud, manger un plat chaud, absorber une boisson chaude.

② **chaud** n.m. Qualité de ce qui est chaud ; chaleur : *Ce tissu ne craint pas le chaud* (**CONTR.** froid). ▸***Au chaud,*** dans un lieu où la température est suffisamment élevée pour qu'il n'y ait pas de refroidissement ou de sensation de froid : *Mettons-nous au chaud dans ce café. Il met son assiette au chaud pendant qu'elle téléphone.* ***Opérer à chaud,*** pratiquer une intervention chirurgicale juste après un accident ou en pleine crise. ***Un chaud et froid,*** un refroidissement soudain qui provoque un rhume ou une bronchite.

chaudement adv. **1.** De manière à avoir ou à donner chaud : *Les skieurs s'habillent chaudement.* **2.** Avec vivacité, ardeur : *Les spectateurs accueillent chaudement les coureurs du Tour de France* (**SYN.** chaleureusement ; **CONTR.** fraîchement, froidement). *Je vous recommande chaudement ce produit* (**SYN.** vivement).

chaud-froid n.m. (pl. *chauds-froids*). Viande ou poisson, cuits et nappés d'une sauce blanche, qui se gélifient en refroidissant : *Chaud-froid de saumon.*

chaudière n.f. (du lat. *caldaria,* étuve). **1.** Appareil qui chauffe l'eau ou la transforme en vapeur d'eau et qui sert à répandre de la chaleur, à produire de l'énergie : *Chaudière à gaz, à mazout.* **2.** Au Québec, seau ; son contenu : *Une chaudière d'eau.*

chaudron n.m. **1.** Récipient cylindrique profond, en cuivre ou en fonte, à anse mobile, destiné à aller sur le feu. **2.** *Fig.* Lieu clos où règne une activité qui peut dégénérer en conflit : *Le chaudron des camps de réfugiés.*

chaudronnerie n.f. **1.** Profession du chaudronnier. **2.** Lieu, usine où travaille un chaudronnier. **3.** Ensemble des objets fabriqués par le chaudronnier. **4.** Travail de façonnage de métaux en feuilles ; fabrication industrielle des pièces métalliques rivées, embouties ou estampées.

chaudronnier, ère n. Artisan qui fabrique, vend, répare des chaudrons, des objets en cuivre.

chauffage n.m. **1.** Action de chauffer, de se chauffer ; manière de chauffer : *Augmenter le chauffage d'une maison* (**SYN.** température). *Le chauffage électrique est-il plus coûteux que le chauffage au gaz ?* **2.** Appareil, installation servant à procurer de la chaleur : *Mettre en route le chauffage de la voiture.* ▸***Bois de chauffage,*** bois destiné à être brûlé pour le chauffage. ***Chauffage central,*** distribution de chaleur dans les appartements d'un immeuble ou dans les pièces d'une maison à partir d'une source unique. ***Chauffage urbain,*** chauffage des immeubles au moyen de centrales alimentant, par un réseau de canalisations, des zones urbaines entières.

chauffagiste n.m. Spécialiste de l'installation et de l'entretien du chauffage central.

chauffant, e adj. Qui produit de la chaleur : *Une couverture chauffante.*

chauffard n.m. *Fam.* Automobiliste d'une imprudence dangereuse : *Ce chauffard ne s'est pas arrêté au feu rouge.*

chauffe n.f. **1.** Opération qui consiste à produire par combustion la chaleur nécessaire à un chauffage industriel ou domestique : *La chauffe d'un immeuble. Chambre de chauffe* (= dans un bateau, chaufferie). **2.** Durée de cette opération : *La période de chauffe va de novembre à mai.*

chauffe-assiette n.m. (pl. *chauffe-assiettes*) ou **chauffe-assiettes** n.m. inv. Appareil électrique servant à chauffer les assiettes.

chauffe-bain n.m. (pl. *chauffe-bains*). Appareil qui produit de l'eau chaude pour la salle de bains.

chauffe-biberon n.m. (pl. *chauffe-biberons*). Appareil électrique servant à chauffer les biberons.

chauffe-eau n.m. inv. Appareil produisant de l'eau chaude à usage domestique à partir du gaz, de l'électricité, de l'énergie solaire, etc. : *Des chauffe-eau électriques.*

chauffe-plat n.m. (pl. *chauffe-plats*). Réchaud servant à maintenir les plats au chaud sur la table.

chauffer v.t. (lat. *calefacere*) [conj. 3]. **1.** Rendre chaud ou plus chaud : *Chauffer un plat au micro-ondes. Elle chauffe ses mains au-dessus du radiateur* (**SYN.** réchauffer ; **CONTR.** refroidir). **2.** *Fig.* Rendre ardent, enthousiaste : *L'animateur chauffe le public* (**SYN.** animer, enflammer ; **CONTR.** apaiser, calmer). **3.** Préparer un élève à un examen, un sportif à une compétition en les faisant travailler de façon intensive (**SYN.** entraîner, exercer). ◆ v.i. **1.** Devenir chaud : *La soupe chauffe sur le gaz* (**CONTR.** refroidir, tiédir). **2.** Atteindre une température excessive : *L'ordinateur chauffe.* **3.** Produire de la chaleur : *La cheminée chauffe.* **4.** *Fam.* Prendre une tournure animée, parfois violente : *Ça va chauffer quand elle saura qu'il lui a menti !* ◆ **se chauffer** v.pr. **1.** S'exposer à une source de chaleur : *Le chat se chauffe au soleil.* **2.** Chauffer l'endroit où l'on vit : *Se chauffer au gaz.* ▸***Montrer de quel bois on se chauffe,*** montrer que l'on est capable de faire preuve de beaucoup d'énergie et de traiter qqn sans ménagement.

chaufferette n.f. **1.** Appareil utilisé pour se chauffer les pieds. **2.** Au Québec, radiateur, génér. portatif, servant de chauffage d'appoint ; dispositif de chauffage des véhicules.

chaufferie n.f. Local renfermant les appareils de production de chaleur, dans un immeuble, une usine, un navire, etc.

chauffeur n.m. (de *chauffer,* le chauffeur entretenant à l'origine la chauffe de la machine). **1.** Conducteur professionnel d'une automobile ou d'un camion ; personne qui conduit un véhicule automobile : *L'acteur loua une limousine avec chauffeur. Ma mère est un très bon chauffeur* (= elle conduit bien, prudemment). **2.** Personne chargée de la conduite et de la surveillance d'un feu, d'un four, d'une chaudière.

chauffeuse n.f. Siège bas et confortable, sans accoudoirs.

chauler v.t. [conj. 3]. **1.** Répandre de la chaux sur un sol pour lutter contre l'acidité. **2.** Passer un mur, un sol, un arbre, etc., au lait de chaux pour détruire les parasites.

chaume n.m. (du lat. *calamus,* roseau). **1.** Tige creuse des graminées. **2.** Partie de la tige des céréales qui reste sur le champ après la moisson (**SYN.** éteule [litt.]). **3.** Champ après la moisson. **4.** Paille longue dont on a enlevé le grain, utilisée jadis pour recouvrir les habitations dans certaines régions : *Les toits de chaume des maisons normandes.*

chaumière n.f. Maison couverte d'un toit de

chaume ; petite maison rustique. ▸ *Fam.* ***Dans les chaumières,*** au sein des familles : *La mort de cette personnalité a fait pleurer dans les chaumières.*

chaussée n.f. (du lat. *calciata via,* chemin couvert de chaux). Partie d'une rue ou d'une route réservée à la circulation des véhicules (par opp. à trottoir, à bas-côté) : *Ils goudronnent la chaussée.*

chausse-pied n.m. (pl. *chausse-pieds*). Lame incurvée en corne, en matière plastique ou en métal dont on se sert pour faciliter l'entrée du pied dans une chaussure.

chausser v.t. (du lat. *calceus,* chaussure) [conj. 3]. **1.** Mettre des chaussures, des skis, etc., à ses pieds, aux pieds de qqn : *Elle a chaussé ses après-ski* (**SYN.** enfiler, mettre). *Chausser un petit enfant* (**CONTR.** déchausser). **2.** Fournir en chaussures ; faire des chaussures : *Ce spécialiste chausse les très grandes pointures.* **3.** Aller à qqn, en parlant de chaussures : *Ces baskets te chaussent mal.* ▸ *Vieilli* ***Chausser ses lunettes,*** les ajuster sur son nez. ◆ v.i. **1.** Avoir telle pointure : *Il chausse du 45.* **2.** S'ajuster au pied de telle manière : *Ces sandalettes chaussent petit.*

chausses n.f. pl. Culotte en tissu, portée de la fin du Moyen Âge jusqu'au XVIIe siècle, qui couvrait le corps de la ceinture jusqu'aux genoux *(haut-de-chausses)* ou jusqu'aux pieds *(bas-de-chausses).*

chausse-trape ou **chausse-trappe** n.f. (de l'anc. fr. *chaucier,* fouler, et *traper,* sauter, ou de *trappe*) [pl. *chausse-trapes* ou *chausse-trappes*]. **1.** Piège fait d'un trou camouflé servant à prendre les animaux sauvages : *Le renard est tombé dans la chausse-trape.* **2.** *Fig.* Piège destiné à tromper qqn ; ruse : *Ce jeu d'aventures est plein de chausse-trapes* (**SYN.** embûche, traquenard).

chaussette n.f. Pièce d'habillement tricotée qui couvre le pied et monte jusqu'à mi-mollet ou jusqu'au genou.

chausseur n.m. Personne qui fabrique ou vend des chaussures.

chausson n.m. **1.** Chaussure souple d'intérieur à talon bas (**SYN.** pantoufle). **2.** Chaussure de danse souple et plate. **3.** Pâtisserie faite de pâte feuilletée fourrée de compote de pommes, de confiture ou de crème pâtissière : *Manger un chausson aux pommes.*

chaussure n.f. **1.** Article d'habillement en cuir ou en matières synthétiques, qui recouvre le pied et le protège : *Il met ses belles chaussures avec son costume* (**SYN.** soulier). *Des chaussures de sport* (= baskets, tennis). **2.** Industrie, commerce de la chaussure : *La chaussure subit la hausse du prix du cuir.* ▸ *Fam.* ***Trouver chaussure à son pied,*** trouver la personne ou la chose qui convient exactement : *Il va se marier, il a enfin trouvé chaussure à son pied.*

chaut → chaloir.

chauve adj. et n. (lat. *calvus*). Qui n'a plus ou presque plus de cheveux ; atteint de calvitie : *Il est chauve depuis l'âge de trente ans. Il devient chauve* (= il se dégarnit).

chauve-souris n.f. (pl. *chauves-souris*). Mammifère volant, qui se nourrit d'insectes et hiverne dans des lieux sombres et humides : *La chauve-souris se dirige en émettant des ultrasons qui lui permettent de repérer les obstacles.*

chauvin, e adj. et n. (du nom de *Nicolas Chauvin,* type de soldat enthousiaste du premier Empire). Qui manifeste un patriotisme excessif, souvent agressif ; qui admire de façon trop exclusive son pays, sa ville ou sa région : *Ne sois pas chauvine, reconnais que le café italien est meilleur que le café français.*

chauvinisme n.m. Patriotisme, nationalisme exagéré et souvent agressif : *Le chauvinisme de certains supporters.*

chaux n.f. (lat. *calx, calcis*). **1.** Oxyde de calcium présent dans le marbre, la craie, la pierre à bâtir, etc. **2.** Cette matière, obtenue en chauffant des calcaires et utilisée dans l'industrie. ▸ *Sout.* ***Bâti à chaux et à sable,*** se dit de qqn qui est très robuste. ***Chaux éteinte,*** chaux que l'on obtient par action de l'eau sur la chaux vive. ***Chaux vive,*** chaux qui ne contient pas d'eau, obtenue par calcination de calcaires. ***Lait de chaux,*** mélange de chaux et d'eau, utilisé surtout pour badigeonner les murs.

chavirement ou **chavirage** n.m. Fait de chavirer.

chavirer v.i. (du prov. *capvira,* tourner la tête en bas) [conj. 3]. Se renverser, se retourner en parlant d'une embarcation : *Le canoë a chaviré en heurtant un rocher* (**SYN.** basculer, verser). ◆ v.t. **1.** *Vieilli* Retourner un bateau : *Une grosse vague a chaviré le voilier* (**SYN.** renverser). **2.** *Fig.* Causer un trouble profond à qqn : *Sa disparition m'a chavirée* (**SYN.** attrister, retourner ; **CONTR.** réjouir). *La vue de tant de misère a chaviré les touristes* (**SYN.** bouleverser, toucher).

chéchia n.f. Coiffure en forme de cylindre ou de tronc de cône de certaines populations d'Afrique musulmane.

check-list [ʃɛklist ou tʃɛklist] n.f. (mot angl.) [pl. *check-lists*]. Liste d'opérations permettant de vérifier le fonctionnement de tous les organes et dispositifs d'un avion, d'une fusée avant son envol. ☞ **REM.** Il est recommandé de dire *liste de vérification.*

check-up [ʃɛkœp ou tʃɛkœp] n.m. inv. (mot angl.). **1.** Examen médical complet d'une personne ; bilan de santé. **2.** Bilan complet du fonctionnement de qqch : *Faire faire le check-up d'une voiture* (**SYN.** révision).

chédail n.m. En Suisse, ensemble du matériel d'exploitation d'une ferme.

chef n.m. (du lat. *caput,* tête). **1.** Personne qui commande, qui exerce une autorité : *Le chef de l'État est en visite à l'étranger* (= président de la République, en France). *Chef d'entreprise* (**SYN.** directeur, dirigeant, patron). *Elle est chef d'orchestre. Chef de bataillon.* **2.** Responsable d'un secteur donné, au sein d'une entreprise : *Chef de rayon. Chef des ventes.* **3.** Personne qui possède l'aptitude au commandement, qui sait se faire obéir : *Tu as l'âme d'un chef* (**SYN.** leader). **4.** *Fam.* Personne compétente, qui excelle dans une activité : *Tu as joué comme un chef* (**SYN.** as, champion, virtuose). **5.** Personne qui dirige la cuisine d'un restaurant : *Goûtons la spécialité du chef.* **6.** (Employé en appos.). Précise un grade : *Le médecin-chef est une femme. Adjudant-chef.* ▸ ***Au premier chef,*** au plus haut point ; avant tout : *Cet article te concerne au premier chef.* ***Chef d'accusation,*** dans la langue juridique, point capital sur lequel porte une accusation. ***De son chef*** ou ***de son propre chef,*** de sa propre autorité ; de sa propre initiative : *Il a décidé de son* *propre chef de revendre la voiture.* ***En chef,*** en qualité de chef : *La rédactrice en chef d'une revue. Les commandants en chef se sont réunis en terrain neutre.*

chef-d'œuvre [ʃɛdœvr] n.m. (pl. *chefs-d'œuvre*). **1.** Œuvre la plus admirable, la plus réussie d'un artiste, d'un écrivain : *« Le Radeau de la Méduse » passe pour le chef-d'œuvre de Géricault. Une compilation des chefs-d'œuvre de la musique classique* (**SYN.** joyau). **2.** Ce qui est parfait en son genre : *Ce livre est un chef-d'œuvre d'humour.*

chefferie n.f. **1.** En Afrique et chez les Kanak, système social fondé sur l'autorité et le statut supérieur d'un chef coutumier ; territoire régi par un chef coutumier. **2.** Au Québec, direction d'un parti politique.

chef-lieu [ʃɛfljø] n.m. (pl. *chefs-lieux*). En France, ville principale d'un département ou d'un canton : *Amiens est le chef-lieu de la Somme* (= préfecture).

cheftaine n.f. (mot angl., de l'anc. fr. *chevetain,* capitaine). Jeune fille responsable d'un groupe de scoutisme.

cheikh ou **cheik** [ʃɛk] n.m. (de l'ar. *chaikh,* vieillard). **1.** Chef de tribu arabe. **2.** Titre donné à tout musulman respectable par son âge, sa fonction, etc.

chéiroptère [keirɔptɛr] n.m. → **chiroptère.**

chelem ou **schelem** [ʃlɛm] n.m. (de l'angl. *slam,* écrasement). Au whist, au bridge, au tarot, réunion de toutes les levées dans le même camp (on dit aussi *grand chelem*). ▸ ***Faire*** ou ***réussir le grand chelem,*** dans divers sports, remporter la totalité d'une série définie de compétitions : *Cette joueuse de tennis a réussi le grand chelem.* ***Petit chelem,*** au whist, au bridge, au tarot, réunion de toutes les levées moins une.

chélidoine [kelidwan] n.f. (du gr. *khelidôn,* hirondelle). Plante à fleurs jaunes, contenant un latex orangé très toxique, commune au pied des murs et aussi appelée *herbe aux verrues.*

chélonien [kelɔnjɛ̃] n.m. (du gr. *khelônê,* tortue). Reptile couramment appelé *tortue.*

chemin n.m. (lat. *camminus,* du gaul.). **1.** Voie de terre aménagée pour aller d'un lieu à un autre : *Suivre un petit chemin balisé* (**SYN.** sente [litt.], sentier). *Un chemin bordé d'arbres mène au château* (**SYN.** allée). **2.** Direction à suivre pour aller quelque part : *La ligne droite est le plus court chemin d'un point à un autre* (**SYN.** trajet). *Pourriez-vous m'indiquer le chemin de la poste ?* (**SYN.** route). **3.** Distance à parcourir pour aller d'un point à un autre : *Quel chemin cet autobus emprunte-t-il ?* (**SYN.** itinéraire, parcours, trajet). **4.** Moyen employé pour atteindre un but ; voie : *Elle a pris le chemin du succès* (**SYN.** route). **5.** Manière dont se présente qqch : *Votre affaire est en bon chemin* (= bien engagée, sur la bonne voie). **6.** Longue bande décorative ou protectrice : *Chemin de table, d'escalier.* ▸ ***Chemin de croix,*** suite des quatorze tableaux représentant les scènes de la Passion du Christ, de son arrestation à sa mort. ***Chemin de ronde,*** passage établi derrière ou sur une muraille fortifiée. ***Faire du chemin,*** parcourir un long trajet ; fig., faire une belle carrière, progresser : *Elle a fait du chemin depuis l'université, elle est maintenant grand reporter* (**SYN.** réussir). *Son idée a fait du chemin* (**SYN.** se propager, se répandre). ***Faire son chemin,*** réussir dans la vie. ***Ouvrir*** ou ***montrer*** ou ***tracer le chemin,*** être à l'origine de, donner l'exemple de : *Il a ouvert le chemin de la médecine moderne.*

chemin de fer n.m. (calque de l'angl. *railway*) [pl. *chemins de fer*]. **1.** *Vx* Voie ferrée constituée de deux rails parallèles sur lesquels roulent les trains : *Habiter à proximité du chemin de fer.* **2.** Moyen de transport utilisant la voie ferrée : *Voyager souvent par chemin de fer* (**SYN.** train). **3.** (Souvent au pl.). Entreprise, administration qui gère ce moyen de transport : *On annonce une grève des chemins de fer.*

chemineau n.m. *Vx* ou *litt.* Vagabond qui parcourt les chemins ; trimardeur. ☞ **REM.** Ne pas confondre avec *cheminot.*

cheminée n.f. (du lat. *caminus,* four). **1.** Ouvrage, génér. de maçonnerie, permettant de faire du feu, comprenant un foyer et un conduit par où s'échappe la fumée : *Mets tes habits mouillés devant la cheminée.* **2.** Encadrement du foyer qui fait saillie dans une pièce : *Poser des chandeliers sur une cheminée.* **3.** Conduit par où s'échappe la fumée ; extrémité de ce conduit visible au-dessus d'un toit : *Ramoner la cheminée. Des oiseaux ont fait leur nid sur la cheminée.* **4.** Conduit, génér. cylindrique, destiné à ventiler, à aérer une pièce : *La cheminée de la hotte de la cuisine.* **5.** En géologie, partie d'un volcan par laquelle montent les laves et les projections volcaniques.

cheminement n.m. **1.** Action de cheminer : *Le cheminement des randonneurs* (**SYN.** marche, progression). **2.** Lent progrès : *Le cheminement des idées d'un homme politique* (**SYN.** évolution, progression).

cheminer v.i. [conj. 3]. **1.** Suivre lentement et régulièrement un chemin souvent long : *Le promeneur chemina un moment avant de croiser quelqu'un* (**SYN.** marcher). **2.** *Sout.* S'étendre selon un certain tracé, en parlant d'une voie : *La route chemine jusqu'au sommet* (**SYN.** s'allonger, se dérouler). **3.** *Fig.* Évoluer lentement, régulièrement : *Cette idée chemine dans les esprits* (**SYN.** progresser, se développer ; **CONTR.** stagner).

cheminot, e n. Employé des chemins de fer.

chemisage n.m. Opération consistant à garnir une pièce mécanique d'une chemise, d'un revêtement protecteur.

chemise n.f. (bas lat. *camisia*). **1.** Vêtement masculin qui couvre le buste et les bras, comportant le plus souvent un col et un boutonnage sur le devant : *Cette cravate va bien avec ta chemise.* **2.** Dossier fait d'un cartonnage léger plié en deux, servant à classer des papiers : *Mettre ses bulletins de salaire dans une chemise.* **3.** Enveloppe intérieure ou extérieure d'une pièce mécanique, d'un projectile : *Chemise d'un cylindre de moteur. La chemise d'un obus.* ▸ ***Chemises brunes,*** milices nazies, créées en 1925. ***Chemise de nuit,*** vêtement de nuit en forme de robe. ***Chemises noires,*** milices fascistes italiennes, créées en 1919. ***Chemises rouges,*** volontaires qui combattirent aux côtés de Garibaldi.

chemiser v.t. [conj. 3]. Garnir d'une chemise, d'un revêtement protecteur : *Chemiser un cylindre de moteur.*

chemiserie n.f. Fabrique, magasin de chemises.

chemisette n.f. Chemise ou chemisier à manches courtes.

① **chemisier, ère** n. Personne qui fait, vend des chemises.

② **chemisier** n.m. Vêtement de femme dont la coupe s'inspire de celle d'une chemise d'homme ; corsage.

chémocepteur, trice [kemoseptœr, tris] ou **chémorécepteur, trice** [kemoreseptœr, tris] adj. et n.m. Qui est sensible aux stimulations chimiques.

chênaie n.f. Lieu planté de chênes.

chenal n.m. (lat. *canalis*) [pl. *chenaux*]. Passage resserré, naturel ou artificiel, permettant la navigation entre des îles, des écueils, des bancs sableux ou rocheux, et donnant accès à un port ou à la haute mer : *Des chenaux balisés.*

chenapan n.m. (all. *Schnapphahn*, maraudeur). Enfant malicieux et indiscipliné : *Ce chenapan est encore sorti sans ma permission* (**SYN.** gredin, polisson, vaurien).

chêne n.m. (gaul. *cassanus*). Grand arbre commun dans les forêts d'Europe, caractérisé par son écorce marquée de crevasses et par ses fruits appelés *glands* ; bois de cet arbre utilisé en menuiserie et en ébénisterie : *Ce parc compte plusieurs chênes centenaires. Un buffet en chêne.* ▸ ***Chêne vert,*** chêne d'une espèce à feuillage persistant des régions méditerranéennes, appelé aussi *yeuse.*

cheneau n.f. En Suisse, chéneau.

chéneau n.m. (de *chenal*). Rigole ménagée à la base d'un toit et conduisant les eaux de pluie au tuyau de descente ; gouttière.

chêne-liège n.m. (pl. *chênes-lièges*). Chêne des régions méditerranéennes au feuillage persistant, dont l'écorce fournit le liège, que l'on détache par larges plaques tous les dix ans environ.

chenet n.m. (de *chien*). Chacun des deux supports métalliques sur lesquels on place les bûches à brûler dans le foyer d'une cheminée.

chènevis [ʃɛnvi] n.m. (de l'anc. fr. *cheneve*, chanvre). Graine de chanvre, donnée comme nourriture aux oiseaux de cage.

cheni ou **chenil** [ʃni] n.m. *Fam.* En Suisse, désordre ; ensemble d'objets sans valeur. ☞ **REM.** On peut aussi écrire *chenis* ou *chenit,* qui se prononcent de la même façon.

chenil [ʃənil ou ʃəni] n.m. **1.** Local destiné à loger des chiens. **2.** Établissement qui pratique l'élevage, la vente et le gardiennage des chiens.

chenille n.f. (du lat. *canicula*, petite chienne). **1.** Larve de papillon, au corps mou formé d'anneaux et génér. velu, se nourrissant de végétaux. **2.** Bande faite de patins articulés, interposée entre le sol et les roues d'un véhicule, lui permettant de se déplacer sur tous les terrains : *Les chenilles d'un char d'assaut, d'un bulldozer.* **3.** (Aussi en appos.). Fil de laine ou de coton auquel sont mêlés des brins de soie, donnant au tricot l'aspect du velours : *Des pulls chenille* ou *en chenille.*

chenillé, e adj. Se dit d'un véhicule équipé de chenilles.

chenillette n.f. **1.** Petit véhicule de combat faiblement blindé, équipé de chenilles. **2.** Engin équipé de chenilles, utilisé pour tasser la neige afin de la rendre plus glissante.

chenis ou **chenit** n.m. → **cheni.**

chénopode [kenɔpɔd] n.m. (du gr. *khênopous*, patte d'oie). Plante à feuilles triangulaires, commune dans les cultures et les décombres.

chenu, e adj. (du lat. *canus*, blanc). *Litt.* Dont les cheveux ont blanchi en vieillissant : *Un vieil homme chenu.*

cheptel [ʃɛptɛl] n.m. (du lat. *capitale*, le principal d'un bien). Ensemble du bétail d'une exploitation agricole, d'une région, d'un pays : *Cet éleveur doit abattre son cheptel atteint d'une grave maladie.*

chèque n.m. (angl. *cheque*, de *exchequer bill*, billet du Trésor). Écrit par lequel une personne, titulaire d'un compte dans un établissement de crédit, donne des ordres de paiement, à son profit ou à celui d'un tiers, sur les fonds portés à son crédit : *Régler une facture par chèque bancaire. Un carnet de chèques.* ▸ ***Chèque de voyage,*** chèque à l'usage des touristes, émis par une banque, permettant de toucher des fonds dans un pays autre que le pays d'émission (**SYN.** traveller's cheque). ***Chèque en blanc,*** signé par le tireur sans indication de somme ; fig., autorisation donnée à qqn d'agir à sa guise, de décider par lui-même : *Le metteur en scène a donné un chèque en blanc à la costumière.* ***Chèque sans provision,*** qui ne peut être payé faute d'un dépôt suffisant.

chèque-service n.m. (pl. *chèques-service*). Mode simplifié de règlement de certaines prestations de services grâce à des formules de chèques : *Payer une baby-sitter avec des chèques-service.* ☞ **REM.** On peut aussi dire *un chèque emploi-service, des chèques emploi-service.*

chéquier n.m. Carnet de chèques.

cher, ère adj. (lat. *carus*). **1.** Qui est l'objet d'une vive affection, d'un grand attachement : *Il a perdu un être cher* (**SYN.** aimé, chéri). *Mon amie la plus chère.* **2.** Se dit de ce que l'on considère comme important : *Ton soutien lui est cher* (**SYN.** précieux ; **CONTR.** secondaire). *Je vais retrouver ma chère maison.* **3.** (Avant le n. ou sans n.). Employé comme terme d'amitié ou de familiarité ou dans des formules de politesse : *Chère Madame. Mes chers collègues. Comment allez-vous, ma chère ?* **4.** (Toujours après le n.). D'un prix élevé : *Des fleurs chères. Ces billets d'avion sont chers* (**SYN.** coûteux, dispendieux [litt.], onéreux ; **CONTR.** abordable, avantageux, intéressant). *Le pain est plus cher ici que chez moi* (**CONTR.** bon marché, économique). **5.** Qui vend à des prix élevés : *Une boutique chère. Un hôtel pas cher* (= bon marché). ◆ **cher** adv. **1.** À un prix élevé : *Cet ordinateur coûte cher.* **2.** Au prix de sacrifices, de sérieux désagréments ; chèrement : *Ce peuple a payé cher sa liberté. Elle a la jambe dans le plâtre, elle paie cher son imprudence sur les pistes.* ▸ ***Ne pas donner cher de qqch,*** considérer que cette chose n'est pas sûre, stable, digne de confiance : *Je ne donne pas cher de son avenir dans l'informatique.* *Fam.* ***Ne pas valoir cher,*** être méprisable, être peu recommandable : *Cet individu ne vaut pas cher.*

chercher v.t. (du lat. *circare*, aller autour) [conj. 3]. **1.** S'efforcer de trouver, de retrouver, de découvrir : *Chercher un site sur l'Internet* (**SYN.** rechercher). *Je cherche le nom de son chien. Les archéologues cherchent les vestiges d'un temple grec.* **2.** S'appliquer à obtenir qqch ; viser à, avoir en vue : *Elle ne cherche que notre* *amitié.* **3.** S'exposer volontairement ou imprudemment : *Il cherche les ennuis en le provoquant de la sorte.* **4.** *Fam.* Agacer, irriter qqn par des provocations continuelles : *Cesse de me chercher !* (**SYN.** provoquer). **5. [à].** Tout faire pour ; tâcher de : *Elle cherche à impressionner ses supérieurs* (**SYN.** essayer de, s'évertuer à, s'ingénier à). ▸ *Fam.* ***Aller chercher,*** atteindre approximativement un chiffre, un prix : *Une bague pareille, ça va chercher dans les mille euros.* ***Aller, venir chercher,*** aller pour prendre et ramener qqn, emporter qqch : *J'irai te chercher à l'aéroport. Il viendra chercher les billets de cinéma.* ***Chercher à ce que*** (+ subj.), mettre tout en œuvre pour obtenir qqch : *L'assistante sociale cherche à ce que les enfants aillent dans un foyer.* ***Chercher après qqn,*** en Belgique, chercher qqn.

chercheur, euse n. **1.** Personne qui cherche qqch : *Chercheur d'or.* **2.** Personne qui se consacre à la recherche scientifique : *Une chercheuse prétend avoir trouvé un vaccin contre cette maladie.* ◆ adj. Qui effectue une recherche ; qui aime chercher : *Un esprit chercheur* (**SYN.** curieux). ▸ ***Tête chercheuse,*** partie antérieure d'un missile dotée d'un dispositif électronique permettant de le diriger sur l'objectif.

chère n.f. (du gr. *kara,* visage). *Litt.* Nourriture : *Nos convives aiment la bonne chère.* ☞ **REM.** Ne pas confondre avec *la chair* ou *la chaire.*

chèrement adv. **1.** Au prix de gros sacrifices : *L'indépendance du pays a été chèrement acquise.* **2.** *Litt.* Avec affection et tendresse : *Aimer chèrement son bébé* (**SYN.** affectueusement, tendrement). ▸ ***Vendre chèrement sa vie,*** se défendre vaillamment jusqu'à la mort.

chergui n.m. (mot ar.). En Algérie et au Maroc, sirocco.

chéri, e adj. et n. Tendrement aimé : *Sa femme chérie. Mon chéri.* ◆ adj. Auquel on attache de l'importance ; précieux : *Liberté chérie.*

chérif n.m. (de l'ar.). Prince arabe ; descendant de Mahomet.

chérir v.t. [conj. 32]. Aimer tendrement ; être profondément attaché à qqn, à qqch : *Une mère chérit ses enfants* (**SYN.** adorer ; **CONTR.** détester). *Chérir son pays natal* (**SYN.** vénérer).

cherry n.m. (mot angl. signif. « cerise ») [pl. *cherrys* ou *cherries*]. Liqueur de cerise. ☞ **REM.** Ne pas confondre avec *sherry.*

cherté n.f. Prix élevé de qqch : *Beaucoup de gens se plaignent de la cherté des carburants.*

chérubin n.m. (hébr. *keroûbîm,* anges). **1.** Dans les religions juive et chrétienne, catégorie d'anges. **2.** Dans l'art chrétien, ange représenté par une tête ou un buste d'enfant porté par deux ailes. **3.** *Fam.* Enfant gracieux ; angelot.

chétif, ive adj. (du lat. *captivus,* captif, donc malheureux). **1.** De faible constitution ; qui manque de vigueur : *Un enfant chétif* (**SYN.** fluet, malingre ; **CONTR.** robuste, vigoureux). **2.** *Litt.* Qui manque d'ampleur, d'importance : *Des revenus chétifs* (**SYN.** faible, maigre, modique ; **CONTR.** appréciable, considérable, important).

chevaine ou **chevesne** ou **chevenne** n.m. (du lat. *caput,* tête). Poisson d'eau douce à dos brun verdâtre et à ventre argenté, appelé aussi *meunier.*

cheval n.m. (lat. *caballus,* mauvais cheval) [pl. *chevaux*]. **1.** Grand mammifère domestique utilisé par l'homme comme animal de trait ou comme monture : *Savoir monter à cheval. Une course de chevaux.* **2.** Art de monter à cheval ; équitation : *Elle fait du cheval au centre équestre.* **3.** Viande de cheval : *Un steak de cheval.* **4.** (Surtout au pl.). Unité de mesure de cylindrée d'une automobile, qui sert à déterminer notamm. le montant des primes d'assurance (abrév. de cheval-vapeur ; abrév. C.V. ; on dit aussi *cheval fiscal*) : *Un moteur de trois cents chevaux.* ▸ ***À cheval,*** monté sur un cheval : *Un garde forestier à cheval.* ***À cheval sur,*** à califourchon sur : *Assis à cheval sur un muret* ; sur plusieurs endroits différents, plusieurs périodes différentes : *Le lac est à cheval sur plusieurs communes. Elle a situé son histoire à cheval sur deux siècles* (= à la fin de l'un et au début de l'autre). *Fam.* ***Avoir mangé du cheval,*** faire preuve d'une énergie inhabituelle. ***Cheval de bataille,*** argument, thème favori, auquel on accorde une grande importance : *La protection de l'environnement est son cheval de bataille.* ***Cheval de bois,*** jouet d'enfant figurant un cheval, qui peut avoir des roulettes ou être à bascule. ***Cheval de frise,*** pièce de bois défensive hérissée de barbelés. *Fam.* ***Cheval de retour,*** personne qui commet de nouveau la même faute ; récidiviste. ***Cheval de Troie,*** gigantesque cheval de bois dans lequel s'étaient cachés des guerriers grecs et qui leur permit de s'emparer de Troie ; fig., ce qui permet de pénétrer insidieusement dans un milieu et de s'en rendre maître. ***Chevaux de bois,*** figures d'un manège pour enfants ; le manège. ***Être à cheval sur qqch,*** être très strict en ce qui concerne qqch : *Il est à cheval sur la ponctualité* (= il est intransigeant). ***Fièvre de cheval,*** forte fièvre. *Fam.* ***Grand cheval,*** grande femme d'allure peu féminine. ***Monter sur ses grands chevaux,*** se mettre en colère ; s'emporter. *Fam.* ***Ne pas être un mauvais cheval,*** être plutôt gentil. ***Petits chevaux,*** jeu de société se jouant avec des figurines ayant une tête de cheval. ***Remède de cheval,*** remède très énergique, efficace.

cheval-d'arçons n.m. (pl. *chevaux-d'arçons* ou *inv.*) ou **cheval-arçons** n.m. inv. Agrès de gymnastique masculine reposant sur des pieds et muni de deux arceaux permettant la voltige.

chevalement n.m. Assemblage de poutres destiné à soutenir un mur.

chevaler v.t. [conj. 3]. Soutenir une construction avec des chevalements.

chevaleresque adj. Qui fait preuve de galanterie, de courtoisie ; qui manifeste des sentiments nobles et généreux : *Il agit toujours de manière chevaleresque* (**SYN.** magnanime).

chevalerie n.f. **1.** Courage généreux et romanesque digne d'un chevalier (**SYN.** grandeur, noblesse ; **CONTR.** bassesse, vilenie [litt.]). **2.** Au Moyen Âge, institution qui rassemblait les combattants à cheval et les nobles ; rang de chevalier ; corps des chevaliers.

chevalet n.m. **1.** Support permettant de maintenir un objet sur lequel on travaille : *Poser une bûche sur un chevalet pour la scier.* **2.** Support en bois sur lequel un peintre pose un tableau en cours d'exécution ; support sur lequel on expose un tableau achevé. **3.** Support des cordes d'un instrument de musique : *Le chevalet d'une guitare.* **4.** Ancien instrument de torture.

chevalier n.m. (bas lat. *caballarius,* garçon d'écurie).

1. Premier grade de certains ordres honorifiques : *Chevalier de l'ordre des Arts et des Lettres.* **2.** Au Moyen Âge, noble admis dans l'ordre de la chevalerie. **3.** Sous l'Ancien Régime, titre de noblesse inférieur à celui de baron. **4.** Oiseau échassier d'Europe et d'Asie, commun près des étangs et des côtes. ▸ *Litt., péjor.* ***Chevalier d'industrie,*** individu sans scrupules, qui vit d'escroqueries ; escroc. ***Chevalier servant,*** homme empressé à satisfaire les moindres désirs d'une femme.

chevalière n.f. (de *bague à la chevalière*). Bague dont le dessus en plateau s'orne habituellement d'initiales ou d'armoiries gravées.

chevalin, e adj. **1.** Relatif au cheval : *Les diverses races chevalines d'un haras* (**SYN.** équin). **2.** Qui évoque un cheval : *Il a un visage chevalin* (**SYN.** allongé). ▸ ***Boucherie chevaline,*** boucherie où l'on débite et vend de la viande de cheval (**SYN.** hippophagique).

cheval-vapeur n.m. (pl. *chevaux-vapeur*). Ancienne unité de puissance valant environ 736 watts.

chevauchée n.f. Randonnée à cheval : *De longues chevauchées à travers la Camargue.*

chevauchement n.m. **1.** État de deux choses qui se chevauchent : *Le chevauchement des tuiles garantit l'étanchéité de la toiture.* **2.** *Fig.* Expansion graduelle sur un autre domaine : *Le chevauchement de leurs responsabilités est source de conflits* (**SYN.** empiètement).

chevaucher v.t. [conj. 3]. **1.** Être à cheval, à califourchon sur : *La concurrente chevauche un étalon noir* (**SYN.** monter). *Chevaucher une grosse moto. On disait que les sorcières chevauchaient des balais.* **2.** Recouvrir en partie en débordant sur : *La dernière tranche découpée chevauche la précédente* (= mordre sur). ◆ v.i. Aller à cheval : *Des cavaliers chevauchent dans la forêt.* ◆ **se chevaucher** v.pr. **1.** Se superposer en partie : *Les tuiles se chevauchent.* **2.** Occuper l'un et l'autre en partie une même place : *Les attributions de ces deux services se chevauchent* (= empiètent les unes sur les autres ; **SYN.** se croiser, s'emmêler).

chevau-léger n.m. (pl. *chevau-légers*). *Anc.* Soldat d'un corps français de cavalerie légère, entre le XVIe et le XIXe siècle.

chevêche n.f. Chouette de petite taille à la face carrée et aplatie.

chevelu, e adj. **1.** Qui a des cheveux longs ou beaucoup de cheveux : *Un groupe de chanteurs chevelus* (**CONTR.** chauve). **2.** Qui évoque des cheveux : *L'épi chevelu du maïs.* ▸ ***Cuir chevelu*** → **cuir.**

chevelure n.f. **1.** Ensemble des cheveux d'une personne : *Elle coiffe sa longue chevelure rousse* (**SYN.** toison). **2.** Ensemble de gaz et de poussières éjectés par le noyau d'une comète, et formant une traînée lumineuse.

chevesne [ʃəvɛn] n.m. → **chevaine.**

chevet n.m. (du lat. *caput,* tête). **1.** Extrémité du lit où la personne allongée place la tête ; tête de lit : *Lampe, table de chevet* (= placées à côté de la tête du lit). **2.** Partie postérieure externe du chœur d'une église : *Les contreforts du chevet.* ▸ ***Au chevet de,*** auprès d'un malade : *Je reste à son chevet pour le rassurer.* ***Livre de chevet,*** livre favori, que l'on relit souvent.

cheveu n.m. (lat. *capillus*) [pl. *cheveux*]. Poil qui pousse sur la tête des êtres humains : *Il a de plus en plus de cheveux blancs. Elle se brosse les cheveux* (= se coiffer). ▸ *Fam.* ***Avoir mal aux cheveux,*** avoir un mal de tête dû à un excès de boisson. ***Avoir un cheveu sur la langue,*** zozoter. ***Cheveu d'ange,*** fine guirlande brillante utilisée pour décorer l'arbre de Noël ; vermicelle très fin. *Fam.* ***Comme un cheveu sur la soupe,*** d'une façon inadéquate, à un moment inopportun : *Son intervention est arrivée comme un cheveu sur la soupe* (= à contretemps). ***Couper les cheveux en quatre,*** compliquer un problème par des nuances excessives. ***Faire dresser les cheveux sur la tête,*** inspirer de l'effroi, de l'épouvante : *Des cris à faire dresser les cheveux sur la tête.* ***Il s'en faut d'un cheveu*** ou ***cela ne tient qu'à un cheveu,*** il manque peu de chose pour que cela arrive, cela dépend de peu de chose : *Il s'en est fallu d'un cheveu qu'elle batte le record* (= elle a failli le battre). *Fam.* ***Se faire des cheveux*** ou ***se faire des cheveux blancs,*** se faire du souci. ***Tiré par les cheveux,*** amené d'une façon peu logique, peu naturelle : *La fin du film est tirée par les cheveux* (= elle est factice, forcée). ***Toucher un cheveu de la tête de qqn,*** lui causer un préjudice : *Si vous touchez un cheveu de sa tête, je vous le ferai regretter.*

chevillard n.m. Boucher qui vend de la viande en gros.

cheville [ʃəvij] n.f. (du lat. *clavicula,* petite clé). **1.** Partie du corps constituée par les os qui permettent à la jambe de s'articuler avec le pied : *Elle s'est foulé la cheville.* **2.** Tige de bois servant à maintenir des pièces entre elles : *Enfoncer les chevilles dans l'épaisseur de la planche.* **3.** Pièce creuse que l'on enfonce dans un trou préalablement foré et qui sert à renforcer la fixation d'une vis : *Des chevilles pour le béton, pour le Placoplâtre.* **4.** Petite tige qui sert à régler la tension des cordes d'un instrument de musique. ▸ *Fam.* ***Avoir les chevilles qui enflent,*** se montrer exagérément fier de soi. ***Cheville ouvrière,*** personne qui joue un rôle essentiel dans une organisation : *Il est la cheville ouvrière de leur site Internet* (**SYN.** pivot). *Fam.* ***Être en cheville avec qqn,*** s'être mis d'accord avec qqn pour agir. *Fam.* ***Ne pas arriver à la cheville de qqn,*** lui être très inférieur.

cheviller v.t. [conj. 3]. Assembler avec une cheville. ▸ ***Avoir l'âme*** ou ***la vie chevillée au corps,*** résister aux maladies, avoir la vie dure.

chevillette n.f. *Anc.* Petite cheville de bois qui servait à fermer les portes : *« Tire la chevillette et la bobinette cherra »* [Ch. Perrault].

chevillier [ʃəvije] n.m. Extrémité du manche d'un instrument de musique à cordes, où sont fixées les chevilles.

cheviotte n.f. Laine fine de moutons écossais ; étoffe légère faite avec cette laine : *Un gilet de cheviotte.*

chèvre n.f. (lat. *capra*). **1.** Petit ruminant à cornes arquées en arrière, au menton barbu ; femelle adulte de cette espèce (par opp. à bouc, à chevreau). **2.** Femelle du chevreuil ou du chamois. ▸ *Fam.* ***Devenir chèvre,*** s'énerver à en perdre la tête : *Il devient chèvre à attendre que le téléphone sonne.* ***Ménager la chèvre et le chou,*** ne pas prendre parti entre deux personnes, deux points de vue qui s'opposent. ◆ n.m. Fromage au lait de chèvre : *Manger un chèvre chaud en entrée.*

chevreau n.m. **1.** Petit de la chèvre : *Deux chevreaux* *nés en août* (**SYN.** cabri). **2.** Peau tannée de chèvre ou de chevreau : *Des gants en chevreau.*

chèvrefeuille n.m. (lat. *caprifolium,* feuille de chèvre). Plante grimpante ornementale aux fleurs blanc crème odorantes : *Une eau de toilette au chèvrefeuille.*

chevrer v.i. [conj. 19]. ▸ ***Faire chevrer qqn,*** en Suisse, le faire enrager.

chevrette n.f. **1.** Petite chèvre ; jeune chèvre. **2.** Femelle du chevreuil : *La chevrette a mis bas deux faons.*

chevreuil n.m. (du lat. *capra,* chèvre). **1.** Ruminant sauvage des forêts d'Europe et d'Asie, à pelage fauve et blanc sur le ventre, dont les bois sont verticaux ; viande de cet animal : *Des cuissots de chevreuil.* **2.** Au Québec, cerf de Virginie.

chevrier, ère n. Gardien d'un troupeau de chèvres.

chevrillard n.m. Jeune chevreuil de six mois à un an.

chevron n.m. (du lat. *capra,* chèvre). **1.** Pièce de charpente placée sur la pente d'un toit, et sur laquelle sont fixées les lattes qui portent les ardoises ou les tuiles. **2.** Dans l'armée, galon d'ancienneté en forme de V renversé, porté sur la manche de l'uniforme. **3.** Mode de tissage qui permet d'obtenir un tissu croisé présentant des côtes en zigzag (on dit aussi *du tissu à chevrons*).

chevronné, e adj. Qui, par son expérience dans un domaine, a acquis une grande compétence : *Une informaticienne chevronnée* (**SYN.** expérimenté, expert ; **CONTR.** débutant, novice).

chevrotage n.m. Mise bas, pour une chèvre.

chevrotant, e adj. ▸ ***Voix chevrotante,*** voix mal assurée, qui tremblote.

chevrotement n.m. Tremblotement dans la voix : *Ses chevrotements trahissent son émotion.*

chevroter v.i. [conj. 3]. **1.** Mettre bas, en parlant de la chèvre. **2.** Pousser des cris, en parlant de la chèvre (**SYN.** bêler). **3.** Chanter, parler avec des chevrotements dans la voix : *Sa voix chevrotait en reprenant le refrain* (**SYN.** trembler, trembloter).

chevrotin n.m. Petit du chevreuil jusqu'à six mois (**SYN.** faon).

chevrotine n.f. Gros plomb pour la chasse au gros gibier : *Une décharge de chevrotines. Une cartouche à chevrotines.*

chewing-gum [ʃwiŋgɔm] n.m. (mot angl., de *to chew,* mâcher, et *gum,* gomme) [pl. *chewing-gums*]. Pâte à mâcher faite avec une gomme appelée *chicle* et aromatisée : *Il mâche un chewing-gum, du chewing-gum. Des chewing-gums en tablettes.*

chez [ʃe] prép. (du lat. *casa,* maison). **1.** Dans la maison de ; dans le local professionnel de : *Nous sommes chez elle. Je reviens de chez le médecin. Je passerai par chez eux.* **2.** Dans le pays de : *Chez les Indiens, les vaches sont sacrées. Chez les Anglais, on roule à gauche.* **3.** Au temps de, dans la société de : *Chez les Romains, Janus était le dieu gardien des portes.* **4.** Dans la personne, l'espèce, la catégorie de : *Chez elle, l'humour est une seconde nature. Chez les ruminants, l'estomac comporte quatre poches.* **5.** Dans l'œuvre de : *Il y a chez Victor Hugo des pages prophétiques.* ▸ *Fam.* ***Bien de chez nous,*** typique, représentatif de notre région, de notre pays : *Une chanson bien de chez nous.* ***Faites comme chez vous,*** installez-vous confortablement ; mettez-vous à votre aise.

chez-soi n.m. inv. *Fam.* Domicile personnel où l'on jouit de toute sa liberté : *Chercher son chez-soi* (**SYN.** foyer, logis).

chiader v.i. [conj. 3]. *Arg. scol.* Étudier à fond une discipline ; bûcher, potasser. ◆ v.t. *Fam.* Soigner les détails de : *Elle a chiadé son dessin* (**SYN.** parfaire, peaufiner).

chialer v.i. [conj. 3]. *Fam.* Pleurer.

chiant, e adj. *Très fam.* Très ennuyeux ; très contrariant.

chianti [kjɑ̃ti] n.m. Vin rouge, légèrement piquant.

chiard n.m. **1.** *Très fam.* Enfant ; gamin. **2.** En Suisse, poltron.

chiasme [kjasm] n.m. (gr. *khiasma,* croisement). Figure de style qui consiste à inverser l'ordre syntaxique des éléments de deux groupes de mots que l'on veut opposer : *La phrase « je joue avec mon frère, avec mon amie je parle » contient un chiasme.*

chiasse n.f. (du lat. *cacare,* déféquer). **1.** *Vulg.* Diarrhée. **2.** En Belgique et en Suisse, peur.

chic n.m. (de l'all. *Schick,* adresse, talent). Allure élégante d'une personne ; caractère de bon goût d'un objet : *Elle a toujours beaucoup de chic* (**SYN.** distinction, élégance). *Leur mobilier a du chic* (**SYN.** caractère). ▸ ***Avoir le chic de, pour,*** avoir le talent nécessaire pour réussir à (souvent iron.) : *Elle a le chic pour réparer les réveils* (**SYN.** adresse, habileté). *Tu as le chic de toujours parler quand il faut se taire !* (**SYN.** don). ◆ adj. inv. en genre. **1.** Remarquable par son élégance, sa distinction : *Deux vendeurs très chics en costume trois pièces* (**SYN.** distingué, élégant). *Une fête très chic* (**SYN.** habillé). **2.** *Fam.* Qui fait preuve de gentillesse, de générosité : *C'est très chic de sa part de nous avoir aidés* (**SYN.** gentil, serviable). *Ce sont de chics filles* (**SYN.** aimable, sympathique). ◆ interj. Indique le contentement, la satisfaction : *Chic ! un cadeau !* (= quelle joie !, quel plaisir !).

chicane n.f. **1.** Querelle sans réel fondement suscitée par plaisir : *Il lui cherche constamment chicane* (= il lui cherche noise ; **SYN.** querelle). **2.** Difficulté soulevée sur un point mineur pour embrouiller un procès : *Il multiplie les chicanes* (**SYN.** chicanerie). **3.** Parcours en zigzag imposé par une série d'obstacles : *Le pilote automobile aborde la chicane.*

chicaner v.i. [conj. 3]. Se livrer à des chicanes ; faire des chicaneries : *Il a chicané sur chaque point de la circulaire* (**SYN.** discuter, ergoter). ◆ v.t. Faire des reproches pour des riens : *Son frère la chicane sans arrêt.*

chicanerie n.f. *Vieilli* Difficulté soulevée sur des points de détail ; chicane.

chicaneur, euse ou **chicanier, ère** adj. et n. Qui aime chicaner : *Cette avocate a des clients chicaneurs* (**SYN.** procédurier [péjor.]).

chicano [tʃikano] adj. et n. (de l'esp. d'Amérique *mexicano,* mexicain). *Fam.* Mexicain qui a émigré aux États-Unis : *Les jeunes Chicanos du film « West Side Story ».*

① **chiche** adj. (du lat. *ciccum,* chose de peu de

valeur). Qui n'aime pas faire des dépenses ; qui manifeste de l'avarice : *Il est très chiche sur l'argent de poche* (**SYN.** avare, regardant). *Un dîner bien chiche* (**SYN.** maigre, pauvre). ▸ ***Être chiche de qqch,*** ne l'accorder qu'à regret : *Il est chiche de compliments* (= il n'en fait presque jamais).

② **chiche** adj.m. (lat. *cicer*, pois). ▸ ***Pois chiche,*** plante annuelle originaire de la Méditerranée ; grosse graine grise comestible de cette plante.

③ **chiche** interj. (de *1. chiche*). *Fam.* Indique que l'on lance un défi ou que l'on veut en relever un : *Chiche que je le rattrape ! « Tu n'oseras pas. — Chiche ! »* ◆ adj. ▸ *Fam.* ***Être chiche de*** (+ inf.), être assez audacieux pour : *Tu n'es pas chiche de le leur demander* (= tu n'oseras pas).

chiche-kebab [ʃiʃkebab] n.m. (du turc) [pl. *chiches-kebabs*]. Plat oriental à base de brochettes de mouton ; ces brochettes : *Il vend des chiches-kebabs.*

chichement adv. De façon chiche, parcimonieuse : *Ils vivent chichement* (**SYN.** modestement, pauvrement ; **CONTR.** fastueusement, richement).

chicheté n.f. Aux Antilles, avarice.

chichi n.m. *Fam.* (Surtout au pl.). Attitude, manières qui révèlent un manque de simplicité : *Il fait bien des chichis pour si peu* (**SYN.** façons, manières, simagrées ; **CONTR.** naturel, simplicité).

chichiteux, euse adj. et n. *Fam.* Qui fait des chichis, des façons : *Ne sois pas aussi chichiteuse* (**SYN.** maniéré ; **CONTR.** simple).

chicle [tʃikle ou ʃikle] n.m. (d'un mot mexicain). Sécrétion qui s'écoule d'un arbre fruitier tropical, le sapotier, et qui sert à fabriquer le chewing-gum.

chicon n.m. **1.** Cœur de la laitue romaine. **2.** Endive.

chicorée n.f. (gr. *kikhorion*). **1.** Plante herbacée cultivée pour ses feuilles (chicorée frisée, chicorée scarole, endive) ou pour sa racine (chicorée à café) ; ensemble des feuilles de cette plante que l'on mange en salade ou comme légume. **2.** Racine torréfiée et moulue d'une espèce de chicorée que l'on mélange parfois au café ; boisson préparée par infusion de cette racine : *Deux cuillerées de chicorée soluble. Un bol de chicorée au petit déjeuner.*

chicot n.m. **1.** Souche d'un arbre coupé ou cassé ; partie d'une branche coupée ou brisée encore fixée au tronc ; moignon : *Les chicots de sapins laissés par la tempête.* **2.** *Fam.* Ce qui reste dans la gencive d'une dent cassée, cariée ou usée.

chicote ou **chicotte** n.f. En Afrique, fouet, baguette servant aux punitions corporelles.

chien, chienne n. (lat. *canis*). Mammifère à odorat développé, rapide à la course, dont l'homme s'est fait un compagnon de vie, de loisirs ou de travail : *Chiens de berger, de garde. Chiens-guides d'aveugle. Chien de traîneau* (= capable de tirer un traîneau). *Une meute de chiens. Une chienne de chasse.* ▸ *Fam.* ***Garder à qqn un chien de sa chienne,*** garder en mémoire ce que qqn a fait pour s'en venger à l'occasion. ◆ adj. et n. *Fam.* (Parfois injurieux). **1.** Qui est dur en affaires ; âpre : *Ah, il est chien, il a ajouté une clause au contrat !* (**SYN.** coriace, impitoyable ; **CONTR.** bienveillant). **2.** (Inv. en genre). Avare, cupide : *Même pas un pourboire, elles sont chiens* (**CONTR.** généreux, large). ▸ ***Chien, chienne de*** (+ n.), indique une chose pénible, misérable, détestable : *Une chienne de vie. Ce chien d'ordinateur est encore planté* (= maudit). ◆ **chien** n.m. Pièce coudée renforçant le percuteur d'un fusil, d'un pistolet. ▸ ***Avoir du chien,*** avoir du charme, en parlant d'une femme : *Elle n'est pas vraiment belle, mais elle a du chien* (**SYN.** sex-appeal). ***Ce n'est pas fait pour les chiens,*** cela existe pour que l'on s'en serve : *Le portable, ce n'est pas fait pour les chiens : tu aurais pu appeler.* ***Chien de garde,*** gardien farouche de qqn, de qqch qui fait obstacle à toute approche : *Sa secrétaire, c'est son chien de garde.* ***Chien de mer,*** squale de petite taille à aiguillons venimeux, aussi appelé *aiguillat* ; petit requin comestible des côtes d'Europe, aussi appelé *émissole.* ***Chien de prairie,*** rongeur d'Amérique du Nord, construisant des réseaux de terriers et dont le cri ressemble à un aboiement. *Fam.* ***Chiens écrasés,*** faits divers dont la relation dans les journaux est considérée comme une tâche dérisoire : *Elle a commencé à la rubrique des chiens écrasés.* ***Comme chien et chat,*** en se disputant sans cesse : *Ils sont comme chien et chat.* ***Comme un chien,*** de la pire des façons : *Elle est malade comme un chien* (= très malade). *Il est mort comme un chien* (= abandonné de tous). *Il la traite comme un chien* (= sans ménagement, avec mépris). ***Comme un chien dans un jeu de quilles,*** à un très mauvais moment : *Nous sommes arrivés comme un chien dans un jeu de quilles* (= inopportunément) ; en faisant sentir que le moment est mal choisi : *On m'a reçu comme un chien dans un jeu de quilles* (= je me suis fait rabrouer). ***Coup de chien,*** violent coup de vent. ***De chien,*** extrêmement pénible ou désagréable : *Il fait un temps de chien* (= épouvantable). *Ça fait un mal de chien* (= très mal). *J'ai eu un mal de chien à installer le logiciel* (= beaucoup de difficultés). ***En chien de fusil,*** sur le côté, les jambes repliées devant le ventre : *Elle dort en chien de fusil.* ***Entre chien et loup,*** à la tombée de la nuit. ***Il fait un temps à ne pas mettre un chien dehors,*** il fait un très mauvais temps. ***Nom d'un chien !,*** juron de surprise, de dépit : *Nom d'un chien ! J'ai oublié mes clés.* ***Se regarder en chiens de faïence,*** s'observer avec hostilité.

chien-assis n.m. (pl. *chiens-assis*). Petite lucarne en charpente qui sert à aérer et à éclairer un comble.

chiendent n.m. Herbe aux racines résistantes et envahissantes, très commune dans les champs et nuisible aux cultures. ▸ ***Brosse de*** ou ***en chiendent,*** brosse faite avec la racine séchée du chiendent.

chienlit [ʃjɑ̃li] n.f. (de *chier, en* et *lit*). *Litt.* Situation troublée où règne la désorganisation : *La grève a provoqué une chienlit indescriptible* (**SYN.** confusion, désordre).

chien-loup n.m. (pl. *chiens-loups*). Berger allemand : *Des gardes avec des chiens-loups patrouillent dans les allées.*

chienne n.f. → **chien.**

chier v.i. et v.t. [conj. 9]. *Vulg.* Expulser des excréments (**SYN.** déféquer). ▸ *Très fam.* ***Faire chier qqn,*** l'importuner vivement ; l'ennuyer. *Très fam.* ***Se faire chier,*** s'ennuyer.

chiffe n.f. (anc. angl. *chip*, petit morceau). ▸ ***Chiffe molle,*** se dit d'une personne sans énergie : *Son frère est une chiffe molle.*

chiffon n.m. (de *chiffe*). Morceau de tissu usé ou sans valeur, servant à essuyer, à nettoyer, à frotter : *Faire briller ses chaussures avec un chiffon. Des chiffons à* *poussière jetables.* ▸ ***Chiffon de papier,*** document sans valeur ; contrat auquel on n'attache aucune importance. ***En chiffon,*** se dit de vêtements que l'on a disposés sans soin, qui sont froissés. ◆ **chiffons** n.m. pl. ▸ ***Parler chiffons,*** parler de vêtements, de mode.

chiffonnade n.f. Garniture de légumes faite de lamelles de salade crues ou fondues au beurre.

chiffonnage ou **chiffonnement** n.m. Action de chiffonner ; état de ce qui est chiffonné, froissé.

chiffonné, e adj. ▸ ***Visage chiffonné,*** visage fatigué, aux traits tirés.

chiffonner v.t. [conj. 3]. **1.** Donner des faux plis ; mettre en chiffon : *Elle a chiffonné son tailleur dans le train* (**SYN.** friper, froisser). **2.** *Fam.* Préoccuper : *Cette histoire me chiffonne* (**SYN.** ennuyer, tracasser).

① **chiffonnier, ère** n. Personne qui collecte les chiffons ou les vieux objets pour les revendre. ▸ *Fam.* ***Se battre, se disputer comme des chiffonniers,*** sans aucune retenue.

② **chiffonnier** n.m. Petit meuble étroit et haut, à tiroirs superposés.

chiffrable adj. Qui peut être évalué en chiffres : *Le nombre de victimes va être difficilement chiffrable* (**SYN.** calculable, dénombrable).

chiffrage n.m. **1.** Action de faire une évaluation chiffrée ; son résultat : *Le devis comporte un chiffrage du montant des travaux.* **2.** Chiffrement.

chiffre n.m. (d'un mot ar. signif. « zéro »). **1.** Caractère servant à représenter les nombres : *Un nombre de ou à trois chiffres. Les chiffres arabes vont de 0 à 9. I, V, X, L, C, D, M sont des chiffres romains.* **2.** Montant d'une somme, d'une évaluation : *La facture atteint un chiffre important. Le chiffre de la population active* (**SYN.** total). **3.** Système d'écriture secret : *Notre agent transmettra ses informations avec le nouveau chiffre* (**SYN.** code). **4.** Combinaison de signes qui permet d'ouvrir une serrure, un cadenas : *Retiens bien le chiffre du coffre-fort.* **5.** Marque formée d'initiales entrelacées : *Son chiffre est brodé sur la poche de sa chemise* (**SYN.** monogramme). ▸ ***Chiffre d'affaires,*** montant total des ventes réalisées par une entreprise entre deux bilans. ***En chiffres ronds,*** en faisant en sorte que le total calculé soit exprimé par un nombre entier. *Fam.* ***Faire du chiffre,*** réaliser un gros chiffre d'affaires.

chiffré, e adj. Écrit à l'aide d'un code secret : *Langage chiffré. Des messages chiffrés* (**SYN.** codé).

chiffrement n.m. Opération de transformation d'un texte à l'aide d'un chiffre, d'un code, pour en cacher le sens (**SYN.** chiffrage, codage, cryptage).

chiffrer v.t. [conj. 3]. **1.** Évaluer par des calculs : *Le garagiste a chiffré le montant des réparations* (**SYN.** calculer). **2.** Affecter d'un chiffre d'ordre : *Chiffrer les pages d'un manuscrit* (**SYN.** numéroter). **3.** Transcrire par chiffrement : *L'espionne chiffre ses renseignements avant de les transmettre* (**SYN.** coder, crypter). ◆ v.i. *Fam.* Coûter cher : *Les allers et retours, ça commence à chiffrer.* ◆ **se chiffrer** v.pr. **1. [à].** Avoir pour montant total : *Les fonds détournés se sont chiffrés à un million* (**SYN.** s'élever à, se monter à). **2. [par, en].** Être évalué en : *Les grévistes se chiffrent par milliers* (**SYN.** se compter par).

chiffreur, euse n. Personne chargée de chiffrer, de crypter des documents.

chignole n.f. (du lat. *ciconia,* cigogne). Outil pour percer des trous ; vilebrequin, perceuse.

chignon n.m. (du lat. *catena,* chaîne). Manière de coiffer des cheveux longs en les enroulant et en fixant la boule ou le rouleau ainsi obtenus sur la nuque ou au sommet du crâne ; coiffure qui en résulte.

chiisme [ʃiism] n.m. (d'un mot ar. signif. « parti »). Courant de l'islam né du schisme des partisans d'Ali à propos de la désignation du successeur du Prophète.

chiite [ʃiit] adj. et n. Relatif au chiisme ; adepte du chiisme.

chikungunya [ʃikungunja] n.m. (mot swahili signif. « celui qui marche courbé »). **1.** Virus transmis par un moustique, qui provoque une maladie épidémique. **2.** Maladie due à ce virus (forte fièvre, douleurs articulaires).

chili [ʃili ou tʃili] n.m. (mot esp.) [pl. *chiles*]. Petit piment rouge. ▸ ***Chili con carne,*** plat mexicain pimenté fait de viande hachée et de haricots rouges.

chilom ou **shilom** [ʃilɔm] n.m. Pipe à haschisch dont le fourneau conique est horizontal, dans le prolongement du tuyau.

chimère n.f. (du gr. *khimaira,* chèvre). **1.** Construction de l'imagination ; projet irréalisable : *Un monde sans pollution est peut-être une chimère* (**SYN.** rêve, utopie). *Tu te berces de chimères* (**SYN.** illusion). **2.** Dans la mythologie grecque, monstre à tête et poitrail de lion, à ventre de chèvre et à queue de dragon. **3.** En biologie, organisme vivant composé de cellules ayant deux origines génétiques différentes.

chimérique adj. **1.** Qui se plaît dans les chimères, les rêves : *Esprit chimérique* (**SYN.** rêveur, utopiste ; **CONTR.** positif, pratique). **2.** Qui a le caractère irréaliste d'une chimère : *Des projets, des idées chimériques* (**SYN.** irréalisable, utopique ; **CONTR.** raisonnable, réaliste).

chimie n.f. (de *alchimie*). Science qui étudie la nature et les propriétés des corps simples, leurs combinaisons, leurs transformations et les réactions qui se produisent entre eux. ▸ ***Chimie appliquée,*** ensemble des disciplines portant sur les applications de la chimie dans l'industrie, la pharmacie, l'agroalimentaire. ***Chimie organique,*** partie de la chimie qui étudie les composés du carbone présents dans tous les êtres vivants (par opp. à chimie minérale).

chimiorésistance n.f. Résistance à la chimiothérapie.

chimiothérapie n.f. Traitement médical par des substances chimiques, en particulier en cancérologie (abrév. fam. chimio).

chimiothérapique adj. Relatif à la chimiothérapie.

chimique adj. **1.** Relatif à la chimie : *Symbole, élément chimique. Analyse, formule chimique.* **2.** Qui met en pratique la chimie : *Industrie chimique. Produits chimiques* (= fabriqués par l'industrie chimique ; **SYN.** artificiel, synthétique ; **CONTR.** naturel). *Arme chimique* (= qui utilise des produits chimiques toxiques).

chimiquement adv. D'après les lois, les procédés de la chimie : *Modifier chimiquement la structure d'une fibre textile.*

chimiquier n.m. Navire conçu pour transporter des produits chimiques.

chimiste n. Spécialiste de la chimie : *Lavoisier était un chimiste.*

chimpanzé n.m. (d'un mot d'une langue d'Afrique). Singe de l'Afrique équatoriale, vivant dans les arbres et sur le sol, sociable et capable d'apprendre par l'expérience.

chinage n.m. Action de chiner un tissu.

chinchilla [ʃɛ̃ʃila] n.m. (mot esp.). Rongeur de l'Amérique du Sud à la fourrure gris perle ; fourrure très recherchée de cet animal : *Un élevage de chinchillas.*

chinder v.i. [conj. 3] → **schinder.**

① **chine** n.m. Objet en porcelaine de Chine : *De vieux chines.*

② **chine** n.f. *Fam.* Métier, milieu des brocanteurs : *Ils sont dans la chine de père en fils.*

chiné, e adj. Se dit d'un fil textile de plusieurs couleurs alternées ; se dit d'un tissu fait de ce fil : *De la laine chinée. Un gilet chiné.*

① **chiner** v.t. (de *Chine,* d'où vient cette technique) [conj. 3]. Donner des couleurs différentes aux fils d'un tissu pour obtenir des mélanges de dessins et de coloris.

② **chiner** v.i. (de *s'échiner*) [conj. 3]. *Fam.* **1.** Chercher des objets chez les brocanteurs, les antiquaires : *Elle chine pour compléter sa collection.* **2.** Exercer le métier de brocanteur. ◆ v.t. *Vieilli* Critiquer gentiment, en plaisantant : *Tu le chines souvent sur sa tenue.*

chineur, euse n. *Fam.* Personne qui aime chiner chez les brocanteurs.

① **chinois, e** adj. et n. De Chine. ◆ adj. **1.** Qui vient de Chine ; qui est dans la tradition chinoise : *Porcelaine chinoise. Restaurant chinois.* **2.** *Fam.* Qui est bizarre ou excessivement compliqué : *Voici des questions bien chinoises* (**SYN.** saugrenu, singulier ; **CONTR.** clair, simple). *Ils sont vraiment chinois dans ce service* (**SYN.** ergoteur, vétilleux ; **CONTR.** accommodant, facile). ◆ **chinois** n.m. Langue parlée en Chine, qui s'écrit avec des idéogrammes. ▸ *Fam.* ***C'est du chinois,*** c'est incompréhensible.

② **chinois** n.m. Passoire conique à petits trous.

chinoiser v.i. [conj. 3]. *Fam.* Discuter sur des détails : *Inutile de chinoiser : tu es en retard* (**SYN.** chicaner, ergoter).

chinoiserie n.f. Petit objet chinois ou décoré à la mode chinoise. ◆ **chinoiseries** n.f. pl. *Fam.* Complications inutiles : *Toutes ces chinoiseries pour obtenir une signature !* (**SYN.** tracasserie).

chintz [ʃints] n.m. Toile de coton teinte ou imprimée, d'aspect brillant, utilisée dans l'ameublement.

chinure n.f. Aspect d'un tissu chiné : *La chinure d'un lainage.*

chiot n.m. Jeune chien : *Une portée comprend entre six et dix chiots.*

chiottes n.f. pl. *Très fam.* Toilettes, waters.

chiourme n.f. *Anc.* Ensemble des galériens ou des bagnards.

chiper v.t. (de l'anc. fr. *chipe,* chiffon) [conj. 3]. *Fam.* S'emparer indûment de : *Ils m'ont chipé ma montre* (**SYN.** dérober, voler).

chipie n.f. *Fam.* Femme, fille insupportable toujours prête à jouer un mauvais tour : *Quelle chipie ! Elle a déchiré mon bouquin* (**SYN.** peste).

chipiron [ʃipirɔ̃] n.m. (basque *txipiroi*). Dans le Sud-Ouest, calmar.

chipolata n.f. (de l'it. *cipolla,* oignon). Fine saucisse de porc dans un boyau de mouton : *Des chipolatas grillées.*

chipotage n.m. *Fam.* Action de chipoter.

chipoter v.i. (de l'anc. fr. *chipe,* chiffon) [conj. 3]. **1.** *Fam.* Faire des difficultés pour des riens : *On ne va pas chipoter pour* ou *sur deux euros !* (**SYN.** chicaner, ergoter). **2.** *Fam.* Faire le difficile pour manger : *Ce bébé chipote sur tout.* **3.** En Belgique, tripoter qqch ; fouiller dans qqch.

chipoteur, euse adj. et n. *Fam.* Qui chipote ; ergoteur.

chippendale [ʃipɛndal] adj. inv. (du nom d'un ébéniste anglais). Se dit d'un style anglais de mobilier, d'un meuble, souvent en acajou, qui emprunte aux styles gothique ou chinois : *Des chaises chippendale.*

chips [ʃips] n.f. (mot angl. signif. « copeaux »). Mince rondelle de pomme de terre frite et salée : *Un paquet de chips croustillantes. Une chips dorée.*

chique n.f. **1.** Morceau de tabac à mâcher. **2.** *Fam.* Gonflement de la joue : *En sortant de chez le dentiste, j'avais une grosse chique.* **3.** En Belgique, bonbon à sucer ou à mâcher. **4.** Puce des pays tropicaux qui s'introduit sous la peau. ▸ *Fam.* ***Couper la chique à qqn,*** lui couper brutalement la parole ; lui causer une grande surprise.

chiqué n.m. (de *chic*). *Fam.* Attitude maniérée et prétentieuse : *La vedette s'est prêtée à l'interview sans aucun chiqué* (= avec beaucoup de simplicité). ▸ ***C'est du chiqué,*** du bluff ou de la simulation : *Son invitation à l'Élysée, c'est du chiqué.*

chiquenaude n.f. Coup donné avec un doigt qu'on plie contre le pouce et qu'on détend brusquement : *D'une chiquenaude, elle chassa une poussière posée sur sa manche.*

chiquer v.t. et v.i. [conj. 3]. Mâcher du tabac : *Tabac à chiquer.*

chiromancie [kirɔmɑ̃si] n.f. (du gr. *kheir,* main, et *manteia,* divination). Divination par l'étude des lignes de la main.

chiromancien, enne [kirɔmɑ̃sjɛ̃, ɛn] n. Personne qui pratique la chiromancie.

chiropracteur [kirɔpraktœr] n.m. Personne qui exerce la chiropractie ; chiropraticien.

chiropractie ou **chiropraxie** [kirɔpraksi] n.f. (du gr. *kheir,* main, et *praktikos,* mis en action). Méthode de soins consistant en des manipulations des vertèbres.

chiropraticien, enne [kirɔpratisjɛ̃, ɛn] n. Chiropracteur.

chiropratique [kirɔpratik] n.f. Au Québec, chiropractie.

chiroptère [kirɔptɛr] ou **chéiroptère** [keirɔptɛr] n.m. (du gr. *kheir,* main, et *pteron,* aile). En zoologie, chauve-souris.

chirurgical, e, aux [ʃiryrʒikal, o] adj. Relatif à la chirurgie : *Elle a subi une intervention chirurgicale* (= une opération).

chirurgie [ʃiryrʒi] n.f. (gr. *kheirourgia,* opération manuelle). Spécialité médicale qui consiste à soigner, manuellement et à l'aide d'instruments, un être vivant, et notamm. les parties internes de son corps : *Chirurgie dentaire, esthétique, plastique. Chirurgie vétérinaire.*

chirurgien, enne [ʃiryrʒjɛ̃, ɛn] n. Médecin spécialiste en chirurgie.

chirurgien-dentiste [ʃiryrʒjɛ̃dɑ̃tist] n.m. (pl. *chirurgiens-dentistes*). Praticien spécialisé dans les soins de la bouche et des dents (**SYN.** dentiste).

chistera [ʃistera] n.m. (mot basque). Accessoire de pelote basque en osier, long et recourbé, fixé au poignet et utilisé pour envoyer la balle contre le fronton.

chitine [kitin] n.f. (du gr. *khitôn,* tunique). Substance contenue dans la carapace des insectes et des crustacés, qui donne à celle-ci sa dureté, sa solidité et son imperméabilité.

chiure n.f. Excrément d'insecte : *Des chiures de mouches.*

chlamydia [klamidja] n.f. (du gr. *khlamus, khlamudos,* manteau) [pl. *chlamydiae* ou *chlamydias*]. Bactérie responsable chez l'homme d'infections contagieuses, oculaires, respiratoires ou sexuelles.

chloasma [klɔasma] n.m. (mot gr.). Ensemble de taches brunes sur le visage, apparaissant notamm. chez les femmes enceintes ; masque de grossesse.

chlore n.m. Gaz toxique jaune verdâtre, d'odeur suffocante, qu'on utilise en solution comme désinfectant et décolorant : *Des pastilles de chlore pour l'entretien des piscines.*

chloré, e adj. Qui contient du chlore.

chlorhydrique adj. ▸ ***Acide chlorhydrique,*** combinaison de chlore et d'hydrogène.

chlorofibre n.f. Fibre synthétique utilisée pour fabriquer des vêtements qui tiennent chaud grâce à l'électricité statique que cette fibre produit par frottement.

chlorofluorocarbure n.m. C.F.C.

chloroforme n.m. Liquide incolore, à odeur d'éther, utilisé autrefois comme anesthésique.

chloroformer v.t. [conj. 3]. Endormir avec du chloroforme (**SYN.** anesthésier).

chlorophylle n.f. (du gr. *khlôros,* vert, et *phullon,* feuille). Substance verte qui colore les végétaux et joue un rôle primordial dans la photosynthèse ; cette substance utilisée comme désodorisant et comme colorant : *Des chewing-gums à la chlorophylle.*

chlorophyllien, enne adj. Relatif à la chlorophylle : *L'assimilation chlorophyllienne* (= la photosynthèse).

chlorure n.m. Composé contenant du chlore et un corps autre que l'oxygène : *Chlorure de sodium* (= sel marin).

chnoque n.m. → **schnock.**

choc n.m. (de *choquer*). **1.** Contact brusque entre des objets ou des personnes : *Sous le choc, la barre métallique s'est tordue* (= dans la collision). *Après l'intervention chirurgicale, évitez les chocs* (**SYN.** coup, heurt). **2.** Affrontement entre deux armées : *Le choc frontal avec les blindés ennemis a causé de lourdes pertes* (**SYN.** bataille, combat). **3.** Rencontre d'éléments opposés : *Le choc des idées* (**SYN.** affrontement, confrontation). *Les immigrés sont confrontés au choc des cultures* (**SYN.** conflit, opposition). **4.** Émotion violente et brusque : *Son licenciement a été pour lui un véritable choc* (**SYN.** bouleversement, commotion). **5.** Événement qui a des répercussions importantes : *Le premier choc pétrolier.* **6.** (Employé en appos., avec ou sans trait d'union). Qui provoque une grande surprise, qui produit un gros effet : *Une photo choc. Des mesures-chocs.* ▸ ***Choc en retour,*** conséquence indirecte d'un événement sur la personne qui en est à l'origine. ***Choc opératoire, anesthésique,*** état de choc consécutif à une opération, à une anesthésie. ***De choc,*** se dit de troupes entraînées au combat en première ligne, de personnes extrêmement dynamiques : *Une militante écologiste de choc* ; se dit d'une doctrine présentée avec dynamisme, d'une action choisie pour son efficacité : *Pratiquer un syndicalisme de choc. La direction a décidé d'appliquer un traitement de choc pour réduire les dépenses.* ***État de choc,*** abattement physique ou psychologique provoqué par un accident, un traumatisme : *Vous ne pouvez l'interroger, elle est en état de choc.*

chochotte n.f. *Fam., péjor.* Personne très maniérée ; mijaurée, pimbêche.

chocolat n.m. (esp. *chocolate,* d'un mot aztèque). **1.** Mélange à base de pâte de cacao et de sucre : *Du chocolat noir, au lait. Une tablette de chocolat. Des éclairs au chocolat.* **2.** Bonbon enrobé de chocolat : *Elle lui a offert des chocolats, une boîte de chocolats.* **3.** Boisson préparée avec du chocolat ou du cacao en poudre et de l'eau ou du lait : *Un bol de chocolat chaud.* ▸ ***Chocolat blanc,*** mélange de lait, de sucre et de beurre de cacao. ◆ adj. inv. D'un brun-rouge foncé : *Des chaussettes chocolat.* ▸ *Fam.* ***Être chocolat,*** être déçu, privé de ce que l'on espérait : *Finalement, ils sont chocolat.*

chocolaté, e adj. Qui contient du chocolat : *Des barres chocolatées.*

chocolaterie n.f. **1.** Industrie et production du chocolat. **2.** Fabrique de chocolat ; magasin du chocolatier.

chocolatier, ère n. Personne qui fabrique ou vend du chocolat.

chocolatière n.f. Récipient à anse et à long bec verseur pour servir le chocolat liquide.

chocolatine n.f. *Région.* Pain au chocolat.

chocottes n.f. pl. ▸ *Fam.* ***Avoir les chocottes,*** avoir peur.

chœur [kœr] n.m. (lat. *chorus,* gr. *khoros*). **1.** Groupe de personnes chantant une œuvre musicale : *Les chœurs de l'Opéra. Un chœur paroissial* (**SYN.** chorale). **2.** Morceau de musique pour plusieurs voix : *Le chœur des bohémiens dans « le Trouvère » de Verdi.* **3.** Dans l'Antiquité grecque, ensemble des acteurs *(choreutes)* qui chantaient ou déclamaient un texte commentant l'action ; dans le théâtre antique et classique, ce texte ponctuant l'action : *Dans la tragédie grecque, le chœur exprimait les sentiments des spectateurs.* **4.** Groupe de personnes ayant le même but, la même attitude ; expression de ce groupe : *Le chœur des adversaires de la mondialisation.* **5.** Partie d'une église réservée au clergé et aux chanteurs. ▸ ***En chœur,*** ensemble : *Ils ont repris en chœur le refrain* ; unanimement : *Le comité l'a approuvé en chœur.* ***Enfant de chœur,*** enfant qui seconde le prêtre pendant la messe catholique ; fam., homme naïf et crédule : *Ce n'est pas un enfant de chœur* (= il connaît la vie).

choir v.i. (lat. *cadere,* tomber) [conj. 72]. *Litt.* Tomber :

Elle se laissa choir dans un fauteuil. ▸ *Fam.* ***Laisser choir qqn, qqch,*** ne plus s'occuper d'une personne, d'un projet : *Ses amis la laissent choir. Il a laissé choir ses études* (= il les a abandonnées).

choisi, e adj. Qui se distingue par la qualité : *Elle s'exprime en termes choisis* (**SYN.** recherché). *Société choisie* (**SYN.** distingué). ▸ ***Morceaux choisis,*** extraits d'œuvres littéraires ou musicales.

choisir v.t. (du gotique *kausjan,* goûter) [conj. 32]. Retenir qqch, désigner qqn de préférence parmi d'autres choses ou d'autres personnes : *Ils ont choisi l'hébergement chez l'habitant* (**SYN.** se fixer sur, sélectionner). *C'est l'âge où il faut choisir un métier* (**SYN.** opter pour). *La ville a été choisie pour tester le nouveau tramway* (**SYN.** élire, nommer). *Laquelle choisis-tu ?* (**SYN.** adopter). *Elle a choisi son frère pour la représenter chez le notaire* (**SYN.** retenir, sélectionner). ▸ ***Choisir de*** (+ inf.), prendre la décision de : *Nous avons choisi de vendre* (**SYN.** décider de, se déterminer à). ***Choisir son moment,*** trouver le moment opportun ; iron., se déterminer, au pire moment, à agir : *Tu choisis ton moment pour lui parler, elle est furieuse.*

choix n.m. **1.** Action de choisir ; ce qui est choisi : *Elle a fait le bon choix. Il a arrêté son choix sur ce modèle* (**SYN.** sélection). **2.** Possibilité de choisir : *Vous avez le choix entre diverses motorisations pour votre tondeuse* (**SYN.** option). **3.** Ensemble de choses, d'éléments parmi lesquels on peut choisir : *La bibliothèque met à la disposition du public un large choix d'ouvrages* (**SYN.** éventail, gamme). **4.** Ensemble d'éléments retenus pour leur qualité : *Un choix de poèmes* (**SYN.** anthologie, florilège, sélection). ▸ ***Au choix,*** avec liberté de choisir : *Nos modèles ont trois ou cinq portes au choix. Le logiciel est au choix de l'utilisateur* (= selon sa volonté). ***De choix,*** de qualité : *Ils ne vendent que des articles de choix.* ***N'avoir que l'embarras du choix,*** avoir à choisir entre de nombreuses possibilités.

choke [tʃɔk] n.m. (mot angl.). En Belgique et en Suisse, starter d'automobile.

cholécystite [kɔlesistit] n.f. (du gr. *kholê,* bile, et *kustis,* vessie). Inflammation de la vésicule biliaire.

cholédoque [kɔledɔk] adj. m. ▸ ***Canal cholédoque,*** canal qui conduit la bile à l'intestin grêle (on dit aussi *le cholédoque*).

choléra [kɔlera] n.m. Maladie épidémique intestinale, parfois mortelle.

cholérique [kɔlerik] adj. Relatif au choléra : *Un bacille cholérique.* ◆ adj. et n. Atteint du choléra. ☞ **REM.** Ne pas confondre avec *colérique.*

cholestérol [kɔlɛsterɔl] n.m. (du gr. *kholê,* bile, et *steros,* solide). Substance présente dans la bile et le sang et qui, en excès, peut provoquer des troubles. ▸ *Fam.* ***Avoir du cholestérol,*** avoir un taux élevé de cholestérol dans le sang.

chômable adj. Se dit d'un jour qui peut être chômé : *Une fête chômable.*

chômage n.m. **1.** Arrêt imposé de l'activité professionnelle d'une personne, d'une entreprise ; période, situation résultant de cet arrêt : *Depuis son licenciement, elle est au chômage. Les ouvriers ont été en chômage partiel à cause du manque de commandes. Allocations de chômage* (= versées à un chômeur). **2.** Situation de l'ensemble des personnes privées d'emploi ; nombre de ces personnes : *La lutte contre le chômage. Le chômage a baissé.* ▸ ***Chômage technique,*** arrêt du travail dû au manque d'approvisionnement en fournitures ou à un accident.

chômé, e adj. Se dit d'un jour férié et payé obligatoirement à tout travailleur : *Le 1er mai est le seul jour chômé en France.*

chômer v.i. (du lat. *caumare,* se reposer pendant la chaleur) [conj. 3]. Interrompre le travail pour une fête ou par manque d'ouvrage : *Les intermittents du spectacle chôment entre deux contrats* (= sont au chômage). ▸ ***Ne pas chômer,*** ne pas diminuer son activité, l'intensité de ses efforts : *À cause du déménagement, je ne chôme pas* (= je fais beaucoup de choses) ; ne pas cesser d'être actif, productif : *Avec tous ces étudiants, la photocopieuse ne chôme pas* (= elle fonctionne sans arrêt). ◆ v.t. Célébrer une fête en ne travaillant pas : *Chômer le 1er mai.*

chômeur, euse n. Personne au chômage ; demandeur d'emploi : *Chômeurs de longue durée.*

chope n.f. (alsacien *schoppe*). Grand verre cylindrique à anse pour boire la bière ; son contenu.

choper v.t. [conj. 3]. *Fam.* **1.** Attraper, prendre : *La police l'a chopé à la gare* (**SYN.** arrêter). *Ils se sont fait choper en train de copier.* **2.** Contracter une maladie : *J'ai chopé un rhume.* **3.** Voler : *On m'a chopé mon portable* (**SYN.** dérober).

chopine n.f. **1.** *Fam.* Bouteille de vin ; son contenu. **2.** Au Canada, ancienne mesure de capacité valant une demi-pinte, soit 0,568 litre.

chop suey [ʃɔpsju ou ʃɔpsyɛ] n.m. (mot chin.) [pl. *chop sueys*]. Plat chinois fait de légumes émincés et sautés accompagnés de porc, de bœuf ou de poulet découpé en lamelles.

choquant, e adj. Qui choque, contrarie ou offense : *Son sans-gêne est choquant* (**SYN.** déplacé, inconvenant ; **CONTR.** bienséant, convenable). *Une injustice choquante* (**SYN.** indécent, scandaleux ; **CONTR.** plaisant, séduisant).

choquer v.t. (orig. onomat.) [conj. 3]. **1.** Contrarier, blesser qqn en heurtant ses idées, ses sentiments, ses habitudes : *Il a choqué les invités par ses provocations* (**SYN.** indigner, offenser, offusquer). *Elle est choquée que tu ne l'aies pas aidée* (**SYN.** blesser, froisser). *Des images pénibles peuvent choquer le jeune public* (**SYN.** heurter, scandaliser). **2.** Causer un choc émotionnel, un traumatisme à : *Cet accident l'a choqué* (**SYN.** bouleverser, traumatiser). **3.** *Litt.* Donner un choc à qqch : *Choquer des cymbales l'une contre l'autre* (**SYN.** cogner, heurter).

① **choral, e, aux** ou **als** [kɔral, o] adj. **1.** Qui forme un chœur ; qu'on chante en chœur : *Une formation chorale. Des chants choraux.* ▸ ***Film choral,*** film dont les différentes intrigues finissent par se rejoindre pour former une unique trame dramatique.

② **choral** [kɔral] n.m. (pl. *chorals*). **1.** Chant religieux, conçu pour un chœur. **2.** Œuvre musicale composée sur le thème d'un choral : *Les chorals de Bach.*

chorale [kɔral] n.f. Groupe de personnes qui chantent à plusieurs voix : *La chorale de l'entreprise* (**SYN.** chœur).

chorée [kɔre] n.f. (du gr. *khoreia,* danse). Trouble nerveux caractérisé par des mouvements brusques, saccadés et involontaires.

chorège [kɔrɛʒ] n.m. (du gr. *khoros,* chœur). Dans la Grèce antique, citoyen qui organisait à ses frais les chœurs des concours dramatiques et musicaux.

chorégie [kɔreʒi] n.f. Fonction de chorège. ◆ **chorégies** n.f. pl. Rencontres de chorales en vue de festivités.

chorégraphe [kɔregraf] n. Personne qui crée et règle des spectacles de danse, des ballets.

chorégraphie [kɔregrafi] n.f. (du gr. *khoreia,* danse). Art de composer et de régler des spectacles dansés, des ballets ; ensemble des pas et des figures d'un spectacle de danse.

chorégraphier [kɔregrafje] v.t. [conj. 9]. Faire la chorégraphie de : *Maurice Béjart a chorégraphié « le Sacre du printemps » de Stravinsky.*

chorégraphique [kɔregrafik] adj. Relatif à la chorégraphie : *Les figures chorégraphiques.*

choréique [kɔreik] adj. Relatif à la chorée : *Mouvements choréiques.* ◆ adj. et n. Atteint de chorée.

choreute [kɔrøt] n.m. (du gr. *khoros,* chœur). Personnage figurant dans un chœur du théâtre grec antique.

choriste [kɔrist] n. Personne qui chante dans un chœur, dans une chorale.

chorizo [ʃɔrizo ou tʃɔrizo] n.m. (mot esp.). Saucisson demi-sec espagnol, assaisonné au piment rouge.

choroïde [kɔrɔid] n.f. (du gr. *khorion,* membrane, et *eidos,* aspect). Membrane interne de l'œil enveloppant la rétine.

chorus [kɔrys] n.m. (mot lat. signif. « chœur »). Improvisation d'un instrumentiste de jazz sur une trame : *Des chorus de clarinette.* ▸ ***Faire chorus,*** exprimer une opinion en chœur et bruyamment : *Le président de séance a protesté et toute l'assemblée a fait chorus.*

chose n.f. (lat. *causa*). **1.** Objet inanimé (par opp. à être animé) : *Un caillou, un fauteuil sont des choses. Elle a acheté plein de choses* (SYN. objet). **2.** Entité abstraite ; action, événement, discours : *L'honnêteté est une chose rare. Une chose étrange s'est produite* (SYN. affaire). *Elle a accompli de nombreuses choses. J'ai deux ou trois choses à vous dire. Elle a bien pris la chose* (= ce qui s'est passé, ce que je lui ai dit). **3.** (Surtout au pl.). Ce qui se produit ; situation dans laquelle on se trouve : *Regarder les choses en face* (SYN. réalité). *Cet état de choses* (= ces circonstances). **4.** Ce qui se rapporte à un domaine : *Les choses de la politique. Les choses humaines.* **5.** L'objet, la réalité, par opposition au nom qui la désigne : *Distinguer le mot et la chose.* **6.** Personne incapable d'autonomie ou entièrement dépendante d'une autre : *Ils en avaient fait leur chose* (= le traitaient comme s'il était un objet). ▸ ***Autre chose*** → **autre.** ***C'est autre chose*** ou ***c'est tout autre chose,*** c'est très différent : *J'ai pris la qualité supérieure, c'est autre chose* (= c'est bien mieux). ***C'est peu de chose,*** cela n'a pas d'importance : *Tu sais, ce cadeau, c'est peu de chose* (= c'est une broutille). ***Faire bien les choses,*** se donner du mal pour que ce soit réussi : *Tout est parfaitement organisé, elle a bien fait les choses.* *Litt.* ***La chose publique,*** ce qui concerne l'État, la collectivité. ***La même chose,*** qqch de semblable ou d'identique : *Garçon, la même chose, s'il vous plaît* (= la même boisson). ◆ adj. inv. ▸ *Fam.* ***Être*** ou ***se sentir tout chose,*** ressentir une impression de gêne ou de malaise : *Après l'anesthésie, elle était toute chose* (= elle ne se sentait pas dans son état normal).

chosification n.f. En philosophie, action de traiter des idées, des concepts comme des objets concrets.

chosifier v.t. [conj. 9]. En philosophie, traiter une idée, une abstraction comme une chose.

chott [ʃɔt] n.m. (d'un mot ar.). Zone de terres salées des régions arides d'Afrique du Nord.

chotte n.f. En Suisse, abri. ▸ ***À la chotte,*** en Suisse, à l'abri de la pluie.

① **chou** n.m. (lat. *caulis*) [pl. *choux*]. **1.** Plante vivace dont de nombreuses variétés sont cultivées pour l'alimentation de l'homme (chou rouge, chou de Bruxelles, brocoli) et des animaux : *J'ai planté des choux pommés verts et rouges. Du chou râpé.* **2.** Pâtisserie en forme de boule, à base de beurre et d'eau auxquels on incorpore de la farine puis des œufs : *Des choux à la crème. Les éclairs, les beignets et les gougères sont faits avec de la pâte à choux.* ▸ *Fam.* ***Bête comme chou,*** facile à comprendre. *Fam.* ***Bout de chou,*** désigne affectueusement un petit enfant. ***Chou de Bruxelles,*** variété de chou dont les bourgeons couvrent la haute tige ; bourgeon de cette plante que l'on consomme cuit. ***Chou palmiste*** → **palmiste.** *Fam.* ***Être dans les choux,*** être distancé ; être dans une mauvaise situation : *Le favori est dans les choux : il est en queue de peloton. Dès qu'on parle comptabilité, je suis complètement dans les choux* (= je n'y comprends rien). *Fam.* ***Faire chou blanc,*** ne pas réussir : *Les magasins étaient fermés, j'ai fait chou blanc.* *Fam.* ***Faire ses choux gras de qqch,*** en tirer profit, s'en régaler : *Chaîne de télévision qui fait ses choux gras d'une nouvelle émission.* *Fam.* ***Feuille de chou,*** journal sans intérêt. ◆ adj. inv. *Fam.* Se dit, par plaisanterie ou avec affectation, de qqch de mignon, de qqn de gentil : *Elle est chou, sa robe. Ils sont vraiment chou de m'avoir aidée.*

② **chou, choute** n. (pl. *choux, choutes*). *Fam.* Désigne tendrement une personne : *Mes petits choux. La pauvre choute.*

chouan n.m. (de Jean Cottereau, dit *Jean Chouan,* chef des insurgés). Insurgé royaliste des provinces de l'Ouest pendant la Révolution française.

chouannerie n.f. Insurrection paysanne des chouans, entre 1793 et 1800.

choucas [ʃuka] n.m. Petite corneille noire à nuque grise.

chouchen [ʃuʃɛn] n.m. (mot breton). En Bretagne, hydromel.

① **chouchou, oute** n. *Fam.* Enfant, élève préféré : *Elle est le chouchou, la chouchoute de tout le monde. La maîtresse a des chouchous* (SYN. favori).

② **chouchou** n.m. Anneau de tissu cousu autour d'un élastique, utilisé pour tenir les cheveux : *Elle prend des chouchous pour faire ses couettes.*

chouchoutage n.m. *Fam.* Action de chouchouter qqn (SYN. favoritisme).

chouchouter v.t. [conj. 3]. *Fam.* Combler de soins, de tendresse, de cadeaux ; avoir pour chouchou : *Elle chouchoute trop ses enfants* (SYN. dorloter, gâter).

choucroute n.f. (de l'alsacien *sûrkrût,* herbe aigre).

1. Chou blanc haché en longs brins et fermenté dans de la saumure aromatisée de baies de genièvre. **2.** Plat fait de ce chou cuit accompagné de charcuteries et de pommes de terre (on dit aussi *choucroute garnie*).

① **chouette** n.f. Oiseau rapace nocturne à tête ronde sans aigrette et à face aplatie : *La chevêche, l'effraie, la hulotte sont des espèces de chouette.*

② **chouette** adj. *Fam.* Se dit de qqn de sympathique, de qqch de plaisant : *Un type très chouette* (**SYN.** gentil). *Elles sont chouettes leurs motos* (**SYN.** beau). *C'est chouette d'avoir fini son travail* (**SYN.** agréable). ◆ interj. Exprime la satisfaction : *Chouette ! on arrive* (= quelle joie ! ; **SYN.** chic).

chou-fleur n.m. (pl. *choux-fleurs*). Chou cultivé pour sa grosse pomme blanche formée des fleurs agglutinées : *Gratin de choux-fleurs.*

chouiner v.i. [conj. 3]. *Fam.* Gémir en pleurnichant : *Il se met à chouiner dès qu'on le contrarie.*

chouquette n.f. Petit chou pâtissier recouvert de grains de sucre.

chou-rave n.m. (pl. *choux-raves*). Chou dont on mange la tige renflée et charnue.

chow-chow [ʃoʃo] n.m. (pl. *chows-chows*). Chien originaire de Chine, à fourrure abondante.

choyer [ʃwaje] v.t. [conj. 13]. **1.** Entourer de soins affectueux : *Elle est très choyée par son mari* (**SYN.** dorloter). **2.** *Sout.* Entretenir avec amour une idée, un sentiment : *Elle choie le désir de devenir écrivain* (**SYN.** caresser, cultiver).

chrême [krɛm] n.m. (gr. *khrisma*, huile). Huile bénite mêlée de baume, utilisée dans le culte chrétien pour l'administration de certains sacrements.

chrétien, enne [kretjɛ̃, ɛn] adj. et n. (lat. *christianus*). Qui a foi dans le Christ : *Les protestants, les catholiques et les orthodoxes sont des chrétiens.* ◆ adj. Qui appartient au christianisme : *La foi chrétienne.*

chrétiennement [kretjɛnmɑ̃] adv. En accord avec la religion chrétienne : *Ils se comportent chrétiennement en se montrant charitables.*

chrétienté [kretjɛ̃te] n.f. Ensemble des pays ou des peuples chrétiens ; communauté de chrétiens : *Les visites papales dans la chrétienté. Devant la chrétienté agenouillée.*

christ [krist] n.m. (du gr. *khristos*, oint). **1.** (Avec une majuscule). Jésus, fils de Dieu et sauveur de l'humanité pour les chrétiens. **2.** Représentation du Christ ; crucifix : *Des christs en ivoire.*

christiania [kristjanja] n.m. (de l'anc. nom d'Oslo). Mouvement qui permet à un skieur d'effectuer un virage ou de s'arrêter, en maintenant ses skis parallèles.

christianisation n.f. Action de christianiser ; son résultat.

christianiser v.t. [conj. 3]. Convertir à la religion chrétienne.

christianisme n.m. Ensemble des religions fondées sur la personne et l'enseignement de Jésus-Christ.

christique adj. Qui concerne la personne du Christ : *La souffrance christique.*

chromage n.m. Dépôt d'une mince pellicule résistante de chrome par électrolyse.

chromatique adj. *Didact.* Relatif aux couleurs. ▸ ***Gamme chromatique,*** gamme musicale formée d'une succession de demi-tons (par opp. à gamme diatonique).

chromatisme n.m. **1.** *Didact.* Gamme des couleurs ; coloration. **2.** En musique, caractère de ce qui est chromatique.

chromatopsie n.f. En médecine, manière dont une personne voit les couleurs.

chrome [krom] n.m. Métal blanc, dur et inoxydable, employé comme revêtement protecteur et dans certains alliages. ◆ **chromes** n.m. pl. Pièces métalliques recouvertes de chrome : *Les chromes d'une automobile.*

chromer v.t. [conj. 3]. Recouvrir d'une mince couche de chrome : *Chromer des pare-chocs.*

chromo [krɔmo] n.f. (abrév.). Chromolithographie. ◆ n.m. Image en couleurs, de mauvais goût : *Des chromos bariolés.*

chromolithographie n.f. *Anc.* **1.** Procédé de reproduction d'images en couleurs, par impressions successives. **2.** Image obtenue par ce procédé (abrév. chromo).

chromosome [krɔmozom] n.m. (du gr. *khrôma*, couleur, et *sôma*, corps). Élément du noyau de la cellule, qui contient les gènes : *Les chromosomes sont porteurs des facteurs héréditaires.*

chromosomique adj. Relatif au chromosome. ▸ ***Aberration chromosomique*** → **aberration.**

se **chroniciser** v.pr. Devenir chronique, en parlant d'une maladie : *Sa bronchite s'est chronicisée.*

chronicité n.f. *Didact.* Caractère chronique d'un phénomène : *La chronicité de la pollution.*

① **chronique** n.f. **1.** Recueil de faits présentés dans l'ordre où ils se sont déroulés : *Les « Grandes Chroniques de France » relatent la vie des rois de France jusqu'à la fin du* XV*e siècle.* **2.** Article de presse ou émission périodique consacrés à l'actualité dans un domaine particulier : *Elle tient la chronique politique au journal télévisé.* **3.** Ensemble des sujets de conversation, de bruits qui circulent : *L'arrestation du maire a défrayé la chronique* (= on en a beaucoup parlé).

② **chronique** adj. **1.** Se dit d'une maladie qui évolue lentement et se prolonge (par opp. à aigu) : *Rhumatisme chronique.* **2.** Se dit d'un inconvénient, d'un défaut qui persiste : *Un déficit chronique* (**SYN.** permanent ; **CONTR.** épisodique, passager, temporaire). *Ses retards sont chroniques* (**SYN.** constant, habituel, systématique ; **CONTR.** exceptionnel, rare).

chroniquement adv. De façon chronique, systématique : *Elle est chroniquement endettée* (**CONTR.** épisodiquement).

chroniquer v.t. [conj. 3]. Consacrer une chronique dans la presse, à la radio, à la télévision à : *Elle chronique les films dans un hebdomadaire.*

chroniqueur, euse n. **1.** Personne qui tient une chronique dans les médias : *Chroniqueuse sportive.* **2.** Auteur de chroniques historiques : *Les chroniqueurs du Moyen Âge.*

chrono n.m. (abrév.). *Fam.* **1.** Chronomètre. **2.** Temps chronométré : *Ils font les deux meilleurs chronos sur 100 mètres. Livré en 48 heures chrono* (= dans un délai de 48 heures).

chronobiologie n.f. Étude des rythmes biologiques.

chronologie n.f. **1.** Science qui vise à établir les dates des faits historiques. **2.** Succession des événements dans le temps : *Voici la chronologie de sa rupture avec son parti* (= l'ordre dans lequel les faits se sont déroulés). *Une chronologie de la conquête spatiale* (= une liste des événements avec leur date).

chronologique adj. Relatif à la chronologie : *Le film suit l'ordre chronologique des événements historiques.*

chronologiquement adv. D'après la chronologie : *La chute du mur de Berlin se situe chronologiquement avant la guerre en Bosnie.*

chronométrage n.m. Action de chronométrer : *Elle se charge du chronométrage des coureurs.*

chronomètre n.m. (du gr. *khronos,* temps, et *metron,* mesure). **1.** Instrument permettant de mesurer une durée en minutes, secondes et fractions de seconde : *Au coup de sifflet, tu déclencheras le chronomètre* (abrév. fam. chrono). **2.** Montre de précision qui donne l'heure et possède en plus un compteur de temps.

chronométrer v.t. [conj. 18]. Mesurer, avec un instrument de précision, la durée de : *Nous chronométrerons toutes les étapes du processus.*

chronométreur, euse n. Personne qui chronomètre.

chrysalide [krizalid] n.f. (du gr. *khrusos,* or). Forme que prennent certains insectes, les lépidoptères, entre l'état de chenille et celui de papillon : *Chrysalides enfermées dans leur cocon de soie.*

chrysanthème [krizɑ̃tɛm] n.m. (du gr. *khrusos,* or, et *anthemon,* fleur). Plante ornementale dont les fleurs aux pétales effilés forment une boule s'épanouissant au début de l'hiver.

chryséléphantin, e [krizelefɑ̃tɛ̃, in] adj. (du gr. *khrusos,* or, et *elephas,* ivoire). Se dit d'une sculpture constituée d'or et d'ivoire.

C.H.S. ou **CHS** [seaʃɛs] n.m. (sigle). ▸ ***Centre hospitalier spécialisé*** → **spécialisé.**

ch'timi [ʃtimi] adj. et n. Originaire du nord de la France : *Des Ch'timis lilloises* (abrév. fam. chti).

C.H.U. ou **CHU** [seaʃy] n.m. (sigle). ▸ ***Centre hospitalo-universitaire*** → **hospitalo-universitaire.**

chuchotement ou **chuchotis** n.m. Bruit de voix qui chuchotent : *Elles sont là, j'entends des chuchotements* (**SYN.** murmure).

chuchoter v.t. [conj. 3]. Prononcer à voix basse : *Elle lui chuchote son secret à l'oreille* (**SYN.** susurrer). ◆ v.i. Parler bas, en remuant à peine les lèvres : *Ils chuchotent pour ne pas déranger* (**SYN.** murmurer).

chuchoterie n.f. *Fam.* Bavardage médisant à voix basse.

chuintant, e [ʃɥɛ̃tɑ̃, ɑ̃t] adj. Qui chuinte : *Un dialecte chuintant.*

chuintement [ʃɥɛ̃tmɑ̃] n.m. Fait de chuinter ; bruit de ce qui chuinte : *J'entends le chuintement du gaz, il doit y avoir une fuite.*

chuinter [ʃɥɛ̃te] v.i. [conj. 3]. **1.** Émettre un cri, en parlant de la chouette. **2.** En parlant d'une personne, prononcer les « s » avec le son « ch » et les « j, ge » avec le son « z » : *Quand on chuinte, on dit « un chac » pour « un sac » et « ze zoue » pour « je joue ».* **3.** Faire entendre un sifflement sourd : *L'autocuiseur chuinte.*

chum [tʃɔm] n. (mot angl.). *Fam.* Au Québec, camarade. ◆ n.m. *Fam.* Au Québec, petit ami ; conjoint.

chut [ʃyt] interj. Se dit pour réclamer le silence : *Chut ! Vous faites trop de bruit !*

chute n.f. (de *chu,* p. passé de *choir*). **1.** Fait de tomber : *J'ai fait une chute de trottinette. Le parachutiste descend en chute libre* (= sans ouvrir son parachute). *Les dernières chutes de neige rendent la chaussée impraticable. La chute des cheveux.* **2.** Fait de perdre son niveau, son statut, sa valeur : *La chute du gouvernement* (**SYN.** renversement). *La chute des cours de la Bourse* (**SYN.** effondrement). *Ils ont prétexté la chute du taux d'écoute pour le licencier.* **3.** *Litt.* Fait de tomber dans la déchéance : *Il a entraîné toute sa famille dans sa chute.* **4.** Partie qui termine un récit, un spectacle : *La chute de l'histoire était prévisible.* **5.** Ce qui reste d'un matériau après une coupe ; déchet, rognure : *Avec les chutes de tissus, j'ai fait du patchwork.* **6.** Masse d'eau qui tombe d'une certaine hauteur (on dit aussi *chute d'eau*) : *Les chutes du Niagara.* ▸ ***La chute des reins,*** le bas du dos. ***Point de chute,*** endroit où qqch tombe : *On a localisé les points de chute des débris du satellite* ; fig., lieu où l'on peut aller, loger : *Maintenant qu'elle habite à Lille, j'ai un point de chute.*

chuter v.i. [conj. 3]. **1.** *Fam.* Tomber : *Il a chuté de l'estrade.* **2.** Perdre son niveau, son statut, sa valeur ; subir un échec : *Les ventes ont chuté* (**SYN.** baisser, s'effondrer ; **CONTR.** monter, progresser). *La motion de censure a fait chuter le gouvernement* (= l'a renversé). *C'est bête de chuter sur une question aussi facile* (**SYN.** échouer).

chutney [ʃœtnɛ] n.m. (mot angl., du hindi). Condiment aigre-doux fait de fruits ou de légumes cuits avec du vinaigre, du sucre et des épices.

chva [ʃva] n.m. (d'un mot hébr. signif. « rien, vide »). Nom donné à la voyelle neutre centrale de certains mots et appelée « e muet » en français : *L'e de « petit » est représenté en phonétique par le chva* [pəti].

chyle [ʃil] n.m. (du gr. *khulos,* suc). Liquide blanchâtre résultant de la digestion, qui se forme dans l'intestin grêle.

chyme [ʃim] n.m. (du gr. *khumos,* humeur). Produit de la digestion à la sortie de l'estomac.

chypre [ʃipr] n.m. **1.** Vin de l'île de Chypre. **2.** Parfum composé d'essences diverses.

① **ci** adv. (lat. *ecce hic,* voici ici). (Joint à un nom précédé d'un démonstratif). Marque la proximité dans l'espace ou dans le temps : *Cette femme-ci. Je choisis ceux-ci, ceux-là sont trop usés. Ces jours-ci.* ▸ ***De-ci de-là,*** de côté et d'autre. ***Par-ci par-là,*** en divers endroits épars : *Elle a découvert par-ci par-là des indices* ; de temps en temps : *J'ai profité par-ci par-là de circonstances favorables.*

② **ci** pron. dém. (abrév.). *Fam.* Ceci : *Il y a toujours ci ou ça à faire.* ▸ *Fam.* ***Comme ci comme ça,*** pas très bien : *Il se porte comme ci comme ça* (= moyennement).

ciao [tʃao] interj. → **tchao.**

ci-après adv. Plus loin dans le texte : *Les adresses indiquées ci-après* (**SYN.** ci-dessous, infra).

cibiste n. (de *C.B.*). Utilisateur de la citizen band (ou C.B.) ; cébiste.

cible n.f. (de l'alémanique *schîbe,* disque). **1.** Plaque de bois, de métal que l'on vise en tirant : *Toutes ses flèches ont atteint le centre de la cible.* **2.** Objectif que l'on cherche à atteindre, en partic. par une campagne publicitaire ou d'information : *Les internautes sont la cible de ce nouveau produit. Les personnes âgées sont la cible de cette campagne de prévention.* **3.** Personne ou chose qui est visée, qui est l'objet d'une attaque : *Les transporteurs de fonds ont été pris pour cible* (= on a tiré sur eux). *Les anticorps ont atteint leur cible. Elle est la cible de beaucoup de critiques.* ▸ ***Langue cible,*** langue dans laquelle doit être traduit un texte (par opp. à langue source).

ciblé, e adj. Destiné à un objectif précis : *Un produit bien ciblé plaît aux acheteurs visés.*

cibler v.t. [conj. 3]. **1.** Définir précisément la cible, la clientèle de : *L'enquête téléphonique permettra de cibler cette nouveauté* (= de dire à qui elle s'adresse). **2.** Viser un groupe par une action publicitaire : *Cette campagne cible les adolescents.*

ciboire n.m. (du gr. *kibôrion,* fruit du nénuphar). Vase sacré, à couvercle, destiné aux hosties consacrées.

ciboule n.f. (du lat. *caepulla,* petit oignon). Plante voisine de l'ail, cultivée pour ses feuilles qui servent de condiment (**SYN.** cive).

ciboulette n.f. Plante alpine cultivée pour ses feuilles creuses et cylindriques servant de condiment (**SYN.** civette).

ciboulot n.m. *Fam.* Tête, en tant que siège de la pensée : *Mais qu'est-ce que tu as dans le ciboulot ?* (**SYN.** cervelle).

cicatrice n.f. (lat. *cicatrix, cicatricis*). **1.** Marque laissée par une plaie, après guérison : *L'intervention m'a laissé une cicatrice* (**SYN.** stigmate). *Une cicatrice sur la joue* (**SYN.** balafre). **2.** *Fig.* Trace matérielle laissée par une action violente ; trace laissée par le chagrin, le malheur : *Ville qui porte les cicatrices d'une guerre civile. Son enfance à l'orphelinat a laissé des cicatrices indélébiles.*

cicatriciel, elle adj. Relatif à une cicatrice : *Le tissu cicatriciel forme un bourrelet.*

cicatrisant, e adj. et n.m. Se dit d'une substance qui favorise la cicatrisation : *Pommade cicatrisante.*

cicatrisation n.f. Fait de se cicatriser : *La cicatrisation est en bonne voie : la blessure se referme.*

cicatriser v.t. [conj. 3]. **1.** Favoriser la fermeture d'une plaie : *Ce pansement cicatrise rapidement les coupures* (**CONTR.** envenimer). **2.** *Fig.* Faire disparaître en atténuant : *Le temps et l'amitié cicatriseront sa peine* (**SYN.** adoucir, apaiser, calmer ; **CONTR.** attiser, réveiller). ◆ v.i. ou **se cicatriser** v.pr. **1.** Se fermer, en parlant d'une plaie : *La brûlure a cicatrisé* ou *s'est cicatrisée.* **2.** Disparaître, en parlant d'une douleur morale : *Son chagrin finira par se cicatriser.*

cicérone [siserɔn] n.m. (it. *cicerone,* du nom de *Cicéron,* en raison des talents d'orateur des guides). *Litt.* **1.** Guide des touristes étrangers : *Les cicérones attendent devant l'hôtel.* **2.** Personne qui en guide une autre : *Leur fille nous a servi de cicérone à Bordeaux.*

ciclée n.f. → **siclée.**

cicler v.i. [conj. 3] → **sicler.**

ciclosporine ou **cyclosporine** n.f. Médicament utilisé pour éviter le rejet d'un organe transplanté ou greffé.

ci-contre adv. En face ; vis-à-vis : *Comme le montre le schéma ci-contre.*

ci-dessous adv. Plus bas dans le texte ; en bas de la page : *Vous trouverez ci-dessous les adresses électroniques* (**SYN.** ci-après, infra).

ci-dessus adv. Plus haut dans le texte ; dans les lignes qui précèdent : *Il parle de ce phénomène dans le livre cité ci-dessus* (**SYN.** supra).

ci-devant n. inv. (de *ci-devant* [*noble*], précédemment [noble]). Nom donné aux nobles pendant la Révolution française : *Les ci-devant qui ne partirent pas en exil.*

cidre n.m. (du gr. *sikera,* boisson enivrante). Boisson obtenue par fermentation du jus de pomme : *Une bolée de cidre.* ▸ ***Cidre doux,*** en Suisse, cidre sans alcool.

cidrerie n.f. Établissement où l'on fabrique le cidre.

Cie [kɔ̃paɲi], abréviation écrite de *compagnie* utilisée dans la raison sociale de certaines sociétés : *Florent, Maguelon et Cie.*

① **ciel** n.m. (lat. *caelum*) [pl. *cieux*]. **1.** Espace visible au-dessus de nos têtes, que limite l'horizon : *Un vol de perdreaux dans le ciel. En été, le ciel est parsemé d'étoiles* (**SYN.** firmament). **2.** Fond sur lequel on observe les astres : *Une carte du ciel de l'hémisphère Sud avec les principales constellations* (**SYN.** éther [poét.]). **3.** Séjour de la Divinité, des âmes des justes après leur mort : *Notre Père qui êtes aux cieux. Elle a mérité le ciel* (**SYN.** paradis). **4.** (Parfois avec une majuscule). Puissance divine : *C'est un don du ciel* (= c'est providentiel). *Aide-toi, le ciel t'aidera* (= il faut se donner du mal pour recevoir un secours de la Providence). *Fasse le Ciel que tout se passe bien !* (**SYN.** Dieu). ▸ ***À ciel ouvert,*** à l'air libre : *Exploitation à ciel ouvert. Piscine à ciel ouvert* (par opp. à piscine couverte). ***Entre ciel et terre,*** en l'air, suspendu au-dessus du sol : *L'alpiniste se balançait entre ciel et terre au bout de sa corde.* *Litt.* ***Le feu du ciel,*** la foudre. ***Lever les bras, les yeux au ciel,*** lever les bras, les yeux en signe d'énervement ou d'impuissance. ***Remuer ciel et terre,*** employer tous les moyens possibles pour obtenir un résultat. ***Sous d'autres cieux,*** dans une contrée lointaine : *Elle aimerait partir sous d'autres cieux.* ***Tomber du ciel,*** arriver à l'improviste et au bon moment, en parlant de qqch : *Cette offre tombe du ciel* ; être très surpris, en parlant de qqn : *Mais je ne savais pas ; là, je tombe du ciel !* (= je tombe des nues). ◆ interj. *Litt.* Exprime la surprise, l'étonnement : *Ciel ! Ce qu'il a changé !*

② **ciel** n.m. (pl. *ciels*). **1.** Aspect, état de l'espace au-dessus de nos têtes : *Des ciels bleus, sans nuages. Le ciel est bas* (= couvert de nuages de faible altitude). **2.** (Employé en appos.). Se dit d'un bleu clair : *Une chemise bleu ciel. Des murs ciel.* **3.** Position des astres censée influer sur la destinée : *Le ciel à l'heure de votre naissance.* ▸ ***Ciel de lit,*** dais placé au-dessus d'un lit et auquel sont suspendus des rideaux : *Les ciels de lit du château de Versailles* (**SYN.** baldaquin).

cierge n.m. (du lat. *cera,* cire). **1.** Longue chandelle de cire allumée dans les églises : *Mettre un cierge à* *saint Luc pour le remercier.* **2.** Plante grasse épineuse des régions arides d'Amérique, dont certaines espèces ont une forme de candélabre.

cigale n.f. (prov. *cigala,* du lat. *cicada*). Insecte au cri strident et monotone, abondant dans la région méditerranéenne et vivant sur les arbres, dont il puise la sève.

cigare n.m. (esp. *cigarro*). **1.** Petit rouleau de feuilles et de fragments de tabac, que l'on fume. **2.** *Fam.* Tête : *J'ai reçu un coup sur le cigare.*

cigarette n.f. **1.** Cylindre de tabac haché, enveloppé dans du papier fin : *Se rouler une cigarette.* **2.** (Employé en appos.). Se dit d'un pantalon étroit, coupé droit : *Des jeans cigarettes.* ▸ ***Cigarette russe,*** gâteau sec en pâte sucrée, roulée en forme de cigarette.

cigarettier [sigarɛtje] n.m. Fabricant de cigarettes.

cigarier, ère n. Ouvrier confectionnant des cigares.

cigarillo [sigarijo] n.m. (mot esp.). Petit cigare.

ci-gît loc. verb. (de *1. ci* et *gésir*) [pl. *ci-gisent*]. Ici est enterré : *Ci-gisent deux grands poètes.*

cigogne n.f. (prov. *cegonha,* lat. *ciconia*). Oiseau échassier migrateur, au plumage noir et blanc, aux pattes et au long bec rouges : *Les cigognes sont de retour.*

ciguë [sigy] n.f. **1.** Plante toxique des décombres et des chemins. **2.** Poison extrait de la grande ciguë : *Socrate dut boire la ciguë.*

ci-inclus, e adj. Contenu dans cet envoi : *La quittance ci-incluse tiendra lieu de preuve. Vous trouverez ci-inclus votre quittance.*

ci-joint, e adj. Joint à cet envoi : *Veuillez vous reporter aux listes ci-jointes. Vous trouverez ci-joint deux listes.*

cil [sil] n.m. (lat. *cilium*). Poil du bord des paupières de l'homme et des singes : *Un battement de cils.* ▸ ***Cils vibratiles*** → **vibratile.**

ciliaire adj. Qui se rapporte aux cils.

cilice n.m. (lat. *cilicium,* étoffe en poil de chèvre de Cilicie). *Anc.* Chemise ou large ceinture de crin portée sur la peau par pénitence (**SYN.** haire).

cilié, e adj. En biologie, garni de cils : *La paramécie est un animal cilié.*

cillement [sijmɑ̃] n.m. Action de ciller : *Il écouta la sentence sans un cillement* (= sans un battement de paupières).

ciller [sije] v.i. (de *cil*) [conj. 3]. Abaisser et relever rapidement les paupières : *Ne cillez pas avant d'avoir senti le souffle du laser* (= ne clignez pas des yeux). ▸ ***Ne pas ciller,*** ne pas oser bouger ; ne pas trahir ses émotions : *Elle n'a pas cillé à l'énoncé du résultat.*

cimaise ou **cymaise** n.f. (du gr. *kumation,* petite vague). **1.** Moulure décorative formant le sommet d'une corniche. **2.** Mur d'une salle d'exposition, dans une galerie de peinture, un musée.

cime n.f. (du lat. *cyma,* pousse de chou, pointe d'arbre). Extrémité supérieure pointue d'une montagne, d'un arbre : *D'avion, on ne voit que la cime des peupliers* (**SYN.** faîte, tête). *Un drapeau flotte à la cime de la montagne* (**SYN.** crête, pic, pointe, sommet).

ciment n.m. (du lat. *caementum,* pierre non taillée). **1.** Poudre de calcaire et d'argile formant avec l'eau une pâte plastique, qui, en durcissant, lie les matériaux de construction. **2.** Substance insérée entre deux corps durs pour les lier ou pour boucher des fissures : *Du ciment dentaire.* **3.** *Litt.* Ce qui unit solidement : *Le ciment de notre amitié* (**SYN.** lien).

cimentation n.f. Action de lier avec du ciment.

cimenter v.t. [conj. 3]. **1.** Utiliser du ciment pour lier, fixer : *Cimenter les pierres d'un mur. Elle a cimenté un anneau dans le mur* (**SYN.** sceller). **2.** Recouvrir de ciment : *Faire cimenter le sol, la cave.* **3.** *Litt.* Faire reposer sur des bases plus solides : *L'euro a cimenté l'économie européenne* (**SYN.** affermir, consolider ; **CONTR.** ébranler, saper).

cimenterie n.f. Fabrique de ciment.

cimeterre n.m. (it. *scimitarra,* du turc). Sabre oriental à lame courbe et large.

cimetière n.m. (lat. *coemeterium,* lieu de repos, du gr.). **1.** Lieu où l'on place les restes des morts : *Le columbarium du cimetière est situé au milieu des tombes.* **2.** Lieu où sont rassemblés des objets hors d'usage : *Un cimetière de bateaux.*

cinabre n.m. Couleur rouge vermillon.

cindynicien, enne n. Spécialiste de cindynique.

cindynique n.f. (du gr. *kindunos,* danger). Ensemble des sciences et des techniques qui étudient les risques naturels ou technologiques pour essayer d'établir des règles de prévention.

ciné n.m. (abrév.). *Fam.* Cinéma.

cinéaste n. Professionnel qui compose ou réalise des films ; metteur en scène (**SYN.** réalisateur).

ciné-club n.m. (pl. *ciné-clubs*). Association visant à promouvoir la culture cinématographique par des projections de films suivies de débats.

cinéma n.m. (abrév. de *cinématographe*). **1.** Art de composer et de réaliser des films : *Le cinéma a été inventé il y a plus d'un siècle. Des vedettes de cinéma. Le cinéma de cette réalisatrice est unique.* **2.** Salle de spectacle destinée à la projection de films : *Les séances des deux cinémas sont à la même heure. Elle va au cinéma le samedi soir* (abrév. fam. ciné). **3.** Industrie cinématographique : *Le cinéma s'est beaucoup intéressé à ce fait divers.* **4.** Ensemble des films d'un pays, d'un auteur, d'une période : *Rétrospective du cinéma italien.* ▸ *Fam.* ***C'est du cinéma,*** c'est de la comédie, de la simulation. *Fam.* ***Faire du cinéma*** ou ***faire tout un cinéma,*** faire beaucoup de manières, de complications.

CinémaScope n.m. (nom déposé). Procédé cinématographique de projection sur un écran large.

cinémathèque n.f. Lieu où l'on conserve et projette les films qui font partie du patrimoine cinématographique.

cinématique n.f. Partie de la mécanique qui étudie les mouvements des corps en fonction du temps.

cinématographe n.m. **1.** (Avec une majuscule). *Anc.* Appareil destiné à enregistrer des images et à les projeter sur un écran de sorte qu'elles restituent le mouvement : *Le Cinématographe Lumière.* **2.** *Vx* Art de composer et de réaliser des films ; cinéma.

cinématographique adj. Relatif au cinéma : *Les images de synthèse font partie des nouvelles techniques cinématographiques.*

cinéma-vérité n.m. sing. Conception du film

documentaire privilégiant l'évocation de personnes réelles dans des situations vécues ou racontées par elles.

cinémomètre n.m. Appareil servant à mesurer la vitesse d'un mobile : *Utiliser un cinémomètre pour contrôler la vitesse des automobiles sur la route.*

ciné-parc n.m. (pl. *ciné-parcs*). Au Québec, cinéma en plein air destiné à des spectateurs installés dans leur automobile.

cinéphile n. Personne qui aime le cinéma et s'intéresse à son histoire.

cinéraire adj. (du lat. *cinis, cineris,* cendre). Qui sert à recueillir les cendres d'un corps incinéré : *Urne cinéraire.*

cinétique adj. (du gr. *kinêtikos,* mobile). Qui concerne le mouvement ; qui est fondé sur le mouvement : *Théorie cinétique des gaz.* ▸ ***Énergie cinétique,*** énergie d'un corps en mouvement. ◆ n.f. Théorie de la mécanique qui se fonde sur le mouvement pour expliquer les phénomènes.

cinghalais [sɛ̃galɛ] n.m. Langue officielle du Sri Lanka.

cinglant, e adj. (de 2. *cingler*). Qui cingle : *Une pluie cinglante. Réplique cinglante* (**SYN.** blessant, féroce, vexant).

cingle n.m. Méandre de la rivière Dordogne : *Le cingle de Trémolat.*

cinglé, e adj. et n. *Fam.* Qui a un comportement anormal : *Tu es cinglé de conduire aussi vite* (**SYN.** fou).

① **cingler** v.i. (du scand. *sigla*) [conj. 3]. En parlant d'un bateau à voiles, faire route dans une direction : *Le trimaran cingle vers le large* (**SYN.** naviguer).

② **cingler** v.t. (de *sangler*) [conj. 3]. **1.** Frapper avec qqch de mince et de flexible : *La cavalière cingle sa monture* (**SYN.** cravacher, fouetter). **2.** En parlant de la pluie, de la grêle, du vent, frapper intensément : *Le grésil cinglait les vitres* (**SYN.** fouetter). **3.** Atteindre par des paroles blessantes : *Le député cingla le ministre d'une remarque ironique* (**SYN.** blesser, fustiger).

cinq [sɛ̃k] adj. num. card. inv. (lat. *quinque*). **1.** Quatre plus un : *Les cinq sens.* **2.** (En fonction d'ordinal). Qui a le numéro cinq dans une suite ; cinquième : *La page cinq. Louis V.* ◆ n.m. inv. **1.** Le nombre qui suit quatre dans la série des entiers naturels ; le chiffre représentant ce nombre : *Trois et deux font cinq. Elle fait ses cinq comme des « s ».* **2.** Dé, carte, domino marqués de cinq points, du chiffre cinq : *Le cinq de cœur* (= la carte avec le chiffre cinq). *J'ai tiré deux cinq de suite.* **3.** Désigne, selon les cas, le jour, le numéro d'une chambre, etc. : *J'irai le cinq du mois prochain.* ▸ *Fam.* ***En cinq sec,*** très rapidement. ***Recevoir qqn cinq sur cinq,*** entendre distinctement ses paroles ; comprendre ce qu'il veut dire.

cinquantaine n.f. **1.** Nombre de cinquante ou d'environ cinquante : *Une cinquantaine d'enfants sont inscrits.* **2.** Âge de cinquante ans ou environ : *Approcher de la cinquantaine.*

cinquante adj. num. card. inv. **1.** Cinq fois dix : *Il viendra cinquante et une ou cinquante-deux personnes.* **2.** (En fonction d'ordinal). Qui a le numéro cinquante dans une suite ; cinquantième : *Lisez jusqu'à la page cinquante.* ◆ n.m. inv. Nombre qui suit quarante-neuf dans la série des entiers naturels : *Trente plus vingt égalent cinquante.*

cinquantenaire adj. et n. Qui existe depuis cinquante ans : *Ce tilleul est cinquantenaire.* ◆ n.m. Anniversaire des cinquante ans : *L'association fête son cinquantenaire.*

cinquantième adj. num. ord. De rang numéro cinquante : *L'auteur du cinquantième appel sera le gagnant.* ◆ n. Personne, chose qui occupe le cinquantième rang : *Vous êtes la cinquantième à nous poser la question.* ◆ adj. et n.m. Qui correspond à la division d'un tout en cinquante parties égales : *Chacune recevra un cinquantième de la recette.* ▸ ***Les cinquantièmes hurlants,*** zone des mers australes où les marins doivent affronter des vents extrêmement violents et des vagues gigantesques.

cinquième adj. num. ord. De rang numéro cinq : *Prenez la cinquième rue à droite.* ◆ n. Personne, chose qui occupe le cinquième rang : *La cinquième de l'épreuve est qualifiée.* ◆ adj. et n.m. Qui correspond à la division d'un tout en cinq parties égales : *La fenêtre du logiciel d'aide occupe la cinquième partie de l'écran.* ◆ n.f. **1.** En France, classe de deuxième année de collège. **2.** Cinquième vitesse d'un véhicule automobile : *La cinquième sert sur autoroute.*

cinquièmement adv. En cinquième point dans une énumération : *Cinquièmement, il lui faut des gants.*

cintrage n.m. Action de cintrer, de donner une courbure à une pièce de métal.

cintre n.m. **1.** Support incurvé ou plat pour pendre les vêtements : *Prends un cintre et suspends ton imperméable* (**SYN.** portemanteau). **2.** En architecture, courbure concave de la surface intérieure d'une voûte. ◆ **cintres** n.m. pl. Partie d'un théâtre située au-dessus de la scène, où l'on peut monter les décors après utilisation.

cintrer v.t. (du lat. *cinctura,* ceinture) [conj. 3]. **1.** Rendre plus étroit à la taille : *Une robe cintrée.* **2.** Donner une forme courbe à : *Cintrer des tubes métalliques* (**SYN.** courber, plier).

cipre n.m. En Louisiane, cyprès qui pousse dans l'eau.

ciprière n.f. En Louisiane, marécage où poussent des cipres.

cirage n.m. **1.** Action de cirer. **2.** Produit pour nettoyer, nourrir et faire briller le cuir. ▸ *Fam.* ***Être dans le cirage,*** ne pas avoir les idées claires ; avoir l'esprit confus.

circadien, enne adj. (du lat. *circa,* environ, et *dies,* jour). ▸ ***Rythme circadien,*** rythme biologique dont la périodicité est d'environ 24 heures.

circaète [sirkaɛt] n.m. (du gr. *kirkos,* faucon, et *aetos,* aigle). Oiseau rapace diurne des régions boisées du midi de la France.

circoncire v.t. (lat. *circumcidere,* couper autour) [conj. 101]. Faire subir la circoncision à.

circoncis, e adj. et n.m. Qui a subi la circoncision.

circoncision n.f. Ablation totale ou partielle de la peau qui recouvre l'extrémité du pénis, appelée *prépuce* ; spécial., ablation rituelle de cette peau chez les juifs, les musulmans et divers peuples.

circonférence n.f. (du lat. *circumferre,* faire le tour). **1.** Périmètre d'un cercle : *Une roue de deux mètres* *de circonférence.* **2.** Limite qui entoure une surface : *Les remparts forment une circonférence autour de la ville* (**SYN.** périphérie, pourtour).

circonflexe adj. (du lat. *circumflexus*, fléchi autour). ▸ ***Accent circonflexe,*** en français, signe en forme de « v » renversé (^), placé sur les voyelles, qui sert à noter une voyelle longue ou à distinguer des homonymes.

circonlocution n.f. (du lat. *circum*, autour, et *locutio*, parole). Manière détournée d'exprimer ce que l'on pense (**SYN.** périphrase).

circonscription n.f. (lat. *circumscriptio*, cercle tracé). Division administrative, militaire, religieuse d'un territoire : *L'augmentation de la population nous oblige à créer trois nouvelles circonscriptions électorales.*

circonscrire v.t. [conj. 99]. **1.** Déterminer les limites de : *Une haie circonscrit la propriété* (**SYN.** délimiter, entourer). **2.** Arrêter le développement de : *Les Canadair ont permis de circonscrire l'incendie.* **3.** Donner, définir les limites de : *Il faut circonscrire le problème si l'on veut le résoudre* (**SYN.** cerner ; **CONTR.** élargir, étendre).

circonspect, e [sirkɔ̃spɛ, ɛkt] adj. (du lat. *circumspicere*, regarder autour). Qui fait preuve de circonspection : *La spécialiste reste circonspecte quant à l'évolution de la maladie* (**SYN.** réservé ; **CONTR.** confiant). *Le président a commenté les faits en termes circonspects* (**SYN.** mesuré, prudent ; **CONTR.** léger, imprudent). ☞ **REM.** Le masculin peut aussi se prononcer [sirkɔ̃spɛkt].

circonspection n.f. Attitude prudente qui pousse à considérer la situation avant d'agir ou de parler : *La juge doit faire preuve de la plus grande circonspection quand elle s'adresse aux journalistes* (**SYN.** précaution, prudence, réserve, retenue ; **CONTR.** étourderie, légèreté).

circonstance n.f. (du lat. *circumstare*, se tenir autour). **1.** Fait qui accompagne un événement en influant sur lui : *Les circonstances du drame ne sont pas encore connues* (**SYN.** condition, donnée). **2.** Ce qui se passe à un moment donné ; moment particulier : *Dans les circonstances actuelles* (**SYN.** conjoncture, situation). *Pour la circonstance, elle a organisé une fête* (**SYN.** occasion). ▸ ***De circonstance,*** inspiré par une situation particulière : *Un discours de circonstance. Après cette bévue, les invités prirent un visage de circonstance.*

circonstancié, e adj. Qui décrit en détail : *Faites-moi un exposé circonstancié de la situation* (**SYN.** complet, détaillé).

circonstanciel, elle adj. **1.** *Sout.* Qui est lié aux circonstances : *Un pamphlet circonstanciel.* **2.** Se dit d'un complément prépositionnel, d'une surbordonnée qui indique dans quelle circonstance se déroule l'action.

circonvenir v.t. (lat. *circumvenire*, venir autour) [conj. 40]. Tenter habilement de faire agir ou penser comme on le veut : *Il a circonvenu le témoin* (**SYN.** se concilier, manœuvrer).

circonvolution n.f. (du lat. *circumvolvere*, rouler autour). Enroulement autour d'un axe central : *La circonvolution d'un escalier à vis* (**SYN.** enroulement, spirale). ▸ ***Circonvolutions cérébrales,*** replis sinueux à la surface du cerveau et du cervelet.

circuit n.m. (du lat. *circuire*, faire le tour, de *circum*, autour). **1.** Parcours en boucle organisé pour une épreuve sportive ou pour les touristes : *Reconnaître le circuit d'une course automobile* (**SYN.** itinéraire). *Les agences de voyages proposent de nombreux circuits dans la région* (**SYN.** excursion, périple, tournée, visite). **2.** Itinéraire compliqué, comportant des détours : *Les travaux l'ont obligé à faire un circuit par les petites routes.* **3.** Ensemble d'éléments reliés pour permettre au courant électrique ou à un fluide de passer : *Il y a une fuite dans le circuit de refroidissement de la centrale.* **4.** Mouvement de circulation des biens financiers ou des biens de consommation : *Essayer de contrôler les circuits des capitaux. Du producteur au consommateur, les produits suivent le circuit de distribution.* **5.** Jouet constitué d'un parcours fermé sur lequel on fait circuler des trains, des voitures : *Un circuit de voitures de course avec télécommande.* **6.** Dans certains sports, ensemble des compétitions qui comptent pour le classement des joueurs : *Les Masters font se mesurer les meilleurs joueurs du circuit international.* ▸ ***Circuit imprimé,*** ensemble de conducteurs électriques reliés entre eux et permettant la connexion des composants d'un équipement électronique. ***Circuit intégré,*** petit circuit électronique placé sur une plaquette de silicium. ***En circuit fermé,*** en se limitant à un groupe de personnes : *Ils vivent en circuit fermé* (= entre eux). ***Hors circuit,*** qui n'a plus cours, en parlant de qqch : *Ces pièces sont hors circuit depuis longtemps* ; qui a été évincé, en parlant de qqn : *Cet homme politique a été mis hors circuit.* *Fam.* ***Ne plus être dans le circuit,*** ne plus participer à un domaine d'activité. ***Remettre dans le circuit,*** remettre en circulation ; réutiliser.

circulaire adj. (du lat. *circulus*, cercle). **1.** Qui a la forme d'un cercle ; qui se fait en suivant un cercle : *Le nouveau square est circulaire* (**SYN.** rond). *L'avion décrit des mouvements circulaires au-dessus de l'île* (**SYN.** giratoire, rotatif, rotatoire). **2.** Qui fait un tour et ramène au point de départ : *Des voies circulaires permettent d'éviter le centre-ville. Un raisonnement circulaire* (= un cercle vicieux). ◆ n.f. Note, avis administratif ou professionnel, tiré à plusieurs exemplaires et envoyé à plusieurs personnes : *Les préfets se conforment à la circulaire ministérielle.*

circulairement adv. En décrivant un cercle ; en rond.

circularité n.f. Caractère de ce qui est circulaire, qui fait revenir au point de départ, sans progresser : *La circularité d'une démonstration.*

circulation n.f. **1.** Mouvement de ce qui circule : *Un dépôt calcaire dans le tuyau empêche la circulation de l'eau. La libre circulation des biens dans l'Union européenne. Le nouveau médicament sera bientôt mis en circulation* (= sur le marché). **2.** Mouvement des véhicules sur les voies de communication ; ensemble des véhicules qui circulent à un moment donné : *La circulation ferroviaire reprendra ce soir. En été, il y a moins de circulation* (**SYN.** passage, trafic). **3.** Mouvement du sang qui va du cœur aux organes par les artères et revient au cœur par les veines (on dit aussi *circulation du sang*) : *Elle a des problèmes de circulation.*

circulatoire adj. Relatif à la circulation du sang :

Avoir des troubles circulatoires. L'appareil circulatoire (= les vaisseaux sanguins).

circuler v.i. (du lat. *circulus*, cercle) [conj. 3]. **1.** Se déplacer jusqu'à revenir à son point de départ : *Le sang circule dans les veines.* **2.** Avancer sur les voies de communication : *À cause de la grève, peu de trains circulent* (**SYN.** rouler ; **CONTR.** stationner). *Vous gênez le passage, circulez !* (= ne restez pas là). **3.** Se transmettre d'une personne à l'autre, en parlant d'un objet ou d'une information : *Ils font circuler une pétition* (**SYN.** passer). *Le bruit circule qu'elle se présentera aux élections* (**SYN.** courir, se propager, se répandre).

circumambulation [sirkɔmɑ̃bylasjɔ̃] n.f. Rite mêlant la magie et la religion et qui consiste à faire le tour d'un emplacement, d'un objet, d'une personne.

circumnavigation [sirkɔmnavigasjɔ̃] n.f. *Didact.* Voyage maritime autour d'un continent, autour du monde.

circumpolaire [sirkɔmpɔlɛr] adj. *Didact.* Qui avoisine le pôle Sud ou le pôle Nord.

cire n.f. (lat. *cera*). **1.** Substance grasse et jaune produite par les abeilles qui en font les rayons de leurs ruches. **2.** Substance semblable produite par certains végétaux : *Palmiers à cire.* **3.** Produit à base de cire d'abeille ou de cire végétale, utilisé pour l'entretien du bois. ▸ ***Cire à cacheter,*** produit qui, une fois ramolli par chauffage, sert à cacheter des lettres, des bouteilles.

ciré, e adj. ▸ ***Toile cirée,*** toile recouverte d'un enduit vernissé qui la rend imperméable. ◆ **ciré** n.m. Imperméable en tissu plastifié.

cirer v.t. [conj. 3]. Enduire de cire ou de cirage pour protéger : *Cirer les meubles* (**SYN.** encaustiquer). *Il faut cirer les sacs en cuir pour éviter les taches.* ▸ *Fam.* ***N'en avoir rien à cirer,*** ne pas se sentir concerné par qqch.

cireur, euse n. Personne qui a pour métier de cirer ; personne qui cire : *Un cireur de parquets, de chaussures.* ◆ **cireuse** n.f. Appareil électroménager servant à cirer les parquets.

cireux, euse adj. Qui est de la couleur jaunâtre de la cire : *Sa maladie lui donne un teint cireux* (**SYN.** blafard, blême, terreux).

ciron n.m. **1.** Acarien considéré, avant l'invention du microscope, comme le plus petit animal existant ; minuscule organisme qui, en se développant, évite à certains fromages de moisir. **2.** En Suisse, ver à bois.

cironné, e adj. En Suisse, attaqué par le ciron ; vermoulu.

cirque n.m. (lat. *circus*). **1.** Espace abritant une piste entourée de gradins, où se donnent des représentations ; spectacle donné dans cet espace et constitué d'une série de numéros d'acrobatie, de dressage, etc. ; ensemble des artistes, des animaux et du matériel nécessaires pour donner ces spectacles : *Les enfants adorent aller au cirque. Le cirque s'installe à l'entrée du village* (**SYN.** chapiteau). **2.** Dans l'Antiquité, amphithéâtre découvert où se disputaient les combats de gladiateurs et les courses de chars à Rome : *Les jeux du cirque* (**SYN.** arène). **3.** Vallée en demi-cercle, entourée de montagnes aux parois abruptes : *Le cirque de Gavarnie est un site touristique des Pyrénées.* **4.** *Fam.* Ensemble d'actes difficiles à réaliser, de choses compliquées ; désordre né de ces difficultés : *Quel cirque pour arriver jusqu'ici ! Tous ces papiers éparpillés, c'est le cirque !* (**SYN.** chaos).

cirrhose n.f. (du gr. *kirrhos*, roux). Maladie du foie caractérisée par des granulations roussâtres : *Cirrhose alcoolique* (= due à l'alcoolisme).

cirrhotique adj. Relatif à la cirrhose.

cirrus [sirys] n.m. (mot lat. signif. « filament »). Nuage blanc effilé qui apparaît à l'avant d'une dépression.

cisaille n.f. (du lat. *caedere*, couper). (Souvent au pl.). Gros ciseaux qui servent à couper les métaux, à élaguer les arbres.

cisaillement n.m. Action de cisailler ; résultat de cette action.

cisailler v.t. [conj. 3]. Couper avec une cisaille : *Ils ont cisaillé le grillage pour entrer.*

cisalpin, e adj. Qui se trouve du côté des Alpes où se situe Rome (par opp. à transalpin).

ciseau n.m. (du lat. *caedere*, couper). Outil formé d'une tige d'acier taillée en biseau, qui sert à travailler le bois, la pierre ou le métal : *Un ciseau à bois. Le sculpteur attaque le bloc de marbre au ciseau.* ◆ **ciseaux** n.m. pl. **1.** Instrument formé de deux lames tranchantes croisées en X, que l'on rapproche pour couper : *Une paire de ciseaux à ongles.* **2.** Mouvements, pratiqués en écartant les jambes et en les rapprochant comme des branches de ciseaux, effectués dans le saut en hauteur et dans certains exercices de gymnastique : *Sauter en ciseaux.*

cisèlement ou **ciselage** n.m. Action de ciseler ; son résultat.

ciseler v.t. [conj. 25]. **1.** Façonner délicatement avec un ciseau : *Le graveur cisèle le pied de la lampe* (**SYN.** sculpter). **2.** Découper en petits morceaux, aux ciseaux : *Il cisèle de la ciboulette pour l'omelette* (**SYN.** hacher).

ciseleur, euse n. Artiste, artisan qui cisèle des motifs décoratifs.

ciselure n.f. Art de ciseler des motifs décoratifs ; motif ciselé : *La ciselure demande de la minutie. Des ciselures ornent son coffret à bijoux.*

ciste n.m. (gr. *kisthos*). Arbrisseau méditerranéen à fleurs blanches ou roses.

cistercien, enne adj. et n. Qui relève de l'ordre monastique de Cîteaux : *Les abbayes cisterciennes. Un abbé dirige ce monastère de cisterciens.*

cistude n.f. Tortue d'eau douce européenne.

citadelle n.f. (it. *cittadella*, du lat. *civitas*, cité). **1.** Ouvrage fortifié qui protège une ville (**SYN.** fort, forteresse). **2.** *Fig.* Lieu, centre où l'on conserve et défend certaines idées : *Cette région est restée la citadelle de la contestation paysanne* (**SYN.** bastion, forteresse).

citadin, e adj. et n. (du lat. *civitas*, cité). Qui habite dans une ville : *La vie agitée des citadins* (**CONTR.** rural). ◆ adj. Qui relève de la ville : *Les coutumes citadines* (**SYN.** urbain ; **CONTR.** campagnard, rural).

citadine n.f. Automobile adaptée à la circulation en ville.

citation [sitasjɔ̃] n.f. **1.** Extrait de paroles ou d'un texte repris mot pour mot ; passage que l'on cite : *Ils « seront boutés hors de France... » est une citation historique de Jeanne d'Arc.* **2.** Ordre de se présenter devant la justice pour témoigner en qualité de demandeur ou de témoin ; écrit qui le notifie : *Recevoir une citation à comparaître* (**SYN.** assignation). **3.** Récompense honorifique décernée à un militaire pour une action d'éclat : *Citation à l'ordre de la nation.*

cité n.f. (du lat. *civitas*). **1.** *Sout.* Ville ; agglomération : *Notre cité participe au concours des villes fleuries.* **2.** (Avec une majuscule). Partie la plus ancienne d'une ville : *La Cité de Carcassonne est entourée de fortifications.* **3.** Groupe de logements construits pour une catégorie de personnes ; ensemble d'immeubles permettant de loger les personnes à revenu modeste : *Elle a pu se loger à la cité universitaire. Les jeunes des cités.* **4.** Dans l'Antiquité et au Moyen Âge, communauté politique et économique autonome formée par une ville et ses environs : *La cité grecque.* ▸ ***Avoir droit de cité,*** avoir le droit d'être admis dans un certain domaine : *Les archaïsmes ont droit de cité en poésie.*

cité-dortoir n.f. (pl. *cités-dortoirs*). Ville de banlieue que les gens quittent chaque jour pour aller travailler ailleurs (**SYN.** ville-dortoir).

cité-jardin n.f. (pl. *cités-jardins*). Ensemble d'habitations qui réserve de la place aux espaces verts.

citer v.t. (du lat. *citare,* convoquer) [conj. 3]. **1.** Reprendre mot pour mot ce qu'un autre a écrit ou dit : *J'ai cité une phrase de sa conclusion* (**SYN.** mentionner, rapporter, reproduire). **2.** Donner le nom de : *Citez deux titres de films primés* (**SYN.** indiquer, nommer). *Peux-tu citer les villes qui ont organisé les jeux Olympiques depuis cinquante ans ?* (**SYN.** énumérer). **3.** Donner à qqn l'ordre de se présenter devant un juge, un tribunal : *Le procureur la cite comme témoin à charge* (**SYN.** assigner, convoquer). **4.** Signaler les actions d'éclat de : *Le détachement sera cité à l'ordre du régiment.*

citerne n.f. (du lat. *cista,* coffre). **1.** Gros récipient utilisé pour recueillir et conserver les eaux de pluie (**SYN.** réservoir). **2.** Réservoir servant à stocker des produits liquides : *Il faut remplir la citerne à mazout pour cet hiver* (**SYN.** cuve). ▸ ***Camion-citerne, wagon-citerne,*** voir à leur ordre alphabétique.

cithare n.f. Instrument de musique à cordes tendues, sans manche.

cithariste n. Joueur de cithare.

citizen band [sitizənbɑ̃d] n.f. (de l'angl. *citizen's band,* fréquence du public) [pl. *citizen bands*]. Ensemble de fréquences sur lesquelles les particuliers peuvent régler leur émetteur radio pour communiquer entre eux (abrév. C.B.).

citoyen, enne n. (de *cité*). **1.** Membre d'un État, considéré du point de vue de ses droits civils et politiques (par opp. aux condamnés, aux étrangers) et de ses devoirs : *Les citoyens européens ont le droit de voter en France* (**SYN.** ressortissant). *Faire son devoir de citoyen* (= voter). **2.** Sous la Révolution française, titre substitué à « monsieur » ou à « madame » : *La citoyenne Corday* (= madame Corday). **3.** Dans l'Antiquité, membre de la cité ayant les privilèges que lui conférait ce statut. **4.** *Fam., péjor.* Individu : *Un drôle de citoyen* (**SYN.** bonhomme, type). ◆ adj. **1.** Qui relève du citoyen, de son action civique et politique : *Cette crise a provoqué une prise de conscience citoyenne.* **2.** Qui cherche à concilier éthique, responsabilité et rentabilité : *Une entreprise, une taxe citoyenne.*

citoyenneté n.f. Qualité de citoyen ; privilège d'être un citoyen : *Quelques sans-papiers ont obtenu la citoyenneté française* (**SYN.** nationalité).

citrique adj. ▸ ***Acide citrique,*** acide extrait du citron et d'autres fruits, qui intervient dans la digestion des sucres.

citron n.m. (lat. *citrus*). **1.** Fruit comestible du citronnier, de couleur jaune et de saveur acide. **2.** *Fam.* Tête, en tant que siège des facultés intellectuelles : *Il n'a vraiment rien dans le citron.* **3.** Au Québec, automobile, équipement ou appareil recelant de nombreux défauts de fabrication et de fonctionnement. ◆ adj. inv. De la couleur du citron : *Des voitures citron.*

citronnade n.f. Boisson faite de jus de citron additionné d'eau et de sucre ou de sirop de citron et d'eau.

citronné, e adj. Qui a l'odeur du citron ; additionné de jus de citron : *Citronnées, les pommes coupées ne s'oxydent pas* (= enduites de jus de citron).

citronnelle n.f. **1.** Plante cultivée pour son huile essentielle ; essence citronnée de cette plante : *L'essence de citronnelle permet d'éloigner les moustiques.* **2.** Liqueur résultant de l'infusion de zestes de citron.

citronnier n.m. **1.** Arbre cultivé pour son fruit, le citron. **2.** Bois de cet arbre utilisé en ébénisterie.

citrouille n.f. (du lat. *citrus,* citron). Variété cultivée de courge, dont le fruit, allongé et volumineux, peut atteindre 50 kilos ; ce fruit à peau verte rayée de jaune.

çivaïsme n.m. → **shivaïsme.**

çivaïte adj. et n. → **shivaïte.**

cive n.f. (du lat. *caepa,* oignon). Ciboule.

civelle n.f. Jeune anguille qui remonte les cours d'eau.

civet n.m. (de *cive,* ragoût préparé avec des cives). Plat de gibier mijoté dans une sauce contenant du sang de l'animal et du vin rouge.

① **civette** n.f. (it. *zibetto,* d'un mot ar.). **1.** Petit mammifère carnivore ayant un pelage gris avec des bandes et des taches noires. **2.** Substance que sécrète la civette, utilisée en parfumerie.

② **civette** n.f. (de *cive*). Ciboulette.

civière n.f. (du lat. *cibarius,* qui sert au transport des provisions). Assemblage fait de deux longues tiges permettant de soulever une toile sur laquelle on place des blessés, des fardeaux pour les transporter ; brancard.

① **civil, e** adj. (du lat. *civis,* citoyen). **1.** Qui relève de l'ensemble des citoyens d'un État : *L'injustice pousse à la désobéissance civile. La guerre civile* (= entre concitoyens). **2.** Qui ne concerne ni les militaires ni les religieux : *Il faut évacuer les populations civiles* (**CONTR.** militaire). *Mariage civil* (= devant le maire ; par opp. à religieux). **3.** Qui relève du droit réglementant les rapports entre particuliers (par opp. à criminel, à pénal) : *La juridiction civile.* **4.** *Sout.* Qui respecte la politesse et les règles de bonne conduite en société : *Il nous a répondu de façon fort civile* (**SYN.** courtois, poli). ☞ **REM.** Ne pas confondre avec *civique.* ▸ ***Droits civils,*** droits garantis par la loi à tous les citoyens d'un État considérés comme personnes privées. ***État civil*** → **1. état.** ***Partie civile,*** personne qui, pour obtenir réparation d'un préjudice devant un tribunal, s'oppose à la personne accusée d'avoir violé la loi : *Se constituer partie civile.* ***Société civile*** → **société.**

② **civil** n.m. **1.** Personne dont la profession ne relève ni de l'armée ni de l'Église : *Des soldats escortent les civils* (**CONTR.** militaire). **2.** Type d'activité qu'exerce une personne qui n'est ni militaire, ni religieuse : *Il est garde du corps dans le civil.* **3.** Ce qui concerne la juridiction civile (par oppos. à pénal). ▸ ***En civil,*** habillé comme n'importe quelle personne, sans uniforme : *Policiers en civil* (**CONTR.** en tenue).

civilement adv. **1.** En dehors de la religion : *Se marier civilement* (= sans cérémonie religieuse). **2.** Selon les dispositions du droit civil (par opp. à pénalement). **3.** *Sout.* En respectant les bonnes manières, avec civilité (**SYN.** poliment).

civilisateur, trice adj. et n. Qui propage la civilisation.

civilisation n.f. **1.** État de développement politique, social, économique atteint par certaines sociétés et considéré comme un idéal à atteindre (par opp. à barbarie) : *La Grèce a créé les fondements de notre civilisation* (**SYN.** culture). **2.** Ensemble des critères moraux, culturels et matériels qui caractérisent la vie d'un peuple à un moment donné : *La civilisation inca* (**SYN.** culture). **3.** Action de civiliser un peuple, de perfectionner son environnement matériel et culturel.

civilisé, e adj. et n. Qui a atteint un certain degré d'évolution intellectuelle ou industrielle ; doté d'une civilisation : *Les peuples civilisés* (**SYN.** évolué ; **CONTR.** barbare, inculte, primitif, sauvage).

civiliser v.t. [conj. 3]. **1.** Faire évoluer la culture, le mode de vie et de pensée de : *Rome a civilisé la Gaule.* **2.** *Fam.* Rendre plus poli ; apprendre les bonnes manières à (**SYN.** dégrossir, éduquer). ◆ **se civiliser** v.pr. Atteindre un certain stade de civilisation.

civiliste n. Spécialiste du droit civil.

civilité n.f. *Sout.* Respect des bonnes manières : *Ils ont été reçus avec civilité* (**SYN.** courtoisie, politesse, savoir-vivre ; **CONTR.** grossièreté, impolitesse, sans-gêne). ◆ **civilités** n.f. pl. *Sout.* Manifestations d'estime ; salutations : *Présenter ses civilités à qqn* (**SYN.** hommages, respects).

civique adj. (du lat. *civis,* citoyen). **1.** Qui relève du citoyen et de son rôle dans la vie politique : *Voter est un devoir civique.* **2.** Qui prouve le civisme de qqn, sa qualité de bon citoyen : *Faire preuve de sens civique.* ☞ **REM.** Ne pas confondre avec *civil.* ▸ ***Droits civiques,*** droits attachés à la qualité de citoyen. ***Éducation civique,*** discipline scolaire qui traite du rôle du citoyen.

civisme n.m. Dévouement à la collectivité, à l'État ; sens qu'une personne a de ses devoirs de citoyen : *Jeter des déchets par terre révèle un manque de civisme.*

clac interj. Exprime un bruit sec, un claquement.

clafoutis n.m. Gâteau fait d'une pâte à crêpes et de fruits, notamm. de cerises.

claie [klɛ] n.f. (gaul. *cleta*). **1.** Assemblage de brins d'osier, de fils métalliques entrecroisés de façon à laisser des vides pour égoutter les fromages ou sécher les fruits. **2.** Clôture faite de lattes ou de fils métalliques entrecroisés.

① **clair, e** adj. (lat. *clarus*). **1.** Qui émet une lumière intense : *Une flamme claire* (**SYN.** éclatant, lumineux, vif). **2.** Qui reçoit largement la lumière du jour : *Cette pièce orientée au sud est très claire* (**SYN.** lumineux ; **CONTR.** sombre). **3.** Qui laisse passer la lumière ; transparent : *L'eau des torrents de montagne est claire* (**SYN.** limpide, pur ; **CONTR.** trouble). *Par temps clair, l'île apparaît à l'horizon* (= sans nuages ; **SYN.** beau, dégagé ; **CONTR.** brouillé, couvert). **4.** Dont la couleur est peu foncée : *Une peau claire* (**SYN.** blanc, pâle, rose ; **CONTR.** bronzé, mat). *Des draps bleu clair* (**CONTR.** foncé, sombre). **5.** Qui est peu compact : *Une sauce claire* (**SYN.** fluide ; **CONTR.** consistant, épais, pâteux). *Une forêt claire* (**SYN.** aéré ; **CONTR.** dense). **6.** Se dit d'un son net, cristallin : *Une voix claire* (**SYN.** distinct ; **CONTR.** sourd, voilé). **7.** Qui se comprend facilement ; qui se fait bien comprendre : *Une explication parfaitement claire* (**SYN.** compréhensible, intelligible ; **CONTR.** confus). *J'ai été très claire sur ce point* (**SYN.** explicite ; **CONTR.** ambigu, équivoque). **8.** Qui apparaît avec évidence ; qui apparaît certain : *Il est clair que le prix des fruits va augmenter* (**SYN.** évident, manifeste). ▸ ***C'est clair comme le jour*** ou ***comme de l'eau de roche,*** c'est tout à fait évident. ***Eau claire,*** sans addition de détergent : *Rincez à l'eau claire.* ◆ **clair** adv. ▸ ***Il fait clair,*** il fait grand jour. ***Parler clair,*** parler distinctement ; fig., être explicite et franc. ***Voir clair*** ou ***y voir clair,*** avoir une bonne vue ; fig., comprendre le sens de qqch, les intentions de qqn.

② **clair** n.m. Lumière répandue par un astre : *Se promener au clair de lune. Au clair de la lune.* ▸ ***En clair,*** de façon immédiatement accessible, lisible : *L'émission est diffusée en clair* (contr. codé) ; d'une façon facile à comprendre : *En clair, je désire prendre le volant* (= explicitement). ***Le plus clair de,*** la partie la plus importante de : *Elle passe le plus clair de son temps devant son ordinateur* (= l'essentiel de, beaucoup de). ***Mettre au clair,*** mettre de l'ordre dans : *Mettre un brouillon au clair.* ***Tirer qqch au clair,*** réussir à débrouiller une chose compliquée, à élucider un problème : *Nous allons tirer les choses au clair.*

claire n.f. **1.** Bassin où l'on place les huîtres pour les faire grossir et les affiner. **2.** Huître restée quelques semaines en claire (on dit aussi *fine de claire*).

clairement adv. De façon claire : *J'ai clairement entendu sa porte se fermer* (**SYN.** distinctement, nettement ; **CONTR.** vaguement). *Essayez de vous exprimer clairement* (**SYN.** simplement ; **CONTR.** confusément).

clairet, ette adj. **1.** Se dit d'un vin rouge léger et de couleur claire. **2.** Qui est d'une consistance trop légère : *Une sauce clairette* (**CONTR.** épais).

clairette n.f. Cépage blanc du Midi ; vin fait avec ce cépage.

claire-voie n.f. (pl. *claires-voies*). Clôture formée de barreaux espacés : *La claire-voie de la cage des lions est solide.* ▸ ***À claire-voie,*** qui comporte des espaces vides entre ses constituants : *Des volets à claire-voie* (= ajourés).

clairière n.f. Endroit dégarni d'arbres dans une forêt.

clair-obscur n.m. (pl. *clairs-obscurs*). **1.** Dans un tableau, représentation harmonieusement contrastée des ombres et des lumières. **2.** Lumière atténuée, douce, tamisée : *Les clairs-obscurs des soirs d'été* (**SYN.** pénombre).

clairon n.m. **1.** Instrument à vent sans clé ni piston. **2.** Musicien qui joue de cet instrument.

claironnant, e adj. Qui retentit avec éclat : *Une voix claironnante* (**SYN.** sonore, tonitruant ; **CONTR.** voilé).

claironner v.i. [conj. 3]. Exprimer d'une voix sonore : *Elle ne sait pas parler sans claironner.* ◆ v.t. Proclamer d'une voix tonitruante : *Ils claironnent qu'ils vont gagner* (**SYN.** carillonner, clamer).

clairsemé, e adj. **1.** Qui est planté à de larges intervalles : *Une haie clairsemée* (**SYN.** épars ; **CONTR.** dense, serré). **2.** *Fig.* Peu nombreux : *Le match s'est joué devant un public clairsemé* (**SYN.** dispersé, rare).

clairvoyance n.f. Capacité à analyser correctement la situation : *Avec clairvoyance, elle a revendu ses actions avant la baisse* (**SYN.** discernement, lucidité, perspicacité ; **CONTR.** aveuglement).

clairvoyant, e adj. Qui fait preuve de clairvoyance : *Elle s'est montrée clairvoyante dans le choix de ses collaborateurs* (**SYN.** avisé, perspicace ; **CONTR.** borné, obtus).

clam [klam] n.m. (de l'angl. *to clam*, serrer). Mollusque marin comestible.

clamecer v.i. [conj. 16] → **clamser.**

clamer v.t. (lat. *clamare*) [conj. 3]. Faire connaître avec force ; crier : *Les spectateurs clamaient leur mécontentement* (**SYN.** hurler, vociférer). *Du fond de sa cellule, le condamné clame son innocence* (**SYN.** jurer de, proclamer).

clameur n.f. Cri d'une foule : *Chaque point marqué déclenche une clameur du public* (**SYN.** hurlement, ovation).

clamp [klɑ̃p] n.m. (néerl. *klamp*, crampon). Pince chirurgicale servant à arrêter les saignements.

clampin n.m. (de l'anc. fr. *clopin*, boiteux). *Fam.* Homme paresseux ou inefficace.

clamser [conj. 3] ou **clamecer** [conj. 16] [klamse] v.i. *Fam.* Mourir.

clan n.m. (mot irlandais signif. « descendant »). **1.** Groupe social écossais ou irlandais, composé de plusieurs familles. **2.** Groupe de personnes ayant les mêmes intérêts ou la même opinion : *Le village s'est scindé en deux clans* (**SYN.** camp, parti).

clandestin, e adj. (du lat. *clam*, en secret). **1.** Qui se fait en cachette : *Une rave-party clandestine aura lieu ce soir* (**SYN.** secret). **2.** Dont l'existence est contraire à la loi : *Les douaniers ont démantelé un trafic clandestin d'ivoire* (**SYN.** illicite, prohibé). ▸ ***Passager clandestin,*** passager embarqué à bord d'un navire, d'un avion à l'insu de l'équipage. ◆ n. Immigré ou travailleur qui n'a pas de papiers en règle.

clandestinement adv. De façon clandestine : *Ils se réunissent clandestinement* (**SYN.** secrètement).

clandestinité n.f. **1.** Caractère de ce qui est clandestin : *Pour préserver la clandestinité de nos réunions* (**SYN.** secret). **2.** Situation d'une personne qui vit hors la loi : *Sans papiers, les immigrés restent dans la clandestinité* (**SYN.** illégalité).

clanique adj. Qui relève du clan : *Une société clanique.*

clapet n.m. (de l'anc. fr. *claper*, frapper). Partie d'une soupape qui se lève ou s'abaisse. ▸ *Fam.* ***Fermer son clapet,*** se taire.

clapier n.m. (de l'anc. prov. *clap*, tas de pierres). Cage ou ensemble de cages à lapins.

clapir v.i. (var. de *glapir*) [conj. 32]. Émettre un cri, en parlant d'un lapin.

clapoter v.i. [conj. 3]. Faire un petit bruit d'eau agitée, en parlant d'un liquide.

clapotis ou **clapotement** ou **clapotage** n.m. Faible agitation de l'eau qui produit un petit bruit : *Le clapotis de la mer sur les quais du port.*

clappement n.m. Bruit sec produit avec la langue quand on la détache brusquement du palais.

clapper v.i. [conj. 3]. Produire un clappement : *La cavalière clappa de la langue pour encourager son cheval.*

claquage n.m. Déchirure accidentelle d'un muscle.

① **claque** n.f. **1.** Coup donné du plat de la main : *Il a mérité la paire de claques qu'il a reçue* (**SYN.** gifle). *Pour dire bonjour, il donne une claque dans le dos.* **2.** Groupe de spectateurs payés pour applaudir un spectacle et entraîner le public à en faire autant. **3.** *Fam.* Revers cuisant : *Il a pris une belle claque aux élections* (**SYN.** affront, échec). **4.** Au Québec, enveloppe en caoutchouc servant à protéger la chaussure. ▸ *Fam.* ***En avoir sa claque de qqch, de qqn,*** être excédé de qqch, ne plus pouvoir supporter qqn. *Fam.* ***Prendre ses cliques et ses claques*** → **cliques.** *Fam.* ***Tête à claques,*** personne déplaisante, antipathique.

② **claque** n.m. Chapeau haut de forme, que l'on peut aplatir (**SYN.** gibus).

claquement n.m. Fait de claquer ; bruit de ce qui claque : *Des claquements de portes.*

claquemurer v.t. (de l'anc. fr. *à claquemur*, en un lieu si étroit que le mur claque) [conj. 3]. Tenir étroitement enfermé : *Les jurés sont claquemurés pour délibérer* (**SYN.** claustrer). ◆ **se claquemurer** v.pr. S'enfermer chez soi ; rester reclus : *Elle s'est claquemurée avec son fils* (**SYN.** se cloîtrer).

claquer v.i. (onomat.) [conj. 3]. **1.** Produire un bruit sec : *J'ai entendu claquer les portières.* **2.** *Fam.* Devenir inutilisable ; se casser : *La tondeuse a claqué.* ▸ ***Claquer des dents,*** avoir très froid ; avoir très peur (= grelotter, trembler). ◆ v.t. **1.** Pousser, fermer qqch violemment : *Quand il s'énerve, il claque les tiroirs.* **2.** Donner une claque, des claques : *Je l'ai claqué pour lui apprendre la politesse* (**SYN.** gifler). **3.** *Fam.* Causer une intense fatigue : *Le déménagement m'a claqué* (**SYN.** éreinter, exténuer). **4.** *Fam.* Dépenser sans discernement : *Il a claqué ses indemnités dans un lecteur de DVD* (**SYN.** dilapider, gaspiller). ◆ **se claquer** v.pr. *Fam.* Se fatiguer : *Elle s'est claquée à tout arranger* (**SYN.** s'épuiser, s'éreinter). ▸ ***Se claquer un muscle,*** être victime d'un claquage.

claquette n.f. Instrument constitué de deux planchettes que l'on entrechoque pour donner un signal. ◆ **claquettes** n.f. pl. Danse rythmée par le claquement des chaussures dont la pointe et le talon sont munis de lames de métal : *Elle apprend les claquettes.*

clarification n.f. Action de clarifier : *La clarification des eaux de la rivière* (**SYN.** épuration, purification). *Procéder à la clarification d'une affaire* (**SYN.** éclaircissement, élucidation).

clarifier v.t. [conj. 9]. **1.** Rendre clair un liquide : *Clarifier du beurre fondu* (**SYN.** décanter). **2.** Rendre plus facile à comprendre : *Une explication entre les deux hommes a clarifié la situation* (**SYN.** débrouiller, éclaircir).

clarine n.f. Clochette dont le son permet de localiser le bétail dans la montagne.

clarinette n.f. (de l'anc. adj. *clarin*, qui sonne clair [fort]). Instrument à vent de la catégorie des bois.

clarinettiste n. Musicien qui joue de la clarinette.

clarté n.f. (lat. *claritas*, de *clarus*, clair). **1.** Lumière qui permet de distinguer ce qui nous entoure : *Nous avancions à la clarté de la lune* (**SYN.** luminosité). **2.** Qualité de ce qui est clair, lumineux, transparent, limpide : *La chambre est agréable pour sa clarté* (**SYN.** luminosité). *La clarté de l'eau du torrent* (**SYN.** limpidité, transparence). **3.** Qualité de ce qui est facile à comprendre ; qualité d'une personne qui se fait facilement comprendre : *La démonstration était d'une grande clarté* (**SYN.** intelligibilité). *Elle a exposé sa thèse avec clarté* (**SYN.** netteté, précision). ◆ **clartés** n.f. pl. *Litt.* Connaissances générales ; informations permettant de mieux comprendre : *Je manque de clartés sur la question.*

clash [klaʃ] n.m. (mot angl.) [pl. *clashs* ou *clashes*]. *Fam.* Désaccord soudain et violent ; rupture, conflit : *Leurs positions sont si éloignées qu'il risque d'y avoir un clash.*

① **classe** n.f. (lat. *classis*). **1.** Ensemble de personnes ou de choses ayant des traits communs : *Elles font partie de la même classe sociale* (**SYN.** catégorie). *Les classes grammaticales* (= parties du discours). **2.** Rang attribué à qqn, à qqch selon un ordre de valeur, d'importance, de qualité : *Un footballeur de classe internationale. Voyager en classe affaires.* **3.** Valeur, qualité exceptionnelle : *Cette actrice a une classe folle* (**SYN.** distinction, élégance, raffinement). **4.** Chacun des degrés de l'enseignement primaire et secondaire : *Entrer en classe de première. Il a redoublé deux classes.* **5.** Groupe d'élèves qui suivent le même enseignement dans une même salle : *Sa cousine est dans la même classe qu'elle.* **6.** Salle où est dispensé l'enseignement. **7.** Enseignement donné dans les établissements scolaires ; séance consacrée à cet enseignement : *Faire la classe. Ils n'ont pas classe début juin* (**SYN.** cours). *Livre de classe.* **8.** En biologie, division d'un embranchement d'animaux ou de végétaux, qui regroupe les ordres : *La classe des oiseaux, des monocotylédones.* **9.** Ensemble des jeunes atteignant la même année l'âge du service militaire. ▸ ***Classe de mer, classe de neige, classe verte*** ou ***classe de nature,*** séjour à la mer, à la montagne, à la campagne d'une classe d'écoliers qui partage son temps entre les études et des activités de sport ou de découverte. ***Classe politique,*** ensemble des hommes politiques d'un pays. ***En classe,*** à l'école : *Aller en classe.* ***Faire ses classes,*** recevoir les premiers éléments de l'instruction militaire ; fig., acquérir une certaine expérience dans un domaine.

② **classe** adj. inv. *Fam.* Qui a de la classe, de l'allure : *Elles sont très classe dans leurs nouveaux tailleurs* (**SYN.** chic, distingué, élégant).

classement n.m. **1.** Action de classer ; manière de classer : *Le classement alphabétique des mots du dictionnaire* (**SYN.** classification). **2.** Rang occupé par une personne classée : *Elle a amélioré son classement.*

classer v.t. [conj. 3]. **1.** Ranger par catégories ou dans un ordre déterminé : *Classer les factures par ordre d'arrivée* (**SYN.** ordonner, trier ; **CONTR.** déranger, mélanger). *Créer des répertoires pour classer les fichiers informatiques* (**SYN.** répartir). **2.** Mettre dans une catégorie : *On la classe parmi les gens d'esprit* (**SYN.** cataloguer). **3.** (Sans compl.). *Péjor.* Juger irrémédiablement : *Après de tels propos, il est classé* (**SYN.** étiqueter). ▸ ***Classer une affaire,*** la considérer comme résolue. ***Classer un monument, un site,*** reconnaître leur intérêt historique ou esthétique en chargeant l'État de les sauvegarder. ◆ **se classer** v.pr. Obtenir un certain rang dans un ordre : *Elle s'est classée deuxième.*

classeur n.m. **1.** Dossier plus ou moins rigide servant à ranger des documents. **2.** Meuble à compartiments ou boîte permettant de classer des documents.

classicisme n.m. **1.** Caractère de ce qui est classique, conforme aux règles traditionnelles : *Le classicisme de ses méthodes de vente* (**SYN.** conformisme ; **CONTR.** fantaisie). **2.** Ensemble de théories littéraires et artistiques caractérisé par une recherche de l'équilibre, de la clarté et du naturel, qui se manifesta en France au XVIIe siècle.

classification n.f. Répartition par catégories selon une certaine méthode : *La classification périodique des éléments chimiques* (**SYN.** classement).

classifier v.t. [conj. 9]. **1.** Procéder à la classification de : *Classifier les films de l'année* (**SYN.** classer, répertorier). **2.** Dans le domaine militaire, protéger des documents ou des films contenant des informations qui doivent impérativement rester secrètes, en limitant leur consultation aux personnes habilitées seulement.

① **classique** adj. (lat. *classicus*, de première classe). **1.** En littérature et en architecture, qui relève du courant artistique qui se manifesta en France au XVIIe siècle : *Racine est un dramaturge classique* (par opp. à romantique). *Le château de Versailles est un bâtiment classique* (par opp. à baroque). **2.** Qui appartient à l'Antiquité grecque ou romaine : *Euripide et Virgile sont des auteurs classiques.* **3.** Qui comporte l'enseignement de la langue et de la littérature grecques et latines : *Les étudiants en lettres classiques* (**CONTR.** moderne). **4.** Qui ne s'écarte pas de la tradition, des usages établis : *Elle s'habille de façon très classique* (**SYN.** conventionnel, traditionnel ; **CONTR.** excentrique, original). **5.** *Fam.* Qui ne surprend pas ; à quoi on peut s'attendre : *Elle a rougi, c'est une réaction classique* (**SYN.** courant, habituel ; **CONTR.** inhabituel, singulier). **6.** Qui sert de référence, qui fait autorité dans un domaine : *L'ouvrage de ce pédiatre est le livre de chevet classique des jeunes mères* (**SYN.** incontournable). ▸ ***Danse classique,*** danse occidentale dont la technique très codifiée comprend cinq positions fondamentales (on dit aussi *danse académique*). ***Musique classique,*** musique des grands compositeurs occidentaux, qui répond à des normes formelles (par opp. au jazz, aux variétés). ◆ n.m. **1.** Écrivain ou artiste de l'Antiquité, ou qui s'est inspiré de l'Antiquité. **2.** Auteur, ouvrage ou œuvre qui constitue une référence dans un domaine : *Je connais mes classiques. Un classique du rock.* **3.** Musique classique : *Il n'écoute que du classique.* ◆ n. Partisan du classicisme.

② **classique** n.f. **1.** Épreuve sportive consacrée par la tradition. **2.** En cyclisme, grande course sur route disputée en une seule journée.

classiquement adv. **1.** Conformément à la tradition, aux normes classiques : *Se meubler classiquement.* **2.** De façon habituelle : *La technique classiquement employée* (**SYN.** habituellement, ordinairement).

claudicant, e adj. *Litt.* Se dit de qqn qui boite, de sa façon de marcher.

claudication n.f. *Litt.* Action de boiter (**SYN.** boitement).

claudiquer v.i. (lat. *claudicare,* de *claudus,* boiteux) [conj. 3]. *Litt.* Boiter légèrement.

clause n.f. (du lat. *claudere,* clore). Disposition particulière d'un acte juridique : *L'une des clauses du contrat de mariage stipule cette obligation* (**SYN.** article). ▸ ***Clause de style,*** clause qu'il est d'usage d'insérer dans les actes juridiques de même nature ; fig., formule employée par habitude mais qui ne porte pas à conséquence.

claustra n.m. (mot lat.) [pl. *claustras*]. En architecture, paroi ajourée fermant une baie ou délimitant un espace.

claustral, e, aux adj. (du lat. *claustrum,* clôture). Qui est propre à un cloître : *La discipline claustrale* (**SYN.** monacal).

claustration n.f. **1.** Action de cloîtrer ; vie d'une personne cloîtrée : *Nonnes vivant dans la claustration* (**SYN.** réclusion). **2.** Enfermement à l'écart du monde : *Longue claustration due à la maladie* (**SYN.** isolement).

claustrer v.t. [conj. 3]. **1.** Enfermer dans un endroit clos, à l'écart du monde : *Sa rougeole l'a claustré chez lui* (**SYN.** claquemurer). **2.** *Vx* Enfermer dans un cloître (**SYN.** cloîtrer).

claustrophobe adj. et n. Qui souffre de claustrophobie.

claustrophobie n.f. (de *claustrer,* et du gr. *phobos,* peur). Peur maladive de se trouver dans un espace clos.

clavardage n.m. (de *clavier* et *bavardage*). Au Québec, action de clavarder (**SYN.** 2. chat).

clavarder v.i. [conj. 3]. Au Québec, dialoguer sur Internet avec d'autres internautes en temps réel et par clavier interposé.

claveau n.m. (du lat. *clavellus,* petit clou). Pierre taillée en coin utilisée dans la construction des voûtes.

clavecin n.m. (lat. *clavis,* clé, et *cymbalum,* cymbale). Instrument de musique à cordes métalliques pincées et à un ou plusieurs claviers, qui a la forme d'un piano à queue.

claveciniste n. Musicien qui joue du clavecin.

clavette n.f. (lat. *clavis,* clé). Petite cheville métallique permettant de rendre solidaires deux pièces d'une machine.

clavicule n.f. (lat. *clavicula,* petite clé). Os long et horizontal joignant le sternum à l'épaule.

clavier n.m. (lat. *clavis,* clé). Ensemble des touches d'un instrument de musique, d'une machine à écrire, d'un ordinateur, d'un téléphone. ◆ **claviers** n.m. pl. Ensemble d'instruments électroniques à clavier dirigés par un même musicien.

claviériste n. Musicien utilisant des claviers électroniques.

claviste n. Dans l'imprimerie, personne chargée de la saisie ou de la composition de textes.

clayère [klɛjɛr] n.f. Parc à huîtres.

clayette [klɛjɛt] n.f. **1.** Étagère amovible, souvent à claire-voie : *Clayettes d'un réfrigérateur.* **2.** Cageot.

clayon [klɛjɔ̃] n.m. Petite claie servant au transport des pains longs, à l'égouttage des fromages, au séchage des fruits (**SYN.** clisse).

clé ou **clef** [kle] n.f. (lat. *clavis*). **1.** Pièce métallique servant à actionner une serrure : *Fermer la porte à clé. Un trousseau de clés.* **2.** Outil servant à serrer ou à desserrer des écrous : *Clé à molette. Clé plate.* **3.** Instrument ou dispositif servant à ouvrir ou à fermer des boîtes : *Clé à boîte de sardines.* **4.** Pièce mobile qui ouvre ou bouche les trous d'un instrument de musique à vent. **5.** *Fig.* Point stratégique pour l'accès à un lieu : *Cette forteresse est la clé de la vallée.* **6.** (Employé en appos., avec ou sans trait d'union). Qui joue un rôle fondamental, essentiel : *Des rôles-clés* (**SYN.** important, significatif). *Occuper un poste clé* (**SYN.** essentiel). **7.** Moyen de parvenir à un résultat : *La recherche scientifique est la clé du progrès.* **8.** Élément qui permet de comprendre : *Roman, pièce, film à clés* (= où l'on reconnaît des situations, des personnages réels). *La clé de l'énigme* (**SYN.** solution). **9.** Code servant au chiffrement d'un message ou donnant accès à des informations confidentielles : *Clé électronique d'un ordinateur* (= dispositif qui protège un logiciel contre la copie). **10.** Signe musical de début de portée qui identifie les notes : *Clé de fa, de sol, d'ut.* **11.** Prise de lutte ou de judo qui immobilise l'adversaire. ▸ ***À la clé,*** avec pour conséquence : *Un stage avec embauche à la clé.* ***Clé de voûte,*** pierre centrale d'une voûte qui maintient toutes les autres en position ; fig., ce dont dépend tout l'équilibre d'un système, d'un raisonnement : *La signature de cet accord est la clé de voûte de la paix.* ***Clés en main,*** se dit d'un logement, d'un véhicule, d'une entreprise vendus prêts à être utilisés. ***Mettre la clé sous la porte,*** partir discrètement. ***Prendre la clé des champs,*** s'en aller librement ; s'échapper. ***Sous clé,*** dans un lieu fermé à clé, en parlant de qqch ; en prison, en parlant de qqn.

clébard ou **clebs** [klɛps] n.m. (de l'ar.). *Fam.* Chien.

clédar n.m. En Suisse, porte ajourée d'un jardin.

clef [kle] n.f. → **clé.**

clématite n.f. (du gr. *klêma,* sarment). Plante grimpante à tiges dures, cultivée pour ses variétés ornementales.

clémence n.f. (lat. *clementia*). **1.** Sentiment généreux qui pousse à pardonner : *Faire appel à la clémence des jurés* (**SYN.** indulgence, mansuétude [litt.], miséricorde ; **CONTR.** dureté, sévérité). **2.** Douceur agréable du climat : *La clémence de l'hiver sous les tropiques* (**CONTR.** rigueur).

clément, e adj. **1.** Qui fait preuve de clémence : *Pour une fois, je serai clémente* (**SYN.** indulgent, magnanime ; **CONTR.** inflexible, sévère). **2.** Dont la température, le climat sont agréables : *Un hiver clément* (**SYN.** doux ; **CONTR.** rigoureux).

clémentine n.f. (de P. *Clément,* celui qui obtint le fruit en 1902). Petite mandarine à peau fine, fruit du clémentinier.

clémentinier n.m. Arbuste issu du croisement du bigaradier et du mandarinier, cultivé pour ses fruits, les clémentines.

clenche [klɑ̃ʃ ou klɛ̃ʃ] n.f. **1.** Levier du loquet d'une porte, qui la tient fermée. **2.** En Belgique, poignée de porte.

clepsydre [klɛpsidr] n.f. (du gr. *kleptein,* voler, et *hudôr,* eau). Horloge antique mesurant le temps par un écoulement d'eau dans un récipient gradué.

cleptomane n. → **kleptomane.**

cleptomanie n.f. → **kleptomanie.**

clerc [klɛr] n.m. (du lat. *clerus*, clergé). **1.** Celui qui s'engage au service d'une Église (**SYN.** ecclésiastique). **2.** Employé d'une étude de notaire, d'avoué, d'huissier. ▸ ***Être grand clerc en qqch,*** être expert dans ce domaine. ***Pas de clerc,*** bévue, maladresse due à l'inexpérience : *Le ministre a fait un pas de clerc.*

clergé n.m. Ensemble des clercs d'une religion : *Le clergé protestant français.*

clergyman [klɛrʒiman] n.m. (mot angl.) [pl. *clergymans* ou *clergymen*]. Pasteur anglican.

clérical, e, aux adj. et n. Relatif au clergé ; partisan du cléricalisme.

cléricalisme n.m. Opinion prônant l'intervention du clergé dans les affaires publiques.

clic n.m. En informatique, brève pression sur le bouton d'une souris de micro-ordinateur : *Un clic et le menu s'affiche.*

Clic-Clac n.m. inv. (nom déposé). Canapé-lit dont on rabat le dossier à l'horizontale avec l'assise pour former le matelas de couchage.

cliché n.m. **1.** Négatif photographique. **2.** *Fig., péjor.* Idée toute faite, trop souvent exprimée ; lieu commun : *Un style clair qui bannit tous les clichés* (**SYN.** banalité, poncif).

① **client, e** n. (du lat. *cliens, clientis*, protégé d'un personnage important). Personne recevant des fournitures ou des services contre paiement : *Les clients du supermarché* (**SYN.** acheteur). *Ce médecin a beaucoup de clients* (**SYN.** malade, patient).

② **client** n.m. **1.** En informatique, programme qui fait appel à un autre pour exécuter une tâche. **2.** Poste informatique en réseau à partir duquel un utilisateur fait appel à un serveur.

clientèle n.f. **1.** Ensemble des clients : *Parking réservé à la clientèle de l'hôtel.* **2.** Fait d'être client : *Accorder, retirer sa clientèle à qqn.* **3.** Ensemble des partisans, des électeurs d'un homme politique, d'un parti.

clientélisme n.m. *Péjor.* Fait, pour un homme ou un parti politique, de chercher à gagner des partisans par des procédés démagogiques ou par l'octroi de privilèges.

clientéliste adj. Relatif au clientélisme.

clignement n.m. Action de cligner : *Des clignements d'yeux* (= signe de l'œil pour avertir qqn ou attirer son attention).

cligner v.t. (lat. *cludere*, fermer) [conj. 3]. Fermer à demi les yeux pour mieux distinguer : *La myopie l'oblige à cligner les yeux.* ◆ v.t. ind. **[de].** Battre des paupières par réflexe : *Elle cligne des yeux à cause de la lumière des phares* (= ses yeux papillotent ; **SYN.** ciller). ▸ ***Cligner de l'œil,*** faire un clin d'œil à qqn. ◆ v.i. Ouvrir et fermer les paupières rapidement, de manière réflexe ; battre des paupières.

clignotant, e adj. Qui clignote : *Feux clignotants* (= pour avertir d'un danger). ◆ **clignotant** n.m. **1.** Dispositif lumineux d'un véhicule qui, mis en fonctionnement, clignote pour signaler un changement de direction. **2.** *Fig.* Signe révélateur de la détérioration d'une situation ; indicateur de la situation économique : *Tous les clignotants sont au rouge, il faut prendre des mesures.*

clignotement n.m. **1.** Fait, pour une lumière, de clignoter. **2.** Rapide mouvement alternatif des paupières (**SYN.** battement, clignement).

clignoter v.i. [conj. 3]. **1.** S'allumer et s'éteindre à intervalles rapprochés : *Le voyant lumineux du Caméscope clignote pendant l'enregistrement.* **2.** S'ouvrir et se fermer rapidement par réflexe, en parlant des yeux, des paupières (**SYN.** ciller, cligner, papilloter).

clignoteur n.m. En Belgique, clignotant sur un véhicule.

climat n.m. (du gr. *klima*, inclinaison). **1.** Ensemble des phénomènes météorologiques (température, pression, vents, précipitations) caractéristiques d'une région : *La Bretagne a un climat océanique.* **2.** Ensemble des circonstances, des conditions de vie qui agissent sur la personnalité de qqn : *Il règne un climat d'insécurité* (**SYN.** ambiance, atmosphère, contexte).

climatique adj. Relatif au climat. ▸ ***Station climatique,*** lieu de séjour au climat réputé bienfaisant.

climatisation n.f. Ensemble des opérations qui permettent de créer et de maintenir des conditions déterminées de température et d'humidité dans un endroit clos.

climatiser v.t. [conj. 3]. Pourvoir de la climatisation : *Ce constructeur climatise tous ses nouveaux modèles.*

climatiseur n.m. Appareil assurant la climatisation.

climatologie n.f. Science qui étudie les climats.

climatologue n. Spécialiste de climatologie.

climax n.m. (du gr. *klimax*, échelle). Dans un récit, une pièce de théâtre, moment le plus intense, le plus captivant (**SYN.** acmé [litt.], apogée).

clin d'œil n.m. (pl. *clins d'œil*). Mouvement rapide de paupière fait en signe de connivence ou d'avertissement : *Elle m'a alerté en me faisant des clins d'œil.* ▸ ***En un clin d'œil,*** très vite.

clinicien, enne n. Médecin qui étudie les maladies par l'observation directe des malades.

① **clinique** adj. (du gr. *klinê*, lit). Qui se fait en examinant le malade : *Observation clinique.* ▸ ***Signe clinique,*** symptôme que le médecin peut déceler par un simple examen (par opp. à signe biologique ou radiologique).

② **clinique** n.f. (de *1. clinique*). Établissement hospitalier privé. ▸ ***Chef de clinique,*** médecin chargé de l'instruction des stagiaires dans un service de clinique.

cliniquement adv. D'après les signes cliniques : *Il est cliniquement mort.*

① **clinquant** n.m. (de l'anc. fr. *clinquer*, faire du bruit). **1.** Mauvaise imitation de métal précieux. **2.** Éclat faux et trompeur : *Il y a beaucoup de clinquant dans les dialogues de ses films* (**SYN.** brillant, vernis).

② **clinquant, e** adj. (de *1. clinquant*). Qui brille d'un éclat excessif ; qui a du brillant mais peu de valeur : *Une médaille clinquante. Des phrases clinquantes* (**SYN.** ronflant).

① **clip** n.m. (mot angl. signif. « pince »). Pince à ressort qui supporte un bijou ; bijou monté sur une telle pince.

② **clip** n.m. (mot angl. signif. « extrait »). Court-métrage illustrant une chanson ou présentant le travail d'un artiste (SYN. vidéo-clip). ☞ REM. Il est conseillé de dire *bande-vidéo promotionnelle, bande promo* ou *promo.*

clipper v.t. [conj. 3]. Fixer avec une pince à ressort, un clip : *On peut clipper cette lampe à une étagère.*

cliquable adj. Sur lequel on peut cliquer pour accéder à des informations : *Des liens cliquables.*

clique n.f. (de l'anc. fr. *cliquer,* résonner). **1.** *Péjor.* Groupe de personnes qui s'unissent pour intriguer ou nuire : *Il est présent avec toute sa clique* (SYN. bande, coterie). **2.** Ensemble des tambours et des clairons d'une fanfare militaire.

cliquer v.i. [conj. 3]. Presser le bouton de la souris d'un micro-ordinateur : *Cliquez sur cette icône et la carte de la région apparaîtra.*

cliques n.f. pl. (de l'onomat. *clic-clac*). ▸ *Fam.* ***Prendre ses cliques et ses claques,*** partir en emportant tout ce que l'on possède.

cliquet n.m. (de *clique*). Petit levier empêchant une roue dentée de tourner dans le mauvais sens.

cliqueter v.i. [conj. 27]. Produire un léger bruit en s'entrechoquant : *Les billes cliquettent dans le sac.*

cliquetis [klikti] ou **cliquètement** ou **cliquettement** n.m. Léger bruit répété produit par des objets qui s'entrechoquent : *Le cliquetis des pièces de monnaie dans une poche.*

clisse n.f. (de *claie,* et *éclisse*). **1.** Petite claie pour égoutter les fromages (SYN. clayon). **2.** Enveloppe d'osier ou de jonc qui sert à protéger des bouteilles.

clitoridien, enne adj. Relatif au clitoris.

clitoris [klitɔris] n.m. (gr. *kleitoris*). Petit organe génital érectile de la femme.

clivage n.m. **1.** Action, manière de cliver un minéral : *Le clivage du mica.* **2.** *Fig.* Séparation en deux groupes d'un ensemble de personnes : *Le clivage entre la droite et la gauche.*

cliver v.t. [conj. 3]. En minéralogie, séparer par couches, par lames parallèles : *Cliver de l'ardoise.* ◆ **se cliver** v.pr. **1.** En minéralogie, se séparer en couches. **2.** *Fig.* Se diviser en groupes distincts ; se scinder.

cloaque [klɔak] n.m. (lat. *cloaca,* égout). **1.** Endroit où se déversent les eaux usées, les immondices ; lieu très sale. **2.** Chez les oiseaux, orifice commun des voies urinaires, intestinales et génitales.

① **clochard, e** n. Personne sans travail et sans domicile qui vit de mendicité ; sans-logis, vagabond.

② **clochard** n.f. Pomme reinette à peau jaune.

clochardisation n.f. Fait de se clochardiser.

clochardiser v.t. [conj. 3]. Réduire à la plus grande misère. ◆ **se clochardiser** v.pr. Se trouver peu à peu en marge de la société par absence de ressources et de domicile.

① **cloche** n.f. (bas lat. *clocca,* d'un mot celtique). **1.** Instrument en métal, en forme de coupe renversée, qui résonne lorsqu'un marteau frappe sa surface extérieure ou lorsqu'un battant heurte sa surface intérieure : *Qui sonne la cloche de l'église ? La cloche signale la fin des cours.* **2.** Couvercle de forme hémisphérique : *Cloche à fromage.* **3.** (Employé en appos.). Se dit de pièces de la toilette féminine dont la forme évasée rappelle celle d'une cloche : *Chapeau cloche. Jupe cloche.* **4.** En Belgique, ampoule, cloque. ▸ ***Cloche à plongeur,*** appareil en forme de cloche, permettant de travailler sous l'eau. *Fam.* ***Déménager à la cloche de bois,*** déménager en cachette et sans payer. *Fam.* ***Son de cloche,*** opinion d'une personne sur une affaire ou un événement : *J'aimerais entendre un autre son de cloche* (= un autre avis).

② **cloche** adj. et n.f. *Fam.* Qui se montre maladroit, stupide, incapable : *Il est cloche d'avoir refusé.* ◆ adj. *Fam.* Se dit de qqch de médiocre, de ridicule : *Il est cloche, ce film.*

à **cloche-pied** loc. adv. En sautant sur un pied : *Son entorse l'oblige à se déplacer à cloche-pied.*

① **clocher** n.m. (de *1. cloche*). Construction élevée au-dessus d'une église et qui abrite les cloches ; campanile. ▸ ***Esprit de clocher,*** parti pris en faveur des gens parmi lesquels on vit. ***Querelle, rivalité de clocher,*** querelle, rivalité purement locale, souvent pour des riens.

② **clocher** v.i. (lat. pop. *cloppus,* boiteux) [conj. 3]. *Fam.* Présenter un défaut ; aller de travers : *Quelque chose cloche dans cette histoire.*

clocheton n.m. Petit clocher.

clochette n.f. **1.** Petite cloche : *La vache a été retrouvée grâce au son de la clochette pendue à son cou* (SYN. clarine). **2.** Corolle d'une fleur en forme de cloche : *Les clochettes du muguet.*

cloison n.f. (du lat. *clausus,* clos). **1.** Mur peu épais divisant l'intérieur d'un bâtiment : *Une cloison sépare le bureau de la chambre.* **2.** Mince paroi divisant l'intérieur d'un objet en compartiments : *Les cloisons d'un casier.* **3.** Séparation entre deux organes ou entre deux cavités d'un organe : *La cloison nasale.* **4.** *Fig.* Ce qui empêche les échanges, la communication : *Essayer de faire tomber les cloisons qui séparent les services d'une entreprise* (SYN. barrière, fossé).

cloisonnage ou **cloisonnement** n.m. Construction de cloisons dans un bâtiment.

cloisonnement n.m. **1.** Cloisonnage. **2.** Séparation entre certaines personnes, certaines activités : *Le cloisonnement des services dans une entreprise.*

cloisonner v.t. [conj. 3]. **1.** Séparer par des cloisons : *Il a fallu cloisonner la pièce pour faire deux chambres.* **2.** Séparer en parties distinctes qui ne communiquent pas entre elles : *Il ne faut pas cloisonner les disciplines universitaires* (SYN. compartimenter).

cloître n.m. (du lat. *claustrum,* clôture). **1.** Galerie ouverte entourant une cour ou un jardin dans un monastère. **2.** Partie d'un monastère ou d'un couvent réservée aux religieux.

cloîtré, e adj. **1.** Qui vit dans un cloître ; qui n'en sort jamais : *Des religieuses cloîtrées* (SYN. reclus). **2.** Qui vit enfermé, sans contact avec l'extérieur : *Elle est cloîtrée chez elle pour terminer son rapport.*

cloîtrer v.t. [conj. 3]. **1.** Enfermer dans un cloître (SYN. claustrer). **2.** Enfermer dans un lieu clos ; tenir étroitement enfermé : *On les a cloîtrés pour réaliser une expérience médicale.* ◆ **se cloîtrer** v.pr. **1.** Vivre retiré, sans voir personne (SYN. se claquemurer). **2.** *Fig.* Conserver obstinément une attitude, une façon de penser : *Elle s'est cloîtrée dans le silence* (SYN. s'enfermer).

clonage n.m. Dans les sciences de la vie, obtention,

par des manipulations biologiques, de molécules identiques ou d'êtres ayant le même patrimoine génétique.

clone [klon ou klɔn] n.m. (du gr. *klôn,* jeune pousse). **1.** Dans les sciences de la vie, individu ou ensemble d'individus provenant de la reproduction d'un individu animal ou végétal unique. **2.** *Fig.* Personne qui semble résulter du clonage d'une autre ; imitation d'un objet moins coûteuse que l'original : *Elle est le clone de sa mère* (= son sosie). *Le clone d'un bijou célèbre.* **3.** En informatique, copie d'un modèle d'ordinateur ou de micro-ordinateur compatible avec un modèle donné.

cloner v.t. [conj. 3]. Dans les sciences de la vie, pratiquer le clonage de.

clope n.m. ou n.f. *Fam.* Mégot de cigarette ; cigarette : *Je vais fumer un clope.*

clopet n.m. En Suisse, petit somme ; assoupissement.

clopin-clopant loc. adv. (de l'anc. fr. *clopin,* boiteux, et *cloper,* boiter). *Fam.* **1.** En boitant un peu : *Après cette longue marche, les réfugiés avançaient clopin-clopant* (= en traînant la jambe). **2.** *Fig.* En évoluant de façon irrégulière : *Son commerce va clopin-clopant* (= tant bien que mal).

clopiner v.i. [conj. 3]. *Fam.* Marcher en boitant un peu (**SYN.** boitiller).

clopinettes n.f. pl. ▸ *Fam.* ***Des clopinettes,*** presque rien ; rien du tout : *Elle espérait une augmentation, mais elle a eu des clopinettes.*

cloporte n.m. (de *clore,* et *porte*). Crustacé terrestre vivant sous les pierres et dans les lieux sombres et humides.

cloque n.f. **1.** Bulle formée sur la peau par une brûlure, un frottement ou une maladie (**SYN.** ampoule, vésicule). **2.** Boursouflure dans une couche de peinture, un lé de papier peint.

cloquer v.i. [conj. 3]. Former des cloques, en parlant de la peau, d'un revêtement.

clore v.t. (lat. *claudere,* fermer) [conj. 113]. *Litt.* **1.** Fermer pour interdire l'accès : *Elle clôt les portes* (**SYN.** barricader, verrouiller). **2.** Entourer d'une clôture : *Des haies closent les jardins* (**SYN.** clôturer, enclore). **3.** Mettre un terme à ; déclarer terminé : *J'ai clos mon compte* (**CONTR.** ouvrir). *Clore les débats* (**SYN.** achever, conclure, finir ; **CONTR.** commencer, entamer).

① **clos, e** adj. **1.** Fermé : *Les paupières closes.* **2.** Définitivement terminé : *L'incident est clos* (= qu'il n'en soit plus question). ▸ ***Trouver porte close,*** ne trouver personne au lieu où l'on se présente.

② **clos** n.m. **1.** Terrain cultivé et entouré de murs, de haies ou de fossés. **2.** Vignoble : *Le clos Vougeot.*

clôture n.f. **1.** Barrière qui entoure un terrain : *Il est interdit de franchir la clôture* (**SYN.** enceinte, grillage, haie, mur, palissade). **2.** Action de terminer, de mettre fin à : *Clôture de la saison théâtrale* (**SYN.** arrêt, cessation). *La cérémonie de clôture* (**SYN.** achèvement, fin).

clôturer v.t. [conj. 3]. **1.** Entourer d'une clôture : *Clôturer un verger* (**SYN.** clore, enclore, fermer). **2.** Mettre un terme à ; prononcer la clôture de : *Clôturer la séance* (**SYN.** achever, clore, conclure).

clou n.m. (lat. *clavus*). **1.** Tige de métal pointue à un bout, servant à fixer ou à suspendre qqch : *Planter un clou.* **2.** Attraction principale d'un spectacle : *Le clou de la soirée.* **3.** *Fam.* Furoncle. **4.** *Fam., vx* Crédit municipal ; mont-de-piété. ▸ ***Clou de girofle,*** bouton du giroflier, employé comme épice. ***Enfoncer le clou,*** revenir avec insistance sur un point embarrassant. ***Maigre comme un clou,*** extrêmement maigre. *Fam.* ***Vieux clou,*** vieille bicyclette, vieille voiture en mauvais état. ◆ **clous** n.m. pl. Passage clouté : *Traverser dans les clous.*

clouage n.m. Action, manière de clouer.

clouer v.t. [conj. 3]. **1.** Fixer avec des clous : *Clouer des planches pour faire une caisse.* **2.** *Fam.* Contraindre à l'immobilité : *La pneumonie l'a cloué au lit plus d'un mois.* ▸ *Fam.* ***Clouer le bec à qqn,*** le laisser sans voix : *Cette repartie lui a cloué le bec.*

clouté, e adj. Garni de clous, de pointes : *Des pneus cloutés.* ▸ *Anc.* ***Passage clouté,*** passage pour piétons délimité par deux rangées de clous à large tête (**SYN.** clous).

clouter v.t. [conj. 3]. Garnir de clous : *Clouter des chaussures.*

clovisse n.f. (prov. *clauvisso,* de *claus,* qui se ferme). Coquillage comestible (**SYN.** palourde).

clown [klun] n.m. (mot angl.). **1.** Au cirque, artiste comique maquillé et vêtu d'un costume grotesque : *Le numéro de l'auguste et du clown blanc.* **2.** *Fig.* Personne qui fait des pitreries : *Il faut toujours qu'elle fasse le clown* (**SYN.** pitre).

clownerie [klunri] n.f. Farce de clown ; action digne d'un clown (**SYN.** bouffonnerie, pitrerie, singerie).

clownesque [klunɛsk] adj. Propre au clown ; digne d'un clown (**SYN.** grotesque, ridicule).

① **club** [klœb] n.m. (mot angl. signif. « réunion »). **1.** Association culturelle, sportive, politique : *Elle fait partie du club philatélique* (**SYN.** société). **2.** Local où l'on se réunit pour lire, parler, jouer : *Je la vois tous les mardis à mon club* (**SYN.** cercle).

② **club** [klœb] n.m. (mot angl. signif. propr. « massue »). Au golf, crosse permettant de taper la balle.

cluse n.f. (lat. *clusa,* endroit fermé). En géographie, vallée étroite et encaissée, transversale par rapport au sens du pli du terrain (par opp. à combe).

clystère n.m. (lat. *clyster,* du gr. *kluzein,* laver). *Vx.* En médecine, lavement : « ... *un petit clystère... pour amollir... les entrailles de Monsieur* » [Molière, *le Malade imaginaire*].

C.M. ou **CM** n.m. (sigle). ▸ ***Cours moyen*** → **moyen.**

coaccusé, e n. Personne accusée en justice avec une ou plusieurs autres.

coach [kotʃ] n.m. (mot angl.) [pl. *coachs* ou *coaches*]. **1.** Personne qui entraîne un sportif, une équipe. **2.** Dans une entreprise, conseiller professionnel d'un salarié.

coagulant, e adj. et n.m. Se dit d'une substance qui a la propriété de faire coaguler.

coagulation n.f. Phénomène par lequel un liquide organique (sang, lymphe, lait) se transforme en une masse solide : *Le temps de coagulation du sang.*

coaguler v.t. [conj. 3]. Faire se figer ou se solidifier un liquide organique : *La présure coagule le lait* (= le fait cailler). ◆ v.i. ou **se coaguler** v.pr. Se transformer en une masse solide ou en caillot : *Le sang coagule* ou *se coagule à l'air* (**SYN.** cailler, figer).

coaliser v.t. [conj. 3]. Réunir en vue d'une action

commune : *Le projet d'aéroport a coalisé les riverains contre lui* (**SYN.** liguer, rassembler). ◆ **se coaliser** v.pr. S'unir dans une coalition : *De nombreuses forces se sont coalisées contre cette loi* (**SYN.** s'allier).

coalition n.f. (mot angl., du lat. *coalescere,* s'unir). **1.** Alliance militaire et politique conclue entre plusieurs nations contre un adversaire commun. **2.** Entente provisoire pour défendre un intérêt commun ou s'opposer à un même adversaire : *La coalition des associations pour aider les sans-papiers.*

coaltar [kɔltar] n.m. (mot angl., de *coal,* charbon, et *tar,* goudron). Goudron de houille. ▸ *Fam.* ***Être dans le coaltar,*** avoir l'esprit confus, à cause de la fatigue.

coassement n.m. Cri de la grenouille, du crapaud. ☞ **REM.** Ne pas confondre avec *croassement.*

coasser v.i. [conj. 3]. Crier, en parlant de la grenouille ou du crapaud. ☞ **REM.** Ne pas confondre avec *croasser.*

coauteur n.m. **1.** Auteur qui collabore avec un autre à une œuvre littéraire ou artistique. **2.** Celui qui a commis une infraction avec d'autres personnes et au même titre qu'elles : *Coauteur d'un attentat.*

coaxial, e, aux adj. Qui a le même axe qu'un autre corps. ▸ ***Câble coaxial,*** câble constitué par deux conducteurs concentriques séparés par un isolant.

cobalt n.m. (all. *Kobalt,* var. de *Kobold,* lutin). Métal blanc employé dans des alliages pour sa résistance à l'usure et à la corrosion.

cobaye [kɔbaj] n.m. (mot amérindien). **1.** Rongeur d'Amérique du Sud, élevé comme animal de compagnie et aussi appelé *cochon d'Inde.* **2.** *Fam.* Personne qui sert à faire une expérience : *Servir de cobaye.*

cobra n.m. Serpent venimeux du genre naja, dont une espèce est appelée *serpent à lunettes.*

① **coca** n.m. Arbuste du Pérou, appelé aussi *cocaïer,* dont les feuilles fournissent la cocaïne.

② **coca** n.f. Substance à mâcher extraite des feuilles du coca.

Coca-Cola n.m. inv. (nom déposé). Boisson gazeuse aux extraits végétaux (abrév. fam. Coca).

cocagne n.f. (du prov. *coucagno,* boule de pastel). ▸ ***Mât de cocagne,*** mât glissant au sommet duquel il faut monter pour décrocher des objets à gagner. ***Pays de cocagne,*** pays imaginaire où l'on dispose de tout à volonté. ***Vie de cocagne,*** vie de plaisirs.

cocaïer n.m. Arbuste aussi appelé *coca.*

cocaïne [kɔkain] n.f. Substance excitante extraite des feuilles du coca ou cocaïer, dont l'usage prolongé aboutit à une toxicomanie grave (abrév. fam. coke).

cocaïnomane [kɔkainɔman] n. Personne qui se drogue à la cocaïne.

cocarde n.f. (de l'anc. fr. *coquart,* vaniteux). Insigne aux couleurs d'une nation : *Une cocarde tricolore distingue les véhicules officiels français.*

cocardier, ère adj. et n. *Péjor.* Qui est d'un patriotisme excessif : *Des proclamations cocardières* (**SYN.** chauvin).

cocasse adj. (de l'anc. fr. *coquart,* sot). Qui est bizarre et drôle : *Une histoire cocasse* (**SYN.** burlesque, comique).

cocasserie n.f. Caractère de ce qui est cocasse ; chose cocasse.

coccinelle [kɔksinɛl] n.f. (du lat. *coccinus,* écarlate). Petit insecte aux ailes orangées ou rouges à points noirs, aussi appelé *bête à bon Dieu.*

coccygien, enne [kɔksiʒjɛ̃, ɛn] adj. Relatif au coccyx.

coccyx [kɔksis] n.m. (du gr. *kokkux,* coucou, par analogie de forme avec le bec de cet oiseau). Os situé à l'extrémité inférieure de la colonne vertébrale.

① **coche** n.m. (hongr. *kocsi,* de *Kocs,* nom d'un relais de poste). *Anc.* Grande charrette à quatre roues qui servait au transport des voyageurs. ▸ *Fam.* ***Louper*** ou ***rater le coche,*** manquer une bonne occasion. ***Mouche du coche,*** personne qui montre un zèle excessif et inutile (par allusion à une fable de La Fontaine).

② **coche** n.f. (lat. pop. *cocca*). Entaille faite à un objet ; marque servant de repère (**SYN.** cran, encoche).

cochenille [kɔʃnij] n.f. (esp. *cochinilla,* cloporte). Insecte qui se nourrit de la sève des plantes ; teinture rouge extraite d'une espèce mexicaine de cet insecte (**SYN.** carmin).

① **cocher** n.m. Conducteur d'une voiture à cheval.

② **cocher** v.t. [conj. 3]. Marquer d'un trait, d'un repère : *Cochez les articles qui vous intéressent.*

côcher v.t. [conj. 3]. S'accoupler avec une femelle, en parlant d'un oiseau de basse-cour.

cochère adj.f. ▸ ***Porte cochère,*** porte à deux battants permettant le passage des voitures dans la cour d'un immeuble.

cochet n.m. Jeune coq.

cochette n.f. Jeune truie.

cochlée [kɔkle] n.f. Partie de l'oreille interne où se trouve l'organe de l'audition (**SYN.** limaçon).

① **cochon** n.m. Mammifère domestique élevé pour sa chair (**SYN.** porc). ▸ ***Cochon de lait,*** jeune cochon qui tète encore. ***Cochon d'Inde,*** cobaye.

② **cochon, onne** adj. et n. *Fam.* **1.** Qui est sale ; qui manque de soin dans ce qu'il fait (**SYN.** dégoûtant). **2.** Qui joue des mauvais tours (**SYN.** déloyal, malfaisant). **3.** Qui est égrillard, obscène (**SYN.** paillard). ▸ ***Tour de cochon,*** action méchante : *Il m'a joué des tours de cochon* (= mauvais tours).

cochonnaille n.f. (Surtout au pl.). *Fam.* Viande de porc ; charcuterie.

cochonner v.t. [conj. 3]. *Fam.* Exécuter sans soin, grossièrement ; faire des saletés sur : *Il a cochonné son pull* (**SYN.** salir, tacher).

cochonnerie n.f. *Fam.* **1.** Chose de mauvaise qualité ; chose désagréable : *Ce papier, c'est de la cochonnerie.* **2.** Acte ou parole obscène : *Dire des cochonneries* (**SYN.** grivoiserie, obscénité). **3.** Action déloyale : *Faire une cochonnerie à qqn.*

cochonnet n.m. **1.** Jeune cochon (**SYN.** goret, porcelet). **2.** Au jeu de boules, boule plus petite que les autres, qui sert de but.

cocker [kɔkɛr] n.m. (de l'angl. *cocking,* chasse à la bécasse). Chien de chasse à poils longs, à oreilles longues et tombantes.

cockpit [kɔkpit] n.m. (mot angl.). **1.** Partie d'un avion réservée au pilote, à l'équipage. **2.** Emplacement situé à l'arrière d'un bateau de plaisance, où se tient le barreur.

cocktail [kɔktɛl] n.m. (mot anglo-amér.). **1.** Mélange de diverses boissons alcooliques, de jus de fruits, de sodas, etc. : *Des cocktails de jus de fruits.* **2.** Réception mondaine avec buffet : *Le cocktail de lancement de notre dictionnaire.* **3.** *Fig.* Mélange d'éléments divers : *Un cocktail d'indulgence et de sévérité. Un dangereux cocktail de médicaments.* ▸ ***Cocktail Molotov,*** bouteille remplie d'un mélange à base d'essence, à laquelle on met le feu pour la faire exploser.

① **coco** n.m. (mot port.). **1.** Fruit du cocotier (on dit aussi *noix de coco*). **2.** *Anc.* Boisson à base de jus de réglisse et d'eau. ▸ ***Lait de coco,*** liquide sucré et comestible contenu dans la noix de coco.

② **coco** n.m. *Fam.* **1.** Œuf, dans le langage enfantin. **2.** Terme d'affection à l'adresse de qqn : *Oh, coco, prête-moi ton pull !* ◆ **cocos** n.m. pl. Haricots aux grains en forme d'œuf.

③ **coco** n.m. *Fam., péjor.* Individu louche et étrange : *Un drôle de coco* (= une personne peu recommandable).

cocoler v.t. *Fam.* En Suisse, choyer, dorloter.

cocon n.m. (prov. *coucoun,* de *coco,* coque). **1.** Enveloppe souple abritant certains animaux, comme le ver à soie, pendant une phase de leur vie : *La chrysalide est à l'abri dans le cocon.* **2.** *Fig.* Endroit agréable qui permet de se tenir à l'écart des soucis : *Vivre dans son cocon.*

cocooning [kɔkuniŋ] n.m. (de l'anglo-amér. *cocoon,* cocon). Attitude d'une personne qui recherche le confort et la sécurité.

cocorico n.m. (onomat.). **1.** Cri du coq. **2.** Expression du chauvinisme français : *Les spectateurs français ont poussé des cocoricos.*

cocoteraie n.f. Lieu planté de cocotiers.

cocotier n.m. Palmier des régions tropicales, dont le fruit, le coco, est appelé aussi *noix de coco.*

① **cocotte** n.f. (lat. *cucuma,* casserole). Récipient à couvercle servant à mijoter les aliments.

② **cocotte** n.f. (onomat.). *Fam.* **1.** Poule, dans le langage enfantin. **2.** Terme d'affection adressé à une petite fille, à une jeune femme. **3.** *Vieilli* Femme de mœurs légères. ▸ ***Cocotte en papier,*** morceau de papier plié de façon à ressembler vaguement à une poule.

Cocotte-Minute n.f. (nom déposé). Autocuiseur de la marque qui porte ce nom.

cocu, e adj. et n. (de *coucou,* cet oiseau pondant dans les nids d'autres espèces). *Fam.* Qui est victime de l'infidélité de son conjoint.

codage n.m. Application d'un code pour transcrire un message en un autre langage, pour transformer des données en vue de leur traitement informatique.

code n.m. (lat. *codex,* recueil, livre). **1.** Ensemble de lois et de règlements ; recueil qui les contient : *Le Code pénal. Le Code du commerce.* **2.** Ensemble des règles qu'il est convenu de respecter : *Le code de la politesse, de l'honneur.* **3.** Système de signes ou de symboles qui permet de transcrire un message en un autre langage, de transmettre ou de représenter des informations : *Déchiffrer un code secret. Code informatique* (= qui permet à l'ordinateur de traiter les données). **4.** Combinaison de chiffres et de lettres qui, composée sur un clavier électronique, autorise un accès : *Ne communiquez jamais à personne le code de votre carte bancaire.* ▸ ***Code à barres*** → **code-barres. *Code de la route,*** ensemble des règlements qui régissent la circulation routière. ***Code génétique,*** ensemble des combinaisons grâce auxquelles l'information inscrite dans la molécule d'A.D.N. qui constitue le gène est transformée en A.R.N. puis traduite en protéines. ***Code postal,*** dans une adresse postale, ensemble de chiffres associé au nom d'une localité, qui permet le tri automatique du courrier. ◆ **codes** n.m. pl. Sur un véhicule, feux que le conducteur doit allumer à la place des feux de route, lorsqu'il croise un autre véhicule.

codé, e adj. Qui est transformé à l'aide d'un code, exprimé en code : *Message codé. Langage codé.*

code-barres n.m. (pl. *codes-barres*). Code constitué de barres verticales, qui, grâce à un lecteur optique, permet l'identification d'un article du commerce, l'affichage de son prix et la gestion informatisée des stocks (on peut aussi dire *code à barres*).

codéine n.f. (du gr. *kôdeia,* tête de pavot). Substance extraite de l'opium, utilisée en médecine pour calmer la toux et atténuer la douleur.

coder v.t. [conj. 3]. Procéder au codage d'un message, de données : *Coder un rapport secret* (**SYN.** encoder ; **CONTR.** décoder). *Coder les entrées d'un dictionnaire.*

codétenu, e n. Personne emprisonnée avec une ou plusieurs autres dans un même endroit.

codeur, euse n. En informatique, personne qui code des données en vue de leur traitement par l'ordinateur.

codex n.m. (mot lat.). **1.** *Vieilli* Recueil contenant la liste officielle des médicaments (**SYN.** pharmacopée). **2.** Dans l'Antiquité romaine, livre fait de feuilles cousues ensemble.

codicille [kɔdisil] n.m. (du lat. *codex, codicis,* code). En droit, acte postérieur à un testament et qui modifie en partie celui-ci.

codification n.f. **1.** Réunion des textes de lois, des règlements en un code. **2.** Établissement d'un système cohérent de règles.

codifier v.t. [conj. 9]. **1.** Rassembler en un code unique des textes de lois, des règlements, des coutumes. **2.** Organiser en un système cohérent, rationnel : *Ces sports de combat sont codifiés depuis le Moyen Âge* (**SYN.** normaliser, réglementer).

codirecteur, trice n. Personne qui dirige une entreprise, un service, avec une ou plusieurs autres.

coédition n.f. Édition d'un ouvrage réalisée par plusieurs éditeurs.

coefficient n.m. **1.** Nombre par lequel on multiplie, dans chaque discipline, les notes d'un candidat à un examen, un concours : *Les maths ont un coefficient élevé.* **2.** Facteur appliqué à une grandeur quelconque ; importance, proportion : *On établit un coefficient de risque selon la catégorie socioprofessionnelle et l'âge* (**SYN.** pourcentage).

cœlacanthe [selakɑ̃t] n.m. (du gr. *koilos,* creux, et *akantha,* épine). Poisson marin de couleur bleu acier, survivant de l'ère secondaire.

cœliaque [seljak] adj. (du gr. *koilia,* ventre). En anatomie, qui se rapporte à la cavité abdominale contenant l'estomac.

cœlioscopie [seljɔskɔpi] n.f. (du gr. *koilia,* ventre). Examen des organes de l'abdomen à l'aide d'un endoscope.

coentreprise n.f. En droit, association entre deux personnes physiques ou morales, qui permet de partager les frais et les risques (SYN. joint-venture [anglic.]).

cœnure [senyr] n.m. → **cénure.**

coépouse n.f. En Afrique, l'une des femmes d'un polygame par rapport à ses autres épouses.

coéquipier, ère n. Personne qui fait partie d'une équipe avec d'autres.

coercitif, ive adj. Qui a le pouvoir de contraindre ; qui agit par contrainte : *La domination coercitive d'un peuple sur un autre.*

coercition [kɔɛrsisjɔ̃] n.f. (du lat. *coercere*, contraindre). Action, pouvoir de contraindre : *User de moyens de coercition* (SYN. contrainte, pression).

cœur n.m. (lat. *cor, cordis*). **1.** Organe musculaire creux, situé dans le thorax et qui donne au sang l'impulsion nécessaire pour circuler dans le corps : *Les battements du cœur* (SYN. pulsation). *Avoir une maladie de cœur* (= être cardiaque). **2.** Partie du corps où se trouve le cœur : *Elle a pressé cette lettre contre son cœur* (SYN. poitrine, sein). **3.** Estomac : *Le roulis lui donne mal au cœur* (= envie de vomir). **4.** Ce qui a ou évoque la forme d'un cœur : *Un cœur en diamant* (= un bijou en forme de cœur). **5.** Couleur du jeu de cartes, dont la marque est un cœur rouge stylisé ; carte de cette couleur : *Une tierce à cœur. Elle a tiré deux cœurs.* **6.** Partie située au centre, à l'intérieur de qqch : *Des biscuits au cœur fondant. Cœurs de laitue braisés.* **7.** Siège de l'activité principale de qqch : *Le processeur est au cœur de l'ordinateur.* **8.** Point essentiel : *L'emploi est au cœur de nos préoccupations* (SYN. centre). *Nous voici arrivés au cœur du problème* (SYN. nœud). **9.** Siège des sentiments ; sensibilité, affection, tendresse : *Elle a agi selon son cœur* (= elle a fait ce que ses sentiments la poussaient à faire). *Elle aime ses enfants de tout son cœur.* **10.** Amour : *Des peines de cœur.* **11.** Siège des pensées intimes, des sentiments profonds : *Il m'a dit ce qu'il avait sur le cœur* (= ce qui lui inspire du ressentiment). **12.** Élan qui porte vers qqch ; courage mis à faire qqch : *Cette idée me tient à cœur* (= j'y attache de l'importance). *Le cœur n'y est plus* (SYN. ardeur, conviction, enthousiasme). *Ils ont mis du cœur à l'ouvrage* (SYN. énergie, vigueur). **13.** Disposition à s'intéresser à autrui, à être ému par lui et à le lui montrer : *Elle a du cœur* (SYN. bienveillance, bonté). *Ils ont le cœur sur la main* (= ils sont très généreux). *Votre geste amical me va droit au cœur* (= m'émeut profondément). *Je suis de tout cœur avec vous* (= je m'associe à votre chagrin, à votre joie). *Elle a un cœur d'or.* ▸ ***À cœur,*** jusqu'au centre : *Un fromage fait à cœur.* ***À cœur ouvert,*** avec sincérité : *Parlez-lui à cœur ouvert* (= franchement). ***Avoir le cœur gros,*** avoir beaucoup de peine. ***Avoir le cœur serré,*** éprouver du chagrin, de l'angoisse. ***Coup de cœur,*** enthousiasme subit pour qqch. ***De bon cœur,*** volontiers. ***En avoir le cœur net,*** s'assurer de la véracité de qqch. ***Faire contre mauvaise fortune bon cœur,*** supporter la malchance sans se décourager. ***Lever*** ou ***soulever le cœur à qqn,*** lui donner la nausée. ***Ne pas porter qqn dans son cœur,*** éprouver de l'antipathie à son égard. ***Opération à cœur ouvert,*** intervention chirurgicale dans laquelle on dévie la circulation du sang avant d'ouvrir les cavités cardiaques. ***Par cœur,*** de mémoire et sans une faute : *Apprendre un poème par cœur.* ***Prendre qqch à cœur,*** y attacher de l'importance.

cœur-de-pigeon n.m. (pl. *cœurs-de-pigeon*). Cerise à chair ferme.

coexistence n.f. Fait d'exister en même temps : *La coexistence de deux communautés.* ▸ ***Coexistence pacifique,*** renonciation à toute forme de conflit entre deux États ou deux blocs d'États qui ont des régimes politiques différents.

coexister v.i. [conj. 3]. Exister simultanément ; vivre les uns à côté des autres en se tolérant mutuellement : *Plusieurs générations coexistent dans les villages.*

coffrage n.m. **1.** Charpente en bois ou en métal destinée à maintenir la terre qui risque de s'ébouler dans les galeries de mines, les puits, les tranchées. **2.** Moule dans lequel on verse le béton frais et que l'on laisse en place jusqu'au durcissement du matériau.

coffre n.m. (du gr. *kophinos*, corbeille). **1.** Meuble de rangement dont la partie supérieure est un couvercle mobile : *Un coffre à linge.* **2.** Compartiment d'un coffre-fort dans une banque : *Elle a déposé ses documents au coffre.* **3.** Dans une voiture, espace réservé pour le rangement des bagages : *Cette voiture a un très grand coffre.* ▸ ***Avoir du coffre,*** avoir du souffle, une voix qui porte ; fig., fam., avoir de l'audace.

coffre-fort n.m. (pl. *coffres-forts*). Armoire d'acier, munie d'un système de fermeture qui garantit la protection de l'argent, des valeurs qu'elle contient.

coffrer v.t. [conj. 3]. **1.** Poser un coffrage. **2.** *Fam.* Mettre en prison (SYN. emprisonner, incarcérer).

coffret n.m. **1.** Petit coffre ou boîte, souvent joliment décoré, où l'on range des objets précieux : *Un coffret à bijoux* (SYN. cassette, écrin). *Un coffret de stylos.* **2.** Ensemble de disques, de cassettes, de livres vendus dans un emballage cartonné.

coffreur n.m. Ouvrier du bâtiment, spécialiste du coffrage à béton.

cofinancement n.m. Financement réalisé par un établissement prêteur associé à un ou à plusieurs autres.

cofinancer v.t. [conj. 16]. Financer en association avec un ou plusieurs autres prêteurs.

cogénération n.f. Production simultanée et sur un même site industriel de chaleur et d'électricité.

cogérance n.f. Gérance exercée en commun avec une ou plusieurs personnes.

cogérer v.t. [conj. 18]. Gérer, administrer en commun : *Les médecins et les administrateurs cogèrent la clinique.*

cogestion [kɔʒɛstjɔ̃] n.f. **1.** Gestion d'un organisme exercée par plusieurs personnes. **2.** Gestion exercée par le chef d'entreprise et par les représentants des salariés.

cogitation n.f. (Surtout au pl.). *Fam., iron.* Action de réfléchir : *Elle est plongée dans ses cogitations* (SYN. pensée, réflexion).

cogiter v.i. et v.t. (lat. *cogitare*) [conj. 3]. *Fam., iron.* Réfléchir, penser, méditer : *Je continue à cogiter, mais je ne trouve pas de solution.*

cognac [kɔɲak] n.m. **1.** Eau-de-vie fabriquée à partir de vins de la région de Cognac : *De vieux cognacs.* **2.** (Employé en appos.). Qui est d'une certaine nuance d'orange : *Des jupes cognac.*

cognassier n.m. (de *coing*). Arbre fruitier originaire d'Asie produisant les coings.

cognée n.f. (du lat. pop. *cuneata*, en forme de coin). Hache à fer étroit, à long manche, qui sert à abattre les arbres, à dégrossir des pièces de bois, etc. ▸ ***Jeter le manche après la cognée,*** abandonner par découragement ce que l'on avait commencé.

cogner v.t. ind. (du lat. *cuneus*, coin) [conj. 3]. **1. [sur].** Frapper avec force sur qqch : *Il cogne sur des piquets pour les enfoncer* (**SYN.** taper). **2. [sur].** Frapper qqn à coups de poing ; battre : *Le boxeur cogne sur son adversaire.* **3. [à, sur].** Donner des coups sur qqch : *Cognez à la porte, la sonnette est en panne* (**SYN.** frapper). *Cogner au plafond, sur un tuyau* (**SYN.** taper). **4. [dans].** Heurter involontairement un obstacle : *Le bus est venu cogner dans la vitrine.* ◆ v.t. **1.** Heurter involontairement : *La voiture a cogné le poteau en reculant.* **2.** *Fam.* Frapper qqn (**SYN.** battre). ◆ **se cogner** v.pr. Se heurter à qqch : *Elle s'est cognée contre le pied de la table.*

cogniticien, enne [kɔgnitisjɛ̃, ɛn] n. Ingénieur spécialiste de l'intelligence artificielle.

cognitif, ive [kɔgnitif, iv] adj. (lat. *cognitus*, connu). Qui permet de connaître ; qui relève de la connaissance. ▸ ***Sciences cognitives,*** ensemble des sciences qui étudient les processus d'acquisition des connaissances (psychologie, linguistique, intelligence artificielle, etc.).

cognitivisme [kɔgnitivism] n.m. Théorie psychologique dont l'objet est de déterminer comment sont acquises et utilisées les connaissances.

cognitiviste [kɔgnitivist] adj. et n. Relatif au cognitivisme ; qui adhère à cette théorie.

cohabitation n.f. **1.** Fait d'habiter dans un même lieu, sur un même territoire. **2.** En politique, situation d'un pays dans lequel le chef de l'État et la majorité parlementaire, donc le gouvernement, sont de tendances opposées.

cohabitationniste adj. et n. Qui relève de la cohabitation politique ; qui en est partisan.

cohabiter v.i. [conj. 3]. **1.** Habiter ensemble sous le même toit ; vivre sur un même territoire : *Des gens de toutes les religions cohabitent dans ce pays.* **2.** Coexister au sein d'un ensemble : *La défense de l'environnement doit pouvoir cohabiter avec le progrès.*

cohérence n.f. Qualité d'un ensemble d'idées ou de faits cohérent : *La cohérence d'une démonstration* (**SYN.** logique). *La cohérence d'un projet* (**SYN.** unité).

cohérent, e adj. (du lat. *cohaerere*, être attaché ensemble). Qui est constitué d'éléments s'enchaînant logiquement : *Des explications cohérentes* (**SYN.** logique). *La théorie et son application forment un tout cohérent* (**SYN.** homogène).

cohériter v.i. [conj. 3]. Hériter avec une ou plusieurs autres personnes.

cohéritier, ère n. Personne qui hérite avec une ou plusieurs autres.

cohésion n.f. Propriété d'un ensemble dont toutes les parties sont étroitement unies : *De la cohésion de l'équipe dépend le résultat du match* (**SYN.** solidarité, unité).

cohorte n.f. (lat. *cohors, cohortis*). **1.** Dans l'Antiquité, unité de base de la légion romaine (environ 600 hommes). **2.** *Fam.* Groupe de personnes : *Une cohorte de manifestants* (**SYN.** troupe).

cohue [kɔy] n.f. (du breton *koc'hu*, halle). Foule bruyante constituée de personnes qui s'agitent : *À la sortie du cinéma, elle a été prise dans la cohue* (**SYN.** bousculade).

coi, coite [kwa, kwat] adj. (du lat. *quietus*, tranquille). ▸ ***Se tenir coi,*** rester silencieux et immobile.

coiffage n.m. Action de coiffer ; son résultat : *Un gel pour un coiffage naturel.*

coiffe n.f. (du germ. *kufia*, casque). Coiffure féminine en dentelle ou en tissu, qui fait partie des costumes traditionnels régionaux et de l'habit de certaines religieuses : *La coiffe d'une carmélite* (**SYN.** cornette).

coiffé, e adj. **1.** Dont les cheveux sont peignés, arrangés : *Il est toujours mal coiffé.* **2.** Qui porte une coiffure : *Son père est souvent coiffé d'une casquette.* ▸ ***Être né coiffé,*** avoir constamment de la chance.

coiffer v.t. [conj. 3]. **1.** Arranger la chevelure avec soin : *Des cheveux difficiles à coiffer* (**SYN.** peigner). **2.** Mettre sur sa tête ; couvrir la tête de : *Les hommes ont coiffé leur chapeau en sortant* (**SYN.** mettre). *Coiffer un bébé d'un bonnet.* **3.** Avoir une supériorité hiérarchique sur : *Elle coiffe tous les chefs de service* (**SYN.** diriger). ▸ ***Coiffer qqn sur le*** ou ***au poteau,*** dans une course, dépasser un concurrent sur la ligne d'arrivée ; fig., l'emporter sur un rival au dernier moment. ***Coiffer sainte Catherine,*** pour une jeune fille, atteindre l'âge de vingt-cinq ans sans être mariée. ◆ **se coiffer** v.pr. Arranger ses cheveux avec soin. ▸ ***Se coiffer de qqch,*** le mettre sur sa tête.

coiffeur, euse n. Personne dont le métier est de couper et coiffer les cheveux.

coiffeuse n.f. Table portant un miroir vertical, devant laquelle les femmes s'asseyent pour se coiffer, se maquiller.

coiffure n.f. **1.** Façon dont sont arrangés, coupés les cheveux : *Sa nouvelle coiffure lui va bien* (**SYN.** coupe). **2.** Art de coiffer ; métier du coiffeur. **3.** Élément de l'habillement qui se porte sur la tête : *La coiffure des saint-cyriens* (= le shako). ▸ ***Salon de coiffure,*** établissement commercial où le coiffeur exerce son métier.

coin n.m. (lat. *cuneus*, coin servant à fendre). **1.** Angle formé par deux lignes ou deux plans qui se rejoignent : *Cliquez sur l'icône dans le coin gauche de l'écran* (**SYN.** angle). *J'ai empilé les cartons dans le coin* (**SYN.** encoignure). *Tourner au coin de la rue* (**SYN.** bout). **2.** Petite partie d'un espace quelconque : *Un coin de ciel bleu entre les nuages* (**SYN.** morceau, pan). **3.** (Parfois employé en appos., avec ou sans trait d'union). Espace aménagé pour répondre à un usage précis : *Des coins-salons. Le coin des bandes dessinées dans une librairie. Le coin des bricoleurs dans un magasin.* **4.** Endroit, quartier, localité plus ou moins déterminés : *J'ai trouvé un coin ravissant pour camper* (**SYN.** lieu). *Je l'ai cherché dans tous les coins* (= partout). *Les vacanciers arrivent de tous les coins du pays.* **5.** Environs immédiats du lieu où l'on est : *Va à l'épicerie du coin. Demandons à une personne du coin* (= qui habite ici). **6.** Pièce de métal en forme de biseau, servant à fendre du bois. ▸ ***Au coin du feu,*** à côté de la cheminée. ***Au coin d'un bois,*** dans un endroit isolé : *Je n'aimerais pas le rencontrer au coin d'un bois.* ***Coin fenêtre, coin***

couloir, dans un train, place située près de la fenêtre, près du couloir : *Nous avons réservé deux coins fenêtre.* ***Du coin de l'œil,*** discrètement, furtivement : *Observer qqn du coin de l'œil* (**SYN.** à la dérobée). ***Frappé au coin du bon sens,*** tout à fait pertinent : *Remarque frappée au coin du bon sens.* ***Le coin de la bouche, de l'œil,*** point où se joignent les lèvres supérieure et inférieure, les paupières supérieure et inférieure (**SYN.** commissure). *Fam.* ***Le petit coin*** ou ***les petits coins,*** les toilettes. *Vieilli* ***Mettre*** ou ***envoyer un enfant au coin,*** lui imposer la station debout à l'angle d'une pièce pour le punir. ***Regard en coin,*** regard rapide et discret. ***Sourire en coin,*** sourire discret ou ironique.

coinçage n.m. Action de coincer.

coincement n.m. État de ce qui est coincé (**SYN.** blocage).

coincer v.t. (de *coin*) [conj. 16]. **1.** Empêcher qqn, qqch de bouger en limitant l'espace autour de lui : *Les éboulements ont coincé deux personnes sous les décombres* (**SYN.** bloquer). *J'ai coincé la pile de livres entre deux cartons.* **2.** Entraver la mobilité de ; immobiliser : *Coincer une fermeture Éclair* (**SYN.** bloquer). *J'ai coincé la queue du chat dans la porte* (**SYN.** pincer). **3.** *Fam.* Retenir qqn en un lieu, contre sa volonté : *J'étais coincée dans les embouteillages. Je l'ai coincé près de la machine à café et il a dû répondre à mes questions.* **4.** *Fam.* Mettre dans l'impossibilité de répondre, dans l'embarras pour agir : *Le syndicaliste l'a coincé sur la question de la couverture sociale* (**SYN.** acculer). **5.** *Fam.* Prendre en faute, sur le fait : *Les policiers l'ont coincé à la sortie de la banque* (**SYN.** arrêter). ◆ **se coincer** v.pr. Se bloquer dans son mouvement : *La clef s'est coincée dans la serrure.*

coïncidence [kɔɛ̃sidɑ̃s] n.f. **1.** Fait que des événements se produisent en même temps ; situation fortuite résultant de cette simultanéité : *La coïncidence de leurs anniversaires a donné lieu à une grande fête* (**SYN.** concomitance, simultanéité). *Une heureuse, une fâcheuse coïncidence* (**SYN.** hasard). **2.** En géométrie, fait pour deux figures de se superposer exactement.

coïncident, e [kɔɛ̃sidɑ̃, ɑ̃t] adj. Parfaitement superposable : *Deux triangles coïncidents.*

coïncider [kɔɛ̃side] v.i. (lat. *coincidere,* tomber ensemble) [conj. 3]. **1.** Se produire en même temps : *Le 1er janvier 2001, le début de l'année coïncidait avec le début du siècle et le début du millénaire* (**SYN.** correspondre). **2.** S'accorder en tout point : *Les témoignages coïncident* (**SYN.** concorder, se recouper). **3.** Pouvoir se superposer point par point : *Ces deux triangles coïncident, ils sont donc égaux. Le diamètre de l'embout coïncide avec l'extrémité du tuyau.*

coïnculpé, e [kɔɛ̃kylpe] n. Personne mise en examen avec une ou plusieurs autres pour la même infraction.

coing [kwɛ̃] n.m. (lat. *cotoneum,* du gr.). Fruit jaune du cognassier, en forme de poire, dont on fait des gelées et des pâtes de fruit.

coït [kɔit] n.m. (du lat. *coire,* aller ensemble). Accouplement d'un homme et d'une femme, d'un mâle et d'une femelle ; copulation.

coite adj.f. → **coi.**

coitron n.m. En Suisse, petite limace.

① **coke** [kɔk] n.m. (mot angl.). Combustible obtenu par distillation de la houille.

② **coke** [kok] n.f. (abrév.). *Fam.* Cocaïne.

cokéfier v.t. [conj. 9]. Transformer de la houille en coke.

col n.m. (du lat. *collum,* cou). **1.** Partie du vêtement qui entoure le cou : *Un pull à col roulé.* **2.** Partie étroite et allongée de certains objets ; partie rétrécie de certains organes : *Le col d'un vase. Il s'est cassé le col du fémur.* **3.** Partie en contrebas d'une crête montagneuse permettant le passage : *Le col du Galibier.* ▸ *Fam., vieilli* ***Col blanc,*** employé de bureau (par opp. à col bleu, ouvrier). ***Faux col,*** col amovible, qui s'adapte à une chemise ; fam., mousse blanche qui se forme quand la bière est versée dans un verre. *Fam.* ***Se hausser*** ou ***se pousser du col,*** prendre des airs importants, chercher à se faire valoir.

cola n.m. → **kola.**

colchique [kɔlʃik] n.m. Plante des prés, fleurissant en automne, dont les graines fournissent une substance toxique.

coléoptère n.m. (du gr. *koleos,* étui, et *pteron,* aile). Insecte pourvu d'ailes rigides protégeant les ailes membraneuses, comme le hanneton, le charançon et la coccinelle : *Les ailes rigides des coléoptères s'appellent des élytres.*

colère n.f. (du gr. *kholê,* bile). **1.** État affectif violent et passager résultant d'une agression ou d'une offense : *Elle s'est mise en colère contre lui.* **2.** Accès de colère : *Ses colères sont légendaires* (**SYN.** emportement, fureur ; **CONTR.** sérénité).

coléreux, euse ou **colérique** adj. et n. Qui se met facilement en colère : *Il est très coléreux* (**SYN.** emporté, irascible, irritable ; **CONTR.** calme, impassible). ☞ **REM.** Ne pas confondre *colérique* et *cholérique.*

colibacille [kɔlibasil] n.m. (du gr. *kôlon,* gros intestin, et *bacille*). Bactérie normalement présente dans l'intestin, mais qui, dans certaines conditions, peut provoquer des infections.

colibacillose [kɔlibasiloz] n.f. Infection provoquée par le colibacille.

colibri n.m. (mot caraïbe). Très petit oiseau passereau des régions tropicales, au plumage éclatant, qui, en vol stationnaire, aspire le nectar des fleurs avec son long bec (on l'appelle aussi *oiseau-mouche*).

colifichet n.m. (anc. fr. *coeffichier,* ornement d'une coiffe). Petit objet, petit bijou sans grande valeur ; babiole : *Les touristes se ruent dans les boutiques de colifichets.*

colimaçon n.m. *Vieilli* Escargot. ▸ ***Escalier en colimaçon,*** escalier qui tourne autour d'un axe vertical ; escalier en hélice, à vis.

colin n.m. (néerl. *colfish,* poisson charbon). Poisson marin commun sur les côtes de l'Atlantique et de la Manche (**SYN.** lieu).

colin-maillard n.m. (pl. *colin-maillards*). Jeu dans lequel l'un des joueurs, les yeux bandés, essaie d'attraper l'un des autres joueurs, puis de l'identifier.

colinot ou **colineau** n.m. Petit colin.

colin-tampon n.m. inv. ▸ *Fam., vieilli* ***Se soucier de qqch comme de colin-tampon,*** n'y prêter aucun intérêt ; s'en moquer.

① **colique** n.f. (du gr. *kôlon*, gros intestin). **1.** *Fam.* Diarrhée. **2.** En médecine, violente douleur abdominale. ▸ ***Colique hépatique,*** douleur aiguë due à la migration d'un calcul dans les voies biliaires. ***Colique néphrétique,*** douleur aiguë due à la migration d'un calcul dans les voies urinaires.

② **colique** adj. (du gr. *kôlon*, gros intestin). Relatif au côlon.

colis [kɔli] n.m. (de l'it. *colli*, charges sur le cou). Paquet destiné à être expédié, transporté : *Des sacs de colis postaux.*

colistier, ère n. Chacun des candidats à une élection inscrits sur une même liste électorale.

colite n.f. (de *côlon*). **1.** En médecine, inflammation du côlon. **2.** Maladie du côlon sans inflammation (**SYN.** colopathie).

collaborateur, trice n. **1.** Personne qui travaille avec une autre ou avec d'autres à une entreprise commune : *Le nom des collaborateurs de ce dictionnaire figure au début de l'ouvrage. Elle a associé ses collaborateurs à la réussite du projet* (**SYN.** aide, assistant). **2.** En histoire, personne qui pratiquait la collaboration avec l'occupant allemand (abrév. fam. collabo).

collaboration n.f. **1.** Participation à un travail avec une ou plusieurs personnes : *Votre collaboration a été précieuse* (**SYN.** concours, coopération). **2.** En histoire, politique de coopération avec l'occupant allemand entre 1939 et 1945.

collaborer v.t. ind. (du lat. *cum*, avec, et *laborare*, travailler) [conj. 3]. **[à, avec]. 1.** Travailler avec une ou plusieurs personnes à une œuvre commune : *J'ai collaboré avec lui à la réalisation du film* (**SYN.** coopérer, participer). **2.** En histoire, pratiquer la politique de collaboration : *Il a collaboré avec les nazis.* ◆ v.i. En histoire, collaborer avec l'occupant allemand : *Il a collaboré pendant l'Occupation.*

collage n.m. **1.** Action de coller ; fait d'être collé : *Mets plus de colle, sinon le collage ne tiendra pas.* **2.** Procédé consistant à composer une œuvre artistique en assemblant divers éléments ; œuvre ainsi composée : *Les collages de Braque et de Picasso.*

collagène n.m. Protéine constituant l'essentiel de la substance située entre les cellules de certains tissus humains et utilisée en cosmétique : *Une crème au collagène.*

collant, e adj. **1.** Qui colle, adhère ; qui est enduit de colle : *Du papier collant* (**SYN.** adhésif). **2.** Se dit d'un vêtement serré, qui suit les formes du corps : *Un corsage collant* (**SYN.** moulant). **3.** *Fam.* Se dit de qqn dont on ne peut pas se débarrasser : *Sa collègue est vraiment collante* (**SYN.** importun). ◆ **collant** n.m. **1.** Sous-vêtement moulant qui couvre le corps de la taille aux pieds. **2.** Vêtement de tissu extensible de cette forme : *Un collant de gymnastique.*

collante n.f. (de *coller*, refuser à un examen). *Arg. scol.* Lettre de convocation à un examen ; lettre communiquant individuellement le résultat d'un examen.

collapsus [kɔlapsys] n.m. (mot lat. signif. « tombé »). En médecine, diminution rapide de la pression artérielle, sans perte de connaissance.

collatéral, e, aux adj. (du lat. *cum*, avec, et *latus, lateris*, côté). **1.** Qui se situe à côté : *L'avenue et les rues collatérales.* **2.** Qui est un parent, sans être ni ascendant ni descendant : *Les frères, les oncles, les cousins sont des parents collatéraux.* ◆ **collatéral** n.m. Parent collatéral : *Les sœurs, les nièces, les tantes et les cousines sont des collatéraux.*

① **collation** n.f. (du lat. *conferre*, fournir, rassembler). Action de comparer des textes entre eux pour s'assurer de leur conformité : *Faire la collation d'une copie et de son original.*

② **collation** n.f. (du lat. *collatio*, réunion). Repas peu copieux : *Les enfants prennent toujours une collation vers 16 heures* (**SYN.** goûter).

collationnement n.m. Vérification faite en collationnant un texte avec un autre.

collationner v.t. [conj. 3]. Comparer entre eux des textes pour les vérifier : *Collationner une épreuve d'imprimerie avec un manuscrit.*

colle n.f. (gr. *kolla*). **1.** Substance servant à assembler durablement, par contact, des matériaux : *Il me faudrait de la colle pour plastique.* **2.** *Fam.* Question à laquelle il est difficile de répondre : *Poser une colle.* **3.** *Arg. scol.* Interrogation orale ou écrite visant à contrôler les connaissances. **4.** *Arg. scol.* Punition consistant à obliger un élève à être présent dans les locaux scolaires en dehors des heures où il a cours (**SYN.** retenue). ▸ *Fam.* ***Faites chauffer la colle,*** se dit, par plaisanterie, quand on entend un bruit de casse. *Fam.* ***Pot de colle,*** se dit d'une personne importune, dont on ne peut se débarrasser.

collectage n.m. Action de collecter, de réunir.

collecte n.f. (du lat. *colligere*, recueillir). **1.** Action de réunir des fonds, des signatures, des objets dans un but de bienfaisance : *Faire une collecte en faveur des réfugiés* (**SYN.** quête). **2.** Action de rassembler, de ramasser des produits, des éléments en vue d'un traitement, d'une exploitation : *Une collecte d'informations. La collecte des ordures ménagères.*

collecter v.t. [conj. 4]. **1.** Recueillir par une collecte : *Collecter des produits non périssables pour une banque alimentaire.* **2.** Rassembler, recueillir des produits, des éléments : *Collecter le lait dans les fermes* (**SYN.** ramasser). *Collecter de nouvelles informations.*

collecteur, trice adj. Qui collecte, reçoit de plusieurs endroits : *Un égout collecteur.* ◆ n. Personne qui recueille des dons, des signatures, des objets par collecte. ◆ **collecteur** n.m. Canalisation principale où aboutissent les conduites secondaires : *Collecteur d'eaux pluviales.*

collectif, ive adj. (du lat. *colligere*, réunir). Qui relève d'un ensemble de personnes, d'un groupe : *Les sports collectifs* (= d'équipe ; **CONTR.** individuel). *Intérêt collectif* (**SYN.** commun, général, public ; **CONTR.** particulier). ▸ ***Nom collectif,*** nom qui, au singulier, désigne un ensemble d'êtres ou de choses (on dit aussi *un collectif*) : *« Troupe », « totalité », « une centaine de » sont des noms collectifs.* ◆ **collectif** n.m. **1.** Groupe de personnes réunies pour assurer une tâche commune, défendre les mêmes intérêts : *Le collectif de l'association a demandé un entretien à la ministre* (**SYN.** comité). **2.** Nom collectif : *« Essaim », « plumage », « outillage » sont des collectifs.*

collection n.f. (du lat. *colligere*, réunir). **1.** Ensemble d'objets choisis et conservés pour leur beauté, leur rareté, leur intérêt ou leur prix : *Elle fait collection de* *timbres* (= elle les collectionne). *Je commence une collection de fèves des Rois.* **2.** Ensemble d'ouvrages, de publications réunis pour leurs caractéristiques communes : *La collection reliée d'un journal. Directrice de collection chez un éditeur.* **3.** Ensemble de modèles de vêtements créés et proposés à la clientèle à chaque saison par une maison de couture : *La présentation des collections d'été.* **4.** En médecine, amas de liquide dans une cavité de l'organisme : *Collection de pus* (**SYN.** accumulation). ▸ ***Une collection de,*** une grande quantité de : *Elle a une collection d'excuses toutes prêtes pour expliquer ses retards.*

collectionner v.t. [conj. 3]. **1.** Réunir en collection : *Il collectionne les cartes de téléphone.* **2.** *Fam.* Avoir en grande quantité ; faire beaucoup de : *Il collectionne les maladresses* (**SYN.** accumuler, amasser).

collectionneur, euse n. Personne qui aime collectionner, qui fait une ou plusieurs collections.

collectivement adv. De façon collective : *Nous avons travaillé collectivement* (**SYN.** ensemble ; **CONTR.** individuellement, séparément).

collectivisation n.f. Action de collectiviser.

collectiviser v.t. [conj. 3]. Rendre la collectivité propriétaire des moyens de production et d'échange par l'expropriation ou la nationalisation (par opp. à privatiser).

collectivisme n.m. Système économique fondé sur la propriété collective des moyens de production.

collectiviste adj. et n. Qui relève du collectivisme ; qui en est partisan.

collectivité n.f. Ensemble de personnes dépendant d'une même organisation, réunies par des intérêts communs ou habitant dans un même lieu : *Privilégier les intérêts de la collectivité* (**SYN.** communauté). *Tarifs spéciaux pour les collectivités* (= les entreprises, les écoles, etc.). ▸ ***Collectivité locale*** ou ***territoriale,*** circonscription administrative ayant une certaine autonomie par rapport à l'État central (communes, départements, Régions, etc.). ***Collectivités publiques,*** l'État, les collectivités locales et les établissements publics.

collector n.m. (mot angl.). Objet recherché par les collectionneurs pour son originalité ou sa rareté.

collège n.m. (lat. *collegium*). **1.** En France, établissement du premier cycle de l'enseignement secondaire ; ensemble des élèves de cet établissement : *Tout le collège a soutenu le proviseur.* **2.** En Belgique, établissement scolaire du niveau secondaire, dans l'enseignement libre. **3.** Assemblée de personnes importantes exerçant la même fonction : *Le collège des cardinaux.* ▸ ***Collège électoral,*** ensemble des électeurs appelés à voter lors d'une élection déterminée.

collégial, e, aux adj. Qui relève d'un collège de personnes dans l'exercice de leur fonction : *Direction collégiale.* ▸ ***Enseignement collégial,*** au Québec, enseignement dispensé dans un collège d'enseignement général et professionnel ou un établissement assimilé.

collégiale n.f. Église qui possède un chapitre de chanoines.

collégialement adv. De façon collégiale.

collégialité n.f. Caractère de ce qui est organisé ou décidé en collège, à plusieurs.

collégien, enne n. Élève d'un collège.

collègue [kɔlɛg] n.m. (lat. *collega*). Personne qui remplit la même fonction ou qui travaille dans la même entreprise qu'une autre.

coller v.t. [conj. 3]. **1.** Fixer avec de la colle ou une substance qui fait adhérer : *Coller les pièces d'une maquette* (**CONTR.** décoller). **2.** Mettre tout contre : *Coller son oreille à la porte* (**SYN.** appliquer). *L'enfant collait son visage contre la vitrine* (**SYN.** appuyer). **3.** *Fam.* Rester constamment auprès de qqn, au point de l'importuner : *Il me colle depuis ce matin* (= il me suit partout). **4.** *Fam.* Mettre d'autorité ou sans précaution : *Il a collé sa voiture en travers du passage.* **5.** *Fam.* Imposer une chose désagréable, la présence d'une personne : *Il nous a collé toute la comptabilité à vérifier* (**SYN.** donner, transmettre). **6.** *Fam.* Punir d'une colle ; consigner : *Toute la classe a été collée.* **7.** *Fam.* Mettre dans l'impossibilité de répondre : *L'animateur l'a collé sur une question de cinéma.* **8.** *Fam.* Refuser qqn à un examen : *Elle a été collée au bac* (= elle a échoué). ◆ v.t. ind. **[à]. 1.** Se fixer par contact : *La confiture colle aux doigts* (**SYN.** adhérer à). **2.** Suivre les formes du corps, en parlant d'un vêtement : *Body qui colle au buste.* **3.** Suivre de très près : *Ce cycliste colle à la roue de son concurrent.* **4.** *Fam.* Être en accord avec : *Ce film colle à la réalité* (**SYN.** correspondre à). ◆ v.i. Adhérer : *Ce timbre ne colle pas.* ▸ *Fam.* ***Ça colle,*** tout va bien ; c'est entendu.

collerette n.f. (de *collier*). **1.** Volant de tissu plissé ou froncé, garnissant le bord d'une encolure, d'un décolleté. **2.** Ce qui a la forme d'un anneau : *La collerette d'un champignon.*

collet n.m. (de *col*). **1.** Nœud coulant destiné à prendre les oiseaux ou de petits mammifères : *Poser des collets.* **2.** *Anc.* Partie du vêtement qui entourait le cou. ▸ ***Être collet monté,*** avoir une attitude guindée, compassée ; être prude. ***Prendre*** ou ***saisir qqn au collet,*** le capturer.

se **colleter** v.pr. [conj. 27]. **[avec]. 1.** *Vieilli* Se battre : *Ils se sont colletés avec des voyous* (**SYN.** se bagarrer avec). **2.** *Fig.* Affronter une situation difficile : *Se colleter avec des problèmes financiers* (**SYN.** se débattre dans).

colleur, euse n. ▸ ***Colleur d'affiches,*** personne qui colle des affiches.

colleuse n.f. **1.** Machine à coller. **2.** Dans l'industrie du cinéma, appareil servant à raccorder deux fragments de film.

colley [kɔlɛ] n.m. (mot angl.). Chien de berger écossais à tête fine et à museau long, à fourrure abondante.

collier n.m. (lat. *collarium,* de *collum,* cou). **1.** Bijou qui se porte autour du cou ; ornement de cou : *Collier de jade. Un collier de coquillages.* **2.** Cercle de cuir ou de métal que l'on met autour du cou de certains animaux domestiques : *Le collier de ce chien est trop serré.* **3.** Tache de couleur entourant le cou de certains animaux : *Une couleuvre à collier.* **4.** Barbe courte et étroite qui fait le tour de la partie inférieure du visage. **5.** En boucherie, morceau de viande correspondant au cou, chez le veau et chez le mouton. **6.** Anneau plat servant à fixer un tuyau, une conduite : *Un collier de serrage* (**SYN.** bague). ▸ ***Donner un coup de collier,*** fournir un effort intense. ***Reprendre le collier,*** se remettre au travail après une période de repos.

colliger v.t. (lat. *colligere,* recueillir, de *legere,* ramasser) [conj. 17]. *Litt.* Réunir pour constituer un recueil : *Ils colligeaient ses cours pour les publier.*

collimateur n.m. (du lat. savant *collimare,* pour *collineare,* viser). Dans l'armement, appareil de visée pour le tir. ▸ *Fam.* ***Avoir qqn dans le collimateur,*** le surveiller de près pour pouvoir contrer ses initiatives.

colline n.f. (lat. *collis*). Relief de faible altitude, au sommet arrondi : *Une région de collines* (**SYN.** coteau, mamelon).

collision n.f. (du lat. *collidere,* frapper contre). **1.** Choc de deux corps en mouvement ; rencontre d'un corps en mouvement avec un obstacle : *La route est bloquée à la suite d'une collision entre deux poids lourds* (**SYN.** accident, accrochage). *La voiture est entrée en collision avec un poteau* (= elle l'a heurté). **2.** *Fig.* Opposition totale, profonde ; antagonisme : *Collision d'intérêts* (**SYN.** conflit, rivalité). ☞ **REM.** Ne pas confondre avec *collusion.*

collocation n.f. En linguistique, association habituelle d'un mot à un autre au sein d'une phrase : *« Courir » est souvent en collocation avec « vite ».* ☞ **REM.** Ne pas confondre avec *colocation.*

colloïdal, e, aux adj. Qui est de la nature des colloïdes. ▸ ***État colloïdal,*** état d'une substance dispersée en fines particules dans un fluide.

colloïde n.m. (angl. *colloid,* du gr. *kolla,* colle). En chimie, système dans lequel des particules très petites se trouvent en suspension dans un fluide.

colloque n.m. (du lat. *colloquium,* entretien). Réunion organisée entre spécialistes pour étudier une question ou discuter de problèmes importants : *Les cancérologues ont tenu un colloque* ou *se sont réunis en colloque* (**SYN.** congrès, symposium).

collusion n.f. (du lat. *colludere,* jouer ensemble). Entente secrète en vue de tromper ou de causer un préjudice : *La collusion entre ses principaux adversaires lui a fait perdre l'élection* (**SYN.** complicité, connivence). ☞ **REM.** Ne pas confondre avec *collision.*

collusoire adj. Dans la langue juridique, qui est fait par collusion, qui résulte d'une collusion.

collutoire n.m. (du lat. *colluere,* laver). Médicament semi-liquide destiné à être appliqué sur les gencives et sur les parois internes de la bouche.

collyre n.m. (du gr. *kollurion,* onguent). Médicament liquide destiné à être introduit goutte par goutte dans l'œil.

colmatage n.m. Action de colmater.

colmater v.t. (de l'it. *colmare,* combler) [conj. 3]. **1.** Fermer plus ou moins complètement un orifice, une fente : *Colmater une fuite* (**SYN.** boucher, obturer). **2.** *Fig.* Tenter de réduire en comblant les manques : *Colmater un déficit.*

colo n.f. (abrév.). *Fam.* Colonie de vacances.

colocataire n. Locataire d'un logement avec d'autres personnes.

colocation n.f. Location prise à plusieurs. ☞ **REM.** Ne pas confondre avec *collocation.*

colombage n.m. (du lat. *columna,* colonne). Structure de bois qui soutient un mur en matériaux de remplissage ; mur ainsi construit : *Maisons à colombage* (= à la charpente apparente).

colombe n.f. (lat. *columba,* pigeon). **1.** Nom donné à certains pigeons et à certaines tourterelles. **2.** *Poét.* Pigeon blanc qui est le symbole de la paix. **3.** Partisan d'une politique de paix (par opp. à faucon).

colombier n.m. Pigeonnier en forme de tour circulaire.

① **colombo** n.m. (du nom de la ville de *Colombo*). Dans la cuisine antillaise, ragoût épicé de viande ou de poisson.

② **colombo** n.m. (bantou *kalumb*). Racine d'une plante de l'Afrique tropicale utilisée en médecine pour ses propriétés astringentes et apéritives.

colombophile n. et adj. Personne qui élève ou utilise des pigeons voyageurs.

colombophilie n.f. Élevage des pigeons voyageurs.

colon n.m. (lat. *colonus,* cultivateur, habitant). **1.** Habitant d'une colonie originaire du pays colonisateur : *Les colons espagnols en Amérique latine.* **2.** Enfant d'une colonie de vacances.

côlon n.m. (gr. *kôlon,* intestin). Partie terminale de l'intestin, appelée aussi *gros intestin.*

colonel, elle n. (de l'it. *colonna,* troupe en colonne). Officier supérieur du grade le plus élevé, dans les armées de terre et de l'air et dans la gendarmerie. ☞ **REM.** Une *colonelle* désigne également l'épouse d'un colonel.

colonial, e, aux adj. Qui concerne les colonies : *La fin des guerres coloniales.*

colonialisme n.m. **1.** Doctrine qui préconise l'occupation d'un territoire ou d'une nation, sa domination politique et son exploitation économique par un État étranger ; mise en pratique de cette doctrine. **2.** Ensemble de comportements adoptés par les colons à l'encontre de la population du pays qu'ils colonisent.

colonialiste adj. et n. Relatif au colonialisme ; qui en est partisan.

colonie n.f. (lat. *colonia,* de *colere,* cultiver). **1.** Territoire occupé et administré par une puissance étrangère et dont il dépend sur le plan politique, économique et culturel. **2.** Groupe de personnes installées dans un autre pays que le leur pour y fonder une ville, y exploiter des terres, le peupler : *Une implantation de colonies dans un pays étranger.* **3.** Ensemble de personnes originaires d'un même pays, d'une même région, vivant dans un autre pays, une autre région que les leurs : *La colonie bretonne de Paris.* **4.** Groupe organisé d'animaux de la même espèce : *Une colonie de hérons.* ▸ ***Colonie de vacances,*** groupe d'enfants réunis, pendant leurs vacances, pour pratiquer des activités sous la conduite de moniteurs ; lieu accueillant ces enfants (abrév. fam. colo).

colonisateur, trice adj. et n. Qui transforme un pays en colonie ; qui s'implante sur un territoire pour l'exploiter, le peupler.

colonisation n.f. Action de coloniser ; situation des pays colonisés.

colonisé, e adj. et n. Relatif à un pays dominé et administré par une puissance étrangère.

coloniser v.t. [conj. 3]. **1.** Transformer en colonie : *Au XIX*[e] *siècle, les pays européens colonisèrent de nombreuses régions du monde* (**CONTR.** décoloniser). **2.** Peupler de colons : *L'Angleterre a colonisé l'Australie.* **3.** *Fam.* Se trouver en grand nombre dans : *Les* *feuilletons de mauvaise qualité colonisent nos écrans de télévision* (**SYN.** envahir).

colonnade n.f. Rangée de colonnes qui soutient et orne une construction.

colonne n.f. (lat. *columna*). **1.** Support architectural vertical de forme le plus souvent cylindrique : *Les colonnes d'un temple grec.* **2.** Monument de forme cylindrique : *La colonne Trajane, à Rome, commémore les victoires de l'empereur Trajan.* **3.** Masse de liquide ou de gaz qui s'élève en formant un cylindre : *Une colonne de fumée était visible à des kilomètres.* **4.** Division verticale d'une page, d'un tableau ; ensemble des lignes occupant cette division : *Le texte tient sur deux colonnes. J'ai lu cela dans les colonnes de ce journal* (= les articles). **5.** Annotations, chiffres disposés verticalement les uns au-dessous des autres : *La colonne des unités, des dizaines.* **6.** Meuble de rangement étroit et haut, à étagères : *Une colonne pour ranger les CD.* **7.** File de personnes, de véhicules ; cohorte, cortège : *Une colonne de fantassins, de chenillettes.* ▸ ***Cinquième colonne,*** éléments ennemis affectés à saper la résistance de l'intérieur (se disait des agents des services secrets allemands opérant en France pendant l'Occupation). ***Colonne vertébrale,*** ensemble des vertèbres formant un axe osseux qui s'étend de la base du crâne au bassin ; épine dorsale ; fig., ce qui permet à une structure, une institution, de résister et autour de quoi elle s'organise : *L'armée est la colonne vertébrale de ce régime.*

colonnette n.f. En architecture, petite colonne ; colonne de petit diamètre.

colonoscopie n.f. → **coloscopie.**

colopathie n.f. En médecine, maladie du côlon.

colophane n.f. (gr. *kolophônia,* résine de Colophon, ville d'Asie Mineure). Résine solide, dont les musiciens enduisent les crins de l'archet.

coloquinte n.f. Plante voisine de la pastèque, dont les fruits, à pulpe amère et purgative, sont ornementaux.

colorant, e adj. Qui donne une certaine couleur ; qui modifie la couleur. ◆ **colorant** n.m. **1.** Substance colorée qui se fixe durablement sur une matière pour lui donner une certaine couleur. **2.** Dans l'industrie alimentaire, substance employée pour colorer certains aliments : *Le colorant E 102 donne leur couleur jaune à certaines boissons.*

coloration n.f. Action de colorer ; état de ce qui est coloré : *Elle s'est fait faire une coloration par le coiffeur* (**SYN.** couleur, teinture).

colorature n.f. (de l'all. *Koloratur,* vocalise). **1.** Passage musical faisant appel à la virtuosité vocale. **2.** (Employé en appos.). Apte à exécuter des vocalises aiguës : *Soprano colorature.*

coloré, e adj. **1.** Qui a une couleur, notamm. une couleur vive ; qui a plusieurs couleurs : *Des vitraux en verre coloré* (**CONTR.** incolore). *Des graffs très colorés* (**CONTR.** terne). **2.** *Fig.* Se dit d'une façon de s'exprimer originale ou imagée : *Un langage coloré* (**SYN.** étincelant, pittoresque ; **CONTR.** banal, pauvre, plat).

colorectal, e, aux adj. Qui affecte le côlon ou le rectum : *Cancer, polype colorectal.*

colorer v.t. (lat. *colorare,* de *color,* couleur) [conj. 3]. **1.** Donner une certaine couleur, une couleur plus vive à : *Le rouge de la serviette a coloré le reste du linge en rose* (**CONTR.** décolorer). *L'air vif colorait leurs joues* (**SYN.** teinter). **2.** *Fig., litt.* Donner une nuance particulière à : *Il colorait ses chroniques de critiques subtiles* (**SYN.** accompagner).

coloriage n.m. **1.** Action de colorier ; résultat de cette action. **2.** (Surtout au pl.). Dessin à colorier : *Un album de coloriages.*

colorier v.t. [conj. 9]. Mettre des couleurs sur : *Vous colorierez tous les océans en bleu.*

coloris n.m. **1.** Effet qui résulte de la façon d'assortir les couleurs en peinture : *Un tableau aux riches coloris.* **2.** Nuance d'une couleur : *Cet article est disponible en divers coloris* (**SYN.** teinte). **3.** Éclat du visage, des fleurs, des fruits : *Ces pivoines ont le même coloris.*

colorisation n.f. Mise en couleurs des images en noir et blanc d'un film, notamm. d'un film ancien.

coloriser v.t. [conj. 3]. Effectuer la colorisation d'un film.

coloriste n. **1.** Peintre qui privilégie l'expression par la couleur, qui excelle dans les coloris : *Corot était un coloriste.* **2.** Spécialiste de la coloration des cheveux, dans un salon de coiffure.

coloscopie n.f. Examen du côlon à l'aide d'un endoscope. ☞ **REM.** On dit plus rarement *colonoscopie.*

colossal, e, aux adj. **1.** Qui est extrêmement grand : *Les multinationales sont des entreprises colossales* (**SYN.** gigantesque). *Statue colossale* (= plus grande que le modèle). **2.** Qui dépasse de beaucoup la normale : *Une erreur colossale* (**SYN.** considérable, énorme, monumental ; **CONTR.** minuscule).

colossalement adv. De façon colossale : *Elle est colossalement riche* (**SYN.** extrêmement, fabuleusement, immensément).

colosse n.m. (lat. *colossus,* du gr.). **1.** Statue d'une taille supérieure à celle du modèle : *Le colosse de Rhodes.* **2.** Homme d'une carrure imposante, qui donne une impression de force extraordinaire : *Son père est un colosse* (**SYN.** géant, hercule).

colostrum [kɔlɔstrɔm] n.m. (mot lat.). Liquide jaunâtre produit par le sein ou la mamelle peu après l'accouchement.

colportage n.m. **1.** Action de colporter des marchandises ; métier de colporteur. **2.** Action de colporter des propos : *Il est champion du colportage de rumeurs.*

colporter v.t. (lat. *comportare,* transporter) [conj. 3]. **1.** *Vieilli* Transporter des marchandises de place en place pour les vendre. **2.** *Fig.* Faire connaître partout ; divulguer, ébruiter : *Colporter une rumeur* (**SYN.** propager, répandre ; **CONTR.** dissimuler, taire).

colporteur, euse n. **1.** Marchand qui se présente au domicile des gens pour proposer ses marchandises. **2.** (Suivi d'un compl.). *Fig.* Personne qui répand des informations en tous lieux : *Colporteur de fausses nouvelles, de rumeurs* (**SYN.** propagateur).

colposcopie n.f. (du gr. *kolpos,* vagin). En médecine, examen de la partie inférieure de l'appareil génital féminin, à l'aide d'un appareil optique.

colt [kɔlt] n.m. (du nom de l'inventeur). **1.** Pistolet à barillet (**SYN.** revolver). **2.** Pistolet automatique.

se **coltiner** v.pr. (de *coltin,* gilet des forts des Halles, couvrant la tête et les épaules) [conj. 3]. *Fam.* Se charger d'une tâche pénible ou désagréable : *Cette fois, je ne me coltinerai pas la vaisselle.*

columbarium [kɔlɔ̃barjɔm] n.m. (mot lat. signif. « colombier »). Bâtiment pourvu de niches où sont placées les urnes contenant les cendres de personnes incinérées.

columelle n.f. (lat. *columella*, petite colonne). En zoologie, axe solide central : *La columelle des coraux.*

colvert n.m. (de *col* et *vert*). Le plus commun des canards sauvages.

colza n.m. (néerl. *koolzaad*, semence de chou). Plante voisine du chou, à fleurs jaunes, cultivée pour ses graines fournissant une huile comestible et un aliment pour le bétail.

coma n.m. (gr. *kôma*, sommeil profond). État d'un malade qui a perdu conscience, ne peut plus bouger et ne sent plus rien, mais qui respire et dont le sang circule.

comandant [komɑ̃dɑ̃] n.m. Dans la langue juridique, personne qui, avec une ou plusieurs autres, donne un mandat. ☞ **REM.** Ne pas confondre avec *commandant.*

comateux, euse adj. et n. Relatif au coma ; qui est dans le coma : *Être dans un état comateux.*

combat n.m. **1.** Fait de se battre contre un ou plusieurs adversaires : *Ils se sont affrontés en combat singulier. Des combats de rue ont opposé des casseurs aux forces de l'ordre. Combat de boxe.* **2.** Engagement militaire limité dans l'espace et dans le temps : *Livrer un combat* (**SYN.** bataille, escarmouche). **3.** *Fig.* Lutte menée contre des obstacles, des difficultés ou pour défendre une cause : *Elle mène un combat contre l'exclusion.* **4.** Opposition de forces contraires : *Le combat du Bien et du Mal.* ▸ ***Hors de combat,*** dans l'incapacité de poursuivre la lutte ; dans l'impossibilité de faire face à une situation.

combatif, ive adj. Qui aime le combat, la lutte, la compétition : *Des boxeurs très combatifs* (**SYN.** agressif, opiniâtre, pugnace [litt.]). *Elle a un tempérament combatif* (**SYN.** batailleur).

combativité n.f. Goût, disposition à combattre ; volonté de lutter : *La combativité des soldats* (**SYN.** agressivité). *Avec une telle combativité, elle réussira* (**SYN.** mordant, pétulance).

combattant, e n. Soldat qui prend part à un combat, à une guerre ; personne qui prend part à une bagarre.

combattre v.t. (du lat. *cum*, avec, et *battuere*, battre) [conj. 83]. **1.** Faire la guerre à qqn : *Combattre les armées ennemies* (**SYN.** se battre contre). **2.** S'opposer avec vigueur à, en parlant de qqn : *Combattre la mondialisation* (**SYN.** se dresser contre, lutter contre). **3.** Agir pour faire disparaître, en parlant de qqch : *Ce médicament combat l'infection.* ◆ v.i. **1.** Livrer combat : *La façon dont les Romains combattaient.* **2. [contre, pour].** Mettre tout en œuvre pour défendre une cause, un point de vue : *Ils ont combattu contre les préjugés. Combattre pour le droit au logement* (**SYN.** lutter).

combe n.f. En géographie, vallée limitée par des escarpements se faisant face et entaillée dans le sens du pli du terrain (par opp. à cluse).

combien adv. interr. (de l'anc. fr. *com*, comment, et *bien*). Sert à interroger sur la quantité, le nombre, la grandeur, le prix : *Combien de temps met-elle pour accéder à ce site Internet ? De combien de lecteurs de CD avons-nous besoin ? Combien mesure le lanceur Ariane 5 ? Combien avez-vous payé votre téléphone mobile ?* ◆ adv. exclam. (Inséré dans une phrase). *Litt.* Exprime un renforcement, une grande intensité : *Une conférence ô combien importante pour l'avenir de la planète* (= extrêmement). ▸ ***Combien de*** (+ n.), quel grand nombre, quelle grande quantité de : *« Oh ! combien de marins, combien de capitaines / Qui sont partis joyeux pour des courses lointaines »* [Victor Hugo] (= que de). ◆ n.m. inv. *Fam.* Précédé de l'article, indique la date, le rang, la fréquence : *Le combien serons-nous demain ? L'émission passe tous les combien ?*

combientième adj. et n. *Fam.* Qui est à quel rang, à quel ordre ? : *Au combientième étage habitez-vous ? La combientième était-elle à passer l'entretien d'embauche ?*

combinaison n.f. **1.** Association selon une disposition, une proportion : *Une combinaison de différents morceaux de musique* (**SYN.** agencement, arrangement). *La combinaison de la chaleur et de l'absence de vent aggrave la pollution.* **2.** Agencement d'une serrure qui, dans une position déterminée, déclenche l'ouverture ; suite de chiffres ou de lettres permettant ce déclenchement : *Changer la combinaison d'un coffre-fort.* **3.** *Fig.* Ensemble de moyens employés pour assurer le succès d'une entreprise (souvent péjor.) : *Il s'est fait élire grâce à d'habiles combinaisons politiques* (**SYN.** calcul, manigance, manœuvre). **4.** Sous-vêtement féminin maintenu par des bretelles aux épaules et habillant le corps jusqu'aux genoux. **5.** Vêtement de sport ou de travail couvrant la totalité du corps : *Une combinaison de ski, de plongée.*

combinard, e adj. et n. *Fam., péjor.* Qui emploie des moyens souvent plus ingénieux qu'honnêtes pour arriver à ses fins (**SYN.** madré, roublard, rusé ; **CONTR.** honnête, scrupuleux).

combinat [kɔ̃bina] n.m. (mot russe, formé sur *combiner*). Dans l'ancienne U.R.S.S., groupement de plusieurs établissements industriels aux activités solidaires : *Un combinat automobile.*

combinatoire adj. Qui relève des combinaisons : *L'art combinatoire des sonorités.*

combine n.f. (abrév. de *combinaison*). *Fam.* Moyen habile, mais pas toujours honnête, pour arriver à ses fins : *Chercher une bonne combine pour se tirer d'affaire* (**SYN.** astuce, ruse, trouvaille).

combiné n.m. **1.** Partie mobile d'un téléphone réunissant l'écouteur à mettre sur l'oreille et le microphone qui se place devant la bouche. **2.** Compétition sportive associant des épreuves de nature différente : *Combiné alpin* (= épreuves de descente et de slalom). **3.** Sous-vêtement féminin réunissant une gaine et un soutien-gorge.

combiner v.t. (bas lat. *combinare*, unir deux choses ensemble, du lat. class. *bini*, deux par deux) [conj. 3]. **1.** Associer des choses, des éléments pour obtenir un certain résultat : *Combiner des couleurs* (**SYN.** assortir). *Ils ont combiné le matériel génétique de deux bactéries* (**SYN.** mêler, unir). **2.** Organiser selon un plan précis : *Il a tout combiné pour que les indices accusent son complice* (**SYN.** arranger, calculer, machiner). ◆ **se combiner** v.pr. **1.** Former un ensemble homogène : *Les dernières avancées biologiques se combinent avec les moyens informatiques dans cette nouvelle technique chirurgicale* (**SYN.** s'allier, se marier). **2.** S'organiser de façon harmonieuse : *Nos emplois du temps se sont combinés et nous avons pu nous retrouver.*

① **comble** n.m. (du lat. *cumulus*, monceau, amas). **1.** (Souvent au pl.). Partie la plus élevée d'un bâtiment, comportant la charpente et le toit ; espace intérieur correspondant : *Ils ont aménagé deux chambres sous les combles.* **2.** Point culminant, degré extrême : *Cette réflexion mit le comble à son embarras* (= l'embarrassa à l'extrême). *Être au comble de la joie* (**SYN.** faîte, sommet). ▸ ***C'est un comble !,*** cela dépasse la mesure ! ***De fond en comble,*** entièrement : *Nous avons fouillé la maison de fond en comble.*

② **comble** adj. (de *combler*). Se dit d'un lieu rempli de personnes au point qu'il ne peut en accueillir plus : *Le bus est comble* (**SYN.** bondé, complet, plein). ▸ ***Faire salle comble,*** en parlant d'un spectacle, d'un conférencier, d'un artiste, attirer un très nombreux public. ***La mesure est comble,*** cela dépasse les bornes.

comblement n.m. **1.** Action de remplir un trou : *Le comblement d'une tranchée* (**SYN.** remblayage). **2.** Fait d'être comblé : *Le comblement de ses désirs.*

combler v.t. (lat. *cumulare*, amonceler, de *cumulus*, monceau) [conj. 3]. **1.** Remplir entièrement : *Combler un puits* (**SYN.** remblayer ; **CONTR.** creuser). **2.** Faire disparaître en apportant ce qui manque : *Combler des lacunes. Il faut trouver un financement pour combler le déficit.* **3.** Satisfaire pleinement qqn, ses désirs : *Ce nouveau film a comblé tous mes espoirs* (**SYN.** contenter, exaucer). ▸ ***Combler qqn de bienfaits, d'honneurs, de cadeaux,*** les lui donner en grande quantité.

comburant, e adj. et n.m. (du lat. *comburere*, brûler entièrement). Se dit d'un corps qui, en se combinant avec un autre, entraîne la combustion de ce dernier.

combustible adj. Qui a la propriété de brûler ou de se consumer. ◆ n.m. Matière qui, en brûlant, produit de l'énergie calorifique. ▸ ***Combustible nucléaire,*** élément capable de dégager de l'énergie par fission ou par fusion nucléaire.

combustion [kɔ̃bystjɔ̃] n.f. (lat. *combustio*, de *comburere*, brûler). Fait, pour un corps, de brûler : *La combustion des bûches dans la cheminée.*

come-back [kɔmbak] n.m. inv. (mot angl. signif. « retour »). Retour au premier plan d'une personne naguère célèbre, après une période d'oubli ou d'inactivité.

comédie n.f. (lat. *comoedia*, du gr.). **1.** Pièce de théâtre ou film destinés à faire rire par la caricature des mœurs, des caractères ou par une succession de situations inattendues : *Une comédie de Molière, de Sacha Guitry.* **2.** Genre littéraire, cinématographique, théâtral, ayant pour but de faire rire ou sourire : *La comédie de mœurs* (= qui dépeint les mœurs d'une époque en s'en moquant). **3.** Démonstration de sentiments qui ne sont pas réels : *Ses pleurs sont de la pure comédie* (**SYN.** simulation). *Cessez cette comédie, vous n'obtiendrez rien de cette façon* (**SYN.** simagrée). **4.** Ensemble de complications énervantes, provoquées par les circonstances : *C'est toute une comédie pour trouver la personne responsable !* (= il est très difficile de ; **SYN.** affaire). ▸ ***Comédie musicale,*** genre de spectacle où alternent scènes dansées et chantées, textes parlés et musique ; spectacle, film appartenant à ce genre.

comédien, enne n. **1.** Professionnel qui joue au théâtre, au cinéma, à la radio, à la télévision (**SYN.** acteur). **2.** Personne qui aime attirer l'attention sur elle en exagérant ses attitudes (**SYN.** cabotin). ◆ adj. Se dit d'une personne qui est prompte à simuler, qui aime se faire remarquer : *Il est très comédien.*

comédon n.m. (du lat. *comedere*, manger). Petit bouton contenant du sébum, appelé *point noir* lorsque son extrémité est noire.

comestible adj. (du lat. *comestus*, mangé). Qui peut servir de nourriture à l'homme : *Ces champignons ne sont pas comestibles* (**SYN.** mangeable). ◆ **comestibles** n.m. pl. Produits alimentaires.

comète n.f. (du gr. *komêtês*, chevelu). Astre qui, en passant au voisinage du Soleil, éjecte un nuage à l'aspect de chevelure s'étirant en une queue parfois spectaculaire. ▸ ***Tirer des plans sur la comète,*** faire des projets à partir d'éléments ingénieux mais illusoires.

① **comice** n.m. (lat. *comitia*, assemblée du peuple). ▸ ***Comice agricole,*** association privée de notables ruraux dont le but était le développement de l'agriculture ; concours organisé par ces associations. ◆ **comices** n.m. pl. Dans l'Antiquité romaine, assemblée des citoyens regroupés en curies, centuries et tribus.

② **comice** n.f. Poire à chair fondante et sucrée.

comique adj. (lat. *comicus*, du gr.). **1.** Qui est propre au genre de la comédie : *Des films comiques.* **2.** Qui fait rire : *Sa façon de raconter est assez comique* (**SYN.** amusant, cocasse, drôle, hilarant). ◆ n.m. **1.** Caractère comique de ; ce qui est comique : *Le comique de sa réponse n'a échappé à personne* (**SYN.** drôlerie, sel). **2.** (Surtout au pl.). *Litt.* Auteur comique. ▸ ***Le comique,*** le genre comique : *Le comique de répétition.* ◆ n. **1.** Acteur ou chanteur comique : *Cette émission présente les nouveaux comiques sur scène.* **2.** *Fam., péjor.* Personne à qui l'on ne peut se fier : *Ne t'associe pas avec lui, c'est un comique* (**SYN.** bouffon, guignol, pitre).

comiquement adv. De façon comique.

comité n.m. (angl. *committee*). **1.** Assemblée restreinte réunie pour remplir une mission : *Le Comité international olympique assure l'organisation des jeux Olympiques.* **2.** Groupe de personnes délégué par une assemblée ; petite association : *Comité de locataires. Un comité de soutien.* ▸ ***Comité d'entreprise*** ou ***C.E.,*** dans une entreprise, organe constitué par des représentants de la direction et du personnel et qui exerce des fonctions de contrôle et de gestion. ***En petit comité*** ou ***en comité restreint,*** entre amis.

comitial, e, aux [kɔmisjal, o] adj. En médecine, qui relève de l'épilepsie.

commandant n.m. **1.** Officier supérieur du grade le moins élevé dans les armées de terre ou de l'air. ☞ **REM.** Ne pas confondre avec *comandant.* **2.** Officier qui commande un bâtiment de la marine de guerre. **3.** En Afrique, personne qui détient l'autorité administrative. ▸ ***Commandant de bord,*** personne qui commande à bord d'un avion de ligne ou d'un vaisseau spatial.

commande n.f. **1.** Ordre par lequel on demande à

une entreprise, un artisan, de fournir une marchandise, d'exécuter un service ; ce qui est demandé : *Passer commande d'une automobile* (= commander). *Paiement à la commande* (**CONTR.** livraison). *Votre commande sera livrée demain. Le serveur a pris la commande* (= il a noté le nom des mets, des boissons à apporter). **2.** Contrôle exercé sur le fonctionnement d'une machine, d'une installation par des dispositifs de mise en route, de réglage ou d'arrêt ; chacun des dispositifs, boutons, leviers, manettes permettant ce contrôle : *Commande automatique. Commande manuelle. Le pilote s'est mis aux commandes de l'avion.* ▸ ***De commande,*** qui n'est pas sincère : *Des pleurs de commande* (= feints, simulés). ***Prendre les commandes,*** se mettre à diriger une machine ; prendre la direction d'une affaire. ***Sur commande,*** sur demande du client : *Cet article est disponible sur commande* ; fig., sans spontanéité : *Rire sur commande* (**CONTR.** naturellement, sincèrement). ***Tenir les commandes*** ou ***être aux commandes,*** contrôler une machine ; diriger une affaire, une entreprise.

commandement n.m. **1.** Fait de donner des ordres ; ordre donné à qqn, à un groupe : *Elle n'a pas l'habitude du commandement* (**SYN.** autorité). *Les commandements qui viennent de la hiérarchie* (**SYN.** injonction). **2.** Pouvoir de celui qui commande ; sa fonction : *Prendre le commandement de l'équipe* (**SYN.** direction). **3.** Loi morale émanant de Dieu, d'une Église (**SYN.** précepte). ▸ ***À mon commandement,*** au moment où j'en donnerai l'ordre. ***Le commandement militaire,*** ensemble des autorités supérieures des armées. ***Les dix commandements,*** les préceptes transmis à Moïse sur le Sinaï, selon la Bible (= le Décalogue).

commander v.t. (lat. *commendare,* recommander) [conj. 3]. **1.** (Sujet qqn). Donner l'ordre de faire qqch à qqn, en vertu de l'autorité que l'on détient : *Elle nous a commandé de nous taire* (**SYN.** enjoindre, imposer, ordonner ; **CONTR.** défendre, interdire). **2.** (Sujet qqn). Exercer son autorité sur qqn, sur un groupe : *Commander un bataillon* (= être à la tête de ; **SYN.** diriger). *Commander la manœuvre* (**SYN.** conduire). **3.** (Sujet qqn). Passer une commande : *Elle a commandé des vêtements de sport pour les enfants* (**CONTR.** décommander). *Ils ont commandé le plat du jour.* **4.** Faire fonctionner : *Le contremaître commande la chaîne de montage. Ce bouton commande l'ouverture de la porte.* **5.** (Sujet qqch). Provoquer un sentiment ; rendre nécessaire un comportement : *Son dévouement commande la reconnaissance* (**SYN.** appeler, inspirer). *Les circonstances commandent la prudence* (**SYN.** exiger, imposer). **6.** (Sujet qqch). Contrôler l'accès à un lieu : *Ce point de passage commande la ville.* ◆ v.t. ind. **[à]. 1.** Avoir la direction de, être le chef de : *Il commande à tout le service après-vente.* **2.** *Litt.* Exercer un contrôle sur des sentiments : *Ils n'ont pu commander à leur ressentiment* (**SYN.** dominer, maîtriser). ◆ v.i. **1.** Être le chef : *C'est moi qui commande* (**SYN.** décider, gouverner ; **CONTR.** obéir, se soumettre). **2.** Au restaurant, passer une commande : *Désirez-vous commander maintenant ?* ◆ **se commander** v.pr. (Surtout en tournure négative). Dépendre de la volonté, en parlant d'un sentiment : *La passion, ça ne se commande pas.*

commanderie n.f. **1.** Bénéfice accordé à un dignitaire des ordres religieux hospitaliers. **2.** Résidence du commandeur d'un ordre religieux hospitalier.

commandeur n.m. Personne dont le grade est supérieur à celui d'officier, dans les ordres honorifiques : *Commandeur de la Légion d'honneur.*

commanditaire n. et adj. **1.** Associé d'une société en commandite qui avance des fonds. **2.** Personne qui fournit des capitaux à une industrie, une entreprise quelconque : *Les commanditaires d'un attentat.* **3.** Personne ou entreprise qui parraine un sportif, une manifestation (**SYN.** parraineur, sponsor [anglic.]).

commandite n.f. (it. *accomandita,* dépôt). Ensemble des fonds versés par chaque associé d'une société en commandite. ▸ ***Société en commandite,*** société commerciale dans laquelle une partie des associés *(les commanditaires)* apporte des fonds, l'autre partie gérant la société.

commanditer v.t. [conj. 3]. **1.** Avancer des fonds à une entreprise commerciale. **2.** Financer une action, une entreprise souvent criminelle : *Une puissance étrangère a commandité cet enlèvement.* **3.** Financer une entreprise dans un but publicitaire (**SYN.** parrainer, sponsoriser [anglic.]).

commando n.m. (mot port.). **1.** Petit groupe militaire chargé de missions spéciales et opérant isolément ; membre de ce groupe. **2.** (Employé en appos.). Effectué par un commando : *Des opérations commandos.*

comme conj. sub. (du lat. *quomodo,* comment). **1.** Exprime la cause : *Comme elle connaît bien la situation, elle peut les conseiller* (**SYN.** puisque, étant donné que). **2.** Exprime une simultanéité : *Comme le T.G.V. quittait la gare, des retardataires sont arrivés sur le quai* (**SYN.** alors que). **3.** Exprime une comparaison : *Tout s'est passé comme prévu. Été comme hiver, les routes sont encombrées* (**SYN.** ainsi que, de même que). **4.** Introduit des comparaisons à valeur intensive : *Il ment comme il respire. Rouge comme une pivoine.* **5.** Introduit un exemple : *Les médecines douces, comme l'acupuncture, l'homéopathie ou l'ostéopathie* (**SYN.** tel, tel que). **6.** Sert à coordonner : *Les tours comme les barres seront dynamitées* (**SYN.** ainsi que, de même que, et). **7.** Indique à quel titre on agit, on est désigné : *Comme ministre de l'économie, il a fait une déclaration* (**SYN.** en tant que, en qualité de). *Elle se présente comme suppléante.* **8.** Introduit un attribut du complément d'objet direct : *Il a pris son fils comme assistant* (**SYN.** pour). **9.** Sert à atténuer une assertion : *Ils étaient comme fascinés par le Mirage 2000* (= pour ainsi dire ; **SYN.** quasiment). ▸ *Fam.* ***C'est tout comme,*** cela revient au même. ***Comme il faut,*** se dit d'une personne bien élevée : *C'est une locataire tout à fait comme il faut* (= bien, respectable) ; correctement : *Tiens-toi comme il faut.* ***Comme que comme,*** en Suisse, quoi qu'il en soit, de toute façon : *Comme que comme, on n'y peut rien.* *Fam.* ***Comme quoi,*** ce qui montre bien que : *Ils ne répondent pas au téléphone ; comme quoi, j'ai bien fait d'envoyer un mél.* *Fam.* ***Comme tout,*** au plus haut point : *Elle est jolie comme tout avec sa nouvelle coiffure* (= extrêmement, très). ◆ adv. exclam. **1.** Exprime l'intensité : *Comme la ville a changé !* (= à quel point ; **SYN.** que). **2.** Exprime la manière : *Comme ils nous traitent !* (= de quelle façon ; **SYN.** comment). ◆ **comme si** loc. conj. Marque une comparaison avec une situation hypothétique : *Faire comme si de rien n'était. Elle jongle avec les valeurs comme si elle était experte financière.*

commedia dell'arte [kɔmedjadɛlarte] n.f. (loc. it. signif. « comédie de fantaisie »). Genre théâtral italien fondé sur l'improvisation à partir de la trame d'une histoire et de personnages traditionnels souvent identifiés par des masques.

commémoratif, ive adj. Qui sert à commémorer : *Apposer une plaque commémorative.*

commémoration n.f. Action de commémorer un événement, la naissance ou la mort d'une personne ; cérémonie faite à cette occasion : *En commémoration de* (= en mémoire de).

commémorer v.t. [conj. 3]. Célébrer, par une cérémonie, le souvenir d'une personne ou d'un événement : *Commémorer le premier pas de l'homme sur la Lune.*

commençant, e n. Personne qui commence l'étude d'une discipline, d'un art : *Des cours pour les commençants* (**SYN.** débutant).

commencement n.m. **1.** Ce par quoi qqch commence : *Le commencement de l'été* (**SYN.** apparition, arrivée, début ; **CONTR.** achèvement, fin). **2.** *Litt.* Ce qui est à la base, à l'origine de qqch : *La peur du gendarme est le commencement de la sagesse* (**SYN.** source). ▸ ***Au commencement,*** au début, dans les temps les plus anciens : *Au commencement, je n'avais pas compris qui elle était. Au commencement, les avions volaient sur de très courtes distances.*

commencer v.t. (du lat. *cum,* avec, et *initiare,* commencer) [conj. 16]. **1.** Se mettre pour la première fois à faire qqch : *Nous commençons le dressage des chiots* (**SYN.** entreprendre ; **CONTR.** achever). *Elle commençait son travail quand nous sommes arrivés* (**SYN.** attaquer). **2.** Être au début du déroulement d'une action ; constituer le début de : *Elle a bien commencé son stage* (**SYN.** inaugurer ; **CONTR.** clore, terminer). *Quelques phrases de remerciement commencent la conférence* (**SYN.** ouvrir ; **CONTR.** clôturer, conclure). **3.** (Souvent sans compl.). Être le premier à faire qqch, à agir : *Cette fois, c'est à lui de commencer* (**SYN.** débuter). **4.** (Souvent sans compl. et dans des formes d'insistance). Prendre l'initiative des hostilités, de ce qui suscite la désapprobation : *Je n'y suis pour rien, c'est elle qui a commencé.* ◆ v.t. ind. ▸ ***À commencer par,*** indique que qqn ou qqch est au premier chef concerné par ce qui est énoncé : *Tout le monde doit y mettre du sien, à commencer par vous.* ***Commencer à*** (+ inf.), être au début d'une action, d'un état : *La nuit commence à tomber. Les enfants commencent à apprendre à lire.* ***Commencer à*** ou, litt., ***de*** (+ inf.), se mettre à agir pour un temps assez bref : *Elle commençait de ou à dessiner quand nous l'avons appelée.* ***Commencer par*** (+ n. ou inf.), s'occuper d'une chose avant une autre ; faire qqch avant qqch d'autre : *Il faut commencer par le côté gauche de la rue. Commencez par mettre du papier dans l'imprimante.* ◆ v.i. Prendre son point de départ dans le temps ou dans l'espace : *Le spectacle commence à 21 heures* (**SYN.** débuter). *La propriété commence à la lisière de la forêt.* ▸ *Iron.* ***Ça commence bien !,*** les choses se présentent mal.

commensal, e, aux n. (du lat. *cum,* avec, et *mensa,* table). *Litt.* Personne qui mange habituellement à la même table qu'une autre. ◆ adj. et n. En biologie, se dit d'une espèce animale qui vit associée à une autre en profitant des résidus de sa nourriture, mais sans lui nuire : *Le poisson pilote et le requin sont des espèces commensales.*

comment adv. interr. Interroge sur le moyen ou la manière : *Comment a-t-elle réussi à se connecter ? Je me demande comment nous résoudrons le problème de la pollution.* ◆ adv. exclam. Exprime la surprise, l'indignation : *Comment ! vous avez déjà fini ? Comment ! le tramway est en panne !* (**SYN.** quoi). ▸ *Fam.* ***Et comment !,*** souligne l'évidence d'une affirmation : *« Vous partez demain ? — Et comment ! »* (= assurément, certainement, évidemment). ◆ n.m. inv. Manière dont une chose se fait ou s'est faite : *Il faut connaître les pourquoi et les comment des modifications météorologiques.*

commentaire n.m. **1.** Ensemble de remarques faites sur une information, sur des propos, sur des événements par les observateurs de l'actualité : *La mise en examen du ministre suscite de nombreux commentaires* (**SYN.** interprétation, observation). **2.** Exposé qui explique, interprète, apprécie un texte, une œuvre : *Un commentaire du « Dom Juan » de Molière* (**SYN.** analyse). **3.** (Surtout au pl.). Propos désobligeants, malveillants : *Les commentaires vont bon train au sujet de ses voyages* (**SYN.** bavardage). ▸ ***Pas de commentaire !,*** se dit pour éviter de répondre aux questions. ***Sans commentaire !,*** vous êtes capable de déduire vous-même ce qui doit l'être, je n'ajouterai rien.

commentateur, trice n. Personne qui commente une œuvre, un texte ; personne qui fait le commentaire d'un événement, d'une information.

commenter v.t. (lat. *commentari,* réfléchir) [conj. 3]. **1.** Faire des commentaires sur une information ; faire le commentaire d'un événement : *Commenter l'actualité. Commenter la finale de la Coupe du monde.* **2.** Faire le commentaire d'une œuvre ; expliquer. **3.** Interpréter de façon malveillante : *Ils n'ont pas manqué de commenter sa décision* (**SYN.** blâmer, critiquer).

commérage n.m. (Surtout au pl.). *Fam.* Propos indiscrets et médisants ; bavardage de commère : *Il adore colporter les commérages* (**SYN.** racontar [fam.], ragot [fam.]).

commerçant, e n. Personne dont la profession est de faire du commerce : *Les commerçants du quartier* (**SYN.** marchand, négociant). ◆ adj. **1.** Où sont situés de nombreux commerces : *Une rue commerçante.* **2.** Qui sait habilement vendre des marchandises, des services : *Un bijoutier très commerçant.*

commerce n.m. (lat. *commercium,* de *merx, mercis,* marchandise). **1.** Activité qui consiste en l'achat et la vente de marchandises ou en la vente de services : *Faire du commerce avec l'étranger* (**SYN.** négoce [sout.]). *Ce modèle ne sera pas dans le commerce avant six mois* (= en vente dans les magasins). **2.** Secteur de la vente, de la distribution des produits finis : *Le petit commerce* (= les petites entreprises de commerce de détail). **3.** Établissement commercial ; fonds de commerce : *Il va ouvrir un commerce de matériel de bureau* (**SYN.** boutique, magasin). **4.** *Litt.* Relation avec qqn : *Le commerce des braves gens* (**SYN.** fréquentation). ▸ ***Commerce électronique*** ou ***commerce en ligne,*** distribution de produits et de services par l'intermédiaire des sites Internet des entreprises. *Litt.* ***Être d'un commerce agréable,*** être d'une compagnie agréable.

commercer v.t. ind. [conj. 16]. **[avec].** Faire du commerce avec qqn, une entreprise, un pays : *Notre entreprise commerçait avec ce pays avant la guerre.*

commercial, e, aux adj. **1.** Relatif au commerce ; qui s'en occupe : *C'est un bibelot qui n'a pas de valeur commerciale* (**SYN.** marchand). *Adressez-vous au service commercial.* **2.** Qui fait vendre : *Un bon argument commercial* (**SYN.** vendeur). **3.** *Péjor.* Qui est fait pour rapporter de l'argent sans grand souci de qualité : *Film commercial.* ◆ n. Personne appartenant au service commercial d'une entreprise.

commerciale n.f. Automobile aménageable pour le transport de marchandises.

commercialement adv. Du point de vue du commerce ; du point de vue de la vente.

commercialisation n.f. Action de commercialiser.

commercialiser v.t. [conj. 3]. Mettre sur le marché : *Commercialiser un nouveau médicament* (= le mettre en vente dans les pharmacies).

commère n.f. (lat. *commater,* marraine, de *cum,* avec, et *mater,* mère). Femme curieuse et bavarde, qui colporte les nouvelles.

commettre v.t. (du lat. *committere,* mettre ensemble) [conj. 84]. **1.** Se rendre coupable d'un acte blâmable ou regrettable : *Commettre un meurtre* (**SYN.** perpétrer). *Commettre une erreur* (**SYN.** faire). **2.** Dans la langue juridique, nommer à une fonction, pour remplir une tâche déterminée : *Cet avocat a été commis d'office à la défense de l'accusé.* ◆ **se commettre** v.pr. **[avec].** *Litt.* Entretenir des relations compromettantes ou déshonorantes avec (**SYN.** se compromettre avec).

comminatoire adj. (du lat. *comminari,* menacer). **1.** *Litt.* Qui est destiné à intimider : *Il a reçu un mél comminatoire* (**SYN.** menaçant). **2.** Dans la langue juridique, se dit d'une mesure qui est destinée à faire pression sur le débiteur.

commis n.m. Employé subalterne dans un bureau, un commerce ; ouvrier, aide dans certains commerces : *Commis d'agent de change. Commis de boucherie.* ▸ *Vieilli* ***Commis voyageur,*** représentant de commerce. ***Grand commis de l'État,*** haut fonctionnaire.

commisération [kɔmizerasjɔ̃] n.f. (lat. *commiseratio,* action d'exciter la pitié). *Sout.* Sentiment de compassion à l'égard des malheurs d'autrui (**SYN.** apitoiement, pitié ; **CONTR.** froideur, insensibilité).

commissaire n. (du lat. *committere,* préposer). **1.** Membre d'une administration affecté à des tâches déterminées ; membre d'une commission temporaire : *Commissaire européen.* **2.** Personne chargée d'organiser, d'administrer, de contrôler qqch : *Commissaire d'une exposition. Les commissaires de course.* ▸ ***Commissaire aux comptes,*** personne nommée par les actionnaires pour contrôler les comptes d'une société de commerce. ***Commissaire de police,*** fonctionnaire de la police nationale dirigeant des officiers de police et des gardiens de la paix.

commissaire-priseur n.m. (de *1. priser*) [pl. *commissaires-priseurs*]. Officier ministériel chargé de l'estimation et de la vente, dans les ventes aux enchères publiques.

commissariat n.m. **1.** Lieu où sont installés les services d'un commissaire de police. **2.** Qualité, fonction de commissaire. **3.** Nom donné à certains organismes administratifs ou scientifiques : *Le commissariat à l'énergie atomique.*

commission n.f. (du lat. *committere,* préposer). **1.** Message que l'on confie à qqn ; service que l'on rend : *N'oubliez pas de lui faire la commission* (= de lui transmettre le message). *Je vous charge de cette commission* (**SYN.** mission). **2.** Ensemble de personnes désignées par une assemblée, une autorité pour remplir une mission déterminée : *Nommer une commission d'enquête. Commission parlementaire.* **3.** Dans la langue juridique, attribution d'une charge, d'une fonction : *Commission d'office* (= désignation d'un avocat pour défendre une personne mise en examen). **4.** Pourcentage qu'on laisse à un intermédiaire pour l'aide qu'il a fournie ; coût d'une opération bancaire : *Percevoir une commission sur les ventes* (**SYN.** courtage, prime). *Commissions occultes* (= pots-de-vin). ◆ **commissions** n.f. pl. Achats quotidiens : *Faire les commissions* (**SYN.** courses).

commissionnaire n. Personne qui agit pour le compte de son client ; intermédiaire commercial.

commissionner v.t. [conj. 3]. **1.** Donner une charge, un mandat, une mission à qqn : *Commissionner un haut fonctionnaire* (**SYN.** déléguer, mandater). **2.** Donner pour mission à un commissionnaire de vendre ou d'acheter.

commissure n.f. (lat. *commissura,* jointure). Zone où se rejoignent deux parties d'un organe : *La commissure des paupières, des lèvres* (**SYN.** coin).

① **commode** adj. (lat. *commodus*). **1.** Qui convient parfaitement à l'usage qu'on veut en faire : *Les transports en commun sont très commodes pour les déplacements en ville* (**SYN.** pratique). **2.** (Surtout en tournure négative). Qui a un caractère facile, agréable : *Son supérieur n'est pas commode* (= il n'est pas facile à vivre ; **SYN.** affable, conciliant ; **CONTR.** sévère). **3.** Qui se fait facilement : *La mise en page est particulièrement commode avec ce logiciel* (**SYN.** aisé, facile, simple). ▸ *Fam.* ***Ça serait trop commode,*** se dit à qqn qui cherche à se soustraire à ses obligations ; ce serait une solution de facilité.

② **commode** n.f. (de *[armoire] commode*). Meuble de rangement, de la hauteur d'une table, à tiroirs superposés.

commodément adv. De façon agréable, confortable : *Il était commodément assis sur le divan.*

commodité n.f. **1.** Qualité de ce qui est commode, avantageux, agréable : *La commodité d'une maison* (**SYN.** agrément, confort). **2.** Facilité d'usage : *Pour plus de commodité, nous avons placé le téléphone dans l'entrée.* ◆ **commodités** n.f. pl. *Litt.* Ce qui rend la vie plus facile ; éléments de confort : *Dans ce studio, elle dispose de toutes les commodités.*

commotion n.f. (lat. *commotio,* mouvement). **1.** Violent ébranlement physique ; perturbation d'un organe consécutive à un choc, sans atteinte irréversible : *Commotion cérébrale.* **2.** Bouleversement dû à une émotion violente : *Ce fait divers a créé une commotion dans le village* (**SYN.** choc, traumatisme). **3.** *Fig., litt.* Violente perturbation sociale ou politique ; convulsion, orage.

commotionner v.t. [conj. 3]. Causer un violent

choc physique ou moral ; ébranler : *Cette nouvelle l'a fortement commotionné* (**SYN.** bouleverser, choquer, traumatiser).

commuable adj. Qui peut être commué.

commuer v.t. [conj. 7]. Dans la langue juridique, changer une peine en une peine moindre.

① **commun, e** adj. (lat. *communis*). **1.** Qui appartient à tous ; qui concerne tout le monde ; collectif : *La salle commune de la mairie. Toutes les parties communes d'un immeuble.* **2.** Qui est propre au plus grand nombre : *L'intérêt commun* (**SYN.** général, public ; **CONTR.** particulier). **3.** Qui appartient à plusieurs choses ou personnes ; qui est fait à plusieurs en même temps : *Ce mur est commun aux deux propriétés* (= il est mitoyen). *Un travail commun* (**SYN.** collectif ; **CONTR.** individuel). **4.** Qui se rencontre fréquemment ; qui manque d'originalité : *Il s'agit d'une maladie tout à fait commune et sans gravité* (**SYN.** courant, répandu ; **CONTR.** inhabituel, rare). *Ces idées sont trop communes pour être exploitées* (**SYN.** banal, ordinaire, quelconque ; **CONTR.** inédit, original). **5.** Qui manque de distinction, d'élégance : *Des manières très communes* (**SYN.** grossier, vulgaire ; **CONTR.** distingué, raffiné). ▸ ***Avoir qqch de commun avec,*** ressembler à qqch, à qqn. ***En commun,*** ensemble : *Nous mettons en commun nos économies* ; en société : *Les transports en commun.* ***Lieu commun*** → **1. lieu.** ***Nom commun,*** en grammaire, nom qui s'applique à un être ou à une chose considérés comme appartenant à une catégorie générale (par opp. à nom propre).

② **commun** n.m. ▸ ***Hors du commun,*** exceptionnel. ***Le commun des mortels,*** n'importe qui, tout un chacun : *C'est un lieu inaccessible au commun des mortels.* ◆ **communs** n.m. pl. Bâtiments d'une grande maison, d'un château (cuisines, écuries, logement du personnel) réservés au service (**SYN.** dépendances).

communal, e, aux adj. Qui relève d'une commune : *Un chemin communal. Les finances communales.* ▸ ***Conseil communal,*** en Belgique, conseil municipal. *Fam., vieilli* ***École communale,*** école primaire. ***Maison communale,*** en Belgique, mairie. ◆ **communale** n.f. *Fam., vieilli* École communale.

communard, e n. et adj. Partisan de la Commune de Paris, en 1871.

communautaire adj. **1.** Qui relève d'une communauté : *Choisir une vie communautaire. Le réfectoire est un local communautaire* (**SYN.** collectif, commun). **2.** Qui a trait à l'Union européenne : *La politique communautaire.* ◆ n. Citoyen de l'Union européenne.

communautarisme n.m. Conception selon laquelle l'organisation de la société doit privilégier les communautés (ethniques, religieuses, etc.) et non un modèle semblable pour tous.

communauté n.f. **1.** Groupe social ayant des caractères, des intérêts communs, une culture commune ; ensemble des habitants d'un même lieu, d'un même État : *La communauté nationale* (**SYN.** collectivité, société). *Les communautés linguistiques wallonne et flamande.* **2.** Ensemble de pays unis politiquement, économiquement : *La Communauté européenne.* **3.** Groupement spontané d'individus cherchant à échapper au système social et politique et aux circuits traditionnels de distribution ; confrérie, compagnie : *Notre communauté s'est agrandie cette année. Vivre en communauté, dans une communauté.* **4.** Société de religieux soumis à une règle commune. **5.** État, caractère de ce qui est commun à plusieurs personnes : *Une communauté de points de vue* (**SYN.** identité, similitude). **6.** Dans la langue juridique, régime matrimonial légal des époux mariés sans contrat ; ensemble des biens acquis pendant le mariage. ▸ ***La communauté internationale,*** ensemble de nations, en partic. dans le cadre de l'O.N.U. : *La communauté internationale condamne cette attaque.*

communaux n.m. pl. Terrains appartenant à une commune.

commune n.f. (lat. *communia,* choses communes). Collectivité territoriale administrée par un maire assisté d'un conseil municipal : *De nouvelles communes se créent autour des grandes villes.* ▸ ***Chambre des communes,*** en Grande-Bretagne, assemblée des représentants élus du peuple (on dit aussi *les Communes*). ***La Commune de Paris,*** nom donné à la municipalité de Paris qui s'était constituée en gouvernement révolutionnaire entre le 18 mars et le 27 mai 1871.

communément adv. Ordinairement, généralement : *L'astérie est communément appelée étoile de mer* (**SYN.** couramment, habituellement).

communiant, e n. Dans le christianisme, personne qui communie ou qui fait sa première communion.

① **communicant, e** adj. Se dit d'une chose qui communique avec une autre : *Des chambres communicantes.*

② **communicant, e** n. Communicateur.

communicateur, trice n. Personne douée pour la communication médiatique : *Il aurait fallu un excellent communicateur pour faire passer cette mesure* (**SYN.** 2. communicant).

communicatif, ive adj. **1.** Qui se transmet facilement aux autres : *Un bâillement communicatif* (**SYN.** contagieux). **2.** Qui exprime volontiers ses pensées, ses sentiments : *Une enfant communicative* (**SYN.** expansif ; **CONTR.** renfermé, taciturne).

communication n.f. **1.** Action d'établir une relation avec qqn ; échange verbal, gestuel ou écrit entre deux personnes : *La messagerie électronique est un moyen de communication rapide* (**SYN.** liaison). *Sa gentillesse rend la communication plus facile* (**SYN.** rapport). **2.** Action de transmettre qqch ; message transmis : *Nous attendons la communication de vos coordonnées pour vous envoyer le colis.* **3.** Mise en relation de deux personnes par téléphone ; conversation par téléphone : *Les communications nationales et internationales.* **4.** Exposé fait à un groupe, dans un congrès, etc. : *La championne doit faire une communication à la presse* (**SYN.** annonce, communiqué, déclaration). **5.** Fait pour une personnalité, un organisme, une entreprise de promouvoir son activité, de se donner telle ou telle image auprès du public : *Conseiller en communication.* **6.** Liaison entre deux choses ; passage entre deux lieux : *Les voies de communication. Il y a une porte de communication entre les deux logements.*

communicationnel, elle adj. *Didact.* Qui relève de la communication, de la diffusion des informations.

communier v.i. (lat. [*altari*] *communicare*, approcher [de l'autel]) [conj. 9]. **1.** Pour les chrétiens, recevoir la communion. **2.** Être en parfait accord d'idées ou de sentiments : *Elles communient dans le même désir d'aider leur prochain.*

communion n.f. **1.** Union dans une même foi : *La communion des fidèles.* **2.** Parfait accord entre personnes qui partagent les mêmes idées, les mêmes sentiments : *Être en communion avec qqn* (**SYN.** harmonie). **3.** Pour les chrétiens, fait de recevoir le pain et le vin consacrés ; partie de la messe au cours de laquelle on les reçoit. ▸ *Vieilli* ***Communion solennelle,*** profession de foi.

communiqué n.m. Avis transmis par voie officielle ; information émanant d'une instance, d'une autorité, et diffusée par les médias.

communiquer v.t. (lat. *communicare*, être en relation avec) [conj. 3]. **1.** Faire savoir qqch à qqn ; faire passer qqch à qqn pour qu'il en prenne connaissance : *Le juge a communiqué le dossier au parquet* (**SYN.** transmettre). *Le formulaire, une fois rempli, doit être communiqué au service compétent* (**SYN.** envoyer). **2.** Faire partager à qqn un sentiment, un état, un savoir, une qualité : *Cet artisan communique son savoir-faire à son apprenti.* **3.** Faire passer qqch à qqch d'autre : *Le Soleil communique sa chaleur à la Terre* (**SYN.** transmettre). **4.** Transmettre une maladie à qqn ; contaminer : *Elle a communiqué la varicelle à toute la classe.* ◆ v.t. ind. **1. [avec].** Comporter un passage, une ouverture qui donne accès quelque part : *Le garage communique avec la chaufferie* (= ils sont attenants et reliés). **2. [avec].** Être en relation avec qqn : *Elle communique souvent avec ses amis par mél.* **3.** (Sans compl.). Entrer facilement en contact ; faire volontiers part de sa pensée, de ses sentiments : *Il a beaucoup de mal à communiquer* (**SYN.** s'exprimer). **4. [sur].** Faire connaître au public par l'intermédiaire des médias : *La ministre communiquera sur cet accord dans une conférence de presse.* ◆ **se communiquer** v.pr. En parlant de qqch, se répandre : *Le feu s'est communiqué à la maison voisine* (**SYN.** se propager).

communisme n.m. Doctrine prônant l'abolition de la propriété privée au profit de la propriété collective ; régime politique qui applique cette doctrine.

communiste adj. et n. Relatif au communisme ; qui en est partisan. ◆ n. Membre d'un parti communiste.

◆ **communs** n.m. pl. → **2. commun.**

commutable adj. Qui peut être commuté.

commutateur n.m. Appareil servant à modifier les liaisons électriques entre un ou plusieurs circuits (**SYN.** interrupteur).

commutation n.f. Action de commuter ; fait d'être commuté. ▸ ***Commutation de peine,*** dans la langue juridique, remplacement d'une peine par une peine moindre.

commuter v.t. (lat. *commutare*, changer) [conj. 3]. Modifier par remplacement, par transfert : *Commuter deux adjectifs dans une phrase* (**SYN.** substituer).

Comorien, enne adj. et n. Des Comores, de leurs habitants. ▸ ***Franc comorien*** ou ***franc des Comores*** → **1. franc.**

compacité n.f. Qualité de ce qui est compact.

compact, e [kɔ̃pakt] adj. (lat. *compactus*, resserré). **1.** Se dit d'un objet, d'une matière dont les parties sont très serrées, étroitement liées : *Une terre compacte* (**SYN.** dense, tassé). *Mélanger jusqu'à obtenir une pâte compacte* (**SYN.** consistant, épais). **2.** Se dit d'un ensemble dont les éléments sont très rapprochés : *Foule compacte* (**SYN.** dense ; **CONTR.** clairsemé). **3.** Qui est d'un faible encombrement : *Appareil de photo compact. Ski compact* (**SYN.** court). ▸ ***Disque compact,*** disque de grande capacité sur lequel sont enregistrés sous forme numérique des sons, des images et des textes destinés à être lus par un rayon laser. ◆ **compact** n.m. **1.** Disque compact. **2.** Appareil de photo compact.

compactage n.m. **1.** Procédé consistant à comprimer au maximum les ordures ménagères mises à la décharge. **2.** En informatique, réduction de la place occupée par un ensemble de données sans perte d'information.

Compact Disc [kɔ̃paktdisk] n.m. (nom déposé) [pl. *Compact Discs*]. Disque numérique d'un diamètre de 12 centimètres à lecture par laser (on dit aussi cour. *disque compact, compact* ou *CD*). ▸ ***Compact Disc vidéo,*** disque compact sur lequel sont enregistrés des films restituables sur un téléviseur.

compacter v.t. [conj. 3]. Soumettre à un compactage.

compagne n.f. **1.** Femme qui accompagne qqn. **2.** Femme qui vit en concubinage avec qqn : *Il a deux enfants de sa compagne* (**SYN.** ami, concubin). ☞ **REM.** Ce mot est le féminin de *2. compagnon.*

compagnie n.f. (du lat. *cum*, avec, et *panis*, pain). **1.** Présence d'une personne, d'un animal auprès de qqn : *Avoir besoin de compagnie. Une dame de compagnie* (= qui tient compagnie). **2.** Réunion de personnes : *Être en bonne compagnie* (= être avec des personnes que l'on apprécie). *Nous l'invitons souvent car elle sait amuser la compagnie* (**SYN.** assemblée, assistance). **3.** Association de personnes réunies pour une œuvre commune ou liées par des statuts communs : *Une compagnie de ballet.* **4.** Société commerciale : *Une compagnie aérienne.* **5.** Unité élémentaire de l'infanterie, commandée en principe par un capitaine. **6.** Bande non organisée d'animaux de même espèce : *Une compagnie de sangliers.* ▸ ***Compagnies républicaines de sécurité*** ou ***C.R.S.,*** forces mobiles de police chargées du maintien de l'ordre. ***En compagnie de,*** auprès de, avec. ***... et compagnie*** → **Cie.** ***Fausser compagnie à qqn,*** le quitter brusquement, sans qu'il s'en aperçoive. ***Salut la compagnie !,*** bonjour ou au revoir adressé à un groupe de personnes. ***Tenir compagnie à qqn,*** rester auprès de lui.

① **compagnon** n.m. **1.** Membre d'un compagnonnage. **2.** Dans certains métiers, ouvrier qui a terminé son apprentissage et travaille pour un maître, ou patron.

② **compagnon** n.m. (du lat. *cum*, avec, et *panis*, pain). **1.** Homme qui accompagne qqn. **2.** Homme qui vit en concubinage avec qqn : *Elle et son compagnon nous ont fait visiter leur maison* (**SYN.** ami, concubin). ☞ **REM.** Le féminin de ce mot est *compagne.*

compagnonnage n.m. Association entre ouvriers d'une même profession à des fins d'instruction professionnelle et d'assistance mutuelle ; ensemble de ces associations.

comparable adj. **1.** Qui peut être comparé : *Cette fleur est comparable à une violette* (**SYN.** approchant, semblable). **2.** Qui est peu différent : *Dans des circonstances comparables, nous avons agi autrement* (**SYN.** analogue, équivalent, voisin ; **CONTR.** différent, opposé).

comparaison n.f. **1.** Action de comparer des personnes ou des choses : *Établir une comparaison entre deux athlètes* (**SYN.** parallèle). *La comparaison de nos emplois du temps* (**SYN.** confrontation). **2.** Figure de style qui rapproche explicitement dans le discours deux réalités présentant des caractéristiques communes. ▸ ***En comparaison de,*** si l'on compare avec : *En comparaison de la tempête, ce vent ne souffle pas fort* (= par rapport à). ***Par comparaison,*** comparativement ; de manière relative : *Les choses sont bonnes ou mauvaises par comparaison* (= si on les compare).

comparaître v.i. (lat. *comparere*) [conj. 91]. Se présenter sur convocation devant un magistrat ou un tribunal : *Citation à comparaître. Les accusés ont comparu devant le juge.*

comparatif, ive adj. Qui établit une comparaison entre deux ou plusieurs choses : *La publicité comparative.* ◆ **comparatif** n.m. En grammaire, degré de comparaison des adjectifs et des adverbes, qui exprime une qualité égale, supérieure ou inférieure : *« Meilleur » est le comparatif de « bon ».*

comparativement adv. Par comparaison : *Comparativement, elle s'en est mieux tirée* (= si l'on compare ses performances). ▸ ***Comparativement à,*** en comparaison de : *C'est le paradis comparativement à ce que nous avons vécu là-bas.*

comparé, e adj. Qui est fondé sur la comparaison : *Littérature comparée* (= comparaison entre les littératures de différentes cultures). ▸ ***Comparé à,*** indique que qqn, qqch sert de point de comparaison : *Comparée à sa sœur, elle est très sympathique.*

comparer v.t. (lat. *comparare,* de *compar,* pareil) [conj. 3]. **1.** Observer deux ou plusieurs objets pour en établir les ressemblances et les différences : *Comparer les tarifs. Comparer le scénario d'un film avec le roman dont il est tiré.* **2.** Faire valoir une ressemblance, une analogie entre deux êtres ou deux choses : *Comparer l'arrivée des touristes à un raz de marée.*

comparse n. (it. *comparsa,* apparition, du lat. *comparere,* apparaître). **1.** Personne qui joue un rôle peu important dans une affaire, notamm. une affaire délictueuse. **2.** Au théâtre, acteur qui joue un rôle muet ou peu important (**SYN.** figurant).

compartiment n.m. (de l'it. *compartire,* partager). **1.** Chacune des divisions d'un objet, d'un meuble créées par des cloisons : *Le compartiment réfrigérateur et le compartiment congélateur* (**SYN.** case, partie). **2.** Partie d'une voiture de chemin de fer que l'on a divisée par des cloisons.

compartimentage n.m. ou **compartimentation** n.f. Action de compartimenter ; disposition de ce qui est compartimenté ; cloisonnement.

compartimenter v.t. [conj. 3]. **1.** Diviser en compartiments : *Elle a compartimenté le tiroir pour séparer les vis, les clous et les boulons.* **2.** *Fig.* Diviser en éléments bien distincts, en catégories : *Compartimenter les secteurs de l'enseignement* (**SYN.** cloisonner).

comparution n.f. Dans la langue juridique, fait de comparaître en justice. ▸ ***Comparution immédiate,*** traduction d'un prévenu devant un tribunal correctionnel le jour même où il a commis un délit.

compas n.m. (de *compasser,* mesurer avec exactitude, du lat. *passus,* pas). **1.** Instrument de tracé ou de mesure composé de deux branches articulées à une extrémité : *Prenez vos compas et tracez un cercle.* **2.** Dans la marine, instrument qui indique la direction du nord magnétique. ▸ *Fam.* ***Avoir le compas dans l'œil,*** évaluer avec justesse et sans instrument une mesure, une distance.

compassé, e adj. Qui manque de naturel et de spontanéité : *Une attitude compassée* (**SYN.** affecté, guindé ; **CONTR.** libre, simple, spontané).

compassion n.f. (lat. *compassio,* de *pati,* souffrir). Sentiment qui pousse à partager les souffrances d'autrui : *Votre compassion me va droit au cœur* (**SYN.** commisération [sout.], pitié ; **CONTR.** dureté, froideur, insensibilité).

compassionnel, elle adj. **1.** Qui est offert, dispensé par compassion : *Traitement compassionnel* (= dispensé à un malade incurable en phase terminale). **2.** Qui est destiné à provoquer la compassion : *Un appel compassionnel lancé par une association humanitaire.*

compatibilité n.f. Qualité, état de ce qui est compatible : *La compatibilité de leurs points de vue* (**SYN.** accord, concordance, harmonie ; **CONTR.** désaccord, disparité). *La compatibilité d'une imprimante avec un ordinateur* (**CONTR.** incompatibilité).

compatible adj. **1.** Qui peut s'accorder ou coexister avec autre chose : *Elle a choisi un métier compatible avec sa passion pour les voyages* (**SYN.** conciliable ; **CONTR.** inconciliable). **2.** Se dit d'un matériel technique qui peut être connecté avec du matériel de nature différente ou ayant des caractéristiques différentes : *Ordinateurs compatibles* (**CONTR.** incompatible). **3.** En médecine, se dit d'un tissu, d'un organe prélevé chez qqn et qui peut être introduit sans risque dans le corps de qqn d'autre ; se dit de celui chez qui ce tissu ou cet organe est prélevé : *Chercher un donneur compatible pour une transplantation d'organe.*

compatir v.t. ind. (lat. *compati,* souffrir avec) [conj. 32]. **[à].** Prendre part, participer à la souffrance de qqn : *Nous compatissons à votre peine* (**SYN.** s'apitoyer sur).

compatissant, e adj. Qui partage les souffrances d'autrui (**SYN.** charitable, sensible ; **CONTR.** dur, froid, insensible).

compatriote n. Personne originaire du même pays, de la même région qu'une autre ; concitoyen.

compendieux, euse adj. (lat. *compendiosus,* abrégé). *Vx* Qui est dit en peu de mots (**SYN.** bref, concis, lapidaire ; **CONTR.** verbeux).

compendium [kɔ̃pɛ̃djɔm] n.m. (mot lat.). *Vx* Résumé d'une science, d'une technique, d'une doctrine (**SYN.** abrégé, condensé, précis).

compensateur, trice adj. Qui fournit une compensation : *Les heures de garde du personnel médical donnent droit à un repos compensateur.*

compensation n.f. **1.** Avantage qui compense un inconvénient, un mal, un préjudice : *Les éleveurs ont* *obtenu des compensations aux pertes causées par cette épidémie* (**SYN.** contrepartie, dédommagement, indemnité, réparation). **2.** En psychologie, action de compenser un sentiment de manque, de frustration.

compensatoire adj. Qui constitue une compensation : *À titre compensatoire* (= à titre de dédommagement).

compensé, e adj. ▸ ***Semelles compensées,*** semelles épaisses qui forment une base plate du talon à l'avant de la chaussure.

compenser v.t. (lat. *compensare,* mettre en balance, de *pensare,* peser) [conj. 3]. **1.** Équilibrer un effet par un autre ; neutraliser un inconvénient par un avantage : *C'est un moyen de compenser les fluctuations du cours de nos actions* (**SYN.** corriger, pondérer). *Une prime compensera les heures de travail supplémentaires* (**SYN.** indemniser). **2.** Retrouver un équilibre affectif en comblant un manque : *Il compense son mal-être en se ruant sur la nourriture.*

compère n.m. (lat. *compater,* parrain, de *cum,* avec, et *pater,* père). **1.** Personne qui est de connivence avec une autre pour tromper : *Le bonimenteur fit un signe à son compère* (**SYN.** acolyte [péjor.], complice). **2.** *Fam., vieilli* Camarade, compagnon.

compère-loriot n.m. (pl. *compères-loriots*). Petit furoncle de la paupière (**SYN.** orgelet).

compétence n.f. **1.** Capacité reconnue en telle ou telle matière et qui donne le droit d'en juger : *Elle nous a prouvé ses compétences dans ce domaine* (**SYN.** aptitude, qualification ; **CONTR.** incompétence). **2.** Dans la langue juridique, aptitude d'un tribunal à juger une affaire : *Cette affaire est de la compétence du tribunal de commerce.*

compétent, e adj. (lat. *competens, competentis,* de *competere,* convenir à). **1.** Qui a l'aptitude, le pouvoir d'effectuer certaines actions : *La ministre est compétente pour prendre cette décision* (**SYN.** qualifié). **2. [en, dans].** Qui connaît bien une question, une matière, un domaine : *Je ne suis pas compétente en informatique, dans le domaine de la médecine* (**SYN.** connaisseur, expert ; **CONTR.** ignorant, incompétent). **3.** (Sans compl.). Qui a l'expérience nécessaire pour s'acquitter au mieux de son travail : *Une directrice compétente* (**SYN.** capable ; **CONTR.** inapte, incapable). **4.** Dans la langue juridique, qui a la compétence voulue pour juger une affaire : *Le Tribunal pénal international est compétent pour juger les criminels de guerre.*

compétiteur, trice n. **1.** Personne qui cherche à obtenir une charge, un emploi, en même temps que d'autres ; concurrent, rival. **2.** Personne en concurrence avec d'autres pour remporter un prix ; concurrent dans une épreuve ; adversaire.

compétitif, ive adj. (angl. *competitive*). **1.** Qui peut supporter la concurrence avec d'autres : *Dans cette entreprise, la recherche permet de créer des produits très compétitifs* (**SYN.** concurrentiel). **2.** Qui permet à la concurrence de jouer : *Un secteur économique compétitif.*

compétition n.f. (angl. *competition,* du lat. *competitio*). **1.** Recherche, en même temps que d'autres personnes, d'un poste, d'un titre, d'un avantage : *Homme politique contraint de se retirer de la compétition.* **2.** Épreuve sportive opposant plusieurs équipes ou concurrents : *Les compétitions de ski auront lieu en février.* ▸ ***En compétition,*** en concurrence : *Les entreprises en compétition doivent déposer un dossier.*

compétitivité n.f. Caractère de ce qui est compétitif : *Réduire les coûts de production pour retrouver sa compétitivité.*

① **compilateur, trice** n. Personne qui compile des extraits d'œuvres, des textes.

② **compilateur** n.m. En informatique, programme d'ordinateur traduisant en langage machine un programme écrit en un langage complexe.

compilation n.f. **1.** Action de compiler des extraits d'œuvres ; ouvrage qui en résulte : *Elle a consacré une compilation à Marie Curie* (**SYN.** recueil). **2.** Disque ou cassette audio présentant un choix de grands succès (abrév. fam. compil). **3.** *Péjor.* Ouvrage sans originalité, fait d'emprunts (**SYN.** copie, imitation, plagiat). **4.** En informatique, traduction d'un programme par un compilateur.

compiler v.t. (lat. *compilare,* piller) [conj. 3]. **1.** Réunir des extraits d'œuvres littéraires ou musicales, de divers documents : *Il a compilé les écrits de ses collaborateurs pour son exposé.* **2.** *Péjor.* Emprunter à diverses sources, à divers auteurs la matière, les idées d'un ouvrage : *Compiler des textes, des écrivains* (**SYN.** piller, plagier). **3.** En informatique, effectuer une compilation.

complainte n.f. (du lat. *plangere,* plaindre). Chanson populaire qui raconte un événement triste ou tragique, les malheurs d'un personnage.

complaire v.t. ind. [conj. 110]. **[à].** *Litt.* Se rendre agréable à qqn en flattant ses goûts, ses sentiments, en se pliant à ses désirs : *Elle fait tout pour complaire à sa mère* (**SYN.** satisfaire). ◆ **se complaire** v.pr. **[à, dans].** Trouver du plaisir, de la satisfaction dans tel ou tel état, telle ou telle action : *Il se complaît dans son ignorance. Elles se sont complu dans la solitude.*

complaisamment [kɔ̃plɛzamɑ̃] adv. **1.** Avec gentillesse : *Elle attendait complaisamment* (**SYN.** obligeamment). **2.** En s'attardant avec satisfaction : *Raconter complaisamment les déboires de son voisin.*

complaisance n.f. **1.** Volonté d'être agréable, de rendre service : *Je peux compter sur sa complaisance : elle m'aidera* (**SYN.** amabilité, obligeance, serviabilité ; **CONTR.** rudesse, sécheresse). **2.** Acte fait en vue de plaire, de flatter : *De telles complaisances sont inadmissibles* (**SYN.** faveur, privilège). **3.** Indulgence excessive : *Il montre une grande complaisance envers ses enfants* (**SYN.** faiblesse). **4.** Plaisir que l'on éprouve à faire qqch en s'y attardant ; satisfaction de soi : *Il détaille avec complaisance son parcours professionnel* (**SYN.** contentement, délectation). ▸ ***Certificat, attestation de complaisance,*** délivrés à qqn qui n'y a pas droit, pour lui être agréable. ***De complaisance,*** qui est fait par politesse, mais qui n'est pas sincère. ***Pavillon de complaisance,*** nationalité fictive donnée par un armateur à un navire pour échapper au fisc de son pays.

complaisant, e adj. **1.** Qui cherche à faire plaisir, à rendre service à autrui : *J'ai des voisins très complaisants qui ne se plaignent pas des aboiements du chien* (**SYN.** aimable, obligeant ; **CONTR.** désobligeant, revêche). **2.** Qui fait preuve de trop d'indulgence : *Le gardien complaisant laisse les enfants dégrader les pelouses* (**SYN.** accommodant, arrangeant ; **CONTR.**

intraitable, sévère). **3.** Qui dénote de la satisfaction personnelle : *Prêter une oreille complaisante aux compliments.*

complément n.m. (lat. *complementum*, de *complere*, remplir, achever). **1.** Ce qu'il faut ajouter à une chose pour la rendre complète : *Demander un complément d'information* (**SYN.** supplément). *Cela vient en complément de votre dossier.* **2.** En grammaire, mot ou proposition qui s'ajoute à d'autres pour en compléter le sens : *Complément du nom. Complément d'objet direct. Complément de lieu.* ▸ ***Complément d'un angle,*** en géométrie, ce qu'il faut ajouter à un angle pour en faire un angle droit.

complémentaire adj. **1.** Qui vient s'ajouter à une chose de même nature pour former un tout : *Nous avons besoin d'informations complémentaires sur votre situation* (**SYN.** additionnel, supplémentaire). **2.** Se dit de choses, de personnes qui se complètent : *Ces deux joueurs sont complémentaires.* ▸ ***Couleurs complémentaires,*** ensemble de deux couleurs, l'une primaire et l'autre dérivée, dont le mélange optique produit le blanc : *Le vert est la couleur complémentaire du rouge ; le violet, du jaune ; l'orangé, du bleu.*

complémentarité n.f. Caractère de deux choses qui sont complémentaires.

① **complet, ète** adj. (lat. *completus*, achevé). **1.** À quoi ne manque aucun élément constitutif : *Inscrivez votre adresse complète sur papier libre* (**SYN.** entier, intégral ; **CONTR.** incomplet). *La liste complète des meubles* (**SYN.** exhaustif ; **CONTR.** partiel). *De la farine complète.* **2.** Qui est entièrement réalisé : *Ne pas descendre avant l'arrêt complet du train* (**SYN.** absolu, total). **3.** Se dit d'un local, d'un véhicule où il n'y a plus de place : *Un parking complet* (**SYN.** bondé, comble, plein). **4.** Qui a toutes les qualités de son genre : *Un artiste complet* (**SYN.** accompli, achevé). ▸ *Fam.* ***C'est complet !,*** se dit quand un ennui supplémentaire vient s'ajouter à une série de désagréments. ◆ **complet** n.m. ▸ ***Au complet*** ou ***au grand complet,*** sans que rien ni personne ne manque ; en totalité : *Les députés au grand complet ont voté ce texte.*

② **complet** n.m. (de *1. complet*). Costume de ville masculin composé d'un veston, d'un pantalon, et souvent d'un gilet, coupés dans la même étoffe.

complètement adv. **1.** Dans sa totalité : *Les formulaires sont complètement remplis* (**SYN.** entièrement, intégralement). **2.** À un degré extrême : *Je suis complètement épuisé* (**SYN.** extrêmement, totalement, tout à fait).

compléter v.t. [conj. 18]. Rendre complet en ajoutant ce qui manque : *Il faut trouver dix euros pour compléter la cagnotte. Complétez votre réponse. Compléter sa formation* (**SYN.** parachever, parfaire). ◆ **se compléter** v.pr. **1.** Devenir complet : *La base de données s'est complétée peu à peu.* **2.** Former un tout en s'associant : *Les deux témoignages se complètent.*

complétif, ive adj. ▸ ***Proposition complétive,*** proposition subordonnée qui joue le rôle de complément d'objet, de sujet ou d'attribut de la proposition principale (on dit aussi *une complétive*) : *Dans la phrase « on sentait le printemps arriver », la complétive est « le printemps arriver ».*

① **complexe** adj. (lat. *complexus*, qui contient). Qui se compose d'éléments différents, dont la combinaison est difficile à comprendre : *L'affaire est extrêmement complexe* (**SYN.** compliqué, confus ; **CONTR.** clair, simple). ◆ n.m. **1.** Ce qui est complexe, composé de plusieurs éléments : *Aller du simple au complexe.* **2.** Ensemble d'industries concourant à une même production : *Un complexe pétrolier.* **3.** Ensemble de bâtiments groupés en fonction de leur utilisation : *Un complexe hôtelier.*

② **complexe** n.m. (de l'all.). **1.** En psychanalyse, ensemble de sentiments et de souvenirs plus ou moins inconscients qui conditionnent la personnalité, le comportement de qqn : *Complexe d'Œdipe.* **2.** (Surtout au pl.). Sentiment d'infériorité qui se manifeste par de la timidité : *Avoir beaucoup de complexes* (= être très inhibé).

complexé, e adj. et n. Qui a des complexes (**SYN.** inhibé, timide).

complexer v.t. [conj. 4]. Donner des complexes : *Sa petite taille le complexe* (**SYN.** gêner, intimider).

complexification n.f. Fait de devenir complexe ou plus complexe : *La complexification des outils technologiques.*

complexifier v.t. [conj. 9]. Rendre plus complexe, plus compliqué. ◆ **se complexifier** v.pr. Devenir plus complexe : *La politique internationale s'est complexifiée après l'effondrement de l'Union soviétique.*

complexion n.f. *Litt.* Constitution physique de qqn ; état de son organisme : *Une complexion robuste, délicate.*

complexité n.f. Caractère de ce qui est complexe : *Le problème est d'une grande complexité* (**SYN.** complication ; **CONTR.** simplicité).

complication n.f. **1.** État de ce qui est compliqué ; ensemble compliqué : *La complication d'un calcul* (**SYN.** complexité, difficulté ; **CONTR.** simplicité). **2.** Élément qui crée une difficulté dans le déroulement de qqch : *Avec toutes ces complications, nous avons pris trois jours de retard* (**SYN.** ennui, imprévu, problème). **3.** (Souvent au pl.). Dérèglement de la santé provoqué par une première maladie, une blessure : *Les médecins le gardent en observation pour prévenir les complications* (**SYN.** aggravation).

complice adj. et n. **1.** Dans la langue juridique, qui participe au délit, au crime d'un autre : *Le receleur est complice du vol.* **2.** Qui fait preuve de connivence avec qqn : *C'est son complice de tous les instants.* ◆ adj. Qui manifeste la connivence entre des personnes : *Un silence complice. Des sourires complices.*

complicité n.f. **1.** Participation à un crime, à un délit : *Il est accusé de complicité de meurtre.* **2.** Entente profonde : *Les jumelles font preuve d'une grande complicité* (**SYN.** connivence).

compliment n.m. (esp. *cumplimiento*). **1.** Paroles élogieuses ou affectueuses que l'on adresse à qqn pour le féliciter : *Ce compliment me fait très plaisir et je vous en remercie. On m'a fait beaucoup de compliments sur votre fille* (**SYN.** félicitation). **2.** Petit discours adressé à une personne à l'occasion d'une fête, d'un anniversaire : *L'enfant récita son compliment.* ▸ ***Avec les compliments de,*** formule de politesse qui accompagne un envoi.

complimenter v.t. [conj. 3]. Adresser à qqn des compliments, des félicitations ; congratuler, féliciter.

complimenteur, euse adj. et n. Qui fait trop de compliments.

compliqué, e adj. **1.** Qui est composé d'un grand nombre d'éléments : *Une machine compliquée* (**SYN.** complexe ; **CONTR.** élémentaire, rudimentaire). **2.** Qui est difficile à comprendre, à effectuer : *Un récit compliqué* (**SYN.** confus, embrouillé ; **CONTR.** clair). *Cet appareil est d'une utilisation compliquée* (**SYN.** ardu, difficile ; **CONTR.** facile, simple). ◆ adj. et n. Qui rend les choses plus difficiles à comprendre ou à faire ; qui n'agit pas simplement : *Des gens compliqués.*

compliquer v.t. (lat. *complicare,* lier ensemble) [conj. 3]. Rendre difficile à comprendre ou à exécuter : *Il complique le problème* (**SYN.** embrouiller ; **CONTR.** simplifier). ◆ **se compliquer** v.pr. **1.** Devenir plus difficile, obscur, confus : *La situation se complique.* **2. [de].** Prendre un caractère plus inquiétant à cause de : *Sa maladie s'est compliquée d'une bronchite* (**SYN.** s'aggraver de).

complot n.m. Projet concerté secrètement entre plusieurs personnes contre un individu, une institution, un gouvernement : *Organiser, fomenter un complot contre la sûreté de l'État* (**SYN.** conjuration, conspiration). *J'ai été mise dans le complot* (= avertie de ce qui se prépare en secret).

comploter v.t. [conj. 3]. **1.** Former le complot de : *Comploter l'assassinat de qqn. Comploter de renverser un dictateur.* **2.** Préparer secrètement et en commun : *Ils complotent sa mise en minorité* (**SYN.** manigancer). ◆ v.i. **1.** Former un complot : *Les opposants complotent contre le président* (**SYN.** conspirer). **2.** Préparer en commun une action secrète dirigée contre qqn : *Ils n'arrêtent pas de comploter derrière son dos* (**SYN.** intriguer).

comploteur, euse n. Personne qui complote.

componction n.f. (du lat. *compungere,* affecter). **1.** Pour les chrétiens, regret d'avoir offensé Dieu (**SYN.** contrition). **2.** *Litt., iron.* Air de gravité et de recueillement, souvent feint (**SYN.** solennité).

comportement n.m. **1.** Manière d'être, d'agir ou de réagir d'une personne, d'un animal, d'un groupe ; ensemble des réactions d'un individu : *Il a un comportement étrange ces derniers temps* (**SYN.** attitude, conduite). **2.** Manière dont une chose fonctionne dans des conditions données : *Il faut améliorer le comportement du véhicule dans les virages.* ▸ ***Psychologie du comportement,*** béhaviorisme, comportementalisme.

comportemental, e, aux adj. En psychologie, qui relève du comportement.

comportementalisme n.m. Béhaviorisme.

comporter v.t. (du lat. *comportare,* transporter) [conj. 3]. **1.** Avoir comme élément constituant : *L'ordinateur portable comporte un clavier et un écran solidaires* (**SYN.** se composer de, comprendre). **2.** Avoir comme conséquence : *La situation comporte des inconvénients* (**SYN.** entraîner, impliquer). ◆ **se comporter** v.pr. **1.** Agir d'une certaine manière : *Elle s'est comportée en parfaite femme d'affaires* (**SYN.** se conduire). **2.** Fonctionner d'une certaine façon dans des circonstances données : *Le mécanisme se comporte bien dans des conditions extrêmes* (**SYN.** marcher).

composant, e adj. Qui entre dans la composition de qqch : *Pièces composantes d'un dispositif.* ◆ **composant** n.m. **1.** Élément qui entre dans la composition de qqch : *Les composants de l'air.* **2.** Constituant élémentaire d'une machine, d'un appareil ou d'un circuit : *Les composants d'un ordinateur.*

composante n.f. Élément constituant d'un ensemble complexe : *Les différentes composantes de la majorité politique* (**SYN.** fraction, partie).

composé, e adj. Formé de plusieurs éléments : *Une salade composée.* ▸ ***Corps composé,*** corps formé par la combinaison d'atomes de plusieurs éléments (par opp. à corps simple). ***Mot composé,*** mot constitué de plusieurs mots ou éléments et ayant une signification particulière (on dit aussi *un composé*) : *« Compte-gouttes », « chemin de fer » sont des mots composés.* ***Temps composé,*** forme verbale constituée d'un participe passé précédé de l'auxiliaire *être* ou *avoir* (par opp. à temps simple) : *Le plus-que-parfait est un temps composé.* ◆ **composé** n.m. **1.** Ensemble formé d'éléments divers : *Cette émission est un composé d'interviews et de variétés* (**SYN.** combinaison, mélange). **2.** En grammaire, mot composé : *Des composés invariables.*

composée n.f. Plante herbacée, aux fleurs nombreuses et serrées, comme la pâquerette, le pissenlit ou le bleuet.

composer v.t. (du lat. *componere,* mettre ensemble) [conj. 3]. **1.** Former un tout, en assemblant divers éléments : *Elle compose un cocktail pour ses invités* (**SYN.** confectionner, préparer, réaliser). **2.** Entrer dans la constitution d'un ensemble : *Les députés qui composent la commission d'enquête* (**SYN.** constituer). **3.** Créer une œuvre de l'esprit ; écrire de la musique : *Composer un poème. Elle compose la mélodie de ses chansons.* **4.** Former, taper les différents éléments d'un code, d'un numéro sur un cadran, un clavier. **5.** *Litt.* Prendre une expression, une attitude ne correspondant pas aux sentiments que l'on éprouve : *Elle a composé un sourire d'approbation.* **6.** Dans une imprimerie, procéder à la composition d'un texte. ◆ v.i. Faire un exercice scolaire en vue d'un contrôle, d'un examen : *Composer en sciences économiques.* ▸ ***Composer avec qqn, qqch,*** se prêter à un arrangement, à un accommodement : *Composer avec ses concurrents* (**SYN.** transiger). ◆ **se composer** v.pr. **[de].** Être constitué de : *Un clavier alphanumérique se compose de touches portant des lettres et des chiffres.*

composite adj. Formé d'éléments très divers : *Un public composite* (**SYN.** disparate, hétéroclite, hétérogène ; **CONTR.** homogène).

compositeur, trice n. **1.** Personne qui compose des œuvres musicales. **2.** Dans une imprimerie, personne chargée de la composition des textes.

composition n.f. **1.** Action ou manière de former un tout par assemblage ; la chose ainsi formée : *La composition d'un programme* (**SYN.** constitution, formation). *C'est une préparation de ma composition* (**SYN.** fabrication). *Une composition chimique* (**SYN.** amalgame, composé). **2.** Liste des éléments qui entrent dans un corps, un tout ; proportion et nature de ces éléments : *Lire la composition du produit. L'entraîneur donnera ce soir la composition de l'équipe de France.* **3.** Action de composer une œuvre littéraire, artistique ; cette œuvre elle-même : *La composition symétrique d'un tableau.* **4.** *Vieilli* Exercice scolaire fait en classe ;

contrôle. **5.** Dans une imprimerie, ensemble des opérations nécessaires pour la reproduction d'un texte avant son impression. ▸ ***Amener qqn à composition,*** l'amener à transiger. ***Être de bonne composition,*** être accommodant. ***Rôle de composition,*** représentation par un comédien d'un personnage qui nécessite une transformation et un travail de l'expression, de l'attitude, du physique.

compost [kɔ̃pɔst] n.m. (mot angl., de l'anc. fr. *compost,* composé). Mélange de résidus organiques et minéraux, utilisé comme engrais : *Ils utilisent des feuilles mortes pour faire du compost.*

① **compostage** n.m. Marquage à l'aide d'un composteur.

② **compostage** n.m. Préparation d'un compost.

① **composter** v.t. [conj. 3]. Marquer ou valider à l'aide d'un composteur : *Compostez votre billet avant de monter dans le train.*

② **composter** v.t. [conj. 3]. Amender une terre avec du compost.

composteur n.m. (it. *compostore*). **1.** Appareil mis à la disposition des voyageurs pour valider leurs titres de transport. **2.** Appareil à lettres ou à chiffres mobiles, servant à marquer ou à dater des documents.

compote n.f. (du lat. *compositus,* mélangé). Mélange de fruits cuits avec de l'eau et du sucre. ▸ *Fam.* ***En compote,*** meurtri : *Avoir les pieds en compote* ; en mauvais état : *Le dictionnaire est tombé, il est en compote.*

compotier n.m. Coupe dans laquelle on sert des compotes, des fruits, des crèmes.

compréhensibilité n.f. Qualité de ce qui est compréhensible, clair (**SYN.** intelligibilité).

compréhensible adj. **1.** Qui peut être facilement compris : *Un mode d'emploi compréhensible par tous* (**SYN.** accessible, clair, intelligible ; **CONTR.** hermétique, incompréhensible, obscur). **2.** Dont on peut comprendre les raisons ; qui s'explique : *C'est une erreur compréhensible* (**SYN.** admissible, excusable ; **CONTR.** inacceptable, inadmissible, inexcusable). *Sa déception est tout à fait compréhensible* (**SYN.** explicable, naturel, normal).

compréhensif, ive adj. Qui accepte les mobiles d'autrui et excuse facilement ses actions, son comportement ; indulgent, tolérant.

compréhension n.f. **1.** Aptitude à trouver le sens, la logique de qqch ; intelligence : *La compréhension du phénomène a permis de le faire cesser.* **2.** Aptitude à reconnaître les difficultés d'autrui et à l'excuser ; indulgence, tolérance : *Je vous remercie de votre compréhension* (**SYN.** bienveillance). **3.** Possibilité d'être compris, en parlant d'une chose : *Pour une meilleure compréhension de cette théorie, nous avons élaboré un schéma.*

comprendre v.t. (lat. *comprehendere,* saisir) [conj. 79]. **1.** Saisir la signification de ; concevoir : *Elle a compris la méthode de travail. Si vous ne comprenez pas ce mot, regardez dans le dictionnaire.* **2.** Accepter avec plus ou moins d'indulgence les raisons de qqn, de qqch ; admettre : *Nous comprenons tout à fait votre réaction* (= nous la trouvons naturelle, normale). *Elles comprennent que vous soyez en colère.* **3.** Mettre dans un tout : *Le planning comprend les jours fériés* (**SYN.** contenir, englober, inclure). **4.** Être formé de : *La propriété comprend une maison et un jardin* (= est constituée de ; **SYN.** comporter, compter). ▸ ***Y compris, non compris*** → **compris.**

comprenette n.f. *Fam.* Faculté de comprendre par l'intelligence : *Avoir la comprenette dure* (= mettre du temps à comprendre).

compresse n.f. (de l'anc. fr. *compresser,* accabler). Morceau de coton, de gaze utilisé pour panser les plaies ou au cours d'interventions chirurgicales.

compresser v.t. [conj. 4]. Réduire le volume occupé normalement par des choses, des personnes pour les faire entrer dans un espace limité ; serrer, tasser : *Compresser des données pour les transmettre par Internet* (**SYN.** comprimer).

compresseur adj.m. Qui sert à comprimer. ▸ ***Rouleau compresseur*** → **rouleau.**

compressible adj. **1.** Se dit d'un corps qui peut être comprimé, compressé : *Gaz compressible* (**SYN.** comprimable). **2.** Se dit d'un effectif, de frais qui peuvent être réduits : *Dépenses compressibles.*

compressif, ive adj. En médecine, se dit d'un bandage, d'un appareil qui sert à comprimer, à exercer une pression.

compression n.f. (du lat. *compressus,* comprimé). **1.** Action de comprimer, d'exercer une pression sur qqch ; effet de cette action : *La compression d'une artère pour arrêter l'hémorragie.* **2.** *Fig.* Réduction de personnel ou de dépenses : *Compressions budgétaires* (**SYN.** restriction ; **CONTR.** accroissement).

comprimable adj. Dont on peut réduire le volume par pression ; compressible.

① **comprimé, e** adj. Dont le volume a été réduit par pression : *Air comprimé.*

② **comprimé** n.m. Médicament sous forme de pastille, destiné à être avalé ou dissous.

comprimer v.t. (lat. *comprimere,* de *premere,* presser) [conj. 3]. **1.** Agir sur un corps de manière à en réduire le volume : *Comprimer un gaz* (**SYN.** compresser). *Comprimer une artère* (**SYN.** presser sur ; **CONTR.** dilater). **2.** Diminuer des effectifs, des frais : *Comprimer les dépenses* (**SYN.** réduire). **3.** Empêcher de se manifester : *Comprimer son envie de rire* (**SYN.** réfréner, réprimer, retenir).

compris, e adj. Qui fait partie de qqch : *Service compris* (**SYN.** inclus ; **CONTR.** en sus). ▸ ***Bien, mal compris,*** bien, mal conçu ou mis en pratique : *Un aménagement intérieur bien compris* (= judicieux, rationnel). ***Être bien, mal compris de qqn,*** en parlant d'une explication, d'un comportement, être assimilé, accepté par lui : *La nouvelle orientation de la politique agricole est mal comprise des éleveurs.* ***Y compris, non compris,*** en y incluant, sans y inclure : *Elles sont toutes venues, y compris sa tante.* ☞ **REM.** Cette expression, inv. avant le nom, s'accorde si elle est placée après : *toutes les taxes, la T.V.A. y comprise.*

compromettant, e adj. Qui peut causer un préjudice à qqn ; qui peut nuire à sa réputation : *Des dossiers compromettants ont été saisis à son domicile* (**SYN.** préjudiciable).

compromettre v.t. [conj. 84]. **1.** Exposer à un préjudice moral ; nuire à la réputation de : *L'accusé a compromis un député dans ce scandale* (**SYN.**

impliquer). *Ce geste de clémence inapproprié risque de le compromettre.* **2.** Mettre qqch en péril : *Compromettre son avenir, sa santé.* ◆ **se compromettre** v.pr. Mettre en danger sa réputation : *Il s'est compromis dans des malversations. Elle s'est compromise en lui parlant.*

compromis n.m. **1.** Accord obtenu par des concessions réciproques : *Passer un compromis avec un adversaire* (**SYN.** accommodement, arrangement, transaction). **2.** *Litt.* État intermédiaire entre deux choses opposées ; moyen terme : *Un compromis entre la gentillesse et la sévérité.* **3.** Dans la langue juridique, convention par laquelle les parties décident de soumettre un litige à un arbitre.

compromission n.f. Action de compromettre ou de se compromettre ; renoncement à ses principes par lâcheté ou par intérêt : *Il est prêt à toutes les compromissions pour réussir.*

compromissoire adj. Dans la langue juridique, qui relève d'un compromis : *Clause compromissoire.*

comptabilisation [kɔ̃tabilizasjɔ̃] n.f. Action de comptabiliser ; fait d'être comptabilisé.

comptabiliser [kɔ̃tabilize] v.t. [conj. 3]. **1.** Inscrire dans une comptabilité. **2.** Dénombrer de façon précise : *Je n'ai pas comptabilisé toutes les offres que j'ai reçues* (**SYN.** compter).

comptabilité [kɔ̃tabilite] n.f. **1.** Technique de l'établissement des comptes : *Apprendre la comptabilité.* **2.** Ensemble des comptes d'une personne ou d'une collectivité. **3.** Service chargé des comptes d'une entreprise : *Travailler à la comptabilité* ou *au service comptabilité.*

comptable [kɔ̃tabl] adj. **1.** Qui tient des comptes : *Agent comptable.* **2.** Qui relève de la comptabilité : *Bilan comptable.* **3.** *Fig.* Qui est moralement responsable : *Le garagiste est comptable de ses réparations devant ses clients.* ◆ n. Personne dont la profession est de tenir les comptes.

comptage [kɔ̃taʒ] n.m. Action de dénombrer des choses, des personnes.

comptant [kɔ̃tɑ̃] adj.m. inv. Qui est payé sans délai et en espèces : *Le téléviseur a coûté mille cinq cents euros comptant.* ▸ ***Prendre pour argent comptant,*** croire naïvement ce qui est dit ou promis. ◆ n.m. ▸ ***Au comptant,*** moyennant un paiement intégral et immédiat : *Régler ses achats au comptant.* ◆ adv. En payant immédiatement l'intégralité de la somme : *Acheter, payer comptant.*

compte [kɔ̃t] n.m. **1.** Calcul d'un nombre ; évaluation d'une quantité : *Le compte est bon* (**SYN.** total). *Il fait le compte des chaises pour être sûr de placer tout le monde* (**SYN.** dénombrement, inventaire). **2.** État de ce qui est dû ou reçu : *Je dois faire mes comptes pour savoir si j'ai assez pour payer.* **3.** Contrat passé par un particulier avec un établissement de crédit et qui lui permet d'y déposer ou d'en retirer des fonds ; état des crédits et débits qui en résultent : *Avoir un compte en banque. Un relevé de compte. Compte courant* (= qui permet un mode de règlement simplifié des créances). ☞ **REM.** Ne pas confondre avec *comte* ou *conte.* ▸ ***À bon compte,*** à faible prix ; fig., sans trop de mal : *Tu t'en tires à bon compte.* ***À ce compte-là,*** dans ces conditions. ***À compte d'auteur,*** se dit d'un ouvrage dont l'auteur paie les frais de publication et de diffusion. ***À son compte,*** de façon indépendante, sans dépendre d'un employeur : *Il est à son compte* (= il est son propre patron). *Elle veut se mettre à son compte* (= devenir travailleuse indépendante). ***Au bout du compte*** ou ***en fin de compte*** ou ***tout compte fait,*** tout bien considéré. *Fam.* ***Avoir son compte,*** être hors d'état de combattre, à bout de forces ; être ivre ; être tué. ***Donner son compte à qqn,*** lui payer son salaire et le renvoyer. ***Être loin du compte,*** se tromper de beaucoup. ***Mettre qqch sur le compte de qqn,*** le rendre responsable de cette chose. ***Prendre qqch à son compte,*** en prendre la responsabilité. *Fam.* ***Régler son compte à qqn*** → **régler.** ***Rendre compte de,*** faire le récit de : *Elle a rendu compte de la visite présidentielle* ; donner une analyse, une explication de : *Nous rendrons compte de ce film dans notre prochain numéro.* ***Se rendre compte de*** (+ n.), ***que*** (+ ind.), remarquer, comprendre : *Elles se sont rendu compte de leur erreur.* ***Sur le compte de qqn,*** au sujet de qqn. ***Tenir compte de qqch,*** le prendre en considération.

compte chèques ou **compte-chèques** [kɔ̃tʃɛk] n.m. (pl. *comptes chèques* ou *comptes-chèques*). Compte bancaire ou postal fonctionnant au moyen de chèques.

compte-fils [kɔ̃tfil] n.m. inv. (de *compter* et *fil*). Petite loupe de fort grossissement, montée sur un support à charnière, qui sert à l'examen d'une étoffe, du détail d'un dessin, de la trame d'un négatif.

compte-gouttes [kɔ̃tgut] n.m. inv. Tube de verre effilé muni d'un capuchon servant à compter les gouttes d'un liquide. ▸ *Fam.* ***Au compte-gouttes,*** de façon extrêmement mesurée ; avec parcimonie.

compter [kɔ̃te] v.t. (lat. *computare,* de *putare,* évaluer) [conj. 3]. **1.** Déterminer par un calcul le nombre, la quantité de : *Elle compte les personnes présentes* (**SYN.** dénombrer). *Ils comptent le nombre d'agendas à commander* (**SYN.** chiffrer, évaluer, recenser). **2.** Faire entrer dans un total, dans un ensemble : *J'ai oublié de compter les frais de transport* (**SYN.** inclure). **3.** Évaluer le montant à payer pour qqch : *L'électronicien a compté cent euros pour la main-d'œuvre* (**SYN.** facturer). **4.** Estimer le temps que prendra une action ; estimer la quantité de qqch dont on aura besoin : *Compte un quart d'heure pour y aller à pied. Il faut compter deux bagages par personne.* **5.** Être constitué de : *Certaines espèces végétales comptent quantité de variétés* (**SYN.** comporter, comprendre, englober). **6.** Mettre au nombre de : *Nous comptons un chirurgien dans notre famille.* ☞ **REM.** Ne pas confondre avec *conter.* ▸ ***Compter*** (+ inf.), avoir l'intention de : *Elle comptait prendre le T.G.V.* (**SYN.** envisager de, se proposer de). ***Compter que*** (+ ind.), espérer que : *Tu comptes que le colis arrivera demain ?* ◆ v.i. **1.** Énumérer la suite des nombres : *Compter jusqu'à vingt.* **2.** Effectuer un calcul : *Apprendre à compter. Savoir compter.* **3.** Avoir une certaine importance, un rôle : *Ses enfants comptent beaucoup pour lui.* ▸ ***À compter de,*** à partir de. ***Compter avec, sans,*** tenir, ne pas tenir compte de. ***Compter pour,*** avoir telle importance, telle valeur : *À table, il compte pour deux.* ***Compter sur qqch,*** espérer en bénéficier : *Je compte sur cet argent pour partir en vacances.*

Compter sur qqn, espérer bénéficier de son aide. ***Sans compter,*** avec générosité ; sans se limiter.

compte rendu ou **compte-rendu** [kɔ̃trɑ̃dy] n.m. (pl. *comptes rendus* ou *comptes-rendus*). Rapport fait sur un événement, une situation, un ouvrage, un débat : *Les comptes rendus seront publiés dans notre prochaine édition.*

compte-tours [kɔ̃ttur] n.m. inv. Appareil servant à compter le nombre de tours faits par un axe mécanique en rotation en un temps donné.

compteur [kɔ̃tœr] n.m. Appareil servant à mesurer, à compter et à enregistrer certaines grandeurs : *Compteur de vitesse. Compteur électronique.* ☞ **REM.** Ne pas confondre avec *conteur.* ▸ ***Compteur Geiger,*** en physique, instrument servant à mesurer des rayonnements ou à compter des particules.

comptine [kɔ̃tin] n.f. Chanson, petit poème que récitent les enfants pour désigner, par le compte des syllabes, celui qui aura tel rôle à jouer.

comptoir [kɔ̃twar] n.m. **1.** Table longue sur laquelle les marchands étalent ou découpent leurs marchandises. **2.** Table élevée et étroite sur laquelle on sert les consommations dans un café (par opp. à salle ou terrasse) : *Boire un café au comptoir.* **3.** Établissement de commerce fondé autrefois en pays étranger : *Les comptoirs français des Indes.* **4.** Établissement commercial et financier : *Comptoir des entrepreneurs.* **5.** En Suisse, foire-exposition.

compulser v.t. (du lat. *compulsare,* contraindre) [conj. 3]. Examiner, feuilleter des écrits pour une vérification ou une recherche : *Il a compulsé les journaux de l'époque pour écrire son roman* (**SYN.** consulter).

compulsif, ive adj. Qui relève de la compulsion ; qui se fait de manière involontaire.

compulsion n.f. (du lat. *compulsio,* contrainte). En psychiatrie, force intérieure à laquelle une personne ne peut résister sans angoisse : *Achats de compulsion.*

comtat [kɔ̃ta] n.m. Dans les expressions géographiques, comté : *Le comtat d'Avignon.*

comte [kɔ̃t] n.m. (du lat. *comes, comitis,* compagnon). En France, titre de noblesse situé entre ceux de marquis et de vicomte. ☞ **REM.** Ne pas confondre avec *compte* ou *conte.*

① **comté** [kɔ̃te] n.m. **1.** En histoire, territoire attaché au titre de comte. **2.** Au Canada, aux États-Unis, en Grande-Bretagne et en Irlande, division administrative.

② **comté** n.m. Fromage de gruyère fabriqué en Franche-Comté.

comtesse [kɔ̃tɛs] n.f. **1.** Femme qui possédait un comté. **2.** Épouse d'un comte.

comtoise n.f. (de [*Franche-*]*Comté*). Horloge en forme de coffre vertical, étroit et haut.

con, conne adj. et n. *Très fam.* Très bête ; stupide.

concasser v.t. [conj. 3]. Réduire en petits morceaux : *Concasser des pierres pour faire un remblai* (**SYN.** broyer, écraser).

concasseur n.m. et adj.m. Appareil servant à concasser.

concaténation n.f. (du lat. *cum,* avec, et *catena,* chaîne). **1.** *Didact.* Enchaînement des idées entre elles, des causes et des effets, des éléments constitutifs d'une phrase. **2.** En informatique, enchaînement de deux chaînes de caractères ou de deux fichiers mis bout à bout.

concave adj. (lat. *concavus,* de *cavus,* creux). Qui présente un creux à sa surface (**CONTR.** bombé, convexe).

concavité n.f. État de ce qui est concave ; partie concave de qqch (**CONTR.** bombement, convexité).

concéder v.t. (lat. *concedere,* accorder) [conj. 18]. **[à]. 1.** Accorder comme une faveur, un privilège : *Le maire a concédé au garde-champêtre le droit d'utiliser le matériel communal* (**SYN.** consentir, octroyer). **2.** Admettre le point de vue de qqn : *Je vous concède qu'il aurait dû prévenir* (= je reconnais que).

concélébrer v.t. [conj. 18]. Célébrer un service religieux à plusieurs.

concentration n.f. **1.** Action de se rassembler dans un espace réduit ; réunion en un point : *La concentration des touristes dans les régions côtières* (**SYN.** rassemblement, regroupement). *La concentration des habitations* (**SYN.** accumulation). **2.** Action de fixer son attention, de réfléchir : *Une baisse de concentration lui a fait perdre le point.* ▸ ***Camp de concentration,*** en histoire, camp dans lequel sont rassemblés, sous surveillance militaire ou policière, soit des populations civiles de nationalité ennemie, soit des prisonniers ou des détenus politiques, soit des minorités ethniques, sociales ou religieuses ; pendant la Seconde Guerre mondiale, camp de déportation nazi.

concentrationnaire adj. Relatif aux camps de concentration ; qui les évoque : *Un univers concentrationnaire.*

concentré, e adj. **1.** Dont la partie liquide, aqueuse a été en grande partie éliminée : *Lait concentré.* **2.** *Fig.* Qui porte toute son attention sur qqch ; appliqué, attentif, tendu. ◆ **concentré** n.m. **1.** Produit obtenu par élimination de l'eau ou de certains constituants : *Concentré de tomate.* **2.** *Fig.* Accumulation dans un petit espace : *Cette foire présente un concentré d'innovations technologiques.*

concentrer v.t. [conj. 3]. **1.** Rassembler en un même lieu : *Les Alliés ont concentré leurs troupes à la frontière* (**SYN.** masser, regrouper, réunir ; **CONTR.** disperser, disséminer). **2.** *Fig.* Détenir ce qui devrait être partagé, réparti : *La junte concentre tous les pouvoirs* (**SYN.** centraliser). **3.** Porter son regard, toute son attention, son action sur qqn, sur qqch : *Elle a concentré ses efforts sur sa recherche d'emploi* (**SYN.** focaliser). ◆ **se concentrer** v.pr. **1.** Se rassembler en un point : *Les manifestants se concentrent devant le ministère.* **2.** Faire un effort intense d'attention, de réflexion : *Le bruit m'empêche de me concentrer.*

concentrique adj. **1.** Se dit de figures géométriques qui ont le même centre (par opp. à excentrique). **2.** Qui tend à se rapprocher du centre : *Mouvement concentrique d'un avion qui va atterrir.*

concept [kɔ̃sɛpt] n.m. (du lat. *conceptus,* saisi). **1.** Représentation intellectuelle englobant tous les aspects d'une idée, d'un objet ou d'un ensemble d'objets : *Le concept de beauté.* **2.** Détermination des caractères spécifiques d'un projet, d'un produit : *Un nouveau concept de guidon pour les V.T.T.*

concepteur, trice [kɔ̃sɛptœr, tris] n. Personne chargée de la conception de projets, de produits, d'idées, dans une entreprise, une agence de publicité.

conception [kɔ̃sɛpsjɔ̃] n.f. **1.** Fait, pour un être vivant sexué, d'être conçu, de commencer à exister : *La fécondation et la conception.* **2.** Action d'élaborer, de concevoir qqch dans son esprit : *Conception et réalisation d'un magazine* (**SYN.** création, élaboration). **3.** Manière particulière de se représenter, de considérer qqch : *Ils ont une conception étrange du bonheur* (**SYN.** idée, opinion, point de vue). ▸ ***Conception assistée par ordinateur*** ou ***C.A.O.,*** ensemble des techniques informatiques utilisées pour l'élaboration d'un nouveau produit.

conceptualiser [kɔ̃sɛptɥalize] v.t. [conj. 3]. Former des concepts à partir de qqch pour se le représenter mentalement.

conceptuel, elle [kɔ̃sɛptɥɛl] adj. Qui est de l'ordre du concept.

concernant prép. À propos de : *Concernant votre demande, il n'y a rien de nouveau* (= au sujet de, pour ce qui est de).

concerner v.t. (du bas lat. *concernere,* passer au crible) [conj. 3]. Avoir rapport à : *Cela concerne tous les salariés de l'entreprise* (**SYN.** intéresser, toucher, viser). *Cela ne concerne que les fichiers de traitement de texte* (**SYN.** s'appliquer à, se rapporter à). ▸ ***En ce qui concerne,*** pour ce qui est de : *En ce qui concerne le remboursement, ne vous inquiétez pas* (**SYN.** concernant, quant à).

concert n.m. (it. *concerto*). **1.** Spectacle au cours duquel sont interprétées des œuvres musicales : *Aller au concert.* **2.** Ensemble de bruits simultanés : *Un concert de sifflets* (**SYN.** cacophonie, tintamarre). **3.** *Litt.* Accord, harmonie entre des personnes, des groupes, des États : *Le concert des nations européennes.* ▸ ***Concert d'éloges, de louanges, de lamentations,*** unanimité dans les éloges, les louanges, les lamentations. ***De concert,*** en accord et en même temps : *Agir de concert avec qqn* (= conjointement et simultanément).

concertant, e adj. Se dit d'une musique fondée sur l'alternance entre plusieurs voix ou entre plusieurs groupes d'instruments.

concertation n.f. Action de se concerter : *Concertation entre les partenaires sociaux.*

concerter v.t. [conj. 3]. Préparer en commun : *Concerter un plan d'action avec qqn* (**SYN.** combiner, échafauder, élaborer, organiser). ◆ **se concerter** v.pr. Chercher un accord pour agir ensemble : *Elles se sont concertées pour faire une proposition* (**SYN.** se consulter).

concertiste n. Musicien qui joue de son instrument en concert.

concerto n.m. (mot it.). Œuvre musicale instrumentale pour un ou plusieurs solistes et orchestre.

concessif, ive adj. ▸ ***Proposition concessive,*** proposition subordonnée qui indique une opposition, une restriction (on dit aussi *une concessive*).

concession n.f. (du lat. *concedere,* accorder). **1.** Abandon d'un droit, d'un avantage : *Le président a dû faire des concessions pour garder le pouvoir* (= il a dû transiger). **2.** Avantage accordé sur un sujet dans une discussion : *Aucune concession n'a été faite et la négociation a échoué.* **3.** Dans la langue juridique, contrat par lequel l'Administration, moyennant une redevance, autorise une personne à réaliser un ouvrage public, à utiliser à titre privatif le domaine public ou à assurer un service ; portion de domaine concédée : *La concession de la distribution d'eau. Concession de sépulture à perpétuité.* **4.** Droit exclusif de vente accordé par un producteur à un distributeur : *La concession des automobiles Xima.* **5.** En grammaire, relation logique exprimée dans une phrase par une proposition concessive.

concessionnaire n. et adj. **1.** Intermédiaire qui a le droit exclusif de vendre le produit d'une marque dans une région déterminée : *Le concessionnaire d'une marque automobile.* **2.** Titulaire d'un contrat de concession : *Le concessionnaire d'une mine.*

concevable adj. Qui peut être imaginé ; qui peut être admis, compris : *Une telle méprise est parfaitement concevable* (**SYN.** compréhensible, imaginable ; **CONTR.** inconcevable).

concevoir v.t. (lat. *concipere*) [conj. 52]. **1.** Se représenter par la pensée : *Je conçois avec peine que l'on ne se mobilise pas contre la pollution* (**SYN.** comprendre). *Elle conçoit très bien de se passer de vacances cette année* (**SYN.** admettre). **2.** Élaborer dans son esprit en vue d'une réalisation : *L'architecte a conçu le lotissement pour que les habitants aient tous un accès à la forêt* (**SYN.** créer, imaginer, penser). **3.** *Sout.* Sentir naître en soi un sentiment, une idée : *Elle a conçu une très vive amertume de votre refus* (**SYN.** éprouver, ressentir). *La juge commence à concevoir des soupçons sur son témoignage.* **4.** *Litt.* Accomplir l'acte sexuel par lequel sera engendré un enfant ; être enceinte, en parlant d'une femme : *Nous avons conçu notre enfant en mai.* ▸ ***Bien, mal conçu,*** bien, mal adapté à l'usage qu'on doit en faire : *Une habitation bien conçue* (= agencée, organisée).

conchyliculteur, trice [kɔ̃kilikyltœr, tris] n. Personne qui pratique la conchyliculture.

conchyliculture [kɔ̃kilikyltyr] n.f. (du gr. *konkhulion,* coquillage). Élevage des huîtres, moules et autres coquillages.

concierge n. (du lat. *conservus,* compagnon d'esclavage). **1.** Personne chargée de la garde d'un hôtel, d'un immeuble (**SYN.** gardien). **2.** *Fam.* Personne bavarde (**SYN.** pipelet).

conciergerie n.f. **1.** Local occupé par le concierge d'un bâtiment administratif ou d'un château. **2.** Service d'un grand hôtel chargé de l'accueil des clients.

concile n.m. (lat. *concilium,* assemblée). Dans la religion catholique, assemblée d'évêques et de théologiens, qui décident des questions de doctrine et de discipline religieuses.

conciliable adj. Qui peut s'harmoniser avec une autre chose : *Des intérêts peu conciliables* (**SYN.** compatible ; **CONTR.** inconciliable).

conciliabule n.m. Série de discussions, d'entretiens plus ou moins secrets : *Tenir de longs conciliabules.*

conciliaire adj. **1.** Qui relève d'un concile. **2.** Qui participe à un concile.

conciliant, e adj. Qui est prêt à une conciliation ; qui est de nature à établir une bonne entente : *Une personne très conciliante* (**SYN.** accommodant, arrangeant ; **CONTR.** buté, intraitable). *Des paroles conciliantes* (**SYN.** apaisant, complaisant ; **CONTR.** dur, impitoyable).

conciliateur, trice adj. et n. Qui a pour but de concilier. ◆ n. Personne dont la mission est d'inciter à un règlement amiable des conflits (**SYN.** arbitre, médiateur).

conciliation n.f. **1.** Action de concilier, de rétablir la bonne entente entre personnes qui s'opposent : *Aboutir à une conciliation* (**SYN.** accommodement, arrangement). **2.** Action de rendre les choses compatibles : *La conciliation d'intérêts contradictoires.* **3.** Dans la langue juridique, intervention d'un juge ou d'un conciliateur auprès de personnes en litige afin d'éviter un procès ; arbitrage : *Tentative de conciliation.*

conciliatoire adj. Dans la langue juridique, qui est destiné à amener une conciliation.

concilier v.t. (du lat. *conciliare,* unir) [conj. 9]. **1.** Rendre compatibles des choses diverses, des intérêts opposés : *Concilier le travail avec la vie de famille* (**SYN.** accorder, harmoniser). **2.** Permettre un accord entre des personnes en litige : *La juge a pu concilier les adversaires* (**SYN.** raccommoder, réconcilier). **3.** *Sout.* Mettre qqn dans de bonnes dispositions à l'égard de qqn d'autre : *Cette concession lui a concilié les grévistes.* ◆ **se concilier** v.pr. **1. [avec].** Être compatible avec autre chose : *Cette pratique du sport ne se concilie pas avec une santé fragile.* **2.** Réussir à obtenir : *Nous nous sommes concilié les faveurs de nos supérieurs* (**SYN.** s'assurer, gagner).

concis, e adj. (lat. *concisus,* tranché). Qui exprime beaucoup de choses en peu de mots : *Un orateur concis* (**SYN.** laconique, lapidaire ; **CONTR.** prolixe). *Une explication concise* (**SYN.** bref, succinct ; **CONTR.** long, verbeux).

concision n.f. Qualité de ce qui est concis, de celui qui exprime beaucoup de choses en peu de mots ; laconisme, sobriété.

concitoyen, enne n. Personne qui est du même pays, de la même ville qu'une autre ; compatriote.

conclave n.m. (lat. *conclave,* chambre fermée à clé, de *clavis,* clé). Dans la religion catholique, assemblée de cardinaux réunis pour élire le pape.

concluant, e adj. Qui établit une conclusion irréfutable : *Les tests sont concluants* (**SYN.** convaincant, probant ; **CONTR.** contestable, discutable).

conclure v.t. (lat. *concludere,* de *claudere,* fermer) [conj. 96]. **1.** Arriver à un accord : *Nous avons conclu un pacte avec eux* (**SYN.** signer). **2. [par].** Terminer une action par : *Il concluait toujours ses films par une scène d'amour* (**SYN.** finir). **3.** Donner une conclusion à un discours, un écrit : *Elle conclut sa lettre de motivation sur une formule de politesse* (**SYN.** achever, terminer). ▸ ***Conclure à*** (+ n.) ou ***conclure que*** (+ ind.), déduire comme conséquence d'un fait, d'une analyse : *Les services commerciaux concluent à la rentabilité du produit. Que concluez-vous de son refus ?* (**SYN.** inférer). *Elle conclut qu'il fallait poursuivre nos efforts. N'en conclus pas que tous sont pareils.* ◆ v.i. *Sout.* Constituer une preuve, une confirmation : *Tous les témoignages concluent en sa faveur.*

conclusif, ive adj. Qui constitue une conclusion : *Une phrase conclusive.*

conclusion n.f. **1.** Action de conclure par un accord, de terminer : *La conclusion d'une affaire* (**SYN.** règlement ; **CONTR.** préliminaires). **2.** Partie qui termine un discours, un écrit, une œuvre : *La conclusion d'une histoire à suspense* (**SYN.** dénouement, épilogue ; **CONTR.** introduction, prologue). **3.** Conséquence tirée d'un raisonnement, d'une observation : *Exposez-nous vos conclusions* (**SYN.** déduction ; **CONTR.** hypothèse). ▸ ***En conclusion,*** pour conclure logiquement (**SYN.** en conséquence). ◆ **conclusions** n.f. pl. En droit, choses que chacune des parties réclame dans un procès.

concocter v.t. (du lat. *concoquare,* faire cuire ensemble) [conj. 3]. *Fam.* Élaborer avec soin : *Elles nous ont concocté une belle surprise* (**SYN.** préparer).

concombre n.m. (anc. prov. *cocombre*). Plante potagère cultivée pour ses fruits allongés, que l'on consomme comme légume ou en salade ; fruit de cette plante.

concomitance n.f. Fait que deux ou plusieurs événements se produisent en même temps (**SYN.** coïncidence, simultanéité).

concomitant, e adj. (du lat. *concomitari,* accompagner). **[de].** Se dit d'un fait qui se produit en même temps qu'un autre : *La pollution est concomitante de l'accroissement de la circulation automobile. Des phénomènes météorologiques concomitants ont provoqué des inondations* (**SYN.** simultané).

concordance n.f. Fait, pour deux ou plusieurs choses, d'être en accord entre elles : *La concordance des analyses des différents laboratoires* (**SYN.** conformité, correspondance). *Tes agissements ne sont pas en concordance avec tes idées* (**SYN.** harmonie ; **CONTR.** divergence). ▸ ***Concordance des temps,*** ensemble des règles de syntaxe selon lesquelles le temps du verbe d'une subordonnée dépend de celui du verbe de la principale.

concordant, e adj. Se dit de choses qui s'accordent entre elles : *Des témoignages concordants* (**SYN.** convergent ; **CONTR.** contradictoire).

concordat n.m. **1.** Traité entre le Saint-Siège et un État souverain. **2.** En Suisse, accord entre plusieurs cantons ; ensemble formé par plusieurs institutions.

concorde n.f. *Sout.* Bonne entente entre des personnes : *La concorde règne au sein de cette entreprise* (**SYN.** accord, harmonie, paix, union ; **CONTR.** désaccord, discorde, division).

concorder v.i. (lat. *concordare,* s'accorder) [conj. 3]. **[avec].** Présenter des rapports de similitude, de conformité : *La déposition du gardien concorde avec celle du témoin* ou *la déposition du gardien et celle du témoin concordent* (**SYN.** coïncider avec, correspondre à ; **CONTR.** contredire, s'opposer à).

concourir v.t. ind. (du lat. *concurrere,* se rencontrer) [conj. 45]. **[à].** Tendre à un même but, à un même effet : *Le renouvellement des ordinateurs concourt à la compétitivité de l'entreprise* (**SYN.** aider à, contribuer à, favoriser). ◆ v.i. Participer à des épreuves, à une compétition : *De nombreux candidats ont concouru pour obtenir l'agrégation.*

concours n.m. (lat. *concursus,* rencontre). **1.** Ensemble d'épreuves mettant en compétition des candidats, pour un nombre limité de places : *L'Administration recrute sur concours.* **2.** Compétition organisée pour attribuer un prix, dans les domaines sportif, culturel : *Concours hippique. Concours de triple saut.* **3.** Jeu ouvert à tous et doté de lots : *Les réponses au concours sont à envoyer sur papier libre.* **4.** Action de coopérer, d'aider : *Offrir, prêter son concours. Avec le concours de qqn* (**SYN.** aide, secours). ▸ ***Concours général,*** concours annuel entre les meilleurs élèves des lycées de France. ***Hors concours,*** qui n'est plus autorisé à concourir en raison de sa supériorité. ***Un concours de circonstances,*** une simultanéité d'événements entièrement fortuite.

concret, ète adj. (lat. *concretus*, épais). **1.** Qui se rapporte à la réalité, à ce qui est matériel (par opp. à théorique, à hypothétique) : *Les applications concrètes d'un procédé dans le domaine de l'électronique* (**SYN.** pratique). *Des preuves concrètes* (**SYN.** matériel, tangible). **2.** Qui fait partie de la réalité perçue par les sens : *Un objet concret* (**SYN.** palpable, réel ; **CONTR.** imaginaire). **3.** Qui a le sens des réalités : *Esprit concret* (**SYN.** pratique, réaliste ; **CONTR.** rêveur, utopiste). **4.** Qui désigne un être ou un objet réel (par opp. à abstrait) : *Le mot « animal » est concret, mais « animalité » est un mot abstrait.* ◆ **concret** n.m. Ce qui est concret ; ensemble des choses concrètes : *Aller de l'abstrait au concret en réalisant un projet.*

concrètement adv. De façon concrète : *Concrètement, comment faut-il faire ?* (**SYN.** pratiquement).

concrétion n.f. (de *concret*). **1.** En médecine, formation de corps solides dans les tissus vivants : *Concrétions biliaires.* **2.** En géologie, amalgame de particules formant un corps solide : *Concrétions calcaires, salines.*

concrétisation n.f. Action de concrétiser ; fait de se concrétiser.

concrétiser v.t. [conj. 3]. Donner une forme concrète, matérielle à ce qui était théorique, hypothétique, imaginaire : *Concrétiser un projet* (**SYN.** réaliser). *Sa réussite concrétise nos espérances* (**SYN.** matérialiser). ◆ **se concrétiser** v.pr. Devenir réel : *Ses rêves se sont concrétisés* (**SYN.** se matérialiser, se réaliser).

concubin, e n. (du lat. *concumbere*, coucher avec). Personne qui vit en concubinage.

concubinage n.m. État de deux personnes célibataires qui vivent ensemble sans être mariées (on dit aussi *union libre* ou *union civile*).

concupiscence n.f. (du lat. *concupiscere*, désirer). *Litt.* Vive inclination pour les plaisirs sensuels.

concupiscent, e adj. *Litt.* Qui exprime la concupiscence : *Des propos concupiscents.*

concurremment [kɔ̃kyramɑ̃] adv. **1.** En même temps : *Elle s'occupe concurremment de deux projets* (= à la fois ; **SYN.** simultanément). **2.** En conjuguant son action avec celle d'une autre personne : *Agir concurremment avec qqn* (**SYN.** de concert, conjointement).

concurrence n.f. Rivalité d'intérêts entre personnes, activités qui tendent au même but ; compétition entre des commerçants qui tentent d'attirer à eux la clientèle par les meilleures conditions de prix, de qualité, etc. : *Cette cafétéria fait concurrence au bar de la plage. Ce nouveau textile est en concurrence avec le coton. Article vendu à un prix défiant toute concurrence* (= à très bas prix). ▸ ***Jusqu'à concurrence de*** ou ***à concurrence de,*** jusqu'à la somme de : *La banque vous ouvre un crédit à concurrence de mille euros.*

concurrencer v.t. [conj. 16]. Faire concurrence à.

concurrent, e n. et adj. (du lat. *concurrere*, courir avec). **1.** Personne qui participe à un concours, à une compétition : *Quelques concurrents ont abandonné avant la fin de l'épreuve* (**SYN.** compétiteur). **2.** Rival dans le domaine commercial : *En développant leurs activités, ils sont devenus nos plus sérieux concurrents.* ◆ adj. Se dit d'une personne, d'une entreprise qui est en rivalité d'intérêts avec une autre : *Il travaille maintenant pour une maison concurrente de la nôtre.*

concurrentiel, elle adj. **1.** Capable d'entrer en concurrence : *Prix concurrentiels* (**SYN.** compétitif). **2.** Où joue la concurrence : *Marché concurrentiel.*

concussion n.f. (lat. *concussio*, secousse). Délit commis par un fonctionnaire qui perçoit des sommes indues, dans l'exercice de ses fonctions : *Un agent public coupable de concussion* (**SYN.** exaction, extorsion, prévarication).

concussionnaire adj. et n. Coupable de concussion.

condamnable [kɔ̃danabl] adj. Qui mérite d'être condamné : *Un acte condamnable* (**SYN.** blâmable, répréhensible ; **CONTR.** irréprochable, louable).

condamnation [kɔ̃danasjɔ̃] n.f. **1.** Action de condamner ; décision d'une juridiction prononçant une peine contre l'auteur d'une infraction ; peine infligée : *Une lourde condamnation* (**SYN.** sanction). **2.** Acte, fait, écrit qui témoigne contre qqn, qqch : *Notre échec est la condamnation de notre politique* (**SYN.** désaveu).

condamné, e [kɔ̃dane] n. et adj. **1.** Personne qui a fait l'objet d'une condamnation judiciaire : *Les policiers ramenèrent le condamné dans sa cellule.* **2.** Personne atteinte d'une maladie incurable.

condamner [kɔ̃dane] v.t. (lat. *condemnare*, de *damnum*, dommage, tort) [conj. 3]. **1.** Prononcer une peine par jugement contre une personne déclarée coupable d'une infraction : *Condamner un criminel.* **2.** Mettre dans l'obligation pénible de : *Sa blessure la condamne à l'immobilité* (**SYN.** astreindre, contraindre). **3.** Déclarer répréhensible ; interdire : *Nous condamnons la violence* (**SYN.** désapprouver, réprouver). **4.** Déclarer un malade incurable. **5.** Rendre impossible l'usage d'une ouverture : *Condamner une porte.*

condensat n.m. En physique, corps que l'on obtient par condensation.

condensateur n.m. Appareil servant à emmagasiner des charges électriques.

condensation n.f. Passage de l'état gazeux à l'état liquide : *La buée sur les vitres provient de la condensation.*

condensé, e adj. **1.** Qui a réduit de volume par évaporation : *Lait condensé.* **2.** Qui est réduit à l'essentiel : *Un style condensé* (**SYN.** concis, ramassé). ◆ **condensé** n.m. Résumé succinct : *Cet article est un bon condensé de l'ouvrage* (**SYN.** abrégé).

condenser v.t. (du lat. *densus*, épais) [conj. 3]. **1.** Rendre plus dense, réduire à un moindre volume : *Condenser du lait par élimination d'eau.* **2.** Faire passer de l'état de vapeur à l'état liquide : *La surface froide du pare-brise condense la vapeur d'eau.* **3.** Résumer en peu de mots ; réduire à l'essentiel : *Condenser un texte* (**SYN.** abréger, résumer). ◆ **se condenser** v.pr.

Passer de l'état de vapeur à l'état liquide : *L'humidité de la pièce se condense sur les vitres.*

condenseur n.m. **1.** Appareil d'une machine thermique destiné à condenser une vapeur. **2.** Échangeur de chaleur d'une installation frigorifique.

condescendance n.f. Attitude hautaine et plus ou moins méprisante de qqn : *Recevoir un subordonné avec condescendance* (SYN. dédain, hauteur).

condescendant, e adj. Qui marque de la condescendance : *Une attitude condescendante* (SYN. protecteur, supérieur). *Un personnage condescendant* (SYN. arrogant, hautain, suffisant).

condescendre v.t. ind. (lat. *condescendere,* se mettre au niveau de) [conj. 73]. **[à].** Consentir à qqch en se faisant prier : *Il a enfin condescendu à m'accorder un entretien* (SYN. daigner).

condiment n.m. (du lat. *condire,* confire, assaisonner). Substance ou préparation à saveur forte qui relève un plat : *La moutarde est un condiment.*

condisciple n. Camarade d'études : *Une de ses condisciples.*

condition n.f. (du lat. *condicere,* fixer par accord). **1.** Situation d'un être vivant, de l'homme dans le monde, dans un contexte donné : *La condition humaine* (SYN. destinée, sort). *Un roman qui décrit la condition ouvrière au* XIXe *siècle.* **2.** *Litt.* Situation sociale ; rang dans la société : *Des gens de toutes conditions* (= de toutes les classes sociales). *Faire évoluer la condition des femmes.* **3.** État général physique ou moral : *Être en bonne condition physique* (SYN. forme). **4.** (Au pl.). Circonstance extérieure à laquelle sont soumises les personnes et les choses : *Cet appareil n'est garanti que dans des conditions normales d'utilisation* (= dans ce cas). *À ce moment-là, les conditions politiques n'étaient guère favorables* (= la conjoncture, le climat). **5.** Circonstance dont dépend l'accomplissement d'une action : *Le travail est la condition du succès.* **6.** Base d'un accord ; qualité ou élément exigés pour qu'il y ait acceptation : *Cette candidate remplit les conditions requises pour ce poste* (SYN. exigence). *Les conditions d'un contrat* (SYN. clause, convention, stipulation). ▸ ***À condition de*** (+ inf.), à charge de, sous réserve de : *Vous pouvez attraper votre train à condition de vous dépêcher.* ***À condition que*** ou ***à la condition que*** (+ subj.), pourvu que, si : *Je t'emmènerai au cinéma à condition que tu fasses d'abord ton travail.* ***Mettre qqn en condition,*** le préparer, l'entraîner physiquement ou psychologiquement. ◆ **conditions** n.f. pl. Modalités de paiement ; tarif : *En payant comptant, vous obtiendrez des conditions intéressantes* (SYN. prix).

conditionné, e adj. **1.** Dont le comportement est réglé d'avance en fonction de certaines conditions : *Des enfants conditionnés par la publicité.* **2.** Qui est présenté dans un emballage : *Des produits conditionnés sur le lieu de production* (SYN. emballé). ▸ ***Air conditionné,*** air d'une pièce que l'on maintient à une température et à un degré hygrométrique déterminés. ***Réflexe conditionné,*** réflexe acquis à la suite d'un apprentissage (SYN. conditionnel).

conditionnel, elle adj. **1.** Qui dépend de certaines conditions : *Un prisonnier en liberté conditionnelle.* **2.** Qui est lié à un conditionnement, qui en dépend : *Réflexe conditionnel* (SYN. conditionné). ▸ ***Mode conditionnel,*** mode du verbe qui présente l'action ou l'état comme une éventualité ou comme la conséquence d'une condition. ***Proposition conditionnelle,*** subordonnée exprimant une condition dont dépend la principale. ◆ **conditionnel** n.m. Mode conditionnel : *Le verbe est au conditionnel présent.* ◆ **conditionnelle** n.f. Proposition conditionnelle : *Une conditionnelle introduite par « si ».*

conditionnellement adv. Sous certaines conditions : *Accepter conditionnellement un accord.*

conditionnement n.m. **1.** Action de conditionner ; fait d'être conditionné : *La publicité opère un certain conditionnement sur chacun de nous.* **2.** Emballage de présentation et de vente d'une marchandise : *On a changé le conditionnement de cette crème : elle était autrefois en pot, on la trouve maintenant en tube.*

conditionner v.t. [conj. 3]. **1.** Être la condition de qqch : *L'arrêt de la grève conditionne l'ouverture des négociations* (= l'ouverture est subordonnée à, dépend de). **2.** Déterminer un être, un groupe à agir, à penser d'une certaine façon ; créer chez lui certains réflexes : *La publicité conditionne les consommateurs. Conditionner un animal de laboratoire.* **3.** Réaliser le conditionnement, l'emballage d'articles de consommation.

condo n.m. (abrév. de l'anglo-amér. *condominium,* copropriété). Au Québec, logement en copropriété.

condoléances n.f. pl. (de l'anc. v. *condouloir,* s'affliger avec qqn). Témoignage de sympathie, devant la douleur d'autrui, à l'occasion d'un deuil : *Présenter ses condoléances. Lettre de condoléances.*

condom [kɔ̃dɔm] n.m. (du nom de l'inventeur). Préservatif masculin. ☞ **REM.** Au Québec, on prononce [kɔ̃dɔ̃].

condominium [kɔ̃dɔminjɔm] n.m. (mot angl., du lat. *dominium,* souveraineté). Droit de souveraineté exercé en commun par plusieurs puissances sur un pays.

condor n.m. (mot esp.). Grand vautour des Andes.

condottiere [kɔ̃dɔtjɛr] n.m. (mot it.) [pl. *condottieres* ou *condottieri*]. **1.** Aventurier sans scrupule. **2.** *Anc.* Chef de mercenaires italiens.

① **conducteur, trice** n. Personne qui conduit un véhicule, qui fait marcher une machine : *Le conducteur d'un autobus* (SYN. chauffeur). ▸ ***Conducteur de travaux,*** personne qui, sur un chantier, dirige les travaux et gère le personnel.

② **conducteur, trice** adj. Qui transmet la chaleur, l'électricité : *Métaux conducteurs.* ▸ ***Fil conducteur,*** hypothèse, principe qui guide dans une recherche, dans un récit : *Le fil conducteur d'un roman policier.* ◆ **conducteur** n.m. Tout corps capable de transmettre la chaleur, l'électricité : *Le cuivre est un bon conducteur.*

conductibilité n.f. **1.** Propriété que possèdent les corps de transmettre la chaleur, l'électricité ou certaines vibrations. **2.** Propriété qu'ont les fibres nerveuses de transmettre l'influx nerveux.

conductible adj. Qui est doué de conductibilité : *Des métaux conductibles.*

conduction n.f. **1.** Action de transmettre de proche

en proche la chaleur, l'électricité : *Le cuivre, le fer transmettent la chaleur par conduction.* **2.** Propagation de l'influx nerveux sur le trajet d'un nerf.

conductivité n.f. Grandeur caractérisant la capacité de conduction d'une substance, d'une matière.

conduire v.t. (lat. *conducere*) [conj. 98]. **1.** Assurer la direction, la manœuvre de : *Conduire une voiture. Conduire une rotative, un laminoir.* **2.** (Sans compl.). Diriger un véhicule : *Elle apprend à conduire.* **3.** Assurer la direction de ; être à la tête de : *Conduire une affaire, une entreprise* (**SYN.** administrer, gérer). *Conduire une liste électorale* (**SYN.** diriger). **4.** Mener qqn d'un lieu à un autre : *Conduire un enfant à l'école* (**SYN.** accompagner). **5.** Faire aller quelque part ; faire passer : *Le bief conduit l'eau au moulin* (**SYN.** acheminer). *Les métaux conduisent l'électricité* (**SYN.** transmettre). **6.** Amener vers un lieu, un but : *Ce chemin vous conduit au château* (**SYN.** mener). **7.** Pousser à certains actes ; amener à certains sentiments : *Le harcèlement moral a conduit certaines personnes au suicide* (**SYN.** acculer, réduire). **8.** Avoir pour conséquence : *Sa politique nous conduit à l'inflation* (**SYN.** aboutir). ◆ **se conduire** v.pr. Se comporter, agir de telle ou telle façon : *Elles se sont conduites courageusement.*

conduit n.m. Canalisation guidant l'écoulement d'un fluide (**SYN.** conduite). ▸ ***Conduit auditif,*** canal reliant le pavillon de l'oreille au tympan.

conduite n.f. **1.** Action, manière de conduire, de diriger : *La conduite d'une entreprise* (**SYN.** administration, direction). *La conduite d'un véhicule* (**SYN.** pilotage). **2.** Manière d'agir, de se comporter : *Sa conduite est parfaitement odieuse* (**SYN.** attitude, comportement). *Commettre un écart de conduite.* **3.** Service assuré par les conducteurs de trains : *Les agents de conduite du réseau de banlieue.* **4.** Tuyau de section variable, parcouru par un fluide : *Des conduites d'eau, de gaz* (**SYN.** canalisation, conduit). ▸ ***Conduite intérieure,*** automobile entièrement fermée ; limousine. *Fam.* ***Faire un brin de conduite à qqn,*** l'accompagner sur une partie du chemin.

cône n.m. (lat. *conus,* du gr.). **1.** En géométrie, surface engendrée par une droite mobile *(la génératrice),* passant par un point fixe *(le sommet)* et s'appuyant sur une courbe fixe *(la directrice)* ; solide de base circulaire ou ovale et qui se rétrécit régulièrement en pointe. **2.** Objet qui a cette forme : *Des cônes lumineux sur la chaussée signalent la présence d'un véhicule en panne.* **3.** Fruit des conifères : *Les cônes du pin sont aussi appelés pommes de pin.* **4.** Mollusque à coquille conique et pourvu d'un organe venimeux.

confection n.f. (du lat. *conficere,* achever). **1.** Action de faire, de confectionner : *La confection de ce gâteau demande deux heures* (**SYN.** exécution, réalisation). **2.** Fabrication en série de pièces d'habillement ; prêt-à-porter (par opp. à sur-mesure) : *Un atelier de confection.*

confectionner v.t. [conj. 3]. Exécuter complètement, d'un bout à l'autre : *Elle aime offrir des objets qu'elle confectionne elle-même* (**SYN.** fabriquer, réaliser).

confédéral, e, aux adj. Relatif à une confédération : *Congrès confédéral.*

confédération n.f. (du lat. *foedus, foederis,* traité). **1.** Association d'États indépendants qui ont délégué certaines compétences à un pouvoir central. **2.** Groupement d'associations de caractère sportif, professionnel, syndical.

confédéré, e adj. Uni par confédération. ◆ n. En Suisse, nom que l'on donne à un ressortissant d'un autre canton. ◆ **confédérés** n.m. pl. Aux États-Unis, citoyens des États du Sud ligués contre le gouvernement fédéral pendant la guerre de Sécession (1861-1865).

confer [kɔ̃fɛr] loc. (mot lat. signif. « comparez »). Indication par laquelle on renvoie le lecteur à un passage, à un ouvrage à consulter (abrév. conf. ou cf.).

conférence n.f. (du lat. *conferre,* réunir). **1.** Entretien qui réunit deux ou plusieurs personnes pour traiter d'une question : *Elle est en conférence avec ses collaborateurs* (**SYN.** réunion). **2.** Réunion de diplomates, de chefs de gouvernement ou de ministres, en vue de régler un problème politique d'ordre international : *Une conférence au sommet.* **3.** Exposé traitant de questions littéraires, religieuses, scientifiques et fait en public : *Cet explorateur a donné plusieurs conférences sur son expédition* (**SYN.** causerie). ▸ ***Conférence de presse,*** réunion au cours de laquelle une ou plusieurs personnalités répondent aux questions des journalistes.

conférencier, ère n. Personne qui fait une conférence publique.

conférer v.t. (lat. *conferre,* réunir) [conj. 18]. Donner, en vertu de l'autorité qu'on a pour le faire : *Conférer le baptême* (**SYN.** administrer). *En vertu des pouvoirs qui me sont conférés, je vous déclare mariés* (**SYN.** attribuer). ◆ v.i. **[avec].** *Sout.* S'entretenir d'une affaire ; discuter : *Conférer avec son avocat.*

confesse n.f. Confession : *Aller, être à confesse. Revenir de confesse.*

confesser n.f. (du lat. *confiteri,* avouer) [conj. 4]. **1.** *Litt.* Avouer, reconnaître à regret : *Je confesse mon ignorance.* **2.** Avouer ses péchés à un prêtre : *Confessez vos crimes.* **3.** Entendre en confession : *Prêtre qui confesse un pénitent.* ◆ **se confesser** v.pr. **1.** Dans la religion catholique, déclarer ses péchés à un prêtre pour obtenir l'absolution. **2.** Avouer spontanément ses fautes.

confesseur n.m. **1.** Prêtre qui confesse. **2.** Personne à qui l'on se confie volontiers (**SYN.** confident).

confession n.f. **1.** Acte par lequel on avoue ses péchés à un prêtre afin d'en obtenir le pardon : *Entendre qqn en confession.* **2.** Aveu d'un fait important, d'un secret : *La confession d'un crime.* **3.** Appartenance à telle ou telle religion : *Être de confession luthérienne, israélite.*

confessionnal n.m. (pl. *confessionnaux*). Meuble en forme d'isoloir où le prêtre entend la confession des pénitents.

confessionnel, elle adj. Relatif à la foi religieuse : *Écoles confessionnelles.*

confetti n.m. (mot it. signif. « dragées »). Petite pastille de papier coloré qu'on lance par poignées dans les fêtes : *Bataille de confettis.*

confiance n.f. (lat. *confidentia*). **1.** Sentiment de sécurité de celui qui se fie à qqn, à qqch : *J'ai confiance en eux. Une amitié fondée sur la confiance* (**CONTR.** défiance, méfiance). *Faire confiance à qqn* (= compter sur lui). *La confiance des citoyens envers ou dans la* *justice. Avoir confiance en soi* (= être sûr de soi, de ses possibilités ; **SYN.** assurance). **2.** Approbation donnée à la politique du gouvernement par la majorité de l'Assemblée nationale : *Les députés ont voté la confiance.* ▸ ***En confiance*** ou ***en toute confiance,*** sans crainte d'être trompé : *Je lui laisse mes clés en toute confiance.* ***Poste, mission de confiance,*** que l'on réserve à qqn de sûr. ***Question de confiance*** → **question.**

confiant, e adj. **1.** Qui met sa confiance en qqn, qqch : *Être confiant en la générosité humaine.* **2.** Qui a confiance en soi ; sûr de lui.

confidence n.f. (lat. *confidentia*). Fait de se confier ; révélation faite en secret à qqn : *Recevoir les confidences de qqn* (**SYN.** aveu). *Faire des confidences à qqn* (= lui révéler des secrets). ▸ ***Dans la confidence,*** dans le secret, au courant du secret : *Nous avons dû mettre ses voisins dans la confidence.* ***En confidence,*** sous le sceau du secret.

confident, e n. Personne à qui l'on confie ses plus secrètes pensées.

confidentialité [kɔ̃fidɑ̃sjalite] n.f. Caractère confidentiel d'une information : *Pour des raisons de confidentialité, votre code n'apparaît pas sur l'écran quand vous le tapez.*

confidentiel, elle [kɔ̃fidɑ̃sjɛl] adj. **1.** Qui se dit, se fait en confidence ; qui ne doit pas être connu ou divulgué : *Des informations confidentielles* (**SYN.** secret). **2.** Qui concerne un petit nombre de personnes : *Ce film n'a eu qu'une diffusion confidentielle* (**SYN.** restreint).

confidentiellement [kɔfidɑ̃sjɛlmɑ̃] adv. De façon confidentielle : *Je vous le dis confidentiellement.*

confier v.t. (lat. *confidere*) [conj. 9]. **1.** Remettre aux soins, à la garde de qqn, de qqch : *Confier ses clefs au gardien* (**SYN.** donner, laisser). *Confier ses enfants à une nourrice.* **2.** Dire sur le mode confidentiel : *Elle m'a confié qu'elle avait demandé sa mutation* (**SYN.** révéler ; **CONTR.** dissimuler, taire). *Confier ses peines, ses secrets à un ami* (**SYN.** livrer). ◆ **se confier** v.pr. Faire des confidences : *Elle s'est confiée à sa sœur* (**SYN.** s'épancher, se livrer). *Ils se sont confié leurs secrets.*

configuration n.f. (lat. *configuratio,* de *figura,* structure, forme). **1.** Forme générale, aspect d'ensemble : *La configuration d'une île, d'un pays.* **2.** Ensemble des éléments constituant un système informatique.

configurer v.t. [conj. 3]. Définir l'organisation d'un système informatique, d'un ordinateur.

confiné, e adj. **1.** Se dit de l'air d'un local qui n'est pas aéré : *L'atmosphère confinée d'une salle de réunion* (= non renouvelée). **2.** Se dit d'une personne qui vit enfermée, isolée dans un lieu : *Elle reste confinée dans sa chambre* (**SYN.** cloîtré, reclus).

confinement n.m. Action de confiner qqn ; fait de se confiner, d'être confiné ; réclusion.

confiner v.t. ind. (de *confins*) [conj. 3]. **[à]. 1.** Être à la limite de ; friser : *Une telle audace confine à l'imprudence.* **2.** Toucher aux confins d'un pays : *La Suisse confine à la France.* ◆ v.t. Tenir enfermé dans d'étroites limites : *Les inondations les avaient confinés au premier étage de la maison. Sa grande timidité la confine dans un rôle secondaire.* ◆ **se confiner** v.pr. **1.** S'isoler, se retirer : *Se confiner dans sa chambre* (**SYN.** se cloîtrer). **2.** Se limiter à une occupation, une activité, etc. : *Se confiner dans des tâches subalternes* (**SYN.** se cantonner à).

confins n.m. pl. (du lat. *confinium,* de *finis,* limite). Partie d'un territoire située à son extrémité et à la limite d'un autre : *Le chantier de fouilles est aux confins de l'Europe et de l'Asie.*

confire v.t. (lat. *conficere,* achever) [conj. 101]. Cuire, faire macérer des aliments dans une substance qui les conserve : *Confire des cuisses de canard dans la graisse. Confire des cornichons dans du vinaigre.*

confirmand, e n. Dans la religion catholique, personne qui se prépare à recevoir le sacrement de la confirmation.

confirmation n.f. **1.** Action de confirmer ; déclaration, fait qui en résulte : *Vous recevrez la confirmation écrite de votre nomination* (**SYN.** attestation). *Ce succès est bien la confirmation de son talent* (**SYN.** preuve). **2.** Chez les catholiques, sacrement qui affermit dans la grâce du baptême ; chez les protestants, acte par lequel on confirme les vœux du baptême.

confirmer v.t. (lat. *firmare,* rendre ferme) [conj. 3]. **1.** Rendre qqch plus sûr ; en assurer l'authenticité : *L'expérience a confirmé notre hypothèse* (**SYN.** prouver, vérifier ; **CONTR.** infirmer, réfuter). *Une déclaration du ministre vient de confirmer le communiqué* (= le rendre officiel ; **SYN.** corroborer ; **CONTR.** démentir). **2.** Rendre qqn plus ferme, plus assuré dans ses opinions, ses croyances : *Ceci me confirme dans ma résolution* (**SYN.** fortifier, renforcer). **3.** Dans le domaine religieux, conférer le sacrement de la confirmation.

confiscation n.f. Action de confisquer ; fait d'être confisqué : *La confiscation à la douane de marchandises introduites en fraude.*

confiscatoire adj. Qui a les caractères d'une confiscation : *Mesures confiscatoires.*

confiserie n.f. **1.** Ensemble des produits fabriqués et vendus par le confiseur : *Il aime toutes les confiseries* (**SYN.** sucrerie). **2.** Travail, commerce du confiseur.

confiseur, euse n. Personne qui fait ou vend des sucreries, des bonbons, des fruits confits, etc.

confisquer v.t. (lat. *confiscare,* de *fiscus,* fisc) [conj. 3]. **1.** Déposséder par un acte d'autorité : *Les imitations frauduleuses seront confisquées* (**SYN.** saisir). **2.** Prendre abusivement ; s'approprier : *Un dictateur qui confisque le pouvoir* (**SYN.** accaparer, s'emparer de).

confit, e adj. (p. passé de *confire*). **1.** Conservé dans du sucre, dans du vinaigre, dans de la graisse, etc. : *Fruits confits. Cornichons confits.* **2.** Pénétré d'un sentiment, figé dans une attitude : *Une bigote confite en dévotion.* ◆ **confit** n.m. Morceau de viande cuit et conservé dans la graisse : *Du confit de canard.*

confiture n.f. (de *confire*). Préparation de fruits frais cuits dans du sucre pour les conserver : *Des pots de confiture de fraises, d'abricots. Trois tartines de confiture.*

confiturier n.m. Récipient dans lequel on sert la confiture.

conflagration n.f. (du lat. *conflagrare,* brûler). Conflit international de grande envergure pouvant aboutir à la guerre.

conflictuel, elle adj. Qui peut provoquer un conflit : *Une situation conflictuelle.*

conflit n.m. (lat. *conflictus*, choc, heurt). **1.** Opposition de sentiments, d'opinions entre des personnes ou des groupes : *Le conflit des générations* (**SYN.** affrontement, heurt ; **CONTR.** entente). *Être en conflit avec son supérieur* (**SYN.** désaccord ; **CONTR.** accord, harmonie). **2.** Lutte armée entre deux ou plusieurs États : *Conflit mondial* (**SYN.** guerre ; **CONTR.** paix).

confluent n.m. **1.** Lieu de rencontre de deux cours d'eau : *Lyon est située au confluent de la Saône et du Rhône.* **2.** Point de rencontre ; carrefour : *Une région qui est au confluent de divers intérêts économiques* (**SYN.** jonction).

confluer v.i. (du lat. *fluere*, couler) [conj. 7]. **1.** Se rejoindre, en parlant de deux cours d'eau : *La Garonne et la Dordogne confluent pour former la Gironde.* **2.** *Litt.* Se diriger vers un même lieu : *Les manifestants confluent vers la place de la République.*

confondant, e adj. Qui déconcerte profondément : *Il est d'une naïveté confondante* (**SYN.** stupéfiant).

confondre v.t. (lat. *confundere*, mêler) [conj. 75]. **1.** Prendre une chose, une personne pour une autre, en raison de leur ressemblance : *Confondre deux noms, deux mots. On me confond toujours avec mon frère jumeau. Non, je ne vous connais pas, vous devez confondre* (**SYN.** se méprendre, se tromper). **2.** *Sout.* Mêler plusieurs choses en un tout, au point de ne plus les distinguer : *L'opposition, toutes tendances confondues, rejette le projet de loi* (**SYN.** mélanger, réunir). **3.** *Sout.* Remplir d'étonnement, de stupeur, de confusion : *La réponse pleine de bon sens de cet enfant nous a tous confondus* (**SYN.** décontenancer, stupéfier). **4.** Réduire qqn au silence en apportant publiquement la preuve de sa faute : *Confondre une menteuse* (**SYN.** démasquer). ◆ **se confondre** v.pr. Se mêler, se mélanger ou se ressembler au point de ne plus pouvoir être distingué : *Deux lignes qui se confondent* (**SYN.** coïncider, se superposer). *Les dates se confondent dans son esprit* (**SYN.** s'embrouiller). ▸ *Litt.* ***Se confondre en remerciements, en excuses,*** en dire beaucoup et avec empressement, les multiplier.

conformation n.f. Manière dont sont organisées les différentes parties du corps humain, du corps d'un animal ou celles d'un organe : *La conformation du squelette* (**SYN.** structure). ▸ ***Vice de conformation,*** défaut physique congénital ; malformation.

conforme adj. (lat. *conformis*, de *forma*, forme). **1. [à].** Qui correspond parfaitement à un modèle, à un point de référence : *Un exemplaire conforme au prototype* (**SYN.** identique, pareil, semblable ; **CONTR.** différent, dissemblable). **2.** Qui répond aux exigences d'une règle, d'une norme : *Votre installation électrique n'est pas conforme* (**SYN.** convenable, normal, régulier). ▸ ***Pour copie conforme,*** formule par laquelle on confirme que la copie reproduit exactement l'original.

conformé, e adj. Qui a telle ou telle conformation : *Un enfant bien, mal conformé.*

conformément à loc. prép. En conformité avec : *J'ai agi conformément à vos ordres* (**SYN.** selon, suivant ; **CONTR.** contrairement à).

conformer v.t. (lat. *conformare*, façonner) [conj. 3]. **[à].** Mettre en accord avec : *Elle a conformé son attitude à la situation* (**SYN.** adapter, ajuster). ◆ **se conformer** v.pr. **[à].** Adapter sa conduite à un modèle ; se régler sur qqch : *Nous nous sommes conformés au souhait de la direction* (**SYN.** respecter, se soumettre à, suivre).

conformisme n.m. Tendance à se conformer aux usages établis, aux façons de penser et d'agir qui ont généralement cours : *Conformisme moral, politique* (**SYN.** conservatisme, traditionalisme ; **CONTR.** non-conformisme). *Agir par conformisme* (**CONTR.** anticonformisme, originalité).

conformiste adj. et n. (angl. *conformist*). Qui fait preuve de conformisme : *Écrivain, artiste conformiste* (**SYN.** académique ; **CONTR.** indépendant, non-conformiste, original). *Avoir des idées conformistes* (**SYN.** conservateur, traditionaliste ; **CONTR.** anticonformiste).

conformité n.f. **1.** Caractère de ce qui est conforme : *La conformité d'une copie avec l'original* (**SYN.** analogie, similitude). **2.** État de deux ou de plusieurs choses qui s'accordent parfaitement : *Être en conformité de vues, de goûts avec qqn* (**SYN.** concordance, harmonie ; **CONTR.** désaccord, divergence, incompatibilité).

① **confort** n.m. (angl. *comfort*, de l'anc. fr. *confort*, aide). **1.** Ensemble des commodités qui rendent la vie plus agréable, plus facile ; bien-être matériel qui en résulte : *Le confort d'une voiture, d'un appartement moderne. Un hôtel tout confort.* **2.** Caractéristique qui confère à qqch une certaine qualité et rend son utilisation agréable : *Les livres imprimés en gros caractères offrent aux personnes âgées un certain confort de lecture* (= une bonne lisibilité).

② **confort** n.m. (de *conforter*). ▸ ***Médicament de confort,*** médicament prescrit pour aider le malade à supporter un symptôme désagréable, mais qui ne constitue pas, à proprement parler, un traitement.

confortable adj. **1.** Qui procure le confort ; qui contribue au bien-être : *Une maison confortable* (**SYN.** douillet). **2.** Qui procure une certaine aisance : *Un salaire confortable* (**SYN.** élevé, important ; **CONTR.** maigre, modeste). **3.** *Fig.* Qui assure la tranquillité de l'esprit : *Ces accusations l'ont mise dans une situation peu confortable* (**SYN.** aisé, facile ; **CONTR.** difficile, embarrassant).

confortablement adv. De façon confortable.

conforter v.t. (du lat. *fortis*, fort) [conj. 3]. Renforcer, rendre plus solide un sentiment, une opinion : *Cela m'a conforté dans mon opinion* (**SYN.** raffermir).

confraternel, elle adj. Propre aux relations entre confrères : *Solidarité confraternelle.*

confraternité n.f. Liens de solidarité entre confrères.

confrère n.m. Homme exerçant la même profession libérale, appartenant à la même société savante, à la même corporation qu'un autre : *L'avocat a transmis l'affaire à un confrère.* ☞ **REM.** Pour une femme, on dit *une consœur.*

confrérie n.f. **1.** Association fondée dans un but religieux ou charitable. **2.** En Suisse, association professionnelle, corporative ; corporation.

confrontation n.f. Action de confronter, de mettre en présence des personnes ou des choses : *Il pense qu'une confrontation avec la partie adverse fera jaillir la vérité.*

confronter v.t. (lat. *confrontare*, de *frons, frontis*, front) [conj. 3]. **1.** Mettre des personnes en présence pour comparer ou vérifier leurs affirmations : *L'accusée* *a été confrontée aux témoins, avec des témoins.* **2.** Rapprocher des idées, des documents pour les comparer : *Les deux candidats ont confronté leurs points de vue.* ▸ ***Être confronté à un problème,*** être en présence d'un problème auquel on doit faire face.

confucéen, enne ou **confucianiste** adj. et n. Qui appartient au confucianisme ; qui en est adepte.

confucianisme n.m. Philosophie de Confucius et de ses disciples.

confus, e adj. (lat. *confusus,* de *confundere,* confondre). **1.** Dont les éléments sont emmêlés, embrouillés, peu distincts : *L'échographie montre des masses confuses que les spécialistes savent reconnaître* (**SYN.** brouillé, imprécis, indéfini ; **CONTR.** net). *Des souvenirs confus* (**SYN.** flou, vague ; **CONTR.** net, précis). **2.** Qui manque de clarté : *Explication confuse* (**SYN.** embrouillé, obscur ; **CONTR.** clair, explicite, limpide). *Esprit confus* (**SYN.** brouillon ; **CONTR.** ordonné, organisé). **3.** Qui manifeste de l'embarras : *Je suis confuse du dérangement que je vous ai occasionné* (**SYN.** embarrassé, gêné).

confusément adv. De façon confuse : *Elle entendait confusément un bruit de voix* (**SYN.** vaguement ; **CONTR.** clairement, nettement).

confusion n.f. **1.** Action de confondre, de prendre une chose, une personne pour une autre ; bévue : *Une confusion de noms est à l'origine de ce malentendu* (**SYN.** erreur, méprise). **2.** État de ce qui est confus, peu clair ; complication : *Son exposé était d'une grande confusion* (**SYN.** incohérence, obscurité ; **CONTR.** clarté, précision). *Confusion mentale* (= trouble psychique profond). **3.** État de ce qui est désordonné, indistinct ; situation confuse : *Le débat s'est terminé dans la confusion générale* (**SYN.** anarchie, désordre). **4.** Trouble dû à un sentiment de culpabilité, de modestie : *Être rouge de confusion* (**SYN.** embarras, gêne, honte).

confusionnel, elle adj. Qui présente les caractères de la confusion mentale.

congé n.m. (lat. *commeatus,* permission d'aller et de venir). **1.** (Au pl.). Courtes vacances pour les élèves, les salariés, le plus souvent à l'occasion d'une fête : *Les congés de février.* **2.** Autorisation spéciale accordée à qqn de cesser son travail ; période de cette cessation de travail : *Prendre, demander un congé. Être en congé de maternité, de maladie.* **3.** Résiliation d'un contrat de travail ou de location : *Donner son congé à un locataire.* **4.** Attestation de paiement des droits de circulation de certaines marchandises, notamm. les alcools. ▸ ***Congés payés,*** période de vacances payées que la loi accorde à tous les salariés. ***Prendre congé de qqn,*** le saluer avant de partir, lui dire au revoir.

congédiement n.m. Action de congédier ; renvoi.

congédier v.t. (it. *congedare,* du fr. *congé*) [conj. 9]. Donner son congé à qqn ; mettre dehors : *Congédier un salarié, un locataire* (**SYN.** renvoyer).

congélateur n.m. Appareil permettant de congeler les aliments et de les conserver pendant de longues périodes.

congélation n.f. Action de congeler ; fait de se congeler : *La congélation de la viande* (**SYN.** surgélation).

congeler v.t. [conj. 25]. **1.** Transformer un liquide en solide par l'action du froid ; geler, solidifier. **2.** Soumettre à l'action du froid pour conserver : *Congeler de la viande, des fruits* (**SYN.** frigorifier, surgeler).

congénère n. (du lat. *genus, generis,* genre). **1.** Animal ou végétal qui appartient à la même espèce, au même genre qu'un autre. **2.** *Fam., péjor.* Personne de la même nature, de la même catégorie qu'une autre : *Cet individu et ses congénères ne m'inspirent aucune confiance* (**SYN.** semblable).

congénital, e, aux adj. Qui existe à la naissance : *Malformation congénitale.*

congère n.f. (lat. *congeries,* amas). Amas de neige entassée par le vent : *D'importantes congères rendaient la circulation difficile.*

congestion [kɔ̃ʒɛstjɔ̃] n.f. (du lat. *congerere,* amasser). Accumulation anormale de sang dans les vaisseaux d'un organe, d'une partie du corps : *Une congestion cérébrale, hépatique.*

congestionner [kɔ̃ʒɛstjɔne] v.t. [conj. 3]. **1.** Provoquer une congestion dans une partie du corps : *Le vin le congestionne* (= lui donne un visage rougeaud). **2.** Encombrer un lieu : *Des dizaines de voitures congestionnent encore le centre-ville* (**SYN.** embouteiller, engorger).

conglomérat n.m. **1.** Roche sédimentaire formée de galets ou de fragments d'autres roches. **2.** Association d'entreprises regroupant des activités variées.

conglomérer v.t. (du lat. *glomus, glomeris,* pelote) [conj. 18]. Réunir en une seule masse : *La marée conglomère les boues du fleuve à son embouchure* (**SYN.** agglomérer, agréger).

① **congolais, e** adj. et n. Du Congo.

② **congolais** n.m. Petit gâteau à la noix de coco.

congratulations n.f. pl. Félicitations un peu exagérées : *Les deux élus échangeaient d'interminables congratulations.*

congratuler v.t. (lat. *congratulari,* de *gratus,* reconnaissant) [conj. 3]. Féliciter chaleureusement qqn : *Nous voulons congratuler les heureux parents* (**SYN.** complimenter).

congre n.m. Poisson marin gris-bleu foncé, vivant dans les creux des rochers, aussi appelé *anguille de mer.*

congréganiste adj. et n. Qui fait partie, qui est membre d'une congrégation.

congrégation n.f. (du lat. *grex, gregis,* troupeau). Association de religieux ou de religieuses liés par des vœux simples.

congrès n.m. (lat. *congressus,* de *congredi,* se rencontrer). **1.** Réunion de personnes qui délibèrent sur des études communes, politiques, scientifiques, économiques, etc. : *Un congrès international de cardiologie* (**SYN.** conférence). **2.** (Avec une majuscule). Réunion des membres des deux chambres d'un Parlement : *Réunir le Congrès pour modifier la Constitution.* **3.** (Avec une majuscule). Parlement des États-Unis d'Amérique, composé du Sénat et de la Chambre des représentants.

congressiste n. Membre d'un congrès.

congru, e adj. (lat. *congruus,* conforme, convenable). *Litt.* Qui est approprié à un usage, à une situation (**SYN.** adéquat, convenable ; **CONTR.** inadéquat, incongru). ▸ ***Portion congrue,*** quantité de nourriture à peine suffisante pour vivre.

congrûment adv. *Litt.* D'une manière congrue ; correctement, convenablement.

conifère n.m. (du lat. *conus*, cône). Arbre résineux aux fruits en forme de cône, comme le pin, le sapin, le cèdre, le mélèze et l'épicéa.

conique adj. Qui a la forme d'un cône : *Chapeau conique.*

conjectural, e, aux adj. Qui repose sur des conjectures ; hypothétique : *Une théorie conjecturale* (**SYN.** incertain).

conjecture n.f. (du lat. *conjicere*, combiner dans l'esprit). Simple supposition fondée sur des apparences, sur des probabilités : *Nous en sommes réduits à des conjectures* (**SYN.** hypothèse). ☞ **REM.** Ne pas confondre avec *conjoncture.*

conjecturer v.t. [conj. 3]. *Sout.* Juger par conjecture : *Conjecturer l'issue d'un événement* (**SYN.** présumer, supposer).

conjoint, e adj. Étroitement uni, joint à qqch : *Examiner des questions conjointes* (**SYN.** lié ; **CONTR.** disjoint, séparé). ◆ n. Chacun des époux considéré par rapport à l'autre.

conjointement adv. Ensemble et en même temps : *Consultez-la et nous agirons conjointement avec elle* (**SYN.** de concert).

conjonctif, ive adj. ▸ ***Locution conjonctive,*** groupe de mots qui joue le rôle d'une conjonction, comme *parce que, afin que, étant donné que.* ***Proposition conjonctive,*** proposition subordonnée introduite par une conjonction de subordination ou une locution conjonctive (on dit aussi *une conjonctive*). ***Tissu conjonctif,*** tissu anatomique contenant des cellules et des fibres, qui joue un rôle de remplissage, de soutien et de nutrition.

conjonction n.f. **1.** Mot invariable qui sert à réunir deux mots ou deux groupes de mots ou à relier une proposition subordonnée à une principale : *Conjonction de coordination, de subordination.* **2.** *Litt.* Rencontre, réunion : *Nous devons cette réussite à une conjonction rare de talents.*

conjonctival, e, aux adj. Relatif à la conjonctive de l'œil.

conjonctive n.f. **1.** Muqueuse transparente qui tapisse la face intérieure des paupières et la face antérieure du globe oculaire. **2.** Proposition conjonctive.

conjonctivite n.f. Inflammation de la conjonctive de l'œil.

conjoncture n.f. (lat. *conjunctus*, conjoint). **1.** Situation qui résulte d'un concours de circonstances : *Nous attendrons une conjoncture plus favorable pour lancer ce projet* (**SYN.** moment, occasion). **2.** Ensemble des éléments qui déterminent la situation économique à un moment donné (par opp. à structure) ; cette situation : *Dans la conjoncture actuelle, on peut prévoir une baisse de la consommation.* ☞ **REM.** Ne pas confondre avec *conjecture.*

conjoncturel, elle adj. Relatif à la conjoncture (par opp. à structurel) : *Des difficultés conjoncturelles.*

conjoncturiste n. Économiste spécialisé dans les problèmes de conjoncture.

conjugaison n.f. **1.** Ensemble des formes que possède un verbe : *Le verbe « aller » a une conjugaison irrégulière.* **2.** Ensemble de verbes présentant les mêmes formes : *« Réussir » et « finir » appartiennent à la même conjugaison.* **3.** *Sout.* Action d'unir en vue d'un résultat : *Le succès tient à la conjugaison de plusieurs facteurs* (**SYN.** association, réunion ; **CONTR.** dispersion, éparpillement).

conjugal, e, aux adj. (du lat. *conjux, conjugis*, époux). Qui concerne les relations entre époux : *La vie conjugale. Le domicile conjugal.*

conjugalement adv. En tant que mari et femme : *Vivre conjugalement avec qqn* (**SYN.** maritalement).

conjugateur n.m. Logiciel fournissant la conjugaison des verbes.

conjuguer v.t. (lat. *conjugare*, unir) [conj. 3]. **1.** Énumérer les formes de la conjugaison d'un verbe : *Conjuguer le verbe « aller » au futur.* **2.** Unir ; joindre en vue d'obtenir un résultat : *Conjuguons nos efforts* (**SYN.** allier, grouper ; **CONTR.** diviser, éparpiller).

conjuration n.f. **1.** Complot organisé secrètement pour renverser le pouvoir établi ; conspiration. **2.** Action d'écarter le mauvais sort au moyen de formules magiques ; ces formules elles-mêmes.

conjuré, e n. Personne qui prend part à une conjuration ; comploteur.

conjurer v.t. (lat. *conjurare*, jurer ensemble) [conj. 3]. **1.** Demander qqch avec insistance ; adjurer : *Aidez-la, je vous en conjure !* (**SYN.** implorer, prier, supplier). **2.** Écarter par des pratiques religieuses ou magiques : *Pour conjurer le mauvais sort, il toucha son porte-bonheur.* **3.** Détourner par un moyen quelconque : *Les négociateurs ont tout tenté pour conjurer la menace de guerre* (**SYN.** éviter).

connaissance n.f. **1.** Faculté de connaître, de comprendre ; idée, représentation que l'on se fait de qqch : *Un écrivain qui a une grande connaissance du cœur humain.* **2.** Activité intellectuelle qui vise à l'acquisition d'une compétence ; cette compétence : *Ce poste exige une bonne connaissance de l'anglais* (**SYN.** maîtrise). **3.** Fait de connaître, de savoir qqch, d'en être informé : *Cet incident a bien été porté à ma connaissance* (= j'ai été mis au courant). *La ministre a pris connaissance du dossier* (= elle l'a examiné). **4.** État conscient : *Le coup l'a assommé et il est tombé sans connaissance* (= inconscient, évanoui). *Perdre, reprendre connaissance* (**SYN.** conscience). **5.** Personne que l'on connaît bien : *Elle a retrouvé ici quelques vieilles connaissances* (**SYN.** relation). ▸ ***À ma connaissance,*** d'après ce que je sais, autant que je sache : *Êtes-vous allergique à ce médicament ? — Non, pas à ma connaissance.* ***En connaissance de cause*** → **cause.** ***En pays de connaissance*** → **pays.** ***Faire connaissance avec qqn, qqch*** ou ***faire la connaissance de qqn, de qqch,*** entrer en rapport avec qqn, qqch, les rencontrer pour la première fois. ◆ **connaissances** n.f. pl. Ensemble de ce qu'on a appris par l'étude ; savoir : *C'est un jeu pour tester vos connaissances en cinéma.*

connaissement n.m. Déclaration contenant un état des marchandises chargées sur un navire.

connaisseur, euse adj. et n. Qui s'y connaît en qqch ; qui peut en juger : *C'est une connaisseuse en meubles anciens* (**SYN.** expert).

connaître v.t. (lat. *cognoscere*) [conj. 91]. **1.** Être informé de l'existence de qqn, de qqch ; savoir de façon plus ou moins précise : *Je la connais de vue. C'est sa* *dernière exposition qui l'a fait connaître* (= qui l'a rendu célèbre). **2.** Avoir une idée approfondie de qqch, de qqn ; avoir des compétences dans un domaine : *Faites-lui confiance, elle connaît son métier. Je connais très bien son oncle. Il connaît plusieurs langues étrangères* (= il les comprend, les parle). **3.** Être en relation avec qqn : *Je l'ai connue à l'université* (**SYN.** fréquenter, rencontrer). *Il connaît beaucoup de monde.* **4.** En parlant de qqn, faire l'expérience de : *Ils ont connu la faim et les humiliations* (**SYN.** éprouver, ressentir ; **CONTR.** ignorer). *Nous avons connu des jours meilleurs* (**SYN.** vivre). **5.** En parlant de qqch, être ou faire l'objet de : *Cette pièce connaît un grand succès* (**SYN.** rencontrer). ▸ *Fam.* ***Je ne connais que lui, que cela,*** je le connais, je connais cela très bien. ***Ne connaître qqn ni d'Ève ni d'Adam,*** ne pas le connaître du tout, n'avoir jamais entendu parler de lui. ***Ne connaître que,*** ne considérer que : *Il ne connaît que son intérêt. Fam.* ***Ne pas connaître son bonheur,*** être dans une situation privilégiée : *Cesse de te plaindre, tu ne connais pas ton bonheur !* ***Se faire connaître,*** dire son identité ; acquérir une certaine réputation : *Une artiste qui commence à se faire connaître.* ◆ **se connaître** v.pr. Avoir une juste idée de soi-même : *Elle se connaît, elle ne s'engagera pas dans ce débat.* ▸ *Sout.* ***Ne plus se connaître,*** être furieux, hors de soi : *Quand on l'attaque sur sa famille, il ne se connaît plus.* ***S'y connaître en qqch,*** être habile, expert en qqch : *Elle s'y connaît en restauration de tableaux.*

connecter v.t. (lat. *connectere,* lier) [conj. 4]. Établir une connexion entre des circuits électriques, des machines : *Connecter une imprimante à un ordinateur* (**SYN.** brancher). ◆ **se connecter** v.pr. Établir une liaison avec un réseau télématique.

connecteur n.m. Dispositif, appareil qui permet d'établir une connexion : *Un connecteur électrique.*

connectique n.f. Ensemble des technologies utilisées en électronique pour établir des connexions entre composants.

connerie n.f. *Très fam.* Stupidité : *« Oh Barbara / Quelle connerie la guerre »* [Barbara, J. Prévert].

connétable n.m. (bas lat. *comes stabuli,* comte de l'écurie). Commandant suprême de l'armée française du XIIe siècle à 1627.

connexe adj. (lat. *connexus*). *Litt.* Qui a des rapports de dépendance ou de similitude avec qqch : *La géologie est une science connexe de la géographie* (**SYN.** annexe, voisin).

connexion n.f. (lat. *connexio,* de *connectere,* lier). **1.** Liaison de circuits, d'appareils ou de machines électriques entre eux ; raccordement : *La connexion entre votre ordinateur et notre réseau est interrompue* (**SYN.** branchement). **2.** Action de lier par des rapports étroits ; fait d'être lié : *Établir des connexions entre des événements* (**SYN.** enchaînement, lien, relation).

connivence n.f. (du lat. *conivere,* fermer les yeux). Complicité ; entente secrète : *Il y a entre les jumeaux une certaine connivence. Être de connivence avec qqn.*

connotation n.f. **1.** Valeur particulière que prend un mot en plus de sa signification première (par opp. à dénotation) : *Le mot « destrier » a une connotation poétique et ancienne que n'a pas le mot « cheval ».* **2.** Valeur que prennent des paroles au-delà de leur signification première : *Un discours aux connotations racistes* (**SYN.** résonance).

connoter v.t. [conj. 3]. Exprimer par connotation (par opp. à dénoter).

connu, e adj. (p. passé de *connaître*). **1.** Qui est célèbre, renommé : *Une journaliste connue. Sa gentillesse est bien connue* (**SYN.** notoire). **2.** Qui est largement répandu dans le public : *Il est connu, ton tour de magie !* (**SYN.** éventé, répandu ; **CONTR.** inédit). ◆ **connu** n.m. Ce que l'on connaît ; ce dont on a fait l'expérience : *Le connu et l'inconnu.*

conque n.f. (lat. *concha,* gr. *konkhê,* coquille). Coquille en spirale de certains grands mollusques ; grande coquille concave.

conquérant, e adj. et n. **1.** Qui a fait des conquêtes par les armes : *Un peuple conquérant* (**SYN.** dominateur). *Les grands conquérants.* **2.** Qui manifeste un désir de domination ; qui vient s'imposer : *Elle a un esprit conquérant.*

conquérir v.t. (lat. *conquirere,* rassembler) [conj. 39]. **1.** Se rendre maître par les armes, par la force : *César conquit la Gaule entre 58 et 51 av. J.-C.* (**SYN.** dominer, soumettre, vaincre). **2.** Gagner, obtenir au prix d'efforts ou de sacrifices : *Conquérir des marchés, des avantages* (**SYN.** emporter, remporter ; **CONTR.** perdre). **3.** Gagner l'estime, l'affection de : *Sa gentillesse et son humour m'ont conquise* (**SYN.** charmer, séduire).

conquête n.f. **1.** Action de conquérir : *La conquête de la Gaule* (**SYN.** soumission ; **CONTR.** perte). *Ce nouveau produit part à la conquête du marché.* **2.** Pays conquis ou chose dont on s'est rendu maître : *Napoléon finit par perdre toutes ses conquêtes. La parité en politique est une conquête importante du féminisme.* **3.** *Fam.* Personne qu'on a conquise, séduite : *Avez-vous vu sa dernière conquête ?*

conquis, e adj. (p. passé de *conquérir*). **1.** Qui a subi une défaite ; vaincu : *Une ville conquise* (**SYN.** pris ; **CONTR.** invaincu). **2.** Gagné moralement ; séduit : *Les Françaises conquises par ce jeune couturier* (**SYN.** charmé). ▸ ***Se conduire comme en pays conquis,*** manquer totalement de discrétion, de savoir-vivre chez qqn.

conquistador [kɔ̃kistadɔr] n.m. (mot esp. signif. « conquérant ») [pl. *conquistadors* ou *conquistadores*]. Aventurier ou noble espagnol qui partit conquérir l'Amérique au XVIe siècle.

consacré, e adj. **1.** Qui est sanctionné, approuvé par l'usage : *Prononcer la formule consacrée* (**SYN.** conventionnel, habituel, traditionnel). **2.** Qui a reçu la consécration religieuse : *Hostie consacrée.*

consacrer v.t. (lat. *consecrare,* de *sacer,* sacré) [conj. 3]. **1.** Employer totalement à une seule fin ; vouer à : *Il consacre tout son argent de poche à des jeux vidéo* (**SYN.** affecter, destiner, utiliser). **2.** Rendre durable ; faire de qqch une règle habituelle : *Un terme que l'usage a consacré* (**SYN.** approuver, confirmer, entériner). **3.** Vouer à Dieu, à un culte divin ; accomplir l'acte de consécration eucharistique : *Consacrer un évêque* (**SYN.** bénir, oindre). *Consacrer l'hostie.* ◆ **se consacrer** v.pr. Employer tout son temps à : *Elle se consacre à son métier* (**SYN.** se dévouer, se donner, se vouer).

consanguin, e [kɔ̃sɑ̃gɛ̃, in] adj. et n. **1.** Se dit de cousins qui ont un grand-père ou une grand-mère communs : *Un mariage consanguin* (= entre proches parents). **2.** Qui est issu du même père mais pas de la même mère (par opp. à utérin) : *Frère consanguin* (= demi-frère).

consanguinité [kɔ̃sɑ̃gɥinite ou kɔ̃sɑ̃ginite] n.f. **1.** Parenté entre des cousins consanguins : *La consanguinité constitue un empêchement au mariage.* **2.** Lien unissant des enfants qui ont le même père.

consciemment [kɔ̃sjamɑ̃] adv. De façon consciente.

conscience [kɔ̃sjɑ̃s] n.f. (lat. *conscientia*, connaissance). **1.** Perception, connaissance plus ou moins claire que chacun peut avoir du monde extérieur et de soi-même : *C'est quelqu'un de sérieux, qui a conscience de ses responsabilités* (**SYN.** sens, sentiment). *J'ai conscience de mon erreur* (= j'en suis conscient, je m'en rends compte). **2.** Sentiment intérieur qui pousse à porter un jugement de valeur sur ses propres actes ; sens du bien et du mal : *Elle a fait son devoir et peut rentrer chez elle la conscience en paix* (**SYN.** esprit). *Dire tout ce qu'on a sur la conscience* (= se confesser, avouer). ▸ ***Avoir bonne, mauvaise conscience,*** n'avoir rien, avoir qqch à se reprocher : *Il a mauvaise conscience d'être parti sans tenter une réconciliation.* ***Avoir la conscience large*** ou ***élastique,*** être peu scrupuleux. ***Cas de conscience*** → **cas.** ***Conscience professionnelle,*** soin avec lequel on exerce son métier. ***En conscience,*** honnêtement, franchement. ***En son âme et conscience,*** selon son intime conviction : *Les jurés jugent en leur âme et conscience.* ***Examen de conscience,*** recherche sincère et honnête de ses fautes, de ses torts. ***Liberté de conscience,*** liberté du culte.

consciencieusement adv. De façon consciencieuse, scrupuleuse : *Elle travaille consciencieusement* (= avec sérieux, application).

consciencieux, euse adj. **1.** Se dit d'une personne qui accomplit son devoir du mieux qu'elle peut : *Un employé consciencieux* (**SYN.** scrupuleux, sérieux ; **CONTR.** négligent). **2.** Se dit d'une chose exécutée avec beaucoup de soin : *Elle a fait une analyse consciencieuse de la situation* (**SYN.** minutieux, soigneux).

conscient, e adj. **1.** Qui a conscience de ce qu'il fait, de ce qu'il est : *Je suis conscient du danger* ou *que c'est dangereux* (= je m'en rends compte). *Sa décision est celle d'une femme consciente* (**SYN.** responsable ; **CONTR.** irresponsable). **2.** Qui est dans un état de conscience, d'éveil : *Le malade est-il conscient ?* (**SYN.** lucide ; **CONTR.** inconscient). **3.** Qui est accompli en toute connaissance de cause : *C'était un geste conscient* (**SYN.** volontaire ; **CONTR.** automatique, instinctif, réflexe). ◆ **conscient** n.m. Ensemble des faits psychiques dont on a conscience (par opp. à inconscient et subconscient) : *Le domaine du conscient.*

conscription n.f. (lat. *conscriptio*, enrôlement). Système de recrutement militaire fondé sur l'appel annuel de jeunes gens du même âge.

conscrit n.m. Soldat appelé suivant le système de la conscription.

consécration n.f. **1.** Action de consacrer ; rite par lequel on consacre : *La consécration d'un temple, d'un évêque.* **2.** Acte du prêtre catholique qui consacre le pain et le vin lors de l'eucharistie ; moment de la messe où il accomplit ce rite. **3.** Reconnaissance publique qui confère la notoriété ; approbation : *L'entrée d'un mot dans le dictionnaire est la consécration de sa légitimité* (**SYN.** ratification, sanction, validation).

consécutif, ive adj. (du lat. *consequi*, suivre). **1.** Qui se suit immédiatement dans le temps ; qui dure sans interruption : *Elle a eu la fièvre trois jours consécutifs* (= de suite, à la file). **2. [à].** Qui résulte de : *Ce n'est qu'une fatigue consécutive à ses nombreux déplacements* (= due à). ▸ ***Proposition consécutive,*** qui exprime le résultat, l'effet, la conséquence (on dit aussi *une consécutive*).

consécutivement adv. Sans interruption ; à la suite : *J'ai gagné quatre fois consécutivement* (**SYN.** successivement). ▸ ***Consécutivement à,*** par suite de : *Consécutivement à cette grève, nous sommes dans l'impossibilité d'effectuer les livraisons.*

conseil n.m. (lat. *consilium*, délibération). **1.** Avis sur ce qu'il convient de faire ; recommandation : *Je lui ai donné le conseil de patienter* (**SYN.** suggestion). *Prendre conseil auprès de qqn.* **2.** Assemblée de personnes chargées de fonctions consultatives, délibératives, administratives, juridictionnelles, etc. ; séance d'une telle assemblée : *Réunir le conseil d'administration d'une entreprise. Ce ministre était absent au dernier conseil.* **3.** (Parfois en appos. ou formant des mots composés). Personne qui, à titre professionnel, guide, conseille autrui : *Elle vient d'être embauchée comme conseil fiscal. Des ingénieurs-conseils.* ▸ ***Conseil de famille,*** assemblée des parents, présidée par le juge des tutelles, qui statue sur les intérêts d'un mineur ou d'un majeur en tutelle. ***Conseil des ministres,*** réunion des ministres sous la présidence du président de la République. ***Conseil général,*** assemblée élue pour 6 ans par chacun des cantons d'un département. ***Conseil municipal,*** assemblée élue pour 6 ans pour régler les affaires de la commune sous la présidence du maire. ***Conseil régional,*** assemblée élue pour 6 ans pour régler les affaires de la région.

① **conseiller** v.t. [conj. 4]. **1.** Indiquer à titre de conseil : *Je te conseille la plus grande discrétion, d'être très discret* (**SYN.** recommander, suggérer). **2.** Guider par des conseils : *Elle conseille les jeunes dans leur recherche d'un emploi* (**SYN.** diriger, orienter).

② **conseiller, ère** n. **1.** Personne qui, professionnellement ou non, donne des conseils dans des domaines spécifiques : *Conseiller d'orientation. Ce philosophe est l'ami et le conseiller du président* (**SYN.** guide, mentor). **2.** Ce qui influe sur le comportement de qqn : *La colère est mauvaise conseillère.* **3.** Membre d'un conseil ou magistrat d'une haute juridiction : *Conseillère municipale.*

conseilleur, euse n. Personne qui a la manie de donner des conseils : *« Les conseilleurs ne sont pas les payeurs », dit un proverbe.*

consensuel, elle adj. **1.** Qui repose sur un consensus, un accord : *Mener une politique consensuelle.* **2.** Formé par le seul consentement des parties (par opp. à contractuel) : *Accord consensuel.*

consensus [kɔ̃sɛ̃sys] n.m. (mot lat., de *consentire*, être d'accord). Accord du plus grand nombre, d'une majorité de l'opinion publique : *Cette décision a remporté un très large consensus.*

consentant, e adj. Qui consent : *Elle est majeure et consentante.*

consentement n.m. Action de consentir : *Nous attendons le consentement du propriétaire* (**SYN.** acceptation, accord, agrément ; **CONTR.** opposition, refus). *Les mineurs doivent avoir le consentement de leurs parents* (**SYN.** autorisation, permission ; **CONTR.** interdiction, veto).

consentir v.t. ind. (lat. *consentire*) [conj. 37]. **[à].** Accepter qu'une chose ait lieu : *Elle a consenti à leur parler. Ses parents ont finalement consenti à son départ* (**SYN.** admettre, autoriser, permettre ; **CONTR.** empêcher, interdire). ◆ v.t. *Sout.* Accorder qqch : *La banque leur a consenti un prêt à un taux avantageux* (**SYN.** octroyer ; **CONTR.** refuser).

conséquemment [kɔ̃sekamɑ̃] adv. *Sout.* En conséquence ; par suite : *Il a perdu son travail, et conséquemment ses moyens d'existence.*

conséquence n.f. (lat. *consequentia*). Suite logique entraînée par un fait : *Le chômage est la conséquence de la crise* (**SYN.** effet, résultat ; **CONTR.** cause). *Sa démission a eu des conséquences fâcheuses* (**SYN.** contrecoup, répercussion, retentissement). ▸ ***En conséquence,*** d'une manière appropriée : *J'ai reçu votre lettre et j'agirai en conséquence.* ***Ne pas tirer à conséquence,*** ne pas avoir de suites graves.

conséquent, e adj. (de *consequi*, suivre, s'ensuivre). **1.** Qui agit avec esprit de suite, avec cohérence : *Soyez conséquent et agissez en accord avec vos principes* (**SYN.** logique ; **CONTR.** incohérent). **2.** *Fam.* (Emploi critiqué). Important, considérable : *Un salaire conséquent.* ◆ **par conséquent** loc. adv. Comme suite logique : *Internet fait gagner du temps, par conséquent tout le monde s'y met* (**SYN.** donc).

conservateur, trice n. et adj. **1.** Personne qui a la charge des collections d'un musée, d'une bibliothèque. **2.** Partisan du conservatisme politique (par opp. à progressiste) : *Les conservateurs n'ont pas voté cet amendement.* **3.** Membre ou sympathisant du Parti conservateur britannique (par opp. à travailliste et libéral). ◆ adj. **1.** Qui aime conserver les objets : *Avec l'âge, elle est devenue assez conservatrice.* **2.** Qui relève du conservatisme politique (par opp. à progressiste) : *Journal conservateur.* ▸ ***Agent conservateur,*** substance ajoutée à une denrée alimentaire pour en assurer la conservation (on dit aussi *un conservateur*). ◆ **conservateur** n.m. **1.** Appareil frigorifique destiné à conserver des denrées déjà congelées, à une température de – 18 °C. **2.** Agent conservateur alimentaire : *L'étiquetage des produits doit mentionner la présence des conservateurs.*

conservation n.f. Action de conserver, de maintenir intact ; état dans lequel une chose subsiste : *La conservation des espèces animales* (**SYN.** protection, sauvegarde ; **CONTR.** abandon, perte). *Des fresques dans un état de conservation remarquable* (**SYN.** maintien, préservation ; **CONTR.** altération, détérioration). *Le froid, le fumage, le salage sont des procédés de conservation des aliments.* ▸ ***Instinct de conservation,*** instinct qui pousse un être humain, un animal à sauver son existence quand elle est menacée.

conservatisme n.m. État d'esprit, tendance hostile aux innovations politiques et sociales (par opp. à progressisme) : *Conservatisme politique, religieux* (**SYN.** traditionalisme).

① **conservatoire** adj. (de *conserver*). Dans le langage juridique, se dit d'une mesure qui a pour but de sauvegarder un droit : *Mesure conservatoire.*

② **conservatoire** n.m. (it. *conservatorio*, école de musique). Établissement où l'on enseigne la musique, la danse, l'art dramatique : *Comédienne qui a eu un premier prix du Conservatoire.*

conserve n.f. Aliment stérilisé et conservé dans un bocal ou une boîte en fer-blanc : *Un placard plein de conserves, de boîtes de conserve. Mettre des légumes, de la viande, du poisson en conserve. Des conserves de champignons, de viande. Ils nous ont servi des épinards en conserve* (= en boîte ; **CONTR.** frais).

de **conserve** loc. adv. ▸ *Litt.* ***Aller, agir de conserve,*** ensemble, en compagnie l'un de l'autre et en même temps.

conserver v.t. (lat. *conservare*) [conj. 3]. **1.** Maintenir en bon état ; préserver de l'altération : *Conserver de la viande au réfrigérateur* (**SYN.** garder). *Le froid conserve les denrées périssables* (**SYN.** préserver). *Le sport, ça conserve !* (= cela garde en bonne santé ; **SYN.** entretenir). **2.** Ne pas laisser disparaître ; ne pas se débarrasser de : *Il a tout fait pour conserver son emploi* (**SYN.** garder, sauvegarder ; **CONTR.** abandonner, perdre, renoncer à). *Les bulletins de paie sont à conserver toute votre vie* (**CONTR.** se défaire de, se dessaisir de, jeter). ▸ ***Être bien conservé,*** paraître encore jeune, malgré son âge. ◆ **se conserver** v.pr. Se garder dans le même état : *Ce collyre se conserve quinze jours au frais.*

conserverie n.f. **1.** Usine où l'on fabrique des conserves alimentaires. **2.** Ensemble des techniques de fabrication des conserves alimentaires.

conserveur n.m. Industriel de la conserverie.

considérable adj. Dont l'importance est grande ; qui mérite d'être pris en compte : *La recherche sur cette maladie a fait des progrès considérables* (**SYN.** énorme, remarquable ; **CONTR.** faible, minime). *Elle a un rôle considérable au sein de son groupe* (**SYN.** important, notable ; **CONTR.** dérisoire, mineur).

considérablement adv. Dans une proportion importante ; notablement : *Ce médicament améliore considérablement l'état des malades* (**SYN.** beaucoup, énormément).

considérant n.m. Dans la langue juridique, chacun des paragraphes qui motivent les décisions d'une juridiction administrative ; raison, motif.

considération n.f. **1.** Attention que l'on porte à qqch ; fait de tenir compte de qqch : *La gravité de son état doit primer sur toute autre considération. Le concours est ouvert à tous, sans considération d'âge ou de sexe* (= sans qu'il en soit question). **2.** Bonne opinion que l'on a de qqn : *Elle jouit de la considération de tous ses collègues* (**SYN.** estime, respect). *Avec ma considération distinguée* (= s'emploie à la fin d'une lettre). **3.** (Souvent au pl.). Réflexions développées sur un sujet : *Ne vous perdez pas en considérations générales, venez-en au fait* (**SYN.** idée, raisonnement). ▸ ***En considération de,*** compte tenu de, en raison de : *En considération de notre vieille amitié.* ***Mériter considération,*** être assez important ou grave pour qu'on y réfléchisse : *Cette proposition mérite considération.* ***Prendre qqch en considération,*** en tenir compte.

considérer v.t. (lat. *considerare*) [conj. 18]. **1.** Regarder attentivement ; examiner avec soin et de façon critique : *Elle considérait son contradicteur* (**SYN.** observer). *C'est un problème qu'il faut considérer dans son ensemble* (**SYN.** analyser, envisager, étudier). **2.** Être d'avis ; penser : *En tant que maire, elle considère que cette décision lui revient* (**SYN.** estimer, juger). **3.** (Surtout au p. passé). Avoir une grande estime pour qqn : *C'est un homme très considéré dans la profession* (**SYN.** apprécier, estimer). ▸ ***Considérer comme*** (+ n. ou adj. attribut), juger, regarder comme ; tenir pour : *Elle le considère comme son fils. Si tu lui prêtes tes livres, tu peux les considérer comme perdus.* ***Tout bien considéré,*** quand tout a été analysé, après mûre réflexion.

consignation n.f. **1.** Action de consigner un emballage (**SYN.** consigne). **2.** Action de déposer qqch à titre de garantie ; somme, objet ainsi déposés.

consigne n.f. **1.** Ordre formel donné à qqn : *Le gardien a reçu la consigne de ne laisser entrer personne. Observer, respecter, appliquer la consigne* (= les instructions). **2.** Punition infligée à un militaire, à un élève et qui consiste à le priver de sortie. **3.** Service d'une gare, d'un aéroport qui garde les bagages déposés ; local où les bagages sont entreposés : *Laisser ses bagages à la consigne. Consigne automatique.* **4.** Somme facturée pour un emballage et qui est remboursée en cas de retour : *Fais-toi rembourser les consignes.* ▸ *Fam.* ***Manger la consigne,*** oublier d'exécuter une instruction.

consigner v.t. (lat. *consignare,* revêtir d'un sceau) [conj. 3]. **1.** Rapporter, mentionner par écrit : *L'inspecteur a consigné tous les faits dans son rapport* (**SYN.** inscrire, noter, relater). **2.** Facturer un emballage pour le rembourser quand il sera rapporté : *Ces bouteilles ne sont pas consignées.* **3.** Priver de sortie : *Toute la classe a été consignée.*

consistance n.f. **1.** État plus ou moins solide ou plus ou moins liquide d'un corps : *Cette crème a une consistance trop fluide.* **2.** *Fig.* Caractère de ce qui est ferme, solide : *Un argument qui manque de consistance* (**SYN.** force, solidité). *Un individu sans consistance* (= qui manque de caractère, de personnalité).

consistant, e adj. **1.** Se dit d'un corps, d'une substance qui a de la consistance, de la fermeté : *Une pâte consistante* (**SYN.** épais ; **CONTR.** fluide, liquide). **2.** Se dit de ce qui est nourrissant : *Elle prend un petit déjeuner consistant* (**SYN.** solide, substantiel ; **CONTR.** léger). **3.** Qui est solidement établi ; fondé, sûr : *Le ministère a donné des informations consistantes* (**SYN.** concret, sérieux, tangible ; **CONTR.** flou, inconsistant).

consister v.t. ind. (lat. *consistere,* se tenir ensemble) [conj. 3]. **1. [en].** Être composé, constitué de : *L'examen consiste en un écrit et un oral* (**SYN.** comporter, comprendre). **2. [en, dans].** Reposer sur ; résider dans : *En quoi consistera mon travail ? Sa satisfaction consiste dans le bonheur de ses enfants.* **3. [à].** (Suivi d'un inf.). Avoir comme caractère essentiel ; avoir pour nature : *Son rôle consiste à renseigner les voyageurs.*

consistoire n.m. (bas lat. *consistorium,* lieu de réunion). **1.** Assemblée de cardinaux réunis sous la présidence du pape. **2.** Assemblée dirigeante de pasteurs protestants ou de rabbins.

consœur n.f. Femme qui exerce la même profession libérale, qui appartient à la même corporation que d'autres : *Le cardiologue a demandé conseil à une consœur.* ☞ **REM.** Pour un homme, on dit *un confrère.*

consolant, e adj. Qui console : *Il est consolant de constater qu'il reste des gens désintéressés* (**SYN.** rassurant, réconfortant ; **CONTR.** consternant, décourageant).

consolateur, trice adj. Qui adoucit un chagrin : *Des paroles consolatrices* (**SYN.** apaisant).

consolation n.f. **1.** Soulagement apporté à la peine, à la douleur de qqn : *Adresser quelques paroles de consolation aux familles des victimes* (**SYN.** apaisement, réconfort). **2.** Ce qui console, qui allège une peine : *Leurs enfants sont leur seule consolation* (**SYN.** joie, satisfaction ; **CONTR.** désespoir, tourment). ▸ ***Lot, prix de consolation,*** lot, prix de moindre importance attribué à des concurrents malchanceux.

console n.f. **1.** Table étroite appliquée contre un mur : *Elle laisse le courrier sur la console de l'entrée.* **2.** Périphérique ou terminal d'un ordinateur, permettant la communication directe avec l'unité centrale : *Une console de jeux.*

consoler v.t. (lat. *consolari,* rassurer) [conj. 3]. **1.** Soulager qqn qui a de la peine : *J'essayais de consoler la fillette qui pleurait* (**SYN.** calmer, réconforter ; **CONTR.** chagriner, peiner). **2.** Alléger un sentiment douloureux : *Il sut trouver des paroles pour consoler mon chagrin* (**SYN.** adoucir, apaiser ; **CONTR.** aggraver, augmenter). **3. [de].** Apporter un réconfort, une compensation à : *Rien ne peut la consoler de son échec* ou *d'avoir échoué.* ◆ **se consoler** v.pr. Cesser d'avoir de la peine ; trouver un apaisement : *Avec le temps, elle se consolera* (**CONTR.** se désoler, pleurer). *Je ne me consolerai jamais d'avoir manqué cette occasion* (= je le regretterai toujours).

consolidation n.f. **1.** Action de consolider ; fait d'être consolidé : *Travaux de consolidation d'un balcon* (**SYN.** renforcement). **2.** En comptabilité, pratique qui consiste à regrouper les comptes de toutes les sociétés d'un groupe de manière à présenter la situation financière globale de ce groupe.

consolider v.t. [conj. 3]. **1.** Rendre plus solide, plus résistant, plus fort : *Il faudra consolider le mur du jardin* (**SYN.** étayer, renforcer ; **CONTR.** détériorer). **2.** *Fig.* Rendre plus fort, plus durable : *Les épreuves qu'ils ont vécu ont consolidé leur union* (**SYN.** affermir, fortifier, raffermir ; **CONTR.** ébranler, fragiliser). **3.** Procéder à une consolidation comptable : *Publier les résultats consolidés d'un groupe.*

consommable adj. Que l'on peut consommer : *Les denrées alimentaires sont consommables jusqu'à la date indiquée sur l'emballage.* ◆ **consommables** n.m. pl. Objets, produits qu'on renouvelle dans une photocopieuse, un ordinateur (papier, disquettes), dans un laboratoire (flacons, pipettes).

consommateur, trice n. **1.** Personne qui consomme, qui achète pour son usage des denrées, des marchandises : *Une association de consommateurs* (**SYN.** acheteur, usager ; **CONTR.** producteur). *Son père est un gros consommateur de fromage* (= il en mange beaucoup). **2.** Personne qui prend une consommation dans un restaurant, dans un café, etc. : *Les toilettes et le téléphone sont réservés aux consommateurs* (**SYN.**

client). ◆ adj. Qui consomme, achète des produits (par opp. à producteur) : *Les pays consommateurs de tomates* (**SYN.** acheteur, importateur).

consommation n.f. **1.** Action de consommer, de faire usage de qqch : *Les éleveurs cherchent à relancer la consommation de viande.* **2.** Ce que l'on peut consommer dans un café, dans un bar, etc. : *Le serveur a encaissé les consommations* (**SYN.** boisson). **3.** Utilisation de produits, de services (par opp. à production) : *Biens de consommation.* **4.** *Litt.* Action de mener qqch à son accomplissement : *Consommation du mariage* (= union charnelle des époux). ▸ ***Société de consommation,*** société des pays industriels avancés qui, pour fonctionner, s'efforce de créer sans cesse de nouveaux besoins, souvent artificiels.

① **consommé, e** adj. Qui a atteint la perfection dans un domaine : *Un dramaturge consommé dans l'art du dialogue* (**SYN.** accompli, parfait).

② **consommé** n.m. Bouillon de viande concentré : *Préparer un consommé de poulet.*

consommer v.t. (lat. *consummare,* faire la somme) [conj. 3]. **1.** Utiliser pour ses besoins ; employer comme aliment : *Les végétariens ne consomment pas de viande* (**SYN.** absorber, manger). *Notre famille consomme une grande quantité de laitages.* **2.** Utiliser comme source d'énergie ou comme matière première dans une certaine quantité : *Les lampes à basse tension consomment moins d'énergie que les lampes ordinaires.* ◆ v.i. Prendre une consommation dans un café, un bar, etc. : *Vous ne pouvez pas vous asseoir à une table sans consommer.*

consomption [kɔ̃sɔ̃psjɔ̃] n.f. (du latin *consumere,* dépenser). *Vieilli* Amaigrissement et dépérissement progressifs d'une personne.

consonance n.f. (lat. *consonantia,* accord musical, concordance). **1.** Suite, ensemble de sons ; sonorité qui en résulte : *Un mot aux consonances harmonieuses.* **2.** Combinaison entre deux ou plusieurs sons perçue comme une unité harmonique (par opp. à dissonance).

consonant, e adj. Qui produit une consonance : *Des rimes consonantes.*

consonantique adj. Relatif aux consonnes (par opp. à vocalique) : *Le système consonantique d'une langue* (= l'ensemble des consonnes).

consonne n.f. (lat. *consona,* lettre dont le son se joint à celui de la voyelle, de *sonus,* son). **1.** Son du langage caractérisé par le passage du souffle dans la bouche et dans la gorge (par opp. à voyelle) : *« p » est une consonne sourde, et « b » est la consonne sonore qui lui correspond.* **2.** Lettre de l'alphabet qui transcrit une consonne.

consort adj.m. (lat. *consors, consortis,* qui partage le sort). ▸ ***Prince consort,*** mari non couronné d'une reine. ◆ **consorts** n.m. pl. Personnes qui ont des intérêts communs dans un procès. ▸ *Péjor.* ***Et consorts,*** et ceux du même genre, de la même catégorie.

consortage n.m. En Suisse, association de copropriétaires ou d'exploitants.

consortium [kɔ̃sɔrsjɔm] n.m. (mot lat. signif. « participation, communauté »). Groupement d'entreprises, de banques constitué en vue d'opérations communes.

conspirateur, trice n. Personne qui prend part à une conspiration : *Les conspirateurs se réunissaient dans une vieille maison* (**SYN.** comploteur, conjuré).

conspiration [kɔ̃spirasjɔ̃] n.f. Action de conspirer contre qqn, qqch ; intrigue, machination : *Il se croit victime d'une conspiration* (**SYN.** complot, conjuration). ▸ ***Conspiration du silence,*** entente pour ne pas parler de qqch, pour étouffer une affaire.

conspirer v.i. (lat. *conspirare,* être d'accord, comploter) [conj. 3]. **1.** S'entendre à plusieurs pour renverser un dirigeant, un régime politique : *Conspirer contre l'État, contre le président* (**SYN.** comploter). **2.** S'entendre pour faire qqch en secret : *Ils ont conspiré pour lui faire une surprise.* ◆ v.t. ind. **[à].** *Litt.* Concourir, contribuer à : *Tout semblait conspirer à sa réussite.* ◆ v.t. *Litt.* Préparer qqch en commun : *Conspirer la ruine de qqn* (**SYN.** organiser, tramer).

conspuer v.t. (lat. *conspuere,* cracher sur) [conj. 7]. Manifester bruyamment et publiquement contre qqn, qqch : *Le politicien s'est fait conspuer par une foule hostile* (**SYN.** huer).

constamment adv. D'une manière constante ; sans interruption : *Je vous le répète constamment* (= sans cesse ; **SYN.** continuellement).

constance n.f. **1.** Qualité d'une personne qui persévère dans son action, ses sentiments ou ses opinions : *On l'a félicité pour sa constance dans l'effort* (**SYN.** opiniâtreté, résolution, ténacité ; **CONTR.** inconstance, irrésolution). **2.** Caractère de ce qui dure ou de ce qui se répète de façon identique : *Il a gagné tous les matchs de la saison avec une constance qui nous a éblouis* (**SYN.** régularité ; **CONTR.** inconstance). *Les expériences ont démontré la constance de ce phénomène* (**SYN.** permanence, stabilité ; **CONTR.** variabilité).

constant, e adj. (du lat. *constare,* se maintenir). **1.** Qui dure ou se répète de façon identique : *Elle vit dans la peur constante du lendemain* (**SYN.** permanent, quotidien ; **CONTR.** intermittent, passager). *Ils ont de constants problèmes d'argent* (**SYN.** chronique, continuel, perpétuel ; **CONTR.** exceptionnel, momentané, ponctuel). **2.** Qui reste, qui persiste dans le même état : *Maintenir une température constante* (**SYN.** invariable ; **CONTR.** différent, variable). *Un homme constant dans ses convictions* (**SYN.** fidèle, résolu ; **CONTR.** changeant, instable, versatile). ◆ **constante** n.f. **1.** Caractéristique permanente : *La bonne humeur est une constante de sa personnalité.* **2.** En mathématiques, quantité qui conserve toujours la même valeur (par opp. à variable).

constat n.m. **1.** Acte par lequel on constate qqch ; bilan d'une situation ; constatation : *Devant le résultat, ils ont dressé un constat d'échec.* **2.** Procès-verbal dressé par un huissier ou un agent de la force publique.

constatation n.f. Action de constater ; fait constaté : *La police arriva sur les lieux et procéda aux premières constatations. Ce n'est pas une critique, c'est une simple constatation* (**SYN.** constat, observation, remarque).

constater v.t. (latin *constat,* il est certain) [conj. 3]. **1.** Établir la réalité objective d'un fait ; se rendre compte : *Elle n'a pas pu faire autrement que de constater leur absence* (**SYN.** noter, remarquer ; **CONTR.** ignorer). *Nous constatons une légère différence entre les couleurs des échantillons* (**SYN.** apercevoir, découvrir, observer). **2.** Établir par écrit d'une façon officielle ;

consigner : *Le médecin légiste est venu constater le décès* (**SYN.** certifier).

constellation n.f. (du lat. *stella*, étoile). Groupe d'étoiles présentant une figure conventionnelle déterminée ; région du ciel qui inclut ce groupe d'étoiles : *L'étoile Polaire appartient à la constellation de la Petite Ourse.*

consteller v.t. [conj. 3]. **1.** Couvrir, parsemer d'astres, de constellations : *Des myriades d'étoiles constellent le ciel d'été.* **2.** *Litt.* Couvrir, parsemer : *Sa cravate est constellée de taches.*

consternant, e adj. Qui consterne : *Une nouvelle consternante* (**SYN.** accablant, affligeant ; **CONTR.** réjouissant). *Une conversation d'une banalité consternante* (**SYN.** déplorable, désolant, navrant ; **CONTR.** plaisant).

consternation n.f. Stupéfaction causée par un événement malheureux : *L'annonce de l'accident jeta la consternation dans la famille* (**SYN.** abattement, accablement, désolation ; **CONTR.** allégresse, euphorie, joie).

consterner v.t. (lat. *consternare*, épouvanter) [conj. 3]. Jeter dans la consternation : *Ce deuxième échec les a tous consternés* (**SYN.** accabler, désoler ; **CONTR.** réjouir). *La vulgarité de cette émission les a tous consternés* (**SYN.** navrer ; **CONTR.** enthousiasmer).

constipation n.f. Difficulté dans l'évacuation des matières fécales ; difficulté à aller à la selle.

constipé, e adj. et n. **1.** Qui souffre de constipation. **2.** *Fam.* Qui est embarrassé, mal à l'aise : *Avoir l'air constipé* (**SYN.** guindé, pincé ; **CONTR.** décontracté).

constiper v.t. (lat. *constipare*, serrer) [conj. 3]. Provoquer la constipation.

constituant, e adj. et n.m. Se dit d'un élément qui entre dans la constitution, la composition de qqch : *Les molécules constituantes d'un corps* (**SYN.** constitutif). *Le sujet et le verbe sont les constituants principaux de la phrase.* ▸ ***Assemblée constituante,*** assemblée qui a le pouvoir d'établir ou de modifier la Constitution d'un État. ◆ **constituant** n.m. Membre d'une assemblée constituante.

constitué, e adj. **1.** Qui a telle ou telle constitution physique : *Une personne normalement constituée* (**SYN.** bâti, charpenté). **2.** Qui est instauré, établi par la Constitution ou les lois d'un État : *Le Sénat est un corps constitué.*

constituer v.t. (lat. *constituere*, établir) [conj. 7]. **1.** Rassembler divers éléments afin de former un tout : *Il a fini par constituer une belle collection* (**SYN.** créer, monter, réunir). *Constituer un gouvernement avec des ministres venus d'horizons différents* (**SYN.** former, organiser). **2.** Former un tout avec d'autres éléments ; entrer dans la composition de qqch : *L'Assemblée nationale et le Sénat constituent le Parlement* (**CONTR.** composer). *Une pâte constituée de farine et de lait* (**SYN.** faire). **3.** Être l'élément essentiel de qqch : *Le loyer constitue l'essentiel de ses dépenses* (**SYN.** représenter). **4.** Établir, installer qqn, qqch conformément à la loi : *Ils l'ont constitué directeur de l'entreprise* (**SYN.** instituer, nommer). *Constituer une société commerciale* (**SYN.** créer, monter, organiser). **5.** Garantir un droit à qqn : *Ils ont constitué une rente à leur fille.* ◆ **se constituer** v.pr. Se placer légalement dans une certaine position : *Se constituer partie civile. Se constituer prisonnier* (= se livrer aux autorités ; se rendre).

constitutif, ive adj. Qui est un élément essentiel et nécessaire de qqch : *L'oxygène et l'hydrogène sont les éléments constitutifs de l'eau* (**SYN.** constituant).

constitution n.f. **1.** Action de constituer qqch ; résultat de cette action : *J'ai besoin de ces documents pour la constitution du dossier* (**SYN.** établissement). **2.** Manière dont qqch est constitué : *On connaîtra ce soir la constitution du gouvernement* (**SYN.** composition). **3.** Ensemble des caractères physiques, physiologiques et psychologiques d'un individu : *Avoir une constitution robuste* (**SYN.** nature). *C'est un enfant de constitution fragile* (**SYN.** santé). **4.** Action de constituer, d'établir légalement : *Signer chez le notaire une constitution de rente.* **5.** (Avec une majuscule). Ensemble des textes fondamentaux qui établissent la forme du gouvernement d'un pays, règlent les rapports entre gouvernants et gouvernés et déterminent l'organisation des pouvoirs publics : *S'assurer qu'un projet de loi n'est pas contraire à la Constitution.*

constitutionnaliste n. Juriste spécialiste de droit constitutionnel.

constitutionnalité n.f. État de ce qui est conforme à la Constitution d'un pays.

constitutionnel, elle adj. **1.** Conforme à la Constitution du pays, aux principes qu'elle défend : *Cette procédure n'est pas constitutionnelle* (**CONTR.** anticonstitutionnel). **2.** Relatif à la Constitution d'un pays : *Droit constitutionnel.* **3.** Relatif à la constitution physique d'une personne : *Souffrir d'une faiblesse constitutionnelle.*

constitutionnellement adv. De façon conforme à la Constitution d'un État.

constricteur adj.m. et n.m. (du lat. *constrictus*, serré). **1.** Se dit d'un muscle qui resserre circulairement un canal, un orifice (**CONTR.** dilatateur). **2.** Se dit d'un serpent qui étouffe sa proie avec ses anneaux en s'enroulant autour d'elle : *Boa constricteur* (**SYN.** constrictor).

constriction n.f. Pression, resserrement circulaire de qqch : *Le froid provoque la constriction des vaisseaux sanguins.*

constrictor n.m. Boa constricteur.

constructeur, trice adj. et n. Qui construit qqch ; qui dirige la construction de qqch : *Des sociétés constructrices d'automobiles* (**SYN.** fabricant). *Ces appareils sont fabriqués par un autre constructeur* (**SYN.** entrepreneur, industriel). *Le Corbusier fut un constructeur révolutionnaire* (**SYN.** bâtisseur).

constructible adj. Où l'on peut construire : *Cette partie du littoral n'est pas constructible.*

constructif, ive adj. Qui contribue efficacement à l'élaboration d'une solution, d'un système : *Faire une critique constructive d'un projet* (**SYN.** positif ; **CONTR.** négatif).

construction n.f. **1.** Action de construire qqch : *Un nouveau théâtre est en cours de construction* (**SYN.** édification ; **CONTR.** démolition, destruction). *Un jeu de construction* (**SYN.** assemblage). **2.** Édifice que l'on a construit : *Il y a quelques constructions en bordure de la route* (**SYN.** bâtiment, bâtisse, immeuble, maison). **3.** Action de créer qqch en l'organisant d'une certaine manière : *Les pays qui ont participé à la construction de l'Europe.* **4.** Création de l'esprit : *Cette théorie est* *une construction bien fragile* (**SYN.** système). **5.** Activité industrielle particulière : *Développer la construction navale, aéronautique, électronique.*

constructivisme n.m. Courant artistique né au début du XXe siècle en Russie et qui privilégie les formes géométriques.

constructiviste adj. et n. Relatif au constructivisme ; qui en est un adepte.

construire v.t. (lat. *construere*) [conj. 98]. **1.** Bâtir conformément à un plan : *On vient de construire un immeuble devant chez nous* (**SYN.** édifier, élever, ériger ; **CONTR.** abattre, démolir). **2.** Réaliser qqch en en assemblant les différentes parties : *Cette firme construit du matériel agricole depuis 50 ans* (**SYN.** fabriquer). **3.** Créer qqch en agençant différents éléments ; élaborer qqch d'abstrait : *Construire une théorie à partir d'hypothèses incertaines* (**SYN.** concevoir, échafauder). *Faire des phrases bien construites* (**SYN.** agencer, organiser).

consubstantiel, elle adj. Dans la théologie chrétienne, qui est d'une seule et même substance, en parlant de la Trinité.

consul, e n. (mot lat.). Diplomate chargé de la protection de ses compatriotes à l'étranger et de certaines fonctions administratives. ◆ **consul** n.m. **1.** En France, chacun des trois chefs du pouvoir exécutif sous le Consulat (de 1799 à 1804). **2.** À Rome, chacun des deux magistrats élus pour un an qui exerçaient le pouvoir suprême.

consulaire adj. Relatif à un consul, à sa charge, ou à un consulat : *Dignité consulaire.*

consulat n.m. **1.** Charge de consul ; résidence, bureaux d'un consul : *S'adresser au consulat pour obtenir un visa.* **2.** (Avec une majuscule). Régime autoritaire établi en France au profit de Napoléon Bonaparte, au lendemain du coup d'État des 18 et 19 brumaire an VIII (9-10 nov. 1799), et remplacé par l'Empire le 18 mai 1804.

consultable adj. Qui peut être consulté : *Les archives de la ville sont consultables à la mairie.*

consultant, e n. et adj. Spécialiste qui, à titre professionnel, donne des consultations, des avis, des conseils dans un domaine particulier : *Un consultant en gestion. Médecin consultant.*

consultatif, ive adj. Qui donne son avis sur des problèmes relevant de sa compétence : *Une commission consultative.* ▸ ***Avoir voix consultative,*** avoir le droit de donner son avis, non de voter (par opp. à délibératif).

consultation n.f. **1.** Action de consulter qqn, de prendre son avis ; interrogation : *Demander une consultation à un expert* (**SYN.** enquête). **2.** Examen d'un patient pratiqué par un médecin, dans un cabinet médical : *Le tarif des consultations a augmenté* (**SYN.** visite). **3.** Action de consulter des documents : *Vous écrirez votre devoir après consultation du dictionnaire.*

consulter v.t. (lat. *consultare,* de *consulere,* délibérer) [conj. 3]. **1.** Prendre avis, conseil auprès de qqn : *Ils ont décidé de consulter un notaire* (**SYN.** s'informer auprès de, questionner). **2.** Se faire examiner par un médecin : *Vous devriez consulter un cardiologue.* **3.** Chercher un renseignement, une information dans qqch : *Consulter un dictionnaire, un atlas* (**SYN.** compulser). *Elle consulta sa montre et s'aperçut qu'il était tard* (**SYN.** regarder). ◆ v.i. **1.** Donner des consultations ; recevoir des patients : *Médecin qui consulte tous les jours.* **2.** Prendre l'avis d'un médecin : *Vous devriez consulter.*

consumer v.t. (lat. *consumere,* épuiser, détruire) [conj. 3]. **1.** (Surtout à la forme passive). Détruire, anéantir, en partic. par le feu : *Il restait dans la cheminée des bûches à moitié consumées* (**SYN.** brûler). **2.** *Litt.* Épuiser, anéantir moralement : *Elle est consumée par des soucis d'argent* (**SYN.** dévorer, miner, ronger). ◆ **se consumer** v.pr. **1.** Être détruit progressivement par le feu : *Une cigarette se consume dans le cendrier* (**SYN.** brûler). **2.** *Litt.* Dépérir : *Elle se consume d'ennui loin de sa famille* (**SYN.** se miner, se ronger).

consumérisme n.m. (angl. *consumerism,* de *consumer,* consommateur). Tendance, pour des consommateurs, à se réunir en mouvements ou en associations pour défendre leurs intérêts.

consumériste adj. et n. Relatif au consumérisme ; qui en est partisan : *Mouvements consuméristes.*

contact n.m. (du lat. *contingere,* toucher). **1.** État ou position de deux corps qui se touchent ; sensation produite par qqch qui touche la peau : *Le contact froid du carrelage sur les pieds nus. Éviter tout contact de ce produit avec la peau. Les métaux s'oxydent au contact de l'air.* **2.** Relation qui s'établit entre des personnes, entre une personne et le milieu qui l'entoure : *Entrer en contact, prendre contact avec qqn* (= le rencontrer, entrer en rapport avec lui). *Elle a beaucoup changé au contact de ses nouveaux amis* (= depuis qu'elle les fréquente). **3.** Personne avec qui on est en rapport : *Elle a des contacts dans les milieux du journalisme.* **4.** Comportement vis-à-vis d'autrui : *Notre nouveau directeur a un contact facile* (**SYN.** abord). **5.** Position de deux conducteurs électriques qui se touchent permettant le passage du courant ; dispositif commandant la mise sous tension : *Mettre, couper le contact.* ▸ ***Verres, lentilles de contact,*** verres, lentilles correcteurs de la vue qui s'appliquent directement sur la cornée.

contacter v.t. [conj. 3]. Entrer en contact, en rapport, en relation avec qqn ; rencontrer : *En arrivant à Washington, contactez notre représentant là-bas.*

contactologie n.f. Branche de l'ophtalmologie qui s'occupe des verres et des lentilles de contact.

contagieux, euse adj. **1.** Qui se transmet par contagion ; qui produit une contagion : *La grippe est contagieuse. Virus contagieux.* **2.** Qui se communique facilement : *Le rire et la peur sont contagieux.* ◆ adj. et n. Se dit d'un malade atteint d'une maladie contagieuse : *Les enfants contagieux ne sont pas acceptés à l'école.*

contagion n.f. (du lat. *contagio,* contact). **1.** Transmission d'une maladie par contact direct ou indirect : *Isoler un malade pour éviter les risques de contagion* (**SYN.** contamination, infection). **2.** Propagation, communication involontaire : *Par un phénomène de contagion, tous se mirent à bâiller.*

contagiosité n.f. Caractère de ce qui est contagieux : *La contagiosité de la tuberculose.*

container [kɔ̃tɛnɛr] n.m. → **conteneur.**

contamination n.f. **1.** Infection par une maladie contagieuse ; pollution par des agents pathogènes ;

contagion : *La contamination d'un malade à l'hôpital. La contamination des nappes phréatiques* (**SYN.** infection, souillure). **2.** Transmission d'un agent destructeur : *Éviter la contamination des fichiers d'un ordinateur par un virus informatique.*

contaminer v.t. (lat. *contaminare,* souiller) [conj. 3]. Infecter par une maladie contagieuse, par un mal quelconque : *L'eau de la rivière a été contaminée par les rejets d'une usine chimique* (**SYN.** polluer, souiller).

conte n.m. (de *conter*). **1.** Récit assez court d'aventures imaginaires : *Un livre de contes pour enfants. Les contes des « Mille et Une Nuits ».* **2.** *Péjor.* Discours peu vraisemblable : *Elle m'a sorti un conte à dormir debout pour expliquer son absence* (**SYN.** fable, histoire). ☞ **REM.** Ne pas confondre avec *compte* ou *comte.* ▸ ***Conte de fées,*** récit merveilleux, dans lequel les fées jouent un rôle essentiel ; par ext., aventure extraordinaire, idyllique : *Sa vie ressemble à un conte de fées.*

contemplatif, ive adj. et n. **1.** Se dit des ordres religieux dont les membres vivent cloîtrés et se consacrent à la prière. **2.** Se dit d'une personne qui se plaît dans la méditation, la contemplation : *Un esprit contemplatif* (**SYN.** rêveur).

contemplation n.f. **1.** Action de contempler, de regarder qqch longuement : *Il est resté en contemplation devant un tableau de Rubens.* **2.** Fait de concentrer son esprit sur un sujet intellectuel ; méditation profonde : *La solitude est propice à la contemplation* (**SYN.** recueillement, réflexion).

contempler v.t. (lat. *contemplari*) [conj. 3]. Regarder longuement, avec soin ou admiration : *Il contemplait le feu brûlant dans la cheminée* (**SYN.** observer).

contemporain, e adj. et n. (du lat. *tempus, temporis,* époque, temps). **1.** Qui est de la même époque qu'un autre : *Colette était contemporaine de Proust. Ce peintre fut ignoré de ses contemporains.* **2.** Qui appartient au temps présent : *L'écologie et la défense de la planète sont des préoccupations contemporaines* (**SYN.** actuel, moderne).

contempteur, trice [kɔ̃tɑ̃ptœr, tris] n. (du lat. *contemnere,* mépriser). *Litt.* Personne qui méprise, dénigre qqch : *Les contempteurs de l'art moderne* (**CONTR.** admirateur).

contenance n.f. **1.** Quantité que peut contenir qqch : *Le réservoir d'essence de cette voiture a une contenance de 50 litres* (**SYN.** capacité). **2.** Façon de se tenir ; attitude : *Il tâchait de prendre une contenance décontractée* (**SYN.** allure, maintien). ▸ ***Faire bonne contenance,*** montrer de la sérénité dans une circonstance difficile. ***Perdre contenance,*** perdre son sang-froid, se troubler : *Quelqu'un le contredit et on le vit perdre contenance.* ***Se donner une contenance,*** adopter une attitude pour dissimuler son embarras, sa gêne : *Elle boutonna sa veste pour se donner une contenance.*

contenant n.m. Ce qui contient qqch par opp. à contenu.

conteneur n.m. (angl. *container,* de *to contain,* contenir). **1.** Caisse de dimensions normalisées pour le transport de marchandises, le parachutage d'armes, de vivres : *Ils vont habiter en Australie et ont déjà expédié leur mobilier par conteneurs* (**SYN.** container [anglic.]). **2.** Benne, récipient destinés à recevoir des ordures ou des déchets triés : *Il est recommandé de jeter les bouteilles vides et les journaux dans les conteneurs prévus à cet effet.*

contenir v.t. (lat. *continere*) [conj. 40]. **1.** Renfermer, avoir en soi : *Elle ouvrit l'enveloppe qui contenait deux feuilles et une photo. Le kiwi contient de la vitamine C* (**SYN.** comporter, receler). **2.** Pouvoir recevoir ; comprendre dans sa capacité, dans son étendue : *Le décalitre contient dix litres* (**SYN.** mesurer). *Une phrase peut contenir plusieurs propositions* (**SYN.** compter). **3.** Empêcher de se répandre, de se manifester : *Le service d'ordre avait du mal à contenir la foule* (**SYN.** endiguer, retenir). *Elle essayait de contenir l'émotion qui la submergeait* (**SYN.** refouler, réfréner, réprimer ; **CONTR.** libérer, relâcher). ◆ **se contenir** v.pr. Retenir la violence d'un sentiment, en partic. la colère : *Il ne se contenait plus et laissait exploser sa fureur* (**SYN.** se contrôler, se dominer).

① **content, e** adj. (lat. *contentus,* satisfait). Qui éprouve de la joie, de la satisfaction : *Elle est contente de pouvoir parler à qqn de son pays* (**SYN.** heureux ; **CONTR.** triste). *Je suis contente qu'elle vienne* (**SYN.** enchanté, ravi ; **CONTR.** mécontent). ▸ ***Content de,*** satisfait de : *Nous sommes contents du résultat des élections.* ***Être content de soi,*** avoir une bonne opinion de soi-même. ***Non content de,*** sans se limiter à : *Non content de tricher, il voudrait qu'on l'approuve.*

② **content** n.m. (de *1. content*). ▸ *Iron.* ***Avoir son content de qqch,*** être lassé d'une chose pénible : *Les beaux discours, nous en avons notre content* (= nous en avons assez). ***Tout son content,*** autant qu'on en désirait, jusqu'à être rassasié : *Le premier jour des vacances, j'ai enfin pu dormir tout mon content.*

contentement n.m. Action de contenter ; fait d'être contenté, satisfait : *Le contentement se lit sur son visage* (**SYN.** satisfaction). ▸ ***Contentement de soi,*** vive satisfaction devant ses propres actions.

contenter v.t. [conj. 3]. Rendre qqn content, satisfait : *Le commerçant cherche avant tout à contenter sa clientèle* (**CONTR.** mécontenter). ◆ **se contenter** v.pr. **[de].** Se montrer satisfait de ; ne faire que : *Si c'est tout ce que vous avez, je m'en contenterai* (**SYN.** s'accommoder de, se satisfaire de). *Il se contenta de la regarder sans répondre* (**SYN.** se borner à, se limiter à).

contentieux, euse [kɔ̃tɑ̃sjø, øz] adj. (du lat. *contentio,* lutte). Qui fait l'objet d'un débat en justice, d'un procès : *Affaire contentieuse* (**SYN.** litigieux). ◆ **contentieux** n.m. Ensemble des litiges d'ordre juridique qui existent entre deux parties ; bureau, service qui s'occupe de ces affaires : *Le contentieux lui a envoyé une lettre recommandée.*

① **contention** n.f. (lat. *contentio,* rivalité, lutte). *Litt.* Tension forte et prolongée des facultés intellectuelles ; attention, concentration.

② **contention** n.f. (du lat. *continere,* maintenir ensemble). En médecine, action de maintenir ou d'immobiliser momentanément une partie du corps : *Un appareil dentaire de contention. Contention souple* (= strapping).

contenu n.m. **1.** Ce qui est à l'intérieur d'un récipient, de qqch (par opp. à contenant) : *Vider le contenu d'une bouteille dans l'évier.* **2.** Ce qui est exprimé, compris dans un mot, un texte, etc. : *Elle a reçu une lettre dont j'ignore le contenu* (**SYN.** teneur). *Chaque* *mot de ce texte a un contenu précis* (**SYN.** sens, signification).

conter v.t. (du lat. *computare,* calculer) [conj. 3]. **1.** *Sout.* Faire le récit de : *Ce film nous conte l'histoire d'adolescents en quête de vérité* (**SYN.** raconter, relater). **2.** Exposer qqch en détail : *Elle nous a conté une curieuse affaire* (**SYN.** rapporter). ☞ **REM.** Ne pas confondre avec *compter.* ▸ ***En conter de belles,*** raconter des choses ridicules ou extraordinaires : *On m'en a conté de belles à votre sujet !* ***S'en laisser conter,*** se laisser abuser, tromper : *Je ne m'en laisserai pas conter.*

contestable adj. Qui peut être contesté : *Une hypothèse contestable* (**SYN.** incertain, réfutable ; **CONTR.** certain, incontestable, sûr).

contestataire adj. et n. Qui conteste, remet en cause l'ordre établi : *L'esprit contestataire de la jeunesse* (**SYN.** frondeur, rebelle ; **CONTR.** docile, soumis). *Les contestataires ont lancé un appel aux syndicats* (**SYN.** protestataire). ◆ adj. Qui dénote un esprit de contestation : *Un discours contestataire.*

contestation n.f. **1.** Action de contester qqch ; discussion, désaccord sur le bien-fondé d'un fait, d'un droit : *Une contestation s'est élevée sur la part revenant à chacun* (**SYN.** différend, litige ; **CONTR.** consensus). *Le projet de loi a été voté sans contestation* (**SYN.** controverse, objection ; **CONTR.** approbation, assentiment). **2.** Remise en cause globale et systématique des institutions, de la société, de l'ordre établi (**SYN.** opposition, refus ; **CONTR.** acceptation).

sans **conteste** loc. adv. Incontestablement : *Il est sans conteste le plus fort* (**SYN.** indéniablement).

contester v.t. (lat. *contestari,* entamer un débat judiciaire en produisant des témoins, de *testis,* témoin) [conj. 3]. Refuser de reconnaître comme fondé, exact, valable : *Les héritiers ont contesté le testament* (**SYN.** dénoncer, s'opposer à ; **CONTR.** accepter, agréer). *Un artiste très contesté* (= controversé, critiqué). ◆ v.i. Remettre en question l'ordre établi ; se rebeller : *Des étudiants contestent dans la rue.*

conteur, euse n. **1.** Personne qui conte, qui aime conter : *C'est un conteur extraordinaire.* **2.** Auteur de contes. ☞ **REM.** Ne pas confondre avec *compteur.*

contexte n.m. (du lat. *contexere,* rattacher, de *texere,* tisser). **1.** Ensemble du texte dans lequel se situent une phrase, un mot, un groupe de mots : *Une phrase isolée de son contexte peut être incompréhensible.* **2.** Ensemble des circonstances dans lesquelles se situe un événement, une personne : *Dans le contexte international actuel, cet événement peut avoir des conséquences graves.*

contextuel, elle adj. Relatif au contexte : *La valeur contextuelle d'un mot.*

contexture n.f. Manière dont sont assemblées entre elles les différentes parties d'un tout : *Décrire la contexture du granite* (**SYN.** composition, texture).

contigu, uë [kɔ̃tigy] adj. (du lat. *contingere,* toucher). Se dit d'un endroit, d'un espace qui touche à un autre : *Sa chambre est contiguë à la mienne* (**SYN.** attenant ; **CONTR.** séparé). *Les deux salles de réunion sont contiguës* (**SYN.** mitoyen, voisin ; **CONTR.** écarté, éloigné).

contiguïté [kɔ̃tigɥite] n.f. État de deux ou plusieurs choses contiguës : *La contiguïté de leurs propriétés a suscité bien des litiges* (**SYN.** mitoyenneté).

continence n.f. (de *1. continent*). Abstinence des plaisirs sexuels.

① **continent, e** adj. (lat. *continens,* de *continere,* contenir, réfréner). Qui pratique la continence ; chaste.

② **continent** n.m. (de *terre continente,* terre continue). Chacune des cinq grandes zones émergées de la surface terrestre : *Le détroit de Gibraltar sépare les continents européen et africain.* ▸ ***L'Ancien Continent,*** l'Europe, l'Asie et l'Afrique. ***Le Nouveau Continent,*** l'Amérique.

continental, e, aux adj. Relatif aux continents (par opp. à insulaire) ; relatif à l'intérieur des continents (par opp. à côtier). ▸ ***Climat continental,*** climat tempéré qui marque l'intérieur des continents (par opp. au climat océanique). ◆ n. Personne qui habite le continent (par opp. à insulaire).

contingence n.f. (de *1. contingent*). Caractère de ce qui est contingent ; éventualité qu'une chose arrive ou non. ◆ **contingences** n.f. pl. Événements imprévisibles ; circonstances fortuites : *Même dans les projets les mieux préparés, il faut tenir compte des contingences* (= des effets du hasard).

① **contingent, e** adj. (du lat. *contingere,* arriver par hasard). **1.** Qui peut se produire ou non : *Je n'avais pas tenu compte de ce genre d'événements contingents* (**SYN.** accidentel, aléatoire, fortuit ; **CONTR.** certain). **2.** Qui est d'une importance secondaire : *L'utilité de cette mesure est contingente* (**SYN.** accessoire ; **CONTR.** primordial).

② **contingent** n.m. (de *1. contingent*). **1.** *Anc.* Ensemble des jeunes gens appelés au service national actif au cours d'une même année civile. **2.** Quantité fixée que qqn doit fournir ou recevoir : *Cette commerçante n'a pas reçu tout son contingent de marchandises* (**SYN.** lot, part). **3.** Quantité maximale de marchandises qui peuvent être importées ou exportées au cours d'une période donnée (**SYN.** quota).

contingentement n.m. Action de contingenter ; fait d'être contingenté : *Le contingentement des exportations d'automobiles* (**SYN.** limitation).

contingenter v.t. [conj. 3]. Fixer la quantité maximale de marchandises à importer ou exporter ; réglementer : *Contingenter les vins et alcools* (**SYN.** limiter, rationner).

continu, e adj. (lat. *continuus*). Qui n'est pas interrompu dans le temps ou dans l'espace : *Une ligne continue* (**CONTR.** discontinu). *La machine fait un bruit continu* (**SYN.** continuel, permanent ; **CONTR.** alternatif, intermittent). *Il a fourni un effort continu* (**SYN.** constant, régulier ; **CONTR.** passager). ▸ ***Journée continue,*** horaire journalier de travail ne comportant qu'une brève interruption pour le repas. ◆ **continu** n.m. ▸ ***En continu,*** sans interruption : *Cette station de radio émet en continu.*

continuateur, trice n. Personne qui continue ce qu'une autre a commencé, qui prend sa suite ; successeur : *Sa fille sera sa continuatrice* (**CONTR.** initiateur, prédécesseur).

continuation n.f. Action de continuer ce qui a été commencé ; résultat de cette action : *Les employés ont voté la continuation de la grève* (**SYN.** poursuite, prolongation ; **CONTR.** arrêt, cessation). *Ses travaux sont la continuation des recherches de ses prédécesseurs* (**SYN.** prolongement, suite ; **CONTR.** fin).

continuel, elle adj. Qui ne s'interrompt pas ; qui se renouvelle constamment : *Elle vit dans la crainte continuelle d'être cambriolée* (**SYN.** constant, permanent, perpétuel ; **CONTR.** épisodique). *Les pluies continuelles ont raviné le jardin* (**SYN.** continu, incessant, ininterrompu ; **CONTR.** intermittent). *Ces retards continuels mettent le projet en danger* (**SYN.** fréquent, répété ; **CONTR.** exceptionnel, occasionnel, rare).

continuellement adv. De façon continuelle : *Il se plaint continuellement* (**SYN.** constamment, sans arrêt, sans cesse ; **CONTR.** exceptionnellement, rarement).

continuer v.t. (lat. *continuare*, de *continuus*, continu) [conj. 7]. Ne pas interrompre ce qui est commencé ; reprendre ce qui a été interrompu : *Elle a l'intention de continuer ses études* (**SYN.** poursuivre ; **CONTR.** arrêter, interrompre). *Viens m'aider, tu continueras ta lecture après* (**SYN.** reprendre). ▸ ***Continuer à*** ou ***de*** (+ inf.), persister à : *Elle continue à réclamer sa titularisation. Il continue de pleuvoir.* ◆ v.i. Ne pas cesser, se poursuivre ; ne pas interrompre son cours : *La tempête a encore continué toute la nuit* (**SYN.** durer). *Cette rue continue après le carrefour* (**SYN.** se prolonger).

continuité n.f. Caractère de ce qui est continu : *On a récompensé la continuité de ses efforts* (**SYN.** constance, persistance ; **CONTR.** intermittence). *Il est important de pouvoir juger d'une politique dans sa continuité* (**SYN.** durée, permanence ; **CONTR.** discontinuité). ▸ ***Solution de continuité*** → **solution.**

continûment adv. De façon continue ; sans interruption.

continuum [kɔ̃tinɥɔm] n.m. (mot lat., de *continuus*, continu). En physique, ensemble d'éléments tels que l'on puisse passer de l'un à l'autre de façon continue. ▸ ***Continuum espace-temps*** ou ***continuum spatiotemporel,*** espace à quatre dimensions, dont la quatrième est le temps.

contondant, e adj. (du lat. *contundere*, écraser). Se dit d'un objet qui meurtrit par écrasement, sans couper : *La victime fut assommée par un instrument contondant.*

contorsion n.f. (du lat. *torquere*, tordre). Mouvement acrobatique ou forcé qui produit une posture étrange ou grotesque : *Les contorsions du clown font rire les enfants* (**SYN.** gesticulation). *Elle a dû se livrer à des contorsions pour fermer le vasistas* (**SYN.** acrobatie).

se **contorsionner** v.pr. [conj. 3]. Faire des contorsions ; gesticuler.

contorsionniste n. Acrobate spécialisé dans les contorsions.

contour n.m. **1.** Ligne qui marque la limite d'un objet, d'un corps : *Les dessins aux contours épais d'un album de coloriage* (**SYN.** tracé, trait). *Évitez de mettre de la crème sur le contour des yeux* (**SYN.** bord). **2.** Ligne sinueuse ; courbe : *Suivre les contours d'une rivière* (**SYN.** méandre, sinuosité).

contourné, e adj. **1.** Qui présente des lignes sinueuses et compliquées : *Les pieds contournés d'un guéridon.* **2.** Qui manque de naturel, de simplicité : *Un style contourné* (**SYN.** maniéré, tarabiscoté ; **CONTR.** sobre).

contournement n.m. Action de contourner, d'éviter qqch : *La rocade permet le contournement de la ville.*

contourner v.t. (du lat. *tornare*, façonner au tour) [conj. 3]. **1.** Faire le tour de qqch, de qqn, pour l'éviter : *Une rocade permet maintenant de contourner l'agglomération.* **2.** Trouver un biais pour éviter une difficulté : *Il a contourné la loi sur les taxations en se faisant domicilier à l'étranger* (**SYN.** détourner).

contraceptif, ive adj. Relatif à la contraception ; qui est utilisé dans la contraception ; anticonceptionnel : *Pilule contraceptive.* ◆ **contraceptif** n.m. Moyen, produit permettant la contraception.

contraception n.f. (mot angl.). Ensemble des méthodes visant à éviter, de façon réversible et temporaire, la fécondation ; chacune de ces méthodes : *Choisir une contraception adaptée.*

contractant, e adj. et n. (de *2. contracter*). En droit, se dit des parties qui s'engagent par contrat : *Les contractants doivent apposer leur signature.*

contracté, e adj. **1.** Qui manifeste de la nervosité : *Elle est trop contractée au volant* (**SYN.** crispé, tendu ; **CONTR.** décontracté, détendu). **2.** En grammaire, se dit d'un mot formé de deux éléments réunis en un seul : *Les mots « du » et « au » sont des articles contractés pour « de le » et « à le ».*

① **contracter** v.t. (du lat. *contrahere*, resserrer) [conj. 3]. **1.** Réduire qqch en un volume moindre : *Le froid contracte les pousses des plantes* (**SYN.** resserrer ; **CONTR.** dilater, distendre). **2.** Raidir un muscle, une partie du corps : *Contracter ses biceps* (**SYN.** bander, tendre ; **CONTR.** décontracter, relâcher). **3.** Rendre nerveux : *Cessez de m'observer, ça me contracte* (**SYN.** crisper ; **CONTR.** détendre). ◆ **se contracter** v.pr. **1.** Diminuer de volume, de longueur : *Les pupilles se contractent à la lumière* (**SYN.** rétrécir). **2.** Se durcir : *Les muscles se contractent sous l'effort.* **3.** Devenir nerveux ; se crisper : *La piqûre sera encore plus douloureuse si tu te contractes.*

② **contracter** v.t. (du lat. *contrahere*, engager une affaire avec) [conj. 3]. **1.** S'engager juridiquement ou moralement : *Contracter une alliance, un mariage. Contracter des dettes.* **2.** Acquérir une habitude, un comportement : *Elle a contracté cette manie quand elle était étudiante* (**SYN.** prendre ; **CONTR.** se défaire de, perdre). **3.** Attraper une maladie : *Il a contracté le paludisme quand il vivait en Afrique.*

contractile adj. Se dit d'un muscle, d'un organe capable de se contracter : *Les antennes des escargots sont contractiles.*

contraction n.f. **1.** Action de contracter qqch ; résultat de cette action : *La contraction d'un gaz par la pression.* **2.** Pour un muscle, fait de se contracter, d'être contracté : *Les contractions qui précèdent un accouchement.*

contractuel, elle adj. (de *2. contracter*). Qui est établi, stipulé par un contrat (par opp. à consensuel) : *Cette offre n'est pas contractuelle* (= n'a pas valeur de contrat). ◆ n. Agent public n'ayant pas le statut de fonctionnaire ; auxiliaire de police chargé notamm. d'appliquer les règlements de stationnement (on dit aussi *un agent contractuel*).

contractuellement adv. Par contrat : *La société*

de maintenance est contractuellement tenue de nous dépanner 24 heures sur 24.

contracture n.f. Contraction involontaire et prolongée d'un muscle, qui s'accompagne de raideur : *Une crampe est une contracture.*

contradicteur n.m. Personne qui contredit, qui apporte une contradiction : *Elle a répondu aux objections de ses contradicteurs* (**SYN.** opposant).

contradiction n.f. **1.** Action de contredire, de s'opposer à ce que dit qqn : *Il ne supporte pas la contradiction* (**SYN.** contestation, critique, objection ; **CONTR.** approbation, assentiment). **2.** Action, fait de se contredire : *Relever des contradictions dans les déclarations des témoins* (**SYN.** discordance, incohérence ; **CONTR.** convergence). **3.** Opposition, incompatibilité entre deux choses : *Ses actes sont en contradiction avec ses paroles* (**SYN.** désaccord ; **CONTR.** accord). *Il y a contradiction entre ces deux propositions* (**SYN.** antinomie). ▸ ***Esprit de contradiction,*** disposition d'une personne à contredire les autres.

contradictoire adj. **1.** Qui apporte une contradiction à ce qui a été dit : *La défense a produit des témoignages contradictoires* (**SYN.** antinomique, contraire, opposé). *Un débat contradictoire* (= où s'expriment des idées différentes). **2.** Qui renferme ou implique une contradiction : *Un raisonnement contradictoire* (**SYN.** illogique, incohérent).

contradictoirement adv. Dans le langage juridique, en présence des deux parties : *Jugement rendu contradictoirement.*

contraignant, e adj. Qui contraint, oblige à qqch de pénible ; qui laisse peu de liberté : *Un horaire contraignant* (**SYN.** astreignant ; **CONTR.** adapté). *Elle suit un régime très contraignant* (**SYN.** pénible ; **CONTR.** doux, léger).

contraindre v.t. (lat. *constringere,* de *stringere,* serrer) [conj. 80]. **1. [à, de].** Obliger qqn à faire qqch : *On l'a contraint à démissionner* ou *à la démission* (**SYN.** forcer, pousser). *La maladie l'a contrainte au repos* (**SYN.** condamner). *Les circonstances l'ont contraint d'agir ainsi* (**SYN.** acculer à). **2.** *Litt.* Empêcher qqn de suivre son penchant naturel ; empêcher des sentiments de s'exprimer : *Contraindre un enfant dans ses goûts* (**SYN.** limiter, restreindre, refréner). *Elle a toujours dû contraindre ses désirs* (**SYN.** contenir, refouler, réprimer). ◆ **se contraindre** v.pr. ▸ ***Se contraindre à*** (+ inf.), s'obliger à : *Elle se contraint à monter ses six étages à pied* (**SYN.** s'imposer de).

contraint, e adj. Qui manque de naturel ; mal à l'aise : *Un sourire contraint* (**SYN.** emprunté, forcé).

contrainte n.f. **1.** Pression morale ou physique exercée sur qqn : *Obtenir qqch par la contrainte* (**SYN.** coercition [sout.], force ; **CONTR.** liberté). *Agir, obéir sous la contrainte.* **2.** Obligation créée par une nécessité, par les règles en usage dans un milieu ; exigence : *Écrire un dictionnaire impose des contraintes* (**SYN.** impératif). **3.** Gêne que l'on s'impose à soi-même ; attitude qui manque de naturel : *Rire et s'amuser sans contrainte* (**SYN.** embarras, retenue).

contraire adj. (lat. *contrarius*). **1.** Qui s'oppose radicalement à qqch ; qui va à l'encontre de : *« Froid » et « chaud » sont des mots de sens contraires* (**SYN.** antinomique, opposé ; **CONTR.** analogue, identique). *Cette décision est contraire à la Constitution* (**CONTR.** conforme). **2.** Qui va dans le sens opposé : *Tourner une manivelle dans le sens contraire à celui des aiguilles d'une montre* (**SYN.** inverse). *Des vents contraires* (= des vents de face). **3.** Qui est incompatible avec qqch ; qui nuit à qqn ou qqch : *Un aliment contraire à la santé* (**SYN.** néfaste, nocif ; **CONTR.** bénéfique, propice). ◆ n.m. **1.** Ce qui s'oppose totalement à qqch : *La douceur est le contraire de la violence* (**SYN.** inverse). *Elle a fait le contraire de ce que j'attendais* (**SYN.** opposé). **2.** Mot qui a un sens opposé à celui d'un autre : *Ce dictionnaire indique les synonymes et les contraires* (**SYN.** antonyme ; **CONTR.** synonyme). ▸ ***Au contraire,*** exprime une opposition forte : *Il a cru me mettre dans l'embarras, j'étais ravi au contraire.* ***Au contraire de,*** à l'inverse de : *Au contraire de l'année dernière, je passerai toutes mes vacances à l'étranger* (**SYN.** contrairement à).

contrairement à loc. prép. D'une manière opposée à : *Contrairement aux prévisions, il n'a pas plu* (**CONTR.** conformément à). *Je n'ai pas oublié, contrairement à ce que tu crois* (**CONTR.** ainsi, comme).

contralto n.m. (mot it.). La plus grave des voix de femme (**SYN.** alto). ◆ n.m. ou n.f. Chanteuse qui possède cette voix.

contrapuntique [kɔ̃trapɔ̃tik] adj. (de l'it. *contrappunto,* contrepoint). En musique, qui est relatif au contrepoint ; qui utilise les règles du contrepoint.

contrapuntiste [kɔ̃trapɔ̃tist] ou **contrapontiste** ou **contrapointiste** n. Compositeur de musique qui utilise les règles du contrepoint.

contrariant, e adj. Qui contrarie : *Ce retard est contrariant* (**SYN.** ennuyeux, fâcheux).

contrarié, e adj. **1.** Qui éprouve de la contrariété : *Je suis contrarié qu'il ne puisse pas venir* (**SYN.** déçu, ennuyé, fâché). **2.** Qui fait l'objet d'une opposition : *C'est une gauchère contrariée* (= qu'on a forcée à écrire de la main droite).

contrarier v.t. (lat. *contrariare,* contredire) [conj. 9]. **1.** Causer du déplaisir à qqn : *J'espère que mon départ ne vous contrarie pas* (**SYN.** dépiter, ennuyer, fâcher ; **CONTR.** combler, satisfaire). **2.** *Sout.* Faire obstacle à qqch ; s'opposer à : *La nouvelle organisation contrarie nos plans* (**SYN.** contrecarrer). *Elle ne peut rien dire sans qu'il ne la contrarie* (**SYN.** contredire ; **CONTR.** approuver).

contrariété n.f. **1.** Mécontentement causé par l'opposition que l'on rencontre : *Notre retard lui causa une vive contrariété* (**SYN.** agacement, irritation ; **CONTR.** contentement, satisfaction). **2.** Ce qui contrarie qqn et l'attriste : *Toutes ces contrariétés l'ont rendu malade* (**SYN.** ennui, souci ; **CONTR.** joie, plaisir).

a **contrario** loc. adv. → **a contrario.**

contraste n.m. (it. *contrasto,* lutte). Opposition marquée entre deux choses, dont l'une fait ressortir l'autre : *Ses cheveux noirs forment un contraste avec sa peau claire* (**SYN.** disparité ; **CONTR.** harmonie). ▸ ***Produit de contraste,*** substance opaque aux rayons X, qu'on introduit dans l'organisme pour visualiser certains organes au cours d'un examen radiologique.

contrasté, e adj. Dont les contrastes sont accusés : *Des couleurs contrastées* (**SYN.** opposé).

contraster v.t. ind. [conj. 3]. **[avec].** S'opposer de façon frappante à : *Ce rose vif contraste avec le noir*

(**SYN.** ressortir, trancher sur ; **CONTR.** se fondre). *Cette église moderne contraste avec ces vieilles maisons* (**SYN.** détonner ; **CONTR.** s'harmoniser). ◆ v.t. Mettre en contraste ; opposer : *Contraster les couleurs dans un tableau.*

contrat n.m. (lat. *contractus*, de *contrahere*, engager une affaire avec). **1.** Convention entre deux ou plusieurs personnes qui prennent un engagement réciproque : *Un contrat d'assurance.* **2.** Document qui établit cette convention : *Rédiger un contrat. Signez votre contrat et renvoyez-le immédiatement.* **3.** *Arg.* Accord passé entre un commanditaire et un tueur à gages pour exécuter quelqu'un ; la personne à exécuter elle-même. ▸ ***Remplir*** ou ***réaliser son contrat,*** faire ce que l'on avait promis.

contravention n.f. (du lat. *contravenire*, s'opposer à). **1.** Infraction passible du tribunal de police et qui est sanctionnée par une amende (par opp. à délit et à crime) ; cette amende : *Téléphoner au volant constitue une contravention. Il a dû payer une contravention.* **2.** Constat écrit d'une infraction, établi par un agent de police : *L'agent a dressé une contravention* (**SYN.** procès-verbal).

① **contre** prép. (lat. *contra*, en face de, contrairement à). **1.** Indique le contact, la juxtaposition : *Appuyer une échelle contre un mur. Serrer un enfant contre sa poitrine* (**SYN.** sur). **2.** Indique l'opposition : *Je suis contre de tels procédés* (= hostile à ; **CONTR.** en faveur de, pour). *Ils sont tous contre moi* (**CONTR.** avec). *Un vaccin contre la grippe* (= destiné à la combattre). **3.** Indique l'échange : *Il a troqué sa vieille voiture contre une moto* (**SYN.** pour). *Un envoi contre remboursement.* **4.** Indique une proportion, un rapport : *On trouve vingt films médiocres contre un de qualité* (**SYN.** pour). *Parier à dix contre un.* ▸ ***Contre la montre*** → **1. montre.** ***Contre vents et marées,*** en dépit de tous les obstacles. ◆ adv. **1.** Indique le contact, la juxtaposition : *Une pierre dépasse du trottoir et j'ai buté contre.* **2.** Indique l'opposition : *Il a bien voulu qu'elle parte seule, mais j'étais contre.* ◆ **par contre** loc. adv. Exprime une articulation logique marquant l'opposition : *Son œuvre de jeunesse est admirable, par contre ses derniers romans sont très décevants* (**SYN.** au contraire, en revanche).

② **contre** n.m. **1.** En sports, contre-attaque. **2.** À certains jeux de cartes, contestation du contrat de l'équipe adverse. ▸ ***Le pour et le contre*** → **pour.**

contre-allée n.f. (pl. *contre-allées*). Allée parallèle à une allée, à une voie principale.

contre-amiral, e n. (pl. *contre-amiraux, contre-amirales*). Officier général de la marine immédiatement au-dessous de vice-amiral.

contre-attaque n.f. (pl. *contre-attaques*). Attaque lancée pour répondre à une offensive adverse : *Des contre-attaques victorieuses.*

contre-attaquer v.i. [conj. 3]. Exécuter une contre-attaque : *L'adversaire intercepta la balle et contre-attaqua.*

contrebalancer v.t. [conj. 16]. Faire équilibre avec qqch ; rétablir un équilibre : *Les grues sont équipées d'un poids qui contrebalance la charge qu'elles soulèvent. La sévérité de son père contrebalance l'indulgence de sa mère* (**SYN.** compenser, neutraliser).

contrebande n.f. (it. *contrabbando*, contre le ban). Importation illégale de marchandises ; ces marchandises : *Ces bateaux font de la contrebande. Des cigarettes de contrebande.*

contrebandier, ère n. Personne qui se livre à la contrebande.

en **contrebas** loc. adv. À un niveau moins élevé : *Du chalet, on aperçoit la route en contrebas.* ◆ **en contrebas de** loc. prép. À un niveau inférieur à : *La rivière coule en contrebas de la maison* (**CONTR.** en contre-haut de).

contrebasse n.f. (it. *contrabbasso*). Le plus grand et le plus grave des instruments de musique de la famille des violons. ◆ adj. Se dit du plus grave des instruments d'une famille instrumentale : *Un saxophone contrebasse.* ◆ n.f. Contrebassiste.

contrebassiste n. ou **contrebasse** n.f. Personne qui joue de la contrebasse.

contre-braquer v.i. [conj. 3]. Braquer les roues avant d'une voiture dans la direction inverse de celle qu'on leur a donnée en braquant : *Tu peux contre-braquer maintenant.*

contrecarrer v.t. (de l'anc. fr. *contrecarre*, opposition) [conj. 3]. S'opposer directement à qqn, à qqch ; faire obstacle à : *Ils ont tout fait pour contrecarrer nos projets* (**SYN.** contrarier, contrer, empêcher ; **CONTR.** aider, favoriser).

contrechamp n.m. Au cinéma, prise de vues effectuée sous un angle exactement opposé à celui de la prise de vues précédente : *Une succession de champs et de contrechamps.*

contre-chant n.m. (pl. *contre-chants*). Phrase mélodique qui soutient le thème d'un morceau de musique.

à **contrecœur** loc. adv. Contre son gré ; malgré soi : *J'ai accepté de le faire entrer chez moi, mais c'était à contrecœur* (= de mauvaise grâce, à regret ; **CONTR.** de bon gré, volontiers).

contrecoup n.m. Répercussion d'un choc moral ou physique ; conséquence indirecte d'un acte, d'un événement : *Sa dépression est le contrecoup de son licenciement* (= choc en retour ; **SYN.** effet, réaction, suite). *La hausse des prix alimentaires est le contrecoup des intempéries* (**SYN.** répercussion, résultat).

contre-courant n.m. (pl. *contre-courants*). Courant aquatique qui va dans le sens inverse du courant principal : *À marée montante, il y a un fort contre-courant dans l'estuaire.* ▸ ***À contre-courant,*** dans le sens opposé au courant principal ; fig., dans le sens contraire à la tendance générale : *Nager à contre-courant. Aller à contre-courant de la mode.*

contre-culture n.f. (pl. *contre-cultures*). Courant culturel opposé à la culture dominante.

contredanse n.f. *Fam.* Contravention.

contredire v.t. [conj. 103]. **1.** Dire le contraire de ce que qqn affirme : *Vous contredisez ce que le témoin vient de déclarer* (**SYN.** contester, réfuter ; **CONTR.** confirmer, corroborer). **2.** Être en contradiction avec ; être incompatible avec : *Ses actes contredisent ses paroles* (**SYN.** démentir). *Cette hypothèse est contredite par les faits* (**SYN.** infirmer ; **CONTR.** confirmer, vérifier). ◆ **se contredire** v.pr. Être en contradiction avec soi-même ; être en contradiction réciproque : *Elle s'est* *contredite plusieurs fois au cours de son récit. Les deux premiers témoignages se contredisent* (= sont contradictoires).

sans **contredit** loc. adv. (de *contredire*). *Litt.* Sans que cela puisse être réfuté ou discuté : *Elle est sans contredit la meilleure skieuse actuelle* (**SYN.** assurément, indiscutablement).

contrée n.f. (du lat. [*regio*] *contrata,* [pays] situé en face). *Sout.* Étendue de pays : *Il a visité des contrées lointaines* (**SYN.** région).

contre-emploi n.m. (pl. *contre-emplois*). Rôle qui ne correspond pas au physique, au tempérament d'un comédien.

contre-enquête n.f. (pl. *contre-enquêtes*). Enquête destinée à contrôler les résultats d'une enquête précédente : *Le tribunal a ordonné une contre-enquête.*

contre-espionnage n.m. (pl. *contre-espionnages*). Ensemble des activités visant à dépister et à réprimer l'action des espions étrangers sur le territoire national ; le service chargé de ces activités.

contre-exemple n.m. (pl. *contre-exemples*). Exemple qui contredit une affirmation, une règle.

contre-expertise n.f. (pl. *contre-expertises*). Expertise destinée à contrôler une expertise précédente : *Présenter les conclusions d'une contre-expertise.*

contrefaçon n.f. (de *contrefaire,* d'après *façon*). Imitation frauduleuse d'une œuvre littéraire, artistique, d'un produit manufacturé, d'une monnaie, etc. : *À ce prix-là, ce ne peut être qu'une contrefaçon* (**SYN.** copie, faux).

contrefacteur, trice n. Personne coupable de contrefaçon (**SYN.** faussaire).

contrefaire v.t. (lat. *contrafacere,* imiter) [conj. 109]. **1.** Déformer ou simuler afin de tromper : *Le kidnappeur avait contrefait sa voix au téléphone* (**SYN.** déguiser). *Contrefaire la douleur* (= faire semblant de souffrir ; **SYN.** feindre, jouer). **2.** Imiter en déformant : *Vous contrefaites sa démarche d'une manière très amusante* (**SYN.** parodier, singer). **3.** Produire une contrefaçon : *Contrefaire une signature.*

contrefait, e adj. **1.** Imité par contrefaçon : *Une écriture contrefaite.* **2.** Dont le corps présente une difformité, en parlant d'une personne ; difforme, malbâti.

contre-feu n.m. (pl. *contre-feux*). Feu volontairement allumé en avant d'un incendie pour créer un vide et arrêter ainsi sa propagation.

se **contreficher** v.pr. [conj. 3]. *Fam.* Se moquer complètement de ; n'attacher aucune importance à.

contrefort n.m. **1.** Ouvrage de maçonnerie élevé contre un mur pour le soutenir : *Les contreforts d'un rempart.* **2.** Pièce de cuir qui renforce la partie arrière d'une chaussure, au-dessus du talon. **3.** Partie située en bordure d'un massif montagneux, moins élevée que le massif principal : *L'Afghanistan s'étend sur les contreforts de l'Himalaya.*

en **contre-haut** loc. adv. À un niveau plus élevé : *La tour est située en contre-haut.* ◆ **en contre-haut de** loc. prép. À un niveau supérieur à : *Suivre un chemin en contre-haut de la rivière* (**CONTR.** en contrebas de).

contre-indication n.f. (pl. *contre-indications*). Circonstance, état particulier de l'organisme qui rend impossible l'utilisation d'un médicament ou le recours à un traitement : *Aucune contre-indication à ce voyage.*

contre-indiqué, e adj. (pl. *contre-indiqués, es*). **1.** Qui ne doit pas être employé : *Ce médicament est contre-indiqué en cas de diabète.* **2.** Qu'il est conseillé d'éviter : *Il est contre-indiqué de circuler dans la capitale en voiture un jour de grève* (**SYN.** déconseillé, inopportun).

contre-interrogatoire n.m. (pl. *contre-interrogatoires*). Interrogatoire d'un témoin, d'un accusé, mené par la partie adverse.

contre-jour n.m. (pl. *contre-jours*). Lumière qui éclaire un objet du côté opposé à celui par lequel on le regarde. ▸ ***À contre-jour,*** dans le sens opposé à celui d'où vient la lumière : *Éviter de prendre des photos à contre-jour.*

contre-la-montre n.m. inv. Épreuve de course cycliste contre la montre : *Elle a gagné les deux contre-la-montre.*

contremaître, esse n. Personne dont la fonction est de diriger une équipe d'ouvriers, d'ouvrières.

contre-manifestant, e n. (pl. *contre-manifestants, es*). Personne qui participe à une contre-manifestation.

contre-manifestation n.f. (pl. *contre-manifestations*). Manifestation organisée en opposition à une autre : *Le parti adverse appela à une contre-manifestation.*

contremarche n.f. Partie verticale d'une marche d'escalier : *Un escalier dont les contremarches sont peintes en blanc.*

contremarque n.f. **1.** Carte, ticket, jeton délivré à des spectateurs qui sortent momentanément d'une salle de spectacle. **2.** Ticket, billet individuel qui témoigne du paiement d'un billet de passage collectif ou global.

contre-mesure n.f. (pl. *contre-mesures*). Disposition prise pour s'opposer à une action, à un événement : *Prendre des contre-mesures pour éviter la spéculation.*

contre-offensive n.f. (pl. *contre-offensives*). Opération offensive lancée en réponse à une offensive de l'adversaire.

contrepartie n.f. **1.** Ce qui est fourni en échange de qqch ; ce qui constitue un dédommagement de qqch : *Vous recevrez en euros la contrepartie de vos dollars* (**SYN.** équivalent). *Ce partage était inéquitable, vous recevrez une contrepartie financière* (**SYN.** compensation). **2.** Opinion contraire : *Soutenir la contrepartie d'une théorie* (**SYN.** contre-pied).

contre-performance n.f. (pl. *contre-performances*). Échec survenant alors qu'on attendait une victoire, un succès ; résultat médiocre : *Après quelques contre-performances, le joueur de tennis a retrouvé son niveau.*

contrepet [kɔ̃trəpɛ] n.m. Art d'inventer des contrepèteries ou de les résoudre.

contrepèterie n.f. (de l'anc. fr. *contrepéter,* inverser les sons). Interversion plaisante de lettres ou de syllabes dans un groupe de mots, dans une phrase : *La phrase « trompez, sonnettes » est une contrepèterie pour « sonnez, trompettes ».*

contre-pied n.m. (pl. *contre-pieds*). Ce qui est à l'opposé d'une opinion, d'un comportement : *Sa théorie est le contre-pied de la vôtre* (**SYN.** contraire, inverse). ▸ ***Prendre le contre-pied de qqch,*** s'appliquer à faire, à soutenir le contraire : *Les enfants prennent souvent le contre-pied de ce que disent leurs parents.*

contreplaqué n.m. Matériau en bois obtenu par l'assemblage d'un certain nombre de lames minces collées en alternant le sens des fibres.

contre-plongée n.f. (pl. *contre-plongées*). En cinéma, prise de vues dirigée de bas en haut (par opp. à plongée).

contrepoids n.m. **1.** Poids servant à équilibrer une force, un autre poids : *Le contrepoids d'une horloge. Mets une valise de chaque côté pour faire contrepoids* (= rétablir l'équilibre, contrebalancer). **2.** Ce qui compense, neutralise un effet : *L'humour est souvent un contrepoids au désespoir.*

à **contre-poil** loc. adv. Dans le sens contraire à celui du poil : *Brosser un chat à contre-poil* (**SYN.** à rebrousse-poil). ▸ *Fam.* ***Prendre qqn à contre-poil,*** l'irriter en heurtant ses convictions.

contrepoint n.m. (de *point,* les notes étant autref. représentées par des points). Technique de composition musicale consistant à superposer plusieurs lignes mélodiques ; composition ainsi écrite.

contrepointiste n. → **contrapuntiste.**

contrepoison n.m. Remède qui neutralise les effets d'un poison (**SYN.** antidote).

contre-pouvoir n.m. (pl. *contre-pouvoirs*). Pouvoir qui s'organise pour faire échec à une autorité établie ou pour contrebalancer son influence.

contre-productif, ive adj. (pl. *contre-productifs, ives*). Qui produit le contraire de l'effet escompté.

contre-projet n.m. (pl. *contre-projets*). Projet que l'on oppose à un autre.

contre-propagande n.f. (pl. *contre-propagandes*). Propagande visant à neutraliser les effets d'une autre propagande.

contre-proposition n.f. (pl. *contre-propositions*). Proposition différente qu'on oppose à une autre dans une négociation : *Examiner toutes les contre-propositions.*

contre-publicité n.f. (pl. *contre-publicités*). **1.** Publicité qui a un effet contraire à l'effet souhaité : *Ce spot sexiste est une contre-publicité.* **2.** Publicité destinée à lutter contre les effets d'une autre publicité.

contrer v.t. (de *1. contre*) [conj. 3]. **1.** À certains jeux de cartes, parier que l'équipe adverse ne réalisera pas le contrat annoncé. **2.** S'opposer vigoureusement à l'action de qqn, de qqch : *Le Parlement essaie de contrer le Premier ministre* (**CONTR.** soutenir). *L'entreprise essaie de contrer une O.P.A.* (**SYN.** contrecarrer).

contre-révolution n.f. (pl. *contre-révolutions*). Mouvement politique et social qui vise à combattre une révolution, à ruiner ses résultats.

contre-révolutionnaire adj. et n. (pl. *contre-révolutionnaires*). Relatif à une contre-révolution ; qui est partisan d'une contre-révolution.

contreseing [kɔ̃trəsɛ̃] n.m. Signature qu'on appose à côté d'une autre pour l'authentifier.

contresens [kɔ̃trəsɑ̃s] n.m. **1.** Interprétation erronée d'un mot, d'une phrase, opposée à la signification véritable : *Si vous traduisez le mot anglais « inhabited » par « inhabité », vous faites un contresens.* **2.** Ce qui est contraire à la logique, au bon sens ; erreur : *La politique économique de ce gouvernement est un contresens* (**SYN.** aberration, non-sens). **3.** Sens contraire au sens normal : *Il s'est engagé sur une bretelle d'autoroute à contresens* (= en sens inverse de la circulation).

contresigner v.t. [conj. 3]. Apposer un contreseing : *Contresigner un acte de vente.*

contretemps n.m. **1.** Circonstance imprévue, qui contrarie un projet ou le cours normal des choses : *Ce contretemps m'a retardé* (**SYN.** empêchement, ennui, incident). **2.** En musique, procédé rythmique consistant à attaquer un son sur un temps faible : *Le jazz utilise beaucoup le contretemps.* ▸ ***À contretemps,*** sans respecter la mesure : *Attaquer une note à contretemps* ; fig., mal à propos, d'une manière inopportune : *Ce maladroit est intervenu à contretemps.*

contre-terrorisme n.m. (pl. *contre-terrorismes*). Ensemble d'actions ripostant au terrorisme.

contre-torpilleur n.m. (pl. *contre-torpilleurs*). Petit bateau de guerre, rapide et puissamment armé.

contretype n.m. Fac-similé d'une image photographique, en négatif ou en positif.

contre-ut n.m. inv. La note *ut* (ou *do*) plus haute d'une octave que l'*ut* supérieur du registre normal : *Une soprano spécialiste des contre-ut.*

contrevenant, e n. Personne qui est en contravention avec un règlement, une loi : *Il est interdit de fumer ; tout contrevenant est passible d'une amende.*

contrevenir v.t. ind. (lat. *contravenire,* s'opposer à) [conj. 40]. **[à].** Agir contrairement à une prescription, à une obligation : *En téléphonant au volant, tu contreviens au Code de la route* (**SYN.** enfreindre, transgresser).

contrevent n.m. Volet extérieur en bois.

contreventement n.m. Assemblage de pièces de bois destiné à garantir une charpente contre le renversement et les déformations horizontales.

contrevérité n.f. Affirmation contraire à la vérité : *Vous avez dit des contrevérités* (**SYN.** mensonge).

contre-visite n.f. (pl. *contre-visites*). Visite médicale de contrôle.

contribuable n. Personne soumise au paiement de l'impôt : *Ce nouvel impôt ne touchera pas les petits contribuables.*

contribuer v.t. ind. (lat. *tribuere,* répartir) [conj. 7]. **[à].** Participer à une œuvre commune ; concourir à certain résultat : *Chacun de ses collègues a contribué à l'achat de son cadeau de départ à la retraite* (= a pris part à). *Elle a contribué à la rédaction de cet article* (**SYN.** collaborer, coopérer).

contributif, ive adj. **1.** Qui concerne une contribution, un impôt : *Part contributive.* **2.** Qui fait appel à la contribution de chacun : *Encyclopédie contributive* (**SYN.** participatif).

contribution n.f. **1.** Part apportée par qqn à une action commune : *Chaque citoyen doit apporter sa contribution au bien-être général* (**SYN.** aide, concours, participation). *Ils ont organisé une grande fête et ont demandé à chacun une contribution* (**SYN.** écot, quote-part). **2.** (Surtout au pl.). Participation de chacun aux dépenses de l'État ou des collectivités publiques ; impôt : *Contributions directes et contributions indirectes.* ▸ ***Contribution sociale généralisée*** ou ***C.S.G.,*** prélèvement obligatoire sur tous les revenus destiné à faciliter l'équilibre financier des organismes sociaux. ***Mettre qqn à contribution,*** avoir recours à son aide, à ses services.

contrister v.t. [conj. 3]. *Litt.* Plonger dans une profonde tristesse ; affliger, attrister.

contrit, e adj. (du lat. *conterere,* broyer, accabler). *Litt.* Qui est pénétré du regret de ses actes : *Il a avoué sa faute d'un air contrit* (**SYN.** repentant).

contrition n.f. *Litt.* Regret sincère d'une faute, d'un péché que l'on a commis (**SYN.** repentir).

contrôlable adj. Que l'on peut contrôler : *Cette affirmation n'est pas contrôlable* (**SYN.** vérifiable). *Il y a forcément dans une foule quelques individus qui ne sont pas contrôlables* (**SYN.** maîtrisable).

contrôle n.m. (anc. fr. *contrerole,* registre tenu en double). **1.** Inspection attentive d'un acte, d'une pièce en vue d'en vérifier la validité, la régularité : *Des policiers procèdent à un contrôle d'identité* (**SYN.** vérification). *Être soumis à un contrôle fiscal.* **2.** Bureau chargé de ce genre de vérification : *Veuillez vous présenter au contrôle.* **3.** Fait de surveiller l'état de qqch ou de qqn : *Ce véhicule doit passer au contrôle technique* (**SYN.** révision). *Un contrôle médical* (**SYN.** examen). **4.** Exercice scolaire fait en classe, et destiné à contrôler et à surveiller les progrès des élèves, leur niveau (**SYN.** interrogation, test). **5.** Action, fait de contrôler qqch, un groupe, un pays, son comportement, d'exercer sur eux un pouvoir : *Le conducteur doit toujours garder le contrôle de son véhicule* (**SYN.** maîtrise). *L'armée a pris le contrôle du pays* (**SYN.** direction). *Garder le contrôle de la situation.* **6.** Fait de se dominer ; maîtrise de soi : *La colère lui a fait perdre le contrôle de lui-même* (= son sang-froid). ▸ ***Contrôle des naissances,*** limitation du nombre des naissances par la contraception.

contrôler v.t. [conj. 3]. **1.** Soumettre à une vérification, à une surveillance : *Contrôler la qualité d'une marchandise* (**SYN.** inspecter). *Contrôler les entrées et les sorties des élèves* (**SYN.** pointer). *Faire contrôler les freins de sa voiture* (**SYN.** réviser). **2.** Avoir la maîtrise de qqch, d'une situation ; exercer un pouvoir sur qqch, sur un groupe : *L'armée contrôle la zone frontière. Banques qui contrôlent une branche de l'industrie* (**SYN.** diriger, gérer). **3.** Maîtriser, dominer : *Contrôler ses émotions* (**SYN.** dompter). ◆ **se contrôler** v.pr. Être, rester maître de soi : *Elle a appris à se contrôler* (**SYN.** se contenir, se dominer).

contrôleur, euse n. Personne chargée d'exercer un contrôle ; inspecteur, vérificateur : *Présenter son billet de train au contrôleur. Contrôleur de la navigation aérienne* (= aiguilleur du ciel). *Contrôleur de gestion.*

contrordre n.m. Ordre, décision qui annule un ordre donné précédemment.

controuvé, e adj. *Litt.* Inventé de toutes pièces : *Des prétextes et des alibis controuvés* (**SYN.** mensonger ; **CONTR.** exact, vrai).

controverse n.f. (lat. *controversia,* litige). Discussion motivée par des opinions ou des interprétations divergentes : *Le sens ambigu de cette phrase a suscité de nombreuses controverses* (**SYN.** contestation, débat, polémique).

controversé, e adj. Qui fait l'objet de controverses : *Une décision controversée* (**SYN.** contesté, discuté ; **CONTR.** consensuel, unanime).

contumace n.f. (lat. *contumacia,* obstination). État d'un accusé qui refuse de comparaître en justice : *L'accusé a été condamné par contumace* (= en son absence du tribunal).

contumax adj. et n. (mot lat. signif. « obstiné »). Se dit d'une personne en état de contumace : *Ce condamné est contumax.*

contusion n.f. (du lat. *contundere,* écraser, meurtrir). Meurtrissure sans plaie ni fracture des os : *Ils s'en sont sortis avec de simples contusions* (= des bleus ou des bosses ou des ecchymoses).

contusionner v.t. [conj. 3]. Provoquer des contusions ; blesser par contusion : *Une épaule contusionnée* (**SYN.** meurtrir).

conurbation n.f. (du lat. *cum,* avec, et *urbs,* ville). Agglomération formée par plusieurs villes voisines dont les banlieues se sont rejointes : *La conurbation de Lille-Roubaix-Tourcoing.*

convaincant, e adj. Qui est propre à convaincre : *Apporter des arguments convaincants* (**SYN.** concluant, décisif, probant). *L'avocat a su se montrer très convaincant* (**SYN.** éloquent, persuasif).

convaincre v.t. (lat. *convincere*) [conj. 114]. **1.** Amener qqn à reconnaître l'exactitude d'un fait : *Il voulait convaincre ses collègues de sa bonne foi. J'ai fini par la convaincre qu'elle avait tort* (**SYN.** persuader). **2.** Apporter des preuves de la culpabilité de qqn : *Convaincre un témoin de mensonge. Elle a été convaincue de meurtre* (= reconnue coupable de).

convaincu, e adj. Qui croit fermement à une opinion ; qui manifeste une grande conviction : *Un partisan convaincu de l'Europe* (**SYN.** déterminé, farouche, résolu ; **CONTR.** tiède). *Convaincue de son bon droit, elle s'engagea dans un procès* (= persuadée ; **SYN.** certain, sûr). ◆ n. Personne intimement persuadée de la justesse de ses idées : *Prêcher un convaincu.*

convalescence n.f. Retour progressif à la santé après une maladie ; période durant laquelle il s'effectue : *Être en convalescence.*

convalescent, e adj. et n. (du lat. *convalescere,* reprendre des forces). Qui est en convalescence : *Une maison de repos pour convalescents.*

convecteur n.m. Radiateur électrique dans lequel l'air est chauffé par convection au contact de surfaces métalliques.

convection ou **convexion** n.f. (du lat. *convehere,* charrier, de *vehere,* porter). Mouvement vertical de l'air, d'origine thermique.

convenable adj. **1.** Qui est approprié à son objet, à un usage, à une situation : *Elle a attendu le moment convenable pour quitter la réunion* (**SYN.** opportun, propice ; **CONTR.** inopportun). **2.** Qui respecte les bienséances : *Restez convenable* (**SYN.** poli ; **CONTR.** grossier, malpoli). *Une tenue convenable* (**SYN.** correct, décent ; **CONTR.** incorrect). **3.** Qui a les qualités requises, sans plus : *Un devoir de français convenable* (**SYN.** acceptable, passable ; **CONTR.** lamentable, mauvais).

convenablement adv. De façon convenable : *Un appartement convenablement chauffé* (**SYN.** bien, raisonnablement). *Tiens-toi convenablement* (**SYN.** correctement).

convenance n.f. **1.** *Litt.* Caractère de ce qui est conforme aux règles de la société, aux usages : *Il est toujours d'une convenance parfaite* (**SYN.** bienséance, savoir-vivre ; **CONTR.** inconvenance, sans-gêne). **2.** Caractère de ce qui convient à qqn : *Ce plat est-il à votre convenance ?* (**SYN.** goût, gré). *Je l'ai laissé agir à sa convenance* (= à sa guise). ▸ ***Pour convenances personnelles*** ou ***pour convenance personnelle,*** pour des motifs relevant de la vie privée, sans autre justification : *Demander un congé pour convenances personnelles.* ◆ **convenances** n.f. pl. Règles du bon usage ; correction : *Sa grand-mère exige un respect absolu des convenances.*

convenir v.t. ind. (lat. *convenire,* venir ensemble) [conj. 40]. **1. [de].** Conclure un accord ; tomber d'accord sur qqch : *Ils ont convenu* ou *ils sont convenus de se réunir la semaine prochaine* (**SYN.** décider). *Elles ont convenu d'un prix* (**SYN.** arrêter). **2. [de].** Reconnaître comme vrai : *Elle a convenu* ou *elle est convenue de son erreur. Elle a convenu* ou *elle est convenue qu'elle s'était trompée.* **3. [à].** Être adapté à qqn, à qqch : *Cet emploi conviendra à mon frère* (**SYN.** aller à, cadrer avec). *Ce style convient bien à un roman d'aventures* (**SYN.** correspondre à). **4. [à].** Plaire à qqn : *Cette couleur ne convenait pas à mon mari* (**SYN.** agréer à [litt.], sourire à). ▸ ***Il convient de*** (+ inf.), ***il convient que*** (+ subj.), il est souhaitable, opportun de, que : *Il veut savoir ce qu'il aurait convenu de faire* (= ce qu'il aurait fallu faire).

convent [kɔ̃vɑ̃] n.m. (mot angl., du lat. *conventus,* convention). Assemblée générale de francs-maçons.

convention n.f. (du lat. *convenire,* venir ensemble). **1.** Accord officiel passé entre des individus, des groupes, des États ; écrit qui témoigne de cet accord ; pacte, traité : *Une convention signée entre le patronat et les syndicats* (**SYN.** arrangement, entente). *La convention collective des métiers du livre.* **2.** Règle, procédé, principe qui résulte d'un commun accord, tacite ou explicite : *Nous appliquons les conventions orthographiques. Par convention, les mots sont classés par ordre alphabétique.* **3.** Assemblée réunie pour réviser, élaborer ou adopter une Constitution. **4.** Aux États-Unis, congrès d'un parti réuni en vue de désigner un candidat à la présidence. ▸ ***De convention,*** qui manque de naturel, de spontanéité : *Des amabilités de convention.* ◆ **conventions** n.f. pl. Ensemble de principes, de règles de bienséance qu'il est convenu d'observer : *Avoir le respect des conventions.*

conventionné, e adj. Qui est lié par une convention à un organisme officiel : *Établissement scolaire conventionné* (= établissement privé agréé par l'État). *Médecin conventionné* (= lié à la Sécurité sociale par une convention de tarifs).

conventionnel, elle adj. **1.** Qui résulte d'une convention : *Les corrections à faire sont indiquées par des signes conventionnels* (**SYN.** arbitraire, convenu). **2.** Qui se conforme aux usages ; qui manque de naturel : *Un éloge conventionnel* (**SYN.** banal, classique, traditionnel ; **CONTR.** original). *Ses parents sont des gens assez conventionnels* (**SYN.** formaliste ; **CONTR.** excentrique). ▸ ***Armements conventionnels,*** utilisés dans le cadre des conventions internationales, par opp. aux armements chimiques, biologiques ou nucléaires.

conventionnellement adv. Par convention : *On indique conventionnellement la date en haut et à droite de la lettre.*

conventionnement n.m. Action de conventionner ; son résultat.

conventionner v.t. Lier par une convention à un organisme public, en partic. à la Sécurité sociale.

conventuel, elle adj. (du lat. *conventus,* couvent). Relatif à une communauté religieuse, à un couvent : *La vie conventuelle.*

convenu, e adj. (p. passé de *convenir*). **1.** Établi par une convention, un accord : *Payer la somme convenue à la date convenue.* **2.** *Péjor.* Étroitement soumis aux conventions : *Un style convenu* (**SYN.** banal ; **CONTR.** original). ▸ ***Comme convenu,*** conformément à ce qui a été convenu, décidé.

convergence n.f. **1.** Fait de converger : *Convergence de rayons lumineux* (**CONTR.** divergence). **2.** Action de tendre vers un même but : *Notre projet n'aboutira que par la convergence de nos efforts.*

convergent, e adj. Qui converge ; qui tend vers le même point, le même but : *Des droites convergentes. Bien que très différentes, elles ont des opinions convergentes* (**CONTR.** divergent).

converger v.i. (du lat. *vergere,* incliner vers) [conj. 17]. Aboutir au même point ou au même résultat : *Un miroir concave fait converger les rayons lumineux* (**CONTR.** diverger). *Toutes les autoroutes convergent vers la capitale. Les regards convergent sur elle. Dans ce cas précis, nos intérêts convergent* (= sont similaires).

conversation n.f. **1.** Échange de propos entre deux ou plusieurs personnes : *Prendre part à la conversation. Avoir une conversation animée* (**SYN.** discussion). *La conversation a roulé sur les vacances* (**SYN.** bavardage). **2.** (Surtout au pl.). Entretien entre des responsables ayant un objet précis : *Des conversations diplomatiques* (**SYN.** pourparlers). **3.** Manière de parler ; art de converser : *C'est une femme que l'on recherche pour sa conversation.* ▸ ***Avoir de la conversation,*** savoir soutenir et animer une conversation.

conversationnel, elle adj. En informatique, se dit d'un système, d'un appareil qui permet une interactivité (**SYN.** interactif).

converser v.i. (lat. *conversari,* vivre avec) [conj. 3]. *Sout.* S'entretenir avec une ou plusieurs personnes sur un ton familier : *Une personne agréable avec qui on a plaisir à converser* (**SYN.** bavarder, parler).

conversion n.f. (du lat. *convertere,* retourner). **1.** Action de se convertir, d'adopter une nouvelle religion, de nouvelles idées ou de nouvelles pratiques : *Les conversions des premiers chrétiens.* **2.** Expression dans une autre unité de mesure d'une quantité, d'une grandeur : *Conversion de degrés Celsius en degrés Fahrenheit.* **3.** Action de tourner ; mouvement tournant : *La Terre opère un mouvement de conversion autour de son axe.*

converti, e adj. et n. **1.** Amené ou ramené à la religion : *Baptiser des nouveaux convertis.* **2.** Qui a adopté une nouvelle opinion, des nouvelles pratiques : *La communication par Internet a fait des convertis*

(**SYN.** adepte). ◗ ***Prêcher un converti,*** chercher à convaincre qqn qui est déjà convaincu.

convertibilité n.f. Propriété de ce qui est convertible : *La convertibilité d'une monnaie.*

convertible adj. **1.** Qui peut s'échanger contre d'autres titres, d'autres valeurs : *Une monnaie convertible en euros.* **2.** Qui peut être transformé : *L'énergie est convertible en chaleur.* ◗ ***Canapé convertible,*** canapé-lit. ◆ n.m. Canapé convertible.

convertir v.t. (lat. *convertere,* tourner entièrement) [conj. 32]. **1.** Amener qqn à la foi religieuse ; faire changer qqn de religion, d'opinion, de conduite, de pratiques : *Les missionnaires cherchaient à convertir les populations. Son nouveau médecin l'a convertie à l'homéopathie.* **2.** Changer une chose en une autre ; adapter à une nouvelle fonction : *Convertir une église désaffectée en salle de concert.* **3.** Échanger une monnaie, une valeur contre une autre : *Convertir des francs en euros.* **4.** Exprimer sous une autre forme : *Convertir des mètres cubes en litres* (**SYN.** traduire). ◆ **se convertir** v.pr. Adopter une religion ou changer de religion ; adhérer à des idées : *Se convertir à l'écologie.*

convertisseur n.m. **1.** Calculette servant aux opérations de conversion entre l'euro et les anciennes monnaies nationales des pays de l'Union européenne. **2.** Machine destinée à transformer une source d'énergie en courant électrique.

convexe adj. (lat. *convexus,* voûté). Qui présente une courbure arrondie vers l'extérieur (par opp. à concave) ; bombé : *Miroir, lentille convexe.*

convexion n.f. → **convection.**

convexité n.f. Courbure saillante d'un corps ; bombement, rondeur : *La convexité de la Terre.*

conviction n.f. (du lat. *convincere,* convaincre). **1.** Fait d'être convaincu de qqch ; sentiment de qqn qui croit fermement en ce qu'il fait, dit ou pense : *J'ai la conviction qu'elle sera élue* (**SYN.** certitude ; **CONTR.** doute, scepticisme). **2.** (Surtout au pl.). Opinion, principe auxquels on croit fermement : *Avoir des convictions politiques bien arrêtées. Elle ne partage pas mes convictions* (**SYN.** idée, croyance). **3.** Conscience que qqn a de l'importance et du bien-fondé de ses actes : *Elle s'est engagée dans ce projet avec conviction* (**SYN.** détermination, résolution ; **CONTR.** désinvolture, légèreté). *Sans grande conviction* (= sans y croire vraiment).

convier v.t. (lat. *invitare,* inviter à un repas) [conj. 9]. **1.** Inviter qqn à un repas, à une fête : *Tous les voisins sont conviés à la fête du quartier.* **2.** Engager, pousser à faire qqch : *La pluie nous conviait à aller au cinéma* (**SYN.** inciter).

convive n. (lat. *conviva*). Personne qui prend part à un repas avec d'autres : *Nous attendons encore deux convives.*

convivial, e, aux adj. **1.** Relatif à la convivialité ; qui favorise la convivialité : *La fête de la musique est un événement convivial.* **2.** Se dit d'un matériel informatique facilement utilisable par un public non spécialisé : *Un logiciel assez convivial.*

convivialité n.f. **1.** Rapports amicaux et chaleureux entre les membres d'un groupe ; goût pour les réunions joyeuses : *Toutes nos réunions se passent dans un esprit de solidarité et de convivialité.* **2.** Caractère d'un matériel convivial : *La convivialité d'un site Internet.*

convocation n.f. Action de convoquer ; avis invitant à se présenter quelque part : *La convocation d'une assemblée de copropriétaires. Vous vous présenterez à l'examen muni de votre convocation.*

convoi n.m. (de *convoyer*). **1.** Groupe de véhicules ou de personnes qui se dirigent ensemble vers une même destination : *Un convoi de camions militaires. Un convoi de réfugiés.* **2.** Suite de voitures de chemin de fer entraînées par une seule machine : *Un convoi de déchets nucléaires* (**SYN.** train). ◗ ***Convoi funèbre,*** cortège qui accompagne le corps d'un défunt lors des funérailles.

convoiement ou **convoyage** n.m. Action de convoyer.

convoiter v.t. (du lat. *cupiditas,* désir) [conj. 3]. Désirer ardemment, avec avidité : *Elle a enfin obtenu le poste qu'elle convoitait* (**SYN.** ambitionner, aspirer à ; **CONTR.** dédaigner).

convoitise n.f. Vif désir de posséder qqch ; envie : *Ne laisse rien dans ta voiture qui puisse exciter la convoitise de qqn* (**SYN.** avidité, cupidité).

convoler v.i. (lat. *convolare,* voler avec) [conj. 3]. (Par plaisanterie). Se marier : *Convoler en justes noces.*

convoquer v.t. (lat. *convocare*) [conj. 3]. **1.** Ordonner de venir, de se présenter : *Le directeur m'a convoqué dans son bureau. Les candidats à l'examen sont convoqués par courrier.* **2.** Appeler à se réunir : *Convoquer une assemblée.*

convoyer v.t. (du lat. *viare,* faire route) [conj. 13]. Accompagner pour protéger ou surveiller des biens, des personnes, des véhicules : *La gendarmerie convoiera tous les camions d'euros jusqu'à la banque* (**SYN.** escorter). *Un paquebot a convoyé les réfugiés.*

convoyeur, euse adj. et n.m. Qui convoie, escorte : *Un navire convoyeur* (= un escorteur). ◆ n. Personne qui accompagne pour protéger, surveiller : *Convoyeur de fonds.* ◆ **convoyeur** n.m. Appareil de manutention continue en circuit fermé.

convulser v.t. (du lat. *convellere,* ébranler) [conj. 3]. Contracter violemment ; tordre par des convulsions : *La fureur convulsait son visage* (**SYN.** crisper). ◆ **se convulser** v.pr. Avoir une convulsion : *Ses traits se convulsaient sous l'effet de la douleur.*

convulsif, ive adj. Qui a le caractère violent et incontrôlable d'une convulsion : *Une toux convulsive* (**SYN.** spasmodique). *Un rire convulsif* (= un fou rire ; **SYN.** nerveux, saccadé).

convulsion n.f. **1.** Contraction spasmodique du corps ou d'une partie du corps : *Être pris de convulsions.* **2.** Agitation violente ; soubresaut : *Les convulsions qui ont agité cette région du monde* (**SYN.** crise, remous).

convulsivement adv. De façon convulsive : *Rire convulsivement* (**SYN.** nerveusement).

cookie [kuki] n.m. (mot anglo-amér., du néerl. *koekjes*). **1.** Petit gâteau sec comportant des éclats de chocolat ou de fruits secs. **2.** En informatique, petit programme qui enregistre, automatiquement et à l'insu des internautes, les visites effectuées sur certains sites Internet.

cool [kul] adj. inv. (mot angl. signif. « frais »). *Fam.* Calme ; décontracté : *Elles sont très cool.*

coolie [kuli] n.m. (mot angl., du nom d'une caste de l'Inde). Travailleur, porteur en Extrême-Orient.

coopérant, e [kɔɔperɑ̃, ɑ̃t] n. Personne employée comme volontaire civil dans une mission de coopération internationale.

coopérateur, trice [kɔɔperatœr, tris] n. Membre d'une société coopérative.

coopératif, ive [kɔɔperatif, iv] adj. **1.** Qui participe volontiers à une action commune, qui la favorise : *Il faut que chacun se montre coopératif* (= que chacun y mette du sien). **2.** Qui a pour but une coopération économique ; relatif à une coopérative : *Mouvement, système coopératif.*

coopération [kɔɔperasjɔ̃] n.f. **1.** Action de coopérer : *Je ne pourrai rien faire sans votre coopération* (**SYN.** collaboration, concours, contribution). **2.** Politique d'aide économique, technique et financière à certains pays en développement.

coopérative [kɔɔperativ] n.f. Groupement d'acheteurs, de commerçants ou de producteurs constitué en vue de réduire les prix de revient : *Coopérative vinicole.*

coopérer [kɔɔpere] v.t. ind. (bas lat. *cooperari*, travailler avec) [conj. 18]. **[à].** Agir conjointement avec qqn : *Coopérer à un travail* (**SYN.** collaborer, contribuer ; **CONTR.** empêcher, gêner, paralyser).

cooptation [kɔɔptasjɔ̃] n.f. (du lat *cooptare*, choisir pour compléter une assemblée). Désignation d'un membre nouveau d'une assemblée, d'un groupe, par les membres qui en font déjà partie : *L'admission dans ce club se fait uniquement par cooptation.*

coopter [kɔɔpte] v.t. Admettre par cooptation : *Ils ont coopté deux nouveaux membres.*

coordinateur, trice [kɔɔrdinatœr, tris] adj. et n. Qui coordonne, permet de coordonner : *L'assistant du chef de projet a un rôle coordinateur.* ☞ **REM.** Dans le langage administratif, on dit *coordonnateur, trice.*

coordination [kɔɔrdinasjɔ̃] n.f. **1.** Action de coordonner ; fait d'être coordonné ; agencement de choses, d'activités diverses dans un but déterminé : *Il y a un manque de coordination entre les services* (**SYN.** liaison). *Elle assure la coordination des recherches menées dans les différents laboratoires* (**SYN.** harmonisation, synchronisation). **2.** En grammaire, liaison entre deux membres d'énoncé qui ont la même fonction (par opp. à juxtaposition et à subordination) : *Une conjonction de coordination.*

coordonnant [kɔɔrdɔnɑ̃] n.m. Mot (conjonction, adverbe) ou locution qui assure une coordination entre des mots ou des propositions : *Les adverbes « néanmoins » et « aussi » sont des coordonnants.*

coordonnateur, trice [kɔɔrdɔnatœr, tris] n. → **coordinateur.**

coordonné, e [kɔɔrdɔne] adj. **1.** Organisé simultanément ; associé en vue d'un résultat déterminé : *Les mouvements coordonnés d'un nageur.* **2.** Qui est en harmonie ; assorti : *Des draps et des taies d'oreiller coordonnés.* **3.** Relié par un coordonnant grammatical : *Propositions coordonnées.*

coordonnée [kɔɔrdɔne] n.f. Chacun des nombres servant à déterminer la position d'un point dans un plan ou dans l'espace : *L'abscisse, l'ordonnée et la cote sont les coordonnées d'un point dans l'espace.* ◆ **coordonnées** n.f. pl. *Fam.* Indications (adresse, téléphone, etc.) qui permettent de joindre qqn : *Laissez-moi vos coordonnées et je vous rappellerai.* ▸ ***Coordonnées géographiques,*** indications de longitude et de latitude qui permettent de repérer un point du globe.

coordonner [kɔɔrdɔne] v.t. [conj. 3]. **1.** Agencer divers éléments en vue d'obtenir un ensemble cohérent, un résultat déterminé : *Un comité d'entraide a été créé pour coordonner les initiatives individuelles* (**SYN.** harmoniser). *Tu n'arrives pas à nager car tu coordonnes mal tes mouvements* (**SYN.** combiner, lier). *Les coussins des fauteuils sont coordonnés aux rideaux* (**SYN.** assortir). **2.** Relier des mots, des propositions par un coordonnant.

copain, copine n. (anc. fr. *compain*, autre forme de *compagnon*). **1.** *Fam.* Camarade, ami : *Une bande de copains et de copines.* **2.** Personne avec qui on a une relation amoureuse ; petit ami, petite amie : *Il habite maintenant avec sa copine* (**SYN.** compagne). *Elle a un copain depuis deux ans* (**SYN.** compagnon).

coparent n.m. Personne exerçant l'autorité parentale avec une autre.

coparentalité n.f. Exercice de l'autorité parentale partagé entre le père et la mère.

copeau n.m. (du lat. *cuspis*, fer d'une lance). **1.** Lamelle de bois ou de métal enlevée avec un instrument tranchant : *Les coups de rabot font voler les copeaux dans l'atelier.* **2.** Parcelle d'aliment servant à aromatiser ou décorer un plat : *Des copeaux de parmesan, de chocolat.*

copiage n.m. Action de copier frauduleusement ou d'imiter servilement : *Être exclu d'un examen pour copiage. Il n'y a rien d'original là-dedans, ce n'est que du copiage.*

copie n.f. (lat. *copia*, abondance). **1.** Reproduction exacte d'un écrit, du contenu d'un disque ou d'une bande magnétique, d'une œuvre d'art ; exemplaire d'un film, destiné à la projection : *Garder une copie d'un document* (**SYN.** double, duplicata ; **CONTR.** original). *La copie d'un meuble ancien* (**SYN.** réplique). *Il reste une copie de ce vieux film à la cinémathèque* (**SYN.** bande). **2.** Devoir d'élève écrit sur une feuille volante ; feuille double de format écolier : *Le professeur corrige des copies. C'est une bonne copie* (= un bon devoir). *Le candidat a rendu copie blanche* (= il n'a rien écrit). *Acheter un paquet de copies perforées.* **3.** Texte manuscrit ou dactylographié destiné à être imprimé ; article de journal : *Revoir sa copie. Un journaliste en mal de copie* (= qui ne sait quoi écrire). **4.** *Fam.* Dossier, travail dont on a la charge : *Le ministre a présenté son projet de loi, mais il devra revoir sa copie.*

copier v.t. [conj. 9]. **1.** Reproduire à un ou plusieurs exemplaires : *Copier une recette de cuisine* (**SYN.** recopier, transcrire). *Pour ta punition, tu copieras la leçon trois fois* (**SYN.** écrire). **2.** Reproduire frauduleusement le travail écrit de qqn : *Il a copié son article sur un site Internet.* **3.** (Sans compl.). Tricher à un examen : *Il a été exclu parce qu'il avait copié.* **4.** S'inspirer très fortement de l'œuvre d'un artiste : *Il a beaucoup copié Beethoven* (**SYN.** plagier, piller). **5.** Calquer son attitude sur celle d'une autre personne : *Elle copie beaucoup sa grande sœur* (**SYN.** imiter). ◆ v.t. ind. **[sur].** Tricher en classe ou à un examen en reproduisant le travail d'autrui : *Copier sur son voisin.*

copier-coller n.m. inv. Fonction d'un logiciel de traitement de texte qui permet de sélectionner un texte ou une portion de texte et de l'insérer dans un autre document : *Les copier-coller font gagner du temps.*

copieur, euse n. **1.** Personne qui imite servilement. **2.** Élève qui copie frauduleusement. ♦ **copieur** n.m. Photocopieur.

copieusement adv. De façon copieuse ; en quantité : *Manger copieusement* (**SYN.** abondamment, plantureusement ; **CONTR.** chichement).

copieux, euse adj. (du lat. *copia*, abondance). Abondant : *Évite de te baigner après un repas copieux.*

copilote n. Pilote auxiliaire.

copinage n.m. *Fam., péjor.* Entente, entraide fondées sur l'échange de services intéressés : *Obtenir un poste par copinage* (**SYN.** favoritisme).

copine n.f. → **copain.**

copiner v.i. [conj. 3]. *Fam.* Établir et entretenir des relations de camaraderie avec qqn : *Elle ne copine pas beaucoup avec ses collègues de travail.*

copinerie n.f. *Fam.* Relations entre copains.

copion n.m. *Arg. scol.* En Belgique, antisèche.

copiste n. **1.** Personne qui copiait des manuscrits avant l'invention de l'imprimerie : *Les copistes du Moyen Âge étaient des moines.* **2.** Personne qui copie de la musique.

coppa n.f. (mot it.). Charcuterie d'origine italienne, faite d'échine de porc désossée, salée et fumée.

coprah ou **copra** n.m. (mot angl., du tamoul). Amande de coco débarrassée de sa coque et desséchée en vue d'en extraire l'huile.

coproduction n.f. Production d'un film, d'un téléfilm, d'une émission assurée en commun par plusieurs producteurs ; le résultat de cette production : *Une coproduction franco-italienne.*

coproduire v.t. [conj. 98]. Produire qqch en association avec d'autres : *C'est une chaîne de télévision qui a coproduit son dernier film.*

coprophage adj. et n. (du gr. *kopros*, excrément). Qui se nourrit d'excréments : *Insecte coprophage.*

copropriétaire n. Personne qui possède un bien en copropriété : *Les copropriétaires de l'immeuble ont désigné leur nouveau syndic.*

copropriété n.f. **1.** Droit de propriété exercé par plusieurs personnes sur un même bien : *Un immeuble en copropriété.* **2.** Ensemble des copropriétaires : *La copropriété décide de certains points du règlement.*

copte n. et adj. (du gr. *aiguptios*, égyptien). Chrétien d'Égypte et d'Éthiopie ; relatif à cette communauté : *Église copte.* ♦ n.m. Égyptien ancien écrit dans un alphabet dérivé du grec et servant de langue liturgique à l'Église copte.

copulation n.f. Accouplement d'un mâle et d'une femelle.

copule n.f. (lat. *copula*, lien). En grammaire, mot qui lie l'attribut au sujet d'une proposition : *Le verbe « être » est la copule la plus fréquente.*

copuler v.i. (lat. *copulare*, de *copula*, lien) [conj. 3]. *Fam.* S'accoupler ; faire l'amour.

copyright [kɔpirajt] n.m. (mot angl. signif. « droit de copie »). Droit exclusif pour un auteur ou son éditeur d'exploiter pendant plusieurs années une œuvre littéraire, artistique ou scientifique ; marque de ce droit, symbolisé par le signe ©, et suivie du nom du titulaire du droit.

① **coq** n.m. (onomat., d'après le cri du coq). **1.** Mâle de la poule, gallinacé originaire de l'Inde. **2.** Mâle des oiseaux en général, et notamm. des gallinacés : *Des coqs faisans.* ▸ ***Au chant du coq,*** au point du jour, très tôt. ***Comme un coq en pâte,*** choyé, à l'aise, sans souci. ***Coq au vin,*** plat préparé avec un coq cuit dans du vin rouge. ***Coq de bruyère,*** oiseau gallinacé de grande taille aussi appelé *tétras.* ***Coq du village,*** homme le plus admiré des femmes dans une localité ; séducteur fanfaron. ***Coq gaulois,*** un des emblèmes de la nation française. ***Passer du coq à l'âne,*** passer sans transition d'un sujet à un autre. ***Poids coq,*** catégorie de poids dans certains sports de combat, comme la boxe ; sportif appartenant à cette catégorie.

② **coq** n.m. (néerl. *kok*, lat. *coquus*, de *coquere*, cuire). Cuisinier à bord d'un navire.

coq-à-l'âne n.m. inv. Dans une conversation, fait de passer brusquement d'un sujet à un autre n'ayant aucun rapport : *Faire des coq-à-l'âne.*

coquard ou **coquart** n.m. (de *coque*). *Fam.* Ecchymose à l'œil.

coque n.f. (lat. *coccum*, excroissance). **1.** Enveloppe dure et ligneuse de certains fruits : *Coque de noix, de noisettes, d'amandes* (**SYN.** coquille). **2.** Partie d'un bateau qui assure la flottaison et supporte les équipements : *Le voilier a heurté un écueil et sa coque est endommagée.* **3.** Structure mince, rigide, à surface courbe, destinée à envelopper, à protéger : *Des coques en plastique.* **4.** Mollusque bivalve comestible, vivant dans le sable des plages : *Pêcher des coques.* ▸ ***Œuf à la coque*** ou ***œuf coque,*** œuf cuit à l'eau bouillante dans sa coquille de façon que le jaune reste fluide.

coquecigrue n.f. (de *coq*, *cigogne* et *grue*). *Litt., vx* Absurdité, baliverne : *Débiter des coquecigrues* (**SYN.** fadaise, faribole).

coquelet n.m. Jeune coq.

coqueleux, euse n. Dans le nord de la France, personne qui élève des coqs de combat.

coquelicot n.m. (de *coq*, en raison du rouge de sa crête). Plante à fleurs rouges, commune dans les champs de céréales, où elle constitue une mauvaise herbe. ♦ adj. inv. De la couleur rouge vif de la fleur de coquelicot : *Des écharpes coquelicot.*

coqueluche n.f. Maladie infectieuse contagieuse, caractérisée par des quintes de toux convulsive. ▸ *Fam.* ***Être la coqueluche de,*** faire l'objet d'un engouement général chez : *Cet acteur est la coqueluche des jeunes spectateurs.*

coquelucheux, euse adj. Relatif à la coqueluche. ♦ adj. et n. Atteint de coqueluche.

coquerelle n.f. Au Québec, blatte, cafard.

coqueron n.m. (de l'angl. *cook-room*). *Fam.* Au Québec, logement exigu.

coquet, ette adj. (de *1. coq*). **1.** Qui cherche à plaire par sa toilette, son élégance ; bien mis : *C'est un homme coquet* (**SYN.** élégant, soigné ; **CONTR.** débraillé, négligé). **2.** Qui a un aspect plaisant, soigné, élégant : *Appartement coquet* (**SYN.** agréable, charmant ; **CONTR.** commun). *Une toilette coquette* (**SYN.** pimpant ; **CONTR.** quelconque). **3.** *Fam.* Se dit d'une somme d'argent assez considérable : *Des revenus coquets* (**SYN.** confortable, important ; **CONTR.** maigre, médiocre). *Elle a gagné la coquette somme de mille euros.* ◆ n. Personne coquette, qui cherche à plaire, à séduire ; charmeur. ◆ **coquette** n.f. Au théâtre, rôle de jeune femme séduisante : *Elle a toujours joué les coquettes.*

coquetel n.m. Au Québec, cocktail.

coquetier n.m. Petit godet creux dans lequel on sert un œuf à la coque.

coquetière n.f. Ustensile de cuisine utilisé pour faire cuire des œufs à la coque (**SYN.** œufrier).

coquettement adv. De façon coquette ; avec coquetterie : *Un chapeau coquettement porté de côté* (**SYN.** élégamment). *Elle répondit coquettement par un sourire* (= en cherchant à plaire).

coquetterie n.f. **1.** Recherche dans l'habillement, la parure ; élégance : *Il choisit ses cravates avec coquetterie* (**SYN.** dandysme). **2.** Désir de plaire : *Par coquetterie, il ne nous a jamais dit son âge.* ▸ *Fam.* ***Avoir une coquetterie dans l'œil,*** loucher légèrement.

coquillage n.m. Mollusque pourvu d'une coquille ; la coquille elle-même : *Les enfants ramassent des coquillages sur la plage pour s'en faire des colliers.*

coquille n.f. (du lat. *conchylium,* coquillage, du gr. *kogkhulion*). **1.** Enveloppe dure, calcaire, constituant le squelette externe de la plupart des mollusques et de quelques autres animaux invertébrés : *Une coquille d'escargot, d'huître.* **2.** Enveloppe calcaire de l'œuf des oiseaux : *Les oisillons cassent la coquille des œufs à coups de bec.* **3.** Enveloppe dure, ligneuse de certains fruits ; coque : *Coquille de noix, d'amande.* **4.** Protection des parties génitales que portent les hommes qui pratiquent certains sports de combat. **5.** Faute d'impression typographique. ▸ ***Coquille de noix,*** petite embarcation fragile. ***Coquille d'œuf,*** d'une couleur blanc cassé, à peine teintée de beige ou d'ocre. ***Coquille Saint-Jacques,*** mollusque marin bivalve, comestible, capable de se déplacer en actionnant ses valves. ***Rentrer dans sa coquille,*** se replier sur soi-même, éviter les autres.

coquillette n.f. Pâte alimentaire en forme de petite coquille.

coquin, e adj. (de *1. coq*). **1.** Se dit d'un enfant espiègle, malicieux : *Cette petite fille est très coquine.* **2.** Se dit légèrement d'une chose plus ou moins licencieuse, ou qui est faite pour séduire : *Une histoire coquine* (**SYN.** grivois, leste). *Un regard coquin* (**SYN.** canaille, égrillard). ◆ n. **1.** Enfant espiègle, malicieux : *Il m'a bien attrapé, ce coquin !* (**SYN.** fripon, garnement). **2.** (Surtout au masc.). *Vieilli* Individu malhonnête, sans scrupule : *Ce marchand n'est qu'un coquin !* (**SYN.** bandit, gredin).

coquinerie n.f. *Litt.* Acte, parole coquine : *Il s'agit encore d'une de ses coquineries !* (**SYN.** malice, tour).

① **cor** n.m. (lat. *cornu,* corne). Instrument de musique à vent, en cuivre, composé d'une embouchure et d'un tube conique enroulé sur lui-même et terminé par un large pavillon. ☞ **REM.** Ne pas confondre avec *corps.* ▸ ***À cor et à cri,*** à grand bruit, avec insistance : *Ils vous réclament qqch à cor et à cri.* ***Cor de chasse,*** trompe utilisée dans les chasses à courre. ◆ **cors** n.m. pl. Branches des bois du cerf : *Un cerf dix cors* ou *un dix-cors* (= un cerf âgé de six à sept ans).

② **cor** n.m. (de *1. cor*). Callosité douloureuse sur un orteil ; durillon. ☞ **REM.** Ne pas confondre avec *corps.*

corail n.m. (lat. *corallium,* du gr.) [pl. *coraux*]. **1.** Animal des mers chaudes, à squelette souvent rouge, vivant en colonies de polypes et pouvant constituer des récifs : *Une barrière de coraux ferme le lagon.* **2.** Matière de ce squelette, utilisée en bijouterie : *Un collier de corail.* **3.** Partie rouge de la coquille Saint-Jacques et de l'oursin. ◆ adj. inv. D'un rouge éclatant : *Des écharpes corail.*

corallien, enne adj. Formé de coraux : *Des récifs coralliens.*

coran n.m. (d'un mot ar. signif. « la lecture »). **1.** (Avec une majuscule). Livre sacré des musulmans qui contient la loi islamique : *Les versets du Coran.* **2.** Exemplaire du Coran.

coranique adj. Relatif au Coran : *La loi coranique. Une école coranique* (= où l'on étudie le Coran).

corbeau n.m. (de l'anc. fr. *corp,* lat. *corvus*). **1.** Oiseau de l'hémisphère Nord, au plumage noir, au bec puissant : *Des corbeaux nichent dans le vieux donjon.* **2.** Nom donné couramment à d'autres oiseaux de la même famille, comme le choucas, la corneille ou le freux. **3.** Auteur de lettres ou de coups de téléphone anonymes : *Démasquer un corbeau.* **4.** Dans une construction, pierre ou pièce de bois en saillie destinée à soutenir une poutre ou une corniche. ▸ ***Noir comme un corbeau,*** qui a des cheveux très bruns.

corbeille n.f. (du lat. *corbis,* panier). **1.** Panier en osier, en métal, ou en une autre matière, avec ou sans anses ; son contenu : *Une corbeille à papier. Offrir une corbeille de fruits. Pouvez-vous apporter une corbeille de pain ?* **2.** Dans une salle de spectacle, balcon situé au-dessus de l'orchestre ; mezzanine. **3.** À la Bourse, espace circulaire entouré d'une balustrade où se font les offres et les demandes de valeurs boursières : *Ambiance agitée à la corbeille.* **4.** Parterre de fleurs de forme circulaire ou ovale. **5.** En informatique, dossier, représenté sur le bureau par l'icône d'une corbeille à papier et dans lequel l'utilisateur met les fichiers à supprimer. ▸ ***Corbeille de mariage,*** ce que reçoit la jeune mariée, soit en dot, soit en cadeaux.

corbillard n.m. (de *corbillat,* coche qui faisait le service de Paris à Corbeil). Voiture servant au transport des morts ; fourgon mortuaire.

cordage n.m. **1.** Corde, câble ou filin faisant partie du gréement d'un bateau. **2.** Action de corder une raquette de tennis ; les cordes ainsi tendues : *Un cordage en Nylon, en boyau.*

corde n.f. (lat. *chorda,* gr. *khordê,* boyau). **1.** Assemblage de fils textiles ou synthétiques, tordus ensemble pour former un fil plus épais, un câble : *Nous avons besoin d'une grosse corde pour tirer la voiture en panne. Grimper à la corde. Tendre la corde d'un arc. Une corde à linge en plastique.* **2.** Fil de boyau, de Nylon ou d'acier tendu sur la table d'un instrument de musique et qui rend un son en vibrant : *Les instruments à cordes. Les cordes peuvent être frottées* *(violon, violoncelle), pincées (guitare, clavecin) ou frappées (piano).* **3.** En géométrie, segment de droite délimité par les extrémités d'un arc de cercle. **4.** Limite intérieure d'une piste de course : *Il a pris le virage à la corde* (= au plus court). **5.** Supplice de la pendaison : *Il mérite la corde.* ▸ ***Avoir plusieurs cordes à son arc,*** avoir plusieurs moyens de parvenir au but que l'on s'est fixé. ***Corde à sauter,*** corde munie de poignées, qui sert à l'entraînement des sportifs ou comme jeu d'enfant. ***Corde lisse, corde à nœuds,*** cordes servant à se hisser à la force des bras. ***Corde vocale,*** chacun des deux ligaments inférieurs de la glotte, qui se tendent plus ou moins pour produire la voix : *Les chanteurs prennent soin de leurs cordes vocales.* ***Être, ne pas être dans les cordes de qqn,*** être, ne pas être de sa compétence. ***Il pleut*** ou ***il tombe des cordes,*** il pleut très fort, à verse. ***La corde sensible,*** ce qui, chez qqn, constitue un point vulnérable, une source d'émotion : *En lui disant qu'elle fera une économie, vous touchez la corde sensible !* ***Sur la corde raide,*** dans une situation délicate, périlleuse : *En fin de mois, ils sont toujours sur la corde raide.* ***Tirer sur la corde,*** abuser d'une situation, de la patience de quelqu'un. ***Usé jusqu'à la corde,*** très usé : *Un manteau usé jusqu'à la corde* ; fig., éculé, rebattu : *Cette plaisanterie est usée jusqu'à la corde.* ◆ **cordes** n.f. pl. **1.** Instruments de musique à cordes frottées (violon, alto, violoncelle, contrebasse). **2.** Tamis de cordes entrecroisées d'une raquette : *Des cordes en boyau.* **3.** Enceinte d'un ring de boxe, de catch, qui sert de garde-corps.

cordeau n.m. Cordelette qu'on tend entre deux points pour tracer une ligne droite : *Repiquer des salades le long d'un cordeau.* ▸ ***Tiré au cordeau,*** fait, exécuté impeccablement.

cordée n.f. Groupe d'alpinistes reliés les uns aux autres par une corde de sécurité.

cordelette n.f. Corde fine.

cordelière n.f. Corde ronde tressée servant de ceinture, ou utilisée dans l'ameublement.

corder v.t. [conj. 3]. **1.** Tordre des fibres en forme de corde. **2.** Lier avec une corde : *Corder une malle.* **3.** Garnir de cordes une raquette : *Corder une raquette de tennis.*

① **cordial, e, aux** adj. (du lat. *cor, cordis,* cœur). **1.** Se dit d'un sentiment sincère, qui part du cœur : *Une amitié cordiale* (**SYN.** chaleureux, fraternel, profond ; **CONTR.** froid). **2.** Se dit de gestes, de paroles qui manifestent une réelle bienveillance : *Une cordiale poignée de main. Un accueil cordial.*

② **cordial** n.m. (pl. *cordiaux*). Potion, boisson fortifiante : *Ils ont pris quelques cordiaux pour se réchauffer* (**SYN.** remontant).

cordialement adv. **1.** De façon cordiale ; avec cordialité : *Ils ont été reçus très cordialement* (**SYN.** amicalement, chaleureusement). **2.** *Iron.* Du fond du cœur : *Elles se détestent cordialement* (**SYN.** profondément).

cordialité n.f. Bienveillance amicale qui vient du cœur : *Des propos d'une grande cordialité* (**SYN.** amitié, chaleur ; **CONTR.** animosité, hostilité).

① **cordier, ère** n. Personne qui fabrique ou qui vend des cordes.

② **cordier** n.m. Pièce du violon où se fixent les cordes, à l'opposé du chevillier.

cordillère [kɔrdijɛr] n.f. (esp. *cordillera,* chaîne). Chaîne de montagnes de forme allongée : *La cordillère des Andes.*

cordon n.m. **1.** Assemblage de fils tressés ; petite corde : *Nouer les cordons d'un tablier* (**SYN.** lien). **2.** Conducteur électrique : *Le cordon d'alimentation du fer à repasser* (**SYN.** fil). **3.** Ligne continue formée par une rangée de personnes, de choses : *L'ambassade est cernée par un cordon de policiers.* **4.** Large ruban servant d'insigne aux dignitaires de certains ordres : *Le cordon de la Légion d'honneur.* ▸ ***Cordon ombilical,*** canal contenant les vaisseaux qui unissent le fœtus au placenta. ***Cordon sanitaire,*** ensemble de postes de surveillance qui contrôle les accès d'une région en cas d'épidémie. ***Couper le cordon ombilical*** ou ***le cordon,*** se séparer de qqn, d'un groupe auquel on est fortement attaché ; devenir indépendant de ses parents. ***Tenir les cordons de la bourse*** → **bourse.**

cordon-bleu n.m. (pl. *cordons-bleus*). Personne qui fait de l'excellente cuisine : *Leur mère est un cordon-bleu.*

cordonnerie n.f. Métier, commerce, boutique du cordonnier.

cordonnet n.m. Petit cordon de fil, de soie, etc., utilisé en broderie, en passementerie.

cordonnier, ère n. (de l'anc. fr. *cordoan,* cuir de Cordoue). Personne qui répare les chaussures.

coré n.f. → **korê.**

coréen, enne adj. et n. De Corée. ◆ **coréen** n.m. Langue parlée en Corée, transcrite au moyen d'un alphabet particulier, le *hangul.*

coreligionnaire [kɔrəliʒjɔnɛr] n. Personne qui est de la même religion qu'une autre.

coriace adj. (de l'anc. fr. *coroie,* courroie). **1.** Se dit d'une viande dure comme du cuir (**SYN.** racorni ; **CONTR.** tendre). **2.** *Fig.* Dont il est difficile de vaincre la résistance : *Un homme d'affaires coriace* (**SYN.** dur, tenace ; **CONTR.** influençable, malléable).

coriandre n.f. (lat. *coriandrum,* du gr.). Plante méditerranéenne, dont le fruit aromatique sert de condiment et dont on tire une huile essentielle utilisée en parfumerie : *Un tagine de poulet à la coriandre.*

corindon n.m. (d'un mot tamoul). Pierre la plus dure après le diamant, dont les plus belles variétés (rubis, saphir) sont utilisées en joaillerie.

corinthien, enne adj. et n.m. (du nom de la ville de *Corinthe*). Se dit d'un ordre d'architecture de la Grèce antique, caractérisé par un chapiteau orné de feuilles d'acanthe.

cormier n.m. (de *corme,* fruit du cormier, mot gaul.). Sorbier cultivé dont le bois, très dur, est utilisé pour fabriquer des manches d'outils.

cormoran n.m. (de l'anc. fr. *corp,* corbeau, et *marenc,* marin). Oiseau palmipède au bec effilé et au plumage sombre, qui vit près des côtes et se nourrit de poissons, qu'il pêche en plongeant.

cornac [kɔrnak] n.m. (port. *cornaca,* du cinghalais). Personne chargée de soigner et de conduire un éléphant.

cornaline n.f. (de *corne*). Variété rouge d'agate, utilisée en bijouterie.

cornaquer v.t. (de *cornac*) [conj. 3]. *Fam.* Conduire

qqn, lui servir de guide : *Il les a cornaqués pendant tout leur séjour.*

corne n.f. (lat. *cornu*). **1.** Excroissance dure et pointue poussant sur la tête de certains mammifères : *Les cornes des bovidés sont creuses.* **2.** Organe corné poussant sur le museau du rhinocéros : *Les rhinocéros ont une ou deux cornes.* **3.** Organe pair dont la forme évoque une corne ; toute protubérance sur la tête, le front d'un animal : *L'escargot rentre ses cornes. Les cornes d'un hanneton* (**SYN.** antenne). **4.** Attribut que l'on prête traditionnellement à certains êtres, certains personnages fabuleux : *Les satyres, le diable sont représentés avec des cornes.* **5.** Matière dure dont sont constituées les cornes des ruminants et qui est utilisée dans l'industrie ; partie dure du pied des ongulés : *Des boutons, un peigne en corne.* **6.** Callosité de la peau : *Avoir de la corne sous la plante des pieds.* **7.** Partie saillante, pointue d'une chose : *Les cornes de la lune. Croquer dans la corne d'un croissant.* **8.** Pli fait au coin d'un papier, d'un carton : *Marquer une page en faisant une corne.* **9.** Trompe sonore faite à l'origine d'une corne d'animal. ▸ ***Corne d'abondance,*** corne d'où s'échappent des fruits, des fleurs, symbole de la richesse de la nature. ***Corne de brume,*** instrument qui émet des signaux sonores par temps de brume, à bord d'un navire. ***Corne de gazelle,*** petit gâteau oriental en forme de croissant de lune. *Fam.* ***Porter des cornes,*** en parlant d'un mari, être trompé. ***Prendre le taureau par les cornes,*** s'attaquer résolument à une difficulté.

corné, e adj. **1.** De la nature de la corne ; qui a l'apparence de la corne : *Avoir de la peau cornée sous les pieds* (**SYN.** calleux). **2.** Plié dans un coin : *Les pages cornées d'un livre.*

corned-beef [kɔrnɛdbif ou kɔrnbif] n.m. inv. (mot anglo-amér., de *corned,* salé, et *beef,* bœuf). Conserve de viande de bœuf.

cornée n.f. (du lat. *cornea* [*tunica*], [tunique] cornée). Partie transparente du globe oculaire, en forme de calotte sphérique un peu saillante, située devant l'iris.

cornéen, enne adj. Relatif à la cornée de l'œil : *Lentilles cornéennes.*

corneille n.f. (lat. *cornicula*). Oiseau passereau voisin des corbeaux, mais plus petit, qui vit d'insectes et de petits rongeurs. ▸ ***Bayer aux corneilles*** → **bayer.**

cornélien, enne adj. **1.** Relatif à Corneille, auteur français du XVIIe siècle, ou à son œuvre : *Le théâtre cornélien.* **2.** Se dit d'une situation où la passion s'oppose au devoir : *Elle doit choisir entre sa famille et sa carrière : c'est un débat cornélien.* ▸ ***Héros cornélien,*** personne qui fait passer son devoir avant tout.

cornemuse n.f. (de *1. corner,* et *muser,* jouer de la musette). Instrument de musique à vent, composé d'un sac qui fait office de réservoir d'air et de tuyaux à anches : *Les cornemuses de Bretagne, d'Écosse.*

① **corner** [kɔrne] v.t. [conj. 3]. **1.** Plier en forme de corne : *Ne corne pas les pages de ton livre.* **2.** *Fam.* Répéter partout ; répandre : *Tu n'as pas besoin de corner la nouvelle dans toute la ville* (**SYN.** claironner). ◆ v.i. Sonner d'une corne, d'une trompe ; faire entendre un bruit d'avertisseur : *On entend au loin des bateaux qui cornent.* ▸ ***Corner aux oreilles de qqn,*** lui parler très fort.

② **corner** [kɔrnɛr] n.m. (mot angl. signifiant « coin »). Au football, faute commise par un joueur qui détourne le ballon et l'envoie derrière la ligne de but de son équipe ; coup franc accordé à l'équipe adverse à la suite de cette faute ; coup de pied de coin.

cornet n.m. **1.** Récipient fait d'une feuille de papier roulée en cône ; son contenu : *La marchande mit quelques beignets dans un cornet. Un cornet de frites.* **2.** Gaufrette conique qui sert à présenter de la crème glacée : *Un cornet à deux boules.* **3.** Instrument de musique, composé d'un tube conique court, enroulé sur lui-même et muni de pistons (on dit aussi *un cornet à pistons*). ▸ ***Cornet à dés,*** gobelet dans lequel on place les dés à jouer avant de les lancer.

cornette n.f. **1.** Coiffure que portent certaines religieuses catholiques. **2.** Variété de scarole à feuilles enroulées. ◆ **cornettes** n.f. pl. En Suisse, pâtes alimentaires de forme courte et arrondie.

cornettiste n. Instrumentiste qui joue du cornet à pistons.

corn flakes [kɔrnflɛks] n.m. pl. (anglo-amér. *cornflakes,* de *corn,* maïs, et *flake,* flocon). Aliment présenté sous forme de flocons grillés, préparé à partir de semoule de maïs : *Au petit déjeuner, elle prend un bol de corn flakes.*

corniaud ou **corniot** n.m. (de *corne,* coin, au sens propre, « chien fait au coin des rues »). **1.** Chien bâtard. **2.** *Fam.* Imbécile.

corniche n.f. (it. *cornice,* du gr. *korônis,* ligne recourbée). **1.** Bordure en surplomb en haut d'un meuble, d'une façade d'immeuble, d'une colonne, etc. ; moulure décorative dans l'angle d'un plafond : *Une armoire surmontée d'une corniche moulurée.* **2.** Passage, chemin taillé sur le flanc d'une paroi abrupte : *Longer la mer par la corniche.*

cornichon n.m. (de *corne*). **1.** Variété de concombre cultivé pour ses fruits, mis en conserve dans le vinaigre ou la saumure ; ce fruit consommé comme condiment : *Un sandwich au jambon avec des cornichons.* **2.** *Fam.* Imbécile.

cornier, ère adj. Se dit d'un poteau, d'une colonne qui est à l'angle d'un bâtiment.

cornière n.f. (de *corne,* coin). **1.** Pièce métallique composée de deux lames disposées en équerre et utilisée à l'angle d'un assemblage pour le renforcer. **2.** Rangée de tuiles placées à la jointure de deux pentes d'un toit pour l'écoulement des eaux de pluie.

corniot n.m. → **corniaud.**

corniste n. Instrumentiste qui joue du cor.

cornouiller n.m. (de *corne*). Petit arbre au bois dur, commun dans les lisières de bois et les haies.

cornu, e adj. **1.** Qui a des cornes, des saillies en forme de corne : *Un diable cornu. Du blé cornu.* **2.** Qui a la forme d'une corne : *Un bec cornu.*

cornue n.f. (de *cornu*). Vase à col étroit et courbé utilisé pour la distillation ou en chimie.

corollaire n.m. (du lat. *corollarium,* petite couronne). Conséquence naturelle et inévitable d'un fait : *Le dopage est-il le corollaire de la médiatisation du sport ?*

corolle n.f. (lat. *corolla,* dimin. de *corona,* couronne).

Ensemble des pétales d'une fleur : *Les corolles jaunes des boutons d'or. Une jupe qui s'étale en corolle.*

coron n.m. (mot picard et wallon, de *corn,* coin). Groupe d'habitations ouvrières, en pays minier.

coronaire adj. et n.f. (du lat. *corona,* couronne). Se dit de chacune des deux artères qui partent de l'aorte et apportent au cœur le sang nécessaire à son fonctionnement (on dit aussi *une coronaire*) : *L'infarctus du myocarde se produit quand les coronaires se bouchent.*

coronarien, enne adj. Relatif aux artères coronaires : *Une maladie coronarienne.*

coronavirus n.m. (du lat. *corona,* couronne). Virus à A.R.N., dont l'un des représentants est responsable du sras.

coroner [kɔrɔnɛr] n.m. (mot angl.). Officier de police judiciaire des pays anglo-saxons.

corozo n.m. (mot esp.). Matière blanche, très dure, tirée des graines d'un palmier d'Amérique tropicale, aussi appelée *ivoire végétal* : *Des boutons en corozo.*

corporatif, ive adj. Relatif à une corporation : *Une organisation corporative.*

corporation n.f. (mot angl., du lat. *corporari,* se grouper en corps). Ensemble des personnes exerçant la même profession, le même métier : *La corporation des boulangers a vivement protesté.*

corporatisme n.m. Défense exclusive des intérêts professionnels d'une catégorie déterminée de travailleurs ; esprit de corps : *Ces revendications manifestent un corporatisme étroit.*

corporatiste adj. et n. Relatif au corporatisme ; qui en est partisan.

corporel, elle adj. Relatif au corps humain : *Exercice corporel* (**SYN.** physique). *Des châtiments corporels* (= consistant à frapper qqn).

corps n.m. (lat. *corpus*). **1.** Organisme d'un être animé ; partie matérielle de l'être humain (par opp. à l'âme, à l'esprit) : *La belette a un corps allongé. L'hygiène du corps* (= physique). *Les plaisirs du corps* (= charnels). *Faire don de son corps à la science* (= de sa dépouille mortelle). **2.** Ce qui subsiste d'un être animé après la mort : *Après la catastrophe, les corps gisaient çà et là* (**SYN.** cadavre). **3.** Tronc (par opp. aux membres et à la tête) ; ce qui habille le tronc, le torse : *Ils portaient des tatouages sur les bras et le corps. Coudre les manches au corps de la robe.* **4.** Tout objet, toute substance matériels ; élément chimique : *La chute des corps. Faire cuire un aliment dans un corps gras* (= de la graisse). *Le carbone est un corps simple.* **5.** Partie principale, essentielle de qqch (par opp. à ses parties annexes) : *Le corps d'un violon. Un buffet à deux corps* (= composé de deux parties superposées). *Les tableaux sont intégrés au corps du dictionnaire.* **6.** Ensemble de personnes appartenant à une même catégorie professionnelle ou ayant des fonctions similaires au sein d'un groupe ; organe de l'État : *Le corps médical* (= l'ensemble des médecins). *Le corps électoral* (= l'ensemble des électeurs). *Le corps diplomatique.* **7.** Ensemble de parties formant une unité : *La ferme comprend deux corps de bâtiment qui sont placés en vis-à-vis.* **8.** Unité militaire autonome : *Un corps de garde. Corps d'armée.* ☞ **REM.** Ne pas confondre avec *cor.* ▸ ***À corps perdu,*** au mépris du danger ; impétueusement : *Se lancer à corps perdu dans une bataille.* ***À son corps défendant,*** malgré soi. ***Avoir du corps,*** en parlant d'un papier, d'une étoffe, avoir de l'épaisseur, de la consistance ; en parlant du vin, donner une sensation de vigueur, de plénitude. ***Corps à corps,*** directement aux prises avec l'adversaire ; avec acharnement : *Lutter corps à corps.* ***Corps et âme,*** tout entier, sans réserve : *Se dévouer corps et âme à qqn, à qqch.* ***Corps et biens,*** les personnes ainsi que les biens matériels : *Un bateau perdu corps et biens.* ***Corps étranger,*** objet introduit dans l'organisme intentionnellement (une prothèse, par ex.) ou accidentellement. ***Donner corps à,*** donner une réalité à ce qui n'était qu'une idée. ***Esprit de corps,*** solidarité qui unit les membres d'un même corps, d'un même groupe. ***Faire corps avec,*** ne faire qu'un avec qqn d'autre ; adhérer complètement à qqch : *Le motard fait corps avec son engin.* ***Prendre corps,*** prendre consistance ; commencer à exister. ***Tenir au corps,*** être nourrissant, en parlant d'un aliment.

corps-à-corps [kɔrakɔr] n.m. Combat acharné ; mêlée violente : *Les adversaires se sont affrontés dans un corps-à-corps impitoyable.*

corpulence n.f. (de *corpus,* corps). **1.** Grandeur et grosseur du corps humain : *Un homme de forte corpulence.* **2.** Grande taille et poids important : *Sa corpulence l'empêche de voyager en avion* (**SYN.** embonpoint).

corpulent, e adj. Qui a une forte corpulence : *Une personne corpulente* (**SYN.** fort, gros ; **CONTR.** maigre, mince).

corpus [kɔrpys] n.m. (du lat. *corpus [juris],* recueil [de droit]). Ensemble de documents servant de base à une étude, en partic. à une étude linguistique : *Constituer un corpus.*

corpusculaire adj. Relatif aux corpuscules.

corpuscule n.m. (lat. *corpusculum,* dimin. de *corpus,* corps). Très petit élément de la matière ; particule.

corral n.m. (mot esp. signif. « basse-cour ») [pl. *corrals*]. **1.** Enclos pour marquer, pour vacciner le bétail dans certains pays. **2.** Enclos sous les galeries d'une arène, où les taureaux sont présentés au public.

correct, e [kɔrɛkt] adj. (lat. *correctus,* de *corrigere,* redresser, améliorer). **1.** Qui est conforme aux règles, au bon goût, aux convenances : *Le calcul est faux mais le raisonnement est correct* (**SYN.** juste, exact ; **CONTR.** faux, inexact). *Une orthographe correcte* (**CONTR.** fautif). *Pour assurer un fonctionnement correct de l'appareil* (**SYN.** bon, normal ; **CONTR.** défectueux). *Une tenue correcte est exigée* (**SYN.** convenable, décent ; **CONTR.** incorrect, indécent). *Il s'est toujours montré correct avec les voisins* (**SYN.** poli ; **CONTR.** grossier). **2.** D'une qualité moyenne : *Un travail correct mais sans originalité* (**SYN.** acceptable, honnête ; **CONTR.** excellent, parfait). **3.** *Fam.* À qui l'on peut faire confiance : *Il est correct en affaires.* ▸ (Calque de l'anglo-amér.). ***Politiquement correct,*** se dit d'un discours ou d'un comportement qui prétend effacer tout ce qui pourrait blesser ceux qui sont jugés victimes de l'ordre dominant : *Des films politiquement corrects.*

correctement adv. D'une manière correcte : *Cette horloge fonctionne correctement* (**SYN.** normalement, régulièrement). *Tiens-toi correctement* (= comme il faut ;

SYN. convenablement). *Elle s'estime correctement payée* (**SYN.** honnêtement, raisonnablement).

correcteur, trice adj. Destiné à corriger un défaut : *Des verres correcteurs.* ◆ n. **1.** Personne qui corrige des copies d'examen. **2.** Personne dont le métier est de corriger des épreuves d'imprimerie. ◆ **correcteur** n.m. ▸ ***Correcteur orthographique,*** logiciel d'aide à l'orthographe sur un ordinateur, un traitement de texte (on dit aussi *un vérificateur orthographique*).

correctif, ive adj. Qui vise à corriger, à redresser : *Gymnastique corrective.* ◆ **correctif** n.m. Remarque qui adoucit une expression trop brutale de la pensée ou qui rectifie une phrase maladroite : *Je voudrais apporter un correctif à ce qui vient d'être dit.*

correction n.f. **1.** Caractère de ce qui est correct ; qualité d'une personne correcte : *Veiller à la correction d'une traduction* (**SYN.** exactitude, justesse ; **CONTR.** incorrection). *Elle a agi avec la plus parfaite correction* (**SYN.** bienséance, civilité ; **CONTR.** grossièreté, impolitesse). **2.** Action de corriger un devoir, une copie d'examen ou de concours : *Le professeur a donné la correction du problème* (**SYN.** corrigé). **3.** Vérification d'un texte destiné à être publié avec indication et rectification des erreurs ; chacune de ces indications et rectifications : *Le service de correction d'un journal. Un manuscrit surchargé de corrections* (**SYN.** rature). **4.** Compensation artificiellement apportée à une déficience physique : *Correction d'une myopie.* **5.** Action de punir physiquement ; volée de coups : *Infliger, recevoir une correction.* **6.** *Fam.* Défaite sévère : *On a mis une correction à l'équipe adverse.*

correctionnel, elle adj. Relatif aux délits (par opp. aux contraventions et aux crimes). ▸ ***Tribunal correctionnel,*** tribunal qui juge les délits. ◆ **correctionnelle** n.f. Tribunal correctionnel : *Ils vont passer en correctionnelle.*

corrélat n.m. Élément en corrélation avec un autre.

corrélatif, ive adj. (du lat. *relativus,* relatif à). **[de].** Se dit de deux notions qui sont unies par un lien logique et réciproque : *L'épidémie de bronchite est corrélative de l'augmentation de la pollution.* ◆ adj. et n.m. En grammaire, se dit de deux termes appartenant à deux membres de phrase différents et qui en assurent la liaison : « *Tel... que* », « *trop... pour* » *sont des corrélatifs.*

corrélation n.f. Relation existant entre deux notions, deux faits dont l'un appelle logiquement l'autre : *Y a-t-il une corrélation entre son arrivée et votre départ ? Dans « trop beau pour être vrai », « trop » est en corrélation avec « pour ».*

corrélativement adv. De façon corrélative.

correspondance n.f. **1.** Rapport de conformité, de symétrie, de concordance : *Ils sont dans une parfaite correspondance d'idées et de goûts* (**SYN.** affinité, harmonie ; **CONTR.** antagonisme, opposition). **2.** Échange de courrier, de lettres ; les lettres elles-mêmes : *Entretenir une correspondance avec qqn* (= une relation épistolaire). *On a publié la correspondance échangée entre ces deux écrivains.* **3.** Concordance d'horaire entre deux moyens de transport ; moyen de transport qui assure la liaison avec un autre : *Il y a une correspondance avec le T.G.V. pour Bordeaux. Attendre la correspondance.* ▸ ***Par correspondance,*** par courrier : *Vente par correspondance. Voter par correspondance.*

① **correspondant, e** adj. Se dit d'une chose qui correspond à une autre, qui a un rapport d'analogie avec elle : *Si vous refusez ce poste, vous perdrez les avantages correspondants. Cochez la case correspondante* (**SYN.** convenable).

② **correspondant, e** n. **1.** Personne avec laquelle on est en communication téléphonique ou épistolaire : *La communication est mauvaise, je n'entends plus mon correspondant* (**SYN.** interlocuteur). **2.** Personne étrangère avec qui on échange lettres et séjours linguistiques : *Elle voudrait trouver une correspondante anglaise.* **3.** Journaliste qui transmet du lieu où il se trouve des informations ou des articles : *Un reportage de notre correspondant à Séoul.*

correspondre v.t. ind. (du lat. *cum,* avec, et *respondere,* répondre) [conj. 75]. **1. [à].** Être dans un état de symétrie, d'équivalence, de conformité, de similitude avec qqch ; se rapporter à : *Le grade de lieutenant de vaisseau correspond à celui de capitaine dans l'armée de terre* (**SYN.** équivaloir). *Son témoignage correspond bien à ce que nous avons vu* (**SYN.** concorder avec). *La candidate correspond parfaitement au poste à pourvoir* (**SYN.** convenir). **2. [avec].** Communiquer, en parlant de bâtiments, de pièces d'un appartement : *Son bureau correspond directement avec sa chambre.* **3. [avec].** Entretenir des relations épistolaires ou téléphoniques avec qqn : *Je corresponds avec cette Américaine depuis notre adolescence.* ◆ v.i. Échanger des lettres : *Nous correspondons en italien ou en français.*

corrida n.f. (mot esp., du lat. *currere,* courir). **1.** Spectacle tauromachique au cours duquel des taureaux sont mis à mort. **2.** *Fam.* Agitation désordonnée ; dispute bruyante : *On a dû acheter les cadeaux en un quart d'heure, quelle corrida !*

corridor n.m. (it. *corridore,* galerie où l'on court). **1.** Couloir ; passage étroit : *Il y a une cour à laquelle on accède par un corridor.* **2.** Territoire resserré entre deux États, qui débouche sur la mer ou sur un autre territoire : *Le corridor de Dantzig.*

corrigé n.m. Solution type d'un devoir, d'un exercice, donnée comme modèle : *Les corrigés du baccalauréat.*

corriger v.t. (lat. *corrigere,* redresser, de *regere,* diriger) [conj. 17]. **1.** Supprimer les erreurs, les défauts de qqch ; modifier pour rendre correct, pour améliorer : *Corriger une épreuve d'imprimerie* (**SYN.** réviser, revoir). *Cette remarque l'a amenée à corriger son attitude* (**SYN.** reconsidérer). **2.** Éliminer ou atténuer un défaut, une déficience ; atténuer un trait excessif : *Corriger une faute d'orthographe. Corriger sa myopie par des verres.* **3.** Apprécier et noter un travail après en avoir relevé les fautes ; indiquer un corrigé, une correction : *Le professeur corrige des copies. Nous corrigerons ce devoir au prochain cours.* **4.** Infliger une correction à qqn ; punir, châtier. ◆ **se corriger** v.pr. **1.** Être, pouvoir être rectifié, redressé : *La myopie se corrige avec des lunettes.* **2.** Apporter une correction à ce qu'on a dit ou écrit : *Elle a fait un lapsus malheureux, mais elle s'est vite corrigée.* ▸ ***Se corriger de qqch,*** se défaire de : *Elle est parvenue à se corriger de son bégaiement* (**SYN.** se guérir de).

corrigible adj. Qui peut être corrigé.

corroborer v.t. (du lat. *roborare*, consolider, fortifier) [conj. 3]. Servir de preuve, de confirmation à un fait, à une affirmation : *Une hypothèse corroborée par des expériences* (**SYN.** renforcer, vérifier ; **CONTR.** contredire, invalider). *Le témoin a corroboré toutes les déclarations de la victime* (**SYN.** appuyer, confirmer ; **CONTR.** démentir, infirmer).

corroder v.t. (du lat. *rodere*, ronger) [conj. 3]. *Litt.* Détruire progressivement par une action chimique : *Une grille corrodée par la rouille* (**SYN.** ronger).

corrompre v.t. (lat. *corrumpere*, de *rumpere*, rompre) [conj. 78]. **1.** Inciter qqn à agir contre son devoir, contre sa conscience, en échange de promesses, d'argent : *Corrompre un témoin* (**SYN.** acheter, soudoyer). **2.** Rendre mauvais ; altérer ce qui est sain, honnête : *L'argent facile des trafics corrompt la jeunesse* (**SYN.** dépraver, pervertir ; **CONTR.** élever). *Des spectacles stupides qui corrompent le goût* (**SYN.** avilir, dénaturer ; **CONTR.** éduquer). **3.** *Vx* Provoquer le pourrissement d'une substance ; altérer : *La chaleur corrompt la viande* (**SYN.** décomposer, gâter, pourrir).

corrompu, e adj. Perverti ; décadent : *Une époque aux mœurs corrompues.* ◆ adj. et n. Se dit de qqn qui se laisse corrompre, soudoyer : *Des policiers corrompus.*

corrosif, ive adj. **1.** Qui corrode, ronge : *Un acide corrosif* (**SYN.** caustique). **2.** Qui est mordant, virulent : *Une ironie corrosive* (**SYN.** acerbe, caustique).

corrosion n.f. Destruction progressive par une substance qui corrode : *Une peinture protectrice qui s'oppose à la corrosion des métaux.*

corroyage n.m. Action de corroyer le cuir.

corroyer v.t. (du germ. *garedan*) [conj. 13]. Apprêter, assouplir le cuir tanné.

corrupteur, trice adj. et n. Qui corrompt, pervertit : *Des lectures corruptrices* (**SYN.** malfaisant).

corruption n.f. **1.** Action de soudoyer qqn ; fait d'être corrompu : *Tentative de corruption d'un fonctionnaire.* **2.** *Litt.* Altération de la morale, du goût, du jugement ; avilissement, dépravation, perversion.

cors [kɔr] n.m. pl. → **1. cor.**

corsage n.m. (de *cors*, forme anc. de *corps*). Vêtement féminin qui recouvre le buste ; haut d'une robe : *Un corsage à manches longues.*

corsaire n.m. (anc. prov. *corsari*, de l'it. *cursus*, course). **1.** Capitaine ou marin d'un navire autorisé par son gouvernement à capturer des navires de commerce ennemis (du XVe au XIXe siècle) ; le navire lui-même : *Surcouf fut un corsaire redoutable.* **2.** Pantalon moulant s'arrêtant à mi-mollet : *La mode du corsaire.*

corse adj. et n. De Corse. ◆ n.m. Langue proche des dialectes du sud de l'Italie, parlée en Corse.

corsé, e adj. **1.** Qui a un goût relevé, intense : *La sauce sera plus corsée en y ajoutant un peu de piment. Un vin corsé.* **2.** Fort, excessif : *L'addition était corsée.* **3.** Qui contient des détails scabreux : *Histoire corsée* (**SYN.** grivois, osé).

corselet n.m. **1.** *Anc.* Vêtement féminin qui enserrait la partie inférieure du buste ou qui se laçait par-dessus un corsage. **2.** Premier anneau du thorax de certains insectes : *Le corselet jaune de la guêpe.*

corser v.t. (de *cors*, forme anc. de *corps*, au sens propre, « saisir à bras-le-corps ») [conj. 3]. **1.** Épicer davantage une sauce ; donner du corps à un vin en l'additionnant d'alcool. **2.** Donner de la vigueur, renforcer l'intérêt de qqch : *Corser un récit de quelques détails savoureux.* ▸ ***Corser une note, une addition,*** en gonfler le total. ◆ **se corser** v.pr. Devenir plus complexe, plus délicat, plus intéressant : *C'est ici que l'affaire se corse.*

corset n.m. (de *cors*, forme anc. de *corps*). Sous-vêtement féminin, destiné à maintenir le buste et les hanches.

corseter v.t. [conj. 28]. **1.** Serrer dans un corset : *Ce couturier crée des modèles qui corsètent les femmes.* **2.** Enfermer dans un cadre rigide, strict : *Ces mesures corsètent l'économie du pays.*

corso n.m. (mot it. signif. « promenade publique »). ▸ ***Corso fleuri,*** défilé de chars fleuris au cours de certaines fêtes.

cortège n.m. (it. *corteggio*, de *corteggiare*, faire la cour). **1.** Groupe de personnes qui en suivent une autre pour lui faire honneur : *Un cortège funèbre. La noce a quitté la mairie en cortège* (**SYN.** procession). **2.** *Fig., litt.* Ce qui suit, accompagne : *Puis ce fut la guerre et son cortège de misères.*

cortex n.m. (mot lat. signif. « écorce »). **1.** Enveloppe externe d'un organe animal ou végétal ; écorce. **2.** Couche de substance grise à la surface des hémisphères cérébraux, responsable des fonctions les plus élevées du cerveau (on dit aussi *le cortex cérébral*).

cortical, e, aux adj. (de *cortex*, *corticis*, écorce). **1.** Relatif au cortex d'un organe, à l'écorce d'une plante. **2.** Relatif au cortex cérébral.

corticoïde ou **corticostéroïde** adj. et n.m. Se dit des hormones du cortex de la glande surrénale et de leurs dérivés synthétiques, employés notamm. comme médicaments anti-inflammatoires.

corticosurrénal, e, aux adj. Relatif à la région périphérique de la glande surrénale.

cortisone n.f. (mot angl., du rad. de *cortex*). Hormone du cortex de la glande surrénale, qui a des propriétés anti-inflammatoires.

coruscant, e adj. (du lat. *coruscare*, étinceler). *Litt.* Qui brille d'un éclat vif ; étincelant : *Des chromes coruscants.*

corvéable adj. À l'époque féodale, se disait d'une personne assujettie à la corvée. ▸ ***Taillable et corvéable à merci*** → **taillable.**

corvée n.f. (du lat. *corrogare*, convoquer). **1.** Travail pénible ou rebutant qui est imposé à qqn : *Le ménage est une corvée qui revient trop souvent.* **2.** Tâche d'intérêt commun exécutée à tour de rôle par les membres d'une communauté : *Quand les uns sont de corvée de vaisselle, les autres sont de corvée de ravitaillement.* **3.** À l'époque féodale, travail non rémunéré qui était dû au seigneur ou au roi par le paysan.

corvette n.f. (de *corve*, bateau de pêche, mot d'orig. germ.). **1.** Navire armé pour la lutte anti-sous-marine. **2.** Ancien navire de guerre intermédiaire entre la frégate et le brick.

corvidé n.m. (du lat. *corvus*, corbeau). Oiseau passereau de grande taille, comme le corbeau, la corneille et le geai.

coryphée n.m. (gr. *koruphaios*). Chef du chœur, dans le théâtre grec antique.

coryza n.m. (du gr. *koruza*, écoulement nasal). Rhume de cerveau.

cosaque adj. et n. (russe *kazak*). Des Cosaques, peuple russe : *Danses cosaques.* ◆ n.m. Soldat de la cavalerie des tsars recruté parmi les Cosaques.

cosignataire [kosiɲatɛr] n. et adj. Personne qui a signé un document avec une ou plusieurs autres : *Les ministres cosignataires d'un traité.*

cosigner [kosiɲe] v.t. Signer un texte, un document avec une ou plusieurs autres personnes.

cosinus [kosinys] n.m. (de *sinus*). ▸ ***Cosinus d'un angle aigu,*** dans un triangle rectangle, rapport de la longueur du côté de l'angle droit adjacent à cet angle à la longueur de l'hypothénuse (abrév. cos).

cosmétique adj. et n.m. (gr. *kosmêtikos*, de *kosmos*, parure). Se dit d'une préparation non médicamenteuse destinée aux soins du corps, à la toilette ; produit de beauté : *En vente au rayon des cosmétiques.* ◆ adj. Se dit de ce qui ne modifie que les apparences, qui ne va pas à l'essentiel : *Une réforme cosmétique* (**SYN.** superficiel ; **CONTR.** profond).

cosmétologie n.f. Étude de tout ce qui se rapporte aux cosmétiques et à leurs applications.

cosmétologue n. Spécialiste de cosmétologie.

cosmique adj. (gr. *kosmikos*, de *kosmos*, univers). **1.** Relatif au cosmos, à l'Univers : *Les espaces cosmiques.* **2.** Relatif à l'espace intersidéral : *Un vaisseau cosmique* (**SYN.** interplanétaire, spatial).

cosmodrome n.m. Base de lancement d'engins spatiaux, dans l'ex-U.R.S.S.

cosmogonie n.f. (du gr. *gonos*, génération). **1.** Partie des mythologies qui raconte la naissance de l'Univers et des hommes. **2.** Science de la formation des objets célestes (planètes, étoiles, galaxies).

cosmographie n.f. Description des systèmes astronomiques de l'Univers.

cosmologie n.f. Branche de l'astronomie qui étudie la structure et l'évolution de l'Univers considéré dans son ensemble.

cosmologiste ou **cosmologue** n. Spécialiste de cosmologie.

cosmonaute n. Pilote ou passager d'un engin spatial. ☞ **REM.** On dit *spationaute* pour les Français, *astronaute* pour les Américains et *taïkonaute* pour les Chinois.

cosmopolite adj. (du gr. *kosmos*, monde, et *politês*, citoyen). **1.** Où se mêlent des éléments de multiples nationalités : *Une ville cosmopolite.* **2.** Ouvert à toutes les civilisations, à toutes les coutumes : *Des goûts cosmopolites* (**CONTR.** chauvin). **3.** En biologie, se dit d'une espèce animale ou végétale présente dans toutes les parties du monde (**SYN.** ubiquiste ; par opp. à endémique).

cosmopolitisme n.m. **1.** Manière de penser ou de vivre, comportement d'une personne cosmopolite. **2.** Caractère d'un lieu cosmopolite : *Le cosmopolitisme de Paris, de New York.* **3.** En biologie, caractère des animaux, des végétaux cosmopolites (par opp. à endémisme).

cosmos [kɔsmos] n.m. (gr. *kosmos*, monde). **1.** L'Univers considéré dans son ensemble : *Le cosmos serait en expansion.* **2.** Espace intersidéral : *L'exploration du cosmos.*

cossard, e adj. et n. (de *cossu*). *Fam.* Paresseux (**SYN.** fainéant ; **CONTR.** travailleur).

① **cosse** n.f. (du lat. *cochlea*, coquille d'escargot). Enveloppe de certains légumes : *Une cosse de pois* (**SYN.** gousse).

② **cosse** n.f. (du néerl.). Garniture métallique de l'extrémité d'un conducteur électrique : *Des cosses de batterie.*

cossu, e adj. (de *1. cosse*). **1.** Qui dénote la richesse : *Un appartement cossu* (**SYN.** luxueux ; **CONTR.** misérable). **2.** Qui vit dans l'aisance : *Des rentiers cossus* (**SYN.** aisé, nanti ; **CONTR.** gêné, nécessiteux).

costal, e, aux adj. (du lat. *costa*, côte). Qui appartient aux côtes de la cage thoracique : *Des cartilages costaux.*

costard ou **costar** n.m. *Fam.* Complet d'homme ; costume.

costaud, e adj. et n. (du prov. *costo*, côte). *Fam.* Qui a une grande force physique : *Elle est costaude. Un garçon costaud* (**SYN.** robuste ; **CONTR.** chétif). ☞ **REM.** Au fém., on peut aussi dire *elle est costaud.* ◆ adj. Qui est solide, résistant : *Ces tréteaux sont costauds.*

costume n.m. (it. *costume*, coutume). **1.** Ensemble des différentes pièces d'un habillement : *Être en costume de cérémonie* (**SYN.** habit, tenue, toilette). **2.** Vêtement d'homme comportant un pantalon, un veston et éventuellement un gilet (**SYN.** complet). **3.** Vêtement typique d'un pays, d'une région ou d'une époque : *Un costume folklorique.* **4.** Déguisement, travesti : *Costume de Pierrot* (**SYN.** habit).

costumé, e adj. ▸ ***Bal costumé,*** bal où les danseurs viennent déguisés.

costumer v.t. [conj. 3]. Revêtir qqn d'un costume ou d'un déguisement : *Nous avons costumé les enfants* (**SYN.** déguiser, travestir). ◆ **se costumer** v.pr. Revêtir un déguisement : *Elles se sont costumées en magiciennes* (**SYN.** se déguiser, se travestir).

costumier, ère n. **1.** Personne qui confectionne, vend ou loue des costumes de théâtre, de cinéma. **2.** Personne qui s'occupe des costumes d'un spectacle.

cosy [kɔzi] adj. inv. (mot angl. signif. « confortable »). Se dit d'un endroit, d'une ambiance agréables : *Un restaurant cosy* (**SYN.** confortable). *L'atmosphère cosy d'une boutique* (**SYN.** douillet).

cotation n.f. **1.** Action de coter qqch ; fait d'être coté : *La cotation des livres de la bibliothèque a changé en raison de l'informatisation* (**SYN.** cote). **2.** Cours d'un titre ou prix d'une marchandise en Bourse : *La cotation d'une action.*

cote [kɔt] n.f. (lat. médiév. *quota pars*, quote-part). **1.** Symbole servant à l'identification et au classement des éléments d'une collection, des livres d'une bibliothèque. **2.** Chiffre porté sur un dessin, un plan, une carte indiquant une dimension, un niveau, une coordonnée. **3.** Altitude d'un point par rapport à une surface de référence ; niveau. **4.** Constatation officielle des cours d'une monnaie, d'une marchandise, partic. en Bourse ; tableau, feuille périodique reproduisant ces cours : *Surveiller la cote de ses actions.* **5.** En Belgique, note scolaire. **6.** Rapport entre les chances de perdre et celles de gagner qu'offre un cheval dans une course. **7.** Estimation de la valeur de qqch permettant un classement : *La cote des films de l'année.* **8.** Appréciation portée sur la réputation, la valeur de qqn : *Un homme politique dont la cote est en baisse* (**SYN.** popularité). **9.** Montant de la cotisation imposée au contribuable. ☞ **REM.** Ne pas confondre avec *côte* ou *cotte.* ▸ *Fam.* ***Avoir la cote,*** être très populaire. ***Cote d'alerte,*** niveau d'un cours d'eau à partir duquel l'inondation est à craindre ; fig., point critique d'un processus : *L'augmentation des prix a atteint la cote d'alerte.* ***Cote mal taillée,*** arrangement obtenu par des concessions de chaque partie, mais qui laisse tout le monde insatisfait.

① **côte** [kot] n.f. (lat. *costa*). **1.** Chacun des os qui forment la cage thoracique : *L'homme possède douze paires de côtes.* **2.** Morceau de viande constitué par la partie supérieure de la côte et de la vertèbre dorsale qui la supporte, avec les muscles qui les recouvrent : *Une côte de bœuf.* **3.** Sur certains textiles, bande longitudinale en relief : *Du velours à côtes.* **4.** Grosse nervure des feuilles de certaines plantes : *Les côtes des blettes* (**SYN.** carde). **5.** Division naturelle marquée sur quelques fruits : *Des côtes de melon.* ☞ **REM.** Ne pas confondre avec *cote* ou *cotte.* ▸ *Fam.* ***Caresser*** ou ***chatouiller les côtes à qqn,*** le frapper. ***Côte à côte,*** l'un à côté de l'autre ; ensemble. ***Côte de veau, de mouton, de porc,*** côtelette. ***Côtes flottantes,*** les deux dernières côtes du thorax, qui ne sont pas rattachées au sternum. *Fam.* ***On lui voit les côtes,*** cette personne est très maigre. *Fam.* ***Se tenir les côtes,*** rire sans aucune retenue.

② **côte** [kot] n.f. (de *1. côte*). **1.** Versant de colline ou d'un relief d'altitude modérée ; route, chemin qui suivent une pente : *Mettre pied à terre au milieu de la côte* (**SYN.** montée, raidillon). **2.** En géographie, cuesta. **3.** Bande de terre qui borde la mer : *Une côte accidentée* (**SYN.** littoral, rivage). ☞ **REM.** Ne pas confondre avec *cote* ou *cotte.* ▸ ***La Côte d'Azur*** ou ***la Côte,*** la région du littoral français située entre la frontière italienne et Marseille.

coté, e [kɔte] adj. Qui est apprécié ; qui a la cote : *Un vin coté* (**SYN.** prisé). *Un journaliste très coté* (**SYN.** considéré, estimé).

côté [kote] n.m. (du lat. *costa,* côte). **1.** Partie latérale extérieure de la poitrine ou du corps entier chez l'homme et les animaux : *Coucher un enfant sur le côté* (**SYN.** flanc). **2.** Partie latérale de qqch (par opp. au milieu) : *Les deux côtés de la rue* (**SYN.** bord, bordure). **3.** Face d'un objet opposée à une autre : *Le côté extérieur de la vitre est sale.* **4.** Direction, partie de l'espace considérée par rapport aux autres : *Elle est partie de l'autre côté. Le côté espagnol des Pyrénées* (**SYN.** versant). **5.** Chacune des lignes qui limitent une figure géométrique : *Un polygone à huit côtés.* **6.** Point de vue, aspect sous lequel on considère qqn, qqch : *Elle a un côté dominateur. Le côté rentable de cette opération n'a échappé à personne.* **7.** Ligne de parenté : *Une tante du côté paternel.* ▸ ***À côté (de),*** indique la proximité dans l'espace : *Nous habitons à côté* ; la comparaison : *Ce battage médiatique n'est rien à côté de ce qu'il a subi* (**SYN.** par rapport à) ; l'extériorité, la divergence : *La balle est passée à côté. Votre réponse est à côté de la question* ; l'addition, la simultanéité : *À côté de ces objets luxueux, il y a des articles moins coûteux.* ***De côté,*** obliquement, en biais : *Photographier qqn de côté.* ***De mon, ton, leur côté,*** en ce qui me, te, les concerne. ***De tous côtés*** ou ***de tous les côtés*** ou ***de tout côté,*** de toutes parts, de partout. ***Du côté de,*** à proximité de : *Habiter du côté de la gare.* ***Du côté de qqn, qqch,*** en ce qui concerne qqn, qqch : *Du côté de son frère, de son travail rien de nouveau.* ***D'un côté..., d'un autre côté...,*** d'une part..., d'autre part... ***Être au côté*** ou ***aux côtés de qqn,*** se tenir près de lui ; fig., lui apporter son aide, son soutien. ***Être du côté de qqn,*** s'être rangé à son parti, rallié à sa cause. ***Les bons côtés, les mauvais côtés de qqn,*** ses qualités, ses défauts. ***Mettre de côté,*** ranger à l'abri : *J'ai mis votre parapluie de côté* ; mettre en réserve : *Mettez une part de côté pour elle.* ***Mettre de l'argent de côté,*** l'économiser. ***Ne pas savoir de quel côté se tourner,*** hésiter devant un choix, être embarrassé. ***Point de côté,*** douleur aiguë qui survient sur le côté du thorax ou de l'abdomen, quand on court par exemple. ***Prendre qqch du bon côté,*** n'en retenir que les avantages ; voir l'aspect positif d'une situation. ***Voir le petit côté des choses,*** ne voir que les mesquineries.

coteau [kɔto] n.m. (de *2. côte*). **1.** Petite colline. **2.** Versant d'une colline ; côte plantée de vignes : *Vin de coteau.*

côtelé, e adj. Se dit d'un tissu qui présente des côtes parallèles dans le sens longitudinal : *Du velours côtelé.*

côtelette n.f. (de *1. côte*). Côte des petits animaux de boucherie (mouton, veau, porc).

coter [kɔte] v.t. (de *cote*) [conj. 3]. **1.** Attribuer une cote à un document, une pièce, un livre, etc. : *Coter les manuscrits d'une bibliothèque.* **2.** Fixer le cours d'une monnaie, d'une valeur mobilière, d'une marchandise : *Une valeur cotée. Coter une denrée.* **3.** Porter les cotes des éléments représentés sur une carte, un plan, un dessin : *Un croquis coté.* ◆ v.i. En parlant d'une monnaie, d'une marchandise, avoir telle cotation : *L'or a coté en baisse.*

coterie n.f. (anc. fr. *cotier,* association de paysans). *Péjor.* Groupe de personnes qui se soutiennent pour faire valoir leurs intérêts : *Une coterie littéraire* (**SYN.** caste, chapelle, clan).

cothurne n.m. (lat. *cothurnus,* chaussure montante, du gr.). Dans l'Antiquité, chaussure à semelle épaisse que portaient les acteurs de tragédies.

côtier, ère adj. Relatif aux rivages de la mer ; qui se pratique, qui se trouve sur les côtes : *La flore, la pêche côtière. Une ville côtière* (**SYN.** littoral). ▸ ***Fleuve côtier,*** fleuve qui a sa source près de la côte.

cotignac n.m. (du lat. *cotoneum,* coing). Pâte de coings très sucrée qui est la spécialité d'Orléans.

cotillon n.m. (de *cotte*). **1.** Farandole ou sarabande joyeuse qui termine une soirée dansante. **2.** *Anc.* Jupon porté surtout par les paysannes. ◆ **cotillons** n.m. pl. Confettis, serpentins, etc., utilisés au cours d'une fête ou d'un bal (on dit aussi *accessoires de cotillon*).

cotisant, e adj. et n. Qui cotise : *De nombreux cotisants sont en retard dans leurs versements.*

cotisation n.f. **1.** Action de cotiser ou de se cotiser. **2.** Somme versée par chacun pour contribuer à une dépense commune : *Payer sa cotisation* (**SYN.** écot, quote-part).

cotiser v.i. (de *cote*) [conj. 3]. **1.** Verser régulièrement de l'argent à un organisme, à une association : *Cotiser à la Sécurité sociale.* **2.** Payer sa quote-part d'une dépense commune : *Cotiser pour la fête de fin d'année.* ◆ **se cotiser** v.pr. Organiser une collecte de fonds au sein d'un groupe : *Se cotiser pour faire un don à une association caritative.*

côtoiement n.m. Action, fait de côtoyer.

coton n.m. (it. *cotone*, de l'ar.). **1.** Fibre textile naturelle qui recouvre les graines du cotonnier. **2.** Fil ou étoffe que l'on fabrique avec cette fibre : *Du coton à broder. Un tee-shirt en coton.* **3.** Morceau d'ouate, de coton hydrophile : *Un coton imbibé de lotion.* ▸ ***Avoir les jambes en coton,*** avoir de la peine à se tenir debout, se sentir très faible. ***Coton hydrophile,*** matière formée des poils de la graine du cotonnier débarrassés des substances grasses qui les imprègnent et douée d'un grand pouvoir absorbant. ***Élever un enfant dans du coton,*** le protéger de façon excessive. *Fam.* ***Filer un mauvais coton,*** être très malade ; se trouver dans une situation difficile. ◆ adj. inv. *Fam.* Qui présente de nombreuses difficultés : *Des problèmes coton à résoudre* (**SYN.** ardu, difficile ; **CONTR.** simple).

cotonnade n.f. Étoffe de coton pur ou mélangé avec d'autres fibres.

cotonneux, euse adj. **1.** Recouvert de duvet : *La peau cotonneuse des pêches* (**SYN.** duveteux). **2.** Qui rappelle le coton par son aspect : *Un ciel cotonneux.* **3.** Se dit d'un fruit fade et sans jus (**SYN.** farineux).

① **cotonnier, ère** adj. Relatif au coton, à la fabrication des produits en coton. ◆ n. Ouvrier des filatures de coton.

② **cotonnier** n.m. Plante herbacée ou arbuste originaires de l'Inde, cultivés pour la fibre qui entoure leurs graines et pour l'huile alimentaire que ces dernières contiennent.

Coton-Tige n.m. (nom déposé). Bâtonnet dont les deux extrémités sont munies d'un morceau de coton, utilisé pour nettoyer les oreilles ou le nez.

côtoyer [kotwaje] v.t. (de *2. côte*) [conj. 13]. **1.** Marcher le long de qqch ; suivre, s'étendre le long de qqch : *La route côtoie la forêt* (**SYN.** border, longer). **2.** Être en contact avec qqn, avec un milieu ; être très proche de qqch : *Les alpinistes côtoyaient une crevasse. Côtoyer les professionnels de la mode* (**SYN.** coudoyer, fréquenter). *Dans ces villes où la misère côtoie la richesse.* ◆ **se côtoyer** v.pr. En parlant de personnes, de choses, être placé côte à côte : *Une école où se côtoient des élèves de toutes nationalités* (**SYN.** se coudoyer).

cotre n.m. (angl. *cutter*). Voilier à un seul mât.

cottage [kɔtɛdʒ ou kɔtaʒ] n.m. (mot angl., de l'anc. fr. *cote*, cabane). Petite maison de campagne de style rustique.

cotte n.f. (mot germ.). Pantalon de travail en tissu épais muni d'une bavette et de bretelles (**SYN.** bleu, combinaison, salopette). ☞ **REM.** Ne pas confondre avec *cote* ou *côte.* ▸ ***Cotte de mailles,*** au Moyen Âge, longue chemise formée de mailles métalliques unies et rivées sans armature.

cotylédon n.m. (gr. *kotulêdôn*, cavité). **1.** En botanique, feuille déjà constituée dans la graine et qui apparaît à la germination : *Une plante à un, à deux cotylédons.* **2.** En anatomie, lobe du placenta.

cou n.m. (doublet de *col*, lat. *collum*). **1.** Partie du corps de l'homme et de certains vertébrés qui joint la tête aux épaules. **2.** Partie longue et étroite d'un récipient : *Le cou d'une carafe* (**SYN.** goulot). ☞ **REM.** Ne pas confondre avec *coup* ou *coût.* ▸ ***Cou de taureau,*** cou large et puissant. ***Être jusqu'au cou*** (dans telle situation), y être entièrement plongé : *Être endetté jusqu'au cou.* ***Prendre ses jambes à son cou*** → **jambe.** ***Se casser*** ou ***se rompre le cou,*** se tuer ; fig., échouer dans une entreprise, se ruiner. ***Sauter*** ou ***se jeter au cou de qqn,*** l'embrasser avec effusion. ***Tordre le cou à qqch,*** le faire cesser, le faire disparaître : *Tordre le cou à une rumeur.* ***Tordre le cou à qqn,*** le tuer en l'étranglant.

couac n.m. (onomat.). **1.** Son faux et discordant produit par une voix ou par un instrument de musique (**SYN.** canard). **2.** *Fam.* Acte ou paroles qui révèlent une faille dans la cohésion, l'unité d'un groupe ; fausse note : *Il y a eu quelques couacs dans la majorité* (**SYN.** discordance).

couard, e adj. et n. (de l'anc. fr. *coue*, du lat. *cauda*, queue). *Litt.* Qui manque de courage (**SYN.** lâche, peureux, pleutre, poltron ; **CONTR.** brave, courageux).

couardise n.f. *Litt.* Caractère ou action d'un couard (**SYN.** lâcheté, peur, poltronnerie ; **CONTR.** bravoure, courage).

couchage n.m. **1.** Action de coucher, de se coucher : *Un moniteur surveille le couchage des enfants.* **2.** Ensemble des objets qui servent à se coucher ; literie.

couchant, e adj. ▸ ***Chien couchant,*** chien de chasse qui se couche lorsqu'il a repéré le gibier (par opp. à chien d'arrêt ou chien courant). ***Soleil couchant,*** soleil près de disparaître à l'horizon ; moment correspondant de la journée. ◆ **couchant** n.m. **1.** Soleil qui se couche : *Les derniers rayons du couchant.* **2.** *Litt.* Point de l'horizon où le soleil se couche : *Des nuages s'amoncellent au couchant* (**SYN.** occident, ouest, ponant [litt.] ; **CONTR.** est, levant, orient).

① **couche** n.f. (de *coucher*). **1.** *Litt.* Endroit préparé pour se coucher ; lit : *Une couche nuptiale.* **2.** Disposition d'éléments superposés : *Les couches supérieures de l'épiderme* (**SYN.** strate). **3.** Étendue uniforme d'une substance appliquée sur une surface : *Passer plusieurs couches de peinture* (**SYN.** épaisseur). **4.** Linge absorbant ou garniture à usage unique placée entre les jambes d'un nourrisson pour absorber les déjections. **5.** (Souvent au pl.). Ensemble de personnes présentant une certaine homogénéité sociale : *Les couches moyennes* (**SYN.** catégorie, classe). ▸ *Fam.* ***En tenir une couche,*** être très stupide, borné.

② **couche** n.f. (du moyen fr. *coucher*, accoucher). ▸ *Fam.* ***Fausse couche,*** avortement spontané. ◆ **couches** n.f. pl. État d'une femme qui accouche ou qui vient d'accoucher : *Une femme en couches.* ▸ ***Retour de couches,*** première menstruation après l'accouchement.

couché, e adj. Qui est penché : *Écriture couchée.*

couche-culotte n.f. (pl. *couches-culottes*). Couche jetable en forme de culotte maintenue par des bandes adhésives.

① **coucher** v.t. (lat. *collocare*, placer) [conj. 3]. **1.** Mettre au lit : *Coucher ses enfants* (**CONTR.** lever).

2. Étendre qqn sur le sol, sur une surface plane ; placer qqch horizontalement : *Coucher un blessé sur un banc* (**SYN.** allonger). *Coucher des bouteilles de vin.* **3.** Offrir à qqn un lit pour dormir : *Nous pouvons coucher cinq personnes* (**SYN.** héberger, loger). **4.** Incliner qqch vers l'horizontale, le courber ou le rabattre : *Le vent couchait les blés* (**SYN.** pencher, ployer ; **CONTR.** relever). ▸ ***Coucher une idée sur le papier*** ou ***par écrit*** ou ***noir sur blanc,*** l'inscrire, la noter. ***Coucher qqn sur un testament, sur une liste,*** le désigner par écrit comme un des héritiers, un des participants à une action. ◆ v.i. Passer la nuit : *Coucher à l'hôtel* (**SYN.** dormir). ▸ ***Coucher avec qqn,*** avoir un rapport sexuel avec lui. *Fam.* ***Nom à coucher dehors,*** nom difficile à prononcer, à retenir. ◆ **se coucher** v.pr. **1.** Se mettre au lit pour dormir : *Je me suis couché tôt* (**CONTR.** se lever). **2.** Se mettre dans la position horizontale : *Se coucher sur le ventre* (**SYN.** s'allonger, s'étendre). **3.** Descendre sous l'horizon, en parlant d'un astre : *Le soleil se couche à l'ouest* (**CONTR.** se lever). **4.** Se courber, s'incliner : *Les roseaux se couchent sous la bourrasque* (**SYN.** ployer).

② **coucher** n.m. **1.** Action de se coucher ou de coucher qqn pour la nuit ; moment où se fait cette action ; fait de passer la nuit dans un lieu : *Le coucher a lieu à 10 heures. Prendre un médicament au coucher. Des voisins nous ont offert le coucher.* **2.** Moment où un astre descend sous l'horizon : *Le coucher du soleil.*

coucherie n.f. *Fam., péjor.* Relations sexuelles.

couche-tard n. inv. Personne qui se couche à une heure tardive : *Des couche-tard.*

couche-tôt n. inv. Personne qui se couche de bonne heure : *Des couche-tôt.*

couchette n.f. Banquette ou lit escamotable pour dormir, dans un véhicule (train, navire).

coucheur, euse n. ▸ *Fam.* ***Mauvais coucheur,*** personne au caractère difficile, jamais satisfaite.

couci-couça adv. (it. *così così,* comme ci comme ça). *Fam.* Ni bien ni mal ; pas très bien : *Comment allez-vous ? — Couci-couça.*

coucou n.m. (lat. *cuculus,* d'orig. onomat.). **1.** Oiseau des bois, insectivore, qui chante au printemps et qui dépose ses œufs dans le nid d'autres oiseaux. **2.** Nom usuel de la primevère officinale et de la jonquille. **3.** Horloge ou pendule à poids munie d'un dispositif qui fait apparaître, à chaque sonnerie, un oiseau mécanique imitant le cri du coucou. **4.** *Fam.* Avion vétuste, de petite taille. ◆ interj. Sert à attirer l'attention de qqn lorsqu'on arrive par surprise, ou à rappeler sa présence.

coude n.m. (lat. *cubitus*). **1.** Région du membre supérieur de l'homme correspondant à l'articulation du bras avec l'avant-bras. **2.** Partie de la manche de vêtement qui recouvre le coude : *Renforcer les coudes d'un veston.* **3.** Angle saillant, changement brusque de direction ; courbure brusque d'un objet : *La route fait un coude. Souder un coude pour abouter deux tuyaux.* ▸ ***Coude à coude,*** en étant très proches, très solidaires : *Travailler coude à coude avec les membres de son équipe.* ***Faire du coude à qqn,*** le pousser légèrement avec le coude pour attirer son attention. *Fam.* ***Huile de coude,*** efforts intenses déployés pour mener qqch à bonne fin. *Fam.* ***Jouer des coudes,*** se frayer un chemin dans la foule en bousculant les gens ; fig., agir sans scrupule pour arriver à ses fins. *Fam.* ***Lever le coude,*** boire beaucoup. ***Se serrer*** ou ***se tenir les coudes,*** se soutenir mutuellement. ***Sous le coude,*** en attente, en suspens : *Le projet est sous le coude.*

coude-à-coude n.m. inv. **1.** Fait d'être placé très près de qqn : *Le coude-à-coude dans un restaurant bondé.* **2.** *Fig.* Appui mutuel : *Les coude-à-coude de l'action syndicale* (**SYN.** solidarité). ▸ ***Être au coude-à-coude,*** se suivre de très près : *Deux coureurs sont au coude-à-coude.*

coudée n.f. Ancienne mesure équivalant à la distance qui sépare le coude de l'extrémité du médius (env. 50 cm). ▸ ***Avoir les coudées franches,*** avoir une entière liberté d'action. ***De cent coudées,*** d'une façon considérable, de beaucoup : *Elle dépasse les autres candidates de cent coudées !*

cou-de-pied n.m. (pl. *cous-de-pied*). Partie supérieure et bombée du pied : *Des chaussures avec une bride sur le cou-de-pied.*

couder v.t. [conj. 3]. Plier en forme de coude : *Couder une barre de fer.*

coudière n.f. Accessoire fait d'une pièce de tissu matelassé qui sert à protéger le coude dans certains sports : *Coudières et genouillères.*

coudoiement n.m. Action, fait de coudoyer.

coudoyer v.t. (de *coude*) [conj. 13]. **1.** Passer près de qqn : *On coudoie sans cesse des inconnus dans la rue* (**SYN.** côtoyer, frôler). **2.** Être en fréquent contact avec qqn : *Coudoyer des critiques littéraires* (**SYN.** côtoyer, fréquenter). ◆ **se coudoyer** v.pr. En parlant de personnes, de choses, être placées côte à côte : *Une exposition où se coudoient l'ancien et le moderne* (**SYN.** se côtoyer).

coudre v.t. (lat. *consuere*) [conj. 86]. Joindre par une suite de points faits au moyen d'une aiguille et d'un fil, à la main ou avec une machine : *Elle a cousu un écusson sur mon pull. Coudre les cahiers d'un livre.* ◆ v.i. Effectuer des travaux de couture : *Apprendre à coudre.* ▸ ***Machine à coudre,*** machine réalisant mécaniquement la formation de points de couture.

coudrier n.m. (lat. *corylus,* noisetier). Nom usuel du noisetier. ▸ ***Baguette de coudrier,*** baguette utilisée par les sourciers.

Coué (méthode), méthode visant à soigner certains troubles par l'autosuggestion, mise au point par Émile Coué (1857-1926), pharmacien français.

couenne [kwan] n.f. (du lat. *cutis,* peau). Peau de porc échaudée et flambée que l'on utilise en cuisine.

① **couette** [kwɛt] n.f. (lat. *culcita,* oreiller). Grand édredon recouvert d'une housse amovible et servant à la fois de couverture et de drap.

② **couette** [kwɛt] n.f. (de l'anc. fr. *coue,* queue). *Fam.* Touffe de cheveux rassemblés sur la nuque ou de chaque côté des oreilles.

couffin n.m. (prov. *couffo,* baquet, d'un mot ar.). **1.** Grand cabas en paille tressée. **2.** Grand panier de vannerie, à anses, garni intérieurement et servant de berceau portatif.

cougouar [kugwar] ou **couguar** [kugar] n.m. (brésilien *cuguacuara*). Autre nom du puma.

couic interj. (onomat.). Cri d'un petit animal ; cri d'un homme à qui on serre le cou.

couille n.f. (du lat. *coleus*). *Vulg.* Testicule.

couillon, onne adj. et n. *Très fam.* Imbécile, idiot.

couinement n.m. **1.** Cri du lapin, du lièvre ou d'autres petits animaux. **2.** *Fam.* Petits cris aigus mêlés de pleurs : *Les couinements d'un bébé.* **3.** Grincement aigu : *Les couinements d'une console vidéo.*

couiner v.i. (onomat.) [conj. 3]. **1.** Crier, en parlant du lapin, du lièvre, de la souris, du rat. **2.** *Fam.* Gémir, pleurnicher. **3.** Grincer : *La porte de la cave couine.*

coulage n.m. **1.** Action de faire couler une matière en fusion, un liquide, un matériau pâteux : *Le coulage du bronze, du béton.* **2.** Perte de marchandises due au vol ou à la négligence : *Chiffrer le coulage dans un hypermarché.*

coulant, e adj. **1.** Qui coule, qui est fluide : *Du miel coulant* (**SYN.** liquide ; **CONTR.** épais, solide). *Un camembert coulant* (**SYN.** moelleux ; **CONTR.** pâteux). **2.** *Fam.* Très accommodant, peu exigeant ; conciliant : *Un homme coulant en affaires* (**SYN.** arrangeant ; **CONTR.** dur, intraitable). ▸ ***Nœud coulant*** → **nœud.** ◆ **coulant** n.m. Anneau qui coulisse le long d'une ceinture, d'un bracelet et qui permet, une fois ceux-ci fermés, d'y glisser le bout libre (**SYN.** passant).

à la **coule** loc. adj. ▸ ***Être à la coule,*** être adroit, habile ; être au courant de tout ce qui permet de faire de petits profits.

coulée n.f. Masse de matière plus ou moins liquide qui se répand : *Des coulées de neige, de boue.* ▸ ***Coulée de lave,*** magma visqueux s'écoulant sur les pentes d'un volcan, lors d'une éruption.

coulemelle n.f. (lat. *columella,* petite colonne). Nom usuel d'un champignon comestible, la lépiote élevée.

couler v.i. (lat. *colare,* de *colum,* tamis) [conj. 3]. **1.** Se mouvoir, aller d'un lieu à un autre, en parlant d'un liquide, d'une matière en poudre : *Le sang coule dans les veines* (**SYN.** circuler ; **CONTR.** stagner). *Le sable coule dans le sablier.* **2.** Passer à tel endroit, en parlant d'un cours d'eau : *Le Danube coule à Vienne.* **3.** S'échapper de qqch, en parlant d'un liquide ; s'écouler : *En été, l'eau ne coule pas très fort. Sang qui coule d'une blessure.* **4.** Laisser un liquide s'échapper : *Le robinet coule* (**SYN.** fuir). **5.** Se liquéfier, se répandre en perdant sa forme initiale : *La bougie a coulé.* **6.** En parlant d'une embarcation, s'abîmer au fond de l'eau : *La goélette a heurté un écueil et a coulé* (**SYN.** s'engloutir, sombrer ; **CONTR.** flotter). ▸ ***Couler à pic,*** s'engloutir dans l'eau ; fig., aller à sa ruine, être discrédité. ***Couler de source,*** être évident ; être la conséquence logique de qqch. ***Faire couler de l'encre*** ou ***beaucoup d'encre,*** être le sujet d'un grand nombre d'écrits ; fig., avoir un grand retentissement. ◆ v.t. **1.** Faire passer un liquide, un métal en fusion d'un lieu à un autre : *Couler de la cire dans un moule* (**SYN.** verser, transvaser). **2.** Fabriquer un objet en métal fondu et versé dans un moule : *Couler une cloche* (**SYN.** mouler). **3.** Faire sombrer une embarcation ; saborder : *Couler un navire ennemi.* **4.** Mener qqch, qqn à l'échec : *Leur manque de rigueur a coulé le journal* (**SYN.** ruiner). *Ce scandale l'a coulé* (**SYN.** discréditer, perdre). ▸ ***Couler des jours paisibles, heureux,*** les passer tranquillement, sans incident. ◆ **se couler** v.pr. **1.** Se glisser quelque part : *Elle s'est coulée dans les draps bien frais* (**SYN.** se faufiler, s'introduire). **2.** Adopter un comportement, une attitude conforme à ce qui représente une norme : *Les apprentis doivent se couler dans la tradition de l'atelier* (**SYN.** se conformer à, se fondre). ▸ *Fam.* ***Se la couler douce,*** mener une vie heureuse ; ne pas se fatiguer, ne pas faire d'efforts.

couleur n.f. (lat. *color*). **1.** Sensation que produisent sur l'œil les radiations de la lumière, selon qu'elles sont absorbées ou réfléchies par les corps : *La couleur vive d'une pomme* (**SYN.** coloration). *Les couleurs de l'arc-en-ciel.* **2.** Dans le langage courant, ce qui s'oppose au noir, au gris, au blanc : *Le linge blanc et le linge de couleur. Laver la couleur à part. Un film en couleur. Choisir une couleur de rideaux* (**SYN.** coloris). **3.** Substance ou matière colorante : *Boîte de couleurs* (**SYN.** peinture). *Ce tissu prend très mal la couleur* (**SYN.** teinture). **4.** Éclat du style, de l'expression, d'une situation, d'un événement : *L'auteur donne à ce monologue une couleur remarquable.* **5.** Aspect que prennent les choses dans des circonstances données, parfois trompeuses ; perspective : *La situation apparaît sous de nouvelles couleurs* (**SYN.** apparence). **6.** Teint, coloration du visage ; carnation : *Tout d'un coup, elle a changé de couleur* (= son visage a pâli ou rougi). **7.** *Vieilli* Opinion politique de qqn, d'un groupe : *Ce journal n'a pas de couleur politique très affirmée* (**SYN.** tendance). **8.** Modification de la couleur des cheveux effectuée par application d'un produit spécial : *Se faire faire une couleur* (**SYN.** coloration, teinture). **9.** (Employé en appos.). Indique la couleur, la teinte de qqch : *Des chemises couleur lilas.* **10.** Chacune des quatre marques (trèfle, carreau, cœur, pique) qui distinguent les cartes à jouer. ▸ ***Annoncer la couleur,*** dévoiler ses intentions. ***Avoir des couleurs,*** avoir le teint rose vif parce qu'on est en bonne santé ou que l'on a fait un effort. ***Couleur locale,*** aspect typique d'un lieu. *Fam.* ***En voir, en faire voir de toutes les couleurs,*** subir, faire subir toutes sortes de désagréments. ***Haut en couleur,*** savoureux par sa verdeur, en parlant d'un style : *Œuvre haute en couleur* (**SYN.** coloré, truculent). ***Homme, femme, gens de couleur,*** qui n'ont pas la peau blanche. *Anc.* ***Marchand de couleurs,*** marchand de produits ménagers, droguiste. ***Ne pas voir la couleur de qqch,*** en être privé alors qu'on comptait dessus. ***Prendre des couleurs,*** bronzer ; avoir bonne mine. *Sout.* ***Sous couleur de,*** sous prétexte de, en masquant ses intentions réelles sous l'apparence de qqch. ◆ **couleurs** n.f. pl. **1.** Marque distinctive d'un État, de ses drapeaux, de ses pavillons ; drapeau national lui-même : *Amener, hisser les couleurs.* **2.** Marque distinctive, insigne d'un club.

couleuvre n.f. (lat. *colubra*). Serpent non venimeux, à pupille ronde et à longue queue. ▸ *Fam.* ***Avaler des couleuvres,*** subir des affronts sans protester. ***Paresseux comme une couleuvre,*** extrêmement paresseux.

① **coulis** [kuli] n.m. (de *couler*). Sauce obtenue à partir de divers aliments réduits en purée : *Un coulis de tomates. Nougat au coulis de framboises.*

② **coulis** adj. m. (de *couler*). ▸ ***Vent coulis,*** vent, courant d'air qui se glisse à travers une fente.

coulissant, e adj. Qui glisse sur des coulisses : *Une porte coulissante.*

coulisse n.f. (de *porte coulisse,* qui glisse). **1.** Pièce comportant une rainure dans laquelle on fait glisser une partie mobile : *Un volet à coulisse.* **2.** Ourlet dans lequel on fait passer un cordon pour serrer et desserrer : *Un pantalon fermé à la taille par une coulisse.* **3.** (Surtout au pl.). Partie d'un théâtre située de chaque côté et en arrière de la scène, derrière les décors et hors de la vue du public : *Les acteurs attendent dans les coulisses avant d'entrer en scène.* **4.** (Surtout au pl.). Côté secret de qqch ou peu connu du grand public : *Cette émission nous présente les coulisses d'un journal.* ▸ ***Regard en coulisse,*** regard de côté, en coin.

coulisser v.i. [conj. 3]. Glisser sur une coulisse : *Une porte qui coulisse facilement.* ◆ v.t. Faire glisser un tissu sur un fil ou sur un cordon de coulisse : *Coulisser des fronces.*

couloir n.m. (de *couler*). **1.** Passage ou dégagement en longueur dans un logement, une voiture de chemin de fer : *Son bureau est au fond du couloir* (**SYN.** corridor, galerie). *Elle a dû voyager dans le couloir car il n'y avait plus de place assise.* **2.** Passage étroit entre deux escarpements montagneux, deux régions, deux pays : *Le couloir rhodanien* (= qui suit la vallée du Rhône). **3.** Zone, bande délimitée par deux lignes parallèles, sur certains terrains de sport : *Chaque athlète doit courir dans son couloir.* ▸ ***Bruits, conversations de couloirs,*** officieux, confidentiels. ***Couloir aérien,*** itinéraire que doivent suivre les avions. ***Couloir d'autobus,*** portion de la chaussée exclusivement réservée aux autobus, aux taxis et aux voitures de secours. ***Couloir d'avalanche,*** voie suivie régulièrement par les avalanches de neige. ***Couloir humanitaire*** → **humanitaire.**

coulpe n.f. (lat. *culpa*, faute). Confession publique des manquements à la règle, dans certains ordres religieux. ▸ *Litt.* ***Battre sa coulpe,*** exprimer son regret, s'avouer coupable : *Ils ont tous battu leur coulpe.*

coulure n.f. Trace laissée sur une surface par une matière qui a coulé : *Peindre soigneusement sans faire de coulures.*

country [kuntri ou kawntri] n.f. inv. ou n.m. inv. et adj. inv. (mot angl. signif. « campagne »). Musique populaire issue du folklore rural du sud des États-Unis : *Un guitariste de country.*

coup n.m. (du lat. *colaphus*, gr. *kolaphos*, coup de poing). **1.** Choc rapide et brutal d'un corps en mouvement qui vient en frapper un autre : *Un coup de couteau, de marteau. Des coups de pied.* **2.** Action de faire mal à qqn en le frappant ; voies de fait : *En venir aux coups. Être inculpé pour coups et blessures.* **3.** Le résultat du choc lui-même ; marque qu'il laisse : *Il heurta sa tête contre la porte, le coup fut très douloureux. Son bras présente des marques de coups* (**SYN.** bleu, contusion, ecchymose, meurtrissure). **4.** Bruit produit par un choc : *Des coups de marteau résonnent dans la pièce voisine. L'horloge sonna les douze coups de minuit.* **5.** Choc moral causé par un événement, une nouvelle : *Cette mort a été un terrible coup pour elle* (**SYN.** commotion, ébranlement, secousse). **6.** Décharge et détonation d'une arme à feu : *Le chasseur tira un coup de fusil. Un revolver à six coups.* **7.** Geste ou mouvement rapide : *En quelques coups de langue, le chat a lappé le lait. Elle jeta un coup d'œil à sa montre.* **8.** Action rapidement exécutée avec un objet : *Se donner un coup de peigne. Donner un coup de balai.* **9.** Accès brusque d'un sentiment, d'un état psychique : *Se décider sur un coup de tête* (= sans réfléchir). *Il a eu un coup de sang quand il a vu ce qu'ils avaient fait en son absence* (= un accès de colère). **10.** Action considérée du point de vue de la fréquence : *Ce coup-ci vous avez gagné* (**SYN.** fois). *Boire un coup* (= une gorgée, un verre). *On ne réussit pas toujours du premier coup* (**SYN.** essai, tentative). *C'est un truc qui marche à tous les coups* (**SYN.** occasion). **11.** Action préparée, combinée à l'avance ; action d'un joueur pendant une partie ; façon d'attaquer, de manœuvrer : *Ce coup lui a permis de gagner. Elle ne sait pas si elle va réussir, mais elle va tenter le coup* (= essayer, risquer qqch). *Il m'a déjà fait le coup de celui qui a oublié. Ce politicien a réussi un coup médiatique.* **12.** *Fam.* Action de qqn, jugée désagréable ou néfaste ; par ext., entreprise plus ou moins louche : *Encore un carreau de cassé ; ça, c'est sûrement un coup des enfants* (**SYN.** tour). *La police soupçonne cette bande de préparer un coup.* **13.** Manifestation brutale d'un élément, d'un phénomène : *On entend des coups de tonnerre. Un coup de vent a emporté mes papiers.* ☞ **REM.** Ne pas confondre avec *cou* ou *coût.* ▸ ***À coups de*** (+ n. au sing.), en l'utilisant comme arme : *Elle s'est défendue à coups de parapluie.* ***À coup sûr,*** sûrement, infailliblement. ***Après coup,*** une fois la chose faite, l'événement s'étant déjà produit. ***Au coup par coup,*** sans plan précis, selon chaque circonstance qui se présente. *Fam.* ***Avoir un coup dans le nez*** ou ***dans l'aile,*** être ivre. ***Coup bas,*** en boxe, coup porté au-dessous de la ceinture ; fig., manœuvre déloyale. ***Coup d'éclat,*** exploit. ***Coup de Jarnac,*** coup décisif mais peu loyal. ***Coup de main,*** aide, soutien apportés à qqn qui traverse un moment difficile : *Donner un coup de main à qqn* ; opération militaire, menée par surprise. ***Coup d'envoi,*** début d'une partie de sport collectif. ***Coup de pied de coin,*** recommandation officielle pour *corner.* ***Coup de pouce,*** aide ponctuelle apportée à qqn. ***Coup de soleil,*** brûlure de la peau par le soleil. ***Coup d'État*** → **2. État.** ***Coup de théâtre*** → **théâtre.** ***Coup de Trafalgar,*** désastre total. ***Coup du lapin,*** choc brutal sur la nuque. ***Coup dur,*** événement pénible ou douloureux ; situation difficile qui affecte qqn. ***Coup franc,*** au football, au rugby, au basket, arrêt de jeu sanctionnant une irrégularité. ***Coup monté,*** action malveillante préparée en secret ; piège. ***Coup sur coup,*** de manière immédiatement successive : *J'ai appris coup sur coup deux mauvaises nouvelles.* *Fam.* ***Discuter le coup,*** bavarder à propos de qqch. ***Du coup*** ou ***du même coup,*** dans ces conditions ; en conséquence : *Du coup, elle est partie avec nous.* ***En coup de vent,*** rapidement : *Ils sont passés en coup de vent.* *Fam.* ***En mettre*** ou ***en donner un coup,*** faire un grand effort pour avancer un travail, une étude, etc. *Fam.* ***En prendre un coup,*** être fortement affecté par qqch ; subir un dommage : *La maison en a pris un coup avec la tempête.* *Fam.* ***Être dans le coup,*** être au courant d'une affaire un peu louche ; être au courant de tout ce qui se passe, et en partic. de ce qui est à la mode (par opp. à être hors du coup). ***Faire les quatre cents coups,*** se livrer à des excès, à des frasques. ***Frapper un grand coup,*** employer des moyens exceptionnels pour mettre de l'ordre dans une situation. ***Les trois coups,*** au théâtre, trois coups frappés sur le plancher de la scène, et qui signalent le début de la représentation. ***Marquer le coup,*** faire comprendre par son comportement l'importance d'un événement, d'un incident. ***Monter le coup à qqn,*** l'abuser. ***Porter un coup à qqn, à qqch,*** leur nuire, empêcher leur action, leur progrès, leur évolution. *Fam.* ***Pour le coup,*** de ce fait, en l'occurrence. ***Prendre un coup de vieux,*** vieillir subitement. ***Sous le coup de qqch,*** sous l'effet de : *Rougir sous le coup de l'émotion.* ***Sur le coup,*** au moment où l'événement a lieu. ***Sur le coup de 10 heures, 11 heures,*** etc., à cette heure. *Fam.* ***Tenir le coup,*** résister, en parlant de qqn ; durer, en parlant de qqch. ***Tomber sous le coup de,*** être passible de. ***Tout à coup*** ou ***tout d'un coup,*** subitement, soudain. *Fam.* ***Valoir le coup,*** valoir la peine qu'on va se donner : *Tu crois que ça vaut le coup ?*

coupable adj. et n. (du lat. *culpa,* faute). **1.** Qui a commis un crime, un délit : *Être coupable d'un meurtre* (**CONTR.** innocent). *Plaider coupable.* **2.** Qui est responsable d'un mal : *Que les coupables se dénoncent* (**SYN.** fautif). ◆ adj. Se dit d'une action moralement condamnable : *Une indulgence coupable* (**SYN.** blâmable, répréhensible). *De coupables ralliements à des idées dangereuses* (**SYN.** honteux, mauvais).

coupage n.m. **1.** Action de couper, de trancher. **2.** Action de mélanger des liquides, en partic. des vins et des alcools : *Des vins de coupage.*

coupant, e adj. **1.** Qui coupe, tranche bien : *Des ciseaux coupants.* **2.** Qui n'admet pas de réplique ; brutal, dur : *Répondre d'un ton coupant* (**SYN.** cassant).

coup-de-poing n.m. (pl. *coups-de-poing*). Arme et outil de silex datant du paléolithique inférieur (**SYN.** biface). ▸ ***Coup-de-poing américain,*** arme faite d'une masse de métal percée de trous pour y passer les doigts.

① **coupe** n.f. (lat. *cuppa,* grand vase en bois, tonneau). **1.** Verre à boire, plus large que profond ; son contenu : *Une coupe à champagne. Vous reprendrez bien une coupe ?* **2.** Récipient avec ou sans pied, large et peu profond : *Mettez les fruits dans une coupe.* **3.** Trophée attribué au vainqueur ou à l'équipe victorieuse d'une épreuve sportive ; la compétition elle-même : *Match de Coupe de France de football. La Coupe Davis.*

② **coupe** n.f. (de *couper*). **1.** Action ou manière de couper qqch ; ce qui a été coupé : *Se faire faire une coupe de cheveux. Une coupe de bois.* **2.** Action, art de tailler des vêtements dans une pièce de tissu ; manière dont un vêtement est coupé : *Apprendre la coupe et la couture. Un manteau d'une bonne coupe.* **3.** Représentation graphique selon une section verticale : *L'article est illustré par une vue en coupe du sous-marin.* **4.** Pause, arrêt dans une phrase, un vers (**SYN.** césure). **5.** Action de séparer un jeu de cartes en deux paquets. **6.** Dans une forêt, étendue de bois à abattre ou abattu. ▸ ***Coupe claire,*** dans une forêt, coupe éliminant de nombreux arbres ; fig., réduction importante d'un budget, d'un effectif. ***Coupe sombre,*** dans une forêt, coupe éliminant un petit nombre d'arbres ; fig., suppression d'une partie importante d'un ensemble (emploi critiqué) : *Faire une coupe sombre dans un budget.* ***Être, tomber sous la coupe de qqn,*** être, passer sous sa totale dépendance.

① **coupé** n.m. (de [*carrosse*] *coupé*). Voiture fermée, à deux places et à deux portes.

② **coupé, e** adj. et n.m. En héraldique, se dit d'un écu divisé horizontalement en deux parties égales.

coupe-chou n.m. (pl. *coupe-choux*) ou **coupe-choux** n.m. inv. **1.** *Anc.* Sabre court de fantassin. **2.** Rasoir droit à longue lame.

coupe-cigare n.m. (pl. *coupe-cigares*) ou **coupe-cigares** n.m. inv. Instrument servant à couper le bout des cigares.

coupe-circuit n.m. (pl. *coupe-circuits*). Appareil destiné à couper le circuit électrique, lorsque l'intensité y devient trop élevée ; fusible.

coupe-coupe n.m. inv. Sabre assez court, à large lame, utilisé pour se frayer un chemin dans la brousse.

coupée n.f. Ouverture dans les parois d'un navire qui permet d'y entrer ou d'en sortir : *Une échelle de coupée.*

coupe-faim n.m. inv. **1.** Petit en-cas destiné à calmer momentanément la faim : *Elle a toujours des coupe-faim sur elle.* **2.** Médicament, substance destinés à couper l'appétit.

coupe-feu n.m. inv. Dispositif, élément de construction ou espace de terrain déboisé destiné à empêcher la propagation d'un incendie (**SYN.** pare-feu).

coupe-file n.m. (pl. *coupe-files*). Carte officielle donnant certaines priorités de circulation : *Elle montra son coupe-file au policier en faction.*

coupe-gorge n.m. inv. Endroit désert, peu éclairé, où l'on risque de se faire attaquer : *Cette impasse est un vrai coupe-gorge.*

coupe-jarret n.m. (pl. *coupe-jarrets*). *Litt., vx* Brigand ; assassin.

coupelle n.f. **1.** Petite coupe : *Servir de la glace dans des coupelles.* **2.** Petit creuset utilisé dans les laboratoires.

coupe-ongles n.m. inv. Pince ou ciseaux à lames courtes et incurvées pour couper les ongles.

coupe-papier n.m. (pl. *coupe-papiers* ou inv.). Couteau à bord peu tranchant, pour couper le papier, les feuillets d'un livre, etc. : *Des coupe-papiers en ivoire.*

couper [kupe] v.t. (de *coup,* au sens propre « diviser d'un coup ») [conj. 3]. **1.** Diviser, enlever une partie avec un instrument tranchant : *Couper du pain. Couper un rôti en fines tranches* (**SYN.** trancher). *Couper les tiges des fleurs* (**SYN.** raccourcir). *Couper l'herbe, le blé* (**SYN.** faucher). *Elle s'est fait couper les cheveux.* **2.** Retrancher un organe, un membre : *Il a fallu couper son doigt écrasé* (**SYN.** amputer). *Couper la tête d'un condamné* (= le décapiter). *Faire couper un chien* (**SYN.** castrer, châtrer). **3.** Tailler de l'étoffe d'après un patron : *Couper une jupe.* **4.** Faire une entaille, blesser : *L'éclat de verre lui a coupé le doigt* (**SYN.** entailler, entamer). **5.** Retrancher une partie d'un ensemble ; opérer des coupures : *La séquence dont vous parlez a été coupée au montage* (**SYN.** ôter, supprimer). *Votre discours est trop long, il faut le couper* (**SYN.** écourter). **6.** Interrompre, rompre une continuité : *Couper une communication téléphonique. Ils l'ont laissé parler sans le couper* (= lui couper la parole). *N'oublie pas de couper le gaz* (**SYN.** fermer). **7.** Faire cesser, interrompre une sensation, un phénomène : *Un médicament pour couper la faim, la fièvre. Ce spectacle m'a coupé l'appétit. Le choc lui a coupé le souffle.* **8.** Passer au milieu de : *Le fleuve coupe la ville en deux* (**SYN.** diviser, séparer). *La route départementale coupe la nationale* (**SYN.** croiser). **9.** Mettre à l'écart, séparer : *Il l'a coupée de tous ses amis* (**SYN.** isoler). *La neige a coupé les routes d'accès aux villages de montagne.* **10.** Mélanger un liquide avec un autre ; faire un coupage : *Couper du vin. Le* *fermier est accusé de couper son lait* (= d'y ajouter de l'eau). **11.** Faire deux paquets avec un jeu de cartes ; prendre le pli avec de l'atout : *C'est à toi de couper et à moi de distribuer. Mon adversaire coupe les trèfles.* ▸ ***À couper au couteau,*** très épais : *Un brouillard à couper au couteau.* ***Couper la parole à qqn,*** l'interrompre quand il parle. ***Couper les vivres à qqn,*** cesser de l'entretenir, ne plus lui donner d'argent. ***Donner sa main*** ou ***sa tête à couper,*** affirmer qqch catégoriquement. ◆ v.t. ind. **[à].** *Fam.* Échapper à qqch : *En arrivant en retard, tu as coupé au discours inaugural* (SYN. éviter). ▸ ***Couper court à*** → **1. court.** ◆ v.i. **1.** Être tranchant : *Ce couteau coupe bien.* **2.** S'interrompre ; être interrompu : *Nous parlions au téléphone et soudain, ça a coupé.* **3.** Aller directement : *Nous avons coupé à travers champs.* ◆ **se couper** v.pr. **1.** Se faire une coupure avec un instrument tranchant : *Se couper à la jambe. Ils se sont coupés en épluchant les légumes.* **2.** Se croiser : *Deux droites qui se coupent.* **3.** S'isoler : *Il s'est volontairement coupé du monde* (SYN. se retrancher). **4.** *Fam.* Se contredire ; se trahir : *Elle s'est coupée dans ses réponses.* ▸ ***Se couper*** (+ n. désignant une partie du corps), se l'entailler : *Elle s'est coupé le doigt.*

couper-coller n.m. inv. Fonction d'un logiciel de traitement de texte qui permet de supprimer la portion sélectionnée d'un document et de l'insérer à un autre endroit ou dans un autre document.

couperet n.m. **1.** Couteau de cuisine ou de boucherie, large et court. **2.** Lame de la guillotine. ▸ ***Tomber comme un couperet,*** arriver brusquement en créant un effet de surprise : *L'annonce de la fermeture prochaine du site est tombée comme un couperet.*

couperose n.f. (du lat. *cupri rosa,* rose de cuivre). Coloration rouge du visage, due à une dilatation des vaisseaux capillaires.

couperosé, e adj. Atteint de couperose : *Il a les joues couperosées.*

coupe-vent n.m. inv. Vêtement dont la texture s'oppose au passage de l'air.

couplage n.m. Action de coupler deux choses ; assemblage, connexion.

① **couple** n.f. (lat. *copula,* lien, union). *Litt.* Ensemble de deux choses ou de deux animaux de même espèce : *Une couple de bœufs* (SYN. paire).

② **couple** n.m. (de *1. couple*). **1.** Homme et femme unis par le mariage ou par des liens affectifs : *Un jeune couple avec un bébé.* **2.** Deux personnes réunies provisoirement : *Des couples de danseurs.* **3.** Rapprochement de deux personnes liées par l'amitié, des intérêts communs, etc. : *Un couple d'associés.* **4.** Mâle et femelle d'animaux ; réunion de deux animaux pour un même travail : *Un couple de pigeons. Un traîneau tiré par un couple de chiens.* **5.** En physique, système de deux forces égales, parallèles et de sens contraires. **6.** Pièce de construction de la coque d'un navire ou du fuselage d'un avion, placée perpendiculairement à l'axe du navire ou de l'avion.

couplé n.m. Mode de pari mutuel pour désigner les deux premiers chevaux d'une course.

coupler v.t. [conj. 3]. **1.** Relier qqch avec qqch d'autre ; faire fonctionner ensemble : *Coupler des pièces, des machines* (SYN. assembler, réunir). **2.** Attacher deux à deux : *Coupler des chiens.*

couplet n.m. **1.** Chacune des strophes d'une chanson, terminée par un refrain. **2.** *Fam.* Propos que l'on répète sans cesse : *Chacune y est allée de son couplet sur la politique* (SYN. rengaine, ritournelle).

coupole n.f. (it. *cupola,* du lat. *cupula,* petite cuve). **1.** Voûte en forme de demi-sphère : *La coupole des Invalides, à Paris.* **2.** (Avec une majuscule). Institut de France à Paris, qui regroupe plusieurs académies, dont l'Académie française : *Être reçu sous la Coupole* (= devenir académicien).

coupon n.m. **1.** Métrage d'étoffe restant d'une pièce de tissu : *Un coupon de satin.* **2.** Billet attestant l'acquittement d'un droit : *Un coupon mensuel de carte de métro.* **3.** Titre d'intérêts joint à une valeur mobilière, détaché à chaque échéance et donnant droit à un paiement.

coupon-réponse n.m. (pl. *coupons-réponse*). Partie détachable d'une annonce publicitaire que l'on envoie pour obtenir des informations supplémentaires.

coupure n.f. **1.** Incision, blessure produite par un instrument tranchant : *Une petite coupure au doigt* (SYN. entaille). **2.** Interruption de l'alimentation en électricité, en gaz, etc. : *Nous avons eu une coupure d'eau ce matin.* **3.** Séparation marquée ; rupture de continuité : *Une coupure entre deux courants de l'opposition. Elle profite de la coupure du midi pour faire quelques courses* (SYN. interruption). **4.** Suppression d'un passage dans un ouvrage, un film, etc. : *Sa pièce est trop longue, il faudra faire quelques coupures.* **5.** Billet de banque : *Payer en petites coupures.* ▸ ***Coupure de journal*** ou ***de presse,*** article découpé dans un journal : *Elle a gardé des coupures de journaux concernant l'inondation de leur quartier.*

couque n.f. (mot wallon, du néerl. *kock,* gâteau). *Région.* En Belgique et dans le Nord, pain d'épice ; brioche flamande.

cour n.f. (du lat. *cohors, cohortis,* cour de ferme). **1.** Espace découvert, entouré de murs ou de bâtiments, et qui est rattaché à une habitation, à un établissement public, etc. : *Les appartements qui donnent sur la cour sont très calmes. Les enfants jouent dans la cour de récréation.* **2.** Résidence du souverain et de son entourage ; entourage du souverain : *La cour de Louis XIV.* **3.** Ensemble de personnes qui cherchent à plaire à qqn : *Ce chanteur est toujours entouré d'une cour d'admirateurs.* **4.** Tribunal d'ordre supérieur ; ensemble des magistrats qui composent chacun de ces tribunaux : *La cour d'appel, d'assises. La Cour de cassation.* **5.** En Belgique, toilettes. ▸ ***Côté cour,*** partie de la scène d'un théâtre située à la droite des spectateurs (par opp. au côté jardin). ***Cour des Miracles,*** avant la Révolution, lieu où se rassemblaient les mendiants et les malfaiteurs des grandes villes ; de nos jours, lieu mal fréquenté, peu rassurant. ***Être bien, mal en cour,*** jouir ou non de la faveur d'un supérieur. ***Faire la cour*** ou ***sa cour à qqn,*** chercher à en obtenir les faveurs par son empressement, ses assiduités : *Faire la cour à une femme.* *Fam.* ***La cour des grands,*** cercle restreint qui réunit ceux qui occupent une place prédominante dans un domaine : *Le succès de son film lui permet de jouer maintenant dans la cour des grands.*

courage n.m. (de *cœur*). **1.** Force de caractère, fermeté que l'on a devant le danger, la souffrance : *Elle a lutté avec courage contre cette maladie* (**SYN.** combativité, stoïcisme, vaillance ; **CONTR.** lâcheté). *Il lui a fallu beaucoup de courage pour s'opposer à ces gens puissants* (**SYN.** audace, cran, hardiesse ; **CONTR.** timidité). **2.** Ardeur, zèle pour entreprendre qqch ; envie de faire qqch : *Travailler avec courage* (**SYN.** détermination, énergie ; **CONTR.** mollesse). *Je n'ai pas eu le courage de rester debout pendant toute la cérémonie.* ▸ ***Prendre son courage à deux mains,*** vaincre sa timidité, se décider à agir.

courageusement adv. Avec courage : *Elle a courageusement affronté la situation* (**SYN.** bravement, vaillamment). *Il s'est courageusement remis au travail* (**SYN.** résolument).

courageux, euse adj. **1.** Qui a du courage : *Des sauveteurs courageux* (**SYN.** audacieux, brave, intrépide ; **CONTR.** craintif, lâche). **2.** Qui dénote du courage : *Une attitude courageuse* (**SYN.** héroïque ; **CONTR.** timoré).

couramment adv. **1.** Sans difficulté, avec aisance : *Lire, écrire couramment le français* (**CONTR.** difficilement). **2.** D'une façon habituelle, ordinaire : *C'est une question qu'on pose couramment* (**SYN.** communément, régulièrement ; **CONTR.** rarement).

① **courant, e** adj. (de *courir*). **1.** Qui est habituel ; ordinaire : *Les dépenses courantes* (**SYN.** normal, quotidien ; **CONTR.** exceptionnel). *Un aspirateur d'un modèle courant* (**SYN.** classique, répandu ; **CONTR.** spécial, rare). *Ce terme est utilisé dans la langue courante* (**SYN.** usuel ; **CONTR.** littéraire, soutenu ; spécialisé, technique). **2.** Qui est en cours, qui n'est pas terminé au moment où l'on parle : *Le mois courant.* ▸ ***C'est monnaie courante,*** cela se produit très souvent. ***Chien courant,*** chien dressé à poursuivre le gibier (par opp. à chien d'arrêt ou chien couchant). ***Eau courante,*** eau qui s'écoule continûment ; eau qui est distribuée par les canalisations d'une habitation : *Chambre avec eau courante.*

② **courant** n.m. (de *courir*). **1.** Mouvement d'un liquide, d'un fluide dans un sens ; masse d'eau, masse d'air en mouvement : *La péniche remonte le courant. Les oiseaux utilisent les courants ascendants pour voler. Ferme la fenêtre, je sens un courant d'air.* **2.** Déplacement de charges électriques dans un conducteur : *Courant continu. Courant alternatif. Une panne de courant.* **3.** Déplacement orienté d'un ensemble de personnes ou de choses : *Le développement industriel a provoqué de vastes courants d'immigration* (**SYN.** flux, mouvement). **4.** Mouvement général des idées, des sentiments, des tendances artistiques : *Cet accident a suscité un vaste courant de sympathie* (**SYN.** élan). *Un nouveau courant littéraire.* **5.** Subdivision d'un groupe, d'un mouvement : *Le courant conservateur d'un parti politique* (**SYN.** tendance). **6.** Écoulement d'une période ; cours du temps : *Je passerai vous voir dans le courant de la semaine* (= au cours de la semaine, pendant). ▸ ***Au courant, au courant de,*** informé ; renseigné sur qqch : *Si vous changez d'avis, tenez-moi au courant. Mettez-la au courant de votre changement d'horaire.* *Fam.* ***Le courant passe,*** il y a de la sympathie, de la compréhension entre des personnes. ***Remonter le courant,*** faire face à des difficultés avec succès, redresser une situation un moment compromise.

③ **courant** prép. **1.** Au cours de ; pendant, durant : *Vous recevrez votre commande courant novembre.* **2.** Du mois courant : *Suite à votre courrier du cinq courant. Le terme est échu à la fin courant.*

courbatu, e adj. (de *court* et *battu*). *Sout.* Courbaturé.

courbature n.f. Douleur musculaire due à la fatigue ou à une maladie : *Après ce premier jour de marche, nous étions pleins de courbatures.*

courbaturé, e adj. Qui souffre de courbatures (**SYN.** courbatu [sout.]).

courbaturer v.t. [conj. 3]. Provoquer des courbatures, une sensation de fatigue douloureuse.

courbe adj. (du lat. *curvus*). Se dit d'une ligne, d'une surface qui s'infléchit en forme d'arc : *Des lignes courbes* (**CONTR.** droit). *La tôle de la carrosserie est courbe à cet endroit* (**SYN.** arrondi, galbé, incurvé ; **CONTR.** plat). ◆ n.f. **1.** Ligne, forme courbe : *La courbe de ses sourcils* (**SYN.** courbure). *Sa maison se trouve sur la droite après la grande courbe* (**SYN.** virage). **2.** Graphique représentant les variations d'un phénomène ; évolution de ce phénomène : *Une courbe de température. Le marché des téléphones portables suit une courbe ascendante* (= il est en augmentation).

courber v.t. (du lat. *curvare,* plier) [conj. 3]. **1.** Rendre courbe : *Le vent courbe les arbustes* (**SYN.** plier, ployer). *L'âge l'a courbé* (**SYN.** arrondir, voûter). **2.** Pencher, incliner le buste : *Il est tellement grand qu'il courbe les épaules.* ▸ ***Courber le dos, la tête, l'échine,*** pencher la tête, arrondir le dos en signe d'humilité, de soumission ; céder, se soumettre. *Fam.* ***Courber l'école,*** en Suisse, faire l'école buissonnière. ◆ v.i. Devenir courbe : *Arbre qui courbe sous le poids des fruits* (**SYN.** plier, ployer). ◆ **se courber** v.pr. **1.** Être, devenir courbe : *Les branches se courbent.* **2.** Incliner le corps en avant : *Se courber pour saluer qqn* (**SYN.** se pencher). **3.** Se soumettre, céder : *Tout le monde se courbe devant elle* (**SYN.** s'incliner).

courbette n.f. *Fam.* Révérence obséquieuse. ▸ *Fam.* ***Faire des courbettes à qqn,*** lui prodiguer des marques exagérées de politesse, de déférence.

courbure n.f. Forme courbe d'un objet ; partie courbe de qqch : *La courbure d'une voûte.*

courée n.f. Impasse, petite cour commune à plusieurs habitations, dans les villes du nord de la France.

courette n.f. Petite cour : *La cuisine ouvre sur une courette.*

coureur, euse n. **1.** Personne qui participe à une course : *Coureur de fond. Coureuse cycliste.* **2.** Personne ou animal qui court rapidement : *Le jaguar est un excellent coureur.* **3.** Personne qui recherche les aventures amoureuses : *Un coureur de jupons.*

courge n.f. (du lat. *cucurbita*). Plante cultivée aux tiges traînantes et aux fruits volumineux : *Le potiron, la courgette, la citrouille sont des courges.*

courgette n.f. Variété de courge à fruit allongé ; ce fruit : *Un gratin de courgettes.*

courir v.i. (du lat. *currere*) [conj. 45]. **1.** Se déplacer d'un lieu à un autre à une allure plus rapide que la marche : *Cours vite, l'autobus arrive ! Ce chien a besoin de courir.* **2.** Participer à une épreuve de course : *Mon frère court dans la catégorie des seniors.* **3.** Se précipiter quelque part ; se dépêcher : *Dès que* *j'ai appris la nouvelle, j'ai couru la féliciter. J'ai couru partout pour trouver ce livre. Depuis qu'elle travaille à temps complet, elle court toute la journée.* **4.** Être en cours, en train, en vigueur : *C'est une chose qui se fait rare par les temps qui courent* (= en ce moment). *Le bail court à partir du 1er janvier.* **5.** Suivre un cours rapide ; aller, se propager rapidement : *Le temps court trop vite. C'est un bruit qui court, mais rien n'est encore sûr* (**SYN.** circuler). *Un frisson lui courut dans le dos* (**SYN.** parcourir). ▸ ***Courir après qqn, qqch,*** chercher à rattraper qqn ; rechercher qqch avec empressement : *Courir après un voleur. Courir après les honneurs.* ***Laisser courir,*** laisser faire. *Fam.* ***Tu peux courir,*** tes efforts ne servent à rien, tu n'obtiendras rien. ◆ v.t. **1.** Disputer une course : *Courir un 100 mètres. Elle courra le prochain marathon.* **2.** Parcourir dans tous les sens : *Courir le monde* (**SYN.** sillonner). **3.** Fréquenter assidûment un lieu : *Elle court les présentations de mode.* **4.** Aller au-devant de, s'exposer à : *Ils courent un grand danger. Elle court le risque de tout perdre.* **5.** Rechercher avec empressement les personnes du sexe opposé : *Courir les filles.* ▸ ***Courir les rues,*** être très banal, très commun : *Un salaire d'embauche comme ça, ça ne court pas les rues* (= c'est très rare). ***Courir sa chance,*** tenter qqch en comptant sur la chance.

courlis n.m. (orig. onomat.). Oiseau échassier migrateur à long bec arqué vers le bas, habitant près de l'eau.

couronne n.f. (lat. *corona,* gr. *korônê*). **1.** Cercle de métal précieux, richement orné, qu'on porte sur la tête en signe d'autorité, de dignité, de puissance : *La couronne des pharaons.* **2.** Dynastie souveraine ; État dirigé par un roi ou un empereur : *Un territoire rattaché à la couronne d'Angleterre. Les bijoux de la Couronne.* **3.** Cercle de fleurs ou de feuillage : *Le voile de la mariée est retenu par une couronne de fleurs d'oranger. Une couronne de lauriers.* **4.** Tout objet circulaire en forme de couronne : *Comme il n'y avait plus de baguette chez le boulanger, j'ai pris une couronne.* **5.** Partie visible d'une dent ; capsule en métal ou en céramique dont on recouvre cette partie si elle est abîmée. **6.** Unité monétaire principale de certains pays (Suède, Danemark, Norvège, Islande, République tchèque, Estonie) : *La couronne danoise* ou *krone. La couronne suédoise* ou *krona.*

couronné, e adj. **1.** Qui a reçu un prix, un titre : *Un roman couronné par l'Académie française.* **2.** Qui a reçu une couronne royale ou impériale : *Le prince héritier vient d'être couronné roi* (**SYN.** sacré). **3.** Pourvue d'une couronne, en parlant d'une dent. ▸ *Fam.* ***Genou couronné,*** genou marqué d'une écorchure. ***Tête couronnée,*** souverain, souveraine.

couronnement n.m. **1.** Action de couronner ; cérémonie accompagnant le sacre d'un monarque ou l'investiture solennelle d'un pape : *Les fêtes du couronnement.* **2.** Achèvement complet d'une grande entreprise : *Sa nomination à ce poste constitue le couronnement de sa carrière.*

couronner v.t. [conj. 3]. **1.** Mettre une couronne sur la tête de qqn ; poser solennellement une couronne sur la tête de qqn, pour le sacrer souverain. **2.** Récompenser qqn, une œuvre par un prix, une distinction : *Un auteur plusieurs fois couronné* (= qui a reçu plusieurs prix). **3.** Constituer l'achèvement parfait, la digne conclusion de qqch : *Cette nomination vient couronner dix années d'efforts.* **4.** *Litt.* Entourer comme d'une couronne ; former la partie supérieure de qqch : *Des boucles brunes couronnent son front. Des nuages qui couronnent le sommet de la montagne.*

courre v.t. (lat. *currere,* courir). ▸ ***Chasse à courre,*** chasse à cheval où l'on poursuit le gibier avec des chiens courants.

courriel n.m. (abrév. de *courrier électronique*). **1.** Message, document envoyé par l'intermédiaire d'un réseau télématique ; courrier électronique. **2.** (Par ext.). Messagerie électronique.

courrier n.m. (it. *corriere,* du lat. *currere,* courir). **1.** Ensemble des lettres, imprimés, paquets, etc., reçus ou envoyés par la poste : *Le facteur distribue le courrier. Le courrier part à cinq heures.* **2.** Ensemble des lettres qu'une personne écrit ou reçoit ; correspondance : *J'ai du courrier à finir.* **3.** Rubrique de journal consacrée à la publication de lettres de lecteurs ou de nouvelles spéciales : *Adresser une réclamation au courrier des lecteurs. Lire le courrier du cœur d'un magazine.* ▸ ***Courrier électronique,*** messagerie, message électronique.

courriériste n. Journaliste qui tient une rubrique, un courrier littéraire, théâtral, etc.

courroie n.f. (lat. *corrigia*). **1.** Bande d'un matériau souple servant à lier, à attacher qqch : *Il a cassé la courroie de son sac à dos* (**SYN.** sangle). **2.** Bande souple refermée sur elle-même et servant à transmettre un mouvement de rotation : *La courroie doit être tendue pour entraîner le moteur.* ▸ ***Courroie de transmission,*** personne, organisme transmettant les directives d'un autre organisme.

courroucer v.t. (du lat. *corrumpere,* aigrir) [conj. 16]. *Litt.* Mettre en colère.

courroux n.m. *Litt.* Vive colère.

cours n.m. (lat. *cursus,* de *currere,* courir). **1.** Mouvement continu d'une masse liquide ; parcours qu'elle suit : *Le cours du Rhône est rapide. Dévier le cours d'une rivière.* **2.** Suite de faits s'enchaînant sur une certaine durée ; suite, évolution de qqch dans le temps : *Cet événement a changé le cours de la guerre* (**SYN.** déroulement). *Laissez les choses suivre leur cours* (**SYN.** développement). *L'enquête suit son cours* (= elle se poursuit ; **SYN.** évolution). **3.** Ensemble de leçons données par un professeur et formant un enseignement ; chacune de ces leçons : *Il s'est inscrit à un cours de dessin. Le professeur ne fera pas cours demain* (= ne donnera pas sa leçon ; **SYN.** classe). *Elle s'est amusée pendant tout le cours de français* (**SYN.** heure, leçon). *Pour faire ce problème, il suffit de savoir son cours.* **4.** Division correspondant à un degré d'enseignement ; appellation de certains établissements d'enseignement privés : *Cours préparatoire, élémentaire, moyen. Elle a quitté le lycée pour un cours privé.* **5.** Ouvrage traitant d'une discipline : *Il a publié un cours de droit* (**SYN.** manuel, traité). **6.** Prix, taux auxquels se négocient des valeurs, des marchandises : *Le cours du cacao a chuté* (**SYN.** cote). *Suivre les cours de la Bourse.* **7.** Grande avenue servant de promenade. **8.** Mouvement réel ou apparent des astres : *Le cours du Soleil.* ▸ ***Au cours de,*** pendant la durée de : *Je l'ai vu plusieurs fois au cours de l'année* (**SYN.** durant). ***Au long cours,*** sur de longues distances en haute mer : *Navigation au long cours*

(CONTR. côtier ; par opp. à cabotage). ***Avoir cours,*** avoir une valeur légale, en parlant d'une monnaie ; être en usage, reconnu, admis, en parlant de qqch : *Ces pièces n'ont plus cours. Ces pratiques n'ont plus cours de nos jours.* ***Cours d'eau,*** ruisseau, fleuve ou rivière. ***Donner*** ou ***laisser libre cours à,*** laisser s'exprimer sans aucune retenue : *Donner libre cours à sa fantaisie.* ***En cours,*** en train de se dérouler, de se réaliser : *Les travaux de rénovation sont en cours. Je m'occupe des affaires en cours.* ***En cours de route,*** pendant le trajet, le voyage.

course n.f. (it. *corsa*). **1.** Action de courir ; action, fait de se presser quelque part : *Il peut rattraper n'importe qui à la course. Quelle course pour avoir mon train !* **2.** Compétition sportive de vitesse : *Les concurrents prennent le départ de la course. Une course de bateaux* (= une régate). *Des voitures de course.* **3.** Déplacement de courte durée fait dans un but déterminé : *Avoir une course à faire à la poste* (SYN. démarche). **4.** Déplacement d'un corps dans l'espace ; mouvement rapide : *La course des nuages, du Soleil. Le vent contraire ralentit la course du bateau* (SYN. allure, marche, train). **5.** Trajet qu'un taxi effectue pour un client : *Le prix de la course est majoré les jours fériés.* **6.** Parcours en montagne effectué par un ou plusieurs alpinistes : *Seul un alpiniste expérimenté peut faire cette course* (SYN. ascension). **7.** Mouvement rectiligne d'un organe mécanique ; étendue de ce mouvement : *La course du piston dans le cylindre* (SYN. parcours). ▸ ***À bout de course,*** épuisé. ***Course à*** (+ n.), lutte, compétition entre des concurrents pour obtenir qqch : *La course aux armements, au pouvoir.* ***Course de taureaux,*** corrida. ***En fin de course,*** sur son déclin. ***N'être pas*** ou ***n'être plus dans la course,*** être complètement dépassé par les événements. ◆ **courses** n.f. pl. **1.** Achats quotidiens : *Faire des courses au supermarché* (SYN. commissions, emplettes, provisions). **2.** Compétitions de vitesse où les concurrents sont des animaux, notamm. des chevaux sur lesquels ont peut parier : *Champ de courses. Jouer aux courses.*

course-poursuite n.f. (pl. *courses-poursuites*). Poursuite rapide, souvent marquée de péripéties diverses.

courser v.t. [conj. 3]. *Fam.* Poursuivre à la course pour essayer de rattraper : *Il a coursé le voleur dans le magasin.*

① **coursier** n.m. (de *cours*). *Litt.* Cheval de bataille ou de tournoi ; cheval de selle.

② **coursier, ère** n. (de *course*). Personne chargée de porter des paquets, des lettres, etc., pour le compte d'une entreprise, d'un commerçant.

coursive n.f. (de l'it. *corsiva,* lieu où l'on peut courir). **1.** Passage, couloir aménagé à l'intérieur d'un navire, dans le sens de la longueur. **2.** Galerie de circulation desservant plusieurs logements, plusieurs locaux.

① **court, e** adj. (lat. *curtus*). **1.** Qui est peu étendu en longueur ou en hauteur : *Ton manteau est un peu court* (SYN. petit ; CONTR. grand, long). *Des cheveux très courts. La ligne droite est le chemin le plus court d'un point à un autre.* **2.** Qui dure peu de temps : *Elle n'est restée qu'un court instant* (SYN. bref, petit). *La vie est trop courte* (SYN. éphémère, fugitif, passager ; CONTR. éternel). *Son discours a été plus court que prévu* (SYN. bref ; CONTR. interminable). *Elle s'exprime avec des phrases courtes* (SYN. concis, laconique ; CONTR. diffus, verbeux). **3.** *Fam.* Insuffisant, peu satisfaisant : *C'est un peu court, comme explication* (SYN. sommaire). **4.** Qui est obtenu de justesse : *1 à 0, c'est une courte victoire. Il a gagné avec une courte avance.* ▸ ***À courte vue,*** se dit d'un projet, d'une action faits sans souci de l'avenir : *Une politique à courte vue.* ***Avoir la mémoire courte,*** oublier vite des obligations, des contraintes. ◆ adv. D'une manière courte : *Elle s'est fait couper les cheveux très court. Elles s'habillent court.* ▸ ***Aller au plus court,*** procéder de la manière la plus rapide et la plus simple. ***Couper court à qqch,*** le faire cesser très vite : *Elle aborda publiquement la question, ce qui coupa court aux rumeurs.* ***Être à court de,*** être démuni de, privé de : *L'épicerie est à court de farine. Il s'est vite trouvé à court d'arguments.* ***Prendre qqn de court,*** le prendre complètement au dépourvu. ***Rester court,*** être incapable de répliquer ou de continuer à parler. ***Tourner court,*** s'arrêter brusquement : *La discussion a tourné court.*

② **court** n.m. (mot angl., de l'anc. fr. *court,* cour). Terrain de tennis.

courtage n.m. (de *courtier*). **1.** Profession du courtier ; ensemble des opérations qu'il effectue. **2.** Rémunération due à un courtier ; commission.

courtaud, e adj. et n. Qui a une taille courte et ramassée : *Un homme courtaud* (SYN. trapu ; CONTR. élancé).

court-bouillon n.m. (pl. *courts-bouillons*). Bouillon aromatisé et épicé dans lequel on fait cuire du poisson.

court-circuit n.m. (pl. *courts-circuits*). Dans une installation électrique, mise en relation directe de deux points dont les potentiels sont différents ; coupure de courant ou accident qui en résulte : *L'incendie est dû à un court-circuit.*

court-circuiter v.t. [conj. 3]. **1.** Mettre en court-circuit. **2.** *Fig.* Ne pas suivre la voie hiérarchique pour atteindre un but ; ne pas tenir compte des intermédiaires : *Les producteurs qui vendent directement aux détaillants court-circuitent les grossistes.*

court-courrier n.m. (pl. *court-courriers*). Avion destiné à assurer des transports sur de courtes distances (par opp. à long-courrier et moyen-courrier).

courtepointe n.f. (altér. de l'anc. fr. *coute pointe,* lat. *culcita puncta,* coussin piqué). Couverture de lit ouatinée et piquée.

courtier, ère n. (de l'anc. verbe *courre,* courir). Personne qui sert d'intermédiaire dans des opérations commerciales : *Un courtier en assurances.*

courtilière [kurtiljɛr] n.f. (de *courtil,* jardin, du lat. *cohors, cohortis,* cour). Insecte fouisseur nuisible dans les potagers, aussi appelé *taupe-grillon.*

courtine n.f. (lat. *cortina,* tenture). **1.** Mur d'un rempart joignant les tours d'un château fort. **2.** *Vx* Rideau de lit.

courtisan n.m. (it. *cortigiano,* de *corte,* cour). **1.** *Vx* Personne qui faisait partie de la cour d'un souverain. **2.** *Litt.* Celui qui flatte par intérêt un personnage important.

courtisane n.f. *Litt.* Prostituée d'un rang social élevé.

courtiser v.t. [conj. 3]. **1.** Faire la cour à une femme : *Il courtise sa voisine.* **2.** *Litt.* Flatter une personne importante par intérêt : *Beaucoup de gens le courtisent parce qu'il est apparenté à un député.*

court-métrage ou **court métrage** (pl. *courts-métrages, courts métrages*). n.m. Film dont la durée dépasse rarement vingt minutes (par opp. à long-métrage) : *Le festival du court-métrage.*

courtois, e adj. (de l'anc. fr. *court,* cour [princière]). Qui montre, qui dénote de la courtoisie : *Une personne très courtoise* (**SYN.** affable, civil, poli ; **CONTR.** impoli, mufle). *Un geste courtois* (**SYN.** délicat ; **CONTR.** discourtois, grossier). ▸ ***Amour courtois, littérature courtoise,*** au Moyen Âge, pratique d'un amour raffiné, littérature exaltant la vaillance chevaleresque et l'amour.

courtoisement adv. Avec courtoisie : *Répondre courtoisement* (**SYN.** poliment).

courtoisie n.f. Politesse raffinée : *Un homme d'une parfaite courtoisie* (**SYN.** amabilité, civilité ; **CONTR.** impolitesse, muflerie, vulgarité). *Ce procédé manque de courtoisie* (**SYN.** délicatesse, élégance ; **CONTR.** grossièreté, inélégance).

court-vêtu, e adj. (pl. *court-vêtus, es*). Qui porte un vêtement court : *« Légère et court-vêtue, elle allait à grands pas »* [La Fontaine].

couru, e adj. (p. passé de *courir*). *Fam.* Se dit d'un endroit, d'un spectacle très recherchés ; où les gens se pressent : *Une exposition très courue.* ▸ *Fam.* ***C'est couru,*** c'est prévisible : *C'était couru qu'il renoncerait !*

couscous [kuskus] n.m. (ar. *kuskus*). Spécialité culinaire d'Afrique du Nord, préparée avec de la semoule de blé dur et servie avec de la viande, des légumes et des sauces très relevées ; la semoule elle-même.

couscoussier [kuskusje] n.m. Marmite servant à cuire le couscous.

cousette n.f. *Fam., vieilli* Jeune couturière.

① **cousin, e** n. (lat. *consobrinus*). Personne descendant de l'oncle ou de la tante d'une autre ; conjoint de cette personne.

② **cousin** n.m. (du lat. *culex, culicis*). Moustique aux longues pattes fines, très commun en France.

cousinage n.m. **1.** *Fam.* Parenté qui existe entre cousins : *Ils sont liés par cousinage.* **2.** Ensemble des parents : *Inviter tout son cousinage* (**SYN.** parentèle).

cousiner v.i. [conj. 3]. Avoir avec qqn des relations amicales, comme avec un cousin.

coussin n.m. (du lat. *coxa,* cuisse, hanche). Enveloppe de tissu, de cuir, etc., rembourrée, qui sert d'appui, de siège ou de décoration. ▸ ***Coussin d'air,*** système de suspension d'un véhicule au-dessus d'une surface, par création d'une couche d'air à faible pression sous le châssis. ***Coussin gonflable,*** expression qu'il est recommandé d'employer à la place de *airbag.*

coussinet n.m. **1.** Petit coussin. **2.** Partie charnue sous la patte de certains mammifères : *Les chats ont des coussinets sous les pattes.* **3.** Pièce de fonte ou d'acier fixée sur une traverse de voie ferrée et qui supporte le rail.

cousu, e adj. Assemblé avec des points de couture : *Des semelles cousues et non collées.* ▸ ***Cousu de fil blanc,*** qui ne trompe personne, en parlant d'une ruse, d'un artifice : *Son histoire est cousue de fil blanc.* ***Cousu d'or,*** extrêmement riche. *Fam.* ***Du cousu main,*** se dit de qqch qui est fait avec beaucoup de soin.

coût [ku] n.m. (de *coûter*). **1.** Somme que coûte qqch ; prix de revient : *Évaluer le coût des réparations* (**SYN.** prix). *Le coût de la main-d'œuvre a augmenté* (**SYN.** tarif). **2.** Effet fâcheux résultant d'une situation passée : *La perte du cheptel est le coût d'une politique agricole désastreuse* (= le prix à payer ; **SYN.** conséquence). ☞ **REM.** Ne pas confondre avec *cou* ou *coup.*

coûtant adj.m. ▸ ***À*** ou ***au prix coûtant,*** au prix que cela a coûté, sans bénéfice pour le vendeur.

couteau n.m. (lat. *cultellus*). **1.** Instrument tranchant composé d'un manche et d'une ou de plusieurs lames ; instrument qui tranche : *Couteau à pain. Couteau de poche. Affûter les couteaux d'une tondeuse à gazon* (**SYN.** lame). **2.** Mollusque bivalve à coquille allongée qui vit enfoui dans le sable des plages (**SYN.** solen). **3.** En peinture, petite truelle d'acier qui sert à mélanger les couleurs sur la palette ou à peindre : *Une peinture au couteau.* ▸ ***Au couteau,*** âpre, acharné : *Les deux concurrents se sont livré une lutte au couteau.* ***Couteau suisse,*** couteau à nombreuses lames, qui peut être utilisé pour des applications très variées : fig., objet multifonction, partic. ordinateur ou téléphone portable. ***En lame de couteau,*** très allongé, mince : *Un visage en lame de couteau.* ***Être à couteaux tirés avec qqn,*** être en très mauvais termes avec lui, en lutte ouverte. ***Mettre le couteau sous la gorge de qqn,*** le contraindre par la nécessité ou la menace à faire qqch. ***Second couteau,*** personnage de second plan ; acolyte, comparse.

couteau-scie n.m. (pl. *couteaux-scies*). Couteau à lame dentée : *Couper du pain avec un couteau-scie.*

coutelas [kutla] n.m. (de *coutel,* anc. forme de *couteau*). **1.** Grand couteau de cuisine à lame large et tranchante. **2.** Sabre court et large, tranchant d'un seul côté.

coutelier, ère n. Personne qui fabrique, vend des couteaux et autres instruments tranchants.

coutellerie n.f. **1.** Fabrication, commerce des couteaux et des instruments tranchants ; boutique où ils sont vendus. **2.** Ensemble des articles vendus par un coutelier.

coûter v.i. (lat. *constare,* être fixé) [conj. 3]. **1.** (Suivi d'un compl. de prix ou d'un adv.). Avoir pour prix ; être vendu au prix de : *Combien coûte ce vase ?* (**SYN.** valoir). *Il veut rentabiliser les cinq mille euros que cette machine a coûté* (**SYN.** s'élever à, se monter à). **2.** Entraîner des dépenses : *Les travaux vont coûter très cher* (**SYN.** revenir à). **3.** Être pénible à supporter, à accomplir : *Cette démarche lui a beaucoup coûté* (**SYN.** peser). ▸ ***Coûte que coûte,*** à tout prix, envers et contre tout : *Il faut la retrouver coûte que coûte.* ◆ v.t. Causer, occasionner qqch de pénible : *Je ne regrette pas les efforts que ce travail m'a coûtés.* ▸ ***Coûter la vie à qqn,*** causer sa mort. ***Coûter les yeux de la tête,*** coûter très cher. ◆ v.t. ind. **[à].** Être pénible : *Cela coûtait à ma sœur de renoncer à ce voyage. Cette démarche lui a beaucoup coûté* (**SYN.** peser).

coûteusement adv. De façon coûteuse : *Elle est coûteusement habillée* (= à grands frais).

coûteux, euse adj. Qui coûte cher ; qui occasionne de grandes dépenses : *Ils sont dotés d'un équipement coûteux* (**SYN.** cher ; **CONTR.** bon marché). *Ce sont des* *vacances coûteuses* (SYN. dispendieux [litt.], onéreux, ruineux ; CONTR. économique, gratuit).

coutil [kuti] n.m. (de *coute*, forme anc. de *couette*). Toile robuste de coton, utilisée pour la confection de vêtements de travail ou de chasse : *Le jardinier porte un pantalon de coutil bleu.*

coutume n.f. (lat. *consuetudo*). Habitude, usage propre aux mœurs d'un groupe, d'un peuple : *Nous avons découvert les coutumes de la région* (SYN. tradition). ▸ ***Avoir coutume de*** (+ inf.), faire de manière habituelle : *Elle avait coutume de faire une promenade avant de se coucher* (= elle avait l'habitude de). ***Faire la coutume,*** en Nouvelle-Calédonie, offrir un cadeau de bienvenue. ***Plus, moins, autant que de coutume,*** plus, moins, autant qu'il est d'usage, que d'ordinaire : *Il mange plus que de coutume.*

coutumier, ère adj. *Litt.* Qui est habituel ; que l'on fait habituellement : *Elle a fait son discours coutumier de bienvenue* (SYN. ordinaire, traditionnel, usuel ; CONTR. inaccoutumé, inhabituel). ▸ ***Droit coutumier,*** ensemble des lois non écrites, mais consacrées par l'usage. ***Être coutumier du fait,*** avoir l'habitude de commettre telle action, le plus souvent répréhensible.

couture n.f. (du lat. *consuere*, coudre). **1.** Action, art de coudre : *Faire de la couture. Cours de couture.* **2.** Suite de points par lesquels deux pièces de tissu sont assemblées : *Sa veste a les coutures qui craquent.* **3.** Profession de ceux qui confectionnent des vêtements : *Elle travaille dans la couture* (SYN. prêt-à-porter). **4.** *Litt.* Cicatrice d'une plaie : *Visage plein de coutures.* ▸ ***Battre qqn à plate couture,*** lui infliger une défaite complète. ***Examiner qqn, qqch sous toutes les coutures,*** l'examiner très attentivement. ***La haute couture,*** l'ensemble des grands couturiers qui créent des modèles originaux présentés chaque saison ; leur production.

couturé, e adj. Marqué de cicatrices : *Avoir le visage couturé.*

couturier n.m. Personne qui dirige une maison de couture. ▸ ***Grand couturier,*** personne qui crée des modèles au sein de sa propre maison de couture : *Les défilés des grands couturiers. Mademoiselle Chanel fut un grand couturier réputé.*

couturière n.f. **1.** Femme qui confectionne des vêtements féminins. **2.** Dernière répétition d'une pièce de théâtre, avant la répétition générale.

couvain n.m. Ensemble des œufs, des larves et des nymphes des abeilles et d'autres insectes vivant en sociétés.

couvaison n.f. Temps pendant lequel un oiseau couve ses œufs pour les faire éclore (SYN. incubation).

couvée n.f. **1.** Ensemble des œufs qu'un oiseau couve en même temps ; ensemble des oisillons nés en même temps (SYN. nichée). **2.** *Fam.* Ensemble des enfants d'une famille nombreuse.

couvent n.m. (lat. *conventus*, assemblée). Maison rassemblant des religieux ou religieuses qui vivent sous une même règle : *Entrer au couvent* (= se faire religieux, religieuse).

couver v.t. (lat. *cubare*, être couché) [conj. 3]. **1.** Tenir au chaud sous son corps des œufs, pour les faire éclore, en parlant d'un oiseau. **2.** Entourer de soins attentifs : *Elle a toujours couvé ses enfants.* **3.** *Litt.* Préparer en secret : *Couver sa vengeance* (SYN. nourrir). ▸ ***Couver des yeux,*** regarder intensément, avec affection ou convoitise. *Fam.* ***Couver une maladie,*** en être atteint sans qu'elle soit nettement déclarée. ◆ v.i. Se préparer ; être latent : *La révolte couvait depuis quelque temps. Feu qui couve sous la cendre.*

couvercle n.m. (lat. *cooperculum*, de *cooperire*, couvrir). Pièce mobile qui sert à couvrir un récipient : *Le couvercle d'une boîte, d'une casserole. Ce couvercle se visse sur le pot.*

① **couvert, e** adj. (p. passé de *couvrir*). **1.** Qui est abrité : *Piscine couverte.* **2.** Qui porte un vêtement pour se protéger du froid, de la pluie : *Tu n'es pas assez couvert* (SYN. habillé). ▸ ***À mots couverts,*** de manière allusive, en termes voilés : *Elle m'a fait comprendre la situation à mots couverts* (CONTR. clairement, explicitement). ***Ciel couvert, temps couvert,*** ciel nuageux, temps caractérisé par un tel ciel.

② **couvert** n.m. (de *couvrir*). **1.** Ensemble des accessoires de table, mis sur la table à la disposition de chaque convive : *Mets un couvert de plus. Un lave-vaisselle de douze couverts.* **2.** (Souvent au pl.). Chacun des ustensiles (couteau, fourchette, cuillère) dont on se sert pour manger ; ensemble formé par la combinaison de ces ustensiles : *Les couverts sont dans le tiroir.* **3.** *Litt.* Massif d'arbres qui donne de l'ombre et un abri : *Se réfugier sous le couvert.* ▸ ***À couvert, à couvert de,*** en sécurité, à l'abri de : *Le capitaine ordonna à ses hommes de rester à couvert. Se mettre à couvert du vent.* ***Mettre le couvert,*** mettre sur la table la vaisselle nécessaire au repas. *Fam.* ***Remettre le couvert,*** recommencer ce qu'on vient de faire. *Litt.* ***Sous le couvert de,*** sous la responsabilité de qqn ; sous l'apparence de qqch : *Agir sous le couvert de ses supérieurs. Sous le couvert de la plaisanterie, elle lui a dit quelques vérités.*

couverture n.f. **1.** Pièce d'étoffe, de fourrure, etc., destinée à protéger du froid : *Une couverture de laine.* **2.** Ce qui couvre un bâtiment, en constitue le toit : *Les maisons bretonnes ont des couvertures d'ardoise* (SYN. toiture). **3.** Enveloppe de protection d'un livre, d'un cahier : *Une couverture cartonnée* (SYN. jaquette). *Ce top-model fait la couverture de tous les magazines* (= a sa photo sur la couverture). **4.** Ce qui couvre, garantit, protège : *Ce contrat d'assurance vous garantit une bonne couverture.* **5.** Compte rendu d'un événement, d'une série d'événements fait par les médias : *Couverture télévisée des inondations.* **6.** Occupation, activité qui dissimule des opérations clandestines, illicites : *Cette société d'importation n'est qu'une couverture.* ▸ ***Couverture sociale,*** protection dont bénéficie un assuré social. ***Tirer la couverture à soi,*** chercher à s'attribuer tout le mérite d'un succès, tout le profit d'une affaire.

couveuse n.f. **1.** Oiseau femelle qui couve. **2.** Appareil où l'on fait éclore des œufs. **3.** Appareil maintenu à une température constante, dans lequel sont placés les bébés prématurés (SYN. incubateur).

couvre-chef n.m. (pl. *couvre-chefs*). *Fam.* Tout ce qui sert à couvrir la tête ; chapeau.

couvre-feu n.m. (pl. *couvre-feux*). **1.** *Anc.* Signal qui indiquait le moment de rentrer chez soi et d'éteindre les lumières. **2.** Interdiction temporaire de sortir de chez soi à certaines heures, notamm. en temps de guerre : *Décréter le couvre-feu.*

couvre-lit n.m. (pl. *couvre-lits*). Couverture, pièce d'étoffe qui recouvre entièrement un lit (**SYN.** dessus-de-lit).

couvre-pied n.m. (pl. *couvre-pieds*) ou **couvre-pieds** n.m. inv. Couverture de lit garnie de laine ou de duvet et piquée de motifs décoratifs ; mince édredon.

couvreur n.m. Personne qui installe des toitures de bâtiments et assure leurs réparations.

couvrir v.t. (lat. *cooperire*) [conj. 34]. **1.** Mettre, placer qqch sur un objet ou une personne pour protéger ou dissimuler : *Couvrir un livre. Couvrir des meubles avec des housses* (**SYN.** garnir). *Couvrir un blessé d'une couverture* (**SYN.** recouvrir). *Son voile couvre son visage* (**SYN.** cacher ; **CONTR.** dévoiler). **2.** Mettre qqch sur qqn pour le vêtir : *Elle a chaudement couvert les enfants* (**SYN.** habiller). **3.** Répandre, étaler en grande quantité sur : *Un blouson couvert de taches* (**SYN.** cribler, maculer). **4.** Être répandu sur : *La neige couvre le chemin* (**SYN.** joncher, recouvrir). **5.** *Fig.* Donner qqch à profusion : *On l'a couverte de cadeaux* (**SYN.** combler). *La critique le couvre d'éloges.* **6.** Assurer une protection, une garantie ; prendre sous sa responsabilité : *L'aviation couvre les troupes qui débarquent. En cas de dégâts des eaux, êtes-vous sûrs d'être bien couverts ?* (**SYN.** assurer, garantir). *Ses supérieurs la couvriront. Être couvert par l'immunité parlementaire.* **7.** Comprendre, englober dans son champ d'action : *Ce réseau de téléphonie mobile ne couvre pas les régions trop isolées* (**SYN.** desservir). **8.** Compenser, contrebalancer : *Les dépenses seront largement couvertes par les bénéfices.* **9.** Dominer un bruit, un son, les rendre inaudibles, en parlant d'autres bruits, d'autres sons plus forts : *L'orchestre couvre la voix de la chanteuse* (**SYN.** étouffer). **10.** En parlant d'un média, assurer le compte rendu d'un événement : *Notre envoyé spécial couvre le couronnement.* **11.** S'accoupler à, en parlant d'un animal mâle : *C'est un pur-sang qui a couvert cette jument* (**SYN.** saillir). ▸ ***Couvrir une distance,*** la parcourir d'un bout à l'autre : *Cette voiture a couvert 1 000 kilomètres en huit heures.* ◆ **se couvrir** v.pr. **1.** Se garnir, se remplir, être envahi de : *Les prés se couvrent de fleurs* (**CONTR.** se dégarnir). *Le ciel se couvre de nuages.* **2.** Attirer sur soi par son comportement : *Elle s'est couverte de honte.* **3.** Se protéger, se garantir : *Ils lui ont fait signer une décharge pour se couvrir en cas de difficulté.* **4.** (Sans compl.). Se vêtir chaudement : *Couvre-toi avant de sortir* (**CONTR.** se découvrir). **5.** (Sans compl.). S'obscurcir, en parlant du ciel, du temps : *Le temps risque de se couvrir en soirée* (**CONTR.** se dégager).

cover-girl [kɔvœrgœrl] n.f. (mot angl., de *cover,* couverture [de magazine], et *girl,* jeune fille) [pl. *cover-girls*]. Jeune femme qui pose pour des photographies de magazines.

covoiturage n.m. Utilisation d'une même voiture particulière par plusieurs personnes effectuant le même trajet, afin d'alléger le trafic routier, de partager les frais de transport et de participer à la lutte contre la pollution.

cow-boy [kobɔj ou kawbɔj] n.m. (mot angl., de *cow,* vache, et *boy,* garçon) [pl. *cow-boys*]. Gardien et conducteur d'un troupeau de bovins dans un ranch américain.

coxalgie n.f. (du lat. *coxa,* hanche). Tuberculose de l'articulation de la hanche.

coyote [kɔjɔt] n.m. (d'un mot aztèque, par l'esp.). Mammifère carnivore d'Amérique du Nord, très voisin du loup et du chacal.

C.P. ou **CP** n.m. (sigle). ▸ ***Cours préparatoire*** → **préparatoire.**

C.Q.F.D. [sekyɛfde], sigle de *ce qu'il fallait démontrer,* employé à la fin d'une démonstration.

crabe n.m. Crustacé marin ou d'eau douce au corps arrondi et portant une paire de grosses pinces : *Le tourteau, l'étrille sont des crabes comestibles.* ▸ ***Marcher en crabe,*** marcher de côté, en biais.

crac interj. (onomat.). Exprime le bruit d'une chose dure qui se rompt : *Tout d'un coup, crac ! la branche cassa net.*

crachat n.m. Amas de salive ou matière provenant des voies respiratoires que l'on rejette par la bouche ; expectoration.

craché, e adj. ▸ *Fam.* ***Être le portrait craché de qqn,*** lui ressembler énormément.

crachement n.m. **1.** Action de cracher ; expectoration. **2.** Bruit parasite ; crépitement : *Les crachements d'un haut-parleur* (**SYN.** crachotement, grésillement).

cracher v.i. (lat. pop. *craccare,* d'orig. onomat.) [conj. 3]. **1.** Rejeter des crachats. **2.** Rejeter des gouttes ; éclabousser : *Stylo qui crache.* **3.** Faire entendre des crépitements, des grésillements : *Cette vieille radio crache* (**SYN.** grésiller). ▸ *Fam.* ***Cracher dans la soupe,*** dénigrer ce dont on tire avantage. *Fam.* ***Ne pas cracher sur qqch,*** l'apprécier beaucoup : *Il ne crache pas sur une bonne bouteille.* ◆ v.t. **1.** Rejeter hors de la bouche : *Cracher du sang.* **2.** Projeter avec une certaine force : *Le volcan en éruption crache de la lave.*

crachin n.m. Petite pluie fine et pénétrante : *Il y avait du crachin ce matin.*

crachiner v. impers. [conj. 3]. Tomber, en parlant du crachin.

crachoir n.m. Récipient dans lequel on crache. ▸ ***Tenir le crachoir,*** parler longuement.

crachotement n.m. **1.** Action de crachoter. **2.** Bruit de ce qui crachote : *La communication est très mauvaise, je n'entends que des crachotements* (**SYN.** crachement, crépitement).

crachoter ou, fam., **crachouiller** v.i. [conj. 3]. **1.** Cracher souvent et peu à la fois. **2.** Rejeter par à-coups des éclaboussures : *Le robinet commença par crachoter avant de lancer un jet puissant.* **3.** Faire entendre des crépitements : *La radio crachote* (**SYN.** cracher, grésiller).

① **crack** n.m. (mot angl. signif. « fameux »). **1.** Cheval de course ayant remporté de nombreux prix. **2.** *Fam.* Personne qui se distingue dans un domaine précis : *C'est un crack aux échecs.*

② **crack** n.m. (mot angl. signif. « coup de fouet »). Drogue faite de cocaïne cristallisée, d'une extrême toxicité.

cracker [krakœr ou krakɛr] n.m. (mot angl., de *to crack,* se fêler, se casser). Petit biscuit salé croustillant.

craie n.f. (lat. *creta*). **1.** Roche calcaire, le plus souvent blanche ou blanchâtre : *Douvres et ses falaises de craie.* **2.** Bâtonnet de cette substance qui sert à écrire au tableau noir, sur du tissu, du bois, etc. : *Une boîte de craies. Une craie de couturière.*

craindre v.t. (du lat. *tremere,* trembler, et d'un mot gaul.) [conj. 80]. **1.** Éprouver de l'inquiétude, de la peur devant qqn, qqch : *Ses élèves le craignent* (**SYN.** redouter). **2.** Envisager comme probable un événement malheureux : *Le médecin craint une pneumonie* (**SYN.** appréhender ; **CONTR.** espérer). *Je crains qu'il vienne* ou *qu'il ne vienne* (= je redoute sa venue). *Je crains qu'il ne vienne pas* (= je redoute son absence). *Je crains d'avoir oublié de la prévenir* (= je crois que j'ai oublié). **3.** Être sensible à, risquer de subir un dommage : *Ces plantes craignent le gel.* ◆ v.i. ▸ *Fam.* ***Ça craint,*** c'est désagréable, pénible ou dangereux.

crainte n.f. Sentiment de qqn qui a peur : *Cet homme leur inspire de la crainte* (**SYN.** effroi, frayeur ; **CONTR.** assurance, audace). *Il aborda l'examen avec une certaine crainte* (**SYN.** appréhension ; **CONTR.** confiance). *Elle vit dans la crainte d'être renvoyée* (**SYN.** angoisse ; **CONTR.** espoir, souhait). *Soyez sans crainte* (= tranquillisez-vous ; **SYN.** anxiété, inquiétude). ▸ ***De crainte que*** (+ subj.), ***de crainte de*** (+ inf.), pour éviter que, de peur de : *Je lui parlais, de crainte qu'il s'endorme* ou *ne s'endorme au volant. Elle a accepté de crainte d'avoir à s'expliquer.*

craintif, ive adj. et n. Qui est porté à la crainte, qui la manifeste : *Un enfant craintif* (**SYN.** peureux, effarouché ; **CONTR.** audacieux, courageux). *Un regard craintif* (**SYN.** apeuré, effrayé ; **CONTR.** assuré, confiant).

craintivement adv. Avec crainte : *L'enfant serrait craintivement la main de sa mère* (**SYN.** anxieusement ; **CONTR.** audacieusement).

cramer v.i. et v.t. (du lat. *cremare,* brûler) [conj. 3]. *Fam.* Brûler légèrement ; roussir.

cramine n.f. (du lat. *cremare,* brûler). *Fam.* En Suisse, froid intense.

cramique n.m. (néerl. *cramicke*). En Belgique et dans le Nord, pain sucré aux raisins de Corinthe.

cramoisi, e adj. (esp. *carmesi,* de l'ar. *qirmiz,* cochenille). **1.** Rouge foncé : *Des tentures cramoisies.* **2.** Qui est devenu tout rouge sous l'effet de l'émotion, de la colère : *Visage cramoisi* (**SYN.** écarlate).

crampe n.f. (du frq. *krampa,* recourbé). Contraction involontaire, prolongée et douloureuse d'un muscle : *La nageuse fut soudain prise d'une crampe dans le pied.* ▸ ***Crampes d'estomac,*** tiraillements douloureux dans l'estomac.

crampon n.m. (du frq. *krampo,* crochet). **1.** Pièce de métal recourbée, servant à saisir fortement qqch ; grappin, harpon. **2.** Pièce métallique servant à serrer deux objets l'un contre l'autre ; crochet : *Moellons assemblés par un crampon* (**SYN.** grappin). **3.** Petit cylindre de métal ou de plastique fixé à la semelle de certaines chaussures de sport pour empêcher de glisser : *Chaussures de football, de rugby à crampons* (**SYN.** pointe). **4.** Organe de fixation de certains végétaux : *Les crampons du lierre.* ◆ adj. inv. et n. *Fam.* Se dit d'une personne dont on ne peut se débarrasser : *Ce qu'elles peuvent être crampon !* (**SYN.** collant [fam.], importun). *Sa sœur est un crampon.*

se **cramponner** v.pr. [conj. 3]. **[à]. 1.** S'accrocher : *Le lierre se cramponne au mur.* **2.** Tenir fermement sans lâcher prise : *Elle se cramponne à la rampe d'escalier pour ne pas tomber* (**SYN.** s'agripper). **3.** *Fam.* S'attacher à qqch qu'on ne veut pas abandonner, malgré les obstacles : *Il lui reste un espoir auquel il se cramponne désespérément* (**SYN.** se raccrocher). **4.** *Fam.* (Sans compl.). Résister, tenir opiniâtrement : *On a tout fait pour le décourager, mais il s'est cramponné.* (**CONTR.** céder).

cran n.m. (de l'anc. fr. *créner,* entailler). **1.** Entaille servant à arrêter ou à accrocher qqch : *Les crans d'une crémaillère.* **2.** Trou fait dans une sangle ; œillet : *Serrer sa ceinture d'un cran.* **3.** Degré, rang d'importance : *Reculer, monter d'un cran.* **4.** Ondulation des cheveux. **5.** *Fam.* Sang-froid, courage : *Avoir du cran. Il faut un certain cran pour réussir un coup pareil* (**SYN.** audace). ▸ ***Cran d'arrêt, de sûreté,*** cran qui cale la gâchette d'une arme à feu, la lame d'un couteau. *Fam.* ***Être à cran,*** être exaspéré, à bout de nerfs.

① **crâne** n.m. (lat. *cranium,* gr. *kranion*). **1.** Cavité osseuse contenant et protégeant l'encéphale chez les vertébrés : *Fracture du crâne.* **2.** *Fam.* Tête : *Avoir mal au crâne. Prendre un coup sur le crâne.*

② **crâne** adj. (de *1. crâne*). *Litt.* Qui affiche un certain courage, une certaine intrépidité : *Elle répondit d'un air crâne* (**SYN.** décidé, fier ; **CONTR.** peureux, poltron).

crânement adv. *Litt.* De façon crâne : *Il a crânement relevé la tête* (**SYN.** bravement).

crâner v.i. (de *2. crâne*) [conj. 3]. **1.** *Fam.* Faire le brave : *Il avança en crânant* (**SYN.** fanfaronner). **2.** Faire le fier : *Elle crâne avec sa nouvelle voiture* (**SYN.** parader, se pavaner).

crâneur, euse adj. et n. *Fam.* Qui crâne ; hautain, prétentieux, vaniteux.

crânien, enne adj. Relatif au crâne : *La boîte crânienne. Un traumatisme crânien.*

cranté, e adj. Qui a des crans : *La roue crantée d'un mécanisme d'horloge* (**SYN.** denté). *Des cheveux crantés* (**SYN.** ondulé).

cranter v.t. [conj. 3]. Faire des crans à ; entailler : *Cranter un bâton tous les 10 centimètres.*

crapahuter v.i. (de *crapaud,* avec l'infl. de *chahuter*) [conj. 3]. *Fam.* Marcher en terrain difficile, accidenté : *Ils ont crapahuté pour rejoindre la route.*

crapaud n.m. (du germ. *krappa,* crochet). **1.** Amphibien insectivore aux formes lourdes et trapues, dont la peau est couverte de sortes de verrues : *Le crapaud est un insectivore.* **2.** Petit piano à queue. **3.** Fauteuil rembourré, bas, au dossier évasé. **4.** Défaut dans une pierre précieuse.

crapauduc n.m. Conduit souterrain humidifié qui permet aux crapauds de traverser les routes sans se faire écraser lors de leurs migrations saisonnières.

crapette n.f. Jeu de cartes qui se joue à deux joueurs avec deux jeux de 52 cartes et qui consiste à réaliser une réussite commune.

crapule n.f. (du lat. *crapula,* ivresse). **1.** Individu sans moralité, capable de n'importe quelle bassesse ; canaille : *Ce sont des crapules.* **2.** *Litt.* Ensemble de gens vils, malhonnêtes ; racaille : *Il fréquente la crapule* (**SYN.** pègre).

crapuleux, euse adj. Plein de bassesse ; malhonnête : *Des agissements crapuleux* (**SYN.** sordide). *Des personnages crapuleux* (**SYN.** ignoble, infâme). ▸ ***Crime crapuleux,*** dont le mobile est le vol.

craquant, e adj. *Fam.* Qui fait craquer ; irrésistible : *Un petit chat craquant* (**SYN.** adorable).

craque n.f. *Fam.* Mensonge, vantardise : *Il m'a raconté des craques.*

craquée n.f. *Fam.* En Suisse, grande quantité : *Pendant les vacances, elle a lu une craquée de livres.*

craquèlement n.m. Fait de se craqueler ; état de ce qui est craquelé : *La sécheresse provoque le craquèlement de la terre.*

se **craqueler** v.pr. (de *craquer*) [conj. 24]. Présenter des craquelures, se fendiller en surface : *Cette vieille théière se craquelle.*

craquelin n.m. (néerl. *crakelinc*). Biscuit sec et croustillant.

craquelure n.f. Fendillement, fissure dans le vernis d'une céramique, la pâte d'une peinture.

craquement n.m. Bruit sec que fait un corps qui se brise ou qui subit un frottement, un effort : *Les craquements d'un parquet.*

craquer v.i. (de *crac*) [conj. 3]. **1.** Produire un bruit sec en raison d'un frottement ou d'une pression : *L'escalier craque* (**SYN.** grincer). *Faire craquer ses doigts.* **2.** Se briser, céder en produisant un bruit sec : *La couture a craqué* (**SYN.** se déchirer). *La branche a craqué sous leur poids* (**SYN.** casser). **3.** *Fig.* Être ébranlé ; menacer ruine, péricliter : *Le régime craque de toutes parts* (**SYN.** s'écrouler). **4.** Avoir une grave défaillance physique ou psychologique : *Ses nerfs ont craqué* (**SYN.** lâcher). *Le joueur a craqué au dernier set* (**SYN.** s'effondrer). **5.** *Fam.* Tomber sous le charme de qqn ; céder à l'attrait de qqch : *Dès qu'il l'a vue, il a craqué pour elle. Elle a craqué sur une petite robe noire.* ▸ ***Plein à craquer,*** complètement rempli, bondé : *Elle a chanté devant une salle pleine à craquer.* ◆ v.t. *Fam.* Briser, déchirer : *Tu vas craquer tes poches.* ▸ ***Craquer une allumette,*** l'allumer en la frottant sur une surface rugueuse.

craquètement ou **craquettement** n.m. **1.** Bruit produit par un objet qui craquette : *Les craquètements du parquet.* **2.** Cri de la cigogne, de la grue.

craqueter v.i. [conj. 27]. **1.** Craquer souvent et à petit bruit : *Les brindilles craquettent dans le feu* (**SYN.** crépiter). **2.** Émettre un craquètement, en parlant de la cigogne, de la grue.

crase n.f. (gr. *krasis,* contraction). En linguistique, contraction de la voyelle qui termine un mot avec celle qui débute le mot suivant : *« T'es toujours fâché » est une crase fréquente à l'oral* [à la place de « tu es toujours... »].

crash [kraʃ] n.m. (mot angl., de *to crash,* se fracasser) [pl. *crashs* ou *crashes*]. **1.** Atterrissage très brutal effectué par un avion, train d'atterrissage rentré. **2.** Écrasement au sol d'un avion ; pour une voiture, choc frontal extrêmement violent. ☞ **REM.** Ne pas confondre avec *krach.*

se **crasher** v.pr. (de *crash*) [conj. 3]. *Fam.* S'écraser au sol, en parlant d'un avion ; heurter violemment un obstacle, en parlant d'un véhicule.

crassane n.f. Passe-crassane.

crasse n.f. (du lat. *crassus,* gras). **1.** Saleté qui s'amasse à la surface de qqch : *Pieds couverts de crasse. La baignoire est noire de crasse.* **2.** *Fam.* Acte hostile, indélicatesse à l'égard de qqn : *Faire une crasse à qqn* (**SYN.** méchanceté). ◆ adj. Se dit d'un défaut qui atteint un très haut degré : *Ignorance, bêtise, paresse crasse.*

crasseux, euse adj. Couvert de crasse : *Ta chemise est crasseuse* (**SYN.** sale). *De pauvres gamins crasseux* (**SYN.** malpropre).

crassier n.m. Amoncellement formé par les déchets, les scories et les résidus d'une usine métallurgique.

cratère n.m. (lat. *crater,* vase, du gr.). **1.** Partie supérieure d'un volcan formant une ouverture évasée par où s'échappent les projections et les laves. **2.** Dans l'Antiquité, grand vase à large ouverture et à deux anses où l'on mélangeait l'eau et le vin. ▸ ***Lac de cratère,*** lac formé dans le cratère d'un volcan éteint.

cravache n.f. (all. *Karbatsche,* du turc *qirbatch,* fouet). Badine souple et flexible dont se servent les cavaliers pour stimuler ou corriger un cheval.

cravacher v.t. [conj. 3]. Frapper avec la cravache. ◆ v.i. *Fam.* Aller très vite ; redoubler d'efforts : *Il va falloir cravacher pour terminer ce soir.*

cravate n.f. (de *Croate,* en raison de la bande de tissu que les cavaliers croates portaient autour du cou). **1.** Bande d'étoffe que l'on passe autour du cou sous le col d'une chemise, et qui se noue par-devant : *Un nœud de cravate.* **2.** Insigne de grades élevés de certains ordres : *La cravate de commandeur de la Légion d'honneur.*

cravater v.t. [conj. 3]. **1.** (Surtout au passif). Mettre une cravate à qqn : *Sortir habillé et cravaté.* **2.** Attaquer qqn en le serrant par le cou. **3.** *Fam.* Mettre en état d'arrestation (**SYN.** appréhender, arrêter).

crawl [krol] n.m. (mot angl., de *to crawl,* ramper). Nage sur le ventre que l'on pratique en faisant des mouvements alternatifs des bras et un battement continu des jambes.

crawler [krole] v.i. [conj. 3]. Nager le crawl.

crayeux, euse [krɛjø, øz] adj. **1.** Qui contient de la craie : *Un terrain crayeux.* **2.** Qui a l'aspect de la craie : *Le teint crayeux d'un malade* (**SYN.** blanchâtre, blême, livide).

crayon [krɛjɔ̃] n.m. (de *craie*). **1.** Baguette de bois contenant une mine de graphite ou d'une autre matière, et qui sert à écrire ou à dessiner : *Un crayon à mine dure, à mine grasse. Une boîte de crayons de couleur.* **2.** Bâtonnet de substance compacte quelconque (pommade, fard, etc.) : *Un crayon à paupières.* ▸ ***Avoir un bon coup de crayon,*** dessiner très bien. ***Crayon optique,*** photostyle.

crayon-feutre [krɛjɔ̃føtr] n.m. (pl. *crayons-feutres*). Feutre d'écriture utilisant une encre à l'eau, souvent utilisé pour le coloriage.

crayonnage [krɛjɔnaʒ] n.m. Action de crayonner ; dessin rapide fait au crayon : *Les crayonnages d'Eisenstein pour les scènes principales du « Cuirassé Potemkine ».*

crayonner [krɛjɔne] v.t. [conj. 3]. Écrire ou dessiner à la hâte avec un crayon : *Crayonner un portrait. Crayonner une remarque en marge d'un manuscrit.*

créance n.f. (lat. *credentia,* de *credere,* croire). Droit qu'une personne (le créancier) a d'exiger d'une autre personne (le débiteur) un bien, une somme d'argent ; titre qui établit ce droit (**CONTR.** dette). ▸ ***Lettres de créance,*** document officiel qu'un diplomate remet, à son arrivée, au chef de l'État auprès duquel il est accrédité.

créancier, ère n. Titulaire d'une créance ; personne à qui l'on doit de l'argent (**CONTR.** débiteur).

créateur, trice n. **1.** Personne qui crée, qui invente qqch de nouveau dans le domaine artistique, scientifique, technique : *Son grand-père est le créateur de cette chaîne de supermarchés* (**SYN.** fondateur ; **CONTR.** continuateur, successeur). *Le créateur d'un langage informatique* (**SYN.** auteur, inventeur). *Ce chorégraphe a fait une œuvre de créateur* (**SYN.** innovateur, précurseur ; **CONTR.** imitateur, suiveur). **2.** Personne qui interprète pour la première fois un rôle, une chanson : *Le créateur du personnage de Cyrano.* ◆ adj. Qui a la faculté, le don d'inventer : *Une imagination créatrice* (**SYN.** créatif, inventif). ◆ **créateur** n.m. (Avec une majuscule). ▸ ***Le Créateur,*** Dieu.

créatif, ive adj. Qui est capable de créer, d'inventer, d'imaginer qqch de nouveau, d'orignal : *Un esprit créatif* (**SYN.** créateur, imaginatif, inventif). ◆ n. Dans la publicité, la mode, etc., personne chargée d'avoir des idées originales pour créer ou lancer un produit : *Elle est créative dans une agence de publicité.*

créatine n.f. (du gr. *kreas, kreatos,* chair). Substance azotée surtout présente dans les muscles, où elle constitue une réserve d'énergie.

créatinine n.f. Produit de déchet de la créatine, que l'on trouve dans l'urine.

création n.f. **1.** Action de créer, de faire exister à partir de rien : *La création du monde.* **2.** L'ensemble des choses et des êtres créés : *Les merveilles de la création* (**SYN.** nature, univers). **3.** Action de fonder, d'organiser qqch qui n'existait pas : *La création d'une ville nouvelle* (**SYN.** fondation). *Il travaille dans la société depuis sa création* (**SYN.** commencement, début). *La création du premier appareil photographique* (**SYN.** invention). **4.** Œuvre créée, réalisée par une ou plusieurs personnes ; œuvre inédite : *Les couturiers présentent leurs dernières créations lors de défilés* (**SYN.** modèle, réalisation). **5.** Première interprétation d'un rôle, d'une chanson, etc. ; première mise en scène d'une œuvre : *Ce spectacle est une création* (**CONTR.** reprise).

créativité n.f. Capacité d'invention, de création ; puissance créatrice : *La créativité musicale.*

créature n.f. **1.** Tout être créé, en partic. l'homme, par rapport à Dieu, le Créateur : *Les créatures qui peuplent l'Univers.* **2.** Être humain en général : *De pauvres créatures martyrisées par la vie* (**SYN.** personne). **3.** *Fam.* Femme, en partic. belle femme : *Une créature de rêve.* **4.** *Vx* Femme de mauvaise vie. **5.** *Péjor.* Personne qui doit sa situation à une autre et lui est donc entièrement soumise : *Le poste est occupé par une créature du ministre* (**SYN.** favori, protégé).

crécelle n.f. (du lat. *crepitare,* craquer). Instrument de bois constitué d'un moulinet denté autour duquel tourne en faisant du bruit une languette de bois flexible : *Les enfants marchaient en tête en agitant leurs crécelles.* ▸ ***Voix de crécelle,*** voix criarde, stridente.

crèche n.f. (frq. *krippia,* mangeoire). **1.** Établissement qui accueille les enfants de moins de trois ans durant la journée : *Leur bébé aura une place à la crèche du quartier.* **2.** Représentation de l'étable de la nativité du Christ : *Installer la crèche.* **3.** *Arg.* Chambre ; logement.

crécher v.i. [conj. 18]. *Fam.* Habiter, loger quelque part.

crédence n.f. (it. *credenza,* confiance). Buffet, console sur lesquels on dispose des plats, de la vaisselle ; desserte, dressoir.

crédibiliser v.t. [conj. 3]. Rendre crédible : *Pour crédibiliser sa déclaration, le ministre a dû tout de suite prendre date avec les organisations syndicales.*

crédibilité n.f. Caractère crédible de qqn, de qqch : *Le rôle qu'il a joué dans un scandale immobilier lui a fait perdre toute crédibilité* (**SYN.** crédit). *Un récit qui manque de crédibilité* (**SYN.** vraisemblance).

crédible adj. (lat. *credibilis,* croyable). Qui peut être cru ; qui est digne de confiance : *Une explication crédible* (**SYN.** plausible, vraisemblable). *Après toutes ces promesses non tenues, cet élu n'est plus crédible.*

crédit n.m. (lat. *creditum,* de *credere,* croire). **1.** Prêt consenti par une personne, par une banque ; délai de paiement accordé à qqn : *Crédit à court terme, à long terme. Je ne peux plus faire de grandes dépenses car j'ai déjà deux crédits qui courent* (**SYN.** emprunt). **2.** Ensemble des sommes allouées sur un budget : *La mairie a voté des crédits pour construire une crèche.* **3.** Partie d'un compte bancaire qui mentionne les sommes dues à qqn ou ses versements (par opp. à débit) : *Veuillez porter ce chèque à mon crédit* (**SYN.** avoir). **4.** *Litt.* Confiance qu'inspire qqn ou qqch : *Je n'accorde aucun crédit à ces promesses faites dans l'euphorie du succès* (= je n'y crois pas du tout ; **SYN.** valeur). *On lui a demandé d'user de son crédit pour obtenir un rendez-vous* (**SYN.** influence). *Cette marque jouit d'un grand crédit auprès du public* (**SYN.** considération, faveur, réputation ; **CONTR.** défaveur, mépris). ▸ ***À crédit,*** avec un paiement différé : *Acheter des meubles à crédit.* ***Carte de crédit,*** carte qui permet à son détenteur d'effectuer des retraits d'argent dans une billeterie et de régler des factures sur simple signature. ***Crédit municipal,*** caisse municipale de crédit pratiquant le prêt sur gage à taux modérés, autref. appelée *mont-de-piété.* ***Faire crédit à qqn,*** lui accorder un délai de paiement.

crédit-bail n.m. (pl. *crédits-bails*). Contrat de louage d'un bien, qui s'accompagne d'une promesse unilatérale de vente en fin de contrat : *Elle a acquis une voiture en crédit-bail.*

créditer v.t. [conj. 3]. **1.** Inscrire une somme au crédit de qqn, d'un compte (par opp. à débiter) : *Ces sommes seront créditées à votre compte dès que vous aurez remis le chèque à la banque.* **2. [de].** Attribuer à qqn le mérite d'une action, en partic. en parlant d'un sportif : *On crédite la ministre d'une réelle volonté de réforme. Ce coureur a été crédité d'un excellent temps.*

créditeur, trice n. Personne qui a des sommes portées à son crédit sur un compte. ◆ adj. Qui présente un crédit, dont le solde est positif : *Mon compte est créditeur de 1 000 euros* (**CONTR.** débiteur).

credo n.m. inv. (mot lat. signif. « je crois »). **1.** (Avec une majuscule). Formulaire abrégé des principaux points de la foi chrétienne : *Réciter le Credo.* **2.** Ensemble des principes sur lesquels on fonde ses opinions, ses actions : *Ses chansons nous révèlent les credo de la jeunesse d'aujourd'hui.*

crédule adj. (lat. *credulus,* de *credere,* croire). Qui croit trop facilement ce qu'on lui dit : *Elle est crédule et ils en ont profité* (**SYN.** confiant, naïf ; **CONTR.** méfiant, sceptique). *Un regard crédule* (**SYN.** candide, ingénu ; **CONTR.** soupçonneux).

crédulité n.f. Trop grande facilité à croire qqch ; confiance aveugle : *Des escrocs qui savent exploiter la crédulité des gens* (**SYN.** naïveté, ingénuité ; **CONTR.** incrédulité, scepticisme).

creek [krik] n.m. En Nouvelle-Calédonie, rivière.

créer v.t. (lat. *creare*) [conj. 15]. **1.** Faire exister ; tirer du néant : *La Genèse raconte comment Dieu créa l'Univers.* **2.** Faire exister à partir de qqch ; donner une existence, une forme, une réalité à : *Par des manipulations génétiques, on arrive à créer de nouvelles espèces* (**SYN.** fabriquer, produire). *Créer un modèle de voiture* (**SYN.** concevoir, dessiner). **3.** Établir pour la première fois ; fonder : *Il cherche à créer sa propre entreprise* (**SYN.** établir, monter). *Cette nouvelle industrie va créer des emplois dans la région* (**SYN.** générer ; **CONTR.** supprimer). **4.** Interpréter, mettre en scène pour la première fois : *Créer une chanson, un rôle, une pièce.* **5.** Être la cause de ; engendrer : *Créer des ennuis à qqn* (**SYN.** occasionner, susciter).

crémaillère n.f. (bas lat. *cramaculus,* du gr. *kremastêr,* qui suspend). **1.** Tige de fer munie de crans, fixée à l'intérieur d'une cheminée pour suspendre les marmites à différentes hauteurs. **2.** Pièce, tringle munie de crans, servant à régler la hauteur d'éléments mobiles : *Les étagères de la bibliothèque sont posées sur des crémaillères.* ▸ ***Pendre la crémaillère,*** offrir une réception (*la pendaison de la crémaillère*) pour fêter son installation dans un nouveau logement.

crémation n.f. (du lat. *cremare,* brûler). Action de brûler les morts (**SYN.** incinération).

crématoire adj. et n.m. Relatif à la crémation. ▸ ***Four crématoire,*** four destiné à l'incinération des cadavres. ☞ **REM.** Cette locution, marquée du souvenir de la barbarie nazie, est génér. remplacée par *crématorium.*

crématorium [krematɔrjɔm] n.m. Endroit où l'on incinère les morts.

crème n.f. (gaul. *crama*). **1.** Matière grasse du lait, dont on fait le beurre (on dit aussi *crème fraîche*) : *Préparer des escalopes à la crème. Crème fouettée.* **2.** Pellicule qui se forme à la surface du lait bouilli. **3.** Entremets fait de lait, d'œufs et de sucre : *J'ai fait de la crème au chocolat. Crème caramel* (= nappée de caramel). **4.** Liqueur sirupeuse obtenue à partir de certains fruits : *Crème de cassis.* **5.** Préparation onctueuse pour la toilette ou les soins de beauté : *Un tube de crème à raser. Des crèmes solaires.* **6.** *Fam.* Ce qu'il y a de meilleur dans un domaine : *Cet homme est la crème des maris. Les élèves sortant de cette école sont censés être la crème* (**SYN.** élite, fleur ; **CONTR.** lie). ▸ ***Café crème,*** café additionné de lait ou de crème. ***Crème anglaise,*** crème aux œufs aromatisée à la vanille. ***Crème Chantilly*** → **chantilly.** ***Crème glacée,*** entremets glacé ; glace. ◆ n.m. Café crème : *S'asseoir à une table de café et commander un crème.* ◆ adj. inv. D'une couleur blanche légèrement teintée de jaune : *Des murs crème.*

crémerie n.f. Boutique où l'on vend des produits laitiers et des œufs : *Passer à la crémerie pour acheter du fromage.* ▸ *Fam.* ***Changer de crémerie,*** changer de fournisseur ; aller ailleurs.

crémeux, euse adj. **1.** Qui contient beaucoup de crème : *Un fromage très crémeux.* **2.** Qui a l'aspect de la crème : *Un enduit crémeux.*

crémier, ère n. Commerçant qui tient une crémerie.

crémone n.f. (de *Crémone,* ville d'Italie). Dispositif de verrouillage des fenêtres ou des portes, composé de deux tiges métalliques coulissantes que l'on manœuvre à l'aide d'une poignée.

créneau n.m. (anc.fr. *cren,* du bas lat. *crena,* entaille). **1.** Ouverture que l'on pratiquait dans des murs de défense pour pouvoir tirer sur l'assaillant en restant à couvert : *Les créneaux d'un donjon.* **2.** Intervalle disponible entre deux espaces occupés, et spécial., entre deux véhicules en stationnement ; manœuvre permettant de garer une voiture dans cet intervalle : *Apprendre à faire les créneaux.* **3.** Période de temps libre dans un horaire, un emploi du temps : *Il faudrait que je trouve un créneau pour aller à la piscine* (**SYN.** trou). **4.** À la radio, à la télévision, temps d'antenne réservé à qqn, à un groupe : *Le début de soirée est un créneau très recherché par les annonceurs publicitaires.* **5.** Secteur commercial où peut être exploité un type de produit ou de service : *La télématique est un créneau très porteur.* ▸ *Fam.* ***Monter au créneau,*** se porter là où se déroule l'action ; s'impliquer de manière ostensible dans une affaire, un débat.

créneler v.t. (de *créneau*) [conj. 24]. Entailler de découpures, de crans : *Le bord crénelé d'une pièce de monnaie, d'un timbre.*

créole n. et adj. (esp. *criollo*). Personne d'ascendance européenne née dans les anciennes colonies européennes (Antilles, Guyane, Réunion). ◆ adj. Propre aux créoles : *La cuisine créole. Les langues créoles.* ◆ n.m. Parler mixte, né d'une langue européenne et d'une langue indigène ou africaine : *Le créole de la Guadeloupe.* ◆ n.f. Grand anneau d'oreille.

créolisme n.m. Mot, expression, tournure particuliers à une langue créole.

créosote n.f. (du gr. *kreas,* chair, et *sôzein,* conserver). Liquide incolore, d'odeur forte, caustique, extrait du goudron par distillation, et utilisé pour la désinfection, la conservation du bois, etc.

crêpage n.m. Action de crêper les cheveux.

① **crêpe** n.f. (de l'anc. fr. *cresp,* crépu, lat. *crispus*). Galette fine et légère de blé ou de sarrasin, cuite dans une poêle ou sur une plaque : *Les crêpes de la Chandeleur.*

② **crêpe** n.m. (*1. crêpe*). **1.** Caoutchouc brut obtenu par coagulation du latex : *Des bottes à semelles de crêpe.* **2.** Tissu de soie ou de laine fine à l'aspect granuleux, légèrement gaufré : *Une robe en crêpe de Chine.* **3.** Morceau de crêpe ou de tissu noir qu'on porte sur soi en signe de deuil.

crêper v.t. (lat. *crispare*) [conj. 4]. **1.** Donner du volume aux cheveux en rebroussant avec le peigne chaque mèche vers la racine. **2.** Donner l'aspect du crêpe à une étoffe, à du papier ; gaufrer. ◆ **se crêper** v.pr. ▸ *Fam.* ***Se crêper le chignon,*** en venir aux mains ; se quereller vivement : *« Quelques douzaines de* *gaillardes / Se crêpaient un jour le chignon* » [Georges Brassens].

crêperie n.f. Restaurant où l'on mange principalement des crêpes ; comptoir où sont confectionnées et vendues des crêpes à emporter.

crépi n.m. (de *crépir*). Enduit de plâtre, de mortier, de ciment qui est appliqué sur un mur sans être lissé.

crêpier, ère n. Personne qui fait des crêpes ou qui les vend.

crêpière n.f. Poêle très plate ou plaque électrique servant à faire cuire des crêpes.

crépine n.f. Membrane graisseuse qui entoure les viscères du porc, du veau ou du mouton.

crépinette n.f. Saucisse plate entourée d'une crépine.

crépir v.t. [conj. 32]. Enduire d'un crépi : *Les murs sont crépis.*

crépissage n.m. Action de crépir ; fait d'être crépi : *Procéder au crépissage d'une façade.*

crépitement n.m. Succession de bruits secs : *Le bois sec s'enflamma avec des crépitements. Le crépitement d'une rafale de mitraillette.*

crépiter v.i. (lat. *crepitare*) [conj. 3]. Faire entendre des bruits secs et répétés : *Le feu crépite dans la cheminée* (**SYN.** grésiller, pétiller). *Les applaudissements crépitèrent soudain* (**SYN.** claquer, retentir).

crépon n.m. et adj.m. Tissu ou papier gaufré, présentant des ondulations irrégulières : *Les enfants ont confectionné des fleurs en papier crépon.*

crépu, e adj. Se dit de cheveux frisés en boucles très serrées, d'une personne qui a de tels cheveux.

crépusculaire adj. Relatif au crépuscule : *Une lumière crépusculaire.*

crépuscule n.m. (lat. *crepusculum*). **1.** Lumière décroissante qui suit le coucher du soleil ; moment de la journée qui y correspond : *Profiter de la fraîcheur du crépuscule en été.* **2.** *Litt.* Période de déclin : *La vieillesse est le crépuscule de la vie.*

crescendo [kreʃɛndo] adv. (mot it., du lat. *crescere*, croître). **1.** Terme de musique indiquant qu'il faut renforcer graduellement le son : *Jouer crescendo* (**CONTR.** decrescendo, diminuendo). **2.** *Fig.* En augmentant : *Une douleur qui va crescendo.* ◆ n.m. **1.** Passage, morceau exécutés crescendo : *Des crescendos.* **2.** *Fig.* Augmentation progressive ; gradation : *Le crescendo des conversations.*

cresson [kresɔ̃ ou krəsɔ̃] n.m. (mot frq.). Plante herbacée qui pousse dans l'eau douce et que l'on cultive pour ses feuilles comestibles (on dit aussi *cresson de fontaine*).

cressonnière [kresɔnjɛr] n.f. Bassin d'eau courante où l'on fait croître le cresson de fontaine.

crésus [krezys] n.m. (du nom d'un roi de Lydie). Homme extrêmement riche : *C'est un crésus* ou *il est riche comme Crésus.*

crêt n.m. (mot jurassien). Escarpement rocheux bordant une vallée, dans le Jura.

crétacé n.m. (du lat. *creta*, craie). Période géologique de la fin de l'ère secondaire, pendant laquelle s'est formée la craie.

crête n.f. (lat. *crista*). **1.** Excroissance charnue sur la tête de certains gallinacés ; excroissance qui orne la tête et le dos de certains reptiles : *La crête rouge du coq. La crête d'écailles d'un iguane.* **2.** Partie étroite, saillante, qui constitue le sommet de qqch : *La crête d'une montagne. La crête des vagues. La crête d'un toit* (**SYN.** faîte).

crétin, e n. et adj. (mot de Suisse romande, variante de *chrétien*, innocent). *Fam.* Personne stupide (**SYN.** idiot, imbécile).

crétinerie n.f. *Fam.* Sottise, stupidité.

crétinisme n.m. *Fam.* Imbécillité, sottise profonde.

cretonne n.f. (de *Creton*, village de l'Eure). Toile de coton, souvent imprimée de motifs variés surtout utilisée en ameublement : *Des rideaux de cretonne.*

creusement ou **creusage** n.m. Action de creuser ; fait d'être creusé : *Le creusement d'un puits, d'un tunnel.*

creuser v.t. [conj. 3]. **1.** Produire un creux en ôtant la matière : *Le chien creuse le sol pour y enfouir un os* (**SYN.** fouiller, gratter). **2.** Faire une cavité : *Creuser un puits, un tunnel* (**SYN.** forer, percer ; **CONTR.** combler). **3.** Donner une forme concave, creuse : *Creuser les reins* (**SYN.** cambrer). *La maladie a creusé ses joues* (**SYN.** amaigrir). **4.** Approfondir par l'étude et la réflexion : *Il faudrait creuser la question.* **5.** Augmenter, accentuer : *Creuser un écart, une différence.* **6.** *Fam.* (Sans compl.). Donner de l'appétit : *Le sport, ça creuse !* ◆ **se creuser** v.pr. Devenir creux, plus creux : *La falaise s'est creusée sous l'assaut des vagues.* ▸ *Fam.* ***Se creuser la tête*** ou ***la cervelle,*** chercher laborieusement une solution.

creuset n.m. (anc. fr. *croiset*, lampe, du lat. *crucibulum*). **1.** Récipient en matériau réfractaire ou en métal, utilisé pour fondre certaines substances : *Faire fondre du plomb dans un creuset.* **2.** *Litt.* Endroit où se mêlent diverses choses, diverses influences : *Cette ville est le creuset de plusieurs religions.*

Creutzfeldt-Jakob (maladie de) [krøtsfɛltʒakɔb], encéphalopathie spongiforme humaine due à un prion.

① **creux, creuse** adj. (lat. pop. *crosus*, du gaul.). **1.** Dont l'intérieur est entièrement ou partiellement vide : *Les cornes des bovins sont creuses* (**CONTR.** plein). *Une dent creuse* (**SYN.** évidé). **2.** Qui présente une partie concave, une dépression : *Des assiettes creuses* (**CONTR.** plat). *Elle est guérie mais elle a encore les joues creuses* (**SYN.** amaigri, émacié ; **CONTR.** rebondi). *Le sol est creux à cet endroit* (**CONTR.** bombé, renflé). **3.** Vide d'idées, de sens : *Des paroles creuses* (**SYN.** insignifiant, plat, vain ; **CONTR.** dense, profond). **4.** Où l'activité, la consommation, l'affluence sont réduites : *Les heures creuses* (**CONTR.** chargé, de pointe). ▸ *Fam.* ***Avoir le nez creux,*** avoir du flair, savoir deviner. ***Avoir l'estomac*** ou ***le ventre creux,*** être affamé. ***Chemin creux,*** chemin encaissé des pays de bocage.

② **creux** n.m. (de *1. creux*). **1.** Partie vide : *Les congres vivent dans les creux des rochers* (**SYN.** cavité, anfractuosité). **2.** Partie, espace concave : *Prendre de l'eau dans le creux de sa main* (**CONTR.** dos). *La surface de la Terre présente des creux et des bosses* (**SYN.** trou). **3.** Espace vide entre deux choses ; moment libre : *Le lézard disparut dans un creux entre deux pierres* (**SYN.** interstice). *J'ai un creux entre deux rendez-vous* (**SYN.** créneau). **4.** Période d'activité ralentie : *Dans le* *commerce, il y a toujours un creux après les fêtes.* **5.** Profondeur entre deux vagues mesurée de la crête à la base : *Une tempête avec des creux de dix mètres.* ▸ ***Au creux de la vague,*** dans une période d'échec, de dépression. ***Avoir un creux dans*** ou ***à l'estomac,*** avoir faim. ***En creux,*** se dit d'une gravure en taille-douce ; fig., se dit d'une information sous-entendue dans un discours et qu'il faut lire entre les lignes : *Le ministre a annoncé en creux que la priorité du gouvernement restait la même.* ◆ adv. ▸ ***Sonner creux,*** rendre un son indiquant que l'objet sur lequel on frappe est vide.

crevaison n.f. Éclatement d'une chose gonflée ou tendue et, en partic., d'un pneu : *Nous avons eu une crevaison sur l'autoroute.*

crevant, e adj. **1.** *Fam.* Qui fatigue extrêmement : *Un travail crevant* (**SYN.** épuisant, exténuant ; **CONTR.** reposant, tranquille). **2.** *Fam., vieilli* Drôle, très amusant : *Elle est crevante quand elle imite la directrice* (**SYN.** désopilant, hilarant ; **CONTR.** sinistre).

crevasse n.f. **1.** Fente à la surface d'un mur, d'un édifice, etc. : *Reboucher une crevasse* (**SYN.** lézarde, fissure). **2.** Fente étroite et profonde à la surface d'un glacier. **3.** Fente peu profonde dans la peau : *Une pommade pour soigner les crevasses* (**SYN.** gerçure).

crevasser v.t. [conj. 3]. Faire, provoquer des crevasses : *L'eau froide crevasse les mains.* ◆ **se crevasser** v.pr. Se marquer de crevasses : *Le plafond du salon se crevasse* (**SYN.** se fissurer, se lézarder).

crève n.f. ▸ *Fam.* ***Avoir la crève,*** être malade, spécialement après avoir pris froid : *Elle est au lit avec une crève terrible.*

crève-cœur n.m. inv. Peine profonde, inspirée par la compassion : *C'est un crève-cœur de les voir si malheureux* (**SYN.** déchirement ; **CONTR.** joie, soulagement).

crève-la-faim n.m. inv. *Fam.* Personne qui vit misérablement : *Une bande de crève-la-faim* (**SYN.** miséreux).

crever v.i. (lat. *crepare,* craquer) [conj. 19]. **1.** S'ouvrir en éclatant, en se répandant : *Des petites bulles crèvent à la surface* (**SYN.** exploser). *« La chétive pécore s'enfla si bien qu'elle creva »* [La Fontaine]. **2.** Mourir, en parlant des animaux, des végétaux : *Une partie du bétail a crevé pendant l'épidémie. Les fleurs ont crevé parce qu'il a fait trop sec.* **3.** *Très fam.* Mourir, en parlant des hommes : *Crever dans la misère.* **4.** Être plein, déborder de : *Crever de santé, d'orgueil, de richesses* (**SYN.** éclater, exploser). **5.** (Sans compl.). Subir la crevaison d'un pneu : *J'ai crevé deux fois depuis Paris.* ▸ *Fam.* ***Crever de*** (+ n.), éprouver au plus haut degré un état physique ou moral ; mourir de : *Crever de chaleur. Crever d'ennui. Les enfants crèvent de faim après la promenade* (= sont affamés). *Son histoire nous a fait crever de rire.* ◆ v.t. **1.** Faire éclater ; déchirer : *Il a crevé mon ballon !* (**SYN.** percer). **2.** *Fam.* Épuiser de fatigue : *Cette marche m'a crevé.* ▸ ***Crever le cœur à qqn,*** lui inspirer une douloureuse compassion. ***Crever les yeux,*** être très visible ; être totalement évident. ◆ **se crever** v.pr. *Fam.* S'épuiser : *C'est ce que je me crève à t'expliquer depuis une heure !*

crevette n.f. (forme picarde de *chevrette*). Petit crustacé marin dont plusieurs espèces sont comestibles : *Des crevettes grises. Les crevettes roses sont aussi appelées « bouquets ».*

crevoter v.i. [conj. 3]. En Suisse, dépérir, végéter.

cri n.m. (de *crier*). **1.** Son perçant émis avec force par qqn sous l'effet d'une émotion : *Elle poussa un cri de terreur* (**SYN.** hurlement). *On entendait les cris d'un bébé* (**SYN.** pleur). **2.** Parole prononcée à voix très haute en signe d'appel, d'avertissement : *On entendait les cris des blessés dans les décombres* (**SYN.** lamentation, plainte). *Le cri d'un vendeur de journaux.* **3.** (Surtout au pl.). Ensemble d'éclats de voix, de paroles exprimant hautement un sentiment collectif : *Le public répondit par des cris d'approbation* (**SYN.** clameur). **4.** Son ou ensemble de sons émis par les animaux et caractéristique de chaque espèce : *Le cri de la chouette est le hululement.* ▸ ***À grands cris,*** en insistant vivement. ***Cri du cœur,*** expression spontanée d'un sentiment profond. ***Dernier cri,*** ce qui se fait de plus moderne, de plus récent : *Cette caméra numérique est le dernier cri de la technologie. Des robes dernier cri.* ***Pousser les hauts cris,*** protester avec indignation.

criaillement n.m. **1.** *Péjor.* Cri aigu, désagréable : *Le criaillement des mouettes.* **2.** (Souvent au pl.). Récriminations aigres et répétées (**SYN.** criaillerie).

criailler v.i. [conj. 3]. **1.** Crier beaucoup, et le plus souvent pour rien : *Des gamins qui criaillent.* **2.** Crier, en parlant de l'oie, du faisan, du paon, de la pintade.

criaillerie n.f. *Péjor.* (Souvent au pl.). Cris discordants ; suite de récriminations : *Cessez vos criailleries* (**SYN.** criaillement, jérémiades, pleurnicherie).

criant, e adj. **1.** Qui fait crier d'indignation : *Une injustice criante* (**SYN.** révoltant, scandaleux). **2.** Qui s'impose à l'esprit ; manifeste : *Cette scène du film est criante de vérité* (**SYN.** frappant, saisissant).

criard, e adj. **1.** Qui crie beaucoup et désagréablement : *Des enfants criards* (**SYN.** braillard, bruyant ; **CONTR.** calme, paisible). **2.** Qui a un son aigu et désagréable : *Une voix criarde* (**SYN.** aigre, strident ; **CONTR.** doux, harmonieux). **3.** Se dit d'une couleur crue, voyante, ou de couleurs qui contrastent désagréablement ensemble : *Un manteau d'un vert criard* (**SYN.** tapageur, voyant ; **CONTR.** doux).

crible n.m. (du lat. *cribrum*). Appareil à fond plat perforé, utilisé pour séparer selon leur grosseur des grains, du sable, du minerai, etc. (**SYN.** tamis). ▸ ***Passer au crible,*** examiner minutieusement et en détail.

cribler v.t. [conj. 3]. **1.** Marquer en de nombreux endroits ; percer de nombreux trous : *Un visage criblé de taches de rousseur. Une cible criblée de balles.* **2.** Passer à travers un crible : *Cribler du sable* (**SYN.** tamiser). ▸ ***Être criblé de dettes,*** en être couvert, accablé.

cric n.m. (haut all. *kriec*). Appareil qui permet de soulever une lourde charge ; vérin : *Soulever une voiture avec un cric pour changer une roue.* ☞ **REM.** Ne pas confondre avec *crique.*

cricket [krikɛt] n.m. (mot angl. signif. « bâton »). Jeu de balle anglais qui se joue avec des battes de bois. ☞ **REM.** Ne pas confondre avec *criquet.*

cricri n.m. (onomat.). *Fam.* Cri du grillon, de la cigale ; grillon domestique.

criée n.f. Vente publique aux enchères de certaines marchandises, et partic., du poisson (on dit aussi *vente à la criée*) ; endroit, bâtiment où a lieu cette vente : *La criée au poisson du port de Boulogne.*

crier v.i. (lat. *quiritare*) [conj. 10]. **1.** Pousser un cri, des cris : *Crier de douleur* (**SYN.** hurler). *Elle a crié pour* *attirer son attention* (**SYN.** appeler). *« Stop ! » cria-t-il* (**SYN.** s'écrier, s'exclamer). **2.** Parler très haut et souvent avec colère : *Il y a tellement de bruit ici qu'on est obligé de crier pour s'entendre* (**SYN.** brailler, s'égosiller). *On peut discuter sans crier* (**SYN.** vociférer). *Si je lui dis cela, il va encore crier* (**SYN.** se fâcher, protester). **3.** Produire un bruit aigre, strident : *Faire crier la craie sur le tableau* (**SYN.** crisser, grincer). **4.** Produire une sensation désagréable à l'œil : *Sa cravate rouge crie avec sa chemise orange* (**SYN.** jurer avec). *Ces couleurs crient entre elles* (**SYN.** détonner). ▸ ***Crier au scandale, à la trahison,*** les dénoncer vigoureusement. ◆ v.t. **1.** Dire d'une voix forte : *Crier un ordre* (**SYN.** hurler ; **CONTR.** chuchoter, murmurer). *Il m'a crié de faire attention.* **2.** Manifester énergiquement une opinion, un sentiment : *Les journalistes crient leur indignation* (**CONTR.** taire). ▸ ***Crier famine, crier misère,*** se plaindre de la faim, de la pauvreté. ***Crier vengeance,*** demander réparation d'une mauvaise action ou d'une cruauté que l'on a subie. ◆ v.t. ind. **[après, contre].** Réprimander vivement et d'une voix forte : *Il ne cesse de crier contre ses enfants.*

crieur, euse n. Personne qui annonce en criant la vente d'une marchandise : *Crieur de journaux.*

crime n.m. (du lat. *crimen,* accusation). **1.** Dans la langue courante, homicide : *Un crime passionnel.* **2.** Dans la langue juridique, la plus grave des infractions à la loi, jugée génér. par la cour d'assises et punie d'une peine de réclusion : *Crime contre la sûreté de l'État.* **3.** Action blâmable, lourde de conséquences : *C'est un crime d'avoir démoli ce cinéma* (**SYN.** faute, infamie, outrage). ▸ ***Ce n'est pas un crime,*** c'est une faute légère, une peccadille. ***Crime contre l'humanité,*** exécution d'un plan concerté (génocide, déportation, extermination, esclavage) perpétré à l'encontre d'un groupe de population civile : *Les crimes contre l'humanité sont imprescriptibles.* ***Crime de guerre,*** violation des lois et coutumes que des belligérants sont censés respecter (pillage, assassinat, exécution des otages). ***Le crime organisé,*** l'ensemble des organisations criminelles de type mafieux.

criminaliste n. Spécialiste du droit criminel.

criminalistique n.f. Ensemble des techniques utilisées par la police, la gendarmerie et la justice pour établir la preuve d'un crime et identifier son auteur.

criminalité n.f. Ensemble des actes criminels commis dans un milieu donné, à une époque donnée : *La criminalité est en hausse. La petite criminalité* (= la délinquance). *La grande criminalité* (= l'ensemble des crimes commis par des bandes mafieuses).

criminel, elle adj. et n. Qui est coupable d'un crime : *La police est sur la piste des criminels qui ont commis l'attentat.* ◆ adj. **1.** Contraire aux lois naturelles ou sociales ; qui constitue un crime : *Il est criminel de détruire ces chefs-d'œuvre inscrits au patrimoine mondial. Un incendie criminel* (= dû à la malveillance ; **CONTR.** accidentel). **2.** Relatif aux crimes : *Droit criminel.*

criminogène adj. Qui peut engendrer des actes criminels : *Un milieu criminogène.*

criminologie n.f. Étude scientifique de la criminalité, des criminels.

criminologue n. Spécialiste de criminologie.

crin n.m. (lat. *crinis,* cheveu). **1.** Poil long et rude qui pousse sur le cou et à la queue des chevaux et de quelques autres quadrupèdes. **2.** Matière filamenteuse extraite du palmier, de l'agave (on dit aussi *crin végétal*) : *Se frotter le corps au gant de crin.* ▸ *Fam.* ***À tous crins,*** à outrance ; intransigeant : *Une écologiste à tous crins.*

crincrin n.m. (onomat.). *Fam.* Mauvais violon.

crinière n.f. **1.** Ensemble des crins du cou d'un cheval ou d'un lion. **2.** *Fam.* Chevelure abondante et en désordre.

crinoline n.f. (it. *crinolino,* de *crino,* crin, et *lino,* lin). *Anc.* Armature de cerceaux métalliques qui donnait une grande ampleur à la jupe des robes.

crique n.f. (scand. *kriki*). Petite baie, petite anse abritée du littoral : *Ils se sont baignés dans une crique.* ☞ **REM.** Ne pas confondre avec *cric.*

criquet n.m. (onomat.). Insecte herbivore dont il existe de nombreuses espèces, qui se déplace en sautant. ☞ **REM.** Ne pas confondre avec *cricket.*

crise n.f. (gr. *krisis,* décision). **1.** Manifestation soudaine ou aggravation brutale d'une maladie : *Une crise cardiaque* (**SYN.** attaque). *Une crise de rhumatisme* (**SYN.** accès, poussée). **2.** *Fam.* Accès soudain d'ardeur ou d'enthousiasme : *Il travaille par crises* (**SYN.** à-coup). *Elle a été prise d'une crise de rangement.* **3.** Période décisive, cruciale, dans l'existence de qqn, dans la vie d'un groupe : *Être en proie à une crise de conscience.* **4.** Phase difficile traversée par un groupe social : *Crise de l'Université. Leur couple a traversé une crise* (**SYN.** conflit, malaise, trouble). *Crise économique.* **5.** Manque de qqch sur une vaste échelle : *Crise de la main-d'œuvre, du logement* (**SYN.** insuffisance, pénurie ; **CONTR.** pléthore). ▸ ***Crise de nerfs,*** état d'agitation bref et soudain avec cris et gesticulation, sans perte de connaissance.

crispant, e adj. Qui agace, énerve : *Elle a une manie crispante* (**SYN.** exaspérant, horripilant, irritant ; **CONTR.** apaisant).

crispation n.f. **1.** Contraction musculaire due à la nervosité, la crainte, la douleur : *Une légère crispation de sa bouche révélait son agacement* (**SYN.** grimace, spasme). **2.** Mouvement d'impatience, d'irritation, de nervosité : *On sentait une certaine crispation chez les délégués* (**SYN.** raidissement, tension ; **CONTR.** décontraction).

crisper v.t. (lat. *crispare,* rider) [conj. 3]. **1.** Contracter vivement les muscles sous l'effet d'une sensation physique, d'une émotion : *La douleur crispait son visage* (**SYN.** convulser ; **CONTR.** détendre). **2.** Irriter vivement qqn : *Elle me crispe à critiquer ainsi tout ce que je fais !* (**SYN.** énerver, exapérer, horripiler). ◆ **se crisper** v.pr. **1.** Se contracter : *Sa bouche se crispa sous l'offense.* **2.** Éprouver une vive irritation.

crissement n.m. Bruit aigu produit par le frottement de certaines matières ; grincement aigu : *Le crissement de la neige sous les pas.*

crisser v.i. (frq. *krisan,* grincer) [conj. 3]. Produire un crissement : *Il démarra brutalement en faisant crisser ses pneus.*

cristal n.m. (lat. *crystallus,* gr. *krustallos,* glace) [pl. *cristaux*]. **1.** Substance minérale, souvent transparente, ayant naturellement une forme géométrique régulière : *Les cristaux de sel marin. Les flocons de neige sont* *des cristaux étoilés.* **2.** Verre blanc, très limpide, à la sonorité claire et renfermant génér. du plomb ; objet fait de cette matière : *Un vase en cristal. Des cristaux de Bohême.* ▸ ***Cristal de roche,*** variété de quartz incolore utilisée en joaillerie et dans d'autres arts appliqués. ***Cristal liquide,*** liquide utilisé notamm. pour les fonctions d'affichage électronique : *Affichage numérique à cristaux liquides.*

cristallerie n.f. Fabrication d'objets en cristal ; établissement où on les fabrique.

① **cristallin, e** adj. **1.** De la nature du cristal ; qui contient des cristaux : *Des roches cristallines* (= formées par solidification de matières minérales en fusion). **2.** Qui a la transparence ou la sonorité du cristal ; pur et clair : *Une eau cristalline. Une voix cristalline.*

② **cristallin** n.m. Élément de l'œil, situé dans le globe oculaire en arrière de la pupille, et qui fait converger les rayons lumineux sur la rétine.

cristallisation n.f. **1.** Phénomène par lequel un corps se transforme en cristaux : *Le quartz est produit par la cristallisation de la silice.* **2.** Fait, pour une idée, un sentiment, de se cristalliser, de se préciser, de prendre corps : *Cette théorie est la cristallisation de dix années de réflexion* (**SYN.** aboutissement, concrétisation).

cristallisé, e adj. Qui se présente sous forme de cristaux : *Du sucre cristallisé.*

cristalliser v.t. [conj. 3]. **1.** Changer en cristaux : *Cristalliser du sucre.* **2.** Donner du corps, de la cohérence à qqch qui était vague, latent ; préciser, fixer : *Tous ces scandales ont cristallisé le désir de changement* (**SYN.** concrétiser). ◆ v.i. ou **se cristalliser** v.pr. **1.** Se former en cristaux : *Dans les marais salants, le sel de l'eau de mer cristallise* ou *se cristallise.* **2.** Prendre de la consistance, s'ordonner de façon cohérente, en parlant d'idées, de sentiments : *Des souvenirs qui se cristallisent autour d'une personne.*

cristophine n.f. Cucurbitacée des Antilles dont la racine et le fruit sont comestibles.

critère n.m. (gr. *kritêrion,* de *krinein,* juger). Caractère, principe auquel on se réfère pour distinguer une chose d'une autre, pour porter un jugement, une appréciation : *Il est généralement admis qu'une truffe froide chez un chien est un critère de bonne santé* (**SYN.** marque, preuve).

critérium [kriterjɔm] n.m. (gr. *kritêrion,* de *krinein,* juger). Dans certains sports, notamm. en cyclisme, épreuve permettant à des candidats de se qualifier.

critiquable adj. Qui peut être critiqué ; qui mérite d'être critiqué : *Votre choix est critiquable* (**SYN.** contestable, discutable). *Son attitude dans cette affaire est critiquable* (**SYN.** blâmable, condamnable).

① **critique** adj. (lat. *criticus,* gr. *kritikos,* de *krinein,* juger). **1.** Se dit d'une situation, d'un état qui décide du sort de qqn, de qqch : *L'adolescence est un moment critique de l'existence* (**SYN.** crucial, décisif). *Être dans une situation critique* (**SYN.** alarmant, dangereux ; **CONTR.** rassurant). **2.** Se dit de la phase d'une maladie qui marque un changement : *Les jours à venir seront critiques. Le malade est dans un état critique.* **3.** En physique, se dit du moment où se produit un changement dans les propriétés d'un corps : *Température critique.*

② **critique** n.f. (gr. *krinê,* de *krinein,* juger). **1.** Art d'analyser et de juger une œuvre littéraire ou artistique ; jugement porté sur une œuvre : *Critique dramatique, musicale. Ce livre a eu une bonne critique dans la presse.* **2.** Ensemble des personnes dont le métier est de juger, de commenter ces œuvres dans les médias : *Le public a adoré ce film que la critique avait dédaigné.* **3.** Jugement négatif, hostile porté sur qqn ou qqch : *Le ministre est l'objet de nombreuses critiques* (**SYN.** attaque, dénigrement ; **CONTR.** louange). *Il y a quelques critiques à faire sur la nourriture de la cantine* (**SYN.** objection, plainte, reproche ; **CONTR.** compliment). ◆ adj. Qui a pour objet de distinguer les qualités ou les défauts de qqch : *Faire l'analyse critique d'une œuvre littéraire. Examiner des faits, une situation avec un œil critique.* ▸ ***Esprit critique,*** attitude de celui qui n'accepte un fait ou une opinion qu'après en avoir examiné la valeur ; promptitude à blâmer. ◆ n. Personne dont le métier consiste à commenter, à juger des œuvres littéraires ou artistiques, notamm. dans les médias : *Elle est critique littéraire dans un grand quotidien.*

critiquer v.t. [conj. 3]. **1.** Juger de façon défavorable et même malveillante : *Sa conduite a été abondamment critiquée* (**SYN.** blâmer, désapprouver ; **CONTR.** encenser, louer). **2.** Procéder à une analyse critique : *Critiquer un film avec impartialité.*

croassement n.m. Cri du corbeau et de la corneille. ☞ **REM.** Ne pas confondre avec *coassement.*

croasser v.i. (onomat.) [conj. 3]. Émettre un croassement. ☞ **REM.** Ne pas confondre avec *coasser.*

croate adj. et n. Relatif à la Croatie, à ses habitants. ◆ n.m. Langue slave parlée en Croatie.

croc [kro] n.m. (mot germ.). **1.** Instrument muni d'une ou de plusieurs tiges pointues et recourbées, servant à suspendre qqch ; crochet : *Un croc de boucher.* **2.** Chacune des quatre canines, fortes, longues et pointues, des carnivores : *Le chien grognait en montrant des crocs menaçants.* ▸ *Fam.* ***Avoir les crocs,*** être affamé.

croc-en-jambe [krɔkɑ̃ʒɑ̃b] n.m. (pl. *crocs-en-jambe*). **1.** Action d'accrocher la jambe de qqn pour le déséquilibrer, le faire tomber (**SYN.** croche-pied). **2.** *Fig.* Manœuvre déloyale pour nuire à qqn. ☞ **REM.** Le pluriel se prononce comme le singulier.

① **croche** n.f. Note de musique valant la moitié d'une noire et qui s'écrit sur la portée avec un crochet à la queue ou hampe.

② **croche** adj. *Fam.* Au Québec, courbe, voûté : *Avoir le dos croche.*

croche-pied (pl. *croche-pieds*) ou, fam., **croche-patte** (pl. *croche-pattes*) n.m. Croc-en-jambe.

crocher v.t. (de *croc*). En termes de marine, accrocher, saisir avec un croc, une gaffe. ◆ v.i. En Suisse, être tenace ; s'accrocher.

crochet n.m. (de *croc*). **1.** Morceau de métal recourbé servant à suspendre, à fixer ou à tirer qqch : *Suspendre un tableau à un crochet* (**SYN.** piton). *Le commerçant baisse son rideau de fer en le tirant avec un crochet. Le crochet d'un serrurier* (= qu'il utilise pour ouvrir une serrure dont la clef a été égarée). **2.** Changement de direction qui allonge l'itinéraire normal : *Faire un crochet pour passer voir des amis* (**SYN.** détour). **3.** Signe graphique proche de la parenthèse par la forme et l'emploi : *Le signe [est un crochet ouvrant et le signe] est un crochet fermant.* **4.** En boxe, coup de poing porté horizontalement avec le bras replié : *Un crochet du droit.* **5.** Grosse aiguille portant une encoche à une extrémité, utilisée pour faire du tricot, de la dentelle ; travail ainsi exécuté : *Une couverture en crochet.* **6.** Dent des serpents venimeux, à l'extrémité recourbée. ▸ ***Vivre aux crochets de qqn,*** en se faisant entretenir par lui ; en parasite.

crochetage n.m. Action de crocheter.

crocheter v.t. [conj. 28]. **1.** Ouvrir une serrure avec un crochet. **2.** Exécuter un ouvrage au crochet : *Elle crochète un dessus-de-lit.*

crocheur, euse adj. et n. En Suisse, se dit de qqn qui est tenace, travailleur.

crochu, e adj. Recourbé en forme de crochet, de croc : *Bec, nez crochu.*

crocodile n.m. (lat. *crocodilus,* du gr.). **1.** Grand reptile à fortes mâchoires, qui vit dans les eaux des régions chaudes. **2.** Peau tannée du crocodile : *Un sac en crocodile* (abrév. fam. croco). ▸ ***Larmes de crocodile,*** larmes hypocrites.

crocus [krɔkys] n.m. (mot lat., du gr. *krokos,* safran). Plante à bulbe et à fleurs jaunes ou violettes, dont une espèce est le safran ; fleur de cette plante.

croire v.t. (lat. *credere*) [conj. 107]. **1.** Admettre qqch comme vrai, réel, certain : *Elle n'a pas cru mon histoire* (**CONTR.** contester). *Je crois ce que vous me dites* (**CONTR.** douter de). **2.** Tenir qqn pour sincère ; avoir confiance en ce qu'il dit : *Croire qqn sur parole. Ce témoin mérite d'être cru.* **3.** Envisager par la pensée ; tenir qqch pour possible : *Je n'aurais jamais cru qu'il en serait capable* (**SYN.** imaginer, penser). *Je crois avoir trouvé la solution. On vous croyait à l'étranger* (**SYN.** supposer). *J'ai tout rangé car je croyais que vous n'en vouliez plus* (**SYN.** présumer). **4.** Avoir telle opinion, tel jugement sur qqn ou qqch ; considérer comme : *Je la crois capable de tout* (**SYN.** estimer). *Je le croyais plus intelligent* (**SYN.** imaginer, juger, tenir pour). ▸ ***En croire qqn, qqch,*** s'en rapporter à qqn, qqch ; se fier à qqn, qqch : *À l'en croire, il est capable de tout. Je n'en crois pas mes yeux.* ***Faire croire qqch à qqn,*** l'en convaincre, l'en persuader. ◆ v.t. ind. **1. [à].** Tenir pour certain l'existence de qqn, qqch ; avoir foi en sa véracité, son efficacité : *Il croit dur comme fer aux extraterrestres. Elle croit à son projet. Je vous prie de croire à mon dévouement* (**SYN.** compter sur). **2. [en].** Avoir confiance en qqn ; reconnaître l'existence de : *Croire en ses amis. Croire en Dieu.* ◆ v.i. Avoir la foi religieuse : *Il a cessé de croire il y a des années.* ◆ **se croire** v.pr. **1.** S'estimer tel, avoir telle impression : *Il se croit intouchable. On se croirait en plein hiver.* **2.** (Sans compl.). Avoir une bonne opinion de soi, être vaniteux : *Elle est gentille, mais elle se croit.*

croisade n.f. (de l'anc. fr. *croisée,* d'après l'it. *crociata* et l'esp. *cruzada*). **1.** Au Moyen Âge, expédition militaire menée dans un but religieux : *La croisade contre les albigeois.* **2.** Action menée pour créer un mouvement d'opinion en faveur d'une cause d'intérêt commun : *Ils se mobilisent pour mener une croisade contre le sida* (**SYN.** campagne). ▸ ***Les croisades,*** expéditions militaires entreprises du XIe au XIIIe siècle par l'Europe chrétienne sous l'impulsion de la papauté.

① **croisé, e** adj. **1.** Qui se recoupe en formant une croix, un X : *Avoir les jambes croisées.* **2.** Qui est le résultat d'un croisement biologique : *Chien croisé* (**SYN.** hybride, mâtiné ; **CONTR.** pur). **3.** Se dit d'éléments qui se recoupent, s'entrecroisent, en venant de diverses directions ; qui a une trajectoire oblique : *Des conversations croisées. Le député était soumis à un feu croisé de questions. Un tir croisé.* ▸ ***Rimes croisées,*** rimes féminines alternant avec des rimes masculines. ***Veste croisée,*** veste dont les bords croisent (**CONTR.** droite).

② **croisé** n.m. Au Moyen Âge, personne qui participait à une croisade. ◆ **croisé, e** n. Personne qui défend une cause d'intérêt commun : *Les croisés de la lutte contre l'exclusion.*

croisée n.f. **1.** Point où deux choses se croisent : *Le chêne est planté à la croisée de deux allées du parc.* **2.** Châssis vitré d'une fenêtre ; la fenêtre elle-même. **3.** Intersection du transept et de la nef d'une église. ▸ ***À la croisée des chemins,*** dans une situation où un choix s'impose, où il faut prendre parti.

croisement n.m. **1.** Action de croiser ; fait de se croiser ; disposition en croix : *Le croisement des fils d'une étoffe.* **2.** Point où plusieurs voies se croisent : *Ralentir au croisement* (**SYN.** carrefour). **3.** Fait pour deux véhicules de se croiser en allant dans deux directions opposées : *Mettre ses feux de croisement* (= qui n'éblouissent pas les automobilistes qu'on croise). **4.** Reproduction naturelle ou expérimentale par union de deux animaux ou deux végétaux de même espèce mais de races ou de variétés différentes : *Le mulet est le résultat d'un croisement entre un âne et une jument.* **5.** Altération de la forme d'un mot sous l'influence d'un mot de forme voisine : *« Barbouiller » est formé par croisement de « barboter » et de « brouiller ».*

croiser v.t. (de *croix*) [conj. 3]. **1.** Disposer deux choses en croix ou en X : *S'asseoir en croisant les jambes.* **2.** Passer en travers : *La départementale croise la nationale à la sortie du village* (**SYN.** couper). **3.** Passer à côté de qqn, d'un véhicule en allant dans la direction opposée ; rencontrer : *Croiser un ami dans la rue. Nous avons croisé deux ambulances sur la route.* **4.** Effectuer un croisement d'animaux, de végétaux : *Croiser deux races de chevaux.* **5.** Donner une trajectoire oblique à une balle, un ballon : *Croiser un tir.* ▸ ***Croiser le regard de qqn,*** le rencontrer. ***Croiser les doigts,*** mettre le majeur sur l'index en émettant un vœu pour conjurer le mauvais sort. ◆ v.i. **1.** Passer l'un sur l'autre, en parlant des bords d'un vêtement : *Manteau qui croise bien.* **2.** Aller et venir dans une même zone pour accomplir une mission de surveillance, en parlant d'un bateau : *La vedette de la douane croise au large de l'île.* ◆ **se croiser** v.pr. **1.** Passer l'un à côté de l'autre, en allant dans une direction opposée ; se rencontrer : *Nous nous croisons le matin dans le couloir.* **2.** En parlant de lettres, de colis, être échangés au même moment : *Nos lettres se sont croisées.* ▸ ***Se croiser les bras,*** rester inactif ; refuser de travailler.

croiseur n.m. Bateau de guerre employé pour l'escorte, la lutte antiaérienne ou anti-sous-marine.

croisière n.f. Voyage d'agrément sur un paquebot ou sur un bateau de plaisance : *Faire une croisière en Méditerranée.* ▸ ***Vitesse de croisière,*** vitesse moyenne optimale d'un véhicule sur une longue distance ; fig., rythme normal d'activité après une période de mise en train.

croisiériste n. Personne qui fait une croisière touristique.

croisillon n.m. **1.** Bras d'une croix, d'une chose disposée en croix : *Les croisillons de la croix de Lorraine.* **2.** (Souvent pl.). Traverse d'une croisée, d'un vantail de fenêtre ; ensemble d'éléments qui s'entrecroisent : *Une fenêtre à croisillons. Les croisillons d'une barrière.*

croissance n.f. (du lat. *crescere,* croître). **1.** Action, fait de croître, de se développer : *Un enfant en pleine croissance.* **2.** Augmentation progressive ; accroissement : *La croissance de la production industrielle* (**CONTR.** diminution, recul). *Le maire essaie de freiner la croissance de la ville* (**SYN.** développement, extension ; **CONTR.** déclin, dépérissement). **3.** Augmentation de l'activité des secteurs économiques d'un pays, notamm. de la production nationale des biens et des services : *Une période de forte croissance. Recueillir les fruits de la croissance.*

① **croissant, e** adj. Qui croît, s'accroît, augmente : *On assiste à une demande croissante de services de proximité* (**SYN.** grandissant ; **CONTR.** décroissant).

② **croissant** n.m. **1.** Forme échancrée de la Lune avant le premier quartier ou après le dernier. **2.** Figure, objet qui a cette forme ; spécial., emblème des musulmans, des Turcs. **3.** Petite pâtisserie en pâte feuilletée arrondie en forme de croissant. ▸ ***Croissant-Rouge,*** équivalent de la Croix-Rouge dans les pays musulmans.

croître v.i. (lat. *crescere*) [conj. 93]. **1.** Se développer, grandir : *Les roseaux croissent dans les terrains marécageux* (**SYN.** pousser). **2.** Se développer, augmenter en nombre, en taille, en intensité, en durée : *La population des villes nouvelles croît très rapidement* (**SYN.** grossir ; **CONTR.** décroître, diminuer). *La production a crû de 20 % cette année. Les jours croissent à mesure qu'on va vers l'été* (**SYN.** allonger ; **CONTR.** raccourcir). ▸ ***Croître en sagesse,*** acquérir davantage de sagesse.

croix n.f. (lat. *crux*). **1.** Instrument de supplice formé d'un poteau et d'une traverse de bois, où l'on attachait et clouait les condamnés à mort ; ce supplice : *Spartacus mourut sur la croix.* **2.** (Avec une majuscule). Cet instrument, sur lequel Jésus-Christ fut crucifié, selon l'Évangile. **3.** Représentation de la Croix, symbole du christianisme ; objet de piété, bijou figurant la Croix : *Une croix de granit sur un calvaire breton. Une croix d'or.* **4.** Insigne, décoration en forme de croix, d'un ordre de mérite ou honorifique : *Croix de guerre.* **5.** Signe graphique formé de deux traits croisés : *Faire une croix dans la marge.* ▸ ***Croix de Lorraine,*** à deux croisillons. ***Croix-Rouge,*** organisation internationale à vocation humanitaire, dont l'emblème est une croix rouge. ***En croix,*** à angle droit ou presque droit : *Les bras en croix.* ***Faire une croix sur qqch,*** y renoncer définitivement : *Il a fait une croix sur ce voyage.* ***Porter sa croix,*** supporter, endurer des épreuves.

crolle n.f. (du flamand *krol*). *Fam.* En Belgique, boucle de cheveux.

crollé, e adj. *Fam.* En Belgique, bouclé, frisé.

cromlech [krɔmlɛk] n.m. (du breton *crom,* rond, et *lech,* pierre). Monument mégalithique formé de plusieurs menhirs disposés en cercle.

crooner [krunœr] n.m. (mot anglo-amér., de *to croon,* fredonner). Chanteur de charme.

① **croquant, e** n. (de *croquer,* détruire). **1.** Paysan révolté sous Henri IV et Louis XIII, dans le sud-ouest de la France. **2.** *Vieilli, péjor.* Paysan, rustre : *« Toi qui m'as donné du feu quand / Les croquantes et les croquants / Tous les gens bien intentionnés / M'avaient fermé la porte au nez »* [*Chanson pour l'Auvergnat,* Georges Brassens].

② **croquant, e** adj. (de *croquer*). Qui fait un bruit sec sous la dent : *Une salade croquante* (**CONTR.** mou). ◆ **croquant** n.m. Qualité de ce qui croque ; partie croquante.

à la **croque-au-sel** loc. adv. Cru et sans autre assaisonnement que du sel : *Manger des tomates à la croque-au-sel.*

croque-madame n.m. inv. Croque-monsieur surmonté d'un œuf sur le plat.

croquembouche n.m. Pièce montée composée de petits choux à la crème caramélisés.

croquemitaine ou **croque-mitaine** (pl. *croque-mitaines*). n.m. **1.** Personnage fantastique dont on menaçait les enfants. **2.** Personne très sévère, effrayante (se dit par plaisanterie).

croque-monsieur n.m. inv. Sandwich chaud, composé de deux tranches de pain de mie grillées garnies de fromage et de jambon.

croque-mort n.m. (pl. *croque-morts*). *Fam.* Employé des pompes funèbres.

croquenot n.m. *Fam.* Gros soulier.

croquer v.i. (onomat.) [conj. 3]. **1.** Faire un bruit sec sous la dent : *J'adore ces pommes qui croquent.* **2.** Planter ses dents dans un aliment ; prendre un morceau en le coupant avec ses dents : *Croquer dans une pêche. Du chocolat à croquer* (= à manger tel qu'il se présente, par opp. au chocolat à cuire). ◆ v.t. **1.** Broyer entre ses dents en faisant un bruit sec ; manger d'un coup de dents : *Mon voisin a croqué des bonbons pendant tout le film. Le chat sauta sur la souris et la croqua.* **2.** Dessiner, peindre sur le vif, dans une esquisse rapide : *Un dessinateur qui croque les scènes d'audience d'un procès.* **3.** *Fam.* Dépenser en peu de temps : *Elle a croqué l'héritage de ses parents en quelques mois* (**SYN.** dilapider). ▸ ***À croquer,*** si joli qu'on a envie de le dessiner, d'en faire un croquis.

croquet n.m. (mot angl., du fr. *crochet*). Jeu qui consiste à faire passer sous des arceaux des boules de bois, à l'aide d'un maillet, en suivant un trajet déterminé.

croquette n.f. Boulette de pâte, de viande, de légumes ou de poisson, panée et frite : *Des croquettes de pommes de terre.*

croquis n.m. Dessin rapide dégageant, à grands traits, l'essentiel du sujet, du motif : *Le témoin a fait un croquis des lieux de l'accident* (**SYN.** schéma).

crosne [kron] n.m. (de *Crosne,* commune de l'Essonne). Plante potagère vivace, cultivée pour ses tubercules comestibles.

cross [krɔs] ou **cross-country** [krɔskuntri] (pl. *cross-countrys* ou *cross-countries*). n.m. (mot angl.). Course à pied en terrain varié pourvu d'obstacles.

crosse n.f. (mot frq.). **1.** Bâton pastoral d'évêque, dont la partie supérieure se recourbe en spirale. **2.** Bâton recourbé à une extrémité, utilisé pour pousser le palet ou la balle dans certains sports : *Une crosse de hockey.* **3.** Partie recourbée de certains objets, de certains organes : *La crosse d'un violon. La crosse de l'aorte.* **4.** Partie postérieure d'une arme à feu par laquelle on la tient ou qui sert à épauler : *La crosse d'un revolver, d'un fusil.* ▸ *Fam.* ***Chercher des crosses à qqn,*** lui chercher querelle.

crotale n.m. (lat. *crotalum,* castagnette, du gr.). Serpent venimeux appelé aussi *serpent à sonnette* à cause du bruit qu'il produit avec sa queue.

crotte n.f. (mot frq.). **1.** Fiente de certains animaux : *Crottes de lapin.* **2.** Tout excrément solide. ▸ *Fam.* ***Crotte de bique,*** chose sans valeur. ***Crotte de chocolat*** ou ***en chocolat,*** bonbon au chocolat.

crotté, e adj. Sali de boue : *Bottes toutes crottées.*

crottin n.m. **1.** Excrément des chevaux, des mulets et des ânes. **2.** Petit fromage de chèvre de forme ronde, fabriqué dans la région de Sancerre.

croulant, e adj. Qui croule ; qui s'écroule : *Des murs croulants.* ◆ n. *Fam.* Personne d'âge mûr.

crouler v.i. (lat. pop. *crotalare,* secouer, de *crotalum,* castagnette) [conj. 3]. **1.** Tomber en s'affaissant : *Cette maison est en train de crouler* (**SYN.** s'ébouler, s'écrouler, s'effondrer). *Le cerisier croule sous les fruits* (**SYN.** ployer). **2.** Aller à sa ruine ; perdre de sa puissance : *Des mauvais investissements ont fait crouler l'entreprise* (**SYN.** tomber ; **CONTR.** se redresser, résister, tenir). **3.** Crier, en parlant de la bécasse. ▸ ***Crouler sous qqch,*** être accablé par qqch ; être submergé par qqch : *Elle croule sous le travail. La salle croulait sous les applaudissements.*

croup [krup] n.m. (mot angl.). *Vieilli* Laryngite de la diphtérie, qui peut provoquer la mort par asphyxie.

croupe n.f. (frq. *kruppa*). **1.** Partie postérieure de certains quadrupèdes, en partic. du cheval, qui s'étend des reins jusqu'à la base de la queue. **2.** *Fam.* Postérieur d'une personne, en partic. d'une femme. **3.** Petite colline de forme ronde. ▸ ***En croupe,*** à cheval derrière le cavalier ou sur la partie arrière d'une selle de moto.

à **croupetons** loc. adv. Dans la position accroupie.

croupi, e adj. Qui est corrompu par la stagnation : *De l'eau croupie.*

croupier, ère n. Employé d'une maison de jeu, d'un casino, qui dirige les parties, qui paie et ramasse l'argent pour le compte de l'établissement.

croupière n.f. Partie du harnais reposant sur la croupe du cheval, du mulet, etc. ▸ *Litt.* ***Tailler des croupières à qqn,*** lui susciter des difficultés.

croupion n.m. **1.** Arrière du corps des oiseaux portant les grandes plumes de la queue. **2.** (Employé en appos.). Se dit d'un organisme qui dépend d'un autre, qui n'est pas représentatif : *Un parti croupion.*

croupir v.i. (de *croupe*) [conj. 32]. **1.** Se corrompre par stagnation, en parlant des eaux dormantes ou des matières qui s'y décomposent : *Cette mare a croupi. Les feuilles croupissent dans l'étang.* **2.** Être contraint à l'inactivité ; rester dans un état méprisable, dégradant : *Il a démissionné car il refusait de croupir dans un emploi subalterne* (**SYN.** moisir, stagner). *Il croupit dans sa paresse* (= il s'y complaît).

crousille n.f. (lat. *crosus,* creux). En Suisse, tirelire.

croustade n.f. (prov. *croustado*). Croûte de pâte brisée ou feuilletée, que l'on remplit de garnitures diverses : *Croustade aux fruits de mer.*

croustillant, e adj. **1.** Qui craque agréablement sous la dent : *Du pain bien croustillant.* **2.** Qui suscite l'intérêt par son caractère grivois et amusant : *Le journaliste a donné quelques détails croustillants* (**SYN.** épicé, leste).

croustille n.f. (Génér. au pl.). Au Québec, chips. ▸ ***Croustilles de maïs,*** aliment analogue à base de maïs.

croustiller v.i. (de *crouste,* forme anc. de *croûte*) [conj. 3]. Croquer sous la dent : *Ces chips éventées ne croustillent plus.*

croûte n.f. (lat. *crusta*). **1.** Partie extérieure du pain, du fromage, d'un pâté, etc., plus dure que l'intérieur : *Ce pain a une belle croûte dorée.* **2.** Pâte cuite au four qui sert à la préparation de certains mets ; ces mets eux-mêmes : *Un pâté en croûte.* **3.** Couche extérieure qui se durcit à la surface d'un corps, d'un sol : *Le calcaire dépose une croûte blanchâtre* (**SYN.** dépôt, plaque). *La mer se retire et laisse une croûte de sel.* **4.** Plaque de sang coagulé qui se forme sur une plaie cutanée : *La croûte va tomber toute seule.* **5.** Couche intérieure d'un cuir, côté chair (par opp. à fleur) : *Des fauteuils recouverts de croûte de cuir.* **6.** *Fam., péjor.* Mauvais tableau : *Ce peintre n'a fait que des croûtes.* ▸ *Fam.* ***Casser la croûte,*** manger. ***Croûte terrestre,*** zone superficielle du globe terrestre (on dit aussi *écorce terrestre*). *Fam.* ***Gagner sa croûte,*** gagner sa vie.

croûton n.m. **1.** Extrémité d'un pain long : *Elle adore manger le croûton d'une baguette* (**SYN.** entame, quignon). **2.** Morceau de pain frit accompagnant certains plats : *Servir une soupe à l'oignon avec des croûtons.* **3.** *Fam.* Personne bornée et routinière : *Un vieux croûton.*

croyable [krwajabl] adj. Qui peut être cru : *Ce n'est pas croyable !* (**SYN.** imaginable, vraisemblable ; **CONTR.** incroyable).

croyance [krwajɑ̃s] n.f. **1.** Fait de croire à la vérité ou à l'existence de qqch : *La croyance en la bonté des hommes* (**SYN.** confiance). *La croyance en Dieu* (**SYN.** foi). **2.** Opinion religieuse, philosophique ou politique : *L'école publique accueille les enfants de toutes croyances* (**SYN.** confession).

croyant, e [krwajɑ̃, ɑ̃t] adj. et n. Qui a la foi religieuse : *Il est très croyant* (**SYN.** pieux, religieux ; **CONTR.** incroyant). *Les croyants se sont réunis pour prier* (**SYN.** fidèle ; **CONTR.** agnostique, athée, mécréant). ◆ **croyants** n.m. pl. Nom que se donnent les musulmans.

C.R.S. ou **CRS** [seɛrɛs] n.f. (sigle). ▸ ***Compagnie républicaine de sécurité*** → **compagnie.** ◆ n.m. Membre d'une compagnie républicaine de sécurité.

① **cru, e** adj. (lat. *crudus,* de *cruor,* sang). **1.** Qui n'est pas transformé par la cuisson : *Viande crue. Légumes crus* (**CONTR.** cuit). **2.** Qui n'est pas apprêté, qui n'a pas subi de transformation : *Soie crue* (**SYN.** brut, écru, grège). *Du lait cru* (= entier, non pasteurisé). **3.** Que rien n'atténue ; violent, brutal : *Lumière crue* (**SYN.** aveuglant, éblouissant ; **CONTR.** diffus, tamisé, voilé). *Des couleur crues* (**SYN.** agressif, criard, vif ; **CONTR.** doux, tendre). **4.** Qui n'use pas de détour : *Répondre de façon crue* (**SYN.** brutal, direct, franc ; **CONTR.** euphémique). **5.** Qui est choquant, grivois : *Une plaisanterie un peu crue* (**SYN.** leste, osé ;

CONTR. convenable, décent). **6.** En Suisse et en Belgique, se dit d'un temps humide et froid : *Il faisait cru ce matin quand je suis parti travailler.* ◆ adv. Crûment, sans ménagement : *Je vous le dis tout cru* (**SYN.** carrément, franchement). ▸ ***À cru,*** sans selle : *Monter à cheval à cru.*

② **cru** n.m. (de *croître*). Terroir spécialisé dans la production d'un vin ; ce vin lui-même : *Un grand cru de bordeaux.* ▸ ***De son cru,*** tiré de sa propre imagination ; que l'on a inventé : *Ils racontent cette histoire comme si elle était de leur cru.* ***Du cru,*** du pays, de la région où l'on se trouve : *Vous devriez poser la question à quelqu'un du cru.*

cruauté n.f. (lat. *crudelitas*). **1.** Penchant à faire souffrir ; caractère d'une personne cruelle : *Un tyran d'une grande cruauté* (**SYN.** barbarie, brutalité, dureté ; **CONTR.** humanité). *Elle a révélé la cruauté de ses tortionnaires* (**SYN.** méchanceté, sadisme ; **CONTR.** bonté, charité). **2.** Caractère de ce qui fait souffrir : *La cruauté d'une moquerie* (**SYN.** férocité, malveillance ; **CONTR.** bienveillance, bonhomie, gentillesse). **3.** (Surtout pl.). Action cruelle : *Essayer d'oublier les cruautés subies* (**SYN.** atrocité, horreur).

cruche n.f. (du frq.). **1.** Récipient à large panse, avec une anse et un bec ; son contenu. **2.** *Fam.* Personne niaise, stupide. **3.** En Suisse, bouillotte.

cruchon n.m. Petite cruche.

crucial, e, aux adj. (lat. *crucialis,* de *crux, crucis,* croix). Très important : *Il est à un moment crucial de son existence* (**SYN.** capital, essentiel, fondamental ; **CONTR.** anodin). *Un choix crucial* (**SYN.** décisif, délicat).

crucifère n.f. (du lat. *crux, crucis,* croix). Plante dont la fleur a quatre pétales disposés en croix (chou, radis, navet).

crucifiement n.m. Action de crucifier (**SYN.** crucifixion).

crucifier v.t. (lat. *crucifigere*) [conj. 9]. **1.** Infliger le supplice de la croix. **2.** *Litt.* Infliger une grande souffrance : *Ce choix la crucifie* (**SYN.** torturer, tourmenter).

crucifix [krysifi] n.m. (du lat. *crucifixus,* mis en croix). Croix sur laquelle le Christ est représenté crucifié.

crucifixion [krysifiksjɔ̃] n.f. **1.** Crucifiement. **2.** (Avec une majuscule). Crucifiement du Christ ; œuvre d'art représentant le Christ sur la Croix : *La « Crucifixion » de Giotto.*

cruciforme adj. (du lat. *crux, crucis,* croix). En forme de croix : *Une vis, un tournevis cruciforme* (= avec des encoches en forme de croix).

cruciverbiste n. (du lat. *crux, crucis,* croix, et *verbum,* mot). Amateur de mots croisés.

crudité n.f. (lat. *cruditas,* indigestion). Caractère de ce qui est brutal, choquant : *On lui reproche la crudité de son langage* (**SYN.** rudesse, verdeur). ◆ **crudités** n.f. pl. Légumes crus, ou parfois cuits (betterave, poireau), servis froids : *Manger des crudités en hors-d'œuvre.*

crue n.f. (de *croître*). Élévation du niveau d'un cours d'eau, due à la fonte des neiges ou à des pluies abondantes : *Rivière en crue* (**CONTR.** décrue).

cruel, elle adj. (lat. *crudelis*). **1.** Qui aime à faire souffrir ou à voir souffrir : *Le meurtrier est décrit comme un homme froid et cruel* (**SYN.** impitoyable, inhumain, insensible ; **CONTR.** doux, humain, sensible). **2.** Qui témoigne de la méchanceté, de la cruauté : *Sourire cruel* (**SYN.** méchant, sadique ; **CONTR.** bienveillant, bon, gentil). **3.** Qui cause une souffrance morale ou physique : *Une perte cruelle* (**SYN.** douloureux, pénible ; **CONTR.** léger). *Vivre une époque cruelle* (**SYN.** hostile, triste ; **CONTR.** clément).

cruellement adv. De façon cruelle : *Un soulèvement cruellement réprimé* (**SYN.** durement, férocement).

crûment adv. (de *1. cru*). De façon crue, brutale ; sans ménagement : *Dire crûment les choses* (**SYN.** durement, rudement).

crural, e, aux adj. (du lat. *crus, cruris,* jambe). De la cuisse : *Le nerf crural.*

crustacé n.m. (du lat. *crusta,* croûte). Animal invertébré aquatique recouvert d'une carapace imprégnée de calcaire et portant deux paires d'antennes : *Le crabe, le homard, la crevette, la langouste sont des crustacés.*

cryogène adj. Qui produit du froid : *Un mélange cryogène.*

cryologie n.f. (du gr. *kruos,* froid). Ensemble des disciplines scientifiques et techniques qui s'intéressent aux très basses températures.

cryométrie n.f. Mesure des températures de congélation.

cryothérapie n.f. Traitement médical par application externe de froid : *Faire l'ablation d'une verrue plantaire par cryothérapie.*

cryptage n.m. Action de crypter, de brouiller un message, une émission de télévision : *L'agent effectue le cryptage de la dépêche.*

crypte n.f. (lat. *crypta,* du gr. *kruptos,* caché). Partie souterraine d'une église, servant de chapelle ou de tombeau.

crypter v.t. (du gr. *kruptos,* caché). **1.** Coder un message afin de le rendre incompréhensible pour qui ne possède pas le code : *Crypter une dépêche* (**SYN.** encoder). **2.** Réaliser le cryptage d'une émission de télévision : *Ils cryptent les émissions à partir de 20 heures* (**SYN.** brouiller).

cryptogame adj. (du gr. *kruptos,* caché, et *gamos,* mariage). Se dit d'une plante qui n'a ni fleur, ni fruit, ni graine (par opp. à phanérogame). ◆ n.m. ou n.f. Plante cryptogame : *Les mousses, les algues, les champignons et les fougères sont des cryptogames.*

cryptogramme n.m. (du gr. *kruptos,* caché). Message écrit à l'aide d'un système chiffré ou codé.

cryptographe n. Spécialiste de cryptographie.

cryptographie n.f. Ensemble des techniques permettant de protéger une communication au moyen d'un code graphique secret.

cryptologie n.f. Science qui étudie les écritures secrètes, les documents chiffrés.

csardas ou **czardas** [gzardas ou tsardas] n.f. (mot hongrois). Danse folklorique hongroise ; pièce de musique sur laquelle elle se danse.

C.S.G. ou **CSG** n.f. (sigle). ▸ ***Contribution sociale généralisée*** → **contribution.**

cubage n.m. Action de cuber, d'évaluer un volume ; volume ainsi évalué : *Effectuer le cubage d'une bibliothèque avant un déménagement.*

① **cube** n.m. (lat. *cubus*, gr. *kubos*, dé à jouer). **1.** Parallélépipède dont les six faces carrées et les douze arêtes sont égales. **2.** Objet qui a la forme d'un cube : *Couper de la viande, des légumes en cubes. Les enfants jouent avec leurs cubes.* **3.** Volume d'un solide ; mesure de ce volume, calculée en multipliant ses trois dimensions. ▸ ***Cube d'un nombre,*** troisième puissance de ce nombre, produit de trois facteurs égaux à ce nombre : *27 est le cube de 3.* *Fam.* ***Gros cube,*** moto de forte cylindrée (plus de 500 cm^3). ◆ **cubes** n.m. pl. ▸ ***Jeu de cubes,*** jeu de construction constitué d'un ensemble de cubes qu'il faut assembler pour composer une image globale.

② **cube** adj. (de *1. cube*). ▸ ***Mètre, centimètre cube,*** volume égal à celui d'un cube de 1 m, 1 cm de côté : *Deux mètres cubes de bois* (= 2 m^3).

cuber v.t. [conj. 3]. Évaluer un volume en mètres cubes, décimètres cubes, centimètres cubes, etc. : *Cuber des pierres.* ◆ v.i. **1.** Avoir un volume, une capacité de : *Ce tonneau cube 300 litres.* **2.** *Fam.* Représenter une grande quantité ; s'élever à un montant assez élevé : *Si l'on compte tous les à-côtés, ça finit par cuber.*

cubique adj. Qui a la forme d'un cube : *Une boîte cubique.*

cubisme n.m. (de *1. cube*). Mouvement artistique apparu vers 1908, qui représente la réalité sous forme de figures géométriques.

cubiste adj. et n. Relatif au cubisme ; qui s'en réclame.

Cubitainer [kybitenɛr] n.m. (nom déposé). Cube de plastique enveloppé dans du carton, servant au transport des liquides, en partic. du vin.

cubitus n.m. (mot lat. signif. « coude »). Le plus gros des deux os de l'avant-bras, dont l'extrémité supérieure forme la saillie du coude.

cuchaule n.f. En Suisse, pain au lait.

cucul [kyky] adj. inv. *Fam.* Ridicule ; niais.

cucurbitacée n.f. (du lat. *cucurbita*, courge). Plante à fortes tiges rampantes, dont certaines espèces sont cultivées pour leurs gros fruits, comme la citrouille, la courge, le melon, le concombre.

cueillette n.f. (lat. *collecta*, de *colligere*, recueillir). **1.** Action de cueillir des fruits, des fleurs, des légumes, etc. ; les produits ainsi récoltés : *Nous avons fait la cueillette des cerises. Une cueillette abondante* (**SYN.** récolte). **2.** Période où se fait cette récolte.

cueilleur, euse n. Personne qui cueille des végétaux : *Les cueilleurs de framboises.*

cueillir v.t. (lat. *colligere*) [conj. 41]. **1.** Détacher de leurs tiges des fruits, des fleurs : *Aller dans les bois cueillir du muguet. Cueillir des fraises, des haricots verts* (**SYN.** récolter). **2.** *Fam.* Passer prendre qqn : *J'irai le cueillir à la gare en revenant du bureau.* **3.** *Fam.* Arrêter qqn : *Ils ont cueilli le voleur quand il sortait de la banque* (**SYN.** appréhender). ▸ *Fam.* ***Cueillir qqn à froid,*** le prendre au dépourvu.

cuesta [kwɛsta] n.f. (mot esp., lat. *costa*, côte). Forme de relief géographique caractérisée par un talus en pente raide et par un plateau doucement incliné en sens inverse (**SYN.** côte).

cuillère ou **cuiller** [kɥijɛr] n.f. (lat. *cochlearium*, de *cochlea*, escargot, parce que l'ustensile servait à manger des escargots). **1.** Ustensile composé d'un manche et d'une partie creuse, servant à porter à la bouche les aliments liquides ou à les remuer dans un récipient : *Une cuillère à soupe, à café.* **2.** Engin de pêche en forme de cuillère et muni d'hameçons. ▸ *Fam.* ***En deux coups de cuillère à pot,*** très vite, de façon expéditive. *Fam.* ***Être à ramasser à la petite cuillère,*** être harassé, épuisé, en piteux état. *Fam.* ***Ne pas y aller avec le dos de la cuillère,*** parler, agir sans ménagement.

cuillerée [kɥijere ou kɥijre] n.f. Contenu d'une cuillère : *Une cuillerée à soupe de sirop.*

cuir n.m. (lat. *corium*, peau, gr. *korion*). **1.** Peau de certains animaux, comme les bovins ; cette peau tannée et préparée pour des usages industriels : *Une ceinture en cuir.* **2.** Veste, blouson de cuir : *Il ne quitte jamais son cuir.* **3.** Peau épaisse de certains animaux : *Le cuir du rhinocéros, de l'éléphant.* **4.** *Fam.* Liaison incorrecte faite entre des mots en parlant : *Dire « dis-moi-t-un peu » est un cuir.* ▸ ***Cuir chevelu,*** partie de la tête recouverte par les cheveux.

cuirasse n.f. **1.** Blindage, revêtement protecteur d'un char de combat, d'un navire de guerre. **2.** *Anc.* Pièce de l'armure protégeant le dos et la poitrine. ▸ ***Le défaut de la cuirasse,*** le point faible de qqn ou de qqch.

① **cuirassé, e** adj. **1.** Protégé par un blindage : *Un navire cuirassé.* **2.** *Fig.* Se dit d'une personne que de nombreuses épreuves ont aguerrie, endurcie.

② **cuirassé** n.m. Grand navire doté d'une puissante artillerie et protégé par d'épais blindages.

cuirasser v.t. [conj. 3]. **1.** Protéger par une couche d'acier : *Cuirasser des chars* (**SYN.** blinder). **2.** *Fig.* Rendre insensible : *Les épreuves qu'il a traversées l'ont cuirassé contre les petits tracas* (**SYN.** endurcir). ◆ **se cuirasser** v.pr. Devenir insensible : *Elle s'est cuirassée au fil des ans* (**SYN.** s'aguerrir, s'endurcir).

cuirassier n.m. Soldat de la cavalerie qui portait autref. une cuirasse.

cuire v.t. (lat. *coquere*) [conj. 98]. **1.** Soumettre à l'action de la chaleur, du feu pour rendre consommable : *Cuire des pommes de terre.* **2.** Soumettre à l'action de la chaleur, du feu afin de rendre apte à un usage spécifique : *Cuire de la poterie, des émaux.* ◆ v.i. **1.** Être soumis à l'action de la chaleur : *La pintade cuit dans le four* (**SYN.** griller, rôtir). **2.** Être brûlant : *Le sable cuisait sous nos pieds* (**SYN.** brûler). **3.** *Fam.* Souffrir de la chaleur ; avoir trop chaud : *On cuit dans cette voiture.* ▸ ***Faire cuire qqch,*** le cuire. ***Il vous en cuira,*** vous vous en repentirez. ***Trop parler nuit, trop gratter cuit,*** proverbe signifiant qu'il est dangereux de vouloir approfondir certaines choses.

cuisant, e adj. **1.** Qui cause une vive souffrance physique : *J'ai ressenti une douleur cuisante* (**SYN.** aigu ; **CONTR.** léger). **2.** *Fig.* Qui est moralement difficile à supporter : *Une cuisante défaite* (**SYN.** amer, cruel, vexant).

cuisine n.f. **1.** Pièce d'un bâtiment où l'on prépare les repas : *Une cuisine équipée.* **2.** Préparation des aliments : *Son mari aime faire la cuisine* (= cuisiner). *L'art de la cuisine* (= la gastronomie). **3.** Ensemble des aliments préparés, servis : *La cuisine créole est épicée* (**SYN.** alimentation, mets). **4.** *Fam., péjor.* Manœuvres obscures et malhonnêtes : *Ils font leur petite cuisine dans leur coin* (**SYN.** combinaison, manège, tractation).

cuisiné, e adj. ▸ ***Plat cuisiné,*** plat vendu tout préparé.

cuisiner v.i. [conj. 3]. Préparer, accommoder des aliments : *Il cuisine souvent.* ◆ v.t. **1.** Préparer pour rendre consommable et agréable au goût : *Elle cuisine le veau comme personne* (**SYN.** accommoder). **2.** *Fam.* Interroger qqn avec insistance pour obtenir un aveu, un renseignement : *Je l'ai cuisinée, mais elle n'a rien voulu dire.*

cuisinette n.f. Petite cuisine ; coin cuisine (**SYN.** kitchenette [anglic.]).

cuisinier, ère n. Personne qui fait la cuisine, professionnellement ou non : *Les grands cuisiniers* (**SYN.** chef). *C'est une cuisinière hors pair* (= un cordon-bleu).

cuisinière n.f. Appareil muni d'un ou de plusieurs foyers et servant à cuire les aliments : *Cuisinière électrique. Cuisinière à gaz* (= gazinière).

cuisiniste n.m. Professionnel qui fabrique et installe du mobilier de cuisine.

cuissage n.m. ▸ ***Droit de cuissage,*** droit faussement attribué aux seigneurs du Moyen Âge de passer avec la femme d'un de leurs serfs la première nuit de noces.

cuissard n.m. **1.** Culotte collante d'un coureur cycliste. **2.** *Anc.* Partie de l'armure qui couvrait les cuisses.

cuissarde n.f. Botte qui monte jusqu'en haut des cuisses : *Cuissardes de pêcheur, d'égoutier.*

cuisse n.f. (lat. *coxa,* hanche). Partie du membre inférieur comprise entre la hanche et le genou. ▸ ***Se croire sorti de la cuisse de Jupiter,*** se juger supérieur aux autres.

cuisseau n.m. Partie du veau comprenant la cuisse et la région du bassin.

cuissettes n.f. pl. En Suisse, short de sport.

cuisson n.f. Action de cuire un aliment ; façon de le cuire : *Temps de cuisson du pain. Cuisson au micro-ondes.*

cuissot n.m. Cuisse de sanglier, de chevreuil ou de cerf.

cuistax n.m. En Belgique, véhicule de promenade à pédales, en usage sur le littoral.

cuistot n.m. *Fam.* Cuisinier.

cuistre n.m. (anc. fr. *quistre,* marmiton). *Litt.* Personne pédante qui étale avec vanité un savoir qu'elle a mal assimilé.

cuistrerie n.f. *Litt.* Comportement d'un cuistre.

cuit, e adj. **1.** Qui a subi la cuisson : *Un steak bien cuit* (par opp. à à point, saignant ou bleu). **2.** Se dit d'une matière, d'un objet qui ont subi l'action de la chaleur : *Des pots en terre cuite.* **3.** *Fam.* Qui est dans une situation sans issue : *Ses complices l'ont dénoncé, il est cuit* (**SYN.** perdu). ▸ *Fam.* ***C'est du tout cuit,*** c'est gagné d'avance.

cuite n.f. *Fam.* Accès d'ivresse : *Prendre une cuite.*

se **cuiter** v.pr. [conj. 3]. *Fam.* Boire au point d'être ivre (**SYN.** s'enivrer).

cuivre n.m. (lat. *cyprium aes,* bronze de Chypre). **1.** Métal brun-rouge, conducteur de l'électricité et qui entre dans la composition de nombreux alliages : *Cuivre rouge* (= cuivre pur). *Cuivre jaune* (= anc. nom du laiton). **2.** Objet fait en cette matière : *Astiquer les cuivres.* ▸ ***De cuivre,*** qui a la couleur rougeâtre du cuivre : *L'horizon était de cuivre.* ◆ **cuivres** n.m. pl. Ensemble des instruments de musique à vent, en métal et à embouchure (cors, trompettes, trombones, saxophones) d'un orchestre.

cuivré, e adj. Qui est de la couleur brun-rouge du cuivre : *Une peau cuivrée* (**SYN.** basané, bronzé, hâlé). ▸ *Litt.* ***Voix cuivrée,*** qui a une sonorité métallique.

cuivrer v.t. [conj. 3]. **1.** Revêtir d'un dépôt de cuivre. **2.** Donner la teinte du cuivre à.

cuivreux, euse adj. Qui contient du cuivre.

cul [ky] n.m. (lat. *culus*). **1.** *Vulg.* Partie postérieure de l'homme et de certains animaux comprenant les fesses et le fondement (**SYN.** derrière). **2.** Partie postérieure ou inférieure de certaines choses : *Le cul d'une bouteille* (**SYN.** fond). ▸ *Fam.* ***Être comme cul et chemise,*** en parlant de deux personnes, être intimement liées ou inséparables. *Fam.* ***Faire cul sec,*** vider son verre d'un seul coup.

culasse n.f. **1.** Pièce d'acier qui sert à boucher l'ouverture postérieure du canon d'une arme à feu. **2.** Partie supérieure des cylindres d'un moteur à explosion et qui en constitue la fermeture.

culbute n.f. **1.** Mouvement que l'on exécute en posant la tête et les mains à terre et en roulant sur le dos : *Les enfants font des culbutes sur la pelouse* (**SYN.** galipette). **2.** Chute à la renverse ou tête en avant : *Il a fait une culbute dans l'escalier.* **3.** *Fam.* Événement malheureux qui provoque la ruine ou fait perdre une situation : *Beaucoup de start-up ont fait la culbute* (= ont fait faillite). *Le ministre a fait la culbute* (= il a été remercié). ▸ ***Faire la culbute,*** revendre au double du prix d'achat.

culbuter v.t. (de *cul* et *buter*) [conj. 3]. **1.** Faire tomber en renversant : *Ils ont culbuté les tables et se sont abrités derrière.* **2.** *Litt.* Mettre en déroute : *Ils ont culbuté la colonne de renforts* (**SYN.** enfoncer, repousser). ◆ v.i. Tomber en se renversant : *Sous la violence du coup de frein, trois passagers debout ont culbuté.*

culbuteur n.m. Pièce d'un moteur à explosion qui ouvre ou ferme des soupapes.

cul-de-basse-fosse n.m. (pl. *culs-de-basse-fosse*). *Anc.* Cachot souterrain.

cul-de-jatte [kydʒat] n. (pl. *culs-de-jatte*). Personne privée de ses membres inférieurs (jambes et cuisses).

cul-de-lampe n.m. (pl. *culs-de-lampe*). En architecture, élément établi en saillie sur un mur pour porter une charge, un objet.

en **cul-de-poule** loc. adj. inv. ▸ ***Bouche en cul-de-poule,*** bouche dont les lèvres sont resserrées et s'avancent en formant un rond : *Faire la bouche en cul-de-poule* (= faire la moue).

cul-de-sac n.m. (pl. *culs-de-sac*). **1.** Voie, chemin sans issue (**SYN.** impasse). **2.** *Fam.* Entreprise, situation, carrière qui ne mène à rien.

culée n.f. Ouvrage de maçonnerie servant d'appui à l'extrémité d'un pont.

culinaire adj. (du lat. *culina,* cuisine). Qui relève de la cuisine, de la préparation des aliments : *Elle n'a jamais révélé ses secrets culinaires.*

culminant, e adj. ▸ ***Point culminant,*** partie la plus élevée d'un relief : *L'Everest est le point culminant de l'Himalaya* (= le plus haut sommet) ; fig., moment où qqch atteint une intensité maximale : *C'est le point culminant de sa carrière* (= l'apogée de, le zénith de).

culminer v.i. (lat. *culminare*, de *culmen*, sommet) [conj. 3]. **1.** Avoir son point le plus élevé : *Le mont Blanc culmine à 4 808 mètres.* **2.** Atteindre son degré maximal : *Sa joie a culminé à leur arrivée.*

culot n.m. **1.** Bout métallique d'une ampoule électrique qui permet de la fixer dans une douille. **2.** Fond métallique d'une cartouche d'arme. **3.** Dépôt accumulé dans le fourneau d'une pipe. **4.** *Fam.* Hardiesse excessive ; grande assurance : *Il a eu le culot d'interrompre le conférencier* (**SYN.** aplomb, audace, effronterie).

culotte n.f. **1.** Vêtement recouvrant le corps de la taille aux genoux et habillant chaque jambe séparément : *Les cyclistes portent des culottes moulantes* (= des cuissards). **2.** Sous-vêtement féminin couvrant le corps de la taille au haut des cuisses (**SYN.** slip). ▸ ***Culotte de cheval,*** excès de graisse sur les hanches et sur les cuisses. *Fam.* ***Porter la culotte,*** diriger le ménage, en parlant d'une femme.

culotté, e adj. **1.** Se dit d'une pipe dont le fourneau est couvert d'un dépôt. **2.** *Fam.* Se dit d'une personne qui a du culot, qui est effrontée.

culotter v.t. [conj. 3]. Rendre noirâtre, à l'usage : *Les murs culottés d'un vieil estaminet.* ▸ ***Culotter une pipe,*** laisser son fourneau se tapisser d'un dépôt, à force de la fumer.

culpabilisant, e adj. Qui fait naître un sentiment de culpabilité.

culpabiliser v.t. [conj. 3]. Faire naître chez qqn un sentiment de culpabilité. ◆ v.i. ou **se culpabiliser** v.pr. Éprouver un sentiment de culpabilité : *Je culpabilise de lui avoir dit cela. Elle s'est culpabilisée au sujet de son retard.*

culpabilité n.f. (lat. *culpa*, faute). Fait d'être coupable ; état d'une personne coupable : *Elle nie sa culpabilité dans cette affaire.* ▸ ***Sentiment de culpabilité,*** sentiment d'une personne qui se juge coupable d'une faute, qui s'estime responsable de qqch.

culte n.m. (lat. *cultus*). **1.** Hommage rendu à Dieu, à une divinité, à un saint. **2.** Pratique par laquelle on rend cet hommage : *Les ablutions se pratiquent dans plusieurs cultes.* **3.** Religion : *Le culte orthodoxe* (**SYN.** confession, Église). **4.** Chez les protestants, office religieux : *Aller au culte.* **5. [de].** Attachement immodéré : *Elle a le culte du secret* (**SYN.** vénération). **6.** (Employé en appos., avec ou sans trait d'union). Qui provoque un grand engouement : *Le film-culte de notre génération. Des séries cultes.* ▸ ***Culte de la personnalité,*** admiration et approbation systématique de qqn, partic. d'un dirigeant d'un régime totalitaire.

cul-terreux [kyterø] n.m. (pl. *culs-terreux*). *Fam., péjor.* Paysan.

cultivable adj. Qu'on peut cultiver : *Une terre cultivable.*

cultivateur, trice n. Personne qui a pour profession de cultiver la terre ; chef d'exploitation agricole.

cultivé, e adj. **1.** Qui est mis en culture ; qui est obtenu par la culture : *Des champs cultivés* (par opp. à en friche). *Variétés de plantes cultivées* (par opp. à sauvage). **2.** Qui a une culture intellectuelle étendue, de vastes connaissances : *Une personne subtile et cultivée* (**SYN.** érudit, instruit ; **CONTR.** illettré, inculte).

cultiver v.t. (du lat. *cultus*, cultivé) [conj. 3]. **1.** Travailler la terre pour lui faire produire des récoltes : *« Cela est bien dit, répondit Candide, mais il faut cultiver notre jardin »* [Voltaire]. **2.** Faire pousser une plante, pour en récolter le produit : *C'est une région où l'on cultive la betterave.* **3.** Développer une qualité, un don : *Cultiver sa mémoire* (**SYN.** entretenir). *Cultiver sa différence* (**SYN.** accentuer, accuser, marquer). **4.** *Litt.* Entretenir ses relations avec qqn, parfois dans un but intéressé : *C'est un homme à cultiver.* ◆ **se cultiver** v.pr. Accroître ses connaissances : *Elle s'est cultivée en surfant sur Internet.*

cultuel, elle adj. Qui relève du culte religieux : *Liberté cultuelle.*

cultural, e, aux adj. Qui relève de la culture du sol : *Nouvelles techniques culturales.*

culture n.f. (lat. *cultura*). **1.** Action de cultiver une terre, une plante : *Elle fait de la culture de céréales biologiques.* **2.** (Surtout au pl.). Terrain exploité pour qu'il produise des récoltes : *Les cultures de colza s'étendent à perte de vue.* **3.** Espèce végétale cultivée : *Des cultures fruitières, maraîchères.* **4.** Enrichissement de l'esprit par l'étude ; ensemble des connaissances acquises : *Avoir une bonne culture générale* (= avoir de l'instruction). *Elle nous a montré l'étendue de sa culture* (**SYN.** érudition, savoir). *Il a une bonne culture littéraire* (**SYN.** bagage, formation). **5.** Ensemble des coutumes, des manifestations intellectuelles, artistiques, religieuses, qui caractérisent un groupe de personnes : *La culture latino-américaine* (**SYN.** civilisation). ▸ ***Culture de masse,*** culture produite et diffusée dans le public par des moyens de communication de masse, comme la presse ou la télévision. ***Culture d'entreprise,*** ensemble de traditions et de savoir-faire développés dans une entreprise. ***Culture microbienne, culture de tissus,*** en biologie, techniques consistant à faire vivre et se développer des micro-organismes, des tissus sur des milieux préparés à cet effet, afin de les étudier. *Vieilli* ***Culture physique,*** gymnastique. ***Maison de la culture,*** établissement public chargé d'encourager et de promouvoir des manifestations artistiques et culturelles.

culturel, elle adj. Qui relève de la culture d'une société ou d'une personne : *L'identité culturelle des Celtes. Les échanges culturels entre deux pays.*

culturellement adv. Du point de vue culturel.

culturisme n.m. Gymnastique destinée à développer la musculature : *Faire du culturisme* (**SYN.** bodybuilding).

culturiste adj. et n. Relatif au culturisme ; qui pratique le culturisme.

cumin [kymɛ̃] n.m. (lat. *cuminum*, mot d'orig. orientale). Plante cultivée pour ses graines aromatiques ; graine de cette plante, utilisée comme condiment.

cumul [kymyl] n.m. Action de cumuler ; fait d'être cumulé : *Le gouvernement veut abolir le cumul des mandats.*

cumulable adj. Qui peut être cumulé avec autre chose.

cumulatif, ive adj. Qui est cumulé avec autre chose : *Le stress cumulatif dû au bruit, à l'inquiétude et au manque de sommeil.*

cumuler v.t. (lat. *cumulare*, entasser) [conj. 3]. Pour une personne, exercer simultanément plusieurs emplois, plusieurs mandats électoraux ou détenir plusieurs titres ; pour une chose, avoir plusieurs caractères, plusieurs avantages : *Elle cumule les titres de directrice informatique et d'ingénieur biologique. La maille polaire cumule plusieurs atouts.* ◆ v.i. Avoir plusieurs emplois, plusieurs titres.

cumulet n.m. En Belgique, culbute, galipette.

cumulo-nimbus [kymylonẽbys] n.m. inv. Nuage de grandes dimensions, d'aspect foncé, qui, très souvent, annonce un orage.

cumulus [kymylys] n.m. (mot lat. signif. « amas »). Nuage de beau temps, d'un blanc éclatant, à contours très nets.

cunéiforme adj. (du lat. *cuneus*, coin). ▸ ***Écriture cunéiforme,*** dont les éléments ont la forme de coins (on dit aussi *le cunéiforme*).

cuniculiculture n.f. (du lat. *cuniculus*, lapin). Élevage du lapin.

cunnilingus [kynilɛ̃gys] n.m. (du lat. *cunnus*, sexe de la femme, et *lingere*, lécher). Excitation buccale des organes génitaux féminins.

cupesse n.f. *Fam.* En Suisse, culbute ; faillite ; désordre.

cupide adj. (du lat. *cupere*, désirer). *Litt.* Qui est avide d'argent, de richesses : *Un prêteur cupide* (= âpre au gain ; **SYN.** rapace).

cupidité n.f. *Litt.* Désir excessif des richesses (**SYN.** rapacité ; **CONTR.** désintéressement).

cuprique adj. (du lat. *cuprum*, cuivre). Qui a certaines propriétés chimiques du cuivre.

cupule n.f. (lat. *cupula*, petite coupe). En botanique, petit organe qui enveloppe la base des fruits de certains arbres comme le chêne ou le châtaignier.

curable adj. (du lat. *curare*, soigner). Se dit d'une maladie qui peut être guérie : *Prise au début, cette affection est curable* (**SYN.** guérissable ; **CONTR.** incurable).

curaçao [kyraso] n.m. (de *Curaçao*, île des Antilles). Liqueur faite avec des écorces d'orange, de l'eau-de-vie et du sucre.

curage n.m. Action de curer : *Le curage d'une mare.*

curare [kyrar] n.m. (mot esp., du caraïbe). Substance très toxique, extraite de lianes d'Amazonie, qui paralyse les muscles : *Flèches empoisonnées au curare.*

curatelle n.f. (du lat. *cura*, soin). **1.** Dans la langue juridique, mesure de protection des personnes dont les facultés mentales et corporelles sont altérées et qui ne peuvent gérer elles-mêmes leurs affaires. **2.** Fonction du curateur.

curateur, trice n. (du lat. *curare*, soigner). En droit, personne qui assure une curatelle.

curatif, ive adj. Qui a pour but de guérir une maladie : *Traitement curatif* (**CONTR.** préventif).

① **cure** n.f. (lat. *cura*, soin). Ensemble de moyens employés pour traiter certaines maladies ; séjour dans un établissement spécialisé pour y recevoir des soins : *Une cure de fortifiants. Une cure de sommeil. Il est en cure à La Bourboule* (= en traitement dans cette station thermale). ▸ ***Faire une cure de,*** en consommer beaucoup : *Pendant les vacances, il a fait une cure de jeux vidéo.* *Litt.* ***N'avoir cure de,*** ne pas se préoccuper, se soucier de : *Ils n'ont cure de ses remarques.*

② **cure** n.f. (lat. *cura*). **1.** Fonction ecclésiastique à laquelle sont attachées la direction spirituelle et l'administration d'une paroisse. **2.** Habitation d'un curé (**SYN.** presbytère).

curé n.m. Prêtre catholique chargé d'une cure.

cure-dents n.m. inv. ou **cure-dent** n.m. (pl. *cure-dents*). Petit instrument pointu utilisé pour se curer les dents.

curée n.f. (de *cuir*). **1.** À la chasse, distribution aux chiens des morceaux du cerf, du sanglier tué ; moment où a lieu cette distribution. **2.** *Fig.* Lutte avide pour s'emparer des places, des honneurs, des biens laissés vacants par la chute de dirigeants ou la mort d'une personne.

cure-ongles n.m. inv. ou **cure-ongle** n.m. (pl. *cure-ongles*). Petit instrument pointu pour se curer les ongles.

cure-oreille n.m. (pl. *cure-oreilles*). Petit instrument permettant de nettoyer l'intérieur des oreilles.

cure-pipes n.m. inv. ou **cure-pipe** n.m. (pl. *cure-pipes*). Instrument pour nettoyer les pipes.

curer v.t. (lat. *curare*, soigner) [conj. 3]. Nettoyer en grattant, en raclant : *Les hommes-grenouilles curent le canal à la recherche d'indices.* ◆ **se curer** v.pr. ▸ ***Se curer les dents, le nez, les ongles, les oreilles,*** les nettoyer en les grattant, en les raclant : *Elle s'est curé les ongles.*

curetage [kyrtaʒ] n.m. Opération médicale qui consiste à gratter l'intérieur d'une cavité pour enlever des corps étrangers ou des parties malades.

cureter [kyrte] v.t. [conj. 27]. Faire un curetage.

curette n.f. Instrument médical en forme de cuillère utilisé pour le curetage.

curie n.f. Dans la religion catholique, ensemble des organismes gouvernementaux du Saint-Siège : *La curie romaine.*

curieusement adv. De manière inattendue ou surprenante : *Il est curieusement vêtu* (**SYN.** bizarrement, étrangement).

curieux, euse adj. et n. (lat. *curiosus*, qui a soin de). **1.** Qui désire comprendre, apprendre ou voir : *Elle est curieuse de tout.* **2.** Qui essaie de savoir ce qui ne le concerne pas, ce que l'on veut lui cacher : *Il est très curieux et pose sans arrêt des questions* (**SYN.** indiscret ; **CONTR.** discret, réservé). *Une foule de curieux massée autour des ambulances* (**SYN.** badaud). ◆ adj. Qui retient l'attention, l'intérêt : *C'est un personnage vraiment curieux* (**SYN.** bizarre, étonnant, étrange ; **CONTR.** banal, quelconque). *Une curieuse coïncidence* (**SYN.** amusant, singulier, surprenant ; **CONTR.** insignifiant). ▸ ***Regarder qqn comme une bête curieuse,*** le regarder fixement avec une insistance indiscrète.

curiosité n.f. **1.** Désir de connaître, de savoir : *Sa curiosité la pousse à naviguer sur Internet.* **2.** Défaut d'une personne indiscrète : *La curiosité des paparazzis* (**SYN.** indiscrétion). **3.** Qualité de ce qui éveille l'intérêt : *La curiosité des sculptures de cet artiste* (**SYN.** bizarrerie, étrangeté, singularité). **4.** Chose qui éveille l'intérêt ou la surprise : *Cette maison est une des curiosités du village.*

curiste n. Personne qui fait une cure dans une station thermale.

curling [kœrliŋ] n.m. (mot angl.). Sport consistant à déplacer un lourd palet sur la glace.

curriculum vitae [kyrikylɔmvite] n.m. inv. ou **curriculum** n.m. (mots lat. signif. « déroulement de la vie »). Document indiquant l'état civil, les études, les aptitudes professionnelles d'un candidat à un concours ou à un emploi (abrév. C.V.).

curry [kyri] ou **cari, cary** ou **carry** n.m. (mot angl., du tamoul *kari*). **1.** Mélange d'épices réduites en poudre agrémentant la cuisine indienne. **2.** Ragoût de viandes aromatisé avec cette poudre : *Des currys de poulet.*

curseur n.m. (lat. *cursor*, coureur). **1.** Pièce mobile comportant un repère que l'on peut déplacer à volonté le long d'une glissière : *Le curseur d'une branche de compas.* **2.** En informatique, marque mobile qui indique, sur l'écran, l'endroit où va s'inscrire le prochain signe.

cursif, ive adj. (du lat. *currere*, courir). ▸ ***Écriture cursive,*** écriture courante et rapide (par opp. à écriture calligraphiée). ◆ **cursive** n.f. Écriture cursive.

cursus [kyrsys] n.m. (mot lat. signif. « course »). **1.** Cycle d'études universitaires sanctionné par un diplôme. **2.** Carrière professionnelle considérée comme un ensemble d'étapes franchies.

curviligne adj. (du lat. *curvus*, courbe). Qui est formé de lignes courbes.

cuscute [kyskyt] n.f. (mot ar.). Plante parasite à fleurs violacées, qui s'enroule autour de certains végétaux à l'aide de suçoirs.

custode n.f. (lat. *custodia*, garde). Partie latérale arrière de la carrosserie d'une automobile.

cutané, e adj. (du lat. *cutis*, peau). Qui appartient à la peau ; relatif à la peau : *Tissu cutané. Les dermatoses sont des affections cutanées.*

cuticule n.f. (lat. *cuticula*, petite peau). En anatomie, petite peau très mince : *Les cuticules des ongles.*

cuti-réaction n.f. (du lat. *cutis*, peau) [pl. *cuti-réactions*]. Test cutané pour déceler la tuberculose (abrév. cuti).

cutter [kœtœr ou kytɛr] n.m. (de l'angl. *to cut*, couper). Instrument servant à couper le papier, le carton, etc., souvent composé d'une lame coulissant dans un manche.

cuve n.f. (lat. *cupa*, barrique). **1.** Grand récipient servant à différents usages domestiques ou industriels : *Une cuve à mazout.* **2.** Partie interne utilisable d'un appareil électroménager : *La cuve d'un lave-linge.* **3.** Grand réservoir pour la fermentation du raisin et la conservation du vin.

cuvée n.f. **1.** Contenu d'une cuve. **2.** Vin produit par la récolte d'une année dans une vigne : *La cuvée 2000 est exceptionnelle.*

cuver v.i. [conj. 3]. Fermenter dans une cuve, en parlant du raisin. ◆ v.t. ▸ *Fam.* ***Cuver son vin,*** dormir après avoir trop bu.

cuvette n.f. **1.** Récipient portatif, large et peu profond : *Faire tremper du linge dans une cuvette* (SYN. bassine). **2.** Bassin d'un lavabo, d'un siège de W.-C. **3.** En géographie, partie en creux du relief, entourée de tous côtés : *Ville située au fond d'une cuvette* (SYN. dépression).

① **C.V.** ou **CV** [seve] n.m. (sigle). Curriculum vitae.

② **C.V.** ou **CV** [ʃəval] n.m. pl. (sigle de *cheval-vapeur*). Unité de mesure de cylindrée d'une automobile, servant notamm. à déterminer le montant des primes d'assurance : *Des moteurs de 200 C.V.* (= chevaux).

cyan [sjɑ̃] adj. inv. (du gr. *kuanos*, bleu sombre). Qui est d'une couleur bleu-vert : *Des écharpes cyan.* ◆ n.m. Couleur bleu-vert, complémentaire du rouge, utilisée en photographie et en imprimerie.

cyanhydrique adj. ▸ ***Acide cyanhydrique,*** composé chimique qui est un poison très violent (autref. appelé *acide prussique*).

cyanose n.f. (du gr. *kuanos*, bleu sombre). En médecine, coloration bleutée de la peau, due à un manque d'oxygène dans le sang.

cyanosé, e adj. Se dit de la peau ou d'une partie du corps colorée par la cyanose : *Nouveau-né cyanosé.*

cyanure n.m. (du gr. *kuanos*, bleu sombre). Sel d'un acide toxique, qui constitue un poison très violent.

cybercafé n.m. Café mettant à la disposition de ses clients des ordinateurs reliés au réseau Internet.

cybercriminalité n.f. Ensemble des infractions pénales commises sur Internet.

cyberespace ou **cybermonde** n.m. (anglo-amér. *cyberspace*). En informatique, espace virtuel créé par la communauté des internautes et l'ensemble des ressources d'informations accessibles à travers les réseaux d'ordinateurs.

cybernaute n. Utilisateur du réseau Internet (SYN. internaute).

cybernéticien, enne n. et adj. Spécialiste de cybernétique.

cybernétique n.f. (du gr. *kubernân*, gouverner, diriger). Science qui étudie les mécanismes de commande et de communication chez les êtres vivants et dans les machines. ◆ adj. Qui relève de la cybernétique.

cyclable adj. ▸ ***Piste cyclable,*** voie réservée aux bicyclettes et aux vélomoteurs.

cyclamen [siklamɛn] n.m. (gr. *kuklaminos*). **1.** Plante à fleurs roses ou blanches, dont on cultive des variétés. **2.** (Employé en appos.). Qui est de la couleur rose-mauve du cyclamen : *Des carrosseries cyclamen.*

① **cycle** n.m. (gr. *kuklos*, cercle). **1.** Suite ininterrompue de phénomènes qui se renouvellent dans le même ordre ; durée de cette suite : *Le cycle des saisons.* **2.** Division de l'enseignement secondaire et universitaire : *En France, le baccalauréat est un diplôme de second cycle du secondaire.* **3.** En littérature, ensemble d'œuvres ayant pour centre d'intérêt le même fait ou le même personnage principal : *Le cycle des Rougon-Macquart d'Émile Zola.* ▸ ***Cycle menstruel,*** chez la femme, ensemble de phénomènes périodiques rythmés par les règles ; période s'étendant du début des règles aux règles suivantes.

② **cycle** n.m. (mot angl., abrév. de *bicycle*). Véhicule à roues et à pédales : *Les bicyclettes, les tandems et les V.T.T. sont des cycles.*

cyclique adj. Qui revient périodiquement, à intervalles réguliers : *Phénomènes boursiers cycliques.*

cyclisme n.m. Pratique de la bicyclette ; sport pratiqué avec une bicyclette.

cycliste adj. Qui relève du cyclisme : *Une course cycliste.* ◆ n. Personne qui se déplace à bicyclette ; sportif qui pratique le cyclisme. ◆ n.m. Bermuda moulant.

cyclo-cross n.m. inv. Cyclisme en terrain accidenté, pratiqué en hiver.

cyclomoteur n.m. Deux-roues à moteur dont la vitesse ne dépasse pas 45 km par heure.

cyclomotoriste n. Personne qui se déplace à cyclomoteur.

cyclonal, e, aux ou **cyclonique** adj. Relatif aux cyclones : *Des pluies cyclonales.*

cyclone [siklon] n.m. (mot angl., du gr. *kuklos*, cercle). **1.** Tourbillon de vents violents, accompagné de fortes précipitations : *L'œil du cyclone* (= la zone de calme au centre du tourbillon). **2.** En météorologie, zone de basses pressions en rotation, qui s'accompagne de vents forts et de précipitations. ▸ ***Être dans l'œil du cyclone,*** être au cœur d'un grave conflit ou de sérieuses difficultés : *Cet homme politique est dans l'œil du cyclone.*

cyclopéen, enne adj. (de *Cyclopes*, nom de géants de la mythologie grecque). **1.** *Litt.* Qui est digne d'un géant par sa taille, son intensité démesurée : *Un projet cyclopéen* (**SYN.** colossal, énorme, gigantesque). **2.** En archéologie, se dit d'une construction faite d'énormes blocs irrégulièrement entassés.

cyclosporine n.f. → **ciclosporine.**

cyclothymie n.f. (du gr. *kuklos*, cercle, et *thumos*, humeur). En psychologie, alternance de phases d'euphorie et de dépression chez une personne.

cyclothymique adj. et n. Relatif à la cyclothymie ; qui est atteint de cyclothymie.

cyclotourisme n.m. Tourisme à bicyclette.

cyclotron n.m. (de *électron*). Accélérateur circulaire de particules élémentaires.

cygne n.m. (lat. *cycnus*, mot gr.). Grand oiseau palmipède migrateur, au long cou souple, à plumage blanc ou noir, dont une espèce est domestiquée. ▸ ***Chant du cygne,*** dernière œuvre d'un poète, d'un musicien, d'un génie avant sa mort. ***En col de cygne,*** se dit d'un tuyau recourbé.

cylindre n.m. (lat. *cylindrus*, du gr. *kulindros*). **1.** En géométrie, surface engendrée par une droite qui se déplace parallèlement à un axe et qui coupe deux plans fixes : *Calculer le volume d'un cylindre.* **2.** En mécanique, pièce dans laquelle se meut un piston de moteur, de pompe. **3.** Rouleau utilisé pour broyer, comprimer des matières ou pour imprimer du papier.

cylindrée n.f. **1.** Volume engendré par la course du piston dans le cylindre d'un moteur, d'une pompe. **2.** Volume total des cylindres d'un moteur, exprimé en centimètres cubes ou en litres.

cylindrique adj. Qui a la forme d'un cylindre : *Des tuyaux cylindriques.*

cymaise n.f. → **cimaise.**

cymbale n.f. (lat. *cymbalum*, d'un mot gr.). Instrument de musique à percussion fait d'un disque en métal suspendu que l'on frappe ; disque en métal que l'on frappe contre un autre.

cymbalum [sɛ̃balɔm] n.m. (hongr. *czimbalom*). Instrument de musique, ayant la forme d'un trapèze, à cordes frappées par des marteaux (**SYN.** tympanon).

cynégétique n.f. (du gr. *kunêgetein*, chasser). Art de la chasse. ◆ adj. Qui relève de la chasse.

cynique adj. et n. (lat. *cynicus*). Qui s'oppose avec insolence aux valeurs morales et à l'opinion commune : *Des mensonges cyniques* (**SYN.** éhonté, impudent).

cyniquement adv. Avec cynisme : *Il sourit cyniquement aux reproches* (**SYN.** effrontément, impudemment).

cynisme n.m. (du gr. *kuôn, kunos*, chien). Attitude d'une personne cynique, qui méprise les valeurs morales et les conventions sociales ; impudence.

cynocéphale n.m. (du gr. *kuôn, kunos*, chien). Singe d'Afrique au museau allongé, tel que le babouin.

cynodrome n.m. (du gr. *kuôn, kunos*, chien, et *dromos*, course). Piste aménagée pour les courses de lévriers.

cyphose n.f. (gr. *kuphôsis*, courbure). Déviation de la colonne vertébrale, qui rend le dos convexe, comme s'il y avait une bosse.

cyprès n.m. (lat. *cupressus*). Arbre à feuillage persistant, commun dans le sud de l'Europe, parfois planté en haie.

cyprin n.m. (gr. *kuprinos*, carpe). Poisson voisin de la carpe. ▸ ***Cyprin doré,*** poisson rouge.

cyrillique [sirilik] adj. (de *saint Cyrille*, nom de l'un des créateurs de cet alphabet). ▸ ***Alphabet cyrillique,*** alphabet qui sert à transcrire le russe, le serbe, le bulgare, l'ukrainien et certaines langues non slaves de l'ex-U.R.S.S.

cystite n.f. (du gr. *kustis*, vessie). Inflammation de la vessie.

cytise n.m. Arbuste à grappes de fleurs jaunes.

cytologie n.f. (gr. *kutos*, cellule, et *logos*, science). Partie de la biologie qui étudie la structure et les fonctions de la cellule.

cytoplasme n.m. Partie interne de la cellule, composée surtout d'eau et de protéines, et qui contient le noyau.

czar n.m. → **tsar.**

czardas n.f. → **csardas.**

D *d*

d [de] n.m. Quatrième lettre (consonne) de l'alphabet français. ▸ ***D,*** chiffre romain valant cinq cents. ***D,*** la note *ré* dans les systèmes de notation musicale anglo-saxon et germanique. *Fam.* ***Système D,*** habileté à se sortir sans scrupule de toutes les situations difficiles. ***2 D,*** deux dimensions. ***3 D,*** trois dimensions : *Des jeux vidéo 3 D* ou *en 3 D* (= tridimensionnels).

da interj. (des impér. *dis* et *va*). ▸ *Vx* ***Oui-da !,*** oui bien sûr.

D.A.B. ou **DAB** [deabe] n.m. (sigle). ▸ ***Distributeur automatique de billets.*** → **distributeur.**

daba n.f. En Afrique, houe à manche court.

d'abord loc. adv. → **abord.**

da capo loc. adv. (loc. it. signif. « à partir de la tête »). Terme de musique indiquant qu'à un certain endroit d'un morceau, il faut reprendre au début.

d'accord loc. adv. → **accord.**

dactylo ou, vieilli, **dactylographe** n. (du gr. *daktulos,* doigt, et *graphein,* écrire). Personne dont la profession est de taper à la machine à écrire.

dactylographie n.f. **1.** Technique d'utilisation de la machine à écrire. **2.** Texte dactylographié (**SYN.** tapuscrit).

dactylographier v.t. [conj. 9]. Écrire avec une machine (à écrire) : *Il a dactylographié son compte rendu* (**SYN.** taper).

dactylologie n.f. (gr. *daktulos,* doigt, et *logos,* langage). Langage gestuel utilisé par les sourds-muets.

dactyloscopie n.f. Procédé d'identification des personnes par les empreintes digitales.

① **dada** n.m. **1.** Cheval, dans le langage enfantin. **2.** *Fam.* Sujet de conversation préféré ; occupation favorite : *La philatélie, c'est son dada* (**SYN.** marotte).

② **dada** n.m. Mouvement de révolte intellectuel et artistique contre l'absurdité de l'époque de la Première Guerre mondiale, qui remettait en question les modes d'expression traditionnels (**SYN.** dadaïsme). ◆ adj. inv. Qui relève du mouvement dada : *Des œuvres dada.*

dadais n.m. ▸ *Fam.* ***Grand dadais,*** jeune homme maladroit et sot (**SYN.** benêt, niais, nigaud).

dadaïsme n.m. Mouvement dada ; ensemble des comportements de révolte propres à ce mouvement.

dadaïste adj. et n. Relatif au dadaïsme ; qui y participe.

dague n.f. Poignard à lame large et courte.

daguerréotype [dagereɔtip] n.m. (de *Daguerre,* nom de son inventeur). *Anc.* Dispositif photographique qui fixait une image sur une plaque de cuivre argentée ; image obtenue grâce à ce dispositif.

dahlia n.m. (d'*Andrea Dahl,* nom d'un botaniste suédois). Plante à fleurs ornementales, dont on cultive de nombreuses variétés ; fleur de cette plante.

dahu n.m. Animal imaginaire à la poursuite duquel on envoie une personne naïve.

daigner v.t. (lat. *dignari,* juger digne) [conj. 4]. Accepter avec condescendance de ; vouloir bien faire ce qui est demandé : *Ils n'ont même pas daigné nous recevoir* (**SYN.** condescendre à, consentir à).

d'ailleurs loc. adv. → **ailleurs.**

daim [dɛ̃] n.m. (bas lat. *damus*). **1.** Mammifère ruminant à robe tachetée de blanc et à cornes aplaties à l'extrémité. **2.** En maroquinerie, peau de daim ; cuir de veau imitant cette peau : *Des chaussures en daim.*

daine n.f. Femelle du daim.

dais n.m. (lat. *discus,* disque). Ouvrage en tissu ou en bois sculpté suspendu ou soutenu par des montants au-dessus d'un trône, d'un autel, d'une statue : *Un dais à colonnes* (= un baldaquin). *Dais d'un lit* (= ciel de lit).

dalaï-lama [dalailama] n.m. (mot mongol) [pl. *dalaï-lamas*]. Chef du bouddhisme tibétain, souverain du Tibet.

dallage n.m. **1.** Action de daller. **2.** Sol recouvert de dalles : *Dallage de pierre* (**SYN.** pavement).

dalle n.f. (scand. *daela,* gouttière). **1.** Plaque de matière solide servant à recouvrir une surface : *Une dalle funéraire* (= recouvrant une tombe). **2.** Plancher en béton armé. **3.** Grand espace réunissant des immeubles modernes au niveau de leur rez-de-chaussée : *Les locataires se sont massés sur la dalle.* **4.** *Fam.* Gorge : *Se rincer la dalle* (= boire ; **SYN.** gosier). *Avoir la dalle* (= avoir faim).

que **dalle** ou que **dal** loc. adv. (de l'all.). *Fam.* Rien du tout : *On voyait que dalle.*

daller v.t. [conj. 3]. Recouvrir de dalles : *Daller un sol* (**SYN.** paver).

dalmatien, enne [dalmasjɛ̃, ɛn] n. (de *Dalmatie,* nom d'une région de la Croatie). Chien à poil court blanc et couvert de nombreuses petites taches noires ou brun foncé.

daltonien, enne adj. et n. Qui souffre de daltonisme.

daltonisme n.m. (de *John Dalton,* nom d'un physicien anglais). Anomalie héréditaire de la vision des couleurs, entraînant le plus souvent la confusion entre le rouge et le vert.

dam [dɑ̃ ou dam] n.m. (lat. *damnum,* dommage). ▸ *Sout.* ***Au grand dam de qqn,*** à son détriment ; à son grand regret ou à son grand dépit : *Le feu rouge a été supprimé au grand dam des riverains.*

damage n.m. Action de damer le sol, la neige ; tassement qui en résulte.

damas [dama ou damas] n.m. (de *Damas,* nom de la capitale de la Syrie). Tissu de soie d'une seule couleur dont le dessin, mat sur fond satiné, est produit par les effets du tissage.

damasquiner v.t. (de l'it. *damaschino,* de Damas) [conj. 3]. Incruster des filets d'or, d'argent, de cuivre sur une surface métallique ciselée.

damassé, e adj. et n.m. Se dit d'une étoffe tissée à la façon du damas.

damassine n.f. En Suisse, petite prune dont on fait une eau-de-vie.

① **dame** n.f. (lat. *domina,* maîtresse). **1.** *Vieilli* Femme mariée (par opp. à demoiselle, jeune fille). **2.** Adulte de sexe féminin (par opp. à monsieur, homme) : *Une dame a téléphoné* (**SYN.** femme). **3.** Titre donné à une femme de haut rang, dans le langage féodal, courtois ou religieux : *Le chevalier combattait pour sa dame.* **4.** Figure du jeu de cartes représentant une femme (**SYN.** reine). **5.** Pièce de jeu d'échecs (**SYN.** reine). **6.** Au jeu de dames, pion doublé. **7.** Outil de terrassement servant à tasser, à damer le sol (**SYN.** hie). ▸ ***Aller à dame,*** au jeu de dames, mener un pion jusqu'à la dernière ligne de l'adversaire, où il devient dame. ***Jeu de dames,*** jeu pratiqué sur un damier, par deux joueurs disposant chacun de vingt pions. ***Jouer à la dame,*** affecter des manières élégantes, en parlant d'une femme.

② **dame** interj. (de *par Notre-Dame !*). *Fam.* Sert à renforcer une affirmation ou à souligner une évidence ; bien sûr, parbleu, pardi.

dame-jeanne n.f. (pl. *dames-jeannes*). Grosse bouteille contenant de 20 à 50 litres, souvent enveloppée d'osier ou de jonc ; bonbonne.

damer v.t. [conj. 3]. **1.** Doubler un pion, au jeu de dames. **2.** Tasser avec un outil ou une machine pour uniformiser la surface : *Damer le sol* (**SYN.** compacter). *Damer une piste de ski.* ▸ *Fam.* ***Damer le pion à qqn,*** prendre sur lui un avantage décisif.

damier n.m. **1.** Plateau de jeu de dames divisé en cent cases alternativement blanches et noires. **2.** Surface divisée en carrés égaux de couleurs différentes : *Drapeau à damier.*

damnation [danasjɔ̃] n.f. Dans le christianisme, condamnation aux peines éternelles de l'enfer.

damné, e [dane] adj. et n. Dans le christianisme, qui est condamné aux supplices de l'enfer. ▸ ***Souffrir comme un damné,*** souffrir terriblement. ◆ adj. *Fam.* Qui pose des problèmes : *Le papier ne passe jamais dans cette damnée imprimante !* (**SYN.** détestable, exécrable, maudit). ▸ ***Être l'âme damnée de qqn,*** lui être entièrement dévoué ; lui inspirer de mauvaises actions.

damner [dane] v.t. (lat. *damnare*) [conj. 3]. Condamner aux supplices de l'enfer. ▸ *Fam.* ***Faire damner qqn,*** lui faire perdre patience (= l'exaspérer). ◆ **se damner** v.pr. **1.** Dans le christianisme, s'exposer par sa conduite à la damnation. **2. [pour].** Être capable de tout pour : *Ils se seraient damnés pour des places à ce concert.*

damoiseau n.m. (lat. *dominicellus,* dimin. de *dominus,* seigneur). Au Moyen Âge, jeune gentilhomme.

damoiselle n.f. (forme anc. de *demoiselle*). Au Moyen Âge, jeune fille noble avant son mariage ; femme d'un damoiseau.

dan [dan] n.m. (mot jap.). Dans les arts martiaux japonais, grade attaché à la ceinture noire ; titulaire de ce grade : *Elle est maintenant troisième dan.*

dancing [dɑ̃siŋ] n.m. (mot angl.). Établissement public où l'on danse.

dandinement n.m. Action de se dandiner ; balancement d'un corps qui se dandine.

se **dandiner** v.pr. (de l'anc. fr. *dandin,* clochette) [conj. 3]. Balancer latéralement son corps : *Elle s'est toujours dandinée en marchant* (**SYN.** se déhancher).

dandy [dɑ̃di] n.m. (mot angl.) [pl. *dandys*]. Homme élégant, qui cherche à se montrer plein d'esprit et impertinent.

dandysme n.m. Attitude du dandy.

danger n.m. (du lat. *dominus,* maître, seigneur). Situation où l'on se sent menacé dans sa sécurité, son existence ; ce qui constitue une menace pour qqn, qqch : *Des marins habitués au danger* (**SYN.** péril). *Courir un danger* (**SYN.** risque). *Ce krach constitue un danger pour l'économie mondiale. Les dangers du tabagisme.* ▸ ***Être en danger,*** être dans une situation qui inquiète, où l'on peut craindre pour sa vie. ***Il n'y a pas de danger,*** cela ne peut pas se produire. *Fam.* ***Un danger public,*** une personne qui, par son insouciance, menace la vie des autres.

dangereusement adv. De façon dangereuse : *Il conduit dangereusement.*

dangereux, euse adj. **1.** Qui présente un danger : *Fumer est dangereux pour la santé* (**SYN.** malsain, nocif, risqué ; **CONTR.** inoffensif). *Une route dangereuse* (**SYN.** mauvais, traître). *Des investissements dangereux* (**SYN.** aventureux, périlleux). **2.** Qui peut faire du tort, du mal : *Un dangereux criminel* (**SYN.** redoutable, sinistre). *Un animal dangereux* (**SYN.** méchant, nuisible).

dangerosité n.f. Caractère de ce qui est dangereux : *La dangerosité d'une route verglacée.*

danois, e adj. et n. Du Danemark ; de ses habitants. ◆ **danois** n.m. **1.** Langue nordique parlée au Danemark. **2.** Grand chien à poil ras.

dans prép. (lat. *de* et *intus,* dedans). **1.** Indique l'intérieur d'un lieu : *Il y a 200 passagers dans l'avion. Elle a inséré une cassette dans le magnétoscope.* **2.** Indique l'état, le domaine d'application, la situation où l'on se trouve, la manière d'être, de faire : *Il s'est mis dans une colère noire. Elle travaille dans la communication.* **3.** Indique le cours d'une durée : *Elle est dans sa vingtième année. Dans sa jeunesse, elle y allait souvent* (**SYN.** au cours de, pendant). **4.** Indique le terme d'une durée dans l'avenir : *Nous emménagerons dans quelques jours* (= bientôt ; **SYN.** d'ici à). **5.** *Fam.* Indique une approximation : *Ses actions lui ont rapporté dans les dix mille euros* (= à peu près, environ). **6.** Introduit certains noms de lieux : *Il vit dans le Cantal. Elle s'occupe des réseaux numériques dans les Landes.* **7.** Introduit un ensemble à la composition duquel on se réfère : *J'ai cherché dans mes souvenirs. J'ai lu cette nouvelle dans le journal. Nous comptons des diplomates dans nos relations* (**SYN.** au nombre de, parmi).

dansant, e adj. Qui convient bien pour danser : *Une chanson dansante. Thé dansant* (= où l'on danse).

danse n.f. **1.** Action de danser ; ensemble de mouvements volontaires et rythmés du corps, exécutés au son d'une musique et selon des règles : *Des danses folkloriques.* **2.** Musique écrite sur un rythme de danse : *La « Danse macabre » de Saint-Saëns.* ▸ ***Danse classique*** → **classique.** *Fam.* ***Danse de Saint-Guy,*** chorée. *Fam.* ***Entrer dans la danse,*** participer à l'action.

danser v.i. [conj. 3]. **1.** Mouvoir son corps en cadence selon les règles de la danse : *Ils ont dansé sur de la techno toute la nuit.* **2.** Interpréter une composition chorégraphique : *Il danse dans « Giselle ».* **3.** Être animé de mouvements rapides : *Le canot danse sur l'eau.* ▸ ***Ne pas savoir sur quel pied danser,*** ne pas savoir quelle décision prendre ; hésiter. ◆ v.t. Exécuter une danse : *Ils ont dansé tous les rocks.*

danseur, euse n. **1.** Personne qui danse. **2.** Artiste chorégraphique professionnel : *Danseur, danseuse étoile.* ▸ ***En danseuse,*** se dit de la position d'un cycliste qui pédale debout.

dantesque adj. (de *Dante Alighieri,* nom d'un écrivain italien). Qui est grandiose et terrifiant : *Une vision dantesque* (**SYN.** apocalyptique, effroyable).

daphnie [dafni] n.f. (du gr. *daphnê,* laurier). Petit crustacé d'eau douce, nageant par saccades et communément appelé *puce d'eau.*

darce n.f. → **darse.**

dard n.m. (d'un mot frq. signif. « javelot »). Organe impair, pointu et creux de certains insectes, leur servant à inoculer leur venin : *Le dard d'une guêpe* (**SYN.** aiguillon).

darder v.t. [conj. 3]. Lancer vivement de manière à blesser : *Darder des flèches* (**SYN.** décocher). ▸ *Litt.* ***Darder son regard sur qqn,*** le regarder avec intensité. *Litt.* ***Le soleil darde ses rayons,*** il brille intensément.

dare-dare adv. *Fam.* Très vite : *Ils sont rentrés dare-dare à la maison* (= en toute hâte ; **SYN.** précipitamment, rapidement ; **CONTR.** calmement, lentement).

darne n.f. (breton *darn,* morceau). Tranche de gros poisson, coupée transversalement : *Une darne de thon.*

darse ou **darce** n.f. Bassin dans un port méditerranéen.

dartre n.f. (mot gaul.). Petite tache rouge ou blanche sur la peau, qui se délite en fines pellicules : *Des dartres farineuses.*

darwinisme [darwinism] n.m. (de *Charles Darwin,* nom d'un naturaliste britannique). Théorie selon laquelle l'évolution des espèces biologiques résulte de la sélection naturelle des variations héréditaires qui sont nécessaires à la survie.

datation n.f. **1.** Action de mettre la date sur un document : *Ce logiciel permet la datation automatique.* **2.** Détermination de la date d'un événement, de l'âge d'une roche, d'un fossile, d'un objet : *Datation d'un manuscrit. La datation d'un squelette de dinosaure.* **3.** Date que l'on attribue à un document : *Une erreur de datation.*

datcha [datʃa] n.f. (mot russe). Maison de campagne aux environs d'une grande ville, en Russie.

date n.f. (lat. *data littera,* lettre donnée). **1.** Indication du jour, du mois, de l'année : *Quelle est votre date de naissance ? La date inscrite sur une bouteille* (**SYN.** millésime). **2.** Moment choisi pour un événement, une action : *Il faut fixer la date de notre départ* (**SYN.** jour). **3.** Moment où se situe un événement : *2002 est la date de mise en circulation des euros* (**SYN.** année). *À cette date, elle habitait au Mali* (**SYN.** époque). **4.** Événement historique important : *Les grandes dates de la conquête spatiale.* ▸ ***Ami de longue date,*** ami que l'on connaît depuis longtemps. ***De fraîche date, de vieille date,*** récent, ancien : *Les néoruraux de fraîche date* (= qui se sont installés récemment). ***Faire date,*** marquer un moment important : *Cette invention fera date dans l'histoire des technologies.* ***Le premier, le dernier en date,*** le plus ancien, le plus récent : *Voici le dernier en date de ses romans.* ***Prendre date,*** décider d'un jour pour se rencontrer : *J'ai pris date avec le directeur.*

dater v.t. [conj. 3]. **1.** Indiquer la date sur : *Dater un formulaire.* **2.** Déterminer la date de : *Dater un tableau, un fossile.* ◆ v.t. ind. **[de].** Exister depuis cette époque : *La création du château date du XIIe siècle* (**SYN.** remonter à). ▸ ***À dater de,*** à partir de : *Votre salaire sera augmenté à dater du 1er janvier.* ◆ v.i. **1.** Marquer un moment important : *La découverte du gène porteur de cette maladie date dans l'histoire de la médecine* (= faire date). **2.** Avoir les caractéristiques d'une époque révolue : *Ce logiciel date* (= il est dépassé, désuet).

dateur, euse adj. Qui sert à mettre la date : *Timbre dateur.* ◆ **dateur** n.m. Dispositif à lettres et à chiffres mobiles permettant d'imprimer une date (**SYN.** composteur).

datif n.m. (lat. *dativus,* de *dare,* donner). Dans les langues à déclinaison, cas utilisé pour le complément d'attribution.

dation [dasjɔ̃] n.f. (lat. *datio,* de *dare,* donner). En droit, action de donner : *La dation Picasso* (= les tableaux donnés par les héritiers à l'État en paiement des droits de succession).

datte n.f. (anc. prov. *datil,* lat. *dactylus,* du gr. *daktulos,* doigt). Fruit comestible du dattier, de forme allongée, à pulpe sucrée.

dattier n.m. Palmier cultivé pour ses fruits, les dattes, groupés en longues grappes, ou régimes.

daube n.f. (ital. *addobbo,* assaisonnement). Cuisson à l'étouffée de certaines viandes braisées dans un fond de vin rouge ; viande ainsi préparée.

dauber v.t. ou v.t. ind. [conj. 3]. *Litt.* Railler ; se moquer de : *Dauber qqn* ou *sur qqn.*

① **dauphin** n.m. (lat. *delphinus*). Mammifère marin vivant en troupe et se nourrissant de poissons.

② **dauphin** n.m. (de *Dauphiné,* nom d'une région de France). (Souvent avec une majuscule). En histoire, titre du futur héritier du trône de France.

③ **dauphin, e** n. (de *2. dauphin*). Personne désignée ou pressentie pour remplacer une personnalité : *La dauphine du Premier ministre* (**SYN.** successeur).

dauphine n.f. (Génér. avec une majuscule). Femme du Dauphin de France.

dauphinois, e adj. et n. Qui relève du Dauphiné, de ses habitants. ▸ ***Gratin dauphinois,*** préparation de pommes de terre émincées, gratinées avec du lait, du beurre et du fromage.

daurade ou **dorade** n.f. (anc. prov. *daurada,* doré). Poisson de mer à reflets dorés ou argentés, dont la chair est estimée.

davantage adv. Marque la supériorité en quantité, en intensité ou en durée : *Il a plu davantage qu'hier. Vous êtes satisfaite, mais je le suis davantage encore* (**SYN.** plus).

davier n.m. (dimin. de *david,* nom d'un outil de menuisier). Instrument de chirurgie en forme de pince employé pour arracher les dents.

dazibao [dazibao] n.m. (mot chin.). En Chine, journal mural écrit à la main et affiché dans les rues.

dB [desibɛl] abrév. → **décibel.**

D.C.A. ou **DCA** [desea] n.f. (sigle de *défense contre les aéronefs*). *Anc.* Ensemble des moyens de défense militaires antiaériens : *Les tirs de la D.C.A.*

D.D.T. ou **DDT** [dedete] n.m. (sigle de *dichloro-diphényl-trichloréthane*). Insecticide puissant, très toxique, dont l'usage est interdit en France et dans de nombreux autres pays.

① **de** [də] prép. (lat. *de,* venant de). **1.** Indique le lieu d'où l'on vient ; indique la provenance, l'origine : *Je reviens de Belgique. Sa famille est originaire de Catalogne. Nous regarderons du haut de la falaise.* **2.** Indique le point de départ d'une période : *Ils font la journée continue de huit heures à seize heures. Je serai en déplacement de lundi à jeudi.* **3.** Indique l'appartenance : *La navette de la NASA. Les romans de Georges Perec.* **4.** Indique la caractérisation, la manière ou la cause : *Un mur de béton. Un cheval de course. Une bouteille d'eau. Rire de bon cœur. Souffrir de la chaleur.* **5.** Introduit un écart de temps, de quantité, une distance : *Il s'en faut de deux minutes. Il la dépasse d'une bonne tête. Votre texte est trop long de 20 lignes.* **6.** Introduit un complément d'objet indirect : *Cet appareil bénéficie des dernières innovations. Il se souvient d'elle. Les fleurs ont besoin d'eau.* **7.** Introduit un infinitif : *Elle essaie de retrouver son chien. Nous sommes heureuses de vous voir. Elle a tenté de vous joindre plusieurs fois.*

② **de** art. partitif. **1.** Devant un adjectif démonstratif ou possessif, désigne une partie de ce dont on parle : *J'ai mangé de ce gâteau. Fais-moi goûter de ton café.* **2.** Devant un nom au pluriel précédé d'un adjectif, équivaut à *des* : *Elle faisait de grands gestes. Il y a de gros problèmes.* **3.** S'emploie seul après une négation : *Elle ne boit jamais de vin. On ne voyait pas de policiers.*

① **dé** n.m. (du lat. *digitus,* doigt). Étui de métal destiné à protéger le doigt qui pousse l'aiguille lorsque l'on coud.

② **dé** n.m. (du lat. *datum,* pion de jeu). **1.** Petit cube à faces marquées de points ou de figures, utilisé dans différents jeux : *Agite le gobelet avant de lancer les dés.* **2.** Élément de forme cubique : *Des pommes de terre coupées en dés.* ▸ ***Coup de dés,*** action dont la réussite est laissée au hasard. ***Les dés sont jetés,*** la décision est prise et on ne peut plus rien y changer.

D.E.A. ou **DEA** [deəa] n.m. (sigle). ▸ ***Diplôme d'études approfondies*** → **diplôme.**

deal [dil] n.m. (mot angl.). *Fam.* Accord impliquant un échange entre plusieurs personnes : *Faire un deal* (**SYN.** arrangement, marché).

① **dealer** [dilœr] n.m. ou **dealeur, euse** n. (angl. *dealer*). *Fam.* Revendeur de drogue.

② **dealer** [dile] v.t. et v.i. (de l'angl. *to deal*) [conj. 3]. *Fam.* Revendre clandestinement de la drogue.

déambulateur n.m. Appareil fait d'un cadre sur lequel une personne handicapée peut s'appuyer pour se déplacer.

déambulatoire n.m. Galerie faisant le tour du chœur d'une église.

déambuler v.i. (lat. *ambulare,* aller et venir) [conj. 3]. Se promener sans but : *Les touristes déambulent dans les ruelles* (**SYN.** errer, flâner).

débâcher v.t. [conj. 3]. Enlever une bâche de : *Débâcher un toit.*

débâcle n.f. (de *débâcler,* ôter la *bâcle* [la barre de fermeture], de *bâcler*). **1.** Rupture des glaces d'un fleuve gelé (**SYN.** dégel ; **CONTR.** embâcle). **2.** Retraite d'une armée qui se fait dans le plus grand désordre (**SYN.** débandade, déroute). **3.** *Fam.* Ruine d'une entreprise, d'une affaire, d'une institution : *La débâcle d'un parti aux municipales* (**SYN.** chute, effondrement).

déballage n.m. **1.** Action d'extraire qqch de son emballage ; objet ainsi extrait : *Le déballage des cartons après un déménagement* (**SYN.** ouverture ; **CONTR.** emballage). **2.** Exposition de marchandises en vrac ; commerce à bas prix de ces marchandises. **3.** *Fam.* Action d'avouer sans retenue, de se dévoiler sans réserve : *Le déballage de toutes ses manigances a de quoi gêner* (**SYN.** confession, confidence).

déballer v.t. (de 2. *balle*) [conj. 3]. **1.** Sortir un objet de son emballage : *Déballer de la vaisselle* (**SYN.** dépaqueter ; **CONTR.** emballer, empaqueter). **2.** Exposer des marchandises pour les vendre. **3.** *Fam.* Dévoiler sans retenue ses pensées, ses sentiments, ce que l'on sait : *Il a déballé ce qu'il pensait de nous* (**CONTR.** cacher, taire).

débandade n.f. Fait de se disperser en désordre : *La débandade des assaillants* (**SYN.** débâcle, déroute).

débander v.t. [conj. 3]. Ôter une bande, un bandage : *Débander les yeux de qqn, une plaie.*

se **débander** v.pr. (de 2. *bande*) [conj. 3]. *Litt.* Se disperser en désordre : *Les manifestants se sont débandés* (**SYN.** s'égailler, s'éparpiller ; **CONTR.** se grouper, se rassembler).

débaptiser [debatize] v.t. [conj. 3]. Changer le nom de : *Le conseil municipal veut débaptiser cette rue* (**SYN.** rebaptiser).

débarbouillage n.m. Action de débarbouiller, de se débarbouiller.

débarbouiller v.t. [conj. 3]. Faire la toilette du visage de : *Il a débarbouillé son fils après le repas* (**SYN.** laver, nettoyer). ◆ **se débarbouiller** v.pr. Se laver le visage : *Elle s'est débarbouillée.*

débarbouillette n.f. Au Québec, carré de tissu-éponge servant à se laver.

débarcadère n.m. Plate-forme aménagée dans un port, sur la rive d'un cours d'eau ou d'un lac et servant au débarquement des marchandises, des voyageurs (**SYN.** appontement, embarcadère, quai).

débardeur n.m. **1.** Pull ou maillot de corps sans manches et très échancré. **2.** Ouvrier qui charge ou décharge des marchandises sur un navire, un camion : *Les débardeurs du port* (= dockers).

débarquement n.m. **1.** Action de débarquer des passagers, des marchandises : *Le débarquement de la cargaison* (**SYN.** déchargement). **2.** Action de quitter un navire, un avion, un train (par opp. à embarquement). **3.** Opération militaire consistant à débarquer des troupes, du matériel sur un rivage occupé par l'ennemi.

débarquer v.t. (de *barque*) [conj. 3]. **1.** Faire descendre à terre les passagers ; enlever les marchandises d'un navire, d'un train, d'un avion : *Les grutiers débarquent les caisses de matériel* (**SYN.** décharger ; **CONTR.** embarquer). **2.** *Fam.* Écarter d'un poste une personne indésirable ou incapable : *Les actionnaires ont débarqué le président du groupe.* ◆ v.i. **1.** Quitter un navire, un avion, un train (**CONTR.** embarquer). **2.** *Fam.* Arriver sans prévenir chez qqn : *Ils ont débarqué à la maison au moment de mon départ.* **3.** *Fam.* Ignorer ce dont tout le monde est au courant : *Tu ne sais pas que nous sommes passés à l'heure d'été ! Tu débarques ou quoi ?*

débarras n.m. **1.** Lieu où l'on met des objets encombrants ou peu utilisés (**SYN.** cagibi). **2.** Action de vider un lieu des choses qui l'encombrent : *Entreprise qui se charge du débarras des caves.* ▸ *Fam.* ***Bon débarras !,*** exprime le soulagement ressenti lorsqu'on est délivré de qqn ou de qqch qui encombrait.

débarrasser v.t. (de *embarrasser*) [conj. 3]. **1.** Enlever ce qui encombre : *Débarrasser son armoire des vieux vêtements* (**SYN.** dégager, vider). *Débarrasser les objets usagés du garage* (**SYN.** déblayer ; **CONTR.** encombrer, remplir). **2.** Aider qqn à ôter ou à poser les vêtements ou les objets qu'il portait à l'extérieur : *Je vais vous débarrasser de votre valise* (**SYN.** décharger, libérer). **3.** Délivrer qqn d'une personne importune, d'une tâche rebutante : *Débarrasser qqn d'une corvée* (**SYN.** délivrer, libérer, soulager ; **CONTR.** charger). ▸ ***Débarrasser la table,*** enlever les couverts, les restes du repas. ◆ **se débarrasser** v.pr. **[de].** Se libérer de qqch de gênant ; éloigner qqn : *Elle s'est débarrassée de son manteau* (**SYN.** se défaire de, enlever, quitter). *Il faudrait trouver un moyen de se débarrasser des gêneurs* (**SYN.** se délivrer de).

débarrer v.t. [conj. 3]. **1.** *Vx* ou *région.* Enlever la barre d'une porte, d'une fenêtre. **2.** *Fam.* Au Québec, ouvrir en tirant le verrou.

débat n.m. **1.** Échange de points de vue : *La projection sera suivie d'un débat* (**SYN.** discussion). **2.** Examen d'un problème entraînant une discussion animée entre personnes d'avis différents : *Les opinions contradictoires des spécialistes ont donné lieu à un débat houleux parmi les journalistes* (**SYN.** controverse, polémique). **3.** (Employé en appos., avec ou sans trait d'union). Indique que l'événement est organisé pour permettre une discussion : *Des dîners-débats.* **4.** Conflit intérieur vécu par une personne qui a un choix difficile à faire : *Un débat de conscience.* ◆ **débats** n.m. pl. **1.** Discussion d'un problème au sein d'une assemblée parlementaire : *Ouvrir, diriger les débats* (**SYN.** séance). **2.** Phase d'un procès où la parole est donnée aux parties et aux avocats.

débatteur n.m. Orateur habile, à l'aise dans les débats publics.

débattre v.t. [conj. 83]. **1.** Échanger des avis avec une ou plusieurs personnes sur : *Nous débattrons votre proposition demain* (**SYN.** examiner). **2.** Discuter un prix pour le faire baisser (**SYN.** marchander). ◆ v.t. ind. **[de].** Discuter de qqch en en examinant tous les aspects : *Débattre de la limitation de la pollution.* ◆ **se débattre** v.pr. **1.** Lutter pour se dégager : *Les voleurs se sont débattus avant d'être arrêtés* (**SYN.** se défendre, résister). **2. [contre].** S'efforcer de sortir d'une situation difficile : *Se débattre contre les difficultés, contre la misère.*

débattue n.f. En Suisse, onglée.

débauchage n.m. Action de congédier du personnel (**SYN.** licenciement ; **CONTR.** embauche).

débauche n.f. **1.** Recherche immodérée des plaisirs sensuels : *Mener une vie de débauche* (**SYN.** dévergondage, libertinage, luxure). **2.** Quantité excessive : *Nous avons eu droit à une débauche de spots publicitaires* (**SYN.** surabondance, foison, profusion).

débauché, e adj. et n. Qui se livre à la débauche (**SYN.** libertin, viveur).

débaucher v.t. (anc. fr. *débaucher,* détourner) [conj. 3]. **1.** Inciter qqn à quitter son emploi en lui faisant des propositions alléchantes : *Certains recruteurs essaient de débaucher les informaticiens expérimentés.* **2.** Renvoyer du personnel par manque de travail (**SYN.** congédier, licencier ; **CONTR.** embaucher, engager, recruter). **3.** Entraîner à une vie faite d'excès, de débauche (**SYN.** pervertir). **4.** *Fam.* Détourner momentanément qqn d'une occupation sérieuse, pour le distraire : *Je me suis laissé débaucher pour aller au cinéma.* ◆ v.i. *Région.* Quitter le travail en fin de journée.

débile adj. **1.** Qui est de faible constitution physique (**SYN.** chétif, malingre ; **CONTR.** robuste, solide). **2.** *Fam.* Qui est particulièrement stupide : *Ce film est débile* (**SYN.** nul). ◆ n. *Vieilli* Personne atteinte de débilité mentale.

débilitant, e adj. **1.** Qui fait perdre ses forces : *Cette chaleur est débilitante* (**SYN.** épuisant ; **CONTR.** vivifiant). **2.** Qui décourage ou démoralise : *Une tâche débilitante* (**SYN.** décourageant, déprimant).

débilité n.f. *Litt.* État de grande faiblesse : *La débilité d'un malade* (**SYN.** asthénie, atonie ; **CONTR.** énergie, vigueur). ▸ *Vieilli* ***Débilité mentale,*** déficience mentale.

débiliter v.t. [conj. 3]. Affaiblir physiquement ou moralement.

débiner v.t. (de *biner,* bêcher) [conj. 3]. *Fam.* Chercher à discréditer qqn par des propos malveillants (**SYN.** calomnier, dénigrer, médire de). ◆ **se débiner** v.pr. *Fam.* S'enfuir : *Ils se sont débinés avant l'arrivée des policiers.*

① **débit** n.m. (de *1. débiter*). **1.** Écoulement de marchandises proposées à la vente : *Dans un hypermarché, le débit est important.* **2.** Manière de parler, de réciter : *Il faudrait qu'il ralentisse son débit* (**SYN.** diction, élocution). **3.** Manière de débiter le bois : *Débit d'un chêne en planches.* **4.** Quantité de liquide ou de gaz qui passe à un endroit pendant une unité de temps : *Le débit d'un fleuve.* **5.** Quantité d'informations passant pendant une unité de temps par un moyen de communication : *Les internautes ont* *besoin de lignes à haut débit.* ▸ ***Débit de tabac,*** établissement où l'on vend du tabac (= bureau de tabac). ***Débit de boissons,*** établissement où des boissons peuvent être consommées sur place (**SYN.** 1. bar, café). ***Haut débit,*** technologie qui permet la transmission rapide de fichiers informatiques ou de contenus multimédias.

② **débit** n.m. (lat. *debitum,* dette). **1.** Compte des sommes qu'une personne doit à une autre : *Cet achat sera porté à votre débit* (**CONTR.** avoir). **2.** Partie d'un compte où sont inscrites les sommes dues (**CONTR.** crédit).

débitant, e n. **1.** Commerçant qui tient un débit de boissons ou de tabac. **2.** Détaillant.

① **débiter** v.t. (de l'anc. scand. *bitte,* billot) [conj. 3]. **1.** Découper en morceaux : *Débiter un bœuf* (= équarrir). **2.** Réduire du bois en planches, en bûches, en madriers, etc. **3.** Fournir une certaine quantité en un temps donné : *L'usine débite 300 véhicules par jour* (**SYN.** produire). **4.** Vendre au détail : *Débiter du tissu.* **5.** Énoncer sur un ton monotone : *Le présentateur du journal débite les informations.* **6.** *Péjor.* Dire sans réfléchir : *Débiter des fadaises* (**SYN.** proférer, raconter).

② **débiter** v.t. (de 2. *débit*) [conj. 3]. Porter une somme au débit d'un compte (**CONTR.** créditer).

débiteur, trice n. (de 2. *débit*). **1.** Personne qui doit de l'argent, un travail (par opp. à créancier). **2.** Personne qui a une dette morale envers qqn : *Je suis votre débiteur* (**SYN.** obligé). ◆ adj. ▸ ***Compte débiteur,*** compte où le total des sommes dues dépasse celui des crédits.

déblai n.m. Dans les travaux publics, enlèvement de terres pour niveler ou abaisser le sol. ◆ **déblais** n.m. pl. Débris de matériaux ou de terrains enlevés en déblayant.

déblaiement [deblɛmɑ̃] ou **déblayage** [deblɛjaʒ]. n.m. Action de déblayer.

déblatérer v.t. ind. (lat. *deblaterare,* bavarder) [conj. 18]. **[sur, contre].** *Fam.* Tenir des propos très critiques sur : *Déblatérer sur ses collègues* (**SYN.** dénigrer, fulminer contre). *Ils déblatèrent contre les nouvelles taxes* (**SYN.** vitupérer).

déblayer [debleje] v.t. (de l'anc. fr. *desbleer,* enlever le blé) [conj. 11]. Enlever ce qui encombre un lieu : *Déblayer la neige de la route. Déblayer le couloir des bagages entassés* (**SYN.** débarrasser ; **CONTR.** embarrasser). ▸ ***Déblayer le terrain,*** résoudre les problèmes de détail, avant de se concentrer sur la question principale.

déblocage n.m. Action de débloquer : *Le déblocage accidentel d'un frein. Demander le déblocage de crédits d'urgence.*

débloquer v.t. [conj. 3]. **1.** Remettre en mouvement une machine, un mécanisme : *Débloquer un volant.* **2.** Lever l'interdiction de transporter ou de vendre des denrées, de disposer librement de crédits ou de comptes en banque : *Le gouvernement a débloqué une aide d'urgence aux victimes.* **3.** Lever les obstacles qui empêchent l'évolution d'une situation : *Débloquer une négociation.* ▸ ***Débloquer les salaires, les prix,*** permettre leur variation. ◆ v.i. *Fam.* Dire des choses extravagantes (**SYN.** délirer, déraisonner, divaguer).

débobiner v.t. [conj. 3]. Dérouler ce qui avait été mis en bobine (**CONTR.** embobiner).

déboguer v.t. [conj. 3]. En informatique, corriger les erreurs d'un programme, les bogues.

déboires n.m. pl. (de *boire*). Déceptions dues à des échecs : *J'ai subi bien des déboires avant de trouver un emploi* (**SYN.** déconvenue, désillusion, mécompte [sout.] ; **CONTR.** contentement, joie, satisfaction).

déboisement n.m. Action de déboiser un terrain, une région ; son résultat : *Le déboisement augmente l'érosion* (**SYN.** déforestation).

déboiser v.t. [conj. 3]. Dégarnir un terrain de ses arbres, une région de ses forêts. ◆ **se déboiser** v.pr. Perdre des arbres : *La région s'est déboisée.*

déboîtement n.m. **1.** Déplacement d'un os hors de son articulation (**SYN.** luxation). **2.** Action d'un véhicule qui quitte sa file ; fait de sortir de son emplacement.

déboîter v.t. (de *boîte*) [conj. 3]. **1.** Séparer un objet d'un autre objet avec lequel il est emboîté : *Déboîter une étagère de son montant* (**CONTR.** emboîter). **2.** Faire sortir un os de son articulation : *Cette chute lui a déboîté le genou* (**SYN.** démettre, luxer). ◆ v.i. Quitter sa file, en parlant d'un véhicule : *Avant de déboîter, mettez votre clignotant.*

débonder v.t. [conj. 3]. Retirer la bonde d'un tonneau, d'un réservoir.

débonnaire adj. (anc. fr. *de bonne aire,* de bonne souche). Qui est d'une bonté pouvant aller jusqu'à la faiblesse ; bonasse : *Une présidente débonnaire* (**SYN.** bon enfant). *Un tempérament débonnaire* (**SYN.** doux, pacifique).

débordant, e adj. Qui ne peut être maîtrisé, réfréné, en parlant de qqn, d'un sentiment : *Elle est d'une énergie débordante* (**SYN.** exubérant, fougueux, impétueux ; **CONTR.** paisible).

débordement n.m. **1.** Fait de déborder de son contenant : *Dégâts dus au débordement de la baignoire.* **2.** Déversement des eaux d'un cours d'eau au-delà de ses berges (**SYN.** crue, inondation). **3.** *Fig.* Grande quantité ; grande intensité : *Des débordements de tendresse* (**SYN.** déluge, flot, profusion). **4.** Fait d'être dépassé dans son action : *Le débordement des syndicats par les autonomes.* ◆ **débordements** n.m. pl. *Litt.* Désordres entraînés par des excès ; dérèglements, libertinage.

déborder v.i. [conj. 3]. **1.** Se répandre au-dessus des bords de son contenant : *Le ruisseau a débordé* (= il est sorti de son lit). **2.** Être plein au point de laisser échapper son contenu, en parlant du contenant : *La casserole déborde.* **3.** S'étendre au-delà d'une limite : *L'arbre déborde chez les voisins* (**SYN.** dépasser, envahir). **4.** Se manifester avec force, en parlant d'un sentiment : *Son enthousiasme déborde* (**SYN.** éclater). ◆ v.t. **1.** Dépasser en allant au-delà des limites de : *Le toit déborde le mur de quelques centimètres.* **2.** Sortir d'un cadre déterminé : *Le débat déborde le sujet.* **3.** Mettre dans l'impossibilité de dominer une situation : *Des dissidents ont débordé les dirigeants du parti* (**SYN.** submerger). *Il s'est laissé déborder par les événements.* ▸ ***Déborder un lit,*** tirer les bords des draps et des couvertures glissés sous le matelas. ***Être débordé,*** avoir trop de travail ; avoir beaucoup d'occupations. ◆ v.t. ind. **[de].** Manifester avec force un sentiment, un état : *Elle déborde d'imagination* (= en avoir beaucoup). ◆ **se déborder** v.pr. Tirer ses draps de sous le matelas : *Elle s'est débordée la nuit dernière et a pris froid.*

débotté ou **débotter** n.m. ▸ ***Au débotté,*** sans

préparation ; à l'improviste : *Prendre qqn au débotté* (**SYN.** au dépourvu).

débouchage n.m. Action de déboucher, d'ôter ce qui bouche ; dégorgement.

débouché n.m. **1.** Endroit où une voie, une rue aboutit : *Lyon est au débouché de plusieurs autoroutes.* **2.** En économie, possibilité de vente pour les marchandises : *Chercher des débouchés pour une innovation technologique* (**SYN.** marché). **3.** Perspective d'avenir professionnel : *Sa formation lui offre de nombreux débouchés dans la génétique.*

① **déboucher** v.t. (de *boucher*) [conj. 3]. **1.** Enlever le bouchon de : *Déboucher un tube de dentifrice* (**SYN.** ouvrir ; **CONTR.** reboucher, refermer). **2.** Débarrasser un tuyau, un conduit de ce qui le bouche : *Des pulvérisations pour déboucher le nez* (**SYN.** dégager ; **CONTR.** obstruer).

② **déboucher** v.i. (de *bouche*) [conj. 3]. Apparaître tout à coup : *Le chevreuil a débouché de la droite* (**SYN.** surgir). ◆ v.t. ind. **1. [dans, sur].** Aboutir en un lieu : *Le tuyau débouche dans la cuve* (**SYN.** donner dans). *La ruelle débouche sur la place.* **2. [sur].** Avoir comme résultat : *Les recherches ont débouché sur la création d'un nouveau médicament* (**SYN.** aboutir à, conduire à, mener à).

déboucheur n.m. Appareil ou produit servant à déboucher les canalisations.

déboucler v.t. [conj. 3]. Défaire la boucle, l'attache de : *Déboucler sa ceinture* (**CONTR.** boucler).

déboulé n.m. En sport, course rapide et puissante d'un joueur de football ou de rugby.

débouler v.i. [conj. 3]. *Fam.* Arriver soudainement et rapidement d'un endroit : *Les fuyards ont déboulé dans le centre commercial* (**SYN.** surgir). ◆ v.t. *Fam.* Descendre rapidement : *La skieuse déboule la pente* (**SYN.** dévaler).

déboulonnage ou **déboulonnement** n.m. Action de déboulonner : *Le déboulonnage d'une statue.*

déboulonner v.t. [conj. 3]. **1.** Démonter ce qui tenait grâce à des boulons : *Déboulonner une roue de voiture.* **2.** *Fam.* Faire perdre sa place, sa fonction, son prestige à : *L'opposition a déboulonné le ministre.*

débourrer v.t. [conj. 3]. **1.** Ôter d'une pipe la cendre de tabac. **2.** Donner le premier dressage à un jeune cheval.

débours [debur] n.m. (Surtout au pl.). Argent avancé ou déboursé par qqn : *Rentrer dans ses débours* (= se faire rembourser).

déboursement n.m. Action de débourser ; somme déboursée (**CONTR.** encaissement, remboursement).

débourser v.t. [conj. 3]. Utiliser pour payer : *Je n'ai pas eu à débourser un centime* (**SYN.** dépenser, verser ; **CONTR.** encaisser, recevoir, toucher).

déboussoler v.t. [conj. 3]. *Fam.* Faire perdre la tête à qqn ; le désorienter : *Cette question indiscrète l'a déboussolé* (**SYN.** déconcerter, décontenancer).

debout adv. **1.** En position verticale sur les pieds : *Mettez-vous debout. Ne plus tenir debout* (= être très fatigué). **2.** Se dit d'une chose en position verticale : *Si l'on met le sommier debout, il passera dans l'embrasure.* **3.** En bon état : *Le tremblement de terre n'a laissé debout que quelques maisons.* ▸ ***Mettre debout un projet,*** en prévoir en détail la réalisation (= organiser ; mettre sur pied). ***Tenir debout,*** être logique ; être vraisemblable : *Son récit des événements tient debout.* ◆ adj. inv. **1.** Qui est vertical sur ses pieds : *Son métier l'oblige à être debout toute la journée* (par opp. à assis ou couché). **2.** Qui est hors du lit : *Je peux lui téléphoner, elle est encore debout* (**SYN.** éveillé ; **CONTR.** endormi). *Vous êtes debout de bonne heure* (**SYN.** levé ; **CONTR.** couché). **3.** Se dit d'une chose qui est placée verticalement : *Les livres de petit format sont debout sur l'étagère.* **4.** Qui est encore en état : *Les murs sont toujours debout.* ▸ ***Magistrature debout,*** ensemble des magistrats du parquet, qui se lèvent pour faire leurs réquisitions (par opp. à magistrature assise). ◆ interj. ▸ ***Debout !,*** levez-vous !

débouter v.t. [conj. 3]. Dans la langue juridique, rejeter par jugement la demande de qqn.

déboutonner v.t. [conj. 3]. Dégager un bouton de sa boutonnière : *Déboutonnez votre veste.* ◆ **se déboutonner** v.pr. **1.** Défaire les boutons de ses habits. **2.** *Fam.* Dire tout ce qu'on a sur le cœur.

débraillé, e adj. Se dit d'une personne dont la tenue vestimentaire est en désordre ou négligée : *Des adolescents débraillés.* ◆ **débraillé** n.m. Tenue négligée.

débrancher v.t. [conj. 3]. Interrompre le branchement de : *Débrancher un fil électrique. Débrancher un ordinateur* (**SYN.** déconnecter).

débrayage [debrɛjaʒ] n.m. **1.** Action de débrayer (par opp. à embrayage) : *La pédale de débrayage d'une voiture.* **2.** Grève de courte durée : *Des débrayages dans les ateliers perturbent la production.*

débrayer [debrɛje] v.t. [conj. 11]. (Sans compl.). Sur un véhicule automobile, actionner la pédale qui permet de changer de vitesse : *Débrayez, puis embrayez doucement.* ◆ v.i. Arrêter le travail pendant une courte durée pour appuyer une revendication.

débridé, e adj. Qui est libéré de toute contrainte : *Elle a une imagination débridée* (**SYN.** effréné ; **CONTR.** modéré, retenu).

débrider v.t. [conj. 3]. Ôter la bride à : *Dans le pré, elle débride son cheval.*

débris n.m. (de *briser*). (Souvent au pl.). Morceau d'une chose brisée, détruite : *Les débris d'une ampoule* (**SYN.** éclat, fragment, tesson). ◆ n.m. pl. *Litt.* Ce qui reste après la disparition d'une chose : *Les débris d'une civilisation* (**SYN.** restes, vestiges).

débrouillard, e adj. et n. *Fam.* Qui sait se débrouiller : *Elle saura comment procéder, car elle est très débrouillarde* (**SYN.** astucieux, habile, ingénieux, malin).

débrouillardise ou **débrouille** n.f. *Fam.* Habileté à résoudre les problèmes qui surviennent : *Faire preuve de débrouillardise* (**SYN.** astuce, ingéniosité).

débrouiller v.t. [conj. 3]. **1.** Remettre en ordre ce qui est embrouillé : *Débrouiller les fils du téléphone* (**SYN.** démêler ; **CONTR.** emmêler). **2.** Rendre clair ce qui était difficile à comprendre : *Débrouiller une situation* (**SYN.** clarifier, éclaircir, élucider ; **CONTR.** compliquer, embrouiller). ◆ **se débrouiller** v.pr. *Fam.* Résoudre le problème qui se pose par ses propres moyens : *Elle s'est très bien débrouillée* (= elle s'est bien tirée d'affaire).

débroussaillage ou **débroussaillement** n.m. Action de faire disparaître les broussailles d'un terrain.

débroussailler v.t. [conj. 3]. **1.** Éliminer les broussailles de : *Débroussailler les bords d'un étang.* **2.** Rendre plus facile à étudier en éliminant les problèmes secondaires ou les détails : *Débroussailler un dossier* (**SYN.** défricher).

débroussailleuse n.f. Machine utilisée pour couper les broussailles.

débrousser v.t. [conj. 3]. En Afrique, défricher.

débusquer v.t. [conj. 3]. **1.** Faire sortir le gibier de l'endroit où il s'est réfugié : *Débusquer un lièvre.* **2.** Obliger qqn à quitter son abri : *Débusquer des trafiquants de drogue* (**SYN.** déloger).

début n.m. Première phase du déroulement d'une action, d'une série d'événements, d'une période, d'un état : *Le début de l'été* (**SYN.** arrivée, commencement ; **CONTR.** fin). *J'ai adoré le début du film* (**SYN.** ouverture ; **CONTR.** dénouement). *Au début, elle refusait, puis elle s'est ravisée* (= d'abord, initialement). ◆ **débuts** n.m. pl. Premiers pas dans une carrière, une activité quelconque : *Elle a fait ses débuts en participant à un marathon.*

débutant, e adj. et n. Qui débute : *Une pianiste débutante. Cours pour débutants* (**SYN.** néophyte, novice ; **CONTR.** spécialiste).

débuter v.i. (de *but*) [conj. 3]. **1.** Commencer, en parlant d'une chose, d'une action : *La séance débute à 16 heures* (**CONTR.** s'achever). *Le journal télévisé débute sur une bonne nouvelle* (**SYN.** s'ouvrir ; **CONTR.** finir, terminer). **2.** Faire ses premiers pas dans une carrière : *Il a débuté comme coursier* (**SYN.** démarrer).

deçà adv. ▸ *Vx* ***Deçà delà,*** par-ci, par-là, de côté et d'autre. ***En deçà,*** en arrière par rapport à un lieu : *Elle n'a pu franchir le barrage, elle est bloquée en deçà* ; à un niveau inférieur : *Le plafond de versements n'est pas atteint, vous êtes bien en deçà* (**SYN.** au-dessous ; **CONTR.** au-delà). ◆ **en deçà de** loc. prép. **1.** De ce côté-ci de : *En deçà de l'autoroute.* **2.** À un niveau inférieur à : *C'est en deçà de ce que nous espérions* (**SYN.** au-dessous de ; **CONTR.** au-delà de).

déca n.m. (abrév.). *Fam.* Café décaféiné.

décachetage n.m. Action de décacheter.

décacheter v.t. [conj. 27]. Ouvrir ce qui est cacheté : *Elle décachette l'enveloppe* (**CONTR.** cacheter, fermer).

décadaire adj. Qui revient tous les dix jours : *Relevé de compte décadaire.*

décade n.f. (gr. *dekas, dekados,* groupe de dix). **1.** Période de dix jours : *Les décades du calendrier républicain.* **2.** (Emploi critiqué). Période de dix ans ; décennie.

décadence n.f. (lat. *decadentia,* de *cadere,* tomber). Amoindrissement de ce qui fait la grandeur de qqch ou de qqn : *La décadence d'une civilisation* (**SYN.** chute, déclin, ruine ; **CONTR.** ascension, épanouissement, essor).

décadent, e adj. et n. Qui subit une décadence ; qui traduit une décadence : *Une société décadente. Musique décadente* (**SYN.** déliquescent, relâché).

décadi n.m. (du gr. *deka,* dix, d'après [*lun*]*di,* [*mar*]*di,* etc.). Dixième et dernier jour de la décade, dans le calendrier républicain.

décaèdre n.m. (du gr. *hedra,* face). En géométrie, solide à dix faces.

décaféiné, e adj. ▸ ***Café décaféiné,*** café dont on a enlevé la caféine. ◆ **décaféiné** n.m. Café décaféiné (abrév. fam. déca).

décagone n.m. En géométrie, polygone qui a dix angles, et donc dix côtés.

décalage n.m. **1.** Écart dans l'espace ou dans le temps : *Les tables ne sont pas alignées, il y a un décalage de quelques centimètres* (**SYN.** distance, intervalle). *Le décalage horaire entre Montréal et Paris.* **2.** Manque de correspondance entre deux choses, deux personnes, deux situations : *Vous constaterez le décalage entre les témoignages et les faits* (**SYN.** différence, discordance ; **CONTR.** accord, concordance, conformité).

décalaminer v.t. [conj. 3]. Enlever la calamine qui recouvre une surface métallique.

décalcification n.f. En médecine, perte d'une partie du calcium contenu dans l'organisme.

décalcifier v.t. [conj. 9]. Provoquer une décalcification des os, des dents, des tissus de l'organisme. ◆ **se décalcifier** v.pr. Être atteint de décalcification : *Ses dents se sont décalcifiées.*

décalcomanie n.f. Procédé permettant de reporter des images coloriées sur une surface à décorer ; image ainsi obtenue.

décalé, e adj. Qui n'est pas en harmonie, en phase avec la réalité, la situation : *Un humour décalé.*

décaler v.t. [conj. 3]. Déplacer dans l'espace ou dans le temps : *Décalez toutes les chaises vers la droite. J'ai dû décaler tous mes rendez-vous* (= les avancer ou les retarder).

décalitre n.m. Mesure de capacité valant 10 litres (abrév. dal).

décalogue n.m. (du gr. *deka,* dix, et *logos,* parole). Les dix commandements de Dieu, donnés, selon la Bible, à Moïse sur le Sinaï.

décalotter v.t. [conj. 3]. Dégager le gland en tirant le prépuce vers la base de la verge.

décalquage ou **décalque** n.m. Action de décalquer ; image ainsi obtenue : *Reproduire une carte par décalquage.*

décalquer v.t. [conj. 3]. Reporter le calque d'un dessin sur un support ; reproduire un dessin au moyen d'un calque.

décamètre n.m. **1.** Mesure de longueur de 10 mètres (abrév. dam). **2.** Chaîne ou ruban d'acier de 10 mètres, pour mesurer des distances sur le terrain.

décamper v.i. [conj. 3]. *Fam.* Quitter précipitamment un lieu : *À l'arrivée de la police, les raveurs ont tous décampé* (**SYN.** s'enfuir, se sauver).

décan n.m. (du lat. *decanus,* de *decem,* dix). En astrologie, l'une des trois régions du ciel de chaque signe du zodiaque.

décantation n.f. ou **décantage** n.m. Action de décanter ; fait de se décanter.

décanter v.t. (du lat. *canthus,* bec de cruche) [conj. 3]. **1.** Débarrasser un liquide de ses impuretés en les laissant se déposer au fond d'un récipient : *Décanter les eaux usées dans un bassin* (**SYN.** épurer, filtrer, purifier). **2.** *Fig.* Rendre moins embrouillé : *Décanter un projet* (**SYN.** clarifier, mûrir). ◆ **se décanter** v.pr. **1.** Devenir plus limpide en laissant se déposer les impuretés : *Le vin se décante.* **2.** Devenir plus clair, plus net : *Mes souvenirs se sont un peu décantés* (**SYN.** s'éclaircir).

décapage n.m. Action de décaper.

décapant, e adj. **1.** Qui décape : *Un produit décapant pour enlever la peinture.* **2.** *Fig.* Qui remet en cause, de façon salutaire, les habitudes de pensée, les idées reçues : *Une ironie décapante* (**SYN.** stimulant). ◆ **décapant** n.m. Produit qui sert à décaper.

décaper v.t. [conj. 3]. Nettoyer une surface en la débarrassant de ce qui la recouvre (peinture, vernis, crasse, etc.) : *Elle décape l'escalier avant de le vernir.*

décapitation n.f. Action de décapiter ; fait d'être décapité.

décapiter v.t. (du lat. *caput*, tête) [conj. 3]. **1.** Trancher la tête de qqn : *Décapiter un criminel* (**SYN.** guillotiner [anc.]). **2.** Ôter l'extrémité supérieure de : *Décapiter des arbres* (**SYN.** écimer, étêter). **3.** *Fig.* Priver un groupe de ses dirigeants : *Décapiter une organisation criminelle.*

décapode n.m. Crustacé ayant cinq paires de pattes, comme le crabe, la crevette, le homard.

décapotable adj. et n.f. Se dit d'une voiture dont la capote peut être enlevée ou repliée.

décapoter v.t. [conj. 3]. Replier, enlever la capote d'une voiture décapotable.

décapsuler v.t. [conj. 3]. Ôter la capsule d'une bouteille.

décapsuleur n.m. Outil de métal pour enlever les capsules des bouteilles (**SYN.** ouvre-bouteille).

se **décarcasser** v.pr. [conj. 3]. *Fam.* Se donner beaucoup de mal : *Elle s'est décarcassée pour trouver des appareils fiables* (**SYN.** se démener).

décasyllabe [dekasilab] adj. et n.m. ou **décasyllabique** adj. En poésie, se dit d'un vers qui a dix syllabes.

décathlon n.m. Épreuve masculine d'athlétisme comprenant dix spécialités différentes.

décathlonien n.m. Athlète spécialiste du décathlon ; athlète participant à un décathlon.

décati, e adj. *Fam.* Qui est physiquement marqué par l'âge : *Des vieillards tout décatis.*

décatir v.t. [conj. 32]. Ôter l'apprêt d'une étoffe. ◆ **se décatir** v.pr.Perdre la fraîcheur de sa jeunesse : *Elle s'est décatie* (**SYN.** se faner, vieillir).

décavé, e adj. *Fam.* **1.** Ruiné. **2.** Épuisé ; amaigri.

décéder v.i. (lat. *decedere*, s'en aller) [conj. 18 ; auxil. *être*]. Mourir, en parlant de qqn : *Elle est décédée l'an dernier* (**SYN.** disparaître, trépasser [litt.]).

déceler [desle] v.t. (de *celer*) [conj. 25]. **1.** Trouver des indices : *Déceler une fuite de gaz* (**SYN.** découvrir, détecter, repérer). *Ses employeurs ont décelé chez lui un don pour l'informatique* (**SYN.** percevoir, remarquer). **2.** *Litt.* Révéler l'existence de : *Son tremblement décelait sa profonde émotion* (**SYN.** dénoter, révéler, trahir). ☞ **REM.** Ne pas confondre avec *desceller* ou *desseller.*

décélération n.f. Réduction de la vitesse d'un véhicule (**SYN.** ralentissement).

décélérer v.i. (de *accélérer*) [conj. 18]. Ralentir, en parlant d'un véhicule ; cesser d'accélérer, en parlant d'un conducteur.

décembre n.m. (lat. *decembris mensis*, dixième mois, l'année romaine commençant en mars). Douzième mois de l'année : *Nous avons connu des décembres plus froids.*

décemment [desamɑ̃] adv. De façon décente : *Il ne peut décemment pas se présenter dans cet état* (**SYN.** convenablement, correctement). *Décemment, il nous faudrait plus de place* (**SYN.** honnêtement, raisonnablement).

décence n.f. **1.** Respect des convenances : *Vos paroles sont contraires à la décence* (**SYN.** bienséance, correction ; **CONTR.** indécence). **2.** Dignité dans l'expression, le comportement : *Elle a eu la décence de ne pas répondre* (**SYN.** savoir-vivre, tact ; **CONTR.** cynisme, impudence).

décennal, e, aux [desenal, o] adj. (du lat. *decem*, dix, et *annus*, an). **1.** Qui dure dix ans : *Mandats décennaux.* **2.** Qui revient tous les dix ans : *Une inspection décennale.*

décennie [deseni] n.f. Période de dix ans.

décent, e adj. (du lat. *decere*, être convenable). **1.** Conforme à la décence, aux convenances : *Des vêtements décents* (**SYN.** convenable, correct ; **CONTR.** inconvenant, indécent). *Il serait plus décent d'attendre demain pour lui téléphoner* (**SYN.** bienséant, poli ; **CONTR.** incorrect, malséant). **2.** Qui est d'un niveau acceptable : *Il faut sauvegarder un nombre décent d'emplois* (**SYN.** acceptable, honnête, suffisant).

décentrage n.m. Action de décentrer.

décentralisateur, trice adj. Qui applique, favorise la décentralisation : *Politique décentralisatrice.*

décentralisation n.f. Action de décentraliser ; résultat de cette action : *La décentralisation universitaire* (**CONTR.** centralisation).

décentraliser v.t. [conj. 3]. **1.** Donner un pouvoir de décision et de gestion à des autorités régionales ou locales qui dépendent d'un pouvoir central. **2.** Répartir en différents lieux ce qui se trouvait en un seul endroit : *Cette entreprise a décentralisé sa production dans le Nord.*

décentrer v.t. [conj. 3]. Déplacer le centre de qqch ; déplacer qqch par rapport à un centre, un axe : *Le choc a décentré la roue.*

déception n.f. Fait d'être déçu, de ne pas avoir ce que l'on attendait, ce que l'on espérait : *Il a ressenti une amère déception à l'annonce de ses mauvais résultats* (**SYN.** déconvenue). *La déception de ne pouvoir les accompagner se lisait sur son visage* (**SYN.** désappointement, désenchantement, désillusion).

décérébrer v.t. (du lat. *cerebrum*, cerveau) [conj. 18]. En physiologie, détruire le cerveau d'un animal.

décerner v.t. (lat. *decernere*, décider) [conj. 3]. Accorder solennellement : *Les juges ont décerné une récompense au plus combatif* (**SYN.** attribuer, conférer, octroyer).

décès n.m. (lat. *decessus*, départ). Mort d'une personne : *Plusieurs décès sont survenus récemment dans sa famille* (= plusieurs personnes sont décédées ; **SYN.** disparition, trépas [litt.]).

décevant, e adj. Qui déçoit : *Cette soirée a été très décevante. Un acteur décevant.*

décevoir v.t. (lat. *decipere*, tromper) [conj. 52]. Causer une déception à qqn : *Il nous a déçus en refusant* (**SYN.** désappointer ; **CONTR.** contenter, satisfaire).

déchaîné, e adj. **1.** Qui se laisse emporter par l'enthousiasme ou l'excitation : *Des supporters* *déchaînés* (**SYN.** exalté, exubérant ; **CONTR.** flegmatique, placide). **2.** Qui se manifeste avec violence : *Une mer déchaînée* (**SYN.** démonté ; **CONTR.** calme).

déchaînement n.m. **1.** Fait de se déchaîner, de ne plus connaître de limites : *Le déchaînement de la tempête, des vents* (**SYN.** déferlement). **2.** Fureur de ce qui n'est plus maîtrisé : *Un déchaînement de haine* (**SYN.** débordement, explosion).

déchaîner v.t. [conj. 4]. Provoquer un sentiment violent, qqch d'incontrôlable : *Déchaîner les passions* (**SYN.** allumer, soulever, susciter ; **CONTR.** apaiser, éteindre). *Cette réplique a déchaîné les applaudissements* (**SYN.** déclencher). ◆ **se déchaîner** v.pr. **1.** Se laisser emporter par l'enthousiasme ou par l'excitation : *La foule s'est déchaînée contre les responsables* (**SYN.** éclater, s'emporter, exploser). **2.** Se manifester avec violence, en parlant des éléments naturels : *Le volcan s'est réveillé et il se déchaîne.*

déchanter v.i. [conj. 3]. Perdre ses illusions : *Elle espérait des remerciements, mais elle a déchanté.*

décharge n.f. **1.** Projectile ou ensemble de projectiles tiré par une ou plusieurs armes à feu : *Les gardes ont été abattus d'une décharge de mitraillette* (**SYN.** rafale, salve). **2.** Lieu où l'on dépose les décombres et les déchets. **3.** Dans la langue juridique, acte par lequel on libère qqn d'une obligation, d'une responsabilité : *Vous devez signer une décharge pour pouvoir sortir de l'hôpital.* **4.** Au Québec, cours d'eau dans lequel s'écoule le trop-plein d'un lac ; lieu où s'effectue ce déversement. ▸ ***À sa décharge,*** pour atténuer sa responsabilité. ***Décharge électrique,*** phénomène qui se produit quand un conducteur électrique perd sa charge. ***Témoin à décharge,*** dans la langue juridique, personne qui témoigne en faveur d'un suspect.

déchargement n.m. **1.** Action de décharger un véhicule, un navire, ce qu'il transporte. **2.** Action de décharger une arme à feu, d'ôter sa charge.

décharger v.t. [conj. 17]. **1.** Débarrasser de son chargement, de sa charge : *Décharger un camion. Je vous décharge de votre sac à dos* (**SYN.** soulager). **2.** Retirer d'un véhicule ce qui a été transporté : *Nous avons déchargé les valises.* **3.** Faire en sorte que qqn n'ait plus à exécuter une tâche, à exercer une fonction : *Elle m'a déchargé d'une partie du travail* (**SYN.** dispenser, libérer, soulager). **4.** Atténuer ou annuler la responsabilité de qqn : *Elle déchargera le suspect en lui fournissant un alibi* (**SYN.** blanchir, disculper, innocenter). **5.** Tirer avec une arme à feu : *Décharger son revolver sur qqn* (= tirer sur lui). **6.** Retirer la cartouche d'une arme à feu, la charge d'une mine ou d'un projectile : *Il faut décharger son fusil avant de le nettoyer.* **7.** Enlever tout ou partie de l'énergie électrique emmagasinée dans : *Décharger une batterie.* **8.** Laisser s'exprimer un sentiment violent : *Décharger sa rancœur sur qqn.* ▸ ***Décharger sa conscience,*** avouer un secret lourd à porter. ◆ v.i. **1.** Vider son chargement. **2.** Perdre sa couleur : *La serviette rouge a déchargé dans le lave-linge* (**SYN.** déteindre). ◆ **se décharger** v.pr. **1.** Se vider de sa charge, de son chargement : *Les portables se sont déchargés.* **2. [de].** Laisser une autre personne exécuter une tâche, exercer une fonction : *Elle s'est déchargée des problèmes administratifs sur son collaborateur* (**SYN.** se libérer de).

décharné, e adj. (de l'anc. fr. *charn,* chair). Qui est extrêmement maigre (**SYN.** émacié ; **CONTR.** dodu, replet).

déchaussement n.m. Rétraction de la gencive qui découvre la racine de la dent.

déchausser v.t. [conj. 3]. Ôter ses chaussures à qqn. ▸ ***Déchausser ses skis,*** les ôter en défaisant la fixation. ◆ **se déchausser** v.pr. **1.** Enlever ses chaussures : *Elle s'est déchaussée en arrivant.* **2.** En parlant d'une dent, se dénuder au niveau de la racine.

dèche n.f. *Fam.* Manque d'argent ; dénuement, indigence : *Être dans la dèche* (**SYN.** misère).

déchéance n.f. **1.** Fait de déchoir, d'être déchu, moralement ou socialement : *Après son licenciement, il a connu la lente déchéance sociale* (**SYN.** chute, déclin ; **CONTR.** ascension). **2.** État de dégradation, d'abaissement des facultés physiques ou intellectuelles : *La drogue l'a conduit à la déchéance* (**SYN.** avilissement, dégradation). **3.** Perte d'un droit juridique ou d'une fonction : *L'assemblée a voté la déchéance du président.*

déchet n.m. (de *déchoir*). **1.** (Souvent au pl.). Reste inutilisable de qqch : *Jeter les déchets à la poubelle* (**SYN.** détritus, ordure). *Des déchets radioactifs.* **2.** Ce qui tombe d'une matière qu'on travaille : *Déchets de tissu* (**SYN.** chute, résidu).

Déchetterie n.f. (nom déposé). Centre ouvert au public pour qu'il y dépose, en les triant, ses déchets encombrants ou recyclables. ☞ **REM.** L'Académie écrit *déchèterie.*

déchiffrable adj. Que l'on peut déchiffrer : *Écriture à peu près déchiffrable* (**SYN.** lisible ; **CONTR.** illisible, indéchiffrable).

déchiffrage n.m. Action de déchiffrer de la musique : *Le déchiffrage d'une partition.*

déchiffrement n.m. Action de déchiffrer un texte écrit normalement ou en code : *Le déchiffrement d'un message* (**SYN.** décryptage).

déchiffrer v.t. [conj. 3]. **1.** Parvenir à lire un texte écrit peu lisiblement, à comprendre un texte codé ou écrit dans une langue inconnue : *Déchiffrer un message secret* (**SYN.** décoder, décrypter). **2.** Lire ou exécuter de la musique à la première vision de la partition. **3.** Deviner ce qui est caché, mystérieux, obscur : *Déchiffrer une énigme* (**SYN.** débrouiller, élucider ; **CONTR.** embrouiller, obscurcir).

déchiqueter v.t. (de l'anc. fr. *échiqueté,* découpé en cases) [conj. 27]. Mettre en morceaux en arrachant : *J'ai eu la jambe déchiquetée dans l'accident. Le chien déchiquette son ballon* (**SYN.** lacérer).

déchirant, e adj. Qui fait souffrir en émouvant profondément : *Des adieux déchirants* (**SYN.** bouleversant, douloureux, poignant ; **CONTR.** joyeux, plaisant). *Un cri déchirant* (**SYN.** atroce, insupportable).

déchirement n.m. **1.** Action de déchirer ; déchirure involontaire : *Le déchirement d'un vêtement dans les barbelés.* **2.** *Fig.* Intense douleur morale : *Le déchirement que lui a causé le départ de son ami* (**SYN.** chagrin, peine). **3.** *Fig.* Division dans un groupe, une société, qui cause des troubles, des conflits : *Les déchirements du parti au sujet du candidat à présenter* (**SYN.** désunion, tiraillement).

déchirer v.t. [conj. 3]. **1.** Mettre en morceaux ; faire un accroc à : *Déchirer un brouillon* (**SYN.** déchiqueter).

Il a déchiré sa poche dans les épines (**SYN.** accrocher). **2.** *Fig.* Causer une vive douleur physique ou morale à : *Ces quintes de toux lui déchirent la poitrine* (**SYN.** meurtrir). *Refuser me déchire le cœur* (**SYN.** arracher, fendre). **3.** *Fig.* Diviser par des conflits, des troubles : *La guerre civile déchire ce pays* (**SYN.** désunir). ◆ **se déchirer** v.pr. **1.** Se rompre : *La sangle s'est déchirée* (**SYN.** craquer). **2.** Se causer mutuellement de grandes souffrances morales : *Le couple s'est déchiré au moment du divorce.* ▸ ***Se déchirer un muscle,*** se faire une déchirure musculaire.

déchirure n.f. **1.** Partie déchirée de qqch : *En tombant, j'ai fait une déchirure à mon pantalon* (**SYN.** accroc). **2.** En médecine, rupture dans le tissu musculaire.

déchoir v.i. (du lat. *cadere*, tomber) [conj. 71]. **1.** (Auxil. *être*). Tomber à un niveau inférieur à celui où l'on était : *Il est déchu de son titre.* **2.** (Auxil. *avoir*). *Litt.* Perdre de son importance : *Son autorité a déchu* (**SYN.** s'amenuiser, s'affaiblir, décliner). ◆ v.t. (Auxil. *avoir*). Déposséder d'un droit, d'un privilège : *Le tribunal a déchu le politicien de son droit de vote.*

déchristianisation n.f. Action de déchristianiser.

déchristianiser v.t. [conj. 3]. Faire cesser d'être chrétien.

déchu, e adj. Qui a perdu son rang, sa réputation ; qui s'est abaissé moralement : *Un fils de famille déchu* (**SYN.** déclassé). *Les anges déchus.*

de-ci adv. ▸ ***De-ci de-là*** → **1. ci.**

déci n.m. En Suisse, dans les cafés, mesure d'un décilitre de vin.

décibel n.m. (du nom de *Graham Bell*). Unité servant en acoustique à définir une échelle d'intensité sonore (abrév. dB). ◆ **décibels** n.m. pl. *Fam.* Sons dont le volume est très élevé : *Diminuez les décibels après 22 heures.*

décidable adj. En logique, se dit d'une formule, d'un système qui sont démontrables ou réfutables (par opp. à indécidable).

décidé, e adj. Qui fait preuve de volonté, d'esprit de décision, d'assurance : *C'est une femme très décidée qui va au bout de ce qu'elle entreprend* (**SYN.** assuré, déterminé, résolu ; **CONTR.** hésitant, indécis).

décidément adv. Introduit une conclusion, une constatation : *Décidément, nous ne sommes pas d'accord* (**SYN.** finalement). *Décidément, elle a beaucoup de chance* (**SYN.** manifestement).

décider v.t. (lat. *decidere*, trancher) [conj. 3]. **1.** Déterminer ce qu'on doit faire : *Elle a décidé que nous partirions de bonne heure* (**SYN.** décréter, fixer). **2.** Pousser qqn à agir, à prendre telle ou telle décision : *Vous aurez du mal à le décider* (**SYN.** convaincre). *Elle l'a décidé à se présenter aux élections* (**SYN.** inciter à, persuader de). **3.** *Sout.* Être la cause déterminante de : *Ses performances ont décidé la participation de l'équipe à la compétition* (**SYN.** entraîner, provoquer). ◆ v.t. ind. **[de]. 1.** Prendre la décision de ; choisir de faire qqch : *Nous déciderons de la date de la prochaine réunion* (**SYN.** arrêter, déterminer, fixer). *Elle a décidé de s'occuper de tout* (**SYN.** résoudre de). **2.** Être l'élément déterminant de : *Le résultat du vote décidera de son avenir.* ◆ v.i. Avoir l'autorité pour choisir : *Ce sont nos supérieurs qui décident* (**SYN.** statuer, trancher). ◆ **se décider** v.pr. Prendre une résolution, une décision : *Elle s'est enfin décidée à poser du papier peint* (**SYN.** choisir de, se déterminer à).

décideur, euse n. Personne habilitée à prendre des décisions (**SYN.** décisionnaire).

décigramme n.m. Dixième du gramme (abrév. dg).

décilitre n.m. Dixième du litre (abrév. dl).

décimal, e, aux adj. (du lat. *decimus*, dixième). Qui a pour base le nombre dix : *Système décimal. Numération décimale.* ▸ ***Nombre décimal,*** nombre qui comporte une fraction de l'unité, représentée par des chiffres après une virgule. ◆ **décimale** n.f. Chacun des chiffres figurant après la virgule dans l'écriture d'un nombre décimal.

décimer v.t. (lat. *decimare*, punir de mort un homme sur dix) [conj. 3]. Faire mourir en grand nombre : *La guerre a décimé la population* (**SYN.** exterminer).

décimètre n.m. **1.** Dixième du mètre (abrév. dm). **2.** Règle divisée en centimètres et en millimètres : *Un double décimètre* (= qui mesure deux décimètres, soit vingt centimètres).

décisif, ive adj. (lat. *decisivus*, de *decidere*, trancher). Qui permet de résoudre définitivement une difficulté : *Une preuve décisive* (**SYN.** incontestable, indiscutable, irréfutable ; **CONTR.** douteux). *Marquer le point décisif* (**SYN.** déterminant). *C'est un rendez-vous décisif pour la suite de son existence* (**SYN.** capital, crucial ; **CONTR.** accessoire, secondaire).

décision n.f. **1.** Acte par lequel qqn opte pour une solution, décide qqch ; chose décidée : *Cette décision est mûrement réfléchie* (**SYN.** choix). *Prendre la décision d'écrire à qqn* (**SYN.** résolution). **2.** Qualité d'une personne pleine d'assurance, qui n'hésite pas à faire des choix : *Faire preuve de décision* (**SYN.** assurance, caractère, détermination, fermeté). *Avoir l'esprit de décision* (= se décider rapidement). **3.** Acte par lequel une autorité décide qqch après examen : *La décision d'un tribunal* (= jugement, verdict).

décisionnaire adj. Qui peut prendre une décision : *Un organisme décisionnaire.* ◆ n. Personne qui exerce un pouvoir de décision (**SYN.** décideur).

décisionnel, elle adj. Relatif à une décision, à une prise de décision : *Les processus décisionnels.*

déclamation n.f. **1.** Action de déclamer ; art de réciter devant un public. **2.** *Péjor.* Emploi d'un style emphatique et pompeux en parlant ; discours pompeux.

déclamatoire adj. **1.** Qui relève de la déclamation : *L'art déclamatoire.* **2.** Qui est d'une solennité excessive : *Un ton déclamatoire* (**SYN.** emphatique, grandiloquent, pompeux, ronflant).

déclamer v.t. (du lat. *clamare*, crier) [conj. 3]. **1.** Réciter en mettant les intonations et en faisant des gestes : *L'actrice déclame son texte.* **2.** (Sans compl.). Parler avec trop de solennité.

déclarant, e adj. et n. Qui fait une déclaration à un officier de l'état civil.

déclaratif, ive adj. ▸ ***Phrase déclarative,*** qui énonce une affirmation (par opp. à phrase interrogative ou phrase impérative). ***Verbe déclaratif,*** qui introduit ce qui est énoncé (par opp. à verbe de croyance ou d'opinion) : *« Dire », « expliquer », « raconter » sont des verbes déclaratifs.*

déclaration n.f. **1.** Action de déclarer ; acte, discours par lequel on déclare : *Faire une déclaration à la presse* (**SYN.** communication, proclamation). **2.** Dans la langue juridique, affirmation de l'existence d'une situation juridique ou d'un fait ; formulaire permettant cette affirmation : *Faire une déclaration de changement de domicile. Déclaration de revenus* (= sur la base de laquelle est calculé le montant de l'impôt). **3.** Aveu fait à qqn de l'amour que l'on éprouve à son égard : *Il n'ose pas lui faire sa déclaration.*

déclarer v.t. (du lat. *clarare,* rendre clair) [conj. 3]. **1.** Faire connaître d'une façon évidente, solennelle : *Déclarer son amour à qqn* (**SYN.** annoncer, avouer, révéler). *Déclarer qqn non coupable* (= l'acquitter ; **SYN.** proclamer). **2.** Fournir certains renseignements à une administration : *Déclarer ses revenus au fisc.* ▸ ***Déclarer la guerre à,*** signifier officiellement son intention de mener une lutte armée contre ; fig., annoncer son intention de lutter énergiquement contre : *Déclarer la guerre à la pollution.* ◆ **se déclarer** v.pr. **1.** Faire connaître son opinion, ses sentiments : *Elle s'est déclarée contre la peine de mort* (**SYN.** se prononcer). *Il s'est enfin déclaré* (= il a avoué son amour). **2.** Commencer à se manifester nettement : *La maladie s'est déclarée après une semaine d'incubation* (**SYN.** apparaître, se déclencher).

déclassé, e adj. et n. Qui est passé à un rang social, à un niveau inférieur : *Un sportif déclassé* (**SYN.** déchu).

déclassement n.m. **1.** Action de déranger ce qui est classé ; résultat de cette action. **2.** Placement dans une catégorie inférieure : *Le déclassement d'un sportif dopé.*

déclasser v.t. [conj. 3]. **1.** Déranger le classement de : *Déclasser des disquettes* (**SYN.** déranger, mélanger). **2.** Faire passer dans une condition plus médiocre, dans une catégorie inférieure : *La ministre a déclassé ce fonctionnaire pour faute professionnelle* (**SYN.** déchoir ; **CONTR.** promouvoir). *Déclasser un restaurant.*

déclassifier v.t. [conj. 9]. Dans le domaine militaire, supprimer les restrictions d'accès à des documents classifiés, considérés comme secrets.

déclenchement n.m. Action de déclencher ; fait de se déclencher : *Le déclenchement du signal d'alarme a fait fuir le cambrioleur.*

déclencher v.t. (de *clenche*) [conj. 3]. **1.** Mettre en marche, en mouvement : *Le passage dans le champ de la caméra déclenche l'ouverture de la porte* (**SYN.** entraîner, provoquer). **2.** *Fig.* Faire apparaître brusquement : *Ses propos ont déclenché l'hilarité générale* (**SYN.** occasionner, susciter). *L'armée a déclenché une attaque* (**SYN.** lancer). ◆ **se déclencher** v.pr. **1.** Se mettre à fonctionner : *L'alarme s'est déclenchée.* **2.** Se produire brusquement : *L'épidémie s'est déclenchée dans la région inondée* (**SYN.** se déclarer).

déclencheur n.m. Dispositif qui déclenche un mécanisme.

déclic n.m. (de l'anc. fr. *cliquer,* faire du bruit). **1.** Mécanisme destiné à séparer deux pièces enclenchées : *Appuyer sur le déclic.* **2.** Bruit provoqué par ce mécanisme : *Entendre le déclic d'un appareil photo.* **3.** *Fig.* Compréhension soudaine : *Grâce à cette remarque, j'ai eu le déclic.*

déclin n.m. Fait de décliner, de perdre de ses qualités ; période au cours de laquelle ce fait se produit : *Le déclin d'une civilisation* (**SYN.** décadence). *Le déclin d'un parti politique* (**SYN.** affaiblissement, baisse ; **CONTR.** essor, renaissance). *Un chanteur sur le déclin.*

déclinable adj. Qui peut être décliné.

déclinaison n.f. Ensemble des formes que prennent, dans certaines langues, les noms, les adjectifs et les pronoms suivant leur genre, leur nombre et leur cas : *La déclinaison latine comporte six cas.*

déclinant, e adj. Qui décline, s'affaiblit : *Des facultés intellectuelles déclinantes* (**SYN.** décroissant).

décliner v.i. (lat. *declinare,* détourner) [conj. 3]. **1.** Perdre de ses forces, de ses qualités : *Mon grand-père décline* (**SYN.** s'affaiblir, dépérir ; **CONTR.** se fortifier, rajeunir). *Ses forces déclinent* (**SYN.** baisser, décroître, diminuer ; **CONTR.** remonter). **2.** Laisser place à la nuit, en parlant du jour (**SYN.** baisser, diminuer, faiblir). ◆ v.t. **1.** Refuser avec politesse : *Décliner une offre* (**SYN.** écarter, repousser). **2.** En linguistique, énoncer les formes d'une déclinaison. ▸ ***Décliner son identité, ses titres,*** les indiquer avec précision. ***Décliner toute responsabilité,*** refuser d'être tenu pour responsable ; rejeter, récuser.

déclivité n.f. (du lat. *clivus,* pente). État de ce qui est en pente : *La déclivité d'un toit* (**SYN.** inclinaison, pente).

décloisonnement n.m. Action de décloisonner ; fait d'être décloisonné.

décloisonner v.t. [conj. 3]. Permettre la communication, la libre circulation des idées, de l'information ou des personnes : *Décloisonner les disciplines scientifiques. Décloisonner les départements d'une entreprise.*

déclouer v.t. [conj. 3]. Défaire ce qui est cloué (**CONTR.** clouer).

déco adj. inv. (abrév.). ▸ ***Arts déco*** ou ***Art déco,*** style décoratif en vogue dans les années 1920.

décocher v.t. (de *coche,* entaille) [conj. 3]. **1.** Lancer avec un arc ou un instrument analogue : *Décocher une flèche* (**SYN.** darder, envoyer). **2.** Donner, lancer avec force et d'une manière soudaine : *Il lui décocha un coup de poing* (**SYN.** asséner).

décoction [dekɔksjɔ̃] n.f. (du lat. *decoquere,* faire cuire). Liquide obtenu en faisant bouillir des plantes aromatiques dans de l'eau.

décodage n.m. Action de décoder : *Le décodage d'un message, d'un texte* (**SYN.** déchiffrement, décryptage).

décoder v.t. [conj. 3]. **1.** Remettre en langage clair un message, un texte codé : *Décoder les transmissions des agents secrets* (**SYN.** déchiffrer, décrypter, traduire ; **CONTR.** chiffrer, coder). *À cette heure-ci, les émissions de la chaîne cryptée sont décodées* (= diffusées sans cryptage). **2.** *Fig.* Interpréter, comprendre : *Décoder le comportement d'un adolescent.*

① **décodeur** n.m. Dispositif permettant de restituer en clair les programmes de télévision cryptés à l'émission.

② **décodeur, euse** n. Personne qui décode un message.

décoffrage n.m. Action de décoffrer un ouvrage de béton. ▸ *Fam.* ***Brut de décoffrage*** → **brut.**

décoffrer v.t. [conj. 3]. Enlever le coffrage d'un ouvrage de béton après durcissement de celui-ci.

décoiffer v.t. [conj. 3]. Mettre les cheveux en désordre : *Un courant d'air l'a décoiffée* (**SYN.** dépeigner). ◆ v.i. *Fam.* Produire une forte impression : *Une musique qui décoiffe.*

décoincer v.t. [conj. 16]. Dégager ce qui est coincé : *Il me faut un outil pour décoincer la cassette du magnétoscope* (**SYN.** débloquer). ◆ **se décoincer** v.pr. **1.** Pouvoir de nouveau bouger : *La porte s'est décoincée.* **2.** *Fig., fam.* Perdre sa timidité, sa réserve : *Elle s'est décoincée en fin de soirée* (**SYN.** se libérer).

décolérer v.i. [conj. 18]. ▸ ***Ne pas décolérer,*** ne pas cesser d'être en colère : *Depuis qu'il a entendu la nouvelle, il n'a pas décoléré.*

décollage n.m. **1.** Action de quitter le sol : *Le décollage vertical d'un hélicoptère* (**CONTR.** atterrissage). **2.** Action de détacher ce qui est collé : *Le décollage des affiches sur une palissade.* **3.** *Fig.* Fait de se développer soudainement : *Le décollage de la consommation a permis de réduire le chômage* (**SYN.** essor, redémarrage ; **CONTR.** baisse, diminution, ralentissement).

décollation n.f. (du lat. *decollare,* décapiter). *Litt.* Action de couper la tête.

décollé, e adj. ▸ ***Oreilles décollées,*** qui s'écartent du crâne.

décollement n.m. Fait de se décoller, d'être décollé : *Le décollement d'une semelle de chaussure. Il est opéré d'un décollement de la rétine.*

décoller v.t. [conj. 3]. Détacher ce qui est collé, ce qui adhère à qqch : *Avec de l'alcool, j'ai réussi à décoller le chewing-gum* (**SYN.** enlever ; **CONTR.** coller). ◆ v.i. **1.** Quitter le sol, en parlant d'un avion, d'un hélicoptère, d'une fusée : *La navette a décollé de cap Canaveral à midi.* **2.** En économie, sortir de la stagnation ; se développer : *Les ventes de consoles de jeux ont décollé au moment de la sortie du nouveau modèle* (**SYN.** s'accroître, s'envoler, progresser ; **CONTR.** diminuer, ralentir). ▸ *Fam.* ***Ne pas décoller,*** ne pas quitter un lieu : *Il ne décolle pas de chez ses voisins. Elle ne décolle pas de son ordinateur.*

décolleté, e adj. Qui a les épaules et le cou découverts ; qui laisse les épaules et le cou découverts : *Des mannequins décolletés. Elle porte des corsages toujours très décolletés* (**SYN.** échancré). ◆ **décolleté** n.m. **1.** Haut du buste d'une femme découvert par l'échancrure de son vêtement : *Elle a un décolleté superbe* (= un cou, des épaules et un dos superbes). **2.** Échancrure d'un vêtement féminin, dégageant plus ou moins le haut du buste : *Cette robe a un décolleté très profond.*

décolleter v.t. (de *collet*) [conj. 27]. Couper un vêtement de manière à dégager le cou et le haut du buste.

décolleuse n.f. Machine servant à décoller les revêtements des murs ou des sols.

décolonisation n.f. Action de décoloniser ; situation qui en résulte : *La décolonisation de l'Afrique* (**CONTR.** colonisation).

décoloniser v.t. [conj. 3]. Accorder l'indépendance à un pays jusque-là soumis au régime colonial (**CONTR.** coloniser).

décolorant, e adj. Qui décolore : *Un shampooing décolorant.* ◆ **décolorant** n.m. Substance, produit qui décolore.

décoloration n.f. **1.** Disparition ou affaiblissement de la couleur de qqch : *La décoloration de la moquette est due à l'exposition au soleil.* **2.** Opération qui consiste à éclaircir la couleur naturelle des cheveux : *Le coiffeur lui a fait une décoloration.*

décolorer v.t. [conj. 3]. Altérer, effacer, éclaircir la couleur de : *L'eau de mer et le soleil lui ont décoloré les cheveux.* ◆ **se décolorer** v.pr. **1.** Perdre sa couleur : *Sa chemise s'est décolorée à force d'être lavée* (**SYN.** pâlir, se ternir). **2.** Éclaircir la couleur de ses cheveux : *Elle s'est décoloré les cheveux.*

décombres n.m. pl. (de l'anc. fr. *decombrer,* débarrasser). Débris d'un édifice écroulé : *Des décombres fumants* (**SYN.** gravats, ruines).

décommander v.t. [conj. 3]. Annuler une commande, une réunion, un rendez-vous, une invitation : *Elle a décommandé son rendez-vous chez le médecin.* ◆ **se décommander** v. pr. Faire savoir qu'on ne pourra se rendre à une invitation qu'on avait acceptée : *Ils se sont décommandés.*

décompensation n.f. En médecine, rupture de l'équilibre des mécanismes régulateurs qui empêchaient une affection de provoquer des troubles.

décompenser v.i. [conj. 3]. En parlant d'une maladie, d'un malade, être en état de décompensation.

décomplexer v.t. [conj. 4]. Faire disparaître les complexes, la timidité de : *La bonne ambiance dans le bureau l'a décomplexé* (**SYN.** décontracter, détendre ; **CONTR.** complexer).

décomposable adj. Qui peut être décomposé : *L'eau est décomposable par électrolyse.*

décomposer v.t. [conj. 3]. **1.** Séparer en ses éléments constituants : *On peut décomposer l'eau par électrolyse. Apprendre à décomposer une phrase* (**SYN.** analyser). **2.** Altérer une substance : *La chaleur a décomposé la viande* (**SYN.** gâter, pourrir, putréfier). **3.** *Fig.* Modifier brusquement : *L'angoisse décomposait son visage* (**SYN.** altérer). ◆ **se décomposer** v.pr. **1.** Se diviser en éléments constituants : *Son règne se décompose en plusieurs périodes.* **2.** Entrer en décomposition : *Avec la chaleur, la viande s'est décomposée* (**SYN.** s'abîmer, s'altérer, pourrir). **3.** *Fig.* Se modifier brusquement sous l'effet de l'émotion ou de la douleur : *Son expression s'est décomposée quand il a vu l'avion s'écraser* (**SYN.** s'altérer).

décomposition n.f. **1.** Séparation de qqch en ses éléments constituants : *L'instructeur commence la décomposition des gestes de premiers secours* (**SYN.** analyse). **2.** Altération d'une substance organique : *J'ai trouvé un cadavre de renard en état de décomposition avancée* (**SYN.** putréfaction). **3.** *Fig.* Grande désorganisation : *La décomposition d'un parti après un échec électoral.*

décompresser v.i. [conj. 4]. *Fam.* Relâcher sa tension nerveuse : *Ces vacances vont me permettre de décompresser* (**SYN.** se détendre, se relaxer).

décompression n.f. Suppression ou diminution de la pression ; action de décomprimer : *La décompression des gaz dans un moteur.*

décomprimer v.t. [conj. 3]. Faire cesser ou diminuer la compression de : *Décomprimer un gaz.*

décompte [dekɔ̃t] n.m. **1.** Décomposition d'une somme en ses éléments de détail : *J'ai reçu le décompte des remboursements de la Sécurité sociale.* **2.** Déduction à faire sur une somme que l'on règle (**SYN.** réduction). **3.** Dénombrement des éléments constitutifs d'un ensemble : *Faire le décompte des voix obtenues par un candidat.*

décompter [dekɔ̃te] v.t. [conj. 3]. Soustraire d'un compte : *L'employeur a décompté les jours fériés des heures à payer* (**SYN.** déduire, défalquer, retenir ; **CONTR.** ajouter).

déconcentration n.f. **1.** Relâchement de l'attention, de la concentration : *Les cris du public provoquent la déconcentration des joueurs* (**SYN.** distraction, inattention). **2.** Action de déconcentrer, de répartir ce qui est concentré : *Déconcentration du pouvoir central.*

déconcentrer v.t. [conj. 3]. **1.** Faire perdre son attention, sa concentration à : *Les cris du public déconcentrent les joueurs.* **2.** Diminuer ou supprimer la concentration de ; répartir, disséminer : *Déconcentrer une université.* ◆ **se déconcentrer** v.pr. Relâcher son attention : *Elle s'est déconcentrée et a perdu le match.*

déconcertant, e adj. Qui déconcerte : *C'est une personne particulièrement déconcertante* (**SYN.** déroutant, imprévisible, surprenant).

déconcerter v.t. [conj. 3]. Plonger qqn dans l'incertitude, lui faire perdre son assurance : *Sa décision nous a déconcertés* (**SYN.** décontenancer, dérouter, désarçonner, troubler).

déconfit, e adj. Qui est décontenancé à la suite d'un échec : *Il a une mine déconfite* (**SYN.** défait, dépité, désemparé). *Il est rentré déconfit de son entretien* (**SYN.** confus, penaud).

déconfiture n.f. **1.** Échec total : *L'administration de ce pays est en pleine déconfiture* (**SYN.** déliquescence, déroute, effondrement). **2.** Dans la langue juridique, situation d'un débiteur non commerçant qui n'est plus en mesure de satisfaire ses créanciers ; ruine financière.

décongélation n.f. Action de décongeler : *La décongélation de cet aliment se fait au réfrigérateur.*

décongeler v.i. [conj. 25]. Revenir à la température ambiante ou à une température supérieure à 0 °C, en parlant d'un produit congelé : *Les tartes ont décongelé pendant le transport.* ◆ v.t. Ramener un produit congelé à la température ambiante : *J'ai décongelé des escalopes pour le dîner.*

décongestionner [dekɔ̃ʒɛstjɔne] v.t. [conj. 3]. **1.** Faire cesser la congestion de : *La pommade lui a décongestionné les bronches.* **2.** *Fig.* Faire cesser l'encombrement de : *Les voies de contournement permettent de décongestionner les centres-villes* (**SYN.** désembouteiller, désencombrer, désengorger).

déconnecter v.t. [conj. 4]. **1.** Interrompre une connexion : *J'ai déconnecté l'imprimante* (**SYN.** débrancher ; **CONTR.** connecter). **2.** *Fig.* Rompre le rapport entre des personnes et des choses : *Le manque de concertation a déconnecté les formations des besoins réels des entreprises* (**SYN.** éloigner, séparer). ◆ v.i. *Fam.* Perdre le contact avec la réalité : *Après six semaines comme otage dans la jungle, elle a déconnecté.* ◆ **se déconnecter** v.pr. Arrêter une connexion électrique : *Déconnectez-vous, puis relancez le programme.*

déconner v.i. [conj. 3]. *Très fam.* Dire ou faire des bêtises.

déconnexion n.f. Action de déconnecter un appareil, un tuyau (**SYN.** débranchement ; **CONTR.** connexion).

déconseiller v.t. [conj. 4]. Conseiller de ne pas faire : *Elle m'a déconseillé ce film* ou *de voir ce film* (**SYN.** dissuader ; **CONTR.** préconiser, recommander).

déconsidération n.f. *Sout.* Perte de la considération, de l'estime : *Il est tombé dans la déconsidération à la suite de ce scandale* (**SYN.** défaveur, discrédit).

déconsidérer v.t. [conj. 18]. Faire perdre la considération, l'estime : *Son dernier livre l'a déconsidéré* (**SYN.** discréditer). ◆ **se déconsidérer** v.pr. Agir de telle façon qu'on perd l'estime dont on était l'objet : *Vous vous êtes déconsidérés en prônant la violence.*

décontamination n.f. Opération visant à éliminer ou à réduire les agents et les effets d'une contamination : *La décontamination des eaux chargées en nitrates.*

décontaminer v.t. [conj. 3]. Effectuer la décontamination de : *Des unités spécialisées décontaminent les abords de la centrale nucléaire* (**CONTR.** contaminer).

décontenancer v.t. [conj. 16]. Faire perdre contenance à ; mettre dans l'embarras : *Une réaction aussi vive avait de quoi décontenancer* (**SYN.** dérouter, interloquer, surprendre, troubler). *Cette question indiscrète nous a décontenancés* (**SYN.** déconcerter, embarrasser, intimider). ◆ **se décontenancer** v.pr. Se troubler : *Placée devant ses contradictions, elle s'est décontenancée* (**SYN.** se démonter).

décontracté, e adj. **1.** Qui est calme et sans appréhension : *Elle avait l'air tout à fait décontractée devant les caméras* (**SYN.** détendu ; **CONTR.** crispé). **2.** Qui est dépourvu de formalisme ; qui n'est pas guindé : *Une soirée décontractée. Des vêtements décontractés* (= dans lesquels on est à l'aise). **3.** Qui n'est pas contracté : *Des muscles décontractés après un massage* (**SYN.** détendu ; **CONTR.** raide, tendu).

décontracter v.t. [conj. 3]. **1.** Faire cesser la contraction, la raideur de : *Les mouvements d'assouplissement ont décontracté ses muscles* (**SYN.** relâcher ; **CONTR.** contracter, raidir). **2.** Faire cesser la tension nerveuse chez : *Cet échange informel l'a un peu décontracté* (**SYN.** détendre, relaxer ; **CONTR.** tendre). ◆ **se décontracter** v.pr. Devenir moins contracté ; devenir moins tendu nerveusement : *Ses biceps se décontractent* (**CONTR.** se contracter). *Ils se sont décontractés pendant la soirée* (**SYN.** se détendre).

décontraction n.f. **1.** Action de décontracter : *La décontraction musculaire* (**SYN.** relâchement ; **CONTR.** contraction). **2.** Fait d'être à l'aise, détendu : *Elle affronte cette situation délicate avec une totale décontraction* (**SYN.** calme, désinvolture ; **CONTR.** nervosité, tension).

déconventionner v.t. [conj. 3]. Mettre fin à une convention, notamment à celle qui lie un médecin à la Sécurité sociale.

déconvenue n.f. (de l'anc. fr. *convenue,* situation). *Sout.* Sentiment éprouvé par celui qui a échoué, qui est déçu : *L'échec de son film lui a causé une terrible* *déconvenue* (**SYN.** déception, désappointement, désillusion ; **CONTR.** contentement, satisfaction).

décor n.m. **1.** Ensemble des éléments qui contribuent à l'aménagement et à l'ornement d'un lieu : *Ils ont choisi un décor très sobre pour leur bureau* (**SYN.** décoration, ornementation). **2.** Ensemble des accessoires utilisés au théâtre, au cinéma ou à la télévision pour figurer les lieux de l'action : *Au premier acte, le décor figure un jardin. Dans ce théâtre, les décors coulissent sur des rails.* **3.** Aspect d'un lieu dans lequel vit qqn, se situe une action, se produit un phénomène : *Les fêtes se dérouleront dans un décor historique* (**SYN.** cadre). **4.** Ce qui sert à embellir un objet ; ornement : *Le décor naïf d'un buffet* (**SYN.** dessin, motif, peinture). ▸ ***Changement de décor,*** évolution brusque d'une situation. *Fam.* ***Entrer*** ou ***aller dans le décor,*** en parlant d'un véhicule, d'un conducteur, quitter la route accidentellement.

décorateur, trice n. **1.** Spécialiste de l'aménagement, de la décoration de locaux. **2.** Personne qui conçoit et dessine les décors d'un spectacle.

décoratif, ive adj. Qui produit un effet esthétique ; qui se prête à être utilisé comme élément de décoration : *Les motifs décoratifs d'un service de table. Des plantes décoratives* (**SYN.** ornemental). ▸ ***Arts décoratifs*** ou ***arts appliqués,*** ensemble de disciplines visant à la production d'éléments propres à décorer, d'objets ayant une valeur esthétique.

décoration n.f. **1.** Action, art de décorer ; ensemble de ce qui décore : *La décoration de l'assiette est faite à la main. La décoration de la chambre me plaît beaucoup* (**SYN.** décor). **2.** Insigne d'une distinction honorifique : *Décerner une décoration* (**SYN.** médaille).

décorer v.t. (lat. *decus, decoris,* ornement) [conj. 3]. **1.** Pourvoir d'éléments, d'accessoires, de motifs réalisant un embellissement : *Elle a elle-même décoré son intérieur* (**SYN.** embellir). *Ce bouquet de fleurs décorera la table* (**SYN.** enjoliver, orner, parer). **2.** Décerner une décoration à : *Le ministre l'a décoré de l'ordre des Arts et Lettres.*

décorticage n.m. Action d'enlever la coquille, l'écorce, la carapace de : *Le décorticage des crevettes.*

décortiquer v.t. (lat. *decorticare,* de *cortex,* écorce) [conj. 3]. **1.** Débarrasser de son enveloppe, de son écorce, de sa coquille, de sa carapace : *J'ai décortiqué quelques noix pour agrémenter la salade* (= je les ai écalées). **2.** *Fig.* Analyser minutieusement : *Ses avocats ont décortiqué le contrat* (**SYN.** disséquer, éplucher, étudier).

décorum [dekɔrɔm] n.m. (du lat. *decorum,* convenance, bienséance, de *decere,* être convenable). Ensemble des convenances, des règles de bienséance en usage dans une société ou propres à certaines circonstances : *Observer le décorum* (**SYN.** apparat, cérémonial, protocole).

décote n.f. (de *cote*). **1.** Abattement consenti sur le montant d'un impôt. **2.** Évaluation inférieure à un cours de référence : *La décote d'une voiture par rapport à l'argus.*

découcher v.i. [conj. 3]. Ne pas rentrer coucher chez soi : *Son lit n'a pas été défait, il a découché.*

découdre v.t. [conj. 86]. Défaire ce qui était cousu : *J'ai décousu la fermeture à glissière* (**SYN.** défaire). ◆ v.t. ind. ▸ ***En découdre avec qqn,*** en venir aux mains ; avoir une violente confrontation de points de vue avec lui.

découler v.t. ind. [conj. 3]. **[de].** Être la conséquence naturelle de : *Certains nouveaux traitements découlent de cette découverte* (**SYN.** dériver, émaner, provenir, résulter).

découpage n.m. **1.** Action ou manière de découper en morceaux : *Le découpage d'une pintade rôtie.* **2.** Forme découpée dans du papier, du carton ; dessin destiné à être découpé par des enfants : *Faire des découpages. Il a offert des découpages à sa fille.* **3.** Au cinéma, division d'un scénario en séquences, en plans. ▸ ***Découpage électoral,*** établissement des circonscriptions électorales avant une élection.

découpe n.f. En couture, morceau de tissu cousu, incrusté sur un vêtement pour le décorer : *Des découpes de velours au bas des manches d'une veste.*

découpé, e adj. Qui a des contours irréguliers présentant des creux et des saillies : *Les falaises très découpées offrent un superbe paysage* (**SYN.** dentelé).

découper v.t. [conj. 3]. **1.** Diviser en morceaux, en parts ; partager : *Il découpe le rôti* (**SYN.** couper, trancher). **2.** Tailler en suivant les contours de : *Elle a découpé l'article du journal.* **3.** Former un creux ou une saillie dans ; échancrer : *Les criques et les pointes de terre découpent le rivage.* ◆ **se découper** v.pr. **[sur].** Se détacher sur un fond : *Les gratte-ciel se découpaient sur le couchant* (**SYN.** se dessiner ; **CONTR.** se confondre avec).

découplé, e adj. ▸ ***Bien découplé,*** qui a un corps vigoureux et harmonieusement proportionné.

découpler v.t. En électrotechnique, supprimer la liaison entre deux circuits.

découpure n.f. **1.** Entaille ou échancrure dans un contour ; bord découpé : *Les découpures d'une guirlande* (**SYN.** dentelure, feston). **2.** Morceau découpé : *Des découpures de papier* (**SYN.** découpage).

décourageant, e adj. Qui décourage : *Un refus décourageant* (**SYN.** démoralisant ; **CONTR.** encourageant, réconfortant). *Il fait le contraire de ce que je lui demande, il est décourageant* (**SYN.** décevant, désespérant, lassant).

découragement n.m. Perte de courage ; état moral qui en résulte : *En proie au découragement, il a préféré changer de métier* (**SYN.** abattement, déception, démoralisation ; **CONTR.** espérance, espoir).

décourager v.t. [conj. 17]. **1.** Ôter le courage, l'énergie de : *Les problèmes techniques l'ont un peu découragé* (**SYN.** accabler, démoraliser ; **CONTR.** encourager, réconforter, stimuler). **2.** Arrêter ou entraver l'essor de : *Ces contrôles répétés décourageront la fraude* (**SYN.** empêcher, prévenir). ▸ ***Décourager qqn de*** (+ inf.), lui ôter l'envie, le désir de faire ou de continuer qqch : *Ses partisans l'ont découragé de se présenter aux élections* (**SYN.** dissuader). ◆ **se décourager** v.pr. Perdre courage : *Ils se sont découragés avec le temps.*

décousu, e adj. **1.** Dont la couture se défait ou est défaite : *Une manche décousue.* **2.** Qui manque de liaison logique : *Un récit totalement décousu* (**SYN.** confus, incohérent ; **CONTR.** clair, cohérent, logique).

① **découvert, e** adj. Qui n'est pas couvert : *Son décolleté lui laisse les épaules découvertes* (**SYN.** nu).

▸ ***À visage découvert,*** sans masque ni voile ; sans rien dissimuler : *Il a agi à visage découvert* (= franchement, ouvertement). ***En terrain découvert,*** sur un terrain qui n'offre ni arbres ni bâtiment pour se protéger (= à découvert).

② **découvert** n.m. Prêt à court terme accordé par une banque au titulaire d'un compte courant, qui peut ainsi rester débiteur pendant un certain temps : *Sa banque lui autorise un découvert de mille euros.* ▸ ***À découvert,*** en terrain découvert ; sans rien dissimuler : *Agir à découvert* (= franchement, ouvertement).

découverte n.f. Action de trouver ce qui était inconnu, ignoré ou caché ; ce qui est découvert : *La découverte du virus du sida. La découverte de malversations a entraîné des mises en examen. J'ai fait une découverte à la brocante* (**SYN.** trouvaille). ▸ ***Aller*** ou ***partir à la découverte,*** aller découvrir, explorer des choses, des lieux inconnus.

découvreur, euse n. Personne qui découvre, qui fait une, des découvertes : *Un découvreur de talents.*

découvrir v.t. (du lat. *cooperire,* couvrir) [conj. 34]. **1.** Ôter ce qui couvrait, protégeait : *Le maire a découvert la sculpture* (**SYN.** dévoiler). *Il fait assez chaud pour que je découvre la voiture* (**SYN.** décapoter). *Sa jupe découvre ses genoux* (= les laisse apparaître ; **SYN.** dénuder ; **CONTR.** couvrir). **2.** Apercevoir de loin : *Du haut de la tour, on découvre toute la ville* (**SYN.** discerner, distinguer). **3.** Trouver ce qui était caché, inconnu, ignoré : *J'ai découvert un petit endroit très calme* (**SYN.** repérer). *Elle a découvert le secret de fabrication* (**SYN.** éventer, percer). *Les enquêteurs découvriront le coupable* (**SYN.** dépister). **4.** Révéler ce que l'on cachait : *Découvrir ses intentions* (**SYN.** dévoiler, divulguer). ◆ **se découvrir** v.pr. **1.** Ôter ce dont on est couvert : *Enfant qui se découvre la nuit* (= qui ôte ses couvertures). *Les acteurs se sont découverts pour la saluer* (= ils ont ôté leur chapeau). **2.** Devenir plus clair, en parlant du temps, du ciel (**SYN.** se dégager, s'éclaircir ; **CONTR.** s'assombrir, se couvrir). **3.** S'exposer aux coups, aux attaques : *Le boxeur a baissé sa garde et s'est découvert.* **4.** Révéler sa pensée. **5.** Trouver en soi ce qu'on ignorait posséder : *Elle s'est découvert une passion pour le bridge.*

décrassage ou **décrassement** n.m. Action de décrasser : *Le décrassage d'un four* (**SYN.** nettoyage).

décrasser v.t. [conj. 3]. Ôter la crasse de ; débarrasser du dépôt qui encrasse : *Il décrasse son peigne* (**SYN.** nettoyer). *Il faut décrasser les murs* (**SYN.** laver, lessiver ; **CONTR.** encrasser).

décrédibiliser v.t. [conj. 3]. Faire perdre sa crédibilité à : *Les contradictions relevées dans ses propos l'ont décrédibilisé* (**SYN.** déconsidérer).

décrêper v.t. [conj. 4]. Rendre lisses des cheveux crépus.

décrépi, e adj. Qui a perdu son crépi : *Il faut faire ravaler cette façade décrépie.*

décrépit, e adj. (lat. *decrepitus,* très vieux). Qui est affaibli par l'âge (**SYN.** usé, vieux ; **CONTR.** vert, vigoureux).

décrépitude n.f. *Sout.* Affaiblissement dû à une extrême vieillesse (**SYN.** déclin, faiblesse ; **CONTR.** verdeur, vigueur).

decrescendo [dekreʃɛndo] adv. (mot it.). Terme de musique indiquant qu'il faut diminuer graduellement l'intensité du son (**SYN.** diminuendo ; **CONTR.** crescendo). ◆ n.m. Passage d'une œuvre exécuté decrescendo : *Des decrescendos.* ☞ **REM.** L'Académie écrit *décrescendo.*

décret n.m. (lat. *decretum*). **1.** Acte à portée réglementaire ou individuelle, pris en France par le président de la République ou par le Premier ministre. **2.** *Litt.* Décision contre laquelle on ne peut aller : *Les décrets de la Providence.*

décréter v.t. [conj. 18]. **1.** Ordonner par un décret : *Le Premier ministre décrète l'état de catastrophe naturelle* (**SYN.** déclarer). **2.** Décider de façon catégorique, avec autorité : *Il décréta que tout le monde devrait revenir le lendemain.*

décrier v.t. [conj. 10]. *Sout.* Dire du mal de : *Les programmeurs ont beaucoup décrié ce logiciel* (**SYN.** critiquer, dénigrer, déprécier).

décrire v.t. [conj. 99]. **1.** Donner, oralement ou par écrit, une représentation de : *Elle décrit sur le constat les circonstances de l'accident* (**SYN.** détailler). *Il nous a décrit la personne qui doit arriver* (**SYN.** dépeindre). **2.** Former dans son mouvement une ligne courbe, une figure : *Le planeur décrit des cercles dans le ciel* (**SYN.** tracer).

décrispation n.f. Action de décrisper qqn ou une situation ; état qui en résulte : *La décrispation du climat politique* (**SYN.** apaisement, détente).

décrisper v.t. [conj. 3]. Diminuer la crispation d'une personne, la tension d'une situation ; détendre : *Ces plaisanteries l'ont un peu décrispé* (**SYN.** décontracter ; **CONTR.** crisper).

décrochage n.m. **1.** Action de décrocher, de détacher : *Commence par le décrochage des tableaux et des rideaux.* **2.** En radio et en télévision, passage d'un émetteur à un autre : *Des décrochages locaux.*

décrochement n.m. **1.** Action de décrocher ; fait de se détacher : *Le décrochement accidentel de la remorque.* **2.** Partie en retrait d'une ligne, d'une surface : *Un décrochement dans une façade.*

décrocher v.t. (de *croc*) [conj. 3]. **1.** Détacher ce qui était accroché : *J'ai décroché les rideaux pour les laver* (**SYN.** 1. dépendre ; **CONTR.** accrocher). *Décrocher le téléphone* (= prendre le combiné pour appeler ou répondre ; **CONTR.** raccrocher). **2.** *Fam.* Obtenir ce que l'on convoite : *Elle a décroché un poste à responsabilité.* ◆ v.i. **1.** Abandonner une activité ; cesser de s'intéresser à qqch : *Il pense décrocher parce qu'il n'a plus de temps à consacrer à sa famille. L'explication est si complexe que les auditeurs décrochent.* **2.** Au Québec, en parlant d'un élève, quitter l'école avant la fin de la scolarité obligatoire.

décrocheur, euse n. Au Québec, élève qui décroche.

décroiser v.t. [conj. 3]. Faire en sorte que ce qui était croisé ne le soit plus : *Décroiser les bras.*

décroissance n.f. **1.** Fait de décroître : *La décroissance de la population* (**SYN.** baisse, diminution ; **CONTR.** augmentation, croissance). **2.** Politique préconisant de renoncer au mode de croissance capitaliste afin de réduire les effets de l'empreinte écologique sur la planète.

décroissant, e adj. Qui décroît : *Classez ces nombres par ordre décroissant* (**CONTR.** croissant). *La vitesse décroissante du vent.*

décroissement n.m. *Litt.* Mouvement continu de ce qui décroît : *Le décroissement des jours en automne* (**SYN.** raccourcissement ; **CONTR.** allongement).

décroître v.i. [conj. 94]. Diminuer progressivement : *Le bruit décroît avec l'éloignement de la moto* (**SYN.** diminuer, faiblir ; **CONTR.** s'accroître, augmenter, s'intensifier).

décrotter v.t. (de *crotte*, boue) [conj. 3]. Ôter la boue de : *Après sa promenade dans les champs, elle a décrotté ses bottes* (**SYN.** nettoyer).

décrottoir n.m. Lame métallique servant à décrotter les chaussures.

décrue n.f. (de *décroître*). **1.** Baisse du niveau des eaux après une crue : *Les habitants des villages inondés attendent la décrue pour rentrer chez eux* (**CONTR.** crue). **2.** *Fig.* Baisse qui suit un accroissement : *La décrue des ventes* (**SYN.** diminution ; **CONTR.** augmentation, hausse).

décryptage ou **décryptement** n.m. Action de décrypter ; résultat de cette action : *Il nous manque des éléments pour finir le décryptage de ce message* (**SYN.** déchiffrement, décodage).

décrypter v.t. (du gr. *kruptos*, caché) [conj. 3]. **1.** Traduire un texte écrit en caractères secrets dont on ne connaît pas la clef (**SYN.** déchiffrer, décoder). **2.** *Fig.* Comprendre la signification profonde, cachée de qqch : *Essayer de décrypter le comportement d'un adolescent.*

déçu, e adj. (p. passé de *décevoir*). **1.** Qui n'a pas eu ce qu'il espérait : *L'appareil n'est pas fiable, vous risquez d'être déçue* (**SYN.** insatisfait, mécontent). *Les joueurs sont très déçus de n'avoir pas gagné* (**SYN.** désappointé). **2.** Qui ne s'est pas réalisé : *Des espoirs déçus* (**SYN.** frustré, inassouvi). ◆ n. Personne déçue : *Les déçus du commerce sur le Net.*

déculottée n.f. *Fam.* Défaite cuisante : *5 à 0, quelle déculottée !*

déculotter v.t. [conj. 3]. Ôter la culotte, le pantalon de. ◆ **se déculotter** v.pr. **1.** Ôter sa culotte, son pantalon. **2.** *Fam.* Renoncer à une action par lâcheté ou par faiblesse ; se soumettre.

déculpabilisation n.f. Action de déculpabiliser.

déculpabiliser v.t. [conj. 3]. **1.** Libérer d'un sentiment de culpabilité : *Déculpabiliser les victimes qui ont réchappé d'une catastrophe.* **2.** Enlever son caractère de faute à : *Déculpabiliser le recours à l'aide sociale.*

déculturation n.f. Perte partielle ou totale de l'identité culturelle d'une personne ou d'un groupe, notamm. chez les immigrés.

décuple adj. et n.m. (lat. *decuplus*, de *decem*, dix). Qui est dix fois aussi grand : *Deux mille est décuple de deux cents. Il nous faudrait le décuple de cette somme.*

décuplement n.m. Action de décupler ; résultat de cette action : *Le décuplement de la population en un siècle.*

décupler v.t. [conj. 3]. **1.** Multiplier par dix : *Le maire a décuplé le nombre de kilomètres de voies cyclables.* **2.** Augmenter beaucoup : *La colère décuplait ses forces.* ◆ v.i. Être multiplié par dix : *Le prix de ce produit a décuplé du fait de sa rareté.*

décuvage n.m. ou **décuvaison** n.f. Action de retirer le vin de la cuve pour le séparer du marc.

décuver v.t. [conj. 3]. Opérer le décuvage de.

dédaignable adj. (Surtout en tournure négative). Qui mérite le dédain : *Une économie de vingt euros, ce n'est pas dédaignable* (**SYN.** méprisable, négligeable ; **CONTR.** appréciable).

dédaigner v.t. (de *daigner*) [conj. 4]. **1.** Refuser avec mépris ce que l'on juge indigne de soi : *Il a dédaigné toutes nos propositions* (**SYN.** décliner, rejeter ; **CONTR.** accepter). *Dédaigner de répondre à une injure.* **2.** Traiter avec dédain : *Elle dédaigne les flatteurs* (**SYN.** mépriser ; **CONTR.** apprécier).

dédaigneusement adv. Avec dédain : *Il toise dédaigneusement les nouveaux arrivants.*

dédaigneux, euse adj. Qui fait preuve de dédain : *Il a eu un haussement d'épaules dédaigneux* (**SYN.** méprisant).

dédain n.m. Mépris mêlé d'orgueil : *Il nous regarde avec dédain* (**SYN.** arrogance, hauteur ; **CONTR.** déférence, estime, respect).

dédale n.m. (de *Dédale*, nom de l'architecte du Labyrinthe du Minotaure). **1.** Ensemble compliqué de voies, où l'on risque de s'égarer : *Il faudrait un plan pour se retrouver dans ce dédale de ruelles* (**SYN.** labyrinthe). **2.** *Fig.* Ensemble embrouillé et confus : *Les gendarmes se perdent dans le dédale des indices* (**SYN.** embrouillamini, enchevêtrement).

① **dedans** adv. À l'intérieur de qqch, d'un lieu : *J'ai oublié mon sac et mes clefs sont dedans. Rentrons, il fait meilleur dedans* (= dans la maison ; **CONTR.** dehors). ◆ **en dedans** loc. adv. et loc. adj. inv. À l'intérieur : *L'anorak est matelassé en dedans* (**CONTR.** en dehors). *Il marche les pieds en dedans* (= avec les pointes tournées l'une vers l'autre).

② **dedans** n.m. (de *1. dedans*). **1.** Partie intérieure d'une chose : *Le dedans du coffret est tapissé de satin* (**SYN.** intérieur ; **CONTR.** dehors, extérieur). **2.** Partie située du côté intérieur : *Le dedans de sa patte est d'une couleur claire.*

dédicace n.f. (du lat. *dedicare*, déclarer). **1.** Formule imprimée ou manuscrite par laquelle un auteur fait hommage de son livre. **2.** Autographe sur un livre, un disque, une gravure, une photographie.

dédicacer v.t. [conj. 16]. Faire hommage d'une œuvre, d'une photographie par une dédicace : *L'auteur dédicace son livre au stand de l'éditeur* (**SYN.** signer).

dédié, e adj. Se dit d'un matériel informatique voué à un usage, à une tâche spécifiques : *Appareil dédié au transfert de données.*

dédier v.t. (lat. *dedicare*, déclarer) [conj. 9]. **1.** Inscrire le nom de qqn en tête d'un ouvrage, pour lui rendre hommage ; mettre une œuvre d'art sous le patronage de qqn : *Le peintre a dédié sa toile à son maître.* **2.** Faire don de ; destiner à : *Elle a dédié son concert aux victimes des attentats* (**SYN.** offrir, vouer). **3.** Consacrer à un culte religieux sous une invocation spéciale : *Les églises Notre-Dame sont dédiées à la Vierge.*

se **dédire** v.pr. [conj. 103]. **1.** Revenir sur sa promesse : *Ils se sont dédits de leur proposition de covoiturage.* **2.** *Litt.* Dire le contraire de ce qu'on a affirmé précédemment : *Cette fois-ci, ne vous dédisez pas* (**SYN.** se raviser, se rétracter).

dédit n.m. **1.** Dans la langue juridique, possibilité de revenir sur un engagement ; somme à payer en cas d'inexécution d'un contrat ou de rétractation d'un engagement pris. **2.** *Litt.* Action de se dédire, de dire le contraire de ce qu'on avait dit (**SYN.** rétractation ; **CONTR.** confirmation).

dédite n.f. En Suisse, dédit.

dédommagement n.m. Action de dédommager ; avantage matériel accordé à qqn en réparation d'un dommage : *Les victimes des affaissements miniers réclament un dédommagement* (**SYN.** compensation, dommages-intérêts, indemnité).

dédommager v.t. [conj. 17]. Fournir à qqn une compensation pour le préjudice qu'il a subi, la peine qu'il s'est donnée, les dangers encourus : *Les assureurs ont dédommagé les sinistrés* (**SYN.** indemniser). *Sa victoire l'a dédommagée de ses longues heures d'entraînement* (**SYN.** récompenser).

dédouanement ou **dédouanage** n.m. Action de dédouaner une marchandise.

dédouaner v.t. [conj. 3]. **1.** Faire sortir une marchandise des entrepôts de la douane, en acquittant des droits. **2.** Faire sortir qqn du discrédit dans lequel il était tombé : *Les analyses graphologiques l'ont totalement dédouané* (**SYN.** blanchir, réhabiliter). ◆ **se dédouaner** v.pr. *Fam.* Agir de façon à faire oublier les actes répréhensibles que l'on a commis : *Ils se sont dédouanés en versant des fonds aux organismes de secours.*

dédoublement n.m. Action de dédoubler ; fait d'être dédoublé : *Le dédoublement d'une classe trop nombreuse.* ▸ ***Dédoublement de la personnalité,*** trouble psychique où alternent chez un même sujet deux types de conduites, les unes normales et les autres pathologiques.

dédoubler v.t. [conj. 3]. **1.** Partager en deux : *Il faut dédoubler les groupes de travail* (**SYN.** diviser). *J'ai dédoublé la laine pour repriser.* **2.** Ôter la doublure d'un vêtement. ▸ ***Dédoubler un train,*** faire partir un train supplémentaire vers la même destination qu'un autre.

dédramatiser v.t. [conj. 3]. Ôter son caractère dramatique à : *Elle a essayé de dédramatiser son départ.*

déductible adj. Qui peut être déduit : *Les dons aux associations sont déductibles des revenus du donateur.*

déductif, ive adj. Qui progresse par déduction, qui déduit des conclusions : *Elle applique une méthode déductive* (**CONTR.** inductif).

déduction n.f. **1.** Action de retrancher une somme d'un total à payer : *L'acompte viendra en déduction du montant des travaux* (**SYN.** réduction, soustraction). **2.** Action de tirer la conséquence de qqch ; conséquence ainsi déduite : *Quelles déductions pouvons-nous tirer de son revirement ?* (**SYN.** conclusion).

déduire v.t. (lat. *deducere,* extraire) [conj. 98]. **1.** Soustraire d'une somme : *En déduisant vos frais professionnels, vous passez dans la tranche inférieure d'imposition* (**SYN.** défalquer, retrancher). **2.** Tirer comme conséquence logique : *Je déduis des informations qui m'ont été fournies que nos stocks sont insuffisants* (**SYN.** conclure).

déesse n.f. (du lat. *dea*). Divinité féminine : *Cérès était la déesse romaine des Moissons.*

de facto [defakto] loc. adv. (mots lat. signif. « selon le fait »). Dans la langue juridique, formule employée pour exprimer que la reconnaissance d'un fait politique résulte de l'existence même de ce fait (par opp. à de jure) : *La France reconnaît de facto le nouveau gouvernement.*

défaillance n.f. **1.** Perte momentanée des forces physiques ou intellectuelles : *Il a eu une défaillance pendant la réunion* (**SYN.** évanouissement, malaise, syncope). **2.** Défaut de fonctionnement : *Une défaillance de l'airbag a obligé le constructeur à vérifier tous les véhicules concernés* (**SYN.** défectuosité, malfaçon, panne).

défaillant, e adj. **1.** Qui cesse de remplir sa fonction, son rôle : *Ma mémoire est défaillante. Un système de sécurité défaillant.* **2.** Qui ne répond pas à une convocation : *Témoin défaillant. Candidat défaillant* (**SYN.** absent, manquant).

défaillir v.i. (de *faillir*) [conj. 47]. *Sout.* **1.** Perdre momentanément ses forces physiques ou intellectuelles : *Il a cru défaillir à l'appel de son nom* (**SYN.** s'évanouir). **2.** Faire défaut : *Ses forces commencent à défaillir* (**SYN.** baisser, décliner, faiblir).

défaire v.t. [conj. 109]. **1.** Ramener à l'état initial, en réalisant les opérations inverses ou en détruisant : *Elle défait son puzzle* (**SYN.** désassembler ; **CONTR.** faire, réaliser). *Pour ouvrir, il faut défaire la vis* (**SYN.** démonter, dévisser ; **CONTR.** visser). *Il a fallu défaire le haut de l'armoire* (**SYN.** démolir, démonter). **2.** Détacher ce qui ferme ; ôter un vêtement : *Défaire son col* (**SYN.** déboutonner, desserrer, ouvrir ; **CONTR.** boutonner, fermer). **3.** Modifier l'arrangement, l'ordre de : *Défaire une coiffure* (= décoiffer). *Défaire son lit.* **4.** Vider le contenu de : *Défaire ses valises. Défaire un paquet* (**SYN.** déballer). **5.** *Litt.* Débarrasser de : *Cette méthode est censée vous défaire de l'envie de fumer* (**SYN.** délivrer, libérer). **6.** *Litt.* Mettre en déroute : *Nos troupes déferont l'armée ennemie* (**SYN.** vaincre). ◆ **se défaire** v.pr. Cesser d'être assemblé, arrangé, disposé d'une certaine manière : *Mes lacets se sont défaits* (**SYN.** se détacher). ▸ ***Se défaire de qqch,*** s'en débarrasser : *Elle a réussi à se défaire de son tic de langage* (**SYN.** se corriger de, perdre). *Je me suis défaite de mes vieux vêtements* (**SYN.** céder, jeter, vendre). ***Se défaire de qqn,*** s'en séparer : *Elle s'est défaite de son assistant* (**SYN.** congédier, licencier, renvoyer).

défait, e adj. *Sout.* Altéré par la fatigue, l'émotion : *Elle a le visage défait* (**SYN.** décomposé).

défaite n.f. **1.** Perte d'une bataille, d'un combat, d'une guerre : *L'armée ennemie a subi une défaite* (**SYN.** débâcle, débandade, déroute). **2.** *Fig.* Échec d'importance : *La défaite de notre candidat aux élections* (**SYN.** déconfiture, revers ; **CONTR.** réussite, victoire).

défaitisme n.m. **1.** État d'esprit de ceux qui s'attendent à être vaincus, et qui préconisent l'abandon du combat. **2.** État d'esprit de qqn qui pense toujours qu'il échouera (**SYN.** pessimisme).

défaitiste adj. et n. Qui fait preuve de défaitisme (**SYN.** pessimiste).

défalcation n.f. Action de défalquer.

défalquer v.t. (it. *defalcare,* du lat. *falx, falcis,* faux) [conj. 3]. Retrancher d'une somme, d'une quantité : *Elle a défalqué la remise de la somme totale* (**SYN.** décompter, déduire, soustraire ; **CONTR.** ajouter).

défatigant, e adj. et n.m. Se dit d'un produit appliqué par massage pour décontracter les muscles.

défatiguer v.t. [conj. 3]. Faire disparaître la fatigue, la sensation de fatigue.

défausse n.f. Action de se défausser.

défausser v.t. [conj. 3]. En technique, redresser ce qui a été tordu ou faussé : *Défausser un essieu* (**SYN.** détordre ; **CONTR.** fausser, gauchir). ◆ **se défausser** v.pr. **1.** Se débarrasser, en la jouant, d'une carte que l'on juge inutile : *Elle s'est défaussée d'un pique* ou *à pique.* **2. [sur].** Se décharger d'une obligation sur qqn : *Il s'est défaussé de cette interview sur sa collaboratrice.*

défaut n.m. (de *défaillir*). **1.** Imperfection morale : *Je ne lui connais aucun défaut majeur* (**SYN.** travers, vice ; **CONTR.** qualité, vertu). **2.** Imperfection matérielle de qqch ; imperfection physique, esthétique de qqn : *L'appareil a un défaut de fabrication* (**SYN.** défectuosité, malfaçon, vice). *Le maquillage corrigera les défauts de son visage* (**SYN.** anomalie, irrégularité). **3.** Manque de ce qui est nécessaire ; carence : *Le défaut de sommeil est la cause de l'accident* (**SYN.** absence, insuffisance). **4.** Dans la langue juridique, fait de ne pas se rendre à une convocation devant la justice : *Être condamné par défaut* (**SYN.** contumace). ▸ ***À défaut de,*** en l'absence de : *À défaut de vêtement chaud, j'ai mis deux pulls* (= faute de, par manque de). ***Être en défaut,*** être en infraction par rapport à un règlement ; commettre une erreur, se tromper. ***Faire défaut,*** manquer à : *Ses forces lui ont fait défaut* (= l'ont abandonné). ***Mettre qqn en défaut,*** lui faire commettre une erreur.

défaveur n.f. *Litt.* Perte de la faveur, de l'estime dont on jouissait : *Cet acteur est tombé en défaveur* (**SYN.** déconsidération, disgrâce).

défavorable adj. **1.** Qui est mal disposé à l'égard de qqn ; qui est hostile à qqch : *Les avis défavorables l'emportent* (**SYN.** contraire, opposé ; **CONTR.** favorable). *Je suis défavorable à un remaniement de la loi.* **2.** Qui a des effets néfastes sur qqn : *Une pollution défavorable aux asthmatiques* (**SYN.** dommageable, nuisible ; **CONTR.** bénéfique).

défavorablement adv. De façon défavorable : *Proposition défavorablement accueillie.*

défavorisé, e adj. et n. Qui est privé d'un avantage économique, social ou culturel : *Il vit dans un quartier défavorisé* (**SYN.** pauvre). *L'aide aux défavorisés* (**SYN.** démuni).

défavoriser v.t. [conj. 3]. **1.** Priver qqn de ce qui aurait pu l'avantager : *Le vent a défavorisé l'adversaire* (**SYN.** désavantager ; **CONTR.** avantager). **2.** Faire subir un préjudice à : *Les épizooties défavorisent les éleveurs* (**SYN.** desservir, handicaper, nuire à ; **CONTR.** favoriser).

défécation n.f. (du lat. *defaecare,* purifier). En physiologie, expulsion des matières fécales.

défectif, ive adj. et n.m. (du lat. *deficere,* manquer). ▸ ***Verbe défectif,*** se dit d'un verbe qui ne se conjugue pas à tous les temps, à tous les modes ou à toutes les personnes (on dit aussi *un défectif*) : *« Clore » et « gésir » sont des défectifs.*

défection n.f. **1.** Fait d'abandonner un allié, une cause, un parti : *Nombre de nos partisans ont fait défection. Sa défection compromet le projet* (**SYN.** abandon, désertion, retrait). **2.** Fait d'être absent d'un lieu où l'on était attendu : *Les intempéries ont entraîné de nombreuses défections lors du concert.*

défectueux, euse adj. (du lat. *defectus,* manque). Qui présente des défauts, des imperfections : *L'organisation est défectueuse* (**SYN.** imparfait, insuffisant ; **CONTR.** impeccable, irréprochable). *Un appareil défectueux risque de provoquer des accidents* (**SYN.** défaillant, mauvais).

défectuosité n.f. État de ce qui est défectueux ; élément défectueux : *Faire constater la défectuosité d'un appareil* (**SYN.** défaut, imperfection, malfaçon ; **CONTR.** mérite, qualité).

défendable adj. Qui peut être défendu : *Son opinion est parfaitement défendable* (**SYN.** justifiable, soutenable ; **CONTR.** indéfendable, injustifiable).

défendeur, eresse n. Dans la langue juridique, personne contre laquelle est intentée une action en justice (par opp. à 2. demandeur). ☞ **REM.** Ne pas confondre avec *défenseur.*

défendre v.t. (lat. *defendere,* repousser) [conj. 73]. **1.** Protéger par la lutte ou la vigilance ; lutter pour conserver un bien : *La lionne défend ses petits contre les prédateurs* (**SYN.** garder, préserver ; **CONTR.** attaquer). *La corporation défendait ses privilèges* (**SYN.** garantir, sauvegarder ; **CONTR.** abandonner). **2.** Plaider en faveur d'une cause, d'une idée, d'une personne attaquée ou accusée : *Elle a bien défendu son point de vue* (**SYN.** justifier, motiver). *Elle défend toujours les plus faibles* (**SYN.** soutenir). *C'est un avocat de renom qui le défend* (**SYN.** conseiller, représenter). **3.** Préserver de l'effet nuisible de : *Cette crème défend la peau des rayons solaires* (**SYN.** protéger). **4.** Ne pas autoriser, ne pas permettre : *La loi défend le vol* (**SYN.** condamner, prohiber ; **CONTR.** autoriser). *Ils ont défendu que nous sortions* (**SYN.** empêcher, interdire ; **CONTR.** enjoindre de, ordonner). **5.** En sport, s'opposer aux offensives de l'adversaire. ▸ ***À son corps défendant,*** malgré soi : *Elle a été mêlée à cette affaire à son corps défendant* (= à contrecœur). ◆ **se défendre** v.pr. **1.** Résister à une agression : *Elle s'est défendue avec une bombe lacrymogène* (**SYN.** se protéger). **2.** Se protéger des effets nuisibles de : *Se défendre contre le vent* (**SYN.** s'abriter). **3. [de].** Nier ce dont on est accusé : *Elle se défend d'être responsable de cette catastrophe.* **4.** *Fam.* En parlant d'une idée, d'un plan, être plausible, acceptable : *Sa théorie se défend* (= tient debout). **5.** *Fam.* Montrer une habileté certaine dans un domaine ; savoir se sortir des difficultés : *Elle se défend bien au tir à l'arc* (**SYN.** réussir). **6.** S'interdire qqch à soi-même : *Il se défend tout plaisir. Elle se défend d'intervenir dans nos affaires.* ▸ ***Ne pas pouvoir se défendre de qqch, de*** (+ inf.), ne pas pouvoir s'empêcher, se retenir de : *Elles ne purent se défendre de rire de cette bévue.*

défenestration [defənɛstrasjɔ̃] n.f. Action de défenestrer qqn ou de se jeter par une fenêtre.

défenestrer [defənɛstre] v.t. [conj. 3]. Jeter qqn par une fenêtre. ◆ **se défenestrer** v.pr. Se jeter par la fenêtre.

① **défense** n.f. **1.** Fait de lutter pour la protection de ; action de défendre ou de se défendre : *L'armée assure la défense du pays* (**SYN.** protection, sauvegarde).

2. Ce qui permet de protéger ; possibilité de défendre ou de se défendre : *Son sens de l'humour est sa meilleure défense.* **3.** En sport, action de s'opposer aux offensives de l'adversaire ; partie d'une équipe chargée de protéger son but. **4.** Action d'aider qqn, de plaider en faveur d'une cause, d'une idée : *Elle prend toujours la défense de ses amis. Un avocat commis d'office assure sa défense. Des associations s'occupent de la défense du consommateur* (**SYN.** soutien). **5.** Dans un procès, partie qui se défend en justice (par opp. à accusation ou à ministère public) : *La défense plaide l'homicide involontaire.* **6.** En médecine, réaction de l'organisme qui se protège contre une agression microbienne, biologique ou chimique : *Défenses immunitaires.* **7.** Action d'interdire ; fait d'être interdit : *Ils ont arrêté le travail malgré la défense de leurs supérieurs* (**SYN.** interdiction ; **CONTR.** autorisation, permission). *Défense d'entrer* (**SYN.** prohibition). ▸ *Fam.* ***Avoir de la défense,*** être capable de résister par soi-même aux attaques, aux pressions. *Anc.* ***Défense contre les aéronefs*** → **D.C.A.** ***Défense nationale,*** ensemble des moyens civils et militaires mis en œuvre pour défendre le territoire national, les institutions et la population.

② **défense** n.f. Longue dent pointue qui dépasse de la bouche de certains mammifères : *Une défense de sanglier, de morse.*

défenseur n.m. **1.** Personne qui défend, protège contre une attaque : *Les défenseurs de la forteresse. L'attaquant a échoué devant des défenseurs bien regroupés devant les buts.* **2.** Dans la langue juridique, personne qui assure la défense d'une partie en cause, d'un accusé : *C'est une avocate renommée qui sera son défenseur.* **3.** Personne qui défend un idéal, soutient une cause : *Elle est le meilleur défenseur des réfugiés* (**SYN.** protecteur, soutien ; **CONTR.** adversaire, ennemi). ☞ **REM.** Ne pas confondre avec *défendeur.*

défensif, ive adj. Qui est destiné à la défense : *L'armement défensif* (**CONTR.** offensif).

défensive n.f. Attitude d'une personne, d'une armée, d'un groupe qui privilégie la défense par rapport à l'attaque. ▸ ***Être sur la défensive,*** être prêt à se défendre contre toute attaque (= être sur ses gardes).

déféquer v.i. (lat. *defaecare,* purifier) [conj. 18]. En physiologie, expulser les matières fécales.

déférence n.f. Considération respectueuse ; marque de respect : *Par déférence, il lui a demandé de parler la première* (**SYN.** égard, estime, respect).

déférent, e adj. **1.** Qui montre de la déférence : *Elle a une attitude déférente à l'égard de ses collaborateurs* (**SYN.** courtois, respectueux ; **CONTR.** hautain, impérieux). **2.** En anatomie, qui conduit au-dehors : *Canal déférent* (= qui permet l'évacuation du sperme).

déférer v.t. (lat. *deferre,* porter, dénoncer) [conj. 18]. Dans la langue juridique, attribuer une affaire à une juridiction ; envoyer un accusé devant la juridiction compétente : *Déférer un criminel à la cour d'assises.* ◆ v.t. ind. **[à].** *Litt.* Céder à qqn par déférence : *Elle a déféré au vœu de sa grand-mère* (**SYN.** se soumettre). *Il défère à l'avis de ce professeur de médecine* (**SYN.** se ranger). ☞ **REM.** Ne pas confondre avec *déferrer.*

déferlant, e adj. Qui déferle : *Les surfeurs se laissent porter sur les vagues déferlantes.* ◆ **déferlante** n.f. **1.** Grosse vague qui déferle. **2.** Développement massif d'un phénomène : *La déferlante des téléphones mobiles.*

déferlement n.m. **1.** Fait, pour les vagues, de déferler. **2.** Fait de se répandre avec force ou violence : *Un déferlement de reproches s'est abattu sur lui* (**SYN.** débordement, explosion, flot).

déferler v.i. [conj. 3]. **1.** Venir se briser en roulant, en parlant des vagues : *La mer déferle sur les rochers.* **2.** *Fig.* Arriver en grande quantité : *Cette mode déferle sur la France* (**SYN.** se répandre). *Les spectateurs déferlent sur la pelouse* (**SYN.** envahir, se ruer).

déferrer v.t. [conj. 4]. Ôter le fer fixé à un objet, aux sabots d'une bête de somme ; enlever les rails d'une voie ferrée. ☞ **REM.** Ne pas confondre avec *déférer.*

défi n.m. (de *défier*). **1.** Déclaration faite pour provoquer qqn, en le prétendant incapable de faire une chose : *Acceptant* ou *relevant le défi, il s'est lancé à l'assaut de la falaise* (**SYN.** provocation). **2.** Refus de se soumettre : *Il a pris un air de défi* (**SYN.** bravade, insolence). **3.** Problème que pose une situation et qui oblige à s'adapter pour le surmonter : *Le défi de la mondialisation.* ▸ ***Mettre qqn au défi de*** (+ inf.), l'inciter, en le provoquant, à faire qqch ; dire qu'il n'est pas capable de le faire.

défiance n.f. Crainte d'être trompé ; manque de confiance : *Il venait de votre part, je l'ai laissé entrer sans défiance* (**SYN.** méfiance ; **CONTR.** confiance, tranquillité).

défiant, e adj. Qui craint d'être trompé (**SYN.** méfiant, soupçonneux ; **CONTR.** confiant).

défibrillateur [defibrijatœr] n.m. Appareil électrique servant à la défibrillation.

défibrillation [defibrijasjɔ̃] n.f. Méthode thérapeutique employant un choc électrique pour arrêter les contractions rapides et désordonnées (fibrillations) des fibres du cœur.

déficeler v.t. [conj. 24]. Enlever la ficelle qui entoure : *Elle déficelle le paquet.*

déficience n.f. Insuffisance organique ou psychique : *Une déficience cardiaque* (**SYN.** faiblesse). *Une déficience de la mémoire* (**SYN.** défaillance).

déficient, e adj. et n. (lat. *deficiens,* manquant). Qui est atteint d'une déficience ; qui est insuffisant : *Une mémoire déficiente* (**SYN.** défaillant). *Une production déficiente.*

déficit [defisit] n.m. (lat. *deficit,* il manque). **1.** Ce qui manque pour équilibrer les recettes avec les dépenses ; situation résultant de ce manque : *Le déficit du commerce extérieur s'est accru* (**CONTR.** excédent). *Le budget est en déficit.* **2.** Manque important : *Déficit immunitaire.*

déficitaire adj. Qui présente un déficit : *Les entreprises déficitaires licencient* (**CONTR.** bénéficiaire). *Les recettes sont déficitaires* (**CONTR.** excédentaire).

défier v.t. (du lat. *fidus,* fidèle) [conj. 9]. **1.** Lancer un défi à qqn : *Nous l'avons défié au poker* (**SYN.** provoquer). *Je vous défie de me citer les noms de tous les départements* (= je parie que vous ne pourrez pas). **2.** Faire face bravement à : *Défier le danger* (**SYN.** affronter, braver, s'exposer à). **3.** Résister à la comparaison avec : *Nous vendons à des prix défiant toute concurrence.*

se **défier** v.pr. (lat. *diffidere,* ne pas se fier) [conj. 9].

[de]. *Litt.* Ne pas avoir confiance en qqn, qqch, par peur d'être trompé : *Il faut te défier de ces beaux parleurs* (**SYN.** se méfier). *Elle s'est toujours défiée des promesses électorales* (**SYN.** douter de, suspecter).

défigurer v.t. [conj. 3]. **1.** Déformer le visage de ; enlaidir : *Les éclats de verre l'ont défiguré.* **2.** Donner une idée fausse de : *Il défigure la réalité* (**SYN.** déformer, dénaturer, travestir). **3.** Transformer en enlaidissant : *Les caténaires du tramway ont défiguré la ville* (**SYN.** abîmer, altérer, dégrader).

défilé n.m. **1.** Passage naturel étroit entre deux parois rocheuses (**SYN.** canyon, gorge). **2.** Ensemble de personnes qui défilent ; passage de ces personnes en file ou en rang : *Le défilé du 1er Mai* (**SYN.** cortège). *Les défilés de haute couture* (**SYN.** présentation). **3.** Succession rapide de personnes ou de choses : *Le défilé des clients au moment des soldes.*

défilement n.m. Déroulement régulier d'une pellicule, d'une bande magnétique dans un appareil.

défiler v.i. (de *file*) [conj. 3]. **1.** Marcher en file, en colonnes : *Les troupes défilent devant le président de la République* (= se présentent en formation de parade). *Les manifestants défilent dans les rues.* **2.** Se succéder de façon régulière et continue : *Les visiteurs ont défilé toute la journée pour voir le malade.*

se **défiler** v.pr. (de *fil*). *Fam.* Se dérober à un devoir, une promesse : *Ils avaient promis de nous aider à déménager, mais ils se sont défilés* (**SYN.** s'esquiver, fuir).

défini, e adj. Qui a des caractéristiques précises, bien marquées ; qui est déterminé avec précision : *Je cherche une couleur bien définie* (**SYN.** déterminé, précis ; **CONTR.** imprécis, indéterminé, vague). ▸ ***Article défini,*** en grammaire, article qui se rapporte à un être ou à un objet déterminé : *« Le, la, les » sont des articles définis.*

définir v.t. (lat. *finire,* limiter, de *finis,* limite) [conj. 32]. **1.** Donner une définition de : *Dans un dictionnaire, on définit les mots* (= on donne leur signification ; **SYN.** expliquer). **2.** Indiquer avec précision la nature ou les conditions de fonctionnement de qqch : *Définis ce qui t'angoisse* (**SYN.** cerner, déterminer, préciser).

définissable adj. Qui peut être défini.

définitif, ive adj. Qui est fixé ; qui ne saurait être modifié : *Sa décision est définitive* (**SYN.** irrévocable ; **CONTR.** provisoire, révisable). *Les négociateurs souhaitent un règlement définitif du conflit* (**SYN.** final ; **CONTR.** partiel).

définition n.f. **1.** Fait de déterminer ce qu'est un être ou une chose, ses caractères essentiels, ses qualités propres : *La définition d'un mot* (**SYN.** signification). **2.** En télévision, degré de finesse d'une image transmise, exprimé par le nombre de lignes utilisées pour la former. ▸ ***Haute définition*** ou ***H.D.,*** norme appliquée à des équipements vidéo numériques dont la qualité de l'image est cinq fois supérieure à celle des équivalents analogiques : *Écran à haute définition.*

en **définitive** loc. adv. Marque une conclusion : *En définitive, que veut-il obtenir ?* (= en fin de compte, en somme). *En définitive, nous sommes d'accord* (= tout bien considéré ; **SYN.** finalement).

définitivement adv. De façon définitive : *Elle a quitté l'entreprise définitivement* (= pour toujours ; **SYN.** irrémédiablement, irrévocablement).

défiscalisation n.f. Action de défiscaliser.

défiscaliser v.t. Ne plus soumettre à l'impôt : *Défiscaliser les intérêts d'un plan d'épargne.*

déflagration n.f. (du lat. *flagrare,* être en feu). Violente explosion : *Nous avons été réveillés par la déflagration.*

déflation n.f. (angl. *deflation,* de *inflation*). En économie, diminution continue et importante du niveau général des prix provoquée par l'application de certaines mesures (par opp. à inflation).

déflationniste adj. Qui relève de la déflation ; qui vise à la déflation (par opp. à inflationniste).

déflecteur n.m. (du lat. *deflectere,* détourner). Dans une automobile, petit volet mobile fixé à l'encadrement de la glace des portières avant et servant à régler et à orienter l'aération.

déflocage n.m. Dans le bâtiment, opération consistant à retirer les matériaux d'isolation qui contiennent de l'amiante (**CONTR.** flocage).

défloquer v.t. [conj. 3]. Effectuer le déflocage de.

défloraison n.f. En botanique, fait, pour certaines parties de la fleur, de se faner et de tomber après la fécondation.

défloration n.f. Perte de la virginité.

déflorer v.t. (lat. *deflorare,* enlever la fleur de) [conj. 3]. **1.** *Litt.* Faire perdre sa virginité à une jeune fille. **2.** Enlever de sa nouveauté, de son originalité à un sujet, une idée en les traitant partiellement : *Le résumé ne déflore pas le film.*

défoliant, e adj. et n.m. Se dit d'un produit chimique provoquant la chute des feuilles des arbres ou la destruction de la végétation.

défoliation n.f. Action militaire entreprise pour détruire certaines zones de végétation dense à l'aide de défoliants.

défoncer v.t. (de *fond*) [conj. 16]. **1.** Briser en enfonçant : *Les cambrioleurs ont défoncé les caisses* (**SYN.** éventrer). **2.** Détériorer par enfoncement ou effondrement : *Les roues du tracteur ont défoncé le chemin.* ◆ **se défoncer** v.pr. **1.** Se briser par enfoncement : *La route s'est défoncée à la suite du passage d'un convoi.* **2.** *Fam.* Mettre toute son énergie dans une activité : *Elle s'est défoncée pour organiser leur voyage* (= elle s'est donnée à fond). **3.** *Fam.* Se droguer.

déforcer v.t. [conj. 16]. En Belgique, diminuer le pouvoir de qqn ; affaiblir.

déforestation n.f. Destruction de la forêt : *La déforestation est l'une des causes des inondations et des glissements de terrain* (**SYN.** déboisement).

déformant, e adj. Qui déforme : *Un miroir déformant.*

déformation n.f. Altération de la forme normale : *Une déformation de la colonne vertébrale* (**SYN.** déviation). *La déformation d'un mot par un enfant qui apprend à parler.* ▸ ***Déformation professionnelle,*** fait de garder dans la vie courante les habitudes, les réflexes de sa profession.

déformer v.t. [conj. 3]. **1.** Altérer la forme de : *La station assise prolongée a déformé son pantalon* (**SYN.** abîmer, distendre). *Pour faire une farce, il a déformé sa voix au téléphone* (**SYN.** altérer, déguiser, transformer). **2.** Représenter de façon inexacte : *L'opposition a* *déformé la pensée du ministre* (**SYN.** dénaturer, fausser, trahir).

défoulement n.m. Fait de se défouler (**CONTR.** refoulement).

défouler v.t. [conj. 3]. Permettre à qqn de libérer son agressivité ou de se libérer des tensions de la vie quotidienne : *Cette séance de gymnastique les défoulera* (**SYN.** détendre). ◆ **se défouler** v.pr. Se libérer dans son comportement, ses activités, de contraintes, de tensions diverses ; se libérer en exprimant ce que l'on ressent : *Il s'est défoulé sur nous* (= il s'est libéré de son dépit, de sa colère en nous agressant). *Elle s'est défoulée au squash.*

défourner v.t. [conj. 3]. Retirer du four : *Le potier défourne ses vases* (**CONTR.** enfourner).

défraîchir v.t. [conj. 32]. Faire perdre sa fraîcheur, son éclat à : *Les lavages fréquents ont défraîchi sa chemise* (**SYN.** ternir).

défrayer [defrɛje] v.t. (de *2. frais*) [conj. 11]. Prendre en charge les frais de qqn : *Vous serez entièrement défrayé à votre retour* (**SYN.** rembourser). ▸ ***Défrayer la chronique,*** faire énormément parler de soi : *Depuis ses dernières déclarations, il défraie la chronique.*

défrichage ou **défrichement** n.m. Action de défricher un terrain ; résultat de cette action : *Après le défrichage, ils replanteront.*

défricher v.t. (de *friche*) [conj. 3]. **1.** Rendre propre à la culture un terrain qui était en friche (**SYN.** débroussailler, essarter). **2.** Aborder les points essentiels d'un sujet sans aller au fond : *Les députés ont défriché le projet de loi* (**SYN.** dégrossir).

défricheur, euse n. Personne qui défriche.

défriser v.t. [conj. 3]. **1.** Défaire la frisure de : *La pluie a défrisé ses cheveux* (= les a rendus raides). **2.** *Fam.* Causer une déception, une contrariété à qqn : *Manifestement, être obligé de rédiger un rapport le défrise* (**SYN.** contrarier, déranger, ennuyer).

défroisser v.t. [conj. 3]. Faire disparaître les mauvais plis de : *Un bon repassage défroissera mon chemisier.*

défroque n.f. Vêtement démodé ou ridicule : *Il est toujours dans ses vieilles défroques* (**SYN.** accoutrement, fripe).

défroqué, e adj. et n. (de *froc*). Qui a renoncé à la vie religieuse : *Un moine défroqué.*

défunt, e adj. et n. (lat. *defunctus,* de *defungi,* s'acquitter de). (Dans la langue administrative ou soutenue). Qui est mort : *À notre défunt cousin* (**SYN.** disparu, feu). *La défunte vous lègue sa maison.* ◆ adj. *Litt.* Qui a cessé d'être : *Sur les ruines de l'empire défunt s'est bâtie une république* (**SYN.** ancien, disparu).

défunter v.i. En Suisse, être mourant ; mourir de faim, de fatigue.

dégagé, e adj. **1.** Où rien n'arrête le regard : *Autour du château, la vue est dégagée.* **2.** Qui n'est pas encombré : *Les bouchons se sont résorbés et la route est dégagée.* **3.** Qui fait preuve d'aisance, d'assurance : *Il prend un air dégagé quand je lui fais des reproches* (**SYN.** décontracté, désinvolte ; **CONTR.** embarrassé, gêné). ▸ ***Ciel dégagé,*** sans nuages.

dégagement n.m. **1.** Action de dégager : *Après la tempête, il a fallu procéder au dégagement de la chaussée* (**SYN.** déblaiement). **2.** Fait de se dégager en parlant d'un gaz, d'une odeur : *Un dégagement de fumée* (**SYN.** émanation). **3.** Pièce annexe ou issue secondaire : *Il y a un dégagement entre la cuisine et le salon.* **4.** En sport, action d'envoyer le ballon, le palet loin de son camp. **5.** Action de se libérer d'un engagement : *Cette clause inclut le dégagement de votre responsabilité en cas de catastrophe naturelle.*

dégager v.t. (de *gage*) [conj. 17]. **1.** Libérer de ce qui entrave, emprisonne : *J'essaie de dégager son doigt du goulot* (**SYN.** décoincer, extraire, retirer). **2.** Débarrasser de ce qui encombre : *J'ai dégagé le couloir des cartons qui l'obstruaient* (**SYN.** désencombrer, libérer). **3.** *Fig.* Mettre en évidence : *Elle a dégagé une leçon de cette expérience* (**SYN.** déduire, tirer). **4.** Laisser libre ou visible ; mettre en valeur : *Sa nouvelle coiffure dégage sa nuque* (**SYN.** découvrir). *Cette robe dégage votre dos* (**SYN.** dénuder). **5.** Produire une émanation, une odeur, une impression : *L'incendie a dégagé une intense chaleur* (**SYN.** émettre). **6.** Dans certains sports, envoyer le ballon aussi loin que possible de son camp. ▸ ***Dégager des crédits,*** les rendre disponibles. ***Dégager qqn de sa parole,*** le libérer d'un engagement qu'il avait pris solennellement. ***Dégager sa responsabilité,*** ne pas se tenir pour responsable de : *Les organisateurs dégagent toute responsabilité en cas de non-respect des règles de sécurité* (**SYN.** décliner, refuser). ◆ **se dégager** v.pr. **1.** Se libérer d'une contrainte : *Elle s'est dégagée de toute obligation.* **2.** Se délivrer de ce qui entrave : *Elle s'est dégagée de ses liens.* **3.** Ne plus être obstrué, couvert : *Le temps se dégage* (= le ciel s'éclaircit ; **SYN.** se lever). **4.** Émaner de qqch et se répandre : *Une odeur de lavande se dégage de l'armoire* (**SYN.** s'échapper, s'exhaler). **5.** Devenir perceptible ou manifeste : *L'impression qui se dégage de cette analyse est plutôt rassurante* (**SYN.** émerger, ressortir).

dégaine n.f. *Fam.* Façon de se tenir, de marcher, maladroite ou étrange (**SYN.** attitude, démarche, 3. port).

dégainer v.t. [conj. 4]. Tirer une épée, un poignard du fourreau, un revolver de son étui : *Il a rapidement dégainé son revolver.*

se **déganter** v.pr. [conj. 3]. Enlever ses gants.

dégarnir v.t. [conj. 32]. Enlever ce qui garnit, orne, protège : *Elle a dégarni la cheminée avant le passage du peintre* (**SYN.** débarrasser). ◆ **se dégarnir** v.pr. **1.** Devenir moins touffu, en parlant des arbres, des bois. **2.** Perdre ses cheveux : *Il se dégarnit sur le haut du crâne.* **3.** Se vider, en parlant d'un lieu : *La salle s'est rapidement dégarnie.*

dégât n.m. (de l'anc. v. *dégaster,* dévaster). (Surtout au pl.). Dommage occasionné par un phénomène violent : *L'orage a causé de nombreux dégâts* (**SYN.** destruction, dévastation, ravage). ▸ *Fam.* ***Limiter les dégâts,*** faire en sorte qu'une situation fâcheuse ne tourne pas au désastre.

dégauchir v.t. [conj. 32]. En mécanique, redresser ce qui était gauchi, déformé : *Dégauchir un essieu* (**CONTR.** gauchir).

dégazage n.m. Élimination des gaz et des dépôts des citernes d'un pétrolier.

dégazer v.t. [conj. 3]. Éliminer les gaz d'un liquide, d'un solide. ◆ v.i. Débarrasser les citernes d'un pétrolier de tous les gaz et dépôts qui y subsistent après déchargement.

dégel n.m. **1.** Fonte des glaces et des neiges due à l'élévation de la température ; époque à laquelle elle se produit. **2.** *Fig.* Détente des relations entre des personnes, des États : *Le dégel entre deux pays* (**SYN.** décrispation ; **CONTR.** tension).

dégeler v.t. [conj. 25]. **1.** Faire fondre ce qui était gelé : *Le soleil a dégelé la terre.* **2.** *Fig.* Faire perdre sa timidité à qqn ; mettre de l'animation dans une réunion : *Ces plaisanteries ont dégelé les invités* (**SYN.** dérider, détendre). **3.** En économie, permettre l'utilisation d'une somme : *Dégeler des crédits* (**SYN.** débloquer ; **CONTR.** geler). ◆ v.i. Cesser d'être gelé : *Le lac dégèle* (= la glace qui le couvre commence à fondre). ◆ **se dégeler** v.pr. Devenir moins tendu, plus amical : *À la fin du repas, les convives se sont dégelés* (**SYN.** se détendre).

dégénératif, ive adj. En médecine, se dit d'une maladie caractérisée par une dégénérescence.

dégénéré, e adj. et n. Qui donne des signes de dégénérescence : *Des plantes dégénérées.*

dégénérer v.i. (du lat. *genus, generis,* race) [conj. 18]. **1.** Perdre certaines qualités propres à son espèce, en parlant d'animaux, de végétaux (**SYN.** s'abâtardir). **2.** *Fig.* Perdre de son mérite, de sa valeur : *L'esprit civique ne doit pas dégénérer* (**SYN.** se dégrader). **3.** Se transformer en qqch de plus mauvais : *Son rhume dégénère en angine. Le débat a dégénéré* (= il a tourné mal).

dégénérescence n.f. **1.** Perte de certaines des qualités de son espèce ou de sa race (**SYN.** abâtardissement). **2.** En médecine, transformation d'une maladie, d'un trouble, en une forme plus grave : *Dégénérescence cancéreuse d'un ganglion.* **3.** Altération significative des qualités physiques, mentales ou morales : *La vieillesse s'accompagne d'une dégénérescence des cellules* (**SYN.** décrépitude, déliquescence).

dégingandé, e [deʒɛ̃gɑ̃de] adj. (du moyen fr. *déhingander,* disloquer, et *ginguer,* folâtrer). Qui est comme disloqué dans ses mouvements, sa démarche : *Un adolescent dégingandé.*

dégivrage n.m. Action de dégivrer.

dégivrer v.t. [conj. 3]. Faire fondre le givre de : *Je dégivre le réfrigérateur deux fois par mois.*

déglaçage ou **déglacement** n.m. **1.** Action de faire fondre la glace qui recouvre qqch ; fonte de cette glace. **2.** En cuisine, action de déglacer.

déglacer v.t. [conj. 16]. **1.** Faire fondre la glace de : *J'ai répandu du sel pour déglacer les marches de l'escalier* (**SYN.** dégeler). **2.** En cuisine, dissoudre avec une substance liquide le jus caramélisé au fond d'un récipient de cuisson.

déglaciation n.f. Recul des glaciers (par opp. à glaciation) : *La déglaciation provoque une élévation du niveau des océans.*

déglingue n.f. *Fam.* État de déchéance physique ou morale.

déglinguer v.t. (de *clin,* bordage) [conj. 3]. *Fam.* Détériorer par désarticulation des éléments : *Il a déglingué son mobile en s'asseyant dessus* (**SYN.** démolir, disloquer, endommager). ◆ **se déglinguer** v.pr. *Fam.* Se détériorer par désarticulation : *La table s'est déglinguée quand on l'a déplacée* (**SYN.** se disloquer).

déglutir v.t. (du lat. *glutus,* gosier) [conj. 32]. **1.** Faire passer la salive, un aliment de la bouche à l'estomac (**SYN.** avaler, ingérer, ingurgiter). **2.** (Sans compl.). Avaler sa salive : *Il déglutit avec difficulté.*

déglutition n.f. Action de déglutir.

dégobiller v.t. et v.i. (de *gober*) [conj. 3]. *Fam.* Vomir.

dégoiser v.t. et v.i. (de *gosier*) [conj. 3]. *Fam.* Parler sans retenue, à tort et à travers.

dégommer v.t. [conj. 3]. *Fam.* **1.** Faire perdre son poste, sa situation à : *Les adhérents ont dégommé le président de l'association* (**SYN.** démettre, destituer, révoquer). **2.** Faire tomber en atteignant d'un coup : *Au stand de tir de la foire, elle a dégommé dix pipes* (**SYN.** abattre).

dégonflé, e adj. et n. *Fam.* Qui manque de courage au moment d'agir (**SYN.** lâche, peureux).

dégonflement ou **dégonflage** n.m. Action de dégonfler ; fait de se dégonfler : *L'accident a été provoqué par le dégonflement d'un pneu.*

dégonfler v.t. [conj. 3]. Faire disparaître le gonflement de : *J'ai dégonflé la piscine pour la ranger* (**CONTR.** gonfler). ◆ v.i. ou **se dégonfler** v.pr. Diminuer de volume : *Sa paupière dégonfle* (**SYN.** désenfler). ◆ **se dégonfler** v.pr. **1.** Se vider de son gaz : *Les pneus se sont dégonflés.* **2.** *Fam.* Manquer de courage, de décision au moment d'agir : *Ils avaient parié qu'ils le feraient, mais ils se sont dégonflés* (= ils n'ont pas osé ; **SYN.** abandonner, capituler, renoncer).

dégorgement n.m. Action de dégorger ; écoulement d'un liquide : *Le dégorgement d'un lavabo* (**SYN.** débouchage). *Une averse violente a provoqué le dégorgement du caniveau* (**SYN.** débordement).

dégorger v.t. [conj. 17]. Débarrasser de ce qui obstrue : *Dégorger une canalisation* (**SYN.** déboucher, désengorger ; **CONTR.** engorger). ◆ v.i. **1.** Répandre son contenu liquide : *L'égout dégorge dans la rivière* (**SYN.** se déverser, s'écouler). **2.** Perdre dans l'eau de lavage une partie de sa teinture, en parlant d'un tissu (**SYN.** déteindre). ▸ ***Faire dégorger un poisson, de la viande,*** les faire tremper pour les débarrasser du sang, des impuretés, des odeurs. ***Faire dégorger des légumes,*** les saler avant leur préparation, afin qu'ils rendent leur eau.

dégoter ou **dégotter** v.t. [conj. 3]. *Fam.* Trouver par chance : *Elle a dégoté un petit hôtel calme et coquet dans l'une des rues adjacentes* (**SYN.** découvrir, dénicher).

dégoulinement n.m. ou **dégoulinade** n.f. *Fam.* Action de dégouliner ; trace ainsi laissée.

dégouliner v.i. (anc. v. *dégouler,* s'épancher) [conj. 3]. *Fam.* Couler goutte à goutte ou en traînées : *Son visage dégouline de sueur* (**SYN.** dégoutter, ruisseler).

dégoupiller v.t. [conj. 3]. Enlever la goupille de : *Il menace de dégoupiller sa grenade pour tout faire sauter.*

dégourdi, e adj. et n. Qui fait preuve d'astuce, d'ingéniosité, d'initiative : *Elle est assez dégourdie pour que ses parents la laissent seule* (**SYN.** ingénieux, malin).

dégourdir v.t. (de *gourd*) [conj. 32]. **1.** Redonner la faculté de se mouvoir à : *La marche dégourdira mes jambes* (**CONTR.** engourdir). **2.** *Fig.* Faire perdre sa gaucherie, sa timidité à qqn : *Lui confier des responsabilités le dégourdira certainement* (**SYN.** dégrossir). ◆ **se dégourdir** v.pr. **1.** Remuer un membre pour faire disparaître son engourdissement : *Elle s'est dégourdi le* *bras en le secouant.* **2.** Acquérir de l'aisance, de l'assurance : *Elle s'est dégourdie en colonie de vacances.*

dégoût n.m. **1.** Vive répugnance pour certains aliments : *Ils ont du dégoût pour les escargots* (**SYN.** répulsion). **2.** Sentiment qui fait rejeter qqn, qqch : *Sa saleté m'inspire un profond dégoût* (**SYN.** aversion, écœurement, nausée ; **CONTR.** attrait, inclination). *Il a le dégoût des réunions mondaines* (**SYN.** ennui, lassitude ; **CONTR.** délectation).

dégoûtant, e adj. **1.** Qui provoque le dégoût, la répugnance : *Ce sirop contre la toux est dégoûtant* (**SYN.** imbuvable, infect ; **CONTR.** délicieux). **2.** Qui est très sale : *J'ai changé le pneu et ma veste est dégoûtante* (**SYN.** repoussant ; **CONTR.** immaculé, propre). **3.** Qui provoque la répulsion morale : *Il a eu une conduite dégoûtante* (**SYN.** abject, honteux, révoltant ; **CONTR.** digne, noble).

dégoûté, e adj. Qui éprouve du dégoût ; qui fait preuve de dégoût : *Elle est complètement dégoûtée du chocolat. Prendre des airs dégoûtés.* ▸ ***Ne pas être dégoûté,*** ne pas être exigeant sur la qualité. ◆ n. ▸ ***Faire le dégoûté,*** se montrer difficile, trop exigeant.

dégoûter v.t. [conj. 3]. **1.** Inspirer du dégoût, de la répugnance ou de l'aversion à : *La mayonnaise le dégoûte* (**SYN.** écœurer ; **CONTR.** allécher). *Son hypocrisie me dégoûte* (**SYN.** révolter ; **CONTR.** charmer). **2.** Ôter l'envie de : *Ses exigences sont à vous dégoûter de lui rendre service* (**SYN.** décourager, rebuter ; **CONTR.** encourager, stimuler). ☞ **REM.** Ne pas confondre avec *dégoutter.*

dégoutter v.i. [conj. 3]. Couler goutte à goutte : *L'eau dégoutte de mes cheveux sur la moquette* (**SYN.** goutter). ◆ v.t. ind. **[de].** Laisser tomber des gouttes de : *Tous les arbres dégouttent de pluie* (**SYN.** ruisseler). ☞ **REM.** Ne pas confondre avec *dégoûter.*

dégradant, e adj. Qui dégrade, avilit : *Nous avons assisté à une empoignade dégradante à l'Assemblée* (**SYN.** avilissant, déshonorant, humiliant ; **CONTR.** digne, sublime).

dégradation n.f. (du lat. *gradus,* degré). **1.** Destitution d'un grade, d'une dignité : *La dégradation du capitaine Dreyfus.* **2.** Détérioration d'un édifice, d'un objet, d'un élément naturel : *La grêle a causé des dégradations aux cultures et aux bâtiments* (**SYN.** dommage, ravage). **3.** *Fig.* Passage progressif à un état plus mauvais : *La dégradation des relations internationales* (**SYN.** altération, dégénérescence ; **CONTR.** amélioration).

dégradé n.m. (de 2. *dégrader*). **1.** Diminution progressive de l'intensité d'une couleur, d'une lumière ; ensemble de tons d'une couleur, allant du plus foncé au plus clair : *Le soleil couchant produit un dégradé de rouges.* **2.** En coiffure, technique de coupe consistant à diminuer progressivement l'épaisseur de la chevelure.

① **dégrader** v.t. (du lat. *gradus,* degré) [conj. 3]. **1.** Destituer de son grade ; priver de ses droits : *Dégrader un militaire.* **2.** Faire subir une dégradation matérielle à : *La pollution dégrade la pierre* (**SYN.** abîmer, détériorer, endommager). **3.** Faire perdre sa dignité à : *La drogue le dégrade* (**SYN.** avilir, déshonorer). ◆ **se dégrader** v.pr. **1.** Subir une dégradation matérielle ou une détérioration : *Nos relations se sont dégradées* (**SYN.** se détériorer, empirer ; **CONTR.** s'améliorer). **2.** *Sout.* S'avilir : *Nous nous dégraderions en en venant aux mains* (**SYN.** s'abaisser, se déshonorer).

② **dégrader** v.t. (it. *digradare,* de *grado,* degré) [conj. 3]. **1.** En peinture et en sculpture, diminuer insensiblement l'intensité d'une couleur, d'une lumière ou les saillies d'un relief. **2.** Couper les cheveux en dégradé.

dégrafer v.t. [conj. 3]. Détacher l'agrafe ou les agrafes de : *Elle dégrafe son corsage* (**SYN.** défaire, ouvrir).

dégraissage n.m. **1.** Action d'enlever les taches d'un tissu (**SYN.** détachage, nettoyage). **2.** Action d'enlever la graisse d'un aliment. **3.** *Fam.* Diminution du personnel d'une entreprise par licenciement.

dégraissant, e adj. Qui a la propriété de dégraisser. ◆ **dégraissant** n.m. Substance dégraissante.

dégraisser v.t. [conj. 4]. **1.** Retirer la graisse de : *Le charcutier a dégraissé le jambon. Dégraisser un bouillon.* **2.** Ôter les taches de graisse de : *Le teinturier a dégraissé son costume* (**SYN.** détacher, nettoyer). ◆ v.i. *Fam.* Diminuer les effectifs d'un service, d'une entreprise ; licencier.

degré n.m. (du lat. *gradus,* pas, marche, de *gradi,* marcher). **1.** Chacune des positions intermédiaires dans un ensemble hiérarchisé : *Elle a gravi tous les degrés de l'échelle sociale* (**SYN.** échelon, grade, niveau). **2.** Intensité relative d'un sentiment, d'un état : *Elle était au dernier degré du désespoir. Être brûlé au premier, au deuxième* ou *au troisième degré* (= légèrement, profondément). **3.** (Surtout au pl.). *Litt.* Marche d'un escalier : *Il s'assit sur le premier degré du perron.* **4.** Division administrative dans l'enseignement en France : *Les élèves du premier degré* (= du niveau élémentaire). *Diplôme du second degré* (= du secondaire). **5.** Proximité plus ou moins grande dans la parenté : *Deux sœurs sont parentes au deuxième degré, une tante et une nièce au troisième degré.* **6.** Chacune des divisions graduées du thermomètre : *Il fait dix degrés de moins qu'hier.* **7.** Unité de mesure de concentration d'une solution : *Désinfecter à l'alcool à 90 degrés. Ce vin titre 13 degrés* (= la concentration est de 13 cm^3 d'alcool pur pour 100 cm^3 de liquide). **8.** Unité de mesure des angles géométriques et des arcs de cercle : *Un cercle mesure 360 degrés, un angle plat, 180 degrés et un angle droit, 90 degrés.* **9.** En musique, chacune des notes d'une gamme, repérée en fonction de sa place dans cette gamme ascendante : *« Fa » est le quatrième degré de la gamme de « do ».* ▸ ***Au premier degré,*** se dit de ce qui se perçoit de façon évidente : *Les dialogues du film sont à prendre au premier degré* (= à la lettre). ***Au second degré,*** se dit de ce qui n'est pas immédiatement compréhensible, de ce qui est allusif : *C'est de l'humour au second degré.* ***Degré de comparaison*** ou ***de signification,*** chacun des niveaux, relatif ou absolu, de la qualité exprimée par un adjectif ou un adverbe, formés par leur positif, leur comparatif et leur superlatif. ***Degré Celsius,*** unité de mesure de température égale à la 100e partie de l'écart entre la température de fusion de la glace (0 °C) et la température d'ébullition de l'eau (100 °C). ***Degré Fahrenheit,*** unité de mesure de température égale à la 180e partie de l'écart entre la température de fusion de la glace et la température d'ébullition de l'eau. ***Par degrés,*** en progressant par étapes (= par paliers, peu à peu).

dégressif, ive adj. (du lat. *degredi,* descendre). Se dit d'un prix, d'un taux qui va en diminuant : *Les* *photocopies suivent un tarif dégressif : 2 euros les 10 ou 15 euros les 100* (**CONTR.** progressif). ▸ ***Impôt dégressif***, taux d'imposition qui diminue à mesure que les revenus sont plus faibles (**SYN.** régressif ; **CONTR.** progressif).

dégressivité n.f. Caractère de ce qui est dégressif.

dégrèvement n.m. Dispense totale ou partielle de taxes, de charges fiscales.

dégrever v.t. (de *grever*) [conj. 19]. Décharger, en tout ou en partie, des impôts (**SYN.** exempter, exonérer).

dégriffé, e adj. Se dit d'un vêtement, d'un accessoire soldé sans la griffe d'origine. ◆ **dégriffé** n.m. Article dégriffé.

dégringolade n.f. *Fam.* Action de dégringoler : *La dégringolade des cours de la Bourse* (**SYN.** chute, effondrement).

dégringoler v.i. (de l'anc. fr. *gringoler*, de *gringole*, colline) [conj. 3]. *Fam.* **1.** Tomber précipitamment : *Il a dégringolé de l'échelle* (**SYN.** dévaler). **2.** Perdre rapidement une grande part de sa valeur : *Le cours de la viande a dégringolé* (**SYN.** s'écrouler, s'effondrer). *Après son licenciement, il a complètement dégringolé* (**SYN.** décliner). ◆ v.t. *Fam.* Descendre rapidement, précipitamment : *À mon coup de sonnette, elle a dégringolé l'escalier* (**SYN.** dévaler).

dégrippant n.m. Produit servant à dégripper.

dégripper v.t. [conj. 3]. Débloquer des pièces mécaniques grippées.

dégrisement n.m. Action de dégriser ; fait de se dégriser.

dégriser v.t. [conj. 3]. **1.** Faire passer l'ivresse de : *Un café bien fort le dégrisera* (**SYN.** dessoûler). **2.** *Fig.* Dissiper les illusions, l'enthousiasme de : *L'annonce du déficit nous a dégrisés* (**SYN.** désillusionner, refroidir ; **CONTR.** enthousiasmer, griser). ◆ **se dégriser** v.pr. Sortir de l'ivresse : *Ils se sont dégrisés en prenant l'air.*

dégrossir v.t. [conj. 32]. **1.** Tailler sommairement un matériau pour lui donner l'ébauche de sa forme définitive : *Les sculpteurs dégrossissent leurs blocs de marbre.* **2.** *Fig.* Commencer à débrouiller, à éclaircir qqch : *J'ai dégrossi la question pour que nous allions plus vite* (**SYN.** défricher, démêler). **3.** *Fig.* Faire acquérir des manières plus raffinées à ; donner à qqn les rudiments d'une discipline, d'un métier : *Il faut dégrossir ce garçon avant de lui permettre de servir en salle* (**SYN.** dégourdir). *Le premier jour, la formatrice dégrossit les stagiaires.*

dégrossissage ou **dégrossissement** n.m. Action de dégrossir un matériau.

dégroupement n.m. Action de dégrouper ; résultat de cette action : *Le dégroupement des homographes dans un dictionnaire* (**SYN.** séparation ; **CONTR.** regroupement).

dégrouper v.t. [conj. 3]. Répartir différemment des personnes ou des choses groupées : *La direction a dégroupé les équipes de la hot line* (**SYN.** dissocier ; **CONTR.** associer, regrouper).

déguenillé, e adj. et n. Qui est vêtu de guenilles, de haillons : *Les sauveteurs l'ont vu sortir tout déguenillé du tas de ruines* (= avec des vêtements en lambeaux).

déguerpir v.i. (anc. fr. *guerpir*, abandonner) [conj. 32]. Quitter rapidement un lieu par force ou par crainte : *À la première alerte, tout le monde a déguerpi* (**SYN.** s'enfuir, fuir, se sauver).

dégueulasse adj. *Très fam.* **1.** Qui est d'une saleté repoussante (**SYN.** dégoûtant). **2.** Qui est moralement répugnant (**SYN.** abject, ignoble, vil).

dégueuler v.t. et v.i. [conj. 5]. *Très fam.* Vomir.

déguiller v.t. (du haut all. *kegil*, quille) [conj. 3]. En Suisse, faire tomber : *Déguiller un arbre* (**SYN.** abattre). ◆ v.i. En Suisse, dégringoler.

déguisé, e adj. et n. Qui est revêtu d'un déguisement (**SYN.** costumé, travesti).

déguisement n.m. **1.** Action de déguiser ou de se déguiser ; fait d'être déguisé : *Le déguisement prend parfois beaucoup de temps* (**SYN.** travestissement). **2.** Ce qui sert à déguiser, à se déguiser : *Nous avons choisi un déguisement de magicienne* (**SYN.** costume). **3.** *Fig.* Action de tromper sur sa façon d'être, ses sentiments, un état : *Parler sans déguisement* (= en toute franchise).

déguiser v.t. (de *guise*, manière d'être) [conj. 3]. **1.** Habiller qqn d'une façon qui le fasse ressembler à qqn d'autre : *Elle le déguise en prince oriental* (**SYN.** travestir). **2.** *Fig.* Dissimuler sous un aspect trompeur : *Il déguise ses intentions* (**SYN.** camoufler, masquer). *Cette imitatrice sait parfaitement déguiser sa voix* (**SYN.** contrefaire). ◆ **se déguiser** v.pr. Se vêtir de manière à ressembler à qqn d'autre : *Elle s'est déguisée en marquise.*

dégustateur, trice n. Personne dont le métier est de déguster une boisson ou un produit alimentaire (**SYN.** goûteur).

dégustation n.f. Action de déguster, de goûter : *Une dégustation de café est offerte dans le magasin.*

déguster v.t. (du lat. *gustare*, goûter) [conj. 3]. **1.** Goûter un aliment pour en apprécier les qualités : *Ils dégustent les huiles d'olive pour leur attribuer un label* (**SYN.** tester). **2.** Manger ou boire en appréciant pleinement : *J'ai dégusté la blanquette de veau* (**SYN.** savourer). **3.** (Sans compl.). *Fam.* Subir de mauvais traitements, des critiques, des injures ; endurer, supporter : *Il a passé sa colère sur nous, nous avons dégusté.*

déhanchement n.m. Fait de se déhancher ; position du corps qui se déhanche.

se **déhancher** v.pr. [conj. 3]. **1.** Marcher en remuant les hanches : *Les mannequins avancent en se déhanchant* (**SYN.** se dandiner). **2.** Faire porter le poids du corps sur une seule jambe.

déhiscent, e [deisɑ̃, ɑ̃t] adj. (du lat. *dehiscere*, s'ouvrir). Se dit des organes végétaux clos qui s'ouvrent naturellement à leur maturité : *Les iris, les lis et les tulipes ont des organes déhiscents.*

① **dehors** adv. (du lat. *foris*). À l'extérieur d'un lieu : *Je vais dehors prendre l'air* (**CONTR.** dedans). *Il arrive de dehors* (= de l'extérieur). ▸ ***Mettre*** ou ***jeter qqn dehors***, le chasser : *Il m'embêtait, je l'ai mis dehors* ; le congédier : *Son employeur l'a mis dehors* (= il l'a licencié). ◆ **en dehors** loc. adj. **1.** À l'extérieur : *La trousse était ouverte, elle a retrouvé son stylo en dehors* (**CONTR.** en dedans). **2.** Tourné vers l'extérieur : *Il marche les pieds en dehors* (= avec les pointes de pied plus écartées que les talons). ◆ **en dehors de** loc. prép. **1.** À l'extérieur de : *La lettre est tombée en dehors de la boîte.* **2.** À l'exception de : *En dehors d'elle, nous n'avons invité personne* (= à part elle, hormis elle).

3. Hors du cadre de : *Elle nous a laissés en dehors de ses problèmes* (= à l'écart de).

② **dehors** n.m. **1.** Partie extérieure de qqch : *J'ai nettoyé le dehors du réfrigérateur* (**SYN.** extérieur ; **CONTR.** dedans, intérieur). **2.** Milieu environnant : *En venant du dehors, il a tout sali.* **3.** (Souvent au pl.). Apparence de qqn : *Sous des dehors sévères, elle cache un cœur d'or* (**SYN.** abord, air, façade).

déhoussable adj. et n.m. Se dit d'un meuble dont la housse est amovible : *Un canapé déhoussable.*

déicide n.m. Meurtre de Dieu ; crucifixion du Christ. ◆ adj. et n. Meurtrier de Dieu.

déification n.f. Action de déifier.

déifier v.t. (du lat. *deus,* dieu) [conj. 9]. **1.** Mettre au nombre des dieux ; diviniser. **2.** *Fig.* Montrer de la vénération pour : *Le public déifie les vedettes* (**SYN.** aduler, vénérer).

déisme n.m. Croyance en l'existence d'un Dieu créateur, mais en dehors de toute religion.

déiste adj. et n. Qui relève du déisme ; qui le professe.

déité n.f. (du lat. *deus,* dieu). *Litt.* Dieu ou déesse de la mythologie (**SYN.** divinité).

déjà adv. (anc. fr. *des ja,* du lat. *jam,* maintenant). **1.** Indique que qqch a été accompli ou que le temps a passé plus rapidement qu'on ne l'imaginait : *Elle a déjà fini, alors que je n'en suis qu'à la moitié* (= dès maintenant). *Il est déjà deux heures !* (**CONTR.** seulement). **2.** Indique que qqch est révolu à un moment donné : *Le mél était déjà envoyé quand je me suis aperçu de mon oubli.* **3.** Dans une appréciation, indique un certain degré non négligeable : *Avoir un téléphone mobile, c'est déjà bien.* **4.** S'emploie pour rappeler un événement qui s'est produit auparavant et qui est susceptible de se répéter : *Il est déjà arrivé trois fois en retard ce mois-ci* (**SYN.** précédemment). **5.** S'emploie dans une question visant à se faire rappeler ce que l'on a oublié : *Comment s'appelle-t-elle déjà ?*

déjanter v.t. [conj. 3]. Faire sortir un pneumatique de la jante d'une roue. ◆ v.i. *Fam.* Devenir fou.

déjà-vu n.m. inv. *Fam.* Chose banale, sans originalité : *Son tour de magie, c'est du déjà-vu* (**CONTR.** inédit, nouveau).

déjection n.f. (du lat. *jacere,* jeter). En médecine, évacuation des excréments. ◆ **déjections** n.f. pl. Matières fécales évacuées (**SYN.** excréments).

① **déjeuner** v.i. (lat. *disjejunare,* rompre le jeûne) [conj. 5]. **1.** Prendre le repas de midi : *Elle déjeune avec son collègue.* **2.** En Belgique, au Québec et en Suisse, prendre le petit déjeuner. ◆ v.t. ind. **[de].** Manger à son déjeuner : *Il a déjeuné d'un panini.*

② **déjeuner** n.m. **1.** Repas de midi ; mets que l'on mange à ce repas : *Nous nous retrouverons au déjeuner. Il a fait réchauffer son déjeuner.* **2.** En Belgique, au Québec et en Suisse, petit déjeuner. **3.** Ensemble constitué d'une grande tasse et de sa soucoupe pour servir le petit déjeuner. ▸ ***Déjeuner de soleil,*** étoffe dont la couleur passe au soleil ; fig., chose qui dure peu. ***Petit déjeuner,*** voir à son ordre alphabétique.

déjouer v.t. [conj. 6]. Faire échouer ; mettre en échec : *Les services secrets ont déjoué un attentat* (**SYN.** contrecarrer). *Les otages ont déjoué la surveillance de leurs geôliers* (**SYN.** échapper à, tromper).

se **déjuger** v.pr. [conj. 17]. Revenir sur un jugement, sur une opinion : *La cour s'est déjugée. Le journaliste ne s'est pas déjugé* (= il a maintenu sa position).

de jure [deʒyre] loc. adv. (mots lat. signif. « selon le droit »). Dans la langue juridique, formule employée pour indiquer le caractère juridique de la reconnaissance d'un fait politique (par opp. à de facto) : *État reconnu de jure.*

D.E.L. ou **DEL** [dɛl] n.f. (sigle). ▸ ***Diode électroluminescente*** → **diode.**

de-là adv. ▸ ***De-ci de-là*** → **1. ci.**

delà adv. ▸ ***Deçà delà*** → **deçà.**

délabré, e adj. **1.** Qui est dans un état proche de la ruine : *Les maisons délabrées d'un village abandonné* (**SYN.** vétuste ; **CONTR.** neuf, pimpant). **2.** *Fig.* Qui s'est profondément dégradé : *Sa santé délabrée exige du repos* (**SYN.** chancelant ; **CONTR.** florissant).

délabrement n.m. **1.** État de ce qui tombe en ruine : *Le délabrement d'un vieux château* (**SYN.** dégradation, détérioration, ruine). **2.** *Fig.* État de qqn, de qqch qui a subi de graves atteintes : *Le délabrement de la conscience politique après des années de dictature* (**SYN.** décadence, déclin, déliquescence).

délabrer v.t. (du frq. *labba,* chiffon) [conj. 3]. **1.** Abîmer par usure ou par manque d'entretien : *Les nombreux déménagements ont délabré l'armoire* (**SYN.** dégrader, endommager). **2.** Altérer profondément : *Le stress a délabré sa santé* (**SYN.** détériorer, détruire, ravager). ◆ **se délabrer** v.pr. **1.** Tomber en ruine : *La maison s'est délabrée en notre absence* (**SYN.** se dégrader). **2.** S'altérer profondément : *Sa santé s'est délabrée* (**SYN.** se détériorer).

délacer v.t. [conj. 16]. Défaire les lacets de : *Il délaçait ses chaussures* (**SYN.** dénouer, desserrer). ☞ **REM.** Ne pas confondre avec *délasser.*

délai n.m. (de l'anc. fr. *deslaier,* différer). **1.** Temps accordé pour faire qqch : *Le dossier complet est à renvoyer dans un délai de deux mois à compter d'aujourd'hui.* **2.** Temps supplémentaire accordé pour faire qqch : *Je lui ai demandé un délai d'une semaine et elle me l'a accordé* (**SYN.** prolongation, répit, sursis). ▸ ***Dans les délais,*** dans les limites du temps accordé : *Il n'a pu finir dans les délais* (= à temps). ***Sans délai,*** sans attendre : *Elle a répondu sans délai à mon mél* (= tout de suite ; **SYN.** immédiatement, sur-le-champ).

délaissé, e adj. et n. Qui est laissé seul, sans affection et sans assistance : *Les enfants des rues livrés à eux-mêmes, délaissés.*

délaissement n.m. *Litt.* État d'une personne délaissée, laissée à sa solitude ; abandon, isolement.

délaisser v.t. [conj. 4]. **1.** Ne plus se préoccuper de qqn : *Ses enfants la délaissent* (**SYN.** abandonner, négliger, oublier ; **CONTR.** choyer, entourer). **2.** Se désintéresser de ce dont on s'occupait : *Sa surcharge de travail lui fait délaisser la musique* (**SYN.** renoncer à, sacrifier).

délassant, e adj. Qui délasse : *Une comédie délassante* (**SYN.** divertissant, récréatif ; **CONTR.** lassant).

délassement n.m. **1.** Action de se délasser, de se détendre : *Le délassement que procure une promenade en forêt* (**SYN.** apaisement, détente, repos). **2.** Activité qui délasse : *Faire des mots croisés est l'un de* *mes délassements favoris* (**SYN.** distraction, divertissement, loisir).

délasser v.t. (de *2. las*) [conj. 3]. Éliminer la fatigue physique ou intellectuelle de : *Un bon film nous délassera* (**SYN.** détendre, relaxer ; **CONTR.** fatiguer, surmener). ☞ **REM.** Ne pas confondre avec *délacer*. ◆ **se délasser** v.pr. Se reposer de sa fatigue physique ou intellectuelle : *Elle s'est délassée en s'allongeant un moment sur la pelouse* (**SYN.** se détendre, se relaxer).

délateur, trice n. Personne qui pratique la délation (**SYN.** dénonciateur).

délation [delasjɔ̃] n.f. (lat. *delatio*, de *deferre*, dénoncer). Dénonciation motivée par la vengeance, la jalousie ou l'appât du gain : *La lettre anonyme est un moyen de délation.*

délavé, e adj. **1.** Qui est d'une couleur claire, pâle : *« Avec mes yeux tout délavés / Qui me donnent l'air de rêver »* [G. Moustaki]. **2.** Qui est décoloré par l'action de l'eau : *Il ne porte que des jeans délavés.*

délaver v.t. [conj. 3]. Enlever ou éclaircir une couleur avec de l'eau : *Délaver une aquarelle, un batik.*

délayage [delɛjaʒ] n.m. **1.** Action de délayer ; substance délayée : *Procédez au délayage de la peinture avec de l'essence* (**SYN.** dilution). **2.** *Fig.* Développement inutile autour d'une idée : *L'essentiel tient en deux lignes, le reste n'est que du délayage* (**SYN.** remplissage, verbiage).

délayer [delɛje] v.t. (du lat. *deliquare*, décanter) [conj. 11]. Mélanger un corps solide ou une poudre avec un liquide : *Elle a délayé le contenu du sachet d'aspirine dans de l'eau* (**SYN.** dissoudre). ▸ ***Délayer une idée, une pensée,*** l'exprimer par un trop long développement.

Delco n.m. (nom déposé ; acronyme de *Dayton engineering laboratories company*). Dispositif d'allumage des moteurs à explosion.

deleatur [deleatyr] n.m. inv. (mot lat. signif. « qu'il soit détruit »). Signe de correction typographique (𝒮) indiquant une suppression à effectuer.

délectable adj. *Sout.* Qui procure un plaisir délicat : *Un mets délectable* (**SYN.** délicieux, exquis, succulent ; **CONTR.** dégoûtant, mauvais). *Une histoire délectable* (**SYN.** savoureux ; **CONTR.** détestable, exécrable).

délectation n.f. *Sout.* Plaisir que l'on savoure pleinement : *L'écouter parler de ses voyages est une délectation* (**SYN.** bonheur, délice, ravissement ; **CONTR.** supplice).

se **délecter** v.pr. (du lat. *lacere*, faire tomber dans un piège) [conj. 4]. **[de, à].** *Sout.* Prendre un vif plaisir : *Il se délecte de ce succulent repas* (**SYN.** se régaler). *Nous nous sommes délectés à écouter ce débat.*

délégation n.f. (lat. *delegatio*, procuration). **1.** Dans la langue juridique, acte par lequel une autorité administrative charge une autre autorité d'exercer ses pouvoirs à sa place : *Délégation de signature* (= procuration). **2.** Groupe de personnes chargées de représenter une collectivité : *Le président recevra une délégation du personnel.*

délégué, e n. et adj. Personne chargée d'agir au nom d'une ou de plusieurs autres : *Les grévistes ont désigné leurs délégués* (**SYN.** mandataire, représentant). *Une déléguée du personnel.*

déléguer v.t. [conj. 18]. **1.** Envoyer qqn comme représentant d'une collectivité : *Nous avons délégué notre porte-parole auprès des autorités* (**SYN.** mandater). **2.** Confier une responsabilité à un subordonné : *Déléguer la présidence à un adjoint* (**SYN.** transmettre). **3.** (Sans compl.). Transmettre momentanément un pouvoir à qqn : *Il faut savoir déléguer.*

délestage n.m. **1.** Déchargement du lest : *Il procède au délestage de la montgolfière en jetant les sacs de sable.* **2.** Détournement de la circulation routière : *Un itinéraire de délestage.*

délester v.t. [conj. 3]. **1.** Réduire le lest, la charge : *Le gendarme nous a demandé de délester la voiture de deux valises* (**SYN.** alléger ; **CONTR.** lester). **2.** Supprimer momentanément la fourniture de courant électrique dans un secteur du réseau. **3.** Empêcher momentanément l'accès des automobiles sur une voie de communication pour y résorber les encombrements : *Délester une autoroute.* ▸ *Fam.* ***Délester qqn de son portefeuille, de son argent,*** les lui dérober.

délétère adj. (gr. *dêlêtêrios*, nuisible). **1.** Se dit d'un gaz toxique, nuisible à la santé : *Des émanations délétères s'échappent de ces conteneurs* (**SYN.** dangereux, nocif, nuisible ; **CONTR.** inoffensif). **2.** *Litt.* Qui présente un danger moral : *Les pourparlers se sont déroulés dans un climat délétère* (**SYN.** néfaste).

délibérant, e adj. Se dit d'un groupe qui a le pouvoir de délibérer (par opp. à consultatif) : *Une assemblée délibérante.*

délibératif, ive adj. ▸ ***Avoir voix délibérative,*** avoir le droit de voter dans une assemblée (par opp. à consultatif).

délibération n.f. **1.** Examen d'une affaire par des personnes qui en discutent ; décision prise après cet examen : *La délibération sur les sanctions à prendre a duré plusieurs jours* (**SYN.** débat, discussion). *Lecture des délibérations du jury.* **2.** Réflexion destinée à peser le pour et le contre avant de prendre une décision : *Après délibération, il a décidé de maintenir sa candidature* (**SYN.** méditation).

① **délibéré, e** adj. Se dit d'une attitude, d'une action qui résulte d'une décision ferme : *Il est venu avec l'intention délibérée de faire échouer les négociations* (**SYN.** arrêté, ferme, réfléchi). ▸ ***De propos délibéré,*** à dessein : *Il a désobéi de propos délibéré* (= exprès, intentionnellement).

② **délibéré** n.m. Dans la langue juridique, discussion des juges avant de rendre leur décision : *Le jugement est mis en délibéré au 1er mars* (= la décision sera communiquée à cette date).

délibérément adv. **1.** Après avoir réfléchi : *Elle a délibérément choisi de recommencer à travailler* (**SYN.** consciemment, résolument ; **CONTR.** distraitement). **2.** En pleine connaissance des conséquences de son acte : *Il a délibérément omis de prendre ses médicaments* (**SYN.** intentionnellement, volontairement ; **CONTR.** involontairement).

délibérer v.i. (lat. *deliberare*, de *libra*, balance) [conj. 18]. **1.** Étudier une question avec d'autres personnes : *Le jury du festival délibère sur le film à récompenser* (**SYN.** débattre, discuter de). **2.** *Sout.* Méditer une décision à prendre : *Elle délibère depuis quelques jours sur l'opportunité d'accepter ce poste* (**SYN.** s'interroger, réfléchir).

délicat, e adj. (lat. *delicatus*, de *deliciae*, délices). **1.** Qui plaît par sa grande finesse : *De délicates senteurs* (**SYN.** raffiné, suave, subtil). *Les traits délicats de son visage* (**SYN.** fin ; **CONTR.** épais, grossier). **2.** Qui a peu de résistance : *Il est de constitution délicate* (**SYN.** faible, fragile ; **CONTR.** robuste, solide). **3.** Qui demande de la subtilité dans son exécution, son traitement : *Des négociations délicates* (**SYN.** complexe, épineux). *Je suis dans une situation délicate* (**SYN.** difficile, embarrassant, périlleux ; **CONTR.** simple). **4.** Qui fait preuve de sensibilité, de tact : *C'est une délicate attention* (**SYN.** aimable, gentil). ◆ adj. et n. *Péjor.* Qui est difficile à contenter : *Faire le délicat* (= être exigeant).

délicatement adv. **1.** Avec finesse : *Un chemisier délicatement brodé* (**SYN.** finement ; **CONTR.** grossièrement). **2.** Avec précaution ; avec soin : *Elle a posé délicatement le pansement sur la plaie* (**SYN.** doucement, soigneusement ; **CONTR.** brutalement, rudement).

délicatesse n.f. **1.** Qualité de qqch de délicat : *La délicatesse des coloris* (**SYN.** finesse, raffinement, subtilité ; **CONTR.** banalité, lourdeur). **2.** Sensibilité dans les relations avec autrui : *Par délicatesse, elle s'est retirée* (**SYN.** tact ; **CONTR.** grossièreté). ▸ *Sout.* ***Être en délicatesse avec qqn,*** être en mauvais termes avec lui.

délice n.m. (lat. *delicium*). **1.** Plaisir extrême : *Il s'allongeait avec délice au soleil* (**SYN.** bonheur, délectation, félicité, ravissement). **2.** En Suisse, petite pâtisserie salée. ◆ **délices** n.f. pl. *Litt.* Bonheur extrême : *Elle s'abandonne aux délices raffinées de ce spectacle* (**SYN.** charme, jouissance, plaisir). ▸ ***Faire les délices de qqn,*** lui donner un vif plaisir.

délicieusement adv. **1.** Avec délice : *Elle se plongea délicieusement dans son bain* (= avec délectation). **2.** De façon délicieuse : *Il imite délicieusement le président.*

délicieux, euse adj. **1.** Qui provoque un vif plaisir : *Un délicieux repas* (**SYN.** délectable, excellent, savoureux ; **CONTR.** fade, insipide, mauvais). *Nous avons passé un moment délicieux en votre compagnie* (**SYN.** divin, enchanteur ; **CONTR.** pénible). **2.** Dont la compagnie est agréable : *C'est une personne délicieuse* (**SYN.** charmant, exquis ; **CONTR.** désagréable, détestable).

délictueux, euse ou **délictuel, elle** adj. Dans la langue juridique, qui a le caractère d'un délit, qui constitue un délit : *Commettre un acte délictueux* (**SYN.** condamnable, répréhensible).

délié, e adj. *Litt.* Qui est d'une grande finesse : *Un corps délié* (**SYN.** élancé, mince, svelte). *Une écriture déliée* (**SYN.** fin). ▸ ***Esprit délié,*** esprit subtil. ◆ **délié** n.m. Partie fine, déliée dans le tracé d'une lettre calligraphiée (par opp. à plein).

délier v.t. [conj. 9]. **1.** Détacher ce qui est lié : *Délier un bouquet* (**SYN.** défaire ; **CONTR.** lier). **2.** *Sout.* Libérer d'une obligation : *Je l'ai délié de sa promesse* (**SYN.** dégager, délivrer, relever). ▸ ***Délier la langue de qqn,*** le faire parler.

délimitation n.f. Action de délimiter : *La délimitation d'une propriété* (**SYN.** bornage). *Il faut commencer par la délimitation du sujet.*

délimiter v.t. [conj. 3]. Fixer les limites de : *La haie délimite notre champ* (**SYN.** borner, entourer, limiter). *Délimiter un domaine d'études* (**SYN.** cerner, définir, déterminer). *Délimiter des prérogatives* (**SYN.** circonscrire ; **CONTR.** étendre).

délinquance n.f. Ensemble des infractions considérées sur le plan social : *La délinquance juvénile* (= celle des mineurs).

délinquant, e n. (de l'anc. fr. *délinquer*, lat. *delinquere*, commettre une faute). Personne qui a commis un délit : *Des délinquants primaires* (= ceux qui commettent leur premier délit). ◆ adj. Qui commet des délits : *L'enfance délinquante.*

déliquescence [delikesɑ̃s] n.f. **1.** État de ce qui se décompose, disparaît : *Une société en déliquescence* (**SYN.** décadence, dégénérescence, effondrement ; **CONTR.** épanouissement, essor). **2.** Affaiblissement des capacités intellectuelles : *Ces signes de déliquescence sont les manifestations de l'âge* (**SYN.** déchéance, décrépitude ; **CONTR.** pétulance, vivacité).

déliquescent, e [delikesɑ̃, ɑ̃t] adj. (du lat. *deliquescere*, se liquéfier). **1.** Qui est en pleine décadence : *Un gouvernement déliquescent.* **2.** Qui a perdu une grande part de ses facultés intellectuelles ; décrépit.

délirant, e adj. et n. En psychiatrie, se dit d'une personne qui est atteinte de délire. ◆ adj. **1.** Qui traduit une grande excitation : *Un enthousiasme délirant* (**SYN.** débordant, exubérant, frénétique ; **CONTR.** mesuré, modéré, raisonnable). **2.** Qui dépasse les limites du raisonnable : *Elle m'a raconté une histoire délirante* (**SYN.** extravagant, insensé, rocambolesque ; **CONTR.** plausible, sensé). **3.** En psychiatrie, qui est caractéristique du délire.

délire n.m. (lat. *delirium*). **1.** Grande agitation causée par la passion, l'enthousiasme ; exaltation, fièvre : *La vedette fut accueillie par une foule en délire.* **2.** En psychiatrie, trouble psychique caractérisé par la persistance d'idées en opposition manifeste avec la réalité ou le bon sens, mais auxquelles croit le sujet. ▸ *Fam.* ***C'est du délire,*** cela dépasse ce que l'on peut imaginer : *Ce projet d'aménagement, c'est du délire* (**SYN.** déraison, folie).

délirer v.i. (lat. *delirare*, sortir du sillon) [conj. 3]. **1.** Être atteint d'un délire. **2.** Parler ou agir de façon déraisonnable : *Monter une entreprise sans financement, vous délirez* (**SYN.** déraisonner, divaguer). **3.** Être en proie à un sentiment exalté ; exulter : *Elle délirait de joie à l'annonce de cette nouvelle* (**SYN.** déborder).

delirium tremens [delirjɔmtremɛ̃s] n.m. inv. (mots lat. signif. « délire tremblant »). État d'agitation avec fièvre, tremblement des membres, hallucinations, qui est une complication de l'alcoolisme chronique.

délit n.m. (lat. *delictum*, de *delinquere*, commettre une faute). Infraction punie d'une peine correctionnelle (par opp. à contravention et à crime) : *Délit de non-assistance à personne en danger.* ▸ ***Le corps du délit,*** l'élément matériel de l'infraction, qui permet de la prouver.

se **déliter** v.pr. (de *lit*, face d'une pierre de taille) [conj. 3]. **1.** En parlant d'une substance, se désagréger sous l'action de l'air ou de l'eau. **2.** *Litt.* En parlant d'un ensemble, d'une structure, perdre sa cohésion : *L'organisation s'est délitée* (**SYN.** se décomposer).

délivrance n.f. **1.** Action de délivrer, de rendre sa liberté à qqn, à un pays : *La délivrance des esclaves* (**SYN.** affranchissement, libération). **2.** Fait de soulager d'une contrainte, d'une gêne : *La délivrance est venue* *de ce nouveau calmant* (SYN. soulagement). **3.** Action de remettre une chose à qqn : *La délivrance d'une ordonnance par un médecin.* **4.** Dernier stade de l'accouchement.

délivrer v.t. (du lat. *liberare,* libérer) [conj. 3]. **1.** Rendre sa liberté à qqn, à un pays : *Délivrer un prisonnier* (SYN. libérer ; CONTR. écrouer, emprisonner, incarcérer). **2.** Débarrasser de qqch : *Je l'ai délivré de sa promesse* (SYN. décharger, dégager). *Ce traitement vous délivrera de votre mal* (SYN. guérir, soulager ; CONTR. accabler). **3.** Remettre au destinataire, au bénéficiaire : *Le facteur m'a délivré une lettre recommandée* (SYN. apporter).

délocalisation n.f. Action de délocaliser.

délocaliser v.t. [conj. 3]. Transférer une administration, une entreprise dans une nouvelle zone : *La direction délocalise ses usines de composants électroniques dans les pays de l'Est* (SYN. déplacer).

déloger v.t. [conj. 17]. **1.** Faire quitter sa place à qqn : *Il m'a délogée de son fauteuil* (SYN. chasser ; CONTR. installer). **2.** Extraire un objet de sa place : *Avec la pince, elle a réussi à déloger le clou tordu* (SYN. retirer ; CONTR. loger). **3.** Obliger l'adversaire à évacuer une position : *Ils ont délogé les gangsters de leur repaire* (SYN. chasser, expulser). ◆ v.i. *Fam.* En Belgique, découcher.

déloyal, e, aux [delwajal, o] adj. **1.** Qui manque de loyauté ; qui a trahi la confiance de qqn : *J'ai eu affaire à des partenaires déloyaux* (SYN. faux, fourbe, parjure, perfide ; CONTR. droit, loyal). **2.** Qui fait preuve de mauvaise foi, de perfidie : *Il a employé une méthode déloyale* (SYN. incorrect, malhonnête ; CONTR. honnête, régulier).

déloyalement [delwajalmɑ̃] adv. Avec déloyauté ; de façon déloyale.

déloyauté [delwajote] n.f. Caractère déloyal de qqn, de qqch : *Il a montré sa déloyauté en vendant les secrets industriels de son entreprise* (SYN. duplicité, félonie, traîtrise ; CONTR. droiture, fidélité, loyauté). *La déloyauté des procédés utilisés* (SYN. malhonnêteté, perfidie ; CONTR. honnêteté, probité).

delta n.m. inv. (mot gr.). Quatrième lettre de l'alphabet grec (Δ, δ). ▸ ***Aile delta*** ou ***aile en delta,*** aile d'avion ou de planeur en forme de delta majuscule. ◆ n.m. Zone triangulaire d'accumulation d'alluvions, à l'embouchure d'un fleuve, dans laquelle ce dernier se ramifie en plusieurs bras : *Les deltas du Rhône et du Nil.*

deltaïque adj. Relatif au delta d'un fleuve.

deltaplane ou **delta-plane** (pl. *delta-planes*) n.m. (de *delta* [en raison de la forme triangulaire de l'aile] et [*aéro*]*plane*). Planeur ultraléger, servant au vol libre.

deltoïde n.m. et adj. Muscle triangulaire de l'épaule.

déluge n.m. (lat. *diluvium,* de *luere,* baigner). **1.** (Avec une majuscule et précédé d'un article défini). Débordement universel des eaux, d'après la Bible. **2.** Pluie torrentielle : *Nous avons eu un déluge pendant tout l'après-midi* (= des trombes d'eau). **3.** *Fig.* Grande quantité de qqch : *Son intervention déclencha un déluge de récriminations* (SYN. avalanche, déferlement, flot). ▸ ***Après moi, le déluge,*** se dit lorsqu'on se moque de ce qui arrivera aux générations futures (citation attribuée à Louis XV à la fin de son règne). ***Remonter au déluge,*** très loin dans le temps.

déluré, e adj. (de l'anc. fr. *déleurrer,* détromper). **1.** Qui a l'esprit vif : *Elle est assez délurée pour savoir comment procéder* (SYN. dégourdi, espiègle, malin ; CONTR. gauche, maladroit). **2.** Qui a des manières trop libres : *Des adolescentes délurées* (SYN. effronté ; CONTR. ingénu, pudique).

démagnétiser v.t. [conj. 3]. Détruire l'aimantation de.

démagogie n.f. (gr. *dêmagôgia*). Attitude par laquelle on cherche à gagner ou à conserver le pouvoir en flattant l'opinion publique ou en excitant les passions populaires : *Dire qu'on a perdu parce que nos adversaires ont triché, c'est de la démagogie.*

démagogique adj. Qui relève de la démagogie : *Des promesses démagogiques.*

démagogue adj. et n. (du gr. *dêmagôgos,* qui conduit le peuple). Qui fait preuve de démagogie.

demain adv. (lat. *de mane,* à partir du matin). **1.** Au jour qui suit immédiatement celui où l'on est : *Leur arrivée est prévue pour demain après-midi. Demain, ce sera le 15 août.* **2.** Dans un avenir plus ou moins proche : *Les technologies de demain sont l'espoir d'une vie meilleure* (= du futur ; CONTR. hier).

démancher v.t. [conj. 3]. **1.** Ôter le manche de : *Elle a démanché son couteau.* **2.** Défaire les parties de qqch : *Démancher une table* (SYN. démonter, disloquer). **3.** *Fam.* Désarticuler un membre : *Le choc lui a démanché la jambe* (SYN. démettre). ◆ **se démancher** v.pr. **1.** Perdre son manche : *La bêche s'est démanchée.* **2.** *Fig., fam.* Se donner beaucoup de mal pour obtenir qqch : *Elle s'est démanchée pour trouver un cadeau* (SYN. se démener).

demande n.f. **1.** Action de demander qqch, de faire savoir ce qu'on souhaite, ce qu'on désire : *J'ai adressé ma demande d'emploi au directeur des ressources humaines* (CONTR. offre). *Il lui a fait sa demande en mariage.* **2.** Chose demandée : *Elle a souri de ma demande. Une demande parfaitement fondée* (SYN. requête). **3.** En économie, quantité d'un bien ou d'un service que les consommateurs sont disposés à acquérir en un temps et à un prix donnés : *La loi de l'offre et de la demande.* **4.** Interrogation formulée : *Un jeu basé sur des demandes et des réponses* (SYN. question). ▸ ***Demande en justice,*** acte par lequel est introduite une action en justice.

demander v.t. (du lat. *demandare,* confier) [conj. 3]. **1.** Faire savoir à une personne ou à plusieurs ce qu'on veut, ce qu'on souhaite obtenir : *J'ai demandé l'addition* (SYN. réclamer). *Elle demande à ne plus être dérangée de la matinée* (SYN. désirer, exiger de, souhaiter). **2.** Faire venir qqn : *On vous demande chez le directeur* (SYN. appeler, convoquer). *J'ai demandé un taxi* (SYN. réclamer). **3.** Solliciter une réponse de qqn : *Il m'a demandé plusieurs fois l'heure. Nous lui avons demandé de nous accorder son pardon* (SYN. prier, solliciter). **4.** Requérir telles conditions, tel comportement : *Une maison demande de l'entretien* (SYN. exiger, imposer). *Ce problème demande toute notre attention* (SYN. nécessiter). **5.** Engager une action en justice : *Demander la séparation de biens.* ◆ **se demander** v.pr. Être indécis au sujet de ce que l'on doit faire : *Elle s'est demandé si elle devait lui écrire.*

① **demandeur, euse** adj. et n. Se dit de qqn, d'un groupe qui demande, sollicite qqch : *Une entreprise* *demandeuse de haute technologie. Des demandeurs d'asile.* ▸ ***Demandeur d'emploi,*** personne au chômage et inscrite à l'Agence nationale pour l'emploi (**SYN.** chômeur).

② **demandeur, eresse** n. Personne qui engage une action en justice (par opp. à défendeur).

démangeaison n.f. **1.** Sensation de picotement de la peau, qui donne envie de se gratter ; prurit. **2.** *Fig., fam.* Désir difficile à réprimer de faire qqch.

démanger v.t. (de *manger*) [conj. 17]. **1.** Causer une démangeaison : *Mes boutons me démangent* (**SYN.** gratter, picoter). **2.** *Fig., fam.* Causer une grande envie à : *Ça la démangeait d'aller se promener* (**SYN.** attirer, tenter).

démantèlement n.m. Action de démanteler ; fait d'être démantelé : *Le démantèlement d'une barricade* (**SYN.** démolition, destruction).

démanteler v.t. (anc. fr. *manteler,* fortifier) [conj. 25]. **1.** Démolir les murailles d'une ville ; détruire une construction : *Démanteler une usine* (**SYN.** abattre, démolir, raser). **2.** *Fig.* Détruire l'organisation de ; réduire à néant : *Les douaniers ont démantelé un réseau de passeurs* (**SYN.** anéantir).

démantibuler v.t. (de *mandibule*) [conj. 3]. *Fam.* Mettre en morceaux : *Il a démantibulé le téléviseur* (**SYN.** démolir, démonter, disloquer).

démaquillage n.m. Action de démaquiller, de se démaquiller.

démaquillant, e adj. et n.m. Se dit d'un produit qui enlève facilement les produits de maquillage tout en nettoyant la peau.

démaquiller v.t. [conj. 3]. Enlever le maquillage de : *Après le défilé, il faut démaquiller les mannequins* (**CONTR.** maquiller). ◆ **se démaquiller** v.pr. Enlever le maquillage de son propre visage : *Les acteurs se sont démaquillés dans les loges. Elle s'est démaquillé les yeux.*

démarcage n.m. → **démarquage.**

démarcation n.f. (de l'esp. *demarcar,* délimiter). **1.** Action de délimiter deux territoires, deux régions ; la limite elle-même ; séparation, frontière. **2.** *Fig.* Séparation entre deux choses, deux domaines : *La démarcation entre la chimie et la physique n'est pas toujours évidente* (**SYN.** frontière). ▸ ***Ligne de démarcation,*** ligne naturelle ou conventionnelle qui marque les limites de deux territoires.

démarchage n.m. Mode de vente consistant à solliciter le client à son domicile, sur son lieu de travail.

démarche n.f. (de l'anc. fr. *demarcher,* fouler aux pieds). **1.** Manière de marcher : *Elle a une démarche élégante* (**SYN.** allure). **2.** Tentative faite auprès de qqn ou auprès d'une autorité pour obtenir qqch : *Les démarches administratives m'ont pris beaucoup de temps* (**SYN.** formalité). **3.** *Fig.* Manière de penser, de raisonner : *Tout le monde n'a pas compris la démarche qu'il a suivie* (**SYN.** logique, raisonnement).

démarcher v.t. [conj. 3]. Faire du démarchage : *Nos représentants démarchent les entreprises pour leur proposer nos nouveaux produits.*

démarcheur, euse n. Personne qui fait du démarchage.

démarquage ou **démarcage** n.m. **1.** Action de démarquer, d'enlever une marque : *Le démarquage d'un lot de vêtements à donner* (**CONTR.** marquage). **2.** Modification superficielle d'une œuvre, faite pour dissimuler que l'on a copié : *Chacun a pu remarquer le démarquage du conte de Perrault dans ce récit* (**SYN.** plagiat).

démarque n.f. Changement du prix d'un article affiché dans un magasin, afin de favoriser la vente de cet article : *Nouvelle démarque de 20 %* (**SYN.** rabais, remise).

démarquer v.t. [conj. 3]. **1.** Ôter ou changer la marque qui permet d'identifier le fabricant ou le propriétaire de qqch : *Démarquer du linge de table.* **2.** Changer ou enlever la marque d'un fabricant pour vendre moins cher ; baisser le prix d'un article : *Démarquer la collection de la saison précédente* (**SYN.** solder). **3.** Copier une œuvre en y apportant quelques changements pour dissimuler l'emprunt : *Ce texte démarque un article paru récemment dans le journal* (**SYN.** piller, plagier). ◆ **se démarquer** v.pr. **1. [de].** Se différencier de : *Elle s'est démarquée de ses collègues en participant à la manifestation* (**SYN.** se distinguer, se singulariser). **2.** En sports, se libérer de la surveillance d'un ou de plusieurs joueurs adverses.

démarrage n.m. **1.** Action, fait de démarrer : *S'exercer au démarrage en côte. Le cycliste a fait un démarrage foudroyant.* **2.** *Fig.* Mise en route d'un processus : *Il faut trouver des fonds pour le démarrage de notre campagne publicitaire* (**SYN.** lancement).

démarrer v.i. (de *amarrer*) [conj. 3]. **1.** Se mettre en marche : *La tondeuse refuse de démarrer* (**SYN.** partir). *Le moteur démarre au quart de tour* (**SYN.** tourner ; **CONTR.** caler). **2.** *Fig.* Prendre son essor : *Cette nouvelle chaîne démarre en flèche* (**SYN.** commencer, débuter, s'ouvrir). *Elle a bien démarré dans ses nouvelles fonctions.* **3.** Accélérer soudainement pendant une course, pour distancer les autres concurrents. ◆ v.t. **1.** Commencer à faire rouler un véhicule, à faire fonctionner un moteur : *Elle a réussi à démarrer son scooter* (= faire partir). **2.** *Fam.* Mettre en train : *Démarrer une campagne électorale* (**SYN.** commencer, lancer).

démarreur n.m. Dispositif permettant la mise en marche d'un moteur.

démasquer v.t. [conj. 3]. **1.** Ôter à qqn le masque qu'il a sur le visage. **2.** *Fig.* Faire apparaître la vraie nature de qqn : *Ils ont démasqué le traître* (**SYN.** confondre, identifier ; **CONTR.** dissimuler). **3.** Faire apparaître ce qui était tenu caché : *Nous avons démasqué ses mensonges* (**SYN.** dévoiler, révéler ; **CONTR.** déguiser, masquer). ◆ **se démasquer** v.pr. Se montrer sous son vrai jour ; révéler ses intentions : *Ils se sont démasqués.*

démâter v.t. [conj. 3]. Enlever le mât ou la mâture d'un navire. ◆ v.i. Perdre son mât, ses mâts : *Le trimaran a démâté au large de l'Irlande.*

dématérialiser v.t. [conj. 3]. Rendre comme immatériel qqn ou qqch : *Le clair de lune dématérialisait le paysage* (= le rendait irréel, fantomatique).

démazouter v.t. [conj. 3]. Nettoyer de la pollution par le mazout : *Démazouter les plages* (**CONTR.** mazouter). *Démazouter les cormorans.*

dème n.m. (du gr. *dêmos,* peuple). Circonscription administrative de la Grèce antique.

démêlage ou **démêlement** n.m. Action de démêler : *Le démêlage d'un écheveau de laine.*

démêlant, e adj. et n.m. Se dit d'un produit qui démêle les cheveux après le shampooing.

démêlé n.m. Contestation entre deux parties qui ont des idées ou des intérêts opposés : *L'entrepreneur et moi avons eu un démêlé au sujet de la maison* (**SYN.** désaccord, litige, querelle). *Avoir des démêlés avec la justice* (**SYN.** ennui, problème).

démêler v.t. [conj. 4]. **1.** Séparer ce qui est emmêlé : *Démêler des fils électriques* (**CONTR.** emmêler, enchevêtrer). **2.** *Fig.* Éclaircir ce qui était confus : *Un médiateur a démêlé la situation* (**SYN.** clarifier, débrouiller, élucider ; **CONTR.** embrouiller).

démêloir n.m. Peigne à dents très espacées pour démêler les cheveux.

démembrement n.m. Action de démembrer, de partager en plusieurs parties ce qui formait un tout ; fait d'être démembré : *Le démembrement des grandes propriétés* (**SYN.** fractionnement, morcellement ; **CONTR.** remembrement). *Le rachat de l'entreprise a entraîné son démembrement* (**SYN.** démantèlement, dislocation ; **CONTR.** regroupement, unification).

démembrer v.t. [conj. 3]. **1.** Diviser un tout en parties : *Démembrer un domaine* (**SYN.** fractionner, morceler, partager ; **CONTR.** remembrer). *Démembrer un État* (**SYN.** démanteler, diviser ; **CONTR.** réunifier). **2.** Priver de ses membres un animal, sa carcasse.

déménagement n.m. **1.** Action de déménager des meubles : *Camion de déménagement. Le déménagement du piano posera un problème* (**SYN.** déplacement, transport). **2.** Fait de changer de domicile (**CONTR.** emménagement).

déménager v.t. (de *ménage*) [conj. 17]. **1.** Transporter des objets, des meubles d'un lieu dans un autre. **2.** Débarrasser de ce qui encombre : *Avant de poser de la moquette, il faut déménager le salon* (**SYN.** vider). ◆ v.i. **1.** Changer de domicile : *Nous avons déménagé pendant les vacances.* **2.** *Fam.* Perdre l'esprit : *Il m'a raconté une histoire abracadabrante, il déménage complètement* (**SYN.** délirer, déraisonner, divaguer). **3.** *Fam.* Produire une forte impression : *Cette musique, elle déménage.*

déménageur n.m. Entrepreneur, ouvrier qui se charge des déménagements.

déménageuse n.f. En Suisse, camion de déménagement.

démence n.f. **1.** Trouble mental grave caractérisé par un affaiblissement progressif et irréversible des fonctions intellectuelles : *Sombrer dans la démence.* **2.** Conduite insensée, bizarre : *Construire un rond-point à cet endroit, c'est de la démence !* (**SYN.** aberration, absurdité, folie).

se **démener** v.pr. [conj. 19]. **1.** S'agiter beaucoup : *Les danseurs se démènent sur la piste* (**SYN.** se trémousser). **2.** *Fig.* Se donner beaucoup de mal pour obtenir qqch : *Elle s'est démenée pour arriver en finale* (**SYN.** se dépenser).

dément, e adj. et n. (lat. *demens*, de *mens*, *mentis*, esprit). Qui est atteint de démence. ◆ adj. *Fam.* Qui sort de l'ordinaire ; qui dépasse les limites du raisonnable : *Il porte des vêtements déments* (**SYN.** bizarre, extravagant). *Courir par cette chaleur, c'est dément* (**SYN.** déraisonnable, fou ; **CONTR.** sage, sensé).

démenti n.m. Action de démentir ; déclaration par laquelle on dément : *Le ministère a publié un démenti* (**CONTR.** confirmation). *Elle lui a infligé un démenti cinglant* (**SYN.** dénégation, réfutation).

démentiel, elle adj. **1.** Qui relève de la démence : *L'état démentiel du patient.* **2.** *Fig.* Qui dépasse la limite de la raison, du bon sens : *Elle a une charge de travail démentielle* (**SYN.** déraisonnable, exagéré, insensé).

démentir v.t. [conj. 37]. **1.** Affirmer que qqn n'a pas dit la vérité : *La ministre a démenti les journalistes* (**SYN.** contredire, désavouer). **2.** Nier l'existence de qqch ou l'exactitude d'un propos : *Démentir une rumeur* (**SYN.** infirmer, réfuter ; **CONTR.** attester). *La direction dément que des sanctions soient envisagées* (**SYN.** contester ; **CONTR.** confirmer). **3.** Aller à l'encontre de : *Les événements ont démenti toutes les prévisions* (**SYN.** infirmer ; **CONTR.** confirmer, vérifier). ◆ **se démentir** v.pr. (Surtout en tournure négative). Cesser de se manifester : *Sa fidélité ne s'est pas démentie.*

se **démerder** v.pr. [conj. 3]. *Très fam.* Se débrouiller ; se tirer d'affaire.

démériter v.i. [conj. 3]. (Surtout en tournure négative). **1. [de].** Agir de manière telle que l'on perd la confiance, l'estime ou l'affection de qqn : *Avec ce nouveau disque, elle n'a pas démérité de la chanson française.* **2.** (Sans compl.). Encourir la réprobation : *Elle n'a jamais démérité.*

démesure n.f. Excès, outrance qui se manifeste dans les propos, le comportement, les sentiments : *Son ambition confine à la démesure.*

démesuré, e adj. **1.** Qui dépasse la mesure normale : *Un train d'une longueur démesurée* (**SYN.** immense). *J'ai un travail démesuré* (**SYN.** gigantesque, titanesque). **2.** *Fig.* Qui est d'une importance exagérée : *Un espoir démesuré* (**SYN.** exagéré, excessif, immodéré ; **CONTR.** mesuré, raisonnable). *Cet incident a pris une importance démesurée* (**SYN.** exorbitant, insensé).

démesurément adv. Avec démesure (**SYN.** excessivement).

① **démettre** v.t. (de *mettre*) [conj. 84]. Déplacer un membre, un os de sa position naturelle : *Démettre une jambe* (**SYN.** déboîter). *Le choc lui a démis la hanche* (**SYN.** luxer). ◆ **se démettre** v.pr. ▸ ***Se démettre un membre, une articulation,*** les déplacer accidentellement de leur position naturelle : *Sa vertèbre s'est démise. Elle s'est démis le genou.*

② **démettre** v.t. (lat. *dimittere*, renvoyer) [conj. 84]. Obliger qqn à quitter sa fonction, son emploi : *Le directeur a démis son adjoint* (**SYN.** destituer, révoquer). ◆ **se démettre** v.pr. **[de].** Renoncer à une fonction ; démissionner : *La ministre s'est démise de sa charge.*

au **demeurant** loc. adv. Tout bien considéré : *Au demeurant, c'est quelqu'un de bien* (**SYN.** après tout, en somme). *Ce film, passionnant au demeurant, n'a eu aucun succès* (**SYN.** du reste, par ailleurs).

① **demeure** n.f. (de *demeurer*). **1.** *Litt.* Lieu où l'on habite : *Bienvenue dans mon humble demeure !* (**SYN.** domicile, habitation, logis). **2.** Maison d'une certaine importance : *Ces anciennes demeures font tout le charme de cette ville* (**SYN.** résidence). ▸ *Litt.* ***Dernière demeure,*** tombeau. ***Être quelque part à demeure,*** y être installé d'une manière stable, définitive.

② **demeure** n.f. (de *demeurer*, tarder). ▸ *Sout.* ***Il n'y a pas péril en la demeure,*** on ne risque rien à attendre.

Mettre qqn en demeure de (+ inf.), l'obliger à remplir son engagement : *Nous l'avons mis en demeure de vider les lieux* (**SYN.** sommer de).

demeuré, e adj. et n. Qui n'a pas une intelligence très développée (**SYN.** attardé).

demeurer v.i. (lat. *demorari*, tarder, de *mora*, délai, retard) [conj. 5]. **1.** (Auxil. *avoir*). Avoir son domicile : *Elle a demeuré chez ses parents jusqu'à sa majorité* (**SYN.** habiter, loger). *Nous demeurons en province* (**SYN.** résider). **2.** (Auxil. *être*). Être de façon continue dans un lieu : *Ils sont demeurés toute la matinée à leur bureau* (**SYN.** rester). **3.** (Auxil. *être*). *Fig.* Persister dans un certain état : *Nous sommes demeurés immobiles pour observer* (**SYN.** rester). *Je demeure à votre disposition pour toute information complémentaire* (**SYN.** se tenir). *La question demeure sans réponse* (**SYN.** subsister). ▸ ***En demeurer là,*** en parlant d'une personne, ne pas continuer qqch ; en parlant d'une affaire, ne pas avoir de suite.

① **demi, e** adj. (du lat. *medius*, qui est au milieu). **1.** Qui est la moitié de l'unité ou de la chose dont il est question (avec le nom de l'unité sous-entendu) : *Une bouteille de bordeaux ou une demie. Un pain serait trop, donnez-m'en un demi.* **2.** Qui n'est pas complet, parfait : *Considérez-vous ce résultat comme une victoire ? – Une demie seulement.* ◆ **à demi** loc. adv. À moitié : *Elle est à demi surprise* (**SYN.** partiellement). *Faire les choses à demi* (**SYN.** imparfaitement). ◆ **et demi, e** loc. adj. Augmenté de la moitié de l'unité indiquée : *Cinq kilomètres et demi. Deux heures et demie. Venez à midi et demi ou à minuit et demi.*

② **demi** n.m. **1.** Moitié d'une unité : *« Un demi » s'écrit « 1/2 ». Trois demis font un et demi.* **2.** Grand verre de bière : *Nous avons bu un demi au comptoir.* **3.** En Suisse, mesure d'un demi-litre de vin. **4.** Joueur qui assure la liaison entre les avants et les arrières au rugby, au football.

demi-bouteille n.f. (pl. *demi-bouteilles*). Bouteille de 37 cl ; son contenu.

demi-canton n.m. (pl. *demi-cantons*). En Suisse, État de la Confédération né de la partition d'un canton.

demi-cercle n.m. (pl. *demi-cercles*). Arc de cercle limité par deux points diamétralement opposés.

demi-dieu n.m. (pl. *demi-dieux*). **1.** Dans la mythologie, héros fils d'un dieu et d'une mortelle ou d'un mortel et d'une déesse. **2.** *Litt.* Homme dont les exploits, la gloire ou le génie sont presque surhumains : *La télévision crée des demi-dieux qui retombent vite dans l'anonymat* (**SYN.** idole).

demi-douzaine n.f. (pl. *demi-douzaines*). Moitié d'une douzaine : *Une demi-douzaine d'huîtres* (= six huîtres). *Nous étions une demi-douzaine à la réunion* (= environ six).

demi-droite n.f. (pl. *demi-droites*). En géométrie, ensemble des points d'une droite situés d'un seul côté d'un point déterminé.

demie n.f. **1.** Moitié d'une chose dont le nom est féminin : *Nous avons commandé une demie de rosé* (= une demi-bouteille). **2.** Demi-heure : *Elle a rendez-vous à la demie de quatre heures. Le clocher sonne les demies.*

demi-finale n.f. (pl. *demi-finales*). Épreuve dont le vainqueur participera à la finale.

demi-finaliste n. (pl. *demi-finalistes*). Concurrent ou équipe qui participe à une demi-finale.

demi-fond n.m. inv. **1.** Course à pied d'une distance de 800 à 3 000 m. **2.** Course cycliste sur piste, derrière un entraîneur à moto.

demi-frère n.m. (pl. *demi-frères*). Frère né du même père ou de la même mère seulement.

demi-gros n.m. inv. Commerce intermédiaire entre la vente en gros et la vente au détail.

demi-heure n.f. (pl. *demi-heures*). Moitié d'une heure : *Nous avons attendu le tramway une demi-heure* ou *pendant une demi-heure* (= trente minutes).

demi-jour n.m. (pl. *demi-jours*). Faible lumière du jour à l'aube ou au crépuscule ; clair-obscur (**SYN.** pénombre).

demi-journée n.f. (pl. *demi-journées*). Moitié d'une journée : *Une demi-journée a suffi pour tout achever* (= une matinée ou un après-midi).

démilitarisation n.f. Action de démilitariser ; fait d'être démilitarisé : *Les forces internationales sont chargées de la démilitarisation du territoire.*

démilitariser v.t. [conj. 3]. Supprimer ou interdire toute présence ou activité militaire dans une région, un périmètre donnés : *Zone démilitarisée.*

demi-litre n.m. (pl. *demi-litres*). Moitié d'un litre : *Des demi-litres d'huile d'olive.*

demi-longueur n.f. (pl. *demi-longueurs*). Dans une compétition sportive, moitié de la longueur d'un cheval, d'un bateau, etc. : *Elle l'a battue d'une demi-longueur au sprint.*

demi-lune n.f. (pl. *demi-lunes*). En architecture, espace en forme de demi-cercle devant un bâtiment. ▸ ***En demi-lune,*** en forme de demi-cercle : *Une table en demi-lune.*

demi-mal n.m. (pl. *demi-maux*). Problème moins grave que ce qu'on craignait : *Il n'y a que demi-mal, il suffira de remettre une vis.*

demi-mesure n.f. (pl. *demi-mesures*). **1.** Moitié d'une mesure : *Une demi-mesure de café par tasse.* **2.** Moyen d'action insuffisant et inefficace, choisi par manque de détermination : *À quelques mois des élections, le gouvernement en place ne prend que des demi-mesures.*

à **demi-mot** loc. adv. Sans qu'il soit nécessaire de tout dire : *Les jumeaux se comprennent à demi-mot.*

déminage n.m. Action de déminer : *La marine a mobilisé deux dragueurs pour le déminage de cette zone.*

déminer v.t. [conj. 3]. Retirer d'un terrain ou de l'eau des engins explosifs qui y sont dissimulés.

déminéralisé, e adj. ▸ ***Eau déminéralisée,*** eau débarrassée des matières minérales qui y étaient dissoutes.

démineur n.m. Spécialiste du déminage : *Les autorités ont fait appel aux démineurs pour désamorcer la bombe.*

demi-pension n.f. (pl. *demi-pensions*). **1.** Tarif hôtelier comprenant la chambre, le petit déjeuner et un seul repas : *En demi-pension, le séjour vous coûtera 315 euros.* **2.** Régime des élèves qui prennent le repas de midi dans un établissement scolaire (par opp. à externat et internat).

demi-pensionnaire n. (pl. *demi-pensionnaires*). Élève qui suit le régime de la demi-pension (par opp. à externe et interne).

demi-place n.f. (pl. *demi-places*). Place payée à moitié prix pour certains spectacles, dans les transports publics, etc.

demi-portion n.f. (pl. *demi-portions*). *Fam., péjor.* Personne malingre, chétive.

demi-saison n.f. (pl. *demi-saisons*). Période de l'année où il ne fait ni très chaud ni très froid, correspondant à peu près au printemps et à l'automne : *Des manteaux de demi-saison.*

demi-sel n.m. inv. **1.** Fromage frais salé à 2 %. **2.** Beurre légèrement salé. **3.** (Employé en appos.). Qui est légèrement salé : *Du lard et de la poitrine demi-sel.*

demi-sœur n.f. (pl. *demi-sœurs*). Sœur née du même père ou de la même mère seulement.

demi-sommeil n.m. (pl. *demi-sommeils*). État intermédiaire entre la veille et le sommeil : *Elle était encore dans un demi-sommeil lorsqu'elle m'a répondu* (**SYN.** somnolence).

démission n.f. (du lat. *demittere*, faire tomber). **1.** Acte par lequel on se démet d'une fonction, d'un emploi : *Donner* ou *présenter sa démission* (= démissionner). **2.** *Fig.* Attitude d'une personne, d'une institution qui est incapable de remplir sa mission, qui y renonce : *Ne tablez pas sur la démission des juges devant des organisations mafieuses* (**SYN.** abdication, capitulation, renoncement).

démissionnaire adj. et n. Qui donne ou qui a donné sa démission : *Le gouvernement démissionnaire gère les affaires courantes jusqu'à la passation des pouvoirs.*

démissionner v.i. [conj. 3]. **1.** Renoncer volontairement à une fonction, à un emploi : *La ministre démissionne de ses fonctions* (**SYN.** se démettre). *Il a démissionné de la fonction publique* (**SYN.** quitter). **2.** Céder devant la difficulté à tenir son rôle : *Il faut les aider pour qu'ils ne démissionnent pas devant la violence* (**SYN.** abdiquer, capituler, renoncer). ◆ v.t. *Fam.* Obliger qqn à donner sa démission : *Nous n'avons pas démissionné, on nous a démissionnés* (**SYN.** déposer, destituer).

demi-tarif n.m. (pl. *demi-tarifs*). Tarif réduit de moitié : *Deux billets à demi-tarif. Payer demi-tarif.*

demi-teinte n.f. (pl. *demi-teintes*). En peinture, partie colorée ou grisée d'une valeur intermédiaire entre le clair et le foncé. ▸ ***En demi-teinte,*** tout en nuances : *Un style en demi-teinte* ; qui est inférieur à ce que l'on espérait : *Des résultats en demi-teinte.*

demi-ton n.m. (pl. *demi-tons*). En musique, intervalle équivalant à la moitié d'un ton.

demi-tour n.m. (pl. *demi-tours*). Moitié d'un tour que qqn ou qqch fait en pivotant sur lui-même : *Les demi-tours sur route sont interdits. J'ai donné un demi-tour de vis.* ▸ ***Faire demi-tour,*** revenir sur ses pas.

démiurge n.m. (gr. *dêmiourgos*, créateur du monde). **1.** Dans la philosophie platonicienne, dieu créateur de l'Univers. **2.** *Litt.* Personne (écrivain, cinéaste, peintre) qui manifeste une formidable puissance créatrice.

démobilisateur, trice adj. Qui démobilise, fait perdre l'envie d'agir : *Un échec démobilisateur* (**SYN.** démotivant ; **CONTR.** mobilisateur, motivant).

démobilisation n.f. **1.** Renvoi dans leurs foyers des réservistes mobilisés (**CONTR.** mobilisation). **2.** *Fig.* Relâchement de l'énergie, de la combativité : *La démobilisation des donneurs de sang* (**SYN.** démotivation).

démobiliser v.t. [conj. 3]. **1.** Procéder à la démobilisation des réservistes (**CONTR.** mobiliser). **2.** *Fig.* Enlever l'envie de se battre, de défendre qqch : *Les vacances n'ont pas démobilisé les salariés qui occupent l'entreprise* (**SYN.** démotiver).

démocrate adj. et n. **1.** Qui est partisan de la démocratie : *Les opposants à la dictature sont démocrates.* **2.** Qui appartient au Parti démocrate, l'un des deux grands partis politiques des États-Unis (par opp. à républicain) : *Le programme démocrate. Le président Clinton était un démocrate.*

démocrate-chrétien, enne adj. et n. (pl. *démocrates-chrétiens, ennes*). Qui appartient à la démocratie chrétienne.

démocratie [demɔkrasi] n.f. (gr. *dêmokratia*, de *dêmos*, peuple, et *kratein*, régner). Régime politique dans lequel le peuple exerce lui-même la souveraineté, soit sans l'intermédiaire d'un organe représentatif *(démocratie directe)*, soit par représentants interposés *(démocratie représentative)* ; pays qui vit sous un tel régime : *Les démocraties européennes.* ▸ ***Démocratie chrétienne,*** mouvement politique qui s'inspire de la doctrine sociale de l'Église catholique. ***Démocratie populaire,*** régime dirigé par le Parti communiste, qui repose sur l'étatisation de l'économie.

démocratique adj. Qui appartient à la démocratie ; qui respecte les principes de la démocratie : *Les gouvernements démocratiques. Procéder à des élections démocratiques.*

démocratiquement adv. De façon démocratique : *Une proposition démocratiquement adoptée.*

démocratisation n.f. Action de démocratiser : *La démocratisation de l'accès à Internet. L'organisation d'élections est la première étape de la démocratisation.*

démocratiser v.t. [conj. 3]. **1.** Rendre accessible à tout le monde : *Démocratiser les grandes écoles.* **2.** Organiser selon les principes démocratiques : *Démocratiser un parti politique.*

démodé, e adj. **1.** Qui n'est plus à la mode : *Il porte une chemise démodée* (**SYN.** vieillot ; **CONTR.** actuel). **2.** *Fig.* Qui correspond à une autre époque : *Une conception démodée de la publicité* (**SYN.** dépassé, désuet, périmé, suranné [sout.] ; **CONTR.** moderne).

se **démoder** v.pr. [conj. 3]. Cesser d'être à la mode : *Cette coiffure s'est très vite démodée.*

démodulateur n.m. Dispositif électronique qui effectue la démodulation de signaux : *Un modem est constitué d'un modulateur et d'un démodulateur.*

démodulation n.f. Processus par lequel un signal est séparé de l'onde porteuse qui le transmet.

démographe n. Spécialiste de démographie.

démographie n.f. Science ayant pour objet l'étude quantitative des populations humaines, de leur évolution, de leurs mouvements.

démographique adj. Qui relève de la démographie : *Le recensement fournit des statistiques démographiques.*

demoiselle n.f. (lat. *dominicella*, dimin. de *domina*, maîtresse). **1.** Jeune fille ; femme qui n'est pas mariée : *Elle est restée demoiselle* (= célibataire). **2.** Insecte voisin des libellules, mais plus petit.

démolir v.t. (lat. *demoliri*, de *moliri*, bâtir) [conj. 32]. **1.** Détruire une construction : *Nous démolissons le mur de clôture pour planter des arbres* (**SYN.** abattre, raser ; **CONTR.** bâtir, construire). **2.** Mettre en pièces : *Des voyous ont démoli les nains de jardin cette nuit* (**SYN.** saccager). **3.** *Fam.* Frapper qqn violemment : *Il s'est fait démolir le portrait* ou *il s'est fait démolir en venant au secours de son ami* (**SYN.** corriger). **4.** *Fig.* Altérer l'état physique ou moral : *Les nuits sans sommeil l'ont démolie* (**SYN.** épuiser, fatiguer, miner ; **CONTR.** revigorer). *Cet échec l'a complètement démoli* (**SYN.** décourager, démoraliser, déprimer ; **CONTR.** réconforter). **5.** Ruiner l'influence, la réputation de qqn : *La presse a démoli cette vedette* (**SYN.** discréditer). **6.** Réduire à néant ce qui a été conçu intellectuellement ; dénigrer : *Les journalistes ont démoli ce film.*

démolissage n.m. Action de démolir, de critiquer systématiquement une personne.

démolisseur, euse n. **1.** Personne, entreprise chargée de démolir une construction. **2.** *Fig.* Personne qui démolit, qui anéantit ce qui a été conçu intellectuellement : *Ce critique est un démolisseur de romans* (**SYN.** destructeur, fossoyeur [litt.] ; **CONTR.** créateur).

démolition n.f. **1.** Action de démolir une construction : *La démolition des immeubles vétustes* (**SYN.** démantèlement, destruction). **2.** *Fig.* Action de ruiner, d'anéantir : *Cet échec a entraîné la démolition de son empire cinématographique* (**SYN.** anéantissement, écroulement, ruine). ◆ **démolitions** n.f. pl. Matériaux provenant de bâtiments démolis.

démon n.m. (gr. *daimôn*, divinité, génie). **1.** Dans le domaine religieux, ange déchu qui habite l'enfer et incite les hommes à faire le mal (**SYN.** diable). **2.** (Précédé de l'art. déf.). Dans la religion chrétienne, incarnation suprême du mal (= Satan). **3.** Personne néfaste, dangereuse : *Cette femme est un démon* (= elle est d'une méchanceté diabolique). **4.** Enfant turbulent ou très espiègle : *Ces petits démons ont encore renversé la poubelle* (**SYN.** diable, garnement). **5.** Personnification d'un vice, d'une passion : *Elle est hantée par le démon du mensonge* (**SYN.** tentation). ▸ ***Les vieux démons,*** les mauvaises attitudes, les penchants néfastes dont on a du mal à se défaire.

démonétisation n.f. Action de démonétiser ; fait d'être démonétisé.

démonétiser v.t. (du lat. *moneta*, monnaie) [conj. 3]. Ôter sa valeur légale à une pièce de monnaie, à un timbre-poste.

démoniaque adj. et n. **1.** Qui est propre au démon : *Des rites démoniaques* (**SYN.** satanique). *Un rire démoniaque* (**SYN.** diabolique ; **CONTR.** angélique). **2.** Qui est d'une perversité diabolique : *Des machinations démoniaques* (**SYN.** infernal, machiavélique, pervers).

démonstrateur, trice n. Personne qui explique au public le fonctionnement d'un objet mis en vente.

① **démonstratif, ive** adj. **1.** Qui démontre, prouve qqch : *Des arguments démonstratifs* (**SYN.** convaincant, probant). **2.** Qui exprime ses sentiments par des gestes, par des paroles : *C'est une personne extrêmement démonstrative* (**SYN.** expansif, exubérant ; **CONTR.** impassible, renfermé).

② **démonstratif** adj.m. Se dit d'un adjectif ou d'un pronom qui sert à désigner l'être ou la chose dont il est question : *Dans « cette femme-là », « cette » est un adjectif démonstratif. « Celui-ci » et « celle-là » sont des pronoms démonstratifs.* ◆ n.m. Adjectif ou pronom démonstratif.

démonstration n.f. **1.** Action de rendre évidente par le raisonnement, de prouver par l'expérience la vérité d'un fait, d'une donnée scientifique : *La démonstration de la culpabilité de l'accusé.* **2.** Action de montrer au public le fonctionnement d'un appareil ou l'usage d'un produit : *Cette représentante est venue nous faire une démonstration de quelques robots ménagers.* **3.** Action de montrer un savoir-faire : *Une démonstration de vol acrobatique* (**SYN.** exhibition). **4.** (Surtout au pl.). Manifestation de sentiments : *Elle nous accueille toujours avec de grandes démonstrations d'amitié* (**SYN.** signe, témoignage).

démontable adj. Qui peut être démonté : *Des meubles démontables.*

démontage n.m. Action de démonter un objet : *Le démontage de cet ordinateur se fera chez le fabricant.*

démonté, e adj. Dont on a séparé les éléments : *Une table démontée.* ▸ ***Mer démontée,*** mer très agitée (**SYN.** déchaîné, houleux).

démonte-pneu n.m. (pl. *démonte-pneus*). Levier utilisé pour retirer un pneu de la jante d'une roue.

démonter v.t. [conj. 3]. **1.** Séparer les parties d'un assemblage : *Démonter un téléviseur* (**SYN.** désassembler ; **CONTR.** remonter). **2.** Mettre dans l'embarras : *Son accueil glacial nous a démontés* (**SYN.** déconcerter, désorienter, troubler). **3.** Jeter qqn à bas de sa monture : *Le cheval a démonté le cavalier* (**SYN.** désarçonner). ◆ **se démonter** v.pr. Perdre son assurance : *Devant les examinateurs, elle ne s'est pas démontée* (**SYN.** se décontenancer, se troubler).

démontrable adj. Qui peut être démontré : *Des allégations parfaitement démontrables* (**SYN.** prouvable, vérifiable ; **CONTR.** indémontrable, invérifiable).

démontrer v.t. (lat. *demonstrare*, montrer, faire voir) [conj. 3]. **1.** Établir par un raisonnement rigoureux la vérité, l'évidence de : *Je lui ai démontré que les résultats étaient justes* (**SYN.** montrer, prouver). *Les tests ont démontré l'efficacité du nouveau médicament* (**SYN.** attester, confirmer, vérifier). **2.** Témoigner par des marques extérieures : *Sa participation à cette association démontre son amour de la justice* (**SYN.** indiquer, manifester, révéler).

démoralisant, e adj. Qui fait perdre courage, confiance : *Une répétition démoralisante de catastrophes naturelles* (**SYN.** décourageant, déprimant, désespérant ; **CONTR.** encourageant).

démoralisateur, trice adj. et n. Qui tend, qui cherche à démoraliser : *Un discours démoralisateur.*

démoralisation n.f. Action de démoraliser ; état de qqn qui est démoralisé : *L'accroissement du chômage contribue à la démoralisation des ménages* (**SYN.** découragement, désespoir).

démoraliser v.t. (de *2. moral*) [conj. 3]. Ôter le courage, la confiance : *Cette succession de mauvaises* *nouvelles me démoralise* (**SYN.** abattre, décourager, déprimer ; **CONTR.** galvaniser, revigorer).

démordre v.t. ind. [conj. 76]. ▸ ***Ne pas démordre d'une opinion, d'une idée,*** ne pas vouloir y renoncer : *Elle a décidé que nous procéderions ainsi, elle n'en démordra pas* (= elle y tient, elle s'entête).

démotivant, e adj. Qui démotive : *Une indifférence démotivante* (**SYN.** décourageant ; **CONTR.** encourageant, motivant).

démotivation n.f. Action de démotiver ; état d'une personne démotivée : *Les salaires trop bas contribuent à la démotivation des employés* (**SYN.** démobilisation).

démotiver v.t. [conj. 3]. Faire perdre à qqn toute motivation, toute raison de poursuivre qqch : *L'absence de considération pour sa découverte l'a démotivée* (**SYN.** décourager ; **CONTR.** encourager, motiver).

démoulage n.m. Action de démouler : *Le démoulage d'une cloche se fait en cassant le moule* (**CONTR.** moulage).

démouler v.t. [conj. 3]. Retirer d'un moule : *Attendez quelques minutes avant de démouler le gâteau.*

démoustication n.f. Action de démoustiquer.

démoustiquer v.t. [conj. 3]. Débarrasser une région des moustiques.

démultiplication n.f. Action de démultiplier qqch : *La mobilisation de bénévoles a permis une démultiplication des efforts.*

démultiplier v.t. [conj. 10]. Augmenter la puissance de qqch par la multiplication des moyens utilisés : *Démultiplier les mesures de prévention.*

démuni, e adj. et n. Qui manque de ressources matérielles et financières : *Le S.A.M.U. social vient en aide aux plus démunis* (**SYN.** déshérité, pauvre).

démunir v.t. [conj. 32]. Priver qqn d'une chose essentielle : *Cet embargo a démuni certaines entreprises de leurs débouchés.* ◆ **se démunir** v.pr. **[de].** Se dessaisir, se priver de : *Elle s'est démunie de sa voiture* (**SYN.** se séparer).

démystification n.f. Action de démystifier, de détromper ; fait d'être démystifié (**CONTR.** mystification).

démystifier v.t. (de *mystifier*) [conj. 9]. **1.** Détromper qqn qui a été l'objet d'une mystification : *L'enquête sur ces étranges traces a démystifié ceux qui voulaient y voir la marque d'extraterrestres* (**CONTR.** abuser, mystifier, tromper). **2.** (Emploi critiqué). Priver qqch de son mystère en montrant sa véritable nature : *Démystifier la Bourse* (**SYN.** banaliser, démythifier).

démythification n.f. Action de démythifier.

démythifier v.t. (de *mythe,* d'apr. *démystifier*) [conj. 9]. Ôter son caractère de mythe à qqch, à qqn : *Démythifier les vedettes de cinéma.*

dénatalité n.f. Diminution du nombre des naissances dans un pays.

dénationalisation n.f. Action de dénationaliser une entreprise ; fait d'être dénationalisé.

dénationaliser v.t. [conj. 3]. Restituer au secteur privé une entreprise précédemment nationalisée ; privatiser.

dénaturation n.f. Action de dénaturer un produit, de modifier ses caractéristiques : *La dénaturation rend l'alcool impropre à la boisson.*

dénaturé, e adj. **1.** Qui a subi la dénaturation : *De l'alcool dénaturé.* **2.** Qui n'est pas conforme à ce qui est considéré comme naturel : *Des sentiments dénaturés* (= contre nature ; **SYN.** dépravé).

dénaturer v.t. [conj. 3]. **1.** Altérer la nature d'une substance en y incorporant qqch qui la rend impropre à son utilisation ordinaire : *Des contrebandiers ont dénaturé ce vin* (**SYN.** adultérer, frelater, trafiquer). *Dénaturer de l'alcool.* **2.** Altérer considérablement un goût, une saveur : *Le froid dénature le goût des tomates* (**SYN.** corrompre, dégrader, pervertir). **3.** Fausser le sens : *Les extraits choisis dénaturent la pensée de l'auteur* (**SYN.** défigurer, déformer, trahir).

dénazifier v.t. [conj. 9]. Débarrasser de l'influence du nazisme.

dendrite [dɑ̃drit ou dɛ̃drit] n.f. (du gr. *dendron,* arbre). En biologie, prolongement arborescent d'un neurone qui reçoit les messages nerveux en provenance d'autres neurones.

dendrochronologie [dɑ̃drɔkrɔnɔlɔʒi ou dɛ̃drɔkrɔnɔlɔʒi] n.f. (du gr. *dendron,* arbre). Méthode de datation par l'étude des couches concentriques annuelles des troncs d'arbres.

dendrologie [dɑ̃drɔlɔʒi ou dɛ̃drɔlɔʒi] n.f. (du gr. *dendron,* arbre). Partie de la botanique qui a pour objet l'étude des arbres.

dénégation n.f. (du lat. *denegare,* nier). Action de nier, de dénier : *Elle a fait un signe de tête en guise de dénégation* (**SYN.** désaveu, refus ; **CONTR.** assentiment, confirmation). *Malgré ses dénégations, il est accusé d'être responsable des dégâts* (**SYN.** démenti, protestation).

déneigement n.m. Action de déneiger.

déneiger v.t. [conj. 23]. Débarrasser de la neige : *Les employés des services municipaux déneigent les rues.*

déni n.m. (de *dénier*). Refus d'accorder ce qui est dû. ▸ ***Déni de justice,*** refus de rendre justice à qqn : *Son refus de vous augmenter est un déni de justice* (= une injustice).

déniaiser v.t. [conj. 4]. **1.** Rendre moins naïf (**SYN.** dégourdir). **2.** Faire perdre sa virginité à qqn.

dénicher v.t. [conj. 3]. **1.** Enlever d'un nid : *Le chat a déniché les moineaux.* **2.** *Fig.* Trouver à force de recherches : *Elle a déniché un vinyle des débuts de son chanteur préféré* (**SYN.** découvrir, se procurer).

dénicheur, euse n. **1.** Personne qui déniche les oiseaux. **2.** Personne habile à découvrir des raretés : *Une dénicheuse de nouveaux talents* (**SYN.** découvreur).

dénicotiniser v.t. [conj. 3]. Diminuer ou supprimer la teneur en nicotine du tabac.

denier n.m. (lat. *denarius,* de *deni,* dix par dix). **1.** *Anc.* Monnaie d'argent de la Rome antique. **2.** *Anc.* Monnaie française carolingienne. ▸ ***Denier du culte,*** don fait par les catholiques pour l'entretien du clergé. ◆ **deniers** n.m. pl. *Litt.* (Avec le possessif). Argent personnel : *Je l'ai payé de mes deniers.* ▸ ***Les deniers publics,*** l'argent de l'État (= les finances publiques).

dénier v.t. (lat. *denegare,* de *negare,* nier) [conj. 9]. **1.** Refuser de reconnaître qqch : *Ils dénient leur responsabilité dans cette affaire* (**CONTR.** avouer).

2. Refuser catégoriquement d'accorder : *Les autorités ont dénié le droit d'asile à ce réfugié politique.*

dénigrement n.m. Action de dénigrer : *Dénigrement inspiré par la jalousie* (**SYN.** calomnie, médisance ; **CONTR.** éloge, louange).

dénigrer v.t. (lat. *denigrare*, noircir) [conj. 3]. Parler avec malveillance de ; attaquer la réputation de : *Ils dénigrent les défenseurs de l'environnement* (**SYN.** calomnier, diffamer ; **CONTR.** louer). *L'opposition dénigre systématiquement les mesures prises par le gouvernement* (**SYN.** décrier ; **CONTR.** approuver, vanter).

dénigreur, euse n. Personne qui dénigre.

denim [dənim] n.m. (de *toile de Nîmes*). Tissu de coton renforcé, utilisé pour fabriquer des jeans.

dénivelé n.m. ou **dénivelée** n.f. Différence d'altitude entre deux points : *La route présente un dénivelé de quelques mètres.*

déniveler v.t. [conj. 24]. Provoquer une différence de niveau ; rendre une surface inégale : *Les inondations ont dénivelé la chaussée.*

dénivellation n.f. ou **dénivellement** n.m. Différence de niveau entre deux points : *Il faudrait combler les dénivellations du jardin* (**SYN.** inégalité, irrégularité).

dénombrable adj. Qui peut être dénombré : *Des éléments difficilement dénombrables* (**SYN.** chiffrable).

dénombrement n.m. Action de dénombrer : *Le dénombrement des habitants* (**SYN.** recensement). *Le dénombrement des marchandises* (**SYN.** inventaire).

dénombrer v.t. (lat. *denumerare*, compter, de *numerus*, nombre) [conj. 3]. Faire le compte des unités composant un ensemble : *Nous avons dénombré trente cadres parmi les salariés de l'entreprise* (**SYN.** compter, inventorier, recenser).

dénominateur n.m. (lat. *denominator*, celui qui désigne). En mathématique, nombre placé au-dessous de la barre d'une fraction et qui indique en combien de parties l'unité est divisée (par opp. à numérateur). ▸ ***Dénominateur commun,*** dénominateur qui est le même dans plusieurs fractions ; fig., point commun à plusieurs personnes, à plusieurs choses : *Elles ont pour dénominateur commun leur goût des voyages.*

dénomination n.f. Désignation par un nom : *La dénomination d'un nouveau produit* (**SYN.** appellation).

dénommé, e n. et adj. (Suivi d'un nom propre). Personne qui est appelée, qui s'appelle : *Les dénommées Yvette et Andrée Dalond.*

dénommer v.t. (lat. *denominare*, de *nomen, nominis*, nom) [conj. 3]. **1.** Donner un nom à : *Ses parents l'ont dénommée Laure* (**SYN.** appeler). *Ils se sont réunis pour dénommer le nouveau médicament* (**SYN.** baptiser ; **CONTR.** débaptiser, renommer). **2.** En droit, nommer une personne dans un acte.

dénoncer v.t. (lat. *denuntiare*, de *nuntiare*, annoncer, faire savoir) [conj. 16]. **1.** Signaler comme coupable à la justice, à l'autorité ou à l'opinion publique : *Il a dénoncé les fraudeurs au service compétent* (**SYN.** désigner). **2.** (Par ext.). S'élever publiquement contre : *Dénoncer un abus de pouvoir* (**SYN.** condamner). **3.** Rompre un engagement : *Dénoncer un accord* (**SYN.** annuler, résilier).

dénonciateur, trice adj. et n. Qui dénonce à la justice, à l'autorité compétente.

dénonciation n.f. **1.** Action de dénoncer qqn, qqch ; action de signaler un fait condamnable à l'opinion publique : *La police a reçu une lettre de dénonciation* (**SYN.** accusation, délation). *La dénonciation d'un scandale* (**SYN.** révélation). **2.** Rupture d'un engagement : *La dénonciation d'un contrat* (**SYN.** annulation, résiliation). **3.** Notification d'un acte faite aux personnes concernées en dehors de l'instance judiciaire.

dénotation n.f. En linguistique, ensemble des éléments fondamentaux et permanents qui permettent à un mot de désigner qqch (par opp. à connotation).

dénoter v.t. [conj. 3]. **1.** Être l'indice de : *Son geste dénote sa profonde sollicitude envers nous* (**SYN.** indiquer, marquer, témoigner de). **2.** En linguistique, signifier par dénotation (par opp. à connoter).

dénouement n.m. **1.** Événement qui termine ; solution d'une affaire : *Cet accord a marqué le dénouement de la crise entre les deux États* (**SYN.** conclusion, issue). **2.** Point où aboutit une intrigue dramatique : *Ce film a un dénouement inattendu* (**SYN.** épilogue, fin).

dénouer v.t. [conj. 6]. **1.** Défaire ce qui était noué ou attaché : *Dénouer les lacets de ses chaussures* (**SYN.** délier, détacher). *Dénouer ses cheveux* (= les laisser tomber sur ses épaules). **2.** *Fig.* Résoudre une difficulté, une affaire : *Elle a fini par dénouer cet imbroglio* (**SYN.** débrouiller, démêler, éclaircir). ▸ ***Dénouer les langues,*** faire parler les gens : *Les enquêteurs ont mis du temps pour dénouer les langues.*

dénoyauter [denwajɔte] v.t. [conj. 3]. Enlever le noyau de : *Dénoyauter des cerises.*

dénoyauteur [denwajɔtœr] n.m. Ustensile ménager servant à dénoyauter.

denrée n.f. (de l'anc. fr. *denerée*, la valeur d'un denier). Marchandise destinée à la consommation alimentaire : *Des denrées périssables.* ▸ ***Une denrée rare,*** une chose difficile à trouver, une qualité précieuse que l'on ne rencontre pas souvent.

dense adj. (lat. *densus*, épais). **1.** Qui forme un tout compact : *Une pluie dense* (**SYN.** épais ; **CONTR.** léger). **2.** Qui comporte de nombreux éléments serrés sur un espace limité : *Une végétation dense* (**SYN.** dru, impénétrable, touffu ; **CONTR.** clairsemé). **3.** Dont la masse volumique est grande par rapport à celle d'une substance de référence (l'air pour les gaz, l'eau pour les liquides et les solides). ▸ ***Style, pensée dense,*** qui exprime beaucoup d'idées en peu de mots (**SYN.** concis).

densifier v.t. [conj. 9]. Augmenter la densité de qqch : *La construction de tours sur ces anciens espaces verts a densifié la population.*

densimètre n.m. Instrument servant à déterminer la densité d'un liquide (**SYN.** aréomètre).

densimétrie n.f. Technique de la mesure des densités.

densité n.f. **1.** Caractère de ce qui est dense : *La densité du feuillage empêche de voir le ciel* (**SYN.** compacité, épaisseur). **2.** En physique, rapport de la masse d'un certain volume d'un corps à celle du même volume d'eau, pour les liquides et les solides, ou d'air, pour les gaz. ▸ ***Densité de population,*** nombre moyen d'habitants au kilomètre carré.

densitométrie n.f. ▸ ***Densitométrie osseuse,*** mesure de la densité d'un os et du taux de calcium qu'il contient.

dent n.f. (lat. *dens, dentis*). **1.** Organe dur formé d'ivoire recouvert d'émail sur la couronne, implanté chez l'homme sur le bord des maxillaires et servant à la mastication : *Les dents de l'homme s'appellent les incisives, les canines, les prémolaires et les molaires.* **2.** Chacun des organes durs et saillants de la bouche des animaux vertébrés, servant à la prise de nourriture ou à la défense. **3.** Chacune des tiges pointues ou des pointes triangulaires de certains outils, de certains instruments : *Les dents d'une scie. Il manque des dents à son peigne.* **4.** Chacune des saillies d'une roue d'engrenage. **5.** Sommet montagneux pointu et déchiqueté, délimité par des versants abrupts. ▸ ***Avoir** ou **garder une dent contre qqn,*** lui en vouloir. *Fam.* ***Avoir la dent,*** avoir faim. ***Avoir la dent dure,*** être sévère dans ses critiques. ***Avoir les dents longues,*** être ambitieux. ***Dent de lait,*** première dent destinée à tomber, chez l'homme et certains mammifères. ***Dent de sagesse,*** chacune des quatre molaires tardives chez l'homme. ***En dents de scie,*** en une ligne présentant une succession de pointes triangulaires ; fig., qui évolue irrégulièrement : *Des résultats en dents de scie* (= des résultats inégaux). ***Être armé jusqu'aux dents,*** être lourdement armé. ***Être sur les dents,*** attendre nerveusement ; être très occupé : *Avec la recrudescence des cambriolages, la police est sur les dents.* ***Faire ses dents,*** avoir ses premières dents qui poussent. ***Grincer des dents,*** montrer de l'agacement. ***Manger du bout des dents,*** sans appétit et fort peu. ***Montrer les dents,*** prendre une attitude de menace. ***Mordre à belles dents*** ou ***à pleines dents,*** mordre avec avidité, manger de bon appétit. ***N'avoir rien à se mettre sous la dent,*** n'avoir rien à manger. ***Rire du bout des dents,*** esquisser un sourire contraint. ***Se casser les dents sur qqch,*** ne pas venir à bout d'une difficulté ; échouer devant la résistance de qqn.

dentaire adj. Qui relève des dents : *Des caries dentaires.*

dental, e, aux adj. ▸ ***Consonne dentale,*** en phonétique, consonne que l'on prononce en appuyant la pointe de la langue contre les dents (on dit aussi *une dentale*) : *Le « d », le « t » et le « n » sont des consonnes dentales.*

dent-de-lion n.f. (pl. *dents-de-lion*). Pissenlit.

denté, e adj. Qui a des saillies en forme de dents : *Des roues dentées.*

dentelé, e adj. Qui est bordé de petites échancrures : *Des timbres dentelés.*

dentelle n.f. **1.** Tissu ajouré constitué de fils entrelacés formant un fond en réseau sur lequel se détachent des motifs, réalisé à l'aide d'aiguilles, de fuseaux ou d'un crochet : *Un col de dentelle.* **2.** Ce qui rappelle ce tissu : *Des dentelles de pierre ornent les colonnes.* ▸ *Fam.* ***Ne pas faire dans la dentelle,*** manquer du sens des nuances, de délicatesse.

dentellière [dɑ̃təljɛr] n.f. Personne qui fabrique la dentelle.

dentelure n.f. **1.** Découpure en forme de dents : *La dentelure d'une feuille.* **2.** Motif décoratif dentelé.

dentier n.m. Appareil formé d'une série de dents artificielles : *Porter un dentier.*

dentifrice n.m. et adj. (lat. *dentifricium,* produit utilisé pour frotter les dents). Produit destiné au nettoyage des dents et des gencives.

dentiste n. Spécialiste des soins et de la chirurgie des dents.

dentisterie n.f. Science qui a pour objet les soins des dents (**SYN.** odontologie).

dentition n.f. **1.** Ensemble des dents : *Son sourire dévoile une belle dentition* (**SYN.** denture). **2.** Formation et sortie naturelle des dents : *La dentition de lait et la dentition définitive.*

denture n.f. Ensemble des dents considérées du point de vue de leur nombre, de leur forme et de leur disposition sur les mâchoires (**SYN.** dentition).

denturologiste n. Au Québec, prothésiste dentaire.

dénucléarisation n.f. Action de dénucléariser ; fait d'être dépourvu d'armement nucléaire : *Souhaiter une dénucléarisation globale.*

dénucléariser v.t. [conj. 3]. Limiter ou interdire le stationnement, la possession, la fabrication d'armes nucléaires dans une région, un pays (**CONTR.** nucléariser).

dénuder v.t. (du lat. *nudus,* nu) [conj. 3]. **1.** Laisser à nu une partie du corps : *Cette robe dénude ses épaules* (**SYN.** découvrir, dégager ; **CONTR.** cacher, couvrir, recouvrir). **2.** Dépouiller de ce qui recouvre, protège : *Dénuder un fil électrique.* ▸ ***Crâne dénudé,*** crâne dégarni, chauve.

dénué, e adj. **[de].** Qui manque de ; qui est privé de : *Une critique dénuée de tout fondement* (**SYN.** dépourvu).

dénuement n.m. *Sout.* État de qqn qui manque des choses nécessaires à une vie normale : *Ces sans-abri vivent dans le plus complet dénuement* (**SYN.** indigence, misère, pauvreté ; **CONTR.** aisance, opulence).

dénutrition n.f. État maladif d'un organisme vivant provoqué par une grande carence alimentaire ou une déficience d'assimilation.

déodorant adj.m. et n.m. Se dit d'un produit qui diminue ou supprime les odeurs corporelles. ☞ **REM.** Ne pas confondre avec *désodorisant.*

déontologie n.f. (du gr. *deon, deontos,* ce qu'il faut faire). Ensemble des règles et des devoirs qui régissent une profession, la conduite de ceux qui l'exercent, les rapports entre ceux-ci et leurs clients ou le public : *Le respect de la déontologie médicale.*

déontologique adj. Qui relève de la déontologie.

dépannage n.m. Action de dépanner : *Une entreprise de dépannage à domicile.*

dépanner v.t. [conj. 3]. **1.** Remettre en état de fonctionner : *Des techniciens sont venus dépanner le lave-linge* (**SYN.** réparer). **2.** Remorquer un véhicule en panne jusqu'à un garage. **3.** *Fam.* Tirer qqn d'embarras en lui rendant un service : *La voisine nous a dépannés d'une ampoule. Cet argent l'a bien dépanné* (**SYN.** aider).

dépanneur, euse n. Professionnel chargé du dépannage d'un véhicule, d'un appareil. ◆ **dépanneur** n.m. Au Québec, petite épicerie ouverte au-delà des heures habituelles des autres commerces.

dépanneuse n.f. Voiture équipée d'un matériel de dépannage.

dépaqueter v.t. [conj. 27]. Défaire un paquet, sortir une marchandise de son emballage : *Dépaqueter des livres* (**SYN.** déballer ; **CONTR.** empaqueter).

dépareillé, e adj. **1.** Qui forme une série incomplète ou disparate : *Une encyclopédie dépareillée. Un service à café dépareillé.* **2.** Qui est séparé d'un ensemble avec lequel il constituait une paire ou une série : *Des gants dépareillés* (**SYN.** désassorti ; **CONTR.** assorti).

dépareiller v.t. [conj. 4]. Rendre incomplet un ensemble par la suppression ou le remplacement d'un ou de plusieurs éléments qui le composaient : *En perdant un couteau, j'ai dépareillé le service.*

déparer v.t. [conj. 3]. *Sout.* Altérer le bel aspect de ; gâter l'harmonie d'un ensemble : *Les lignes électriques déparent la montagne* (**SYN.** enlaidir ; **CONTR.** embellir, orner, parer).

déparier ou **désapparier** v.t. (de *apparier*) [conj. 9]. Ôter l'une des deux choses qui font la paire : *Essaie de ne pas déparier tes chaussettes* (**CONTR.** apparier).

déparler v.i. [conj. 3]. Aux Antilles et dans certaines régions de France, parler inconsidérément ; dire n'importe quoi.

① **départ** n.m. (de l'anc. fr. *departir,* s'en aller). **1.** Action de partir ; moment où l'on part : *Éloignez-vous de la bordure du quai au moment du départ du train* (**SYN.** démarrage ; **CONTR.** arrivée). *Être sur le départ* (= sur le point de partir). **2.** Fait de quitter un emploi, une fonction : *Le directeur exige le départ de ce cadre* (**SYN.** démission, licenciement, renvoi ; **CONTR.** embauche, engagement). ▸ ***Point de départ,*** commencement.

② **départ** n.m. (de *départir*). ▸ *Sout.* ***Faire le départ de*** ou ***entre deux choses,*** bien les différencier : *Faire le départ entre l'essentiel et le superflu.*

départager v.t. [conj. 17]. **1.** Faire cesser le partage en nombre égal des voix en ajoutant un nouveau suffrage qui permette à une majorité de se dégager : *La voix de la présidente les a départagés.* **2.** Trouver un moyen de classer les concurrents arrivés à égalité : *La question subsidiaire départagera les ex aequo.*

département n.m. (de *départir*). **1.** Collectivité territoriale française administrée par le conseil général et circonscription administrative dirigée par le préfet : *Le département du Nord a pour chef-lieu Lille.* **2.** Chacune des administrations du gouvernement d'un État, des branches spécialisées d'une administration, d'un organisme : *Le département des Affaires étrangères. Le département des ventes dans une entreprise* (**SYN.** division, service). **3.** En Suisse, ministère fédéral ou cantonal. ▸ ***Département d'outre-mer*** ou ***D.O.M.,*** nom donné aux collectivités territoriales françaises de la Guyane, de la Réunion, de la Martinique et de la Guadeloupe, auj. remplacé par *Département et Région d'outre-mer* ou *D.R.O.M.*

départemental, e, aux adj. Qui concerne un département. ▸ ***Route départementale,*** route construite et entretenue par le département (on dit aussi *une départementale*).

départir v.t. (anc. fr. *departir,* partager) [conj. 43]. *Litt.* Attribuer en partage : *La ministre départ des subventions à chaque association* (**SYN.** accorder, impartir). *Le rôle qui m'est départi est difficile* (**SYN.** assigner). ◆ **se départir** v.pr. **[de].** Abandonner une attitude : *Elle ne se départ pas de son assurance* (**SYN.** quitter, renoncer à ; **CONTR.** conserver, garder).

dépassé, e adj. **1.** Qui est en retard sur son temps : *Des méthodes dépassées* (**SYN.** démodé, désuet, périmé, suranné [sout.] ; **CONTR.** actuel, moderne). **2.** Qui ne domine plus la situation : *Ces personnes sont complètement dépassées par les événements.*

dépassement n.m. **1.** Action de dépasser qqn, un véhicule : *Le dépassement du favori par l'outsider dans une côte. L'automobiliste a effectué un dépassement dangereux.* **2.** Action de se dépasser, d'aller au-delà de ses limites : *Le dépassement de soi* (**SYN.** surpassement). **3.** Fait de dépasser un budget, une somme allouée : *La mutuelle accepte le dépassement d'honoraires du chirurgien.*

dépasser v.t. (de *passer*) [conj. 3]. **1.** Être plus haut, plus grand, plus long que : *Ce gratte-ciel dépasse les autres bâtiments de la ville. Elle m'a rattrapé et même dépassé de deux centimètres cette année.* **2.** Passer devant qqn, un véhicule : *Dans les encombrements, les deux-roues dépassent les autres véhicules* (**SYN.** doubler). **3.** Aller au-delà d'une limite, d'un repère : *Les randonneurs ont dépassé la crête* (**SYN.** franchir). *Son père a dépassé la quarantaine.* **4.** Aller au-delà de ce qui est attendu, possible ou imaginable : *Les résultats dépassent nos prévisions* (**SYN.** excéder). **5.** Excéder une quantité, une durée : *La facture dépasse largement ce qui était prévu au départ.* **6.** Être supérieur à : *Cette actrice dépassait en charme toutes ses rivales* (= l'emportait sur elles). **7.** *Fig.* Se situer au-delà de certaines limites : *Les mots ont dépassé ma pensée* (**SYN.** outrepasser). **8.** Causer un vif étonnement : *Cette violence gratuite dépasse les enseignants* (**SYN.** déconcerter, interloquer). **9.** Mettre qqn dans l'incapacité de faire face à une situation ; excéder ses capacités : *Ce changement d'objectif me dépasse* (**SYN.** dérouter, égarer, troubler). ◆ v.i. Être plus long, trop long ; faire saillie : *Sa chemise dépasse de son pull. La voiture est mal garée, elle dépasse de l'alignement.* ◆ **se dépasser** v.pr. Aller au-delà de ce que l'on pensait être ses limites : *Elle s'est dépassée pour nous recevoir* (**SYN.** se surpasser).

dépassionner v.t. [conj. 3]. Enlever à un sujet, à une discussion son caractère passionnel : *Son intervention a permis de dépassionner le débat* (**SYN.** calmer ; **CONTR.** enflammer).

se **dépatouiller** v.pr. *Fam.* Se sortir d'embarras ; se débrouiller.

dépavage n.m. Action de dépaver (**CONTR.** pavage).

dépaver v.t. [conj. 3]. Enlever les pavés de : *Dépaver une avenue* (**CONTR.** paver).

dépaysement [depeizmɑ̃] n.m. **1.** État de qqn qui est dépaysé ; fait d'être dépaysé : *Ces récits de voyages provoquent un réel dépaysement.* **2.** Dans la langue juridique, action de dépayser.

dépayser [depeize] v.t. [conj. 3]. **1.** Faire changer de pays, de milieu, de cadre : *Un séjour à la montagne la dépaysera.* **2.** Désorienter en changeant les habitudes : *Les accents de nos régions dépaysent les téléspectateurs* (**SYN.** déconcerter, dérouter, troubler). **3.** Dans la langue juridique, faire instruire une affaire par une autre cour : *Dépayser un dossier.*

dépeçage ou **dépècement** n.m. Action de dépecer : *Le dépeçage d'un mouton à l'abattoir* (**SYN.** découpage). *Le dépeçage d'un territoire* (**SYN.** démembrement, morcellement).

dépecer v.t. (de *pièce*) [conj. 29]. **1.** Mettre en pièces : *La lionne dépèce la gazelle.* **2.** Découper en morceaux : *Dépecer une volaille.* **3.** Diviser en parcelles : *Dépecer un pays* (**SYN.** démembrer, morceler, parcelliser ; **CONTR.** remembrer, réunifier).

dépêche n.f. **1.** Correspondance officielle concernant les affaires publiques : *Dépêche ministérielle.* **2.** Information brève transmise aux organes de presse : *Une dépêche d'agence vient de tomber sur nos téléscripteurs* (**SYN.** fax, télécopie, télex).

dépêcher v.t. (de *empêcher*) [conj. 4]. *Sout.* Envoyer en toute hâte : *La chaîne a dépêché un envoyé spécial sur les lieux.* ◆ **se dépêcher** v.pr. Accélérer le rythme auquel on fait qqch : *Elle s'est dépêchée de finir* (**SYN.** se hâter, se presser).

dépeigner v.t. [conj. 4]. Déranger l'ordonnance des cheveux : *Un coup de vent l'a complètement dépeigné* (**SYN.** décoiffer ; **CONTR.** coiffer, peigner).

dépeindre v.t. (lat. *depingere*) [conj. 81]. Représenter en détail : *Elle dépeint magnifiquement la vie dans un village de montagne* (**SYN.** décrire, peindre, retracer).

dépenaillé, e adj. (de l'anc. fr. *penaille*, loques). *Vieilli* Qui porte des vêtements en lambeaux (**SYN.** déguenillé).

dépénalisation n.f. Action de dépénaliser : *La dépénalisation de la détention de drogues douces.*

dépénaliser v.t. [conj. 3]. Dans la langue juridique, ôter son caractère pénal à une infraction.

dépendance n.f. (de *2. dépendre*). **1.** Lien entre une chose et ce qui la régit ; état d'une personne soumise à l'autorité d'autrui et qui n'est pas libre d'agir à sa guise : *La dépendance de notre travail à l'égard du logiciel est trop grande* (**SYN.** corrélation ; **CONTR.** autonomie). *Être sous la dépendance de sa famille* (**SYN.** joug, sujétion, tutelle ; **CONTR.** indépendance). **2.** État d'une personne qui ne peut pas réaliser seule les actes de la vie quotidienne. **3.** En médecine, besoin impérieux d'absorber certaines drogues afin de faire cesser les troubles psychiques ou physiques dus au sevrage. ◆ **dépendances** n.f. pl. Bâtiment ou terre se rattachant accessoirement à un autre bâtiment ou à un autre domaine ; annexe : *Elle s'est installée dans les dépendances de la ferme pendant les travaux* (= les communs).

dépendant, e adj. **1.** Qui est sous la dépendance de qqn, de qqch ; qui lui est subordonné : *Il est financièrement dépendant de sa mère* (**SYN.** tributaire ; **CONTR.** indépendant). **2.** Se dit d'une personne qui ne peut pas réaliser seule les actes de la vie quotidienne : *Une personne âgée dépendante* (**CONTR.** autonome).

dépendeur n.m. ▸ *Fam., vieilli* ***Grand dépendeur d'andouilles,*** homme de haute taille et paresseux ; incapable.

① **dépendre** v.t. (de *pendre*) [conj. 73]. Détacher ce qui était pendu : *Elle a dépendu le lustre du salon* (**SYN.** décrocher ; **CONTR.** accrocher, pendre).

② **dépendre** v.t. ind. (lat. *dependere*, être lié à) [conj. 73]. **[de].** **1.** Être sous la dépendance, l'autorité de qqn ; être du ressort d'un organisme : *Les cadres dépendent de leur chef de département* (**SYN.** relever de). *L'entretien de ce bâtiment dépend de la commune* (**SYN.** reposer sur). **2.** Être subordonné à la décision de qqn ; être soumis à qqch : *Il dépend de vous que la crise soit résolue* (**SYN.** tenir à). *Tout dépendra des circonstances.* ▸ ***Ça dépend,*** c'est incertain ; peut-être.

dépens [depɑ̃] n.m. pl. (lat. *dispensum*, de *dispendere*, partager). Dans la langue juridique, frais d'un procès : *Être condamné aux dépens* (= à payer les frais du procès). ▸ ***Aux dépens de qqn, de qqch,*** à la charge, aux frais de qqn ; au détriment de qqn, de qqch : *Je l'ai appris à mes dépens* (= en en faisant l'amère expérience). *Il se couche tard, aux dépens de sa santé.*

dépense n.f. (lat. *dispensa*, ce qui est partagé). **1.** Action de dépenser de l'argent ; somme dépensée : *La période des soldes pousse à la dépense. Faire des dépenses inutiles.* **2.** Montant d'une somme à payer : *Nous essayons de réduire les dépenses d'électricité* (**SYN.** facture, frais). **3.** Action d'utiliser qqch, de l'employer : *Ce travail a demandé une grande dépense d'énergie.* **4.** Quantité de matière, de produit consommés : *La dépense en eau d'un lave-linge* (**SYN.** consommation). ▸ ***Dépenses publiques,*** dépenses de l'État, des collectivités et des établissements publics.

dépenser v.t. [conj. 3]. **1.** Employer de l'argent pour un achat, un paiement : *Il a dépensé son argent de poche en recharge pour son mobile* (**SYN.** consacrer, engloutir ; **CONTR.** conserver, économiser, garder). **2.** Utiliser pour son fonctionnement : *Cette voiture dépense beaucoup de carburant* (**SYN.** consommer, user). **3.** Employer dans un but précis : *Elle dépensait ses forces à aider les plus démunis* (**SYN.** consacrer, déployer, prodiguer). ◆ **se dépenser** v.pr. Faire des efforts ; se donner du mal : *Au judo, il se dépense beaucoup* (**SYN.** se fatiguer). *Elle s'est dépensée corps et âme pour son association* (**SYN.** se démener).

dépensier, ère adj. et n. Qui dépense beaucoup d'argent : *Ses parents sont très dépensiers* (**SYN.** prodigue ; **CONTR.** avare, chiche, parcimonieux).

déperdition n.f. Perte progressive : *La mauvaise isolation d'une maison entraîne des déperditions de chaleur.*

dépérir v.i. (lat. *deperire*) [conj. 32]. **1.** Perdre de sa vigueur, de sa vitalité : *Privée de lumière, la plante a dépéri* (**SYN.** se dessécher, faner, s'étioler ; **CONTR.** s'épanouir, proliférer). *Le malade dépérissait à vue d'œil* (**SYN.** s'affaiblir, décliner ; **CONTR.** se remettre). **2.** *Fig.* Perdre de son importance, de son activité : *La cordonnerie du quartier dépérit* (**SYN.** péricliter).

dépérissement n.m. État de qqn, de qqch qui dépérit : *Le dépérissement d'un vieillard dû à l'âge* (**SYN.** affaiblissement). *Le dépérissement de l'activité industrielle dans cette région* (**SYN.** déclin).

déperlant, e adj. Se dit d'une fibre textile traitée pour que l'eau glisse dessus sans y pénétrer.

dépêtrer v.t. (de *empêtrer*) [conj. 4]. **1.** Dégager de ce qui empêche de bouger : *Il nous a fallu du temps pour dépêtrer l'oiseau du filet dans lequel il s'était pris les pattes* (**SYN.** débarrasser, délivrer ; **CONTR.** empêtrer). **2.** Tirer d'embarras : *Elle l'a dépêtré d'un imbroglio administratif* (**SYN.** sortir ; **CONTR.** enferrer). ◆ **se dépêtrer** v.pr. **[de].** Se tirer d'embarras ; se débarrasser : *Elle s'est dépêtrée de ses problèmes financiers.*

dépeuplement n.m. Action de dépeupler ; fait de se dépeupler : *Le dépeuplement d'une région aride* (**CONTR.** peuplement, repeuplement).

dépeupler v.t. [conj. 5]. **1.** Faire partir les habitants d'un pays, d'une région : *La peur des catastrophes naturelles a dépeuplé cette zone côtière* (**SYN.** vider ; **CONTR.** peupler, repeupler). **2.** Faire disparaître d'un milieu naturel les animaux qui y vivent : *La pollution a dépeuplé cette rivière.* ◆ **se dépeupler** v.pr. Perdre de ses habitants, de sa faune : *La forêt s'est dépeuplée après la tempête* (**SYN.** se désertifier, se vider).

déphasage n.m. *Fam.* Perte de contact avec la réalité.

déphasé, e adj. *Fam.* Qui a perdu contact avec le réel : *Depuis qu'elle s'est installée à la campagne, elle est complètement déphasée* (**SYN.** décalé, dépassé).

dépiauter v.t. (de *piau*, forme dialect. de *peau*) [conj. 3]. *Fam.* **1.** Enlever la peau d'un animal (**SYN.** dépouiller, écorcher). **2.** Enlever ce qui recouvre : *Elle dépiaute des cacahouètes.* **3.** Analyser minutieusement un écrit, un texte (**SYN.** disséquer, éplucher).

dépilatoire adj. et n.m. (du lat. *pilus*, poil). Se dit d'un produit cosmétique permettant d'éliminer temporairement les poils : *Une cire dépilatoire froide* (**SYN.** épilatoire).

dépistage n.m. Action de dépister : *Pratiquer le dépistage systématique du virus du sida.*

dépister v.t. [conj. 3]. **1.** Découvrir un animal après en avoir suivi la piste : *Les promeneurs ont dépisté un chevreuil.* **2.** Découvrir au terme d'une enquête, d'une recherche : *Les policiers ont dépisté des fraudeurs sur Internet.* **3.** Rechercher systématiquement qqch qui n'est pas manifeste : *Dépister les cancers.* **4.** Détourner de la piste ; mettre en défaut : *Les clandestins ont dépisté les recherches des douaniers.*

dépit n.m. (lat. *despectus*, mépris). Chagrin mêlé de ressentiment dû à une déception : *Il a accepté ce poste par dépit* (**SYN.** amertume, rancœur, ressentiment). ▸ ***En dépit de,*** malgré : *En dépit de ses difficultés, elle a tenu à nous aider.* ***En dépit du bon sens,*** n'importe comment : *Il range ses affaires en dépit du bon sens.*

dépiter v.t. [conj. 3]. Causer du dépit à : *Le refus de son ami l'a dépitée* (**SYN.** contrarier, irriter). ◆ **se dépiter** v.pr. *Litt.* Concevoir du dépit ; se froisser : *Elle s'est dépitée de voir qu'il avait réussi à les convaincre* (**SYN.** se vexer).

déplacé, e adj. Qui ne convient pas aux circonstances : *Elle a eu un geste déplacé* (**SYN.** choquant, incongru, inconvenant, incorrect ; **CONTR.** adéquat, approprié). ▸ ***Personne déplacée,*** qui a été contrainte, pour des raisons économiques ou politiques, de quitter son pays.

déplacement n.m. **1.** Action de déplacer, de se déplacer : *Le déplacement des meubles* (**SYN.** déménagement). *Le déplacement des populations qui fuient les combats* (**SYN.** exode, migration). *Les moyens de déplacement* (**SYN.** locomotion, transport). **2.** Affectation d'office à un autre poste : *Le déplacement d'un fonctionnaire* (**SYN.** mutation, transfert). **3.** Voyage effectué dans l'exercice d'une profession : *Rembourser les frais de déplacement.*

déplacer v.t. [conj. 16]. **1.** Changer de place ; mettre à un autre endroit : *Le contrôleur a déplacé deux voyageurs de seconde en première classe. Je déplacerai l'imprimante pour la mettre sur la table.* **2.** Affecter d'office à un autre poste : *Déplacer un fonctionnaire* (**SYN.** muter, transférer). **3.** Changer la date, l'heure de : *Elle a déplacé l'heure de la réunion* (= elle l'a avancée ou retardée ; **SYN.** modifier). ▸ ***Déplacer la question, le problème,*** les faire porter sur un autre point pour ne pas avoir à les résoudre. ◆ **se déplacer** v.pr. **1.** Changer de place ; bouger : *Cet avion se déplace à la vitesse du son* (**SYN.** avancer, se mouvoir). **2.** Aller d'un lieu à un autre : *Elle s'est déplacée à vélo* (**SYN.** circuler, voyager).

déplafonnement n.m. Action de déplafonner ; fait d'être déplafonné : *Le déplafonnement des cotisations sociales.*

déplafonner v.t. [conj. 3]. Supprimer la limite supérieure d'un crédit, d'une cotisation.

déplaire v.t. ind. [conj. 110]. **[à]. 1.** Être désagréable à : *Cette émission nous a vraiment déplu* (**SYN.** choquer, offusquer ; **CONTR.** agréer à, convenir à). *Une petite randonnée ne me déplairait pas* (**CONTR.** plaire, tenter). **2.** Causer une irritation légère à : *N'arrivez pas en retard, cela lui déplaît* (**SYN.** contrarier, fâcher, irriter ; **CONTR.** enchanter, ravir). ▸ *Sout.* ***N'en déplaise à qqn,*** même si cela doit le contrarier : *Je lui dirai ce que j'en pense, ne lui en déplaise.* ◆ **se déplaire** v.pr. Ne pas se trouver bien où l'on est : *Ils se sont déplu dès qu'ils se sont vus.*

déplaisant, e adj. Qui déplaît : *Des candidats déplaisants* (**SYN.** antipathique, désagréable ; **CONTR.** agréable, plaisant, sympathique). *Une situation déplaisante* (**SYN.** contrariant, ennuyeux, fâcheux).

déplaisir n.m. Sentiment pénible : *J'ai eu le déplaisir de le rencontrer au distributeur* (**SYN.** contrariété, désagrément ; **CONTR.** plaisir).

déplanter v.t. [conj. 3]. Ôter de terre un végétal pour le planter ailleurs.

déplâtrer v.t. [conj. 3]. **1.** Ôter le plâtre d'une surface : *Déplâtrer une cloison* (**CONTR.** plâtrer, replâtrer). **2.** Ôter le plâtre qui immobilisait un membre fracturé : *L'interne lui a déplâtré le bras.*

dépliant n.m. Prospectus plié : *Des dépliants d'information sur le tri des déchets.*

déplier v.t. [conj. 10]. Étendre, ouvrir une chose qui était pliée : *Déplier un journal* (**SYN.** déployer, étaler ; **CONTR.** plier, replier). *Déplier son bras* (**SYN.** allonger, étirer, tendre). ◆ **se déplier** v.pr. Pouvoir être déplié ; s'ouvrir : *Canapé qui se déplie.*

déplisser v.t. [conj. 3]. Défaire les plis, les faux plis d'une étoffe, d'un vêtement : *Déplisser une chemise* (**SYN.** défroisser ; **CONTR.** froisser, plisser).

déploiement n.m. Action de déployer ; fait d'être déployé : *Cette provocation a donné lieu à un déploiement de forces à la frontière.*

déplomber v.t. [conj. 3]. **1.** Ôter le plomb qui scelle un objet : *Déplomber un paquet contenant des valeurs* (**CONTR.** plomber, sceller). **2.** En informatique, pénétrer le cryptage qui protège un logiciel afin de recopier celui-ci.

déplorable adj. **1.** Qui mérite d'être déploré, regretté : *Un déplorable accident* (**SYN.** affligeant, navrant, tragique). *Il a eu une réaction déplorable* (**SYN.** choquant, révoltant, scandaleux). **2.** Qui provoque un désagrément ; qui est extrêmement médiocre : *Il fait un temps déplorable* (**SYN.** désastreux, exécrable ; **CONTR.** superbe).

déplorer v.t. (lat. *deplorare*, pleurer) [conj. 3]. **1.** *Litt.* Manifester de la douleur à l'occasion d'un événement :

Déplorer le décès d'une personnalité (**SYN.** pleurer). **2.** Regretter vivement qqch ; avoir à constater qqch de désagréable : *Je n'ai pas pu l'accompagner et je le déplore. Nous déplorons d'importants dégâts.*

déployer [deplwaje] v.t. [conj. 13]. **1.** Étendre largement, ouvrir ce qui était plié, roulé : *L'aigle déploiera ses ailes et s'envolera. La navigatrice déploie les voiles. Déployer le plan d'une ville* (**SYN.** déplier). **2.** Disposer sur une grande étendue : *La commerçante déployait son choix de marchandises devant son client* (**SYN.** étaler). **3.** *Fig.* Manifester dans toute son intensité : *Les secouristes déploient une intense activité autour de l'immeuble* (**SYN.** développer). ▸ ***Déployer des troupes, des missiles,*** les mettre dans une position permettant de les engager dans un combat. ***Rire à gorge déployée,*** rire aux éclats.

se **déplumer** v.pr. [conj. 3]. **1.** Perdre ses plumes, en parlant d'un oiseau. **2.** *Fam.* Perdre ses cheveux.

dépoétiser v.t. [conj. 3]. Ôter son caractère poétique à : *Cette adaptation dépoétise totalement la légende.*

dépoitraillé, e adj. *Fam.* Qui porte un vêtement largement ouvert sur la poitrine.

dépoli, e adj. ▸ ***Verre dépoli,*** verre qui laisse passer la lumière sans permettre de distinguer les objets au travers (**SYN.** translucide ; **CONTR.** transparent).

dépolir v.t. [conj. 32]. Ôter l'éclat, le poli de qqch : *Dépolir du marbre.*

dépolitisation n.f. Action de dépolitiser : *La dépolitisation du corps électoral.*

dépolitiser v.t. [conj. 3]. Retirer tout caractère politique à qqch, toute conscience politique à qqn : *Pour examiner sereinement la question, il faudrait la dépolitiser* (**CONTR.** politiser).

dépolluer v.t. [conj. 7]. Supprimer partiellement ou totalement la pollution de : *Dépolluer les plages* (**SYN.** nettoyer ; **CONTR.** polluer).

dépollution n.f. Action de dépolluer.

déportation n.f. **1.** Internement dans un camp de concentration situé dans une région éloignée : *La déportation des résistants par les nazis.* **2.** Transfert arbitraire d'une population contrainte de s'implanter dans un lieu qu'on lui assigne.

déporté, e n. Personne internée dans un camp de concentration, dans une région éloignée.

déporter v.t. (lat. *deportare,* transporter) [conj. 3]. **1.** Condamner à la déportation ; envoyer en déportation. **2.** Faire dévier de sa direction un corps en mouvement, un véhicule : *Le choc a déporté la voiture dans le fossé.*

déposant, e n. et adj. **1.** Dans la langue juridique, personne qui fait une déposition. **2.** Personne qui fait un dépôt : *Les déposants font la queue au guichet de la banque.*

dépose n.f. Action d'enlever ce qui était fixé pour le nettoyer, le réparer ou le remplacer : *La dépose d'une moquette* (**CONTR.** pose).

déposé, e adj. Se dit d'une marque, d'un nom qui a fait l'objet d'un enregistrement auprès de l'Administration afin d'éviter les contrefaçons : *En français, les noms déposés s'écrivent avec une majuscule* (= marque déposée).

déposer v.t. (du lat. *deponere,* d'après *poser*) [conj. 3]. **1.** Poser ce que l'on portait ; laisser qqch quelque part : *Déposer un vase sur la table.* **2.** Laisser qqn quelque part après l'y avoir conduit : *Elle m'a déposé au bureau avant de faire sa tournée* (**CONTR.** reprendre). **3.** Laisser qqch en un lieu sûr ; laisser de l'argent, des valeurs en dépôt : *Déposer son sac à la consigne* (**SYN.** entreposer, mettre). *Déposer ses économies sur son plan d'épargne* (**SYN.** verser). **4.** Remettre officiellement ; adresser : *Déposer une réclamation. Le facteur a déposé une lettre recommandée.* **5.** Affirmer qqch comme témoignage : *Il a déposé qu'il se trouvait à un concert à l'heure du délit.* **6.** (Sans compl.). Faire une déposition en justice : *Déposer sous serment contre un accusé* (**SYN.** témoigner). **7.** Laisser comme dépôt, en parlant d'un liquide : *La rivière dépose des boues dans son lit.* **8.** (Sans compl.). En parlant d'un liquide au repos, laisser des particules solides dans le fond du récipient : *Ce vin dépose.* **9.** Faire enregistrer une marque, un brevet, pour les protéger des imitations : *Déposer un modèle de jouet. Déposer le nom d'un produit.* **10.** Ôter ce qui était posé, fixé : *Déposer des rideaux* (**CONTR.** poser). **11.** Destituer un souverain, un dignitaire : *Le Congrès a déposé le président* (**SYN.** démettre). ▸ ***Déposer les armes,*** cesser le combat. ***Déposer son bilan,*** dans la langue juridique, être en état de cessation de paiements, en parlant d'un commerçant, d'une entreprise. ◆ **se déposer** v.pr. En parlant d'un liquide, former un dépôt : *La lie se dépose au fond de la bouteille.*

dépositaire n. **1.** Personne à qui a été remis un dépôt : *La dépositaire des documents* (**SYN.** gardien). **2.** Personne à qui l'on a confié un secret : *Vous êtes la dépositaire de ma décision.* **3.** Intermédiaire commercial qui vend des marchandises pour le compte de leur propriétaire : *Vous trouverez cet article chez les dépositaires de la marque.*

déposition n.f. **1.** Déclaration que fait un témoin en justice : *Elle s'est avancée à la barre pour faire sa déposition* (**SYN.** témoignage). **2.** Action de déposer, de destituer un souverain, un dignitaire.

déposséder v.t. [conj. 18]. Priver qqn de la possession de qqch : *On l'a dépossédé de son héritage* (**SYN.** dépouiller, spolier [sout.]).

dépossession n.f. Action de déposséder ; fait d'être dépossédé : *Une injuste dépossession* (**SYN.** spoliation [sout.]).

dépôt n.m. (du lat. *deponere,* déposer). **1.** Action de déposer qqch quelque part ; chose déposée : *Le dépôt d'un dossier d'inscription à l'université. Elle m'a laissé son manuscrit en dépôt.* **2.** Somme confiée à un organisme bancaire : *Faire un dépôt de 1 000 euros sur son compte* (**CONTR.** retrait). **3.** Lieu où l'on dépose certaines choses, où l'on gare certains véhicules : *Envoyer une rame de métro au dépôt. Cet article n'est plus en magasin, mais nous l'avons au dépôt* (**SYN.** entrepôt). **4.** Lieu de détention se trouvant dans une préfecture de police : *Les agents l'ont conduit au dépôt.* **5.** Particules solides qu'abandonne un liquide au repos : *Ce vin laisse un dépôt au fond de la bouteille* (**SYN.** lie). ▸ ***Dépôt de bilan,*** déclaration de cessation de paiements faite au tribunal par une entreprise, un commerçant.

dépotage ou **dépotement** n.m. Action de dépoter ; son résultat : *Le dépotage d'un géranium.*

dépoter v.t. [conj. 3]. Retirer une plante de son pot (par opp. à empoter, rempoter).

dépotoir n.m. **1.** Dépôt d'ordures. **2.** *Fam.* Endroit ou service où l'on relègue des personnes jugées médiocres.

dépôt-vente n.m. (pl. *dépôts-ventes*). Mode de vente dans lequel des particuliers déposent chez un commerçant spécialisé des objets qu'ils souhaitent vendre et qui ne leur sont payés, une fois déduite la commission du vendeur, que lorsque la vente a été effectuée ; magasin pratiquant ce type de vente.

dépouille n.f. **1.** Peau enlevée à un animal : *La dépouille d'un ours.* **2.** Peau ou enveloppe abandonnée par un reptile, un insecte au moment de la mue ; exuvie. ▸ *Sout.* ***Dépouille mortelle,*** corps humain après la mort ; cadavre, restes. ◆ **dépouilles** n.f. pl. *Litt.* Ce qu'on prend à l'ennemi ; butin de guerre.

dépouillement n.m. **1.** Action de dépouiller un animal : *Le dépouillement d'un lapin.* **2.** État de pauvreté dans lequel se trouve une personne qui a été dépouillée ; dénuement, misère. **3.** Fait d'être dépourvu de tout ornement : *Le dépouillement du décor d'une pièce de théâtre* (**SYN.** austérité, nudité ; **CONTR.** magnificence). *Le dépouillement du style* (**SYN.** simplicité, sobriété ; **CONTR.** affectation). **4.** Action de dépouiller, d'analyser un texte. **5.** Ensemble des opérations permettant de connaître le résultat d'un scrutin : *Le dépouillement n'est pas terminé.*

dépouiller v.t. (du lat. *spolium*, dépouille) [conj. 3]. **1.** Enlever la peau d'un animal : *Dépouiller un tigre* (**SYN.** écorcher). **2.** Enlever ce qui couvre : *Le vent dépouille les arbres de leurs feuilles* (**SYN.** dégarnir). **3.** Prendre tout ce que possède qqn ; dévaliser : *Des racketteurs l'ont dépouillé* (**SYN.** spolier [sout.], voler). **4.** Examiner attentivement un texte pour en extraire l'essentiel : *Elle a dépouillé les journaux de l'époque pour écrire son livre.* **5.** Faire le compte des suffrages d'une élection : *Dépouiller un scrutin.* ▸ ***Style dépouillé,*** sans ornement superflu, sobre. ◆ **se dépouiller** v.pr. Se défaire de ses biens : *Elle s'est dépouillée de ses tableaux au profit du musée municipal* (**CONTR.** conserver, garder).

dépourvu, e adj. **1. [de].** Qui manque de qqch ; privé, dénué de : *Un discours dépourvu d'intérêt.* **2.** *Litt.* Qui manque de tout : *« La cigale ayant chanté / Tout l'été / Se trouva fort dépourvue / Quand la bise fut venue »* [La Fontaine].

au **dépourvu** loc. adv. Sans prévenir, à l'improviste : *Sa visite inattendue m'a pris au dépourvu.*

dépoussiérage n.m. Action de dépoussiérer.

dépoussiérer v.t. [conj. 18]. **1.** Enlever la poussière : *Dépoussiérer le tableau de bord d'une voiture* (**SYN.** épousseter). **2.** *Fig.* Moderniser qqch, le mettre au goût du jour : *Une mise en scène qui dépoussière une pièce de théâtre.*

dépravation n.f. Comportement, conduite immoraux ; corruption, déchéance : *La dépravation d'un journal.*

dépravé, e adj. Se dit du jugement, du goût de qqn lorsqu'il est altéré, corrompu. ◆ adj. et n. Qui a perdu tout sens moral ; corrompu : *Des mœurs dépravées* (**SYN.** dissolu [litt.]). *Cet homme est un dépravé* (**SYN.** débauché).

dépraver v.t. (du lat. *pravus*, mauvais) [conj. 3]. **1.** Fausser le sens moral de qqn, le pousser à commettre des actes immoraux : *Ses fréquentations l'ont dépravée* (**SYN.** corrompre, dévoyer [litt.], pervertir). **2.** Détruire la capacité de qqn de juger, d'apprécier qqch : *Ces mauvais films dépravent le goût des adolescents* (**SYN.** altérer, dégrader).

dépréciatif, ive adj. Qui tend à déprécier, à dévaloriser : *Un terme dépréciatif* (**SYN.** péjoratif ; **CONTR.** laudatif [sout.], mélioratif).

dépréciation n.f. Action de déprécier ; fait de se déprécier : *Lutter contre la dépréciation d'une monnaie* (**SYN.** dévalorisation, dévaluation).

déprécier v.t. (du lat. *pretium*, prix) [conj. 9]. Diminuer la valeur de qqch, de qqn ; dévaloriser : *Ces rayures déprécient le prix de la voiture* (**CONTR.** valoriser). *Il déprécie le rôle de ses collaborateurs* (**SYN.** dénigrer, minimiser ; **CONTR.** amplifier, exagérer). ◆ **se déprécier** v.pr. Perdre de sa valeur : *Cette monnaie s'est dépréciée* (**SYN.** se dévaloriser, se dévaluer).

déprédateur, trice adj. et n. Qui commet des déprédations ; destructeur, vandale.

déprédation n.f. (du lat. *praeda*, proie). (Surtout au pl.). **1.** Vol, pillage accompagné de destruction : *Les fuyards se sont livrés à des déprédations* (**SYN.** dévastation, saccage). **2.** Dommage causé aux biens d'autrui, aux biens publics : *Les déprédations commises par certains touristes* (**SYN.** dégradation, dévastation).

se **déprendre** v.pr. [conj. 79]. *Litt.* Se détacher de qqn ; perdre le goût de qqch : *Il se déprend d'elle* (**SYN.** s'éloigner ; **CONTR.** s'éprendre). *Elle s'est déprise de ce genre de musique* (= elle ne s'y intéresse plus).

dépressif, ive adj. Qui manifeste de la dépression ; mélancolique : *Un état dépressif.* ◆ adj. et n. Qui a tendance à la dépression nerveuse : *Une grande dépressive.*

dépression n.f. (lat. *depressio*, enfoncement). **1.** Partie en creux par rapport à une surface : *Dépression de terrain* (**SYN.** cavité, cuvette, enfoncement). **2.** Période de ralentissement économique (**SYN.** récession ; **CONTR.** expansion). **3.** État psychique de souffrance, marqué par la lassitude, le manque de confiance en soi, le pessimisme et un certain dégoût de la vie (on dit aussi *dépression nerveuse*). ▸ ***Dépression atmosphérique*** ou ***barométrique,*** masse atmosphérique sous basse pression, qui engendre le mauvais temps (par opp. à anticyclone).

dépressionnaire adj. En météorologie, qui est le siège d'une dépression atmosphérique : *Zone dépressionnaire.*

dépressurisation n.f. Chute de la pression interne d'une cabine d'avion ou de l'habitacle d'un vaisseau spatial.

dépressuriser v.t. [conj. 3]. Faire cesser la pressurisation d'un avion, d'un engin spatial : *Le choc a dépressurisé l'avion.*

déprimant, e adj. **1.** Qui affaiblit : *Un climat déprimant* (**SYN.** débilitant). **2.** Qui rend triste : *Leurs conditions de vie sont déprimantes* (**SYN.** démoralisant ; **CONTR.** réjouissant). *Un échec déprimant* (**SYN.** décourageant ; **CONTR.** encourageant).

déprime n.f. *Fam.* Dépression nerveuse.

déprimé, e adj. et n. Qui souffre de dépression nerveuse. ◆ adj. En économie, se dit de l'activité boursière qui subit une forte baisse : *Marché déprimé.*

déprimer v.t. (lat. *deprimere,* rabaisser) [conj. 3]. Abattre physiquement ou moralement ; ôter toute énergie : *Ce mauvais temps me déprime* (**SYN.** décourager, démoraliser ; **CONTR.** réjouir). ◆ v.i. *Fam.* Être atteint de dépression nerveuse : *Elle déprime depuis son licenciement.*

de profundis [deprɔfɔ̃dis] n.m. (mots lat. signif. « des profondeurs », premiers mots d'un psaume de la Bible). Dans la religion catholique, psaume que l'on récite dans les prières pour les morts.

déprogrammer v.t. [conj. 3]. **1.** Enlever du programme prévu un spectacle, une émission : *Ils ont déjà déprogrammé deux fois ce reportage.* **2.** Reporter à une autre date ce qui était prévu : *Ils ont encore déprogrammé leur mariage* (**SYN.** ajourner, différer, remettre).

dépucelage n.m. *Fam.* Action de dépuceler ; perte de la virginité (**SYN.** défloration).

dépuceler v.t. [conj. 24]. *Fam.* Faire perdre sa virginité à qqn (**SYN.** déflorer [litt.]).

depuis prép. (de *de* et *puis*). **1.** Indique le point de départ dans le temps de qqch qui dure encore : *Elle fait de la danse depuis l'âge de huit ans. Depuis cet incident, il est sur liste rouge.* **2.** Indique le point de départ dans l'espace : *Je te téléphone depuis le train* (**SYN.** de). *Depuis leur maison, on voit le mont Blanc.* **3.** Indique le point de départ d'une série (souvent employé avec *jusqu'à*) : *Elle a enseigné dans toutes les classes, depuis la sixième jusqu'à la terminale. Tapis depuis 150 euros* (= à partir de). ▸ ***Depuis lors,*** depuis ce temps-là : *Il a eu une amende, depuis lors il conduit plus prudemment.* ***Depuis peu,*** il y a peu de temps : *Je pratique le piano depuis peu.* ◆ adv. Indique un moment qui sert de point de départ : *Ils lui envoient toujours leurs vœux depuis.* ◆ **depuis que** loc. conj. Depuis le moment où : *Depuis qu'il prend le train, il a le temps de lire.*

dépuratif, ive adj. et n.m. Qui a la propriété de débarrasser l'organisme de ses toxines : *Une tisane dépurative* (**SYN.** diurétique, purgatif).

députation n.f. **1.** Envoi de personnes chargées d'une mission ; ces personnes elles-mêmes : *Les grévistes ont envoyé une députation de trois personnes* (**SYN.** délégation). **2.** Fonction de député : *Notre maire aspire à la députation.*

député, e n. Membre d'une assemblée législative élue au suffrage universel : *La députée se rend à l'Assemblée nationale.*

députer v.t. (du lat. *deputare,* estimer) [conj. 3]. Envoyer comme représentant : *Le maire a député un de ses adjoints pour assister à la commémoration* (**SYN.** déléguer, mandater).

déqualification n.f. Action de déqualifier ; fait d'être déqualifié.

déqualifier v.t. [conj. 9]. Donner à qqn un poste, des fonctions inférieurs à sa qualification professionnelle : *Pour obtenir un emploi, elle a accepté d'être déqualifiée* (**SYN.** déclasser).

der [dɛr] n.f. inv. (abrév. de *dernier*). ▸ *Fam.* ***La der des der,*** la guerre de 1914-1918 (dont on espérait qu'elle serait la dernière) ; fig., la dernière chose, la dernière fois. ◆ n.m. inv. ▸ ***Dix de der,*** à la belote, bonus de dix points accordé à celui qui fait le dernier pli.

déraciné, e n. Personne qui a quitté son pays, son milieu d'origine.

déracinement n.m. Action de déraciner ; fait d'être déraciné : *Émigré qui souffre du déracinement.*

déraciner v.t. [conj. 3]. **1.** Arracher de terre un arbre, une plante avec ses racines : *La tempête a déraciné de nombreux arbres.* **2.** Retirer qqn de son milieu d'origine : *La guerre a déraciné des populations entières* (**SYN.** exiler, expatrier). **3.** *Fig., litt.* Supprimer radicalement qqch, le faire disparaître : *Déraciner la corruption* (**SYN.** éradiquer, extirper ; **CONTR.** renforcer).

déraillement n.m. **1.** Action de dérailler ; fait de dérailler. **2.** Accident survenant sur une voie ferrée quand un train quitte les rails.

dérailler v.i. [conj. 3]. **1.** Sortir des rails, en parlant d'un train. **2.** *Fig., fam.* Fonctionner mal ; se dérégler : *L'alarme de la voiture déraille.* **3.** *Fam.* S'écarter du bon sens ; délirer : *L'excès d'alcool le fait dérailler* (**SYN.** déraisonner, divaguer).

dérailleur n.m. Mécanisme d'une bicyclette, qui permet de changer de vitesse en faisant passer la chaîne d'un pignon sur un autre.

déraison n.f. *Litt.* Manque de raison, de bon sens.

déraisonnable adj. Qui manque de raison, de bon sens ; qui n'est pas conforme à la raison : *Sa conduite est déraisonnable* (**SYN.** absurde, irrationnel ; **CONTR.** rationnel).

déraisonnablement adv. De manière déraisonnable ; absurdement.

déraisonner v.i. [conj. 3]. Dire des paroles dénuées de raison, de bon sens : *Depuis son hospitalisation, elle déraisonne* (**SYN.** délirer, divaguer).

dérangé, e adj. *Fam.* **1.** Un peu fou ; qui déraisonne. **2.** Qui éprouve des troubles digestifs, notamm. intestinaux.

dérangeant, e adj. Qui dérange en remettant en cause les idées reçues : *Ce reportage sur le travail des enfants est dérangeant* (**SYN.** gênant, troublant).

dérangement n.m. **1.** Fait d'être dérangé, gêné : *Son retard nous a causé du dérangement* (**SYN.** tracas). **2.** Action de se déranger, de se déplacer : *Ce spectacle vaut le dérangement* (**SYN.** déplacement). ▸ ***Ligne, cabine téléphonique en dérangement,*** dont le fonctionnement est perturbé.

déranger v.t. [conj. 17]. **1.** Déplacer ce qui était rangé ; causer du désordre dans : *Déranger des dossiers* (**SYN.** déclasser ; **CONTR.** trier). *Il a dérangé l'armoire pour trouver son pull* (**CONTR.** ranger). **2.** Troubler le fonctionnement de : *Cette réunion dérange mon emploi du temps* (**SYN.** bouleverser, perturber). **3.** Gêner qqn dans le cours de ses occupations, de son repos : *Le téléphone m'a dérangé pendant ma sieste* (**SYN.** ennuyer, importuner). ◆ **se déranger** v.pr. **1.** Se déplacer : *Elle s'est dérangée pour rien, c'était fermé.* **2.** Interrompre ses occupations : *Ne te dérange pas pour moi, je sais me préparer à manger.*

dérapage n.m. **1.** Action de déraper ; fait de déraper : *Le dérapage d'une moto.* **2.** Action de s'écarter de ce qui est normal, prévu, contrôlable : *Le dérapage des prix.*

déraper v.i. (du prov. *rapar,* saisir) [conj. 3]. **1.** Glisser de côté par suite d'une insuffisance d'adhérence au sol, en parlant d'un véhicule : *La voiture a dérapé sur le verglas* (**SYN.** chasser, patiner). **2.** En parlant de qqn, glisser involontairement : *J'ai dérapé sur des feuilles mortes.* **3.** *Fig.* S'écarter de ce qui est normal, attendu, prévu et contrôlé : *L'interview a dérapé sur la vie privée de l'artiste* (**SYN.** dévier).

dératé, e n. (de *dérater,* enlever la rate). ▸ *Fam.* ***Courir comme un dératé,*** courir très vite.

dératisation n.f. Action de dératiser.

dératiser v.t. [conj. 3]. Débarrasser des rats en les exterminant : *Dératiser une cave.*

derby n.m. (du nom de lord *Derby,* qui organisa cette course) [pl. *derbys*]. **1.** (Avec une majuscule). Grande course de chevaux qui a lieu chaque année à Epsom, en Grande-Bretagne. **2.** Rencontre sportive entre équipes de la même ville ou de la même région. **3.** Chaussure qui se lace sur le cou-de-pied.

derechef [dərəʃɛf] adv. (de *chef,* fin, extrémité). *Litt.* Une fois de plus ; de nouveau : *Il part derechef.*

déréglé, e adj. **1.** Qui ne fonctionne plus bien : *Cette pendule est déréglée.* **2.** Qui n'est pas contrôlé par des règles, des principes moraux, la raison, etc. : *Mener une vie déréglée* (**SYN.** dissolu [litt.]).

dérèglement n.m. Trouble du fonctionnement ; fait d'être déréglé : *Le dérèglement d'un radio-réveil.*

déréglementation n.f. Action de déréglementer ; son résultat.

déréglementer v.t. [conj. 3]. Alléger ou supprimer une réglementation (**CONTR.** réglementer).

dérégler v.t. [conj. 18]. **1.** Troubler le fonctionnement de : *Qui a déréglé la télévision ?* (**SYN.** détraquer ; **CONTR.** régler). *Plusieurs facteurs contribuent à dérégler le temps* (**SYN.** déranger, perturber). **2.** Troubler, altérer moralement, intellectuellement : *Son séjour prolongé à l'hôpital l'a déréglé* (**SYN.** bouleverser, déranger).

dérégulation n.f. Assouplissement ou suppression des contraintes encadrant une activité économique, notamm. sur le plan des tarifs.

déréguler v.t. [conj. 3]. Opérer une dérégulation.

déréliction n.f. (du lat. *relinquere,* laisser en arrière). *Litt.* État d'abandon et de solitude morale complète : *La déréliction d'une personne âgée.*

déremboursement n.m. En France, cessation d'un remboursement par la Sécurité sociale.

déresponsabiliser v.t. [conj. 3]. Faire perdre le sentiment, le sens de la responsabilité à qqn, à un groupe : *Le directeur déresponsabilise les employés* (**CONTR.** responsabiliser).

dérider v.t. [conj. 3]. **1.** Rendre moins grave, moins sérieux : *Le présentateur a réussi à dérider le candidat* (**SYN.** dégeler, égayer ; **CONTR.** assombrir). **2.** Faire disparaître les rides : *Cette crème déride le visage.* ◆ **se dérider** v.pr. Devenir plus gai ; sourire : *Elle s'est déridée au contact de ses collègues* (**SYN.** se détendre).

dérision n.f. (du lat. *deridere,* se moquer). Moquerie méprisante : *Sa proposition a été accueillie avec dérision* (**SYN.** dédain, mépris). ▸ ***Tourner qqch, qqn en dérision,*** s'en moquer : *Ce chansonnier tourne les hommes politiques en dérision.*

dérisoire adj. **1.** Qui porte à rire par son caractère minable, ridicule : *Son programme électoral est dérisoire* (**SYN.** négligeable ; **CONTR.** capital, important). **2.** Qui est insignifiant, faible : *J'ai acheté ce manteau pour un prix dérisoire* (**SYN.** minime ; **CONTR.** considérable, excessif, exorbitant).

dérivatif n.m. Ce qui détourne qqn, son esprit de ses préoccupations : *Le sport lui sert de dérivatif* (**SYN.** diversion, exutoire [litt.]).

dérivation n.f. **1.** Action de détourner un cours d'eau ; lit artificiel par où les eaux sont dérivées : *Creuser un canal de dérivation.* **2.** Action de détourner la circulation routière, ferroviaire, etc. ; déviation. **3.** En linguistique, création d'un nouveau mot (appelé *dérivé*) en ajoutant un préfixe ou un suffixe à une base. ▸ ***En dérivation,*** se dit de circuits électriques entre lesquels le courant se partage (par opp. à en série) : *Un montage en dérivation* (= en parallèle).

dérive n.f. **1.** Fait de dériver, de s'écarter de sa direction, pour un navire, un avion. **2.** Fait de s'écarter de la norme ; évolution incontrôlée et dangereuse : *La dérive des salaires. La dérive de l'économie.* **3.** Aileron vertical destiné à réduire la déviation d'un bateau. **4.** Gouvernail de direction d'un avion. ▸ ***Dérive des continents,*** théorie selon laquelle les continents se déplacent à la suite de la scission d'un continent unique. ***Être*** ou ***aller à la dérive,*** en parlant d'une embarcation, ne plus être dirigée : *Le canoë va à la dérive* ; fig., en parlant d'une entreprise, péricliter ; en parlant de qqn, être sans énergie ni volonté : *Depuis son licenciement, elle est à la dérive.*

dérivé n.m. **1.** En chimie, corps obtenu par la transformation d'un autre : *Les dérivés du pétrole.* **2.** En linguistique, mot qui dérive d'un autre : *« Changement » est un dérivé de « changer ».*

dérivée n.f. En mathématiques, limite vers laquelle tend le rapport de l'accroissement d'une fonction à l'accroissement correspondant de la variable, lorsque ce dernier tend vers zéro.

① **dériver** v.t. (lat. *derivare,* détourner un cours d'eau) [conj. 3]. Détourner de son cours : *Dériver un fleuve.* ◆ v.t. ind. **[de]. 1.** Être issu de : *L'augmentation du prix des fruits dérive de la sécheresse* (**SYN.** découler, émaner, résulter de). *Les produits dérivés du pétrole.* **2.** En linguistique, tirer son origine ; provenir de : *« Pelage » dérive de « poil ».*

② **dériver** v.i. (de l'angl. *to drive,* pousser) [conj. 3]. **1.** S'écarter de sa direction, sous l'effet du vent, d'un courant, en parlant d'un navire, d'un avion : *L'avion a dérivé vers l'Espagne* (**SYN.** dévier). **2.** Pour une personne, se laisser aller, aller à la dérive.

dériveur n.m. Bateau muni d'une dérive.

dermatite n.f. → **dermite.**

dermatologie n.f. (du gr. *derma,* peau, et *logos,* science). Partie de la médecine qui étudie et soigne les maladies de la peau.

dermatologique adj. Relatif à la dermatologie : *Fond de teint testé sous contrôle dermatologique.*

dermatologue n. Médecin spécialiste de dermatologie.

dermatose n.f. Toute affection de la peau.

derme n.m. (gr. *derma,* peau). En anatomie, tissu qui constitue la couche profonde de la peau.

dermique adj. **1.** Relatif au derme. **2.** Relatif à la peau ; qui s'applique sur la peau : *Une pommade dermique.*

dermite ou **dermatite** n.f. En médecine, nom donné à certaines affections de la peau.

dernier, ère adj. et n. (du lat. *de retro,* derrière). Qui vient après tous les autres dans le temps ou selon le mérite, le rang (par opp. à premier) : *Dimanche est le dernier jour de la semaine. Je suis la dernière de la famille* (= benjamine). *Cette sportive est dernière au classement général.* ◆ adj. **1.** Qui est le plus récent : *Son dernier disque se vend bien.* **2.** Qui vient après les autres dans l'espace : *Les boissons se trouvent dans les derniers rayons du magasin.* **3.** Extrême : *Ta réponse est de la dernière importance.* ▸ ***En dernier*** ou ***en dernier lieu,*** après tout le reste ; enfin : *Je ferai cet exercice en dernier* (**CONTR.** en premier). *En dernier lieu, nous élirons un représentant.*

dernièrement adv. Il y a peu de temps ; depuis peu : *Elle m'a téléphoné dernièrement* (**SYN.** récemment).

dernier-né, dernière-née n. (pl. *derniers-nés, dernières-nées*). **1.** Enfant né le dernier dans une famille : *Les jumelles sont les dernières-nées* (**SYN.** benjamin, cadet ; **CONTR.** aîné, premier-né). **2.** Création la plus récente d'un fabricant : *Ce parfum est son dernier-né.*

dérobade n.f. Action de se soustraire à une difficulté, à une obligation : *Ton refus de témoigner est une dérobade* (**SYN.** échappatoire, faux-fuyant).

dérobé, e adj. Que l'on ne peut voir ; caché, secret : *Il emprunta une porte dérobée pour s'enfuir.* ◆ **à la dérobée** loc. adv. En cachette et rapidement : *Les trafiquants se sont vus à la dérobée* (**SYN.** furtivement, secrètement ; **CONTR.** ouvertement).

dérober v.t. (de l'anc. fr. *rober,* voler) [conj. 3]. **1.** S'emparer discrètement de ce qui appartient à autrui : *On m'a dérobé ma carte de crédit* (**SYN.** subtiliser, voler). **2.** *Litt.* Dissimuler aux regards : *Une haie dérobe la maison à la vue* (**SYN.** masquer ; **CONTR.** dévoiler). ◆ **se dérober** v.pr. Éviter d'affronter qqch, s'y soustraire : *Elle s'est dérobée quand le journaliste lui a posé cette question. Son père se dérobe à ses obligations familiales* (**SYN.** fuir ; **CONTR.** assumer). ▸ ***Sentir ses jambes, le sol se dérober sous soi,*** se sentir faiblir, défaillir ; tomber.

dérogation n.f. **1.** Action de déroger à une loi, à un contrat, à une règle : *Toute dérogation à ces règles est passible d'un renvoi* (**SYN.** infraction, manquement, transgression). **2.** Autorisation accordée par une autorité de déroger à une règle, à une loi : *Accorder une dérogation à un étudiant pour qu'il entre en deuxième année de doctorat* (**SYN.** dispense).

dérogatoire adj. Dans la langue juridique, qui a le caractère d'une dérogation : *Clause dérogatoire à un contrat.*

déroger v.t. ind. (du lat. *rogare,* demander) [conj. 17]. **[à]. 1.** Dans la langue juridique, ne pas respecter une loi, une convention : *Elle a dérogé au secret professionnel* (**SYN.** enfreindre [sout.], transgresser, violer ; **CONTR.** obéir à, respecter). **2.** *Sout.* Manquer à un principe de conduite, à un usage : *Vous dérogez à la politesse !* (**SYN.** contrevenir à ; **CONTR.** se conformer à).

dérougir v.i. [conj. 32]. ▸ *Fam.* ***Ça ne dérougit pas,*** au Québec, l'activité, le travail ne diminuent pas.

dérouillée n.f. *Fam.* Volée de coups.

dérouiller v.t. [conj. 3]. **1.** Enlever la rouille d'un objet. **2.** *Fam.* Dégourdir, réveiller : *Dérouiller ses jambes* (**CONTR.** engourdir). *Fais des jeux de lettres, ça dérouillera ta mémoire* (**SYN.** exercer). **3.** *Fam.* Donner des coups à : *Il a dérouillé son adversaire* (**SYN.** battre, frapper). ◆ v.i. *Fam.* **1.** Souffrir vivement : *Son coup de soleil la fait dérouiller.* **2.** Recevoir des coups : *S'il t'attrape, tu vas dérouiller !*

déroulement n.m. **1.** Action de dérouler ; son résultat : *Le déroulement d'un tuyau d'incendie.* **2.** *Fig.* Développement progressif d'une action dans le temps : *Le déroulement d'un roman.*

dérouler v.t. [conj. 3]. **1.** Étendre, défaire ce qui était enroulé : *Dérouler une corde, un tuyau* (**SYN.** dévider, étaler). **2.** *Fig.* Passer en revue les phases successives d'une action : *Cette émission déroule les événements marquants du* XX*e siècle* (**SYN.** développer, offrir). ◆ **se dérouler** v.pr. Avoir lieu ; se passer : *La cérémonie s'est déroulée dans le calme. L'histoire se déroule sous la Révolution.*

dérouleur n.m. Appareil servant à dérouler des produits livrés en rouleaux.

déroutant, e adj. Qui déroute, déconcerte : *Son attitude est déroutante* (**SYN.** déconcertant, incompréhensible). *L'évolution de la situation est déroutante* (**SYN.** inattendu, surprenant).

déroute n.f. **1.** Fuite en désordre d'une troupe vaincue : *L'armée ennemie est en déroute* (**SYN.** débâcle, débandade). **2.** *Fig.* Situation catastrophique ; faillite : *La déroute d'une grande entreprise* (**SYN.** déconfiture).

dérouter v.t. [conj. 3]. **1.** Faire changer de route, de destination : *Dérouter un train vers une autre gare.* **2.** Mettre qqn dans l'embarras, dans l'incertitude : *La question du journaliste l'a dérouté* (**SYN.** déconcerter, décontenancer, désorienter).

derrick n.m. (mot angl. signif. « potence », de *Derrick,* nom d'un bourreau). Charpente en métal supportant l'appareil de forage d'un puits de pétrole ; tour de forage.

① **derrière** prép. (lat. *de* et *retro,* en arrière). **1.** Indique une situation, un lieu qui se trouvent dans le dos d'une personne ou d'une chose (par opp. à devant) : *Elle avait les mains liées derrière le dos. Le tableau qui est derrière vous date du* XVI*e siècle. La mairie se trouve derrière la poste.* **2.** Indique le rang qui suit ; à la suite de : *Les visiteurs marchent derrière le guide.* **3.** Indique que qqch est situé au-delà de ce qui est montré : *Derrière son apparente timidité se cache une volonté de fer* (**SYN.** sous). ▸ ***Avoir une idée derrière la tête,*** avoir une pensée qu'on n'énonce pas mais qui transparaît. ◆ adv. **1.** Du côté opposé à l'avant : *Tu vois l'hypermarché ? Le cinéma est derrière.* **2.** En arrière ; au deuxième rang : *Pour la photo, les grands se placent derrière.*

② **derrière** n.m. (de *1. derrière*). **1.** Partie postérieure de qqch (par opp. à devant) : *Le derrière de la voiture est cabossé.* **2.** Partie postérieure de l'homme ou d'un animal comprenant les fesses : *Tomber sur le derrière.*

◆ **de derrière** loc. adj. À l'arrière de qqch, du corps : *Le chien se dresse sur ses pattes de derrière* (**SYN.** arrière).

derviche n.m. (persan *darwich*, pauvre). Membre d'une confrérie mystique musulmane : *Derviches tourneurs.*

des art. **1.** Article défini contracté pluriel (= *de les*) : *La fin des vacances. Il s'occupe de l'entretien des jardins.* **2.** Article indéfini, pluriel de *un, une* : *Inviter des amis. Acheter des pêches.* **3.** Article partitif, pluriel de 2. *de* : *Manger des céréales. Elle prend des médicaments.*

dès prép. (du lat. *de ex*, hors de). **1.** Marque le point de départ dans le temps, la postériorité immédiate de l'action principale : *Il a travaillé dès sa majorité* (= à dater de). *Dès le coup d'envoi, l'équipe alla marquer un but.* **2.** Marque le point de départ dans l'espace : *On entendait la radio dès le vestibule* (**SYN.** depuis). ◆ **dès lors** loc. adv. **1.** À partir de ce moment-là : *Ils furent embauchés en même temps ; dès lors ils furent inséparables.* **2.** En conséquence : *Elle a dépassé la vitesse limitée ; dès lors elle a perdu trois points sur son permis de conduire* (= de ce fait). ◆ **dès lors que** loc. conj. Du moment que ; puisque : *Dès lors que tu es prudent, tu peux utiliser ma voiture.* ◆ **dès que** loc. conj. Marque la postériorité immédiate de l'action principale : *Dès qu'il a su la nouvelle, il lui a téléphoné* (**SYN.** aussitôt que).

désabonner v.t. [conj. 3]. Faire cesser un abonnement : *Désabonner une personne qui ne règle pas ses factures.* ◆ **se désabonner** v.pr. Cesser son abonnement : *Elle s'est désabonnée de ce magazine.*

désabusé, e adj. et n. Qui a perdu ses illusions, son enthousiasme : *Il porte un regard désabusé sur son métier* (**SYN.** blasé, désenchanté ; **CONTR.** passionné).

désabuser v.t. [conj. 3]. *Litt.* Tirer qqn de son erreur, de ses illusions : *Votre devoir est de les désabuser* (**SYN.** détromper).

désaccord n.m. **1.** Manque d'harmonie, d'accord entre des personnes : *Le désaccord qu'il y a entre eux a gêné la négociation* (**SYN.** désunion, discorde [litt.], dissension, mésentente ; **CONTR.** entente). *Leur désaccord porte sur le partage de l'héritage* (**SYN.** différend, dispute). **2.** Fait d'être en opposition ; contradiction : *Son témoignage est en désaccord avec le vôtre* (**SYN.** discordance, divergence ; **CONTR.** harmonie).

désaccorder v.t. [conj. 3]. Détruire l'accord d'un instrument de musique : *Désaccorder une guitare.*

désaccoutumance n.f. Action de se désaccoutumer ; son résultat : *Le changement d'activité aide à la désaccoutumance* (**CONTR.** accoutumance).

désaccoutumer v.t. [conj. 3]. *Sout.* Faire perdre une habitude à qqn : *Elle veut désaccoutumer son enfant de sucer son pouce* (**SYN.** déshabituer ; **CONTR.** accoutumer, habituer). ◆ **se désaccoutumer** v.pr. **[de].** Se défaire d'une habitude : *Il boit du thé pour se désaccoutumer du café* (**SYN.** se déshabituer ; **CONTR.** s'accoutumer, s'habituer).

désacralisation [desakralizasjɔ̃] n.f. Action de désacraliser ; son résultat : *La désacralisation du mariage* (**CONTR.** sacralisation).

désacraliser [desakralize] v.t. [conj. 3]. Retirer son caractère sacré à qqn, à qqch : *Désacraliser le jargon administratif* (**CONTR.** sacraliser).

désaffectation n.f. Action de désaffecter.

désaffecter v.t. [conj. 4]. Modifier l'usage qui était fait d'un édifice, d'un local ; lui ôter son affectation première : *Les musiciens répètent dans un bar désaffecté.*

désaffection n.f. Perte progressive de l'affection, de l'intérêt que l'on éprouvait : *Éviter la désaffection des jeunes à l'égard de la politique* (**SYN.** désintérêt, détachement ; **CONTR.** attirance, intérêt).

désagréable adj. **1.** Qui déplaît, cause une impression pénible ; ennuyeux, fâcheux : *Un bruit désagréable* (**SYN.** gênant, incommodant ; **CONTR.** agréable, plaisant). *Il m'est désagréable de te dire cela* (**SYN.** pénible). **2.** Qui se comporte de manière déplaisante : *Ce serveur est désagréable* (**SYN.** antipathique, désobligeant ; **CONTR.** aimable, charmant).

désagréablement adv. De façon désagréable : *Il fut désagréablement surpris de la voir* (**SYN.** péniblement ; **CONTR.** agréablement).

désagrégation n.f. Séparation des parties dont l'assemblage constitue un tout : *La désagrégation d'une roche* (**SYN.** décomposition). *La désagrégation d'un groupe* (**SYN.** dislocation, division).

désagréger v.t. [conj. 22]. Produire la désagrégation de : *Le gel a désagrégé la roche* (**SYN.** désintégrer, pulvériser ; **CONTR.** agréger). ◆ **se désagréger** v.pr. Se décomposer, se dissocier : *Le satellite s'est désagrégé dans l'espace* (**SYN.** se disloquer). *Le groupe s'est désagrégé* (**SYN.** se diviser, s'effriter, se scinder).

désagrément n.m. **1.** Sentiment désagréable causé par ce qui déplaît : *Il a eu le désagrément de voir sa candidature refusée* (**SYN.** contrariété, déplaisir ; **CONTR.** plaisir, satisfaction). **2.** Sujet de contrariété : *Cet article mensonger lui a causé des désagréments* (**SYN.** ennui, souci, tracas).

désaimanter v.t. [conj. 3]. Supprimer l'aimantation de.

désalpe n.f. En Suisse, descente de l'alpage.

désaltérant, e adj. Propre à désaltérer, à étancher la soif : *Une boisson désaltérante.*

désaltérer v.t. [conj. 18]. Apaiser la soif : *Le citron pressé désaltère.* ◆ **se désaltérer** v.pr. Apaiser sa soif en buvant : *Elle s'est désaltérée avec un grand verre d'eau.*

désamiantage n.m. Opération consistant à retirer les flocages contenant de l'amiante.

désamianter v.t. [conj. 3]. Procéder au désamiantage de : *Désamianter un atelier.*

désamorçage n.m. Action de désamorcer : *Le désamorçage d'une bombe.*

désamorcer v.t. [conj. 16]. **1.** Ôter l'amorce d'une munition afin de la rendre inoffensive : *Désamorcer un obus.* **2.** Interrompre le fonctionnement d'un appareil, d'une machine : *Désamorcer une pompe.* **3.** *Fig.* Empêcher qqch de dangereux de se développer : *Le ministre désamorça le conflit.*

désamour n.m. *Litt.* Cessation de l'amour pour qqn, de l'intérêt pour qqch.

désannoncer v.t. [conj. 16]. À la radio, donner le

nom du morceau de musique que l'on vient de diffuser (par opp. à annoncer).

désapparier v.t. → **déparier.**

désappointé, e adj. (de l'angl. *disappointed*, déçu). Qui manifeste de la déception : *Elle s'est rassise, très désappointée* (**SYN.** déçu, dépité).

désappointement n.m. État d'une personne désappointée ; déception : *Quel désappointement quand il sut qu'il n'était pas engagé !* (**SYN.** déconvenue, désenchantement ; **CONTR.** joie, satisfaction).

désappointer v.t. [conj. 3]. Tromper l'attente, les espérances de qqn ; décevoir : *Les résultats de l'expérience ont désappointé le chercheur* (**CONTR.** réjouir).

désapprendre v.t. [conj. 79]. *Sout.* Oublier ce que l'on avait appris : *Il a désappris le chinois.*

désapprobateur, trice adj. Qui désapprouve ; qui marque la désapprobation : *Elle lui adressa un regard désapprobateur.*

désapprobation n.f. Action de désapprouver : *Le public manifesta sa désapprobation par des huées* (**SYN.** désaveu, mécontentement, opposition, réprobation ; **CONTR.** approbation, satisfaction).

désapprouver v.t. [conj. 3]. Porter un jugement défavorable sur ; faire connaître son opposition à : *Nous désapprouvons ce comportement* (**SYN.** blâmer, réprouver ; **CONTR.** approuver, soutenir). *Le Président désapprouve l'action du Premier ministre* (**SYN.** désavouer).

désarçonner v.t. [conj. 3]. **1.** Faire tomber de cheval (**SYN.** démonter). **2.** Mettre dans l'embarras, dans l'impossibilité de répondre : *Le revirement du témoin désarçonna l'avocat* (**SYN.** déconcerter, décontenancer, dérouter).

désarêter v.t. [conj. 4]. Enlever les arêtes d'un poisson avant de le servir.

désargenté, e adj. *Fam.* Qui n'a plus d'argent : *Il est désargenté un mois sur deux* (**SYN.** gêné, impécunieux [litt.] ; **CONTR.** fortuné, riche).

désargenter v.t. [conj. 3]. Enlever l'argenture d'un objet.

désarmant, e adj. Qui décourage toute attaque, toute critique : *La gentillesse de cette femme est désarmante.*

désarmement n.m. **1.** Action de désarmer ; son résultat : *Le désarmement des terroristes.* **2.** Action concertée visant à limiter, à supprimer ou à interdire la fabrication ou l'emploi de certaines armes : *Les négociations sur le désarmement.*

désarmer v.t. [conj. 3]. **1.** Enlever son arme, ses armes à qqn : *La police a désarmé le malfaiteur* (**CONTR.** armer). **2.** Détendre le ressort de percussion d'une arme à feu, pour la rendre inoffensive : *Désarmer un fusil.* **3.** *Fig.* Faire cesser un sentiment violent : *L'accueil de son adversaire politique l'a désarmé* (**SYN.** fléchir, toucher). **4.** Dégarnir un navire de son matériel et donner congé à son équipage. ◆ v.i. Réduire ses armements : *Certains pays n'acceptent pas de désarmer.* ▸ ***Ne pas désarmer,*** ne pas s'apaiser, en parlant d'un sentiment violent ou hostile : *Malgré les excuses du journaliste, sa colère ne désarme pas* ; ne pas renoncer à une activité ; continuer : *Malgré sa fatigue, elle ne désarme pas.*

désarroi n.m. (de l'anc. fr. *désarroyer*, mettre en désordre). État d'une personne profondément troublée ; angoisse : *Le désarroi d'un enfant qui vient d'être racketté* (**SYN.** détresse, égarement, émotion).

désarticuler v.t. [conj. 3]. En médecine, amputer un membre au niveau d'une articulation. ◆ **se désarticuler** v.pr. Réussir, à force d'assouplissement, à plier les articulations de son corps en tous sens : *La contorsionniste se désarticule.*

désassembler v.t. [conj. 3]. Séparer les pièces composant un assemblage ; disjoindre : *Désassembler les pièces d'un puzzle* (**SYN.** démonter, désunir, disloquer ; **CONTR.** assembler, réunir).

désassorti, e adj. **1.** Qui forme avec d'autres une série incomplète : *Des couverts désassortis* (**SYN.** dépareillé). **2.** Qui n'est pas en accord, en harmonie : *Un couple désassorti* (**CONTR.** assorti). **3.** Dégarni de marchandises : *Le rayon des pâtes est désassorti.*

désastre n.m. (de l'it. *disastrato*, né sous une mauvaise étoile). **1.** Événement funeste qui a des conséquences graves : *Ces inondations furent un désastre pour les habitants* (**SYN.** calamité, catastrophe, tragédie ; **CONTR.** aubaine, chance). **2.** Échec total ; débâcle : *L'entreprise veut éviter un désastre financier* (**SYN.** faillite, ruine). **3.** *Fam.* Chose déplorable : *Son discours a été un désastre.*

désastreux, euse adj. Qui constitue un désastre ou qui en a le caractère : *Les conditions de vie de la population sont désastreuses* (**SYN.** déplorable, dramatique). *Ce nouvel échec est désastreux pour le moral de l'équipe* (**SYN.** catastrophique, fatal).

désavantage n.m. Ce qui cause une infériorité, un inconvénient, un préjudice : *Son élocution trop rapide est un désavantage* (**SYN.** handicap ; **CONTR.** avantage, privilège). *Chaque profession a des désavantages* (**SYN.** désagrément ; **CONTR.** agrément).

désavantager v.t. [conj. 17]. Faire subir un désavantage à : *Son manque de connaissances en informatique le désavantage* (**SYN.** handicaper, léser ; **CONTR.** avantager). *Ce partage le désavantage* (**SYN.** défavoriser ; **CONTR.** favoriser, privilégier).

désavantageux, euse adj. Qui cause, peut causer un désavantage : *Les nouveaux horaires sont désavantageux pour les employés qui habitent loin* (**SYN.** défavorable ; **CONTR.** avantageux, intéressant).

désaveu n.m. (pl. *désaveux*). **1.** Déclaration ou action par laquelle qqn renie, désavoue ce qu'il a dit ou fait : *Son désaveu amène les jurés à douter* (**SYN.** démenti, retournement, rétractation ; **CONTR.** aveu). **2.** Refus d'approuver ou de continuer d'approuver qqn, qqch : *Le désaveu de ses collaborateurs l'a contraint à démissionner* (**SYN.** condamnation, désapprobation ; **CONTR.** soutien).

désavouer v.t. [conj. 6]. **1.** Refuser de reconnaître comme sien : *Désavouer ses écrits de jeunesse* (**SYN.** renier, répudier [litt.]). **2.** Revenir sur ce qu'on a dit ou fait : *Désavouer un témoignage* (**SYN.** se dédire, se rétracter ; **CONTR.** confirmer). **3.** Déclarer qu'on n'a pas autorisé qqn à faire ce qu'il fait : *Le président a désavoué le ministre* (**SYN.** condamner). **4.** Cesser de soutenir qqn, son action : *Les habitants ont désavoué leur maire* (**CONTR.** cautionner).

désaxé, e adj. Sorti de son axe : *Roue désaxée.*

◆ adj. et n. Qui souffre de déséquilibre mental : *Une personne désaxée* (**SYN.** déséquilibré).

descellement n.m. Action de desceller : *Le descellement d'une grille* (**CONTR.** scellement).

desceller v.t. [conj. 4]. Défaire ce qui est scellé, fixé : *Desceller l'évier d'une cuisine* (**CONTR.** sceller). ☞ **REM.** Ne pas confondre avec *déceler* ou *desseller.*

descendance n.f. **1.** Fait de tirer son origine familiale de qqn ; filiation, parenté : *Elle est de descendance auvergnate* (**SYN.** origine). **2.** Ensemble de ceux qui sont issus de qqn (par opp. à ascendance) : *Cet acteur laisse une nombreuse descendance* (**SYN.** lignée, postérité).

① **descendant, e** adj. Qui descend : *Marée descendante* (**CONTR.** montant).

② **descendant, e** n. Personne considérée par rapport à ceux dont elle est issue (par opp. à ascendant) : *Il est le descendant d'une famille de musiciens.*

descendre v.i. (lat. *descendere*) [conj. 73]. **1.** Se transporter en un lieu moins élevé ; aller de haut en bas (par opp. à monter) : *Descendre au sous-sol d'un immeuble. Le spéléologue est descendu dans le gouffre.* **2.** Se rendre en un lieu géographique situé plus au sud ou considéré comme moins central : *Ce Lyonnais descend à Marseille.* **3. [de].** Sortir d'un véhicule : *L'auto-stoppeur descendit de la voiture.* **4.** Séjourner quelque temps : *Je descends chez mon frère pendant les vacances* (**SYN.** loger, résider). **5.** Pénétrer brusquement ; faire irruption : *La police est descendue dans le casino.* **6. [de].** Tirer son origine, être issu : *Il descend d'une famille noble* (**SYN.** venir de). **7.** Être en pente : *Ce chemin descend jusqu'au village* (**CONTR.** grimper, monter). **8.** Baisser de niveau : *La marée descend.* **9.** Atteindre telle profondeur ; s'étendre de haut en bas jusqu'à tel point : *Le plongeur est descendu à 100 mètres. Ses cheveux descendent jusqu'à sa taille.* **10.** Atteindre un niveau, un degré inférieur : *Le taux d'audience de cette émission descend* (**SYN.** chuter ; **CONTR.** s'élever). *Le taux d'intérêt est descendu* (**SYN.** baisser, diminuer ; **CONTR.** augmenter). ▸ ***Descendre dans la rue,*** manifester sur la voie publique : *Les infirmières sont descendues dans la rue.* ◆ v.t. **1.** Parcourir de haut en bas, suivre le cours de : *La skieuse a descendu la piste. Le canoë descend la rivière.* **2.** Déplacer vers le bas : *Descendre une malle du grenier.* **3.** *Fam.* Faire tomber : *Descendre un avion ennemi* (**SYN.** abattre). **4.** *Fam.* Tuer qqn avec une arme à feu : *Le truand a descendu son complice.* **5.** *Fam.* Boire en entier : *Ils ont descendu une bouteille de vin.* ▸ *Fam.* ***Descendre en flammes,*** critiquer violemment : *Les critiques ont descendu ce film en flammes* (**SYN.** stigmatiser ; **CONTR.** applaudir à).

descente n.f. **1.** Action de descendre, d'aller de haut en bas : *Une descente en parapente. Attacher sa ceinture pendant la descente de l'avion.* **2.** Pente d'un chemin, d'une route, etc. ; endroit par lequel on descend : *Il s'est foulé la cheville dans la descente* (**CONTR.** 2. côte, montée). **3.** Épreuve de vitesse de ski alpin, de V.T.T., etc., sur un parcours en forte pente. **4.** Action de porter à un endroit plus bas : *La descente des vélos à la cave.* **5.** En Afrique, fin de la journée de travail. ▸ ***Descente de lit,*** petit tapis placé au bas du lit. ***Descente de police,*** opération surprise dans un lieu pour vérification d'identité ou enquête.

déscolariser v.t. [conj. 3]. Retirer de l'école un enfant d'âge scolaire (**CONTR.** scolariser).

descriptif, ive adj. (du lat. *descriptus,* décrit). Qui a pour objet de décrire : *Un schéma descriptif.* ◆ **descriptif** n.m. Document qui donne une description à l'aide de plans, de schémas : *Ils nous ont envoyé un descriptif de l'appartement.*

description n.f. Action de décrire ; développement qui décrit : *Faire la description de son agresseur* (**SYN.** portrait, signalement). *Une description de la vie des paysans au XVIIIe siècle* (**SYN.** fresque, peinture, tableau).

desdits, desdites adj. → **dudit.**

désectoriser [desɛktɔrize] v.t. [conj. 3]. Modifier la répartition de qqch en plusieurs secteurs géographiques : *Désectoriser des collèges* (**CONTR.** sectoriser).

désembourber v.t. [conj. 3]. Faire sortir de la boue, de la vase : *Désembourber une voiture* (**CONTR.** embourber, enliser).

désembouteiller v.t. [conj. 4]. Faire cesser un embouteillage : *Ce rond-point permet de désembouteiller la nationale* (**SYN.** désengorger ; **CONTR.** embouteiller, engorger).

désembuage n.m. Action de faire disparaître la buée sur une vitre.

désembuer v.t. [conj. 7]. Faire disparaître la buée : *Désembuer les vitres de sa voiture* (**CONTR.** embuer).

désemparé, e adj. Qui ne sait comment agir ; décontenancé : *Le maire est désemparé face à l'augmentation de la délinquance.*

désemparer v.i. (de l'anc. fr. *emparer,* fortifier) [conj. 3]. ▸ ***Sans désemparer,*** sans interruption ; avec persévérance : *Elle a argumenté sans désemparer jusqu'à ce que chacun soit convaincu.*

désemplir v.i. [conj. 32]. ▸ ***Ne pas désemplir,*** être toujours plein : *Ce cinéma ne désemplit pas.*

désencadrer v.t. [conj. 3]. Libérer d'une réglementation contraignante, restrictive : *Désencadrer le crédit.*

désenchanté, e adj. Qui a perdu ses illusions ; qui manifeste du désenchantement : *Un enseignant désenchanté* (**SYN.** désabusé ; **CONTR.** enthousiaste). *Un sourire désenchanté* (**SYN.** dépité ; **CONTR.** enchanté).

désenchantement n.m. Fait d'avoir perdu ses illusions : *Ce militant a connu des désenchantements* (**SYN.** déception, déconvenue, désillusion ; **CONTR.** espoir).

désenclaver v.t. [conj. 3]. Rompre l'isolement d'une région, d'une ville sur le plan économique.

désencombrer v.t. [conj. 3]. Enlever ce qui embarrasse un lieu, qqch : *Désencombrer le garage* (**SYN.** débarrasser, déblayer ; **CONTR.** encombrer).

désencrer v.t. [conj. 3]. Ôter l'encre du papier à recycler.

désendettement n.m. Fait de liquider ses dettes : *Le désendettement d'un pays* (**CONTR.** endettement).

se **désendetter** v.pr. [conj. 3]. Liquider ses dettes.

désenfler v.t. [conj. 3]. Faire diminuer ou disparaître un gonflement : *Désenfler un abcès avec des compresses.* ◆ v.i. Diminuer de volume, devenir moins enflé : *Sa cheville désenfle* (**SYN.** dégonfler ; **CONTR.** enfler, gonfler).

désenfumage n.m. Action de désenfumer.

désenfumer v.t. [conj. 3]. Faire sortir la fumée d'un

local : *Les pompiers ont désenfumé l'appartement* (CONTR. enfumer).

désengagement n.m. Action de désengager, de se désengager.

désengager v.t. [conj. 17]. Libérer d'un engagement, d'une obligation : *Nous avons essayé de le désengager de cette obligation* (CONTR. engager, pousser). ◆ **se désengager** v.pr. Faire cesser son engagement : *L'État s'est désengagé au profit du secteur privé.*

désengorger v.t. [conj. 17]. Déboucher ce qui est engorgé, obstrué : *Une déviation qui désengorge le centre-ville* (SYN. désembouteiller ; CONTR. embouteiller).

désennuyer v.t. [conj. 14]. *Litt.* Faire disparaître l'ennui : *Ce film m'a désennuyé* (SYN. distraire, divertir ; CONTR. ennuyer).

désensabler v.t. [conj. 3]. Dégager ce qui est bloqué dans le sable : *Désensabler une barque, les roues d'une moto* (CONTR. enliser, ensabler).

désensibilisation [desɑ̃sibilizasjɔ̃] n.f. En médecine, traitement supprimant les réactions allergiques de l'organisme à l'égard de certaines substances : *Une désensibilisation aux acariens.*

désensibiliser [desɑ̃sibilize] v.t. [conj. 3]. **1.** Rendre moins sensible à qqch : *L'excès d'images a désensibilisé les gens à ce problème.* **2.** Pratiquer une désensibilisation sur qqn (CONTR. sensibiliser). ◆ **se désensibiliser** v.pr. Devenir moins sensible à qqch ; s'y intéresser moins : *Ne pas laisser l'opinion publique se désensibiliser.*

désensorceler v.t. [conj. 24]. Délivrer de l'ensorcellement.

désentraver v.t. [conj. 3]. Délivrer de ses entraves : *Désentraver un cheval* (CONTR. entraver).

désépaissir v.t. [conj. 32]. Rendre moins épais : *La coiffeuse a désépaissi ma frange* (SYN. éclaircir). *Essaie de désépaissir la sauce* (SYN. allonger ; CONTR. épaissir).

déséquilibre n.m. **1.** Absence d'équilibre : *Attention, l'échelle est en déséquilibre* (SYN. instabilité ; CONTR. stabilité). **2.** Manque d'équilibre mental.

déséquilibré, e adj. Qui manque d'équilibre : *Une pile d'assiettes déséquilibrée* (SYN. instable ; CONTR. stable). ◆ adj. et n. Atteint de troubles mentaux ; désaxé.

déséquilibrer v.t. [conj. 3]. **1.** Faire perdre son équilibre à : *Un croche-pied l'a déséquilibré.* **2.** Perturber profondément ; déprimer : *Son veuvage l'a déséquilibrée* (SYN. désorienter).

① **désert, e** adj. (lat. *desertus,* abandonné). **1.** Qui n'est pas habité : *Depuis la guerre, cette île est déserte* (SYN. inhabité ; CONTR. habité). **2.** Se dit d'un lieu où il y a peu de passage, peu fréquenté : *Une rue déserte le soir* (SYN. vide ; CONTR. passant). *Un cinéma désert* (CONTR. plein).

② **désert** n.m. (lat. *desertum*). **1.** Région très sèche, où la densité de population est très faible et où la végétation est extrêmement pauvre : *Le désert du Sahara.* **2.** Lieu inhabité, vide ou peu fréquenté : *Ce village est un désert.*

déserter v.t. [conj. 3]. **1.** Quitter un lieu ; ne plus s'y rendre : *Le besoin de gagner leur vie les pousse à déserter leurs villages* (SYN. abandonner). **2.** Ne plus assurer une fonction : *Il déserte son poste d'entraîneur.* **3.** *Sout.* Quitter, trahir : *Elle a déserté son parti* (SYN. renier). ◆ v.i. Quitter son corps ou son poste sans autorisation, en parlant d'un militaire.

déserteur n.m. **1.** Militaire qui a déserté. **2.** *Sout.* Personne qui abandonne un parti, une cause.

désertification ou **désertisation** n.f. En géographie, transformation d'une région en désert.

se **désertifier** v.pr. [conj. 9]. **1.** En géographie, se transformer en désert. **2.** Se dépeupler : *Les campagnes se sont désertifiées.*

désertion n.f. **1.** Fait pour un militaire de déserter. **2.** Action d'abandonner ses fonctions, de renier une cause : *L'absence du maire en cette occasion passe pour une désertion* (SYN. défection).

désertique adj. Relatif au désert ; caractéristique du désert : *Un sol désertique* (SYN. aride ; CONTR. humide).

désescalade n.f. **1.** Diminution progressive de la menace et de la tension d'un conflit militaire ou social (CONTR. escalade, montée). **2.** Diminution progressive du niveau élevé atteint par qqch : *La désescalade des prix du pétrole.*

désespérance n.f. *Sout.* État d'une personne qui n'a plus d'espoir : *La désespérance d'un chômeur de longue durée* (SYN. désespoir).

désespérant, e adj. **1.** Qui désespère ; qui contrarie, chagrine : *La situation économique du pays est désespérante* (SYN. décourageant, désolant ; CONTR. encourageant). **2.** Qui décourage l'émulation : *Sa capacité de travail est désespérante* (SYN. imbattable, insurpassable).

désespéré, e adj. et n. Qui manifeste du désespoir : *Elle regarda le juge d'un air désespéré. La désespérée a tenté de mettre fin à ses jours.* ◆ adj. **1.** Qui ne laisse plus d'espoir : *Son état de santé est désespéré.* **2.** Qui se fait en dernier recours ; extrême : *L'athlète fit une tentative désespérée pour rattraper le champion dans les derniers mètres* (SYN. suprême).

désespérément adv. De façon désespérée : *Il cherche désespérément un commanditaire.*

désespérer v.t. [conj. 18]. **1.** Faire perdre l'espoir à ; décourager, contrarier : *Son échec au concours le désespère* (SYN. démoraliser, démotiver ; CONTR. encourager, motiver, stimuler). **2.** Ne plus espérer que : *Elle désespère qu'il lui écrive.* ◆ v.i. Perdre courage ; cesser d'espérer : *Le capitaine de l'équipe n'a jamais désespéré.* ◆ v.t. ind. **[de].** Ne rien attendre de qqn, de qqch : *Les salariés désespèrent de leurs délégués* (CONTR. compter sur). *Je désespère de les convaincre. Il ne faut pas désespérer du monde.* ◆ **se désespérer** v.pr. S'abandonner au désespoir : *Ne te désespère pas, tu réussiras. Je me désespère de t'avoir contrariée* (SYN. se désoler ; CONTR. se réjouir).

désespoir n.m. **1.** Manque d'espoir ; abattement profond : *Dans un moment de désespoir, il songea à tout abandonner* (SYN. abattement, découragement, détresse ; CONTR. confiance, espoir). **2.** Personne, chose qui désespère qqn : *Ce garçon est le désespoir de sa famille. Le fait d'avoir arrêté la danse est son plus grand désespoir* (SYN. désolation, regret ; CONTR. joie, satisfaction). ▸ ***En désespoir de cause,*** faute de pouvoir recourir à un autre moyen : *En désespoir de cause, elle décida de s'adresser au maire.* ***Être au désespoir de,*** être désespéré de ; regretter vivement : *Je suis au désespoir d'avoir manqué votre soirée.*

déshabillage n.m. Action de déshabiller, de se

déshabiller : *Le déshabillage d'un mannequin* (**CONTR.** habillage).

déshabillé n.m. Vêtement d'intérieur léger porté par les femmes : *Un déshabillé en soie* (**SYN.** négligé).

déshabiller v.t. [conj. 3]. **1.** Ôter à qqn ses vêtements : *Déshabiller un bébé* (**SYN.** dévêtir ; **CONTR.** habiller, vêtir). **2.** Enlever l'ornement, le revêtement de ; dégarnir : *Déshabiller un fauteuil.* ▸ ***Déshabiller qqn du regard,*** le regarder de manière indiscrète, en l'imaginant nu. ◆ **se déshabiller** v.pr. Enlever ses vêtements : *Elle s'est déshabillée derrière le paravent* (**SYN.** se dénuder, se dévêtir ; **CONTR.** s'habiller, se vêtir).

déshabituer v.t. [conj. 7]. Faire perdre une habitude à qqn : *Déshabituer un enfant de manger avec les mains* (**SYN.** désaccoutumer [sout.] ; **CONTR.** accoutumer, habituer). ◆ **se déshabituer** v.pr. **[de].** Perdre une habitude ; se défaire de l'habitude de : *Elle s'est déshabituée de fumer* (**SYN.** se désaccoutumer ; **CONTR.** s'accoutumer, s'habituer).

désherbage n.m. Action de désherber.

désherbant, e adj. et n.m. Se dit d'un produit qui détruit les mauvaises herbes : *N'utilisez pas trop de désherbant.*

désherber v.t. [conj. 3]. Enlever les mauvaises herbes : *Désherber l'allée du jardin.*

déshérence [dezerɑ̃s] n.f. (du lat. *heres,* héritier). Dans la langue juridique, absence d'héritiers pour recueillir une succession : *Propriété qui tombe en déshérence.*

déshérité, e adj. et n. **1.** Qui est privé de son héritage. **2.** *Litt.* Dépourvu de dons naturels ou de biens matériels : *Une région déshéritée* (**SYN.** défavorisé, pauvre, stérile ; **CONTR.** fertile, riche). *Une association qui aide les déshérités* (**SYN.** démuni, indigent, nécessiteux ; **CONTR.** riche).

déshériter v.t. [conj. 3]. **1.** Priver qqn d'héritage : *Il a déshérité sa femme.* **2.** *Litt.* Priver de dons naturels : *La nature l'a déshéritée* (**SYN.** défavoriser, désavantager ; **CONTR.** avantager, privilégier).

déshonnête adj. *Sout.* Qui est contraire à la morale, à la pudeur : *Des paroles déshonnêtes* (**SYN.** inconvenant, indécent ; **CONTR.** convenable, décent).

déshonneur n.m. État d'une personne déshonorée ; déconsidération, opprobre : *Le déshonneur d'un militaire dégradé* (**SYN.** flétrissure ; **CONTR.** honneur).

déshonorant, e adj. Qui déshonore : *Un discours déshonorant* (**SYN.** avilissant, dégradant, infamant).

déshonorer v.t. [conj. 3]. **1.** Porter atteinte à l'honneur de : *Ces propos te déshonorent* (**SYN.** discréditer). *Il déshonore le nom de son ancêtre* (**SYN.** entacher [sout.], salir ; **CONTR.** glorifier, honorer). **2.** Dégrader l'aspect de : *Ces pylônes déshonorent le paysage* (**SYN.** gâter ; **CONTR.** embellir). ◆ **se déshonorer** v.pr. Perdre son honneur ; commettre une action qui porte atteinte à l'honneur, qui avilit : *Elle s'est déshonorée en s'alliant à ce parti* (**SYN.** se discréditer).

déshumanisation n.f. Action de déshumaniser ; fait d'être déshumanisé : *La déshumanisation de la société* (**CONTR.** humanisation).

déshumaniser v.t. [conj. 3]. Faire perdre tout caractère humain à : *La guerre les a déshumanisés* (**CONTR.** humaniser).

déshydratation n.f. Action de déshydrater ; fait d'être déshydraté : *La déshydratation de la peau* (**SYN.** dessèchement ; **CONTR.** hydratation).

déshydrater v.t. [conj. 3]. **1.** Priver un corps de tout ou partie de l'eau qu'il renferme ; lyophiliser : *Déshydrater un fruit* (**SYN.** dessécher). **2.** Faire perdre à un organisme, à la peau de sa teneur en eau : *Le grand soleil déshydrate votre peau* (**CONTR.** hydrater). ◆ **se déshydrater** v.pr. Perdre de sa teneur en eau, en parlant de l'organisme, de la peau : *Votre peau s'est déshydratée pendant l'hiver* (**SYN.** se dessécher).

desiderata [deziderata] n.m. pl. (mot lat. signif. « choses désirées »). Ce qui manque, ce que l'on désire : *Les habitants font part de leurs desiderata au maire* (**SYN.** désirs, revendications, souhaits).

design [dizajn] n.m. (mot angl. signif. « dessin, esquisse »). **1.** Discipline visant à la création d'objets, d'environnements, d'œuvres graphiques, etc., à la fois fonctionnels, esthétiques et conformes aux impératifs d'une production industrielle ; stylique. **2.** Ensemble des objets créés selon ces critères : *Meubler son bureau avec du design.* ◆ adj. inv. Créé, conçu selon les critères du design : *Des fauteuils design.*

désignation n.f. **1.** Action de désigner : *La désignation de son successeur* (**SYN.** choix, nomination). **2.** Ce qui désigne ; nom : *Je connais cette fleur sous une autre désignation* (**SYN.** appellation, dénomination).

designer [dizajnœr] n.m. Spécialiste du design ; stylicien.

désigner v.t. (du lat. *signum,* signe) [conj. 3]. **1.** Attirer l'attention sur qqn, qqch : *Elle désigna le voleur* (**SYN.** montrer). *Le guide désigne les œuvres les plus célèbres* (**SYN.** indiquer). **2.** Représenter par le langage ou par un symbole : *Le mot « plan » désigne des choses très différentes* (**SYN.** signifier). *Sur la carte, les flèches désignent les exportations* (**SYN.** symboliser). **3.** Destiner à un poste, à une mission : *L'assureur désignera un expert* (**SYN.** nommer). *Elle a désigné son successeur* (**SYN.** choisir).

désillusion n.f. Perte d'une illusion, d'un espoir : *Cet entretien a été pour lui une désillusion* (**SYN.** déception, désappointement, désenchantement ; **CONTR.** enchantement).

désillusionner v.t. [conj. 3]. Faire perdre ses illusions à qqn ; détromper : *Son stage dans l'entreprise l'a désillusionné* (**SYN.** décevoir, désappointer, désenchanter ; **CONTR.** enchanter, ravir).

désincarcération n.f. Action de désincarcérer.

désincarcérer v.t. [conj. 18]. Dégager d'un véhicule accidenté une personne bloquée à l'intérieur : *Les pompiers ont désincarcéré les deux passagers* (**SYN.** extraire).

désincarné, e adj. **1.** Dans le langage religieux, qui est séparé du corps, de son enveloppe charnelle : *Âme désincarnée.* **2.** *Fig.* Éloigné, détaché de la réalité : *Une théorie désincarnée* (**SYN.** irréaliste).

désinence n.f. (du lat. *desinere,* finir). En grammaire, élément qui s'ajoute à la fin d'un mot pour constituer les formes de la conjugaison d'un verbe ou de la déclinaison d'un nom, d'un adjectif (par opp. à radical) : *Les désinences du présent de l'indicatif* (**SYN.** terminaison). *Dans « chantons », « chant- » est le radical, et « -ons », la désinence.*

désinfectant, e adj. et n.m. Se dit d'une substance,

d'un produit propre à désinfecter : *Appliquer un désinfectant sur une écorchure* (**SYN.** antiseptique).

désinfecter v.t. [conj. 4]. Détruire les micro-organismes d'un objet, d'un lieu, d'une plaie : *Désinfecter un lavabo avec de l'eau de Javel.*

désinfection n.f. Action de désinfecter.

désinflation n.f. En économie, atténuation de la hausse générale des prix.

désinformation n.f. Action de désinformer ; son résultat.

désinformer v.t. [conj. 3]. Diffuser des informations fausses ou donner une vision déformée de la réalité, en minimisant l'importance d'un événement ou en exagérant sa portée.

désinsectisation n.f. Action de désinsectiser ; résultat de cette action.

désinsectiser v.t. [conj. 3]. Détruire des insectes nuisibles : *Désinsectiser un rosier infesté de pucerons à l'aide d'un insecticide.*

désintégration n.f. Action de désintégrer, de se désintégrer ; son résultat : *La désintégration d'une roche sous l'effet du gel* (**SYN.** désagrégation). *La désintégration d'un parti politique* (**SYN.** dislocation, dissolution).

désintégrer v.t. [conj. 18]. Détruire l'unité, la cohésion d'un ensemble : *La mer désintègre peu à peu la falaise* (**SYN.** désagréger). *La corruption a désintégré ce parti* (**SYN.** diviser). ◆ **se désintégrer** v.pr. Perdre sa cohésion ; se désagréger : *Sous la violence de l'incendie, l'immeuble s'est désintégré* (**SYN.** se disloquer).

désintéressé, e adj. **1.** Qui n'agit pas par intérêt personnel ; altruiste, généreux : *Un militant désintéressé.* **2.** Qui n'est pas inspiré par l'intérêt : *Son aide est désintéressée* (**SYN.** bénévole ; **CONTR.** égoïste, intéressé).

désintéressement n.m. **1.** Fait de se désintéresser de qqn, de qqch ; désintérêt : *Son désintéressement pour la politique est récent* (**SYN.** désaffection ; **CONTR.** intérêt). **2.** Fait d'être désintéressé, de ne pas agir par intérêt personnel : *Le désintéressement d'un bénévole* (**SYN.** altruisme, dévouement ; **CONTR.** égoïsme). **3.** Action de payer ce que l'on doit à un créancier. ☞ **REM.** Ne pas confondre avec *désintérêt.*

se **désintéresser** v.pr. [conj. 4]. **[de].** Ne plus porter d'intérêt à qqn, à qqch : *Elle s'est désintéressée peu à peu de l'actualité* (**CONTR.** s'intéresser à, se passionner pour).

désintérêt n.m. Absence ou perte d'intérêt pour qqn, qqch : *Il éprouve du désintérêt pour son ancien travail* (**SYN.** désaffection, détachement, indifférence ; **CONTR.** intérêt, passion). ☞ **REM.** Ne pas confondre avec *désintéressement.*

désintoxication n.f. Action de désintoxiquer, de se désintoxiquer ; résultat de cette action : *Un toxicomane qui suit une cure de désintoxication.*

désintoxiquer v.t. [conj. 3]. **1.** Guérir qqn en faisant cesser sa dépendance vis-à-vis d'une drogue, de l'alcool ou du tabac. **2.** Débarrasser qqn, son organisme des substances toxiques qu'il est supposé renfermer ; purifier : *L'air de la mer va te désintoxiquer.* **3.** *Fig.* Libérer d'une influence psychologique, intellectuelle faisant perdre tout sens critique : *Désintoxiquer les enfants de la télévision.* ◆ **se désintoxiquer** v.pr. Se libérer d'une intoxication, de l'emprise de qqch.

désinvestir v.t. [conj. 32]. Cesser d'investir de l'argent. ◆ v.i. ou **se désinvestir** v.pr. Cesser d'être motivé pour qqch, d'y attacher une valeur affective : *Cette bénévole désinvestit* ou *se désinvestit de l'association.*

désinvestissement n.m. Action de désinvestir ; résultat de cette action.

désinvolte adj. **1.** Qui fait preuve de naturel, d'aisance : *Il a des manières désinvoltes avec son beau-père* (**SYN.** dégagé ; **CONTR.** emprunté, gauche). **2.** Qui fait preuve d'une liberté excessive : *Des propos désinvoltes* (**SYN.** impertinent, irrespectueux, irrévérencieux [litt.] ; **CONTR.** respectueux). *Elle est un peu trop désinvolte* (**SYN.** effronté, impudent, insolent ; **CONTR.** courtois, poli).

désinvolture n.f. Attitude, manières désinvoltes : *Il fait preuve de désinvolture avec ses collègues* (**SYN.** familiarité ; **CONTR.** réserve, retenue). *L'accusé répondit au président avec désinvolture* (**SYN.** effronterie, impertinence, impudence ; **CONTR.** courtoisie, politesse).

désir n.m. **1.** Action de désirer, de souhaiter qqch ; sentiment de celui qui désire : *Il a le désir d'apprendre* (**SYN.** appétit, aspiration, soif). *Le désir d'être heureux* (**SYN.** espoir, souhait, vœu). **2.** Objet désiré : *Manger une glace est mon seul désir* (**SYN.** envie). **3.** Élan physique qui pousse à l'acte sexuel. ▸ ***Prendre ses désirs pour des réalités,*** s'imaginer que l'on pourra réaliser tous ses désirs ; s'illusionner.

désirable adj. **1.** Se dit de ce que l'on peut désirer, souhaiter : *Ce gîte a tout le confort désirable* (**SYN.** souhaitable). **2.** Qui fait naître le désir sexuel : *Une personne désirable* (**SYN.** attirant, séduisant ; **CONTR.** repoussant).

désirer v.t. (lat. *desiderare*) [conj. 3]. **1.** Souhaiter la possession ou la réalisation de ; avoir envie de : *Il désire une montre. Elle désire une augmentation* (**SYN.** aspirer à, prétendre à). *Elle désire vous rencontrer* (**SYN.** brûler de). *Nous désirons qu'il réussisse* (**SYN.** espérer). **2.** Éprouver un désir sexuel à l'égard de qqn. ▸ ***Laisser à désirer,*** être médiocre, insuffisant : *La propreté du restaurant laisse à désirer.* ***Se faire désirer,*** faire attendre sa présence ; tarder : *Les comédiens se font désirer.*

désireux, euse adj. Qui éprouve le désir de ; avide de : *Elle est désireuse de réussir* (**SYN.** impatient de).

désistement n.m. Action de se désister ; abandon, renoncement.

se **désister** v.pr. (lat. *desistere,* s'abstenir) [conj. 3]. **1.** Renoncer à maintenir son inscription, sa candidature à une élection, à un concours, etc. : *Trois personnes inscrites au voyage se sont désistées. Le maire s'est désisté au profit de son premier adjoint* (**SYN.** se retirer). **2.** Renoncer à un droit, à une procédure : *Il s'est désisté de son héritage.*

désobéir v.t. ind. [conj. 32]. **[à].** **1.** Ne pas obéir à qqn : *L'enfant a désobéi à sa nourrice.* **2.** Ne pas respecter une loi, un règlement, refuser de s'y soumettre : *Il a désobéi aux consignes* (**SYN.** enfreindre [sout.], transgresser, violer ; **CONTR.** se conformer à, suivre).

désobéissance n.f. **1.** Action de désobéir à qqn ; tendance à désobéir : *La désobéissance de certains élèves* (**SYN.** indiscipline, indocilité ; **CONTR.** docilité, obéissance). **2.** Refus de se soumettre à une loi, à un règlement : *Mouvements qui appellent à la désobéissance civile* (**SYN.** insoumission, insubordination ; **CONTR.** obéissance, soumission).

désobéissant, e adj. Qui désobéit : *Un enfant désobéissant* (**SYN.** indiscipliné, indocile, rebelle, récalcitrant ; **CONTR.** discipliné, docile, obéissant).

désobligeamment adv. D'une manière désobligeante.

désobligeant, e adj. Qui désoblige : *Cette réflexion sur son strabisme est désobligeante* (**SYN.** blessant, malveillant, vexant).

désobliger v.t. [conj. 17]. *Sout.* Causer du déplaisir, de la contrariété : *En ne daignant pas la recevoir, il l'a désobligée* (**SYN.** blesser, froisser, vexer).

désobstruer v.t. [conj. 7]. Débarrasser de ce qui bouche : *Désobstruer le siphon d'un évier* (**SYN.** déboucher, désengorger ; **CONTR.** boucher, engorger, obstruer).

désocialisation [desɔsjalizasjɔ̃] n.f. Processus menant une personne, une catégorie de personnes à devenir désocialisées ; marginalisation.

désocialisé, e [desɔsjalize] adj. et n. Se dit de qqn qui n'est plus en état de participer à la vie sociale, de se conformer à ses règles et de jouir de ses avantages (**SYN.** marginal).

désodé, e [desɔde] adj. Dont on a enlevé le sodium, le sel : *Régime désodé* (= régime alimentaire excluant le sel).

désodorisant, e adj. et n.m. Se dit d'un produit diffusant un parfum destiné à masquer les mauvaises odeurs dans un local : *Un désodorisant à la lavande* (**SYN.** assainisseur). ☞ **REM.** Ne pas confondre avec *déodorant.*

désodoriser v.t. [conj. 3]. Enlever les mauvaises odeurs dans un local.

désœuvré, e adj. et n. Qui n'a pas d'activité, d'occupation : *Une personne âgée désœuvrée* (**SYN.** inoccupé, oisif ; **CONTR.** occupé). ◆ adj. Marqué par l'inactivité : *Il mène une vie désœuvrée* (**SYN.** inactif ; **CONTR.** actif).

désœuvrement n.m. État d'une personne désœuvrée : *Son désœuvrement l'empêche d'avoir des amis* (**SYN.** inaction, oisiveté ; **CONTR.** activité).

désolant, e adj. Qui désole, qui cause de la peine : *Des résultats désolants* (**SYN.** affligeant, consternant).

désolation n.f. **1.** Grand chagrin ; peine douloureuse : *La mort de sa femme l'a plongé dans la désolation* (**SYN.** affliction [sout.], désespoir ; **CONTR.** joie). **2.** Ce qui cause une grande contrariété : *Cette inondation est une désolation pour notre région.* **3.** *Litt.* État d'un lieu, d'un pays désert, aride, ravagé : *Pays de désolation.*

désolé, e adj. **1.** Qui éprouve de la contrariété ; ennuyé : *Je suis désolée, j'ai cassé ton plat* (**SYN.** contrarié ; **CONTR.** content, satisfait). **2.** *Litt.* Qui éprouve un grand chagrin ; affligé : *Je suis désolé pour lui, il méritait de réussir* (**SYN.** navré, triste ; **CONTR.** heureux, ravi). **3.** *Litt.* Se dit d'une région, d'une terre inhabitée, désertique : *Une lande désolée.*

désoler v.t. (lat. *desolare,* ravager) [conj. 3]. **1.** Causer de la contrariété : *Cette pluie me désole* (**SYN.** ennuyer, fâcher, mécontenter ; **CONTR.** combler, satisfaire). **2.** *Litt.* Causer du chagrin à ; affliger : *La mort de ce jeune homme me désole* (**SYN.** consterner, navrer, peiner ; **CONTR.** ravir, réjouir). ◆ **se désoler** v.pr. Éprouver du chagrin, de la contrariété : *Je me désole de ne pouvoir les accueillir* (**SYN.** se désespérer ; **CONTR.** se réjouir).

désolidariser [desɔlidarize] v.t. [conj. 3]. **1.** Rompre l'union, la solidarité entre des personnes : *Il cherche à désolidariser les membres de l'équipe* (**SYN.** désunir, diviser ; **CONTR.** souder, unir). **2.** Interrompre une liaison matérielle entre les parties d'un mécanisme, des objets : *En débrayant, on désolidarise le moteur de la transmission* (**SYN.** dissocier). ◆ **se désolidariser** v.pr. Cesser d'être solidaire de qqn, de qqch : *Elle s'est désolidarisée de ses collègues* ou *d'avec ses collègues* (**CONTR.** se solidariser, s'unir).

désopilant, e adj. (de l'anc. fr. *opiler,* obstruer). Qui fait beaucoup rire ; qui cause une vive gaieté : *Un spectacle désopilant* (**SYN.** comique, hilarant).

désordonné, e adj. **1.** Qui est en désordre, qui est mal rangé : *Un appartement désordonné* (**CONTR.** ordonné, rangé). **2.** Qui manque de méthode, qui n'obéit à aucune règle : *Une administration désordonnée* (**SYN.** anarchique, chaotique ; **CONTR.** cohérent, harmonieux). **3.** Qui manque d'ordre : *Son frère est désordonné* (**SYN.** brouillon ; **CONTR.** méticuleux, soigneux). ▸ *Litt.* ***Vie désordonnée,*** qui n'est pas conforme à la norme : *Elle mène une vie désordonnée* (**SYN.** déréglé, dissolu [litt.] ; **CONTR.** réglé).

désordre n.m. **1.** Manque d'ordre ; fouillis : *Quel désordre sur son bureau !* (**SYN.** fatras). **2.** *Fig.* Manque de cohérence, d'organisation : *Le désordre d'un service* (**SYN.** anarchie, désorganisation, gabegie). **3.** Manque de discipline : *Les opposants ont créé du désordre pendant la réunion* (**SYN.** agitation, effervescence ; **CONTR.** calme, tranquillité). **4.** (Souvent au pl.). Agitation politique, sociale : *Ce coup d'État provoque de graves désordres* (**SYN.** remous, troubles).

désorganisation n.f. Action de désorganiser ; trouble : *La désorganisation d'un emploi du temps* (**SYN.** perturbation).

désorganiser v.t. [conj. 3]. Déranger l'organisation de : *Ce contretemps a désorganisé nos projets* (**SYN.** bouleverser, perturber, troubler).

désorienté, e adj. **1.** Qui ne suit plus la bonne direction : *Un touriste désorienté dans une grande ville* (**SYN.** égaré, perdu). **2.** *Fig.* Qui ne sait plus quelle conduite adopter : *Un professeur désorienté par l'échec de ses élèves* (**SYN.** décontenancé, dérouté).

désorienter v.t. [conj. 3]. **1.** Faire perdre à qqn sa route, son chemin : *Cette déviation nous a désorientés* (**SYN.** égarer ; **CONTR.** orienter). **2.** *Fig.* Faire perdre à qqn son assurance : *Cette question a désorienté le candidat* (**SYN.** déconcerter, décontenancer, dérouter).

désormais adv. (de *dès, or,* maintenant, et *mais,* davantage). À partir de maintenant : *Tu sais nager, désormais tu peux aller dans le grand bassin* (**SYN.** dorénavant).

désosser v.t. [conj. 3]. **1.** Retirer les os d'une viande : *Désosser une volaille.* **2.** *Fam.* Défaire complètement chacun des éléments d'un appareil, d'un véhicule : *Désosser un transistor* (**SYN.** démonter, désassembler ; **CONTR.** remonter).

désoxyribonucléique adj. ▸ ***Acide désoxyribonucléique*** → **A.D.N.**

desperado [desperado] n.m. (mot anglo-amér., de

l'esp. *desesperado,* désespéré). Personne qui vit en marge des lois et qui est prête à s'engager dans des entreprises violentes et désespérées.

despote n.m. (gr. *despotês,* maître). Chef d'État, souverain qui s'attribue un pouvoir absolu et arbitraire ; dictateur, tyran. ◆ n. Personne qui exerce sur son entourage une domination excessive : *Leur mère est une despote.*

despotique adj. **1.** Propre au despote ; arbitraire, totalitaire : *Un pouvoir despotique* (**SYN.** autocratique, dictatorial). **2.** Qui manifeste de l'autoritarisme : *Un caractère despotique* (**SYN.** tyrannique).

despotisme n.m. **1.** Forme de gouvernement dans laquelle une seule personne détient tous les pouvoirs (**SYN.** autocratie, dictature, tyrannie). **2.** Autorité digne de celle d'un despote : *Le despotisme d'un chef de service* (**SYN.** autoritarisme).

desquamation [dɛskwamasjɔ̃] n.f. Chute des écailles chez certains animaux ou de fines lamelles de la peau chez l'homme.

desquamer v.i. ou **se desquamer** [dɛskwame] v.pr. (du lat. *squama,* écaille) [conj. 3]. **1.** Perdre ses écailles, en parlant de certains animaux : *Le serpent desquame* ou *se desquame.* **2.** En médecine, perdre des lamelles de peau : *Après la cicatrisation d'une plaie, la peau se desquame.*

desquels, desquelles pron. relat. et pron. interr. → **duquel.**

D.E.S.S. ou **DESS** [deəɛsɛs] n.m. (sigle). ▸ ***Diplôme d'études supérieures spécialisées*** → **diplôme.**

dessabler v.t. [conj. 3]. Ôter le sable de : *La mer dessable les plages de galets* (**CONTR.** ensabler).

dessaisir v.t. [conj. 32]. **1.** Retirer à qqn ce qu'il possède : *On l'a dessaisi de ses meubles* (**SYN.** déposséder). **2.** Dans le langage juridique, retirer une affaire à un tribunal. ◆ **se dessaisir** v.pr. **[de].** Se séparer volontairement de ce qu'on possède, y renoncer : *Elle s'est dessaisie de sa maison de campagne* (**SYN.** se défaire de).

dessaisissement n.m. Action de dessaisir ou de se dessaisir ; fait d'être dessaisi : *Le dessaisissement d'un tribunal* (= le dépaysement d'une affaire).

dessalement ou **dessalage** n.m. ou **dessalaison** n.f. Action de dessaler : *Le dessalement de l'eau de mer permet l'irrigation de certaines contrées.*

dessaler v.t. [conj. 3]. Débarrasser de son sel : *Dessaler une palette de porc. Dessaler l'eau de mer.* ◆ v.i. **1.** Perdre de son sel : *La morue doit dessaler.* **2.** *Fam.* Chavirer, en parlant d'un voilier, de son équipage.

dessaouler v.t. et v.i. → **dessoûler.**

desséchant, e adj. Qui dessèche : *Le sirocco est un vent desséchant* (**CONTR.** hydratant).

dessèchement n.m. Action de dessécher ; état de ce qui est desséché : *Le dessèchement de la peau* (**SYN.** déshydratation ; **CONTR.** hydratation).

dessécher v.t. [conj. 18]. **1.** Rendre sec ce qui contient de l'eau, ce qui est humide : *Le froid a desséché ses lèvres* (**SYN.** déshydrater ; **CONTR.** hydrater). *Le vent dessèche les fleurs* (**CONTR.** humidifier, mouiller). **2.** *Fig.* Rendre insensible : *Ces années de misère lui ont desséché le cœur* (**SYN.** endurcir ; **CONTR.** attendrir). ◆ **se dessécher** v.pr. **1.** Devenir sec : *Ma peau s'est desséchée* (**SYN.** se déshydrater). **2.** *Fig.* Devenir insensible, en parlant de l'esprit, du cœur : *Plus rien ne l'émeut, son cœur s'est desséché* (**SYN.** s'endurcir ; **CONTR.** s'attendrir).

dessein n.m. (de l'anc. fr. *desseigner,* dessiner). *Sout.* Intention, idée précise : *Son dessein est de créer sa propre entreprise* (**SYN.** but). ☞ **REM.** Ne pas confondre avec *dessin.* ▸ ***À dessein,*** dans une intention précise : *C'est à dessein qu'elle n'a pas pris son sac* (**SYN.** intentionnellement).

desseller v.t. [conj. 4]. Ôter la selle à un animal : *Il a dessellé son cheval* (**CONTR.** seller). ☞ **REM.** Ne pas confondre avec *déceler* ou *desceller.*

desserrage ou **desserrement** n.m. Action de desserrer ; fait d'être desserré.

desserrer v.t. [conj. 4]. Relâcher ce qui est serré : *Elle desserre le frein à main* (**CONTR.** serrer). ▸ ***Ne pas desserrer les dents,*** ne rien dire, se taire : *Il n'a pas desserré les dents pendant la réunion.*

dessert n.m. Mets sucré, fruit, pâtisserie servis à la fin du repas ; moment du repas où ces mets sont servis : *J'ai pris une pomme comme dessert. Ils sont arrivés au dessert.*

① **desserte** n.f. (de *1. desservir*). **1.** Action de desservir un lieu, une localité par un moyen de transport ; fait d'être desservi : *Plusieurs autobus assurent la desserte du centre-ville.* **2.** Action de desservir une chapelle, une paroisse ; service assuré par un prêtre.

② **desserte** n.f. (de *2. desservir*). Meuble où sont posés les plats prêts à être servis et ceux que l'on dessert ; crédence, dressoir.

dessertir v.t. [conj. 32]. Enlever une pierre fine de sa monture : *Dessertir une turquoise* (**CONTR.** sertir).

desservant n.m. Prêtre catholique qui dessert une paroisse.

① **desservir** v.t. (lat. *deservire,* servir avec zèle) [conj. 38]. **1.** Assurer un service de transport pour un lieu, une localité : *Ce train dessert toutes les gares jusqu'à Paris.* **2.** Donner accès à un local : *Ce couloir dessert toutes les caves.* **3.** Assurer le service religieux d'une chapelle, d'une paroisse : *Ce prêtre a desservi plusieurs villages.*

② **desservir** v.t. (de *servir*) [conj. 38]. **1.** Retirer les plats qui ont été servis ; débarrasser la table à la fin du repas : *Le traiteur dessert le buffet.* **2.** Rendre un mauvais service à qqn, lui nuire : *Sa vulgarité le dessert* (**CONTR.** aider, servir).

dessiccation n.f. (du lat. *desiccare,* dessécher). Élimination de l'humidité d'un corps : *On peut conserver des légumes par dessiccation.*

dessiller [desije] v.t. (de l'anc. fr. *ciller,* coudre les paupières d'un oiseau de proie) [conj. 3]. ▸ *Litt.* ***Dessiller les yeux de*** ou ***à qqn,*** l'amener à voir ce qu'il ignorait ou voulait ignorer : *Ce documentaire nous a dessillé les yeux.*

dessin n.m. **1.** Représentation de la forme d'un objet, d'une figure, etc. : *L'enfant fait un dessin sur une feuille.* **2.** Technique et art de ce mode de représentation : *Elle est professeur de dessin. Il aime le dessin au fusain.* **3.** Ensemble des lignes qui délimitent une forme : *Le dessin de sa bouche est régulier* (**SYN.** contour, tracé). ☞ **REM.** Ne pas confondre avec *dessein.*

▸ ***Dessin à main levée,*** réalisé sans règle ni compas. ***Dessin animé,*** film réalisé à partir d'une succession de dessins dont l'enregistrement image par image donne l'impression du mouvement. ***Dessin industriel,*** dessin réalisé à des fins techniques ou de fabrication industrielle.

dessinateur, trice n. Personne qui dessine ; artiste dont le métier est de dessiner. ▸ ***Dessinateur industriel,*** spécialiste du dessin industriel.

dessiné, e adj. Qui a des lignes nettes, bien marquées : *Des sourcils bien dessinés. Des lèvres finement dessinées.* ▸ ***Bande dessinée*** → **1. bande.**

dessiner v.t. (lat. *designare,* indiquer) [conj. 3]. **1.** Représenter par le dessin : *Il dessine un bonhomme.* **2.** (Sans compl.). Pratiquer le dessin, l'art du dessin : *Il dessine pendant ses loisirs.* **3.** Faire ressortir la forme, le contour de : *Une robe qui dessine bien la taille* (**SYN.** accentuer, souligner). ◆ **se dessiner** v.pr. **1.** Devenir visible ; apparaître : *Les côtes se dessinent à l'horizon* (**SYN.** se profiler). **2.** Se préciser ; prendre tournure : *L'histoire de son roman se dessine.*

dessoûler ou **dessaouler** [desule] v.t. [conj. 3]. Faire cesser l'ivresse : *Ce café fort l'a dessoûlé* (**SYN.** dégriser). ◆ v.i. Cesser d'être ivre : *Ils ne dessoûlent pas.*

① **dessous** adv. (du lat. *subtus,* en dessous, de *sub,* sous). Dans une position inférieure à celle d'un autre objet : *Ce terrain est humide, un cours d'eau passe dessous* (**CONTR.** dessus). *J'ai rangé mes dossiers et j'ai trouvé mes clefs dessous.* ▸ ***Sens dessus dessous*** → **sens.** ◆ **de dessous** loc. adv. D'un point, d'un lieu qui se trouve dans une position inférieure : *L'appartement de dessous est mal insonorisé* (**CONTR.** de dessus). ◆ **en dessous** loc. adv. Dans la partie située sous une autre : *Les coffres de la banque se trouvent en dessous.* ▸ ***Regarder en dessous,*** sans lever les paupières ; sournoisement. ◆ **en dessous de** loc. prép. Indique la partie située sous une autre : *Ton livre est en dessous du classeur.*

② **dessous** n.m. (de *1. dessous*). Face ou partie inférieure de qqch ; étage inférieur : *Le dessous de la table est en bois brut* (**CONTR.** dessus). *La voisine du dessous.* ▸ ***Avoir le dessous,*** être en état d'infériorité lors d'un combat, d'un débat, etc. ; être perdant. *Fam.* ***Être dans le trente-sixième dessous,*** être dans une situation désespérée : *Il est dans le trente-sixième dessous depuis leur départ.* ◆ n.m. pl. **1.** Sous-vêtements féminins : *Porter des dessous en satin.* **2.** *Fig.* Côté secret, dissimulé de qqch : *Le journal révèle les dessous de cette affaire.*

dessous-de-plat n.m. inv. Support servant à poser les plats sur une table.

dessous-de-table n.m. inv. Somme que l'acheteur donne secrètement au vendeur en plus du prix officiel, dans un marché (**SYN.** pot-de-vin).

① **dessus** adv. (du lat. *sursum,* en haut). **1.** Dans une position supérieure à celle d'un autre objet : *Ta table est fragile, tu devrais mettre un napperon dessus* (**CONTR.** dessous). **2.** S'emploie à la place d'un complément introduit par la préposition *sur* : *Ce livre est long à lire, je suis dessus depuis deux mois.* ▸ ***Sens dessus dessous*** → **sens.** ◆ **de dessus** loc. adv. D'un point, d'un lieu qui se trouve dans une position supérieure : *Le voisin de dessus est bruyant* (**CONTR.** de dessous). ◆ **de dessus** loc. prép. De la surface de : *Enlève ce vase de dessus la table.*

② **dessus** n.m. (de *1. dessus*). **1.** Face ou partie supérieure de qqch ; étage supérieur : *Le dessus de la cheminée est en marbre. L'étage du dessus.* **2.** Objet destiné à être placé sur un autre : *Un dessus de table, de cheminée.* ▸ ***Avoir le dessus,*** avoir l'avantage dans un combat, un débat, etc. ; l'emporter. *Fam.* ***Le dessus du panier,*** ce qu'il y a de mieux : *Il achète le dessus du panier en matière de costumes.* ***Reprendre le dessus,*** surmonter sa défaillance, reprendre l'avantage : *Notre équipe a repris le dessus.*

dessus-de-lit n.m. inv. Couverture ou étoffe qui recouvre un lit ; couvre-lit.

déstabilisateur, trice ou **déstabilisant, e** adj. Qui déstabilise : *Le chômage est très déstabilisateur.*

déstabilisation n.f. Action de déstabiliser : *La déstabilisation d'un pays en guerre.*

déstabiliser v.t. [conj. 3]. Faire perdre sa stabilité à un État, à un régime, à une situation : *Cette crise menace de déstabiliser la nouvelle démocratie.*

destin n.m. (de *destiner*). **1.** Loi supérieure qui semble mener le cours des événements vers une certaine fin : *Le destin a voulu qu'il meure jeune* (**SYN.** destinée, fatalité). **2.** Avenir, sort réservé à qqch : *Quel sera le destin de cette invention ?* **3.** L'existence humaine, en tant qu'elle semble prédéterminée : *Cette famille a eu un destin tragique* (**SYN.** sort).

destinataire n. Personne à qui s'adresse un envoi, un message (par opp. à expéditeur) : *Le destinataire du colis a changé d'adresse.*

destination n.f. **1.** Lieu vers lequel qqn, qqch se dirige ou est dirigé : *Son frère est parti pour une destination inconnue. Quelle est la destination de ce train ?* **2.** Emploi prévu pour qqch : *Cet immeuble de bureaux a été détourné de sa destination* (**SYN.** affectation, usage). ▸ ***Arriver à destination,*** parvenir au lieu prévu.

destinée n.f. **1.** Puissance souveraine considérée comme réglant d'avance tout ce qui doit être : *La destinée n'a pas gâté cette famille* (**SYN.** destin, fortune, hasard). **2.** Ensemble des événements composant la vie d'un être, considérés comme déterminés et indépendants de sa volonté : *Sa destinée a été marquée par cette erreur de jeunesse* (**SYN.** sort).

destiner v.t. (lat. *destinare,* fixer) [conj. 3]. **1.** Fixer l'usage, l'emploi de qqch : *Destiner une somme à l'achat d'une voiture* (**SYN.** affecter, réserver). *Ces crédits supplémentaires sont destinés aux sans-abri* (**SYN.** assigner). **2.** Attribuer, adresser qqch à qqn : *Ce mél t'est destiné.* **3.** *Litt.* Déterminer à l'avance l'orientation de qqn : *Il destine son fils à la finance* (**SYN.** vouer). ◆ **se destiner** v.pr. Envisager, choisir une orientation professionnelle : *Il se destine à l'enseignement. Elle se destine à être infirmière.*

destituer v.t. (lat. *destituere,* placer à part) [conj. 7]. Déposséder qqn de sa charge, de sa fonction, de son grade : *Destituer un chef d'État* (**SYN.** démettre, déposer). *Destituer un commissaire* (**SYN.** révoquer).

destitution n.f. Action de destituer ; fait d'être destitué : *La destitution d'un fonctionnaire* (**SYN.** renvoi, révocation).

déstockage n.m. Action de déstocker.

déstocker v.t. [conj. 3]. Diminuer l'importance d'un stock en procédant à sa vente : *Déstocker des réfrigérateurs.*

déstresser v.i. Avoir moins de stress : *Les vacances m'ont permis de déstresser.* ◆ v.t. Atténuer ou supprimer le stress de : *Le yoga la déstresse.*

destrier n.m. (de l'anc. fr. *destre*, main droite). *Anc.* Cheval dressé pour la guerre.

destroyer [dɛstrwaje ou dɛstrɔjœr] n.m. (mot angl., de *to destroy*, détruire). Navire de guerre rapide, bien armé, chargé notamm. de missions d'escorte.

destructeur, trice adj. et n. **1.** Qui ruine, détruit, ravage : *Une tempête destructrice* (**SYN.** destructif, dévastateur, ravageur). **2.** Qui détruit intellectuellement ou moralement : *Une critique destructrice* (**CONTR.** constructif).

destructible adj. Qui peut être détruit (**SYN.** fragile, périssable ; **CONTR.** indestructible).

destructif, ive adj. Qui a le pouvoir de détruire : *L'action destructive du vent* (**SYN.** destructeur, dévastateur).

destruction n.f. Action de détruire, de démolir, d'anéantir ; fait d'être détruit : *La destruction d'un immeuble vétuste* (**SYN.** démolition). *La destruction du totalitarisme* (**SYN.** renversement, suppression).

déstructuration n.f. Action de déstructurer ; son résultat : *La déstructuration d'un service.*

déstructurer v.t. [conj. 3]. Désorganiser, détruire un ensemble structuré : *L'équipe a été déstructurée* (**CONTR.** organiser, structurer).

désuet, ète [dezɥɛ, ɛt ou desɥɛ, ɛt] adj. (du lat. *desuescere*, se déshabituer de). Qui n'est plus en usage ; démodé : *Cette tradition est désuète* (**SYN.** archaïque, suranné [sout.] ; **CONTR.** actuel, moderne).

désuétude [dezɥetyd ou desɥetyd] n.f. Caractère d'une chose désuète : *Un logiciel tombé en désuétude.*

désuni, e adj. Séparé par une mésentente : *Famille désunie.*

désunion n.f. Mésentente entre des personnes, entre des groupes : *La désunion qui règne au sein de la majorité* (**SYN.** division ; **CONTR.** entente, union). *Un motif de désunion* (**SYN.** brouille, désaccord, mésentente).

désunir v.t. [conj. 32]. **1.** Séparer des choses qui étaient unies : *Désunir les pièces d'une maquette* (**SYN.** désassembler, disjoindre, disloquer ; **CONTR.** assembler, joindre, réunir). **2.** Faire cesser l'entente entre des personnes : *Ce malentendu a désuni les deux amis* (**SYN.** brouiller, fâcher ; **CONTR.** réconcilier). ◆ **se désunir** v.pr. Ne plus constituer un groupe solidaire : *Les syndicalistes se sont désunis sur ce point* (**SYN.** se diviser ; **CONTR.** se rapprocher, s'unir).

désynchroniser [desɛ̃krɔnize] v.t. [conj. 3]. Faire perdre son synchronisme à un dispositif, un mécanisme.

désyndicalisation [desɛ̃dikalizasjɔ̃] n.f. Tendance à la diminution du nombre des personnes syndiquées ; perte d'influence des syndicats.

détachable adj. (de 2. *détacher*). Que l'on peut détacher, séparer : *Une capuche détachable* (**SYN.** amovible).

détachage n.m. Action d'ôter les taches ; son résultat : *Le détachage d'un pull* (**SYN.** dégraissage, nettoyage).

détachant, e adj. et n.m. Se dit d'un produit servant à enlever les taches : *Mettre du détachant sur une tache d'herbe.*

détaché, e adj. **1.** Qui n'est pas ou plus attaché : *Tu es plus jolie les cheveux détachés.* **2.** Qui manifeste, éprouve du détachement pour qqch : *En apprenant la nouvelle, il prit un air détaché* (**SYN.** froid, indifférent). ▸ ***Pièce détachée,*** pièce d'un appareil, d'un véhicule, vendue séparément en vue de leur réparation.

détachement n.m. **1.** État, comportement d'une personne qui ne manifeste aucun intérêt pour qqn ou qqch : *Elle parle de lui avec détachement* (**SYN.** indifférence). *Il affiche un détachement complet à l'égard de nos difficultés* (**SYN.** désaffection, désintérêt ; **CONTR.** intérêt). **2.** Position, endroit où un fonctionnaire, un militaire a été détaché : *Le policier a demandé son détachement dans le Sud* (**SYN.** mutation). **3.** Élément d'une troupe de militaires chargé d'une mission particulière : *Un détachement veillera sur l'ambassade.*

① **détacher** v.t. (de *tache*) [conj. 3]. Enlever les taches de : *Détacher une nappe* (**SYN.** nettoyer).

② **détacher** v.t. (de l'anc. fr. *tache*, agrafe) [conj. 3]. **1.** Défaire les liens qui attachaient qqn, qqch : *Détacher un canot de sauvetage d'un navire* (**SYN.** décrocher ; **CONTR.** attacher). *Détacher un prisonnier* (**SYN.** libérer). *Détacher ses cheveux* (**SYN.** délier, dénouer ; **CONTR.** lier, nouer). **2.** Séparer qqch de ce à quoi il adhérait : *Détacher un ticket d'un carnet. Détacher un fruit d'un arbre* (**SYN.** arracher, cueillir). **3.** Envoyer qqn, un groupe pour exécuter une mission : *Détacher une patrouille pour aider les civils.* **4.** Placer un fonctionnaire, un militaire hors de son cadre ou de son unité d'origine : *Détacher un haut fonctionnaire à l'étranger* (**SYN.** déplacer, muter). **5.** Rompre un lien, un attachement ; rendre indifférent : *Cette injustice l'a détachée de sa famille* (**SYN.** éloigner, séparer). **6.** Mettre en valeur, faire ressortir : *Écrire un titre en rouge pour le détacher du texte. Jouer un air en détachant chaque note.* ◆ **se détacher** v.pr. **1.** Défaire ses liens ; se séparer de : *Le chien s'est détaché. Le timbre s'est détaché de l'enveloppe* (**SYN.** se décoller). **2.** Apparaître nettement, distinctement : *Le clocher se détache sur le soleil couchant* (**SYN.** se découper). **3. [de].** Prendre de l'avance sur les autres, dans une situation de concurrence : *L'athlète se détache du peloton.* **4. [de].** Laisser de côté qqch de préoccupant ; se désintéresser de qqn, de qqch : *Elle s'est détachée de son travail pendant les vacances* (**SYN.** s'abstraire de). *Il se détache de sa famille* (**SYN.** s'éloigner de ; **CONTR.** s'intéresser à).

détail n.m. **1.** Petit élément constitutif d'un ensemble et qui peut être considéré comme secondaire : *Explique-moi ton problème sans entrer dans les détails. La couleur des sièges de la nouvelle voiture n'est qu'un détail.* **2.** Énumération complète et minutieuse : *Le client souhaite le détail de l'addition.* **3.** Vente de marchandises à l'unité ou par petites quantités (par opp. à gros, demi-gros) : *Commerce de détail.* ▸ ***Au détail,*** à l'unité ou selon la quantité désirée par le client : *Vendre des légumes au détail.* ***En détail,*** sans rien oublier, avec précision : *Décris-moi ta maison en détail* (= par le menu).

détaillant, e adj. et n. Commerçant qui vend au détail (**SYN.** débitant ; **CONTR.** grossiste).

détaillé, e adj. Présenté dans les moindres détails :

Le rapport détaillé d'une enquête (**SYN.** circonstancié, précis ; **CONTR.** laconique, sommaire, succinct).

détailler v.t. [conj. 3]. **1.** Passer en revue les éléments d'un ensemble, les faire ressortir : *Détailler les caractéristiques d'un nouveau produit* (**SYN.** décrire, exposer). **2.** Vendre au détail, par petites quantités : *Détailler du riz, du vin* (**SYN.** débiter). **3.** Examiner qqn de manière approfondie : *Le jury la détailla de la tête aux pieds* (**SYN.** dévisager).

détaler v.i. [conj. 3]. *Fam.* Prendre la fuite : *Le lièvre détala à l'approche du chien* (**SYN.** s'enfuir, se sauver).

détartrage n.m. Action de détartrer : *Le détartrage d'une cafetière.*

détartrant, e adj. et n.m. Se dit d'un produit qui dissout ou enlève le tartre : *Un dentifrice détartrant.*

détartrer v.t. [conj. 3]. Enlever le tartre de : *Le dentiste détartre les dents de son patient.*

détaxation n.f. Action de détaxer (**CONTR.** taxation).

détaxe n.f. Diminution ou suppression d'une taxe.

détaxer v.t. [conj. 3]. Diminuer ou supprimer les taxes sur un produit : *Détaxer du parfum* (**CONTR.** taxer).

détectable adj. Que l'on peut détecter : *Un poison difficilement détectable.*

détecter v.t. (du lat. *detectus,* découvert) [conj. 4]. Déceler l'existence de ce qui est caché, à peine visible : *Détecter une fuite de gaz* (**SYN.** localiser). *On a détecté chez lui une anomalie cardiaque* (**SYN.** découvrir). *Les radars ont détecté un avion* (**SYN.** repérer).

détecteur n.m. Appareil servant à détecter la présence de qqch, un phénomène : *Passer un détecteur de métaux sur une plage.*

détection n.f. **1.** Action de détecter ; son résultat : *La détection d'un micro-organisme.* **2.** Opération militaire permettant de déterminer la position d'un avion, d'un sous-marin, etc. ; localisation, repérage.

détective n. (angl. *detective*). Personne dont le métier consiste à mener des enquêtes pour le compte de particuliers (on dit aussi *détective privé*).

déteindre v.t. [conj. 81]. Faire perdre de sa couleur : *Le soleil a déteint le tissu du canapé.* ◆ v.i. Perdre sa couleur : *Ce pull déteint au lavage* (**SYN.** se décolorer). ◆ v.t. ind. **[sur]. 1.** Communiquer à qqch une partie de sa couleur : *Ma robe rouge a déteint sur ton pantalon blanc.* **2.** *Fig.* Avoir de l'influence sur ; laisser des traces sur : *Son égoïsme a déteint sur toi.*

dételer v.t. [conj. 24]. Détacher des animaux de trait d'une voiture ou d'une machine agricole : *Dételer des chevaux* (**CONTR.** atteler). ◆ v.i. *Fam.* Cesser une activité ; s'arrêter de travailler.

détendeur n.m. Appareil servant à diminuer la pression d'un gaz comprimé.

détendre v.t. [conj. 73]. **1.** Diminuer la tension de ; relâcher ce qui était tendu : *Détendre un câble* (**CONTR.** raidir, tendre). **2.** Faire cesser la tension nerveuse, la fatigue : *Un bon bain te détendra* (**SYN.** décontracter, délasser, relaxer ; **CONTR.** énerver, stresser). **3.** Diminuer la pression d'un gaz. ▸ ***Détendre l'atmosphère,*** faire disparaître les conflits, les tensions dans un groupe : *Cette plaisanterie a détendu l'atmosphère.* ◆ **se détendre** v.pr. **1.** Devenir moins tendu, se relâcher, en parlant de qqch : *La corde s'est détendue* (**SYN.** se distendre ; **CONTR.** se raidir). **2.** Relâcher sa tension nerveuse ; se reposer : *Elle se détend en regardant un film* (**SYN.** se relaxer). **3.** Devenir moins tendu, moins agressif, en parlant de qqch : *Leurs rapports se sont détendus* (**SYN.** s'apaiser).

détendu, e adj. Sans tension ; calme, apaisé : *Une réunion détendue.*

détenir v.t. [conj. 40]. **1.** Garder, tenir en sa possession : *Il détient un objet volé* (= il recèle). *Ce sportif détient le record du monde.* **2.** Retenir dans un lieu et, spécial., en prison : *Les bandits détiennent un otage* (**SYN.** garder). *Ils sont détenus dans un lieu secret* (**SYN.** emprisonner, enfermer).

détente n.f. **1.** Fait de se relâcher, en parlant de qqch qui est tendu : *La détente de la corde d'un arc.* **2.** Effort musculaire puissant et vif qui produit l'extension du corps ou d'un membre : *La détente d'un spécialiste du saut en longueur.* **3.** Repos de l'esprit ; délassement : *S'accorder un moment de détente en faisant un jeu* (**SYN.** relaxation ; **CONTR.** stress). **4.** Diminution de la tension entre États, amélioration des relations internationales : *Le nouveau chef d'État est partisan de la détente* (**SYN.** apaisement ; **CONTR.** tension). **5.** Pièce du mécanisme d'une arme à feu qui, pressée par le tireur, agit sur la gâchette et fait partir le coup : *Il a le doigt sur la détente* (= il est prêt à tirer). **6.** Diminution de la pression d'un gaz, génér. accompagnée d'une augmentation de volume. ▸ ***À double détente,*** se dit d'un fusil de chasse à deux canons et à deux détentes ; fig., qui fait son effet en deux temps : *Argument à double détente. Fam.* ***Être dur à la détente,*** payer en rechignant, être avare ; comprendre lentement.

détenteur, trice n. Personne qui détient qqch : *Elle est la détentrice du record.*

détention n.f. **1.** Fait de détenir, d'avoir en sa possession : *Il a été condamné pour détention de drogue.* **2.** Fait d'être retenu en prison : *La détention de ce mineur est abusive* (**SYN.** emprisonnement, incarcération). ▸ ***Détention provisoire,*** emprisonnement d'une personne mise en examen, avant jugement.

détenu, e n. et adj. Personne emprisonnée : *Cette détenue a une visite* (**SYN.** prisonnier).

détergent, e ou **détersif, ive** adj. et n.m. (du lat. *detergere,* nettoyer). Se dit d'un produit qui sert à nettoyer : *Un détergent pour les sols.*

détérioration n.f. Action de détériorer, de se détériorer ; fait d'être détérioré : *La détérioration d'une maison* (**SYN.** altération, dégradation). *La détérioration du climat politique* (**SYN.** déliquescence, pourrissement ; **CONTR.** amélioration).

détériorer v.t. (du lat. *deterior,* pire) [conj. 3]. **1.** Mettre en mauvais état ; endommager : *La chaleur a détérioré les fruits* (**SYN.** abîmer, altérer, gâter). **2.** Dégrader qqch ; rendre moins bon : *Détériorer sa santé* (**SYN.** compromettre, délabrer ; **CONTR.** améliorer). ◆ **se détériorer** v.pr. **1.** S'abîmer, subir des dégradations : *La fresque s'est peu à peu détériorée* (**SYN.** s'altérer). **2.** Perdre son harmonie, son équilibre : *L'ambiance s'est détériorée* (**SYN.** se dégrader ; **CONTR.** s'améliorer).

déterminant, e adj. Qui détermine, pousse à agir : *Cette rencontre déterminante l'a incité à devenir comédien* (**SYN.** décisif). ◆ **déterminant** n.m. En grammaire, mot placé devant le nom qui indique le genre et le nombre, dans certaines langues : *Les articles, les adjectifs possessifs, démonstratifs, indéfinis, numéraux et interrogatifs sont des déterminants.*

déterminatif, ive adj. et n.m. En grammaire, qui détermine, précise le sens d'un mot : *Un adjectif, un complément déterminatif.*

détermination n.f. **1.** Action de déterminer, de définir, de préciser qqch : *La détermination du gène responsable d'une maladie.* **2.** Action de décider qqch après avoir hésité : *Rien ne le fera revenir sur sa détermination* (**SYN.** décision, résolution). **3.** Caractère d'une personne qui est déterminée, décidée : *Elle a fait preuve d'une grande détermination* (**SYN.** fermeté).

déterminé, e adj. **1.** Précisé, fixé : *Ils se rencontrent dans un but déterminé* (**SYN.** défini, précis ; **CONTR.** indéfini, vague). **2.** Qui montre de la détermination ; ferme, résolu : *Elle paraît déterminée à obtenir ce poste* (**SYN.** décidé).

déterminer v.t. (du lat. *terminus*, borne, limite) [conj. 3]. **1.** Indiquer, établir avec précision : *Le médecin légiste a déterminé la façon dont le meurtrier a tué* (**SYN.** définir, établir, préciser). **2.** Être la cause de ; provoquer : *Cette réforme a déterminé une grève* (**SYN.** engendrer, occasionner, susciter). **3.** Faire prendre une résolution à qqn : *Cet événement l'a déterminé à écrire un article* (**SYN.** inciter, motiver, pousser). **4.** En grammaire, en parlant d'un élément de la phrase, préciser la valeur ou le sens d'un mot : *L'adjectif démonstratif détermine le nom auquel il se rapporte.* ◆ **se déterminer** v.pr. **[à].** Se décider à agir ; faire un choix : *Elle s'est déterminée à lui dire la vérité* (**SYN.** se résoudre à ; **CONTR.** hésiter, tergiverser).

déterminisme n.m. En philosophie, conception selon laquelle il existe des rapports de cause à effet entre les phénomènes physiques, les actes humains, etc.

déterministe adj. et n. Relatif au déterminisme ; qui en est partisan.

déterré, e n. ▸ *Fam.* ***Avoir un air*** ou ***une mine de déterré,*** être pâle, abattu : *Tu as dû mal dormir, tu as une mine de déterré.*

déterrer v.t. [conj. 4]. **1.** Sortir, tirer de terre : *Déterrer un corps pour une expertise génétique* (**SYN.** exhumer ; **CONTR.** ensevelir [litt.], enterrer, inhumer). **2.** Découvrir, tirer de l'oubli : *Sa psychothérapie l'a aidé à déterrer de vieux souvenirs* (**SYN.** exhumer ; **CONTR.** enfouir).

détersif, ive adj. et n.m. → **détergent.**

détestable adj. Qui a tout pour déplaire : *Quel caractère détestable !* (**SYN.** exécrable, odieux). *Ce présentateur est détestable* (**SYN.** haïssable).

détester v.t. (lat. *detestari*, maudire) [conj. 3]. Avoir de l'aversion pour qqn, qqch : *Il déteste la musique moderne* (= avoir en horreur ; **SYN.** abominer [litt.], exécrer, haïr ; **CONTR.** adorer). *Ils détestent perdre. Elle déteste qu'on la contredise.*

déthéiné, e adj. et n.m. ▸ ***Thé déthéiné,*** thé dont on a retiré la théine (on dit aussi *un déthéiné*).

détonant, e adj. Destiné à produire une détonation : *Un explosif détonant.* ▸ ***Mélange détonant,*** mélange de deux gaz dont l'inflammation entraîne une explosion : *L'hydrogène forme avec l'air un mélange détonant* ; fig., coexistence de deux ou plusieurs choses ou personnes pouvant conduire à des réactions, des crises violentes, graves : *L'alcool et les somnifères forment un mélange détonant.*

détonateur n.m. **1.** Dispositif d'amorçage destiné à provoquer la détonation d'une charge explosive : *Un détonateur muni d'un système de retardement.* **2.** *Fig.* Ce qui provoque une action ou fait éclater une situation explosive : *Son licenciement a servi de détonateur à la grève.*

détonation n.f. Bruit violent produit par une explosion ou qui évoque une explosion : *Le témoin dit qu'il y a eu une vive lumière avant la détonation* (**SYN.** déflagration).

détoner v.i. (lat. *detonare*, tonner fortement) [conj. 3]. Exploser avec un bruit violent : *La nitroglycérine peut détoner au moindre choc.* ☞ **REM.** Ne pas confondre avec *détonner.*

détonner v.i. (de *2. ton*) [conj. 3]. **1.** En musique, s'écarter du ton, faire des fausses notes. **2.** *Fig.* Être mal assorti avec ; contraster : *Ce pull détonne avec ta jupe* (**SYN.** 2. jurer ; **CONTR.** s'assortir, s'harmoniser). *Cette maison moderne détonne avec les autres maisons* (**SYN.** trancher). ☞ **REM.** Ne pas confondre avec *détoner.*

détordre v.t. [conj. 76]. Remettre dans son état premier ce qui a été tordu : *Détordre une barre de fer.*

détortiller v.t. [conj. 3]. Remettre dans son état premier ce qui a été tortillé, entortillé : *Détortiller un fil de fer.*

détour n.m. **1.** Parcours plus long que la voie directe : *Faire un détour par la boulangerie* (**SYN.** crochet). **2.** Tracé sinueux d'une voie, d'une rivière ; méandre : *Les détours d'une route de montagne* (**SYN.** lacet, sinuosité). **3.** Au Québec, déviation de la circulation obligeant les usagers à quitter l'itinéraire direct. **4.** Moyen indirect ; biais : *Parlez-moi sans détour* (**SYN.** ambages, faux-fuyant). ▸ ***Au détour du chemin,*** à l'endroit où il tourne : *Au détour du chemin, on aperçoit une clairière.*

détourer v.t. [conj. 3]. Dans les industries graphiques, faire disparaître le fond entourant le sujet central d'une photo, d'un dessin.

détourné, e adj. **1.** Qui fait un détour : *Par beau temps, elle prend un chemin détourné* (**CONTR.** direct). **2.** Qui ne va pas droit au but ; indirect : *Il le lui avoua par des moyens détournés.*

détournement n.m. **1.** Action de détourner qqch : *Être pris dans un détournement d'avion. Le détournement d'une rivière* (**SYN.** dérivation, déviation). **2.** Action de détourner frauduleusement de l'argent ; exaction, malversation : *Il a été condamné pour détournement de fonds.* **3.** En Belgique, déviation de la circulation.

détourner v.t. [conj. 3]. **1.** Modifier le cours, la direction de : *Les policiers ont détourné la circulation* (**SYN.** dévier). **2.** Diriger vers un autre centre d'intérêt, un autre but : *Ils ont simulé une dispute pour détourner l'attention du gardien. Elle cherchait à détourner la conversation.* **3.** Écarter qqn de ce qui l'occupe ou de ce qui le préoccupe : *Ses parents ont essayé de la détourner de ce garçon* (**SYN.** détacher, éloigner). *Nous l'invitons souvent pour la détourner de son chagrin.* **4.** Soustraire frauduleusement : *Le comptable a* *détourné 10 000 euros* (**SYN.** dérober, escroquer, voler). ▸ ***Détourner la tête, les yeux,*** les tourner dans une autre direction : *Il détourna les yeux pour ne pas voir la seringue.* ***Détourner un avion,*** contraindre, par la menace, la force, le pilote à changer la destination de l'appareil. ◆ **se détourner** v.pr. **1.** Changer de direction, de destination : *Les avions se détournent sur un autre aéroport* (**SYN.** dévier, se dérouter). **2.** S'éloigner de qqn, qqch par désintérêt ou aversion : *Elle s'est détournée de sa mère* (**SYN.** se détacher ; **CONTR.** se rapprocher). **3.** Se tourner pour ne pas être vu, pour ne pas voir : *Il se détourna pour cacher ses larmes.*

détoxication n.f. Élimination ou neutralisation des substances toxiques par l'organisme.

détracteur, trice n. (du lat. *detrahere,* tirer en bas). Personne qui critique violemment, déprécie qqn, qqch : *Les détracteurs d'un film* (**CONTR.** admirateur).

détraque n.f. *Fam.* En Suisse, diarrhée ; fou rire.

détraqué, e adj. et n. *Fam.* Atteint de troubles mentaux ; désaxé, déséquilibré.

détraquer v.t. (de l'anc. fr. *trac,* trace) [conj. 3]. **1.** Déranger le fonctionnement d'un mécanisme ; faire qu'il ne fonctionne plus : *Tu as détraqué le chronomètre* (**SYN.** dérégler, endommager). **2.** *Fam.* Nuire à l'état physique ou mental de : *Ce repas m'a détraqué l'estomac. Ses insomnies le détraquent.* ◆ **se détraquer** v.pr. Ne plus fonctionner ; fonctionner mal : *L'imprimante s'est détraquée.* ▸ *Fam.* ***Le temps se détraque,*** il se gâte ; il ne correspond plus à ce qu'il devrait être à pareille époque.

① **détrempe** n.f. (de *1. détremper*). **1.** Peinture ayant pour liant de l'eau additionnée de colle ou de gomme : *La gouache est une détrempe.* **2.** Tableau exécuté à l'aide de cette peinture.

② **détrempe** n.f. (de *2. détremper*). Action de détremper l'acier.

① **détremper** v.t. (lat. *distemperare,* délayer) [conj. 3]. Mouiller, imbiber d'un liquide : *Le sentier est détrempé par la pluie.*

② **détremper** v.t. (de *tremper*) [conj. 3]. Rendre l'acier moins dur, lui faire perdre sa trempe.

détresse n.f. (du lat. *districtus,* serré). **1.** Sentiment d'abandon, de solitude profonde ; désespoir : *La détresse des S.D.F.* (**SYN.** désarroi, désespérance [sout.] ; **CONTR.** bonheur, joie). **2.** Situation critique, dangereuse : *Un navire en détresse* (**SYN.** perdition). **3.** En médecine, défaillance aiguë et grave d'une fonction vitale : *Détresse respiratoire.*

détriment n.m. (lat. *detrimentum,* usure). *Litt.* Perte, préjudice : *Ils ont subi un détriment.* ▸ ***Au détriment de,*** en faisant tort à, aux dépens de : *Il a eu cette promotion au détriment des plus anciens. Elle fume au détriment de sa santé.*

détritique adj. En géologie, se dit d'une roche qui résulte de la désagrégation d'une roche préexistante.

détritus [detrity ou detritys] n.m. (lat. *detritus,* broyé). (Souvent au pl.). **1.** Résidu provenant de la désagrégation d'un corps : *Le charbon est formé de détritus végétaux.* **2.** Ordures : *Trier les détritus avant de les jeter* (**SYN.** déchets).

détroit n.m. (du lat. *districtus,* serré). Bras de mer resserré entre deux terres : *Le détroit de Gibraltar.*

détromper v.t. [conj. 3]. Tirer qqn de son erreur : *Détrompe-la, elle croit que cette remarque s'adresse à elle* (**SYN.** désabuser, désillusionner ; **CONTR.** berner, duper).

détrôner v.t. [conj. 3]. **1.** Mettre fin à la supériorité de : *Le cédérom a détrôné la disquette* (**SYN.** éclipser, enterrer, supplanter). **2.** Déposséder un souverain de son trône : *Louis XVI a été détrôné sous la Révolution* (**SYN.** déposer, destituer).

détrousser v.t. [conj. 3]. *Litt.* Voler ce que qqn porte sur lui en usant de violence : *Un voyou l'a détroussé dans une ruelle* (**SYN.** dépouiller, dévaliser).

détruire v.t. (du lat. *struere,* bâtir) [conj. 98]. **1.** Démolir, abattre ; anéantir : *Un tremblement de terre a détruit le village* (**SYN.** raser, ravager). **2.** Faire périr : *Ce produit détruit les puces* (**SYN.** exterminer, supprimer ; **CONTR.** protéger). **3.** Nuire à la santé physique ou morale de qqn : *La drogue l'a détruite* (**SYN.** miner, user). **4.** *Fig.* Réduire à néant, faire que qqch n'existe plus : *Cet article a détruit sa réputation* (**SYN.** ruiner).

dette n.f. (du lat. *debere,* devoir). **1.** (Souvent au pl.). Somme d'argent due à qqn, à un organisme : *Il a remboursé ses dettes à la banque. Une famille couverte de dettes* (= endettée). **2.** *Fig.* Fait d'être redevable de qqch à qqn ; obligation morale : *Il m'a soutenu dans cette épreuve ; j'ai une dette envers lui.*

D.E.U.G. ou **DEUG** [dœg] n.m. (sigle). ▸ ***Diplôme d'études universitaires générales*** → **diplôme.**

deuil n.m. (lat. *dolus,* douleur). **1.** Décès d'une personne : *Ils ont eu trois deuils cette année* (**SYN.** perte). **2.** Douleur, tristesse éprouvée à la suite du décès de qqn : *Le jour des obsèques sera jour de deuil national* (**SYN.** affliction, malheur). **3.** Ensemble des signes extérieurs liés à la mort d'un proche et consacrés par l'usage : *Des vêtements de deuil* (= noirs ou sombres). ▸ ***Conduire le deuil,*** conduire le convoi funèbre. ***Être en deuil,*** avoir perdu un parent, un être cher. *Fam.* ***Faire son deuil de qqch,*** y renoncer, se résigner à en être privé : *Tu as perdu ces cent euros, tu peux en faire ton deuil.* ***Porter*** ou ***prendre le deuil,*** s'habiller de noir ou de sombre à l'occasion d'un décès : *Elle porte le deuil de son mari depuis un mois.* ***Travail de deuil,*** processus psychique par lequel une personne parvient peu à peu à se détacher d'un être cher qui est mort.

deus ex machina [deyseksmakina] n.m. inv. (loc. lat. signif. « un dieu descendu au moyen d'une machine »). Personne ou événement venant opportunément dénouer une situation dramatique : *Il a été le deus ex machina du conflit.*

D.E.U.S.T. ou **DEUST** [dœst] n.m. (sigle). ▸ ***Diplôme d'études universitaires scientifiques et techniques*** → **diplôme.**

Deutsche Mark [døtʃmark] n.m. Unité monétaire principale de l'Allemagne jusqu'à l'introduction de l'euro.

deux [dø] adj. num. card. inv. (du lat. *duo*). **1.** Un plus un : *Se faire percer les deux oreilles. Il a attendu deux heures.* **2.** (En fonction d'ordinal). De rang numéro deux ; deuxième : *Je lis le chapitre deux. Henri II.* **3.** Petit nombre indéterminé ; quelques : *Je reviens dans deux secondes.* ▸ ***À nous deux,*** phrase de défi lancée à celui avec lequel on va s'affronter. *Fam.* ***En moins de deux,*** très vite : *Il a peint son portrait en* *moins de deux.* ◆ n.m. inv. **1.** Le nombre qui suit un dans la série des entiers naturels ; le chiffre représentant ce nombre : *Dix est divisible par deux. Le deux arabe.* **2.** Face d'un dé, carte à jouer marquées de deux points : *Le deux est la carte la plus basse.* **3.** Désigne selon les cas le jour, le numéro d'une chambre, etc. : *Venez le deux du mois prochain.*

deuxième [døzjɛm] adj. num. ord. De rang numéro deux : *Sa deuxième fille a dix ans. Le maire entame son deuxième mandat.* ◆ n. Personne, chose qui occupe le deuxième rang : *Vous êtes le deuxième à me poser cette question.*

deuxièmement [døzjɛmmɑ̃] adv. En deuxième lieu : *J'évoquerai premièrement la vie de cet homme, deuxièmement son œuvre.*

deux-mâts n.m. Voilier à deux mâts.

deux-pièces n.m. **1.** Maillot de bain composé d'un soutien-gorge et d'un slip : *Mon deux-pièces n'est pas sec.* **2.** Vêtement féminin composé d'une jupe ou d'un pantalon et d'une veste assortis. **3.** Appartement de deux pièces principales.

deux-points n.m. Signe de ponctuation figuré par deux points superposés (:), placé avant une énumération ou une explication : *Dans notre dictionnaire, les exemples sont introduits par un deux-points.*

deux-roues n.m. Véhicule à deux roues, avec ou sans moteur : *La bicyclette est un deux-roues.*

deux-temps n.m. Moteur à deux temps.

dévaler v.t. (de *val*) [conj. 3]. Descendre rapidement une pente, un escalier : *Les randonneurs dévalent la montagne.*

dévaliser v.t. [conj. 3]. Voler, dérober qqch à qqn : *Dévaliser un magasin d'informatique* (**SYN.** cambrioler, piller). ▸ *Fam.* ***Dévaliser une boutique, un commerçant,*** y faire de nombreux achats.

dévaloir n.m. En Suisse, couloir dans les forêts de montagne servant à faire descendre les billes de bois ; vide-ordures.

dévalorisant, e adj. Qui dévalorise : *On lui a donné un travail dévalorisant.*

dévalorisation n.f. Action de dévaloriser (**SYN.** dépréciation ; **CONTR.** valorisation).

dévaloriser v.t. [conj. 3]. **1.** Diminuer la valeur d'une monnaie, d'un capital, d'un produit ou d'une matière première ; dévaluer : *Le mauvais état de sa couverture dévalorise ce livre* (**SYN.** déprécier). **2.** Diminuer la valeur, le prestige de qqch, de qqn ; déprécier : *Cette volte-face l'a dévalorisé aux yeux de l'opinion publique* (**SYN.** discréditer, perdre ; **CONTR.** valoriser).

dévaluation n.f. Action de dévaluer : *La dévaluation d'une monnaie* (**SYN.** dépréciation ; **CONTR.** réévaluation).

dévaluer v.t. [conj. 7]. **1.** Diminuer la valeur d'une monnaie par rapport à un étalon de référence et aux monnaies étrangères ; déprécier. **2.** Faire perdre de sa valeur à ; dévaloriser : *Des critiques qui visent à dévaluer son adversaire* (**SYN.** déprécier, discréditer ; **CONTR.** valoriser).

devanagari [devanagari] n.f. Écriture utilisée pour le sanskrit, le hindi et quelques langues indiennes.

devancement n.m. Action de devancer, de faire qqch avant la date fixée.

devancer v.t. [conj. 16]. **1.** Venir avant ; précéder qqn : *Elle nous avait devancés au lieu de rendez-vous. Tu m'as devancé, j'allais t'appeler.* **2.** Faire mieux que qqn ; surpasser : *Il devance ses rivaux dans tous les domaines* (**SYN.** surclasser). **3.** Faire qqch avant le moment fixé : *Devancer une échéance* (**SYN.** anticiper).

devancier, ère n. Personne qui devance, précède qqn dans le temps ou dans une activité : *Son devancier était plus apprécié* (**SYN.** prédécesseur).

① **devant** prép. (de *de* et *avant*). **1.** Indique une situation, un lieu qui se trouve en face d'une personne, en avant d'une chose (par opp. à derrière) : *Je me suis garé devant le théâtre.* **2.** Indique l'antériorité dans un ordre ; avant : *Il y a deux personnes devant moi.* **3.** En présence de : *N'aborde pas ce sujet devant lui.* **4.** Face à ; en réaction à : *Devant un tel succès, il a fallu prolonger la pièce.* ▸ ***Avoir de l'argent, du temps devant soi,*** ne pas avoir épuisé toutes ses ressources, avoir du temps pour faire qqch. ◆ adv. **1.** Indique l'antériorité dans l'espace : *Ne te mets pas devant !* **2.** Indique l'antériorité dans une série : *Sur la liste, elle est devant.*

② **devant** n.m. (de *1. devant*). Partie antérieure de qqch : *Le devant d'une maison. Ils ont un appartement sur le devant* (= sur la façade). ▸ ***Prendre les devants,*** partir avant qqn ; devancer qqn pour l'empêcher d'agir. ◆ **de devant** loc. adj. À l'avant de qqch ; à l'avant du corps : *Les roues de devant. Les pattes de devant* (**SYN.** avant).

devanture n.f. Partie d'un magasin où les articles sont exposés à la vue des passants, soit derrière une vitre, soit à l'extérieur ; vitrine.

dévastateur, trice adj. Qui dévaste ; destructeur : *Une tempête dévastatrice.*

dévastation n.f. Action de dévaster ; destruction, ravage.

dévaster v.t. [conj. 3]. Causer de grands dégâts à ; ravager, ruiner : *Les inondations ont dévasté les cultures* (**SYN.** détruire, saccager).

déveine n.f. *Fam.* Manque de chance ; malchance.

développé n.m. Mouvement d'haltérophilie consistant à appuyer un haltère contre les épaules, puis à le soulever au-dessus de la tête à bout de bras.

développement n.m. **1.** Action de développer ce qui était plié, roulé ; fait d'être développé : *Le développement d'un parchemin* (**SYN.** déploiement). **2.** Fait de grandir, de croître ; fait de se multiplier : *Cet enfant a besoin de calcium pour son développement* (**SYN.** croissance). *Empêcher le développement des pucerons sur un rosier* (**SYN.** multiplication, prolifération). **3.** Fait pour qqch de progresser, de s'accroître : *Le développement du secteur tertiaire dans une région* (**SYN.** essor, expansion ; **CONTR.** déclin). **4.** Mise au point d'un appareil, d'un produit en vue de sa commercialisation : *Le développement de cette machine a pris un an.* **5.** Exposé détaillé d'un sujet : *Un long développement* (**SYN.** discours, récit). **6.** Opération consistant à développer une pellicule photographique. ▸ ***Développement durable,*** mode de développement économique veillant au respect de l'environnement par une utilisation raisonnée des ressources naturelles, afin de les ménager à long terme. ***Pays en développement,*** ou ***P.E.D.,*** ou ***en voie de développement,*** ou ***P.V.D.,*** pays qui, partant d'un état de sous-développement économique et social, a entamé un processus de développement. ◆ **développements** n.m. pl. Suites, prolongement d'un événement : *Les développements de cette affaire ont brisé sa carrière.*

développer v.t. [conj. 3]. **1.** Étendre ce qui était plié, enroulé : *Développer une carte routière* (**SYN.** déplier, déployer ; **CONTR.** plier). **2.** Cultiver, former le corps ou l'esprit : *La natation développe les épaules. Ce jeu développe la mémoire* (**SYN.** stimuler). **3.** Augmenter l'ampleur, assurer la croissance de qqch : *Le centre culturel souhaite développer cette activité* (**SYN.** étendre ; **CONTR.** limiter, restreindre). *La lumière développe les algues dans l'aquarium.* **4.** Assurer le développement d'un appareil, d'un produit. **5.** Analyser, exposer de manière détaillée : *Développez votre conclusion.* **6.** En photographie, soumettre une pellicule à un traitement propre à faire apparaître les images. ◆ **se développer** v.pr. **1.** Occuper de la place, s'étendre : *La steppe se développe à perte de vue* (**SYN.** s'étaler). **2.** Croître, grandir ; s'épanouir : *Ses biceps se sont développés* (**SYN.** grossir). **3.** Prendre de l'extension, de l'ampleur ; se multiplier : *Cette mode s'est rapidement développée. La mousse se développe entre les dalles* (**SYN.** proliférer).

développeur n.m. Société qui assure la production et la commercialisation de logiciels.

① **devenir** v.i. (lat. *devenire*, venir de) [conj. 40]. **1.** Passer à un autre état ; acquérir une certaine qualité : *L'ancien maire est devenu ministre. Il devient espiègle en grandissant.* **2.** Avoir tel sort, tel résultat ; être dans tel état, telle situation : *Que devient l'arbre que vous avez planté à l'automne dernier ? Je me demande ce que son frère est devenu.*

② **devenir** n.m. (de *1. devenir*). **1.** Mouvement progressif par lequel les choses se transforment ; évolution : *L'informatique est en perpétuel devenir* (**SYN.** mutation, transformation). **2.** *Litt.* Futur, avenir : *Quel sera le devenir de votre invention ?*

déverbal n.m. (pl. *déverbaux*). En grammaire, nom qui dérive du radical d'un verbe : *« Détournement » est le déverbal de « détourner ».*

dévergondage n.m. **1.** Conduite licencieuse ; débauche. **2.** Fantaisie débridée ; excentricité : *Le dévergondage de l'imagination.*

dévergondé, e adj. et n. (de l'anc. fr. *vergonde*, vergogne). Qui mène sans honte ni remords une vie de débauche : *Un jeune homme dévergondé* (**SYN.** débauché, licencieux ; **CONTR.** chaste, vertueux).

se **dévergonder** v.pr. [conj. 3]. Devenir dévergondé : *Elle s'est dévergondée depuis qu'elle le connaît.*

déverrouillage n.m. Action de déverrouiller.

déverrouiller v.t. [conj. 3]. **1.** Ouvrir en tirant le verrou : *Déverrouiller une porte* (**CONTR.** verrouiller). **2.** Libérer de ce qui maintenait immobile : *Déverrouiller le train d'atterrissage.* **3.** En informatique, ouvrir l'accès à des fichiers ou à un système qui étaient jusqu'alors verrouillés.

par-**devers** loc. prép. → **par-devers.**

dévers n.m. (du lat. *deversus*, tourné vers le bas). **1.** Relèvement du bord extérieur d'une route dans un virage. **2.** Différence de niveau entre les deux rails d'une voie en courbe.

déversement n.m. Action de déverser des eaux, un liquide ; fait de se déverser.

déverser v.t. [conj. 3]. **1.** Faire couler d'un lieu dans un autre : *Il ne faut plus déverser les eaux usées dans les cours d'eau* (**SYN.** rejeter). **2.** Déposer en grand nombre, en grande quantité : *Le bus déverse des étudiants devant l'université. Le camion déverse les ordures dans la décharge* (**SYN.** décharger). **3.** Répandre abondamment : *Déverser un flot de paroles au téléphone.* ◆ **se déverser** v.pr. Couler d'un lieu dans un autre : *Les eaux du barrage se sont déversées dans la vallée* (**SYN.** s'écouler, se vider).

déversoir n.m. Ouvrage qui permet aux eaux d'un bassin, d'un canal, etc., de s'écouler, de s'évacuer.

dévestiture n.f. En Suisse, desserte d'un lieu ; accès.

dévêtir v.t. [conj. 44]. Enlever ses vêtements à qqn : *Il a dévêtu son enfant* (**SYN.** déshabiller ; **CONTR.** habiller, vêtir). ◆ **se dévêtir** v.pr. Ôter ses vêtements : *Elle s'est dévêtue dans la cabine d'essayage* (**SYN.** se dénuder, se déshabiller ; **CONTR.** s'habiller, se vêtir).

déviance n.f. **1.** Caractère de ce qui s'écarte de la norme, de ce qui dévie. **2.** Comportement qui s'écarte des normes en vigueur dans un système social donné.

déviant, e adj. et n. Qui s'écarte de la règle, de la norme ; qui a une conduite de déviance.

déviation n.f. **1.** Fait de dévier, de s'écarter d'une direction normale ou déterminée à l'avance : *La déviation d'une fusée* (**SYN.** dérive). **2.** Itinéraire établi pour détourner la circulation : *Cette déviation permet d'éviter les travaux* (**SYN.** dérivation, détour). **3.** Écart, variation dans une ligne de conduite, une doctrine.

déviationnisme n.m. Attitude qui consiste à s'écarter de la ligne politique d'un parti, d'une organisation dont on est membre.

déviationniste adj. et n. Qui s'écarte de la ligne : *Les déviationnistes veulent provoquer une scission* (**SYN.** dissident).

dévider v.t. [conj. 3]. **1.** Mettre un fil en écheveau, en pelote : *Dévider la soie du cocon.* **2.** Défaire ce qui est enroulé : *Dévider une bobine* (**SYN.** dérouler). **3.** *Fam.* Exposer rapidement tout ce qu'on a envie de dire : *Il s'est mis à dévider ses griefs* (**SYN.** débiter).

dévidoir n.m. Instrument ou appareil sur lequel on enroule des fils, des cordes, des tuyaux, etc.

dévier v.i. (lat. *deviare*, sortir du chemin) [conj. 9]. S'écarter de sa direction, de son projet, de son orientation : *Le vélo a dévié pour éviter une flaque* (**SYN.** bifurquer, obliquer). *Cet exposé dévie sur un autre problème* (**SYN.** déraper). ◆ v.t. Modifier le trajet, la direction d'un mouvement : *Dévier la circulation à cause d'un accident* (**SYN.** détourner).

devin, devineresse n. (lat. *divinus*, devin). Personne qui pratique la divination.

deviner v.t. (lat. *divinare*, prévoir) [conj. 3]. Découvrir intuitivement ou par hypothèses ; prédire : *Je devine que tu es mécontent* (**SYN.** pressentir, subodorer). *Elle a deviné son âge* (**SYN.** trouver).

devinette n.f. Question plaisante dont on demande à qqn, par jeu, de trouver la réponse.

déviriliser v.t. [conj. 3]. Faire perdre les caractères de la virilité à un homme ; efféminer.

devis n.m. Évaluation détaillée du coût de travaux à effectuer : *Demander un devis au serrurier pour l'installation d'une porte blindée.*

dévisager v.t. [conj. 17]. Regarder qqn avec insistance ou indiscrétion : *Elle dévisage son nouveau collègue* (**SYN.** fixer).

devise n.f. **1.** Brève formule qui exprime une pensée, un sentiment, une règle de vie, de conduite : *« Liberté, égalité, fraternité » est la devise de la France. Ne pas se laisser abattre, voilà notre devise* (**SYN.** maxime). **2.** Monnaie considérée par rapport aux monnaies d'autres pays, par rapport à son taux de change : *Devise forte. Changer des devises.*

① **deviser** v.i. (du lat. *dividere,* diviser) [conj. 3]. *Litt.* S'entretenir familièrement ; converser : *Les amis devisent dans un café* (**SYN.** bavarder).

② **deviser** v.t. [conj. 3]. En Suisse, établir un devis.

dévissage n.m. **1.** Action de dévisser : *Le dévissage d'une roue* (**CONTR.** vissage). **2.** En alpinisme, fait de dévisser : *Elle s'est cassé la jambe lors d'un dévissage.*

dévisser v.t. [conj. 3]. **1.** Défaire, desserrer une vis, qqch qui est vissé : *Dévisser le couvercle d'un bocal* (**CONTR.** visser). **2.** Détacher un objet fixé par des vis : *Dévisser la porte d'un meuble.* ◆ v.i. **1.** En alpinisme, lâcher prise et tomber : *L'alpiniste a dévissé.* **2.** *Fam.* Chuter, baisser brutalement : *Cet homme politique a dévissé dans les sondages.*

de visu [devizy] loc. adv. (mots lat. signif. « d'après ce qu'on a vu »). Pour l'avoir vu ; en témoin oculaire : *Constater de visu l'ampleur d'une catastrophe.*

dévitalisation n.f. Action de dévitaliser.

dévitaliser v.t. [conj. 3]. Détruire la pulpe d'une dent, les vaisseaux et les nerfs qu'elle contient.

dévoiement n.m. *Litt.* Action de dévoyer, de faire sortir du droit chemin : *Le dévoiement d'un enfant.*

dévoilement n.m. Action de dévoiler, de se dévoiler ; fait d'être dévoilé : *Le dévoilement d'une escroquerie par la presse* (**SYN.** divulgation, ébruitement ; **CONTR.** dissimulation).

dévoiler v.t. [conj. 3]. **1.** Ôter le voile de : *Le maire a dévoilé la nouvelle statue.* **2.** Montrer, révéler ce qui était caché, secret : *Ne dévoilez jamais le code de votre carte de crédit* (**SYN.** divulguer ; **CONTR.** cacher, taire). **3.** Redresser une roue voilée. ◆ **se dévoiler** v.pr. Apparaître, se manifester au grand jour ; percer : *Sa cruauté s'est alors dévoilée* (**SYN.** éclater, s'étaler).

① **devoir** v.t. (lat. *debere*) [conj. 53]. **1.** Être tenu de payer, de restituer, de fournir : *Il lui doit 200 euros. Elle m'a gravé un CD, je lui en dois un vierge.* **2.** Avoir une obligation à l'égard de qqn par la loi, la morale, les convenances : *Vous lui devez le respect. Je te dois une explication.* **3.** Être redevable de ; avoir pour origine : *L'auteur doit son succès à cet éditeur. Elle doit son surnom à cette particularité physique* (**SYN.** tenir de). **4.** (Suivi de l'inf.). Indique l'obligation, la nécessité : *Il doit payer ses impôts avant mardi. Tu dois prendre ce médicament pour guérir.* **5.** (Suivi de l'inf.). Indique la probabilité, la supposition : *Elle a dû avoir peur.* **6.** (Suivi de l'inf.). Indique une possibilité portant sur le futur, une intention : *Nous devons y aller demain.* ◆ **se devoir** v.pr. **1.** Être tenu de se consacrer à qqn, à qqch : *Le maire se doit à ses administrés.* **2.** **[de].** (Suivi de l'inf.). Être moralement tenu de : *Je me dois d'assister à ses obsèques.* ▸ ***Comme il se doit,*** comme c'est l'usage : *Comme il se doit, la famille marchait en tête* ; comme on pouvait le prévoir : *Comme il se doit, elle est en retard.*

② **devoir** n.m. (de *1. devoir*). **1.** Ce à quoi on est obligé par la loi, la morale : *Le professeur a fait son devoir en prévenant l'assistante sociale.* **2.** Travail écrit que doit faire un élève, un étudiant : *Le devoir d'histoire comporte trois questions.* ▸ ***Se mettre en devoir de*** (+ inf.), se préparer, se mettre à : *Elle s'est mise en devoir de ranger la bibliothèque.* ◆ **devoirs** n.m. pl. *Sout.* Marques de respect ou de politesse ; hommages : *Présenter ses devoirs à la maîtresse de maison.* ▸ ***Les derniers devoirs,*** les honneurs funèbres : *Rendre les derniers devoirs à un parent.*

① **dévolu, e** adj. (du lat. *devolutus,* déroulé). Qui est attribué à qqn en vertu d'un droit : *Les pouvoirs dévolus au président.*

② **dévolu** n.m. (de *1. dévolu*). ▸ ***Jeter son dévolu sur,*** fixer son choix sur : *Il a jeté son dévolu sur cette femme* (= elle lui plaît). *Elle a jeté son dévolu sur cette voiture.*

dévonien n.m. (de *Devon,* comté de Grande-Bretagne). En géologie, quatrième période de l'ère primaire, où sont apparus les premiers vertébrés terrestres et les premiers végétaux telles les fougères.

dévorant, e adj. **1.** Qui pousse à dévorer ; avide, insatiable : *Faim dévorante. Elle est d'une curiosité dévorante* (**SYN.** inextinguible). **2.** Qui consume, détruit par son ampleur, son intensité ; qui absorbe : *Feu dévorant. Une passion dévorante* (**SYN.** ardent, brûlant). *Une activité dévorante* (**SYN.** accaparant).

dévorer v.t. (lat. *devorare*) [conj. 3]. **1.** Manger en déchirant avec les dents : *Le lion dévore l'antilope.* **2.** Mordre, ronger, piquer abondamment : *Les moustiques m'ont dévoré. Les chenilles ont dévoré le rosier.* **3.** Manger avec voracité, avidité : *Elle dévora son sandwich* (**SYN.** engloutir). **4.** Absorber complètement : *Cette maison a dévoré mon compte en banque* (**SYN.** épuiser, vider). *Le travail dévore tout son temps* (**SYN.** occuper, prendre). **5.** Causer une souffrance morale à qqn : *La jalousie le dévore* (**SYN.** miner, ronger, tourmenter [sout.]). **6.** *Litt.* Faire disparaître complètement, consumer : *L'incendie a dévoré l'immeuble* (**SYN.** détruire). ▸ ***Dévorer des yeux*** ou ***du regard,*** regarder avec avidité, passion, convoitise : *Dévorer des pâtisseries des yeux.* ***Dévorer un livre,*** le lire très vite, avec grand plaisir.

dévoreur, euse n. Personne, machine, etc., qui dévore, consomme beaucoup : *Un dévoreur de livres. Cette imprimante est une dévoreuse d'encre.*

dévot, e adj. et n. (lat. *devotus,* zélé). Attaché aux pratiques religieuses ; qui manifeste un zèle extrême pour la religion : *Une personne dévote* (**SYN.** pieux).

dévotement adv. Avec dévotion : *Faire dévotement le signe de croix.*

dévotion n.f. **1.** Attachement fervent à la religion, aux pratiques religieuses ; piété. **2.** Culte particulier rendu à un saint : *Dévotion à la Sainte Vierge.* **3.** *Litt.* Attachement fervent à qqn, à qqch ; vénération : *S'adresser à un écrivain avec dévotion. Il éprouve de la dévotion pour cette œuvre.* ▸ ***Être à la dévotion de qqn,*** lui être totalement dévoué : *Cette infirmière est à la dévotion de ses malades.* ***Faire ses dévotions,*** accomplir ses devoirs religieux.

dévoué, e adj. Qui manifeste un attachement zélé à

qqn, à qqch : *Une amie dévouée* (**SYN.** fidèle). *Un secrétaire dévoué* (**SYN.** empressé, obligeant, prévenant).

dévouement n.m. Action de se dévouer à qqn, à qqch ; disposition à servir : *Le dévouement des bénévoles* (**SYN.** abnégation ; **CONTR.** égoïsme, indifférence). *Exercer son métier avec dévouement* (**SYN.** zèle).

se **dévouer** v.pr. (lat. *devovere*, consacrer) [conj. 6]. **1.** Se consacrer entièrement à qqn, à qqch : *Elle s'est toujours dévouée à sa mère* (**SYN.** se sacrifier). *Se dévouer à une cause* (**SYN.** se vouer). **2.** Se charger d'une tâche pénible, difficile ou peu enthousiasmante : *Il s'est dévoué pour lui annoncer la mauvaise nouvelle* (**SYN.** se sacrifier).

dévoyé, e adj. et n. Sorti du droit chemin ; délinquant : *Ces dévoyés ont lacéré des banquettes* (**SYN.** vaurien).

dévoyer v.t. (de *voie*) [conj. 13]. *Litt.* Détourner du droit chemin, du bien : *Il a dévoyé cette jeune fille* (**SYN.** corrompre, dépraver, pervertir).

dextérité n.f. (lat. *dexteritas*, de *dexter*, qui est à droite). **1.** Habileté, adresse de la main : *La dextérité d'un jongleur* (**SYN.** agilité, virtuosité ; **CONTR.** maladresse). **2.** Habileté dans la manière d'agir ; ingéniosité : *Il fit preuve de dextérité pour résoudre cette enquête* (**SYN.** maestria ; **CONTR.** lourdeur).

dextralité n.f. (du lat. *dextra*, main droite). Caractère d'une personne qui se sert habituellement de sa main droite (par opp. à gaucherie).

dextre adj. (lat. *dexter*, qui est à droite). En héraldique, qui est sur le côté droit de l'écu (par opp. à senestre). ◆ n.f. *Litt.* Main droite.

dey [dɛ] n.m. (du turc). Chef de la régence d'Alger (1671-1830).

DHEA [deaʃɔa] n.f. (abrév. de *déhydroépiandrostérone*). Hormone sécrétée par la glande corticosurrénale, dont le taux sanguin diminue avec l'âge : *Un traitement par la DHEA a été proposé pour lutter contre le vieillissement.*

dia interj. (onomat.). Cri des charretiers pour faire aller leurs chevaux à gauche (par opp. à hue).

diabète n.m. (du gr. *diabêtês*, qui traverse). **1.** Maladie se manifestant par une abondante élimination d'urine et une soif intense. **2.** Maladie caractérisée par un excès de glucose dans le sang et par la présence de sucre dans les urines (on dit aussi *diabète sucré*).

diabétique adj. Relatif au diabète. ◆ adj. et n. Atteint de diabète.

diabétologie n.f. Partie de la médecine qui étudie le diabète sucré et ses traitements.

diabétologue n. Spécialiste du diabète.

diable n.m. (lat. *diabolus*, gr. *diabolos*, qui désunit, divise). **1.** Dans la religion, démon, esprit du mal. **2.** (Précédé de l'art. déf.). Dans la religion chrétienne, Satan, incarnation suprême du mal. **3.** Petit chariot à deux roues basses servant à transporter de lourdes charges. **4.** Ustensile de cuisine formé de deux poêlons en terre que l'on pose l'un sur l'autre. **5.** *Fam.* Enfant turbulent et espiègle ; diablotin. ▸ ***À la diable,*** très mal, sans soin : *Il repassa sa chemise à la diable* (**CONTR.** soigneusement). ***Au diable*** ou ***au diable vauvert,*** très loin : *Sa maison se trouve au diable.* ***Avoir le diable au corps,*** faire le mal volontairement ; manifester une énergie surhumaine, une grande fougue. ***Beauté du diable,*** éclat de la jeunesse. ***Bon diable,*** bon garçon. ***Ce n'est pas le diable,*** ce n'est pas difficile. ***C'est bien le diable si...,*** ce serait extraordinaire si... : *C'est bien le diable si on n'arrive pas à le prévenir.* ***Du diable*** ou ***de tous les diables,*** extrême : *Cet instrument fait un bruit de tous les diables.* ***En diable,*** très, extrêmement : *Il est doué en diable à ce jeu.* ***Envoyer qqn, qqch au diable*** ou ***à tous les diables,*** le chasser, le rejeter. ***Faire le diable à quatre,*** faire du vacarme ; se démener. ***Grand diable,*** homme de grande taille, dégingandé. ***Pauvre diable,*** homme qui inspire la pitié : *Ce pauvre diable n'a rien à manger* (**SYN.** malheureux). ***Peindre le diable sur la muraille,*** en Suisse, noircir la situation, évoquer des dangers imaginaires. ***Tirer le diable par la queue,*** avoir des difficultés d'argent. ◆ interj. **1.** Marque la surprise, l'admiration, la perplexité : *Diable, quel beau tableau !* **2.** Sert à renforcer ou à nuancer une interrogation ; donc : « *Que diable allait-il faire dans cette galère ?* » [Molière]. **3.** Indique que l'on renonce à qqch ou qu'on le rejette : *Au diable ce projet !* ▸ ***Que diable !,*** marque l'impatience : *Avancez, que diable !*

diablement adv. *Fam.* À un haut degré ; très, terriblement : *Ce programme est diablement compliqué* (**SYN.** extrêmement).

diablerie n.f. **1.** Action inspirée par la malice ; espièglerie : *Les diableries d'un enfant.* **2.** *Litt.* Machination diabolique ; sorcellerie. **3.** Dans l'art chrétien, représentation d'une scène où figurent le diable ou ses suppôts.

diablesse n.f. **1.** Diable femelle. **2.** Femme méchante et acariâtre. **3.** Jeune fille vive et turbulente.

diablotin n.m. **1.** Petit diable. **2.** Enfant espiègle et turbulent.

diabolique adj. **1.** Inspiré par le diable ; démoniaque : *Tentation diabolique* (**SYN.** satanique). **2.** Qui fait penser au diable par son caractère maléfique : *Une méchanceté diabolique* (**SYN.** infernal ; **CONTR.** angélique).

diaboliquement adv. De façon diabolique, perverse.

diabolisation n.f. Action de diaboliser.

diaboliser v.t. [conj. 3]. Considérer, présenter qqn, qqch comme diabolique : *Diaboliser un parti politique.*

diabolo n.m. (du gr. *diabolos*, diable). **1.** Jouet formé de deux cônes opposés par les sommets, qu'on lance en l'air et qu'on rattrape sur une ficelle tendue entre deux baguettes. **2.** Boisson faite de limonade additionnée de sirop : *Diabolo menthe.* **3.** En médecine, drain inséré à travers la membrane du tympan et utilisé pour traiter certaines otites.

diachronie n.f. (du gr. *chronos*, temps). Caractère des phénomènes linguistiques considérés du point de vue de leur évolution dans le temps (par opp. à synchronie).

diachronique adj. Relatif à la diachronie.

diachylon [djaʃilɔ̃] n.m. Au Québec, petit pansement adhésif.

diaconat n.m. Office ou ordre du diacre.

diaconesse n.f. Chez les protestants, femme qui se voue à des œuvres pieuses et qui vit souvent en communauté.

diacre n.m. (du gr. *diakonos*, serviteur). **1.** Chez les catholiques et les orthodoxes, ecclésiastique qui a reçu l'ordre immédiatement inférieur à la prêtrise. **2.** Chez les protestants, laïc chargé du soin des pauvres et de l'administration des fonds de l'Église.

diacritique adj. (du gr. *diakrinein*, distinguer). ▸ ***Signe diacritique,*** signe qui, adjoint à une lettre, en modifie la valeur ou permet de distinguer deux mots ayant la même orthographe (on dit aussi *un diacritique*) : *L'accent grave de « à » et la cédille du « ç » sont des signes diacritiques.*

diadème n.m. **1.** Bandeau richement décoré et porté autour de la tête comme signe de la royauté ; la dignité royale elle-même : *Ceindre le diadème.* **2.** Bijou rehaussé de pierreries qui enserre le haut du front. **3.** Objet de parure féminine ou coiffure ceignant le haut du front : *Un diadème de tresses.*

diagnostic [djagnɔstik] n.m. (du gr. *diagnôsis*, connaissance). **1.** Identification d'une maladie par ses symptômes. **2.** Jugement porté sur une situation, sur un état : *L'éditorialiste fait un diagnostic de la situation politique.*

diagnostique adj. En médecine, relatif à un diagnostic : *Signes diagnostiques* (= permettant d'établir un diagnostic).

diagnostiquer v.t. [conj. 3]. **1.** En médecine, identifier une maladie : *Diagnostiquer une angine.* **2.** Déceler, identifier la nature d'un mal, d'une panne, etc. : *Le réparateur a diagnostiqué un court-circuit dans le lave-linge* (**SYN.** découvrir).

diagonale n.f. (du gr. *diagônios*, ligne qui relie deux angles). Segment de droite ou droite qui joint deux sommets non consécutifs d'une figure géométrique. ▸ ***En diagonale,*** en biais, obliquement. *Fam.* ***Lire en diagonale,*** rapidement, en sautant des passages. ◆ **diagonal, e, aux** adj. Qui a le caractère d'une diagonale ; en diagonale : *Ligne diagonale.*

diagramme n.m. (gr. *diagramma*, dessin). Représentation graphique ou schématique permettant de décrire l'évolution, les variations d'un phénomène, la disposition relative des parties d'un ensemble : *Diagramme représentant les variations de température au cours d'une année* (**SYN.** courbe, graphique).

dialectal, e, aux adj. Relatif à un dialecte.

dialecte n.m. (lat. *dialectus*, gr. *dialektos*, discussion). Variante régionale d'une langue : *Le picard et l'alsacien sont des dialectes.*

dialecticien, enne n. et adj. Personne qui pratique la dialectique.

dialectique n.f. (du gr. *dialektikê*, art de discuter). **1.** Méthode de raisonnement qui procède par affirmation (la thèse), négation (l'antithèse) et union des contradictions dans une déduction (la synthèse). **2.** Suite de raisonnements rigoureux destinés à emporter l'adhésion de l'interlocuteur : *Une dialectique implacable.* ◆ adj. Qui relève de la dialectique ; qui exprime la dialectique : *Une pensée dialectique.*

dialectologie n.f. Partie de la linguistique qui étudie les dialectes.

dialectologue n. Spécialiste de dialectologie.

dialogue n.m. (lat. *dialogus*, entretien). **1.** Conversation, échange de points de vue entre deux ou plusieurs personnes : *Il a écouté le dialogue de sa mère et de la voisine* ou *de sa mère avec la voisine* (**SYN.** entretien, tête-à-tête). **2.** Discussion visant à trouver un terrain d'entente ; fait de dialoguer : *Le dialogue a repris entre les délégués syndicaux et la direction* (**SYN.** débat, échange). **3.** Ensemble des répliques échangées entre les personnages d'une pièce de théâtre, d'un film, d'un récit. **4.** Ouvrage littéraire présenté sous la forme d'une conversation : *Les « Dialogues » de Platon.* ▸ ***Dialogue homme-machine,*** utilisation interactive d'un ordinateur.

dialoguer v.i. [conj. 3]. **1.** Tenir une conversation avec qqn ; s'entretenir : *Elle dialogue avec ses collègues* (**SYN.** bavarder, converser). **2.** Discuter en vue d'un accord ; engager des négociations : *L'ambassadeur dialogue avec les ravisseurs* (**SYN.** conférer, négocier). ▸ ***Dialoguer avec un ordinateur,*** l'exploiter en mode conversationnel.

dialoguiste n. Auteur spécialisé de dialogues de films ou de téléfilms.

dialyse n.f. (gr. *dialusis*, séparation). **1.** En chimie, séparation des constituants d'un mélange. **2.** En médecine, purification du sang, pratiquée en cas d'insuffisance rénale.

dialysé, e adj. et n. Se dit d'un malade astreint à une dialyse.

dialyser v.t. [conj. 3]. **1.** Opérer la dialyse de constituants chimiques. **2.** Pratiquer une dialyse sur un malade.

diamant n.m. (lat. *diamas, diamantis*, du gr. *adamas*, acier). **1.** Carbone pur cristallisé, le plus dur des minéraux naturels, génér. incolore et transparent : *Une mine de diamant.* **2.** Pierre précieuse, taillée dans cette matière. **3.** Outil de miroitier et de vitrier servant à couper le verre. **4.** Pointe de la tête de lecture d'un électrophone, d'une platine constituée d'un diamant.

diamantaire n. Personne qui travaille ou vend des diamants.

diamantifère adj. Se dit, d'un sol qui contient du diamant.

diamantin, e adj. *Litt.* Qui a la dureté, la pureté ou l'éclat du diamant.

diamétral, e, aux adj. Qui contient un diamètre ; relatif au diamètre.

diamétralement adv. ▸ ***Diamétralement opposé,*** tout à fait, absolument opposé : *Deux théories diamétralement opposées.*

diamètre n.m. (du gr. *metron*, mesure). Ligne droite qui partage symétriquement un cercle, un objet circulaire ou arrondi ; sa longueur : *Le diamètre d'un abat-jour. Ce globe fait 15 centimètres de diamètre.*

diantre interj. (déformation de *diable*). *Vx* ou *litt.* Juron exprimant l'étonnement, l'admiration, l'irritation : *Que diantre lui veut-il ?*

diapason n.m. (du gr. *dia pasôn* [*khordôn*], par toutes [les cordes]). **1.** Note dont la fréquence sert de référence pour l'accord des voix et des instruments : *Le diapason est le « la » de la troisième octave en partant du grave d'un clavier de piano.* **2.** Instrument en forme de U qui donne le *la.* ▸ ***Se mettre au diapason,*** en harmonie avec les attitudes ou les opinions d'autrui : *Le stagiaire s'est vite mis au diapason* (= il s'est adapté).

diaphane adj. (gr. *diaphanês*, transparent). **1.** Qui laisse passer la lumière sans être transparent ; d'une transparence atténuée : *Le verre dépoli est diaphane* (**SYN.** translucide). **2.** *Litt.* Dont l'aspect évoque ce qui est translucide : *Un malade au visage diaphane* (**SYN.** blême, livide, pâle).

diaphragme n.m. (gr. *diaphragma*, cloison). **1.** Muscle très large et mince qui sépare la poitrine de l'abdomen. **2.** Membrane de matière souple (caoutchouc, matière plastique, etc.) employée comme contraceptif féminin. **3.** Ouverture de diamètre réglable servant à faire varier la quantité de lumière entrant dans un appareil photographique.

diapositive n.f. Image photographique sur support transparent destinée à être projetée sur un écran (abrév. fam. diapo).

diapré, e adj. (de l'anc. fr. *diaspre*, drap à fleurs). *Litt.* De couleurs vives et variées : *Des étoffes diaprées* (**SYN.** bariolé).

diariste n. (de l'angl.). Personne qui écrit son journal intime.

diarrhée n.f. (gr. *diarrhoia*, écoulement). Émission fréquente de selles liquides ou pâteuses, due à une intoxication ou à une infection.

diarrhéique adj. Relatif à la diarrhée. ◆ adj. et n. Atteint de diarrhée.

diaspora n.f. (mot gr. signif. « dispersion »). **1.** Dispersion d'un peuple, d'une ethnie à travers le monde : *La diaspora arménienne.* **2.** Ensemble des communautés juives dispersées à travers le monde.

diastole n.f. (gr. *diastolê*, dilatation). Période de décontraction du cœur (par opp. à systole).

diatomée n.f. (du gr. *diatomos*, coupé en deux). Algue unicellulaire, constituant du plancton marin.

diatonique adj. (du gr. *tonos*, ton). ▸ ***Gamme diatonique,*** en musique, gamme composée de 5 tons et de 2 demi-tons (par opp. à gamme chromatique).

diatribe n.f. (gr. *diatribê*, discussion d'école). Critique très violente, injurieuse : *Cet article est une diatribe contre le gouvernement* (**SYN.** pamphlet ; **CONTR.** éloge, panégyrique).

dichotomie [dikɔtɔmi] n.f. (gr. *dikhotomia*, division en deux parties égales). **1.** *Didact.* Division de qqch en deux parties distinctes et souvent opposées : *Établir une dichotomie dans la classe politique entre la droite et la gauche.* **2.** En botanique, mode de division de certaines tiges en deux rameaux.

dichotomique [dikɔtɔmik] adj. Qui se divise ou se subdivise en deux : *Une science dichotomique* (**SYN.** binaire).

dico n.m. (abrév.). *Fam.* Dictionnaire.

dicotylédone n.f. (du gr. *kotulêdôn*, lobe). Plante dont la graine contient un embryon à deux cotylédons (par opp. à monocotylédone) : *Le chêne, le hêtre, la renoncule, la pomme de terre, la rose sont des dicotylédones.*

Dictaphone n.m. (nom déposé). Magnétophone servant, notamm., à la dictée du courrier.

dictateur n.m. (lat. *dictator*, magistrat extraordinaire, de *dictare*, dicter). **1.** Personne qui, s'étant emparée du pouvoir, gouverne arbitrairement et sans contrôle démocratique ; autocrate : *Ce dictateur envoie ses opposants dans des camps* (**SYN.** despote, tyran). **2.** Dans l'Antiquité romaine, magistrat suprême investi temporairement de tous les pouvoirs politiques et militaires en cas de crise grave.

dictatorial, e, aux adj. Relatif à une dictature : *Régime dictatorial* (**SYN.** autocratique, despotique, tyrannique).

dictatorialement adv. De façon dictatoriale ; en dictateur.

dictature n.f. **1.** Régime politique instauré par un dictateur (**SYN.** autocratie, totalitarisme). **2.** *Fig.* Influence extrême de qqch, d'un groupe, d'une personne : *La dictature des médias, de la mode* (**SYN.** tyrannie). **3.** Dans l'Antiquité romaine, gouvernement d'exception, magistrature militaire conférée pour six mois à un dictateur. ▸ ***Dictature militaire,*** qui s'appuie sur l'armée.

dictée n.f. **1.** Action de dicter un texte : *J'ai écrit sous sa dictée.* **2.** Exercice scolaire d'orthographe, consistant à dicter un texte aux élèves : *Une dictée sans fautes.* **3.** Besoin d'agir qui s'impose à l'esprit ; impulsion : *Il a agi sous la dictée de la compassion.*

dicter v.t. (lat. *dictare*, de *dicere*, dire) [conj. 3]. **1.** Dire à haute voix des mots, un texte à qqn qui les écrit au fur et à mesure : *Elle dicte une lettre à sa secrétaire.* **2.** Inspirer, imposer une conduite à tenir : *Son instinct lui dicte de s'en méfier* (**SYN.** commander, suggérer). ▸ ***Dicter sa loi, ses conditions,*** les imposer.

diction n.f. (lat. *dictio*, parole, discours). Manière de parler ; manière de réciter pour un acteur : *Ce présentateur a une mauvaise diction* (**SYN.** élocution).

dictionnaire n.m. (du lat. *dictio*, mot). Recueil de mots classés par ordre alphabétique et suivis de leur définition ou de leur traduction dans une autre langue (abrév. fam. dico) : *Un dictionnaire bilingue. Le « Dictionnaire de l'Académie ».* ▸ ***Dictionnaire de langue,*** dictionnaire qui donne des informations sur la nature et le genre grammatical des mots, leurs formes graphiques et phonétiques, leurs sens, leurs emplois, leurs niveaux de langue, etc. ***Dictionnaire encyclopédique,*** dictionnaire qui, outre des définitions de mots, contient des développements scientifiques ou historiques sur les choses représentées par ces mots, ainsi que des notices sur des personnes, des lieux, des événements, etc.

dicton n.m. (lat. *dictum*, mot, chose dite). Courte phrase de portée générale devenue proverbiale : *« Mariage pluvieux, mariage heureux » est un dicton* (**SYN.** sentence).

didacticiel n.m. (de *didacti[que]* et *[logi]ciel*). Logiciel spécialement conçu pour l'enseignement assisté par ordinateur.

didactique adj. (du gr. *didaskein*, enseigner). Qui a pour objet d'instruire ; pédagogique : *Une émission de télévision didactique.* ▸ ***Terme didactique,*** employé pour la vulgarisation scientifique ou technique. ◆ n.f. Science ayant pour objet les méthodes d'enseignement.

didactisme n.m. Caractère de ce qui est didactique.

didascalie n.f. (gr. *didaskalia*, enseignement). Indication donnée à un acteur par l'auteur, sur son manuscrit, dans le théâtre grec ancien. ◆ **didascalies** n.f. pl.

Ensemble des instructions de jeu et de mise en scène données auj. par un auteur dans une pièce de théâtre.

didjeridoo ou **didgeridoo** [didʒeridu] n.m. (d'une langue australienne). Longue trompe façonnée dans une branche d'arbre, qui est l'instrument à vent traditionnel des Aborigènes.

dièdre n.m. (du gr. *hedra*, base, plan). En géométrie, figure formée par deux demi-plans appelés *faces* ayant pour frontière la même droite appelée *arête*. ◆ adj. En géométrie, qui est déterminé par l'intersection de deux plans : *Angle dièdre.*

diérèse n.f. (gr. *diairesis*, division). En phonétique ou en prosodie, prononciation en deux syllabes d'une séquence formant habituellement une seule syllabe (par opp. à synérèse) : *« Ruade » prononcé « ru-ade » est une diérèse.*

dies academicus [djesakademikys] n.m. inv. (mots lat. signif. « jour académique »). En Suisse, cérémonie annuelle et publique dans les universités, qui marque la rentrée et la remise des titres de docteur honoris causa.

dièse n.m. (du gr. *diesis*, intervalle). En musique, signe d'altération (♯) qui hausse d'un demi-ton la note qu'il précède. ◆ adj. inv. Se dit d'une note de musique affectée d'un dièse : *Vous vous êtes trompé sur tous les « fa » dièse.*

diesel [djezɛl] n.m. (du nom de l'inventeur). **1.** Moteur à combustion interne fonctionnant par autoallumage du carburant (gazole) injecté dans de l'air fortement comprimé et aussi appelé *moteur Diesel.* **2.** Véhicule équipé d'un tel moteur. **3.** Au Québec, gazole (on dit aussi *carburant diesel* ou *diésel*).

diéséliste n. Mécanicien spécialiste des diesels.

dies irae [djesire] n.m. inv. (mots lat. signif. « jour de colère »). Dans le rite catholique romain, chant de la messe des morts commençant par ces mots ; musique composée sur ce chant.

① **diète** n.f. (lat. *dieta*, jour assigné). **1.** Assemblée politique qui, dans plusieurs États d'Europe (Saint Empire, Pologne, Hongrie, etc.), élisait le souverain et élaborait les lois soumises à sa ratification. **2.** Nom du Parlement polonais.

② **diète** n.f. (gr. *diaita*, genre de vie). **1.** Abstention momentanée, totale ou partielle, d'aliments, pour raison de santé : *Se mettre à la diète.* **2.** En médecine, régime à base de certains aliments dans un but hygiénique ou thérapeutique.

diététicien, enne n. Spécialiste de la diététique.

diététique n.f. Science des régimes alimentaires, fondée sur l'étude de la valeur nutritive des aliments. ◆ adj. Relatif à la diététique, à ses applications : *Recette diététique.* ▸ ***Aliment diététique,*** modifié, traité dans un but diététique.

diététiste n. Au Québec, diététicien.

dieu n.m. (lat. *deus*). **1.** (Avec une majuscule). Dans les religions monothéistes, être suprême, créateur de toutes choses et sauveur de l'humanité : *Prier Dieu* ou *le bon Dieu.* **2.** Dans les religions polythéistes, être supérieur, puissance surnaturelle : *Shiva est l'un des dieux de l'hindouisme. Éros était le dieu de l'Amour chez les Grecs.* **3.** *Fig.* Personne, chose à laquelle on voue une sorte de culte, pour laquelle on a un attachement passionné : *Ce sportif est son dieu* (**SYN.** idole). ▸ ***Beau comme un dieu,*** très beau. ***Dieu merci*** ou ***grâce à Dieu,*** exprime le soulagement : *Dieu merci, on a retrouvé sa voiture !* ***Dieu sait si...,*** exprime l'incertitude : *Dieu sait s'il vit toujours* ; renforce une affirmation : *Dieu sait si elle avait préparé cet entretien.* ***Homme de Dieu,*** prêtre ou saint homme. *Très fam.* ***Nom de Dieu !,*** juron exprimant le dépit, la colère, la surprise, etc. ***Pour l'amour de Dieu,*** renforce une demande : *Pour l'amour de Dieu, arrêtez de vous disputer !*

diffa n.f. (d'un mot ar. signif. « hospitalité »). Au Maghreb, réception des hôtes de marque, accompagnée d'un repas.

diffamateur, trice n. Personne qui diffame : *Il porta plainte contre ce diffamateur* (**SYN.** calomniateur). ◆ adj. Se dit de ce qui diffame : *Un article diffamateur.*

diffamation n.f. Action de diffamer ; écrit ou parole diffamatoire : *Ces diffamations ont failli briser sa carrière* (**SYN.** calomnie).

diffamatoire adj. Qui est fait ou dit en vue de diffamer : *Des propos diffamatoires. Un article de journal diffamatoire.*

diffamer v.t. (lat. *diffamare*, de *fama*, renommée) [conj. 3]. Porter atteinte à la réputation de qqn par des paroles ou des écrits non fondés, mensongers : *Il diffame son ancien associé* (**SYN.** calomnier, dénigrer).

différé, e adj. et n.m. (de *1. différer*). Se dit d'un programme radiophonique ou télévisé préalablement enregistré (par opp. à direct) : *Avec le différé, on peut couper certains passages. Diffusion d'un jeu télévisé en différé* (**SYN.** préenregistré).

différemment [diferamɑ̃] adv. De façon différente : *À sa place, j'aurais agi différemment* (**SYN.** autrement ; **CONTR.** pareillement).

différence n.f. (lat. *differentia*). **1.** Ce par quoi des êtres ou des choses ne sont pas semblables ; caractère qui distingue, oppose : *La différence entre ces robes vient du tissu utilisé* (**SYN.** disparité ; **CONTR.** conformité). *La différence des températures* (**SYN.** écart ; **CONTR.** analogie). *La différence entre un tableau et sa copie* (**SYN.** dissemblance, distinction ; **CONTR.** ressemblance, similitude). **2.** Résultat de la soustraction de deux nombres. **3.** Fait de différer ; originalité : *Ce mouvement prône le droit à la différence* (**SYN.** altérité, spécificité ; **CONTR.** identité). ▸ ***À la différence de,*** par opposition à ; contrairement à : *Elle est très aimable, à la différence de son mari.* ***Faire la différence,*** savoir reconnaître ce qui différencie plusieurs choses : *Il fait la différence entre la viande de supermarché et la viande de son boucher* ; créer un écart avec ses concurrents : *Ce marathonien a fait très vite la différence.*

différenciation n.f. Action de différencier des êtres ou des choses ; fait de se différencier : *Je n'ai pu établir de différenciation entre eux* (**SYN.** discrimination, distinction). *La différenciation d'espèces botaniques voisines* (**SYN.** séparation).

différencié, e adj. Qui résulte d'une différenciation ; qui se différencie : *Des produits très différenciés.*

différencier v.t. [conj. 9]. Distinguer par une différence : *La forme de l'arrière différencie ces deux voitures* (**CONTR.** rapprocher). ◆ **se différencier** v.pr. Se distinguer des autres par une différence, une marque quelconque : *L'autruche se différencie des autres oiseaux par le fait qu'elle ne vole pas* (**SYN.** différer, s'opposer à, se singulariser).

différend n.m. Divergence d'opinions, d'intérêts : *Nous n'avons jamais eu de différend avec eux* (**SYN.** désaccord, conflit, litige ; **CONTR.** accord, entente). ☞ **REM.** Ne pas confondre avec *différent.*

différent, e adj. **1.** (Après le n.). Qui présente une différence, qui n'est pas pareil : *Leurs personnalités sont différentes* (**SYN.** dissemblable, opposé ; **CONTR.** analogue, similaire). *Le climat de ce pays est différent du nôtre* (**CONTR.** identique à, semblable à). **2.** Qui n'est plus le même, qui a changé : *Elle est différente depuis qu'elle occupe ce poste.* **3.** Se dit de ce qui est original, nouveau : *Enfin un quotidien différent !* (**SYN.** autre, neuf ; **CONTR.** pareil). ☞ **REM.** Ne pas confondre avec *différend.* ◆ **différents, différentes** adj. indéf. pl. (Avant le n.). Sert à indiquer la pluralité et la diversité : *Ce produit peut se trouver dans différents rayons* (**SYN.** divers). *Différents pays se présentent aux jeux Olympiques* (**SYN.** plusieurs). *Ce logiciel fonctionne sur les différents types de matériels existant aujourd'hui.*

différentiel, elle adj. Se dit de ce qui crée, implique ou marque une différence : *Tarif différentiel de nuit.* ▸ ***Calcul différentiel,*** en mathématiques, étude des variables des fonctions lorsque ces variables croissent ou décroissent de quantités infiniment petites. ◆ **différentiel** n.m. **1.** Dans une automobile, mécanisme qui permet aux roues motrices de tourner à des vitesses différentes dans les virages. **2.** Écart, exprimé en pourcentage, qui existe entre deux variables de même nature : *Différentiel d'inflation.*

① **différer** v.t. (lat. *differre,* retarder) [conj. 18]. Remettre à une date ultérieure : *Différer une fête* (**SYN.** ajourner, reculer, reporter, retarder ; **CONTR.** avancer).

② **différer** v.i. (lat. *differre,* être différent) [conj. 18]. **1.** Être différent, dissemblable : *Ces deux émissions diffèrent par leur approche du sujet* (**SYN.** se distinguer ; **CONTR.** se ressembler). *Son nouveau roman diffère du précédent* (**SYN.** se différencier). **2.** Avoir des opinions différentes ; ne pas être du même avis : *Nous différons sur ce point* (**SYN.** diverger, s'opposer ; **CONTR.** s'accorder, se rapprocher).

difficile adj. (lat. *difficilis*). **1.** Qui se fait, se réalise avec peine ; qui exige des efforts : *Ce jeu est difficile pour les enfants* (**SYN.** ardu, compliqué, dur ; **CONTR.** facile, simple). *Il lui a confié une tâche difficile* (**SYN.** ingrat, malaisé, pénible ; **CONTR.** aisé). **2.** Qui est peu facile à contenter ou à supporter : *Il est difficile dans le choix de ses amis* (**SYN.** exigeant ; **CONTR.** accommodant). *Elle est difficile à vivre* (= elle n'est pas sociable ; **CONTR.** affable, aimable). **3.** Qui n'est pas facile à subir ; pénible, douloureux : *Il a connu des moments difficiles* (**SYN.** dramatique, tragique ; **CONTR.** heureux). **4.** Qui connaît de graves problèmes, notamm. sociaux : *Vivre dans un quartier difficile.* ◆ n. ▸ ***Faire le*** ou ***la difficile,*** se montrer peu ou pas facile à contenter.

difficilement adv. Avec difficulté : *Il a eu difficilement son permis de conduire* (**CONTR.** facilement).

difficulté n.f. (lat. *difficultas,* obstacle). **1.** Caractère de ce qui est difficile : *La difficulté d'une énigme* (**SYN.** complexité ; **CONTR.** facilité, simplicité). **2.** Ce qui crée un empêchement, un obstacle ; embarras pour faire qqch : *J'ai eu des difficultés à vous trouver* (= j'ai eu du mal). *Elle a de la difficulté à monter les marches* (**SYN.** peine ; **CONTR.** aisance). **3.** Désaccord entre des personnes ; opposition : *Il a des difficultés avec ses enfants* (**SYN.** conflit, divergence). ▸ ***Faire des difficultés,*** susciter des obstacles ; ne pas accepter facilement qqch : *Ils ont fait des difficultés pour accepter.*

difforme adj. (lat. *deformis*). Qui présente une difformité ; contrefait : *Un pied difforme.*

difformité n.f. Malformation du corps, d'une partie du corps : *Une difformité de la main due à un accident* (**SYN.** infirmité).

diffracter v.t. [conj. 3]. Produire la diffraction de : *Le prisme diffracte la lumière.*

diffraction n.f. (du lat. *diffractus,* mis en morceaux). Déviation subie par les ondes acoustiques, lumineuses, hertziennes lorsqu'elles rencontrent un obstacle.

diffus, e adj. (lat. *diffusus*). **1.** Se dit de ce qui est répandu largement dans toutes les directions en ayant perdu de sa force, de son intensité : *Lumière diffuse* (= tamisée). *Douleur diffuse.* **2.** *Fig.* Qui manque de netteté, de concision : *Il écrit d'une manière diffuse* (**SYN.** prolixe, redondant, verbeux ; **CONTR.** concis, laconique).

diffuser v.t. [conj. 3]. **1.** Répandre dans toutes les directions : *La cheminée diffuse de la chaleur dans toute la maison* (**SYN.** émettre). **2.** Transmettre une émission par la radio, la télévision ; propager dans le public : *Ils ne diffusent plus ce spot publicitaire. Les délégués du personnel ont immédiatement diffusé cette nouvelle* (**SYN.** divulguer). **3.** Assurer la distribution commerciale d'une publication : *Diffuser des livres.* ◆ v.i. Se répandre dans le milieu ambiant : *Le malade sent l'injection qui diffuse dans tout son bras.* ◆ **se diffuser** v.pr. Se répandre dans le public : *Cette méthode s'est très rapidement diffusée.*

① **diffuseur** n.m. **1.** Accessoire d'éclairage qui donne une lumière diffuse. **2.** Dispositif permettant à une substance (parfum, insecticide) d'agir par évaporation lente.

② **diffuseur, euse** n. Personne qui diffuse des publications, des livres.

diffusion n.f. **1.** Phénomène par lequel un milieu de propagation produit une répartition continue, dans de nombreuses directions, d'une onde ou d'une substance : *La diffusion d'un parfum dans l'air.* **2.** Action de propager des connaissances, des idées dans un large public : *Internet peut contribuer à la diffusion du savoir* (**SYN.** propagation). **3.** Action de transmettre une émission par la radio, la télévision : *La diffusion de ce film est reportée.* **4.** Action de diffuser une publication. **5.** Nombre d'exemplaires vendus d'un journal au numéro.

digérer v.t. (lat. *digerere,* distribuer) [conj. 18]. **1.** Assimiler par la digestion : *Elle digère mal les œufs.* **2.** (Sans compl.). Effectuer la digestion d'un repas : *Faisons une promenade pour digérer.* **3.** *Fig.* Assimiler par la réflexion, la pensée : *Artiste qui digère les différentes influences qu'il a subies* (**SYN.** intérioriser). **4.** *Fam.* Accepter sans révolte qqch de désagréable, d'humiliant : *Elle dut digérer ses insultes* (**SYN.** endurer, subir, supporter).

digest [dajdʒɛst ou diʒɛst] n.m. (mot angl., de *to digest,* résumer). Résumé d'un livre ou d'un article ;

publication périodique renfermant de tels résumés ; abstract.

digeste [diʒɛst] adj. Facile à digérer (**CONTR.** indigeste).

digestible adj. Se dit d'un aliment qui peut être digéré ; assimilable.

① **digestif, ive** adj. Relatif à la digestion ; qui sert à la digestion : *Un médicament qui soigne les troubles digestifs. Suc digestif.* ▸ ***Appareil digestif,*** ensemble des organes qui concourent à la digestion.

② **digestif** n.m. Alcool ou liqueur que l'on prend après le repas.

digestion [diʒɛstjɔ̃] n.f. Transformation que subissent les aliments dans l'appareil digestif pour devenir assimilables par l'organisme ; moment où l'on digère.

Digicode n.m. (nom déposé). Clavier électronique sur lequel on compose une combinaison de chiffres et de lettres pour avoir accès à un bâtiment.

① **digital, e, aux** adj. Qui se rapporte aux doigts : *Le policier cherche des empreintes digitales sur l'arme du crime.*

② **digital, e, aux** adj. (de l'angl. *digit,* nombre, du lat. *digitus,* doigt). En informatique, numérique.

digitale n.f. Plante dont les fleurs, disposées en grappe, ont la forme d'un doigt de gant et dont on extrait la digitaline.

digitaline n.f. Substance extraite de la digitale, utilisée à faibles doses dans le traitement de certaines maladies du cœur, mais qui, à fortes doses, peut être un poison violent.

digitigrade adj. et n.m. Qui marche en appuyant seulement les doigts sur le sol (par opp. à plantigrade) : *Le chat est un animal digitigrade. Les oiseaux sont des digitigrades.*

diglossie n.f. (du gr. *diglôssos,* bilingue, de *glôssa,* langue). Situation de bilinguisme d'un individu ou d'une communauté, dans laquelle une des deux langues a un statut inférieur.

digne adj. (lat. *dignus*). **1.** Qui a, qui manifeste de la dignité, de la retenue : *Il répondit d'une façon digne* (**SYN.** noble ; **CONTR.** bas, indigne). **2.** *Sout.* Qui mérite l'estime ; honorable : *Elle fut la digne représentante de son pays.* ▸ ***Digne de qqch,*** qui mérite qqch : *Un comportement digne d'éloges. Un homme digne de mépris* ; qui est en conformité avec : *Cette action est digne de son courage.* ***Digne de qqn,*** dont le mérite, la valeur ne sont pas inférieurs à ceux de qqn d'autre : *Une fille digne de sa mère.*

dignement adv. Avec dignité ; comme il faut : *Il s'est conduit dignement lors du procès* (**SYN.** noblement ; **CONTR.** bassement).

dignitaire n.m. Personnage qui occupe une haute fonction : *Les dignitaires de l'État.*

dignité n.f. (lat. *dignitas,* mérite). **1.** Respect dû à une personne, à une chose ou à soi-même : *Lutter contre les atteintes à la dignité de l'être humain* (**SYN.** grandeur, honneur). *Par dignité, elle a refusé de répondre à ses détracteurs* (**SYN.** honorabilité, respectabilité ; **CONTR.** indignité). **2.** Retenue, gravité dans les manières : *Tu as manqué de dignité en t'emportant de cette façon* (**SYN.** tenue ; **CONTR.** laisser-aller, négligence). **3.** Haute fonction, charge qui donne à qqn un rang éminent : *Elle brigue de grandes dignités.* **4.** Distinction honorifique : *La dignité de grand-croix de la Légion d'honneur.*

digression n.f. (lat. *digressio,* de *digredi,* s'écarter de son chemin). Développement étranger au sujet, dans un écrit, un discours, une conversation : *Vous vous égarez dans des digressions.*

digue n.f. (du néerl.). Construction destinée à contenir les eaux, à protéger contre leurs effets ou à guider leur cours.

diktat [diktat] n.m. (mot all. signif. « ce qui est ordonné »). Exigence absolue, imposée par le plus fort, notamm. dans les relations internationales.

dilapidation n.f. Action de dilapider ; gaspillage.

dilapider v.t. (lat. *dilapidare,* de *lapis, lapidis,* pierre) [conj. 3]. Dépenser à tort et à travers ; gaspiller : *Elle a dilapidé sa première paie* (**CONTR.** conserver, économiser).

dilatabilité n.f. En physique, propriété d'un corps dilatable.

dilatable adj. En physique, qui peut se dilater.

dilatateur adj.m. et n.m. Se dit d'un muscle qui dilate un canal, un orifice (**CONTR.** constricteur). ◆ **dilatateur** n.m. En médecine, instrument servant à dilater un orifice ou une cavité.

dilatation n.f. **1.** En physique, fait de se dilater ; augmentation de la longueur ou du volume d'un corps par élévation de température, sans changement dans la nature du corps (par opp. à compression) : *La dilatation du goudron.* **2.** En médecine, augmentation, soit pathologique, soit thérapeutique, du calibre d'un organe : *Dilatation des bronches, de la pupille.*

dilater v.t. (du lat. *latus,* large) [conj. 3]. **1.** Augmenter le volume d'un corps par élévation de sa température : *La chaleur dilate les métaux.* **2.** Augmenter le calibre d'un conduit naturel ; agrandir l'ouverture d'un organe ; distendre : *La peur dilate les pupilles du chat* (**SYN.** élargir ; **CONTR.** rétrécir). ◆ **se dilater** v.pr. **1.** Augmenter de volume : *Le tablier du pont s'est dilaté.* **2.** S'ouvrir, s'élargir, s'agrandir, en parlant d'un organe : *Ses narines se dilatent.* **3.** S'épanouir ; déborder de : *Son cœur se dilatait de joie.*

dilatoire adj. (lat. *dilatorius*). Qui est destiné à gagner du temps, à retarder une décision : *L'avocat a tenté une manœuvre dilatoire.*

dilemme [dilɛm] n.m. (gr. *dilêmma*). Obligation de choisir entre deux solutions possibles, comportant toutes deux des inconvénients : *Elle est devant un dilemme : soit elle témoigne contre lui et risque de perdre son emploi, soit elle le laisse escroquer les clients* (**SYN.** alternative).

dilettante [diletɑ̃t] n. (mot it.). Personne qui s'adonne à un travail, à un art pour son seul plaisir, en amateur : *Elle sculpte en dilettante. Il nous considère comme des dilettantes* (**CONTR.** professionnel, spécialiste).

dilettantisme n.m. (Souvent péjor.). Caractère, attitude d'un dilettante : *Ce roman relève du dilettantisme* (**SYN.** amateurisme).

diligemment [diliʒamɑ̃] adv. *Sout.* Avec diligence ; avec zèle : *Terminer diligemment un travail.*

① **diligence** n.f. (lat. *diligentia,* soin). Rapidité dans l'exécution d'une tâche : *Les infirmières se sont occupées de lui avec diligence* (**SYN.** empressement, zèle ;

CONTR. négligence). ▸ ***À la diligence de,*** dans le langage juridique, sur la demande, à la requête de : *À la diligence du juge.* *Litt.* ***Faire diligence,*** se dépêcher.

② **diligence** n.f. (abrév. de *carrosse de diligence*). *Anc.* Voiture publique tirée par des chevaux, qui servait au transport des voyageurs.

diligent, e adj. (lat. *diligens, diligentis,* attentif). *Litt.* Qui agit avec rapidité et efficacité : *Un employé diligent* (**SYN.** zélé).

diligenter v.t. [conj. 3]. *Litt.* Faire ou faire faire qqch avec diligence (s'emploie aussi dans le langage juridique) : *Le préfet a diligenté une enquête.*

diluant n.m. Liquide volatil ajouté à la peinture, au vernis pour qu'ils s'appliquent plus facilement.

diluer v.t. (lat. *diluere,* tremper) [conj. 7]. **1.** Délayer une substance dans un liquide : *Diluer du sucre dans son café* (**SYN.** dissoudre). **2.** Diminuer la concentration d'une substance liquide par l'adjonction d'eau ou d'un autre liquide : *Diluer du pastis avec de l'eau* (**SYN.** allonger). **3.** *Fig.* Affaiblir un texte, des idées en les développant à l'excès : *Diluer sa pensée dans un flot de détails* (**CONTR.** amoindrir, noyer). ◆ **se diluer** v.pr. **1.** Se mélanger avec un liquide : *Le chocolat en poudre se dilue dans le lait.* **2.** *Fig.* Se disperser jusqu'à perdre toute consistance : *La rumeur finit par se diluer.*

dilution n.f. Action de diluer, de se diluer : *La dilution du sucre dans le café* (**SYN.** dissolution).

diluvien, enne adj. (du lat. *diluvium,* déluge). *Vx* Qui a rapport au Déluge ; qui évoque le Déluge. ▸ ***Pluie diluvienne,*** très abondante.

dimanche n.m. (lat. ecclés. *dies dominicus,* jour du Seigneur). Septième jour de la semaine : *Ils font du tennis tous les dimanches.* ▸ ***Du dimanche,*** se dit de qqn qui pratique une activité en amateur (souvent péjor.) : *Les conducteurs du dimanche.*

dîme n.f. (du lat. *decima,* dixième partie). Au Moyen Âge et sous l'Ancien Régime, fraction variable, en principe égale à un dixième, des produits de la terre et de l'élevage, versée à l'Église.

dimension n.f. (lat. *dimensio*). **1.** Chacune des grandeurs nécessaires à l'évaluation des figures et des solides (longueur, largeur, hauteur ou profondeur) : *Relever les dimensions d'un placard* (**SYN.** mesure). **2.** Portion d'espace occupée par un corps, un objet : *Un téléviseur de grande dimension* (**SYN.** format, gabarit, taille). **3.** *Fig.* Importance de qqch : *Une erreur de cette dimension est impardonnable* (**SYN.** ampleur). **4.** *Fig.* Aspect significatif de qqch : *La misère est une dimension du monde contemporain* (**SYN.** composante). ▸ ***Quatrième dimension,*** le temps, dans la théorie de la relativité. ***2 D, 3 D*** → **d.**

dimensionnel, elle adj. *Didact.* Relatif aux dimensions de qqch : *Calcul dimensionnel.*

dimensionner v.t. [conj. 3]. Fixer, déterminer les dimensions d'une pièce, d'un élément, etc.

diminué, e adj. Dont les facultés physiques ou mentales sont amoindries : *Elle est très diminuée depuis son accident.*

diminuendo [diminɥɛndo] adv. (mot it.). Terme de musique indiquant qu'il faut affaiblir graduellement le son (**SYN.** decrescendo ; **CONTR.** crescendo).

diminuer v.t. (lat. *diminuere,* de *minus,* moins) [conj. 7]. **1.** Rendre moins grand, moins important : *Diminuer la longueur d'une jupe* (**SYN.** raccourcir ; **CONTR.** agrandir). *Ce commerçant a diminué ses prix* (**SYN.** baisser, réduire ; **CONTR.** augmenter, relever). *Cet incident a diminué son enthousiasme* (**SYN.** atténuer, émousser, modérer ; **CONTR.** attiser, stimuler). **2.** Faire perdre à qqn son prestige, le déconsidérer : *Elle diminue ses collègues* (**SYN.** dénigrer, rabaisser). *Ce sportif diminue le rôle de son entraîneur* (**SYN.** déprécier, dévaloriser ; **CONTR.** valoriser). ◆ v.i. **1.** Devenir moins grand, moins intense, moins coûteux : *Le nombre d'acheteurs de téléphones portables diminue* (**SYN.** décliner, décroître ; **CONTR.** croître). *Les impôts diminuent* (**SYN.** baisser, descendre ; **CONTR.** augmenter, monter). *Avec l'âge, les chances d'être embauché diminuent* (**SYN.** s'amenuiser ; **CONTR.** s'accroître, augmenter). **2.** Effectuer une diminution, en tricot.

diminutif, ive adj. et n.m. En linguistique, qui donne une nuance de petitesse, d'atténuation, de familiarité : *Le « -ot » de vieillot et le « -ette » de maisonnette sont des suffixes diminutifs. « Jeannot » est le diminutif du prénom Jean.*

diminution n.f. **1.** Action de diminuer en dimension, en intensité, en valeur ; son résultat : *La diminution du temps de travail* (**SYN.** réduction ; **CONTR.** augmentation). *Bénéficier d'une diminution sur le prix d'un ordinateur* (**SYN.** rabais, remise). **2.** Opération qui consiste à tricoter deux mailles ensemble ou à prendre une maille sur l'aiguille sans la tricoter et à la rejeter sur la maille suivante.

dimorphe adj. Qui peut revêtir deux formes différentes.

dinar n.m. (mot ar.). Unité monétaire de certains pays arabes et de la Serbie-et-Monténégro.

dinde n.f. (de *poule d'Inde*). **1.** Femelle du dindon ; viande de cet animal. **2.** *Fam.* Femme ou fille sotte et prétentieuse.

dindon n.m. **1.** Oiseau gallinacé, qui porte sur la tête et le cou des excroissances charnues, rouges, et peut dresser les plumes de sa queue. **2.** *Fam.* Homme stupide et vaniteux. ▸ ***Être le dindon de la farce,*** être la victime dans une affaire.

dindonneau n.m. Petit du dindon ; viande de cet animal.

① **dîner** v.i. (lat. *disjejunare,* rompre le jeûne) [conj. 3]. **1.** Prendre le repas du soir : *Elle dîne avec nous tous les lundis. Nous avons dîné de salade et de fromage.* **2.** Dans certaines régions de France ainsi qu'en Belgique, en Suisse, au Québec et au Zaïre, déjeuner.

② **dîner** n.m. (de *1. dîner*). **1.** Repas du soir. **2.** Ce que l'on mange au dîner : *Ton dîner était délicieux.* **3.** Dans certaines régions de France ainsi qu'en Belgique, en Suisse, au Québec et au Zaïre, repas de midi.

dînette n.f. **1.** Petit repas que les enfants font ensemble ou simulent avec leurs poupées : *Jouer à la dînette.* **2.** Service de vaisselle miniature servant de jouet aux enfants. **3.** *Fam.* Repas léger.

dîneur, euse n. Personne qui dîne, qui prend part à un dîner.

dinghy [dingi] n.m. (mot angl., du hindi) [pl. *dinghys* ou *dinghies*]. Canot pneumatique de sauvetage.

① **dingo** [dɛ̃go] n.m. (mot angl.). Chien sauvage d'Australie.

② **dingo** [dɛ̃go] adj. et n. (de *dingue*). *Fam.* Fou.

dingue [dɛ̃g] adj. et n. (de *dinguer,* aller de-ci de-là). *Fam.* Fou : *Il faut être dingue pour prendre la route par ce temps.* ◆ adj. *Fam.* Se dit de ce qui est bizarre, absurde ; extraordinaire : *Ton histoire est complètement dingue* (**SYN.** incroyable). *C'est dingue comme elle a changé* (**SYN.** inouï).

dinguer v.i. *Fam.* Tomber brutalement ; être projeté avec violence : *Il est allé dinguer contre le mur.* ▸ ***Envoyer dinguer qqn, qqch,*** éconduire brutalement qqn ; jeter violemment qqch.

① **dinosaure** [dinɔzɔr] ou **dinosaurien** [dinɔsorjɛ̃] n.m. (du gr. *deinos,* terrible, et *saura,* lézard). Très grand reptile de l'ère secondaire, tel que le brontosaure, le diplodocus.

② **dinosaure** n.m. *Fam.* Personne, institution jugée archaïque dans son domaine, mais y conservant une importance considérable : *Un dinosaure de la littérature.*

diocésain, e adj. et n. Relatif à un diocèse. ◆ n. Fidèle d'un diocèse.

diocèse n.m. (lat. *dioicesis,* du gr.). Territoire placé sous la juridiction d'un évêque.

diode n.f. (du gr. *hodos,* route). Composant électronique utilisé comme redresseur de courant. ▸ ***Diode électroluminescente,*** diode qui émet des radiations lumineuses lorsqu'elle est parcourue par un courant électrique et que l'on utilise pour l'affichage électronique de données, la signalisation, etc. (abrév. D.E.L.).

dionysiaque adj. Relatif à Dionysos, dieu grec de la Vigne et du Vin.

dioptre n.m. (du gr.). Surface optique séparant deux milieux transparents inégalement réfringents.

dioptrie n.f. Unité de mesure de la distance focale d'un système optique.

dioula n.m. En Afrique de l'Ouest, commerçant musulman itinérant.

dioxine n.f. Produit chimique extrêmement toxique dont la principale source est l'incinération des déchets.

dioxyde n.m. ▸ ***Dioxyde de carbone*** → **carbonique.**

diphtérie n.f. (du gr. *diphtera,* membrane). Maladie infectieuse contagieuse se manifestant par la formation d'un enduit blanchâtre dans la gorge.

diphtérique adj. Relatif à la diphtérie. ◆ adj. et n. Atteint de diphtérie.

diphtongaison n.f. En phonétique, fusion de deux voyelles qui se suivent en une seule syllabe, appelée *diphtongue.*

diphtongue [diftɔ̃g] n.f. (du gr. *phthongos,* son). En phonétique, voyelle complexe dont le timbre se modifie graduellement en cours de prononciation.

diplodocus [diplɔdɔkys] n.m. (du gr. *diploos,* double, et *dokos,* poutre). Dinosaure, long de 25 mètres environ, qui a vécu en Amérique et dont le cou et la queue étaient très longs.

① **diplomate** n. Personne chargée de représenter son pays à l'étranger et dans les relations internationales. ◆ adj. et n. Qui fait preuve d'habileté, de tact dans les relations avec autrui : *Le médecin s'est montré diplomate avec son patient* (**SYN.** adroit, habile ; **CONTR.** maladroit). ◆ n.m. Sorte de pudding garni de fruits confits.

② **diplomate** n.m. Pâtisserie à base de biscuits et de crème anglaise, garnie de fruits confits.

diplomatie [diplɔmasi] n.f. **1.** Science, pratique des relations internationales. **2.** Carrière, fonction d'un diplomate : *Entrer dans la diplomatie.* **3.** Ensemble des diplomates. **4.** Habileté, tact dans les relations avec autrui : *La ministre a agi avec diplomatie* (**SYN.** doigté, finesse ; **CONTR.** maladresse).

diplomatique adj. (du lat. *diploma*). **1.** Relatif à la diplomatie : *Le corps diplomatique* (= l'ensemble des diplomates). **2.** Adroit, habile, plein de tact : *Son intervention n'est pas très diplomatique* (**SYN.** fin, ingénieux ; **CONTR.** maladroit). ▸ *Fam.* ***Maladie diplomatique,*** prétexte allégué pour se soustraire à une obligation professionnelle ou sociale.

diplomatiquement adv. De façon diplomatique ; avec diplomatie : *Il a annoncé la mauvaise nouvelle diplomatiquement* (**SYN.** adroitement, habilement ; **CONTR.** maladroitement).

diplôme n.m. (lat. *diploma,* gr. *diplôma,* objet plié en deux). Document délivré par une école, une université, etc., et conférant un titre, un grade à la personne qui le reçoit. ▸ ***Diplôme d'études approfondies*** ou ***D.E.A.,*** ancien diplôme de l'enseignement supérieur, qui sanctionnait une année d'initiation à la recherche. ***Diplôme d'études supérieures spécialisées*** ou ***D.E.S.S.,*** ancien diplôme de l'enseignement supérieur obtenu au terme de cinq ans d'études après le baccalauréat. ***Diplôme d'études universitaires générales*** ou ***D.E.U.G.,*** diplôme de l'enseignement supérieur intermédiaire de la licence, obtenu au terme de deux ans d'études après le baccalauréat. ***Diplôme d'études universitaires scientifiques et techniques*** ou ***D.E.U.S.T.,*** diplôme qui sanctionne un premier cycle de formation scientifique et professionnelle. ***Diplôme universitaire de technologie*** ou ***D.U.T.,*** diplôme de l'enseignement supérieur sanctionnant une formation générale et professionnelle de deux ans dispensée dans les I.U.T.

diplômé, e adj. et n. Qui a obtenu un diplôme : *Elle est diplômée en géographie.*

diplopie n.f. (du gr. *diploos,* double, et *ôps, ôpos,* œil). Trouble de la vue qui fait voir double.

dipsomanie n.f. (du gr. *dipsos,* soif). Besoin irrésistible de boire des boissons alcoolisées.

diptère [diptɛr] adj. et n.m. (du gr. *dipteros,* à deux ailes). Se dit d'un insecte qui a deux ailes : *La mouche, le moustique sont des diptères.*

diptyque n.m. (du gr. *diptukhos,* plié en deux). Œuvre peinte ou sculptée composée de deux panneaux, fixes ou mobiles.

① **dire** v.t. (lat. *dicere*) [conj. 102]. **1.** Prononcer des sons articulés : *Ce mot est difficile à dire. Dire des mots sans suite* (**SYN.** débiter, proférer). **2.** Donner une information au moyen de la parole : *Je te dis qu'elle est déjà venue* (**SYN.** affirmer). *« J'ai peur », dit-il* (**SYN.** avouer, déclarer ; **CONTR.** nier). **3.** Communiquer au moyen de la parole ou de l'écrit : *Dis-nous ce qui s'est passé* (**SYN.** expliquer, raconter). *Dans cet article, elle dit exactement ce que je pense* (**SYN.** exprimer). *Le contrat dit que le taux peut changer* (**SYN.** énoncer, stipuler). **4.** Désigner par un mot, une expression dans une langue donnée : *Comment dit-on « fleur » en chinois ?* **5.** Réciter ou lire un texte à haute voix : *Dire un passage d'« Andromaque »* (**SYN.** déclamer). **6.** (Sans compl.). Parler : *Laissez-les dire.* **7.** Avoir une opinion ; énoncer un jugement : *C'est bon, qu'en dites-vous ?* (**SYN.** penser). *On le dit avare.* **8.** Indiquer par des marques extérieures ; signifier, révéler : *Ce bâillement disait son ennui* (**SYN.** exprimer, traduire, trahir). **9. [de].** (Suivi de l'inf.). Ordonner, conseiller de : *Elle lui dit de se taire* (**SYN.** enjoindre [sout.], inviter à). ▸ ***Dire qqch à qqn, ne rien lui dire*** ou ***ne pas lui dire grand-chose,*** plaire à qqn, le tenter ; ne pas lui plaire, ne pas le tenter : *Cette promenade ne leur dit rien. Ça te dit d'aller au cinéma ?* ; évoquer qqch ; ne rien évoquer à la mémoire : *Ce nom me dit quelque chose* (**SYN.** rappeler). ***Dire que... !,*** exprime l'étonnement, l'indignation, la déception : *Dire que je m'étais donné tant de mal !* ***Entendre dire,*** apprendre une nouvelle indirectement, par la rumeur publique : *Elle a entendu dire que ce poste allait se libérer.* *Fam.* ***Il n'y a pas à dire,*** c'est indiscutable, il faut se rendre à l'évidence : *Il n'y a pas à dire, ce film est un chef-d'œuvre.* ***Il va sans dire, cela va sans dire,*** il est naturel, évident que ; cela va de soi. ***Je ne vous le fais pas dire,*** vous l'avouez vous-même, vous le dites spontanément. ***On dirait*** (+ n.), se dit de qqch, de qqn qui ressemble à qqch, à qqn d'autre : *Tu as vu ce chien, on dirait un loup.* ***On dirait que,*** introduit une supposition très vraisemblable : *On dirait que le bébé s'est réveillé.* ***On dit que*** ou ***dit-on,*** il paraît que, le bruit court que : *On dit qu'il est charmant. Il est intraitable en affaires, dit-on.* ***S'être laissé dire que,*** avoir entendu dire que, disposer d'une information qui n'est pas tout à fait sûre : *Je me suis laissé dire qu'elle allait démissionner.* ***Si le cœur t'en, lui en,*** etc., ***dit,*** si tu en as, s'il en a, etc., envie : *Venez aussi, si le cœur vous en dit.* ***Soit dit en passant,*** annonce ou suit une remarque sur laquelle on ne veut pas s'appesantir, faite comme entre parenthèses. ***Tu dis, tu disais, vous dites, vous disiez ?,*** s'emploie pour demander à son interlocuteur de répéter qqch qu'on n'a pas compris ou qu'on n'a pas écouté. ***Vouloir dire,*** signifier : *Que veut dire ce hochement de tête ?* ◆ **se dire** v.pr. **1.** Être désigné, exprimé par tel mot, telle expression dans une langue donnée : *« Maison » se dit « house » en anglais.* **2.** Être d'un emploi correct ou convenable, en parlant d'un mot, d'une construction, etc. : *Cela ne se dit pas en français. Cette tournure ne se dit pas dans la langue surveillée.* **3.** Prétendre qu'on est tel, qu'on est disposé à faire qqch : *Ils se disent prêts pour le marathon.* **4.** Dire en soi-même, penser : *Ça ne se passera pas comme ça, se dit-il. Elle s'est dit qu'il avait besoin d'aide.*

② **dire** n.m. (de *1. dire*). Ce qu'une personne dit, déclare : *Selon les dires ou d'après les dires du témoin, le meurtrier serait blond. Au dire de l'expert, les torts sont partagés.*

① **direct, e** adj. (lat. *directus*). **1.** Qui est droit, sans détour ; rectiligne : *Elle prit la route la plus directe* (**CONTR.** détourné, sinueux, tortueux). **2.** *Fig.* Qui va droit au but, fait preuve de franchise : *Elle a posé une question directe* (**SYN.** franc, net ; **CONTR.** hypocrite). **3.** Sans intermédiaire ; en relation immédiate avec : *Je vous donne ma ligne directe. Ceci est la conséquence directe de ton imprudence.* **4.** Se dit d'un moyen de transport qui mène d'un lieu à un autre sans correspondance ou sans arrêt intermédiaire : *Y a-t-il un train direct pour Saint-Brieuc ?* (= sans changement). *Nous avons eu un vol direct pour Mexico* (= sans escale). **5.** En grammaire, se dit d'une construction qui n'est pas introduite par une préposition, d'un verbe qui n'est pas relié à son complément par une préposition (par opp. à indirect) : *Complément d'objet direct. « Mordiller » est un verbe transitif direct.* ▸ ***Discours*** ou ***style direct,*** en grammaire, manière de rapporter des paroles telles qu'elles ont été prononcées (par opp. à discours ou style indirect) : *Elle a dit : « Je m'en vais. »* ***Succession en ligne directe,*** succession de père en fils.

② **direct** n.m. **1.** En boxe, coup porté devant soi en détendant le bras horizontalement. **2.** Train direct : *Prendre le direct de 18 heures.* **3.** Programme radiophonique ou télévisé diffusé sans enregistrement préalable (par opp. à différé) : *Les aléas du direct. Interpréter une chanson en direct.*

directement adv. **1.** De façon directe, sans détour : *Elle rentre directement chez elle.* **2.** Sans intermédiaire : *Je lui annoncerai directement la nouvelle.*

directeur, trice n. (lat. *director*). Personne qui dirige, qui est à la tête d'une entreprise, d'un service, d'une direction administrative : *Le directeur de l'entreprise promet des embauches* (**SYN.** patron). *La directrice du lycée* (= proviseur). *Monsieur le Directeur.* ▸ ***Directeur de conscience,*** ecclésiastique choisi par une personne pour diriger sa vie spirituelle. ◆ adj. Qui dirige : *L'idée directrice d'un exposé. Le comité directeur.*

directif, ive adj. Qui donne une orientation précise ; qui impose des contraintes : *Une méthode d'enseignement directive.*

direction n.f. (lat. *directio,* alignement, ligne droite). **1.** Action de diriger, de guider ; conduite, administration : *Elle a la direction de plusieurs entreprises* (**SYN.** responsabilité). *Le maire lui a confié la direction du centre culturel* (**SYN.** pilotage). **2.** Ensemble des personnes qui dirigent une entreprise ; locaux, bureaux occupés par un directeur et son service : *Les syndicats veulent rencontrer la direction. La direction se trouve au dernier étage.* **3.** Orientation vers un point donné : *Prenez la direction du centre-ville* (**SYN.** chemin, route). *Elle est partie dans la direction opposée* (**SYN.** destination, sens). **4.** Orientation que l'on donne à une action : *L'enquête prend une autre direction.* **5.** Ensemble des organes qui permettent d'orienter les roues d'un véhicule : *Voiture équipée de la direction assistée.*

directionnel, elle adj. Qui émet ou reçoit dans une seule direction : *Antenne directionnelle.*

directive n.f. (Surtout au pl.). Ordre donné par une autorité à ses subordonnés ; instruction : *Elle a laissé des directives à sa secrétaire avant de partir* (**SYN.** consigne).

directoire n.m. Organisme collégial qui dirige une société anonyme. ▸ ***Le Directoire,*** régime qui gouverna la France de 1795 à 1799.

directorial, e, aux adj. Qui se rapporte à une direction, à un directeur, au Directoire.

dirham n.m. Unité monétaire des Émirats arabes unis et du Maroc.

dirigeable adj. Qui peut être dirigé : *Ce cerf-volant*

est dirigeable par deux poignées. ◆ n.m. Aérostat muni d'hélices servant à la propulsion et d'un système de direction (on dit aussi *ballon dirigeable*).

dirigeant, e adj. et n. Qui dirige ; qui exerce ou qui détient un pouvoir : *Le dirigeant d'un club sportif* (**SYN.** responsable).

diriger v.t. (lat. *dirigere,* mettre en ligne droite) [conj. 17]. **1.** Mener en tant que responsable ; commander : *Elle dirige une entreprise de vingt salariés* (**SYN.** administrer, gérer). **2.** Conduire un groupe de musiciens ou de choristes interprétant une œuvre musicale : *Il dirige la chorale. Elle a dirigé l'orchestre philharmonique.* **3.** Faire aller dans une certaine direction ; envoyer vers : *Diriger un avion vers un autre aéroport* (**SYN.** acheminer, orienter). *L'hôtesse d'accueil dirige le visiteur vers ce bureau* (**SYN.** guider, mener). **4.** Placer qqch dans une certaine direction, lui donner telle ou telle orientation : *L'astronome dirige son télescope vers Vénus* (**SYN.** tourner). *Il dirigeait son arme sur les otages* (**SYN.** braquer, pointer). **5.** Orienter qqn vers une activité, un domaine particulier : *La conseillère d'orientation dirige cet élève vers l'hôtellerie.* **6.** Faire en sorte qu'une conversation, un débat abordent un sujet donné : *Il tenta de diriger l'entretien sur son salaire* (**SYN.** aiguiller, orienter). ◆ **se diriger** v.pr. **1.** Avancer, progresser dans une direction : *Elle se dirigea vers nous. Le bateau se dirige vers le large* (**SYN.** cingler, gagner). **2.** Prendre telle orientation : *Il se dirige vers l'informatique* (**SYN.** se destiner à, s'orienter vers).

dirigisme n.m. Système dans lequel le gouvernement exerce un pouvoir de décision sur l'économie.

dirigiste n. Relatif au dirigisme ; partisan du dirigisme.

discal, e, aux adj. En anatomie, relatif à un disque intervertébral : *Hernie discale.*

discernable adj. Qui peut être discerné ; visible : *Une étoile discernable à l'œil nu.*

discernement n.m. Faculté de juger et d'apprécier avec justesse ; sens critique : *Elle a fait preuve de discernement dans cette affaire* (**SYN.** bon sens, clairvoyance, perspicacité ; **CONTR.** aveuglement).

discerner v.t. (lat. *discernere,* séparer) [conj. 3]. **1.** Reconnaître distinctement par un effort d'attention : *Je discerne un nid en haut de l'arbre* (**SYN.** distinguer, percevoir, repérer). **2.** Découvrir par la réflexion, le jugement ; percevoir : *Il a discerné ses intentions* (**SYN.** comprendre, deviner, saisir). *Je discerne une certaine moquerie dans ses paroles* (**SYN.** remarquer, sentir).

disciple n. (lat. *discipulus,* élève). Personne qui suit la doctrine d'un maître, qui suit l'exemple de qqn : *Une disciple de Confucius.*

disciplinaire adj. Qui se rapporte à la discipline d'un groupe, d'une assemblée, d'une administration : *Sanction disciplinaire* (= infligée pour manquement à la discipline).

discipline n.f. (lat. *disciplina,* action de s'instruire). **1.** Ensemble des règles, des obligations qui régissent certains organismes ou collectivités : *La discipline militaire. La discipline d'un collège* (**SYN.** règlement). **2.** Soumission à des règles ou à un règlement : *Ce professeur fait régner la discipline* (**SYN.** docilité, obéissance ; **CONTR.** désobéissance, indiscipline). **3.** Règle de conduite que l'on s'impose : *Il faut respecter une certaine discipline pour faire un régime efficace.* **4.** Matière d'enseignement : *Le latin est une discipline facultative.*

discipliné, e adj. **1.** Qui obéit à la discipline : *Des élèves disciplinés* (**SYN.** obéissant ; **CONTR.** désobéissant, dissipé, indiscipliné). **2.** Qui s'astreint à une discipline morale ou intellectuelle. ▸ *Fam.* ***Être bête et discipliné,*** obéir aveuglément aux ordres, sans réfléchir.

discipliner v.t. [conj. 3]. **1.** Soumettre qqn, un groupe à l'obéissance, à un ensemble de règles : *Il est difficile de discipliner les tout-petits.* **2.** Maîtriser pour rendre utilisable : *Discipliner un cours d'eau en construisant un barrage.*

disc-jockey [diskʒɔkɛ] n. (mot angl.) [pl. *disc-jockeys*]. Personne qui choisit et qui passe des disques à la radio ou dans une discothèque (abrév. D.J.).

disco n.m. ou n.f. et adj. inv. (abrév. de *discothèque*). Style de musique populaire spécialement destiné à la danse, né à la fin des années 1970.

discobole n.m. (gr. *diskobolos*). Dans l'Antiquité, athlète qui lançait le disque ou le palet.

discographie n.f. Répertoire des disques concernant un compositeur, un interprète, un thème.

discographique adj. Qui se rapporte à une discographie, à l'industrie du disque.

discoïde ou **discoïdal, e, aux** adj. En forme de disque.

discompte n.m. **1.** Rabais consenti par un commerçant en fonction de l'ampleur des commandes et des ventes et de la réduction de ses charges ; ristourne (**SYN.** discount [anglic.]). **2.** Vente au public à bas prix et par très grandes quantités ; pratique commerciale que constitue ce type de vente.

discompter v.t. [conj. 3]. Vendre des marchandises en discompte. ◆ v.i. Pratiquer le discompte (**SYN.** 1. discounter [anglic.]).

discompteur n.m. Commerçant qui pratique le discompte (**SYN.** 2. discounter [anglic.]).

discontinu, e adj. (lat. *discontinuus*). **1.** Qui n'est pas continu dans l'espace : *Une bande blanche discontinue* (**CONTR.** ininterrompu). **2.** Qui s'interrompt ; qui n'est pas régulier : *Un bruit discontinu* (**SYN.** intermittent ; **CONTR.** continu, incessant, permanent).

discontinuer v.i. [conj. 7]. ▸ ***Sans discontinuer,*** sans s'arrêter : *Elle a écrit toute la nuit sans discontinuer* (= sans interruption).

discontinuité n.f. Absence de continuité : *La discontinuité d'un effort* (**SYN.** intermittence ; **CONTR.** constance, persistance).

disconvenir v.t. ind. (du lat. *disconvenire,* ne pas s'accorder) [conj. 40 ; auxil. *être*]. ▸ *Litt.* ***Ne pas disconvenir de qqch*** ou ***que*** (+ subj.), ne pas le contester, en convenir : *Je ne disconviens pas de son efficacité* (**SYN.** admettre ; **CONTR.** nier). *Il n'est pas disconvenu que la priorité doive être donnée à cette question.*

discordance n.f. **1.** Caractère de ce qui est discordant ; incompatibilité : *Il y a des discordances entre ces deux témoignages* (**SYN.** différence, divergence ; **CONTR.** concordance). **2.** En musique, absence d'accord entre plusieurs instruments, plusieurs voix (**SYN.** cacophonie, dissonance ; **CONTR.** euphonie).

discordant, e adj. **1.** Qui manque de justesse, d'harmonie, d'ensemble : *Des sons discordants* (**SYN.** cacophonique, dissonant ; **CONTR.** harmonieux, mélodieux). *Des couleurs discordantes* (**SYN.** criard ; **CONTR.** harmonieux). **2.** *Fig.* Qui n'est pas en accord avec les autres ; divergent : *Les ministres ont des avis discordants* (**SYN.** contraire, différent, opposé ; **CONTR.** concordant, convergent).

discorde n.f. (lat. *discordia*, de *cor, cordis*, cœur). *Litt.* Vive opposition entre des personnes ; dissension : *Ce projet de loi est un sujet de discorde entre les députés* (**SYN.** désaccord, désunion, division ; **CONTR.** concorde, entente).

discorder v.i. [conj. 3]. *Litt.* **1.** Ne pas s'accorder ; être divergent : *Leurs opinions sur ce film discordent* (**SYN.** différer, diverger ; **CONTR.** concorder, converger). **2.** Ne pas être en harmonie, en parlant de sons, de couleurs ; dissoner, jurer avec.

discothèque n.f. **1.** Établissement où l'on peut danser et écouter de la musique tout en consommant des boissons. **2.** Organisme de prêt de disques ; endroit où est organisé ce prêt. **3.** Collection de disques. **4.** Meuble destiné à contenir une collection de disques.

discount [diskunt ou diskawnt] n.m. (mot angl.). Discompte.

① **discounter** [diskunte ou diskawnte] v.t. et v.i. [conj. 3]. Discompter.

② **discounter** [diskuntœr ou diskawntœr] n.m. Discompteur.

discoureur, euse n. Personne qui aime faire de longs discours ; bavard, phraseur.

discourir v.i. (lat. *discurrere*, courir çà et là) [conj. 45]. **[de, sur].** Parler sur un sujet en le développant longuement : *J'aime l'entendre discourir de la générosité* (**SYN.** disserter). *Il a discouru toute la soirée sur son travail* (**SYN.** palabrer, pérorer).

discours [diskur] n.m. (lat. *discursus*, action de courir çà et là). **1.** Développement oral sur un sujet déterminé, prononcé en public : *Un discours du chef de l'État* (**SYN.** allocution, déclaration). **2.** Ensemble de manifestations orales ou écrites, tenues pour significatives d'une idéologie ou d'un état des mentalités à une époque : *Le discours réformiste.* **3.** En linguistique, suite de mots et de phrases utilisée à l'écrit ou à l'oral, par opposition à la langue en tant que système : *Une tournure propre au discours familier.* ▸ ***Discours direct*** → **direct.** ***Discours indirect*** → **indirect.** ***Parties du discours,*** catégories grammaticales.

discourtois, e adj. *Litt.* Qui manque de courtoisie : *Des paroles discourtoises* (**SYN.** grossier, impoli ; **CONTR.** courtois, poli, respectueux).

discourtoisie n.f. *Litt.* Manque de courtoisie ; impolitesse.

discrédit n.m. Diminution ou perte de la considération, de l'estime, de la valeur dont jouit qqn ou qqch : *Une vieille théorie tombée dans le discrédit* (**SYN.** disgrâce, oubli ; **CONTR.** cote, vogue). *Cet industriel est en discrédit* (**SYN.** défaveur ; **CONTR.** faveur). ▸ ***Jeter le discrédit sur qqn, qqch,*** ternir sa réputation.

discréditer v.t. [conj. 3]. Faire perdre à qqn, à qqch la considération, le prestige, l'influence dont il jouissait : *Cette affaire de mœurs l'a complètement discrédité* (**SYN.** déconsidérer, déshonorer, perdre). ◆ **se discréditer** v.pr. Se comporter de manière à perdre l'estime des autres : *Elle s'est discréditée auprès de ses collègues* (**SYN.** se déconsidérer, se déshonorer).

discret, ète adj. (lat. *discretus*, capable de discerner). **1.** Qui fait attention à ne pas gêner ; réservé dans ses paroles et ses actions : *Des voisins très discrets* (**CONTR.** bruyant, gênant). *Elle est discrète sur sa vie privée* (**SYN.** pudique). **2.** Qui sait garder un secret : *Tu peux tout me dire, je suis très discrète* (**CONTR.** bavard, cancanier, indiscret). **3.** Qui n'attire pas l'attention ; qui est fait de façon à ne pas être remarqué : *Elle préfère les bijoux discrets* (**SYN.** sobre ; **CONTR.** clinquant, voyant). *Il lui fit un signe discret.*

discrètement adv. Avec discrétion ; de façon discrète : *Elle entra discrètement dans la pièce* (**SYN.** silencieusement ; **CONTR.** bruyamment). *Il les regarda discrètement* (= à la dérobée ; **CONTR.** indiscrètement).

discrétion n.f. **1.** Attitude de qqn qui ne veut pas s'imposer : *Elle quitta la pièce avec discrétion* (**SYN.** réserve, savoir-vivre, tact ; **CONTR.** sans-gêne). **2.** Caractère de ce qui n'attire pas l'attention : *La discrétion d'un décor de théâtre* (**SYN.** modestie, sobriété ; **CONTR.** outrance). **3.** Aptitude à garder le silence, un secret : *Tu peux compter sur sa discrétion* (**CONTR.** indiscrétion). ▸ ***À discrétion,*** à volonté : *Nous avions des fruits à discrétion* (= autant que nous en voulions). ***À la discrétion de qqn,*** qui dépend de lui, de son pouvoir, de son bon vouloir : *Les pourboires sont laissés à la discrétion des visiteurs.*

discrétionnaire adj. ▸ ***Pouvoir discrétionnaire,*** dans le langage juridique, liberté laissée à l'Administration de prendre l'initiative de certaines mesures, en dehors d'une règle de droit déjà établie ; fig., pouvoir absolu laissé à la discrétion de celui qui en est investi.

discriminant, e adj. Qui introduit une discrimination entre des individus : *Un test discriminant.*

discrimination n.f. **1.** Action d'isoler et de traiter différemment certaines personnes, un groupe par rapport aux autres : *La discrimination raciale* (**SYN.** ségrégation). **2.** *Litt.* Action de séparer des choses selon des critères distinctifs : *Faire la discrimination entre le bon et le mauvais vin* (**SYN.** différence, distinction ; **CONTR.** confusion).

discriminatoire adj. Qui tend à opérer une discrimination entre des personnes : *Des mesures discriminatoires.*

discriminer v.t. (lat. *discriminare*, séparer) [conj. 3]. *Litt.* Établir une différence, une distinction entre des personnes ou des choses : *Apprendre à discriminer un original de sa copie* (**SYN.** différencier, distinguer).

disculpation n.f. Action de disculper ; résultat de cette action.

disculper v.t. (du lat. *culpa*, faute) [conj. 3]. Prouver l'innocence de : *Ce test A.D.N. disculpe l'accusé* (**SYN.** innocenter ; **CONTR.** accuser, incriminer, inculper). ◆ **se disculper** v.pr. Prouver son innocence : *Elle s'est disculpée dans cette affaire de vol.*

discursif, ive adj. (du lat. *discursus*, discours). **1.** *Didact.* Qui repose sur le raisonnement : *La connaissance discursive s'oppose à la connaissance intuitive.* **2.** En linguistique, qui concerne le discours, l'analyse du discours.

discussion n.f. (lat. *discussio*, secousse). **1.** Examen critique, débat : *La discussion d'un projet de loi.*

2. Échange de propos vifs ; dispute : *Une violente discussion éclata entre les automobilistes* (**SYN.** querelle). **3.** Échange de propos, d'idées : *Leur discussion porte sur ce film* (**SYN.** conversation).

discutable adj. Qui peut être discuté, contesté ; douteux : *Votre explication des faits est discutable* (**SYN.** contestable ; **CONTR.** incontestable, indiscutable, irréfutable).

discutailler v.i. [conj. 3]. *Fam., péjor.* Discuter longuement sur des riens ; palabrer.

discuter v.t. (lat. *discutere,* secouer) [conj. 3]. **1.** Parler d'un problème, examiner avec soin une question : *Le comité discute le cas d'un athlète accusé de dopage* (**SYN.** débattre, délibérer de, traiter). **2.** Mettre en question ; contester : *Elle n'admet pas qu'on discute ses ordres* (**SYN.** critiquer). *Discuter le prix d'une voiture d'occasion* (**SYN.** marchander). ◆ v.t. ind. **[de].** Parler, échanger des idées sur tel ou tel sujet : *Ils discutent de leur travail* (**SYN.** converser, s'entretenir). *Elles discutent de politique* ou *politique.* ◆ **se discuter** v.pr. ▸ *Fam.* ***Ça se discute,*** il y a des arguments pour et contre.

discuteur, euse adj. et n. Qui aime la discussion ; qui conteste tout.

disert, e [dizɛr, ɛrt] adj. (lat. *disertus*). *Litt.* Qui parle aisément et avec élégance : *Des présentateurs diserts.*

disette n.f. **1.** Pénurie de vivres : *La sécheresse a entraîné la disette dans cette région* (**SYN.** famine). **2.** *Litt.* Manque de qqch : *Une disette d'idées nouvelles* (**SYN.** absence, pénurie ; **CONTR.** abondance, foison, profusion).

diseur, euse n. **1.** Personne qui dit habituellement certaines choses : *Une diseuse de bons mots.* **2.** *Litt.* Personne qui dit, parle, déclame de telle manière : *Ce comédien est un fin diseur.* ▸ ***Diseur, diseuse de bonne aventure,*** personne qui prédit l'avenir (**SYN.** devin).

disgrâce n.f. (it. *disgrazia,* malheur). **1.** Perte de la faveur, de l'estime dont qqn ou qqch jouissait : *Le maire est vite tombé en disgrâce* (**SYN.** défaveur [litt.], discrédit). **2.** *Litt., vx* Manque de chance ; infortune, malheur.

disgracié, e adj. et n. *Litt.* Privé de beauté ; disgracieux.

disgracier v.t. [conj. 9]. *Litt.* Retirer à qqn la faveur dont il jouissait : *La ministre a été disgraciée.*

disgracieux, euse adj. **1.** Qui manque de grâce, de charme : *Un visage disgracieux* (**SYN.** disgracié [litt.], ingrat, laid ; **CONTR.** beau, charmant, gracieux). **2.** *Litt.* Qui manque d'amabilité, de courtoisie : *Un refus disgracieux* (**SYN.** revêche ; **CONTR.** affable, gentil).

disharmonie [dizarmɔni] n.f. → **dysharmonie.**

disjoindre v.t. [conj. 82]. Séparer des choses jointes : *Disjoindre des planches* (**SYN.** désassembler, désunir ; **CONTR.** assembler, joindre, unir). *Disjoindre deux questions* (**SYN.** dissocier, distinguer).

disjoint, e adj. Qui n'est plus joint : *Un carrelage aux dalles disjointes.*

disjoncter v.i. (lat. *disjungere,* disjoindre) [conj. 3]. Se mettre en position d'interruption du courant, en parlant d'un dispositif électrique : *L'installation électrique a disjoncté.*

disjoncteur n.m. En électricité, appareil qui interrompt le courant en cas de hausse anormale de la tension.

disjonction n.f. Action de disjoindre ; séparation : *Ce taquet empêche la disjonction des deux pièces* (**SYN.** déboîtement, écartement ; **CONTR.** jonction, réunion).

dislocation n.f. **1.** Action de disloquer ; son résultat : *La dislocation d'une armoire.* **2.** *Fig.* Séparation des parties d'un tout ; démembrement : *La dislocation d'un cortège* (**SYN.** dispersion ; **CONTR.** rassemblement).

disloquer v.t. (lat. *dislocare,* déplacer) [conj. 3]. **1.** Disjoindre avec une certaine violence les parties d'un ensemble : *Une torpille a disloqué le sous-marin* (**SYN.** démanteler, désintégrer). **2.** Démettre, déboîter l'os d'une articulation : *Il lui a disloqué l'épaule* (**SYN.** luxer). **3.** *Fig.* Rompre l'unité d'un ensemble en séparant ses éléments : *Les C.R.S. ont disloqué la foule* (**SYN.** disperser ; **CONTR.** rassembler, regrouper, réunir). ◆ **se disloquer** v.pr. Perdre son unité, sa cohésion : *La manifestation s'est disloquée sans heurt* (**SYN.** se disperser).

disparaître v.i. [conj. 91]. **1.** Cesser d'être visible ; ne plus être perceptible : *L'avion disparaît dans le ciel* (**CONTR.** apparaître). *Ses boutons ont disparu* (**SYN.** s'en aller). **2.** Ne plus être éprouvé, en parlant d'une sensation, d'un sentiment : *Mon mal de tête a disparu* (**SYN.** s'estomper, passer). **3.** S'absenter brusquement : *Elle a disparu depuis un mois* (**SYN.** s'éclipser, s'envoler ; **CONTR.** réapparaître). **4.** Être égaré ou volé : *Son portable a disparu* (**SYN.** se volatiliser). **5.** Mourir ; cesser d'être : *Elle a disparu avant son mari* (**SYN.** décéder). *L'ours brun a pratiquement disparu* (**SYN.** s'éteindre). ▸ ***Faire disparaître qqch,*** l'enlever, le supprimer : *Ce produit fait disparaître les mauvaises odeurs.* ***Faire disparaître qqn,*** le tuer.

disparate adj. (lat. *disparatus,* inégal). Qui forme un ensemble sans harmonie, sans unité : *Un ameublement disparate* (**SYN.** composite, hétéroclite ; **CONTR.** homogène).

disparité n.f. **1.** Manque d'égalité ; différence marquée : *Il existe encore des disparités entre les salaires des femmes et ceux des hommes* (**SYN.** disproportion, inégalité ; **CONTR.** parité). **2.** Manque d'harmonie : *La disparité entre deux caractères* (**SYN.** discordance ; **CONTR.** concordance).

disparition n.f. **1.** Fait de disparaître, de ne plus être visible : *La disparition des fresques d'une église. La disparition des nuages* (**SYN.** dissipation ; **CONTR.** apparition). **2.** Fait de ne plus exister : *La disparition d'un dialecte* (**SYN.** extinction ; **CONTR.** naissance). **3.** Mort : *Sa disparition a été un choc pour tout le monde* (**SYN.** décès). ▸ ***Espèce en voie de disparition,*** menacée d'extinction.

disparu, e adj. et n. Mort ou considéré comme mort : *Un marin porté disparu. Trente blessés et deux disparus.*

dispatcher [dispatʃe] v.t. [conj. 3]. Faire le dispatching de ; répartir, distribuer, orienter : *Il est chargé de dispatcher le courrier* (**SYN.** ventiler).

dispatching [dispatʃiŋ] n.m. (de l'angl. *to dispatch,* expédier). **1.** Organisme central de régulation du trafic ferroviaire, aérien, de la distribution de sources d'énergie, etc. **2.** Répartition et distribution des éléments d'un ensemble. **3.** Opération consistant à diriger chaque colis ou chaque pli vers son destinataire ; répartition, ventilation.

dispendieux, euse adj. (du lat. *dispendium*, dépense). *Litt.* Qui occasionne beaucoup de dépenses : *Un mariage dispendieux* (**SYN.** coûteux, onéreux ; **CONTR.** économique).

dispensaire n.m. (de l'angl. *to dispense*, distribuer). Établissement de soins médicaux ou de petite chirurgie, où les malades ne sont pas hospitalisés.

dispensateur, trice n. *Litt.* Personne qui distribue, qui répartit qqch ; distributeur, répartiteur.

dispense n.f. Permission accordée de ne pas faire une chose obligatoire ; document qui atteste cette permission : *Dispense d'âge* (= autorisation spéciale de faire une chose avant l'âge fixé par la loi).

dispenser v.t. (lat. *dispensare*, répartir) [conj. 3]. **1.** Autoriser à ne pas faire : *Dispenser un élève d'éducation physique* (**SYN.** exempter). *Il est dispensé d'impôts* (**SYN.** exonérer). **2.** *Litt.* Donner, accorder : *Dispenser des soins à un malade.* ▸ ***Je vous dispense de, dispensez-moi de,*** invitation à ne pas faire qqch : *Je vous dispense de vos commentaires.* ◆ **se dispenser** v.pr. **[de].** Ne pas se soumettre à une obligation : *Elle s'est dispensée d'assister à la réunion.*

dispersement n.m. Action de disperser ou de se disperser ; dispersion, éparpillement.

disperser v.t. (du lat. *dispergere*, répandre) [conj. 3]. **1.** Jeter çà et là : *Il disperse ses dossiers sur son bureau* (**SYN.** disséminer, éparpiller ; **CONTR.** entasser). **2.** Séparer les éléments d'un ensemble ; faire aller de différents côtés : *Disperser un troupeau de moutons* (**SYN.** disloquer ; **CONTR.** rassembler, regrouper, réunir). ▸ ***Disperser ses efforts, son attention,*** les appliquer à trop de choses à la fois et les rendre ainsi moins intenses. ***Disperser une collection,*** la vendre à plusieurs acheteurs. ***En ordre dispersé,*** de façon désordonnée. ◆ **se disperser** v.pr. **1.** S'en aller de tous les côtés : *Les manifestants se sont dispersés* (**SYN.** se débander [litt.], s'égailler ; **CONTR.** se rassembler). **2.** *Fig.* S'adonner à trop d'activités et ne s'appliquer à aucune ; manquer de concentration ; s'éparpiller.

dispersion n.f. **1.** Action de disperser ; fait d'être dispersé : *La dispersion des feuilles par le vent* (**SYN.** dispersement, éparpillement). **2.** *Fig.* Manque de concentration ; éparpillement.

disponibilité n.f. **1.** État de ce qui est disponible : *La disponibilité de ce capital lui a permis de se porter acquéreur.* **2.** Fait pour qqn d'avoir du temps libre : *Les 35 heures nous donnent une plus grande disponibilité.* **3.** Fait d'être ouvert à beaucoup de choses. **4.** Position d'un fonctionnaire ou d'un militaire temporairement hors de son corps d'origine. ◆ **disponibilités** n.f. pl. Fonds dont on peut disposer ; économies, réserves : *Le prix dépasse mes disponibilités.*

disponible adj. (lat. *disponibilis*). **1.** Dont on peut disposer, que l'on peut utiliser : *Deux places sont encore disponibles* (**SYN.** inoccupé, libre, vacant ; **CONTR.** occupé). *Cet argent sera disponible dans quatre ans* (**CONTR.** indisponible). **2.** Qui a du temps pour faire qqch : *Il est disponible le mercredi matin* (**SYN.** libre ; **CONTR.** pris). **3.** Qui accueille bien ce qui est différent ou nouveau : *Un esprit disponible* (**SYN.** ouvert). **4.** Se dit d'un fonctionnaire ou d'un militaire en disponibilité.

dispos, e adj. (it. *disposto*). Qui est en bonne forme physique et morale : *Il est frais et dispos* (**SYN.** gaillard ; **CONTR.** fatigué, las).

disposé, e adj. Arrangé de telle ou telle manière : *Un buffet joliment disposé.* ▸ ***Être bien, mal disposé,*** être de bonne ou de mauvaise humeur. ***Être bien, mal disposé à l'égard de qqn,*** vouloir, ne pas vouloir lui être utile ou agréable.

disposer v.t. (du lat. *disponere*, distribuer) [conj. 3]. **1.** Placer, arranger des choses ou des personnes d'une certaine manière : *Disposer des meubles dans une pièce* (**SYN.** installer, mettre ; **CONTR.** déplacer, déranger). *Disposer les invités autour d'une table* (**SYN.** répartir). **2.** Mettre qqn en état de faire qqch ; préparer à : *Ces encouragements l'ont disposé à progresser* (**SYN.** exhorter, inciter). *La canicule dispose à la paresse* (**SYN.** pousser). ◆ v.t. ind. **[de].** **1.** Pouvoir utiliser ; avoir à sa disposition : *Je dispose de 1 000 euros sur mon compte en banque. Les poètes disposent des mots à leur manière* (**SYN.** employer, manier, se servir de). **2.** Pouvoir compter sur l'aide de qqn : *Tu peux disposer de moi à tout moment.* **3.** Être maître de qqn, de sa vie : *Le droit des peuples à disposer d'eux-mêmes.* ◆ v.i. ▸ ***Vous pouvez disposer,*** vous pouvez partir. ◆ **se disposer** v.pr. **[à].** Se préparer à : *Je me disposais à aller me coucher quand tu as appelé* (**SYN.** s'apprêter à).

dispositif n.m. **1.** Ensemble de pièces constituant un mécanisme, un appareil quelconque ; ce mécanisme, cet appareil : *La porte est munie d'un dispositif de sécurité.* **2.** Ensemble des mesures prises, des moyens mis en œuvre dans un but déterminé : *Le préfet met en place un dispositif de surveillance devant les écoles.* **3.** Dans la langue juridique, partie d'un jugement dans laquelle est exprimée la décision du tribunal.

disposition n.f. **1.** Action, manière de placer, d'arranger qqn ou qqch ; fait d'être disposé de telle ou telle manière : *La disposition des spectateurs* (**SYN.** ordre, position). *Il change la disposition des pièces* (**SYN.** agencement, distribution). **2.** Manière d'être physique ou morale ; sentiment que l'on éprouve pour qqn : *Elle est dans de bonnes dispositions aujourd'hui* (= elle est de bonne humeur). *Quelles sont ses dispositions à mon égard ?* (**SYN.** intention). **3.** Orientation, tendance générale : *Disposition des prix à la hausse.* **4.** Possibilité, faculté de disposer de qqch, de qqn : *Quand elle aura 18 ans, elle aura la libre disposition de cet héritage. Mon téléphone est à votre disposition. Je suis à ta disposition.* **5.** Dans la langue juridique, point que règle un acte juridique, une loi, etc. : *Cette disposition du contrat ne me convient pas* (**SYN.** clause, stipulation). ▸ ***Être à disposition,*** en Belgique et en Suisse, être disponible, aux ordres de. ◆ **dispositions** n.f. pl. Aptitudes, capacités : *Il a des dispositions pour la danse* (**SYN.** don, facilité ; **CONTR.** inaptitude, incapacité). ▸ ***Prendre des, ses dispositions,*** se préparer, s'organiser en vue de qqch : *Elle a pris ses dispositions au cas où elle tomberait malade.*

disproportion n.f. Défaut de proportion ; différence entre deux ou plusieurs choses : *Il y a des disproportions entre les niveaux sociaux des élèves* (**SYN.** disparité, inégalité ; **CONTR.** égalité, équilibre).

disproportionné, e adj. **1.** Qui n'est pas proportionné à qqch ; excessif : *Cette peine est disproportionnée par rapport à son crime* (**SYN.** exagéré). **2.** Dont les proportions sont anormales ; démesuré : *Des pieds disproportionnés.*

dispute n.f. Discussion très vive ; querelle : *Une dispute éclata entre eux* (**SYN.** altercation ; **CONTR.** réconciliation).

disputer v.t. (lat. *disputare*, discuter) [conj. 3]. **1.** *Fam.* Réprimander vivement : *Ses parents l'ont disputé* (**SYN.** admonester [litt.], gronder, tancer [sout.]). **2.** Participer à une lutte, à une compétition pour obtenir la victoire : *L'équipe doit encore disputer un match.* **3. [à].** Lutter pour obtenir ce que qqn possède ou tente en même temps d'obtenir : *Il dispute la médaille d'or à ses concurrents.* ◆ **se disputer** v.pr. Se quereller : *Elles se sont disputées à cause de lui.*

disquaire n. Personne qui vend au détail des disques, des cassettes enregistrées.

disqualification n.f. Action de disqualifier un sportif, un cheval, etc. ; fait d'être disqualifié.

disqualifier v.t. (angl. *to disqualify*) [conj. 9]. **1.** Exclure un sportif, un cheval, etc., d'une épreuve sportive, d'une course pour infraction au règlement : *Disqualifier une athlète dopée.* **2.** *Litt.* Faire perdre à qqn la considération, le prestige dont il jouissait : *Cette rumeur l'a disqualifié* (**SYN.** déconsidérer, déshonorer, discréditer). ◆ **se disqualifier** v.pr. Perdre tout crédit par sa conduite ; se discréditer : *Elle s'est disqualifiée en l'agressant* (**SYN.** se déconsidérer, se déshonorer).

disque n.m. (lat. *discus*, palet). **1.** Plaque circulaire, contenant un enregistrement sonore ou visuel : *Écouter un disque compact.* **2.** En informatique, support circulaire permettant d'enregistrer des informations dans un ordinateur : *Enregistrer des fichiers sur le disque dur. Disque souple* (= disquette). **3.** Plaque circulaire pesante que lancent les athlètes : *Le lancer du disque.* **4.** En astronomie, surface circulaire visible d'un astre : *Le disque de la Lune.* **5.** En géométrie, ensemble des points qui se trouvent à l'intérieur du cercle. ▸ ***Disque intervertébral,*** cartilage séparant deux vertèbres. ***Disque numérique,*** disque sur lequel l'information est enregistrée sous forme de signaux numériques. ***Disque optique,*** disque dont les signaux sont lus par lecture optique. ***Disque optique compact,*** cédérom.

disquette n.f. En informatique, support magnétique d'informations ayant la forme d'un petit disque et que l'on peut insérer dans un lecteur associé à l'équipement informatique (on dit aussi *disque souple* par opp. à disque dur).

dissection n.f. **1.** Action de disséquer un corps. **2.** *Fig.* Action d'analyser minutieusement qqch : *La dissection d'une pièce de théâtre.*

dissemblable adj. Qui présente des différences : *Les deux sœurs sont très dissemblables* (**SYN.** différent ; **CONTR.** pareil, semblable).

dissemblance n.f. Absence de ressemblance ; disparité : *Il y a trop de dissemblances entre ces témoignages* (**SYN.** différence, discordance, divergence ; **CONTR.** analogie, similitude).

dissémination n.f. **1.** Action de disséminer ; dispersion : *La dissémination des feuilles mortes dans le jardin* (**SYN.** éparpillement ; **CONTR.** amoncellement). **2.** En botanique, dispersion naturelle des graines à l'époque de leur maturité.

disséminer v.t. (lat. *disseminare*, de *semen*, semence) [conj. 3]. Répandre çà et là : *Le pêcheur dissémine des appâts dans l'eau* (**SYN.** éparpiller, semer). *Les membres de la famille sont disséminés dans le monde* (**SYN.** disperser). ◆ **se disséminer** v.pr. Se répandre de divers côtés : *Ses anciens élèves se sont disséminés dans le pays* (**SYN.** s'éparpiller).

dissension n.f. (du lat. *dissensio*). Vive opposition de sentiments, d'intérêts, d'idées ; désaccord : *Il existe des dissensions au sein de la majorité* (**SYN.** conflit, discorde [litt.], divergence ; **CONTR.** concorde, entente).

dissentiment n.m. *Litt.* Opposition de sentiments, d'opinions ; dissension, mésentente.

disséquer v.t. (du lat. *dissecare*, couper en deux) [conj. 18]. **1.** Couper, ouvrir les parties d'un corps pour en faire l'examen anatomique : *Les élèves dissèquent une souris.* **2.** *Fig.* Analyser minutieusement : *La journaliste a disséqué le discours du ministre.*

dissertation n.f. **1.** Exercice écrit portant sur une question littéraire, philosophique, historique, etc., en usage dans les lycées et dans l'enseignement supérieur français. **2.** *Fig.* Développement long et ennuyeux ; discours pédant : *Personne n'écoute ses dissertations* (**SYN.** discours, palabre, péroraison).

disserter v.i. (lat. *dissertare*, discuter) [conj. 3]. **1. [sur].** Traiter méthodiquement un sujet, par écrit ou oralement : *Les candidats dissertent sur la justice.* **2. [de, sur].** Discourir longuement (souvent péjor.) : *Ils dissertent des performances de leurs voitures. Elle a disserté pendant une heure sur la situation politique* (**SYN.** palabrer, pérorer).

dissidence n.f. (lat. *dissidentia*). **1.** Action ou état de qqn ou d'un groupe qui ne reconnaît plus l'autorité d'une puissance politique à laquelle il se soumettait jusqu'alors : *La dissidence de certains membres du parti* (**SYN.** scission, sécession). **2.** Groupe de dissidents : *La dissidence lance un appel à la communauté internationale.*

dissident, e adj. et n. Qui est en dissidence.

dissimulateur, trice adj. et n. Qui dissimule : *Ce dissimulateur nous a trompés pendant dix ans* (**SYN.** fourbe, hypocrite).

dissimulation n.f. Action de dissimuler, de cacher : *La dissimulation de l'arme du crime. Sa compassion n'est que de la dissimulation* (**SYN.** hypocrisie, tartufferie ; **CONTR.** sincérité).

dissimulé, e adj. Qui a l'habitude de cacher ses sentiments ; hypocrite : *Un individu dissimulé* (**SYN.** fourbe, sournois ; **CONTR.** franc, sincère).

dissimuler v.t. (lat. *dissimulare*) [conj. 3]. **1.** Soustraire aux regards ; cacher : *Il a mis un tapis pour dissimuler la tache* (**SYN.** camoufler ; **CONTR.** exhiber, montrer). **2.** Ne pas laisser paraître ses sentiments, ses intentions : *Elle lui a dissimulé son inquiétude* (**SYN.** cacher, taire ; **CONTR.** avouer, révéler). ▸ ***Dissimuler que*** (+ ind. ou subj.), cacher, taire que : *Il faudra dissimuler que nous en avons été* ou *que nous en ayons été informés.* ◆ **se dissimuler** v.pr. **1.** Se cacher : *Elle s'est dissimulée derrière la palissade.* **2.** Refuser de voir ; se faire des illusions sur qqch : *Ils se sont dissimulé sa vraie personnalité.*

dissipation n.f. **1.** Fait de se dissiper, de disparaître peu à peu : *Dissipation de la brume* (**SYN.** disparition, dispersion). **2.** Fait pour un élève d'être inattentif, turbulent : *Il est puni pour dissipation* (**SYN.** indiscipline, turbulence ; **CONTR.** discipline, sagesse). **3.** *Litt.* Vie de débauche.

dissipé, e adj. Se dit d'un élève inattentif et turbulent : *Cette collégienne est dissipée* (**SYN.** indiscipliné ; **CONTR.** discipliné).

dissiper v.t. (lat. *dissipare*) [conj. 3]. **1.** Faire disparaître, faire cesser : *Le soleil dissipe la brume* (**SYN.** chasser, disperser). *Je souhaite dissiper tout malentendu* (**SYN.** éliminer). **2.** Porter à l'indiscipline, à l'inattention : *Cet élève dissipe son voisin de table* (**SYN.** distraire). **3.** *Litt.* Dépenser inconsidérément : *Elle a dissipé son héritage* (**SYN.** dilapider, engloutir, gaspiller ; **CONTR.** économiser, ménager). ◆ **se dissiper** v.pr. **1.** Disparaître progressivement : *Le brouillard se dissipe. Les taches se sont dissipées* (**SYN.** s'en aller, s'estomper). **2.** Être, devenir agité, turbulent, inattentif (**CONTR.** s'assagir).

dissociable adj. Qui peut être dissocié : *La question de la pollution et celle du développement industriel ne sont pas dissociables* (**SYN.** séparable ; **CONTR.** indissociable, inséparable).

dissociation n.f. Action de dissocier, de séparer des éléments : *La dissociation de deux hypothèses* (**SYN.** disjonction ; **CONTR.** réunion).

dissocier v.t. (lat. *dissociare*) [conj. 9]. Séparer des éléments qui se présentent comme liés : *On peut difficilement dissocier les paroles et la musique de cette chanson* (**SYN.** disjoindre, distinguer ; contr. associer). *La misère dissocie les familles* (**SYN.** décomposer, diviser).

dissolu, e adj. (lat. *dissolutus*, indolent). *Litt.* **1.** Se dit de qqn dont la conduite est très relâchée ; corrompu : *Une jeune femme dissolue* (**SYN.** débauché, dépravé ; **CONTR.** pur, vertueux). **2.** Qui est marqué par les abus, les dérèglements : *Il a mené une existence dissolue* (**SYN.** déréglé, désordonné [litt.] ; **CONTR.** sévère, strict).

dissolution n.f. (lat. *dissolutio*). **1.** Action de dissoudre, de faire dissoudre une substance : *La dissolution du sucre dans le café* (**SYN.** dilution). **2.** Dans le langage juridique, fait d'annuler, de faire cesser légalement : *La dissolution d'un mariage, d'une association* (**SYN.** dislocation). *La dissolution de l'Assemblée nationale.* **3.** Solution visqueuse de caoutchouc servant à réparer les chambres à air des pneumatiques. **4.** En chimie, absorption d'un solide, d'un liquide ou d'un gaz par un liquide ; mélange liquide qui en résulte.

dissolvant, e adj. Qui a la propriété de dissoudre un corps : *L'acétone est un produit dissolvant.* ◆ **dissolvant** n.m. Produit dissolvant : *Du dissolvant pour vernis à ongles.*

dissonance n.f. **1.** Rencontre peu harmonieuse de sons, de mots, de syllabes : *La dissonance de deux vers* (**CONTR.** consonance, euphonie). **2.** *Litt.* Manque d'accord entre plusieurs couleurs : *Ce rouge et ce rose créent une dissonance* (**SYN.** discordance, dysharmonie).

dissonant, e adj. **1.** Qui est désagréable à entendre : *Un arrangement musical dissonant* (**SYN.** discordant ; **CONTR.** mélodieux). **2.** *Litt.* Dont le rapprochement produit une impression pénible : *Un tableau aux tons dissonants* (**SYN.** criard ; **CONTR.** harmonieux).

dissoner v.i. (lat. *dissonare*, différer) [conj. 3]. Produire une dissonance.

dissoudre v.t. (du lat. *dissolvere*, désagréger) [conj. 87]. **1.** Mélanger un corps solide ou gazeux avec un liquide : *Ils dissolvent de l'aspirine dans un verre d'eau* (**SYN.** délayer, fondre). **2.** Mettre fin légalement à : *Elle souhaite dissoudre son mariage* (**SYN.** annuler, invalider). *Le président de la République a dissous l'Assemblée nationale.* ◆ **se dissoudre** v.pr. Perdre sa consistance dans un liquide : *Le comprimé s'est dissous. Attendre que la poudre se soit dissoute.*

dissuader v.t. (lat. *dissuadere*) [conj. 3]. Amener qqn à renoncer à qqch, à faire qqch : *Il l'a dissuadée de ce projet* (**SYN.** dégoûter, détourner ; **CONTR.** convaincre). *Je l'ai dissuadé de partir seul* (**SYN.** déconseiller de ; **CONTR.** exhorter à, inciter à, pousser à).

dissuasif, ive adj. **1.** Qui dissuade qqn de faire qqch : *Un argument dissuasif* (**CONTR.** convaincant, persuasif). **2.** Qui dissuade d'attaquer : *Des armements dissuasifs.*

dissuasion n.f. Action de dissuader : *Le ministère met en place une campagne de dissuasion sur l'usage des drogues douces* (**CONTR.** persuasion). ▸ ***Force de dissuasion*** → **force.**

dissyllabe adj. et n.m. Se dit d'un mot, d'un vers de deux syllabes.

dissyllabique adj. Qui comporte deux syllabes : *Le mot « château » est dissyllabique* (**SYN.** dissyllabe).

dissymétrie n.f. Absence ou défaut de symétrie : *La dissymétrie d'un clocher.*

dissymétrique adj. Qui présente une dissymétrie : *Une construction dissymétrique* (**CONTR.** symétrique).

distance n.f. (lat. *distantia*). **1.** Intervalle séparant deux points dans l'espace ; longueur à parcourir pour aller d'un point à un autre : *À cette distance, il me faudrait des jumelles* (**SYN.** éloignement ; **CONTR.** contiguïté, proximité). *Ce taxi parcourt de longues distances* (**SYN.** parcours, trajet). *Planter des graines à trente centimètres de distance* (**SYN.** intervalle). **2.** Moment qui sépare deux instants, deux époques : *Les deux amies ont eu un bébé à deux mois de distance* (**SYN.** intervalle). **3.** Différence de niveau social, de culture ; inégalité : *L'argent a mis une grande distance entre eux* (**SYN.** décalage, écart). ▸ ***À distance,*** en étant éloigné dans l'espace : *Ils communiquent à distance par l'Internet* ; avec le recul du temps : *À distance, les événements lui paraissent plus clairs.* ***Garder*** ou ***prendre*** ou ***tenir ses distances,*** éviter toute familiarité avec qqn. ***Tenir qqn à distance,*** éviter de le fréquenter.

distancer v.t. [conj. 16]. **1.** Laisser ses concurrents derrière soi : *Elle distance toutes ses concurrentes au sprint* (**SYN.** devancer). **2.** *Fig.* Se montrer supérieur à ; surpasser : *Il distance ses frères à ce jeu* (**SYN.** surclasser).

distanciation n.f. Recul pris par rapport à un événement : *La distanciation lui a permis de comprendre ses erreurs.*

distancier v.t. [conj. 9]. *Litt.* Donner du recul à qqn par rapport à qqch : *Ce reportage distancie le téléspectateur de la version officielle de l'événement.* ◆ **se distancier** v.pr. **[de].** *Litt.* Mettre une distance entre soi-même et qqch : *Elle s'est distanciée de ce parti* (**SYN.** s'écarter, s'éloigner).

distant, e adj. (du lat. *distare*, être éloigné, différent de). **1.** Qui est à une certaine distance ; éloigné, écarté : *Ces deux îles sont très distantes l'une de l'autre* (**CONTR.** proche, voisin). **2.** Qui montre de la froideur ou de la hauteur : *Il se montre distant avec ses collègues* (**SYN.** froid, réservé ; **CONTR.** chaleureux, cordial).

distendre v.t. (lat. *distendere,* étendre) [conj. 73]. Augmenter les dimensions d'un corps en l'étirant : *Distendre un élastique, un ressort. L'aérophagie distend l'estomac* (**SYN.** dilater, gonfler). ◆ **se distendre** v.pr. Devenir moins tendu ; perdre de son ardeur, de sa force ; se relâcher : *Leurs rapports de complicité se sont distendus* (**SYN.** s'affaiblir).

distillat [distila] n.m. En chimie, produit d'une distillation.

distillateur [distilatœr] n.m. Personne qui distille ; fabricant d'eau-de-vie, de liqueurs.

distillation [distilasjɔ̃] n.f. **1.** Opération consistant à séparer, par évaporation puis condensation, les éléments contenus dans un mélange liquide : *Cognac obtenu par distillation du vin.* **2.** En chimie, opération qui consiste à débarrasser un solide de ses composants gazeux ou liquides : *La distillation du bois donne des goudrons.*

distiller [distile] v.t. (lat. *distillare,* tomber goutte à goutte, de *stilla,* goutte) [conj. 3]. **1.** Opérer la distillation de : *Distiller du cidre.* **2.** *Litt.* Laisser couler goutte à goutte ; sécréter : *Le pin distille la résine. L'abeille distille le miel.* **3.** *Fig., litt.* Dégager, répandre : *Cette chanson distille la tristesse.* ◆ v.i. En chimie, se séparer d'un mélange lors d'une distillation.

distillerie [distilri] n.f. **1.** Industrie des produits de la distillation, notamm. des alcools et liqueurs. **2.** Lieu où se fait la distillation.

distinct, e [distɛ̃, ɛ̃kt] adj. (lat. *distinctus,* varié). **1.** Qui se perçoit nettement : *L'inspecteur remarque des empreintes distinctes sur l'arme* (**SYN.** net, ostensible, visible ; **CONTR.** brouillé, confus). *Des propos distincts* (**SYN.** clair ; **CONTR.** indistinct). **2.** Qui ne se confond pas avec qqch ou qqn d'analogue : *Deux chapitres distincts l'un de l'autre* (**SYN.** différent, indépendant).

distinctement adv. De façon distincte : *On aperçoit distinctement un chamois sur le rocher* (**SYN.** nettement ; **CONTR.** indistinctement). *Prononcez votre nom distinctement* (**SYN.** clairement).

distinctif, ive adj. Qui permet de reconnaître, de distinguer : *Un hibou est le signe distinctif de cette marque de vêtements* (**SYN.** caractéristique, spécifique).

distinction n.f. **1.** Action de distinguer, de faire une différence entre deux personnes, deux choses ; cette différence : *Ce professeur ne fait pas de distinction entre ses élèves* (**SYN.** discrimination, ségrégation). *La principale distinction entre un appareil photo numérique et un reflex.* **2.** État de ce qui est séparé : *La distinction des livres pour enfants et des livres pour adultes dans une bibliothèque* (**SYN.** séparation). **3.** Marque d'honneur : *Ce savant a reçu plusieurs distinctions, notamment le prix Nobel.* **4.** Caractère élégant, raffiné d'une personne : *Cette présentatrice a beaucoup de distinction* (**SYN.** classe, élégance, raffinement).

distinguable adj. Que l'on peut distinguer, percevoir : *Le navire est-il encore distinguable ?* (**SYN.** visible).

distingué, e adj. **1.** Qui a de la distinction ; élégant : *Un jeune homme distingué* (**SYN.** raffiné). **2.** *Litt.* Remarquable par son rang, sa valeur : *Consulter un économiste distingué* (**SYN.** émérite, éminent, illustre). **3.** S'emploie dans les formules de politesse, à la fin des lettres : *Veuillez croire, Madame, à l'expression de mes sentiments distingués.*

distinguer v.t. (lat. *distinguere,* séparer) [conj. 3]. **1.** Différencier qqn, qqch en percevant les caractéristiques qui font sa spécificité : *Distingues-tu les deux sœurs ?* (**SYN.** reconnaître). *Comment distinguer le vrai du faux dans ses paroles ?* (**SYN.** démêler). **2.** Percevoir sans confusion par l'un des sens : *Je distingue quelques cheveux blancs dans ta chevelure* (**SYN.** discerner, voir). **3.** Constituer l'élément caractéristique qui sépare : *Qu'est-ce qui distingue le dromadaire du chameau ?* (**SYN.** caractériser, différencier). ◆ **se distinguer** v.pr. Se faire remarquer ; se singulariser : *Elle s'est distinguée par son audace* (**SYN.** s'illustrer, se signaler).

distinguo [distɛ̃go] n.m. (mot lat. signif. « je distingue »). Nuance fine, subtile : *Il n'a pas compris ces distinguos.*

distique n.m. (gr. *distikhon,* de *stikhos,* vers). Groupe de deux vers, unis par la rime et formant une unité de sens : *« Ci-gît Piron qui ne fut rien / Pas même académicien » est un distique de Piron.*

distordre v.t. [conj. 76]. Déformer par une torsion : *La douleur distordait son visage. Distordre un muscle* (= le distendre).

distorsion n.f. **1.** Action de distordre ; état de ce qui est distordu : *Distorsion de la bouche, de la face* (**SYN.** déformation). **2.** En physique, déformation d'une image, d'un son, d'un signal électrique. **3.** *Fig.* Déséquilibre entre deux ou plusieurs facteurs, produisant une tension : *Les distorsions entre les subventions accordées par le maire au sport et celles accordées à la culture* (**SYN.** décalage).

distraction n.f. **1.** Manque d'attention ; acte qui en résulte : *Ne soyez pas fâché, c'est une simple distraction de ma part* (**SYN.** étourderie). *J'ai composé ton numéro par distraction* (= par inadvertance, par mégarde ; **SYN.** inattention). **2.** Action de détourner l'esprit d'une occupation, d'une préoccupation ; diversion. **3.** Occupation qui délasse, divertit : *La télévision est sa seule distraction* (**SYN.** divertissement, passe-temps).

distraire v.t. (du lat. *distrahere,* tirer en tous sens) [conj. 112]. **1.** Détourner qqn, son esprit de ce qui l'occupe ou le préoccupe ; rendre inattentif : *Quand elle travaille, rien ne peut la distraire* (= l'interrompre, la déranger). *Il distrait ses camarades* (**SYN.** dissiper). **2.** Faire passer le temps agréablement : *Cette pièce m'a distrait* (**SYN.** amuser, divertir, récréer [litt.] ; **CONTR.** ennuyer, lasser). **3.** *Sout.* Séparer une partie d'un tout, parfois frauduleusement : *Distraire des cotisations d'un salaire* (**SYN.** prélever ; **CONTR.** ajouter). *Il a distrait 150 euros de la caisse* (**SYN.** détourner). ◆ **se distraire** v.pr. Occuper agréablement ses loisirs : *Ils se sont distraits en jouant aux cartes* (**SYN.** se délasser, se divertir).

distrait, e adj. et n. Qui manifeste de la distraction, de l'inattention : *Elle est tellement distraite qu'il faut toujours la surveiller* (**SYN.** étourdi, inattentif). *Écouter un exposé d'une oreille distraite* (**SYN.** absent ; **CONTR.** attentif). *Ce distrait a raté sa station* (**SYN.** rêveur).

distraitement adv. De façon distraite : *Lire distraitement un journal* (**CONTR.** attentivement).

distrayant, e [distrejɑ̃, ɑ̃t] adj. Propre à distraire, à délasser : *Une émission distrayante* (**SYN.** amusant, divertissant, récréatif ; **CONTR.** ennuyeux, rébarbatif).

distribué, e adj. Agencé, aménagé : *Appartement bien distribué* (= où la distribution des pièces est rationnelle).

distribuer v.t. (lat. *distribuere*, de *tribuere*, répartir entre les tribus, de *tribus*, tribu) [conj. 7]. **1.** Répartir entre plusieurs personnes : *Veux-tu distribuer les cartes ? Elle distribue des tracts dans la rue* (**SYN.** donner, remettre). *Cet appareil distribue des billets* (**SYN.** fournir). **2.** Adresser au hasard : *Dans la bagarre, il distribua des coups autour de lui.* **3.** Placer d'une certaine façon, disposer : *Le commissaire distribue des policiers autour du repaire des bandits* (**SYN.** répartir). **4.** Assurer la distribution d'un film, d'un produit, d'un service.

① **distributeur, trice** n. Personne qui distribue qqch : *La distributrice du courrier.* ◆ adj. et n. Se dit d'une personne, d'une société qui diffuse, qui assure la distribution d'un produit, d'un service, d'un film : *Le distributeur souhaite que le film sorte d'abord à Paris. Firme distributrice.*

② **distributeur** n.m. Appareil qui fournit un produit de consommation courante : *Distributeur de savon, de bonbons.* ▸ ***Distributeur automatique,*** distributeur public qui fonctionne avec des pièces de monnaie ou une carte de crédit : *Prendre des tickets de métro au distributeur automatique.* ***Distributeur automatique de billets*** ou ***D.A.B.,*** appareil installé près d'une banque ou dans des lieux publics et qui permet de retirer de l'argent grâce à une carte de crédit.

distributif, ive adj. En grammaire, se dit d'un adjectif, d'un pronom qui expriment la répartition : *« Chaque » est un adjectif distributif, « chacun » est un pronom distributif.*

distribution n.f. **1.** Action de distribuer, de répartir entre des personnes : *La distribution des parts d'un héritage* (**SYN.** partage, répartition). *La distribution des colis de Noël à la mairie* (**SYN.** remise). **2.** Arrangement, disposition selon un certain ordre ; organisation de l'espace intérieur d'un bâtiment : *La distribution des bureaux d'une entreprise* (**SYN.** agencement, répartition). **3.** Répartition des rôles entre les interprètes d'un spectacle, d'un film ; ensemble de ces interprètes : *Elle est chargée de la distribution de ce film. Une distribution internationale. Distribution artistique* (= casting [anglic.]). **4.** Action de conduire, de transporter un fluide en divers lieux : *La distribution du gaz, de l'électricité* (**SYN.** acheminement). **5.** Branche de l'industrie cinématographique dont l'activité consiste à placer les films auprès des gérants des salles. **6.** Dans le domaine du commerce, ensemble des opérations par lesquelles les produits et les services sont répartis entre les consommateurs. ▸ ***Grande distribution,*** ensemble constitué par les hypermarchés et les supermarchés.

district [distrikt] n.m. (lat. *districtus*, territoire). **1.** Subdivision administrative, territoriale, d'étendue variable suivant les États. **2.** En Suisse, subdivision du canton.

① **dit, dite** [di, dit] adj. (p. passé de *1. dire*). **1.** Qui a été fixé, convenu : *Venez à l'heure dite. Au moment dit, ils se sont levés.* **2.** Appelé communément ; surnommé : *Clemenceau, dit « le Tigre »* (**SYN.** alias). **3.** Que l'on prétend, que l'on dit être : *Bien des œuvres dites originales sont des imitations.* ☞ **REM.** Voir *audit, dudit, ledit* à leur ordre alphabétique. ▸ ***Cela dit,*** après toutes les choses qui ont été dites : *Cela dit, le livre électronique n'est pas près de détrôner le livre traditionnel* (= quoi qu'il en soit).

② **dit** [di] n.m. Au Moyen Âge, poème traitant un sujet familier : *Le dit du bon vin.*

dithyrambe n.m. (gr. *dithurambos*, chant en l'honneur de Dionysos). *Litt.* Éloge enthousiaste, souvent exagéré : *Il prononça un dithyrambe du président* (**SYN.** panégyrique).

dithyrambique adj. Très élogieux ou d'un enthousiasme excessif : *Le présentateur dresse un portrait dithyrambique de son invité.*

diurèse n.f. (du gr. *dia*, à travers, et *ouron*, urine). Sécrétion de l'urine.

diurétique adj. et n.m. Qui fait uriner : *Un médicament diurétique. La tisane est un diurétique.*

diurne adj. (lat. *diurnus*, de *dies*, jour). **1.** Qui se fait pendant le jour : *Le repos diurne des travailleurs de nuit* (**CONTR.** nocturne). **2.** Se dit d'un animal actif pendant le jour (par opp. à nocturne) : *Un rapace diurne.* **3.** Se dit d'une plante, d'une fleur qui ne s'ouvre que le jour : *Le nénuphar est une plante diurne.*

diva n.f. (mot it. signif. « déesse »). **1.** Cantatrice célèbre : *Les plus grandes divas ont interprété « la Traviata ».* **2.** *Fam.* Personne éminente dans son domaine ; célébrité : *Les divas de la politique, du tennis* (**SYN.** étoile, vedette).

divagation n.f. (Surtout au pl.). Action de divaguer ; propos incohérents ou déraisonnables : *Les divagations d'une personne atteinte d'une forte fièvre* (**SYN.** délire, égarement [litt.]). *Assez de divagations, soyez réaliste !* (**SYN.** rêverie).

divaguer v.i. (du lat. *vagari*, errer) [conj. 3]. Tenir des propos incohérents ou déraisonnables : *Pris de boisson, il se mit à divaguer* (**SYN.** délirer, déraisonner, radoter). *Travailler bénévolement ? Elle divague !* (**SYN.** plaisanter, rêver).

divan n.m. (mot turc, d'un mot ar. signif. « registre »). **1.** Canapé sans bras ni dossier : *S'allonger sur le divan d'un psychanalyste.* **2.** *Anc.* Conseil du sultan ottoman. **3.** Recueil de poésies orientales. **4.** En Belgique, canapé.

dive adj.f. (lat. *diva*, divine). ▸ *Litt.* ***La dive bouteille*** [Rabelais], le vin.

divergence n.f. **1.** Situation de deux lignes, deux rayons qui divergent, qui s'éloignent en s'écartant. **2.** *Fig.* Différence de points de vue, d'opinions : *Nous avons des divergences sur la conduite à tenir* (**SYN.** désaccord, conflit ; **CONTR.** convergence).

divergent, e adj. **1.** Qui diverge, s'écarte : *Des routes divergentes.* **2.** *Fig.* Qui diverge, ne s'accorde pas ; différent : *Des résultats divergents* (**SYN.** contraire, opposé). **3.** En optique, qui fait diverger un faisceau de rayons parallèles : *Lentille divergente* (**CONTR.** convergent).

diverger v.i. (lat. *divergere*, pencher) [conj. 17]. **1.** Aller en s'écartant l'un de l'autre : *Ici, la rivière et la route divergent* (**SYN.** s'éloigner ; **CONTR.** se rejoindre). **2.** *Fig.* Être en désaccord, en opposition : *Les résultats divergent selon les sondages* (**SYN.** différer, discorder [litt.] ; **CONTR.** concorder, converger).

divers, e [divɛr, ɛrs] adj. (lat. *diversus*, allant dans des directions opposées). Qui présente des aspects différents : *Le pelage du chamois est divers selon les saisons* (**SYN.** changeant, variable, varié ; **CONTR.** identique, pareil). *Des livres d'un intérêt divers* (**SYN.** inégal ; **CONTR.** similaire). ◆ **divers, diverses** adj. pl. Qui présentent des différences : *Les divers parfums qu'il a créés* (**SYN.** différents). *Un album aux influences diverses* (**SYN.** variés). ◆ **divers, diverses** adj. indéf. pl. Plusieurs : *Divers artistes ont signé la pétition* (**SYN.** maints). *Diverses personnes ont approuvé* (**SYN.** quelques).

diversement adv. **1.** De plusieurs façons ; différemment : *Le couscous peut être diversement accommodé.* **2.** De façon inégale ; plus ou moins bien : *Une réforme diversement accueillie.*

diversification n.f. Action de diversifier ; fait d'être diversifié : *La diversification des tâches.*

diversifier v.t. [conj. 9]. Rendre divers, mettre de la variété dans : *Le cuisinier diversifie ses menus* (**SYN.** varier).

diversion n.f. (lat. *diversio*, de *divertere*, détourner). **1.** Opération visant à détourner l'adversaire du point où l'on veut l'attaquer. **2.** Action, événement qui détournent l'esprit de ce qui l'ennuie, le préoccupe : *Les pitreries de cet étudiant constituaient une agréable diversion.* ▸ ***Faire diversion***, détourner l'attention.

diversité n.f. Caractère de ce qui est divers, varié : *La diversité des cultures* (**SYN.** hétérogénéité, pluralité ; **CONTR.** uniformité). *L'université propose une grande diversité de matières* (**SYN.** choix, variété).

diverticule n.m. (lat. *diverticulum*, détour). **1.** En anatomie, cavité en cul-de-sac communiquant avec un organe creux : *Diverticule vésical.* **2.** Subdivision, ramification d'un ensemble plus vaste, dans une configuration donnée de lieux, de terrain : *Les diverticules d'un fleuve dans un delta.*

divertimento [divɛrtimɛnto] n.m. (mot it.). En musique, divertissement.

divertir v.t. (lat. *divertere*, distraire) [conj. 32]. **1.** Détourner de l'ennui, des soucis ; amuser : *Ce parc d'attractions nous a bien divertis* (**SYN.** distraire, récréer [litt.] ; **CONTR.** ennuyer). **2.** Dans la langue juridique, opérer un divertissement, détourner à son profit. ◆ **se divertir** v.pr. **1.** S'occuper agréablement ; s'amuser : *Elle s'est divertie en dansant* (**SYN.** se distraire). **2. [de].** *Litt.* Se moquer de : *Ils se sont divertis de sa coiffure* (**SYN.** plaisanter, railler).

divertissant, e adj. Qui divertit : *Un roman divertissant* (**SYN.** amusant, distrayant, récréatif ; **CONTR.** ennuyeux, rébarbatif).

divertissement n.m. **1.** Action, moyen de se divertir, de divertir les autres : *Les divertissements proposés par l'animateur d'une croisière* (**SYN.** amusement, attraction, distraction, plaisir). **2.** En musique, suite de pièces pour petit orchestre (**SYN.** divertimento). **3.** Au théâtre, intermède de danses et de chants ; petite pièce sans prétention.

dividende [dividɑ̃d] n.m. (lat. *dividendus*, qui doit être divisé). **1.** Dans une division, nombre que l'on divise par un autre nombre appelé *diviseur*. **2.** En économie, part de bénéfice attribuée à chaque action d'une société : *Les actionnaires touchent des dividendes.*

divin, e adj. (lat. *divinus*). **1.** Relatif à Dieu, à une divinité : *La volonté divine.* **2.** Qui a atteint la perfection : *Un tableau divin* (**SYN.** exceptionnel, magnifique, sublime). *Votre repas était divin* (**SYN.** délicieux, exquis). **3.** *Litt.* Mis au rang des dieux : *Le divin Mozart.* ▸ ***Pouvoir de droit divin***, autorité que l'on considérait comme attribuée par Dieu au roi.

divinateur, trice adj. Qui prévoit, qui devine ce qui va arriver.

divination n.f. (lat. *divinatio*, de *divinare*, deviner). **1.** Capacité supposée de deviner l'inconnu et, en partic., de prévoir l'avenir : *Une tireuse de cartes pratique la divination.* **2.** *Fig.* Faculté de prévoir instinctivement ce qui va se passer : *Une sorte de divination m'empêcha de prendre l'avion ce jour-là* (**SYN.** intuition, prémonition, prescience).

divinatoire adj. Relatif à la divination : *L'art divinatoire.*

divinement adv. D'une manière divine, à la perfection : *Il joue divinement du piano.*

divinisation n.f. Action de diviniser ; fait d'être divinisé.

diviniser v.t. [conj. 3]. **1.** Mettre au rang des dieux : *Diviniser un dirigeant politique* (**SYN.** déifier). **2.** *Litt.* Vouer un culte à ; glorifier, vénérer : *Diviniser le courage* (**SYN.** idéaliser, magnifier ; **CONTR.** dévaluer, rabaisser).

divinité n.f. **1.** Nature divine : *La divinité de Jésus-Christ.* **2.** Être divin ; dieu : *Les divinités païennes.*

diviser v.t. (du lat. *dividere*) [conj. 3]. **1.** Séparer en plusieurs parties ; partager : *Diviser une pièce de tissu en deux* (**SYN.** couper, fractionner, sectionner). *Diviser un livre en trois parties* (**SYN.** scinder). **2.** En arithmétique, effectuer une division : *Si l'on divise 15 par 3, on obtient 5.* **3.** Être une occasion de désaccord ; désunir : *Ce projet divise le conseil municipal* (**SYN.** déchirer, séparer ; **CONTR.** rapprocher, unir). ◆ **se diviser** v.pr. **1. [en].** Se séparer en plusieurs parties : *Une région se divise en plusieurs départements* (**SYN.** comporter, se fractionner en, se scinder en). **2.** (Sans compl.). Être d'opinions différentes : *Au moment du vote, les tendances se sont divisées* (**SYN.** se désunir ; **CONTR.** se rapprocher, s'unir).

① **diviseur, euse** n. Personne qui est une source de désunion : *Les diviseurs d'un parti.*

② **diviseur** n.m. Dans une division, nombre par lequel on en divise un autre appelé *dividende.* ▸ ***Plus grand commun diviseur*** ou ***P.G.C.D.***, le plus grand de tous les diviseurs communs à plusieurs nombres entiers.

divisibilité n.f. Propriété d'un nombre entier divisible par un autre : *La divisibilité d'un nombre pair par deux.*

divisible adj. **1.** Qui peut être divisé, séparé en plusieurs parties : *Un champ divisible en plusieurs parcelles* (**CONTR.** indivisible). **2.** En arithmétique, se dit d'un nombre qui peut être divisé par un autre nombre : *12 est divisible par 2.*

division n.f. **1.** Action de séparer en parties distinctes, de répartir ; fait d'être divisé : *La division d'un héritage* (**SYN.** fractionnement, morcellement, partage). *Une division inégale* (**SYN.** répartition). **2.** Fait de se diviser : *La division d'un fleuve en plusieurs bras* (**SYN.** ramification). **3.** Partie d'un tout divisé : *La seconde est une division de la minute* (**SYN.** subdivision). **4.** Trait, barre qui divise, sur une échelle, un cadran gradué : *Les divisions d'un* *thermomètre* (**SYN.** graduation). **5.** Groupement de plusieurs services dans une administration : *Elle chapeaute la division des marchés publics.* **6.** En arithmétique, une des quatre opérations fondamentales, symbolisée par le signe « ÷ », qui consiste à calculer combien de fois un nombre est contenu dans un autre : *Le résultat de cette division est 18* (**CONTR.** multiplication). **7.** Grande unité militaire rassemblant des formations de toutes armes ou services : *Division blindée.* **8.** *Fig.* Mésentente entre des personnes ; désaccord : *Sa nomination a semé la division dans le groupe* (**SYN.** désunion, discorde, dissension, zizanie ; **CONTR.** entente, harmonie). ▸ ***Division cellulaire,*** en biologie, mode de reproduction des cellules : *La méiose et la mitose sont des modes de division cellulaire.* ***Division du travail,*** dans les entreprises, organisation du travail caractérisée par le fractionnement et la spécialisation des tâches.

divisionnaire adj. Qui appartient à une division militaire ou administrative. ▸ ***Monnaie divisionnaire,*** monnaie d'une valeur inférieure à l'unité monétaire : *Le centime est une monnaie divisionnaire.* ◆ n. **1.** Commissaire de police chargé d'une brigade régionale de police judiciaire (on dit aussi *commissaire divisionnaire*). **2.** En Suisse, officier commandant une division.

divisionnisme n.m. Technique utilisée par des peintres de la fin du XIXe siècle, appelée aussi *pointillisme* : *Seurat est l'initiateur du divisionnisme.*

divorce n.m. (lat. *divortium*, séparation). **1.** Jugement qui met fin à un mariage civil : *Demander le divorce.* **2.** *Fig.* Opposition, divergence profonde : *Le divorce entre la passion et la raison* (**SYN.** conflit, discordance).

divorcé, e adj. et n. Dont le divorce a été prononcé : *Un enfant de parents divorcés.*

divorcer v.i. [conj. 16]. Rompre un mariage par divorce : *Ses parents ont divorcé.* ◆ v.t. ind. **[d'avec, de].** Se séparer de son conjoint par le divorce : *Elle souhaiterait divorcer d'avec son mari.*

divulgateur, trice adj. et n. Qui divulgue une information : *On recherche le divulgateur de la composition de ce nouveau médicament.*

divulgation n.f. Action de divulguer : *La divulgation d'un sujet d'examen* (**SYN.** révélation ; **CONTR.** dissimulation).

divulguer v.t. (lat. *divulgare*, de *vulgus*, foule) [conj. 3]. Rendre public ce qui devait rester ignoré : *La presse a divulgué l'identité du témoin* (**SYN.** dévoiler, ébruiter, révéler ; **CONTR.** cacher, étouffer).

dix [dis] adj. num. card. inv. (lat. *decem*). **1.** Neuf plus un : *Il me reste dix jours de vacances.* **2.** (En fonction d'ordinal). De rang numéro dix ; dixième : *Servir la table dix. Louis X le Hutin.* **3.** Désigne un nombre indéterminé, petit ou grand : *Je te l'ai déjà demandé dix fois ! Le résumé du film tient en dix lignes.* ☞ **REM.** Ce mot se prononce [diz] devant une voyelle ou un « h muet » ; [di] devant une consonne ou un « h aspiré ». ◆ n.m. inv. **1.** Le nombre qui suit neuf dans la série des entiers naturels : *Huit et deux font dix.* **2.** La carte à jouer marquée de dix points : *Le dix de pique.* **3.** Désigne selon les cas le jour, le numéro d'une chambre, etc. : *Nous avons rendez-vous le dix de ce mois.*

dix-huit [dizɥit] adj. num. card. inv. **1.** Dix plus huit : *Les dix-huit trous du golf miniature.* **2.** (En fonction d'ordinal). De rang numéro dix-huit ; dix-huitième : *Chapitre dix-huit. Louis XVIII.* ◆ n.m. inv. **1.** Le nombre qui suit dix-sept dans la série des entiers naturels : *Neuf fois deux, dix-huit.* **2.** Désigne selon les cas le jour, le numéro d'une chambre, etc. : *Le 18 est en tête à l'entrée du virage.*

dix-huitième [dizɥitjɛm] adj. num. ord. De rang numéro dix-huit : *La Révolution française marqua la fin du dix-huitième siècle.* ◆ n. Personne, chose qui occupe le dix-huitième rang : *Montmartre se trouve dans le dix-huitième* (= dans le dix-huitième arrondissement). *Elle est dix-huitième au concours.* ◆ adj. et n.m. Qui correspond à la division d'un tout en dix-huit parties égales : *Ceci représente un dix-huitième des dépenses.*

dixième [dizjɛm] adj. num. ord. (lat. *decimus*). De rang numéro dix : *Octobre est le dixième mois de l'année.* ◆ n. Personne, chose qui occupe le dixième rang : *Je suis la dixième de la liste.* ◆ adj. et n.m. Qui correspond à la division d'un tout en dix parties égales : *Le millimètre est la dixième partie du centimètre. Le montant de ses impôts représente le dixième de son salaire annuel.*

dixièmement [dizjɛmmɑ̃] adv. En dixième lieu.

dix-neuf [diznœf] adj. num. card. inv. **1.** Dix plus neuf : *Elle s'est mariée à dix-neuf ans.* **2.** (En fonction d'ordinal). De rang numéro dix-neuf ; dix-neuvième : *La porte dix-neuf.* ◆ n.m. inv. **1.** Le nombre qui suit dix-huit dans la série des entiers naturels : *Trente-huit divisé par deux égale dix-neuf.* **2.** Désigne selon les cas le jour, le numéro d'une chambre, etc. : *Elle avait joué le dix-neuf et il est sorti.*

dix-neuvième [diznœvjɛm] adj. num. ord. De rang numéro dix-neuf : *Les romanciers du dix-neuvième siècle.* ◆ n. Personne, chose qui occupe le dix-neuvième rang : *Il habite au dix-neuvième* (= au dix-neuvième étage). ◆ adj. et n.m. Qui correspond à la division d'un tout en dix-neuf parties égales : *La dix-neuvième partie d'une somme.*

dix-sept [dissɛt] adj. num. card. inv. **1.** Dix plus sept : *Ce résistant est mort à dix-sept ans.* **2.** (En fonction d'ordinal). De rang numéro dix-sept ; dix-septième : *Article dix-sept.* ◆ n.m. inv. **1.** Le nombre qui suit seize dans la série des entiers naturels : *Vingt moins trois égale dix sept.* **2.** Désigne selon les cas le jour, le numéro d'une chambre, etc. : *Elle habite au 17.*

dix-septième [dissɛtjɛm] adj. num. ord. et n. De rang numéro dix-sept : *Le dix-septième épisode d'une série.* ◆ n. Personne, chose qui occupe le dix-septième rang : *Sur cet album, ma préférée est la dix-septième* (= la dix-septième chanson). ◆ adj. et n.m. Qui correspond à la division d'un tout en dix-sept parties égales : *Le dix-septième de la population de la région.*

dizain n.m. Poème de dix vers.

dizaine n.f. **1.** Groupe de dix ou d'environ dix unités : *Nous nous connaissons depuis une dizaine d'années. Une dizaine de personnes sont venues.* **2.** Dans la religion catholique, prière correspondant à dix grains d'un chapelet : *Dire une dizaine.* **3.** En arithmétique, groupe de dix unités : *Le chiffre des dizaines.*

dizygote adj. et n. Se dit de chacun des jumeaux provenant de deux œufs différents, appelés aussi *faux jumeaux* (par opp. à monozygote).

D.J. ou **DJ** [didʒe ou didʒi] n. inv. (sigle). Disc-jockey.

djebel [dʒebɛl] n.m. (mot ar.). Montagne, en Afrique du Nord.

djellaba [dʒelaba] n.f. (mot ar.). Robe longue, à capuchon, portée par les hommes et les femmes en Afrique du Nord : *Un vendeur de djellabas.*

djembé [dʒɛmbe] n.m. (mot africain). Tambour africain en bois, de forme tronconique, recouvert d'une peau de chèvre tendue par des cordes.

djihad [dʒiad] n.m. (mot ar. signif. « effort suprême »). Combat dans lequel tout musulman doit s'engager, par la persuasion ou par les armes, pour que la loi divine soit appliquée au nom de l'islam.

djinn [dʒin] n.m. (mot ar.). Dans les croyances musulmanes, esprit bienfaisant ou démon. ☞ **REM.** Ne pas confondre avec *gin* ou *jean.*

do n.m. inv. Note de musique, premier degré de la gamme de *do*, composée de sept notes (**SYN.** ut).

doberman [dɔbɛrman] n.m. (mot all.). Chien de garde au poil ras et dur : *Des dobermans noirs.*

docile adj. (du lat. *docere,* enseigner). Qui obéit facilement : *Des élèves dociles* (**SYN.** discipliné, obéissant ; **CONTR.** désobéissant, indiscipliné, indocile).

docilement adv. Avec docilité : *Suivre docilement les consignes* (**SYN.** fidèlement, scrupuleusement).

docilité n.f. Attitude d'une personne qui se laisse conduire, commander ; obéissance soumise : *Ils exigent une totale docilité* (**SYN.** soumission ; **CONTR.** désobéissance, indocilité).

dock n.m. (mot angl., du néerl. *docke,* bassin). **1.** Bassin entouré de quais permettant le chargement et le déchargement des navires. **2.** Bâtiment construit sur les quais dans lequel on entrepose des marchandises.

docker [dɔkɛr] n.m. (mot angl.). Ouvrier employé au chargement et au déchargement des navires : *Le syndicat des dockers* (**SYN.** débardeur).

docte adj. (lat. *doctus,* de *docere,* enseigner). **1.** *Litt.* Qui a des connaissances étendues, notamm. en matière littéraire ou historique : *Un professeur très docte* (**SYN.** cultivé, érudit, lettré ; **CONTR.** inculte). **2.** *Péjor.* Qui manifeste une haute opinion de soi : *Un air docte* (**SYN.** doctoral, pédant, suffisant, vaniteux).

doctement adv. *Litt.* De façon savante et pédante : *Expliquer doctement une théorie scientifique.*

docteur, e n. (lat. *doctor,* de *docere,* enseigner). **1.** Personne qui a obtenu un doctorat : *Elle est docteure en géographie.* **2.** Personne pourvue du doctorat en médecine et habilitée à exercer ; titre donné à cette personne : *Le docteur délivre une ordonnance au malade* (**SYN.** médecin). ☞ **REM.** Au féminin, on rencontre aussi *une docteur.* ◆ **docteur** n.m. ▸ ***Docteur de la Loi,*** dans la religion juive, interprète et spécialiste officiel des livres sacrés. ***Docteur de l'Église,*** théologien remarquable dont les écrits font autorité.

doctoral, e, aux adj. **1.** Relatif au doctorat : *Des études doctorales.* **2.** *Péjor.* Se dit du comportement de qqn qui affecte un air grave, pédant, solennel : *Il s'exprime d'un ton doctoral* (**SYN.** docte, suffisant).

doctorant, e n. Étudiant titulaire d'un D.E.A. et préparant un doctorat.

doctorat n.m. **1.** Diplôme national, délivré par les universités, sanctionnant un travail de recherche mené après le D.E.A. : *Doctorat en sociologie. Doctorat ès lettres.* **2.** Diplôme national nécessaire à l'exercice des professions de santé.

doctoresse n.f. *Fam.* Femme médecin.

doctrinaire adj. et n. Qui s'attache avec rigueur et intransigeance à une doctrine, à une opinion : *Des idées trop doctrinaires* (**SYN.** dogmatique, sectaire). *Avec de tels doctrinaires, le parti n'évoluera jamais.*

doctrinal, e, aux adj. Relatif à une doctrine.

doctrine n.f. (lat. *doctrina,* formation théorique). **1.** Ensemble des croyances, des opinions ou des principes d'une religion, d'une école littéraire, artistique ou philosophique, d'un système politique, économique : *La doctrine chrétienne* (**SYN.** dogme). *La doctrine matérialiste* (**SYN.** théorie, thèse). **2.** Dans la langue juridique, ensemble des travaux ayant pour objet d'exposer ou d'interpréter le droit.

docu-fiction n.m. (de *documentaire* et *fiction*) [pl. *docu-fictions*]. Téléfilm fondé sur des faits réels et mêlant documents d'archives, images de synthèse et scènes jouées par des acteurs.

document n.m. (lat. *documentum,* de *docere,* enseigner). Écrit ou objet servant de preuve ou de témoignage : *Ce livret de famille a été un précieux document dans ses recherches généalogiques* (**SYN.** pièce).

documentaire adj. **1.** Qui a le caractère, la valeur, l'intérêt d'un document ; qui s'appuie sur des documents : *L'intérêt documentaire d'un cédérom.* **2.** Relatif aux techniques de la documentation : *Informatique documentaire.* ▸ ***À titre documentaire,*** pour information : *À titre documentaire, rappelons que de grands personnages ont séjourné ici.* ◆ n.m. et adj. Film à caractère didactique ou culturel montrant des faits réels, à la différence du film de fiction : *Un documentaire sur le Transsibérien.*

documentaliste n. Spécialiste de la recherche, du classement, de l'utilisation et de la diffusion des documents : *La documentaliste d'un collège.*

documentariste n. Personne qui réalise des films documentaires.

documentation n.f. **1.** Action d'appuyer une affirmation, un récit sur des documents : *La minutieuse documentation d'un film.* **2.** Ensemble des documents relatifs à une question, à un ouvrage : *L'étudiant a rassemblé une documentation sur la vie des abeilles.* **3.** Ensemble des documents concernant un véhicule, un appareil, un jeu, etc. ; notice, mode d'emploi : *Le client demande au vendeur de la documentation sur un ordinateur.*

documenté, e adj. **1.** Appuyé sur des documents : *Une biographie bien documentée.* **2.** Qui est informé, renseigné, notamm. par des documents : *Un touriste très documenté sur le Mont-Saint-Michel.*

documenter v.t. [conj. 3]. Fournir des renseignements, des documents à : *Documenter un écrivain sur une période historique.* ◆ **se documenter** v.pr. Rechercher, réunir des documents : *Elle s'est documentée sur les voitures* (**SYN.** se renseigner, s'informer).

dodécaèdre n.m. (du gr. *dôdeka,* douze, et *hedra,* face). Solide à douze faces.

dodécagone n.m. (du gr. *dôdeka,* douze, et *gônia,*

angle). Polygone qui a douze angles et, par conséquent, douze côtés.

dodécaphonique adj. (du gr. *dôdeka,* douze, et *phonê,* voix). Fondé sur le dodécaphonisme : *Musique dodécaphonique* (**SYN.** sériel).

dodécaphonisme n.m. Système musical fondé sur l'emploi des douze degrés de la gamme chromatique.

dodécasyllabe [dɔdekasilab] adj. et n.m. Se dit d'un vers de douze syllabes (appelé aussi *un alexandrin* dans la poésie française).

dodelinement n.m. Action de dodeliner.

dodeliner v.t. ind. (onomat.) [conj. 3]. **[de].** Balancer lentement et régulièrement une partie du corps : *Elle dodeline de la tête* (**SYN.** branler, remuer).

① **dodo** n.m. (de *dormir*). Sommeil ou lit dans le langage enfantin : *J'ai envie de faire dodo* (= dormir).

② **dodo** n.m. (du néerl.). Oiseau de l'île Maurice, à l'allure de dindon, aujourd'hui disparu (**SYN.** dronte).

dodu, e adj. **1.** Se dit d'un animal qui a une chair abondante et qui met en appétit : *Une dinde dodue* (**SYN.** charnu, gras ; **CONTR.** efflanqué, maigre). **2.** *Fam.* Qui est bien en chair, replet : *Un enfant dodu* (**SYN.** potelé ; **CONTR.** décharné, maigre, squelettique).

doge n.m. (mot vénitien). Chef élu des anciennes républiques de Gênes et de Venise.

dogmatique adj. Relatif au dogme, aux fondements de la croyance : *Vérités dogmatiques* (**SYN.** doctrinaire). ◆ adj. et n. Qui exprime une opinion de manière catégorique, autoritaire : *Un ton dogmatique* (**SYN.** impérieux, péremptoire, tranchant). ◆ n.f. Partie de la théologie qui constitue un exposé systématique des vérités de la foi.

dogmatiquement adv. De façon dogmatique ; d'un ton catégorique (**SYN.** autoritairement, impérieusement).

dogmatiser v.i. [conj. 3]. Émettre des affirmations sur un ton tranchant.

dogmatisme n.m. **1.** Philosophie ou religion qui s'appuie sur des dogmes et rejette le doute et la critique. **2.** Caractère, comportement d'une personne dogmatique : *Son dogmatisme empêche toute communication* (**SYN.** sectarisme).

dogme n.m. (gr. *dogma,* opinion). **1.** Point fondamental, et considéré comme indiscutable, d'une doctrine religieuse ou philosophique : *Le dogme de l'immortalité de l'âme* (**SYN.** précepte, règle). **2.** Opinion, croyance ou principe donnés comme certains, intangibles : *Rester optimiste quelle que soit la situation, c'est son dogme* (**SYN.** credo, système).

dogue n.m. (angl. *dog,* chien). Chien de garde trapu, à grosse tête, au museau aplati.

doigt [dwa] n.m. (lat. *digitus*). **1.** Chacune des parties articulées qui terminent les mains de l'homme et les pattes ou pieds de certains animaux : *Les cinq doigts de la main sont : le pouce, l'index, le majeur, l'annulaire et l'auriculaire. Les doigts effilés d'un pianiste. Les doigts du singe portent des griffes.* **2.** Mesure approximative qui équivaut à l'épaisseur d'un doigt : *Verser un doigt de cognac.* ▸ ***À deux doigts de,*** très près de : *Elle était à deux doigts du record du monde.* ***Faire toucher du doigt,*** donner à qqn des preuves incontestables de qqch. ***Le petit doigt,*** l'auriculaire. ***Mettre le doigt sur,*** deviner juste. ***Montrer qqn du doigt,*** le désigner publiquement comme un objet de risée, de scandale ou de réprobation. ***Ne pas bouger*** ou ***lever*** ou ***remuer le petit doigt,*** ne rien faire pour aider qqn. ***Obéir au doigt et à l'œil,*** au moindre signe, très fidèlement : *Son chien lui obéit au doigt et à l'œil.* ***Savoir*** ou ***connaître qqch sur le bout des doigts,*** le connaître parfaitement, par cœur. *Fam.* ***Se mettre le doigt dans l'œil,*** se tromper complètement. ***Toucher qqch du doigt,*** avoir l'intuition de qqch, être sur le point de deviner qqch : *Vous touchez du doigt la solution.*

doigté [dwate] n.m. **1.** Adresse manuelle ou intellectuelle ; délicatesse dans le comportement : *Le doigté d'un horloger* (**SYN.** dextérité, habileté, savoir-faire). *Annoncer une mauvaise nouvelle avec doigté* (**SYN.** diplomatie, tact). **2.** En musique, manière de placer les doigts sur un instrument dans l'exécution d'un morceau ; annotation portée sur la partition précisant cet emploi des doigts.

doigtier [dwatje] n.m. Fourreau qui protège un ou plusieurs doigts pour effectuer certaines manipulations ou en cas de blessure.

doit [dwa] n.m. Partie d'un compte établissant ce qu'une personne doit (**SYN.** débit, passif ; **CONTR.** actif, avoir, crédit).

dojo n.m. (mot jap.). Salle où se pratiquent les arts martiaux.

dol n.m. (lat. *dolus,* ruse). Dans la langue juridique, manœuvre frauduleuse destinée à tromper : *Être victime d'un dol.*

Dolby [dɔlbi] n.m. (nom déposé). Procédé de réduction du bruit de fond des enregistrements sonores, en partic. musicaux ; dispositif utilisant ce procédé : *Le système Dolby.*

doléances n.f. pl. (du lat. *dolere,* souffrir). Plainte, reproche : *Le maire écoute les doléances de ses administrés* (**SYN.** récrimination). ▸ ***Cahiers de doléances*** → **cahier.**

dolent, e adj. (lat. *dolens,* de *dolere,* souffrir). **1.** *Litt.* Qui souffre énormément : *Un malade dolent.* **2.** Se dit de qqn qui est sans énergie, qui exprime sa douleur d'une manière plaintive : *Un vieillard dolent* (**SYN.** geignard).

dolichocéphale [dɔlikɔsefal] adj. et n. (du gr. *dolikhos,* long, et *kephalê,* tête). En anthropologie, qui a le crâne plus long que large (par opp. à brachycéphale).

doline n.f. (du slave *dole,* en bas). Petite dépression circulaire, dans les régions à relief karstique.

dollar n.m. Unité monétaire principale d'une trentaine de pays, notamm. des États-Unis, du Canada et de l'Australie.

dolmen [dɔlmɛn] n.m. (du breton *dol,* table, et *men,* pierre). Monument de pierre, constitué par une dalle horizontale reposant sur des blocs verticaux : *Les dolmens sont des sépultures collectives.*

dolorisme n.m. Tendance à exalter la valeur morale de la souffrance, de la douleur.

dolosif, ive adj. Qui présente le caractère du dol, de la fraude, de la tromperie : *Manœuvre dolosive.*

dom [dɔ̃] n.m. (lat. *dominus,* maître). **1.** Titre donné à certains religieux (bénédictins, chartreux). **2.** Au

Portugal, titre d'honneur donné aux nobles. **3.** Forme ancienne de *2. don* : *« Dom Juan ou le Festin de pierre »* [Molière].

D.O.M. ou **DOM** [dɔm] n.m. (sigle). ▸ ***Département d'outre-mer*** → **département.**

domaine n.m. (lat. *dominium,* propriété). **1.** Propriété foncière : *Un domaine viticole* (SYN. bien, terre). **2.** Champ d'activité d'une personne : *Dans quel domaine s'est-elle spécialisée ?* (SYN. discipline, matière, secteur). *Cette question est de mon domaine* (SYN. compétence, ressort). **3.** Ensemble de ce qui constitue l'objet d'un art, d'une science, etc. : *Il est célèbre dans le domaine du cinéma* (SYN. monde, univers). **4.** En informatique, partie d'une adresse de l'Internet qui identifie, par pays, par activité ou par organisation, un des niveaux de la hiérarchie de ce réseau : *« fr » et « com » sont des noms de domaines signifiant respectivement « France » et « commerce ».* ▸ ***Le Domaine,*** dans le langage juridique, ensemble des biens appartenant à l'État ; administration de ces biens. ***Tomber dans le domaine public,*** pour une invention, une œuvre d'art, ne plus être soumise aux droits d'auteur.

domanial, e, aux adj. Qui appartient à un domaine, spécial. au domaine de l'État : *Des bois domaniaux.*

① **dôme** n.m. (it. *duomo,* du lat. *domus,* maison de Dieu). Nom donné en Italie, en Allemagne, etc., à certaines cathédrales : *Le dôme de Milan.*

② **dôme** n.m. (prov. *doma,* du gr. *dôma,* maison). **1.** Couverture hémisphérique de certains monuments : *Le dôme du Panthéon, à Paris.* **2.** Ce qui a l'aspect d'un dôme : *Le dôme verdoyant d'un grand chêne.* **3.** Sommet montagneux de forme arrondie.

domestication n.f. Action de domestiquer ; fait d'être domestiqué : *La domestication d'un âne. La domestication du vent.*

domesticité n.f. *Vieilli* Ensemble des domestiques d'une maison ; état de domestique : *Une domesticité réduite.*

① **domestique** adj. (lat. *domesticus,* de la maison). **1.** Qui concerne la maison, le ménage : *Il s'occupe des tâches domestiques* (SYN. ménager). **2.** Se dit d'un animal qui vit dans l'entourage de l'homme après avoir été dressé : *Le chat et le chien sont des animaux domestiques* (CONTR. sauvage).

② **domestique** n. *Vieilli* Personne employée pour le service, l'entretien d'une maison : *Les domestiques du château* (SYN. serviteur). ☞ REM. On dit auj. *employé(e) de maison.*

domestiquer v.t. [conj. 3]. **1.** Rendre domestique une espèce animale sauvage : *Peut-on domestiquer un singe ?* (SYN. apprivoiser). **2.** Amener qqn à se soumettre ; asservir : *On ne peut domestiquer les peuples* (SYN. assujettir, enchaîner ; CONTR. affranchir, émanciper). **3.** Rendre une force naturelle utilisable par l'homme : *Domestiquer l'énergie solaire.*

domicile n.m. (lat. *domicilium,* de *domus,* maison). Lieu habituel d'habitation : *Le taxi l'a conduit à son domicile* (SYN. demeure, résidence). ▸ ***À domicile,*** au lieu où habite qqn : *Elle travaille à domicile. Anc.* ***Domicile conjugal,*** dans le langage juridique, résidence de la famille. ***Domicile légal,*** dans le langage juridique, lieu légal d'habitation : *Une personne n'a qu'un domicile légal, même si elle a plusieurs résidences.* ***Sans domicile fixe*** ou ***S.D.F.,*** qui n'a aucun lieu d'habitation déterminé ; qui est sans travail et sans toit ; sans-abri, sans-logis.

domiciliaire adj. Qui se fait au domicile même d'une personne, génér. par autorité de justice : *Les visites domiciliaires d'un huissier.*

domiciliation n.f. Indication du domicile choisi pour le paiement d'un chèque, d'une traite.

domicilier v.t. [conj. 9]. Dans le langage juridique, assigner un domicile légal à qqn : *Elle s'est fait domicilier chez son frère.*

domien, enne adj. et n. Des départements d'outre-mer.

dominance n.f. Fait de dominer dans un ensemble ; état de ce qui est dominant : *La dominance du chêne dans une forêt* (SYN. prédominance, prépondérance).

dominant, e adj. **1.** Qui domine, qui l'emporte parmi d'autres : *Cette tour occupe une position dominante* (SYN. élevé). *La religion dominante d'un pays* (SYN. prédominant, prépondérant, principal). **2.** En génétique, se dit d'un caractère héréditaire ou d'un gène qui domine un autre gène chez un individu (par opp. à récessif).

dominante n.f. **1.** *Litt.* Ce qui domine, ce qui est essentiel dans un ensemble : *L'ironie est la dominante de son œuvre.* **2.** Option principale d'un cursus universitaire : *La psychologie est sa dominante.* **3.** Couleur qui domine visuellement les autres dans une photographie : *Une dominante verte.* **4.** En musique, cinquième note de la gamme : *Dans la gamme de « do », la dominante est « sol ».*

dominateur, trice adj. et n. Qui domine, aime dominer : *Un metteur en scène dominateur* (SYN. autoritaire, despotique, tyrannique ; CONTR. effacé). *Le maire emploie un ton dominateur* (SYN. impérieux ; CONTR. humble, modeste).

domination n.f. Action de dominer ; autorité souveraine : *La domination de l'économie par les organismes financiers* (SYN. dictature, hégémonie, mainmise ; CONTR. indépendance, liberté). *Ce pays exerce sa domination sur de nombreux autres* (SYN. hégémonie, suprématie).

dominer v.i. (lat. *dominari,* de *dominus,* maître) [conj. 3]. **1.** Être supérieur, exercer sa suprématie : *Cette athlète domine dans la course* (SYN. mener). **2.** L'emporter en intensité, en nombre : *Dans ce parfum, le citron domine* (SYN. primer). *Les femmes dominent dans cette profession* (SYN. prédominer). ◆ v.t. **1.** Tenir sous son autorité ; être supérieur à qqn : *L'Empire romain dominait le monde antique* (SYN. conquérir, soumettre). *Ce joueur d'échecs domine tous les autres* (SYN. surclasser, surpasser). **2.** Être situé au-dessus de qqch : *Ce château d'eau domine la vallée* (SYN. surplomber). **3.** *Fig.* Maîtriser qqch : *Apprendre à dominer sa peur* (SYN. contrôler, dompter [litt.], réprimer). *Cette candidate domine son sujet* (= le connaît parfaitement). ◆ **se dominer** v.pr. Rester maître de soi : *Elle s'est dominée malgré sa colère* (SYN. se contrôler, se maîtriser).

dominicain, e n. Religieux, religieuse de l'ordre fondé par saint Dominique.

dominical, e, aux adj. (lat. *dominicalis,* du

Seigneur). Relatif au dimanche : *Le souvenir des repas dominicaux.*

dominion [dɔminjɔ̃ ou dɔminjɔn] n.m. (mot angl.). *Anc.* État indépendant et souverain, membre du Commonwealth (Canada, Australie, Nouvelle-Zélande).

domino n.m. **1.** Chacune des pièces du jeu de dominos : *Piocher un domino.* **2.** Costume de bal masqué, formé d'une ample robe à capuchon ; personne qui porte ce costume. **3.** Bloc de jonction ou de dérivation électrique ayant l'aspect d'un domino. ▸ ***Couple domino,*** en Afrique et aux Antilles, couple constitué d'une personne noire et d'une personne blanche. ◆ **dominos** n.m. pl. Jeu qui se joue à l'aide de 28 pièces rectangulaires divisées chacune en deux cases blanches marquées de points noirs et qu'on assemble selon leur valeur : *Jouer aux dominos.*

dommage n.m. (de l'anc. fr. *dam,* dommage). Préjudice subi par qqn ; dégât causé à qqch : *Un dommage moral* (**SYN.** tort). *Cette assurance couvre les dommages matériels et corporels. Les dommages causés à ces fresques par l'humidité* (**SYN.** dégradation, détérioration, ravage). ▸ ***C'est dommage, quel dommage, dommage que*** (+ subj.), ***dommage de*** (+ inf.), c'est fâcheux, regrettable : *Ce film n'a pas eu de succès, c'est dommage. Quel dommage que tu n'aies pas continué ! Je trouve que c'est dommage d'y accorder autant d'importance.* ◆ **dommages** n.m. pl. ▸ ***Dommages-intérêts*** ou ***dommages et intérêts,*** indemnité due à qqn en réparation d'un préjudice.

dommageable adj. Qui cause un dommage : *Le tabac est particulièrement dommageable à la santé* (**SYN.** nuisible ; **CONTR.** bienfaisant). *Cette affaire a été dommageable à sa réputation* (**SYN.** préjudiciable ; **CONTR.** bénéfique).

domotique n.f. (du lat. *domus,* maison). Ensemble des techniques et des études tendant à intégrer à l'habitat tous les automatismes en matière de sécurité, de gestion de l'énergie, de communication, etc.

domptage [dɔ̃taʒ] n.m. Action de dompter un animal : *Le domptage des éléphants* (**SYN.** dressage).

dompter [dɔ̃te] v.t. (lat. *domitare*) [conj. 3]. **1.** Dresser un animal sauvage : *Il a réussi à dompter deux ours pour son numéro de cirque.* **2.** *Litt.* Soumettre à son autorité : *Ce professeur réussit à dompter les élèves les plus rebelles* (**SYN.** discipliner). **3.** *Fig., litt.* Maîtriser, surmonter un sentiment : *Réussir à dompter sa crainte* (**SYN.** contrôler, dominer, vaincre).

dompteur, euse [dɔ̃tœr, øz] n. Personne qui dompte, dresse des animaux sauvages : *Une dompteuse de fauves* (**SYN.** dresseur).

① **don** n.m. (lat. *donum*). **1.** Action de donner qqch ; chose ainsi donnée : *Je lui ai fait don de ma bague* (**SYN.** cadeau, présent). *Votre don de 50 euros aidera l'association* (**SYN.** offrande). **2.** Avantage que l'on reçoit sans avoir rien fait pour cela : *Ces fruits sont un don de la nature* (**SYN.** bienfait, faveur, grâce). **3.** Qualité naturelle ; prédisposition : *Elle a un don pour la sculpture* (**SYN.** dispositions, talent). ▸ *Fam.* ***Avoir le don de,*** réussir tout particulièrement à : *Il a le don de la mettre en colère.*

② **don, doña** [dɔ̃, dɔɲa] n. (mot esp.). En Espagne, titre de courtoisie, en usage seulement devant le prénom.

donataire n. Dans le langage juridique, personne qui reçoit un don, une donation.

donateur, trice n. Personne qui fait un don, une donation.

donation n.f. (lat. *donatio*). Dans le langage juridique, acte par lequel une personne transmet un bien à une autre personne qui l'accepte ; contrat qui constate cette transmission.

donation-partage n.f. (pl. *donations-partages*). Acte juridique par lequel une personne partage, de son vivant, les biens qu'elle veut léguer à ses descendants.

donc [dɔ̃k] conj. coord. (lat. *dumque,* de *dum,* alors). **1.** Introduit la conclusion d'un raisonnement, la conséquence d'une affirmation : *Je ne trouve pas son nom dans l'annuaire, donc il est sur liste rouge. Il a refusé le projet, donc il faut proposer autre chose* (**SYN.** par conséquent). **2.** Indique le retour à un point antérieur du discours, du récit : *Donc, en ce qui concerne votre demande...* **3.** Sert à renforcer une exclamation, une interrogation : *Arrête-toi donc !* [dɔ̃] *Que fait-il donc ?* [dɔ̃].

donjon n.m. (du lat. *dominus,* seigneur). Tour maîtresse d'un château fort, qui était la demeure du seigneur et le dernier retranchement de la garnison.

don Juan [dɔ̃ʒɥɑ̃] n.m. (de *Don Juan,* personnage littéraire) [pl. *dons Juans*]. Homme toujours en quête d'aventures amoureuses ; séducteur.

donjuanesque adj. Digne d'un don Juan, d'un séducteur : *Une vie amoureuse donjuanesque.*

donjuanisme n.m. Caractère, attitude d'un don Juan : *Dans ce milieu, le donjuanisme est la règle.*

donnant-donnant n.m. inv. Transaction dans laquelle chacune des parties accorde une compensation à l'autre : *Les grévistes acceptent le donnant-donnant du ministre.*

donne n.f. Distribution des cartes au jeu ; cartes distribuées. ▸ ***Fausse donne,*** erreur dans la distribution des cartes ; maldonne. ***Nouvelle donne,*** situation nouvelle résultant de changements importants dans un domaine quelconque : *La nouvelle donne politique.*

donné, e adj. Qui est connu, qui a été défini, fixé : *Deux des dimensions étant données. Réaliser une épreuve en un temps donné.* ▸ ***À un moment donné,*** à un certain moment ; soudain : *À un moment donné, j'ai cru qu'il allait s'endormir.* *Fam.* ***C'est donné,*** c'est très peu cher. ***Étant donné,*** voir à son ordre alphabétique.

donnée n.f. **1.** (Souvent au pl.). Élément servant de base à un raisonnement, à une recherche ; renseignement qui sert de point d'appui : *Les données actuelles de la génétique. L'heure du crime est une donnée importante* (**SYN.** information, précision, renseignement). **2.** En mathématiques, hypothèse figurant dans l'énoncé d'un problème. **3.** En informatique, représentation conventionnelle d'une information sous une forme convenant à son traitement par ordinateur : *Banque, base de données.* ◆ **données** n.f. pl. Ensemble de circonstances qui conditionnent tel ou tel événement : *Au vu des données actuelles, nul ne sait ce qui va se passer* (**SYN.** contexte).

donner v.t. (lat. *donare*) [conj. 3]. **1.** Mettre en la possession de qqn : *Elle lui a donné sa voiture* (**SYN.** offrir ; **CONTR.** prendre). *Les sucreries qu'on nous a données à déguster* (= on nous a donné [quoi ?] des sucreries pour que nous les dégustions). **2.** Mettre à la disposition de qqn : *Donnez-moi votre meilleure chambre* (**SYN.** procurer). *Donner sa place à une vieille dame* (**SYN.** céder, laisser ; **CONTR.** conserver, garder). *Donner les cartes* (**SYN.** distribuer). **3.** Assigner, attribuer un nom, un titre : *Il a donné à sa dernière création le nom du domaine familial. Donner un titre à un roman* (= l'intituler). **4.** Présenter un spectacle : *Cette salle donne surtout de vieux films* (**SYN.** passer). *Cette pièce sera donnée toute la semaine* (**SYN.** jouer). **5.** Attribuer un caractère, une qualité à qqn : *Quel âge lui donnes-tu ?* **6.** Accorder qqch à qqn : *Elle lui a donné la permission d'y aller* (**SYN.** consentir à, octroyer ; **CONTR.** refuser). **7.** Communiquer un renseignement, une information : *Peux-tu me donner ton adresse Internet ?* (**SYN.** dire, indiquer). **8.** Assurer un cours, organiser une réception : *Il donne des cours de français aux émigrés. Je donne une soirée en son honneur.* **9.** Manifester, montrer un sentiment, une sensation : *Le concurrent donne des signes de faiblesse* (**SYN.** présenter). **10.** Confier : *Donner ses plantes à arroser. Les lettres qu'on nous a donné à écrire* (= on nous a demandé [quoi ?] d'écrire des lettres). **11.** Être à la source de : *Ces vaches donnent du bon lait* (**SYN.** produire). **12.** Avoir comme résultat : *Ses recherches sur l'Internet n'ont rien donné* (= n'ont abouti à rien). *Ces divisions donnent le même résultat.* **13.** Exercer telle action sur qqn, qqch ; produire un effet : *Sa victoire lui a donné une grande popularité* (**SYN.** conférer). *Ce travail m'a donné beaucoup de satisfactions* (**SYN.** procurer). *Il donne du souci à ses parents* (**SYN.** causer, occasionner). **14.** *Arg.* Dénoncer : *Son complice l'a donnée à la police* (**SYN.** livrer). **15.** (Avec un nom sans art.). Sert à former des expressions : *Donner chaud. Donner envie. Donner faim. Cette marche m'a donné soif.* ▸ ***Donnant, donnant,*** à condition de recevoir une contrepartie. ***Donner le tour,*** en Suisse, boucler son budget ; être en voie de guérison. *Fam.* ***Je vous le donne en mille,*** je vous défie de le deviner. ◆ v.t. ind. **[dans, sur]. 1.** Heurter qqch : *L'avant de la voiture a donné dans le platane* (**SYN.** percuter). **2.** Être orienté vers ; donner accès à : *La fenêtre donne sur le fleuve* (**SYN.** ouvrir sur). *La cuisine donne dans le jardin* (**SYN.** déboucher). **3.** Avoir du goût, une inclination pour ; se laisser aller à : *Elle donne dans le sordide* (**SYN.** se complaire, se livrer à). ◆ v.i. **1.** Avoir un rendement, être productif : *Les pommiers donnent bien cette année.* **2.** Avoir une influence, une puissance plus ou moins grande : *Ce genre d'émission donne à plein chez les jeunes* (= elle a de l'impact, elle leur plaît). ▸ ***Ne plus savoir où donner de la tête,*** être affolé, surmené. ◆ **se donner** v.pr. **1. [à].** Consacrer toute son activité, son énergie à : *Toute sa vie, elle s'est donnée à la cause des défavorisés* (**SYN.** se consacrer à, se vouer à). **2.** Accorder ses faveurs à un homme, en parlant d'une femme (**SYN.** s'abandonner). **3.** S'imposer à soi-même : *Je me suis donné deux jours pour y arriver. Il s'est donné du mal pour y arriver* (= il s'est démené). **4.** S'attribuer faussement un état, une qualité : *Elle se donne des airs de sainte-nitouche* (**SYN.** affecter). *Se donner le mérite du succès.*

donneur, euse n. **1.** (Suivi d'un compl.). Personne qui a pour habitude de donner qqch : *Une donneuse de leçons.* **2.** Joueur qui distribue des cartes. **3.** En médecine, personne qui accepte que, de son vivant ou après sa mort, un organe, un tissu soit prélevé sur son corps afin d'être transplanté sur celui d'un malade (par opp. à receveur). **4.** *Arg.* Personne qui dénonce qqn à la police : *Il s'est retrouvé en prison à cause de ce donneur* (**SYN.** délateur, dénonciateur). ▸ ***Donneur universel,*** personne dont le sang, du groupe O, peut être transfusé aux personnes de n'importe quel groupe sanguin.

don Quichotte [dɔ̃kiʃɔt] n.m. (de *Don Quichotte de la Manche,* personnage de Cervantès) [pl. *dons Quichottes*]. Homme idéaliste et généreux qui se plaît à jouer les redresseurs de torts et le défenseur des opprimés.

donquichottisme n.m. Caractère, attitude, comportement d'un don Quichotte.

dont [dɔ̃] pron. relat. (du lat. *de unde,* d'où). Assure, dans une proposition relative, les fonctions de complément d'un verbe, d'un nom, d'un adjectif qui se construisent avec la préposition *de* : *Le pays dont je suis originaire. Un téléphone dont le combiné est vert. La personne dont il est amoureux.*

dopage n.m. **1.** Emploi de substances interdites, destinées à accroître provisoirement les capacités physiques de qqn, d'un animal. **2.** Fait pour un sportif d'utiliser illégalement un produit dopant pour augmenter ses performances.

dopant, e adj. et n.m. **1.** Se dit d'un produit nuisible pour la santé, utilisé illégalement pour doper qqn, un animal : *Athlète condamné pour avoir pris des produits dopants. On a trouvé des traces de dopants dans son urine.* **2.** Se dit d'un produit qui stimule, excite.

doper v.t. (anglo-amér. *to dope,* droguer) [conj. 3]. **1.** Administrer illégalement un produit dopant avant une épreuve sportive, un examen : *Doper un cheval de course.* **2.** *Fig.* Augmenter la puissance, l'activité de qqch ; donner un regain de dynamisme à qqn : *Le gouvernement veut doper l'industrie* (**SYN.** stimuler). *Les derniers sondages l'ont dopé.* ◆ **se doper** v.pr. Prendre un produit dopant : *Cette sportive s'est dopée avec des anabolisants.*

Doppler [dɔplɛr] n.m. (du nom d'un physicien autrichien). Examen médical par ultrasons permettant de déceler une anomalie cardiaque (on dit aussi *un examen Doppler*).

dorade n.f. → **daurade.**

doré, e adj. **1.** Recouvert d'une mince couche d'or ; dont l'aspect imite l'or : *Un collier doré. Un métal doré.* **2.** De la couleur de l'or : *Des cheveux dorés.*

dorénavant adv. (de l'anc. fr. *d'or en avant,* de l'heure actuelle en avant). À partir du moment présent : *Dorénavant, vous devrez porter un badge avec votre nom* (**SYN.** désormais ; **CONTR.** auparavant).

dorer v.t. (lat. *deaurare,* de *aurum,* or) [conj. 3]. **1.** Recouvrir d'or ou d'une substance ayant l'aspect de l'or : *Dorer une sculpture.* **2.** Donner une teinte dorée à : *Le soleil a doré ses cheveux* (**CONTR.** brunir). ◆ v.i. Prendre une teinte dorée : *Le cake commence à dorer.*

doreur, euse n. Spécialiste qui pratique la dorure : *Doreuse sur bois.*

dorien, enne adj. et n. Relatif au peuple indo-européen qui envahit la Grèce à la fin du IIe millénaire av. J.-C. ◆ **dorien** n.m. L'un des dialectes principaux du grec ancien.

dorique adj. ▸ ***Ordre dorique,*** le plus ancien et le plus simple des ordres de l'architecture grecque antique, caractérisé par une colonne cannelée et un chapiteau dépourvu de moulures (on dit aussi *le dorique*).

dorloter v.t. (de l'anc. fr. *dorelot,* boucle de cheveux) [conj. 3]. Entourer de soins attentifs, de tendresse : *Il dorlote son bébé* (**SYN.** câliner, choyer).

dormant, e adj. **1.** Qui reste immobile : *L'eau dormante d'un étang* (**SYN.** calme, stagnant, tranquille ; **CONTR.** courant). **2.** Se dit d'un agent secret, d'un terroriste, agissant seuls ou en réseau, qui restent inactifs en attendant qu'on les appelle pour des opérations. ◆ **dormant** n.m. Panneau vitré placé au-dessus d'une porte, d'une fenêtre, afin de donner plus de jour (**SYN.** imposte).

dormeur, euse adj. et n. Qui dort ; qui aime dormir : *Une grande dormeuse.* ▸ ***Crabe dormeur,*** autre nom du tourteau (on dit aussi *un dormeur*).

dormir v.i. (lat. *dormire*) [conj. 36]. **1.** Être dans l'état de sommeil : *Il a dormi un peu pendant le film* (**SYN.** s'assoupir, sommeiller, somnoler). *Ne faites pas de bruit, elle dort* (**SYN.** reposer ; **CONTR.** veiller). **2.** *Fig.* Rester inactif ; ne pas être utilisé : *Son argent dort sur un compte. Le maire a laissé dormir ce dossier épineux* (= il a évité de s'en occuper ; **SYN.** traîner). ▸ ***Conte*** ou ***histoire à dormir debout,*** récit absolument invraisemblable. ***Dormir comme un loir*** ou ***une marmotte*** ou ***une souche,*** dormir profondément. ***Dormir sur ses deux oreilles,*** être, se croire en sécurité. ***Ne dormir que d'un œil,*** faire très attention ; se méfier.

dorsal, e, aux adj. (du lat. *dorsum,* dos). **1.** Relatif au dos ; fixé sur le dos : *Douleur dorsale. Une nageoire dorsale* (par opp. à ventral). **2.** Relatif au dessus de qqch : *Face dorsale de la main* (= le dos de la main). ◆ **dorsale** n.f. Crête montagneuse ; chaîne de montagnes sous-marine.

dorsalgie n.f. En médecine, mal de dos.

dortoir n.m. (lat. *dormitorium,* chambre à coucher). **1.** Salle commune où dorment les membres d'une communauté (couvents, casernes, pensionnats). **2.** (Employé en appos., avec ou sans trait d'union). Qui sert uniquement à loger des personnes travaillant ailleurs : *Des banlieues dortoirs.*

dorure n.f. **1.** Action, art de dorer des objets avec de l'or en feuille ou en poudre : *Un artisan qui pratique la dorure sur bois.* **2.** Revêtement d'or ; couche dorée : *La dorure s'écaille.* **3.** (Surtout au pl.). Ornement doré et clinquant : *Un officier couvert de dorures.*

doryphore n.m. (du gr. *doruphoros,* porteur de lance). Insecte coléoptère nuisible pour les pommes de terre.

dos [do] n.m. (lat. *dorsum*). **1.** Face postérieure du tronc de l'homme, des épaules aux reins (par opp. à ventre) : *Une vieille dame au dos voûté. Dormir sur le dos.* **2.** Face supérieure du corps des animaux vertébrés et de certains insectes : *Monter sur le dos d'un poney* (**SYN.** croupe). **3.** Face opposée à celle qui apparaît comme l'endroit ; face convexe : *Écrire son adresse au dos d'une enveloppe* (**SYN.** verso ; **CONTR.** recto). *Les titres des chansons sont au dos de l'album. Dos de la main* (**SYN.** revers ; **CONTR.** paume, plat). *Dos d'une cuillère.* **4.** Partie postérieure de la reliure d'un livre (par opp. à la tranche). **5.** Nage sur le dos où le visage est émergé : *Le dos crawlé.* ▸ ***Avoir bon dos,*** servir d'excuse, de prétexte pour se dérober à ses responsabilités : *La grève des transports a bon dos, il serait tout de même arrivé en retard.* ***Dos crawlé,*** nage en crawl sur le dos. *Fam.* ***Être sur le dos de qqn,*** le harceler. ***Mettre qqch sur le dos de qqn,*** lui en attribuer la responsabilité : *Ne me mets pas cet échec sur le dos !* ***Renvoyer dos à dos deux adversaires,*** ne donner raison ni à l'un ni à l'autre. ***Se mettre qqn à dos,*** s'en faire un ennemi.

dosage n.m. **1.** Action de doser un mélange, une substance ; son résultat : *Se tromper dans le dosage d'une préparation.* **2.** *Fig.* Fait de combiner différents éléments : *Son secret pour réussir : un savant dosage de bonne humeur et de volonté.*

dos-d'âne n.m. inv. Bosse transversale sur la chaussée d'une route : *Tous ces dos-d'âne abîment les amortisseurs.*

dose n.f. (gr. *dosis,* action de donner). **1.** Quantité de médicament à prendre en une seule fois ou par unité de temps : *Respectez les doses prescrites.* **2.** Proportion d'une substance entrant dans un mélange : *Mettre deux doses d'eau de Javel pour un litre d'eau* (**SYN.** mesure). **3.** Quantité quelconque d'une qualité : *Avoir une bonne dose d'humour.* ▸ ***Forcer la dose,*** exagérer.

doser v.t. [conj. 3]. **1.** Déterminer les proportions d'un mélange : *Doser les ingrédients d'un gâteau.* **2.** *Fig.* Mesurer dans une proportion convenable : *Un sportif qui sait doser ses efforts* (**SYN.** proportionner, régler).

doseur n.m. Appareil servant au dosage : *Un doseur gradué en décilitres.*

dossard n.m. Pièce d'étoffe marquée d'un numéro d'ordre que portent les concurrents d'une épreuve sportive.

dossier n.m. **1.** Partie d'un siège contre laquelle s'appuie le dos. **2.** Ensemble des documents concernant un sujet, une personne, réunis dans une chemise ; cette chemise : *Elle a préparé un dossier sur l'amiante. Écrire son nom sur un dossier.* **3.** Question, sujet à traiter : *On l'a chargée d'un dossier difficile.* **4.** En informatique, élément de mémoire permettant d'organiser et de hiérarchiser des ensembles de fichiers. ▸ ***Dossier de presse,*** dossier réunissant des coupures de presse relatives au même sujet ; dossier documentaire distribué à des journalistes.

dot [dɔt] n.f. (lat. *dos, dotis,* don). **1.** Biens qu'une femme apporte en se mariant : *« Je trouve ici un avantage qu'ailleurs je ne trouverais pas, et il s'engage à la prendre sans dot »* [Molière]. **2.** Dans l'Antiquité grecque et en Afrique, biens donnés par le futur époux à la famille de sa future épouse.

dotal, e, aux adj. Relatif à la dot.

dotation n.f. **1.** Ensemble des revenus assignés à un établissement d'utilité publique, à une collectivité. **2.** Action d'attribuer un équipement à un organisme, à une collectivité ; l'équipement fourni. **3.** Revenu attribué à un chef d'État, à certains hauts fonctionnaires.

doter v.t. (lat. *dotare*) [conj. 3]. **1.** Assigner des fonds, fournir un équipement à une collectivité, à un établissement : *Doter un gymnase d'un mur d'escalade* (**SYN.** équiper, munir, pourvoir). **2.** Donner une dot à : *Doter sa fille.* **3.** *Fig.* Pourvoir qqn d'une qualité : *La nature* *l'a dotée d'une intelligence remarquable* (**SYN.** douer, gratifier).

douaire n.m. (du lat. *dos, dotis*, dot). *Anc.* Biens dont le mari réservait l'usufruit à sa femme dans le cas où elle lui survivrait.

douairière n.f. **1.** *Anc.* Veuve qui jouissait des biens que son mari lui avait réservés. **2.** *Péjor.* Dame âgée de la haute société.

douane n.f. (anc. it. *doana*, de l'ar.). **1.** Administration chargée de percevoir les droits sur les marchandises importées ou exportées : *Inspecteur de la douane.* **2.** Siège de cette administration : *Il n'y a plus de douanes aux frontières des pays de l'Union européenne.* **3.** Droits de douane ; taxe : *Payer la douane pour passer des produits dans un pays étranger.*

douanier, ère n. Agent de la douane : *Des douaniers ont trouvé trois tonnes de cocaïne sur un bateau.* ◆ adj. Relatif à la douane : *Tarifs douaniers.*

douar n.m. (de l'ar.). Dans le Maghreb, campement de tentes traditionnel ; division administrative rurale.

doublage n.m. **1.** Garnissage par une doublure ; renforcement par un revêtement : *Le doublage d'une robe transparente. Le doublage de la coque d'un navire.* **2.** Remplacement d'un comédien par sa doublure. **3.** Enregistrement des dialogues d'un film dans une autre langue que celle d'origine. **4.** Multiplication par deux : *Le doublage des bénéfices* (**SYN.** doublement).

doublant, e n. En Afrique, redoublant.

① **double** adj. (lat. *duplus*). **1.** Qui est multiplié par deux ; qui est formé de deux choses identiques : *Recevoir une double ration à la cantine. Voiture équipée du double coussin gonflable. Consonne double* (**SYN.** géminé). **2.** Qui a deux aspects dont un seul est manifeste ou révélé : *Il mène une double vie.* ▸ ***Faire double emploi***, être superflu en remplissant la même fonction qu'autre chose : *Cette encyclopédie sur cédérom fait double emploi avec celle que j'ai sur papier.* ◆ adv. Deux fois : *Elle voit double* (= elle voit deux choses là où il n'y en a qu'une). *Ce mois-ci j'ai été payé double.*

② **double** n.m. **1.** Quantité, nombre égaux à deux fois un autre : *Je l'ai payé le double de sa valeur. Elle a le double de mon âge.* **2.** Chose qui est la réplique d'une autre : *Le double d'un diplôme* (**SYN.** copie, duplicata ; **CONTR.** original). *J'ai fait un double de la première page du manuscrit* (**SYN.** reproduction). **3.** Deuxième exemplaire de qqch : *Conserver le double des clefs.* **4.** Partie de tennis ou de tennis de table entre deux équipes de deux joueurs ; chacune des deux équipes (par opp. à simple). ▸ ***En double***, en deux exemplaires : *J'ai plusieurs CD en double* ; à deux : *Faire une régate en double* (par opp. à en solitaire).

① **doublé, e** adj. **1.** Multiplié par deux : *Un prix doublé.* **2.** Garni d'une doublure : *Un manteau doublé de fourrure.* **3.** Dont on a réalisé le doublage : *La version doublée d'une série télévisée* (**CONTR.** original). **4.** Qui joint une particularité à une autre : *C'est une égoïste doublée d'une hypocrite.*

② **doublé** n.m. Série de deux réussites successives : *Athlète qui réussit le doublé au 400 m et au relais.*

double-clic n.m. (pl. *doubles-clics*). En informatique, action de cliquer deux fois de suite sur un bouton de la souris afin d'ouvrir une fenêtre, un programme, etc.

double-cliquer v.i. [conj. 3]. Effectuer un double-clic : *Ils double-cliquent pour ouvrir le mél.*

double-croche n.f. (pl. *doubles-croches*). En musique, note valant la moitié d'une croche.

① **doublement** adv. De deux manières ; à un double titre : *Tu l'as doublement déçu.*

② **doublement** n.m. Action de doubler ; fait de devenir double : *Le doublement des effectifs* (**SYN.** doublage, multiplication ; **CONTR.** diminution).

doubler v.t. (du lat. *duplus*, double) [conj. 3]. **1.** Multiplier par deux : *Doubler la capacité de mémoire d'un ordinateur.* **2.** Mettre en double : *Il faut doubler la ficelle pour que le paquet soit bien attaché.* **3.** Garnir d'une doublure : *Doubler une veste.* **4.** Passer devant : *Doubler un scooter* (**SYN.** dépasser). *Doubler des personnes dans une file d'attente.* **5.** Franchir en contournant : *Elle a été la première à doubler le cap Horn.* **6.** Effectuer le doublage d'un film, d'un acteur : *Elle double surtout des personnages de dessins animés.* **7.** Remplacer un acteur : *Ce cascadeur le double dans les scènes de combat.* **8.** *Vieilli* ou *région.* Redoubler, en parlant d'un élève : *Elle a doublé la sixième.* **9.** *Fam.* Devancer qqn dans une affaire, le trahir : *Tu m'as doublé, c'est moi qui devais présenter ce projet.* ◆ v.i. Devenir double : *Le chiffre d'affaires a doublé en cinq ans.* ◆ **se doubler** v.pr. **[de].** S'accompagner de : *Son insolence se double d'une incroyable mauvaise foi.*

double-rideau n.m. (pl. *doubles-rideaux*). Rideau en tissu épais qui se tire devant le voilage d'une fenêtre.

doublet n.m. (de *double*). En linguistique, se dit de chacun des deux mots de même étymologie qui présentent une forme et un sens différents : *Le latin « rigidus » a donné les doublets « raide » et « rigide ».*

doubleur, euse n. **1.** Personne qui double les films, les acteurs étrangers. **2.** En Belgique et au Québec, redoublant.

doublon n.m. En imprimerie, faute consistant à écrire deux fois un mot ou une partie du texte.

doublonner v.t. [conj. 3]. Faire double emploi.

doublure n.f. **1.** Étoffe, matière qui garnit l'intérieur de qqch : *La doublure d'un rideau, d'une jupe.* **2.** Acteur qui en remplace un autre : *Sa doublure a sauté en parachute à sa place.*

douce adj.f. → **doux.**

douceâtre adj. D'une saveur fade, peu agréable au goût ; doucereux : *Une boisson douceâtre* (**SYN.** écœurant, insipide ; **CONTR.** piquant, relevé).

doucement adv. **1.** Avec douceur ; sans bruit ; lentement : *Il dort doucement* (**SYN.** calmement, paisiblement). *Parlez plus doucement !* (= à voix basse ; **SYN.** 1. bas, faiblement ; **CONTR.** bruyamment, fort). *Elle s'est arrêtée doucement* (**SYN.** graduellement ; **CONTR.** brusquement, brutalement, violemment). *Il conduit doucement* (**CONTR.** vite). **2.** D'une façon peu satisfaisante : *Les affaires vont doucement* (**SYN.** médiocrement ; **CONTR.** parfaitement). **3.** *Fam.* En cachette, intérieurement : *Son déguisement me fait doucement rigoler.* ◆ interj. Invite à la modération : *Doucement ! Pas de conclusion hâtive* (= du calme !).

doucereusement adv. D'une façon doucereuse.

doucereux, euse adj. **1.** D'une douceur fade ; douceâtre : *Une sauce doucereuse* (**SYN.** insipide ; **CONTR.**

épicé, pimenté). **2.** D'une douceur affectée : *Une voix doucereuse* (**SYN.** mielleux, patelin [litt.], sucré ; **CONTR.** brutal, rude).

doucette n.f. Autre nom de la mâche.

doucettement adv. *Fam.* Tout doucement.

douceur n.f. **1.** Qualité de ce qui est doux, agréable aux sens, de ce qui procure du plaisir : *La douceur d'une peau* (**SYN.** finesse, velouté ; **CONTR.** rugosité). *La douceur d'une mélodie* (**SYN.** moelleux, suavité). **2.** Qualité de ce qui n'est pas extrême, brusque ou discontinu : *La douceur des températures* (**SYN.** clémence ; **CONTR.** rigueur, rudesse). *Bercer un bébé avec douceur* (**CONTR.** brusquerie). **3.** Caractère, comportement doux, affectueux : *Il lui parle avec douceur* (**SYN.** gentillesse, tendresse ; **CONTR.** brutalité, rudesse). ▸ ***En douceur,*** sans brusquerie, sans brutalité ; doucement : *L'avion s'est posé en douceur. Elle lui a annoncé la nouvelle en douceur.* ◆ **douceurs** n.f. pl. **1.** Friandises. **2.** Paroles aimables ; gentillesses : *Dire des douceurs à une femme* (**SYN.** galanteries).

douche n.f. (it. *doccia,* conduite d'eau). **1.** Jet d'eau dirigé sur le corps pour se laver ou dans un but thérapeutique : *Elle prend une douche tous les matins.* **2.** Installation permettant de prendre une douche : *Les douches collectives d'une piscine.* **3.** *Fam.* Averse. **4.** *Fam.* Violente réprimande ; événement qui cause une vive déception : *Quelle douche en apprenant qu'il n'était pas élu !* ▸ ***Douche écossaise,*** douche alternativement chaude et froide ; fig., alternance de bonnes et de mauvaises nouvelles.

doucher v.t. [conj. 3]. **1.** Donner une douche à qqn : *Doucher un enfant.* **2.** Mouiller abondamment : *Cet orage m'a douchée* (**SYN.** tremper). **3.** *Fam.* Infliger une déception : *Sa mauvaise place au concours l'a douché* (**SYN.** décevoir, refroidir ; **CONTR.** enthousiasmer, réjouir). ▸ *Fam.* ***Se faire doucher,*** recevoir une averse ; fig., essuyer des reproches : *Elle s'est fait doucher par son patron.* ◆ **se doucher** v.pr. Prendre une douche : *Elle s'est douchée après le match.*

douchière n.f. En Afrique, cabinet de toilette.

① **doudou** n.m. Objet, souvent petit morceau de tissu, dont les petits enfants ne se séparent pas et avec lequel ils dorment.

② **doudou** n.f. *Fam.* Aux Antilles, jeune femme aimée.

doudoune n.f. Grosse veste très chaude, génér. fourrée de duvet.

doué, e adj. Qui a des dons naturels : *Une étudiante très douée* (**SYN.** capable, intelligent ; **CONTR.** faible). *Il est doué en informatique* (**SYN.** bon, excellent, fort ; **CONTR.** mauvais, médiocre). ▸ ***Doué de,*** doté par la nature de : *Elle est douée de bon sens.*

douer v.t. (lat. *dotare*) [conj. 6]. Pourvoir d'avantages, de qualités : *La nature l'a doué d'un grand talent* (**SYN.** doter, gratifier).

douille n.f. (du frq.). **1.** Pièce dans laquelle se fixe le culot d'une ampoule électrique : *Douille à baïonnette, à vis.* **2.** Étui contenant la charge de poudre d'une cartouche. **3.** Partie creuse d'un instrument, d'un outil, qui reçoit le manche.

douillet, ette adj. (du lat. *ductilis,* malléable). **1.** Se dit de qqn qui craint la moindre douleur : *Un enfant douillet* (**SYN.** délicat, sensible ; **CONTR.** dur, stoïque). **2.** Qui est doux, moelleux et procure une sensation de chaleur : *Une couette douillette* (**SYN.** confortable). **3.** Se dit d'un lieu confortable : *Une chambre douillette* (**SYN.** cosy).

douillettement adv. De façon douillette : *Elle est douillettement installée dans son lit* (**SYN.** confortablement).

douleur n.f. (lat. *dolor*). **1.** Sensation désagréable, pénible, ressentie dans une partie du corps : *J'ai une douleur dans le bas du dos* (**SYN.** mal, souffrance). **2.** Sentiment pénible ; souffrance morale : *J'ai éprouvé une immense douleur en apprenant son décès* (**SYN.** affliction, chagrin, peine ; **CONTR.** bonheur, joie, satisfaction).

douloureuse n.f. *Fam.* Facture à payer ; addition.

douloureusement adv. D'une manière douloureuse : *Elle a été douloureusement affectée par cette nouvelle* (**SYN.** cruellement, durement).

douloureux, euse adj. **1.** Qui cause une douleur physique : *Un coup de soleil douloureux* (**SYN.** cuisant, lancinant ; **CONTR.** indolore). **2.** Qui est le siège d'une douleur physique : *Après cette marche, mes pieds sont douloureux* (**SYN.** endolori). **3.** Qui cause une douleur morale : *Un souvenir douloureux* (**SYN.** bouleversant, déchirant, pénible). **4.** Qui exprime la douleur : *Des regards douloureux* (**SYN.** désespéré, malheureux).

douma n.f. (d'un mot russe signif. « conseil »). En Russie, assemblée, conseil.

doute n.m. **1.** État d'esprit d'une personne qui est incertaine de la réalité d'un fait, de l'exactitude d'une déclaration, et qui ne sait quelle conduite adopter : *Son explication me laisse dans le doute* (**SYN.** incertitude, indécision ; **CONTR.** certitude). *J'ai un doute sur la marche à suivre* (**SYN.** flottement, perplexité ; **CONTR.** assurance). **2.** (Souvent au pl.). Manque de confiance dans la sincérité de qqn, la réalisation de qqch ; défiance : *J'ai des doutes quand il prétend l'avoir fait seul* (= je me méfie ; **SYN.** soupçon, suspicion). *Elle a des doutes concernant l'avenir de cette invention.* ▸ ***Cela ne fait aucun doute*** ou ***cela ne fait pas l'ombre d'un doute,*** c'est certain. ***Mettre en doute qqch,*** remettre qqch en question. ***Nul doute que,*** il est certain que : *Nul doute qu'il ira la chercher* ou *qu'il n'aille la chercher.* ***Sans doute,*** probablement, vraisemblablement : *Tu le savais sans doute. Sans doute le connais-tu.* ***Sans nul doute*** ou ***sans aucun doute,*** assurément, à coup sûr.

douter v.t. ind. (lat. *dubitare*) [conj. 3]. **[de]. 1.** Être incertain de la réalité d'un fait, de l'exactitude d'une affirmation, de l'accomplissement d'une action, de la conduite à tenir : *Elle doute de ton amitié. Il doute de pouvoir venir. Je doute qu'il le fasse.* **2.** Ne pas avoir confiance en qqn, qqch : *Elle doute de ses collègues* (**SYN.** se défier de, se méfier de). *Il doute de l'efficacité de ce médicament.* ▸ ***À n'en pas douter,*** assurément : *C'est, à n'en pas douter, un très grand peintre.* ***Ne douter de rien,*** n'hésiter devant aucun obstacle, avoir une audace aveugle. ◆ **se douter** v.pr. Avoir le pressentiment de, s'attendre à ; soupçonner : *Personne ne se doute de sa présence. Je ne me doutais pas que tu jouais si bien* (**SYN.** penser).

douteux, euse adj. **1.** Dont la réalité, l'exactitude n'est pas établie : *Le résultat de ses analyses est douteux* (**SYN.** hypothétique, incertain ; **CONTR.** certain, sûr). *Sa réussite au concours me paraît douteuse* (**SYN.**

improbable, problématique ; **CONTR.** évident, indubitable). **2.** Dont la valeur est contestable : *Des plaisanteries d'un goût douteux.* **3.** Se dit de qqn ou de qqch qui paraît peu fiable : *Un témoin douteux* (**SYN.** louche, suspect ; **CONTR.** sûr). *Une affaire douteuse* (**SYN.** trouble). **4.** Se dit de qqch qui manque de propreté ou de fraîcheur : *Une salle de bains douteuse* (**CONTR.** net, propre). *Ce lait me paraît douteux.*

① **douve** n.f. (du gr. *dokhê*, récipient). **1.** Large fossé rempli d'eau entourant une demeure : *Les douves d'un château.* **2.** Dans les courses de chevaux, large fossé rempli d'eau, précédé d'une haie ou d'une barrière. **3.** Chacune des pièces de bois longitudinales dont est formé le corps d'un tonneau.

② **douve** n.f. (lat. *dolva*). Ver parasite du foie du mouton, du bœuf et de l'homme.

doux, douce adj. (lat. *dulcis*). **1.** Dont le goût est sucré ou peu accentué : *Du miel doux* (**SYN.** sucré ; **CONTR.** amer, fade). *Poire douce* (**CONTR.** acide, aigre). *Ce chorizo est assez doux* (**CONTR.** fort, pimenté). *Cidre doux* (**CONTR.** brut). **2.** Qui procure une sensation agréable, un sentiment de bien-être : *Shampooing qui rend les cheveux doux* (**SYN.** souple, soyeux ; **CONTR.** rêche). *Le doux parfum du jasmin* (**SYN.** suave ; **CONTR.** fort). *Le doux son de la flûte traversière* (**SYN.** harmonieux, mélodieux ; **CONTR.** aigre, strident). **3.** Qui ne présente aucun caractère excessif : *Un climat doux* (**SYN.** agréable, clément ; **CONTR.** rigoureux, rude). *Ses démarrages sont toujours doux* (**SYN.** souple ; **CONTR.** brusque, brutal, nerveux). **4.** Qui agit sans brusquerie ; qui est d'un caractère facile, plein de bienveillance : *Un chien très doux* (**SYN.** inoffensif ; **CONTR.** agressif, méchant). *Elle fit un doux baiser à son enfant* (**SYN.** affectueux, tendre). *Il est doux avec ses enfants* (**SYN.** bon, indulgent ; **CONTR.** dur, sévère). *Une punition douce* (**SYN.** modéré, raisonnable ; **CONTR.** cruel, dur). **5.** Que l'on peut façonner ; malléable : *Acier doux* (**SYN.** ductile). ▸ ***Eau douce,*** qui n'est pas salée (cours d'eau, lacs, sources) : *Poisson d'eau douce.* *Fam.* ***En douce,*** sans se faire remarquer : *Elle est partie en douce.* ***Énergies douces,*** énergies tirées de phénomènes naturels et dont la production respecte l'environnement : *Les énergies solaire, hydraulique, marémotrice, éolienne sont des énergies douces.* ***Faire les yeux doux,*** regarder amoureusement, souvent avec l'intention d'attendrir. ***Médecine douce,*** médecine qui s'efforce d'utiliser des moyens tenus pour naturels et dépourvus d'effets secondaires néfastes (on dit aussi *médecine parallèle*). ◆ n. Personne sensible, bienveillante : *Malgré les apparences, c'est un doux* (**SYN.** tendre ; **CONTR.** dur). ◆ **doux** adv. ▸ ***Filer doux,*** obéir sans opposer de résistance. ***Il fait doux,*** il ne fait ni trop chaud ni trop froid. ◆ **doux** n.m. Ce qui est doux ; moelleux.

doux-amer, douce-amère [duzamɛr, dusamɛr] adj. (pl. *doux-amers, douces-amères*). **1.** Qui est à la fois doux et amer au goût : *Une sauce douce-amère.* **2.** Qui mêle l'amertume à la bienveillance : *Des pensées douces-amères.*

douzaine n.f. Groupe de douze ou d'environ douze unités : *Deux douzaines d'huîtres. Une douzaine d'enfants ont répondu.* ▸ ***À la douzaine,*** en quantité : *De telles revues, j'en vends à la douzaine.*

douze adj. num. card. inv. (lat. *duodecim*). **1.** Onze plus un : *Les douze signes du zodiaque.* **2.** (En fonction d'ordinal). De rang numéro douze ; douzième : *Chapitre douze.* ◆ n.m. inv. **1.** Le nombre qui suit onze dans la série des entiers naturels : *Trois fois quatre font douze.* **2.** Désigne selon les cas le jour, le numéro d'une chambre, etc. : *Nous nous verrons le douze.*

douzième adj. num. ord. De rang numéro douze : *Il gagne pour la douzième fois.* ◆ n. Personne, chose qui occupe le douzième rang : *C'est la douzième de sa promotion.* ◆ adj. et n.m. Qui correspond à la division d'un tout en douze parties égales : *La douzième partie d'une somme. Le douzième du territoire est concerné.*

douzièmement adv. En douzième lieu.

Dow Jones (indice) [dɔwdʒɔns], indice boursier correspondant à la moyenne du cours en Bourse de trente actions américaines.

doyen, enne [dwajɛ̃, ɛn] n. (lat. *decanus,* chef de dix hommes). **1.** Personne la plus âgée ou la plus ancienne d'un groupe : *Le doyen de la ville. La doyenne du club.* **2.** Nom de certains responsables ecclésiastiques. **3.** Nom de certains hauts responsables dans l'enseignement supérieur : *Le doyen de l'unité de formation et de recherche de droit.*

doyenné [dwajene] n.m. Circonscription ecclésiastique administrée par un doyen.

drache n.f. Dans le nord de la France et en Belgique, pluie battante ; forte averse.

dracher v.impers. [conj. 3]. Dans le nord de la France et en Belgique, pleuvoir à verse.

drachme [drakm] n.f. **1.** Unité de poids et de monnaie de la Grèce ancienne. **2.** Unité monétaire principale de la Grèce jusqu'à l'introduction de l'euro.

draconien, enne adj. (de *Dracon,* législateur grec). D'une rigueur excessive : *Un règlement draconien* (**SYN.** drastique, dur ; **CONTR.** laxiste). *Il suit un régime draconien* (**SYN.** sévère, strict).

dragage n.m. Action de draguer, de curer avec une drague : *Le dragage d'un chenal.*

dragée n.f. (du gr. *tragêmata,* friandises). **1.** Confiserie faite d'une amande recouverte de sucre durci : *Les mariés offrent des dragées à leurs invités.* **2.** Médicament présenté sous la forme d'un comprimé enrobé de sucre. ▸ *Fam.* ***Tenir la dragée haute à qqn,*** lui faire attendre longtemps qqch ou lui faire payer cher ce qu'il désire ; lui faire sentir tout le pouvoir que l'on a sur lui.

dragéifié, e adj. Se dit d'un médicament présenté sous forme de dragée : *Des comprimés dragéifiés.*

drageon n.m. (du frq.). Pousse qui naît de la racine d'une plante ; rejeton, surgeon.

dragon n.m. (lat. *draco,* serpent fabuleux). **1.** Animal fabuleux, génér. représenté avec des griffes, des ailes et une queue de serpent : *Un dragon qui crache du feu.* **2.** *Anc.* Soldat d'un corps de cavalerie. **3.** Soldat d'un régiment blindé. **4.** Pays en développement dont l'économie est caractérisée par une forte croissance dès la fin des années 1960 : *La Corée du Sud, Singapour et Taïwan sont des dragons.* **5.** Personne autoritaire ou acariâtre. **6.** *Fig.* Gardien vigilant et farouche. ▸ ***Dragon de vertu,*** personne d'une vertu austère.

dragonnade n.f. (Surtout au pl.). Sous Louis XIV, persécution exercée contre les protestants par les dragons des troupes royales, qui étaient logés chez eux à cet effet.

dragonne n.f. Lanière attachée à un objet et que l'on peut passer au poignet ou au bras : *La dragonne d'une cravache. La dragonne d'un appareil photo.*

drague n.f. (angl. *drag*, crochet). **1.** Engin destiné à enlever les objets, le sable, le gravier, la vase déposés au fond de l'eau et gênant la navigation ; ponton flottant supportant cet engin. **2.** Dispositif employé pour détruire ou enlever les mines sous-marines. **3.** Filet de pêche à manche ou petit chalut. **4.** *Fam.* Action de draguer qqn.

draguer v.t. [conj. 3]. **1.** Curer avec une drague : *Draguer un port.* **2.** Retirer une mine sous-marine avec une drague. **3.** Pêcher des coquillages à la drague. **4.** *Fam.* Aborder qqn, tenter de le séduire en vue d'une aventure : *Il l'a draguée dans une discothèque* (**SYN.** courtiser).

① **dragueur** n.m. Bateau qui drague.

② **dragueur, euse** n. *Fam.* Personne qui aime draguer, séduire : *Méfie-toi de lui, c'est un dragueur* (**SYN.** don Juan, séducteur).

drain n.m. (mot angl.). **1.** Conduit souterrain permettant d'évacuer les eaux d'un terrain trop humide. **2.** En médecine, tube souple placé dans une plaie et servant à l'écoulement d'un liquide, d'un gaz.

drainage n.m. **1.** Action de drainer un terrain humide : *Le drainage d'un étang* (**SYN.** assèchement ; **CONTR.** inondation). **2.** En médecine, opération chirurgicale consistant à évacuer par un drain un liquide ou un gaz.

drainer v.t. (angl. *to drain*, égoutter) [conj. 4]. **1.** Débarrasser un terrain de son excès d'eau en utilisant des drains : *Drainer un marais* (**SYN.** assécher ; **CONTR.** inonder). **2.** En parlant d'un cours d'eau, rassembler les eaux d'une région. **3.** En médecine, pratiquer le drainage d'une plaie, d'une cavité. **4.** *Fig.* Faire affluer des personnes, des choses de divers côtés ; envoyer dans une direction déterminée : *Ce site draine des touristes de tous les pays* (**SYN.** attirer). *Cette formule draine les placements des petits épargnants* (**SYN.** rassembler). *Drainer les spectateurs vers la sortie* (**SYN.** aiguiller, canaliser, diriger ; **CONTR.** disperser).

draisienne n.f. (du nom de l'inventeur). Engin de locomotion, ancêtre de la bicyclette.

draisine n.f. Wagonnet automoteur utilisé par le personnel qui entretient les voies ferrées.

drakkar n.m. (mot scand.). Bateau qui servait aux expéditions des Normands et des Vikings.

dramatique adj. **1.** Relatif au théâtre ; destiné à être joué au théâtre : *Auteur dramatique. Œuvre dramatique.* **2.** Qui comporte un grave danger ; qui provoque une vive émotion : *Les conditions de vie des réfugiés sont dramatiques* (**SYN.** alarmant, catastrophique, critique). *La fin du film est dramatique* (**SYN.** bouleversant, émouvant, pathétique, tragique). ◆ n.f. Œuvre de fiction télévisée ou radiodiffusée : *Cette chaîne diffuse de bonnes dramatiques* (**SYN.** téléfilm).

dramatiquement adv. D'une manière dramatique, catastrophique : *Cette expédition s'est terminée dramatiquement* (**SYN.** tragiquement).

dramatisation n.f. Action de dramatiser.

dramatiser v.t. [conj. 3]. **1.** Présenter de manière dramatique, théâtrale : *Elle dramatise son existence.* **2.** Donner un tour grave à qqch : *Il a tendance à tout dramatiser.*

dramaturge n. (gr. *dramatourgos*). Auteur de pièces de théâtre.

dramaturgie n.f. Art de composer des pièces de théâtre.

drame n.m. (du gr. *drâma*, action, pièce de théâtre). **1.** Événement ou série d'événements violents ; événement grave : *La bagarre a tourné au drame* (**SYN.** catastrophe, désastre). *Ils vivent un drame avec la perte de leur fils* (**SYN.** tragédie). **2.** Pièce de théâtre représentant une action sérieuse ou pathétique, introduisant quelques éléments réalistes ou comiques : *Un drame de Tchekhov.* ▸ ***Faire un drame*** ou ***tout un drame de qqch,*** donner à un événement une importance excessive : *Elle a fait un drame pour une petite rayure sur sa voiture.*

drap [dra] n.m. (lat. *drappus*, du celt.). **1.** Pièce de tissu que l'on place au-dessus du matelas d'un lit ou en dessous des couvertures : *Draps de soie. Drap de dessous* (= drap-housse). **2.** Grande serviette en tissu-éponge : *Drap de bain.* **3.** Tissu feutré en laine pure ou mélangée : *Un manteau en drap.* ▸ *Fam.* ***Être, se mettre dans de beaux draps,*** être, se mettre dans une situation embarrassante.

drapé n.m. Manière dont les plis d'un tissu, d'un vêtement sont disposés : *Le drapé d'une toge.*

drapeau n.m. (de *drap*). **1.** Pièce d'étoffe attachée à une hampe qui symbolise une nation ou sert de signe de ralliement à un groupe : *Un bateau anglais hisse son drapeau* (**SYN.** pavillon). **2.** Pièce d'étoffe dont on se sert pour donner un signal, une information : *Le drapeau vert indique que la baignade est permise.* ▸ ***Drapeau blanc,*** drapeau qui indique que l'on veut parlementer ou capituler. ***Être sous les drapeaux,*** appartenir à l'armée ; accomplir son service militaire.

draper v.t. [conj. 3]. **1.** Couvrir, habiller d'une draperie : *Draper une statue.* **2.** Disposer harmonieusement les plis d'un vêtement : *Draper sa cape sur ses épaules.* ◆ **se draper** v.pr. **[dans]. 1.** S'envelopper dans un vêtement ample : *Elle s'est drapée dans un châle.* **2.** *Fig., sout.* Se prévaloir fièrement de qqch : *Se draper dans sa générosité.*

draperie n.f. **1.** Fabrication et commerce de drap. **2.** Tissu disposé de manière à retomber en plis harmonieux, spécial. dans l'ameublement : *Les draperies des chambres d'un château.*

drap-housse [draus] n.m. (pl. *draps-housses*). Drap dont les bords sont garnis d'un élastique et dont les coins repliés s'adaptent parfaitement au matelas.

drapier, ère n. Personne qui fabrique ou vend du drap. ◆ adj. Relatif à la fabrication ou au commerce du drap : *L'industrie drapière.*

drastique adj. (gr. *drastikos*, énergique). Se dit d'une mesure d'une brutale efficacité, d'une rigueur excessive : *Prendre des mesures drastiques contre les jeunes délinquants* (**SYN.** draconien).

drave n.f. (de l'angl. *to drive*, conduire). *Anc.* Au Québec, action de draver.

draver v.t. et v.i. [conj. 3]. *Anc.* Au Québec, faire transporter des troncs d'arbres par les cours d'eau.

draveur, euse n. *Anc.* Au Québec, personne qui drave.

dravidien, enne adj. et n.m. Se dit d'une famille de langues du sud de l'Inde, comprenant le tamoul.

dreadlocks [drɛdlɔks] n.f. pl. (mot angl.). Petites nattes, parfois entrelacées de perles, constituant la coiffure traditionnelle des rastas.

dressage n.m. **1.** Action de dresser, d'installer : *Le dressage d'un échafaudage* (**SYN.** érection, montage ; **CONTR.** démontage). **2.** Action de dresser un animal : *Le dressage d'un chien de concours* (**SYN.** domptage).

dresser v.t. (du lat. *directus,* droit, de *dirigere*) [conj. 4]. **1.** Mettre, tenir droit, disposer verticalement : *Dresser un poteau* (**SYN.** relever ; **CONTR.** baisser). *Le chien dresse ses oreilles* (**SYN.** lever ; **CONTR.** coucher). **2.** Mettre en place une installation, une construction : *Dresser une tente de camping* (**SYN.** installer, monter ; **CONTR.** démonter). **3.** Installer, établir soigneusement : *Dresser la table pour deux personnes* (**SYN.** apprêter, mettre ; **CONTR.** débarrasser, desservir). *L'agent dut dresser procès-verbal* (= le rédiger dans la forme prescrite). **4.** Plier un animal à une certaine discipline : *Dresser des chevaux de cirque* (**SYN.** dompter). **5. [contre].** Monter une personne contre une autre : *Elle l'a dressé contre son frère* (**SYN.** exciter). ▸ ***Dresser l'oreille,*** écouter attentivement. ◆ **se dresser** v.pr. **1.** Se mettre debout ; se tenir droit : *Les gardes se dressent au passage du Président* (**SYN.** se camper). **2. [contre].** *Fig.* Manifester son opposition : *Adolescents qui se dressent contre leurs parents* (**SYN.** se rebeller, se révolter, s'opposer à ; **CONTR.** obéir, se plier à). ▸ ***Avoir les cheveux qui se dressent sur la tête,*** éprouver de l'horreur ou une peur terrible.

dresseur, euse n. Personne qui dresse des animaux : *Un dresseur de tigres* (**SYN.** dompteur).

dressing [drɛsiŋ] n.m. (angl. *dressing-room,* pièce pour s'habiller) [pl. *dressings*]. Petite pièce où l'on range les vêtements ; vestiaire.

dressoir n.m. (de *dresser*). Buffet qui servait à exposer des pièces de vaisselle.

drève n.f. (moyen néerl. *dreve,* de *driven,* conduire). Dans le nord de la France et en Belgique, allée carrossable bordée d'arbres.

dreyfusard, e n. et adj. Partisan de la révision du procès du capitaine Dreyfus, entre 1894 et 1906.

D.R.H. ou **DRH** n.f. (sigle). ▸ ***Direction des ressources humaines*** → **ressource.** ◆ n. Directeur des ressources humaines.

dribble [dribl] n.m. Action de dribbler.

dribbler [drible] v.i. (angl. *to dribble*) [conj. 3]. Au football, hockey, basket, handball, conduire le ballon, le palet, la balle par petits coups de pied, de crosse ou de main en contournant les adversaires : *La basketteuse a dribblé jusqu'au panier.* ◆ v.t. Contourner l'adversaire en contrôlant le ballon, le palet, la balle : *Il a dribblé deux joueurs.*

drille [drij] n.m. (anc. fr. *drille,* chiffon). ▸ *Fam.* ***Joyeux drille,*** homme jovial, dont la compagnie est plaisante.

dringuelle n.f. (all. *Trinkgeld*). *Fam.* Dans le nord de la France et en Belgique, pourboire ; argent de poche.

drisse n.f. (it. *drizza,* de *drizzare,* dresser, du lat. *directus*). Cordage qui sert à hisser : *Drisse de mât.*

drive [drajv] n.m. (mot angl. signif. « coup droit »). **1.** Au tennis, coup droit. **2.** Au golf, coup de longue distance donné au départ d'un trou.

driver [drajve] v.i. [conj. 3]. Au tennis, au golf, faire un drive.

drogue n.f. (du néerl. *droog,* sec). **1.** Substance toxique pouvant modifier l'état de conscience et provoquer une accoutumance : *La cocaïne est une drogue* (**SYN.** stupéfiant). *Un trafiquant de drogue.* **2.** *Fig.* Ce dont on ne peut plus se passer : *Les jeux vidéo constituent une drogue pour cet enfant.* **3.** *Péjor.* Médicament médiocre : *Elle croit en la vertu de cette drogue.* ▸ ***Drogue douce,*** réputée n'avoir que des effets mineurs sur l'organisme, comme les dérivés du cannabis. ***Drogue dure,*** qui engendre rapidement un état de dépendance physique.

drogué, e adj. et n. Qui fait usage de drogues : *Des drogués qui suivent une cure de désintoxication* (**SYN.** toxicomane).

droguer v.t. [conj. 3]. **1.** *Fam.* Donner beaucoup de médicaments à un malade. **2.** Administrer un stupéfiant ou un somnifère à : *Les cambrioleurs avaient drogué le veilleur de nuit.* ◆ **se droguer** v.pr. **1.** Faire usage de drogues, de stupéfiants : *Ces lycéens se sont drogués dans l'établissement.* **2.** *Fam.* Prendre des médicaments en trop grande quantité.

droguerie n.f. **1.** Commerce de produits chimiques courants, de produits d'entretien, de peinture, de quincaillerie, etc. **2.** Magasin où l'on vend ce type de produits.

droguiste n. Personne qui tient une droguerie ; marchand de couleurs.

① **droit** n.m. (lat. *directum,* ce qui est juste, de *dirigere*). **1.** Faculté d'accomplir ou non qqch, d'exiger qqch d'autrui en vertu de règles reconnues : *Ai-je le droit de sortir ?* (**SYN.** autorisation, permission ; **CONTR.** interdiction). *Un policier a le droit de contrôler un titre de transport.* **2.** Ce qui donne une autorité morale, une influence : *Vous n'avez aucun droit sur moi !* (**SYN.** pouvoir). *Le droit d'aînesse a été aboli en France* (**SYN.** prérogative). **3.** Somme d'argent exigible en vertu d'un règlement ; impôt : *Toucher des droits d'auteur. Droits de douane* (**SYN.** redevance, taxe). **4.** Ensemble des principes qui régissent les rapports des hommes entre eux et servent à établir des règles juridiques : *« Les hommes naissent et demeurent libres et égaux en droits »* [Déclaration des droits de l'homme et du citoyen, 1789]. *Réclamer le droit au logement.* **5.** Ensemble des règles juridiques en vigueur dans une société : *Droit pénal. Droit commercial, administratif.* **6.** Science qui étudie les règles juridiques : *Elle enseigne le droit.* ▸ ***À bon droit*** ou ***de plein droit,*** à juste titre, sans qu'il y ait matière à contestation : *Il estime avoir agi à bon droit* (**SYN.** justement ; **CONTR.** injustement). ***Avoir droit à qqch,*** pouvoir légitimement en disposer : *Tu as droit à une bourse d'études* ; fam., ne pas pouvoir éviter qqch de désagréable : *Elle a eu droit à une amende.* ***État de droit,*** système d'organisation des sociétés dans lequel l'ensemble des rapports politiques et sociaux est soumis au droit. ***Être en droit de*** (+ inf.), avoir la possibilité de ; pouvoir : *Il est en droit de porter plainte.* ***Faire droit à une demande, à une requête,*** etc., l'accueillir favorablement, la satisfaire : *La direction a fait droit à la demande des syndicats.* ***Prisonnier de droit commun,*** prisonnier dont l'infraction relève des règles juridiques générales (par opp. à prisonnier politique). ***Qui de droit,*** la personne compétente, qualifiée : *Écrire à qui de droit.*

② **droit, e** adj. (lat. *directus*, direct, de *dirigere*). **1.** Qui s'étend sans déviation ni courbure d'une extrémité à l'autre : *Tu peux doubler, il y a une ligne droite. Souligner d'un trait bien droit* (**SYN.** rectiligne ; **CONTR.** courbe). **2.** Qui se tient bien verticalement, bien horizontalement : *Avoir le dos droit* (**CONTR.** arqué, courbé, voûté). *L'étagère n'est pas droite* (= elle est de travers ; **CONTR.** penché). **3.** Qui juge sainement ; qui agit honnêtement : *Il a un esprit droit* (**SYN.** rationnel, sensé ; **CONTR.** illogique). *C'est une personne droite* (**SYN.** honnête, loyal ; **CONTR.** déloyal, fourbe). ▸ ***Angle droit,*** en géométrie, angle formé par deux droites perpendiculaires et qui mesure 90°. ***En droite ligne,*** directement : *Ce miel vient en droite ligne de ma ruche.* ***Être*** ou ***se tenir droit comme un I*** ou ***comme un piquet*** ou ***comme un cierge,*** se tenir très droit, avec raideur : *Elle se tint droit comme un I en écoutant le jugement.* ***Jupe droite,*** sans ampleur ni pinces. ***Le droit chemin,*** la voie de l'honnêteté. ***Veste droite,*** qui se ferme bord à bord (par opp. à veste croisée). ◆ **droit** adv. **1.** Verticalement : *Tiens-toi droit !* (= garde le dos droit). **2.** Directement ; sans détour : *Soyez bref, allez droit à l'essentiel.* ▸ ***Marcher droit,*** agir de façon honnête.

③ **droit, e** adj. (de *2. droit*). **1.** Se dit du côté du corps de l'homme et des animaux opposé à celui du cœur (par opp. à gauche) : *Écrire avec la main droite. Le chien se couche sur le flanc droit.* **2.** En parlant des choses orientées, se dit de la partie située du côté droit d'une personne qui aurait la même orientation : *Le côté droit du bateau* (= tribord). *La rive droite d'un cours d'eau* (= celle qu'on a à sa droite quand on suit le sens du courant). *L'aile droite d'un château* (= celle qui est située à droite quand on tourne le dos à la façade). **3.** En parlant des choses non orientées, se dit de la partie située du côté droit de celui qui regarde : *Cliquer sur le bouton droit de la souris. Ouvrez une fenêtre dans la partie droite de l'écran.* ◆ **droit** n.m. **1.** En boxe, poing droit : *Direct du droit* (**SYN.** 2. droite). **2.** Au football, au rugby, pied droit : *Tirer du droit.*

① **droite** n.f. (de *2. droit*). **1.** Ligne droite : *De l'hélicoptère, on distingue les droites que forment les rues.* **2.** En géométrie, courbe du plan illimitée, entièrement déterminée par deux de ses points.

② **droite** n.f. (de *3. droit*). **1.** Côté droit d'une personne ; main droite (par opp. à gauche) : *Placer un invité à sa droite. Tenir sa droite* (= rouler en maintenant son véhicule sur le côté droit de la voie). **2.** En boxe, poing droit ; coup porté avec ce poing : *Surveille sa droite* (**SYN.** 3. droit). **3.** Dans les assemblées parlementaires, partie de la salle qui est à la droite du président, et où, traditionnellement, siègent les représentants des partis conservateurs. **4.** Ensemble des groupements et partis qui professent des opinions conservatrices (par opp. à la gauche) : *La droite conteste ce projet.* ▸ ***À droite,*** du côté droit : *La fourchette se place à gauche et le couteau à droite. Aux feux, tu tourneras à droite.* ***À droite et à gauche*** ou ***de droite et de gauche,*** de tous côtés : *Il demande du travail à droite et à gauche.* ***De droite,*** qui est situé sur le côté droit : *Le couloir de droite* ; en politique, qui relève de la droite, qui la soutient : *Un maire de droite.* ***Extrême droite,*** ensemble des mouvements politiques hostiles aussi bien au socialisme qu'au libéralisme.

droitement adv. Avec droiture ; loyalement : *Elle a agi droitement* (**SYN.** équitablement).

droit-fil [drwafil] n.m. (pl. *droits-fils*). En couture, sens de la trame ou de la chaîne d'un tissu. ▸ ***Dans le droit fil de,*** dans la suite logique de, en respectant l'orientation de : *Cette réforme va dans le droit-fil de la politique gouvernementale.*

droitier, ère adj. et n. **1.** Se dit d'une personne qui se sert ordinairement de la main droite (par opp. à gaucher). **2.** Relatif à la droite politique : *Dérive droitière.*

droiture n.f. Qualité d'une personne droite, honnête : *Elle est appréciée pour sa droiture* (**SYN.** équité, loyauté, probité, rectitude ; **CONTR.** déloyauté, malhonnêteté).

drolatique adj. *Litt.* Qui est plaisant par son originalité ou sa bizarrerie : *Une rencontre drolatique* (**SYN.** burlesque, cocasse, risible).

drôle adj. (moyen néerl. *drol*, lutin). **1.** Qui provoque le rire ; amusant : *Un sketch très drôle* (**SYN.** désopilant, hilarant). *Cette animatrice est drôle* (**SYN.** comique ; **CONTR.** ennuyeux). **2.** Qui intrigue, surprend ; bizarre : *Quel drôle d'objet !* (**SYN.** insolite, original, singulier ; **CONTR.** banal, commun, ordinaire). *Il a un drôle de comportement* (**SYN.** anormal, étrange, inhabituel ; **CONTR.** habituel, normal). *C'est drôle, elle devrait être là depuis longtemps* (**SYN.** curieux, étonnant). ◆ adv. ▸ *Fam.* ***Ça me fait drôle*** ou ***tout drôle,*** cela me fait une impression bizarre : *Ça me fait drôle de savoir qu'il est marié.* ◆ **drôle, drôlesse** n. Dans le midi et le sud-ouest de la France, enfant, gamin.

drôlement adv. **1.** De façon drôle, plaisante : *Le clown est drôlement maquillé* (**SYN.** cocassement, comiquement). **2.** D'une manière bizarre : *Il parle drôlement* (**SYN.** étrangement, singulièrement ; **CONTR.** normalement). **3.** *Fam.* Très ; extrêmement : *Ton rôti est drôlement bon.*

drôlerie n.f. **1.** Caractère de ce qui est drôle, amusant : *Cette scène était d'une drôlerie !* (**SYN.** cocasserie). **2.** Parole ou action drôle : *Ses drôleries font rire la salle* (**SYN.** bouffonnerie, plaisanterie).

drôlesse n.f. → **drôle.**

dromadaire n.m. (du gr. *dromas*, coureur). Mammifère proche du chameau, à une seule bosse (**SYN.** méhari).

dronte n.m. Autre nom de l'oiseau dodo.

drop [drɔp] ou **drop-goal** [drɔpgol] (pl. *drop-goals*) n.m. (de l'angl. *to drop*, jeter). Au rugby, coup de pied qui envoie le ballon par-dessus la barre du but adverse : *Il a réussi plusieurs drops pendant le match.*

drosera [drozera] n.m. (du gr. *droseros*, humide de rosée). Plante insectivore dont les petites feuilles portent des tentacules qui engluent et digèrent les menus insectes qui s'y posent.

drosophile n.f. (du gr. *drosos*, rosée). Petite mouche, appelée communément *mouche du vinaigre,* qui est utilisée en génétique pour les recherches sur les chromosomes.

drosser v.t. (du néerl.). En parlant du vent, du

courant, éloigner un navire de sa route et le pousser vers un danger : *La tempête a drossé le bateau à la côte.*

dru, e adj. (du gaul.). **1.** Qui pousse par touffes épaisses ; serré : *Une végétation drue* (**SYN.** dense, fourni ; **CONTR.** clairsemé). *Un chien aux poils drus* (**SYN.** touffu ; **CONTR.** rare). **2.** Se dit de la pluie qui tombe en gouttes abondantes et serrées. ◆ **dru** adv. D'une manière serrée ; en grande quantité : *Ses cheveux poussent dru.*

drugstore [drœgstɔr] n.m. (mot anglo-amér., de *drug,* médicament, et *store,* boutique). Centre commercial vendant des produits de parfumerie, d'hygiène, des journaux et des marchandises diverses.

druide n.m. (lat. *druida,* du gaul.). En Gaule, en Bretagne et en Irlande, prêtre qui avait des fonctions judiciaires et pédagogiques. ☞ **REM.** Le féminin *druidesse* est rare.

druidique adj. Relatif aux druides.

drupe n.f. (lat. *drupa,* pulpe). Fruit charnu, à noyau : *La cerise, l'abricot, la pêche sont des drupes.*

dry [draj] adj. inv. (mot angl. signif. « sec »). Se dit d'un champagne, d'un apéritif sec, très peu sucré.

dryade [drijad] n.f. (du gr. *drus,* arbre). Dans la mythologie grecque, nymphe des forêts.

du, de la, des art. déf. (contraction de *de le, de les*). S'emploie devant un mot d'un groupe nominal commençant par une consonne ou un « **h** aspiré » : *L'ordinateur du bureau. L'air de la mer. La maison des voisins.* ◆ art. part. S'emploie pour déterminer une partie par rapport au tout : *Veux-tu couper du pain ? Je voudrais encore de la salade. Elle est allée cueillir des fleurs.*

dû, due adj. (p. passé de *devoir*). Se dit de ce que l'on doit : *Les intérêts dus. La somme due.* ▸ ***En bonne et due forme,*** dans le langage juridique, selon les règles prescrites par la loi ; fig., de façon parfaite, sans que nul n'y trouve à redire. ◆ **dû** n.m. sing. Ce qui est dû à qqn : *Réclamer son dû.*

dual, e, aux adj. Qui présente une dualité.

dualisme n.m. (du lat. *dualis,* de deux, de *duo,* deux). **1.** Coexistence de deux éléments différents (par opp. à pluralisme) : *Le dualisme politique aux États-Unis.* **2.** Système de pensée qui admet deux principes irrémédiablement opposés (par opp. à monisme).

dualiste adj. et n. Relatif au dualisme ; qui en est partisan : *Une société dualiste.*

dualité n.f. Caractère de ce qui est double en soi ; coexistence de deux éléments de nature différente : *La dualité linguistique de certains pays* (**CONTR.** unité).

dubitatif, ive adj. (du lat. *dubitare,* douter). Qui exprime le doute, l'incertitude : *Prendre un air dubitatif* (**SYN.** incrédule, sceptique ; **CONTR.** assuré, certain, sûr).

dubitativement adv. De façon dubitative.

① **duc** n.m. (lat. *dux, ducis,* chef). **1.** En France, titre de noblesse le plus élevé, après celui de prince. **2.** Souverain d'un duché.

② **duc** n.m. (de *1. duc*). Hibou aux aigrettes bien marquées : *Le grand duc, le moyen duc et le petit duc.*

ducal, e, aux adj. Relatif au duc, à la duchesse : *Palais ducal.*

ducasse n.f. Dans le nord de la France et en Belgique, fête patronale, kermesse.

ducat n.m. (it. *ducato*). **1.** Monnaie d'or à l'effigie d'un duc. **2.** Monnaie d'or des doges de Venise.

duce [dutʃe] n.m. (mot it. signif. « chef », du lat. *duc, ducis,* chef). Titre porté par Benito Mussolini de 1922 jusqu'à sa mort en 1945.

duché n.m. Ensemble des terres qui appartenaient à un duc.

duchesse n.f. **1.** Épouse d'un duc. **2.** Femme qui possède un duché. **3.** Variété de poire à chair fondante.

ductile adj. (lat. *ductilis,* malléable, de *ducere,* conduire). Qui peut être étiré, allongé sans se rompre : *L'or et l'argent sont des métaux ductiles.*

ductilité n.f. Propriété des métaux, des substances ductiles.

dudit, de ladite, desdits, desdites adj. (contraction de *du, de la, des* et de l'adj. *dit*). Dans la langue administrative ou juridique, sert à désigner une personne précédemment nommée : *Pour cause d'opposition faite au chèque dudit débiteur, de ladite débitrice, desdits débiteurs, desdites débitrices* (**SYN.** susdit, susnommé).

duègne [dɥɛɲ] n.f. (esp. *dueña,* du lat. *domina,* maîtresse). En Espagne, gouvernante ou femme âgée qui était chargée de veiller sur une jeune fille, une jeune femme.

① **duel** n.m. (lat. *duellum,* forme anc. de *bellum,* guerre). **1.** Combat entre deux personnes, dont l'une a demandé à l'autre réparation d'une offense par les armes : *Ils se sont battus en duel.* **2.** *Fig.* Conflit, opposition entre deux personnes, deux groupes : *Un duel entre le Président et le Premier ministre* (**SYN.** antagonisme, désaccord, joute).

② **duel** n.m. (du lat. *duo,* deux). En grammaire, catégorie du nombre, distincte du singulier et du pluriel, employée dans les déclinaisons et les conjugaisons de certaines langues (grec, arabe, hébreu) pour désigner deux personnes ou deux choses.

duelliste n. Personne qui se bat en duel.

duettiste n. Personne qui chante ou qui joue en duo.

duetto [dɥeto] n.m. (mot it.). En musique, petite pièce pour deux voix ou deux instruments : *Interpréter des duettos.*

duffel-coat ou **duffle-coat** [dœfəlkot] n.m. (de *Duffel,* ville belge, et de l'angl. *coat,* manteau) [pl. *duffel-coats, duffle-coats*]. Manteau trois-quarts à capuchon, en gros drap de laine très serré.

dugong [dygɔ̃g ou dygɔ̃] n.m. (du malais). Mammifère marin à corps massif, vivant sur le littoral de l'océan Indien et du Pacifique occidental.

dulcinée n.f. (de *Dulcinée du Toboso,* femme aimée de Don Quichotte). *Fam.* Femme aimée d'un homme ; bien-aimée (par plaisanterie) : *Offrir des fleurs à sa dulcinée.*

dûment adv. Selon les formes prescrites : *Un vol dûment constaté.*

dumping [dœmpiŋ] n.m. (mot anglo-amér., de *to dump,* jeter en tas). En économie, pratique commerciale qui consiste à vendre une marchandise sur un marché étranger à un prix inférieur à celui du marché intérieur.

dune n.f. (du moyen néerl.). Monticule de sable édifié par le vent sur les littoraux et dans les déserts.

dunette n.f. Local fermé placé sur le pont arrière d'un navire et qui s'étend en largeur d'un bord à l'autre : *Le commandant est dans la dunette.*

duo [dyo] n.m. (mot lat. signif. « deux »). **1.** Ensemble de deux êtres étroitement liés ; couple : *Ils forment un duo au cinéma.* **2.** Composition musicale écrite pour deux voix ou deux instruments : *Ils jouent surtout des duos. Elles chantent en duo sur ce disque.*

duodécimal, e, aux adj. (lat. *duodecimus,* douzième). En arithmétique, se dit d'un système qui a pour base le nombre douze.

duodénal, e, aux adj. Relatif au duodénum.

duodénum [dɥɔdenɔm] n.m. (lat. *duodenum [digitorium],* de douze [doigts]). En anatomie, portion initiale de l'intestin, qui succède à l'estomac et où débouchent les canaux pancréatique et cholédoque.

duodi n.m. (lat. *duo,* deux, et *dies,* jour). Deuxième jour de la décade, dans le calendrier républicain.

dupe n.f. (de *huppe,* oiseau d'apparence stupide). Personne que l'on trompe ou que l'on peut facilement tromper : *Il a été la dupe de cette publicité mensongère.* ▸ ***Marché de dupes,*** contrat, transaction où l'on est trompé. ◆ adj. ▸ ***Être dupe*** ou ***être dupe de,*** se laisser duper par qqch, par qqn : *Elle veut me le cacher mais je ne suis pas dupe. Je ne suis pas dupe de ces beaux parleurs.*

duper v.t. [conj. 3]. *Litt.* Abuser de la confiance de qqn ; tromper : *Elle l'a dupé avec ses promesses* (**SYN.** berner, mystifier ; **CONTR.** détromper).

duperie n.f. *Litt.* Action de duper, de tromper qqn ; mystification : *Son apparente sympathie à ton égard n'était qu'une duperie* (**SYN.** leurre, tromperie).

duplex n.m. (mot lat. signif. « double »). **1.** Appartement réparti sur deux étages réunis par un escalier intérieur : *Les duplex se situent en haut de l'immeuble.* **2.** En télécommunication, mode de transmission dans lequel les informations sont transmises simultanément dans les deux sens, entre deux points : *Cette émission est en duplex ; le journaliste est à Paris et la personne interviewée, à Pékin.*

duplicata n.m. (lat. *duplicata [littera],* [lettre] redoublée) [pl. *duplicatas* ou inv.]. Double, copie d'un document, d'un écrit : *Garder des duplicatas de toutes ses factures* (**CONTR.** original).

duplication n.f. **1.** Action de dupliquer ; son résultat : *La duplication d'un contrat.* **2.** En génétique, doublement des filaments constitutifs des chromosomes, rendant possible la division cellulaire (**SYN.** réplication).

duplicité n.f. (du lat. *duplex,* double). Caractère de qqn qui présente intentionnellement une apparence contraire à ce qu'il est réellement : *La duplicité de ce ministre* (**SYN.** fausseté, hypocrisie ; **CONTR.** droiture, franchise, loyauté).

dupliquer v.t. (lat. *duplicare,* de *duplex,* double) [conj. 3]. **1.** Faire le duplicata d'un document : *Dupliquer un bulletin de salaire.* **2.** Faire la copie d'un enregistrement sur une bande magnétique ou optique : *Dupliquer une cassette.* ◆ **se dupliquer** v.pr. En génétique, subir une duplication.

duquel, de laquelle, desquels, desquelles pron. relat. et interr. (contraction de la prép. *de,* et de *lequel, laquelle, lesquels, lesquelles*). Pronom relatif composé qui s'emploie à la place de *qui, que, quoi, dont* : *Le client au nom duquel je parle. La personne auprès de laquelle j'étais assise. Les phénomènes à l'étude desquels elle se consacre. Des chanteuses dans la voix desquelles vibre la sincérité. Duquel, de laquelle, desquels, desquelles souhaitez-vous parler ?* (= de quelle[s] personne[s] ou de quel[s] objet[s]).

dur, e adj. (lat. *durus,* solide). **1.** Qui ne se laisse pas facilement entamer, plier, tordre, couper : *Un acier dur* (**SYN.** résistant ; **CONTR.** doux, ductile). *Les muscles de cet athlète sont durs* (**SYN.** ferme). *Viande dure* (**SYN.** coriace ; **CONTR.** tendre). *Du nougat dur* (**CONTR.** mou). **2.** Qui manque de souplesse, de confort : *Le matelas est dur* (**CONTR.** moelleux). **3.** Qui oppose à l'effort une certaine résistance, qui ne cède pas facilement à une poussée : *Le pot de confiture est dur à ouvrir.* **4.** Qui exige un effort physique ou intellectuel : *Le travail dans les vignes est devenu trop dur pour lui* (**SYN.** pénible). *Cet exercice de mathématiques est dur* (**SYN.** ardu, compliqué, difficile ; **CONTR.** facile, simple). **5.** Qui est pénible à supporter : *Dans cette région, l'hiver est dur* (**SYN.** rigoureux, rude ; **CONTR.** clément, doux). *La vie est dure pour ces familles* (**SYN.** difficile). **6.** Qui affecte les sens de façon violente et produit une impression désagréable : *L'éclairage est trop dur* (**SYN.** cru ; **CONTR.** doux, tamisé, voilé). *Un présentateur dont la voix est dure* (**SYN.** cassant, péremptoire ; **CONTR.** aimable, gentil). **7.** Qui supporte fermement la fatigue, la douleur : *Une sportive dure à la peine* (**SYN.** endurant, énergique, résistant). *Un enfant dur au mal* (**SYN.** stoïque ; **CONTR.** douillet). **8.** Qui est difficile à émouvoir ; qui manque de bonté, de bienveillance : *Il est dur avec ses enfants* (**SYN.** insensible ; **CONTR.** sensible, tendre). *La critique a été dure pour son film* (**SYN.** acerbe, impitoyable, sévère). **9.** Se dit d'un enfant difficile à éduquer, rebelle à toute discipline : *Notre fille est dure* (**SYN.** impossible, indocile ; **CONTR.** facile). **10.** Qui refuse toute conciliation, tout compromis, notamm. en matière politique : *La tendance dure d'un syndicat* (**SYN.** intransigeant). ▸ ***Avoir la tête dure,*** être entêté, obstiné. *Fam.* ***Avoir la vie dure,*** résister à la maladie, en parlant de qqn ; subsister, en parlant de qqch : *Cette croyance a la vie dure.* ***Avoir l'oreille dure*** ou ***être dur d'oreille,*** entendre mal. ***Eau dure,*** eau très calcaire qui ne mousse pas avec le savon. *Fam.* ***Être dur à cuire,*** être très endurant, très résistant physiquement ou moralement. ***Mener*** ou ***faire*** ou ***rendre la vie dure à qqn,*** le maltraiter, lui créer sans cesse des difficultés : *Ses frères lui ont rendu la vie dure.* ***Œuf dur,*** dont le blanc et le jaune ont été solidifiés dans la coquille par une cuisson prolongée. ◆ n. *Fam.* **1.** Personne qui n'a peur de rien : *Ces adolescentes jouent les dures* (**SYN.** terreur). **2.** Personne qui n'accepte aucun compromis : *Elle doit s'imposer aux purs et durs du parti.* ◆ **dur** adv. **1.** Avec énergie, ténacité : *Il a travaillé dur pour obtenir ce poste* (**SYN.** énergiquement, énormément ; **CONTR.** mollement). **2.** Avec force, avec violence : *J'ai dû frotter dur pour enlever les taches* (**SYN.** fort ; **CONTR.** doucement). ◆ **dur** n.m. Ce qui est dur, résistant, solide : *S'asseoir sur du dur.*

▸ ***Construction en dur,*** en matériaux durs (brique, pierre).

durabilité n.f. Qualité de ce qui est durable.

durable adj. Qui dure longtemps : *Chercher un emploi durable* (**SYN.** stable ; **CONTR.** précaire). *Un amour durable* (**SYN.** profond, solide ; **CONTR.** chancelant, fragile).

durablement adv. De façon durable ; longtemps : *Elle souhaite habiter durablement dans cette région.*

Duralumin [dyralymɛ̃] n.m. (nom déposé). Alliage léger d'aluminium à haute résistance mécanique.

durant prép. Pendant la durée de : *Elle a fait beaucoup de photographies durant son séjour.*

duratif, ive adj. Se dit d'une forme verbale qui permet d'exprimer une action dans sa durée : *Dans « la pluie tombait », l'imparfait a un sens duratif.*

durcir v.t. [conj. 32]. Rendre dur : *La cuisson a durci la pâte* (**SYN.** endurcir, solidifier ; **CONTR.** ramollir). *Ce maquillage durcit ton regard* (**CONTR.** adoucir). *L'opposition durcit sa position* (**SYN.** affermir, radicaliser ; **CONTR.** assouplir). ◆ v.i. ou **se durcir** v.pr. Devenir dur : *Le plâtre durcit. Son caractère se durcit* (**SYN.** s'endurcir ; **CONTR.** s'attendrir).

durcissement n.m. Action de durcir ; fait de se durcir : *Le durcissement du caramel. Le durcissement des partis de l'opposition.*

durcisseur n.m. Produit qui provoque le durcissement de qqch, d'un matériau : *Un durcisseur d'ongles.*

dure n.f. ▸ ***À la dure,*** de manière rude ; sévèrement : *Il les a éduqués à la dure. Fam.* ***Coucher sur la dure,*** coucher par terre. ◆ **dures** n.f. pl. ▸ ***En voir de dures,*** être malmené : *Elle en a vu de dures pendant son enfance.*

durée n.f. Période mesurable pendant laquelle a lieu une action, un phénomène, etc. : *La durée d'une épreuve* (**SYN.** temps). *Il est resté pendant toute la durée des vacances* (**SYN.** période).

durement adv. Avec dureté : *Sa tête heurta durement le sol* (**SYN.** violemment ; **CONTR.** doucement). *Répondre durement* (**SYN.** brutalement, sèchement ; **CONTR.** aimablement, gentiment).

dure-mère n.f. (pl. *dures-mères*). En anatomie, la plus externe des méninges, fibreuse et très résistante.

durer v.i. (lat. *durare,* de *durus,* solide) [conj. 3]. **1.** (Suivi d'un compl. de quantité ou d'un adv.). Avoir une durée de : *Ce film dure deux heures. Les trois jours que le séminaire a duré. La pluie a duré longtemps.* **2.** (Sans compl.). Se prolonger dans le temps ; continuer : *Le blocus dure* (**SYN.** persister, se maintenir, s'éterniser ; **CONTR.** s'arrêter). **3.** Résister au temps, à l'usage : *Leur amitié dure malgré tout* (**SYN.** se poursuivre ; **CONTR.** s'interrompre). *Cette invention durera.* **4.** En Afrique, rester, séjourner, habiter quelque part.

dureté n.f. **1.** Caractère de ce qui est dur : *La dureté d'un bois* (**SYN.** résistance). *La dureté de l'hiver* (**SYN.** rigueur, rudesse ; **CONTR.** clémence, douceur). *La dureté d'un jury* (**SYN.** sévérité ; **CONTR.** indulgence). **2.** Teneur d'une eau en ions calcium et magnésium.

durillon n.m. Callosité se produisant aux pieds ou aux mains, aux points de frottement : *Il a un durillon sur l'orteil* (**SYN.** 2. cor).

Durit [dyrit] n.f. (nom déposé). Tuyau en caoutchouc destiné à assurer la circulation de liquides entre les organes d'un moteur à explosion.

D.U.T. ou **DUT** [deyte] n.m. (sigle). ▸ ***Diplôme universitaire de technologie*** → **diplôme.**

duvet n.m. (anc. fr. *dumet,* petite plume). **1.** Ensemble des petites plumes qui couvrent le corps des oiseaux. **2.** Sac de couchage garni de duvet ou de fibres synthétiques : *Un duvet en plumes d'oie.* **3.** Ensemble des poils doux et fins qui poussent sur le corps humain, sur certains végétaux, etc. : *Le duvet d'une pêche.* **4.** En Belgique et en Suisse, édredon, couette.

duveteux, euse adj. **1.** Qui a l'apparence du duvet : *Tissu duveteux* (**SYN.** velouté ; **CONTR.** rêche, rugueux). **2.** Qui est couvert de duvet : *L'edelweiss est une plante duveteuse.*

DVD [devede] n.m. inv. (sigle de l'anglo-amér. *digital versatile disc,* disque numérique à usages variés). Disque compact à lecture optique, de très grande capacité, destiné au stockage d'informations sous forme numérique, en particulier de programmes vidéo : *Elle achète les DVD de ses films préférés.*

DVD-ROM ou **DVD-Rom** [devederɔm] n.m. inv. Disque optique numérique à haute densité, permettant de stocker sous forme compressée des enregistrements vidéo.

dynamique adj. (gr. *dunamikos,* de *dunamis,* puissance). **1.** Qui est plein d'entrain, d'énergie : *Un animateur dynamique* (**SYN.** actif, énergique ; **CONTR.** indolent, lymphatique, mou). **2.** Qui considère les phénomènes dans leur évolution (par opp. à statique) : *Une perspective dynamique de la science.* **3.** En mécanique, relatif à la force, au mouvement : *Électricité dynamique.* ◆ n.f. **1.** Partie de la mécanique qui étudie les relations entre les forces et les mouvements. **2.** Force qui entraîne un mouvement, une évolution : *Le pays est dans une dynamique de paix.* ▸ ***Dynamique de groupe,*** ensemble des lois qui régissent le comportement d'un groupe humain.

dynamiquement adv. Avec dynamisme.

dynamiser v.t. [conj. 3]. Donner du dynamisme, de l'énergie : *Le directeur veut dynamiser ses collaborateurs* (**SYN.** stimuler).

dynamisme n.m. Caractère d'une personne, d'une action dynamique : *Le dynamisme d'une équipe* (**SYN.** énergie, entrain, vitalité ; **CONTR.** indolence, mollesse).

dynamitage n.m. Action de dynamiter.

dynamite n.f. (gr. *dunamis,* force). Substance explosive, inventée par Alfred Nobel (1866), composée de nitroglycérine et d'une substance absorbante qui empêche l'explosif de se décomposer. ▸ *Fam.* ***C'est de la dynamite,*** se dit d'une situation explosive, tendue ; se dit d'une personne dynamique.

dynamiter v.t. [conj. 3]. Faire sauter à la dynamite : *Dynamiter un pont.*

dynamiteur, euse n. Personne qui dynamite qqch.

dynamo n.f. Machine génératrice de courant continu, aussi appelée *machine dynamoélectrique* : *La dynamo assure la recharge de la batterie d'une voiture.*

dynamomètre n.m. En métrologie et en mécanique, appareil servant à la mesure des forces.

dynastie n.f. (gr. *dunasteia,* puissance). **1.** Suite de souverains issus d'une même lignée : *La dynastie des Bourbons.* **2.** Succession de personnes célèbres d'une même famille : *La dynastie des Renoir, des Chaplin.*

dynastique adj. Relatif à une dynastie.

dysenterie [disɑ̃tri] n.f. (du gr. *entera,* intestin). Maladie infectieuse ou parasitaire provoquant une diarrhée douloureuse accompagnée de saignements.

dysentérique [disɑ̃terik] adj. Relatif à la dysenterie. ◆ adj. et n. Atteint de dysenterie.

dysfonctionnement n.m. Trouble du fonctionnement d'un organe, d'un système, etc. : *Dysfonctionnement d'un rein. Le dysfonctionnement d'un avion téléguidé.*

dysgraphie n.f. Difficulté dans l'apprentissage et la maîtrise de l'écriture.

dysharmonie ou **disharmonie** [dizarmɔni] n.f. Absence d'harmonie entre des choses, des personnes.

dyslexie n.f. (du gr. *lexis,* mot). Difficulté plus ou moins importante dans l'apprentissage de la lecture.

dyslexique adj. Relatif à la dyslexie. ◆ adj. et n. Atteint de dyslexie.

dysorthographie n.f. Difficulté dans l'apprentissage et la maîtrise de l'orthographe.

dyspepsie [dispɛpsi] n.f. (du gr. *peptein,* cuire). En médecine, trouble de la digestion.

dyspeptique [dispɛptik] adj. Relatif à la dyspepsie.

dyspnée [dispne] n.f. (du gr. *pnein,* respirer). Trouble respiratoire ; essoufflement.

dzêta n.m. inv. → **zêta.**

E e

e [ə] n.m. inv. Cinquième lettre (voyelle) de l'alphabet français. ▸ ***E,*** la note *mi* dans les systèmes de notation musicale anglo-saxon et germanique. ***E.,*** abrév. de *est,* point cardinal.

E.A.O. ou **EAO** n.m. (sigle). ▸ ***Enseignement assisté par ordinateur*** → **enseignement.**

eau n.f. (lat. *aqua*). **1.** Liquide transparent, inodore et sans saveur : *Se laver à l'eau froide. Faire cuire du riz dans de l'eau.* **2.** Ce liquide répandu à la surface terrestre ; mer, lac, rivière : *Nous nous sommes baignés dans de l'eau à 25 degrés. Manger du poisson d'eau douce.* **3.** Ce liquide en tant que boisson : *Eau minérale. Eau de source. Eau gazeuse.* **4.** Liquide alcoolique ou obtenu par distillation, infusion, etc., utilisé pour parfumer : *De l'eau de rose.* **5.** Préparation liquide ; solution aqueuse : *Eau de Javel. Se décolorer les cheveux avec de l'eau oxygénée.* **6.** Sécrétion du corps humain (sueur, salive, etc.) : *Je suis en eau* (= je transpire abondamment). *Ce plat lui met l'eau à la bouche* (= le fait saliver). **7.** Suc de certains fruits ou plantes : *Saler des courgettes pour leur faire rendre leur eau* (= les faire dégorger). **8.** Limpidité, transparence d'une pierre précieuse ; orient : *L'eau d'un rubis.* ▸ ***Eau de Cologne,*** solution alcoolique d'huiles essentielles (bergamote, citron, etc.) utilisée pour la toilette. ***Eau de Seltz,*** eau gazeuse acidulée, naturelle ou artificielle. ***Eau de toilette,*** préparation alcoolique destinée à parfumer, dont la concentration en parfum est supérieure à celle de l'eau de Cologne. ***Faire de l'eau,*** s'approvisionner en eau douce, en parlant d'un navire. ***Faire eau,*** se remplir d'eau accidentellement, en parlant d'un navire. ***Mettre de l'eau dans son vin,*** devenir moins exigeant ; se montrer plus conciliant : *En ce qui concerne la façon de s'habiller de ses enfants, il a mis de l'eau dans son vin.* ***Tomber à l'eau,*** ne pas aboutir : *Tous nos projets sont tombés à l'eau.* ◆ **eaux** n.f. pl. **1.** Source d'eaux thermales ou minérales : *Faire une cure dans une ville d'eaux.* **2.** Liquide amniotique : *Elle va accoucher, elle vient de perdre les eaux.* ▸ ***Basses eaux, hautes eaux,*** niveau le plus bas, le plus haut d'un fleuve. ***Eaux et forêts,*** corps d'ingénieurs fonctionnaires chargés de l'entretien et de la surveillance des cours d'eau, voies d'eau, étangs et forêts de l'État. ***Eaux usées,*** eaux ayant fait l'objet d'une utilisation domestique ou industrielle.

eau-de-vie n.f. (pl. *eaux-de-vie*). Boisson alcoolique extraite par distillation du vin, du marc, de certains fruits, etc.

eau-forte n.f. (pl. *eaux-fortes*). **1.** Acide nitrique mélangé d'eau. **2.** Estampe obtenue au moyen d'une planche de métal mordue avec de l'eau-forte ; cette technique de gravure.

ébahi, e adj. Qui manifeste une profonde stupéfaction : *Ils sont restés tout ébahis devant les capacités de ce nouveau portable* (**SYN.** éberlué, médusé, sidéré, stupéfait).

ébahir v.t. (de l'anc. fr. *baer,* bayer) [conj. 32]. Provoquer un grand étonnement ; stupéfier : *Son courage m'a ébahi* (**SYN.** étonner, interloquer, sidérer). ◆ **s'ébahir** v.pr. **[de, devant].** Être frappé d'étonnement : *Ses professeurs se sont ébahis de sa précocité* (**SYN.** s'émerveiller).

ébahissement n.m. Étonnement extrême ; stupéfaction.

ébarber v.t. [conj. 3]. Enlever les barbes, les saillies, les aspérités ; couper les nageoires d'un poisson : *Ébarber une tôle. Ébarber une sole.*

ébats n.m. pl. *Litt.* Mouvements folâtres ; détente joyeuse : *Les ébats d'un chaton.* ▸ ***Ébats amoureux,*** plaisirs de l'amour.

s'**ébattre** v.pr. (de *battre*) [conj. 83]. *Sout.* Se détendre en gesticulant, en courant : *Les enfants s'ébattent pendant la récréation* (**SYN.** folâtrer, gambader).

ébaubi, e adj. (de l'anc. fr. *abaubir,* rendre bègue). *Vieilli* Qui manifeste un grand étonnement ; surpris : *Elle est tout ébaubie de le voir* (**SYN.** ébahi, éberlué, stupéfait).

ébauchage n.m. Action d'ébaucher : *L'ébauchage d'une statue.*

ébauche n.f. **1.** Premier stade d'exécution d'un objet, d'un ouvrage, d'une œuvre d'art ; esquisse, projet : *L'ébauche d'une sculpture. Un roman resté à l'état d'ébauche.* **2.** Commencement d'un geste, d'une action : *L'ébauche d'un sourire* (**SYN.** amorce). *L'ébauche d'un accord de paix* (**SYN.** embryon).

ébaucher v.t. (de l'anc. fr. *bauch,* poutre) [conj. 3]. **1.** Donner la première forme, la première façon à un travail, à une œuvre : *Ébaucher un tableau.* **2.** Commencer à faire qqch : *Elle ébaucha un geste de refus* (**SYN.** amorcer, esquisser).

ébauchoir n.m. Outil de sculpteur, de charpentier servant à ébaucher.

s'**ébaudir** v.pr. (de l'anc. fr. *bald,* joyeux) [conj. 32]. *Litt., vieilli* Se réjouir ; se divertir.

ébène n.f. (gr. *ebenos*). Bois noir, dur et lourd de l'ébénier. ▸ ***D'ébène,*** d'un noir éclatant, brillant : *Des* *cheveux d'ébène.* ◆ adj. inv. D'une couleur noire : *Des yeux ébène.*

ébénier n.m. Arbre des régions équatoriales qui fournit l'ébène.

ébéniste n. Menuisier qui fabrique des meubles de luxe.

ébénisterie n.f. Travail, métier de l'ébéniste.

éberlué, e [eberlɥe] adj. (de *berlue*). Qui manifeste un vif étonnement ; stupéfait : *Je suis éberluée devant un tel travail* (**SYN.** ébahi, médusé).

éblouir v.t. (du germ.) [conj. 32]. **1.** Troubler la vue par un éclat trop vif : *Les projecteurs éblouissent le comédien* (**SYN.** aveugler). **2.** *Fig.* Susciter l'admiration, l'émerveillement : *Ce défilé de mode a ébloui le public* (**SYN.** émerveiller, fasciner ; **CONTR.** déplaire à). **3.** *Fig.* Tromper, aveugler par une apparence brillante : *Il croyait l'éblouir avec sa voiture de luxe* (**SYN.** impressionner).

éblouissant, e adj. **1.** Qui éblouit, aveugle : *La lumière éblouissante des phares d'une voiture* (**SYN.** aveuglant). **2.** *Fig.* Qui impressionne par son éclat, sa beauté, ses qualités : *Un texte éblouissant* (**SYN.** brillant ; **CONTR.** banal). *Tu es éblouissante dans cette robe* (**SYN.** magnifique, resplendissant ; **CONTR.** affreux, laid).

éblouissement n.m. **1.** Trouble momentané de la vue, causé par une lumière trop vive ; aveuglement. **2.** Vertige, malaise : *Un éblouissement dû à la chaleur.* **3.** *Fig.* Ce qui provoque un étonnement admiratif ; émerveillement : *Ce concert fut un éblouissement* (**SYN.** enchantement, ravissement).

Ebola (virus) [ebɔla], virus d'Afrique responsable d'une infection contagieuse et épidémique grave, caractérisée par de la fièvre et des hémorragies.

ébonite n.f. (de l'angl. *ebony*, ébène). Caoutchouc durci par addition de soufre, utilisé comme isolant électrique.

e-book [ibuk] n.m. (mot anglo-amér.) [pl. *e-books*]. Micro-ordinateur de la taille d'un livre, permettant de consulter des textes et des images préalablement stockés dans sa mémoire ; livre électronique.

éborgner v.t. [conj. 3]. Rendre qqn, un animal borgne ; lui crever un œil : *Le tireur à l'arc a failli m'éborgner.*

éboueur n.m. (de *boue*). Personne chargée du ramassage des ordures ménagères.

ébouillanter v.t. [conj. 3]. **1.** Tremper dans l'eau bouillante ; passer à la vapeur : *Ébouillanter un crabe. Ébouillanter des légumes* (= les blanchir). **2.** Arroser, brûler avec un liquide bouillant : *Il lui a ébouillanté le bras en lui servant le thé.* ◆ **s'ébouillanter** v.pr. Se brûler avec un liquide bouillant : *Elle s'est ébouillanté la main.*

éboulement n.m. **1.** Chute de ce qui s'éboule : *L'éboulement d'une falaise* (**SYN.** affaissement, effondrement). **2.** Matériaux éboulés ; éboulis : *Dévier la route à cause d'un éboulement.*

s'**ébouler** v.pr. (anc. fr. *esboeler*, éventrer, de *bouel*, boyau) [conj. 3]. Tomber en s'affaissant : *La dune s'est éboulée.*

éboulis n.m. Amas de matériaux éboulés ; éboulement : *Dégager un éboulis de pierres.*

ébouriffant, e adj. *Fam.* Qui provoque une grande stupéfaction : *Son dernier film est ébouriffant* (**SYN.** étonnant, incroyable).

ébouriffé, e adj. (prov. *esbourifat*, de *bourro*, bourre). Dont les cheveux sont en désordre ; hirsute : *Un enfant tout ébouriffé.*

ébouriffer v.t. [conj. 3]. **1.** Mettre les cheveux en désordre : *Le vent m'a ébouriffée.* **2.** *Fam.* Provoquer chez qqn une vive surprise : *Son projet de tour du monde en solitaire m'a ébouriffé* (**SYN.** ébahir, surprendre, stupéfier).

ébranchage ou **ébranchement** n.m. Action d'ébrancher : *L'ébranchage d'un marronnier* (**SYN.** élagage, émondage).

ébrancher v.t. [conj. 3]. Casser ou couper les branches d'un arbre : *Ébrancher un tilleul* (**SYN.** élaguer, émonder, tailler).

ébranlement n.m. **1.** Action d'ébranler ; fait d'être ébranlé : *Les ébranlements du sol lors d'un séisme* (**SYN.** secousse, tremblement). **2.** Fait de s'ébranler, de se mettre en mouvement : *L'ébranlement d'un cortège.*

ébranler v.t. (de *branler*) [conj. 3]. **1.** Faire osciller, faire trembler ; secouer : *Le chat a ébranlé le vase en sautant sur la table.* **2.** Rendre faible ; diminuer : *Ce coup d'État a ébranlé la démocratie* (**SYN.** affaiblir ; **CONTR.** affermir, consolider). **3.** Faire douter qqn, modifier ses convictions : *Sa mise en examen a ébranlé ses partisans.* ◆ **s'ébranler** v.pr. Se mettre en mouvement, en marche : *Le manège s'ébranle* (**SYN.** démarrer ; **CONTR.** s'arrêter).

ébrèchement n.m. Action d'ébrécher : *L'ébrèchement d'un verre.*

ébrécher v.t. [conj. 18]. **1.** Faire une brèche à, entamer le bord de : *Ébrécher une assiette, un broc.* **2.** *Fig.* Affaiblir en portant atteinte : *Cette dépense a ébréché son compte en banque* (**SYN.** amputer, diminuer ; **CONTR.** augmenter). *Cette affaire a ébréché sa popularité* (**SYN.** compromettre, écorner ; **CONTR.** consolider).

ébréchure n.f. Partie ébréchée d'un objet.

ébriété [ebrijete] n.f. (lat. *ebrietas*, de *ebrius*, ivre). État d'une personne ivre : *Conduire en état d'ébriété* (**SYN.** ivresse).

ébrouement n.m. Fait de s'ébrouer : *L'ébrouement d'un chien mouillé.*

s'**ébrouer** v.pr. (de l'anc. fr. *brou*, bouillon) [conj. 3]. **1.** Souffler bruyamment par peur ou par impatience, en parlant du cheval. **2.** S'agiter, se secouer vivement pour se débarrasser de l'eau : *Le cygne s'ébroue en sortant de l'eau.*

ébruitement n.m. Action d'ébruiter ; fait de s'ébruiter : *L'ébruitement d'une affaire d'État* (**SYN.** divulgation, révélation).

ébruiter v.t. [conj. 3]. Faire savoir qqch publiquement : *Ils ont ébruité son secret* (**SYN.** dévoiler, divulguer, révéler ; **CONTR.** cacher, étouffer). ◆ **s'ébruiter** v.pr. Se répandre, se propager : *L'information s'est très vite ébruitée* (**SYN.** circuler).

ébulliomètre ou **ébullioscope** n.m. Appareil servant à mesurer les températures d'ébullition.

ébullition n.f. (du lat. *ebullire*, bouillonner). **1.** Phénomène physique qui accompagne le passage d'un corps de l'état liquide à l'état gazeux : *L'ébullition de l'eau se produit normalement à 100 °C.* **2.** Moment où un liquide commence à bouillir : *Porter l'eau à ébullition.* ▸ ***En ébullition,*** très agité ; en effervescence : *L'assemblée est en ébullition.*

éburnéen, enne adj. (lat. *eburneus,* d'ivoire, de *ebur,* ivoire). *Litt.* Qui a la blancheur ou l'aspect de l'ivoire : *Un teint éburnéen* (**SYN.** ivoirin [litt.]).

écaillage n.m. Action d'écailler ; fait de s'écailler : *L'écaillage des huîtres. L'écaillage de la peinture d'une voiture.*

écaille n.f. (germ. *skalja,* coquille). **1.** Chacune des plaques dures qui recouvrent le corps des reptiles et des poissons. **2.** Matière première provenant de la carapace de certaines tortues, utilisée en tabletterie, en marqueterie, etc. : *Des lunettes en écaille.* **3.** Chacune des deux parties dures d'un coquillage : *Écailles d'huître* (**SYN.** valve). **4.** Petite plaque qui se détache d'une surface : *Des écailles de peinture.* **5.** En botanique, feuille entourant le bourgeon ou le bulbe de certaines plantes (oignon, lis, etc.).

écaillé, e adj. **1.** Dépouillé de ses écailles : *Poisson écaillé.* **2.** Qui s'écaille : *Peinture écaillée.*

① **écailler, ère** n. Personne spécialisée dans la vente et l'ouverture des huîtres.

② **écailler** v.t. [conj. 3]. **1.** Gratter un poisson cru afin d'ôter les écailles de sa peau. **2.** Ouvrir un coquillage en deux. ◆ **s'écailler** v.pr. Se détacher en plaques minces, en écailles : *La peinture de la salle de bains s'est écaillée.*

écailleur n.m. Instrument servant à écailler le poisson.

écailleux, euse adj. **1.** Se dit d'un animal couvert d'écailles : *Un serpent écailleux.* **2.** Qui se détache par écailles : *De l'ardoise écailleuse.*

écaillure n.f. Partie écaillée d'une surface, d'une peinture.

écale n.f. (du frq. *skala,* du germ. *skalja,* coquille). Enveloppe dure de certains fruits (noix, noisettes, etc.).

écaler v.t. [conj. 3]. Débarrasser un fruit de son écale, un œuf dur de sa coquille.

écalure n.f. Pellicule dure qui enveloppe certaines graines : *Écalures de café.*

écarlate adj. (d'un mot persan). D'une couleur rouge vif : *Des lainages écarlates. Elles sont devenues écarlates de confusion* (= elles ont rougi ; **SYN.** cramoisi). ◆ n.m. Couleur rouge vif : *L'écarlate velouté du soleil couchant.* ◆ n.f. **1.** Colorant rouge vif tiré de la cochenille. **2.** *Vx* Étoffe teinte de cette couleur.

écarquiller [ekarkije] v.t. (de l'anc. fr. *équartiller,* mettre en quatre) [conj. 3]. ▸ ***Écarquiller les yeux,*** les ouvrir tout grands : *Les enfants écarquillaient les yeux devant les automates.*

écart n.m. (de 2. *écarter*). **1.** Distance, différence entre des choses ou des personnes : *L'écart entre deux métros est réduit aux heures de pointe* (**SYN.** espace, intervalle). *Les deux frères ont dix ans d'écart.* **2.** Retrait, bond de côté pour éviter qqch, qqn : *La voiture fit un écart devant le vélo* (**SYN.** embardée). **3.** Petite agglomération distincte du centre de la commune à laquelle elle appartient. **4.** *Fig.* Action de s'écarter, de se détourner de sa ligne de conduite : *Il a fait des écarts à son régime* (**SYN.** incartade). ▸ ***À l'écart,*** éloigné ; à l'extérieur : *On l'a tenue à l'écart de cette réunion de famille* (= en dehors). ***Écart de langage,*** parole qui transgresse les convenances ; grossièreté. ***Grand écart,*** mouvement de danse dans lequel les jambes, qui ont deux directions opposées par rapport au buste, touchent le sol sur toute la longueur ; fig., attitude, action tendant à concilier deux situations, deux nécessités contradictoires.

① **écarté, e** adj. (de 2. *écarter*). Qui se situe à l'écart ; isolé : *Un village écarté* (**SYN.** perdu, retiré).

② **écarté** n.m. (de 1. *écarter*). Jeu de cartes dans lequel les joueurs peuvent écarter certaines cartes.

écartelé n.m. et adj. m. En héraldique, écu partagé en quatre quartiers égaux.

écartèlement n.m. Au Moyen Âge et sous l'Ancien Régime, supplice qui consistait à faire arracher les membres des condamnés par quatre chevaux.

écarteler v.t. (de l'anc. fr. *esquarterer,* mettre en pièces) [conj. 25]. **1.** Obliger qqn à faire un choix entre plusieurs choses, plusieurs idées ou sentiments contraires : *Il est écartelé entre son désir de participer à la course et celui de se soigner* (**SYN.** déchirer, partager, tirailler). **2.** *Anc.* Faire subir le supplice de l'écartèlement : *Ravaillac a été écartelé.*

écartement n.m. **1.** Action d'écarter ou de s'écarter : *L'écartement des branches d'un compas.* **2.** Distance entre deux ou plusieurs choses : *L'écartement des panneaux de signalisation.*

① **écarter** v.t. (de *carte*) [conj. 3]. Rejeter une ou plusieurs cartes de son jeu pour en prendre de nouvelles.

② **écarter** v.t. (lat. pop. *exquartare,* de *quartus,* quatrième) [conj. 3]. **1.** Mettre une certaine distance entre des choses : *Écarter le lit du mur* (**SYN.** éloigner ; **CONTR.** rapprocher). **2.** Tenir qqn à distance, à l'écart : *La police écarte les curieux* (**SYN.** refouler, repousser). **3.** Rejeter qqn ; ne pas tenir compte de qqch : *On l'a écartée du gouvernement* (**SYN.** évincer). *Écarter une proposition* (**SYN.** éliminer, exclure ; **CONTR.** adopter, retenir). ◆ **s'écarter** v.pr. **1.** Se diviser, se séparer, en parlant d'un ensemble : *Le troupeau s'écarte pour laisser passer la voiture.* **2.** S'éloigner, se détourner de qqch : *Vous vous écartez de la vérité* (**SYN.** dévier ; **CONTR.** se rapprocher). *Tu t'écartes du projet initial* (**SYN.** dériver).

① **écarteur** n.m. Instrument chirurgical servant à écarter les lèvres d'une plaie ; érigne.

② **écarteur** n.m. Dans les courses landaises, celui qui provoque l'animal et l'évite par un écart.

ecce homo [ɛkseɔmo ou ɛtʃeɔmo] n.m. inv. (mots lat. signif. « voici l'homme », dits par Pilate). En iconographie, représentation du Christ couronné d'épines et portant un roseau pour sceptre.

ecchymose [ekimoz] n.f. (du gr. *en,* dans, et *khumos,* suc liquide). Tache bleue qui apparaît sur la peau à la suite d'un épanchement de sang : *Une ecchymose sur le coude* (**SYN.** bleu, hématome).

ecclésial, e, aux adj. Relatif à l'Église en tant que communauté de fidèles.

ecclésiastique adj. (gr. *ekklêsiastikos,* de *ekklêsia,* assemblée). Relatif à l'Église et, plus spécialement, au clergé (par opp. à laïque, à civil) : *Les autorités ecclésiastiques.* ◆ n.m. Membre du clergé, d'une Église.

écervelé, e adj. et n. Se dit d'une personne qui agit

sans réfléchir ; étourdi : *Cet écervelé nous a mis dans l'embarras.*

échafaud n.m. (lat. pop. *catafalicum*). **1.** Estrade sur laquelle on décapitait les condamnés. **2.** Peine de mort : *Risquer l'échafaud.*

échafaudage n.m. **1.** Ouvrage provisoire en bois ou en métal, dressé pour construire ou réparer un bâtiment : *Les ouvriers sont montés sur l'échafaudage.* **2.** Entassement d'objets : *Un échafaudage de dossiers* (**SYN.** amas, pile, tas). **3.** Assemblage d'idées combinées à la va-vite : *L'échafaudage d'un plan d'évasion* (**SYN.** préparation).

échafauder v.t. [conj. 3]. Élaborer qqch en combinant des éléments souvent fragiles : *Elle a échafaudé tout un roman sur cette rencontre* (**SYN.** bâtir, édifier). ◆ v.i. Dresser un échafaudage.

échalas [eʃala] n.m. (du gr. *kharax*, pieu). **1.** Pieu servant de tuteur à certaines plantes, notamm. à la vigne. **2.** *Fam.* Personne grande et maigre.

échalier n.m. (lat. *scalarium*, de *scala*, échelle). **1.** Sorte d'échelle permettant de franchir une haie. **2.** Clôture mobile à l'entrée d'un champ.

échalote n.f. (lat. *ascalonia* [*cepa*], [oignon] d'Ascalon, ville de Palestine). Plante potagère voisine de l'oignon, dont le bulbe est utilisé comme condiment : *Une entrecôte à l'échalote.*

échancré, e adj. Qui présente une ou des échancrures : *Des feuilles échancrées. Un débardeur échancré dans le dos* (**SYN.** décolleté).

échancrer v.t. (de *chancre*) [conj. 3]. Creuser, découper le bord de : *La mer a échancré les côtes. Échancrer un corsage* (**SYN.** décolleter).

échancrure n.f. Partie creusée ou entaillée au bord : *Un petit port de pêche situé au fond d'une échancrure de la côte* (**SYN.** anse, baie). *L'échancrure d'une robe* (**SYN.** décolleté).

échange n.m. **1.** Opération par laquelle on échange : *Les joueurs procèdent à l'échange des fanions. Les diplomates négocient l'échange des prisonniers.* **2.** Fait de s'adresser, de s'envoyer mutuellement qqch : *Échange de compliments.* **3.** Commerce entre des pays ; troc : *Développer les échanges avec un pays en développement.* **4.** Au tennis et au tennis de table, action de s'envoyer la balle pour s'échauffer avant une partie ; série de balles après chaque service. **5.** En biologie, passage et circulation de substances entre deux milieux : *Échanges cellulaires. Échanges gazeux.* **6.** (Souvent au pl.). Ensemble des relations entre des groupes, des pays différents se traduisant par la circulation des hommes et des idées : *Échanges culturels.* ▸ ***En échange,*** en contrepartie, en compensation : *Mon train a eu du retard ; en échange, on m'a offert un billet* (**SYN.** en retour).

échangeable adj. Qui peut être échangé.

échanger v.t. [conj. 17]. **1.** Donner une chose et en recevoir une autre en contrepartie : *Échanger des poissons contre des plantes d'aquarium* (**SYN.** troquer). **2.** Adresser et recevoir en retour ; s'adresser mutuellement : *Ils échangèrent leurs numéros de téléphone. Les deux amies échangèrent un clin d'œil.* ▸ ***Échanger des balles,*** au tennis, au tennis de table, faire des échanges pour s'échauffer.

échangeur n.m. **1.** Dispositif de raccordement entre plusieurs routes et autoroutes sans aucun croisement à niveau. **2.** Appareil dans lequel deux fluides échangent de la chaleur.

échangisme n.m. Pratique qui consiste à échanger des partenaires sexuels entre deux ou plusieurs couples.

échangiste n. Personne qui pratique l'échangisme.

échanson n.m. (du frq.). **1.** Officier qui servait à boire à un roi ou à un prince. **2.** *Litt.* Personne qui verse à boire.

échantillon n.m. (anc. fr. *eschandillon*, échelle pour mesurer, du lat. *scandere*, monter). **1.** Petite quantité de marchandise qui permet de juger de la qualité : *Un échantillon de moquette. Un échantillon de fond de teint.* **2.** Exemple représentatif ; aperçu de la valeur de qqch : *Voici un bel échantillon de plante tropicale* (**SYN.** spécimen). **3.** Fraction représentative d'une population ou d'un ensemble statistique : *Réaliser un sondage sur un échantillon de 600 personnes.* **4.** En musique, extrait d'un enregistrement utilisé pour composer une œuvre nouvelle (**SYN.** sample [anglic.]).

échantillonnage n.m. **1.** Action d'échantillonner ; série d'échantillons : *L'échantillonnage du papier peint.* **2.** En statistiques, action de choisir les personnes qui seront interrogées au cours d'un sondage. **3.** En musique, technique de composition consistant à mettre bout à bout des extraits d'enregistrements préexistants (**SYN.** sampling [anglic.]).

échantillonner v.t. [conj. 3]. **1.** Choisir, réunir des échantillons : *Échantillonner des produits de beauté.* **2.** En statistiques, déterminer un échantillon dans une population. **3.** Dans les musiques contemporaines, prélever un extrait dans un enregistrement et l'insérer dans une nouvelle œuvre (**SYN.** 2. sampler [anglic.]).

échantillonneur n.m. Appareil électronique utilisé dans les musiques de variétés pour découper des extraits d'œuvres et les insérer dans un nouveau morceau (**SYN.** 1. sampler [anglic.]).

échappatoire n.f. Moyen adroit ou détourné pour se tirer d'embarras : *Je dois trouver une échappatoire pour ne pas assister à cette réunion* (**SYN.** faux-fuyant, subterfuge).

échappé, e n. Coureur qui a distancé les autres concurrents : *Le peloton a rejoint les échappés.*

échappée n.f. **1.** Dans une course, action de distancer le peloton : *Une échappée au sprint.* **2.** Espace étroit laissé libre à la vue ou au passage : *De cet endroit, on a une échappée sur le château* (**SYN.** vue). **3.** *Litt.* Court voyage par lequel on se libère d'une contrainte : *Pendant ses révisions elle a fait une échappée d'une journée à la mer* (**SYN.** escapade).

échappement n.m. **1.** Expulsion dans l'atmosphère des gaz de combustion d'un moteur ; dispositif permettant cette expulsion : *Le pot d'échappement d'une voiture.* **2.** Mécanisme d'horlogerie qui sert à régulariser le mouvement d'une pendule, d'une montre.

échapper v.t. ind. (lat. *excappare*, sortir de la chape) [conj. 3]. **[à].** **1.** Se soustraire, se dérober à qqn, à sa surveillance : *Le voleur a échappé au vigile.* **2.** Ne pas être atteint, concerné par qqch de menaçant, d'importun : *Nous avons échappé à l'orage. Elle a échappé à une amende* (= elle l'a évitée). **3.** Ne pas être obtenu, perçu, compris ou ne plus être présent à l'esprit : *La victoire lui a échappé. Rien n'a échappé au témoin*

(= il a tout vu). *Un détail m'échappe. Cette date historique m'échappe* (= je l'ai oubliée ; **CONTR.** revenir à). **4.** Être dit ou fait involontairement : *Je ne voulais pas le lui dire ; ça m'a échappé.* **5.** Cesser d'être sous le contrôle de qqn, s'en détacher : *Sa fille lui échappe.* **6.** Cesser d'être tenu, retenu par qqn : *La télécommande m'a échappé des mains* (= je l'ai lâchée). ▸ ***L'échapper belle,*** éviter de peu un danger : *Nous l'avons échappé belle.* ◆ **s'échapper** v.pr. **1.** S'enfuir, se sauver d'un lieu où l'on est retenu ; s'absenter discrètement : *Une prisonnière s'est échappée* (**SYN.** s'évader). *Il s'est échappé de la soirée* (**SYN.** s'éclipser, s'esquiver). **2.** Sortir, se répandre brusquement : *Une odeur s'échappe des égouts* (**SYN.** monter). *L'eau s'échappe de la casserole* (**SYN.** jaillir). **3.** Disparaître complètement, se dissiper : *Leur dernier espoir s'est échappé* (**SYN.** s'envoler, s'éteindre, s'évanouir). **4.** Faire une échappée, dans une course.

écharde n.f. (du frq.). Petit fragment pointu de bois ou d'autre matière entré accidentellement sous la peau : *Retirer une écharde d'un doigt avec une pince à épiler.*

écharpe n.f. (du frq.). **1.** Bande d'étoffe tissée ou tricotée que l'on porte sur les épaules ou autour du cou : *Protéger sa gorge avec une écharpe de laine* (**SYN.** cache-col, cache-nez). **2.** Large bande d'étoffe portée obliquement d'une épaule à la hanche opposée, ou autour de la ceinture, comme insigne d'une fonction : *L'écharpe tricolore du maire.* **3.** Bandage porté en bandoulière pour soutenir une main ou un bras blessés : *Elle a le bras en écharpe.* ▸ ***Prendre en écharpe,*** heurter, accrocher de biais : *Sa voiture a été prise en écharpe par un camion.*

écharper v.t. (de l'anc. fr. *charpir,* déchirer) [conj. 3]. Blesser grièvement, mettre en pièces : *La foule voulait écharper le chauffard* (**SYN.** lyncher, massacrer). ▸ *Fam.* ***Se faire écharper,*** subir des attaques, de vives critiques : *Elle s'est fait écharper par la presse.*

échasse n.f. (du frq.). **1.** Chacun des deux longs bâtons garnis d'un étrier permettant de marcher à une certaine hauteur du sol : *Les bergers landais marchent sur des échasses.* **2.** Oiseau à plumage noir et blanc, aux pattes longues et fines, au long bec droit, qui niche près des lacs et des marécages.

échassier n.m. (de *échasse*). Oiseau carnivore des marais, aux longues pattes et au bec allongé et effilé : *La cigogne, le flamant, la grue, l'échasse sont des échassiers.*

échaudage n.m. Action de plonger qqch dans l'eau bouillante : *L'échaudage d'une théière.*

échaudé, e adj. Qui a été ébouillanté. ▸ ***Chat échaudé craint l'eau froide,*** on craint même l'apparence d'un mal dont on a souffert.

échauder v.t. (lat. *excaldare,* de *calidus,* chaud) [conj. 3]. **1.** Plonger dans l'eau bouillante : *Échauder un poulet pour le plumer* (**SYN.** ébouillanter). **2.** Causer à qqn une mésaventure qui lui sert de leçon : *Cette chute a échaudé ce casse-cou.* **3.** Aux Antilles, brûler avec un liquide chaud : *Elle lui a échaudé la main.*

échauffement n.m. **1.** Action d'échauffer ; fait de s'échauffer, de devenir chaud : *L'échauffement du moteur d'une voiture* (**CONTR.** refroidissement). **2.** Entraînement léger destiné à échauffer les muscles pour les assouplir avant un effort physique.

échauffer v.t. (lat. *excalefacere,* de *calere,* être chaud) [conj. 3]. **1.** Donner de la chaleur à, élever la température de : *Le soleil échauffe l'eau du lac* (**CONTR.** rafraîchir, refroidir). **2.** Causer de l'excitation : *Cette nouvelle a échauffé les esprits* (**SYN.** enflammer, exalter). ▸ ***Échauffer la bile*** ou ***les oreilles*** ou ***le sang*** ou ***la tête de qqn,*** le mettre en colère. ◆ **s'échauffer** v.pr. **1.** Devenir plus chaud ou plus animé : *Le débat s'échauffe* (= le ton monte). **2.** Faire des exercices pour se préparer à un effort physique : *Les danseuses se sont échauffées.*

échauffourée n.f. Combat bref et confus : *Il y a eu des échauffourées entre plusieurs supporteurs* (**SYN.** accrochage, bagarre).

échauguette n.f. (du frq.). Guérite de guet placée en surplomb sur une muraille fortifiée, sur une tour.

èche n.f. → **esche.**

échéance n.f. (de *échéant*). **1.** Date à laquelle est exigible le paiement d'une dette ou l'exécution d'une obligation : *L'échéance d'un loyer. Mon crédit arrive à échéance.* **2.** Ensemble des règlements à effectuer à une période donnée : *De lourdes échéances.* **3.** Moment où qqch doit arriver et qui marque la fin d'un délai, d'une période : *Échéance électorale.* ▸ ***À brève*** ou ***courte échéance, à longue échéance,*** dans un délai court, long : *Faire un emprunt à longue échéance* (= à long terme).

échéancier n.m. Registre où sont inscrites, à leur date d'échéance, les dettes, les créances.

échéant, e adj. (p. présent de *échoir*). Dans le langage juridique, qui arrive à échéance : *Un contrat échéant.* ▸ ***Le cas échéant,*** si le cas se présente ; éventuellement : *Elle propose, le cas échéant, de travailler certains samedis.*

échec n.m. (de *échecs*). Manque de réussite : *L'échec d'un produit sur le marché* (**SYN.** insuccès ; **CONTR.** succès). *Cet incident a mené leur candidat à l'échec* (**SYN.** défaite ; **CONTR.** victoire). *Lutter contre l'échec scolaire.* ▸ ***Faire échec à qqn, qqch,*** empêcher qqn, une action de réussir : *Ils ont fait échec à la négociation.* ***Mettre*** ou ***tenir qqn en échec,*** entraver son action : *Le président a été mis en échec par cette révélation.*

échecs [eʃɛk] n.m. pl. (d'un mot persan signif. « roi »). Jeu dans lequel deux adversaires font manœuvrer sur un plateau de 64 cases deux séries de 16 pièces de valeurs diverses ; les pièces qui servent à ce jeu : *Jouer aux échecs. Je prends les échecs blancs.* ◆ **échec** n.m. Aux échecs, situation du roi en position d'être pris par l'adversaire : *Échec au roi.* ▸ ***Échec et mat,*** coup décisif qui met le roi en position d'être pris au coup suivant et assure le gain de la partie. ◆ **échec** adj. inv. Dont le roi est sur le point d'être pris par l'adversaire : *Elle a été échec en sept coups.*

échelier [eʃəlje] n.m. Échelle à un seul montant central.

échelle n.f. (lat. *scala*). **1.** Dispositif composé de deux montants reliés entre eux par des barreaux transversaux régulièrement espacés qui servent de marches : *Monter sur le toit à l'aide d'une échelle. Les pompiers font descendre les habitants par la grande échelle.* **2.** Escalier sur un bateau : *Échelle de coupée, de dunette.* **3.** Suite de mailles filées sur la longueur d'un bas, d'un collant. **4.** Série de graduations sur un instrument de mesure : *Échelle barométrique.* **5.** Ligne graduée indiquant le rapport des dimensions ou distances marquées sur un plan, une carte, avec les dimensions ou distances réelles ; rapport entre la représentation figurée d'une longueur et la longueur réelle correspondante : *Sur une carte à l'échelle de 1/100 000, 1 centimètre sur la carte correspond à 1 kilomètre sur le terrain. Une maquette à l'échelle 1/100.* **6.** Suite de degrés, de niveaux classés dans un ordre progressif : *S'élever dans l'échelle sociale* (**SYN.** hiérarchie). **7.** Suite, succession de nuances : *L'échelle des couleurs, des nuances.* ▸ ***À grande échelle, sur une vaste échelle,*** en grand, dans des proportions importantes : *Ce journal se vend à grande échelle.* ***À l'échelle de, à l'échelle*** (+ adj.), à la mesure, au niveau de : *À l'échelle de l'entreprise. À l'échelle internationale.* ***Échelle mobile,*** système d'indexation d'un paiement sur le coût de la vie : *Échelle mobile des salaires.* ***Faire la courte échelle à qqn,*** l'aider à s'élever en lui offrant ses mains et ses épaules comme points d'appui. ***Il n'y a plus qu'à tirer l'échelle,*** on ne peut faire mieux.

échelon n.m. **1.** Barreau transversal d'une échelle. **2.** Degré d'une série, d'une hiérarchie, d'une carrière administrative : *Il est monté d'un échelon. À l'échelon national* (**SYN.** échelle, niveau).

échelonnement n.m. Action d'échelonner ; fait d'être échelonné : *L'échelonnement d'un remboursement* (**SYN.** étalement).

échelonner v.t. [conj. 3]. **1.** Disposer des choses, des personnes à des distances plus ou moins régulières : *Échelonner des haies sur une piste d'athlétisme* (**SYN.** distribuer, répartir). **2.** Répartir dans le temps à intervalles plus ou moins réguliers : *Échelonner des traites* (**SYN.** espacer, étaler). ◆ **s'échelonner** v.pr. Être échelonné, réparti dans l'espace ou dans le temps : *Les cultures en terrasse s'échelonnent sur le flanc de la colline* (**SYN.** s'étager). *Ces événements se sont échelonnés sur dix ans* (**SYN.** s'étaler).

écheniller v.t. [conj. 3]. Débarrasser un arbre, une plante des chenilles.

écheveau n.m. (lat. *scabellum,* petit banc). **1.** Assemblage de fils textiles réunis entre eux par un fil de liage. **2.** *Fig.* Ensemble d'éléments liés entre eux de façon complexe : *L'écheveau d'une procédure judiciaire* (**SYN.** dédale, labyrinthe, maquis).

échevelé, e adj. **1.** Dont les cheveux sont en désordre : *Elle était tout échevelée après sa course* (**SYN.** ébouriffé, hirsute). **2.** *Fig.* Qui manque d'ordre, de mesure : *Une danse échevelée* (**SYN.** endiablé, frénétique).

① **échevin** n.m. (frq. *skapin,* juge). Sous l'Ancien Régime, magistrat municipal chargé d'assister le maire.

② **échevin, e** n. En Belgique, adjoint au bourgmestre.

échevinage n.m. **1.** Fonction d'échevin. **2.** Corps des échevins. **3.** Territoire administré par des échevins.

échevinal, e, aux adj. Relatif à l'échevin. ▸ ***Collège échevinal,*** en Belgique, collège formé du bourgmestre et des échevins d'une commune.

échevinat n.m. En Belgique, charge de l'échevin ; services administratifs qui dépendent de lui.

échidné [ekidne] n.m. (du gr. *ekhidna,* vipère). Mammifère ovipare d'Australie et de Nouvelle-Guinée, au corps couvert de piquants et portant un bec corné.

échine n.f. (du frq.). **1.** Colonne vertébrale ; épine dorsale : *Des douleurs au niveau de l'échine.* **2.** En boucherie, partie du bœuf comprenant l'aloyau et les côtes ; partie antérieure de la longe de porc. ▸ ***Avoir l'échine souple,*** obéir facilement, être servile. ***Courber*** ou ***plier l'échine,*** céder, se soumettre : *Il courbe l'échine devant son patron.*

s'**échiner** v.pr. [conj. 3]. **[à].** Se donner de la peine ; se fatiguer : *Je m'échine à lui apprendre à danser* (**SYN.** s'épuiser).

échinoderme [ekinɔdɛrm] n.m. (du gr. *ekhinos,* hérisson). Animal marin invertébré muni de ventouses : *L'oursin et l'étoile de mer sont des échinodermes.*

échiquéen, enne adj. Relatif au jeu d'échecs : *Un tournoi échiquéen.*

échiquier n.m. (de l'anc. fr. *eschequier,* trésor [royal]). **1.** Plateau carré, divisé en 64 cases alternativement noires et blanches, sur lequel on joue aux échecs. **2.** Surface dont le dessin évoque celui d'un échiquier : *D'avion, les rizières évoquent un échiquier.* **3.** Domaine où s'opposent des intérêts contradictoires qui exigent des manœuvres habiles : *La place d'un pays sur l'échiquier diplomatique.* **4.** (Avec une majuscule). En Grande-Bretagne, administration financière : *Le chancelier de l'Échiquier* (= le ministre des Finances).

écho [eko] n.m. (gr. *êkhô,* bruit, son). **1.** Répétition d'un son due à la réflexion des ondes sonores sur un obstacle ; lieu où se produit l'écho : *L'écho lui renvoya son cri. Il y a de l'écho sous ce tunnel.* **2.** Onde électromagnétique qui revient à l'appareil émetteur après avoir été réfléchie par un obstacle : *Les radars ont enregistré un écho.* **3.** Propos rapportant des faits : *J'ai eu des échos de leur entrevue* (**SYN.** nouvelle). **4.** Ce qui reproduit, évoque qqch : *Cette pièce est un écho des mentalités de l'époque* (**SYN.** évocation, reflet). **5.** Réponse favorable faite à une invitation, à une suggestion : *Sa proposition est restée sans écho.* ☞ **REM.** Ne pas confondre avec *écot.* ▸ ***Se faire l'écho de,*** propager, répandre : *Ils refusent de se faire l'écho de cette rumeur.* ◆ **échos** n.m. pl. Rubrique d'un journal consacrée aux anecdotes, à la vie mondaine, etc.

échographie [ekografi] n.f. Technique d'imagerie médicale utilisant la réflexion *(écho)* d'un faisceau d'ultrasons par les organes : *L'échographie d'un fœtus.*

échographier [ekografje] v.t. [conj. 9]. En médecine, examiner par échographie.

échoir v.t. ind. (lat. *excidere,* de *cadere,* tomber) [conj. 70]. **[à].** *Litt.* Être dévolu à qqn par le sort, le hasard : *Ce rôle m'a échu* (**SYN.** revenir). ◆ v.i. Arriver à échéance, en parlant d'une dette, d'un engagement, etc. : *Tous les délais sont échus.*

écholalie [ekolali] n.f. (de *écho* et du gr. *lalein,* parler). En psychiatrie, répétition machinale de mots ou de phrases prononcés par qqn d'autre.

écholocation [ekolɔkasjɔ̃] ou **écholocalisation** [ekolɔkalizasjɔ̃] n.f. Mode d'orientation propre à certains animaux (chauves-souris, dauphins) qui repèrent les obstacles en émettant des ultrasons produisant un écho.

échoppe n.f. (anc. néerl. *schoppe*). **1.** Petite boutique en matériau léger, adossée à une autre construction : *Une échoppe de cordonnier.* **2.** Dans le sud-ouest de la France, maison sans étage construite entre rue et jardin. **3.** En Belgique, étal couvert sur un marché.

échotier, ère [ekɔtje, ɛr] n. Personne qui rédige les échos dans un journal.

échouage n.m. Action d'échouer un bateau volontairement ; situation d'un bateau échoué : *L'échouage d'un navire pour réparation.*

échouement n.m. Arrêt brutal d'un bateau en marche qui touche le fond.

échouer v.i. [conj. 6]. **1.** (Auxil. *avoir* ou *être*). Toucher accidentellement le rivage, le fond et s'y immobiliser, en parlant d'un bateau : *Le navire a échoué sur un haut-fond* (= indique l'action). *Le navire est échoué sur un haut-fond* (= indique le résultat). **2.** (Auxil. *avoir*). Se retrouver par hasard en un lieu que l'on n'a pas choisi : *Nous avons échoué dans un village désert.* **3.** (Auxil. *avoir*). Ne pas aboutir ; subir un échec : *Leurs tentatives ont échoué* (**SYN.** avorter, rater ; **CONTR.** réussir). *Ils ont échoué dans leurs démarches.* ◆ v.t. Pousser volontairement un bateau sur un haut-fond ou à terre pour le mettre à sec. ◆ **s'échouer** v.pr. Toucher le fond et s'arrêter, en parlant d'un bateau : *La barque s'est échouée en atteignant la rive.*

échu, e adj. (de *échoir*). Qui est arrivé à échéance : *Payer son loyer à terme échu.*

écimage n.m. Action d'écimer : *L'écimage d'un cèdre* (**SYN.** étêtage).

écimer v.t. [conj. 3]. Enlever la cime d'un végétal pour favoriser sa croissance en épaisseur : *Écimer un tilleul* (**SYN.** étêter).

éclaboussement n.m. Action d'éclabousser.

éclabousser v.t. (anc. fr. *esclaboter*, de *bouter*) [conj. 3]. **1.** Faire rejaillir un liquide sur : *Le bus nous a éclaboussés en roulant dans la flaque* (**SYN.** arroser, asperger). **2.** *Fig.* Compromettre la réputation de qqn : *Cette affaire a éclaboussé le gouvernement* (**SYN.** déshonorer, salir).

éclaboussure n.f. **1.** Boue, liquide qui éclabousse, salit : *Un pantalon plein d'éclaboussures* (**SYN.** salissure, tache). **2.** *Fig.* Contrecoup d'un événement fâcheux, qui entache la réputation de qqn : *Les éclaboussures d'une affaire de mœurs.*

① **éclair** n.m. (de *éclairer*). **1.** Lueur brève et très vive traduisant une décharge électrique entre deux nuages ou entre un nuage et la terre, lors d'un orage. **2.** Lueur éclatante et brève : *La star fut surprise par les éclairs des flashs.* **3.** *Fig.* Brusque manifestation de ce qui a trait à l'intelligence : *Il trouva la solution dans un éclair de génie.* **4.** (Employé en appos., avec ou sans trait d'union). Indique une grande rapidité : *Le ministre fait des visites éclair.* ▸ ***Comme l'éclair*** ou ***en un éclair***, avec une extrême rapidité : *Il est arrivé comme l'éclair.* ***Ses yeux lancent des éclairs***, sont animés d'une vive colère.

② **éclair** n.m. (de *1. éclair*, probabl. parce que ce gâteau peut se manger très vite). Petit gâteau allongé, en pâte à choux, fourré de crème pâtissière et glacé par-dessus : *Des éclairs au café, au chocolat.*

éclairage n.m. **1.** Action, manière, moyen d'éclairer ; dispositif qui éclaire : *Un éclairage aux chandelles. L'éclairage d'une voiture.* **2.** Ensemble des appareils qui éclairent un spectacle ; réglage de ces appareils : *Technicien chargé de l'éclairage.* **3.** Mission militaire consistant à partir en reconnaissance afin de faciliter la progression d'une troupe. **4.** *Fig.* Manière particulière d'envisager qqch : *Sous cet éclairage, l'histoire semble plus simple* (**SYN.** angle, jour). ▸ ***Éclairage indirect***, dirigé vers le mur, le plafond.

éclairagisme n.m. Ensemble des techniques employées pour obtenir un éclairage satisfaisant.

éclairagiste [eklɛraʒist] n. **1.** Personne qui s'occupe de l'éclairage d'un spectacle. **2.** Spécialiste d'éclairagisme.

éclairant, e adj. **1.** Qui éclaire, illumine : *Une bougie peu éclairante.* **2.** Qui éclaire, rend compréhensible : *Un reportage éclairant.*

éclaircie n.f. **1.** Espace clair dans un ciel nuageux ; durée pendant laquelle le ciel s'éclaircit : *Nous nous sommes promenés pendant l'éclaircie.* **2.** *Fig.* Changement favorable ; amélioration : *Il semble qu'il y ait une éclaircie dans leur couple* (**SYN.** embellie).

éclaircir v.t. (anc. fr. *esclarcir*, briller) [conj. 32]. **1.** Rendre plus clair : *Ces voilages éclaircissent la chambre* (**SYN.** éclairer ; **CONTR.** assombrir, obscurcir). *Ces lentilles éclaircissent tes yeux* (**CONTR.** foncer). **2.** Rendre plus limpide, plus fluide : *Éclaircir un potage* (**SYN.** allonger ; **CONTR.** épaissir). **3.** Rendre des plants, un bois moins touffus : *Éclaircir des radis, une pinède.* **4.** *Fig.* Rendre qqch plus compréhensible : *Une enquête a permis d'éclaircir ce mystère* (**SYN.** débrouiller, démêler, élucider ; **CONTR.** embrouiller). ◆ **s'éclaircir** v.pr. **1.** Devenir plus clair : *Sa chevelure s'est éclaircie au soleil* (**CONTR.** s'assombrir). **2.** Devenir moins nombreux : *Ses cheveux commencent à s'éclaircir* (**SYN.** se raréfier). **3.** Devenir plus compréhensible, plus net, plus clair : *Le problème s'est éclairci* (**SYN.** se clarifier ; **CONTR.** s'embrouiller, s'emmêler). ▸ ***S'éclaircir la voix***, la rendre plus nette en se raclant la gorge.

éclaircissage n.m. En agriculture, action de supprimer des plants de semis, des fruits d'un arbre, pour favoriser la croissance des autres.

éclaircissement n.m. **1.** Action d'éclaircir ; fait de s'éclaircir : *L'éclaircissement d'une teinture.* **2.** (Surtout au pl.). Information nécessaire à une plus complète compréhension : *Je souhaiterais des éclaircissements sur son attitude* (**SYN.** explication, lumière).

éclairé, e adj. **1.** Où il y a de la lumière : *Il y a encore des bureaux éclairés* (**CONTR.** noir, obscur, sombre). **2.** Qui a des connaissances et du discernement : *Cet article s'adresse à des lecteurs éclairés* (**SYN.** averti, avisé, initié ; **CONTR.** ignorant, profane).

éclairement n.m. En physique, quantité de lumière reçue par un corps et exprimée en lux.

éclairer v.t. (lat. *exclarare*, de *clarus*, clair) [conj. 4]. **1.** Répandre de la lumière sur : *Les projecteurs éclairent la scène* (**SYN.** illuminer ; **CONTR.** obscurcir). **2.** Fournir à qqn de la lumière pour qu'il voie : *Peux-tu m'éclairer avec ta lampe de poche ?* **3.** Rendre plus clair, plus lumineux : *Ses beaux yeux éclairent son visage* (**SYN.** illuminer). **4.** Remplir une mission d'éclairage en avant d'un groupe de militaires. **5.** *Fig.* Rendre compréhensible une question, des faits : *Un article qui éclaire le lecteur sur la situation économique d'un pays* (**SYN.** informer, renseigner ; **CONTR.** égarer). ◆ **s'éclairer** v.pr.

1. Devenir lumineux, recevoir de la lumière : *La salle s'est éclairée* (**CONTR.** s'assombrir). **2.** Devenir compréhensible : *La situation s'est enfin éclairée.*

① **éclaireur** n.m. Soldat qui marche en avant d'une troupe. ▸ ***Envoyer qqn en éclaireur,*** le charger de faire des démarches exploratoires, de recueillir des informations avant une action.

② **éclaireur, euse** n. Membre d'une association de scoutisme non confessionnelle.

éclampsie [eklɑ̃psi] n.f. (gr. *eklampsis,* apparition soudaine). En médecine, crise convulsive frappant certaines femmes enceintes.

éclat n.m. **1.** Fragment d'un objet brisé : *Un éclat de verre* (**SYN.** brisure, morceau). *La vitre vola en éclats.* **2.** Bruit soudain et violent : *Un éclat de rire.* **3.** Intensité d'une lumière : *L'éclat d'une lampe halogène.* **4.** Reflet brillant ou vivacité d'une couleur ; chatoiement, scintillement : *Sa robe en satin brillait de mille éclats. L'éclat d'un rouge à lèvres.* **5.** *Fig.* Qualité de ce qui s'impose à l'admiration : *L'éclat d'un défilé de mode* (**SYN.** faste, magnificence). *L'éclat des réceptions présidentielles* (**SYN.** somptuosité, splendeur). ▸ ***Action d'éclat,*** action remarquable par son audace ; exploit : *Son élection dans ce fief de l'opposition est une action d'éclat.* ***Faire un éclat,*** se faire remarquer par une manifestation bruyante, par un scandale : *Il fit un éclat en voyant l'addition* (= il fit un esclandre, une scène). ***Rire aux éclats,*** rire très fort.

éclatant, e adj. **1.** Qui a de l'éclat, qui brille : *Un soleil éclatant* (**CONTR.** voilé). *Une beauté éclatante* (**SYN.** radieux, resplendissant). **2.** Qui a un grand retentissement ; remarquable : *Un succès éclatant* (**SYN.** triomphal). **3.** *Litt.* Qui éclate, fait beaucoup de bruit : *Une voix éclatante* (**SYN.** perçant, sonore ; **CONTR.** doux, sourd).

éclaté, e adj. ▸ ***Dessin éclaté, vue éclatée,*** qui représente les différentes parties d'un ensemble, d'un appareil complexe, etc., dans leur disposition relative, mais en les dissociant clairement (on dit aussi *un éclaté*) : *Un dessin éclaté d'un moteur.*

éclatement n.m. Fait d'éclater : *L'éclatement d'un ballon. L'éclatement d'une famille* (**SYN.** décomposition, désagrégation).

éclater v.i. (d'un mot frq.) [conj. 3]. **1.** Se briser soudainement sous l'effet d'une pression, de la chaleur, etc. : *Le pneu avant a éclaté* (**SYN.** crever). *Une bombe éclata* (**SYN.** exploser). **2.** Faire entendre un bruit sec, violent : *Le tonnerre éclate* (**SYN.** retentir). **3.** Se produire, se manifester brusquement : *La guerre éclata* (**SYN.** se déclencher). *Une crise boursière a éclaté.* **4.** Ne pas pouvoir contenir ses sentiments, en partic. sa colère ; se déchaîner : *La ministre éclata contre les journalistes* (**SYN.** fulminer, s'emporter). **5.** Apparaître de façon claire, évidente : *Il faut que la vérité éclate* (**SYN.** se manifester). **6.** Briller d'un vif éclat ; étinceler : *Un diamant qui éclate de mille feux* (**SYN.** scintiller). **7.** *Fig.* Se diviser en plusieurs parties ; se fractionner : *Ce groupe de rock a éclaté* (**SYN.** se scinder ; **CONTR.** se réunir). **8. [de].** *Litt.* Avoir, manifester qqch avec force : *Les mariés éclatent de joie* (**SYN.** déborder). *Elle éclata de rire en le voyant* (= elle s'esclaffa). ◆ **s'éclater** v.pr. *Fam.* Se donner intensément à une activité en y prenant un très grand plaisir : *Les joueurs se sont éclatés. Elle s'éclate dans ses séances de gymnastique* (**SYN.** s'épanouir).

éclectique adj. et n. Qui fait preuve d'éclectisme, de largeur d'esprit dans ses goûts, ses choix : *Un musicien éclectique.*

éclectisme [eklɛktism] n.m. (du gr. *eklegein,* choisir). Attitude de qqn qui s'intéresse à tous les domaines ou, dans un domaine, à tous les sujets : *Elle fait preuve d'éclectisme en peinture.*

éclipse n.f. (lat. *eclipsis,* du gr. *ekleipsis,* abandon, disparition). **1.** Disparition temporaire complète *(éclipse totale)* ou partielle *(éclipse partielle)* d'un astre due à son passage dans l'ombre ou la pénombre d'un autre : *Éclipse de Lune, de Soleil.* **2.** Disparition momentanée de qqn, de qqch ; baisse de popularité : *L'éclipse d'un chanteur* (**SYN.** absence, éloignement). *Cette mode a connu une éclipse* (= elle s'est essoufflée). ▸ ***À éclipses,*** intermittent, discontinu : *Un talent à éclipses.*

éclipser v.t. [conj. 3]. **1.** En astronomie, provoquer l'éclipse d'un astre. **2.** Surpasser dans l'estime d'autrui par un mérite, un prestige plus grands : *Ce candidat éclipse tous les autres* (**SYN.** effacer [litt.], surclasser). ◆ **s'éclipser** v.pr. *Fam.* Partir furtivement : *Je me suis éclipsée de la réunion* (**SYN.** s'échapper, s'esquiver).

écliptique n.m. En astronomie, plan de l'orbite de la Terre autour du Soleil ; grand cercle de la sphère céleste décrit par le Soleil dans son mouvement apparent annuel.

éclisse n.f. (du frq. *slitan,* fendre). **1.** Lame de bois que l'on a fendu : *Des éclisses de châtaignier.* **2.** Support d'osier ou de métal qui sert à l'égouttage des fromages. **3.** Plaque d'acier réunissant deux rails par leur extrémité. **4.** *Vieilli* En médecine, attelle.

éclopé, e adj. et n. (de l'anc. fr. *cloper,* boiter). Qui marche péniblement à la suite d'une blessure ; estropié.

éclore v.i. (lat. *excludere,* faire sortir, de *claudere,* clore) [conj. 113]. **1.** Naître en sortant de l'œuf : *Des poussins éclosent en ce moment.* **2.** S'ouvrir, en parlant de l'œuf : *Les œufs de l'hirondelle ont éclos hier.* **3.** *Litt.* S'ouvrir, en parlant d'une fleur, d'un bourgeon : *Les roses sont écloses* (**SYN.** s'épanouir, fleurir). **4.** *Litt.* Naître, apparaître : *De grands musiciens ont éclos ici.*

écloserie n.f. Établissement destiné à la reproduction d'animaux aquatiques et à l'obtention de jeunes larves et d'alevins.

éclosion n.f. **1.** Fait d'éclore : *L'éclosion d'une couvée. L'éclosion d'un bourgeon* (**SYN.** épanouissement). **2.** *Fig.* Naissance, apparition : *L'éclosion d'une mode* (**CONTR.** disparition).

éclusage n.m. Action de faire passer un bateau par une écluse.

écluse n.f. (du lat. [*aqua*] *exclusa,* [eau] séparée du courant). Ouvrage aménagé entre deux plans d'eau de niveau différent pour permettre aux embarcations de franchir la dénivellation : *Manœuvrer les portes d'une écluse.*

éclusée n.f. Quantité d'eau lâchée par l'ouverture d'une porte d'écluse.

écluser v.t. [conj. 3]. **1.** Faire passer un bateau par une écluse. **2.** *Fam.* Boire de l'alcool.

éclusier, ère adj. Relatif à une écluse : *Porte éclusière.* ◆ n. Personne qui assure la surveillance et la manœuvre d'une écluse.

écobilan n.m. Bilan permettant d'évaluer l'impact que la fabrication, l'utilisation et l'élimination d'un produit industriel a sur l'environnement.

écobuage n.m. Action d'écobuer un champ.

écobuer v.t. (du poitevin *gobuis*, terre pelée) [conj. 7]. Détacher la couche superficielle d'un terrain avec sa végétation, la brûler et en répandre les cendres sur le sol afin de le fertiliser.

écocitoyen, enne adj. Qui relève de l'écocitoyenneté : *Geste écocitoyen.* ◆ n. Personne qui met en pratique les principes de l'écocitoyenneté.

écocitoyenneté n.f. Comportement respectueux des principes visant à préserver l'environnement.

écœurant, e adj. **1.** Qui écœure, donne la nausée : *L'odeur qui règne dans cette cave est écœurante* (**SYN.** fétide, infect, nauséabond). **2.** Qui inspire du dégoût ; révoltant : *Ces injustices sont écœurantes* (**SYN.** dégoûtant, ignoble, répugnant). **3.** *Fam.* Qui inspire du découragement ; démoralisant : *Sa supériorité est écœurante* (**SYN.** décourageant ; **CONTR.** encourageant, stimulant).

écœurement n.m. État, sentiment d'une personne écœurée ; dégoût : *Il éprouve de l'écœurement devant ce plat* (**SYN.** haut-le-cœur, nausée ; **CONTR.** attirance). *L'écœurement d'un journaliste devant les abus* (**SYN.** répugnance, répulsion ; **CONTR.** sympathie).

écœurer v.t. (de *cœur*) [conj. 5]. **1.** Causer du dégoût, donner la nausée à : *Cette odeur m'écœure* (= me soulève le cœur ; **SYN.** dégoûter). **2.** Inspirer du dégoût, de la répugnance, de l'aversion : *Les trafiquants de drogue m'écœurent* (**SYN.** répugner). **3.** *Fam.* Décourager, démoraliser qqn par sa supériorité, sa chance : *Elle m'écœure, elle gagne toujours* (**SYN.** désespérer).

écolabel n.m. Label européen garantissant qu'un produit n'est pas dangereux pour l'environnement ni pour la santé du consommateur.

écolage n.m. En Suisse, frais de scolarité.

école n.f. (lat. *schola*, du gr. *skholê*). **1.** Établissement où l'on donne un enseignement ; ses bâtiments : *Apprendre le violon à l'école de musique* (= conservatoire). *L'école a brûlé.* **2.** Établissement où est dispensé un enseignement collectif général aux enfants d'âge scolaire et préscolaire : *Son fils entre à l'école. École maternelle, primaire.* **3.** Ensemble des élèves et du personnel d'une école : *La directrice a réuni toute l'école.* **4.** Ensemble des partisans d'une doctrine philosophique, littéraire, artistique, etc. ; la doctrine elle-même : *Zola est l'initiateur de l'école naturaliste* (**SYN.** mouvement). **5.** Ensemble des artistes d'une même nation, d'une même tendance : *L'école flamande.* **6.** *Litt.* Source de connaissance et d'expérience : *Il a tout appris à l'école de la vie.* ▸ ***Cas d'école,*** situation, processus exemplaires qui deviennent une référence, un modèle. ***École de recrues,*** en Suisse, période durant laquelle les conscrits reçoivent leur instruction militaire. ***Être à bonne école, à dure école,*** être bien entouré pour progresser ; rencontrer des épreuves. ***Faire école,*** susciter de nombreux disciples ; se répandre, en parlant d'une idée. ***Grande école,*** établissement d'enseignement supérieur.

écolier, ère n. **1.** Enfant qui fréquente l'école maternelle ou primaire. **2.** *Fam.* Personne inexpérimentée ; débutant, novice : *À côté de cet hypocrite, Tartuffe est un écolier* (**SYN.** apprenti, néophyte). ▸ ***Prendre le chemin des écoliers,*** aller par le trajet le plus long.

écolo n. et adj. (abrév.). *Fam.* Écologiste.

écologie n.f. (all. *Ökologie*, du gr. *oikos*, maison, et *logos*, science). **1.** Science qui étudie les relations des êtres vivants avec leur milieu. **2.** Écologisme.

écologique adj. **1.** Relatif à l'écologie : *Une étude écologique sur l'air.* **2.** Relatif à l'écologisme. ▸ ***Bonus écologique,*** prime versée par l'État à l'acheteur d'un véhicule neuf qui émet au maximum 130 g de CO_2 au km. ***Malus écologique,*** taxe payée par l'acheteur d'un véhicule neuf qui émet plus de 160 g de CO_2 au km.

écologiquement adv. Du point de vue écologique.

écologisme n.m. Courant de pensée, mouvement tendant au respect des équilibres naturels, à la protection de l'environnement contre les ravages de la société industrielle (**SYN.** écologie).

écologiste n. et adj. **1.** Partisan de l'écologisme (abrév. fam. écolo) : *Les écologistes présentent une candidate* (**SYN.** vert). **2.** *Didact.* Écologue.

écologue n. Scientifique spécialiste d'écologie (**SYN.** écologiste).

écomusée n.m. Institution visant à l'étude, à la conservation et à la mise en valeur du mode de vie, du patrimoine naturel et culturel d'une région.

éconduire v.t. (de l'anc. fr. *escondire*, refuser) [conj. 98]. *Litt.* **1.** Refuser de recevoir qqn ; l'écarter sans ménagement : *Elle a éconduit les journalistes* (**SYN.** chasser, renvoyer ; **CONTR.** accueillir, recevoir). **2.** Repousser les avances d'un soupirant : *Elle l'a éconduit.*

économat n.m. **1.** Service chargé de la gestion financière d'un établissement scolaire ou hospitalier ; ses bureaux : *L'économat d'un collège* (**SYN.** intendance). **2.** Charge d'un économe.

① **économe** n. (lat. *oeconomus*, administrateur, du gr. *oikos*, maison). Personne qui dirige un économat : *L'économe du lycée* (**SYN.** intendant).

② **économe** adj. Qui veille à limiter ses dépenses : *Un couple économe* (**SYN.** parcimonieux ; **CONTR.** dépensier, prodigue). ▸ ***Couteau Économe,*** couteau utilisé pour éplucher des fruits et des légumes (on dit aussi *un Économe* [nom déposé]). ***Être économe de ses paroles, de compliments,*** parler peu, faire peu de compliments.

économètre ou **économétricien, enne** n. Spécialiste d'économétrie.

économétrie n.f. Méthode d'analyse des données économiques qui, utilisant la statistique et la mathématique, cherche à faire des prévisions.

économétrique adj. Relatif à l'économétrie.

économie n.f. (gr. *oikonomia*, administration de la maison). **1.** Art de bien gérer ses biens, ses revenus en essayant d'en obtenir le meilleur rendement : *Par économie, il ne va plus au restaurant* (**SYN.** épargne, parcimonie ; **CONTR.** gaspillage, prodigalité). **2.** Ce que l'on ne dépense pas ; ce que l'on épargne : *Grâce aux soldes, j'ai fait une économie de 100 euros. Une économie d'encre* (**SYN.** gain ; **CONTR.** perte). **3.** Ensemble des activités d'une collectivité humaine relatives à la production, la distribution et la consommation des richesses : *Économie planifiée. L'économie mondiale.* **4.** *Didact.* Organisation des différentes parties d'un ensemble : *L'économie du scénario d'un film* (**SYN.** structure). ▸ ***Économie solidaire,*** secteur économique créé et animé par les mouvements associatifs pour lutter contre l'exclusion. ***Faire l'économie de qqch,*** éviter d'y recourir : *Il a retiré sa plainte, nous faisons ainsi l'économie d'un procès.* ***Nouvelle économie,*** économie liée au développement des entreprises utilisant Internet. ***Société d'économie mixte,*** entreprise associant les capitaux privés et publics. ◆ **économies** n.f. pl. Somme d'argent mise de côté en vue de dépenses à venir : *Il fait des économies pour voyager* (**SYN.** pécule).

économique adj. **1.** Qui permet de faire des économies ; peu coûteux : *Un abonnement économique à Internet* (**SYN.** avantageux, intéressant ; **CONTR.** cher, dispendieux [litt.]). **2.** Relatif à l'économie : *Le pays connaît une crise économique.* ◆ n.m. L'ensemble des phénomènes liés à l'économie ; le secteur économique.

économiquement adv. **1.** De façon économique, avec parcimonie : *Il s'habille économiquement* (= à bon marché ; **CONTR.** coûteusement). **2.** Du point de vue de l'économie, de la science économique : *Économiquement, l'entreprise va mal.* ▸ ***Économiquement faible,*** se dit d'une personne qui, sans être considérée comme indigente, dispose de ressources insuffisantes.

économiser v.t. [conj. 3]. **1.** Ne pas dépenser une somme ; épargner : *Elle a réussi à économiser 1 000 euros* (**SYN.** thésauriser ; **CONTR.** dilapider, dissiper [litt.]). **2.** (Sans compl.). Ne pas dépenser son argent : *Il dit qu'il faut économiser.* **3.** Réduire sa consommation de qqch ; ménager : *Économiser l'eau* (**CONTR.** gaspiller). *Économise tes forces pour la course* (**SYN.** épargner). ◆ v.i. **[sur].** Réduire la consommation, la dépense de : *Ils économisent sur les sorties.*

économiseur n.m. Appareil, dispositif permettant de réaliser une économie de combustible, de carburant, etc. ▸ ***Économiseur d'écran,*** en informatique, logiciel utilitaire qui, après un certain temps d'inactivité du clavier et de la souris, fait passer l'écran en mode veille.

économisme n.m. Doctrine privilégiant les faits économiques dans l'explication des phénomènes sociaux et politiques ; manière d'agir qui en découle.

économiste n. Spécialiste de science économique.

écoparticipation n.f. Taxe payée par le consommateur pour financer le recyclage des appareils électriques et électroniques usagés.

écope n.f. (du frq.). Pelle creuse utilisée pour vider l'eau d'une embarcation (**SYN.** épuisette).

écoper v.t. [conj. 3]. Vider l'eau d'une embarcation à l'aide d'une écope ou de tout autre récipient. ◆ v.t. ind. **[de].** *Fam.* Être condamné à ; subir : *Elle a écopé de dix ans de prison.* ◆ v.i. Subir un dommage matériel ; recevoir une réprimande, des coups : *C'est la nappe qui a écopé. Il écope à la place de sa sœur.*

écoproduit n.m. Produit conçu et fabriqué de façon à respecter l'environnement.

écoquartier n.m. Partie d'une ville ou ensemble de bâtiments qui prennent en compte les exigences du développement durable, notamm. en ce qui concerne l'énergie, l'environnement et la vie sociale.

écorce n.f. (lat. *scortea,* de *scortum,* peau). **1.** Partie superficielle et protectrice des troncs, des branches et des rameaux d'un arbre. **2.** Enveloppe de certains fruits : *Écorce de pamplemousse.* ▸ ***Écorce terrestre,*** zone superficielle de la Terre, épaisse d'environ 35 kilomètres (on dit aussi *croûte terrestre*).

écorcer v.t. [conj. 16]. Ôter l'écorce d'un arbre, d'un fruit, d'un grain : *Écorcer une mandarine* (**SYN.** éplucher, peler). *Écorcer du riz* (**SYN.** décortiquer).

écorché, e adj. et n. Se dit d'une personne d'une sensibilité très vive, qui se sent attaquée ou blessée en toute occasion : *Une écorchée vive.* ◆ **écorché** n.m. **1.** Dans une école de dessin artistique, statuette représentant un homme ou un animal dépouillé de sa peau. **2.** En dessin industriel, dessin d'une machine ne représentant que les organes intérieurs importants.

écorchement ou **écorchage** n.m. Action d'écorcher un animal.

écorcher v.t. (du lat. *cortex,* enveloppe) [conj. 3]. **1.** Dépouiller de sa peau un animal : *Écorcher un lapin.* **2.** Blesser superficiellement une partie du corps en entamant la peau : *Ce crépi m'a écorché le coude* (**SYN.** égratigner, érafler). ▸ ***Écorcher les oreilles,*** produire des sons très désagréables : *Cet instrument m'écorche les oreilles. Fam.* ***Écorcher un client,*** le faire payer trop cher. ***Écorcher un mot, une langue,*** prononcer, parler mal : *Écorcher le nom d'un auteur étranger* (**SYN.** estropier). ◆ **s'écorcher** v.pr. Se faire une blessure légère qui entame superficiellement la peau : *Elle s'est écorché les mains en tombant* (**SYN.** s'égratigner).

écorcheur n.m. Personne qui pratique l'écorchement des animaux.

écorchure n.f. Petite blessure superficielle de la peau : *Avoir une écorchure au genou* (**SYN.** égratignure, éraflure).

écorecharge n.m. Conditionnement intermédiaire et peu polluant d'un produit, notamm. d'une lessive, qui est inséré ou dont le contenu est transvasé dans un conditionnement plus durable.

écorner v.t. [conj. 3]. **1.** Ôter les cornes d'un animal ; les empêcher de pousser : *Écorner un bouc.* **2.** Abîmer la couverture, les pages d'un livre en en pliant les coins ; ébrécher un objet. **3.** *Fig.* Amputer une partie de qqch ; porter atteinte à : *Écorner un héritage* (**SYN.** entamer). *Ce scandale a écorné sa popularité.*

écornifleur, euse n. (de *écorner* et de l'anc. fr. *nifler,* renifler). *Fam., vx* Personne qui se nourrit chez les autres ; parasite, pique-assiette.

écornure n.f. Fragment d'un objet écorné.

écossais, e adj. et n. De l'Écosse. ◆ adj. Se dit d'un tissu à carreaux de diverses couleurs : *Jupe écossaise.* ◆ **écossais** n.m. Langue celtique parlée en Écosse (**SYN.** erse).

écosser v.t. [conj. 3]. Ôter la cosse des légumes à graines : *Écosser des petits pois.*

écosystème n.m. Ensemble formé par des êtres vivants *(biocénose)* et l'environnement dans lequel ils vivent *(biotope)* : *Un champ, un marais sont des écosystèmes.*

écot n.m. (frq. *skot,* impôt). ▸ ***Payer son écot,*** apporter sa contribution à une dépense commune : *Chaque collègue a payé son écot pour une nouvelle cafetière.* ☞ **REM.** Ne pas confondre avec *écho.*

écotaxe n.f. Taxe versée par les entreprises dont les activités industrielles sont polluantes et nuisent à l'environnement.

écotourisme n.m. Tourisme pratiqué dans le respect et la préservation de l'environnement.

écotoxicologie n.f. Étude des substances polluantes, des mécanismes par lesquels celles-ci affectent la biosphère et de leur impact sur la santé des populations humaines.

écoulement n.m. **1.** Mouvement d'un fluide, d'un corps visqueux qui s'écoule : *L'écoulement de l'eau dans le percolateur* (**SYN.** évacuation). *Un écoulement de pus* (**SYN.** sécrétion). **2.** Flux de personnes, de véhicules : *L'écoulement de la foule à la sortie des cinémas.* **3.** Mouvement du temps qui passe : *L'écoulement des heures, des jours* (**SYN.** fuite). **4.** Action ou possibilité d'écouler des marchandises ; vente, débouché : *L'écoulement d'un stock de vêtements.*

écouler v.t. [conj. 3]. **1.** Se débarrasser d'une marchandise en la vendant : *Il a écoulé tous les téléphones en promotion* (**SYN.** débiter, vendre). **2.** Se débarrasser progressivement de qqch, en le mettant en circulation : *Avant le passage à l'euro, elle a dû écouler tous ses francs* (**SYN.** liquider). ◆ **s'écouler** v.pr. **1.** Se retirer en coulant : *L'eau du bain s'écoule mal* (**SYN.** s'évacuer). **2.** Se retirer d'un lieu comme un flot continu : *La foule s'écoule à la sortie du métro* (**CONTR.** s'engouffrer). **3.** Accomplir sa durée : *L'année s'est vite écoulée* (**SYN.** s'enfuir, passer).

écoumène ou **œkoumène** [ekumɛn] n.m. (gr. *[gê] oikoumenê,* [terre] habitée). Partie habitable de la surface terrestre.

écourter v.t. (de *1. court*) [conj. 3]. **1.** Diminuer la durée ou la longueur de qqch : *Mes vacances ont été écourtées* (**SYN.** abréger, réduire ; **CONTR.** allonger, prolonger). **2.** Réduire un ouvrage, un texte : *Ils ont écourté la scène du monologue* (**SYN.** tronquer).

écoutant, e n. Membre d'une association de bénévoles qui reçoit les appels téléphoniques de gens en détresse.

① **écoute** n.f. (anc. nordique *skaut,* angle inférieur de la voile). Cordage servant à orienter la voile d'un bateau.

② **écoute** n.f. (de *écouter*). **1.** Action d'écouter : *Restez à l'écoute, notre programme va se poursuivre.* **2.** Capacité à écouter autrui, à être attentif et réceptif à sa parole : *Ce médecin a une excellente écoute.* **3.** Fait de détecter par le son une présence ennemie, notamm. sous-marine. ▸ ***Être à l'écoute,*** être attentif à ce qui se dit, à ce qui se passe : *Le ministre est à l'écoute des sondages.* ***Heure de grande écoute,*** heure à laquelle les auditeurs de la radio et les téléspectateurs sont le plus nombreux. ***Table d'écoute,*** installation permettant de surveiller les conversations téléphoniques.

écouter v.t. (lat. *auscultare*) [conj. 3]. **1.** Être attentif à un bruit, à un son, à des paroles ; s'appliquer à entendre : *Écouter le chant des cigales. Nous avons écouté son discours à la radio.* **2.** Accepter d'entendre ce que qqn a à dire ; tenir compte de ce qu'il dit : *Je t'écoute, donne-moi ton opinion. Cet enfant n'écoute pas son père* (**SYN.** obéir à). **3.** (Sans compl.). Donner toute son attention : *Elle sait écouter.* ▸ ***N'écouter que sa raison, son courage, sa colère,*** etc., se laisser conduire par eux, s'y abandonner : *N'écoutant que sa colère, elle quitta la pièce.* ◆ **s'écouter** v.pr. Attacher une importance excessive aux petits maux dont on souffre : *Détends-toi, tu t'écoutes trop.* ▸ ***S'écouter parler,*** écouter avec complaisance ses propres paroles. ***Si je m'écoutais,*** si je suivais mon impulsion : *Si je m'écoutais, je partirais d'ici.*

écouteur n.m. Élément d'un récepteur téléphonique, radiophonique, etc., que l'on porte à l'oreille pour recevoir le son.

écoutille n.f. (esp. *escotilla*). Ouverture rectangulaire pratiquée dans le pont d'un navire pour accéder aux entreponts et aux cales.

écouvillon n.m. (du lat. *scopa,* balai). Brosse à manche, souvent cylindrique, qui sert à nettoyer les bouteilles, les pots, etc. : *Nettoyer un biberon à l'aide d'un écouvillon* (**SYN.** goupillon).

écrabouillage ou **écrabouillement** n.m. *Fam.* Action d'écrabouiller ; son résultat.

écrabouiller v.t. [conj. 3]. *Fam.* Réduire en bouillie ; écraser : *Ne mets pas les œufs au fond du panier, tu vas les écrabouiller.*

écran n.m. (moyen néerl. *scherm,* paravent). **1.** Panneau, dispositif qui arrête, atténue la chaleur, la lumière, etc. : *Placer un écran devant le foyer d'une cheminée.* **2.** Tout ce qui empêche de voir ou qui protège : *Se faire un écran avec une serviette pour se changer sur la plage.* **3.** Surface blanche sur laquelle on projette des diapositives ou des films : *Un multiplexe comportant quinze écrans* (= quinze salles). **4.** Surface sur laquelle se reproduit l'image visible dans un tube cathodique : *Écran de télévision.* ▸ ***Écran de visualisation,*** dispositif de visualisation sur écran des informations traitées par un système informatique ; moniteur. ***Écran publicitaire,*** temps de télévision, de radio, destiné à diffuser de la publicité. ***Faire écran,*** empêcher de voir ou de comprendre qqch : *Son ton bourru fait écran à sa gentillesse.* ***L'écran,*** le cinéma : *Ce roman a été porté à l'écran.* ***Le grand, le petit écran,*** le cinéma, la télévision.

écrasant, e adj. Qui écrase : *On m'a confié une tâche écrasante* (**SYN.** accablant, démesuré ; **CONTR.** anodin, insignifiant). *Être élu avec une majorité écrasante* (**SYN.** important, imposant ; **CONTR.** dérisoire, infime, négligeable).

écrasé, e adj. **1.** Qui est broyé sous l'effet d'une forte pression : *Les fruits sont complètement écrasés.* **2.** Tué ou blessé en passant sous les roues d'une voiture : *Enlever de la route des hérissons écrasés.* **3.** Qui a une forme aplatie : *Un nez écrasé* (**SYN.** camard [litt.], camus, épaté).

écrasement n.m. Action d'écraser ; fait d'être écrasé ; broyage.

écraser v.t. (du moyen angl. *crasen,* broyer) [conj. 3]. **1.** Aplatir, déformer ou meurtrir par une compression, un choc : *Attention, tu écrases un champignon !* (= tu marches sur). *Écraser des noisettes décortiquées* (**SYN.** broyer, piler). *Il m'a écrasé le doigt.* **2.** Blesser grièvement, tuer un être vivant sous le poids de qqch, d'un véhicule : *La voiture a écrasé le lapin.* **3.** Imposer une charge excessive à qqn, qqch : *Écraser une entreprise de taxes* (**SYN.** accabler). **4.** Vaincre complètement : *Elle a écrasé tous ses adversaires* (**SYN.** surclasser, surpasser). **5.** En informatique, détruire un fichier, un programme en enregistrant un autre fichier, un autre programme à la place. ◆ v.i. *Fam.* Ne pas insister : *Écrase, tu sais bien que j'ai raison !* ▸ *Fam.* ***En écraser,*** dormir profondément. ◆ **s'écraser** v.pr. **1.** Être déformé, détruit sous l'effet d'un choc ou d'une pression : *Des pêches se sont écrasées dans le cageot.* **2.** Se porter en foule en un lieu : *Pendant les soldes, les gens s'écrasent dans ce magasin* (**SYN.** affluer, se presser). **3.** *Fam.* Renoncer à intervenir quand on n'a pas le dessus ; se taire : *Comprenant que cette remarque le visait, il a préféré s'écraser.*

écraseur, euse n. *Fam.* Automobiliste dangereux ; chauffard.

écrémage n.m. Action d'écrémer.

écrémer v.t. (de *crème*) [conj. 18]. **1.** Retirer la crème du lait. **2.** Prendre ce qu'il y a de meilleur dans un ensemble ; dépouiller : *Ils écrèment les grandes écoles pour avoir les meilleurs ingénieurs.*

écrémeuse n.f. Machine servant à retirer la matière grasse du lait.

écrêtement n.m. Action d'écrêter.

écrêter v.t. [conj. 4]. **1.** Enlever la crête d'un animal : *Écrêter un coq.* **2.** Supprimer ce qui est très élevé par rapport à la moyenne ; égaliser : *Va-t-on écrêter les salaires des footballeurs ?* (**SYN.** niveler).

écrevisse n.f. (du frq.). Crustacé d'eau douce, muni de pinces et comestible. ▸ ***Rouge comme une écrevisse,*** très rouge (comme l'écrevisse après la cuisson).

s'**écrier** v.pr. (de *cri*) [conj. 10]. Dire en criant : *« C'est ici ! » se sont-elles écriées* (**SYN.** s'exclamer).

écrin n.m. (lat. *scrinium,* coffret). Boîte qui sert à ranger ou à présenter à la vente des bijoux, des objets précieux : *Des stylos présentés dans un écrin* (**SYN.** coffret).

écrire v.t. (lat. *scribere*) [conj. 99]. **1.** Tracer les signes d'un système d'écriture, les assembler pour représenter la parole ou la pensée : *Écrire une adresse sur son agenda* (**SYN.** inscrire, marquer, noter). **2.** Orthographier : *Mon nom est mal écrit sur cette convocation.* **3.** Exprimer sa pensée par l'écriture ; composer un ouvrage écrit : *Elle a écrit ce roman à la campagne* (**SYN.** rédiger). **4. [à].** Informer par lettre : *Je lui ai écrit deux lettres.* ◆ v.i. **1.** Utiliser les signes graphiques, l'écriture : *Il ne sait ni lire ni écrire.* **2.** Faire le métier d'écrivain : *Elle écrit depuis dix ans.* **3.** Laisser une trace, en parlant d'un instrument destiné à l'écriture : *Ce stylo n'écrit plus.* ◆ **s'écrire** v.pr. **1.** Échanger des lettres, de la correspondance : *Elles se sont écrit toutes les semaines.* **2.** S'orthographier de telle manière : *Le mot « dysfonctionnement » s'écrit avec un « y ».*

① **écrit, e** adj. **1.** Tracé par l'écriture ; fixé par écrit : *Un titre écrit en rouge. Elle a obtenu de lui une confession écrite.* **2.** Couvert de signes d'écriture : *Un cahier écrit sur toutes les pages* (**CONTR.** vierge). **3.** Exprimé par le moyen de l'écriture (par opp. à oral) : *Épreuves écrites d'un concours. Une promesse écrite* (**CONTR.** verbal). **4.** Exprimé par des signes visibles : *La méchanceté est écrite sur son visage.* **5.** Qui semble fixé par le destin ; irrévocable : *Ils se sont rencontrés, c'était écrit !* (= ça devait arriver ; **SYN.** fatal, inévitable).

② **écrit** n.m. **1.** Ce qui est écrit : *Les paroles s'envolent, les écrits restent.* **2.** Document écrit portant témoignage : *Ces écrits l'ont innocenté.* **3.** Ensemble des épreuves écrites d'un examen, d'un concours (par opp. à oral) : *L'écrit dure quatre heures.* **4.** Ouvrage littéraire ou scientifique : *Chercher des écrits sur la vie au Moyen Âge* (**SYN.** livre, œuvre, publication). ▸ ***À l'écrit,*** en écrivant : *Il s'exprime mieux à l'écrit qu'à l'oral.* ***Par écrit,*** sous la forme écrite, sur le papier : *Indiquez vos motivations par écrit.*

écriteau n.m. Morceau de papier, de carton, de bois, etc., portant en grosses lettres une information destinée au public : *Ils ont placé des écriteaux sur les arbres pour guider leurs invités* (**SYN.** pancarte, panneau).

écritoire n.f. **1.** Nécessaire (étui, coffret, etc.) rassemblant ce qu'il faut pour écrire : *Une écritoire en ébène.* **2.** En Afrique, tout instrument servant à écrire.

écriture n.f. (lat. *scriptura,* de *scribere,* écrire). **1.** Système de signes graphiques servant à noter la parole ou la pensée afin de pouvoir les communiquer ou les conserver : *Écriture arabe, hiéroglyphique, idéographique.* **2.** Manière personnelle d'écrire, de former les lettres : *Il a une écriture illisible.* **3.** Manière, art de s'exprimer dans une œuvre littéraire : *Un roman dont l'écriture rappelle celle de Flaubert* (**SYN.** style). **4.** Dans la langue juridique, document écrit selon certaines règles et qui a force de preuve : *Être jugé pour un faux en écriture.* **5.** En informatique, enregistrement d'une information dans une mémoire. ▸ ***L'Écriture sainte,*** l'ensemble des livres de la Bible (on dit aussi *l'Écriture, les Écritures.*) ◆ **écritures** n.f. pl. Ensemble des registres comptables d'un négociant, d'un banquier, d'un commerçant : *L'inspectrice du fisc examine les écritures de cette entreprise* (**SYN.** comptabilité).

écrivailler ou **écrivasser** v.i. [conj. 3]. *Fam.* Écrire des œuvres médiocres.

écrivaillon n.m. ou **écrivailleur, euse** n. *Fam.* Écrivain médiocre.

écrivain, e n. (lat. *scriba,* scribe). Personne qui compose des ouvrages littéraires : *Musset et George Sand sont des écrivains célèbres* (= homme de lettres, femme de lettres ; **SYN.** auteur). ▸ ***Écrivain public,*** personne qui rédige des textes divers pour le compte de ceux qui ne savent pas écrire ou qui écrivent avec difficulté. ☞ **REM.** Au féminin, on rencontre aussi *une écrivain.*

écrivassier, ère n. *Fam.* Personne qui écrit beaucoup et mal.

① **écrou** n.m. (lat. *scrofa,* truie). Pièce percée d'un trou cylindrique, dont la surface interne est creusée d'un sillon en hélice de façon à recevoir une vis : *L'ensemble de l'écrou et de la vis qui s'y adapte constitue le boulon.*

② **écrou** n.m. (frq. *skrôda,* lambeau). Dans la langue juridique, acte par lequel le directeur d'une prison enregistre l'arrivée d'un prisonnier. ▸ ***Levée d'écrou,*** mise en liberté d'un prisonnier.

écrouelles n.f. pl. (bas lat. *scrofulae,* de *scrofa,* truie). *Vx* Inflammation d'origine tuberculeuse, atteignant surtout le cou (**SYN.** scrofule).

écrouer v.t. (de *2. écrou*) [conj. 3]. Mettre en prison : *Le meurtrier a été écroué* (**SYN.** emprisonner, incarcérer ; **CONTR.** libérer, relâcher).

écroulement n.m. **1.** Fait de s'écrouler : *L'écroulement d'un pont* (**SYN.** effondrement). **2.** *Fig.* Destruction complète de qqn, de qqch ; anéantissement : *L'écroulement d'un régime politique* (**SYN.** chute, débâcle).

s'**écrouler** v.pr. (de *crouler*) [conj. 3]. **1.** Tomber en s'affaissant avec fracas : *L'immeuble s'est écroulé lors du tremblement de terre* (**SYN.** s'effondrer). **2.** S'effondrer brusquement sous le coup d'une défaillance physique ou d'une émotion : *Submergée par l'émotion, elle s'est écroulée* (**SYN.** s'évanouir). **3.** *Fig.* Être détruit, anéanti ; perdre toute valeur : *À la suite de cette expérience, votre théorie s'écroule. Ces actions s'écroulent* (**CONTR.** augmenter, grimper). ▸ *Fam.* ***Être écroulé,*** être secoué de rire ; rire sans plus pouvoir s'arrêter.

écru, e adj. et n.m. (de *1. cru*). Se dit d'une matière textile, d'un fil ou d'une étoffe n'ayant subi ni lavage, ni blanchiment, ni teinture. ◆ adj. D'une couleur blanche tirant sur le beige : *Une robe écrue.*

ecstasy [ɛkstasi] n.m. (mot angl. signif. « extase »). Drogue excitante et hallucinogène.

ectoblaste ou **ectoderme** n.m. (du gr. *ektos,* dehors, et *blastos,* germe, ou *derma,* peau). En biologie, enveloppe externe de l'embryon qui donne naissance à la peau et au système nerveux.

ectoplasme n.m. (du gr. *ektos,* dehors, et *plasma,* ouvrage façonné). **1.** En parapsychologie, substance qui émanerait du corps de certains médiums et qui serait visible sous forme de corps humains ou d'objets. **2.** *Fig., fam.* Personnage insignifiant, sans consistance ; fantoche, pantin.

① **écu** [eky] n.m. (lat. *scutum,* bouclier). **1.** En héraldique, figure, ordinairement en forme de bouclier, qui porte les armoiries. **2.** Bouclier des hommes d'armes au Moyen Âge. **3.** *Anc.* Monnaie française d'or, puis d'argent, portant des armoiries sur une de ses faces.

② **écu** ou **E.C.U.** n.m. (sigle de *European Currency Unit*). Ancienne unité monétaire et de compte de l'Union européenne, remplacée par l'euro.

écubier n.m. Ouverture pratiquée à l'avant d'un navire pour le passage des câbles ou des chaînes.

écueil [ekœj] n.m. (lat. *scopulus*). **1.** Rocher à fleur d'eau : *Le voilier a heurté un écueil* (**SYN.** brisant, récif). **2.** *Fig.* Difficulté qui met en péril, qui empêche la réussite : *Cette nouvelle série télévisée évite les écueils du mélodrame* (**SYN.** inconvénient, piège). *Nous avons rencontré des écueils techniques avec ce projet* (**SYN.** obstacle).

écuelle [ekɥɛl] n.f. (lat. *scutella*). Assiette creuse sans rebord ; son contenu : *Une écuelle de soupe.*

éculé, e adj. **1.** Se dit d'une chaussure dont le talon est usé. **2.** *Fig.* Qui a perdu tout pouvoir, toute signification à force d'avoir servi : *Un sujet éculé* (**SYN.** rebattu, usé ; **CONTR.** original).

écumant, e adj. *Litt.* Qui produit de l'écume ; couvert d'écume : *Une cascade écumante* (**SYN.** écumeux).

écume n.f. (du frq.). **1.** Mousse blanchâtre qui se forme sur un liquide agité ou chauffé : *La mer laisse son écume sur la plage. Retirer l'écume des confitures qui cuisent.* **2.** Bave mousseuse produite par l'énervement, la colère : *De l'écume s'amasse sur le mufle du taureau.* **3.** Sueur d'un cheval. ▸ ***Écume de mer,*** substance poreuse, d'un blanc grisâtre, constituée de silicate de magnésium, dont on fait des pipes.

écumer v.t. [conj. 3]. Enlever l'écume d'un liquide : *Écumer un pot-au-feu.* ▸ ***Écumer les mers,*** y exercer la piraterie. ***Écumer une région, un quartier,*** y rafler tout ce qui est intéressant : *Des malfaiteurs écument le quartier.* ◆ v.i. **1.** Se couvrir d'écume : *Le bouillon écume.* **2.** Produire de l'écume : *Le cheval écume* (**SYN.** baver). **3.** *Fig.* Être au comble de la fureur, de l'exaspération ; enrager : *Elle écume d'être ainsi considérée* (**SYN.** bouillonner, rager). *Écumer de colère, de rage.*

écumeur n.m. ▸ ***Écumeur des mers,*** pirate.

écumeux, euse adj. *Litt.* Couvert d'écume : *Du sable écumeux* (**SYN.** écumant).

écumoire n.f. Grande cuillère plate, percée de trous, servant à écumer ou à retirer des aliments du liquide où ils ont cuit.

écureuil n.m. (lat. *sciuriolus*). Mammifère rongeur à pelage souvent roux et à la queue en panache, qui vit dans les arbres et se nourrit surtout de graines et de fruits secs.

écurie n.f. (de *écuyer*). **1.** Lieu destiné à loger les chevaux, les mulets, les ânes : *Les écuries d'un château.* **2.** Ensemble des chevaux de course d'un même propriétaire. **3.** Ensemble des cyclistes ou des pilotes de course qui courent pour une même marque. **4.** *Fam.* Ensemble des écrivains qui travaillent pour une même maison d'édition. **5.** Dans le centre et l'est de la France et en Suisse, étable.

écusson n.m. (de *écu*). **1.** En héraldique, petit écu d'armoiries. **2.** Petit morceau de drap cousu au col ou sur la manche de l'uniforme d'un militaire pour indiquer l'arme et le numéro du corps de troupes. **3.** Petite pièce de tissu décoré que l'on coud sur un vêtement : *Ils ont l'écusson de leur club sur leur veston.* **4.** En agriculture, morceau d'écorce portant un œil ou un bouton, dont on se sert pour faire une greffe.

écussonner v.t. [conj. 3]. En agriculture, greffer en plaçant un écusson : *Écussonner un rosier.*

① **écuyer** [ekɥije] n.m. (lat. *scutarius,* qui porte l'écu). **1.** Gentilhomme qui accompagnait un chevalier et portait son écu. **2.** Officier qui était chargé de s'occuper des chevaux du roi, d'un grand seigneur.

② **écuyer, ère** [ekɥije, ɛr] n. (de *1. écuyer*). **1.** Personne qui sait monter à cheval : *Une très bonne écuyère* (**SYN.** cavalier). **2.** Personne qui fait des exercices d'équitation dans un cirque. **3.** Personne qui enseigne l'équitation.

eczéma [ɛgzema] n.m. (gr. *ekdzema,* éruption cutanée, de *ekzeîn,* bouillir). Affection de la peau, de causes variées, provoquant des rougeurs et des démangeaisons.

eczémateux, euse [ɛgzematø, øz] adj. Relatif à l'eczéma : *Plaques eczémateuses.* ◆ adj. et n. Atteint d'eczéma.

édam [edam] n.m. (de *Edam,* ville des Pays-Bas). Fromage de Hollande à pâte cuite et à croûte rouge.

edelweiss [edɛlvɛs ou edɛlvajs] n.m. (mot all., de *edel,* noble, et *weiss,* blanc). Plante poussant dans les montagnes d'Europe occidentale au-dessus de 1 500 mètres : *Des edelweiss duveteux.*

éden [edɛn] n.m. (d'un mot hébr.). **1.** (Avec une majuscule). Lieu où la Bible situe le paradis terrestre : *La douceur de l'Éden.* **2.** *Litt.* Lieu de délices ; séjour plein de charme : *Cette petite île est un éden* (**SYN.** paradis ; **CONTR.** enfer).

édénique adj. *Litt.* Qui évoque le paradis terrestre ; qui procure du bonheur : *Un endroit édénique* (**SYN.** paradisiaque).

édenté, e adj. et n. Qui a perdu ses dents, ou une partie de ses dents : *Un vieillard édenté.* ◆ **édenté** n.m. Mammifère insectivore tel que le fourmilier, le tatou, le paresseux.

édenter v.t. [conj. 3]. Briser les dents de qqch : *Édenter une scie.*

édicter v.t. (du lat. *edictum,* édit, de *dicere,* dire) [conj. 3]. Prescrire sous forme officielle, juridique : *Édicter une nouvelle loi* (**SYN.** décréter, promulguer).

édicule n.m. (du lat. *aedes,* maison). Petite construction placée sur la voie publique : *Les cabines téléphoniques, les Sanisettes, les kiosques sont des édicules.*

édifiant, e adj. **1.** *Sout.* Qui porte à la vertu, à la piété : *Un discours édifiant* (**SYN.** moral, moralisateur). **2.** *Iron.* Qui donne un mauvais exemple : *Les aventures des membres de la famille royale sont édifiantes.*

édification n.f. **1.** Action d'édifier, de bâtir : *L'édification d'un immeuble* (**SYN.** construction, érection [litt.]). **2.** Action de créer, d'élaborer : *L'édification des grandes multinationales* (**SYN.** constitution, création). **3.** Action d'inspirer la piété, la vertu, par la parole ou par l'exemple : *Agir pour l'édification de son prochain.*

édifice n.m. (lat. *aedificium*). **1.** Ouvrage d'architecture de proportions importantes, pouvant comporter plusieurs corps de bâtiment : *Ce théâtre est un bel édifice.* **2.** Vaste ensemble organisé dont les éléments se soutiennent les uns les autres : *Bouleverser l'édifice social* (**SYN.** organisation).

édifier v.t. (lat. *aedificare,* construire) [conj. 9]. **1.** Construire, bâtir : *Édifier un nouvel Opéra* (**SYN.** ériger [litt.] ; **CONTR.** démolir). **2.** Créer, élaborer par étapes un ensemble complexe : *Édifier un nouveau dictionnaire* (**SYN.** constituer, établir, fonder). **3.** Renseigner sur ce qui était dissimulé : *Je suis maintenant édifiée sur sa vraie nature* (**SYN.** éclairer, instruire). **4.** *Sout.* Porter à la piété, à la vertu, par la parole ou par l'exemple.

édile n.m. (lat. *aedilis,* de *aedes,* maison). **1.** Dans l'Antiquité romaine, magistrat chargé de l'administration de la ville. **2.** *Sout.* Magistrat municipal d'une grande ville : *Les édiles ont débattu de cette affaire.*

édit n.m. (lat. *edictum,* de *edicere,* proclamer). Sous l'Ancien Régime, loi émanant du roi : *L'édit de Nantes.*

éditer v.t. (lat. *edere,* publier, de *dare,* donner) [conj. 3]. **1.** Publier et mettre en vente une œuvre littéraire, scientifique ou artistique : *Sa biographie a enfin été éditée. Sa thèse d'État va être éditée* (**SYN.** paraître). *Cette maison édite tous ses disques.* **2.** En informatique, présenter dans une forme et sur un support utilisables des résultats de traitements faits sur ordinateur : *Éditer un tableau.*

éditeur, trice n. et adj. Personne ou société qui édite une œuvre : *Cette éditrice lit tous les manuscrits qu'elle reçoit. Cette société éditrice va fusionner avec une autre.* ◆ **éditeur** n.m. ▸ ***Éditeur de textes,*** en informatique, programme facilitant la composition de textes sur ordinateur.

édition n.f. (lat. *editio,* de *edere,* mettre au jour, produire). **1.** Publication d'un ouvrage littéraire ; impression et diffusion de toute espèce d'œuvre : *L'édition d'une bande dessinée. L'édition d'une carte postale.* **2.** Ensemble des exemplaires d'un ouvrage, que l'on imprime en un seul tirage ; texte d'une œuvre correspondant à tel ou tel tirage : *Une édition à 10 000 exemplaires. La troisième édition d'un roman.* **3.** Industrie et commerce du livre en général : *Les métiers de l'édition.* **4.** Ensemble des exemplaires d'un journal imprimés en une fois : *Nous aborderons ce problème dans la prochaine édition.* **5.** Chacune des émissions d'un journal télévisé ou radiodiffusé : *Un comédien invité dans l'édition de 13 heures du journal télévisé.* **6.** En informatique, matérialisation, sous une forme utilisable, de résultats de traitements faits sur ordinateur. ▸ *Fam.* ***Deuxième, troisième édition,*** deuxième, troisième fois que qqch se produit : *Encore une fuite d'eau ! C'est la deuxième édition depuis lundi !* ***Édition électronique,*** publication assistée par ordinateur ; domaine de l'édition relatif aux publications sur des supports électroniques.

édito n.m. (abrév.). *Fam.* Éditorial.

① **éditorial, e, aux** adj. Relatif à l'éditeur, à la maison d'édition : *Changer la politique éditoriale.*

② **éditorial** n.m. Article de fond, commentaire, signé ou non, placé la plupart du temps en tête d'un journal, et qui exprime, selon le cas, l'opinion d'un journaliste ou celle de la direction du journal (abrév. fam. édito).

éditorialiste n. Personne qui écrit l'éditorial d'un journal, d'une revue.

édredon n.m. (island. *ederduun,* duvet d'eider). Couvre-lit garni de duvet.

éducateur, trice adj. Relatif à l'éducation : *La fonction éducatrice des professeurs* (**SYN.** éducatif). ◆ n. **1.** Personne qui se consacre à l'éducation : *Les parents doivent soutenir les éducateurs* (**SYN.** pédagogue, professeur). **2.** Personne spécialisée dans l'éducation de jeunes en difficulté, de handicapés.

éducatif, ive adj. Relatif à l'éducation ; qui éduque : *Un cédérom éducatif* (**SYN.** didactique, pédagogique).

éducation n.f. (lat. *educatio*). **1.** Action de former, d'instruire qqn ; manière de dispenser, de mettre en œuvre cette formation : *L'éducation des enfants est le fondement de nos sociétés* (**SYN.** formation, instruction). *Une revue consacrée aux problèmes d'éducation* (**SYN.** enseignement, pédagogie). **2.** Action de développer une faculté particulière : *Ces cours de cuisine sont destinés à favoriser l'éducation du goût.* **3.** Initiation à un domaine particulier de connaissances : *Des cours d'éducation civique, musicale.* **4.** Connaissance et pratique des bons usages d'une société : *Une serveuse sans éducation* (**SYN.** politesse, savoir-vivre). ▸ ***Éducation nationale,*** en France, ensemble des services chargés de l'organisation, de la direction et de la gestion de l'enseignement public et du contrôle de l'enseignement privé. ***Éducation physique et sportive*** ou ***E.P.S.,*** ensemble des exercices corporels, pratiqués dans le cadre scolaire, visant à l'amélioration des qualités physiques.

édulcorant, e adj. Se dit d'une substance qui édulcore. ◆ **édulcorant** n.m. Substance chimique qui donne une saveur sucrée : *Jus de fruits sans édulcorant.*

édulcoration n.f. Action d'édulcorer.

édulcorer v.t. (du lat. *dulcor,* douceur, de *dulcis,* doux) [conj. 3]. **1.** Adoucir une boisson, un médicament en y ajoutant du sucre : *Édulcorer un sirop contre la toux* (**SYN.** sucrer). **2.** Atténuer la violence ou la rigueur d'un texte, d'une doctrine : *Édulcorer un rapport* (**SYN.** adoucir, affaiblir).

éduquer v.t. (lat. *educare*, de *ducere*, conduire) [conj. 3]. **1.** Former l'esprit de qqn, développer ses aptitudes intellectuelles, physiques, son sens moral : *Il a été éduqué par sa grand-mère* (**SYN.** élever). *Ses enfants ont été éduqués dans cette école* (**SYN.** former, instruire). **2.** Apprendre à qqn les usages de la société, les bonnes manières : *Où a-t-elle été éduquée pour parler ainsi ?* **3.** Développer une faculté ou une fonction particulière : *Ces cours d'œnologie lui permettent d'éduquer son goût* (**SYN.** exercer).

éfendi ou **effendi** [efɛndi] n.m. (mot turc, du gr.). Dans l'Empire ottoman, titre donné aux savants, aux dignitaires et aux magistrats.

effaçable adj. Qui peut être effacé : *Une encre effaçable* (**CONTR.** indélébile).

effacé, e adj. **1.** Qui s'est effacé, a disparu : *Une inscription effacée.* **2.** *Fig.* Qui se tient à l'écart ; modeste, discret : *Une collaboratrice effacée* (**SYN.** humble, terne ; **CONTR.** brillant, éminent).

effacement n.m. **1.** Action d'effacer ; fait d'être effacé : *L'effacement des tags sur un mur.* **2.** Action de supprimer les informations enregistrées sur un support magnétique : *L'effacement d'un film. Certains virus informatiques provoquent l'effacement des fichiers.* **3.** *Fig.* Fait de se tenir à l'écart ; attitude d'une personne effacée : *Son effacement ne lui permettra jamais de faire carrière* (**SYN.** discrétion, modestie).

effacer v.t. (de *face*) [conj. 16]. **1.** Faire disparaître en frottant, en grattant, etc. ; supprimer des informations enregistrées : *C'est écrit au crayon, tu peux l'effacer* (**SYN.** gommer). *Le malfaiteur a effacé ses empreintes. Puis-je effacer cette cassette ?* **2.** *Litt.* Faire oublier : *Le temps a effacé son visage de ma mémoire* (**SYN.** estomper). **3.** *Litt.* Empêcher qqn ou qqch d'être remarqué : *Son interprétation de cette chanson efface toutes les autres* (**SYN.** éclipser). ▸ ***Effacer le corps, les épaules,*** les présenter de profil, en retrait. ◆ **s'effacer** v.pr. **1.** Devenir indistinct ; disparaître : *Cette tache s'est effacée* (**SYN.** s'estomper). **2.** Se tourner un peu de côté, pour tenir moins de place : *S'effacer pour laisser passer quelqu'un* (**SYN.** s'écarter). **3.** Se tenir à l'écart ; éviter de se faire remarquer. **4.** S'incliner devant la supériorité de qqn : *Je m'efface, tu es la plus forte.*

effaceur n.m. Stylo-feutre permettant d'effacer l'encre.

effarant, e adj. **1.** Qui effare, plonge dans une stupeur mêlée d'effroi : *L'effarante odyssée des boat people* (**SYN.** effrayant, épouvantable). *Un reportage effarant* (= stupéfiant et terrifiant). **2.** Qui atteint un degré extrême : *Une baisse effarante du CAC 40* (**SYN.** incroyable, inimaginable, inouï).

effaré, e adj. Qui ressent, manifeste un grand trouble, une grande peur : *Il a eu l'air effaré en lisant le diagnostic* (**SYN.** épouvanté, hagard, pétrifié ; **CONTR.** calme, serein).

effarement n.m. État d'une personne effarée ; attitude, expression qui trahit cet état : *Ils ont vu avec effarement brûler leur immeuble* (**SYN.** effroi, horreur ; **CONTR.** calme, sérénité).

effarer v.t. (du lat. *ferus*, sauvage) [conj. 3]. **1.** Troubler au point de donner un air hagard et inquiet ; bouleverser : *Cet attentat a effaré la population* (**SYN.** affoler, effrayer, horrifier). **2.** Plonger dans un grand étonnement ; stupéfier : *La nouvelle de son départ m'a effaré* (**SYN.** abasourdir, ébahir, sidérer).

effarouchement n.m. Action d'effaroucher ; fait d'être effarouché ; affolement, peur.

effaroucher v.t. [conj. 3]. Provoquer la crainte ; effrayer, intimider : *Ce bruit a effarouché le chien* (**SYN.** affoler). *Son air sévère effarouche les candidats* (**SYN.** inquiéter ; **CONTR.** rassurer).

① **effectif, ive** adj. (lat. *effectivus*, pratique, de *efficere*, achever). **1.** Qui existe réellement ; qui se traduit en action : *La participation effective des bénévoles* (**SYN.** réel, véritable). **2.** Dans le langage juridique, qui prend effet, entre en vigueur : *Le plan Vigipirate sera effectif dès cet après-midi.*

② **effectif** n.m. (de *1. effectif*). Nombre réel des individus composant un groupe : *L'effectif du club est plus important que prévu. L'entreprise a doublé ses effectifs* (= son personnel).

effectivement adv. **1.** De manière effective, réelle : *Cette catastrophe s'est effectivement produite ce matin* (**SYN.** réellement, vraiment). **2.** Conformément à la réalité, réellement : *C'était effectivement de la terre venant du jardin de la victime* (**SYN.** de fait, véritablement). **3.** En effet : *Vous lui avez parlé ? — Oui, effectivement.*

effectuer v.t. (du lat. *effectus*, exécution) [conj. 7]. Mettre à exécution ; accomplir : *Effectuer des travaux d'aménagement* (**SYN.** faire, réaliser). *Il a réussi à effectuer un double saut arrière* (**SYN.** opérer).

efféminé, e adj. et n.m. Se dit d'un homme qui a les caractères, l'aspect, les manières généralement attribués aux femmes (**CONTR.** viril).

efféminer v.t. (du lat. *femina*, femme). Rendre semblable à une femme dans son aspect, dans ses manières ; déviriliser.

effendi n.m. → **éfendi.**

efférent, e adj. (lat. *efferens*, qui porte dehors). Se dit d'un vaisseau sanguin, d'un nerf qui sort d'un organe, d'un centre nerveux (par opp. à afférent).

effervescence n.f. **1.** Bouillonnement produit par un vif dégagement de gaz qui forme des bulles dans un liquide. **2.** *Fig.* Agitation extrême : *L'opposition est en effervescence depuis l'annonce de ce projet* (**SYN.** ébullition, émoi ; **CONTR.** quiétude, tranquillité).

effervescent, e adj. (lat. *effervescens*, bouillonnant, de *fervere*, bouillir). **1.** Qui est en effervescence ou susceptible d'entrer en effervescence : *Un comprimé effervescent.* **2.** Qui manifeste de la surexcitation : *Ils doivent repérer les groupes effervescents dans les tribunes du stade* (**SYN.** agité, déchaîné, exalté ; **CONTR.** indolent, placide).

effet n.m. (lat. *effectus*, exécution, réalisation, de *efficere*, achever). **1.** Résultat d'une action ; ce qui est produit par qqch : *Les effets de la réduction du temps de travail* (**SYN.** conséquence). **2.** Impression produite sur qqn : *Ce discours a fait un effet imprévu sur l'assemblée* (**SYN.** sensation). *Ton refus de lui parler fait mauvais effet.* **3.** Procédé employé pour produire une certaine impression, un certain résultat : *Les effets d'une mise en scène. Pendant sa plaidoirie, l'avocate fait des effets de voix.* **4.** Phénomène particulier en physique, en biologie, etc. : *L'effet de serre.* **5.** Rotation imprimée à une bille, à une balle, à un ballon, en vue d'obtenir des trajectoires ou des rebonds inhabituels, trompeurs : *Il a mis de l'effet dans sa boule de bowling.* ▸ *Sout.* ***À cet effet,*** en vue de cela, dans cette intention : *Je joins à cet effet mon curriculum vitae.* ***Effet de commerce,*** titre donnant droit au paiement d'une somme d'argent à la date donnée ; traite : *La lettre de change et le chèque sont des effets de commerce.* ***En effet,*** voir à son ordre alphabétique. ***Faire de l'effet,*** produire une vive impression : *Un tableau qui fait de l'effet* ; provoquer une action, une réaction sur qqn : *Un médicament qui fait de l'effet.* ***Faire l'effet de,*** avoir l'apparence de : *Elle me fait l'effet d'une personne compétente.* ***Prendre effet,*** dans le langage juridique, devenir effectif, applicable : *Cette loi prendra effet dès janvier.* ***Sous l'effet de,*** sous l'influence de ; sous l'emprise de : *Il l'a frappée sous l'effet de la colère.* ◆ **effets** n.m. pl. *Vieilli* Vêtements, pièces de l'habillement : *Ranger ses effets dans le placard* (**SYN.** affaires). ▸ ***Effets spéciaux,*** truquages cinématographiques.

effeuillage n.m. **1.** Action d'effeuiller les arbres et les plantes. **2.** *Fam.* Strip-tease.

effeuillaison n.f. ou **effeuillement** n.m. Chute naturelle des feuilles, des pétales.

effeuiller v.t. [conj. 5]. Ôter les feuilles ou les pétales de : *Effeuiller la marguerite* (= jeu consistant à en détacher un à un les pétales pour savoir si l'on est aimé de la personne à qui l'on pense). ◆ **s'effeuiller** v.pr. Perdre ses feuilles ou ses pétales : *Les chênes se sont effeuillés.*

effeuilles n.f. pl. En Suisse, action de débarrasser un cep de vigne des jeunes pousses inutiles ; épamprage.

effeuilleuse n.f. **1.** *Fam.* Strip-teaseuse. **2.** En Suisse, femme ou jeune fille engagée pour les effeuilles.

efficace adj. (lat. *efficax,* de *efficere,* achever). **1.** Qui produit l'effet attendu : *Un insecticide efficace* (**SYN.** actif, puissant ; **CONTR.** inefficace, inopérant). **2.** Se dit de qqn dont l'action aboutit à des résultats utiles : *Une infirmière efficace* (**SYN.** capable, compétent, efficient ; **CONTR.** incapable, incompétent).

efficacement adv. De façon efficace : *L'équipe travaille efficacement* (**SYN.** utilement).

efficacité n.f. Qualité d'une chose, d'une personne efficace : *L'efficacité d'un produit d'entretien* (**SYN.** action, puissance ; **CONTR.** inefficacité). *L'efficacité d'un gardien d'immeuble* (**SYN.** utilité ; **CONTR.** inutilité).

efficience n.f. (angl. *efficiency*). Capacité de rendement ; performance : *L'efficience d'un réseau d'ordinateurs.*

efficient, e adj. Qui obtient de bons résultats : *Une collaboratrice efficiente* (**SYN.** compétent, efficace ; **CONTR.** incapable, incompétent).

effigie n.f. (lat. *effigies,* image, de *fingere,* façonner). Représentation, image d'une personne, notamm. sur le côté face d'une monnaie, d'une médaille : *Une pièce à l'effigie d'un compositeur célèbre.*

effilage n.m. Action d'effiler ; son résultat : *L'effilage d'une étoffe.*

effilé, e adj. (de *fil,* tranchant). Qui est mince et très long : *Les doigts effilés d'une harpiste* (**SYN.** fuselé ; **CONTR.** épais).

effilement n.m. État de ce qui est effilé.

effiler v.t. [conj. 3]. **1.** Défaire un tissu fil à fil : *Effiler le bord d'une nappe pour obtenir des franges.* **2.** Rendre mince, fin comme un fil en allongeant : *Effiler les pointes de sa moustache.* ▸ ***Effiler les cheveux,*** en diminuer l'épaisseur en les coupant mèche par mèche.

effilochage n.m. Action d'effilocher.

effilocher v.t. (de l'anc. fr. *filoche,* corde, de *fil*) [conj. 3]. **1.** Effiler un tissu pour le réduire en bourre ou en ouate. **2.** En cuisine, réduire une substance en mince filaments : *Effilocher des blancs de poulet.* ◆ **s'effilocher** v.pr. S'effiler par l'usure : *Les manches de mon manteau se sont effilochées.*

effilochure ou **effilure** n.f. Partie effilochée d'un tissu.

efflanqué, e adj. (de *flanc*). **1.** Se dit d'un animal qui a les flancs creux et resserrés : *Une jument efflanquée.* **2.** Se dit d'une personne à la fois grande et maigre : *Un mannequin efflanqué* (**SYN.** décharné, sec ; **CONTR.** courtaud, râblé, trapu).

effleurage n.m. Action d'effleurer un cuir.

effleurement n.m. Action d'effleurer, de frôler : *L'effleurement des branches du sous-bois nous a décoiffés* (**SYN.** frôlement).

effleurer v.t. (de *fleur*) [conj. 5]. **1.** Toucher à peine : *Il lui a effleuré la main* (**SYN.** caresser, frôler). **2.** Entamer superficiellement : *La balle lui a effleuré la jambe* (**SYN.** égratigner, érafler). **3.** Examiner superficiellement, brièvement : *Nous avons effleuré ce problème pendant la réunion* (**SYN.** survoler). **4.** Enlever une couche très mince d'un cuir tanné pour faire disparaître les défauts superficiels.

efforaison n.f. En botanique, début de la floraison.

efflorescence n.f. (du lat. *flos, floris,* fleur). **1.** En botanique, poussière naturelle qui recouvre certains fruits (**SYN.** pruine). **2.** *Litt.* Fait de s'épanouir ; apparition : *L'efflorescence d'une nouvelle mode* (**SYN.** épanouissement, floraison).

effluent, e adj. (lat. *effluens,* de *fluere,* couler). *Didact.* Qui s'écoule d'une source et s'en éloigne (par opp. à affluent) : *Des eaux effluentes.* ◆ **effluent** n.m. ▸ ***Effluent urbain,*** ensemble des eaux évacuées par les égouts.

effluve n.m. (lat. *effluvium,* écoulement, de *fluere,* couler). Émanation qui s'exhale du corps des êtres vivants, des fleurs, des aliments, etc. : *Les effluves printaniers* (**SYN.** exhalaison, odeur, senteur).

effondrement n.m. Fait de s'effondrer, de s'écrouler : *L'effondrement d'un plafond* (**SYN.** écroulement). *L'effondrement d'un projet* (**SYN.** anéantissement, ruine).

effondrer v.t. (du lat. *fundus,* fond) [conj. 3]. Faire s'écrouler : *Effondrer un immeuble avec de la dynamite.* ◆ **s'effondrer** v.pr. **1.** Crouler sous un poids excessif : *Une étagère s'est effondrée* (**SYN.** se rompre). **2.** Être brusquement anéanti : *Son dernier espoir s'est effondré* (**SYN.** s'évanouir). **3.** Tomber à terre, mort, blessé ou épuisé : *Prise d'un malaise, elle s'effondra* (**SYN.** s'écrouler). **4.** Perdre brusquement toute énergie morale ou physique : *Il s'est effondré en apprenant son renvoi.* **5.** Subir une baisse brutale : *Le CAC 40 s'effondre* (**CONTR.** augmenter, grimper).

s'**efforcer** v.pr. (de *force*) [conj. 16]. **[de, à].** Faire tous les efforts possibles pour atteindre un objectif, un but ; s'appliquer à, s'évertuer à : *Je me suis efforcée de répondre à toutes les questions* (**SYN.** essayer, tâcher). *Il s'efforçait à l'amabilité.*

effort n.m. (de *s'efforcer*). **1.** Mobilisation des forces physiques, intellectuelles pour vaincre une résistance, surmonter une difficulté, atteindre un objectif : *Le cycliste fournit un gros effort pour arriver le premier. Fais un effort, tu dois trouver la réponse.* **2.** En mécanique, force tendant à déformer un matériau : *Faire subir des efforts à une chaîne pour en tester la résistance.*

effraction n.f. (du lat. *effractus*, brisé, de *frangere*, rompre, briser). Action de briser une clôture, de forcer une serrure en vue de commettre un méfait : *Ils sont entrés dans la maison par effraction.*

effraie n.f. (de *orfraie*). Chouette de taille moyenne, à plumage fauve clair, et dont les yeux sont entourés de plumes blanches.

effranger v.t. [conj. 17]. Effiler sur les bords un tissu de façon à obtenir des franges.

effrayant, e adj. **1.** Qui provoque la frayeur : *Des images effrayantes* (**SYN.** épouvantable, terrifiant). **2.** *Fam.* Qui cause un grand étonnement ; extraordinaire : *Il est d'une crédulité effrayante* (**SYN.** effarant, inouï).

effrayer [efreje] v.t. (lat. pop. *exfridare*, d'un mot frq.) [conj. 11]. **1.** Causer de la frayeur à qqn, à un animal : *Ce film d'horreur m'a effrayé* (= m'a fait peur ; **SYN.** épouvanter, terrifier). *L'orage effraie les chevaux* (**SYN.** affoler, effaroucher ; **CONTR.** rassurer). **2.** Causer du souci ; rebuter, décourager : *Marcher toute une journée ne l'effraie pas* (**SYN.** inquiéter, intimider). ◆ **s'effrayer** v.pr. Prendre peur ; s'inquiéter : *Elle s'est effrayée en voyant sa main couverte de sang* (**SYN.** s'alarmer ; **CONTR.** s'apaiser, se calmer).

effréné, e adj. (du lat. *frenum*, frein). Qui ne peut se modérer ; qui n'a pas de mesure ; excessif : *Un besoin effréné de téléphoner* (**SYN.** immodéré, insatiable ; **CONTR.** contenu, retenu). *Un luxe effréné* (**SYN.** délirant, démesuré, vertigineux ; **CONTR.** raisonnable, sage).

effritement n.m. Action d'effriter ; fait de s'effriter : *L'effritement du crépi. L'effritement d'un parti* (**SYN.** affaiblissement).

effriter v.t. (anc. fr. *effruiter*, dépouiller de ses fruits) [conj. 3]. Réduire progressivement en menus morceaux, en poussière : *Effriter du pain pour nourrir des poissons* (**SYN.** désagréger, émietter). ◆ **s'effriter** v.pr. Se désagréger, se décomposer : *Le mur s'effrite. L'équipe s'est effritée* (**SYN.** se dissocier, se diviser).

effroi n.m. (de *effrayer*). *Litt.* Grande frayeur : *Cet ouragan a provoqué l'effroi des habitants* (**SYN.** épouvante, terreur ; **CONTR.** calme, sérénité).

effronté, e adj. et n. (de *front*). Qui agit avec une grande hardiesse à l'égard des autres ; qui ne garde aucune retenue : *Je te trouve effronté de lui tenir tête* (**SYN.** audacieux, impudent ; **CONTR.** réservé, timide). *Cette effrontée m'a manqué de respect* (**SYN.** impertinent, insolent).

effrontément adv. Avec effronterie : *Mentir effrontément* (**SYN.** impudemment).

effronterie n.f. Attitude, manière d'agir d'une personne effrontée ; sans-gêne : *L'effronterie de vos propos* (**SYN.** audace, hardiesse [litt.], impudence). *L'élève la regarda avec effronterie* (**SYN.** impertinence, insolence).

effroyable adj. **1.** Qui inspire, qui est propre à inspirer l'effroi ; qui impressionne vivement : *Un acte terroriste effroyable* (**SYN.** atroce, horrible, terrifiant). *Des conditions de vie effroyables* (**SYN.** abominable, épouvantable, terrible). **2.** Très mauvais : *Un temps effroyable* (**SYN.** affreux ; **CONTR.** idéal, parfait).

effroyablement adv. De façon effroyable, terrible : *Des prisonniers effroyablement traités* (**SYN.** atrocement). *Il cuisine effroyablement* (**SYN.** abominablement, affreusement).

effusion n.f. (lat. *effusio*, de *fundere*, répandre). (Surtout au pl.). Manifestation sincère de tendresse, d'affection : *Les deux sœurs se livrèrent à de longues effusions* (**SYN.** épanchement). *Des effusions d'amitié* (**SYN.** débordement). ▸ ***Effusion de sang,*** action de verser du sang, de blesser, de tuer : *La libération des otages s'est faite sans effusion de sang.*

éfrit [efrit] n.m. (d'un mot ar.). Dans la mythologie arabe, génie malfaisant.

égaiement [egɛmɑ̃] ou **égayement** [egɛjmɑ̃] n.m. Action d'égayer ; fait de s'égayer.

s'**égailler** [egaje] v.pr. (anc. fr. *esgailler*, disperser) [conj. 3]. Se disperser en parlant de personnes ou d'animaux groupés : *Les badauds se sont égaillés* (**SYN.** s'éparpiller ; **CONTR.** se rassembler). ☞ **REM.** Ne pas confondre avec *s'égayer* [egeje].

égal, e, aux adj. (lat. *aequalis*, de *aequus*, plat, uni). **1.** Semblable en nature, en quantité, en qualité, en valeur : *Deux parts égales de tarte* (**SYN.** équivalent, identique ; **CONTR.** disproportionné, inégal). *À prix égal, cet appareil vous offre une fonctionnalité de plus* (= pour le même prix ; **SYN.** pareil ; **CONTR.** différent). *Les citoyens sont égaux devant la loi.* **2.** Qui ne varie pas, qui ne présente pas de brusques différences : *Marcher d'un pas égal* (**SYN.** régulier ; **CONTR.** irrégulier). *Quelles que soient les circonstances, elle est d'humeur égale* (**CONTR.** changeant, instable). **3.** Qui s'applique à tous dans les mêmes conditions : *Un arbitrage égal* (**SYN.** équitable, impartial ; **CONTR.** injuste, partial). **4.** *Litt.* Se dit d'une surface, d'un terrain qui ne présente aucune irrégularité : *Une ruelle égale* (**SYN.** plat, uni). ▸ ***Ça m'est égal*** ou ***c'est égal,*** cela m'est indifférent ; cela m'importe peu. ***C'est égal,*** quoi qu'il en soit, malgré tout : *Le train avait une heure de retard ? c'est égal, tu aurais pu prévenir.* ◆ n. Personne qui est égale à une autre par sa condition, ses droits, etc. : *Elle méprise ses égaux* (**SYN.** pair, semblable). ▸ ***D'égal à égal,*** sur un pied d'égalité : *Les députées ont débattu d'égal à égal.* ***N'avoir d'égal que,*** n'être égalé que par : *Sa générosité n'a d'égal* ou *d'égale que sa sagesse.* ***Sans égal,*** unique en son genre : *Un film sans égal. Une chanson sans égale* ou *sans égal. Des statues sans égales* ou *sans égal. Des romans sans égal.* ◆ **égal** n.m. inv. ▸ ***À l'égal de,*** autant que : *Nous l'aimions à l'égal d'une mère.*

égalable adj. Qui peut être égalé : *Un record difficilement égalable* (**CONTR.** inégalable).

également adv. **1.** De façon égale, identique : *Ces deux idées sont également intéressantes* (**SYN.** autant, pareillement ; **CONTR.** inégalement). **2.** Aussi, de même : *J'y suis allée en métro, j'aurais également pu m'y rendre par l'autobus.*

égaler v.t. [conj. 3]. **1.** Être égal en quantité à ; valoir : *Trois fois deux égalent* ou *égale six.* **2.** Être égal à qqn, à qqch en mérite, en valeur, etc. ; rivaliser avec : *Cette chanteuse égale les stars du moment. Sa force égale la tienne.*

égalisateur, trice adj. Qui égalise, permet d'égaliser : *But, point égalisateur.*

égalisation n.f. Action d'égaliser ; son résultat : *L'égalisation d'un sol. L'égalisation des primes de fin d'année* (**SYN.** nivellement).

égaliser v.t. [conj. 3]. Rendre égal : *Égaliser une frange. Égaliser les chances de tous les candidats* (**SYN.** niveler). ◆ v.i. Marquer un but ou un point rendant le score égal : *Notre équipe vient d'égaliser.*

égalitaire adj. et n. Qui vise à l'égalité civile, politique et sociale : *Théorie égalitaire.*

égalitarisme n.m. Doctrine égalitaire.

égalitariste adj. et n. Relatif à l'égalitarisme ; partisan de l'égalitarisme.

égalité n.f. (lat. *aequalitas*). **1.** Qualité de ce qui est égal, équivalent : *L'égalité des salaires* (**SYN.** parité ; **CONTR.** disparité, inégalité). *Les deux joueurs sont à égalité* (= ils ont le même score). **2.** Qualité de ce qui est égal, uni, régulier : *L'égalité de son pouls nous permet d'espérer qu'il va s'en tirer* (**SYN.** régularité ; **CONTR.** irrégularité). **3.** Rapport entre individus, citoyens, égaux en droits et soumis aux mêmes obligations : *Égalité civile, politique, sociale.* **4.** Relation mathématique qui existe entre deux grandeurs équivalentes, deux figures géométriques superposables.

égard n.m. (de l'anc. fr. *esgarder*, veiller sur). Considération, estime que l'on a pour qqn, qqch : *Je n'ai aucun égard pour cette personne.* ▸ ***À certains égards,*** à certains points de vue : *À certains égards, il a raison.* ***À cet égard,*** sur ce point. ***À l'égard de,*** en ce qui concerne ; envers : *J'éprouve de la compassion à son égard.* ***À tous les égards*** ou ***à tous égards,*** sous tous les rapports : *Elle est parfaite à tous les égards.* ***Eu égard à,*** en tenant compte de ; vu : *Eu égard à ses remords, le tribunal s'est montré indulgent.* ***Sans égard pour,*** sans tenir compte de. ◆ **égards** n.m. pl. Marques de respect ; attentions : *On m'a reçue avec beaucoup d'égards* (**SYN.** déférence ; **CONTR.** grossièreté, impolitesse). *Quel manque d'égards à son encontre !* (**SYN.** prévenance ; **CONTR.** dédain, mépris).

égaré, e adj. **1.** Qui a perdu sa route : *Des touristes égarés* (**SYN.** perdu). **2.** Qui traduit un grand trouble intérieur : *Un regard égaré* (**SYN.** effaré, hagard).

égarement n.m. *Litt.* Dérèglement de la conduite, de l'esprit ; folie passagère : *Dans un moment d'égarement, il s'en prit à ses collègues* (**SYN.** délire, divagation ; **CONTR.** lucidité, sagesse).

égarer v.t. (du germ.) [conj. 3]. **1.** Perdre momentanément ; ne plus trouver : *Elle a égaré son dossier.* **2.** Mettre hors de soi ; troubler : *La colère vous égare* (**SYN.** aveugler). **3.** *Fig.* Mettre dans l'erreur, sur une mauvaise piste : *Ce coup de téléphone a égaré les policiers* (**SYN.** dérouter, fourvoyer ; **CONTR.** éclairer). ◆ **s'égarer** v.pr. **1.** Se perdre en route : *Elles se sont égarées dans le bâtiment.* **2.** *Fig.* S'écarter du bon sens, de la vérité ; se tromper : *Vous vous égarez, il a un alibi* (= vous faites fausse route ; **SYN.** se fourvoyer).

égayement n.m. → **égaiement.**

égayer [egeje] v.t. (de *gai*) [conj. 11]. **1.** Apporter un élément de gaieté, de vie : *Ce foulard rouge égaye ou égaie son tailleur gris.* **2.** Rendre gai ; divertir : *Des comédiens viennent égayer les malades* (**SYN.** amuser, détendre, distraire ; **CONTR.** attrister, chagriner). ◆ **s'égayer** v.pr. *Litt.* S'amuser, se divertir : *Ils se sont égayés aux dépens du prestidigitateur.* ☞ **REM.** Ne pas confondre avec *s'égailler* [egaje].

égérie n.f. (de *Égérie*, nymphe qui aurait inspiré le roi romain Numa). **1.** *Litt.* Femme qui joue le rôle de conseillère, d'inspiratrice d'un homme, d'un groupe, d'un mouvement politique, artistique, etc. **2.** Jeune femme qui inspire une grande marque et en incarne l'image.

égide n.f. (gr. *aigis, aigidos*, peau de chèvre). Dans la mythologie grecque, bouclier de Zeus et d'Athéna. ▸ *Litt.* ***Sous l'égide de,*** sous la protection, le patronage de : *Exposition placée sous l'égide du consulat.*

églantier n.m. (lat. pop. *aquilentum*, du lat. class. *aculeus*, aiguillon). Rosier sauvage aux fleurs roses ou blanches.

églantine n.f. Fleur de l'églantier.

églefin [egləfɛ̃] ou **aiglefin** [ɛgləfɛ̃] n.m. (néerl. *schelvisch*). **1.** Poisson voisin de la morue, qui, fumé, fournit le haddock. **2.** Autre nom du *cabillaud.*

① **Église** n.f. (gr. *ekklêsia*, assemblée). **1.** Société religieuse fondée par Jésus-Christ. **2.** Communauté chrétienne : *L'Église catholique, orthodoxe, protestante.* **3.** L'Église catholique romaine : *Le pape est le chef de l'Église.* ▸ ***Homme d'Église,*** ecclésiastique.

② **église** n.f. (de *1. Église*). Édifice où se réunissent les chrétiens pour célébrer leur culte : *Ils vont se marier à l'église.*

églogue n.f. (gr. *eklogê*, choix, de *eklegein*, choisir). Petit poème pastoral dialogué.

ego [ego] n.m. inv. (mot lat. signif. « moi »). **1.** En philosophie, sujet conscient et pensant. **2.** En psychanalyse, le moi.

égocentrique adj. et n. Qui manifeste de l'égocentrisme ; égoïste.

égocentrisme n.m. (du lat. *ego*, moi, et *centrum*, centre). Tendance à centrer tout sur soi-même, à juger tout par rapport à soi ou à son propre intérêt ; égoïsme, individualisme.

égoïne n.f. (lat. *scobina*, lime). Scie à lame rigide, munie d'une poignée à l'une de ses extrémités (on dit aussi *une scie égoïne*).

égoïsme n.m. (du lat. *ego*, moi). Tendance qui porte un individu à se préoccuper exclusivement de son propre plaisir et de son propre intérêt sans se soucier de ceux des autres ; égocentrisme, égotisme (**CONTR.** altruisme, générosité).

égoïste adj. et n. Qui fait preuve d'égoïsme : *Ne sois pas égoïste, laisses-en aux autres* (**CONTR.** altruiste, généreux). *Cet égoïste n'a pas pensé à avertir ses proches* (**SYN.** égocentrique).

égoïstement adv. Avec égoïsme : *Égoïstement, il a tout gardé pour lui* (**CONTR.** généreusement).

égorgement n.m. Action d'égorger ; meurtre commis en égorgeant.

égorger v.t. [conj. 17]. **1.** Tuer en coupant la gorge : *Le renard a égorgé une poule.* **2.** *Fig., fam.* Faire payer trop cher : *Ce garagiste égorge les clients.* ◆ **s'égorger** v.pr. S'entre-tuer : *Les deux lionnes se sont égorgées.*

égorgeur, euse n. Personne, animal qui tue en égorgeant : *Un égorgeur de moutons.*

s'**égosiller** v.pr. (de *gosier*) [conj. 3]. Crier ou chanter très fort et longtemps : *Elle s'est égosillée une heure avant qu'on lui vienne en aide* (**SYN.** s'époumoner, hurler).

égotisme n.m. (angl. *egotism*, du lat. *ego*, moi). *Litt.* Culte du moi, intérêt excessif porté à sa propre personnalité ; manie de parler de soi ; égocentrisme.

égotiste adj. et n. Qui fait preuve d'égotisme.

égout n.m. (de *égoutter*). Conduite souterraine qui recueille les eaux usées d'une agglomération et les évacue dans le milieu extérieur ou vers une station d'épuration.

égoutier n.m. Personne chargée du nettoyage et de l'entretien des égouts.

égouttage ou **égouttement** n.m. Action d'égoutter ; fait de s'égoutter.

égoutter v.t. [conj. 3]. Débarrasser d'un liquide qui s'écoule goutte à goutte : *Égoutter des pâtes.* ◆ v.i. ou **s'égoutter** v.pr. Perdre son eau goutte à goutte : *Les fromages s'égouttent dans la laiterie.*

égouttoir n.m. Ustensile permettant de faire égoutter qqch : *Poser la vaisselle sur un égouttoir. Égouttoir à riz* (= passoire).

égrainage n.m. → **égrenage.**

égrainer v.t. → **égrener.**

égrapper v.t. [conj. 3]. Détacher un fruit de sa grappe : *Égrapper du cassis, du raisin* (**SYN.** égrener).

égratigner v.t. (de l'anc. fr. *gratiner*, gratter) [conj. 3]. **1.** Déchirer légèrement la peau avec qqch de piquant : *Le fil de fer barbelé lui a égratigné le bras* (**SYN.** écorcher). **2.** Rayer superficiellement : *La peinture de la voiture a été égratignée* (**SYN.** érafler). **3.** *Fig.* Se moquer de qqn, l'atteindre en faisant des petites attaques personnelles : *Ce candidat égratigne son adversaire* (**SYN.** persifler [sout.], railler). ◆ **s'égratigner** v.pr. Se faire une légère déchirure de la peau : *Ils se sont égratignés dans les ronces.*

égratignure n.f. **1.** Déchirure, écorchure superficielle : *Il n'a que quelques égratignures au genou* (**SYN.** éraflure). **2.** *Fig.* Blessure légère d'amour-propre : *Elle s'est habituée à ces égratignures* (**SYN.** pique, vexation).

égrenage ou **égrainage** n.m. Action d'égrener : *L'égrenage du poivre.*

égrènement n.m. Fait de s'égrener : *L'égrènement du sable dans le sablier.*

égrener [conj. 19] ou **égrainer** [conj. 3] v.t. (du lat. *granum*, grain). **1.** Détacher les grains d'un épi, d'une grappe : *Égrener des groseilles* (**SYN.** égrapper). **2.** Faire entendre une suite de sons bien détachés les uns des autres : *Les cloches de l'église égrènent les heures.* ▸ ***Égrener un chapelet,*** en faire passer tous les grains entre ses doigts pour compter les prières. ◆ **s'égrener** ou **s'égrainer** v.pr. **1.** Tomber par grains : *Le blé s'égrène dans le silo.* **2.** Se faire entendre par sons détachés et successifs : *Les coups du métronome s'égrènent.*

égrillard, e adj. et n. (de l'anc. fr. *escriller*, glisser). Qui aime les plaisanteries ou les propos grivois ; qui dénote cet état d'esprit : *Un humour égrillard* (**SYN.** gaulois, leste, licencieux).

égriser v.t. [conj. 3]. Polir une pierre précieuse, une glace, du marbre, etc., avec un abrasif.

égrotant, e adj. (du lat. *aegrotare*, être malade). *Litt., vieilli* Qui est souvent malade.

égrugeoir n.m. Mortier pour égruger du sel, du sucre, du poivre.

égruger v.t. (de *gruger*) [conj. 17]. Réduire en poudre ; broyer : *Égruger du sucre* (**SYN.** pulvériser).

égyptien, enne adj. et n. D'Égypte. ◆ **égyptien** n.m. Langue chamito-sémitique de l'Égypte ancienne.

égyptologie n.f. Étude de l'Égypte ancienne.

égyptologue n. Spécialiste d'égyptologie.

eh [e] interj. Sert à exprimer l'admiration ou à interpeller qqn : *Eh ! c'est vraiment joli ce que tu as fait. Eh ! vous, venez par ici !* ◆ **eh bien** interj. Marque la surprise, l'indignation ou introduit une explication : *Eh bien ! je ne m'y attendais pas.*

éhonté, e [eɔ̃te] adj. (de *honte*). **1.** Qui n'éprouve aucune honte en faisant qqch de répréhensible : *Une menteuse éhontée* (**SYN.** cynique, effronté, impudent). **2.** Qui scandalise ; choquant : *Un abus de pouvoir éhonté* (**SYN.** abject, infâme, scandaleux).

eider [edɛr] n.m. (island. *aedar*). Canard marin qui niche sur les côtes scandinaves et dont le duvet sert à fabriquer des édredons.

éjaculation n.f. Action d'éjaculer.

éjaculer v.t. et v.i. (lat. *ejaculari*, lancer avec force, projeter, de *jaculum*, javelot) [conj. 3]. Projeter avec force au-dehors certaines sécrétions, notamm. le sperme.

éjectable adj. Qui peut être éjecté. ▸ ***Siège éjectable,*** siège d'avion doté d'un dispositif qui, en cas d'accident, permet à son occupant d'évacuer l'appareil en vol ; fig., fam., situation précaire : *Cet employé est sur un siège éjectable.*

éjecter v.t. (lat. *ejactare*, de *jactare*, jeter) [conj. 4]. **1.** Projeter au-dehors avec une certaine force : *Il a été éjecté du manège.* **2.** *Fam.* Expulser ou congédier qqn brutalement : *On l'a éjectée sans préavis* (**SYN.** chasser, renvoyer ; **CONTR.** embaucher, engager). ◆ **s'éjecter** v.pr. **[de].** Se projeter avec force hors de : *Elle s'est éjectée de la voiture.*

éjection n.f. **1.** Action d'éjecter, de rejeter au-dehors : *L'éjection d'une bille de flipper. Éjection d'un pilote.* **2.** Action d'évacuer : *Éjection des urines.*

élaboration n.f. **1.** Action d'élaborer ; préparation : *L'élaboration d'un nouveau jeu vidéo* (**SYN.** conception, création, réalisation). **2.** Formation d'une substance dans un organisme vivant : *Élaboration de la bile, de la sève.* **3.** En biologie, transformation que subissent les aliments pour être assimilés par l'organisme.

élaboré, e adj. Qui résulte d'une élaboration : *Une recette de cuisine très élaborée* (**SYN.** perfectionné, sophistiqué).

élaborer v.t. (lat. *elaborare*, perfectionner, de *labor*, peine, travail) [conj. 3]. **1.** Préparer, produire par un long travail intellectuel : *Élaborer un programme informatique* (= mettre au point ; **SYN.** concevoir, créer, réaliser). **2.** En biologie, transformer un aliment pour le rendre assimilable : *L'estomac élabore les aliments* (**SYN.** digérer).

elæis n.m. → **éléis.**

élagage n.m. Action d'élaguer : *L'élagage des peupliers* (**SYN.** ébranchage, émondage).

élaguer v.t. (du frq.) [conj. 3]. **1.** Couper les branches inutiles ou nuisibles d'un arbre : *Élaguer un platane* (**SYN.** ébrancher, émonder, tailler). **2.** *Fig.* Supprimer ce qui est superflu dans une phrase, un texte : *Élaguer un article* (**SYN.** couper ; **CONTR.** augmenter).

élagueur n.m. **1.** Ouvrier qui élague. **2.** Serpe qui sert à élaguer.

① **élan** n.m. (de *élancer*). **1.** Mouvement que l'on fait pour s'élancer ; force qui pousse un corps en mouvement : *Le sauteur en longueur prend son élan. Dans son élan, elle le fit tomber* (= dans sa course). **2.** *Fig.* Mouvement intérieur spontané ; impulsion : *Un élan de tendresse* (**SYN.** accès). *La ville souhaite donner de l'élan à cette activité* (**SYN.** essor).

② **élan** n.m. (haut all. *elend*). Grand cerf aux bois aplatis, qui vit en Scandinavie, en Sibérie et au Canada.

élancé, e adj. Qui est mince et de haute taille : *Une jeune femme élancée* (**SYN.** svelte ; **CONTR.** épais, trapu). *Un clocher élancé* (**SYN.** effilé, fuselé ; **CONTR.** massif).

élancement n.m. Douleur vive et intermittente : *La migraine lui cause de violents élancements* (**SYN.** lancinement).

élancer v.i. et v.t. (de *lancer*) [conj. 16]. Causer des élancements à ; être le siège d'élancements : *Des crampes lui élancent* ou *l'élancent* (**SYN.** lanciner). *Sa jambe lui a élancé* ou *l'a élancé.* ◆ **s'élancer** v.pr. **1.** Se jeter en avant ; se précipiter : *Elle se sont élancées vers leur idole* (**SYN.** se ruer). **2.** *Litt.* Se dresser, s'élever : *Le phare s'élance vers le ciel* (**SYN.** pointer).

éland n.m. (angl. *eland*). Grande et lourde antilope d'Afrique aux cornes en forme de spirale.

élargir v.t. (de *large*) [conj. 32]. **1.** Rendre plus large ; agrandir : *Élargir une rue. Élargir la ceinture d'un pantalon* (**SYN.** évaser ; **CONTR.** resserrer, rétrécir). **2.** Accroître l'étendue, l'importance de ; donner une portée plus générale à : *Il a élargi son cercle d'amis* (**SYN.** augmenter ; **CONTR.** diminuer, restreindre). *Élargir une discussion* (**SYN.** étendre, ouvrir ; **CONTR.** limiter). **3.** Dans le langage juridique, mettre en liberté : *Élargir un prisonnier* (**SYN.** libérer, relâcher ; **CONTR.** écrouer, emprisonner, incarcérer). ◆ **s'élargir** v.pr. Devenir plus large : *À la sortie de la forêt, le sentier s'élargit. Grâce à ces jumelles, le champ de vision s'élargit* (**SYN.** s'agrandir, s'étendre ; **CONTR.** se rétrécir).

élargissement n.m. **1.** Action d'élargir ou d'étendre qqch ; fait de s'élargir : *L'élargissement des frontières d'un État* (**SYN.** agrandissement ; **CONTR.** diminution). **2.** Dans le langage juridique, mise en liberté d'un détenu (**CONTR.** emprisonnement, incarcération).

élasthanne n.m. Nom générique d'une fibre dotée d'une grande élasticité, commercialisée notamm. sous la marque Lycra.

élasticité n.f. Propriété que possède un corps élastique ; qualité de ce qui est élastique : *L'élasticité de l'or. L'élasticité d'une contorsionniste* (**SYN.** souplesse ; **CONTR.** raideur). *L'élasticité de certaines consciences* (**CONTR.** rigueur).

élastine n.f. En biochimie, protéine présente dans de nombreux tissus, notamm. dans la peau, les gros vaisseaux sanguins et les ligaments, leur conférant de l'élasticité, et que l'on utilise en cosmétologie.

① **élastique** adj. (du gr. *elastos*, ductile). **1.** Se dit d'un corps qui reprend sa forme ou son volume quand la force qui le déformait a cessé d'agir : *Le caoutchouc est élastique.* **2.** Qui est fait d'une matière douée d'élasticité : *Des bretelles élastiques* (**SYN.** extensible). **3.** Se dit des mouvements d'un être vivant qui est souple et agile : *Les pas élastiques d'une danseuse.* **4.** *Fig.* Que l'on peut interpréter à sa façon : *Règlement élastique* (**SYN.** variable ; **CONTR.** strict). *Une conscience élastique* (**SYN.** accommodant ; **CONTR.** rigoureux).

② **élastique** n.m. **1.** Lien, bande circulaire en caoutchouc : *Mettre un élastique autour d'un paquet de cartes à jouer.* **2.** Fil, ruban élastique contenant du caoutchouc : *L'élastique de mon survêtement a cassé.*

élastomère n.m. Fibre naturelle ou synthétique possédant des propriétés élastiques analogues à celles du caoutchouc.

élavé, e adj. Se dit du poil d'un chien ou d'une bête fauve dont la couleur pâle semble avoir déteint.

eldorado [ɛldɔrado] n.m. (esp. *el*, le, et *dorado*, doré). **1.** Pays chimérique où l'on peut s'enrichir facilement et où la vie est très agréable ; pays de cocagne. **2.** (Par ext.). Source prometteuse de profits rapides : *Les boursicoteurs cherchent de nouveaux eldorados.*

électeur, trice n. (lat. *elector*, qui choisit, de *eligere*, choisir). **1.** Personne qui participe à une élection, qui a le droit de voter : *Les électeurs ont voté massivement.* **2.** (Avec une majuscule). Prince ou évêque qui participait à l'élection de l'empereur dans le Saint Empire romain germanique.

électif, ive adj. Nommé ou attribué par élection : *Un président électif. Une magistrature élective.*

élection n.f. (lat. *electio*, de *eligere*, choisir). **1.** Choix que l'on exprime par l'intermédiaire d'un vote ; fait d'être élu : *L'élection de Miss Monde.* **2.** (Souvent au pl.). Nomination par voie de suffrages d'un candidat à telle fonction : *Le maire va se représenter aux prochaines élections. Les élections législatives, européennes. L'élection présidentielle.* ▸ ***Patrie*** ou ***terre d'élection,*** celle où l'on a choisi de vivre.

électivité n.f. Qualité d'une personne ou d'une fonction désignée par élection.

électoral, e, aux adj. Qui se rapporte à une élection, aux élections : *Les affiches électorales. La campagne électorale bat son plein.*

électoralisme n.m. Attitude d'un parti ou d'un gouvernement qui oriente son programme et ses positions pour obtenir des succès électoraux.

électoraliste adj. Relatif à l'électoralisme : *Une campagne électoraliste.*

électorat n.m. **1.** Ensemble des électeurs d'un pays, d'un parti, etc. : *L'électorat de gauche, de droite.* **2.** Dans la langue juridique, ensemble des conditions permettant de participer à une élection politique : *En France, l'électorat a été accordé aux femmes en 1946* (= le droit de vote).

électricien, enne n. **1.** Artisan qui pose ou répare des installations électriques. **2.** Personne qui vend des appareils électriques. **3.** Ingénieur ou physicien spécialiste d'électricité.

électricité n.f. (du lat. *electrum*, ambre jaune). **1.** Nom d'une forme d'énergie qui manifeste son action par des forces d'attraction ou de répulsion ou par des phénomènes calorifiques, lumineux, etc. : *Électricité nucléaire, statique.* **2.** Cette forme d'énergie comme source d'éclairage et servant à des usages domestiques ou industriels : *Couper l'électricité pour installer une prise.* **3.** Partie de la physique et des techniques qui traite des phénomènes électriques et de leurs applications. ▸ *Fam.* ***Il y a de l'électricité dans l'air,*** l'atmosphère est tendue, tout le monde est surexcité.

électrification n.f. Action d'électrifier : *L'électrification d'une clôture.*

électrifier v.t. [conj. 9]. **1.** Doter d'une installation électrique : *Électrifier une grange.* **2.** Faire fonctionner à l'électricité : *Électrifier une ligne de chemin de fer.*

électrique adj. **1.** Qui se rapporte à l'électricité : *La consommation électrique.* **2.** Qui produit de l'électricité ; qui fonctionne à l'électricité : *Pile électrique. Mes cheveux sont électriques* (= ils produisent de l'électricité statique). *Une cuisinière électrique.*

électriquement adv. Au moyen de l'électricité : *Faire fonctionner une voiture électriquement.*

électrisant, e adj. **1.** Qui développe une charge électrique. **2.** *Fig.* Qui provoque un grand enthousiasme ; exaltant : *Une déclaration électrisante* (**SYN.** enthousiasmant, mobilisateur).

électrisation n.f. Action, manière d'électriser ; son résultat.

électriser [elɛktrize] v.t. [conj. 3]. **1.** Développer des charges électriques sur un corps, un milieu : *Électriser un bâton de verre en le frottant.* **2.** *Fig.* Éveiller fortement l'intérêt, l'enthousiasme de : *Son discours a électrisé ses sympathisants* (**SYN.** enflammer, exalter, galvaniser ; **CONTR.** décevoir).

électro n.f. inv. Toute musique composée à l'aide d'ordinateurs (*électrorock,* par ex.).

électroacoustique n.f. Technique de la production, de la transmission, de l'enregistrement et de la reproduction des sons par des moyens électriques. ◆ adj. Relatif à l'électroacoustique : *Musique électroacoustique sur synthétiseur.*

électroaimant n.m. Dispositif produisant un champ magnétique grâce à un système de bobines parcourues par un courant électrique.

électrocardiogramme n.m. En médecine, tracé obtenu grâce à l'électrocardiographie.

électrocardiographe n.m. En médecine, appareil utilisé au cours de l'électrocardiographie.

électrocardiographie n.f. En médecine, technique d'enregistrement de l'activité électrique du cœur.

électrochimie n.f. Science et technique des transformations réciproques de l'énergie chimique et de l'énergie électrique.

électrochimique adj. Qui se rapporte à l'électrochimie.

électrochoc n.m. **1.** Méthode de traitement de certaines maladies mentales, qui consiste à provoquer des convulsions épileptiques par le passage bref de courant à travers le cerveau. **2.** *Fig.* Événement brutal qui provoque un choc psychologique : *La chute de la Bourse a été un électrochoc pour la nouvelle économie.*

électrocoagulation n.f. En chirurgie, technique de coagulation des tissus vivants par application d'un courant électrique : *Supprimer une verrue par électrocoagulation.*

électrocuter v.t. (angl. *to electrocute*) [conj. 3]. **1.** Causer une secousse, souvent mortelle, par le passage dans l'organisme d'un courant électrique. **2.** Exécuter un condamné à mort par choc électrique. ◆ **s'électrocuter** v.pr. Être touché par une décharge électrique, qui peut être mortelle : *Elle s'est électrocutée en branchant une prise.*

électrocution n.f. **1.** Fait d'être électrocuté : *Il avait les pieds dans l'eau, l'électrocution était inévitable.* **2.** Exécution des condamnés à mort par choc électrique, en vigueur dans certains États des États-Unis.

électrode n.f. Dans un générateur électrique, conducteur par lequel le courant entre *(anode)* ou sort *(cathode).*

électrodomestique adj. et n.m. Se dit d'un appareil électrique destiné à être utilisé chez soi (outils de bricolage, ordinateurs, etc.).

électrodynamique n.f. Partie de la physique qui traite des actions dynamiques entre courants électriques. ◆ adj. Relatif à l'électrodynamique.

électroencéphalogramme n.m. Tracé obtenu par électroencéphalographie : *Un tracé plat de l'électroencéphalogramme traduit la mort.*

électroencéphalographie n.f. En médecine, technique d'enregistrement de l'activité électrique spontanée du cortex cérébral.

électrogène adj. (du gr. *gennân,* engendrer). Qui produit de l'électricité : *Une substance électrogène.* ▸ ***Groupe électrogène,*** ensemble formé par un moteur thermique et un générateur, et qui transforme en énergie électrique l'énergie mécanique fournie par le moteur : *Pendant la fête, la place est éclairée par un groupe électrogène.*

électrologie n.f. Discipline qui traite des applications médicales de l'électricité.

électroluminescent, e adj. Qui émet des rayons luminescents sous l'action d'un champ électrique : *Panneau électroluminescent. Diode électroluminescente.*

électrolysable adj. Qui peut être électrolysé.

électrolyse n.f. Décomposition chimique de certaines substances en fusion ou en solution, produite par un courant électrique : *La soude s'obtient par électrolyse du sel marin.*

électrolyser v.t. [conj. 3]. Soumettre à l'électrolyse : *Électrolyser de l'alumine pour fabriquer de l'aluminium.*

électrolyseur n.m. Appareil utilisé pour faire une électrolyse.

électrolyte n.m. (angl. *electrolyte,* du gr. *lutos,* qui peut être dissous, de *luein,* dissoudre). Corps qui peut être décomposé par électrolyse.

électrolytique adj. **1.** Qui a les caractères d'un électrolyte. **2.** Qui se fait par électrolyse.

électromagnétique adj. Qui se rapporte à l'électromagnétisme : *Champ électromagnétique.*

électromagnétisme n.m. Partie de la physique qui étudie les relations entre électricité et magnétisme.

électromécanicien, enne n. Spécialiste d'électromécanique : *Recuter des électromécaniciens.*

électromécanique n.f. Ensemble des applications de l'électricité à la mécanique. ◆ adj. Se dit d'un dispositif mécanique dont une partie importante des composants est électrique : *Une commande électromécanique.*

électroménager, ère adj. Se dit d'un appareil électrique à usage ménager : *Le lave-linge, l'aspirateur sont des appareils électroménagers.* ◆ **électroménager** n.m. Ensemble des appareils électroménagers ; leur fabrication, leur commerce : *Magasin d'électroménager. Des emplois sont supprimés dans l'électroménager.*

électroménagiste n. Commerçant qui vend des appareils électroménagers.

électromètre n.m. Appareil qui sert à mesurer des grandeurs, des charges électriques.

électromoteur, trice adj. Qui développe de l'électricité sous l'influence d'une action mécanique ou chimique : *La dynamo, la pile sont électromotrices.* ▸ ***Force électromotrice*** ou ***f.é.m.,*** quotient de la puissance électrique dirigée dans un circuit, par l'intensité du courant qui la traverse, exprimé en volt : *La force électromotrice d'un générateur.*

électron n.m. Particule fondamentale portant une charge électrique négative et qui est un constituant universel de la matière. ▸ ***Électron libre,*** électron responsable de la conductibilité électrique d'un métal ; fig., personne qui se démarque du groupe auquel elle appartient, par son indépendance d'esprit et sa liberté de parole : *Ce député est l'électron libre de la majorité.*

électronicien, enne n. Spécialiste de l'électronique.

électronique n.f. Partie de la physique et de la technique qui étudie et utilise les variations de grandeurs électriques (champs électromagnétiques, courants électriques, etc.) pour capter, transmettre et exploiter de l'information : *Le transistor, le téléphone, la télévision sont les créations majeures de l'électronique.* ◆ adj. **1.** Qui se rapporte à l'électron : *Faisceau électronique.* **2.** Qui fonctionne suivant les principes de l'électronique ; qui utilise des dispositifs électroniques : *Elle a un microscope électronique.* ▸ ***Annuaire électronique,*** annuaire téléphonique consultable sur un terminal. ***Musique électronique,*** musique élaborée à partir de sons créés par des oscillations électriques et reproduite par des amplificateurs.

électroniquement adv. Par des moyens électroniques.

électronucléaire adj. ▸ ***Centrale électronucléaire,*** centrale électrique utilisant l'énergie thermique produite par un réacteur nucléaire. ◆ n.m. Ensemble des techniques visant à la production d'électricité à partir de l'énergie nucléaire.

électronvolt n.m. Unité d'énergie utilisée en physique atomique et nucléaire.

électrophone n.m. Appareil composé d'une platine, d'un amplificateur et de haut-parleurs, qui reproduit des enregistrements sonores sur disques vinyles (**SYN.** tourne-disque).

électroportatif, ive adj. Se dit du petit outillage électrique que l'on peut facilement transporter : *La perceuse, la ponceuse, le taille-haie sont des outils électroportatifs.*

électropuncture [elɛktrɔpɔ̃ktyr] ou **électroponcture** n.f. Méthode d'acupuncture qui consiste à piquer la peau avec des aiguilles soumises à un courant électrique.

électrostatique n.f. Partie de la physique qui étudie les phénomènes d'équilibre de l'électricité sur les corps électrisés. ◆ adj. Relatif à l'électrostatique.

électrotechnicien, enne adj. Spécialiste de l'électrotechnique.

électrotechnique n.f. Application des lois de la physique à la production, au traitement, au transport et à l'utilisation de l'énergie électrique. ◆ adj. Relatif à l'électrotechnique.

électrothérapie n.f. Traitement des maladies par application de courant électrique ; utilisation chirurgicale de ce courant : *L'électrocoagulation, l'électropuncture sont des branches de l'électrothérapie.*

électuaire n.m. (du lat. *electus,* choisi). *Anc.* Remède que l'on préparait en mélangeant des poudres dans du miel.

élégamment adv. Avec élégance : *Il s'est habillé élégamment.* (**SYN.** coquettement).

élégance n.f. (lat. *elegantia*). **1.** Caractère élégant de qqn, de qqch : *L'élégance d'une femme* (**SYN.** classe, distinction, raffinement ; **CONTR.** inélégance). **2.** Qualité d'une personne qui fait preuve de distinction morale, de réserve : *Elle a eu l'élégance de faire comme si elle ne le savait pas* (**SYN.** courtoisie, délicatesse ; **CONTR.** indélicatesse). **3.** Délicatesse de l'expression ; fioriture de style : *Apprécier l'élégance d'une tournure de phrase.*

élégant, e adj. et n. (lat. *elegans,* distingué, de *eligere,* choisir). Qui a de la grâce, de l'aisance dans ses manières, dans son habillement : *Un jeune homme élégant* (**SYN.** distingué, raffiné ; **CONTR.** vulgaire). *Une robe élégante* (**SYN.** chic, habillé ; **CONTR.** inélégant). ◆ adj. **1.** Dont la forme, l'aspect sont gracieux, fins : *Le clavier de cet ordinateur est élégant* (**SYN.** beau, esthétique ; **CONTR.** commun, lourd). **2.** Qui séduit par sa simplicité ingénieuse, sa courtoisie : *Une méthode élégante* (**SYN.** astucieux, habile ; **CONTR.** inhabile [litt.]).

élégiaque adj. Qui appartient à l'élégie ; qui exprime la tristesse : *Vers élégiaques* (**SYN.** mélancolique). ◆ adj. et n. Qui écrit des élégies : *Poète élégiaque.*

élégie n.f. (gr. *elegeia,* de *elegos,* chant de deuil). Poème lyrique dont le ton est le plus souvent tendre et triste : *Les élégies de Ronsard.*

éléis ou **elæis** [eleis] n.m. (gr. *elaiêeis,* huileux). Palmier d'Afrique et d'Asie dont le fruit fournit l'huile de palme et les graines l'huile de palmiste.

élément n.m. (lat. *elementum*). **1.** Milieu dans lequel un être est fait pour vivre, dans lequel il exerce son activité : *L'eau est l'élément des grenouilles. Devant un ordinateur, elle se sent dans son élément.* **2.** Chacune des choses qui entrent dans la composition d'un corps, d'un ensemble : *Il manque un élément pour que cette machine fonctionne* (**SYN.** composant). *Un élément important de l'enquête* (**SYN.** détail, donnée, précision). **3.** Personne appartenant à un groupe : *Il y a quelques éléments de valeur dans cette équipe* (**SYN.** sujet). **4.** En chimie, classe des atomes de même numéro atomique : *Classification périodique des éléments.* **5.** Objet mathématique appartenant à un ensemble. ▸ ***Les quatre éléments,*** l'air, le feu, la terre et l'eau, considérés par les Anciens comme les composants ultimes de la réalité. ◆ **éléments** n.m. pl. **1.** Principes fondamentaux, notions de base : *Il lui reste quelques éléments de droit pénal* (**SYN.** notion, rudiments). **2.** *Litt.* Ensemble des forces naturelles : *Les marins luttent contre les éléments déchaînés.*

élémentaire adj. (lat. *elementarius*). **1.** Qui concerne les éléments constituant un ensemble : *Décomposer un corps en particules élémentaires.* **2.** Qui sert de base à un ensemble ; qui est fondamental, essentiel : *Elle a des connaissances élémentaires en mathématiques* (**SYN.** rudimentaire). *Il a agi au mépris des plus élémentaires règles de conduite* (**SYN.** vital ; **CONTR.** accessoire, secondaire). **3.** Qui est facile à comprendre ; très simple : *Un exercice de diction élémentaire.* ▶ ***Cours élémentaire*** ou ***C.E.,*** dans l'enseignement primaire français, cours réparti sur deux ans et succédant au cours préparatoire, pour les enfants de sept à neuf ans.

éléphant n.m. (lat. *elephantus,* du gr. *elephas, elephantos,* éléphant, ivoire). Grand mammifère d'Afrique ou d'Asie, herbivore, caractérisé par sa peau épaisse, sa trompe, ses incisives supérieures allongées en défenses. ☞ **REM.** La femelle de l'éléphant est l'*éléphante,* le petit est l'*éléphanteau.* ▶ *Fam.* ***Éléphant blanc,*** en Afrique, en Belgique et au Québec, réalisation qui a coûté très cher mais dont l'utilité est très discutable. ***Éléphant de mer,*** gros phoque des mers australes et antarctiques dont le nez rappelle la trompe de l'éléphant.

éléphantesque adj. *Fam.* Dont la taille est gigantesque ; énorme : *Un monument éléphantesque* (**SYN.** colossal ; **CONTR.** minuscule).

éléphantiasis [elefɑ̃tjazis] n.m. En médecine, épaississement de la peau, lié à un œdème qui déforme le corps.

éléphantin, e adj. Qui ressemble à l'éléphant ; propre à l'éléphant : *Une démarche éléphantine* (= lourde).

élevage n.m. **1.** Action d'élever, d'entretenir des animaux : *L'élevage des moutons.* **2.** Ensemble des animaux d'une même espèce que l'on élève pour en obtenir une production : *Un élevage de saumons.* **3.** Ensemble des soins apportés à un vin pour obtenir son vieillissement dans les meilleures conditions.

élévateur, trice adj. Qui sert à élever, à porter vers le haut : *Muscle élévateur de la paupière. Une plateforme élévatrice.* ◆ **élévateur** n.m. Engin utilisé pour transporter verticalement, ou sur de fortes pentes, des charges ou des matériaux.

élévation n.f. **1.** Action d'élever, de porter vers le haut, vers un degré supérieur ; fait de s'élever : *L'élévation d'un mur* (**SYN.** construction, édification). *Élévation au rang de général* (**SYN.** avancement, promotion). *L'élévation du prix des billets* (**SYN.** augmentation, hausse ; **CONTR.** baisse, diminution). **2.** Terrain élevé ; hauteur : *Il s'essoufflait en gravissant cette élévation* (**SYN.** butte, colline, coteau). **3.** Grandeur morale ou intellectuelle : *Un discours qui fait preuve d'élévation d'âme* (**SYN.** noblesse ; **CONTR.** bassesse). **4.** En mathématiques, action d'élever un nombre à une puissance donnée : *Élévation au cube, au carré.* **5.** Dans la religion catholique, moment de la messe où le prêtre élève l'hostie et le calice.

élévatoire adj. Qui sert à élever des fardeaux, des liquides : *Une pompe élévatoire.*

élève n. (de *élever*). **1.** Enfant, adolescent qui reçoit un enseignement dans un établissement scolaire : *La classe de C.P. compte trente élèves* (**SYN.** écolier). **2.** Personne qui suit l'enseignement d'un maître, en partic. dans l'enseignement artistique : *Les élèves d'un peintre. Platon, l'élève de Socrate* (**SYN.** disciple). **3.** Animal né et soigné chez un éleveur. **4.** Plante ou arbre dont on dirige la croissance.

élevé, e adj. **1.** Qui atteint une grande hauteur, une grande importance : *La montagne la plus élevée* (**SYN.** haut). *Il en demande un prix élevé* (**SYN.** excessif, exorbitant ; **CONTR.** bas, modique). **2.** *Litt.* Qui a de la grandeur morale : *Des sentiments élevés* (**SYN.** noble ; **CONTR.** bas, vil [sout.]). ▶ ***Bien, mal élevé,*** qui a reçu une bonne, une mauvaise éducation.

élever v.t. (de *lever*) [conj. 19]. **1.** Porter vers le haut ; construire : *Élever un chapiteau de cirque* (**SYN.** dresser). *Élever un temple* (**SYN.** bâtir, ériger). **2.** Porter à un niveau, à un rang supérieur : *Élever le niveau des épreuves* (**SYN.** hausser ; **CONTR.** abaisser). *Élever le débat* (**SYN.** grandir, sublimer ; **CONTR.** avilir, dégrader). **3.** Assurer la formation morale et intellectuelle de : *Ils l'ont élevé comme si c'était leur fils* (**SYN.** éduquer). **4.** Pratiquer l'élevage : *Élever des autruches.* **5.** En géométrie, tracer une perpendiculaire à une droite, à un plan. ▶ ***Élever le ton*** ou ***la voix,*** parler plus fort ; menacer. ◆ **s'élever** v.pr. **1.** Atteindre une certaine hauteur, une certaine quantité, un certain niveau : *La tour Eiffel s'élève à 320 mètres. Le nombre de blessés s'élève à plus de cent* (**SYN.** se monter à). **2.** Parvenir à un degré supérieur : *Le niveau du collège s'élève. Elle s'est élevée dans la hiérarchie* (**SYN.** monter). **3.** Se faire entendre : *Une voix s'éleva au loin.* **4. [contre].** S'opposer avec vigueur à : *Il s'élève contre toute forme de ségrégation.*

éleveur, euse n. Personne qui pratique l'élevage : *Un éleveur de chèvres.*

elfe n.m. (angl. *elf*). Dans le folklore scandinave, génie symbolisant les forces naturelles.

élider v.t. (lat. *elidere,* expulser, de *laedare,* blesser) [conj. 3]. En linguistique, faire l'élision d'une voyelle, ne pas l'écrire ou la prononcer : *Elle a tort d'élider le « e » de « le » devant « haricot ».* ◆ **s'élider** v.pr. Subir une élision : *« Ce » s'élide en « c' » devant « est » et « était » (c'est, c'était).*

éligibilité n.f. Aptitude à être élu : *L'éligibilité d'une personne de 25 ans* (**CONTR.** inéligibilité).

éligible adj. et n. Qui remplit les conditions pour pouvoir être élu : *Il sort de prison, ce qui l'empêche d'être éligible* (**CONTR.** inéligible).

élimé, e adj. (de *limer*). Se dit d'une étoffe usée : *Un jean élimé* (**SYN.** râpé).

éliminateur, trice adj. Qui élimine : *Les reins sont des organes éliminateurs.*

élimination n.f. **1.** Action d'éliminer : *L'élimination d'un joueur au premier tour. L'élimination des témoins d'un crime* (**SYN.** assassinat, suppression). **2.** En physiologie, action d'éliminer ; excrétion : *Faire du sport favorise l'élimination.*

éliminatoire adj. Qui élimine ; qui permet d'éliminer qqn : *10 est la note éliminatoire à ce concours.* ◆ **éliminatoires** n.f. pl. En sport, série d'épreuves servant à éliminer les concurrents les plus faibles : *Les éliminatoires d'une épreuve d'athlétisme.*

éliminer v.t. (lat. *eliminare,* faire sortir, de *limen, liminis,* seuil) [conj. 3]. **1.** Ôter d'un groupe, d'un ensemble ; rejeter : *Éliminer une candidate à l'oral* (**SYN.** refuser ; **CONTR.** admettre). *Éliminons cette hypothèse* (**SYN.** écarter, exclure, repousser ; **CONTR.** garder, retenir). **2.** Faire disparaître ; tuer : *Un produit censé éliminer toutes les taches* (**SYN.** enlever). *Les terroristes ont éliminé leur otage* (**SYN.** supprimer). **3.** (Sans compl.). En physiologie, faire sortir de l'organisme des déchets, des toxines : *Boire beaucoup d'eau pour éliminer.*

élingue n.f. (du frq.). Câble servant à entourer ou à accrocher un objet, et à l'élever au moyen d'un engin.

élinguer v.t. [conj. 3]. Entourer un fardeau d'une élingue pour le hisser avec un palan.

élire v.t. (lat. *eligere,* choisir) [conj. 106]. Nommer à une fonction par la voie des suffrages ; procéder à l'élection de : *Ils ont élu leurs délégués. Ils élisent le maire.* ▸ ***Élire domicile,*** choisir un domicile légal ; s'installer : *Elle a élu domicile en Bretagne* (= elle y réside).

élisabéthain, e adj. Relatif à Élisabeth Ire d'Angleterre, à son temps : *L'art élisabéthain.*

élision n.f. (lat. *elisio*). En linguistique, action d'élider la voyelle finale d'un mot devant un mot commençant par une voyelle ou un « h muet » : *L'élision du « a » de « la » devant « école ».*

élitaire adj. Qui concerne une élite : *Un livre élitaire.*

élite n.f. (de l'anc. p. passé de *élire*). Petit groupe considéré comme ce qu'il y a de meilleur grâce à certaines qualités valorisées socialement : *Ce festival ne regroupe que l'élite de la société* (= la fine fleur [litt.]). *Le poids de l'élite dans nos sociétés technologiques.* ▸ ***D'élite,*** qui se distingue par de grandes qualités ; supérieur : *Un tireur d'élite.*

élitisme n.m. Système favorisant les meilleurs éléments d'un groupe aux dépens de la masse ; politique visant à la formation d'une élite.

élitiste adj. et n. Relatif à l'élitisme ; partisan de l'élitisme : *Un professeur élitiste.*

élixir n.m. (d'un mot ar. signif. « médicament », du gr. *xêros,* sec). **1.** Philtre magique : *Élixir de jouvence.* **2.** *Vieilli* Médicament liquide, formé d'une ou plusieurs substances dissoutes dans de l'alcool : *Élixir parégorique.*

elle, elles pron. pers. (lat. *illa,* celle-là). **1.** Désigne la 3e pers. du fém. dans les fonctions de sujet ou de complément : *Elle est partie. Nous parlions d'elles.* **2.** Apposition au pron. sujet ou compl. dans des formules d'insistance : *Elle, elle est vraiment gentille. Elles, je ne les apprécie pas.*

ellébore n.m. → **hellébore.**

ellipse n.f. (gr. *elleipsis,* manque). **1.** Raccourci dans l'expression de la pensée ; omission délibérée dans un récit qui n'en entrave pas la compréhension : *Il parle par ellipses* (**SYN.** sous-entendu). **2.** En linguistique, fait de syntaxe ou de style qui consiste à omettre un ou plusieurs éléments de la phrase : *Dans la phrase : « Elle part à la montagne et lui à la mer », il y a une ellipse du verbe « partir ».* **3.** En géométrie, courbe plane dont tous les points sont tels que la somme de leur distance à deux points fixes appelés *foyers* est constante : *Un cercle aplati en ellipse* (= un ovale).

ellipsoïdal, e, aux adj. Qui a la forme d'un ellipsoïde.

ellipsoïde n.m. En géométrie, surface dont toutes les sections planes sont des ellipses : *La Terre est un ellipsoïde.*

elliptique adj. **1.** Qui procède par sous-entendus : *Le style elliptique d'une lettre.* **2.** En linguistique, qui comporte une ellipse : *Phrase elliptique.* **3.** En géométrie, qui a la forme d'une ellipse : *La trajectoire elliptique d'un astre.*

elliptiquement adv. Par ellipse, par sous-entendus : *Il a répondu elliptiquement.*

élocution n.f. (lat. *elocutio,* de *eloqui,* parler). **1.** Manière dont on parle, dont on articule les sons : *Ce comédien a une élocution parfaite* (**SYN.** diction). *Un défaut d'élocution* (**SYN.** articulation, prononciation). **2.** En Belgique, exposé qu'un élève fait en classe.

éloge n.m. (lat. *elogium,* épitaphe, du gr. *elegos,* chant de deuil). Paroles ou écrits qui vantent les mérites, les qualités de qqn, de qqch : *Ce chercheur n'a eu que des éloges de la part de ses confrères* (**SYN.** compliment, louanges ; **CONTR.** critique). *Le vendeur fait l'éloge de cette voiture* (**SYN.** apologie).

élogieusement adv. De façon élogieuse.

élogieux, euse adj. Se dit d'une personne qui décerne des éloges, ou de ce qui renferme des éloges : *Ses professeurs sont très élogieux sur son compte* (**SYN.** louangeur [sout.]). *Un article élogieux* (**SYN.** dithyrambique, laudatif [sout.] ; **CONTR.** critique, injurieux).

éloigné, e adj. Qui est loin dans l'espace ou dans le temps : *Une maison éloignée de la nôtre* (**CONTR.** voisin). *Dans un avenir éloigné* (**SYN.** lointain ; **CONTR.** proche). ▸ ***Parent éloigné,*** parent avec qui la personne considérée a des liens de parenté indirects (par opp. à proche parent).

éloignement n.m. Action d'éloigner, de s'éloigner ; fait d'être éloigné : *L'éloignement leur a été profitable* (**SYN.** séparation ; **CONTR.** rapprochement). *Avec l'éloignement il a pris conscience de son erreur* (**SYN.** recul, temps).

éloigner v.t. (de *loin*) [conj. 3]. **1.** Augmenter la distance qui sépare des personnes ou des choses : *On l'a éloignée du parti* (**SYN.** écarter, évincer). *Éloigner le combiné de son oreille* (**CONTR.** rapprocher). **2.** Augmenter la distance temporelle qui sépare qqn du passé : *Chaque jour l'éloigne de l'enfance.* ◆ **s'éloigner** v.pr. **[de].** Accroître la distance entre soi et qqn ou qqch : *Ils se sont éloignés des gêneurs* (**CONTR.** se rapprocher). *Nous nous éloignons du sujet* (**SYN.** s'écarter, sortir). *Elle s'est éloignée de ses amies* (**SYN.** se détacher de).

élongation n.f. (de *long*). En médecine, lésion produite par l'étirement accidentel d'un muscle, d'un tendon, d'un nerf.

éloquemment [elɔkamɑ̃] adv. *Litt.* Avec éloquence.

éloquence n.f. (lat. *eloquentia*). **1.** Talent de bien dire, d'émouvoir, de persuader par la parole : *Pendant sa soutenance de thèse, elle a parlé avec beaucoup d'éloquence* (**SYN.** verve). **2.** Caractère de ce qui est expressif, significatif, probant : *Un geste plein d'éloquence. L'éloquence des résultats.*

éloquent, e adj. (lat. *eloquens*, de *loqui*, parler, dire). **1.** Qui parle avec éloquence : *Le député s'est montré éloquent* (**SYN.** convaincant, persuasif). **2.** Qui sert de preuve ; expressif, significatif : *Les chiffres sont éloquents, il a mal géré son compte* (**SYN.** parlant). *Un regard éloquent* (**SYN.** révélateur).

élu, e n. (p. passé de *élire*). **1.** Personne désignée par une élection : *Les élus au conseil d'administration.* **2.** Personne que Dieu appelle à la béatitude éternelle (par opp. à damné). ▸ ***L'élu, l'élue de son cœur,*** la personne aimée.

élucidation n.f. Action d'élucider ; explication : *L'élucidation d'un mystère* (**SYN.** éclaircissement).

élucider v.t. (lat. *elucidare*, de *lucidus*, clair) [conj. 3]. Rendre clair ce qui était complexe, confus ; clarifier : *Les généticiens ont enfin élucidé ce mystère* (**SYN.** débrouiller, démêler, éclaircir ; **CONTR.** embrouiller, obscurcir).

élucubration n.f. (Surtout au pl.). Discours, pensée issus de recherches laborieuses mais dépourvus de bon sens : *Ses prophéties ne sont que des élucubrations* (**SYN.** divagation).

élucubrer v.t. (lat. *elucubrare*, travailler à la lampe, de *lux, lucis*, lumière) [conj. 3]. *Litt.* Élaborer, échafauder des réflexions extravagantes : *Que va-t-il encore élucubrer ?*

éluder v.t. (lat. *eludere*, se jouer de) [conj. 3]. Éviter qqch avec adresse, se soustraire à : *Éluder un sujet fâcheux* (**SYN.** se dérober à, escamoter, esquiver ; **CONTR.** affronter).

élusif, ive adj. *Litt.* Qui élude, détourne habilement : *Une réponse élusive.*

élyséen, enne adj. **1.** Relatif à la présidence de la République, dont la résidence se trouve au palais de l'Élysée, à Paris : *Une décision élyséenne.* **2.** *Litt.* Dans la mythologie grecque, relatif aux Champs Élysées, séjour des bienheureux.

élytre n.m. (gr. *elutron*, étui). Aile antérieure, dure, de coléoptères tels que le hanneton, la coccinelle, le criquet, recouvrant au repos l'aile postérieure membraneuse : *Des élytres protecteurs.*

émaciation n.f. ou **émaciement** n.m. *Litt.* Amaigrissement extrême.

émacié, e adj. Très amaigri : *Le visage émacié d'un malade* (**SYN.** décharné, étique).

émacier v.t. (lat. *emaciere*, de *macies*, maigreur) [conj. 9]. *Litt.* Rendre maigre ; amaigrir : *Ce régime l'a émacié.* ◆ **s'émacier** v.pr. *Litt.* Devenir très maigre : *Cette anorexique s'est émaciée* (**CONTR.** grossir).

① **émail** [emaj] n.m. (frq. *smalt*) [pl. *émaux*]. **1.** Vernis rendu très dur et inaltérable par l'action de la chaleur, dont on recouvre certaines matières pour leur donner de l'éclat ou les colorer : *Un vase recouvert d'émail vert.* **2.** Matériau, ouvrage traité à l'émail : *Une collection d'émaux.* **3.** En héraldique, chacune des teintes du blason.

② **émail** [emaj] n.m. (de *1. émail*) [pl. *émails*]. Substance dure et blanche qui, chez l'homme et divers animaux, recouvre la couronne des dents.

e-mail [imɛl] n.m. (abrév. de l'anglo-amér. *electronic mail*) [pl. *e-mails*]. (Anglic.). Courriel.

émaillage n.m. Action d'émailler les métaux, les céramiques, le verre ; son résultat.

émailler v.t. [conj. 3]. **1.** Appliquer de l'émail sur qqch : *Émailler un lavabo.* **2.** *Litt.* Orner, embellir un texte : *Émailler un cours d'anecdotes* (**SYN.** parsemer).

émaillerie n.f. Art de décorer avec des émaux ; produits de cet art.

émailleur, euse n. Professionnel de l'émaillage, de l'émaillerie.

émanation n.f. **1.** Odeur qui se dégage de certains corps : *Sentir des émanations d'encens* (**SYN.** effluve, exhalaison). **2.** *Fig.* Ce qui émane, provient de qqn, qqch : *Ces journaux de rue sont l'émanation d'associations humanitaires* (**SYN.** expression, manifestation).

émancipateur, trice adj. Propre à émanciper : *Un mouvement émancipateur.*

émancipation n.f. **1.** Action de s'affranchir d'un lien, d'une entrave, d'une domination : *L'émancipation d'un pays en voie de développement* (**SYN.** affranchissement, libération ; **CONTR.** asservissement, assujettissement). **2.** Dans le langage juridique, acte par lequel un mineur est libéré de la tutelle de ses parents ou de son tuteur, devenant ainsi responsable de ses actes et pouvant gérer ses biens : *L'émancipation est possible à partir de seize ans.*

émancipé, e adj. **1.** Affranchi de toute contrainte ou de tout préjugé : *Un peuple émancipé* (**SYN.** affranchi, libéré ; **CONTR.** soumis). **2.** Dans le langage juridique, se dit d'un mineur qui a fait l'objet d'une émancipation.

émanciper v.t. (lat. *emancipare*, de *mancipare*, vendre) [conj. 3]. **1.** Affranchir d'une domination, d'une contrainte, d'un état de dépendance : *Émanciper un peuple d'une domination politique. Émanciper les femmes* (**SYN.** libérer ; **CONTR.** asservir, assujettir, enchaîner). **2.** Dans le langage juridique, conférer l'émancipation à un mineur. ◆ **s'émanciper** v.pr. S'affranchir des contraintes sociales ou morales : *Elle s'est émancipée depuis son divorce* (**SYN.** se libérer ; **CONTR.** se soumettre).

émaner v.t. ind. (lat. *emanare*, découler, de *manare*, couler) [conj. 3]. **[de].** **1.** Se dégager, provenir de : *L'odeur qui émane du tilleul* (**SYN.** s'exhaler). **2.** Tirer son origine de ; provenir de : *Cette décision émane de la préfecture* (**SYN.** venir). *Le pouvoir émane du peuple* (**SYN.** découler de, procéder de [litt.]).

émargement n.m. Action d'émarger ; qui est porté en marge.

émarger v.t. (de *marge*) [conj. 17]. **1.** Apposer sa signature en marge d'un écrit pour prouver qu'on en a eu connaissance : *Émarger un contrat* (**SYN.** signer). **2.** Rogner, diminuer la marge de : *Émarger une feuille de dessin.* ◆ v.t. ind. **[à].** Toucher un revenu correspondant à ses fonctions dans une administration, une entreprise : *Émarger au budget d'un ministère.*

émasculation n.f. Action d'émasculer.

émasculer v.t. (lat. *emasculare*, de *masculus*, mâle) [conj. 3]. **1.** Priver un mâle des organes de la reproduction : *Émasculer un chat* (**SYN.** castrer, châtrer). **2.** *Litt.* Priver de sa force, de sa vigueur ; affaiblir : *Émasculer un discours* (**SYN.** amollir, édulcorer).

émaux n.m. pl. → **1. émail.**

embâcle n.m. (de l'anc. fr. *embâcler*, embarrasser).

Obstruction du lit d'un cours d'eau par amoncellement de glace (par opp. à débâcle).

emballage n.m. **1.** Action d'emballer : *Les déménageurs s'occupent de l'emballage des objets fragiles* (**SYN.** empaquetage ; **CONTR.** déballage). **2.** Carton, papier, toile, plastique qui sert à emballer ; conditionnement : *Regarde la date de péremption sur l'emballage.* ▸ ***Emballage perdu,*** qui ne sert commercialement qu'une seule fois.

emballement n.m. **1.** Action d'un cheval qui s'emballe. **2.** En mécanique industrielle, fait pour une machine de s'emballer. **3.** *Fam.* Action de s'emballer, de se laisser emporter : *L'emballement d'une adolescente pour un chanteur* (**SYN.** engouement, enthousiasme, passion).

emballer v.t. (de *balle,* paquet) [conj. 3]. **1.** Mettre dans un emballage : *Emballer un vase en cristal* (**SYN.** empaqueter ; **CONTR.** déballer, dépaqueter). **2.** *Fam.* Remplir d'admiration, d'enthousiasme : *Ce genre de musique m'emballe* (**SYN.** enchanter, enthousiasmer). *Ton idée pour le réveillon l'emballe* (**SYN.** agréer [litt.], plaire, ravir ; **CONTR.** déplaire). ▸ ***Emballer un moteur,*** le faire tourner trop vite. ◆ **s'emballer** v.pr. **1.** Ne plus obéir au cavalier, en parlant d'un cheval : *En entendant la détonation, la jument s'est emballée* (**SYN.** s'emporter). **2.** En mécanique industrielle, en parlant d'une machine, d'un appareil, prendre une vitesse supérieure au maximum prévu. **3.** *Fam.* Se laisser emporter par la colère, l'enthousiasme, l'impatience, etc. : *Ne t'emballe pas trop vite, il n'a pas encore accepté* (**SYN.** se réjouir).

emballeur, euse n. Personne dont la profession consiste à emballer des marchandises.

embarcadère n.m. (esp. *embarcadero,* de *barca,* barque). Dans un port, ouvrage fixe, plate-forme permettant l'embarquement ou le débarquement des personnes ou des marchandises (**SYN.** débarcadère).

embarcation n.f. (esp. *embarcación*). Tout bateau de petite taille à voiles, à avirons ou à moteur : *La barque et le canot sont des embarcations.*

embardée n.f. (du prov. *embarda,* embourber). **1.** Écart brusque effectué par un véhicule, pour éviter un obstacle : *Elle dut faire une embardée pour éviter le chien.* **2.** Brusque changement de direction d'un bateau.

embardoufler v.t. [conj. 3]. *Fam.* En Suisse, couvrir de peinture, de crème, de boue, etc.

embargo n.m. (mot esp. signif. « obstacle, séquestre »). **1.** Défense faite momentanément à un navire étranger de quitter un port : *Mettre l'embargo sur un pétrolier.* **2.** Mesure visant à empêcher la libre circulation d'un objet, l'exportation d'une marchandise : *Lever l'embargo sur la viande bovine.* **3.** Suspension des exportations d'un ou de plusieurs produits vers un État, à titre de sanction ou de moyen de pression : *Décider l'embargo sur un pays antidémocratique* (**SYN.** boycott).

embarqué, e adj. Se dit d'un équipement électronique, informatique installé à bord d'un véhicule.

embarquement n.m. Action d'embarquer, de s'embarquer : *L'embarquement des marchandises* (**SYN.** chargement ; **CONTR.** débarquement, déchargement).

embarquer v.t. [conj. 3]. **1.** Faire monter à bord d'un bateau, d'un avion, d'un véhicule : *Embarquer un groupe de touristes* (**CONTR.** débarquer). *Embarquer les valises dans le coffre de la voiture* (**SYN.** charger ; **CONTR.** décharger). **2.** Installer un équipement informatique à bord d'un véhicule : *Embarquer le GPS sur un nouveau modèle.* **3.** En parlant d'un bateau, prendre de l'eau par-dessus bord : *Le voilier a embarqué de grosses vagues pendant la tempête.* **4.** *Fam.* Emporter avec soi ; voler : *Ce client a embarqué deux montres* (**SYN.** dérober, subtiliser). **5.** *Fam.* Conduire au commissariat ou en prison : *La police a embarqué les trafiquants* (**SYN.** arrêter ; **CONTR.** libérer, relâcher). **6.** *Fam.* Engager ou pousser qqn dans une affaire douteuse ou périlleuse : *On l'a embarquée dans un pari risqué* (**SYN.** empêtrer, entraîner). ◆ v.i. **1.** Monter à bord d'un bateau, d'un avion, d'un véhicule : *Les passagers doivent embarquer avant midi* (**CONTR.** débarquer). **2.** En parlant de l'eau, pénétrer dans un bateau par-dessus bord : *L'eau embarque sur le pont.* ◆ **s'embarquer** v.pr. **1.** Monter à bord d'un bateau, d'un avion, d'un véhicule : *Ils se sont embarqués pour une croisière.* **2. [dans].** *Fam.* S'engager dans une affaire compliquée ou périlleuse : *Elle s'est embarquée dans une tâche trop difficile* (**SYN.** se lancer dans).

embarras n.m. **1.** Obstacle qui empêche d'agir, ou qui gêne la réalisation de qqch : *Leurs concurrents leur ont créé toutes sortes d'embarras* (**SYN.** complication, entrave). **2.** Incertitude, perplexité de qqn qui ne sait quelle voie choisir : *Le fait qu'il veuille travailler avec elle la met dans l'embarras* (**SYN.** indécision). *Ce mensonge le plonge dans l'embarras* (**SYN.** confusion, gêne). **3.** Situation difficile causée par le manque d'argent ; gêne : *La vente de leur maison les tirerait d'embarras.* ▸ ***Embarras gastrique,*** ensemble de troubles intestinaux de durée variable. ***Faire de l'embarras*** ou ***des embarras,*** faire des manières, des cérémonies, des simagrées. ***N'avoir que l'embarras du choix,*** avoir un choix très large.

embarrassant, e adj. **1.** Qui embarrasse, prend de la place : *Un paquet embarrassant* (**SYN.** encombrant, volumineux). **2.** Qui plonge dans l'embarras : *Une question embarrassante* (**SYN.** épineux, gênant).

embarrassé, e adj. Qui éprouve, manifeste de l'embarras : *Elle est très embarrassée de lui avouer qu'elle a cassé sa montre* (**SYN.** confus, gêné, penaud). *Un air embarrassé* (**SYN.** contraint, emprunté).

embarrasser v.t. (esp. *embarazar*) [conj. 3]. **1.** Prendre trop de place ; gêner le passage : *Tous ces dossiers embarrassent le bureau* (**SYN.** encombrer). *Tes bagages embarrassent le couloir* (**SYN.** obstruer). **2.** Gêner les mouvements de qqn ; être une gêne pour : *Ces longues manches m'embarrassent. Je raccroche, je ne vais pas t'embarrasser plus longtemps* (**SYN.** déranger, ennuyer). **3.** Mettre dans l'embarras, dans l'incertitude : *La dernière question les a embarrassés* (**SYN.** déconcerter, dérouter). *Son manque d'enthousiasme m'embarrasse* (**SYN.** préoccuper, tourmenter ; **CONTR.** rassurer). ◆ **s'embarrasser** v.pr. **[de]. 1.** Prendre qqch qui encombre, gêne : *Elle s'est embarrassée de son grand parapluie* (**CONTR.** se débarrasser de). **2.** Se soucier de, tenir compte de : *Il ne s'embarrasse pas du protocole* (**SYN.** s'inquiéter, se préoccuper ; **CONTR.** ignorer, se moquer de).

embastiller v.t. (de *bastille*) [conj. 3]. **1.** *Anc.* Avant la Révolution, emprisonner à la Bastille. **2.** *Litt.* Mettre en prison : *On a embastillé ses complices* (**SYN.** écrouer, emprisonner, incarcérer ; **CONTR.** libérer, relâcher).

embauchage n.m. Engagement d'un salarié : *L'embauchage d'ouvriers qualifiés* (**SYN.** embauche, recrutement ; **CONTR.** débauchage, licenciement).

embauche n.f. **1.** Embauchage. **2.** Possibilité d'offrir un emploi, un travail : *Consulter les offres d'embauche.*

embaucher v.t. (de [*dé*]*baucher*) [conj. 3]. **1.** Engager un salarié, passer avec lui un contrat de travail : *Ce restaurant embauche des serveuses* (**SYN.** recruter ; **CONTR.** débaucher, licencier). **2.** *Fam.* Entraîner qqn avec soi dans une occupation quelconque : *Elle nous a embauchés pour la décoration de la salle* (**SYN.** embrigader). ◆ v.i. *Région.* Commencer sa journée de travail.

embauchoir n.m. (altér. de *embouchoir*, pièce d'une arme à feu, de *bouche*). Forme de bois ou de plastique, munie d'un ressort, que l'on introduit dans une chaussure pour la tendre et lui garder sa forme.

embaumement n.m. Action d'embaumer un cadavre ; conservation artificielle des cadavres à des fins scientifiques (**SYN.** thanatopraxie).

embaumer v.t. (de *baume*) [conj. 3]. **1.** Traiter un cadavre par des substances qui permettent de le conserver : *Les Égyptiens embaumaient le corps de leurs pharaons* (**SYN.** momifier). **2.** Emplir d'une odeur agréable, de l'odeur de : *Cet encens embaume la pièce* (**SYN.** parfumer ; **CONTR.** empuantir). *Ses cheveux embaument la vanille* (**SYN.** sentir ; **CONTR.** empester, puer). ◆ v.i. Répandre une odeur agréable : *Le jasmin embaume.*

embaumeur, euse n. Personne dont le métier consiste à embaumer les corps.

embellie n.f. **1.** Amélioration passagère de l'état de la mer ou de la force du vent : *Une embellie sur la Bretagne* (**SYN.** accalmie). **2.** *Fig.* Amélioration momentanée dans une période agitée : *Les journalistes constatent une embellie dans le conflit* (**SYN.** apaisement, répit ; **CONTR.** recrudescence).

embellir v.t. [conj. 32]. **1.** Rendre plus beau : *Ces rideaux embellissent la pièce* (**SYN.** agrémenter, orner ; **CONTR.** déparer, gâter). **2.** Faire paraître plus beau ; flatter : *Ce maquillage embellit son regard* (**SYN.** avantager ; **CONTR.** enlaidir). **3.** Faire paraître trop beau : *Il embellit beaucoup sa vie amoureuse.* ◆ v.i. Devenir beau ou plus beau : *Cet arbre embellit d'année en année.*

embellissement n.m. **1.** Action d'embellir : *Les élèves réalisent une fresque pour l'embellissement du collège* (**SYN.** décoration, ornementation ; **CONTR.** enlaidissement). **2.** Élément qui embellit ; décoration : *Les embellissements du centre-ville.*

emberlificoter v.t. (d'orig. dialect.) [conj. 3]. *Fam.* Faire tomber dans un piège ; tromper par de belles paroles : *Cet escroc a emberlificoté des dizaines de personnes âgées* (**SYN.** berner, leurrer, mystifier). ◆ **s'emberlificoter** v.pr. **[dans].** *Fam.* S'embrouiller : *Elle s'est emberlificotée dans son explication* (**SYN.** s'empêtrer dans).

embêtant, e adj. *Fam.* **1.** Qui contrarie : *Ce rapport le concernant est embêtant pour la suite de sa carrière* (**SYN.** fâcheux). **2.** Très ennuyeux : *Un travail embêtant* (**SYN.** fastidieux ; **CONTR.** intéressant).

embêtement n.m. *Fam.* Ce qui donne du souci ; tracas : *Sa maladie lui a causé bien des embêtements* (**SYN.** désagrément, ennui).

embêter v.t. [conj. 4]. *Fam.* **1.** Causer des soucis, de la contrariété à : *Son refus de s'alimenter m'embête* (**SYN.** inquiéter, préoccuper, tracasser ; **CONTR.** indifférer). **2.** Causer de l'irritation, de l'énervement : *Cette mouche qui vole autour de moi m'embête* (**SYN.** agacer, exaspérer). *Cesse d'embêter ton frère !* (**SYN.** taquiner). **3.** Faire éprouver de l'ennui, de la lassitude à : *Son exposé m'embête* (**SYN.** ennuyer, lasser ; **CONTR.** captiver, intéresser). ◆ **s'embêter** v.pr. *Fam.* Éprouver de l'ennui : *Elle s'est embêtée pendant le film* (**CONTR.** s'amuser, se distraire).

emblaver v.t. (de *blé*) [conj. 3]. En agriculture, ensemencer une terre en blé, ou en toute autre graine.

emblavure n.f. En agriculture, terre ensemencée.

d'**emblée** loc. adv. (anc. fr. *embler*, du lat. *involare*, se précipiter sur, de *volare*, voler). Du premier coup ; tout de suite, immédiatement : *D'emblée, elle lui a paru sympathique* (**SYN.** instantanément, sur-le-champ).

emblématique adj. Qui sert d'emblème ; relatif à un emblème : *Marianne, figure emblématique de la République française* (**SYN.** allégorique, symbolique).

emblème n.m. (gr. *emblêma*, ornement en relief). **1.** Être ou objet symbole d'une notion abstraite, ou destiné à représenter une collectivité, un personnage : *Le bœuf est l'emblème de la force. L'emblème d'un parti, d'une profession.* **2.** En héraldique, figure symbolique, génér. accompagnée d'une devise : *L'emblème de François Ier était la salamandre.*

embobeliner v.t. (de l'anc. fr. *bobelin*, chaussure grossière) [conj. 3]. *Fam., vx* Séduire par des paroles insidieuses ; enjôler : *Il a embobeliné sa mère pour pouvoir aller à cette fête.*

embobiner v.t. (altér. de *embobeliner*, avec infl. de *bobine*) [conj. 3]. **1.** Enrouler autour d'une bobine : *Embobiner une ficelle* (**SYN.** bobiner ; **CONTR.** débobiner). **2.** *Fam.* Tromper par de belles paroles ; enjôler : *Elle l'a embobiné pour lui soutirer de l'argent* (**SYN.** leurrer, mystifier).

emboîtable adj. Qui peut s'emboîter : *Les pièces emboîtables d'un jeu de construction.*

emboîtage n.m. Action de mettre un produit, un objet en boîte ; son résultat : *L'emboîtage des allumettes. Estampes présentées sous un luxueux emboîtage* (**SYN.** coffret).

emboîtement n.m. Assemblage de deux choses qui s'emboîtent l'une dans l'autre ; encastrement.

emboîter v.t. (de *boîte*) [conj. 3]. Assembler, ajuster deux pièces en les faisant entrer l'une dans l'autre : *Emboîter les éléments d'un couscoussier* (**SYN.** encastrer). ▸ ***Emboîter le pas à qqn,*** marcher derrière lui, le suivre : *Les randonneurs emboîtent le pas au guide* ; fig., modeler son attitude, son opinion sur lui : *Cet adolescent emboîte le pas à son idole* (= il l'imite). ◆ **s'emboîter** v.pr. Prendre place exactement l'un dans l'autre : *L'insert s'emboîte dans la cheminée* (**SYN.** s'encastrer).

embole ou **embolus** [ɑ̃bɔlys] n.m. (gr. *embolos*, piston). En médecine, corps étranger qui bouche un vaisseau sanguin et provoque une embolie.

embolie n.f. (gr. *embolê*, irruption). En médecine, fait pour un vaisseau sanguin d'être bouché par un caillot ou un corps étranger : *Embolie pulmonaire.*

embonpoint n.m. (de *en bon point*, en bonne santé). État d'une personne un peu grasse : *Son embonpoint l'empêche de courir vite* (**SYN.** corpulence).

embossage n.m. Impression en relief, sur une carte de paiement, de l'identification du titulaire.

embosser v.t. [conj. 3]. Réaliser l'embossage d'une carte.

embouché, e adj. ▸ *Fam.* ***Mal embouché,*** grossier dans ses paroles ou dans ses actes ; impoli.

emboucher v.t. [conj. 3]. Porter à ses lèvres un instrument de musique, afin d'en tirer des sons : *Emboucher un saxophone.*

embouchure n.f. **1.** Partie terminale d'un fleuve, endroit où il se jette dans la mer ; delta, estuaire : *L'embouchure de la Seine.* **2.** Partie d'un instrument de musique que l'on porte à la bouche : *L'embouchure d'une flûte.* **3.** Partie du mors qui entre dans la bouche du cheval ; partie de la bouche du cheval sur laquelle porte le mors.

embourber v.t. (de *bourbe*) [conj. 3]. Engager dans un bourbier, dans la boue : *Embourber un chariot* (**SYN.** enliser ; **CONTR.** désembourber). ◆ **s'embourber** v.pr. **1.** S'enfoncer dans la boue, dans un bourbier : *La voiture s'est embourbée* (**SYN.** s'enliser, s'envaser). **2.** *Fig.* Se mettre dans une situation difficile dont on se tire avec peine : *Ils se sont embourbés dans leur mensonge* (**SYN.** s'empêtrer, s'enferrer).

embourgeoisement n.m. Fait de s'embourgeoiser, d'être embourgeoisé.

embourgeoiser v.t. [conj. 3]. Donner à qqn les caractères, le genre de vie propres à la bourgeoisie : *Son métier l'a embourgeoisé.* ◆ **s'embourgeoiser** v.pr. **1.** Prendre les manières, les préjugés bourgeois : *Depuis qu'ils les fréquentent, ils se sont embourgeoisés.* **2.** Comporter de plus en plus d'habitants bourgeois, aisés : *Cette ville s'est embourgeoisée.*

embout n.m. (de *bout*). **1.** Garniture qui protège le bout d'un objet : *L'embout d'un parapluie. L'embout d'un stylo* (**SYN.** bouchon). **2.** Élément disposé au bout d'une pièce et permettant l'assemblage avec un autre élément : *L'embout adapté à un robinet.*

embouteillage n.m. **1.** Affluence de véhicules qui encombrent ou obstruent une voie de communication : *De nombreux vacanciers sont pris dans des embouteillages* (**SYN.** bouchon, encombrement). **2.** Mise en bouteilles d'un liquide : *L'embouteillage de la bière.*

embouteiller v.t. [conj. 4]. **1.** Obstruer le passage, gêner la circulation par l'accumulation d'un trop grand nombre de véhicules : *Des camions embouteillent l'entrée de la ville* (**SYN.** encombrer, engorger ; **CONTR.** désembouteiller, désengorger). **2.** Mettre un liquide en bouteilles : *Embouteiller de la sauce tomate.*

emboutir v.t. (de *en* et *bout*) [conj. 32]. **1.** Heurter violemment en défonçant ou en déformant : *Il a embouti l'arrière de la voiture qui le précédait* (**SYN.** enfoncer, percuter). **2.** Transformer, en la martelant ou en la comprimant, une plaque de métal en une pièce de forme creuse.

emboutissage n.m. Action d'emboutir une plaque de métal : *L'emboutissage d'une tôle.*

embranchement n.m. **1.** Division du tronc d'un arbre en plusieurs branches ; ramification. **2.** Endroit où une voie de circulation se divise en plusieurs voies secondaires : *À l'embranchement, tournez à droite* (**SYN.** carrefour, croisement, fourche). **3.** En biologie, l'une des grandes divisions du monde vivant, animal ou végétal : *L'embranchement des vertébrés, des mollusques, des arthropodes.*

embrancher v.t. [conj. 3]. Raccorder une voie, une canalisation à une autre : *Cette voie ferrée va être embranchée à celle qui mène à Paris* (**SYN.** relier ; **CONTR.** séparer). ◆ **s'embrancher** v.pr. Se raccorder à une autre voie, une autre route, un autre conduit : *Cette départementale s'embranche sur la nationale* (**SYN.** rejoindre).

embrasement n.m. *Litt.* **1.** Action d'embraser ; grand incendie : *L'embrasement d'une forêt.* **2.** Grande clarté rougeoyante : *L'embrasement du ciel au soleil couchant.* **3.** Agitation qui conduit à de violents troubles sociaux : *Cette loi a engendré de nombreux embrasements dans le pays* (**SYN.** effervescence).

embraser v.t. (de *braise*) [conj. 3]. *Litt.* **1.** Mettre le feu à : *L'explosion a embrasé l'usine* (**SYN.** enflammer, incendier). **2.** Chauffer avec une grande intensité : *La cheminée embrase la pièce.* **3.** Illuminer de lueurs rouges : *Le feu d'artifice embrase le ciel* (**SYN.** empourprer). **4.** *Fig.* Mettre qqn en effervescence ; exalter : *Ce chant embrase les supporters* (**SYN.** enfiévrer [litt.], enflammer). ◆ **s'embraser** v.pr. *Litt.* **1.** Prendre feu : *La voiture s'est vite embrasée.* **2.** Être violemment illuminé : *Pendant l'attaque aérienne, le ciel s'est embrasé* (**SYN.** s'empourprer, rougeoyer). **3.** Être l'objet de violents troubles sociaux : *La ville s'est embrasée à la suite de cet assassinat* (**SYN.** s'enflammer).

embrassade n.f. (Surtout au pl.). Action de deux personnes qui s'embrassent : *Les deux amies se livrèrent à de longues embrassades* (**SYN.** enlacement, étreinte).

embrasse n.f. (de *embrasser*). Cordon, bande de tissu qui sert à retenir un rideau sur le côté.

embrassé, e adj. ▸ ***Rimes embrassées,*** groupe de quatre rimes dont la première rime avec la quatrième et la deuxième avec la troisième.

embrassement n.m. *Litt.* Action de s'embrasser longuement, avec tendresse ; embrassade : *Les embrassements de deux frères* (**SYN.** étreinte).

embrasser v.t. (de *bras*) [conj. 3]. **1.** Donner des baisers à : *Il embrassa ses parents avant d'aller se coucher.* **2.** *Litt.* Prendre, serrer dans ses bras : *Fou de joie, l'entraîneur embrassa le sportif* (**SYN.** enlacer, étreindre). **3.** *Fig.* Adopter une opinion ; choisir un métier : *Elle a embrassé les idées de sa mère* (**SYN.** épouser, rallier). *Il veut embrasser une carrière artistique.* **4.** Voir qqch dans son ensemble, d'un seul coup d'œil : *De cette tour on embrasse la ville* (**SYN.** découvrir). **5.** Contenir, renfermer dans sa totalité ; englober : *Ce livre embrasse les événements de la dernière décennie* (**SYN.** comprendre, couvrir). **6.** *Litt.* Saisir par la pensée ; concevoir : *Comment embrasser toutes les données de cette terrible situation ?* (**SYN.** appréhender [litt.]). ▸ ***Qui trop embrasse, mal étreint,*** qui entreprend trop de choses à la fois n'en réussit aucune (proverbe). ◆ **s'embrasser** v.pr. Se donner des baisers : *Ils se sont embrassés sur les deux joues.*

embrasure n.f. Ouverture pratiquée dans un mur

pour recevoir une porte ou une fenêtre : *Le chat se tient dans l'embrasure de la fenêtre* (**SYN.** encadrement).

embrayage [ɑ̃brejaʒ] n.m. **1.** Action d'embrayer (par opp. à débrayage). **2.** Mécanisme permettant de rendre un moteur solidaire des roues d'un véhicule, des organes d'une machine : *Pédale d'embrayage. Embrayage automatique.*

embrayer [ɑ̃breje] v.t. (de *braie*, traverse de bois) [conj. 11]. **1.** En mécanique, établir la liaison entre un moteur et les organes qu'il doit mouvoir (par opp. à débrayer). **2.** (Sans compl.). Sur un véhicule automobile, relâcher la pédale d'embrayage après avoir débrayé : *Tu embrayes trop vite.* ◆ v.t. ind. **[sur].** *Fam.* Se mettre à parler de : *Puis il embraya sur ses problèmes de couple.*

embrigadement n.m. Action d'embrigader ; fait d'être embrigadé : *L'embrigadement d'un jeune dans une bande* (**SYN.** enrôlement, recrutement).

embrigader v.t. [conj. 3]. **1.** Grouper des hommes, des troupes pour former une brigade militaire. **2.** Faire entrer, par contrainte ou persuasion, qqn dans une association, un parti, un groupe quelconque : *Il nous a embrigadés pour distribuer ses prospectus* (**SYN.** embaucher). *Elle s'est fait embrigader dans une secte* (**SYN.** endoctriner, enrégimenter, enrôler).

embringuer v.t. [conj. 3]. *Fam.* Faire participer à une action commune qui risque de créer des difficultés : *On l'a embringué dans la préparation d'une rave* (**SYN.** entraîner).

embrocation n.f. (gr. *embrokhê*, action d'huiler). Préparation huileuse utilisée pour le massage des muscles.

embrocher v.t. [conj. 3]. **1.** Enfiler une volaille, une pièce de viande sur une broche, pour la faire cuire. **2.** *Fam.* Transpercer qqn d'un coup d'épée.

embrouillage n.m. → **embrouillement.**

embrouillamini n.m. *Fam.* Grande confusion, désordre, causant des erreurs : *Toutes ces mutations ont créé un embrouillamini dans l'entreprise* (**SYN.** imbroglio).

embrouille n.f. *Fam.* Situation confuse ; désordre destiné à embrouiller, à tromper : *Quelle embrouille, nous n'aurons jamais la solution !* (**SYN.** confusion).

embrouillement ou **embrouillage** n.m. Action d'embrouiller ; fait d'être embrouillé : *L'embrouillement d'une affaire aux multiples ramifications* (**SYN.** enchevêtrement, fouillis ; **CONTR.** clarté, limpidité).

embrouiller v.t. (de *brouiller*) [conj. 3]. **1.** Mettre en désordre ; emmêler : *Embrouiller les fils de l'ordinateur* (**SYN.** enchevêtrer ; **CONTR.** débrouiller, démêler). **2.** Rendre obscur, confus : *Ce témoignage de dernière minute embrouille l'affaire* (**SYN.** compliquer ; **CONTR.** clarifier, éclaircir, simplifier). **3.** Faire perdre le fil de ses idées à qqn ; troubler : *La digression du visiteur a embrouillé la guide* (**SYN.** perturber). ◆ **s'embrouiller** v.pr. Perdre le fil de ses idées : *Elle s'est embrouillée dans des détails* (**SYN.** s'emmêler, s'empêtrer, se perdre).

embroussaillé, e adj. **1.** Garni de broussailles : *Des jardins embroussaillés.* **2.** Qui est en désordre ; emmêlé : *À son réveil, elle a les cheveux embroussaillés* (**SYN.** échevelé, hirsute).

embrumer v.t. [conj. 3]. **1.** Envelopper de brume, de brouillard : *Le brouillard embrume la forêt.* **2.** *Fig.* Répandre la confusion dans : *Toutes ces explications m'ont embrumé l'esprit* (**SYN.** brouiller, embrouiller, obscurcir).

embrun n.m. (mot prov.). (Surtout au pl.). Pluie fine d'eau de mer que le vent emporte quand les vagues se brisent : *Les embruns lui rafraîchissent le visage.*

embryogenèse ou **embryogénie** n.f. (du gr. *gennan*, engendrer). **1.** En biologie, série de formes par lesquelles passe un organisme animal ou végétal depuis l'état d'œuf ou de spore jusqu'à la naissance ou l'éclosion. **2.** En médecine, développement de l'embryon humain.

embryologie n.f. Partie de la biologie qui étudie l'embryon.

embryologique adj. Relatif à l'embryologie.

embryologiste ou **embryologue** n. Spécialiste d'embryologie.

embryon n.m. (gr. *embruon*, de *bruein*, croître). **1.** En biologie, organisme en voie de développement, entre le moment de la conception et la naissance. **2.** En médecine, être humain pendant les deux premiers mois de son développement dans l'utérus maternel. **3.** *Fig.* Commencement rudimentaire de qqch ; ébauche : *L'embryon d'un nouveau jeu télévisé* (**SYN.** germe).

embryonnaire adj. **1.** Relatif à l'embryon : *Une affection embryonnaire.* **2.** *Fig.* À l'état d'ébauche ; en germe : *Un concept embryonnaire.*

embryopathie n.f. Maladie qui atteint l'embryon et provoque une malformation.

embryoscopie n.f. En médecine, examen de l'embryon au cours de la grossesse, à travers le col de l'utérus.

embûche n.f. (de l'anc. fr. *embuschier*, s'embusquer). (Surtout au pl.). **1.** Machination secrète contre qqn : *Il a tendu des embûches à son principal concurrent* (**SYN.** piège, traquenard). **2.** Obstacle rencontré dans une action : *Un parcours professionnel plein d'embûches* (**SYN.** difficulté).

embuer v.t. [conj. 7]. **1.** Couvrir de buée : *La vapeur embue la fenêtre de la cuisine.* **2.** Couvrir comme d'une buée : *Les larmes embuent ses yeux* (**SYN.** voiler [litt.]).

embuscade n.f. Attaque déclenchée brutalement et par surprise contre l'ennemi : *Les militaires sont tombés dans une embuscade* (**SYN.** guet-apens). ▸ ***Être, se mettre en embuscade,*** se dissimuler pour surprendre qqn au moment où il passera.

embusqué, e n. Militaire affecté à un poste à l'abri du danger.

embusquer v.t. (de l'it. *bosco*, bois) [conj. 3]. Disposer des soldats en embuscade : *Embusquer une troupe* (**SYN.** poster). ◆ **s'embusquer** v.pr. Se mettre en embuscade ; se cacher : *Les soldats se sont embusqués dans les collines.*

éméché, e adj. *Fam.* Dans un état proche de l'ivresse : *Ils étaient éméchés à la fin de la soirée* (**SYN.** gai, gris).

émeraude n.f. (du gr. *smaragdos*). Pierre précieuse de couleur verte. ◆ adj. inv. et n.m. D'un vert lumineux : *Des yeux émeraude. L'émeraude de ce pull s'harmonise à merveille avec la couleur de ta jupe.*

émergé, e adj. Qui est au-dessus de la surface des eaux (par opp. à immergé) : *Terres émergées. La partie émergée d'un iceberg.*

émergement n.m. *Litt.* Fait d'émerger d'un liquide ; émersion : *L'émergement d'un plongeur* (**SYN.** remontée).

émergence n.f. **1.** Sortie d'un liquide hors d'un milieu : *L'émergence d'une source.* **2.** Apparition soudaine d'une idée, d'un fait social, économique, politique : *L'émergence de la théorie de l'évolution des espèces au XIXe siècle* (**SYN.** genèse, naissance ; **CONTR.** fin).

émergent, e adj. En physique, qui sort d'un milieu après l'avoir traversé : *Des particules, des ondes émergentes.* ▸ ***Pays émergent,*** pays en voie de développement qui se distingue des autres par des résultats économiques et un taux de croissance supérieurs.

émerger v.i. (lat. *emergere*, sortir de l'eau) [conj. 17]. **1.** Apparaître, faire saillie au-dessus d'un milieu liquide : *Le sous-marin va émerger* (**CONTR.** s'immerger, plonger). **2.** *Fig.* Commencer à exister ; se manifester : *Un nouveau genre cinématographique émerge* (= voit le jour ; **SYN.** apparaître ; **CONTR.** disparaître). **3.** *Fig.* Dépasser le niveau moyen : *Ce candidat émerge du lot.* **4.** *Fam.* Sortir du sommeil ; se réveiller : *J'ai émergé à midi.* **5.** *Fam.* Sortir d'une situation difficile : *Après cette accumulation de catastrophes, elle commence juste à émerger.*

émeri n.m. (lat. *smyris*). Roche qui contient une forte proportion de corindon, que l'on réduit en poudre pour en faire un abrasif. ▸ *Fam.* ***Être bouché à l'émeri,*** être complètement stupide. ***Papier, toile émeri*** ou ***d'émeri,*** papier, toile enduits d'une préparation à base d'émeri et qui servent à polir le bois, le verre, le fer, etc.

émerillon n.m. (du frq.). Petit faucon qui était utilisé en fauconnerie.

émeriser v.t. [conj. 3]. Gratter un textile avec de l'émeri afin d'en adoucir le toucher ou d'en améliorer les propriétés thermiques : *Émeriser un tissu polaire.*

éméritat n.m. En Belgique, ensemble des prérogatives attachées au magistrat ou au professeur émérite.

émérite adj. (lat. *emeritus*, qui a accompli son service militaire). **1.** Qui est d'une grande compétence, d'une habileté remarquable : *Une conductrice émérite* (**SYN.** chevronné, éminent, exceptionnel ; **CONTR.** mauvais, médiocre). **2.** En Belgique, se dit d'un magistrat ou d'un professeur d'université qui conserve son titre après avoir cessé d'exercer ses fonctions.

émersion n.f. (du lat. *emersus*, sorti de l'eau). Mouvement d'un corps sortant d'un liquide dans lequel il était plongé : *L'émersion d'un phoque* (**SYN.** émergement [litt.] ; **CONTR.** immersion).

émerveillement n.m. Fait de s'émerveiller, d'être émerveillé : *L'émerveillement du public pendant le feu d'artifice* (**SYN.** éblouissement, enchantement).

émerveiller v.t. [conj. 4]. Inspirer une très vive admiration à : *Son interprétation au violon nous a émerveillés* (**SYN.** éblouir, enchanter, fasciner ; **CONTR.** décevoir). ◆ **s'émerveiller** v.pr. **[de, devant].** Ressentir ou manifester de l'admiration : *Les invités se sont émerveillés devant la splendeur de son jardin* (**SYN.** s'extasier sur). *Ils s'émerveillent de le voir faire des progrès aussi rapides.*

émétique adj. et n.m. (du gr. *emein*, vomir). En pharmacie, se dit d'une substance qui fait vomir : *Un médicament émétique* (**SYN.** vomitif).

émétisant, e adj. Qui fait vomir : *Une maladie émétisante.*

émetteur, trice n. et adj. Personne, organisme qui émet de la monnaie, des titres, etc. : *L'émetteur d'un chèque.* ◆ adj. Qui émet : *Poste émetteur. Station émettrice.* ◆ **émetteur** n.m. **1.** Poste d'émission de signaux électromagnétiques porteurs de messages télégraphiques, de sons, d'images : *Placer un émetteur sur un ours en liberté pour pouvoir le localiser.* **2.** En linguistique, personne qui émet un message (par opp. à récepteur).

émetteur-récepteur n.m. (pl. *émetteurs-récepteurs*). Ensemble comprenant un émetteur et un récepteur radioélectriques, souvent avec une antenne et une alimentation communes.

émettre v.t. (lat. *emittere*, envoyer dehors) [conj. 84]. **1.** Produire, faire sortir de soi : *Le phare émet de la lumière sur une longue distance* (**SYN.** diffuser, répandre). *Les dauphins émettent des ultrasons.* **2.** Procéder à la diffusion d'un programme de radio, de télévision : *Cette chaîne émet surtout des émissions enfantines.* **3.** Mettre en circulation de la monnaie, un chèque : *Un nouveau billet sera bientôt émis.* **4.** Proposer au public : *Ils émettent un emprunt, une souscription* (**SYN.** lancer). **5.** Formuler une opinion, un souhait : *Puis-je émettre un avis ?* (**SYN.** donner, énoncer, exprimer). ◆ v.i. Diffuser une émission de radio, de télévision : *Cette station n'émet que la journée.*

émeu n.m. (de l'indonésien) [pl. *émeus*]. Grand oiseau d'Australie, au plumage gris, incapable de voler.

émeute n.f. (de l'anc. p. passé de *émouvoir*). Soulèvement populaire dû à un profond mécontentement : *Des émeutes ont éclaté à la frontière* (**SYN.** insurrection, révolte, troubles).

émeutier, ère n. Personne qui prend part à une émeute : *Les C.R.S. ont arrêté des émeutiers* (**SYN.** agitateur).

émiettement n.m. Action d'émietter ; fait d'être émietté : *L'émiettement d'un gâteau sec. L'émiettement des responsabilités freine le développement de l'entreprise* (**SYN.** dispersion, éparpillement).

émietter v.t. [conj. 4]. **1.** Réduire en miettes : *Les enfants émiettent du pain pour les pigeons.* **2.** *Fig.* Disperser en tous sens ; morceler à l'extrême : *Elle émiette ses efforts et ne progresse pas. Il a émietté le domaine familial* (**SYN.** diviser, partager).

émigrant, e n. et adj. Personne qui émigre : *Des émigrants ont été recueillis par un cargo.* ☞ **REM.** Ne pas confondre avec *immigrant.*

émigration n.f. Action d'émigrer ; ensemble des émigrés : *L'émigration des opposants à un régime dictatorial. Le taux d'émigration a augmenté.*

émigré, e n. et adj. Personne qui a émigré : *Les émigrés vont-ils obtenir le droit de vote ?*

émigrer v.i. (lat. *emigrare*, migrer hors de) [conj. 3]. Quitter son pays pour s'établir dans un autre : *De nombreux civils ont dû émigrer pour échapper à la guerre* (**SYN.** s'exiler, s'expatrier). ☞ **REM.** Quand on *émigre* de son pays, on *immigre* dans un autre.

émincé n.m. Tranche de viande coupée très mince : *Un émincé de veau, de poulet.*

émincer v.t. [conj. 16]. Couper en tranches minces : *Émincer du jambon, des carottes.*

éminemment [eminamɑ̃] adv. Au plus haut point ; extrêmement : *Les mois qui viennent seront éminemment difficiles* (**SYN.** particulièrement). *Elle est éminemment intéressante* (**SYN.** prodigieusement, suprêmement).

éminence n.f. **1.** Élévation de terrain : *Ils sont montés sur une éminence pour voir la mer* (**SYN.** butte, colline, hauteur). **2.** Dans la religion catholique, titre d'honneur d'un cardinal : *Son Éminence va vous recevoir.* ▸ ***Éminence grise,*** conseiller intime qui agit dans l'ombre (par allusion au père Joseph du Tremblay, conseiller de Richelieu).

éminent, e adj. (lat. *eminens, eminentis,* qui s'élève). Que ses qualités situent nettement au-dessus des autres : *Un éminent scientifique* (**SYN.** émérite, insigne [litt.], remarquable ; **CONTR.** mauvais, médiocre). *Il a joué un rôle éminent dans la négociation* (**SYN.** exceptionnel).

émir n.m. (d'un mot ar. signif. « celui qui ordonne »). **1.** Gouverneur, prince, chef militaire dans les pays musulmans. **2.** Chef de l'État dans les principautés héréditaires de la péninsule arabique.

émirat n.m. **1.** Dignité d'émir. **2.** État gouverné par un émir : *Les émirats arabes.*

① **émissaire** adj. m. ▸ ***Bouc émissaire*** → **bouc.**

② **émissaire** n.m. (lat. *emissarius,* de *emittere,* envoyer dehors). Personne chargée d'une mission plus ou moins secrète et que l'on délègue auprès de qqn : *Le gouvernement a envoyé un émissaire auprès des rebelles pour négocier un accord.*

③ **émissaire** n.m. (lat. *emissarium,* déversoir). Cours d'eau qui prend naissance dans un lac ou qui en évacue les eaux : *Le Rhône est l'émissaire du lac Léman.*

émissif, ive adj. (lat. *emissus,* envoyé). En physique, se dit d'un corps qui émet des rayonnements.

émission n.f. (lat. *emissio*). **1.** Production, transmission de signaux sonores ou visuels : *L'émission d'un signal de détresse. L'émission du journal télévisé se fait en direct* (**SYN.** diffusion). **2.** Programme émis par la radio ou la télévision : *Une émission consacrée à la musique classique.* **3.** Opération qui consiste à mettre en circulation une monnaie, un chèque ou des actions. **4.** En géologie, sortie hors d'un volcan de produits solides, liquides ou gazeux : *Une émission de magma.*

émissole n.f. (it. *mussolo,* du lat. *mustella,* belette). Petit requin comestible, commun dans l'Atlantique et la Méditerranée, appelé couramment *chien de mer.*

emmagasinage [ɑ̃magazinaʒ] ou **emmagasinement** [ɑ̃magazinmɑ̃] n.m. Action, fait d'emmagasiner ; stockage.

emmagasiner [ɑ̃magazine] v.t. [conj. 3]. **1.** Mettre des marchandises en magasin, en stock : *Emmagasiner des disques compacts* (**SYN.** entreposer). **2.** Accumuler pour garder en réserve : *Il emmagasine des tas de bibelots* (**SYN.** amasser, réunir). *Un appareil qui emmagasine la chaleur* (**SYN.** stocker). **3.** *Fig.* Garder dans sa mémoire : *Pendant les vacances, nous emmagasinions des souvenirs* (**SYN.** engranger, enregistrer).

emmaillotement [ɑ̃majɔtmɑ̃] n.m. Action, manière d'emmailloter : *L'emmaillotement d'une main avec du sparadrap* (**SYN.** bandage).

emmailloter [ɑ̃majɔte] v.t. [conj. 3]. **1.** Envelopper complètement dans un tissu : *L'infirmière a emmailloté l'avant-bras du blessé* (**SYN.** bander). **2.** *Vieilli* Envelopper un bébé dans un lange : *La sage-femme a emmailloté le nouveau-né* (**SYN.** langer).

emmanchement [ɑ̃mɑ̃ʃmɑ̃] n.m. Action d'emmancher ; manière de s'emmancher : *L'emmanchement d'une épuisette.*

emmancher [ɑ̃mɑ̃ʃe] v.t. (de *1. manche*) [conj. 3]. **1.** Ajuster, monter sur un manche : *Emmancher un marteau.* **2.** *Fam.* Engager, mettre qqch en train : *Emmancher une négociation* (**SYN.** amorcer). ◆ **s'emmancher** v.pr. **1.** S'ajuster l'un dans l'autre : *Les tuyaux se sont parfaitement emmanchés* (**SYN.** s'emboîter, s'encastrer). **2.** *Fam.* Commencer : *Leurs rapports se sont mal emmanchés* (**SYN.** démarrer, s'engager).

emmanchure [ɑ̃mɑ̃ʃyr] n.f. Ouverture faite dans un vêtement permettant d'y coudre une manche ou de laisser passer le bras.

emmêlement [ɑ̃mɛlmɑ̃] n.m. Action d'emmêler ; son résultat ; enchevêtrement.

emmêler [ɑ̃mele] v.t. [conj. 4]. **1.** Mêler plusieurs choses, les enchevêtrer : *Emmêler les fils d'un écheveau* (**CONTR.** débrouiller, démêler). **2.** *Fig.* Mettre de la confusion dans : *Emmêler une intrigue policière* (**SYN.** compliquer, embrouiller ; **CONTR.** clarifier, simplifier). ◆ **s'emmêler** v.pr. Devenir confus, inextricable : *Les souvenirs se sont emmêlés dans sa tête* (**SYN.** s'embrouiller ; **CONTR.** s'éclaircir).

emménagement [ɑ̃menaʒmɑ̃] n.m. Action d'emménager : *Depuis son emménagement, elle est enfin au calme* (**SYN.** installation).

emménager [ɑ̃menaʒe] v.t. (de *ménage*) [conj. 17]. S'installer dans un nouveau logement : *Des étudiants ont emménagé au premier* (**SYN.** s'établir ; **CONTR.** déménager).

emmener [ɑ̃mne] v.t. [conj. 19]. **1.** Mener avec soi, du lieu où l'on est dans un autre endroit : *Ils ont emmené leur enfant chez son camarade* (**SYN.** conduire, mener). **2.** Dans un match, entraîner son équipe à sa suite, dans son élan ; dans une course, être en tête du peloton, en en réglant l'allure : *Le lièvre a bien emmené les autres athlètes.*

emmenthal ou **emmental** [emɛ̃tal ou emɑ̃tal] n.m. (du nom d'une vallée suisse). Variété de gruyère : *Des emmenthals parfumés.*

emmerdant, e [ɑ̃mɛrdɑ̃, ɑ̃t] adj. *T. fam.* Ennuyeux ; fâcheux.

emmerdement [ɑ̃mɛrdəmɑ̃] n.m. *T. fam.* Gros ennui ; grosse contrariété (**SYN.** désagrément, souci, tracas).

emmerder [ɑ̃mɛrde] v.t. [conj. 3]. *T. fam.* Causer du désagrément ; importuner (**SYN.** déranger, ennuyer, gêner). ◆ **s'emmerder** v.pr. *T. fam.* S'ennuyer (**CONTR.** s'amuser, se distraire).

emmerdeur, euse [ɑ̃mɛrdœr, øz] n. *T. fam.* Personne importune ; gêneur.

emmétrope [ɑ̃metrɔp] adj. et n. (du gr. *en,* dans, *metron,* mesure, et *ôps,* vue). Qui a une vision normale (par opp. à amétrope).

emmétropie [ɑ̃metrɔpi] n.f. Fait d'avoir une vision normale (par opp. à amétropie).

emmitoufler [ɑ̃mitufle] v.t. (de l'anc. fr. *mitoufle*, mitaine) [conj. 3]. Envelopper, couvrir de vêtements chauds : *Il a emmitouflé son bébé avant de l'installer dans la poussette.* ◆ **s'emmitoufler** v.pr. S'envelopper dans des vêtements chauds : *Elle s'est emmitouflée dans sa doudoune.*

emmurer [ɑ̃myre] v.t. [conj. 3]. **1.** Enfermer derrière un mur en condamnant toutes les issues : *Certains prisonniers étaient emmurés.* **2.** Enfermer dans un endroit d'où l'on ne peut sortir : *L'éboulement a emmuré les spéléologues* (**SYN.** murer).

émoi n.m. (de l'anc. fr. *esmayer*, troubler, d'un mot germ.). *Litt.* Trouble d'ordre émotionnel, affectif, sensuel : *Dans son émoi, il se mit à balbutier* (**SYN.** désarroi, saisissement). *Les premiers émois des adolescents* (**SYN.** émotion). ▸ ***En émoi***, en proie à une vive agitation : *Depuis cet attentat, toute la ville est en émoi* (= en effervescence).

émollient, e adj. (du lat. *emollire*, amollir). *Vieilli* Se dit d'un médicament, d'une substance qui détend et amollit les tissus enflammés. ◆ **émollient** n.m. *Vieilli* Médicament, substance émollients.

émoluments n.m. pl. (lat. *emolumentum*, bénéfice). Dans le langage juridique, traitement, salaire attaché à un emploi : *Les émoluments d'un notaire, d'un huissier.*

émondage n.m. Action d'émonder : *L'émondage d'un amandier* (**SYN.** ébranchage, élagage, taille).

émonder v.t. (lat. *emundare*, nettoyer) [conj. 3]. **1.** Débarrasser un arbre de ses branches mortes ou superflues : *Émonder un marronnier* (**SYN.** ébrancher, élaguer, tailler). **2.** Débarrasser certaines graines de leur enveloppe : *Émonder des pistaches* (**SYN.** monder).

émondes n.f. pl. Branches émondées : *Ramasser les émondes pour les brûler.*

émondeur, euse n. Personne qui émonde les arbres ; élagueur.

émotif, ive adj. Relatif aux émotions, à l'émotion : *Elle a subi un choc émotif* (**SYN.** affectif, émotionnel). ◆ adj. et n. Qui s'émeut, se trouble facilement : *Une enfant émotive* (**SYN.** impressionnable, sensible ; **CONTR.** insensible). *C'est un émotif.*

émotion n.f. (de *émouvoir*). Trouble subit, agitation passagère causés par la surprise, la peur, la joie : *Il éprouva une vive émotion en voyant ce corps mutilé* (**SYN.** bouleversement, saisissement ; **CONTR.** flegme, impassibilité, sang-froid). *Ce grand huit donne des émotions* (= est impressionnant, fait peur ; **SYN.** sensation). *C'est avec émotion que je vous remets cette médaille* (**SYN.** attendrissement, émoi).

émotionnable adj. *Fam.* Qui s'émeut facilement ; émotif, impressionnable.

émotionnel, elle adj. Du domaine de l'émotion : *La valeur émotionnelle des lieux de mémoire* (**SYN.** affectif).

émotionner v.t. [conj. 3]. *Fam.* Donner, causer une émotion : *Ces images ont émotionné les téléspectateurs du monde entier* (**SYN.** bouleverser, émouvoir).

émotivité n.f. Caractère d'une personne émotive : *Son émotivité est un handicap dans son métier* (**SYN.** hypersensibilité, sensibilité ; **CONTR.** impassibilité, insensibilité).

émotter v.t. [conj. 3]. En agriculture, briser les mottes de terre après le labour.

émouchet n.m. (anc. fr. *moschet*, petite mouche). Petit rapace diurne tel que l'épervier.

émouchette n.f. Filet dont on couvre les chevaux pour les protéger des mouches.

émoulu, e adj. (de l'anc. fr. *émoudre*, aiguiser sur une meule). ▸ ***Frais émoulu de***, récemment sorti d'une école, d'une institution : *Une jeune fille fraîche émoulue de l'université.*

émousser v.t. (de *4. mousse*) [conj. 3]. **1.** Rendre moins tranchant, moins pointu : *Émousser la lame d'un couteau* (**CONTR.** affûter, aiguiser). **2.** *Fig.* Diminuer la force, la vivacité de ; affaiblir : *Les années ont émoussé sa douleur* (**SYN.** atténuer, estomper, modérer ; **CONTR.** affermir, attiser, renforcer). ◆ **s'émousser** v.pr. **1.** Devenir moins tranchant, en parlant d'une lame. **2.** Perdre de sa vigueur, de son acuité : *Sa révolte s'est émoussée* (**SYN.** s'amenuiser, s'éteindre).

émoustillant, e adj. Qui émoustille : *Un décolleté émoustillant* (**SYN.** affriolant, aguichant, provocant).

émoustiller v.t. (de l'anc. fr. *mousse*, écume) [conj. 3]. **1.** Mettre de bonne humeur ; porter à la gaieté : *Ce jeu émoustille les invités* (**CONTR.** attrister, démoraliser). **2.** Exciter les sens : *Elle cherche à l'émoustiller avec cette tenue* (**SYN.** aguicher, provoquer ; **CONTR.** calmer).

émouvant, e adj. Qui émeut : *Un reportage émouvant sur les enfants battus* (**SYN.** bouleversant, déchirant, pathétique, poignant). *Un souvenir émouvant* (**SYN.** attendrissant, touchant).

émouvoir v.t. (lat. *emovere*, ébranler) [conj. 55]. Agir sur la sensibilité de ; causer du trouble chez : *Ce genre de film l'émeut* (**SYN.** bouleverser, retourner, toucher). *L'annonce de son départ m'a émue* (**SYN.** affecter, remuer). ◆ **s'émouvoir** v.pr. **1.** Ressentir une émotion, un trouble qui bouleverse, touche : *Elle s'est émue en découvrant dans quel état de pauvreté ils vivaient* (**SYN.** s'apitoyer). **2.** S'affecter de qqch ; s'inquiéter : *Ses parents se sont émus de sa pâleur* (**SYN.** s'alarmer).

empaillage ou **empaillement** n.m. Action d'empailler : *L'empaillage d'un fauteuil* (**SYN.** rempaillage). *L'empaillage d'un sanglier* (**SYN.** naturalisation).

empaillé, e adj. Se dit d'un animal mort conservé par empaillage ; naturalisé : *Un lion empaillé.*

empailler v.t. [conj. 3]. **1.** Garnir de paille : *Empailler une chaise* (**SYN.** pailler, rempailler). **2.** Bourrer de paille la peau d'un animal mort pour lui conserver son apparence naturelle : *Empailler un oiseau* (**SYN.** naturaliser). **3.** Envelopper, recouvrir de paille : *Empailler une bouteille, un arbuste.*

empailleur, euse n. **1.** Personne qui empaille les sièges (**SYN.** rempailleur). **2.** Personne qui empaille des animaux (**SYN.** naturaliste, taxidermiste).

empalement n.m. Action d'empaler ; fait de s'empaler, d'être empalé.

empaler v.t. [conj. 3]. Transpercer le corps de qqn par un pieu, un pal. ◆ **s'empaler** v.pr. Se blesser ou se tuer en tombant sur un objet pointu qui s'enfonce dans le corps : *Le voleur s'est empalé sur la grille.*

empalmer v.t. (du lat. *palma,* paume de la main) [conj. 3]. En parlant d'un prestidigitateur, faire disparaître discrètement un objet dans la paume de la main.

empan n.m. (frq. *spanna*). Ancienne mesure de longueur égale à la distance comprise entre l'extrémité du pouce et celle du petit doigt dans leur écart maximal.

empanacher v.t. [conj. 3]. Orner d'un panache : *Empanacher un casque.*

empaquetage n.m. Action d'empaqueter : *L'empaquetage de verres en cristal* (**SYN.** emballage ; **CONTR.** déballage).

empaqueter v.t. [conj. 27]. Mettre en paquet : *Il empaquette la bouteille avant de l'expédier* (**SYN.** emballer ; **CONTR.** déballer, dépaqueter).

s'**emparer** v.pr. (anc. prov. *amparar,* fortifier, du lat. *parare,* préparer) [conj. 3]. **[de].** **1.** Prendre violemment possession de : *Les rebelles se sont emparés de la région* (**SYN.** conquérir, enlever). **2.** Se saisir vivement de qqch et le conserver : *Le chien s'est emparé de ma tranche de rôti* (**SYN.** prendre). **3.** Faire prisonnier : *Les terroristes se sont emparés d'une journaliste* (**SYN.** capturer, enlever ; **CONTR.** délivrer, libérer). **4.** Prendre possession de qqn, en parlant d'une idée, d'un sentiment : *Un désir de vengeance s'est emparé de lui* (**SYN.** envahir, gagner, saisir).

empâté, e adj. Dont les traits, la silhouette se sont épaissis, alourdis : *Des jambes empâtées* (**SYN.** bouffi, boursouflé ; **CONTR.** mince).

empâtement n.m. Effacement des traits, de la silhouette, dû à un excès de graisse dans les tissus : *L'empâtement du visage* (**SYN.** bouffissure). ☞ **REM.** Ne pas confondre avec *empattement.*

empâter v.t. (de *pâte*) [conj. 3]. **1.** Rendre plus gros ; gonfler : *Ses grossesses l'ont empâtée* (**SYN.** alourdir, épaissir ; **CONTR.** amincir). **2.** Rendre pâteux : *Le vin lui empâte la bouche.* ◆ **s'empâter** v.pr. Prendre un embonpoint qui efface les traits, les lignes du corps : *Depuis qu'elle ne fait plus de sport, elle s'est empâtée* (**SYN.** forcir, grossir, s'épaissir ; **CONTR.** mincir).

empathie n.f. (du gr. *pathos,* passion, souffrance). En psychologie, faculté intuitive de se mettre à la place d'autrui, de percevoir ce qu'il ressent.

empathique adj. Relatif à l'empathie.

empattement n.m. (de *patte*). **1.** Ouvrage de maçonnerie qui sert de pied à un mur. **2.** Distance entre les roues avant et les roues arrière d'une voiture, mesurée d'un essieu à l'autre. ☞ **REM.** Ne pas confondre avec *empâtement.*

empêché, e adj. Retenu par des obligations : *La ministre, empêchée, n'a pas assisté au spectacle.*

empêchement n.m. Ce qui s'oppose à la réalisation de qqch : *Un empêchement de dernière minute l'a obligé à rester au bureau* (**SYN.** contretemps, incident). *Vois-tu un empêchement à son départ ?* (**SYN.** entrave, obstacle).

empêcher v.t. (lat. *impedicare,* prendre au piège, de *pes, pedis,* pied) [conj. 4]. **1.** Faire obstacle à ; rendre impossible : *Il faut empêcher la propagation de cette rumeur* ou *que cette rumeur ne se propage* (**SYN.** arrêter, bloquer, entraver ; **CONTR.** aider, favoriser). *Ils l'ont empêché de se marier* (= ils se sont opposés au mariage). **2.** Ne pas permettre ; interdire : *Son travail l'empêche de prendre des congés à Noël.* ▸ ***Il n'empêche que*** ou ***n'empêche que,*** on ne peut nier ou contester que : *Il n'empêche que nous lui devons la victoire.* ◆ **s'empêcher** v.pr. **[de].** Se retenir de : *Il n'a pas pu s'empêcher d'éternuer.*

empêcheur, euse n. ▸ *Fam.* ***Empêcheur de danser*** ou ***de tourner en rond,*** personne qui trouble la joie ou suscite des difficultés ; rabat-joie, trouble-fête.

empeigne n.f. (de l'anc. fr. *peigne,* métacarpe). Partie d'une chaussure, du cou-de-pied à la pointe.

empennage [ɑ̃penaʒ] n.m. **1.** Empenne. **2.** Chacune des surfaces placées à l'arrière des ailes ou de la queue d'un avion, pour lui donner de la stabilité.

empenne [ɑ̃pɛn] n.f. Garniture de plumes placée à l'arrière d'une flèche pour régulariser son mouvement (**SYN.** empennage).

empenner [ɑ̃pene] v.t. (du lat. *penna,* plume) [conj. 4]. Garnir d'une empenne : *Le tireur à l'arc a empenné lui-même ses flèches.*

empereur n.m. (lat. *imperator,* chef, de *imperare,* commander, de *parare,* préparer). **1.** Dans l'Antiquité romaine, détenteur du pouvoir suprême depuis Auguste (27 avant J.-C.) : *L'empereur Néron.* **2.** Chef suprême de certains pays ou États : *L'empereur Napoléon Ier et l'impératrice Joséphine.*

emperler v.t. [conj. 3]. *Litt.* Couvrir de gouttelettes : *La sueur emperlait son front.*

empesage n.m. Action d'empeser.

empesé, e adj. Qui manque de naturel ; plein d'affectation : *Son air empesé est ridicule* (**SYN.** affecté, compassé, gourmé [litt.] ; **CONTR.** simple).

empeser v.t. (de l'anc. fr. *empoise,* empois) [conj. 19]. Imprégner un tissu d'eau mêlée d'empois, afin de le raidir : *Empeser un napperon* (**SYN.** amidonner).

empester v.t. (de *peste*) [conj. 3]. Emplir d'une mauvaise odeur : *Ce poisson empeste le réfrigérateur* (**SYN.** empuantir ; **CONTR.** embaumer, parfumer). ◆ v.i. **1.** Exhaler une forte odeur de : *Tu empestes l'alcool !* **2.** (Sans compl.). Dégager une mauvaise odeur : *Ses chaussures de marche empestent* (**SYN.** puer).

empêtré, e adj. Qui manque d'aisance : *Il a l'air empêtré* (**SYN.** gauche, maladroit).

empêtrer v.t. (du lat. *pastoria,* entrave, de *pastus,* pâture) [conj. 4]. **1.** Embarrasser dans des liens, dans qqch qui retient : *La chanteuse a empêtré ses pieds dans le fil du micro* (**CONTR.** dépêtrer). **2.** Engager dans une situation périlleuse : *Son ami l'a empêtré dans une affaire illégale* (**SYN.** entraîner). ◆ **s'empêtrer** v.pr. **1.** S'embarrasser dans qqch qui lie, retient : *La mouche s'est empêtrée dans une toile d'araignée.* **2.** Se mettre dans une situation difficile : *Ils se sont empêtrés dans leurs mensonges* (**SYN.** s'embourber, s'enferrer ; **CONTR.** se dépêtrer, se sortir de).

emphase n.f. (lat. *emphasis,* du gr. *emphanein,* rendre visible). Exagération pompeuse dans le ton, dans les termes employés, dans les manières : *Ce ministre parle avec emphase* (**SYN.** affectation, grandiloquence ; **CONTR.** simplicité, sobriété).

emphatique adj. Empreint d'emphase : *Un discours emphatique* (**SYN.** ampoulé, boursouflé, pompeux).

emphatiquement adv. Avec emphase : *Parler*

emphatiquement (**SYN.** pompeusement ; **CONTR.** sobrement).

emphysémateux, euse adj. Qui présente les caractères de l'emphysème. ◆ adj. et n. Atteint d'emphysème.

emphysème n.m. (gr. *emphusêma*, gonflement). En médecine, gonflement du tissu cellulaire par introduction d'air : *Emphysème pulmonaire* (= dilatation excessive et permanente des alvéoles pulmonaires.).

emphytéotique adj. (du gr. *emphuteuein*, planter dans). Dans le langage juridique, se dit d'un bail à longue durée (18 à 99 ans).

empiècement n.m. Pièce rapportée dans le haut d'un vêtement : *Un chemisier avec empiècement en soie.*

empierrement n.m. **1.** Action d'empierrer : *L'empierrement d'une route.* **2.** Couche de pierres cassées dont on recouvre une route pour en faire la chaussée.

empierrer v.t. [conj. 4]. Couvrir d'une couche de pierres : *Empierrer une allée.*

empiétement n.m. **1.** Action d'empiéter ; son résultat : *Empiétement sur les attributions de qqn.* **2.** Extension graduelle d'une chose sur une autre : *L'empiétement de la mer sur les terres* (**SYN.** avancée).

empiéter v.i. (de *pied*) [conj. 18]. **[sur]. 1.** S'arroger des droits que l'on n'a pas : *Tu empiètes sur les fonctions de ton supérieur* (**SYN.** usurper). **2.** S'étendre sur le domaine occupé par qqch ; déborder dans le temps : *Les branches de cet arbre empiètent sur le jardin du voisin. La réunion a empiété sur mon heure de déjeuner.*

s'**empiffrer** v.pr. (de l'anc. fr. *piffre*, gros individu) [conj. 3]. *Fam.* Manger avidement et gloutonnement : *Elle s'est empiffrée de gâteaux* (**SYN.** engloutir, se gaver).

empilable adj. Conçu pour pouvoir être empilé : *Tasses à café empilables.*

empilage ou **empilement** n.m. Action d'empiler ; ensemble de choses empilées : *Un empilage de dossiers* (**SYN.** amoncellement, entassement, montagne).

empiler v.t. [conj. 3]. Mettre en pile : *Empiler ses sous-vêtements dans un tiroir* (**SYN.** amonceler, entasser). ◆ **s'empiler** v.pr. Être mis en pile ; s'entasser : *Le linge à repasser s'empile dans le panier* (**SYN.** s'amonceler).

empire n.m. (lat. *imperium*). **1.** Régime dans lequel l'autorité politique souveraine est exercée par un empereur ; État ou ensemble d'États soumis à un tel régime : *L'empire de Charlemagne.* **2.** Ensemble d'États gouvernés par une autorité unique : *Les anciens empires coloniaux du début du XXe siècle.* **3.** Groupe industriel, commercial, financier puissant et dont l'activité s'étend sur plusieurs pays : *Les empires de l'informatique* (**SYN.** consortium, multinationale). **4.** (Avec une majuscule). Période durant laquelle la France fut gouvernée par un empereur : *Le premier, le second Empire.* **5.** *Litt.* Influence exercée sur une personne par qqn ou qqch ; ascendant, autorité : *Sous l'empire de la boisson, il est particulièrement violent* (**SYN.** effet, emprise). ▸ ***Pas pour un empire,*** en aucune façon ; pour rien au monde : *Je ne m'en dessaisirais pas pour un empire.* ◆ adj. inv. (Avec une majuscule). Se dit du style décoratif en vogue sous Napoléon Ier : *Un fauteuil Empire.*

empirer v.i. (du lat. *pejorare*, aggraver, de *pejor*, pire) [conj. 3]. Devenir pire, plus grave : *La situation économique de ce pays a empiré* (**SYN.** s'aggraver, se dégrader ; **CONTR.** s'améliorer).

empirique adj. (gr. *empeirikos*, de *empeiros*, qui a l'expérience de). Qui ne s'appuie que sur l'expérience, l'observation : *Une méthode de recherche empirique.*

empiriquement adv. De façon empirique.

empirisme n.m. Méthode scientifique qui repose uniquement sur l'expérience.

empiriste adj. et n. Qui relève de l'empirisme ; qui en est partisan.

emplacement n.m. Place, lieu occupé par qqch, ou qui lui est réservé : *Changer l'emplacement d'un meuble* (**SYN.** position). *Vous ne devez pas vous garer sur un emplacement réservé aux handicapés.*

emplâtre n.m. (du gr. *emplattein*, façonner). En pharmacie, préparation thérapeutique adhésive que l'on applique sur la peau.

emplette n.f. (du lat. *implicare*, envelopper, plier dans). **1.** Achat d'objets ou de marchandises d'un usage courant : *Il fait quelques emplettes à l'épicerie* (**SYN.** courses). *J'ai fait l'emplette d'un nouvel aspirateur* (**SYN.** acquisition). **2.** Objet acheté : *Ranger ses emplettes dans la cuisine* (**SYN.** achat).

emplir v.t. (lat. *implere*) [conj. 32]. *Litt.* **1.** Rendre plein : *Les spectateurs ont vite empli la salle* (**SYN.** remplir). *Emplir un bol de soupe* (**CONTR.** vider). **2.** Occuper entièrement le cœur, l'esprit de : *Sa proposition nous a emplis de joie* (**SYN.** combler).

emploi n.m. **1.** Action, manière d'employer une chose : *L'emploi de ce shampooing peut être quotidien* (**SYN.** usage). *L'emploi du subjonctif dans les subordonnées* (**SYN.** utilisation). **2.** Destination réservée à une chose : *Ces pastilles font double emploi avec ce sirop* (= elles ont le même usage). **3.** Occupation confiée à une personne ; travail : *Elle est largement qualifiée pour cet emploi* (**SYN.** fonction, poste). *Il a trouvé un emploi dans une grande compagnie* (**SYN.** place, situation). **4.** Dans les arts du spectacle, type de rôle qui peut être attribué à un acteur : *Vous n'avez plus l'âge de l'emploi.* ▸ ***Demandeur d'emploi,*** personne qui cherche un travail rémunéré ; chômeur. ***Emploi du temps,*** distribution des occupations pour une période déterminée : *Ce mois-ci, j'ai un emploi du temps chargé.* ***Mode d'emploi,*** notice expliquant la manière d'utiliser un appareil, un produit, etc. ***Offre d'emploi,*** annonce proposant un travail rémunéré.

emploi-service n.m. (pl. *emplois-service*). ▸ ***Chèque emploi-service*** → **chèque-service.**

employabilité n.f. Capacité d'une personne à être affectée à un nouveau travail.

employable adj. Se dit de qqch que l'on peut employer ; utilisable : *Ce grille-pain n'est plus employable* (**CONTR.** inutilisable).

employé, e n. Personne salariée qui travaille dans un bureau, une administration, un magasin ou chez un particulier, sans avoir de responsabilité d'encadrement : *Plusieurs employés se sont mis en grève.* ▸ ***Employé de maison,*** personne employée pour l'entretien d'une maison.

employer v.t. (lat. *implicare*, envelopper, plier dans) [conj. 13]. **1.** Faire usage de ; se servir de : *Employer un mixer pour écraser des légumes* (**SYN.** utiliser). *Évitez d'employer la force* (**SYN.** recourir à, user de). *Elle emploie son temps libre à faire du bénévolat* (**SYN.** consacrer). **2.** Faire travailler pour son compte ; occuper : *Elle emploie dix personnes. Il emploie sa femme comme comptable.* ◆ **s'employer** v.pr. **1.** Être utilisé : *L'éther ne s'emploie plus beaucoup.* **2. [à].** Consacrer ses efforts à : *Cette association s'emploie à aider les plus démunis* (**SYN.** s'appliquer à).

employeur, euse n. Personne qui emploie du personnel salarié : *Demander une augmentation à son employeur* (**SYN.** patron).

emplumer v.t. [conj. 3]. Garnir, orner de plumes.

empocher v.t. [conj. 3]. **1.** Mettre dans sa poche : *Il empocha les clefs et partit.* **2.** Percevoir, toucher de l'argent : *Elle a empoché une grosse somme* (**SYN.** encaisser, recevoir).

empoignade n.f. Action de s'empoigner ; querelle violente : *Une empoignade entre automobilistes mécontents* (**SYN.** altercation, dispute).

empoigne n.f. ▸ *Fam.* ***Foire d'empoigne,*** situation où chacun cherche à obtenir le plus possible : *La course aux soldes est une véritable foire d'empoigne.*

empoigner v.t. (de *poing*) [conj. 3]. **1.** Saisir en serrant fortement avec la main : *Il empoigna son déambulateur* (**SYN.** agripper ; **CONTR.** lâcher). **2.** Se saisir de qqn : *Le lutteur empoigna son adversaire.* **3.** *Sout.* Émouvoir fortement : *Ce récit a empoigné l'auditoire* (**SYN.** atteindre, bouleverser, remuer). ◆ **s'empoigner** v.pr. **1.** Se saisir l'un l'autre ; en venir aux mains : *Les deux voyageurs se sont empoignés* (**SYN.** se battre). **2.** Se quereller, se disputer : *Elles se sont empoignées pour une histoire d'argent.*

empois n.m. (de *empeser*). Apprêt à base d'amidon destiné à donner de la raideur au linge.

empoisonnant, e adj. *Fam.* Qui ennuie, contrarie : *Un exposé empoisonnant* (**SYN.** fastidieux ; **CONTR.** intéressant). *L'enfant qu'elle garde est empoisonnant* (**SYN.** insupportable ; **CONTR.** agréable, charmant).

empoisonnement n.m. **1.** Action sur l'organisme d'une dose de toute substance capable de causer la mort ou d'altérer gravement les fonctions vitales : *L'empoisonnement d'un enfant par un produit d'entretien* (**SYN.** intoxication). **2.** Crime consistant à administrer une substance toxique à qqn avec l'intention de donner la mort. **3.** *Fam.* Ennui, tracas : *Elle a des empoisonnements avec son fils* (**SYN.** contrariété, souci).

empoisonner v.t. [conj. 3]. **1.** Faire mourir ou intoxiquer par le poison, une substance toxique : *Il a été empoisonné avec de l'arsenic.* **2.** Mettre du poison dans, sur : *Empoisonner des boulettes pour se débarrasser des rats.* **3.** Emplir un lieu d'une odeur désagréable : *Ces poubelles empoisonnent le sous-sol de l'immeuble* (**SYN.** empester, empuantir ; **CONTR.** embaumer, parfumer). **4.** *Fam.* Importuner vivement : *Ce passager empoisonne les autres avec son téléphone portable* (**SYN.** déranger, ennuyer, gêner). ◆ **s'empoisonner** v.pr. **1.** Absorber du poison : *Socrate s'est empoisonné avec de la ciguë.* **2.** *Fam.* S'ennuyer : *Elle s'est empoisonnée pendant toute la soirée* (**CONTR.** s'amuser).

empoisonneur, euse n. **1.** Personne qui prépare, administre du poison. **2.** *Fam.* Personne qui ennuie, dérange : *Cet empoisonneur nous a encore réveillés avec sa musique* (**SYN.** gêneur, importun).

empoissonnement n.m. Action d'empoissonner ; son résultat : *L'empoissonnement d'un bassin.*

empoissonner v.t. [conj. 3]. Peupler de poissons ; aleviner : *Empoissonner un étang.*

emporté, e adj. et n. Facilement irritable ; de tempérament violent : *Un élève emporté* (**SYN.** fougueux, irascible ; **CONTR.** calme, paisible).

emportement n.m. Vif accès de colère : *Elle répondit avec emportement* (**SYN.** fureur, véhémence ; **CONTR.** calme, flegme).

emporte-pièce n.m. (pl. *emporte-pièces* ou inv.). Instrument en acier dur servant à trouer ou à découper une pièce de forme déterminée dans une feuille de métal, de cuir, de carton. ▸ ***À l'emporte-pièce,*** en parlant de qqn, sans nuance et d'un naturel acerbe ; en parlant de paroles, d'un style, tranchés, incisifs : *Faire une déclaration à l'emporte-pièce* (**SYN.** caustique).

emporter v.t. [conj. 3]. **1.** Prendre avec soi en quittant un lieu : *Elle a emporté mes clés* (**CONTR.** laisser). *Commander un plat à emporter.* **2.** Enlever de façon violente et rapide ; arracher : *Le vent a emporté mon chapeau.* **3.** Faire mourir : *Le froid les a emportés.* **4.** Entraîner dans son mouvement : *Le courant emporte le canoë vers le large.* **5.** Entraîner à un comportement excessif : *Il s'est laissé emporter par la colère.* ▸ ***L'emporter*** ou ***l'emporter sur,*** avoir la supériorité sur ; être victorieux de : *Ce candidat l'a emporté. L'amitié l'a emporté sur la jalousie* (= a primé sur). ◆ **s'emporter** v.pr. Se laisser aller à la colère : *Ne t'emporte pas pour ça. Elle s'est emportée contre lui.*

emposieu n.m. (mot dial.). En Suisse, excavation naturelle en forme d'entonnoir par où s'écoulent les eaux du Jura.

empoté, e adj. et n. (de l'anc. fr. *main pote,* main gauche). *Fam.* Qui a des gestes maladroits ; qui manque d'initiative : *Ne sois pas si empoté, aide à mettre la table !* (**SYN.** gauche ; **CONTR.** dégourdi, déluré). *Quel empoté, il a tout fait tomber !*

empoter v.t. [conj. 3]. Mettre en pot une plante, un arbuste : *Empoter un rosier* (**CONTR.** dépoter).

empourprer v.t. [conj. 3]. Colorer de pourpre, de rouge : *Le soleil couchant empourpre le ciel.* ◆ **s'empourprer** v.pr. Devenir rouge : *Ses joues se sont empourprées* (**SYN.** s'embraser, rougir).

s'**empoussiérer** v.pr. [conj. 18]. Se couvrir de poussière : *Tous mes livres s'empoussièrent au grenier.*

empreindre [ɑ̃prɛ̃dr] v.t. (lat. *imprimere,* de *premere,* presser, enfoncer) [conj. 81]. **1.** *Litt.* Imprimer, marquer par pression : *Il a empreint ses pas sur le sable mouillé.* **2. [de].** *Fig.* Marquer : *Sa voix est empreinte de gentillesse* (= dénote, révèle). ◆ **s'empreindre** v.pr. **[de].** *Litt.* Laisser paraître la marque de : *Son visage s'était empreint de joie.*

empreinte [ɑ̃prɛ̃t] n.f. **1.** Marque en creux ou en relief obtenue par pression : *Le dentiste prend l'empreinte d'une dent* (= réalise le moulage). **2.** Marques laissées par les sillons de la peau des doigts ; ces sillons (on dit aussi *empreinte digitale*) : *On a relevé des empreintes sur l'arme du crime.* **3.** *Fig.* Marque durable, profonde, distinctive, laissée par une personne, une idée ; griffe : *On retrouve chez ce peintre l'empreinte de Marcel Duchamp.* ▸ ***Empreinte écologique,*** évaluation de l'impact humain sur l'environnement, indiquant quelle superficie agricole permettrait de subvenir à l'ensemble des besoins et à l'absorption des déchets d'un individu, d'une population, d'une usine, etc. ***Empreinte génétique,*** portion d'A.D.N. dont la séquence est spécifique de chaque individu et permet son identification.

empressé, e adj. et n. Qui manifeste des prévenances, du dévouement : *Une aide-soignante empressée* (**SYN.** attentionné, dévoué ; **CONTR.** détaché, froid).

empressement n.m. Ardeur à faire qqch. : *Il l'a aidée avec un grand empressement* (**SYN.** diligence, zèle ; **CONTR.** froideur, indifférence).

s'**empresser** v.pr. [conj. 4]. **1.** Montrer du zèle, de la prévenance à l'égard de qqn : *Les serveurs s'empressent auprès des clients* (**SYN.** s'affairer ; **CONTR.** négliger). **2. [de].** Se hâter de : *Elle s'est empressée de nous le dire* (**SYN.** se dépêcher).

emprise n.f. (du lat. *prehendere,* prendre, saisir). Domination morale, intellectuelle : *Elle a beaucoup d'emprise sur lui* (**SYN.** ascendant, autorité, influence).

emprisonnement n.m. **1.** Action de mettre en prison : *L'emprisonnement d'un cambrioleur* (**SYN.** incarcération ; **CONTR.** libération). **2.** Peine consistant à demeurer en prison : *Délit passible d'emprisonnement.*

emprisonner v.t. [conj. 3]. **1.** Mettre en prison : *La coupable a été emprisonnée* (**SYN.** écrouer, incarcérer ; **CONTR.** libérer, relâcher). **2.** Tenir à l'étroit ; serrer : *Cette ceinture lui emprisonne la taille* (**SYN.** comprimer).

emprunt [ɑ̃prœ̃] n.m. **1.** Action d'emprunter : *Il a dû recourir à un emprunt pour acheter sa voiture.* **2.** Somme empruntée : *Leur emprunt sera remboursé dans vingt ans.* **3.** Action d'employer ou d'imiter ce qui appartient à un autre : *Les emprunts d'un site Internet à un autre déjà existant* (**SYN.** copie, plagiat). **4.** En linguistique, élément, mot pris à une autre langue : *Le mot « paparazzi » est un emprunt à l'italien.* ▸ ***D'emprunt,*** qui n'appartient pas en propre à : *Pour participer à l'émission, elle préfère prendre un nom d'emprunt* (= un pseudonyme).

emprunté, e [ɑ̃prœ̃te] adj. Qui manque d'aisance, de naturel : *Pendant la conférence de presse, il avait l'air emprunté* (**SYN.** contraint, embarrassé, gauche ; **CONTR.** naturel, spontané).

emprunter [ɑ̃prœ̃te] v.t. (lat. *promutuari,* de *mutare,* changer, échanger) [conj. 3]. **1.** Se faire prêter : *Il voudrait emprunter 10 000 euros à un organisme de crédit* (**CONTR.** avancer). *Puis-je t'emprunter ton téléphone ?* **2.** Prendre qqch à autrui pour le reproduire, l'imiter ou se l'approprier : *Cette mode a été empruntée aux Américains.* **3.** Prendre, suivre une voie : *Emprunter une piste cyclable.*

emprunteur, euse [ɑ̃prœ̃tœr, øz] n. Personne qui emprunte (**CONTR.** prêteur).

empuantir [ɑ̃pyɑ̃tir] v.t. [conj. 32]. Emplir un lieu d'une mauvaise odeur : *Cet insecticide empuantit la pièce* (**SYN.** empester ; **CONTR.** embaumer, parfumer).

empuantissement n.m. Action d'empuantir.

empyrée n.m. (du gr. *empurios,* en feu, de *pûr,* feu). *Poét.* Ciel, paradis.

ému, e adj. (p. passé de *émouvoir*). Qui éprouve ou manifeste de l'émotion : *En recevant cette récompense, il était particulièrement ému* (**SYN.** bouleversé, touché, troublé). *Il fut ému en imaginant la souffrance des réfugiés* (**SYN.** attristé).

émulation n.f. **1.** Sentiment qui porte à égaler ou à surpasser qqn : *Il y a une saine émulation entre les chercheurs de ce laboratoire* (= esprit de compétition). **2.** En informatique, procédure permettant d'utiliser sur un ordinateur des programmes qui ont été écrits pour un autre : *Une carte d'émulation.*

émule n. (lat. *æmulus,* rival). Personne qui cherche à en égaler, à en surpasser une autre : *Les jeunes du quartier sont devenus les émules de ce champion.*

émulsif, ive ou **émulsifiant, e** ou **émulsionnant, e** adj. et n.m. Se dit d'un produit qui favorise la formation d'une émulsion ou sa conservation.

émulsifier v.t. → **émulsionner.**

émulsion n.f. (du lat. *emulsus,* extrait). **1.** Particules très fines d'un liquide en suspension dans un autre liquide : *Une émulsion d'huile dans l'eau.* **2.** Préparation sensible à la lumière dont sont enduits les films et les papiers photographiques.

émulsionnant, e adj. → **émulsif.**

émulsionner [conj. 3] ou **émulsifier** [conj. 9] v.t. Mettre à l'état d'émulsion.

① **en** prép. (lat. *in,* dans, sur, en). **1.** Introduit certains noms de lieux : *Ils habitent en banlieue. Elle est en pension. Il part en Allemagne, en Afrique.* **2.** Introduit une date, une période : *Il est né en 1950. Les vendanges ont lieu en septembre. En hiver, elle mange moins de fruits. En cette saison, il pleut souvent* (**SYN.** durant, pendant). **3.** Introduit certains compléments d'objet indirect : *Croire en Dieu. J'espère en la génération future. Le groupe s'est divisé en deux parties.* **4.** Introduit le gérondif en *-ant* : *Il partit en courant. Elle a trouvé son travail en écrivant à droite et à gauche.* **5.** Indique la durée d'une période nécessaire à l'accomplissement d'une action ou au cours de laquelle il se produit certains événements : *Elle a écrit son livre en deux mois. En dix ans, ils ne se sont vus qu'une fois* (**SYN.** pendant). **6.** Indique la manière d'être, l'état : *Elle reste en survêtement pour faire le ménage. Il est en noir* (= habillé de noir). *Des fraises en barquette. Son supérieur est en colère.* **7.** Indique la matière, la structure : *Une veste en jean. Un meuble en chêne. Une dissertation en trois parties.* **8.** Indique la transformation : *La chenille s'est transformée en papillon. Convertir des euros en yens.* **9.** Sert à former de nombreuses locutions adverbiales ou prépositives : *En définitive. En fait. En dedans.*

② **en** adv. (lat. *inde,* de là). Indique le lieu d'où l'on vient : *Peux-tu aller à la boulangerie ? J'en reviens* (= de là). *Va-t'en. Allez-vous-en.*

③ **en** pron. pers. (lat. *inde,* de là). **1.** Remplace un pronom (représentant le plus souvent une chose) qui serait précédé de la préposition *de* : *Tu ne peux pas avoir les ciseaux, il s'en sert. Elle s'en souvient. Qu'en dites-vous ? J'en ai parlé avec un conseiller* (= j'ai parlé de cela). **2.** Remplace un nom de chose qui serait précédé des articles partitifs *de la* ou *du* : *As-tu acheté du vin ? Oui, j'en ai pris chez l'épicier.* **3.** Remplace le complément partitif de certains mots indiquant une quantité : *J'en vois un. Il m'en a donné plusieurs.* ▸ ***Je n'en peux rien,*** en Belgique, je n'y peux rien.

s'**enamourer** [ɑ̃namure] ou **s'énamourer** v.pr. [conj. 3]. *Litt.* Devenir amoureux : *Elle s'est enamourée de son collègue de bureau* (**SYN.** s'amouracher de, s'enticher de).

énarchie n.f. *Fam.* Ensemble des énarques ; pouvoir qu'ils exercent au sein de l'État.

énarque n. Ancien élève de l'École nationale d'administration ou E.N.A.

en-avant [ɑ̃navɑ̃] n.m. inv. Au rugby, faute commise par un joueur qui lâche le ballon ou l'envoie à la main vers le but adverse : *Il a fait deux en-avant.*

en-but [ɑ̃by ou ɑ̃byt] n.m. inv. Au rugby, surface située derrière la ligne du but, où doit être marqué l'essai.

encablure n.f. (de *câble*). Dans la marine, mesure de longueur de 120 brasses, soit environ 200 mètres, servant à évaluer les courtes distances : *À quelques encablures de la côte.*

encadré n.m. Dans une page, texte entouré d'une bordure, d'un filet qui le met en valeur : *Les dates à retenir sont dans l'encadré.*

encadrement n.m. **1.** Action d'encadrer : *L'encadrement d'une aquarelle.* **2.** Ce qui encadre : *L'encadrement de la photographie est en bois* (**SYN.** cadre). **3.** Ce qui entoure une ouverture, une baie : *Il est apparu dans l'encadrement de la porte* (**SYN.** cadre, embrasure). **4.** Ensemble des cadres d'une entreprise, d'une troupe de militaires : *Personnel d'encadrement.* **5.** Ensemble de personnes qui ont la responsabilité d'un groupe : *L'encadrement des touristes est insuffisant.* **6.** Ensemble des mesures prises par les pouvoirs publics pour contrôler un phénomène économique.

encadrer v.t. [conj. 3]. **1.** Entourer d'un cadre, mettre dans un cadre : *Encadrer un diplôme.* **2.** Entourer d'une bordure semblable à un cadre pour mettre en valeur, faire ressortir : *Encadrer les mots nouveaux dans un article de journal.* **3.** Former comme un cadre autour de qqch : *Une magnifique chevelure encadrait son visage* (**SYN.** entourer). **4.** Entourer, flanquer de manière à garder, à surveiller : *Deux gardes du corps encadrent le président.* **5.** Assurer auprès de personnes un rôle de direction, de formation : *C'est elle qui nous encadrera pendant le stage* (**SYN.** diriger). ▸ *Fam.* ***Ne pas pouvoir encadrer qqn,*** ne pas pouvoir le supporter ; le détester. ◆ **s'encadrer** v.pr. *Litt.* Se placer quelque part comme dans un cadre : *La chatte s'est encadrée dans la fenêtre.*

encadreur, euse n. Personne qui fabrique et pose des cadres de tableaux, de dessins, etc.

encagoulé, e adj. et n. Dont le visage est masqué par une cagoule : *Des malfaiteurs encagoulés.*

encaissable adj. Qui peut être encaissé : *Un chèque encaissable en fin de mois.*

encaissage n.m. Action de mettre en caisse : *L'encaissage des pommes.*

encaisse n.f. Argent, valeurs que l'on a en caisse : *L'encaisse de ce commerçant a été volée.*

encaissé, e adj. Resserré entre des montagnes ou des parois escarpées : *Une route encaissée.*

encaissement n.m. **1.** Action d'encaisser de l'argent : *L'encaissement de cette somme s'est fait plus tôt que prévu.* **2.** Fait d'être encaissé, resserré entre deux versants : *L'encaissement d'un village.*

encaisser v.t. [conj. 4]. **1.** Mettre en caisse : *Les déménageurs encaissent les livres.* **2.** Toucher de l'argent, des valeurs : *Le commerçant encaisse ses chèques.* **3.** Resserrer un lieu entre deux versants abrupts : *Les montagnes qui encaissent la vallée.* **4.** *Fam.* Subir sans être ébranlé, sans réagir : *Elle a encaissé les critiques de ses adversaires* (**SYN.** essuyer). ▸ *Fam.* ***Ne pas pouvoir encaisser qqn, qqch,*** ne pas supporter ; détester.

encaisseur n.m. Employé, en partic. employé de banque, qui encaisse de l'argent.

encalminé, e adj. (de *en* et *1. calme*). Se dit d'un bateau arrêté du fait de l'absence de vent.

à l'**encan** loc. adv. (du lat. *in quantum,* pour combien). Aux enchères, au plus offrant : *Il a vendu sa collection d'affiches de cinéma à l'encan.*

s'**encanailler** v.pr. [conj. 3]. Fréquenter ou imiter des gens jugés méprisables ou douteux : *Des touristes qui s'encanaillent dans les ruelles du port.*

encanteur, euse n. (de *encan*). Au Québec, commissaire-priseur.

encapuchonner v.t. [conj. 3]. Couvrir d'un capuchon : *Encapuchonner un enfant.* ◆ **s'encapuchonner** v.pr. Se couvrir d'un capuchon.

encaquer v.t. [conj. 3]. Mettre des harengs dans une caque, une barrique permettant de les conserver.

encart n.m. Feuille, cahier insérés entre les feuillets d'un cahier, d'un livre, d'une revue, etc. : *Un encart publicitaire sur lequel on peut sentir un parfum.*

encartage n.m. Action d'encarter.

encarter v.t. (de *carte*) [conj. 3]. **1.** Insérer un encart entre les pages d'un livre, d'une revue, etc. : *Encarter un bulletin d'abonnement à un magazine.* **2.** Fixer sur une carte des petits objets de même nature pour les vendre : *Encarter des pinces à linge.*

en-cas ou **encas** n.m. inv. (ellipse de *en cas [de besoin]*). Repas léger que l'on peut consommer à tout moment : *La banane est un en-cas idéal.*

encastrable adj. Qui peut être encastré : *Une baignoire encastrable.*

encastrement n.m. Action d'encastrer : *L'encastrement d'une gazinière.*

encastrer v.t. (it. *incastrare*) [conj. 3]. Insérer très exactement dans une cavité prévue à cet effet : *Encastrer un lave-linge sous un plan de travail* (**SYN.** emboîter). ◆ **s'encastrer** v.pr. **1.** S'ajuster très exactement : *La chaîne hi-fi s'est parfaitement encastrée dans le meuble.* **2.** Entrer dans qqch et s'y bloquer : *La voiture s'est encastrée sous le train.*

encaustiquage n.m. Action d'encaustiquer : *L'encaustiquage d'un parquet.*

encaustique n.f. (du gr. *egkaiein,* brûler). Produit à base de cire et d'essence utilisé pour faire briller le bois : *Ces meubles sentent bon l'encaustique* (**SYN.** cire).

encaustiquer v.t. [conj. 3]. Enduire d'encaustique : *Encaustiquer les marches d'un escalier* (**SYN.** cirer).

enceindre v.t. (lat. *incingere,* ceindre) [conj. 81]. *Litt.* Entourer d'une enceinte : *Enceindre une ville de remparts.*

① **enceinte** n.f. (de *enceindre*). **1.** Ce qui entoure un espace fermé, en interdit l'accès ; cet espace lui-même : *L'enceinte de la ville a été en grande partie détruite* (**SYN.** muraille). *Les villageois se réfugiaient dans l'enceinte du château fort.* **2.** Espace clos : *Pénétrer dans l'enceinte d'un tribunal* (**SYN.** salle). **3.** Élément d'une chaîne de haute fidélité, comprenant un ou plusieurs haut-parleurs (**SYN.** baffle).

② **enceinte** adj. f. (lat. *incincta*, de *incingere*, entourer). Se dit d'une femme en état de grossesse : *Son épouse est enceinte de trois mois.*

enceinter v.t. [conj. 3]. En Afrique, rendre enceinte une femme.

encens [ɑ̃sɑ̃] n.m. (du lat. *incensum*, de *incendere*, allumer). Résine aromatique qui dégage par combustion une odeur agréable et forte : *Brûler un bâton d'encens.*

encensement n.m. Action d'encenser.

encenser v.t. [conj. 3]. **1.** Honorer en brûlant de l'encens, en agitant l'encensoir : *Le prêtre encense le cercueil.* **2.** *Fig.* Flatter avec excès : *La critique encense ce réalisateur depuis qu'il a été primé* (**SYN.** exalter, louanger ; **CONTR.** critiquer, fustiger [litt.], stigmatiser).

encensoir n.m. Cassolette suspendue à des chaînes dans laquelle on brûle de l'encens au cours des cérémonies chrétiennes.

encépagement n.m. Ensemble des cépages constituant un vignoble.

encéphale n.m. Ensemble des centres nerveux, constitué du cerveau, du cervelet et du bulbe rachidien, contenus dans la boîte crânienne des vertébrés.

encéphalique adj. Relatif à l'encéphale.

encéphalite n.f. En médecine, inflammation de l'encéphale, particulièrement d'origine virale.

encéphalogramme n.m. Abréviation de électroencéphalogramme.

encéphalopathie n.f. En médecine, affection du cerveau. ▸ ***Encéphalopathie spongiforme,*** due à une particule protéique infectieuse appelée *prion*, et pouvant atteindre l'homme et les animaux (maladie de Creutzfeldt-Jakob, maladie de la vache folle, tremblante du mouton).

encerclement n.m. Action d'encercler ; fait d'être encerclé : *L'encerclement d'un quartier par les policiers* (**SYN.** bouclage).

encercler v.t. [conj. 3]. **1.** Entourer d'un cercle ou comme d'un cercle : *Elle a encerclé une petite annonce qui l'intéresse sur le journal.* **2.** Entourer étroitement : *Les policiers ont encerclé le repaire des malfaiteurs* (**SYN.** boucler, cerner). **3.** Former un cercle, une ligne courbe autour de : *De vieilles maisons encerclent la place* (**SYN.** ceinturer, entourer, environner).

enchaîné n.m. Au cinéma, fondu enchaîné.

enchaînement n.m. **1.** Suite de choses, succession de faits qui s'enchaînent, qui dépendent les uns des autres : *Un enchaînement de faits douloureux l'a rendu dépressif* (**SYN.** cascade, série). **2.** Manière d'enchaîner, de s'enchaîner : *L'enchaînement des idées* (**SYN.** liaison).

enchaîner v.t. [conj. 4]. **1.** Attacher avec une chaîne : *Enchaîner une chèvre à un piquet. Enchaîner son vélo à un poteau.* **2.** Lier par un rapport naturel ou logique ; coordonner : *Enchaîner les parties d'un discours. Le gymnaste enchaîne les figures.* **3.** *Litt.* Priver de liberté : *Ils ont essayé d'enchaîner le peuple* (**SYN.** asservir, assujettir, soumettre ; **CONTR.** affranchir, libérer). ◆ v.i. Reprendre rapidement la suite d'un dialogue, d'un discours, d'une action : *La journaliste a enchaîné pour éviter que le sujet ne dérape.* ◆ **s'enchaîner** v.pr. Être lié à qqch par un rapport de dépendance logique : *Ces phrases s'enchaînent mal. Les événements se sont enchaînés à toute vitesse.*

enchanté, e adj. **1.** Qui est doté d'un pouvoir magique : *« La Flûte enchantée » de Mozart.* **2.** Extrêmement heureux : *Elle est enchantée de travailler pour cette entreprise* (**SYN.** charmé, ravi ; **CONTR.** insatisfait, mécontent).

enchantement n.m. **1.** Action d'enchanter, de soumettre à un pouvoir magique ; sortilège : *Elle brisa son enchantement* (**SYN.** ensorcellement, envoûtement). **2.** Ce qui charme, suscite un plaisir extrême : *Cette pièce est un enchantement* (**SYN.** merveille). **3.** État d'une personne enchantée : *L'enchantement des enfants devant les vitrines de Noël* (**SYN.** ravissement ; **CONTR.** déception, déconvenue, désenchantement). ▸ ***Comme par enchantement,*** de façon inattendue, quasi miraculeuse : *La douleur a disparu comme par enchantement.*

enchanter v.t. (lat. *incantare*, prononcer des formules magiques) [conj. 3]. **1.** Agir sur qqn par des procédés magiques, des incantations : *Dans ce conte, une fée a enchanté la princesse* (**SYN.** ensorceler, envoûter). **2.** Remplir d'un vif plaisir ; charmer : *L'idée de partir en vacances avec eux m'enchante* (**SYN.** plaire à, ravir ; **CONTR.** déplaire à, mécontenter).

enchanteur, eresse adj. Qui enchante : *Une musique enchanteresse* (**SYN.** ensorcelant, envoûtant). *Des vacances enchanteresses* (**SYN.** féerique, merveilleux). ◆ n. Personne qui fait des enchantements ; magicien : *L'enchanteur Merlin. Circé, l'enchanteresse.*

enchâssement n.m. Action d'enchâsser ; son résultat : *L'enchâssement d'un rubis* (**SYN.** sertissage).

enchâsser v.t. (de *châsse*) [conj. 3]. **1.** Placer dans une châsse : *Enchâsser des reliques.* **2.** Fixer dans un support, une monture : *Enchâsser une perle* (**SYN.** sertir). **3.** *Litt.* Insérer dans un ensemble ; intercaler : *Enchâsser des citations dans un article.*

enchâteler v.t. [conj. 19]. En Suisse, remplir de choses, d'une substance, plus haut que le bord.

enchère n.f. (de *enchérir*). **1.** Dans une vente au plus offrant, offre d'un prix supérieur à celui qu'un autre propose : *Les enchères sont montées jusqu'à 100 000 euros pour ce vase.* **2.** À certains jeux de cartes, somme que l'on peut ajouter à l'enjeu ; au bridge, demande supérieure à celle de l'adversaire. ▸ ***Vente aux enchères,*** vente publique au plus offrant, faite par un commissaire-priseur ou un notaire (= à l'encan).

enchérir v.i. (de *cher*) [conj. 32]. **1.** Faire une enchère ; proposer un prix plus élevé : *Il a enchéri de 100 euros sur l'offre précédente.* **2.** *Litt.* Aller au-delà de ce qui a été dit ou fait : *Elle a enchéri en lui proposant un salaire plus élevé que celui proposé par son concurrent* (**SYN.** renchérir).

enchérisseur, euse n. Personne qui fait une

enchère : *Ce tableau sera attribué au dernier enchérisseur* (= celui qui proposera le prix le plus élevé).

enchevêtrement n.m. **1.** Action d'enchevêtrer ; son résultat : *L'enchevêtrement des lacets d'une chaussure* (**SYN.** emmêlement ; **CONTR.** démêlage). **2.** Ensemble confus, incohérent et désordonné : *L'enchevêtrement d'une intrigue* (**SYN.** confusion, désordre, embrouillement).

enchevêtrer v.t. (de *chevêtre*, pièce de charpente) [conj. 4]. Emmêler de façon indistincte et inextricable : *Il a enchevêtré les guirlandes en décorant le sapin* (**SYN.** entremêler ; **CONTR.** débrouiller, démêler). *La vieille dame enchevêtre ses souvenirs* (**SYN.** embrouiller, mélanger). ◆ **s'enchevêtrer** v.pr. S'engager les unes dans les autres, en parlant de choses ; s'emmêler : *Les fils se sont enchevêtrés. Ses idées s'enchevêtrent* (**CONTR.** s'éclaircir).

enchifrené, e adj. (de *chanfrein*). *Vx* Enrhumé.

enclave n.f. Portion de propriété ou de territoire entièrement entourée par une autre propriété ou le territoire d'un autre pays : *Le Vatican est une enclave dans la ville de Rome.*

enclavement n.m. Action d'enclaver ; fait d'être enclavé : *L'enclavement du Luxembourg.*

enclaver v.t. (du lat. *clavis*, clef) [conj. 3]. **1.** Contenir comme enclave ; entourer : *Leur terrain enclave un étang appartenant à la commune.* **2.** *Fig.* Placer dans ; engager : *Enclaver un tenon dans une mortaise* (**SYN.** encastrer).

enclenchement n.m. **1.** Action d'enclencher ; mise en train : *L'enclenchement d'une affaire judiciaire* (**SYN.** commencement ; **CONTR.** fin). **2.** Dispositif mécanique ou électrique qui rend solidaires les pièces d'un mécanisme.

enclencher v.t. (de *clenche*) [conj. 3]. **1.** Mettre en marche au moyen d'un enclenchement : *Enclencher la première vitesse sur une voiture.* **2.** Faire démarrer ; commencer : *Enclencher un processus de paix.* ◆ **s'enclencher** v.pr. Se mettre en marche ; commencer à fonctionner : *La sirène s'est enclenchée à cause de la tempête.*

enclin, e adj. (du lat. *inclinare*, incliner). Porté naturellement à ; sujet à : *Elle est encline à la jalousie* (**SYN.** prédisposé à).

enclore v.t. (du lat. *includere*) [conj. 113]. Entourer d'une clôture : *Il a enclos son pré* (**SYN.** clôturer). *Maintenant un mur enclôt le jardin* (**SYN.** ceindre, encercler).

enclos [ɑ̃klo] n.m. Espace contenu dans une clôture ; la clôture elle-même : *Les moutons paissent dans l'enclos. Un enclos électrifié.*

enclouer v.t. [conj. 3]. Blesser avec un clou un animal que l'on ferre : *Enclouer un cheval.*

enclouure [ɑ̃kluyr] n.f. [conj. 3]. Blessure d'un animal encloué.

enclume n.f. (du lat. *incus, incudis*). **1.** Masse métallique destinée à supporter les chocs dans diverses opérations qui se font par frappe : *Enclume de forgeron, de serrurier.* **2.** En anatomie, deuxième osselet de l'oreille moyenne. ▸ ***Être entre le marteau et l'enclume,*** se trouver entre deux partis opposés, avec la perspective d'être victime dans tous les cas.

encoche n.f. Petite entaille faite sur un bâton, une flèche, etc., servant de marque, de repère.

encocher v.t. [conj. 3]. Faire une encoche à : *Encocher une planche.* ▸ ***Encocher une flèche,*** la placer de manière que la corde de l'arc se trouve dans l'encoche.

encodage n.m. Codage.

encoder v.t. [conj. 3]. Coder : *Encoder un message.*

encoignure [ɑ̃kɔɲyr ou ɑ̃kwaɲyr] n.f. (de *coin*). Angle intérieur formé par deux murs qui se rencontrent : *Placer un meuble dans une encoignure* (**SYN.** coin).

encollage n.m. **1.** Action d'encoller : *L'encollage du papier peint* (**CONTR.** décollage). **2.** Préparation qui sert à encoller.

encoller v.t. [conj. 3]. Enduire une surface de colle, de gomme, etc. : *Encoller le dos d'un livre pour le relier.*

encolleuse n.f. Machine qui sert à encoller.

encolure n.f. (de *col*, forme anc. de *cou*). **1.** Partie du corps de certains mammifères, notamm. du cheval, qui s'étend depuis la tête jusqu'au garrot et au poitrail. **2.** Dimension du tour de cou d'un homme : *Une forte encolure.* **3.** Partie du vêtement échancrée autour du cou : *Une encolure carrée, en V.*

encombrant, e adj. Qui encombre, gêne : *Cette plante devient encombrante* (**SYN.** embarrassant, volumineux). *Ses amis sont un peu encombrants* (**SYN.** envahissant, gênant ; **CONTR.** discret). ◆ **encombrants** n.m. pl. Rebuts ménagers volumineux faisant l'objet d'un ramassage spécial par les services de voirie : *Les réfrigérateurs ou les canapés sont des encombrants.*

sans **encombre** loc. adv. Sans rencontrer d'obstacle ; sans incident, sans ennui : *Malgré la grève des transports, elle est arrivée sans encombre au travail.*

encombré, e adj. Se dit de qqch qui est utilisé par trop de personnes en même temps : *Les lignes sont encombrées, veuillez rappeler plus tard. Éviter les routes encombrées.* (**SYN.** bouché, saturé).

encombrement n.m. **1.** Action d'encombrer ; état de ce qui est encombré : *L'encombrement d'un bureau par de vieux dossiers. Cette déviation permettra d'éviter l'encombrement de la route nationale* (**SYN.** bouchon, embouteillage, engorgement). **2.** Place, volume qu'occupe qqch : *Un lave-linge d'un faible encombrement.* **3.** En informatique, situation d'un équipement ou d'un réseau qui est l'objet d'un nombre de sollicitations excédant ses possibilités de traitement : *L'encombrement d'un site Internet* (**SYN.** saturation).

encombrer v.t. (de l'anc. fr. *combre*, barrage) [conj. 3]. **1.** Obstruer, embarrasser un lieu, qqch, par accumulation : *Ces cartons vides encombrent la cave* (**SYN.** embarrasser). *Des camions encombrent la place* (**SYN.** boucher, congestionner, embouteiller). **2.** Saturer une ligne téléphonique, un standard par des appels trop nombreux : *Ils veulent tous se connecter à la même heure et encombrent ainsi la ligne.* **3.** Constituer pour qqn une présence inutile, gênante : *Va travailler ailleurs, tu m'encombres !* (**SYN.** déranger, gêner, importuner). ◆ **s'encombrer** v.pr. **[de].** Prendre ou garder avec soi qqn, qqch qui gêne (**SYN.** s'embarrasser de ; **CONTR.** se débarrasser de).

à l'**encontre de** loc. prép. (bas lat. *incontra*). En s'opposant à qqch ; en y faisant obstacle : *Votre demande va à l'encontre de mes principes.*

encorbellement n.m. (de *corbel*, forme anc. de *corbeau*). En architecture, construction établie en surplomb sur le plan d'un mur : *Une maison à encorbellement.*

s'**encorder** v.pr. [conj. 3]. S'attacher les uns aux autres avec une corde, en parlant d'alpinistes, de spéléologues : *Ils se sont encordés pour descendre dans le gouffre.*

encore adv. (du lat. *hinc ad horam*, de là jusqu'à cette heure). **1.** Indique la persistance d'une action ou d'un état à un moment donné : *Il neige encore* (**SYN.** toujours). **2.** (En tournure nég.). Indique l'absence de réalisation, à un moment donné, de ce qui doit arriver : *Son bébé ne marche pas encore.* **3.** Indique la répétition d'une action : *Il va encore nous ennuyer avec cette histoire* (= de nouveau). **4.** Indique l'addition, l'ajout : *Il ne suffit pas d'avoir une bonne note à l'écrit, il faut encore briller à l'oral* (**SYN.** aussi). **5.** (Suivi d'un comparatif). Indique le renforcement : *Ce gâteau est encore meilleur accompagné d'une crème anglaise.* **6.** (En tête de proposition, avec inversion du sujet). Indique la restriction, la réserve : *Elle veut s'acheter une voiture ; encore faut-il qu'elle obtienne son permis.* ▸ ***Et encore,*** indique qu'on est probablement en deçà de la vérité : *Il gagne facilement 10 000 euros, et encore !* ***Mais encore,*** indique un renforcement, une addition : *Non seulement elle a dû l'y conduire, mais encore il a fallu qu'elle l'attende* ; sert à demander des précisions supplémentaires : *Vous avez des renseignements à me demander, mais encore ?* (= lesquels exactement ?). ***Si encore*** ou ***encore si,*** exprime une condition dont on constate ou suppose, génér. avec regret, la non-réalisation : *Si encore tu m'avais téléphoné, j'aurais su la nouvelle à temps.* ◆ **encore que** loc. conj. *Litt.* (Suivi du subj.). Bien que, quoique : *Je le crois innocent, encore que je ne puisse le prouver* (= cependant, toutefois).

encorné, e adj. *Litt.* Qui a des cornes ; cornu : *Diable encorné.*

encorner v.t. [conj. 3]. Percer, blesser d'un coup de corne : *Le taureau a encorné le torero.*

encornet n.m. Calmar.

encouble n.f. En Suisse, entrave, gêne.

s'**encoubler** v.pr. (du suisse romand *couble*, entrave de bois suspendue au cou du bétail) [conj. 3]. En Suisse, trébucher.

encourageant, e adj. Qui encourage : *Des paroles encourageantes* (**SYN.** réconfortant, stimulant ; **CONTR.** accablant, décourageant).

encouragement n.m. Action d'encourager ; acte, parole qui encourage : *La perchiste demande les encouragements du public* (**SYN.** aide, soutien).

encourager v.t. [conj. 17]. **1.** Donner du courage à ; porter à agir : *Ses supporteurs sont venus l'encourager. Je l'ai encouragé à s'inscrire à ce concours* (**SYN.** exhorter, inciter, pousser à ; **CONTR.** déconseiller, décourager, dissuader). **2.** Favoriser la réalisation, le développement : *La mairie encourage les jeunes talents* (**SYN.** soutenir, stimuler).

encourir v.t. (lat. *incurrere*) [conj. 45]. *Litt.* S'exposer à qqch de fâcheux : *Elle encourt une peine de un an d'emprisonnement* (**SYN.** risquer).

en-cours ou **encours** [ɑ̃kur] n.m. inv. Volume total des crédits accordés par les établissements de crédit à un moment donné.

encrage n.m. Dans l'imprimerie, action d'encrer les rouleaux d'une presse. ☞ **REM.** Ne pas confondre avec *ancrage.*

encrassement n.m. Action d'encrasser ; fait de s'encrasser : *L'encrassement d'un moteur.*

encrasser v.t. [conj. 3]. Couvrir de crasse : *La fumée a encrassé les rideaux* (**SYN.** salir ; **CONTR.** nettoyer). ◆ **s'encrasser** v.pr. Se couvrir de crasse, de saleté : *Le filtre de la hotte s'est encrassé.*

encre n.f. (lat. *encaustum*, du gr. *egkaiein*, brûler). **1.** Préparation liquide colorée dont on se sert pour écrire, pour imprimer, etc. : *Mettre une cartouche d'encre effaçable dans son stylo plume.* **2.** Liquide noir et épais sécrété par certains céphalopodes et qui leur permet, en cas de danger, de troubler l'eau pour cacher leur fuite : *La seiche et la pieuvre sécrètent de l'encre.* ☞ **REM.** Ne pas confondre avec *ancre.* ▸ ***Encre de Chine,*** mélange de noir de fumée, de gélatine et de camphre, utilisé pour le dessin au lavis ou à la plume. ***Encre sympathique,*** encre incolore qui apparaît sur le papier sous l'action de certains produits chimiques ou de la chaleur. ***Faire couler de l'encre,*** être le sujet de nombreux articles, pamphlets, études, etc. : *Sa mise en accusation a fait couler de l'encre.*

encrer v.t. [conj. 3]. Enduire d'encre : *Encrer un tampon.* ☞ **REM.** Ne pas confondre avec *ancrer.*

encreur adj. m. Qui sert à encrer : *Rouleau encreur d'une presse d'imprimerie.*

encrier n.m. Petit récipient destiné à contenir de l'encre : *Tremper sa plume dans l'encrier.*

encroûté, e adj. *Péjor.* Qui s'obstine dans son ignorance, sa routine : *Une personne encroûtée dans ses principes* (**SYN.** sclérosé).

encroûtement n.m. Action d'encroûter ; fait de s'encroûter : *Refuser l'encroûtement* (**SYN.** immobilisme, sclérose).

encroûter v.t. [conj. 3]. Recouvrir d'une croûte : *Le calcaire a encroûté la bouilloire.* ◆ **s'encroûter** v.pr. **1.** Se couvrir d'une croûte, d'un dépôt : *La chaudière s'est encroûtée.* **2.** *Péjor.* Se laisser dominer par une routine qui appauvrit l'esprit ; refuser les idées nouvelles : *Elle s'est encroûtée dans ses habitudes* (**SYN.** se scléroser, végéter).

encrypter v.t. [conj. 3]. Coder des données informatiques afin d'en garantir la confidentialité.

encyclique n.f. et adj. (du gr. *egkuklios*, circulaire, de *kuklos*, cercle). Lettre solennelle adressée par le pape aux évêques du monde entier ou d'une région, et à travers eux aux fidèles.

encyclopédie n.f. (du gr. *egkuklios paideia*, enseignement complet, éducation des enfants). Ouvrage où l'on expose de façon systématique les principes et les résultats des sciences, des techniques, des connaissances en général : *Une encyclopédie en quinze volumes. Une encyclopédie électronique.*

encyclopédique adj. **1.** Qui relève de l'encyclopédie : *Dictionnaire encyclopédique.* **2.** Qui possède un savoir très étendu, des connaissances dans de nombreux domaines : *Une culture encyclopédique* (**CONTR.** limité).

encyclopédisme n.m. Tendance à l'accumulation systématique de connaissances dans les domaines les plus divers.

encyclopédiste n. Auteur d'une encyclopédie.

endéans [ɑ̃deɑ̃] prép. En Belgique, dans le délai de.

endémicité n.f. En médecine, caractère endémique d'une maladie : *L'endémicité du choléra.*

endémie n.f. (du gr. *endêmon* [*nosêma*], maladie [fixée dans un pays]). Maladie particulière à une région donnée, et y existant de façon quasi permanente.

endémique adj. **1.** Qui présente les caractères de l'endémie : *Le paludisme est une maladie endémique dans certaines régions marécageuses.* **2.** Qui sévit de façon permanente : *Chômage endémique.* **3.** En écologie, se dit d'une espèce vivante dont la présence à l'état naturel est limitée à une région donnée (par opp. à cosmopolite) : *Une plante pyrénéenne endémique.*

endémisme n.m. En écologie, caractère des animaux, des plantes et des micro-organismes endémiques (par opp. à cosmopolitisme).

endettement n.m. Action de s'endetter ; fait d'être endetté : *L'endettement d'une entreprise.*

endetter v.t. [conj. 4]. Charger de dettes : *Sa passion pour le jeu l'a endetté.* ◆ **s'endetter** v.pr. Contracter des dettes : *Plusieurs de ces pays se sont endettés.*

endeuiller v.t. [conj. 5]. Plonger dans le deuil, la tristesse, en parlant du décès de qqn : *La mort de ce chanteur a endeuillé le pays* (**SYN.** affecter, attrister ; **CONTR.** réjouir).

endiablé, e adj. Qui manifeste de la vivacité ; impétueux : *Une danse endiablée* (**SYN.** débridé, effréné, vif).

endiguement n.m. Action d'endiguer : *L'endiguement d'un fleuve.*

endiguer v.t. [conj. 3]. **1.** Contenir par des digues : *Il faut endiguer la rivière pour éviter d'autres inondations.* **2.** *Fig.* Faire obstacle à qqch : *Les policiers ont endigué le flot de supporteurs* (**SYN.** canaliser, contenir). *L'État souhaite endiguer le piratage des CD* (**SYN.** enrayer, étouffer, juguler, refréner ; **CONTR.** aider, favoriser, soutenir).

endimanché, e adj. Qui est plus élégant que d'habitude. ▸ ***Avoir l'air endimanché,*** avoir l'air emprunté, gauche, dans des habits plus élégants que d'ordinaire.

s'**endimancher** v.pr. [conj. 3]. Revêtir ses habits du dimanche ; s'habiller d'une façon plus soignée que d'habitude : *Elle s'est endimanchée pour aller à cette réception.*

endive n.f. (lat. *intibum*). Espèce cultivée de chicorée, blanchie à l'obscurité et dont on mange les pousses feuillues ; witloof.

endoblaste ou **endoderme** n.m. (du gr. *endon,* dedans, et *blastos,* germe, ou *derma,* peau). En biologie, enveloppe interne de l'embryon qui produit les appareils digestif et respiratoire.

endocarde n.m. (du gr. *kardia,* cœur). Membrane qui tapisse la cavité du cœur.

endocarpe n.m. (du gr. *karpos,* fruit). En botanique, partie la plus interne du fruit, parfois épaissie pour former le noyau qui contient la graine.

endocrine adj. (du gr. *krinein,* sécréter). Se dit de glandes à sécrétion interne qui déversent le produit de leur sécrétion (une hormone) directement dans le sang (par opp. à exocrine) : *La thyroïde, l'hypophyse sont des glandes endocrines.*

endocrinien, enne adj. En médecine, relatif aux glandes endocrines et à leur sécrétion : *Le système endocrinien.*

endocrinologie n.f. Partie de la biologie et de la médecine qui étudie le développement, les fonctions et les maladies des glandes endocrines.

endocrinologue ou **endocrinologiste** n. Spécialiste d'endocrinologie.

endoctrinement n.m. Action d'endoctriner ; fait d'être endoctriné ; embrigadement.

endoctriner v.t. [conj. 3]. Faire adopter ou imposer une doctrine, des idées à qqn : *Elle a essayé d'endoctriner ses collègues* (**SYN.** embrigader, enrégimenter, enrôler).

endoderme n.m. → **endoblaste.**

endodontie [ɑ̃dodɔ̃si] n.f. (du gr. *odous, odontos,* dent). En médecine, étude de la pulpe des dents et de ses maladies.

endogame adj. et n. Qui pratique l'endogamie (par opp. à exogame).

endogamie n.f. (du gr. *gamos,* mariage). En anthropologie, obligation pour un membre d'un groupe social de se marier avec un membre du même groupe (par opp. à exogamie).

endogamique adj. Relatif à l'endogamie (par opp. à exogamique).

endogène adj. (du gr. *gennân,* engendrer). *Didact.* Qui prend naissance à l'intérieur d'une structure, d'un organisme, d'une société, sous l'influence de causes strictement internes (par opp. à exogène) : *Le développement endogène d'un pays.*

endolori, e [ɑ̃dɔlɔri] adj. Qui est le siège d'une souffrance physique : *Ses mains sont tout endolories* (**SYN.** douloureux).

endolorir v.t. (du lat. *dolor,* douleur) [conj. 32]. Rendre douloureux : *Cette chute a endolori son dos.*

endolorissement n.m. Action d'endolorir, de faire souffrir ; son résultat : *L'endolorissement tarde à disparaître* (**SYN.** douleur).

endomètre n.m. (du gr. *mêtra,* utérus). Muqueuse interne de l'utérus.

endommagement n.m. Action d'endommager ; son résultat : *L'endommagement d'un wagon* (**SYN.** avarie, dégât, détérioration).

endommager v.t. [conj. 17]. Mettre qqch en mauvais état ; causer un dommage à : *L'orage a endommagé la cabane à outils* (**SYN.** abîmer, détériorer).

endomorphine n.f. → **endorphine.**

endormant, e adj. Qui endort ; qui ennuie au point de provoquer le sommeil : *Un film endormant* (**SYN.** soporifique ; **CONTR.** captivant, passionnant).

endormeur, euse adj. *Litt.* Personne qui trompe qqn pour endormir sa vigilance.

endormi, e adj. **1.** Qui dort : *Une petite fille à demi endormie* (**SYN.** assoupi). **2.** Où tout semble en sommeil ; où il y a peu d'activité : *Une région endormie.*

Un volcan endormi (**SYN.** inactif ; **CONTR.** actif). **3.** *Fam.* Qui manque de vivacité : *Un employé endormi* (**SYN.** apathique, indolent, mou ; **CONTR.** éveillé, vif).

endormir v.t. [conj. 36]. **1.** Faire dormir, provoquer le sommeil : *La boîte à musique endort le bébé. Avant de l'opérer, on l'a endormi* (**SYN.** anesthésier). **2.** Ennuyer par la monotonie, le manque d'intérêt, au point de donner envie de dormir : *Ce genre d'émission m'endort* (**SYN.** fatiguer, lasser ; **CONTR.** captiver, intéresser). **3.** Rendre moins violent un sentiment, une sensation : *Ce médicament a endormi ma douleur* (**SYN.** atténuer, calmer, soulager ; **CONTR.** aviver). **4.** Donner de faux espoirs à qqn pour le tromper : *Il les a endormis par des promesses* (**SYN.** bercer [litt.], enjôler). ◆ **s'endormir** v.pr. **1.** Se laisser aller au sommeil : *Elle s'est endormie devant la télévision* (**SYN.** s'assoupir ; **CONTR.** se réveiller). **2.** Ralentir son activité ; manquer de vigilance : *Ne vous endormez pas, vous devez avoir fini le travail ce soir !*

endormissement n.m. Fait de s'endormir ; passage de l'état de veille à l'état de sommeil : *L'endormissement d'un enfant* (**CONTR.** réveil).

endorphine ou **endomorphine** n.f. Hormone sécrétée par l'hypothalamus et qui, comme la morphine, calme la douleur.

endos [ɑ̃do] n.m. → **endossement.**

endoscope n.m. (du gr. *skopein*, examiner). En médecine, tube optique muni d'un dispositif d'éclairage, destiné à être introduit dans une cavité de l'organisme afin de l'examiner.

endoscopie n.f. Examen d'une cavité interne du corps, avec un endoscope.

endoscopique adj. Relatif à l'endoscopie.

endossable adj. Se dit d'un chèque qui peut être endossé.

endossement ou **endos** [ɑ̃do] n.m. Fait pour une personne *(l'endosseur)* d'apposer sa signature au dos d'un effet de commerce, d'un chèque afin d'en permettre le paiement à un nouveau bénéficiaire *(l'endossataire)*.

endosser v.t. (de *dos*) [conj. 3]. **1.** Mettre sur son dos, sur soi ; revêtir : *Le comédien endosse sa tenue de scène.* **2.** Opérer l'endossement de : *Endosser un chèque, une traite.* **3.** *Fig.* Prendre la responsabilité de : *Elle a préféré tout endosser pour qu'il n'aille pas en prison* (**SYN.** assumer ; **CONTR.** rejeter).

endothélium [ɑ̃dɔteljɔm] n.m. (du gr. *thelê*, mamelon). Tissu qui tapisse les vaisseaux et les cavités internes du cœur.

endotoxine n.f. Toxine contenue dans la paroi de certaines bactéries et qui n'est libérée que lors de la destruction de la bactérie qui la transporte.

endroit n.m. (de 2. *droit*). **1.** Lieu, place déterminés : *Ils ont trouvé un endroit pour pique-niquer* (**SYN.** coin, emplacement). *À quel endroit la nappe est-elle tachée ?* (= où). **2.** Localité où l'on habite : *Les commerçants de l'endroit redoutent l'ouverture d'un centre commercial* (**SYN.** lieu, quartier). **3.** Le côté à présenter d'une chose à deux faces (par opp. à envers) : *L'endroit de ce tissu est soyeux. Elle a écrit seulement sur l'endroit de la feuille* (**SYN.** recto ; **CONTR.** verso). **4.** Passage d'un texte, d'un livre : *Il est difficile de ne pas rire à cet endroit de la pièce.* ▸ ***À l'endroit,*** du bon côté (par opp. à à l'envers) : *Mets ta casquette à l'endroit.* *Litt.* ***À l'endroit de,*** à l'égard de ; envers : *Je n'ai aucune indulgence à l'endroit de cet homme.* ***Par endroits,*** çà et là : *Par endroits, le ciel est dégagé.*

enduire v.t. (lat. *inducere*, appliquer sur) [conj. 98]. Recouvrir une surface d'un enduit, d'une préparation semi-liquide : *Enduire un mur. Enduire de colle un revêtement* (**SYN.** badigeonner).

enduit n.m. **1.** Mince couche de mortier appliquée sur un mur. **2.** Préparation pâteuse ou semi-fluide appliquée en couche continue sur une surface : *Elle a passé de l'enduit sur les fissures avant de repeindre le plafond.*

endurable adj. Que l'on peut endurer ; supportable : *Un froid endurable* (**CONTR.** insoutenable, insupportable).

endurance n.f. Aptitude à résister à la fatigue physique ou morale, à endurer la souffrance : *Participer à une course d'endurance. Des sauveteurs remarquables par leur endurance* (**SYN.** force, résistance, trempe).

endurant, e adj. Qui a de l'endurance : *Une athlète endurante* (**SYN.** résistant ; **CONTR.** fragile).

endurci, e adj. **1.** Qui est devenu dur, insensible : *Cœur endurci* (**CONTR.** compatissant, sensible). **2.** Dont les habitudes se sont enracinées : *Une célibataire endurcie* (**SYN.** impénitent).

endurcir v.t. [conj. 32]. **1.** Rendre dur : *La musculation a endurci ses abdominaux* (**SYN.** durcir ; **CONTR.** assouplir). **2.** Rendre résistant : *Ce sport l'a endurcie* (**SYN.** aguerrir, tremper). **3.** Rendre moins sensible : *Cette longue errance dans un pays en guerre les a endurcis* (**SYN.** cuirasser). ◆ **s'endurcir** v.pr. Devenir dur, insensible ; s'aguerrir : *Elle s'est endurcie en vieillissant* (**SYN.** se durcir ; **CONTR.** s'attendrir).

endurcissement n.m. Fait de s'endurcir ; endurance ; insensibilité.

endurer v.t. (lat. *indurare*, rendre dur) [conj. 3]. Supporter ce qui est dur, pénible : *Pendant sa course en solitaire, elle a dû endurer bien des privations* (**SYN.** souffrir, subir). *Comment pouvez-vous endurer toutes ces critiques ?* (**SYN.** accepter, supporter).

enduro n.m. Compétition de motocyclisme qui consiste en une épreuve d'endurance et de régularité en terrain varié. ◆ n.f. Moto conçue pour pratiquer ce type de compétition : *Ces enduros japonaises sont au coude-à-coude.*

en effet [ɑ̃nefɛ] loc. conj. Marque une articulation logique de cause, introduit une explication : *Elle met son appartement en vente, en effet elle va s'installer chez son ami* (**SYN.** car, parce que). ◆ loc. adv. Exprime une affirmation, un assentiment : *En effet, c'est bien lui qui joue dans ce film* (**SYN.** effectivement). *Je crois, en effet, qu'elle est apte à occuper ce poste.*

énergéticien, enne n. Spécialiste d'énergétique.

énergétique adj. (gr. *energêtikos*, actif, efficace). Relatif à l'énergie, aux sources d'énergie : *Les ressources énergétiques d'une région. Une barre de céréales énergétique* (= qui fournit de l'énergie à l'organisme ; **SYN.** énergisant). ◆ n.f. Science et technique de la production de l'énergie, de ses emplois, et des conversions de ses différentes formes.

énergie n.f. (gr. *energeia*, force en action, de *energeîn*, agir). **1.** Force morale ; fermeté, puissance : *Malgré le décès de son mari, elle a fait preuve d'énergie* (**SYN.**

courage, ressort). **2.** Vigueur dans la manière de s'exprimer : *Les militants ont parlé avec énergie* (**SYN.** détermination, entrain, fougue ; **CONTR.** mollesse). **3.** Force physique : *Une femme pleine d'énergie* (**SYN.** dynamisme, vitalité ; **CONTR.** apathie, indolence). *Le boxeur frappe le punching-ball avec beaucoup d'énergie* (**SYN.** vigueur ; **CONTR.** atonie). **4.** En physique, capacité que possède un corps ou un système de corps de fournir du travail mécanique ou son équivalent : *Énergie solaire, nucléaire. L'unité de mesure de l'énergie est le joule.* ▸ ***Sources d'énergie,*** ensemble des matières premières ou des phénomènes naturels utilisés pour la production d'énergie (charbon, hydrocarbures, uranium, marée, vent, soleil).

énergique adj. **1.** Qui manifeste de l'énergie : *L'entraîneur de cette équipe est énergique* (**SYN.** actif, dynamique ; **CONTR.** indolent, lymphatique, mou). *Une poignée de main énergique* (**SYN.** ferme, vigoureux ; **CONTR.** faible). **2.** Qui est efficace : *Un médicament énergique* (**SYN.** actif ; **CONTR.** inefficace, inopérant). *Elle a pris des mesures énergiques pour lutter contre les fraudeurs* (**SYN.** draconien, drastique ; **CONTR.** modéré).

énergiquement adv. Avec énergie ; avec force : *Il a protesté énergiquement* (**SYN.** fermement, vigoureusement ; **CONTR.** faiblement, mollement).

énergisant, e adj. et n.m. Se dit d'un produit qui donne de l'énergie, qui stimule ou tonifie : *Une boisson énergisante* (**SYN.** énergétique).

énergivore adj. *Fam.* Se dit de qqch qui consomme beaucoup d'énergie : *Un radiateur énergivore.*

énergumène n. (gr. *energoumenos,* de *energeîn,* agir). **1.** Personne exaltée, qui parle, gesticule avec véhémence : *Que veut cet énergumène ?* (**SYN.** excité). **2.** Individu dangereux ; forcené.

énervant, e adj. Qui énerve, irrite les nerfs : *La sonnerie de cette alarme est énervante* (**SYN.** agaçant ; **CONTR.** apaisant, reposant). *Cet enfant est énervant avec ses pleurnichements* (**SYN.** exaspérant, irritant).

énervation n.f. En chirurgie, ablation ou section des nerfs d'un muscle ou d'un organe.

énervé, e adj. Qui est dans un état de nervosité inhabituel ; agacé, irrité : *Un élève énervé* (**SYN.** excité ; **CONTR.** calme, placide, serein).

énervement n.m. État d'une personne énervée : *Dans un moment d'énervement, il est parti* (**SYN.** crispation, irritation, nervosité ; **CONTR.** calme, impassibilité).

énerver v.t. (lat. *enervare,* couper les nerfs) [conj. 3]. Provoquer l'irritation, la nervosité : *Tu nous énerves avec tes sarcasmes* (**SYN.** exaspérer). *Le tic-tac de ce réveil m'énerve* (**SYN.** agacer, excéder ; **CONTR.** apaiser, calmer, détendre). ◆ **s'énerver** v.pr. Perdre le contrôle de soi-même : *Au bout d'une heure d'attente, les spectateurs se sont énervés* (**SYN.** s'impatienter).

enfance n.f. (lat. *infantia*). **1.** Période de la vie humaine depuis la naissance jusqu'à l'adolescence : *Il a eu une enfance difficile.* **2.** Ensemble des enfants : *L'enfance maltraitée.* **3.** *Litt.* Commencement de ce qui se développe ; origine : *L'enfance d'une science* (**SYN.** début, genèse ; **CONTR.** fin). ▸ ***C'est l'enfance de l'art,*** c'est très facile. ***Petite enfance,*** période de la vie qui va de la naissance à l'âge d'acquisition de la marche. *Fam.* ***Retomber en enfance,*** retrouver un comportement infantile, sous l'effet de la sénilité.

enfant n. (lat. *infans, infantis,* qui ne parle pas, de *fari,* parler, dire). **1.** Garçon, fille dans l'âge de l'enfance : *Leur fille est une enfant charmante. Elle enseigne à de jeunes enfants.* **2.** Fils ou fille, quel que soit l'âge ; descendant : *Ses trois enfants sont mariés.* **3.** Personne originaire de : *Cet homme est un enfant de notre village.* **4.** Personne considérée comme rattachée par ses origines à un être, à une chose : *Un enfant du peuple.* **5.** Ce que l'on a conçu : *Cette réforme, c'est son enfant.* ▸ ***Attendre un enfant,*** être enceinte. ***Enfant de chœur*** → **chœur.** ***Faire l'enfant,*** s'amuser à des choses puériles ; s'obstiner de façon puérile : *Ne faites pas l'enfant, nous savons que vous mentez.* ◆ adj. **1.** À l'âge de l'enfance : *Encore tout enfants, on nous apprenait la solidarité.* **2.** Qui a gardé la naïveté, la spontanéité d'un enfant : *Ses amies sont restées très enfants.* ◆ adj. inv. ▸ ***Bon enfant,*** d'une gentillesse simple ; accommodant : *Une plaisanterie bon enfant. Des manifestants très bon enfant.*

enfantement n.m. *Litt.* **1.** Action d'enfanter ; accouchement. **2.** Production, élaboration, création d'une œuvre : *L'enfantement d'une pièce de théâtre* (**SYN.** conception).

enfanter v.t. [conj. 3]. *Litt.* **1.** Mettre un enfant au monde (**SYN.** accoucher). **2.** Produire, créer : *Il a enfanté un nouveau magazine* (**SYN.** concevoir).

enfantillage n.m. **1.** Parole, action qui manifeste un manque de maturité : *Vous perdez votre temps à des enfantillages* (**SYN.** gaminerie, puérilité). **2.** Chose, action futile : *Nous n'allons pas nous fâcher pour des enfantillages* (**SYN.** bagatelle, niaiserie, vétille).

enfantin, e adj. **1.** Relatif à l'enfant : *Une émission enfantine* (= qui s'adresse aux enfants). **2.** Qui est peu compliqué : *Une épreuve enfantine* (**SYN.** facile, puéril, simple ; **CONTR.** ardu, compliqué, difficile). ▸ ***École enfantine,*** en Suisse, école maternelle.

enfant-soldat n.m. (pl. *enfants-soldats*). Fille ou garçon de moins de 18 ans enrôlés dans des forces militaires ou paramilitaires au mépris du droit international.

enfarger v.t. (anc. fr. *enfergier,* entraver) [conj. 17]. Au Québec, faire trébucher qqn. ◆ **s'enfarger** v.pr. **1.** Au Québec, se prendre les pieds dans : *Elle s'est enfargée dans le fil électrique.* **2.** *Fig.* Au Québec, s'empêtrer dans des difficultés. ▸ ***S'enfarger dans les fleurs du tapis,*** au Québec, se heurter à de faux obstacles.

enfariné, e adj. Couvert de farine, de poudre blanche : *Les mains enfarinées du boulanger.* ▸ *Fam.* ***Le bec enfariné*** ou ***la gueule enfarinée,*** avec une confiance niaise, ridicule.

enfer n.m. (lat. *infernus,* d'en bas). **1.** Dans diverses religions, séjour et lieu de supplice des damnés après la mort : *Aller en enfer* (**CONTR.** ciel, paradis). **2.** *Fig.* Lieu de souffrances ; situation extrêmement pénible : *Cette prison, c'est l'enfer. Cet ancien otage a vécu un enfer.* ▸ ***D'enfer,*** horrible, infernal : *Un feu d'enfer empêche les pompiers d'agir* ; fig., très violent ou très rapide : *Il roule à un train d'enfer* ; fam., extraordinaire : *J'ai une pêche d'enfer.* ◆ **enfers** n.m. pl. Dans la mythologie, séjour des défunts après leur mort. ▸ ***Descente aux enfers,*** effondrement progressif et total ; déchéance, désastre : *La descente aux enfers des marchés boursiers après le krach.*

enfermement n.m. Action d'enfermer : *L'enfermement d'un malfaiteur* (**SYN.** emprisonnement, incarcération ; **CONTR.** libération).

enfermer v.t. [conj. 3]. **1.** Mettre dans un lieu que l'on ferme, d'où l'on ne peut sortir : *Vous avez failli enfermer un client dans le magasin. De nombreux civils ont été enfermés dans des camps* (**SYN.** emprisonner, parquer ; **CONTR.** délivrer, libérer). **2.** Mettre à l'abri, en sûreté : *Enfermer des médicaments dans une armoire à pharmacie* (= mettre sous clef). **3.** Placer, maintenir dans d'étroites limites qui empêchent de se développer librement : *On ne peut enfermer la création dans des règles trop strictes* (**SYN.** corseter, enserrer). ◆ **s'enfermer** v.pr. **1.** S'installer dans un endroit fermé et isolé : *Elle s'est enfermée dans sa chambre pour téléphoner* (**SYN.** se calfeutrer, se claquemurer, se cloîtrer). **2.** Se maintenir avec obstination dans un état, une situation, une attitude : *Le suspect s'enferme dans le silence. Cette actrice s'enferme dans les rôles comiques* (**SYN.** se cantonner à, se confiner à).

s'**enferrer** v.pr. [conj. 4]. **1.** Se jeter sur l'épée de son adversaire. **2.** *Fig.* Se prendre à son propre piège, à sa propre machination : *L'accusée s'est enferrée dans ses explications* (**SYN.** s'empêtrer, s'enfoncer ; **CONTR.** se dépêtrer, se sortir de).

enfiévrer v.t. [conj. 18]. *Litt.* Jeter dans l'exaltation : *Ces paroles enfièvrent les militants* (**SYN.** embraser, enflammer, galvaniser).

enfilade n.f. Ensemble de choses disposées, situées les unes à la suite des autres : *Une enfilade de voitures* (**SYN.** file, rangée). *Les salles de classe sont en enfilade.*

enfilage n.m. Action de passer un fil : *L'enfilage des perles d'un bracelet.*

enfiler v.t. (de *fil*) [conj. 3]. **1.** Passer un fil dans le chas d'une aiguille, le trou d'une perle : *Je n'arrive pas à enfiler mon aiguille.* **2.** Passer rapidement un vêtement : *J'enfile mon manteau et j'arrive* (**SYN.** mettre). **3.** S'engager rapidement dans une voie, un passage : *Le cambrioleur enfila le couloir de l'hôtel et disparut* (**SYN.** prendre). ▸ *Fig., fam.* ***Enfiler des perles,*** perdre son temps à des choses insignifiantes.

enfin adv. (de *en* et *fin*). **1.** Introduit le dernier terme d'une série, d'une énumération : *Nous sommes allés à Florence, à Rome et enfin à Naples* (**SYN.** finalement). **2.** Indique qu'un événement se produit après avoir été longtemps attendu : *Nous avons enfin une réponse de sa part ! Elle a enfin arrêté de fumer.* **3.** Introduit une conclusion récapitulative : *Il porte un gros manteau, un bonnet, une écharpe, des gants, enfin tout ce qu'il faut pour ne pas avoir froid* (**SYN.** bref). **4.** Indique un correctif apporté à une affirmation : *C'est une amie, enfin, une ancienne connaissance* (= du moins). **5.** Indique une concession : *Il ne veut le révéler à personne ; enfin, vous pouvez toujours lui poser la question* (**SYN.** néanmoins, toutefois). **6.** Exprime la résignation : *Enfin, c'est ainsi, elle ne changera pas à son âge !* **7.** S'emploie pour rappeler à la raison : *Enfin, tu ne peux pas y aller seul !*

enflammé, e adj. **1.** Qui est plein d'ardeur, de passion : *Il lui a envoyé une lettre enflammée* (**SYN.** exalté, passionné). **2.** Qui est en état d'inflammation : *Blessure enflammée.*

enflammer v.t. (lat. *inflammare*) [conj. 3]. **1.** Mettre en flammes ; embraser : *Enflammer une allumette* (**SYN.** allumer). *Le mégot allumé a enflammé la pinède.* **2.** Causer l'inflammation de : *En se grattant, elle a enflammé sa plaie* (**SYN.** envenimer, infecter, irriter). **3.** *Fig.* Emplir d'ardeur, de passion ; exciter, exalter : *Son discours a enflammé le public* (**SYN.** électriser, enfiévrer, galvaniser).

enflé, e n. *Fam.* Idiot, lourdaud.

enfler v.t. (lat. *inflare,* souffler dans) [conj. 3]. **1.** Faire augmenter de volume : *Les fortes pluies ont enflé le fleuve* (**SYN.** gonfler, grossir). *La chaleur enfle ses jambes* (**CONTR.** désenfler). **2.** Gonfler en remplissant d'air, de gaz : *Le trompettiste enfle ses joues* (**SYN.** dilater, distendre). ▸ ***Être enflé de,*** rempli de ; plein de : *Elle est enflée d'orgueil* (**SYN.** bouffi). ◆ v.i. ou **s'enfler** v.pr. Augmenter de volume : *Mes doigts ont enflé* (**SYN.** gonfler ; **CONTR.** dégonfler, désenfler). *Les voiles s'enflent.*

enflure n.f. **1.** État de ce qui est enflé : *L'enflure de son bras est due à une piqûre de guêpe* (**SYN.** gonflement, œdème, tuméfaction). **2.** Exagération dans le ton, dans les manières ; emphase : *L'enflure d'un discours* (**SYN.** affectation, grandiloquence ; **CONTR.** simplicité).

enfoiré, e n. (de *foire,* diarrhée). *Vulg.* Imbécile.

enfoncé, e adj. Dans le fond ; à l'intérieur de : *Yeux enfoncés dans leurs orbites* (**CONTR.** exorbité, globuleux, saillant). *Il a la tête enfoncée dans les épaules* (= la tête tassée sur le buste, le cou rentré).

enfoncement n.m. **1.** Action d'enfoncer ; fait de s'enfoncer : *L'enfoncement d'un bouchon dans une bouteille.* **2.** Partie en retrait ou en creux : *Un enfoncement du sol* (**SYN.** cavité, dépression).

enfoncer v.t. (de *fond*) [conj. 16]. **1.** Pousser vers le fond ; faire pénétrer profondément dans : *Elle enfonça les piquets de la tente dans la terre* (**SYN.** ficher, planter ; **CONTR.** déplanter). **2.** Faire céder par une pression ou un choc : *Les pompiers ont dû enfoncer la porte* (**SYN.** défoncer, forcer). **3.** Vaincre, mettre en déroute une armée : *Les casseurs ont enfoncé le service d'ordre* (**SYN.** culbuter, percer). **4.** *Fig., fam.* Vaincre, surpasser : *Le sprinter a enfoncé tous ses adversaires* (**SYN.** écraser, surclasser). ◆ v.i. Aller vers le fond : *Le bateau enfonce* (**SYN.** couler, s'engloutir, sombrer). ◆ **s'enfoncer** v.pr. **1.** Aller au fond de, vers le fond : *La voiture s'est enfoncée dans des sables mouvants* (**SYN.** s'enliser). **2.** Céder sous un choc ou une pression : *Par endroits, la chaussée s'est enfoncée* (**SYN.** s'affaisser, s'écrouler, s'effondrer). **3.** *Fig.* Aggraver son état, sa situation : *Ne mens pas, tu t'enfonces davantage* (**SYN.** s'embourber, s'empêtrer, s'enferrer).

enfonceur, euse n. *Fam.* ▸ ***Enfonceur de porte ouverte,*** personne qui se démène en vue d'un problème déjà résolu, qui démontre des évidences.

enfouir v.t. (lat. *infodere,* de *fodere,* creuser) [conj. 32]. **1.** Mettre en terre : *Le chien a enfoui un os dans le jardin* (**SYN.** enterrer ; **CONTR.** déterrer, exhumer). **2.** Dissimuler un objet, un sentiment ; cacher : *Elle enfouit les billets dans son sac* (**SYN.** enfermer ; **CONTR.** extraire, sortir). *Il enfouit sa peine dans son cœur.* ◆ **s'enfouir** v.pr. S'enfoncer ; se blottir : *Le coquillage s'enfouit dans le sable. Elle s'est enfouie sous la couette.*

enfouissement n.m. Action d'enfouir ; fait d'être enfoui.

enfourcher v.t. [conj. 3]. Se mettre, monter à

califourchon sur : *Enfourcher un cheval, une bicyclette.* ▸ *Fam.* ***Enfourcher son cheval de bataille*** ou ***son dada,*** parler de son sujet de prédilection.

enfournage ou **enfournement** n.m. Action, manière d'enfourner, de mettre dans un four.

enfourner v.t. [conj. 3]. **1.** Mettre dans un four : *Enfourner une tarte* (**CONTR.** défourner). **2.** *Fam.* Manger rapidement et gloutonnement : *Il a enfourné tout le paquet de bonbons* (**SYN.** engloutir, ingurgiter).

enfreindre v.t. (lat. *infringere,* de *frangere,* briser) [conj. 81]. *Sout.* Ne pas respecter : *Vous avez enfreint la loi* (**SYN.** outrepasser, transgresser, violer ; **CONTR.** se conformer à, suivre).

s'**enfuir** v.pr. [conj. 35]. S'en aller à la hâte ; disparaître : *Des prisonniers se sont enfuis* (**SYN.** s'échapper, s'évader). *Elle s'est enfuie en le voyant* (**SYN.** fuir, se sauver). *Le bonheur des jours heureux s'est enfui* (**SYN.** s'envoler, passer).

enfumage n.m. Action d'enfumer : *L'enfumage d'un essaim d'abeilles.*

enfumer v.t. [conj. 3]. **1.** Remplir un lieu de fumée : *Le bois mouillé brûle mal et enfume la pièce.* **2.** Déloger ou neutraliser un animal en l'incommodant par la fumée : *Enfumer un lièvre dans son terrier.*

engagé, e adj. Qui traduit, exprime un engagement, notamm. politique : *Chanson engagée. Des artistes engagés.*

engageant, e adj. Qui attire, séduit : *Il a un visage engageant* (**SYN.** aimable, sympathique ; **CONTR.** antipathique, désagréable). *Il nous a fait des propositions engageantes* (**SYN.** alléchant, séduisant).

engagement n.m. **1.** Action d'engager, d'embaucher qqn ; accord écrit ou verbal qui l'atteste : *L'engagement d'un nouvel informaticien* (**SYN.** embauche, recrutement ; **CONTR.** débauchage, licenciement). *Signer un engagement d'un an* (**SYN.** contrat). **2.** Contrat par lequel qqn déclare vouloir servir dans l'armée pour une durée déterminée. **3.** Fait de s'engager à qqch, par une promesse, un contrat ; serment : *Elle a pris l'engagement de ne pas révéler le contenu de l'ouvrage sur lequel elle travaille* (= elle a donné sa parole). **4.** Action d'engager qqn, qqch dans un projet, une action : *L'engagement d'un pays dans la guerre* (**CONTR.** désengagement). **5.** Fait de s'engager politiquement : *L'engagement d'un chanteur dans le problème des sans-papiers.* **6.** Dans certains sports, action de mettre le ballon, la balle en jeu en début de partie ; coup d'envoi. **7.** Action militaire offensive ; combat localisé et de courte durée (**SYN.** escarmouche).

engager v.t. (de *gage*) [conj. 17]. **1.** Lier, attacher qqn par une promesse, une obligation : *Cette signature vous engage* (**SYN.** contraindre, obliger ; **CONTR.** dégager). **2.** Prendre à son service : *Engager de nouveaux collaborateurs* (**SYN.** embaucher, recruter ; **CONTR.** débaucher, licencier). **3.** Mettre en gage pour obtenir un prêt : *Engager ses bijoux* (**SYN.** gager). **4.** Faire pénétrer, diriger qqch dans ; introduire : *Le médecin engage une sonde dans la gorge de son patient* (**SYN.** enfoncer ; **CONTR.** enlever, retirer). **5.** Faire participer à ; affecter à un usage précis : *La mairie a engagé tout son personnel dans l'aide aux sinistrés.* **6.** Entamer une action ; commencer : *Engager un débat* (**SYN.** débuter, ouvrir). **7.** Inciter qqn à ; exhorter : *Nous vous engageons à la plus grande vigilance* (**SYN.** encourager à, inviter à, recommander). ◆ **s'engager** v.pr. **1.** Contracter un engagement professionnel ; s'inscrire à une compétition : *Elle s'est engagée comme employée de maison.* **2.** S'avancer, pénétrer : *Nous nous sommes engagés dans un chemin non balisé* (**SYN.** emprunter, prendre). **3.** Commencer : *La réunion s'engage mal* (**CONTR.** s'achever, se terminer). **4.** Exprimer publiquement par ses actes ou ses paroles une prise de position sur les problèmes sociaux, politiques : *De nombreux artistes se sont engagés aux côtés des réfugiés.* **5. [à].** Se lier verbalement ou par un contrat : *Vous vous êtes engagé à lui verser une pension* (**SYN.** promettre de ; **CONTR.** se dégager de, se désengager).

engazonnement n.m. Action d'engazonner ; son résultat.

engazonner v.t. [conj. 3]. Semer, garnir de gazon.

engeance [ɑ̃ʒɑ̃s] n.f. (de l'anc. fr. *engier,* augmenter). *Litt.* Catégorie de personnes que l'on méprise : *Il appartient à l'engeance des délateurs.*

engelure n.f. Plaque rouge, gonflée et douloureuse des extrémités du corps (mains, pieds, nez et oreilles) provoquée par le froid, par le gel.

engendrement n.m. Action d'engendrer.

engendrer v.t. (lat. *ingenerare,* de *genus, generis,* race) [conj. 3]. **1.** Reproduire par génération, en parlant de l'homme et des animaux mâles (**SYN.** procréer). **2.** Être à l'origine de ; provoquer : *L'agression de ce conducteur d'autobus a engendré une grève* (**SYN.** causer, occasionner, susciter).

engin n.m. (lat. *ingenium,* intelligence). **1.** Appareil, instrument, machine destinés à un usage particulier : *Les enquêteurs utilisent des engins très sophistiqués.* **2.** Matériel de guerre : *Les engins blindés.*

engineering [ɛ̃ʒiniriŋ] n.m. (mot angl.). Ingénierie.

englober v.t. [conj. 3]. Réunir en un tout ; contenir : *Son livre englobe tous les événements marquants du XXe siècle* (**SYN.** embrasser, rassembler). *Les sciences humaines englobent de nombreuses disciplines* (**SYN.** comporter, comprendre).

engloutir v.t. (bas lat. *ingluttire,* avaler, de *glutus,* gosier) [conj. 32]. **1.** Absorber, avaler gloutonnement de la nourriture : *Il a englouti une baguette à lui tout seul* (**SYN.** dévorer, ingurgiter). **2.** *Fig.* Faire disparaître : *La mer a englouti le voilier. Ces réparations ont englouti ses économies* (**SYN.** dévorer, dilapider). ◆ **s'engloutir** v.pr. Disparaître : *L'embarcation s'est engloutie dans la mer* (**SYN.** s'abîmer [litt.], couler, sombrer).

engloutissement n.m. Action d'engloutir ; fait d'être englouti : *L'engloutissement d'un navire.*

engluement ou **engluage** n.m. Action d'engluer.

engluer v.t. [conj. 3]. Couvrir, enduire de glu ou de matière gluante : *Le miel engluait ses doigts* (**SYN.** poisser). ▸ ***Être englué dans qqch,*** pris dans une situation complexe qui paraît sans issue : *Elle est engluée dans une histoire de faux témoignage.*

engoncer v.t. (de *gond*) [conj. 16]. En parlant d'un vêtement, déformer la silhouette en faisant paraître le cou enfoncé dans les épaules : *Cette robe l'engonce.*

engorgement n.m. Action d'engorger ; fait d'être engorgé : *L'engorgement du siphon d'un lavabo* (**SYN.**

obstruction). *L'engorgement de l'autoroute* (**SYN.** encombrement, saturation).

engorger v.t. (de *gorge*) [conj. 17]. **1.** Embarrasser, obstruer, par accumulation de matière : *Quelque chose a engorgé le tuyau de l'aspirateur* (**SYN.** boucher ; **CONTR.** déboucher, désengorger, désobstruer). **2.** Encombrer, bloquer la circulation : *La fermeture de l'autoroute engorge la nationale* (**SYN.** embouteiller ; **CONTR.** désembouteiller).

engouement n.m. Fait de s'engouer ; goût très vif et soudain pour qqn, qqch : *Son engouement pour cette mode a duré quelques semaines* (**SYN.** passade).

s'**engouer** v.pr. [conj. 6]. **[de, pour].** Se prendre d'une admiration, d'un enthousiasme excessifs et subits pour qqn, qqch : *Leur fille s'est engouée pour un acteur* (**SYN.** s'amouracher de, s'enticher de). *Ils se sont engoués de ce jeu* (**SYN.** se passionner pour ; **CONTR.** se désintéresser de).

engouffrement n.m. Action d'engouffrer ; fait de s'engouffrer.

engouffrer v.t. (de *gouffre*) [conj. 3]. **1.** Dépenser totalement une somme d'argent, génér. importante : *Il a engouffré son héritage dans cette maison* (**SYN.** dilapider, dissiper [litt.], engloutir ; **CONTR.** économiser, ménager). **2.** *Fam.* Manger, avaler des aliments goulûment : *Elle a engouffré son sandwich* (**SYN.** dévorer, engloutir). ◆ **s'engouffrer** v.pr. Entrer rapidement ou en masse dans un lieu : *Le vent s'engouffre par la vitre cassée. Les manifestants se sont engouffrés dans le bureau du maire* (**SYN.** s'introduire, pénétrer ; **CONTR.** s'écouler).

engoulevent n.m. (de l'anc. fr. *engouler*, avaler). Oiseau passereau, qui, la nuit, chasse les insectes en volant le bec grand ouvert.

engourdir v.t. (de *gourd*) [conj. 32]. **1.** Rendre insensible, paralyser qqn, une partie du corps : *Le froid a engourdi les mains de l'alpiniste* (**SYN.** ankyloser). **2.** Ralentir le mouvement, l'activité de : *Le manque de sommeil engourdit son esprit* (**CONTR.** fouetter, stimuler). ◆ **s'engourdir** v.pr. Perdre sa sensibilité, sa vivacité : *Mes jambes se sont engourdies* (**SYN.** s'ankyloser).

engourdissement n.m. Action d'engourdir ; fait d'être engourdi.

engrais n.m. (de *engraisser*). Produit organique ou minéral que l'on mêle à la terre pour la rendre plus fertile. ▸ ***À l'engrais,*** se dit d'un animal que l'on engraisse : *Un porc à l'engrais.*

engraissement ou **engraissage** n.m. Action d'engraisser un animal ; son résultat.

engraisser v.t. (bas lat. *incrassare*, de *crassus*, gras) [conj. 4]. **1.** Faire grossir, rendre gras un animal : *Engraisser une oie* (**SYN.** gaver). **2.** Fertiliser une terre avec un engrais. **3.** *Fam.* Faire prospérer ; enrichir : *Ils ont engraissé leur compte en banque.* ◆ v.i. Prendre du poids ; grossir : *J'ai engraissé pendant l'hiver* (**SYN.** s'empâter, s'épaissir, forcir ; **CONTR.** maigrir). ◆ **s'engraisser** v.pr. *Fam.* S'enrichir.

engraisseur, euse n. Personne qui s'occupe de l'engraissement des animaux.

engramme n.m. (gr. *en*, dans, et *gramma*, écriture). En psychologie, trace laissée dans la mémoire par un événement du passé.

engrangement n.m. Action d'engranger : *L'engrangement de la paille. L'engrangement des informations* (**SYN.** accumulation, stockage).

engranger v.t. [conj. 17]. **1.** Mettre dans une grange : *L'agriculteur engrange sa récolte de foin* (**SYN.** rentrer). **2.** *Fig.* Mettre en réserve en vue d'une utilisation ultérieure : *Il engrange son salaire pour créer sa propre société* (**SYN.** amasser, stocker). *Engranger des connaissances* (**SYN.** emmagasiner).

engrenage n.m. (de *2. engrener*). **1.** Mécanisme formé de roues dentées en contact, se transmettant un mouvement de rotation. **2.** *Fig.* Enchaînement inéluctable de faits dont on ne peut se dégager : *Elle a été prise dans un engrenage de mensonges* (**SYN.** spirale). ▸ ***Mettre le doigt dans l'engrenage,*** s'engager imprudemment dans une affaire dont il est impossible de sortir.

① **engrener** v.t. (du lat. *granum*, grain) [conj. 19]. Alimenter en grain le réservoir d'un moulin.

② **engrener** v.t. (de *1. engrener*, avec infl. de *cran*) [conj. 19]. Mettre en prise un élément d'un engrenage dans l'autre élément : *Engrener une roue dentée.* ◆ v.i. Être en prise, en parlant des éléments d'un engrenage : *Le pignon engrène sur la roue.*

engrosser v.t. [conj. 3]. *Fam.* Rendre une femme enceinte.

engueulade n.f. *Fam.* Vive réprimande ; violente dispute (**SYN.** algarade, altercation, querelle).

engueuler v.t. [conj. 5]. *Fam.* Accabler vivement de reproches : *Il a engueulé le piéton qui traversait* (**SYN.** houspiller, réprimander ; **CONTR.** complimenter, féliciter). ◆ **s'engueuler** v.pr. *Fam.* Se disputer violemment avec qqn : *Ils se sont encore engueulés* (**SYN.** se quereller).

enguirlander v.t. (de *guirlande*) [conj. 3]. **1.** *Fam.* Faire de vifs reproches à : *Il enguirlande son voisin* (**SYN.** injurier, invectiver ; **CONTR.** approuver, féliciter). **2.** *Litt.* Orner de guirlandes : *Pour les fêtes, ils enguirlandaient la maison de houx et de gui.*

enhardir [ɑ̃ardir] v.t. [conj. 32]. **1.** Donner de l'assurance, de la hardiesse à : *Votre réussite vous a enhardi* (**SYN.** stimuler ; **CONTR.** intimider). **2. [à].** Donner le courage de : *Sa bienveillance m'enhardissait à lui demander ce service* (**SYN.** encourager ; **CONTR.** décourager de, dissuader de). ◆ **s'enhardir** v.pr. **1.** Prendre peu à peu de l'assurance, de la hardiesse : *Peu à peu elle s'est enhardie et a présenté ses idées.* **2. [à].** Se permettre de : *Elle s'est enhardie à proposer une solution* (**SYN.** oser).

énième ou **n^{ième}** ou **nième** [enjɛm] adj. et n. (de *n* et du suffixe de *deuxième, troisième*, etc.). *Fam.* Qui occupe un rang indéterminé, mais lointain : *C'est la énième voiture qui klaxonne.*

énigmatique adj. **1.** Qui renferme une énigme ; qui a le caractère d'une énigme : *Une remarque énigmatique* (**SYN.** indéchiffrable, obscur, sibyllin [litt.] ; **CONTR.** clair, évident, lumineux). **2.** Qui a un comportement ou une personnalité mystérieux : *C'est une personne très énigmatique* (**SYN.** étrange, impénétrable, insaisissable).

énigmatiquement adv. De façon énigmatique : *Elle a répondu énigmatiquement.*

énigme n.f. (du gr. *ainigma*, parole obscure). **1.** Jeu d'esprit où l'on donne à deviner une chose en la décrivant en termes obscurs, souvent à double sens : *Œdipe sut résoudre l'énigme du sphinx* (**SYN.** charade, devinette). **2.** Problème difficile à résoudre ; chose ou personne difficile à comprendre : *Le crime pose une énigme aux enquêteurs* (**SYN.** mystère). *Cet homme demeure une énigme* (**SYN.** sphinx [litt.]).

enivrant, e [ɑ̃nivrɑ̃, ɑ̃t] adj. Qui enivre : *Les effluves enivrants d'un parfum* (**SYN.** capiteux, entêtant). *Une réussite enivrante* (**SYN.** étourdissant, exaltant, grisant).

enivrement [ɑ̃nivrəmɑ̃] n.m. **1.** *Vieilli* Fait de s'enivrer ; état d'une personne ivre (**SYN.** ivresse). **2.** *Litt.* Exaltation due à une excitation extrême des sens : *L'enivrement du risque* (**SYN.** excitation, griserie, vertige).

enivrer [ɑ̃nivre] v.t. [conj. 3]. Rendre ivre : *Le vin blanc l'a enivré* (**SYN.** griser, soûler). *Ce spectacle grandiose l'enivrait de bonheur* (**SYN.** étourdir, exalter, transporter ; **CONTR.** indifférer). ◆ **s'enivrer** v.pr. **1.** Boire jusqu'à l'ivresse : *Ils se sont enivrés au calvados* (**SYN.** se soûler). **2.** Être transporté par l'exaltation : *Elle s'est enivrée de ses succès* (**SYN.** s'étourdir).

enjambée n.f. Action d'enjamber ; espace que l'on enjambe : *D'une enjambée, il franchit le muret. Il s'est enfui à longues enjambées* (**SYN.** pas). *La poste est à quelques enjambées d'ici* (= tout près d'ici).

enjambement n.m. Dans un poème, rejet au vers suivant d'un ou de plusieurs mots étroitement unis par le sens à ceux du vers précédent : *« Non ce n'était pas le radeau / De la Méduse ce bateau » est un enjambement de Brassens.*

enjamber v.t. [conj. 3]. Passer par-dessus un obstacle en étendant une jambe et en prenant appui sur l'autre pied : *Elle enjambe la clôture* (**SYN.** franchir).

enjeu n.m. (de *jeu*). **1.** Somme d'argent ou objet que l'on risque dans un jeu et qui revient au gagnant : *Elle a doublé son enjeu* (**SYN.** mise). **2.** Ce que l'on peut gagner ou perdre en entreprenant quelque chose : *La paix dans cette région est l'enjeu des pourparlers qui commencent.*

enjoindre v.t. (lat. *injungere*, de *jungere*, lier, unir) [conj. 82]. **[à].** *Sout.* Ordonner d'une façon autoritaire : *Cette circulaire enjoignait aux préfets d'appliquer rigoureusement la nouvelle loi* (**SYN.** commander, sommer). *Le ministre enjoint aux journalistes d'éviter les anglicismes* (**SYN.** imposer).

enjôlement n.m. Action d'enjôler.

enjôler v.t. (de *geôle*, prison) [conj. 3]. Séduire par des flatteries, des promesses : *Il enjôle ses clients en leur faisant miroiter de gros bénéfices* (**SYN.** appâter, circonvenir).

enjôleur, euse adj. et n. Qui enjôle : *Un sourire enjôleur* (**SYN.** charmeur, ensorceleur).

enjolivement n.m. Ornement qui enjolive ; embellissement : *Tous ces enjolivements surchargent la façade* (**SYN.** décoration, fioriture).

enjoliver v.t. [conj. 3]. Rendre plus joli, en ajoutant des ornements : *Cette grande terrasse enjolive la maison* (**SYN.** décorer, embellir, orner). *Elle enjolive un peu la réalité* (**SYN.** agrémenter, améliorer).

enjoliveur n.m. Pièce d'ornementation d'une carrosserie automobile ; garniture métallique recouvrant la partie centrale des roues.

enjolivure n.f. Détail qui enjolive : *Il ajoute toujours quelques enjolivures à ce qu'il raconte* (= il brode).

enjoué, e adj. (de *en* et *jeu*). Qui montre de l'enjouement : *Une voix enjouée vous accueille au téléphone* (**SYN.** gai, guilleret, jovial ; **CONTR.** morne, sinistre, triste). *Une personne enjouée* (**SYN.** allègre, joyeux).

enjouement n.m. Gaieté aimable et souriante ; bonne humeur (**SYN.** allégresse, entrain, jovialité).

s'**enkyster** v.pr. [conj. 3]. En parlant d'une lésion ou d'un corps étranger, s'envelopper d'une coque de tissu conjonctif ; former un kyste : *La tumeur s'est enkystée.*

enlacement n.m. **1.** Action d'enlacer ; disposition de choses enlacées : *L'enlacement des initiales dans une broderie* (**SYN.** entrecroisement, entrelacement). **2.** Fait de s'enlacer : *L'enlacement d'un couple qui danse* (**SYN.** embrassade, étreinte).

enlacer v.t. (de *lacer*) [conj. 16]. **1.** Passer autour de qqch : *Enlacer des rubans* (**SYN.** entrecroiser, entrelacer). *Le caducée est formé d'un serpent qui enlace une baguette* (**SYN.** ceindre, entourer). **2.** Serrer contre soi en entourant de ses bras : *La mère enlaçait son fils au moment du départ* (**SYN.** étreindre). ◆ **s'enlacer** v.pr. Se prendre mutuellement dans les bras : *Les joueurs se sont enlacés après le but.*

enlaidir v.t. [conj. 32]. Rendre laid : *Les décharges sauvages enlaidissent la nature* (**SYN.** défigurer ; **CONTR.** embellir). ◆ v.i. Devenir laid : *La ville enlaidit avec la pollution.*

enlaidissement n.m. Action d'enlaidir ; fait de devenir laid : *Les poteaux en béton ont contribué à l'enlaidissement de la rue* (**CONTR.** embellissement).

enlevé, e adj. Qui est exécuté avec facilité, avec brio : *Des allégros enlevés. Une scène de quiproquo enlevée.*

enlèvement n.m. **1.** Action d'enlever, d'emporter qqch : *L'enlèvement des ordures* (**SYN.** déblaiement). **2.** Action de se saisir de qqn par force ou par ruse : *L'enlèvement de trois membres d'une organisation humanitaire* (**SYN.** kidnapping, rapt).

enlever v.t. (de *lever*) [conj. 19]. **1.** Retirer de la place occupée : *Elle a enlevé les cartons qui gênaient le passage* (**SYN.** emporter, ôter). *Il enleva son veston et le posa sur le fauteuil* (**SYN.** quitter). *Il enlèvera l'imprimante du bureau quand nous nous installerons* (**SYN.** déplacer). **2.** Porter vers le haut : *L'haltérophile enlève plus de cent kilos* (**SYN.** soulever). **3.** Faire disparaître : *J'ai enlevé la tache de graisse* (**SYN.** éliminer, supprimer). *Cette disposition m'enlève toute crainte au sujet de la sécurité* (**SYN.** libérer de, soulager de). **4.** Faire perdre la jouissance de, le droit à : *Sa démission lui a enlevé la possibilité de toucher des allocations de chômage* (**SYN.** priver de). **5.** Emmener une personne avec soi par force ou par ruse : *Les terroristes ont enlevé des journalistes* (**SYN.** kidnapper). **6.** Priver de la présence de qqn, en parlant de la mort, de la maladie : *Un cancer l'a enlevée aux siens dans sa vingtième année* (**SYN.** arracher, ravir). **7.** Obtenir un succès avec facilité : *Des concurrents plus compétitifs ont enlevé l'affaire* (**SYN.** remporter). *Elle a enlevé le siège de maire* (**SYN.** gagner). **8.** S'emparer d'une position militaire : *Les libérateurs ont enlevé la capitale* (**SYN.** conquérir, prendre). ◆ **s'enlever** v.pr. Pouvoir être ôté, retiré : *Ces taches s'enlèvent facilement* (**SYN.** partir).

enlisement n.m. Fait de s'enliser : *L'enlisement d'un quatre-quatre sur la plage* (**SYN.** ensablement). *L'enlisement d'un débat dans des points de détail* (**SYN.** stagnation ; **CONTR.** avancée, progression).

enliser v.t. (du normand *lize,* sable mouvant) [conj. 3]. **1.** Enfoncer dans un sol sablonneux, boueux : *J'ai enlisé la voiture dans le chemin* (**SYN.** embourber, ensabler). **2.** *Fig.* Mettre dans une situation difficile : *Les dirigeants ont enlisé le pays dans la crise* (**SYN.** paralyser ; **CONTR.** dynamiser). ◆ **s'enliser** v.pr. **1.** S'enfoncer dans un sol mou : *Elle s'est enlisée dans la neige.* **2.** *Fig.* Être empêché de progresser par des difficultés : *Cette entreprise s'enlise dans le conflit social* (**SYN.** s'enfoncer, stagner ; **CONTR.** émerger de, sortir de). *Ils se sont enlisés dans des explications compliquées* (**SYN.** s'engluer).

enluminer v.t. (du lat. *illuminare,* éclairer) [conj. 3]. **1.** Orner d'enluminures : *Les moines enluminaient les manuscrits* (**SYN.** décorer, enjoliver). **2.** *Litt.* Colorer vivement : *Les décorations de Noël enluminent les vitrines.*

enlumineur, euse n. Artiste qui enlumine des textes.

enluminure n.f. Art de décorer et d'illustrer les manuscrits, les textes de lettrines et d'initiales colorées et ornées, d'encadrements, de miniatures ; la décoration ainsi réalisée.

ennéagone [eneagɔn] n.m. et adj. (du gr. *ennea,* neuf, et *gônia,* angle). En géométrie, polygone qui a neuf angles et donc neuf côtés.

enneigé, e [ɑ̃neʒe] adj. Qui est couvert de neige : *Des pistes enneigées.*

enneigement [ɑ̃nɛʒmɑ̃] n.m. État d'un endroit enneigé ; épaisseur de la couche de neige : *L'enneigement des routes oblige à utiliser des chaînes. Bulletin d'enneigement des stations de ski.*

ennemi, e [ɛnmi] n. et adj. (lat. *inimicus,* de *amicus,* ami). **1.** Personne qui veut du mal, cherche à nuire à qqn : *Elle s'est fait un ennemi en s'opposant à ce projet* (**SYN.** opposant, rival ; **CONTR.** ami, partisan). **2.** (Au pl. ou au sing. collect.). Groupe, pays à qui l'on s'oppose, notamm. en temps de guerre : *De nombreux ennemis se sont rendus. Les armées ennemies. Nos missiles ont fait reculer l'ennemi* (**SYN.** adversaire ; **CONTR.** allié). **3. [de].** Personne qui s'oppose à qqch, qui a de l'aversion pour qqch : *Les ennemis de la mondialisation sont venus protester* (**CONTR.** partisan). ◆ n. Ce qui s'oppose à qqch : *Le mieux est l'ennemi du bien* (**SYN.** contraire, inverse). ▸ ***Ennemi public,*** malfaiteur jugé particulièrement dangereux. ***Passer à l'ennemi,*** dans le camp adverse ; trahir.

ennoblir [ɑ̃nɔblir] v.t. [conj. 32]. Rendre noble, digne de ; élever moralement : *Ce geste de clémence ennoblit le chef de l'État* (**SYN.** grandir ; **CONTR.** avilir, déshonorer). ☞ **REM.** Ne pas confondre avec *anoblir.*

ennoblissement [ɑ̃nɔblismɑ̃] n.m. Action d'ennoblir, de rendre digne, noble. ☞ **REM.** Ne pas confondre avec *anoblissement.*

ennoyer [ɑ̃nwaje] v.t. [conj. 13]. En parlant de la mer, recouvrir une portion de continent.

ennuager [ɑ̃nɥaʒe] v.t. [conj. 17]. *Litt.* Couvrir de nuages : *Les vents ennuageaient le ciel.*

ennui [ɑ̃nɥi] n.m. **1.** Désagrément qui met dans l'embarras : *Des ennuis mécaniques* (**SYN.** problème). *Il nous a causé beaucoup d'ennuis* (**SYN.** souci, tracas). **2.** (Toujours au sing.). Abattement provoqué par l'inaction et le désintérêt : *Pour tromper son ennui, elle lit beaucoup* (**SYN.** désœuvrement, lassitude, mélancolie).

ennuyant, e [ɑ̃nɥijɑ̃, ɑ̃t] adj. Aux Antilles et en Belgique, qui est ennuyeux.

ennuyer [ɑ̃nɥije] v.t. (du lat. *in odio esse,* être un objet de haine) [conj. 14]. **1.** Causer de la contrariété, du souci à : *Je vous ennuie encore avec mes questions* (**SYN.** déranger, gêner, importuner). *Les révélations des journalistes ennuient le juge* (**SYN.** préoccuper, tracasser). **2.** Lasser, par manque d'intérêt, par monotonie : *Cette exposition m'a ennuyé* (**SYN.** rebuter ; **CONTR.** désennuyer, divertir). ◆ **s'ennuyer** v.pr. Éprouver de l'ennui, de la lassitude : *Ils se sont ennuyés pendant le voyage* (**SYN.** se morfondre). ▸ ***S'ennuyer de qqn,*** éprouver du regret de son absence.

ennuyeusement [ɑ̃nɥijøzmɑ̃] adv. De façon ennuyeuse.

ennuyeux, euse [ɑ̃nɥijø, øz] adj. **1.** Qui cause des soucis, des ennuis : *Ces problèmes de circulation sont vraiment très ennuyeux* (**SYN.** contrariant, désagréable, fâcheux ; **CONTR.** agréable, plaisant). **2.** Qui cause de l'ennui, de la lassitude : *Un film ennuyeux au possible* (**SYN.** fastidieux, rébarbatif, rebutant ; **CONTR.** passionnant).

énoncé n.m. **1.** Action d'énoncer ; ensemble des mots qui servent à énoncer : *À l'énoncé du verdict, l'accusé resta impassible* (**SYN.** énonciation). *Pour savoir si vous êtes assuré, reportez-vous à l'énoncé du contrat* (**SYN.** expression, formulation, terme). **2.** Texte à la formulation précise, requise par son caractère officiel, scientifique : *Lisez soigneusement l'énoncé du problème.*

énoncer v.t. (lat. *enuntiare,* de *nuntius,* messager) [conj. 16]. Exprimer par des paroles ou par écrit : *Énoncer un verdict* (**SYN.** prononcer). *Le chercheur énonçait ses hypothèses* (**SYN.** émettre, exposer, formuler). ◆ **s'énoncer** v.pr. Être exprimé, dit : *Cela peut s'énoncer en termes simples.*

énonciation n.f. Action d'énoncer, de produire oralement un énoncé : *L'énonciation des événements par le témoin* (**SYN.** énoncé).

s'**enorgueillir** [ɑ̃nɔrgœjir] v.pr. [conj. 32]. **[de].** Tirer orgueil de : *Ils s'enorgueillissent des succès de leurs enfants* (**SYN.** se flatter, se glorifier).

énorme adj. (lat. *enormis,* de *norma,* règle, équerre). **1.** Qui est très grand, en dimensions, en quantité ou en importance : *Un énorme saint-bernard* (**SYN.** gigantesque, gros). *Un déficit énorme* (**SYN.** colossal, démesuré). **2.** *Fam.* Qui est surprenant ; qui déconcerte : *Il est arrivé avec deux heures de retard et nous a raconté une histoire énorme* (**SYN.** ahurissant, effarant, stupéfiant).

énormément adv. D'une manière excessive : *Elle a énormément maigri* (**SYN.** beaucoup, excessivement ; **CONTR.** peu). *Cette voiture consomme énormément de carburant* (**SYN.** beaucoup).

énormité n.f. **1.** Caractère de ce qui est énorme : *L'énormité de l'investissement les fait hésiter* (**SYN.** gigantisme, immensité). **2.** Caractère de ce qui surprend par son importance, ses conséquences : *L'énormité de son erreur lui est apparue* (**SYN.** ampleur, importance, portée). **3.** *Fam.* Parole ou action extravagante : *Un dirigeant ne devrait pas dire de telles énormités* (= de telles invraisemblances ou tromperies).

énouer v.t. (de *nouer*) [conj. 6]. Débarrasser une étoffe des nœuds de fil, des impuretés visibles après le tissage (**SYN.** épinceter).

s'**enquérir** v.pr. (lat. *inquirere*, rechercher) [conj. 39]. **[de].** Rechercher des informations sur : *Elle s'est enquise de votre santé* (**SYN.** s'inquiéter). *Vous devez vous enquérir de ce sujet auprès du ministre* (**SYN.** se renseigner sur).

enquête n.f. (du lat. *inquirere*, rechercher). **1.** Étude d'une question réunissant des témoignages, des expériences, des documents : *Certaines enquêtes d'opinion se font par téléphone* (**SYN.** sondage). **2.** Ensemble de recherches ordonnées par une autorité administrative ou judiciaire : *L'enquête judiciaire suit son cours* (**SYN.** instruction).

enquêté, e n. Personne soumise à une enquête, un sondage, une interview.

enquêter v.i. [conj. 4]. Procéder à une enquête ; faire une enquête : *La brigade financière enquête sur des malversations.*

enquêteur, euse ou **trice** n. Personne qui mène une enquête : *Deux enquêteuses interrogent les électeurs* (**SYN.** 1. sondeur). *Les enquêteurs procèdent à l'audition des témoins.*

enquiller v.t. (de 2. *quille*). *Fam.* Enchaîner, accumuler : *Le buteur a enquillé les pénalités.*

enquiquinant, e adj. *Fam.* Qui ennuie (**SYN.** ennuyeux, importun, lassant).

enquiquinement n.m. *Fam.* Ennui : *J'ai de nombreux enquiquinements* (**SYN.** problème, tracas).

enquiquiner v.t. [conj. 3]. *Fam.* **1.** Causer de l'agacement, une contrariété à ; importuner : *Arrête de chantonner, tu nous enquiquines* (**SYN.** ennuyer, fatiguer, lasser). **2.** Ne tenir aucun compte de l'avis de qqn, le rejeter : *Je l'enquiquine, ce donneur de leçons* (**SYN.** mépriser). ◆ **s'enquiquiner** v.pr. *Fam.* S'ennuyer : *On s'enquiquine vraiment ici* (**SYN.** se morfondre).

enquiquineur, euse n. *Fam.* Personne qui importune ; gêneur, importun.

enraciné, e adj. Qui est gravé dans l'esprit : *Des habitudes profondément enracinées en lui* (= tenaces).

enracinement n.m. Action de s'enraciner ; fait de s'enraciner : *L'enracinement d'une plante. L'enracinement de certains préjugés* (**SYN.** ancrage, implantation).

enraciner v.t. [conj. 3]. **1.** Faire prendre racine à : *Les forestiers enracinent de jeunes arbres* (**SYN.** planter ; **CONTR.** déraciner). **2.** *Fig.* Fixer profondément dans l'esprit, le cœur : *C'est une erreur que les années ont profondément enracinée* (**SYN.** ancrer, implanter). ◆ **s'enraciner** v.pr. **1.** Prendre racine : *La plante s'est correctement enracinée.* **2.** *Fig.* Se fixer dans l'esprit : *Des croyances qui se sont enracinées chez un peuple.*

enragé, e adj. et n. Qui fait preuve d'une ardeur, d'une passion effrénée : *Une collectionneuse enragée* (**SYN.** acharné, passionné ; **CONTR.** tiède). *C'est un enragé de cinéma* (**SYN.** fanatique). ◆ adj. Qui est atteint de la rage : *Un renard enragé.*

enrageant, e adj. Qui cause du dépit, de l'irritation : *Une panne enrageante* (**SYN.** énervant, vexant).

enrager v.i. [conj. 17]. Éprouver un violent dépit ; être vexé, furieux : *Elle enrageait de ne pas avoir de nouvelles.* ▸ ***Faire enrager qqn,*** lui causer de l'irritation : *Cesse de faire enrager ta sœur* (= de la taquiner).

enraiement [ɑ̃rɛmɑ̃] ou **enrayement** [ɑ̃rɛjmɑ̃] n.m. **1.** Action d'enrayer un mécanisme, une roue ; résultat de cette action : *L'enraiement d'un fusil.* **2.** Action d'arrêter le développement d'un processus : *L'enraiement de la hausse du chômage.*

enrayage [ɑ̃rɛjaʒ] n.m. Arrêt accidentel d'un mécanisme, d'une roue qui s'enraie.

enrayer [ɑ̃rɛje] v.t. (du lat. *radius*, rayon) [conj. 11]. **1.** Entraver le mouvement, le fonctionnement de : *Enrayer une arme à feu. Enrayer une roue.* **2.** *Fig.* Suspendre l'action, le cours de : *Des organisations humanitaires tentent d'enrayer l'épidémie* (**SYN.** endiguer, juguler). ◆ **s'enrayer** v.pr. Cesser accidentellement de fonctionner : *L'arme s'est enrayée.*

enrégimenter v.t. [conj. 3]. **1.** *Vx* Incorporer un soldat, une unité dans un régiment. **2.** *Péjor.* Faire entrer qqn dans un groupe, un parti, un clan : *Ils cherchent à enrégimenter les jeunes* (**SYN.** embrigader, enrôler).

enregistrable adj. Qui peut être enregistré : *Des disques compacts enregistrables.*

enregistrement n.m. **1.** Action de consigner sur un registre ; fait d'être enregistré : *L'enregistrement de l'heure de votre rendez-vous a bien été effectué. Une hôtesse se charge de l'enregistrement des bagages.* **2.** Formalité administrative consistant en l'inscription de certains actes sur des registres officiels, moyennant le paiement d'un droit fiscal ; administration chargée de cette fonction : *L'acte de vente est à l'enregistrement.* **3.** Dans l'audiovisuel et en informatique, ensemble des techniques permettant de fixer, de conserver et éventuellement de reproduire des sons, des images ou des données : *Enregistrement optique.* **4.** Ensemble de sons, d'images, de données ainsi enregistrés : *J'écoute le dernier enregistrement de cet artiste* (**SYN.** cassette, compact, disque). **5.** Diagramme tracé par un appareil enregistreur : *Analyser l'enregistrement d'un tremblement de terre.*

enregistrer v.t. (de *registre*) [conj. 3]. **1.** Consigner par écrit une information en vue de la conserver : *Le vendeur a enregistré ma commande* (**SYN.** inscrire, noter). **2.** Constater objectivement un phénomène, un état, etc. : *Les boursiers enregistrent une forte hausse des actions* (**SYN.** observer). **3.** Noter ou faire noter le dépôt de : *Veuillez d'abord faire enregistrer vos bagages.* **4.** *Fam.* Prendre mentalement bonne note de : *Elle a parfaitement enregistré que nous refusions* (**SYN.** mémoriser, retenir). **5.** Procéder à l'enregistrement d'un acte juridique. **6.** Transcrire et fixer une information sur un support matériel : *L'électrocardiographe enregistre le rythme cardiaque.* **7.** Transcrire et fixer un son, une image, des données sur un support matériel afin de les conserver et de pouvoir les reproduire : *Par sécurité, elle enregistre son travail sur une disquette* (**SYN.** copier). **8.** En parlant d'un artiste, faire un disque ; en parlant d'un réalisateur, d'un technicien, procéder à l'enregistrement d'une émission.

enregistreur, euse adj. et n.m. Se dit d'un appareil qui enregistre un phénomène physique, une mesure, une somme : *Caisse enregistreuse. Un enregistreur de la qualité de l'air.*

enrhumer v.t. [conj. 3]. Causer un rhume à : *Tous ces courants d'air l'ont enrhumé.* ◆ **s'enrhumer** v.pr. Attraper un rhume : *Elle s'est enrhumée.*

enrichi, e adj. **1.** Qui a fait fortune ; dont la fortune est récente : *Un actionnaire enrichi.* **2.** Qui s'est accru d'éléments nouveaux : *Un jus de fruit enrichi en vitamines.* **3.** Qui a subi l'enrichissement, en parlant d'un minerai ou d'un élément chimique : *De l'uranium enrichi.*

enrichir v.t. [conj. 32]. **1.** Rendre riche ou plus riche : *Ses judicieux placements l'ont considérablement enrichie* (**CONTR.** appauvrir, ruiner). **2.** Augmenter la richesse, l'importance, la valeur de qqch en ajoutant des éléments : *Les jeunes enrichissent la langue de sens et de mots nouveaux* (= de néologismes ; **SYN.** accroître, augmenter, étendre).). *Elle a enrichi son compte rendu de nombreux schémas et de photographies* (**SYN.** compléter, rehausser). **3.** Augmenter la teneur en un élément, en une substance : *Enrichir une crème en éléments hydratants.* ◆ **s'enrichir** v.pr. Devenir riche ou plus riche ; accroître ses connaissances, sa richesse d'esprit : *Elle s'est enrichie à leur contact.*

enrichissant, e adj. Qui enrichit l'esprit : *Une expérience enrichissante* (**SYN.** profitable).

enrichissement n.m. **1.** Action d'enrichir ; fait de devenir riche : *Ses malversations lui ont procuré un enrichissement personnel* (**CONTR.** appauvrissement). **2.** Fait d'être enrichi par l'addition de nouveaux éléments : *Les poètes contribuent à l'enrichissement de la langue* (**SYN.** accroissement, extension). **3.** Augmentation de la concentration d'un minerai, de la teneur d'un élément radioactif en un isotope déterminé.

enrobage ou **enrobement** n.m. **1.** Action d'enrober ; fait d'être enrobé. **2.** Couche qui enrobe : *Un enrobage de chocolat.*

enrobé, e adj. *Fam.* Qui est un peu gras ; dodu, potelé.

enrober v.t. (de *robe*) [conj. 3]. **1.** Recouvrir d'une enveloppe, d'une couche qui dissimule ou protège : *Le confiseur enrobe les amandes de caramel.* **2.** *Fig.* Déguiser ce que l'on a à dire sous des termes trompeurs : *Il enrobe les faits de commentaires tendancieux* (**SYN.** masquer, voiler).

enrochement n.m. Dans les travaux publics, ensemble de gros blocs de roche utilisés pour supporter ou protéger de l'eau les assises d'un barrage, d'un pont.

enrôlement n.m. Action d'enrôler, de s'enrôler.

enrôler v.t. [conj. 3]. **1.** Inscrire sur les registres de l'armée : *Enrôler des soldats* (**SYN.** recruter). **2.** Faire adhérer à un parti ; faire entrer dans un groupe : *Ses camarades l'ont enrôlé dans leur club* (**SYN.** affilier). ◆ **s'enrôler** v.pr. **1.** S'engager dans l'armée. **2.** Se faire admettre dans un groupe : *Elle s'est enrôlée dans l'action humanitaire* (**SYN.** s'engager).

enroué, e adj. Se dit d'une voix qui est altérée par un enrouement : *J'ai reconnu sa voix enrouée au téléphone* (**SYN.** éraillé, rauque).

enrouement n.m. Altération de la voix, qui change de timbre, de tonalité et de hauteur.

enrouer v.t. (du lat. *raucus*, rauque) [conj. 6]. Causer l'enrouement de : *L'âcreté de la fumée l'a enroué.* ◆ **s'enrouer** v.pr. Avoir la voix rauque : *À trop crier, elle s'est enrouée.*

enroulement n.m. Action d'enrouler, de s'enrouler ; disposition de ce qui est enroulé : *L'enroulement d'un fil électrique autour d'un dévidoir.*

enrouler v.t. [conj. 3]. **1.** Rouler une chose autour d'une autre ou sur elle-même : *Enrouler de la laine en pelote* (**CONTR.** dérouler). **2.** Mettre qqch tout autour de : *Ils ont enroulé le blessé dans une couverture isolante* (**SYN.** envelopper, rouler). ◆ **s'enrouler** v.pr. Se disposer en spirale : *La clématite s'est enroulée autour du rosier.* ▸ ***S'enrouler dans qqch,*** le mettre autour de soi : *Elle s'est enroulée dans sa couette* (**SYN.** s'envelopper).

enrouleur, euse adj. Qui sert à enrouler : *Une bobine enrouleuse.* ◆ **enrouleur** n.m. Système servant à enrouler : *Une ceinture de sécurité à enrouleur.*

enrubanner v.t. [conj. 3]. Orner de rubans : *Les enfants ont enrubanné les poneys pour la parade.*

ensablement n.m. Action d'ensabler ; fait de s'ensabler : *L'ensablement de sa voiture lui a fait perdre la course* (**SYN.** enlisement). *Les marées provoquent l'ensablement de la baie.*

ensabler v.t. [conj. 3]. **1.** Couvrir ou engorger de sable : *Les inondations ont ensablé les canalisations.* **2.** Immobiliser un véhicule dans le sable : *Un concurrent a ensablé sa moto dans les dunes* (**SYN.** enliser ; **CONTR.** désensabler). ◆ **s'ensabler** v.pr. **1.** S'enliser dans le sable ; s'échouer sur le sable : *La quille du trimaran s'est ensablée.* **2.** Être peu à peu obstrué par le sable : *Le port s'ensable.*

ensachage n.m. Action d'ensacher : *Poids net à l'ensachage* (**SYN.** emballage).

ensacher v.t. [conj. 3]. Mettre en sac, en sachet : *Ensacher des bonbons.*

ensanglanter v.t. [conj. 3]. **1.** Tacher de sang : *Des blessés aux vêtements ensanglantés.* **2.** *Litt.* Faire couler le sang ; provoquer des combats sanglants : *Des attentats ensanglantent le pays.*

enseignant, e adj. et n. Qui donne un enseignement : *Le corps enseignant de l'Éducation nationale* (= les instituteurs ou professeurs d'école et les professeurs, par opp. au personnel administratif et technique). *Les enseignants de notre collège organisent des cours de soutien.*

① **enseigne** n.f. (lat. *insignia*, insignes d'une fonction, de *signum*, signe). **1.** Marque distinctive placée sur la façade d'une maison de commerce : *Une enseigne lumineuse.* **2.** *Litt.* Signe de ralliement pour une troupe (**SYN.** bannière, drapeau, étendard). ▸ *Litt.* ***À telle enseigne que,*** à tel point que : *J'ai crié de toutes mes forces, à telle enseigne que je suis aphone.* ***Être logé à la même enseigne,*** être dans le même cas : *Face au terrorisme, nous sommes logés à la même enseigne.*

② **enseigne** n.m. (de *1. enseigne*). *Anc.* Officier porte-drapeau. ▸ ***Enseigne de vaisseau,*** officier de la marine nationale.

enseignement n.m. **1.** Action, manière d'enseigner, de transmettre des connaissances : *Son enseignement est passionnant.* **2.** Branche de l'organisation scolaire et universitaire : *Les professeurs de l'enseignement secondaire. L'enseignement primaire, supérieur.* **3.** Profession, activité de celui qui enseigne : *Elle a fait carrière dans l'enseignement.* **4.** Ce qui est enseigné ; leçon donnée par les faits, par l'expérience : *Un enseignement moderne des langues étrangères. Elle a tiré les enseignements de son passé* (**SYN.** bilan, conclusion). ▸ ***Enseignement assisté par ordinateur*** ou ***E.A.O.,*** méthode utilisant l'informatique pour transmettre des connaissances. ***Enseignement privé*** ou ***libre,*** dispensé dans des établissements qui ne relèvent pas ou pas entièrement de l'État (par opp. à enseignement public).

enseigner v.t. (lat. *insignire*, signaler, de *signum*, signe) [conj. 4]. **1.** Faire acquérir la connaissance ou la pratique de : *Elle enseigne la chimie aux élèves de terminale.* **2.** Donner une leçon : *Les catastrophes naturelles nous enseignent qu'il faut préserver l'environnement* (**SYN.** apprendre, inculquer, révéler).

ensellé, e adj. Se dit d'un cheval dont la ligne du dos se creuse.

① **ensemble** adv. (lat. *insimul*, à la fois, en même temps, de *simul*). **1.** L'un avec l'autre, les uns avec les autres : *Ils jouent ensemble aux échecs. Nous voyagerons ensemble* (**SYN.** conjointement, de concert). **2.** En même temps : *Elles sont arrivées ensemble, l'une de Nantes, l'autre de Lille* (**SYN.** simultanément). ▸ ***Aller ensemble,*** être en harmonie : *Cette jupe et ce corsage vont bien ensemble.*

② **ensemble** n.m. (de *1. ensemble*). **1.** Réunion d'éléments formant un tout que l'on considère en lui-même : *L'ensemble des députés a voté pour. L'ensemble du matériel informatique disponible servira à cette recherche* (**SYN.** totalité). **2.** Unité résultant du concours harmonieux des diverses parties d'un tout : *Le sac et les chaussures forment un ensemble* (= s'harmonisent). **3.** Simultanéité d'action ; parfaite synchronisation : *Ils ont répondu dans un parfait ensemble* (= en chœur). **4.** En mathématique, collection d'éléments ou de nombres ayant en commun une ou plusieurs propriétés qui les caractérisent. **5.** Costume féminin composé de deux ou trois pièces : *Pour sortir, j'ai mis mon ensemble en soie.* **6.** Groupe d'artistes : *Un ensemble instrumental* (**SYN.** formation, orchestre). *Un ensemble vocal* (= une chorale). ▸ ***Dans l'ensemble,*** en général. ***Dans son ensemble,*** dans les grandes lignes ; entièrement. ***D'ensemble,*** général : *Avoir une vue d'ensemble d'un problème.* ***Grand ensemble,*** groupe important d'immeubles d'habitation bénéficiant de certains équipements collectifs.

ensemblier n.m. **1.** Professionnel qui compose l'ameublement des décors au cinéma, à la télévision. **2.** Entreprise qui réalise des installations industrielles complexes.

ensembliste adj. Qui relève des ensembles mathématiques.

ensemencement n.m. Action d'ensemencer ; fait d'être ensemencé : *L'ensemencement d'un champ en maïs.*

ensemencer v.t. [conj. 16]. **1.** Jeter, mettre des semences dans un terrain : *Ensemencer un champ d'orge, en luzerne.* **2.** Introduire des micro-organismes dans un milieu de culture pour les faire proliférer.

enserrer v.t. [conj. 4]. **1.** Entourer en serrant étroitement : *Le boa enserre sa proie dans ses anneaux* (**SYN.** étreindre). **2.** Contenir dans des limites étroites : *Des canaux enserrent les îlots de terre cultivable* (**SYN.** encadrer, entourer).

ensevelir v.t. (du lat. *sepelire*) [conj. 32]. **1.** *Litt.* Mettre au tombeau ; envelopper dans un linceul : *Nous l'avons enseveli dans le caveau familial* (**SYN.** enterrer, inhumer ; **CONTR.** déterrer, exhumer). **2.** Faire disparaître sous un amoncellement : *Des éboulements ont enseveli les habitations* (**SYN.** engloutir, recouvrir). *Des victimes ensevelies sous les décombres.*

ensevelissement n.m. *Litt.* Action d'ensevelir ; fait d'être enseveli : *L'ensevelissement du défunt* (**SYN.** enterrement, inhumation). *L'ensevelissement des véhicules sous la neige.*

ensilage n.m. (de *silo*). **1.** Méthode de conservation des produits végétaux consistant à les hacher, puis à les placer dans des silos ou à les presser. **2.** Fourrage conservé en silo : *L'ensilage a fermenté.*

ensiler v.t. [conj. 3]. Mettre en silo : *Ensiler des céréales.*

ensoleillé, e adj. **1.** Qui est exposé au soleil : *Une chambre ensoleillée* (**SYN.** clair, lumineux). **2.** Se dit d'une période, du temps marqués par un beau soleil : *Des vacances ensoleillées* (**CONTR.** pluvieux).

ensoleillement n.m. **1.** État de ce qui reçoit la lumière du soleil : *Cette pièce bénéficie d'un bon ensoleillement.* **2.** En météorologie, temps pendant lequel un lieu est ensoleillé : *La moyenne d'ensoleillement d'une région.*

ensoleiller v.t. [conj. 4]. **1.** Remplir de la lumière du soleil : *Les premiers rayons de la journée ensoleillent le balcon* (**SYN.** éclairer). **2.** *Fig.* Rendre particulièrement joyeux, radieux : *Cette bonne nouvelle ensoleille sa matinée* (**SYN.** illuminer).

ensommeillé, e adj. **1.** Qui est gagné par le sommeil ou mal réveillé : *Les touristes ensommeillés se préparent à partir* (**SYN.** somnolent). **2.** *Litt.* Dont l'activité est ralentie : *Un esprit ensommeillé* (**SYN.** engourdi ; **CONTR.** dégourdi, éveillé).

ensorcelant, e adj. Qui ensorcelle, séduit irrésistiblement : *Une musique ensorcelante* (**SYN.** envoûtant, fascinant).

ensorceler v.t. (de *sorcier*) [conj. 24]. **1.** Soumettre à une influence magique par un sortilège : *La magicienne Circé avait ensorcelé les compagnons d'Ulysse* (**SYN.** enchanter, envoûter). **2.** *Fig.* Exercer un charme irrésistible sur : *Elle l'a ensorcelé d'un regard* (**SYN.** charmer, fasciner, séduire).

ensorceleur, euse adj. et n. Qui ensorcelle : *Un sourire ensorceleur* (**SYN.** charmeur). *Le charme d'une ensorceleuse* (**SYN.** séducteur).

ensorcellement n.m. **1.** Action d'ensorceler ; état d'une personne ensorcelée (**SYN.** enchantement, envoûtement). **2.** Charme irrésistible ; fascination, séduction.

ensuite adv. **1.** Indique une succession dans le temps : *Elle a étudié leur dossier et les a entendus ensuite* (= puis elle les a entendus ; **SYN.** après ; **CONTR.** d'abord). **2.** Indique une succession dans l'espace : *En amont, la rivière reçoit un affluent, ensuite elle fait des méandres* (= plus loin).

s'**ensuivre** v.pr. (lat. *insequi*, venir immédiatement après) [conj. 89]. Venir ensuite : *La tempête a tout détruit, les mois qui se sont ensuivis ont été consacrés aux réparations* (**SYN.** suivre). ☞ **REM.** Ce verbe ne s'emploie qu'à l'infinitif et à la 3e personne du singulier et du pluriel. ◆ v. impers. Survenir comme conséquence : *Elle a tout nié, il s'ensuit qu'il faut recommencer l'enquête. Il ne s'ensuit pas qu'elle soit coupable.*

ensuqué, e adj. Dans le Midi, qui est accablé par la chaleur, la fatigue.

entablement n.m. **1.** Partie supérieure en saillie d'un édifice, comprenant souvent une frise et une corniche. **2.** Élément décoratif orné de moulures, qui garnit la partie supérieure d'un meuble, d'une porte, d'une fenêtre.

entaché, e adj. Se dit d'un contrat, d'un texte, d'une procédure qui sont rendus non valables par l'existence d'un défaut : *Une instruction judiciaire entachée d'irrégularité.* ▸ ***Entaché de nullité,*** frappé de nullité, en parlant d'un contrat, d'un texte juridique.

entacher v.t. (de *tache*) [conj. 3]. *Sout.* Souiller moralement : *Sa mise en examen a entaché son honneur* (**SYN.** salir, ternir).

entaillage n.m. Action de pratiquer une entaille.

entaille n.f. **1.** Coupure avec enlèvement de matière : *Elle a fait une entaille dans le poteau pour y placer le fil de fer* (**SYN.** cran, encoche, rainure). **2.** Blessure faite avec un instrument tranchant : *Un éclat de verre m'a fait une entaille au visage* (**SYN.** balafre, estafilade).

entailler v.t. [conj. 3]. Faire une entaille dans : *Le forestier a entaillé l'écorce pour vérifier l'état de l'arbre* (**SYN.** creuser, inciser). *Le couteau lui a entaillé la paume de la main* (**SYN.** taillader).

entame n.f. **1.** Premier morceau que l'on coupe d'un aliment : *L'entame d'une baguette* (= le croûton). **2.** Première carte jouée dans une partie.

entamer v.t. (lat. *intaminare,* souiller) [conj. 3]. **1.** Couper le premier morceau, la première partie de : *Il entame le gâteau* (**SYN.** commencer). **2.** Commencer à exécuter, accomplir : *Ils entament des pourparlers* (**SYN.** amorcer, engager, entreprendre). **3.** Couper en incisant ; attaquer une matière : *La branche a entamé le cuir chevelu* (**SYN.** écorcher). *L'acide a entamé l'acier* (**SYN.** ronger). **4.** Porter atteinte à : *Ces critiques n'entamaient pas son assurance* (**SYN.** affaiblir, ébranler). *En vendant ce meuble, il entame son patrimoine* (**SYN.** ébrécher, écorner).

entartrage n.m. Formation de tartre ; état de ce qui est entartré (**CONTR.** détartrage).

entartrer v.t. [conj. 3]. Encrasser de tartre : *Le calcaire entartre la bouilloire* (**CONTR.** détartrer). *La plaque dentaire entartrait ses gencives.*

entassement n.m. Action d'entasser ; accumulation qui en résulte : *Un entassement de marchandises* (**SYN.** amas, amoncellement, empilage, tas).

entasser v.t. [conj. 3]. **1.** Mettre en tas ; réunir en grande quantité : *Entasser des bûches* (**SYN.** amonceler, empiler). **2.** Assembler des personnes en grand nombre dans un lieu trop étroit : *Les passeurs entassent les clandestins dans le camion* (**SYN.** serrer, tasser). **3.** Réunir en grande quantité : *L'enquêteuse entasse les preuves contre le suspect* (**SYN.** accumuler, amasser). ◆ **s'entasser** v.pr. Être en tas, en grand nombre ou en grande quantité : *Les provisions s'entassent dans la cave. Les voyageurs se sont entassés dans le train.*

ente n.f. Greffe d'arbre.

entendement n.m. Aptitude à comprendre ; bon sens, raisonnement, jugement : *Un tel engouement dépasse l'entendement* (= est incompréhensible, n'est pas raisonnable).

entendeur n.m. ▸ ***À bon entendeur salut,*** que celui qui comprend en tire profit.

entendre v.t. (lat. *intendere,* tourner, diriger, appliquer son esprit) [conj. 73]. **1.** Percevoir par l'ouïe, par l'oreille : *J'entends une voiture qui démarre.* **2.** (Sans compl.). Avoir une certaine capacité auditive : *Elle entend bien de l'oreille droite. Il n'entend pas* (= il est sourd). **3.** Prêter une oreille attentive à : *Ils ont refusé d'entendre les programmes des candidats* (**SYN.** écouter). **4.** *Litt.* Consentir à suivre un conseil, à accéder à une demande : *Je le lui avais déconseillé, mais il n'a rien voulu entendre. Nous avons du mal à lui faire entendre raison. Que le ciel vous entende !* (**SYN.** exaucer). **5.** *Litt.* Percevoir par l'esprit, par l'intelligence : *Si j'entends bien, vous acceptez* (**SYN.** comprendre, interpréter). *« Je n'entends point le latin* [...] *il faut parler chrétien si vous voulez que je vous entende »* [Molière] (**SYN.** saisir). **6.** *Litt.* Donner telle signification à ; vouloir dire : *Qu'entendez-vous exactement par le mot « informatisation »* (**SYN.** concevoir). **7.** *Litt.* Avoir une compétence dans un domaine : *La génétique, il n'y entend rien* (**SYN.** connaître). **8.** Avoir la volonté de : *J'entends que personne ne se serve de cet appareil* (**SYN.** exiger). ▸ ***À l'entendre,*** si on l'en croit, si on l'écoute : *À les entendre, ils auront fini demain.* ***Donner à entendre*** ou ***laisser entendre,*** insinuer. ***Faites comme vous l'entendez,*** à votre guise. ◆ **s'entendre** v.pr. **1.** Avoir les mêmes idées, les mêmes goûts ; être d'accord : *Elle s'entend à merveille avec tous ses collègues* (**SYN.** sympathiser). **2.** Se mettre d'accord : *Elles se sont entendues sur l'attitude à adopter* (**SYN.** s'arranger). **3.** Avoir des connaissances, de l'habileté en qqch : *Elle s'y entend, en électronique.* ▸ *Litt.* ***Cela s'entend,*** cela va de soi. ***S'y entendre pour*** (+ inf.), avoir toutes les capacités pour réussir qqch (parfois iron.) : *Il s'y entend pour embrouiller une discussion* (= il sait parfaitement le faire).

entendu, e adj. Qui est décidé après concertation : *C'est une affaire entendue* (**SYN.** convenu, réglé). ▸ ***Bien entendu,*** naturellement, assurément. ***Comme de bien entendu,*** comme on pouvait s'y attendre. ***Entendu !,*** c'est d'accord. ***Prendre un air entendu,*** jouer la personne informée ; avoir l'air de comprendre parfaitement.

enténébrer v.t. [conj. 18]. *Litt.* Plonger dans les ténèbres : *Les rideaux enténébraient la pièce* (**SYN.** assombrir).

entente n.f. **1.** Action de s'entendre, de se mettre d'accord : *Les négociateurs sont parvenus à sceller une entente* (**SYN.** accord, alliance). **2.** Relations amicales entre des personnes : *L'entente* ou *la bonne entente règne dans ce groupe* (**SYN.** compréhension, harmonie). ▸ ***À double entente,*** à double sens, ambigu. ***D'entente avec qqn,*** en Suisse, en accord avec qqn.

enter v.t. (du lat. *impotus,* greffe) [conj. 3]. **1.** Assembler par une entaille deux pièces de bois, de cuir, bout à bout. **2.** Greffer un arbre. ☞ **REM.** Ne pas confondre avec *hanter.*

entérinement n.m. Action d'entériner : *Entérinement d'une motion* (**SYN.** approbation, ratification).

entériner v.t. (de l'anc. fr. *enterin,* entier, loyal) [conj. 3]. **1.** Rendre valable ou définitif en approuvant : *L'entrée au dictionnaire entérine un mot nouveau* (**SYN.** consacrer, valider). *Nous ne devons pas entériner cette injustice* (**SYN.** accepter, admettre, justifier). **2.** Donner confirmation à un acte dont la validité dépend de cette formalité : *En appel, le tribunal a entériné le jugement* (**SYN.** homologuer, ratifier).

entérique adj. Qui relève de l'intestin (**SYN.** intestinal).

entérite n.f. Inflammation de l'intestin grêle.

entérobactérie n.f. Bactérie présente dans le tube digestif de l'homme et des animaux, et qui provoque parfois des maladies.

entérovirus n.m. Virus spécifique du tube digestif.

enterrement n.m. **1.** Action de mettre un mort en terre : *Beaucoup de ses amis ont assisté à son enterrement* (**SYN.** ensevelissement, inhumation ; **CONTR.** exhumation). **2.** Cérémonie qui accompagne la mise en terre : *L'enterrement aura lieu dans la plus stricte intimité* (**SYN.** funérailles, obsèques). **3.** Convoi funèbre : *Suivre un enterrement* (**SYN.** cortège). **4.** *Fig.* Action d'abandonner définitivement un projet, de laisser qqch tomber dans l'oubli : *L'enterrement d'un plan de modernisation* (**SYN.** abandon, écroulement, mort). *L'enterrement d'un scandale.* ▸ *Fam.* ***Enterrement de première classe,*** rejet, abandon total d'un projet ; mise à l'écart d'une personne, avec tous les honneurs. *Fam.* ***Tête*** ou ***figure d'enterrement,*** air triste, sombre, lugubre.

enterrer v.t. [conj. 4]. **1.** Mettre en terre : *Ils enterraient les déchets radioactifs en pleine nature* (**SYN.** enfouir ; **CONTR.** déterrer). **2.** Mettre un mort en terre (**SYN.** ensevelir, inhumer ; **CONTR.** exhumer). **3.** Survivre à : *Il a enterré ses deux fils.* **4.** *Fig.* Mettre fin à une chose en ne s'en occupant plus ou en la plongeant dans l'oubli : *Ils ont enterré l'affaire* (**SYN.** étouffer ; **CONTR.** divulguer, ébruiter). ▸ ***Enterrer sa vie de garçon,*** passer sa dernière soirée de célibataire en joyeuse compagnie. ◆ **s'enterrer** v.pr. Se retirer du monde ; s'isoler : *Ils se sont enterrés dans un village perdu.*

entêtant, e adj. Qui entête ; qui porte à la tête : *Une odeur de patchouli entêtante* (**SYN.** enivrant).

en-tête n.m. (pl. *en-têtes*). Texte imprimé ou gravé en haut d'une lettre, d'une feuille : *Des en-têtes personnalisés. Du papier à en-tête.*

entêté, e adj. et n. Qui fait preuve d'entêtement : *Il n'en démord pas, il est vraiment entêté* (**SYN.** opiniâtre, têtu). *C'est une entêtée* (**SYN.** obstiné).

entêtement n.m. Attachement obstiné à ses idées, à ses goûts, à sa façon d'agir : *Son entêtement lui a permis de venir à bout des chicanes de son adversaire* (**SYN.** obstination, persévérance, ténacité).

entêter v.t. (de *tête*) [conj. 4]. Monter à la tête : *Les vapeurs d'essence m'entêtent* (**SYN.** enivrer, étourdir, griser). ◆ **s'entêter** v.pr. **[à, dans].** S'obstiner : *Ils se sont entêtés à réparer l'ancienne imprimante* (**SYN.** s'acharner). *Elle s'entête dans son refus* (**SYN.** se buter).

enthousiasmant, e adj. Qui enthousiasme : *Des perspectives peu enthousiasmantes* (**SYN.** exaltant).

enthousiasme n.m. (gr. *enthousiasmos,* transport divin, de *theos,* dieu). **1.** Admiration passionnée : *Ce film a déchaîné l'enthousiasme du public* (**SYN.** engouement ; **CONTR.** dédain, hostilité). **2.** Grande démonstration de joie : *Sa proposition fut accueillie avec enthousiasme* (**SYN.** délire, exaltation, frénésie ; **CONTR.** froideur, indifférence).

enthousiasmer v.t. [conj. 3]. Remplir d'enthousiasme : *Cette visite nous a enthousiasmés* (**SYN.** passionner, ravir, transporter). *Elle sait enthousiasmer ses collaborateurs* (**SYN.** exalter, galvaniser). ◆ **s'enthousiasmer** v.pr. Se passionner pour : *Elle s'est enthousiasmée pour cette découverte* (**SYN.** s'enflammer, s'engouer).

enthousiaste adj. et n. Qui éprouve ou montre de l'enthousiasme : *Des admirateurs enthousiastes* (**SYN.** fervent, passionné). *Un accueil enthousiaste* (**SYN.** chaleureux).

s'**enticher** v.pr. (anc. fr. *entechier,* pourvoir d'une qualité) [conj. 3]. **[de].** Éprouver un engouement irréfléchi pour : *Elle s'est entichée de son nouveau voisin* (**SYN.** s'amouracher, s'éprendre). *Il s'est entiché de golf* (**SYN.** s'engouer, se passionner).

① **entier, ère** adj. (lat. *integer,* intact). **1.** Dont on n'a rien retranché : *Il reste un jambon entier* (**SYN.** complet, intact). *Elle est partie une semaine entière* (**SYN.** intégral). **2.** Se dit d'un animal non castré. **3.** Qui est sans restriction, sans atténuation : *Elle m'a donné entière satisfaction* (**SYN.** absolu, parfait, total). *Avoir une entière confiance en qqn* (**SYN.** illimité ; **CONTR.** modéré, restreint). **4.** Qui est encore sans solution : *Le problème reste entier.* **5.** Qui ne supporte pas la compromission : *Elle a un caractère entier* (**SYN.** intransigeant ; **CONTR.** conciliant, souple). ▸ ***Nombre entier,*** en arithmétique, nombre sans décimale, positif ou négatif (on dit aussi *un entier*). ***Tout entier, tout entière,*** dans sa totalité : *Elle a mangé le gâteau tout entier. La maison tout entière sentait le café frais.*

② **entier** n.m. (de *1. entier*). **1.** Totalité : *Il faut lire son œuvre dans son entier* (**SYN.** intégralité). **2.** Nombre entier. ▸ ***En entier,*** complètement : *Sur votre chèque, écrivez la somme en entier* (= en toutes lettres ; **SYN.** in extenso).).

entièrement adv. En entier ; sans restriction : *Elle a entièrement terminé* (**SYN.** complètement, intégralement, totalement). *Je lui donne entièrement raison* (**SYN.** parfaitement, tout à fait).

entièreté n.f. En Belgique, totalité, intégralité.

entité n.f. (du lat. *ens, entis,* p. présent de *esse,* être). **1.** Chose considérée comme un être ayant son individualité : *La société, l'État sont des entités.* **2.** En philosophie, ensemble des propriétés constitutives d'un être ; essence.

entoilage n.m. Action d'entoiler ; fait d'être entoilé : *L'entoilage des ailes d'un planeur.*

entoiler v.t. [conj. 3]. **1.** Renforcer en fixant qqch sur une toile par son envers : *Entoiler une carte de l'Europe.* **2.** Recouvrir de toile : *Entoiler les ailes d'un moulin à vent.*

entôler v.t. [conj. 3]. *Arg.* En parlant de prostitués, voler un client (**SYN.** dépouiller).

entomologie n.f. (du gr. *entomon,* insecte). Étude scientifique des insectes.

entomologique adj. Qui relève de l'entomologie.

entomologiste n. Spécialiste d'entomologie.

entomophage adj. Qui se nourrit d'insectes.

entonnage ou **entonnement** n.m. Mise en tonneau.

① **entonner** v.t. (de *tonne*) [conj. 3]. Mettre en tonneau : *Entonner du cidre.*

② **entonner** v.t. (de *2. ton*) [conj. 3]. **1.** Commencer à chanter : *Les convives entonnèrent une chanson à boire.* **2.** *Fig.* Commencer à prononcer, à dire : *Entonner l'éloge de qqn.*

entonnoir n.m. (de *1. entonner*). **1.** Ustensile conique servant à transvaser des liquides. **2.** Objet, chose dont la forme rappelle celle d'un entonnoir ; cavité de forme conique : *Les spéléologues descendent un entonnoir.*

entorse n.f. (de l'anc. fr. *entordre,* tordre). Distension brutale d'une articulation avec étirement ou rupture des ligaments (**SYN.** foulure). ▸ ***Faire une entorse à,*** ne pas respecter : *Il a fait une entorse à ses habitudes* (= il a dérogé à).

entortillement ou **entortillage** n.m. Action d'entortiller ; fait de s'entortiller : *L'entortillement de la glycine autour du treillage de la tonnelle.*

entortiller v.t. (de l'anc. fr. *entordre,* tordre) [conj. 3]. **1.** Envelopper dans qqch que l'on tortille : *Entortillez chaque morceau de lapin dans du papier d'aluminium* (**SYN.** enrober). **2.** Tourner plusieurs fois qqch autour d'un objet : *Elle entortille machinalement ses cheveux autour de son doigt* (**SYN.** tortiller). **3.** *Fig.* Amener une personne à ce que l'on désire par des paroles trompeuses : *Un escroc qui entortille les personnes âgées* (**SYN.** circonvenir, enjôler). **4.** Obscurcir le sens de ses paroles en employant des tournures compliquées : *Il a entortillé ses remerciements.* ◆ **s'entortiller** v.pr. **1.** S'enrouler plusieurs fois autour de qqch : *Des liserons se sont entortillés autour des troncs de troènes.* **2.** *Fig.* S'embrouiller dans ses propos, ses explications (**SYN.** s'emmêler, s'empêtrer).

à l'**entour** loc. adv. (de *2. tour*). *Vx* Dans les environs : *La campagne à l'entour est verdoyante.* ☞ **REM.** Ne pas confondre avec *alentour.* ▸ ***À l'entour de,*** autour et auprès de : *« Il tourne à l'entour du troupeau »* [La Fontaine] (= aux alentours du troupeau).

entourage n.m. **1.** Ensemble des personnes qui vivent habituellement auprès de qqn : *Son entourage l'a bien conseillé* (= ses familiers, ses proches). **2.** Ce qui entoure qqch : *Un miroir avec un entourage sculpté* (**SYN.** cadre, encadrement, tour).

entourer v.t. (de *entour*) [conj. 3]. **1.** Disposer autour de : *Les policiers ont entouré le secteur de barrières de sécurité* (**SYN.** clôturer, enceindre). **2.** Être placé autour de : *Des journalistes entourent les personnalités* (**SYN.** encercler). *Un périphérique entoure la ville* (**SYN.** ceinturer). **3.** Être attentif, prévenant à l'égard de : *Ses proches l'entourent pour l'aider à surmonter cette épreuve* (**SYN.** choyer). ◆ **s'entourer** v.pr. **[de]. 1.** Mettre autour de soi : *S'entourer de meubles anciens. S'entourer de mystère.* **2.** Réunir autour de soi : *Elle s'est entourée d'éminents spécialistes* (**SYN.** s'environner). ▸ ***S'entourer de mystère, de précautions,*** agir dans le plus grand mystère, avec beaucoup de prudence.

entourloupette ou **entourloupe** n.f. (de *tour,* tromperie). *Fam.* Manœuvre hypocrite ; mauvais tour joué à qqn : *Il a fait des entourloupettes à tous ceux qui se sont opposés à sa candidature.*

entournure n.f. (de l'anc. fr. *entourner,* se tenir autour). Emmanchure. ▸ *Fam.* ***Gêné aux entournures,*** qui est mal à l'aise ; qui manque d'argent.

entracte n.m. **1.** Espace de temps entre les différentes parties d'un spectacle : *Pendant l'entracte, les spectateurs se dégourdissent les jambes* (**SYN.** interruption). **2.** Période de répit : *Il s'est octroyé un entracte dans son travail* (**SYN.** accalmie, pause, trêve).

entraide n.f. Aide mutuelle : *Une association organise l'entraide dans le quartier* (**SYN.** solidarité).

s'**entraider** v.pr. [conj. 4]. S'aider mutuellement : *Les réfugiés se sont entraidés.*

entrailles n.f. pl. (du lat. *interaneus,* intérieur, intestinal). **1.** Organes contenus dans l'abdomen et le thorax (**SYN.** viscères). **2.** *Litt.* Ventre maternel : *Le fruit de mes entrailles* (= mon enfant ; **SYN.** sein). **3.** *Litt.* Régions profondes : *Les entrailles de la Terre.* **4.** *Litt.* Siège des émotions, de la sensibilité : *Le récit du calvaire qu'elle a vécu m'a pris aux entrailles* (= m'a bouleversé ; **SYN.** cœur).).

s'**entr'aimer** v.pr. [conj. 4]. *Litt.* S'aimer l'un l'autre : *Ils se sont entr'aimés.*

entrain n.m. (de la loc. *être en train*). Vivacité joyeuse ; bonne humeur communicative : *Elle est toujours pleine d'entrain* (**SYN.** allant, gaieté, pétulance). *Travailler avec entrain* (**SYN.** enthousiasme, fougue).

entraînant, e adj. Qui donne envie d'agir, de bouger : *Une mélodie entraînante.*

entraînement n.m. **1.** Préparation à une compétition, un concours, au combat ; fait d'être entraîné : *Elle se présente à l'examen, mais elle manque d'entraînement* (**SYN.** 2. pratique). **2.** Dispositif mécanique assurant une transmission ; cette transmission : *L'entraînement de la roue se fait par la chaîne du pédalier.* **3.** *Litt.* Fait de se laisser entraîner par un mouvement irréfléchi ; force qui entraîne : *La passion du jeu peut être un entraînement fatal* (**SYN.** engrenage, incitation).

entraîner v.t. (de *traîner*) [conj. 4]. **1.** Emporter dans le même mouvement ; traîner avec, derrière soi : *Le courant entraînait la barque* (**SYN.** charrier). **2.** Emmener à sa suite ; amener de force : *Elle lui a sauvé la vie en l'entraînant au-dehors* (**SYN.** conduire, tirer, traîner). **3.** Attirer par une pression morale : *Il s'est laissé entraîner par les autres* (**SYN.** pousser). *C'est la peur qui l'a entraîné à agir ainsi* (**SYN.** forcer, obliger). **4.** Exercer un effet stimulant sur ; susciter la conviction : *Sa passion est si communicative qu'il entraîne ses proches* (**SYN.** emporter, pousser). **5.** Transmettre le mouvement à une autre pièce d'un mécanisme : *Une courroie entraîne la roue* (**SYN.** actionner). **6.** Avoir pour conséquence : *La découverte du gène responsable de cette maladie entraînera la possibilité d'un dépistage précoce* (**SYN.** engendrer, occasionner, provoquer). **7.** Faire acquérir l'habitude, la pratique de qqch, par une préparation systématique : *Il entraîne l'équipe de basketteurs* (**SYN.** former). *Elle entraîne son chien à rapporter les objets* (**SYN.** dresser, exercer). ◆ **s'entraîner** v.pr. **[à].** Se préparer par des exercices à une compétition, un exercice, un combat : *Elle s'est entraînée aux entretiens d'embauche.*

entraîneur, euse n. **1.** Personne qui entraîne des sportifs, des candidats, des animaux. **2.** *Litt.* Personne qui communique son entrain aux autres : *Un entraîneur d'hommes* (**SYN.** meneur).

entraîneuse n.f. Employée d'un cabaret, d'un établissement de nuit chargée d'inciter les clients à danser et à consommer.

entrant, e n. et adj. (Surtout au pl.). Personne qui

entre : *Il faut libérer deux lits en cardiologie pour les entrants* (**CONTR.** sortant).

entr'apercevoir ou **entrapercevoir** v.t. [conj. 52]. **1.** Apercevoir indistinctement ou un court instant : *Elle a entr'aperçu le voleur* (**SYN.** entrevoir). **2.** Percevoir, comprendre de façon imprécise ou avec difficulté : *Le juge entr'aperçoit la vérité* (**SYN.** deviner, subodorer).

entrave n.f. **1.** Lien que l'on fixe aux pieds d'un animal domestique pour gêner sa marche et l'empêcher de s'enfuir. **2.** *Fig.* Ce qui gêne, embarrasse, retient : *Elle est arrivée jusqu'ici sans entraves* (**SYN.** obstacle). *Le coût élevé de ce procédé est une entrave à son développement* (**SYN.** frein, handicap).

entraver v.t. (du lat. *trabs, trabis,* poutre) [conj. 3]. **1.** Mettre une entrave à un animal : *L'éleveur a entravé son étalon.* **2.** *Fig.* Embarrasser dans ses mouvements, ses actes : *Sa veste trop étroite entravait ses gestes* (**SYN.** gêner, retenir). *Des voitures mal garées entravent la circulation* (**SYN.** freiner, ralentir). **3.** Mettre des obstacles à : *Entraver la bonne marche de la justice* (**SYN.** bloquer, contrarier, paralyser).

entre prép. (lat. *inter*). (En corrélation avec *et* ou suivi d'un n. ou d'un pron. au pl.). **1.** Indique l'espace qui sépare des choses ou des personnes : *Posez ce sac entre les deux sièges. Je me suis installée entre la ministre et son secrétaire.* **2.** Indique un intervalle de temps entre deux moments : *Le magasin est fermé entre Noël et le Nouvel An.* **3.** Indique un état intermédiaire : *Trouver le juste milieu entre la dureté et le laxisme.* **4.** Indique une accumulation : *Entre les études des enfants et la réparation de la maison, ils ont beaucoup de mal.* **5.** Indique l'ensemble au sein duquel une possibilité de choix est offerte : *Vous avez le choix entre plusieurs modèles* (**SYN.** parmi). *Il fait entre cinq et dix degrés.* **6.** Indique un rapport de réciprocité ou une comparaison : *Ils s'accusent entre eux. La plus intelligente d'entre elles.* **7.** Indique un ensemble défini de personnes excluant tout élément extérieur : *Une réunion entre partenaires. Une sortie entre amis.* ▸ ***D'entre,*** parmi : *Plusieurs d'entre nous ont décidé de partir.* ***Entre nous*** ou ***soit dit entre nous,*** je vous le dis en confidence. ***Entre tous,*** par-dessus tous les autres : *Un ordinateur performant entre tous.*

entrebâillement n.m. Ouverture laissée par ce qui est entrebâillé. *Le soleil entrait par l'entrebâillement de la porte.*

entrebâiller v.t. [conj. 3]. Entrouvrir légèrement : *Elle entrebâilla les volets.*

entrebâilleur n.m. Dispositif destiné à maintenir une porte, une fenêtre entrebâillée.

entrechat n.m. (it. *capriola intrecciata,* saut entrelacé). Saut de danse vertical au cours duquel le danseur fait de rapides battements de pieds.

entrechoquement n.m. Choc de deux choses qui se heurtent.

entrechoquer v.t. [conj. 3]. Heurter l'un contre l'autre : *Les convives entrechoquent leurs verres.* ◆ **s'entrechoquer** v.pr. Se heurter : *Les bouteilles se sont entrechoquées pendant le transport.*

entrecôte n.f. Tranche de bœuf prélevée dans la région des côtes.

entrecoupé, e adj. Interrompu par des ruptures, des arrêts : *Un film entrecoupé de publicités. Une respiration entrecoupée* (**SYN.** haché, saccadé).

entrecouper v.t. [conj. 3]. Interrompre par intermittence : *Ils entrecoupent leur réunion de quelques pauses-café.*

entrecroisement n.m. Disposition de choses qui s'entrecroisent : *L'entrecroisement des brins d'osier du panier* (**SYN.** croisement, entrelacement, tressage).

entrecroiser v.t. [conj. 3]. Croiser en divers sens ou à plusieurs reprises : *Elle entrecroise les fils de fer pour faire un grillage* (**SYN.** entrelacer). ◆ **s'entrecroiser** v.pr. Se croiser l'un l'autre : *Sur la carte, les routes s'entrecroisent.*

entrecuisse n.m. Partie du corps située entre les cuisses (**SYN.** entrejambe).

s'**entre-déchirer** v.pr. [conj. 3]. **1.** S'arracher mutuellement la chair : *Les loups se sont entre-déchirés pour leur proie.* **2.** *Fig.* Se faire souffrir mutuellement : *La famille s'est entre-déchirée à propos de cet héritage* (**SYN.** se déchirer).

entre-deux n.m. inv. **1.** Partie située au milieu de deux choses : *Le chirurgien a dû inciser dans l'entre-deux de ses seins.* **2.** État intermédiaire entre deux extrêmes : *Il y a la vérité et le mensonge, pas d'entre-deux.* **3.** Lancer vertical du ballon par l'arbitre entre deux adversaires.

entre-deux-guerres n.f. inv. ou n.m. inv. Période située entre deux guerres : *L'entre-deux-guerres fut courte.*

s'**entre-dévorer** v.pr. [conj. 3]. Se dévorer mutuellement : *Les crabes se sont entre-dévorés.*

entrée n.f. **1.** Action, fait d'entrer : *La chanteuse fait son entrée sur scène* (**SYN.** apparition). *L'entrée du train en gare* (**SYN.** arrivée). **2.** Possibilité d'entrer : *Un gardien a refusé l'entrée à une dizaine de personnes* (**SYN.** accès). *Concours d'entrée à une grande école* (**SYN.** admission). **3.** Accès à un spectacle ; somme à payer pour entrer : *Un ticket d'entrée. L'entrée est gratuite pour les moins de six ans* (**SYN.** place). **4.** Endroit par où l'on entre ; espace d'un bâtiment dans lequel on pénètre en entrant : *Les entrées de la ville sont embouteillées* (**SYN.** accès). *Les boîtes aux lettres se trouvent dans l'entrée de l'immeuble* (**SYN.** hall, vestibule). **5.** Fait de commencer ; moment où une période commence : *Une entrée en matière* (— une introduction). *À l'entrée de cette année* (**SYN.** seuil). **6.** Plat servi après le potage ou les hors-d'œuvre et avant le plat principal. **7.** Dans un dictionnaire, mot qui fait l'objet d'un article : *Dans notre dictionnaire, les entrées sont en gras.* **8.** En informatique, opération par laquelle des données sont introduites dans un ordinateur ; unité d'information introduite dans un ordinateur pour être traitée. ▸ ***D'entrée de jeu,*** dès le début, tout de suite (**SYN.** d'emblée). ***Entrée libre,*** possibilité d'entrer gratuitement quelque part sans avoir à remplir de formalité. ◆ **entrées** n.f. pl. ▸ ***Avoir ses entrées quelque part,*** y être reçu facilement et à tout moment : *J'ai mes entrées à la préfecture.*

entrée-sortie n.f. (pl. *entrées-sorties*). En informatique, échange d'information entre un ordinateur et ses périphériques.

entrefaites n.f. pl. (p. passé de l'anc. fr. *entrefaire*).

▸ ***Sur ces entrefaites,*** dans un récit, indique le moment où qqch se produit : *Sur ces entrefaites, l'orage éclata* (= c'est alors que).

entrefilet n.m. Petit article dans un journal.

entregent n.m. (de *gent*). Adresse à se conduire en société, à se faire valoir : *Avoir de l'entregent* (**SYN.** doigté, habileté).

s'**entr'égorger** v.pr. [conj. 17]. S'égorger l'un l'autre ; s'entretuer : *Ils se sont entr'égorgés.*

entrejambe ou **entrejambes** n.m. **1.** Partie de la culotte ou du pantalon située entre les jambes. **2.** Espace compris entre les cuisses (**SYN.** entrecuisse). ☞ **REM.** On peut aussi écrire *entre-jambe* ou *entre-jambes.*

entrelacement n.m. Action d'entrelacer ; état de choses entrelacées : *Un entrelacement de branches nous faisait de l'ombre* (**SYN.** entrecroisement).

entrelacer v.t. [conj. 16]. Enlacer, tresser l'un avec l'autre : *Pour créer un logo, ils ont entrelacé les lettres du sigle de l'entreprise* (**SYN.** entrecroiser). ◆ **s'entrelacer** v.pr. S'entremêler : *Les branches se sont entrelacées* (**SYN.** s'enchevêtrer, s'entrecroiser).

entrelacs [ɑ̃trəla] n.m. (Surtout au pl.). Ornement composé de motifs entrelacés : *Les entrelacs des balcons en fer forgé.*

entrelardé, e adj. Se dit d'une viande qui présente des parties grasses et des parties maigres.

entrelarder v.t. [conj. 3]. **1.** Piquer une viande avec du lard. **2.** *Fig.* Parsemer d'éléments disparates : *Le réalisateur a entrelardé son film d'extraits documentaires* (**SYN.** entrecouper).

entremêlement n.m. Action d'entremêler ; fait de s'entremêler (**SYN.** entrelacement).

entremêler v.t. [conj. 4]. **1.** Mêler plusieurs choses entre elles, avec d'autres : *Entremêler images en noir et blanc et images en couleurs dans un film.* **2.** Interrompre par intervalles : *Le journaliste entremêle les informations d'anecdotes savoureuses* (**SYN.** entrecouper). ◆ **s'entremêler** v.pr. Se mélanger : *Les tiges se sont entremêlées* (**SYN.** s'enchevêtrer, s'entrecroiser, s'entrelacer).

entremets [ɑ̃trəmɛ] n.m. (de *mets*). Plat sucré que l'on sert après le fromage et avant les fruits ou comme dessert.

entremetteur, euse n. *Péjor.* Personne qui, moyennant finance, sert d'intermédiaire dans des affaires galantes.

s'**entremettre** v.pr. [conj. 84]. Intervenir activement dans une affaire pour mettre en relation plusieurs personnes : *Elle s'est entremise pour les aider à résoudre leur problème* (**SYN.** intercéder).

entremise n.f. Action de s'entremettre : *Les diplomates de ce pays offrent leur entremise dans les négociations* (**SYN.** arbitrage, intercession, médiation). ▸ ***Par l'entremise de,*** par l'intermédiaire de.

entrepont n.m. Espace compris entre deux ponts d'un bateau.

entreposer v.t. [conj. 3]. **1.** Mettre en entrepôt : *La bouchère entrepose la viande dans une chambre froide* (**SYN.** emmagasiner, stocker). **2.** Déposer provisoirement : *Elle entrepose ses dossiers dans cette pièce avant de les classer.*

entreposeur n.m. Personne qui tient un entrepôt.

entrepositaire n. Personne ou entreprise qui conserve dans un entrepôt des marchandises pour le compte d'autrui.

entrepôt n.m. Lieu où sont déposées des marchandises pour un temps limité.

entreprenant, e adj. **1.** Qui fait preuve d'audace et de décision pour entreprendre : *Grâce à cette femme entreprenante, bien des découvertes ont trouvé leur application* (**SYN.** audacieux, dynamique). **2.** Qui fait preuve d'un zèle excessif auprès de la personne à séduire : *Son frère est très entreprenant* (**SYN.** galant).

entreprenaute n. (de *entrepre[neur]* et *[inter]naute*). Personne qui crée une entreprise sur l'Internet.

entreprendre v.t. [conj. 79]. **1.** Commencer à exécuter : *La mairie va entreprendre des travaux de restauration dans ce quartier* (**SYN.** engager, entamer, lancer). **2.** *Fam.* Importuner qqn, le harceler de paroles : *De jeunes excités nous ont entrepris à la sortie du théâtre.* ▸ ***Entreprendre qqn sur qqch,*** tenter de connaître son avis ou de le persuader : *Il nous a entrepris sur le problème de la mondialisation.*

entrepreneur, euse n. **1.** Chef d'une entreprise : *Entrepreneuse en bâtiment et travaux publics* (**SYN.** constructeur). **2.** En droit, personne qui, dans un contrat d'entreprise, s'engage à effectuer un travail pour le maître de l'ouvrage.

entrepreneurial, e, aux adj. Qui relève de l'entreprise, du chef d'entreprise.

entrepreneuriat n.m. Activité, métier de l'entrepreneur, du créateur d'entreprise : *Les filières d'entrepreneuriat dans les écoles de commerce.*

entreprise n.f. **1.** Ce qu'une personne entreprend : *Elle a réussi dans cette entreprise pourtant aventureuse* (**SYN.** œuvre [litt.], opération, tentative). **2.** Affaire commerciale ou industrielle ; unité économique de production : *Elle est à la tête d'une entreprise de transports* (**SYN.** firme, société). *Les petites et moyennes entreprises* (= les P.M.E.). ▸ ***Entreprise publique,*** société placée sous l'autorité ou la tutelle des pouvoirs publics. ***Libre entreprise,*** régime économique qui repose sur la liberté de création et de gestion d'entreprises privées : *Défendre la libre entreprise.*

entrer v.i. (lat. *intrare*) [conj. 3]. (Auxil. *être*). **1.** Aller de l'extérieur à l'intérieur d'un lieu : *Elle entre dans la chambre* (**CONTR.** sortir). *Des clandestins sont entrés dans le pays* (**SYN.** s'infiltrer, s'introduire, pénétrer). *Le bateau entre dans le port* (**SYN.** arriver). *Le tenon ne peut entrer dans la mortaise* (**SYN.** rentrer). **2.** Être admis dans un établissement : *Il entre en clinique jeudi pour se faire opérer.* **3.** S'engager dans une profession, un état ; commencer à faire partie d'un groupe : *Entrer dans l'Administration* (= devenir fonctionnaire). *Elle est entrée à l'Académie française* (= elle y a été élue et reçue). **4.** Prendre part à : *Entrer dans la partie* (= dans le jeu ou dans la négociation). **5.** Commencer à traiter de : *Maintenant, nous allons entrer dans le vif du sujet* (**SYN.** aborder). **6.** Passer dans un nouvel état ; être au début de : *Il est entré dans une phase dépressive. Elle entre dans sa vingtième année. Nous entrons dans une ère nouvelle.* **7.** Faire partie d'un ensemble, de sa composition : *L'accueil du public n'entre pas* *dans mes attributions* (**SYN.** relever). *Le coût du transport entre dans le prix indiqué* (= est compris dans le prix). *Les ingrédients qui entrent dans ce produit sont mentionnés sur l'emballage.* ▸ ***Entrer en,*** commencer à être dans un état donné ; commencer une carrière : *Entrer en ébullition. Entrer en action. Loi qui entre en vigueur* (= qui est désormais appliquée). *La fièvre est tombée, elle entre en convalescence. Les jeunes veulent entrer en politique.* ◆ v.t. (Auxil. *avoir*). Faire pénétrer : *Le trou de sa chemise est si large qu'on peut y entrer le doigt* (**SYN.** introduire).

entre-rail n.m. (pl. *entre-rails*). Espace compris entre les rails d'une voie ferrée.

entresol [ɑ̃trəsɔl] n.m. (esp. *entresuelo*, de *suelo*, sol). Étage situé entre le rez-de-chaussée et le premier étage de certains immeubles.

entre-temps adv. Dans cet intervalle de temps : *Il est sorti faire les courses ; entre-temps, nous avons pu lui préparer une surprise.*

entretenir v.t. [conj. 40]. **1.** Faire durer qqch en le maintenant dans le même état : *Elle rajoute des brindilles pour entretenir le feu* (**SYN.** alimenter). *Elles entretiennent de très bons rapports* (**SYN.** cultiver, préserver). **2.** Conserver en bon état de propreté, de fonctionnement : *Nous entretenons nos meubles en les cirant régulièrement.* **3.** Pourvoir à la subsistance de : *Elle entretient ses enfants et ses parents* (**SYN.** nourrir). ▸ ***Entretenir qqn de qqch,*** avoir avec lui une conversation sur un sujet : *Il m'a entretenu des problèmes de pollution.* ***Se faire entretenir par qqn,*** vivre à ses frais. ◆ **s'entretenir** v.pr. **1.** Se maintenir dans un état physique satisfaisant : *C'est une femme qui s'entretient* (= qui fait de l'exercice). **2.** Échanger des propos sur un sujet : *Elles se sont entretenues de la situation* (**SYN.** converser, parler). *Nous nous sommes entrenus avec lui sur cette affaire.*

entretenu, e adj. **1.** Qui est tenu en état : *Cette forêt est bien entretenue.* **2.** Qui vit de l'argent reçu d'un amant ou d'une maîtresse.

entretien n.m. **1.** Action de tenir une chose en bon état, de fournir ce qui est nécessaire pour y parvenir : *Les employés municipaux se chargent de l'entretien de ce parc. Frais d'entretien.* **2.** Service d'une entreprise chargé de maintenir les performances des équipements et des matériels (**SYN.** maintenance). **3.** Conversation suivie : *Il sollicite un entretien auprès de la ministre* (**SYN.** audience, entrevue).

entretoise n.f. (de l'anc. fr. *enteser*, ajuster). Dans une construction, pièce de liaison horizontale qui sert à maintenir un écartement fixe entre deux pièces parallèles (poutres, chevrons, etc.).

s'**entre-tuer** v.pr. [conj. 7]. Se tuer l'un l'autre, les uns les autres : *Les soldats se sont entre-tués.*

entrevoie n.f. Espace compris entre deux voies de chemin de fer.

entrevoir v.t. [conj. 62]. **1.** Voir à peine, rapidement ou indistinctement : *Elle a entrevu le cambrioleur qui s'enfuyait* (**SYN.** entr'apercevoir). **2.** Se faire une idée encore imprécise de : *Elle entrevoit une solution à ses problèmes* (**SYN.** deviner, pressentir, soupçonner).

entrevue n.f. Rencontre concertée entre deux ou plusieurs personnes : *Les négociateurs auront une première entrevue demain* (**SYN.** entretien, tête-à-tête). *L'entrevue du ministre et du chef de l'opposition* ou *avec le chef de l'opposition.*

entrisme n.m. Pratique consistant à introduire dans un parti, dans une organisation syndicale, de nouveaux militants en vue d'en modifier la ligne politique.

entropie n.f. (gr. *entropê*, retour en arrière, de *trepein*, tourner). Grandeur qui, en thermodynamique, permet d'évaluer la dégradation de l'énergie d'un système.

entrouvert, e adj. Qui est à moitié ouvert : *Laissez la porte entrouverte pour que j'entende ce qui se passe. Il écoutait, la bouche entrouverte.*

entrouvrir v.t. [conj. 34]. Ouvrir un peu : *Elle a entrouvert les volets* (**SYN.** entrebâiller). *Il entrouvre les yeux.*

entuber v.t. [conj. 3]. *Fam.* Duper ; escroquer.

enturbanné, e adj. Qui est coiffé d'un turban.

énucléation n.f. En chirurgie, ablation du globe oculaire.

énucléer v.t. (du lat. *nucleus*, noyau) [conj. 15]. Enlever par énucléation.

énumératif, ive adj. Qui contient une énumération.

énumération n.f. Action d'énumérer ; suite de ce qui est énuméré : *Elle procède à l'énumération des biens familiaux* (**SYN.** inventaire). *Une énumération des personnes présentes* (**SYN.** liste).

énumérer v.t. (lat. *enumerare*, de *numerus*, nombre) [conj. 18]. Énoncer successivement les parties d'un tout ; passer en revue : *Elle a énuméré toutes les raisons qui l'ont poussée à refuser* (**SYN.** citer, détailler, inventorier).

s'**énuquer** v.pr. [conj. 3]. En Suisse, se briser la nuque.

énurésie n.f. (du gr. *ourein*, uriner). Émission involontaire d'urine chez l'enfant, à un âge où la propreté est habituellement acquise.

énurétique adj. et n. Qui est atteint d'énurésie ; qui relève de l'énurésie.

envahir [ɑ̃vair] v.t. (lat. *invadere*, de *vadere*, aller) [conj. 32]. **1.** Pénétrer par la force et en nombre dans un pays, une région, et l'occuper : *Des troupes étrangères envahissent le territoire* (**SYN.** conquérir, s'emparer de). **2.** Se répandre dans ou sur ; occuper trop de place : *En été, les insectes envahissent la maison* (**SYN.** pulluler dans). *Les bandeaux publicitaires envahissent les écrans des internautes* (**SYN.** inonder, remplir). **3.** *Fig.* Gagner l'esprit de : *L'inquiétude l'envahit* (**SYN.** gagner, submerger). **4.** *Fam.* Accaparer qqn, son temps : *Son travail a peu à peu envahi sa vie.*

envahissant, e adj. **1.** Qui envahit un lieu : *La caulerpe est une algue envahissante* (**SYN.** prolifique). **2.** Qui s'impose sans discrétion : *Des démarcheurs envahissants* (**SYN.** importun, indiscret).

envahissement n.m. **1.** Action d'envahir un lieu ; son résultat : *L'envahissement d'une station par les touristes* (**SYN.** invasion). **2.** *Litt.* Accaparement progressif ; usurpation progressive : *L'envahissement de la vie quotidienne par la publicité.*

envahisseur n.m. Personne ou peuple qui envahit un territoire, un pays ; conquérant, occupant : *Les armées alliées ont repoussé l'envahisseur.*

envasement n.m. Fait de s'envaser ; état de ce qui s'est envasé.

s'**envaser** v.pr. [conj. 3]. **1.** Se remplir de vase : *Les égouts se sont envasés.* **2.** S'enfoncer dans la vase, la boue : *Pendant ce rallye, plusieurs quatre-quatre se sont envasés* (**SYN.** s'embourber, s'enliser).

enveloppant, e adj. **1.** Qui enveloppe, entoure : *Un brouillard enveloppant ralentissait la circulation.* **2.** *Fig.* Qui séduit, captive : *Des paroles enveloppantes* (**SYN.** insinuant).

enveloppe n.f. **1.** Ce qui sert à envelopper : *Retirez la carte téléphonique de son enveloppe protectrice* (**SYN.** emballage). **2.** Morceau de papier plié de manière à former une pochette et destiné à contenir une lettre, une carte, un document. **3.** Somme d'argent remise à qqn dans une enveloppe en échange d'un service : *N'oubliez pas la petite enveloppe pour les livreurs.* **4.** En anatomie et en botanique, membrane enveloppant un organe, une graine : *La bogue est l'enveloppe de la châtaigne.* ▸ ***Enveloppe budgétaire,*** montant total des dépenses autorisées dans un budget.

enveloppé, e adj. *Fam.* Se dit d'une personne qui a un peu d'embonpoint ; potelé.

enveloppement n.m. Action d'envelopper ; fait d'être enveloppé : *Les déménageurs s'occuperont de l'enveloppement de la vaisselle* (**SYN.** emballage).

envelopper v.t. (de l'anc. fr. *voloper,* envelopper, du lat. *faluppa,* brin de paille) [conj. 3]. **1.** Entourer complètement d'un tissu, d'un papier, d'une matière quelconque : *Il enveloppe la marchandise dans du plastique* (**SYN.** emballer, empaqueter). **2.** Couvrir entièrement : *Un épais brouillard enveloppe la ville* (**SYN.** recouvrir). **3.** Entourer sans laisser d'issue : *Les gendarmes enveloppent les manifestants* (**SYN.** cerner, encercler). **4. [de].** *Litt.* Cacher, dissimuler : *Il sait envelopper ses critiques de paroles amicales* (**SYN.** déguiser, enrober). ▸ ***Envelopper qqn, qqch du regard,*** le contempler longuement. ◆ **s'envelopper** v.pr. **1. [de, dans, avec].** S'enrouler dans : *Elle s'est enveloppée d'une couverture* (**SYN.** s'emmitoufler). **2. [dans].** *Fig.* Adopter une attitude destinée à se protéger : *Ils se sont enveloppés dans leur dignité* (**SYN.** se draper).

envenimé, e adj. **1.** Se dit d'une blessure, d'une plaie qui est gagnée par l'infection. **2.** Qui est plein d'aigreur, de virulence : *Des paroles envenimées* (**SYN.** hargneux).

envenimement n.m. Fait de s'envenimer.

envenimer v.t. (de *venin*) [conj. 3]. **1.** Provoquer l'infection de : *Il envenime sa blessure en travaillant dans la poussière* (**SYN.** infecter). **2.** *Fig.* Faire dégénérer : *Ces représailles enveniment la situation* (**SYN.** aggraver, tendre). ◆ **s'envenimer** v.pr. **1.** S'infecter : *Sa coupure s'est envenimée* (**SYN.** s'enflammer). **2.** *Fig.* Se détériorer ; devenir hostile : *La crise s'est envenimée* (**SYN.** s'aggraver, dégénérer, empirer ; **CONTR.** s'apaiser).

envergure [ɑ̃vɛrgyr] n.f. (de *enverguer,* fixer à une vergue). **1.** Dimension d'une aile d'avion, de la carlingue à son extrémité. **2.** Distance entre les extrémités des ailes déployées d'un oiseau. **3.** Ampleur de l'intelligence, de la volonté : *Un chercheur d'envergure* (**SYN.** exception, valeur). **4.** Importance d'une action, d'un projet : *Un sommet d'envergure internationale réunissant les chefs d'État* (**SYN.** ampleur, portée).

① **envers** prép. (de *1. en* et *2. vers*). À l'égard de : *Son amitié envers vous* (**SYN.** pour). *Il fait preuve de bienveillance envers elle* (**SYN.** avec, vis-à-vis de). ▸ ***Envers et contre tous*** ou ***tout,*** malgré l'opposition de tous, en dépit de tous les obstacles.

② **envers** n.m. (lat. *inversus,* de *invertere,* retourner). **1.** Face d'un objet qui n'est pas destinée à être vue (par opp. à endroit) : *L'envers d'une page* (**SYN.** dos, verso ; **CONTR.** recto). *L'envers d'une pièce de monnaie* (**SYN.** revers ; **CONTR.** avers). **2.** Aspect opposé, contraire à qqch : *L'envers de la logique* (**SYN.** contraire, inverse). ▸ ***À l'envers,*** du mauvais côté : *Tu as mis ta veste à l'envers* (par opp. à à l'endroit). *Tu as suspendu le tableau à l'envers* (= sens dessus dessous) ; en dépit du bon sens : *Tout marche à l'envers dans ce bureau* (= de travers). ***Avoir la tête à l'envers,*** être extrêmement troublé. ***L'envers du décor,*** la face cachée et désagréable des choses.

à l'**envi** loc. adv. (de l'anc. fr. *envier,* provoquer au jeu). *Litt.* Comme en rivalisant : *Les candidats lancent à l'envi promesse sur promesse* (= à qui mieux mieux). ☞ **REM.** Ne pas confondre avec *envie.*

enviable adj. Qui est digne d'être envié : *Ils ont des conditions de vie très enviables* (**SYN.** tentant). *Il a connu un destin peu enviable* (**SYN.** souhaitable).

envie n.f. (lat. *invidia,* jalousie, désir). **1.** Sentiment de convoitise à la vue du bonheur, des avantages d'autrui : *Le monde observe sa réussite avec envie* (**SYN.** jalousie). **2.** Désir soudain et vif d'avoir, de faire qqch : *Cet éclair au chocolat me fait envie* (= excite ma convoitise). *Le beau temps donne envie d'aller se promener.* **3.** Besoin que l'on désire satisfaire : *Avoir envie de dormir.* **4.** *Fam.* Tache rouge sur la peau que présentent certains enfants à la naissance. **5.** (Surtout au pl.). *Fam.* Petite pellicule de peau qui se détache autour des ongles. ☞ **REM.** Ne pas confondre avec *envi.*

envier v.t. [conj. 9]. **1.** Éprouver de l'envie envers qqn : *Tous vous envient de pouvoir voyager ainsi* (**SYN.** jalouser). **2.** Désirer ce que qqn d'autre possède : *Il enviait le poste de sa supérieure* (**SYN.** convoiter).

envieusement adv. Avec envie.

envieux, euse adj. et n. Qui éprouve ou manifeste de l'envie, de la convoitise : *Ils sont très envieux de son succès* (**SYN.** jaloux). *Il jetait un regard envieux sur cette voiture.* ▸ ***Faire des envieux,*** obtenir un succès, un avantage qui suscite la convoitise ou la malveillance.

environ adv. (de l'anc. fr. *viron,* tour). Indique une approximation ; approximativement : *Cela coûtera environ quinze euros* (= à peu près). *Elle m'a téléphoné à dix heures environ* (= vers dix heures).

environnant, e adj. Qui environne ; proche, voisin : *La région environnante* (**SYN.** avoisinant).

environnement n.m. **1.** Ce qui entoure, ce qui constitue le voisinage : *Un environnement de montagnes.* **2.** Ensemble des éléments naturels et artificiels qui entourent un individu ou une espèce : *La protection de l'environnement demande la coopération de chacun* (**SYN.** milieu). **3.** Ensemble des éléments objectifs et subjectifs qui constituent le cadre de vie d'un individu : *L'environnement familial* (**SYN.** entourage). **4.** En informatique, ensemble des ressources matérielles et logicielles nécessaire à l'exécution d'une application.

environnemental, e, aux adj. Qui relève de l'environnement d'un individu, d'une espèce.

environnementaliste n. Spécialiste des problèmes

de l'environnement. ◆ adj. Qui relève de l'environnement, de sa défense.

environner v.t. [conj. 3]. Constituer le voisinage de : *Les champs de colza qui environnent le village* (**SYN.** encadrer, entourer). *L'ambiance angoissante qui nous environne* (**SYN.** envelopper). ◆ **s'environner** v.pr. Réunir autour de soi : *S'environner d'amis* (**SYN.** s'entourer).

environs n.m. pl. Lieux qui entourent qqch : *Ils habitent dans les environs d'une grande ville* (**SYN.** abords, alentours, voisinage). ▸ ***Aux environs de,*** indique la proximité dans l'espace, le temps : *Aux environs de Lille. Il rentrera aux environs de minuit* (**SYN.** vers).

envisageable adj. Qui peut être envisagé : *Une conciliation est envisageable entre les deux parties* (**SYN.** concevable, imaginable, possible ; **CONTR.** inconcevable).

envisager v.t. (de *visage*) [conj. 17]. **1.** Prendre en considération : *Il faut envisager tous les aspects du problème* (**SYN.** considérer, examiner). **2.** Avoir le projet de : *Nous envisageons de changer de cadre de vie* (**SYN.** prévoir, projeter).

envoi n.m. **1.** Action d'envoyer : *La direction de la chaîne a décidé l'envoi de reporters sur les lieux. L'envoi de renseignements par la messagerie électronique* (**SYN.** expédition). **2.** Chose que l'on envoie : *Plusieurs envois ne sont pas parvenus à destination* (**SYN.** colis). **3.** Vers placés à la fin d'un poème, partic. d'une ballade, pour en faire l'hommage à qqn : *« À la fin de l'envoi, je touche »* [Edmond Rostand, tirade de Cyrano].

envol n.m. Action de s'envoler, de décoller : *Les cigognes prennent leur envol* (= s'envoler). *Les pistes d'envol d'un aéroport* (**SYN.** décollage).

envolée n.f. **1.** Expression intense d'un sentiment : *Le conférencier nous gratifie parfois d'envolées lyriques* (**SYN.** élan). **2.** Montée brutale d'une valeur : *L'envolée des cours de la Bourse* (**SYN.** flambée ; **CONTR.** chute, plongée).

s'**envoler** v.pr. [conj. 3]. **1.** Prendre son vol : *Les rossignols se sont envolés à son arrivée.* **2.** Quitter le sol, en parlant d'un avion : *L'avion s'envolera de Madrid* (**SYN.** décoller). **3.** *Litt.* Passer rapidement : *Nos espoirs se sont envolés* (**SYN.** disparaître, s'enfuir, s'évanouir). **4.** *Fam.* Augmenter rapidement et considérablement : *L'euro s'envole* (**SYN.** flamber ; **CONTR.** plonger).

envoûtant, e adj. Qui exerce un attrait irrésistible : *Des images envoûtantes* (**SYN.** captivant, fascinant). *Une voix envoûtante* (**SYN.** enchanteur, ensorcelant).

envoûtement n.m. **1.** Pratique magique censée agir à distance sur un être animé, au moyen d'une figurine le représentant. **2.** *Fig.* Action de subjuguer qqn : *L'envoûtement d'un crépuscule tropical* (**SYN.** enchantement, fascination).

envoûter v.t. (de l'anc. fr. *vout,* visage, du lat. *vultus*) [conj. 3]. **1.** Pratiquer l'envoûtement de : *Un sorcier les a envoûtés* (**SYN.** enchanter, ensorceler). **2.** *Fig.* Exercer un attrait irrésistible sur : *Les yeux de cette femme l'ont envoûté* (**SYN.** charmer, ensorceler, séduire, subjuguer). *Ce film nous a tous envoûtés* (**SYN.** captiver, fasciner).

envoûteur, euse n. Personne qui pratique l'envoûtement (**SYN.** sorcier).

envoyé, e n. Personne envoyée quelque part pour y remplir une mission ; émissaire : *Une envoyée ministérielle* (**SYN.** délégué, messager, représentant). ▸ ***Envoyé spécial,*** journaliste chargé de recueillir l'information sur place.

envoyer v.t. (lat. *inviare,* faire route, de *via,* route) [conj. 30]. **1.** Faire partir qqn pour une destination donnée : *Le gouvernement a envoyé un émissaire sur les lieux* (**SYN.** déléguer, dépêcher, détacher). **2.** Faire parvenir qqch : *Je vous enverrai ce document par fax* (= je vous le faxerai ; **SYN.** adresser, expédier). **3.** Projeter vivement un objet : *L'archer envoie une flèche* (**SYN.** décocher). *Il a envoyé une pierre dans la vitre* (**SYN.** jeter, lancer). ▸ *Fam.* ***Envoyer balader*** ou ***paître*** ou ***promener qqn*** ou ***envoyer qqn sur les roses,*** le repousser avec rudesse sans lui accorder ce qu'il demande. ***Envoyer les couleurs,*** hisser le pavillon national en lui rendant les honneurs. ***Ne pas envoyer dire qqch,*** le dire soi-même, face à face, sans ménagement. ◆ **s'envoyer** v.pr. *Fam.* **1.** Avaler : *Elle s'est envoyé une platée de spaghettis.* **2.** Assumer une obligation contraignante, une tâche pénible : *Je me suis envoyé tous les formulaires à remplir* (**SYN.** se charger de).

envoyeur, euse n. Personne qui fait un envoi postal : *Le destinataire ayant déménagé, la lettre a été retournée à l'envoyeur* (**SYN.** expéditeur).

enzootie [ɑ̃zɔɔti] n.f. (du gr. *zôon,* animal). Maladie contagieuse qui atteint les animaux d'une seule localité ou d'une seule exploitation.

enzymatique adj. Qui relève des enzymes ; qui est dû aux enzymes.

enzyme n.f. ou n.m. (du gr. *en,* dans, et *zumê,* levain). Substance soluble de l'organisme qui accélère une réaction chimique.

enzymologie n.f. Étude scientifique des enzymes.

éocène n.m. (du gr. *eôs,* aurore, et *kainos,* récent). Période géologique de l'ère tertiaire, marquée par la diversification des mammifères et le début de la formation des Alpes. ◆ adj. Relatif à l'éocène.

éolien, enne adj. (de *Éole,* nom du dieu des Vents). **1.** Qui est mû par le vent : *Des hélices éoliennes.* **2.** Qui est dû à l'action du vent : *Énergie éolienne.* **3.** Qui relève de l'énergie du vent : *Une ferme éolienne.* ◆ **éolienne** n.f. Machine qui transforme l'énergie du vent en énergie électrique.

éonisme n.m. (du nom du chevalier d'*Éon*). *Litt.* Travestisme, notamm. dans le cas des hommes qui s'habillent en femmes.

éosine n.f. (du gr. *eôs,* aurore, à cause de la couleur). Matière colorante rouge, utilisée comme désinfectant des plaies.

épagneul, e n. (de *chien espagnol*). Chien de chasse ou d'agrément à poil long et à oreilles pendantes.

épair n.m. Aspect de la structure du papier observable par transparence.

épais, aisse adj. (lat. *spissus,* serré, dense). **1.** Qui a de l'épaisseur, une épaisseur de tant : *Une épaisse couche de neige recouvre les pistes* (**SYN.** gros ; **CONTR.** mince). *Une porte épaisse de quatre centimètres.* **2.** Se dit de qqn dont l'aspect extérieur est massif, sans finesse : *Un homme épais* (**SYN.** massif, trapu ; **CONTR.** svelte). **3.** *Fig.* Qui manque d'intelligence, de finesse : *L'intrigue de ce film est un peu épaisse* (**SYN.** grossier, lourd ; **CONTR.** ingénieux, subtil). *Un esprit épais* (**SYN.** obtus ; **CONTR.** pénétrant, vif). **4.** Qui forme une masse dense : *Une épaisse fumée* (**SYN.** dense, opaque). *Une soupe épaisse* (**SYN.** consistant, pâteux ; **CONTR.** clair).

épaisseur n.f. **1.** Troisième dimension d'un solide, les deux autres étant la longueur ou la hauteur et la largeur : *Un matelas de vingt centimètres d'épaisseur. La faible épaisseur d'une cloison.* **2.** État de ce qui est massif : *L'épaisseur de sa silhouette* (**SYN.** empâtement ; **CONTR.** minceur, sveltesse). **3.** État de ce qui est dense, serré : *L'épaisseur d'une chevelure* (**SYN.** abondance). *L'épaisseur du brouillard* (**SYN.** densité, opacité). **4.** *Fig.* Caractère de ce qui est profond, total : *L'épaisseur d'un mystère* (**SYN.** profondeur).

épaissir v.t. [conj. 32]. Rendre plus épais : *La cuisinière épaississait la sauce avec de la farine.* ◆ v.i. Devenir plus épais : *La sauce a épaissi sur le feu. Il épaissit avec l'âge* (**SYN.** engraisser, grossir). ◆ **s'épaissir** v.pr. Devenir plus épais, plus massif, plus dense ou plus consistant : *Sa taille s'est épaissie. Le mystère s'épaissit* (**SYN.** s'obscurcir ; **CONTR.** s'éclaircir).

épaississant, e adj. et n.m. Se dit d'une substance qui augmente la consistance d'un liquide.

épaississement n.m. Action d'épaissir, son résultat ; fait de s'épaissir : *Procédez à l'épaississement du sirop en prolongeant la cuisson. L'épaississement du brouillard.*

épamprage n.m. Action d'épamprer.

épamprer v.t. (de *pampre*) [conj. 3]. Débarrasser un cep de vigne des jeunes pousses inutiles.

épanchement n.m. **1.** En médecine, accumulation anormale d'un liquide ou d'un gaz de l'organisme dans une cavité naturelle : *Un épanchement de sang dans le cerveau.* **2.** *Fig.* Fait de s'épancher, de confier à qqn ses sentiments, ses pensées intimes : *Elle se livre rarement à des épanchements* (**SYN.** confidence, effusion ; **CONTR.** réserve, retenue).

épancher v.t. (lat. *expandere*, de *pandere*, étendre, ouvrir) [conj. 3]. Donner libre cours à un sentiment : *Il épanchait son amertume auprès de son ami. Épancher son cœur* (= se confier avec sincérité). ◆ **s'épancher** v.pr. **1.** En parlant d'un liquide de l'organisme, se répandre dans une cavité qui n'est pas destinée à le recevoir ou dans des tissus. **2.** En parlant d'une personne, se confier librement : *Elle s'est épanchée dans l'une de ses lettres* (**SYN.** s'abandonner, se livrer, s'ouvrir). **3.** En parlant d'un sentiment, se manifester librement : *Sa joie s'est épanchée à l'annonce de cette bonne nouvelle.*

épandage n.m. Action d'épandre : *L'épandage des engrais sur une parcelle.* ▸ ***Champ d'épandage***, terrain destiné à l'épuration des eaux d'égout par filtrage à travers le sol.

épandre v.t. (lat. *expandere*, de *pandere*, étendre) [conj. 74]. Étendre en dispersant : *Épandre des pesticides sur une culture* (**SYN.** répandre, verser).

épanoui, e adj. **1.** Qui traduit la joie et la sérénité : *Un sourire épanoui* (**SYN.** large, radieux). **2.** Qui a des formes pleines et harmonieuses : *Une femme au corps épanoui.*

épanouir v.t. (de l'anc. fr. *espanir*, s'ouvrir, en parlant d'une fleur) [conj. 32]. **1.** *Litt.* Faire ouvrir une fleur : *Le soleil épanouissait les roses du jardin.* **2.** *Fig.* Rendre heureux : *La vie à la campagne l'a épanouie* (**SYN.** combler). ◆ **s'épanouir** v.pr. **1.** En parlant d'une fleur, s'ouvrir largement ; éclore, fleurir. **2.** Se développer librement et harmonieusement ; atteindre la plénitude de ses facultés physiques ou intellectuelles : *Elle s'est épanouie dans cette entreprise* (**SYN.** s'accomplir, se réaliser). **3.** *Fig.* Manifester une joie sereine : *Les visages se sont épanouis à l'annonce de ce succès* (**SYN.** se dérider, se détendre).

épanouissant, e adj. Se dit d'une activité qui permet à une personne de s'épanouir.

épanouissement n.m. **1.** Fait de s'épanouir, en parlant d'une fleur : *L'épanouissement des pivoines* (**SYN.** éclosion, floraison). **2.** Développement complet et harmonieux, en parlant d'une personne ; rayonnement du visage : *L'école est un facteur d'épanouissement.*

épar ou **épart** n.m. (mot d'orig. germ.). Barre servant à fermer une porte.

épargnant, e n. Personne qui épargne de l'argent : *Les petits épargnants* (= dont l'épargne est faible).

épargne n.f. **1.** Mise en réserve d'une somme d'argent ; somme d'argent qui n'est pas utilisée pour consommer : *Cette situation économique favorise l'épargne* (**CONTR.** dépense). *La rémunération de l'épargne* (**SYN.** économies). **2.** Économie dans l'emploi ou l'usage de qqch : *Le T.G.V. permet une épargne de temps sur le parcours* (**SYN.** économie, gain ; **CONTR.** perte). ▸ ***Caisse d'épargne***, établissement financier où les particuliers déposent leurs économies pour les faire fructifier.

épargner v.t. (germ. *sparanjan*) [conj. 3]. **1.** Mettre en réserve, accumuler : *Elle épargne chaque mois un peu de son salaire* (**SYN.** économiser ; **CONTR.** dépenser, dilapider). **2.** Faire l'économie de : *Il épargne son énergie en utilisant une machine* (**SYN.** conserver, garder ; **CONTR.** gaspiller). **3. [à].** Dispenser qqn de qqch : *J'ai épargné cette corvée à mon frère* (**SYN.** éviter). **4.** Traiter avec ménagement ; laisser la vie sauve à : *Elle n'épargne personne dans ses critiques* (**SYN.** ménager). *Les terroristes ont épargné leurs otages.* **5.** Ne pas endommager : *La tornade a épargné le clocher* (**CONTR.** démolir, détruire). ◆ **s'épargner** v.pr. Se dispenser de qqch de pénible ou de désagréable : *Elle s'est épargné ainsi bien des soucis.*

éparpillement n.m. Action d'éparpiller ; état de ce qui est éparpillé : *L'éparpillement des vêtements sur le plancher* (**SYN.** dissémination). *L'éparpillement de la pensée* (**SYN.** dispersion, papillonnement).

éparpiller v.t. (lat. pop. *disparpiliare*) [conj. 3]. Répandre de tous côtés : *Il a éparpillé les pièces de son puzzle sur la table* (**SYN.** disperser, disséminer, semer ; **CONTR.** grouper, rassembler, réunir). ▸ ***Éparpiller ses forces, son talent, son attention***, les partager entre des activités trop diverses et trop nombreuses (**SYN.** gaspiller). ◆ **s'éparpiller** v.pr. **1.** Se disperser de tous côtés : *La foule s'est éparpillée dans le parc d'attractions* (**SYN.** s'égailler). **2.** Se partager entre des activités trop nombreuses et trop diverses : *Il s'éparpille et ne finit pas ce qu'il commence* (**SYN.** papillonner).

épars, e [epar, ars] adj. (lat. *sparsus*). Qui est répandu de tous côtés, dispersé, en désordre : *Les débris épars d'un avion accidenté* (**SYN.** disséminé). *Des informations éparses.*

épart n.m. → **épar.**

épatamment adv. *Fam.* De façon épatante : *Elle a*

épatamment réussi (**SYN.** admirablement, formidablement, merveilleusement).

épatant, e adj. *Fam.* Qui procure une grande satisfaction : *Voici un outil épatant* (**SYN.** admirable, splendide). *C'est une femme épatante* (**SYN.** formidable, merveilleux, remarquable).

épate n.f. ▸ *Fam.* ***Faire de l'épate,*** chercher à impressionner son entourage.

épaté, e adj. ▸ ***Nez épaté,*** nez court, gros et large (**SYN.** camard, camus).

épatement n.m. **1.** État de ce qui est épaté, écrasé : *L'épatement du nez.* **2.** *Fam., vieilli* Surprise mêlée d'admiration (**SYN.** ahurissement, ébahissement, stupéfaction).

épater v.t. (de *patte,* pied) [conj. 3]. *Fam.* Remplir d'une surprise admirative : *En osant faire cela, elle m'a épaté* (**SYN.** ébahir, renverser, stupéfier).

épaulard n.m. Cétacé vorace, voisin du dauphin (**SYN.** orque).

épaule n.f. (lat. *spathula,* spatule). **1.** Articulation qui unit le bras au thorax : *Elle s'est démis l'épaule en jouant au tennis* (= elle s'est déboîté l'humérus). **2.** (Au pl.). Région du corps située sous le cou et surmontant le buste : *Il est large d'épaules. Je le porterai sur mes épaules.* **3.** Partie supérieure du membre antérieur des animaux : *Rôtir une épaule de veau.* ▸ *Fam.* ***Avoir la tête sur les épaules,*** être plein de bon sens. ***Faire toucher les épaules à qqn,*** en sport, remporter la victoire en maintenant à terre les épaules de son adversaire ; fig., triompher de son adversaire. *Fam.* ***Par-dessus l'épaule,*** avec négligence : *Il fait le ménage par-dessus l'épaule. Traiter qqn par-dessus l'épaule* (= avec désinvolture).

① **épaulé, e** adj. Se dit d'un vêtement qui comporte une épaulette de rembourrage.

② **épaulé** n.m. Mouvement d'haltérophilie consistant à amener la barre à hauteur d'épaules.

épaulé-jeté n.m. (pl. *épaulés-jetés*). Mouvement d'haltérophilie qui consiste, après avoir effectué l'épaulé, à soulever, d'une seule détente, la barre à bout de bras.

épaulement n.m. **1.** Massif ou mur de soutènement. **2.** Dans un relief montagneux, replat situé après un escarpement.

épauler v.t. [conj. 3]. **1.** Appuyer contre l'épaule : *Les compétiteurs épaulent leur carabine et visent leur cible* (= mettent en joue). **2.** Soutenir qqn dans une entreprise difficile, dans une épreuve : *Vous pouvez faire votre demande, je vous épaulerai* (**SYN.** aider, appuyer).

épaulette n.f. **1.** Patte que certains militaires portent sur chaque épaule ; symbole du grade d'officier. **2.** Rembourrage dont la forme épouse le haut de l'épaule et qui sert à élargir la carrure d'un vêtement. **3.** Bande de tissu étroite retenant un vêtement féminin aux épaules : *Un soutien-gorge sans épaulettes.*

épave n.f. (du lat. *expavidus,* épouvanté, de *pavere,* être troublé). **1.** Objet abandonné à la mer ou rejeté sur le rivage ; carcasse d'un navire qui a fait naufrage. **2.** Dans la langue juridique, tout objet perdu dont le propriétaire demeure inconnu : *Les épaves doivent être déposées à la mairie ou au commissariat de police.* **3.** Voiture accidentée irréparable ou vieille voiture hors d'usage. **4.** *Fig.* Personne qui est tombée dans la misère ou qui se laisse aller, à la suite de malheurs, de revers (**SYN.** loque).

épaviste n. Professionnel spécialisé dans la récupération des épaves d'automobiles.

épeautre n.m. (lat. *spelta*). Blé d'une espèce rustique.

épée n.f. (lat. *spatha,* battoir de tisserand, du gr. *spân,* tirer). **1.** Arme faite d'une lame d'acier pointue fixée à une poignée munie d'une garde. **2.** L'une des trois armes de l'escrime ; discipline sportive utilisant cette arme. ▸ ***Coup d'épée dans l'eau,*** effort sans résultat. ***Épée de Damoclès,*** danger qui peut s'abattre sur qqn à tout moment.

épeiche [epɛʃ] n.f. (all. *Specht*). Oiseau grimpeur, du genre pic.

épeire [epɛr] n.f. (lat. *epeira*). Araignée construisant de grandes toiles verticales et régulières dans les jardins, les bois.

épéiste n. Escrimeur à l'épée.

épeler [eple] v.t. (du frq.) [conj. 24]. Nommer successivement les lettres composant un mot : *Mon nom de famille a une orthographe complexe, je vous l'épelle.*

épellation [epɛlasjɔ̃] n.f. Action ou manière d'épeler : *Une épellation trop rapide.*

épépiner v.t. [conj. 3]. Enlever les pépins de : *Pelez et épépinez les tomates.*

éperdu, e adj. (de l'anc. fr. *esperdre,* troubler). **1.** Qui a perdu le contrôle de soi-même sous l'effet d'une émotion violente : *Jeter des regards éperdus* (**SYN.** affolé, égaré, hagard). **2.** Qui est intensément ressenti ; violent, passionné : *Une reconnaissance éperdue* (**SYN.** ardent, extrême, profond). ▸ ***Éperdu de,*** qui éprouve très vivement un sentiment : *Éperdu de bonheur* (**SYN.** fou, ivre).

éperdument adv. **1.** D'une façon très vive, intense : *Elle embrassait éperdument son enfant* (**SYN.** follement, passionnément). **2.** *Fam.* Totalement : *Il se moque éperdument de nos commentaires* (**SYN.** complètement).

éperlan n.m. (néerl. *spierlinc*). Poisson marin à chair délicate, voisin du saumon.

éperon n.m. (lat. *sporonus,* du germ.). **1.** Arceau de métal, terminé par un disque dentelé et mobile, que le cavalier fixe à la partie postérieure de ses bottes pour piquer son cheval et activer son allure. **2.** Partie saillante, avancée d'un contrefort montagneux, d'un coteau : *Construit sur un éperon rocheux, le monastère était d'un accès difficile.* **3.** Partie saillante et renforcée de la proue de certains navires.

éperonner v.t. [conj. 3]. **1.** Piquer avec l'éperon : *Le cavalier éperonnait son cheval.* **2.** *Litt.* Pousser à agir : *Il est éperonné par sa passion* (**SYN.** aiguillonner, exciter, stimuler). ▸ ***Éperonner un navire,*** en parlant d'un autre navire, le frapper avec son éperon.

épervier n.m. (du frq.). **1.** Oiseau rapace diurne, qui chasse les petits oiseaux. **2.** Filet de pêche de forme conique, que l'on lance à la main.

épervière n.f. (de *épervier,* dont cette plante était censée fortifier la vue). Plante herbacée à fleurs jaunes et à poils laineux.

éphèbe n.m. (gr. *ephêbos,* de *hêbê,* jeunesse). **1.** Dans la Grèce antique, adolescent de 18 à 20 ans, soumis par la cité à certaines obligations. **2.** (Par plaisanterie). Jeune homme d'une grande beauté (**SYN.** adonis [litt.], apollon).

éphélide n.f. (gr. *ephêlis, ephêlidos*, de *hêlios*, soleil). Petite tache brunâtre sur la peau ; tache de rousseur, tache de son.

① **éphémère** adj. (du gr. *ephêmeros*, qui dure un jour, de *hêmera*, jour). **1.** Qui ne vit que très peu de temps : *Des fleurs éphémères.* **2.** Qui est de très courte durée : *Le conflit n'a connu qu'une trêve éphémère* (**SYN.** fugitif, passager, temporaire ; **CONTR.** durable, long, permanent).

② **éphémère** n.m. (de *1. éphémère*). Insecte qui, à l'état adulte, ne vit qu'un ou deux jours, mais dont la larve, aquatique, peut vivre plusieurs années : *Des éphémères blancs.*

éphéméride n.f. (lat. *ephemeris*, du gr. *hêmera*, jour). **1.** Livre ou notice contenant les événements qui se sont produits le même jour à des époques différentes. **2.** Calendrier dont on retire chaque jour une feuille.

épi n.m. (du lat. *spica*, pointe). **1.** Partie terminale de la tige des céréales, portant les graines groupées autour de l'axe : *Des épis de blé, de maïs.* **2.** Mèche de cheveux qui poussent en sens contraire de celui des autres. **3.** Cloison mobile placée perpendiculairement à un mur et utilisée dans les expositions. ▸ ***En épi,*** se dit d'objets, de véhicules disposés parallèlement les uns aux autres, mais en oblique : *Stationnement en épi.*

épiage n.m. ou **épiaison** n.f. En agriculture, apparition de l'épi des céréales ; époque de cette apparition.

épice n.f. (du lat. *species*, vue, apparence, aspect, puis denrée). Substance aromatique d'origine végétale utilisée pour l'assaisonnement des mets : *Les quatre épices chinoises* (= mélange de girofle, de muscade, de poivre et de cannelle ou de gingembre). *Un pain d'épice* ou *d'épices.*

épicé, e adj. **1.** Dont le goût est relevé par des épices : *Une cuisine antillaise très épicée* (**SYN.** relevé). **2.** *Fig.* Qui contient des traits égrillards : *Il raconte souvent des histoires épicées* (**SYN.** gaulois, grivois, leste, osé).

épicéa n.m. (lat. *picea*, pin, de *pix, picis*, poix, résine). Arbre voisin du sapin, mais qui s'en distingue par un tronc plus roux et des cônes pendants.

épicène adj. (gr. *epikoinos*, possédé en commun, de *koinos*, commun). **1.** En linguistique, se dit d'un nom qui désigne indifféremment le mâle et la femelle d'une espèce : *« Aigle », « souris », « papillon » sont des noms épicènes.* **2.** Se dit d'un nom, d'un pronom, d'un adjectif qui ne varie pas selon le genre : *« Dentiste », « toi », « rouge » sont des mots épicènes.*

épicentre n.m. Point de la surface terrestre où un séisme a été le plus intense.

épicer v.t. [conj. 16]. **1.** Assaisonner avec des épices : *Le cuisinier a trop épicé la sauce* (**SYN.** relever). **2.** *Fig.* Agrémenter de traits égrillards : *Un comique qui épice ses sketchs* (**SYN.** pimenter). ☞ **REM.** Ne pas confondre avec *épisser.*

épicerie n.f. **1.** Ensemble de produits de consommation courante, comme le sucre, le café, l'huile, les épices, etc. **2.** Commerce spécialisé dans la vente de ces produits ; magasin de l'épicier.

épicier, ère n. (de *épice*). Personne qui vend des produits comestibles ou ménagers.

épicurien, enne adj. et n. (de *Épicure*, nom d'un philosophe grec). **1.** Qui relève de la philosophie d'Épicure ; qui en est partisan. **2.** (Par ext.). Qui recherche systématiquement le plaisir : *Ce jardinier est un épicurien* (= un bon vivant ; **SYN.** hédoniste, jouisseur, sensuel ; **CONTR.** ascète, puritain).

épicurisme n.m. Doctrine d'Épicure et des épicuriens, axée sur la recherche des plaisirs naturels, nécessaires pour parvenir à la quiétude de l'âme.

épidémie n.f. (du gr. *epi*, sur, et *dêmos*, peuple). **1.** Propagation rapide d'une maladie infectieuse, par contagion, à un grand nombre de personnes : *Une épidémie de gastro-entérite.* **2.** (Abusif). Apparition subite et rapide de nombreux cas d'une maladie non infectieuse : *Une épidémie de dépressions nerveuses.* **3.** *Fig.* Phénomène nuisible, qui semble se propager, se multiplier : *Une épidémie d'enlèvements de journalistes* (**SYN.** flot, série, vague).

épidémiologie n.f. Discipline médicale qui étudie les épidémies.

épidémiologique adj. Qui relève de l'épidémiologie.

épidémiologiste n. Spécialiste d'épidémiologie.

épidémique adj. **1.** Qui a le caractère d'une épidémie : *Des symptômes épidémiques.* **2.** *Fig.* Qui se répand à la façon d'une épidémie : *Un mécontentement épidémique* (**SYN.** communicatif, contagieux).

épiderme n.m. (du gr. *epi*, sur, et *derma*, peau). Partie externe de la peau : *Hydratation des couches supérieures de l'épiderme.* ▸ ***Avoir l'épiderme sensible,*** être susceptible.

épidermique adj. Qui relève de l'épiderme : *Une lésion épidermique* (**SYN.** cutané). ▸ ***Réaction épidermique,*** réaction vive et spontanée, mais superficielle : *Cette annonce décevante a provoqué quelques réactions épidermiques.*

épididyme n.m. (du gr. *didumoi*, testicules, de *didumos*, double). Organe situé le long du testicule, contenant un canal par où passent les spermatozoïdes.

épidural, e, aux adj. Dans la langue médicale, qui concerne la partie du canal rachidien située entre les vertèbres et les méninges. ▸ ***Anesthésie épidurale,*** dans la langue médicale, péridurale.

① **épier** v.i. (de *épi*) [conj. 9]. En parlant d'une céréale, monter en épi.

② **épier** v.t. (de l'anc. fr. *espier*, du frq.) [conj. 9]. Observer attentivement et secrètement : *De son salon, il épie ses voisins* (**SYN.** espionner, surveiller).

épierrage ou **épierrement** n.m. Action d'épierrer.

épierrer v.t. [conj. 4]. Enlever les pierres de : *Ils épierrent la parcelle avant de semer.*

épieu n.m. (du frq.) [pl. *épieux*]. *Anc.* Bâton garni de fer, qu'on utilisait à la chasse ou à la guerre.

épigastre n.m. (du gr. *gastêr*, ventre). Partie supérieure de l'abdomen comprise entre le nombril et les côtes.

épigastrique adj. Qui relève de l'épigastre : *Une douleur épigastrique.*

épiglotte n.f. (du gr. *glôtta*, langue). En anatomie,

languette cartilagineuse qui ferme la glotte au moment de la déglutition.

épigone n.m. (du gr. *epigonos*, né après, descendant). *Litt.* Successeur sans originalité : *Les épigones du surréalisme* (**SYN.** imitateur ; **CONTR.** précurseur).

épigrammatique adj. En littérature, qui relève de l'épigramme : *Style épigrammatique* (**SYN.** caustique, incisif, satirique).

① **épigramme** n.f. (gr. *epigramma*, inscription, de *graphein*, écrire). **1.** En littérature, petite pièce de vers du genre satirique, se terminant par un trait piquant. **2.** *Litt.* Propos d'une raillerie mordante : *Une épigramme cruelle* (**SYN.** persiflage, raillerie, sarcasme).

② **épigramme** n.m. (de *1. épigramme*). Morceau de boucherie composé du haut des côtelettes d'agneau ou de chevreuil : *Un épigramme rôti.*

épigraphe n.f. (gr. *epigraphê*, inscription, de *graphein*, écrire). **1.** Inscription gravée sur un édifice pour indiquer notamment sa date de construction et l'intention des constructeurs. **2.** Citation placée en tête d'un livre, d'un chapitre, pour en résumer l'objet ou l'esprit : *Une épigraphe bien choisie.*

épigraphie n.f. Science auxiliaire de l'histoire, qui étudie les inscriptions gravées sur des supports durables, comme la pierre et le métal.

épigraphique adj. Qui relève de l'épigraphie.

épigraphiste n. Spécialiste d'épigraphie.

épilateur n.m. Appareil servant à épiler.

épilation n.f. Action d'épiler : *Une épilation du visage par électrolyse.*

épilatoire adj. Qui sert à épiler : *Une crème épilatoire* (**SYN.** dépilatoire). ◆ n.m. Produit épilatoire.

épilepsie n.f. (du gr. *epilêpsia*, attaque, arrêt brusque). Maladie nerveuse caractérisée par des crises violentes, pouvant provoquer une perte de conscience ou des convulsions.

épileptique adj. et n. Qui relève de l'épilepsie ; qui y est sujet.

épiler v.t. (du lat. *pilus*, poil) [conj. 3]. Faire disparaître les poils de : *Pince à épiler. Elle épile ses jambes à la cire.*

épileur, euse n. Personne dont la profession est d'épiler.

épillet [epijɛ] n.m. En botanique, épi secondaire qui, réuni à d'autres, forme un épi.

épilogue n.m. (du gr. *epilogos*, péroraison, de *legein*, dire). **1.** Conclusion d'un ouvrage littéraire : *Un épilogue heureux* (**CONTR.** prologue). **2.** *Fig.* Conclusion d'une histoire, d'une affaire : *L'épilogue de ce scandale a été la condamnation des personnes impliquées* (**SYN.** dénouement, fin, règlement ; **CONTR.** déclenchement, naissance).

épiloguer v.t. ind. [conj. 3]. **[sur].** Faire des commentaires sans fin et plus ou moins oiseux sur : *Les journalistes ne cessent d'épiloguer sur cette coïncidence* (**SYN.** discourir, palabrer).

épinard n.m. (de l'ar.). Plante potagère, dont on consomme les feuilles de forme allongée, vert foncé. ◆ **épinards** n.m. pl. Feuilles d'épinard : *Des épinards en branches.* ▸ *Fam.* ***Mettre du beurre dans les épinards,*** améliorer ses revenus.

épinceter v.t. (de *pincette*) [conj. 27]. Énouer une étoffe.

épine n.f. (lat. *spina*). Excroissance dure et pointue de certains végétaux : *Les épines des ronces* (**SYN.** piquant). ▸ ***Enlever*** ou ***tirer une épine du pied à qqn,*** lui permettre de sortir d'une situation embarrassante. ***Épine dorsale,*** colonne vertébrale ; fig., élément essentiel d'une structure : *L'électronique est l'épine dorsale de l'activité industrielle.*

épinette n.f. (de *pin*). **1.** Petit clavecin. **2.** Au Québec, épicéa. ▸ *Anc.* ***Bière d'épinette,*** au Québec, boisson faiblement alcoolisée fabriquée avec des rameaux d'épicéa.

épineux, euse adj. **1.** Qui porte des épines : *Des buissons épineux.* **2.** *Fig.* Qui est plein de difficultés : *Je suis confronté à un épineux problème* (**SYN.** ardu, délicat, embarrassant). ◆ **épineux** n.m. Arbuste épineux.

épine-vinette n.f. (de *épine* et *vin*, à cause de la couleur des baies) [pl. *épines-vinettes*]. Arbrisseau épineux à fleurs jaunes et baies rouges comestibles.

épinglage n.m. Action d'épingler, de fixer avec des épingles : *L'épinglage d'un ourlet.*

épingle n.f. (lat. *spinula*, petite épine). **1.** Petite tige métallique pointue à un bout et garnie d'une tête à l'autre bout : *Une liasse de billets de banque retenus par une épingle.* **2.** Bijou en forme d'épingle, à tête ornée : *Des épingles de cravate.* ▸ ***Chercher une épingle dans une meule*** ou ***dans une botte de foin,*** chercher une chose introuvable. ***Épingle à cheveux,*** petite tige recourbée à deux branches pour tenir les cheveux. ***Épingle de sûreté*** ou ***épingle double*** ou ***épingle de nourrice,*** petite tige de métal recourbée sur elle-même et formant ressort, dont la pointe est maintenue et protégée par un crochet plat. ***Monter qqch en épingle,*** le mettre en évidence ; lui donner une importance excessive. ***Tiré à quatre épingles,*** habillé avec beaucoup de soin (= élégant, endimanché). ***Tirer son épingle du jeu,*** se sortir adroitement d'une affaire difficile. ***Virage en épingle à cheveux,*** virage brusque et très serré, ayant la forme d'un U.

épinglé, e adj. et n.m. Se dit d'un tissu légèrement côtelé : *Velours épinglé.*

épingler v.t. [conj. 3]. **1.** Fixer avec une ou des épingles : *Il épingle l'écusson sur sa veste avant de le coudre* (**SYN.** attacher). **2.** *Fig., fam.* Arrêter qqn : *Les policiers l'ont épinglé devant le distributeur de billets* (**SYN.** appréhender, attraper). **3.** *Fam.* Attirer l'attention sur un défaut, un abus ; dénoncer : *Le rapport épingle les comptes de la mairie.*

épinglette n.f. **1.** *Vieilli* Au Québec, bijou muni d'une épingle. **2.** Mot qu'il est recommandé d'employer à la place de *pin's.*

épinière adj. f. ▸ ***Moelle épinière*** → **moelle.**

épinoche n.f. Petit poisson marin ou d'eau douce, portant des épines sur le dos.

Épiphanie n.f. (gr. *epiphaneia*, apparition, de *phainein*, apparaître, briller). Fête chrétienne célébrant la manifestation du Christ, en partic. aux Mages (= jour ou fête des Rois).

épiphénomène n.m. Phénomène secondaire, sans importance par rapport à un autre.

épiphyse n.f. (du gr. *epi*, sur, et *phusis*, croissance).

1. En anatomie, extrémité renflée d'un os long. **2.** Glande hormonale du cerveau sécrétant une hormone qui intervient dans la régulation du rythme biologique.

épiphyte adj. et n.m. (du gr. *phuton,* plante). Se dit d'un végétal qui vit fixé sur des plantes, mais sans les parasiter : *Certaines orchidées sont des plantes épiphytes.*

épiploon [epiplɔɔ̃] n.m. (mot gr. signif. « flottant »). En anatomie, repli de la membrane qui tapisse la paroi et enveloppe les organes de l'abdomen.

épique adj. (gr. *epikos,* de *epos,* discours, poésie). **1.** Qui est propre à l'épopée : *Énée est un héros épique.* **2.** Qui est mémorable par son caractère mouvementé : *La recherche du site Internet a été épique* (**SYN.** homérique, laborieux ; **CONTR.** facile, monotone, morne).

épiscopal, e, aux adj. Qui relève de l'évêque : *Messe épiscopale.* ▸ ***Église épiscopale,*** église anglicane établie ailleurs qu'en Angleterre, notamm. aux États-Unis.

épiscopat n.m. (du lat. *episcopus,* évêque). **1.** Dignité d'évêque ; temps pendant lequel un évêque occupe son siège. **2.** Ensemble des évêques : *L'épiscopat français est réuni en congrès.*

épiscope n.m. (du gr. *epi,* sur, et *skopein,* regarder). Instrument d'optique à miroirs permettant d'observer le terrain de l'intérieur d'un char de combat.

épisiotomie n.f. (du gr. *epision,* pubis). Incision du périnée, pratiquée pour faciliter certains accouchements.

épisode n.m. (gr. *epeisodion,* partie du drame entre deux entrées du chœur, de *hodos,* route, chemin). **1.** Division d'un roman, d'un film : *Le résumé des épisodes précédents de ce feuilleton.* **2.** Partie d'une œuvre narrative ou dramatique s'intégrant à un ensemble mais ayant ses caractéristiques propres : *Un épisode des « Misérables ». Un épisode de la série télévisée « Navarro ».* **3.** Circonstance appartenant à une série d'événements formant un ensemble : *L'épisode des frégates a été un moment difficile de ces années-là* (**SYN.** aventure, incident, péripétie).

épisodique adj. **1.** Qui n'est pas nécessaire ou essentiel au déroulement d'une action : *Ce personnage a un rôle épisodique dans le film* (**SYN.** accessoire, secondaire ; **CONTR.** capital, essentiel, fondamental). **2.** Qui ne se produit que de temps en temps : *Nous avons des discussions épisodiques sur ce sujet* (**SYN.** intermittent, occasionnel ; **CONTR.** constant, permanent).

épisodiquement adv. De façon épisodique, occasionnelle : *Elle nous rend visite épisodiquement* (= de temps à autre ; **SYN.** occasionnellement ; **CONTR.** constamment).

épisser v.t. (néerl. *splissen*) [conj. 3]. Assembler deux cordages, deux câbles ou deux fils électriques en entrelaçant les fils qui les composent. ☞ **REM.** Ne pas confondre avec *épicer.*

épissure n.f. Réunion de deux cordages, de deux câbles ou fils électriques par l'entrelacement des fils qui les composent.

épistaxis [epistaksis] n.f. (du gr. *epistaxis,* de *stazein,* tomber goutte à goutte). En médecine, saignement de nez.

épistémologie n.f. (du gr. *epistêmê,* science). Partie de la philosophie qui étudie l'histoire, les méthodes, les principes des sciences.

épistémologique adj. Qui relève de l'épistémologie.

épistémologiste ou **épistémologue** n. Spécialiste d'épistémologie.

épistolaire adj. (du lat. *epistola,* lettre). Qui se rapporte à la correspondance, aux lettres : *Malgré les années, il conserve des relations épistolaires avec elle* (= ils s'écrivent). ▸ ***Roman épistolaire,*** roman dont l'action se développe dans une correspondance échangée par les personnages.

épistolier, ère n. Personne qui écrit beaucoup de lettres ou qui excelle dans la façon de les rédiger.

épitaphe n.f. (du gr. *epi,* sur, et *taphos,* tombeau). Inscription gravée sur un tombeau.

épithalame n.m. (du gr. *thalamos,* chambre à coucher). Poème lyrique composé pour un mariage.

épithélial, e, aux adj. Qui se rapporte à un épithélium.

épithélium [epiteljɔm] n.m. (du gr. *epi,* sur, et *thêlê,* mamelon). En biologie, tissu formé d'une ou de plusieurs couches de cellules et qui recouvre toutes les surfaces externes et internes du corps.

épithète n.f. (du gr. *epitheton,* qui est ajouté). **1.** Mot, le plus souvent adjectif, employé pour qualifier qqn, qqch : *Quand il parle d'elle, il lui trouve toujours une épithète flatteuse.* **2.** En grammaire, fonction de l'adjectif qualificatif qui détermine le nom sans l'intermédiaire d'un verbe (par opp. à attribut).

épitoge n.f. (du lat. *toga,* toge). Bande d'étoffe portée sur l'épaule gauche par les recteurs et inspecteurs d'académie, les avocats, les magistrats.

épître n.f. (lat. *epistola,* lettre). **1.** *Litt.* Lettre, souvent longue ou ayant une certaine solennité : *Lorsqu'elle s'absente, il lui adresse de longues épîtres enflammées.* **2.** En littérature, lettre en vers traitant de sujets philosophiques, moraux ou politiques. **3.** Lettre écrite par un apôtre, et contenue dans le Nouveau Testament ; texte de ces lettres, lu à la messe : *Les Épîtres de saint Paul.*

épizootie [epizɔɔti] n.f. (du gr. *zôotês,* nature animale, de *zôon,* animal). Maladie contagieuse qui atteint un grand nombre d'animaux.

épizootique [epizɔɔtik] adj. Qui se rapporte à l'épizootie.

éploré, e adj. (du lat. *plorare,* pleurer). Qui est en pleurs ; qui a du chagrin : *Une mère éplorée auprès du corps de son fils. L'enfant posait sur nous un regard éploré* (**SYN.** affligé, désespéré).

épluchage n.m. **1.** Action d'éplucher un légume, un fruit : *L'épluchage des pommes de terre, de la salade.* **2.** *Fig.* Examen minutieux d'un texte, de qqch : *L'épluchage de la facture des communications téléphoniques* (**SYN.** analyse, contrôle, vérification).

épluche-légumes n.m. inv. Éplucheur.

éplucher v.t. (de l'anc. fr. *peluchier,* nettoyer, du lat. *pilare,* peler, de *pilus,* poil) [conj. 3]. **1.** Enlever la peau, les parties non comestibles ou moins bonnes d'un légume, d'un fruit : *Éplucher des carottes* (**SYN.** peler). *Éplucher des haricots* (**SYN.** écosser). *Éplucher des* *amandes* (SYN. décortiquer). **2.** *Fig.* Examiner attentivement pour trouver une faute ou un détail passé inaperçu : *Les enquêteurs épluchent les témoignages* (= ils les passent au crible ; SYN. analyser, disséquer, vérifier ; CONTR. survoler).

épluchette n.f. Au Québec, fête organisée à l'occasion de la récolte du maïs.

① **éplucheur, euse** n. **1.** Personne qui épluche des légumes, des fruits. **2.** Personne qui se livre à l'examen minutieux de qqch.

② **éplucheur** n.m. Couteau à éplucher les légumes, les fruits, etc., dont la lame comporte deux petites fentes tranchantes (SYN. épluche-légumes).

éplucheuse n.f. Appareil électrique pour éplucher les légumes.

épluchure n.f. Déchet qu'on enlève en épluchant : *Des épluchures de pommes* (SYN. pelure).

EPO [øpeo ou epeo] n.f. (abrév.). Érythropoïétine.

épointer v.t. [conj. 3]. Casser ou user la pointe de : *Il a épointé son canif en creusant le bois* (SYN. émousser).

éponge n.f. (lat. *spongia*). **1.** Substance fibreuse, légère et poreuse, formant le squelette de certains organismes aquatiques et employée à divers usages domestiques en raison de sa capacité à retenir les liquides. **2.** Objet plus ou moins spongieux qu'on utilise pour essuyer, nettoyer, etc. : *Des éponges à récurer.* ▸ ***Éponge végétale,*** luffa. ***Jeter l'éponge,*** abandonner le combat, la partie. *Fam.* ***Passer l'éponge sur qqch,*** en parlant d'une faute ou d'une erreur, faire comme si elle n'avait pas existé ; la pardonner, l'oublier.

éponger v.t. [conj. 17]. **1.** Étancher un liquide avec une éponge ou un objet spongieux ; sécher qqch avec une éponge ou un tissu : *Éponger de la sauce renversée sur la table. Éponger son front.* **2.** *Fig.* Résorber un excédent : *Nous épongeons le surplus de travail.* ▸ ***Éponger une dette,*** la payer. ◆ **s'éponger** v.pr. S'essuyer pour sécher : *Elle s'est épongée après la course.*

éponyme adj. (gr. *epônumos*, de *onoma*, nom). Qui donne son nom à qqch : *Le Sénégal, fleuve éponyme de l'État du Sénégal.*

épopée n.f. (gr. *epopoiia*, de *epos*, poésie). **1.** Récit poétique qui raconte les exploits d'un héros, et où intervient le merveilleux : *« L'Énéide » de Virgile est une épopée.* **2.** *Fig.* Suite d'actions réelles mais peu banales, extraordinaires ou héroïques : *Sa campagne électorale a été une véritable épopée.*

époque n.f. (gr. *epokhê*, point d'arrêt). **1.** Moment de l'histoire marquée par des événements ou des personnages très importants : *Notre époque voit le développement de la génétique* (SYN. ère, période). **2.** Moment déterminé de l'année, de la vie de qqn ou d'un groupe : *L'époque des grands départs en vacances* (SYN. saison, temps). *Il devrait faire plus chaud à pareille époque* (= à cette date). ▸ ***À l'époque,*** à ce moment-là du passé : *Il était journaliste à l'époque.* ***D'époque,*** se dit d'un objet, d'un meuble qui date réellement de l'époque à laquelle correspond son style. ***La Belle Époque,*** celle des premières années du XXe siècle, considérées comme très heureuses.

épouillage n.m. Action d'épouiller.

épouiller v.t. [conj. 3]. Débarrasser des poux.

s'**époumoner** v.pr. (de *poumon*) [conj. 3]. Se fatiguer à force de répéter qqch, de parler, de crier : *Elle s'est époumonée à le leur expliquer* (SYN. s'égosiller).

épousailles n.f. pl. (lat. *sponsalia*, fiançailles, de *sponsus*, époux). Célébration du mariage.

épouse n.f. → **époux.**

épouser v.t. (lat. *sponsare*, de *sponsus*, époux) [conj. 3]. **1.** Prendre pour mari, pour femme : *Il a épousé une célèbre actrice* (= s'est marié avec). **2.** S'adapter exactement à la forme de : *Ce vêtement épouse la forme du corps.* **3.** Faire sien : *Elle a épousé la cause des défavorisés* (SYN. adopter, embrasser, partager).

époussetage n.m. Action d'épousseter (SYN. dépoussiérage).

épousseter v.t. (de *poussière*) [conj. 27]. Ôter la poussière de : *J'époussette l'ordinateur* (SYN. dépoussiérer, essuyer, nettoyer).

époustouflant, e adj. *Fam.* Qui surprend par son caractère inattendu, extraordinaire : *Ce film a connu un succès époustouflant* (SYN. inouï, prodigieux, stupéfiant).

époustoufler v.t. [conj. 3]. *Fam.* Surprendre par son caractère inattendu : *L'annonce de sa démission nous a époustouflés* (SYN. méduser, sidérer, stupéfier).

épouvantable adj. **1.** Qui cause de l'épouvante ; qui est atroce, difficilement supportable : *Une épouvantable catastrophe s'est produite hier* (SYN. abominable, effroyable, horrible). *Des hurlements épouvantables* (SYN. insoutenable, insupportable). **2.** Qui est très désagréable : *Une odeur épouvantable émanait des égouts* (SYN. affreux, nauséabond).

épouvantablement adv. **1.** De façon épouvantable : *La région a été épouvantablement ravagée par la tornade* (SYN. atrocement, effroyablement). **2.** À un très haut degré : *Il fait épouvantablement froid* (SYN. affreusement, excessivement, extrêmement).

épouvantail n.m. **1.** Mannequin grossier recouvert de haillons flottants servant à effrayer les oiseaux. **2.** Ce qui effraie sans raison ou à l'excès : *Agiter l'épouvantail des O.G.M.* (SYN. spectre).

épouvante n.f. Terreur soudaine, capable d'égarer l'esprit, d'empêcher d'agir : *Être glacé d'épouvante* (SYN. effroi, frayeur, horreur). ▸ ***Film d'épouvante,*** film destiné à provoquer la frayeur chez le spectateur.

épouvanter v.t. (lat. *expaventare*, de *pavere*, être troublé) [conj. 3]. **1.** Remplir d'épouvante : *Ces agressions l'épouvantent* (SYN. effrayer, terroriser). **2.** Causer une vive appréhension ; inquiéter : *Commencer dans cette nouvelle entreprise l'épouvante* (SYN. affoler, angoisser ; CONTR. rasséréner).

époux, épouse n. (lat. *sponsus, sponsa*). Personne unie à une autre par le mariage ; conjoint : *Il doit signer en même temps que son épouse* (SYN. femme). *Elle l'a pris pour époux* (SYN. mari). ▸ ***Les époux,*** le mari et la femme : *Les nouveaux époux ont posé pour la photographie.*

s'**éprendre** v.pr. [conj. 79]. **[de]. 1.** Devenir amoureux : *Elle s'est éprise de cet homme* (SYN. s'amouracher, s'enamourer [litt.], s'enticher). **2.** *Litt.* Commencer à s'attacher fortement à qqch : *Des adolescents qui s'éprennent de solidarité* (**SYN.** se passionner pour).

épreuve n.f. (de *éprouver*). **1.** Ce qu'on impose à qqn pour connaître sa valeur, sa résistance : *La candidate de l'opposition a été soumise à l'épreuve du meeting électoral* (**SYN.** test). **2.** Malheur qui frappe qqn : *Ses amis l'ont aidé à surmonter cette épreuve* (**SYN.** adversité, douleur, souffrance). **3.** Compétition sportive : *Des épreuves de slalom* (**SYN.** course). **4.** Exercice faisant partie d'un examen, d'un concours : *Les épreuves écrites, orales* (= l'écrit, l'oral). **5.** Essai par lequel on éprouve la qualité d'une chose : *Ils soumettent les nouveaux modèles à des séries d'épreuves de résistance aux chocs* (**SYN.** expérience). **6.** Texte imprimé tel qu'il sort de la composition : *L'auteur relit et corrige les premières épreuves de son roman* (**SYN.** placard). **7.** En photographie, image obtenue par tirage d'après un cliché (**SYN.** tirage). ▸ ***À l'épreuve de,*** en état de résister à : *Un matériau à l'épreuve du temps.* ***À toute épreuve,*** capable de résister à tout. ***Épreuve de force,*** affrontement de deux adversaires dans lequel la solution ne dépend que de la supériorité de l'un sur l'autre : *Les gouvernements des deux pays ont engagé une épreuve de force.* ***Mettre à l'épreuve,*** essayer la résistance de qqch ; éprouver les qualités de qqn. ***Mettre qqn, qqch à rude épreuve,*** leur imposer qqch de difficile à supporter : *Son insouciance met notre patience à rude épreuve.*

épris, e adj. (de *s'éprendre*). **1.** Qui a de la passion pour qqn : *Il est très épris de sa voisine* (**SYN.** amoureux). **2.** Qui est très attaché à qqch : *Une femme éprise d'idéal* (**SYN.** passionné).

éprouvant, e adj. Qui est pénible à supporter : *Nous avons eu une semaine éprouvante* (**SYN.** épuisant, exténuant, rude).

éprouvé, e adj. **1.** Qui a subi une douloureuse épreuve morale : *Une famille très éprouvée par le deuil* (**SYN.** affligé, bouleversé). **2.** Dont la qualité, la valeur sont reconnues : *Des amis éprouvés* (**SYN.** fidèle, sûr). *Des méthodes éprouvées* (**SYN.** fiable).

éprouver v.t. (de *prouver*) [conj. 3]. **1.** Soumettre une personne, une chose à des expériences, des essais pour en apprécier les qualités ou la valeur : *J'ai pu éprouver son dévouement* (= le mettre à l'épreuve). *Les concepteurs éprouvent la fiabilité de leur nouveau produit* (**SYN.** essayer, expérimenter, tester). **2.** Faire souffrir : *Cette séparation l'a profondément éprouvé* (**SYN.** atteindre, peiner, toucher). **3.** Constater par l'expérience ; subir un dommage : *Nous éprouvons souvent des difficultés à vous joindre* (**SYN.** rencontrer, subir). **4.** Avoir une sensation, un sentiment : *Elle éprouvait de la tendresse à son égard* (**SYN.** ressentir).

éprouvette n.f. Tube de verre fermé à un bout, destiné à des expériences chimiques.

E.P.S. ou **EPS** [øpeɛs] n.f. (sigle). ▸ ***Éducation physique et sportive*** → **éducation.**

epsilon [ɛpsilɔn] n.m. inv. Cinquième lettre de l'alphabet grec (Ε, ε).

épucer v.t. [conj. 16]. Débarrasser de ses puces : *Il épuçait son chien.*

épuisant, e adj. Qui fatigue beaucoup : *Des recherches épuisantes* (**SYN.** éreintant, exténuant, harassant).

épuisé, e adj. **1.** Qui est très fatigué, à bout de forces : *Les enfants, épuisés, se sont endormis* (**SYN.** exténué, fourbu, rompu). **2.** Qui a été vendu jusqu'au dernier de ses éléments : *Des articles épuisés* (**SYN.** indisponible).

épuisement n.m. **1.** Action d'épuiser ; état de ce qui est épuisé : *Le gaspillage accélère l'épuisement des ressources naturelles* (**SYN.** disparition, tarissement). *Cette promotion est valable jusqu'à épuisement du stock.* **2.** État de fatigue extrême : *Des victimes ont été retrouvées dans un état d'épuisement inquiétant* (**SYN.** exténuation, faiblesse, prostration).

épuiser v.t. (de *puits*) [conj. 3]. **1.** Fatiguer énormément : *Le décalage horaire l'a épuisé* (**SYN.** éreinter, exténuer, harasser). **2.** *Fam.* User la résistance de qqn : *Il nous épuise avec ses hurlements* (**SYN.** excéder, lasser). **3.** Utiliser complètement : *Nous avons épuisé les provisions* (**SYN.** consommer). *Il a réussi à épuiser ma patience* (= il en est venu à bout). **4.** Rendre improductif : *Cette culture intensive épuise le sol* (**SYN.** appauvrir). **5.** Vider entièrement ; extraire en totalité : *Un usage immodéré a épuisé cette source d'énergie* (**SYN.** tarir). *Ils ont épuisé l'eau de la nappe phréatique.* **6.** *Fig.* Traiter à fond, de manière exhaustive : *Les intervenants ont épuisé la question.* ◆ **s'épuiser** v.pr. Être consommé : *Nos ressources se sont épuisées* (**SYN.** disparaître, se tarir). ▸ ***S'épuiser à*** (+ inf.), se fatiguer à : *Elle s'est épuisée à le leur expliquer* (**SYN.** s'échiner à, s'évertuer à).

épuisette n.f. **1.** Petit filet en forme de poche, fixé à l'extrémité d'un manche. **2.** Pelle servant à écoper l'eau (**SYN.** écope).

épurateur n.m. Appareil servant à éliminer les impuretés d'un produit.

épuration n.f. **1.** Action d'épurer, de purifier qqch ; résultat de cette action : *Station d'épuration des eaux usées.* **2.** Action d'exclure d'une administration, d'un parti les personnes dont la conduite est jugée répréhensible, condamnable ou indigne ou simplement douteuse : *L'épuration de la presse après la guerre* (**SYN.** purge). ▸ ***Épuration ethnique*** → **ethnique.**

épure n.f. **1.** Dessin fini (par opp. à croquis). **2.** En géométrie, dessin représentant un objet à trois dimensions.

épurement n.m. *Litt.* Qualité de ce qui est pur : *Épurement du style* (**SYN.** pureté).

épurer v.t. (de *pur*) [conj. 3]. **1.** Rendre pur, plus pur : *Épurer une huile* (**SYN.** clarifier, filtrer ; **CONTR.** polluer, souiller). **2.** *Fig.* Rendre sa pureté, son homogénéité à : *Épurer un texte* (**SYN.** élaguer, peaufiner). **3.** Exclure d'un groupe les membres jugés indésirables : *Les nouveaux dirigeants ont épuré les administrations* (**SYN.** purger).

équanimité [ekwanimite] n.f. *Litt.* Égalité d'humeur ; sérénité.

équarrir [ekarir] v.t. (du lat. pop. *exquadrare,* rendre carré, de *quadrus,* carré) [conj. 32]. **1.** Tailler une pierre, une pièce de bois à angle droit, en les rendant carrées. **2.** Dépecer un animal de boucherie pour en tirer la peau, les os, les graisses, etc.

équarrissage n.m. **1.** Action d'équarrir les animaux. **2.** Action d'équarrir une pièce de bois, un bloc de pierre.

équarrisseur n.m. Personne qui équarrit les animaux.

équateur [ekwatœr] n.m. (du lat. *aequare,* rendre

égal). Cercle imaginaire tracé autour de la Terre à égale distance des deux pôles ; région terrestre qui avoisine cette ligne.

équation [ekwasjɔ̃] n.f. (du lat. *aequatio*, égalité, de *aequare*, rendre égal). En algèbre, égalité qui n'est valable que pour une ou des valeurs de l'inconnue ou des inconnues. ▸ ***Équation personnelle,*** ensemble des caractéristiques qui définissent la personnalité d'un individu.

équatorial, e, aux [ekwatɔrjal, o] adj. Qui est situé à l'équateur ; relatif à l'équateur : *Le climat équatorial est chaud et humide.*

équerre [ekɛr] n.f. (du lat. *exquadrare*, rendre carré). **1.** Instrument en forme de L ou de triangle rectangle, qui sert à tracer des angles droits. **2.** Pièce métallique en forme de T ou de L servant à consolider des assemblages de charpente, de menuiserie. ▸ ***À l'équerre*** ou ***d'équerre,*** à angle droit.

équestre [ekɛstr] adj. (lat. *equestris*, de *equus*, cheval). Qui relève de l'équitation, des cavaliers : *Une ferme équestre. Les sports équestres* (= l'hippisme). ▸ ***Statue équestre,*** statue représentant un personnage à cheval.

équeutage n.m. Action d'équeuter.

équeuter v.t. (de *queue*) [conj. 3]. Ôter la queue d'un fruit : *Équeuter des fraises.*

équidé [ekide ou ekɥide] n.m. (du lat. *equus*, cheval). Mammifère dont les membres adaptés à la course reposent sur le sol par un seul doigt, le sabot : *Le cheval, l'âne et le zèbre sont des équidés.*

équidistance [ekɥidistɑ̃s] n.f. Qualité de ce qui est équidistant.

équidistant, e [ekɥidistɑ̃, ɑ̃t] adj. **[de].** Qui est situé à égale distance de points donnés : *Tous les points d'une circonférence sont équidistants du centre.*

équilatéral, e, aux [ekɥilateral, o] adj. (du lat. *latus, lateris*, côté). Dont les côtés sont égaux : *Des triangles équilatéraux.*

équilibrage [ekilibraʒ] n.m. Action d'équilibrer ; son résultat : *Le garagiste se charge de l'équilibrage des roues.*

équilibrant, e [ekilibrɑ̃, ɑ̃t] adj. **1.** Qui établit l'équilibre : *Une charge équilibrante.* **2.** Qui équilibre mentalement qqn : *Des activités équilibrantes.*

équilibration [ekilibrasjɔ̃] n.f. Fonction organique qui assure le maintien du corps en équilibre.

équilibre [ekilibr] n.m. (du lat. *aequus*, égal, et *libra*, balance). **1.** État de repos résultant de l'action de forces qui s'annulent : *Mettre des charges en équilibre* (= équilibrer ; **CONTR.** déséquilibre). *Rompre l'équilibre d'une pile de tasses* (= déséquilibrer ; **SYN.** stabilité). *Ce carton est en équilibre instable sur l'étagère* (= il risque de tomber). **2.** État de qqn, au repos ou en mouvement, qui se tient debout, qui ne tombe pas : *L'échelle a bougé et elle a perdu l'équilibre* (**SYN.** assiette). **3.** Juste combinaison de forces, d'éléments ; répartition harmonieuse, bien réglée : *L'équilibre des dépenses et des recettes. Équilibre alimentaire.* **4.** Bon fonctionnement de l'activité mentale qui se traduit par une pondération dans le comportement : *Tous ces événements l'ont profondément perturbé et il aura du mal à retrouver son équilibre* (**SYN.** calme, sérénité). **5.** Tour d'acrobate qui consiste à se maintenir dans une position difficile ou instable ou à maintenir stables des objets empilés.

équilibré, e adj. **1.** Qui est formé d'éléments en équilibre sur le plan de la quantité ou de la qualité : *Un budget équilibré.* **2.** Qui est mentalement sain : *C'est une personne parfaitement équilibrée* (**SYN.** pondéré, raisonnable).

équilibrer [ekilibre] v.t. [conj. 3]. **1.** Mettre en équilibre ; rendre stable : *Elle a ajouté un poids pour équilibrer la balance* (**CONTR.** déséquilibrer). *Équilibrer les pouvoirs* (**SYN.** compenser, contrebalancer). **2.** Assurer l'équilibre mental de : *La pratique de ce sport l'a équilibré.* ◆ **s'équilibrer** v.pr. Être équivalent, en équilibre : *Les gains et les pertes se sont équilibrés.*

équilibriste [ekilibrist] n. Acrobate qui exécute des tours d'adresse ou d'équilibre.

équille n.f. (de *1. quille*). Poisson long et mince, qui s'enfouit dans le sable.

équin, ine [ekɛ̃, in] adj. (lat. *equinus*, de *equus*, cheval). Qui a rapport au cheval : *Un élevage équin* (**SYN.** chevalin).

équinoxe [ekinɔks] n.m. (du lat. *aequus*, égal, et *nox*, nuit). Époque de l'année où le jour et la nuit ont la même durée : *Un équinoxe pluvieux.*

équinoxial, e, aux [ekinɔksjal, o] adj. Qui se rapporte à l'équinoxe.

équipage n.m. **1.** Ensemble du personnel embarqué sur un navire, un avion, un char, un vaisseau spatial, dont il assure la manœuvre et le service : *Le commandant et son équipage vous souhaitent la bienvenue à bord.* **2.** *Anc.* Ensemble des voitures et des chevaux nécessaires pour voyager, avec le personnel qui en a la charge : *Voyager en grand équipage.*

équipe n.f. **1.** Groupe de personnes travaillant à une même tâche ou unissant leurs efforts dans le même dessein : *Les équipes chargées de l'entretien des locaux.* **2.** Groupe de joueurs, de sportifs associés en nombre déterminé. ▸ ***Esprit d'équipe,*** esprit de solidarité qui anime les membres d'un même groupe. ***Faire équipe avec qqn,*** s'associer avec lui ; mener un travail en commun avec lui. ***Fine équipe,*** groupe de personnes très liées qui se distraient ensemble.

équipée n.f. **1.** Aventure dans laquelle on se lance, souvent à la légère : *Une folle équipée en canoë sur les torrents* (**SYN.** escapade). **2.** Promenade sans but précis : *Le beau temps nous incitait à des équipées en forêt* (**SYN.** sortie).

équipement n.m. **1.** Action d'équiper : *Les ouvriers terminent l'équipement de la salle de sports* (**SYN.** aménagement, installation). **2.** Ensemble du matériel nécessaire à une activité : *Notre équipement informatique est très performant.*

équipementier n.m. Fabricant d'équipements destinés aux véhicules.

équiper v.t. (mot d'orig. germ.) [conj. 3]. Pourvoir du nécessaire en vue d'une activité déterminée, d'une utilisation : *Cette entreprise équipe les athlètes pour les jeux Olympiques. Équiper sa maison d'un système d'alarme* (**SYN.** munir). ◆ **s'équiper** v.pr. Se doter d'un équipement : *Elle s'est équipée pour faire du trekking.*

équipier, ère n. Membre d'une équipe sportive, d'un équipage de voilier ou de voiture de course.

équiprobable [ekɥiprɔbabl] adj. Se dit d'événements statistiques qui ont autant de chances les uns que les autres de se produire.

équitable [ekitabl] adj. **1.** Qui agit selon l'équité : *Un arbitre équitable* (**SYN.** impartial, neutre, objectif ; **CONTR.** inique, partial). **2.** Qui est conforme aux règles de l'équité (**SYN.** honnête, juste ; **CONTR.** inéquitable, injuste). **3.** Se dit d'un produit issu du commerce équitable : *Elle n'achète que du café équitable.* ▸ ***Commerce équitable,*** échanges commerciaux fondés sur la solidarité Nord-Sud, dans le respect des droits de l'homme et la perspective du développement durable.

équitablement [ekitabləmɑ̃] adv. De façon équitable ; avec équité : *Des biens équitablement répartis.*

équitation [ekitasjɔ̃] n.f. (du lat. *equitare,* aller à cheval). Action, art de monter à cheval : *Faire de l'équitation.*

équité [ekite] n.f. (lat. *aequitas,* égalité). **1.** Vertu de celui qui possède un sens naturel de la justice, respecte les droits de chacun : *Elle est traitée avec équité* (**SYN.** impartialité ; **CONTR.** iniquité). **2.** Justice naturelle ou morale, considérée indépendamment du droit en vigueur : *L'équité d'un partage* (**CONTR.** arbitraire).

équivalence [ekivalɑ̃s] n.f. Qualité de ce qui est équivalent (**SYN.** égalité, similarité ; **CONTR.** différence, inégalité).

équivalent, e [ekivalɑ̃, ɑ̃t] adj. **[à].** Qui a la même valeur : *Le vendeur a accepté un échange contre un modèle équivalent* (**SYN.** comparable, semblable, similaire). *Recevoir une somme équivalente à la perte qu'on a subie* (**SYN.** égal à). ◆ **équivalent** n.m. Ce qui équivaut à autre chose ; chose équivalente : *Je voudrais l'équivalent de cent dollars en euros. Remplacez ce mot par un équivalent* (**SYN.** synonyme). *Cet adjectif n'a pas d'équivalent en anglais* (= on ne peut le traduire).

équivaloir [ekivalwar] v.t. ind. (bas lat. *aequivalere,* égaler) [conj. 60]. **[à].** Être de même valeur, de même importance que ; avoir le même effet que : *La superficie du Québec équivaut à environ 2,8 fois celle de la France* (**SYN.** correspondre à, valoir). *Choisir cette solution équivaut à une amélioration du cadre de vie* (**SYN.** revenir à, signifier).

équivoque [ekivɔk] adj. (du lat. *aequus,* égal, et *vox, vocis,* voix). **1.** Qui a un double sens (par opp. à univoque) ; dont l'interprétation n'est pas claire : *Mot équivoque* (**SYN.** amphibologique ; **CONTR.** précis). *Une déclaration équivoque* (**SYN.** ambigu ; **CONTR.** clair). **2.** Qui provoque la méfiance : *Un comportement équivoque* (**SYN.** douteux, 1. louche, suspect ; **CONTR.** franc, net). ◆ n.f. Situation ou expression qui prête à plusieurs interprétations : *Pour dissiper cette équivoque, ils ont publié un communiqué* (**SYN.** malentendu, quiproquo). *Votre discours ne doit comporter aucune équivoque* (**SYN.** ambiguïté, amphibologie).

érable n.m. (lat. *acerabulus*). Arbre à fruits secs munis d'une paire d'ailes, dont le bois est apprécié en ébénisterie et dont une espèce, l'érable du Canada, ou *érable à sucre,* contient une sève sucrée qui fournit le *sirop d'érable.*

érablière n.f. Lieu planté d'érables.

éradication n.f. **1.** Suppression d'une infection contagieuse dans une région : *L'éradication de la poliomyélite.* **2.** *Fig.* Action de supprimer un phénomène indésirable : *Ces mesures visent à l'éradication de la délinquance juvénile* (**CONTR.** enracinement).

éradiquer v.t. (du lat. *radix, radicis,* racine) [conj. 3]. Faire disparaître une maladie, un mal : *Le gouvernement tente d'éradiquer la pauvreté* (**SYN.** annihiler).

éraflement n.m. Action d'érafler : *L'éraflement de la peinture.*

érafler v.t. (de *rafler*) [conj. 3]. Entamer superficiellement : *Les aspérités du mur lui ont éraflé la main* (**SYN.** écorcher, égratigner, érailler). *J'ai éraflé le vernis avec mon couteau* (**SYN.** rayer).

éraflure n.f. Écorchure légère ; entaille superficielle ; égratignure.

éraillé, e adj. ▸ ***Voix éraillée,*** voix rauque, enrouée, gutturale.

éraillement n.m. Action d'érailler ; fait d'être éraillé : *L'éraillement de la voix.*

érailler v.t. (du lat. *rotare,* rouler, de *rota,* roue). **1.** Déchirer superficiellement : *Le bitume a éraillé mon coude* (**SYN.** écorcher, égratigner, érafler). **2.** Rendre la voix rauque.

éraillure n.f. Déchirure superficielle ; écorchure, égratignure.

ère [ɛr] n.f. (du bas lat. *aera,* nombre, de *aes, aeris,* airain). **1.** Période historique correspondant à une chronologie particulière : *L'ère chrétienne commence à la naissance du Christ. L'ère musulmane.* **2.** Période caractérisée par certains faits de civilisation ou marquée par un état particulier : *L'ère de la communication électronique* (**SYN.** époque, temps). **3.** Principale division chronologique de l'histoire de la Terre : *Nous vivons à l'ère quaternaire.*

érecteur, trice adj. Qui produit l'érection d'un organe, d'un tissu organique.

érectile adj. Se dit d'un tissu ou d'un organe capable de se redresser en devenant raide, dur et gonflé.

érection n.f. (lat. *erectio,* de *erigere,* dresser). **1.** *Litt.* Action d'ériger une statue, un bâtiment, un monument (**SYN.** construction, édification). **2.** Gonflement et durcissement de certains tissus organiques, comme le pénis.

éreintage n.m. *Fam.* Critique violente (**SYN.** éreintement).

éreintant, e adj. Qui éreinte, épuise : *Un sport éreintant* (**SYN.** épuisant, exténuant, harassant).

éreintement n.m. **1.** Action d'éreinter, de fatiguer ; fait d'être éreinté : *L'éreintement provoqué par un travail pénible* (**SYN.** épuisement). **2.** *Fam.* Critique violente : *L'éreintement d'un nouveau film* (**SYN.** éreintage).

éreinter v.t. (mot signif. au sens propre « briser les reins », de *rein*) [conj. 3]. **1.** Fatiguer jusqu'à l'épuisement : *Ce sprint l'a éreintée* (**SYN.** épuiser, exténuer, harasser). **2.** *Fam.* Critiquer avec violence : *Les journalistes ont éreinté ce cinéaste* (**SYN.** décrier [sout.], dénigrer, fustiger [litt.]).

érémiste [eremist] n. Bénéficiaire du R.M.I. ☞ **REM.** On peut aussi écrire *RMiste* ou *RMIste.*

érémitique adj. (lat. *eremeticus*). Qui est relatif aux ermites : *Abstinence érémitique* (**SYN.** ascétique).

érémitisme n.m. Mode de vie des ermites.

érésipèle n.m. → **érysipèle.**

éreutophobie ou **érythrophobie** n.f. (du gr.

ereuthein, rougir, et *phobos,* crainte). Crainte de rougir en public.

erg [ɛrg] n.m. (mot ar.). Vaste étendue couverte de dunes dans les déserts de sable.

ergastule n.m. (lat. *ergastulum,* du gr. *ergon,* travail). Dans la Rome antique, prison souterraine ; local servant au logement des esclaves, aux gladiateurs.

ergologie n.f. Partie de la technologie étudiant les faits relatifs au travail.

ergomètre n.m. Appareil permettant de mesurer le travail des muscles dans des circonstances données.

ergométrie n.f. Technique d'étude et de mesure du travail musculaire.

ergonome ou **ergonomiste** n. Spécialiste d'ergonomie.

ergonomie [ɛrgɔnɔmi] n.f. (du gr. *ergon,* travail, œuvre). **1.** Étude du travail dans l'entreprise, visant à améliorer les conditions de travail et à accroître la productivité. **2.** Recherche de l'adaptation optimale entre un matériel à sa fonction et à son utilisateur : *L'ergonomie du mobilier scolaire.*

ergonomique adj. **1.** Relatif à l'ergonomie. **2.** Qui se caractérise par une bonne ergonomie : *Un clavier d'ordinateur ergonomique.*

ergot n.m. **1.** Pointe de corne située derrière la patte de certains animaux : *Les ergots d'un coq, d'un chien.* **2.** Maladie des céréales, surtout du seigle, due à un champignon. ▸ ***Monter*** ou ***se dresser sur ses ergots,*** prendre une attitude hautaine et menaçante.

ergotage n.m. ou **ergoterie** n.f. Manie d'ergoter, de chicaner ; discussion pointilleuse et vaine.

ergotamine n.f. Extrait de l'ergot du seigle utilisé en médecine pour lutter contre la migraine.

ergoter v.i. (du lat. *ergo,* donc) [conj. 3]. Chicaner sur des riens ; contester mal à propos : *Elle ne cesse d'ergoter sur des détails.*

ergoteur, euse adj. et n. Qui aime à ergoter (**SYN.** chicaneur).

ergothérapeute n. Auxiliaire médical exerçant l'ergothérapie.

ergothérapie n.f. Méthode de rééducation et de réadaptation sociale et psychologique par l'activité physique, par le travail manuel.

éricacée n.f. (du lat. scientif. *erica,* bruyère). Plante arbustive telle que la bruyère, la myrtille, l'azalée, le rhododendron.

ériger v.t. (lat. *erigere,* dresser) [conj. 17]. **1.** *Litt.* Installer en position verticale ; construire : *Le peuple a érigé une statue à la gloire du libérateur* (**SYN.** élever). *Ériger un nouvel hôtel de ville* (**SYN.** bâtir, édifier). **2. [en].** Élever au rang de ; établir, transformer en : *Ériger une église en cathédrale. Il érigeait son attitude en modèle.* ◆ **s'ériger** v.pr. **[en].** *Litt.* S'attribuer un rôle : *Il aime s'ériger en intellectuel* (**SYN.** se poser en, se présenter comme).

érigne n.f. (du lat *aranea,* anc. fr. *iraigne,* araignée). Instrument chirurgical qui sert, dans les opérations, à maintenir certaines parties écartées ; écarteur.

éristale n.m. Mouche ressemblant à une guêpe.

ermitage n.m. **1.** Lieu habité par un ermite. **2.** Maison de campagne retirée.

ermite n.m. (du gr. *erêmitês,* qui vit seul, de *erêmos,* désert). **1.** Moine qui vit dans la solitude pour prier et faire pénitence ; anachorète, ascète. **2.** Personne qui vit retirée du monde : *Vivre en ermite.*

éroder v.t. (lat. *erodere,* ronger) [conj. 3]. **1.** Ronger lentement : *La mer érode la falaise* (**SYN.** creuser, saper). **2.** Détériorer lentement la valeur de : *L'inflation a érodé son épargne* (**SYN.** entamer, grignoter).

érogène adj. (du gr. *erôs,* amour, et *gennân,* engendrer). Se dit d'une partie du corps susceptible de provoquer une excitation sexuelle.

éros [erɔs] n.m. (gr. *Erôs,* nom du dieu de l'Amour). En psychanalyse, ensemble des énergies qui poussent une personne à vivre (par opp. à thanatos).

érosif, ive adj. Qui produit l'érosion : *Des pluies érosives.*

érosion n.f. **1.** Action d'une substance, d'un agent qui érode ; fait d'être érodé : *La rouille est responsable de l'érosion de la carrosserie* (**SYN.** corrosion). **2.** Usure produite sur le relief par diverses causes naturelles : *L'érosion des sols.* **3.** *Fig.* Lente détérioration : *L'érosion de l'audience d'une chaîne télévisée* (**SYN.** baisse). ▸ ***Érosion monétaire,*** détérioration progressive du pouvoir d'achat d'une monnaie.

érotique adj. (gr. *erôtikos,* de *erôs,* amour). Qui relève de l'amour physique, de la sexualité : *Un film érotique.*

érotisation n.f. Action d'érotiser.

érotiser v.t. [conj. 3]. Donner un caractère érotique à : *Érotiser la publicité.*

érotisme n.m. **1.** Caractère érotique ; évocation de l'amour sensuel : *L'érotisme d'une situation* (**SYN.** sensualité). *L'érotisme dans l'art.* **2.** Recherche du plaisir sexuel, de la sensualité, de la volupté.

érotologie n.f. Étude de l'amour physique et des ouvrages érotiques.

érotologue n. et adj. Spécialiste d'érotologie.

érotomane n. Personne atteinte d'érotomanie.

érotomanie n.f. Obsession sexuelle.

erpétologie ou **herpétologie** n.f. (du gr. *herpeton,* serpent). Étude scientifique des reptiles et des amphibiens.

erpétologique ou **herpétologique** adj. Qui se rapporte à l'erpétologie.

erpétologiste ou **herpétologiste** n. Spécialiste d'erpétologie.

errance n.f. *Litt.* Action d'errer : *La longue errance des sans-abri.*

errant, e adj. **1.** Qui erre ; qui n'a pas de demeure fixe : *Les employés de la fourrière ont ramassé des chiens errants* (**SYN.** égaré, perdu, vagabond). **2.** Qui est propre aux personnes nomades : *La vie errante des Tsiganes* (**CONTR.** sédentaire). **3.** *Litt.* Qui ne peut se fixer, est sans but : *Son regard errant reflétait une profonde perplexité* (**SYN.** vague). ▸ ***Chevalier errant,*** chevalier du Moyen Âge qui allait de pays en pays pour chercher des aventures et redresser les torts.

errata n.m. inv. (mot lat., pl. de *erratum,* erreur). Liste des erreurs commises dans l'impression d'un ouvrage et qui n'ont pu être corrigées avant la publication : *Un errata est inséré à la fin de l'ouvrage.*

erratique adj. (du lat. *erraticus,* errant, vagabond).

Didact. ou *litt.* Dont le rythme est irrégulier : *Les cours erratiques des actions* (**SYN.** aléatoire, fluctuant ; **CONTR.** fixe, régulier, stable).

erratum [eratɔm] n.m. (pl. *errata*). Faute d'impression d'un ouvrage, répertoriée dans l'errata.

erre n.f. (de l'anc. fr. *errer*, voyager, du lat. *iter, itineris*, voyage). Vitesse résiduelle d'un navire sur lequel n'agit plus le dispositif qui lui permet d'avancer : *Laisser une barque courir sur son erre.*

errements n.m. pl. *Vieilli* Manières d'agir habituelles ou blâmables : *Il persiste dans ses errements* (**SYN.** égarement, erreur).

errer v.i. (lat. *errare*, marcher à l'aventure, faire fausse route) [conj. 4]. **1.** Aller çà et là, à l'aventure, sans but : *Elle erre à travers les rues* (**SYN.** déambuler, flâner). **2.** *Litt.* Passer d'une chose à l'autre sans se fixer : *Je laissais ma pensée errer au gré des mots* (**SYN.** vagabonder, vaguer [litt.]).

erreur n.f. (lat. *error*, de *errare*, marcher à l'aventure, faire fausse route). **1.** Fait de se tromper, de s'écarter de la vérité ; faute commise en se trompant : *Vous faites erreur* (= vous vous trompez). *Je les ai induits en erreur* (= j'ai provoqué la faute commise). *Elle a corrigé les erreurs* (**SYN.** inexactitude). *Il y a erreur sur la personne* (= on se trompe sur son identité ; **SYN.** méprise). **2.** État de qqn qui se trompe : *Ne persistez pas dans l'erreur* (**SYN.** aveuglement, fourvoiement). **3.** Action inconsidérée, regrettable : *Vous commettez une erreur en choisissant ce logiciel* (**SYN.** aberration). *Son engagement extrémiste fut une erreur de jeunesse* (**SYN.** égarement). ▸ ***Erreur judiciaire,*** condamnation prononcée à tort contre un innocent.

erroné, e adj. (lat. *erroneus*). Qui contient des erreurs : *L'orthographe de ce nom est erronée* (**SYN.** fautif, incorrect, inexact ; **CONTR.** correct, exact, juste).

ers [ɛr] n.m. (lat. *ervus*, lentille). Lentille employée comme fourrage.

ersatz [ɛrzats] n.m. (mot all. signif. « objet de remplacement »). Produit de remplacement de moindre qualité : *Un ersatz de sucre* (**SYN.** succédané).

① **erse** n.f. (autre forme de *herse*). Anneau de cordage.

② **erse** adj. (mot gaélique). Relatif aux habitants du nord de l'Écosse. ◆ n.m. Langue celtique parlée en Écosse (**SYN.** écossais).

érubescent, e adj. (lat. *erubescens*, de *ruber*, rouge). *Litt.* Qui devient rouge, qui s'empourpre.

éructation n.f. Émission bruyante, par la bouche, de gaz accumulés dans l'estomac (**SYN.** renvoi).

éructer v.i. (du lat. *eructare*, vomir) [conj. 3]. Rejeter bruyamment par la bouche les gaz contenus dans l'estomac ; roter. ◆ v.t. ▸ *Fig., litt.* ***Éructer des injures, des menaces,*** les proférer avec violence (**SYN.** vociférer).

érudit, e adj. et n. Qui témoigne de connaissances approfondies dans une matière : *Son cédérom lui a permis de devenir érudite en philosophie* (**SYN.** savant). *Ce débat n'est accessible qu'aux érudits* (**SYN.** spécialiste ; **CONTR.** débutant, profane).

érudition n.f. (lat. *eruditio*, enseignement, de *erudire*, dégrossir, façonner). Connaissance approfondie de ce qui concerne telle ou telle matière : *Ses réponses prouvent sa grande érudition* (**SYN.** culture, savoir, science).

éruptif, ive adj. **1.** Qui s'accompagne d'une éruption cutanée : *La rougeole est une affection éruptive.* **2.** Qui est produit par une éruption volcanique : *Roches éruptives* (**SYN.** magmatique, volcanique).

éruption n.f. (du lat. *eruptio*, jaillissement, de *rumpere*, briser, casser). **1.** Apparition subite de boutons, de taches, de rougeurs sur la peau : *Une éruption d'urticaire.* **2.** Émission par un volcan de projections, de laves, de gaz ; état d'un volcan qui expulse ces matières : *L'Etna est entré en éruption.* ☞ **REM.** Ne pas confondre avec *irruption.* ▸ ***Éruption solaire,*** accroissement brutal et temporaire de l'intensité du rayonnement dans une région du Soleil.

érysipèle ou **érésipèle** n.m. (gr. *erusipelas*, de *ereuthein*, faire rougir). Infection de la peau caractérisée par une plaque rouge douloureuse et de la fièvre.

érythémateux, euse adj. Qui a les caractères de l'érythème.

érythème n.m. (gr. *eruthêma*, rougeur de la peau). En médecine, rougeur de la peau due à une congestion : *Érythème solaire* (= coup de soleil). *Érythème fessier du nourrisson.*

érythroblaste n.m. (du gr. *eruthros*, rouge, et *blastos*, germe). Cellule mère du globule rouge, présente dans la moelle osseuse.

érythrocyte n.m. (du gr. *eruthros*, rouge, et *kytos*, cellule). Globule rouge ; hématie.

érythrophobie n.f. → **éreutophobie.**

érythropoïèse n.f. (du gr. *eruthros*, rouge, et *poieîn*, faire). En biologie, formation des globules rouges dans la moelle osseuse.

érythropoïétine n.f. Hormone favorisant la production de globules rouges, qui peut servir de dopant aux sportifs (abrév. EPO).

érythrosine n.f. Colorant chimique rouge : *Dans la composition des aliments, le code E 127 représente l'érythrosine.*

ès [ɛs] prép. (contraction de *en les*). (Après un titre et devant un nom au pl.). Dans le domaine des : *Licenciée ès sciences. L'huissier a agi ès qualités* (= dans l'exercice de ses fonctions).

E.S.B. ou **ESB** n.f. (sigle). ▸ ***Encéphalopathie spongiforme bovine*** → **encéphalopathie.**

esbroufe n.f. (du prov. *esbroufa*, s'ébrouer). *Fam.* Étalage de manières hardies, insolentes pour en imposer à qqn : *Faire de l'esbroufe* (= jeter de la poudre aux yeux ; **SYN.** bluff).

escabeau n.m. (lat. *scabellum*). Petit escalier transportable.

escabèche n.f. (de l'esp. *escabechar*, étêter). Préparation froide de poissons macérés dans une marinade aromatisée.

escabelle n.f. (de *escabeau*). En Belgique, grand escabeau.

escadre n.f. (ital. *squadra*, équerre). **1.** Force navale commandée par un vice-amiral. **2.** Unité de combat aérienne constituée de deux ou trois escadrons.

escadrille n.f. Unité élémentaire de combat aérien.

escadron n.m. **1.** Unité de la cavalerie, de l'arme blindée ou de la gendarmerie. **2.** Unité élémentaire de combat de l'armée de l'air ; escadrille.

escagasser v.t. (prov. *escagassa,* écraser). En Provence, abîmer qqch ; agacer qqn. ◆ **s'escagasser** v.pr. Se donner du mal : *Elle s'est escagassée pour finir à temps.*

escalade n.f. (it. *scalata,* du lat. *scala,* échelle). **1.** Action d'escalader, de grimper : *Ils font l'escalade du pylône pour voir le spectacle.* **2.** Ascension d'une montagne, au cours de laquelle le grimpeur progresse en utilisant les aspérités et les creux du rocher ou des accessoires (**SYN.** varappe). **3.** Aggravation d'un phénomène, d'un conflit : *Nous déplorons cette escalade de la violence* (**SYN.** montée). **4.** En stratégie militaire, processus qui conduit à utiliser des moyens offensifs de plus en plus destructeurs.

escalader v.t. [conj. 3]. **1.** Franchir en passant par-dessus : *Ils ont escaladé la clôture pour s'installer dans le parc.* **2.** Gravir avec effort : *Escalader un sommet* (= faire l'ascension de).

Escalator n.m. (nom déposé, mot anglo-amér.). Escalier mécanique.

escale n.f. (lat. *scala,* échelle permettant de débarquer). **1.** En parlant d'un avion ou d'un navire, action de s'arrêter pour se ravitailler, pour embarquer ou débarquer des passagers, des marchandises : *Le paquebot fera escale au Caire* (**SYN.** relâche). *Le vol est sans escale de Paris à Québec* (= il est direct). **2.** Temps d'arrêt : *Deux heures d'escale à Montréal* (**SYN.** arrêt, halte). **3.** Lieu de relâche : *Rome est une escale sur cette ligne* (**SYN.** étape).

escalier n.m. (lat. *scalaria,* de *scala,* échelle). Ensemble de marches échelonnées qui permettent de monter ou de descendre : *Prendre l'escalier de service, l'escalier principal.* ▸ ***Avoir l'esprit de l'escalier,*** ne trouver ses reparties que trop tard, lorsque l'occasion est passée. ***Escalier roulant*** ou ***mécanique,*** escalier dont les marches articulées sont entraînées par un mécanisme.

escalope n.f. (de l'anc. fr. *eschalope,* coquille de noix). Tranche mince de viande blanche ou de poisson : *Escalope de dinde, de saumon. Escalope à la crème.*

escaloper v.t. [conj. 3]. Couper en biais et en tranches fines des légumes, de la viande ou du poisson.

escamotable adj. Qui peut être escamoté ou replié : *Banquette arrière escamotable* (**SYN.** pliable, rabattable).

escamotage n.m. Action d'escamoter.

escamoter v.t. (occitan *escamotar,* de *escamar,* effilocher, du lat. *squama,* écaille) [conj. 3]. **1.** Faire disparaître par une manœuvre habile : *Le prestidigitateur escamote le foulard dans sa manche.* **2.** *Vieilli* Dérober subtilement : *Quelqu'un lui a escamoté sa montre* (**SYN.** subtiliser). **3.** Faire rentrer automatiquement un organe saillant d'un appareil : *Le pilote escamote le train d'atterrissage après le décollage* (**SYN.** replier). **4.** Éviter ce qui est difficile : *Vous avez escamoté le problème* (**SYN.** éluder, tourner). ▸ ***Escamoter un mot,*** le prononcer très bas ou très vite.

escamoteur, euse n. Personne qui escamote qqch ; illusionniste.

escampette n.f. (de l'anc. fr. *escamper,* s'enfuir). ▸ *Fam.* ***Prendre la poudre d'escampette,*** se sauver très vite (**SYN.** déguerpir, s'enfuir).

escapade n.f. (it. *scappata,* de *cappa,* chape). Action de quitter un lieu pour échapper momentanément à des obligations, à la routine : *Elles ont fait une escapade dans les bois pour se détendre.*

escarbille n.f. (mot wallon). Petit fragment de charbon ou de bois incandescent qui s'échappe d'un foyer.

escarboucle n.f. (du lat. *carbunculus,* petit charbon, de *carbo,* charbon). *Anc.* Rubis ; grenat rouge.

escarcelle n.f. (de l'it. *scarsella,* petite avare). *Litt.* Porte-monnaie considéré du point de vue de l'argent qu'il contient (souvent par plaisanterie) : *Tous les bénéfices tombent dans mon escarcelle* (**SYN.** bourse).

escargot n.m. (prov. *escaragol*). **1.** Mollusque terrestre à coquille spiralée, qui dévore les feuilles des plantes cultivées et dont les grandes espèces sont comestibles ; colimaçon, limaçon. **2.** *Fam.* Personne lente. ▸ ***Escargot de mer,*** bigorneau.

escargotière n.f. **1.** Lieu où l'on élève les escargots. **2.** Plat dont le fond présente de petits creux, utilisé pour servir les escargots.

escarmouche n.f. (it. *scaramuccia*). **1.** Combat localisé, de courte durée, entre de petits groupes armés (**SYN.** accrochage, échauffourée). **2.** *Fig.* Échange de propos hostiles : *Nous avons assisté à quelques escarmouches au cours de ce débat* (**SYN.** duel, joute).

escarpe n.f. (de l'it. *scarpa,* chaussure). Talus intérieur du fossé d'un ouvrage fortifié.

escarpé, e adj. Qui a une pente raide ; qui est difficile d'accès : *Les randonneurs empruntent des chemins escarpés* (**SYN.** abrupt, pentu).

escarpement n.m. Versant en pente abrupte ; pente raide : *Un escarpement rocheux.*

escarpin n.m. (it. *scarpino,* de *scarpa,* chaussure). Soulier à semelle mince, avec ou sans talon, laissant le dessus du pied découvert.

escarpolette n.f. Siège suspendu par deux cordes sur lequel on se place pour se balancer (**SYN.** balançoire).

escarre ou **eschare** [ɛskar] n.f. (gr. *eskhara,* croûte). En médecine, croûte noirâtre et dure qui se forme sur la peau des gens alités, sur une plaie.

eschatologie [ɛskatɔlɔʒi] n.f. (du gr. *eskhatos,* dernier). Ensemble de doctrines et de croyances portant sur la destinée de l'homme et de l'Univers.

eschatologique [ɛskatɔlɔʒik] adj. Qui concerne l'eschatologie.

esche ou **aiche** ou **èche** [ɛʃ] n.f. (du lat. *esca,* nourriture). Appât que le pêcheur accroche à l'hameçon.

escient [ɛsjɑ̃] n.m. (du lat. *sciens, scientis,* sachant). ▸ ***À bon escient,*** avec discernement, avec à-propos : *Elle est intervenue à bon escient* (= au bon moment ; **SYN.** opportunément). ***À mauvais escient,*** à tort : *Il faut essayer de ne plus administrer d'antibiotiques à mauvais escient.*

s'**esclaffer** v.pr. (du prov. *esclafa,* éclater) [conj. 3]. Éclater de rire : *À ce jeu de mots, elle s'est esclaffée* (**SYN.** pouffer).

esclandre n.m. (du lat. *scandalum,* piège, obstacle). Tapage provoqué par un incident : *Il a fait un esclandre en voyant le désordre* (**SYN.** éclat, scène). *Faire de l'esclandre* (**SYN.** scandale).

esclavage n.m. **1.** Condition d'esclave ; état de ceux qui sont sous une domination tyrannique : *La France a aboli l'esclavage en 1848. Peuple qui s'affranchit de l'esclavage.* **2.** Dépendance étroite de qqn à l'égard de qqch ou de qqn : *Il est tombé dans l'esclavage du jeu* (**SYN.** asservissement, servitude).

esclavagisme n.m. Doctrine qui admet l'esclavage (par opp. à abolitionnisme) ; système social et économique fondé sur l'esclavage.

esclavagiste adj. et n. Qui est partisan de l'esclavage ; qui admet l'esclavage (par opp. à abolitionniste).

esclave n. (du lat. *slavus*, slave, les Germains ayant réduit de nombreux Slaves en esclavage). **1.** Personne de condition non libre, pouvant être vendue ou achetée, et qui est sous la dépendance d'un maître ; serf : *Les esclaves noirs aux États-Unis au siècle dernier.* **2.** Personne qui est sous l'entière dépendance d'une autre : *Cette immigrée clandestine est devenue leur esclave* (**SYN.** chose, domestique, valet). **3.** Personne entièrement soumise à qqch : *Les esclaves de l'Internet.* ♦ adj. **1.** Qui est soumis à l'esclavage : *Des prisonniers esclaves.* **2.** Qui est sous la dépendance complète de qqch : *Elle est devenue esclave de son travail* (**SYN.** prisonnier).

escogriffe n.m. ▸ *Fam.* ***Grand escogriffe,*** homme de grande taille et mal bâti.

escompte [ɛskɔ̃t] n.m. **1.** Opération de crédit bancaire à court terme qui consiste à acheter un effet de commerce avant son échéance ; retenue que fait l'acheteur : *Faire un escompte à 2 %.* **2.** Dans le commerce, réduction consentie à un acheteur qui paie comptant ou avant l'échéance (**SYN.** rabais, remise).

escompter [ɛskɔ̃te] v.t. (de l'it. *scontare*, décompter, du lat. *computare*) [conj. 3]. **1.** Compter sur : *Nous escomptons de bons résultats* (**SYN.** prévoir). *Elle escompte obtenir ce poste* (**SYN.** espérer). **2.** Faire une opération d'escompte bancaire.

escopette n.f. (it. *schioppetto*). *Anc.* Arme à feu portative à bout évasé.

escorte n.f. (it. *scorta*, action de guider, du lat. *corrigere*, redresser). **1.** Formation militaire chargée d'escorter : *Avion d'escorte.* **2.** Suite de personnes qui accompagnent une personnalité : *Des préfets font partie de l'escorte officielle.* ▸ ***Faire escorte à qqn,*** l'accompagner (**SYN.** escorter). ***Sous bonne escorte,*** sous la surveillance de plusieurs personnes.

escorter v.t. [conj. 3]. Accompagner pour protéger, surveiller ou faire honneur : *Des véhicules blindés escortent les fourgons. Plusieurs ministres escortaient le Président* (**SYN.** entourer, suivre).

escorteur n.m. Bâtiment de guerre spécialement équipé pour la protection des communications et la lutte anti-sous-marine (**SYN.** convoyeur).

escouade n.f. (autre forme de *escadre*). **1.** Petit groupe de fantassins ou de cavaliers. **2.** Petit groupe de personnes formant une équipe : *Une escouade de motards* (**SYN.** bande).

escrime n.f. (it. *scrima*). Sport opposant deux adversaires au fleuret, au sabre ou à l'épée.

s'**escrimer** v.pr. [conj. 3]. **1. [sur].** Faire tous les efforts possibles pour réussir à : *Les testeurs se sont escrimés sur le nouveau jeu vidéo pour qu'il sorte avant Noël* (**SYN.** s'acharner). **2. [à].** S'appliquer à faire qqch avec plus ou moins de succès : *Nous nous escrimons à lui faire comprendre que ce n'est pas possible* (**SYN.** s'échiner à, s'évertuer à).

escrimeur, euse n. Personne qui pratique l'escrime.

escroc [ɛskro] n.m. Personne qui commet des escroqueries : *Les petits épargnants ont été victimes d'un escroc* (**SYN.** aigrefin, voleur).

escroquer v.t. (it. *scroccare*, décrocher) [conj. 3]. S'approprier par des manœuvres frauduleuses, par ruse ou par tromperie : *Il a escroqué des milliers d'euros à ces personnes crédules* (**SYN.** extorquer, soutirer). *Ils escroquent les accédants à la propriété* (**SYN.** dépouiller).

escroquerie n.f. **1.** Action d'escroquer : *De nombreuses complicités ont permis à ces escroqueries de réussir* (**SYN.** malversation, vol). **2.** Délit consistant à s'approprier le bien d'autrui par des tromperies ou par des manœuvres frauduleuses : *Escroquerie à la carte bancaire.*

escudo [ɛskudo] n.m. Unité monétaire principale du Portugal jusqu'à l'introduction de l'euro.

eskimo adj. inv. et n.m. → **1. esquimau.**

ésotérique adj. (gr. *esôterikos*, réservé aux seuls adeptes). **1.** Qui est réservé aux initiés : *Des rites ésotériques* (**SYN.** secret). **2.** Incompréhensible pour ceux qui ne sont pas initiés : *Poésie ésotérique* (**SYN.** hermétique, obscur ; **CONTR.** accessible, clair, limpide).

ésotérisme n.m. **1.** Partie de certaines philosophies anciennes qui devait rester inconnue des non-initiés. **2.** Caractère ésotérique, obscur de qqch : *L'ésotérisme d'une œuvre d'art* (**SYN.** hermétisme ; **CONTR.** clarté, limpidité).

① **espace** n.m. (du lat. *spatium*, arène, champ de courses). **1.** Étendue indéfinie qui contient tous les objets ; étendue disponible : *On a vu un point lumineux dans l'espace* (**SYN.** air, ciel). *Avec tout ce matériel, je manque d'espace pour recevoir* (**SYN.** place). **2.** Volume occupé par qqch : *Aménagement de l'espace intérieur d'une voiture. Ce parc couvre un grand espace* (**SYN.** superficie, surface). **3.** Lieu affecté à une activité, à un usage particulier : *Des espaces de détente pour les enfants.* **4.** Distance entre deux points, deux objets : *Un espace de dix centimètres sépare les deux meubles* (**SYN.** écartement, espacement, interstice). **5.** Durée qui sépare deux moments : *En l'espace de quelques mois, sa vie a complètement changé* (**SYN.** intervalle). **6.** En mathématique, étendue indéfinie à trois dimensions (par opp. au plan, à deux dimensions) : *Géométrie dans l'espace.* **7.** Étendue dans laquelle se meuvent les astres : *L'exploration et la conquête de l'espace* (**SYN.** cosmos). ▸ ***Espace aérien,*** dans le langage juridique, partie de l'atmosphère dont un État contrôle la circulation aérienne. ***Espace publicitaire,*** portion de surface ou plage de temps destinée à recevoir de la publicité. ***Espace vert,*** jardin, parc d'une agglomération. ***Espace vital,*** ensemble des territoires revendiqués par un État expansionniste ; fam., espace dont on a besoin pour ne pas se sentir gêné par les autres.

② **espace** n.f. En imprimerie, blanc servant à séparer les mots : *Des espaces régulières.*

espacement n.m. **1.** Action d'espacer : *Elle a négocié un espacement des remboursements* (**SYN.** échelonnement, étalement). **2.** Distance entre deux choses ou deux êtres : *L'espacement entre les paragraphes est trop important* (**SYN.** écart, intervalle).

espacer v.t. [conj. 16]. Séparer par un espace, une durée, un intervalle : *Elle espaçait les piquets de quelques mètres* (SYN. écarter, éloigner ; CONTR. rapprocher). *Nous avons espacé nos entretiens.*

espace-temps n.m. (pl. *espaces-temps*). En physique, espace à quatre dimensions, qui sont la longueur, la largeur, la hauteur et le temps, et qui, selon la théorie de la relativité, permettent à un observateur donné de situer un événement.

espadon n.m. (de l'it. *spadone*, grande épée). Poisson dont la mâchoire supérieure est allongée comme une lame d'épée.

espadrille n.f. (d'un mot prov. signif. « sandale de spart »). **1.** Chaussure en toile à semelle de corde. **2.** Au Québec, chaussure de sport.

espagnol, e adj. et n. (lat. *hispanus*). Relatif à l'Espagne, à ses habitants. ◆ **espagnol** n.m. Langue parlée en Espagne et en Amérique latine.

espagnolette n.f. Tige métallique à poignée servant à fermer ou à ouvrir les châssis d'une fenêtre. ▸ ***Fermer une fenêtre à l'espagnolette,*** la maintenir entrouverte au moyen de la poignée.

espalier n.m. (it. *spalliera*, pièce de soutien). **1.** Rangée d'arbres dont les branches sont fixées à un mur : *Pommiers en espalier.* **2.** Large échelle fixée à un mur et dont les barreaux servent à des mouvements de gymnastique.

espar n.m. (anc. fr. *esparre*, poutre). Longue pièce de bois, de métal ou de plastique du gréement d'un bateau.

espèce n.f. (du lat. *species*, vue, apparence). **1.** Ensemble d'êtres animés ou de choses qu'un caractère commun distingue des autres du même genre ; catégorie, sorte : *L'espèce humaine* (= les êtres humains). **2.** En biologie, ensemble d'individus animaux ou végétaux semblables par leur aspect, leur habitat, féconds entre eux : *Les différentes races de l'espèce féline. Les espèces d'arbres* (SYN. essence, variété). **3.** (Souvent péjor.). Catégorie d'êtres ou de choses : *Elle ne fréquente pas les voyous de son espèce* (SYN. acabit [péjor.], genre). *Un terroriste de la pire espèce. Il y a plusieurs espèces d'ordinateurs* (SYN. nature, qualité). ▸ ***Cas d'espèce,*** cas qui ne rentre pas dans la règle générale ; exception. ***En l'espèce,*** en l'occurrence, en la circonstance : *Il faut un matériau résistant, en l'espèce de la pierre.* ***Une espèce de*** (+ n.), une personne, une chose définie, faute de précision, par assimilation à une autre : *Une espèce de détective privé* (= un genre de). *Une espèce d'avion* (= une sorte d'avion). *Fam.* ***Espèce de*** (+ n.), introduit une injure : *Espèce de crétin.* ◆ **espèces** n.f. pl. **1.** Pièces de monnaie et billets de banque (par opp. à chèque, à carte de crédit) : *En dessous de quinze euros, nous n'acceptons que les espèces* (SYN. liquide, numéraire). **2.** Dans la religion catholique, apparence du pain et du vin après la consécration : *Communier sous les deux espèces.*

espérance n.f. **1.** Sentiment de confiance qui porte à considérer ce que l'on désire comme réalisable : *Vivre dans l'espérance d'une limitation de la pollution* (SYN. espoir). *L'équipe a gagné contre toute espérance* (= alors que personne n'y croyait). **2.** Objet de ce sentiment : *Ses enfants sont sa seule espérance* (SYN. espoir). ▸ ***Espérance de vie,*** en démographie, durée moyenne de vie dans un groupe humain déterminé. ◆ **espérances** n.f. pl. *Vieilli* Ce que qqn attend sous forme d'héritage et qui augmentera sa fortune : *« Les Grandes Espérances » est un roman de Dickens.*

espérantiste adj. et n. Qui est relatif à l'espéranto ; qui utilise l'espéranto.

espéranto n.m. (de *esperanto*, celui qui espère, pseudonyme dans cette langue de son créateur, Zamenhof). Langue internationale artificielle, créée à partir de racines appartenant essentiellement aux langues romanes.

espérer v.t. (lat. *sperare*, attendre, s'attendre à) [conj. 18]. Considérer avec confiance que ce que l'on désire va se réaliser : *J'espère qu'il fera beau demain* (SYN. souhaiter que [+ subj.]). *Il espère la convaincre* (SYN. croire que, penser que ; CONTR. désespérer de). *Nous espérons un accord entre les deux parties* (SYN. attendre, escompter). ▸ ***On ne l'espérait plus,*** on n'attendait plus son arrivée. ◆ v.t. ind. **[en].** Mettre sa confiance en : *Vous devez espérer en l'avenir.*

esperluette n.f. Signe typographique (&) représentant le mot *et*, aussi appelé *et commercial* : *Maison Cament & Cie.*

espiègle adj. et n. (de *Ulespiegle*, nom francisé du néerl. *Till Uilenspiegel*, personnage facétieux d'un roman). Qui est vif et malicieux, mais sans méchanceté : *Un regard espiègle* (SYN. coquin, malin, mutin [litt.]). *Cette enfant est une espiègle* (SYN. polisson).

espièglerie n.f. Caractère d'une personne, d'une chose espiègle ; action espiègle : *L'espièglerie d'une réponse* (SYN. malice). *Les espiègleries de cet enfant amusent ses camarades* (SYN. facétie [litt.], farce).

① **espion, onne** n. (de l'anc. fr. *espier*, épier). **1.** Agent secret chargé d'espionner, de recueillir des renseignements, de surprendre des secrets, pour le compte de son pays. **2.** (Employé en appos., avec ou sans trait d'union). Qui est chargé de recueillir des renseignements : *Des satellites-espions. Des caméras espionnes.*

② **espion** n.m. (de *1. espion*). Miroir oblique installé devant une fenêtre pour observer l'extérieur.

espionite n.f. → **espionnite.**

espionnage n.m. **1.** Action d'espionner ; surveillance clandestine : *L'espionnage des messages électroniques.* **2.** Activité des espions, ayant pour but de nuire à la sécurité d'une entreprise ou d'un pays au profit d'un autre : *Ils ont démantelé un réseau d'espionnage.* ▸ ***Espionnage industriel,*** recherche de renseignements concernant l'industrie, les procédés de fabrication.

espionner v.t. [conj. 3]. Surveiller secrètement, pour son compte personnel ou celui d'un autre, dans le but de nuire : *Espionner les communications téléphoniques de l'ennemi. Un détective privé espionne son associé* (SYN. épier, guetter).

espionnite ou **espionite** n.f. *Fam.* Obsession de ceux qui voient des espions partout.

esplanade n.f. (it. *spianata*, du lat. *planus*, uni). Terrain plat, uni et découvert, en avant d'une fortification ; vaste place devant un édifice.

espoir n.m. (de *espérer*). **1.** Fait d'espérer ; état d'attente confiante : *Nous avons l'espoir de monter notre entreprise* (= nous l'espérons). *Elle a l'espoir chevillé au corps* (= rien ne peut la décourager). *Cette* *réponse a éveillé un espoir en elle* (**SYN.** attente). *Ils sont pleins d'espoir* (**SYN.** confiance, espérance). **2.** Objet de ce sentiment ; personne en qui l'on espère : *Elle est mon dernier espoir* (**SYN.** chance, espérance, possibilité). *Un espoir du football mondial* (= un débutant prometteur). ▸ ***Dans l'espoir de*** (+ inf.) ou ***que*** (+ ind.), en espérant que ou de : *Dans l'espoir que vous m'accorderez un entretien.* ***Il n'y a plus d'espoir,*** se dit en parlant d'une personne qui va mourir.

espressivo [ɛspresivo] adv. (mot it. signif. « expressif »). Terme de musique indiquant qu'il faut interpréter le morceau de manière expressive, chaleureuse.

esprit n.m. (du lat. *spiritus*, souffle). **1.** Principe immatériel vital de l'être humain ; âme (par opp. à corps, à matière). **2.** Être immatériel ou imaginaire qui est supposé se manifester sur terre : *Des esprits hantent ce lieu* (**SYN.** fantôme, revenant). **3.** Principe de la pensée ; activité intellectuelle : *Ces lectures enrichissent l'esprit* (**SYN.** intelligence). *Il me revient à l'esprit que vous me l'aviez dit* (**SYN.** mémoire, pensée, tête). *Perdre l'esprit* (= devenir fou). *Reprendre ses esprits* (= revenir à soi ; retrouver son calme). **4.** Manière de penser ; aptitude particulière de l'intelligence : *Avoir l'esprit d'entreprise* (**SYN.** sens). *Sans esprit de vengeance* (**SYN.** intention, volonté). *Faire du mauvais esprit* (= critiquer, dénigrer systématiquement). *Elle a l'esprit pratique.* **5.** Sens général, intentions profondes qui résultent d'un texte, d'un propos, etc. (souvent par opp. à lettre) : *Ces dispositions sont conformes à l'esprit du règlement.* **6.** Ensemble d'idées, de sentiments qui caractérise un groupe, une époque : *L'esprit du temps met l'accent sur la solidarité entre les hommes* (**SYN.** génie, mentalité). **7.** Vivacité de la pensée ; aptitude à s'exprimer de façon originale, ingénieuse : *Faire de l'esprit* (= plaisanter). *Un scénario plein d'esprit* (**SYN.** humour, ironie). *Cette femme a beaucoup d'esprit* (= elle est très spirituelle ; **SYN.** finesse, subtilité). **8.** Personne considérée sur le plan de son activité intellectuelle : *Un esprit supérieur. Les grands esprits se rencontrent.* ▸ ***Avoir l'esprit ailleurs,*** être distrait. ***Mot d'esprit,*** repartie piquante. ***Présence d'esprit,*** promptitude à dire ou à faire ce qui est le plus à propos. ***Rendre l'esprit,*** mourir. ***Trait d'esprit,*** remarque fine, ingénieuse, brillante. ***Vue de l'esprit,*** idée qui ne tient pas compte de la réalité.

esquif n.m. (it. *schifo*). *Litt.* Embarcation légère.

esquille n.f. (lat. *schidia*, copeau). Petit fragment d'un os fracturé.

① **esquimau, aude** [ɛskimo, od] adj. ou **eskimo** adj. inv. (esquimau *Eskimo*). Qui appartient aux peuples de l'Arctique, aux Esquimaux ; inuit. ◆ **esquimau** ou **eskimo** n.m. Langue parlée par les Esquimaux ; inuktitut.

② **Esquimau** n.m. (nom déposé). Crème glacée enrobée de chocolat, fixée sur un bâtonnet.

esquimautage n.m. En sports, tour complet effectué par retournement d'un kayak dans l'eau.

esquinter v.t. (prov. *esquinta*, déchirer) [conj. 3]. *Fam.* **1.** Détériorer : *J'ai esquinté mon portable en le laissant tomber* (**SYN.** abîmer, endommager). **2.** Fatiguer beaucoup : *Cette randonnée nous a esquintés* (**SYN.** épuiser, exténuer). **3.** Critiquer sévèrement : *Ils esquintent souvent ce scénariste* (**SYN.** éreinter).

esquisse n.f. (it. *schizzo*, dessin provisoire). **1.** Première forme, traitée à grands traits, d'un dessin, d'une peinture, d'un plan architectural. **2.** Plan sommaire d'une œuvre littéraire et de ses parties : *L'esquisse d'un scénario* (**SYN.** canevas). **3.** Recommandation officielle pour *rough*. **4.** *Fig.* Commencement d'une action : *Il a interprété cette remarque comme une esquisse de compliment* (**SYN.** amorce, début, ébauche).

esquisser v.t. [conj. 3]. **1.** Faire l'esquisse de ; décrire à grands traits : *Elle esquisse un héros de bandes dessinées* (**SYN.** crayonner, croquer, dessiner). *Esquisser une intrigue* (**SYN.** ébaucher). **2.** *Fig.* Commencer à faire : *Elle esquissa un sourire* (**SYN.** amorcer).

esquive n.f. Action d'éviter un coup par un déplacement du corps.

esquiver v.t. (it. *schivare*, de *schivo*, dédaigneux) [conj. 3]. **1.** Éviter adroitement : *Elle a esquivé le coup en se baissant* (**SYN.** échapper à, parer). **2.** Se soustraire habilement à : *Il esquive toutes les questions concernant sa vie privée* (**SYN.** éluder, escamoter, éviter). ◆ **s'esquiver** v.pr. Se retirer furtivement : *Elle s'est esquivée pendant la pause* (**SYN.** s'échapper, partir).

essai n.m. (du lat. *exagium*, pesée, de *exigere*, pousser dehors, peser, de *agere*, faire). **1.** Action d'essayer, de tester les qualités de : *J'ai fait l'essai de ce produit et j'en suis satisfait* (**SYN.** expérimentation, test). *Mettre qqn à l'essai* (**SYN.** épreuve). **2.** Période prévue dans le contrat de travail et préalable à l'engagement définitif : *Engager une collaboratrice à l'essai.* **3.** Effort fait pour réussir qqch : *La machine n'a démarré qu'après plusieurs essais* (**SYN.** tentative). *Le sauteur a droit à trois essais.* **4.** En littérature, ouvrage en prose regroupant des réflexions diverses, ou traitant un sujet sans l'épuiser : *Il publie un essai sur l'évolution du terrorisme.* **5.** Au rugby, action de déposer ou de plaquer au sol le ballon dans l'en-but adverse. ▸ ***Coup d'essai,*** première tentative dans un domaine quelconque : *Tous les coups d'essai ne sont pas des réussites.*

essaim [esɛ̃] n.m. (lat. *examen*, de *exigere*, pousser dehors). **1.** Groupe d'abeilles qui abandonne une ruche surpeuplée en vue de fonder une nouvelle ruche. **2.** *Litt.* Foule très animée qui s'éparpille : *Le bus a déversé un essaim d'enfants* (**SYN.** nuée, volée).

essaimage n.m. **1.** Action d'essaimer, en parlant des abeilles ; époque où les abeilles essaiment. **2.** Fait pour une entreprise d'encourager et d'aider ses salariés à fonder leur propre entreprise.

essaimer v.i. [conj. 4]. **1.** En parlant des abeilles, quitter la ruche pour former une nouvelle colonie. **2.** *Fig.* Se disperser pour former de nouveaux groupes ; établir de nouvelles filiales ou unités de production, en parlant d'une entreprise : *La population a essaimé dans des régions plus fertiles. Débloquer des crédits pour aider les entreprises à essaimer.*

essart n.m. (du lat. *sarire*, sarcler). Terre défrichée en vue de sa mise en culture.

essartage ou **essartement** n.m. Défrichement d'un terrain boisé en vue de sa mise en culture.

essarter v.t. [conj. 3]. Défricher un terrain, afin de le cultiver.

essayage [esɛjaʒ] n.m. Action d'essayer un vêtement : *Vous pouvez passer ce chemisier dans la cabine d'essayage.*

essayer [esɛje] v.t. (de *essai*) [conj. 11]. **1.** Utiliser qqch pour en éprouver les qualités, pour vérifier son fonctionnement, ses mesures, son efficacité : *J'essaierai ce nouveau détergent* (**SYN.** tester). *Il essaie des chaussures* (= il les enfile). **2.** *Fam.* Avoir recours aux services de qqn pour la première fois : *Nous avons essayé ce réparateur et nous vous le recommandons.* ▸ ***Essayer de*** (+ inf.), faire des efforts, des tentatives en vue de : *Elle essayait de connecter son ordinateur à Internet* (**SYN.** s'efforcer de, tâcher de, tenter de). ◆ **s'essayer** v.pr. **[à].** Faire une tentative pour connaître ses aptitudes dans un domaine : *Elle s'est essayée au saut à l'élastique* ou *à sauter à l'élastique* (**SYN.** se hasarder).

essayeur, euse [esɛjœr, øz] n. **1.** Personne chargée de procéder à des essais. **2.** Personne qui procède à l'essayage d'un vêtement, chez un tailleur, un couturier.

essayiste [esɛjist] n. (angl. *essayist*). Auteur d'essais littéraires.

esse n.f. (de la lettre S). **1.** Crochet en forme de S. **2.** Ouïe du violon.

essence n.f. (lat. *essentia*, de *esse*, être). **1.** Caractère propre à une chose, à un être ; ce qu'il y a de plus original, de plus pur en : *L'essence d'un carré est d'avoir quatre côtés et quatre angles* (**SYN.** nature). *C'est l'essence même de sa personnalité. Le droit de vote est l'essence même de la démocratie.* **2.** Dans les exploitations forestières, espèce d'arbre : *Les essences feuillues de cette forêt.* **3.** Liquide pétrolier, utilisé comme carburant, comme solvant ou pour divers usages industriels. **4.** Extrait concentré de certaines substances aromatiques ou alimentaires : *Essence de citronnelle.* ▸ ***Par essence,*** par sa nature même : *Le mariage est par essence un acte social.*

essencerie n.f. Au Sénégal, poste d'essence.

essentiel, elle [esɑ̃sjɛl] adj. **1.** Qui est indispensable pour que qqch existe : *Des connaissances essentielles à l'obtention d'un emploi* (**SYN.** nécessaire ; **CONTR.** inutile). **2.** Qui est très important : *Les informations essentielles de la journée* (**SYN.** capital, principal ; **CONTR.** accessoire, secondaire). *Il est essentiel qu'elle soit rapidement avertie* (**SYN.** primordial). **3.** Qui relève d'une essence alimentaire ou aromatique : *Huile essentielle.* ◆ **essentiel** n.m. **1.** Le point le plus important : *L'essentiel est de participer* (**SYN.** principal). **2.** Ensemble des objets nécessaires, indispensables : *Son sac ne contient que l'essentiel.* **3.** La plus grande partie de : *L'essentiel des activités de ce groupe se concentre dans le multimédia.*

essentiellement [esɑ̃sjɛlmɑ̃] adv. Par-dessus tout : *Cette erreur est essentiellement due à l'inattention* (**SYN.** principalement). *Elle veut essentiellement les aider* (**SYN.** particulièrement, surtout).

esseulé, e adj. Qui est laissé seul ou tenu à l'écart : *Elle se trouve esseulée dans sa campagne* (**SYN.** isolé, solitaire).

essieu n.m. (du lat. *axis*, axe). Axe placé sous un véhicule pour en supporter le poids, et dont les extrémités entrent au centre des roues : *Les essieux d'une automobile.*

essor n.m. (de l'anc. fr. *essorer*, lâcher dans les airs). Développement rapide de qqch : *Le secteur des loisirs est en plein essor* (**SYN.** croissance, expansion, progrès ; **CONTR.** crise, recul). *Cette découverte donne un nouvel essor à la recherche scientifique* (**SYN.** élan, impulsion). ▸ *Litt.* ***Donner l'essor à son imagination,*** lui donner libre cours. ***Prendre son essor,*** s'envoler, en parlant d'un oiseau ; fig., commencer à se développer.

essorage n.m. Action d'essorer : *La vitesse d'essorage.*

essorer v.t. (lat. pop. *exaurare*, exposer à l'air, de *aura*, brise, vent) [conj. 3]. Débarrasser une chose mouillée d'une partie de l'eau dont elle est imprégnée : *Essorer une serviette* (**SYN.** tordre). *Essorer la salade* (**SYN.** sécher).

essoreuse n.f. Machine, appareil servant à essorer.

essoriller [esɔrije] v.t. (de *oreille*) [conj. 3]. Écourter les oreilles d'un animal : *L'éleveur essorille les chiens de race.*

essouchage ou **essouchement** n.m. Action d'essoucher.

essoucher v.t. (de *souche*) [conj. 3]. Enlever d'un terrain les souches qui sont restées après l'abattage des arbres.

essoufflement n.m. **1.** État d'une personne essoufflée ; respiration difficile : *Un essoufflement dû à l'effort* (**SYN.** halètement). *L'essoufflement d'un malade cardiaque* (**SYN.** dyspnée). **2.** *Fig.* Incapacité à suivre le rythme d'une progression : *L'essoufflement d'un élan de solidarité* (**SYN.** affaiblissement, usure ; **CONTR.** essor, regain).

essouffler v.t. [conj. 3]. Faire perdre le rythme normal de sa respiration à : *Cet effort physique prolongé les a essoufflés* (= les a mis hors d'haleine). ◆ **s'essouffler** v.pr. **1.** Perdre son souffle : *Elle s'est essoufflée en courant.* **2.** *Fig.* Avoir de la peine à poursuivre une action entreprise, un rythme soutenu : *Les ventes s'essoufflent* (**SYN.** décroître, diminuer).

essuie n.m. En Belgique, essuie-mains ; serviette de bain ; torchon.

essuie-glace n.m. (pl. *essuie-glaces*). Dispositif formé d'un balai garni de caoutchouc et destiné à essuyer le pare-brise ou la glace arrière mouillés d'un véhicule.

essuie-mains n.m. inv. Linge pour s'essuyer les mains.

essuie-pieds n.m. inv. Paillasson.

essuie-tout n.m. inv. Papier absorbant en rouleau.

essuie-verre n.m. (pl. *essuie-verres*) ou **essuie-verres** n.m. inv. Torchon fin pour l'essuyage des verres.

essuyage [esɥijaʒ] n.m. Action ou manière d'essuyer : *L'essuyage de la vaisselle.*

essuyer [esɥije] v.t. (lat. *exsucare*, extraire le suc, de *sucus*, suc, sève) [conj. 14]. **1.** Débarrasser qqch d'un liquide, de la poussière, de la saleté, dont il était couvert : *Elle essuie la table après le repas* (**SYN.** nettoyer). *Il essuyait le buffet* (**SYN.** épousseter). *Vous essuierez vos chaussures sur le paillasson* (**SYN.** frotter). **2.** Avoir à supporter qqch de pénible, de désagréable : *Les navigateurs ont essuyé une tornade* (**SYN.** subir). *Essuyer un échec* (= échouer). *J'ai essuyé ses reproches* (**SYN.** endurer, supporter). ▸ ***Essuyer les plâtres,*** habiter le premier une maison nouvellement construite ; fam., être le premier à subir les inconvénients de qqch de nouveau : *Elles ont essuyé les plâtres du nouveau système informatique.* ◆ **s'essuyer** v.pr. Frotter une partie de son corps pour la sécher, en ôter la poussière, la saleté :

Elle s'est essuyé le front. Elle s'est essuyée avec une serviette (**SYN.** se sécher).

est [ɛst] n.m. inv. (angl. *east*). **1.** L'un des quatre points cardinaux, situé du côté de l'horizon où le soleil se lève : *La Suisse se situe à l'est de la France. La boussole indique que le nord est à notre gauche, nous faisons donc face à l'est* (**SYN.** levant [litt.], orient). **2.** (Employé en appos.). Qui est situé du côté où le soleil se lève : *La façade est de la maison* (**SYN.** oriental). **3.** (Avec une majuscule). Partie d'un territoire située vers ce point : *Ils habitent dans l'Est.* ☞ **REM.** Ce mot s'écrit avec une minuscule s'il y a un complément : *Habiter dans l'est de la France.* **4.** (Avec une majuscule). *Anc.* Ensemble des pays d'Europe qui appartenaient au bloc socialiste.

establishment [ɛstabliʃmɛnt] n.m. (mot angl.). Groupe puissant de gens en place qui défendent leurs privilèges, l'ordre établi.

estacade n.f. (it. *steccata*, palissade). Sorte de barrage formé de grands pieux, pour fermer l'entrée d'un chenal ou protéger des travaux (**SYN.** digue).

estafette n.f. (it. *staffetta*, petit étrier). Militaire chargé de transmettre les dépêches.

estafilade n.f. (it. *staffilata*, coup de fouet). Entaille faite avec un instrument tranchant : *Il cachait son estafilade au front sous une épaisse frange* (**SYN.** balafre, coupure).

estagnon n.m. (prov. *estagnoun*, de *estanh*, étain). En Afrique, récipient métallique pour les liquides.

estaminet n.m. (wallon *staminê*, de *stamon*, poteau). *Vx* ou *région.* Petit débit de boissons (**SYN.** café, taverne).

estampage n.m. **1.** Action d'estamper un métal, une surface. **2.** *Fam.* Action d'escroquer qqn en lui soutirant de l'argent (**SYN.** escroquerie).

① **estampe** n.f. (de *estamper*). Outil servant à estamper.

② **estampe** n.f. (it. *stampa*, de *stampare*, imprimer). Image imprimée, le plus souvent sur papier, après avoir été gravée ou dessinée sur une matrice.

estamper v.t. (it. *stampare*, du frq. *stampôn*, fouler, piler) [conj. 3]. **1.** Façonner une matière, une surface à l'aide de matrices, de presses ; imprimer des lettres, des ornements sur une surface, en creux ou en relief : *Estamper des médailles.* **2.** *Fam.* Faire payer qqch trop cher à qqn : *Il nous a estampés de dix euros.*

estampeur, euse n. **1.** Personne qui pratique l'estampage. **2.** *Fam.* Escroc.

estampillage n.m. Action d'estampiller.

estampille n.f. (esp. *estampilla*, de *estampar*, graver). Marque appliquée sur un objet d'art en guise de signature ou sur un produit industriel comme garantie d'authenticité : *Cette timbale en argent porte l'estampille du joaillier* (**SYN.** cachet, poinçon, sceau).

estampiller v.t. [conj. 3]. Marquer d'une estampille : *Cet ébéniste estampillait toutes ses commodes* (**SYN.** poinçonner).

estancia [ɛstɑ̃sja] n.f. (mot esp.). En Amérique du Sud, grande ferme ou établissement d'élevage.

est-ce que [ɛskə] adv. interr. (Remplace l'inversion du sujet et du verbe dans une question). **1.** S'emploie en tête de phrase lorsque la question appelle une réponse par oui ou par non : *Est-ce que vous pouvez m'aider ?* (= pouvez-vous m'aider ?). *Est-ce que le téléviseur est réparé ?* (= le téléviseur est-il réparé ?). **2.** *Fam.* S'emploie après un adverbe ou un pronom interrogatif : *Qu'est-ce que tu fais demain ?* (= que feras-tu demain ?). *Où est-ce qu'elle va ?* (= où va-t-elle ?).

este n.m. En linguistique, estonien.

① **ester** [ɛste] v.i. (du lat. *stare*, se tenir debout). ▸ ***Ester en justice,*** exercer une action en justice. ☞ **REM.** Ce verbe ne s'emploie qu'à l'infinitif.

② **ester** [ɛstɛr] n.m. (mot créé par le chimiste all. Gmeltin, d'apr. *éther*). Composé chimique résultant de l'action d'un acide sur un alcool, avec élimination d'eau.

esthète n. et adj. (du gr. *aisthêtês*, qui perçoit par les sens). Personne qui aime l'art et le considère comme une valeur essentielle.

esthéticien, enne n. **1.** (Surtout au fém.). Spécialiste des soins du corps et du visage dans un institut de beauté. **2.** Écrivain, philosophe qui s'occupe d'esthétique.

esthétique adj. (gr. *aisthêtikos*, de *aisthanesthai*, percevoir par les sens). **1.** Qui a rapport au sentiment du beau, à la perception du beau : *Les nouveaux produits sont conçus avec un souci esthétique.* **2.** Qui a une certaine beauté, de la grâce : *Cette présentation des données est la plus esthétique* (**SYN.** harmonieux, joli ; **CONTR.** inesthétique). **3.** Qui entretient la beauté du corps : *Les soins esthétiques du visage.* ▸ ***Chirurgie esthétique,*** partie de la chirurgie plastique destinée à améliorer l'aspect d'une partie du corps. ◆ n.f. **1.** Théorie du beau, de la beauté en général et du sentiment qu'elle fait naître en nous. **2.** Beauté d'une forme d'art quelconque : *Ces chaînes hi-fi ont une esthétique remarquable.*

esthétiquement adv. **1.** De façon esthétique. **2.** Du point de vue de la théorie de l'esthétique.

esthétisant, e adj. Qui privilégie la beauté de la forme : *Un roman, un film esthétisant.*

esthétisme n.m. Doctrine artistique qui met au premier plan le raffinement.

estimable adj. **1.** Qui est digne d'estime : *Une famille estimable* (**SYN.** honorable, respectable). *C'était une tentative estimable d'apaiser le conflit* (**SYN.** louable, méritoire). **2.** Qui a de la valeur sans être exceptionnel : *Cette innovation est estimable, mais elle ne révolutionnera pas l'informatique* (**SYN.** appréciable). **3.** Qu'on peut évaluer : *Les dégâts sont difficilement estimables* (**SYN.** chiffrable ; **CONTR.** inestimable).

estimatif, ive adj. Qui constitue une estimation : *Un bilan estimatif des recettes* (**SYN.** évaluatif).

estimation n.f. Détermination exacte ou approximative de la valeur de qqch : *Cette enchère dépasse toutes les estimations* (**SYN.** évaluation, prévision).

estime n.f. Bonne opinion que l'on a de qqn ou qqch : *Je tiens cette femme en grande estime* (**SYN.** considération, respect ; **CONTR.** mépris, mésestime [litt.]). *Ce geste le fait monter dans mon estime* (= j'ai une meilleure opinion de lui). *Cette œuvre est digne d'estime.* ▸ ***À l'estime,*** selon une approximation sommaire : *Donnez-moi un montant à l'estime* (= approximativement, au juger). ***Succès d'estime,*** demi-succès d'une œuvre, accueillie favorablement par la critique mais boudée par le grand public.

estimé, e adj. **1.** Qui a fait l'objet d'une estimation : *Le montant estimé des travaux* (**SYN.** approximatif, évaluatif). **2.** Qui jouit de l'estime générale : *Une comédienne estimée. Un film estimé de tous.*

estimer v.t. (lat. *aestimare,* juger) [conj. 3]. **1.** Déterminer la valeur d'un bien, le prix d'un objet : *Le notaire estime la maison à deux cent mille euros* (**SYN.** coter, évaluer, expertiser). **2.** Calculer approximativement : *Nous estimons la durée du trajet à trois heures* (**SYN.** évaluer). **3.** Avoir une bonne opinion de qqn, de ses actes : *J'estime beaucoup mes collaboratrices* (**SYN.** apprécier, respecter ; **CONTR.** mépriser, mésestimer [sout.]). **4.** Avoir pour opinion : *Elle estime que le problème est résolu* ou *elle estime le problème résolu* (**SYN.** considérer, juger, penser). *Ils estiment avoir fait l'impossible* (**SYN.** croire). ◆ **s'estimer** v.pr. Se considérer comme : *Elle s'est estimée capable de le faire* (**SYN.** se croire). *Estimez-vous heureuse* (= contentez-vous de cela).

estivage n.m. Migration des troupeaux dans les pâturages de montagne pendant l'été (par opp. à hivernage).

estival, e, aux adj. (bas lat. *aestivalis,* d'été, de *aestas, aestatis,* été). Qui relève de l'été ; qui a lieu en été : *Il fait un temps estival. Les pêches sont des fruits estivaux.*

estivant, e n. Personne qui passe ses vacances d'été dans un lieu : *Les estivants envahissent les plages* (**SYN.** touriste, vacancier).

estivation n.f. En biologie, engourdissement de certains animaux pendant les périodes chaudes et sèches de l'été (par opp. à hibernation).

estive n.f. Pâturage d'été, en montagne.

estiver v.t. (du prov. *estivar,* passer l'été, du lat. *aestas, aestatis,* été). Mettre les animaux d'élevage dans les pâturages de montagne en été (par opp. à hiverner). ◆ v.i. En parlant des animaux d'élevage, passer l'été dans les pâturages de montagne.

estoc [ɛstɔk] n.m. (de l'anc. fr. *estochier,* frapper). Épée dont la pointe sert à porter les coups. ▸ ***Frapper d'estoc et de taille,*** frapper en se servant de la pointe et du tranchant d'une arme blanche.

estocade n.f. (it. *stoccata,* coup de bâton, de *stocco,* épée, du fr. *estoc*). **1.** Coup d'épée porté par le matador pour achever le taureau : *Donner l'estocade.* **2.** *Fig., litt.* Attaque soudaine et décisive : *En annonçant sa candidature, il donna l'estocade à son adversaire.*

estomac [ɛstɔma] n.m. (lat. *stomachus,* du gr. *stoma,* bouche). **1.** Chez l'homme et chez les animaux, partie du tube digestif renflée en poche, où les aliments sont brassés : *Avoir l'estomac barbouillé* (= avoir du mal à digérer). **2.** Partie du corps qui correspond à l'estomac : *Il lui a donné un coup dans l'estomac.* ▸ *Fam.* ***À l'estomac,*** par une audace qui en impose : *Elle y est allée à l'estomac* (= au culot [fam.]). *Fam.* ***Avoir de l'estomac,*** avoir de la hardiesse ou de l'audace. *Fam.* ***Avoir l'estomac dans les talons,*** avoir très faim. *Fam.* ***Rester sur l'estomac,*** être un motif de rancune : *Son attitude me reste sur l'estomac* (= je lui en veux).

estomaquer v.t. (du lat. *stomachari,* s'irriter) [conj. 3]. *Fam.* Surprendre vivement : *Elle m'a estomaqué en osant intervenir* (**SYN.** ébahir, méduser, stupéfier).

estompage n.m. Action d'estomper ; fait de s'estomper.

estompe n.f. (néerl. *stomp,* bout [de chandelle]). Petit rouleau de peau ou de papier terminé en pointe servant à étaler le crayon, le fusain, le pastel sur un dessin.

estompement n.m. *Litt.* Fait de s'estomper : *L'estompement des souvenirs d'enfance* (**SYN.** effacement).

estomper v.t. [conj. 3]. **1.** Adoucir ou ombrer un dessin avec une estompe. **2.** Couvrir qqch d'une ombre qui le rend moins net ; atténuer la rudesse, l'intensité de qqch : *La pénombre estompait leurs silhouettes* (**SYN.** voiler). *Une médiation a permis d'estomper les différends* (**SYN.** adoucir ; **CONTR.** aviver). ◆ **s'estomper** v.pr. Devenir moins marqué, moins fort : *Les taches se sont estompées* (**SYN.** s'effacer). *Les événements commencent à s'estomper dans sa mémoire* (= deviennent flous).

estonien, enne adj. et n. Qui relève de l'Estonie, de ses habitants. ◆ **estonien** n.m. Langue parlée par les Estoniens (**SYN.** este).

estouffade ou **étouffade** n.f. (it. *stufata,* étuvée). Plat de viande ou de gibier préparé à l'étouffée.

estourbir v.t. (de l'all. *sterben,* mourir) [conj. 32]. *Fam.* Assommer ; tuer en portant un coup.

estrade n.f. (esp. *estrado,* du lat. *stratum,* plate-forme). Plancher surélevé sur lequel on peut placer des sièges, des tables, etc. : *L'orateur est monté sur l'estrade* (**SYN.** tribune). *L'orchestre s'installe sur l'estrade.*

estragon n.m. (de l'ar.). Plante potagère aromatique utilisée comme condiment.

estran n.m. (du néerl. *strand,* rivage). En géographie, portion du littoral que la mer découvre à marée basse.

estrapade n.f. (it. *strappata,* de *strappare,* arracher). En histoire, supplice qui consistait à laisser plusieurs fois tomber du haut d'un mât un condamné qu'une corde retenait à quelque distance du sol ; mât, potence servant à ce supplice.

estrogène adj. et n.m. → **œstrogène.**

estropié, e adj. et n. Qui est privé de l'usage d'un ou de plusieurs membres : *Des enfants estropiés par des mines antipersonnel* (**SYN.** éclopé, infirme).

estropier v.t. (it. *stroppiare,* du lat. *turpis,* laid, difforme) [conj. 9]. **1.** Priver de l'usage d'un ou de plusieurs membres : *Le camion fou a estropié trois personnes.* **2.** Déformer la prononciation ou l'orthographe de : *Il estropie les mots anglais* (**SYN.** écorcher). ◆ **s'estropier** v.pr. Perdre l'usage d'un de ses membres : *Il s'est estropié avec la tronçonneuse.*

estuaire n.m. (lat. *aestuarium,* de *aestus,* marée). Embouchure d'un fleuve soumise à la marée : *L'estuaire de la Loire.*

estuarien, enne adj. Qui relève d'un estuaire.

estudiantin, e adj. Qui est relatif aux étudiants : *Les manifestations estudiantines contre la réforme* (**SYN.** étudiant).

esturgeon n.m. (frq. *sturjo*). Grand poisson qui vit dans les estuaires avant d'achever sa croissance en mer et dont les œufs servent à préparer le caviar.

et [e] conj. coord. (mot lat.). **1.** Exprime l'adjonction, la succession, l'opposition, la conséquence, l'insistance :

Achète du pain et du beurre (**SYN.** aussi, plus). *Je finis et je sors* (**SYN.** ensuite, puis). *Elle travaille beaucoup et elle n'est pas bien payée* (**SYN.** mais, pourtant). *Il a beaucoup couru et il est fatigué. Il nous a félicités, et en public.* **2.** Indique, en tête d'énoncé, un renforcement emphatique ou marque un enchaînement : *Et moi, je vous dis que ce n'est pas possible. Et soudain, quelqu'un entra.* ▸ ***« Et commercial »,*** esperluette. ***Et/ou,*** indique que les deux termes coordonnés le sont soit par *et*, soit par *ou* : *Ce fontainier travaille pour des municipalités et/ou des particuliers.*

êta [ɛta] n.m. inv. Septième lettre de l'alphabet grec (Η, η).

étable n.f. (lat. *stabulum*, lieu où l'on séjourne, de *stare*, se tenir debout). Bâtiment destiné au logement du bétail.

① **établi, e** adj. **1.** Qui est solide et durable : *L'origine de ce mot est bien établie* (**SYN.** certain, indubitable, sûr). *Sa réputation de grincheux est désormais établie* (**SYN.** assis, stable). **2.** Qui est admis, ancré, respecté comme tel : *Les usages établis* (**SYN.** fixé). **3.** Qui est instauré de manière durable : *Pouvoir établi* (= en place). *L'ordre établi* (= en vigueur).

② **établi** n.m. Table de travail des menuisiers, des ajusteurs, des tailleurs.

établir v.t. (lat. *stabilire*, de *stabilis*, stable, de *stare*, se tenir debout) [conj. 32]. **1.** Fixer dans un lieu, une position : *Les policiers ont établi un barrage à la sortie de la ville* (**SYN.** installer, placer). **2.** Mettre en application, en vigueur : *Elles établissent des contacts avec de nouveaux internautes* (**SYN.** créer, nouer). *Ce traité a établi la paix entre les deux pays* (**SYN.** fonder, instaurer, instituer). **3.** Rédiger selon certaines règles ou à partir de certaines données : *Le parti a établi la liste des candidats* (**SYN.** dresser). *Établir un emploi du temps* (**SYN.** fixer). **4.** Pourvoir d'une situation sociale, d'un emploi : *Elle a établi sa nièce dans un cabinet médical* (**SYN.** installer, placer). **5.** Démontrer la réalité de : *Ce témoignage a établi la culpabilité du prévenu* (**SYN.** confirmer, montrer, prouver). ◆ **s'établir** v.pr. Fixer sa demeure, son commerce, son activité : *Elle s'est établie en Belgique* (**SYN.** s'implanter, s'installer).

établissement n.m. **1.** Action d'établir ; fait de s'établir : *L'établissement d'une digue dans l'estuaire* (**SYN.** construction, érection, fondation ; **CONTR.** démolition, destruction). *Décider l'établissement d'un campement de nomades* (**SYN.** implantation, installation ; **CONTR.** départ, expulsion). *L'établissement d'un devis* (**SYN.** constitution, rédaction). **2.** Lieu où se donne un enseignement : *Chef d'établissement* (= directeur d'école, proviseur ; **SYN.** collège, école, lycée). **3.** Entreprise commerciale ou industrielle : *Un établissement de soins* (= clinique, hôpital ; **SYN.** maison). ▸ ***Établissement public,*** institution chargée d'administrer un service public.

étage n.m. (du lat. *stare*, se tenir debout). **1.** Chacun des intervalles compris entre deux planchers d'un bâtiment : *Nous habitons à l'étage inférieur* (= au-dessous). *Un immeuble de quatre étages* (**SYN.** niveau). **2.** Chacune des divisions d'une chose formée de parties superposées ou hiérarchisées : *Posez ce CD sur l'étage du dessus* (**SYN.** rayon). **3.** En géologie, ensemble de terrains de même âge, formant la subdivision d'une période. **4.** Partie séparée et autonome d'un véhicule spatial. ▸ *Péjor.* ***De bas étage,*** de qualité médiocre : *Plaisanterie de bas étage* (= de mauvais goût) ; de rang inférieur : *Un romancier de bas étage* (= sans talent).

étagement n.m. Action d'étager ; disposition en étages : *L'étagement des cultures sur le coteau.*

étager v.t. [conj. 17]. Disposer par étages ; mettre à des niveaux différents : *Étager les bassins d'une fontaine* (**SYN.** superposer). *L'État étage l'augmentation des traitements sur deux ans* (**SYN.** échelonner). ◆ **s'étager** v.pr. Être disposé en rangs superposés : *Les fruits s'étagent sur les étals.*

étagère n.f. **1.** Tablette horizontale fixée à des montants ou sur un mur : *Les étagères d'une bibliothèque* (**SYN.** rayon). **2.** Meuble formé de tablettes superposées : *Nous avons déplacé l'étagère dans le coin de la pièce* (**SYN.** rayonnage).

étagiste n.m. Entreprise chargée de l'intégration d'un étage de véhicule spatial.

étai n.m. (frq. *staka*, soutien). Pièce de charpente servant à soutenir provisoirement une partie d'une construction (**SYN.** étançon).

étaiement [etɛmɑ̃] ou **étayement** [etɛjmɑ̃] ou **étayage** [etɛjaʒ] n.m. Action, manière d'étayer ; fait d'être étayé.

étain n.m. (lat. *stagnum*, de *stannum*, plomb argentifère). **1.** Métal blanc, brillant, très malléable. **2.** Objet en étain : *Ces étains anciens sont estampillés.*

étal n.m. (frq *stal*)[pl. *étals* ou *étaux*]. **1.** Table sur laquelle sont exposées les denrées, sur un marché : *Des étals réfrigérés.* **2.** Table sur laquelle les bouchers découpent la viande.

étalage n.m. **1.** Exposition de marchandises proposées à la vente : *Tout étalage de denrées est interdit dans le métro.* **2.** Emplacement où sont exposées les marchandises ; ensemble de ces marchandises : *Avez-vous en stock d'autres modèles que ceux qui se trouvent à l'étalage ?* (**SYN.** devanture, éventaire, vitrine). *Un bel étalage de jouets.* **3.** Action d'exposer avec ostentation : *Faire étalage de son érudition* (= l'étaler ; **SYN.** exhibition, parade).

étalager v.t. [conj. 17]. Dans le commerce, disposer des marchandises à l'étalage.

étalagiste n. Décorateur spécialisé dans la présentation des étalages, des vitrines.

étale adj. **1.** Se dit de la mer, d'un cours d'eau dont le niveau demeure stationnaire entre la marée montante et la marée descendante. **2.** *Fig.* Qui ne varie pas : *Les cours de la Bourse sont étales depuis un mois* (**SYN.** stable, stationnaire).

étalement n.m. **1.** Action d'étaler sur une surface : *L'étalement d'une carte routière sur la table* (**SYN.** déploiement). **2.** Action de répartir dans le temps : *L'étalement des vacances* (**SYN.** décalage, échelonnement).

étaler v.t. (de *étal*) [conj. 3]. **1.** Disposer des objets les uns à côté des autres sur une surface : *Nous avons étalé les pièces du dossier sur le bureau* (**SYN.** disséminer ; **CONTR.** ramasser, regrouper, superposer). *Le marchand étale ses marchandises* (**SYN.** déballer, exposer ; **CONTR.** remballer). **2.** Disposer à plat une chose pliée, roulée : *Étale le journal sur la table, on verra mieux* (**SYN.** déplier, déployer, étendre ; **CONTR.** replier). *Étaler son jeu* ou *ses cartes* (= les poser pour les montrer aux autres joueurs). **3.** Appliquer une couche de matière sur qqch : *Étaler de la confiture sur du pain* (**SYN.** tartiner). *Étaler du jaune d'œuf sur une pâte* (**SYN.** napper de). **4.** Répartir qqch, une action sur une période plus longue qu'il n'était prévu : *Étaler ses rendez-vous* (**SYN.** échelonner, espacer). **5.** Montrer avec ostentation ; faire étalage de : *Étaler ses richesses* (**SYN.** afficher, arborer, exhiber ; **CONTR.** cacher). ◆ **s'étaler** v.pr. **1.** Se répandre, s'appliquer sur une surface : *Ce beurre s'étale mal.* **2.** S'allonger avec nonchalance : *Elle s'est étalée sur le canapé* (**SYN.** s'étendre). **3.** Tomber : *Ils se sont étalés au bas des marches.*

① **étalon** n.m. (frq. *stal,* écurie). Cheval non castré destiné à la reproduction (**CONTR.** hongre).

② **étalon** n.m. (frq. *stalo,* modèle, échantillon). Objet ou instrument qui matérialise une unité de mesure et sert de référence, de modèle légal : *L'étalon de masse est un modèle de kilogramme en platine. Mètre étalon.* ▸ ***Étalon monétaire,*** en économie, valeur ou métal retenu par un ou plusieurs pays comme référence de leur système monétaire : *Étalon-or.*

étalonnage ou **étalonnement** n.m. Action d'étalonner un instrument.

étalonner v.t. [conj. 3]. **1.** Vérifier une mesure en la comparant à un étalon ; en garantir la conformité. **2.** Graduer un instrument de mesure à l'aide d'un étalon.

étamage n.m. Action d'étamer les métaux ou les glaces.

étambot n.m. (anc. scand. *stafnbord,* planche de l'étrave). Pièce de bois ou de métal reliée à la partie arrière d'un navire et destinée à supporter le gouvernail (par opp. à étrave).

étamer v.t. (de *étain*) [conj. 3]. **1.** Recouvrir une pièce métallique d'une couche d'étain. **2.** Recouvrir un miroir, une glace de tain.

étameur n.m. Ouvrier ou industriel spécialisé dans l'étamage.

① **étamine** n.f. (du lat. *stamen,* fil). **1.** Étoffe fine et très légère. **2.** Carré de toile ou de laine servant à filtrer ou tamiser une préparation.

② **étamine** n.f. (lat. *stamina,* filaments). Organe mâle des plantes à fleurs, qui renferme le pollen.

étanche adj. **1.** Qui ne laisse pas pénétrer ou s'écouler les fluides : *Une montre étanche* (**SYN.** hermétique). *Des sacs à dos étanches* (**SYN.** imperméable ; **CONTR.** perméable). **2.** Qui maintient une séparation absolue : *Une cloison étanche entre les différentes ethnies* (**SYN.** infranchissable).

étanchéité [etɑ̃ʃeite] n.f. (de *étanche*). Caractère de ce qui est étanche : *L'étanchéité à la lumière d'une chambre noire.*

étanchement n.m. *Litt.* Action d'étancher la soif de qqn.

étancher v.t. (du lat. *stare,* se tenir debout, être arrêté) [conj. 3]. Arrêter l'écoulement de : *L'infirmière étanchait le sang de l'opéré* (**SYN.** éponger). *Étancher ses larmes* (**SYN.** sécher). ▸ ***Étancher sa soif,*** la faire cesser en buvant ; se désaltérer.

étançon n.m. (de l'anc. fr. *estance,* action de se tenir debout, du lat. *stare,* se tenir debout). Grosse pièce de bois utilisée comme étai dans le bâtiment ou dans les mines.

étançonnement n.m. Action d'étançonner.

étançonner v.t. [conj. 3]. Soutenir le mur ou le plancher d'un bâtiment, une galerie de mine, par des étançons ; étayer.

étang n.m. (de l'anc. fr. *estanchier,* étancher, du lat. *stare,* se tenir debout). Étendue d'eau stagnante, moins grande et moins profonde qu'un lac.

étant donné loc. prép. À cause de : *Étant donné les circonstances, nous vous demandons un peu de patience* (= en raison des circonstances ; **SYN.** vu). ◆ **étant donné que** loc. conj. Attendu que : *Étant donné que l'affluence sera maximale ce jour-là, nous partirons le lendemain* (**SYN.** comme, puisque).

étape n.f. (moyen néerl. *stapel,* entrepôt). **1.** Lieu où l'on s'arrête au cours d'un voyage ou d'une course, sur un parcours : *Nous ferons étape dans cette ville pour la visiter* (**SYN.** halte). **2.** Distance d'un lieu d'arrêt à un autre ; épreuve sportive consistant à franchir cette distance : *Les randonneurs ont prévu des étapes de cinquante kilomètres* (**SYN.** trajet). *Elle a remporté la première étape du rallye automobile.* **3.** *Fig.* Phase d'une évolution : *Procéder par étapes* (= progressivement ; **SYN.** palier). *La première étape des négociations s'est bien déroulée* (**SYN.** partie, période, stade).

① **état** n.m. (lat. *status,* de *stare,* se tenir debout, être établi, fixé). **1.** Aspect sous lequel se présente une chose : *Le lecteur de CD est en parfait état. Les choses resteront en l'état* (= sans changement). *Cet état de choses doit évoluer* (= cette situation). **2.** Nature sous laquelle se présente un corps : *L'eau à l'état liquide se transforme en glace à l'état solide, en vapeur à l'état gazeux.* **3.** Manière d'être physique, psychique ou morale d'une personne : *L'une des victimes est dans un état grave. L'état de la malade s'est amélioré* (**SYN.** condition). **4.** Dans le langage juridique, ensemble des caractéristiques qui distinguent un individu dans sa vie familiale, sociale : *Son état de célibataire ne lui donne pas droit à cette réduction. Être en état de légitime défense.* **5.** *Litt.* Situation sociale ou professionnelle : *Elle est astronaute de son état* (**SYN.** métier). **6.** Situation dans laquelle se trouve une collectivité : *Le maire a déclaré la commune en état de catastrophe naturelle.* **7.** Liste énumérative qui constate la situation de choses, de personnes à un moment donné : *Le comptable établit un état des dépenses* (**SYN.** bordereau, inventaire). *Dresser l'état du personnel d'une entreprise* (**SYN.** fichier, relevé, rôle). *Les états de service d'un fonctionnaire* (= la carrière). **8.** En France, au Moyen Âge et sous l'Ancien Régime, chacune des trois catégories sociales : *Le clergé, la noblesse et le tiers état étaient les trois états qui composaient la société française* (**SYN.** classe). ▸ ***État civil,*** situation d'une personne en ce qui concerne sa naissance, sa filiation, sa nationalité, son domicile, etc. ; service chargé de recueillir des renseignements : *Consulter le registre de l'état civil.* ***État de siège,*** restriction des libertés individuelles en temps de guerre ou pendant une insurrection. ***État des lieux,*** description par écrit d'un logement et de son contenu avant ou après location ; fig., description d'une situation à un moment donné. ***État d'esprit,*** disposition d'esprit : *L'équipe travaille dans un bon état d'esprit* (= mentalité). *Fam.* ***Être dans tous ses états,*** être très énervé, profondément troublé. ***Être en état de, hors d'état de,*** être capable, incapable de faire qqch : *Il n'est* *pas en état de se déplacer* (= en mesure de). *Ils sont hors d'état de nuire* (= ils ne peuvent plus nuire). ***Faire état de,*** mentionner : *Elle n'a pas fait état de son expérience en informatique* ; tenir compte de, se fonder sur qqch : *L'avocat a fait état de cette déposition.* ***Les états généraux,*** avant la Révolution, l'assemblée des trois catégories du corps social ; fig., nom donné à certaines assemblées qui se réunissent pour débattre d'un sujet en profondeur : *Les états généraux de la mondialisation.* ***Remettre qqch en état,*** le réparer. ***Verbe d'état,*** verbe exprimant que le sujet est dans un état donné (par opp. à verbe d'action) : *Les verbes « être », « devenir », « sembler » sont des verbes d'état.*

② **État** n.m. (de *1. état*). (Avec une majuscule). **1.** Organisation politique qui régit la vie d'une population fixée sur un territoire délimité par des frontières : *Les rapports entre l'individu et l'État. Une réunion de chefs d'État* (= de présidents de la République, de Premiers ministres, de chanceliers ; **SYN.** nation, puissance). *Religion d'État* (= religion officielle). *Secret d'État. Les États européens* (**SYN.** pays). **2.** Ensemble des pouvoirs publics, des organismes qui dirigent un pays : *L'État indemnisera les victimes de cette catastrophe* (**SYN.** administration, gouvernement). **3.** Communauté établie sur un territoire défini et formant une unité politique ; division territoriale dans certains pays : *Un État fédéral se compose d'États fédérés. L'État du Texas, aux États-Unis.* ▸ ***Affaire d'État,*** qui concerne l'intérêt public ; fig., affaire importante. ***Coup d'État,*** tentative de s'emparer du pouvoir par des moyens illégaux : *Le coup d'État a échoué. Un coup d'État militaire* (= un putsch). ***Homme, femme d'État,*** homme, femme politique qui dirige ou a dirigé un État. ***Raison d'État,*** considération de l'intérêt public au nom duquel est justifiée une action.

étatique adj. Qui relève de l'État.

étatisation n.f. Action d'étatiser (**SYN.** nationalisation).

étatiser v.t. [conj. 3]. Transférer à l'État des propriétés, des actions privées ; faire gérer par l'État (**SYN.** collectiviser, nationaliser).

étatisme n.m. Doctrine préconisant l'intervention de l'État dans les domaines économique et social ; système qui applique cette doctrine (**SYN.** dirigisme ; **CONTR.** libéralisme).

étatiste adj. et n. Qui relève de l'étatisme ; qui en est partisan.

état-major n.m. (pl. *états-majors*). **1.** Groupe d'officiers chargé d'assister un chef militaire dans l'exercice de son commandement. **2.** Ensemble des collaborateurs les plus proches d'un chef, des personnes les plus importantes d'un groupe : *L'état-major de la société décide des mesures à prendre* (**SYN.** direction).

états-unien, enne [etazynjɛ̃, ɛn] adj. et n. (pl. *états-uniens, états-uniennes*). Qui est relatif aux États-Unis, à ses habitants.

étau n.m. (anc. fr. *estoc*) [pl. *étaux*]. **1.** Appareil formé de deux mâchoires que l'on peut resserrer pour maintenir en place la pièce que l'on veut travailler. **2.** *Fig.* Ce qui empêche de s'échapper ou enferme : *L'étau se resserre autour des fuyards* (**SYN.** piège).

étayage, étayement n.m. → **étaiement.**

étayer [eteje] v.t. [conj. 11]. **1.** Soutenir un mur, un plafond, une galerie par des étais (**SYN.** consolider, étançonner). **2.** *Fig.* Soutenir par des arguments, des preuves ; être à la base de : *Elle étaie son raisonnement de faits avérés* (**SYN.** appuyer). *Ces témoignages étaient l'accusation* (**SYN.** consolider, renforcer).

et cetera ou **et cætera** [ɛtsetera] loc. adv. (loc. lat. signif. « et les autres choses »). Et le reste (abrév. etc.) : *Une unité centrale, un écran, un clavier, et cetera* (= et tout ce qui s'ensuit).

été n.m. (lat. *aestas, aestatis*). Saison qui succède au printemps et qui, dans l'hémisphère Nord, commence le 21 ou le 22 juin et finit le 22 ou le 23 septembre ; période la plus chaude de l'année : *Les vacances d'été* (= estivales). ▸ ***Été de la Saint-Martin,*** derniers beaux jours, vers le 11 novembre. ***Été indien,*** période de beaux jours tardifs, au début de l'automne (au Québec, on dit aussi *été des Indiens*).

éteignoir n.m. **1.** Petit cône métallique dont on coiffe les bougies ou les chandelles pour les éteindre. **2.** *Fig., fam.* Personne triste et austère qui empêche les autres de s'amuser (**SYN.** rabat-joie).

éteindre v.t. (lat. *extinguere*) [conj. 81]. **1.** Faire cesser la combustion de qqch, un feu : *Éteindre les braises* (**SYN.** étouffer). *Éteindre un incendie.* **2.** Faire cesser le fonctionnement d'un dispositif d'éclairage ; rendre un lieu obscur en coupant les lumières : *Éteindre la lumière. Éteignez le bureau.* **3.** Interrompre le fonctionnement d'un appareil : *Éteindre un ordinateur* (**CONTR.** allumer). *Éteindre un moteur* (**SYN.** couper). **4.** *Litt.* Faire cesser, atténuer ou effacer une sensation, un sentiment, un état : *Éteindre la soif de qqn* (**SYN.** assouvir, étancher). *Rien ne pourra éteindre le souvenir de ces moments* (**SYN.** effacer, estomper ; **CONTR.** raviver). ◆ **s'éteindre** v.pr. **1.** Cesser de brûler : *Le feu s'est éteint.* **2.** Cesser d'éclairer : *La minuterie s'est éteinte.* **3.** *Fig.* Mourir doucement : *Elle s'est éteinte dans son lit* (**SYN.** expirer [litt.]). **4.** Cesser d'exister : *Une espèce animale qui s'éteint* (**SYN.** disparaître).

éteint, e adj. **1.** Qui a cessé de brûler ou d'éclairer : *Des cigarettes éteintes. Rouler tous feux éteints.* **2.** Qui a perdu son éclat, sa vivacité : *Une couleur éteinte* (**SYN.** délavé, fané, passé ; **CONTR.** vif). *Des yeux éteints* (**SYN.** inexpressif, terne).

étendage n.m. **1.** Action d'étendre du linge. **2.** En Suisse, endroit où l'on étend du linge.

étendard n.m. (du frq. *standhard,* inébranlable). **1.** Drapeau de guerre (**SYN.** bannière). **2.** *Fig.* Symbole d'une cause pour laquelle on combat ; signe de ralliement : *Ils brandissent l'étendard de la solidarité.*

étendoir n.m. Dispositif pour étendre du linge ; corde à linge (**SYN.** séchoir).

étendre v.t. (lat. *extendere*) [conj. 73]. **1.** Déployer en long et en large : *Étendre des serviettes pour les faire sécher.* **2.** Donner toute son étendue à une partie du corps : *Étendre les jambes pour se délasser* (**SYN.** allonger, étirer ; **CONTR.** replier). **3.** Coucher qqn tout du long : *Étendre un enfant sur une banquette* (**SYN.** allonger). **4.** Faire tomber qqn en lui assénant un coup : *Le boxeur a étendu son adversaire d'un direct* (**SYN.** terrasser). **5.** Appliquer une couche de matière de façon qu'elle couvre une surface : *Elle étend du beurre sur sa tartine* (**SYN.** étaler). *Étendre de la peinture sur un mur.* **6.** Rendre moins concentré : *Étendre une sauce* *avec du bouillon* (**SYN.** allonger, délayer, diluer ; **CONTR.** réduire). **7.** Augmenter l'étendue de : *Étendre une zone industrielle* (**SYN.** agrandir, développer). *Étendre les compétences d'un juge* (**SYN.** accroître ; **CONTR.** limiter). **8.** *Fam.* Refuser qqn à un examen (**SYN.** recaler). ◆ **s'étendre** v.pr. **1.** S'allonger : *Elle s'est étendue sur le sol* (**SYN.** se coucher). **2.** Avoir une certaine étendue dans l'espace ou le temps : *La ville s'est étendue* (**SYN.** s'agrandir). *Le Moyen Âge s'étend de la fin de l'Antiquité au début de l'époque moderne.* **3.** *Fig.* Augmenter en importance, en ampleur : *La grève s'est étendue à tous les secteurs d'activité* (**SYN.** gagner, se propager). ▸ ***S'étendre sur un sujet,*** le développer longuement.

étendu, e adj. **1.** Qui est de grande dimension : *Une ville très étendue* (**SYN.** vaste ; **CONTR.** petit). **2.** Qui s'applique à un vaste domaine : *Elle a une culture très étendue* (**SYN.** divers, large ; **CONTR.** restreint). **3.** Qui est déplié : *Les ailes étendues, l'aigle plane.* **4.** Qui est additionné de liquide : *Du vin étendu d'eau.*

étendue n.f. **1.** Espace occupé par qqch : *Accroître l'étendue d'un parc* (**SYN.** dimension, superficie, surface). *Une étendue d'eau* (= un étang, un lac, une mare). **2.** Portée dans l'espace ou dans le temps : *L'étendue d'une mode* (**SYN.** durée, période). **3.** Importance, ampleur de qqch : *L'étendue de ses connaissances* (**SYN.** envergure, extension).

éternel, elle adj. (lat. *aeternalis*, de *aevum*, temps, durée). **1.** Qui n'a ni commencement ni fin : *Croire en la vie éternelle.* **2.** Qui dure très longtemps et ne semble pouvoir avoir une fin : *Des regrets éternels* (**SYN.** indestructible, infini ; **CONTR.** éphémère, momentané, temporaire). **3.** Qui semble ne jamais devoir s'arrêter : *Nous avons eu droit aux éternelles réclamations* (**SYN.** continuel, perpétuel, sempiternel ; **CONTR.** momentané, passager). **4.** (Avant le n.). Qui est toujours associé à qqn, à qqch : *Son éternelle casquette sur la tête* (**SYN.** habituel, inévitable, inséparable ; **CONTR.** inaccoutumé). ▸ ***La Ville éternelle,*** Rome. ◆ **éternel** n.m. ▸ ***L'Éternel,*** Dieu.

éternellement adv. **1.** Pour toujours : *Je vous en serai éternellement reconnaissante* (**SYN.** indéfiniment ; **CONTR.** momentanément). **2.** De façon permanente et inévitable : *Il est éternellement en retard* (**SYN.** toujours ; **CONTR.** jamais).

éterniser v.t. [conj. 3]. Faire durer trop longtemps : *Ces incidents éternisent la réunion* (**SYN.** prolonger ; **CONTR.** abréger, raccourcir). ◆ **s'éterniser** v.pr. **1.** Durer très longtemps, trop longtemps : *L'émission s'est éternisée.* **2.** *Fam.* Rester trop longtemps quelque part : *Nous vous attendons, ne vous éternisez pas chez lui* (**SYN.** s'attarder).

éternité n.f. (lat. *aeternitas*). **1.** Durée sans commencement ni fin. **2.** Dans certaines religions, vie après la mort (**SYN.** immortalité). **3.** Temps très long : *Cela fait une éternité que nous ne nous sommes vus.* ▸ ***De toute éternité,*** depuis toujours.

éternuement n.m. Brusque expulsion d'air par le nez et la bouche.

éternuer v.i. (lat. *sternutare*) [conj. 7]. Produire un éternuement.

étésien adj. m. (du gr. *etêsioi* [*anemoi*], [vents] annuels). Se dit de vents qui soufflent du nord, en Méditerranée orientale, pendant l'été.

étêtage ou **étêtement** n.m. Opération par laquelle on étête un arbre.

étêter v.t. [conj. 4]. **1.** Couper la cime d'un arbre (**SYN.** écimer). **2.** Enlever la tête de : *Étêter un saumon.*

éteule n.f. (du lat. *stipare*, entasser). Chaume qui reste sur place après la moisson (**SYN.** paille).

éthane n.m. (de *éther*). En chimie, gaz, constituant du gaz naturel, qui est combustible.

éthanol n.m. En chimie, alcool dérivé de l'éthane, aussi appelé *alcool éthylique.*

éther [etɛr] n.m. (gr. *aithêr*). **1.** Liquide très volatil et inflammable, employé comme solvant, antiseptique et anesthésique. **2.** Fluide subtil qui, selon les Anciens, emplissait les espaces situés au-delà de l'atmosphère. **3.** *Poét.* Ciel ; air, atmosphère.

éthéré, e adj. **1.** Qui a la nature ou l'odeur de l'éther. **2.** *Poét.* Qui est au-dessus des sentiments communs, très pur : *Un amour éthéré* (**SYN.** sublime ; **CONTR.** prosaïque).

éthéromane n. et adj. Toxicomane qui utilise l'éther.

éthéromanie n.f. Toxicomanie à l'éther.

éthiopien, enne adj. et n. Relatif à l'Éthiopie, à ses habitants. ▸ ***Langues éthiopiennes,*** groupe de langues parlées en Éthiopie (on dit aussi *l'éthiopien*). ◆ **éthiopien** n.m. Les langues éthiopiennes.

éthique adj. (gr. *êthikos*, moral, de *êthos*, manière d'être). Qui concerne les principes de la morale : *Des considérations éthiques* (**SYN.** moral). ☞ **REM.** Ne pas confondre avec *étique.* ◆ n.f. **1.** Partie de la philosophie qui étudie les fondements de la morale. **2.** Ensemble de règles de conduite : *Elle se conforme à son éthique en finançant cette O.N.G.* (**SYN.** morale).

ethnie [ɛtni] n.f. (du gr. *ethnos*, peuple). Groupement humain fondé sur une communauté de langue et de culture.

ethnique [ɛtnik] adj. **1.** Relatif à une ethnie, à des ethnies : *La diversité ethnique d'un pays.* **2.** Qui relève d'une culture autre que la culture occidentale : *Musique, cuisine ethnique* (**SYN.** exotique). ▸ ***Nom, adjectif ethnique,*** dérivés d'un nom de pays, de région ou de ville : *Pour Genève, « genevois » est l'adjectif ethnique et « Genevois » le nom ethnique* (= ethnonyme, gentilé). ***Purification*** ou ***épuration ethnique,*** expulsion ou extermination d'un groupe humain par un autre groupe qui veut s'approprier son territoire : *La purification ethnique est un crime contre l'humanité.*

ethniquement adv. Sur le plan ethnique.

ethnobiologie n.f. Étude des rapports existant entre les diverses populations humaines et leur environnement animal et végétal.

ethnocentrique adj. Qui est caractérisé par l'ethnocentrisme.

ethnocentrisme n.m. Tendance à valoriser la façon de penser de son groupe social, de son pays.

ethnocide n.m. Destruction d'un peuple, d'une société sur le plan culturel.

ethnographe n. Spécialiste d'ethnographie.

ethnographie n.f. Branche des sciences humaines qui a pour objet l'étude descriptive de la vie d'un groupe humain déterminé.

ethnographique adj. Relatif à l'ethnographie.

ethnolinguistique [ɛtnɔlɛ̃gɥistik] n.f. Étude du langage des peuples sans écriture. ◆ adj. Relatif à l'ethnolinguistique.

ethnologie n.f. Étude scientifique des sociétés du point de vue de leur langage, de leurs coutumes, de leur politique, de leur religion, de leur économie et de leur histoire.

ethnologique adj. Relatif à l'ethnologie.

ethnologue n. Spécialiste d'ethnologie.

ethnomusicologie n.f. Étude de la musique des sociétés non industrielles et de la musique populaire des sociétés industrielles.

ethnonyme n.m. Nom ou adjectif ethnique (**SYN.** gentilé).

ethnopsychiatrie n.f. Étude des désordres psychiques en tenant compte des groupes culturels auxquels appartiennent les malades.

éthologie n.f. Étude scientifique du comportement des animaux dans leur milieu.

éthologique adj. Relatif à l'éthologie.

éthologue ou **éthologiste** n. Spécialiste d'éthologie.

éthylène n.m. Hydrocarbure gazeux incolore, produit à partir du pétrole et qui a de nombreuses utilisations dans l'industrie chimique.

éthylique adj. ▸ ***Alcool éthylique,*** éthanol (**SYN.** alcool). ◆ adj. et n. Se dit d'une personne alcoolique : *Coma éthylique* (= dû à l'alcoolisme).

éthylisme n.m. Alcoolisme.

éthylotest ou **éthylomètre** n.m. Appareil permettant de mesurer l'alcoolémie à partir de l'air expiré.

étiage n.m. Niveau moyen le plus bas d'un cours d'eau, à partir duquel on mesure les crues.

étier n.m. (du lat. *aestuarium,* estuaire). Canal qui amène l'eau de mer dans les marais salants.

étincelant, e adj. **1.** Qui étincelle : *Un soleil étincelant* (**SYN.** éclatant). **2.** Qui est particulièrement brillant ou remarquable : *Une intelligence étincelante* (**SYN.** éblouissant, exceptionnel, incomparable).

étinceler v.i. [conj. 24]. **1.** Briller d'un vif éclat : *Les chromes étincellent au soleil* (**SYN.** miroiter, rutiler, scintiller). **2.** *Fig.* Révéler de la finesse d'esprit, de la subtilité : *Sa conversation étincelle de vivacité* (**SYN.** briller, éblouir).

étincelle n.f. (lat. *scintilla*). **1.** Parcelle incandescente qui se détache d'un corps enflammé ou qui jaillit du contact de deux corps : *Il y a eu un jaillissement d'étincelles quand les fils électriques se sont touchés.* **2.** *Fig.* Manifestation brillante et fugitive : *Elle a eu une étincelle de génie et a résolu le problème* (**SYN.** éclair). **3.** Simple événement qui produit d'immenses effets : *Cette arrestation a été l'étincelle qui a déclenché les émeutes.* ▸ *Fam.* ***Faire des étincelles,*** être brillant en parlant de qqn ; faire du scandale, en parlant de qqch.

étincellement n.m. Fait d'étinceler : *L'étincellement des étoiles* (**SYN.** éclat, scintillement).

étiolement n.m. **1.** État d'une plante privée de lumière. **2.** *Fig., litt.* Affaiblissement des facultés intellectuelles, de la personnalité : *L'étiolement d'une personne âgée isolée* (**SYN.** dépérissement ; **CONTR.** épanouissement).

étioler v.t. (de *éteule*) [conj. 3]. Rendre une plante grêle et décolorée par manque d'air, de lumière (**SYN.** faner). ◆ **s'étioler** v.pr. **1.** Devenir grêle et décolorée, en parlant d'une plante. **2.** Devenir malingre, chétif : *Elle s'est étiolée au fil des ans* (**SYN.** s'affaiblir, dépérir).

étiologie n.f. (du gr. *aitia,* cause, et *logos,* science). Discipline médicale qui étudie les causes des maladies.

étiologique adj. Relatif à l'étiologie.

étique adj. (lat. *hecticus,* du gr. *hektikos,* habituel). *Litt.* Qui est d'une extrême maigreur : *Un chien errant étique* (**SYN.** décharné, famélique, squelettique ; **CONTR.** gras). ☞ **REM.** Ne pas confondre avec *éthique.*

étiquetage n.m. Action d'étiqueter.

étiqueter v.t. [conj. 27]. **1.** Pourvoir d'une étiquette : *Étiqueter des caisses avec le nom du destinataire.* **2.** *Fig.* Classer qqn d'une manière plus ou moins arbitraire : *Les journalistes l'ont étiqueté comme provocateur* (**SYN.** cataloguer [péjor.]).

étiqueteur, euse n. Personne qui pose des étiquettes.

étiqueteuse n.f. Machine à étiqueter.

étiquette n.f. (de l'anc. fr. *estiquer,* attacher). **1.** Petite marque en papier ou en carton que l'on fixe à un objet pour en indiquer la nature, le prix, le contenu, etc. : *Coller, apposer une étiquette. L'étiquette d'une bouteille de vin.* **2.** Indication précisant l'appartenance à un mouvement, à une catégorie : *Candidate sans étiquette* (= qui n'est affiliée à aucun parti). **3.** Ensemble des usages à respecter dans une cour, dans une réception officielle : *Les exigences de l'étiquette* (**SYN.** cérémonial, protocole). ▸ ***Étiquette électronique,*** système électronique d'identification d'un objet permettant la lecture et la mise à jour à distance de données relatives à cet objet (elle tend à se substituer au code-barres).

étirable adj. Qui peut être étiré sans céder : *Film étirable.*

étirage n.m. Action d'étirer une matière, un matériau : *L'étirage du verre.*

étirement n.m. Action d'étirer, de s'étirer ; fait d'être étiré : *Les joueurs s'échauffent en faisant des étirements* (**SYN.** extension).

étirer v.t. [conj. 3]. Étendre par traction : *Étirer des métaux* (**SYN.** tréfiler). *Étirer ses bras* (**SYN.** déployer, étendre). ◆ **s'étirer** v.pr. Étendre ses membres : *Elle s'est étirée comme un chat* (**CONTR.** se recroqueviller).

étoc n.m. (de *estoc*). Partie de rocher émergeant à marée basse.

étoffe n.f. **1.** Article textile destiné à l'habillement, l'ameublement (**SYN.** textile, tissu). **2.** Ensemble des capacités qui constituent une personnalité : *Cette femme a l'étoffe d'une dirigeante* (**SYN.** carrure, envergure, valeur). *Il a de l'étoffe* (= de grandes capacités).

étoffé, e adj. Qui est riche de matière, d'idées : *Cette intrigue étoffée tiendra en haleine le spectateur* (**SYN.** développé, enrichi).

étoffer v.t. (anc. fr. *estofer,* rembourrer) [conj. 3]. **1.** Utiliser assez d'étoffe pour donner de l'ampleur. **2.** Enrichir de matière, de faits : *Étoffer un scénario* (**SYN.** développer ; **CONTR.** abréger, écourter, simplifier). ◆ **s'étoffer** v.pr. Acquérir de la carrure, de l'expérience.

étoile n.f. (lat. *stella*). **1.** Tout astre qui brille dans le ciel nocturne sous l'aspect d'un point. **2.** En astronomie, astre doué d'un éclat propre et que l'on peut observer soit à l'œil nu, soit avec un instrument d'optique : *Observer la naissance d'une étoile.* **3.** Astre considéré comme influençant la destinée humaine : *Il est né sous une bonne étoile* (= il a sans cesse de la chance). **4.** Ce qui, par ses branches rayonnantes, rappelle une étoile : *Dans cet ouvrage, une étoile signale un renvoi* (**SYN.** astérisque). **5.** Fêlure à fentes rayonnantes : *La vitrine est brisée en étoile.* **6.** Rond-point à plus de quatre voies. **7.** Indice de classement attribué à certains sites, hôtels, restaurants ou produits : *Elle ne descend que dans des hôtels trois étoiles.* **8.** Dans le commerce, unité de froid équivalant à – 6 °C et qui, multipliée, indique le degré maximal de réfrigération d'un conservateur ou d'un congélateur. **9.** Artiste célèbre au théâtre, au cinéma, etc. (**SYN.** star). **10.** Échelon suprême dans la hiérarchie de certains corps de ballet : *Une danseuse étoile.* ▸ ***À la belle étoile,*** en plein air, la nuit : *Nous avons couché à la belle étoile.* ***Étoile de David,*** symbole judaïque constitué par une étoile à six branches. ***Étoile de mer,*** invertébré marin en forme d'étoile (**SYN.** astérie). ***Étoile filante,*** météore. ***L'étoile Polaire,*** étoile, visible à l'œil nu, qui est la plus proche du pôle Nord et qui en indique la direction. ***Étoile géante, naine*** → **géant, nain.**

étoilé, e adj. **1.** Qui est rempli d'étoiles : *Une nuit étoilée.* **2.** Qui a la forme d'une étoile : *Une broche étoilée.* ▸ ***La bannière étoilée,*** le drapeau des États-Unis.

étoilement n.m. **1.** Action d'étoiler ; fait d'être étoilé. **2.** Fêlure en étoile.

étoiler v.t. [conj. 3]. **1.** Fêler en étoile : *Le caillou a étoilé le pare-brise.* **2.** *Litt.* Parsemer d'étoiles ou d'objets en forme d'étoiles : *Les fleurs étoilaient la pelouse* (**SYN.** consteller, émailler).

étole n.f. (lat. *stola,* robe). **1.** Large bande d'étoffe portée par l'évêque, le prêtre et le diacre. **2.** Large écharpe en fourrure.

étonnamment [etɔnamɑ̃] adv. De façon étonnante : *Sa voix est étonnamment jeune.*

étonnant, e adj. **1.** Qui frappe par son caractère inattendu, étrange : *Nous avons reçu une étonnante visite* (**SYN.** surprenant ; **CONTR.** coutumier, habituel, rituel). **2.** Qui retient l'attention ou provoque l'admiration : *Elle a une étonnante capacité de travail* (**SYN.** extraordinaire, prodigieux, remarquable ; **CONTR.** banal, normal, ordinaire).

étonnement n.m. Surprise causée par qqch d'inattendu ou d'extraordinaire.

étonner v.t. (lat. pop. *extonare,* frapper de stupeur, de *tonus,* tonnerre) [conj. 3]. Surprendre par qqch d'inattendu ou d'extraordinaire : *Cette décision a étonné l'assistance* (**SYN.** déconcerter, interloquer). *Elle étonne tout le monde par son érudition* (**SYN.** abasourdir, stupéfier). ◆ **s'étonner** v.pr. **[de].** Être surpris de ; trouver étrange : *Nous nous étonnons de ce changement. Elle s'est étonnée que vous soyez arrivé si vite.*

étouffade n.f. → **estouffade.**

étouffant, e adj. **1.** Qui rend la respiration difficile : *Il fait une chaleur étouffante* (**SYN.** irrespirable, lourd, suffocant). **2.** Qui entrave la liberté ou met mal à l'aise : *Un amour étouffant* (**SYN.** oppressant, pesant).

étouffé, e adj. **1.** Qui est mort par étouffement. **2.** Qui est rendu moins bruyant : *Des cris étouffés* (**SYN.** feutré, sourd ; **CONTR.** sonore, strident).

étouffe-chrétien n.m. inv. *Fam.* Aliment de consistance épaisse ou farineuse et difficile à avaler.

étouffée n.f. En Louisiane, sauce préparée en faisant revenir les ingrédients.

à l'**étouffée** loc. adv. et loc. adj. Se dit d'un mode de cuisson des aliments dans un récipient clos (**SYN.** à l'étuvée).

étouffement n.m. **1.** Action d'étouffer ; fait d'être étouffé : *Ils sont morts par étouffement* (**SYN.** asphyxie). **2.** Grande difficulté à respirer : *L'asthme provoque des étouffements* (**SYN.** suffocation). **3.** *Fig.* Action d'empêcher le développement de qqch : *L'étouffement d'une rébellion* (**SYN.** écrasement).

étouffer v.t. (lat. pop. *stuffare,* boucher) [conj. 3]. **1.** Faire mourir par asphyxie (**SYN.** asphyxier). **2.** Gêner en rendant la respiration difficile : *Ce col trop serré m'étouffe* (**SYN.** oppresser). **3.** Arrêter la combustion de : *Elle a étouffé les flammes avec de la terre* (**SYN.** éteindre ; **CONTR.** alimenter, attiser). **4.** *Fig.* Rendre moins sonore : *Le double vitrage étouffe les bruits de la rue* (**SYN.** amortir, assourdir). **5.** *Fig.* Empêcher le développement de : *Étouffer un scandale* (**SYN.** dissimuler, stopper ; **CONTR.** ébruiter, propager). ◆ v.i. **1.** Mourir par asphyxie. **2.** Respirer avec peine : *En plein soleil, nous étouffons dans la voiture* (**SYN.** suffoquer). **3.** Être mal à l'aise : *Elle étouffe dans ce milieu trop strict.* ◆ **s'étouffer** v.pr. Perdre la respiration : *Elle s'est étouffée en avalant de travers* (**SYN.** s'étrangler).

étouffoir n.m. *Fam.* Local dont l'atmosphère est chaude et confinée (**SYN.** étuve).

étoupe n.f. (lat. *stuppa*). Déchet produit lors du peignage du lin ou du chanvre et utilisé pour calfater ; filasse.

étouper v.t. [conj. 3]. Boucher avec de l'étoupe (**SYN.** calfater, étancher).

étourderie n.f. **1.** Caractère d'une personne étourdie : *Par étourderie, il a laissé les clés sur la porte* (**SYN.** distraction, inattention ; **CONTR.** attention, concentration, réflexion). **2.** Acte irréfléchi : *Elle a échoué à l'examen à cause d'une étourderie* (**SYN.** bévue, maladresse).

étourdi, e adj. et n. Qui agit ou parle sans réflexion ; qui manque de concentration : *Un savant étourdi* (**SYN.** distrait, inattentif, rêveur ; **CONTR.** attentif, réfléchi). ◆ adj. Qui est dû à l'étourderie, à l'inattention : *Une remarque étourdie* (**SYN.** inconsidéré, malavisé [litt.] ; **CONTR.** réfléchi).

étourdiment adv. *Litt.* D'une façon irréfléchie ; distraitement, inconsidérément, imprudemment.

étourdir v.t. (du lat. *turdus,* grive) [conj. 32]. **1.** Faire perdre à demi connaissance à : *Le choc l'a étourdi* (**SYN.** assommer). **2.** Causer une légère ivresse à : *Le champagne l'étourdit* (= lui monte à la tête ; **SYN.** griser). **3.** Fatiguer par le bruit, les paroles : *Ces disputes sans fin m'étourdissent* (**SYN.** abasourdir, abrutir). ◆ **s'étourdir** v.pr. *Litt.* S'efforcer d'oublier une réalité pesante : *Il s'étourdit dans les sorties entre amis.*

étourdissant, e adj. **1.** Qui étourdit par son bruit : *Un vacarme étourdissant* (**SYN.** assourdissant). **2.** Qui suscite l'admiration par son caractère extraordinaire : *Une interprétation étourdissante* (**SYN.** éblouissant, prodigieux, remarquable).

étourdissement n.m. Perte momentanée de la sensibilité et de l'équilibre (SYN. éblouissement, malaise, vertige).

étourneau n.m. (lat. *sturnus*). **1.** Oiseau à plumage sombre tacheté de blanc (SYN. sansonnet). **2.** *Fam.* Personne étourdie.

étrange adj. (lat. *extraneus*, extérieur). Qui sort de l'ordinaire ; inhabituel : *Une situation étrange* (SYN. bizarre, insolite, singulier ; CONTR. commun, familier, normal).

étrangement adv. De façon étrange : *Une ville étrangement calme* (SYN. bizarrement, curieusement, singulièrement ; CONTR. normalement).

① **étranger, ère** adj. et n. **1.** Se dit d'une personne qui est d'une autre nation que celle dans laquelle elle se trouve : *Une délégation étrangère* (CONTR. national). *Des étrangers en situation irrégulière.* **2.** Qui n'appartient pas à une famille, un groupe, une ville : *Les villageois ne parlent pas facilement aux étrangers* (SYN. inconnu ; CONTR. familier). **3.** En Afrique, se dit d'un hôte de passage que l'on accueille chez soi quelques jours. ◆ adj. **1.** Qui n'appartient pas à la nation où l'on vit : *Les pays étrangers. Apprendre des langues étrangères.* **2.** Qui concerne les rapports avec les autres nations : *La ministre des Affaires étrangères* (SYN. extérieur, international ; CONTR. intérieur, national). **3.** Qui n'appartient pas à un organisme, une entreprise : *Ce produit contient des corps étrangers. Accès interdit à toute personne étrangère à la société* (SYN. extérieur). **4.** Qui est sans rapport avec : *Je suis étranger à ces événements.* **5.** Qui n'est pas connu : *Une voix étrangère* (SYN. inconnu ; CONTR. familier).

② **étranger** n.m. Pays autre que celui dont on est citoyen : *Elle est en voyage à l'étranger.*

étrangeté n.f. **1.** Caractère de ce qui est étrange : *L'étrangeté de ces phénomènes* (SYN. singularité ; CONTR. banalité). **2.** *Litt.* Action ou chose étrange : *J'ai relevé des étrangetés dans son témoignage* (SYN. bizarrerie).

étranglé, e adj. Qui est resserré, trop étroit : *Un sentier étranglé entre deux rochers.* ▸ ***Voix étranglée,*** voix chavirée par l'émotion.

étranglement n.m. **1.** Action d'étrangler ; fait d'être étranglé : *Meurtre par étranglement* (SYN. strangulation). **2.** Brusque resserrement : *L'étranglement d'une voie de circulation* (SYN. rétrécissement ; CONTR. élargissement). ▸ ***Goulot*** ou ***goulet d'étranglement*** → **goulot.**

étrangler v.t. (lat. *strangulare*) [conj. 3]. **1.** Faire mourir qqn, un animal en lui serrant le cou. **2.** Gêner la respiration de qqn en lui serrant la gorge : *Sa cravate l'étrangle* (SYN. asphyxier, étouffer). **3.** Resserrer pour diminuer la largeur, l'ouverture : *Une large ceinture étrangle sa taille* (SYN. comprimer). **4.** Empêcher de se manifester, de s'exprimer : *Le dictateur étrangle la presse* (SYN. museler). ◆ **s'étrangler** v.pr. Perdre momentanément la respiration : *S'étrangler en buvant trop vite* (SYN. s'étouffer).

① **étrangleur, euse** n. Personne qui étrangle.

② **étrangleur, euse** adj. Qui serre la gorge : *Le collier étrangleur d'un chien.*

étrave n.f. (anc. scand. *stafn*, proue). Pièce massive qui forme l'avant d'un navire (par opp. à étambot).

① **être** v.i. (du lat. *esse*) [conj. 2]. **1.** (Auxil.). Suivi d'un participe passé, forme le passif des verbes transitifs, les temps composés des pronominaux, de certains intransitifs et de certains impersonnels : *Tu es écoutée par tes collègues. Ils se sont crus invincibles. Vous vous êtes succédé. Je suis descendue au garage. Il s'en est fallu de peu.* **2.** Sert à lier le sujet réel ou apparent et son attribut : *Les lettres sont rouges. Il est instructif de consulter Internet.* **3.** Sert à indiquer le lieu, le moment, l'état, la situation, etc. : *Vous étiez au cinéma* (SYN. se trouver). *Le train est à six heures* (= il part). *Nous sommes le 2 mai. Il sera à votre disposition* (SYN. demeurer, rester). *Êtes-vous pour ou contre ce projet ?* (= favorable ou défavorable à ce projet). **4.** Avoir une réalité : *« Je pense donc je suis »* [Descartes] (SYN. vivre). *Et quand bien même cela serait* (SYN. exister). **5.** (Aux temps composés). Aller, se rendre : *Nous avons été au musée* (SYN. visiter). ▸ ***En être à,*** être parvenu à un certain point, un certain résultat : *Où en étions-nous ? Il en est à tout accepter* (= en arriver à). ***Être à qqch*** ou ***être tout à qqch,*** s'y consacrer : *Elle est tout à son entreprise.* ***Être à qqn,*** appartenir à qqn : *Cet ordinateur est à moi.* ***Être de,*** venir de : *Elle est du Québec* ; faire partie de : *Être de la police.* ***Être en,*** être vêtu de : *Être en pyjama.* ***Être sans,*** manquer de : *Être sans ressources.* ***Être sur qqch,*** s'occuper de qqch : *Je suis sur le problème depuis plusieurs jours.* ***Fût-ce, ne serait-ce que,*** servent à exprimer une supposition : *J'y arriverai, fût-ce au détriment de ma santé* (= même si c'est). *Je passerai vous voir, ne serait-ce qu'une heure* (= seulement). ***N'être plus,*** avoir cessé de vivre. ***Y être,*** se trouver chez soi : *Je n'y suis pour personne* ; fig., comprendre : *Non, vous n'y êtes pas du tout.* ◆ v. impers. **1.** Indique l'heure, le moment : *Il est midi. Il était trop tard.* **2.** *Litt.* Indique l'existence : *Il était une fois...* (= il y avait).

② **être** n.m. (de *1. être*). **1.** Le fait d'être, l'existence : *L'être et le paraître.* **2.** Ce qui possède l'existence, la vie (par opp. à chose) : *Les êtres vivants* (SYN. créature). *Un être humain* (= un homme ou une femme). **3.** Individu de l'espèce humaine : *« Un seul être vous manque et tout est dépeuplé »* [Lamartine]. *Pleurer un être cher* (= une personne que l'on aime). **4.** Nature profonde de qqn : *Elle était bouleversée jusqu'au tréfonds de son être.* ▸ ***L'Être suprême,*** Dieu.

étreindre v.t. (lat. *stringere*, serrer) [conj. 81]. **1.** Serrer en entourant avec ses bras : *Le naufragé étreignait la bouée de sauvetage* (SYN. empoigner, presser). **2.** Serrer dans ses bras en témoignage d'affection : *La mère étreignit son enfant* (SYN. enlacer). **3.** *Fig.* Se manifester douloureusement, en parlant d'un sentiment, d'un souvenir : *L'angoisse m'étreint* (SYN. oppresser, tenailler).

étreinte n.f. Action d'étreindre, de serrer dans ses bras.

étrenne n.f. (lat. *strena*, cadeau servant d'heureux présage). ▸ ***Avoir l'étrenne de qqch,*** être le premier à l'utiliser ; l'utiliser pour la première fois. ◆ **étrennes** n.f. pl. Cadeau, gratification offerts à l'occasion du premier jour de l'année : *Nous avons reçu un chèque pour nos étrennes.*

étrenner v.t. [conj. 4]. Utiliser pour la première fois : *J'étrenne mon téléphone mobile.* ◆ v.i. *Fam.* Être le premier à subir qqch de fâcheux.

êtres n.m. pl. (lat. *extera*, ce qui est à l'extérieur). *Litt.* Disposition des diverses parties d'une habitation.

étrésillon n.m. (de l'anc. fr. *estesillon*, bâillon). Élément de construction placé entre deux parties qui tendraient à se rapprocher ; étai.

étrier n.m. (du frq.). **1.** Arceau en métal, suspendu à la selle, et sur lequel le cavalier appuie le pied. **2.** Un des osselets de l'oreille moyenne. ▸ ***Avoir le pied à l'étrier,*** être prêt à monter à cheval, à partir ; fig., être en bonne voie pour réussir. ***Coup de l'étrier,*** verre que l'on boit avant de partir. ***Vider les étriers,*** tomber de cheval.

étrille [etrij] n.f. (lat. *strigilis,* racloir, de *stringere,* serrer). **1.** Instrument portant de petites lames dentelées, dont on se sert pour nettoyer le poil des chevaux. **2.** Crabe comestible, commun sous les rochers.

étriller [etrije] v.t. [conj. 3]. **1.** Frotter avec l'étrille : *Le lad étrille les chevaux.* **2.** *Fig.* Battre, malmener fortement ; l'emporter largement sur : *Il s'est fait étriller par des voyous* (**SYN.** brutaliser, molester, rudoyer). *Il les a étrillés au poker* (**SYN.** écraser). **3.** *Fig., litt.* Critiquer vivement : *La presse a étrillé les mesures gouvernementales* (**SYN.** éreinter). **4.** *Fam.* Faire payer trop cher à qqn : *Les touristes se font étriller par ce garagiste* (**SYN.** escroquer).

étriper v.t. [conj. 3]. **1.** Enlever les tripes, les entrailles de : *Étriper un poisson* (**SYN.** vider). **2.** *Fam.* Blesser sauvagement ; tuer à l'arme blanche. ◆ **s'étriper** v.pr. *Fam.* Se battre sauvagement : *Ils se sont étripés.*

étriqué, e adj. (du néerl. *strijken,* amincir). **1.** Qui est trop serré, pas assez ample : *Les tee-shirts étriqués sont à la mode* (**SYN.** étroit ; **CONTR.** large). **2.** *Fig.* Qui manque de générosité ; qui est médiocre : *Une conception de la vie étriquée* (**SYN.** étroit, mesquin ; **CONTR.** généreux, ouvert).

étrivière n.f. (de *étrier*). Courroie par laquelle un étrier est suspendu à la selle.

étroit, e adj. (lat. *strictus,* p. passé de *stringere,* serrer). **1.** Qui a peu de largeur : *Une jupe étroite* (**SYN.** étriqué, juste, moulant ; **CONTR.** ample, large). **2.** *Fig.* Qui manque d'envergure : *Des idées étroites* (**SYN.** mesquin). **3.** Qui lie fortement : *Ils entretiennent d'étroites relations* (**SYN.** intime). **4.** *Sout.* Qui contraint fortement : *Le chômage les maintient dans une étroite dépendance de leurs parents* (**SYN.** strict ; **CONTR.** vague). ▸ ***À l'étroit,*** dans un espace trop petit : *Elle se sent à l'étroit dans son studio.*

étroitement adv. **1.** À l'étroit : *Des familles étroitement logées.* **2.** Par des liens intimes : *Des frères étroitement unis.* **3.** Avec rigueur ; strictement : *Ses faits et gestes sont étroitement surveillés* (**SYN.** attentivement).

étroitesse n.f. **1.** Caractère de ce qui est peu large : *L'étroitesse d'un couloir* (**SYN.** exiguïté). **2.** *Fig.* Manque de largeur d'esprit, de générosité : *L'étroitesse de leurs conceptions est désolante* (**SYN.** mesquinerie, petitesse ; **CONTR.** largeur).

étron n.m. (du germ.). Matière fécale moulée de l'homme et de certains animaux ; excrément.

étrusque adj. et n. (lat. *Etruscus*). Relatif à l'Étrurie, au peuple qui y habitait dans l'Antiquité. ◆ n.m. Langue parlée par les Étrusques.

étude n.f. (lat. *studium,* zèle, soin). **1.** Travail de l'esprit qui s'applique à apprendre ou à approfondir : *L'étude des techniques de laboratoire* (**SYN.** apprentissage). **2.** Ensemble des travaux qui préparent l'exécution d'un projet : *Les propositions d'aménagement sont à l'étude* (**SYN.** analyse, examen). *Bureau d'études* (= chargé de concevoir des produits et d'en dessiner les plans). **3.** Ouvrage exposant les résultats d'une recherche : *J'ai lu une étude sur ce sujet* (**SYN.** 2. mémoire, monographie). **4.** Morceau de musique écrit pour développer la technique de l'exécutant : *Une étude de Chopin.* **5.** Dessin, peinture ou modelage constituant la préparation d'une œuvre plus élaborée : *Une étude de mains.* **6.** Salle où les élèves travaillent en dehors des heures de cours ; temps qu'ils y passent. **7.** Local de travail d'un notaire, d'un huissier. ◆ **études** n.f. pl. Ensemble des cours suivis dans un établissement scolaire ou universitaire ; temps de cette activité : *Elle fait des études supérieures* (= au-delà du baccalauréat, en France). *Cette formation nécessite deux années d'études.*

étudiant, e n. Personne qui suit des études supérieures. ◆ adj. Relatif aux étudiants ; qui se compose d'étudiants : *La contestation étudiante* (**SYN.** estudiantin).

étudié, e adj. **1.** Qui a été préparé avec soin : *Une intervention étudiée de la présidente.* **2.** Qui manque de naturel ou de spontanéité : *Une courtoisie très étudiée* (**SYN.** affecté). ▸ ***Prix étudié,*** prix que le vendeur a établi aussi bas que possible.

étudier v.t. [conj. 9]. **1.** Chercher à acquérir la connaissance ou la technique de : *Elle étudie la génétique* (**SYN.** apprendre). **2.** (Sans compl.). Faire des études : *À l'époque, nous étudiions dans une université californienne.* **3.** Examiner attentivement : *Il faut étudier la situation avant d'agir* (**SYN.** analyser, apprécier, estimer). ◆ **s'étudier** v.pr. **1.** S'observer soi-même avec attention : *Ils se sont étudiés en se filmant.* **2.** S'observer l'un l'autre : *Les adversaires s'étudient avant le débat.*

étui n.m. (de l'anc. fr. *estuier,* mettre dans sa gaine, du lat. *studium,* soin). Enveloppe destinée à contenir un objet, et ayant à peu près la même forme que lui : *Un étui à jumelles en cuir. L'étui d'une guitare* (**SYN.** boîte).

étuvage n.m. Action d'étuver.

étuve n.f. (du gr. *tuphein,* faire fumer). **1.** Local de bains dont on élève la température pour provoquer la transpiration ; sauna. **2.** *Fig.* Pièce où il fait très chaud : *En été, la mansarde devient une étuve* (**SYN.** étouffoir, fournaise). **3.** Appareil clos dans lequel on provoque une température élevée pour désinfecter ou stériliser.

à l'**étuvée** loc. adv. et loc. adj. À l'étouffée.

étuver v.t. [conj. 3]. **1.** Chauffer dans une étuve. **2.** Cuire à l'étouffée.

étymologie n.f. (du gr. *etumos,* vrai, et *logos,* science). **1.** Étude scientifique de l'origine des mots. **2.** Origine ou filiation d'un mot : *Dans ce dictionnaire, l'étymologie figure entre parenthèses après la catégorie grammaticale.*

étymologique adj. Relatif à l'étymologie ; qui est conforme à l'étymologie.

étymologiquement adv. Selon l'étymologie ; d'après l'étymologie.

étymologiste n. Spécialiste d'étymologie.

étymon n.m. (gr. *etumon,* sens véritable). En linguistique, forme attestée ou reconstituée dont on fait dériver un mot : *L'étymon de « nombre » est le latin « numerus ».*

eu, eue [y] p. passé de avoir. ▸ ***Eu égard à*** → **égard.**

eucalyptol n.m. Huile essentielle retirée des feuilles d'eucalyptus et utilisée en médecine.

eucalyptus [økaliptys] n.m. (du gr. *eu,* bien, et *kaluptos,* couvert). Arbre originaire d'Australie, dont certaines espèces fournissent des huiles essentielles.

eucharistie [økaristi] n.f. (gr. *eukharistia,* action de grâce, de *kharis,* charme, bienveillance). **1.** Sacrement institué par Jésus-Christ lors de la Cène. **2.** Communion au pain et au vin consacrés : *Les fidèles ont reçu l'eucharistie.*

eucharistique adj. Qui relève de l'eucharistie.

euclidien, enne adj. Relatif à Euclide ou à ses travaux mathématiques. ▸ ***Géométrie euclidienne,*** qui repose sur les postulats d'Euclide, notamm. le postulat des parallèles.

eugénisme n.m. ou **eugénique** n.f. (angl. *eugenism,* du gr. *eu,* bien, et *gennân,* engendrer). Ensemble des méthodes qui visent à améliorer le patrimoine génétique de groupes humains ; théorie qui préconise ces méthodes : *L'eugénisme a inspiré d'atroces mesures de discrimination dans l'Allemagne nazie.*

eugéniste n. Partisan de l'eugénisme.

euh interj. Marque l'étonnement, le doute, l'embarras : *Euh ! attendez que je réfléchisse.*

eunuque n.m. (du gr. *eunoukhos,* qui garde le lit [des femmes], de *eunê,* couche, lit). **1.** Dans l'Orient ancien, homme castré, chargé de la garde des harems impériaux. **2.** *Fig., litt., péjor.* Homme sans énergie, dépourvu de toute virilité.

euphémique adj. Qui relève de l'euphémisme ; qui constitue un euphémisme : *Le mot « incivilité » est un terme euphémique pour « vandalisme ».*

euphémisme n.m. (gr. *euphêmismos,* emploi d'un mot favorable). Atténuation d'une expression jugée trop crue, trop choquante : *Par euphémisme, on dit « une longue maladie » pour « un cancer ».*

euphonie n.f. (du gr. *eu,* bien, et *phônê,* voix). Qualité des sons agréables à entendre ; résultat harmonieux de leur combinaison : *On dit « si l'on » à la place de « si on », par souci d'euphonie* (**CONTR.** cacophonie).

euphonique adj. Qui produit l'euphonie : *Le « t » euphonique de « va-t-elle » permet d'éviter l'hiatus.*

euphorbe n.f. (lat. *euphorbia*). Plante très commune, à latex blanc souvent toxique.

euphorie n.f. (du gr. *eu,* bien, et *pherein,* porter). Sensation intense de bien-être, de joie et d'optimisme : *Leur victoire a provoqué l'euphorie générale* (= la liesse ; **SYN.** allégresse, bonheur, enthousiasme ; **CONTR.** mélancolie, tristesse).

euphorique adj. Qui relève de l'euphorie ; qui exprime cette sensation : *Sa chance l'a rendu euphorique* (**SYN.** enjoué, enthousiaste, optimiste ; **CONTR.** déprimé, mélancolique).

euphorisant, e adj. et n.m. Se dit d'une substance qui procure l'euphorie (**SYN.** antidépresseur, tranquillisant). ◆ adj. Qui provoque l'euphorie : *Des encouragements euphorisants* (**SYN.** stimulant, tonifiant ; **CONTR.** déprimant).

euphoriser v.t. [conj. 3]. *Sout.* Rendre euphorique : *Ses succès l'ont euphorisée* (**SYN.** galvaniser, stimuler ; **CONTR.** décourager, démoraliser).

eurafricain, e adj. Qui concerne à la fois l'Europe et l'Afrique.

eurasiatique adj. Qui concerne à la fois l'Europe et l'Asie.

eurasien, enne n. et adj. Métis d'Européen et d'Asiatique.

eurêka [øreka] interj. (gr. *hêurêka,* j'ai trouvé). Expression de satisfaction employée lorsqu'on trouve brusquement une solution.

euro n.m. Unité monétaire principale de seize des vingt-sept pays de l'Union européenne, divisée en 100 cents ou centimes d'euro (symbole €) : *Cela vous fera 100 euros. Connaissez-vous le billet de 100 euro ? La zone euro.* ☞ **REM.** Sur les pièces et les billets, « *euro* » reste invariable.

eurobanque n.f. Banque qui intervient sur le marché des eurodevises.

eurocentrisme ou **européocentrisme** n.m. Analyse des problèmes d'un point de vue exclusivement européen.

eurocrate n. (d'apr. *technocrate*). *Fam., péjor.* Fonctionnaire des institutions européennes.

eurodéputé, e n. Député au Parlement européen.

eurodevise n.f. Devise détenue et placée, en Europe, dans une banque d'un pays différent du pays d'origine de la devise (**SYN.** euromonnaie).

eurodollar n.m. Dollar déposé, à l'extérieur des États-Unis, dans une banque européenne.

euromarché n.m. Marché européen des capitaux.

euromonnaie n.f. Eurodevise.

européanisation n.f. Action d'européaniser ; fait d'être européanisé.

européaniser v.t. [conj. 3]. **1.** Faire adhérer au mode de vie européen ; rendre conforme aux habitudes européennes : *Européaniser des réfugiés. Les exportateurs asiatiques européanisent leurs produits.* **2.** Envisager un problème, une question à l'échelle de l'Europe.

européen, enne adj. et n. **1.** Relatif à l'Europe, à ses habitants. **2.** Favorable à la construction européenne. **3.** En Afrique, se dit de toute personne blanche non africaine. ◆ adj. Relatif à l'Union européenne. ▸ ***Élections européennes,*** élections des députés au Parlement européen. ◆ **européennes** n.f. pl. Élections européennes : *Elle sera candidate aux prochaines européennes.*

européocentrisme n.m. → **eurocentrisme.**

eurosceptique n. et adj. Personne qui doute de l'intérêt de la construction de l'Union européenne.

Euro Stoxx 50 [ørɔstɔkssɛ̃kɑ̃t] n.m. inv. (nom déposé). Indice boursier, créé en 1999, établi à partir du cours des cinquante valeurs européennes les plus représentatives des pays de la zone euro.

eurythmie n.f. (du gr. *eu,* bien, et *rhuthmos,* rythme). *Litt.* Combinaison harmonieuse des proportions, des couleurs, des sons.

eurythmique adj. *Litt.* Qui a un rythme régulier ; qui est harmonieux.

euskera [œskera] ou **euskara** n.m. Nom que les Basques donnent à leur langue.

euskérien, enne ou **euskarien, enne** n. et adj. Basque.

eustatique adj. Qui relève de l'eustatisme.

eustatisme n.m. (du gr. *eu,* bon, et *stasis,* niveau). En climatologie, variation lente du niveau général des océans.

euthanasie n.f. (du gr. *eu,* bien, et *thanatos,* mort). **1.** Acte d'un médecin qui provoque la mort d'un malade incurable pour abréger ses souffrances, illégal dans la plupart des pays. **2.** Acte similaire pratiqué par un vétérinaire sur un chien, un chat, etc.

euthanasier v.t. [conj. 9]. Pratiquer l'euthanasie sur une personne, un animal.

euthanasique adj. Qui relève de l'euthanasie.

eutocie n.f. (gr. *eutokia*). En médecine, caractère normal d'un accouchement.

eutocique adj. Se dit d'un accouchement normal.

eux pron. pers. (du lat. *ille,* celui-là). **1.** Pronom masculin pluriel de la 3e personne : *Vous êtes élus, eux ne le sont pas. Eux pratiquent l'agriculture biologique. Le gouvernement les écoutera, eux.* **2.** S'emploie comme complément prépositionnel : *Elle a téléphoné chez eux. Avec eux, nous y arriverons.* ▸ ***Eux-mêmes,*** ces personnes-là : *C'est eux-mêmes qui l'ont déclaré* ; tout seuls : *Ils se sont trahis eux-mêmes* ; en personne : *Ils iront eux-mêmes.*

évacuateur, trice adj. Se dit de ce qui sert à évacuer : *Un conduit évacuateur.* ◆ **évacuateur** n.m. ▸ ***Évacuateur de crues,*** dispositif assurant l'évacuation des eaux en excédent d'un barrage.

évacuation n.f. Action d'évacuer : *La situation exige l'évacuation du personnel de l'ambassade* (**SYN.** départ).

évacué, e n. et adj. Habitant d'une zone dangereuse, contraint de quitter son domicile.

évacuer v.t. (lat. *evacuare,* vider, de *vacuus,* vide) [conj. 7]. **1.** Éliminer des matières accumulées dans une partie du corps : *Faire du sport pour évacuer les toxines* (**SYN.** expulser, rejeter). *La pose d'un drain permet d'évacuer le pus de la plaie.* **2.** Rejeter à l'extérieur : *Évacuer les eaux usées dans des bassins d'épuration* (**SYN.** déverser, écouler, vidanger). **3.** Faire sortir d'une zone dangereuse ou interdite : *Évacuer les populations de la zone menacée. Silence ou je fais évacuer la salle.* **4.** Cesser d'occuper un lieu : *Les employés ont évacué l'entreprise pour un exercice d'alerte* (**SYN.** abandonner, quitter).

évadé, e adj. et n. Qui s'est échappé de l'endroit où il était détenu (**SYN.** fugitif).

s'**évader** v.pr. (lat. *evadere,* sortir de, de *vadere,* marcher) [conj. 3]. **1.** S'enfuir d'un lieu où l'on était enfermé : *Les otages se sont évadés* (**SYN.** s'échapper, se sauver). **2.** Se libérer de contraintes ou de soucis : *Elle s'évade de son univers en participant à des jeux de rôle* (**SYN.** se distraire).

évaluable adj. Qui peut être évalué : *Des dégâts difficilement évaluables* (**SYN.** chiffrable, estimable ; **CONTR.** incalculable, inestimable).

évaluateur n.m. Au Québec, personne qui établit la valeur d'un bien, d'un droit.

évaluatif, ive adj. Qui constitue une évaluation : *Un devis évaluatif* (**SYN.** estimatif ; **CONTR.** exact, précis).

évaluation n.f. **1.** Action d'évaluer : *Le notaire a fait une évaluation de la maison* (**SYN.** estimation, expertise). **2.** Quantité évaluée : *Votre évaluation de la distance à parcourir était exagérée* (**SYN.** appréciation, calcul, mesure).

évaluer v.t. (lat. *valere,* valoir) [conj. 7]. Déterminer la valeur, le prix, l'importance de : *Les météorologues évaluent la vitesse du vent à 100 km par heure* (**SYN.** apprécier, chiffrer, estimer).

évanescence n.f. *Litt.* Caractère de ce qui est évanescent : *L'évanescence d'un souvenir* (**SYN.** fugacité [litt.]).

évanescent, e adj. (lat. *evanescens,* qui disparaît par degrés, de *vanus,* vide, vain). *Litt.* Qui disparaît peu à peu : *Les silhouettes évanescentes des passants dans la brume* (**SYN.** éphémère, fugace, fugitif).

évangéliaire n.m. Livre contenant les passages de l'Évangile lus pendant la messe.

évangélique adj. **1.** Qui relève de l'Évangile ; qui est conforme aux préceptes de l'Évangile. **2.** Qui appartient à une Église protestante : *Églises évangéliques.*

évangélisateur, trice adj. et n. Qui évangélise.

évangélisation n.f. Action d'évangéliser : *L'évangélisation d'une communauté.*

évangéliser v.t. [conj. 3]. Prêcher l'Évangile à ; convertir au christianisme (**SYN.** christianiser).

évangélisme n.m. **1.** Aspiration ou tendance à retourner à une vie religieuse selon l'esprit de l'Évangile. **2.** Doctrine des Églises évangéliques.

évangéliste n.m. **1.** Auteur d'un des quatre Évangiles : *Saint Jean l'Évangéliste.* **2.** Prédicateur laïc, dans certaines Églises protestantes.

évangile n.m. (gr. *euaggelion,* bonne nouvelle, de *aggelos,* messager). **1.** (Avec une majuscule). Message de Jésus-Christ : *Prêcher l'Évangile.* **2.** (Avec une majuscule). Ensemble des quatre livres où sont consignées la vie et les paroles de Jésus-Christ ; chacun de ces livres. **3.** Passage de ces livres lu durant la messe ; moment de cette lecture. **4.** *Fig.* Texte qui sert de fondement à une doctrine : *Le traité de Maastricht, évangile de l'Union européenne* (**SYN.** bible, catéchisme, credo). ▸ ***Parole d'évangile,*** chose indiscutable, d'une vérité certaine.

s'**évanouir** v.pr. (du lat. *evanescere,* disparaître, de *vanus,* vide, vain) [conj. 32]. **1.** Perdre connaissance : *La blessée s'est évanouie* (= elle a eu une syncope ; **SYN.** défaillir). **2.** Disparaître totalement ; cesser d'exister : *Elle s'est évanouie dans le flot des voyageurs* (**SYN.** se fondre, se perdre). *Nos espoirs se sont évanouis avec son refus* (**SYN.** se dissiper, s'envoler ; **CONTR.** se ranimer, renaître).

évanouissement n.m. **1.** Perte de connaissance (**SYN.** défaillance, malaise, syncope). **2.** *Litt.* Disparition totale : *L'évanouissement des angoisses au matin* (**SYN.** effacement).

évaporateur n.m. Appareil servant à éliminer l'eau des fruits, des légumes, du lait, etc.

évaporation n.f. Transformation sans ébullition d'un liquide en vapeur : *L'évaporation des océans en nuages.*

évaporé, e adj. et n. Se dit d'une personne qui a un caractère frivole (**SYN.** écervelé, étourdi).

évaporer v.t. (du lat. *vapor,* vapeur d'eau) [conj. 3].

Produire l'évaporation d'un liquide. ◆ **s'évaporer** v.pr. **1.** Se transformer en vapeur par évaporation : *L'alcool s'évapore à la cuisson* (**SYN.** se volatiliser ; **CONTR.** se condenser). **2.** *Litt.* Disparaître totalement : *Son enthousiasme du début s'est évaporé* (**SYN.** se dissiper, s'évanouir). **3.** *Fam.* Disparaître sans que l'on s'en aperçoive : *Je crois que les mariés ne vont pas tarder à s'évaporer* (**SYN.** s'esquiver).

évasé, e adj. Qui va en s'élargissant : *Un pull à manches évasées.*

évasement n.m. État de ce qui est évasé ; orifice ou sommet élargi : *L'évasement d'un cratère* (**SYN.** élargissement ; **CONTR.** rétrécissement).

évaser v.t. (du lat. *vas*, vase, pot) [conj. 3]. Agrandir l'orifice, l'ouverture de : *Les ouvriers évasent le tunnel* (**SYN.** élargir). ◆ **s'évaser** v.pr. S'ouvrir largement ; devenir plus large : *Le fleuve s'évase à son embouchure* (**SYN.** s'élargir).

évasif, ive adj. Qui est ambigu ; qui reste dans le vague pour éluder une difficulté : *Une réponse évasive* (**SYN.** équivoque ; **CONTR.** net). *Il est resté évasif sur cette question* (**SYN.** flou, imprécis ; **CONTR.** clair, précis).

évasion n.f. **1.** Action de s'évader, de s'échapper d'un lieu où l'on était enfermé : *Des évasions par hélicoptère* (**SYN.** fuite). **2.** Oubli momentané des contraintes, des soucis : *Elle assouvit son besoin d'évasion en surfant sur Internet* (**SYN.** délassement, détente, distraction). ▸ ***Évasion de capitaux,*** exportation, souvent clandestine, de capitaux, de valeurs financières (on dit aussi *fuite de capitaux*). ***Évasion fiscale,*** fait de parvenir à ne pas payer l'impôt auquel on est assujetti.

évasivement adv. De façon évasive : *La ministre a répondu évasivement* (**SYN.** approximativement, vaguement ; **CONTR.** clairement, précisément).

évêché n.m. (lat. *episcopatus*, épiscopat). **1.** Territoire soumis à la juridiction d'un évêque (**SYN.** diocèse). **2.** Résidence de l'évêque.

éveil n.m. **1.** *Litt.* Fait de s'éveiller, de sortir du sommeil ; action d'éveiller, de réveiller qqn (**SYN.** réveil ; **CONTR.** endormissement). **2.** *Litt.* Fait de sortir de son engourdissement : *Le spectacle printanier de l'éveil de la nature* (**SYN.** renaissance). **3.** Action d'éveiller, de sensibiliser qqn à qqch : *L'éveil des écoliers à la citoyenneté.* **4.** Fait de s'éveiller à qqch ; première manifestation de : *L'éveil de l'esprit de solidarité* (**SYN.** développement, émergence, naissance). ▸ ***Donner l'éveil à qqn,*** attirer son attention pour le mettre en garde. ***En éveil,*** attentif, sur ses gardes.

éveillé, e adj. **1.** Qui n'est pas endormi (**CONTR.** endormi). **2.** Dont l'intelligence est vive, alerte : *Cette fillette est très éveillée* (**SYN.** dégourdi, malin).

éveiller v.t. (du lat. *vigilare*, veiller) [conj. 4]. **1.** *Litt.* Tirer du sommeil : *Le chant des oiseaux m'éveilla* (**SYN.** réveiller ; **CONTR.** endormir). **2.** Développer une faculté, un sentiment ; provoquer une réaction : *Son attitude a éveillé les soupçons* (**SYN.** susciter ; **CONTR.** endormir). *Ces événements ont éveillé des souvenirs en eux* (**SYN.** évoquer, rappeler, raviver ; **CONTR.** effacer, éteindre). ◆ **s'éveiller** v.pr. **1.** *Litt.* Cesser de dormir : *Elle s'est éveillée aux premières lueurs de l'aube* (**SYN.** se réveiller ; **CONTR.** s'assoupir, s'endormir). **2.** Commencer à se manifester : *Ces qualités s'éveillent à l'adolescence* (**SYN.** naître, percer ; **CONTR.** disparaître, mourir). ▸ ***S'éveiller à l'amour,*** l'éprouver pour la première fois.

éveilleur, euse n. *Litt.* Personne qui éveille l'intelligence, favorise l'éclosion d'idées nouvelles.

éveinage n.m. Ablation chirurgicale des veines variqueuses des membres inférieurs.

événement [evɛnmɑ̃] ou **évènement** n.m. (du lat. *evenire*, sortir, se produire, de *venire*, venir). **1.** Ce qui se produit, arrive ou apparaît : *Il se tient au courant des événements heure par heure* (**SYN.** fait, incident, péripétie). **2.** Fait important, marquant : *Une envoyée spéciale couvre l'événement* (**SYN.** affaire). **3.** (Employé en appos.). Qui attire l'attention générale : *Un livre événement* (= qui fera date). ▸ ***Attendre un heureux événement,*** être enceinte. ◆ **événements** n.m. pl. **1.** Ensemble des faits qui créent une situation : *Elle est dépassée par les événements* (**SYN.** circonstances, conjoncture). **2.** Ensemble de faits marquants, caractérisés par des troubles sociaux ou politiques : *Les événements de mai 68.*

événementiel, elle [evɛnmɑ̃sjɛl] ou **évènementiel, elle** adj. **1.** Qui relate des événements en suivant le seul ordre chronologique : *Histoire événementielle.* **2.** Qui est lié à un événement particulier. ◆ **événementiel** n.m. Ce qui concerne les événements au jour le jour, l'actualité.

évent n.m. **1.** Altération des aliments ou des boissons causée par l'action de l'air. **2.** Narine des cétacés : *La baleine rejette de l'eau par ses évents.*

éventail n.m. (pl. *éventails*). **1.** Accessoire portatif dont on se sert pour s'éventer. **2.** Grand choix de choses, d'articles de même catégorie : *Un large éventail de spécialités régionales* (**SYN.** gamme, palette).

éventaire n.m. Étalage de marchandises à l'extérieur d'un magasin (**SYN.** étal). ☞ **REM.** Ne pas confondre avec *inventaire.*

éventé, e adj. **1.** Qui est altéré par l'air : *Un parfum éventé* (**SYN.** dénaturé). **2.** *Litt.* Qui est porté à la connaissance du public : *Un procédé de fabrication éventé* (= qui a été divulgué ; **CONTR.** secret).

éventer v.t. (du lat. *ventus*, vent) [conj. 3]. **1.** *Litt.* Révéler ce qui était ignoré, caché : *Les journalistes ont éventé le secret* (**SYN.** dévoiler, divulguer ; **CONTR.** garder, taire). **2.** Exposer au vent, à l'air : *Éventer des draps* (**SYN.** aérer). **3.** Donner une sensation de fraîcheur en agitant l'air : *L'infirmière évente le malade.* ◆ **s'éventer** v.pr. **1.** S'altérer au contact de l'air : *La liqueur s'est éventée.* **2.** Se rafraîchir en agitant l'air, notamm. avec un éventail.

éventration n.f. En médecine, saillie des viscères sous la peau de l'abdomen.

éventrer v.t. [conj. 3]. **1.** Ouvrir le ventre de qqn, d'un animal (**SYN.** étriper). **2.** Ouvrir qqch de force : *Les chiens errants éventrent les sacs-poubelle* (**SYN.** crever, déchirer). *Les voleurs ont éventré les caisses* (**SYN.** défoncer).

éventreur n.m. Assassin qui tue en éventrant.

éventualité n.f. **1.** Fait qui peut se réaliser : *C'est une éventualité à envisager* (**SYN.** cas, situation). **2.** Caractère de ce qui est éventuel : *Dans l'éventualité d'un refus, des recours existent* (**SYN.** hypothèse, possibilité).

éventuel, elle adj. (du lat. *eventus*, événement). Qui

dépend des circonstances : *Les éventuels bénéfices seront reversés aux actionnaires* (**SYN.** hypothétique, possible ; **CONTR.** assuré, certain).

éventuellement adv. Selon les circonstances ; s'il y a lieu : *Il existe éventuellement un autre itinéraire* (= le cas échéant).

évêque n.m. (lat. *episcopus*, gr. *episkopos*, gardien, surveillant). **1.** Dignitaire de l'Église catholique, qui a la direction spirituelle d'un diocèse, d'un évêché. **2.** Dignitaire ecclésiastique, dans plusieurs Églises protestantes.

s'**évertuer** v.pr. (de *vertu*, courage) [conj. 7]. **[à].** Faire des efforts pour : *Elle s'est évertuée à comprendre* (**SYN.** s'acharner à, s'échiner à, s'efforcer de, s'escrimer à).

éviction n.f. (lat. *evictio*). Action d'évincer ; fait d'être évincé ; expulsion par force ou par manœuvre : *Ils ont demandé son éviction de la liste des candidats* (**SYN.** évincement). ▸ ***Éviction scolaire,*** exclusion temporaire de l'école frappant un enfant contagieux.

évidage n.m. Action d'évider.

évidement n.m. Action d'évider ; partie évidée.

évidemment [evidamɑ̃] adv. **1.** Sans aucun doute : *Cela laisse évidemment présager un refus* (= bien entendu ; **SYN.** certainement, indubitablement). **2.** De façon évidente : *C'est évidemment lui qui a été désigné* (**SYN.** immanquablement, infailliblement). **3.** Sert à renforcer une affirmation : *Évidemment, elle est capable de réussir* (= bien sûr ; **SYN.** assurément, certes, naturellement).

évidence n.f. **1.** Chose évidente : *Qu'il faille réduire l'émission de gaz polluants constitue une évidence* (**SYN.** certitude, truisme). **2.** Caractère de ce qui est évident : *Elle a dû se rendre à l'évidence* (= reconnaître la vérité de qqch après en avoir douté). ▸ ***De toute évidence*** ou ***à l'évidence,*** sans aucun doute. ***Mettre en évidence,*** faire ressortir ; démontrer de façon incontestable. ***Se mettre en évidence,*** attirer l'attention sur soi.

évident, e adj. (du lat. *videre*, voir). Qui s'impose à l'esprit comme étant d'une certitude absolue : *L'intérêt économique des O.G.M. est loin d'être évident* (**SYN.** indéniable, indiscutable, manifeste ; **CONTR.** vague). *Il est évident qu'elle est malade* (**SYN.** clair, flagrant ; **CONTR.** douteux, problématique). ▸ *Fam.* ***Ne pas être évident,*** ne pas être facile à faire ou à comprendre.

évider v.t. [conj. 3]. Enlever de la matière à : *Évider des pommes* (**SYN.** creuser, vider).

évidure n.f. Creux d'un objet évidé.

évier n.m. (du lat. *aquarius*, relatif à l'eau). **1.** Cuve d'une cuisine munie d'une alimentation en eau et d'une vidange. **2.** En Belgique, lavabo.

évincement n.m. Action d'évincer, d'écarter qqn d'un poste, d'une dignité (**SYN.** éviction).

évincer v.t. (lat. *evincere*, vaincre) [conj. 16]. Empêcher qqn d'accéder à un poste, à une situation ou l'en chasser : *Il évinçait ses concurrents en faisant courir des rumeurs à leur sujet* (**SYN.** éliminer, supplanter). *Elle a été évincée de son poste* (**SYN.** écarter).

éviscération [eviserasjɔ̃] n.f. En médecine, sortie des viscères hors de l'abdomen, due à la rupture d'une plaie après une opération.

éviscérer [evisere] v.t. (lat. *eviscerare*, éventrer, de *viscera*, entrailles) [conj. 18]. Enlever les viscères, les entrailles de : *Éviscérer un canard* (**SYN.** vider).

évitable adj. Qui peut être évité : *Cette catastrophe était évitable* (**CONTR.** inévitable).

évitement n.m. Conduite visant à éviter une situation désagréable. ▸ ***Évitement fiscal,*** au Québec, fait de parvenir à différer, réduire ou éluder le paiement de ses impôts.

éviter v.t. (lat. *evitare*, échapper à) [conj. 3]. **1.** Faire en sorte que qqch de nuisible ou de désagréable ne se produise pas : *Le démantèlement du réseau a permis d'éviter des attentats* (**SYN.** échapper à, empêcher). **2.** Permettre à qqn d'échapper à qqch de dangereux ou de pénible : *Une livraison des marchandises vous évitera des efforts inutiles* (**SYN.** épargner). **3.** S'efforcer de ne pas faire : *Évitez d'accuser sans preuve* (**SYN.** s'abstenir, se dispenser, se garder). **4.** S'efforcer de ne pas rencontrer qqn : *J'ai l'impression qu'il m'évite ces derniers temps* (**SYN.** fuir).

évocateur, trice adj. Qui a le pouvoir d'évoquer, de faire venir à l'esprit des idées, des images : *Ils ont donné à leur site un nom évocateur* (**SYN.** significatif, suggestif, symbolique).

évocation n.f. Action d'évoquer ; ce qui est évoqué : *L'évocation des années passées* (**SYN.** rappel, remémoration [litt.]). *Il a commencé son allocution par une évocation de la situation mondiale* (**SYN.** allusion à, mention). ☞ **REM.** Ne pas confondre avec *invocation.*

évocatoire adj. Qui permet une évocation ; évocateur.

évolué, e adj. Qui a atteint un certain degré d'évolution ou de culture : *Une nation évoluée* (**SYN.** développé, industrialisé ; **CONTR.** sous-développé). *Une personne assez évoluée pour admettre un avis divergent* (**SYN.** cultivé, éclairé ; **CONTR.** arriéré, obtus, rétrograde). ◆ adj. et n. En Afrique, qui a reçu une éducation de type européen.

évoluer v.i. [conj. 7]. **1.** Se transformer progressivement : *Le matériel informatique évolue très vite* (**SYN.** se modifier, progresser, se renouveler ; **CONTR.** stagner). **2.** Modifier sa manière de penser, de se conduire : *La vie en communauté l'a fait évoluer* (**SYN.** changer, se métamorphoser). **3.** Exécuter des évolutions, des mouvements coordonnés : *Les danseurs évoluaient sur la piste* (**SYN.** virevolter). ◆ v.t. ind. **[dans, en].** En sports, jouer dans telle équipe, dans telle catégorie : *Footballeur qui évolue en première division.*

évolutif, ive adj. Qui peut évoluer ; qui produit une évolution : *La situation est évolutive. Une maladie évolutive* (= qui va en s'aggravant).

évolution n.f. (lat. *evolutio*, déroulement, de *volvere*, faire tourner). **1.** Transformation graduelle et continuelle : *L'évolution des techniques* (**SYN.** changement, développement). *Un monde en pleine évolution* (**SYN.** métamorphose, transformation). **2.** Succession des phases d'une maladie : *Surveiller l'évolution d'une tumeur* (**SYN.** progression). **3.** Dans les sciences de la vie, ensemble des changements subis par les lignées animales et végétales, ayant eu pour résultat l'apparition de formes nouvelles : *La théorie de l'évolution.* **4.** (Souvent au pl.). Ensemble de mouvements divers et coordonnés : *Les spectateurs suivent les évolutions de la Patrouille de France.*

évolutionnisme n.m. **1.** Dans les sciences de la vie, ensemble des théories expliquant l'évolution des espèces au cours des âges. **2.** Doctrine philosophique qui considère que toute culture est le résultat d'un processus d'évolution.

évolutionniste adj. et n. Qui est relatif à l'évolutionnisme ; qui en est partisan.

évoquer v.t. (lat. *evocare,* de *vocare,* appeler, de *vox, vocis,* voix) [conj. 3]. **1.** Faire penser à qqch de connu : *Ces noms n'évoquent rien pour moi* (**SYN.** rappeler, suggérer). **2.** Rappeler qqch de passé à la mémoire : *Elles évoquent souvent leurs années de collège* (**SYN.** parler de, se remémorer). **3.** Faire allusion à : *Nous avons évoqué cette question pendant le conseil* (**SYN.** aborder, effleurer, mentionner). **4.** Faire songer à : *Un rocher qui évoque vaguement une forme humaine* (**SYN.** suggérer). **5.** Faire apparaître des esprits par la magie. ☞ **REM.** Ne pas confondre avec *invoquer.*

evzone [ɛvzɔn] n.m. (du gr. *euzônos,* qui a une belle ceinture, de *eu,* bien, et de *zônê,* ceinture). Fantassin grec.

ex n. *Fam.* Conjoint dont on est divorcé ; personne avec qui on a eu des relations amoureuses : *Toutes ses ex sont venues.*

ex abrupto [ɛksabrypto] loc. adv. (du lat. *abruptus,* abrupt). Brusquement, sans préparation : *Il nous a annoncé ex abrupto son départ* (**SYN.** abruptement, à brûle-pourpoint).

exacerbation [ɛgzasɛrbasjɔ̃] n.f. Caractère plus violent, plus aigu que prend un sentiment, une sensation, un symptôme : *L'exacerbation de son agacement* (**SYN.** amplification, paroxysme, redoublement ; **CONTR.** apaisement, retombée).

exacerber [ɛgzasɛrbe] v.t. (lat. *exacerbare,* de *acerbus,* pénible) [conj. 3]. Pousser un sentiment, un état à un très haut degré : *L'insolence du journaliste exacerbait la colère du ministre* (**SYN.** attiser, aviver, exciter ; **CONTR.** apaiser, calmer, émousser). ◆ **s'exacerber** v.pr. Devenir plus vif, plus aigu : *Depuis cet incident, les dissensions s'exacerbent* (**SYN.** s'intensifier).

exact, e [ɛgza, akt ou ɛgzakt] adj. (lat. *exactus,* p. passé de *exigere,* achever, de *agere,* faire). **1.** Qui ne comporte pas d'erreur : *Des résultats exacts* (**SYN.** bon, correct, juste ; **CONTR.** erroné, faux, inexact). *Les dimensions exactes d'une salle* (**SYN.** précis ; **CONTR.** approximatif). **2.** Qui respecte l'horaire : *C'est une personne toujours très exacte* (**SYN.** ponctuel). **3.** Qui est conforme à la vérité : *Une description exacte de la situation* (**SYN.** fidèle, scrupuleux, véridique ; **CONTR.** fictif, imaginaire). **4.** Seul dans une réponse, indique que ce qui vient d'être dit est vrai ; exactement : *« Vous êtes née à Brest ? — Exact* ou *c'est exact »* (= oui).

exactement [ɛgzaktəmɑ̃] adv. **1.** Avec précision : *Il est exactement midi* (**SYN.** juste, précisément ; **CONTR.** approximativement, environ). *Elle suit exactement le programme* (**SYN.** fidèlement, rigoureusement, scrupuleusement). **2.** (Dans une réponse). Tout à fait : *« Vous avez deux téléviseurs ? — Exactement »* (**SYN.** exact, oui, parfaitement).

exaction [ɛgzaksjɔ̃] n.f. (lat. *exactio,* action de faire payer, de *exigere,* faire payer). *Litt.* Action d'exiger plus qu'il n'est dû ou ce qui n'est pas dû : *Des agents du fisc accusés d'exaction* (**SYN.** concussion, extorsion, malversation). ◆ **exactions** n.f. pl. Actes de violence, de pillage commis contre des populations.

exactitude [ɛgzaktityd] n.f. **1.** Caractère de ce qui est juste, rigoureux, conforme à la logique : *L'exactitude d'une multiplication* (**SYN.** correction). *Mesurer avec exactitude* (**SYN.** précision). *J'ai vérifié l'exactitude de ses réponses* (**SYN.** conformité, justesse, vérité). *Nous avons admiré l'exactitude de son raisonnement* (**SYN.** rigueur). **2.** Qualité d'une personne exacte, ponctuelle : *Elle est toujours d'une parfaite exactitude* (**SYN.** ponctualité).

ex aequo [ɛgzeko] adj. inv. et loc. adv. (mots lat. signif. « à égalité »). Qui est sur le même rang : *Elles sont premières ex aequo. Ils sont arrivés ex aequo.* ◆ n. inv. Situation de personnes qui ont obtenu le même rang ; ces personnes : *Départager les ex aequo.*

exagération [ɛgzaʒerasjɔ̃] n.f. Action d'exagérer ; parole, acte exagérés : *Sans exagération, il nous a fallu deux heures pour venir* (**SYN.** abus, emphase). *Les exagérations des fanatiques* (**SYN.** excès, outrance ; **CONTR.** modération).

exagéré, e [ɛgzaʒere] adj. Qui dépasse la mesure : *Des précautions exagérées* (**SYN.** abusif, excessif).

exagérément [ɛgzaʒeremɑ̃] adv. De façon exagérée ; avec excès, outrance : *Vous êtes exagérément pessimiste.*

exagérer [ɛgzaʒere] v.t. (lat. *exaggerare,* entasser, de *agger,* amoncellement) [conj. 18]. Donner une importance excessive à : *Exagérer la gravité de la situation* (= dramatiser ; **SYN.** amplifier, grossir ; **CONTR.** minimiser). ◆ v.i. Dépasser la mesure, la vérité : *Vous exagérez un peu en arrivant si tard* (**SYN.** abuser). ◆ **s'exagérer** v.pr. Donner trop d'importance à qqch : *Elle s'est exagéré la difficulté du travail* (**SYN.** surestimer ; **CONTR.** minimiser, sous-estimer).

exaltant, e [ɛgzaltɑ̃, ɑ̃t] adj. Qui provoque de l'exaltation ; qui stimule : *Ce débat télévisé n'est pas très exaltant* (**SYN.** passionnant ; **CONTR.** ennuyeux, inintéressant). *Des perspectives exaltantes* (**SYN.** enthousiasmant ; **CONTR.** déprimant).

exaltation [ɛgzaltasjɔ̃] n.f. **1.** Surexcitation intellectuelle et affective, proche de l'euphorie : *Modérer l'exaltation des supporteurs* (**SYN.** enthousiasme, excitation, fièvre). **2.** *Litt.* Élévation à un très haut degré d'un sentiment, d'un état affectif : *L'exaltation du patriotisme* (**SYN.** exacerbation). **3.** Action de faire l'éloge de, de louer les mérites de : *L'exaltation du courage des sauveteurs* (**SYN.** glorification ; **CONTR.** dénigrement).

exalté, e [ɛgzalte] adj. et n. Qui est empreint d'exaltation : *Des esprits exaltés* (**SYN.** enthousiaste, frénétique). *Ces débordements sont provoqués par quelques exaltés* (**SYN.** enragé, fanatique, passionné).

exalter [ɛgzalte] v.t. (lat. *exaltare,* élever, de *altus,* haut) [conj. 3]. **1.** Provoquer l'exaltation de : *Ce discours a exalté les militants* (**SYN.** enflammer, enthousiasmer, exciter, galvaniser). **2.** Faire l'éloge de : *Elle exaltait le dévouement des bénévoles* (**SYN.** célébrer, glorifier). ◆ **s'exalter** v.pr. Être envahi par des sentiments passionnés : *Le témoin s'exaltait en revivant le drame.*

examen [ɛgzamɛ̃] n.m. (mot lat. signif. « languette d'une balance, action de peser », de *exigere,* peser, de *agere,* faire). **1.** Observation attentive, minutieuse : *L'examen d'un projet de loi en Conseil des ministres* (**SYN.** analyse, étude). **2.** Ensemble des investigations cliniques et techniques effectuées par un médecin pour apprécier l'état de santé de qqn : *Subir des examens médicaux.* **3.** Épreuve que subit un candidat en vue de vérifier son degré d'instruction, ses aptitudes : *Passer un examen* (abrév. fam. exam). ▸ ***Examen de conscience,*** analyse critique de sa propre conduite. ***Examen de santé,*** ensemble des examens cliniques et complémentaires effectués dans un but de dépistage et de prévention (= bilan de santé). ***Mise en examen,*** acte de procédure par lequel le juge d'instruction fait connaître à qqn les faits qui lui sont pénalement reprochés.

examinateur, trice [egzaminatœr, tris] n. Personne chargée de faire passer un examen à un candidat.

examiner [egzamine] v.t. (lat. *examinare,* peser) [conj. 3]. **1.** Observer attentivement, minutieusement : *Elle a examiné le problème sous tous les angles* (**SYN.** analyser, étudier). *Les experts ont examiné la voiture* (**SYN.** contrôler, inspecter, vérifier). **2.** Faire subir un examen à : *Le médecin a examiné son patient* (**SYN.** ausculter).

exanthème [egzɑ̃tɛm] n.m. (gr. *exanthêma,* efflorescence, de *anthos,* pousse, fleur). Éruption cutanée accompagnant certaines maladies infectieuses (rubéole, scarlatine, rougeole, etc.).

exaspérant, e [egzasperɑ̃, ɑ̃t] adj. Qui exaspère : *Ce bruit est exaspérant* (**SYN.** crispant, énervant, irritant).

exaspération [egzasperasjɔ̃] n.f. **1.** Fait de s'exaspérer, d'être exaspéré : *Cette remarque la mit au comble de l'exaspération* (**SYN.** agacement, irritation, rage). **2.** *Litt.* Exagération d'un sentiment, d'un état, d'une sensation : *L'exaspération d'une douleur* (**SYN.** aggravation, exacerbation, intensification).

exaspérer [egzaspere] v.t. (lat. *exasperare,* rendre raboteux, de *asper,* âpre) [conj. 18]. **1.** Mettre au comble de l'énervement : *Cette longue attente l'a exaspéré* (**SYN.** agacer, excéder, irriter ; **CONTR.** calmer). **2.** *Litt.* Intensifier un sentiment, un désir, etc. : *Ces reportages exaspéraient son envie de découverte* (**SYN.** aviver, exacerber, intensifier ; **CONTR.** apaiser, atténuer). ◆ **s'exaspérer** v.pr. **1.** Devenir très énervé, très irrité. **2.** Devenir plus vif ; s'intensifier.

exaucement [egzosmɑ̃] n.m. Action d'exaucer : *Je souhaite l'exaucement de vos vœux* (**SYN.** satisfaction).

exaucer [egzose] v.t. (lat. *exaltare,* élever) [conj. 16]. Satisfaire qqn en lui accordant ce qu'il demande ; accueillir favorablement une demande : *Dieu exaucera-t-il nos prières ?* (**SYN.** écouter). *Ses supérieurs ont exaucé sa demande de mutation* (**SYN.** contenter, satisfaire ; **CONTR.** rejeter). ☞ **REM.** Ne pas confondre avec *exhausser.*

ex cathedra [ɛkskatedra] loc. adv. (mots lat. signif. « du haut de la chaire »). **1.** D'une manière officielle, en vertu de l'autorité que l'on tient de son titre : *Le pape a parlé ex cathedra.* **2.** Sur un ton doctoral ou dogmatique.

excavateur n.m. ou **excavatrice** n.f. Engin de travaux publics servant au terrassement.

excavation n.f. **1.** Action de creuser dans le sol : *L'excavation d'une galerie de mine* (**SYN.** creusement). **2.** Creux : *Ils se sont réfugiés dans une excavation de la falaise* (**SYN.** anfractuosité, trou).

excaver v.t. (du lat. *cavus,* creux) [conj. 3]. Dans les travaux publics et miniers, creuser dans la terre (**SYN.** forer).

excédant, e adj. Qui excède, dépasse ce que l'on peut supporter ; qui importune extrêmement : *Des embouteillages excédants* (**SYN.** exaspérant).

excédent n.m. **1.** Ce qui excède, dépasse en quantité la limite fixée : *Un excédent de bagages* (**SYN.** supplément, surplus). *Un excédent de précipitations par rapport aux années précédentes* (**SYN.** excès, surcroît). **2.** En économie, solde positif (par opp. à déficit) : *Excédent de la balance commerciale.*

excédentaire adj. Qui est en excédent : *Les récoltes excédentaires iront à l'aide humanitaire* (**SYN.** surabondant).

excéder v.t. (lat. *excedere,* s'en aller, de *cedere,* marcher) [conj. 18]. **1.** Dépasser en nombre, en quantité, en durée la limite fixée : *La durée du film excède la capacité de la cassette vidéo.* **2.** *Sout.* Aller au-delà de la limite autorisée : *Il a excédé ses droits* (**SYN.** outrepasser). **3.** Causer une grande gêne à ; importuner : *Ces déprédations finissent par excéder les locataires* (**SYN.** agacer, exaspérer, irriter).

excellemment [ekselamɑ̃] adv. *Litt.* De façon excellente, remarquable : *Vous avez excellemment traduit notre immense joie* (**SYN.** admirablement, parfaitement).

excellence n.f. **1.** Caractère excellent de qqch ou de qqn : *Elle a été félicitée pour l'excellence de son reportage sur la libération de la capitale* (**SYN.** perfection, supériorité). **2.** (Avec une majuscule). Titre donné notamm. aux ambassadeurs, aux ministres, aux évêques : *Comme il plaira à Votre Excellence.* ▸ ***Par excellence,*** au plus haut point ; tout particulièrement : *Le pot-au-feu est le plat d'hiver par excellence.* ***Prix d'excellence,*** prix accordé au meilleur élève d'une classe.

excellent, e adj. Se dit de qqn ou de qqch qui atteint, dans sa catégorie, un degré éminent : *C'est un excellent avocat* (**SYN.** accompli, admirable, incomparable). *Une excellente blanquette* (**SYN.** délicieux, exquis, savoureux, succulent). *Nous entretenons d'excellentes relations* (**SYN.** merveilleux, parfait).

exceller v.i. (lat. *excellere,* se dresser au-dessus) [conj. 4]. Atteindre un niveau supérieur dans un domaine : *Elle excelle à concilier les adversaires* (**SYN.** briller, se distinguer). *Il excelle dans le documentaire animalier* (**SYN.** émerger, triompher). *Son équipe excelle en recherche génétique* (**SYN.** s'illustrer dans).

excentré, e adj. Qui est situé loin du centre : *Des hypermarchés excentrés* (**SYN.** excentrique, périphérique).

excentrer v.t. [conj. 3]. **1.** Déplacer le centre, l'axe d'une pièce mécanique ; décentrer. **2.** Mettre loin du centre : *Excentrer des entreprises.*

① **excentricité** n.f. (de *1. excentrique*). Éloignement du centre : *L'excentricité des nouveaux quartiers.*

② **excentricité** n.f. (de *2. excentrique*). Caractère, comportement d'une personne qui s'écarte des habitudes, de l'usage commun ; acte excentrique : *Elle est connue pour son excentricité en matière vestimentaire* (**SYN.** bizarrerie, originalité, singularité ; **CONTR.** banalité, conformisme). *Ses excentricités l'empêchent d'être pris au sérieux* (**SYN.** extravagance, fantaisie, lubie).

① **excentrique** adj. (du lat. *centrum,* centre). **1.** Se dit de figures géométriques dont les centres ne coïncident pas (par opp. à concentrique) : *Cercles excentriques.* **2.** Qui est situé loin du centre : *Des immeubles excentriques* (**SYN.** excentré, périphérique).

② **excentrique** adj. et n. (de *1. excentrique*). Qui est en opposition avec l'usage, avec les habitudes : *Une tenue excentrique* (**SYN.** bizarre, baroque, extravagant, saugrenu, singulier ; **CONTR.** banal, classique, conventionnel).

excentriquement adv. De façon excentrique, originale, saugrenue.

① **excepté** prép. Indique ce que l'on met à part, ce que l'on ne comprend pas dans un ensemble : *Je les connais tous, excepté elle* (**SYN.** à part, en dehors de). *Les ordinateurs sont récents, excepté ces deux-là* (**SYN.** à l'exception de, à l'exclusion de, hormis [sout.], sauf). ◆ **excepté que** loc. conj. (Suivi de l'ind. ou du cond.). Si ce n'est que : *Nous avons trouvé un appartement en bon état, excepté que les volets ferment mal* (**SYN.** sauf que, sinon que).

② **excepté, e** adj. Qui ne fait pas partie de l'ensemble considéré ; non compris : *Tous les passagers, les enfants exceptés, étaient descendus sur le quai.*

excepter v.t. (lat. *exceptare*, exclure, de *capere*, prendre) [conj. 4]. Ne pas intégrer dans un ensemble : *Il faut aborder toutes les questions, sans en excepter aucune* (**SYN.** écarter, éliminer, exclure ; **CONTR.** compter, inclure).

exception n.f. (lat. *exceptio*, de *excipere*, retirer). Personne ou chose qui est hors de la règle commune, qui semble rare ou unique : *Cet animateur est une exception, il ne fait pas de fautes de français* (**SYN.** singularité ; **CONTR.** généralité). *Ce retard est une exception ; en général, les trains arrivent à l'heure prévue* (**SYN.** anomalie, particularité). *Faire une exception pour* ou *en faveur de qqn. C'est l'exception qui confirme la règle* (**SYN.** dérogation, restriction). ▸ ***À l'exception de,*** sauf. ***Exception culturelle,*** doctrine selon laquelle la production artistique ne doit pas être considérée comme un produit économique afin d'être préservée. ***Faire exception,*** échapper à la règle. ***Loi*** ou ***tribunal d'exception,*** en dehors du droit commun. ***Par exception,*** contrairement à l'habitude.

exceptionnel, elle adj. **1.** Qui constitue une exception : *Des précautions exceptionnelles* (**SYN.** extraordinaire, particulier, spécial ; **CONTR.** courant, habituel, ordinaire). **2.** Qui se distingue par ses mérites, sa valeur : *Une athlète exceptionnelle* (**SYN.** émérite, rare, remarquable ; **CONTR.** commun, quelconque).

exceptionnellement adv. **1.** Par exception ; contrairement à l'habitude : *Exceptionnellement, nous travaillerons dimanche* (**CONTR.** habituellement). **2.** À un très haut degré : *Une personne exceptionnellement intelligente* (**SYN.** extraordinairement, extrêmement).

excès [ɛksɛ] n.m. (lat. *excessus*, de *excedere*, dépasser). **1.** Quantité qui se trouve en plus : *Ils écoulent l'excès de marchandises* (**SYN.** excédent). **2.** Ce qui dépasse la mesure normale : *Tout excès de vitesse sera puni* (**SYN.** dépassement). *Un excès de zèle* (**SYN.** exagération). *Je l'utilise sans excès* (= modérément). **3.** Acte qui va au-delà des limites permises : *Les excès de l'industrialisation* (**SYN.** abus). *L'excès en tout nuit* [proverbe] (**SYN.** démesure, outrance). ▸ ***Excès de langage,*** propos discourtois, injurieux. ***Excès de pouvoir,*** en droit, acte qui ne fait pas partie des attributions de celui qui l'accomplit. ◆ n.m. pl. **1.** Actes de violence, de démesure : *Les supporteurs se sont livrés à des excès* (**SYN.** débordements). **2.** Abus de nourriture, de boisson : *Faire des excès.*

excessif, ive adj. **1.** Qui excède la mesure : *Des prix excessifs* (**SYN.** abusif, exagéré, exorbitant ; **CONTR.** raisonnable). **2.** Qui pousse les choses à l'excès : *Il est excessif dans tout ce qu'il fait* (**SYN.** outrancier ; **CONTR.** mesuré). **3.** (Avant le n. ; emploi critiqué). Indique une grande intensité ou que qqch est poussé à l'extrême : *Elle est d'une excessive générosité* (**SYN.** extraordinaire, extrême, infini).

excessivement adv. **1.** Avec excès : *Il est excessivement exigeant* (**SYN.** exagérément, trop). **2.** (Emploi critiqué). À un degré extrême : *Elle est excessivement intelligente* (**SYN.** extrêmement, fort, très).

exciper v.t. ind. (lat. *excipere*, excepter) [conj. 3]. **[de].** Dans la langue juridique, se prévaloir d'une exception, d'une excuse : *Exciper de sa bonne foi.*

excipient n.m. (du lat. *excipere*, recevoir). Substance sans effet thérapeutique incorporée à un médicament pour en faciliter la conservation ou l'absorption.

exciser v.t. [conj. 3]. Enlever avec un instrument tranchant : *Exciser un panaris.*

exciseur, euse n. Personne qui pratique l'excision rituelle du clitoris.

excision n.f. (du lat. *excidere*, de *caedere*, frapper, couper). **1.** Ablation de tissus malades dans une région du corps : *L'excision d'une tumeur.* **2.** Ablation rituelle du clitoris, pratiquée chez certains peuples.

excitabilité n.f. Propriété de ce qui est excitable : *L'excitabilité d'un muscle.*

excitable adj. **1.** Qui s'énerve ou s'excite facilement ; irritable. **2.** Se dit d'un organe, d'un corps capable de répondre à une stimulation.

① **excitant, e** adj. Qui suscite l'intérêt, l'émotion ou le désir : *Une aventure excitante* (**SYN.** émoustillant, grisant, passionnant ; **CONTR.** fade, rebutant, terne).

② **excitant, e** adj. et n.m. Se dit d'une substance propre à accroître la vigilance et à stimuler l'organisme : *La caféine et la théine sont des excitants* (**SYN.** stimulant, tonique ; **CONTR.** calmant, sédatif).

excitation n.f. **1.** Action d'exciter ; ce qui excite : *Ces mesures antisociales constituent une excitation à la révolte* (**SYN.** encouragement, incitation, provocation). **2.** État d'agitation, d'énervement, d'enthousiasme : *Dans l'excitation du départ, il a oublié de fermer la porte* (**SYN.** exaltation, fébrilité ; **CONTR.** calme, sérénité).

excité, e adj. et n. Qui est énervé, agité (**SYN.** exalté).

exciter v.t. (lat. *excitare*, faire sortir) [conj. 3]. **1.** Développer chez un être vivant un état de tension nerveuse ou d'irritation : *Les sonneries du cor excitaient les chiens* (**SYN.** échauffer, électriser, émoustiller ; **CONTR.** calmer). *Les meneurs excitaient la foule à crier des slogans* (**SYN.** exhorter, inciter, pousser, stimuler ; **CONTR.** détourner de, retenir de). *Les nombreux cafés qu'il a bus l'ont excité* (**SYN.** énerver, surexciter ; **CONTR.** endormir, engourdir). **2.** Faire naître ; rendre plus vif : *Ces transports de fonds excitent la convoitise des voleurs* (**SYN.** attiser, enflammer, éperonner ; **CONTR.** modérer, tempérer). ◆ **s'exciter** v.pr. **1.** S'énerver : *Ils se sont excités et le ton a monté.* **2.** Prendre un très vif intérêt à : *Elle s'est* *excitée sur ce travail* (**SYN.** s'enthousiasmer pour, se passionner pour).

exclamatif, ive adj. Qui marque l'exclamation : *L'adverbe exclamatif « comme » et l'adjectif exclamatif « quel » permettent de construire des phrases exclamatives.* ◆ **exclamatif** n.m. Mot exclamatif.

exclamation n.f. **1.** Cri exprimant un sentiment intense et subit : *Pousser une exclamation de surprise.* **2.** En linguistique, phrase exprimant une émotion vive ou un jugement affectif : *« Quel dommage ! » est une exclamation.* ▸ ***Point d'exclamation,*** signe de ponctuation (!) que l'on met après une phrase exclamative ou une interjection.

exclamative n.f. Phrase exclamative.

s'**exclamer** v.pr. (lat. *exclamare,* de *clamare,* crier) [conj. 3]. Pousser une exclamation : *« Tant mieux ! », s'exclama-t-elle* (**SYN.** s'écrier).

exclu, e adj. et n. **1.** Qui a été rejeté d'un groupe : *Les exclus du mouvement ont créé un parti.* **2.** Qui n'est plus considéré comme membre à part entière de la société : *Un programme de réinsertion des exclus.*

exclure v.t. (lat. *excludere,* de *claudere,* clore, fermer) [conj. 96]. **1.** Mettre qqn dehors, à l'écart ; ne pas permettre à qqn d'accéder à qqch : *Les gardiens excluront du chantier les personnes ne portant pas de casque* (**SYN.** chasser, expulser ; **CONTR.** admettre). *Les dirigeants l'ont exclu de l'association* (**SYN.** radier, renvoyer ; **CONTR.** intégrer, réhabiliter). *Les femmes étaient exclues de la sphère politique* (**SYN.** évincer, éloigner ; **CONTR.** accepter). **2.** Ne pas compter qqch dans un ensemble ; le laisser de côté : *Exclure les dépenses personnelles de sa note de frais* (**SYN.** ôter, retrancher ; **CONTR.** incorporer). *Elle exclut les emballages non recyclables de ses achats* (**SYN.** écarter, éliminer ; **CONTR.** inclure). **3.** Être incompatible avec : *Le travail n'exclut pas la bonne humeur* (**SYN.** empêcher, interdire, s'opposer à ; **CONTR.** autoriser, permettre). **4.** Ne pas admettre l'éventualité d'un fait : *Nous excluons la possibilité d'un défaut de fabrication* (**SYN.** refuser, rejeter ; **CONTR.** accepter, envisager). *Il est exclu qu'elle vienne demain.* ▸ ***Il n'est pas exclu que,*** il est possible que.

exclusif, ive adj. **1.** Qui appartient à un seul par privilège spécial : *Un droit exclusif de retransmission* (**SYN.** particulier, propre). *Un modèle exclusif* (= propre à un fabricant ; **SYN.** breveté). **2.** Qui repousse tout ce qui est étranger : *Elle voue une passion exclusive à ses enfants* (**SYN.** absolu, total). **3.** Qui rejette ce qui est contraire à ses goûts ou à ses opinions : *Une personne exclusive dans ses choix de vie* (**SYN.** entier, intransigeant).

exclusion n.f. **1.** Action d'exclure d'un groupe ou d'un lieu : *Le comité a prononcé son exclusion de la compétion pour dopage* (**SYN.** élimination, éviction, radiation). **2.** Situation d'une personne exclue de la société : *La lutte contre l'exclusion* (**SYN.** marginalisation, rejet ; **CONTR.** intégration, socialisation). ▸ ***À l'exclusion de,*** à l'exception de ; en excluant.

exclusive n.f. *Sout.* Mesure d'exclusion : *Tous les salariés sans exclusive recevront une prime* (= sans exception).

exclusivement adv. **1.** Uniquement : *Cet objet est fabriqué exclusivement avec des matériaux de récupération* (**SYN.** seulement). **2.** En excluant la partie donnée comme limite : *Nous serons absents jusqu'au 10 mai exclusivement* (= non compris).

exclusivité n.f. **1.** Caractère d'un sentiment exclusif, sans partage, consacré à un seul objet : *L'exclusivité d'un amour.* **2.** Possession exclusive de qqch : *Vous n'avez pas l'exclusivité de l'intelligence* (**SYN.** apanage, monopole, privilège). **3.** Droit exclusif de publier un article, de vendre un produit, un livre, de projeter un film ; produit, film bénéficiant de ce droit : *Modèle vendu en exclusivité dans nos boutiques.* **4.** Information obtenue en priorité par un journaliste ou qui lui est momentanément réservée : *Le ministre nous a réservé l'exclusivité de sa déclaration* (**SYN.** primeur, scoop [anglic.]).

excommunication n.f. **1.** Exclusion d'un membre de la communauté religieuse à laquelle il appartient (**SYN.** anathème). **2.** *Sout.* Exclusion d'un groupe (**SYN.** expulsion, radiation).

excommunié, e adj. et n. Qui est frappé d'excommunication.

excommunier v.t. (lat. *excommunicare,* mettre hors de la communauté) [conj. 9]. **1.** Frapper qqn d'excommunication. **2.** *Sout.* Exclure d'un groupe (**SYN.** bannir, expulser, radier).

excoriation n.f. Légère écorchure (**SYN.** égratignure, éraflure).

excorier v.t. (du lat. *corium,* cuir) [conj. 9]. Écorcher superficiellement (**SYN.** égratigner, érafler).

excrément n.m. (lat. *excrementum,* excrétion, de *cernere,* cribler, tamiser). (Souvent au pl.). Matière évacuée du corps par les voies naturelles ; résidus de la digestion évacués par l'anus (**SYN.** fèces, selles).

excrémentiel, elle adj. Qui est de la nature de l'excrément.

excréter v.t. [conj. 18]. Évacuer par excrétion.

excréteur, trice ou **excrétoire** adj. Qui sert à l'excrétion : *Les reins sont des organes excréteurs.*

excrétion n.f. (lat. *excretio,* de *cernere,* cribler, tamiser). **1.** Rejet par une glande de ses produits de sécrétion, dans un canal organique, dans le sang ou hors de l'organisme ; substance ainsi éliminée : *L'urine, la sueur, la bile sont des excrétions.* **2.** (Abusif en médecine). Évacuation des excréments.

excroissance n.f. (du lat. *excrescere,* se développer, de *crescere,* croître). En médecine, protubérance qui se forme sur un organe ou sur un tissu : *Cette excroissance est une verrue.*

excursion n.f. (du lat. *excurrere,* courir hors de, de *currere,* courir). Court voyage ou longue promenade d'agrément, d'étude : *Une excursion en montagne, à la campagne* (**SYN.** randonnée, tour). *Faire une excursion.*

excursionniste n. Personne qui fait une excursion (**SYN.** randonneur, touriste).

excusable adj. Qui peut être excusé : *Cette faute est excusable* (**SYN.** pardonnable ; **CONTR.** inadmissible, inexcusable).

excuse n.f. **1.** Raison que l'on donne pour se disculper ou disculper autrui : *Il n'a fourni aucune excuse à son absence* (**SYN.** justification). *Alléguer un embouteillage comme excuse à un retard* (**SYN.** explication, légitimation). **2.** Raison invoquée pour se soustraire à une obligation : *Il se trouve toujours une excuse pour ne pas travailler* (**SYN.** prétexte). **3.** Carte du jeu de tarot, qui joue un rôle important dans les enchères. ◆ **excuses** n.f. pl. Paroles ou écrits exprimant le regret d'avoir commis une faute ou offensé qqn : *Ils ont exigé, présenté des excuses publiques. Je vous prie d'agréer mes excuses.*

excuser v.t. (lat. *excusare,* mettre hors de cause, de *causa,* cause, raison) [conj. 3]. **1.** Disculper qqn de qqch ; accepter les motifs qu'il avance pour un manquement, une faute : *Je l'excuse de s'être mis en colère* (**SYN.** pardonner). *Nous l'avons excusée car elle n'avait pas été informée.* **2.** Tolérer qqch par indulgence : *L'examinateur a excusé cette omission* (**SYN.** admettre, passer sur). **3.** Servir d'excuse à qqn : *La recherche du profit n'excuse pas ce manque d'humanité* (**SYN.** justifier, légitimer). **4.** Accepter les excuses de qqn : *Veuillez m'excuser. Je vous prie de m'excuser.* ◆ **s'excuser** v.pr. Présenter ses excuses : *Elle s'est excusée de son retard* ou *d'être en retard.*

exeat [ɛgzeat] n.m. inv. (mot lat. signif. « qu'il sorte »). **1.** Permission donnée à un prêtre par son évêque de quitter le diocèse. **2.** Pour une certaine catégorie de fonctionnaires, autorisation de s'absenter de son service.

exécrable [egzekrabl] adj. **1.** Qui est extrêmement mauvais : *C'est un acteur exécrable* (**SYN.** nul ; **CONTR.** excellent). *Il est d'une humeur exécrable* (**SYN.** désagréable, détestable). **2.** *Litt.* Qui suscite l'horreur : *Des attentats exécrables* (**SYN.** abominable, monstrueux, odieux).

exécrablement [egzekrabləmɑ̃] adv. *Litt.* De manière exécrable (**SYN.** abominablement).

exécration [egzekrasjɔ̃] n.f. *Litt.* Sentiment d'horreur extrême ; objet de ce sentiment : *Elle a la violence en exécration* (**SYN.** abomination [litt.], aversion, répulsion).

exécrer [ɛgzekre ou ɛksekre] v.t. (lat. *execrari,* maudire, de *sacer, sacrum,* sacré) [conj. 18]. Avoir en exécration, en horreur ; avoir de l'aversion pour : *J'exècre la mauvaise foi* (**SYN.** abhorrer [litt.], abominer, haïr ; **CONTR.** chérir). *Nous exécrons son air satisfait* (**SYN.** détester ; **CONTR.** aimer, apprécier, goûter).

exécutable [egzekytabl] adj. Qui peut être exécuté : *Est-ce exécutable en deux jours ?* (**SYN.** faisable, réalisable ; **CONTR.** irréalisable).

exécutant, e [egzekytɑ̃, ɑ̃t] n. **1.** Personne qui exécute une tâche, un ordre : *Ce sont de simples exécutants, il faut chercher les commanditaires.* **2.** Musicien qui exécute sa partie dans un concert.

exécuter [egzekyte] v.t. (lat. *exsequi,* poursuivre) [conj. 3]. **1.** Mettre en application un ordre, un règlement : *Exécuter les directives* (**SYN.** accomplir, obéir à, observer ; **CONTR.** déroger à, enfreindre). *L'ordinateur exécute le programme* (**SYN.** appliquer). **2.** Mener à bien un projet, une mission : *C'est un plan difficile à exécuter dans la situation actuelle* (= mettre en œuvre ; **SYN.** réaliser). *Le maître chanteur a exécuté ses menaces* (= il les a mises à exécution). *Exécuter un testament* (= veiller à la réalisation des dispositions qu'il contient). **3.** Réaliser un objet, un travail, un mouvement : *L'ébéniste exécute un meuble* (**SYN.** confectionner, construire, façonner). *Le gymnaste exécute un tour sur lui-même* (**SYN.** effectuer). **4.** Interpréter une pièce musicale : *L'orchestre a exécuté une symphonie* (**SYN.** jouer). **5.** Mettre à mort un condamné. **6.** Abattre qqn sans jugement : *Les terroristes ont exécuté un otage* (**SYN.** assassiner, tuer). ◆ **s'exécuter** v.pr. Se résoudre à agir ; obéir : *Elle s'est immédiatement exécutée.*

exécuteur, trice [egzekytœr, tris] n. ▸ ***Exécuteur des hautes œuvres,*** bourreau. ***Exécuteur testamentaire,*** personne chargée d'exécuter un testament.

exécutif, ive [egzekytif, iv] adj. Se dit du pouvoir chargé d'appliquer les lois. ◆ **exécutif** n.m. Organe exerçant le pouvoir exécutif dans un État.

exécution [egzekysjɔ̃] n.f. (lat. *executio,* de *exesequi,* poursuivre jusqu'au bout, de *sequi,* suivre). **1.** Action, manière d'exécuter, d'accomplir, de réaliser : *Il exige l'exécution immédiate de ses ordres* (**SYN.** accomplissement, observation). *L'exécution des travaux par un professionnel* (**SYN.** réalisation). **2.** Action de jouer une œuvre musicale (**SYN.** interprétation). **3.** En informatique, traitement de la suite d'instructions d'un programme par un ordinateur. ▸ ***Exécution capitale,*** mise à mort d'un condamné. ***Mettre à exécution,*** réaliser : *Elle a mis son projet à exécution.*

exécutoire [egzekytwar] adj. et n.m. Dans le langage juridique, qui peut et doit être mis à exécution : *Jugement exécutoire.*

exégèse [egzeʒɛz] n.f. (gr. *exêgêsis,* explication). **1.** Science qui consiste à établir, selon les normes de la critique scientifique, le sens d'un texte, notamm. de la Bible. **2.** Interprétation d'un texte : *Une exégèse du discours du Premier ministre* (**SYN.** commentaire).

exégète [egzeʒɛt] n. Spécialiste de l'exégèse (**SYN.** commentateur).

exégétique [egzeʒetik] adj. Qui relève de l'exégèse.

① **exemplaire** [egzɑ̃plɛr] adj. (lat. *exemplaris*). **1.** Qui peut servir d'exemple à suivre : *Elle est d'une politesse exemplaire* (**SYN.** irréprochable, parfait, remarquable). **2.** Qui peut servir de leçon, d'avertissement : *L'opinion publique réclame un châtiment exemplaire* (**SYN.** dissuasif, édifiant [sout.]).

② **exemplaire** [egzɑ̃plɛr] n.m. (lat. *exemplarium*). Chacun des objets produits d'après un type commun : *Son roman s'est vendu à 200 000 exemplaires.*

exemplairement [egzɑ̃plɛrmɑ̃] adv. De façon à servir de modèle ; de façon à servir de leçon.

exemplarité [egzɑ̃plarite] n.f. Caractère de ce qui est exemplaire : *L'exemplarité du courage des sauveteurs.*

exemple [egzɑ̃pl] n.m. (lat. *exemplum,* échantillon, exemple). **1.** Personne, action digne d'être imitée : *Elle est l'exemple même du dévouement* (**SYN.** modèle, type). **2.** Ce qui peut servir de leçon, d'avertissement ou de mise en garde : *Cette sanction vous servira d'exemple* (**SYN.** leçon). **3.** Fait antérieur analogue au fait dont il est question : *Il existe peu d'exemples de situations aussi complexes* (**SYN.** cas, précédent). **4.** Ce qui sert à illustrer, prouver, éclairer ; citation : *Dans notre dictionnaire, les articles contiennent des exemples de l'emploi du mot* (**SYN.** illustration). ▸ ***À l'exemple de,*** à l'imitation de : *Elle veut être enseignante, à l'exemple de sa mère* (= ainsi que ; **SYN.** à l'instar de [sout.]). ***Faire un exemple,*** punir sévèrement qqn pour dissuader les autres de l'imiter. ***Par exemple !*** ou ***ça par exemple !,*** exprime la surprise : *Ça par exemple ! Vous êtes déjà arrivé !*

exemplification [egzɑ̃plifikasjɔ̃] n.f. Action d'exemplifier.

exemplifier [egzɑ̃plifje] v.t. [conj. 9]. Confirmer par des exemples : *Exemplifier une définition par des citations* (**SYN.** illustrer).

exempt, e [egzɑ̃, ɑ̃t] adj. (lat. *exemptus,* affranchi). **1.** Qui n'est pas assujetti à une charge : *Catégorie de personnes exemptes d'impôts. Ces produits sont exempts de taxes* (= ils en sont exonérés). **2.** Qui est préservé de : *Une vie exempte de soucis.* **3.** *Sout.* Qui est dépourvu de : *Il est exempt de tout sens moral* (**SYN.** dénué).

exempté, e [egzɑ̃te] adj. et n. Qui est dispensé d'une obligation.

exempter [egzɑ̃te] v.t. [conj. 3]. Dispenser d'une charge, d'une obligation : *Son chef l'a exempté de cette corvée* (**SYN.** décharger ; **CONTR.** assujettir, astreindre).

exemption [egzɑ̃psjɔ̃] n.f. Action d'exempter ; fait d'être exempté ; privilège qui dispense d'une obligation : *Aucune exemption ne sera accordée* (**SYN.** dispense). *Une exemption d'impôts* (**SYN.** exonération ; **CONTR.** assujettissement).

exercé, e [egzɛrse] adj. Qui est devenu habile à force de pratique : *Des informaticiennes exercées* (**SYN.** chevronné, entraîné, expérimenté ; **CONTR.** débutant, inexpérimenté).

exercer [egzɛrse] v.t. (lat. *exercere,* tenir en haleine, de *arcere,* écarter) [conj. 16]. **1.** Soumettre à un entraînement méthodique : *Elle exerce sa mémoire en faisant des mots croisés* (**SYN.** cultiver, développer, perfectionner). **2.** *Litt.* Mettre à l'épreuve : *Elles exercent leur sagacité sur des énigmes policières* (**SYN.** éprouver, tester). **3.** Mettre en usage ; faire usage de : *Exercer un contrôle* (= contrôler). *Exercer une influence* (= influer). *Exercer une autorité* (= faire montre de). **4.** Pratiquer comme métier ; s'acquitter professionnellement de : *Exercer le journalisme. Elle exerçait les fonctions de présidente* (**SYN.** occuper, remplir). ◆ **s'exercer** v.pr. **1.** S'entraîner : *Elle s'est exercée au V.T.T.* **2.** *Litt.* Se mettre en action ; trouver à s'employer : *Dans ces situations, sa clairvoyance trouve à s'exercer* (**SYN.** se manifester).

exercice [egzɛrsis] n.m. **1.** Action de s'exercer : *Son excellente mémoire est le fruit d'un long exercice* (**SYN.** entraînement). **2.** Travail servant aux élèves à mettre en application ce qui a été appris. **3.** Activité physique : *Je sors prendre un peu d'exercice. Tu dois faire de l'exercice.* **4.** Action de mettre en pratique une faculté, de faire valoir un droit : *L'exercice du pouvoir.* **5.** Action, fait de pratiquer une activité, un métier : *Un policier dans l'exercice de ses fonctions. Condamnation pour exercice illégal de la médecine* (**SYN.** pratique). **6.** Période comprise entre deux inventaires comptables ou deux budgets. ▸ ***En exercice,*** en fonction, en activité : *Une chirurgienne en exercice.*

exerciseur [egzɛrsizœr] n.m. Appareil de culture physique servant à développer les muscles.

exérèse [egzerɛz] n.f. (gr. *exairesis,* extraction, de *haireîn,* prendre, saisir). Ablation chirurgicale d'un corps étranger ou d'une partie d'organe malade.

exergue [egzɛrg] n.m. (du gr. *ergon,* œuvre, travail). **1.** Espace laissé au bas d'une monnaie, d'une médaille pour y graver une inscription. **2.** Inscription en tête d'un ouvrage. ▸ ***Mettre en exergue,*** en évidence.

exfiltration n.f. Action d'exfiltrer un agent (**CONTR.** infiltration).

exfiltrer v.t. [conj. 3]. Rapatrier un agent secret une fois sa mission terminée.

exfoliant, e adj. Qui provoque une exfoliation de la peau : *Gel douche exfoliant.*

exfoliation n.f. En médecine, séparation des parties mortes qui se détachent de l'épiderme en fines lamelles.

exfolier v.t. (du lat. *folium,* feuille) [conj. 9]. Détacher de minces lames de la surface de : *Exfolier des ardoises.*

exhalaison [egzalɛzɔ̃] n.f. Gaz ou odeur qui s'exhale d'un corps : *Les exhalaisons d'un marécage* (**SYN.** effluve, émanation).

exhalation [egzalasjɔ̃] n.f. **1.** Fait de s'exhaler. **2.** Élimination de l'air contenu dans les poumons (par opp. à inhalation).

exhaler [egzale] v.t. (lat. *exhalare*) [conj. 3]. **1.** Répandre autour de soi : *Ces fleurs exhalent une parfum subtil* (**SYN.** dégager, diffuser). **2.** *Litt.* Donner libre cours à : *Exhaler sa rancœur* (**SYN.** déverser, exprimer). ◆ **s'exhaler** v.pr. **1.** Se répandre dans l'atmosphère : *Des senteurs délicates s'exhalent de ce bouquet.* **2.** *Litt.* Se manifester : *Sa mauvaise humeur s'exhala.*

exhaussement [egzosmɑ̃] n.m. Action d'exhausser ; état de ce qui est exhaussé : *L'exhaussement d'un mur* (**SYN.** surélévation).

exhausser [egzose] v.t. [conj. 3]. Augmenter en hauteur ; rendre plus élevé : *Exhausser un trottoir* (**SYN.** hausser, rehausser, surélever ; **CONTR.** abaisser). ☞ **REM.** Ne pas confondre avec *exaucer.*

exhausteur [egzostœr] n.m. ▸ ***Exhausteur de goût,*** substance qui renforce le goût d'un produit alimentaire.

exhaustif, ive [egzostif, iv] adj. (angl. *exhaustive,* de *to exhaust,* épuiser). Qui contient tous les éléments sur un sujet : *Liste exhaustive* (**SYN.** complet).

exhaustivement [egzostivmɑ̃] adv. De façon exhaustive.

exhaustivité [egzostivite] n.f. Caractère de ce qui est exhaustif : *L'exhaustivité d'une étude.*

exhiber [egzibe] v.t. (lat. *exhibere*) [conj. 3]. **1.** Présenter un document officiel : *Exhiber une quittance de loyer, son passeport* (**SYN.** montrer, produire). **2.** Montrer avec ostentation, pour attirer l'attention : *Ils exhibent leurs vêtements portant la griffe de marques célèbres* (**SYN.** arborer, étaler ; **CONTR.** cacher, dissimuler). ◆ **s'exhiber** v.pr. Se montrer en public de manière ostentatoire, provocante : *Elle s'est exhibée au bras d'un chanteur célèbre* (**SYN.** s'afficher).

exhibition n.f. **1.** Action d'exhiber un document : *L'exhibition d'un passeport aux douaniers* (**SYN.** présentation, production). **2.** Présentation de choses spectaculaires : *Les champions du monde sont en exhibition en Asie* (**SYN.** représentation, spectacle). **3.** Étalage outrancier de qqch : *Faire exhibition de ses richesses* (**SYN.** parade).

exhibitionnisme [egzibisjɔnism] n.m. **1.** Trouble psychique qui pousse une personne à exhiber ses organes génitaux. **2.** Attitude d'une personne qui fait étalage de ses sentiments, de sa vie intime.

exhibitionniste [egzibisjɔnist] n. **1.** Personne atteinte d'exhibitionnisme. **2.** Personne qui aime s'exhiber.

exhortation [egzɔrtasjɔ̃] n.f. Ensemble de paroles par lesquelles on exhorte, on encourage qqn à faire qqch : *Une exhortation au calme* (**SYN.** appel, incitation, invitation).

exhorter [egzɔrte] v.t. (lat. *exhortari*) [conj. 3]. Encourager par ses paroles : *Elle exhorte les militants à la mobilisation* (**SYN.** engager, inciter, pousser).

exhumation [egzymasjɔ̃] n.f. Action d'exhumer : *Le juge a ordonné l'exhumation de la victime pour une autopsie* (**CONTR.** inhumation).

exhumer [egzyme] v.t. (lat. *exhumare*, de *humus*, terre) [conj. 3]. **1.** Extraire de la terre : *Exhumer un corps* (**SYN.** déterrer ; **CONTR.** ensevelir, enterrer, inhumer). *Ils ont exhumé des obus de la dernière guerre mondiale* (**CONTR.** enfouir). **2.** *Fig.* Tirer de l'oubli : *Exhumer un vieux scandale* (**SYN.** ranimer, rappeler, ressusciter, réveiller).

exigeant, e [egziʒɑ̃, ɑ̃t] adj. **1.** Qui est difficile à satisfaire : *Une clientèle exigeante* (**SYN.** pointilleux, tyrannique ; **CONTR.** accommodant, conciliant, indulgent). **2.** Qui exige beaucoup de soins, d'efforts : *Le métier d'urgentiste est très exigeant* (**SYN.** absorbant, astreignant, prenant).

exigence [egziʒɑ̃s] n.f. **1.** Ce qu'une personne exige, réclame à une autre : *Ne pas céder aux exigences d'un preneur d'otages* (**SYN.** condition, demande, prétention, revendication). **2.** Caractère d'une personne exigeante : *Leur supérieur se montre d'une exigence maladive* (**SYN.** despotisme). **3.** Ce qui est commandé par qqch ; nécessité : *Le Premier ministre a rappelé les exigences de la solidarité gouvernementale* (**SYN.** contrainte, impératif, obligation).

exiger [egziʒe] v.t. (lat. *exigere*, pousser dehors, de *agere*, mettre en mouvement, faire) [conj. 17]. **1.** Demander impérativement ce qui est considéré comme un dû : *Elle exigeait réparation pour les dommages subis* (**SYN.** réclamer, revendiquer ; **CONTR.** renoncer à). *J'exige qu'il vienne* (**SYN.** ordonner). **2.** En parlant d'une chose, rendre obligatoire ou inévitable : *La situation exige des mesures rapides* (**SYN.** demander, nécessiter, obliger à, requérir).

exigibilité [egziʒibilite] n.f. Dans la langue juridique, caractère de ce qui est exigible : *La date d'exigibilité d'un impôt.*

exigible [egziʒibl] adj. Qui peut être exigé.

exigu, uë [ɛgzigy] adj. (lat. *exiguus*, pesé d'une manière stricte, de *exigere*, peser, de *agere*, faire). Se dit d'un espace trop petit : *La cuisine est exiguë* (**SYN.** étroit).

exiguïté [ɛgzigɥite] n.f. Petitesse d'un espace : *L'exiguïté d'une salle de bains* (**SYN.** étroitesse).

exil [egzil] n.m. (lat. *exsilium*, bannissement). **1.** Mesure qui consiste à expulser qqn de son pays avec interdiction d'y revenir ; état qui en résulte : *Condamnation à l'exil* (**SYN.** bannissement, expatriation). **2.** Obligation de vivre hors d'un lieu que l'on aime, loin de ceux que l'on aime : *Cette promotion le contraint à un exil à Paris.* **3.** Lieu où réside une personne exilée : *Revenir d'exil.*

exilé, e [egzile] adj. et n. Qui est condamné à l'exil ; qui vit en exil : *Les exilés politiques* (**SYN.** banni, expatrié).

exiler [egzile] v.t. [conj. 3]. **1.** Condamner à l'exil : *Ils exilent les opposants* (**SYN.** bannir, expatrier, expulser, proscrire). **2.** Obliger qqn à vivre loin d'un lieu où il aurait aimé être. ◆ **s'exiler** v.pr. **1.** Quitter volontairement son pays : *Elle s'est exilée en Suède pour apprendre la langue* (**SYN.** émigrer, s'expatrier). **2.** Se retirer pour vivre à l'écart : *Nous nous sommes exilés à la montagne.*

existant, e [egzistɑ̃, ɑ̃t] adj. Qui existe ; qui a cours actuellement : *Les techniques existantes facilitent la diffusion des informations* (**SYN.** actuel, présent).

existence [egzistɑ̃s] n.f. (lat. *existentia*, choses existantes). **1.** Fait d'exister : *Ces lettres ont révélé l'existence d'une entente illicite* (**SYN.** présence ; **CONTR.** absence, inexistence). **2.** Durée de la vie d'une personne ; manière de vivre : *Son existence entière a été vouée à la littérature. Ce déménagement a transformé notre existence* (**SYN.** destinée, vie). *Moyens d'existence* (= ce dont qqn dispose pour vivre). **3.** Durée pendant laquelle une chose existe : *Certaines start-up ont eu une existence très brève.*

existentialisme [egzistɑ̃sjalism] n.m. Doctrine philosophique qui met l'accent sur le vécu humain plutôt que sur l'être et dit que l'homme se crée en agissant.

existentialiste [egzistɑ̃sjalist] adj. et n. Relatif à l'existentialisme ; qui en est partisan.

existentiel, elle [egzistɑ̃sjɛl] adj. (de *existence*). Qui est relatif à l'existence : *Les aspects existentiels d'une autobiographie.*

exister [egziste] v.i. (lat. *existere*, de *stare*, se tenir debout) [conj. 3]. **1.** Être actuellement en vie : *Des milliards d'êtres humains existent sur la Terre* (**SYN.** vivre). *Tant qu'il existera, il se battra contre l'injustice.* **2.** Faire partie de la réalité ; durer : *Des solutions existent* (= peuvent être trouvées). *Ce modèle n'existe plus* (**SYN.** subsister). **3.** Être important : *À ses yeux, nous n'existons pas. Pour lui, seule la défense de l'environnement existe* (**SYN.** compter, importer). ◆ v. impers. Il y a : *Il existe des énergies non polluantes.*

exit [ɛgzit] loc. v. (mot lat. signif. « il sort »). **1.** Indique qu'un acteur doit sortir de scène : *Exit Harpagon.* **2.** *Iron.* Indique que qqn ou qqch disparaît de façon brutale ou grotesque : *Exit la ministre de la Condition féminine. Exit l'espoir d'une solution négociée.*

ex-libris [ɛkslibris] n.m. (mots lat. signif. « parmi les livres de »). Vignette ou tampon personnalisés, que l'on appose sur un livre pour en indiquer le propriétaire.

ex nihilo loc. adv. (mots lat., de *ex nihilo nihil*, rien ne vient de rien). En partant de rien : *Elle a créé son groupe de presse ex nihilo.*

① **exocet** [ɛgzɔsɛ] n.m. (du gr. *exô*, au-dehors, et *koitê*, gîte). Poisson des mers chaudes, qui fait de longs sauts planés au-dessus de l'eau et appelé aussi *poisson volant.*

② **Exocet** [ɛgzɔsɛt] n.m. (nom déposé). Missile autoguidé.

exocrine [egzɔkrin] adj. (du gr. *krinein*, sécréter). ▸ ***Glande exocrine,*** glande qui déverse ses produits de sécrétion sur la peau ou dans d'autres glandes (**CONTR.** endocrine).

exode [egzɔd] n.m. (gr. *exodos*, départ). **1.** Émigration en masse d'un peuple : *L'exode des populations touchées par la guerre.* **2.** Départ en foule : *L'exode des citadins au mois d'août* (**SYN.** évasion, migration). **3.** Fuite des populations françaises devant l'avance de l'armée allemande en 1940. ▸ ***Exode rural,*** migration définitive des habitants des campagnes vers les villes.

exogame [egzɔgam] adj. et n. Qui pratique l'exogamie (**CONTR.** endogame).

exogamie [egzɔgami] n.f. (du gr. *gamos,* mariage). En anthropologie, règle contraignant un membre d'un groupe social à choisir son conjoint en dehors de ce groupe (**CONTR.** endogamie).

exogamique [egzɔgamik] adj. Qui relève de l'exogamie : *Une union exogamique* (**CONTR.** endogamique).

exogène [egzɔʒɛn] adj. (du gr. *exô,* au-dehors, et *gennân,* engendrer). *Didact.* Qui provient du dehors, de l'extérieur (**CONTR.** endogène).

exonération [egzɔnerasjɔ̃] n.f. Action d'exonérer : *Exonération des charges sociales* (**SYN.** abattement, dégrèvement, dispense).

exonérer [egzɔnere] v.t. (lat. *exonerare,* décharger, de *onus, oneris,* charge, fardeau) [conj. 18]. Dispenser totalement ou en partie d'une charge, d'une obligation ou d'une responsabilité : *Le gouvernement a décidé d'exonérer les érémistes de la taxe foncière* (**SYN.** dégrever, exempter). *Exonérer des marchandises* (= les affranchir de taxe).

exophtalmie [egzɔftalmi] n.f. (du gr. *ophtalmos,* œil). En médecine, saillie de l'œil hors de l'orbite.

exoplanète n.f. Planète extrasolaire.

exorbitant, e [egzɔrbitɑ̃, ɑ̃t] adj. (lat. *exorbitans, exorbitantis,* qui dévie, de *orbis,* cercle). Qui dépasse la mesure : *Un tarif exorbitant* (**SYN.** exagéré, excessif ; **CONTR.** modéré). *Ils bénéficient d'avantages exorbitants* (**SYN.** démesuré, énorme).

exorbité, e [egzɔrbite] adj. ▸ ***Yeux exorbités,*** qui semblent sortir de leurs orbites.

exorcisation [egzɔrsizasjɔ̃] n.f. Action d'exorciser.

exorciser [egzɔrsize] v.t. (du gr. *exorkizein,* faire prêter serment, de *horkos,* serment) [conj. 3]. **1.** Chasser un démon par les prières spéciales du rituel. **2.** Délivrer qqn, un lieu du démon par des pratiques religieuses : *Le prêtre a exorcisé cette maison.* **3.** *Fig.* Se délivrer d'une influence, d'un sentiment : *Elle a exorcisé sa peur* (**SYN.** conjurer).

exorcisme [egzɔrsism] n.m. Pratique religieuse ayant pour but d'exorciser.

exorciste [egzɔrsist] n. Personne qui exorcise, conjure les démons.

exorde [egzɔrd] n.m. (du lat. *exordiri,* commencer). Première partie d'un discours : *Dès l'exorde, l'orateur avait captivé l'auditoire* (**SYN.** introduction, préambule ; **CONTR.** conclusion).

exosquelette [ɛgzoskəlɛt] n.m. Formation squelettique externe de certains animaux : *La coquille des mollusques est un exosquelette.*

exotique [egzɔtik] adj. (gr. *exôtikos,* étranger). Qui appartient à des pays lointains ; qui en provient : *Pour nous, l'ananas est un fruit exotique.*

exotisme [egzɔtism] n.m. **1.** Caractère de ce qui est exotique : *L'exotisme de ces photographies.* **2.** Goût pour ce qui est exotique.

exotoxine [egzɔtɔksin] n.f. Toxine libérée dans le milieu extérieur par certaines bactéries.

expansé, e adj. Se dit de matières plastiques qui ont subi une expansion de volume et que l'on utilise pour leur légèreté et leurs propriétés isolantes : *Du polystyrène expansé.*

expansibilité n.f. Tendance qu'ont les corps gazeux à occuper la totalité du volume qui leur est offert.

expansible adj. Qui est capable d'expansion.

expansif, ive adj. Qui aime communiquer ses sentiments : *C'est une personne très expansive* (**SYN.** communicatif, démonstratif, ouvert ; **CONTR.** fermé, réservé, taciturne).

expansion n.f. (du lat. *expandere,* déployer). **1.** Développement d'un corps en volume ou en surface : *L'Univers serait en expansion depuis sa naissance* (**SYN.** dilatation). **2.** Mouvement de ce qui se développe, s'accroît ou se propage : *L'agriculture biologique est en pleine expansion* (**SYN.** croissance, essor, extension ; **CONTR.** récession, régression). *Le jeu vidéo en ligne connaît une expansion fulgurante* (**SYN.** diffusion, progression, rayonnement). **3.** *Litt.* Action de s'épancher, de communiquer ses sentiments (**SYN.** effusion, épanchement). ▸ ***Expansion économique,*** accroissement du revenu national, de l'activité économique.

expansionnisme n.m. Attitude politique visant à l'expansion d'un pays au-delà de ses frontières.

expansionniste adj. et n. Qui vise à l'expansion ; qui est partisan de l'expansionnisme.

expansivité n.f. Caractère d'une personne expansive.

expatriation n.f. Action d'expatrier ; fait de s'expatrier ; état de celui qui est expatrié : *La guerre ne leur laisse d'autre recours que l'expatriation* (**SYN.** émigration, exil ; **CONTR.** rapatriement).

expatrié, e adj. et n. Qui a quitté son pays (**SYN.** émigré, exilé, expulsé).

expatrier v.t. [conj. 10]. Obliger qqn à quitter son pays (**SYN.** exiler, expulser ; **CONTR.** rapatrier). ◆ **s'expatrier** v.pr. Quitter volontairement sa patrie pour vivre ailleurs : *Elle s'est expatriée en Chine* (**SYN.** émigrer, s'exiler).

expectative n.f. (du lat. *expectare,* attendre, de *spectare,* regarder). Attitude prudente de qqn qui attend pour se décider : *Aucune information n'a filtré ; nous sommes dans l'expectative.*

expectorant, e adj. et n.m. Se dit d'un médicament qui aide à l'expectoration.

expectoration n.f. Rejet par la bouche de substances provenant des voies respiratoires ; substance rejetée grâce à la toux ; crachat.

expectorer v.t. (lat. *expectorare,* de *pectus, pectoris,* poitrine) [conj. 3]. Rejeter par la bouche, grâce à la toux (**SYN.** cracher).

expédient n.m. (lat. *expediens, expedientis,* de *expedire,* débarrasser, de *pes, pedis,* pied). *Péjor.* Moyen, pas toujours honnête, d'écarter momentanément une difficulté pour se tirer d'embarras : *Le ministre use d'expédients pour ne pas prendre de mesures impopulaires* (**SYN.** échappatoire). ▸ ***Vivre d'expédients,*** recourir à toutes sortes de moyens, licites ou non, pour subsister.

expédier v.t. [conj. 9]. **1.** Envoyer à destination : *Elle* *a expédié les documents en recommandé* (**SYN.** acheminer, adresser). **2.** En terminer rapidement avec qqn ou qqch pour s'en débarrasser : *Nous étions les derniers clients, on nous a expédiés. Il a expédié la réparation en vingt minutes.*

expéditeur, trice n. et adj. Personne qui fait une expédition, un envoi (**SYN.** envoyeur ; **CONTR.** destinataire).

expéditif, ive adj. **1.** Qui agit rapidement, qui expédie vivement un travail : *Un avocat expéditif* (**SYN.** diligent, vif ; **CONTR.** lent). **2.** Qui permet de faire vite, parfois de façon excessive : *Des méthodes expéditives* (**SYN.** rapide ; **CONTR.** lent). *Une justice expéditive.*

expédition n.f. (lat. *expeditio*). **1.** Action d'accomplir rapidement qqch, de l'achever ; exécution : *L'expédition des tâches ménagères.* **2.** Action d'expédier, d'envoyer qqch : *L'expédition d'un colis* (**SYN.** envoi). **3.** Opération militaire en dehors du territoire national : *L'expédition d'Égypte* (**SYN.** campagne). **4.** Voyage, mission de recherche, d'exploration : *Une expédition scientifique au pôle Sud. Il est parti en expédition loin d'ici.* **5.** *Fam., iron.* Voyage mouvementé ; déplacement pénible : *C'est une expédition de venir chez vous !* (**SYN.** équipée).

expéditionnaire n. **1.** Employé administratif chargé de recopier des états, des actes, etc. **2.** Expéditeur de marchandises. ◆ adj. ▸ ***Corps expéditionnaire,*** ensemble des troupes d'une expédition militaire.

expéditivement adv. De façon expéditive : *Mener expéditivement une affaire* (**SYN.** prestement, promptement, rapidement).

expérience n.f. (lat. *experientia,* essai). **1.** Connaissance acquise par une longue pratique jointe à l'observation : *Elle a de l'expérience dans ce métier* (**SYN.** pratique). **2.** Épreuve, essai effectués pour étudier un phénomène : *Faire une expérience scientifique* (**SYN.** expérimentation, test). **3.** Action d'essayer de faire qqch, de mettre qqch à l'essai : *Une expérience de travail en équipe* (**SYN.** tentative).

expérimental, e, aux adj. **1.** Qui est fondé sur l'expérience scientifique, sur l'expérimentation : *La méthode expérimentale.* **2.** Qui sert à expérimenter, à tester les qualités de qqch : *Une voiture expérimentale* (= un prototype).

expérimentalement adv. De façon expérimentale, par l'expérimentation.

expérimentateur, trice n. et adj. Personne qui se livre à des expériences scientifiques ; personne qui tente une expérience.

expérimentation n.f. Action d'expérimenter : *L'expérimentation d'un vaccin sur un cobaye* (**SYN.** essai, test).

expérimenté, e adj. Instruit par l'expérience : *Un médecin expérimenté* (**SYN.** accompli, chevronné, expert ; **CONTR.** débutant, inexpérimenté, novice).

expérimenter v.t. [conj. 3]. Soumettre qqch à des expériences : *Expérimenter un nouvel avion* (**SYN.** contrôler, essayer, tester). *Expérimenter un médicament sur des patients.*

expert, e adj. (lat. *expertus,* qui a fait ses preuves). **1.** Qui a une parfaite connaissance d'une chose, due à une longue pratique : *Une technicienne experte* (**SYN.** accompli, expérimenté ; **CONTR.** débutant, novice). **2.** Qui témoigne d'une telle connaissance ; exercé, habile : *L'œil expert d'un connaisseur* (**SYN.** compétent, sûr ; **CONTR.** hésitant, malhabile). *Elle est experte à encadrer des tableaux.* ◆ n. **1.** Personne apte à juger de qqch grâce à la connaissance qu'elle en a : *C'est une experte en musique baroque* (**SYN.** connaisseur, maître, spécialiste ; **CONTR.** débutant, novice). **2.** Personne qui fait des expertises : *L'expert doit passer au garage pour constater les dégâts.* ▸ ***À*** ou ***au dire d'experts,*** selon l'avis des experts. ***Expert judiciaire,*** spécialiste agréé par les tribunaux et désigné pour effectuer une expertise.

expert-comptable, experte-comptable n. (pl. *experts-comptables, expertes-comptables*). Technicien de haut niveau qui est chargé d'analyser, de contrôler ou d'organiser des comptabilités.

expertement adv. *Litt.* De façon experte (**SYN.** habilement, magistralement).

expertise n.f. **1.** Examen de qqch par un expert, en vue d'en faire une estimation, une évaluation : *Demander, faire une expertise.* **2.** Rapport d'un expert : *L'expertise a été envoyée à l'assureur.* **3.** Fait d'être expert ; compétence d'un expert mise au service d'une entreprise, etc. ▸ ***Expertise judiciaire,*** examen de questions purement techniques confié par le juge à un expert ; rapport établi par cet expert.

expertiser v.t. [conj. 3]. Soumettre à une expertise : *Elle a fait expertiser ce tableau* (**SYN.** estimer, évaluer).

expiable adj. Qui peut être expié : *Un mensonge expiable* (**SYN.** réparable ; **CONTR.** irréparable).

expiateur, trice adj. *Litt.* Qui permet d'expier : *Une victime expiatrice.*

expiation n.f. Fait d'expier ; châtiment, peine par lesquels on expie : *Faire un pèlerinage pour l'expiation de ses péchés* (**SYN.** rachat, réparation).

expiatoire adj. Qui sert à expier : *Une messe expiatoire.*

expier v.t. (lat. *expiare,* purifier) [conj. 9]. **1.** Réparer une faute en subissant une peine imposée : *Expier ses péchés.* **2.** Subir une peine, une souffrance en conséquence d'un acte ressenti ou considéré comme coupable : *On lui a fait durement expier son imprudence* (**SYN.** payer).

expirant, e adj. *Litt.* Qui meurt, qui expire (**SYN.** moribond, mourant).

expiration n.f. **1.** Action de chasser hors des poumons l'air qu'on a inspiré (par opp. à aspiration, inspiration). **2.** Fin d'un temps fixé, d'un délai : *La validité du bail arrive à expiration* (**SYN.** échéance).

expiratoire adj. Qui se rapporte à l'expiration de l'air des poumons (par opp. à inspiratoire) : *Mesurer la capacité expiratoire de qqn.*

expirer v.t. (lat. *expirare,* souffler) [conj. 3]. Expulser des poumons l'air inspiré (par opp. à inspirer) : *Inspirez, puis expirez !* (**SYN.** souffler ; **CONTR.** aspirer, inspirer). ◆ v.i. **1.** (Auxil. *avoir*). *Litt.* Mourir (**SYN.** décéder, trépasser [litt.]). **2.** (Auxil. *avoir* ou *être*). Arriver à son terme ; prendre fin : *Son passeport expire à la mi-avril. Le délai a expiré hier. Le sursis n'est pas encore expiré.*

explétif, ive adj. (du lat. *explere,* remplir). Se dit d'un mot qui n'est pas nécessaire au sens de la phrase ou qui n'est pas exigé par la syntaxe : *« Moi » dans « Regardez-moi ça ! » est un pronom explétif.* ◆ **explétif** n.m. Mot explétif.

explicable adj. Que l'on peut expliquer : *Mon retard est explicable* (**SYN.** justifiable, légitime ; **CONTR.** injustifiable).

explicatif, ive adj. Qui sert à expliquer : *La notice explicative du lecteur de DVD.*

explication n.f. **1.** Action d'expliquer ; développement destiné à faire comprendre qqch : *L'explication d'une énigme* (**SYN.** éclaircissement, élucidation ; **CONTR.** embrouillement). *Elle s'est lancée dans de longues explications* (**SYN.** commentaire, discours). **2.** Ce qui rend compte de qqch : *Voilà l'explication de mon chagrin* (**SYN.** cause, raison). **3.** Éclaircissement sur les actes, la conduite de qqn : *J'exige une explication* (**SYN.** justification). **4.** Discussion, querelle à propos de la conduite de qqn : *Elle a eu une explication avec lui* (**SYN.** controverse, dispute).

explicitation n.f. Action d'expliciter.

explicite adj. (lat. *explicitus*). **1.** Clair sur tous les points (par opp. à implicite) : *Sa réponse est explicite : il ne viendra pas* (**SYN.** clair, net ; **CONTR.** ambigu). **2.** Énoncé formellement, complètement : *Cette clause est très explicite* (**SYN.** formel, précis ; **CONTR.** équivoque, imprécis).

explicitement adv. En termes clairs, sans équivoque : *Une clause de contrat explicitement formulée* (**SYN.** clairement ; **CONTR.** implicitement).

expliciter v.t. [conj. 3]. Rendre explicite, plus clair ; formuler en détail : *Explicite ta pensée* (**SYN.** développer, préciser).

expliquer v.t. (lat. *explicare*, déployer, de *plicare*, plier) [conj. 3]. **1.** Faire comprendre ou faire connaître qqch à qqn en lui donnant les éléments nécessaires : *Je lui ai expliqué la situation dans laquelle je me trouve* (**SYN.** exposer, révéler). *Nous n'arrivons pas à expliquer son comportement* (**SYN.** déchiffrer, éclaircir, interpréter). *Il m'a expliqué longuement les problèmes rencontrés* (**SYN.** développer, expliciter). **2.** Faire un commentaire littéraire, philosophique, etc. : *Expliquer un texte* (**SYN.** commenter, paraphraser). **3.** Constituer une justification, apparaître comme une cause : *Les inondations expliquent le retard du train* (**SYN.** justifier, motiver). *Comment expliquer cette colère ?* (**SYN.** interpréter). ◆ **s'expliquer** v.pr. **1.** Exposer les raisons qui ont motivé une action, une attitude : *Elle tentait en vain de s'expliquer* (**SYN.** se défendre, se justifier). **2.** Comprendre la cause, la raison, le bien-fondé de qqch : *Je m'explique mal son désarroi.* **3.** Avoir une discussion avec qqn : *Je tiens à m'expliquer avec lui* (**SYN.** discuter). **4.** *Fam.* Se battre : *Viens, on va s'expliquer dehors !* **5.** Devenir, être compréhensible : *Sa réaction s'explique très bien* (**SYN.** se comprendre).

exploit n.m. (lat. *explicitum*, de *explicare*, accomplir). **1.** Coup d'éclat ; action mémorable : *Sa victoire en finale est un exploit* (**SYN.** performance, prouesse). **2.** *Iron.* Action inconsidérée : *Elle a réussi l'exploit de se mettre tout le monde à dos* (**SYN.** maladresse). ▸ ***Exploit d'huissier,*** acte de procédure rédigé et signifié par un huissier.

exploitable adj. Qui peut être exploité ; que l'on peut faire valoir : *Des terres exploitables* (**SYN.** cultivable ; **CONTR.** inexploitable).

exploitant, e n. **1.** Personne qui met en valeur une exploitation, un bien productif de richesse : *Les exploitants agricoles* (= agriculteur). **2.** Personne qui exploite une salle de cinéma.

exploitation n.f. **1.** Action d'exploiter, de mettre en valeur en vue d'un profit : *L'exploitation d'un gisement pétrolier.* **2.** Affaire qu'on exploite, lieu où l'on exploite : *Une exploitation agricole* (= ferme). **3.** Branche de l'économie du cinéma relative à l'activité des exploitants. **4.** Mise à profit, utilisation méthodique de qqch : *L'exploitation de ce renseignement a permis aux policiers de remonter la filière.* **5.** *Péjor.* Action de tirer un profit abusif de qqn ou de qqch : *L'exploitation de la main-d'œuvre étrangère.*

exploité, e adj. et n. Se dit d'une personne dont on tire un profit abusif.

exploiter v.t. (du lat. *explicare*, accomplir) [conj. 3]. **1.** Faire valoir une chose, en tirer du profit : *Il exploite une terre* (**SYN.** cultiver ; **CONTR.** abandonner). *Exploiter une salle de cinéma* (= y montrer des films). **2.** Tirer parti de qqch : *Il a su exploiter son talent de débatteur* (**SYN.** profiter de, utiliser). **3.** Profiter abusivement de qqn ; faire travailler qqn à bas salaire : *Elle exploite la naïveté des gens* (**SYN.** duper, gruger [litt.]). *Certaines entreprises exploitent leurs employés* (**SYN.** pressurer).

exploiteur, euse n. **1.** Personne qui exploite qqch à son profit et d'une manière abusive : *Un exploiteur de la crédulité des personnes âgées* (**SYN.** profiteur). **2.** Personne qui tire un profit illégitime ou excessif du travail d'autrui (**SYN.** spoliateur).

① **explorateur, trice** n. **1.** Personne qui fait un voyage de découverte dans un pays lointain, une région inconnue : *Christophe Colomb était un grand explorateur* (**SYN.** voyageur). **2.** Personne qui se livre à des recherches dans un domaine particulier : *Les explorateurs du monde sous-marin.*

② **explorateur, trice** adj. Se dit d'un procédé, d'un instrument qui permet de connaître l'état d'un organe : *Un examen explorateur. Une sonde exploratrice.*

exploration n.f. **1.** Action d'explorer un pays ; examen méthodique de qqch : *L'exploration du pôle Nord* (**SYN.** découverte, reconnaissance). *Une exploration minutieuse de l'appartement* (**SYN.** inspection, perquisition). **2.** Ensemble d'examens médicaux permettant d'apprécier l'état d'une fonction, d'un organe : *L'exploration de l'estomac.*

exploratoire adj. Qui a pour but de rechercher les possibilités ultérieures de négociations : *Des entretiens exploratoires* (**SYN.** préliminaire, préparatoire).

explorer v.t. (lat. *explorare*, observer) [conj. 3]. **1.** Parcourir un lieu inconnu ou peu connu en l'étudiant attentivement : *Il explore un souterrain* (**SYN.** inspecter, reconnaître). **2.** Procéder à l'exploration d'un organe à l'aide d'instruments spéciaux : *Le chirurgien explore les voies respiratoires* (**SYN.** sonder). **3.** Examiner les différents aspects d'une question, un texte, etc. : *Ils explorent les possibilités d'un accord* (**SYN.** étudier).

exploser v.i. [conj. 3]. **1.** Faire explosion : *La bombe n'a pas explosé* (**SYN.** détoner, sauter). **2.** Se manifester soudainement et violemment : *Son indignation a explosé* (**SYN.** éclater). **3.** *Fam.* Ne plus pouvoir se contenir, dire violemment ce que l'on pense : *Arrête ou il va exploser* (**SYN.** se déchaîner, s'énerver ; **CONTR.** s'adoucir, se calmer). **4.** *Fam.* Se révéler, manifester brusquement sa valeur : *Cet athlète a explosé lors du dernier* *championnat.* **5.** *Fam.* S'accroître brutalement : *Les prix ont explosé* (**SYN.** grimper ; **CONTR.** diminuer).

explosible adj. Se dit de qqch qui est susceptible d'exploser ; explosif.

explosif, ive adj. **1.** Qui peut faire explosion ; explosible : *Un mélange explosif* (**SYN.** détonant). **2.** Qui est de nature à provoquer des réactions brutales : *Une situation explosive* (**SYN.** critique, tendu). ◆ **explosif** n.m. Corps ou mélange de corps aptes à faire explosion.

explosion n.f. (du lat. *explodere*, rejeter en frappant des mains, huer). **1.** Fait d'éclater violemment ; bruit qui accompagne cet éclatement : *L'explosion d'une bombe* (**SYN.** déflagration). *L'explosion a été entendue à l'autre bout de la ville* (**SYN.** détonation). **2.** Manifestation vive et soudaine : *Une explosion de révolte* (**SYN.** déchaînement, jaillissement). *Une explosion de joie* (**SYN.** débordement). **3.** Apparition brusque d'un événement ; développement, accroissement brutal d'un phénomène : *L'explosion démographique* (= augmentation fulgurante). **4.** Troisième temps de fonctionnement d'un moteur à quatre temps, correspondant à la combustion et à la détente.

expo n.f. (abrév.). *Fam.* Exposition : *Elle a visité plusieurs expos à Paris.*

exponentiel, elle adj. (du lat. *exponens*, exposant). Qui se fait de façon rapide et continue : *La montée exponentielle du chômage.*

exportable adj. Que l'on peut exporter.

exportateur, trice adj. et n. Qui exporte : *Une industrie exportatrice. Les exportateurs de voitures.*

exportation n.f. **1.** Action d'exporter ; marchandises exportées : *L'exportation de vins français. La baisse des exportations* (**CONTR.** importation). **2.** Action de diffuser à l'étranger des idées, une mode, etc. : *L'exportation de la techno française.*

exporter v.t. (lat. *exportare*, emporter) [conj. 3]. **1.** Transporter, vendre à l'étranger les produits de l'activité nationale : *Il exporte du champagne aux États-Unis* (**CONTR.** importer). **2.** Répandre à l'étranger : *Pays qui exporte ses feuilletons télévisés.* ▸ ***Exporter des capitaux,*** les placer à l'étranger.

① **exposant, e** n. Personne qui présente ses produits, ses œuvres dans une exposition publique : *Les exposants du Salon de l'agriculture.*

② **exposant** n.m. En mathématiques, nombre indiquant la puissance à laquelle est élevée une quantité, et que l'on écrit en haut et à droite de cette quantité : *Dans* $4^3 = 4 \times 4 \times 4$, *3 est l'exposant.*

① **exposé** n.m. Développement explicatif dans lequel on présente, par écrit ou oralement, des faits ou des idées : *Elle a fait un exposé de sa théorie* (**SYN.** analyse, compte rendu).

② **exposé, e** adj. Susceptible d'encourir un danger : *Une population exposée* (= à risque).

exposer v.t. (lat. *exponere*) [conj. 3]. **1.** Mettre en vue, présenter au regard : *Il expose de nouvelles vestes dans sa vitrine* (**SYN.** montrer ; **CONTR.** cacher). **2.** Placer, tourner d'un certain côté ; situer de façon à soumettre à l'action de qqch : *Une maison exposée à l'est* (**SYN.** orienter). *Elle expose son corps au soleil* (**SYN.** offrir, présenter ; **CONTR.** abriter). **3.** Mettre en péril, faire courir un risque à : *Des sauveteurs qui exposent leur vie* (**SYN.** jouer, risquer ; **CONTR.** préserver). **4.** Faire connaître ; expliquer : *Il expose sa théorie* (**SYN.** décrire, développer, présenter ; **CONTR.** taire). ◆ **s'exposer** v.pr. Courir le risque de : *Vous vous exposez à la critique* ou *à être critiqué.*

exposition n.f. **1.** Action d'exposer, de placer sous le regard du public des œuvres d'art, des objets divers, etc. ; lieu où on les expose : *L'exposition ouvre demain* (**SYN.** foire, Salon). *Il a visité une exposition de peinture.* **2.** Action de faire connaître, d'expliquer : *L'exposition d'une doctrine* (**SYN.** exposé, explication). **3.** Situation d'un bâtiment, d'un local, etc., par rapport à une direction, à la lumière : *Nous préférons une exposition au sud* (**SYN.** orientation). **4.** Partie initiale d'une œuvre littéraire dramatique ou d'une œuvre musicale (**SYN.** introduction, prélude).

① **exprès, esse** [ɛksprɛs] adj. (lat. *expressus*, mis en relief). Nettement exprimé : *Il a l'interdiction expresse d'y retourner* (**SYN.** absolu, formel). *Elle a agi sur l'ordre exprès de ses supérieurs* (**SYN.** catégorique, impératif). ◆ **exprès** adj. inv. et n.m. Remis sans délai au destinataire : *Une lettre exprès. Un envoi par exprès.* ☞ **REM.** Ne pas confondre avec *express.*

② **exprès** [ɛksprɛ] adv. Avec intention ; délibérément : *Elle est venue tout exprès pour te voir* (**SYN.** intentionnellement, spécialement). *C'est exprès que j'ai employé ce mot* (**SYN.** volontairement ; **CONTR.** involontairement). ▸ ***Fait exprès,*** coïncidence curieuse et plus ou moins fâcheuse : *Comme par un fait exprès, il n'est pas venu ce jour-là.*

① **express** [ɛksprɛs] adj. et n.m. (mot angl.). Qui assure un service, une liaison rapide : *Une voie express.* ▸ ***Train express,*** train de voyageurs à vitesse accélérée, ne s'arrêtant que dans les gares importantes (on dit aussi *un express*). ☞ **REM.** Ne pas confondre avec *exprès.*

② **express** [ɛksprɛs] adj. ▸ ***Café express,*** café plus ou moins concentré, obtenu par le passage de vapeur d'eau à travers de la poudre de café. ◆ n.m. Café express (**SYN.** expresso).

expressément adv. En termes exprès ; d'une façon nette et précise : *Il est expressément interdit de se baigner* (**SYN.** catégoriquement, formellement).

expressif, ive adj. Qui exprime avec force une pensée, un sentiment, une émotion : *Un geste expressif* (**SYN.** éloquent, parlant). *Une métaphore expressive* (**SYN.** suggestif).

expression n.f. (lat. *expressio*). **1.** Action d'exprimer qqch par le langage ou une technique artistique : *Elle a mis beaucoup de délicatesse dans l'expression de sa douleur* (= dans ses paroles). *La peinture est un moyen d'expression.* **2.** Manière de s'exprimer par le langage ; mot ou groupe de mots de la langue parlée ou écrite : *Je ne connaissais pas cette expression* (**SYN.** formule, terme, tournure). *Une expression figée* (= une locution). **3.** Force, vivacité qu'un artiste insuffle à une œuvre d'art, notamm. musicale : *Des chants pleins d'expression. Un portrait sans expression* (= terne). **4.** Ensemble des signes extérieurs qui traduisent un sentiment, une émotion, etc. : *L'expression de la joie* (**SYN.** manifestation). ▸ ***Réduire à sa plus simple expression,*** amener à sa forme la plus simple ou supprimer totalement : *Un repas réduit à sa plus simple expression.*

expressionnisme n.m. Tendance artistique et littéraire du XXe siècle qui s'attache à l'intensité de l'expression.

expressionniste adj. et n. Qui appartient à l'expressionnisme ou s'y rattache : *Le cinéma expressionniste.*

expressivement adv. De façon expressive : *Il l'a regardé expressivement* (**SYN.** significativement).

expressivité n.f. Caractère de ce qui est expressif : *L'expressivité d'un visage* (**SYN.** mobilité ; **CONTR.** impassibilité).

expresso n.m. (ital. *espresso*). Café express.

exprimable adj. Qui peut être exprimé, énoncé, traduit : *Une émotion difficilement exprimable* (**SYN.** traduisible ; **CONTR.** intraduisible).

exprimer v.t. (lat. *exprimere*, faire sortir en pressant) [conj. 3]. **1.** Manifester sa pensée, ses impressions par le geste, la parole, l'expression du visage : *Elle exprima son étonnement en haussant les sourcils* (**SYN.** afficher, extérioriser, manifester ; **CONTR.** cacher). **2.** Rendre visible, sensible à autrui : *Son regard exprimait une vive satisfaction* (**SYN.** révéler, traduire ; **CONTR.** dissimuler). **3.** Faire sortir un liquide, un suc par pression : *Exprimer le jus d'un citron.* ◆ **s'exprimer** v.pr. Se faire comprendre, exprimer sa pensée : *Il s'exprime clairement* (**SYN.** parler). *Elle s'exprime par la danse* (**SYN.** s'extérioriser).

expropriation n.f. Action d'exproprier.

exproprié, e adj. et n. Qui est l'objet d'une mesure d'expropriation.

exproprier v.t. (du lat. *proprius*, qui appartient à) [conj. 10]. Déposséder qqn de sa propriété, dans un but d'utilité publique, suivant des formes légales accompagnées d'indemnités.

expulsé, e adj. et n. Se dit d'une personne chassée d'un lieu, d'un groupe, d'un pays.

expulser v.t. (lat. *expulsare*) [conj. 3]. **1.** Chasser qqn avec violence ou par une décision de l'autorité du lieu où il était établi : *Ils ont expulsé le contradicteur.Le proviseur a expulsé un élève du lycée* (**SYN.** exclure, renvoyer). **2.** Rejeter qqch de l'organisme, l'éliminer : *Expulser le mucus des bronches* (**SYN.** évacuer).

expulsion n.f. **1.** Action d'expulser qqn d'un lieu où il était établi : *L'expulsion des sans-papiers* (= reconduite à la frontière ; **SYN.** banissement, refoulement). *L'expulsion des grévistes* (**SYN.** évacuation). *Les expulsions de locataires sont suspendues en hiver.* **2.** Action d'exclure qqn d'un groupe : *L'expulsion d'un joueur d'une équipe* (**SYN.** éviction, radiation, renvoi). *L'expulsion d'un élève* (**SYN.** exclusion). **3.** Période terminale de l'accouchement, où l'enfant est expulsé hors du corps de la mère.

expurgation n.f. Action d'expurger.

expurger v.t. (lat. *expurgare*, nettoyer) [conj. 17]. Retrancher d'un écrit ce que l'on juge contraire à la morale, aux convenances, etc. : *Ils rééditeront ses nouvelles quand elles auront été expurgées* (**SYN.** censurer, couper).

exquis, e adj. (lat. *exquisitus*, de *quaerere*, chercher). **1.** Très bon, délicieux, en partic. dans le domaine du goût : *Ce potage est exquis* (**SYN.** délectable, excellent ; **CONTR.** insipide, mauvais). **2.** Qui dénote une grande délicatesse : *Elle nous a reçus avec une exquise gentillesse* (**SYN.** raffiné). **3.** D'un charme particulier : *J'ai passé une soirée exquise avec lui* (**SYN.** enchanteur, merveilleux ; **CONTR.** détestable, exécrable). ▸ ***Douleur exquise,*** douleur intense et localisée en un point, par exemple au cours d'une fracture.

exsangue [ɛksɑ̃g ou ɛgzɑ̃g] adj. (du lat. *sanguis*, sang). **1.** Qui a perdu beaucoup de sang ; très pâle : *Un blessé exsangue. Un visage exsangue* (**SYN.** blême, livide). **2.** *Fig.* Dépourvu de force, de vigueur : *L'économie est exsangue après ce conflit.*

exsanguino-transfusion [ɛksɑ̃ginotrɑ̃sfyzjɔ̃] adj. (pl. *exsanguino-transfusions).*Technique de transfusion consistant à remplacer le sang d'une personne par une quantité équivalente de sang provenant de donneurs compatibles.

exsudation [ɛksydasjɔ̃] n.f. En médecine, suintement d'un liquide à travers la paroi d'un vaisseau.

exsuder [ɛksyde] v.i. (lat. *exsudare*, s'évaporer) [conj. 3]. Sortir par exsudation ; suinter.

extase n.f. (gr. *ekstasis*, égarement d'esprit). **1.** État d'une personne qui se trouve comme transportée hors de la réalité par l'intensité d'un sentiment mystique : *Un sentiment d'extase* (**SYN.** béatitude, transe). **2.** Vive admiration, plaisir extrême causé par une personne ou par une chose : *Elles sont en extase devant cet acteur. Elle reste en extase devant ce tableau* (**SYN.** admiration, émerveillement).

extasié, e adj. Rempli d'admiration ; admiratif, ravi : *Le regard extasié des enfants devant les automates* (**SYN.** émerveillé, enchanté, enivré ; **CONTR.** dégoûté).

s'**extasier** v.pr. [conj. 9]. **[devant, sur].** Manifester son ravissement, son admiration : *Elle se sont extasiées devant les modèles présentés* (**SYN.** s'émerveiller).

extatique adj. Causé par l'extase ; qui exprime le ravissement : *Une joie extatique.*

extemporané, e adj. (lat. *extemporaneus*). En médecine et en pharmacie, qui se fait immédiatement, sur place : *Examen extemporané* (**SYN.** biopsie). *Préparation extemporanée* (= faite au moment où elle doit être administrée).

extenseur adj. m. et n.m. Se dit d'un muscle qui provoque l'extension (par opp. à fléchisseur) : *Les muscles extenseurs* ou *les extenseurs.* ◆ n.m. Appareil de culture physique servant à développer les muscles.

extensibilité n.f. Propriété de ce qui est extensible : *L'extensibilité des muscles* (**SYN.** élasticité, souplesse ; **CONTR.** raideur, rigidité).

extensible adj. **1.** Qui peut être étiré, allongé, étendu : *Le Stretch est une matière extensible* (**SYN.** ductile, élastique ; **CONTR.** rigide). **2.** Qui peut s'appliquer, s'étendre à d'autres choses ou personnes : *La liste des produits nécessaires est extensible* (= où l'on peut ajouter des noms).

extensif, ive [ɛkstɑ̃sif, iv] adj. ▸ ***Culture extensive, élevage extensif,*** pratiqués sur de vastes superficies et à rendement en général faible (par opp. à intensif).

extension n.f. (du lat. *extensus*, étendu). **1.** Action d'étendre ou de s'étendre : *L'extension du bras. Le membre cassé doit être maintenu en extension.* **2.** Fait de s'étendre, de s'accroître : *L'extension des start-up* (**SYN.** essor ; **CONTR.** déclin). *L'extension des pouvoirs du président* (**SYN.** développement ; **CONTR.** réduction, restriction). **3.** Modification du sens d'un mot qui, par ressemblance, s'applique à d'autres objets : *Le mot*

« *bureau* » *désigne, par extension, la pièce où se trouve ce meuble.* **4.** Augmentation de la capacité d'un organe (mémoire, notamm.) d'un système informatique.

in **extenso** loc. adv. → **in extenso.**

exténuant, e adj. Qui exténue, épuise : *Une randonnée exténuante* (**SYN.** harassant ; **CONTR.** reposant).

exténuation n.f. Affaiblissement extrême des forces physiques : *Il est dans un état de complète exténuation* (**SYN.** asthénie, épuisement ; **CONTR.** vigueur).

exténuer v.t. (lat. *extenuare,* rendre mince, menu) [conj. 7]. Épuiser les forces de qqn : *L'escalade de la falaise nous a exténués* (**SYN.** anéantir, briser ; **CONTR.** reposer, revigorer). ◆ **s'exténuer** v.pr. Se fatiguer extrêmement : *Elle s'est exténuée à faire reconnaître ses droits.*

① **extérieur, e** adj. (lat. *exterior*). **1.** Qui est en dehors d'un lieu donné : *Les boulevards extérieurs de la ville* (**SYN.** périphérique ; **CONTR.** intérieur). **2.** Qui n'est pas dans un lieu clos : *Il a pris l'escalier extérieur. La température extérieure est de 20 °C.* **3.** Qui n'appartient pas à qqch ; étranger : *Cette question est extérieure à notre débat* (**SYN.** extrinsèque ; **CONTR.** intrinsèque). **4.** Qui existe en dehors de l'individu : *Le monde extérieur.* **5.** Qui concerne les pays étrangers : *La politique extérieure* (**SYN.** étranger ; **CONTR.** intérieur, national). **6.** Qui se voit du dehors ; visible, manifeste : *Sa décapotable est un signe extérieur de richesse* (**SYN.** apparent, tangible). *Sa joie n'est qu'extérieure* (= de façade ; **SYN.** superficiel ; **CONTR.** profond).

② **extérieur** n.m. **1.** Ce qui est au-dehors, à la surface : *Si tu veux fumer, va à l'extérieur* (**SYN.** dehors ; **CONTR.** intérieur). **2.** L'ensemble des pays étrangers : *Les relations avec l'extérieur* (**SYN.** étranger). ◆ **extérieurs** n.m. pl. Au cinéma, scènes tournées hors du studio.

extérieurement adv. **1.** À l'extérieur : *La maison a été endommagée extérieurement.* **2.** En apparence : *Il était extérieurement impassible* (**SYN.** apparemment).

extériorisation n.f. Action d'extérioriser : *L'extériorisation de ses sentiments* (**SYN.** expression, manifestation ; **CONTR.** intériorisation).

extérioriser v.t. [conj. 3]. Exprimer, manifester ce que l'on éprouve, ce que l'on ressent : *Aider un enfant à extérioriser son angoisse* (**SYN.** dire, montrer, révéler ; **CONTR.** cacher, intérioriser). ◆ **s'extérioriser** v.pr. Manifester ses sentiments, son caractère : *Sa timidité l'empêche de s'extérioriser* (**SYN.** s'exprimer).

extériorité n.f. Caractère de ce qui est extérieur.

exterminateur, trice adj. et n. Qui extermine : *Une épidémie exterminatrice* (**SYN.** destructeur).

extermination n.f. Action d'exterminer : *L'extermination d'un peuple* (= génocide ; **SYN.** anéantissement, massacre). ▸ ***Camp d'extermination,*** durant la Seconde Guerre mondiale, camp organisé par les nazis en Europe centrale et destiné à éliminer physiquement les populations juive et tsigane.

exterminer v.t. (lat. *exterminare,* chasser) [conj. 3]. Faire périr entièrement ou en grand nombre ; massacrer : *Ils ont exterminé les opposants au régime* (**SYN.** anéantir, décimer ; **CONTR.** épargner).

externalisation n.f. Action d'externaliser.

externaliser v.t. [conj. 3]. Pour une entreprise, confier une partie de sa production ou de ses activités (comptabilité, gardiennage, etc.) à des partenaires extérieurs.

externat n.m. **1.** Maison d'éducation qui n'admet que des élèves externes (par opp. à internat). **2.** Situation de celui qui est externe dans un établissement scolaire (par opp. à internat).

externe adj. (lat. *externus*). **1.** Qui est au-dehors, tourné vers l'extérieur : *La couche externe du comprimé est à libération rapide* (**CONTR.** interne). **2.** Qui vient du dehors : *La cause externe d'un conflit* (**SYN.** extrinsèque ; **CONTR.** intrinsèque). ▸ ***Médicament à usage externe,*** qui s'utilise en application sur la peau et ne doit pas être absorbé. ◆ **externe** n. Élève qui suit les cours d'un établissement scolaire sans y coucher et sans y prendre ses repas (**CONTR.** interne).

exterritorialité n.f. Privilège qui soustrait certaines personnes, les diplomates notamm., à la justice de l'État sur le territoire duquel elles se trouvent ; immunité.

extincteur, trice adj. Se dit d'un appareil ou d'un dispositif qui sert à éteindre les incendies ou les commencements d'incendie : *De la poudre extinctrice.* ◆ **extincteur** n.m. Appareil extincteur : *L'extincteur d'une automobile.*

extinction n.f. (du lat. *extinguere,* éteindre). **1.** Action d'éteindre ce qui était allumé : *Pompiers mobilisés pour l'extinction d'un incendie* (**CONTR.** allumage). **2.** Affaiblissement graduel, cessation de qqch : *Le temps amène l'extinction du chagrin* (**SYN.** disparition, fin ; **CONTR.** prolongement). **3.** Disparition totale ; suppression : *Lutter contre l'extinction d'une espèce animale* (**SYN.** anéantissement, destruction ; **CONTR.** protection). ▸ ***Extinction de voix,*** affaiblissement ou perte de la voix.

extirpation n.f. Action d'extirper ; arrachage, éradication, extraction.

extirper v.t. (lat. *extirpare,* de *stirps,* racine) [conj. 3]. **1.** Arracher avec la racine ; enlever complètement, avec difficulté : *Il a extirpé toutes les orties du jardin* (**SYN.** déraciner). **2.** *Litt.* Anéantir ; faire cesser : *Extirper le racisme* (**SYN.** détruire, éradiquer, supprimer). **3.** Sortir qqn d'un lieu avec difficulté : *Les pompiers ont extirpé les corps d'une voiture accidentée* (**SYN.** extraire). ◆ **s'extirper** v.pr. *Fam.* Sortir d'un lieu, se dégager de qqch avec difficulté, lentement, etc. : *Il eu du mal à s'extirper de son jean moulant* (**SYN.** s'extraire).

extorquer v.t. (lat. *extorquere,* déboîter) [conj. 3]. Obtenir qqch par force, menace ou ruse : *Ils lui ont extorqué de l'argent* (**SYN.** soutirer, voler). *Extorquer des aveux à un prévenu* (**SYN.** arracher).

extorsion n.f. Action d'extorquer : *L'extorsion d'une somme d'argent à qqn. L'extorsion d'une promesse.*

① **extra** n.m. (mot lat. signif. « en dehors »). **1.** Ce qui est en dehors des habitudes courantes (dépenses, repas, etc.) : *Il a fait un extra en allant au restaurant.* **2.** Service occasionnel qui se fait en dehors des heures normales de travail ; personne qui fait ce service : *Il fait des extras comme serveur le soir* (= des heures supplémentaires). *Elle est engagée comme extra dans un restaurant.*

② **extra** adj. inv. (abrév. de *extraordinaire*). **1.** De qualité supérieure : *Des vins extra* (**SYN.** excellent ; **CONTR.** exécrable). **2.** *Fam.* Merveilleux, remarquable, exceptionnel : *Il a rencontré des gens extra* (**SYN.** épatant, sensationnel ; **CONTR.** désagréable, odieux).

extraconjugal, e, aux adj. Se dit de relations sexuelles qui existent en dehors du mariage.

extracteur n.m. Instrument chirurgical servant à extraire des corps étrangers de l'organisme.

extractible adj. Qui peut être extrait : *Le jus de certains fruits n'est pas extractible.*

extractif, ive adj. Qui se rapporte à l'extraction des minerais : *L'industrie extractive.*

extraction n.f. (du lat. *extractus*, extrait). **1.** Action d'extraire, d'arracher : *L'extraction d'une dent cariée* (**SYN.** arrachage, arrachement). **2.** En arithmétique, opération effectuée pour trouver la racine d'un nombre : *L'extraction d'une racine carrée* (**SYN.** calcul). **3.** *Sout.* Origine sociale de qqn : *Il est d'extraction bourgeoise* (**SYN.** condition, souche).

extrader v.t. [conj. 3]. Livrer par extradition.

extradition n.f. (du lat. *ex*, hors de, et *traditio*, action de livrer). Procédure par laquelle un État livre un criminel ou un accusé venu se réfugier sur son territoire à l'État dont cette personne dépend et qui le réclame : *Il s'est réfugié dans un pays d'où l'extradition n'est pas possible.*

extrafin, e adj. **1.** Très fin : *Un papier extrafin.* **2.** De qualité supérieure : *Du chocolat extrafin* (**SYN.** délicat, délicieux ; **CONTR.** grossier). **3.** De très petit calibre (par opp. à fin, très fin) : *Des petits pois extrafins.*

extrafort, e adj. **1.** Très résistant, très épais : *Des boîtes en carton extrafort* (**SYN.** solide ; **CONTR.** fragile). **2.** Très fort de goût, très relevé : *Une moutarde extraforte* (**SYN.** épicé, piquant ; **CONTR.** léger). ◆ **extrafort** n.m. Ruban tissé utilisé pour renforcer le bord d'un ourlet.

extragalactique adj. Qui est situé en dehors de la Galaxie.

extraire v.t. (lat. *extrahere*) [conj. 112]. **1.** Retirer de l'organisme un corps étranger ou un organe malade : *Le chirurgien a extrait la tumeur* (**SYN.** enlever, extirper). *Il faut extraire cette dent* (**SYN.** arracher). **2.** Tirer un passage d'un livre, d'un discours : *Il a extrait ce passage de votre dernier roman* (**SYN.** prélever, relever). **3.** Enlever une substance d'un corps par un moyen physique ou chimique : *Il extrait de l'huile des graines* (**SYN.** exprimer). **4.** Tirer une chose du gisement naturel où elle se trouve : *Cette entreprise extrait du pétrole. Extraire un diamant de sa gangue* (**SYN.** dégager, retirer). **5.** Faire sortir : *On a eu du mal à l'extraire de la carlingue* (**SYN.** dégager, désincarcérer, extirper). ▸ ***Extraire la racine d'un nombre,*** la calculer. ◆ **s'extraire** v.pr. **[de].** Sortir, se dégager d'un lieu avec difficulté : *Elle a eu du mal à s'extraire du wagon bondé* (**SYN.** s'extirper).

extrait n.m. **1.** Passage tiré d'un livre, d'un discours, d'un film : *Ils ont retransmis un extrait du discours présidentiel* (**SYN.** fragment). **2.** Copie officielle de l'original d'un acte : *À la mairie, l'employé lui a délivré un extrait d'acte de naissance.* **3.** Substance extraite d'un corps au moyen d'une opération physique ou chimique, et spécial., parfum concentré : *Un extrait de lavande* (**SYN.** essence). **4.** Préparation concentrée et soluble obtenue à partir d'un aliment : *Ajouter un peu d'extrait de tomate à une sauce* (**SYN.** concentré).

extralégal, e, aux adj. Qui est en dehors de la légalité.

extralucide adj. et n. Qui est doué d'un pouvoir de voyance.

extra-muros [ɛkstramyros] adv. et adj. inv. (mots lat. signif. « en dehors des murs »). À l'extérieur d'une ville (par opp. à intra-muros) : *Il habite extra-muros.*

Extranet ou **extranet** [ɛkstranɛt] n.m. Extension du réseau informatique interne d'une entreprise, facilitant l'échange d'informations avec ses clients et ses fournisseurs.

extraordinaire adj. **1.** Qui sort de l'usage ordinaire ; inhabituel : *Une réunion extraordinaire* (**SYN.** exceptionnel, spécial ; **CONTR.** habituel, ordinaire). **2.** Qui étonne par sa bizarrerie : *« C'est un jardin extraordinaire / Il y a des canards qui parlent anglais »* [Charles Trenet] (**SYN.** insolite, singulier ; **CONTR.** commun, banal). **3.** Hors du commun : *C'est une femme extraordinaire* (**SYN.** exceptionnel, remarquable ; **CONTR.** falot, quelconque). *Ce film est vraiment extraordinaire* (**SYN.** prodigieux, stupéfiant ; **CONTR.** insignifiant, médiocre). **4.** Très grand, intense, immense : *L'extraordinaire richesse de la faune et de la flore d'un pays* (**SYN.** fabuleux, fantastique ; **CONTR.** infime, modeste). ▸ ***Par extraordinaire,*** par une éventualité peu probable : *Si, par extraordinaire, un incident devait se produire, j'interviendrais* (**SYN.** par hasard).

extraordinairement adv. De façon extraordinaire : *Ils sont extraordinairement gentils* (**SYN.** extrêmement, très).

extraparlementaire adj. Se dit de ce qui se situe, fonctionne en dehors du Parlement : *Une commission extraparlementaire.*

extrapolation n.f. Action d'établir une conclusion généralisatrice à partir de données fragmentaires : *Gardons-nous d'une extrapolation hâtive* (**SYN.** généralisation).

extrapoler v.t. et v.i. [conj. 3]. Faire une extrapolation ; généraliser : *Il ne faut pas extrapoler, ce cas est exceptionnel. Ils extrapolent l'imminence d'une crise.*

extrascolaire adj. Qui a lieu en dehors du cadre scolaire : *Il a de nombreuses activités extrascolaires.*

extrasensible adj. Qui ne peut être perçu directement par les sens : *Rayonnement extrasensible.*

extrasensoriel, elle adj. Se dit, en parapsychologie, de ce qui est perçu sans l'intermédiaire des sens : *Une perception extrasensorielle.*

extrasolaire adj. Situé à l'extérieur du système solaire : *Une planète extrasolaire* (= une exoplanète).

extrasystole n.f. Contraction anormale du cœur entre deux contractions normales et causant parfois une légère douleur.

extraterrestre adj. Situé à l'extérieur de la Terre : *On n'a pas encore trouvé de trace de vie extraterrestre.* ◆ n. Habitant supposé d'une planète autre que la Terre.

extra-utérin, e adj. (pl. *extra-utérins, es*). Qui est, qui se développe en dehors de l'utérus : *Grossesse extra-utérine.*

extravagance n.f. **1.** Comportement d'une personne extravagante : *Elles sont habituées à l'extravagance de cet acteur* (**SYN.** excentricité, originalité ; **CONTR.**

conformisme). **2.** Caractère de ce qui est extravagant, excentrique : *L'extravagance d'une tenue* (**SYN.** bizarrerie, singularité ; **CONTR.** banalité). **3.** Idée, action extravagante : *Encore une de ses extravagances* (**SYN.** fantaisie, lubie).

extravagant, e adj. (du lat. *vagari*, errer). **1.** Déraisonnable et bizarre : *Une robe de soirée extravagante* (**SYN.** excentrique, insolite ; **CONTR.** sage, sobre). *Des paroles extravagantes* (**SYN.** incroyable, invraisemblable ; **CONTR.** raisonnable). **2.** Qui dépasse la mesure : *Des prix extravagants* (**SYN.** abusif, excessif ; **CONTR.** modéré). ◆ adj. et n. Qui se comporte d'une manière bizarre ; excentrique, original.

extravéhiculaire adj. Se dit de l'activité d'un spationaute hors de son véhicule spatial.

extraverti, e adj. et n. Qui a tendance à se tourner vers les autres, et à exprimer ses sentiments : *C'est un enfant extraverti* (**SYN.** expansif, sociable ; **CONTR.** introverti).

extrême adj. (lat. *extremus*, le plus à l'extérieur). **1.** Qui est tout à fait au bout d'un espace, au terme d'une durée : *Le sentier s'arrête au bord extrême de la falaise. Il attend toujours la date extrême pour payer ses factures* (**SYN.** limite, ultime ; **CONTR.** initial). **2.** Qui est au degré le plus intense : *Il fait une chaleur extrême ici* (= très élevée ; **SYN.** exceptionnel ; **CONTR.** normal, ordinaire). **3.** Sans mesure ; excessif : *Elle utilise des moyens extrêmes pour parvenir à ses fins* (**SYN.** démesuré, exagéré ; **CONTR.** mesuré, raisonnable). ▸ ***Sports extrêmes,*** activités sportives où le danger est associé à un effort physique intense, à la limite des capacités humaines. ◆ n.m. L'ultime limite d'un état, d'une situation : *Il passe d'un extrême à l'autre* (= d'une opinion, d'un état à l'opposé). ▸ ***À l'extrême,*** au-delà de toute mesure : *Elle pousse toujours les choses à l'extrême.* ◆ **extrêmes** n.m. pl. Les personnes, les choses, les groupes opposés : *Son frère et elle sont les deux extrêmes* (= ils sont aux antipodes l'un de l'autre).

extrêmement adv. À un très haut degré : *J'ai été extrêmement surpris par son comportement* (**SYN.** profondément, terriblement ; **CONTR.** légèrement, peu).

extrême-onction n.f. (pl. *extrêmes-onctions*). Dans la religion catholique, sacrement administré à un malade en danger de mort.

extrême-oriental, e, aux adj. Qui se rapporte à l'Extrême-Orient : *Les pays extrême-orientaux.*

in **extremis** loc. adv. → **in extremis.**

extrémisme n.m. Comportement politique consistant à défendre les positions les plus radicales : *L'extrémisme de gauche, de droite.*

extrémiste adj. et n. Qui fait preuve d'extrémisme ; qui en est partisan.

extrémité n.f. (lat. *extremitas*). **1.** Bout, fin de qqch (par opp. à milieu, centre) : *À chaque extrémité de la rue, il y a une boulangerie. Arriver à l'extrémité de sa vie* (**SYN.** issue, terme). **2.** Attitude, action extrême, sans mesure : *Il passe sans cesse d'une extrémité à l'autre.* ▸ ***Être à la dernière extrémité,*** être à l'agonie. ***Être réduit à la dernière extrémité,*** être dans une très grande pauvreté. ◆ **extrémités** n.f. pl. **1.** Ensemble constitué par les mains, les pieds, le bout du nez, les lobes des oreilles, les lèvres : *Les extrémités de son corps sont souvent froides.* **2.** Actes de violence, voies de fait : *Elle se porte à des extrémités regrettables* (**SYN.** excès, violences).

extrinsèque adj. (lat. *extrinsecus*, en dehors). Qui vient du dehors : *Les causes extrinsèques de sa maladie* (**SYN.** externe ; **CONTR.** intrinsèque).

extruder v.t. (du lat. *extrudere*, rejeter) [conj. 3]. Réaliser l'extrusion d'une matière.

extrusion n.f. Procédé de mise en forme des matières céramiques, métalliques ou plastiques.

exubérance n.f. **1.** Tendance à manifester ses sentiments de manière excessive : *Elle manifeste sa joie avec exubérance* (**SYN.** verve, volubilité ; **CONTR.** réserve, retenue). **2.** Surabondance, grande profusion de qqch : *L'exubérance de la végétation* (**SYN.** foisonnement, luxuriance ; **CONTR.** pauvreté, rareté).

exubérant, e adj. (lat. *exuberans*, regorgeant). **1.** Qui manifeste de l'exubérance : *Une fille un peu trop exubérante* (**SYN.** démonstratif, expansif ; **CONTR.** introverti, réservé). **2.** Caractérisé par une abondance excessive : *Une imagination exubérante* (**SYN.** débordant, débridé ; **CONTR.** pauvre). *Une île à la végétation exubérante* (**SYN.** luxuriant, opulent).

exultation n.f. *Litt.* Très grande joie ; allégresse.

exulter v.i. (lat. *exultare*, sauter) [conj. 3]. Éprouver une joie intense : *Il exulte à l'idée de recevoir sa récompense* (**SYN.** se réjouir ; **CONTR.** se désoler).

exutoire n.m. (du lat. *exutus*, dépouillé). *Litt.* Moyen de se débarrasser de qqch qui gêne : *L'écriture est un exutoire à sa colère* (**SYN.** dérivatif).

exuvie [egzyvi] n.f. (lat. *exuviae*, dépouilles). Peau rejetée par un serpent lors de chaque mue.

ex-voto n.m. inv. (du lat. *ex voto*, en conséquence d'un vœu). Tableau, objet ou plaque gravée que l'on suspend dans une église en remerciement d'un vœu exaucé.

eye-liner [ajlajnœr] n.m. (mot angl.) [pl. *eye-liners*]. Liquide coloré employé dans le maquillage des yeux pour souligner le bord des paupières.

Ff

f [ɛf] n.m. inv. Sixième lettre et quatrième consonne de l'alphabet français. ▸ ***F,*** le symbole du franc. ***F,*** la note *fa* dans les systèmes de notation musicale anglo-saxon et germanique.

fa n.m. inv. Note de musique dans le système de notation musicale français, quatrième degré de la gamme de *do.*

fable n.f. (lat. *fabula*). **1.** Court récit symbolique, en vers ou en prose, contenant une moralité ; apologue : *« Le Corbeau et le Renard » est une fable.* **2.** *Litt.* Récit, propos mensonger ; histoire inventée de toutes pièces. **3.** Personne qui est l'objet de moqueries : *Si tu fais ça, tu seras la fable du quartier* (**SYN.** risée).

fabliau n.m. Au Moyen Âge, petit conte en vers, de caractère souvent ironique et railleur.

fabophile n. (du lat. *faba,* fève). Collectionneur de fèves de galette des Rois.

fabricant, e n. **1.** Propriétaire d'une entreprise qui fabrique des objets, des produits, etc. (**SYN.** industriel). **2.** Personne qui fabrique elle-même ou fait fabriquer pour vendre (**SYN.** artisan).

fabrication n.f. Action ou manière de fabriquer : *Un défaut de fabrication* (**SYN.** confection, production).

fabrique n.f. (lat. *fabrica,* métier d'artisan). Établissement industriel où l'on transforme des matières premières en produits destinés à la consommation (**SYN.** entreprise, manufacture, usine).

fabriquer v.t. (lat. *fabricare,* de *faber,* artisan) [conj. 3]. **1.** Faire, confectionner, élaborer qqch, en partic. un objet d'usage courant, à partir d'une matière première : *Dans cette usine, on fabrique des tables* (**SYN.** façonner, produire). **2.** *Fam.* Avoir telle ou telle occupation ; faire : *Qu'est-ce que tu fabriques ?* **3.** *Fig.* Inventer de toutes pièces : *Elle lui a fabriqué un alibi* (**SYN.** arranger, combiner, forger).

fabulateur, trice n. et adj. Personne qui raconte des histoires imaginaires en les présentant comme vraies : *Cet enfant est un fabulateur* (**SYN.** menteur, mythomane).

fabulation n.f. Action de présenter comme réels des faits purement imaginaires ; récit ainsi présenté ; affabulation, mythomanie (**SYN.** mensonge).

fabuler v.i. [conj. 3]. Inventer de toutes pièces une histoire, présentée comme réelle : *Cesse de fabuler ! Je sais que tu n'es jamais venu ici* (**SYN.** affabuler).

fabuleusement adv. De façon fabuleuse, extraordinaire : *Elle est devenue fabuleusement riche* (**SYN.** prodigieusement).

fabuleux, euse adj. (lat. *fabulosus*). **1.** Qui a un côté extraordinaire ou invraisemblable : *Une fortune fabuleuse* (**SYN.** gigantesque, prodigieux). *Ils ont accompli un exploit fabuleux* (**SYN.** fantastique, inouï ; **CONTR.** banal, ordinaire). **2.** *Litt.* Qui appartient à la légende, à l'imagination : *Le griffon est un animal fabuleux* (**SYN.** chimérique, légendaire ; **CONTR.** réel).

fabuliste n. Auteur de fables : *Ésope était un fabuliste grec.*

fac n.f. (abrév. de *faculté*). *Fam.* Université.

façade n.f. (it. *facciata*). **1.** Chacune des faces extérieures d'un bâtiment : *Ils rénovent d'abord la façade principale, puis ils passeront aux façades latérales.* **2.** Face d'un bâtiment comportant l'entrée principale : *Elle peint le balcon de la façade* (**SYN.** devant). **3.** *Fig.* Apparence trompeuse d'une personne, d'une chose : *Sa décontraction n'est qu'une façade* (**SYN.** apparence ; **CONTR.** réalité). *Cette agence n'est qu'une façade pour une bande de trafiquants.* ▸ ***De façade,*** qui n'est pas réel ; simulé : *Une fermeté de façade.*

façadisme n.m. Technique d'urbanisme consistant à restaurer un immeuble en ne conservant que sa façade sur rue.

face n.f. (lat. *facies,* forme extérieure, aspect général). **1.** Partie antérieure de la tête humaine, au-dessous de la ligne des sourcils ; visage : *Cesse de détourner la face pour ne pas le voir !* (**SYN.** figure). *Une face très fine* (**SYN.** minois). **2.** Partie antérieure de la tête de certains animaux ; mufle, museau : *La face d'un singe.* **3.** Chacun des côtés d'une chose ; partie extérieure de qqch : *Escalader la face nord d'une montagne* (**SYN.** pente, versant). *L'autre face de la cassette est meilleure. Un cube possède six faces.* **4.** Aspect sous lequel se présente qqch : *Elle a envisagé le problème sous toutes ses faces* (**SYN.** aspect). **5.** Côté d'une monnaie portant l'effigie du souverain ou l'image symbolisant l'autorité au nom de laquelle la pièce est émise : *Le côté face d'une pièce* (**SYN.** avers, droit ; **CONTR.** pile, revers). ▸ ***À la face de qqn, de qqch,*** ouvertement ; en présence de qqn, de qqch : *Il proclame son désespoir à la face du monde.* ***De face,*** du côté où l'on voit toute la face : *Un portrait de face.* ***En face,*** vis-à-vis, par-devant ; fig., sans crainte : *Il s'est assis en face de moi. J'ai le soleil en face. N'aie pas honte ! Regarde-le en face* (= droit dans les yeux). *Il regarde la mort en face* (= il n'en a pas peur). ***Face à face,*** en présence l'un de l'autre : *Les deux adversaires se retrouvèrent face à face.* ***Faire face à qqch,*** être tourné du côté de qqch ; faire front à qqch : *Leur appartement fait face à la mer. Elle sait faire face aux difficultés.* ***Perdre la***

face, perdre tout prestige, tout crédit : *Dans cette histoire, il a perdu la face.* ***Sauver la face,*** garder sa dignité après un échec : *Il accepte de revenir pour sauver la face.*

face-à-face n.m. inv. **1.** Débat public entre deux personnalités qui représentent des opinions, des partis ou des milieux différents. **2.** Situation conflictuelle dans laquelle deux personnes, deux groupes se font face : *Un face-à-face tendu entre les manifestants et la police* (**SYN.** affrontement, confrontation).

face-à-main n.m. (pl. *faces-à-main*). Lorgnon muni d'un manche, que l'on tient à la main.

facétie [fasesi] n.f. (lat. *facetia*). *Litt.* Plaisanterie ; action burlesque, farce : *Tes facéties ne font plus rire personne* (**SYN.** clownerie, pitrerie).

facétieux, euse [fasesjø, øz] adj. et n. *Litt.* Qui aime faire des facéties ; espiègle, farceur, moqueur. ◆ adj. *Litt.* Qui tient de la facétie ; plaisant.

facette n.f. **1.** Chacune des petites faces planes constituant la surface d'un objet : *Une lanterne à facettes.* **2.** Petite surface plane obtenue par la taille d'une pierre précieuse : *Un diamant taillé à facettes.* **3.** *Fig.* Chacun des aspects présentés par qqn, qqch : *Les multiples facettes de sa personnalité* (**SYN.** aspect, côté). ▸ ***À facettes,*** se dit de qqn qui peut avoir des aspects, des comportements très différents.

fâché, e adj. **1.** En colère. **2.** Contrarié, agacé : *Je suis fâché de ce qui vous arrive* (**SYN.** irrité, mécontent ; **CONTR.** content, satisfait).

fâcher v.t. (lat. *fastidiare,* éprouver du dégoût) [conj. 3]. Mettre en colère ; mécontenter : *Vous l'avez fâchée en ne venant pas* (**SYN.** courroucer [litt.], irriter). ▸ ***Qui fâche,*** qui suscite des controverses ; conflictuel : *Éviter les sujets qui fâchent.* ◆ **se fâcher** v.pr. **1.** Cesser les relations avec qqn : *Je ne veux pas me fâcher avec lui* (**SYN.** se brouiller ; **CONTR.** se réconcilier). **2.** Se mettre en colère : *Il s'est fâché contre les retardataires* (**SYN.** s'emporter, s'irriter).

fâcherie n.f. Brouille, désaccord souvent passagers entre des personnes ; discorde.

fâcheusement adv. De façon fâcheuse : *Il a été fâcheusement surpris* (**SYN.** désagréablement ; **CONTR.** agréablement).

fâcheux, euse adj. Qui entraîne des conséquences ennuyeuses, désagréables : *Ne parlons plus de ce fâcheux incident !* (**SYN.** malencontreux, regrettable ; **CONTR.** heureux). ◆ n. *Litt.* Personne importune, gênante.

facial, e, aux adj. Qui appartient à la face ; qui concerne la face : *Après son opération, elle a ressenti des douleurs faciales.* ▸ ***Nerf facial,*** nerf du crâne relié aux muscles du visage.

faciès [fasjɛs] n.m. (lat. *facies*). (Souvent péjor.). Aspect général du visage, physionomie : *Un faciès énergique* (**SYN.** figure, visage).

facile adj. (lat. *facilis*). **1.** Qui se fait sans peine, sans difficulté : *C'est un travail facile à faire* (**SYN.** enfantin, simple ; **CONTR.** compliqué, difficile). **2.** *Péjor.* Qui n'a exigé aucun effort, aucune recherche : *C'est une plaisanterie facile. Il est facile de critiquer* (**SYN.** aisé ; **CONTR.** malaisé). **3.** Conciliant, accommodant : *Elle a un caractère facile* (**SYN.** indulgent, tolérant ; **CONTR.** rigide). ▸ *Péjor.* ***Femme*** ou ***fille facile,*** dont on obtient sans peine les faveurs.

facilement adv. Avec facilité : *Il a trouvé son chemin facilement* (= sans peine ; **SYN.** aisément, simplement ; **CONTR.** difficilement).

facilité n.f. **1.** Qualité d'une chose facile à faire, à comprendre : *Un logiciel d'une grande facilité d'installation* (**SYN.** simplicité ; **CONTR.** complexité, difficulté). **2.** Aptitude à faire qqch sans peine : *Il a beaucoup de facilité pour les mathématiques* (**SYN.** capacité, dispositions ; **CONTR.** difficulté). **3.** Moyen qui permet de faire qqch sans difficulté ; occasion, possibilité : *J'ai eu toute facilité pour le rencontrer.* ▸ ***Se laisser aller à la facilité*** ou ***choisir la facilité,*** aller vers ce qui demande le moins d'énergie, d'effort. ◆ **facilités** n.f. pl. Commodités, conditions spéciales accordées pour faire qqch : *Des facilités de transport.* ▸ ***Facilités de paiement,*** délais accordés pour payer.

faciliter v.t. (it. *facilitare*) [conj. 3]. Rendre facile, aisé : *Tu ne me facilites pas la tâche !* (= tu ne m'aides pas ; **SYN.** simplifier ; **CONTR.** compliquer).

façon n.f. (lat. *factio,* de *facere,* faire). **1.** Manière d'être ou d'agir : *Je n'aime pas la façon dont il s'habille. Je t'ai fait un gâteau à ma façon* (**SYN.** manière). **2.** Forme donnée à un objet par le travail de l'ouvrier, notamm. dans le domaine de la mode : *La façon de cette veste ne me plaît pas* (**SYN.** coupe, forme). **3.** (Employé en appos.). Imitation : *Une écharpe façon cachemire.* ▸ ***À façon,*** se dit d'un travail exécuté par un artisan sur une matière qu'il n'a pas fournie ; se dit de l'artisan qui travaille ainsi : *Une couturière à façon.* ***C'est une façon de parler,*** il ne faut pas prendre à la lettre ce qui vient d'être dit. ***De toute façon*** ou ***de toutes les façons,*** quoi qu'il arrive, quoi qu'il en soit : *De toute façon, je pars demain.* ***En aucune façon,*** pas du tout : *Il ne peut en aucune façon s'opposer à cette décision* (**SYN.** nullement). ***Faire façon de qqn, d'un animal,*** en Suisse, le soumettre, le maîtriser. ***Sans façon*** ou ***sans façons,*** sans cérémonie, simplement : *Ce sera un repas sans façon.* ◆ **façons** n.f. pl. **1.** Manière de se conduire envers qqn ; comportement à l'égard des autres : *Il a des façons brusques* (**SYN.** attitude). **2.** Politesses hypocrites : *Ne fais pas de façons !* (**SYN.** cérémonie, embarras, simagrées). ◆ **de façon à** loc. prép. (Suivi de l'inf.). Indique le but, la conséquence prévue : *Elle part tôt de façon à arriver à l'heure* (**SYN.** de manière à, pour). ◆ **de façon que** loc. conj. **1.** (Suivi du subj.). Indique le but : *Elle accélère de façon que* ou *de telle façon que personne ne la suive* (**SYN.** de manière que, pour que). **2.** (Suivi de l'ind.). Indique la conséquence réalisée : *Il a pris ses médicaments régulièrement, de façon que maintenant il est guéri* (**SYN.** de sorte que, si bien que).

faconde n.f. (lat. *facundia,* éloquence). *Litt.* Grande facilité à parler ; abondance de paroles : *Sa faconde a séduit l'auditoire* (**SYN.** éloquence, verve).

façonnage n.m. **1.** Action de façonner qqch : *Le façonnage du cuir.* **2.** Façonnement : *Le façonnage du caractère avec l'âge.*

façonnement n.m. Action, manière d'éduquer, de former qqn ; façonnage : *Le façonnement de sa personnalité.*

façonner v.t. [conj. 3]. **1.** Travailler un matériau pour lui donner une certaine forme : *Les sidérurgistes façonnent le métal* (**SYN.** ouvrer, travailler). **2.** Faire, fabriquer qqch en travaillant la matière : *Ce menuisier façonne* *des tabourets* (**SYN.** confectionner). **3.** *Litt.* Former par l'expérience, l'habitude : *Ces années difficiles ont façonné son caractère* (**SYN.** forger, modeler).

façonnier, ère n. et adj. Ouvrier qui travaille à façon : *Un travailleur façonnier.*

fac-similé [faksimile] n.m. (du lat. *facere,* faire, et *simile,* chose semblable) [pl. *fac-similés*]. **1.** Reproduction exacte d'une peinture, d'un dessin, d'un objet d'art, etc. : *Le fac-similé d'un tableau* (**SYN.** copie, imitation ; **CONTR.** création). **2.** Reproduction d'un écrit par procédé photographique : *Des fac-similés de l'édition originale.*

① **facteur, trice** n. (lat. *factor,* celui qui fait). Employé de la poste qui distribue le courrier à domicile ; préposé. ◆ **facteur** n.m. Fabricant d'instruments de musique autres que les instruments de la famille du luth et les instruments de la famille du violon (pour lesquels on parle de *luthier*) : *Un facteur d'orgues, de clavecins. Elle est facteur de pianos.*

② **facteur** n.m. **1.** Agent, élément qui concourt à un résultat : *Cette crème pour la peau est un facteur de bien-être.* **2.** En mathématiques, chacun des nombres d'une multiplication : *Intervertir l'ordre des facteurs.*

factice adj. (lat. *facticius*). **1.** Qui est faux, imité : *Un diamant factice* (**SYN.** artificiel ; **CONTR.** naturel). **2.** *Fig.* Forcé, simulé : *Son sourire est factice* (**SYN.** affecté, contraint ; **CONTR.** sincère, spontané). ◆ n.m. Objet ou reproduction d'un produit destinés aux vitrines des magasins ou utilisés dans un but publicitaire : *Ces fruits sont des factices* (= ils ne se mangent pas ; **SYN.** faux ; **CONTR.** vrai).

factieux, euse [faksjø, øz] adj. et n. Qui prépare une action violente contre le pouvoir établi : *Des écrits factieux* (**SYN.** séditieux, subversif). *Les factieux ont échoué* (**SYN.** rebelle, révolté).

faction [faksjɔ̃] n.f. (lat. *factio*). **1.** Service de surveillance ou de garde dont est chargé un militaire : *Il est de faction* (**SYN.** garde, quart, veille). **2.** Attente, surveillance prolongée : *Elle est restée en faction à sa fenêtre toute la matinée pour ne pas manquer le défilé.* **3.** Groupe ou parti menant une action de désunion ou de subversion à l'intérieur d'un groupe plus important : *Une nouvelle faction est en train de se former* (**SYN.** camp, clan). **4.** Chacune des trois tranches de huit heures entre lesquelles sont réparties les trois équipes assurant un travail industriel continu.

factionnaire [faksjɔnɛr] n.m. Militaire en faction : *Un factionnaire surveille l'entrée principale* (**SYN.** sentinelle).

factitif, ive adj. et n.m. (du lat. *factitare,* de *facere,* faire). En grammaire, se dit d'un verbe qui indique que le sujet fait faire l'action (on dit aussi *un factitif*) : *Dans « Il a fait réparer sa voiture », le verbe « faire » est un verbe factitif.*

factoriel, elle adj. En mathématiques, relatif à un facteur.

factorisation n.f. En mathématiques, écriture d'une somme sous forme d'une multiplication de facteurs.

factoriser v.t. [conj. 3]. Effectuer une factorisation.

factotum [faktɔtɔm] n.m. (du lat. *facere,* faire, et *totum,* tout) [pl. *factotums*]. Personne qui s'occupe un peu de tout, notamm. des travaux mineurs : *Le concierge sert de factotum.*

factuel, elle adj. Qui s'en tient aux faits, qui présente les faits sans les interpréter : *Une information factuelle* (**SYN.** brut).

factum [faktɔm] n.m. (mot lat. signif. « fait, travail ») [pl. *factums*]. *Litt.* Écrit violent et polémique (**SYN.** libelle, pamphlet).

facturation n.f. **1.** Action de facturer. **2.** Service où l'on fait les factures.

① **facture** n.f. (lat. *factura,* façon, fabrication). **1.** Manière dont une chose est exécutée : *Un tableau, un livre de bonne facture* (**SYN.** style, technique). **2.** Construction des instruments de musique autres que les violons et les luths ; travail, métier du facteur : *La facture des pianos* (**SYN.** fabrication).

② **facture** n.f. (de *facteur*). Note détaillée et précise du prix des marchandises vendues, des services exécutés : *C'est elle qui règle la facture* (**SYN.** addition). ▸ ***Prix de facture,*** prix d'achat.

facturer v.t. [conj. 3]. **1.** Établir la facture de ce qui a été vendu : *La caissière facture la réparation.* **2.** Faire payer qqch à qqn : *Je vous facture aussi la pose de l'appareil* (**SYN.** compter ; **CONTR.** offrir).

facturette n.f. Reçu remis par le commerçant au client qui paie avec une carte de crédit.

facturier, ère n. et adj. Employé qui établit les factures : *Une secrétaire facturière.*

facultatif, ive adj. Que l'on a le choix de faire ou de ne pas faire : *Le cours d'anglais est facultatif* (**SYN.** optionnel ; **CONTR.** obligatoire).

facultativement adv. De façon facultative.

faculté n.f. (lat. *facultas,* de *facere,* faire). **1.** Aptitude, capacité physique, morale ou intellectuelle de faire ou d'éprouver qqch : *La faculté de courir, de choisir.* **2.** Droit de faire qqch : *Il a la faculté de tout vendre* (**SYN.** latitude, liberté ; **CONTR.** interdiction, obligation). **3.** *Anc.* Nom des établissements d'enseignement supérieur, remplacés auj. par les universités (abrév. fam. fac) : *La faculté de lettres.* **4.** Au Canada, unité d'enseignement et de recherche d'une université. ▸ *Vieilli* ***La faculté de médecine*** ou ***la Faculté,*** les médecins : *La Faculté lui a interdit le tabac.* ◆ **facultés** n.f. pl. Aptitudes d'une personne, en partic. intellectuelles : *Ses facultés commencent à baisser* (**SYN.** lucidité, raison). ▸ ***Ne pas avoir*** ou ***ne pas jouir de toutes ses facultés,*** être un peu diminué intellectuellement.

fada adj. et n. (mot prov.). *Fam.* Dans le midi de la France, qui est un peu fou, niais.

fadaise n.f. (prov. *fadeza,* folie). Niaiserie, plaisanterie stupide ; propos sans intérêt : *Il ne cesse de débiter des fadaises* (**SYN.** billevesée [litt.], faribole, sornette).

fadasse adj. *Fam.* Très fade : *Une sauce fadasse* (**SYN.** insipide ; **CONTR.** épicé, piquant, relevé).

fade adj. (lat. *fatuus,* fade, influencé par *sapidus,* qui a de la saveur). **1.** Qui manque de saveur : *Sa cuisine est très fade* (**SYN.** insipide ; **CONTR.** épicé, piquant, relevé). **2.** Qui manque de vivacité, d'éclat : *Une couleur fade* (**SYN.** pâle, terne ; **CONTR.** éclatant, vif). **3.** Se dit d'une odeur écœurante : *L'odeur fade du sang* (**SYN.** dégoûtant, douceâtre ; **CONTR.** suave). **4.** *Fig.* Sans caractère, sans intérêt : *Une beauté fade* (**SYN.** quelconque ; **CONTR.** piquant). *Un style fade* (**SYN.** banal, plat ; **CONTR.** original).

fadement adv. D'une manière fade.

se **fader** v.pr. (prov. *fadar,* enchanter, de *fada,* fée) [conj. 3]. *Fam.* Faire, accomplir comme une corvée ; supporter à contrecœur qqch ou qqn : *On s'est fadé trois heures de queue. Je me le suis fadé hier soir.*

fadeur n.f. Caractère de ce qui est fade : *La fadeur d'un plat* (**SYN.** insipidité ; **CONTR.** piquant). *La fadeur d'un poème* (**SYN.** banalité ; **CONTR.** originalité).

fado n.m. (mot port. signif. « destin »). Genre musical du Portugal, constitué de chants populaires au thème mélancolique avec un accompagnement à la guitare.

faena [faena] n.f. (mot esp. signif. « travail »). Travail à la muleta, dans une corrida.

fagnard, e adj. En Belgique et dans l'est de la France, se dit de ce qui concerne la fagne. ◆ n. En Belgique et dans l'est de la France, habitant de la région des Fagnes ; personne qui connaît la fagne, qui fait des randonnées dans la fagne.

fagne n.f. (du frq. *fanja,* boue). En Belgique et dans l'est de la France, lande marécageuse des plateaux ardennais.

fagot n.m. (lat. pop. *facus*). **1.** Paquet de petites branches liées par le milieu et servant à faire du feu : *Je ferai rentrer quelques fagots avant l'hiver.* **2.** En Afrique, bois de chauffage. ▸ *Fam.* ***De derrière les fagots,*** qui est d'une qualité exceptionnelle et qui est mis en réserve pour une grande occasion : *Je vous ai sorti une petite bouteille de derrière les fagots.* ***Sentir le fagot,*** être soupçonné d'hérésie (parce que autrefois on brûlait les hérétiques).

fagoter v.t. [conj. 3]. **1.** Mettre en fagot. **2.** *Fam.* Habiller qqn sans goût, sans élégance : *Tu as vu comment elle fagote sa fille !* (**SYN.** accoutrer, affubler).

Fahrenheit (degré) [farɛnajt] → **degré.**

faiblard, e adj. *Fam.* Un peu faible ; insuffisant, médiocre.

faible adj. (lat. class. *flebilis,* digne d'être pleuré). **1.** Qui manque de vigueur, de force physique ou morale : *Un enfant de faible constitution physique* (**SYN.** délicat, fragile ; **CONTR.** solide, vigoureux). *Il est trop faible avec ses enfants* (**SYN.** débonnaire ; **CONTR.** ferme, inflexible). **2.** Qui manque de connaissances, de savoir : *Un élève faible en informatique* (**SYN.** mauvais, médiocre ; **CONTR.** bon, fort). **3.** Qui manque de solidité, de résistance : *Les étagères sont trop faibles pour supporter le poids des livres* (**SYN.** fragile ; **CONTR.** solide). **4.** Qui manque d'intensité, d'acuité : *Sa vue devient de plus en plus faible* (**SYN.** bas). **5.** Qui n'est pas d'un niveau élevé ; qui a peu de valeur : *Son dernier roman est bien faible* (**SYN.** mauvais, médiocre ; **CONTR.** excellent). *Il n'a tiré qu'un faible avantage de sa promotion* (**SYN.** maigre, petit ; **CONTR.** gros, important). **6.** Peu considérable : *Elle a perdu une faible somme d'argent* (**SYN.** modeste, modique ; **CONTR.** énorme, important). ▸ ***Point faible de qqn,*** point vulnérable ; faiblesse, défaut : *Les mathématiques sont le point faible de cet élève.* ◆ n. **1.** Personne dépourvue de ressources, de moyens de défense : *Chacun se doit de défendre les faibles* (**SYN.** petit ; **CONTR.** fort, puissant). **2.** Personne sans volonté : *C'est un faible, il ne sait pas leur dire non* (**SYN.** apathique, mou). ▸ ***Faible d'esprit,*** simple d'esprit ; personne dont les facultés intellectuelles sont peu développées. ◆ n.m. Attirance particulière ; penchant : *Le chocolat noir, c'est son faible* (**SYN.** faiblesse, prédilection). ▸ ***Avoir un faible pour,*** une attirance, un goût marqués pour qqn, qqch : *Il a un faible pour cette fille* (**SYN.** penchant). *Elle a un faible pour les pâtisseries* (**SYN.** inclination, préférence).

faiblement adv. **1.** À un faible degré : *Le salon est trop faiblement éclairé* (**SYN.** insuffisamment, peu ; **CONTR.** fortement, intensément). **2.** D'une manière faible : *Elle protesta faiblement* (**SYN.** mollement ; **CONTR.** énergiquement).

faiblesse n.f. **1.** Manque de vigueur ; état de ce qui est faible : *Le malade ressent une faiblesse générale* (**SYN.** affaiblissement, fatigue ; **CONTR.** vigueur, vitalité). *La faiblesse d'un cri* (**CONTR.** puissance). **2.** Perte subite des forces physiques ou perte de conscience : *Elle a eu une faiblesse* (**SYN.** défaillance, étourdissement). *Il a été pris de faiblesse* (**SYN.** évanouissement, malaise). **3.** Goût excessif pour qqch : *Sa faiblesse, c'est le vin blanc* (**SYN.** faible, penchant, prédilection). ▸ ***Faire preuve de faiblesse envers qqn,*** être d'une trop grande indulgence.

faiblir v.i. [conj. 32]. **1.** Perdre de ses forces, de sa capacité, de sa fermeté : *Sa voix faiblissait sous l'émotion* (**SYN.** défaillir, fléchir ; **CONTR.** enfler, grossir). *Elle n'a pas faibli devant les critiques* (**SYN.** céder, s'incliner, plier ; **CONTR.** résister). **2.** Perdre de son intensité, de sa force, de son intérêt : *L'éclat du soleil faiblit* (**SYN.** baisser, décliner ; **CONTR.** s'intensifier). *Le film faiblit dans la deuxième partie* (**SYN.** mollir).

faiblissant, e adj. Qui faiblit : *La voix faiblissante d'un malade* (**SYN.** défaillant, déclinant ; **CONTR.** puissant).

faïence n.f. (de *Faenza,* ville d'Italie). **1.** Céramique en argile, recouverte d'un enduit imperméable et opaque. **2.** Objet de faïence : *Des faïences décorées.*

faïencerie n.f. **1.** Fabrique ou commerce de faïence. **2.** Ensemble d'ouvrages en faïence.

faïencier, ère n. Personne qui fabrique ou vend des objets en faïence.

faignant, e adj. et n. → **feignant.**

① **faille** n.f. (de *faillir*). **1.** Point de faiblesse, de rupture : *Ce raisonnement présente une faille* (**SYN.** défaut, faiblesse). **2.** Cassure de la couche terrestre : *La faille de San Andreas en Californie* (**SYN.** fracture).

② **faille** n.f. Tissu de soie formant des côtes.

failli, e adj. et n. *Vieilli* Qui est déclaré en état de faillite.

faillibilité n.f. Caractère d'une personne faillible : *La faillibilité d'un enseignant* (**CONTR.** infaillibilité).

faillible adj. Qui peut se tromper : *Tout homme est faillible* (**CONTR.** infaillible).

faillir v.i. (lat. *fallere,* tromper) [conj. 46]. (Suivi d'un inf.). Être sur le point de faire qqch : *J'ai failli arriver en retard* (**SYN.** manquer de). ◆ v.t. ind. **[à].** *Litt.* Ne pas faire ce qu'on s'est engagé à faire : *Si nous faillissions à nos promesses, les électeurs nous tourneraient le dos* (**SYN.** déroger à, manquer à ; **CONTR.** tenir).

faillite n.f. **1.** État d'un débiteur qui ne peut plus payer ses créanciers : *Ce commerçant est en faillite. Ce banquier a fait faillite.* **2.** Échec complet d'une entreprise, d'un système, etc. : *La faillite d'une politique* (**SYN.** déconfiture, fiasco ; **CONTR.** réussite, succès).

faim n.f. (lat. *fames*). **1.** Sensation éprouvée lorsque l'on a besoin de manger : *Cela fait plusieurs heures* *que je n'ai rien mangé, je commence à avoir faim* (= j'ai grand appétit). **2.** Manque de ressources alimentaires dans un pays, une région : *Ce pays souffre de la faim* (**SYN.** disette, famine). ▸ ***Avoir faim de,*** avoir un désir ardent de qqch, un vif besoin de qqch : *Elle a faim d'affection* (**SYN.** soif). ***Faim de loup,*** faim très vive : *Cette promenade m'a donné une faim de loup.* ***Rester sur sa faim,*** avoir peu ou pas du tout mangé ; fig., être insatisfait, frustré dans son attente.

faine n.f. (lat. *fagina* [*glans*], [gland] de hêtre). Fruit du hêtre.

fainéant, e adj. et n. (anc. fr. *faignant,* de *feindre,* rester inactif). Qui ne veut rien faire ; paresseux : *Il ne fait rien de ses journées, c'est un fainéant.* ▸ ***Les rois fainéants,*** les derniers rois mérovingiens, qui abandonnèrent le pouvoir aux maires du palais.

fainéanter v.i. [conj. 3]. Ne rien faire ; se laisser aller à la paresse (**SYN.** paresser).

fainéantise n.f. Caractère du fainéant : *Son principal défaut est la fainéantise* (**SYN.** paresse ; **CONTR.** activité, travail).

faire v.t. (lat. *facere*) [conj. 109]. **1.** Réaliser qqch par un travail, une action ; produire : *Il a fait un gâteau avec de la farine et des œufs* (**SYN.** confectionner, préparer). *Cet artisan fait des chaises* (**SYN.** construire, fabriquer). *Elle a déjà fait plusieurs films* (**SYN.** réaliser, tourner). *Il lui a fait un poème* (**SYN.** écrire). *Ici, on fait du maïs* (**SYN.** cultiver). **2.** Accomplir un geste, un acte, une action : *Elle a fait un signe de la main en partant* (**SYN.** effectuer). *Il a fait une bêtise* (**SYN.** commettre). **3.** Se livrer à une occupation : *Il fait du vélo* (**SYN.** pratiquer). *Au collège, les élèves peuvent faire de l'allemand* (**SYN.** apprendre, étudier). *Je n'ai rien à faire.* **4.** S'engager dans des études : *Elle a décidé de faire médecine.* **5.** (Sans compl.). Agir : *Il a fait de son mieux. Comment faire ?* **6.** Soumettre qqch à une action particulière : *Il a fait la chambre* (= il l'a rangée). *Elle fait le lit* (**SYN.** arranger ; **CONTR.** défaire). *Ce soir, je leur fais une omelette* (= je vais préparer). *Tu devrais faire tes chaussures* (= les cirer). **7.** *Fam.* Vendre : *À combien faites-vous cette veste-là ? Ils font tout le matériel hi-fi* (**SYN.** proposer). **8.** Adopter l'attitude, jouer le rôle de qqn, qqch ; contrefaire : *Il fait le mort. Arrête un peu de faire le malin ! Elle fait celle que rien ne dérange* (**SYN.** jouer à, imiter). *La boulangerie fait aussi confiserie.* **9.** S'emploie dans des constructions familières pour indiquer une action dont la nature est indiquée par le nom : *Elle fait une machine à laver avant de partir.* **10.** (Suivi d'un attribut du compl. d'objet dir.). Nommer qqn dans une fonction, un grade : *Il a été fait chevalier de la Légion d'honneur* (**SYN.** promouvoir). **11.** Transformer en qqn, qqch d'autre ; rendre tel : *Le succès a fait de lui un être vaniteux* (**SYN.** changer en, métamorphoser). **12.** Produire, être à l'origine de qqch, avoir pour effet essentiel : *Le bois fait de la fumée en brûlant* (**SYN.** former). *Tu t'es cogné, cela fera une bosse. L'argent ne fait pas le bonheur* (**SYN.** engendrer, entraîner). *La tempête a fait des ravages* (**SYN.** causer, occasionner). *Elle m'a fait peur* (= elle m'a effrayé). *Ils m'ont fait du tort* (= ils m'ont nui). **13.** Être affecté par qqch, être dans tel état : *Il a fait une bronchite.* (**SYN.** contracter). **14.** Prendre telle forme (physique, morphologique, etc.) : *Ta jupe fait un faux pli. « Email » fait « émaux » au pluriel* (**SYN.** devenir). **15.** Parcourir une distance : *Nous avons fait 30 kilomètres aujourd'hui. Il a fait le chemin à pied.* **16.** Égaler : *Quatre et quatre font huit.* **17.** (Employé comme auxil.). Se substitue à un verbe d'action déjà exprimé ; s'emploie en incise, à la place de « dire », dans un récit : *As-tu acheté des timbres ? Oui, je l'ai fait. Assurément, fit-elle, vous avez raison.* **18.** (Suivi de l'inf.). Charger qqn de faire qqch ; faire faire : *Le professeur fait travailler ses élèves. Les chaussures qu'elle a fait réparer.* **19.** Obtenir que ; aboutir à ce que qqch se produise : *Il fait griller du pop-corn. La honte le fit rougir. Tu me fais rire. Fais-la entrer un instant* (**SYN.** laisser). ▸ ***C'en est fait,*** c'est fini, il n'y a plus d'espoir : *C'en est fait de tous nos projets.* ***N'avoir que faire*** ou ***rien à faire de qqch,*** ne pas être affecté, intéressé par qqch : *Je n'ai que faire de ses conseils.* ***Ne faire que*** (+ inf.), être sans cesse en train de : *Le bébé ne fait que pleurer.* ◆ v.t. ind. **[avec].** *Fam.* S'adapter contre son gré à une situation ; s'accommoder de qqch, qqn : *Il n'est pas sympathique, mais il faut faire avec* (= il faut prendre sur soi). *Cet ordinateur n'est pas très puissant, mais il faudra faire avec* (= s'en contenter). ◆ v.i. **1.** Introduit une dimension, une taille, un poids, une vitesse, un prix : *Le mur fait 3 mètres* (**SYN.** mesurer). *Il fait 70 kilos* (**SYN.** peser). *Sur l'autoroute, il fait du 120 kilomètres à l'heure* (= rouler à). *Combien fait cet ensemble ?* (**SYN.** coûter, valoir). **2.** (Suivi d'un adv. ou d'un adj.). Produire un certain effet : *Avec cette jupe, ça fait mieux* (= c'est plus joli). *Cette coiffure fait très jeune* (= donne l'air jeune). **3.** (Suivi d'un adj.). Paraître : *Il fait vieux pour son âge* (**SYN.** sembler). *Avec ce chapeau, elle fait anglaise.* ▸ ***Avoir fort à faire,*** être très occupé ; avoir des difficultés à mener à bien une tâche, à surmonter une difficulté. ◆ v. impers. Indique un état du ciel, de l'atmosphère : *Il fait nuit. Il fait beau. Il a fait de l'orage cette nuit. Quel temps fait-il ?* ▸ ***Cela*** ou ***ça fait... que,*** indique une durée écoulée : *Cela fera bientôt deux ans que je ne l'ai pas vu.* ◆ **se faire** v.pr. **1.** (Suivi d'un attribut). Commencer à avoir une certaine apparence ; devenir : *Elle se fait vieille maintenant. Il se fait tard, il vaut mieux partir.* **2.** (Suivi d'un attribut). Faire en sorte d'être ; devenir volontairement : *Elle se fait belle pour lui. Elle s'est faite toute petite devant nous. Il a décidé de se faire prêtre.* **3.** (Suivi d'un compl. d'objet dir.). Élaborer, provoquer en soi qqch ; être affecté par qqch : *Il s'est fait son propre avis sur la question* (**SYN.** se forger). *Elle se fait du souci. Elle s'est fait une coupure au doigt* **4.** (Suivi d'un compl. d'objet ind.). S'habituer, s'adapter : *Elle se fait à la solitude.* **5.** (Sans compl.). S'améliorer : *Ce vin se fera.* ▸ ***Cela*** ou ***ça se fait,*** c'est l'usage, la mode, etc. ***Il se fait que,*** il se produit, il arrive que : *Comment se fait-il que tu ne sois pas rentré hier ?* ***Se faire*** (+ inf.), équivaut à un passif : *Elle s'est fait surprendre.* ***S'en faire,*** s'inquiéter : *Cesse de t'en faire.* ***S'en faire pour qqch, qqn,*** se soucier de : *Je ne m'en fais pas pour lui, il réussira.*

faire-part n.m. inv. Lettre annonçant une naissance, un mariage ou un décès : *Des faire-part originaux.*

faire-valoir n.m. inv. **1.** Personnage de second plan qui sert à mettre en valeur l'acteur principal. **2.** Personne, groupe qui sert à mettre en valeur : *Ils servent de faire-valoir* (**SYN.** repoussoir).

fair-play [fɛrplɛ] n.m. inv. (mot angl.). **1.** Pratique du sport dans le respect des règles, de l'esprit du jeu et de l'adversaire : *Cette équipe a perdu avec beaucoup de fair-play* (**SYN.** élégance, honneur). **2.** Comportement loyal et élégant, dans une lutte, une compétition quelconque. ◆ adj. inv. Qui se montre beau joueur ; qui agit avec loyauté et franchise : *Elles sont très fair-play.*

faisabilité [fəzabilite] n.f. (angl. *feasability,* d'après *faisable*). Caractère de ce qui est faisable dans des conditions techniques, financières et de délai définies.

faisable [fəzabl] adj. Qui peut être fait : *Votre projet est faisable dans ces conditions* (**SYN.** exécutable, réalisable ; **CONTR.** infaisable, irréalisable).

faisan [fəzɑ̃] n.m. (gr. *phasianos,* oiseau de Phase, en Colchide). **1.** Oiseau originaire d'Asie, à plumage éclatant (surtout chez le mâle) et à chair estimée. **2.** *Fam.* Homme malhonnête ; escroc.

faisandeau [fəzɑ̃do] n.m. Jeune faisan.

faisander [fəzɑ̃de] v.t. [conj. 3]. Donner à un gibier un fumet accentué en lui faisant subir un commencement de décomposition : *Le chasseur laisse faisander ses perdreaux.* ◆ **se faisander** v.pr. Subir un début de décomposition (qui donne un fumet accentué évoquant le faisan), en parlant d'un gibier.

faisanderie [fəzɑ̃dri] n.f. Lieu où l'on élève les faisans.

faisane [fəzan] n.f. Faisan femelle (on dit aussi *poule faisane*).

faisceau [fɛso] n.m. (lat. *fascis,* botte, paquet). **1.** Réunion d'objets minces et allongés liés ensemble : *Un faisceau de brindilles* (**SYN.** botte, fagot). **2.** Ensemble de rayons lumineux émanant d'une même source : *Les faisceaux des projecteurs.* **3.** *Fig.* Ensemble cohérent d'éléments abstraits qui tendent au même résultat : *Un faisceau de preuves, de présomptions.* **4.** Emblème du fascisme.

faiseur, euse [fəzœr, øz] n. **1.** Personne qui fait habituellement qqch : *Une faiseuse de bouquets. C'est un faiseur de problèmes.* **2.** *Péjor.* Personne qui cherche à se faire valoir (**SYN.** fanfaron, hâbleur, prétentieux).

faisselle n.f. (du lat. *fiscella,* petit panier). Récipient à parois perforées pour l'égouttage des fromages frais : *Une faisselle de fromage blanc.*

① **fait, e** [fɛ, fɛt] adj. **1.** Qui est accompli, constitué de telle façon : *Un travail mal fait* (**SYN.** exécuté, réalisé). *Un homme bien fait* (**SYN.** bâti, charpenté). **2.** Complètement développé : *C'est une femme faite* (**SYN.** mûr). **3.** Être parvenu à maturité, en parlant d'un fromage : *Un camembert bien fait* ou *fait à cœur.* ▸ ***Bien fait*** ou ***c'est bien fait,*** cette punition est méritée : *C'est bien fait pour toi.* ***C'en est fait, c'en est fait de*** (+ n.), tout est perdu ; il n'y a plus d'espoir de sauver qqn, de retrouver qqch : *C'en est fait, nous ne le retrouverons pas. C'en est fait de lui.* ***Être fait,*** être pris, piégé : *Il est fait comme un rat.* ***Fait à,*** habitué à qqch : *Elle est peu faite à la fatigue.* ***Fait pour,*** destiné à qqch ; apte à qqch : *Déviation faite pour désengorger le périphérique. Il est fait pour être médecin* (**SYN.** né pour). ***Tout fait,*** préparé à l'avance ; sans originalité : *Elle n'achète que des plats tout faits* (**SYN.** cuisiné). *Il a des idées toutes faites sur le sujet.*

② **fait** [fɛ ou fɛt] n.m. (lat. *factum*). **1.** Action de faire ; événement, acte : *Le fait de parler aide parfois. Voici comment les faits se sont déroulés* (**SYN.** chose, histoire). **2.** Ce qui est fait, ce qui existe : *Il y a le fait et la théorie* (**SYN.** pratique, réalité, réel ; **CONTR.** hypothèse). ▸ ***Aller au fait,*** à l'essentiel. ***Au fait,*** à propos, à ce sujet : *Au fait, viendras-tu demain ?* ***C'est un fait,*** cela existe réellement ; c'est vrai. ***De fait*** ou ***en fait*** ou ***par le fait,*** en réalité, effectivement : *De fait, elle n'est pas courageuse.* ***Dire son fait à qqn,*** lui dire la vérité à son sujet, sans ménagements. ***Du fait de,*** par suite de : *Du fait de mon retard, j'ai manqué mon rendez-vous.* ***En fait de,*** en matière de : *En fait d'ordinateurs, il s'y connaît.* ***État de fait,*** réalité, situation que l'on ne peut que constater. ***Être sûr de son fait,*** de ce qu'on avance. ***Fait du prince*** → **prince.** ***Haut fait,*** exploit : *Les hauts faits des secouristes.* ***Le fait est que...,*** introduit l'exposé d'un fait : *Le fait est qu'on n'aura pas la place de tout mettre ici.* ***Mettre au fait,*** informer : *J'aurais aimé être mise au fait.* ***Prendre qqn sur le fait,*** le surprendre au moment où il agit : *Ils ont pris le voleur sur le fait* (= en flagrant délit).

faîtage n.m. Pièce maîtresse d'une charpente.

fait divers ou **fait-divers** [fedivɛr] n.m. (pl. *faits divers, faits-divers*). Événement sans portée générale qui appartient à la vie quotidienne. ◆ **faits divers** n.m. pl. Rubrique de presse comportant des informations sans portée générale relatives à des faits quotidiens (tels qu'accidents, crimes, etc.) : *Je l'ai lu dans les pages des faits divers.*

faîte n.m. (lat. *fastigium,* toit à deux pentes). **1.** Partie la plus élevée d'une construction, d'un arbre, d'une montagne : *Le faîte d'une toiture. Le faîte du massif du Mont-Blanc* (**SYN.** cime, sommet). **2.** *Litt.* Le plus haut degré : *Il est au faîte de la gloire* (**SYN.** apogée, summum, zénith).

faîtier, ère adj. En Suisse, central : *Un organisme faîtier.*

faîtière adj. f. ▸ ***Tuile faîtière,*** tuile courbe dont on recouvre l'arête supérieure d'un toit. ◆ n.f. **1.** Tuile faîtière. **2.** Barre placée entre les mâts d'une tente pour soutenir le toit.

fait-tout n.m. inv. ou **faitout** n.m. Marmite haute, en métal : *Des fait-tout en fonte.*

faix [fɛ] n.m. (lat. *fascis,* faisceau). *Litt.* Charge, fardeau : *L'âne ployait sous le faix* (**SYN.** poids).

fakir n.m. (d'un mot ar. signif. « pauvre »). **1.** En Inde, membre d'une confrérie mystique musulmane ou hindoue. **2.** Personne qui exécute en public des tours de diverses sortes (voyance, hypnose, insensibilité, etc.) : *Ce fakir marche sur une planche recouverte de clous.*

falaise n.f. (frq. *falisa,* rocher). **1.** Escarpement côtier plus ou moins abrupt : *Les falaises de Douvres.* **2.** En montagne, paroi rocheuse verticale.

falbalas [falbala] n.m. pl. (prov. *farbella,* dentelle). Ornements surchargés d'un vêtement : *Une jupe longue à falbalas* (**SYN.** fanfreluche, froufrou).

falconidé n.m. (du lat. *falco,* faucon). Oiseau rapace diurne, tel que l'aigle, le milan, le faucon.

fallacieusement adv. De façon fallacieuse.

fallacieux, euse adj. (lat. *fallaciosus*). Qui vise à tromper : *Des excuses fallacieuses* (**SYN.** mensonger, spécieux ; **CONTR.** franc, sincère).

falloir v. impers. (lat. *fallere*) [conj. 69]. Être nécessaire, obligatoire ; être dicté par le devoir : *Il faut les prévenir* *longtemps à l'avance. Il leur faudrait un appartement plus grand. J'ai trouvé ce qu'il faut. Il vous faut du calme pour faire ce travail. Il va falloir partir. Il est malheureusement intervenu quand il ne fallait pas* (= au mauvais moment). ▸ ***Comme il faut,*** convenablement : *Mets ton manteau comme il faut* (**SYN.** correctement). ***Il faut que*** (+ subj.), ***il faut*** (+ inf.), exprime une supposition, une hypothèse qui expliquerait un fait : *Il faut qu'il soit vraiment malheureux pour se comporter ainsi. Il faut être fou pour rouler aussi vite.* ◆ **s'en falloir** v.pr. impers. Manquer, être en moins : *Il s'en faut de vingt francs pour qu'il puisse acheter ce jeu vidéo.* ▸ ***Il s'en faut de beaucoup, de peu que...,*** on est loin, près du résultat escompté : *Il s'en faut de beaucoup qu'il ait fini* (= il n'est pas près d'avoir terminé). ***Il s'en est fallu de peu,*** cela a bien failli arriver : *Il s'en est fallu de peu pour qu'elle se fasse renverser par le bus.* ***Tant s'en faut,*** bien au contraire : *Elle n'est pas bête, tant s'en faut.*

① **falot** n.m. (it. *falo*). Grande lanterne portative ; fanal.

② **falot, e** adj. (angl. *fellow,* compagnon). Terne, effacé : *Une personne falote* (**SYN.** anodin, insignifiant ; **CONTR.** brillant, remarquable).

falsifiable adj. Qui peut être falsifié : *Un document falsifiable* (**CONTR.** infalsifiable).

falsificateur, trice n. Personne qui falsifie ; faussaire.

falsification n.f. Action de falsifier ; altération, truquage.

falsifier v.t. (du lat. *falsus,* faux) [conj. 9]. Modifier volontairement en vue de tromper ; altérer, dénaturer : *Ils ont falsifié cet alcool* (**SYN.** frelater). *Elle a falsifié ma signature* (**SYN.** contrefaire, imiter).

famé, e adj. (du lat. *fama,* renommée). ▸ ***Mal famé*** → **malfamé.**

famélique adj. (lat. *famelicus,* de *fames,* faim). Amaigri par le manque de nourriture : *Un chien famélique* (**SYN.** décharné).

fameusement adv. *Fam.* De façon remarquable : *Ce repas est fameusement bon* (**SYN.** extrêmement, très).

fameux, euse adj. (lat. *famosus,* de *fama,* renommée). **1.** Dont on a parlé en bien ou en mal : *Nous avons dîné dans une auberge fameuse* (**SYN.** réputé ; **CONTR.** inconnu). *Ils acclamaient leur idole sur le fameux air des lampions* (**SYN.** célèbre ; **CONTR.** ignoré, obscur). *Le plus âgé de ces fameux dictateurs.* **2.** Se dit d'un mets, d'une boisson délicieux, exquis : *Des chocolats fameux* (**SYN.** excellent ; **CONTR.** mauvais). **3.** *Fam.* Remarquable en son genre : *Je me souviens encore de cette fameuse soirée* (**SYN.** inoubliable, mémorable ; **CONTR.** insignifiant, quelconque). *Tu es un fameux menteur* (**SYN.** achevé, fieffé). ▸ ***Pas fameux,*** médiocre : *Cette dissertation n'est vraiment pas fameuse !*

familial, e, aux adj. Qui concerne la famille : *Elle privilégie sa vie familiale* (= en famille). *Ils n'ont plus les allocations familiales. Il vaut mieux se renseigner auprès du planning familial.* ▸ ***Maladie familiale,*** maladie héréditaire qui touche plusieurs membres de la même famille.

familiale n.f. Voiture automobile de tourisme, permettant de transporter de 6 à 9 passagers.

familiarisation n.f. Action de familiariser ; fait de se familiariser.

familiariser v.t. [conj. 3]. **[avec].** Habituer qqn à qqch : *Ils nous ont familiarisés avec les chevaux* (**SYN.** accoutumer à). ◆ **se familiariser** v.pr. **[avec].** S'habituer à qqch : *Grâce à son travail, elle se familiarise avec les ordinateurs* (**SYN.** s'accoutumer à, se faire à, s'initier à).

familiarité n.f. Grande intimité ; connaissance approfondie de qqch : *Il lui parle avec familiarité* (**SYN.** abandon, liberté ; **CONTR.** réserve, respect). *Elle a une grande familiarité avec les auteurs classiques* (**SYN.** expérience, pratique). ◆ **familiarités** n.f. pl. Manières trop libres ; privautés.

familier, ère adj. (lat. *familiaris*). **1.** Qui a des manières libres et sans contrainte ; qui a des manières trop libres : *Il essaie de se montrer familier* (**SYN.** amical, cordial ; **CONTR.** froid, réservé). *Soyez moins familiers avec elle* (**SYN.** cavalier, désinvolte ; **CONTR.** distant, respectueux). **2.** Que l'on connaît bien ; que l'on fait bien par habitude : *Une voix familière. Cette maison lui est familière* (**SYN.** connu ; **CONTR.** inconnu). *Nous parlerons en anglais, cette langue lui est familière.* **3.** Se dit d'un animal qui vit dans le voisinage de l'homme : *Le chien est un animal familier* (**SYN.** domestique ; **CONTR.** sauvage). **4.** Se dit d'un mot, d'une expression employés couramment, mais pouvant être ressentis comme inconvenants dans certaines relations sociales ou dans des écrits de style sérieux ou soutenu : *« Type » est familier par rapport à « homme »* (**CONTR.** soutenu). ◆ n. Personne qui vit dans l'intimité de qqn, qui fréquente habituellement un lieu : *C'est une familière de la maison* (**SYN.** intime). *Les familiers d'un café* (**SYN.** habitué).

familièrement adv. De façon familière : *Elle parle familièrement au directeur* (**SYN.** cavalièrement ; **CONTR.** respectueusement).

famille n.f. (lat. *familia,* ensemble des esclaves de la maison). **1.** Ensemble formé par le père, la mère et les enfants : *Ils veulent fonder une famille* (**SYN.** foyer, ménage). *Elles portent le même nom de famille* (= patronyme). **2.** Les enfants d'un couple : *Ils désirent avoir une famille nombreuse* (= beaucoup d'enfants ; **SYN.** descendance, lignée). **3.** Ensemble de personnes qui ont des liens de parenté par le sang ou par alliance : *Une réunion de famille. La famille proche* (**SYN.** parenté). **4.** Groupe d'êtres ou de choses présentant des caractères communs : *Ils sont de la même famille politique* (**SYN.** appartenance, parti). **5.** En biologie, division systématique d'un ordre ou d'un sous-ordre qui regroupe les animaux ou végétaux ayant de nombreux caractères communs : *La tulipe est une fleur de la famille des liliacées.* ▸ ***Air de famille,*** ressemblance marquée entre les personnes de même sang. ***Attendre famille,*** en Belgique, être enceinte. ***Chef de famille,*** personne qui a la responsabilité juridique, matérielle et morale de la famille. ***Famille de langues,*** ensemble de langues ayant une origine commune. ***Famille de mots,*** ensemble de mots qui possèdent la même racine : *« Patineur » et « patinoire » appartiennent à la même famille de mots.* ***Famille nucléaire*** ou ***conjugale,*** groupe réunissant au même foyer uniquement le père, la mère et les enfants non mariés. ***Famille recomposée,*** famille conjugale où les enfants sont issus d'une union antérieure de chacun des conjoints. ***Fils de famille,*** fils d'une famille aisée.

famine n.f. (lat. *fames*, faim). Manque total d'aliments dans une région pendant une certaine période : *Cette population souffre de la famine* (**SYN.** disette, faim). ▸ ***Salaire de famine,*** salaire très bas.

fan [fan] n. (mot angl., abrév. de *fanatic*). *Fam.* Admirateur enthousiaste de qqch ou de qqn : *Ce chanteur a de nombreux fans* (**SYN.** adorateur).

fana adj. et n. (abrév. de *fanatique*). *Fam.* Enthousiaste, passionné : *Il est fana de jazz. C'est une fana d'informatique* (**SYN.** fervent ; **CONTR.** ennemi).

fanage n.m. Action de faner l'herbe coupée (**SYN.** fenaison).

fanal n.m. (it. *fanale*, du gr. *phanos*) [pl. *fanaux*]. Lanterne ou feu employés à bord des navires et pour le balisage des côtes.

fanatique adj. et n. (lat. *fanaticus*, inspiré). **1.** Qui est animé d'un zèle aveugle et intransigeant pour une doctrine, une opinion : *Un acte terroriste commis par des fanatiques* (**SYN.** exalté, sectaire). **2.** Qui voue une passion, une admiration totale à qqn ou à qqch : *Un fanatique de littérature anglaise* (**SYN.** fervent, passionné). ◆ adj. Qui relève du fanatisme : *Un discours fanatique* (**SYN.** extrémiste, sectaire ; **CONTR.** tolérant).

fanatiquement adv. Avec fanatisme : *Ils répètent fanatiquement des slogans.*

fanatisation n.f. Action de fanatiser ; fait d'être fanatisé.

fanatiser v.t. [conj. 3]. Rendre fanatique : *Ce discours fanatise les foules* (**SYN.** enflammer, exalter, exciter ; **CONTR.** apaiser, calmer).

fanatisme n.m. Esprit d'intolérance qui pousse à des excès : *Des enfants élevés sans fanatisme* (**SYN.** intolérance, sectarisme ; **CONTR.** tolérance).

fan-club [fanklœb] n.m. (mot angl.) [pl. *fan-clubs*]. Association regroupant les fans d'une vedette.

fancy-fair [fɑ̃sifɛr] n.f. (pl. *fancy-fairs*). En Belgique, fête de bienfaisance.

fandango [fɑ̃dɑ̃go] n.m. (mot esp.). Danse populaire espagnole ; air, chant sur lequel on exécute cette danse.

fane n.f. Tiges et feuilles de certaines plantes cultivées : *Des fanes de radis, de carottes.*

faner v.t. (du lat. *fenum*, foin) [conj. 3]. **1.** Faire perdre sa fraîcheur à une plante, une fleur : *La chaleur fane les roses* (**SYN.** dessécher, flétrir). **2.** Retourner et remuer l'herbe fraîchement coupée pour la faire sécher et la transformer en foin. **3.** Altérer l'éclat, la fraîcheur d'une couleur, d'un teint : *La lumière fane les couleurs* (**SYN.** décolorer, défraîchir, ternir). ◆ **se faner** v.pr. **1.** Sécher, se flétrir, en parlant d'une fleur, d'une plante. **2.** Perdre son éclat, sa fraîcheur, en parlant d'une personne, d'une chose : *Sa beauté s'est fanée* (**SYN.** se flétrir).

faneur, euse n. Personne qui fane l'herbe fauchée.

fanfare n.f. (orig. onomat.). Orchestre composé d'instruments de cuivre ; musique militaire jouée par cet orchestre : *Ils ont défilé au son de la fanfare* (**SYN.** clique, orphéon). ▸ ***En fanfare,*** bruyant ; bruyamment : *Une arrivée en fanfare.*

fanfaron, onne adj. et n. (d'un mot esp.). Qui vante exagérément ses qualités, ses réussites, réelles ou supposées : *Cesse de faire le fanfaron !* (**SYN.** bravache, matamore). *Des paroles fanfaronnes* (**SYN.** prétentieux, vantard ; **CONTR.** humble, modeste).

fanfaronnade n.f. Action, parole de fanfaron ; vantardise : *Cesse un peu tes fanfaronnades !* (**SYN.** forfanterie [litt.], rodomontade [litt.]).

fanfaronner v.i. [conj. 3]. Faire, dire des fanfaronnades.

fanfreluche n.f. (du gr. *pompholux*, bulle d'air). Ornement, garniture utilisés dans la toilette féminine : *Les pompons, les rubans, les volants sont des fanfreluches* (**SYN.** falbalas).

fange n.f. (germ. *fanga*). *Litt.* **1.** Boue épaisse ; bourbe, vase. **2.** Ce qui souille moralement ; état d'avilissement ; déchéance.

fangeux, euse adj. *Litt.* **1.** Plein de fange : *Des eaux fangeuses* (**SYN.** boueux, bourbeux, vaseux ; **CONTR.** clair). **2.** Abject, méprisable : *Un récit fangeux* (**SYN.** infâme).

fanion n.m. Petit drapeau servant d'emblème ou de signe de ralliement à une unité militaire, une organisation sportive, etc.

fanny adj. inv. Se dit, notamm. au jeu de boules, d'un concurrent, d'une équipe battus sans avoir marqué un seul point.

fanon n.m. (mot frq.). **1.** Repli de la peau qui pend sous le cou de certains animaux (bœufs, dindons, etc.). **2.** Touffe de crins derrière les articulations des membres du cheval. **3.** Lame de corne, effilée sur son bord interne et fixée à la mâchoire supérieure de la baleine.

fantaisie n.f. (du gr. *phantasia*, apparition). **1.** Créativité libre et imprévisible : *Cet auteur donne libre cours à sa fantaisie* (**SYN.** imagination, inspiration). **2.** Goût, désir bizarre et passager ne correspondant à aucun besoin essentiel : *Elle lui passe toutes ses fantaisies* (**SYN.** caprice, lubie). *Il n'en fait qu'à sa fantaisie* (= il agit à sa guise). **3.** Tendance à prendre des initiatives imprévues ; ensemble de choses imprévues et agréables : *Il est plein de fantaisie* (**SYN.** excentricité, originalité ; **CONTR.** sérieux). *Sa vie manque de fantaisie* (**SYN.** folie ; **CONTR.** austérité). **4.** Œuvre d'imagination qui ne suit pas les règles, les modèles : *Une fantaisie littéraire.* **5.** (Employé en appos.). Se dit de bijoux d'imitation : *Des colliers fantaisie* (on dit aussi *de fantaisie*).

fantaisiste adj. et n. **1.** Qui n'obéit qu'aux caprices de son imagination : *Un romancier fantaisiste* (**SYN.** fantasque ; **CONTR.** classique). **2.** Qui agit à sa guise, qui manque de sérieux : *Une employée fantaisiste* (**SYN.** dilettante ; **CONTR.** consciencieux, sérieux). ◆ adj. Qui n'est pas fondé ou qui manque de sérieux ; qui est inventé : *Une interprétation fantaisiste des faits* (**SYN.** insensé ; **CONTR.** rationnel, sensé). ◆ n. Artiste de music-hall qui chante ou raconte des histoires.

fantasmagorie n.f. (du gr. *phantasma*, fantôme, et du fr. *allégorie*). **1.** Spectacle enchanteur, féerique. **2.** Présence, dans une œuvre littéraire, de nombreux thèmes fantastiques propres à créer une atmosphère surnaturelle : *La fantasmagorie d'un roman noir.*

fantasmagorique adj. Qui appartient à la fantasmagorie : *Un décor fantasmagorique* (**SYN.** fantastique, féerique).

fantasmatique adj. Relatif au fantasme.

fantasme ou, vx, **phantasme** n.m. (gr. *phantasma*, fantôme). Représentation imaginaire traduisant des désirs plus ou moins conscients.

fantasmer v.i. [conj. 3]. Avoir des fantasmes, s'abandonner à des fantasmes. ◆ v.t. ind. **[sur].** S'imaginer des choses à propos de qqch, de qqn : *Elle fantasmait sur la nouvelle vie qu'elle allait mener* (**SYN.** rêver à).

fantasque adj. (abrév. et altér. de *fantastique*). Sujet à des caprices, à des fantaisies bizarres : *Un personnage fantasque* (**SYN.** capricieux, fantaisiste, lunatique ; **CONTR.** raisonnable).

fantassin n.m. (it. *fantaccino*, abrév. de *infante*, enfant). Militaire de l'infanterie.

fantastique adj. (gr. *phantastikos*, qui concerne l'imagination). **1.** Créé par l'imagination : *La licorne est un animal fantastique* (**SYN.** chimérique, surnaturel ; **CONTR.** réel). **2.** Se dit d'une œuvre littéraire, artistique ou cinématographique où dominent l'irrationnel et le surnaturel : *Un conte fantastique* (**SYN.** fantasmagorique). **3.** Qui atteint un très haut degré ; extraordinaire, incroyable : *Elle a passé une soirée fantastique* (**SYN.** fabuleux, sensationnel ; **CONTR.** ennuyeux). ◆ n.m. Le genre fantastique dans la littérature, le cinéma, etc. : *Un des maîtres du fantastique.*

fantasy [fɑ̃tezi] n.f. inv. (mot anglo-amér. signif. « fantaisie »). Genre littéraire qui mêle, dans une atmosphère d'épopée, les mythes, les légendes et les thèmes du fantastique et du merveilleux. ☞ **REM.** . Il est recommandé d'écrire *fantasie.*

fantoche n.m. (it. *fantoccio*, marionnette). **1.** Individu sans consistance, qui ne mérite pas d'être pris au sérieux : *Il n'a aucun pouvoir, c'est un fantoche entre leurs mains* (**SYN.** marionnette, pantin, polichinelle). **2.** (Employé en appos.). Qui n'a que l'apparence de qqch ; qui n'est pas représentatif ; qui est manipulé : *Gouvernement fantoche* (= imposé par une puissance étrangère). *Administration fantoche* (**SYN.** fantôme).

fantomatique adj. Qui tient du fantôme : *Une vision fantomatique* (**SYN.** fantastique, spectral).

fantôme n.m. (gr. *phantasma*). **1.** Apparition d'une personne morte sous l'apparence d'un être réel : *Elle croit aux fantômes* (**SYN.** revenant, spectre). **2.** (Souvent employé en appos.). Personne, chose qui n'existe que dans l'imagination ou qui existe mais ne joue pas son rôle : *C'était un fantôme de réconciliation !* (**SYN.** semblant, simulacre). *Un gouvernement fantôme* (**SYN.** fantoche ; **CONTR.** influent). **3.** Feuille, carton que l'on met à la place d'un livre sorti d'un rayon de bibliothèque, d'un document emprunté, etc.

fanzine n.m. (de *fan* et *magazine*). Publication de faible diffusion élaborée par des amateurs de science-fiction, de bandes dessinées, de cinéma, etc.

faon [fɑ̃] n.m. (lat. *fetus*, petit d'animal). Petit de la biche et du cerf, ou d'espèces voisines.

F.A.Q. ou **FAQ** [fak] n.f. (acronyme). ▸ ***Foire aux questions*** → **foire.**

faquin n.m. (anc. fr. *facque*, sac, d'un mot néerl.). *Litt.* Homme méprisable et impertinent.

far n.m. Flan breton aux raisins secs ou aux pruneaux. ☞ **REM.** Ne pas confondre avec *fard, fart* ou *phare.*

faramineux, euse adj. (de [*bête*] *faramine*, du lat. *fera*, bête sauvage). *Fam.* Étonnant, extraordinaire par son ampleur : *Il a dépensé une somme faramineuse pour cet ordinateur* (**SYN.** excessif, exorbitant ; **CONTR.** raisonnable).

farandole n.f. (prov. *farandoulo*). **1.** Danse provençale dans laquelle les danseurs forment une longue chaîne. **2.** Danse où l'on forme une chaîne en se tenant par la main : *Elle aime faire la farandole.*

faraud, e adj. et n. (anc. prov. *faraute*, héraut). *Fam.* Fanfaron, prétentieux : *Tu fais moins le faraud, maintenant* (**SYN.** bravache, vaniteux).

farce n.f. (du lat. *farcire*, remplir). **1.** Hachis d'herbes, de légumes et de viande qu'on met à l'intérieur d'une volaille, d'un poisson ou d'un légume. **2.** Bon tour joué à qqn pour se divertir : *Elle s'est cachée pour lui faire une farce* (**SYN.** mystification, plaisanterie). **3.** Pièce de théâtre d'un comique bouffon : *Molière a commencé par écrire des farces.* ▸ ***Farces et attrapes,*** ensemble d'objets vendus dans le commerce destinés à faire rire aux dépens de qqn.

farceur, euse n. **1.** Personne qui fait rire par ses propos, ses bouffonneries : *Elle a beaucoup d'humour, c'est une farceuse !* (**SYN.** pitre, plaisantin). **2.** Personne qui n'agit pas sérieusement : *Ne les croyez pas, ce sont des farceurs !* (**SYN.** charlatan, comédien, imposteur).

farci, e [farsi] adj. Garni de farce : *Poivrons farcis.*

farcir v.t. (lat. *farcire*) [conj. 32]. **1.** Remplir un mets de farce : *Elle a farci la dinde.* **2.** *Fig.* Bourrer, surcharger de qqch : *Elle a farci son rapport d'inexactitudes* (**SYN.** émailler, truffer). *Ses professeurs lui ont farci la tête de formules mathématiques* (**SYN.** encombrer, surcharger). ◆ **se farcir** v.pr. *Fam.* Faire qqch malgré la difficulté, le désagrément ; supporter une personne désagréable : *Je me suis farci tout le repassage. Elle s'est farci son insupportable belle-sœur toute la soirée.*

fard n.m. Composition cosmétique de maquillage destinée à masquer certains défauts de la peau, à rehausser l'éclat du teint ou à en modifier la couleur : *Du fard à paupières.* ☞ **REM.** Ne pas confondre avec *far, fart* ou *phare.* ▸ *Litt.* ***Parler sans fard,*** avec sincérité, directement. *Fam.* ***Piquer un fard,*** rougir d'émotion, de confusion.

farde n.f. (aragonais *farda*, habit). En Belgique, cahier de copies ; dossier ; cartouche de cigarettes.

fardeau n.m. (ar. *farda*, demi-charge d'un animal). **1.** Charge pesante qu'il faut lever ou transporter : *Il porte un lourd fardeau sur ses épaules* (**SYN.** chargement, faix [litt.]). **2.** *Fig.* Charge difficile à supporter : *Son travail est devenu un fardeau pour elle* (**SYN.** poids ; **CONTR.** plaisir). ▸ *Litt.* ***Le fardeau des ans,*** la vieillesse.

farder v.t. (frq. *farwidon*, teindre) [conj. 3]. **1.** Mettre du fard sur le visage, les yeux de qqn : *Elle farde ses joues avant de sortir* (**SYN.** maquiller ; **CONTR.** démaquiller). **2.** Dissimuler la véritable nature de qqch sous une apparence trompeuse : *Il tentait de farder la vérité* (**SYN.** déguiser, enjoliver). ◆ **se farder** v.pr. Se mettre du fard sur le visage (**SYN.** se maquiller ; **CONTR.** se démaquiller).

fardoches n.f. pl. Au Québec, broussailles.

faré n.m. Maison traditionnelle de Polynésie.

farfadet n.m. (mot prov.). Petit personnage des contes populaires, taquin et malicieux (**SYN.** lutin).

farfelu, e adj. *Fam.* D'une fantaisie extravagante ; bizarre : *Une idée farfelue* (**SYN.** insolite, saugrenu ; **CONTR.** sensé). *C'est un homme complètement farfelu* (**SYN.** extravagant, fantasque ; **CONTR.** raisonnable).

farfouiller v.i. [conj. 3]. *Fam.* Fouiller en mettant tout sens dessus dessous : *Arrête de farfouiller dans mes affaires !* (**SYN.** fureter).

faribole n.f. *Fam.* (Surtout au pl.). Propos sans valeur, frivole : *Il me raconte des fariboles* (**SYN.** baliverne, coquecigrue [litt.], sornette).

farigoule n.f. (prov. *farigoulo*). En Provence, thym.

farine n.f. (lat. *farina*). Poudre provenant de la mouture des grains de céréales : *Farine de blé, de seigle.* ▸ ***Farine animale,*** poudre obtenue par broyage de déchets d'abattoirs et susceptible d'être utilisée pour l'alimentation des animaux d'élevage. *Fam.* ***Rouler qqn dans la farine,*** le tromper, le duper.

fariner v.t. [conj. 3]. Saupoudrer de farine.

farineux, euse adj. **1.** Qui contient de la farine ou de la fécule : *Un aliment farineux* (**SYN.** féculent). **2.** Qui est ou qui semble couvert de farine : *Un pain farineux.* **3.** Qui a l'aspect, la consistance ou le goût de la farine : *Une poire farineuse* (**SYN.** cotonneux). ◆ **farineux** n.m. Légume contenant de la fécule ; féculent : *Les haricots secs, les lentilles et les pommes de terre sont des farineux.*

farlouche ou **ferlouche** n.f. Au Québec, mélange de raisins secs et de mélasse, servant de garniture pour une tarte.

farniente [farnjɛnte ou farnjɛ̃t] n.m. (de l'it. *fare,* faire, et *niente,* rien). *Fam.* Douce oisiveté.

faro n.m. (mot wallon). Bière légère fabriquée dans la région de Bruxelles.

farouche adj. (lat. *forasticus,* étranger). **1.** Qui fuit quand on l'approche : *Le cerf est un animal farouche* (**SYN.** sauvage ; **CONTR.** domestique). **2.** Peu sociable, dont l'abord est difficile, en parlant d'une personne : *C'est un enfant farouche* (**SYN.** craintif, peureux ; **CONTR.** affable, sociable). **3.** Violent ou qui exprime la violence : *Elle lui voue une haine farouche* (**SYN.** âpre, sauvage). *C'est un farouche défenseur des droits de l'homme* (**SYN.** acharné, tenace ; **CONTR.** léger, mou).

farouchement adv. D'une manière farouche : *Elle est farouchement hostile à ce parti politique* (**SYN.** violemment, vivement).

farsi n.m. Forme de la langue persane parlée en Iran.

fart [fart ou far] n.m. (mot scand.). Produit dont on enduit les semelles des skis pour les rendre plus glissantes. ☞ **REM.** Ne pas confondre avec *far, fard* ou *phare.*

fartage n.m. Action de farter.

farter v.t. [conj. 3]. Enduire de fart.

fascicule n.m. (lat. *fasciculus,* petit paquet). Cahier ou groupe de cahiers d'un ouvrage publié par parties successives : *Une histoire de France publiée en fascicules.*

fascinant, e adj. Qui exerce un charme puissant, presque magique : *Cette femme a un sourire fascinant* (**SYN.** ensorcelant, envoûtant).

fascinateur, trice adj. *Litt.* Qui immobilise par une sorte d'hypnose, qui subjugue : *Un regard fascinateur* (**SYN.** envoûtant, fascinant).

fascination n.f. **1.** Action de fasciner : *La fascination qu'exerce le son de la flûte sur les serpents* (**SYN.** envoûtement ; **CONTR.** rejet). **2.** Attrait irrésistible : *Cet orateur exerce une véritable fascination sur les auditeurs* (**SYN.** attraction, séduction ; **CONTR.** répulsion).

fascine n.f. (lat. *fascina*). Assemblage de branchages pour combler les fossés, empêcher l'éboulement des terres, etc.

fasciner v.t. (lat. *fascinare,* de *fascinum,* enchantement) [conj. 3]. **1.** Attirer, dominer, immobiliser un être vivant en le privant de réaction défensive par la seule puissance du regard : *Le serpent a fasciné l'oiseau* (**SYN.** hypnotiser). **2.** Attirer irrésistiblement l'attention par sa beauté, son charme ; séduire, charmer : *Ces contes fascinent les enfants* (**SYN.** captiver, subjuguer ; **CONTR.** ennuyer).

fascisant, e [faʃizɑ̃, ɑ̃t] adj. Qui tend vers le fascisme, en rappelle certains traits : *Une idéologie fascisante.*

fascisation [faʃizasjɔ̃] n.f. Fait de rendre fasciste ; introduction de méthodes fascistes.

fascisme [faʃism] n.m. (it. *fascismo*). **1.** Régime établi en Italie de 1922 à 1945, instauré par Mussolini et fondé sur la dictature d'un parti unique, l'exaltation nationaliste et le corporatisme. **2.** Doctrine et pratique visant à établir un régime comparable, à des degrés divers, au fascisme italien ; ce régime.

fasciste [faʃist] adj. et n. **1.** Qui appartient au fascisme. **2.** Qui manifeste une autorité arbitraire, dictatoriale et violente.

faseyer [faseje] v.i. (néerl. *faselen,* agiter) [conj. 12]. Flotter, battre au vent, en parlant d'une voile.

① **faste** adj. (lat. *fastus,* de *fas,* ce qui est permis). Favorable, heureux, en parlant d'une période : *Il n'est pas dans un jour faste* (**SYN.** opportun, propice ; **CONTR.** défavorable, néfaste).

② **faste** n.m. (lat. *fastus,* orgueil). Déploiement de magnificence, de luxe : *Le faste d'une cérémonie* (**SYN.** apparat, pompe, splendeur ; **CONTR.** simplicité).

fastes n.m. pl. *Litt.* Ensemble des événements inscrits dans l'histoire d'un pays : *Cette famille a inscrit son nom dans les fastes militaires.*

fast-food [fastfud] n.m. (mot anglo-amér. signif. « nourriture rapide ») [pl. *fast-foods*]. **1.** Type de repas bon marché et standardisés qui peuvent être consommés sur place ou emportés sous emballage ; restauration rapide. **2.** Restaurant fonctionnant selon ce système.

fastidieusement adv. D'une manière fastidieuse.

fastidieux, euse adj. (lat. *fastidiosus,* dégoûté). Qui cause de l'ennui par sa monotonie, sa durée : *C'est un roman fastidieux* (**SYN.** ennuyeux, lassant ; **CONTR.** captivant, divertissant).

fastoche adj. *Fam.* Facile.

fastueusement adv. Avec faste : *Il vit fastueusement* (**SYN.** luxueusement, richement ; **CONTR.** modestement, pauvrement).

fastueux, euse adj. Où s'étale un grand luxe : *Ils ont donné une soirée fastueuse* (**SYN.** somptueux ; **CONTR.** modeste, simple).

fat [fat ou fa] n.m. et adj. m. (mot prov., du lat. *fatuus,* sot). *Litt.* Personnage vaniteux, satisfait de lui-même.

fatal, e, als adj. (lat. *fatalis,* de *fatum,* destin). **1.** Fixé d'avance par le sort ; qui doit immanquablement arriver : *La guerre nous paraissait fatale* (**SYN.** fatidique, inéluctable, inévitable ; **CONTR.** évitable). **2.** Qui est une cause de malheur, qui entraîne la ruine, la mort : *Ils ont commis des erreurs fatales* (**SYN.** funeste, néfaste). *Il lui a porté un coup fatal* (**SYN.** mortel ; **CONTR.** bénin).

▸ ***Femme fatale,*** femme d'une beauté irrésistible, qui semble envoyée par le destin pour perdre ceux qui s'en éprennent.

fatalement adv. De façon fatale ; inévitablement : *Ils devaient fatalement se séparer* (**SYN.** forcément, inéluctablement).

fatalisme n.m. **1.** Doctrine considérant tous les événements comme inexorablement fixés d'avance par le destin, la fatalité. **2.** Attitude d'une personne qui s'abandonne aux errements, qui se résigne à son sort.

fataliste adj. et n. Qui s'abandonne aux événements ; qui les accepte avec résignation : *Après tant de déceptions, il est devenu fataliste* (**SYN.** résigné).

fatalité n.f. **1.** Force surnaturelle qui semble déterminer d'avance le cours des événements : *Il accuse la fatalité* (**SYN.** destin, fatum [litt.]). **2.** Caractère fatal, inéluctable de qqch : *La fatalité de la mort* (**SYN.** inéluctabilité, inexorabilité). **3.** Suite de coïncidences inexplicables, cause de malheurs continuels : *Elle est poursuivie par la fatalité* (**SYN.** malédiction, malheur).

fatidique adj. (lat. *fatidicus,* qui prédit l'avenir). Qui semble fixé par le destin : *La date fatidique approche* (**SYN.** fatal).

fatigant, e adj. **1.** Qui cause de la fatigue : *Mon travail est fatigant* (**SYN.** exténuant, harassant ; **CONTR.** reposant). **2.** Qui ennuie, importune : *Tu es fatigant avec tes questions* (**SYN.** ennuyeux ; **CONTR.** distrayant).

fatigue n.f. **1.** Chez un être vivant, diminution des forces de l'organisme causée par l'effort, par l'excès de dépense physique ou intellectuelle ou par la maladie : *Elle ressent la fatigue du voyage* (**SYN.** exténuation, lassitude ; **CONTR.** détente, repos). *Je tombe de fatigue* (**SYN.** épuisement). **2.** Détérioration d'un matériau après une longue utilisation ou des sollicitations trop fortes.

fatigué, e adj. **1.** Marqué par la fatigue : *Il a mal dormi, il est fatigué* (**SYN.** épuisé, exténué ; **CONTR.** dispos, reposé). *Elle a les traits fatigués.* **2.** *Fam.* Usé, défraîchi : *Des vêtements fatigués* (**SYN.** usagé, vieux ; **CONTR.** neuf).

fatiguer v.t. (lat. *fatigare*) [conj. 3]. **1.** Causer de la lassitude, de la fatigue physique ou intellectuelle à qqn : *La randonnée m'a fatiguée* (**SYN.** épuiser, exténuer ; **CONTR.** détendre, reposer). *Ce travail les fatigue énormément* (**SYN.** surmener). **2.** Affecter un organe : *Le soleil fatigue les yeux* (**SYN.** abîmer ; **CONTR.** protéger). **3.** Ennuyer, importuner qqn : *Ses histoires me fatiguent* (**SYN.** exaspérer, lasser ; **CONTR.** amuser, divertir). **4.** Diminuer la résistance d'un matériau, d'une machine en lui faisant supporter un effort trop prolongé ou trop important : *Cela fatigue le moteur* (**SYN.** abîmer, user). ▸ *Fam.* ***Fatiguer la salade,*** la remuer longuement après l'avoir assaisonnée. ◆ v.i. **1.** Éprouver de la fatigue : *Il fatigue vite au volant* (**SYN.** s'épuiser ; **CONTR.** récupérer). **2.** En parlant d'un matériau, d'une machine, être soumis à un trop grand effort : *La poutre fatigue* (**SYN.** plier, ployer ; **CONTR.** tenir). ◆ **se fatiguer** v.pr. **1.** Éprouver de la fatigue : *Il se fatigue rapidement lorsqu'il court* (**SYN.** s'épuiser). **2. [à].** S'évertuer à faire qqch : *Elle se fatigue à lui expliquer toujours les mêmes choses* (**SYN.** s'échiner à). **3. [de].** Avoir assez, se lasser de qqn, de qqch : *Elle s'est vite fatiguée de sa console vidéo* (**CONTR.** s'enthousiasmer pour).

fatma n.f. (mot ar.). *Fam.* Femme musulmane.

fatras [fatra] n.m. **1.** Amas confus, hétéroclite de choses : *Un fatras de papiers* (**SYN.** entassement, fouillis, monceau). **2.** Ensemble incohérent d'idées, de paroles, etc. : *Un fatras de préjugés* (**SYN.** ramassis).

fatrasie n.f. (de *fatras*). Au Moyen Âge, pièce de vers satiriques caractérisée par l'incohérence de la pensée ou du langage.

fatuité n.f. (lat. *fatuitas,* sottise). Contentement excessif de soi qui se manifeste d'une manière ridicule, insolente : *Il est plein de fatuité* (= il est très fat ; **SYN.** prétention, vanité ; **CONTR.** modestie).

fatum [fatɔm] n.m. (mot lat.). *Litt.* Destin, fatalité.

fatwa [fatwa] n.f. (mot ar.). Dans l'islam, consultation juridique donnée par une autorité religieuse à propos d'un cas douteux ou d'une question nouvelle ; décision ou décret qui en résulte.

faubourg n.m. (anc. fr. *forsborc,* de *fors,* hors de, et *borc,* bourg). **1.** (Surtout au pl.). Quartier situé à la périphérie d'une ville : *Les faubourgs de Marseille* (**SYN.** banlieue ; **CONTR.** centre). **2.** Quartier d'une ville situé autrefois en dehors de l'enceinte : *Le faubourg Saint-Honoré.*

faubourien, enne adj. Qui a rapport aux faubourgs, aux quartiers populaires : *Ils ont gardé l'accent faubourien.*

fauchage ou **fauchaison** n.m. Action de faucher l'herbe ou les céréales : *Le fauchage d'un pré* (**SYN.** fauche).

fauche n.f. **1.** Fauchage ; fauchaison. **2.** *Fam.* Vol ; chose volée : *Il y a de la fauche dans ce magasin.*

fauché, e adj. et n. *Fam.* Qui n'a pas d'argent.

faucher v.t. (lat. pop. *falcare,* de *falx, falcis,* faux) [conj. 3]. **1.** Couper avec une faux, une faucille ou une faucheuse : *Le paysan fauche le blé* (**SYN.** moissonner, récolter). **2.** Abattre qqn ; détruire qqch : *Un tir de mitrailleuse les a fauchés* (**SYN.** exterminer). *La tempête a fauché les fleurs* (**SYN.** aplatir, coucher ; **CONTR.** relever). **3.** Renverser qqn avec violence : *Un camion a fauché le piéton* (**SYN.** écraser). **4.** *Fam.* S'emparer d'une chose appartenant à autrui : *Il a fauché un cédérom* (**SYN.** dérober, voler).

① **faucheur, euse** n. Personne qui fauche les herbes, les céréales. ▸ ***La Faucheuse,*** la Mort.

② **faucheur** ou **faucheux** n.m. (de *faucher,* à cause des mouvements de faux de ses pattes). Araignée des prés et des bois, aux pattes très longues et fines, qui ne produit ni venin ni soie.

faucheuse n.f. Machine pour faucher l'herbe.

faucille [fosij] n.f. (bas lat. *falcicula,* petite faux). Petite faux à manche très court, qui sert à couper l'herbe, les céréales, etc.

faucon n.m. (lat. *falco, falconis*). **1.** Oiseau rapace diurne, de taille moyenne, puissant et rapide, parfois dressé pour la chasse. **2.** Partisan des solutions de force dans les conflits, les rapports entre États (par opp. à colombe).

fauconneau n.m. Jeune faucon.

fauconnerie n.f. **1.** Art d'élever et de dresser les oiseaux de proie pour la chasse ; chasse au moyen de ces oiseaux. **2.** Lieu où on les élève.

fauconnier n.m. Personne qui dresse les oiseaux de proie pour la chasse.

faufil n.m. **1.** Fil utilisé pour faufiler, pour faire une couture provisoire. **2.** Fil passé en faufilant (**SYN.** bâti).

faufilage n.m. En couture, action de faufiler.

faufiler v.t. (anc. fr. *forfiler,* de *fors,* en dehors, et *filer*) [conj. 3]. Coudre provisoirement à grands points : *Le tailleur faufile un veston* (**SYN.** bâtir).

se **faufiler** v.pr. [conj. 3]. S'introduire, passer ou se glisser adroitement : *La moto se faufile entre les voitures pour aller plus vite. Elle se faufile dans la foule pour essayer d'atteindre la scène* (**SYN.** se couler).

① **faune** n.m. (lat. *faunus*). Dans la mythologie romaine, divinité champêtre représentée avec un corps velu, des cornes et des pieds de chèvre.

② **faune** n.f. (lat. scientif. *fauna*). **1.** Ensemble des espèces animales vivant dans un espace géographique ou un habitat déterminé : *Il fait de la plongée pour observer la faune aquatique.* **2.** *Fam., péjor.* Ensemble de personnes très caractéristiques qui fréquentent un même lieu : *La faune de cette boîte de nuit.*

faussaire n. Personne qui commet, fabrique un faux, une contrefaçon : *C'est un célèbre faussaire de tableaux* (**SYN.** contrefacteur, imitateur).

faussement adv. **1.** D'une manière fausse, injuste : *Il est faussement accusé de vol* (**SYN.** injustement). **2.** De façon hypocrite, affectée : *Un air faussement désolé* (**CONTR.** sincèrement).

fausser v.t. (bas lat. *falsere,* de *falsus,* faux) [conj. 3]. **1.** Donner une fausse interprétation de qqch ; rendre faux, inexact : *Ils ont faussé les résultats du sondage* (**SYN.** déformer, dénaturer). **2.** Détruire la justesse, l'exactitude de qqch : *La passion fausse le jugement* (**SYN.** altérer, corrompre). **3.** Déformer un objet, un mécanisme par un effort excessif : *J'ai faussé ma clef* (**SYN.** tordre). ▸ ***Fausser l'esprit de qqn,*** lui inculquer des raisonnements faux.

fausse-route n.f. (pl. *fausses-routes*). Passage d'aliments dans la trachée au cours de la déglutition, qui peut conduire à la suffocation.

fausset n.m. (de *2. faux*). ▸ ***Voix de fausset,*** registre de la voix masculine résonnant dans la tête et situé dans l'aigu ; voix de tête.

fausseté n.f. **1.** Caractère de ce qui est faux : *La fausseté d'un témoignage* (**CONTR.** exactitude, véracité). **2.** Manque de franchise ; hypocrisie : *Il l'a accusé de fausseté* (**SYN.** duplicité, fourberie, tartufferie ; **CONTR.** franchise, sincérité).

faute n.f. (bas lat. *fallita,* de *fallere,* faillir). **1.** Manquement à une règle morale, aux prescriptions d'une religion : *Elle se repent de ses fautes* (**SYN.** errements, péché). **2.** Manquement à une norme, aux règles d'une science, d'un art, d'une technique ; incorrection, inexactitude : *Il fait des fautes de français* (**SYN.** erreur). *Des fautes de saisie* (**SYN.** coquille). **3.** Manquement à un règlement, à une règle de jeu : *Une faute de conduite. Il a fait une faute de main* (= il a touché la ballon avec la main, au football). **4.** Manière d'agir maladroite ou fâcheuse : *Ce sont des fautes de jeunesse* (**SYN.** écart, peccadille). **5.** Responsabilité de qqn ou de qqch dans un acte : *C'est ta faute s'il n'est pas venu.* **6.** Acte ou omission constituant un manquement à une obligation contractuelle ou légale : *Il a été licencié pour faute grave.* ▸ ***Faute de,*** par manque de qqch, par défaut de qqch : *Faute de place, certains se sont assis par terre. Je n'ai pas pu le convaincre et ce n'est pas faute d'avoir essayé.* ***Ne pas se faire faute de,*** ne pas s'abstenir de : *Elle ne s'est pas fait faute de lui dire la vérité.* ***Prendre qqn en faute,*** le surprendre en train de commettre une mauvaise action. ***Sans faute,*** à coup sûr, immanquablement : *Je te le donnerai demain sans faute.*

fauter v.i. [conj. 3]. **1.** *Fam., vieilli* Se laisser séduire, avoir des relations sexuelles en dehors du mariage, en parlant d'une femme. **2.** En Afrique, commettre une faute d'orthographe, de français.

fauteuil n.m. (frq. *faldistôl*). **1.** Siège individuel à dossier et à bras : *Il y a deux fauteuils devant la cheminée. S'asseoir dans un fauteuil.* **2.** Place à l'Académie française : *Elle brigue un fauteuil.* ▸ *Fam.* ***Arriver dans un fauteuil*** ou ***comme dans un fauteuil,*** arriver en tête, sans difficulté, dans une compétition.

fauteur, trice n. (du lat. *fautor,* partisan, de *favere,* favoriser). ▸ *Péjor.* ***Fauteur de troubles, de guerre,*** personne qui provoque des troubles, une guerre ; provocateur.

fautif, ive adj. et n. Qui a commis une faute : *Il agit comme s'il était fautif* (**SYN.** coupable, responsable ; **CONTR.** innocent). ◆ adj. Qui comporte des erreurs : *Une liste fautive* (**SYN.** erroné, incorrect ; **CONTR.** correct).

fautivement adv. D'une manière fautive, erronée.

fauve adj. (frq. *falw*). **1.** D'une couleur tirant sur le roux : *Un sac en cuir fauve.* **2.** Qui se rattache au fauvisme. ▸ ***Bête fauve,*** ruminant dont le pelage tire sur le roux, comme le cerf ou le daim, et qui vit à l'état sauvage dans les bois ; grand félin, comme le tigre ou le lion. ***Odeur fauve,*** forte et animale. ◆ n.m. **1.** Couleur fauve. **2.** Mammifère carnivore sauvage, au pelage fauve, tel que le lion, le tigre, la panthère, etc. **3.** Peintre appartenant au courant du fauvisme. ▸ ***Sentir le fauve,*** répandre une odeur forte et animale.

fauvette n.f. (de *fauve*). Oiseau passereau d'Europe, au plumage fauve, qui se nourrit de baies et d'insectes.

fauvisme n.m. Mouvement pictural français du début du XXe siècle, caractérisé par des couleurs franches et pures et des formes simplifiées.

① **faux** n.f. (lat. *falx, falcis*). Instrument tranchant formé d'une lame d'acier recourbée et fixée à un long manche, que l'on manie à deux mains pour couper l'herbe, les céréales, etc.

② **faux, fausse** adj. (lat. *falsus,* de *fallere,* tromper). **1.** Contraire à ce qui est vrai ou juste, à l'exactitude, à la logique : *Le résultat de ta multiplication est faux* (**SYN.** erroné, incorrect). *Une hypothèse fausse* (**SYN.** boiteux, illogique ; **CONTR.** logique, pertinent). **2.** Qui n'est pas justifié par les faits, qui est sans fondement : *Il fait courir de fausses nouvelles* (**SYN.** inexact, mensonger ; **CONTR.** authentique, exact). *Une fausse alerte à la bombe* (= qui n'était pas justifiée par une cause réelle). **3.** Qui n'est qu'une imitation, qui n'est pas original ou authentique : *Elle a de fausses dents* (**SYN.** artificiel, factice ; **CONTR.** naturel). *Il m'a donné un faux billet* (**SYN.** contrefait, imité ; **CONTR.** vrai). **4.** Qui n'est pas réellement ce qu'on le nomme : *Le sycomore est appelé « faux platane ».* **5.** Qui a l'apparence d'un objet sans en avoir la fonction : *Une fausse porte* (= décor qui simule une porte là où il n'y en a pas ; **CONTR.** authentique, réel). **6.** Qui se fait passer pour ce qu'il n'est pas : *Le faux médecin* *s'est fait arrêter par la police* (**SYN.** prétendu, soi-disant ; **CONTR.** authentique). **7.** Qui n'est pas réellement éprouvé ; feint, simulé : *C'est de la fausse modestie* (**SYN.** affecté ; **CONTR.** sincère, vrai). **8.** Qui trompe ou dissimule ses sentiments : *Un homme faux* (**SYN.** hypocrite ; **CONTR.** franc, loyal). *Un sourire faux* (**SYN.** fourbe, sournois ; **CONTR.** sincère). **9.** Qui manque de justesse, qui n'est pas conforme aux exigences de l'harmonie musicale : *Son piano est faux* (= désaccordé). *Une voix fausse* (**CONTR.** juste). ▸ ***Fausse note,*** note exécutée à la place de la note voulue par le compositeur, mais qui existe dans la tonalité ; fig., détail qui rompt l'harmonie d'un ensemble, comportement qui choque : *Cette cravate à pois est une fausse note dans sa tenue. Il y a eu des fausses notes au congrès de la majorité.* ◆ **faux** adv. De façon fausse : *Il chante faux* (**CONTR.** juste). ◆ **faux** n.m. **1.** Ce qui est contraire à la vérité ; mensonge : *Elle plaide le faux pour savoir le vrai* (= elle dit une contrevérité pour inciter son interlocuteur à se confier). **2.** Modification frauduleuse de la vérité par la fabrication ou l'usage d'une pièce, d'un objet, etc. : *Son permis de conduire est un faux.* **3.** Copie frauduleuse d'une œuvre ou d'un objet d'art originaux : *Ces sculptures sont des faux* (**SYN.** contrefaçon, copie ; **CONTR.** original). **4.** Imitation d'une matière, d'une pierre précieuse, etc. : *Ce bijou, c'est du faux* (**SYN.** pacotille). ▸ ***Faux en écriture,*** modification frauduleuse et intentionnelle de la vérité dans un écrit, susceptible de causer un préjudice.

faux-bourdon n.m. (pl. *faux-bourdons*). Nom donné à tout chant d'église ; plus spécial., harmonisation de psaumes.

faux-filet n.m. (pl. *faux-filets*). Morceau de bœuf correspondant à la région du rein : *Ils ont commandé deux faux-filets saignants.*

faux-fuyant n.m. (pl. *faux-fuyants*). Moyen détourné de se tirer d'embarras, d'éluder une question ; dérobade : *Elle cherche toujours des faux-fuyants pour échapper à ses responsabilités* (**SYN.** échappatoire, subterfuge).

faux-monnayeur n.m. (pl. *faux-monnayeurs*). Personne qui fabrique de la fausse monnaie, des faux billets de banque.

faux-semblant n.m. (pl. *faux-semblants*). Ruse, prétexte mensonger : *Un faux-semblant de gentillesse* (**SYN.** affectation, simulacre).

faux-sens [fosɑ̃s] n.m. Interprétation erronée du sens d'un mot dans un texte.

favela [favɛla] n.f. (mot port. du Brésil). Bidonville, au Brésil.

faverole n.f. → **féverole.**

faveur n.f. (lat. *favor,* de *favere,* favoriser). **1.** Disposition à traiter qqn avec bienveillance, à lui accorder une aide, une préférence ; cette bienveillance elle-même : *Il a sollicité la faveur du directeur* (**SYN.** aide, appui, protection). *J'ai bénéficié d'un traitement de faveur* (= réservé à qqn pour l'avantager). **2.** Décision indulgente qui avantage qqn : *Il a obtenu ce travail par faveur* (**SYN.** favoritisme ; **CONTR.** impartialité). *C'est une faveur d'avoir été choisi* (**SYN.** honneur, privilège ; **CONTR.** discrédit, disgrâce). **3.** Crédit, popularité que l'on a auprès de qqn, d'un groupe : *Ce chanteur a la faveur du public* (= il est très populaire ; **SYN.** estime, respect ; **CONTR.** défaveur). **4.** *Vieilli* Bande de soie étroite qui sert d'ornement : *Un paquet noué d'une faveur bleue* (**SYN.** ruban). ▸ ***À la faveur de qqch,*** en profitant de qqch : *Ils se sont enfuis à la faveur de l'obscurité* (= grâce à). ***En faveur de qqn,*** à son profit, à son bénéfice : *Je voterai en sa faveur* (= pour lui). ◆ **faveurs** n.f. pl. Marques d'amour données par une femme à un homme : *Elle lui a accordé, refusé ses faveurs.*

favorable [favɔrabl] adj. **1.** Animé de dispositions bienveillantes en faveur de qqn, de qqch : *Elle est favorable à ce projet* (= elle est prête à le soutenir ; **CONTR.** défavorable, hostile). **2.** Qui est à l'avantage de qqn ; propice, bénéfique pour qqch : *J'attends le moment favorable pour y aller* (**SYN.** opportun ; **CONTR.** inopportun). *Un développement favorable à l'entreprise* (**SYN.** avantageux ; **CONTR.** néfaste).

favorablement adv. D'une manière favorable : *Mon idée a été favorablement reçue* (**SYN.** bien ; **CONTR.** défavorablement, mal).

favori, ite adj. (it. *favorito*). Qui est l'objet de la préférence de qqn : *Le football est son sport favori* (**SYN.** préféré). *Ma lecture favorite.* ◆ adj. et n. **1.** Qui jouit de la prédilection de qqn : *Il est le favori de son professeur* (**SYN.** préféré, protégé). *Cette chanteuse est la favorite du public.* **2.** Se dit d'un concurrent, d'une équipe qui a le plus de chances de gagner une compétition : *Les Français partent favoris.* ◆ **favori** n.m. **1.** Homme qui jouit des bonnes grâces d'un personnage puissant, d'un roi. **2.** Cheval qui a le plus de chances de gagner une course (par opp. à outsider). **3.** En informatique, signet qui pointe vers l'un des sites Web préférés d'un internaute. ◆ **favorite** n.f. Maîtresse préférée d'un roi.

favoris n.m. pl. Touffe de barbe sur la joue, de chaque côté du visage : *Il porte des favoris* (**SYN.** patte).

favoriser v.t. [conj. 3]. **1.** Traiter de façon à avantager : *Ils favorisent le débutant* (**SYN.** appuyer, soutenir ; **CONTR.** défavoriser). **2.** Contribuer au développement de qqch ; encourager : *La mairie favorise cette association* (**SYN.** aider, promouvoir ; **CONTR.** contrecarrer). **3.** Aider à accomplir ; faciliter : *L'absence de vent a favorisé la victoire de cet athlète* (**SYN.** servir ; **CONTR.** entraver, gêner).

favoritisme n.m. Tendance à accorder des faveurs injustes ou illégales : *Le ministre a été accusé de favoritisme* (**SYN.** népotisme ; **CONTR.** impartialité).

fax [faks] n.m. (abrév. de *Téléfax*). **1.** Télécopie. **2.** Télécopieur. **3.** Document transmis par télécopie : *Je vous ai envoyé deux fax.*

faxer v.t. [conj. 3]. Envoyer un document par télécopie : *Vous nous faxerez la facture.*

fayard n.m. (du lat. *fagus,* hêtre). Hêtre, dans le sud de la France et en Suisse. ☞ **REM.** En Suisse, on dit aussi *foyard.*

fayot n.m. (prov. *faïou*). *Fam.* **1.** Haricot sec. **2.** Personne qui fait du zèle auprès de ses supérieurs : *C'est un fayot avec le directeur !* (**SYN.** flagorneur [sout.]).

fayoter v.i. [conj. 3]. *Fam.* Faire du zèle pour se faire bien voir de ses supérieurs.

féal, e, aux adj. (anc. fr. *feal,* du lat. *fidelis,* fidèle). *Litt.* Loyal, fidèle.

fébrifuge adj. et n.m. (du lat. *febris,* fièvre, et *fugare,* mettre en fuite). Se dit d'une substance qui diminue la fièvre (**SYN.** antipyrétique).

fébrile adj. (du lat. *febris*, fièvre). **1.** Qui a de la fièvre : *Il doit garder le lit, il est fébrile* (**SYN.** fiévreux). **2.** Qui manifeste une agitation excessive ; désordonné : *Une écriture fébrile* (**CONTR.** posé, régulier). *L'impatience la rend fébrile* (**SYN.** agité, nerveux ; **CONTR.** calme).

fébrilement adv. De façon fébrile : *Elle fouillait fébrilement dans ses poches* (**SYN.** nerveusement ; **CONTR.** sereinement).

fébrilité n.f. **1.** État d'une personne qui a de la fièvre. **2.** État d'agitation intense : *Il tournait les pages avec fébrilité* (**SYN.** excitation, nervosité ; **CONTR.** calme).

fécal, e, aux adj. Qui a rapport aux fèces. ▸ ***Matières fécales,*** résidus de la digestion éliminés par l'anus ; déjections, excréments.

fèces [fɛs ou fɛsɛs] n.f. pl. (lat. *faex, faecis*, excrément). Résidus de la digestion éliminés par l'anus (**SYN.** excréments, selles).

fécond, e adj. (lat. *fecundus*). **1.** Apte à la reproduction de l'espèce : *Les lapins sont très féconds* (**SYN.** prolifique ; **CONTR.** stérile). **2.** Qui produit beaucoup : *Cette terre noire est féconde* (**SYN.** fertile, productif ; **CONTR.** infertile). **3.** Qui crée beaucoup : *Un cinéaste fécond* (**SYN.** inventif ; **CONTR.** sec). ▸ ***Fécond en,*** riche, fertile en qqch : *Un roman fécond en péripéties* (= qui abonde en).

fécondable adj. Qui peut être fécondé.

fécondant, e adj. Qui féconde, rend fécond : *Des engrais fécondants* (**SYN.** fertilisant).

fécondateur, trice adj. Qui a le pouvoir de féconder : *Des pluies fécondatrices.*

fécondation n.f. **1.** Action de féconder, de rendre fertile : *La fécondation de la terre par les crues du Nil* (**SYN.** fertilisation). **2.** Union des cellules reproductrices mâle et femelle, pour donner un œuf, dont le développement donne un nouvel individu. ▸ ***Fécondation in vitro*** ou ***F.I.V.,*** fécondation réalisée artificiellement en laboratoire, avant de placer l'œuf dans l'utérus maternel.

féconder v.t. [conj. 3]. **1.** Réaliser la fécondation de qqch ; transformer un ovule en œuf : *Certains poissons ne fécondent leurs œufs qu'après la ponte.* **2.** Rendre une femme enceinte, une femelle pleine. **3.** *Litt.* Rendre fécond, fertile : *Les lectures fécondent l'imagination* (**SYN.** enrichir). *Ces engrais fécondent les champs* (**SYN.** fertiliser ; **CONTR.** stériliser).

fécondité n.f. **1.** Aptitude d'un être vivant à se reproduire : *Le taux de fécondité d'un pays.* **2.** Aptitude à produire beaucoup : *La fécondité d'une terre* (**SYN.** fertilité, productivité ; **CONTR.** aridité). *La fécondité d'un écrivain* (**CONTR.** stérilité).

fécule n.f. (lat. *faecula*, tartre). Amidon contenu dans la pomme de terre, le manioc, etc., d'où on l'extrait sous forme de fine poudre blanche : *La fécule est utilisée dans l'industrie alimentaire.*

féculent, e adj. Qui contient de la fécule : *Une graine féculente.* ◆ **féculent** n.m. Graine, fruit, racine alimentaires riches en amidon : *Les lentilles et les haricots sont des féculents.*

fedayin [fedajin ou fedain] n.m. (mot ar. signif. « ceux qui se sacrifient »). Résistant, spécial. résistant palestinien, qui mène une action de guérilla.

fédéral, e, aux adj. (du lat. *foedus, foederis*, traité). **1.** Qui concerne une fédération : *Une république fédérale* (= composée de plusieurs unités territoriales). *Armée fédérale* (= qui appartient à un État fédéral). **2.** Qui concerne le pouvoir central d'un État fédéral : *La police fédérale.* **3.** En Suisse, relatif à la Confédération suisse. ▸ ***État fédéral,*** composé de plusieurs territoires autonomes (États fédérés), auxquels il se superpose (**SYN.** fédération).

fédéraliser v.t. [conj. 3]. Organiser un État sur le mode fédéral.

fédéralisme n.m. **1.** Système politique d'un État fédéral. **2.** En Suisse, doctrine qui défend l'autonomie des cantons par rapport au pouvoir fédéral.

fédéraliste adj. et n. Relatif au fédéralisme ; qui en est partisan.

fédérateur, trice adj. et n. Qui fédère, qui favorise une union : *Une manifestation fédératrice* (**CONTR.** fractionnel).

fédératif, ive adj. Qui constitue une fédération ou un État fédéral : *Une constitution fédérative.*

fédération n.f. **1.** État fédéral. **2.** Groupement organique de partis, de mouvements ou clubs politiques, d'associations, de syndicats, etc. : *La fédération française de football.* ▸ ***Fête de la Fédération,*** fête nationale organisée le 14 juillet 1790 à Paris, qui rassembla les membres des associations provinciales de défense de la Révolution.

fédéraux n.m. pl. Soldats américains des États du Nord, pendant la guerre de Sécession ; nordistes.

fédéré, e adj. Qui fait partie d'une fédération : *Des États fédérés* (**SYN.** uni ; **CONTR.** séparé). ◆ **fédéré** n.m. **1.** Délégué à la fête de la Fédération en 1790, en France. **2.** Soldat au service de la Commune de Paris en 1871.

fédérer v.t. [conj. 18]. **1.** Former, grouper en fédération : *Ils ont fédéré de petits États* (**SYN.** réunir, unir ; **CONTR.** diviser, séparer). **2.** Rassembler, regrouper autour d'un projet commun : *Cette idée fédère les étudiants* (**SYN.** réunir, unir ; **CONTR.** diviser, séparer).

fée n.f. (du lat. *fatum*, destin). **1.** Être imaginaire représenté sous les traits d'une femme douée d'un pouvoir surnaturel : *D'un coup de baguette magique, la fée transforma le crapaud en prince.* **2.** *Litt.* Femme remarquable par sa grâce, son esprit, sa bonté, son adresse : *Ma grand-mère est une fée.* ▸ ***Conte de fées,*** récit merveilleux dans lequel les fées interviennent. ***Doigts de fée,*** qui exécutent à la perfection des travaux délicats.

feed-back [fidbak] n.m. inv. (mot angl., de *to feed*, nourrir, et *back*, en retour). **1.** En technologie, rétroaction. **2.** En physiologie, rétrocontrôle.

feeling [filiŋ] n.m. (mot angl. signif. « sentiment »). **1.** Qualité d'émotion et de sensibilité manifestée dans une interprétation. **2.** *Fam.* Manière de ressentir une situation : *Elle a décidé au feeling* (**SYN.** intuition).

féerie [feri ou feeri] n.f. **1.** Monde fantastique des fées. **2.** Spectacle merveilleux : *La fin du feu d'artifice était une féerie de couleurs* (**SYN.** fantasmagorie). **3.** Pièce de théâtre, spectacle où interviennent le merveilleux, la magie, les êtres surnaturels.

féerique [ferik ou feerik] adj. Qui tient de la féerie : *Un spectacle féerique* (**SYN.** fantastique, irréel).

feignant, e ou **faignant, e** [feɲɑ̃, ɑ̃t] adj. et n. *Fam.* Peu enclin à travailler : *C'est un feignant qui passe ses journées à dormir* (**SYN.** fainéant, paresseux ; **CONTR.** courageux).

feindre v.t. (lat. *fingere,* façonner) [conj. 81]. Simuler pour tromper : *Elle feint la tristesse* (**SYN.** affecter). ▸ ***Feindre de,*** faire semblant de : *Il feint de s'être blessé.*

feinte n.f. **1.** Manœuvre, geste, coup destinés à tromper l'adversaire : *Il admire les feintes de ce footballeur* (**SYN.** esquive). **2.** *Fam.* Acte destiné à tromper : *Son refus n'était qu'une feinte* (**SYN.** comédie, piège, ruse).

feinter v.t. [conj. 3]. **1.** Simuler un coup, un mouvement pour tromper l'adversaire : *Footballeur qui apprend à feinter son adversaire.* **2.** *Fam.* Surprendre par une ruse : *Je l'ai bien feinté en ne venant pas* (**SYN.** duper, tromper). ▸ ***Feinter la passe,*** la simuler. ◆ v.i. Faire une feinte : *Un bon footballeur doit savoir feinter.*

feldspath [fɛldspat] n.m. (mot all.). Nom donné à plusieurs minéraux de couleur claire, constituants essentiels des roches volcaniques.

fêlé, e adj. Qui présente une fêlure : *Une poterie fêlée.* ◆ adj. et n. *Fam.* Un peu fou.

fêler v.t. (du lat. *flagellare,* frapper) [conj. 4]. Fendre légèrement un objet sans que les parties se séparent : *Elle a fêlé un verre en faisant la vaisselle* (**SYN.** fendre, fissurer). ◆ **se fêler** v.pr. Se fendre sans que les parties se séparent : *L'assiette s'est fêlée* (**SYN.** se fissurer).

félibre n.m. Écrivain de langue d'oc.

félibrige n.m. (du prov. *félibre,* docteur de la loi). École littéraire constituée en Provence au milieu du XIXe siècle, se proposant de restituer au provençal son rang de langue littéraire.

félicitations n.f. pl. **1.** Compliments, témoignage de sympathie que l'on adresse à qqn à l'occasion d'un événement heureux : *Elle présente ses félicitations aux jeunes mariés.* **2.** Vives approbations adressées à qqn : *Il a reçu les félicitations du jury pour son excellent travail* (**SYN.** congratulations, éloge ; **CONTR.** blâme, reproche).

félicité n.f. *Sout.* Grand bonheur ; contentement intérieur : *Je lui souhaite toutes les félicités du monde* (**SYN.** béatitude, joie ; **CONTR.** malheur, tourment).

féliciter v.t. (lat. *felicitare,* de *felix, felicis,* heureux) [conj. 3]. **1.** Témoigner à qqn que l'on partage la joie que lui cause un événement heureux : *Le maire félicite les jeunes mariés* (**SYN.** complimenter, congratuler). **2.** Complimenter qqn sur sa conduite : *Je te félicite de ta patience* (**CONTR.** blâmer). ◆ **se féliciter** v.pr. **[de].** Être satisfait d'avoir fait qqch : *Je me félicite d'avoir autant travaillé* (**SYN.** s'applaudir ; **CONTR.** se reprocher).

félidé ou **félin** n.m. (du lat. *feles, felis,* chat). Mammifère carnivore tel que le chat, le lion, le guépard.

félin, e adj. Qui tient du chat, qui en a la souplesse et la grâce : *Elle a une allure féline.* ◆ **félin** n.m. Félidé.

fellaga ou **fellagha** [felaga] n.m. (d'un mot ar. signif. « coupeurs de route »). Partisan algérien ou tunisien qui a combattu contre l'autorité française pour obtenir l'indépendance de son pays.

fellah n.m. (d'un mot ar. signif. « laboureur »). Paysan, dans les pays arabes.

fellation n.f. (du lat. *fellare,* sucer). Excitation buccale du sexe de l'homme.

félon, onne adj. et n. (du frq.). **1.** Déloyal envers son seigneur : *Un chevalier félon* (**SYN.** traître ; **CONTR.** féal [litt.], fidèle). **2.** *Litt.* Déloyal : *Un garde félon* (**CONTR.** loyal).

félonie n.f. **1.** Manque de loyauté, offense ou trahison d'un vassal envers son seigneur : *La félonie de Ganelon à Roncevaux* (**SYN.** déloyauté ; **CONTR.** fidélité, loyauté). **2.** *Litt.* Acte déloyal : *Commettre des félonies* (**SYN.** forfaiture, trahison ; **CONTR.** loyauté).

felouque n.f. (esp. *faluca,* d'un mot ar.). Bateau de la Méditerranée, long, léger et étroit, à voiles et à rames : *Une grande felouque.*

fêlure n.f. Fente d'une chose fêlée : *La fêlure de l'assiette s'agrandit* (**SYN.** fissure).

f.é.m. [ɛfeɛm] n.f. (sigle). ▸ ***Force électromotrice*** → **électromoteur.**

femelle adj. (du lat. *femina,* femme). **1.** Se dit d'un individu, d'un animal ou d'un végétal appartenant au sexe capable de produire des ovules et, souvent, à abriter le développement du produit de la fécondation (œuf fécondé, graine) ; se dit de ce sexe (par opp. à mâle) : *Une fleur femelle. Une truite femelle.* **2.** Se dit d'un élément, d'un instrument dans lequel entre la partie saillante d'un autre, qualifié de *mâle* : *Une prise femelle.* ◆ n.f. **1.** Animal de sexe femelle : *La jument est la femelle du cheval.* **2.** *Fam., péjor.* Femme.

féminin, e adj. (lat. *femininus,* de *femina,* femme). **1.** Propre à la femme : *La grâce féminine.* **2.** Qui évoque la femme : *Une allure féminine* (**SYN.** efféminé ; **CONTR.** viril). **3.** Qui a rapport aux femmes, qui les concerne : *La mode féminine. Les revendications féminines* (**SYN.** féministe). **4.** Qui est composé de femmes : *Un groupe de rock féminin.* **5.** Qui appartient au genre dit *féminin* : *« Table » est un nom féminin.* ▸ ***Rime féminine,*** rime que termine une syllabe muette. ◆ **féminin** n.m. Un des genres grammaticaux, qui s'applique, en français, aux noms d'êtres femelles et à une partie des noms désignant des choses (par opp. à masculin) : *Les mots « brebis » et « voiture » sont du féminin.*

féminisation n.f. **1.** Action de se féminiser ; son résultat : *La féminisation du métier d'ingénieur* (**CONTR.** masculinisation). **2.** Action de féminiser un mot.

féminiser v.t. [conj. 3]. **1.** Donner un caractère féminin ou efféminé à qqn : *Porter un chapeau le féminise* (**SYN.** efféminer ; **CONTR.** viriliser). **2.** Provoquer chez un mâle l'apparition de caractères sexuels secondaires féminins. **3.** Mettre au féminin ; donner à un mot les marques du genre féminin : *Féminiser les noms de métiers.* ◆ **se féminiser** v.pr. **1.** Prendre un aspect plus féminin : *Avec l'âge, elle se féminise.* **2.** Comprendre un plus grand nombre de femmes qu'auparavant, en parlant d'une profession, d'un milieu, etc. : *Le ministère se féminise* (**CONTR.** se masculiniser).

féminisme n.m. Doctrine qui préconise l'amélioration et l'extension du rôle et des droits des femmes dans la société ; mouvement qui milite dans ce sens.

féministe adj. et n. Relatif au féminisme ; qui en est partisan : *Un mouvement féministe.*

féminité n.f. Caractère féminin ; ensemble des caractères propres à la femme ou jugés tels : *Cette coiffure accentue sa féminité* (**CONTR.** masculinité).

femme [fam] n.f. (lat. *femina*). **1.** Être humain du sexe féminin (par opp. à homme, à mâle) : *Femmes et hommes sont séparés dans les saunas.* **2.** Adulte du sexe féminin (par opp. à fille, à jeune fille) : *Elle est devenue une femme.* **3.** Personne mariée du sexe féminin : *Voici sa femme* (**SYN.** épouse). **4.** Adulte de sexe féminin considéré par rapport à ses qualités, ses activités, ses origines : *Une femme de parole. Une femme de lettres.* **5.** Peut être suivi ou précédé d'un nom de profession du genre masculin, lorsque le nom de cette profession n'a pas encore de féminin : *Un femme ingénieur. Un médecin femme.* ▸ ***Bonne femme*** → **1. bonhomme.** ***Femme au foyer,*** femme sans profession, qui s'occupe de sa famille. ***Femme de ménage,*** femme employée à faire le ménage chez un particulier, dans des bureaux. (En Belgique, on dit *femme d'ouvrage* ou *femme à journée.*)

femmelette [famlɛt] n.f. *Péjor.* Homme faible, sans énergie.

fémoral, e, aux adj. Relatif au fémur ou à la cuisse : *L'artère fémorale.*

fémur n.m. (lat. *femur*, cuisse). Os de la cuisse, le plus fort de tous les os du corps : *Elle s'est cassé le col du fémur.*

fenaison n.f. (du lat. *fenum*, foin). **1.** Coupe et récolte des foins ; période où elles se font. **2.** Action de faner les foins coupés (**SYN.** fanage).

fendant n.m. Variété de chasselas cultivée en Suisse ; vin blanc produit avec ce cépage.

fendillement n.m. Fait de se fendiller ; fente légère : *Des fendillements sur une poterie* (**SYN.** fêlure, fissure).

fendiller [fɑ̃dije] v.t. [conj. 3]. Produire de petites fentes dans qqch : *La chaleur a fendillé les poteries* (**SYN.** fêler, fissurer). ◆ **se fendiller** v.pr. Être sillonné de petites fentes : *La terre se fendille* (**SYN.** se craqueler, se crevasser).

fendre v.t. (lat. *findere*) [conj. 73]. **1.** Couper dans le sens de la longueur : *Il fend du bois pour l'hiver.* **2.** Provoquer des fentes, des crevasses dans qqch : *Le froid fend les rochers* (**SYN.** crevasser, fissurer, lézarder). **3.** *Litt.* Se frayer un passage dans un fluide, une masse : *Le yacht fend la mer. Elle a fendu la foule pour venir jusqu'à lui* (**SYN.** écarter). ▸ ***Fendre l'air,*** avancer rapidement. ***Fendre le cœur,*** causer un vif chagrin. ***Geler à pierre fendre,*** geler très fort. ◆ **se fendre** v.pr. **1.** Se crevasser : *La terre se fend avec la sécheresse* (**SYN.** se craqueler, se fissurer). **2.** Se séparer en fragments : *L'ardoise se fend en lames minces* (**SYN.** se cliver, se diviser). **3.** En escrime, porter vivement une jambe en avant pour attaquer. **4.** *Fam.* Donner, offrir avec une largesse inhabituelle : *Il se fend d'une tournée générale* (**SYN.** payer). ▸ *Fam.* ***Se fendre la pêche*** ou, très fam., ***la gueule,*** rire bruyamment.

fenêtre n.f. (lat. *fenestra*). **1.** Baie munie d'une fermeture vitrée, pratiquée dans le mur d'un bâtiment pour y laisser pénétrer l'air et la lumière ; cette fermeture vitrée : *Il ouvre la fenêtre pour aérer.* **2.** Ouverture pratiquée dans un matériau, un papier : *Elle préfère les enveloppes à fenêtre* (= avec une partie transparente). **3.** Zone rectangulaire qui s'affiche sur l'écran d'un ordinateur et dans laquelle s'inscrivent des informations. ▸ ***Jeter l'argent par les fenêtres,*** le dépenser sans compter.

feng shui [fɛ̃gʃwi] n.m. inv. (mots chin. signif. « vent et eau »). Art, issu d'une très vieille tradition chinoise, d'agencer une habitation, une entreprise en favorisant l'harmonie entre l'individu et son environnement.

fenil [fənil ou fəni] n.m. (lat. *fenile*, de *fenum*, foin). Local où l'on rentre le foin pour le conserver.

fennec [fenɛk] n.m. (de l'ar.). Petit renard du Sahara et de l'Arabie, à longues oreilles, appelé aussi *renard des sables.*

fenouil n.m. (lat. *feniculum*, petit foin). Plante aromatique cultivée, à feuilles très finement divisées, et dont on consomme certaines parties en tant que légume ou condiment.

fente n.f. **1.** Fissure plus ou moins profonde à la surface de qqch : *Elle bouche les fentes du mur* (**SYN.** crevasse, lézarde). **2.** Ouverture étroite et longue : *Elle les épiait par les fentes du volet* (**SYN.** interstice). **3.** En escrime, mouvement par lequel on se fend ; position de l'escrimeur fendu.

féodal, e, aux adj. (bas lat. *feodalis*, de *feodum*, fief). **1.** Relatif à la féodalité : *Un château féodal. L'armée féodale s'appelait aussi l'ost.* **2.** Dont les structures, les caractères rappellent ceux de la féodalité. ◆ **féodal, aux** n.m. Grand propriétaire terrien dont la puissance rappelle celle d'un seigneur de la féodalité.

féodalisme n.m. Système féodal.

féodalité n.f. **1.** Ensemble des lois et coutumes qui régirent l'ordre politique et social dans une partie de l'Europe, du IXe au XIIIe siècle, et qui étaient organisées autour du fief. **2.** *Péjor.* Puissance économique ou sociale qui rappelle l'organisation féodale : *La féodalité financière.*

fer [fɛr] n.m. (lat. *ferrum*). **1.** Métal blanc-gris, tenace et malléable, largement utilisé dans la technologie et l'industrie sous forme d'alliages, d'aciers et de fontes : *Le fer rouille.* **2.** Substance, aliment qui contiennent du fer : *Les lentilles contiennent du fer.* **3.** Demi-cercle de fer placé sous le sabot des animaux comme le cheval, la mule, le bœuf auxquels est demandé un travail (traction, transport, etc.) : *Un fer à cheval.* **4.** Lame d'acier servant à renforcer les bouts de la semelle d'une chaussure. **5.** Nom donné à divers outils, instruments ou appareils utilisés pour la chaleur qu'ils véhiculent : *Un fer à repasser. Un fer à souder.* **6.** Club de golf à tête métallique, destiné aux coups de moyenne et courte distances. **7.** Transport par chemin de fer, par le rail : *Ils acheminent les marchandises par fer.* ▸ ***Âge du fer,*** période entre la préhistoire et l'histoire, caractérisée par une généralisation de l'usage du fer. *Litt.* ***Croiser le fer avec qqn,*** se battre à l'épée contre lui ; fig., échanger avec lui des arguments polémiques. ***De fer,*** résistant, robuste ; inébranlable, inflexible : *Il a une santé de fer. Elle fait preuve d'une volonté de fer pour son régime.* ***En fer à cheval,*** en demi-cercle. ***Fer de lance,*** pointe en fer au bout d'une lance ; fig., élément, groupe le plus efficace ou le plus avancé dans un domaine : *La ministre a été le fer de lance de la réforme.* ***Fer forgé,*** fer travaillé au marteau sur l'enclume : *Une table en fer forgé.* *Fam.* ***Tomber les quatre fers en l'air,*** à la renverse, sur le dos. ◆ **fers** n.m. pl. **1.** Chaînes avec lesquelles on attachait un prisonnier : *Ils ont mis le prisonnier aux fers.* **2.** *Litt.* Esclavage, sujétion.

féra n.f. (d'un mot de Suisse romande). Poisson des lacs alpins apprécié pour sa chair.

féral, e, als ou **aux** adj. (du lat. *fera,* bête sauvage). Se dit d'une espèce domestique retournée à l'état sauvage : *Des chats férals.*

fer-blanc n.m. (pl. *fers-blancs*). Tôle fine en acier doux, recouverte d'étain.

ferblanterie n.f. Ensemble d'ustensiles en fer-blanc.

ferblantier n.m. Celui qui fabrique, vend des objets en fer-blanc.

feria [ferja] n.f. (mot esp.). Dans le midi de la France, grande fête annuelle.

férié, e adj. (lat. *feriatus,* qui est en fête, de *ferial,* jours de fête). ▸ ***Jour férié,*** jour où l'on ne travaille pas en raison d'une fête légale : *Le 25 décembre est un jour férié* (**SYN.** chômé ; **CONTR.** ouvrable, ouvré).

férir v.t. (du lat. *ferire,* frapper). ▸ *Sout.* ***Sans coup férir,*** sans difficulté.

ferlouche n.f. → **farlouche.**

fermage n.m. Mode d'exploitation agricole dans lequel l'exploitant verse une redevance annuelle au propriétaire du domaine, de la parcelle ; cette redevance.

① **ferme** adj. (lat. *firmus,* solide). **1.** Qui offre une certaine résistance à la pression : *Un corps ferme* (**SYN.** musclé ; **CONTR.** flasque). *À cet endroit, le sol est ferme* (**SYN.** compact, consistant ; **CONTR.** meuble, mou). **2.** Qui montre de la sûreté, qui ne tremble pas : *Elle marche d'un pas ferme* (**SYN.** décidé, résolu ; **CONTR.** hésitant). *Il tient le verre d'une main ferme* (**SYN.** assuré ; **CONTR.** tremblant). **3.** Qui ne faiblit pas, ne fléchit pas : *Elle est ferme avec ses enfants* (**SYN.** inébranlable, inflexible ; **CONTR.** faible). *Une voix ferme* (**SYN.** résolu ; **CONTR.** indécis). **4.** Qui est conclu : *Une vente ferme* (**SYN.** définitif ; **CONTR.** provisoire). **5.** Dont le cours est stable ou en hausse : *Le cours de l'or est resté ferme* (**SYN.** sûr ; **CONTR.** fluctuant). ▸ ***Terre ferme,*** sol du rivage, du continent (par opp. à l'eau ou à l'air). ◆ adv. **1.** Avec assurance : *Elle parle ferme* (= sans admettre de réplique ; **SYN.** fermement, résolument). **2.** Beaucoup, fortement : *Il s'ennuie ferme* (**SYN.** énormément). **3.** D'une manière définitive : *Ils ont vendu ferme* (**CONTR.** provisoirement). **4.** Sans sursis : *Il est condamné à deux ans de prison ferme.*

② **ferme** n.f. **1.** Maison d'habitation et bâtiments annexes situés sur une exploitation agricole : *La cour de la ferme.* **2.** Domaine agricole donné en fermage ; propriété, terre. **3.** Exploitation agricole en général. ▸ ***Ferme marine,*** exploitation d'aquaculture.

fermé, e adj. **1.** Dont les limites ne comportent aucune interruption, aucune ouverture ; entièrement clos : *Le cercle est une courbe fermée. Une mer fermée* (= contenue à l'intérieur des terres). **2.** Où il est difficile de s'introduire : *C'est un milieu très fermé* (**SYN.** clos, sélect ; **CONTR.** ouvert). **3.** Qui ne laisse rien transparaître ; peu expansif : *Un visage fermé* (**SYN.** énigmatique, impénétrable ; **CONTR.** expressif). *Il est fermé sur lui-même* (**SYN.** introverti ; **CONTR.** extraverti). **4.** Insensible, inaccessible à qqch, à un sentiment : *Un cœur fermé à la compassion* (**SYN.** sourd ; **CONTR.** accessible, sensible). *Il est complètement fermé aux nouvelles technologies* (**SYN.** réfractaire ; **CONTR.** passionné).

fermement adv. **1.** D'une manière ferme, solide : *Elle tient fermement la rambarde* (**SYN.** fortement ; **CONTR.** faiblement). **2.** Avec volonté, assurance : *Il a très fermement refusé* (**SYN.** résolument ; **CONTR.** mollement).

ferment n.m. (lat. *fermentum,* de *fervere,* bouillir). **1.** Agent produisant la fermentation d'une substance ; enzyme : *Les yaourts contiennent des ferments lactiques.* **2.** *Litt.* Ce qui fait naître ou entretient une passion, une agitation : *Un ferment de discorde* (**SYN.** agent, levain).

fermentation n.f. **1.** Transformation de certaines substances organiques sous l'action d'enzymes sécrétées par des micro-organismes : *La fermentation des sucres sous l'influence des levures donne de l'alcool.* **2.** *Litt.* Agitation, sourde effervescence des esprits : *Des rumeurs entretenaient la fermentation populaire* (**SYN.** bouillonnement, fièvre ; **CONTR.** calme).

fermenté, e adj. Qui a subi une fermentation : *Le cidre est une boisson fermentée.*

fermenter v.i. [conj. 3]. **1.** Être en fermentation : *Il faut laisser fermenter la pâte* (**SYN.** lever, travailler). **2.** *Litt.* Être dans un état d'agitation, d'effervescence : *Les esprits fermentent* (**SYN.** bouillonner, s'échauffer ; **CONTR.** s'apaiser, se calmer).

fermer v.t. (du lat. *firmare,* rendre solide) [conj. 3]. **1.** Actionner un dispositif mobile pour obstruer une ouverture, un passage : *Il ferme la fenêtre* (**CONTR.** ouvrir). **2.** Rapprocher, réunir les éléments d'un ensemble de telle sorte qu'il n'y ait plus entre eux d'intervalle, d'écart, d'ouverture : *L'enfant ferma les yeux et s'endormit. Tu devrais fermer ta veste* (**SYN.** boutonner ; **CONTR.** déboutonner). **3.** Interdire le passage par qqch : *Ils ont fermé l'autoroute à cause d'un grave accident* (**SYN.** barrer, bloquer ; **CONTR.** débloquer). **4.** Isoler l'intérieur d'un lieu, d'un contenant en rabattant la porte, le couvercle : *Il ferme son bureau* (**SYN.** verrouiller). *Elle a fermé son sac.* **5.** Faire cesser le fonctionnement de qqch : *Ferme la télévision !* (**SYN.** éteindre ; **CONTR.** allumer). *Elle a fermé l'eau* (**SYN.** couper). ▸ ***Fermer la marche,*** marcher le dernier. *Fam.* ***La fermer,*** se taire. ◆ v.i. **1.** Être, rester fermé : *La boutique ferme le lundi* (**CONTR.** ouvrir). **2.** Pouvoir être fermé : *Cette porte ferme à clef.* ◆ **se fermer** v.pr. Cesser d'être ouvert : *Ses yeux se sont fermés* (**CONTR.** s'ouvrir). *La plaie s'est fermée très vite* (**SYN.** se cicatriser ; **CONTR.** se rouvrir).

fermeté n.f. **1.** État de ce qui est ferme, solide : *La fermeté de l'acier* (**SYN.** dureté, résistance, solidité ; **CONTR.** élasticité, souplesse). **2.** Qualité de ce qui ne tremble pas, qui est précis et vigoureux : *La fermeté du trait dans un dessin* (**SYN.** assurance, maîtrise). *La fermeté d'une poignée de main* (**SYN.** force, vigueur ; **CONTR.** mollesse). **3.** Énergie morale, courage : *Il montre la fermeté de son caractère* (**SYN.** détermination, ténacité ; **CONTR.** inconstance, irrésolution). **4.** Autorité, rigueur : *Elle fait preuve de fermeté avec ses enfants* (**SYN.** inflexibilité ; **CONTR.** faiblesse).

fermette n.f. (de *2. ferme*). **1.** Petite ferme. **2.** Ancien bâtiment d'habitation agricole transformé en résidence secondaire.

fermeture n.f. **1.** Action de fermer : *La fermeture électrique des portes* (**CONTR.** ouverture). **2.** Fait d'être fermé ; cessation d'activité : *La fermeture du bureau de vote* (**SYN.** clôture ; **CONTR.** ouverture). **3.** Dispositif qui sert à fermer : *La fermeture de la valise est cassée.* ▸ *Fam.* ***Faire la fermeture,*** être là au moment où l'on ferme un magasin, en parlant d'un vendeur. ***Fermeture à glissière*** ou ***fermeture Éclair*** (nom déposé), constituée de deux chaînes souples, à dents, qui s'insèrent l'une dans l'autre, au moyen d'un curseur.

fermier, ère n. **1.** Personne qui loue les terres qu'elle cultive. **2.** Agriculteur, propriétaire ou non des terres qu'il cultive. ▸ ***Fermier général,*** financier qui, dans la France d'Ancien Régime, percevait les impôts indirects. ◆ adj. Produit à la ferme : *Un poulet fermier* (= élevé traditionnellement ; **CONTR.** industriel). *Des fromages fermiers.*

fermoir n.m. Attache ou dispositif pour tenir fermé un livre, un collier, un sac.

féroce adj. (lat. *ferox,* de *ferus,* sauvage). **1.** Se dit d'un animal qui tue par instinct : *Le lion est une bête féroce* (**SYN.** sauvage ; **CONTR.** apprivoisé). **2.** Qui est cruel, sanguinaire et agit de façon barbare : *Des gardiens féroces* (**SYN.** inhumain ; **CONTR.** bon, charitable). **3.** D'une sévérité excessive : *Un critique féroce* (**SYN.** rigoureux, sévère ; **CONTR.** indulgent). *Un air féroce* (**SYN.** cruel, méchant ; **CONTR.** gentil). **4.** D'un degré extrême ; terrible : *Il a un appétit féroce* (**SYN.** démesuré, effréné ; **CONTR.** petit).

férocement adv. Avec férocité : *Il a férocement critiqué notre projet* (**SYN.** violemment ; **CONTR.** gentiment).

férocité n.f. **1.** Nature d'un animal féroce : *La férocité de la panthère* (**SYN.** cruauté, sauvagerie ; **CONTR.** douceur). **2.** Caractère cruel, sanguinaire de qqn : *La férocité de l'envahisseur* (**SYN.** barbarie, inhumanité ; **CONTR.** bonté). **3.** Violence extrême : *La férocité d'un combat* (**SYN.** brutalité).

ferrage n.m. Action de ferrer un animal de trait.

ferraille n.f. **1.** Débris de pièces en fer, en fonte ou en acier ; ensemble de pièces de métal hors d'usage : *Ils entassent la ferraille au fond de la cour.* **2.** Objet, machine métalliques hors d'usage : *Sa voiture n'est qu'un tas de ferraille.* **3.** *Fam.* Petite monnaie : *J'ai donné toute ma ferraille au boulanger.*

ferrailler v.i. [conj. 3]. **1.** Se battre au sabre ou à l'épée. **2.** *Fig.* Livrer combat, en actes ou en paroles : *Il ferraille contre le tabagisme* (**SYN.** lutter). **3.** Faire un bruit de ferraille entrechoquée : *L'ancre du bateau descendait en ferraillant.*

ferrailleur n.m. Personne qui récupère, vend de la ferraille.

ferratisme n.m. Pratique de la via ferrata.

ferré, e adj. Garni de fer : *Un bâton ferré.* ▸ *Fam.* ***Être ferré sur qqch*** ou ***en un domaine,*** le connaître à fond : *Il est ferré en informatique* (**SYN.** fort, versé dans [sout.] ; **CONTR.** inexpérimenté, mauvais). ***Voie ferrée,*** voie de chemin de fer.

ferrement n.m. Objet ou garniture en fer qui sert à renforcer un ouvrage de maçonnerie.

ferrer v.t. [conj. 4]. **1.** Garnir de fer, de ferrures : *Ferrer une canne.* **2.** Clouer des fers aux sabots d'un animal de trait : *Ferrer un bœuf.* ▸ ***Ferrer un poisson,*** l'accrocher à l'hameçon, en tirant la ligne d'un coup sec.

ferreux, euse adj. Qui contient du fer : *Un métal ferreux.*

ferrique adj. Se dit de certains composés du fer.

ferrite n.f. Variété de fer apparaissant dans certains alliages.

ferronnerie n.f. (de l'anc. fr. *ferron,* ouvrier du fer). **1.** Travail artistique du fer forgé ; ensemble des objets ainsi fabriqués (on dit aussi *ferronnerie d'art*). **2.** Atelier, commerce du ferronnier.

ferronnier, ère n. Artisan, artiste en ferronnerie.

ferroutage [fɛrrutaʒ] n.m. Moyen de transport des marchandises qui utilise la route et le chemin de fer ; transport rail-route.

ferrouter [fɛrrute] v.t. [conj. 3]. Acheminer par ferroutage.

ferroviaire adj. (it. *ferroviario*). Propre au chemin de fer ; qui concerne le transport par chemin de fer : *Le trafic ferroviaire a repris hier.*

ferrugineux, euse adj. (du lat. *ferrugo, ferruginis,* rouille). Qui contient du fer ou l'un de ses composés : *De l'eau ferrugineuse.*

ferrure n.f. **1.** Garniture de fer d'une porte, d'une fenêtre, etc. : *Les ferrures d'un meuble.* **2.** Ensemble des fers placés aux sabots d'un animal de trait.

ferry [fɛri] n.m. (abrév.) [pl. *ferrys* ou *ferries*]. Ferry-boat.

ferry-boat [fɛribot] n.m. (mot angl., de *ferry,* passage, et *boat,* bateau) [pl. *ferry-boats*]. Navire aménagé pour le transport des trains ou des véhicules routiers et de leurs passagers (abrév. ferry) ; transbordeur.

fertile adj. (lat. *fertilis*). **1.** Se dit d'un sol, d'une région, etc., qui peut donner d'abondantes récoltes : *La plaine côtière est fertile* (**SYN.** fécond, productif ; **CONTR.** improductif, infécond, stérile). **2.** *Fig.* Se dit d'un esprit capable de produire beaucoup : *Il a une imagination fertile* (**SYN.** ingénieux, inventif, prolifique ; **CONTR.** aride, sec). **3.** Se dit d'une femelle capable de procréer. ▸ ***Fertile en,*** qui abonde en : *Une histoire fertile en rebondissements.*

fertilisant, e adj. Qui sert à fertiliser : *Encadrer l'utilisation des produits fertilisants.* ◆ **fertilisant** n.m. Produit fertilisant : *Le fumier est un fertilisant* (**SYN.** amendement, engrais).

fertilisation n.f. Action de fertiliser : *La fertilisation d'une terre aride* (**SYN.** amendement, bonification).

fertiliser v.t. [conj. 3]. Rendre fertile : *Elle fertilise ses champs avec des engrais* (**SYN.** amender, bonifier, fumer).

fertilité n.f. **1.** Qualité d'une terre fertile : *Il y a des variations de fertilité entre le Nord et le Sud* (**SYN.** fécondité ; **CONTR.** aridité). **2.** Capacité de qqn à créer : *Une grande fertilité d'esprit* (**SYN.** créativité ; **CONTR.** pauvreté, stérilité).

féru, e adj. (p. passé de *férir*). Qui éprouve un intérêt passionné pour qqch : *Elle est férue d'Internet* (**SYN.** fanatique, fervent ; **CONTR.** réfractaire à).

férule n.f. (lat. *ferula*). *Vx* Palette de bois ou de cuir avec laquelle on frappait la main des écoliers en faute. ▸ *Litt.* ***Sous la férule de qqn,*** sous son autorité tyrannique, sous sa direction sévère.

fervent, e adj. (lat. *fervens, ferventis,* qui bout). Rempli de ferveur ; ardent : *Une prière fervente. C'est un fervent admirateur de ce chanteur* (**SYN.** enthousiaste, fanatique). ◆ adj. et n. Qui se passionne pour : *Les fervents du tennis* (**SYN.** passionné).

ferveur n.f. (lat. *fervor,* de *fervere,* bouillir). Sentiment d'une grande intensité : *Il prie avec ferveur* (**SYN.** dévotion, piété). *L'avocate a plaidé avec ferveur* (**SYN.** enthousiasme, passion ; **CONTR.** mollesse).

fesse n.f. (lat. *fissum*, fente). Chacune des deux parties charnues qui forment le derrière de l'homme et de certains animaux. ▸ *Fam.* ***Serrer les fesses,*** avoir peur.

fessée n.f. **1.** Série de coups sur les fesses : *L'enfant a reçu une fessée.* **2.** *Fam.* Défaite humiliante.

fesser v.t. [conj. 4]. Donner une fessée à qqn : *Ils fessent rarement leurs enfants.*

fessier, ère adj. Qui appartient à la fesse : *Cet exercice fait travailler les muscles fessiers.* ◆ **fessier** n.m. *Fam.* Ensemble des deux fesses.

fessu, e adj. *Fam.* Qui a de grosses fesses.

festif, ive adj. (lat. *festivus*, de la fête). Propre à la fête, en tant que réjouissance collective : *Une musique festive.*

festin n.m. (it. *festino*). Repas fastueux, banquet somptueux : *Un festin de noces.*

festival n.m. (mot angl. signif. « jour de fête ») [pl. *festivals*]. **1.** Série périodique de manifestations artistiques appartenant à un genre donné et se déroulant habituellement dans un endroit précis : *Le festival de Deauville. Elle suit tous les festivals de la région.* **2.** Brillante démonstration ; ensemble remarquable : *La rentrée littéraire nous offre un festival d'autobiographies.*

festivalier, ère adj. Relatif à un festival : *La presse festivalière* (= les journalistes qui couvrent un festival). ◆ n. Personne qui participe ou qui assiste à un festival.

festivité n.f. (Surtout au pl.). Ensemble de réjouissances à l'occasion d'une fête : *Les festivités de Noël.*

fest-noz [fɛstnɔz] n.m. (mot celte) [inv. ou pl. *festoùnoz*]. En Bretagne, fête nocturne traditionnelle, où l'on danse au rythme des chants et de la musique celtiques.

feston n.m. (it. *festone*). **1.** Guirlande de fleurs et de feuillage suspendue en arc et servant de décor. **2.** Point de broderie dont le dessin forme des dents arrondies ou pointues qui terminent un bord du tissu.

festonner v.t. [conj. 3]. Garnir de festons, découper en festons : *La couturière festonne un drap.*

festoyer v.i. (de l'anc. fr. *feste*, fête) [conj. 13]. Manger beaucoup ; prendre part à un festin (**SYN.** banqueter).

feta [feta] n.f. (mot grec). Fromage grec au lait de brebis, à pâte molle.

fêtard, e n. *Fam.* Personne qui fait la fête : *Ce sont de joyeux fêtards* (**SYN.** noceur, viveur).

fête n.f. (du lat. *festa dies*, jour de fête). **1.** Célébration religieuse ou civile, en commémoration d'un fait important : *Le 14 Juillet est la fête nationale de la France* (= qui est célébrée par la nation tout entière). **2.** Réjouissances organisées par une collectivité ou un particulier : *La fête des Pères. Elle organise une fête pour son anniversaire* (**SYN.** réception, soirée). **3.** Jour où l'on commémore le saint dont on porte le nom : *Le 22 avril est la fête des Alexandre.* ▸ ***Air de fête,*** aspect riant, gai : *La ville avait un air de fête.* ***Bonne fête,*** au Québec, bon anniversaire. *Fam.* ***Ça va être ma, ta, sa fête,*** je vais, tu vas, il va être malmené ou réprimandé. ***Être à la fête,*** éprouver une grande satisfaction. ***Faire fête à qqn,*** l'accueillir avec des démonstrations de joie. ***Faire la fête,*** se divertir en buvant, en mangeant, en dansant ; mener une vie de plaisir. ***Ne pas être à la fête,*** être dans une situation désagréable. ***Se faire une fête de,*** se réjouir beaucoup à l'idée de. ◆ **fêtes** n.f. pl. Période qui va de Noël au jour de l'An : *On se verra après les fêtes.*

Fête-Dieu n.f. (pl. *Fêtes-Dieu*). Fête catholique du Saint-Sacrement, célébrée le deuxième dimanche après la Pentecôte.

fêter v.t. [conj. 4]. **1.** Célébrer par une fête : *Elle fête l'obtention de son examen.* **2.** Accueillir qqn avec joie : *Le pays a fêté son équipe de football.*

fétiche n.m. (port. *feitiço*, sortilège). Objet ou animal auquel sont attribuées des propriétés magiques, bénéfiques (**SYN.** amulette, gri-gri, talisman).

féticheur n.m. En Afrique, responsable d'un culte animiste ; guérisseur ou devin faisant agir des fétiches.

fétichisme n.m. **1.** Ensemble de pratiques religieuses dédiées aux fétiches ; en Afrique, religion traditionnelle, animisme (par opp. au christianisme et à l'islam). **2.** Vénération outrée, superstitieuse pour qqch, qqn : *Il a le fétichisme de la propreté* (**SYN.** culte). **3.** Trouble du comportement sexuel dans lequel la jouissance est liée à la vue ou au toucher d'objets déterminés.

fétichiste adj. et n. Qui appartient au fétichisme ; qui pratique le fétichisme.

fétide adj. (lat. *foetidus*). Se dit d'une odeur forte et répugnante ; se dit de ce qui a cette odeur : *L'odeur fétide des égouts* (**SYN.** infect, nauséabond ; **CONTR.** agréable). *Une haleine fétide* (**SYN.** malodorant, repoussant ; **CONTR.** frais).

fétidité n.f. Caractère d'une odeur fétide ; infection, puanteur.

fétu n.m. (du lat. *festuca*). Brin de paille : *Des fétus tournoyaient autour des moissonneurs.*

① **feu** n.m. (lat. *focus*, foyer). **1.** Dégagement simultané de chaleur, de lumière et de flamme produit par la combustion vive de certains corps comme le bois et le charbon : *Il fait un feu pour se réchauffer* (**SYN.** flambée). *Un feu de camp* (= réjouissances organisées le soir autour d'un feu de bois, par des campeurs, des scouts). **2.** Destruction par les flammes, la combustion : *Il a mis le feu à un tas de vieilles planches. Le feu a ravagé la forêt* (**SYN.** incendie). **3.** Source de chaleur utilisée pour le chauffage ou la cuisson des aliments : *Cette viande doit cuire à feu doux.* **4.** Lieu où l'on fait le feu : *Une veillée au coin du feu* (**SYN.** âtre, cheminée, foyer). **5.** Moyen de produire du feu ; moyen d'allumer une pipe, une cigarette : *Auriez-vous du feu ?* (= des allumettes ou un briquet). **6.** (Au pl.). Source d'éclairage : *Extinction des feux à vingt-deux heures* (**SYN.** lumière). *Les feux de la rampe* (= l'éclairage placé sur le devant d'une scène de théâtre). **7.** (Au pl.). Dispositif lumineux que tout avion, tout navire doit arborer de nuit : *Les feux de navigation.* **8.** (Au pl.). Dispositif lumineux destiné à l'éclairage et à la signalisation nocturnes d'un véhicule automobile : *Les feux de croisement* (= ceux que le conducteur doit allumer lorsqu'il croise un autre véhicule ; **SYN.** codes). *Les feux de position* (= ceux qui définissent les dimensions du véhicule ; **SYN.** lanternes, veilleuses). *Les feux de route* (= phares à utiliser hors des villes). *Les feux de direction* (= destinés à signaler l'intention du conducteur de se déporter vers la droite ou la gauche ; **SYN.** clignotant). *Les feux de détresse* (**SYN.** warning [anglic.]). **9.** *Litt.* Éclat : *Les feux d'un diamant* (**SYN.** flamboiement, scintillement). **10.** Décharge d'une arme au cours de laquelle un projectile est lancé sous l'effet de la combustion de la poudre : *Ils ont ouvert le feu* (= ils ont commencé à tirer ; **SYN.** tir). *Un feu nourri* (= tir rapide et abondant). **11.** Combat : *Les soldats vont au feu.* **12.** *Fam.* Pistolet. **13.** Sensation de chaleur, de brûlure : *Le feu du rasoir* (= irritation après le rasage). **14.** Ardeur des sentiments : *Un discours plein de feu* (**SYN.** fougue, passion ; **CONTR.** mollesse, nonchalance). ▸ ***Arts du feu,*** la céramique, la verrerie, l'émaillerie. ***Coup de feu,*** décharge d'une arme à feu ; fig., dans un restaurant, moment d'agitation à l'heure des repas. ***Donner, obtenir le feu vert,*** donner, obtenir l'autorisation d'agir, d'entreprendre qqch. ***En feu,*** en train de brûler ; fig., irrité : *L'hôtel est en feu. Le piment met la bouche en feu.* ***Être pris entre deux feux,*** se trouver attaqué de deux côtés à la fois ; fig., recevoir en même temps les critiques de gens d'opinions contraires et se trouver dans une situation sans issue. ***Être sans feu ni lieu,*** être sans domicile. ***Être tout feu tout flamme,*** être plein de zèle, d'ardeur : *Elles sont tout feu tout flamme.* ***Faire feu,*** tirer avec une arme à feu. ***Faire feu de tout bois,*** utiliser toutes les possibilités dont on dispose. ***Faire long feu,*** en parlant d'un projectile, partir avec retard ; au fig., ne pas réussir : *Son projet a fait long feu* (= a échoué). ***Faire mourir qqn à petit feu,*** le tourmenter sans cesse, lui causer de grands chagrins. ***Feu !,*** ordre par lequel un chef militaire fait tirer sur l'ennemi. ***Feu d'artifice*** → **artifice.** ***Feu de Bengale,*** artifice donnant une flamme colorée. ***Feu de cheminée,*** embrasement de la suie accumulée dans une cheminée. ***Feu de joie,*** feu allumé lors de réjouissances publiques. ***Feu de la Saint-Jean,*** feu de joie que l'on allume dans la nuit de la Saint-Jean (24 juin), dans certaines régions. ***Feu de paille,*** passion de courte durée ; ardeur passagère. ***Feu ouvert,*** en Belgique, cheminée où l'on brûle des bûches. ***Feu sacré,*** zèle, enthousiasme durable. ***Feu Saint-Elme,*** phénomène électrique lumineux qui se manifeste parfois à l'extrémité des mâts d'un navire. ***Feu tricolore*** ou ***feu de signalisation,*** signal lumineux commandant le passage libre (feu vert), toléré (feu orange) ou interdit (feu rouge) du trafic automobile. ***Il n'y a pas de fumée sans feu,*** toute rumeur repose sur une parcelle de vérité (proverbe). ***Jouer avec le feu,*** s'exposer témérairement à un danger. ***Ne pas faire long feu,*** ne pas durer longtemps ; être vite terminé : *Ses bonnes résolutions n'ont pas fait long feu.* ***N'y voir que du feu,*** ne s'apercevoir de rien. ***Prendre feu,*** s'enflammer, en parlant d'une substance, d'un objet ; fig., s'enthousiasmer ou s'emporter.

② **feu, e** adj. (du lat. *fatum,* destin) [pl. *feus, feues*]. *Litt.* Décédé depuis peu : *Ma feue tante. Feu mes grands-mères.* ☞ **REM.** L'adjectif *feu* est invariable s'il est placé avant l'article ou le possessif.

feudataire n. et adj. (du lat. médiév. *feudum,* fief). En histoire, possesseur d'un fief ; vassal.

feuil n.m. (lat. *folia,* feuille). Pellicule mince formée par une ou plusieurs couches de vernis, de peinture, et qui sert à protéger un objet (**SYN.** film).

feuillage n.m. **1.** Ensemble des feuilles d'un arbre : *Arbres à feuillage persistant, caduc* (**SYN.** frondaison, ramure). **2.** Branches coupées, chargées de feuilles : *Il s'est fait un lit de feuillage.*

feuillaison n.f. Renouvellement annuel des feuilles (**SYN.** foliation).

feuillant, feuillantine [fœjɑ̃, fœjɑ̃tin] n. Religieux, religieuse appartenant à une branche de l'ordre cistercien réformée en 1577 et disparue en 1789.

feuillard n.m. Bande métallique, plastique ou textile destinée à fermer un emballage.

feuille n.f. (lat. *folium*). **1.** Organe fondamental de nombreux végétaux, caractérisé par sa forme aplatie et sa symétrie bilatérale : *Le chêne perd ses feuilles en automne. « Les feuilles mortes se ramassent à la pelle »* [Jacques Prévert]. **2.** Organe végétal rappelant la forme d'une feuille : *Une feuille d'artichaut. Un trèfle à quatre feuilles* (**SYN.** foliole). **3.** Mince plaque de bois, de métal, de minéral, de carton, etc. : *Une feuille d'or* (**SYN.** lame, plaque). **4.** Morceau de papier rectangulaire sur lequel on écrit, on imprime, etc. : *Il arrache la feuille sur laquelle il avait tout noté* (**SYN.** page). **5.** Imprimé, document comportant des indications d'ordre administratif : *Il remplit sa feuille de déclaration de revenus* (**SYN.** formulaire). ▸ *Fam.* ***Feuille de chou,*** journal médiocre. ***Feuille de maladie,*** qui mentionne les actes et les médicaments dispensés aux assurés sociaux, en vue d'obtenir le remboursement. ***Feuille d'impôts,*** document adressé au contribuable indiquant le montant et la date des versements à effectuer au titre de l'impôt. ***Feuille de paie*** ou ***de salaire*** → **bulletin.**

feuille-morte adj. inv. De la couleur jaune-brun des feuilles sèches ; roux.

feuillet n.m. **1.** Ensemble de deux pages recto et verso d'un livre ou d'un cahier. **2.** Troisième poche de l'estomac des ruminants.

feuilletage n.m. **1.** Action de feuilleter un livre, un magazine. **2.** Action de feuilleter de la pâte ; pâte feuilletée.

feuilleté, e adj. Constitué de lames minces superposées ; folié : *L'ardoise est une roche feuilletée.* ▸ ***Pâte feuilletée,*** pâte à base de farine et de beurre, repliée plusieurs fois sur elle-même de manière à se séparer en feuilles à la cuisson. ◆ **feuilleté** n.m. Rectangle de pâte feuilletée accompagné d'une garniture salée ou sucrée : *Le vol-au-vent est un feuilleté salé. Le mille-feuille est un feuilleté sucré.*

feuilleter v.t. [conj. 27]. **1.** Tourner les pages d'un livre, d'une revue, etc., en les parcourant rapidement et au hasard. **2.** Travailler une pâte en la repliant plusieurs fois sur elle-même.

feuilleton n.m. (de *feuillet*). **1.** Œuvre romanesque publiée par épisodes successifs dans un journal : *« Les Mystères de Paris » parurent d'abord en feuilleton* (**SYN.** roman-feuilleton). **2.** Émission dramatique radiodiffusée ou télévisée dont l'histoire est fractionnée en épisodes courts et de même durée.

feuilletoniste n. Auteur de feuilletons ou de romans-feuilletons dans un journal.

feuillu, e adj. Qui a beaucoup de feuilles : *Un arbre très feuillu* (**SYN.** touffu). ◆ **feuillu** n.m. Arbre qui possède des feuilles déployées (par opp. à résineux).

feuillure n.f. Entaille pratiquée dans un élément de construction pour recevoir un autre élément ; rainure.

feulement n.m. Cri du tigre, du chat, du puma.

feuler v.i. (onomat.) [conj. 3]. **1.** Pousser son cri, en parlant du tigre, du puma (**SYN.** rauquer). **2.** Gronder, en parlant du chat.

feutrage n.m. Fait de feutrer, de se feutrer.

feutre n.m. (du frq.). **1.** Étoffe obtenue en agglutinant des poils ou des filaments de laine. **2.** Chapeau de feutre. **3.** Instrument pour écrire, pour marquer, dont le corps renferme un réservoir poreux imprégné d'encre et relié à une pointe en matériau synthétique ; spécial., stylo-feutre.

feutré, e adj. **1.** Qui a acquis la texture ou l'aspect du feutre, par lavage ou usure : *Mon pull est feutré aux manches.* **2.** Où les bruits sont étouffés : *Un restaurant à l'ambiance feutrée* (**SYN.** ouaté ; **CONTR.** bruyant). ▸ ***Marcher à pas feutrés,*** sans faire de bruit.

feutrer v.t. [conj. 3]. **1.** Transformer des poils, de la laine en feutre. **2.** Faire perdre de sa souplesse à un lainage : *J'ai feutré mon écharpe en la lavant.* **3.** Garnir de feutre : *Il a feutré sa selle de vélo.* ◆ v.i. ou **se feutrer** v.pr. Prendre la texture, l'aspect du feutre : *Ce tissu se feutre au lavage.*

feutrine n.f. Feutre léger, très serré : *Une poupée dont les yeux sont des gommettes en feutrine.*

fève n.f. (lat. *faba*). **1.** Plante annuelle cultivée pour sa graine, destinée à l'alimentation humaine ou animale. **2.** Graine de cette plante. **3.** Figurine, petit objet cachés dans la galette des Rois.

féverole [fevrɔl] ou **fèverole** ou **faverole** n.f. Fève d'une variété à petit grain, utilisée dans l'alimentation du bétail.

février n.m. (lat. *februarius*). Deuxième mois de l'année, qui a 28 jours, 29 dans les années bissextiles.

fez [fɛz] n.m. (de *Fez,* nom d'une ville du Maroc). Calotte en forme de tronc de cône, en laine, portée en Afrique du Nord et au Proche-Orient.

fi interj. (onomat.). *Litt.* Exprime le dégoût, le dédain, le mépris : *Fi ! Le vilain mensonge !* ▸ ***Faire fi de,*** ne pas attacher d'importance ou de valeur à : *Elle fait fi des rumeurs* (= elle les méprise, les dédaigne).

fiabiliser v.t. [conj. 3]. Rendre plus fiable : *Ces tests sont destinés à fiabiliser le dispositif de freinage.*

fiabilité n.f. Probabilité de fonctionnement sans défaillance d'un dispositif dans des conditions spécifiées et pendant une période de temps déterminée.

fiable adj. (de *se fier*). **1.** Doué de fiabilité : *Une machine fiable* (**SYN.** sûr ; **CONTR.** défaillant). **2.** À qui l'on peut se fier : *Un ami fiable* (**SYN.** dévoué, fidèle ; **CONTR.** infidèle).

fiacre n.m. (de *saint Fiacre,* dont l'effigie ornait l'enseigne d'un bureau de voitures de louage à Paris). *Anc.* Voiture tirée par des chevaux, à quatre roues et à quatre places.

fiançailles n.f. pl. **1.** Promesse mutuelle de mariage ; cérémonie qui l'accompagne : *Ils ont annoncé les fiançailles de leur fille avec un jeune ingénieur. Une bague de fiançailles.* **2.** Temps qui s'écoule entre cette promesse et le mariage : *De brèves fiançailles.*

fiancé, e n. Personne qui s'est fiancée.

fiancer v.t. (de l'anc. fr. *fiance,* engagement) [conj. 16]. **1. [à, avec].** Promettre solennellement en mariage : *Elle fiance sa fille au fils* ou *avec le fils d'un ami.* **2.** Célébrer les fiançailles de qqn : *Ils fiancent leur fils.* ◆ **se fiancer** v.pr. **[à, avec].** S'engager à épouser qqn : *Il s'est fiancé avec* ou *à une amie d'enfance. Ils se fiancent demain.*

fiasco n.m. (mot it.). **1.** *Fam.* Échec complet : *Tous ses films sont des fiascos* (**CONTR.** réussite, succès). **2.** Impuissance sexuelle accidentelle. ▸ ***Faire fiasco,*** échouer complètement.

fiasque n.f. (it. *fiasco*). Bouteille à col long et à large panse garnie de paille, employée en Italie. ☞ **REM.** Ne pas confondre avec *une flasque.*

fibranne n.f. Fibre textile artificielle à base de cellulose.

fibre n.f. (lat. *fibra*). **1.** Filament ou cellule filamenteuse, constituant certains tissus animaux ou végétaux, certaines substances minérales : *Les fibres musculaires. La fibre de bois.* **2.** Tout élément filamenteux allongé, d'origine naturelle ou non, constitutif d'un fil, d'une feuille de papier, etc. : *Des fibres textiles. La fibre de verre est employée comme isolant.* **3.** (Génér. suivi d'un adj.). *Fig.* Sensibilité particulière de qqn : *Il a la fibre paternelle* (**SYN.** sentiment, sens). ▸ ***Fibre optique,*** filament de verre extrêmement pur, utilisé comme conducteur d'ondes électromagnétiques : *Les fibres optiques servent à la transmission d'informations numérisées.*

fibreux, euse adj. Qui contient des fibres ; qui est formé de fibres : *Une viande fibreuse* (**SYN.** filandreux, tendineux ; **CONTR.** tendre).

fibrillation [fibrijasjɔ̃] n.f. Série de contractions violentes et désordonnées des fibres du muscle cardiaque.

fibrille [fibrij] n.f. Petite fibre.

fibrine n.f. Substance qui apparaît dans le sang au cours de la coagulation et qui contribue à la formation du caillot.

fibrineux, euse adj. Composé de fibrine.

Fibrociment n.m. (nom déposé). Matériau de construction fait de ciment renforcé de fibres synthétiques ou naturelles.

fibromateux, euse adj. Qui est de la nature des fibromes ; qui contient des fibromes.

fibromatose n.f. Affection caractérisée par la présence de plusieurs fibromes.

fibrome [fibrom] n.m. Tumeur bénigne constituée par du tissu fibreux.

fibroscope n.m. Appareil optique souple et de petit diamètre, porteur de lumière et destiné à être introduit dans une cavité de l'organisme afin de l'examiner.

fibroscopie n.f. Examen d'une cavité du corps humain réalisé au moyen d'un fibroscope.

fibrose n.f. En médecine, transformation fibreuse d'un tissu.

fibule n.f. (lat. *fibula*). Dans l'Antiquité, broche, agrafe en métal servant à retenir les vêtements.

ficelage n.m. Action de ficeler ; son résultat : *Le ficelage d'un paquet.*

ficelé, e adj. *Fam., péjor.* Habillé, arrangé : *Elle est bizarrement ficelée* (**SYN.** vêtu). ▸ ***Bien ficelé,*** bien fait, bien élaboré : *Une intrigue bien ficelée.*

ficeler v.t. [conj. 24]. **1.** Lier, attacher avec de la ficelle : *Vous ficellerez le poulet* (**SYN.** brider). **2.** *Fig., fam.*

Élaborer, construire avec astuce : *Elle a bien ficelé son scénario* (**SYN.** bâtir, concevoir).

ficelle n.f. (lat. pop. *funicella*, de *funis*, corde). **1.** Corde très mince constituée de plusieurs fils entremêlés, pour lier, retenir, etc. : *Le chat aime jouer avec une pelote de ficelle.* **2.** (Souvent au pl.). *Fig.* Procédé, truc utilisé dans un métier, un art : *Elle connaît toutes les ficelles du métier* (**SYN.** astuce). **3.** Pain fantaisie mince et allongé pesant le poids d'une demi-baguette. ▸ ***Tenir*** ou ***tirer les ficelles,*** faire agir les autres sans être vu, comme le montreur de marionnettes.

fichage n.m. Action de ficher, d'inscrire sur une, des fiches : *Le fichage des contrevenants.*

fiche n.f. (de *1. ficher*). **1.** Feuille cartonnée, plus ou moins grande, pour noter des informations, souvent destinée à être classée dans un fichier : *L'étudiante consulte les fiches de la bibliothèque. Il fait des fiches pour ses révisions* (= il les rédige). **2.** Imprimé de format variable, souvent détachable d'un magazine et qui comporte des indications pratiques : *Il collectionne les fiches cuisine.* **3.** Pièce électrique amovible destinée à être encastrée dans une alvéole pour établir un contact : *Une fiche multiple.* ▸ ***Fiche d'état civil,*** document établi, en France, dans une mairie d'après un acte de l'état civil ou le livret de famille.

① **ficher** v.t. (du lat. *figere*, attacher) [conj. 3]. Faire entrer, enfoncer qqch par la pointe : *Elle fiche un piquet de tente en terre* (**SYN.** planter ; **CONTR.** déplanter).

② **ficher** v.t. [conj. 3]. Inscrire sur une fiche. ▸ ***Ficher qqn,*** inscrire des renseignements le concernant sur une fiche, dans un fichier manuel ou électronique.

③ **ficher** v.t. [conj. 3]. *Fam.* **1.** Faire : *Qu'est-ce que tu fiches ici ?* **2.** Mettre, jeter dehors : *Ils nous ont fichus à la porte.* **3.** Donner, envoyer : *Si tu recommences, je te ficherai une claque* (= je te giflerai). ▸ ***Ficher*** ou ***fiche la paix,*** laisser tranquille. ◆ **se ficher** v.pr. *Fam.* **1. [de].** Se moquer : *Elle s'est fichue de lui* (**SYN.** se jouer). **2.** Se mettre, se jeter : *Il s'est fichu par terre* (= il est tombé). *Ils se sont fichus à l'eau.*

fichier n.m. **1.** Collection de fiches ; boîte, meuble à fiches. **2.** En informatique, collection organisée d'informations de même nature, regroupées et traitées en une unité indépendante ; support matériel de ces informations : *Il a enregistré son fichier sur une disquette.*

fichtre interj. (croisement entre *3. ficher* et *foutre*). *Fam.* Marque l'étonnement, l'admiration : *Fichtre ! Vous voilà déjà !* (**SYN.** bigre).

① **fichu** n.m. (de *3. ficher*). Triangle d'étoffe, dont les femmes se couvrent les épaules ou la tête (**SYN.** châle, foulard).

② **fichu, e** adj. (de *3. ficher*). *Fam.* **1.** (Avant le n.). Pénible, désagréable : *J'en ai assez de ce fichu travail. Il a un fichu caractère* (**SYN.** mauvais ; **CONTR.** bon). **2.** (Après le n.). Irrémédiablement perdu ou compromis : *Ma robe est complètement fichue* (**SYN.** détérioré). ▸ ***Être bien, mal fichu,*** bien, mal fait : *Ce scénario est mal fichu.* ***Être fichu de,*** capable de : *Elle n'est pas fichue d'arriver à l'heure.* ***Être*** ou ***se sentir mal fichu,*** un peu souffrant.

fictif, ive adj. (du lat. *fictus*, inventé). **1.** Produit par l'imagination : *Un personnage fictif* (**SYN.** imaginaire ; **CONTR.** réel). **2.** Qui n'existe que par convention : *La valeur fictive des billets de banque* (**SYN.** conventionnel, extrinsèque ; **CONTR.** intrinsèque).

fiction n.f. (lat. *fictio*, de *fingere*, façonner, imaginer). **1.** Création, invention de choses imaginaires, irréelles ; œuvre ainsi créée : *Un livre de fiction.* **2.** Film de cinéma ou de télévision exposant des événements imaginés ; genre cinématographique ou télévisuel regroupant ces œuvres.

fictionnel, elle adj. Relatif à la fiction ; fondé sur la fiction.

fictivement adv. De façon fictive : *Transportons-nous fictivement à l'époque des Gaulois* (= par la pensée, par l'imagination).

ficus [fikys] n.m. (mot lat. signif. « figuier »). Plante d'appartement à larges feuilles.

fidèle adj. (lat. *fidelis*, de *fides*, foi). **1.** Constant dans son attachement, ses relations : *Un fidèle ami* (**SYN.** dévoué, sincère ; **CONTR.** traître). *Un chien fidèle.* **2.** Qui n'a de relations amoureuses qu'avec son conjoint, son compagnon : *Une épouse fidèle* (**CONTR.** inconstant, infidèle). **3.** Qui ne s'écarte pas de la réalité, de la vérité, du modèle : *Il a fait un récit fidèle des événements* (**SYN.** conforme). *Une mémoire fidèle* (**SYN.** exact, sûr ; **CONTR.** inexact). *Un témoin fidèle* (**SYN.** scrupuleux ; **CONTR.** fantaisiste). **4.** Qui dénote un attachement durable : *Une amitié fidèle* (**SYN.** constant ; **CONTR.** fugitif). **5.** Qui donne toujours la même indication quand on répète la mesure, en parlant d'un instrument : *Un pèse-personne fidèle* (**SYN.** fiable ; **CONTR.** faux). ▸ ***Fidèle à qqch,*** qui ne varie pas, ne s'écarte pas de qqch : *Elle est fidèle à ses promesses* (= elle les tient). ◆ n. **1.** Personne qui pratique une religion : *Les fidèles ont assisté à la messe* (**SYN.** croyant). **2.** Personne qui fréquente habituellement un groupe, un lieu, etc. : *Un fidèle des concerts rock* (**SYN.** habitué).

fidèlement adv. **1.** D'une manière constante : *Elle vient fidèlement la voir* (**SYN.** régulièrement ; **CONTR.** rarement). **2.** Avec exactitude : *Il rapporte fidèlement ce qu'il a vu* (**SYN.** scrupuleusement).

fidélisation n.f. Action de fidéliser une clientèle, un public.

fidéliser v.t. [conj. 3]. Rendre fidèle, s'attacher durablement une clientèle, un public, par des moyens appropriés : *Les promotions fidélisent les clients.*

fidélité n.f. **1.** Qualité d'une personne fidèle : *Il est connu pour sa fidélité* (**SYN.** loyauté ; **CONTR.** perfidie, traîtrise). **2.** Qualité de ce qui est conforme à la réalité, à la vérité ; qualité d'un appareil fidèle : *La fidélité de la traduction anglaise* (**SYN.** exactitude, justesse ; **CONTR.** inexactitude).

fidjien, enne adj. et n. Des îles Fidji. ◆ **fidjien** n.m. Langue parlée aux îles Fidji.

fiduciaire adj. (lat. *fiduciarius*, de *fiducia*, confiance). Se dit de valeurs fictives, fondées sur la confiance accordée à qui les émet : *Des titres fiduciaires.* ▸ ***Monnaie fiduciaire,*** billets et pièces (par opp. à scriptural). ***Société fiduciaire,*** société qui effectue des travaux comptables, juridiques, fiscaux pour le compte des entreprises privées.

fief n.m. (frq. *fehu*, bétail). **1.** Dans le système féodal, terre, droit ou revenu qu'un vassal tenait de son seigneur et en échange desquels il devait accomplir le service dû à celui-ci. **2.** Zone d'influence prépondérante, secteur réservé : *Le fief électoral du maire* (= où il est toujours réélu).

fieffé, e adj. (de l'anc. fr. *fieffer*, pourvoir d'un fief). *Fam.* Qui a atteint le dernier degré d'un défaut, d'un vice : *C'est un fieffé menteur* (**SYN.** accompli, achevé, consommé, parfait).

fiel n.m. (lat. *fel*). **1.** Bile des animaux. **2.** *Litt.* Amertume, animosité à l'égard de qqn ou de qqch : *Des propos plein de fiel* (**SYN.** acrimonie, aigreur ; **CONTR.** bienveillance).

fielleux, euse adj. *Litt.* Plein de fiel, d'animosité : *Des paroles fielleuses* (**SYN.** acrimonieux, venimeux ; **CONTR.** bienveillant, gentil).

fiente [fjɑ̃t] n.f. (lat. pop. *femita*). Excrément de certains animaux, partic. des oiseaux.

fier, fière [fjɛr] adj. (lat. *ferus*, sauvage). **1.** Qui a de la dignité, des sentiments nobles, élevés : *Elle est trop fière pour accepter qu'on l'aide* (**SYN.** digne ; **CONTR.** abject, méprisable). **2.** Qui s'estime supérieur aux autres ; hautain, méprisant par son attitude, ses paroles, etc. : *Sa réussite l'a rendu fier* (**SYN.** arrogant, prétentieux ; **CONTR.** humble, modeste, simple). **3.** *Fam.* Remarquable en son genre : *C'est un fier menteur* (**SYN.** fameux). ▸ ***Être fier de,*** tirer un légitime orgueil, une vive satisfaction de : *Il est fier de ses enfants et de leur succès* (= il est comblé). ***Fier comme Artaban,*** qui manifeste un orgueil, une vanité ridicules : *Elle est passée fière comme Artaban, sans me saluer.*

se **fier** v.pr. (lat. pop. *fidare*, confier) [conj. 9]. **[à].** Mettre sa confiance en qqch, qqn : *Vous pouvez vous fier à sa mémoire. Ne te fie pas à lui* (**SYN.** compter sur, se reposer sur ; **CONTR.** se défier de, se méfier de).

fier-à-bras [fjɛrabra] n.m. (pl. *fiers-à-bras*). *Litt.* Celui qui affiche une bravoure ou de hautes qualités qu'il n'a pas : *Cesse de faire le fier-à-bras !* (**SYN.** fanfaron, matamore). ☞ **REM.** Le pluriel se prononce comme le singulier.

fièrement adv. Avec courage et dignité ; avec fierté : *Le boxeur a fièrement regardé son adversaire* (**SYN.** courageusement).

fierté n.f. **1.** Qualité, caractère d'une personne digne : *Sa fierté l'a poussé à sortir sans répondre* (**SYN.** dignité). **2.** Sentiment d'une personne convaincue de sa supériorité : *Elle montre trop de fierté à l'égard de ses collègues* (**SYN.** arrogance, mépris ; **CONTR.** humilité, modestie). **3.** Sentiment d'orgueil, de satisfaction légitime de soi : *Il tire fierté de son succès* (**SYN.** contentement).

fiesta [fjɛsta] n.f. (mot esp.). *Fam.* Fête : *Ce soir, on fait la fiesta.*

fièvre n.f. (lat. *febris*). **1.** Élévation anormale de la température du corps, souvent accompagnée d'un malaise général : *Cet enfant a de la fièvre* (= il est fébrile ; **SYN.** température). **2.** *Fig.* État de tension, d'agitation d'un individu ou d'un groupe : *Dans la fièvre du départ, j'ai oublié mon sac* (**SYN.** excitation, fébrilité ; **CONTR.** calme). *La fièvre des élections.* **3.** Nom donné à certaines maladies accompagnées de fièvre : *La fièvre aphteuse.* ▸ ***Fièvre tierce, quarte,*** fièvres intermittentes observées dans le paludisme, dont les accès reviennent respectivement tous les trois jours, tous les quatre jours. ***Une fièvre de,*** un désir ardent, une manie de : *Une fièvre d'achats. Fam.* ***Une fièvre de cheval,*** très violente.

fiévreusement adv. De façon fiévreuse, agitée : *Elle prépare fiévreusement son déménagement* (**SYN.** fébrilement, nerveusement ; **CONTR.** calmement).

fiévreux, euse adj. **1.** Qui a ou qui dénote la fièvre : *Un enfant fiévreux* (**SYN.** fébrile). *Un pouls fiévreux* (= caractéristique de la fièvre). **2.** Qui est dans un état d'excitation inquiète ; qui atteint un haut degré : *Une foule fièvreuse* (**SYN.** agité ; **CONTR.** calme). *Une activité fiévreuse régnait dans les bureaux* (**SYN.** frénétique, nerveux ; **CONTR.** paisible, serein).

fifre n.m. (alémanique *Pfifer*, qui joue du fifre). **1.** Petite flûte traversière en bois. **2.** Instrumentiste qui joue du fifre.

fifrelin n.m. (all. *Pfifferling*). *Fam.* Chose sans valeur ; menue monnaie.

fifty-fifty [fiftififti] adv. (mot angl. signif. « cinquante-cinquante »). *Fam.* Moitié-moitié : *Nous partageons fifty-fifty.*

figé, e adj. **1.** Solidifié par refroidissement : *De la sauce figée.* **2.** *Fig.* Qui paraît ne jamais changer : *Une société figée* (**SYN.** immuable). ▸ ***Expression figée,*** tournure du langage qui n'évolue plus, dont les éléments sont indissociables : *« De prime abord » et « prendre le taureau par les cornes » sont des expressions figées.*

figer v.t. (lat. pop. *feticare*, de *feticum*, foie) [conj. 17]. **1.** Épaissir, solidifier un corps gras : *Le froid fige l'huile* (**SYN.** geler ; **CONTR.** dégeler). **2.** Immobiliser qqn sous l'effet de la surprise, d'une émotion : *La peur l'a figé sur place* (**SYN.** clouer, paralyser, pétrifier). ◆ **se figer** v.pr. **1.** Se solidifier sous l'effet d'un abaissement de la température : *L'huile s'est figée* (**SYN.** geler ; **CONTR.** dégeler, fondre). **2.** S'immobiliser sous le coup d'une émotion : *Il se figea sur place en la voyant* (**SYN.** se pétrifier).

fignolage n.m. *Fam.* Action de fignoler.

fignoler v.t. et v.i. (de *2. fin*) [conj. 3]. *Fam.* Achever, parfaire avec soin, minutie : *Je fignole mon discours* (**SYN.** parachever, parfaire). *Tu fignoles trop.*

figue n.f. (anc. prov. *figa*, du lat. *ficus*). Fruit comestible du figuier. ▸ ***Figue de Barbarie,*** fruit charnu et sucré de l'opuntia. ***Mi-figue, mi-raisin,*** ni bon ni mauvais ; mitigé, ambigu : *Plaisanter sur un ton mi-figue, mi-raisin.*

figuier n.m. Arbre des pays chauds, cultivé pour son fruit, la figue. ▸ ***Figuier de Barbarie,*** nom usuel de l'opuntia.

figurant, e n. **1.** Acteur, actrice qui a un rôle peu important, génér. muet, dans un spectacle : *Il a obtenu un rôle de figurant dans cette pièce* (**SYN.** comparse). **2.** Personne qui assiste à une négociation, une réunion, etc., sans y participer activement.

figuratif, ive adj. Qui figure, représente la forme réelle des choses : *Un plan figuratif.* ▸ ***Art figuratif,*** qui s'attache à représenter les formes des choses du monde, ou qui prend ces formes, nettement identifiables, comme matériau (par opp. à art abstrait, ou art non figuratif). ◆ **figuratif** n.m. Peintre ou sculpteur qui pratique l'art figuratif.

figuration n.f. **1.** Action de figurer qqn, qqch ; résultat de cette action : *La figuration des champs par des hachures* (**SYN.** représentation). **2.** Art figuratif (par opp. à abstraction, ou non-figuration). **3.** Métier ou rôle de figurant ; ensemble des figurants d'un spectacle : *Elle fait de la figuration.*

figure n.f. (du lat. *figura,* structure). **1.** Partie antérieure de la tête d'une personne : *Il a une figure bien ronde* (**SYN.** face, visage). **2.** Expression particulière de qqn, de son visage : *Une figure pensive* (**SYN.** air). *Elle a changé de figure depuis leur réconciliation* (**SYN.** mine, tête). **3.** Personnalité marquante : *Les grandes figures de l'histoire* (**SYN.** nom, personnage). *C'est une figure du monde politique* (**SYN.** personnalité). **4.** Tout dessin, schéma, photo, servant à illustrer un ouvrage : *Voir la figure ci-contre* (**SYN.** croquis, illustration). **5.** Ensemble de points ; dessin servant à la représentation d'objets mathématiques : *Le carré est une figure géométrique.* **6.** Carte sur laquelle est représenté un personnage : *Les figures d'un jeu de cartes sont le roi, la dame et le valet.* **7.** Exercice au programme de certaines compétitions de patinage, de ski, de natation, etc. : *Les figures libres, imposées.* ▸ ***Cas de figure*** → **cas.** *Fam.* ***Casser la figure à qqn,*** lui infliger une correction, en partic. en le frappant au visage. ***Faire bonne, triste figure,*** se montrer, ne pas se montrer à la hauteur de l'attente de qqn, d'une épreuve. ***Faire figure de,*** apparaître comme ; passer pour : *Elles font figure d'élèves sérieuses.* ***Figure de style*** ou ***figure de rhétorique*** ou ***figure,*** procédé littéraire par lequel l'idée exprimée reçoit une forme particulière visant à produire un certain effet : *La métaphore est une figure de style.* ***Prendre figure,*** commencer à se réaliser (= prendre forme). *Fam.* ***Se casser la figure,*** tomber.

figuré, e adj. ▸ ***Sens figuré,*** signification d'un mot passé d'une application concrète, matérielle, au domaine des idées ou des sentiments (par opp. à sens propre) : *Dans « fendre le cœur », « fendre » a un sens figuré.*

figurer v.t. [conj. 3]. **1.** Représenter par la peinture, la sculpture, le dessin : *Figurer un coucher de soleil.* **2.** Représenter par un signe conventionnel : *La direction à suivre est figurée par une flèche* (**SYN.** symboliser). ◆ v.i. Être présent, se trouver dans un ensemble, un groupe, etc. : *Son nom figure dans mon agenda* (= est mentionné). *Ce mot figure dans le dictionnaire.* ◆ **se figurer** v.pr. Se représenter par l'imagination : *Essayez de vous figurer cette petite maison au cœur de la forêt* (**SYN.** s'imaginer). *Ils s'étaient figuré que je serais en retard* (**SYN.** escompter, penser).

figurine n.f. (it. *figurina*). Très petite statuette : *Ils commercialisent des figurines représentant les personnages du film.*

fil n.m. (lat. *filum*). **1.** Brin long et fin de matière textile : *Un fil de laine. Une bobine de fil.* **2.** Matière filamenteuse sécrétée par les araignées et certaines chenilles. **3.** Cylindre de faible diamètre obtenu par l'étirage d'une matière métallique : *Un fil de fer.* **4.** Conducteur électrique constitué d'un ou de plusieurs brins métalliques et entouré d'une gaine isolante : *Un fil téléphonique.* **5.** Sens dans lequel s'écoule un cours d'eau : *Le poisson suit le fil de la rivière* (**SYN.** courant). **6.** Enchaînement logique, progression continue de : *Il a perdu le fil de l'histoire* (**SYN.** cours, suite). **7.** Partie tranchante d'une lame : *Le fil d'un rasoir.* ▸ ***Au fil de,*** au long de : *Au fil des heures, son inquiétude augmentait.* ***Coup de fil,*** coup de téléphone : *Il donne un coup de fil.* ***Donner du fil à retordre,*** causer beaucoup de problèmes, d'ennuis. ***Être au bout du fil,*** au téléphone avec qqn. ***Fil à plomb,*** fil au bout duquel est attaché un morceau de métal lourd et qui sert à vérifier la verticalité de qqch. ***Fil d'Ariane,*** fil conducteur (par allusion au fil que donna Ariane à Thésée pour se diriger dans le Labyrinthe). ***Fil de la Vierge,*** filandre. ***Fil rouge,*** personne ou chose qui sert de lien entre les différentes composantes d'un tout ; ce que l'on peut suivre pour comprendre le déroulement de qqch : *Une chanteuse sera le fil rouge de notre émission.* ***Ne pas avoir inventé le fil à couper le beurre,*** ne pas être très malin. ***Ne tenir qu'à un fil,*** être fragile, précaire : *Sa vie ne tient qu'à un fil.*

fil-à-fil n.m. inv. Tissu chiné, obtenu en tramant successivement un fil clair, un fil foncé.

filage n.m. Transformation des fibres textiles en fil ; travail du fileur.

filament n.m. (lat. *filamentum*). **1.** Élément de forme fine et allongée ; fibre, matière ou structure qui a cette forme : *Des filaments nerveux* (**SYN.** fibre). **2.** Fibre textile de très grande longueur. **3.** Fil conducteur d'une lampe électrique, rendu incandescent par le passage du courant.

filamenteux, euse adj. Qui présente des filaments ; formé de filaments : *La laine de verre est une matière filamenteuse* (**SYN.** fibreux).

filandre n.f. Fil sécrété par certaines jeunes araignées et qui assure leur transport au gré du vent, appelé aussi *fil de la Vierge.*

filandreux, euse adj. **1.** Rempli de fibres longues et coriaces : *Une viande filandreuse* (**SYN.** fibreux, filamenteux). **2.** *Fig.* Qui abonde en détails inutiles et peu clairs : *Une réponse filandreuse* (**SYN.** confus, embarrassé ; **CONTR.** clair, concis).

filant, e adj. Qui coule sans se diviser en gouttes : *Un sirop filant.* ▸ ***Étoile filante*** → **étoile.** ***Pouls filant,*** très faible.

filasse n.f. (du lat. *filum,* fil). Matière que constituent les filaments extraits de la tige des végétaux textiles : *La filasse de lin* (**SYN.** étoupe). ◆ adj. inv. ▸ ***Cheveux filasse,*** cheveux d'un blond pâle.

filature n.f. **1.** Ensemble des opérations de transformation des fibres textiles en fil : *La filature du coton.* **2.** Établissement industriel de filage des matières textiles : *Les grandes filatures de Roubaix.* **3.** Action de suivre qqn à son insu pour noter ses faits et gestes : *Prends-le en filature.*

fildeferiste n. Équilibriste qui fait des exercices sur un fil métallique ; funambule.

file n.f. (de *filer*). Suite de personnes ou de choses placées les unes derrière les autres : *Une file de taxis* (**SYN.** colonne). *Une file d'attente* (**SYN.** queue). ▸ ***À la file*** ou ***en file*** ou ***en file indienne,*** l'un derrière l'autre. ***Chef de file,*** personne qui est à la tête d'un groupe. ***De file,*** en Suisse, de suite, d'affilée. ***Faire la file,*** en Belgique, faire la queue. ***Prendre la file,*** se mettre à la suite de plusieurs personnes.

filer v.t. [conj. 3]. **1.** Transformer les fibres textiles en fil : *Elle file la laine.* **2.** Sécréter un fil de soie, en parlant de certaines araignées et chenilles : *Le ver à soie file son cocon.* **3.** Dérouler un câble, une amarre, etc., de façon continue, en laissant glisser (**SYN.** dévider). **4.** Suivre qqn secrètement afin de le surveiller : *La police file un suspect* (**SYN.** pister, traquer). **5.** *Fam.* Donner, prêter : *File-moi un stylo !* ▸ ***Filer des jours heureux,*** les vivre.

Filer le parfait amour, avoir une liaison heureuse, sans troubles. ***Filer n nœuds,*** avoir une vitesse de *n* milles marins à l'heure, en parlant d'un bateau : *Yacht qui file 30 nœuds.* ***Filer une métaphore*** ou ***une image,*** la développer. ***Filer une note,*** la tenir longuement avec la voix ou avec un instrument. ◆ v.i. **1.** S'allonger, couler de façon filiforme : *Le gruyère fondu file.* **2.** *Fam.* Aller, partir très vite : *Il a filé à la boulangerie* (**SYN.** se précipiter). **3.** Disparaître rapidement, être consommé : *Toutes mes friandises ont filé* (= ont été mangées). **4.** En parlant du temps, passer très vite : *La soirée a filé.* **5.** En parlant des mailles d'un bas, d'un collant, d'un tricot, se défaire sur une certaine longueur. ▸ ***Argent qui file entre les doigts,*** très vite dépensé. ***Filer à l'anglaise*** → **anglais.** ***Filer doux*** → **doux.**

filet n.m. (dimin. de *fil*). **1.** Écoulement fin d'un liquide, d'un gaz : *Un filet d'eau. Ajoutez un filet d'huile.* **2.** Réseau, objet composé de mailles entrecroisées, servant pour divers usages : *Un filet à provisions. Un filet de pêche.* **3.** Réseau de fils ou de cordages tendu au milieu d'une table ou d'un terrain de sports (tennis de table, tennis, etc.) ou attaché derrière les poteaux de buts (football, handball, etc.). **4.** Dans un texte imprimé, trait d'épaisseur variable, qui sert à séparer, à encadrer, à mettre en valeur : *Les tableaux de grammaire sont entourés d'un filet.* **5.** Morceau tendre et charnu de bœuf, de veau, de porc, de mouton. **6.** Rainure d'une vis, d'un boulon, d'un écrou. ▸ ***Coup de filet,*** opération de police au cours de laquelle sont effectuées plusieurs arrestations. ***Filet !,*** au tennis, mot qu'il est recommandé d'employer à la place de *let !* et *net !* ***Filet américain,*** en Belgique, steak tartare. ***Filet de poisson,*** bande de chair prélevée de part et d'autre de l'arête du dos. ***Travailler sans filet,*** exécuter un numéro d'équilibre, d'acrobatie sans filet de protection ; fig., prendre des risques. ***Un filet de voix,*** une voix très faible, ténue.

filetage n.m. **1.** Opération consistant à former une rainure le long d'une surface cylindrique : *Le filetage d'une vis.* **2.** Ensemble des rainures d'une vis, d'un écrou.

fileter v.t. (de *filet*) [conj. 28]. Faire le filetage d'une vis, d'un écrou, d'une surface cylindrique.

fileur, euse n. Personne qui file des fibres textiles.

filial, e, aux adj. (du lat. *filius,* fils). Qui caractérise l'attitude d'un fils, d'une fille à l'égard de ses parents : *L'amour filial.*

filiale n.f. Entreprise créée et contrôlée par une société mère : *Nous avons des filiales dans le monde entier.*

filialiser v.t. [conj. 3]. Donner à une entreprise le statut de filiale.

filiation n.f. **1.** Lien qui unit un individu à son père ou à sa mère. **2.** Suite d'individus directement issus les uns des autres : *Il descend par filiation directe d'un grand homme politique* (**SYN.** ascendance, lignée). **3.** *Fig.* Suite, liaison de choses résultant l'une de l'autre, s'engendrant l'une l'autre : *La filiation des idées* (**SYN.** enchaînement ; **CONTR.** rupture). ▸ ***Filiation légitime,*** qui s'établit dans le mariage (par opp. à filiation naturelle).

filière n.f. **1.** Succession de degrés à franchir, de formalités à remplir avant de parvenir à un certain résultat : *La filière technique de l'enseignement. Il a suivi toute la filière pour arriver à ce poste de directeur* (= les degrés de la hiérarchie). **2.** Ensemble des activités, des industries relatives à un produit de base : *La filière électronique.* **3.** Outil servant à fileter une vis.

filiforme adj. Qui est fin et allongé : *Des jambes filiformes* (**SYN.** grêle ; **CONTR.** épais).

filigrane n.m. (it. *filigrana*). **1.** Marque, dessin se trouvant dans le corps d'un papier et que l'on peut voir par transparence : *Vérifier le filigrane d'un billet de banque.* **2.** Ouvrage d'orfèvrerie fait de fils d'or ou d'argent entrelacés. ▸ ***En filigrane,*** dont on devine la présence, à l'arrière-plan ; qui n'est pas explicite : *Les intentions de l'auteur apparaissent en filigrane.*

filin n.m. (de *fil*). Cordage, en quelque matière que ce soit ; câble : *Un filin d'acier.*

fille n.f. (lat. *filia*). **1.** Personne du sexe féminin considérée par rapport à son père ou à sa mère (par opp. à fils) : *Leur fille cadette va à l'école.* **2.** Enfant du sexe féminin (par opp. à garçon) : *Ils ont une fille et un garçon. C'est encore une petite fille* (= fillette). **3.** Jeune femme, femme : *Ce n'est pas une fille pour toi.* **4.** Femme non mariée (vieilli, sauf dans l'expression *vieille fille*) : *Elle est restée fille* (**SYN.** célibataire). **5.** *Vx* Servante : *Une fille de ferme.* **6.** *Péjor.* Prostituée. ▸ ***Fille de salle,*** femme salariée chargée des travaux de ménage et de nettoyage dans un hôpital ou une clinique. *Vx, péjor.* ***Fille mère,*** mère célibataire. ***Jeune fille,*** fille qui a atteint l'âge de la puberté ; femme jeune non mariée. *Fam.* ***Jouer la fille de l'air,*** partir sans prévenir.

fillette n.f. Petite fille.

filleul, e n. (lat. *filiolus,* jeune fils). Personne dont on est le parrain, la marraine.

film n.m. (mot angl.). **1.** Pellicule utilisée dans les caméras de cinéma et les appareils photo. **2.** Œuvre cinématographique : *Son nouveau film sortira le mois prochain.* **3.** *Fig.* Déroulement continu d'événements : *Analyser le film des derniers événements.* **4.** Fine pellicule d'un produit, d'une substance recouvrant une surface (**SYN.** feuil).

filmage n.m. Action de filmer ; tournage.

filmer v.t. [conj. 3]. Enregistrer sur un film cinématographique ou en vidéo : *Le réalisateur filme des scènes d'intérieur* (**SYN.** tourner).

filmique adj. Relatif au film cinématographique, au cinéma : *L'œuvre filmique de Fellini.*

filmographie n.f. Liste des films d'un réalisateur, d'un comédien, d'un producteur, etc., ou relevant d'un genre donné.

filon n.m. (it. *filone,* du lat. *filum,* fil). **1.** Suite ininterrompue d'une même matière, située entre deux couches de nature différente : *Exploiter un filon aurifère* (**SYN.** veine). **2.** *Fam.* Moyen, source de réussite ; situation lucrative et peu fatigante : *Pour cet écrivain, l'Égypte ancienne est un filon inépuisable* (**SYN.** mine). *Avec ce travail, il a trouvé le bon filon* (**SYN.** aubaine).

filou n.m. (forme dialect. de *fileur*). *Fam.* Personne malhonnête, qui cherche à voler les autres : *Être victime d'un filou* (**SYN.** aigrefin, escroc).

filouter v.t. [conj. 3]. *Fam.* Voler qqch à qqn avec adresse : *Elle m'a filouté* (**SYN.** escroquer).

filouterie n.f. **1.** *Fam., vx* Malhonnêteté, tricherie : *Il* *n'en est pas à sa première filouterie* (**SYN.** escroquerie, indélicatesse). **2.** Dans le langage juridique, grivèlerie.

fils [fis] n.m. (lat. *filius*). **1.** Personne du sexe masculin considérée par rapport à son père ou à sa mère (par opp. à fille) : *Tel père, tel fils.* **2.** Enfant de sexe masculin (par opp. à fille) : *Elle voudrait un fils* (**SYN.** garçon). **3.** S'emploie en appos. après le nom de famille dans l'intitulé d'une entreprise commerciale reprise par le fils ou lorsque le père et le fils ont le même prénom : *Entreprise Dupont fils. Alexandre Dumas fils.* **4.** *Litt.* Homme considéré par rapport à son ascendance, à son lieu d'origine, à ses origines sociales, etc. : *Un fils de la Provence* (**SYN.** enfant). ▸ *Fam.* ***Fils à papa,*** fils de famille riche qui profite de la situation de son père. ***Fils de famille,*** garçon né dans une famille aisée. ***Fils spirituel,*** disciple : *Les fils spirituels de Sartre* (= continuateur). ***Le Fils,*** Jésus-Christ.

filtrage n.m. **1.** Action de filtrer ; fait d'être filtré : *Le filtrage d'un vin* (**SYN.** décantation). **2.** *Fig.* Contrôle minutieux : *Le filtrage des spectateurs.*

filtrant, e adj. Qui sert à filtrer : *Un barrage filtrant.* ▸ ***Verres filtrants,*** verres qui ne laissent pas passer certains rayons lumineux.

filtre n.m. (bas lat. *filtrum*). **1.** Dispositif, papier, etc., à travers lequel on fait passer un liquide pour le débarrasser des particules qui s'y trouvent en suspension ou pour l'extraire de matières auxquelles il est mélangé : *Le filtre à huile.* **2.** Dispositif permettant de faire passer l'eau à travers le café qu'il contient : *Café filtre.* **3.** Embout de cigarette, constitué de cellulose et permettant d'arrêter une partie des goudrons et de la nicotine : *Des cigarettes sans filtre.* ☞ **REM.** Ne pas confondre avec *philtre.*

filtrer v.t. [conj. 3]. **1.** Faire passer à travers un filtre. **2.** *Fig.* Soumettre à un contrôle sévère de passage : *Ils ont filtré les supporters* (**SYN.** contrôler). ◆ v.i. **1.** Passer à travers qqch : *La lumière filtre à travers les stores* (**SYN.** pénétrer). **2.** *Fig.* Passer subrepticement en dépit des obstacles : *Certaines informations ont filtré* (**SYN.** se répandre).

① **fin** n.f. (du lat. *finis*, limite). **1.** Moment où se termine, s'achève qqch : *La fin du mois* (**SYN.** terme ; **CONTR.** commencement, début). **2.** Endroit où se termine qqch ; extrémité : *C'est la fin de la rue* (**SYN.** bout ; **CONTR.** commencement). **3.** Période, partie terminale : *La fin de la réunion a été houleuse* (**CONTR.** début). **4.** Complet achèvement : *Il a mené sa mission à sa fin* (= il a réussi). **5.** Arrêt, cessation : *La fin des activités de cette entreprise* (**CONTR.** poursuite). **6.** *Litt.* Cessation de l'existence d'un être humain : *Il sent sa fin prochaine* (**SYN.** mort). **7.** (Souvent au pl.). Dessein, objectif auquel on tend ; intention : *Elle est parvenue à ses fins* (= elle a atteint le but qu'elle s'était fixé). ▸ ***À toutes fins utiles,*** par précaution : *À toutes fins utiles, prends ce parapluie.* ***En fin de compte,*** en définitive, pour conclure (= finalement). ***En fin de droits,*** se dit, en France, d'un chômeur qui a épuisé ses droits à l'allocation de base et qui perçoit une ultime allocation, dite *allocation de fin de droits.* ***Fin en soi,*** résultat recherché pour lui-même. ***Mener qqch à bonne fin,*** le terminer de façon satisfaisante. ***Mettre fin à qqch,*** le faire cesser. ***Mettre fin à ses jours,*** se suicider. ***Mot de la fin,*** parole qui clôt un débat, un problème. ***Prendre fin*** ou ***tirer*** ou ***toucher à sa fin,*** cesser. ***Sans fin,*** sans cesse, continuellement ; qui ne se termine jamais : *Une lutte sans fin contre la guerre.*

② **fin, e** adj. (du lat. *finis*, le degré extrême de). **1.** Extrêmement petit, dont les éléments sont très petits : *Du sel fin* (**CONTR.** gros). **2.** Extrêmement mince : *Des haricots fins. Le bébé a des cheveux très fins.* **3.** Très aigu, effilé : *Elle utilise un pinceau fin, une plume fine* (**SYN.** pointu). **4.** Très mince, élancé : *Elle a une taille fine* (**SYN.** délié, menu ; **CONTR.** épais). **5.** Délicat, peu marqué : *Il a des traits fins* (**SYN.** gracieux ; **CONTR.** grossier). **6.** Qui a peu d'épaisseur ; délicat : *Un drap fin* (**SYN.** léger ; **CONTR.** épais). **7.** Très pur : *Un bijou en or fin.* **8.** De la qualité la meilleure : *Des chocolats fins* (**SYN.** délicat, raffiné). **9.** D'une grande acuité ; qui perçoit les moindres rapports, les nuances les plus délicates : *Elle a l'ouïe fine* (**SYN.** sensible). *Un homme très fin* (**SYN.** perspicace ; **CONTR.** stupide). **10.** Qui témoigne d'une intelligence subtile, d'un goût délicat : *Une plaisanterie fine* (**SYN.** spirituel ; **CONTR.** lourd). **11.** (Avant le n.). Qui excelle dans une activité donnée ; subtil, raffiné : *Un fin limier* (**SYN.** habile ; **CONTR.** malhabile). *Un fin gourmet* (**SYN.** délicat). ▸ ***Le fin fond,*** l'endroit le plus reculé : *Ils se sont cachés au fin fond de la forêt.* ***Le fin mot de l'histoire*** ou ***de l'affaire,*** son sens caché. ◆ **fin** n.m. ▸ ***Le fin du fin,*** ce qu'il y a de plus accompli, de plus raffiné : *Ce nouveau modèle est le fin du fin en matière de routières.* ◆ **fin** adv. **1.** Finement : *Les tranches sont coupées trop fin.* **2.** Complètement : *Elle est fin prête à partir.*

① **final, e, als** ou **aux** adj. Qui finit, termine ; terminal : *Un point final.* ☞ **REM.** Le pluriel *finaux* est rarement employé. ▸ ***Proposition finale,*** en grammaire, proposition subordonnée de but, introduite par « afin que, pour que, de crainte que » (on dit aussi *une finale*).

② **final** ou **finale** n.m. (pl. *finals, finales*). Morceau qui termine une symphonie, un acte d'opéra (par opp. à ouverture).

finale n.f. **1.** Dernière épreuve d'une compétition par élimination. **2.** Dernière syllabe ou dernière lettre d'un mot : *Dans « souris », la finale ne s'entend pas.* **3.** En grammaire, proposition finale.

finalement adv. À la fin, pour en finir : *Il a finalement décidé de venir.*

finalisation n.f. Action de finaliser.

finaliser v.t. [conj. 3]. **1.** Orienter vers un objectif précis, donner une finalité à qqch : *Il finalise sa recherche.* **2.** Achever, mettre au point dans les derniers détails : *La ministre finalise son projet de loi* (**SYN.** peaufiner ; **CONTR.** ébaucher).

finaliste adj. et n. Qui est qualifié pour disputer une finale.

finalité n.f. **1.** Caractère de ce qui a un but, une fin ; cette fin elle-même : *La finalité de la vie* (**SYN.** but). **2.** Fait d'être organisé selon un plan ou un but : *La finalité de cette démarche nous échappe* (**SYN.** objectif, visées).

finançable adj. Qui peut être financé.

finance n.f. (de l'anc. fr. *finer*, mener à bien, payer). **1.** Ensemble des professions qui ont pour objet l'argent et ses modes de représentation, notamm. les valeurs mobilières : *Le monde de la finance.* **2.** Science de la gestion des patrimoines individuels, des patrimoines d'entreprises ou de l'argent de l'État. ▸ ***Moyennant finance,*** en échange d'argent comptant : *Il a été livré à domicile moyennant finance* (CONTR. gratuitement). ◆ **finances** n.f. pl. **1.** Ensemble des recettes et des dépenses de l'État ou des collectivités publiques ; ensemble des activités qui ont trait à leur gestion, leur utilisation ; argent de l'État : *Les finances publiques. Le ministère des Finances.* **2.** *Fam.* Argent dont dispose une personne ; ressources financières : *Mes finances sont en hausse.*

financement n.m. Action de financer qqch, un organisme : *Le financement d'une entreprise par l'État.*

financer v.t. [conj. 16]. Fournir des fonds, des capitaux : *La mairie finance les travaux.*

① **financier, ère** adj. Qui se rapporte aux finances : *La situation financière d'une entreprise. Elle a des problèmes financiers* (SYN. pécuniaire).

② **financier** n.m. Spécialiste des opérations financières et de gestion de patrimoines privés ou publics.

③ **financier** n.m. Petit gâteau rectangulaire à base de pâte à biscuit et de poudre d'amandes.

financière adj. f. et n.f. Se dit d'une garniture ou d'une sauce à base de champignons, de truffes, de ris de veau, etc. : *Un vol-au-vent à la financière.*

financièrement adv. Sur le plan financier : *Un projet financièrement intéressant* (SYN. pécuniairement).

finasser v.i. [conj. 3]. *Fam.* User de subterfuges, de finesses plus ou moins bien intentionnées : *N'essaie pas de finasser, tu ne m'auras pas* (SYN. louvoyer, ruser, tergiverser).

finasserie n.f. *Fam.* Finesse mêlée de ruse ; subterfuge, ruse.

finaud, e adj. et n. Rusé, sous une apparence de simplicité : *Il est très finaud* (SYN. malin, matois ; CONTR. retors, roué).

fine n.f. (de *eau-de-vie fine*). Eau-de-vie naturelle (vin, cidre) de qualité supérieure provenant d'une région déterminée. ▸ ***Fine de claire*** → **claire.**

finement adv. **1.** De façon délicate : *Un bijou finement travaillé* (CONTR. grossièrement). **2.** De façon adroite, habile : *Une conversation finement détournée* (SYN. subtilement ; CONTR. maladroitement).

finesse n.f. **1.** Caractère de ce qui est fin, ténu, mince, léger : *La finesse d'un fil. La finesse de la taille d'une danseuse* (SYN. minceur ; CONTR. épaisseur). **2.** Délicatesse des formes, de la matière : *La finesse des traits d'un visage. La finesse d'un bijou* (CONTR. grossièreté). **3.** Qualité de ce qui flatte les sens : *La finesse d'un parfum, d'un vin* (SYN. délicatesse). **4.** Acuité des sens : *La finesse de l'odorat* (SYN. sensibilité ; CONTR. insensibilité). **5.** Qualité d'une personne, d'un esprit perspicace, subtil, pénétrant : *Elle fait preuve d'une très grande finesse* (SYN. discernement ; CONTR. niaiserie). *La finesse d'un raisonnement* (SYN. sagacité ; CONTR. stupidité). *La finesse d'une plaisanterie* (SYN. subtilité ; CONTR. lourdeur). **6.** (Surtout au pl.). Nuance délicate, subtile : *Les finesses d'une langue* (SYN. subtilité). **7.** Procédé adroit pour arriver à ses fins : *Elle a dû utiliser toutes les finesses de la diplomatie* (SYN. raffinement ; CONTR. maladresse).

finette n.f. Tissu de coton, utilisé comme doublure, dont l'envers est pelucheux.

fini, e adj. **1.** Qui a été mené à son terme ; achevé : *Ce rapport est fini* (SYN. terminé ; CONTR. incomplet). *Cette époque est bien finie* (SYN. révolu). **2.** Parfaitement achevé, accompli ; terminé avec soin dans les détails : *Cette veste a été bien finie.* **3.** *Péjor.* Achevé, parfait en son genre : *C'est un hypocrite fini* (SYN. accompli). **4.** Se dit d'une personne usée physiquement et intellectuellement : *Depuis son échec, c'est une femme finie* (SYN. diminué). **5.** En mathématiques, limité, qui a des bornes : *Une grandeur finie* (CONTR. infini). ◆ **fini** n.m. **1.** Ce qui est limité, borné : *Le fini et l'infini.* **2.** Qualité de ce qui est achevé, parfait : *Un meuble qui manque de fini* (SYN. finition).

finir v.t. (lat. *finire,* délimiter) [conj. 32]. **1.** Mener à son terme : *Elle a fini ses devoirs* (SYN. achever, terminer ; CONTR. commencer). **2.** Ne plus faire qqch : *Avez-vous fini de manger ?* (SYN. cesser ; CONTR. continuer). *Attendez qu'il ait fini de parler* (SYN. arrêter). **3.** Terminer une période de temps ; consommer dans sa totalité : *Elle veut finir la soirée ici* (SYN. clôturer ; CONTR. ouvrir). *Il n'a pas fini son assiette.* **4.** Constituer la fin, se situer à la fin de : *Le chapitre qui finit le livre* (SYN. clore ; CONTR. débuter). ▸ ***En finir,*** mettre fin à qqch de long, de fâcheux ou d'intolérable ; se débarrasser de : *Décidez-vous, il faut en finir ! Elle croyait en finir avec lui.* ***N'en pas finir de*** (+ inf.), accomplir qqch avec une extrême lenteur : *Elle n'en finit pas de se coiffer.* ◆ v.i. **1.** Arriver à son terme : *Son bail finit à Pâques* (SYN. expirer, se terminer ; CONTR. commencer). **2.** Se terminer d'une certaine façon : *Une histoire qui finit mal* (SYN. s'achever ; CONTR. débuter). **3.** Terminer sa carrière, son existence : *Elle a fini directrice. Tu finiras en prison.* **4.** Mourir : *Arrête ! Je ne veux pas finir dans un accident de voiture.* ▸ ***Finir par*** (+ inf.), arriver, réussir finalement à : *Il a fini par trouver la rue.* ***N'en pas finir*** ou ***n'en plus finir,*** s'accomplir avec une extrême lenteur : *Des discussions qui n'en finissent pas* (= interminables).

finish [finiʃ] n.m. inv. (mot angl.). Dernier effort d'un concurrent à la fin d'une épreuve ; capacité à produire cet effort : *Il l'a emporté au finish* (= à l'arraché).

finissage n.m. Dernière opération destinée à rendre un travail parfait ; finition.

finisseur, euse n. **1.** Personne qui effectue la dernière opération d'un travail. **2.** Athlète qui termine très bien les compétitions.

finition n.f. **1.** Action de finir avec soin ; opération ou ensemble d'opérations qui terminent l'exécution d'un ouvrage, d'une pièce : *Des travaux de finition. De mauvaises finitions.* **2.** Caractère de ce qui est achevé de façon soignée : *Une veste qui manque de finition.*

finitude n.f. *Sout.* Caractère de ce qui est fini, limité, borné : *La finitude de la vie humaine. Prendre conscience de la finitude de notre planète.*

finlandais, e adj. et n. De la Finlande, de ses habitants. ◆ **finlandais** n.m. Finnois.

finlandisation n.f. (de *Finlande*). Ensemble de limitations imposées par un État puissant à l'autonomie d'un voisin plus faible.

finnois, e adj. et n. Se dit d'un peuple qui habite

l'extrémité nord-ouest de la Russie d'Europe et surtout la Finlande. ◆ **finnois** n.m. Langue parlée principalement en Finlande (**SYN.** finlandais).

finno-ougrien, enne adj. et n.m. (pl. *finno-ougriens, ennes*). Se dit d'un groupe de langues comprenant notamm. le finnois, le lapon, le hongrois.

fiole n.f. (lat. *phiala,* du gr.). Petit flacon de verre.

fion n.m. En Suisse, mot piquant, moquerie.

fioriture n.f. (it. *fioritura,* floraison). (Surtout au pl.). Ornement qui ajoute à l'élégance de qqch ou qui, en nombre excessif, constitue une surcharge : *Les fioritures d'un bijou. Elle parle sans fioritures.*

fioul [fjul] n.m. (angl. *fuel*). Combustible liquide, brun foncé ou noir, plus ou moins visqueux, provenant du pétrole (**SYN.** fuel [anglic.]). ▸ ***Fioul domestique,*** gazole de chauffage teinté en rouge pour le distinguer du carburant (**SYN.** mazout).

firmament n.m. (lat. *firmamentum,* soutien, de *firmare*). *Litt.* La voûte céleste parsemée d'étoiles ; ciel, cieux.

firme n.f. (angl. *firm*). Entreprise industrielle ou commerciale : *Voici les salariés de la firme* (**SYN.** entreprise, maison, société).

fisc [fisk] n.m. (lat. *fiscus,* panier). Administration chargée de calculer et percevoir les impôts.

fiscal, e, aux adj. Qui se rapporte au fisc, à l'impôt : *La loi fiscale.*

fiscalement adv. Du point de vue fiscal.

fiscalisation n.f. **1.** Action de fiscaliser : *Les bas salaires ne sont pas soumis à la fiscalisation* (**SYN.** imposition). **2.** Part de l'impôt dans le total des ressources d'une collectivité publique.

fiscaliser v.t. [conj. 3]. **1.** Soumettre à l'impôt : *L'État fiscalise les bénéfices des entreprises* (**SYN.** imposer). **2.** Financer par l'impôt : *L'argent des ménages fiscalise le développement industriel.*

fiscaliste n. Spécialiste du droit fiscal.

fiscalité [fiskalite] n.f. Système de perception des impôts ; ensemble des lois qui s'y rapportent : *Fiscalité directe, indirecte.*

fissible adj. Fissile.

fissile adj. (lat. *fissilis*). **1.** *Didact.* Qui se divise facilement en feuillets ou en lames minces : *L'ardoise est fissile.* **2.** Susceptible de subir la fission nucléaire : *Un atome fissile* (**SYN.** fissible).

fission n.f. (mot angl.). Division d'un noyau d'atome lourd (uranium, plutonium, etc.) libérant une énorme quantité d'énergie.

fissionner v.t. [conj. 3]. Produire la fission nucléaire. ◆ v.i. Subir la fission nucléaire.

fissuration n.f. Fait de se fissurer, d'être fissuré.

fissure n.f. (lat. *fissura,* de *findere,* fendre). **1.** Petite crevasse, fente légère : *Un mur couvert de fissures* (**SYN.** craquelure, lézarde). **2.** *Fig.* Point faible dans un raisonnement : *Une démonstration qui comporte une fissure* (**SYN.** faille).

fissurer v.t. [conj. 3]. Crevasser, fendre : *Les intempéries ont fissuré les murs* (**SYN.** lézarder). ◆ **se fissurer** v.pr. Se fendre : *Le plafond se fissure* (**SYN.** se craqueler, se lézarder).

fiston n.m. *Fam.* Fils.

fistule n.f. (lat. *fistula,* tuyau). En médecine, conduit anormal qui met en communication directe deux organes ou un organe avec l'extérieur du corps.

fitness [fitnɛs] n.m. (mot angl.). Ensemble d'activités de mise en forme comprenant de la musculation, du stretching et divers exercices.

F.I.V. ou **FIV** [ɛfive ou fiv] n.f. (sigle). ▸ ***Fécondation in vitro*** → **fécondation.**

fivete [fivɛt] n.f. (acronyme de *fécondation in vitro et transfert embryonnaire*). Méthode de procréation médicalement assistée, consistant en une fécondation in vitro suivie d'une transplantation de l'embryon.

fixage n.m. **1.** Action de fixer : *Le fixage d'une couleur sur une étoffe.* **2.** Opération par laquelle une image photographique est rendue inaltérable à la lumière.

fixateur, trice adj. Qui a la propriété de fixer. ◆ **fixateur** n.m. Bain utilisé pour le fixage d'une photographie.

fixatif n.m. Préparation pour fixer, stabiliser sur le papier les dessins au fusain, au pastel, au crayon.

fixation n.f. **1.** Action de fixer, d'assujettir solidement : *La fixation d'une étagère au mur* (**SYN.** accrochage ; **CONTR.** décrochage). **2.** Attache, dispositif servant à fixer : *Une fixation de ski.* **3.** Action de déterminer, de régler de façon précise : *La fixation d'un emploi du temps* (**SYN.** détermination, établissement). **4.** Fait de se fixer, de s'établir quelque part : *La fixation des nomades* (**SYN.** implantation, sédentarisation). ▸ *Fam.* ***Faire une fixation sur qqch, sur qqn,*** attacher une importance excessive à qqch, à qqn : *Elle fait une fixation sur ce chanteur.*

① **fixe** [fiks] adj. (lat. *fixus,* de *figere,* enfoncer). **1.** Qui reste à la même place, ne bouge pas : *Un point fixe. Un regard fixe* (= qui reste dirigé vers un même point ; **SYN.** immobile ; **CONTR.** mobile). **2.** Qui se maintient dans le même état, ne varie pas : *Le temps est au beau fixe. C'est une idée fixe* (= une obsession). **3.** Qui est réglé, déterminé d'avance : *Des horaires fixes* (**SYN.** régulier ; **CONTR.** irrégulier). *Des prix fixes* (**SYN.** stable ; **CONTR.** variable). ◆ interj. Commandement militaire ordonnant de se mettre au garde-à-vous : *À vos rangs, fixe !*

② **fixe** n.m. Partie invariable d'une rémunération mensuelle (par opp. à prime, commission, etc.).

fixé, e adj. ▸ ***Être fixé sur qqn, qqch,*** savoir à quoi s'en tenir sur qqn, qqch : *Il va être fixé sur son sort.* ***N'être pas fixé,*** ne pas savoir exactement ce qu'on veut, ce qu'on doit faire : *Je ne suis pas encore fixé sur la destination* (**SYN.** décidé).

fixement adv. Avec fixité : *Il regarde fixement l'horizon.*

fixer [fikse] v.t. [conj. 3]. **1.** Établir dans une position, un lieu fixe : *Il a fixé un tableau au mur* (**SYN.** accrocher ; **CONTR.** décrocher). **2.** Rendre fixe, stable, empêcher de varier, d'évoluer, de s'altérer : *Il faut fixer la couleur* (**SYN.** stabiliser ; **CONTR.** changer). *Il fixe une photographie.* **3.** Déterminer, définir précisément : *Ils ont fixé une date* (**SYN.** arrêter). *Les commerçants fixent leurs prix en euros* (**SYN.** établir, formuler). **4.** Regarder de façon continue ou insistante ; appliquer son attention sur qqn, qqch : *Il fixe la mer* (**SYN.** observer, scruter). *Elle fixe son esprit sur cet exercice* (= elle se concentre ; **CONTR.** détourner de). **5.** Donner un objet, une direction aux aspirations de qqn : *Le mariage le fixera peut-être* (**SYN.** stabiliser). **6.** Sortir qqn du doute en le renseignant, en lui donnant une réponse : *Il est fixé sur mes sentiments* (= être au courant ; **SYN.** éclairer, édifier). ◆ **se fixer** v.pr. **1.** S'établir d'une façon permanente : *Elle s'est fixée dans le Midi* (**SYN.** s'installer). **2. [sur].** Faire un choix et ne plus varier : *Finalement, il s'est fixé sur cet ordinateur* (**SYN.** opter pour). ▸ ***Se fixer un but, un objectif,*** le décider de manière précise et durable.

fixette n.f. (de *idée fixe*). *Fam.* Idée qui obsède : *Elle fait une fixette sur la vie parisienne* (**SYN.** fixation).

fixité [fiksite] n.f. Qualité, état de ce qui est fixe : *La fixité inquiétante d'un regard* (**SYN.** immobilité).

fjord [fjɔrd ou fjɔr] n.m. (mot norvég.). Ancienne vallée glaciaire envahie par la mer : *Les fjords norvégiens.*

flac interj. (onomat.). Sert à imiter le bruit de qqch qui tombe dans l'eau ou de l'eau qui tombe.

flaccidité [flaksidite] n.f. (du lat. *flaccidus,* flasque). *Didact.* État de ce qui est flasque : *La flaccidité des chairs* (**SYN.** mollesse ; **CONTR.** fermeté).

flacon n.m. (bas lat. *flasco,* du germ. *flaska,* bouteille). Petite bouteille de verre, de cristal munie génér. d'un bouchon ; son contenu : *Un flacon de parfum. Il a bu un flacon de cognac.*

flagada adj. inv. *Fam.* Qui est à bout de forces, très fatigué.

flagellation n.f. Action de flageller.

flagelle n.m. (lat. *flagellum,* fouet). Filament mobile, long et souvent unique, qui permet aux algues et aux spermatozoïdes de se déplacer.

flagellé, e adj. Muni d'un flagelle.

flageller v.t. (lat. *flagellare,* de *flagellum,* fouet) [conj. 4]. *Litt.* Battre de coups de fouet, de verges : *Ils l'ont flagellé* (**SYN.** fouetter).

flageolant, e adj. Qui flageole : *Elle a les jambes flageolantes* (**SYN.** chancelant, vacillant ; **CONTR.** ferme, solide).

flageoler v.i. [conj. 3]. Trembler et vaciller à la suite d'une émotion, d'une fatigue, en parlant de qqn, d'un animal, de ses membres porteurs : *Il a les jambes qui flageolent* (**SYN.** chanceler, vaciller).

① **flageolet** n.m. (lat. pop. *flabeolum,* de *flare,* souffler). Flûte à bec, en bois, à six trous ; chalumeau, pipeau.

② **flageolet** n.m. (prov. *faioulet,* du lat. *faba,* fève). Petit haricot sec.

flagorner v.t. [conj. 3]. *Sout.* Flatter continuellement et exagérément.

flagornerie n.f. *Sout.* Flatterie basse et génér. intéressée : *Les flagorneries de la presse à l'égard du candidat.*

flagorneur, euse adj. et n. *Sout.* Personne qui use de flagornerie (**SYN.** flatteur).

flagrant, e adj. (lat. *flagrans, flagrantis,* brûlant, de *flagrare*). Évident, incontestable : *Une erreur flagrante* (**SYN.** indéniable, patent ; **CONTR.** contestable, discutable). ▸ ***Flagrant délit,*** délit qui vient d'être commis ou qui est en train de l'être : *Il vient d'être pris en flagrant délit.*

flair n.m. **1.** Odorat du chien. **2.** *Fig.* Aptitude à pressentir, à deviner intuitivement qqch : *Ce policier manque de flair* (**SYN.** intuition, perspicacité).

flairer v.t. (lat. pop. *flagrare,* de *fragare,* exhaler une odeur) [conj. 4]. **1.** Humer l'odeur de qqch ; reconnaître par l'odeur : *Le chien flaire le gibier. Il flaire une odeur de crêpes* (**SYN.** sentir). **2.** Deviner, pressentir par intuition : *Elle flaire un piège* (**SYN.** soupçonner, subodorer).

flamand, e adj. et n. De la Flandre. ◆ **flamand** n.m. Ensemble des parlers néerlandais utilisés en Belgique et dans la région de Dunkerque.

flamant n.m. (prov. *flamenc,* du lat. *flamma,* flamme). Oiseau de grande taille au plumage rose, écarlate ou blanc et aux longues pattes palmées.

flambant, e adj. Qui flambe ; qui a l'éclat du feu. ▸ ***Flambant neuf,*** tout neuf : *Une voiture flambant neuf* ou *flambant neuve. Des pulls flambant neufs* ou *flambant neuf.*

flambeau n.m. (du lat. *flammula,* petite flamme). Torche qu'on porte à la main : *La retraite aux flambeaux. Le flambeau olympique.* ▸ ***Transmettre*** ou ***passer le flambeau,*** confier la continuation d'une œuvre, d'une tradition à qqn.

flambée n.f. **1.** Feu vif, que l'on allume pour se réchauffer : *Faire une flambée dans la cheminée.* **2.** Brusque manifestation, montée soudaine : *Une flambée de colère* (**SYN.** crise, explosion). *Une flambée des prix* (**SYN.** accroissement ; **CONTR.** baisse).

flamber v.i. (de *flambeau*) [conj. 3]. **1.** Brûler en faisant une flamme claire : *Les bûches flambent.* **2.** *Litt.* Briller d'un éclat soudain : *Ses yeux flambent de fureur* (**SYN.** étinceler). **3.** *Fam.* Augmenter brutalement, en parlant des prix : *Les loyers flambent* (**SYN.** augmenter ; **CONTR.** baisser). **4.** *Fam.* Jouer gros jeu ; dépenser beaucoup d'argent. ◆ v.t. **1.** Passer à la flamme : *Flamber une volaille.* **2.** Arroser un mets d'un alcool que l'on fait brûler : *Flamber des crêpes. Des bananes flambées.*

flambeur, euse n. *Fam.* Personne qui joue gros jeu.

flamboiement n.m. *Litt.* Éclat de ce qui flamboie : *Le flamboiement d'un coucher de soleil* (**SYN.** rougeoiement).

flamboyance n.f. *Litt.* Qualité d'une personne, d'une œuvre brillante, éblouissante.

① **flamboyant, e** adj. Qui flamboie : *Des incendies flamboyants* (**SYN.** rougeoyant). *Une chevelure flamboyante* (= rousse, qui a des reflets roux). ▸ ***Gothique flamboyant,*** dernière époque du gothique, où l'on faisait beaucoup de contours imitant des flammes.

② **flamboyant** n.m. Arbre de l'Afrique et de l'Inde tropicales, cultivé pour ses fleurs rouges.

flamboyer v.i. [conj. 13]. **1.** Jeter une flamme brillante : *Le bois flamboie dans la cheminée* (**SYN.** rougeoyer). **2.** *Litt.* Briller comme la flamme : *Des yeux qui flamboient* (**SYN.** étinceler, scintiller).

flamenco, ca [flamɛnko, ka] adj. et n.m. (mot esp.). Se dit de la musique, de la danse et du chant populaires andalous, pratiqués avec guitares et frappements de mains : *Danser le flamenco. Un concert de musique flamenca.*

flamiche n.f. Tarte aux poireaux.

flamingant, e n. et adj. Partisan du nationalisme flamand.

flamme n.f. (lat. *flamma*). **1.** Phénomène incandescent et lumineux produit par les gaz que dégage une substance en combustion : *La flamme d'une allumette.* **2.** *Litt.* Éclat du regard : *Il a une petite flamme dans les yeux* (**SYN.** étincelle, lueur). **3.** *Fig.* Vive ardeur, enthousiasme ; passion amoureuse : *Un discours plein de flamme* (**SYN.** feu, fièvre). *Il lui a déclaré sa flamme* (**SYN.** amour). **4.** Petit drapeau long et étroit à une ou deux pointes (**SYN.** fanion, oriflamme). **5.** Marque postale publicitaire apposée sur les lettres à côté du timbre dateur. ◆ **flammes** n.f. pl. Incendie, feu : *La forêt est souvent la proie des flammes durant l'été* (**SYN.** brasier, fournaise).

flammèche n.f. (du germ. *falawiska*). Parcelle de matière embrasée qui s'élève d'un foyer ; étincelle (**SYN.** brandon).

flan n.m. (du frq.). **1.** Tarte garnie d'une crème à base d'œufs et passée au four : *Un flan aux raisins. Un flan aux poireaux.* **2.** Crème renversée et moulée : *Un flan au caramel.* ▸ *Fam.* ***Au flan,*** à tout hasard : *Il a agi au flan, et ça a réussi.* *Fam.* ***C'est du flan,*** ce n'est pas vrai, c'est une plaisanterie : *Son histoire, c'est du flan !* *Fam.* ***En rester comme deux ronds de flan,*** être ébahi, stupéfait.

flanc [flɑ̃] n.m. (du frq.). **1.** Chacun des côtés du corps, chez l'homme et chez l'animal : *Le chien se couche sur le flanc.* **2.** *Litt.* Entrailles maternelles : *Elle porte un enfant dans ses flancs.* **3.** Partie latérale d'une chose : *Les flancs d'une montagne* (**SYN.** versant). *Ils ont attaqué le flanc droit de notre armée* (**SYN.** aile). ▸ ***À flanc de,*** sur la pente de : *Une hôtel construit à flanc de coteau.* *Fam.* ***Être sur le flanc,*** être alité ; exténué. *Litt.* ***Prêter le flanc à,*** donner lieu, s'exposer à qqch de désagréable : *Cette déclaration prête le flanc à la moquerie.*

flancher v.i. [conj. 3]. *Fam.* **1.** Ne pas persévérer dans une intention, un effort : *Devant tant de problèmes, il a flanché* (**SYN.** se décourager ; **CONTR.** se ressaisir). **2.** Cesser de fonctionner ; manquer de la force nécessaire : *Le cœur a flanché* (**SYN.** défaillir ; **CONTR.** résister).

flanelle n.f. (angl. *flannel*). Tissu léger, fait ordinairement de laine cardée ; vêtement fait dans ce tissu.

flâner v.i. (anc. scand. *flana,* courir çà et là) [conj. 3]. **1.** Se promener sans but, au hasard ; avancer sans se presser : *Il flâne dans les boutiques* (**SYN.** déambuler ; **CONTR.** se hâter). **2.** Paresser, perdre son temps : *Elle reste chez elle à flâner* (**SYN.** musarder ; **CONTR.** travailler).

flânerie n.f. Action, habitude de flâner : *La chaleur invite à la flânerie* (**SYN.** paresse ; **CONTR.** travail). *De longues flâneries dans les rues* (**SYN.** promenade).

flâneur, euse n. Personne qui flâne ; promeneur (**SYN.** badaud).

① **flanquer** v.t. (de *flanc*) [conj. 3]. **1.** Être disposé, placé de part et d'autre de qqch ; être ajouté à : *Deux tours flanquent le château* (**SYN.** encadrer). **2.** Se trouver aux côtés de qqn : *Une escouade de gardes du corps flanquait le ministre* (**SYN.** accompagner). *Elle est toujours flanquée de sa mère* (**SYN.** escorter).

② **flanquer** v.t. [conj. 3]. *Fam.* **1.** Lancer rudement ; appliquer brutalement : *Elle lui a flanqué une gifle* (**SYN.** donner). *Il l'a flanqué à la porte* (= il l'a congédié, renvoyé). **2.** Provoquer brutalement : *Il lui a flanqué une grosse peur* (**SYN.** communiquer).

flapi, e adj. (mot prov., de *flap,* mou). *Fam.* Abattu, épuisé : *Je me sens flapie après cette journée de travail* (**SYN.** exténué, fourbu ; **CONTR.** dispos).

flaque n.f. (forme dialect. de l'anc. fr. *flache,* mou). Petite mare d'eau ; petite nappe de liquide stagnant : *Le camion a laissé une flaque d'huile sur le parking.*

flash [flaʃ] n.m. (mot anglo-amér.) [pl. *flashs* ou *flashes*]. **1.** Dispositif produisant un éclair lumineux lors d'une prise de vue photographique ; cet éclair : *Un appareil photo équipé d'un flash. Il est ébloui par les flashs des photographes.* **2.** Information importante transmise en priorité ; bref bulletin d'informations : *Nous interrompons notre émission pour un flash spécial.* **3.** Plan très court au cinéma. ▸ ***Avoir un flash,*** avoir une idée lumineuse, soudaine. ***Vente flash,*** vente promotionnelle ponctuelle de certains articles dans les grands magasins.

flash-back [flaʃbak] n.m. inv. (mot angl.). Séquence cinématographique retraçant une action passée par rapport à l'action principale ; retour en arrière.

flasher [flaʃe] v.t. [conj. 3]. Photographier à l'aide d'un cinémomètre radar un véhicule en excès de vitesse. ◆ v.t. ind. **[sur].** *Fam.* Avoir un goût subit, éprouver un coup de foudre pour qqch, qqn : *Il a flashé sur cette voiture.*

① **flasque** adj. (anc. fr. *flache,* mou). Dépourvu de fermeté, de consistance, de tonus : *Des joues flasques* (**SYN.** mou ; **CONTR.** ferme).

② **flasque** n.f. (it. *fiasca,* du germ. *flaska,* bouteille). Flacon plat. ☞ **REM.** Ne pas confondre avec *une fiasque.*

flat [flat] n.m. (mot angl.). En Belgique, studio, petit appartement.

flatter v.t. (du frq. *flat,* plat de la main) [conj. 3]. **1.** Chercher à plaire à qqn par des louanges fausses ou exagérées : *Elle ne cesse de flatter les clientes* (**SYN.** encenser, flagorner [sout.] ; **CONTR.** critiquer). **2.** Éveiller, entretenir avec complaisance une passion, un sentiment bas : *Flatter la vanité de qqn* (**SYN.** encourager ; **CONTR.** blâmer). **3.** Présenter qqn sous une apparence qui l'avantage : *Cette robe vous flatte* (**SYN.** avantager, embellir ; **CONTR.** désavantager, enlaidir). **4.** Charmer, affecter agréablement un sens, l'esprit : *Cette musique flatte l'oreille.* **5.** Plaire vivement à qqn ou le rendre fier : *Votre visite me flatte* (= m'honore). **6.** Caresser un animal du plat de la main. ◆ **se flatter** v.pr. **[de].** Se vanter ; prétendre : *Elles se sont flattées d'être assez habiles pour le faire seules* (**SYN.** se prévaloir, se targuer). ▸ ***Sans me flatter,*** sans me donner des qualités ou des mérites que je n'ai pas.

flatterie n.f. Action de flatter ; propos qui flatte : *Elle est sensible à la flatterie* (**SYN.** éloge, flagornerie [sout.] ; **CONTR.** critique).

flatteur, euse adj. et n. Qui flatte ; qui loue avec exagération : *Une remarque flatteuse* (**SYN.** élogieux ; **CONTR.** désobligeant). *Un flatteur accompli* (**SYN.** flagorneur [sout.]). ◆ adj. Qui tend à idéaliser : *Un portrait flatteur* (**SYN.** avantageux ; **CONTR.** désavantageux).

flatteusement adv. De façon flatteuse (**SYN.** élogieusement ; **CONTR.** méchamment).

flatulence ou **flatuosité** n.f. (du lat. *flatus,* vent, de *flare,* souffler). Accumulation de gaz dans l'estomac ou les intestins ; expulsion bruyante de ces gaz.

flatulent, e adj. Qui s'accompagne de flatulence.

flavescent, e adj. (du lat. *flavus*, jaune). *Litt.* Jaune doré.

flaveur n.f. (angl. *flavour*). Ensemble des sensations (odeur, goût, etc.) ressenties lors de la dégustation d'un aliment.

fléau n.m. (lat. *flagellum*, fouet). **1.** *Anc.* Instrument fait de deux bâtons reliés par des courroies, qui servait à battre les céréales. **2.** Grande catastrophe publique ; personne, chose funeste, néfaste : *Le sida est un fléau* (SYN. calamité, désastre). *La solitude, fléau de notre société* (SYN. malheur ; CONTR. joie).

fléchage n.m. Action de flécher un itinéraire ; son résultat.

flèche n.f. (du frq.). **1.** Projectile formé d'un manche en bois armé d'une pointe, et lancé par un arc : *Les flèches ont atteint leur cible.* **2.** Représentation schématique d'une flèche, pour indiquer un sens, une direction ou symboliser un vecteur : *Des flèches indiquent la route à suivre. Dans notre dictionnaire, certains renvois sont indiqués par une flèche.* **3.** Trait d'esprit, raillerie ou critique acerbe : *Il lui a lancé une flèche* (SYN. pique). **4.** Extrémité longue et effilée du clocher d'une église, du toit d'un bâtiment : *Les flèches d'une cathédrale.* ▸ *Fam.* ***Ce n'est pas une flèche,*** se dit de qqn qui n'est pas très vif, pas très intelligent. ***En flèche*** ou ***comme une flèche,*** en ligne droite ; très rapidement : *Les prix montent en flèche* (= flambent). *Il est parti comme une flèche.* ***Être*** ou ***se trouver en flèche,*** à l'avant-garde. ***Faire flèche de tout bois,*** employer tous les moyens disponibles pour arriver à ses fins. *Litt.* ***La flèche du Parthe,*** mot acerbe, blessant qui clôt la conversation.

fléché, e adj. Balisé par des flèches : *Un itinéraire fléché.*

flécher v.t. [conj. 18]. Marquer un itinéraire par des panneaux, des flèches pour indiquer une direction : *Ils ont fléché le parcours* (SYN. baliser).

fléchette n.f. Petite flèche que l'on jette à la main contre une cible : *Il joue aux fléchettes.*

fléchi, e adj. ▸ ***Forme fléchie,*** dans les langues flexionnelles, mot pourvu d'une terminaison qui exprime la fonction grammaticale : *Les formes fléchies de l'adjectif « bancal » sont le féminin « bancale, bancales » et le masculin pluriel « bancals ».*

fléchir v.t. (lat. *flectere*) [conj. 32]. **1.** Ployer peu à peu, rendre courbe ce qui était droit ; plier un membre, une articulation : *Il a fléchi la barre* (SYN. incurver). *Il faut que tu fléchisses les genoux quand tu te baisses* (SYN. plier ; CONTR. tendre). **2.** Faire céder peu à peu qqn, l'amener à l'indulgence, à l'obéissance : *L'avocate a fléchi les juges* (SYN. adoucir, ébranler). ◆ v.i. **1.** Se courber, plier sous la charge : *La planche fléchit* (SYN. ployer ; CONTR. résister). **2.** Baisser, diminuer : *Les prix ont fléchi* (CONTR. augmenter). **3.** *Litt.* Faiblir, cesser de résister : *Il fléchit devant ses enfants* (SYN. céder ; CONTR. résister).

fléchissement n.m. Action de fléchir ; fait de fléchir : *Le fléchissement du coude* (SYN. flexion). *Le fléchissement d'une poutre* (SYN. courbure, gauchissement ; CONTR. résistance). *Le fléchissement de la mortalité* (SYN. baisse, diminution ; CONTR. augmentation).

fléchisseur adj. m. et n.m. Se dit d'un muscle qui provoque le fléchissement (par opp. à extenseur) : *Les muscles fléchisseurs* ou *les fléchisseurs.*

flegmatique [flɛgmatik] adj. et n. Se dit d'une personne calme, peu émotive, qui domine toujours ses réactions : *Une femme flegmatique* (SYN. placide, posé ; CONTR. émotif, exalté, impulsif).

flegme [flɛgm] n. m. (du gr. *phlegma*, inflammation, humeur). Comportement d'une personne qui garde son sang-froid : *Le flegme britannique* (SYN. placidité, réserve, retenue ; CONTR. émotivité, nervosité).

flegmon [flɛgmɔ̃] n.m. → **phlegmon.**

flemmard, e [flɛmar, ard] adj. et n. *Fam.* Qui répugne à l'effort ; paresseux : *C'est un sacré flemmard !* (SYN. fainéant ; CONTR. courageux, travailleur).

flemmarder [flɛmarde] v.i. [conj. 3]. *Fam.* Paresser.

flemme [flɛm] n.f. (même orig. que *flegme*). *Fam.* Grande paresse, envie de ne rien faire ; fainéantise : *J'ai la flemme de sortir.*

flétan n.m. (du néerl.). Grand poisson plat des mers froides, recherché pour son foie riche en vitamines.

① **flétrir** v.t. (du lat. *flaccidus*, flasque) [conj. 32]. Faner, ôter son éclat, sa fraîcheur à qqch, qqn : *La chaleur flétrit les plantes* (SYN. dessécher, sécher ; CONTR. rafraîchir). *L'âge a flétri son visage* (SYN. friper, rider). ◆ **se flétrir** v.pr. Perdre sa fraîcheur : *Les fleurs se sont flétries dans le vase* (SYN. se faner). *Sa beauté s'est flétrie* (SYN. passer ; CONTR. subsister).

② **flétrir** v.t. (du frq.) [conj. 32]. **1.** *Anc.* Marquer un condamné au fer rouge. **2.** *Litt.* Blâmer, condamner ce qui est répréhensible : *Flétrir la corruption* (SYN. réprouver, stigmatiser ; CONTR. approuver, louer). **3.** *Sout.* Porter injustement atteinte à : *Ils ont flétri sa mémoire* (SYN. salir ; CONTR. honorer).

① **flétrissure** n.f. Altération de la fraîcheur des végétaux, de l'éclat du teint, de la beauté.

② **flétrissure** n.f. **1.** *Anc.* Marque au fer rouge sur l'épaule d'un condamné. **2.** *Fig., sout.* Atteinte infamante à l'honneur, à la réputation de qqn ; déshonneur, souillure.

fleur n.f. (lat. *flos, floris*). **1.** Partie souvent richement colorée et parfumée des plantes à graines, contenant les organes reproducteurs : *Les arbres sont en fleur* ou *en fleurs* (= leurs fleurs sont épanouies). **2.** Plante à fleurs : *Un bouquet de fleurs. Les fleurs ont un langage. (Voir pages suivantes.)* **3.** Objet, motif représentant une fleur : *Une fleur artificielle. Une robe à fleurs.* **4.** Temps du plein épanouissement, de l'éclat : *À la fleur de l'âge. Des jeunes filles en fleur.* **5.** (Souvent au pl.). Louanges, éloges décernés à qqn : *Il m'a couvert de fleurs* (SYN. compliment). **6.** *Litt.* Partie la plus fine, la meilleure de qqch : *La fleur de farine* (= farine de blé très pure). *La fine fleur de la brigade a été chargée de l'enquête* (SYN. élite). **7.** (Souvent au pl.). Moisissure qui se développe à la surface du vin, de la bière, etc. **8.** Côté d'une peau tannée qui portait les poils : *Cuir pleine fleur.* ▸ ***À fleur de,*** presque au niveau de : *Des rochers à fleur d'eau* (= qui affleurent). ***Avoir les nerfs à fleur de peau,*** être facilement irritable. *Fam.* ***Comme une fleur,*** facilement ; ingénument : *Il a grimpé là-haut comme une fleur.* *Fam.* ***Faire une fleur à qqn,*** faire un geste inattendu et particulièrement aimable. ***Fleur bleue,*** sentimental et romanesque : *Il est très fleur bleue.*

fleurdelisé, e adj. Orné de fleurs de lis : *Un drapeau* *fleurdelisé.* ◆ **fleurdelisé** n.m. Nom du drapeau québécois.

fleurer v.t. et v.i. (du lat. *flare*, souffler) [conj. 5]. *Litt.* Répandre une odeur : *La maison fleure le café frais. Cela fleure bon* (= cela embaume ; **SYN.** sentir).

fleuret n.m. (it. *fioretto*, petite fleur). Épée fine et légère, sans tranchant, dont la pointe est terminée par un bouton et qui sert à la pratique de l'escrime ; sport pratiqué avec cette arme.

① **fleurette** n.f. Petite fleur. ▸ *Vieilli* ***Conter fleurette,*** tenir des propos galants à une femme.

② **fleurette** adj. ▸ ***Crème fleurette,*** crème très fluide obtenue par écrémage du lait.

fleurettiste n. Escrimeur tirant au fleuret.

fleuri, e adj. **1.** Orné, garni de fleurs : *Un tissu fleuri.* **2.** Se dit d'un parfum dont les notes dominantes sont à base de fleurs. ▸ ***Style fleuri,*** style brillant et orné. ***Teint fleuri,*** teint rougeaud (**SYN.** coloré ; **CONTR.** pâle).

fleurir v.i. (lat. *florere*) [conj. 32]. **1.** Produire des fleurs ; se couvrir de fleurs : *Les arbres fleurissent au printemps* (**SYN.** s'épanouir). **2.** (En ce sens, l'imparfait est *je florissais*, etc., et le participe présent *florissant*). Être prospère ; se développer : *C'était l'époque où la science-fiction florissait* (**SYN.** prospérer ; **CONTR.** dépérir). ◆ v.t. Orner de fleurs : *Elle a fleuri la table.*

fleurissement n.m. Action de fleurir un endroit ; décoration avec des fleurs : *Récompenser le fleurissement d'un village.*

fleuriste n. Personne qui vend des fleurs, crée des compositions florales.

fleuron n.m. Ornement en forme de fleur ou de bouquet de feuilles stylisés. ▸ ***Le plus beau fleuron*** ou ***le fleuron,*** ce qu'il y a de plus précieux, de plus remarquable : *Le plus beau fleuron d'une collection.*

fleuve n.m. (lat. *fluvius*). **1.** Cours d'eau qui aboutit à la mer : *La Loire est le plus long fleuve français.* **2.** *Fig.* Masse en mouvement : *Un fleuve de lave* (**SYN.** torrent). **3.** (Employé en appos., avec ou sans trait d'union). Se dit de ce qui dure très longtemps, qui semble sans fin : *Un discours fleuve. Des romans-fleuves.*

flexibiliser v.t. [conj. 3]. Rendre un processus plus flexible, moins rigide.

flexibilité n.f. **1.** Qualité de ce qui est flexible : *La flexibilité de l'osier* (**SYN.** élasticité ; **CONTR.** résistance). **2.** Assouplissement des règles de la durée du travail, pour en aménager les horaires ou adapter une entreprise aux fluctuations de son activité : *La flexibilité des horaires* (**SYN.** souplesse ; **CONTR.** rigidité).

flexible adj. (lat. *flexibilis*, de *flectere*, fléchir). **1.** Qui plie aisément : *Un roseau flexible* (**SYN.** élastique ; **CONTR.** résistant). **2.** Susceptible de s'adapter aux circonstances : *Des horaires flexibles* (**SYN.** souple ; **CONTR.** rigide). ◆ n.m. Tuyau, conduite flexible ; organe de transmission flexible : *Le flexible d'un aspirateur.*

flexion n.f. **1.** Action de fléchir : *La flexion du genou* (**SYN.** fléchissement). **2.** État de ce qui est fléchi : *La flexion de cette poutre est inquiétante* (**SYN.** courbure, gauchissement ; **CONTR.** résistance). **3.** En linguistique, procédé consistant à ajouter à la racine du mot des terminaisons exprimant des catégories grammaticales (genre, nombre, personne) ou des fonctions grammaticales (cas) ; ensemble de ces formes pourvues de terminaison : *La flexion nominale* (= déclinaison). *La flexion verbale* (= conjugaison).

flexionnel, elle adj. Se dit d'une langue qui possède des flexions.

flexisécurité ou **flexicurité** n.f.. Mode d'organisation du marché du travail offrant plus de flexibilité aux entreprises, mais aussi une plus grande sécurité de l'emploi aux salariés.

flibuste n.f. *Anc.* **1.** Piraterie à laquelle se livraient les flibustiers dans la mer des Antilles. **2.** Ensemble des flibustiers.

flibustier n.m. (altér. du néerl. *vrijbuiter*, pirate). Pirate de la mer des Antilles, aux XVIIe et XVIIIe siècles.

flic n. (argot all. *Flick*, jeune homme). *Fam.* Agent de police et, en génér., tout policier.

flicage n.m. *Fam., péjor.* Action de fliquer.

flic flac interj. (onomat.). Imite le bruit d'un clapotement.

flingue n.m. (all. dialect. *Flinke*, fusil). *Fam.* Revolver ; fusil.

flinguer v.t. [conj. 3]. *Fam.* **1.** Tirer avec une arme à feu sur qqn. **2.** Détériorer, abîmer : *Il a flingué ses chaussures.* **3.** Critiquer durement ; démolir, éreinter : *Cinéaste qui se fait flinguer par la presse* (**SYN.** dénigrer).

flip [flip] n.m. (abrév. de l'angl. *flip-flap*, de *to flip*, donner une chiquenaude, et *to flap*, claquer). En gymnastique et en patinage artistique, saut.

① **flipper** [flipœr] n.m. (mot angl., de *to flip*, donner une chiquenaude). Jeu électrique constitué d'un plateau incliné sur lequel se trouvent des plots qu'il faut toucher avec des billes de métal ; billard électrique.

② **flipper** [flipe] v.i. (de l'angl. *to flip*, secouer) [conj. 3]. *Fam.* **1.** Être déprimé ou excité ; être dans un état second. **2.** Éprouver un sentiment d'angoisse lié à l'état de manque, en parlant d'un toxicomane.

fliquer v.t. (de *flic*) [conj. 3]. *Fam.* **1.** Soumettre à une étroite surveillance policière. **2.** Soumettre à une autorité répressive.

flirt [flœrt] n.m. (mot angl. signif. « mouvement rapide »). *Fam.* **1.** Relation amoureuse passagère : *Un flirt de vacances* (**SYN.** amourette). **2.** Personne avec qui l'on flirte : *C'est son nouveau flirt* (**SYN.** amoureux). **3.** Rapprochement momentané entre adversaires idéologiques, politiques, etc.

flirter [flœrte] v.i. [conj. 3]. **1.** Avoir un flirt avec qqn. **2.** Se rapprocher d'adversaires politiques, idéologiques, etc. : *Flirter avec l'opposition* (**CONTR.** attaquer).

floc interj. (onomat.). Évoque le bruit d'un corps qui tombe dans un liquide.

flocage n.m. (de l'angl. *flock*, du lat. *floccus*, flocon). Procédé d'insonorisation et d'isolation thermique d'un bâtiment par projection de fibres que l'on colle sur des panneaux ; action de floquer.

flocon n.m. (du lat. *floccus*). **1.** Amas léger de fibres, de neige, etc. : *Des flocons de neige.* **2.** Petite lamelle d'un aliment déshydraté : *De la purée en flocons.*

floconneux, euse adj. Qui a la forme, l'aspect de flocons : *Des nuages floconneux.*

floculation n.f. Action de floculer.

floculer v.i. (du lat. *flocculus*, petit flocon) [conj. 3].

En parlant d'une solution colloïdale, précipiter sous forme de flocons.

flonflon n.m. (onomat.). (Surtout au pl.). Accents, airs bruyants de certaines musiques populaires : *Les flonflons du bal.*

flop n.m. (mot angl. ; onomat.). *Fam.* Échec d'un spectacle, d'un ouvrage publié : *Son film fait un flop* (**SYN.** fiasco ; **CONTR.** succès).

flopée n.f. (du lat. *faluppa*, brin de paille). *Fam.* Grande quantité de : *Des flopées d'enfants se précipitent vers le clown* (**SYN.** multitude).

floquer v.t. [conj. 3]. Effectuer un flocage.

floraison n.f. **1.** Épanouissement des fleurs ; temps de cet épanouissement : *Ce rosier a plusieurs floraisons.* **2.** *Fig.* Apparition simultanée d'un grand nombre de choses, de personnes remarquables : *Une floraison de start-up. Une floraison de jeunes éditeurs.*

floral, e, aux adj. (du lat. *flos, floris*, fleur). Relatif à la fleur, aux fleurs.

floralies [flɔrali] n.f. pl. Exposition horticole où sont présentées de nombreuses plantes à fleurs.

flore n.f. (du lat. *Flora*, déesse des Fleurs). Ensemble des espèces végétales qui se développent dans une région, un milieu donnés : *Il étudie la faune et la flore marines* (**SYN.** végétation).

floréal n.m. (du lat. *floreus*, fleuri) [pl. *floréals*]. Huitième mois du calendrier républicain, commençant le 20 ou le 21 avril et finissant le 19 ou le 20 mai.

florentin, e adj. et n. De Florence, ville d'Italie.

florès [flɔrɛs] n.m. ▸ *Litt., vieilli* ***Faire florès,*** obtenir des succès, réussir d'une manière éclatante : *Ce slogan extraordinaire a fait florès* (= il a été beaucoup utilisé ; **CONTR.** échouer).

floriculture n.f. Culture des plantes à fleurs et des plantes d'ornement.

florilège n.m. (lat. *flos, floris*, fleur, et *legere*, choisir). **1.** Recueil de morceaux choisis d'œuvres littéraires (**SYN.** anthologie). **2.** Sélection de choses belles ou remarquables : *Un florilège de tableaux contemporains.*

florin n.m. (it. *fiorino*). Unité monétaire principale des Pays-Bas jusqu'à l'introduction de l'euro (**SYN.** gulden).

florissant, e adj. **1.** Qui est en pleine prospérité : *Une économie florissante* (**SYN.** prospère ; **CONTR.** anémique). **2.** Qui indique un parfait état de santé : *Il a une mine florissante* (**SYN.** éclatant ; **CONTR.** pâle).

flot n.m. (du frq.). **1.** Masse liquide agitée de mouvements en sens divers : *Un flot de boue a submergé le camping* (**SYN.** vague). **2.** Masse d'une matière évoquant le mouvement des flots ; grande quantité : *Sa chevelure tombait en flots sur ses épaules. Un flot de sang* (**SYN.** torrent ; **CONTR.** filet). *Un flot de clients* (**SYN.** essaim, foule, nuée). **3.** Marée montante : *Des pêcheurs ont été pris par le flot* (**SYN.** flux ; **CONTR.** jusant, reflux). **4.** (Au pl.). *Litt.* La mer : *La violence des flots.* ▸ ***À flots,*** abondamment : *L'argent coule à flots.* ***Être à flot,*** flotter ; fig., cesser d'être aux prises avec des difficultés financières. ***Remettre qqn, une entreprise à flot,*** les aider à sortir d'une situation critique, les renflouer.

flottabilité n.f. Propriété que possèdent certains corps de ne pas couler.

flottable adj. **1.** Qui peut flotter. **2.** Qui permet le flottage de trains de bois ou de radeaux : *Une rivière flottable.*

flottage n.m. Transport de bois que l'on fait flotter sur un cours d'eau.

flottaison n.f. Limite qui, pour un corps flottant sur une eau calme, sépare la partie immergée de celle qui émerge : *La ligne de flottaison d'un navire.*

flottant, e adj. **1.** Qui flotte à la surface d'un liquide : *Des glaces flottantes* (= iceberg). **2.** Qui ondule au gré du vent : *Un drapeau flottant* (**SYN.** ondoyant ; **CONTR.** immobile). **3.** Qui n'est pas nettement fixé : *Des effectifs flottants* (**SYN.** variable ; **CONTR.** fixe). *Des électeurs flottants* (**SYN.** indécis ; **CONTR.** décidé).

① **flotte** n.f. (anc. scand. *floti*). **1.** Ensemble de navires naviguant ensemble : *La flotte de pêcheurs gagne le large.* **2.** Ensemble des forces navales d'un pays ou d'une compagnie maritime. **3.** Importante formation d'aviation militaire ; ensemble des appareils d'une compagnie aérienne.

② **flotte** n.f. *Fam.* Eau ; pluie.

flottement n.m. **1.** État d'un objet qui flotte, qui ondule mollement : *Le flottement d'un étendard* (**SYN.** ondoiement, ondulation). **2.** Mouvement d'hésitation : *Un certain flottement apparaît dans la majorité* (**SYN.** fluctuation, indécision ; **CONTR.** assurance, conviction).

① **flotter** v.i. (de *flot*) [conj. 3]. **1.** Être porté sur une surface liquide : *Le bouchon flotte bien sur l'eau* (**SYN.** nager, surnager ; **CONTR.** couler). **2.** Être en suspension dans l'air ; bouger avec souplesse : *Une odeur de tarte flotte dans la cuisine* (**SYN.** se répandre). *Un drapeau flotte au vent* (**SYN.** ondoyer, onduler). **3.** *Litt.* Être indécis, irrésolu : *Il flotte entre l'impatience et la crainte* (**SYN.** hésiter). ▸ ***Flotter dans un vêtement,*** porter un vêtement trop grand ou trop large : *Il flotte dans son pull.* ◆ v.t. ▸ ***Flotter du bois,*** l'acheminer par flottage.

② **flotter** v.impers. *Fam.* Pleuvoir : *Il a flotté ce matin.*

flotteur n.m. Dispositif permettant à un corps de se maintenir à la surface de l'eau : *Les flotteurs d'un hydravion. Le flotteur d'une ligne de pêche* (**SYN.** bouchon).

flottille [flɔtij] n.f. (esp. *flotilla*). **1.** Groupe de petits navires se déplaçant ensemble : *Une flottille de pêche.* **2.** Formation d'appareils de combat de l'aéronavale.

flou, e adj. (lat. *flavus*, jaune, fané). **1.** Qui manque de netteté, de précision : *Une image floue* (**CONTR.** net). *Des projets flous* (**SYN.** vague ; **CONTR.** clair). **2.** Se dit d'une œuvre dont les contours sont peu distincts : *Un dessin flou* (**SYN.** fondu, vaporeux). **3.** Souple, non ajusté : *Une jupe floue* (**SYN.** ample ; **CONTR.** serré). ◆ **flou** n.m. Caractère de ce qui manque de netteté : *Le flou d'une pensée* (**SYN.** imprécision ; **CONTR.** clarté, précision). ▸ ***Flou artistique,*** au cinéma, en photographie, effet délibéré de flou ; fig., ambiguïté dans le discours, l'attitude.

flouer v.t. (du lat. *fraudare*, faire tort par fraude) [conj. 3]. *Fam.* Voler, duper qqn : *Il s'est fait flouer* (**SYN.** escroquer).

flouter v.t. (de *flou*) [conj. 3]. Rendre une image, une photo floue : *Flouter le visage des interviewés.*

fluctuant, e adj. Qui est sujet à des variations : *Des intentions de vote fluctuantes* (**SYN.** indécis ; **CONTR.** ferme). *Des prix fluctuants* (**SYN.** variable ; **CONTR.** fixe).

fluctuation n.f. (lat. *fluctuare,* flotter). (Souvent au pl.). Variations successives en sens contraire : *Les fluctuations des prix. Les fluctuations d'un esprit inquiet* (**SYN.** incertitude, irrésolution ; **CONTR.** certitude, résolution). *Les fluctuations de la politique économique* (**SYN.** changement ; **CONTR.** continuité).

fluctuer v.i. [conj. 3]. Ne pas être stable, fixé : *Les prix fluctuent* (**SYN.** changer, varier ; **CONTR.** se stabiliser).

fluet, ette adj. (de *flou*). Qui est mince et d'apparence délicate : *Des bras fluets* (**SYN.** grêle ; **CONTR.** épais, gros). *Une femme fluette* (**SYN.** frêle, menu ; **CONTR.** fort). ▸ ***Voix fluette,*** qui manque de force.

fluette n.f. En Suisse, flûte (pain).

fluide adj. (lat. *fluidus*). **1.** En physique, se dit d'un corps (liquide ou gaz) dont les molécules sont faiblement liées et qui peut ainsi prendre la forme du récipient qui le contient. **2.** Qui coule, s'écoule facilement : *Une huile très fluide* (**SYN.** liquide ; **CONTR.** épais). *La circulation est fluide* (= régulière et sans embouteillage ; **CONTR.** dense). **3.** Difficile à saisir, à fixer, à apprécier : *Une clientèle fluide* (**SYN.** fluctuant ; **CONTR.** fixe). **4.** *Fig.* Qui se déroule aisément et harmonieusement : *Un style fluide* (**SYN.** coulant, limpide). ◆ n.m. **1.** Corps fluide : *Les liquides et les gaz sont des fluides.* **2.** Énergie occulte, influence mystérieuse que dégageraient certaines personnes, certains objets : *Un fluide semble émaner de ce comédien* (**SYN.** charme, magnétisme).

fluidifiant, e adj. et n.m. Se dit d'un médicament qui fluidifie les sécrétions : *Un sirop fluidifiant.*

fluidifier v.t. [conj. 9]. Rendre fluide ou plus fluide : *Cette déviation fluidifie la circulation sur l'autoroute.*

fluidité n.f. Caractère de ce qui est fluide, de ce qui s'écoule régulièrement : *La fluidité d'une crème* (**CONTR.** épaisseur). *La fluidité du trafic* (**CONTR.** densité).

fluo adj. inv. (abrév.). Se dit de couleurs fluorescentes ou de tout autre objet comportant ces couleurs : *Une robe rose fluo. Des maillots de bain fluo.*

fluocompact, e adj. Se dit d'une lampe, d'une ampoule fluorescente à basse consommation, dont le tube est plié ou enroulé sur lui-même.

fluor n.m. (mot lat. signif. « écoulement », de *fluere,* couler). Élément chimique gazeux, jaune pâle.

fluoré, e adj. Qui contient du fluor : *Un dentifrice fluoré.*

fluorescence n.f. (mot angl.). Propriété qu'ont certains objets d'émettre de la lumière visible lorsqu'ils reçoivent un rayonnement.

fluorescent, e adj. **1.** Doué de fluorescence : *Des cristaux fluorescents.* **2.** Se dit d'une source de rayonnement produite par fluorescence : *Une lumière fluorescente.*

flûte n.f. (de la suite onomat. *a-u,* avec les consonnes initiales du lat. *flare,* souffler). **1.** Instrument de musique à vent, formé d'un tube creux en bois ou en métal, percé de trous et dans lequel on souffle par un orifice situé à une extrémité : *Flûte traversière. Flûte à bec.* **2.** Verre à pied, étroit et haut, dans lequel on sert le champagne. **3.** Baguette de pain. **4.** (Au pl.). *Fam.* Jambes maigres. **5.** En Suisse, bâtonnet de pain salé et croustillant aussi appelé fluette ; bouteille à col long. ▸ *Fam.* ***Être du bois dont on fait les flûtes,*** être souple, céder à tout sans résistance. ***Flûte de Pan,*** instrument à vent composé de tubes d'inégales longueurs sur lesquels on promène les lèvres. ***Petite flûte,*** flûte traversière à timbre aigu (**SYN.** piccolo). ◆ interj. *Fam.* Marque l'impatience, la déception : *Flûte ! J'ai manqué le train.*

flûté, e adj. Se dit d'un son doux évoquant celui de la flûte : *Une voix flûtée* (**SYN.** suave ; **CONTR.** rocailleux).

flûteau n.m. Plante des étangs (aussi appelée *plantain d'eau*).

flûtiau n.m. Petite flûte champêtre.

flûtiste n. Instrumentiste qui joue de la flûte.

fluvial, e, aux adj. (du lat. *fluvius,* fleuve). Qui a rapport aux fleuves, aux cours d'eau : *Un port fluvial.*

flux [fly] n.m. (lat. *fluxus,* écoulement, de *fluere,* couler). **1.** Écoulement d'un liquide organique ou de matières liquides en général : *Un flux de sang.* **2.** Grande abondance de choses ou de personnes qui se suivent sans interruption : *Un flux de paroles* (**SYN.** profusion). **3.** Marée montante : *Les pêcheurs attendent le flux pour sortir du port* (**SYN.** flot ; **CONTR.** jusant, reflux). ▸ ***Flux migratoire,*** mouvement de population de grande ampleur.

fluxion n.f. (lat. *fluxio,* de *fluere,* couler). Gonflement douloureux d'une partie du corps ; congestion. ▸ ***Fluxion dentaire,*** inflammation des gencives et de la joue, due à une infection dentaire.

flyer [flajœr] n.m. (mot angl.). Prospectus, tract annonçant une soirée culturelle, un événement commercial, une rave, etc.

FM [ɛfɛm] n.f. (sigle de l'angl. *frequency modulation*). Modulation de fréquence.

foc n.m. (mot néerl.). Chacune des voiles triangulaires placées à l'avant d'un bateau à voiles. ☞ **REM.** Ne pas confondre avec *phoque.*

focal, e, aux adj. (du lat. *focus,* foyer). En optique, qui concerne le foyer des miroirs ou des lentilles. ▸ ***Distance focale,*** en optique, distance du foyer principal à la surface réfléchissante ou réfringente (on dit aussi *une focale*).

focalisation n.f. Action de focaliser.

focaliser v.t. [conj. 3]. **1.** En physique, faire converger en un point un faisceau lumineux, un flux de particules, etc. **2.** *Fig.* Concentrer sur un point précis : *Il focalise l'attention de l'auditoire sur les réformes sociales* (**SYN.** attirer ; **CONTR.** détourner). ◆ **se focaliser** v.pr. Se concentrer sur : *Ne vous focalisez pas sur les détails.*

fœhn ou **föhn** [føn] n.m. (mot alémanique). **1.** Vent du sud, chaud et sec, qui souffle sur les versants nord des vallées alpines. **2.** Sèche-cheveux, en Suisse ou dans l'est de la France.

fœtal, e, aux [fetal, o] adj. Relatif au fœtus : *Elle dort en position fœtale* (= recourbée sur elle-même).

fœtus [fetys] n.m. (mot lat. signif. « enfantement »). Chez les mammifères, embryon ayant atteint un certain stade de développement : *Dans l'espèce humaine, l'embryon prend le nom de « fœtus » vers la fin du troisième mois de la vie intra-utérine.*

foi n.f. (lat. *fides,* confiance, foi). **1.** Le fait de croire en Dieu, en un dogme ; doctrine religieuse, confession, Église : *Il a la foi* (= il croit en Dieu). *La foi chrétienne* (**SYN.** religion). **2.** Confiance en qqn ou qqch : *J'ai une foi totale en lui. Il a foi en cette politique. Elle ajoute foi à ses propos* (= elle croit ce qu'il dit). **3.** *Litt.*

Engagement qu'on prend d'être fidèle à une promesse ; garantie : *Il a violé la foi conjugale* (**SYN.** fidélité). ▸ ***Acte de foi,*** pensée, parole ou acte qui exprime l'adhésion à une religion ou à une idée. ***Bonne foi,*** attitude de qqn qui parle ou agit selon ses convictions, avec l'intention d'être honnête : *Il agit de bonne foi.* ***Faire foi,*** établir d'une façon indiscutable ; prouver : *Le cachet de la poste fait foi.* ***Ma foi,*** formule usitée pour appuyer une affirmation, une négation : *Ma foi, oui.* ***Mauvaise foi,*** malhonnêteté de qqn qui affirme des choses qu'il sait fausses ou qui feint l'ignorance : *Elle est de mauvaise foi.* ***Sans foi ni loi,*** sans religion ni morale.

foie n.m. (lat. *jecur ficatum,* foie d'oie engraissée avec des figues). **1.** Organe annexé au tube digestif, situé en haut et à droite de l'abdomen et qui sécrète la bile. **2.** Foie de certains animaux employé comme aliment : *Une tranche de foie de veau.* ▸ *Fam.* ***Avoir les foies,*** avoir peur. ***Foie gras,*** foie obtenu par gavage d'oies ou de canards.

① **foin** n.m. (lat. *fenum*). **1.** Herbe fauchée et séchée pour la nourriture du bétail : *Une meule de foin. L'époque des foins* (= fenaison). **2.** Poils soyeux qui garnissent le fond d'un artichaut. ▸ *Fam.* ***Bête à manger du foin,*** totalement stupide. *Fam.* ***Faire du foin,*** faire du bruit, causer du scandale.

② **foin** interj. *Litt., vieilli* Exprime le dégoût, le mépris : *Foin du mensonge !*

foirail ou **foiral** n.m. (pl. *foirails, foirals*). *Région.* Champ de foire.

foire n.f. (lat. *feriae,* jours de fête). **1.** Grand marché public se tenant à des époques fixes dans un même lieu. **2.** Fête foraine qui a lieu à une certaine époque de l'année : *La foire du Trône, à Paris.* **3.** Exposition commerciale périodique : *La foire d'art contemporain.* **4.** *Fam.* Lieu bruyant où règne le désordre. ▸ ***Champ de foire,*** emplacement où se tient une foire. *Fam.* ***Faire la foire,*** mener une vie de plaisirs ; faire la fête. ***Foire aux questions*** ou ***F.A.Q.,*** sur Internet, ensemble de pages Web ou fichier regroupant les questions le plus fréquemment posées sur un sujet donné, et leurs réponses.

foire-exposition n.f. (pl. *foires-expositions*). Manifestation commerciale destinée à permettre aux producteurs d'exposer leurs produits.

foirer v.i. [conj. 3]. *Fam.* Échouer, rater : *La tentative de réconciliation a foiré* (**CONTR.** réussir).

foireux, euse adj. *Fam.* Qui fonctionne mal ; dont l'échec est prévisible : *Une affaire foireuse.*

fois n.f. (lat. *vices, vicis,* 2. tour, succession). **1.** (Avec un mot qui indique le nombre). Marque l'unité ou la réitération d'un fait, la multiplication d'une quantité par une autre, l'intensité plus ou moins grande d'un état, d'une qualité : *J'ai gagné une fois et il a gagné trois fois. Deux fois deux font quatre* (= multiplié par). *Cette lampe éclaire deux fois plus que la mienne. Elle est cent fois plus souple que toi.* **2.** (Avec un autre déterminant ou un compl.). Indique la survenue d'un événement, le moment où il a lieu : *Nous en parlerons une autre fois. C'était la fois où il a neigé au mois de mai.* ▸ ***À la fois,*** ensemble, en même temps. ***Cent fois*** ou ***mille fois,*** souvent ; tout à fait : *Je te l'ai dit cent fois. Vous avez mille fois raison.* *Fam.* ***Des fois,*** parfois. *Fam.* ***Des fois que,*** peut-être que ; au cas où. ***Il était une fois,*** formule par laquelle commencent les contes de fées. ***Pour une fois,*** marque l'exception. ***Une fois,*** à une certaine époque ; en Belgique ou dans certaines régions de France, renforce une affirmation, une injonction ou une interrogation. ***Une fois*** (+ p. passé), à partir du moment où : *Une fois ton travail terminé, tu pourras sortir.* ***Une fois pour toutes,*** définitivement. ***Une fois que,*** aussitôt que : *Une fois que vous aurez écrit la dernière ligne, vous serez contente* (= dès que).

foison n.f. (du lat. *fusio,* écoulement). *Litt.* Grande abondance : *Il y a une foison de candidats à ce poste* (**SYN.** foule, profusion ; **CONTR.** manque). ▸ ***À foison,*** abondamment : *Les mauvaises herbes poussent à foison.*

foisonnant, e adj. Qui foisonne, abondant : *Une végétation foisonnante* (**SYN.** luxuriant ; **CONTR.** clairsemé, pauvre).

foisonnement n.m. Fait de foisonner : *Un foisonnement de projets* (**SYN.** profusion, pullulement ; **CONTR.** rareté).

foisonner v.i. [conj. 3]. **1.** Abonder, pulluler : *Les moustiques foisonnent durant l'été* (**SYN.** fourmiller, grouiller). **2.** Se multiplier, se développer : *Les nouveaux jeux vidéo foisonnent* (**SYN.** proliférer ; **CONTR.** manquer). ▸ ***Foisonner de*** ou ***en,*** contenir en grande quantité : *Ce pays foisonne de richesses minières* (**SYN.** abonder en, regorger de ; **CONTR.** manquer de). *Ce livre foisonne en images.*

fol adj. m. sing. → **1. fou.**

folâtre adj. (de *fol*). D'une gaieté légère, un peu folle : *Des enfants folâtres* (**SYN.** espiègle, guilleret ; **CONTR.** grave, triste).

folâtrer v.i. [conj. 3]. Jouer, s'ébattre gaiement et librement : *Les enfants folâtrent dans le jardin* (**SYN.** batifoler, gambader).

foliation n.f. (du lat. *folium,* feuille). **1.** Disposition des feuilles sur la tige d'une plante. **2.** Époque de l'année où les bourgeons commencent à développer leurs feuilles (**SYN.** feuillaison).

folichon, onne adj. (de *fol*). (Surtout en tournure nég.). *Fam.* Gai, drôle, attrayant : *L'ambiance n'est pas folichonne* (**SYN.** amusant, plaisant ; **CONTR.** triste).

folie n.f. (de *fol*). **1.** Dérèglement mental grave : *Il sombre dans la folie* (**SYN.** aliénation, démence). **2.** Caractère de ce qui échappe au contrôle de la raison, du bon sens : *C'est de la folie de partir en montagne par ce temps* (**SYN.** délire ; **CONTR.** sagesse). *La folie d'un projet architectural* (**SYN.** extravagance ; **CONTR.** modération, raison). **3.** Acte, parole déraisonnables, passionnés, excessifs : *Il a fait des folies* (= il a dépensé inconsidérément). *Cesse de dire des folies !* (**SYN.** ineptie, sottise). **4.** Goût excessif pour une chose : *Il a la folie des alicaments* (**SYN.** passion ; **CONTR.** dégoût). *Elle a la folie des grandeurs* (= mégalomanie). ▸ ***Aimer à la folie,*** éperdument.

folié, e adj. (du lat. *foliatus*). **1.** Qui a la forme d'une feuille, qui est garni de feuilles. **2.** Qui est constitué de lames minces ; feuilleté.

folio n.m. (du lat. *folium,* feuille). **1.** Feuille d'un registre, d'un livre : *Se reporter au folio 4 recto et verso.* **2.** Numéro de chaque page d'un livre : *Vérifier les folios.*

foliole n.f. (lat. *foliolum,* petite feuille). Chaque division de la partie principale d'une feuille composée : *Une feuille de trèfle peut avoir quatre folioles.*

foliotage n.m. Action de folioter ; pagination.

folioter v.t. [conj. 3]. Numéroter les feuilles, les pages d'un registre, d'un livre (**SYN.** paginer).

folk n.m. (abrév. de l'anglo-améric. *folksong,* chanson populaire). Musique traditionnelle des États-Unis adaptée et modernisée. ◆ adj. Relatif au folk : *Des groupes folks.*

folklo adj. inv. (abrév.). *Fam.* Folklorique, qui ne peut être pris au sérieux : *Des opinions folklo.*

folklore n.m. (angl., *folk,* peuple, et *lore,* science). **1.** Ensemble des croyances, rites, contes, légendes, fêtes, cultes et arts populaires d'un pays, d'une région. **2.** Manifestation d'un pittoresque superficiel : *Le folklore des défilés de mode.* ▸ ***C'est du folklore,*** cela ne mérite pas d'être pris au sérieux.

folklorique adj. **1.** Relatif au folklore : *Une danse folklorique* (**SYN.** traditionnel). **2.** *Fam.* Pittoresque, mais dépourvu de sérieux : *Une famille folklorique.*

folle adj. f. et n.f. → **fou.**

follement adv. De façon folle, déraisonnable : *Il est follement amoureux* (**SYN.** éperdument). *Un dîner follement gai* (**SYN.** extrêmement).

follet adj. m. (de *fol*). ▸ ***Feu follet,*** flamme légère et fugitive produite par la combustion spontanée de gaz qui se dégage de matières organiques en décomposition. ***Poil follet,*** duvet des petits oiseaux ; premier duvet des adolescents.

folliculaire adj. Relatif à un follicule.

follicule n.m. (du lat. *folliculus,* petit sac, de *follis,* soufflet à feu). **1.** Fruit sec dérivant des pièces femelles d'une fleur et s'ouvrant par une seule fente : *Un follicule de pivoine.* **2.** Nom de divers petits organes en forme de sac : *Le follicule pileux, ovarien.*

folliculine n.f. Hormone sécrétée par l'ovaire.

fomentateur, trice n. *Sout.* Personne qui provoque des troubles sociaux ou politiques.

fomentation n.f. *Litt.* Action de fomenter.

fomenter v.t. (du lat. *fomentum,* cataplasme) [conj. 3]. *Sout.* Susciter, préparer secrètement : *Les opposants au régime ont fomenté une révolte* (**SYN.** ourdir [litt.], tramer).

foncé, e adj. Se dit d'une couleur sombre : *Bleu foncé* (**SYN.** profond ; **CONTR.** clair, pâle).

① **foncer** v.t. (de *fond*) [conj. 16]. **1.** Mettre un fond à un tonneau, une cuve, un siège. **2.** Garnir de pâte ou de bandes de lard le fond d'une tourtière, d'une casserole, etc.

② **foncer** v.i. (de *fond*) [conj. 16]. **1. [sur].** Se précipiter pour attaquer : *La police fonça sur les manifestants* (**SYN.** se ruer sur). **2.** *Fam.* Aller très vite ; se dépêcher : *L'ambulance fonce vers l'hôpital.* **3.** *Fam.* Ne pas hésiter à s'engager, à aller de l'avant : *C'est une femme qui fonce, elle réussira.*

③ **foncer** v.t. (de *fond*) [conj. 16]. Assombrir, rendre plus foncée une couleur. ◆ v.i. Prendre une couleur plus foncée : *Ses cheveux ont foncé* (**SYN.** s'assombrir ; **CONTR.** s'éclaircir).

fonceur, euse adj. et n. *Fam.* Personne qui fonce, qui va de l'avant (**SYN.** battant).

foncier, ère adj. (de *fonds*). **1.** Relatif à un fonds de terre, à un immeuble : *Une propriété foncière. Un propriétaire foncier* (= qui possède un bien foncier). **2.** Qui constitue le principal, qui est fondamental : *Une bonté foncière* (**SYN.** inné, naturel ; **CONTR.** acquis). *Une différence foncière* (**SYN.** fondamental ; **CONTR.** secondaire). ▸ ***Taxe foncière,*** impôt annuel qui frappe les propriétés, bâties ou non. ◆ **foncier** n.m. ▸ ***Le foncier,*** la propriété foncière ; l'impôt foncier.

foncièrement adv. **1.** Complètement, totalement : *Ils sont foncièrement différents* (**SYN.** absolument ; **CONTR.** peu). **2.** En soi, par nature : *Une femme foncièrement malhonnête* (**SYN.** naturellement).

fonction n.f. (lat. *functio,* accomplissement). **1.** Rôle, utilité d'un élément dans un ensemble : *Quelle est la fonction de la manette sur cet appareil ?* **2.** Activité professionnelle ; exercice d'une charge, d'un emploi : *La fonction de cadre supérieur* (**SYN.** métier, profession). *Une voiture de fonction* (= utilisée dans le travail). *Il est en fonction* (**SYN.** activité). *Elle entre en fonction* ou *en fonctions* (= elle s'installe dans un poste). *Il quitte ses fonctions* (= il prend sa retraite, démissionne ou est licencié). *Elle s'acquitte de ses fonctions* (**SYN.** tâche). **3.** En grammaire, rôle joué par un mot ou un groupe de mots dans une phrase : *La fonction de sujet, de complément.* **4.** Activité exercée par un élément vivant (appareil, organe ou cellule) et qu'étudie la physiologie : *La fonction de nutrition.* **5.** En mathématiques, relation qui à chaque élément d'un ensemble associe au plus un élément d'un autre ensemble. ▸ ***En fonction de,*** en suivant les variations de ; par rapport à : *Vous agirez en fonction des circonstances* (**SYN.** selon). ***Être fonction de,*** dépendre de. ***Faire fonction de,*** remplir l'emploi, le rôle de : *Cette enseignante fait fonction de directrice. Cette caisse fera fonction de siège.* ***Fonction publique,*** ensemble des agents de l'État ; ensemble des fonctionnaires ; leur activité : *Le statut de la fonction publique.*

fonctionnaire n. Agent public nommé à un emploi permanent dans la fonction publique.

fonctionnaliser v.t. [conj. 3]. Rendre fonctionnel, pratique.

fonctionnalité n.f. Caractère de ce qui est fonctionnel, pratique : *La fonctionnalité d'une voiture* (**SYN.** praticité). ◆ **fonctionnalités** n.f. pl. Ensemble des possibilités qu'offre un système informatique.

fonctionnariat n.m. Qualité, état de fonctionnaire.

fonctionnarisation n.f. Action de fonctionnariser ; fait d'être fonctionnarisé.

fonctionnariser v.t. [conj. 3]. Transformer une entreprise en service public, une personne en employé de l'État.

fonctionnel, elle adj. **1.** Qui s'adapte exactement à une fonction déterminée ; bien adapté à son but : *Des vêtements fonctionnels* (**SYN.** pratique). **2.** Qui concerne une fonction physiologique (par opp. à organique) : *Des troubles fonctionnels.*

fonctionnellement adv. De manière fonctionnelle.

fonctionnement n.m. Fait de fonctionner ; manière dont qqch fonctionne : *Un magnétoscope en état de fonctionnement* (**SYN.** marche). *Le bon fonctionnement d'une entreprise.*

fonctionner v.i. [conj. 3]. **1.** Remplir sa fonction ;

être en état de marche : *L'administration fonctionne bien. L'ordinateur fonctionne toute la journée* (SYN. marcher). **2.** En Afrique, être fonctionnaire.

fond n.m. (lat. *fundus*). **1.** Partie la plus basse, la plus profonde de qqch ; base solide établie en profondeur : *Le fond d'un puits. Les clés sont au fond du sac. Ils draguent le fond de la rivière. Envoyer un navire par le fond* (= le couler). **2.** Ce qui est ou reste au fond de qqch : *Elle a bu le fond de bouteille.* **3.** *Fig.* Le degré le plus bas : *Elle a atteint le fond du désespoir.* **4.** Partie la plus éloignée de l'entrée ; partie la plus reculée d'un lieu : *Le fond du magasin* (CONTR. entrée). *Il habite au fin fond de la Belgique.* **5.** Ce qu'il y a de plus caché, de plus secret : *Il va toujours au fond des choses* (SYN. bout). *Je te remercie du fond du cœur* (= très sincèrement ; SYN. tréfonds). **6.** Arrière-plan ; élément de base sur lequel se détache qqch : *Les motifs sont peints en bleu sur un fond blanc. Des bruits de fond.* **7.** Partie essentielle, fondamentale : *Elle a un bon fond. Il y a un fond de vérité dans ce qu'il dit* (SYN. base). **8.** Ce qui fait la matière, l'essence d'une chose (par opp. à la forme, à l'apparence) : *Vos problèmes ne diffèrent pas sur le fond* (SYN. substance). *Juger, plaider, statuer sur le fond* (= sur le contenu de l'acte juridique en cause). **9.** Discipline en athlétisme, en ski, en natation, etc., comportant des épreuves de longue distance : *La course de fond. Le ski de fond.* **10.** Bouillon aromatisé utilisé comme base pour confectionner une sauce, un ragoût. **11.** En pâtisserie, croûte ou base d'un fond de gâteau : *Un fond de tarte.* ☞ REM. Ne pas confondre avec *fonds* ou *fonts*. ▸ ***À fond,*** jusqu'au bout ; entièrement : *Il lave à fond la cuisine.* ***À fond de train,*** à toute vitesse. ***Au fond*** ou ***dans le fond,*** en réalité, en dernière analyse : *Au fond, ce n'est qu'une imitation du précédent modèle.* ***Avoir son fond,*** en Suisse, avoir pied. ***De fond,*** qui porte sur l'essentiel ; de base : *Un article de fond.* ***Fond de teint,*** préparation semi-liquide teintée que l'on applique sur le visage comme maquillage. ***Fond d'œil,*** partie postérieure de la rétine de l'œil ; examen que l'on en fait. ***Fond sonore,*** ensemble des bruits, des sons, de la musique qui mettent en relief un spectacle ; musique que l'on écoute distraitement en faisant autre chose. ***Racler*** ou ***vider ses fonds de tiroirs,*** utiliser toutes ses dernières ressources.

fondamental, e, aux adj. Qui est à la base ; qui se rapporte à l'essentiel : *Voici le principe fondamental de notre théorie* (SYN. essentiel, primordial ; CONTR. secondaire). ▸ ***Recherche fondamentale,*** recherche théorique dont les applications pratiques ne sont pas immédiates (par opp. à appliqué). ◆ **fondamentaux** n.m. pl. Principes, idées constituant le fondement d'une science, d'une doctrine, d'un art, etc.

fondamentalement adv. De façon fondamentale ; complètement, totalement.

fondamentalisme n.m. Tendance de certains adeptes d'une religion à revenir à ce qu'ils considèrent comme fondamental, originel.

fondamentaliste adj. et n. Relatif au fondamentalisme ; qui en est partisan.

① **fondant, e** adj. **1.** Qui fond : *De la neige fondante* (CONTR. glacé). **2.** Qui fond dans la bouche : *Une poire fondante* (SYN. moelleux ; CONTR. dur).

② **fondant** n.m. **1.** Pâte glacée à base de sucre cuit ; bonbon fourré avec cette pâte. **2.** Gâteau au chocolat de consistance fondante.

fondateur, trice n. **1.** Personne qui a construit ou créé qqch : *Le fondateur d'une maison d'édition* (SYN. créateur, père). **2.** Personne qui crée une fondation. ◆ **fondateur** adj. Qui fonde, est à l'origine de qqch : *Un texte fondateur.*

fondation n.f. **1.** Action de fonder : *Dater la fondation de Marseille* (SYN. création, édification). *La fondation d'un parti politique* (SYN. formation ; CONTR. dissolution). **2.** Création, par voie de donation ou de legs, d'une organisation d'intérêt général ; cette organisation : *La Fondation Gulbenkian. Verser des dons à une fondation.* **3.** (Souvent au pl.). Ensemble des parties inférieures d'une construction ; travaux de réalisation de celles-ci : *Les fondations d'un immeuble* (SYN. assises).

fondé, e adj. **1.** Justifié, établi solidement : *Un reproche fondé* (SYN. légitime ; CONTR. infondé). **2.** Qui a des raisons valables pour : *Il est fondé à parler.* ◆ n. ▸ ***Fondé de pouvoir,*** personne dûment autorisée à agir au nom d'une autre ou d'une société.

fondement n.m. **1.** Élément essentiel servant de base à qqch : *Le fondement des institutions* (SYN. assise). *Les fondements d'une doctrine* (SYN. postulat, principe). **2.** Raison solide, légitime : *Une peur sans fondement* (SYN. cause, motif). **3.** *Fam.* Anus ; fesses.

fonder v.t. (lat. *fundare*) [conj. 3]. **1.** Prendre l'initiative de créer, d'établir : *Il a fondé sa propre entreprise* (SYN. constituer). *Elle a fondé une nouvelle théorie* (SYN. inventer). *Ils ont fondé un foyer* (= ils se sont mariés). **2.** Donner de l'argent pour l'établissement de qqch : *Ils ont fondé un hôpital* (SYN. créer). *Elles ont fondé un prix littéraire* (SYN. instaurer). **3. [sur].** *Fig.* Établir solidement ; asseoir, appuyer : *Il fonde son pouvoir sur la force. Elle fonde de grands espoirs sur sa fille* (SYN. placer en). ◆ **se fonder** v.pr. **[sur]. 1.** En parlant de qqch, l'avoir pour fondement, pour base : *Son espoir se fondait sur un mensonge* (SYN. reposer sur). **2.** S'appuyer sur qqch pour légitimer une opinion, un sentiment, etc. : *Sur quoi te fondes-tu pour juger ainsi cet homme ?* (SYN. se baser sur).

fonderie n.f. Usine où l'on fond les métaux pour fabriquer des pièces métalliques : *Les hauts-fourneaux d'une fonderie.*

① **fondeur, euse** n. (de *fondre*). Personne qui travaille dans une fonderie.

② **fondeur, euse** n. (de *fond*). Skieur, skieuse pratiquant le ski de fond.

fondre v.t. (du lat. *fundere,* faire couler) [conj. 75]. **1.** Amener un solide à l'état liquide sous l'action de la chaleur : *Elle fait fondre du beurre.* **2.** Fabriquer un objet en coulant du métal en fusion dans un moule : *Fondre une cloche, des statues* (SYN. mouler). **3.** Dissoudre dans un liquide : *Il fait fondre du sucre dans l'eau.* **4.** *Fig.* Combiner, mêler pour former un tout : *Ils ont fondu deux sociétés en une seule* (SYN. fusionner, réunir ; CONTR. diviser). *Fondre des couleurs* (= en graduer les nuances). ◆ v.i. **1.** Devenir liquide sous l'action de la chaleur : *La glace fond au soleil* (SYN. se liquéfier ; CONTR. se solidifier). **2.** Se dissoudre dans un liquide : *Le sucre fond très vite.* **3.** Disparaître, diminuer rapidement : *Ses économies ont fondu* (CONTR. augmenter, grimper).

4. *Fam.* Maigrir : *Avec ce régime, elle a fondu* (**CONTR.** grossir). **5.** *Fig.* S'attendrir d'un coup : *Elle fond devant tant de générosité* (**CONTR.** se durcir). ▸ ***Faire fondre des aliments,*** les faire cuire doucement dans un corps gras. ***Fondre en larmes,*** se mettre à pleurer abondamment. ◆ v.t. ind. **[sur].** Se précipiter, s'abattre sur : *L'aigle fond sur sa proie.* ◆ **se fondre** v.pr. Se mêler au point de se confondre : *Il se fond dans la foule* (**SYN.** disparaître ; **CONTR.** apparaître).

fondrière n.f. (du lat. *fundus,* fond). Trou dans une route (**SYN.** nid-de-poule, ornière).

fonds [fɔ̃] n.m. (lat. *fundus,* fond). **1.** Terrain que l'on peut cultiver, sur lequel on peut bâtir : *« Travaillez, prenez de la peine / C'est le fonds qui manque le moins »* [La Fontaine]. **2.** Capital en biens, en argent que l'on fait valoir ; somme d'argent affectée à un usage particulier : *Dilapider son fonds. Le fonds de solidarité.* **3.** Totalité des collections d'une bibliothèque, d'un musée ; ensemble particulier au sein de cette totalité : *Le fonds slave de la Bibliothèque nationale de France.* **4.** Ensemble de choses qui constituent un capital de base : *Le fonds d'une maison d'édition* (= les ouvrages sur lesquels s'appuie son activité de base). ☞ **REM.** Ne pas confondre avec *fond* ou *fonts.* ▸ ***À fonds perdu,*** sans pouvoir récupérer le capital : *Elle a prêté à fonds perdu.* ***Fonds de commerce,*** ensemble des biens matériels et immatériels permettant à un commerçant d'exercer son activité ; fig., péjor., ensemble de thèmes, d'arguments sur lesquels s'appuie qqn, un groupe pour séduire une partie du public, notamm. de l'électorat. ◆ n.m. pl. Argent disponible : *Trouver des fonds pour une association* (**SYN.** capitaux). *Détournement de fonds. Une mise de fonds* (= un investissement). ▸ ***Être en fonds,*** avoir de l'argent. ***Fonds publics,*** valeurs mobilières émises par l'État ; argent procuré par l'État. ***Fonds secrets*** ou ***spéciaux,*** sommes mises à la disposition du gouvernement pour financer certaines dépenses dont le motif doit être tenu secret. ***Fonds souverain,*** fonds d'investissement international détenu par un État ou par la banque centrale de cet État (**SYN.** fonds d'État).

fondu, e adj. **1.** Se dit d'un corps solide passé à l'état liquide : *Du beurre fondu.* **2.** Se dit de couleurs obtenues en passant graduellement d'une nuance à une autre. ◆ **fondu** n.m. **1.** Résultat obtenu en fondant des couleurs. **2.** Apparition ou disparition progressives de l'image sur l'écran : *Fondu enchaîné* (= dans lequel une image se substitue progressivement à une autre).

fondue n.f. ▸ ***Fondue bourguignonne,*** plat composé de petits dés de viande de bœuf que l'on plonge dans l'huile bouillante avec une fourchette et que l'on mange avec des sauces relevées. ***Fondue savoyarde,*** plat d'origine suisse, composé de fromage que l'on fait fondre avec du vin blanc, et dans lequel on plonge des petits cubes de pain.

fongicide adj. et n.m. (du lat. *fungus,* champignon). Se dit d'une substance propre à détruire les champignons microscopiques.

fongique adj. Relatif aux champignons ; causé par des champignons.

fongueux, euse adj. Qui ressemble à un champignon ou à une éponge.

fontaine n.f. (lat. pop. *fontana,* de *fons, fontis,* source). **1.** Source d'eau vive qui jaillit du sol naturellement ou artificiellement. **2.** Petite construction de distribution d'eau, comprenant une arrivée d'eau et un bassin : *Une fontaine publique.*

fontanelle n.f. (de *fontaine*). Espace membraneux entre les os du crâne d'un nouveau-né et qui s'ossifie au cours de la croissance.

① **fonte** n.f. (du lat. *fundere,* faire couler). **1.** Action de fondre ; fait de fondre : *La fonte des neiges.* **2.** Action de fondre des métaux : *La fonte du plomb* (**SYN.** fusion). **3.** Art, travail du fondeur : *La fonte d'une cloche.* **4.** Alliage de fer et de carbone, élaboré à l'état liquide directement à partir du minerai de fer. **5.** En imprimerie, assortiment complet de caractères de même type (on dit aussi *une police de caractères*).

② **fonte** n.f. (it. *fonda,* poche). Fourreau ou sacoche suspendus à la selle et contenant armes, munitions ou vivres.

fonts [fɔ̃] n.m. pl. (lat. *fons, fontis,* source, fontaine). ▸ ***Fonts baptismaux,*** bassin placé sur un support et contenant l'eau pour les baptêmes. ☞ **REM.** Ne pas confondre avec *fond* ou *fonds.*

football [futbol] n.m. (mot angl. signif. « balle au pied »). Sport qui oppose deux équipes de onze joueurs, et qui consiste à envoyer un ballon rond dans le but du camp adverse sans l'intervention des mains (abrév. fam. foot). ☞ **REM.** Au Québec, on dit *soccer.*

footballeur, euse [futbolœr, øz] n. Personne qui pratique le football.

footeux, euse [futø, øz] n. *Fam., parfois péjor.* **1.** Joueur de football. **2.** Amateur, supporteur de football.

footing [futiŋ] n.m. (créé sur l'angl. *foot,* pied). Course à pied sur un rythme régulier, entrecoupée de marche, que l'on pratique pour entretenir sa forme physique.

for n.m. (lat. *forum,* place publique, tribunal). ▸ ***En*** ou ***dans mon, ton, son for intérieur,*** au plus profond de ma, ta, sa conscience. ☞ **REM.** Ne pas confondre avec *fors* ou *fort.*

forage n.m. Action de forer : *Le forage d'un puits.*

forain, e adj. (bas lat. *foranus,* étranger). Qui a rapport aux foires, aux marchés. ▸ ***Fête foraine,*** fête publique organisée par des forains et rassemblant diverses attractions : *Les manèges d'une fête foraine.* ***Marchand forain,*** marchand, commerçant qui exerce son activité dans les marchés, les foires et les fêtes foraines (on dit aussi *un forain*). ◆ **forain** n.m. **1.** Artiste, animateur de spectacles ambulants exerçant son activité dans les foires et les fêtes foraines. **2.** Marchand forain.

forban n.m. (de l'anc. fr. *forbannir,* bannir à l'étranger). **1.** Pirate qui se livrait à des expéditions armées sur mer, pour son propre compte. **2.** Individu malhonnête, sans scrupule : (**SYN.** aigrefin, bandit, escroc).

forçage n.m. Traitement que l'on fait subir à certaines plantes (plantes à fleurs, légumes) pour accélérer leur développement ou leur maturation.

forçat n.m. (it. *forzato*). **1.** Autref., homme condamné aux galères ou aux travaux forcés du bagne (**SYN.** bagnard, galérien). **2.** *Fig.* Homme dont les conditions de vie sont particulièrement pénibles. ▸ ***Travailler comme un forçat,*** travailler très durement.

force n.f. (bas lat. *fortia,* pl. neutre de *fortis,* courageux). **1.** Capacité de faire un effort physique important ; capacité de résister à des épreuves morales : *Elle a assez de force pour soulever ce carton* (**SYN.** puissance, vigueur ; **CONTR.** faiblesse). *Il frappe de toute sa force*

(**SYN.** énergie). *La force d'âme* (**SYN.** fermeté ; **CONTR.** indolence). *Elle a une grande force de caractère* (**SYN.** fermeté ; **CONTR.** apathie). **2.** Degré d'aptitude dans le domaine intellectuel ; habileté : *Ils sont de la même force en mathématiques* (**SYN.** niveau). **3.** Caractère de ce qui est fort, intense, et capable de produire un effet ; degré de puissance, d'intensité : *La force du vent. La force d'un argument* (**SYN.** solidité ; **CONTR.** fragilité). **4.** Ce qui incite ou oblige à se comporter d'une certaine façon : *La force de l'habitude. Par la force des choses. Un cas de force majeure.* **5.** Pouvoir, capacité de s'imposer aux autres ; autorité, puissance : *Elle est en position de force* (**CONTR.** faiblesse). *La force d'un parti politique* (**CONTR.** impuissance). **6.** Usage de moyens violents pour contraindre une ou plusieurs personnes : *Son père n'emploie jamais la force* (**SYN.** contrainte ; **CONTR.** douceur). **7.** Ensemble de personnes armées et organisées, chargées d'une tâche de protection, de défense ou d'attaque ; ensemble de moyens militaires : *La force d'intervention de l'O.N.U. La force publique* (= les formations de police, de gendarmerie). **8.** Toute cause capable de déformer un corps, d'en modifier l'état de repos ou de mouvement : *La force centrifuge.* **9.** Résistance d'un matériau : *La force d'un filin* (**SYN.** solidité ; **CONTR.** fragilité). ▸ ***À force de*** (+ n. ou + inf.), par le fait répété ou intensif de : *Apprivoiser un animal à force de patience* (= par beaucoup de). *À force de parler, il finira bien par se fatiguer.* ***De force*** ou ***de vive force,*** en employant la violence, la contrainte. ***En force,*** en grand nombre : *La police arrive en force.* ***Épreuve de force,*** situation résultant de l'échec des négociations entre deux personnes, deux groupes antagonistes et où la solution ne dépend plus que de la supériorité éventuelle de l'un sur l'autre. ***Être dans la force de l'âge,*** à un moment de la vie où l'énergie atteint son point culminant. ***Force de frappe*** ou ***force de dissuasion*** ou, en France, ***force nucléaire stratégique,*** force militaire aux ordres directs de la plus haute instance politique d'un État, rassemblant la totalité de ses armements nucléaires stratégiques. ***Force de la nature,*** personne d'une grande vigueur physique. ***Force de vente,*** ensemble des vendeurs d'une entreprise. ***Par force,*** sous l'effet de la contrainte ; par nécessité. ◆ adv. *Litt.* Beaucoup de : *Elle nous a accueillis avec force sourires.* ◆ **forces** n.f. pl. **1.** Capacités, ressources physiques ou intellectuelles : *Elle reprend des forces* (**SYN.** vigueur, vitalité). *Il est à bout de forces* (= épuisé). **2.** Ensemble des formations militaires d'un État (on dit aussi *forces armées*) : *Les forces aériennes* (= l'aviation militaire de guerre). **3.** Ensemble des personnes unies par une même volonté et œuvrant à la réalisation d'une idée : *Les forces de progrès.* ▸ ***Forces vives,*** puissance physique, intellectuelle et morale : *Un homme atteint dans ses forces vives.* ***Les forces de la nature,*** les phénomènes naturels.

forcé, e adj. **1.** Qui est imposé, que l'on fait contre sa volonté : *Un atterrissage forcé.* **2.** Qui manque de naturel : *Un sourire forcé* (**SYN.** artificiel, contraint ; **CONTR.** naturel). **3.** *Fam.* Inévitable : *Tu partiras, c'est forcé* (**SYN.** immanquable, logique). ▸ ***Avoir la main forcée,*** agir malgré soi sous la pression d'autrui. ***Marche forcée,*** marche dont la durée et la rapidité dépassent celles des marches ordinaires.

forcement n.m. Action de forcer : *Le forcement d'un coffre* (**SYN.** effraction).

forcément adv. Fatalement, par une conséquence inévitable : *Cet ordinateur est forcément plus lent* (**SYN.** obligatoirement).

forcené, e n. (de l'anc. fr. *forsener,* être hors de la raison). Personne qui n'a plus le contrôle de soi ; fou furieux : *Il faut calmer cette forcenée* (**SYN.** fou). ◆ adj. Qui dépasse toute mesure dans ses attitudes : *Un partisan forcené de la peine de mort* (**SYN.** fanatique ; **CONTR.** mou).

forceps [fɔrsɛps] n.m. (mot lat. signif. « tenailles »). Instrument en forme de pince, destiné à saisir la tête de l'enfant pour en faciliter l'expulsion lors d'accouchements difficiles. ▸ ***Au forceps,*** avec difficulté, péniblement : *Faire voter une motion au forceps.*

forcer v.t. [conj. 16]. **1.** Faire céder par force, enfoncer ; détériorer en exerçant une force excessive : *La police a forcé la porte* (**SYN.** fracturer). *Le cambrioleur a forcé la serrure* (**SYN.** crocheter). *Elle a forcé sa clé* (**SYN.** fausser). **2.** Obliger qqn à faire qqch : *Elle l'a forcé à mentir. Il était bien forcé d'accepter* (**SYN.** contraindre, obliger). **3.** Susciter de manière irrésistible ou obtenir par la contrainte : *Il force l'admiration de tous* (**SYN.** gagner). *Forcer le consentement de qqn* (**SYN.** arracher). **4.** Pousser à un effort, à un rendement excessif, au-delà des limites normales : *Il a forcé le moteur. Forcer le pas* (= accélérer ; **SYN.** hâter, presser). *Forcer des légumes* (= hâter leur maturation). *Forcer sa voix* (= chanter plus haut ou plus fort qu'on ne le peut naturellement). ▸ ***Forcer la main à qqn,*** obliger qqn à faire qqch contre sa volonté. ***Forcer la porte de qqn,*** entrer chez qqn contre sa volonté. ***Forcer le sens d'un mot, d'un texte,*** lui faire dire autre chose que ce qu'il signifie (**SYN.** altérer ; **CONTR.** respecter). ◆ v.i. **1.** Fournir un effort intense : *Elle court sans forcer.* **2.** Agir avec trop de force : *Ne force pas, tu vas tout casser !* ◆ **se forcer** v.pr. S'imposer une obligation plus ou moins pénible : *Ne te force pas à manger, si tu n'es pas bien.*

forcing [fɔrsiŋ] n.m. (mot angl.). **1.** Accélération du rythme, de la cadence dans un exercice sportif : *Ce coureur fait le forcing sur les derniers mètres.* **2.** *Fam.* Effort violent et soutenu : *Elle fait le forcing avant son examen.*

forcir v.i. [conj. 32]. Grandir ; grossir : *Elle a un peu forci* (**SYN.** engraisser ; **CONTR.** maigrir).

forclos, e adj. (de *fors,* hors de, et *clore*). Qui a laissé prescrire son droit parce qu'il ne l'a pas exercé en temps utile : *Le plaignant est forclos.*

forclusion n.f. Perte d'un droit que l'on n'a pas fait valoir dans les délais prévus.

forer v.t. (lat. *forare*) [conj. 3]. **1.** Percer avec un instrument mécanique : *Elle a foré une roche.* **2.** Creuser un trou, une cavité dans une matière dure : *Ils ont foré un tunnel* (**CONTR.** boucher).

foresterie n.f. Ensemble des activités liées à la forêt et à son exploitation.

forestier, ère adj. Qui concerne les forêts : *Un chemin forestier.* ◆ n. et adj. Employé de l'administration forestière ; professionnel de la foresterie.

foret n.m. Outil à corps cylindrique servant à percer des trous dans le bois, le métal, la pierre, etc.

forêt n.f. (bas lat. *forestis silva,* forêt relevant du tribunal royal, de *forum,* tribunal). **1.** Grande étendue de terrain couverte d'arbres ; ensemble des arbres qui la couvrent : *Une forêt de pins.* **2.** *Fig.* Grande quantité de choses qui s'élèvent en hauteur : *Une forêt de bras levés* (**SYN.** multitude). ▸ ***Forêt secondaire,*** forêt qui a subi l'intervention de l'homme. ***Forêt vierge*** ou ***forêt primaire,*** forêt qui a évolué sans aucune intervention humaine.

forêt-noire n.f. (pl. *forêts-noires*). Pâtisserie d'origine allemande à base de génoise au chocolat et de cerises.

foreur n.m. Spécialiste du forage.

foreuse n.f. Machine à forer.

forfaire v.t. ind. (de *fors,* hors de, et *faire*) [conj. 109]. **[à].** *Litt.* Manquer gravement à des obligations morales impérieuses : *Elle a forfait à son devoir* (**SYN.** faillir à ; **CONTR.** respecter, suivre).

① **forfait** n.m. (de *forfaire*). *Litt.* Crime abominable : *Elle a commis un forfait.*

② **forfait** n.m. (de *for,* altér. de l'anc. fr. *fur,* taux). **1.** Clause d'un contrat fixant le prix d'une prestation à un montant global invariable : *Vous serez payé au forfait. Elle a pris le forfait voyage-hôtel.* **2.** Évaluation par le fisc des revenus ou du chiffre d'affaires de certains contribuables.

③ **forfait** n.m. (angl. *forfeit,* du fr. *2. forfait*). **1.** Abandon d'un concurrent lors d'une épreuve sportive : *Ce boxeur a été déclaré vainqueur par forfait.* **2.** Indemnité à payer en cas d'inexécution d'un engagement dans une épreuve sportive. ▸ ***Déclarer forfait,*** renoncer à participer à une compétition dans laquelle on était engagé ; au fig., renoncer à qqch. ***Être déclaré forfait*** ou ***être forfait,*** être considéré comme ayant renoncé à participer à une compétition sportive.

forfaitaire adj. Fixé, déterminé par forfait : *Une somme forfaitaire.*

forfaiture n.f. **1.** Crime commis par un fonctionnaire dans l'exercice de ses fonctions ; concussion, félonie. **2.** Manque de loyauté ; acte déloyal ; déloyauté, traîtrise.

forfanterie n.f. (de l'anc. fr. *forfant,* coquin). *Litt.* Vantardise : *Elle a commis une imprudence par pure forfanterie* (**SYN.** fanfaronnade, hâblerie ; **CONTR.** humilité, modestie).

forficule n.f. (du lat. *forficula,* petits ciseaux). Perce-oreille.

forge n.f. (lat. *fabrica,* métier d'artisan). Atelier où l'on travaille les métaux au feu et au marteau sur l'enclume.

forger v.t. (lat. *fabricare,* forger) [conj. 17]. **1.** Travailler un métal, un alliage, génér. à chaud, pour lui donner une forme, des dimensions et des caractéristiques définies ; fabriquer un objet : *Il forge des chenets* (**SYN.** façonner). **2.** Créer par l'esprit, l'imagination : *Elle a forgé une nouvelle expression. Il a forgé un prétexte pour ne pas venir* (**SYN.** imaginer, inventer). ▸ ***Forger un caractère,*** le former par des épreuves. ◆ **se forger** v.pr. ▸ ***Se forger qqch,*** l'élaborer, le construire en soi-même, parfois en inventant : *Elle s'est forgé un alibi.*

forgeron n.m. **1.** Artisan qui façonne à la forge et au marteau des pièces de petites et de moyennes dimensions. **2.** Ouvrier qui forge du métal.

formage n.m. Action de donner sa forme à un objet manufacturé.

formalisation n.f. Action de formaliser : *La formalisation d'une idée.*

formaliser v.t. [conj. 3]. Mettre en forme : *Il a formalisé ce projet.*

se **formaliser** v.pr. [conj. 3]. Être choqué par ce qu'on juge être un manquement aux règles, aux usages : *Elle s'est formalisée de cet oubli* (**SYN.** s'offusquer, se vexer).

formalisme n.m. **1.** Respect scrupuleux des formes, des formalités ; attachement excessif aux règles sociales : *Elle rejette le formalisme de sa famille* (**SYN.** conformisme). **2.** Tendance artistique privilégiant les règles et les aspects formels au détriment du contenu.

formaliste adj. et n. **1.** Qui est très attaché aux formes, à l'étiquette : *Un juge très formaliste* (**SYN.** pointilleux, scrupuleux). *C'est une femme très formaliste* (**SYN.** conformiste ; **CONTR.** anticonformiste). **2.** Relatif au formalisme : *Un peintre formaliste.*

formalité n.f. **1.** Opération obligatoire pour la validité de certains actes juridiques, judiciaires ou administratifs : *Quelles sont les formalités à accomplir pour faire son testament ?* (**SYN.** démarche, procédure). **2.** Règle de conduite imposée par la civilité, les convenances : *Les formalités d'usage.* **3.** Démarche, action à laquelle on n'attache pas véritablement d'importance ou qui ne présente aucune difficulté : *Cet entretien n'est qu'une simple formalité.*

format n.m. (it. *formato,* mesure, dimension). **1.** Dimensions caractéristiques d'un objet : *Le format d'une enveloppe* (**SYN.** taille). **2.** Dimensions d'un livre (hauteur et largeur) : *Le format de poche.* **3.** Durée d'un programme de radio ou de télévision ; concept d'une émission, d'une programmation. **4.** Largeur d'un film, exprimée en millimètres : *Le format 35 mm.* **5.** En informatique, structure caractérisant la disposition des données sur un support d'information : *Le format d'un fichier.*

formatage n.m. En informatique, action de formater.

formater v.t. [conj. 3]. Préparer un support informatique selon un format donné.

formateur, trice adj. Qui développe les facultés intellectuelles et morales, les aptitudes : *C'est une activité formatrice* (**SYN.** éducatif, instructif). ◆ n. Personne chargée de former de futurs professionnels.

formation n.f. (du lat. *formatio,* confection). **1.** Action de former ; manière dont qqch se forme, apparaît : *La formation d'une équipe* (**SYN.** composition). *La formation d'un abcès* (**SYN.** apparition). **2.** Développement des organes du corps, et spécial., pour la jeune fille, puberté. **3.** Éducation intellectuelle ou morale ; instruction : *La formation des étudiants.* **4.** Ensemble des connaissances dans un domaine déterminé : *Elle a reçu une formation scientifique* (**SYN.** culture). *Il n'a aucune formation* (**SYN.** bagage, connaissances, savoir). **5.** Groupement de personnes : *Une formation politique* (**SYN.** association). *Une formation de jazz* (**SYN.** orchestre). **6.** Détachement d'une force militaire : *Une formation de parachutistes.* **7.** Disposition prise par une troupe, une flotte, un groupe d'avions pour l'instruction, la manœuvre ou le combat : *Formation en colonne.* **8.** Ensemble de terrains de même nature : *Une formation calcaire.* ▸ ***Formation en alternance,*** formation assurée pour partie en entreprise et pour partie en établissement de formation. ***Formation permanente*** ou ***continue,*** formation professionnelle destinée aux salariés des entreprises. ***Formation professionnelle,*** ensemble des mesures adoptées pour la formation des travailleurs, prises en charge par l'État et les employeurs.

forme n.f. (lat. *forma,* conformation, plan). **1.** Aspect extérieur, matériel, configuration des corps, des objets ; aspect particulier pris par qqn, qqch : *La Terre a la forme d'une sphère* (**SYN.** apparence). *Un crâne d'une forme conique* (**SYN.** conformation). **2.** Être indistinct ou objet aperçu confusément : *Une forme apparaît dans l'obscurité* (**SYN.** silhouette). **3.** Manière dont qqch se matérialise, est matérialisé ; aspect, état sous lequel il apparaît : *La forme graphique d'un mot* (**SYN.** représentation). *Présenter le résultat des élections sous la forme d'un schéma.* **4.** Aspect sous lequel se présente un mot, une construction : *Les formes du futur. La forme négative.* **5.** Manière dont une idée est présentée : *Un exposé brillant par la forme* (**SYN.** expression, style ; **CONTR.** contenu, fond). **6.** Ensemble des moyens d'expression propres à un art, à une discipline ; type : *C'est une forme d'expression nouvelle* (**SYN.** mode). *La nouvelle est une forme littéraire* (**SYN.** genre). **7.** Condition externe nécessaire à la validité d'un acte juridique ou d'un jugement : *Les poursuites sont abandonnées pour vice de forme.* **8.** Condition physique ou intellectuelle de qqn : *Elle est en pleine forme.* ▸ ***De pure forme,*** qui ne concerne que l'apparence extérieure : *Une critique de pure forme.* ***En forme*** ou ***en bonne forme*** ou ***en bonne et due forme,*** selon les lois, les règles. ***En forme de,*** à l'aspect de : *Une tête en forme de poire.* ***Pour la forme,*** pour respecter les usages ou sauver les apparences : *Tu devrais, pour la forme, l'inviter aussi.* ***Prendre forme,*** commencer à avoir une apparence reconnaissable ou une structure spécifique : *Le projet prend forme.* ◆ **formes** n.f. pl. **1.** Contours du corps humain : *Ce pull met les formes en valeur* (**SYN.** ligne, silhouette). **2.** Manières conformes aux règles de la politesse : *Il faut respecter les formes* (**SYN.** bienséance, usage). ▸ ***Dans les formes,*** selon les usages établis. ***Mettre les formes,*** user de précautions oratoires pour ne blesser personne : *Elle lui a fait une remarque en y mettant les formes.*

formé, e adj. Qui a pris sa forme, achevé son développement : *Un épi formé. Une jeune fille formée* (**SYN.** nubile ; **CONTR.** impubère).

formel, elle adj. **1.** Qui est formulé avec précision, qui n'est pas équivoque : *Un démenti formel* (**SYN.** catégorique ; **CONTR.** ambigu). **2.** Qui s'attache à la forme, à l'aspect extérieur : *Sa politesse est purement formelle* (**SYN.** extérieur, formaliste, superficiel ; **CONTR.** naturel, spontané). **3.** Qui se rapporte aux structures expressives, au style et non au contenu : *L'analyse formelle d'un texte* (**SYN.** stylistique).

formellement adv. De façon formelle : *Il leur interdit formellement de sortir* (**SYN.** catégoriquement, rigoureusement).

former v.t. (lat. *formare*) [conj. 3]. **1.** Organiser une chose complexe pour lui donner une existence : *Il a formé un projet* (**SYN.** concevoir). *Le Premier ministre forme son gouvernement* (**SYN.** constituer ; **CONTR.** dissoudre). **2.** Donner une certaine forme à : *Il forme bien ses lettres* (**SYN.** modeler, tracer). **3.** Façonner par l'instruction, l'éducation : *Elle a été formée dans les meilleures écoles* (**SYN.** éduquer, instruire). *Il forme ses étudiants aux nouvelles technologies* (**SYN.** entraîner, initier). **4.** Prendre la forme, l'aspect de : *La route forme un coude* (**SYN.** dessiner). **5.** Entrer comme élément dans la composition de qqch : *Ces éléments forment un tout* (**SYN.** constituer). ◆ **se former** v.pr. **1.** Prendre forme, apparaître : *Les couples se forment pour la danse* (**SYN.** se créer ; **CONTR.** se séparer). **2.** Acquérir de l'expérience, une formation : *Il s'est formé sur le tas* (**SYN.** s'instruire, se perfectionner).

Formica n.m. (nom déposé ; mot angl.). Matériau stratifié revêtu de résine artificielle.

formidable adj. (lat. *formidabilis,* redoutable). **1.** *Fam.* Très remarquable, qui suscite de l'admiration : *C'est quelqu'un de formidable* (**SYN.** admirable, sensationnel ; **CONTR.** pitoyable). **2.** Qui sort de l'ordinaire par son importance, par sa force : *Une formidable montée du cours de la Bourse* (**SYN.** prodigieux ; **CONTR.** petit). *Une mémoire formidable* (**SYN.** extraordinaire ; **CONTR.** banal, commun). **3.** *Litt.* Qui inspire de la crainte : *Les développements de la génétique posent à l'homme de formidables défis* (**SYN.** effrayant).

formidablement adv. De façon formidable : *Il travaille formidablement bien* (**SYN.** très). *Il a formidablement joué le rôle de l'écrivain* (**SYN.** excellemment, magnifiquement).

formique adj. (du lat. *formica,* fourmi). ▸ ***Acide formique,*** acide existant dans les orties, le corps des fourmis, etc.

formol n.m. (de *formique*). Solution employée comme antiseptique.

formulable adj. Qui peut être formulé : *Un souhait difficilement formulable* (**SYN.** exprimable).

formulaire n.m. **1.** Imprimé administratif préétabli où figurent des questions auxquelles la personne intéressée doit répondre ; questionnaire : *Remplissez ce formulaire.* **2.** Recueil de formules : *Un formulaire pharmaceutique.* **3.** Recueil de modèles d'actes juridiques.

formulation n.f. Action de formuler ; expression : *Il change la formulation de sa réponse* (= il la reformule).

formule n.f. (lat. *formula,* cadre, règle). **1.** Façon de parler ; expression consacrée par l'usage : *Il aime les formules imagées. Une formule de politesse.* **2.** Manière de concevoir, d'agencer, de présenter qqch : *Une nouvelle formule de séjour touristique* (**SYN.** mode, type). **3.** Moyen permettant de trouver une solution : *Ils cherchent une formule pour éviter un procès* (**SYN.** procédé, système). **4.** Expression concise et rigoureuse résumant des données scientifiques : *Une formule algébrique. Ce démaquillant a une formule enrichie en protéines.* **5.** Modèle des termes formels de certains actes juridiques. **6.** Catégorie d'automobiles monoplaces destinées uniquement à la compétition, en circuit ou sur parcours fermé : *Une voiture de formule 1.*

formuler v.t. [conj. 3]. **1.** Exprimer avec plus ou moins de précision : *Formule ta pensée* (**SYN.** exposer ; **CONTR.** dissimuler). *Elle a formulé ce souhait* (**SYN.** émettre ; **CONTR.** cacher). **2.** Mettre en formule ; rédiger la formule de : *Il a formulé ce théorème.*

fornication n.f. **1.** Dans le langage religieux, relations charnelles entre personnes non mariées. **2.** *Fam.* Relations sexuelles (souvent employé par plaisanterie).

forniquer v.i. (lat. *fornicare*) [conj. 3]. **1.** Commettre le péché de fornication. **2.** *Fam.* Avoir des relations sexuelles (souvent employé par plaisanterie).

fors [fɔr] prép. (du lat. *foris,* hors de). *Litt., vx* Hors, excepté : *« Tout est perdu, fors l'honneur »* (**SYN.** 2. sauf). ☞ **REM.** Ne pas confondre avec *for* ou *fort.*

forsythia [fɔrsisja] n.m. (de *Forsyth,* nom d'un arboriculteur anglais). Arbrisseau ornemental dont les fleurs, jaunes, apparaissent au début du printemps, avant les feuilles.

① **fort, e** adj. (lat. *fortis,* solide, vigoureux). **1.** Qui a beaucoup de force physique : *Un homme fort* (**SYN.** robuste, vigoureux ; **CONTR.** faible). **2.** Qui a une taille, une stature imposante : *Il est un peu fort* (**SYN.** corpulent). *Elle est forte des hanches* (**CONTR.** mince). **3.** Qui a des capacités morales ou intellectuelles ; qui a des aptitudes, de l'habileté dans un domaine : *Il reste fort dans l'adversité* (**SYN.** courageux, ferme ; **CONTR.** peureux). *Elle est forte en informatique* (**SYN.** doué ; **CONTR.** ignorant). **4.** Dont la puissance et les moyens d'action sont très développés ; qui s'impose aux autres : *Un parti politique fort* (**SYN.** important ; **CONTR.** faible). **5.** Qui est très solide, résistant : *Du carton fort* (**SYN.** dur, épais ; **CONTR.** fragile). **6.** Qui est efficace, puissant : *Un médicament fort* (**CONTR.** inefficace). *De la colle forte.* **7.** Qui impressionne vivement le goût ou l'odorat : *Du tabac fort* (**CONTR.** léger). *De la moutarde forte* (**SYN.** épicé ; **CONTR.** fade). *Une forte odeur de brûlé* (**SYN.** intense). **8.** Désagréable au goût : *Du beurre fort* (**SYN.** âcre). **9.** Qui a beaucoup de puissance, d'intensité, de force : *Une voix forte* (**SYN.** puissant ; **CONTR.** doux). *Une lumière forte* (**SYN.** intense ; **CONTR.** faible). **10.** Qui est important, considérable : *Une forte somme* (**SYN.** gros ; **CONTR.** petit). *Une forte pluie est tombée* (**SYN.** abondant, dru ; **CONTR.** faible). **11.** Qui nécessite une grande habileté, une grande aptitude : *Ce tour de prestidigitation est très fort* (**SYN.** compliqué ; **CONTR.** facile). **12.** Doté de puissants moyens de défense, de fortifications : *Un château fort. Une place forte* (= une forteresse). ☞ **REM.** Ne pas confondre avec *for* ou *fors.* ▸ ***Avoir affaire à forte partie,*** avoir affaire à un adversaire redoutable. ***C'est plus fort que moi,*** je ne peux m'en empêcher. *Fam.* ***C'est un peu fort*** ou ***c'est trop fort,*** c'est difficile à croire, à accepter, à supporter. ***Esprit fort,*** personne incrédule ou non conformiste. ***Fort de,*** qui tire sa force, sa supériorité de : *Fort de son expérience, il cherche un autre emploi.* ***Forte tête,*** personne rebelle à toute discipline. ***Homme fort,*** personne qui dispose de la puissance, de l'autorité réelle et n'hésite pas à les employer : *L'homme fort du parti* (**SYN.** influent). ***Prix fort,*** prix sans réduction : *Il a payé le prix fort.* ***Se faire fort de,*** se déclarer, se croire capable de : *Elles se font fort de gagner.* ***Temps fort,*** en musique, temps de la mesure où l'on renforce l'intensité du son ; fig., moment important d'une action, d'un spectacle. ◆ **fort** adv. **1.** D'une manière forte, intense : *Il pleut très fort* (**SYN.** violemmment ; **CONTR.** doucement). **2.** Beaucoup, extrêmement : *Un livre fort intéressant* (**SYN.** très ; **CONTR.** peu). *Je crains fort que tu ne puisses le faire. Elle a fort à faire pour mener toutes ces tâches de front.* ▸ *Fam.* ***Aller fort*** ou ***y aller fort,*** exagérer en paroles ou en actes.

② **fort** n.m. **1.** Personne qui a beaucoup d'énergie physique ou morale : *Le fort doit aider le faible.* **2.** Ce en quoi une personne excelle : *La patience, ce n'est pas son fort.* ▸ *Litt.* ***Au fort de qqch*** ou ***au plus fort de qqch,*** au plus haut degré, au cœur de : *Au fort de l'hiver* (= en plein hiver). *Au plus fort de la tempête.* ***Fort des Halles,*** manutentionnaire des anciennes Halles de Paris.

③ **fort** n.m. (de *1. fort*). Ouvrage de fortification, destiné à défendre un point important : *Les forts de Verdun* (**SYN.** forteresse).

forte [fɔrte] adv. (mot it.). Terme de musique indiquant qu'il faut renforcer l'intensité sonore. ◆ n.m. inv. Passage d'une œuvre exécuté selon cette indication : *Des forte.*

fortement adv. **1.** Avec force : *Elle appuie fortement sur le loquet* (**SYN.** vigoureusement ; **CONTR.** doucement). **2.** Avec intensité : *Il désire fortement partir* (**SYN.** intensément ; **CONTR.** peu). *Ils sont fortement irrités* (**SYN.** considérablement, extrêmement ; **CONTR.** faiblement).

forteresse n.f. **1.** Lieu fortifié, organisé pour la défense d'une ville, d'une région ; place forte (**SYN.** fort). **2.** *Fig.* Ce qui résiste aux atteintes ou aux influences extérieures : *Une forteresse de préjugés* (**SYN.** rempart).

fortifiant, e adj. et n.m. Se dit d'un médicament ou d'un procédé qui augmente les forces physiques : *Une boisson fortifiante* (**SYN.** stimulant, tonique ; **CONTR.** affaiblissant). *Il prend un fortifiant* (**SYN.** reconstituant, remontant).

fortification n.f. **1.** (Souvent au pl.). Ouvrage de défense militaire : *Les anciennes fortifications de Paris.* **2.** Art, action d'organiser la défense d'une région, d'une place au moyen d'ouvrages militaires.

fortifier v.t. (de *1. fort*) [conj. 9]. **1.** Donner plus de force physique à qqn, à qqch : *Le sport fortifie les muscles* (**SYN.** développer ; **CONTR.** atrophier). **2.** *Fig.* Rendre plus solide, affermir moralement : *Cet argument fortifie ses résolutions* (**SYN.** consolider, renforcer ; **CONTR.** miner, saper). **3.** Protéger une ville, une région par des fortifications.

fortin n.m. (it. *fortino*). Petit ouvrage de fortification.

a **fortiori** loc. adv. → **a fortiori.**

fortissimo adv. (mot it.). Terme de musique indiquant qu'il faut jouer le plus fort possible. ◆ n.m. Passage d'une œuvre exécuté selon cette indication : *Des fortissimos.*

fortran n.m. (acronyme de l'angl. *formula translation*). Langage de programmation informatique à usage scientifique.

fortuit, e [fɔrtɥi, it] adj. (lat. *fortuitus,* de *fors,* hasard). Qui arrive par hasard : *Une rencontre fortuite* (**SYN.** inattendu, inopiné ; **CONTR.** prévisible). *Une découverte fortuite* (**SYN.** accidentel ; **CONTR.** attendu).

fortuitement adv. Par hasard : *J'ai appris fortuitement la nouvelle* (**SYN.** incidemment).

fortune n.f. (lat. *fortuna,* sort, hasard). **1.** Ensemble des biens matériels, des richesses que possède qqn ou une collectivité : *Il a de la fortune* (**SYN.** argent, biens). *Cette opération a augmenté sa fortune* (**SYN.** capital). **2.** *Litt.* Ce qui est censé régler l'existence humaine ; hasard : *La fortune lui sourit* (**SYN.** destin, sort). **3.** *Litt.* Sort heureux ou malheureux destiné à qqch : *La fortune d'un roman* (**SYN.** destinée). ▸ ***À la fortune du pot*** → **pot.** ***Bonne, mauvaise fortune,*** chance, malchance : *J'ai eu la bonne fortune de le rencontrer à* *ce moment-là.* Vieilli ***Chercher fortune quelque part,*** commencer une vie, une carrière quelque part, ailleurs : *Elle est partie chercher fortune aux États-Unis.* ***De fortune,*** improvisé, provisoire : *Une réparation de fortune* (**CONTR.** définitif). ***Faire fortune,*** devenir riche. ***Revers de fortune,*** événement brusque et fâcheux à l'occasion duquel on perd beaucoup d'argent.

fortuné, e adj. (lat. *fortunatus,* heureux, riche). Qui a de la fortune, qui est largement pourvu de biens matériels : *C'est une femme fortunée qui habite cette villa* (**SYN.** aisé, riche ; **CONTR.** pauvre).

forum [fɔrɔm] n.m. (mot lat.). **1.** (Avec une majuscule). Place de la Rome antique où se discutaient les affaires publiques. **2.** Réunion accompagnée de débats : *Un forum sur la violence à l'école* (**SYN.** colloque). **3.** Sur Internet, espace public destiné à l'échange différé de messages sur un thème donné.

fosse n.f. (lat. *fossa*). **1.** Creux plus ou moins large et profond dans le sol : *Il creuse une fosse* (**SYN.** cavité, excavation). **2.** Trou creusé pour inhumer un mort (**SYN.** tombe). **3.** Cavité du corps humain : *Les fosses nasales.* ▸ ***Fosse commune,*** tranchée creusée dans un cimetière pour inhumer les personnes qui n'ont pas de concession personnelle. ***Fosse d'aisances,*** cavité destinée à la collecte des matières fécales d'une habitation. ***Fosse d'orchestre,*** emplacement de l'orchestre dans un théâtre lyrique, un music-hall. ***Fosse septique,*** fosse d'aisances où les matières fécales subissent une fermentation qui les liquéfie.

fossé n.m. (bas lat. *fossatum,* de *fodere,* creuser). **1.** Trou creusé en long pour faciliter l'écoulement des eaux ou pour servir de défense : *La voiture a baculé dans le fossé. Les remparts et les fossés d'un château.* **2.** Fig. Ce qui sépare des personnes ; désaccord profond : *Le fossé s'agrandit entre la classe politique et les citoyens* (**SYN.** abîme).

fossette n.f. Léger creux au menton ou qui se forme sur la joue quand on rit.

fossile adj. et n.m. (lat. *fossilis,* qu'on tire de la terre, de *fodere,* creuser). Se dit d'un reste ou d'une empreinte de plante ou d'animal ayant vécu à l'époque préhistorique, qui ont été conservés sur des roches : *Un animal fossile. Les paléontologues étudient les fossiles.* ▸ ***Combustibles fossiles,*** le charbon, le pétrole, le gaz naturel. ◆ n.m. Fam. Personne ayant des idées dépassées, démodées : *Quel vieux fossile !*

fossilisation n.f. Passage d'un organisme vivant à l'état de fossile.

fossiliser v.t. [conj. 3]. Amener à l'état de fossile. ◆ **se fossiliser** v.pr. Devenir fossile.

fossorier n.m. (de l'anc. fr. *fossoir,* houe). En Suisse, unité de mesure de surface des vignes, valant 4,5 ares.

fossoyeur, euse n. (de *fosse*). **1.** Personne qui creuse les fosses pour enterrer les morts. **2.** Fig., litt. Personne qui cause la ruine de qqch, qui l'anéantit : *Les fossoyeurs de la paix* (**SYN.** destructeur ; **CONTR.** défenseur).

① **fou** ou **fol** (devant voyelle ou « h » muet), **folle** adj. et n. (lat. *follis,* soufflet à feu, ballon). **1.** Qui est atteint de troubles mentaux : *Elle a l'impression de devenir folle* (**SYN.** dément). **2.** Qui apparaît extravagant dans ses actes, ses paroles : *Il est fou de rouler à cette vitesse* (**SYN.** insensé). *Courir comme un fou.* ▸ ***Histoire de fou,*** incompréhensible, d'une grande complexité. ***Un fou, une folle de,*** une personne qui se passionne pour qqch : *C'est un fou d'informatique* (**SYN.** fanatique). ◆ adj. **1.** Qui semble hors de soi, sous l'influence d'un sentiment extrême : *Il est fou de joie* (**SYN.** éperdu). **2.** Contraire à la raison, à la sagesse, à la prudence : *Des folles pensées de revanche* (**SYN.** absurde, saugrenu ; **CONTR.** raisonnable, sensé). **3.** Excessif et qu'on ne peut plus retenir : *Une colère folle* (**SYN.** irrépressible ; **CONTR.** retenu). *Un fou rire* (**SYN.** incoercible, inextinguible). **4.** Indique une quantité, une intensité, un degré extrêmes : *Il y avait un monde fou. Elle l'a payé un prix fou* (**SYN.** considérable ; **CONTR.** raisonnable). **5.** Dont le mouvement n'obéit à aucune loi : *Le camion fou dévalait la pente.* ▸ ***Fou de,*** qui affectionne, aime énormément qqn, qqch : *Elle est folle de bibelots kitsch.* ***Herbes folles,*** qui se développent en abondance et au hasard. ***Tête folle,*** se dit de qqn dont les agissements sont imprévisibles.

② **fou** n.m. Grand oiseau marin aux pattes palmées : *Un fou de Bassan.*

③ **fou** n.m. **1.** Bouffon dont le rôle était d'amuser les princes, les rois. **2.** Pièce du jeu d'échecs. **3.** Au tarot, excuse.

fouace n.f. → **fougasse.**

fouailler v.t. (de *fouet*) [conj. 3]. **1.** Litt. Frapper à grands coups de fouet : *Il fouaille son cheval* (**SYN.** cingler, fouetter). **2.** Fig. Cingler de mots blessants ; fustiger.

foucade n.f. (de *fougue*). Litt. Élan, emportement capricieux et passager ; emballement, toquade.

① **foudre** n.f. (lat. *fulgur, fulguris,* éclair). Décharge électrique aérienne, accompagnée d'une vive lumière (éclair) et d'une violente détonation (tonnerre) : *La foudre est tombée sur la maison.* ▸ ***Coup de foudre,*** amour subit et violent. ◆ **foudres** n.f. pl. Litt. Grande colère, vifs reproches : *Il va s'attirer les foudres de son chef de service* (**CONTR.** félicitations).

② **foudre** n.m. Faisceau de javelots de feu, attribut de Jupiter. ▸ Litt. ***Un foudre de guerre, d'éloquence,*** un grand capitaine, un grand orateur.

③ **foudre** n.m. (all. *Fuder*). Tonneau de grande capacité (de 50 à 300 hectolitres).

foudroiement n.m. Litt. Action de foudroyer ; fait d'être foudroyé.

foudroyant, e adj. **1.** Qui frappe d'une mort soudaine et brutale : *Une crise cardiaque foudroyante.* **2.** Qui cause une émotion violente, qui frappe de stupeur : *Une révélation foudroyante* (**SYN.** explosif, terrible). **3.** Rapide et puissant : *Un démarrage foudroyant* (**SYN.** fulgurant ; **CONTR.** lent).

foudroyer v.t. [conj. 13]. **1.** Frapper, en parlant de la foudre ou d'une décharge électrique : *L'orage a foudroyé un promeneur.* **2.** Litt. Tuer soudainement, brutalement : *Une attaque l'a foudroyé* (**SYN.** faucher, terrasser). **3.** Anéantir moralement : *La nouvelle de sa mort nous a foudroyés* (**SYN.** accabler, briser). ▸ ***Foudroyer qqn du regard,*** lui lancer un regard empli de colère, de hargne.

fouet n.m. (du lat. *fagus,* hêtre). **1.** Instrument fait d'une corde ou d'une lanière de cuir attachée à un manche, pour conduire ou exciter certains animaux. **2.** Châtiment infligé avec un fouet ou des verges : *Il a été condamné au fouet* (= à être flagellé). **3.** Ustensile de cuisine pour battre les œufs, les crèmes, les sauces, etc. ▸ ***Coup de fouet,*** excitation, stimulation dont l'action est immédiate : *L'augmentation des salaires a donné un coup de fouet à la consommation.* ***De plein fouet,*** de face et violemment : *Les voitures se sont heurtées de plein fouet.*

fouettard adj. m. ▸ ***Le père Fouettard,*** personnage mythique, muni d'un fouet, et dont on menaçait les enfants.

fouetter v.t. [conj. 4]. **1.** Donner des coups de fouet à qqn, un animal : *Elle fouette son cheval* (**SYN.** cingler, cravacher). **2.** Battre vivement avec un fouet de cuisine : *Il fouette la crème.* **3.** Frapper violemment : *La pluie fouette les vitres* (**SYN.** cingler). **4.** *Fig.* Exciter au moyen d'un stimulant : *La promenade leur a fouetté l'appétit* (**SYN.** aiguiser ; **CONTR.** couper).

foufou n.m. En Afrique, farine de manioc cuite à l'eau et servie sous forme de boule.

fougasse ou **fouace** n.f. (lat. *focacius,* cuit sous la cendre, de *focus,* foyer). Galette de froment cuite au four ou sous la cendre.

fougère n.f. (lat. pop. *filicaria,* de *filix, filicis*). Plante sans fleurs ni graines, aux feuilles souvent très découpées, qui pousse dans les bois et les landes.

fougue n.f. (it. *foga,* fuite précipitée). Ardeur impétueuse, mouvement passionné qui anime qqn ou qqch : *La fougue de la jeunesse* (**SYN.** enthousiasme, exaltation ; **CONTR.** indifférence). *Il parle avec fougue* (**SYN.** passion, véhémence ; **CONTR.** calme).

fougueusement adv. Avec fougue ; ardemment, impétueusement.

fougueux, euse adj. Qui fait preuve de fougue : *Un caractère fougueux* (**SYN.** ardent, vif ; **CONTR.** flegmatique, indolent). *Un cheval fougueux* (**SYN.** impétueux ; **CONTR.** calme).

fouille n.f. **1.** Action d'inspecter minutieusement pour trouver qqch de caché : *La fouille des spectateurs avant l'entrée dans le stade* (**SYN.** contrôle, inspection). **2.** Action de fouiller, de creuser le sol pour construire ; cavité qui en résulte. **3.** *Arg.* Poche d'un vêtement. ◆ **fouilles** n.f. pl. Travaux entrepris par les archéologues pour mettre au jour des témoignages de l'activité humaine ensevelis au cours des siècles : *Elle a participé à un chantier de fouilles en Égypte.*

fouillé, e adj. Travaillé dans le détail, avec minutie : *Une description très fouillée* (**SYN.** approfondi ; **CONTR.** sommaire, superficiel).

fouiller v.t. (lat. *fodicare,* percer, de *fodere,* creuser) [conj. 3]. **1.** Explorer soigneusement un lieu, un local pour trouver ce que l'on cherche : *La police a fouillé cette chambre* (**SYN.** inspecter, perquisitionner). **2.** Creuser le sol, notamm. pour chercher des vestiges : *L'équipe archéologique a déjà fouillé ce site.* **3.** *Fig.* Étudier à fond : *Il faudra fouiller la question* (**SYN.** approfondir ; **CONTR.** survoler). ▸ ***Fouiller qqn,*** inspecter ses poches, ses vêtements. ◆ v.i. **1.** Faire des recherches dans un lieu en examinant à fond : *Il a fouillé dans son sac* (**SYN.** fureter). **2.** Chercher dans son esprit ; explorer : *Elle fouille dans sa mémoire.*

fouilleur, euse n. Personne qui travaille sur un chantier de fouilles archéologiques.

fouillis [fuji] n.m. **1.** Accumulation de choses placées pêle-mêle : *Ce bureau disparaît sous un fouillis de papiers* (**SYN.** fatras). **2.** Manque de clarté ; incohérence : *Votre exposé est un fouillis d'idées* (**SYN.** confusion).

fouine n.f. (lat. *fagina* [*mustela*], [martre] du hêtre). **1.** Petit mammifère carnivore, au pelage gris-brun, qui vit dans les bois. **2.** *Fam.* Personne rusée, indiscrète. ▸ ***Visage*** ou ***tête de fouine,*** se dit d'une personne sournoise et rusée.

fouiner v.i. [conj. 3]. *Fam.* **1.** Se livrer à des recherches indiscrètes : *Les journalistes ont fouiné dans sa vie privée* (**SYN.** fouiller). **2.** Explorer les moindres recoins pour découvrir qqch : *Elle fouine dans la bibliothèque* (**SYN.** fureter).

fouineur, euse adj. et n. *Fam.* **1.** Se dit d'une personne curieuse et indiscrète. **2.** Se dit d'une personne qui aime chercher des objets dans les marchés aux puces, chez les brocanteurs, etc. ◆ **fouineur** n.m. Personne qui s'introduit dans un système ou un réseau informatique sans autorisation (**SYN.** hacker [anglic.]).

fouir v.t. (lat. *fodere*) [conj. 32]. Creuser le sol, surtout en parlant d'un animal.

fouisseur, euse adj. Qui fouit : *Des pattes fouisseuses* (= qui fouillent la terre). ◆ **fouisseur** n.m. Animal qui creuse la terre, comme la taupe.

foulage n.m. Action de fouler le raisin.

foulant, e adj. ▸ ***Pompe foulante,*** qui élève le niveau d'un liquide par la pression qu'elle exerce sur lui. *Fam.* ***Ce n'est pas foulant,*** ce n'est pas fatigant.

foulard n.m. (de *fouler*). Carré de soie ou de tissu léger que l'on met autour du cou ou sur la tête ; fichu.

foule n.f. (de *fouler*). **1.** Réunion, en un même lieu, d'un très grand nombre de personnes : *Il n'y a pas foule dans les rues* (**SYN.** affluence). *La foule l'a acclamé* (**SYN.** public). **2.** Le commun des hommes, pris collectivement (souvent par opp. à l'élite) : *Ce politicien flatte la foule* (**SYN.** masses, peuple). ▸ ***En foule,*** en grande quantité : *Les clients sont venus en foule* (**SYN.** masse). ***Une foule de,*** un grand nombre de : *Une foule de spectateurs s'est présentée. Une foule de gens utilisent l'Internet.*

foulée n.f. **1.** Distance couverte dans la course entre deux appuis successifs des pieds au sol : *Courir à petites foulées* (**SYN.** enjambée). **2.** Manière dont un cheval ou un coureur prend appui sur le sol à chaque pas : *Une foulée puissante.* ▸ ***Dans la foulée,*** sur la même lancée que qqn ; fig., dans le prolongement immédiat de qqch, d'un événement : *Il a tapé son rapport et, dans la foulée, il l'a imprimé.*

fouler v.t. (de *foulon*) [conj. 3]. **1.** Presser, écraser qqch avec les mains, les pieds ou par un moyen mécanique : *Autrefois, on foulait le raisin avec les pieds. Fouler des étoffes pour leur donner un feutrage.* **2.** *Litt.* Marcher sur : *Il foule le sol natal.* ▸ *Litt.* ***Fouler aux pieds,*** traiter avec un grand mépris : *Elle foule aux pieds le règlement* (**SYN.** bafouer ; **CONTR.** respecter). ◆ **se fouler** v.pr. **1.** Se faire une foulure : *Elle s'est foulé la cheville.* **2.** *Fam.* Se fatiguer : *Pour ce projet, elle ne s'est pas foulée* (= elle ne s'est pas donné beaucoup de mal).

foulon n.m. (lat. *fullo,* celui qui presse les étoffes). Machine utilisée pour la fabrication du feutre ou pour le foulage des tissus de laine.

foulque n.f. (lat. *fulica*). Oiseau aquatique au plumage sombre et au bec blanc, voisin de la poule d'eau.

foultitude n.f. *Fam.* Grand nombre : *J'ai des foultitudes de raisons pour refuser cette proposition* (**SYN.** multitude).

foulure n.f. Légère entorse.

four n.m. (lat. *furnus*). **1.** Partie fermée d'une cuisinière ou appareil indépendant et encastrable où l'on fait cuire ou réchauffer les aliments : *Il a mis le rôti au four. Un four électrique, à gaz, à micro-ondes.* **2.** Appareil dans lequel on chauffe une matière en vue de lui faire subir des transformations physiques ou chimiques : *Un four de boulanger, de verrier.* **3.** *Fam.* Échec d'un spectacle : *Ce film a fait un four* (**SYN.** fiasco [fam.] ; **CONTR.** succès). ☞ **REM.** Voir *petit-four* à son ordre alphabétique. ▸ ***Four à chaux, à ciment,*** four vertical et fixe ou horizontal et rotatif pour fabriquer la chaux, le ciment.

fourbe adj. et n. (de *fourbir*). Qui trompe avec une adresse perfide : *Un esprit fourbe* (**SYN.** hypocrite, sournois ; **CONTR.** 1. droit, honnête).

fourberie n.f. **1.** Caractère d'une personne fourbe (**SYN.** duplicité, perfidie ; **CONTR.** droiture, sincérité). **2.** Action d'une personne fourbe : *Toutes ces fourberies n'auront servi à rien* (**SYN.** imposture, tromperie).

fourbi n.m. *Fam.* Ensemble d'objets, d'affaires hétéroclites : *Débarrasse-moi de tout ce fourbi* (**SYN.** désordre, fouillis).

fourbir v.t. (germ. *furbjan,* nettoyer) [conj. 32]. **1.** Nettoyer, rendre brillant en frottant : *Il fourbit les médailles qu'il a gagnées* (**SYN.** astiquer, polir). **2.** *Fig.* Préparer avec soin : *Elle fourbit sa plaidoirie.*

fourbu, e adj. (de l'anc. fr. *fourboire,* boire à l'excès). Harassé de fatigue : *Elle rentre fourbue du travail* (**SYN.** épuisé, exténué ; **CONTR.** reposé).

fourche n.f. (lat. *furca*). **1.** Instrument à deux ou à plusieurs dents, muni d'un long manche, utilisé pour divers travaux, surtout agricoles : *Il charge le fumier avec une fourche.* **2.** Endroit où un chemin, une voie se divise en plusieurs directions : *À la fourche, tu tournes à gauche* (**SYN.** bifurcation, embranchement). **3.** Partie avant d'un deux-roues, sur le cadre, où se placent la roue avant et le guidon. **4.** En Belgique, temps libre dans un horaire de professeur ou d'étudiant. ▸ ***Passer sous les fourches Caudines (de),*** être contraint de subir des conditions très humiliantes.

fourchée n.f. Quantité de foin, de paille que l'on peut enlever d'un seul coup de fourche.

fourcher v.i. [conj. 3]. Se diviser en plusieurs branches, en plusieurs directions : *Le sentier fourche à cet endroit. Elle a les cheveux qui fourchent* (= qui se divisent à leur extrémité). ▸ *Fam.* ***La langue lui a fourché,*** il a dit un mot à la place d'un autre.

fourchette n.f. (de *fourche*). **1.** Ustensile de table à dents pointues, dont on se sert pour piquer les aliments. **2.** Écart entre deux nombres, à l'intérieur duquel on fait une estimation ; écart entre deux valeurs extrêmes : *Nous pouvons annoncer une fourchette de 60 à 64 % de votants. Donnez-moi une fourchette de prix.* ▸ *Fam.* ***Avoir un bon*** ou ***un joli coup de fourchette,*** être un gros mangeur.

fourchon n.m. Dent d'une fourche, d'une fourchette.

fourchu, e adj. Qui se divise à la manière d'une fourche : *Une route fourchue.* ▸ ***Pied fourchu,*** pied de bouc que l'on attribue au diable et aux satyres.

fourgon n.m. (lat. pop. *furico, furiconis,* instrument pour fouiller). **1.** *Vieilli* Véhicule long et couvert permettant de transporter des marchandises, des bestiaux, etc. **2.** Véhicule ferroviaire incorporé à certains trains de voyageurs et destiné au transport des bagages, du courrier, éventuellement des automobiles : *Un fourgon postal.* ▸ ***Fourgon funéraire*** ou ***funèbre*** ou ***mortuaire,*** corbillard automobile.

fourgonner v.i. [conj. 3]. *Fam.* Fouiller de façon maladroite, désordonnée : *Il fourgonne dans ce placard.*

fourgonnette n.f. Petit véhicule utilitaire qui s'ouvre par l'arrière.

fourgon-pompe n.m. (pl. *fourgons-pompes*). Véhicule d'intervention contre l'incendie.

fourguer v.t. (it. *frugare*) [conj. 3]. *Fam.* Se débarrasser de qqch en le cédant à bas prix ou en le donnant : *Ils ont dû fourguer leurs livres anciens* (**SYN.** brader, liquider ; **CONTR.** conserver, garder).

fouriérisme n.m. Doctrine sociale de Charles Fourier, fondée sur les phalanstères.

fourme n.f. Fromage de lait de vache, fabriqué notamm. dans le Cantal.

fourmi n.f. (lat. *formica*). **1.** Insecte de quelques millimètres de long, vivant en sociétés (fourmilières) regroupant des reines fécondes, de nombreuses ouvrières sans ailes et des soldats. **2.** *Arg.* Petit passeur de drogue. ▸ *Fam.* ***Avoir des fourmis,*** ressentir des picotements nombreux ; fig., avoir envie de se lever, de bouger.

fourmilier n.m. Nom commun à plusieurs espèces de mammifères qui capturent fourmis et termites avec leur longue langue visqueuse. ▸ ***Grand fourmilier,*** tamanoir.

fourmilière n.f. **1.** Nid de fourmis ; ensemble des fourmis vivant dans un nid. **2.** Lieu où s'agitent beaucoup de gens ; multitude : *Le jour des vacances, la gare est une vraie fourmilière.* ▸ ***Donner un coup de pied dans la fourmilière,*** provoquer de l'agitation, de l'inquiétude dans un milieu que l'on souhaite contrôler ou contenir.

fourmilion ou **fourmi-lion** (pl. *fourmis-lions*) n.m. Insecte ressemblant à une libellule et dont la larve dévore les fourmis qui tombent dans les pièges qu'elle creuse dans le sable.

fourmillement [furmijmɑ̃] n.m. **1.** Sensation de picotement dans une partie du corps, comparable à celle que produirait un grand nombre de fourmis : *Un fourmillement au bout des doigts.* **2.** Mouvement d'êtres vivants qui s'agitent comme des fourmis : *Le fourmillement de la foule* (**SYN.** grouillement).

fourmiller [furmije] v.i. [conj. 3]. **1.** Être le siège d'un fourmillement, en parlant d'une partie du corps : *Ses jambes fourmillent.* **2.** Se trouver en grand nombre : *Les citations fourmillent dans ce texte* (**SYN.** abonder, pulluler). **3.** S'agiter en grand nombre : *Des vers fourmillent dans ce fromage* (**SYN.** grouiller). ◆ v.t. ind. **[de].** Abonder en êtres vivants, en choses qui s'agitent : *Le parc fourmille de monde* (**SYN.** grouiller ; **CONTR.** manquer). *Il fourmille d'idées.*

fournaise n.f. (du lat. *fornax, fornacis,* four). **1.** Feu, incendie violent : *Les pompiers s'élancèrent dans la fournaise.* **2.** Lieu extrêmement chaud, surchauffé :

Cette chambre est une véritable fournaise en plein été (**SYN.** étuve).

fourneau n.m. (de l'anc. fr. *forn,* four). **1.** Appareil en fonte alimenté au bois ou au charbon pour la cuisson des aliments. **2.** Four dans lequel on soumet à l'action de la chaleur certaines substances que l'on veut fondre ou calciner : *Un fourneau de verrier.* **3.** Partie de la pipe où brûle le tabac. ☞ **REM.** Voir *haut-fourneau* à son ordre alphabétique.

fournée n.f. **1.** Quantité de pains, de pièces céramiques, etc., que l'on fait cuire à la fois dans un four : *Le boulanger fait plusieurs fournées.* **2.** *Fig., fam.* Ensemble de personnes nommées aux mêmes fonctions, aux mêmes dignités ou traitées de la même façon : *Une fournée de touristes a envahi la place.*

fourni, e adj. **1.** Composé d'éléments nombreux et serrés : *Des sourcils fournis* (**SYN.** dru, épais, touffu ; **CONTR.** clairsemé, rare). **2.** Pourvu du nécessaire : *Une boutique bien fournie* (**SYN.** approvisionné ; **CONTR.** démuni, vide).

fournil [furni] n.m. Local d'une boulangerie où se trouve le four et où l'on pétrit la pâte.

fourniment n.m. (de *fournir*). **1.** Ensemble des objets constituant l'équipement d'un soldat. **2.** *Fam.* Ensemble des objets nécessaires à qqn : *Le plombier est venu avec son fourniment.*

fournir v.t. (du germ.) [conj. 32]. **1.** Procurer, mettre à la disposition de qqn : *Il a fourni du travail à ces ouvriers. Elle lui a fourni des informations sur cette entreprise* (**SYN.** donner ; **CONTR.** priver de). **2.** Donner ce qui est demandé, exigé : *Elle lui a fourni un alibi* (**SYN.** apporter). *Son employeur lui a fourni une attestation.* **3.** Pourvoir de ce qui est nécessaire : *Ce grossiste fournit de nombreux détaillants* (**SYN.** approvisionner, ravitailler). *Ce pays leur fournit des armes* (**SYN.** livrer). **4.** Produire : *Ce vignoble fournit un très bon vin* (**SYN.** offrir). **5.** Accomplir : *Elle a fourni de gros efforts* (**SYN.** faire). ◆ v.t. ind. **[à].** *Vieilli* Contribuer totalement ou en partie à une charge : *La mairie fournit aux besoins des défavorisés* (**SYN.** pourvoir, subvenir). ◆ **se fournir** v.pr. S'approvisionner : *Elle se fournit en vin chez un producteur.*

fournisseur, euse n. Personne ou établissement qui fournit habituellement des marchandises à un client ; marchand : *Nous allons toujours chez le même fournisseur* (**SYN.** commerçant, détaillant). ▸ ***Fournisseur d'accès,*** société qui assure l'accès au réseau Internet ou, plus génér., à tout réseau de communication.

fourniture n.f. **1.** Action de fournir : *Elle est chargée de la fourniture du matériel* (**SYN.** approvisionnement). **2.** (Surtout au pl.). Ce qui est fourni ; objets fournis : *Les fournitures de bureau* (= petit matériel de bureau). **3.** (Surtout au pl.). Pièces, outils nécessaires à l'exercice d'un métier manuel : *Les fournitures d'un dentiste.*

fourrage n.m. (d'un mot germ.). Matière végétale servant à l'alimentation du bétail et fournie par des prairies naturelles, des arbres ou des plantes cultivées.

① **fourrager** v.i. [conj. 17]. *Fam.* Chercher en mettant du désordre : *Cesse de fourrager dans ces tiroirs !* (**SYN.** fouiller).

② **fourrager, ère** adj. Propre à être employé comme fourrage : *Des plantes fourragères.*

fourragère n.f. Cordon porté sur l'épaule gauche, constituant une distinction conférée à certains corps de l'armée.

fourre n.f. (germ. *fodr,* gaine). En Suisse, taie d'oreiller ; housse d'édredon ; enveloppe protectrice d'un livre, d'un cahier, d'un disque.

① **fourré** n.m. (de *fourrer*). Partie d'un bois, d'une forêt constituée par un ensemble dense et touffu de plantes et d'arbrisseaux : *Le lapin s'est enfui dans le fourré* (**SYN.** hallier). *Il a entendu un bruit venant des fourrés* (**SYN.** buisson, taillis).

② **fourré, e** adj. **1.** Garni intérieurement d'une peau qui a encore son poil ; doublé d'un tissu chaud : *Une veste fourrée.* **2.** Garni intérieurement : *Une pâtisserie fourrée à la crème.* ▸ ***Coup fourré,*** entreprise menée perfidement contre qqn qui ne se méfie pas ; coup bas.

fourreau n.m. (du germ. *fodr*). **1.** Gaine allongée servant d'enveloppe à un objet de même forme : *Le fourreau d'un parapluie* (**SYN.** étui). **2.** Robe ajustée de forme étroite : *Des fourreaux de soie.*

fourrer v.t. (du germ. *fodr,* gaine) [conj. 3]. **1.** Doubler, garnir intérieurement un vêtement avec de la fourrure ou une matière chaude : *Fourrer des gants* (**SYN.** molletonner). **2.** Remplir d'une garniture : *Il fourre ces chocolats à la menthe.* **3.** *Fam.* Introduire qqch dans, sous qqch d'autre, l'y faire pénétrer : *Elle fourra ses mains dans ses poches* (**SYN.** enfoncer, mettre ; **CONTR.** retirer, sortir). **4.** *Fam.* Mettre, sans attention ou sans soin : *Où ai-je fourré mes lunettes ?* (**SYN.** déposer, poser). **5.** *Fam.* Faire entrer qqn sans ménagement quelque part : *On l'a fourré en prison* (**SYN.** jeter). ▸ *Fam.* ***Fourrer qqch dans le crâne*** ou ***la tête de qqn,*** lui faire comprendre, croire ou accepter qqch : *Ils lui ont fourré dans le crâne d'abandonner ses études* (= ils l'ont persuadé). *Fam.* ***Fourrer son nez dans qqch,*** s'immiscer indiscrètement dans qqch. ◆ **se fourrer** v.pr. *Fam.* Se mettre, se placer : *Elle s'est fourrée sous les draps.* ▸ *Fam.* ***Ne plus savoir où se fourrer,*** éprouver un vif sentiment de confusion, de honte.

fourre-tout n.m. inv. **1.** Petite pièce ou placard où l'on fourre toutes sortes de choses : *Un réduit qui sert de fourre-tout* (**SYN.** débarras). **2.** Sac de voyage ou trousse souple sans compartiment ni division. ◆ n.m. inv. et adj. inv. Texte, œuvre, etc., contenant des idées diverses et désordonnées : *Cette loi est un fourre-tout. Un pamphlet fourre-tout.*

fourreur n.m. **1.** Marchand de fourrures. **2.** Professionnel qui travaille les peaux pour les transformer en fourrure.

fourrier n.m. (de l'anc. fr. *fuerre,* fourrage). **1.** Responsable du matériel d'une unité militaire. **2.** *Litt.* Personne ou ensemble de circonstances préparant la survenue d'événements fâcheux, de gens hostiles, etc. : *Leur aveuglement les a conduits à être les fourriers du terrorisme.*

fourrière n.f. (de *fourrage*). Lieu de dépôt des animaux errants, des véhicules abandonnés sur la voie publique ou saisis par la police : *Sa voiture a été conduite à la fourrière.*

fourrure n.f. (de *fourrer*). **1.** Peau de mammifère avec son poil, préparée pour garnir, doubler ou constituer un vêtement ; ce vêtement : *Un manteau de fourrure. Il lui a offert une splendide fourrure.* **2.** Industrie et commerce de ces peaux et de ces vêtements. **3.** Pelage fin et touffu de certains animaux : *La fourrure d'un colley.*

fourvoiement n.m. *Litt.* Erreur de qqn qui se fourvoie.

fourvoyer [furvwaje] v.t. (de *fors,* hors de, et *voie*) [conj. 13]. **1.** *Litt.* Égarer, détourner du chemin : *La personne à qui nous avons demandé notre route nous a fourvoyés.* **2.** Induire en erreur : *Les résultats de ce sondage les ont fourvoyés* (**CONTR.** guider). ◆ **se fourvoyer** v.pr. S'égarer, faire fausse route ; se tromper complètement : *Elle s'est fourvoyée dans la vieille ville* (**SYN.** se perdre). *Je t'avais cru sincère, je m'étais fourvoyé* (= j'avais commis une erreur de jugement).

foutaise n.f. (de *foutre*). *Fam.* Chose sans importance, sans valeur, sans intérêt : *Cesse de dire des foutaises !* (**SYN.** bêtise, futilité).

foutoir n.m. (de *foutre*). *Fam.* Grand désordre : *Quel foutoir dans cette chambre !* (**SYN.** fouillis).

foutou n.m. En Afrique, farine d'igname cuite à l'eau et servie sous forme de boules.

foutre v.t. (du lat. *futuere,* avoir des rapports sexuels avec une femme). *Très fam.* **1.** Mettre, jeter violemment : *Elle a foutu tous les dossiers dans le couloir.* **2.** Faire, travailler : *Il ne fout rien depuis des semaines.* ▸ ***Ça la fout mal,*** cela fait mauvais effet. ***Foutre qqn à la porte,*** le congédier. ◆ **se foutre** v.pr. **[de].** *Très fam.* Ne faire aucun cas de qqn, de qqch ; se moquer de qqn : *Je me fous de ce qu'il pense* (**CONTR.** s'inquiéter de, se soucier de). *Arrête de te foutre de moi !* (**SYN.** rire de).

foutriquet n.m. (de *foutre*). *Fam., péjor.* Homme insignifiant, dont on fait peu de cas.

foutu, e adj. *Fam.* **1.** (Avant le n.). Mauvais, détestable : *Un foutu caractère* (**SYN.** sale ; **CONTR.** bon). **2.** Qui a échoué ; ruiné, perdu : *Un projet foutu* (**SYN.** manqué, raté ; **CONTR.** réussi). *Après un tel scandale, sa carrière est foutue* (**SYN.** fini). ▸ ***Bien foutu, mal foutu,*** bien, mal fait : *Un scénario bien foutu* (**SYN.** ficelé). *Une femme bien foutue* (= une belle femme). ***Être foutu de,*** être capable de : *Elle est foutue de réussir les deux examens à la fois !* (**CONTR.** incapable). ***Être mal foutu,*** être un peu souffrant.

fox-terrier (pl. *fox-terriers*) ou **fox** n.m. (mot angl.). Chien terrier d'origine anglaise.

fox-trot [fɔkstrɔt] n.m. inv. (mot angl. signif. « trot de renard »). Danse de société, exécutée en couple, en vogue aux États-Unis puis en Europe vers 1920.

foyard [fwajar] n.m. → **fayard.**

foyer [fwaje] n.m. (bas lat. *focarium,* du lat. *focus,* foyer). **1.** Lieu où l'on fait le feu ; le feu lui-même : *Elle met des bûches dans le foyer* (**SYN.** âtre [litt.], cheminée). **2.** Partie d'un appareil de chauffage domestique où a lieu la combustion : *Le foyer d'une chaudière.* **3.** Lieu où habite une famille ; la famille elle-même : *Elle retrouve son foyer chaque soir* (**SYN.** domicile). *Il aimerait fonder un foyer.* **4.** Maison d'habitation réservée à certaines catégories de personnes et où certains équipements et services sont mis à la disposition de la collectivité : *Un foyer de jeunes travailleurs.* **5.** Lieu, local servant de lieu de réunion, de distraction : *Le foyer d'un pensionnat.* **6.** Salle, galerie d'un théâtre où le public peut se rendre pendant les entractes. **7.** Centre principal d'où provient qqch : *Un foyer d'agitation* (**SYN.** source). *Le foyer d'un incendie* (**SYN.** centre). *Le foyer d'une épidémie.* **8.** Siège principal d'une maladie, de ses manifestations : *La fracture ouverte est un foyer infectieux.* ▸ ***Femme, homme au foyer,*** personne qui n'exerce pas d'activité professionnelle et s'occupe de sa famille. ***Foyer des artistes,*** salle où se rassemblent les acteurs, avant ou après leurs interventions en scène. ***Foyer fiscal,*** base d'imposition (personne, ménage, communauté, etc.) établie sur les revenus propres et sur ceux des personnes à charge et servant à déterminer l'impôt sur le revenu. ◆ **foyers** n.m. pl. Pays natal ; demeure familiale : *Il regagne ses foyers* (**SYN.** maison).

fra n.m. (abrév. de l'it. *frate,* frère). Mot qui, en italien, précède un nom propre désignant un moine : *Fra Angelico* (= le moine Angelico).

frac n.m. (angl. *frock*). Habit masculin de cérémonie, noir, à basques étroites.

fracas n.m. (it. *fracasso*). Bruit violent de qqch qui se brise, qui heurte autre chose, qui s'effondre, etc. : *Un fracas de verres brisés.* ▸ ***Avec pertes*** ou ***avec perte et fracas,*** avec éclat et sans ménagement : *Le perturbateur a été expulsé avec perte et fracas* (= brutalement).

fracassant, e adj. **1.** Qui fait du fracas, qui produit un grand bruit : *Une explosion fracassante* (**SYN.** assourdissant). **2.** Qui vise à l'effet, au scandale : *Ce chanteur a fait une rentrée fracassante* (**SYN.** éclatant, retentissant ; **CONTR.** modeste).

fracassement n.m. Action de fracasser ; fait de se fracasser.

fracasser v.t. (it. *fracassare*) [conj. 3]. Briser avec violence, mettre en pièces : *Il a fracassé le vase. Le choc lui a fracassé la mâchoire* (**SYN.** casser). ◆ **se fracasser** v.pr. Se briser en heurtant, en éclatant : *La soupière s'est fracassée sur le sol* (= s'est cassée en mille morceaux).

fraction n.f. (bas lat. *fractio,* de *frangere,* briser). **1.** Partie d'un tout : *Une fraction de l'assemblée a voté pour lui* (**SYN.** portion ; **CONTR.** totalité). *Cela a duré une fraction de seconde* (**SYN.** fragment). **2.** En mathématiques, expression numérique indiquant le nombre de parties égales d'une unité donnée auquel un élément est équivalent : *Si « a = 7/8 » (7 étant le numérateur et 8 le dénominateur), « a » est égal à 7 parties valant un huitième de l'unité.* **3.** En Suisse, groupe parlementaire.

fractionné, e adj. ▸ ***Distillation, congélation, cristallisation fractionnée,*** permettant la séparation des constituants d'un mélange liquide grâce à leurs propriétés physiques différentes (solubilité, point d'ébullition, etc.).

fractionnel, elle adj. Qui vise à la désunion, au fractionnement d'un parti, d'un syndicat : *Ils ont exclu ce militant pour activité fractionnelle* (**CONTR.** unificateur).

fractionnement n.m. Action de fractionner ; fait d'être fractionné : *Le fractionnement d'un parti politique* (**SYN.** division, morcellement, scission ; **CONTR.** réunion, unification).

fractionner v.t. [conj. 3]. Diviser en fractions, en parties : *Ils ont fractionné le terrain en plusieurs parcelles* (**SYN.** démembrer, morceler, partager). ◆ **se**

fractionner v.pr. **[en].** Se diviser : *Ce parti politique s'est fractionné en deux groupes* (**SYN.** se scinder).

fractionnisme n.m. Action visant à diviser un parti politique, un syndicat en provoquant des scissions, en créant des tendances.

fractionniste adj. et n. Relatif au fractionnisme ; qui pratique le fractionnisme : *Une attitude fractionniste.*

fracture n.f. (lat. *fractura,* de *frangere,* briser). **1.** Rupture violente d'un os : *Une fracture du crâne.* **2.** Cassure de l'écorce terrestre (**SYN.** 1. faille). **3.** *Fig.* Rupture au sein d'un groupe, créée par un accroissement des inégalités et entraînant une situation conflictuelle : *La fracture sociale.*

fracturer v.t. [conj. 3]. Endommager par une rupture violente : *Ils ont fracturé une porte* (**SYN.** forcer). ◆ **se fracturer** v.pr. Se faire une fracture : *Elle s'est fracturé le poignet* (**SYN.** se casser).

fragile adj. (lat. *fragilis,* de *frangere,* briser). **1.** Qui se casse, se détériore facilement : *Le verre est fragile* (**SYN.** cassant ; **CONTR.** incassable). *Ces vieux murs sont fragiles* (**CONTR.** résistant, solide). **2.** Qui est de faible constitution : *Un enfant fragile* (**SYN.** chétif, délicat ; **CONTR.** 1. fort, vigoureux). **3.** Peu stable, mal assuré, sujet à disparaître : *Un bonheur fragile* (**SYN.** incertain, précaire ; **CONTR.** durable, impérissable).

fragilisation n.f. Action de fragiliser ; fait d'être fragilisé.

fragiliser v.t. [conj. 3]. Rendre fragile, plus fragile : *Son échec l'a fragilisé* (**SYN.** affaiblir ; **CONTR.** endurcir). ◆ **se fragiliser** v.pr. Devenir fragile.

fragilité n.f. (lat. *fragilitas*). **1.** Caractère de ce qui est fragile, de ce qui se brise ou se détériore facilement : *La fragilité de la porcelaine* (**CONTR.** résistance, solidité). **2.** Caractère précaire, instable : *La fragilité d'un gouvernement* (**SYN.** instabilité ; **CONTR.** stabilité). *La fragilité d'une argumentation* (**SYN.** inconsistance ; **CONTR.** force). **3.** Manque de robustesse physique ou morale : *La fragilité d'un malade* (**SYN.** faiblesse ; **CONTR.** vigueur, vitalité). *La fragilité d'un enfant* (**SYN.** vulnérabilité ; **CONTR.** invulnérabilité).

fragment n.m. (lat. *fragmentum,* de *frangere,* briser). **1.** Morceau d'une chose cassée, déchirée : *Un fragment de verre* (**SYN.** débris, morceau). *Un fragment de tissu* (**SYN.** bout). **2.** Reste d'un ouvrage ancien, d'une chose présentant un intérêt scientifique : *Les fragments de la carcasse d'un dinosaure* (**SYN.** vestige). **3.** Passage d'une œuvre, d'un texte, etc. : *Ces étudiants analysent un fragment de « l'Iliade »* (**SYN.** extrait ; **CONTR.** totalité). **4.** Partie plus ou moins importante de qqch : *Des fragments de vérité* (**SYN.** parcelle). *Des fragments de souvenirs* (**SYN.** bribe).

fragmentaire adj. Qui constitue un fragment d'un tout : *Un aperçu fragmentaire du projet* (**SYN.** incomplet, partiel ; **CONTR.** complet, exhaustif).

fragmentation n.f. Action de fragmenter ; fait d'être fragmenté : *La fragmentation du terrain en plusieurs parcelles* (**SYN.** division, morcellement).

fragmenter v.t. [conj. 3]. Réduire, partager en fragments : *Le gel a fragmenté cette roche* (**SYN.** désagréger). *Il a fragmenté ses vacances* (**SYN.** diviser, fractionner ; **CONTR.** grouper).

fragrance n.f. (lat. ecclés. *fragrantia,* odeur suave, de *fragrare,* exhaler une odeur). *Litt.* Odeur suave, parfum agréable : *La fragrance du muguet* (**SYN.** arôme, senteur).

fragrant, e adj. *Litt.* Odorant, parfumé.

frai n.m. (de *frayer*). **1.** Rapprochement sexuel, sans accouplement, chez les poissons à fécondation externe ; époque à laquelle ce rapprochement a lieu : *Il est interdit de pêcher dans les rivières pendant le frai.* **2.** Œufs de poissons, de batraciens : *Du frai de tanche, de grenouille.* **3.** Très petits ou très jeunes poissons : *Un étang peuplé de frai* (**SYN.** alevin).

fraîche n.f. Moment du jour où il fait frais : *Nous sortirons à la fraîche.*

fraîchement adv. **1.** Depuis peu de temps : *Une chambre fraîchement repeinte* (**SYN.** récemment ; **CONTR.** anciennement). **2.** Avec froideur : *Elle l'a accueilli fraîchement* (**SYN.** froidement, glacialement [litt.] ; **CONTR.** chaleureusement, chaudement).

fraîcheur n.f. **1.** Caractère de ce qui est frais, légèrement froid : *La fraîcheur de l'eau du torrent. La fraîcheur d'un entretien* (**SYN.** froideur ; **CONTR.** cordialité). **2.** Qualité qui n'est pas ternie par le temps ou par l'usage : *La fraîcheur du teint* (**SYN.** éclat). *Une étoffe qui a gardé toute sa fraîcheur.* **3.** Qualité, état d'une chose périssable, et notamm. d'une denrée, qui n'a pas eu le temps de s'altérer, de se gâter, de se flétrir : *La fraîcheur d'un pain* (**CONTR.** dureté). **4.** *Fig.* Qualité de ce qui demeure actuel, précis comme une chose récente : *La fraîcheur d'un souvenir* (**SYN.** vivacité). **5.** *Fig.* Qualité de ce qui est spontané, pur, jeune : *Ce roman révèle une grande fraîcheur de sentiments* (**SYN.** candeur, ingénuité).

fraîchin n.m. Dans l'ouest de la France, odeur de marée, de poisson frais.

fraîchir v.i. [conj. 32]. Devenir plus frais, en parlant de la température : *Les soirées fraîchissent* (**SYN.** se rafraîchir).

① **frais, fraîche** adj. (du germ.). **1.** Qui est légèrement froid ou qui procure une sensation de froid léger : *Une boisson fraîche* (**SYN.** rafraîchissant ; **CONTR.** 1. chaud). *Une nuit fraîche.* **2.** Qui est empreint de froideur, dépourvu de cordialité : *Des retrouvailles plutôt fraîches* (**SYN.** 1. froid, glacial ; **CONTR.** chaleureux, cordial). **3.** Qui vient d'apparaître ou de se produire : *Une blessure fraîche* (**SYN.** récent ; **CONTR.** ancien, vieux). *Voici des nouvelles fraîches* (**SYN.** actuel ; **CONTR.** dépassé, lointain). **4.** Qui vient d'être appliqué et n'est pas encore sec : *Attention à la peinture fraîche !* **5.** Nouvellement produit ou récolté ; qui n'est pas encore altéré, gâté, flétri : *Des légumes frais et des légumes secs. De la viande fraîche* (**CONTR.** avarié). *Du pain frais* (**CONTR.** rassis). **6.** Qui n'est pas terni, qui a conservé son éclat : *Elle a le teint frais* (**SYN.** éclatant ; **CONTR.** terne). *Des couleurs fraîches* (**CONTR.** délavé, passé). **7.** Qui a conservé ou recouvré ses forces, sa vitalité ; qui n'est pas ou n'est plus fatigué : *Il se sent frais et dispos* (= reposé et en bonne forme ; **CONTR.** épuisé). **8.** *Fam., iron.* Se dit de qqn qui se trouve dans une situation fâcheuse : *Eh bien ! Te voilà frais !* ▸ ***Argent frais,*** nouvellement reçu et dont on peut disposer : *L'entreprise a besoin d'argent frais* (= d'un apport de capitaux). *Fam.* ***Être frais comme un gardon*** ou ***une rose,*** être particulièrement dispos. ◆ **frais** adv. **1.** (Avec un p. passé ; s'accorde au féminin). Récemment ; depuis peu de temps : *Il est frais arrivé de Paris. Des fleurs fraîches cueillies* (**SYN.** fraîchement ; **CONTR.** anciennement). **2.** Légèrement froid : *Il* *fait frais* (**CONTR.** 1. chaud). ▸ ***Boire frais,*** boire un liquide frais. ***De frais,*** depuis peu : *Il est rasé de frais.* ◆ **frais** n.m. Air frais : *Elle prend le frais* (= elle profite de la fraîcheur du moment). ▸ ***Au frais,*** dans un endroit frais : *Mettez la pâte au frais pour la faire lever.*

② **frais** n.m. pl. (anc. fr. *fret,* dommage fait en brisant, de *frangere,* briser). **1.** Dépenses d'argent occasionnées par une opération, une action quelconque : *Elle voyage tous frais payés* (= gratuitement). *Il a fait beaucoup de frais. Il n'y aura aucuns frais supplémentaires.* **2.** Somme accordée pour compenser les dépenses occasionnées par un travail nécessitant un déplacement, obligeant à assurer un certain train de vie, etc. : *L'entreprise rembourse les frais de déplacement.* **3.** Dépenses occasionnées par la réalisation d'une procédure, d'un acte ou d'une formalité légale : *Les frais de justice.* ▸ ***À grands frais,*** en dépensant beaucoup d'argent ; fig. en employant des moyens importants, disproportionnés : *Il a annoncé sa promotion à grands frais* (= avec tapage). ***À moindres frais*** ou ***à peu de frais,*** en payant très peu ; fig., en se donnant peu de mal : *Ce coureur a réussi à peu de frais* (= sans peine). *Fam.* ***Arrêter les frais,*** cesser de dépenser de l'argent ou de se donner du mal inutilement. ***En être pour ses frais,*** ne tirer aucun profit de ses dépenses ; fig., s'être donné de la peine pour rien. ***Faire les frais de la conversation,*** en être le principal sujet ; l'accaparer à son profit. ***Faire les frais de qqch,*** en supporter les conséquences fâcheuses : *Les automobilistes ont fait les frais de la crise pétrolière.* ***Faux frais,*** petites dépenses imprévues. ***Frais généraux,*** dépenses diverses engagées pour le fonctionnement d'une entreprise. ***Rentrer dans ses frais,*** être remboursé de ses dépenses. *Fam.* ***Se mettre en frais,*** dépenser plus que de coutume ; fig., prodiguer sa peine, ses efforts : *Le maire s'est mis en frais pour recevoir la délégation.*

fraisage n.m. (de *fraiser*). Action de fraiser : *Le fraisage d'une pièce mécanique.*

① **fraise** n.f. (lat. *fragum*). **1.** Fruit comestible du fraisier. **2.** *Fam.* Figure, tête : *Il se paye sa fraise* (= il se moque de lui). ▸ *Fam.* ***Ramener sa fraise,*** donner son opinion à tout propos et avec audace. *Fam.* ***Sucrer les fraises,*** avoir les mains agitées d'un tremblement permanent par l'effet de l'âge ou de l'excès de boisson.

② **fraise** n.f. (de l'anc. fr. *fraser,* peler). **1.** Intestin grêle de veau ouvert, lavé et poché à l'eau bouillante, consommable comme abats ou utilisable en charcuterie. **2.** Chair rouge et plissée qui pend sous le bec des dindons (**SYN.** caroncule). **3.** Collerette faite de tissu plissé et empesé, portée aux XVIe et XVIIe siècles.

③ **fraise** n.f. (de 2. *fraise*). **1.** Outil rotatif muni de plusieurs arêtes tranchantes, et servant à percer, creuser ou entailler. **2.** Instrument rotatif dont le dentiste se sert pour les interventions portant sur les lésions dentaires ou sur les tissus durs de la dent.

fraiser v.t. (de 3. *fraise*) [conj. 4]. **1.** Usiner une pièce au moyen d'une fraise. **2.** Élargir un trou, son orifice dans lequel une vis ou tout autre objet doit être inséré.

fraiseur, euse n. (de 3. *fraise*). Ouvrier, ouvrière qui travaille sur une fraiseuse.

fraiseuse n.f. (de 3. *fraise*). Machine-outil servant à fraiser.

fraisier n.m. (de 1. *fraise*). **1.** Plante rampante vivace cultivée, qui existe aussi dans les bois à l'état sauvage, et dont le fruit comestible est la fraise. **2.** Gâteau fait de deux morceaux de génoise séparés par une couche de fraises et de crème au beurre.

framboise n.f. (du frq.). Fruit parfumé et comestible du framboisier.

framboisier n.m. Arbrisseau cultivé, voisin de la ronce, dont le fruit comestible est la framboise et qui existe aussi à l'état sauvage.

① **franc** n.m. **1.** Unité monétaire principale de la Suisse (*franc suisse,* qui a également cours au Liechtenstein), de plusieurs pays d'Afrique francophone ou de certains pays d'Afrique liés à la France par des accords de coopération (*franc C.F.A., franc C.F.P.*). **2.** Unité monétaire principale de la France (*franc français* qui avait également cours en principauté d'Andorre et à Monaco), de la Belgique (*franc belge*) et du Luxembourg (*franc luxembourgeois*) jusqu'à l'introduction de l'euro. ▸ ***Franc C.F.A.,*** unité monétaire principale de plusieurs États de l'Afrique de l'Ouest (sigle de *Communauté financière africaine*) et de l'Afrique centrale (sigle de *Coopération financière en Afrique*). ***Franc C.F.P.*** ou ***franc Pacifique,*** unité monétaire principale des TOM de la région Pacifique et de la Nouvelle-Calédonie. ***Franc comorien*** ou ***franc des Comores,*** unité monétaire principale des Comores.

② **franc, franche** adj. (lat. médiév. *francus,* libre, du frq.). **1.** Qui ne dissimule aucune arrière-pensée : *C'est une personne franche* (**SYN.** 1. droit, honnête ; **CONTR.** hypocrite, fourbe). *Sois franc, ne me cache rien* (**SYN.** sincère ; **CONTR.** menteur). *Un regard franc* (**SYN.** clair, loyal ; **CONTR.** ambigu, équivoque). **2.** Pur, sans mélange : *Bleu franc.* **3.** Net, précis, sans détour : *Il montre une franche hostilité* (= une hostilité déclarée). **4.** (Placé avant le nom, dans un contexte péjoratif). *Sout.* Qui est parfait, accompli dans son genre : *Un franc scélérat* (**SYN.** achevé, fieffé). **5.** Se dit d'un délai où l'on ne compte ni le jour du départ ni celui du terme : *Il a passé dix jours francs à l'étranger* (**SYN.** entier, plein). ▸ ***Boutique franche,*** magasin qui, dans certains emplacements (aéroports, etc.), est dispensé de taxes sur les produits qui y sont commercialisés. ***Franc de port,*** franco. ***Jouer franc jeu avec qqn,*** agir loyalement avec lui, sans chercher à le tromper. ***Port franc, zone franche,*** port ou région frontière où les marchandises étrangères pénètrent librement, sans paiement de droits. ***Ville franche,*** avant la Révolution, ville qui ne payait pas la taille. ◆ **franc** adv. ▸ ***Parler franc,*** parler franchement, ouvertement.

③ **franc, franque** adj. Qui concerne les Francs, peuple germanique qui conquit la Gaule au Ve siècle : *La langue franque* (= le francique).

français, e adj. et n. Relatif à la France : *Son époux est français. Une Française.* ◆ adj. Propre à la langue française : *Une expression française* (= un gallicisme). ▸ ***À la française,*** à la manière française, conformément aux habitudes des Français : *Un jardin à la française ;* en parlant d'un objet, qui est plus haut que large (par opp. à « à l'italienne ») : *Un agenda à la française.* ◆ **français** n.m. Langue romane parlée princ. en France, au Canada (surtout au Québec), en Belgique, en Suisse et en Afrique. ▸ ***En bon français,*** en termes clairs et précis. ***Vous ne comprenez pas le français ?,***

se dit pour marquer l'impatience lorsqu'un ordre n'a pas été exécuté.

franchement adv. **1.** D'une manière franche, loyale ; sans hésitation : *Réponds-moi franchement* (**SYN.** sincèrement ; **CONTR.** hypocritement). **2.** Sans équivoque, d'une manière nette : *Elle se prononce franchement pour cette candidate* (**SYN.** clairement ; **CONTR.** vaguement). **3.** Réellement ; tout à fait : *Cela devient franchement ridicule* (**SYN.** véritablement).

franchir v.t. (de 2. *franc*) [conj. 32]. **1.** Passer un obstacle par un moyen quelconque : *Il a franchi le mur* (= il est passé par-dessus ; **SYN.** escalader). **2.** Aller au-delà d'une limite : *Elle a franchi la ligne d'arrivée* (**SYN.** passer). *Il a franchi le cap de la quarantaine* (**SYN.** dépasser). **3.** Parcourir d'une extrémité à l'autre : *Elle a franchi l'océan* (**SYN.** traverser).

franchisage n.m. (angl. *franchising*). Contrat par lequel une entreprise autorise une autre entreprise à utiliser son nom et sa marque pour commercialiser des produits, des services.

franchise n.f. (de 2. *franc*). **1.** Qualité d'une personne franche, d'un comportement franc : *Elle parle avec franchise* (**SYN.** loyauté, sincérité ; **CONTR.** dissimulation, hypocrisie). **2.** Clause d'une assurance qui fixe une somme forfaitaire restant à la charge de l'assuré en cas de dommage ; cette somme. **3.** Droit d'exploiter une marque, un nom commercial, concédé par une entreprise à une autre sous certaines conditions. **4.** Dispense de certaines taxes, de certains droits : *Vous pouvez répondre en franchise postale* (= sans affranchir, timbrer l'enveloppe).

franchisé, e n. Bénéficiaire d'une franchise commerciale.

franchiser v.t. [conj. 3]. Lier par un contrat de franchisage.

franchiseur n.m. Entreprise qui accorde une franchise à un franchisé.

franchissable adj. Qui peut être franchi : *Le col de cette montagne est encore franchissable* (**CONTR.** infranchissable).

franchissement n.m. Action de franchir : *Le franchissement d'une rivière* (**SYN.** passage, traversée).

franchouillard, e adj. et n. *Fam., péjor.* Qui présente les défauts traditionnellement attribués au Français moyen (chauvinisme, étroitesse d'esprit, en particulier).

francien n.m. (de *France*, n.pr.). Dialecte parlé en Île-de-France au Moyen Âge, et qui est à l'origine du français.

francilien, enne adj. et n. Relatif à l'Île-de-France, à ses habitants : *La région francilienne.*

francique n.m. (bas lat. *francicus*, des Francs). Langue que parlaient les Francs.

francisation n.f. Action de franciser : *La francisation d'un terme anglais.*

franciscain, e n. Religieux, religieuse de l'ordre fondé par saint François d'Assise.

franciser v.t. [conj. 3]. Donner un caractère français, des manières françaises à qqn, une forme française à qqch : *On a francisé le nom de la ville « Den Haag » en « La Haye ».*

francisque n.f. (bas lat. *francisca*, abrév. de *francisca securis*, hache des Francs). **1.** Hache de guerre des Francs et des Germains. **2.** Hache à deux fers, emblème adopté par le régime de Vichy (1940-1944) ; décoration décernée par ce régime (on dit aussi *francisque gallique*).

francité n.f. *Didact.* Caractère de ce qui est français.

francium [frɑ̃sjɔm] n.m. Élément radioactif alcalin.

franc-maçon, franc-maçonne n. et adj. (calque de l'angl. *free mason*, maçon libre) [pl. *francs-maçons, franc-maçonnes*]. Membre de la franc-maçonnerie (**SYN.** maçon).

franc-maçonnerie n.f. (de *franc-maçon*) [pl. *franc-maçonneries*]. **1.** Association universelle de personnes unies par des principes de fraternité et réparties en groupes appelés « loges » (**SYN.** maçonnerie). **2.** *Fig.* Organisation au sein de laquelle se manifeste une entraide plus ou moins dissimulée et secrète entre les membres : *Des franc-maçonneries agissantes.*

① **franco** adv. (it. *porto franco*). Sans frais pour le destinataire : *Il recevra son lot franco* (= franc de port).

② **franco** adv. (de *franchement*). *Fam.* Sans hésiter : *Elle y va franco* (**SYN.** franchement ; **CONTR.** doucement).

franco-canadien, enne adj. et n. (pl. *franco-canadiens, ennes*). Relatif aux Canadiens d'ascendance française : *Une chanteuse franco-canadienne.*

franco-français, e adj. (pl. *franco-français, es*). *Fam., péjor.* Qui est exclusivement français ; qui ne concerne que les Français : *Des attitudes franco-françaises.*

francophile adj. et n. Qui aime la France, les Français (**CONTR.** francophobe).

francophilie n.f. Sympathie pour la France, les Français (**CONTR.** francophobie).

francophobe adj. et n. Qui est hostile à la France, aux Français (**CONTR.** francophile).

francophobie n.f. Hostilité envers la France, les Français (**CONTR.** francophilie).

francophone adj. et n. Relatif à la langue française ; qui parle le français : *Le Canada francophone* (= le Québec). *Les francophones d'Afrique.*

francophonie n.f. Communauté linguistique constituée par les peuples francophones.

franco-provençal, e, aux adj. et n.m. Se dit des dialectes français intermédiaires entre la langue d'oïl et la langue d'oc.

franc-parler n.m. (pl. *francs-parlers*). Absence de contrainte ou de réserve dans la façon de s'exprimer. ▸ ***Avoir son franc-parler,*** dire très franchement, très directement ce que l'on pense, parfois même en termes crus : *Cette ministre a son franc-parler.*

franc-tireur n.m. (pl. *francs-tireurs*). **1.** Combattant qui ne fait pas partie d'une armée régulière : *Ils ont été soutenus par des francs-tireurs* (**SYN.** partisan). **2.** *Fig.* Personne qui agit de manière indépendante sans observer la discipline d'un groupe : *Elle a agi en franc-tireur.*

frange n.f. (lat. *fimbria*). **1.** Ornement de passementerie composé d'un galon et d'une rangée de fils pendants, utilisé en couture ou en décoration : *Des rideaux à franges.* **2.** Cheveux coupés de telle sorte qu'ils forment une bande plus ou moins large recouvrant le front : *Elle a une frange.* **3.** Ce qui forme une bordure : *Une frange de neige sur le bord du chemin.* **4.** Partie minoritaire plus ou moins marginale d'un groupe de personnes, d'une collectivité : *La frange des indécis.*

franger v.t. [conj. 17]. Garnir d'une frange, de franges : *Franger une couverture.*

frangin, e n. *Fam.* Frère ; sœur.

frangipane n.f. (de *Frangipani,* nom de l'inventeur du parfum). **1.** Crème pâtissière additionnée de poudre d'amandes, servant à garnir une pâtisserie : *Une tarte à la frangipane.* **2.** Fleur du frangipanier.

frangipanier n.m. Arbuste d'Amérique tropicale cultivé pour ses fleurs dont le parfum rappelle celui de la crème frangipane.

franglais n.m. (de *français* et *anglais*). Langage employé par les personnes qui introduisent beaucoup de mots, d'expressions et de tournures grammaticales d'origine anglaise dans la langue française.

franquette n.f. (dimin. de *2. franc*). ▸ *Fam.* ***À la bonne franquette,*** sans cérémonie, sans façon : *Ils ont reçu leurs voisins à la bonne franquette* (= en toute simplicité ; **SYN.** simplement ; **CONTR.** fastueusement).

franquisme n.m. Régime instauré en Espagne par le général Franco à partir de 1936.

franquiste adj. et n. Relatif au franquisme ; partisan du franquisme.

fransquillon [frɑ̃skijɔ̃] n.m. *Péjor.* En Belgique flamande, personne qui parle français avec affectation.

fransquillonner [frɑ̃skijɔne] v.i. [conj. 3]. *Péjor.* En Belgique, parler français avec un accent affecté.

frappant, e adj. **1.** Qui fait une vive impression : *Un site d'une beauté frappante* (**SYN.** étonnant, saisissant ; **CONTR.** 2. banal, insignifiant, ordinaire). **2.** Qui saute aux yeux ; qui est d'une évidence indiscutable : *Une ressemblance frappante* (**SYN.** indéniable, indubitable).

① **frappe** n.f. (de *frapper*). **1.** Action, manière de dactylographier un texte ; copie, exemplaire dactylographiés : *Il a fait des fautes de frappe* (**SYN.** saisie). *Voici la première frappe.* **2.** Opération de fabrication des monnaies et médailles consistant à marquer d'une empreinte chaque face d'une rondelle de métal, appelée *flan.* **3.** Qualité de l'attaque d'un boxeur ; manière d'attaquer, de frapper le ballon au football, la balle au tennis. **4.** Opération militaire ponctuelle pouvant combiner des moyens terrestres, navals et aériens : *L'armée prépare des frappes aériennes* (**SYN.** bombardement).

② **frappe** n.f. (de *frapouille,* var. de *fripouille*). *Très fam.* Voyou.

frappé, e adj. **1.** Rafraîchi dans la glace (par opp. à chambré) : *Servez ce vin blanc frappé.* **2.** Qui est plein de force expressive, qui sonne bien, en parlant d'une phrase, d'un vers, d'un discours. **3.** *Fam.* Fou : *Elle est complètement frappée* (**SYN.** dément, insensé).

frappement n.m. Action de frapper ; bruit produit par ce qui frappe : *Entendre des frappements à la porte* (**SYN.** coup).

frapper v.t. (orig. onomat.) [conj. 3]. **1.** Donner un ou plusieurs coups à qqn, sur qqch : *Ce joueur a frappé son adversaire à la fin du match* (**SYN.** battre). *Elle frappe le sol du pied* (**SYN.** taper). *On a frappé les trois coups* (= le rideau va se lever et le spectacle, commencer). **2.** Venir heurter : *Le ballon l'a frappé en pleine poitrine* (**SYN.** atteindre, toucher). **3.** Donner, par l'opération de la frappe, une empreinte à une monnaie, une médaille. **4.** Affliger d'un mal physique ou moral : *La maladie l'a frappé soudainement* (**SYN.** affecter, toucher). *Le sort a durement frappé cette famille* (**SYN.** éprouver). **5.** Retenir l'attention de ; faire une vive impression sur : *Cette remarque m'a frappé* (**SYN.** étonner, surprendre). *L'intervention du président a frappé les esprits* (**SYN.** impressionner, toucher, troubler). **6.** Assujettir à une contrainte, notamm. par décision judiciaire ou administrative ; imposer, taxer : *Cette taxe frappe le tabac* (**SYN.** toucher ; **CONTR.** épargner). **7.** Rafraîchir en plongeant dans la glace : *Le serveur frappe le champagne.* ▸ ***Frapper un grand coup,*** accomplir une action spectaculaire et décisive. ◆ v.i. Donner des coups en produisant un bruit : *Le voisin frappe à la fenêtre* (**SYN.** cogner). ▸ ***Frapper à la porte de qqn*** ou ***à toutes les portes,*** solliciter qqn, de nombreuses personnes, afin d'être aidé. ◆ **se frapper** v.pr. (Souvent employé en tournure négative). *Fam.* S'inquiéter, s'émouvoir outre mesure ; céder au pessimisme : *Ne te frappe pas, on n'y peut rien* (**SYN.** se tracasser ; **CONTR.** se tranquilliser).

frappeur adj. m. ▸ ***Esprit frappeur,*** esprit d'un mort qui, selon les adeptes du spiritisme, se manifeste par des coups sur les meubles, les murs, etc.

frasque n.f. (it. *frasche,* balivernes). (Surtout au pl.). Écart de conduite ; action extravagante : *Cet article relate les dernières frasques du footballeur* (**SYN.** fredaine, incartade).

fraternel, elle adj. (lat. *fraternus*). **1.** Propre à des frères, à des frères et sœurs : *L'amour fraternel.* **2.** Qui évoque l'attachement qui unit habituellement des frères, des frères et sœurs : *Une relation fraternelle* (**SYN.** affectueux, amical ; **CONTR.** hostile, inamical).

fraternellement adv. De façon fraternelle : *Ils s'aiment fraternellement.*

fraternisation n.f. Action de fraterniser ; son résultat : *La fraternisation des peuples* (**SYN.** amitié, entente ; **CONTR.** hostilité).

fraterniser v.i. [conj. 3]. **1.** Se manifester des sentiments mutuels de fraternité, d'amitié : *Les enfants fraternisent très vite entre eux* (**SYN.** sympathiser ; **CONTR.** se disputer). **2.** Cesser de se traiter en ennemis ; se réconcilier : *Les soldats ont fraternisé avec les villageois* (= ils ont fait cause commune ; **CONTR.** se battre).

fraternité n.f. (lat. *fraternitas*). **1.** Lien de parenté entre des frères, entre des frères et sœurs. **2.** Lien de solidarité et d'amitié entre les êtres humains, entre les membres d'une société : *La fraternité des peuples* (**SYN.** entente ; **CONTR.** hostilité).

① **fratricide** n.m. (bas lat. *fratricidium*). Meurtre d'un frère ou d'une sœur : *Cette femme a commis un fratricide.*

② **fratricide** n. et adj. (lat. *fratricida*). Personne qui a commis un fratricide : *Une fratricide.* ◆ adj. Qui oppose des personnes qui devraient être solidaires : *Des guerres fratricides.*

fratrie n.f. (lat. *fratria*). Ensemble des frères et sœurs d'une famille. ☞ **REM.** Ne pas confondre avec *une phratrie.*

fraude n.f. (lat. *fraus, fraudis*). Acte malhonnête qui va à l'encontre de la loi ou des règlements et qui nuit au droit d'autrui ; falsification : *Une fraude électorale* (**SYN.** tricherie). ▸ ***En fraude,*** frauduleusement : *Un produit introduit en fraude dans un pays* (**SYN.** illégalement, illicitement ; **CONTR.** légalement, licitement).

frauder v.i. [conj. 3]. Commettre une fraude : *Il a*

fraudé à ou dans un concours (**SYN.** tricher). *Elle a fraudé sur la quantité de produits.* ◆ v.t. Tromper une administration, l'État ; échapper au paiement de ce qui est dû : *Il a fraudé le fisc* (**SYN.** abuser, voler).

fraudeur, euse adj. et n. Qui fraude ; qui est coupable de fraude.

frauduleusement adv. De façon frauduleuse ; en fraude : *Il a importé des marchandises frauduleusement* (**SYN.** illégalement, illicitement ; **CONTR.** légalement, licitement).

frauduleux, euse adj. Entaché de fraude : *Une vente frauduleuse* (**SYN.** illégal, illicite ; **CONTR.** légal, licite). *Banqueroute frauduleuse* (= dans laquelle le failli a dissimulé ses avoirs ou ses comptes).

frayer [frɛje] v.t. (du lat. *fricare,* frotter) [conj. 11]. Rendre praticable, tracer un chemin : *Ils ont frayé un passage à cet endroit* (**SYN.** ouvrir, pratiquer ; **CONTR.** fermer). ▸ ***Frayer le chemin*** ou ***la voie à qqn, qqch,*** faciliter la tâche de qqn, permettre la réalisation de qqch : *Cette découverte a frayé la voie à la thérapie génique* (= a ouvert la voie). ◆ v.t. ind. **[avec].** *Litt.* Fréquenter qqn : *Elle ne fraie avec personne.* ◆ v.i. Déposer ses œufs, en parlant d'un poisson femelle ; les féconder, en parlant du mâle. ◆ **se frayer** v.pr. ▸ ***Se frayer une voie*** ou ***un chemin,*** s'ouvrir un passage en écartant les obstacles : *Elle s'est frayé un chemin dans la foule.*

frayère [frɛjɛr] n.f. (de *frayer*). Lieu où les poissons fraient.

frayeur n.f. (du lat. *fragor,* bruit violent, de *frangere,* briser). Peur soudaine et passagère causée par un danger réel ou supposé : *Elle fut saisie de frayeur en entendant du bruit dans l'escalier* (**SYN.** effroi, épouvante, terreur ; **CONTR.** quiétude, sang-froid).

fredaine n.f. (de l'anc. fr. *fredain,* méchant). (Souvent au pl.). Écart de conduite sans gravité : *Il aimerait qu'elle oublie ses fredaines* (**SYN.** frasque, incartade, peccadille).

fredonnement n.m. Action de fredonner ; chant de qqn qui fredonne. (**SYN.** chantonnement).

fredonner v.t. et v.i. (du lat. *fritinnire,* gazouiller) [conj. 3]. Chanter à mi-voix, sans articuler les paroles : *Elle fredonne un air très connu* (**SYN.** chantonner).

free-jazz ou **free jazz** [fridʒaz] n.m. inv. (mots anglo-amér. signif. « jazz libre »). Style de jazz apparu aux États-Unis au début des années 1960, qui prône l'improvisation totale.

free-lance [frilɑ̃s] adj. inv. (mot angl.). Qui effectue un travail à la commande pour des entreprises dont il n'est pas salarié : *Des journalistes free-lance.* ◆ n. (pl. *free-lances*). Professionnel travaillant ainsi : *Il y a de plus en plus de free-lances.* ◆ n.m. Ce mode de travail : *Un photographe qui travaille en free-lance.*

freesia [frezja] n.m. (de *Frees,* nom propre). Plante ornementale, originaire d'Amérique du Sud, cultivée pour ses fleurs en grappes.

freezer [frizœr] n.m. (mot anglo-amér. signif. « congélateur »). Compartiment de congélation d'un réfrigérateur.

frégate n.f. (it. *fregata*). Navire de combat, intermédiaire entre la corvette et le croiseur.

frein n.m. (lat. *frenum*). **1.** Dispositif destiné à ralentir ou à arrêter un ensemble mécanique en mouvement : *Le frein à main d'une voiture. Elle a donné un brusque coup de frein* (**CONTR.** accélérateur). **2.** *Fig.* Ce qui retient, entrave : *La diminution du nombre des naissances est un frein au rajeunissement de la population* (**SYN.** obstacle ; **CONTR.** aide). **3.** En anatomie, ce qui bride ou retient un organe : *Le frein de la langue.* **4.** Partie du mors qui se trouve dans la bouche du cheval. ▸ ***Frein moteur,*** utilisation du moteur d'une automobile comme frein quand on cesse d'accélérer. ***Mettre un frein à qqch,*** chercher à l'arrêter : *Tu dois mettre un frein à ces dépenses inconsidérées.* ***Ronger son frein,*** supporter impatiemment l'inactivité, l'attente ou la contrainte : *Elle ronge son frein en attendant les résultats* (= elle bout d'impatience). ***Sans frein,*** sans limites : *Une ambition sans frein* (**SYN.** effréné ; **CONTR.** modéré). *Des dépenses sans frein.*

freinage n.m. Action de freiner : *Un freinage trop tardif a causé cet accident.*

freiner v.t. [conj. 4]. **1.** Ralentir ou arrêter le mouvement de qqch : *Le chauffeur a réussi à freiner la course du camion. Le mauvais temps a freiné les recherches en mer* (**CONTR.** accélérer). **2.** Ralentir la progression, le développement de ; modérer : *Cette loi a pour objectif de freiner la violence* (**SYN.** diminuer). *Cette nouvelle a freiné sa joie* (**SYN.** tempérer ; **CONTR.** augmenter). ◆ v.i. Ralentir son mouvement ou s'arrêter, en parlant d'un véhicule, de son conducteur : *La moto a freiné brusquement dans le virage* (**CONTR.** accélérer). *Le conducteur a freiné trop tard.*

frelatage n.m. Action de frelater : *Le frelatage d'un alcool* (**SYN.** altération, dénaturation).

frelaté, e adj. **1.** Que l'on a frelaté : *Du vin frelaté* (**SYN.** altéré, dénaturé ; **CONTR.** pur). **2.** Qui n'a rien de naturel ; dont la pureté a été altérée : *Des sourires frelatés* (**SYN.** artificiel, factice ; **CONTR.** spontané). *Un milieu frelaté* (**SYN.** corrompu ; **CONTR.** intègre).

frelater v.t. (du moyen néerl. *verlaten,* transvaser) [conj. 3]. Falsifier un produit, notamm. une denrée alimentaire, une boisson, en y mêlant des substances étrangères : *Ils ont frelaté ces bouteilles d'alcool* (**SYN.** altérer, dénaturer, trafiquer).

frêle adj. (lat. *fragilis,* fragile, de *frangere,* briser). Qui manque de solidité, de force : *Une enfant frêle* (**SYN.** fluet, menu ; **CONTR.** 1. fort, robuste, vigoureux). *Une santé frêle* (**SYN.** faible, fragile ; **CONTR.** solide). *Un frêle bonheur* (**SYN.** fragile, fugitif, précaire ; **CONTR.** durable, éternel).

frelon n.m. (frq. *hurslo*). Grosse guêpe dont la piqûre est très douloureuse.

freluquet n.m. (du moyen fr. *freluque,* mèche de cheveux). **1.** *Fam.* Homme d'apparence chétive ; gringalet. **2.** *Litt., péjor.* Jeune homme frivole et prétentieux : *Ce freluquet ne cesse de nous donner des leçons.*

frémir v.i. (lat. *fremere*) [conj. 32]. **1.** Être agité d'un tremblement causé par le froid, le vent, la peur, la surprise, une émotion, etc. : *Il frémissait de rage* (**SYN.** frissonner, vibrer). **2.** Être agité d'un léger frissonnement qui précède l'ébullition, en parlant d'un liquide : *L'eau de la casserole commence à frémir* (= elle est sur le point de bouillir).

frémissant, e adj. **1.** Qui frémit : *Elle verse l'eau frémissante sur le café.* **2.** Se dit d'une personne extrêmement sensible : *Elle est d'une sensibilité frémissante* (= à fleur de peau ; **SYN.** ardent).

frémissement n.m. **1.** Mouvement de ce qui frémit : *Le frémissement nerveux de ses mains* (**SYN.** tremblement). **2.** Émotion qui se traduit par un tremblement : *Un frémissement d'horreur a parcouru l'auditoire* (**SYN.** frisson, vibration). **3.** Léger mouvement dans un liquide près de bouillir ; frissonnement. **4.** *Fig.* Évolution à peine marquée dans une statistique, un sondage : *On note un frémissement des ventes de ce cédérom.*

frênaie n.f. Lieu planté de frênes.

frénateur, trice adj. (du lat. *frenum,* frein). En physiologie, se dit de ce qui peut freiner l'activité de certains organes : *Nerfs frénateurs du cœur. Médicament frénateur.*

french cancan [frɛnʃkɑ̃kɑ̃] n.m. (pl. *french cancans*). Danse excentrique présentée dans certains cabarets.

frêne n.m. (lat. *fraxinus*). Grand arbre des forêts tempérées, à bois clair, souple et résistant.

frénésie n.f. (du gr. *phrên,* pensée). Degré extrême atteint par une action, un sentiment ; violent état d'exaltation : *Elle l'aime avec frénésie* (**SYN.** ivresse, passion). *Les spectateurs applaudissent avec frénésie* (**SYN.** ardeur, enthousiasme ; **CONTR.** mesure, modération). *Rien ne pouvait endiguer la frénésie de la foule en colère* (**SYN.** fureur ; **CONTR.** calme).

frénétique adj. **1.** Poussé jusqu'à une exaltation extrême, jusqu'à la frénésie : *Des applaudissements frénétiques* (**SYN.** chaleureux, enthousiaste ; **CONTR.** froid). **2.** Se dit de qqn qui se livre à une activité avec passion : *Un joueur frénétique* (**SYN.** acharné, effréné, forcené).

frénétiquement adv. Avec frénésie, passion : *Les spectateurs applaudissent frénétiquement* (**SYN.** chaleureusement, chaudement ; **CONTR.** fraîchement, froidement).

Fréon n.m. (nom déposé). Fluide chloré et fluoré utilisé comme agent frigorifique, notamm. dans les réfrigérateurs.

fréquemment [frekamɑ̃] adv. Avec une grande fréquence : *Elle est fréquemment en retard* (**SYN.** régulièrement, souvent ; **CONTR.** jamais, rarement).

fréquence n.f. (du lat. *frequentia,* foule, affluence). **1.** Caractère de ce qui se reproduit à intervalles rapprochés, de ce qui se répète : *La fréquence de ces appels téléphoniques me dérange* (**SYN.** multiplicité, nombre, répétition ; **CONTR.** rareté). **2.** Nombre de fois où une action, un événement, un fait est observé dans un temps donné : *La fréquence des bus est réduite durant les vacances scolaires.* **3.** En physique, nombre de vibrations par unité de temps dans un phénomène périodique : *L'unité de fréquence est le hertz.* ▸ ***Fréquence du pouls*** ou ***fréquence cardiaque,*** nombre de battements du cœur par minute. ***Modulation de fréquence*** → **modulation.**

fréquencemètre n.m. Appareil servant à mesurer la fréquence d'un courant alternatif.

fréquent, e adj. **1.** Qui se produit souvent, qui se répète : *Les pluies sont fréquentes ici* (**SYN.** continuel ; **CONTR.** rare, sporadique). *Ce mot est de plus en plus fréquent dans le langage des jeunes* (**SYN.** courant, usuel ; **CONTR.** exceptionnel, rare). **2.** Se dit de ce qui arrive souvent, de ce qui est commun dans un cas, une circonstance donnés : *Ces régurgitations sont fréquentes chez le nouveau-né* (**SYN.** habituel, ordinaire ; **CONTR.** étonnant, extraordinaire, inhabituel).

fréquentable adj. Que l'on peut fréquenter : *Des personnes peu fréquentables* (**SYN.** recommandable ; **CONTR.** infréquentable). *Un lieu qui n'est pas très fréquentable.*

fréquentatif, ive adj. Se dit d'un verbe qui indique qu'une action se répète : *« Cligner », « rejouer », « tirailler » sont des verbes fréquentatifs* (**SYN.** itératif). ◆ **fréquentatif** n.m. Verbe fréquentatif.

fréquentation n.f. **1.** Action de fréquenter un lieu, une personne : *Le taux de fréquentation des théâtres est en baisse.* **2.** Personne que l'on fréquente : *Il a de drôles de fréquentations* (**SYN.** relation).

fréquenter v.t. (lat. *frequentare,* être assidu) [conj. 3]. **1.** Aller souvent, habituellement dans un lieu : *Elle fréquente peu les salles de cinéma.* **2.** Avoir des relations suivies avec qqn : *Elle fréquente ces voyous* (**SYN.** frayer avec [litt.], voir). ◆ v.i. En Afrique, aller à l'école. ◆ **se fréquenter** v.pr. Avoir des relations suivies ; se rencontrer souvent : *Leurs familles ne se fréquentent plus.*

fréquentiel, elle adj. Relatif à la fréquence d'un phénomène périodique.

frère n.m. (lat. *frater, fratris*). **1.** Garçon né du même père et de la même mère qu'un autre enfant. **2.** Celui avec qui on est uni par des liens quasi fraternels : *Tu es un véritable frère pour moi.* **3.** Celui qui appartient au même groupe que soi, groupe que l'on considère comme une famille : *Tous les internautes sont ses frères.* **4.** Nom que se donnent entre eux les membres de certaines confréries ou associations : *Les francs-maçons s'appellent frères entre eux.* **5.** Titre donné aux membres de certains ordres religieux : *Il a été élevé chez les frères.* ▸ ***Faux frère,*** personne hypocrite capable de trahir ses amis. ***Frères d'armes,*** compagnons qui ont combattu ensemble pour la même cause. ***Frères ennemis,*** hommes du même parti qui ne s'accordent pas. ◆ adj. m. Uni par d'étroits rapports de solidarité : *Des partis, des pays frères.*

frérot n.m. *Fam.* Petit frère.

fresque n.f. (de l'it. *fresco,* frais). **1.** Type de peinture murale exécutée, à l'aide de couleurs délayées à l'eau, sur une couche de mortier frais à laquelle ces couleurs s'incorporent : *Les fresques de Giotto.* **2.** (Employé abusivement). Toute peinture murale. **3.** *Litt.* Vaste composition littéraire peignant toute une époque, toute une société : *Ce roman est une grande fresque historique.*

fresquiste n. Peintre de fresques.

fressure n.f. (du lat. *frixare,* frire). Ensemble formé par le cœur, la rate, le foie et les poumons d'un animal de boucherie.

fret [frɛ ou frɛt] n.m. (moyen néerl. *vrecht*). **1.** Rémunération due par un expéditeur de marchandises (ou affréteur), pour leur transport par navire, avion, camion ou chemin de fer. **2.** Cargaison : *Un fret de bois.* **3.** Transport de marchandises par navire, avion, camion ou chemin de fer.

fréter v.t. (de *fret*) [conj. 18]. **1.** Donner un navire en location. **2.** Prendre en location un véhicule quelconque : *Ils ont frété un avion* (**SYN.** affréter, louer).

fréteur n.m. Armateur qui s'engage à mettre un navire à la disposition d'un affréteur, lequel utilisera celui-ci moyennant une somme d'argent appelée fret (par opp. à affréteur).

frétillant, e adj. Qui frétille : *Des poissons frétillants. Elle est frétillante de joie.*

frétillement n.m. Mouvement de ce qui frétille : *Le frétillement des poissons dans la nasse.*

frétiller v.i. (bas lat. *frictare*, de *fricare*, frotter) [conj. 3]. **1.** S'agiter par des mouvements vifs et courts : *Le chien frétille de la queue* (**SYN.** remuer). **2.** Manifester vivement un sentiment : *Il frétille de bonheur* (**SYN.** se trémousser).

fretin n.m. (de l'anc. fr. *fraindre*, lat. *frangere*, briser). Petit poisson. ▸ ***Menu fretin***, personnes dont on fait peu de cas ; choses sans valeur, sans importance : *La police n'a arrêté que le menu fretin. Les cambrioleurs ont emporté les pièces de valeur et laissé le menu fretin.*

freudien, enne adj. et n. Relatif au freudisme ; qui se réclame du freudisme.

freudisme n.m. (de *Freud*, n. pr.). Théorie du fonctionnement psychique, de la genèse des troubles psychologiques et de la psychanalyse, développée par S. Freud et ses disciples.

freux n.m. (frq. *hrok*). Corbeau dont la base du bec est grise et dépourvue de plumes.

friabilité n.f. Caractère de ce qui est friable : *La friabilité de la craie.*

friable adj. (du lat. *friare*, réduire en morceaux). Qui peut être aisément réduit en poussière : *De la roche friable.*

friand, e adj. (de *frire*). Qui est gourmand de, qui recherche avidement qqch : *Elle est friande de gâteaux. Il est très friand de films anglais* (**SYN.** amateur ; **CONTR.** réfractaire à). ◆ **friand** n.m. **1.** Petit pâté de charcuterie, fait de pâte feuilletée garnie d'un hachis de viande, de champignons, etc. **2.** Petit gâteau fait d'une pâte à biscuit aux amandes.

friandise n.f. Aliment délicat et agréable au goût, et surtout confiserie, sucrerie, petite pâtisserie.

fric n.m. *Fam.* Argent.

fricadelle n.f. (de *fricasser*). En Belgique, boulette de viande hachée.

fricandeau n.m. (de *fricasser*). **1.** Tranche de veau piquée de menus morceaux de lard et cuite à l'étouffée. **2.** Petit pâté du Massif central.

fricasse n.f. *Fam.* En Suisse, grand froid.

fricassée n.f. **1.** Ragoût de viande blanche ou de volaille coupée en morceaux et cuite dans une sauce. **2.** En Belgique, œuf sur le plat servi avec du lard. **3.** En Louisiane, sauce faite à base de farine roussie dans du beurre.

fricasser v.t. (de *frire* et *casser*) [conj. 3]. Préparer une viande en fricassée.

fricatif, ive adj. (du lat. *fricare*, frotter). Se dit d'une consonne dont la prononciation est caractérisée par le frottement de l'air expiré (*f, v, s, ch, j*).

fric-frac n.m. inv. (onomat.). *Fam., vieilli* Cambriolage avec effraction.

friche n.f. (moyen néerl. *versch*, frais). Terrain non cultivé et abandonné. ▸ ***En friche***, qui n'est pas cultivé, développé : *Cet agriculteur laisse son champ en friche* (= à l'abandon). *Un talent en friche* (= qui n'est pas exploité).

frichti n.m. (mot alsacien, de l'all. *Frühstück*). *Fam.* Repas, plat que l'on prépare.

fricot n.m. *Fam.* Ragoût préparé grossièrement. ▸ *Fam.* ***Faire le fricot***, préparer le repas.

fricotage n.m. *Fam.* Trafic malhonnête.

fricoter v.t. (de *fricot*) [conj. 3]. *Fam.* **1.** Faire cuire ; préparer, cuisiner. **2.** Préparer secrètement qqch : *Je me demande ce qu'elle fricote cette fois-ci* (**SYN.** manigancer, tramer).

fricoteur, euse n. *Fam.* Personne qui se procure des gains illicites par des moyens suspects.

friction n.f. (du bas lat. *frictare*, de *fricare*, frotter). **1.** Frottement que l'on fait sur une partie du corps ; spécial. nettoyage du cuir chevelu avec une lotion aromatique : *Une friction au gant de crin. Une friction à l'eau de Cologne.* **2.** (Surtout au pl.). Désaccord, heurt entre des personnes : *Il y a eu de nombreuses frictions au sein du gouvernement* (**SYN.** conflit, tension).

frictionner v.t. [conj. 3]. Faire des frictions à : *Elle frictionne sa peau avec une lotion parfumée* (**SYN.** frotter, masser).

Frigidaire n.m. (nom déposé). **1.** Nom déposé d'une marque de réfrigérateur. **2.** (Employé abusivement). Tout réfrigérateur, quelle que soit sa marque.

frigidarium [friʒidarjɔm] n.m. (mot lat.). Partie des thermes où l'on prenait des bains froids dans l'Antiquité romaine.

frigide adj. f. (lat. *frigidus*, froid). Se dit d'une femme atteinte de frigidité.

frigidité n.f. Absence d'orgasme chez la femme lors des rapports sexuels.

frigo n.m. (abrév. de *frigorifique*). *Fam.* Réfrigérateur.

frigorifié, e adj. *Fam.* Qui a très froid, en parlant de qqn : *J'étais frigorifiée en attendant le train sur le quai de la gare* (= j'étais gelée).

frigorifier v.t. [conj. 9]. Soumettre au froid pour conserver : *Il vaut mieux frigorifier la viande* (**SYN.** congeler, surgeler).

frigorifique adj. (lat. *frigorificus*). Qui produit du froid ; qui se rapporte à la production de froid : *Un camion frigorifique* (**SYN.** réfrigérant). ◆ n.m. **1.** Établissement de froid industriel. **2.** Appareil qui produit du froid.

frigoriste n. Spécialiste de la production ou de l'utilisation du froid.

frileusement adv. À la façon d'une personne frileuse : *Elle est frileusement emmitouflée dans son châle.*

frileux, euse adj. et n. (du lat. *frigus, frigoris*, froid). Qui est très sensible au froid : *Elle est frileuse et ne sort jamais sans son écharpe.* ◆ adj. Qui hésite à aller de l'avant ; qui manifeste une prudence jugée excessive : *Les banques sont frileuses en matière de crédit* (**SYN.** craintif, timoré ; **CONTR.** audacieux, courageux).

frilosité n.f. Comportement frileux, pusillanime : *La frilosité d'un secteur industriel* (**SYN.** tiédeur, timidité ; **CONTR.** audace, hardiesse).

frimaire n.m. (de *frimas*). Troisième mois du

calendrier républicain, commençant le 21, 22 ou 23 novembre et finissant le 20, 21 ou 22 décembre.

frimas [frima] n.m. (frq. *frim*). *Litt.* Brouillard froid et épais qui se glace en tombant : *Les frimas de l'hiver.*

frime n.f. (de l'anc. fr. *frume*, mauvaise mine). *Fam.* Apparence trompeuse destinée à faire illusion ou à impressionner les autres : *C'est de la frime* (**SYN.** bluff, comédie). ▸ *Fam.* ***Pour la frime,*** pour étonner, pour se rendre intéressant ; en apparence seulement : *Il veut acheter cette voiture pour la frime. Ils ne se supportent plus mais ils se parlent encore pour la frime* (= pour donner le change).

frimer v.i. (de *frime*) [conj. 3]. *Fam.* **1.** Prendre une attitude assurée pour faire illusion : *Elle frime pour cacher sa timidité naturelle* (**SYN.** bluffer). **2.** Faire l'important pour attirer l'attention sur soi : *Il ne cesse de frimer* (**SYN.** fanfaronner).

frimeur, euse adj. et n. *Fam.* Qui frime ; bluffeur, prétentieux.

frimousse n.f. (de *frime*). **1.** *Fam.* Visage d'un enfant ou d'une jeune personne : *Il a une jolie frimousse* (**SYN.** minois). **2.** Dans un message électronique, association de signes typographiques évoquant un visage expressif (**SYN.** smiley [anglic.]).

fringale n.f. *Fam.* **1.** Faim subite et pressante. **2.** Désir violent, irrésistible de qqch : *Une fringale de musique* (**SYN.** besoin, envie ; **CONTR.** dégoût).

fringant, e adj. (du moyen fr. *fringuer*, gambader). **1.** Se dit d'une personne vive, élégante et un peu coquette : *Un homme encore fringant pour son âge* (**SYN.** pétulant, sémillant ; **CONTR.** indolent, mou, nonchalant). *Une assistante fringante* (**SYN.** guilleret, pimpant). **2.** Se dit d'un cheval vif et qui a belle allure.

fringue n.f. (Surtout au pl.). *Fam.* Vêtement.

fringuer v.t. [conj. 3]. *Fam.* Habiller de telle façon : *As-tu vu comment elle fringue ses enfants ?* (**SYN.** accoutrer, vêtir). ◆ **se fringuer** v.pr. *Fam.* S'habiller : *Je n'aime pas du tout la façon dont elle se fringue* (**SYN.** s'accoutrer, se vêtir).

fripe n.f. (anc. fr. *frepe*, chiffon, du lat. *faluppa*, brin de paille). (Surtout au pl.). *Fam.* Vêtement usé, d'occasion.

friper v.t. [conj. 3]. **1.** Chiffonner : *Elle a fripé son manteau en s'asseyant dessus* (**SYN.** froisser ; **CONTR.** défroisser). **2.** Rider : *Une peau fripée* (**SYN.** faner, flétrir). ◆ **se friper** v.pr. **1.** Devenir chiffonné, froissé : *Cette jupe se fripe facilement.* **2.** Se rider : *Son visage se fripe avec l'âge* (**SYN.** se faner, se flétrir).

friperie n.f. Commerce de vêtements usagés, d'occasion ; vêtements fripés.

fripier, ère n. Personne qui fait le commerce des vêtements d'occasion.

fripon, onne n. (du moyen. fr. *friper*, avaler goulûment). *Fam.* Enfant espiègle : *C'est un vrai petit fripon !* (**SYN.** coquin, garnement). ◆ adj. Qui dénote une malice un peu provocante et sensuelle : *Elle ne cesse de lui lancer des regards fripons* (**SYN.** coquin, polisson ; **CONTR.** réservé).

friponnerie n.f. Caractère ou acte de fripon ; espièglerie.

fripouille n.f. (de *fripe*). *Fam.* Personne d'une grande malhonnêteté, sans scrupule : *Cette fripouille a escroqué des personnes âgées* (**SYN.** canaille, crapule).

friqué, e adj. (de *fric*). *Fam.* Qui a beaucoup d'argent : (**SYN.** aisé, fortuné, riche ; **CONTR.** nécessiteux, pauvre).

frire v.t. (lat. *frigere*) [conj. 115]. Faire cuire un aliment dans un corps gras bouillant : *Il frit des pommes de terre.* ◆ v.i. Cuire dans un corps gras bouillant, en parlant d'un aliment : *Du poisson qui frit dans l'huile.* ▸ ***Faire frire qqch,*** le frire : *Nous faisons frire des beignets.*

frisant, e adj. Se dit de la lumière qui frappe de biais une surface en l'effleurant : *La lumière frisante des premiers rayons de soleil* (**SYN.** rasant).

Frisbee [frizbi] n.m. (nom déposé). Petit disque de plastique qui plane quand on le lance en le faisant tourner sur lui-même ; jeu pratiqué avec ce disque.

① **frise** n.f. (it. dialect. *friso*, du lat. *phrygium*, phrygien). Bande continue et génér. décorée ornant un mur, un objet, etc. : *Les frises du Parthénon.*

② **frise** n.f. (néerl. *friese ruiter*, cavalier frison [de la Frise]). ▸ ***Cheval de frise*** → **cheval.**

frisé, e adj. **1.** Qui forme des boucles fines et serrées : *Des cheveux frisés* (**SYN.** bouclé ; **CONTR.** raide). **2.** Dont les feuilles sont finement dentelées : *Une salade frisée.* ◆ adj. et n. Dont les cheveux frisent.

frisée n.f. Chicorée d'une variété à feuilles frisées, consommée en salade.

friselis [frizli] n.m. *Litt.* Frémissement doux : *Le friselis des feuilles sous le vent* (**SYN.** bruissement, froufrou, murmure).

friser v.t. [conj. 3]. **1.** Faire des boucles à qqch, à qqn : *Il frise ses cheveux* (**SYN.** boucler ; **CONTR.** défriser). *Elle se fait friser chez le coiffeur.* **2.** Passer en frôlant : *Le projectile lui a frisé le visage* (**SYN.** effleurer, raser). **3.** Être près d'atteindre qqch, s'en approcher de très près : *Nous avons frisé le scandale. Il frise la cinquantaine.* ◆ v.i. **1.** Former des boucles : *Ses cheveux frisent* (**SYN.** boucler). **2.** Avoir les cheveux qui frisent : *Il ne frise pas naturellement.*

① **frisette** n.f. (de *1. frise*). Petite planche, petite lame de parquet, de boiserie.

② **frisette** n.f. ou **frisottis** [frizɔti] n.m. *Fam.* Petite boucle de cheveux frisés : *Ses cheveux font des frisettes* (**SYN.** bouclette, frisure).

① **frison, onne** adj. et n. Relatif à la Frise, à ses habitants. ◆ **frison** n.m. Langue germanique parlée dans la Frise.

② **frison, onne** n. et adj. Race bovine laitière à robe pie noir.

frisottant, e ou **frisotté, e** adj. Qui frisotte : *Des mèches de cheveux frisottantes.*

frisotter v.t. et v.i. [conj. 3]. Friser en petites boucles.

frisottis n.m. → **2. frisette.**

frisquet, ette adj. (wallon *frisque*, froid, du flamand). *Fam.* Un peu froid : *Un vent frisquet.*

frisson n.m. (bas lat. *frictio*). Tremblement passager et involontaire dû au froid, à un état fébrile ou à une émotion : *Un frisson de fièvre* (**SYN.** grelottement). *Ce film m'a donné le frisson* (= m'a fait peur).

frissonnant, e adj. Qui frissonne : *Elle se sent frissonnante* (**SYN.** grelottant, tremblant).

frissonnement n.m. **1.** Léger frisson : *Un frissonnement de peur* (**SYN.** tremblement). **2.** *Litt.* Léger tremblement : *Le frissonnement de l'eau qui commence à bouillir* (**SYN.** frémissement).

frissonner v.i. [conj. 3]. **1.** Avoir des frissons : *Elle frissonne de froid* (**SYN.** grelotter, trembler). *Il frissonna d'effroi.* **2.** *Litt.* S'agiter légèrement, en parlant de qqch : *Les feuilles frissonnent sous le vent* (**SYN.** frémir, palpiter).

frisure n.f. **1.** Façon de friser ; état des cheveux frisés : *Une frisure naturelle.* **2.** *Vx* Petite boucle, mèche de cheveux frisés (**SYN.** bouclette, frisette, frisottis).

frit, e adj. Se dit d'un aliment cuit dans une friture : *Des beignets frits.*

frite n.f. (de *frire*). **1.** (Surtout au pl.). Bâtonnet de pomme de terre frit. **2.** *Fam.* Coup sur les fesses donné d'un geste vif du dos de la main. ▸ *Fam.* ***Avoir la frite,*** être en forme.

friterie n.f. Local ou installation ambulante où l'on fait des fritures, des frites.

friteuse n.f. Récipient muni d'un égouttoir amovible permettant de faire cuire un aliment dans un bain de friture.

friton n.m. **1.** Résidu frit que l'on obtient en faisant fondre par petits morceaux la graisse d'oie ou de porc. **2.** Sorte de pâté à base de morceaux d'abats, langue, cœur, rognon, etc., assemblés dans de la gelée et qui est une spécialité du sud-ouest de la France. ◆ **fritons** n.m. pl. Grattons.

friture n.f. (de *frire*). **1.** Action ou manière de frire un aliment : *Une friture à l'huile.* **2.** Corps gras dont on se sert pour frire des aliments : *Il plonge les pommes de terre dans la friture bouillante.* **3.** Aliment frit ; spécial. petits poissons frits, ou à frire : *Elle a pêché de la friture.* **4.** Bruit parasite dans un appareil de radio, un téléphone : *Je t'entends mal, il y a de la friture sur la ligne* (**SYN.** grésillement). **5.** En Belgique, baraque à frites ; friterie.

frivole adj. (lat. *frivolus,* de peu de prix). **1.** Qui est peu sérieux : *Des paroles frivoles* (**SYN.** futile, insignifiant ; **CONTR.** 1. grave, important, sérieux). **2.** Qui ne s'occupe que de choses sans importance : *Un esprit frivole* (**SYN.** léger, superficiel ; **CONTR.** profond). **3.** Qui est instable dans ses attachements : *Une femme frivole* (**SYN.** volage ; **CONTR.** fidèle).

frivolement adv. Avec frivolité.

frivolité n.f. **1.** Caractère frivole de qqn, de qqch : *La frivolité de certains amuseurs. La frivolité des soirées mondaines* (**SYN.** futilité, légèreté ; **CONTR.** gravité, sérieux). **2.** (Surtout au pl.). Occupation frivole : *Ces frivolités l'amusent.*

froc [frɔk] n.m. (frq. *frokk*). **1.** *Fam.* Pantalon. **2.** Habit de moine.

frœbélien, enne ou **frœbelien, enne** [frœbeljɛ̃, ɛn] adj. (de *Fröbel,* pédagogue all.). Relatif à l'éducation donnée dans les jardins d'enfants en Belgique. ◆ n. En Belgique, instituteur de maternelle.

① **froid, e** adj. (lat. *frigidus*). **1.** Qui est à basse température ; où la température est basse : *Cette boisson est trop froide. Cette chambre est très froide l'hiver* (**SYN.** glacial ; **CONTR.** 1. chaud). **2.** Qui n'est plus chaud, qui a refroidi : *Le repas nous a été servi froid* (**CONTR.** brûlant). *Une odeur de tabac froid.* **3.** Qui dégage ou procure peu de chaleur : *Un froid soleil d'hiver* (**SYN.** pâle ; **CONTR.** ardent). **4.** Qui manifeste du sang-froid, qui est maître de soi : *Il reste froid devant le danger* (**SYN.** impassible ; **CONTR.** émotif). *Une colère froide* (**SYN.** intérieur, refoulé ; **CONTR.** démonstratif). **5.** Qui manifeste de l'indifférence, qui manque de chaleur humaine : *Leurs malheurs la laissent froide* (**SYN.** indifférent, insensible ; **CONTR.** ému, sensible). *Il se montre très froid avec son nouveau collègue* (**SYN.** distant, réservé ; **CONTR.** cordial). *Un accueil froid* (**SYN.** glacial ; **CONTR.** chaleureux). ▸ ***Couleurs froides,*** couleurs plus proches du bleu que du rouge et qui, de ce fait, ne procurent aucune impression de vie : *Le vert est une couleur froide* (**CONTR.** 1. chaud). ***Garder la tête froide,*** rester maître de soi, ne pas s'affoler. ◆ **froid** adv. ▸ *Litt.* ***Battre froid à qqn,*** se montrer peu aimable, voire hostile à son égard. ***Il fait froid,*** la température ambiante est basse. ***Manger, boire froid,*** absorber un aliment froid, une boisson froide.

② **froid** n.m. **1.** Température basse ou très basse : *Le froid s'est abattu sur tout le pays* (**CONTR.** chaleur). *Les premiers grands froids* (= le début de l'hiver). **2.** Sensation que font éprouver l'absence ou la diminution de la chaleur : *Mets ton écharpe pour ne pas avoir froid !* (**CONTR.** 2. chaud). **3.** Absence ou diminution d'affection, de cordialité : *Ils sont en froid* (= ils ne se parlent plus). ▸ ***À froid,*** sans soumettre à la chaleur ; fig., sans émotion apparente, quand les passions se sont calmées : *La voiture démarre à froid. Il parle à froid de leur relation sentimentale.* ***Attraper*** ou ***prendre froid,*** s'enrhumer par temps froid. ***Faire froid dans le dos,*** faire peur. *Fam.* ***Froid de canard*** ou ***de loup,*** froid très vif. ***Jeter un froid,*** susciter une sensation de gêne. ***N'avoir pas froid aux yeux,*** être hardi, décidé, courageux. ***Opérer à froid,*** pratiquer une intervention chirurgicale quand il n'y a pas de poussée inflammatoire.

froidement adv. **1.** Avec calme et lucidité : *Il examine froidement la situation* (**SYN.** calmement, sereinement). **2.** Avec réserve : *Cette proposition a été froidement reçue* (**SYN.** fraîchement ; **CONTR.** chaleureusement, chaudement). **3.** Avec une totale insensibilité ; sans aucun scrupule : *Ils l'ont abattu froidement* (= de sang-froid).

froideur n.f. Absence de sensibilité ; indifférence : *Elle lui a parlé avec froideur* (**SYN.** dureté, sécheresse ; **CONTR.** chaleur, cordialité).

froidure n.f. *Litt.* Température froide ; saison froide.

froissable adj. Qui se froisse facilement : *Une jupe facilement froissable* (**CONTR.** infroissable).

froissement n.m. **1.** Action de froisser ; son résultat : *Le froissement d'un vêtement* (**SYN.** chiffonnage). **2.** Bruit que produit qqch que l'on froisse : *Un froissement de papier* (**SYN.** bruissement, froufrou). **3.** Contusion due à un traumatisme ; claquage : *Un froissement musculaire.*

froisser v.t. (lat. pop. *frustiare,* de *frustum,* morceau) [conj. 3]. **1.** Faire prendre des faux plis ; friper : *Elle a froissé son pantalon en lin* (**SYN.** chiffonner ; **CONTR.** défriper, défroisser). **2.** Heurter par manque de tact ; blesser moralement : *Ton refus l'a froissée* (**SYN.** offenser ; **CONTR.** flatter). **3.** Meurtrir par une pression violente ; endommager par un choc : *Froisser un muscle* (**SYN.** contusionner). *Ce n'est pas grave, il n'y a que de la tôle froissée* (**SYN.** cabosser). ◆ **se froisser** v.pr. Se vexer :

Elle se froisse facilement. ▸ ***Se froisser un muscle, un nerf,*** le distendre à l'occasion d'un effort, d'un faux mouvement.

frôlement n.m. Action de frôler ; bruit léger qui en résulte ; effleurement, frou-frou.

frôler v.t. (onomat.) [conj. 3]. **1.** Toucher légèrement en passant : *Son bras a frôlé le mien* (**SYN.** effleurer). **2.** Passer très près de qqn, de qqch sans le toucher : *La balle a frôlé le filet* (**SYN.** raser). **3.** Échapper de justesse à qqch : *Cette entreprise a frôlé la faillite* (**SYN.** friser).

frôleur, euse adj. Qui frôle : *Un geste frôleur.*

fromage n.m. (du lat. pop. *formaticus,* fait dans une forme). **1.** Aliment obtenu par coagulation du lait, égouttage du caillé ainsi obtenu et, éventuellement, affinage ; masse de cet aliment moulé de façons diverses : *Du fromage de chèvre.* **2.** Bénéfices qui découlent d'une situation lucrative et peu fatigante : *Ils se partagent le fromage.* ▸ *Fam.* ***Entre la poire et le fromage,*** à la fin du repas, quand la gaieté et la convivialité sont plus grandes. *Fam.* ***Faire un fromage*** ou ***tout un fromage de qqch,*** donner une importance exagérée à un événement mineur : *Tu ne vas pas en faire un fromage parce qu'il n'est pas venu !* ***Fromage de tête,*** pâté fait de morceaux de tête de porc enrobés de gelée.

① **fromager** n.m. Très grand arbre des régions tropicales, à bois blanc et tendre, dont les fruits fournissent le kapok.

② **fromager, ère** adj. **1.** Relatif au fromage : *L'industrie fromagère.* **2.** Qui contient du fromage : *Un tourteau fromager.* ◆ n. Professionnel qui fabrique ou vend des fromages.

fromagerie n.f. Endroit où l'on fait, où l'on garde, où l'on vend des fromages.

froment n.m. (lat. *frumentum*). Blé tendre : *De la farine de froment.*

fronce n.f. (frq. *hrunka,* ride). Pli non aplati obtenu en faisant coulisser une étoffe sur un fil : *Une robe à fronces.*

froncement n.m. **1.** Action de faire des fronces à un tissu. **2.** Action de plisser, de rider les sourcils ou le front : *D'un froncement de sourcils, elle indiqua son désaccord.*

froncer v.t. [conj. 16]. **1.** Resserrer ou orner par des fronces un vêtement, un tissu : *Elle fronce ses nouveaux rideaux.* **2.** Plisser, rider en contractant : *Il fronce les sourcils.*

froncis [frɔ̃si] n.m. Suite de fronces, de plis faits à un tissu, un vêtement.

frondaison n.f. (de *3. fronde*). **1.** Époque où apparaissent les feuilles des arbres (**SYN.** feuillaison). **2.** Ensemble des feuilles d'un arbre : *Une abondante frondaison* (**SYN.** feuillage).

① **fronde** n.f. (lat. *funda*). **1.** Arme de jet constituée d'une pièce de matière souple (comme le cuir), dans laquelle est placé le projectile et que l'on fait tournoyer à l'aide de lanières tenues à la main. **2.** Lance-pierre.

② **fronde** n.f. (de *fronder*). *Sout.* Révolte d'un groupe contre les institutions, la société, l'autorité : *Un esprit de fronde règne au sein du gouvernement* (**SYN.** rébellion). ▸ ***La Fronde,*** soulèvement contre Anne d'Autriche et Mazarin en France, de 1648 à 1653.

③ **fronde** n.f. (lat. *frons, frondis,* feuillage). Feuille des fougères.

fronder v.t. (de *1. fronde*) [conj. 3]. *Sout.* Critiquer, railler une personne détenant un pouvoir, une autorité : *L'opposition fronde le gouvernement* (**SYN.** attaquer ; **CONTR.** défendre).

frondeur, euse n. Personne qui participa à la Fronde. ◆ adj. et n. *Sout.* Qui manifeste le goût de la contradiction, de la critique, de l'insoumission : *Une génération frondeuse* (**SYN.** contestataire, révolté ; **CONTR.** obéissant, soumis).

front n.m. (lat. *frons, frontis*). **1.** Partie avant du crâne des vertébrés allant, chez l'homme, de la racine des cheveux à l'arcade sourcilière : *Un front bombé. Humecter le front d'un malade.* **2.** *Litt.* Audace, impudence : *Il a le front de venir jusqu'ici !* (**SYN.** effronterie, insolence). **3.** Partie supérieure ou face avant de qqch : *Le front d'une montagne* (**SYN.** cime, sommet). *Le front d'un édifice* (**SYN.** façade ; **CONTR.** arrière, derrière, dos). **4.** Ligne présentée par une troupe de militaires en ordre de bataille (par opp. à flanc). **5.** Dans une guerre, limite avant de la zone de combat ; cette zone de combat elle-même (par opp. à arrière) : *Il est parti pour le front.* **6.** Domaine, secteur dans lequel existent des difficultés ou un blocage : *La majorité gouvernementale doit se battre sur tous les fronts. Remous sur le front boursier.* **7.** Coalition d'organisations politiques ou d'individus : *Le Front populaire. Il faut constituer un front contre le sida* (**SYN.** bloc, union). **8.** Zone marquant le contact entre deux masses d'air convergentes, différenciées par leur température et leur degré d'humidité : *Un front d'air chaud.* ▸ *Litt.* ***Baisser*** ou ***courber le front,*** éprouver un sentiment de honte. ***De front,*** de face, par-devant ; côte à côte sur une même ligne ; en même temps ; d'une manière directe, sans ménagement : *Ils ont attaqué de front* (**CONTR.** par-derrière). *Ils marchent de front. Cette avocate mène de front plusieurs affaires* (= conjointement, simultanément). *Ils abordent les problèmes de front* (= ouvertement, résolument). ***Faire front,*** tenir tête ; faire face : *Les manifestants firent front aux forces de l'ordre. Face à ce malheur, nous saurons faire front.* ***Front de mer,*** avenue, promenade en bord de mer.

frontal, e, aux adj. **1.** Qui se fait de face, par-devant : *La collision frontale de deux voitures.* **2.** Qui appartient au front : *L'os frontal.* ◆ **frontal** n.m. (pl. *frontaux*). **1.** Os du front. **2.** Pièce du harnais qui passe sur le front du cheval.

frontalier, ère adj. et n. Qui habite une région voisine d'une frontière et, partic., qui va travailler chaque jour au-delà de cette fontière : *Des travailleurs frontaliers. Une frontalière.* ◆ adj. Situé à la frontière : *La population frontalière.*

frontière n.f. (de *front*). **1.** Limite qui sépare deux États. **2.** (Employé en appos., sans trait d'union). Situé à la frontière : *Des villes frontières* (**SYN.** frontalier, limitrophe). **3.** *Fig.* Limite, lisière entre deux choses différentes : *Quelle est la frontière entre l'obéissance et la soumission ?* (**SYN.** délimitation, démarcation). **4.** Ce qui délimite un champ d'action, un domaine : *Les frontières de la science* (**SYN.** limite). ▸ ***Frontière naturelle,*** frontière formée par un élément géographique : *Cette* *montagne constitue une frontière naturelle entre les deux pays.*

frontignan n.m. Vin doux naturel produit dans la région de Frontignan, obtenu à partir de raisin muscat.

frontispice n.m. (bas lat. *frontispicium*). **1.** *Vx* Façade principale d'un édifice. **2.** Titre d'un livre imprimé, placé à la première page. **3.** Illustration placée en face du titre d'un livre.

fronton n.m. (it. *frontone*). **1.** Couronnement d'une façade, d'un meuble, de forme triangulaire ou semi-circulaire et qui repose sur une base horizontale : *Le fronton des temples grecs.* **2.** Mur contre lequel on lance la balle, à la pelote basque ; le terrain de jeu lui-même.

frottage n.m. Action de frotter.

frotte-manche n. (pl. *frotte-manches*). *Fam.* En Belgique, personne qui fait du zèle devant ses supérieurs ; lèche-bottes.

frottement n.m. Contact de deux corps en mouvement ou de deux corps dont l'un est en mouvement ; bruit qui en résulte : *Le frottement d'une allumette sur une boîte* (**SYN.** grattage). *On entend le frottement des patins sur la glace* (**SYN.** grattement).

frotter v.t. (anc. fr. *freter*, du bas lat. *frictare*, de *fricare*) [conj. 3]. **1.** Exercer une pression sur qqch tout en faisant des mouvements répétés : *Il frotte le parquet* (**SYN.** astiquer, nettoyer). *Frotte-lui le dos pour le réchauffer* (**SYN.** frictionner). **2.** Enduire par frottement ou friction : *Elle frotte le pain d'ail.* **3.** Passer à plusieurs reprises une chose sur une autre en appuyant : *Elle frotte deux cailloux l'un contre l'autre.* ▸ *Fam.* ***Frotter la manche,*** en Belgique, flatter qqn pour en recevoir une faveur. ***Frotter les oreilles à qqn,*** le réprimander, le punir. ◆ v.i. Produire un frottement : *La porte frotte en se fermant.* ◆ **se frotter** v.pr. **[à]. 1.** *Fam.* Provoquer, attaquer qqn : *Il vaut mieux ne pas se frotter à cette femme* (= ne pas s'en prendre à elle). **2.** *Litt.* Entrer en contact avec qqn : *Elle a dû se frotter au monde des affaires* (**SYN.** frayer avec [litt.], fréquenter).

frottis [frɔti] n.m. (de *frotter*). Préparation en couche mince, sur une lame de verre, d'un liquide organique ou de cellules, prélevés en vue d'un examen microscopique : *Un frottis vaginal, sanguin.*

frottoir n.m. Surface enduite d'un produit permettant l'inflammation des allumettes par friction.

froufrou ou **frou-frou** n.m. (onomat.) [pl. *froufrous, frous-frous*]. **1.** Léger bruit que produit le froissement des étoffes, des feuilles, etc. (**SYN.** bruissement, friselis [litt.]). **2.** (Surtout au pl.). Ornement de tissu (volant, dentelle, ruban) d'un vêtement féminin : *Une robe à froufrous.*

froufroutant, e adj. Qui froufroute : *Une robe de soirée froufroutante.*

froufroutement n.m. Bruit de froufrou : *Le froufroutement des feuilles sous le vent* (**SYN.** bruissement, friselis [litt.]).

froufrouter v.i. [conj. 3]. Faire un bruit léger semblable à un froissement.

frouiller v.i. [conj. 3]. En Suisse, tricher.

froussard, e adj. et n. *Fam.* Peureux, poltron : *Elle a peur de tout, je n'ai jamais vu une telle froussarde.*

frousse n.f. *Fam.* Peur : *Elle n'a pas la frousse* (= elle n'a pas peur).

fructidor n.m. (du lat. *fructus*, fruit, et du gr. *dôron*, don). Douzième mois du calendrier républicain, commençant le 18 ou le 19 août et finissant le 16 ou le 17 septembre.

fructifère adj. Qui porte des fruits.

fructification n.f. Formation, production des fruits ; époque où a lieu cette formation.

fructifier v.i. (du lat. *fructus*, fruit) [conj. 9]. **1.** Porter des fruits ; produire des récoltes : *L'été, les arbres fructifient* (**SYN.** donner). **2.** Produire de bons résultats, des bénéfices : *Cette start-up fructifie* (**SYN.** se développer, prospérer ; **CONTR.** péricliter). *Elle fait fructifier son capital* (**SYN.** rapporter, travailler).

fructose n.m. (du lat. *fructus*, fruit). Sucre contenu dans le miel et dans de nombreux fruits.

fructueusement adv. De façon fructueuse : *Une mission fructueusement accomplie* (= avec succès ; **CONTR.** infructueusement).

fructueux, euse adj. (lat. *fructuosus*). **1.** Profitable, avantageux : *Un travail fructueux* (**SYN.** lucratif, rentable ; **CONTR.** bénévole, gratuit). **2.** Qui donne un résultat utile : *Une enquête fructueuse* (**SYN.** fécond ; **CONTR.** infécond, stérile).

frugal, e, aux adj. (lat. *frugalis*, sobre). **1.** Qui consiste en aliments simples et peu abondants : *Un dîner frugal* (**SYN.** léger ; **CONTR.** copieux). **2.** Qui vit, se nourrit d'une manière simple : *Une personne frugale* (**SYN.** sobre, tempérant [sout.] ; **CONTR.** glouton, goulu, vorace).

frugalement adv. De façon frugale : *Il mange frugalement* (**SYN.** sobrement ; **CONTR.** voracement).

frugalité n.f. Caractère frugal de qqn, de qqch : *La frugalité d'un ermite* (**SYN.** sobriété, tempérance ; **CONTR.** gloutonnerie, voracité). *La frugalité d'un repas* (**SYN.** simplicité).

frugivore adj. et n. (du lat. *frux, frugis*, fruit). Qui se nourrit de fruits : *L'écureuil est frugivore.*

fruit n.m. (lat. *fructus*). **1.** Organe végétal qui succède à la fleur et qui, à maturité, contient les graines : *Fruits à pépins, à noyaux. Les olives et les tomates sont des fruits.* **2.** Produit comestible de certains végétaux, de saveur génér. sucrée et consommé souvent comme dessert : *La pêche est le fruit qu'il préfère. Un fruit juteux, farineux.* **3.** *Fig.* Résultat bénéfique, profit, avantage tiré de qqch : *Elle a retiré les fruits de son travail* (**SYN.** bénéfice, gain, rapport). *Il nous a livré le fruit de ses réflexions* (**SYN.** aboutissement, conclusion). **4.** *Litt.* Enfant considéré par rapport à ses parents : *Elle est le fruit d'un amour illégitime.* ▸ ***Fruit confit,*** fruit cuit légèrement dans un sirop de sucre, puis séché lentement. ***Fruit défendu,*** fruit dont Adam et Ève mangèrent malgré la défense de Dieu ; fig., plaisir interdit, et d'autant plus désirable. ***Fruit sec,*** fruit naturellement dépourvu de pulpe, ou que l'on a desséché ; fig., personne qui a déçu toutes les espérances que l'on fondait sur elle. ◆ **fruits** n.m. pl. *Litt.* Produits, récoltes : *Les fruits de la Terre.* ▸ ***Fruits de mer,*** crustacés et coquillages comestibles. ***Fruits rafraîchis,*** salade de fruits frais au sucre et arrosés d'alcool.

fruité, e adj. Qui a l'odeur ou le goût d'un fruit frais : *Un parfum fruité. Un vin fruité.*

fruiterie n.f. Magasin où l'on vend des fruits et des légumes frais.

① **fruitier, ère** adj. Qui produit des fruits comestibles : *Un arbre fruitier.* ◆ n. Personne qui vend des fruits frais.

② **fruitier** n.m. Local, étagère où l'on conserve les fruits.

fruitière n.f. **1.** Petite coopérative de producteurs de lait pour la fabrication du fromage, notamm. du gruyère. **2.** Établissement où se fabrique ce fromage.

frusques n.f. pl. (de *saint-frusquin*). *Fam.* Vêtements, en partic. vêtements de peu de valeur ou usagés : *Vas-tu enfin jeter ces frusques ?* (**SYN.** hardes [litt.]).

fruste [fryst] adj. (it. *frusto*, usé, du lat. *frustum*, morceau). **1.** Qui manque de finesse, d'élégance : *Une femme fruste* (**SYN.** inculte, rude ; **CONTR.** cultivé, raffiné). *Des manières frustes* (**SYN.** grossier ; **CONTR.** délicat, distingué). *Un style fruste* (**SYN.** rudimentaire ; **CONTR.** brillant). **2.** Se dit d'une pièce, d'une médaille dont le relief, usé par le temps, n'est presque plus visible.

frustrant, e adj. Qui frustre : *Un échec frustrant.*

frustration n.f. **1.** Action de frustrer : *La frustration d'un héritier* (**SYN.** dépossession, spoliation). **2.** Tension psychologique qui résulte de l'impossibilité de satisfaire son désir : *Il éprouve un sentiment de frustration* (**SYN.** insatisfaction ; **CONTR.** satisfaction).

frustré, e adj. et n. Se dit de qqn qui souffre de frustration.

frustrer v.t. (du lat. *frustrari*, tromper, décevoir) [conj. 3]. **1.** Priver qqn d'un bien, d'un avantage dont il croyait pouvoir disposer : *Cet incident l'a frustré d'une victoire méritée* (**SYN.** déposséder, dépouiller). *Ce testament frustre les cadets de la famille* (**SYN.** léser, spolier ; **CONTR.** favoriser). **2.** Mettre qqn dans un état de frustration : *Ce père sévère frustre ses enfants* (**SYN.** priver ; **CONTR.** combler). **3.** Ne pas répondre à une attente : *Il a frustré les espoirs de ses parents* (**SYN.** décevoir, tromper ; **CONTR.** combler, satisfaire).

FTP [ɛftepe] n.m. (sigle de l'angl. *file transfert protocole*). Ensemble de règles et codes régissant le transfert de fichiers entre deux ordinateurs distants, reliés par réseau, utilisé notamm. sur Internet.

fuchsia [fyʃja ou fyksja] n.m. (de *Fuchs*, nom d'un botaniste bavarois). Arbrisseau ornemental originaire d'Amérique, aux fleurs pendantes rouge violacé. ◆ adj. inv. D'une couleur rose violacé, pourpre.

fuchsine [fyksin] n.f. Substance colorante rouge, utilisée dans l'étude des bactéries.

fucus [fykys] n.m. (mot lat.). Algue brune, abondante sur les côtes rocheuses.

fuel [fjul] ou **fuel-oil** [fjulɔjl] (pl. *fuel-oils*) n.m. → **fioul.**

fugace adj. (lat. *fugax*, de *fugere*, fuir). Qui ne dure pas ; qui disparaît rapidement, facilement : *Un souvenir fugace* (**SYN.** éphémère, fugitif ; **CONTR.** durable, éternel). *Une douleur fugace* (**SYN.** 1. bref, passager ; **CONTR.** tenace).

fugacité n.f. *Litt.* Caractère de ce qui est fugace : *La fugacité d'une sensation* (**SYN.** brièveté ; **CONTR.** permanence).

fugitif, ive adj. et n. (lat. *fugitivus*, de *fugere*, fuir). Qui a pris la fuite : *La police recherche les fugitives* (**SYN.** évadé, fuyard). ◆ adj. Qui ne dure pas, qui disparaît rapidement : *Une impression fugitive* (**SYN.** évanescent, fugace ; **CONTR.** durable, persistant). *Un bonheur fugitif* (**SYN.** éphémère, passager ; **CONTR.** éternel, stable).

fugitivement adv. De façon fugitive (**CONTR.** durablement).

fugue n.f. (it. *fuga*, fuite). **1.** Fait de s'enfuir de son domicile, notamm. pour un enfant mineur : *Cette jeune fille a fait une fugue.* **2.** Fait de s'échapper temporairement de son cadre de vie habituel : *Ils ont fait une fugue à la campagne* (**SYN.** escapade). **3.** Composition musicale qui donne l'impression d'une fuite et d'une poursuite par l'entrée successive des voix et la reprise d'un même thème.

fuguer v.i. [conj. 3]. *Fam.* Faire une fugue : *Cet enfant a fugué* (= il s'est enfui du domicile parental).

fugueur, euse adj. et n. Se dit d'un enfant ou d'un adolescent qui a tendance à faire des fugues : *Cet enfant est fugueur.*

führer [fyrœr] n.m. (mot all. signif. « conducteur, guide »). Titre porté par Adolf Hitler à partir de 1934.

fuir v.i. (lat. *fugere*) [conj. 35]. **1.** S'éloigner rapidement pour échapper à qqn, à qqch : *Il a fui à travers champs* (**SYN.** s'enfuir, se sauver). *Elle ne fuit pas devant les problèmes* (**SYN.** se dérober à, éluder). **2.** *Litt.* S'éloigner rapidement ; donner l'impression de s'écouler rapidement, de disparaître : *L'été a fui* (**SYN.** s'écouler, passer ; **CONTR.** continuer, demeurer). *Le temps fuit* (**SYN.** s'enfuir, s'envoler). **3.** S'échapper par un trou, une fissure : *Le gaz a fui par la fente.* **4.** Laisser échapper son contenu : *Cette bouteille d'eau fuit.* ◆ v.t. **1.** Chercher à éviter qqn, à se soustraire à qqch : *Elle fuit les menteurs* (**SYN.** esquiver, se garder de). *Il fuit les soirées mondaines. Elle fuit le regard de cet homme* (**SYN.** éviter ; **CONTR.** rechercher). **2.** *Litt.* Ne pas se laisser saisir ; échapper à : *Le sommeil me fuit.*

fuite n.f. **1.** Action de fuir, de se soustraire à qqch de pénible, de dangereux : *Ses compagnons ont favorisé sa fuite* (**SYN.** évasion). *Elle a pris la fuite* (= elle s'est enfuie). *On lui a reproché sa fuite devant ses responsabilités* (**SYN.** dérobade). **2.** Écoulement d'un liquide, d'un gaz par une fissure ; cette fissure : *Une fuite de gaz. Il faut réparer cette fuite.* **3.** Divulgation d'informations qui devaient rester secrètes : *Si les journalistes ont appris la nouvelle, c'est qu'il y a eu des fuites.* ▸ ***Délit de fuite,*** délit commis par le conducteur d'un véhicule qui, responsable d'un accident, ne s'arrête pas et tente ainsi d'échapper à sa responsabilité pénale ou civile. ***Fuite des capitaux,*** évasion de capitaux. *Litt.* ***Fuite du temps,*** écoulement rapide du temps. ***Fuite en avant,*** action plus ou moins risquée qui accentue un processus économique ou politique jugé dangereux, mais qu'on ne peut contrôler.

fulgurance n.f. *Litt.* Caractère de ce qui est fulgurant : *La fulgurance d'une idée.*

fulgurant, e adj. (du lat. *fulgur*, foudre). **1.** *Litt.* Qui jette une lueur très vive : *Un éclair fulgurant* (**SYN.** aveuglant). **2.** Qui est très rapide : *Elle a fait une carrière fulgurante* (**SYN.** foudroyant ; **CONTR.** laborieux). **3.** Qui survient brusquement et frappe vivement l'esprit : *Une pensée fulgurante* (**SYN.** soudain). ▸ ***Douleur fulgurante,*** douleur très intense mais très brève.

fulguration n.f. **1.** Éclair sans tonnerre. **2.** Choc électrique causé par la foudre.

fulgurer v.i. [conj. 3]. *Litt.* Briller d'un vif éclat : *Une lueur fulgura dans ses yeux* (**SYN.** étinceler, flamboyer).

fuligineux, euse adj. (du lat. *fuligo,* suie). **1.** Qui produit de la suie ; qui a la couleur de la suie ; noirâtre : *Une flamme fuligineuse. Le mur fuligineux de la cheminée.* **2.** *Litt.* Qui manque de clarté ; confus : *Un langage fuligineux* (**SYN.** fumeux, nébuleux, obscur ; **CONTR.** 1. clair, limpide, lumineux).

full [ful] n.m. (mot angl. signif. « plein »). Au poker, réunion d'un brelan et d'une paire.

full-contact [fulkɔ̃takt] n.m. (mots angl.) [pl. *full-contacts*]. Sport de combat qui se pratique avec des protections aux pieds et aux poings qui portent les coups (on dit aussi *boxe américaine*).

fulminant, e adj. **1.** *Litt.* Qui multiplie les menaces sous l'empire de la colère ; qui exprime une violente colère : *Un député fulminant* (**SYN.** coléreux, emporté, rageur). *Elle lançait des regards fulminants* (**SYN.** menaçant ; **CONTR.** rassurant). **2.** Qui peut exploser avec un bruit fort et un éclair brillant : *Des produits fulminants* (**SYN.** détonant, explosif).

fulmination n.f. *Litt.* Emportement violent.

fulminer v.i. (lat. *fulminare,* foudroyer) [conj. 3]. *Sout.* Proférer des invectives, des reproches, des menaces : *Il fulmine contre les abus* (**SYN.** se déchaîner, pester, tempêter, tonner). ◆ v.t. *Litt.* Formuler avec véhémence : *Il fulmine des critiques terribles à l'égard de ses voisins* (**SYN.** vomir).

fumable adj. Qui peut être fumé.

① **fumage** n.m. Action de fumer une terre.

② **fumage** n.m. ou **fumaison** n.f. Action d'exposer à la fumée certaines denrées (viande, poisson) pour les conserver : *Le fumage des harengs* (**SYN.** boucanage).

fumant, e adj. Qui dégage de la fumée, de la vapeur : *Des cendres fumantes. Un bol de lait fumant* (**SYN.** bouillant ; **CONTR.** froid). ▸ *Fam.* ***Coup fumant,*** action si bien réussie qu'elle plonge tout le monde dans l'admiration (**SYN.** formidable, sensationnel). *Fam.* ***Fumant de colère,*** furieux.

fumé, e adj. Qui a été soumis au fumage : *Du saumon fumé.* ▸ ***Verres fumés,*** verres de lunettes de couleur sombre destinés à atténuer le rayonnement solaire.

fume-cigare n.m. inv. Petit tuyau auquel on adapte un cigare pour le fumer.

fume-cigarette n.m. inv. Petit tuyau auquel on adapte une cigarette pour la fumer.

fumée [fyme] n.f. (de *2. fumer*). **1.** Ensemble des produits gazeux plus ou moins opaques se dégageant des corps en combustion : *Une épaisse fumée noire s'échappe de l'entrepôt en feu. La fumée d'une cigarette.* **2.** Vapeur qui émane d'un liquide, d'un corps humide chaud : *Cette soupe chaude dégage de la fumée. De la fumée sort des naseaux des chevaux* (**SYN.** buée). ▸ ***Écran*** ou ***rideau de fumée,*** action, discours qui ont pour objet de cacher la réalité. ***S'en aller*** ou ***partir en fumée,*** disparaître sans laisser de traces, sans résultat : *Tout le travail accompli est parti en fumée.* ◆ **fumées** n.f. pl. *Litt.* Excitation communiquée au cerveau par l'alcool ; griserie : *Les fumées de l'ivresse* (**SYN.** exaltation, vertige).

① **fumer** v.t. (du lat. pop. *femus,* fumier) [conj. 3]. Fertiliser une terre par un apport de fumier, d'engrais.

② **fumer** v.i. (lat. *fumare*) [conj. 3]. **1.** Dégager de la fumée en se consumant ; émettre de la fumée : *Le fagot de bois fume encore. Ce bois est mouillé, il fume.* **2.** Exhaler de la vapeur : *Le potage fume dans les assiettes.* **3.** *Fam.* Être dans une violente colère ; fulminer, pester. ◆ v.t. **1.** Aspirer la fumée dégagée par du tabac brûlant dans une cigarette, une pipe, etc. : *Il ne fume que des brunes.* **2.** (Sans compl.). Avoir l'habitude de fumer : *Il a cessé de fumer.* **3.** Exposer à la fumée pour sécher et conserver : *Fumer une viande* (**SYN.** boucaner).

fumerie n.f. Lieu où l'on fume de l'opium.

fumerolle n.f. (it. *fumarola*). Émanation gazeuse régulière et continue issue d'un volcan.

fumet n.m. (de *2. fumer*). **1.** Odeur agréable des viandes cuites ou en train de cuire, des vins : *Le fumet d'un gigot* (**SYN.** arôme, senteur [litt.]). *Le fumet d'un bordeaux* (**SYN.** bouquet). **2.** Bouillon surtout à base de poissons ou de champignons et servant de base à des sauces. **3.** Odeur de certains animaux sauvages, du gibier ; exhalaison.

fumeur, euse n. Personne qui fume, qui a l'habitude de fumer : *C'est un gros fumeur* (= il fume beaucoup).

fumeux, euse adj. **1.** Qui répand de la fumée : *Une bougie fumeuse.* **2.** *Fig.* Peu clair, peu net : *Des pensées fumeuses* (**SYN.** confus, nébuleux, obscur ; **CONTR.** 1. clair, limpide, lumineux).

fumier n.m. (lat. pop. *femarium,* tas de fumier, de *femus,* fumier). **1.** Mélange fermenté des litières et des déjections du bétail, utilisé comme engrais. **2.** *Très fam.* Personne vile, méprisable (employé comme injure) : *Quel fumier, ce type !*

fumigateur n.m. Appareil agricole produisant des fumées insecticides.

fumigation n.f. **1.** Opération consistant à produire des fumées, des vapeurs désinfectantes ou insecticides. **2.** *Anc.* Technique médicale qui consistait à respirer des vapeurs médicamenteuses (**SYN.** inhalation).

fumigène adj. et n.m. (lat. *fumus,* fumée). Se dit de substances, d'armes, d'engins conçus pour produire de la fumée pour la signalisation, le camouflage, etc. : *La balise de détresse contient un fumigène.*

fumiste n. (de *fumée*). Spécialiste de l'entretien des cheminées, de l'installation des appareils de chauffage. ◆ adj. et n. *Fam.* Qui ne prend pas son travail au sérieux ; sur qui on ne peut compter : *C'est un fumiste* (**SYN.** dilettante, plaisantin). *On s'en méfie, il est trop fumiste* (**SYN.** lunatique).

fumisterie n.f. **1.** Profession, activité du fumiste, du chauffagiste. **2.** *Fam.* Action, chose dépourvue de sérieux : *Ce contrat n'est qu'une vaste fumisterie* (**SYN.** farce, supercherie).

fumoir n.m. **1.** Local où l'on fume des poissons et des viandes. **2.** Pièce où l'on se réunit pour fumer : *Les invités prendront le café dans le fumoir.*

fumure n.f. (de *1. fumer*). Apport de fumier, d'engrais à un sol ; ensemble des produits utilisés pour cette opération.

① **fun** [fœn] adj. inv. (mot angl.). *Fam.* Amusant, drôle : *Ses amies sont trop fun* (**CONTR.** ennuyeux, triste).

◆ n.m. ▸ *Fam.* ***Le fun,*** le plaisir, l'amusement : *Il vient ici pour le fun.*

② **fun** [fœn] n.m. (abrév.). Funboard.

funambule n. (du lat. *funis*, corde, et *ambulare*, marcher). Acrobate se déplaçant sur une corde tendue à grande hauteur au-dessus du sol et s'aidant d'un balancier.

funambulesque adj. **1.** Relatif aux funambules. **2.** *Litt.* Bizarre, extravagant : *Un projet funambulesque* (**SYN.** abracadabrant, fantaisiste ; **CONTR.** raisonnable, sensé).

funboard [fœnbɔrd] n.m. (mot angl. signif. « planche d'amusement »). **1.** Planche à voile très courte (abrév. fun). **2.** Sport pratiqué avec cette planche.

funèbre adj. (du lat. *funus, funeris*, funérailles). **1.** Relatif aux funérailles : *Un convoi funèbre.* **2.** Qui évoque la mort ; qui inspire un sentiment de tristesse : *Ils avaient une mine funèbre* (**SYN.** lugubre, sinistre, sombre ; **CONTR.** enjoué, gai).

funérailles n.f. pl. (bas lat. *funeralia*). Ensemble des cérémonies solennelles organisées en l'honneur d'un mort : *Des funérailles nationales* (**SYN.** obsèques).

funéraire adj. (bas lat. *funerarius*). Relatif aux funérailles, aux tombes : *Un monument funéraire.*

funérarium [fynerarjɔm] n.m. (de *funérailles*). Lieu, salle où se réunissent avant les obsèques la famille et les amis d'une personne décédée.

funeste adj. (lat. *funestus*). Qui annonce ou entraîne la mort, le malheur : *Un funeste présage* (**SYN.** mauvais, sinistre ; **CONTR.** bon, favorable, heureux). *Une erreur funeste* (**SYN.** néfaste, préjudiciable ; **CONTR.** propice, salutaire).

funiculaire n.m. (lat. *funiculus*, petite corde, de *funis*, corde). Chemin de fer destiné à gravir de très fortes rampes et dont les voitures sont tractées par un câble.

furax [fyraks] adj. inv. *Fam.* Furieux : *En sortant de la réunion, elles étaient furax* (**SYN.** furibond).

furet n.m. (du lat. *fur*, voleur). **1.** Putois albinos domestiqué pour chasser le lapin de garenne. **2.** Jeu de société dans lequel des joueurs se passent de main en main un objet (le furet) tandis qu'un autre joueur cherche à deviner où il se trouve.

furetage [fyrtaʒ] n.m. Action de fureter, de fouiller.

au **fur et à mesure** loc. adv. (de l'anc. fr. *fur*, proportion, du lat. *forum*, place publique). En suivant le même rythme qu'une autre action : *Écris-moi et je te répondrai au fur et à mesure.* ◆ **au fur et à mesure de** loc. prép. Successivement et en proportion de : *Elle fait ses courses au fur et à mesure de ses besoins* (**SYN.** en fonction de). ◆ **au fur et à mesure que** loc. conj. En même temps et dans la même proportion que : *Au fur et à mesure que les heures passaient, son espoir grandissait* (**SYN.** à mesure que).

fureter v.i. (de *furet*) [conj. 28]. **1.** Fouiller, chercher pour découvrir des choses cachées ou des secrets : *Il furète dans les tiroirs de son frère.* **2.** Chasser le lapin dans les terriers au moyen d'un furet.

fureteur, euse adj. et n. Qui furète ; qui manifeste une curiosité indiscrète : *Un regard fureteur* (**SYN.** curieux, indiscret, inquisiteur ; **CONTR.** discret). ◆ **fureteur** n.m. En informatique, navigateur.

fureur n.f. (lat. *furor*, délire). **1.** Colère violente ; furie : *Des accès de fureur* (**SYN.** rage, violence ; **CONTR.** douceur). **2.** Violence impétueuse des éléments naturels : *La fureur des vagues* (**SYN.** déchaînement ; **CONTR.** accalmie). **3.** Passion démesurée : *La fureur du jeu* (**SYN.** folie, frénésie). ▸ *Fam.* ***Faire fureur,*** susciter un grand engouement ; être très à la mode : *Les bottes font fureur cet hiver* (= elles sont à la mode).

furibard, e adj. *Fam.* Furieux (**SYN.** furibond).

furibond, e adj. (lat. *furibundus*, de *furor*, délire). Qui est très en colère ; qui exprime la fureur : *Il est furibond* (**SYN.** furieux). *Des regards furibonds.*

furie n.f. (lat. *furia*). **1.** Violente colère : *Il l'a mis en furie* (**SYN.** fureur, rage). **2.** *Litt.* Déchaînement des éléments : *Les flots en furie.* **3.** Femme déchaînée que la colère, le ressentiment dominent : *Rien ne peut calmer cette furie* (**SYN.** harpie).

furieusement adv. Avec furie ; avec colère et violence : *Elle le secouait furieusement* (**SYN.** violemment ; **CONTR.** gentiment).

furieux, euse adj. (lat. *furiosus*, de *furia*, furie). **1.** Qui est en proie à une violente colère ; qui manifeste de la fureur : *Elle sont furieuses contre lui. Elle était furieuse de cette décision. Un regard furieux* (**SYN.** furibond ; **CONTR.** doux). **2.** Qui manifeste une extrême violence ; qui paraît démesuré : *Une mer furieuse* (**SYN.** déchaîné ; **CONTR.** calme, paisible). *Une furieuse envie de chocolat* (**SYN.** extrême). ▸ ***Fou furieux,*** en proie à une crise de folie s'accompagnant de violence ; extrêmement furieux : *À cette nouvelle, il est devenu fou furieux.*

furoncle n.m. (lat. *furunculus*). Inflammation de la peau et du tissu sous-cutané, produisant une accumulation de pus.

furonculose n.f. Maladie caractérisée par l'apparition simultanée ou répétée de furoncles.

furtif, ive adj. (lat. *furtivus*, de *furtum*, vol, de *fur*, voleur). Qui se fait à la dérobée : *Des sourires furtifs* (**SYN.** discret, fugace, hâtif ; **CONTR.** appuyé). ▸ ***Avion, bateau furtif,*** avion, bateau construit de manière à ne pas être détectable par les radars.

furtivement adv. De manière furtive ; à la dérobée : *Il regarde furtivement sa montre* (**SYN.** discrètement ; **CONTR.** franchement, ouvertement).

furtivité n.f. Caractère d'un avion, d'un bateau furtif.

fusain n.m. (du lat. *fusus*, fuseau). **1.** Arbrisseau ornemental à feuilles luisantes, originaire du Japon. **2.** Baguette de charbon de bois de fusain, servant à dessiner. **3.** Dessin exécuté avec un fusain.

fusainiste ou **fusiniste** n. Artiste qui dessine au fusain.

fusant, e adj. (de *fuser*). Qui peut brûler sans détoner : *De la poudre fusante.*

fuseau n.m. (lat. *fusus*). **1.** Petite bobine galbée dont on se sert pour filer à la quenouille ou pour exécuter de la dentelle, des passements : *De la dentelle au fuseau* ou *aux fuseaux.* **2.** Dans l'industrie textile, instrument conique utilisé pour filer, tordre et enrouler le fil. **3.** Pantalon de sport dont les jambes vont se rétrécissant et se terminent par une bande de tissu passant sous le pied (on dit aussi *un pantalon fuseau*). **4.** Mollusque à coquille longue et pointue. ▸ ***En fuseau,*** de forme allongée et aux extrémités fines : *Un arbre taillé en fuseau.* ***Fuseau horaire,*** chacune des

24 divisions imaginaires de la surface de la Terre et dont tous les points ont la même heure légale.

fusée n.f. (du lat. *fusus,* fuseau). **1.** Pièce d'artifice se propulsant par réaction grâce à la combustion de la poudre : *Les fusées d'un feu d'artifice. Une fusée de détresse.* **2.** Véhicule spatial propulsé par un moteur à réaction et pouvant évoluer hors de l'atmosphère : *Kourou est la base de lancement des fusées Ariane.*

fuselage n.m. Corps d'un avion, qui contient l'habitacle.

fuselé, e adj. Qui a la forme d'un fuseau ; mince et galbé : *Des doigts fuselés* (**SYN.** effilé ; **CONTR.** épais).

fuseler v.t. (de l'anc. fr. *fusel,* fuseau) [conj. 24]. Donner la forme d'un fuseau à qqch : *Fuseler une colonne.*

fuser v.i. (du lat. *fusus,* fondu, de *fundere,* répandre) [conj. 3]. **1.** Jaillir comme une fusée ; retentir : *Un jet d'eau fusa du tuyau percé* (**SYN.** gicler). *Des cris fusèrent de tous côtés.* **2.** Se décomposer sans détoner, en parlant de la poudre.

fusette n.f. (de *fusée*). Petit tube de carton ou de matière plastique, utilisé pour enrouler du fil à coudre.

fusibilité n.f. Qualité de ce qui est fusible.

fusible adj. (du lat. *fusum,* fondu). Susceptible de fondre : *L'étain est un métal fusible.* ◆ n.m. **1.** Fil d'alliage spécial qui, placé dans un circuit électrique, coupe le courant en fondant si l'intensité est trop forte. **2.** *Fig., fam.* Personne qui assume une responsabilité pour protéger son supérieur hiérarchique.

fusiforme adj. *Didact.* Qui a la forme d'un fuseau à filer : *Une coquille fusiforme.*

fusil [fyzi] n.m. (du lat. *focus,* feu). **1.** Arme à feu constituée d'un canon de petit calibre reposant sur une monture en bois et équipée de dispositifs de mise à feu et de visée : *Un fusil de chasse. Des fusils de guerre.* **2.** Personne qui tire au fusil : *C'est un médiocre fusil.* **3.** Aiguisoir constitué d'une tige d'acier dur ou d'une pierre. **4.** Pierre pour affûter les faux. ▸ ***Changer son fusil d'épaule,*** changer d'opinion, d'attitude. *Fam.* ***Coup de fusil,*** note d'un montant excessif, au restaurant, à l'hôtel. ***Fusil sous-marin,*** arme utilisée pour la pêche sous-marine et munie d'une flèche, d'un harpon reliés au fusil par un fil.

fusilier [fyzilje] n.m. Soldat armé d'un fusil : *Un fusilier de l'air.* ▸ ***Fusilier marin,*** militaire appartenant à la Marine nationale et employé à terre.

fusillade n.f. **1.** Échange de coups de feu : *Une brève fusillade a éclaté au cours de ce hold-up.* **2.** Décharge simultanée de plusieurs fusils, de plusieurs armes à feu.

fusiller v.t. [conj. 3]. **1.** Exécuter qqn à coups de fusil ; passer par les armes un condamné, un prisonnier : *Les rebelles ont fusillé les otages.* **2.** *Fam., vieilli* Détériorer, abîmer : *Il a fusillé sa voiture.* ▸ ***Fusiller qqn du regard,*** lui adresser un regard dur, hostile, chargé de reproche.

fusil-mitrailleur [fyzimitrajœr] n.m. (pl. *fusils-mitrailleurs*). Arme automatique légère, pouvant tirer coup par coup ou par rafales (abrév. F.-M.).

fusiniste n. → **fusainiste.**

fusion n.f. (lat. *fusio, fusionis,* de *fundere,* répandre). **1.** Passage d'un corps solide à l'état liquide sous l'action de la chaleur : *La fusion d'un métal* (**SYN.** 1. fonte, liquéfaction ; **CONTR.** solidification). **2.** *Fig.* Réunion, combinaison étroite de deux éléments, de deux groupes : *La fusion de deux partis politiques* (**SYN.** unification, union ; **CONTR.** scission). *Une fusion d'entreprises* (**SYN.** fusionnement, mariage). **3.** Union de plusieurs atomes légers en un atome plus lourd, qui s'accompagne d'un grand dégagement d'énergie.

fusion-acquisition n.f. (pl. *fusions-acquisitions*). Acquisition d'une ou de plusieurs sociétés par une autre, aboutissant génér. à la création d'une nouvelle société.

fusionnel, elle adj. (de *fusion*). Se dit d'une relation affective dans laquelle les partenaires ne parviennent pas à se différencier l'un de l'autre.

fusionnement n.m. Action de fusionner ; son résultat : *Le fusionnement de deux sociétés* (**SYN.** fusion, mariage).

fusionner v.t. [conj. 3]. Réunir deux éléments, deux groupes en un seul : *Ils ont fusionné ces associations* (**SYN.** amalgamer, fondre, unir ; **CONTR.** scinder, séparer). ◆ v.i. Se réunir, s'associer : *Ces syndicats ont fusionné* (**SYN.** s'allier, s'unifier, s'unir ; **CONTR.** se désunir, s'opposer).

fustanelle n.f. (lat. *fustaneum,* tissu de coton). Court jupon masculin évasé et à plis, qui fait partie du costume national grec.

fustigation n.f. Action de fustiger.

fustiger v.t. (lat. *fustigare,* de *fustis,* bâton) [conj. 17]. **1.** *Litt.* Critiquer vivement : *La presse a fustigé cette décision* (**SYN.** blâmer, stigmatiser ; **CONTR.** approuver, défendre). **2.** *Vx* Donner des coups de bâton, de fouet.

fût [fy] n.m. (du lat. *fustis,* bâton). **1.** Partie du tronc d'un arbre dépourvue de rameaux. **2.** Partie d'une colonne comprise entre la base et le chapiteau. **3.** Tonneau : *Un fût de vin* (**SYN.** barrique, futaille). **4.** Monture servant de support : *Le fût en bois d'un fusil.* **5.** Caisse d'un tambour.

futaie n.f. (de *fût*). Forêt destinée à produire des arbres de grande dimension au fût élevé et droit. ▸ ***Haute*** ou ***vieille futaie,*** futaie dont les arbres ont de cent vingt à deux cents ans.

futaille n.f. (de *fût*). Tonneau destiné à contenir du vin, des liqueurs, etc. (**SYN.** barrique, fût).

futal n.m. (pl. *futals*). *Fam.* Pantalon.

futé, e adj. et n. (du moyen fr. *se futer,* échapper au chasseur). *Fam.* Intelligent et malicieux : *Elles me semblent assez futées* (**SYN.** astucieux, malin ; **CONTR.** bête, stupide).

futée n.f. (de *fût*). Pâte à bois.

futile adj. (lat. *futilis*). **1.** Qui est sans intérêt, sans valeur : *Il ne parle que de choses futiles* (**SYN.** inintéressant, oiseux ; **CONTR.** intéressant, sérieux). **2.** Qui ne s'occupe que de choses sans importance : *Ce sont des esprits futiles* (**SYN.** frivole, superficiel ; **CONTR.** profond).

futilement adv. Avec futilité.

futilité n.f. **1.** Caractère d'une personne, d'une chose qui est futile : *La futilité de certains présentateurs, de certaines émissions* (**SYN.** frivolité, inanité [sout.], vanité [litt.], vide ; **CONTR.** gravité, sérieux). **2.** Chose futile : *Il ne s'attache pas à des futilités* (**SYN.** bagatelle, baliverne, niaiserie, rien).

futon n.m. (mot jap.). Matelas d'origine japonaise, plus ou moins épais, constitué de couches de flocons de coton.

① **futur, e** adj. (lat. *futurus*). Qui est à venir, qui

n'existe pas encore ; qui doit être tel dans un proche avenir : *Les générations futures* (**SYN.** postérieur, ultérieur ; **CONTR.** antérieur, 2. passé). *Voici un futur ingénieur. La vie future* (= l'existence promise après la mort, selon certaines religions). ◆ n. *Vx* Celui, celle que l'on doit épouser : *Il leur a présenté sa future* (**SYN.** fiancé).

② **futur** n.m. (de *1. futur*). **1.** Temps à venir : *Le futur nous inquiète* (**SYN.** avenir, lendemain ; **CONTR.** 2. passé). **2.** Temps verbal qui situe dans l'avenir l'action, l'état exprimés par le verbe : *Dans « je téléphonerai ce soir », le verbe « téléphoner » est au futur.* ▸ ***Futur antérieur,*** temps verbal qui indique qu'une action future aura lieu avant une autre action future : *Dans « il aura pris son thé quand nous arriverons », le verbe prendre* est au futur antérieur.

futurisme n.m. (it. *futurismo,* de *futuro,* futur). Mouvement artistique né en Italie au début du XXe siècle, qui fait l'éloge du monde moderne, en partic. de la civilisation urbaine, de la machine, de la vitesse.

futuriste adj. et n. Relatif au futurisme ; qui appartient, se rattache au futurisme : *Une œuvre futuriste. Une futuriste.* ◆ adj. Qui cherche à évoquer la société, les techniques de l'avenir telles qu'on les imagine : *Une voiture futuriste.*

futurologie n.f. Ensemble des recherches qui ont pour but de prévoir le sens de l'évolution scientifique, technique, économique, sociale, politique, etc., des sociétés.

futurologue n. Spécialiste de futurologie.

fuyant, e [fɥijɑ̃, ɑ̃t] adj. **1.** Qui se dérobe, manque de franchise : *Un regard fuyant* (**SYN.** furtif ; **CONTR.** appuyé, 2. franc). *Elle reste fuyante dans ses explications* (**SYN.** évasif, insaisissable ; **CONTR.** explicite, précis). **2.** Qui fuit, s'éloigne rapidement ; qui paraît s'éloigner par l'effet de la perspective : *Une ombre fuyante disparaît dans la nuit* (**CONTR.** immobile). *L'horizon fuyant.* ▸ ***Menton, front fuyant,*** en retrait par rapport au plan général du visage.

fuyard, e [fɥijar, ard] n. Personne qui s'enfuit : *La police a retrouvé la fuyarde* (**SYN.** évadé, fugitif).

G g

g [ʒe] n.m. inv. Septième lettre (consonne) de l'alphabet français. ▸ ***G,*** la note *sol,* dans les systèmes de notation musicale anglo-saxon et germanique. ***g,*** symbole de l'intensité ou de l'accélération de la pesanteur.

gabardine n.f. (de l'esp. *gabardina,* justaucorps). **1.** Étoffe de laine croisée à côtes en relief. **2.** Manteau imperméable fait de cette étoffe.

gabare ou **gabarre** n.f. (prov. *gabarra*). Grande embarcation pour le transport des marchandises sur les rivières et les estuaires.

gabarit [gabari] n.m. (prov. *gabarrit,* modèle). **1.** Modèle, appareil de mesure utilisé pour vérifier ou contrôler le profil, les dimensions, la conformité de certains objets à un standard déterminé. **2.** Dimension, forme réglementée d'un véhicule définissant les voies de circulation qui lui sont accessibles : *Accès réservé aux gros gabarits.* **3.** *Fam.* Taille, dimensions physiques de qqn : *Gymnaste d'un petit gabarit* (**SYN.** carrure, corpulence, stature). **4.** *Fam.* Dispositions, aptitudes intellectuelles d'une personne ; valeur : *Avoir le gabarit d'un grand avocat* (**SYN.** classe, envergure).

gabegie [gabʒi] n.f. (de l'anc. fr. *gaber,* tromper). Désordre provenant d'une gestion défectueuse ou malhonnête ; gâchis, gaspillage : *Une gabegie financière.*

gabelle n.f. (it. *gabella,* impôt, de l'ar.). **1.** Impôt sur le sel, en vigueur en France sous l'Ancien Régime. **2.** Administration chargée de percevoir cet impôt.

gabelou n.m. **1.** *Fam.* Employé de la douane : *Les gabelous ont fait stopper la voiture.* **2.** Sous l'Ancien Régime, employé de la gabelle.

gabier n.m. (du prov. *gabia,* cage). Matelot préposé aux voiles et au gréement.

gabion n.m. (it. *gabbione,* grande cage). Abri des chasseurs de gibier d'eau.

gâble ou **gable** n.m. En architecture, surface décorative triangulaire, à côtés moulurés, qui couronne certains arcs, notamm. les portails gothiques.

gâchage n.m. Action de gâcher.

gâche n.f. (du frq. *gaspia,* crampon). Pièce métallique formant boîtier, fixée à l'encadrement d'une porte, et dans laquelle s'engage le loquet d'une serrure pour maintenir le battant fermé.

gâcher v.t. (du frq. *waskon,* laver) [conj. 3]. **1.** Délayer et malaxer du ciment, du plâtre, du mortier dans de l'eau. **2.** Faire un mauvais emploi de qqch ; ne pas en profiter au mieux : *Gâcher de la nourriture* (**SYN.** gaspiller, perdre ; **CONTR.** conserver). *Gâcher sa vie* (**SYN.** galvauder). ▸ *Fam.* ***Gâcher le métier,*** travailler à trop bon marché.

gâchette n.f. (de *gâche*). **1.** Pièce d'acier solidaire de la détente, et commandant le départ du coup d'une arme à feu. **2.** (Emploi abusif). Détente d'une arme à feu : *Avoir le doigt sur la gâchette.*

gâcheur, euse adj. et n. Qui gâche, qui gaspille ; gaspilleur.

gâchis n.m. **1.** Action de gâcher, de mal utiliser qqch : *Il va falloir jeter tout cela, quel gâchis* (**SYN.** gaspillage). **2.** Situation confuse qui résulte d'une mauvaise organisation : *Il y a eu beaucoup de gâchis au démarrage de certaines start-up* (**SYN.** chaos, désordre).

gadget [gadʒɛt] n.m. (mot anglo-amér. signif. « truc »). **1.** Petit objet plus ou moins utile, séduisant par son caractère de nouveauté : *Cette boutique vend les derniers gadgets à la mode.* **2.** *Péjor.* Objet, projet, dispositif nouveau mais jugé peu utile : *Cette loi n'est qu'un gadget.*

gadidé ou **gade** n.m. (du gr. *gados,* morue). Nom d'une famille de poissons comprenant notamm. la morue, l'églefin, le merlan et le colin.

gadin n.m. ▸ *Fam.* ***Prendre*** ou ***ramasser un gadin,*** tomber ; faire une chute.

gadjo n. (pl. *gadjos* ou *gadjé*). Pour un Gitan, personne qui n'appartient pas à la communauté des Gitans.

gadoue n.f. Terre détrempée ; boue : *Patauger dans la gadoue* (**SYN.** bourbe, fange [litt.]).

gadrouille n.f. *Fam.* En Suisse, boue, gadoue.

gadrouiller v.i. [conj. 3]. En Suisse, patauger dans la boue.

gaélique adj. Qui concerne les Gaëls, habitants du nord de l'Écosse. ◆ n.m. Branche du celtique qui comprend notamm. l'écossais, ou erse, et l'irlandais.

gaffe n.f. **1.** *Fam.* Action, parole maladroite, malencontreuse : *Il a commis une gaffe en lui demandant de venir* (**SYN.** bévue, impair). **2.** Perche munie d'un croc et d'une pointe métallique utilisée dans la marine pour accrocher, accoster, etc. ▸ *Fam.* ***Faire gaffe,*** faire attention ; se méfier.

gaffer v.i. (anc. prov. *gafar,* saisir) [conj. 3]. *Fam.* Commettre une bévue, une maladresse : *Elle a gaffé par étourderie.* ◆ v.t. Dans la marine, accrocher avec une gaffe : *Gaffer un filet de pêche.* ◆ **se gaffer** v.pr. En Suisse, prendre garde.

gaffeur, euse adj. et n. *Fam.* Personne qui a tendance

à commettre des gaffes, des maladresses : *C'est une vraie gaffeuse !* (**SYN.** balourd, maladroit ; **CONTR.** diplomate).

gag n.m. (mot anglo-amér. signif. « blague »). **1.** Jeu de scène, enchaînement de situations destiné à faire rire : *Les gags s'enchaînent du début à la fin du film.* **2.** *Fam.* Situation risible : *Je l'ai attendue pendant un quart d'heure alors qu'elle était juste derrière moi, quel gag !*

gaga adj. et n. (onomat.). *Fam.* Gâteux ; par ext., qui est entiché de : *Elles sont complètement gagas de ce chanteur.*

gage n.m. (du frq. *waddi*). **1.** Dépôt d'un objet mobilier destiné à garantir le paiement d'une dette ; contrat relatif à ce dépôt : *Prêteur sur gages. Mettre une bague en gage au crédit municipal.* **2.** *Fig.* Tout ce qui représente une garantie, une caution : *Donner des gages de sa bonne foi* (**SYN.** preuve). *Je vous donne ce coffret en gage d'amitié* (**SYN.** marque, témoignage). **3.** Dans certains jeux, pénitence choisie par les autres joueurs et qu'on doit accomplir lorsqu'on a perdu ou commis une faute. ◆ **gages** n.m. pl. *Vieilli* Rémunération des domestiques : *Réclamer ses gages.* ▸ ***Tueur à gages,*** personne payée pour assassiner qqn.

gagé, e adj. Se dit d'un objet mis en gage : *Tableaux gagés.*

gager v.t. [conj. 17]. **1.** *Vieilli* Garantir par un gage : *Gager une monnaie sur une réserve d'or.* **2.** *Litt.* Parier : *Nous gageons qu'il ne viendra pas.*

gageure [gaʒyr] n.f. (de *gager*). *Sout.* Acte, projet qui semble irréalisable, insensé : *C'est une gageure que de vivre seul dans cet endroit isolé* (**SYN.** absurdité, folie). ☞ **REM.** Attention à la prononciation.

gagnant, e adj. et n. Qui gagne ou qui a gagné : *Numéro gagnant. Il y a plusieurs gagnants à la tombola* (**SYN.** vainqueur ; **CONTR.** perdant). ▸ ***Jouer*** ou ***partir gagnant,*** s'engager dans une affaire en prévoyant qu'on gagnera.

gagne n.f. *Fam.* Volonté de gagner : *Notre équipe a la gagne.*

gagne-pain n.m. inv. Ce qui permet à qqn de gagner sa vie ; travail, instrument de travail : *Il a eu plusieurs gagne-pain avant d'être embauché ici* (**SYN.** emploi).

gagne-petit n. inv. *Péjor.* Personne dont le métier rapporte peu, qui n'a pas d'ambition.

gagner v.t. (du frq. *waidanjan,* faire du butin) [conj. 3]. **1.** Obtenir un profit, un gain par son travail ou par le hasard ; acquérir : *Gagner un lot à une tombola* (**SYN.** décrocher, empocher ; **CONTR.** manquer, perdre). *Elle gagne bien sa vie* (= elle touche un salaire élevé). **2.** Obtenir un avantage quelconque : *Elle a gagné la confiance de tous* (**SYN.** s'attirer, conquérir ; **CONTR.** perdre). *Il a bien gagné ses vacances* (**SYN.** mériter). **3.** Être vainqueur de qqch : *Gagner un combat* (**SYN.** remporter). *Ils ont gagné leur procès.* **4.** Atteindre un lieu, un secteur : *La tempête gagne l'intérieur du pays* (**SYN.** s'étendre à ; **CONTR.** s'éloigner de). *Le nageur a gagné l'autre rive* (**SYN.** rejoindre). *La crise gagne notre secteur d'activités* (**SYN.** toucher ; **CONTR.** épargner). **5.** S'emparer de qqn : *Le sommeil, le froid me gagne* (**SYN.** envahir). **6.** Économiser qqch : *Lorsque j'y vais en voiture, je gagne dix minutes. Si vous mettez l'armoire ici, vous gagnerez de la place.* ▸ ***Gagner du temps,*** différer une échéance parce que l'on n'est pas prêt à y faire face : *Chercher à gagner du temps en faisant semblant de ne pas comprendre.* ***Gagner du terrain,*** avancer ; se communiquer à : *L'incendie gagne du terrain. Préjugés qui gagnent du terrain* (**SYN.** se propager). ◆ v.i. **1.** Être le vainqueur ; l'emporter dans une compétition : *Notre équipe a gagné.* **2.** S'améliorer en parlant de qqch : *Le vin gagne en vieillissant* (**SYN.** se bonifier). ▸ ***Gagner à*** (+ inf.), retirer un avantage de : *Elle gagne à être connue.* ***Gagner en,*** s'améliorer d'un certain point de vue : *Grâce à cette technique, le sportif gagne en vitesse.*

gagneur, euse n. Personne animée par la volonté de gagner ; battant : *Il a un tempérament de gagneur* (**CONTR.** perdant).

gai, e adj. (germ. *gâheis,* vif). **1.** Qui est de bonne humeur ; enjoué : *Avoir l'air gai* (**SYN.** heureux, joyeux ; **CONTR.** morose, triste). **2.** Qui inspire la gaieté, la bonne humeur : *Une réception très gaie* (**SYN.** divertissant, plaisant ; **CONTR.** ennuyeux). *Une chambre gaie* (**SYN.** accueillant, agréable). *Des couleurs gaies* (**SYN.** lumineux, 1. vif ; **CONTR.** sombre). **3.** *Fam.* Un peu ivre. ▸ ***Avoir le vin gai,*** être euphorique quand on est ivre. ◆ adj. et n. Gay.

gaiement adv. Avec gaieté : *Elles bavardaient gaiement.*

gaieté n.f. **1.** Bonne humeur, disposition à rire, à s'amuser : *Elle a retrouvé toute sa gaieté* (**SYN.** enjouement, entrain ; **CONTR.** morosité). **2.** Caractère de ce qui est gai : *La gaieté des repas en famille* (**SYN.** allégresse, joie ; **CONTR.** morosité). ▸ ***De gaieté de cœur,*** de propos délibéré, sans y être contraint (souvent en tournure négative) : *Elle n'a pas fait ce choix de gaieté de cœur.*

① **gaillard, e** adj. (du gaul. *galia,* force). **1.** Plein de vigueur et d'entrain : *Il est encore gaillard malgré ses problèmes de santé* (**SYN.** alerte, fringant ; **CONTR.** chétif, faible). **2.** D'une gaieté un peu osée ; grivois : *Une chanson gaillarde* (**SYN.** licencieux, paillard, polisson ; **CONTR.** décent). ◆ n. **1.** (Souvent précédé d'un adj.). Personne robuste, vigoureuse : *Cette femme est une rude gaillarde.* **2.** (Surtout au masc., parfois péjor.). *Fam.* Individu peu scrupuleux, dont il faut se méfier : *Ce gaillard a déjà eu affaire à la police* (**SYN.** lascar, loustic [fam.]). **3.** (Surtout au masc.). Jeune homme : *Attends un peu que j'arrive, mon gaillard !*

② **gaillard** n.m. (*de château gaillard,* château fort). Construction placée à l'avant d'un navire, sur le pont supérieur : *Le gaillard d'avant.*

gaillarde n.f. (de *1. gaillard*). Danse de bal ou morceau instrumental sur lequel on l'exécutait, à la mode en France aux XVIe et XVIIe siècles.

gaillardement adv. Avec vigueur et entrain.

gaillardise n.f. *Litt.* (Souvent au pl.). Écrits, propos gaillards, grivois : *Lancer des gaillardises* (**SYN.** gauloiserie, paillardise).

gain n.m. (de *gagner*). **1.** Action de gagner, de remporter qqch ; avantage tiré de qqch : *Le gain d'une compétition* (**SYN.** victoire ; **CONTR.** défaite). *Un gain de temps, de place* (**SYN.** économie ; **CONTR.** perte). *Retirer un gain considérable de ses longues études* (**SYN.** fruit). **2.** Action de gagner de l'argent ; profit, bénéfice : *Il a réalisé des gains énormes au casino* (**CONTR.** perte). *Céder à l'appât du gain.* ▸ ***Avoir*** ou ***obtenir gain de***

cause, l'emporter, dans un procès, dans un débat quelconque.

gainage n.m. Action de gainer : *Le gainage d'un câble.*

gaine n.f. (du lat. *vagina,* étui, fourreau). **1.** Étui qui recouvre, protège qqch : *Gaine d'une épée* (**SYN.** fourreau). *Gaine de parapluie* (**SYN.** enveloppe, étui, housse). **2.** Sous-vêtement féminin en tissu élastique qui enserre la taille et les hanches. **3.** Base élargie des feuilles d'une plante, enveloppant la tige dans une partie de sa longueur : *La gaine charnue et comestible de l'oignon, du fenouil.* **4.** Conduit plus ou moins large, dans une construction : *Gaine de ventilation.*

gainer v.t. [conj. 4]. Recouvrir d'une gaine : *Gainer du fil électrique* (**CONTR.** dénuder).

gala n.m. (mot esp.). Grande fête exceptionnelle, souvent de caractère officiel : *Gala de bienfaisance* (**SYN.** réception). *Dîner de gala.*

galactique adj. (du gr. *gala, galaktos,* lait). Qui concerne la Galaxie ou une galaxie quelconque.

galamment adv. De façon galante ; avec courtoisie : *Galamment, il lui tendit son propre programme* (**SYN.** poliment ; **CONTR.** grossièrement).

galant, e adj. (de l'anc. fr. *galer,* s'amuser). **1.** Se dit d'un homme poli, prévenant avec les femmes : *Se comporter en galant homme* (**SYN.** affable, courtois ; **CONTR.** grossier). **2.** *Litt.* Qui a trait aux relations amoureuses : *Un rendez-vous galant. Un conte galant* (**SYN.** grivois, libertin). **3.** En Afrique, chic, à la mode. ▸ ***En galante compagnie,*** avec une personne aimée. *Litt.* ***Femme galante,*** femme de mœurs légères ; femme entretenue. ◆ **galant** n.m. *Vieilli* Homme qui recherche les liaisons amoureuses ; amant : *Elle avait beaucoup de galants* (**SYN.** amoureux, soupirant). ▸ ***Vert galant,*** homme entreprenant avec les femmes : *Henri IV, dit « le Vert-Galant ».*

galanterie n.f. **1.** Politesse, courtoisie dont un homme fait preuve à l'égard des femmes : *Proposer, par galanterie, son siège à une dame debout* (**SYN.** civilité, délicatesse ; **CONTR.** muflerie). **2.** (Surtout au pl.). Parole flatteuse, compliment adressés à une femme.

galantine n.f. (anc. fr. *galatine,* gelée). Préparation de charcuterie cuite, composée de morceaux de viande maigre et de farce, et enrobée de gelée : *Des galantines de volaille.*

galapiat n.m. *Fam.* Vaurien ; chenapan ; garnement.

galaxie n.f. (du gr. *gala, galaktos,* lait). **1.** Vaste ensemble d'étoiles, de poussières et de gaz interstellaires dont la cohésion est assurée par la gravitation. **2.** (Avec une majuscule et précédé de l'art. déf.). Galaxie dans laquelle est situé le système solaire : *L'exploration de la Galaxie.* **3.** *Fig.* Ensemble formé par tout ce qui participe, de près ou de loin, d'une même activité : *La galaxie de l'industrie automobile.*

galbe n.m. (it. *garbo,* grâce). Contour, profil harmonieux et plus ou moins courbe d'une partie du corps humain, d'une œuvre d'art, d'un meuble, etc. : *Le galbe d'un sein* (**SYN.** courbe, rondeur). *Le galbe d'un vase.*

galbé, e adj. **1.** Qui présente un galbe, une courbure : *Une commode galbée* (**SYN.** convexe). **2.** Qui est pourvu d'un contour harmonieux : *Des épaules parfaitement galbées.*

galber v.t. [conj. 3]. Donner du galbe à un objet, le profiler en courbe : *Galber une colonne.*

gale n.f. (lat. *galla*). **1.** Maladie contagieuse de la peau s'accompagnant de vives démangeaisons et qui est provoquée chez l'homme et chez les animaux par un parasite : *Ce chien a la gale.* **2.** *Fig., fam.* Personne très médisante, méchante : *Ce gamin est une gale* (**SYN.** peste, teigne). **3.** Maladie des végétaux produisant des pustules à la surface de la plante. ☞ **REM.** Ne pas confondre avec *galle.* ▸ *Fam.* ***Mauvais*** ou ***méchant comme la gale,*** très méchant.

galéjade n.f. (prov. *galejado,* plaisanterie). *Fam.* Histoire inventée ou déformée destinée à mystifier qqn : *C'est une galéjade !* (**SYN.** plaisanterie).

galère n.f. (catalan *galera*). **1.** Bâtiment de guerre ou de commerce à rames et à voiles, en usage de l'Antiquité au XVIIe siècle. **2.** *Fam.* Situation désagréable ; travail pénible : *Quelle galère pour arriver jusqu'ici !* (**SYN.** difficulté, peine). *Sa carrière professionnelle est faite de galères* (= périodes difficiles). ◆ **galères** n.f. pl. *Anc.* Peine des criminels condamnés à ramer sur les galères du roi : *Être condamné aux galères.*

galérer v.i. [conj. 18]. *Fam.* **1.** Vivre de travaux épisodiques, au jour le jour, sans avoir de ressources assurées : *Depuis son licenciement, elle galère.* **2.** Travailler dur pour un mince profit.

galerie n.f. (it. *galleria*). **1.** Long passage couvert destiné à la circulation ou à la promenade, à l'intérieur ou à l'extérieur d'un bâtiment : *La galerie d'un centre commercial.* **2.** Passage souterrain, pour l'exploitation d'un gisement minier : *Une galerie de mine* (**SYN.** boyau). **3.** Couloir de communication creusé dans le sol ou dans le bois par certains animaux : *Les galeries d'une fourmilière.* **4.** Grande salle d'apparat, en longueur et parfois aménagée pour recevoir une collection d'œuvres d'art : *La galerie des Glaces à Versailles.* **5.** Local d'exposition d'une collection d'œuvres d'art, d'objets scientifiques : *Une galerie d'art moderne.* **6.** Dans une salle de spectacle, étage situé au-dessus du dernier balcon : *J'ai deux places à la galerie* (**SYN.** poulailler). **7.** Cadre métallique fixé sur le toit d'un véhicule pour le transport des bagages. ▸ *Fam.* ***Amuser la galerie*** → **amuser.** ***Galerie marchande,*** passage piétonnier couvert, bordé de commerces. *Fam.* ***Pour la galerie,*** dans le seul but de se faire remarquer ou de se faire valoir.

galérien n.m. *Anc.* Homme condamné aux galères. ▸ ***Vie de galérien,*** vie très pénible.

galeriste n. Personne qui tient une galerie d'art.

galet n.m. (anc. fr. *gal,* caillou). **1.** Caillou poli et arrondi par l'action de la mer, des torrents et des rivières ou des glaciers. **2.** En mécanique, petite roue pleine destinée à diminuer le frottement et à permettre le roulement.

galetas [galta] n.m. (du nom de la tour de *Galata,* à Constantinople). **1.** *Litt.* Logement misérable, dans les combles d'un immeuble ; taudis. **2.** En Suisse, local de débarras dans les combles d'un bâtiment ; grenier.

galette n.f. (de *galet*). **1.** Préparation culinaire plate et ronde, à base de farine ou de féculents, que l'on cuit au four ou à la poêle : *Une galette de pommes de terre.* **2.** En Bretagne, crêpe salée à base de farine de sarrasin : *Une galette de blé noir.* **3.** Petit gâteau rond et sucré ; gâteau sec : *Des galettes au beurre.* **4.** En Belgique, gaufrette ; crème glacée entre deux gaufrettes. **5.** *Fig.* Tout objet dont la forme s'apparente à une galette, et partic., disque compact. **6.** *Fam.* Argent, fortune : *Avoir de la galette.* ▸ ***Galette des Rois,*** galette de pâte feuilletée que l'on mange pour la fête des Rois et qui contient une fève permettant de désigner le « roi » ou la « reine » de l'assistance. ***Plat*** ou ***aplati comme une galette,*** très plat, très aplati.

galeux, euse adj. et n. Atteint de la gale. ▸ ***Brebis galeuse,*** personne méprisée et rejetée par un groupe social : *Il est tenu à l'écart de tous comme une brebis galeuse.*

galicien, enne adj. et n. De la Galice ou de la Galicie. ◆ **galicien** n.m. Langue romane, proche du portugais, parlée en Galice.

galiléen adj. et n. De la province antique de Galilée. ▸ ***Le Galiléen,*** Jésus-Christ.

galimatias [galimatja] n.m. (du lat. *ballimathia,* chanson obscène). Discours ou écrit confus et inintelligible : *Quel galimatias !* (**SYN.** charabia, jargon).

galipette n.f. (de l'anc. fr. *galer,* s'amuser). *Fam.* Cabriole, roulade.

galipote n.f. ▸ *Fam.* ***Courir la galipote,*** au Québec, chercher des aventures galantes.

galle n.f. (lat. *galla*). Excroissance produite chez les végétaux sous l'influence de certains parasites (insectes, champignons, bactéries) : *On extrait le tanin de la galle du chêne.* ☞ **REM.** Ne pas confondre avec *gale.*

gallican, e adj. et n. (lat. *gallicanus,* de *Gallia,* Gaule). **1.** Relatif à l'Église de France. **2.** Partisan du gallicanisme (par opp. à ultramontain).

gallicanisme n.m. Doctrine ayant pour objet la défense des libertés prises par l'Église de France (Église gallicane) à l'égard du Saint-Siège (par opp. à ultramontanisme).

gallicisme n.m. (du lat. *gallicus,* gaulois). **1.** Expression, tournure propre à la langue française ; idiotisme : *« Prendre la mouche » est un gallicisme.* **2.** Emprunt fait au français par une autre langue : *« Rendezvous » est un gallicisme de l'anglais* (= mot que l'anglais a emprunté).

gallinacé ou **galliforme** n.m. (du lat. *gallina,* poule). Oiseau omnivore, au corps trapu et au vol lourd : *La poule, la perdrix, la caille, le faisan, la pintade et le dindon sont des gallinacés.*

gallium [galjɔm] n.m. Métal rare, blanc bleuâtre, proche de l'aluminium.

gallo adj. et n. Qui habite la Bretagne non bretonnante. ◆ n.m. Dialecte de langue d'oïl parlé en Bretagne non bretonnante.

gallois, e adj. et n. Du pays de Galles. ◆ **gallois** n.m. Langue celtique parlée au pays de Galles.

gallon n.m. (mot angl.). Mesure de capacité anglo-saxonne qui vaut 4,546 litres en Grande-Bretagne et 3,785 litres aux États-Unis. ☞ **REM.** Ne pas confondre avec *galon.*

gallo-romain, e adj. et n. (pl. *gallo-romains, es*). Qui appartient à la civilisation qui s'est développée en Gaule, depuis la conquête romaine jusqu'à l'installation des Francs : *Des habitations gallo-romaines.*

gallo-roman, e adj. et n.m. (pl. *gallo-romans, es*). Se dit des dialectes romans parlés sur le territoire de l'ancienne Gaule.

galoche n.f. (de l'anc. fr. *gal,* caillou). Chaussure de cuir à semelle de bois. ▸ *Fam.* ***Menton en galoche,*** menton long, pointu et relevé vers l'avant.

galon n.m. **1.** Bande tissée ou tressée utilisée comme ornement dans l'habillement et l'ameublement : *Une veste agrémentée d'un galon* (**SYN.** ruban). **2.** Signe distinctif des grades militaires porté sur l'uniforme. ☞ **REM.** Ne pas confondre avec *gallon.* ▸ ***Prendre du galon,*** monter en grade ; fig., obtenir une promotion, de l'avancement.

galonner v.t. (de l'anc. fr. *galer,* s'amuser) [conj. 3]. Orner d'un galon : *Galonner des rideaux.*

galop n.m. **1.** La plus rapide des allures naturelles du cheval : *Mettre sa jument au galop.* **2.** Danse de bal, musique de tempo vif, à deux temps, à la mode en Europe au XIXe siècle. ▸ *Fam.* ***Au galop,*** très vite, rapidement : *Nous avons visité ce musée au galop.* ***Galop d'essai,*** épreuve, test destinés à montrer ses capacités : *Elle a fait un galop d'essai avant d'être engagée.*

galopade n.f. **1.** Course au galop. **2.** Course précipitée : *Quelle galopade dans les couloirs quand la cloche sonne !*

galopant, e adj. Se dit d'un phénomène dont la croissance, l'évolution est très rapide et que l'on ne peut maîtriser : *Une inflation, une démographie galopante.*

galoper v.i. (d'un mot frq. signif. « bien sauter ») [conj. 3]. **1.** Aller au galop : *Ces poulains galoperont bientôt.* **2.** Marcher, courir très vite : *Les enfants n'ont pas cessé de galoper dans le jardin.* **3.** Avoir une activité débordante : *Sa pensée galope* (**SYN.** s'emballer).

galopin n.m. *Fam.* Polisson, garnement : *Une bande de galopins a brisé cette fenêtre* (**SYN.** chenapan).

galoubet n.m. (mot prov.). Petite flûte à bec provençale, à trois trous, au son aigu et perçant.

galuchat n.m. (de *Galuchat,* nom de l'inventeur). Cuir préparé à partir de la peau de la raie ou du squale et utilisé en reliure et en maroquinerie.

galurin ou **galure** n.m. (de l'anc. fr. *galer,* s'amuser). Chapeau.

galvanique adj. Relatif au galvanisme.

galvaniser v.t. (de *Galvani,* médecin italien) [conj. 3]. **1.** Donner une énergie soudaine à qqn : *Ce slogan a galvanisé les manifestants* (**SYN.** électriser, enflammer, survolter ; **CONTR.** calmer). **2.** Recouvrir une pièce métallique d'une couche protectrice de zinc.

galvanisme n.m. (de *Galvani,* médecin ital.). En biologie, action du courant continu sur certains organes vivants (nerfs, muscles).

galvanomètre n.m. Instrument qui sert à mesurer l'intensité des courants électriques faibles.

galvanoplastie n.f. Procédé consistant à déposer par électrolyse une couche de métal sur un support.

galvaudage n.m. Action de galvauder.

galvauder v.t. (de l'anc. fr. *galer,* s'amuser, et de *ravauder*) [conj. 3]. Faire un mauvais usage de qqch ; dégrader : *Galvauder son talent* (**SYN.** gâcher, prostituer). ◆ **se galvauder** v.pr. S'avilir ; se compromettre.

gamba [gɑ̃mba] n.f. (mot esp.). Grosse crevette des

eaux profondes de la Méditerranée et de l'Atlantique : *Elle préfère les gambas grillées.*

gambade n.f. (du prov. *cambo,* jambe). Bond, saut léger qui traduit la gaieté, la joie ; cabriole.

gambader v.i. [conj. 3]. Faire des gambades, sautiller : *Heureux, les enfants ne cessent de gambader dans le jardin* (**SYN.** folâtrer, s'ébattre).

gambe n.f. ▸ ***Viole de gambe*** → **viole.**

gamberger v.i. et v.t. (de l'anc. arg. *comberger,* compter) [conj. 17]. *Fam.* Imaginer, réfléchir ; combiner : *Arrête de gamberger !* (= n'y pense plus). *Gamberger un mauvais coup* (**SYN.** manigancer, organiser).

gambette n.f. *Fam.* Jambe d'une jeune femme : *Mistinguett avait de belles gambettes.*

gambit [gɑ̃bi] n.m. (it. *gambetto,* croc-en-jambe). Aux échecs, sacrifice volontaire d'une pièce en vue d'obtenir un avantage d'attaque ou une supériorité de position.

gamelle n.f. (du lat. *camella,* écuelle, bol). **1.** Récipient métallique qui sert à transporter des aliments préparés ; son contenu : *À la pause, les ouvriers du chantier sortent leur gamelle.* **2.** *Fam.* Projecteur, sur un plateau de théâtre, de cinéma, de télévision. ▸ *Fam.* ***Ramasser une gamelle,*** tomber ; fig., échouer.

gamète n.m. (gr. *gamos,* mariage). Cellule reproductrice, mâle ou femelle, qui s'unit à la cellule reproductrice du sexe opposé (fécondation) pour donner naissance à un œuf : *Chez l'être humain, le gamète mâle s'appelle « spermatozoïde » et le gamète femelle, « ovule ».*

gamin, e n. *Fam.* **1.** Enfant : *Il se comporte encore comme un gamin.* **2.** Fils, fille : *Elle a gardé nos gamins pendant la cérémonie.*

gaminerie n.f. Action, parole, comportement dignes d'un gamin : *Cesse un peu ces gamineries !* (**SYN.** enfantillage, puérilité).

gamma n.m. inv. (mot gr.). Troisième lettre de l'alphabet grec (Χ, χ), correspondant au *g* français. ▸ ***Rayons gamma,*** radiations émises par les corps radioactifs, ayant une action biologique puissante.

gammaglobuline n.f. Protéine du plasma sanguin humain ayant des fonctions d'anticorps.

gamme n.f. (gr. *gamma*). **1.** Dans un système musical, série ascendante ou descendante de notes qui se suivent : *Faire des gammes au piano.* **2.** *Fig.* Série de choses de même nature qui présentent diverses nuances, divers degrés : *Une gamme de bleus* (**SYN.** camaïeu, palette). **3.** Série d'objets de même fonction allant du moins cher au plus cher, d'une qualité moindre à une qualité supérieure : *Une large gamme de lecteurs DVD.* ▸ ***Bas, haut de gamme,*** qui se situe, au sein d'une même série d'articles, au niveau inférieur, supérieur, du point de vue du prix, de la qualité : *Des ordinateurs haut de gamme.*

gammée adj. f. ▸ ***Croix gammée,*** croix dont les quatre branches sont coudées vers la droite ou vers la gauche : *La croix gammée dont les branches sont coudées vers la droite fut l'emblème de l'Allemagne hitlérienne.*

gamopétale adj. et n.f. Se dit d'une fleur dont les pétales sont soudés : *Le pétunia est une gamopétale.*

gamosépale adj. Se dit d'une fleur dont les sépales sont soudés.

ganache n.f. (de l'it. *ganascia,* mâchoire). **1.** Crème de pâtisserie à base de chocolat, de beurre et de crème fraîche. **2.** *Fam., vieilli* Personne stupide et incapable. **3.** Partie latérale et postérieure de la mâchoire inférieure des quadrupèdes.

gandin n.m. *Litt.* Jeune homme qui a un soin excessif de son élégance ; dandy.

gandoura n.f. (du berbère). Tunique sans manches, portée sous le burnous ou la djellaba, en Afrique du Nord.

gang [gɑ̃g] n.m. (mot angl. signif. « équipe »). Bande organisée de malfaiteurs. ☞ **REM.** Ne pas confondre avec *une gangue.*

ganglion n.m. (gr. *gagglion,* glande). Petit renflement situé sur le trajet de vaisseaux lymphatiques ou de nerfs.

ganglionnaire adj. Relatif aux ganglions : *Une inflammation ganglionnaire.*

gangrène n.f. (gr. *gangraina,* pourriture). **1.** Mort et putréfaction des tissus d'un membre du corps, dues à une infection ou à un arrêt circulatoire. **2.** *Fig., litt.* Mal insidieux qui menace d'envahir la société : *La gangrène de la corruption.*

gangrener v.t. [conj. 19]. **1.** Provoquer la gangrène d'un membre. **2.** *Litt.* Corrompre une société, un organisme : *Ces malversations gangrènent les institutions* (**SYN.** empoisonner, pervertir, pourrir). ◆ **se gangrener** v.pr. Être atteint de gangrène, en parlant d'une partie du corps : *La jambe se gangrène rapidement.*

gangreneux, euse adj. De la nature de la gangrène.

gangster [gɑ̃gstɛr] n.m. (mot anglo-amér.). Membre d'une bande de malfaiteurs, d'un gang ; bandit : *Des gangsters cagoulés ont attaqué une banque.*

gangue n.f. (all. *Gang,* chemin, filon). **1.** Matière sans valeur incluse dans un minerai ou qui entoure une pierre précieuse dans un gisement : *Ôter la gangue d'un diamant.* **2.** *Fig.* Ce qui enveloppe, dénature qqch : *Débarrasser son esprit de la gangue des préjugés.* ☞ **REM.** Ne pas confondre avec *un gang.*

ganse n.f. (prov. *ganso,* du gr. *gampsos,* recourbé). Cordonnet tressé, ruban qui sert à orner un vêtement, des tissus d'ameublement.

ganser v.t. [conj. 3]. Garnir d'une ganse.

gant n.m. (frq. *want*). **1.** Pièce d'habillement qui couvre et protège la main, au moins jusqu'au poignet : *Des gants de cuir fourrés.* **2.** Accessoire dans lequel on peut glisser la main et qui sert à diverses activités : *Des gants de boxe, de chirurgien.* ▸ ***Aller comme un gant,*** convenir parfaitement. ***Gant de crin,*** moufle en crin tricoté qui sert à frictionner le corps. ***Gant de toilette,*** poche de tissu éponge dont on se sert pour se laver. ***Jeter le gant à qqn,*** le défier. ***Mettre*** ou ***prendre des gants,*** agir avec ménagement, avec précaution : *Elle a annoncé son départ sans prendre de gants.* ***Relever le gant,*** accepter, relever un défi. ***Retourner qqn comme un gant,*** le faire complètement changer d'avis. ***Souple comme un gant,*** docile, servile, soumis.

gantelet n.m. **1.** Manchon de cuir utilisé par certains ouvriers pour se protéger la main : *Les cordonniers et les relieurs se servent de gantelets* (**SYN.** manicle). **2.** *Anc.*

Gant couvert de lames de fer, qui faisait partie de l'armure.

ganter v.t. [conj. 3]. Mettre des gants à qqn ; fournir des gants à qqn : *L'infirmière gante le chirurgien.* ◆ v.i. Avoir telle pointure de gants : *Elle gante du sept.*

ganterie n.f. **1.** Industrie du gant. **2.** Profession, commerce du gantier.

gantier, ère n. Personne qui fabrique, vend des gants.

garage n.m. **1.** Lieu couvert qui sert d'abri aux véhicules : *Ils ont fait ajouter un garage à leur maison.* **2.** Action de garer un véhicule, de se garer : *Le garage est plus facile à cet endroit* (**SYN.** parcage). **3.** Entreprise de réparation et d'entretien des automobiles : *J'ai conduit ma voiture au garage pour une révision.* ▸ ***Voie de garage,*** voie destinée à garer des trains, des véhicules ferroviaires ; fig., emploi secondaire sans possibilité d'avancement : *Ce salarié est sur une voie de garage.*

garagiste n. Exploitant d'un garage automobile.

garance n.f. (du frq.). Plante qui était cultivée pour sa racine dont on tirait une substance colorante rouge ; cette substance. ◆ adj. inv. De la couleur rouge vif de la garance : *Les pantalons garance des soldats de 1914.*

garant, e adj. et n. (du gotique). Qui sert de garantie à qqch ; qui répond des actes, des dettes de qqn : *Des nations garantes d'un pacte* (**SYN.** responsable). *Le garant d'un emprunt* (**SYN.** caution, répondant). ▸ ***Être*** ou ***se porter garant de qqn, de qqch,*** répondre de qqn, de qqch : *Se porter garant de la loyauté de qqn.* ◆ **garant** n.m. Personne ou chose qui sert de garantie, d'assurance, de caution : *La justice est le garant de la démocratie.*

garantie n.f. **1.** Ce qui assure l'exécution, le respect de qqch : *Donner des garanties de la solvabilité d'un acheteur* (**SYN.** assurance, cautionnement). *Demander des garanties de la bonne moralité de qqn* (**SYN.** gage, preuve, témoignage). **2.** Obligation incombant à l'une des parties d'un contrat d'assurer la jouissance de qqch ou la protection contre un dommage : *Pour ce modèle, la garantie est de deux ans.* ▸ ***Sous garantie,*** se dit d'une marchandise dont le vendeur s'est engagé à maintenir le bon fonctionnement pendant une période donnée : *Mon téléviseur n'est plus sous garantie.*

garantir v.t. [conj. 32]. **1.** Assurer, sous sa responsabilité, le maintien ou l'exécution de qqch ; constituer une garantie pour qqch : *Garantir un emprunt* (**SYN.** avaliser, cautionner). *La loi garantit les droits du citoyen* (**SYN.** défendre, protéger). **2.** Répondre de la qualité d'un objet vendu et s'engager à remédier à tout défaut ou panne constatés pendant un certain temps : *Garantir un magnétoscope deux ans.* **3.** Attester l'existence, la réalité de qqch : *Son comportement vous garantit sa bonne foi* (**SYN.** démontrer, prouver, témoigner de). **4.** Donner qqch pour certain : *Elle a garanti qu'il viendrait* (**SYN.** promettre). *Le médecin m'a garanti que cela irait mieux d'ici peu* (**SYN.** assurer, certifier). **5.** Mettre qqch à l'abri ; protéger qqn de qqch : *Une crème qui garantit du soleil* (**SYN.** préserver, sauvegarder).

garbure n.f. (du gascon *garburo*). Potée béarnaise à base de chou, de légumes de saison, de haricots, cuits avec du confit d'oie ou de canard.

garce n.f. (de *gars*). *Fam.* Femme, fille méchante, désagréable ; chipie. ▸ *Fam.* ***Garce de*** (+ n.f.), fichue, maudite, pénible : *Garce de voiture qui ne veut pas démarrer !*

garçon n.m. (d'un mot frq. signif. « valet »). **1.** Enfant de sexe masculin : *Les garçons et les filles ont toujours des vestiaires séparés.* **2.** Jeune homme ; homme : *C'est un garçon courageux.* **3.** Employé subalterne ; ouvrier travaillant chez un artisan : *Garçon d'écurie. Garçon boucher.* **4.** Serveur dans un café, un restaurant : *Appeler le garçon.* **5.** Homme non marié ; célibataire (on dit aussi *un vieux garçon*) : *Il est resté garçon.* ▸ ***Enterrer sa vie de garçon,*** passer avec des amis une dernière et joyeuse soirée de célibataire.

garçonne n.f. *Vieilli* Jeune fille à l'allure masculine menant une vie émancipée. ▸ ***À la garçonne,*** se disait d'une coiffure féminine où les cheveux étaient coupés court.

garçonnet n.m. Petit garçon ; jeune garçon.

garçonnière n.f. Petit appartement de célibataire, qui sert souvent de lieu de rendez-vous : *Il l'a emmenée dans sa garçonnière.*

① **garde** n.f. **1.** Action de veiller sur qqn pour le protéger, le défendre : *Prendre un nouveau venu sous sa garde* (**SYN.** protection). **2.** Action de surveiller qqch pour le conserver en bon état, le préserver : *Vous aurez la garde du bureau de vote jusqu'à dix heures. Chien de garde.* **3.** Action de surveiller qqn pour l'empêcher de fuir : *Être conduit chez le procureur sous bonne garde* (**SYN.** escorte). **4.** Service de surveillance, assuré à tour de rôle par plusieurs personnes, plusieurs services ou établissements : *Une pharmacie de garde. Être de garde un jour férié. Un tour de garde.* **5.** Groupe de militaires qui gardent un poste ou assurent un service de sécurité : *Appeler la garde.* **6.** Position prise pour engager le combat et se protéger à l'escrime, en boxe, etc. : *Se mettre en garde. En garde !* (= ordre de se mettre en position de combat). **7.** Partie d'une arme blanche couvrant sa poignée et protégeant la main : *La garde d'une épée.* ▸ ***De garde,*** se dit de qqch qui se conserve bien ou qui s'améliore quand on le conserve : *Des pommes, du vin de garde.* ***Droit de garde,*** droit de surveiller un enfant mineur et de veiller à son éducation attribué à celui des parents qui a l'autorité parentale. ***Être*** ou ***se tenir sur ses gardes,*** se méfier. ***Feuille*** ou ***page de garde,*** feuillet placé au début et à la fin d'un livre. ***Garde à vue,*** maintien d'une personne dans les locaux de la police ou de la gendarmerie, pendant une durée limitée fixée par la loi, pour les besoins d'une enquête de la police judiciaire. ***Garde nationale,*** milice civique préposée au maintien de l'ordre, créée en France en 1789 et dissoute en 1871. ***Garde républicaine,*** corps de la gendarmerie nationale, chargé d'assurer des missions de sécurité et des services d'honneur au profit des hautes autorités de l'État. ***La vieille garde,*** les plus anciens membres d'un groupe, d'un parti ; les plus anciens partisans d'une personnalité politique : *La vieille garde d'un parti.* ***Mise en garde,*** avertissement. ***Monter la garde,*** surveiller. ***Prendre garde à qqch, à qqn,*** faire très attention à : *Prends garde à la peinture fraîche. Prenez garde à cet individu.* ***Prendre garde de*** ou ***à*** (+ inf.), ***à ce que*** (+ subj.), ***que*** (+ ne et le subj.), veiller à faire qqch ; s'efforcer de : *Prends garde à ne pas te salir. Il a pris garde* *d'arriver à l'heure. Prenez garde à ce que tout soit rangé avant mon retour. Prends garde que l'on ne t'entende pas.*

② **garde** n.m. **1.** Personne chargée de la surveillance de qqn, de qqch : *Il a tenté d'échapper à ses gardes* (**SYN.** gardien, surveillant). **2.** Militaire de la gendarmerie nationale appartenant à la Garde républicaine : *Un garde républicain. Un garde mobile.* ▸ ***Garde champêtre,*** agent communal assermenté qui sanctionne les infractions aux règlements concernant la chasse, les zones rurales, et qui veille au maintien de la tranquillité publique : *Les gardes champêtres peuvent dresser procès-verbal.* ***Garde des Sceaux,*** ministre de la Justice, en France. ***Garde du corps,*** homme chargé de la sécurité rapprochée d'une personnalité. ***Garde forestier,*** employé chargé de la surveillance d'une certaine étendue de forêt.

③ **garde** n.f. Femme qui a la charge de garder un malade, un enfant.

gardé, e adj. ▸ ***Chasse, pêche gardée,*** domaine, placé sous la surveillance d'un garde, où le propriétaire se réserve le droit de chasse, de pêche.

garde-à-vous n.m. inv. Position réglementaire (debout, immobile, les talons joints, les bras le long du corps) prise par les militaires en certaines occasions : *Les soldats se mettent au garde-à-vous.*

garde-barrière n. (pl. *gardes-barrières* ou *gardes-barrière*). Agent de chemin de fer chargé de la surveillance et de la manœuvre des barrières d'un passage à niveau.

garde-bœuf [gardəbœf] n.m. (pl. *gardes-bœufs* [gardəbø] ou *gardes-bœuf*). Pique-bœuf.

garde-boue n.m. inv. Pièce incurvée placée au-dessus des roues d'un véhicule pour éviter les projections d'eau, de boue : *Il a mis de nouveaux garde-boue à son vélo.*

garde-chasse n.m. (pl. *gardes-chasses* ou *gardes-chasse*). Garde particulier, affecté à une chasse privée.

garde-chiourme n.m. (pl. *gardes-chiourmes* ou *gardes-chiourme*). **1.** *Péjor.* Surveillant brutal. **2.** *Anc.* Surveillant des forçats.

garde-corps n.m. inv. **1.** Barrière à hauteur d'appui, formant protection pour les personnes devant un vide : *Les garde-corps ouvragés d'un pont* (**SYN.** balustrade, garde-fou, parapet). **2.** Rambarde, bastingage d'un navire.

① **garde-côte** ou **garde-côtes** n.m. (pl. *garde-côtes*). Embarcation affectée à la surveillance douanière ou à celle de la pêche côtière.

② **garde-côte** ou **garde-côtes** n.m. (pl. *gardes-côtes*). Agent chargé de la surveillance des côtes.

garde-feu n.m. (pl. *garde-feux* ou inv.). Grille métallique que l'on place devant le foyer d'une cheminée (**SYN.** pare-étincelles).

garde-fou n.m. (pl. *garde-fous*). **1.** Garde-corps, balustrade. **2.** *Fig.* Disposition, mesure qui empêche de commettre des écarts, des erreurs : *Ce décret servira de garde-fou contre les injustices* (**SYN.** protection, rempart).

garde-malade n. (pl. *gardes-malades* ou *gardes-malade*). Personne qui surveille les malades et les aide dans les actes élémentaires de la vie sans donner les soins relevant du personnel médical.

garde-manger n.m. inv. Petite armoire garnie de toile métallique, ou placard extérieur, servant à conserver les aliments.

garde-meuble n.m. (pl. *garde-meubles*) ou **garde-meubles** n.m. inv. Local spécialisé où l'on peut entreposer temporairement des meubles.

gardénia n.m. (de *Garden,* nom d'un botaniste). Arbuste originaire de Chine, à fleurs blanches et odorantes.

garden-party [gardɛnparti] n.f. (mot angl., de *garden,* jardin, et *party,* réception) [pl. *garden-partys* ou *garden-parties*]. Fête, réception mondaine donnée dans un jardin, un parc.

garde-pêche n.m. (pl. *gardes-pêche*). Agent chargé de faire respecter les règlements de police sur la pêche.

garder v.t. (du germ. *wardôn*) [conj. 3]. **1.** Surveiller un être pour le protéger, prendre soin de lui : *Il garde le chien de son amie qui est partie en vacances* (**SYN.** s'occuper de ; **CONTR.** abandonner, délaisser). **2.** Surveiller qqn pour l'empêcher de s'évader, de nuire : *Ils sont chargés de garder les prisonniers. Il est gardé à vue depuis hier* (= retenu par la police). **3.** Surveiller un lieu, une issue, etc., pour en défendre l'accès : *Un chien redoutable garde l'entrée de la propriété* (**SYN.** protéger). **4.** Conserver une denrée périssable ; mettre en réserve : *Garder des fruits tout l'hiver.* **5.** Conserver sur soi, près de soi : *Gardez votre sac avec vous.* **6.** Conserver sur soi un vêtement : *Je garde ma veste, il ne fait pas très chaud.* **7.** Conserver pour un temps limité ou en vue d'une utilisation ultérieure : *Je vous garde la place à côté de moi. Garder le meilleur pour la fin* (**SYN.** réserver). **8.** Retenir qqn près de soi : *Garder une amie à dîner.* **9.** Continuer à employer, à fréquenter qqn : *Nous avons décidé de le garder après sa période d'essai. J'ai gardé quelques amis dans le Sud.* **10.** Conserver pour soi, ne pas révéler : *Elle préfère garder ses problèmes pour elle* (= ne pas les confier). **11.** Conserver tel sentiment ; rester dans tel état : *Garder de la rancœur contre qqn* (**CONTR.** pardonner). *Malgré les ennuis, il garde son humour* (= il fait preuve de). ▸ ***Garder la chambre*** ou ***le lit,*** rester chez soi, en parlant d'un malade. ***Garder le silence,*** ne pas parler. ◆ **se garder** v.pr. **[de]. 1.** *Litt.* Faire attention à ; se méfier de : *Gardez-vous des flatteurs* (**SYN.** se défier de, se préserver de). **2.** Éviter, s'abstenir de : *Elle s'est bien gardée de nous en parler.*

garderie n.f. Garde, surveillance collective de jeunes enfants ; lieu où s'effectue cette garde.

garde-robe n.f. (pl. *garde-robes*). **1.** Ensemble des vêtements d'une personne : *Changer sa garde-robe.* **2.** *Vx* Petite pièce ou armoire où l'on range les vêtements ; penderie.

garde-temps n.m. inv. Horloge de très haute précision servant de référence pour la conservation de l'heure exacte à travers le monde.

gardeur, euse n. Personne qui garde des animaux ; gardien : *Une gardeuse de chèvres.*

garde-voie n.m. (pl. *gardes-voies* ou *gardes-voie*). Agent chargé de la surveillance des voies ferrées.

gardian n.m. (du prov. *gardar,* garder). En Camargue, gardien à cheval d'un troupeau de taureaux, de chevaux.

gardien, enne n. **1.** Personne qui est chargée de

garder qqn, un animal ou qqch : *Un gardien de musée* (**SYN.** surveillant). **2.** Employé chargé de la surveillance d'un immeuble : *Demander son courrier à la gardienne* (**SYN.** concierge). **3.** *Sout.* Protecteur, défenseur de qqch : *L'Académie a reçu la mission d'être la gardienne de la langue française* (**SYN.** défenseur, protecteur). ▸ ***Gardien de but,*** dernier défenseur du but d'une équipe de football, de hockey, de handball, etc. ***Gardien de la paix,*** agent de la police municipale. ***Gardien du temple,*** dans un groupe, un parti, partisan du respect de l'orthodoxie : *Elle est la gardienne du temple de notre association.*

gardiennage n.m. **1.** Emploi de gardien. **2.** Service de garde et de surveillance : *Une entreprise de gardiennage.*

gardienne n.f. Nourrice, assistante maternelle.

gardon n.m. Petit poisson d'eau douce. ▸ ***Frais comme un gardon,*** se dit d'une personne qui semble en pleine forme.

① **gare** n.f. (de *garer*). Ensemble des installations de chemin de fer où se font le transfert des marchandises, l'embarquement et le débarquement des voyageurs : *Le train de Nancy entre en gare.* ▸ ***De gare,*** se dit d'une littérature populaire, facile à lire et des œuvres appartenant à ce genre : *Romans de gare.* ***Gare maritime,*** gare aménagée sur les quais d'un port. ***Gare routière,*** emplacement aménagé pour accueillir les véhicules routiers assurant le transport des voyageurs ou des marchandises.

② **gare** interj. (impér. de *garer*). Exclamation servant à avertir d'un danger imminent ou à menacer d'un châtiment : *Gare, devant !* (= laissez passer). *Gare à toi !* (= tu risques d'être puni). ▸ ***Sans crier gare,*** sans prévenir : *Ils sont partis sans crier gare* (= inopinément, à l'improviste).

garenne n.f. Lieu boisé où les lapins vivent à l'état sauvage. ◆ n.m. Lapin sauvage vivant dans les garennes (on dit aussi *un lapin de garenne*) : *Un garenne traversa le sentier.*

garer v.t. (frq. *warôn*) [conj. 3]. **1.** Mettre un véhicule à l'écart de la circulation ou le rentrer dans une gare, un garage : *Gare la voiture sur cette place* (**SYN.** parquer, ranger ; **CONTR.** sortir). **2.** *Fam.* Mettre à l'abri, en sûreté : *Garer ses bibelots précieux.* ◆ **se garer** v.pr. **1.** Ranger son véhicule dans un lieu réservé au stationnement : *Il est interdit de se garer sur un emplacement réservé aux personnes handicapées* (**SYN.** stationner). **2.** Se ranger sur le côté de la route pour laisser passer : *Gare-toi, il y a un véhicule prioritaire qui veut passer !* **3. [de].** *Fig.* Se mettre à l'abri de ; se protéger de : *Apprendre à se garer des mauvaises fréquentations* (**SYN.** fuir, se garder de, se soustraire à).

gargantua n.m. (de *Gargantua*, personnage de Rabelais). Gros mangeur : *Ces enfants sont des gargantuas.*

gargantuesque adj. Digne de Gargantua : *Un appétit gargantuesque* (**SYN.** énorme, pantagruélique ; **CONTR.** minuscule, petit).

se **gargariser** v.pr. (gr. *gargarizein*) [conj. 3]. **1.** Se rincer la gorge et l'arrière-bouche avec un liquide, un antiseptique qu'on laisse agir un moment avant de le recracher. **2. [de].** *Fig., fam.* Se délecter avec suffisance de : *Ils se gargarisent de leur victoire* (**SYN.** savourer).

gargarisme n.m. **1.** Médicament liquide, antiseptique qui sert à se gargariser. **2.** Action de se servir d'un tel médicament : *Faire des gargarismes.*

gargote n.f. (de l'anc. fr. *gargueter*, faire du bruit avec la gorge). *Péjor.* Restaurant où l'on mange à bas prix une mauvaise nourriture.

gargouille n.f. (de l'anc. fr. *gargoule*, gorge). Conduit saillant, souvent orné d'une figure fantastique, adapté à une gouttière, et qui déverse les eaux de pluie loin des murs ; la figure elle-même : *Les gargouilles de Notre-Dame de Paris.*

gargouillement n.m. **1.** Bruit produit par un liquide agité de remous dans une canalisation, un récipient : *J'entends un gargouillement dans le tuyau de l'évier.* **2.** Bruit d'un liquide, d'un gaz dans la gorge, l'estomac ou les intestins : *J'ai faim, mon estomac ne cesse d'émettre des gargouillements* (**SYN.** borborygme).

gargouiller v.i. [conj. 3]. Faire entendre un gargouillement : *Mon estomac gargouille.*

gargoulette n.f. (anc. fr. *gargoule*). Cruche poreuse dans laquelle l'eau se rafraîchit par évaporation.

gari n.m. En Afrique, farine ou semoule de manioc.

garibaldien, enne n. et adj. Partisan de Garibaldi.

gariguette n.f. Variété de fraise oblongue et parfumée.

garnement n.m. (de *garnir*, protéger). Enfant insupportable, turbulent : *Bande de petits garnements !* (**SYN.** chenapan, coquin, polisson).

garni, e adj. Se dit d'un plat de viande accompagné de légumes : *Une choucroute garnie.* ▸ ***Assiette garnie,*** assiette de charcuterie assortie. ◆ **garni** n.m. *Anc.* Hôtel où l'on louait des chambres meublées au mois.

garnir v.t. (du frq.) [conj. 32]. **1.** Remplir de ce qui est nécessaire ou normal : *Garnir le réfrigérateur* (**SYN.** approvisionner, remplir). *Garnir un coussin* (**SYN.** rembourrer). **2.** Compléter d'éléments accessoires : *Garnir un mur de photographies* (**SYN.** décorer, orner). **3.** Pourvoir d'éléments protecteurs : *Garnir une porte de plaques d'acier* (**SYN.** blinder, renforcer). ◆ **se garnir** v.pr. Se remplir graduellement : *Les gradins du stade se garnissent peu à peu* (**SYN.** s'emplir ; **CONTR.** se vider).

garnison n.f. (de *garnir*). Ensemble des troupes stationnées dans une ville ou dans un ouvrage fortifié ; la ville où sont casernées les troupes : *Être en garnison à Lille.*

garnissage n.m. **1.** Action de garnir ; ce qui garnit : *Le garnissage d'un édredon* (**SYN.** rembourrage). **2.** Ensemble des travaux d'aménagement à l'intérieur d'un véhicule.

garniture n.f. **1.** Ce qui s'ajoute pour garnir, orner, embellir : *Des rideaux avec une garniture de velours.* **2.** Ce qui accompagne l'élément principal d'un plat : *Une garniture de riz* (**SYN.** accompagnement). **3.** Aménagement intérieur destiné à rendre confortables une automobile, une voiture de chemin de fer (sièges, revêtement des portes, etc.). **4.** Ensemble d'objets assortis : *Une garniture de boutons.*

garrigue n.f. (prov. *garriga*). Formation végétale méditerranéenne constituée de chênes verts mélangés à des buissons et à des plantes herbacées.

① **garrot** n.m. (du prov. *garra*, jarret). Région du corps des grands quadrupèdes qui surmonte les épaules et qui est délimitée par l'encolure, le dos et le plat des épaules.

② **garrot** n.m. (du frq. *wrokkôn*, tordre). **1.** Morceau de bois que l'on passe dans une corde pour la tendre en la tordant : *Garrot d'une scie.* **2.** Appareil, lien servant à comprimer un membre pour arrêter une hémorragie : *Il faut lui poser un garrot.* ▸ *Anc.* ***Supplice du garrot,*** peine de mort infligée par strangulation.

garrottage n.m. Action de garrotter.

garrotter v.t. (de *2. garrot*) [conj. 3]. Lier qqn étroitement et fortement : *Les cambrioleurs ont garrotté le propriétaire de la maison* (**SYN.** bâillonner, ligoter).

gars [ga] n.m. (de *garçon*). *Fam.* Garçon, homme : *C'est un brave gars* (**SYN.** gaillard, type).

gascon, onne adj. et n. (lat. *Vasco, Vasconis*). De la Gascogne, de ses habitants. ▸ ***Offre de Gascon,*** proposition qui n'est pas sérieuse. ◆ **gascon** n.m. Dialecte de la langue d'oc parlé en Gascogne.

gas-oil ou **gasoil** [gazɔjl ou gazwal] n.m. (mot anglo-amér., de *gas*, gaz, et *oil*, huile) [pl. *gas-oils, gasoils*]. Gazole.

gaspacho [gaspatʃo] n.m. (mot esp.). Potage espagnol à base de légumes crus et qui est servi très frais avec des dés de pain.

gaspillage n.m. Action de gaspiller ; emploi abusif et désordonné de certains biens : *Le gaspillage de nourriture est insupportable* (**SYN.** perte ; **CONTR.** conservation). *Il a mis fin au gaspillage dans l'entreprise* (**SYN.** gabegie).

gaspiller v.t. [conj. 3]. **1.** Dépenser avec profusion ; consommer sans discernement : *Cessons de gaspiller nos ressources énergétiques* (**SYN.** dilapider ; **CONTR.** économiser, épargner). **2.** Faire un emploi désordonné et sans profit de ce qu'on possède : *Gaspiller son temps* (**SYN.** gâcher, perdre).

gaspilleur, euse adj. et n. Qui gaspille : *Je n'aime pas les gaspilleurs* (**SYN.** dépensier, gâcheur ; **CONTR.** économe).

gastéropode ou **gastropode** n.m. (du gr. *gastêr, gastros*, ventre, et *pous, podos*, pied). Mollusque rampant sur un large pied ventral, souvent pourvu d'une coquille dorsale en forme de spirale et vivant dans les mers, en eau douce ou dans les lieux humides : *L'escargot et la limace sont des gastéropodes.*

gastralgie n.f. Douleur à l'estomac.

gastrectomie n.f. Ablation chirurgicale de l'estomac.

gastrique adj. Relatif à l'estomac : *Une douleur gastrique* (**SYN.** stomacal). ▸ ***Suc gastrique,*** liquide acide sécrété par l'estomac et qui contribue à la digestion.

gastrite n.f. Inflammation de la muqueuse de l'estomac.

gastro-entérite n.f. (pl. *gastro-entérites*). Inflammation simultanée de la muqueuse de l'estomac et de celle de l'intestin grêle.

gastro-entérologie n.f. Spécialité médicale consacrée au tube digestif et à ses glandes annexes (foie, vésicule biliaire, pancréas).

gastro-entérologue n. (pl. *gastro-entérologues*). Médecin spécialiste de gastro-entérologie.

gastro-intestinal, e, aux adj. Qui concerne l'estomac et l'intestin : *Des maladies gastro-intestinales.*

gastronome n. Personne qui aime et apprécie la bonne nourriture (**SYN.** gourmet).

gastronomie n.f. (gr. *gastronomia*). Connaissance de tout ce qui se rapporte à la cuisine, à la préparation des repas, à l'art de déguster et d'apprécier la nourriture.

gastronomique adj. **1.** Qui a rapport à la gastronomie : *Un guide gastronomique.* **2.** Se dit d'un repas, d'un menu dont la cuisine est soignée et abondante.

gastropode n.m. → **gastéropode.**

gâté, e adj. Détérioré, pourri : *Des dents gâtées* (**SYN.** abîmé, malade ; **CONTR.** sain). ▸ ***Enfant gâté,*** enfant élevé avec trop d'indulgence.

gâteau n.m. (du frq. *wastil*). **1.** Pâtisserie réalisée à partir d'une pâte à base de farine, de beurre, d'œufs et de sucre, employée seule ou garnie de crème, de fruits, etc. : *Un gâteau au chocolat. Des gâteaux secs* (= des biscuits). **2.** Ensemble des alvéoles en cire que construisent les abeilles pour conserver leur miel (**SYN.** gaufre). **3.** En Suisse, tarte. ▸ *Fam.* ***Avoir sa part du gâteau*** ou ***avoir part au gâteau*** ou ***partager le gâteau,*** participer aux bénéfices d'une affaire. *Fam.* ***C'est du gâteau,*** c'est qqch d'agréable, de facile. ***Papa, maman gâteau,*** qui gâte ses enfants : *De vraies mamans gâteau.*

gâter v.t. (lat. *vastare*, dévaster) [conj. 3]. **1.** Altérer en pourrissant : *La chaleur gâte la viande* (**SYN.** abîmer, avarier, pourrir ; **CONTR.** conserver). **2.** Compromettre la réussite de qqch : *Son arrivée a tout gâté* (**SYN.** gâcher ; **CONTR.** améliorer). **3.** Priver de son caractère agréable ; compromettre l'aspect de qqch : *La pluie a gâté notre week-end* (**SYN.** nuire à ; **CONTR.** embellir). *Cet immeuble gâte le paysage.* **4.** Combler de cadeaux, de choses agréables : *Elle m'a gâtée pour mon anniversaire.* **5.** En Afrique, détériorer, abîmer : *Il a gâté sa voiture.* ▸ ***Gâter un enfant,*** le traiter avec trop d'indulgence. ◆ **se gâter** v.pr. **1.** Devenir couvert, pluvieux, en parlant du temps (**SYN.** s'assombrir, se couvrir ; **CONTR.** s'améliorer). **2.** Prendre une mauvaise tournure : *Les choses se gâtent* (**SYN.** se dégrader ; **CONTR.** s'arranger).

gâterie n.f. **1.** (Surtout au pl.). Friandise : *Les enfants adorent les gâteries* (**SYN.** sucreries). **2.** Petit cadeau : *Je t'ai apporté une petite gâterie* (**SYN.** surprise).

gâte-sauce n.m. (pl. *gâte-sauces* ou inv.). **1.** Marmiton. **2.** *Vx* Mauvais cuisinier.

gâteux, euse adj. et n. **1.** Se dit de qqn qui perd tout bon sens sous l'effet d'un amour excessif, d'une passion : *Il est gâteux de sa petite-fille. Elle est complètement gâteuse avec sa collection de fèves.* **2.** Se dit d'une personne dont l'intelligence est affaiblie, qui radote. **3.** *Vieilli* Se dit en médecine d'une personne atteinte de gâtisme.

gâtine n.f. (de *gâter*). *Région.* Terre imperméable, marécageuse et stérile.

gâtion, onne [gatjɔ̃, ɔn] n. *Fam.* En Suisse, enfant trop gâté.

gâtisme n.m. **1.** État d'une personne qui semble retombée en enfance, qui radote. **2.** *Vieilli* Décrépitude physique et mentale qui touche certains malades mentaux, infirmes ou vieillards devenus incontinents.

gatter v.t. ▸ *Fam.* ***Gatter l'école,*** en Suisse, faire l'école buissonnière.

① **gauche** adj. (de *gauchir*). **1.** Se dit du côté du

corps de l'homme et des animaux où est placé le cœur (par opp. à droit) : *La main gauche.* **2.** En parlant de choses orientées, se dit de la partie située du côté gauche d'une personne qui aurait la même orientation (par opp. à droit) : *L'aile gauche de l'avion.* **3.** En parlant de choses non orientées, se dit de la partie située du côté gauche de celui qui regarde (par opp. à droit) : *La partie gauche de la table.* **4.** Se dit d'une personne qui manque d'habileté ou d'aisance : *Une personne gauche* (**SYN.** maladroit, malhabile ; **CONTR.** adroit, habile). *Des gestes gauches* (**SYN.** balourd, emprunté, pataud ; **CONTR.** dégagé, élégant). **5.** Se dit de ce qui n'est pas droit ou plat, du fait d'une déformation volontaire ou accidentelle : *Une planche légèrement gauche* (= qui a été gauchie ; **CONTR.** 1. droit, 2. plan). ◆ n.m. **1.** Poing gauche, en boxe (par opp. au droit) : *Un crochet du gauche.* **2.** Pied gauche, au football, au rugby (par opp. au droit) : *Elle tire du gauche.*

② **gauche** n.f. **1.** Côté gauche d'une personne (par opp. à la droite) ; partie gauche d'un objet, d'une surface : *Les Anglais roulent à gauche. C'est la troisième en partant de la gauche.* **2.** Poing gauche, en boxe ; coup porté avec ce poing (par opp. à la droite) : *Il a une gauche dévastatrice.* **3.** Côté gauche (par rapport au président) d'une salle où siège une assemblée délibérante. **4.** Ensemble des groupements et partis qui professent des opinions progressistes (par opp. à la droite, conservatrice) : *Elle vote pour la gauche.* ▸ ***De gauche,*** qui est situé sur le côté gauche ; qui relève de la gauche en politique, qui la soutient (par opp. à la droite) : *La page de gauche. Une politique de gauche.* ***Extrême gauche,*** ensemble des mouvements politiques dont les positions prétendent aller au-delà de ce que préconise la gauche traditionnelle. *Péjor.* ***Gauche caviar,*** fraction de la gauche dont le progressisme s'associe au goût des mondanités et des situations acquises.

gauchement adv. De façon gauche : *Il tient gauchement son bébé* (**SYN.** maladroitement, malhabilement ; **CONTR.** adroitement, habilement).

gaucher, ère adj. et n. Se dit d'une personne qui se sert ordinairement de la main gauche (par opp. à droitier).

gaucherie n.f. **1.** Manque d'aisance ; attitude embarrassée : *Sa gaucherie l'empêche de prendre la parole en public* (**SYN.** embarras, gêne, timidité ; **CONTR.** aisance, assurance). **2.** Caractère de ce qui est gauche, maladroit ; acte ou geste maladroit : *Sa question était d'une grande gaucherie* (**SYN.** inhabileté, maladresse ; **CONTR.** habileté, finesse). *Elle commet des gaucheries par timidité* (**SYN.** balourdise, impair). **3.** État d'une personne gauchère (par opp. à dextralité).

gauchir v.i. (du frq. *wenkjan,* faire des détours) [conj. 32]. Subir une déviation ou une déformation ; ne plus être plat ou droit : *Cette poutre gauchit* (**SYN.** se déformer, 2. se voiler ; **CONTR.** se redresser). ◆ v.t. **1.** Donner une déformation à qqch : *L'humidité a gauchi les étagères* (**SYN.** déformer, 2. voiler ; **CONTR.** redresser). **2.** *Fig.* Détourner de sa direction première, ou de son sens véritable : *Les journalistes ont gauchi ses propos* (**SYN.** déformer, dénaturer, fausser ; **CONTR.** respecter).

gauchisant, e adj. et n. Dont les sympathies politiques vont aux partis de gauche.

gauchisme n.m. Ensemble des courants politiques de l'extrême gauche.

gauchissement n.m. **1.** Déformation d'une surface, d'une pièce qui a gauchi : *Le gauchissement d'une planche* (**SYN.** voilement ; **CONTR.** redressement). **2.** Altération d'un fait : *Le gauchissement d'une information* (**SYN.** déformation ; **CONTR.** authenticité).

gauchiste adj. et n. Relatif au gauchisme ; qui en est partisan.

gaucho [goʃo ou gawtʃo] n.m. (mot esp., du quechua *wahca,* pauvre). Gardien de troupeaux de la pampa argentine.

gaudriole n.f. (de l'anc. fr. *se gaudir,* du lat. *gaudere,* se réjouir). *Fam.* Propos ou plaisanterie d'une gaieté libre : *Dire des gaudrioles* (**SYN.** gauloiserie, grivoiserie, paillardise). ▸ ***La gaudriole,*** les relations amoureuses, le libertinage : *Il ne pense qu'à la gaudriole.*

gaufrage n.m. Action de gaufrer ; fait d'être gaufré : *Le gaufrage d'une étoffe.*

gaufre n.f. (du frq. *wafla*). **1.** Pâtisserie légère, ornée d'alvéoles : *Une gaufre à la chantilly.* **2.** Ensemble des alvéoles de cire que fabriquent les abeilles (**SYN.** gâteau).

gaufrer v.t. [conj. 3]. Imprimer, au moyen de fers chauds ou de cylindres gravés, des motifs en relief sur des étoffes, du cuir, du papier, etc.

gaufrette n.f. Petit biscuit sec feuilleté, parfois fourré de crème ou de confiture.

gaufrier n.m. Moule formé de deux plaques alvéolées articulées entre lesquelles on cuit les gaufres.

gaufroir n.m. Outil que l'on utilise pour gaufrer à la main le cuir et les étoffes.

gaufrure n.f. Empreinte obtenue par gaufrage.

gaulage n.m. Action de gauler : *Le gaulage des noix.*

gaule n.f. (du frq. *walu*). **1.** Longue perche : *Il se sert d'une gaule pour faire tomber les fruits de l'arbre.* **2.** Canne à pêche.

gauler v.t. (de *gaule*) [conj. 3]. Battre les branches d'un arbre avec une gaule pour en faire tomber les fruits : *Elle gaule les olives.* ▸ *Fam.* ***Se faire gauler,*** se faire prendre sur le fait : *Il s'est fait gauler par la police.*

gaulette n.m. À la Réunion, tige de bambou, souvent utilisée comme canne à pêche.

gaullien adj. Qui se rapporte au général de Gaulle, à son action et à sa pensée ; qui évoque le style de son action politique : *Les idées gaulliennes.*

gaullisme n.m. Courant politique se réclamant de l'action et de la pensée du général de Gaulle.

gaulliste adj. et n. Relatif au gaullisme ; qui est partisan du général de Gaulle, de sa politique : *Un parti gaulliste.*

① **gaulois, e** adj. et n. Relatif à la Gaule : *Des habitations gauloises.* ◆ **gaulois** n.m. Langue celtique que parlaient les Gaulois.

② **gaulois, e** adj. D'une gaieté libre et licencieuse : *Des histoires gauloises* (**SYN.** gaillard, grivois, leste ; **CONTR.** prude, pudibond).

gauloise n.f. Cigarette de tabac brun de marque française.

gauloisement adv. Avec un humour un peu grossier.

gauloiserie n.f. **1.** Caractère de ce qui est gaulois, exprimé de façon libre ; grivoiserie. **2.** Propos libre ou licencieux : *Dire des gauloiseries* (**SYN.** gaudriole, paillardise).

se **gausser** v.pr. [conj. 3]. **[de].** *Litt.* Se moquer ouvertement de qqn, de qqch : *Il ne cesse de se gausser de leur timidité* (**SYN.** railler, ridiculiser).

gavage n.m. **1.** Action de gaver : *Le gavage des canards.* **2.** Alimentation artificielle (d'un malade, d'un nourrisson) au moyen d'une sonde.

gave n.m. (du béarnais *gabe*). Torrent, dans l'ouest des Pyrénées françaises : *Le gave de Pau.*

gaver v.t. (du picard *gave*, gosier) [conj. 3]. **1.** Alimenter de force des volailles (oies, canards) que l'on veut engraisser. **2.** Faire manger avec excès : *Cesse de les gaver de chocolats* (**SYN.** bourrer ; **CONTR.** priver de). **3.** *Fam.* Bourrer, encombrer l'esprit de connaissances : *Il gave ses stagiaires d'informatique.* ◆ **se gaver** v.pr. **[de]. 1.** Manger à satiété, avec excès : *Elle se gave de crème glacée* (**CONTR.** se priver de). **2.** *Fam.* Bourrer son esprit de qqch : *Il se gave de films américains* (**SYN.** se repaître [litt.]).

gaveur, euse n. Personne qui gave les volailles : *Une gaveuse d'oies.*

gaveuse n.f. [conj. 3]. Appareil utilisé pour gaver les volailles.

gavial n.m. (mot hindi) [pl. *gavials*]. Crocodile d'Inde et de Birmanie, à museau long et fin.

gavotte n.f. (prov. *gavoto*). Danse française à deux temps, exécutée en couple aux XVIIe et XVIIIe siècles.

gavroche n.m. (de *Gavroche*, personnage des *Misérables*, de V. Hugo). *Vieilli* Gamin de Paris, malicieux et effronté ; titi. ◆ adj. Qui évoque ce gamin : *Elle a un air gavroche.*

gay [gɛ] n. (mot anglo-amér.). *Fam.* Homosexuel, ou, plus rarement, homosexuelle (**SYN.** gai). ◆ adj. Relatif aux homosexuels : *Des bars gays* (**SYN.** gai).

gaz n.m. (mot créé au XVIIe s. d'après le lat. *chaos*, du gr. *khaos*, gouffre, abîme, masse confuse). **1.** L'un des trois états de la matière (par opp. à liquide et solide) qui est expansible et compressible. **2.** Corps qui se trouve naturellement à l'état gazeux : *L'oxygène est un gaz.* **3.** Gaz naturel ou manufacturé employé notamm. comme combustible ou carburant : *Une bouteille de gaz.* **4.** (Surtout au pl.). Mélange d'air dégluti et de produits volatils des fermentations, dans le tube digestif : *Elle a des gaz.* ▸ ***Gaz de combat,*** substances chimiques gazeuses ou liquides employées comme arme militaire. ***Gaz de pétrole liquéfiés*** → **G.P.L.** ***Gaz de ville,*** gaz naturel distribué par des conduites (par opp. à gaz en bouteille). ***Gaz naturel,*** mélange d'hydrocarbures gazeux que l'on trouve dans les gisements souterrains, constituant un excellent combustible. *Fam.* ***Il y a de l'eau dans le gaz,*** il y a des tensions, des désaccords. ***Mettre les gaz,*** donner de la vitesse à un moteur en appuyant sur l'accélérateur ; fig., se hâter.

gazage n.m. Action de gazer.

gaze n.f. (de *Gaza*, ville de Palestine). **1.** Étoffe légère et transparente, de soie ou de coton, employée dans la mode ou la confection. **2.** Tissu de coton très lâche, utilisé pour les compresses, les pansements, les bandages : *Le médecin a appliqué de la gaze sur sa plaie.*

gazé, e adj. et n. Qui a subi l'action de gaz asphyxiants ou toxiques : *Les gazés de la Première Guerre mondiale.*

gazéification n.f. **1.** Action de gazéifier, de faire passer un corps à l'état gazeux. **2.** Ajout de gaz carbonique à une boisson pour la rendre gazeuse.

gazéifier v.t. [conj. 9]. **1.** Transformer en un produit gazeux. **2.** Dissoudre du gaz carbonique dans une boisson pour la rendre gazeuse : *De l'eau gazéifiée.*

gazelle n.f. (d'un mot ar.). Petite antilope très rapide, aux cornes arquées en forme de lyre, vivant dans les steppes d'Afrique et d'Asie.

gazer v.t. [conj. 3]. Soumettre à l'action de gaz toxiques ou asphyxiants. ◆ v.i. *Fam.* Aller à toute vitesse. ▸ *Fam.* ***Ça gaze,*** ça va bien, ça prend bonne tournure.

gazette n.f. (it. *gazzetta*). **1.** *Anc.* Écrit périodique, donnant des nouvelles politiques, littéraires, artistiques. **2.** *Fam., vieilli* Personne qui rapporte les bavardages, les commérages. **3.** En Belgique, journal quotidien.

gazeux, euse adj. Qui est de la nature du gaz ; relatif aux gaz : *Une boisson gazeuse.* ▸ ***Eau gazeuse,*** eau qui contient du gaz carbonique dissous.

① **gazier, ère** adj. Relatif à l'industrie des gaz combustibles : *Une compagnie gazière.*

② **gazier** n.m. **1.** Personne qui travaille dans l'industrie gazière. **2.** *Fam., vieilli* Individu quelconque ; type.

gazinière n.f. Cuisinière à gaz.

gazoduc n.m. Canalisation destinée au transport du gaz à longue distance.

gazogène n.m. Appareil transformant le charbon ou le bois en gaz combustible.

gazole [gazɔl] n.m. Liquide pétrolier jaune clair, utilisé comme carburant et comme combustible (**SYN.** gas-oil [anglic.]).

gazoline n.f. Produit pétrolier extrait du gaz naturel.

gazomètre n.m. Réservoir où l'on stocke le gaz de ville avant de le distribuer.

gazon n.m. (du frq. *waso*, motte de terre garnie d'herbe). **1.** Herbe courte et fine : *Elle va tondre le gazon.* **2.** Terrain couvert de gazon : *Ne marche pas sur le gazon !* (**SYN.** pelouse).

gazonner v.t. [conj. 3]. Revêtir de gazon : *Gazonner le pourtour d'une maison.*

gazouillement n.m. Petit bruit, léger murmure que font les oiseaux en chantant, les ruisseaux en coulant.

gazouiller v.i. (onomat.) [conj. 3]. **1.** En parlant des petits oiseaux, faire entendre un chant léger, doux et confus (**SYN.** chanter, pépier). **2.** En parlant de l'eau, produire un murmure : *Le ruisseau gazouille* (**SYN.** murmurer). **3.** En parlant d'un bébé, émettre les premiers sons articulés : *Le bébé commence à gazouiller.*

gazouillis [gazuji] n.m. **1.** Gazouillement léger, en particulier de l'hirondelle. **2.** Émission vocale spontanée du nourrisson ; babil.

geai [ʒɛ] n.m. (bas lat. *gaius*). Oiseau passereau à plumage brun clair tacheté de bleu, de blanc et de noir, commun dans les bois. ☞ **REM.** Ne pas confondre avec *jais*.

géant, e n. (gr. *gigas, gigantis*). **1.** Personne, animal ou chose dont la taille est très élevée : *Cette équipe de basket est composée de géants* (**SYN.** colosse). **2.** Personne, entreprise ou pays qui dépasse de beaucoup les autres par son génie ou sa puissance : *Les géants de la littérature. Le géant de l'agroalimentaire.* ▸ ***À pas de géant,*** très vite : *Ce projet avance à pas de géant* (= à grands pas ; **SYN.** rapidement ; **CONTR.** lentement). ◆ adj. Se dit d'une personne, d'un animal ou d'une chose de très grande taille : *Des plantes géantes. Un immeuble géant* (**SYN.** colossal, gigantesque, vaste ; **CONTR.** minuscule, petit). ▸ ***Étoile géante,*** étoile de grand diamètre, très lumineuse (on dit aussi *une géante*).

gecko [ʒeko] n.m. (du malais). Lézard de l'Asie du Sud-Est, aux yeux globuleux et qui est très bruyant.

geek [gik] n. (mot anglo-amér.). Fan d'informatique, de science-fiction, de jeux vidéo, etc., toujours à l'affût des nouveautés et des améliorations à apporter aux technologies numériques.

géhenne [ʒeɛn] n.f. (de l'hébr.). **1.** L'enfer, dans les écrits bibliques. **2.** *Litt.* Souffrance intolérable ; supplice.

geignard, e adj. et n. *Fam.* Qui geint, qui se lamente sans cesse ; pleurnicheur : *Ton geignard* (**SYN.** plaintif).

geignement n.m. Action de geindre ; plainte : *Il ne supporte plus leurs geignements* (**SYN.** gémissement, lamentation).

geindre [ʒɛ̃dr] v.i. (du lat. *gemere,* gémir) [conj. 81]. **1.** Se plaindre d'une voix faible, sans articuler : *Les blessés geignaient de douleur* (**SYN.** gémir). **2.** *Fam.* Se lamenter à tout propos : *Elle ne cesse de geindre* (**SYN.** se plaindre, pleurnicher, récriminer).

geisha [geʃa ou gejʃa] n.f. (mot jap.). Femme japonaise dont on loue les services, comme hôtesse, dans les maisons de thé, les banquets : *Les geishas apprennent le chant, la danse et la musique.*

gel n.m. (lat. *gelu*). **1.** Temps froid qui provoque la gelée des eaux ; transformation de l'eau en glace : *Le gel a recouvert les voitures* (**SYN.** givre, glace). *Le froid a provoqué le gel des caniveaux.* **2.** Période de gelée : *Cette plante craint le gel* (**CONTR.** dégel). **3.** *Fig.* Action de suspendre une activité, de bloquer qqch à son niveau ou à son stade actuel : *Le gel des prix* (**SYN.** blocage ; **CONTR.** dégel). **4.** Produit cosmétique ou capillaire génér. translucide et de consistance molle.

gélatine n.f. (it. *gelatina*). Substance ayant l'aspect d'une gelée que l'on obtient par action de l'eau chaude sur le collagène des tissus animaux et que l'on emploie en médecine, en cuisine, dans l'industrie des colles, de la photographie, etc.

gélatiné, e adj. Enduit de gélatine.

gélatineux, euse adj. De la consistance de la gélatine ; qui ressemble à la gélatine : *Des joues gélatineuses* (**SYN.** flasque, mou ; **CONTR.** 1. ferme).

gelé, e adj. **1.** Qui est transi de froid : *J'ai les mains gelées.* **2.** Dont l'utilisation est bloquée : *Crédits gelés.*

gelée n.f. **1.** Abaissement de la température au-dessous de zéro degré, provoquant la transformation de l'eau en glace : *Les légumes n'ont pas résisté aux gelées* (**SYN.** gel ; **CONTR.** dégel). **2.** Liquide de viande clarifié et solidifié : *Du poulet en gelée.* **3.** Jus de fruits cuits avec du sucre, qui se solidifie en se refroidissant : *De la gelée de groseille.* ▸ ***Gelée blanche,*** vapeur d'eau passée directement à l'état solide, par temps clair. ***Gelée royale,*** liquide sécrété par les glandes nourricières des abeilles, destiné à alimenter les jeunes larves.

geler v.t. (lat. *gelare*) [conj. 25]. **1.** Transformer en glace : *Le grand froid a gelé l'étang* (**CONTR.** dégeler). **2.** Atteindre, détériorer des organes, des tissus, en parlant du froid : *Le froid lui a gelé les mains.* **3.** Interrompre une activité, bloquer des mouvements de fonds : *Ils ont gelé les négociations* (**SYN.** arrêter, paralyser). *Geler des capitaux.* ◆ v.i. **1.** Se transformer en glace : *La neige a gelé* (**CONTR.** dégeler, fondre). **2.** Être atteint, détérioré par le froid : *Les plantes ont gelé.* **3.** Avoir très froid : *On gèle ici* (**SYN.** grelotter). ◆ v. impers. S'abaisser au-dessous de zéro degré, en parlant de la température : *Il gèle ce matin.* ◆ **se geler** v.pr. Avoir très froid : *On se gèle ici.*

gélif, ive adj. (de *geler*). Se dit de ce qui est sensible à l'action du gel ou de l'eau gelée : *Des plantes gélives.*

gélifiant n.m. (de *gélifier*). Substance permettant de donner aux aliments la consistance d'un gel.

gélifier v.t. [conj. 9]. Transformer en gel par addition d'une substance appropriée.

gélinotte ou **gelinotte** n.f. (anc. fr. *geline,* du lat. *gallina,* poule). Oiseau gallinacé à plumage roux et vivant dans les forêts montagneuses (on dit aussi *une poule des bois*).

gélule n.f. (de *gélatine* et *capsule*). Capsule de gélatine de forme cylindrique contenant génér. un médicament.

gelure n.f. (de *geler*). Ensemble des lésions d'une extrémité du corps (main, pied, oreille, etc.) dues à un froid intense : *Les rescapés souffrent de graves gelures.*

gémeau, elle adj. et n. (lat. *gemellus,* jumeau). *Vx* Jumeau. ◆ **Gémeaux** n. inv. et adj. inv. Personne née sous le signe des Gémeaux, entre le 22 mai et le 21 juin : *Elles sont toutes les deux Gémeaux.*

gémellaire adj. (du lat. *gemellus,* jumeau). Relatif aux jumeaux : *Une grossesse gémellaire.*

gémellipare adj. Qui accouche ou qui va accoucher de jumeaux.

gémellité n.f. Naissance d'enfants jumeaux : *Il y a plusieurs cas de gémellité dans sa famille.*

géminé, e adj. (du lat. *geminare,* doubler). Disposé, groupé par deux, par paire : *Des feuilles géminées.* ◆ **géminée** n.f. Consonne longue perçue comme une suite de deux consonnes, phonétiquement identiques ; ces deux consonnes : *Dans « comme moi »* [kɔmmwa], on entend une géminée.

gémir v.i. (lat. *gemere*) [conj. 32]. **1.** Exprimer sa peine, sa douleur par des sons inarticulés : *Le blessé ne cesse de gémir* (**SYN.** geindre, se plaindre). **2.** Faire entendre un bruit semblable à une plainte : *Le vent gémit dans les arbres.* **3.** Pousser son cri, en parlant de la tourterelle.

gémissant, e adj. Qui gémit ; qui émet une plainte : *Une voix gémissante* (**SYN.** plaintif, pleurnicheur).

gémissement n.m. **1.** Son plaintif et inarticulé exprimant la douleur, la peine : *Le malade pousse des gémissements* (**SYN.** geignement, plainte). **2.** Son qui a qqch de plaintif : *Le gémissement du vent.*

gemmation n.f. (lat. *gemmatum,* de *gemmare,* être couvert de pierres précieuses, bourgeonner). Formation des bourgeons d'une plante, ensemble des bourgeons.

gemme n.f. (lat. *gemma,* pierre précieuse, bourgeon). **1.** Pierre précieuse ou pierre fine transparente. **2.** Nom donné aux pierres fines opaques et aux autres matières employées en joaillerie (perles, ambre, corail, etc.) **3.** Résine de pin. **4.** *Vx* Bourgeon. ◆ adj. ▸ ***Sel gemme,*** sel fossile extrait des mines.

gemmer v.t. (de *gemme*) [conj. 4]. Inciser les pins pour en recueillir la résine.

gemmologie n.f. Étude des pierres précieuses et de leur utilisation en joaillerie.

gemmologue ou **gemmologiste** n. Spécialiste de la gemmologie.

gémonies n.f. pl. (lat. *gemoniae*). Dans l'Antiquité romaine, escalier, au flanc nord-ouest du Capitole, où l'on exposait les corps des suppliciés avant de les jeter dans le Tibre. ▸ *Litt.* ***Vouer*** ou ***traîner qqn, qqch aux gémonies,*** les livrer au mépris public.

gênant, e adj. Qui gêne : *Ce grand manteau est gênant pour marcher* (**SYN.** embarrassant, encombrant ; **CONTR.** pratique). *Une situation gênante* (**SYN.** embarrassant, pénible ; **CONTR.** agréable).

gencive n.f. (lat. *gingiva*). Muqueuse entourant la base des dents.

gendarme n.m. (de *gens d'armes*). **1.** Militaire appartenant à un corps de la gendarmerie : *Les gendarmes arrêtent les véhicules suspects.* **2.** Premier grade de sous-officier, dans ce corps. **3.** *Fig.* Instance jouant un rôle régulateur : *La Cour des comptes est le gendarme des finances publiques françaises.* **4.** *Fam.* Personne autoritaire : *Cette directrice, c'est un vrai gendarme.* **5.** Saucisse sèche et plate. **6.** Punaise des bois, rouge et noire. **7.** *Fam.* Hareng saur.

se **gendarmer** v.pr. [conj. 3]. **1.** S'emporter, se mettre en colère : *Elle doit toujours se gendarmer pour obtenir un changement* (**SYN.** se fâcher). **2. [contre].** Protester, réagir vivement : *Les employés se gendarment contre le changement d'horaires* (**SYN.** s'élever, s'opposer à ; **CONTR.** accepter).

gendarmerie n.f. **1.** Force militaire chargée d'assurer le maintien de l'ordre ainsi que la sécurité publique. **2.** Caserne où sont logés les gendarmes ; ensemble des bureaux où ils assurent leurs fonctions administratives : *Il se rend à la gendarmerie pour régler son amende.*

gendre n.m. (lat. *gener*). Époux de la fille, par rapport au père et à la mère de celle-ci ; beau-fils.

gène n.m. (du gr. *genos*, naissance, origine). Élément du chromosome, constitué par un segment d'A.D.N., conditionnant la transmission et la manifestation d'un caractère héréditaire déterminé. ☞ **REM.** Ne pas confondre avec *la gêne.*

gêne n.f. (de l'anc. fr. *gehine,* torture, du frq.). **1.** État ou sensation de malaise éprouvés dans l'accomplissement de certaines actions ou fonctions : *Elle a de la gêne à marcher* (**SYN.** difficulté, trouble ; **CONTR.** bien-être). **2.** Impression désagréable que l'on éprouve quand on est mal à l'aise, dans l'embarras : *Son silence révélait de la gêne* (**SYN.** confusion, embarras, trouble ; **CONTR.** aisance, aplomb, assurance). **3.** Situation pénible due à un manque d'argent : *Il se trouve dans la gêne* (**SYN.** besoin, pauvreté ; **CONTR.** luxe, opulence, richesse). ☞ **REM.** Ne pas confondre avec *un gène.* ▸ *Fam.* ***Être sans gêne,*** agir, prendre ses aises sans se préoccuper des autres.

gêné, e adj. **1.** Qui éprouve de la gêne ; qui manifeste une gêne : *Je suis gêné dans cette veste* (**SYN.** empêtré). *Un air gêné* (**SYN.** confus, embarrassé ; **CONTR.** assuré). **2.** Qui a des difficultés financières ; impécunieux [litt.], pauvre. **3.** Au Québec, timide.

généalogie n.f. (du gr. *genos,* origine, et *logos,* science). **1.** Dénombrement, liste des membres d'une famille : *Elle établit sa généalogie.* **2.** Science qui a pour objet la recherche de l'origine et l'étude de la composition des familles.

généalogique adj. Relatif à la généalogie : *Un arbre généalogique.*

généalogiste n. Personne qui dresse des généalogies.

génépi ou **genépi** n.m. (mot savoyard). **1.** Plante aromatique des Alpes et des Pyrénées, avec laquelle on prépare une liqueur. **2.** Liqueur fabriquée avec cette plante.

gêner v.t. [conj. 4]. **1.** Causer à qqn une gêne physique ou morale : *Le brouillard le gêne beaucoup pour conduire* (**SYN.** incommoder, indisposer ; **CONTR.** aider). *Cette ceinture me gêne* (**SYN.** embarrasser, encombrer). *Son regard me gêne* (**SYN.** déranger, importuner ; **CONTR.** amuser). **2.** Entraver, mettre des obstacles à l'action de qqn ; perturber le fonctionnement, le déroulement de qqch : *Pousse-toi, tu vois bien que tu me gênes ! Ce véhicule gêne le passage* (**SYN.** bloquer, entraver ; **CONTR.** dégager, libérer). **3.** Mettre à court d'argent : *Cet achat l'a gêné ce mois-ci.* ◆ **se gêner** v.pr. **1.** S'imposer une contrainte par discrétion ou timidité : *Que les invités ne se gênent surtout pas pour se servir !* **2.** Au Québec et en Suisse, être timide.

① **général, e, aux** adj. (lat. *generalis,* qui appartient à un genre, de *genus, generis,* genre). **1.** Qui s'applique à un ensemble de personnes, de choses (par opp. à particulier) : *Les caractères généraux d'une espèce animale. Un phénomène général* (**SYN.** courant, ordinaire, répandu ; **CONTR.** exceptionnel, extraordinaire, inhabituel). **2.** Qui concerne la majorité ou la totalité d'un groupe : *Nous devons agir dans l'intérêt général* (**SYN.** collectif, 1. commun ; **CONTR.** individuel). *Une grève générale* (= dans tous les secteurs d'activité). **3.** Dont le domaine englobe toutes les spécialités : *La culture générale. La médecine générale* (**CONTR.** spécialisé). **4.** Qui est abstrait, vague, sans précision : *Elle s'en tient à des considérations générales* (= d'ensemble ; **SYN.** sommaire, superficiel). **5.** Se dit d'une personne, d'un organisme qui est à l'échelon le plus élevé : *Le directeur général d'une entreprise. L'inspection générale des Finances.* ▸ ***Répétition générale,*** dernière répétition d'une pièce de théâtre devant un public d'invités (on dit aussi *la générale*).

② **général** n.m. (Toujours au sing.). Ensemble des principes généraux, par opp. aux cas particuliers ; ce qui caractérise un genre tout entier : *Aller du général au particulier.* ▸ ***En général,*** globalement ; le plus souvent, habituellement : *Il aime les desserts en général et la meringue en particulier. En général, je ne bois qu'un seul café* (**SYN.** généralement, d'ordinaire ; **CONTR.** exceptionnellement).

③ **général, e, aux** n. (de *1. général*). Officier titulaire d'un des grades les plus élevés dans la hiérarchie des armées de terre, de l'air et de la gendarmerie : *Un général en chef.* ☞ **REM.** Une *générale* désigne aussi la femme d'un général. ◆ **général, aux** n.m. Supérieur majeur de certains ordres religieux : *Le général des Jésuites.*

générale n.f. Répétition générale d'une pièce de théâtre.

généralement adv. En général : *Il arrive généralement en retard* (**SYN.** habituellement, ordinairement ;

CONTR. jamais, rarement). *Cette idée est généralement admise* (**SYN.** couramment, communément ; **CONTR.** exceptionnellement).

généralisable adj. Qui peut être généralisé : *Une méthode facilement généralisable.*

généralisateur, trice ou **généralisant, e** adj. Qui généralise : *Un raisonnement généralisateur.*

généralisation n.f. Action de généraliser ; fait de se généraliser : *La généralisation d'une théorie. La généralisation d'une épidémie* (**SYN.** développement, extension ; **CONTR.** localisation).

généraliser v.t. (de *1. général*) [conj. 3]. **1.** Rendre général ; étendre à tout un ensemble de personnes ou de choses : *Généraliser l'utilisation d'Internet* (**SYN.** démocratiser, populariser, propager, répandre ; **CONTR.** limiter, restreindre). **2.** (Sans compl.). Raisonner, conclure du particulier au général : *Elle a tendance à trop vite généraliser.* ◆ **se généraliser** v.pr. Devenir général, s'étendre à un ensemble plus large : *L'usage de l'euro s'est vite généralisé* (**SYN.** se développer, se répandre ; **CONTR.** décliner, régresser). *Un cancer qui s'est généralisé.*

généralissime n.m. (it. *generalissimo*). Général chargé du commandement suprême des troupes d'un État, d'une coalition.

généraliste n. et adj. Médecin qui pratique la médecine générale (par opp. à spécialiste) : *Les consultations d'un généraliste* (**SYN.** omnipraticien). ◆ adj. **1.** Qui n'a pas de spécialité (par opp. à spécialiste) : *Un éditeur, un médecin généraliste.* **2.** Se dit d'un média, et plus partic. d'une chaîne de télévision ou d'une station de radio, qui vise tous les publics (par opp. à thématique).

généralité n.f. Caractère de ce qui est général : *La généralité d'un phénomène* (**SYN.** universalité ; **CONTR.** particularité). ▸ ***La généralité des*** (+ n.), le plus grand nombre, la plupart des (+ n.) : *Dans la généralité des cas* (**SYN.** majorité ; **CONTR.** minorité). ◆ **généralités** n.f. pl. Notions, idées générales et lieux communs : *Dans son discours, le ministre s'en est tenu à des généralités* (**SYN.** banalité, évidence).

générateur, trice adj. (lat. *generator*, de *generare*, engendrer). Qui est la cause de : *Des événements générateurs de violence.* ◆ **générateur** n.m. Appareil qui transforme l'énergie mécanique en énergie électrique.

génération n.f. (du lat. *generare*, engendrer). **1.** Fonction par laquelle les êtres se reproduisent : *Les organes de la génération* (**SYN.** reproduction). **2.** Action d'engendrer, de générer ; fait de se former : *La génération de cyclones* (**SYN.** formation, naissance). **3.** Degré de descendance dans la filiation : *De la grand-mère à la petite-fille, il y a deux générations.* **4.** Ensemble de personnes qui descendent d'un individu : *Cette famille compte quatre générations.* **5.** Ensemble de personnes ayant à peu près le même âge à la même époque : *Les gens de sa génération* (= classe d'âge). *Le conflit des générations.* **6.** Famille de produits représentatifs d'un stade d'évolution technologique, dans un domaine donné : *On nous annonce la téléphonie mobile de troisième génération.*

générationnel, elle adj. Qui concerne une génération, les relations entre les générations : *Un conflit générationnel.*

génératrice n.f. (de *générateur*). Générateur de courant continu ; dynamo.

générer v.t. (angl. *to generate*, du lat. *generare*, engendrer) [conj. 18]. Produire, avoir pour conséquence : *Le rachat de cette entreprise générera la suppression de nombreux emplois* (**SYN.** 1. causer, engendrer, provoquer).

généreusement adv. **1.** De façon généreuse ; avec noblesse : *Elle a généreusement offert de les héberger* (**SYN.** obligeamment). *Une soirée généreusement arrosée* (**SYN.** copieusement ; **CONTR.** peu). **2.** Avec largesse ou libéralité : *Nous avons été généreusement récompensés* (**SYN.** grassement, largement). **3.** Avec abondance.

généreux, euse adj. (du lat. *generosus*, de bonne race). **1.** Qui donne largement ; désintéressé : *Elle a eu un geste généreux* (**SYN.** charitable ; **CONTR.** mesquin). **2.** Qui a des sentiments nobles qui portent à faire le bien : *Les idées généreuses de la jeunesse* (**SYN.** altruiste, désintéressé ; **CONTR.** égoïste). **3.** *Litt.* Fertile, fécond : *Une terre généreuse* (**SYN.** productif, riche ; **CONTR.** aride, stérile). **4.** *Litt.* Abondant : *Un dîner généreux* (**SYN.** copieux, plantureux ; **CONTR.** frugal). ▸ ***Formes généreuses,*** rebondies, plantureuses. ***Vin généreux,*** riche en goût et fort en alcool ; vin capiteux.

① **générique** adj. (du lat. *genus, generis*, race). **1.** Qui appartient au genre, à tout un genre : *Balzac a publié son œuvre sous le titre générique « la Comédie humaine ».* **2.** Relatif à un type de produit, quelle qu'en soit la marque : *Une publicité générique sur l'eau minérale.* **3.** Se dit d'un mot dont le sens englobe toute une catégorie d'êtres ou d'objets : *« Poisson » est un terme générique pour « carpe, truite »,* etc. **4.** Se dit du nom latin commun à toutes les espèces du même genre : *« Panthera » est le nom générique du tigre, du lion, de la panthère et du jaguar.* ▸ ***Médicament générique,*** médicament dont la formule est tombée dans le domaine public et qui est vendu, sous la dénomination de son principe d'origine, à moindre prix (on dit aussi *un générique*).

② **générique** n.m. (de *1. générique*). Partie d'un film ou d'une émission de télévision ou de radio où sont indiqués le nom et la fonction de ceux qui y ont collaboré.

générosité n.f. **1.** Qualité d'une personne, d'une action généreuse : *Ils ont fait appel à la générosité du juge* (**SYN.** bienveillance, indulgence, magnanimité ; **CONTR.** intransigeance, sévérité). **2.** Disposition à donner avec largesse : *Elle fait preuve d'une générosité sans bornes avec ses amis* (**SYN.** libéralité ; **CONTR.** avarice).

genèse n.f. (du lat. *genesis*, génération, création, du gr.). Processus de développement de qqch ; ensemble des faits qui ont concouru à la formation, la création de qqch : *La genèse d'un projet* (**SYN.** conception, élaboration, gestation). ▸ ***La Genèse,*** le premier livre de la Bible, consacré aux origines de l'humanité.

génésique adj. Relatif à la génération, à la sexualité.

genêt n.m. (lat. *genesta*). Arbrisseau à fleurs jaunes, commun dans certaines landes et dont plusieurs espèces sont épineuses.

généticien, enne n. Spécialiste de la génétique.

génétique adj. (du gr. *genos*, race). **1.** Qui concerne les gènes, l'hérédité, la génétique : *L'A.D.N. est porteur d'informations génétiques.* **2.** Qui est dû aux gènes : *Une maladie génétique* (**SYN.** génique). **3.** Relatif à la genèse d'un phénomène, à une filiation d'idées, etc. ◆ n.f. Science de l'hérédité qui étudie la transmission des caractères anatomiques et fonctionnels entre les générations d'êtres vivants.

génétiquement adv. Du point de vue génétique. *Des organismes génétiquement modifiés.*

gêneur, euse n. Personne qui gêne ; importun, fâcheux.

genevois, e adj. et n. Relatif à Genève, au canton de Genève : *La population genevoise.*

genévrier n.m. (de *genièvre*). Arbuste à feuilles épineuses et à baies violettes (**SYN.** genièvre).

génial, e, aux adj. (du lat. *genialis,* relatif à la naissance). **1.** Qui a du génie : *Un peintre génial* (**SYN.** talentueux ; **CONTR.** médiocre). **2.** Inspiré par le génie : *Une invention géniale* (**SYN.** fabuleux). **3.** *Fam.* Remarquable en son genre ; sensationnel : *Les films de ce réalisateur sont géniaux* (**SYN.** extraordinaire, formidable ; **CONTR.** quelconque).

génialement adv. De façon géniale : *Une chanson génialement interprétée* (**SYN.** magistralement ; **CONTR.** médiocrement).

génie n.m. (lat. *genius,* divinité tutélaire, puis talent). **1.** Être symbolique qui personnifie une idée abstraite : *Le génie de la Liberté.* **2.** Esprit ou être mythique détenteur de pouvoirs magiques : *Un bon, un mauvais génie. Le génie de la lampe d'Aladin.* **3.** Dans la mythologie gréco-romaine, esprit qui présidait à la destinée d'un être ou d'une collectivité ou qui protégeait un lieu : *Génie tutélaire.* **4.** Disposition, aptitude naturelle à créer des choses d'une qualité exceptionnelle : *Le génie d'Einstein. Une femme de génie.* **5.** Personne douée d'une telle aptitude : *Mozart fut un génie* (**SYN.** phénix [litt.], prodige). **6.** Ensemble des traits qui caractérisent un groupe, une chose et lui confèrent son originalité : *Le génie d'un peuple, d'une langue* (**SYN.** esprit). **7.** Ensemble des connaissances et des techniques concernant la conception, la mise en œuvre et les applications de procédés, de dispositifs, de machines propres à un domaine déterminé : *Le génie chimique. Le génie rural.* **8.** Branche de l'armée de terre chargée de l'aménagement des voies de communication et de la gestion du domaine et du matériel militaire. ▸ ***Avoir le génie de*** (+ n.), avoir le talent, le goût, le penchant naturel pour une chose : *Elle a le génie des affaires.* ***Génie civil,*** ensemble des techniques concernant les constructions civiles. ***Génie génétique,*** ensemble des techniques qui permettent de modifier le génome de certains êtres vivants pour leur donner de nouveaux caractères héréditaires ou obtenir des substances utiles.

genièvre n.m. (lat. *juniperus*). **1.** Genévrier. **2.** Fruit du genévrier, utilisé pour aromatiser le gin et certains plats (on dit aussi *une baie de genièvre*). **3.** Eau-de-vie aromatisée aux baies de genévrier.

génique adj. Relatif à un gène, aux gènes (par opp. à chromosomique) : *Une maladie génique* (**SYN.** génétique).

génisse n.f. (lat. *junix, junicis*). Jeune vache n'ayant pas encore mis bas (**SYN.** taure [région.]).

génital, e, aux adj. (lat. *genitalis,* relatif à la génération). **1.** Relatif à la reproduction sexuée des animaux et de l'homme : *L'appareil génital de la femme.* **2.** Relatif aux organes génitaux : *Une maladie génitale.* ▸ ***Organes génitaux,*** organes sexuels.

géniteur, trice n. (lat. *genitor*). **1.** Animal qui engendre. **2.** (Par plaisanterie). Père ou mère.

génitif n.m. (lat. *genitivus casus,* cas qui engendre). Dans les langues à déclinaison, cas exprimant un rapport d'appartenance, de dépendance : *« Rosarum » est le génitif pluriel du nom latin « rosa ».*

génito-urinaire adj. (pl. *génito-urinaires*). Relatif aux appareils reproducteur et urinaire : *Des infections génito-urinaires* (**SYN.** uro-génital).

génocidaire adj. et n. Relatif à un génocide ; qui y prend part.

génocide n.m. (du gr. *genos,* race, et du lat. *caedere,* tuer). Extermination systématique d'un groupe national, ethnique, racial ou religieux : *Le génocide est un crime contre l'humanité.*

génoise n.f. (de *Gênes*). Pâte à biscuit légère qui sert à réaliser de nombreux gâteaux.

génome [ʒenom] n.m. (de *gène*). Ensemble des gènes portés par les chromosomes de l'espèce (on dit aussi *le patrimoine génétique* ou *le patrimoine héréditaire*).

génomique adj. Relatif au génome. ◆ n.f. Ensemble des disciplines relatives à l'étude du génome.

génotype n.m. Ensemble des gènes d'un individu, représentant sa formule héréditaire (par opp. à phénotype).

genou n.m. (lat. *geniculum*) [pl. *genoux*]. **1.** Partie du corps où la jambe se joint à la cuisse : *Ce sportif s'est blessé aux genoux.* **2.** Chez les quadrupèdes, articulation du membre antérieur. ▸ ***À genoux,*** les genoux sur le sol. ***Être à genoux devant qqn,*** être en adoration devant lui ; lui être soumis. ***Être sur les genoux,*** être très fatigué. ***Faire du genou à qqn,*** lui toucher le genou avec son propre genou pour attirer son attention, en signe de connivence ou pour lui signifier une intention amoureuse.

genouillère n.f. (de l'anc. fr. *genouil,* genou). **1.** Objet servant à maintenir l'articulation du genou, ou à le protéger contre les chocs : *Des genouillères de volleyeur.* **2.** Pièce de cuir placée aux genoux du cheval. **3.** Pièce de l'armure qui protégeait le genou.

genre n.m. (lat. *genus, generis*). **1.** Division fondée sur un ou plusieurs caractères communs à des êtres, à des choses : *Il nous faudrait quelqu'un dans son genre* (**SYN.** espèce, sorte). *Elle n'aime pas ce genre de robes* (**SYN.** style). *Ce genre de film* ou *de films a beaucoup de succès.* **2.** En biologie, ensemble d'êtres vivants situés, dans la classification, entre la famille et l'espèce, et groupant des espèces très voisines : *Le chien, le loup, le chacal et le coyote appartiennent au genre « Canis ».* **3.** Catégorie d'œuvres littéraires ou artistiques définie par un ensemble de règles et de caractères communs : *Le genre romanesque. Le genre théâtral.* **4.** Style, ton, manière de s'exprimer d'un écrivain, d'un artiste : *Elle a choisi le genre familier.* **5.** Manière d'être de qqn ; allure de qqch : *Il a un drôle de genre* (**SYN.** attitude, comportement, manières). *Cesse de te donner un genre* (= d'affecter une allure particulière). *Un hôtel d'un genre douteux.* **6.** Manière de vivre, de se comporter en société : *Avoir bon, mauvais genre.* **7.** Catégorie grammaticale fondée sur la distinction naturelle des sexes ou sur une distinction conventionnelle : *« Arbre » est un nom du genre masculin. « Élève » est un nom des deux genres* (= un épicène). ▸ ***En tout***

genre ou ***en tous genres,*** de toute(s) sorte(s) : *Il vend des produits alimentaires en tout genre. Fam.* ***Faire du genre,*** avoir des manières affectées. ***Genre de vie,*** ensemble des modes d'activité d'un individu, d'un groupe humain. ***Le genre humain,*** l'ensemble des hommes (= l'humanité). ***Peinture de genre,*** peinture qui traite des scènes de caractère anecdotique, familier ou populaire. ***Un genre de*** (+ n.), une espèce de : *C'était un genre d'artiste.*

① **gens** [ʒɛ̃s] n.f. (mot lat. signif. « race, famille, peuple ») [pl. *gentes* [ʒɛ̃tɛs]]. Dans la Rome antique, groupe de familles descendant d'un ancêtre commun et portant le même nom.

② **gens** [ʒɑ̃] n.m. pl. (ancien plur. de *gent*). **1.** Personnes en nombre indéterminé : *Des gens se promenaient dans les rues.* **2.** Les hommes en général : *Les gens ont peur qu'il y ait une guerre. Il ne faut pas juger les gens sur leur apparence.* ▸ ***Bonnes gens*** ou ***braves gens,*** personnes simples, honnêtes. ***Gens d'armes,*** au Moyen Âge, soldats, cavaliers. ***Gens de lettres,*** personnes qui font profession d'écrire. ***Gens de maison,*** employés de maison, domestiques. ***Gens de mer,*** marins. ***Jeunes gens,*** jeunes filles et garçons. ☞ **REM.** Le substantif *gens,* autrefois féminin, est devenu masculin. L'adjectif qualifiant *gens* se met au féminin s'il est placé avant : *les bonnes gens,* au masculin s'il est placé après : *les gens sont inquiets* ; *les petites gens sont contents.*

① **gent** [ʒɑ̃] n.f. sing. (du lat. *gens, gentis,* race, famille, peuple). **1.** *Litt.* Race ; espèce : *La gent ailée* (= les oiseaux). **2.** *Fig.* Groupe de personnes ayant les mêmes caractéristiques, les mêmes goûts : *La gent masculine. La gent journalistique.* ☞ **REM.** Attention à la prononciation.

② **gent, e** [ʒɑ̃, ʒɑ̃t] adj. *Litt., vx* Joli ; gentil : *Une gente dame.*

gentiane [ʒɑ̃sjan] n.f. (lat. *gentiana*). **1.** Plante des prés montagneux, à fleurs jaunes, bleues ou violettes. **2.** Boisson obtenue par macération de la racine de cette plante dans l'alcool.

① **gentil** [ʒɑ̃ti] n.m. (lat. *gentiles,* barbares). **1.** Étranger, pour les anciens Hébreux. **2.** Païen, pour les premiers chrétiens.

② **gentil, ille** [ʒɑ̃ti, ij] adj. (lat. *gentilis,* de race, qui appartient à une *gens*). **1.** Qui plaît par sa délicatesse, son charme ; agréable : *De gentils petits enfants* (**SYN.** charmant, gracieux, mignon ; **CONTR.** vilain). *Un gentil visage* (**SYN.** joli, plaisant ; **CONTR.** laid). **2.** Aimable, complaisant : *Elle n'est pas gentille avec lui* (**SYN.** attentionné ; **CONTR.** désagréable). *C'est une gentille attention de sa part* (**SYN.** délicat ; **CONTR.** indélicat). **3.** Se dit d'un enfant qui se tient bien, qui reste sage : *Mes élèves n'ont pas été très gentils ce matin* (**SYN.** calme ; **CONTR.** insupportable). **4.** Se dit d'une chose agréable ou intéressante, mais sans plus : *C'est un gentil film* (**SYN.** acceptable, gentillet, passable). ▸ *Fam.* ***Une gentille somme,*** une somme importante.

gentilé n.m. (du lat. *gentile nomen,* nom de famille). Nom ou adjectif ethnique : *« Francilien » est un gentilé* (**SYN.** ethnonyme).

gentilhomme [ʒɑ̃tijɔm] n.m. (de *2. gentil* et *homme*) [pl. *gentilshommes* [ʒɑ̃tizɔm]]. **1.** Autref., homme noble de naissance. **2.** *Litt.* Homme qui fait preuve de distinction, de délicatesse dans sa conduite : *Des gentilshommes n'auraient pas agi autrement* (**SYN.** gentleman ; **CONTR.** goujat).

gentilhommière [ʒɑ̃tijɔmjɛr] n.f. Petit château campagnard, coquettement aménagé (**SYN.** manoir).

gentillesse n.f. **1.** Qualité d'une personne gentille : *Elle a été d'une grande gentillesse avec moi* (**SYN.** bienveillance, bonté, obligeance ; **CONTR.** dureté). **2.** Action ou parole aimable, délicate : *Il m'a dit des gentillesses* (**SYN.** amabilités ; **CONTR.** méchanceté).

gentillet, ette adj. (de *2. gentil*). Assez gentil ; sans grande portée : *Ses chansons sont gentillettes* (**SYN.** acceptable, gentil, passable).

gentiment adv. **1.** De façon gentille, aimable : *Il lui a parlé gentiment* (**SYN.** aimablement, obligeamment ; **CONTR.** durement, méchamment). **2.** En Suisse, sans précipitation ; tranquillement.

gentleman [dʒɛntləman] n.m. (mot angl. signif. « homme bien né ») [pl. *gentlemans* ou *gentlemen*]. Homme bien élevé et distingué : *Ces hommes sont de vrais gentlemans* (**SYN.** gentilhomme [litt.]).

gentry [dʒɛntri] n.f. sing. (mot angl.). En Angleterre, ensemble de la petite noblesse.

génuflexion n.f. (du lat. *genuflectere,* fléchir le genou). Flexion du genou en signe d'adoration, de respect ou de soumission.

géode n.f. (du gr. *geôdês,* terreux). Cavité intérieure d'une roche, tapissée de cristaux.

géodésie n.f. (du gr. *gê,* terre, et *daiein,* partager). Science qui étudie la forme et les dimensions de la Terre.

géographe n. Spécialiste de la géographie.

géographie n.f. **1.** Science qui a pour objet la description et l'explication de l'aspect actuel, naturel et humain, de la surface de la Terre : *La géographie physique. La géographie économique.* **2.** Ensemble des caractères naturels et humains d'un pays, d'une région : *La géographie de la France.* ▸ ***Géographie générale,*** qui étudie les phénomènes (population, production, commerce, etc.) à l'échelle mondiale.

géographique adj. Relatif à la géographie : *Une carte géographique.*

géographiquement adv. Du point de vue géographique.

geôle [ʒol] n.f. (bas lat. *caveola,* de *cavea,* cage, de *cavus,* creux). *Litt.* Prison.

geôlier, ère [ʒolje, ɛr] n. *Litt.* Personne qui garde des détenus dans une prison (**SYN.** gardien).

géologie n.f. **1.** Science qui a pour objet la description des matériaux qui constituent le globe terrestre et l'étude des transformations actuelles et passées subies par la Terre. **2.** Ensemble des caractéristiques du sous-sol d'une région : *La géologie du Massif central.*

géologique adj. Relatif à la géologie.

géologiquement adv. Du point de vue géologique.

géologue n. Spécialiste de géologie.

géomagnétique adj. Relatif au géomagnétisme.

géomagnétisme n.m. Ensemble des phénomènes magnétiques liés au globe terrestre (on dit aussi *magnétisme terrestre*).

géomètre n. **1.** Spécialiste de la géométrie. **2.** Technicien qui relève les plans, les mesures de terrains.

géométrie n.f. Science mathématique qui étudie les relations entre points, droites, courbes, surfaces et volumes de l'espace : *La géométrie plane, dans l'espace.* ▸ *Fig.* ***À géométrie variable,*** qui est susceptible d'évoluer au gré des circonstances : *Un emploi du temps à géométrie variable.*

géométrique adj. **1.** Relatif à la géométrie : *Le carré et le rectangle sont des figures géométriques.* **2.** Qui a des contours nets et réguliers comme une figure géométrique : *Ces nouvelles villes ont un tracé géométrique.* **3.** *Fig.* Qui a la précision et la rigueur d'une démonstration de géométrie (**SYN.** mathématique, rigoureux).

géométriquement adv. De façon géométrique.

géomorphologie n.f. Domaine de la géographie qui a pour objet la description, l'explication et l'évolution des formes du relief terrestre.

géophysicien, enne n. Spécialiste de la géophysique.

géophysique n.f. Étude, par les moyens de la physique, de la structure d'ensemble du globe terrestre et des mouvements qui l'affectent (on dit aussi *la physique du globe*). ◆ adj. Relatif à la géophysique : *Des recherches géophysiques.*

géopolitique n.f. (all. *Geopolitik*). Science qui étudie les rapports entre la géographie des États et leur politique. ◆ adj. Relatif à la géopolitique : *Une stratégie géopolitique.*

① **géorgien, enne** adj. et n. Relatif à la Géorgie (État du Caucase), à ses habitants. ◆ **géorgien** n.m. Langue caucasienne parlée principalement en Géorgie.

② **géorgien, enne** adj. et n. Relatif à la Géorgie (État des États-Unis d'Amérique), à ses habitants.

géorgique adj. (lat. *georgicus*, relatif à l'agriculture, du gr. *geôrgikos*). *Litt.* Qui concerne les travaux des champs, la vie rurale : *Un poème géorgique.*

géosciences n.f. pl. Ensemble des sciences de la Terre : *La géologie et la météorologie font partie des géosciences.*

géosphère n.f. Partie minérale, non vivante de la Terre, qui sert de support à l'ensemble des êtres vivants, ou biosphère.

géostationnaire adj. Se dit d'un satellite artificiel qui est placé sur une orbite telle qu'il paraît immobile vu de la Terre.

géostratégie n.f. Étude des relations de force entre puissances, à partir de l'ensemble des données géographiques.

géostratégique adj. Relatif à la géostratégie.

géotechnicien, enne n. Spécialiste de la géotechnique.

géotechnique n.f. Partie de la géologie qui étudie les sols et les roches en vue de la construction et des travaux publics.

géothermie n.f. **1.** Ensemble des phénomènes thermiques internes du globe terrestre. **2.** Étude scientifique de ces phénomènes considérés comme une source d'énergie.

géothermique adj. Relatif à la géothermie : *L'énergie géothermique.*

géotropisme n.m. Orientation de la croissance des végétaux imposée par la pesanteur.

gérable adj. Que l'on peut gérer : *Cette situation devient de moins en moins gérable* (**CONTR.** ingérable).

gérance n.f. Fonction de gérant ; durée de cette fonction ; administration par un gérant : *Elle assure la gérance de cette société* (**SYN.** gestion). ▸ ***Gérance libre,*** exploitation d'un fonds de commerce par une personne qui n'en est que locataire (**SYN.** location-gérance).

géranium [ʒeranjɔm] n.m. (lat. *geranium*, du gr. *geranos*, grue, à cause de la forme du fruit). Plante ornementale aux fleurs rouges, roses ou blanches, très répandue à l'état sauvage.

gérant, e n. (de *gérer*). Personne qui dirige et administre pour le compte d'autrui ou au nom d'une société : *Une gérante d'immeubles* (**SYN.** administrateur, gestionnaire).

gerbe n.f. (frq. *garba*). **1.** Botte d'épis, de fleurs, etc., coupés et disposés de sorte que les têtes soient rassemblées d'un même côté : *Une gerbe de glaïeuls* (**SYN.** bouquet). **2.** Forme prise par qqch qui jaillit et se disperse en faisceau (feux d'artifice, jets d'eau, etc.) : *Une gerbe d'étincelles.*

gerber v.t. [conj. 3]. Mettre en gerbes. ◆ v.i. Éclater en formant une gerbe : *Des feux d'artifice qui gerbent.*

gerbera [ʒɛrbera] n.m. (de *Gerber*, n. pr.). Plante ornementale à grandes fleurs rouges ou jaunes.

gerbier n.m. Tas de gerbes ; meule.

gerboise n.f. Petit rongeur qui se déplace par bonds grâce à ses longues pattes postérieures.

gerce n.f. Petite fente dans une pièce de bois de sciage.

gercer v.t. (du gr. *kharassein*, faire une entaille) [conj. 16]. Faire des gerçures ou des petites crevasses à la surface de la peau : *Le froid lui a gercé les lèvres* (**SYN.** crevasser). ◆ v.i. ou **se gercer** v.pr. Se couvrir de gerçures, de petites crevasses : *Mes mains se gercent avec le froid* (**SYN.** se crevasser).

gerçure n.f. Plaie superficielle de la peau due au froid : *Il a des gerçures aux lèvres* (**SYN.** crevasse).

gérer v.t. (du lat. *gerere, faire porter*) [conj. 18]. **1.** Administrer des intérêts, une entreprise, etc., pour son propre compte ou pour le compte d'autrui : *Elle gère un restaurant* (**SYN.** diriger). **2.** Assurer l'administration, l'organisation, le traitement d'un ensemble de marchandises, d'informations, de données, etc. : *Ce système gère une base de données* (**SYN.** régir). **3.** Administrer au mieux malgré une situation difficile : *Gérer la crise, un problème.*

gerfaut [ʒɛrfo] n.m. (mot germ.). Grand faucon à plumage clair, vivant dans les régions arctiques.

gériatre n. Médecin spécialisé en gériatrie.

gériatrie n.f. (du gr. *gerôn*, vieillard, et *iatreia*, traitement). Discipline médicale consacrée aux maladies des personnes âgées.

gériatrique adj. Qui relève de la gériatrie.

① **germain, e** adj. (lat. *germanus*, frère). Dans la langue juridique, s'emploie pour désigner les frères ou sœurs issus des mêmes père et mère (par opp. à ceux qui sont soit consanguins, soit utérins) : *Frère germain. Sœur germaine.* ▸ ***Cousin germain, cousine germaine,*** personne née du frère ou de la sœur du père ou de la mère. ◆ n. ▸ ***Cousins, cousines issus de germains, de germaines,*** personnes nées de cousins germains.

② **germain, e** adj. et n. (lat. *Germanus*). Relatif à la Germanie, aux Germains.

germanique adj. (lat. *germanicus*). Relatif à la Germanie, à l'Allemagne ou à leurs habitants : *Les langues germaniques.* ◆ n.m. Rameau de l'indo-européen dont sont issus l'anglais, l'allemand, le néerlandais et les langues scandinaves.

germanisation n.f. Action de germaniser.

germaniser v.t. [conj. 3]. **1.** Imposer à un peuple, à un pays la langue allemande ; introduire dans un pays des colons allemands. **2.** Donner une forme allemande à : *Germaniser un mot.*

germanisme n.m. **1.** Expression, tournure particulière à la langue allemande. **2.** Emprunt à l'allemand.

germaniste n. Spécialiste de la langue et de la civilisation allemandes.

germanophile adj. et n. Qui aime l'Allemagne, les Allemands (**CONTR.** germanophobe).

germanophilie n.f. Sympathie pour l'Allemagne et les Allemands (**CONTR.** germanophobie).

germanophobe adj. et n. Qui est hostile à l'Allemagne, aux Allemands (**CONTR.** germanophile).

germanophobie n.f. Hostilité à l'égard de l'Allemagne, des Allemands (**CONTR.** germanophilie).

germanophone adj. et n. Qui parle l'allemand : *Les pays germanophones.*

germe n.m. (lat. *germen*). **1.** Petite masse vivante appelée à croître et à se différencier pour donner un être ou un organe : *Le germe donne naissance à l'embryon.* **2.** Embryon d'une plante contenu dans la graine (**SYN.** plantule). **3.** Bourgeon qui se développe sur certains organes souterrains (pommes de terre, en partic.). **4.** Micro-organisme susceptible d'engendrer une maladie. **5.** *Fig.* Cause, origine de : *Le germe de la guerre civile* (**SYN.** ferment, source).

germé, e adj. Qui commence à développer son germe ou ses germes : *Des pommes de terre germées.*

germer v.i. (lat. *germinare*) [conj. 3]. **1.** Développer son germe, en parlant d'une graine, d'une pomme de terre. **2.** *Fig.* Commencer à se développer : *Une idée germa dans son esprit* (**SYN.** se former, naître).

germinal n.m. (du lat. *germen*, germe) [pl. *germinals*]. Septième mois du calendrier républicain, du 21 ou 22 mars au 19 ou 20 avril.

germination n.f. Développement du germe, de l'embryon contenu dans une graine donnant naissance à une nouvelle plante de la même espèce.

germon n.m. Thon pêché dans l'Atlantique, aussi appelé *thon blanc.*

gérondif n.m. (lat. *gerundivus*, de *gerere*, accomplir, faire). **1.** En latin, forme verbale qui se décline et qui se substitue à l'infinitif dans certaines fonctions. **2.** En français, forme verbale terminée par *-ant* et précédée de la préposition *en*, qui sert à décrire certaines circonstances de l'action : *« En mangeant » est le gérondif de « manger ».*

gérontocratie [ʒerɔ̃tɔkrasi] n.f. Gouvernement ou domination exercés par les vieillards.

gérontologie n.f. (du gr. *gerôn*, vieillard). Étude de la vieillesse et du vieillissement sous leurs divers aspects (médical, psychologique, social, etc.).

gérontologue n. Spécialiste de gérontologie.

gésier n.m. (lat. *gigerium*). Dernière poche de l'estomac des oiseaux, à paroi épaisse et musclée et qui assure le broyage des aliments.

gésine n.f. (de *gésir*). ▸ *Litt., vx* ***En gésine,*** se dit d'une femme qui est sur le point d'accoucher.

gésir v.i. (lat. *jacere*, être couché) [conj. 49]. **1.** *Litt.* Être couché, étendu sans mouvement : *Elle gisait sur le bord de la route.* **2.** Consister en, résider en : *C'est là que gît le problème* (**SYN.** se trouver ; **CONTR.** disparaître). ☞ **REM.** Voir *ci-gît* à son ordre alphabétique.

gesse n.f. (anc. prov. *geissa*). Plante grimpante dont certaines espèces sont cultivées comme fourragères ou comme ornementales (pois de senteur, appelé aussi *gesse odorante*).

gestation n.f. (du lat. *gestare*, porter çà et là, de *gerere*, porter). **1.** État d'une femelle vivipare qui porte son petit, depuis la conception jusqu'à l'accouchement ou la mise bas. **2.** *Fig.* Travail par lequel s'élabore une création de l'esprit : *La gestation d'une œuvre cinématographique* (**SYN.** conception, genèse). ▸ ***Gestation pour autrui*** ou ***GPA,*** grossesse qu'une femme, appelée *mère porteuse*, mène pour une autre qui ne peut ni concevoir ni porter un enfant : *Interdite en France, la gestation pour autrui est autorisée en Belgique et au Canada.*

① **geste** n.m. (lat. *gestus*). **1.** Mouvement du corps, principalement de la main, des bras, de la tête, porteur ou non de signification : *Il nous a salués d'un geste. Elle a fait un geste d'assentiment* (**SYN.** signe). **2.** Action généreuse ; don, libéralité : *Faites un bon geste.*

② **geste** n.f. (lat. *gesta*, exploits, de *gerere*, faire, accomplir). **1.** Ensemble de poèmes épiques du Moyen Âge relatant les hauts faits de personnages historiques ou légendaires : *La geste de Roland* (**SYN.** chanson). **2.** Enchaînement d'événements qui, par leur caractère héroïque, s'apparentent à un poème épique : *La geste gaullienne.* ▸ ***Chanson de geste,*** un des poèmes épiques de cet ensemble. ◆ **gestes** n.f. pl. ▸ ***Les faits et gestes de qqn,*** sa conduite considérée dans ses détails : *La police surveille ses faits et gestes.*

gesticulation n.f. Action de gesticuler.

gesticuler v.i. (lat. *gesticulari*) [conj. 3]. Faire de grands gestes en tous sens : *Ils parlaient tous ensemble en gesticulant* (**SYN.** s'agiter, bouger, remuer).

gestion [ʒɛstjɔ̃] n.f. (lat. *gestio, gestionis*, de *gerere*, accomplir, faire). Action ou manière de gérer, d'administrer, de diriger, d'organiser qqch ; période pendant laquelle on gère une affaire : *La gestion d'un stock de marchandises* (**SYN.** administration, gérance). *Une mauvaise gestion.* ▸ ***Système de gestion de base de données*** ou ***S.G.B.D.,*** logiciel permettant de construire, de modifier, d'interroger une base de données.

① **gestionnaire** [ʒɛstjɔnɛr] n. et adj. (de *gestion*). Personne qui a la responsabilité de la gestion d'une affaire, d'un service, d'une administration, etc. : *La gestionnaire de l'université* (**SYN.** administrateur, gérant).

② **gestionnaire** [ʒɛstjɔnɛr] n.m. (de *1. gestionnaire*). Dans un ordinateur, logiciel assurant la gestion de l'information : *Un gestionnaire de fichiers.*

gestualité n.f. Ensemble des gestes, considérés sur le plan de leur signification (**SYN.** gestuelle).

gestuel, elle adj. (de *geste,* d'apr. *manuel*). Qui concerne les gestes ; qui se fait avec des gestes : *Les méridionaux ont un langage très gestuel.* ◆ **gestuelle** n.f. Façon de se mouvoir, de s'exprimer corporellement caractéristique d'un acteur ou d'un style de jeu (SYN. gestualité).

geyser [ʒɛzɛr] n.m. (mot island.). Source d'eau chaude ou de vapeur jaillissant par intermittence : *Des geysers en activité.*

ghetto [gɛto] n.m. (mot it.). **1.** Quartier juif de certaines villes d'Europe : *Le ghetto de Varsovie.* **2.** Lieu où une minorité vit séparée du reste de la société : *Les ghettos noirs de New York.* **3.** Milieu refermé sur lui-même ; condition marginale : *Pays enfermé dans un ghetto économique.*

ghettoïsation [gɛtɔizasjɔ̃] n.f. Action d'enfermer réellement ou symboliquement une minorité dans un ghetto, de la tenir à l'écart de la société.

ghilde [gild] n.f. → **guilde.**

G.I. ou **GI** [dʒiaj] n.m. inv. (sigle de l'anglo-amér. *government issue,* fourniture du gouvernement). Soldat de l'armée américaine.

gibbeux, euse adj. (du lat. *gibbus,* bosse). **1.** Qui a la forme d'une bosse, qui porte une ou plusieurs bosses : *Un dos gibbeux* (SYN. bossu [cour.]). **2.** Se dit de l'aspect d'un astre, dont plus de la moitié de la surface éclairée est visible : *Une lune gibbeuse* (= entre le premier quartier et la pleine lune ou entre la pleine lune et le dernier quartier).

gibbon n.m. (mot d'une langue de l'Inde). Singe sans queue, originaire d'Inde et de Malaisie, au pelage clair et à face noire, grimpant avec agilité aux arbres grâce à ses bras très longs.

gibbosité n.f. (du lat. *gibbosus,* bossu). Déformation de la colonne vertébrale, formant une bosse : *La scoliose est une gibbosité.*

gibecière n.f. (de l'anc. fr. *gibiez,* gibier). **1.** Sac en toile ou en peau, à bretelle ou à poignée, servant au transport du gibier (SYN. carnassière). **2.** *Anc.* Sac d'écolier, porté sur l'épaule ou dans le dos. **3.** Sac à main à rabat, porté en bandoulière (aussi appelé *sac gibecière*).

gibelotte n.f. (anc. fr. *gibelet,* plat préparé avec de petits oiseaux). Ragoût de lapin au vin blanc.

giberne n.f. (bas lat. *zaberna*). *Anc.* Sac à cartouches des soldats, du XVIIe au XIXe siècle.

gibet n.m. (du frq. *gibb,* bâton). Potence pour les condamnés à la pendaison ; lieu où elle est installée.

gibier n.m. (du frq. *gabaiti,* chasse au faucon). **1.** Ensemble des animaux que l'on chasse : *Gibier à poil, à plume* ou *à plumes.* **2.** Animal que l'on chasse ; viande de cet animal : *Le perdreau est un gibier recherché.* **3.** *Fam.* Personne que l'on poursuit ou que l'on cherche à prendre ou à duper : *C'est un gibier facile pour des escrocs.* ▸ ***Gibier de potence,*** criminel méritant la potence ; personne peu recommandable.

giboulée n.f. Pluie soudaine et de peu de durée, accompagnée de grêle : *Les giboulées de mars.*

giboyeux, euse [ʒibwajø, øz] adj. Abondant en gibier : *Une forêt giboyeuse.*

gibus [ʒibys] n.m. (de *Gibus,* nom de l'inventeur). *Anc.* Chapeau claque.

G.I.C. ou **GIC** [ʒeise] n. (sigle). ▸ ***Grand invalide civil*** → **invalide.**

giclée n.f. Jet d'un liquide qui gicle : *Il a reçu une giclée de sauce tomate sur sa chemise.*

giclement n.m. Fait de gicler.

gicler v.i. (anc. fr. *ciscler,* fouetter) [conj. 3]. Jaillir ou rejaillir avec force, souvent en éclaboussant, en parlant d'un liquide : *Le sang gicla de la blessure. L'eau gicle du caniveau au passage du bus* (SYN. fuser).

gicleur n.m. Orifice servant à doser le débit du carburant dans les canalisations du carburateur d'un moteur.

gifle n.f. (du frq.). **1.** Coup donné sur la joue avec la main ouverte : *Elle a reçu une paire de gifles* (SYN. claque). **2.** *Fig.* Blessure d'amour propre ; affront, humiliation : *Ce refus a été une gifle pour lui* (SYN. avanie, camouflet, vexation).

gifler v.t. [conj. 3]. Frapper d'une gifle : *Elle a giflé l'insolent* (SYN. claquer, souffleter [litt.]).

G.I.G. ou **GIG** [ʒeiʒe] n. (sigle). ▸ ***Grand invalide de guerre*** → **invalide.**

gigantesque adj. (it. *gigantesco,* de *gigante,* géant). **1.** Très grand par rapport à l'homme : *Cet arbre est gigantesque* (SYN. colossal, immense ; CONTR. minuscule). **2.** De proportions énormes : *Un projet gigantesque* (SYN. démesuré ; CONTR. petit).

gigantisme n.m. (du gr. *gigas, gigantos,* géant). **1.** Croissance anormalement importante de la taille d'une personne : *Il est atteint de gigantisme.* **2.** Développement excessif de qqch : *Le gigantisme des multinationales.*

gigogne adj. (de *mère Gigogne,* personnage de théâtre de marionnettes, altér. de *cigogne*). Se dit d'objets qui s'emboîtent les uns dans les autres ou que leur taille décroissante permet de ranger en les incorporant les uns dans les autres : *Des tables gigognes. Des poupées gigognes.*

gigolo n.m. (de *gigue,* jambe). *Fam.* Jeune homme entretenu par une femme plus âgée que lui.

gigot n.m. (de l'anc. fr. *gigue,* instrument de musique). Cuisse de mouton, d'agneau ou de chevreuil, coupée pour être consommée : *Il aime le gigot saignant. Gigot de chevreuil* (= cuissot, gigue). ▸ ***Manche à gigot,*** instrument qui emboîte l'os du gigot et qui permet de le découper aisément. ***Manche à gigot*** ou ***manche gigot,*** manche de vêtement bouffante dans sa partie supérieure et étroite et ajustée sur l'avant-bras.

gigotement n.m. *Fam.* Action de gigoter ; trémoussement.

gigoter v.i. [conj. 3]. *Fam.* Remuer sans cesse bras et jambes : *Cet enfant gigote beaucoup durant son sommeil* (SYN. bouger, se trémousser).

① **gigue** n.f. (de *gigot*). **1.** Gigot de chevreuil. **2.** *Fam., vx* Jambe. ▸ *Fam.* ***Grande gigue,*** fille grande et maigre.

② **gigue** n.f. (angl. *jig,* de l'anc. fr. *gigue,* sorte de violon). Danse populaire ancienne de rythme vif ; air sur lequel on exécutait cette danse.

gilde [gild] n.f. → **guilde.**

gilet n.m. (esp. *jileco,* du turc). **1.** Veste en tricot, ouverte sur le devant et à manches longues : *Mets un gilet, il commence à faire froid* (SYN. cardigan). **2.** Vêtement masculin court et sans manches, boutonné sur le devant, qui se porte sous le veston : *Le gilet d'un costume.* ▸ ***Gilet de sauvetage*** → **sauvetage.**

Gilles n.m. pl. (d'un n.pr.). ▸ ***Les Gilles,*** personnages traditionnels du carnaval de Binche (Hainaut), le jour du Mardi gras.

gin [dʒin] n.m. (mot angl. signif. « genièvre »). Eau-de-vie de grain aromatisée avec des baies de genièvre. ☞ **REM.** Ne pas confondre avec *djinn* ou *jean.*

gin-fizz [dʒinfiz] n.m. inv. (de l'angl. *gin,* gin, et *fizz,* boisson gazeuse). Cocktail constitué d'un mélange de gin et de jus de citron.

gingembre n.m. (lat. *zingiber*). Plante originaire d'Asie utilisée comme condiment.

gingival, e, aux adj. (du lat. *gingiva,* gencive). Relatif aux gencives : *Des saignements gingivaux.*

gingivite n.f. Inflammation des gencives.

ginkgo [ʒinko ou ʒɛ̃ko] n.m. (mot jap.). Arbre originaire de Chine, à feuilles en éventail, cultivé comme arbre ornemental et considéré en Extrême-Orient comme un arbre sacré.

ginseng [ʒinsɛ̃ŋ] n.m. (du chin. *gen-chen,* plante-homme). Racine d'une plante possédant des qualités toniques.

a **giorno** [adʒjɔrno] loc. adj. inv. et loc. adv. → **a giorno.**

girafe n.f. (it. *giraffa,* de l'ar.). **1.** Grand mammifère ruminant d'Afrique, au cou très long et au pelage fauve marqué de larges taches brunes. **2.** Au cinéma, perche fixée à un pied articulé et supportant un micro. ▸ *Fam.* ***Peigner la girafe,*** ne rien faire d'utile.

girafeau ou **girafon** n.m. Petit de la girafe.

girandole n.f. (it. *girandola,* petite gerbe de feu). **1.** Partie supérieure d'un candélabre, portant les branches. **2.** Candélabre ou chandelier à plusieurs branches orné de pendeloques de cristal : *Girandole à cinq branches.* **3.** Guirlande lumineuse décorant une fête, un bal, etc. **4.** Gerbe tournante de feu d'artifice.

giration n.f. Mouvement giratoire.

giratoire adj. (du lat. *girare,* faire tourner). Se dit d'un mouvement de rotation autour d'un axe ou d'un centre : *Sens giratoire.* ▸ ***Carrefour giratoire,*** rond-point où la priorité est à gauche (on dit aussi *un giratoire*).

girl [gœrl] n.f. (mot angl. signif. « jeune fille »). Danseuse qui fait partie d'une troupe de music-hall : *Les girls du Moulin-Rouge.*

girofle n.m. (lat. *caryophyllon,* du gr.). Bouton desséché des fleurs du giroflier, utilisé comme condiment (on dit plus souvent *clou de girofle*).

giroflée n.f. (de *girofle*). Plante vivace cultivée pour ses fleurs ornementales et parfumées.

giroflier n.m. Arbre tropical originaire d'Indonésie et fournissant les clous de girofle.

girolle n.f. (anc. prov. *giroiller*). Champignon jaune-orangé, comestible et très estimé (on dit aussi *une chanterelle*) : *Une sauce aux girolles.*

giron n.m. (du frq.). Partie du corps qui s'étend de la ceinture aux genoux quand on est assis : *La petite fille se blottit dans le giron de sa mère* (= sur les genoux de sa mère). ▸ ***Rentrer dans le giron de,*** retourner dans un groupe, un parti, qu'on avait quitté : *Elle a préféré rentrer dans le giron familial* (= au sein de sa famille).

girond, e adj. (de l'anc. fr. *girer,* tourner). *Fam.* **1.** Se dit d'une personne qui a des formes harmonieuses. **2.** Se dit d'une femme bien en chair, assez ronde.

girouette n.f. (anc. normand *wire-wite,* avec infl. de l'anc. v. *girer,* tourner). **1.** Plaque de forme variable, mobile autour d'un axe vertical et fixée au sommet d'un toit ou d'un mât pour indiquer la direction du vent : *La girouette de l'église représente un coq.* **2.** *Fam.* Personne qui change souvent d'opinion : *Son avis m'importe peu, c'est une vraie girouette* (**SYN.** fantoche, marionnette).

gisant n.m. (de *gésir*). Sculpture funéraire représentant un personnage couché.

gisement n.m. (de *gésir*). **1.** Accumulation naturelle, locale, de matière minérale solide, liquide ou gazeuse, susceptible d'être exploitée : *Un gisement de pétrole* (**SYN.** nappe). **2.** Potentiel de clientèle, d'audience susceptible d'être touché par une firme, un média.

gît 3ᵉ pers. du sing. → **gésir.**

gitan, e n. (esp. *gitano,* de *egiptano,* égyptien). Personne appartenant à l'un des groupes qui constituent l'ensemble des Tsiganes : *Les Gitans d'Espagne.* ◆ adj. Relatif aux Gitans, aux Tsiganes : *La musique gitane* (**SYN.** tsigane).

gitane n.f. Cigarette brune de marque française : *« Tu n'es qu'un fumeur de gitanes »* [Serge Gainsbourg].

① **gîte** n.m. (de *gésir*). **1.** *Litt.* Lieu où l'on trouve à se loger, où l'on couche habituellement ou temporairement : *Ils lui ont offert le gîte et le couvert. Elle a fini par trouver un gîte* (**SYN.** logement). **2.** Abri où vit le lièvre. **3.** Morceau de la jambe ou de l'avant-bras des bovins. ▸ ***Gîte rural,*** maison située à la campagne et aménagée selon certaines normes pour recevoir des hôtes payants. ***Gîte touristique,*** au Québec, établissement d'hébergement touristique d'un maximum de cinq chambres, où le propriétaire fournit le coucher et le petit déjeuner.

② **gîte** n.f. (de *1. gîte*). Inclinaison d'un bateau sur un bord : *Donner de la gîte* (**SYN.** 3. bande). *La gîte augmente.*

① **gîter** v.i. [conj. 3]. **1.** Avoir son gîte, en parlant d'un lièvre : *Le fossé où gîte un lièvre* (= où il se met à l'abri). **2.** *Vx* ou *litt.* Habiter ou coucher en un lieu.

② **gîter** v.i. [conj. 3]. Donner de la gîte, s'incliner sur un bord, en parlant d'un bateau.

giton n.m. (de *Giton,* nom d'un personnage du *Satiricon* de Pétrone). *Litt.* Jeune homme entretenu par un homosexuel.

givrage n.m. Formation de givre sur une surface : *Le givrage des vitres de la voiture.*

givrant, e adj. Qui provoque la formation de givre : *Brouillard givrant.*

givre n.m. Fins cristaux de glace qui se déposent sur une surface, par suite de la condensation du brouillard, de la congélation de gouttelettes d'eau : *Les vitres sont couvertes de givre.*

givré, e adj. **1.** Couvert de givre : *Des vitres de voiture givrées.* **2.** Se dit d'une orange ou d'un citron dont l'intérieur est fourré de glace aromatisée avec la pulpe du fruit. **3.** *Fam.* Fou : *Cette fille est complètement givrée !*

givrer v.t. [conj. 3]. **1.** Couvrir de givre : *Le froid du* *matin a givré les arbres.* **2.** Saupoudrer d'une substance imitant le givre : *Givrer un gâteau au chocolat de sucre glace.* ◆ **se givrer** v.pr. Se couvrir de givre.

givreux, euse adj. Se dit d'une pierre précieuse qui présente un défaut.

glabelle n.f. (du lat. *glaber,* glabre). Partie du front située entre les sourcils.

glabre adj. (lat. *glaber*). *Sout.* Dépourvu de barbe et de moustache : *Un visage glabre* (**SYN.** imberbe ; **CONTR.** barbu, moustachu).

glaçage n.m. **1.** Action de glacer (une étoffe, une photographie, une pièce de viande ou une pâtisserie). **2.** Couche sucrée que l'on dépose sur un entremets, un gâteau lorsqu'on le glace : *Un glaçage au chocolat* (**SYN.** nappage).

glaçant, e adj. Qui décourage, rebute par sa froideur, sa sévérité : *Un ton glaçant* (**SYN.** glacial ; **CONTR.** chaleureux).

glace n.f. (lat. *glacies*). **1.** Eau congelée, liquide solidifié par le froid : *Les enfants s'amusent à glisser sur la glace. Veux-tu de la glace dans ton whisky ?* (**SYN.** glaçon). **2.** Crème à base de lait, de sucre, d'œufs, aromatisée ou additionnée de fruits et que l'on congèle dans un moule : *Il mange une glace à la vanille. De la glace au chocolat.* **3.** Plaque de verre ou de cristal, transparente et assez épaisse, dont on fait les vitrages : *La glace de la vitrine d'un magasin.* **4.** Plaque de verre rendue réfléchissante par une couche de tain : *Il ne cesse de se regarder dans la glace de la salle de bains* (**SYN.** miroir). **5.** Vitre d'une voiture : *Les glaces avant, arrière.* **6.** En cuisine, jus de viande réduit qui sert à glacer une pièce ; en pâtisserie, mélange de blanc d'œuf et de sucre utilisé pour glacer un entremets : *Une côte de bœuf dans sa glace. Verser la glace sur la génoise.* ▸ ***Être*** ou ***rester de glace,*** se montrer insensible. ***Rompre la glace,*** faire cesser la contrainte, la gêne du premier contact : *Pour rompre la glace, il lui a offert un café.*

glacé, e adj. **1.** Solidifié, durci par le froid : *La neige est glacée* (**CONTR.** fondu). **2.** Très froid : *Les draps sont glacés* (**SYN.** glacial ; **CONTR.** 1. chaud). *Un thé glacé.* **3.** Engourdi par le froid ; transi : *Elle a les doigts glacés* (**SYN.** ankylosé, gourd). **4.** *Fig.* Qui marque des dispositions hostiles ou de la réserve, de l'indifférence : *Un accueil glacé* (**SYN.** glacial ; **CONTR.** chaleureux). **5.** Recouvert d'un glaçage ou d'une glace ; confit dans du sucre : *Une bombe glacée. Des marrons glacés.* **6.** Qui a subi le glaçage ; brillant (par opp. à mat) : *Du papier glacé.*

glacer v.t. (lat. *glaciare*) [conj. 16]. **1.** Solidifier un liquide par le froid : *Le froid de la nuit a glacé le lac* (**SYN.** geler ; **CONTR.** dégeler). **2.** Rendre très froid : *Glacer une bouteille de champagne* (**SYN.** frapper, rafraîchir, refroidir ; **CONTR.** chambrer). **3.** Causer une vive sensation de froid à : *Le vent du nord l'a glacé* (**SYN.** transir ; **CONTR.** réchauffer). **4.** Intimider ; remplir d'effroi : *Son regard glaçait ses interlocuteurs* (**SYN.** paralyser ; **CONTR.** rassurer). *Ces hurlements nous ont glacés d'horreur* (**SYN.** pétrifier). **5.** Donner un aspect lisse et brillant à une étoffe, un papier, etc. **6.** Donner à une photographie un aspect brillant. **7.** Couvrir de jus, de gelée une pièce de viande ; recouvrir de sucre glace, de sirop, de blanc d'œuf un gâteau, un entremets, etc. : *Glacer un rôti, des fruits.* ◆ **se glacer** v.pr. Avoir très froid : *Je me glace à attendre dehors.* ▸ ***Avoir le sang qui se glace dans les veines,*** être saisi d'épouvante.

glacerie n.f. Fabrication des glaces et sorbets ; commerce du glacier.

glaceuse [glasøz] n.f. Machine qui permet de glacer les épreuves photographiques.

glaciaire adj. Qui concerne les glaciers, une glaciation : *Érosion glaciaire.* ☞ **REM.** Ne pas confondre avec *une glacière.* ▸ ***Périodes glaciaires,*** périodes géologiques marquées par le développement des glaciers ; glaciation.

glacial, e, als ou **aux** adj. (lat. *glacialis*). **1.** Qui pénètre d'un froid vif : *L'eau est glaciale en cette saison* (**SYN.** glaçant, glacé ; **CONTR.** brûlant, 1. chaud). **2.** *Fig.* Qui est d'une extrême froideur, qui paralyse : *Des regards glacials* (**SYN.** dur, 1. froid, glacé ; **CONTR.** chaleureux).

glacialement adv. *Litt.* De façon glaciale, hostile : *Elle l'a accueilli glacialement* (**SYN.** froidement ; **CONTR.** amicalement, chaleureusement).

glaciation n.f. (de *glacer*). **1.** Transformation en glace. **2.** Période géologique durant laquelle une région a été recouverte par les glaciers.

① **glacier** n.m. (de *glace*). Accumulation de neige transformée en glace, animée de mouvements lents : *Les glaciers du mont Blanc.*

② **glacier** n.m. (de *glace*). Professionnel qui prépare ou vend des glaces, des sorbets.

glacière n.f. (de *glace*). **1.** Garde-manger portatif, refroidi avec de la glace : *Une glacière pour pique-nique.* **2.** *Fam.* Lieu très froid : *Ce bureau est une vraie glacière.* ☞ **REM.** Ne pas confondre avec *glaciaire.*

glaciérisme n.m. Forme d'escalade pratiquée sur les parois des glaciers.

glaciériste n. Personne qui pratique le glaciérisme.

glaciologie n.f. Étude des glaciers, de la glace et des régions glaciaires.

glaciologue n. Spécialiste de glaciologie.

glacis [glasi] n.m. **1.** Terrain découvert aménagé en pente douce pour protéger une fortification. **2.** Zone protectrice formée par des États dépendant militairement d'une autre puissance : *L'ancien glacis soviétique.*

glaçon n.m. **1.** Morceau de glace naturelle : *Le fleuve charrie des glaçons.* **2.** Petit cube de glace formé dans un réfrigérateur : *Combien veux-tu de glaçons dans ton whisky ?* **3.** *Fam.* Personne froide, très distante : *C'est un vrai glaçon.*

glaçure n.f. Enduit que l'on applique sur une poterie pour l'imperméabiliser.

gladiateur n.m. (lat. *gladiator,* de *gladius,* glaive). Dans la Rome antique, celui qui, dans les jeux du cirque, combattait contre un autre homme ou contre une bête féroce.

glaïeul [glajœl] n.m. (lat. *gladiolus,* petit glaive). Plante cultivée pour ses fleurs aux coloris variés.

glaire n.f. (du lat. *clarus,* clair). **1.** En médecine, sécrétion blanchâtre et gluante, normale ou pathologique, produite par les muqueuses. **2.** Blanc d'œuf cru.

glaireux, euse adj. De la nature de la glaire ; visqueux.

glaise n.f. (mot gaul.). Terre grasse et compacte, très argileuse, dont on fait des tuiles, des briques ou de la poterie (on dit aussi *terre glaise*).

glaiseux, euse adj. Qui contient de la glaise : *Des terres glaiseuses.*

glaive n.m. (lat. *gladius*). **1.** Épée courte à deux tranchants : *Le glaive des gladiateurs romains.* **2.** *Litt.* Symbole de la guerre, des combats : *Périr par le glaive.*

glamour adj. inv. et n.m. (mot angl. signif. « séduction »). Se dit de ce qui est empreint de charme sophistiqué, de sensualité et d'éclat, notamm. dans le domaine du spectacle, de la mode : *Une star très glamour. Le glamour de Marlene Dietrich.*

glanage n.m. Action de glaner.

gland n.m. (lat. *glans, glandis*). **1.** Fruit du chêne, enchâssé dans une cupule. **2.** Extrémité renflée du pénis.

glande n.f. (lat. *glandula*). Organe ayant pour fonction d'élaborer certaines substances et de les déverser soit à l'extérieur de l'organisme (ou dans une cavité de celui-ci), soit directement dans le sang : *Les glandes lacrymales. Les glandes salivaires. La glande thyroïde.*

glander ou **glandouiller** v.i. [conj. 3]. *Très fam.* Perdre son temps à ne rien faire, n'avoir pas de but précis : *Elle glande toute la journée devant son téléviseur* (**SYN.** paresser ; **CONTR.** s'occuper).

glandulaire ou **glanduleux, euse** adj. Relatif aux glandes : *L'hypothyroïdie est une maladie glandulaire.*

glaner v.t. (bas lat. *glenare*, d'un radical gaul.) [conj. 3]. **1.** Ramasser dans un champ les épis restés sur le sol après la moisson. **2.** *Fig.* Recueillir çà et là des éléments fragmentaires pour en tirer parti : *Ces journalistes cherchent à glaner des informations* (**SYN.** grappiller). *Un comique qui glane des idées* (**SYN.** butiner).

glaneur, euse n. Personne qui glane : *« Les Glaneurs et la Glaneuse »* [titre d'un film d'Agnès Varda].

glapir v.i. (altér. de *glatir*, crier) [conj. 32]. **1.** Émettre un glapissement, en parlant du chiot, du renard, de la grue. **2.** *Péjor.* Crier d'une voix aiguë : *Cet enfant ne cesse de glapir.*

glapissant, e adj. Qui glapit ; criard : *Un chiot glapissant. Il a une voix glapissante* (**SYN.** aigu ; **CONTR.** harmonieux).

glapissement n.m. Cri aigu et bref du chiot, du renard, de la grue ou d'une personne ; action de glapir.

glas [glɑ] n.m. (du lat. *classicum*, sonnerie de trompette). Tintement de cloches annonçant l'agonie, la mort ou les funérailles de qqn. ▸ ***Sonner le glas de qqch,*** annoncer sa fin : *Son arrivée sonne le glas de notre tranquillité.*

glasnost [glasnɔst] n.f. (mot russe signif. « fait de rendre public »). Politique soviétique de vérité et de transparence qui accompagnait la perestroïka.

glatir v.i. (lat. *glattire*, japper) [conj. 32]. Pousser son cri, en parlant de l'aigle.

glaucome [glokom] n.m. (lat. *glaucoma*, du gr. *glaukos*, vert pâle). Maladie de l'œil entraînant une diminution du champ visuel, pouvant aller jusqu'à la cécité.

glauque adj. (lat. *glaucus*, vert pâle, du gr. *glaukos*). **1.** D'un vert tirant sur le bleu : *L'eau du lac est glauque.* **2.** *Fam.* Qui donne une impression de tristesse ; qui inspire la méfiance : *Une soirée glauque* (**SYN.** sinistre, triste ; **CONTR.** gai). *Des quartiers glauques* (**SYN.** lugubre, sordide ; **CONTR.** rassurant, sûr).

glèbe n.f. (lat. *gleba*). **1.** *Litt.* Sol en culture (**SYN.** champ, terre). **2.** À l'époque de la féodalité, sol auquel les serfs étaient attachés et qu'ils devaient cultiver.

glène n.f. (gr. *glênê*). Cavité peu profonde d'un os dans laquelle s'emboîte un autre os : *La glène de l'omoplate.*

glial, e, aux adj. Relatif à la glie.

glie [gli] n.f. (du lat. *glus, glutis*, glu). Ensemble des cellules qui, avec les neurones et leurs vaisseaux sanguins, constituent le tissu nerveux (**SYN.** névroglie).

glissade n.f. **1.** Action de glisser ; mouvement fait en glissant : *Les enfants font des glissades sur le carrelage du hall d'entrée.* **2.** Glissoire.

glissage n.m. Opération consistant à faire descendre le long des pentes les troncs d'arbres abattus en montagne.

glissando [glisɑ̃do] n.m. (mot it. signif. « en glissant »). Procédé d'exécution vocale ou instrumentale consistant à faire entendre avec rapidité tous les sons compris entre deux notes.

glissant, e adj. **1.** Sur quoi on glisse facilement ; qui fait glisser : *Des trottoirs glissants.* **2.** Qui glisse des mains ; à quoi on ne peut se retenir : *Le savon mouillé est glissant* (**SYN.** insaisissable). *Une rampe glissante.* ▸ ***Terrain glissant,*** affaire hasardeuse, risquée ; circonstance délicate et difficile.

glisse n.f. Capacité d'un matériel ou d'un sportif à glisser sur une surface comme la neige, la glace, l'eau. ▸ ***La glisse,*** ensemble des sports où l'on glisse sur la neige, sur la glace ou sur l'eau (ski, patinage, surf, etc.) ou que l'on pratique sur roulettes (skateboard, roller, trottinette, etc.) [on dit aussi *les sports de glisse*].

glissement n.m. **1.** Action de glisser, mouvement de ce qui glisse : *Le glissement d'un bateau sur l'eau d'un lac.* **2.** Passage progressif, insensible d'un état à un autre : *Le glissement de sens d'un mot* (**SYN.** évolution). *Un glissement de l'électorat vers le centre.* ▸ ***Glissement de terrain,*** déplacement de la couche superficielle d'un terrain sur un versant, sans bouleversement du relief.

glisser v.i. (anc. fr. *gliier*, du frq. *glîdan*, avec infl. de *glacer*) [conj. 3]. **1.** Se déplacer d'un mouvement continu sur une surface lisse, unie ; donner cette impression : *Les skieurs glissent sur les pistes enneigées. La barque glisse sur l'eau.* **2.** Perdre soudain l'équilibre ou le contrôle de sa direction : *Elle ne s'est pas fait mal en glissant sur le carrelage. Les roues du camion ont glissé sur une plaque de verglas* (**SYN.** chasser, déraper). **3.** Être glissant : *Attention, le trottoir glisse.* **4.** Tomber accidentellement de : *Il a glissé du toit.* **5.** Passer graduellement, insensiblement d'un état à un autre : *Il glisse vers la dépression* (**SYN.** s'enfoncer, sombrer). **6.** Passer légèrement et rapidement sur qqch : *Ses doigts glissent sur les touches du piano* (**SYN.** courir). **7.** Ne pas insister sur qqch : *Glissons sur cette question* (**SYN.** passer). **8.** Ne pas faire grande impression sur qqn ; ne pas atteindre : *Les critiques glissent sur elle.* ▸ ***Glisser des mains de qqn,*** lui échapper accidentellement : *Le verre m'a glissé des mains.* ◆ v.t. **1.** Faire passer adroitement ou furtivement qqch quelque part : *Il a glissé la lettre sous la porte* (**SYN.** introduire).

2. Introduire habilement une idée, une opinion dans un texte, un discours : *Glisser une clause dans un contrat. Elle lui a glissé quelques reproches durant cet entretien.* **3.** Dire furtivement qqch à qqn : *Il m'a glissé quelques mots à ce sujet* (**SYN.** souffler). *Elle m'a glissé à l'oreille qu'elle n'était pas d'accord.* ◆ **se glisser** v.pr. **1.** Entrer, passer quelque part d'un mouvement adroit ou furtif : *Elle s'est glissée sous sa couette. Il s'est glissé dans la foule* (**SYN.** se couler, se faufiler). **2.** S'introduire malencontreusement quelque part : *Plusieurs erreurs se sont glissées dans cette page.* **3.** Pénétrer insensiblement quelque part : *La peur s'est glissée dans son esprit* (**SYN.** s'insinuer, s'introduire).

glissière n.f. Pièce destinée à guider une autre pièce mobile dans son mouvement, par l'intermédiaire d'une rainure : *Une fermeture à glissière* (= une fermeture Éclair). *La porte à glissière d'une penderie.* ▸ ***Glissière de sécurité,*** forte bande métallique bordant une route ou une autoroute et destinée à maintenir sur la chaussée un véhicule dont le conducteur a perdu le contrôle.

glissoir n.m. (de *glisser*). Couloir creusé sur les pentes d'une montagne pour faire descendre les troncs d'arbres abattus.

glissoire n.f. Chemin de glace sur lequel les enfants s'amusent à glisser ; glissade.

global, e, aux adj. (de *globe*). **1.** Qui est considéré dans sa totalité, dans son ensemble : *Il n'a pas une vue globale du problème* (**SYN.** intégral, total ; **CONTR.** partiel). *Le revenu global d'un portefeuille d'actions.* **2.** En économie, relatif à une activité exercée à l'échelle planétaire ; mondial.

globalement adv. De façon globale ; d'une manière générale : *Les résultats de cette entreprise sont globalement satisfaisants* (= dans l'ensemble ; **CONTR.** partiellement).

globalisant, e ou **globalisateur, trice** adj. Qui globalise : *Une vision globalisante de la situation.*

globalisation n.f. **1.** Action de globaliser. **2.** (Calque de l'angl.). Mondialisation.

globaliser v.t. [conj. 3]. Réunir en un tout des éléments dispersés, les présenter d'une manière globale : *Globaliser les réclamations des clients.*

globalité n.f. Caractère global de qqch : *Elle réfléchit au problème dans sa globalité* (**SYN.** ensemble, intégralité, totalité).

globe n.m. (lat. *globus*). **1.** Corps sphérique ; boule : *Le centre, le diamètre d'un globe* (**SYN.** sphère). **2.** Sphère ou demi-sphère en verre destinée à diffuser la lumière ou à recouvrir un objet : *Le globe d'une lampe. Une pendule sous globe.* **3.** La Terre, le monde : *Ce problème concerne une grande partie du globe. Son métier l'amène à parcourir le globe.* ▸ ***Globe céleste,*** sphère sur laquelle est dessinée une carte du ciel (= un planisphère). ***Globe oculaire,*** œil. ***Globe terrestre,*** sphère sur laquelle est dessinée une carte de la Terre (= mappemonde, planisphère). ***Mettre*** ou ***garder sous globe,*** mettre à l'abri de tout danger ; garder précieusement.

globe-trotteur, euse n. (angl. *globe-trotter*) [pl. *globe-trotteurs, euses*]. Personne qui parcourt le monde : *Ces sportifs sont des globe-trotteurs.*

globulaire adj. (de *globule*). **1.** Qui est en forme de globe : *Une masse globulaire* (**SYN.** sphérique). **2.** Relatif aux globules du sang. ▸ ***Numération globulaire,*** dénombrement des globules rouges et des globules blancs contenus dans le sang.

globule n.m. (lat. *globulus,* petit globe). Petit corps ou cellule que l'on trouve en suspension dans divers liquides de l'organisme : *Les globules de la lymphe.* ▸ ***Globule blanc,*** nom usuel du leucocyte. ***Globule rouge,*** nom usuel de l'hématie.

globuleux, euse adj. Qui a la forme d'un petit globe : *Une particule globuleuse.* ▸ ***Œil globuleux,*** œil dont le globe est très saillant.

gloire n.f. (lat. *gloria*). **1.** Renommée, répandue dans un public très vaste, résultant des actions, des qualités de qqn : *Se couvrir de gloire. Une actrice au sommet de sa gloire* (**SYN.** célébrité, notoriété). **2.** Mérite, honneur qui revient à qqn : *Toute la gloire de cette découverte lui revient* (**SYN.** éclat, prestige ; **CONTR.** déshonneur, infamie). **3.** Ce qui assure le renom, suscite la fierté : *Ce nouvel Opéra est la gloire de la capitale* (**SYN.** fleuron ; **CONTR.** honte). **4.** Personne illustre, dont la renommée est incontestée : *Ce peintre est une des gloires de son temps* (**SYN.** lumière, phare). **5.** En théologie, splendeur de la majesté divine, telle qu'elle se reflète dans sa création. **6.** Dans le domaine des beaux-arts, auréole lumineuse entourant l'image du Christ ; peinture d'un ciel avec anges et saints. ▸ ***Pour la gloire,*** sans espérer de profit matériel. ***Rendre gloire à,*** rendre un hommage mêlé d'admiration à : *Le pays a rendu gloire à ses footballeurs.* ***Se faire gloire*** ou ***tirer gloire de,*** tirer vanité, se vanter de : *Elle se fait gloire d'avoir participé à cette émission de radio.*

glomérule n.m. (du lat. *glomus, glomeris,* boule). En anatomie, petit amas de tissus organiques, de forme sphérique.

gloriette n.f. Petit cabinet de verdure dans un jardin, un parc ; pergola, tonnelle.

glorieusement adv. De façon glorieuse : *Un combattant mort glorieusement* (= avec mérite ; **CONTR.** honteusement).

glorieux, euse adj. (lat. *gloriosus*). **1.** Qui donne de la gloire : *Une victoire glorieuse* (**SYN.** éclatant, mémorable, retentissant ; **CONTR.** déshonorant, ignoré). **2.** Qui s'est acquis de la gloire, surtout militaire : *De glorieux soldats* (**SYN.** illustre, prestigieux ; **CONTR.** obscur). **3.** *Litt.* Qui tire vanité de qqch : *Être glorieux de son nom* (**SYN.** fier de, orgueilleux ; **CONTR.** gêné, honteux).

glorification n.f. Action de glorifier : *La glorification d'un écrivain, de la science* (**SYN.** célébration, exaltation, louange).

glorifier v.t. [conj. 9]. Honorer, rendre gloire à : *Ils ont glorifié la mémoire de ces courageux soldats* (**SYN.** chanter, exalter, louer, vanter ; **CONTR.** dénigrer, flétrir). *Glorifier un exploit* (**SYN.** célébrer, chanter ; **CONTR.** déprécier, dévaloriser). ◆ **se glorifier** v.pr. **[de].** Tirer vanité de : *Cet athlète se glorifie de ses victoires* (**SYN.** s'enorgueillir de, se vanter de).

gloriole n.f. (lat. *gloriola,* petite gloire). Vaine gloire tirée de petites choses : *Il a agi par gloriole* (**SYN.** orgueil, suffisance, vanité ; **CONTR.** humilité, modestie).

glose n.f. (lat. *glosa,* du gr. *glôssa,* langue). **1.** Explication de quelques mots obscurs d'une langue par d'autres mots plus compréhensibles. **2.** Annotation ajoutée à un texte pour en éclairer les mots ou les passages obscurs : *Écrire des gloses en marge d'un texte* (**SYN.** commentaire, explication). **3.** (Surtout au pl.). Critique, interprétation malveillante : *Il fait des gloses sur tous ses collègues* (**SYN.** médisance ; **CONTR.** compliment).

gloser v.t. [conj. 3]. Éclaircir un texte par une glose, un commentaire : *Gloser un passage de la Bible* (**SYN.** annoter, commenter). ◆ v.t. ind. **[sur].** *Sout.* Faire des commentaires malveillants sur qqn, qqch ; critiquer : *Il glose continuellement sur tout le monde.*

glossaire n.m. (lat. *glossarium,* de *glosa,* glose). **1.** Lexique expliquant les mots difficiles ou vieillis d'une langue, d'une œuvre. **2.** Liste alphabétique, placée à la fin d'un ouvrage, contenant les mots du vocabulaire spécialisé qui y est utilisé (**SYN.** lexique). **3.** Vocabulaire spécifique d'une activité, d'un métier ; ouvrage ou partie d'ouvrage comprenant ce vocabulaire : *Un glossaire d'informatique.*

Glossette n.f. (nom déposé). Comprimé médicamenteux soluble que l'on laisse fondre sous la langue (**SYN.** linguette).

glossine n.f. Mouche dont une espèce est la mouche tsé-tsé.

glossolalie n.f. Chez certains malades mentaux, utilisation d'un langage inventé, incompréhensible pour les autres.

glotte n.f. (gr. *glôtta,* langue). Partie du larynx comprise entre les deux cordes vocales inférieures et qui sert à l'émission de la voix.

glouglou n.m. (onomat.). **1.** *Fam.* Bruit d'un liquide s'échappant d'une bouteille, d'un conduit, etc. **2.** Cri du dindon.

glouglouter v.i. [conj. 3]. **1.** *Fam.* Produire un bruit de glouglou : *L'eau de la fontaine glougloute.* **2.** Émettre un cri, en parlant du dindon.

gloussement n.m. **1.** Cri de la poule qui appelle ses petits. **2.** Petits cris ou rires étouffés : *Des gloussements de moquerie.*

glousser v.i. (lat. *glocire*) [conj. 3]. **1.** En parlant de la poule, appeler ses petits. **2.** Rire en poussant des petits cris : *Ces jeunes filles ne cessaient de glousser.*

glouton, onne adj. et n. (du lat. *gluttus,* gosier). Qui mange beaucoup et avec avidité : *Ces enfants sont des gloutons* (**SYN.** goulu). *Un appétit glouton* (**SYN.** insatiable, vorace). ◆ **glouton** n.m. Mammifère carnivore des pays froids, voisin du blaireau.

gloutonnement adv. D'une manière gloutonne : *Il a avalé gloutonnement son repas* (**SYN.** avidement, goulûment, voracement ; **CONTR.** sobrement).

gloutonnerie n.f. Avidité du glouton : *Il mange toujours avec gloutonnerie* (**SYN.** voracité ; **CONTR.** modération, sobriété).

glu n.f. (lat. *glus,* colle). Matière visqueuse et tenace, extraite principalement de l'écorce intérieure du houx.

gluant, e adj. Qui a la consistance ou l'aspect de la glu ; collant : *Une terre gluante. Le sang est un liquide gluant* (**SYN.** poisseux). *Les poissons ont une peau gluante* (**SYN.** visqueux).

gluau [glyo] n.m. (de *glu*). Petite branche frottée de glu, pour prendre les oiseaux : *La chasse aux gluaux est interdite.*

glucide n.m. Composant fondamental de la matière vivante, formé de carbone, d'hydrogène et d'oxygène, jouant dans l'organisme un rôle énergétique : *Les glucides sont aussi appelés sucres.*

glucidique adj. Relatif aux glucides.

glucose n.m. (du gr. *glukus,* doux). Glucide de saveur sucrée, contenu dans certains fruits comme le raisin et entrant dans la composition de presque tous les glucides.

glume n.f. (lat. *gluma,* pellicule des graines). Enveloppe qui recouvre les épillets formant un épi de graminée : *Glume de blé* (**SYN.** 3. balle).

glutamate n.m. Sel d'un acide aminé, utilisé pour donner du goût à certains produits alimentaires.

gluten [glytɛn] n.m. (mot lat. signif. « colle »). Substance visqueuse qui reste quand on a ôté l'amidon de la farine de céréale : *Le gluten sert à faire du pain et des biscottes pour les diabétiques.*

glycémie n.f. Présence, taux de glucose dans le sang.

glycérine n.f. (du gr. *glukeros,* doux). Liquide sirupeux, incolore, de saveur sucrée, extrait des corps gras et obtenu industriellement.

glycérophtalique adj. Se dit d'une résine dérivée d'une glycérine, utilisée dans certaines peintures. ▸ ***Peinture glycérophtalique,*** peinture à base de résine glycérophtalique.

glycine n.f. (du gr. *glukus,* doux). Arbuste grimpant originaire de Chine et cultivé pour ses longues grappes de fleurs mauves et odorantes.

glycosurie [glikozyri] n.f. Présence de glucose dans l'urine, l'un des signes du diabète.

glyphe n.m. (gr. *gluphê,* ciselure). **1.** Trait gravé en creux dans un ornement. **2.** Signe de l'écriture pictographique des Mayas.

glyptique n.f. (du gr. *gluptikos,* propre à graver). Art de tailler les pierres dures, fines ou précieuses ; ensemble des productions de cet art : *La glyptique produit les camées.*

GMT [ʒeɛmte] adj. (sigle de l'angl. *Greenwich Mean Time*). Temps moyen de Greenwich, dans lequel les jours changent de quantième à midi.

gnangnan [ɲɑ̃ɲɑ̃] adj. inv. (onomat.). *Fam.* **1.** Qui est mou et lent ; qui se plaint au moindre effort : *Il est très gnangnan* (**SYN.** indolent, nonchalant ; **CONTR.** 1. alerte, énergique). **2.** Qui ne présente ni intérêt ni agrément : *Des histoires gnangnan* (**SYN.** gentillet, insipide, mièvre ; **CONTR.** attrayant, savoureux).

gnaule n.f. → **gnôle.**

gneiss [gnɛs] n.m. (mot all.). Roche constituée de cristaux de mica, de quartz et de feldspath, disposés en lits.

gniole n.f. → **gnôle.**

gnocchi [ɲɔki] n.m. (mot it.) [pl. *gnocchis* ou inv.]. Boulette à base de semoule de blé ou de pommes de terre, pochée puis servie gratinée ou avec une sauce tomate.

gnognote ou **gnognotte** [ɲɔɲɔt] n.f. (onomat.). ▸ *Fam.* ***C'est de la gnognote,*** c'est une chose de peu de valeur, négligeable.

gnôle ou **gnaule** ou **gniole** n.f. (mot lyonnais). *Fam.* Eau-de-vie.

gnome [gnom] n.m. (lat. mod. *gnomus,* du gr. *gnômê,*

esprit). **1.** Dans la tradition de la kabbale, petit génie difforme qui habite à l'intérieur de la terre, dont il garde les richesses. **2.** Homme petit et contrefait (**SYN.** nabot, nain).

gnomon [gnɔmɔ̃] n.m. (lat. *gnomon*, du gr.). Cadran solaire primitif, constitué d'une simple tige dont l'ombre se projette sur une surface plane.

gnon [ɲɔ̃] n.m. (de *oignon*). *Fam.* Coup ; marque d'un coup : *Il a les jambes couvertes de gnons* (**SYN.** bleu [cour.], ecchymose, meurtrissure).

gnose [gnoz] n.f. (gr. *gnôsis*, connaissance). Connaissance approfondie des mystères de la religion.

gnosticisme [gnɔstisism] n.m. Doctrine religieuse déviationniste des premiers siècles de l'ère chrétienne.

gnostique [gnɔstik] adj. et n. (du gr. *gnôstikos*, savant). Relatif à la gnose, au gnosticisme ; qui en est adepte : *Une doctrine gnostique.*

gnou [gnu] n.m. (mot d'une langue d'Afrique). Antilope d'Afrique, à la tête chevaline pourvue d'une crinière et d'une barbe : *Les gnous effectuent des migrations en troupeaux immenses.*

go n.m. inv. (mot jap.). Jeu de stratégie d'origine chinoise, qui consiste, pour deux joueurs, à poser des pions respectivement noirs et blancs sur un damier, de manière à former des territoires aussi vastes que possible.

tout de **go** loc. adv. → **tout de go.**

goal [gol] n.m. (abrév. de l'angl. *goal-keeper*, gardien de but). Gardien, gardienne de but.

goal-average [golaveraʒ] n.m. (mot angl., de *goal*, but, et *average*, moyenne) [pl. *goal-averages*]. Dans certains sports, comparaison des nombres de buts ou de points marqués et encaissés par chaque équipe, destinée à départager les ex aequo.

gobelet n.m. (anc. fr. *gobel*, du gaul.). **1.** Récipient pour boire, généralement sans pied et sans anse ; son contenu : *Remplis les gobelets* (**SYN.** timbale). **2.** Cornet en forme de tronc de cône, servant à lancer les dés ou à faire des tours de prestidigitation.

gobeleterie [gɔblɛtri] n.f. Catégorie de produits comprenant la verrerie de table et la verrerie culinaire.

gober v.t. (du gaul. *gobbo*, bouche) [conj. 3]. **1.** Avaler en aspirant et sans mâcher : *Gober un œuf, une huître.* **2.** *Fam.* Croire facilement, naïvement ce que l'on entend raconter : *Il gobe tout ce qu'on lui dit.* ▸ *Fam.* ***Gober les mouches,*** perdre du temps à rêvasser. *Fam., vieilli* ***Ne pas gober*** ou ***ne pas pouvoir gober qqn,*** ne pas pouvoir le supporter.

se **goberger** v.pr. (de l'anc. fr. *gobert*, facétieux) [conj. 17]. *Fam., vieilli* **1.** Prendre ses aises, se prélasser. **2.** Faire un très bon repas.

godailler v.i. → **goder.**

godasse n.f. (de *godillot*). *Fam.* Chaussure.

godelureau n.m. *Fam.* Jeune homme qui fait le joli cœur auprès des femmes.

goder ou **godailler** v.i. (de *godet*) [conj. 3]. En couture, faire des faux plis par suite d'une mauvaise coupe ou d'un mauvais assemblage : *Sa veste gode derrière* (**SYN.** grimacer).

godet n.m. (du moyen néerl. *kodde*, billot). **1.** Petit gobelet à boire. **2.** Petit récipient à usages divers : *Un godet à peinture.* **3.** Pli rond qui va en s'évasant, formé par un tissu coupé dans le biais : *Une jupe à godets.*

godiche adj. et n.f. (de *Godon*, forme pop. de *Claude*). *Fam.* Gauche, maladroit, benêt : *Ce garçon est vraiment godiche* (**SYN.** emprunté, niais, nigaud ; **CONTR.** adroit, dégourdi, malin, rusé).

godille [gɔdij] n.f. (mot dialect.). **1.** Aviron placé à l'arrière d'une embarcation et permettant de la propulser. **2.** En skis, enchaînement de virages courts suivant la ligne de plus grande pente.

godiller [gɔdije] v.i. [conj. 3]. **1.** Faire avancer une embarcation avec la godille. **2.** En skis, descendre en godille.

godillot [gɔdijo] n.m. (du nom d'un fournisseur de l'armée). **1.** Ancienne chaussure militaire à tige courte. **2.** *Fam.* Grosse chaussure de marche (**SYN.** brodequin). **3.** *Fam.* Parlementaire inconditionnel d'un homme ou d'un parti politique : *Les godillots du président.*

godiveau n.m. (de l'anc. fr. *godebillaux*, tripes de bœuf, et de *veau*). Boulette de hachis de viande, pochée au bouillon.

goéland [gɔelɑ̃] n.m. (breton *gwelan*, mouette). Oiseau palmipède, à plumage dorsal gris, qui niche en colonies importantes sur les régions côtières.

goélette n.f. (de *goéland*). Voilier à deux mâts, dont le grand mât est à l'arrière.

goémon n.m. (breton *gwemon*). *Région.* En Bretagne et en Normandie, varech.

goger v.i. [conj. 17]. En Suisse, rester longtemps dans l'eau : *Une pièce de bois qui goge.* ◆ v.t. ▸ ***Goger une maladie,*** en Suisse, la couver.

gogo n.m. (de *Gogo*, nom d'un personnage de théâtre). *Fam.* Personne crédule, facile à tromper (**SYN.** ingénu, naïf).

à **gogo** loc. adv. (de l'anc. fr. *gogue*, réjouissance). *Fam.* En abondance : *Il y avait du champagne à gogo* (= à volonté, à discrétion ; **SYN.** abondamment, beaucoup ; **CONTR.** peu).

goguenard, e adj. (de l'anc. fr. *gogue*, réjouissance). Qui se moque ouvertement de qqn d'autre : *Des ricanements goguenards* (**SYN.** moqueur, narquois, railleur).

goguenardise n.f. Attitude moqueuse : *Je ne supporte plus sa goguenardise* (**SYN.** ironie, moquerie, raillerie, sarcasme ; **CONTR.** respect).

goguette n.f. (anc. fr. *gogue*, réjouissance). ▸ *Fam.* ***Être en goguette,*** être de bonne humeur, un peu ivre ; être enjoué et décidé à faire la fête, à s'amuser.

goï [gɔj] adj. et n. → **goy.**

goinfre adj. et n. (mot dialect.). Qui mange beaucoup, avidement et salement : *Ces enfants sont des goinfres* (**SYN.** glouton, goulu).

se **goinfrer** v.pr. [conj. 3]. *Fam.* Manger beaucoup, gloutonnement et malproprement : *Elle ne cesse de se goinfrer de chocolat* (**SYN.** se gaver).

goinfrerie n.f. *Fam.* Comportement du goinfre : *Sa goinfrerie l'a rendu malade* (**SYN.** avidité, gloutonnerie ; **CONTR.** modération, sobriété).

goitre n.m. (mot dialect.). Grosseur au cou résultant d'une augmentation de volume de la glande thyroïde.

goitreux, euse adj. et n. Se dit d'une personne atteinte d'un goitre.

golden [gɔldɛn] n.f. (mot angl. signif. « doré »). Pomme d'une variété à peau jaune d'or et à chair parfumée : *Je préfère les goldens.*

golée n.f. (var. de *goulée*). En Suisse, gorgée, lampée.

golem [gɔlɛm] n.m. (hébr. *gôlem,* embryon). Dans la culture juive, sorte d'automate à forme humaine que de saints rabbins avaient le pouvoir d'animer.

golf n.m. (mot angl.). **1.** Sport consistant à envoyer une balle dans les dix-huit trous successifs d'un terrain coupé d'obstacles, en la projetant avec des clubs. **2.** Terrain de golf : *Le golf n'est pas loin d'ici.* ▸ ***Golf miniature,*** jeu inspiré du golf, pratiqué sur un parcours très réduit et comportant des obstacles à franchir ou à éviter ; le terrain où se pratique ce jeu (**SYN.** minigolf). ☞ **REM.** Ne pas confondre avec *un golfe.*

golfe n.m. (it. *golfo,* du gr. *kolpos,* pli, cavité). Partie de mer avancée dans les terres, suivant une large courbure du littoral : *Le golfe Persique.* ☞ **REM.** Ne pas confondre avec *le golf.*

golfeur, euse n. Personne qui pratique le golf.

gombo [gɔ̃bo] (mot anglo-amér., d'un mot africain). **1.** Plante potagère tropicale à fleurs jaunes, dont on consomme soit les feuilles, soit les fruits. **2.** En Louisiane, soupe à base de gombo.

Gomina n.f. (nom déposé). Pommade pour lisser les cheveux.

se **gominer** v.pr. (de *Gomina*) [conj. 3]. Passer ses cheveux à la Gomina.

gommage n.m. **1.** Action d'effacer avec une gomme : *Le gommage des annotations dans la marge* (**SYN.** effacement). **2.** Élimination des cellules mortes de la peau, obtenue par un produit cosmétique très légèrement abrasif : *Elle va chez l'esthéticienne pour un gommage* (**SYN.** peeling [anglic.]).

gomme n.f. (lat. *gumma,* du gr. *kommi*). **1.** Petit bloc de caoutchouc ou d'une autre matière servant à effacer le crayon, l'encre, etc. : *D'un coup de gomme, il a tout enlevé.* **2.** Substance visqueuse et transparente qui suinte du tronc de certains arbres. ▸ *Fam.* ***À la gomme,*** de mauvaise qualité ; sans valeur : *J'en ai assez de ses idées à la gomme* (= ses mauvaises idées). ***Gomme arabique,*** substance fournie par certains acacias et d'abord récoltée en Arabie. *Fam.* ***Mettre la gomme*** ou ***mettre toute la gomme,*** accélérer l'allure ; faire de grands efforts : *Il faudra mettre la gomme pour rendre ce rapport dans les délais* (= se dépêcher ; **CONTR.** ralentir, traîner).

gommé, e adj. Recouvert d'une couche de gomme adhésive sèche qui devient collante au contact d'un liquide : *Enveloppe au rabat gommé.*

gommer v.t. [conj. 3]. **1.** Effacer avec une gomme : *Elle a gommé toutes les notes écrites au crayon.* **2.** Enduire de gomme adhésive : *Gommer des timbres-poste.* **3.** *Fig.* Tendre à faire disparaître ; atténuer : *Il a gommé certains propos susceptibles de choquer.*

gommette n.f. Petit morceau de papier gommé, de couleur et de forme variées : *Les enfants collent des gommettes sur leurs feuilles.*

gommeux, euse adj. Qui est de la nature de la gomme.

gommier n.m. **1.** Arbre producteur de gomme. **2.** Aux Antilles, bateau de pêche à fond plat.

gonade n.f. (du gr. *gonê,* semence). Glande sexuelle qui produit les gamètes et sécrète des hormones : *Le testicule est la gonade mâle, l'ovaire est la gonade femelle.*

gond n.m. (du lat. *gomphus,* cheville). Pièce métallique sur laquelle pivote un battant de porte ou de fenêtre : *Les gonds du placard grincent.* ▸ *Fam.* ***Sortir de ses gonds,*** s'emporter, se mettre en colère.

gondolage ou **gondolement** n.m. Action de gondoler ; fait de se gondoler, d'être gondolé.

gondole n.f. (it. *gondola,* petit bateau). **1.** Barque vénitienne longue et plate, aux extrémités relevées. **2.** Meuble à plateaux superposés utilisé dans les libres-services comme présentoir. ▸ ***Tête de gondole,*** emplacement, dans un magasin, situé à une extrémité de gondole, destiné à la présentation en masse d'un produit à des fins promotionnelles.

gondoler v.t. [conj. 3]. Déformer une surface rigide : *L'humidité a gondolé cette planche* (**SYN.** gauchir, 2. voiler ; **CONTR.** redresser). ◆ v.i. ou **se gondoler** v.pr. Se courber sous l'effet de la chaleur ou de l'humidité ; gauchir : *Une porte qui gondole* ou *qui se gondole* (**SYN.** se déformer, 2. se voiler). ◆ **se gondoler** v.pr. *Fam.* Rire beaucoup ; se tordre de rire.

gondolier n.m. Batelier qui conduit une gondole.

gone [gɔn] n.m. (de *goner,* vêtir sans goût). À Lyon, enfant des rues ; gamin : *« Le Gone du Chaâba »* [titre d'un roman d'Azouz Begag].

gonflable adj. Qui prend sa forme véritable, utile, par gonflage : *Un matelas gonflable* (**SYN.** pneumatique). ▸ ***Coussin gonflable,*** airbag.

gonflage n.m. Action de gonfler ; fait de se gonfler : *Le gonflage des pneus.*

gonfle n.f. En Suisse, congère.

gonflé, e adj. Rempli d'un gaz : *Le ballon est trop gonflé.* ▸ ***Avoir le cœur gonflé,*** être triste, accablé. *Fam.* ***Être gonflé,*** être plein de courage, d'ardeur ou d'impudence : *Elle est gonflée de l'avoir fait attendre.*

gonflement n.m. **1.** État de ce qui est gonflé : *Le gonflement des pneus est vérifié à chaque révision. Le gonflement de son poignet a augmenté* (**SYN.** enflure ; **CONTR.** dégonflement). **2.** Augmentation exagérée : *Un gonflement des prix a été constaté lors du passage à l'euro* (**SYN.** hausse, inflation ; **CONTR.** baisse, diminution).

gonfler v.t. (lat. *conflare,* de *flare,* souffler) [conj. 3]. **1.** Augmenter le volume de qqch en le remplissant d'air ou de gaz : *Gonfler des pneus* (**SYN.** dilater, distendre ; **CONTR.** dégonfler). **2.** Augmenter le volume, l'importance de : *Les pluies ont gonflé la rivière* (**SYN.** grossir ; **CONTR.** assécher, dessécher). **3.** Remplir d'un sentiment que l'on peut difficilement maîtriser : *L'allégresse gonfle son cœur.* **4.** Donner une importance exagérée à qqch : *La presse a gonflé l'incident* (**SYN.** dramatiser, exagérer ; **CONTR.** amoindrir, dédramatiser). **5.** *Très fam.* Importuner ; exaspérer : *Tu nous gonfles !* ◆ v.i. Devenir plus ample, plus volumineux : *Le bois gonfle à l'humidité* (**SYN.** se déformer, travailler ; **CONTR.** rétrécir). *La pâte gonfle à la cuisson* (**SYN.** lever). *Son bras gonfle* (**SYN.** enfler ; **CONTR.** dégonfler, désenfler). ◆ **se gonfler** v.pr. **1.** Devenir gonflé, plus ample : *L'éponge se gonfle d'eau. Les voiles se gonflent au vent.* **2.** Être envahi par un sentiment : *Se gonfler d'orgueil.*

gonflette n.f. *Fam., péjor.* Musculation culturiste, visant à donner un important volume musculaire ; musculature ainsi développée : *Il fait de la gonflette* (**SYN.** body-building, culturisme).

gonfleur n.m. Appareil servant à gonfler : *Un gonfleur pour bateau pneumatique.*

gong [gɔ̃g] n.m. (malais *gung*). **1.** Instrument de musique ou d'appel, originaire d'Extrême-Orient et formé d'un disque de métal bombé que l'on frappe avec un maillet recouvert de tissu. **2.** Timbre annonçant le début et la fin de chaque reprise d'un match de boxe.

goniomètre n.m. (du gr. *gônia*, angle). Appareil servant à la mesure des angles dans les relevés topographiques.

gonocoque n.m. (du gr. *gonos*, semence, reproduction, et *kokkos*, graine). Microbe spécifique de la blennorragie.

gordien adj. m. (du lat. *Gordius*, nom d'un roi phrygien). ▸ *Litt.* ***Trancher le nœud gordien,*** résoudre une difficulté de manière violente mais décisive.

gore adj. inv. et n.m. (mot angl. signif. « sang séché »). Se dit d'une œuvre de fiction privilégiant les scènes sanglantes : *Le cinéma gore.*

goret n.m. (de l'anc. fr. *gore*, truie). **1.** Jeune porc (**SYN.** porcelet). **2.** *Fam.* Homme, petit garçon malpropre.

Gore-Tex n.m. (nom déposé). Fibre textile synthétique, imperméable, dérivée du Teflon.

gorge n.f. (du lat. *gurges*, gouffre). **1.** Partie antérieure et latérale du cou : *Sa cravate lui serre la gorge.* **2.** Partie interne du cou, correspondant au pharynx et au larynx : *Il se racle la gorge* (**SYN.** gosier). *Elle a mal à la gorge. Avoir un chat dans la gorge* (= être enroué). **3.** *Litt.* Seins d'une femme : *Une gorge opulente* (**SYN.** poitrine). **4.** Passage étroit entre deux montagnes ; vallée étroite et encaissée : *Les gorges du Verdon.* **5.** Partie creuse sur le pourtour d'une poulie, destinée à recevoir la corde, le câble, la chaîne. ▸ *Fam.* ***Ça m'est resté en travers de la gorge,*** je ne peux l'admettre ; je ne peux l'oublier. *Fam.* ***Faire des gorges chaudes de qqch, de qqn,*** prendre plaisir à s'en moquer ouvertement. ***Faire rentrer à qqn ses paroles dans la gorge,*** l'obliger à les rétracter. ***Rendre gorge,*** restituer par force ce que l'on a pris indûment.

gorge-de-pigeon adj. inv. D'une couleur à reflets changeants : *Des étoffes gorge-de-pigeon.*

gorgée n.f. Quantité de liquide que l'on peut avaler en une seule fois : *Elle boit à petites gorgées* (**SYN.** trait).

gorger v.t. [conj. 17]. **1.** Faire manger avec excès : *Gorger un enfant de friandises* (**SYN.** bourrer, gaver ; **CONTR.** priver). **2.** Remplir jusqu'à saturation : *Les pluies ont gorgé d'eau les champs* (**SYN.** imbiber, imprégner, saturer ; **CONTR.** assécher, dessécher). **3.** *Litt.* Donner avec excès à : *Gorger qqn d'honneurs* (**SYN.** combler, couvrir).

gorgone n.f. (bas lat. *Gorgona*, nom d'une créature mythologique). Animal des mers chaudes dont les polypes forment des colonies arborescentes.

gorgonzola n.m. (du nom d'une ville d'Italie). Fromage au lait de vache, à moisissures internes, originaire d'Italie.

gorille [gɔrij] n.m. (du gr. *gorillai*, êtres humains velus). **1.** Singe de l'Afrique équatoriale : *Le gorille est le plus grand et le plus fort de tous les singes.* **2.** *Fam.* Garde du corps d'un personnage officiel : *Les gorilles du Premier ministre.*

gosette n.f. (mot wallon). En Belgique, chausson aux pommes ou aux abricots.

gosier n.m. (du gaul.). **1.** Partie interne du cou, comprenant le pharynx et l'entrée de l'œsophage et du larynx : *Une arête s'est plantée dans mon gosier* (**SYN.** gorge). **2.** Organe de la voix : *Crier à plein gosier.*

gospel [gɔspɛl] n.m. (anglo-amér. *gospel song*, chant d'Évangile). Chant religieux de la communauté noire des États-Unis (**SYN.** negro spiritual).

gosse n. *Fam.* Petit garçon, petite fille : *Ce n'est plus une gosse. Ils ont trois gosses* (**SYN.** enfant). ▸ ***Beau gosse, belle gosse,*** beau jeune homme, belle jeune fille.

gotha n.m. (de l'almanach de *Gotha*). Ensemble de personnalités du monde politique, culturel, médiatique, etc., considérées du point de vue de leur notoriété, de leur importance dans la vie sociale : *Tout le gotha du spectacle assistait à cette avant-première.*

gothique adj. (bas lat. *gothicus*). **1.** Se dit d'une forme d'art architectural qui s'est épanouie en Europe du XIIe siècle à la Renaissance : *Le style gothique de la cathédrale de Reims.* **2.** Se dit d'une écriture, utilisée à partir du XIIe siècle, dans laquelle les traits courbes des lettres étaient remplacés par des traits droits formant des angles. **3.** Se dit d'un mouvement d'inspiration punk qui s'exprime par une mode macabre et une musique sombre. ▸ ***Roman gothique,*** roman d'épouvante d'inspiration fantastique, dont l'action est située dans un cadre médiéval. ◆ n.m. Art gothique : *Le gothique flamboyant.* ◆ n.f. Écriture gothique. ◆ n. Adepte du mouvement gothique.

gotique n.m. (de *gothique*). Langue morte parlée jadis par les Goths, branche orientale du germanique.

gouache n.f. (de l'it. *guazzo*, endroit où il y a de l'eau). **1.** Peinture de consistance pâteuse, faite de couleurs détrempées à l'eau et mêlées de gomme : *Elle ne peint qu'à la gouache.* **2.** Œuvre, génér. sur papier, exécutée avec cette peinture : *Je préfère ses premières gouaches.*

gouaille n.f. *Fam.* Verve populaire moqueuse et expressive : *Sa gouaille m'exaspère* (**SYN.** goguenardise, ironie, raillerie).

gouailleur, euse adj. *Fam.* Qui dénote la gouaille ; plein de gouaille : *Une attitude gouailleuse* (**SYN.** ironique, moqueur, railleur, sarcastique).

goualante n.f. *Fam., vx* Chanson, complainte populaire : *Édith Piaf a chanté « la Goualante du pauvre Jean ».*

gouape n.f. (esp. *guapo*, brigand). *Fam.* Vaurien, voyou.

gouda n.m. (du nom d'une ville des Pays-Bas). Fromage de Hollande au lait de vache.

goudron n.m. (d'un mot ar.). **1.** Substance sombre et visqueuse, obtenue par distillation de divers produits : *Du goudron de houille.* **2.** Revêtement de chaussée (**SYN.** asphalte, bitume). **3.** En Afrique, route ou rue goudronnée.

goudronnage n.m. Action de goudronner : *La route est fermée pendant le goudronnage.*

goudronner v.t. [conj. 3]. Recouvrir, enduire, imprégner de goudron : *Goudronner une chaussée* (**SYN.** asphalter, bitumer).

goudronneuse n.f. Machine à goudronner.

goudronneux, euse adj. De la nature du goudron : *Une substance goudronneuse.*

gouffre n.m. (du gr. *kolpos,* pli, sinuosité). **1.** Cavité profonde et abrupte, fréquente dans les régions calcaires : *Il n'ose pas s'approcher du gouffre* (**SYN.** abîme, aven, précipice). *Un gouffre sous-marin* (**SYN.** fosse). **2.** *Fig.* Le niveau le plus bas du malheur : *Sombrer dans le gouffre du désespoir. Être au fond du gouffre.* **3.** *Litt.* Ce qui semble insondable : *Le gouffre de l'oubli.* **4.** Ce qui fait dépenser beaucoup d'argent, ce qui est ruineux : *La restauration de cette vieille maison est un gouffre.* ▸ ***Au bord du gouffre,*** dans une situation morale ou matérielle inquiétante.

gouge n.f. (lat. *gubia,* burin). **1.** Ciseau à tranchant courbe ou en V, servant à sculpter, à faire des moulures. **2.** Outil du graveur sur bois.

gougère n.f. Pâtisserie au gruyère cuite au four.

gouille n.f. (du frq.). En Suisse, mare, flaque d'eau.

goujat n.m. (anc. gascon *gojat,* jeune homme). Homme mal élevé, grossier : *Il s'est comporté comme un goujat* (**SYN.** malotru, mufle ; **CONTR.** gentilhomme [litt.], gentleman).

goujaterie n.f. Caractère, action de goujat : *Ce serait faire preuve de goujaterie que de ne pas l'inviter* (**SYN.** grossièreté, impolitesse, indélicatesse, muflerie).

① **goujon** n.m. (lat. *gobio*). Petit poisson d'eau douce.

② **goujon** n.m. (de *gouge*). Pièce de métal ou de bois servant à lier deux ou plusieurs pièces d'une machine, d'une charpente, d'une construction.

goujonner v.t. (de *2. goujon*). Assembler à l'aide de goujons.

goujonnette n.f. (de *1. goujon*). Petit filet de poisson : *Des goujonnettes de limande, de sole.*

goulache ou **goulasch** n.m. (mot hongr.). Ragoût de viande mijoté avec des oignons, des tomates et du paprika : *Le goulache est une spécialité hongroise.*

goulag [gulag] n.m. (abrév. du russe *glavnoïe oupravlenie laguereï,* Direction générale des camps). Système concentrationnaire ou répressif de l'ex-URSS ou de ses pays satellites.

goulasch n.m. → **goulache.**

goule n.f. (de l'ar.). Démon femelle des légendes orientales.

goulée n.f. (de l'anc. fr. *goule,* gueule). **1.** *Fam., vx* Grosse quantité de liquide avalée d'un coup : *Il a bu sa bière en quelques goulées* (**SYN.** gorgée, trait). **2.** Quantité d'air que l'on peut aspirer en une fois : *Respirer une goulée d'air frais.*

goulet n.m. (de l'anc. fr. *goule,* gueule). **1.** Passage étroit faisant communiquer un port ou une rade avec la haute mer : *Le goulet de Brest* (**SYN.** chenal). **2.** Tout passage étroit, difficile. ▸ ***Goulet d'étranglement*** → **goulot.**

gouleyant, e adj. *Fam.* Se dit d'un vin agréable, frais, léger.

goulot n.m. (de l'anc. fr. *goule,* gueule). Col d'une bouteille, d'un vase, etc., à entrée étroite : *Ne bois pas au goulot !* (= à même la bouteille). ▸ ***Goulot d'étranglement,*** rétrécissement qui provoque un ralentissement dans un processus (on dit aussi *goulet d'étranglement*) : *Ce nouveau modem permet d'éviter les goulots d'étranglement aux heures de pointe.*

goulu, e adj. et n. (de l'anc. fr. *goule,* gueule). Qui aime manger et qui mange avec avidité : *Sa sœur est très goulue* (**SYN.** glouton, vorace ; **CONTR.** sobre).

goulûment adv. De façon goulue ; avec avidité : *Cet enfant mange goulûment sa glace* (**SYN.** gloutonnement, voracement). *Il lit goulûment tous les romans de cet écrivain* (**SYN.** avidement).

goupil [gupi] n.m. (bas lat. *vulpiculus,* renard). *Vx* Nom du renard au Moyen Âge.

goupille [gupij] n.f. (de *goupil*). Cheville ou broche métallique servant à assembler deux pièces percées d'un trou : *Une goupille cylindrique.*

goupiller [gupije] v.t. [conj. 3]. **1.** Assembler à l'aide de goupilles (**CONTR.** dégoupiller). **2.** *Fam.* Arranger, combiner : *La secrétaire a goupillé un entretien pour lui* (**SYN.** organiser). ◆ **se goupiller** v.pr. *Fam.* S'arranger, se dérouler : *Ça s'est mal goupillé* (**SYN.** se passer).

goupillon [gupijɔ̃] n.m. (de l'anc. fr. *guipon,* pinceau). **1.** Instrument liturgique avec lequel le prêtre asperge d'eau bénite. **2.** *Péjor.* Symbole du parti clérical, des gens d'Église : *L'alliance du sabre et du goupillon* (= l'alliance de l'armée et de l'Église). **3.** Brosse cylindrique à manche pour nettoyer les bouteilles (**SYN.** écouvillon).

gourbi n.m. (d'un mot ar. signif. « parenté »). **1.** Habitation rudimentaire traditionnelle, en Afrique du Nord. **2.** *Fam.* Habitation misérable, mal entretenue : *Elle vit dans un gourbi* (**SYN.** taudis).

gourd, e adj. (du lat. *gurdus,* grossier). Engourdi par le froid : *Il a les doigts gourds* (**SYN.** ankylosé).

gourde n.f. (lat. *cucurbita,* courge). **1.** Plante grimpante dont le fruit vidé et séché peut servir de récipient pour la boisson ; le fruit lui-même (**SYN.** calebasse). **2.** Récipient, souvent de forme ovale et plate, servant à conserver les boissons en voyage. ◆ adj. et n.f. *Fam.* Se dit d'une personne un peu niaise et maladroite : *Ce que tu es gourde !* (**SYN.** sot). *Ce garçon est une gourde* (**SYN.** benêt, nigaud ; **CONTR.** dégourdi, malin, rusé).

gourdin n.m. (de l'it. *cordino,* petite corde). Bâton gros et court servant à frapper : *Il a reçu des coups de gourdin* (**SYN.** massue, matraque).

se **gourer** v.pr. [conj. 3]. *Fam.* Se tromper : *Elle s'est gourée dans ses calculs.*

gourgandine n.f. (mot dialect., de *gourer* et *gandin*). *Fam., vx* Femme dévergondée.

gourmand, e adj. et n. (de l'anc. fr. *gormat,* valet). **1.** Qui aime manger de bonnes choses ; qui en mange beaucoup : *Elle est gourmande de pâtisseries. C'est un gourmand, il a tout mangé* (**SYN.** glouton, goulu). **2.** Avide de connaître ; amateur de : *Il est gourmand de musique techno* (**SYN.** fanatique, friand, passionné ; **CONTR.** réfractaire à). *Elle jette des regards gourmands sur une robe de soirée* (**SYN.** avide ; **CONTR.** indifférent). ◆ adj. **1.** Relatif à la cuisine gastronomique : *Le menu gourmand d'un restaurant.* **2. [en].** Se dit d'un appareil, d'une installation qui consomme beaucoup d'énergie : *Ces voitures sont moins gourmandes en essence.*

gourmander v.t. (de *gourmand*) [conj. 3]. *Litt.* Réprimander sévèrement : *Gourmander des enfants désobéissants* (**SYN.** admonester [litt.], gronder, sermonner ; **CONTR.** féliciter).

gourmandise n.f. **1.** Caractère, défaut du gourmand : *La gourmandise est un vilain défaut.* **2.** (Souvent au pl.). Mets appétissant : *J'ai apporté des gourmandises aux enfants* (**SYN.** friandise, sucrerie).

gourme n.f. (du frq. *worm*, pus). *Fam., vx* Maladie de la peau caractérisée par des croûtes (**SYN.** impétigo). ▸ *Vieilli* ***Jeter sa gourme,*** en parlant d'un jeune homme, se livrer à ses premières folies, à ses premières fredaines.

gourmé, e adj. (de *gourme*). *Litt.* Qui affecte un maintien grave et compassé : *Une attitude gourmée* (**SYN.** affecté, guindé ; **CONTR.** naturel).

gourmet n.m. (de l'anc. fr. *gormat*, valet). Personne qui sait distinguer et apprécier la bonne cuisine et les bons vins : *C'est un fin gourmet* (**SYN.** gastronome).

gourmette n.f. (de *gourme*). **1.** Bracelet formé d'une chaîne à maillons aplatis. **2.** Chaînette fixée de chaque côté du mors du cheval et passant sous la mâchoire inférieure.

gourou ou **guru** [guru] n.m. (d'un mot hindi signif. « vénérable »). **1.** Maître spirituel hindou. **2.** Maître à penser (souvent employé par plaisanterie).

gousse n.f. **1.** Fruit sec à deux valves, garnies chacune d'une rangée de graines : *Une gousse de pois* (**SYN.** 2. cosse). *Une gousse de vanille.* **2.** Partie d'une tête d'ail, d'échalote (on dit aussi *un caïeu*) : *Éplucher des gousses d'ail.*

gousset n.m. (de *gousse*). Petite poche du gilet ou de l'intérieur de la ceinture du pantalon destinée à loger une montre : *Une montre à gousset.*

goût n.m. (lat. *gustus*). **1.** Celui des cinq sens par lequel on perçoit les saveurs : *Quand on a perdu le goût, on est atteint d'agueusie.* **2.** Saveur d'un aliment : *Le café a un goût amer. Cette sauce a un goût* (= une saveur désagréable). **3.** Attirance pour un aliment : *Il n'a aucun goût pour les abats* (**SYN.** appétence [sout.] ; **CONTR.** dégoût, inappétence, répugnance). **4.** Discernement, sentiment de ce qui est bon, beau, etc. ; sens intuitif des valeurs esthétiques : *Une femme de goût. Son salon est décoré avec goût, sans goût. Il a beaucoup de goût. Elle n'a aucun goût. Une plaisanterie de mauvais goût* (= grossière ou vulgaire). **5.** Penchant particulier pour qqch ; préférence : *Elle a du goût pour l'informatique* (**SYN.** attirance, attrait, inclination ; **CONTR.** aversion, indifférence). *Il cuisine par goût* (**SYN.** passion, prédilection ; **CONTR.** obligation). ▸ *Fam.* ***Dans ce goût-là,*** de cette sorte : *Elle voudrait un manteau bleu marine ou noir, enfin quelque chose dans ce goût-là* (= qui ressemble à ça). ***Dans le goût de,*** dans le style de : *Des films dans le goût de ceux de Buñuel* (**SYN.** genre). ***Des goûts et des couleurs, on ne discute pas,*** proverbe signifiant que chacun est libre d'avoir ses préférences. *Fam.* ***Faire passer le goût du pain à qqn,*** le tuer. ***Tous les goûts sont dans la nature,*** proverbe signifiant que l'on ne doit reprocher à personne son goût (s'emploie parfois ironiquement).

① **goûter** v.t. (lat. *gustare*) [conj. 3]. **1.** Vérifier la saveur d'un aliment, d'une boisson : *Le cuisinier goûte la sauce.* **2.** *Litt.* Trouver bon ou agréable ; jouir de ; estimer : *Elle goûte l'opéra* (**SYN.** aimer, apprécier ; **CONTR.** détester). **3.** En Belgique, avoir le goût de : *Ce vin goûte le bouchon.* ◆ v.t. ind. **[à, de]. 1.** Manger ou boire pour la première fois ou en petite quantité : *Goûtez à ce potage. Voulez-vous goûter de ce vin ?* **2.** *Fig.* Essayer, expérimenter : *Il a goûté de la vie de couple* (**SYN.** tâter de). ◆ v.i. Faire un léger repas dans l'après-midi : *Cet enfant goûte toujours en rentrant de l'école.* ☞ **REM.** Ne pas confondre avec *goutter.*

② **goûter** n.m. Petit repas que l'on prend dans l'après-midi : *Les enfants ont emporté leur goûter au parc.*

goûteur, euse n. Personne chargée de goûter une boisson, une préparation : *Une goûteuse de vins* (**SYN.** dégustateur).

goûteux, euse adj. *Région.* Qui a du goût, de la saveur : *Une volaille goûteuse* (**SYN.** délicieux, savoureux, succulent ; **CONTR.** insipide).

① **goutte** n.f. (lat. *gutta*). **1.** Petite quantité de liquide se détachant d'une masse, sous forme plus ou moins sphérique, par condensation ou ruissellement : *Des gouttes de pluie. Une goutte de sang. Suer à grosses gouttes* (= abondamment). **2.** Petite quantité de boisson : *Je prendrai juste une goutte de whisky* (**SYN.** doigt, larme). **3.** *Fam.* Eau-de-vie, alcool : *Boire la goutte.* ▸ ***C'est une goutte d'eau dans la mer,*** un effort insignifiant, un apport insuffisant par rapport aux besoins. ***Goutte à goutte,*** goutte après goutte ; fig., petit à petit : *L'eau s'écoule goutte à goutte. Le gouvernement a révélé sa stratégie goutte à goutte.* ***La goutte d'eau qui fait déborder le vase,*** ce qui, venant après bien d'autres choses, fait exploser la colère de qqn. *Litt.* ***Ne… goutte,*** ne… rien, ne… aucunement : *N'y voir goutte* (= ne rien voir du tout). *N'y comprendre goutte* (= ne rien y comprendre). ***Se ressembler comme deux gouttes d'eau,*** présenter une ressemblance parfaite. ◆ **gouttes** n.f. pl. Médicament à prendre sous forme de gouttes : *Des gouttes pour les yeux.*

② **goutte** n.f. (de *1. goutte*). Maladie due à l'accumulation de l'acide urique dans l'organisme et caractérisée par des douleurs articulaires siégeant en particulier au gros orteil.

goutte-à-goutte n.m. inv. Appareil médical permettant de régler le débit d'une perfusion ; la perfusion elle-même : *Les goutte-à-goutte ont sauvé bien des vies.*

gouttelette n.f. Petite goutte : *Des gouttelettes d'eau.*

goutter v.i. [conj. 3]. Laisser tomber des gouttes ; tomber goutte à goutte : *Le robinet goutte* (**SYN.** fuir). *Les parapluies mouillés gouttent dans le couloir* (**SYN.** dégoutter). ☞ **REM.** Ne pas confondre avec *goûter.*

goutteux, euse adj. et n. (de *2. goutte*). En médecine, relatif à la goutte ; atteint de la goutte.

gouttière n.f. (de *1. goutte*). **1.** Petit canal ouvert recevant les eaux de pluie à la base d'un toit. **2.** Appareil orthopédique employé pour maintenir un membre malade ou fracturé. **3.** Défaut d'étanchéité d'une toiture, par où s'infiltre l'eau de pluie : *Mettre un seau sous une gouttière au grenier. Faire réparer les gouttières.*

gouvernable adj. Que l'on peut gouverner : *Un pays difficilement gouvernable.*

gouvernail n.m. (lat. *gubernaculum*). Appareil constitué d'une surface plane orientable solidaire d'un axe vertical, et servant à diriger un navire, un sous-marin : *Des gouvernails très lourds.* ▸ ***Être au***

gouvernail ou ***tenir le gouvernail de,*** diriger un processus, une entreprise (= être à la barre).

gouvernance n.f. Action de gouverner ; manière d'administrer : *La gouvernance d'un État* (**SYN.** administration).

gouvernant, e adj. et n. Qui a le pouvoir politique : *Classes gouvernantes* (**SYN.** dirigeant). ◆ **gouvernants** n.m. pl. L'ensemble de ceux qui gouvernent un pays, qui sont au pouvoir (par opp. aux gouvernés).

gouvernante n.f. **1.** Femme à laquelle est confiée l'éducation d'un ou de plusieurs enfants. **2.** *Anc.* Femme qui s'occupait du ménage, de la maison d'un homme seul.

gouverne n.f. Action de diriger une embarcation : *Aviron de gouverne.* ▸ *Litt.* ***Pour ta, sa gouverne,*** pour te, lui servir de règle de conduite : *Sache, pour ta gouverne, qu'il faut arriver à l'heure.*

gouvernement n.m. **1.** Action de gouverner, de diriger politiquement un pays : *Le gouvernement de cet État a toujours été difficile* (**SYN.** administration, direction). **2.** Forme politique qui régit un État : *Gouvernement démocratique* (**SYN.** 1. régime, système). **3.** Organe qui détient le pouvoir exécutif dans un État : *En France, le chef du gouvernement est le Premier ministre. Entrer au gouvernement.*

gouvernemental, e, aux adj. **1.** Relatif au gouvernement : *Les conseillers gouvernementaux. Les organisations non gouvernementales* (= qui ne dépendent d'aucun gouvernement). **2.** Qui soutient le gouvernement en place, est inspiré par le gouvernement : *Journal gouvernemental.*

gouverner v.t. (lat. *gubernare,* diriger un navire) [conj. 3]. **1.** Diriger politiquement ; exercer le pouvoir exécutif : *Gouverner un pays* (**SYN.** administrer, régir). *Il gouverne en tyran.* **2.** Diriger un bateau à l'aide de son gouvernail : *Gouverner un navire* (**SYN.** manœuvrer, piloter). **3.** En Suisse, s'occuper du bétail. **4.** En grammaire, imposer tel cas de déclinaison ou tel mode de conjugaison : *Préposition qui gouverne l'ablatif, en latin* (**SYN.** régir). *Conjonction qui gouverne le subjonctif.*

gouvernés n.m. pl. L'ensemble de ceux qui sont soumis au pouvoir gouvernemental (par opp. aux gouvernants).

gouverneur, eure n. **1.** Titulaire du pouvoir exécutif dans les Constitutions des États fédérés des États-Unis : *La nouvelle gouverneure.* **2.** Directeur d'un grand établissement public investi de fonctions administratives et politiques : *Gouverneur de la Banque de France.* **3.** En Belgique, fonctionnaire inamovible placé à la tête d'une province. ▸ ***Gouverneur général,*** au Canada, représentant de la reine ou du roi d'Angleterre. ◆ **gouverneur** n.m. *Anc.* Personne placée à la tête d'une province, d'une colonie.

goy [gɔj] (pl. *goys* ou *goyim*) ou **goï** (pl. *goïs* ou *goïm*) adj. et n. (mot hébr. signif. « chrétien »). Terme par lequel les juifs désignent les non-juifs : *Des goys.*

goyave [gɔjav] n.f. (esp. *guayaba*). Fruit comestible du goyavier.

goyavier [gɔjavje] n.m. Arbre cultivé en Amérique tropicale pour ses baies sucrées (goyaves).

goyim [gɔjim] adj. et n. → **goy.**

G.P.L. ou **GPL** [ʒepeɛl] n.m. (sigle de *gaz de pétrole liquéfiés*). Mélange liquide sous pression d'hydrocarbures légers (butane, propane, etc.), utilisé comme combustible (bouteille de gaz, par ex.) ou comme carburant.

GPS n.m. (sigle de l'angl. *global positioning system*). Système américain de navigation et de localisation par satellite.

G.R. ou **GR** [ʒeɛr] n.m. (nom déposé ; sigle). ▸ ***Sentier de grande randonnée*** → **randonnée.**

grabat n.m. (lat. *grabatus,* du gr.). *Litt.* Lit misérable, où l'on souffre : *Dans l'hôpital dévasté, ils n'avaient que de pauvres grabats.*

grabataire adj. et n. Se dit d'un malade qui ne peut plus quitter le lit : *Elle est devenue grabataire.*

grabuge n.m. *Fam.* Dispute bruyante ; dégâts qui en résultent : *Il va y avoir du grabuge* (**SYN.** altercation, bagarre, querelle, scène). *Faire du grabuge* (= de la casse).

grâce n.f. (lat. *gratia*). **1.** Faveur que l'on fait sans y être obligé ; bonne disposition, bienveillance : *Demander, accorder une grâce. Il nous a fait la grâce de venir* (**SYN.** amabilité, gentillesse, honneur, obligeance). **2.** Dans la langue juridique, remise partielle ou totale de la peine d'un condamné ou substitution d'une peine par une peine plus légère ; mesure de clémence : *Obtenir la grâce d'un prisonnier* (**SYN.** amnistie, pardon). **3.** Dans la religion chrétienne, don surnaturel que Dieu accorde en vue du salut : *S'en remettre à la grâce de Dieu* (**SYN.** secours). **4.** Action de reconnaître un bienfait et de remercier la personne à qui on le doit : *Rendre grâce* ou *grâces à qqn* (= lui témoigner sa gratitude). **5.** Beauté, charme particulier : *Marcher, danser avec grâce* (**SYN.** élégance, légèreté ; **CONTR.** lourdeur, maladresse). *Une personne sans grâce* (**SYN.** attrait). ▸ ***Agir de bonne, de mauvaise grâce,*** agir avec bonne, mauvaise volonté. ***Coup de grâce,*** coup qui donne la mort, qui achève un animal blessé pour mettre fin à ses souffrances ; fig., coup, épreuve ultimes qui achèvent d'abattre, de vaincre une personne en difficulté : *Cette trahison lui a donné* ou *porté le coup de grâce.* ***Crier*** ou ***demander grâce,*** se déclarer vaincu. ***De grâce !,*** par pitié ! ***État de grâce,*** état de celui auquel Dieu accorde le salut ; fig., période où tout semble favorable, où tout paraît possible. ***Être en grâce auprès de qqn,*** jouir de sa faveur. ***Faire grâce de,*** dispenser, épargner : *Faites-moi grâce de tous ces détails !* ***Grâce !,*** interjection pour demander à être épargné : *Grâce ! Laissez-nous la vie sauve !* ***Grâce à,*** par l'action heureuse de, avec l'aide de : *Le projet a été accepté grâce à vous. Grâce à Internet, j'ai pu lui envoyer rapidement ces documents.* ***Grâce à Dieu,*** par bonheur : *Grâce à Dieu, la catastrophe a été évitée.* ◆ **grâces** n.f. pl. Prière de remerciement dite au moment du repas : *Dire les grâces.* ▸ ***Action de grâces,*** prière adressée à Dieu en reconnaissance de ses dons. *Vieilli* ***Faire des grâces,*** minauder, faire des manières. ***Les bonnes grâces de qqn,*** ses faveurs : *Rechercher, gagner, perdre les bonnes grâces de qqn.*

graciable adj. Susceptible d'être gracié : *Un prisonnier graciable.*

gracier v.t. (de *grâce*) [conj. 9]. Réduire ou supprimer la peine d'un condamné : *Le président de la République a gracié ce détenu.*

gracieusement adv. **1.** Avec grâce : *Il remercia*

gracieusement le public (**SYN.** aimablement, courtoisement, poliment). **2.** À titre gracieux : *Une boisson vous sera offerte gracieusement à votre arrivée* (**SYN.** gratis, gratuitement).

gracieuseté n.f. *Litt., vx* Manière aimable d'agir ; action gracieuse : *Faire mille gracieusetés à qqn* (**SYN.** amabilité, politesse).

gracieux, euse adj. (lat. *gratiosus*). **1.** Qui a de la grâce, du charme : *Une patineuse gracieuse* (**SYN.** élégant, joli, ravissant). *Des jambes gracieuses* (**SYN.** attrayant ; **CONTR.** disgracieux). **2.** Qui est accordé de façon bénévole, gratuite : *Offrir à qqn son concours gracieux* (= l'aider sans demander de contrepartie). **3.** Dans la langue juridique, qui ne fait pas l'objet d'un contentieux, d'un litige : *Un recours gracieux.* ▸ ***À titre gracieux,*** gratuitement : *Chaque client recevra un exemplaire de ce livre à titre gracieux.*

gracile adj. (lat. *gracilis*). *Litt.* Mince, élancé et fragile : *Un corps gracile* (**SYN.** frêle, menu, svelte ; **CONTR.** épais, massif, trapu).

gracilité n.f. *Litt.* Caractère de ce qui est gracile ; minceur : *La gracilité de ses jambes* (**SYN.** finesse ; **CONTR.** grosseur).

gradation n.f. (lat. *gradatio, gradationis,* de *gradus,* degré). Progression par degrés successifs, par valeurs croissantes ou décroissantes ; chacun de ces degrés : *La gradation des menaces de guerre* (**SYN.** étape, palier, phase). ☞ **REM.** Ne pas confondre avec *graduation.*

grade n.m. (lat. *gradus,* degré). **1.** Degré, échelon d'une hiérarchie, en partic. de la hiérarchie militaire : *Le grade de capitaine. Monter en grade.* **2.** Unité de mesure des angles géométriques et des arcs de cercle. ▸ *Fam.* ***En prendre pour son grade,*** recevoir une vive remontrance.

gradé, e adj. et n. (de *grade*). Se dit d'un militaire non officier titulaire d'un grade supérieur à celui de soldat ou de matelot : *Un caporal est un gradé.* ☞ **REM.** Ne pas confondre avec *gradué.*

gradient n.m. (lat. *gradus,* degré, avec l'infl. de *quotient*). Taux de variation d'un élément météorologique en fonction de la distance : *Le gradient de température.*

gradin n.m. (it. *gradino,* dimin. de *grado,* marche d'escalier). **1.** Chacun des degrés, des bancs étagés et en retrait les uns par rapport aux autres dans un amphithéâtre, un stade : *Il y a beaucoup de monde dans les gradins.* **2.** Chacun des degrés d'un terrain, d'une construction : *Des champs en gradins* (**SYN.** étage, terrasse).

graduat [gradɥa] n.m. En Belgique, cycle d'études techniques immédiatement inférieur au niveau universitaire ; diplôme sanctionnant ce cycle.

graduation n.f. **1.** Action de graduer, d'étalonner en degrés : *La graduation d'une règle, d'un thermomètre.* **2.** Chacune des divisions établies en graduant ; ensemble de ces divisions : *Une graduation en centimètres.* ☞ **REM.** Ne pas confondre avec *gradation.*

① **gradué, e** adj. **1.** Divisé en degrés : *Un verre gradué.* **2.** Qui comporte des étapes, une progression : *Des exercices gradués* (**SYN.** progressif). ☞ **REM.** Ne pas confondre avec *gradé.*

② **gradué, e** adj. et n. En Belgique, titulaire d'un diplôme de graduat.

graduel, elle adj. Qui va par degrés : *Des efforts graduels* (**SYN.** progressif ; **CONTR.** brusque, soudain).

graduellement adv. Par degrés : *Cette coutume a graduellement disparu* (= peu à peu, petit à petit ; **SYN.** doucement, progressivement ; **CONTR.** brusquement, brutalement, soudainement).

graduer v.t. (du lat. *gradus,* degré) [conj. 7]. **1.** Diviser en degrés : *Graduer un biberon.* **2.** Augmenter par degrés : *Graduer les difficultés d'un enseignement.*

graff n.m. (abrév. de *graffiti*). Inscription calligraphiée sur un mur, une paroi avec une bombe de peinture : *Il apprécie ce style de graffs* (**SYN.** tag).

graffeur, euse n. Personne qui réalise des graffs (**SYN.** graffiteur, tagueur).

graffiteur, euse n. Personne qui trace des graffitis sur les murs (**SYN.** graffeur, tagueur).

graffiti n.m. (it. *graffito*) [pl. *graffitis* ou inv.]. Inscription, dessin griffonnés ou gravés à la main sur un mur : *Des murs couverts de graffitis* (**SYN.** tag).

grafigner v.t. (du lat. *graphium,* stylet) [conj. 3]. *Fam.* Au Québec, égratigner, érafler.

grailler [graje] v.i. (de l'anc. fr. *graille,* corneille) [conj. 3]. **1.** Pousser son cri, en parlant de la corneille. **2.** Parler d'une voix enrouée.

graillon [grajɔ̃] n.m. (de *griller*). Odeur de graisse brûlée, de mauvaise cuisine : *Cette brasserie sent le graillon.*

grain n.m. (lat. *granum*). **1.** Fruit des céréales ; ce fruit utilisé comme semence ; les céréales elles-mêmes : *Grain de blé. Semer du grain. Donner du grain aux poules. Poulet de grain* (= nourri exclusivement aux grains). **2.** Petit fruit rond provenant de certaines plantes : *Grain de raisin. Grains de poivre. Café en grains.* **3.** Petit corps sphérique ressemblant à un grain : *Des grains d'ambre* (**SYN.** perle). *Les grains d'un chapelet.* **4.** Élément minuscule de matière : *Grain de sable, de sel.* **5.** Aspect d'une surface plus ou moins marqué d'aspérités : *Grain de la peau* (**SYN.** texture). *Un papier d'un grain très fin.* **6.** En mer, coup de vent violent et subit, de courte durée : *Essuyer un grain.* **7.** Averse soudaine et brève, accompagnée de vent : *Ils ont annoncé un grain pour aujourd'hui* (**SYN.** giboulée, ondée). ▸ *Fam.* ***Avoir un grain,*** être un peu fou, fantasque. *Fam.* ***Donner du grain à moudre à qqn,*** lui fournir des arguments ; lui donner matière à réflexion. ***Grain de beauté,*** petite tache brune sur la peau (**SYN.** lentigo). *Litt.* ***Le bon grain,*** les hommes de bien. *Fam.* ***Mettre son grain de sel,*** intervenir indiscrètement dans une conversation sans y être invité. ***Un grain de,*** une toute petite quantité de : *Il n'a pas un grain de bon sens* (**SYN.** once). *Un grain de fantaisie* (**SYN.** brin, soupçon). ***Veiller au grain,*** être sur ses gardes ; prendre ses précautions. ◆ **grains** n.m. pl. À la Réunion, féculents (haricots, pois, lentilles, fèves, etc.).

graine n.f. (lat. *grana*). **1.** Partie du fruit de nombreuses plantes, qui est destinée, après germination, à assurer la reproduction de l'espèce : *Semer des graines d'œillets* (**SYN.** semence). **2.** Noyau intérieur, solide, de la Terre, constitué de fer et de nickel. ▸ *Fam.* ***Casser la graine,*** manger. *Fam.* ***En prendre de la graine,*** prendre modèle, exemple sur. ***Graine d'assassin, de voyou,*** individu qui prend le chemin d'être un assassin, un voyou. *Fam.* ***Mauvaise graine,*** se dit d'un enfant dont on ne présage rien de bon. ***Monter en graine,*** se développer jusqu'à la production des graines ; fam., grandir vite, en parlant d'un enfant, d'un adolescent.

grainer [conj. 4] ou **grener** [conj. 19] v.i. Produire de la graine.

graineterie [grɛntri] n.f. Commerce, magasin du grainetier.

grainetier, ère n. et adj. Commerçant en grains, graines, oignons, bulbes, etc.

graissage n.m. Action de graisser un moteur, un mécanisme : *Faire faire le graissage de sa voiture.*

graisse n.f. (du lat. *crassus,* épais). **1.** Substance onctueuse, constituée de lipides, présente dans les tissus sous la peau de l'homme et des animaux et servant à la fois de réserve énergétique et d'isolant thermique : *Les cétacés ont une épaisse couche de graisse. Il a pris de la graisse sur le ventre* (= il a grossi, engraissé). **2.** Tout corps gras utilisé comme lubrifiant ou protection : *En réparant la voiture, il a taché son pull de graisse.* **3.** Matière grasse animale ou végétale utilisée en cuisine : *Faire fondre de la graisse de porc* (= saindoux). *Cuisiner à la graisse d'oie.* **4.** En imprimerie, épaisseur des traits de la lettre : *Augmenter la graisse des caractères de cette police.*

graisser v.t. [conj. 4]. **1.** Frotter, enduire de graisse : *Graisser une chaîne de vélo* (**SYN.** lubrifier). **2.** Tacher de graisse : *Il a graissé son pantalon en roulant à vélo* (**CONTR.** dégraisser). ▸ *Fam.* ***Graisser la patte à qqn,*** lui donner de l'argent pour obtenir un service, une faveur.

graisseur n.m. **1.** Ouvrier qui effectue le graissage d'appareils mécaniques. **2.** Dispositif destiné à recevoir la graisse et à la distribuer dans un organe mécanique.

graisseux, euse adj. **1.** Qui contient de la graisse : *Des tissus graisseux* (**SYN.** adipeux). **2.** Taché de graisse : *Une serviette graisseuse* (**SYN.** 1. gras).

graminée ou **graminacée** n.f. (du lat. *gramen,* gazon). Très importante famille de plantes aux minuscules fleurs en épis, aux fruits farineux réduits à des grains, et qui comprend les céréales, les herbes des prairies, des steppes et des savanes, les bambous, la canne à sucre.

grammage n.m. Masse d'un papier ou d'un carton, exprimée en grammes par mètre carré : *Ce papier pour imprimante et photocopieuse a un grammage de 80 g/m²*.

grammaire n.f. (lat. *grammatica,* du gr. *gramma,* caractère d'écriture). **1.** Ensemble des règles phonétiques, morphologiques et syntaxiques, écrites et orales, d'une langue ; étude et description de ces règles : *Étudier la grammaire du russe. Des exercices de grammaire et d'orthographe.* **2.** Livre, manuel enseignant ces règles : *Une grammaire latine.* **3.** *Didact.* Ensemble des règles d'un art, d'une technique : *La grammaire du cinéma.*

grammairien, enne n. Spécialiste de grammaire, de l'enseignement de la grammaire : *Vaugelas était un grammairien français.*

grammatical, e, aux adj. **1.** Relatif à la grammaire : *Une analyse grammaticale de la phrase.* **2.** Conforme aux règles de la grammaire : *Une phrase grammaticale* (**CONTR.** agrammatical). ▸ ***Mots grammaticaux,*** ceux qui, comme les conjonctions, prépositions, pronoms, etc., dénotent les fonctions syntaxiques (par opp. aux mots lexicaux, qui sont porteurs de sens, comme les noms, adjectifs, verbes et adverbes).

grammaticalement adv. Selon les règles de la grammaire : *Cet énoncé est grammaticalement correct.*

grammaticalité n.f. Caractère d'une phrase dont la construction est conforme aux règles de la grammaire d'une langue.

gramme n.m. (gr. *gramma,* petit poids, caractère d'écriture). Unité de masse, valant un millième de kilogramme (abrév. g) : *Acheter 200 grammes de beurre.*

① **grand, e** adj. (lat. *grandis*). **1.** Qui est de taille élevée : *Elle est grande pour son âge* (**CONTR.** petit). *Un grand immeuble* (**SYN.** monumental ; **CONTR.** minuscule). **2.** Qui a des dimensions étendues : *Une grande ville* (**SYN.** vaste ; **CONTR.** exigu). **3.** D'une taille, d'une intensité, d'une quantité supérieure à la moyenne : *Grandes jambes* (**SYN.** long ; **CONTR.** 1. court). *Grand vent* (**SYN.** 1. fort ; **CONTR.** faible). *Grands cris* (**SYN.** assourdissant). *Grand choix* (**SYN.** large, varié ; **CONTR.** limité). **4.** Qui a atteint une certaine maturité : *Tu es une grande fille, tu peux comprendre* (= tu n'es plus un bébé). **5.** Qui l'emporte par sa naissance, sa fortune, sa position : *Un grand personnage* (**SYN.** influent, puissant ; **CONTR.** insignifiant). **6.** S'ajoute au titre des premiers dignitaires d'un ordre : *Grand prêtre. Grand officier.* **7.** Qui est marquant, exceptionnel : *Il préfère garder cette bouteille pour une grande occasion* (**SYN.** extraordinaire, important ; **CONTR.** ordinaire). **8.** Qui se distingue par qqch de remarquable, par ses qualités, son talent, son haut niveau : *Un grand écrivain* (**SYN.** prestigieux, talentueux ; **CONTR.** médiocre). *Il ne sert que des grands vins* (**SYN.** excellent ; **CONTR.** banal, quelconque). ▸ ***Grand frère, grande sœur,*** frère, sœur aînés. ◆ **grand** adv. ▸ ***Chausser, tailler grand,*** en parlant de chaussures, d'un vêtement, être plus grand que la taille de référence. ***En grand,*** sur une vaste échelle : *Nous ferons le ménage en grand. Maintenant, ils produisent du miel en grand.* ***Grand ouvert,*** tout à fait ouvert : *Il a les yeux grands ouverts* ou *grand ouverts. Les portes sont grandes ouvertes* ou *grand ouvertes.* ***Voir grand,*** prévoir qqch de plus important que ce qui est nécessaire ; avoir des projets ambitieux.

② **grand, e** n. **1.** Personne de taille élevée (par opp. à petit) : *Pour la photo, les grands se sont agenouillés.* **2.** Personne adulte (par opp. à enfant) : *Les grands discutent toujours entre eux.* **3.** Enfant plus âgé comparativement à d'autres : *La section des grands, à l'école maternelle.* ◆ **grand** n.m. **1.** *Litt.* Personne, entreprise importante par son rang, son influence, etc. : *Les grands de ce monde. Un grand de la distribution* (**SYN.** géant). **2.** Ce qui est grand : *L'infiniment grand.* **3.** Membre de la plus haute noblesse dans la France de l'Ancien Régime et en Espagne. ▸ ***Les Grands,*** les grandes puissances mondiales.

grand-angle [grɑ̃tɑ̃gl] ou **grand-angulaire** [grɑ̃tɑ̃gylɛr] n.m. (pl. *grands-angles, grands-angulaires*). Objectif photographique couvrant une grande largeur de champ.

grand-chose pron. indéf. ▸ ***Pas grand-chose,*** presque rien : *Je n'ai pas grand-chose à vous offrir. Il ne fait pas grand-chose de ses journées. Ne me remerciez pas, ce n'est pas grand-chose.* ☞ **REM.** Voir *un, une pas-grand-chose* à leur ordre alphabétique.

grand-croix n.f. inv. Dignité la plus haute dans des ordres de chevalerie et de mérite. ◆ n.m. (pl. *grands-croix*). Personne qui a reçu la grand-croix : *Elle est l'un des grands-croix de la Légion d'honneur.*

grand-duc n.m. (pl. *grands-ducs*). **1.** Souverain d'un grand-duché. **2.** Prince de la famille impériale russe. ▸ *Fam.* ***Faire la tournée des grands-ducs,*** faire la tournée des restaurants, des établissements ouverts la nuit.

grand-ducal, e, aux adj. Relatif à un grand-duc ou à un grand-duché : *La famille grand-ducale.*

grand-duché n.m. (pl. *grands-duchés*). Pays où règne un grand-duc, une grande-duchesse.

grande-duchesse n.f. (pl. *grandes-duchesses*). **1.** Femme ou fille d'un grand-duc. **2.** Souveraine d'un grand-duché.

grandement adv. **1.** À un très haut degré : *Elle nous a grandement aidés* (**SYN.** beaucoup, énormément ; **CONTR.** guère, peu). **2.** Au-delà de ce qui est habituel : *Vous aurez grandement de quoi vivre avec ce revenu* (**SYN.** amplement, largement, suffisamment ; **CONTR.** chichement). *Elle a fait grandement les choses* (= sans regarder à la dépense). **3.** *Sout.* Avec grandeur d'âme : *Une cause grandement défendue* (**SYN.** dignement, majestueusement, noblement ; **CONTR.** bassement).

grandeur n.f. **1.** Dimension en hauteur, longueur, largeur : *Un ordinateur de la grandeur d'un agenda de poche* (**SYN.** format, taille, volume). **2.** Ce qui peut être estimé, mesuré : *L'année de lumière est une grandeur astronomique* (= unité de mesure). **3.** Qualité de qqn, qqch qui se distingue par son influence, sa valeur, son importance : *La clémence fait la grandeur d'un homme* (**SYN.** dignité, supériorité ; **CONTR.** bassesse, ignominie). *La grandeur d'une cause* (**SYN.** beauté, noblesse). ▸ ***Folie des grandeurs,*** ambition démesurée (= mégalomanie). ***Grandeur nature*** ou ***en vraie grandeur,*** qui représente qqch selon ses dimensions réelles : *Des maquettes grandeur nature.* ***Ordre de grandeur,*** quantité approximative qui donne une idée de l'importance de qqch : *Donne-moi un ordre de grandeur du prix au m²*.

grand-guignol n.m. sing. (de *Grand-Guignol,* nom d'un théâtre montmartrois). ▸ *Fam.* ***C'est du grand-guignol,*** cela relève du mélodrame le plus outré.

grand-guignolesque adj. (pl. *grand-guignolesques*). *Fam.* Qui est d'une horreur outrée et invraisemblable : *Des scènes grand-guignolesques.*

grandiloquence n.f. (du lat. *grandis,* grand, et *loqui,* parler). Façon pompeuse et maniérée de parler (**SYN.** emphase, pompe, solennité ; **CONTR.** simplicité, sobriété).

grandiloquent, e adj. Qui s'exprime avec emphase ; qui a un caractère affecté : *Une entrée en matière grandiloquente* (**SYN.** ampoulé, pompeux, ronflant ; **CONTR.** concis, sobre).

grandiose adj. (it. *grandioso*). Qui inspire de l'admiration par sa grandeur, sa majesté : *Des installations olympiques grandioses* (**SYN.** imposant, majestueux ; **CONTR.** austère, pauvre, sobre). *Une fête grandiose* (**SYN.** magnifique, splendide ; **CONTR.** mesquin, modeste).

grandir v.i. [conj. 32]. **1.** Devenir grand : *Ces enfants ont beaucoup grandi* (**SYN.** pousser). *Les plantes grandissent vite* (**SYN.** croître, se développer). **2.** Devenir plus important : *La menace grandit* (**SYN.** s'accroître, s'amplifier, s'intensifier ; **CONTR.** s'affaiblir, décroître, diminuer). ▸ ***Sortir grandi de qqch,*** retirer un bénéfice moral de : *Elle sort grandie de ces négociations.* ◆ v.t. **1.** Faire paraître plus grand : *La loupe grandit les détails* (**SYN.** agrandir, grossir). *Ses talons la grandissent.* **2.** Donner plus de prestige : *Les épreuves l'ont grandie* (**SYN.** ennoblir).

grandissant, e adj. Qui va croissant : *Cette exposition connaît un succès grandissant.*

grand-maman n.f. (pl. *grands-mamans* ou *grand-mamans*). Sert à désigner affectueusement la grand-mère de qqn.

grand-mère n.f. (pl. *grands-mères* ou *grand-mères*). **1.** Mère du père ou de la mère (**SYN.** aïeule [litt.]). **2.** *Fam.* Vieille femme.

grand-messe n.f. (pl. *grands-messes* ou *grand-messes*). **1.** Messe solennelle chantée. **2.** *Fig.* Manifestation spectaculaire visant à souder l'homogénéité d'un groupe : *Le parti a organisé sa grand-messe.*

grand-oncle [grɑ̃tɔ̃kl] n.m. (pl. *grands-oncles*). Frère du grand-père ou de la grand-mère.

grand-papa n.m. (pl. *grands-papas*). Sert à désigner affectueusement le grand-père de qqn.

grand-parent n.m. (pl. *grands-parents*). Grand-père ou grand-mère. ◆ **grands-parents** n.m. pl. Le grand-père et la grand-mère maternels ou paternels.

à **grand-peine** loc. adv. Avec beaucoup de difficulté : *Nous sommes arrivés à grand-peine en haut de la côte* (**SYN.** péniblement ; **CONTR.** facilement).

grand-père n.m. (pl. *grands-pères*). **1.** Père du père ou de la mère (**SYN.** aïeul [litt.]). **2.** *Fam.* Vieil homme.

grand-rue n.f. (pl. *grand-rues* ou *grands-rues*). Rue principale d'un village.

grands-parents n.m. pl. → **grand-parent.**

grand-tante n.f. (pl. *grands-tantes* ou *grand-tantes*). Sœur du grand-père ou de la grand-mère.

grand-voile n.f. (pl. *grands-voiles* ou *grand-voiles*). Voile du grand mât.

grange n.f. (du lat. *granum,* grain). Bâtiment d'une exploitation agricole où l'on entrepose les récoltes : *Le foin et la paille sont dans la grange.*

granit [granit] n.m. Roche dure et grenue, utilisée, après polissage, pour l'ornementation.

granite n.m. (it. *granito,* à grains). Roche composée de quartz, de feldspath et de mica, qui constitue la majeure partie de la masse rocheuse de la croûte terrestre.

① **granité, e** adj. Qui présente des grains peints ou en relief rappelant le granite : *Un dessus-de-lit granité* (**SYN.** granuleux, grenu ; **CONTR.** lisse).

② **granité** n.m. **1.** Étoffe de laine à gros grains. **2.** Sorbet de texture granuleuse.

graniteux, euse adj. Qui contient du granite : *Une terre graniteuse.*

granitique adj. Qui est de la nature du granite : *Roche granitique.*

granivore adj. et n. (du lat. *granum,* grain). Qui se nourrit de graines : *Les granivores ont un gésier puissant.*

granny-smith [granismis] n.f. inv. (mot anglo-amér.). Pomme d'une variété à peau verte et à chair ferme.

granulaire adj. Qui se compose de petits grains (**SYN.** granulé, granuleux, grenu ; **CONTR.** lisse).

granulation n.f. Agglomération d'une substance en petits grains.

granule n.m. (lat. *granulum*, petit grain). **1.** Petit grain d'une matière quelconque. **2.** Petite pilule pharmaceutique contenant une infime dose de substance active ; petit grain imprégné de remède utilisé en homéopathie : *Un granule avant chaque repas.*

① **granulé, e** adj. **1.** Qui présente des granulations (**SYN.** granulaire, granuleux, grenu ; **CONTR.** lisse). **2.** Qui est réduit en granules : *Des engrais granulés.*

② **granulé** n.m. Médicament sous forme de grain sucré à croquer : *Une cuillerée de granulés après chaque repas.*

granuleux, euse adj. **1.** Qui est composé de petits grains (**SYN.** granulaire). **2.** Qui présente des granulations (**SYN.** granulé, grenu ; **CONTR.** lisse).

granulome [granylom] n.m. (du lat. *granulum*, petite graine). Petite tumeur cutanée arrondie.

grape-fruit [grɛpfrut] n.m. (mot anglo-amér.) [pl. *grape-fruits*]. Pomelo.

graphe n.m. (de *graphique*). Représentation graphique d'une fonction.

grapheur n.m. Logiciel qui produit des graphiques à partir de données chiffrées.

graphie n.f. Représentation écrite d'un mot : *Ce mot a deux graphies* (**SYN.** orthographe).

graphiose n.f. Maladie de l'orme qui entraîne la disparition progressive de l'espèce.

graphique adj. (gr. *graphikos*, de *graphein*, écrire). **1.** Qui représente par des dessins, des signes écrits : *Les pictogrammes sont des symboles graphiques. Le dessin et la peinture font partie des arts graphiques.* **2.** Relatif aux procédés d'impression et aux arts de l'imprimerie : *Les industries graphiques.* ▸ ***Roman graphique,*** bande dessinée, génér. pour adultes, d'une longueur comparable à celle d'un roman, caractérisée par la grande place accordée au texte : *Elle lit un roman graphique de Hugo Pratt.* ◆ n.m. Représentation de données chiffrées par un dessin : *Un graphique illustre ces constatations* (**SYN.** courbe, diagramme).

graphiquement adv. **1.** Par l'écrit. **2.** Par des procédés graphiques : *La carte traduit graphiquement les prévisions météorologiques.*

graphisme n.m. **1.** Caractère particulier d'une écriture ; manière personnelle d'écrire : *Elle a un graphisme qu'on reconnaît tout de suite* (**SYN.** écriture). **2.** Manière de tracer une ligne, de dessiner : *Le graphisme d'une affiche.*

graphiste n. Spécialiste des arts et industries graphiques.

graphite n.m. (du gr. *graphein*, écrire). Carbone naturel ou artificiel, gris-noir, utilisé pour faire des mines de crayons, dans certains lubrifiants et dans certains conducteurs électriques (**SYN.** plombagine).

graphiteux, euse ou **graphitique** adj. Qui contient du graphite.

graphologie n.f. Technique de l'interprétation de l'écriture considérée comme une expression de la personnalité.

graphologique adj. Relatif à la graphologie : *La juge a demandé l'expertise graphologique de cette lettre.*

graphologue n. Spécialiste de graphologie.

grappe n.f. (d'un mot germ. signif. « crochet »). **1.** Groupement étagé et conique de fleurs ou de fruits autour d'une tige : *Les grappes odorantes de la glycine. Des grappes de raisin, de groseilles.* **2.** Groupe dense de personnes : *Des grappes d'admirateurs s'accrochaient aux portières de la voiture* (**SYN.** chapelet, essaim [litt.]).

grappillage n.m. **1.** Action d'enlever les grappes de raisin après la vendange : *Glanage et grapillage doivent se faire après la récolte.* **2.** Action de prendre çà et là : *Le grappillage d'illustrations sur Internet.*

grappiller v.t. [conj. 3]. **1.** Ramasser les grappes laissées sur les ceps ; ramasser çà et là : *Nous grappillions des pommes tombées.* **2.** Prendre en petite quantité, au hasard ou illégalement : *Les enquêteurs grappillent des indices de son passage* (**SYN.** glaner, récolter, recueillir). ◆ v.i. **1.** Ramasser çà et là des fruits, des fleurs : *Elles grappillent dans le verger.* **2.** Faire de petits gains illicites : *Il grappille sur ses frais de déplacement.*

grappilleur, euse n. Personne qui grappille, qui fait des profits illicites.

grappillon n.m. Partie d'une grappe de raisin.

grappin n.m. (de *grappe*). **1.** Petite ancre, munie de crochets. **2.** Accessoire à crochets d'un chariot, d'une grue, servant à arrimer ou à saisir des objets ou des matériaux. ▸ *Fam.* ***Mettre le grappin sur,*** accaparer qqn ; se réserver l'usage de qqch : *Si elle met le grappin sur toi, tu en as pour deux heures. Il a mis le grappin sur le téléphone mobile* (**SYN.** s'emparer de).

① **gras, grasse** adj. (du lat. *crassus*, épais). **1.** Qui est composé de graisse : *L'huile est une matière grasse végétale, le beurre et la crème des matières grasses animales* (= des lipides). **2.** Qui contient plus ou moins de graisse, de matière grasse : *Une tranche de lard gras* (**CONTR.** maigre). *Foie gras d'oie.* **3.** En parlant d'un être animé, qui a beaucoup de graisse : *Avec tous ses repas d'affaires, il devient de plus en plus gras* (**SYN.** adipeux, empâté, replet ; **CONTR.** mince, svelte). *Des cochons bien gras* (**SYN.** dodu, gros). **4.** Qui est enduit, imprégné, taché de graisse ou d'une substance grasse : *La poignée est toute grasse* (**SYN.** graisseux, huileux). *Des eaux grasses. Le sol gras a occasionné plusieurs chutes* (**SYN.** glissant). **5.** Qui a un aspect luisant dû à un excès de sécrétions graisseuses de la peau : *Shampooing pour cheveux gras* (= atteints de séborrhée ; **CONTR.** sec). **6.** Qui a une consistance onctueuse, voisine de celle de la graisse : *De l'argile grasse* (= très malléable). *Encre grasse* (**SYN.** épais). **7.** Qui donne un trait épais, largement marqué : *Un mot en caractères gras* (**CONTR.** maigre). *Crayon gras* (**CONTR.** dur). **8.** *Litt.* Se dit d'un terrain qui donne d'abondantes productions ; se dit de ce qui est distribué avec générosité : *De gras pâturages* (**SYN.** fécond, fertile, productif ; **CONTR.** pauvre, stérile). *Elles ont bénéficié de grasses primes* (**SYN.** généreux, gros ; **CONTR.** maigre, modeste). **9.** Qui produit un son pâteux, peu clair : *Une voix grasse. Un rire gras.* **10.** *Fig.* Qui adopte un ton trop libre ; égrillard : *Des histoires grasses* (**SYN.** graveleux, grossier, obscène). ▸ ***Acide gras,*** constituant caractéristique des lipides, comprenant une chaîne d'atomes de carbone. *Fam.* ***Ce n'est pas gras,*** cela ne fait pas beaucoup ; c'est un profit médiocre. ***Corps gras,*** substances d'origine organique, animale ou végétale, comprenant les huiles, les beurres, le suif, les graisses. ***Faire la grasse matinée,*** s'attarder dans son lit le matin. ***Jours gras,*** jours où l'Église catholique permettait de manger de la viande : *Mardi gras.* ***Plantes grasses,*** plantes à feuilles épaisses et charnues : *Les cactus sont des plantes grasses.* ***Toux grasse,*** toux associée à un excès de sécrétions bronchiques (par opp. à toux sèche). ◆ **gras** adv. **1.** D'une manière grasse, épaisse : *Peindre gras.* **2.** Avec beaucoup de graisse : *Il mange gras.* ▸ ***Faire gras,*** manger de la viande le jour où l'Église l'autorise (par opp. à faire maigre). ***Tousser gras,*** avoir une toux grasse.

② **gras** n.m. (de *1. gras*). Partie grasse d'une viande : *Du gras de jambon* (= du lard ; **CONTR.** maigre). ▸ ***Au gras,*** préparé avec du jus de viande ou de la graisse : *Du riz au gras.* *Fam.* ***Discuter le bout de gras,*** bavarder un moment. ***Le gras de la jambe,*** le mollet.

gras-double n.m. (pl. *gras-doubles*). Produit de triperie préparé à partir de la membrane de l'estomac du bœuf.

grassement adv. **1.** D'une voix grasse : *Il rit grassement.* **2.** En abondance : *Son employeur la paie grassement* (**SYN.** généreusement, largement ; **CONTR.** chichement, parcimonieusement).

grasseyement [grasɛjmɑ̃] n.m. Prononciation d'une personne qui grasseye.

grasseyer [grasɛje] v.i. [conj. 12]. Prononcer les « r » d'une façon gutturale ou indistincte, appelée aussi « faubourienne » ou « parisienne ».

grassouillet, ette adj. *Fam.* Qui est un peu gras : *Des bébés grassouillets* (**SYN.** dodu, potelé ; **CONTR.** maigrelet, maigrichon).

grateron n.m. → **gratteron.**

gratifiant, e adj. Qui procure une satisfaction psychologique : *C'est un travail gratifiant* (**SYN.** valorisant ; **CONTR.** frustrant).

gratification n.f. **1.** Somme versée en plus de la rémunération régulière : *Elle a reçu une gratification exceptionnelle pour son excellent travail* (**SYN.** prime). *Gratification de fin d'année* (**SYN.** étrennes). **2.** Satisfaction psychologique : *Ces remerciements sont une gratification* (**SYN.** honneur, plaisir ; **CONTR.** déception, frustration).

gratifier v.t. (du lat. *gratificari,* faire plaisir, de *gratus,* reconnaissant, agréable) [conj. 9]. **1.** Accorder un don, une faveur à : *Son employeur la gratifiera d'une augmentation* (**SYN.** allouer à, octroyer). **2.** Procurer un plaisir, une satisfaction psychologique à : *Cette reconnaissance publique l'a beaucoup gratifié* (**SYN.** satisfaire ; **CONTR.** décevoir). **3.** *Iron.* Donner à qqn quelque chose de désagréable : *Les voisins nous ont gratifié d'une scène de ménage* (**SYN.** infliger).

gratin n.m. (de *gratter*). **1.** Préparation culinaire recouverte de chapelure ou de fromage râpé et cuite au four : *Un gratin de macaronis. Chou-fleur en gratin. Plat à gratin.* **2.** Croûte qui se forme à la surface d'une telle préparation : *La légère coloration du gratin.* **3.** Ce qui reste attaché au fond du récipient après la cuisson d'un mets. ▸ *Fam.* ***Le gratin,*** les personnes les plus en vue d'une société, d'un milieu : *Il connaît tout le gratin des dirigeants d'entreprise* (**SYN.** élite, fleur).

gratiné, e adj. **1.** Qui est préparé en gratin : *Des courgettes gratinées.* **2.** *Fam.* Qui atteint un haut degré de mauvaise qualité, de difficulté : *Une émission gratinée* (**SYN.** inepte, nul, outré, ridicule). *La recherche du bogue est vraiment gratinée* (**SYN.** compliqué, corsé, difficile ; **CONTR.** aisé, facile).

gratinée n.f. Soupe à l'oignon, saupoudrée de fromage râpé, gratinée au four.

gratiner v.t. [conj. 3]. Accommoder au gratin : *Gratiner des pommes de terre.* ◆ v.i. Former une croûte dorée : *Les macaronis gratinent dans le four.*

gratis [gratis] adv. (mot lat., de *gratia,* faveur). *Fam.* Sans qu'il en coûte rien : *Demain, on rase gratis* (**SYN.** gratuitement).

gratitude n.f. Sentiment éprouvé envers la personne qui vous a rendu service : *Je lui ai témoigné ma gratitude* (**SYN.** reconnaissance ; **CONTR.** ingratitude).

grattage n.m. Action de gratter : *Le succès des jeux de grattage* (= présentés sur des cartons qu'il faut gratter pour savoir si l'on a gagné).

gratte n.f. *Fam.* **1.** Guitare. **2.** Petit profit plus ou moins illicite (**SYN.** grappillage). **3.** En Belgique, égratignure.

gratte-ciel n.m. inv. (traduction de l'angl. *skyscraper*). Immeuble à très nombreux étages : *Les gratte-ciel dominent la ville* (**SYN.** 1. tour).

gratte-cul [gratky] n.m. inv. Fruit de l'églantier, appelé *cynorhodon* par les botanistes.

grattement n.m. Bruit fait en grattant : *J'entends les grattements du chat à la porte.*

gratte-papier n.m. inv. *Fam., péjor.* Employé de bureau ; rond-de-cuir : *Des gratte-papier en costume et cravate.*

gratte-pieds n.m. inv. Sorte de paillasson fait de lames métalliques pour gratter les semelles de chaussures et enlever la boue.

gratter v.t. (du frq. *krattôn*) [conj. 3]. **1.** Racler en entamant superficiellement : *Gratter un parquet avec une paille de fer* (**SYN.** frotter). *Le taureau gratte le sol de l'arène.* **2.** Faire disparaître en raclant : *Gratter les tags sur un mur* (**SYN.** effacer, enlever, nettoyer). **3.** Frotter une partie du corps avec les ongles, notamm. pour faire cesser une démangeaison : *Ne gratte pas la cicatrice.* **4.** Provoquer une démangeaison, une irritation de la peau : *Ces chaussettes de laine me grattent* (**SYN.** démanger, irriter, piquer). **5.** *Fam.* Réaliser secrètement un petit bénéfice : *Gratter quelques minutes de stationnement* (**SYN.** grappiller). **6.** *Fam.* Devancer un concurrent dans une compétition ; rattraper le retard concédé : *Elle a gratté ses rivales sur la ligne d'arrivée* (**SYN.** dépasser, distancer, doubler). ◆ v.i. **1.** Racler qqch avec les ongles pour avertir de sa présence : *J'entends gratter à la vitre.* **2.** *Fam.* Travailler : *Elle gratte dix heures par jour.* **3.** *Fam.* Jouer médiocrement d'un instrument à cordes : *Il gratte de la guitare.* ◆ **se gratter** v.pr. Se frotter avec les ongles : *Cesse de te gratter.*

gratteron ou **grateron** n.m. Nom usuel de quelques plantes qui s'accrochent aux vêtements.

grattoir n.m. **1.** Outil ou instrument utilisé pour gratter. **2.** Canif à large lame pour effacer en grattant le papier : *Les moines copistes utilisaient souvent le grattoir.* **3.** Surface des frottoirs de boîtes d'allumettes.

grattons n.m. pl. *Région.* Résidus de la fonte de la graisse de porc, d'oie, de canard, consommés froids en hors-d'œuvre (**SYN.** fritons).

grattouiller v.t. [conj. 3]. *Fam.* Gratter légèrement : *Ça vous grattouille ?* (**SYN.** démanger).

gratuit, e [gratɥi, it] adj. (lat. *gratuitus*, de *gratis*). **1.** Qui est fait ou donné sans contrepartie d'argent : *L'entrée est gratuite pour les adhérents* (**SYN.** libre ; **CONTR.** payant). *Elle consulte à titre gratuit* (**SYN.** bénévole, gracieux ; **CONTR.** onéreux). **2.** Qui est sans fondement, sans justification : *Il a lancé des accusations gratuites* (= sans preuve ; **SYN.** arbitraire, infondé, injustifié ; **CONTR.** fondé). ▸ ***Acte gratuit,*** acte étranger à toute morale et qui n'est pas fait en fonction d'un but déterminé (**SYN.** immotivé). ◆ **gratuit** n.m. Journal distribué gratuitement.

gratuité n.f. **1.** Caractère de ce qui est gratuit, ne coûte rien : *La gratuité des soins pour les plus démunis.* **2.** Caractère de ce qui est sans fondement, sans justification : *La gratuité d'une hypothèse.*

gratuitement adv. **1.** Sans avoir à payer en contrepartie : *Elle transporte gratuitement les personnes âgées* (**SYN.** bénévolement, gracieusement). **2.** Sans fondement ; sans motif : *Ils affirment cela gratuitement.*

grau n.m. (mot languedocien, du lat. *gradus*, degré)[pl. *graus*]. Chenal faisant communiquer un étang côtier avec la mer, sur la côte du Languedoc.

gravats n.m. pl. (de *1. grève*, au sens de « gravier »). Débris provenant d'une démolition : *Elle a trouvé quelques objets sous les gravats* (**SYN.** décombres, éboulis, gravois).

① **grave** adj. (du lat. *gravis*, lourd). **1.** Qui peut avoir des conséquences fâcheuses : *La situation est grave, mais pas désespérée* (**SYN.** alarmant, critique, inquiétant). *Il a de graves problèmes de santé* (**SYN.** dangereux, préoccupant, sévère ; **CONTR.** anodin, bénin, léger). **2.** Qui est d'une grande importance : *Il a été licencié pour faute grave* (**SYN.** inexcusable, lourd ; **CONTR.** véniel). **3.** Qui fait preuve d'un très grand sérieux : *Elle nous a regardés d'un air grave* (**SYN.** austère, digne, solennel ; **CONTR.** badin, enjoué, facétieux). **4.** Se dit d'un son de faible fréquence : *La basse est la voix la plus grave* (**SYN.** sourd ; **CONTR.** aigu, haut). *Une voix grave* (**SYN.** bas, caverneux ; **CONTR.** clair, perçant). ▸ ***Accent grave,*** accent tourné de gauche à droite (par opp. à accent aigu et accent circonflexe) : *« Où » avec un accent grave est un adverbe, alors que « ou » sans accent est une conjonction de coordination.*

② **grave** n.m. (Surtout pl.). Son grave : *Elle chante bien dans les graves* (**CONTR.** aigu). *Le haut-parleur des graves.*

③ **grave** n.f. (de *1. grève*). Mélange de cailloux, de graviers et de sable, utilisé pour la construction des chaussées.

graveleux, euse adj. **1.** Qui contient du gravier : *Une terre graveleuse* (**SYN.** caillouteux). **2.** Se dit d'un fruit dont la chair contient des petits grains : *Des poires graveleuses* (**SYN.** granuleux). **3.** Qui est proche de l'obscénité : *Il raconte des anecdotes graveleuses* (**SYN.** cru, grivois, indécent, licencieux).

gravelle n.f. Maladie causée par la formation de calculs dans la vessie ; lithiase.

gravement adv. **1.** De façon importante ou dangereuse : *Nous avons gravement failli à notre mission* (**SYN.** considérablement, fortement, lourdement). *Les personnes gravement atteintes ont été évacuées* (**SYN.** grièvement, sérieusement, sévèrement ; **CONTR.** légèrement). **2.** Avec gravité, sérieux : *Elle s'adresse gravement aux téléspectateurs* (**SYN.** dignement, solennellement).

graver v.t. (du frq. *graban*, creuser) [conj. 3]. **1.** Tracer qqch en creux sur une surface dure avec un instrument pointu ou par un procédé chimique : *Le sculpteur grave une devise sur le fronton de l'édifice.* **2.** Inscrire des données à la surface d'un CD, d'un cédérom ou d'un DVD à l'aide d'un rayon laser. **3.** *Fig.* Fixer durablement dans la mémoire : *Les enfants gravent tout dans leur mémoire* (**SYN.** imprimer [litt.]). ◆ **se graver** v.pr. S'imprimer durablement dans la mémoire : *Ces événements se sont gravés en moi* (**SYN.** se fixer).

① **graveur, euse** n. **1.** Artiste qui grave, réalise des gravures. **2.** Personne dont le métier consiste à graver : *Graveur sur pierre.*

② **graveur** n.m. Appareil à laser permettant d'inscrire des données sur un CD, un cédérom ou un DVD.

gravide adj. (lat. *gravidus*). En biologie, se dit d'une femme enceinte, d'une femelle pleine ou d'un utérus qui porte un embryon.

gravidique adj. En médecine, relatif à la grossesse.

gravidité n.f. Grossesse.

gravier n.m. Matériau fait de petits cailloux, dont on recouvre certains sols : *Une allée de gravier.*

gravière n.f. Carrière de gravier.

gravillon n.m. Petit gravier : *Un gravillon a frappé le pare-brise.*

gravillonnage n.m. Action de répandre des gravillons sur une chaussée.

gravillonner v.t. [conj. 3]. Couvrir de gravillons.

gravimétrie n.f. Mesure de l'intensité de la pesanteur.

gravimétrique adj. Relatif à la gravimétrie.

gravir v.t. (du frq. *krawa*, griffe) [conj. 32]. **1.** Monter avec effort : *Gravir un col* (**SYN.** escalader, grimper ; **CONTR.** descendre, dévaler). **2.** *Fig.* Franchir étape par étape : *Elle a gravi les échelons jusqu'à la direction* (**SYN.** monter, parcourir).

gravissime adj. Qui est extrêmement grave : *Cet incident diplomatique a eu des conséquences gravissimes.*

gravitation n.f. (du lat. *gravitas*, pesanteur). Force en vertu de laquelle tous les corps matériels s'attirent réciproquement en fonction de leur masse et de leur distance : *La loi de la gravitation a été formulée par Newton.*

gravitationnel, elle adj. Relatif à la gravitation.

gravité n.f. (lat. *gravitas*, pesanteur). **1.** En physique, force de gravitation exercée par un astre sur un corps quelconque. **2.** Qualité d'une personne grave : *Elle a prononcé un discours plein de gravité* (**SYN.** sérieux, solennité). **3.** Caractère d'une chose importante ou dangereuse : *Étant donné la gravité de la situation, nous devons agir* (**SYN.** portée, urgence). *Un choc sans gravité.* ▸ ***Centre de gravité,*** point d'équilibre d'un corps (= centre d'inertie).

graviter v.i. [conj. 3]. **1.** Décrire une trajectoire autour d'un point central, selon les lois de la gravitation : *La Lune gravite autour de la Terre.* **2.** *Fig.* Évoluer autour de qqch, dans l'entourage de qqn : *Ces dirigeants d'entreprise gravitent autour du ministre.*

gravois n.m. pl. Dans les travaux publics, gravats.

gravure n.f. **1.** Manière, art ou action de graver ; son résultat : *La gravure sur verre. La gravure d'un motif floral.* **2.** Image obtenue à l'aide d'une planche gravée : *Des gravures de Dürer* (**SYN.** estampe). **3.** Toute reproduction d'un dessin, d'un tableau ; illustration de livre : *Toutes les gravures de cet ouvrage ont une légende.* **4.** Action de graver un CD, un cédérom, un DVD ; l'enregistrement lui-même. ▸ ***Gravure de mode,*** personne habillée avec une élégance recherchée.

gray [grɛ] n.m. (du nom de *Louis Harold Gray*). Unité de mesure de dose absorbée lors d'une irradiation par des rayonnements ionisants.

gré n.m. (du lat. *gratum,* ce qui est agréable). ▸ ***Au gré de,*** selon la convenance, l'opinion, les goûts de qqn : *J'agirai à mon gré* (= à ma guise). *Il la juge trop sévèrement à mon gré* (= à mon avis) ; selon le hasard, le caprice de qqch : *Les alliances changent au gré des événements* (= en fonction des événements). ***Bon gré mal gré,*** qu'on le veuille ou non : *Bon gré mal gré, il faut partir.* ***Contre le gré de qqn,*** contre sa volonté : *Elle a été mutée contre son gré* (= à contrecœur, malgré elle). ***De bon gré,*** volontiers : *Elle les aide de bon gré* (**SYN.** grâce). ***De gré à gré,*** en se mettant d'accord : *Marché de gré à gré entre banques* (= à l'amiable). ***De gré ou de force,*** volontairement ou par la contrainte : *Vous accomplirez cette tâche de gré ou de force.* ***De mon, ton,*** etc., ***plein gré,*** volontairement : *Nous avons signé de notre plein gré* (= sans qu'on nous y ait forcés). *Litt.* ***Savoir gré à qqn de qqch,*** être reconnaissant à qqn de qqch : *Je lui sais gré de m'avoir prêté cet argent* (= j'éprouve de la gratitude). *Nous vous saurons gré de votre soutien. Je vous saurais gré d'inscrire ce point à l'ordre du jour de la prochaine réunion.*

grèbe n.m. Oiseau palmipède des étangs qui construit un nid flottant.

grec, grecque adj. et n. Relatif à la Grèce, à ses habitants. ▸ ***À la grecque,*** cuit dans une marinade d'huile d'olive et d'aromates et servi froid. ◆ **grec** n.m. Langue parlée par les Grecs, autrefois (*grec ancien*) et aujourd'hui (*grec moderne*).

grécité n.f. Caractère de ce qui est grec.

gréco-latin, e adj. (pl. *gréco-latins, es*). Qui est commun aux cultures grecque et latine : *Les déesses gréco-latines.*

gréco-romain, e adj. (pl. *gréco-romains, es*). Relatif à la civilisation née de la rencontre des cultures grecque et latine : *L'Antiquité gréco-romaine.* ▸ ***Lutte gréco-romaine,*** sport de lutte n'admettant les saisies qu'au-dessus de la ceinture.

grecque n.f. Ornement architectural fait de lignes brisées formant une combinaison d'angles droits.

gredin, e n. (de l'anc. néerl. *gredich,* avide). **1.** Individu malhonnête : *Ce gredin l'a payé avec de la fausse monnaie* (**SYN.** bandit, canaille, crapule). **2.** Enfant indiscipliné et malin : *Ces gredins ont réussi à se sauver* (**SYN.** fripon, garnement, vaurien).

gréement [gremɑ̃] n.m. Ensemble des équipements nécessaires à la propulsion d'un voilier : *Les mâts, les vergues, les voiles, les cordes et les poulies font partie du gréement.*

green [grin] n.m. (mot angl. signif. « pelouse »). Sur un golf, espace gazonné aménagé autour de chaque trou.

gréer [gree] v.t. (du scand. *greita*) [conj. 15]. Garnir un voilier de son gréement, un mat de voiles, poulies et cordages : *Gréer une goélette.*

greffage n.m. Action ou manière de greffer : *L'arboriculteur s'occupe du greffage des pommiers.*

① **greffe** n.m. (du lat. *graphium,* poinçon à écrire). Lieu, bureau où sont conservés les originaux des jugements prononcés par un tribunal (on dit aussi *un secrétariat-greffe*).

② **greffe** n.f. (de *1. greffe,* par métaphore du poinçon). **1.** Opération qui permet la multiplication de certains végétaux par l'insertion sur une plante *(porte-greffe)* d'une pousse prise sur une autre *(greffon)* dont on désire développer les caractères ; le greffon lui-même : *Des greffes de pêcher* (**SYN.** scion). **2.** Opération chirurgicale consistant à implanter sur un individu *(receveur)* des parties de tissu ou d'organe, prélevées sur lui-même ou sur un autre individu *(donneur)* ; transplantation d'un organe : *Une greffe cardiaque réussie.*

greffé, e n. Personne qui a subi une greffe d'organe.

greffer v.t. [conj. 4]. **1.** Soumettre un végétal à une greffe : *Greffer un rosier* (**SYN.** enter [vx]). **2.** Réaliser une greffe sur un individu : *L'équipe chirurgicale a greffé une main sur cet homme* (**SYN.** transplanter). ◆ **se greffer** v.pr. **[sur].** Être un développement de : *La légende s'est greffée sur un événement réel* (= a pris naissance à partir de). *Des faillites se sont greffées sur les restructurations et ont accru le nombre de chômeurs* (**SYN.** s'ajouter à).

greffier, ère n. Fonctionnaire préposé à un greffe de tribunal : *Greffière en chef.*

greffoir n.m. Couteau servant à greffer.

greffon n.m. **1.** Bourgeon ou branche destinés à être greffés (**SYN.** scion). **2.** Partie de l'organisme prélevée afin d'être greffée (**SYN.** transplant).

grégaire adj. (du lat. *grex, gregis,* troupeau). Se dit d'une espèce animale qui vit en groupe, en troupeau, en harde, etc. ▸ ***Instinct*** ou ***esprit grégaire,*** tendance qui pousse les êtres humains à former des groupes ou à adopter le même comportement.

grégarisme n.m. **1.** Tendance de certains animaux à vivre en groupe. **2.** Instinct grégaire ; panurgisme.

grège adj. f. (de l'it. *seta greggia,* soie brute). ▸ ***Soie grège,*** soie brute tirée du cocon. ◆ adj. Se dit d'une couleur qui tient du gris et du beige : *Des lainages grèges.* ◆ n.m. Couleur de la soie grège.

grégeois adj. m. (du lat. *graecus,* grec). ▸ ***Feu grégeois,*** composition incendiaire pouvant brûler sur l'eau, qui servait dans les combats navals dans l'Antiquité et au Moyen Âge.

grégorien, enne adj. (du lat. *Gregorius,* Grégoire). Relatif à l'un des papes nommés Grégoire. ▸ ***Calendrier grégorien,*** celui qui a été établi en 1582 par le pape Grégoire XIII, pour rattraper le décalage d'environ 10 jours entre le calendrier et le Soleil. ***Chant grégorien,*** chant rituel de l'Église latine, qui a été à la base du chant ecclésiastique catholique (on dit aussi *plain-chant*).

grègues n.f. pl. (prov. *grega*). Haut-de-chausses peu bouffant, porté de Charles IX à Louis XIII.

① **grêle** adj. (lat. *gracilis*). **1.** Qui est trop mince par rapport à sa longueur : *Des bras grêles* (**SYN.** filiforme, fluet, menu ; **CONTR.** fort, musclé). **2.** Se dit d'un son aigu et faible : *La vieille femme répondait de sa voix grêle* (**CONTR.** puissant). ▸ ***Intestin grêle,*** première partie de l'intestin, comprise entre l'estomac et le gros intestin.

② **grêle** n.f. (de *grêler*). **1.** Pluie congelée qui tombe sous forme de grains, ou grêlons. **2.** *Fig.* Grande quantité de choses qui tombent dru : *Une grêle de critiques s'abattait sur lui* (**SYN.** avalanche, cascade, déluge, pluie).

grêlé, e adj. *Anc.* Qui est couvert de cicatrices de variole : *Un visage grêlé.*

grêler v. impers. (frq. *grisilôn*) [conj. 4]. Tomber, en parlant de la grêle : *Il a grêlé à la mi-juillet.* ◆ v.t. Endommager par la grêle : *Les pommes qui ont été grêlées pourrissent sur l'arbre.*

grêlon n.m. Grain de grêle.

grelot n.m. (du moyen haut all. *grell,* aigu). Boule métallique creuse, contenant un morceau de métal qui la fait résonner dès qu'on l'agite : *Les grelots d'un tambourin.*

grelottant, e adj. Qui grelotte.

grelottement n.m. Fait de grelotter ; frissonnement, tremblement.

grelotter v.i. [conj. 3]. **1.** Trembler fortement : *Ses vêtements étaient mouillés et elle grelottait de froid* (= elle claquait des dents). *Il grelotte de fièvre* (**SYN.** frissonner). **2.** Faire entendre un bruit de grelot : *Une sonnerie de téléphone grelotte dans le bureau voisin* (**SYN.** tinter).

grenache n.m. Cépage du Midi ; vin issu de ce cépage.

grenade n.f. (lat. *granatum,* fruit à grains). **1.** Fruit comestible du grenadier à la saveur aigrelette et agréable, renfermant de nombreuses graines. **2.** Projectile léger qui peut être lancé à la main ou à l'aide d'un fusil : *Les C.R.S. dispersent les manifestants à l'aide de grenades lacrymogènes.*

① **grenadier** n.m. Arbre originaire du Moyen-Orient, cultivé pour son fruit, la grenade.

② **grenadier** n.m. **1.** Au XVIIe siècle, soldat chargé de lancer des grenades. **2.** Soldat de certaines unités d'élite.

grenadin n.m. Tranche de veau peu épaisse entourée de barde.

grenadine n.f. Sirop à base de jus de fruits, dont la couleur rouge évoque la grenade.

grenaille n.f. Métal réduit en grains : *Pistolet à grenailles.*

grenat n.m. (de l'anc. fr. *pome grenate,* grenade). **1.** Minéral dont plusieurs variétés sont des pierres fines. **2.** Couleur rouge sombre : *Les grenats de leurs pulls vont bien avec les marines de leurs jupes.* ◆ adj. inv. Qui est d'une couleur rouge sombre : *Des moufles grenat.*

grener v.i. [conj. 19]→ **grainer.**

grenier n.m. (lat. *granarium,* de *granum,* grain). **1.** Partie la plus haute d'un bâtiment, sous les combles : *Nous avons monté les cartons au grenier.* **2.** Partie d'un bâtiment rural servant d'entrepôt : *Grenier à fourrage. Grenier à foin* (= fenil). **3.** *Fig.* Région très fertile : *La Beauce est le grenier à blé de la France.*

grenouillage n.m. *Fam., péjor.* Ensemble de manœuvres malhonnêtes.

grenouille n.f. (lat. pop. *ranucula,* du lat. class. *rana*). Amphibien, sauteur et nageur, à peau lisse, verte ou rousse : *Des cuisses de grenouille.* ▸ *Fam.* ***Faire sauter*** ou ***manger la grenouille,*** s'approprier le fonds commun, la cagnotte d'un groupe. *Fam., péjor.* ***Grenouille de bénitier,*** personne d'une dévotion outrée et souvent hypocrite.

grenouiller v.i. [conj. 3]. *Fam., péjor.* Se livrer à des manœuvres malhonnêtes : *Ils grenouillent dans les ministères* (**SYN.** intriguer).

grenouillère n.f. **1.** Combinaison pour bébé dont les jambes se prolongent par des chaussons. **2.** Lieu marécageux peuplé de grenouilles.

grenu, e adj. (du lat. *granum,* grain). **1.** Qui est couvert d'aspérités en forme de grains : *Un sac en peau grenue* (**SYN.** granité, granuleux). **2.** Se dit d'une roche formée de cristaux visibles à l'œil nu : *Le granite est une roche grenue.*

grès n.m. (du frq. *greot,* gravier). **1.** Roche sédimentaire formée de grains de sable soudés, utilisée pour la construction ou le pavage. **2.** Matériau céramique qui devient dur et imperméable après cuisson à haute température ; objet fabriqué dans ce matériau : *Un plat en grès.*

gréseux, euse adj. Qui est de la nature du grès : *Des roches gréseuses.*

grésil [grezil ou grezi] n. m. (de *grès*). Pluie congelée formée de petits grains de glace friables et blancs.

grésillement n.m. **1.** Fait de grésiller ; bruit de ce qui grésille : *Les grésillements d'un téléviseur mal réglé.* **2.** Cri du grillon.

① **grésiller** v. impers. (moyen néerl. *griselen*) [conj. 3]. Tomber, en parlant du grésil : *Il grésille depuis ce matin.*

② **grésiller** v.i. (de l'anc. fr. *grediller,* griller) [conj. 3]. **1.** Faire entendre des petits crépitements : *L'huile grésille au fond de la poêle.* **2.** Émettre des grésillements, en parlant du grillon.

gressin n.m. (it. *grissino*). Petit pain fin et friable en forme de bâtonnet.

greubons n.m. pl. (de l'anc. haut all.). En Suisse, restes de gras de viande cuits, que l'on fait frire pour garnir un gâteau que l'on dit *taillé aux greubons.*

① **grève** n.f. (lat. pop. *grava,* gravier). Terrain plat, couvert de gravier et de sable, le long de la mer ou d'un cours d'eau : *Des promeneurs flânent sur la grève* (**SYN.** plage, rivage).

② **grève** n.f. (du nom de la place de *Grève,* à Paris, où se réunissaient les ouvriers au chômage). Cessation collective et concertée du travail décidée par des salariés : *Faire grève* ou *faire la grève. Les ouvriers se sont mis en grève* (= ils débraient). *Les syndicalistes ont voté la grève générale.* ▸ ***Grève de la faim,*** refus de se nourrir afin d'appuyer une revendication ou de protester. ***Grève de l'impôt,*** refus d'acquitter l'impôt. ***Grève du zèle,*** mouvement revendicatif consistant, pour des salariés, à appliquer scrupuleusement les consignes de travail en vue de ralentir l'activité de l'entreprise. ***Grève sauvage,*** grève spontanée en dehors de toute consigne syndicale. ***Grève sur le tas,*** grève avec occupation du lieu de travail. ***Grève surprise,*** arrêt de travail pour lequel aucun préavis n'a été déposé.

grever v.t. (du lat. *gravare*, alourdir, de *gravis*, lourd) [conj. 19]. Soumettre à de lourdes charges : *Ces remboursements de crédit grèvent son budget* (**SYN.** alourdir, obérer, peser sur ; **CONTR.** alléger, soulager). *Nous sommes grevés d'impôts* (**SYN.** accabler, surcharger ; **CONTR.** dégrever, exonérer).

gréviste n. et adj. Personne qui participe à une grève.

① **gribiche** adj. f. Se dit d'une sauce vinaigrette additionnée de jaunes d'œufs durs et d'herbes hachées.

② **gribiche** n.f. En Suisse, femme acariâtre et méchante.

gribouillage ou **gribouillis** n.m. Écriture illisible ; dessin informe : *Ils ont couvert la cabine téléphonique de gribouillages* (**SYN.** barbouillage, griffonnage).

gribouille n.m. Personne brouillonne et sotte, qui se précipite dans les dangers qu'elle veut éviter (par allusion à Gribouille, personnage populaire qui se jette à l'eau pour éviter d'être mouillé par la pluie) : *Ce ministre est un vrai gribouille.*

gribouiller v.t. (néerl. *kriebelen*, griffonner) [conj. 3]. **1.** Écrire ou dessiner d'une manière informe : *Il a gribouillé son nom et son adresse sur un bout de papier* (**SYN.** griffonner). **2.** (Sans compl.). Faire des gribouillages : *Elle gribouillait en l'écoutant.*

gribouilleur, euse n. Personne qui gribouille.

gribouillis n.m. → **gribouillage.**

grief [grijɛf] n.m. (du lat. *gravis*, pénible). Motif de plainte : *Chacun pourra exposer ses griefs contre ces mesures* (**SYN.** doléances, réclamation). ▸ ***Faire grief de qqch à qqn,*** reprocher qqch à qqn ; tenir rigueur de qqch à qqn.

grièvement adv. (de *grief*). De façon grave : *Les blessés les plus grièvement touchés sont en réanimation à l'hôpital* (**SYN.** gravement, sérieusement, sévèrement ; **CONTR.** légèrement).

griffe n.f. **1.** Ongle de corne, pointu et crochu, de nombreux vertébrés : *Les griffes d'un faucon* (**SYN.** serre). *Les griffes rétractiles du chat.* **2.** *Fig.* Moyen d'attaque ou de défense : *Montrer ses griffes* (= menacer). *Rentrer ses griffes* (= cesser d'être agressif). **3.** (Par ext.). Pouvoir dominateur et cruel : *Il est tombé entre les griffes du gourou d'une secte* (**SYN.** coupe, domination). *Cette campagne de presse l'a arraché des griffes des terroristes.* **4.** Crochet de métal qui maintient en place la pierre d'un bijou. **5.** Cachet reproduisant une signature, destiné à authentifier qqch et à en éviter la contrefaçon : *Ce document porte la griffe du ministre* (**SYN.** estampille, sceau, timbre). **6.** Nom ou sigle propre à un créateur, à un fabricant ; petit morceau de tissu cousu à l'intérieur d'un vêtement et portant le nom de son créateur : *Ce vêtement porte la griffe d'une grande maison de couture* (**SYN.** étiquette, marque). **7.** Marque d'une personnalité, qui se reconnaît dans ses œuvres, dans ses actes : *Dans de tels jeux de mots, on reconnaît sa griffe* (**SYN.** empreinte, patte, signature). **8.** En Belgique, égratignure.

griffer v.t. (frq. *grîpan*, saisir) [conj. 3]. **1.** Donner un coup de griffe ou d'ongle à ; égratigner comme avec une griffe ou un ongle : *Le chat a griffé le fauteuil* (**SYN.** déchirer, lacérer). *Les épines lui ont griffé le bras* (**SYN.** écorcher, érafler). **2.** Mettre une griffe, la marque du fabricant à un vêtement : *Une jupe griffée.*

griffon n.m. (lat. *gryphus*). **1.** Dans les mythologies antiques, animal fabuleux au corps de lion, à la tête et aux ailes d'aigle. **2.** Chien de chasse et d'agrément, au poil rude et broussailleux.

griffonnage n.m. Texte ou dessin fait en griffonnant : *Il a couvert la première page de griffonnages* (**SYN.** barbouillage, gribouillage, gribouillis).

griffonner v.t. [conj. 3]. Écrire ou dessiner rapidement, sans soin : *Elle a griffonné son adresse électronique sur mon agenda* (**SYN.** gribouiller, inscrire, noter). *Il griffonne un plan pour aller à la mairie* (**SYN.** crayonner, esquisser, tracer).

griffu, e adj. Qui est pourvu de griffes : *Les pattes griffues d'un chien.*

griffure [grifyr] n.f. Marque laissée par une griffe ou un objet pointu : *Des griffures au visage* (**SYN.** écorchure, égratignure, éraflure).

grigne n.f. Fente que le boulanger trace sur le pain ou qui se forme à la cuisson.

grignotage n.m. **1.** Action de grignoter, de manger par petites quantités : *Le grignotage devant la télévision.* **2.** *Fig.* Destruction progressive ; amoindrissement : *Le grignotage de son capital* (**SYN.** dépense, dilapidation). **3.** Action de s'approprier progressivement qqch : *Le grignotage de quelques voix sur son adversaire lui permettrait d'accéder au second tour.*

grignotement n.m. Action de grignoter, de ronger ; bruit fait en grignotant : *Le grignotement des carottes par des lapins. On entend le grignotement des souris.*

grignoter v.t. (de l'anc. fr. *grigner*, grincer) [conj. 3]. **1.** Manger du bout des dents, par petites quantités : *Je grignoterais bien un petit quelque chose en attendant le dîner* (**SYN.** avaler). **2.** *Fig.* Détruire progressivement ; amoindrir : *Grignoter ses économies* (**SYN.** dépenser, dilapider, entamer ; **CONTR.** amasser, conserver, épargner). **3.** S'approprier peu à peu, par empiétements successifs : *Elle grignote quelques secondes à chaque passage* (**SYN.** rattraper, reprendre ; **CONTR.** perdre). *Les syndicalistes ont grignoté des avantages au cours des négociations* (**SYN.** acquérir, gagner).

grigou n.m. (mot languedocien signif. « gredin »). *Fam.* Homme d'une avarice sordide : *Des vieux grigous* (**SYN.** avare, harpagon [litt.], ladre [litt.]).

grigri ou **gri-gri** n.m. (pl. *grigris*, *gris-gris*). **1.** En Afrique, amulette, talisman. **2.** Petit objet porte-bonheur.

gril [gril] n.m. (lat. *craticulum*). **1.** Ustensile constitué de tiges métalliques parallèles ou d'une plaque de métal strié, pour faire cuire à feu vif un aliment : *Des poissons au gril.* **2.** Élément d'un four qui permet de faire rôtir les aliments. ▸ *Fam.* ***Être sur le gril,*** ressentir une grande impatience mêlée d'inquiétude.

grill [gril] n.m. (mot angl., abrév. de *grill-room*). Restaurant spécialisé dans les grillades ; grill-room.

grillade n.f. Tranche de viande grillée ou à griller : *Des grillades de porc.*

grilladerie n.f. Au Québec, restaurant spécialisé dans les grillades ; rôtisserie.

① **grillage** n.m. Action de griller un aliment : *Le grillage des grains de café* (= torréfaction).

② **grillage** n.m. Treillis métallique utilisé pour

protéger ou obstruer une ouverture ou pour servir de clôture : *Le chien a fait un trou dans le grillage du jardin.*

grillager v.t. [conj. 17]. Garnir d'un grillage : *Nous grillageons le jardin* (**SYN.** clore, clôturer). *Des soupiraux grillagés.*

grille n.f. (lat. *craticula,* petit treillis). **1.** Assemblage de barreaux fermant une ouverture ou établissant une séparation : *Les grilles des fenêtres de la banque. La grille du parloir d'un couvent.* **2.** Clôture métallique plus ou moins ouvragée : *La grille du jardin est ouverte* (**SYN.** barrière, portail). **3.** Châssis métallique disposé pour recevoir le combustible solide d'un foyer : *La grille d'une chaudière à charbon.* **4.** Quadrillage percé de trous conventionnels, pour écrire et lire des cryptogrammes. **5.** Quadrillage servant aux mots croisés : *Une grille muette* (= sans cases noires). **6.** Formulaire pour jouer au Loto national ou au Loto sportif. **7.** Organisation et répartition susceptibles d'être représentées par un tableau ; ce tableau : *Grille des programmes de télévision, de radio* (= tableau des émissions et de leur heure de diffusion). ▸ ***Grille des salaires,*** tableau des salaires déterminés en fonction du poste occupé.

grillé, e adj. **1.** Qui est cuit à feu vif sur le gril ou dans un four : *Une côtelette grillée.* **2.** *Fam.* Qui est démasqué et empêché de continuer son activité clandestine ; qui est discrédité : *Cet indicateur est grillé dans le milieu.* ▸ ***Marrons grillés,*** cuits à feu vif dans leur coque. ***Pain grillé,*** doré en surface dans un grille-pain.

grille-pain n.m. inv. Appareil pour griller des tranches de pain (**SYN.** toasteur).

① **griller** v.t. [conj. 3]. Munir d'une grille : *Griller des fenêtres.*

② **griller** v.t. [conj. 3]. **1.** Cuire au gril ; soumettre à sec à un feu vif : *Nous avons grillé des steaks. Griller du café* (**SYN.** torréfier). **2.** Dessécher par un excès de chaleur ou de froid : *Le gel de cette nuit a grillé les fleurs.* **3.** *Fam.* Mettre hors d'usage par une tension, un échauffement excessifs : *Griller une cafetière.* **4.** *Fam.* Dépasser dans une course : *Elle l'a grillée sur le poteau* (**SYN.** devancer). **5.** *Fam.* Démasquer qqn, l'empêchant ainsi de continuer son activité : *Ce lapsus l'a grillé.* **6.** *Fam.* Franchir sans s'arrêter : *Il a grillé le stop* (**SYN.** brûler). ◆ v.i. **1.** Cuire ou dorer sous l'effet d'une chaleur vive : *Les amandes grillent dans le four. Faire griller des sardines.* **2. [de].** *Litt.* Être très impatient de : *Je grille de les connaître* (= j'ai très envie de). *Elle grille d'envie de partir* (= elle rêve de partir ; **SYN.** brûler).

grilloir n.m. Dispositif d'un four destiné à cuire à feu vif.

grillon n.m. (du lat. *grillus*). Insecte sauteur dont une espèce peut vivre dans les cuisines et les boulangeries, et dont une autre vit dans les champs.

grill-room [grilrum] n.m. (pl. *grill-rooms*). → **grill.**

grimaçant, e adj. Qui grimace : *Un clown grimaçant.*

grimace n.f. (du frq. *grima,* masque). Contorsion du visage effectuée pour faire rire ou qui traduit un sentiment de douleur, de dégoût, de mécontentement : *On n'apprend pas à un vieux singe à faire la grimace* (proverbe signifiant qu'il est inutile de montrer la façon de procéder à une personne expérimentée). ◆ **grimaces** n.f. pl. *Litt.* Mines, manières affectées, hypocrites : *Je n'arrive pas à m'habituer à leurs grimaces* (**SYN.** cérémonie, minauderie, simagrée).

grimacer v.i. [conj. 16]. **1.** Faire une grimace, des grimaces : *Ils grimaçaient de désapprobation.* **2.** En parlant d'un vêtement, faire un faux pli : *Veston qui grimace dans le dos.*

grimacier, ère adj. et n. Qui fait des grimaces ; qui fait des cérémonies : *Cet enfant est un grimacier. La secrétaire est très grimacière* (**SYN.** maniéré).

grimage n.m. Action de grimer, de se grimer ; maquillage ainsi obtenu : *Le grimage de cet acteur pour ce rôle est long à réaliser.*

grimer v.t. [conj. 3]. Maquiller pour un spectacle : *Pour ce rôle, on l'a grimée en fée* (**SYN.** farder). ◆ **se grimer** v.pr. Se maquiller pour interpréter un rôle : *Elle s'est grimée en sorcière.*

grimoire n.m. (de *grammaire*). **1.** Livre aux caractères mystérieux servant à la magie et à la sorcellerie. **2.** *Litt.* Écrit indéchiffrable ; livre incompréhensible : *Ce journal intime est un vrai grimoire.*

grimpant, e adj. Se dit des plantes qui montent le long des arbres, des murs, soit par enroulement de la tige, soit par des organes fixateurs appelés *vrilles* : *Le houblon, le lierre, le liseron sont des plantes grimpantes.*

① **grimper** v.i. (de *gripper*) [conj. 3]. **1.** Monter en s'agrippant, en s'aidant des pieds et des mains ; escalader, gravir : *Grimper à l'échelle* (**SYN.** se hisser ; **CONTR.** descendre). **2.** En parlant des plantes, monter en s'accrochant, en s'enroulant : *La vigne vierge grimpe le long de la façade.* **3.** Monter à un point élevé ou peu commode d'accès : *Les cyclistes ont grimpé trois cols aujourd'hui* (**SYN.** gravir). **4.** S'élever en pente raide : *La route grimpe en lacets* (**SYN.** monter). *À partir d'ici, ça grimpe* (= la pente est encore plus raide). **5.** Atteindre une valeur, un niveau plus élevés : *La température grimpe* (**SYN.** s'accroître, augmenter). *Les prix ont grimpé de 10 %.* ▸ *Fam.* ***Grimper aux rideaux,*** se mettre dans une colère noire : *Quand il a lu les journaux, le ministre a grimpé aux rideaux.* ◆ v.t. Parcourir en montant : *Elle a grimpé les étages au pas de course* (**SYN.** escalader, gravir).

② **grimper** n.m. (de *1. grimper*). Exercice sportif qui consiste à monter à la corde lisse ou à nœuds.

grimpette n.f. *Fam.* **1.** Chemin en pente raide (**SYN.** raidillon). **2.** Montée d'une côte : *Nous avons fait une bonne grimpette* (**SYN.** ascension).

grimpeur, euse n. **1.** Coureur cycliste qui excelle dans l'ascension des côtes. **2.** Varappeur ; alpiniste.

grimpion, onne n. *Fam.* En Suisse, arriviste.

grinçant, e adj. **1.** Qui grince ; qui manque d'harmonie : *Une vieille bicyclette aux roues grinçantes. Un violon grinçant* (**SYN.** discordant, dissonant ; **CONTR.** mélodieux). **2.** Qui raille avec férocité ou aigreur : *Une ironie grinçante* (**SYN.** âpre, cruel).

grincement n.m. Fait de grincer ; bruit désagréable produit par certains frottements : *Le grincement d'une scie* (**SYN.** couinement, crissement). ▸ ***Des grincements de dents,*** du mécontentement, du dépit ou de la rage contenus : *La réforme a provoqué des pleurs et des grincements de dents.*

grincer v.i. (anc. fr. *grisser*) [conj. 16]. Produire par frottement un bruit strident : *Les volets grinçaient* (**SYN.** crisser). ▸ ***Grincer des dents,*** faire entendre un crissement en frottant les dents d'en bas contre celles d'en haut ; fig., éprouver du mécontentement, du dépit, de l'agacement : *Les extrémistes vont grincer des dents à la nouvelle de sa nomination.*

grinche ou **gringe** adj. et n. En Suisse, grincheux.

grincheux, euse adj. et n. (mot dialect., de *grincer*). Qui se plaint continuellement ; qui trouve à redire à tout : *Des automobilistes grincheux* (**SYN.** acariâtre, maussade, revêche).

gringalet n.m. (d'un mot suisse). *Fam.* Petit homme chétif.

gringe adj. et n. → **grinche.**

gringo [gringo] n.m. (mot esp.). *Péjor.* Étranger, pour les Latino-Américains.

gringue n.m. ▸ *Fam.* ***Faire du gringue à qqn,*** lui faire des avances, chercher à le séduire.

griot, otte n. Poète musicien ambulant en Afrique noire, dépositaire de la culture orale.

griotte n.f. (prov. *agriota,* de *agre,* aigre). Cerise d'une variété à chair acide.

griottier n.m. Variété de cerisier qui produit les griottes.

grip [grip] n.m. (mot angl.). Revêtement du manche d'un club de golf ou d'une raquette, qui permet d'assurer la prise en main.

grippage n.m. **1.** Blocage d'un mécanisme dû au frottement excessif de deux surfaces métalliques entre elles : *Le grippage du piston dans un cylindre.* **2.** Mauvais fonctionnement d'un système : *Le grippage du système judiciaire* (**SYN.** paralysie).

grippal, e, aux adj. Relatif à la grippe : *De nouveaux virus grippaux.*

grippe n.f. (de *gripper,* saisir, en raison de la soudaineté de la maladie). Maladie infectieuse épidémique, provoquée par un virus : *Elles ont attrapé la grippe.* ▸ ***Prendre qqn, qqch en grippe,*** se mettre à éprouver de l'antipathie, de l'hostilité envers eux.

grippé, e adj. et n. Qui est atteint par la grippe.

gripper v.i. (du frq. *gripan,* saisir) [conj. 3]. **1.** En parlant de pièces mécaniques, se bloquer par grippage. **2.** En parlant d'un processus, fonctionner mal : *La restructuration grippe* (**SYN.** se bloquer ; **CONTR.** progresser). ◆ **se gripper** v.pr. Se coincer : *La machine s'est grippée* (**SYN.** se bloquer).

grippe-sou n.m. [pl. *grippe-sous*]. *Fam.* Avare qui fait de petits gains sordides (**SYN.** harpagon [litt.], ladre [litt.]).

gris, e adj. (d'un mot frq.). **1.** Qui est d'une couleur intermédiaire entre le blanc et le noir : *Une voiture grise. Une peinture gris métallisé. Le ciel est gris* (**SYN.** couvert, nuageux, sombre ; **CONTR.** bleu, clair, dégagé). **2.** Se dit d'une chevelure, d'une barbe qui commence à blanchir ; se dit de qqn qui a de tels cheveux : *Elle est déjà toute grise* (= elle a beaucoup de cheveux blancs). **3.** Qui est sans fraîcheur, sans éclat ; qui est sans intérêt : *Il a le teint gris* (**SYN.** pâle, terne ; **CONTR.** lumineux). *Des journées grises* (**SYN.** maussade, morne, plat ; **CONTR.** passionnant, pittoresque). **4.** *Fam.* Qui est à moitié ivre : *L'apéritif l'avait rendu gris.* ▸ *Fam.* ***Matière grise,*** cerveau en tant que siège de l'intelligence, de la réflexion : *Faire travailler sa matière grise.* ◆ **gris** n.m. **1.** Couleur grise : *Du gris perle* (= proche du blanc). *Du gris souris.* **2.** Tabac fort de qualité ordinaire : *Il met du gris dans sa pipe.* ◆ **gris** adv. ▸ ***Il fait gris,*** le ciel est couvert de nuages.

grisaille n.f. **1.** Atmosphère monotone et triste ; suite d'événements sans éclat, sans intérêt : *Pour échapper à la grisaille de la vie quotidienne* (**SYN.** mélancolie, morosité, tristesse). **2.** Peinture en camaïeu gris, pouvant donner l'illusion du relief.

grisant, e adj. Qui grise, exalte : *Une vitesse grisante* (**SYN.** étourdissant, excitant). *Un vin grisant* (**SYN.** enivrant, entêtant). *Le succès est grisant* (**SYN.** émoustillant, exaltant).

grisâtre adj. **1.** Qui est d'une couleur tirant sur le gris : *Des immeubles grisâtres.* **2.** Qui est monotone et triste : *Une vie grisâtre* (**SYN.** morne, terne).

grisbi n.m. *Arg.* Argent ; magot.

grisé n.m. Teinte grise donnée à une partie d'un tableau, d'une gravure, d'un plan : *Ne pas écrire sur les zones en grisé.*

griser v.t. [conj. 3]. **1.** Rendre légèrement ivre : *Ce bourgogne l'a grisé* (**SYN.** émoustiller, enivrer). **2.** Mettre dans un état d'excitation physique : *L'altitude grisait les randonneurs* (**SYN.** étourdir). **3.** Transporter d'enthousiasme : *Ces victoires ont grisé les joueurs* (**SYN.** enflammer, exalter). ◆ **se griser** v.pr. **1.** S'enivrer légèrement. **2.** Être exalté par qqch ; s'enthousiasmer, s'enflammer.

griserie n.f. **1.** Excitation physique semblable à un début d'ivresse : *Il se laissait emporter par la griserie de la vitesse* (**SYN.** enivrement, étourdissement). **2.** Excitation intellectuelle qui fait perdre le sens des réalités : *La griserie du succès* (**SYN.** exaltation, ivresse, vertige).

grisette n.f. *Vx* Jeune ouvrière de mode coquette ; cousette, midinette.

grisoller v.i. [conj. 3]. Chanter, en parlant de l'alouette.

grisonnant, e adj. Qui grisonne : *Des tempes grisonnantes.*

grisonner v.i. [conj. 3]. Devenir gris, en parlant des cheveux ; commencer à avoir des cheveux gris, en parlant de qqn.

Grisons (viande des), préparation de viande séchée finement tranchée, qui est une spécialité de la Suisse.

grisou n.m. (forme wallonne de *grégeois*). Gaz inflammable qui se dégage dans les mines de charbon et qui, mélangé à l'air, explose au contact d'une flamme. ▸ ***Coup de grisou,*** explosion de grisou.

grive n.f. (de l'anc. fr. *grieu,* grec, en raison des migrations supposées de cet oiseau vers la Grèce). Oiseau passereau voisin du merle, à plumage brun et gris.

grivelé, e adj. Qui est tacheté de brun et de gris, comme le ventre de la grive.

grivèlerie n.f. Délit qui consiste à consommer dans un café, un restaurant, en sachant qu'on n'a pas les moyens de payer.

grivois, e adj. (de l'arg. *grive,* guerre). Qui est libre et hardi, sans être obscène : *En fin de repas, ils ont entonné des chansons grivoises* (**SYN.** égrillard, gaillard, gaulois, leste).

grivoiserie n.f. Caractère de ce qui est grivois ; geste ou propos grivois : *Débiter des grivoiseries* (**SYN.** gaillardise, gaudriole, gauloiserie).

grizzli ou **grizzly** [grizli] n.m. (de l'anglo-amér. *grizzli bear*, ours grisâtre). Ours brun de l'Amérique du Nord.

grœnendael [grɔnɛndal] n.m. (mot flamand). Chien de berger belge, à longs poils noirs.

grog [grɔg] n.m. (mot angl., de *Old Grog*, surnom de l'amiral Vernon, qui obligea son équipage à étendre d'eau les rations de rhum). Boisson composée d'eau-de-vie ou de rhum, d'eau chaude sucrée et de citron.

groggy [grɔgi] adj. inv. (mot angl. signif. « ivre »). **1.** Se dit d'un boxeur qui a perdu conscience pendant quelques instants, mais qui tient encore debout. **2.** *Fam.* Qui est étourdi par un choc physique ou moral : *Cette nouvelle nous a laissés groggy* (**SYN.** anéanti, effondré).

grognard n.m. **1.** Soldat de la Vieille Garde de Napoléon Ier. **2.** Militant d'un mouvement politique, qui en défend les principes avec intransigeance.

grogne n.f. *Fam.* Expression d'un mécontentement : *La grogne monte parmi les salariés* (**SYN.** colère, insatisfaction).

grognement n.m. **1.** Cri du porc, du sanglier, de l'ours. **2.** Parole inintelligible exprimant un mécontentement : *Un grognement du public répondit à cette annonce* (**SYN.** grommellement, grondement, murmure).

grogner v.i. (lat. *grunnire*) [conj. 3]. **1.** Émettre un grognement, en parlant du porc, de l'ours, du sanglier. **2.** *Fam.* Manifester son mécontentement en protestant sourdement, par des paroles indistinctes : *Il grogne contre son ordinateur* (**SYN.** grommeler, maugréer).

grognon, onne adj. et n. *Fam.* Qui grogne ; qui est de mauvaise humeur : *Elle est un peu grognon au réveil* (**SYN.** grincheux, revêche).

groin n.m. (du lat. *grunnire*, grogner). Museau du porc et du sanglier ; hure.

grole ou **grolle** n.f. (lat. pop. *grolla*). *Fam.* Chaussure.

grommeler [grɔmle] v.t. (de l'anc. fr. *grommer*, grogner, moyen néerl. *grommen*) [conj. 24]. Murmurer entre ses dents : *Il grommelle sans cesse des insultes* (**SYN.** marmonner). ◆ v.i. Se plaindre en murmurant ; parler indistinctement : *Ils sont partis en grommelant* (**SYN.** grogner, maugréer).

grommellement [grɔmɛlmɑ̃] n.m. Action de grommeler ; ensemble des sons émis en grommelant ; grognement.

grondant, e adj. Qui produit un grondement : *Des moteurs grondants* (**SYN.** rugissant).

grondement n.m. Bruit sourd et prolongé : *Le grondement des vagues* (**SYN.** fracas, tumulte, vacarme). *Le chien signale la présence d'un intrus par des grondements de menace* (**SYN.** grognement).

gronder v.i. (lat. *grundire*, grogner) [conj. 3]. **1.** Faire entendre un bruit sourd et menaçant : *Le chien gronde à l'approche du chat* (**SYN.** grogner). **2.** Produire un bruit sourd, grave et prolongé : *L'orage commence à gronder* (**SYN.** tonner). *Les moteurs grondent au départ de la course* (**SYN.** vrombir). **3.** Se manifester sourdement ; être menaçant, imminent : *La révolte gronde dans les cités* (**SYN.** couver). **4.** *Litt.* Exprimer son mécontentement ; protester sourdement, d'une manière indistincte : *Les consommateurs grondent contre l'augmentation des taxes* (**SYN.** grommeler, maugréer [sout.], se plaindre de, récriminer). ◆ v.t. Réprimander qqn avec qui l'on a des relations familières : *Il les a grondés pour cette erreur* (**SYN.** admonester [litt.], morigéner [litt.], tancer [sout.]).

gronderie n.f. Action de gronder qqn ; réprimande adressée à un familier : *Ses gronderies sont dénuées de méchanceté* (**SYN.** observation, remontrance).

grondeur, euse adj. Qui gronde ; grincheux, querelleur : *Il a pris sa voix grondeuse.*

grondin n.m. (de *gronder*, par allusion au grognement émis par la vessie natatoire de ce poisson). Poisson marin des fonds vaseux, à chair estimée, dont une espèce rose ou rouge est le *rouget grondin.*

groom [grum] n.m. (mot angl.). Jeune employé en livrée, qui est à la disposition des clients d'un hôtel (**SYN.** chasseur).

① **gros, grosse** adj. (lat. pop. *grossus*, de *crassus*, épais). **1.** Qui a des dimensions importantes, en volume, en épaisseur : *Il est un peu gros* (**SYN.** corpulent, fort, obèse ; **CONTR.** menu, mince, svelte). *Elle porte un gros sac* (**SYN.** volumineux). **2.** Qui est d'une grande taille par rapport à d'autres de même nature : *Elle ne conduit que les grosses voitures* (**CONTR.** petit). *Une pincée de gros sel* (**CONTR.** fin). **3.** Qui est d'une importance considérable : *L'entreprise fait de gros bénéfices* (**SYN.** appréciable, confortable, conséquent, substantiel ; **CONTR.** faible). *De gros progrès* (**SYN.** grand, net, sensible). *Une grosse faute* (**SYN.** grave, sérieux ; **CONTR.** bénin, léger). **4.** Qui est d'une forte intensité : *La période des grosses chaleurs* (**SYN.** étouffant). *Pousser un gros soupir de soulagement* (**SYN.** profond). **5.** Qui manque de finesse, de délicatesse : *Il profère des gros mots* (**SYN.** grossier, inconvenant, vulgaire). *Une chemise en grosse toile* (**SYN.** épais ; **CONTR.** fin). *Une grosse plaisanterie* (**SYN.** exagéré). ▸ *Fam.* ***Avoir la grosse tête,*** être gonflé du sentiment de sa propre importance, se croire plus que ce qu'on est. *Fam.* ***C'est un peu gros*** ou ***c'est gros comme une maison,*** c'est invraisemblable ou difficilement crédible. ***Faire les gros yeux,*** menacer du regard. ***Grosse mer,*** mer agitée. ***Grosse voix,*** voix grave et forte ; voix menaçante : *Faire la grosse voix pour impressionner.* ◆ **gros** adv. **1.** En grande quantité ; beaucoup : *Nous risquons gros dans cette affaire. Elle donnerait gros pour savoir comment faire* (= beaucoup d'argent). **2.** En grandes dimensions : *Écrire gros.* ▸ ***En avoir gros sur le cœur,*** avoir beaucoup de peine, de dépit ou de rancœur. ◆ n. **1.** Personne corpulente : *Une ligne de prêt-à-porter pour les gros* (= les grandes tailles). **2.** *Fam.* Personne riche, influente : *La hausse du cours des actions profite aux gros* (**SYN.** puissant, riche).

② **gros** n.m. (de *1. gros*). **1.** Vente ou achat par grandes quantités (par opp. à détail) : *Ils pratiquent des prix de gros. Commerce de gros. Nous achetons en gros.* **2.** Gros poisson : *Pêche au gros.* ▸ ***En gros,*** sans entrer dans le détail : *En gros, l'idée est bonne* (**SYN.** grosso modo). ***Le gros de qqch,*** la partie la plus considérable de qqch : *Le gros du trafic s'est écoulé* ; ce qu'il y a de plus important : *Le plus gros du problème est résolu* (= l'essentiel).

groseille n.f. (frq. *krusil*). Petite baie rouge ou blanche comestible qui pousse en grappes sur le groseillier :

Gelée, sirop de groseille. Confiture de groseilles. ▸ ***Groseille à maquereau,*** grosse baie rouge, jaune ou verte, produite par le groseillier épineux. ◆ adj. inv. Qui est d'une couleur rouge clair : *Des moufles groseille.*

groseillier [grozeje] n.m. Arbuste dont trois espèces, le groseillier à grappes, le cassissier et le groseillier épineux, sont cultivées pour leurs fruits, les groseilles.

gros-grain n.m. (pl. *gros-grains*). **1.** Ruban sans lisière à côtes verticales que l'on utilise pour les ceintures des jupes ou les rubans de chapeaux. **2.** Tissu de soie à grosses rayures transversales.

gros-plant n.m. (pl. *gros-plants*). Cépage blanc de la région de Nantes ; vin issu de ce cépage.

gros-porteur n.m. (pl. *gros-porteurs*). Avion de grande capacité.

grosse n.f. **1.** Dans le commerce, douze douzaines de certaines marchandises : *Une grosse de clous.* **2.** Dans la langue juridique, copie d'un acte notarié ou d'un jugement : *La grosse d'un acte de vente.*

grossesse n.f. État de la femme enceinte, entre la fécondation et l'accouchement : *La durée de la grossesse normale est de 280 jours* (SYN. gravidité). ▸ ***Grossesse extra-utérine,*** dans laquelle l'œuf fécondé se fixe et se développe hors de l'utérus. ***Grossesse nerveuse,*** phénomène psychosomatique créant un ensemble de signes physiques évoquant une grossesse chez une femme qui n'est pas enceinte.

grosseur n.f. **1.** État de qqn ou de qqch de gros : *Sa grosseur ne le gêne pas* (SYN. corpulence, embonpoint ; CONTR. maigreur, minceur). *La grosseur de cette planche la rend difficilement transportable* (SYN. épaisseur). **2.** Volume, dimension en général : *Une bosse de la grosseur d'une bille* (SYN. taille). **3.** Excroissance d'une partie du corps : *En se lavant, il a senti une grosseur sur son cou* (SYN. boule, tuméfaction).

grossier, ère adj. **1.** Qui est de médiocre qualité ; qui manque de finesse : *Ce vêtement est fait dans un tissu grossier* (SYN. brut, ordinaire ; CONTR. fin). *Les traits grossiers de sa physionomie* (SYN. épais, lourd ; CONTR. délicat). **2.** Qui est exécuté sans délicatesse, sans soin : *Contentez-vous d'un nettoyage grossier* (SYN. imparfait, rudimentaire ; CONTR. complet, total). **3.** Qui est peu précis, peu élaboré : *Elle n'a pour l'instant qu'une idée grossière de la situation* (SYN. approximatif, sommaire, vague ; CONTR. clair, exact, juste). **4.** Qui dénote de l'ignorance, un manque d'intelligence ou de culture : *Un raisonnement grossier* (SYN. fruste, simpliste ; CONTR. subtil). *Une faute grossière* (SYN. gros, lourd, monumental). **5.** Qui est contraire à la bienséance, à la politesse, aux usages : *C'est un grossier personnage* (SYN. impoli, rustre, vulgaire ; CONTR. raffiné, urbain). *Des manières grossières* (SYN. inconvenant, incorrect ; CONTR. bienséant, courtois, délicat).

grossièrement adv. De façon grossière : *De la peinture grossièrement appliquée* (SYN. maladroitement ; CONTR. délicatement). *Je vous décris grossièrement les lieux* (SYN. approximativement, sommairement ; CONTR. exactement). *Vous vous trompez grossièrement* (SYN. beaucoup, fortement, lourdement ; CONTR. légèrement). *Il parle grossièrement* (SYN. impoliment, vulgairement ; CONTR. courtoisement, poliment).

grossièreté n.f. **1.** Caractère de ce qui est grossier, de ce qui manque de finesse : *La grossièreté d'un tissu* (CONTR. délicatesse). **2.** Manque d'intelligence, de subtilité, d'éducation ; rudesse, rusticité : *La grossièreté d'un mensonge* (SYN. maladresse). *Il répond avec grossièreté* (SYN. impolitesse, vulgarité ; CONTR. bienséance, courtoisie, délicatesse). **3.** Parole ou action grossière : *Il ne peut parler sans dire des grossièretés* (SYN. incongruité).

grossir v.t. [conj. 32]. Rendre ou faire paraître plus gros, plus ample, plus volumineux, plus important : *Cette loupe grossit trois fois l'image* (SYN. agrandir). *Les bombardements grossissent le flot des réfugiés* (SYN. accroître, augmenter, gonfler). *La rumeur a grossi l'événement* (SYN. amplifier, exagérer). ◆ v.i. **1.** Devenir ou paraître plus gros ; augmenter de volume : *Il a grossi par manque d'exercice* (SYN. s'alourdir, engraisser, forcir ; CONTR. maigrir, mincir). **2.** Devenir plus considérable : *Sa fortune ne cesse de grossir* (SYN. s'accroître, s'arrondir). *L'affaire grossit au fil des révélations* (SYN. s'amplifier, enfler).

grossissant, e adj. **1.** Qui fait paraître plus gros ; qui augmente les dimensions apparentes : *Des miroirs grossissants.* **2.** Qui ne cesse de devenir plus gros, plus important : *Un rassemblement grossissant de badauds* (SYN. grandissant).

grossissement n.m. **1.** Action de rendre plus gros, d'agrandir ; accroissement apparent : *Le grossissement de son capital* (SYN. augmentation ; CONTR. diminution). *Le grossissement des cellules grâce au microscope.* **2.** Fait de devenir gros, de se développer : *Le médecin est inquiet du grossissement de la tumeur* (SYN. développement, extension, gonflement). **3.** Amplification de qqch jusqu'à l'exagération, la déformation : *Le grossissement des faits par l'opposition politique.*

grossiste n. Commerçant qui sert d'intermédiaire entre le producteur et le détaillant.

grosso modo loc. adv. (mots lat. signif. « d'une manière grosse »). Sans entrer dans le détail : *Il a expliqué grosso modo l'intention du président* (= en gros ; SYN. sommairement).

grotesque adj. (it. *grottesca,* fresque de grotte, puis peinture ridicule). Qui suscite le rire par son caractère bizarre ou ridicule : *Elle portait une tenue grotesque* (SYN. cocasse, comique, risible). *Il a parfois des réactions grotesques* (SYN. absurde, extravagant).

grotte n.f. (it. *grotta*). Cavité naturelle dans la roche, ouverte à la surface du sol ; caverne : *La grotte de Lascaux. Des plongeurs ont découvert une grotte sous-marine.*

grouillant, e adj. Qui grouille : *Une fourmilière grouillante. Des allées grouillantes de visiteurs* (= où il y a beaucoup de personnes qui vont et viennent).

grouillement n.m. Mouvement et bruit de ce qui grouille : *Le grouillement des touristes aux abords des monuments* (SYN. fourmillement, pullulement).

grouiller v.i. (de l'anc. fr. *grouler,* s'agiter) [conj. 3]. S'agiter ensemble et en grand nombre : *Les fourmis grouillent sur le sol* (SYN. fourmiller, pulluler). ◆ v.t. ind. **[de]. 1.** Être plein d'une masse confuse en mouvement : *La ville grouille de vacanciers* (SYN. fourmiller, pulluler). **2.** *Fig.* Contenir en abondance : *Ce document grouille de fautes* (SYN. abonder en, foisonner de, regorger de). ◆ **se grouiller** v.pr. *Fam.* Se dépêcher : *Elle s'est grouillée pour arriver à l'heure* (SYN. se hâter, se presser).

grouillot n.m. *Fam.* Jeune employé qui fait les courses, porte les messages.

groupage n.m. **1.** Action de grouper des colis ayant une même destination : *L'entreprise se charge du groupage.* **2.** Détermination du groupe sanguin.

groupe n.m. (de l'it. *gruppo,* nœud). **1.** Ensemble distinct de choses ou d'êtres de même nature, réunis dans un même endroit : *Les invités formaient de petits groupes qui bavardaient* (**SYN.** essaim, grappe). *Un groupe d'immeubles* (= un îlot ; **SYN.** bloc, résidence). **2.** Ensemble plus ou moins organisé de personnes liées par des activités, des objectifs communs : *Groupe de travail* (**SYN.** cellule, regroupement). *Groupe syndical* (**SYN.** association, organisation, section). *Des groupes rock* (**SYN.** formation). **3.** Ensemble de choses, d'animaux ou de personnes défini par une caractéristique commune : *Groupe ethnique* (= ethnie). *Groupe socioprofessionnel* (**SYN.** catégorie, communauté). ▸ ***Cabinet de groupe,*** cabinet dans lequel deux ou plusieurs membres d'une profession libérale (avocats, médecins, dentistes) exercent leur activité en partageant les mêmes locaux. ***Groupe de discussion,*** sur Internet, espace public destiné à l'échange différé de messages sur un thème donné. ***Groupe de presse,*** ensemble de journaux qui appartiennent à un même propriétaire, une même société. ***Groupe industriel,*** ensemble d'entreprises liées financièrement. ***Groupe parlementaire,*** formation permanente réunissant des élus d'une même tendance au sein d'une assemblée. ***Groupe sanguin,*** catégorie de personnes dans laquelle on classe tous ceux qui ont le même antigène présent à la surface de leurs globules rouges : *Groupes A, B, AB et O.*

groupement n.m. **1.** Action de grouper ; fait d'être groupé : *Le groupement des maisons autour de l'église du village* (**SYN.** regroupement, réunion ; **CONTR.** dispersion, éparpillement). *Un groupement d'admirateurs autour de la vedette* (**SYN.** concentration, rassemblement). **2.** Réunion de personnes ou de choses groupées par des intérêts communs : *Un groupement d'usagers des transports* (**SYN.** association, coalition, fédération).

grouper v.t. [conj. 3]. Réunir en un lieu, dans un ensemble ou dans une même catégorie : *Ils groupent les ordinateurs dans une seule salle* (**SYN.** concentrer, rassembler, regrouper ; **CONTR.** disperser, éparpiller, répartir). *Ce syndicat groupe les salariés de la fonction publique* (**SYN.** associer, fédérer ; **CONTR.** diviser, scinder). ◆ **se grouper** v.pr. Se réunir : *Elles se sont groupées par affinité* (**SYN.** se rassembler).

groupie n. (mot angl.). Personne qui admire un musicien, un chanteur ou un groupe de musique pop ou rock et qui le suit dans ses déplacements (**SYN.** admirateur, fanatique).

groupuscule n.m. *Péjor.* Petit groupe politique plus ou moins organisé : *Un groupuscule gauchiste.*

grouse [gruz] n.f. (mot angl.). Oiseau gallinacé d'Écosse.

gruau [gryo] n.m. (du frq. *grût*). **1.** Partie granuleuse de l'amande du grain de blé ; semoule de blé dur : *Broyer les gruaux.* **2.** Farine fine et très pure, provenant de blé de qualité d'abord réduit en semoule (on dit aussi *farine de gruau*) : *Pain de gruau.*

① **grue** n.f. (lat. *grus, gruis*). Oiseau échassier dont une espèce, gris cendré, traverse la France pour hiverner en Afrique. ▸ ***Faire le pied de grue,*** attendre longtemps, debout, au même endroit.

② **grue** n.f. (de *1. grue*). Appareil servant à lever des charges, qui est formé d'un bras orientable monté sur un support.

gruger v.t. (du néerl. *gruizen,* écraser) [conj. 17]. *Litt.* Tromper qqn : *Ce démarcheur nous a grugés* (**SYN.** abuser, duper [litt.]).

grulette n.f. ▸ *Fam.* ***Avoir la grulette,*** en Suisse, trembler.

grume n.f. (du bas lat. *gruma,* écorce). **1.** Tronc d'arbre abattu, ébranché et écimé. **2.** En Bourgogne, grain de raisin.

grumeau n.m. (du lat. *grumulus,* petit tertre). Petite boule formée par un liquide coagulé ou une substance mal délayée : *La crème contient des grumeaux.*

grumeleux, euse adj. **1.** Qui forme des grumeaux ; qui présente des grumeaux : *Une pâte à crêpes grumeleuse.* **2.** Qui présente des aspérités, des granulations : *Des poires à la chair grumeleuse* (**SYN.** granuleux).

grumier n.m. Camion ou cargo adapté au transport des grumes, des billes de bois.

grunge [grœndʒ] adj. inv. (mot anglo-amér. signifie « crasse »). Se dit d'un style vestimentaire négligé et débraillé, en vogue dans les années 1990. ◆ n.m. Style de rock apparu sur la côte ouest des États-Unis, inspiré de la mode grunge.

gruter v.t. [conj. 3]. Lever, déplacer à l'aide d'une grue.

grutier, ère n. Personne qui conduit une grue.

gruyère [gryjɛr ou grɥijɛr] n.m. (de *Gruyère,* nom d'un anc. comté suisse). Fromage d'origine suisse au lait de vache, à pâte cuite et pressée.

GSM [ʒeɛsɛm] n.m. (sigle de l'angl. *global system for mobile communication,* système global pour les communications mobiles). **1.** Norme européenne de téléphonie numérique pour les mobiles. **2.** En Belgique, téléphone portable.

guacamole [gwakamɔl] n.m. (mot esp.). Préparation mexicaine à base d'avocat, de crème et d'épices.

guadeloupéen, enne [gwadəlupeɛ̃, ɛn] adj. et n. Relatif à la Guadeloupe, à ses habitants.

guano [gwano] n.m. (du quechua). Matière provenant de l'accumulation d'excréments et de cadavres d'oiseaux marins, et qu'on employait comme engrais.

guarani [gwarani] adj. inv. et n. inv. Relatif aux Guarani, aux Indiens de la forêt amazonienne. ◆ **guarani** n.m. Langue des Indiens de la forêt amazonienne, parlée surtout au Paraguay.

① **gué** [ge] n.m. (du frq. *wad*). Endroit peu profond d'une rivière où l'on peut traverser à pied : *Traverser le ruisseau à gué.* ▸ ***Au milieu du gué,*** dans un moment difficile ; en pleine action : *On ne change pas de tactique au milieu du gué.*

② **gué** [ge] interj. (var. de *gai*). Mot exprimant la joie dans des vieilles chansons : *Oh ! gué, vive la rose !*

guéable adj. Se dit d'un cours d'eau que l'on peut traverser à gué.

guéguerre n.f. *Fam.* Conflit de peu d'importance : *La guéguerre des journalistes pour avoir la primeur de l'information* (**SYN.** lutte, querelle, rivalité).

guelte [gɛlt] n.f. (de l'all. *Geld,* argent). Pourcentage accordé à un vendeur sur ses ventes (**SYN.** commission).

guenille n.f. (anc. fr. *guenipe*, du gaul.). (Surtout pl.). Vêtement en lambeaux : *Des réfugiés en guenilles* ou *vêtus de guenilles* (**SYN.** haillon, hardes [litt.], loque, oripeaux [litt.]).

guenon n.f. **1.** Singe femelle ; partic., femelle du chimpanzé. **2.** *Fam., péjor.* Femme très laide.

guépard n.m. (it. *gattopardo*, de *gatto*, chat, et *pardo*, léopard). Mammifère carnivore d'Afrique et d'Asie au pelage fauve tacheté de noir, très rapide à la course.

guêpe n.f. (lat. *vespa*). Insecte à abdomen annelé de jaune et de noir construisant des nids souterrains ou aériens, les guêpiers, et dont la femelle est pourvue d'un aiguillon venimeux : *Il y a un nid de guêpes au fond du jardin.* ▸ ***Taille de guêpe,*** taille très fine : *Des mannequins aux tailles de guêpe.*

guêpier n.m. **1.** Nid de guêpes. **2.** *Fig.* Situation dangereuse, dont on ne se tire pas sans dommage : *La direction du club ne sait plus comment sortir du guêpier des hooligans* (**SYN.** bourbier [fig.], piège).

guêpière n.f. (de *taille de guêpe*). Pièce de lingerie féminine constituée d'un bustier qui descend au-dessous de la taille et l'enserre.

guère [gɛr] adv. (du frq. *waigaro*, beaucoup). **1.** (En corrélation avec *ne*). Peu ; pas beaucoup : *Ils ne sont guère aimables. Elle ne va guère mieux. Vous ne venez guère me voir* (= pas souvent). **2.** (En corrélation avec *ne* et *de* + n.). Indique une quantité minime ou une fréquence faible : *Nous n'avons guère de papier* (= pas beaucoup). *Elle n'a guère de temps.* **3.** (En corrélation avec *ne* et suivi de *que*). Presque uniquement : *Il ne nous reste guère que 30 euros pour finir le mois* (= à peu près, seulement). **4.** Indique une négation, dans les réponses : *Achetez-vous des savonnettes ? — Guère* (**SYN.** peu). ☞ **REM.** Ne pas confondre avec *la guerre.*

guéret n.m. (du lat. *vervactum*, jachère). Terre non ensemencée, labourée en été pour recevoir les semailles d'automne.

guéridon n.m. (de *Guéridon*, nom d'un personnage de farce). Table ronde ou ovale, à piétement central ou à trois ou à quatre pieds.

guérilla [gerija] n.f. (esp. *guerrilla*, petite guerre). Guerre, menée par des groupes de partisans, qui consiste à harceler l'adversaire en menant des actions ponctuelles fréquentes.

guérillero [gerijero] n.m. (pl. *guérilleros*). Combattant d'un groupe qui se livre à la guérilla (**SYN.** maquisard, partisan).

guérir v.t. (du frq. *warjan*, protéger) [conj. 32]. **1.** Délivrer d'un mal physique ou mental, d'une maladie : *La dermatologue m'a guéri d'un eczéma* (**SYN.** soigner). *Cet antibiotique l'a guérie* (**SYN.** rétablir, sauver). **2.** Faire cesser une maladie : *Ces pastilles guérissent le rhume* (**SYN.** traiter). **3.** *Fig.* Débarrasser d'un défaut, d'une douleur morale : *Elle l'a guéri de ses manies* (**SYN.** corriger). *L'affection de ses amis guérira sa peine* (**SYN.** apaiser, calmer). ◆ v.i. ou **se guérir** v.pr. **1.** Recouvrer la santé : *Il a guéri grâce à ce nouveau traitement* (**SYN.** se remettre, se rétablir). *Elle s'est guérie en mangeant des oranges.* **2.** Disparaître, en parlant d'une maladie : *Sa bronchite a guéri. La plaie s'est guérie* (**SYN.** cicatriser, se refermer). **3.** *Fig.* Se débarrasser d'un défaut, d'une faiblesse : *Guérir* ou *se guérir de l'envie de fumer* (**SYN.** se corriger).

guérison n.f. Disparition d'un mal physique ou moral : *La guérison du malade prendra du temps* (**SYN.** rétablissement). *La blessure est en voie de guérison* (**SYN.** cicatrisation). *La guérison de sa timidité.*

guérissable adj. Que l'on peut guérir : *Ce cancer est guérissable* (**SYN.** curable ; **CONTR.** incurable, inguérissable).

guérisseur, euse n. Personne qui prétend guérir autrui, en dehors de l'exercice légal de la médecine.

guérite [gerit] n.f. (de l'anc. fr. *garir*, protéger). **1.** Abri pour un homme debout, servant aux militaires de faction. **2.** Baraque de chantier servant de bureau.

guerre n.f. (frq. *werra*). **1.** Lutte armée entre États ; situation de conflit qu'elle implique : *La guerre est déclarée entre ces pays voisins. Les belligérants se livrent une guerre sans merci* (**SYN.** combat, hostilités). **2.** Conflit non armé entre des groupes puissants : *La guerre des chaînes de télévision. La guerre des polices.* **3.** Lutte entre personnes : *Entre les deux adjoints, c'est la guerre* (**SYN.** discorde, mésentente). *Ils se font la guerre sur chaque problème abordé* (= ils s'opposent vivement). **4.** Action entreprise pour supprimer, détruire qqch : *Faire la guerre à la pollution* (= combattre). ☞ **REM.** Ne pas confondre avec *guère.* ▸ ***De bonne guerre,*** se dit d'un comportement, d'une réaction d'un adversaire que l'on juge habile et que l'on considère comme légitime. ***De guerre lasse,*** en renonçant par lassitude : *De guerre lasse, j'ai accepté de l'écouter.* ***Faire la guerre à qqn,*** lutter pour que qqn change sa conduite : *Son médecin lui fait la guerre pour qu'il arrête de fumer.* ***Guerre nucléaire, biologique, chimique,*** ou ***guerre N.B.C.,*** guerre où seraient employées les armes nucléaires, biologiques, chimiques. ***Guerre des ondes,*** utilisation de la radiodiffusion comme moyen de propagande, de manipulation de l'opinion. ***Guerre froide,*** hostilité latente, qui n'aboutit pas au conflit armé, dans les relations internationales. ***Guerre sainte,*** guerre menée au nom de motifs religieux. ***Guerre totale,*** guerre dans laquelle on utilise tous les moyens de lutte et qui vise à l'anéantissement de l'adversaire. ***Homme de guerre,*** dont le métier est de faire la guerre. ***Nom de guerre,*** nom que prenait autrefois un soldat en s'enrôlant ; pseudonyme d'un homme public : *Le nom de guerre d'un romancier.* ***Petite guerre,*** guerre de harcèlement ; simulacre de combat.

guerrier, ère adj. **1.** *Litt.* Qui a trait à la guerre : *Des exploits guerriers* (**SYN.** militaire). **2.** Qui est porté à la guerre : *Un peuple guerrier* (**SYN.** belliqueux ; **CONTR.** pacifique). *Un chant guerrier* (**SYN.** martial ; **CONTR.** pacifiste). ◆ **guerrier** n.m. *Litt.* **1.** Personne qui fait la guerre (**SYN.** combattant, soldat). **2.** Personne qui a le goût de la guerre. ◆ **guerrière** n.f. *Sout.* **1.** Jeune fille, jeune femme qui revendique avec agressivité et parfois violence sa place dans la société. **2.** Militante infatigable de la condition féminine.

guerroyer [gɛrwaje] v.i. [conj. 13]. *Litt.* **1.** Faire longuement ou fréquemment la guerre : *Nos troupes guerroient contre l'envahisseur* (**SYN.** se battre, combattre). **2.** Partir en guerre contre qqch : *Nous guerroierons contre l'injustice* (**SYN.** batailler [fig.], lutter).

guet [gɛ] n.m. Surveillance destinée à surprendre qqn ou à éviter d'être pris : *L'un d'entre eux fait le guet pendant que les autres cambriolent la banque.*

guetali [getali] n.m. À la Réunion, terrasse indépendante de la maison, en bordure de rue.

guet-apens [getapɑ̃] n.m. (de *guet*, et de l'anc. fr. *apenser*, préméditer) [pl. *guets-apens*]. **1.** Embuscade dressée contre qqn pour l'assassiner, lui faire subir des violences, le voler : *Le commando est tombé dans un guet-apens.* **2.** *Fig.* Machination perfide : *Cette offre servait à attirer les naïfs dans le guet-apens du surendettement* (**SYN.** chausse-trape, piège). ☞ **REM.** Le pluriel se prononce comme le singulier.

guêtre n.f. (du frq. *wrist*, cou-de-pied). Bande de cuir ou de tissu qui couvre le bas de la jambe et le dessus de la chaussure. ▸ *Fam.* ***Traîner ses guêtres,*** se promener sans but, en oisif (= flâner).

guetter v.t. (du frq. *wahtôn*, veiller) [conj. 4]. **1.** Surveiller pour surprendre ou pour ne pas être surpris : *Les gangsters guettaient les transporteurs de fonds* (**SYN.** épier). **2.** Faire peser une menace imminente sur : *Elle est si stressée que l'accident cardiaque la guette* (**SYN.** menacer). **3.** Attendre avec impatience : *Nous guettons les affiches qui annonceront son concert.*

guetteur, euse n.m. **1.** Personne qui guette : *Le guetteur a prévenu ses complices de l'arrivée des policiers.* **2.** Combattant ayant une mission de renseignement, d'alerte et de surveillance (**SYN.** sentinelle).

gueulante n.f. *Fam.* **1.** Clameur de protestation : *L'annonce des licenciements a déclenché une gueulante des salariés.* **2.** Explosion de colère : *Il a poussé une gueulante contre les automobilistes garés en double file* (**SYN.** vocifération).

① **gueulard, e** adj. et n. *Fam.* Qui crie fort et souvent.

② **gueulard** n.m. Ouverture supérieure d'un haut-fourneau, par laquelle on le remplit.

gueule n.f. (lat. *gula*). **1.** Bouche de certains animaux, quand elle peut s'ouvrir largement : *Le chien tient la balle dans sa gueule.* **2.** *Fam.* Bouche de l'homme : *Se fendre la gueule* (= rire aux éclats). *Fermer sa gueule* (= se taire). **3.** *Fam.* Visage du point de vue de son aspect : *Cet acteur a une belle gueule. Faire une gueule d'enterrement* (= avoir un air sinistre ; **SYN.** figure, tête). **4.** *Fam.* Allure d'une personne ; aspect d'une chose : *Il a de la gueule en costume cravate* (= il est élégant). *Ce compte rendu a de la gueule* (= il est bien présenté). **5.** Ouverture béante : *La gueule d'un four.* ▸ *Fam.* ***Casser la gueule à qqn,*** infliger à qqn une correction, en partic. en le frappant au visage. *Fam.* ***C'est un fort en gueule*** ou ***une grande gueule,*** c'est une personne qui parle haut et fort, mais qui n'agit guère. *Fam.* ***Faire la gueule,*** bouder, être morose. *Fam.* ***Fine gueule,*** gourmet. ***Gueule cassée,*** grand blessé de la face, depuis la Première Guerre mondiale. *Fam.* ***Gueule noire,*** mineur des houillères. *Fam.* ***Se casser la gueule,*** tomber ; échouer : *Se casser la gueule sur le verglas. Sa start-up va se casser la gueule* (= va à la faillite).

gueule-de-loup n.f. (pl. *gueules-de-loup*). Plante ornementale à fleurs en grappes (**SYN.** muflier).

gueuler [gœle] v.i. (de *gueule*) [conj. 5]. *Fam.* **1.** Parler, chanter plus fort que nécessaire : *Il est incapable de dire quelque chose sans gueuler* (**SYN.** hurler, vociférer). **2.** Hurler de douleur ou de mécontentement : *Il a gueulé quand j'ai désinfecté sa plaie à l'alcool* (**SYN.** crier). *Ils gueulent contre la lenteur des connexions à Internet* (**SYN.** fulminer, protester, tempêter). ◆ v.t. Dire ou chanter qqch en criant : *Les supporteurs ont gueulé leur hymne.*

gueules n.m. (du persan *ghul*, rouge). Couleur rouge du blason.

gueuleton n.m. *Fam.* Repas excellent et abondant : *Faire un gueuleton* (**SYN.** festin).

gueuletonner v.i. [conj. 3]. Faire un gueuleton ; festoyer.

gueux, gueuse [gø, gøz] n. (du moyen néerl. *guit*, coquin). *Litt.* **1.** Personne réduite à la mendicité (**SYN.** miséreux, vagabond). **2.** Personne méprisable (**SYN.** fripon, paltoquet).

gueuze ou **gueuse** n.f. Bière belge forte subissant une seconde fermentation.

gui n.m. (lat. *viscum*). Arbuste à baies blanches toxiques, qui vit en parasite sur les branches de certains arbres.

guibolle ou **guibole** n.f. (du normand *guibon*, cuisse). *Fam.* Jambe.

guiche n.f. (du nom du marquis de *La Guiche*, qui en aurait lancé la mode). Accroche-cœur.

guichet n.m. (de l'anc. scand. *vik*, cachette). **1.** Comptoir permettant au public de communiquer avec l'employé installé de l'autre côté : *Elle a retiré son colis au guichet de la poste. Le guichet des renseignements. Il y a la queue aux guichets de la banque.* **2.** Ouverture pratiquée dans une porte, une cloison, un mur, à hauteur d'homme : *Le gardien regarde par le guichet avant d'ouvrir aux visiteurs* (**SYN.** judas). ▸ ***Guichet automatique,*** terminal informatique permettant aux clients d'une banque d'effectuer des opérations bancaires courantes (retrait d'espèces, demande de chéquier). ***Jouer à guichets fermés,*** jouer en ayant vendu tous les billets avant une représentation, un match.

guichetier, ère n. Personne préposée au guichet d'une banque, d'une administration et chargée de l'accueil du public.

guidage n.m. **1.** Action de guider : *Les O.N.G. chargées du guidage des colonnes de réfugiés* (**SYN.** orientation). **2.** Processus visant à imposer une trajectoire donnée à un aéronef, un véhicule spatial ou un missile : *Le guidage d'un avion à l'approche de la piste d'atterrissage.*

① **guide** n. (anc. prov. *guida*, de *guidar*, conduire). **1.** Personne qui guide, montre le chemin, fait visiter : *La guide émaille ses commentaires d'anecdotes savoureuses* (**SYN.** accompagnateur, cicérone [litt.]). **2.** Alpiniste professionnel diplômé qui conduit une ou plusieurs personnes en montagne.

② **guide** n.m. (de *1. guide*). **1.** Personne qui donne une direction morale, intellectuelle à qqn, à un pays : *Un guide spirituel* (**SYN.** conseiller, inspirateur, mentor [litt.]). *Elle a été le guide de cette avancée sociale* (**SYN.** égérie [litt.], pilote). **2.** Ce qui sert de principe directeur : *Elle a pour guide la justice et n'agit que pour la faire triompher* (**SYN.** flambeau). **3.** Ouvrage qui donne des renseignements classés : *Un guide touristique* (= un plan des rues, un recueil des sites à visiter). **4.** En Belgique, indicateur des chemins de fer. ◆ **guides** n.m. pl. En Belgique, régiment blindé.

③ **guide** n.f. (de *1. guide*). (Surtout pl.). Lanière de cuir qu'on attache au mors d'un cheval attelé pour le diriger : *La cavalière tire sur les guides pour faire ralentir son cheval* (**SYN.** rêne).

④ **guide** n.f. Jeune fille de 12 à 14 ans faisant partie d'un mouvement de scoutisme.

guide-âne n.m. (pl. *guide-ânes* ou inv.). Feuille de papier portant des lignes dont on se sert pour écrire droit.

guider v.t. [conj. 3]. **1.** Accompagner qqn pour lui montrer le chemin : *Des employés communaux guident les piétons pendant les travaux* (**SYN.** conduire, piloter). **2.** Éclairer qqn dans le choix d'une direction intellectuelle ou morale, d'une décision : *Les économistes ont guidé la ministre dans sa réforme* (**SYN.** conseiller, orienter). **3.** Montrer le chemin, la voie à : *Les échos de la fête nous ont guidés pour vous retrouver* (**SYN.** diriger). **4.** Pousser à agir d'une certaine façon ; déterminer : *La recherche du profit le guide dans tout ce qu'il entreprend* (**SYN.** inspirer, mener).

guidon n.m. Barre horizontale munie de poignées, commandant la direction d'un deux-roues.

① **guigne** n.f. (de l'all.). Cerise d'une variété à chair ferme et sucrée. ▸ *Fam.* ***Se soucier de qqch comme d'une guigne,*** s'en moquer complètement.

② **guigne** n.f. (de *guigner*). *Fam.* Malchance persistante : *Avoir la guigne.*

guigner v.t. (du frq. *winkjan,* faire signe) [conj. 3]. **1.** Regarder du coin de l'œil, à la dérobée : *Il guigne la fille des voisins* (**SYN.** lorgner). **2.** Guetter avec envie : *Vous guigniez le poste qui s'est libéré* (**SYN.** convoiter).

guignier n.m. Cerisier qui produit les guignes.

guignol n.m. (de *Guignol,* marionnette née au XVIIIe siècle). **1.** Théâtre de marionnettes où apparaît le personnage de Guignol : *Je l'emmènerai au guignol.* **2.** *Fam.* Personne en qui on ne peut avoir confiance : *Il n'est pas question de négocier avec ces guignols* (**SYN.** fantoche, marionnette, pantin). ☞ **REM.** Voir *grand-guignol* à son ordre alphabétique. ▸ ***Faire le guignol,*** amuser les autres, volontairement ou non ; se conduire de manière ridicule.

guignolade n.f. Situation grotesque, digne d'un spectacle de Guignol : *Le débat à l'Assemblée a tourné à la guignolade* (**SYN.** farce).

guignolet n.m. Liqueur faite avec des cerises.

guilde ou **gilde** ou **ghilde** [gild] n.f. (anc. néerl. *gilde,* corporation). Association visant à procurer à ses adhérents de meilleures conditions d'achat : *La guilde des orfèvres.*

guilledou n.m. (de l'anc. fr. *guiler,* tromper, et de *doux*). ▸ *Fam., vieilli* ***Courir le guilledou,*** chercher des aventures amoureuses.

guillemet [gijmɛ] n.m. (du nom de *Guillaume,* inventeur présumé de ce signe). (Souvent au pl.). Signe double (« ») servant à isoler un mot ou un groupe de mots cités ou employés d'une façon particulière : *Ouvrir et fermer les guillemets. Les citations sont mises entre guillemets.* ▸ ***Entre guillemets,*** se dit d'une phrase, d'un mot qu'on ne prend pas à son compte ou indique que l'on met une certaine ironie dans ce que l'on dit.

guillemeter [gijmete] v.t. [conj. 27]. Mettre entre guillemets.

guilleret, ette adj. (du frq. *wigila,* ruse). Qui est vif et gai : *Tu es bien guillerette ce matin* (**SYN.** allègre, pétulant, sémillant). *Elle m'a répondu d'une voix guillerette* (**SYN.** enjoué, jovial, réjoui ; **CONTR.** lugubre, morne, triste).

guillocher v.t. (it. *ghiocciare,* lat. pop. *guttiare,* dégoutter) [conj. 3]. Orner une surface métallique d'un décor fait de lignes gravées en creux ou en relief, appelé *un guillochis* ou *une guillochure.*

guillon n.m. En Suisse, cheville de bois bouchant le trou fait à un tonneau.

guillotine n.f. (du nom du docteur *Guillotin,* qui en préconisa l'usage). **1.** Instrument qui servait à décapiter les condamnés à mort. **2.** Peine de mort infligée au moyen de la guillotine : *En France, la guillotine a disparu avec l'abolition de la peine de mort en 1981.* ▸ ***Fenêtre à guillotine,*** fenêtre s'ouvrant verticalement au moyen d'un châssis glissant entre deux rainures.

guillotiner v.t. [conj. 3]. Décapiter au moyen de la guillotine.

guimauve n.f. (de *gui,* dérivé du gr. *hibiskos,* mauve, et de *mauve,* n.f.). **1.** Plante des marais ou des prés humides, qui possède des propriétés émollientes *(guimauve officinale),* et dont une variété est cultivée sous le nom de *rose trémière.* **2.** Friandise molle, élastique et sucrée (on dit aussi *pâte de guimauve*). **3.** *Fig.* Ce qui est douceâtre, fade, d'une sentimentalité mièvre : *Ce feuilleton, c'est de la guimauve.*

guimbarde n.f. (prov. *guimbardo,* danse, de *guimba,* sauter). **1.** *Fam.* Vieille voiture : *Il arrive dans sa guimbarde rouillée.* **2.** Instrument de musique composé d'une languette flexible fixée dans un cadre et que l'on fait vibrer.

guimpe n.f. (du frq. *wimpil*). **1.** *Anc.* Pièce de toile encadrant le visage et retombant sur le cou et la poitrine, qui est une pièce du costume de certaines religieuses. **2.** Petite chemisette en tissu léger qui se porte sous une robe très décolletée.

guincher v.i. [conj. 3]. *Fam.* Danser.

guindaille n.f. *Fam.* En Belgique, beuverie d'étudiants.

guindailler v.i. [conj. 3]. *Fam.* En Belgique, participer à une guindaille.

guindé, e adj. (de l'anc. scand. *winda,* hausser). **1.** Qui a un maintien raide, peu naturel : *Il est très guindé et ne sait pas mettre ses collaborateurs à l'aise* (**SYN.** compassé, empesé, gourmé [litt.], maniéré ; **CONTR.** simple, spontané). **2.** Se dit d'une façon de s'exprimer qui manque de naturel : *Il s'adresse à autrui sur un ton guindé* (**SYN.** affecté, ampoulé, boursouflé, pompeux).

guinée [gine] n.f. (angl. *guinea*). *Anc.* Monnaie de compte anglaise, qui valait 21 shillings.

de **guingois** loc. adv. (de l'anc. fr. *guinguer,* sauter). *Fam.* De travers : *Ton chapeau est de guingois.*

guinguette n.f. (de l'anc. fr. *guinguet,* étroit). Café situé dans la banlieue d'une grande ville, où l'on peut danser.

guipure n.f. (de *guiper,* passer un fil de soie autour d'une torsade). Étoffe imitant la dentelle, en fil ou en soie, qui sert à la confection de rideaux et de stores d'ameublement.

guirlande n.f. (it. *ghirlanda*). **1.** Cordon ornemental de verdure, de fleurs, de feuillage : *À leur arrivée, les touristes sont parés d'une guirlande de fleurs.* **2.** Ruban de papier ou fil agrémenté d'ornements, servant à décorer : *Des guirlandes électriques clignotent sur le sapin de Noël.*

guise n.f. (du frq. *wisa*, manière). ▸ ***À ma guise, à ta guise, à sa guise,*** etc., selon la manière qui me (te, lui, etc.) plaît : *Agir à sa guise. Si vous désirez changer de logiciel, à votre guise* (= comme vous voulez). ◆ **en guise de** loc. prép. **1.** À la place de : *Il a mis sa mallette au-dessus de sa tête en guise de parapluie.* **2.** En manière de : *En guise de repas, on nous a donné un sandwich et un café.*

guitare n.f. (esp. *guitarra*, de l'ar.). Instrument de musique de la famille du luth, à cordes pincées, à caisse plate et à long manche. ▸ ***Guitare électrique,*** guitare dont les sons sont captés par des micros et amplifiés (par opp. à guitare sèche).

guitariste n. Personne qui joue de la guitare.

guitoune n.f. (mot ar. signif. « petite tente »). *Arg.* Tente : *La guitoune d'un campeur.*

gulden [guldɛn] n.m. Florin.

guru [guru] n.m. → **gourou.**

gus [gys] ou **gusse** n.m. (abrév. de *Auguste*, nom de clown). *Fam.* Individu quelconque ; homme, quidam, type.

gustatif, ive adj. (du lat. *gustus*, goût). Relatif au goût : *Papilles gustatives. Ce mode de cuisson préserve les qualités gustatives des aliments.*

gustation n.f. (du lat. *gustare*, goûter). Perception des saveurs par le goût.

gutta-percha [gytapɛrka] n.f. (mot angl., du malais) [pl. *guttas-perchas*]. Substance plastique et isolante, tirée du latex d'un arbre de Malaisie.

guttural, e, aux adj. (du lat. *guttur*, gosier). **1.** Se dit d'un son qui est émis du fond de la gorge : *Des cris gutturaux* (SYN. rauque). **2.** En anatomie, qui concerne le gosier.

guyanais, e [gɥijanɛ, ɛz] adj. et n. De la Guyane, de ses habitants.

① **guyot** [gɥijo] n.m. (de A. *Guyot*, nom d'un géographe). Mont sous-marin à sommet aplati : *Un guyot est souvent un ancien volcan.*

② **guyot** [gɥijo] n.f. (du nom du docteur Jules *Guyot*). Poire d'une variété à peau jaune pâle parsemée de points roux : *Une guyot juteuse.*

gym [ʒim] n.f. (abrév.). *Fam.* Gymnastique.

gymkhana [ʒimkana] n.m. (d'un mot hindi signif. « salle de jeu de balle »). Ensemble d'épreuves en automobile ou à motocyclette, où les concurrents doivent suivre un parcours compliqué de chicanes, de barrières.

gymnase n.m. (lat. *gymnasium*). **1.** Établissement et salle où l'on peut pratiquer certains sports. **2.** En Suisse, lycée.

gymnasial, e, aux adj. En Suisse, relatif au lycée.

gymnaste n. Personne qui pratique la gymnastique sportive.

gymnastique n.f. (lat. *gymnasticus*, du gr. *gumnastikê*, de *gumnos*, nu). **1.** Ensemble des exercices physiques destinés à assouplir ou à développer le corps ; culture physique (abrév. fam. gym). **2.** Ensemble d'épreuves sportives comprenant des enchaînements d'exercices au sol et aux agrès. **3.** *Fig.* Ensemble d'exercices qui visent à développer les facultés intellectuelles : *La conversion des francs en euros nous a obligés à une gymnastique intellectuelle.* **4.** *Fig., fam.* Ensemble de manœuvres plus ou moins compliquées, imposées par une situation : *Il a fallu faire une de ces gymnastiques pour que chacun soit content* (SYN. acrobatie). ▸ ***Gymnastique aquatique,*** qui est pratiquée dans l'eau. ***Gymnastique artistique,*** comprenant des enchaînements au sol et aux agrès. ***Gymnastique corrective,*** ensemble de mouvements, d'exercices qui ont pour but la rééducation musculaire. ***Gymnastique rythmique,*** qui se pratique avec accompagnement musical et en utilisant des engins légers (rubans, cerceaux, etc.). ***Pas de gymnastique,*** pas de course régulier et cadencé.

gymnique adj. Relatif à la gymnastique.

gymnosperme n.f. Plante arborescente dont les graines et les ovules sont nus : *Le pin est une gymnosperme.*

gynécée n.m. Dans la Grèce antique, appartement réservé aux femmes.

gynécologie n.f. (du gr. *gunê*, femme, et *logos*, science). Spécialité médicale consacrée à l'organisme de la femme et à son appareil génital.

gynécologique adj. Relatif à la gynécologie.

gynécologue n. Médecin spécialiste de gynécologie.

gynoïde adj. Qui présente un aspect, des caractères féminins.

gypaète n.m. (du gr. *gups, gupos*, vautour, et *aetos*, aigle). Grand rapace diurne, vivant dans les hautes montagnes et se nourrissant de charognes.

gypse [ʒips] n.m. (lat. *gypsum*, du gr. *gupsos*). **1.** Roche calcaire servant à la fabrication du plâtre et qui peut être utilisée comme engrais (= pierre à plâtre). **2.** En Suisse, plâtre.

gypsier n.m. En Suisse, plâtrier.

gypsophile n.f. Plante herbacée voisine de l'œillet, parfois cultivée pour ses fleurs blanches : *La gypsophile pousse dans les rocailles.*

gyrocompas n.m. (du gr. *guros*, cercle). Appareil composé d'un gyroscope électrique, utilisé sur les navires et dans les avions.

gyrophare n.m. (du gr. *guros*, cercle, et *phare*). Phare rotatif équipant le toit de certains véhicules prioritaires, comme ceux de la police, ceux des pompiers et les ambulances : *Le gyrophare clignote dans la nuit.*

gyroscope n.m. (du gr. *guros*, cercle, et *skopein*, examiner). Appareil qui fournit une direction invariable de référence.

gyrostat [ʒirɔsta] n.m. Solide tournant rapidement autour de son axe, et permettant la stabilisation en direction de cet axe.

H *h*

L'astérisque (*) placé avant la première lettre du mot d'entrée de l'article indique que cette lettre est un h aspiré

h [aʃ] n.m. inv. Huitième lettre (consonne) de l'alphabet français. ▸ ***Bombe H,*** bombe thermonucléaire. ***H,*** la note *si,* dans les systèmes de notation musicale anglo-saxon et germanique. ***L'heure H,*** l'heure fixée pour une opération : *La fusée a décollé au jour J et à l'heure H.*

***ha** [a] interj. **1.** Marque la surprise : *Ha ! je ne le savais pas.* **2.** Répété, exprime le rire : *Ha ! ha ! ha ! ses histoires sont désopilantes.*

habeas corpus [abeaskɔrpys] n.m. (mots lat. signif. « que tu aies ton corps »). Principe de la loi anglo-saxonne qui garantit la liberté individuelle et protège des arrestations arbitraires.

habile adj. (lat. *habilis*). **1.** Qui agit avec adresse, avec ingéniosité ou ruse : *Un réparateur habile* (**SYN.** capable, chevronné, expert ; **CONTR.** gauche, maladroit, malhabile). *Une habile négociatrice* (**SYN.** averti, compétent, consommé, subtil ; **CONTR.** inexpérimenté, novice). **2.** Qui est fait adroitement : *Des procédés habiles* (**SYN.** ingénieux ; **CONTR.** lourd, naïf). ▸ ***Être habile à qqch, à*** (+ inf.), exceller à : *Elle est habile à l'aquarelle. Être habile à se décharger de ses responsabilités.*

habilement adv. **1.** Avec habileté, compétence : *Des manipulations habilement réalisées* (**SYN.** adroitement ; **CONTR.** malhabilement). **2.** Avec ingéniosité, finesse : *Elle s'est habilement tirée de ce mauvais pas* (**SYN.** ingénieusement, subtilement ; **CONTR.** gauchement, lourdement).

habileté n.f. **1.** Qualité d'une personne habile : *L'habileté d'un artisan* (**SYN.** adresse, dextérité, savoir-faire, virtuosité ; **CONTR.** inhabileté [litt.], maladresse). **2.** Qualité de ce qui est fait avec adresse, avec intelligence : *L'habileté d'une plaidoirie* (**SYN.** finesse, maestria ; **CONTR.** gaucherie, lourdeur). ☞ **REM.** Ne pas confondre avec *habilité.*

habilitation n.f. **1.** Dans la langue juridique, action d'habiliter, de conférer une capacité juridique. **2.** Dans le domaine universitaire, capacité à donner un enseignement et à conférer un diplôme national.

habilité n.f. Dans la langue juridique, aptitude légale : *L'habilité à voter, à témoigner* (**SYN.** capacité). ☞ **REM.** Ne pas confondre avec *habileté.*

habiliter v.t. (lat. *habilitare,* rendre apte) [conj. 3]. Rendre légalement apte à accomplir un acte : *Ce jugement l'a habilité à signer le contrat.*

habillage n.m. **1.** Action d'habiller qqn, de s'habiller : *L'habillage des acteurs avant chaque scène.* **2.** Action d'habiller qqch : *L'habillage des sièges d'une automobile.* **3.** Ce qui fait l'identité visuelle ou sonore d'une chaîne de télévision ou de radio, d'une émission. **4.** *Fig.* Manière de présenter qqch pour le rendre plus agréable ou le faire admettre : *L'habillage médiatique d'une intervention militaire.*

habillé, e adj. **1.** Qui porte des vêtements (par opp. à nu) : *Elle a dormi tout habillée* (**SYN.** vêtu ; **CONTR.** déshabillé, dévêtu). **2.** Qui convient à une réunion élégante, à une cérémonie : *Des chaussures très habillées* (**SYN.** chic, élégant). **3.** Où l'on doit porter une tenue élégante : *Un dîner habillé.*

habillement n.m. **1.** Action d'habiller, de s'habiller : *Des magasins d'habillement.* **2.** Ensemble de vêtements que l'on porte ; habits : *Des pièces de l'habillement traditionnel* (**SYN.** costume, tenue). **3.** Profession du vêtement : *Le secteur économique de l'habillement.*

habiller v.t. (de l'anc. fr. *abillier,* préparer une bille de bois) [conj. 3]. **1.** Revêtir de vêtements ; fournir en vêtements : *Des infirmiers habillent le malade* (**SYN.** vêtir ; **CONTR.** déshabiller, dévêtir). *Des costumières habillaient les comédiennes. Veillez à habiller les enfants chaudement.* **2.** En parlant d'un vêtement, être seyant : *Ce tailleur l'habille bien* (**SYN.** avantager, embellir). *Un rien l'habille* (**SYN.** aller). **3.** Préparer pour la vente, la cuisson : *Habiller une volaille* (= la vider, la brider, la parer). **4.** Couvrir pour décorer ou protéger : *Nous avons habillé les murs de matériaux isolants* (**SYN.** garnir, recouvrir, tendre). **5.** *Fig.* Arranger en présentant sous un aspect plus séduisant : *Habiller une augmentation d'impôts de promesses d'amélioration sociale* (**SYN.** camoufler, masquer). ◆ **s'habiller** v.pr. **1.** Mettre ses vêtements sur soi : *Elle s'est habillée tard* (**CONTR.** se déshabiller). **2.** Se fournir en vêtements : *Elle s'habille sur catalogue.* **3.** Porter des vêtements ; les coordonner avec goût : *Il s'habille toujours en noir. Elle sait s'habiller pour toutes les situations.* **4.** Revêtir une toilette élégante : *Elle s'est habillée pour sortir ce soir.*

habilleur, euse n. Personne chargée d'aider les comédiens, les mannequins à s'habiller et d'assurer l'entretien des costumes.

habit n.m. (du lat. *habitus,* manière d'être). **1.** Costume masculin noir de cérémonie dont la veste a un dos divisé en deux pans des hanches aux genoux. **2.** Tenue particulière à une fonction, à une activité : *Un habit de serveur* (**SYN.** costume). **3.** Vêtement de religieux ou de religieuse : *Prendre l'habit* (= entrer en religion). ▸ ***Habit de lumière,*** habit brodé de fils brillants que porte le matador. ***Habit vert,*** habit de cérémonie des membres de l'Académie française. ***L'habit ne fait***

pas le moine, proverbe signifiant qu'il ne faut pas juger les gens sur l'apparence. ***Prise d'habit,*** cérémonie qui marque l'entrée en religion. ◆ **habits** n.m. pl. Ensemble des pièces de l'habillement : *Laver ses habits* (**SYN.** affaires, vêtements).

habitabilité n.f. Qualité de ce qui est habitable : *L'habitabilité d'une cabine de pilotage.*

habitable adj. **1.** Où l'on peut habiter : *Après sa rénovation, la maison sera habitable.* **2.** Où il y a assez de place pour les occupants ; logeable : *Un ascenseur habitable.*

habitacle n.m. (du lat. *habitaculum,* demeure). **1.** Partie de la carrosserie d'un véhicule qui constitue l'espace réservé aux occupants : *Modèle à habitacle renforcé.* **2.** Partie d'un avion réservée à l'équipage.

habitant, e n. **1.** Personne qui habite, vit ordinairement en un lieu : *Un village de deux cents habitants* (**SYN.** âme [litt.]). *Les habitants d'une région* (**SYN.** population). **2.** Être humain ou animal qui peuple un lieu : *Les habitants d'une charpente* (= les insectes qui s'y sont installés). **3.** Aux Antilles, paysan, cultivateur.

habitat n.m. **1.** Zone dans laquelle vit une espèce animale ou végétale particulière. **2.** En géographie, mode de peuplement par l'homme des lieux où il vit : *Un habitat dispersé. Diversifier l'habitat urbain.* **3.** Ensemble des conditions, des faits relatifs à l'habitation, au logement : *Ces mesures visent à l'amélioration de l'habitat.*

habitation n.f. **1.** Fait d'habiter un endroit : *Les contraintes de l'habitation en communauté.* **2.** Lieu où l'on habite : *Rénover son habitation* (**SYN.** demeure, domicile, logement). ▸ ***Habitation à loyer modéré*** → **H.L.M.** ***Taxe d'habitation,*** impôt annuel dû par toute personne propriétaire ou locataire d'une habitation meublée.

habité, e adj. Qui est occupé par des habitants, des personnes : *Ces maisons ne sont plus habitées* (**SYN.** occupé ; **CONTR.** inhabité). ▸ ***Vol habité,*** mission d'un vaisseau spatial transportant des êtres humains.

habiter v.t. (lat. *habitare*) [conj. 3]. **1.** Avoir sa demeure, sa résidence en tel lieu : *Habiter un charmant village* (**SYN.** séjourner, vivre). *Ils habitent le premier étage* (**SYN.** occuper). **2.** Occuper le cœur, l'esprit de qqn : *La jalousie qui l'habite* (**SYN.** hanter, obséder). ◆ v.i. Avoir sa demeure, sa résidence : *Elle habite à l'étranger, en banlieue* (**SYN.** résider, vivre).

habitude n.f. (lat. *habitudo,* manière d'être). **1.** Manière ordinaire d'agir, de se comporter, de penser propre à qqn : *Dans ces pays, on prend l'habitude du froid* (**SYN.** accoutumance, entraînement). *Il a pris l'habitude de dessiner en parlant. Respecter les habitudes d'un peuple* (**SYN.** coutume, tradition, usage). **2.** Capacité acquise par la répétition des mêmes actions : *Elles ont l'habitude de la navigation sur Internet* (= elles savent naviguer sur Internet ; **SYN.** expérience, pratique). ▸ ***D'habitude,*** ordinairement, habituellement : *Il fait plus chaud que d'habitude.*

habitué, e n. Personne qui fréquente habituellement un lieu : *Soirée réservée aux habitués de la discothèque* (**SYN.** client, familier).

habituel, elle adj. **1.** Qui est devenu une habitude : *Elle a emprunté son itinéraire habituel* (**SYN.** coutumier, rituel, traditionnel ; **CONTR.** exceptionnel, occasionnel). **2.** Qui est normal ou très fréquent : *Les horaires habituels d'ouverture* (**SYN.** courant, ordinaire ; **CONTR.** inhabituel).

habituellement adv. De façon presque constante : *Elle boit habituellement du thé* (**SYN.** rituellement, traditionnellement ; **CONTR.** rarement). *Nous avons habituellement du soleil en juin* (**SYN.** généralement, normalement).

habituer v.t. (du lat. *habitus,* manière d'être) [conj. 7]. Faire prendre l'habitude de : *Je l'ai habitué à se brosser les dents après chaque repas* (**SYN.** accoutumer, entraîner, familiariser ; **CONTR.** déshabituer). ◆ **s'habituer** v.pr. **[à].** Prendre l'habitude de ; se familiariser avec : *Elle s'est habituée à rouler lentement* (**SYN.** s'accoutumer ; **CONTR.** se déshabituer). *Ils se sont habitués à leur environnement* (**SYN.** s'adapter, se faire à, se familiariser).

***hâblerie** n.f. *Litt.* Caractère de hâbleur ; propos de hâbleur (**SYN.** fanfaronnade, vantardise).

***hâbleur, euse** n. et adj. (de l'esp. *hablar,* parler). *Litt.* Personne qui aime vanter ses mérites, ses actions (**SYN.** fanfaron, vantard).

***hachage** ou ***hachement** n.m. Action de hacher : *Un appareil pour le hachage des légumes.*

***hache** n.f. (du frq.). Instrument formé d'un fer tranchant fixé à l'extrémité d'un manche, et qui sert à fendre, à couper : *Fendre du bois à la hache.*

***haché, e** adj. **1.** Qui est coupé en menus morceaux : *Des steaks hachés.* **2.** Qui comporte des ruptures ou des interruptions : *Ce présentateur a un débit haché* (**SYN.** entrecoupé, heurté, saccadé ; **CONTR.** continu, régulier). ◆ ***haché** n.m. Viande hachée.

***hachement** n.m. → ***hachage.**

***hacher** v.t. [conj. 3]. **1.** Couper en menus morceaux avec un instrument tranchant : *Hacher de la viande, des légumes.* **2.** Réduire en morceaux ; mettre en pièces : *Les grêlons ont haché les feuilles* (**SYN.** cisailler, déchiqueter, lacérer). **3.** *Fig.* Rompre la continuité : *Les messages publicitaires hachent les films sur cette chaîne* (**SYN.** couper, entrecouper, morceler).

***hachette** n.f. Petite hache.

hachis** n.m. Préparation culinaire de viandes, poissons ou légumes hachés : *Un hachis de persil.* ▸ ***Hachis parmentier → **parmentier.**

***hachisch** n.m. → **haschisch.**

***hachoir** n.m. **1.** Ustensile mécanique ou électrique servant à hacher. **2.** Planche sur laquelle on hache des aliments.

***hachure** n.f. Chacun des traits parallèles ou entrecroisés qui servent à marquer les volumes, les teintes intermédiaires entre le clair et le foncé, les ombres d'un dessin ou les reliefs sur une carte de géographie.

***hachurer** v.t. [conj. 3]. Marquer de hachures : *Hachurer les zones montagneuses.*

hacienda [asjɛnda] n.f. (mot esp.). Grande propriété foncière, en Amérique latine.

***hackeur, euse** n. ou ***hacker** [akœr] n.m. (mot angl.). En informatique, fouineur.

H.A.D. ou **HAD** [aʃade] n.f. (sigle). ▸ ***Hospitalisation à domicile*** → **hospitalisation.**

***haddock** [adɔk] n.m. (mot angl.). Églefin fumé : *Des haddocks marinés.*

***hadith** [adit] n.m. pl. (mot ar. signif. « récit »). Recueil des actes et des paroles du prophète Mahomet et de ses compagnons.

① ***hadj** ou ***hadjdj** [adʒ] n.m. inv. (d'un mot ar.). Pèlerinage à La Mecque que tout musulman doit effectuer au moins une fois dans sa vie.

② ***hadj** [adʒ] ou ***hadji** n. inv. Titre que prend tout musulman qui a effectué le hadj, le pèlerinage rituel à La Mecque.

***hagard, e** adj. (du moyen angl. *hagger*, sauvage). Qui paraît en proie à un trouble violent ; qui a l'air affolé, bouleversé : *Des victimes hagardes s'échappent du brasier* (**SYN.** égaré, éperdu ; **CONTR.** calme, serein). *Il avait les yeux hagards* (**SYN.** effaré, perdu).

***haggis** [agis] n.m. (mot écossais). Panse de mouton farcie, plat national de l'Écosse.

hagiographe n. Auteur d'une hagiographie.

hagiographie n.f. (du gr. *hagios*, saint). **1.** Branche de l'histoire religieuse qui traite de la vie et du culte des saints. **2.** Ouvrage relatant la vie des saints. **3.** (Par ext.). Biographie excessivement embellie.

***haie** [ɛ] n.f. (du frq.). **1.** Clôture faite d'arbustes alignés et qui marque la limite entre deux terrains. **2.** Barrière que les chevaux, les athlètes doivent franchir : *Course de haies* (par opp. à course de plat). *La championne du 100 mètres haies.* **3.** Rangée de personnes alignées pour créer un obstacle le long d'une voie ou pour faire honneur à qqn : *Une haie de gendarmes* (**SYN.** cordon, rang). *Les députés ont fait une haie d'honneur à la nouvelle ministre.*

***haïk** [aik] n.m. (mot ar.). Grand voile rectangulaire que les femmes musulmanes portent par-dessus leurs vêtements.

***haïku** [ajku] n.m. (mot jap.). Petit poème japonais de 17 syllabes.

***haillon** n.m. (du moyen haut all. *hadel*, chiffon). (Surtout pl.). Vêtement en loques : *Ces S.D.F. ont pu échanger leurs haillons contre des vêtements neufs* (**SYN.** guenilles). ☞ **REM.** Ne pas confondre avec **hayon.*

haine** n.f. (de *haïr*). **1.** Vive hostilité qui porte à souhaiter ou à faire du mal à qqn : *Il voue une haine féroce aux auteurs de cet attentat* (**SYN.** hostilité, inimitié, ressentiment ; **CONTR.** adoration, amour). **2.** Vive répugnance pour qqch : *Elle a une haine viscérale de l'injustice* (**SYN.** aversion, horreur, répulsion ; **CONTR.** passion). ▸ *Fam.* ***Avoir la haine, éprouver un vif sentiment de déception et de rancœur.

***haineusement** adv. Avec haine : *Il a parlé haineusement de son rival.*

***haineux, euse** adj. **1.** Qui est naturellement porté à la haine : *Ces gens sont haineux* (**SYN.** malveillant, méchant ; **CONTR.** bienveillant, gentil). **2.** Qui est inspiré par la haine : *Des commentaires haineux* (**SYN.** fielleux, malfaisant, venimeux ; **CONTR.** amical).

***haïr** [air] v.t. (du frq.) [conj. 33]. Avoir de la haine pour qqn, de la répugnance pour qqch : *Ils haïssaient ce dictateur* (**SYN.** abominer [litt.], détester ; **CONTR.** adorer, aimer, vénérer). *Elle hait la discrimination* (**SYN.** abhorrer [litt.], exécrer [litt.]).

***haire** n.f. (du frq.). *Anc.* Petite chemise en étoffe de crin ou de poil de chèvre que les ascètes portaient par pénitence.

***haïssable** [aisabl] adj. Qui mérite d'être haï : *Ces actes de terrorisme sont haïssables* (**SYN.** détestable, exécrable [litt.], odieux).

***haka** n.m. (mot maori). Chant tribal que l'équipe de rugby de Nouvelle-Zélande entonne avant un match international.

halage** n.m. Action de haler un bateau : *Le halage d'une péniche.* ▸ ***Chemin de halage, chemin destiné au halage le long d'un cours d'eau, d'un canal.

***halal** adj. inv. (mot ar. signif. « licite »). Se dit de la viande d'un animal tué selon les rites prescrits et qui peut être consommée par les musulmans.

***halbi** n.m. (du néerl. *haalbier*, bière légère). Boisson normande faite d'un mélange de pommes et de poires fermentées.

***halbran** n.m. (moyen haut all. *halberant*). Jeune canard sauvage de l'année.

***hâle** n.m. Couleur brune que prend la peau sous l'effet de l'air et du soleil (**SYN.** bronzage).

***hâlé, e** adj. Qui a bruni sous l'effet du soleil et de l'air : *Elle a la peau hâlée depuis son retour des vendanges* (**SYN.** bronzé, cuivré ; **CONTR.** blanc, pâle).

haleine n.f. (du lat. *anhelare*, souffler, respirer difficilement). **1.** Air qui sort des poumons pendant l'expiration : *Avoir l'haleine fraîche. Ils ont mauvaise haleine* (= halitose). **2.** Rythme de la respiration : *Être hors d'haleine* (= à bout de souffle). ▸ ***À perdre haleine,*** longuement, sans s'arrêter : *Courir à perdre haleine. Rire à perdre haleine.* *Litt.* ***D'une haleine*** ou ***d'une seule haleine,*** sans interruption. ***Reprendre haleine,*** s'arrêter pour respirer, pour se reposer. ***Tenir qqn en haleine,*** retenir l'intérêt en maintenant dans l'incertitude : *Cette affaire tient le public en haleine.* ***Travail de longue haleine,*** travail qui demande beaucoup de temps et d'efforts.

***haler** v.t. (germ. *halon*) [conj. 3]. **1.** Tirer avec force vers soi : *Haler un câble, une ancre.* **2.** Remorquer un bateau à l'aide d'un câble à partir de la berge.

***hâler** v.t. (du lat. pop. *assulare*, griller) [conj. 3]. Brunir la peau, en parlant du soleil et du grand air (**SYN.** bronzer, dorer).

***haletant, e** adj. Qui halète : *Elle est arrivée haletante au cinquième étage* (**SYN.** essoufflé, pantelant). *Une respiration haletante* (**SYN.** court, précipité, saccadé).

***halètement** n.m. Action de haleter ; respiration forte et saccadée : *Le halètement d'un chien qui a soif.* ☞ **REM.** Ne pas confondre avec *allaitement.*

***haleter** v.i. (du lat. *halare*, exhaler) [conj. 28]. Respirer à un rythme précipité : *La chienne halète après sa course.*

***haleur, euse** n. Personne qui hale une embarcation.

***half-track** [alftrak] n.m. (mot angl.) [pl. *half-tracks*]. Véhicule blindé, à chenilles.

halieutique adj. (du gr. *halieus*, pêcheur). Relatif à la pêche : *Les ressources halieutiques ne sont pas inépuisables.* ◆ n.f. Ensemble des disciplines de la pêche.

halitose n.f. (du lat. *halitus*, souffle). Dans le langage médical, mauvaise haleine.

***hall** [ol] n.m. (mot angl. signif. « vestibule »). Salle de grandes dimensions et largement ouverte : *Nous vous* *attendrons dans le hall de la mairie* (**SYN.** entrée, vestibule).

hallali n.m. (du frq. *hara,* par ici). Cri des chasseurs ou sonnerie de trompe annonçant que le cerf est aux abois.

***halle** n.f. (frq. *halla,* endroit couvert). Grande salle, ouverte plus ou moins largement sur l'extérieur, servant au commerce en gros d'une marchandise : *La halle aux poissons.* ◆ ***halles** n.f. pl. Emplacement couvert où se tient le principal marché des denrées alimentaires d'une ville : *Les halles de Rungis.*

hallebarde** n.f. (moyen haut all. *helmbarte,* hache à hampe). Arme à fer pointu d'un côté et tranchant de l'autre emmanché au bout d'une longue hampe. ▸ *Fam.* ***Il pleut des hallebardes, il pleut à verse.

***hallebardier** n.m. Militaire armé d'une hallebarde.

***hallier** n.m. (mot d'orig. germ.). Buisson touffu où se réfugie le gibier.

***Halloween** [alɔwin] n.f. (mot angl., abrév. de *All Hallow Even,* veille de la Toussaint). Fête, originaire des États-Unis, célébrée le 31 octobre, au cours de laquelle les enfants se déguisent en fantômes et en sorcières.

hallucinant, e adj. Qui frappe de saisissement : *La ressemblance entre eux est hallucinante* (**SYN.** étonnant, impressionnant, saisissant, stupéfiant).

hallucination n.f. (du lat. *hallucinari,* errer, se tromper). **1.** Trouble psychique qui consiste à voir des objets, à entendre des sons qui n'ont aucun rapport avec la réalité : *Certaines drogues provoquent des hallucinations* (**SYN.** vision). **2.** Interprétation erronée d'une sensation : *Il a senti le brûlé, il s'agissait d'une hallucination* (**SYN.** illusion).

hallucinatoire adj. Qui a le caractère de l'hallucination : *Des phénomènes hallucinatoires.*

halluciné, e adj. et n. Qui est comme sous l'effet d'une hallucination : *Les rescapés regardaient autour d'eux, les yeux hallucinés* (**SYN.** égaré, hagard).

halluciner v.i. *Fam.* Se refuser à croire ce que l'on voit ou ce que l'on entend : *Il me téléphone à 3 heures du matin, j'hallucine !* (= je rêve !).

hallucinogène adj. et n.m. Se dit d'une substance qui provoque des hallucinations.

***halo** n.m. (gr. *halôs,* disque). **1.** Zone circulaire diffuse autour d'une source lumineuse : *Le halo des phares dans la brume.* **2.** Cercle lumineux qui entoure quelquefois le Soleil ou la Lune. **3.** *Fig.* Rayonnement de qqn : *Elle s'entoure d'un halo de mystère* (**SYN.** aura, auréole).

halogène adj. et n.m. (du gr. *hals, halos,* sel, et de *gennân,* engendrer). Se dit d'une lampe contenant un élément chimique qui améliore sa durée de vie et son efficacité lumineuse : *Des ampoules halogènes. Il faut un nouvel halogène pour le salon.*

halte** n.f. (all. *Halt*). **1.** Moment d'arrêt pendant une marche, un voyage : *Il est prévu une halte pour visiter le château* (**SYN.** pause, repos). **2.** Lieu où l'on s'arrête : *Nous sommes arrivés à la halte* (**SYN.** étape). ▸ ***Faire halte, s'arrêter quelque part, en parlant de personnes ou de véhicules. ***Halte routière,*** au Québec, aire de repos. ◆ interj. ▸ ***Halte !*** ou ***halte-là !,*** arrêtez ! : *Halte ! police !* (syn. stop) ; en voilà assez ! : *Halte ! vos paroles vont trop loin.*

***halte-garderie** n.f. (pl. *haltes-garderies*). Petit établissement de quartier accueillant occasionnellement et pour une durée limitée des enfants de trois mois à six ans.

haltère n.m. (gr. *haltêres,* balanciers). Instrument de musculation formé de deux masses métalliques sphériques ou de disques de fonte, réunis par une tige : *Faire des haltères. Un haltère de dix kilos.* ▸ *Vieilli* ***Poids et haltères,*** haltérophilie.

haltérophile n. Sportif qui pratique l'haltérophilie.

haltérophilie n.f. Sport consistant à soulever les haltères les plus lourds possible.

***halva** n.m. (mot turc). Confiserie orientale à base de farine, d'huile de sésame, de miel et de fruits secs.

***hamac** [amak] n.m. (esp. *hamaca,* du caraïbe). Rectangle de toile ou de filet suspendu à ses deux extrémités, dans lequel on s'allonge.

hamamélis [amamelis] n.m. (gr. *hamamêlis,* néflier). Arbuste ornemental, dont les feuilles sont utilisées contre les troubles du système veineux et en cosmétique.

***hamburger** [ɑ̃burgœr ou ɑ̃bœrgœr] n.m. (mot anglo-amér.). Steak haché souvent servi dans un petit pain rond.

***hameau** n.m. (du frq. *haim,* petit village). Groupe de maisons rurales situées à l'écart d'une commune, d'un village : *Les hameaux isolés par la neige.*

hameçon n.m. (lat. *hamus*). Crochet métallique servant à accrocher l'appât au bout d'une ligne de pêche. ▸ ***Mordre à l'hameçon,*** se laisser séduire par des apparences trompeuses, tomber dans un piège.

***hammam** [amam] n.m. (mot ar. signif. « bain »). Établissement où l'on prend des bains de vapeur.

① ***hampe** n.f. (de l'anc. fr. *hante,* lance). **1.** Manche en bois qui supporte un drapeau, un fer d'arme. **2.** Trait vertical des lettres *b, d, f, g, h, j, k, l, p, q, t, y* : *La hampe de votre « f » est mal faite.*

② ***hampe** n.f. (haut all. *wampa,* panse). En boucherie, portion charnue située près du diaphragme du bœuf.

***hamster** [amstɛr] n.m. (mot all.). Petit rongeur au pelage ocre, apprécié comme animal d'agrément, mais qui, sauvage, peut causer de gros dégâts aux cultures.

***han** interj. Imite le cri sourd d'une personne qui frappe avec effort. ◆ n.m. inv. Cri sourd : *Les han des bûcherons.*

***hanap** [anap] n.m. (du frq. *knapp,* écuelle). Vase à boire du Moyen Âge, en métal, souvent à pied et à couvercle.

***hanche** n.f. (germ. *hanka*). **1.** Région du corps située entre les cuisses et l'abdomen : *Elle mesure son tour de hanches pour commander un pantalon.* **2.** Partie latérale de cette région du corps : *Elle met les mains sur les hanches en signe d'impatience.* **3.** Articulation du fémur avec le bassin : *Luxation de la hanche.* ☞ **REM.** Ne pas confondre avec *une anche.*

***handball** [ɑ̃dbal] n.m. (de l'all. *Hand,* main, et *Ball,* ballon). Sport d'équipe qui se joue avec un ballon rond et uniquement avec les mains.

***handballeur, euse** [ɑ̃dbalœr, øz] n. Joueur de handball.

***handicap** [ɑ̃dikap] n.m. (mot angl., de *hand in cap,*

main dans le chapeau). **1.** Désavantage quelconque, qui met en état d'infériorité : *Son handicap visuel l'empêche de piloter* (**SYN.** déficience). *La rareté de l'eau est le handicap majeur de ce pays* (**SYN.** difficulté ; **CONTR.** atout, avantage). **2.** Épreuve sportive dans laquelle on désavantage certains concurrents pour égaliser les chances de victoire ; désavantage de poids, de distance, etc., imposé à un concurrent.

***handicapant, e** adj. Qui handicape : *Une migraine handicapante* (**SYN.** invalidant).

***handicapé, e** adj. et n. Se dit d'une personne atteinte d'une infirmité ou souffrant d'un handicap quelconque : *Des handicapés moteurs* (= qui souffrent d'un handicap de la motricité). ☞ **REM.** Le « h » des mots de cette famille étant « aspiré », il n'y a ni élision ni liaison.

***handicaper** v.t. [conj. 3]. Constituer un handicap pour : *Sa méconnaissance d'Internet le handicape* (**SYN.** défavoriser, désavantager, desservir ; **CONTR.** avantager, favoriser).

***handisport** n.m. (de *handicapé* et de *sport*). Ensemble des disciplines sportives pratiquées par les handicapés. ◆ adj. inv. Relatif aux sports pratiqués par les handicapés : *Des compétitions handisport.*

***hangar** n.m. (du frq. *haimgard*, clôture). Abri ouvert ou fermé, constitué d'un toit reposant sur des piliers ou des poteaux : *Les camions se trouvent dans le hangar* (**SYN.** remise). *Un hangar à marchandises* (**SYN.** entrepôt).

***hanneton** n.m. (du frq. *hano*, coq). Insecte coléoptère très nuisible aux arbres et aux cultures.

***Hanoukka** n.f. (mot hébr.). Fête juive célébrée à la fin décembre.

***hanse** n.f. (haut all. *hansa*, troupe). Association de marchands, au Moyen Âge.

***hantavirus** n.m. Virus responsable d'infections épidémiques graves.

***hanté, e** adj. Qui est visité par des esprits, des fantômes : *Des châteaux hantés.*

***hanter** v.t. (de l'anc. scand. *heimta*) [conj. 3]. **1.** En parlant d'esprits, de fantômes, apparaître dans un lieu. **2.** *Litt.* Fréquenter habituellement : *Elle hante les bibliothèques.* **3.** *Fig.* Occuper entièrement l'esprit de qqn : *Les images de cette catastrophe le hantent* (**SYN.** obséder, poursuivre).

***hantise** n.f. Inquiétude qui tourne à l'obsession : *Il a la hantise des espaces découverts* (= il est agoraphobe ; **SYN.** peur). *Elle est poursuivie par la hantise de l'accident de voiture* (= l'accident est une idée fixe chez elle ; **SYN.** psychose).

hapax n.m. (du gr. *hapax legomenon*, chose dite une seule fois). En linguistique, mot ou expression qui n'apparaît qu'une seule fois dans un ensemble de textes donné.

haploïde adj. (du gr. *haploos*, simple). En biologie, se dit d'une cellule dont le noyau ne contient qu'un seul chromosome de chaque paire.

haplologie n.f. En linguistique, phénomène qui consiste à ne prononcer qu'une fois deux lettres ou groupes de lettres identiques qui se suivent : *On fait une haplologie lorsqu'on prononce « coopérative »* [kɔperativ], comme s'il n'y avait qu'un seul « o ».

***happening** [apəniŋ] n.m. (mot angl. signif. « événement »). Spectacle qui exige la participation active du public et cherche à provoquer une création artistique spontanée.

***happer** v.t. (néerl. *happen*, mordre) [conj. 3]. **1.** Saisir brusquement avec la gueule, le bec : *Le chien a happé au vol le gâteau qui tombait* (**SYN.** attraper). **2.** Attraper brusquement, comme par aspiration : *Un train qui arrivait en sens inverse a happé le malheureux* (**SYN.** accrocher).

***happy end** [apiɛnd] n.m. (mots angl. signif. « fin heureuse ») [pl. *happy ends*]. Dénouement heureux d'une histoire, d'un film.

***happy few** [apifju] n.m. pl. (mots angl. signif. « les quelques heureux »). Groupe restreint de privilégiés : *Seuls les happy few assisteront à cette représentation.*

haptonomie n.f. (du gr. *haptein*, toucher). Préparation à l'accouchement qui vise à établir la communication entre le fœtus et les parents grâce au toucher à travers la paroi abdominale de la mère.

***haquenée** n.f. (moyen angl. *haquenei*). *Vx* Petit cheval ou jument allant l'amble.

***hara-kiri** n.m. (mot jap. signif. « ouverture du ventre ») [pl. *hara-kiris*]. Suicide particulier au Japon, qui consiste à s'ouvrir le ventre.

***harangue** n.f. (du frq. *hring*, cercle, assemblée). **1.** Discours solennel prononcé devant une assemblée, une foule. **2.** Discours pompeux, ennuyeux ou moralisateur ; sermon.

***haranguer** v.t. [conj. 3]. Adresser une harangue à : *L'orateur haranguait la foule.*

***harangueur, euse** n. Personne qui harangue.

***haras** [ara] n.m. (de l'anc. scand. *hârr*, au poil gris). Établissement où l'on entretient des étalons et des juments pour propager et améliorer la race chevaline.

***harassant, e** adj. Qui est extrêmement fatigant : *Elle a eu une journée harassante* (**SYN.** épuisant, exténuant, pénible).

***harassement** n.m. *Litt.* Fatigue extrême ; épuisement.

***harasser** v.t. (de l'anc. fr. *harace*, poursuite) [conj. 3]. Fatiguer à l'extrême : *Ce déménagement m'a harassée* (**SYN.** épuiser, exténuer).

harcèlement** n.m. Action de harceler : *Guerre de harcèlement. Ils sont victimes de harcèlement moral de la part de leur supérieur hiérarchique* (**SYN.** persécution). ▸ ***Harcèlement moral, agissements malveillants répétés qu'une personne fait subir à un subordonné ou à un collègue, en vue de dégrader ses conditions de travail et de le déstabiliser. ***Harcèlement sexuel,*** fait d'abuser de l'autorité que confère une fonction pour obtenir une faveur sexuelle.

***harceler** v.t. (de l'anc. fr. *herser*, frapper) [conj. 25]. **1.** Soumettre à des attaques incessantes : *Les guérilleros harcèlent les troupes de l'armée régulière* (**SYN.** talonner, traquer). **2.** Soumettre à des critiques répétées ; soumettre à des pressions, à des moqueries continuelles : *Les journalistes harcèlent la ministre de questions* (**SYN.** assaillir). *Son supérieur hiérarchique la harcelait* (**SYN.** persécuter, tourmenter).

***harceleur, euse** n. Personne qui harcèle : *Les policiers ont arrêté son harceleur* (**SYN.** persécuteur).

***hard** [ard] adj. inv. (mot angl. signif. « dur »). **1.** *Fam.*

Qui est difficile, pénible ou violent : *Leur rupture a été hard* (**SYN.** douloureux). **2.** Se dit d'un film pornographique. ◆ n.m. inv. **1.** Cinéma pornographique. **2.** En informatique, hardware.

***harde** n.f. (frq. *herda,* troupeau). Troupeau de ruminants sauvages : *Une harde de daims, de cerfs.*

***hardes** n.f. pl. (de l'ar. *farda,* ballot de vêtements). *Litt.* Vêtements usagés et misérables : *Jette toutes ces hardes* (**SYN.** guenille, loque).

***hardi, e** adj. (de l'anc. fr. *hardir,* rendre dur). **1.** Qui montre de l'audace et de la décision en face d'un danger, d'une difficulté : *Des sauveteurs hardis* (**SYN.** courageux, intrépide, téméraire ; **CONTR.** peureux, prudent, timoré). *Une plongée hardie pour récupérer des fûts toxiques* (**SYN.** aventureux, risqué). **2.** *Litt.* Qui agit délibérément et avec effronterie : *« Qui te rend si hardi de troubler mon breuvage ? »* [La Fontaine]. *Je vous trouve bien hardis* (**SYN.** impudent, insolent ; **CONTR.** poli). **3.** Qui témoigne d'audace, d'originalité : *Une théorie hardie* (**SYN.** novateur). ◆ ***hardi** interj. Sert à encourager dans l'effort : *Dépêchons-nous. Hardi, petits !*

***hardiesse** n.f. **1.** Qualité d'une personne hardie, d'une chose qui dénote de l'audace : *La hardiesse des pompiers* (**SYN.** bravoure, courage, intrépidité ; **CONTR.** prudence, timidité). *La hardiesse d'une décision.* **2.** Originalité dans la conception et l'exécution d'une œuvre : *Les hardiesses d'un architecte* (**SYN.** audace, innovation). **3.** *Litt.* Mépris des convenances, de la politesse, de la décence : *La hardiesse de ses commentaires* (**SYN.** impertinence, insolence ; **CONTR.** bienséance, correction, respect). **4.** (Surtout au pl.). Action, manière, propos hardis : *Des hardiesses de langage* (**SYN.** liberté, licence).

***hardiment** adv. Avec hardiesse : *Elle défend hardiment son opinion* (**SYN.** audacieusement, vaillamment).

***hardware** [ardwɛr] n.m. (mot anglo-amér. signif. « quincaillerie »). Ensemble des éléments physiques d'un système informatique [par opp. à software] (**SYN.** matériel ; abrév. hard).

***harem** [arɛm] n.m. (d'un mot ar. signif. « défendu et sacré »). Ensemble des appartements des femmes, chez les musulmans ; ensemble des femmes qui y habitent (**SYN.** sérail).

***hareng** [arɑ̃] n.m. (mot frq.). Poisson à dos vert-bleu, à ventre argenté, et qui se déplace en bancs : *Un filet de hareng. Des harengs saurs.*

***harengère** n.f. *Vx* **1.** *Fam., péjor.* Femme querelleuse et grossière (**SYN.** mégère, virago). **2.** Marchande de harengs et autres poissons.

***haret** adj. m. et n.m. (de l'anc. fr. *harer,* traquer). Se dit d'un chat domestique retourné à l'état sauvage.

harfang** [arfɑ̃] n.m. (mot suédois). ▸ ***Harfang des neiges, grande chouette de l'Arctique, au plumage blanc moucheté de brun, qui est l'emblème ornithologique du Québec.

***hargne** n.f. (du frq. *harmjan,* injurier). Mauvaise humeur qui se manifeste par de l'agressivité : *Il a mis toute sa hargne dans ce geste* (**SYN.** animosité, colère).

***hargneusement** adv. De façon hargneuse ; rageusement.

***hargneux, euse** adj. Qui montre de la hargne : *Des paroles hargneuses* (**SYN.** acerbe, acrimonieux). *Un chien hargneux* (**SYN.** agressif).

haricot** n.m. (de l'anc. fr. *harigoter,* couper en morceaux). **1.** Plante légumineuse cultivée pour ses fruits comestibles en gousses ou comme plante ornementale : *Ramer des haricots.* **2.** Fruit de cette plante, qui se mange soit en gousses, soit en grains : *J'épluche les haricots verts. Nous écossons les haricots blancs frais. Des haricots rouges.* **3.** Petite cuvette en forme de haricot, utilisée pour les soins médicaux. ▸ *Fam.* ***C'est la fin des haricots, c'est la fin de tout, le désastre total. *Fam.* ***Courir sur le haricot à qqn,*** l'importuner, l'exaspérer : *Elle lui court sur le haricot.* ***Haricot de mouton,*** ragoût de mouton aux haricots ou aux fèves en grains.

***haridelle** n.f. (de l'anc. scand. *hârr,* au poil gris). *Vieilli* Mauvais cheval, maigre et mal conformé.

***harissa** [arisa] n.f. ou n.m. (mot ar.). Condiment très fort, à base de piment et d'huile, d'origine nord-africaine : *Du couscous avec de la harissa* ou *du harissa.*

① ***harki** n.m. (mot ar.). Militaire d'orie algérienne ayant servi comme supplétif dans l'armée française en Algérie de 1954 à 1962.

② ***harki, e** n. et adj. Membre de la famille ou descendant d'un harki : *Les familles harkies.*

harmattan n.m. (mot d'une langue africaine). Vent d'est, chaud et sec, originaire du Sahara et soufflant sur l'Afrique occidentale.

harmonica n.m. (mot angl., du lat. *harmonicus,* harmonieux). Instrument de musique fait de petites anches de métal logées dans un cadre et que l'on met en vibration en soufflant ou en aspirant.

harmoniciste n. Instrumentiste qui joue de l'harmonica.

harmonie n.f. (gr. *harmonia,* assemblage). **1.** Accord bien réglé entre les diverses parties d'un ensemble : *L'harmonie de l'univers* (**SYN.** équilibre, ordre ; **CONTR.** chaos, désordre). **2.** Accord de sentiments, d'idées entre plusieurs personnes : *Elle vit en harmonie avec son entourage* (**SYN.** concorde [sout.], entente, union ; **CONTR.** antagonisme, désaccord, mésentente). **3.** Ensemble ou succession de sons agréables à l'oreille : *L'harmonie d'un chant d'oiseau* (**SYN.** mélodie ; **CONTR.** cacophonie, dissonance). **4.** Science de la formation et de l'enchaînement des accords musicaux. **5.** Orchestre composé uniquement d'instruments à vent et de percussions ; fanfare : *L'harmonie municipale.*

harmonieusement adv. De façon harmonieuse.

harmonieux, euse adj. **1.** Dont les parties forment un ensemble bien proportionné, agréable : *Un mariage harmonieux des couleurs* (**SYN.** équilibré, esthétique, gracieux ; **CONTR.** criard, disparate). *Ils forment un couple harmonieux* (**SYN.** assorti). **2.** Qui produit des sons agréables à l'oreille : *Une chorale harmonieuse* (**SYN.** mélodieux ; **CONTR.** cacophonique, discordant).

harmonique adj. Qui utilise les lois musicales de l'harmonie : *Écriture harmonique.*

harmoniquement adv. Selon les lois musicales de l'harmonie.

harmonisation n.f. Action d'harmoniser ; son résultat : *Harmonisation des réglementations européennes* (**SYN.** ajustement, uniformisation ; **CONTR.** diversification).

harmoniser v.t. [conj. 3]. Mettre en harmonie, en accord : *Il faut harmoniser les salaires des hommes et des femmes* (**SYN.** équilibrer, uniformiser). *Harmoniser les rideaux avec la couleur des murs* (**SYN.** coordonner). ◆ **s'harmoniser** v.pr. Être en harmonie avec : *Nos opinions se sont bien harmonisées* (**SYN.** s'accorder, concorder). *Ce bleu s'harmonise avec la teinte de sa chemise* (**CONTR.** détonner).

harmoniste n. Personne qui connaît et met en pratique les règles de l'harmonie musicale.

harmonium [armɔnjɔm] n.m. Instrument de musique à clavier, muni d'une soufflerie commandée par un pédalier.

***harnachement** n.m. **1.** Action de harnacher un animal. **2.** Ensemble des pièces qui composent le harnais. **3.** *Fig.* Équipement pesant et encombrant : *J'ai du mal à avancer avec ce harnachement* (**SYN.** attirail).

harnacher** v.t. [conj. 3]. Mettre le harnais à : *La cavalière a harnaché son cheval.* ▸ ***Être harnaché de qqch, être accoutré d'une tenue lourde et grotesque ; être muni d'un équipement encombrant.

***harnais** n.m. (de l'anc. scand. *her-nest,* provision de voyage). **1.** Ensemble des pièces qui servent à équiper un cheval de selle ou de trait. **2.** Ensemble des sangles qui entourent le torse d'une personne et la protègent en cas de chute : *Le harnais d'un alpiniste.*

harnois** n.m. (forme anc. de *harnais*). ▸ *Litt.* ***Blanchi sous le harnois, qui a vieilli en exerçant son métier.

haro** n.m. (de *hare,* cri pour exciter les chiens). ▸ *Litt.* ***Crier haro sur qqn, qqch, attirer la colère et la réprobation d'autrui sur eux.

harpagon n.m. (de *Harpagon,* nom d'un personnage de Molière). *Litt.* Homme très avare ; ladre.

***harpe** n.f. (mot germ.). Instrument de musique à cordes pincées, tendues dans un cadre triangulaire : *Chanter en se faisant accompagner à la harpe.*

***harpie** n.f. (lat. *Harpyia,* monstre fabuleux à tête de femme et à corps d'oiseau). Femme acariâtre (**SYN.** dragon, mégère).

***harpiste** n. Instrumentiste qui joue de la harpe.

***harpon** n.m. Instrument constitué d'un long manche à pointe métallique acérée et barbelée, dont on se sert pour la pêche au gros et la chasse à la baleine.

***harponnage** ou ***harponnement** n.m. Action de harponner.

***harponner** v.t. [conj. 3]. **1.** Atteindre avec un harpon : *Harponner un requin.* **2.** *Fam.* Arrêter qqn au passage : *Il me harponne toujours devant la machine à café* (**SYN.** aborder).

***harponneur** n.m. Pêcheur qui lance le harpon.

***harraga** n.m. pl. (mot ar. sign. *« ceux qui brûlent [leurs papiers] »*). En Algérie, jeunes adultes que l'absence de perspectives d'avenir pousse à fuir leur pays par tous les moyens possibles (une embarcation de fortune, par ex.).

haruspice ou **aruspice** n.m. (lat. *haruspex*). Chez les Romains, devin qui interprétait la volonté des dieux.

hasard** n.m. (de l'ar. *az-zahr,* dé, jeu de dés). **1.** Concours de circonstances ; événement inexplicable ou imprévu : *Le hasard a voulu qu'un poste soit créé à ce moment-là* (**SYN.** conjoncture). *Par quel heureux hasard êtes-vous ici ?* (**SYN.** coïncidence, occasion). **2.** Cause attribuée à des événements fortuits ou inexplicables logiquement : *Cet accident n'est pas le fait du hasard* (**SYN.** destin, fortune [litt.], sort). *Je m'en remets au hasard.* ▸ ***À tout hasard, en prévision d'un événement possible. ***Au hasard,*** à l'aventure. ***Jeu de hasard,*** jeu fondé sur la chance, où n'interviennent ni le calcul ni l'habileté du joueur. ***Par le plus grand des hasards,*** d'une manière tout à fait imprévisible, par une coïncidence très improbable.

***hasarder** v.t. [conj. 3]. **1.** Faire ou dire qqch au risque d'échouer ou de déplaire : *Elle a hasardé une démarche auprès du président* (**SYN.** essayer, tenter). *Je hasarderai une question* (**SYN.** avancer, oser, risquer). **2.** *Litt.* Exposer qqch à un risque, à un danger : *Ils ont hasardé leurs capitaux dans l'entreprise de leur fille* (**SYN.** aventurer, jouer). ◆ **se *hasarder** v.pr. **1.** S'exposer à un risque : *Elle s'est hasardée sur le sol gelé* (**SYN.** s'aventurer). **2. [à].** Se décider à faire qqch en dépit du risque : *Ils se sont hasardés à partir malgré le mauvais temps* (**SYN.** se risquer).

***hasardeux, euse** adj. Qui comporte des risques ; aléatoire : *Elle a tenté une démarche hasardeuse* (**SYN.** audacieux, aventureux, risqué). *Une hypothèse hasardeuse* (**SYN.** douteux, hardi ; **CONTR.** éprouvé, solide).

***haschisch** ou ***hachisch** [aʃiʃ] n.m. (d'un mot ar. signif. « chanvre indien »). Résine extraite du chanvre indien, consommée comme drogue (abrév. fam. hasch).

***hase** n.f. (mot all. signif. « lièvre »). Femelle du lièvre.

hast [ast] n.m. (lat. *hasta,* lance). ▸ ***Arme d'hast,*** arme dont le fer est monté au bout d'un long manche.

hâte** n.f. (du frq. *haist,* violence). Grande rapidité à faire qqch : *Il a mis trop de hâte à finir son travail* (**SYN.** célérité). *Dans sa hâte, elle a oublié de fermer la porte* (**SYN.** précipitation). ▸ ***À la hâte, précipitamment. ***Avoir hâte de*** (+ inf.), ***que*** (+ subj.), être impatient de, que : *Elle a hâte de le rencontrer. J'ai hâte que l'ordinateur soit réparé.* ***En hâte*** ou ***en toute hâte,*** sans perdre de temps : *Nous avons évacué les locaux en toute hâte* (= d'urgence).

***hâter** v.t. [conj. 3]. **1.** Rendre plus rapide : *Hâter le mouvement* (**SYN.** accélérer, presser ; **CONTR.** ralentir). **2.** Rapprocher dans le temps : *Hâter les retrouvailles* (**SYN.** avancer, précipiter ; **CONTR.** différer, retarder). ◆ **se *hâter** v.pr. **1.** Aller plus vite : *Hâtons-nous, le bus arrive* (**SYN.** se dépêcher, se presser). **2. [de].** Ne pas perdre de temps pour : *Elle s'est hâtée de lui répondre* (**SYN.** s'empresser).

***hâtif, ive** adj. **1.** Qui vient avant le temps : *Des tomates hâtives* (**SYN.** précoce). **2.** Qui est fait trop vite : *Des mesures hâtives* (= prises à la hâte ; **SYN.** précipité, prématuré).

***hâtivement** adv. Avec précipitation : *Un projet hâtivement conçu* (= en hâte ; **SYN.** à la va-vite, précipitamment ; **CONTR.** minutieusement, soigneusement).

***hauban** n.m. (anc. scand. *höfudbenda,* câble principal d'un navire). Câble servant à maintenir ou à consolider : *Les haubans des mâts d'un navire. Les haubans d'une grue, d'un pont.*

***haubaner** v.t. [conj. 3]. Fixer, assujettir, consolider au moyen de haubans : *Haubaner un pylône.*

***haubert** n.m. (du frq. *hals,* cou, et *bergan,* protéger). Cotte de mailles des hommes d'armes au Moyen Âge.

***hausse** n.f. **1.** Fait de s'accroître en hauteur,

d'atteindre un niveau plus élevé : *La hausse du niveau de la mer* (**SYN.** élévation, montée ; **CONTR.** baisse). **2.** Augmentation de quantité, de valeur, de prix : *Les syndicats demandent une hausse des salaires* (**SYN.** accroissement, majoration, relèvement ; **CONTR.** diminution, réduction). *Le chômage est en hausse.*

***haussement** n.m. Action de hausser : *Il a dédaigné le conseil d'un haussement d'épaules.*

hausser** v.t. (du lat. *altus*, haut) [conj. 3]. **1.** Rendre plus haut : *Hausser une maison d'un étage* (**SYN.** surélever ; **CONTR.** baisser). **2.** Augmenter la valeur, l'importance de qqch : *Professeur qui veut hausser le niveau de ses classes* (**SYN.** majorer, relever ; **CONTR.** abaisser, diminuer, réduire). **3.** Augmenter l'intensité d'un son : *Pourriez-vous hausser la voix : nous n'entendons pas* (**SYN.** enfler, forcer, monter). ▸ ***Hausser les épaules, les soulever rapidement en signe d'indifférence, de doute ou de mépris. ***Hausser le ton,*** prendre un ton de menace, de supériorité.

***haussier, ère** n. Personne qui, en Bourse, spécule sur la hausse des cours (**CONTR.** baissier). ◆ adj. Relatif à la hausse des cours de la Bourse.

haussmannien, enne [osmanjɛ̃, ɛn] adj. Relatif à Haussmann, sénateur qui fut chargé de la rénovation de Paris par Napoléon III : *L'urbanisme haussmannien.*

① ***haut, e** adj. (lat. *altus*). **1.** Qui a une dimension verticale importante par rapport à qqch de même nature pris comme référence : *De très hautes tours* (**SYN.** élevé, grand ; **CONTR.** petit). *Des arbres hauts de 20 mètres.* **2.** Qui est situé à un niveau plus élevé que le niveau ordinaire : *Les poches de cette veste sont trop hautes* (**CONTR.** bas). *La rivière est haute* (= elle va déborder). **3.** Qui occupe une position supérieure, éminente dans sa catégorie : *Des hauts fonctionnaires. Un appareil de haute technologie* (**SYN.** avancé). **4.** Qui atteint un niveau élevé en intensité ; qui est très grand, à quelque titre que ce soit : *Lait porté à haute température* (**SYN.** élevé, fort ; **CONTR.** faible). *Quartier de haute sécurité* (**SYN.** extrême). **5.** Qui produit un son aigu : *Elle a une voix très haute* (**CONTR.** grave). **6.** Se dit de la partie d'un pays qui est la plus éloignée de la mer, de la partie d'un cours d'eau qui est la plus proche de sa source : *La haute Égypte. Le haut Rhin.* **7.** Qui est reculé dans le temps : *Dans la plus haute antiquité.* ▸ ***À haute voix*** ou ***à voix haute,*** en prononçant clairement et assez fort. ***Haut en couleur*** → **couleur.** ***Marcher la tête haute,*** sans honte, avec fierté. ◆ ***haut** adv. **1.** À haute altitude ; en un lieu élevé : *L'avion vole haut. Nous sommes montés haut pour admirer la vue.* **2.** À un degré élevé : *Des personnes haut placées.* **3.** À haute voix : *Parler haut et fort. Elle pense tout haut.* ▸ ***Haut la main !,*** très facilement : *Elles ont gagné haut la main.* ***Haut les mains !,*** les mains en l'air ! ***Haut les cœurs !,*** courage ! ◆ ***haut** n.m. **1.** Dimension verticale d'un corps : *Cet immeuble fait 30 mètres de haut* (**SYN.** hauteur). **2.** Partie haute ou supérieure de qqch ; cime, sommet : *Elle est passée par le haut* (**CONTR.** bas). *La valise se trouve sur le haut de cette armoire* (**SYN.** dessus). ▸ ***Avoir des hauts et des bas,*** des alternances de moments favorables et défavorables, dans sa santé, sa fortune, sa vie. ***De haut,*** d'un endroit élevé : *Sauter de haut* ; fig., avec insolence, mépris : *Il nous regarde de haut. Il l'a pris de haut* (= il a réagi de façon méprisante). ***D'en haut,*** d'un endroit élevé ; d'un niveau élevé du pouvoir : *Les ordres viennent d'en haut.* ***En haut,*** dans un lieu élevé, plus élevé. ***Tomber de haut*** ou ***de son haut,*** de toute sa hauteur ; au fig., être extrêmement surpris.

② ***haut** n.m. Partie de l'habillement féminin qui couvre le haut du corps, le buste : *Un petit haut assorti à un short* (**SYN.** bustier).

***hautain, e** adj. Qui fait preuve d'une supériorité méprisante : *C'est un homme orgueilleux et hautain* (**SYN.** altier, arrogant, dédaigneux ; **CONTR.** humble, modeste). *Une attitude hautaine* (**SYN.** condescendant ; **CONTR.** simple).

***hautbois** [obwa] n.m. Instrument de musique à vent en bois, à double anche, dont le tuyau est légèrement conique. ◆ n. Hautboïste.

***hautboïste** [obɔist] n. Instrumentiste qui joue du hautbois (**SYN.** hautbois).

***haut-commissaire** n. (pl. *hauts-commissaires*). En France, titre donné à certains hauts fonctionnaires : *La haut-commissaire aux comptes.*

***haut-commissariat** n.m. (pl. *hauts-commissariats*). **1.** Fonction de haut-commissaire. **2.** Ensemble des services dépendant d'un haut-commissaire : *Le Haut-Commissariat aux réfugiés.*

***haut-de-chausses** n.m. (pl. *hauts-de-chausses*). *Anc.* Vêtement masculin qui couvrait le corps de la ceinture aux genoux. ☞ **REM.** On peut aussi écrire *un haut-de-chausse, des hauts-de-chausse.*

***haut-de-forme** n.m. (pl. *hauts-de-forme*). Chapeau masculin de cérémonie, haut et cylindrique et à bord étroit.

haute** n.f. ▸ *Fam.* ***La haute, les gens riches : *Des familles de la haute.*

***haute-contre** n.f. (pl. *hautes-contre*). Voix masculine située dans le registre aigu du ténor. ◆ n.m. Chanteur qui a cette voix.

***haute-fidélité** n.f. (pl. *hautes-fidélités*). **1.** Ensemble des techniques visant à obtenir une grande qualité de reproduction du son (abrév. hi-fi). **2.** (Employé en appos.). Qui produit un son de grande qualité : *Des chaînes haute-fidélité.*

***hautement** adv. **1.** À un haut degré : *C'est hautement improbable* (**SYN.** extrêmement, fort). **2.** De façon franche et nette : *Elle revendique hautement son appartenance à ce mouvement* (**SYN.** ouvertement ; **CONTR.** mollement, tièdement).

hauteur** n.f. **1.** Dimension de qqch de sa base à son sommet : *La porte a deux mètres de hauteur* (**SYN.** haut). *La hauteur démesurée de ces tours* (**SYN.** taille). **2.** Élévation d'un corps par comparaison avec un plan de référence : *Cet avion vole à la hauteur de 3 000 mètres* (= à 3 000 mètres au-dessus du sol ; **SYN.** altitude). **3.** (Précédé de l'art. déf.). Spécialité sportive du saut en hauteur, consistant à sauter le plus haut possible sans l'aide d'un instrument : *La championne du monde de la hauteur.* **4.** Terrain ou lieu élevé : *Des maisons se sont construites sur les hauteurs de la ville* (**SYN.** butte, éminence ; **CONTR.** bas). *Nous sommes montés sur une hauteur* (**SYN.** colline). **5.** Qualité de ce qui est élevé, dans l'ordre moral, intellectuel : *Une grande hauteur de vues* (**SYN.** grandeur, noblesse ; **CONTR.** bassesse). **6.** Sentiment de supériorité condescendante : *Il nous toise de toute sa hauteur* (**SYN.** arrogance, dédain, morgue [sout.] ; **CONTR.** bonhomie, humilité, simplicité). **7.** En géométrie, perpendiculaire abaissée du sommet sur la base d'une figure ; longueur de cette perpendiculaire : *La hauteur d'un triangle.* **8.** Caractère aigu ou grave d'un son selon que sa fréquence de vibrations est plus ou moins élevée : *La hauteur élevée d'un son* (= le son est aigu). ▸ ***À la hauteur de, au même niveau que : *Arrivé à ma hauteur, il m'a abordé.* ***À la hauteur de tant*** ou ***à hauteur de tant,*** à cette valeur, pour ce montant : *Nous avons été remboursés à hauteur de 70 %.* *Fam.* ***Être à la hauteur,*** avoir les capacités nécessaires ; être capable d'assumer qqch : *Elle a été à la hauteur de la situation.*

***haut-fond** n.m. (pl. *hauts-fonds*). Élévation du fond de la mer ou d'un cours d'eau, recouverte d'une eau peu profonde et dangereuse pour la navigation (**CONTR.** bas-fond).

***haut-fourneau** n.m. (pl. *hauts-fourneaux*). Appareil où s'effectue l'élaboration de la fonte et des alliages contenant du fer.

***haut-le-cœur** n.m. inv. **1.** Envie de vomir : *Ce sirop lui donne des haut-le-cœur* (**SYN.** nausée). **2.** *Fig.* Sentiment de dégoût, de répulsion : *À cette pensée, j'ai eu des haut-le-cœur* (**SYN.** écœurement, répugnance).

***haut-le-corps** n.m. inv. Brusque mouvement du corps, marquant la surprise, la répugnance : *Quand la porte a claqué, il a eu un haut-le-corps* (**SYN.** sursaut, tressaillement).

haut-parleur** n.m. (pl. *haut-parleurs*). Appareil qui convertit en ondes acoustiques les courants électriques correspondant à des sons. ▸ ***Haut-parleur d'aigus, appareil conçu pour reproduire les sons aigus. ***Haut-parleur de graves,*** appareil conçu pour reproduire les basses.

***haut-relief** n.m. (pl. *hauts-reliefs*). Sculpture en forte saillie, presque indépendante du fond (par opp. à bas-relief).

***hauturier, ère** adj. Qui concerne la haute mer : *Pêche hauturière* (**CONTR.** côtier).

***havage** n.m. Dans les mines, opération consistant à détacher de la roche du gisement.

***havane** n.m. Tabac ou cigare de La Havane. ◆ adj. inv. D'une couleur marron clair : *Des chaussures havane.*

***hâve** adj. (frq. *haswa*, gris comme le lièvre). *Litt.* Qui est d'une pâleur et d'une maigreur maladives : *Une figure hâve* (**SYN.** blafard, blême, cireux ; **CONTR.** frais).

***haver** v.t. (mot wallon signif. « creuser ») [conj. 3]. Procéder au havage de.

***havre** n.m. (moyen néerl. *havene*). **1.** *Litt.* Petit port bien abrité. **2.** *Fig.* Refuge sûr et tranquille : *Ce jardin est un havre de paix* (**SYN.** abri, oasis [fig.], retraite).

***havresac** [avrəsak] n.m. (de l'all. *Habersack*, sac à avoine). *Vieilli* Sac à dos des militaires ou des campeurs, contenant leur équipement.

hayon** [ajɔ̃ ou ɛjɔ̃] n.m. (de *haie*). Porte arrière d'une automobile s'ouvrant de bas en haut ou de haut en bas. ☞ **REM.** Ne pas confondre avec **haillon.* ▸ ***Hayon élévateur, plaque métallique fixée à l'arrière d'un camion et destinée à élever ou à descendre des charges.

HD** [aʃde] n.f. (sigle). ▸ ***Haute définition → **définition.**

***hé** interj. **1.** Sert à appeler : *Hé ! Laurence !* **2.** Exprime le regret, la surprise, l'étonnement : *Hé ! Il a emporté mon mobile !* **3.** Répété, marque l'approbation, l'ironie : *Hé ! hé ! Cela prend tournure.*

***heaume** [om] n.m. (frq. *helm*, casque). Au Moyen Âge, casque de l'armure enveloppant toute la tête.

hebdomadaire adj. (du gr. *hebdomas*, semaine). **1.** Qui s'effectue dans un intervalle d'une semaine : *Le travail hebdomadaire.* **2.** Qui se renouvelle chaque semaine : *Une émission hebdomadaire.* ◆ n.m. Périodique qui paraît chaque semaine (abrév. fam. hebdo).

hebdomadairement adv. Une fois par semaine ; chaque semaine : *Un feuilleton diffusé hebdomadairement.*

hébergement n.m. Action d'héberger : *Frais d'hébergement inclus* (**SYN.** logement, séjour).

héberger v.t. (du frq. *heribergôn*, loger) [conj. 17]. **1.** Loger provisoirement ; servir de lieu de séjour à : *Nous hébergeons des randonneurs* (**SYN.** accueillir, recevoir). **2.** En informatique, accueillir sur un serveur un service ou des pages Web pour les rendre accessibles aux utilisateurs.

hébergeur n.m. En informatique, prestataire de services qui permet aux internautes de stocker leurs données et de les diffuser sur le Web.

hébété, e adj. Dont les facultés intellectuelles sont troublées après un choc physique ou moral : *Il est resté hébété devant les décombres* (**SYN.** abruti, ahuri, figé).

hébétement [ebɛtmɑ̃] n.m. État d'une personne hébétée : *L'hébétement des rescapés* (**SYN.** abrutissement).

hébéter v.t. (du lat. *hebetare*, émousser) [conj. 18]. Faire perdre toute intelligence, toute volonté de réaction à ; rendre stupide : *L'abus d'alcool l'hébète* (**SYN.** abêtir, abrutir).

hébétude n.f. Dans le langage médical, engourdissement des facultés intellectuelles dû à l'alcool, à des stupéfiants (**SYN.** stupeur).

hébraïque adj. Relatif aux Hébreux ou à leur langue : *La culture hébraïque.*

hébraïsant, e ou **hébraïste** n. et adj. Spécialiste de l'hébreu.

hébraïser v.t. [conj. 3]. Donner la culture hébraïque à.

hébraïsme n.m. Expression ou tournure propre à l'hébreu.

hébraïste n. et adj. → **hébraïsant.**

hébreu adj.m. (lat. *hebraeus*). Relatif aux Hébreux. ☞ **REM.** Au féminin, on emploie *hébraïque.* ◆ n.m. Langue parlée autrefois par les Hébreux ; langue parlée par les Israéliens. ▸ *Fam.* ***C'est de l'hébreu,*** c'est incompréhensible (par allusion à la difficulté supposée de la langue hébraïque).

hécatombe n.f. (gr. *hekatombê*, de *hekaton*, cent, et *boûs*, bœuf). **1.** Massacre d'un grand nombre de personnes ou d'animaux : *L'hécatombe provoquée par les bombes* (**SYN.** carnage, tuerie). **2.** Grand nombre de personnes tuées ou blessées ; grand nombre de personnes refusées ou éliminées à un examen : *L'hécatombe du pont de la Toussaint sur la route. Une hécatombe de candidats.*

hectare n.m. Unité de mesure d'aire ou de superficie valant 10 000 mètres carrés (abrév. ha).

hectique adj. (gr. *hektikos, habituel*). ▸ ***Fièvre hectique,*** de longue durée.

hecto n.m. (abrév.). *Fam.* **1.** Hectogramme. **2.** Hectolitre : *La récolte a fourni 30 hectos de vin.*

hectogramme n.m. Masse de cent grammes (abrév. hg ; abrév. fam. hecto).

hectolitre n.m. Volume de cent litres (abrév. hl ; abrév. fam. hecto).

hectomètre n.m. Longueur de cent mètres (abrév. hm).

hectométrique adj. Relatif à l'hectomètre.

hectopascal n.m. (pl. *hectopascals*). Unité de mesure de pression, équivalant à cent pascals (abrév. hPa).

hédonisme n.m. (du gr. *hedonê,* plaisir). Doctrine morale qui fait du plaisir le principe ou le but de la vie.

hédoniste adj. et n. Relatif à l'hédonisme ; qui en est partisan.

hégélien, enne [egeljɛ̃, ɛn] adj. et n. Relatif à la philosophie de Hegel ; qui en est partisan.

hégémonie n.f. (gr. *hêgemonia,* de *hêgemôn,* chef). Pouvoir prépondérant, dominateur, d'un État, d'un groupe social sur d'autres : *L'hégémonie économique des États-Unis* (**SYN.** suprériorité, suprématie).

hégémonique adj. Relatif à une hégémonie ; qui cherche à en établir une : *Une politique hégémonique* (**SYN.** dominateur).

hégémonisme n.m. Tendance à l'hégémonie d'un État, d'un groupe ; domination.

hégire n.f. (de l'ar. *hidjra,* fuite). Ère de l'islam, qui commence en 622 de l'ère chrétienne, année où Mahomet s'enfuit à Médine.

***hein** interj. (lat. *hem*). **1.** *Fam.* Sert à solliciter une explication : *Hein ? Pourriez-vous répéter ?* (**SYN.** comment, pardon). **2.** Exprime la surprise : *Hein ! Tout le monde est parti ?* (**SYN.** quoi).

***hélas** [elas] interj. (de *hé !,* et anc. fr. *las,* malheureux). Exprime la plainte, le regret, la douleur : *Hélas ! Il manque des pièces* (= c'est dommage).

***héler** v.t. (angl. *to hail*) [conj. 18]. Appeler de loin : *Je hèle un taxi. Elle a dû le héler parce qu'il ne la voyait pas* (**SYN.** apostropher, interpeller).

hélianthe n.m. (du gr. *hêlios,* soleil, et *anthos,* fleur). Plante de grande taille, à grandes fleurs jaunes ornementales et dont les principales espèces sont le tournesol et le topinambour.

hélice n.f. (du gr. *helix,* spirale). Appareil de propulsion, de traction ou de sustentation, constitué par des pales disposées régulièrement autour d'une pièce centrale, actionnée par un moteur. ▸ ***Escalier en hélice,*** escalier à vis.

héliciculteur, trice n. Personne qui élève des escargots.

héliciculture n.f. Élevage des escargots.

hélico n.m. (abrév.). *Fam.* Hélicoptère.

hélicoïdal, e, aux adj. Qui a la forme d'une hélice.

hélicon n.m. (du gr. *helikos,* sinueux). Instrument de musique à vent et à embouchure, de forme circulaire et muni de pistons.

hélicoptère n.m. (du gr. *helix,* hélice, et *pteron,* aile). Appareil d'aviation dont les hélices assurent à la fois la sustentation et le déplacement pendant le vol (abrév. fam. hélico).

héliogravure n.f. Procédé d'impression dans lequel on se sert de formes ou de rouleaux gravés en creux.

héliomarin, e adj. Qui combine l'héliothérapie et le séjour au bord de la mer.

héliothérapie n.f. Traitement médical par les rayons ultraviolets de la lumière solaire.

héliotrope n.m. (du gr. *hêliotropion,* qui se tourne vers le soleil). Plante à fleurs odorantes bleues ou blanches.

héliport n.m. Aéroport pour hélicoptères.

héliportage n.m. Transport de matériel ou de personnes par hélicoptère.

héliporté, e adj. Qui est transporté par hélicoptère ; qui est effectué par hélicoptère : *Des secouristes héliportés sur les lieux de l'accident. Un débarquement héliporté.*

hélitreuillage n.m. Action de hisser qqn ou qqch à bord d'un hélicoptère en vol stationnaire, à l'aide d'un treuil.

hélitreuiller v.t. [conj. 5]. Effectuer un hélitreuillage.

hélium [eljɔm] n.m. (du gr. *hêlios,* soleil). Gaz très léger et ininflammable, utilisé pour gonfler les ballons et les aérostats.

hélix n.m. (mot gr. signif. « spirale »). Repli qui forme le tour du pavillon de l'oreille.

hellébore ou **ellébore** n.m. (lat. *helleborus*). Plante vivace à fleurs s'épanouissant en hiver, dont la racine était autrefois utilisée comme purgatif et dont une espèce, l'hellébore noir, est la rose de Noël.

hellène [elɛn] adj. et n. (gr. *Hellên,* Grec). Relatif à la Grèce ancienne, à ses habitants.

hellénique [elenik] adj. Relatif à la Grèce.

helléniser v.t. [conj. 3]. Donner un caractère hellénique à.

hellénisme [elenism] n.m. **1.** Civilisation grecque de l'Antiquité. **2.** En linguistique, mot ou expression propres au grec ; emprunt au grec.

helléniste [elenist] n. Spécialiste de la langue ou de la civilisation grecques.

hellénistique [elenistik] adj. Se dit de la période de la civilisation grecque allant de la conquête d'Alexandre à la domination romaine.

***hello** [ɛlo] interj. (mot angl.). *Fam.* Sert à appeler ou saluer qqn : *Hello ! comment allez-vous ?* (**SYN.** bonjour).

helminthe [ɛlmɛ̃t] n.m. (gr. *helmins, helminthos,* ver). Ver parasite de l'homme et des vertébrés.

helminthiase [ɛlmɛ̃tjaz] n.f. Maladie parasitaire causée par un helminthe.

helvète adj. et n. En histoire, relatif à l'Helvétie, au peuple celtique qui l'habitait.

helvétique adj. (lat. *helveticus,* relatif aux Helvètes [peuple de l'ancienne Gaule]). Relatif à la Suisse.

helvétisme n.m. Mot, expression ou tournure propres au français parlé en Suisse romande.

***hem** [ɛm] interj. **1.** Exprime le doute : *Hem ! C'est* *vous qui le dites.* **2.** Sert à attirer l'attention : *Hem ! S'il vous plaît.*

hématie [emasi] n.f. Globule rouge du sang transportant l'hémoglobine (par opp. à leucocyte).

hématite [ematit] n.f. Oxyde de fer de couleur rouge.

hématologie n.f. Spécialité médicale qui étudie le sang et les affections qui y sont liées.

hématologique adj. Relatif à l'hématologie.

hématologiste ou **hématologue** n. Médecin spécialiste d'hématologie.

hématome [ematom] n.m. Épanchement de sang dans une cavité naturelle ou sous la peau, consécutif à une rupture des vaisseaux : *Un hématome superficiel sous la peau* (= un bleu, une ecchymose).

hématopoïèse [ematopɔjɛz] n.f. (du gr. *haima*, sang, et *poiên*, faire). Formation des globules du sang.

hématurie n.f. (du gr. *haima*, sang, et *ouron*, urine). En médecine, émission de sang par les voies urinaires.

héméralope adj. et n. Qui est atteint d'héméralopie.

héméralopie n.f. (du gr. *hêmera*, jour, et *ôps*, vue). Diminution considérable de la vision dès que la lumière baisse.

hémicycle n.m. (gr. *hêmikuklion*, demi-cercle). **1.** Tout espace ayant la forme d'un demi-cercle. **2.** Construction semi-circulaire à gradins, pour recevoir des spectateurs, les membres d'une assemblée : *Le discours du député s'est achevé devant un hémicycle clairsemé.*

hémiplégie n.f. (du gr. *hêmi*, à demi, et *plêgê*, coup). Paralysie d'une moitié du corps.

hémiplégique adj. et n. Relatif à l'hémiplégie ; qui en est atteint.

hémisphère n.m. (gr. *hêmisphairion*). **1.** Chacune des deux moitiés du globe terrestre, d'un astre ou de la sphère céleste : *L'hémisphère Nord* ou *septentrional* ou *boréal. L'hémisphère Sud* ou *méridional* ou *austral.* **2.** En anatomie, chacune des deux moitiés du cerveau : *Un hémisphère cérébral.*

hémisphérique adj. Qui a la forme d'un hémisphère.

hémistiche n.m. (du gr. *hêmi*, à demi, et *stikhos*, ligne). Chacune des deux parties d'un vers coupé par la césure ; césure à la moitié d'un vers.

hémocompatible adj. Se dit d'une personne dont le groupe sanguin est compatible avec un autre.

hémodialyse n.f. Purification du sang effectuée par un appareil extérieur au corps, le rein artificiel.

hémoglobine n.f. (du gr. *haima*, sang, et de *globuline*). Pigment des globules rouges du sang, qui transporte l'oxygène et le gaz carbonique.

hémogramme n.m. Étude quantitative et qualitative des globules du sang.

hémolyse n.f. Destruction des globules rouges du sang.

hémophile adj. et n. Qui est atteint d'hémophilie.

hémophilie n.f. Maladie héréditaire caractérisée par une insuffisance de coagulation du sang et dans laquelle la moindre blessure peut causer une hémorragie.

hémoptysie n.f. Crachement de sang.

hémorragie n.f. (du gr. *haima*, sang, et *rhagê*, rupture). **1.** En médecine, écoulement de sang hors des vaisseaux qui doivent le contenir : *Hémorragie cérébrale.* **2.** *Fig.* Perte importante en vies humaines : *L'hémorragie causée par la famine* (**SYN.** hécatombe). **3.** Perte massive de qqch d'indispensable : *Une hémorragie de capitaux* (**SYN.** évasion, fuite).

hémorragique adj. Relatif à l'hémorragie ; qui s'accompagne d'une hémorragie.

hémorroïdaire ou **hémorroïdal, e, aux** adj. Relatif aux hémorroïdes : *Une crise hémorroïdaire.*

hémorroïde n.f. (du gr. *haima*, sang, et *rheîn*, couler). Varice des veines de l'anus et du rectum.

hémostatique [emɔstatik] adj. et n.m. (du gr. *haima*, sang, et *stasis*, stabilité). Se dit d'un produit, d'un traitement, d'un dispositif arrêtant les hémorragies.

hémovigilance n.f. Surveillance des dangers inhérents à la transfusion sanguine.

hendécagone [ɛ̃dekagɔn] n.m. (du gr. *hendeka*, onze, et *gonia*, angle). En géométrie, polygone qui a onze angles, donc onze côtés.

hendécasyllabe [ɛ̃dekasilab] adj. et n.m. (du gr. *hendeka*, onze, et de *syllabe*). Se dit d'un vers de onze syllabes : *Un hendécasyllabe latin.*

***henné** [ene] n.m. (d'un mot ar.). Plante dont les feuilles, séchées et réduites en poudre, fournissent une teinture rousse ; cette teinture : *Les tons rouges du henné.*

***hennin** n.m. (du néerl. *henninck*, coq). Haut bonnet de femme, conique et rigide, porté au Moyen Âge.

***hennir** v.i. (lat. *hinnire*) [conj. 32]. En parlant du cheval, émettre un hennissement.

***hennissement** n.m. **1.** Cri du cheval. **2.** Cri ou rire ressemblant à celui du cheval.

***hep** [ɛp] interj. Sert à héler : *Hep ! Garçon ! L'addition, s'il vous plaît* (**SYN.** hé).

héparine n.f. (du gr. *hêpar*, foie). Substance anticoagulante extraite du foie.

hépatique adj. Relatif au foie. ◆ adj. et n. Qui souffre d'une affection du foie.

hépatite n.f. Inflammation du foie. ▸ ***Hépatite virale,*** causée par un virus.

heptaèdre n.m. (du gr. *hepta*, sept, et *edra*, face). En géométrie, polyèdre à sept faces.

heptagone [ɛptagɔn] n.m. (du gr. *hepta*, sept, et *gonia*, angle). En géométrie, polygone qui a sept angles, donc sept côtés.

heptasyllabe [ɛptasilab] adj. et n.m. (du gr. *hepta*, sept, et *syllabe*). Se dit d'un vers de sept syllabes.

heptathlon n.m. Épreuve d'athlétisme combinant sept disciplines.

héraldique adj. (du bas lat. *heraldus*, héraut). Relatif au blason, aux armoiries. ◆ n.f. Discipline ayant pour objet la connaissance et l'étude des armoiries : *Elle étudie l'héraldique.*

héraldiste n. Spécialiste d'héraldique.

***héraut** [ero] n.m. (du frq. *heriwald*, chef d'armée). **1.** Au Moyen Âge, officier public chargé de porter les déclarations de guerre, de régler les cérémonies et les jeux, de surveiller les blasons (on dit aussi *héraut* *d'armes*). **2.** *Fig., litt.* Celui qui annonce la venue de qqn ou de qqch : *Se faire le héraut du cybercommerce* (**SYN.** messager, prophète). ☞ **REM.** Ne pas confondre avec **héros*.

herbacé, e adj. (du lat. *herba*, herbe). En botanique, qui a l'aspect, qui est de la nature de l'herbe (par opp. à ligneux). ▸ ***Plantes herbacées,*** plantes frêles, non ligneuses, dont les parties aériennes meurent après la fructification (= herbes).

herbage n.m. Prairie broutée par le bétail (**SYN.** pacage, pâturage, pré).

herbe n.f. (lat. *herba*). **1.** Plante non ligneuse dont les parties aériennes, y compris la tige, meurent chaque année. **2.** Ensemble de plantes herbacées diverses formant une végétation naturelle : *Tondre l'herbe* (**SYN.** gazon, pelouse). **3.** *Fam.* Marijuana : *Ils fument de l'herbe.* ▸ ***Couper l'herbe sous le pied de qqn,*** le supplanter en le devançant. ***En herbe,*** qui n'est pas encore mûr : *Maïs en herbe* ; fig., se dit de qqn de jeune qui a des dispositions pour telle ou telle activité : *Ce club regroupe des cinéastes en herbe.* ***Fines herbes,*** plantes odorantes et comestibles, employées comme assaisonnement. ***Herbe aux écus,*** plante ornementale cultivée pour ses fleurs odorantes et ses fruits en forme de disques blancs. ***Mauvaise herbe,*** herbe sauvage nuisible aux cultures ; fig., personne dont il n'y a rien à attendre de bon (= vaurien). ***Pousser comme de la mauvaise herbe,*** pousser rapidement, facilement.

herbe-aux-chats n.f. (pl. *herbes-aux-chats*). Valériane.

herbeux, euse adj. Où pousse de l'herbe : *Un chemin herbeux.*

herbicide adj. et n.m. Se dit d'un produit qui détruit les mauvaises herbes.

herbier n.m. (du bas lat. *herbarium*, traité de botanique). Collection de plantes desséchées et conservées entre des feuilles de papier, servant aux études botaniques.

herbivore adj. et n.m. Se dit d'un animal qui se nourrit d'herbes, de substances végétales : *Les vaches sont herbivores.*

herborisation n.f. Action d'herboriser.

herboriser v.i. [conj. 3]. Recueillir des plantes dans la nature pour les étudier, en faire un herbier ou pour les utiliser en herboristerie.

herboriste n. Personne qui vend des plantes médicinales.

herboristerie n.f. **1.** Commerce des plantes médicinales. **2.** Boutique où l'on vend des plantes médicinales.

herbu, e adj. Qui est couvert d'une herbe abondante.

hercule n.m. (de *Hercule*, nom d'un demi-dieu de la mythologie). Homme d'une très grande force physique : *Ce déménageur est un hercule* (**SYN.** colosse, titan [litt.]). ▸ ***Hercule de foire,*** forain qui exécute des tours de force.

herculéen, enne adj. Qui est digne d'un hercule : *Cet homme est doué d'une force herculéenne* (**SYN.** colossal, gigantesque, titanesque [litt.]).

hercynien, enne adj. (du lat. *Hercynia silva*, nom d'une anc. forêt de Germanie). En géologie, se dit du dernier plissement de l'ère primaire qui créa des chaînes de montagnes.

① ***hère** n.m. (anc. fr. *haire*, pauvre). ▸ *Litt.* ***Un pauvre hère,*** un homme misérable.

② ***hère** n.m. (néerl. *hert*, cerf). En vénerie, cerf ou daim de six mois à un an, n'ayant pas encore ses premiers bois.

héréditaire adj. **1.** Qui se transmet selon les lois génétiques de l'hérédité : *L'hémophilie est une maladie héréditaire* (**SYN.** congénital). **2.** Qui se transmet des parents aux enfants : *Il est notre ennemi héréditaire* (**SYN.** séculaire). *Un goût héréditaire du commandement* (**SYN.** atavique). **3.** Qui est transmis par voie de succession : *Un patrimoine héréditaire.*

héréditairement adv. De façon héréditaire.

hérédité n.f. (lat. *hereditas*, succession, de *heres, heredis*, héritier). **1.** Transmission des caractères génétiques d'une génération aux suivantes : *La génétique étudie les lois de l'hérédité.* **2.** Ensemble des caractères physiques ou moraux transmis des parents aux enfants : *Avoir une lourde hérédité* (= avoir hérité des tares familiales, physiques ou mentales). **3.** Caractère d'un bien, d'un titre, d'une charge transmis en vertu des liens du sang : *L'hérédité d'une propriété.*

hérésiarque n. Dans la religion, auteur ou propagateur d'une hérésie.

hérésie n.f. (du gr. *hairesis*, opinion, choix). **1.** Doctrine d'orie chrétienne contraire à la foi catholique et condamnée par l'Église (**SYN.** hétérodoxie ; **CONTR.** orthodoxie). **2.** Conception jugée contraire aux conceptions généralement admises : *Cette théorie est une hérésie scientifique.* **3.** *Fig.* Manière d'agir jugée aberrante, contraire au bon sens et aux usages : *Gâcher autant de papier, c'est une hérésie !* (**SYN.** sacrilège).

hérétique adj. et n. Qui constitue une hérésie ; qui professe ou soutient une hérésie.

***hérissement** n.m. **1.** Action de hérisser ; fait d'être hérissé : *Le hérissement des poils sous l'effet du froid* (**SYN.** horripilation). **2.** *Litt.* Fait d'être irrité, en colère.

***hérisser** v.t. (du lat. *ericius*, hérisson) [conj. 3]. **1.** En parlant d'un animal, dresser son poil ou ses plumes : *Le chat, effrayé, hérisse les poils de son dos.* **2.** Faire dresser les cheveux, les poils, les plumes : *Le vent hérisse ses cheveux* (**SYN.** ébouriffer ; **CONTR.** aplatir, plaquer). **3.** Dresser des obstacles ; garnir d'objets saillants, menaçants, dangereux : *Les manifestants ont hérissé des barricades. Hérisser un mur de pointes.* **4.** Remplir de choses difficiles, désagréables : *Des embûches ont hérissé son ascension professionnelle. Un texte hérissé de difficultés.* **5.** Mettre de mauvaise humeur ou en colère : *La moindre contradiction le hérisse* (**SYN.** exaspérer, horripiler). ◆ **se *hérisser** v.pr. **1.** En parlant des poils, des cheveux, des plumes, devenir droits et raides ; se dresser : *Ses poils se sont hérissés sous l'effet de la peur.* **2.** *Fig.* Réagir en se crispant ; s'irriter : *Elle s'est hérissée devant cette hypocrisie manifeste* (**SYN.** se cabrer, s'emporter, s'indigner).

***hérisson** n.m. (lat. *ericius*). **1.** Mammifère insectivore au dos recouvert de piquants, qui peut se rouler en boule s'il est menacé. **2.** *Fig., fam.* Personne d'un abord difficile. **3.** Brosse métallique sphérique qui sert au ramonage. **4.** Ensemble de couronnes de métal étagées et garnies de chevilles pour faire égoutter les bouteilles (= égouttoir à bouteilles).

héritage n.m. **1.** Action d'hériter ; ensemble des biens acquis ou transmis par voie de succession : *Elle a reçu ce domaine par héritage. Il a fait un héritage conséquent.* **2.** Ce qu'on tient de ses parents, des générations précédentes, des prédécesseurs : *Cette gaieté constante est un héritage maternel* (**SYN.** atavisme). *L'héritage du gouvernement précédent* (**SYN.** legs).

hériter v.t. (lat. *hereditare*, de *heres, heredis*, héritier) [conj. 3]. **1.** Recevoir qqch de qqn par voie d'héritage : *Elle a hérité une maison en Vendée.* **2.** Recevoir un trait de caractère, une disposition d'esprit par hérédité : *Elle a hérité de son père sa haine de l'injustice.* **3.** (Sans compl.). Recueillir un héritage : *Le notaire lui a annoncé qu'elle héritait. J'hériterai de ma tante.* ◆ v.t. ind. **[de]. 1.** Être l'héritier de : *Hériter de son oncle.* **2.** Recevoir par voie de succession : *Hériter d'une entreprise familiale.* **3.** Tenir qqch de ses parents ou des générations précédentes : *Nous avons hérité des cheveux frisés de notre grand-père.* **4.** Être doté de qqch qui était auparavant affecté ailleurs : *J'ai hérité de son vieil ordinateur. Le repreneur a hérité des dettes de l'entreprise.*

héritier, ère n. **1.** Toute personne qui hérite des biens venant d'un défunt : *Elle est l'unique héritière de son oncle. Il est mort sans laisser d'héritier* (**SYN.** légataire). **2.** *Fam.* Enfant (souvent par plaisanterie) : *Ils ont eu un héritier.* **3.** *Fig.* Personne qui recueille et continue une tradition : *Elle est l'héritière spirituelle de ce philosophe* (**SYN.** continuateur, disciple).

hermaphrodisme n.m. En biologie, caractère d'un être hermaphrodite.

hermaphrodite adj. et n. (du gr. *Hermaphroditos*, enfant d'Hermès et d'Aphrodite). En biologie, se dit d'un être vivant où sont présents les organes reproducteurs des deux sexes (par opp. à unisexué) : *Les escargots sont hermaphrodites* (**SYN.** bisexué).

herméneutique n.f. (du gr. *hermeneuein*, expliquer). **1.** Dans le christianisme, science de la critique et de l'interprétation des textes bibliques. **2.** En philosophie, théorie de l'interprétation des signes comme éléments symboliques d'une culture. ◆ adj. Relatif à l'herméneutique.

herméticité n.f. Qualité de ce qui est hermétique, étanche.

hermétique adj. (de *Hermès Trismégiste*, fondateur mythol. de l'alchimie). **1.** Qui ferme parfaitement sans rien laisser passer : *La fermeture hermétique d'une Thermos* (**SYN.** étanche). *Un autocuiseur hermétique.* **2.** Qui est difficile à comprendre : *Sa théorie m'a paru totalement hermétique* (**SYN.** abscons, obscur, sibyllin ; **CONTR.** clair, évident). ▸ ***Visage hermétique,*** qui ne laisse paraître aucun sentiment, aucune émotion (**SYN.** impénétrable, indéchiffrable).

hermétiquement adv. D'une manière hermétique : *Enveloppe hermétiquement close.*

hermétisme n.m. Caractère de ce qui est difficile à comprendre : *L'hermétisme d'un poème* (**CONTR.** limpidité).

hermine n.f. (du lat. *Armenius mus*, rat d'Arménie). **1.** Mammifère carnivore proche de la belette, dont le pelage, fauve l'été, blanc l'hiver, constitue une fourrure très appréciée. **2.** Bande de fourrure d'hermine, fixée au costume de cérémonie de certains magistrats ou professeurs.

herminette n.f. Hache à fer recourbé, utilisée par le charpentier ou par le tonnelier.

***herniaire** adj. Relatif à une hernie : *Porter un bandage herniaire.*

hernie** n.f. (lat. *hernia*). Sortie d'un organe ou d'une partie d'organe hors de la cavité où il se trouve normalement : *Hernie discale* (= du disque intervertébral). ▸ ***Hernie étranglée, qu'on ne peut faire rentrer par des moyens externes et qui doit être opérée d'urgence.

héroï-comique [erɔikɔmik] adj. (pl. *héroï-comiques*). Qui comporte des épisodes tragiques et cocasses : *Cette affaire connaît des rebondissements héroï-comiques.*

① **héroïne** n.f. → **2. *héros.**

② **héroïne** n.f. (all. *Heroin*, de *Heros*, héros, par allus. aux effets exaltants de cette drogue). Stupéfiant dérivé de la morphine, extrêmement toxique.

héroïnomane n. Toxicomane à l'héroïne.

héroïque adj. **1.** Qui se conduit en héros : *Des pompiers héroïques* (**SYN.** brave, courageux, valeureux ; **CONTR.** couard [litt.], lâche, poltron). **2.** Qui est digne d'un héros par son courage ; qui demande un gros effort pour ne pas céder à un penchant ou pour supporter qqch : *Elles leur ont opposé une résistance héroïque* (**SYN.** intrépide, vaillant). *Une attente héroïque d'une heure sous la pluie* (**SYN.** impassible, stoïque). **3.** Relatif aux héros de l'Antiquité : *Récits héroïques* (**SYN.** épique). ▸ ***Temps héroïques,*** époque reculée où se sont produits des faits remarquables, mémorables : *Les temps héroïques des pionniers de l'informatique.*

héroïquement adv. De façon héroïque : *Résister héroïquement à la tentation* (**SYN.** bravement, vaillamment).

héroïsme n.m. **1.** Courage exceptionnel : *Elles ont fait preuve d'héroïsme* (**SYN.** bravoure, vaillance ; **CONTR.** lâcheté). **2.** Caractère de ce qui est héroïque : *L'héroïsme de sa conduite lui a valu une grande popularité* (**SYN.** grandeur).

***héron** n.m. (frq. *haigro*). Grand oiseau échassier migrateur, à long bec, au cou long et grêle, vivant au bord des eaux.

***héronnière** n.f. **1.** Lieu où nichent les hérons. **2.** Colonie de hérons.

① ***héros** [ero] n.m. (lat. *heros*, du gr. *hêrôs*). **1.** Dans la mythologie grecque, demi-dieu ou grand homme divinisé. **2.** Personnage légendaire à qui l'on prête des exploits extraordinaires : *Le roi Arthur est le héros du « cycle de la Table ronde ».* ☞ **REM.** Ne pas confondre avec **héraut.*

② ***héros, héroïne** [ero, erɔin] n. (de *1. héros*). **1.** Personne qui se distingue par son courage, par des qualités ou des actions exceptionnelles : *Mourir en héros. Cette juge est une héroïne de la lutte antiterroriste.* **2.** Personnage principal d'une œuvre de fiction : *L'héroïne d'un jeu vidéo.* **3.** Personne qui tient le rôle principal dans un événement, qui s'y distingue : *Les héros de cette affaire judiciaire* (**SYN.** protagoniste). ☞ **REM.** Ne pas confondre avec **héraut.*

herpès [ɛrpɛs] n.m. (mot gr. signif. « dartre »).

Affection aiguë de la peau et des muqueuses, d'origine virale, caractérisée par une éruption de boutons groupés en bouquet, passagère mais pouvant réapparaître pendant des années.

herpétique adj. et n. Relatif à l'herpès ; atteint d'herpès.

herpétologie n.f. → **erpétologie.**

herpétologique adj. → **erpétologique.**

herpétologiste n. → **erpétologiste.**

***herse** n.f. (lat. *hirpex*). **1.** Instrument agricole formé d'un châssis muni de dents métalliques, que l'on traîne sur le sol pour l'ameublir ou l'égaliser. **2.** Pièce de bois munie de pointes servant à barrer une route. **3.** *Anc.* Grille coulissante armée de pointes à sa partie inférieure, que l'on abaissait pour interdire l'accès d'une forteresse, d'un château fort.

***herser** v.t. [conj. 3]. Passer la herse sur un champ labouré.

***hertz** [ɛrts] n.m. (du nom du physicien all. *Hertz*). Unité de mesure de fréquence équivalant à la fréquence d'un phénomène périodique dont la période est 1 seconde (abrév. Hz).

***hertzien, enne** [ɛrtsjɛ̃, ɛn] adj. **1.** Se dit des ondes et des phénomènes électromagnétiques (**SYN.** radioélectrique). **2.** Qui utilise les ondes hertziennes : *Des liaisons hertziennes.*

hésitant, e adj. **1.** Qui hésite, a de la peine à se décider : *Des investisseurs hésitants* (**SYN.** embarrassé, indécis, irrésolu ; **CONTR.** décidé, déterminé). **2.** Qui manque d'assurance, de fermeté : *Il marchait d'un pas hésitant* (**SYN.** chancelant, vacillant ; **CONTR.** sûr). *Des consignes hésitantes* (**SYN.** évasif, imprécis, vague ; **CONTR.** clair, net, précis). ◆ n. Personne qui hésite : *Il cherche à rallier les hésitants* (**SYN.** indécis).

hésitation n.f. Fait d'hésiter ; arrêt dans l'action qui marque l'indécision : *Ses hésitations révèlent la complexité du problème* (**SYN.** embarras, flottement, tergiversation ; **CONTR.** assurance, détermination, fermeté). *Après de nombreuses hésitations, ils ont enfin choisi* (**SYN.** atermoiement, tâtonnement). *Il a accepté mon aide sans hésitation* (**SYN.** réticence).

hésiter v.i. (lat. *haesitare*) [conj. 3]. **1.** Être dans un état d'incertitude, d'irrésolution qui empêche ou retarde l'action, le choix : *Nous hésitons à vendre* (**SYN.** atermoyer, tergiverser ; **CONTR.** se déterminer, se lancer). *J'hésite entre ces deux mobiles* (**SYN.** balancer, flotter ; **CONTR.** choisir, se décider, opter). **2.** Marquer son indécision, son embarras par un temps d'arrêt, un silence : *Il répond en hésitant sur chaque mot* (**SYN.** balbutier, bégayer).

hétaïre [etair] n.f. (gr. *hetaira*). Dans la Grèce antique, courtisane d'un rang élevé.

hétéro adj. et n. (abrév.). *Fam.* Hétérosexuel.

hétéroclite [eterɔklit] adj. (du gr. *heteros*, autre, et *klinein*, incliner). Qui est fait d'éléments bizarres d'ories diverses : *Un mélange hétéroclite de technologie et de traditions* (**SYN.** disparate, hétérogène, surprenant ; **CONTR.** cohérent, harmonieux, homogène).

hétérodoxe adj. et n. (du gr. *heteros*, autre, et *doxa*, opinion). **1.** Qui s'écarte de l'orthodoxie religieuse. **2.** Qui s'oppose aux idées reçues : *Un créateur hétérodoxe* (**SYN.** non-conformiste ; **CONTR.** conformiste, orthodoxe).

hétérodoxie n.f. **1.** Dans la religion, caractère de ce qui est hétérodoxe ; doctrine hétérodoxe ; hérésie. **2.** Caractère de ce qui est contraire aux idées reçues : *L'hétérodoxie d'une démarche scientifique* (**SYN.** non-conformisme ; **CONTR.** conformisme, orthodoxie).

hétérogène adj. Qui est formé d'éléments de nature différente : *Ils forment une équipe hétérogène* (**SYN.** composite, disparate, diversifié, hétéroclite ; **CONTR.** homogène).

hétérogénéité n.f. Caractère de ce qui est hétérogène (**SYN.** disparité, diversité ; **CONTR.** homogénéité).

hétérogreffe n.f. En médecine, greffe dans laquelle le tissu greffé vient d'un donneur d'une espèce différente (par opp. à homogreffe) ; greffe d'un tissu animal sur l'homme (**SYN.** xénogreffe).

hétéromorphe adj. Qui présente des formes très différentes chez une même espèce (**SYN.** polymorphe).

hétérosexualité [eterɔsɛksɥalite] n.f. Sexualité des personnes hétérosexuelles (par opp. à homosexualité).

hétérosexuel, elle [eterɔsɛksɥɛl] adj. et n. Qui éprouve une attirance sexuelle pour le sexe opposé (par opp. à homosexuel) [abrév. fam. hétéro].

hétérozygote adj. et n. Se dit d'un organisme dont les cellules possèdent deux gènes différents, l'un dominant et l'autre récessif, sur chaque chromosome (par opp. à homozygote).

***hêtraie** n.f. Lieu planté de hêtres.

***hêtre** n.m. (du frq. *haistr*). **1.** Arbre à écorce lisse, à bois blanc, ferme et flexible, dont les fruits sont les faines. **2.** Bois de cet arbre, utilisé en menuiserie.

***heu** [ø] interj. Marque le doute, l'hésitation, parfois le dédain : *Heu ! Que choisir ?*

heur n.m. (du lat. *augurium*, présage). ▸ *Litt.* ***Avoir l'heur de***, la chance de : *Elle n'a pas eu l'heur de lui plaire.* ☞ **REM.** Ne pas confondre avec *heure* ou **heurt.*

heure n.f. (lat. *hora*). **1.** Unité de temps valant 3 600 secondes, soit soixante minutes, contenue vingt-quatre fois dans un jour : *Elle est restée une heure.* **2.** Période de temps correspondant approximativement à cette unité : *Il me faudra une petite heure pour terminer.* **3.** Unité de travail ou de salaire correspondant approximativement à cette période de temps : *Être payé à l'heure* (par opp. à au forfait, à la tâche). *Ils n'ont pas compté les heures supplémentaires* (= les heures de travail effectuées en plus du nombre d'heures légal). **4.** Mesure d'une distance en fonction de la durée du trajet correspondant : *Le refuge est à deux heures de marche.* **5.** Organisation temporelle de la journée, permettant, par référence à un système conventionnel, de situer précisément chacun des moments de la journée : *La pendule est à l'heure du Québec.* **6.** Moment précis du jour, déterminé par référence à ce système conventionnel (abrév. h) : *Quelle heure est-il ? — Il est exactement onze heures deux.* **7.** Moment précis du jour, déterminé par rapport à une activité : *Il est l'heure de se lever.* **8.** Moment ou période quelconque dans le cours d'une vie, d'une entreprise, dans l'histoire d'un pays : *Elle jardine à ses heures. La dernière heure* (= le moment de la mort). *Le pays connaît des heures difficiles* (**SYN.** époque, jour, temps). ☞ **REM.** Ne pas confondre avec *heur* ou **heurt.*

▸ ***À la bonne heure !,*** voilà qui est bon, qui va bien. ***De bonne heure,*** tôt. ***D'heure en heure,*** à mesure que passent les heures. ***D'une heure à l'autre,*** sous peu. ***Être à l'heure,*** donner l'heure juste, en parlant d'une montre, d'une pendule ; être exact, ponctuel, en parlant d'une personne. ***Heure d'été,*** convention temporelle adoptée au printemps et en été, en vue de réduire les dépenses d'énergie, et correspondant en général à une avance d'une heure sur l'heure en vigueur pendant le reste de l'année *(heure d'hiver).* ***Heure légale,*** heure déterminée par la loi dans chaque pays, qui rythme la vie sur le territoire concerné. ***Heure locale,*** heure légale en un lieu donné de la Terre. ***Sur l'heure,*** à l'instant même : *Dites-lui de venir sur l'heure* (= sur-le-champ). ***Tout à l'heure,*** dans un moment : *Nous nous arrêterons tout à l'heure* ; il y a un moment : *L'événement s'est produit tout à l'heure.*

heureusement adv. **1.** De façon avantageuse, favorable : *Cette aventure s'est heureusement terminée* (**SYN.** avantageusement, bien ; **CONTR.** mal, tragiquement). **2.** De manière agréable, harmonieuse : *Des pièces heureusement agencées* (**SYN.** esthétiquement). **3.** Par bonheur : *Heureusement, la batterie n'était pas déchargée* (= par chance ; **CONTR.** malheureusement). ▸ ***Heureusement que,*** c'est une chance que : *Heureusement qu'il fait beau.*

heureux, euse adj. (de *heur*). **1.** Qui jouit du bonheur ; qui est satisfait de son sort : *Elle est heureuse à la campagne* (**SYN.** comblé, enchanté ; **CONTR.** malheureux). *Cette promotion l'a rendue heureuse* (**SYN.** content, ravi ; **CONTR.** insatisfait, mécontent). **2.** Qui procure du bonheur ; qui le dénote : *Un mariage heureux* (**SYN.** enchanteur). *Il la regardait d'un air heureux* (**SYN.** épanoui, radieux, rayonnant). **3.** Qui est favorisé par le sort : *Il est heureux au jeu* (**SYN.** chanceux ; **CONTR.** malchanceux). *Elle a la main heureuse.* **4.** Qui a des suites favorables ; qui procure un avantage : *Un heureux concours de circonstances* (**SYN.** propice). *Cette affaire a connu un heureux dénouement.* **5.** Qui est porté à l'optimisme : *Elle est d'une nature heureuse* (**SYN.** enjoué, gai ; **CONTR.** pessimiste, triste). **6.** Qui est particulièrement réussi : *Ce parquet est d'un très heureux effet dans cette pièce* (**SYN.** harmonieux, juste). ◆ n. ▸ ***Faire un, des heureux,*** procurer à une ou à plusieurs personnes ce qu'elles attendaient ou un avantage inespéré.

heuristique adj. (du gr. *heuriskein,* trouver). *Didact.* Qui a une utilité dans la recherche scientifique : *Une méthode heuristique.* ◆ n.f. Discipline qui se propose de dégager les règles de la recherche scientifique.

***heurt** [œr] n.m. **1.** Fait de heurter, de se heurter ; choc, coup qui en résulte : *Le heurt entre les véhicules a été violent* (**SYN.** collision). *Il faut le déplacer sans heurt* (**SYN.** à-coup, secousse). **2.** Opposition marquée ; contraste violent : *Le heurt de deux cultures* (**SYN.** antagonisme, conflit ; **CONTR.** harmonie). **3.** (Souvent pl.). Opposition violente entre des personnes ; différend, désaccord, mésentente : *L'exaspération a engendré des heurts entre les habitants et les policiers* (**SYN.** affrontement, conflit, friction). ☞ **REM.** Ne pas confondre avec *heur* ou *heure.*

***heurté, e** adj. **1.** Qui contraste violemment : *Des teintes heurtées* (**CONTR.** harmonieux). **2.** Qui présente des oppositions marquées, des ruptures de construction, de rythme : *Le débit heurté d'une personne qui apprend une langue étrangère* (**SYN.** entrecoupé, haché, saccadé ; **CONTR.** continu, régulier).

***heurter** v.t. (du frq. *hurt,* bélier) [conj. 3]. **1.** Entrer rudement en contact avec ; frapper : *Le tramway a heurté un poteau* (**SYN.** emboutir, percuter). *Votre coude l'a heurtée à la poitrine* (**SYN.** atteindre, cogner, toucher). **2.** Cogner une chose contre une autre : *Ne heurtez pas ces verres en les transportant* (**SYN.** entrechoquer). **3.** *Fig.* Contrarier vivement : *Ses méthodes brutales me heurtent* (**SYN.** choquer, irriter, offenser). **4.** Être en opposition complète avec : *Cela heurte mes convictions* (**SYN.** bousculer). ◆ v.t. ind. **[à].** *Litt.* Donner des coups pour signaler sa présence : *Heurter aux volets* (**SYN.** frapper). ◆ **se *heurter** v.pr. **1. [à, contre].** Se cogner accidentellement contre : *Elle s'est heurtée au coin de la table.* **2. [à].** *Fig.* Rencontrer un obstacle, une difficulté : *Elle s'est heurtée à des problèmes administratifs* (**SYN.** achopper sur, buter sur). **3.** Avoir des désaccords violents : *Ils se heurtent chaque fois qu'il y a une décision à prendre* (**SYN.** s'affronter, se quereller ; **CONTR.** s'accorder, s'entendre). **4.** Contraster violemment : *Ces couleurs se heurtent* (**SYN.** détonner).

***heurtoir** n.m. Marteau fixé à une porte monté sur une charnière et qui sert à frapper.

hévéa n.m. (quechua *hyeve*). Grand arbre des régions chaudes, cultivé pour son latex, dont on tire le caoutchouc.

hexaèdre [ɛgzaɛdr] n.m. et adj. (du gr. *hexa,* six, et *edra,* face). Polyèdre à six faces : *Le cube est un hexaèdre régulier.*

hexagonal, e, aux [ɛgzagɔnal, o] adj. **1.** Qui a la forme d'un hexagone. **2.** Relatif à l'Hexagone, à la France : *Les entreprises hexagonales* (**SYN.** français, national).

hexagone [ɛgzagɔn] n.m. (du gr. *hexa,* six, et *gônia,* angle). Polygone à six angles et six côtés. ▸ ***L'Hexagone,*** la France métropolitaine dont les contours évoquent vaguement un hexagone.

hexamètre [ɛgzamɛtr] adj. et n.m. Se dit d'un vers grec ou latin qui a six mesures ou six pieds.

hexapode [ɛgzapɔd] adj. et n.m. En zoologie, se dit d'un animal qui possède trois paires de pattes : *Beaucoup d'insectes sont hexapodes.*

hexasyllabe [ɛgzasilab] adj. et n.m. Se dit d'un vers de six syllabes.

***hi** interj. Exprime le rire ou, plus rarement, les pleurs : *Hi ! hi ! elle me fera toujours rire* (**SYN.** ha).

hiatal, e, aux adj. En médecine, relatif à un hiatus. ▸ ***Hernie hiatale,*** hernie dans laquelle une partie de l'estomac pénètre dans le thorax.

hiatus [jatys] n.m. (mot lat. signif. « ouverture »). **1.** En linguistique, succession de deux voyelles appartenant à des syllabes différentes : *L'hiatus peut se produire à l'intérieur d'un mot comme dans « aorte » ou entre deux mots qui se suivent comme dans « à Avignon ».* **2.** En anatomie, orifice naturel étroit. **3.** *Fig.* Manque de continuité, de cohérence : *L'hiatus entre les promesses des candidats et les réalisations* (**SYN.** décalage, rupture).

hibernal, e, aux adj. (lat. *hibernalis,* de *hiems, hiemis,* hiver). Qui a lieu pendant l'hiver ; relatif à l'hibernation : *L'enfouissement hibernal d'une marmotte.*

Sommeil hibernal. ☞ **REM.** Ne pas confondre avec *hivernal.*

hibernation n.f. **1.** État léthargique dans lequel certains mammifères passent l'hiver (par opp. à estivation). **2.** *Fig.* État d'inertie, d'improductivité : *Une économie en hibernation* (**SYN.** léthargie, stagnation).

hiberner v.i. [conj. 3]. Passer l'hiver en hibernation : *Le loir hiberne.* ☞ **REM.** Ne pas confondre avec *hiverner.*

hibiscus [ibiskys] n.m. (du lat. *hibiscum,* guimauve). Arbre tropical à fleurs ornementales.

hibou** n.m. (pl. *hiboux*). Rapace nocturne, dont la tête porte des aigrettes de plumes. ▸ *Fam.* ***Vieux hibou, homme âgé, solitaire et bourru.

***hic** [ik] n.m. inv. (de la phrase latine *hic est quaestio,* ici est la question). *Fam.* Difficulté principale d'une situation, d'une question : *Nous manquons de temps ; voilà le hic* (**SYN.** écueil, obstacle, problème).

***hic et nunc** [ikɛtnɔ̃k] loc. adv. (mots lat. signif. « ici et maintenant »). Sans délai et dans ce lieu même.

hidalgo n.m. (mot esp.) [pl. *hidalgos*]. Noble espagnol.

***hideur** n.f. (de l'anc. fr. *hisde,* horreur). *Litt.* Caractère de ce qui est hideux ; laideur extrême.

***hideusement** adv. De façon hideuse (**SYN.** affreusement, atrocement, ignoblement).

***hideux, euse** adj. **1.** Qui est d'une laideur repoussante : *Les personnages de certains dessins animés sont hideux* (**SYN.** affreux, horrible, monstrueux ; **CONTR.** attirant, charmant, joli). **2.** Qui provoque un dégoût moral : *Une hideuse injustice* (**SYN.** ignoble, infâme, répugnant, vil).

***hidjab** [idʒab] n.m. (mot ar.). Vêtement que porte la femme musulmane pour respecter l'obligation de pudeur.

***hie** n.f. (moyen néerl. *heie*). Dans les travaux publics, outil à main qui sert à enfoncer les pavés ou à compacter le sol (**SYN.** dame, demoiselle).

hiémal, e, aux adj. (du lat. *hiems,* hiver). *Litt.* Relatif à l'hiver ; se dit d'une plante qui croît en hiver ; hivernal.

hier [ijɛr ou jɛr] adv. (lat. *heri*). **1.** Le jour qui précède immédiatement celui où l'on est : *Nous avons pris le train hier et sommes arrivés aujourd'hui.* **2.** Dans un passé récent : *De nouvelles technologies hier encore inimaables.* ▸ ***Ne pas dater d'hier,*** ne pas être nouveau : *Ce film ne date pas d'hier.* *Fam.* ***N'être pas né d'hier,*** avoir de l'expérience.

***hiérarchie** n.f. (du gr. *hieros,* sacré, et *arkhein,* commander). **1.** Classement des fonctions, des dignités, des pouvoirs dans un groupe social, selon un rapport de subordination et d'importance respectives : *Elle a gravi tous les échelons de la hiérarchie.* **2.** Ensemble des personnes qui occupent des fonctions supérieures : *Une réunion de la hiérarchie au grand complet* (**SYN.** direction, état-major). **3.** Organisation en une série décroissante ou croissante d'éléments classés selon leur grandeur ou leur valeur : *Nous avons établi une hiérarchie dans les priorités* (**SYN.** classification, ordre).

***hiérarchique** adj. Relatif à la hiérarchie ; qui est fondé sur la hiérarchie : *Vous devez en référer à votre supérieure hiérarchique. Passer par la voie hiérarchique* (= par chaque échelon de la hiérarchie).

***hiérarchiquement** adv. De façon hiérarchique ; selon une hiérarchie : *Des rémunérations établies hiérarchiquement.*

***hiérarchisation** n.f. Action de hiérarchiser ; organisation qui en résulte : *Procéder à une hiérarchisation des salaires, des fonctions.*

***hiérarchiser** v.t. [conj. 3]. **1.** Soumettre à un ordre hiérarchique : *Hiérarchiser la direction d'une société* (**SYN.** structurer). **2.** Organiser selon un ordre d'importance, de grandeur : *Hiérarchiser les informations dans un journal* (**SYN.** classer, ordonner).

***hiérarque** n.m. **1.** Titre donné à certains hauts dignitaires des Églises chrétiennes d'Orient. **2.** *Litt.* Personnalité occupant une place importante au sein d'une hiérarchie.

hiératique adj. (gr. *hieratikos,* qui concerne les choses sacrées). **1.** Qui est conforme aux normes d'une tradition liturgique. **2.** *Litt.* Qui est d'une majesté, d'une raideur solennelle : *Elle gardait une pose hiératique* (**SYN.** noble, olympien).

hiératiquement adv. *Litt.* De façon hiératique.

hiératisme n.m. *Litt.* Attitude, caractère hiératique : *L'hiératisme de son attitude* (**SYN.** majesté, raideur, solennité).

hiéroglyphe n.m. (gr. *hieros,* sacré, et *gluphein,* graver). **1.** Signe du système d'écriture idéographique des anciens Égyptiens : *L'hiéroglyphe le plus ancien.* **2.** (Souvent pl.). Signe d'écriture impossible à déchiffrer : *Notre pharmacienne arrive à lire les hiéroglyphes de ce médecin.* ☞ **REM.** La prononciation avec un « h aspiré » tend à se répandre dans la langue courante.

hiéroglyphique adj. Relatif aux hiéroglyphes : *Inscription hiéroglyphique.*

hiérosolymitain, e [jerɔsɔlimitɛ̃, ɛn] adj. et n. Relatif à Jérusalem ; qui habite Jérusalem.

***hi-fi** [ifi] n.f. inv. (abrév. de l'angl. *high-fidelity*). Haute-fidélité : *Des chaînes hi-fi.*

***high-tech** [ajtɛk] adj. inv. et n.m. inv. (abrév. de l'angl. *high technology,* haute technologie). Se dit d'un produit né des technologies avancées ; se dit des industries qui utilisent ces technologies : *Des matériaux high-tech.*

***hi-han** interj. Imite le cri de l'âne.

hilarant, e adj. Qui provoque le rire : *Des plaisanteries hilarantes* (**SYN.** désopilant, drôle, inénarrable).

hilare adj. (lat. *hilaris,* gai). Qui montre une joie béate, une franche gaieté : *La famille était hilare devant la télévision* (**SYN.** réjoui).

hilarité n.f. Gaieté subite ; explosion de rire : *Ces gags provoquent immanquablement l'hilarité générale.*

***hile** n.m. (lat. *hilum*). En anatomie, partie d'un viscère où les vaisseaux sanguins et les nerfs pénètrent ou sortent : *Le hile du rein.*

hilote n.m. (gr. *heilôs, heilôtos*). Dans l'Antiquité, esclave d'État, à Sparte (**SYN.** ilote).

hilotisme n.m. Dans l'Antiquité, condition d'hilote (**SYN.** ilotisme).

***hindi** [indi] n.m. Langue parlée en Inde du Nord.

hindou, e [ɛ̃du] adj. et n. (de *Inde*). Relatif à l'hindouisme ; qui est adepte de l'hindouisme.

hindouisme [ɛ̃duism] n.m. Religion proche du

bouddhisme, répandue surtout en Inde, qui est à la base du système des castes.

hindouiste [ɛ̃duist] adj. Relatif à l'hindouisme.

hindoustani [ɛ̃dustani] n.m. Nom d'une langue parlée en Inde du Nord.

***hip, hip, hip, hourra** interj. Sert à exprimer la joie, l'enthousiasme : *Elle a réussi. Hip, hip, hip, hourra !*

***hip-hop** adj. inv. et n.m. inv. Se dit d'un mouvement contestataire et de ses modes d'expression se manifestant par des graffs, des tags, une mode vestimentaire, des styles de danse et de musique.

***hippie** ou ***hippy** n. et adj. (mot anglo-amér.)[pl. *hippies, hippys*]. Adepte d'un mouvement des années 1960, qui rejetait la société de consommation et prônait la non-violence, la liberté en tous domaines et la vie en communauté ; relatif aux hippies.

hippique adj. Relatif aux chevaux, à l'hippisme : *Le sport hippique.*

hippisme n.m. Ensemble des activités sportives pratiquées à cheval.

hippocampe n.m. (du gr. *hippos*, cheval, et *kampê*, courbure). Poisson marin à tête chevaline et perpendiculaire au corps, à queue en spirale, et qui nage verticalement.

hippocratique adj. Relatif à Hippocrate et à sa doctrine médicale.

hippodrome n.m. (du gr. *hippos*, cheval, et *dromos*, course). Site aménagé pour les courses de chevaux.

hippogriffe n.m. (ital. *ippogriffo*). Animal fabuleux ailé, monstre mi-cheval, mi-griffon.

hippologie n.f. Science, étude du cheval.

hippologique adj. Relatif à l'hippologie.

hippomobile adj. Se dit d'un véhicule tiré par un ou plusieurs chevaux.

hippophagie n.f. Consommation de la viande de cheval comme aliment.

hippophagique adj. ▸ ***Boucherie hippophagique,*** boucherie où l'on vend de la viande de cheval (on dit aussi *boucherie chevaline*).

hippopotame n.m. (du gr. *hippos*, cheval, et *potamos*, rivière). **1.** Mammifère porcin massif, vivant dans les fleuves africains. **2.** *Fam., péjor.* Personne obèse.

***hippy** n. et adj. → **hippie.**

hircin, e [irsɛ̃, in] adj. (du lat. *hircus*, bouc). Relatif au bouc.

hirondelle n.f. (lat. *hirundo*). Oiseau migrateur à dos noir et ventre blanc, et à queue échancrée. ▸ ***Hirondelle de mer,*** sterne. ***Nid d'hirondelle,*** dans la cuisine chinoise, mets constitué par un nid fait des régurgitations gélatineuses d'un oiseau qui se nourrit d'algues.

hirsute adj. (lat. *hirsutus*). Se dit d'une personne à la chevelure ou à la barbe épaisse, de ses cheveux, de ses poils de barbe, qui sont en désordre ; échevelé.

hispanique adj. (lat. *hispanicus*, de *Hispania*, Hispanie). Relatif à l'Espagne. ◆ adj. et n. Aux États-Unis, personne oriaire d'Amérique latine.

hispanisme n.m. **1.** Expression, tournure particulière à la langue espagnole. **2.** Emprunt à la langue espagnole.

hispaniste ou **hispanisant, e** n. Spécialiste de la langue et de la civilisation espagnoles.

hispano-américain, e adj. et n. (pl. *hispano-américains, es*). Relatif à l'Amérique de langue espagnole.

hispanophone adj. et n. Qui parle l'espagnol.

***hisse** interj. → **ho ! hisse !**

***hisser** v.t. (bas all. *hissen*) [conj. 3]. **1.** Faire monter en tirant ou en soulevant avec effort : *Hisser les voiles. Elle hisse les valises au-dessus de l'armoire.* **2.** Faire accéder à un rang supérieur : *Ses collègues l'ont hissé à la présidence* (SYN. porter). ◆ **se hisser** v.pr. S'élever avec effort ou difficulté : *Ils se sont hissés sur le muret* (SYN. grimper, monter). *Elle s'est hissée à la direction de l'entreprise.*

histamine n.f. (du gr. *histos*, tissu). Substance organique présente dans les tissus animaux et jouant un rôle important dans le mécanisme des réactions allergiques.

histaminique adj. Relatif à l'histamine.

histogenèse n.f. (du gr. *histos*, tissu). Formation et développement des différents tissus chez l'embryon.

histogramme n.m. (angl. *histogram*, du gr. *histos*, tissu, trame). Graphique utilisé en statistique, constitué par des rectangles de même base, placés les uns à côté des autres, et dont la hauteur est proportionnelle à la quantité à représenter.

histoire n.f. (lat. *historia*). **1.** Ensemble des faits décisifs situés dans le passé concernant un sujet, une période, un domaine marquants pour l'humanité ; ouvrage relatant ces faits : *L'histoire du XXe siècle. Elle lit une histoire du Québec.* **2.** Partie du passé postérieure à l'apparition de l'écriture (par opp. à préhistoire) : *L'histoire moderne.* **3.** Science qui étudie le passé de l'humanité : *Elle fait des études d'histoire.* **4.** Mémoire que la postérité garde du passé : *Cette date restera dans l'histoire.* **5.** Suite des événements, des faits, des états qui ont marqué l'évolution d'une discipline, d'un domaine, d'un concept ; ouvrage décrivant cette évolution : *L'histoire des sciences. L'histoire d'un mot* (= son évolution phonétique et morphologique). **6.** Récit d'actions, de faits réels ou fictifs : *J'adore ces histoires de voisinage* (SYN. anecdote). *Elle invente des histoires de fantômes* (SYN. conte, légende). *Ne dévoilez pas la fin de l'histoire.* **7.** Succession d'événements affectant qqn ou qqch : *Elle a raconté l'histoire de son grand-père* (SYN. biographie, vie). *Il est impliqué dans cette histoire* (SYN. affaire, aventure). *L'histoire de ce bijou est étonnante.* **8.** Propos mensongers ; balivernes : *Quand je lui demande des explications, il me raconte des histoires* (SYN. fable). *Elle a inventé toute une histoire pour expliquer son absence* (SYN. roman). **9.** *Fam.* Ensemble de complications engendrées à partir d'un événement : *Chercher des histoires* (= chercher querelle). *Il fait toute une histoire à cause d'une petite tache* (SYN. drame, incident). *Ils me créent des histoires pour cinq minutes de retard* (SYN. ennui, problème). **10.** Désaccord à propos de qqch : *Cette histoire d'héritage a duré des années* (SYN. conflit). ▸ ***C'est toute une histoire,*** c'est long à raconter. *Fam.* ***Histoire de*** (+ inf.), dans l'intention de : *Discutons, histoire de passer le temps.* ***Histoire drôle,*** court récit destiné à faire rire. *Vieilli* ***Histoire naturelle,*** sciences naturelles : *Muséum* *d'histoire naturelle.* ***La petite histoire,*** les anecdotes concernant le passé ; les faits maraux pittoresques qui se sont produits en marge d'un événement historique.

histologie n.f. (gr. *histos,* tissu, et *logos,* science). Partie de l'anatomie qui étudie la structure des tissus des êtres vivants.

histologique adj. Relatif à l'histologie ou aux tissus organiques.

historicité n.f. Caractère de ce qui est historique, qui est attesté par l'histoire : *L'historicité des faits* (**SYN.** authenticité).

historié, e adj. Qui est décoré de scènes narratives : *Les chapiteaux historiés des églises romanes.*

historien, enne n. Spécialiste des études historiques ; auteur d'ouvrages historiques.

historiette n.f. Petit récit d'une aventure plaisante ; anecdote.

historiographe n.m. Écrivain qui était chargé officiellement d'écrire l'histoire de son temps ou d'un souverain.

historiographie n.f. **1.** Travail de l'historiographe. **2.** Ensemble des documents historiques concernant une période, un événement.

historique adj. **1.** Relatif à l'histoire, à l'étude du passé de l'humanité ; qui est conforme à ses méthodes, à ses règles : *Consulter des documents historiques. Un documentaire historique.* **2.** Qui appartient à l'histoire, partie du passé de l'humanité dont l'existence est considérée comme objectivement établie : *Site historique* (= qui présente un intérêt pour l'histoire). *Personnages historiques* (= qui ont vraiment existé). **3.** Qui appartient à une période sur laquelle on possède des documents écrits (par opp. à préhistorique). **4.** Qui est resté célèbre dans l'histoire ; qui est digne d'être conservé par l'histoire : *Un exploit historique* (**SYN.** fameux, illustre ; **CONTR.** dérisoire, insignifiant, négligeable). *La Bourse a atteint un niveau historique* (**SYN.** mémorable). **5.** Qui a participé à la création d'une entreprise, d'un mouvement politique, artistique : *Une militante historique.* ◆ n.m. Exposé chronologique des faits : *Commençons par un bref historique de la question* (**SYN.** chronologie).

historiquement adv. Du point de vue historique ; en historien : *Un fait historiquement établi.*

histrion n.m. (du lat. *histrio,* mime). *Litt.* Personne qui se donne en spectacle : *Il fait toujours l'histrion* (**SYN.** bouffon).

hitlérien, enne adj. et n. Relatif à la doctrine de Hitler, au régime politique qu'il institua ; qui en est partisan.

hitlérisme n.m. Doctrine de Hitler ; national-socialisme, nazisme.

***hit-parade** [itparad] n.m. (de l'angl. *hit,* succès, et *parade,* défilé) [pl. *hit-parades*]. Classement par ordre décroissant de popularité de chansons, d'œuvres, de vedettes. ☞ **REM.** Il est recommandé d'employer *palmarès* pour éviter cet anglicisme.

***hittite** adj. Qui appartient aux Hittites, ancien peuple d'Anatolie centrale. ◆ n.m. Langue que parlaient les Hittites.

HIV [aʃive] n.m. (sigle de l'angl. *human immunodeficiency virus*). Dénomination internationale du V.I.H., virus responsable du sida.

hiver n.m. (lat. *hibernum tempus,* de *hiems, hiemis,* hiver). **1.** Saison commençant le 21 ou le 22 décembre et se terminant le 20 ou le 21 mars dans l'hémisphère Nord : *Les vacances d'hiver.* **2.** Période la plus froide de l'année : *L'hiver est en avance. Les sports d'hiver.*

hivernage n.m. **1.** Séjour des troupeaux à l'étable pendant l'hiver. **2.** Saison des pluies dans les régions tropicales.

hivernal, e, aux adj. Relatif à l'hiver ; hiémal : *Nous sommes en octobre et il fait un froid hivernal* (**CONTR.** estival). ☞ **REM.** Ne pas confondre avec *hibernal.*

hivernale n.f. Ascension en haute montagne pendant l'hiver.

hivernant, e adj. et n. Qui séjourne en un lieu pendant l'hiver (par opp. à estivant).

hiverner v.i. [conj. 3]. **1.** En parlant de troupeaux, passer l'hiver à l'abri. **2.** Passer l'hiver dans une région : *Nous hivernons dans le Midi.* ◆ v.t. Mettre le bétail à l'étable pour l'hiver. ☞ **REM.** Ne pas confondre avec *hiberner.*

***H.L.M.** ou ***HLM** [aʃɛlɛm] n.m. ou n.f. (sigle de *habitation à loyer modéré*). Immeuble dont les logements sont destinés aux familles à revenus modestes : *Ils vont construire de nouveaux H.L.M.*

***ho** interj. Sert à appeler ; exprime soit l'admiration, soit l'indignation : *Ho ! Vous oubliez votre sac ! Ho ! Le beau portable !*

***hobby** [ɔbi] n.m. (mot angl. signif. « dada »)[pl. *hobbys* ou *hobbies*]. Distraction favorite : *Surfer sur Internet, c'est son hobby* (= son violon d'Ingres ; **SYN.** passe-temps).

***hobereau** [ɔbro] n.m. (de l'anc. fr. *hobier,* faucon). (Souvent péjor.). Gentilhomme campagnard : *Les hobereaux de Maupassant.*

hochement** n.m. ▸ ***Hochement de tête, mouvement de la tête que l'on hoche : *Elle acquiesce d'un hochement de tête.*

***hochepot** [ɔʃpo] n.m. Dans la cuisine flamande, pot-au-feu à base de queue de porc, de poitrine de bœuf et de mouton.

***hochequeue** [ɔʃkø] n.m. Bergeronnette.

hocher** v.t. (frq. *hottisôn*) [conj. 3]. ▸ ***Hocher la tête, la secouer de bas en haut ou de droite à gauche : *Il a hoché la tête en signe de refus, en signe d'acceptation* (**SYN.** agiter, remuer).

***hochet** n.m. **1.** Jouet à grelots pour les bébés. **2.** *Fig., litt.* Chose futile qui flatte : *Cette nomination purement honorifique est un hochet.*

***hockey** [ɔkɛ] n.m. (mot angl., de l'anc. fr. *hocquet,* bâton). Sport d'équipe pratiqué avec une crosse, sur gazon ou sur glace. ☞ **REM.** Ne pas confondre avec *le hoquet.*

***hockeyeur, euse** [ɔkɛjœr, øz] n. Joueur de hockey.

***ho ! hisse !** interj. Sert à encourager ou à rythmer l'effort de plusieurs personnes qui hissent, qui tirent qqch.

hoir [war] n.m. (lat. *heres*). *Vx* Dans la langue juridique, héritier direct.

hoirie n.f. (de *hoir*). Dans la langue juridique suisse, héritage indivis ; ensemble des héritiers qui sont dans l'indivision.

holà** interj. Sert à appeler ; sert à modérer l'ardeur de qqn : *Holà ! M'entendez-vous ? Holà ! Comme vous y allez !* ◆ n.m. inv. ▸ *Fam.* ***Mettre le holà à qqch, faire cesser une situation anormale ou dommageable : *Elle a décidé de mettre le holà à ces excès* (= y mettre fin).

***holding** [ɔldiŋ] n.f. ou n.m. (de l'angl. *to hold,* tenir). Société financière détenant des participations dans d'autres sociétés dont elle assure l'unité de direction et le contrôle des activités.

***hold-up** [ɔldœp] n.m. inv. (mot anglo-amér.). Attaque à main armée, organisée en vue de dévaliser un établissement : *Il y a eu deux hold-up dans cette bijouterie.*

***hollandais, e** adj. et n. De la Hollande, des Pays-Bas. ◆ ***hollandais** n.m. Langue parlée aux Pays-Bas.

***hollande** n.m. Fromage de Hollande : *Des hollandes affinés*

***hollywoodien, enne** [ɔliwudjɛ̃, ɛn] adj. **1.** Relatif à Hollywood, au cinéma de Hollywood : *Une vedette hollywoodienne.* **2.** Qui évoque le luxe tapageur de Hollywood : *Des fastes hollywoodiens.*

holocauste n.m. (du gr. *holos,* tout, et *kaien,* brûler). Chez les Hébreux, sacrifice dans lequel la victime était entièrement brûlée ; victime ainsi sacrifiée. ▸ (Avec une majuscule). ***L'Holocauste,*** l'extermination des Juifs par les nazis entre 1939 et 1945, dans les pays occupés par les troupes allemandes (on dit aussi *la Shoah*). *Litt.* ***S'offrir en holocauste,*** faire don de sa vie pour une cause (= se sacrifier).

hologramme n.m. Image obtenue par holographie.

holographe adj. → **olographe.**

holographie n.f. Méthode de photographie permettant la restitution en relief d'un objet, en utilisant deux faisceaux laser.

holographique adj. Relatif à l'holographie ; qui est obtenu par holographie.

holothurie n.f. (du gr.). Animal marin, au corps mou et allongé.

***holster** [ɔlstɛr] n.m. (mot angl.). Étui souple porté sous l'épaule et destiné à contenir un pistolet ou un revolver.

homard** n.m. (anc. scand. *humarr*). Crustacé marin comestible, au corps bleu marbré de jaune et à grosses pinces. ▸ ***Homard à l'américaine ou ***à l'armoricaine,*** homard coupé en morceaux, qu'on fait revenir dans de l'huile et cuire dans une préparation à base de vin blanc, de tomates et d'aromates.

***homarderie** n.f. Vivier de homards.

home** [om] n.m. (mot angl. signif. « maison »). En Belgique, maison de repos. ▸ ***Home d'enfants, centre d'accueil pour enfants.

homélie n.f. (du gr. *homilia,* réunion). Instruction familière sur l'Évangile au cours de la messe (**SYN.** prêche, sermon).

homéopathe n. Médecin qui pratique l'homéopathie.

homéopathie n.f. Méthode de traitement consistant à soigner le malade à l'aide de doses infiniment petites de produits capables, à fortes doses, de déterminer des symptômes semblables à ceux de la maladie contre laquelle on lutte (par opp. à allopathie).

homéopathique adj. Relatif à l'homéopathie (par opp. à allopathique) : *Des granules homéopathiques.* ▸ ***À dose homéopathique,*** en très petite quantité : *Il pratique le sport à dose homéopathique.*

homéostasie n.f. Maintien à un niveau constant, par les organismes vivants, des paramètres biologiques.

homéotherme adj. et n.m. Se dit d'un animal dont la température interne est constante (**CONTR.** poïkilotherme).

homérique adj. (gr. *homêrikos*). **1.** Relatif à Homère ; qui concerne les poèmes d'Homère : *La langue homérique.* **2.** Qui est mémorable par son intensité, son énormité, sa grandeur : *Les députés ont déclenché un chahut homérique* (**SYN.** épique, fantastique, phénoménal). ▸ ***Rire homérique,*** rire bruyant et inextinguible.

① **homicide** n.m. (lat. *homicidium*). Action de tuer un être humain : *Le maire est accusé d'homicide par imprudence.*

② **homicide** adj. et n. (lat. *homicida*). *Sout.* Qui a provoqué la mort d'un être humain (**SYN.** assassin, meurtrier). ◆ adj. **1.** Qui révèle une volonté de tuer : *Des intentions homicides.* **2.** *Litt.* Qui sert à tuer : *Une main homicide* (**SYN.** criminel).

hominidé n.m. (du lat. *homo, hominis,* homme). Mammifère primate bipède, tel que l'homme actuel et, selon certains scientifiques, le gorille et le chimpanzé.

hominien n.m. *Vx* Mammifère primate bipède, tel que l'homme et ses ancêtres fossiles (par opp. aux singes).

hominisation n.f. Processus évolutif par lequel l'espèce humaine a acquis les caractères qui la distinguent des autres primates.

hommage n.m. (de *homme*). Témoignage d'estime, de respect ; offrande faite par estime, respect : *Les pompiers ont reçu l'hommage du pays tout entier* (**SYN.** considération, égards). *Nous lui avons rendu hommage au cours de cette soirée. Faire hommage d'un livre* (= offrir un exemplaire dédicacé ; **SYN.** don). ◆ **hommages** n.m. pl. Témoignages de respect adressés à qqn : *Veuillez transmettre mes hommages à vos parents* (**SYN.** civilités [sout.], salutation).

hommasse adj. *Péjor.* Se dit d'une femme d'allure masculine.

homme n.m. (lat. *homo*). **1.** Être humain considéré par rapport à son espèce ou aux autres espèces animales ; mammifère primate bipède, à mains préhensiles, doué d'un langage articulé et caractérisé par un cerveau volumineux : *L'homme préhistorique.* **2.** (Précédé de l'art. déf.). L'espèce humaine (par opp. à animal, divinité) ; membre de cette espèce : *« Mieux est de ris que de larmes écrire / Pour ce que rire est le propre de l'homme »* [François Rabelais]. *« L'homme est un loup pour l'homme »* [Thomas Hobbes]. *Le nombre d'hommes sur la Terre* (**SYN.** humain, individu, personne). **3.** Être humain de sexe masculin (par opp. à femme, fille) ; adulte de sexe masculin (par opp. à garçon) : *Coiffeur pour hommes. Un complet pour homme.* **4.** Être humain de sexe masculin, considéré du point de vue des qualités de virilité, de force, de courage, attribuées communément à ce sexe : *Cette expérience fera de lui un homme.* **5.** Individu de sexe masculin considéré du point de vue de ses qualités et défauts propres ou sous l'angle de ses caractéristiques sociales, professionnelles, etc. : *C'est un brave homme. Des hommes d'action. Des hommes d'État. Un homme d'affaires.* **6.** Individu attaché au service d'un autre : *Le capitaine et ses hommes ont encerclé les rebelles.* ▸ ***C'est*** ou ***voilà votre homme,*** c'est celui qu'il vous faut, dont vous avez besoin. ***Comme un seul homme,*** tous ensemble, d'un commun accord : *Ils ont tous voté pour comme un seul homme.* ***D'homme à homme,*** en toute franchise et sans intermédiaire. ***Grand homme,*** homme remarquable par ses actions, son génie, ses qualités. ***Homme de main,*** personne qui effectue pour le compte d'une autre des actions répréhensibles. ***Jeune homme,*** personne de sexe masculin entre l'adolescence et l'âge adulte. ***Le premier homme,*** Adam.

homme-grenouille n.m. (pl. *hommes-grenouilles*). Plongeur équipé d'un scaphandre autonome.

homme-orchestre n.m. (pl. *hommes-orchestres*). **1.** Musicien ambulant qui joue simultanément de plusieurs instruments. **2.** *Fig.* Personne ayant des compétences multiples.

homme-sandwich n.m. (pl. *hommes-sandwichs*). Homme qui promène deux panneaux publicitaires, l'un sur le dos, l'autre sur la poitrine.

① **homo** n.m. (mot lat. signif. « homme »). Nom de genre donné à l'espèce humaine dans la classification biologique : *Dans l'évolution du genre* Homo, *on a pu noter trois espèces,* Homo habilis, Homo erectus *et* Homo sapiens, *à laquelle appartient l'homme actuel.*

② **homo** adj. et n. (abrév., du gr. *homos,* même). *Fam.* Homosexuel.

homogène adj. (du gr. *homos,* semblable, et *genos,* origine). **1.** Dont les éléments constitutifs sont de même nature (par opp. à hétérogène) : *Mélangez jusqu'à obtenir une pâte homogène.* **2.** *Fig.* Qui présente une grande unité, une harmonie entre ses divers éléments : *Une équipe homogène* (**SYN.** harmonieux, uni).

homogénéisation n.f. Action de rendre homogène : *Homogénéisation des politiques européennes* (**SYN.** harmonisation, unification ; **CONTR.** différenciation, diversification).

homogénéiser v.t. [conj. 3]. Rendre homogène : *La commission homogénéise la réglementation* (**SYN.** harmoniser, uniformiser).

homogénéité n.f. Qualité de ce qui est homogène : *L'homogénéité d'un gouvernement* (**SYN.** cohérence, cohésion, unité ; **CONTR.** hétérogénéité).

homographe adj. et n.m. (du gr. *homos,* semblable, et *graphein,* écrire). Se dit d'homonymes ayant la même orthographe : *« Rame » signifiant « aviron » est l'homographe de « rame » au sens de « véhicule ferroviaire ».*

homographie n.f. En linguistique, caractère des mots homographes.

homogreffe n.f. Greffe dans laquelle le greffon est pris sur un sujet de même espèce que le sujet greffé (par opp. à hétérogreffe ou xénogreffe).

homologation n.f. Action d'homologuer, d'autoriser ou de ratifier : *L'homologation d'un bâtiment. L'homologation d'un record* (**SYN.** ratification, validation).

homologie n.f. Caractère d'éléments homologues.

① **homologue** adj. (gr. *homologos,* semblable). Qui correspond à qqch d'autre ; qui a le même rôle, dans un système différent : *Elles ont un titre homologue à celui d'ingénieur dans notre pays* (**SYN.** correspondant, équivalent).

② **homologue** n. (de *1. homologue*). Personne qui occupe les mêmes fonctions qu'une autre : *Le Premier ministre a rencontré son homologue québécois.*

homologuer v.t. [conj. 3]. **1.** Approuver officiellement un acte juridique ou une convention pour en permettre l'exécution (**SYN.** entériner, ratifier). **2.** Reconnaître qqch conforme aux règlements en vigueur, à certaines normes ; autoriser : *Homologuer des sièges pour bébés* (**SYN.** agréer ; **CONTR.** refuser). *Les commissaires ont homologué cette victoire* (**SYN.** valider ; **CONTR.** annuler).

homoncule n.m. → **homuncule.**

① **homonyme** adj. et n.m. (du gr. *homos,* semblable, et *onoma,* nom). Se dit d'un mot qui a la même orthographe *(homographe)* ou la même prononciation *(homophone)* qu'un autre, mais qui en diffère par le sens : *Les homonymes homographes « cousin » au sens de « parent » et « cousin » au sens de « insecte ». « Sceau », « saut », « seau » et « sot » sont des homonymes homophones.*

② **homonyme** n. et adj. Personne, ville qui porte le même nom qu'une autre : *Je reçois le courrier de mon homonyme.*

homonymie n.f. En linguistique, caractère des mots homonymes.

homonymique adj. Relatif à l'homonymie.

homophobe adj. et n. Qui est hostile à l'homosexualité ; qui rejette les homosexuels.

homophobie n.f. Rejet de l'homosexualité ; hostilité systématique à l'égard des homosexuels.

homophone adj. et n.m. (du gr. *homos,* semblable, et *phônê,* voix). Se dit d'homonymes ayant la même prononciation : *« Pain » et « pin » sont des homophones.*

homophonie n.f. En linguistique, caractère de mots, de graphies homophones.

homosexualité n.f. Sexualité des personnes homosexuelles (par opp. à hétérosexualité).

homosexuel, elle [ɔmɔsɛksɥɛl] adj. et n. Qui éprouve une attirance sexuelle pour les personnes de son sexe (par opp. à hétérosexuel) [abrév. fam. homo].

homozygote adj. et n. Se dit d'une cellule ou d'un organisme dont chaque chromosome d'une même paire possède des gènes identiques (par opp. à hétérozygote) : *Des jumeaux homozygotes.*

homuncule [ɔmɔ̃kyl] ou **homoncule** n.m. (dimin. du lat. *homo,* homme). Petit être vivant doué d'un pouvoir surnaturel que les alchimistes prétendaient fabriquer.

***hongre** adj. m. et n.m. (de *hongrois,* l'usage de châtrer les chevaux venant de Hongrie). Se dit d'un cheval châtré.

***hongrois, e** adj. et n. Relatif à la Hongrie, à ses habitants (**SYN.** magyar). ◆ ***hongrois** n.m. Langue parlée par les Hongrois.

honnête adj. (lat. *honestus,* honorable). **1.** Qui est conforme ou qui se conforme aux règles de la morale, de la probité, de la loyauté : *Une répartition honnête des subventions* (**SYN.** équitable, juste). *Une femme honnête* (**SYN.** intègre, probe [litt.] ; **CONTR.** indélicat, malhonnête). *Une ministre honnête* (**SYN.** incorruptible). **2.** Qui ne s'écarte pas d'un niveau moyen et convenable : *Ce film a eu un honnête succès* (**SYN.** correct, honorable, passable, satisfaisant). ▸ ***Honnête homme,*** homme cultivé dont le langage et les manières répondaient à l'idéal du XVIIe et du XVIIIe siècle.

honnêtement adv. **1.** De façon honnête, conforme aux règles de la morale : *Elle gagne honnêtement sa vie* (**SYN.** légalement ; **CONTR.** malhonnêtement). **2.** De façon loyale : *Honnêtement, j'avoue qu'elle a raison* (**SYN.** franchement, sincèrement). **3.** De façon convenable : *Elle s'est acquittée honnêtement de sa tâche* (**SYN.** correctement, honorablement).

honnêteté n.f. (lat. *honestas*). **1.** Qualité d'une personne honnête, de son comportement : *Son honnêteté est bien connue* (**SYN.** droiture, intégrité, probité ; **CONTR.** indélicatesse). **2.** Qualité d'une personne loyale, de bonne foi : *Elle est d'une totale honnêteté dans ses jugements* (**SYN.** franchise, impartialité ; **CONTR.** iniquité, malhonnêteté).

honneur n.m. (lat. *honor*). **1.** Sentiment que l'on a de sa dignité morale ; fierté vis-à-vis de soi et des autres : *Le code de l'honneur. Défendre son honneur. Un homme d'honneur* (= digne de confiance, qui tient sa parole). **2.** Réputation ou gloire méritée par le courage, le talent, la vertu, la valeur : *L'honneur de cette découverte lui revient* (**SYN.** mérite). *Cette pensée est tout à votre honneur* (**CONTR.** déshonneur). *Elle est l'honneur de la profession* (**SYN.** fierté, gloire ; **CONTR.** honte). **3.** Marque ou témoignage d'estime, de considération, d'admiration : *L'honneur qui est dû à son rang. Être à la place d'honneur* (= à la place réservée à celui qu'on veut distinguer). ▸ ***Avoir*** ou ***faire l'honneur de,*** avoir l'obligeance, faire le plaisir de : « *J'ai l'honneur / Ne pas te demander ta main* » [*la Non-demande en mariage,* Georges Brassens]. *Faites-moi l'honneur de me la présenter.* ***Dame d'honneur,*** femme attachée au service d'une princesse, d'une reine. ***En l'honneur de,*** en hommage à, pour célébrer : *Un dîner organisé en l'honneur des vainqueurs.* ***Être en honneur,*** être au premier plan ; attirer l'attention, l'estime : *Ces émissions de variétés sont en honneur* (= à la mode). ***Faire honneur à,*** rendre qqn fier de, attirer sa considération : *Ce produit fait honneur à l'entreprise* ; rester fidèle à qqch ou en user pleinement : *Faire honneur à sa promesse* (= la respecter). *Faire honneur à un plat* (= en manger beaucoup). ***Garçon*** ou ***demoiselle d'honneur,*** jeune personne qui accompagne les mariés le jour du mariage. ***Légion d'honneur,*** ordre national français attribué en récompense de services militaires ou civils. ***Mettre son honneur*** ou ***mettre un point d'honneur à*** (+ inf.), engager, mettre en jeu à ses propres yeux sa dignité, sa réputation : *Elle met un point d'honneur à répondre à toutes les lettres qu'elle reçoit.* ***Parole d'honneur,*** engagement solennel : *Nous avons sa parole d'honneur. Elle nous a donné sa parole d'honneur qu'elle viendrait.* ***Pour l'honneur,*** de façon désintéressée, sans aucune rémunération. ◆ **honneurs** n.m. pl. Marques d'intérêt ou de distinction accordées aux personnes que l'on veut honorer, célébrer : *Cette sportive a eu les honneurs de la une.* ▸ ***Faire les honneurs d'un lieu,*** le faire visiter avec une prévenance particulière. ***Honneurs de la guerre,*** conditions honorables consenties par le vainqueur à une troupe qui a capitulé : *Se rendre avec les honneurs de la guerre.* ***Honneurs funèbres*** ou ***suprêmes,*** ceux rendus aux morts lors des funérailles.

honnir** v.t. (du frq. *haunjan*) [conj. 32]. *Litt.* Vouer à l'exécration et au mépris publics en couvrant de honte : *Nous honnissons les tortionnaires* (**SYN.** vilipender [litt.]). ▸ ***Honni soit qui mal y pense, se dit à quelqu'un qui serait tenté de voir le mal sous les propos ou les actes les plus honnêtes.

honorabilité n.f. Qualité d'une personne honorable : *Une députée dont l'honorabilité n'est plus à démontrer* (**SYN.** probité, respectabilité).

honorable adj. **1.** Qui est digne de considération, d'estime : *Ce sont des gens honorables* (**SYN.** honnête, estimable, respectable ; **CONTR.** méprisable, vil). *Mener une vie honorable* (**SYN.** digne ; **CONTR.** indigne, infamant). **2.** Dont la qualité, la quantité sont jugées suffisantes : *Des performances honorables* (**SYN.** acceptable, convenable, moyen). *Un nombre honorable de participants* (**SYN.** correct, passable). **3.** Qualificatif de politesse utilisé entre membres de certaines assemblées : *Mon honorable collègue.*

honorablement adv. De façon honorable, digne ou convenable : *Elle est honorablement connue dans son village. Ils ont honorablement réussi leurs tests* (**SYN.** correctement, honnêtement).

honoraire adj. Qui conserve un titre et des prérogatives honorifiques ; qui porte un titre honorifique, sans exercer de fonctions : *Professeur honoraire. Membre honoraire d'une association.*

honoraires n.m. pl. Rétributions versées aux personnes qui exercent des professions libérales.

honorer v.t. [conj. 3]. **1.** Rendre hommage au mérite de qqn : *Nous honorons aujourd'hui un grand défenseur des droits de l'homme* (**SYN.** glorifier, saluer). **2.** Procurer de l'honneur, de la considération à : *Cette innovation honore l'entreprise* (**CONTR.** déshonorer). *Vos scrupules vous honorent.* **3.** Accorder qqch comme une faveur : *Le maire a honoré notre réunion de sa présence* (**SYN.** gratifier). **4.** Tenir un engagement, une promesse : *Elle a toujours honoré sa signature.* ◆ **s'honorer** v.pr. **[de].** Tirer fierté de : *Je m'honore de le compter parmi mes amis* (**SYN.** s'enorgueillir, se flatter).

honorifique adj. Qui procure des honneurs, de la considération, sans aucun droit ni avantage matériel : *Directeur à titre honorifique. Il a une fonction honorifique.*

***honoris causa** [ɔnɔriskoza] loc. adj. (loc. lat. signif. « pour marquer son respect à »). Se dit de grades universitaires conférés à titre honorifique et sans examen à des personnalités : *Elles sont docteurs « honoris causa » de l'université de Genève.*

honte** n.f. (frq. *haunita,* de même rad. que *honnir*). **1.** Sentiment pénible provoqué par une faute commise, par une humiliation, par la crainte du déshonneur ou du ridicule : *Cette maladresse m'a fait rougir de honte* (**SYN.** confusion). *Il n'y a pas de honte à reconnaître ses erreurs* (**SYN.** opprobre [litt.]). *Elle a honte d'exprimer ses sentiments* (= elle est embarrassée, gênée). **2.** Action, parole qui provoque un sentiment de honte : *Une telle discrimination est une honte* (**SYN.** ignominie, infamie, scandale). ▸ ***Avoir perdu toute honte ou ***avoir toute honte bue,*** être sans scrupule, sans pudeur, être insensible au déshonneur. ***Être la honte de*** ou ***faire la honte de,*** être une cause de déshonneur pour : *Tu es la honte de la famille.* ***Faire honte à qqn,*** être pour lui un sujet de déshonneur : *Ils nous font honte par leur violence gratuite* ; lui faire des reproches afin de lui donner du remords : *Elle leur a fait honte de leur manque de solidarité.* ***Sans fausse honte,*** sans gêne, embarras ou scrupule inutiles : *Elle a reçu son prix sans fausse honte.*

***honteusement** adv. **1.** D'une façon qui entraîne le déshonneur, l'indignation : *Elle est honteusement traitée* (**SYN.** ignominieusement, scandaleusement ; **CONTR.** honorablement). **2.** En éprouvant de la honte : *Il a baissé la tête honteusement.*

***honteux, euse** adj. **1.** Qui cause de la honte : *Une honteuse injustice* (**SYN.** ignoble, infâme, scandaleux). *Il est honteux de proférer de telles menaces* (**SYN.** déshonorant, odieux, vil). **2.** Qui éprouve de la honte, un sentiment d'humiliation, de gêne : *Ils sont honteux de cet oubli* (**SYN.** confus, consterné, désolé). **3.** (Après le n.). Qui n'ose faire état de ses convictions, de ses opinions : *Un raciste honteux* (**SYN.** pusillanime [litt.] ; **CONTR.** fier).

***hooligan** ou ***houligan** [uligan] n.m. (mot angl.). Voyou qui se livre à des actes de violence et de vandalisme.

***hooliganisme** [uliganism] ou ***houliganisme** n.m. Comportement des hooligans.

***hop** [ɔp] interj. Exprime un geste, un mouvement rapide ; sert à stimuler : *Allez hop ! Debout !*

hôpital n.m. (du lat. *hospitalis,* hospitalier, de *hospes, hospitis,* hôte). Établissement, public ou privé, où sont effectués tous les soins médicaux et chirurgicaux. ▸ ***Hôpital de jour,*** service hospitalier où les malades ne sont soignés que pendant la journée et rentrent passer la nuit chez eux. ***Hôpital psychiatrique,*** établissement hospitalier spécialisé dans le traitement des troubles mentaux (on dit aussi *centre psychothérapique* ou *centre hospitalier spécialisé [C.H.S.]*).

hoplite n.m. (du gr. *hoplitês,* armé). Dans la Grèce antique, fantassin lourdement armé.

***hoquet** n.m. **1.** Contraction brusque et spasmodique du diaphragme, provoquant une secousse et un bruit aigu dû au passage de l'air sur les cordes vocales : *Avoir le hoquet.* **2.** Bruit produit par à-coups : *Les hoquets d'un robinet* (**SYN.** borborygme, glouglou). ☞ **REM.** Ne pas confondre avec *le hockey.*

***hoqueter** v.i. [conj. 27]. **1.** Avoir le hoquet. **2.** Être secoué par à-coups : *Elle riait en hoquetant. Le moteur a hoqueté et calé.*

horaire adj. (lat. *horarius,* de *hora,* heure). **1.** Relatif aux heures : *Un fuseau horaire.* **2.** Qui est calculé par heure : *Tarif horaire. Vitesse horaire.* ◆ n.m. **1.** Tableau des heures d'arrivée et de départ : *Les horaires de train. Vérifier sur l'horaire des bus.* **2.** Répartition des heures de travail ; emploi du temps : *Horaire flexible* ou *horaire à la carte* ou *horaire mobile* (= qui permet aux employés de moduler leurs heures d'arrivée et de départ). *Cette semaine, elle a un horaire chargé.*

***horde** n.f. (mot tatar). **1.** Groupe de personnes causant des dommages par sa violence : *Une horde de hooligans.* **2.** Troupe nombreuse et indisciplinée : *Une horde de manifestants* (**SYN.** bande).

***horion** n.m. (anc. fr. *oreillon,* coup sur l'oreille). (Souvent pl.). *Litt.* Coup violent donné à qqn : *Recevoir des horions.*

horizon n.m. (du gr. *horizein,* borner). **1.** Ligne imaaire circulaire dont l'observateur est le centre et où le ciel et la terre ou la mer semblent se joindre : *La forêt s'étend jusqu'à l'horizon.* **2.** Partie de la terre, de la mer ou du ciel que borne cette ligne : *Le bateau disparaît à l'horizon.* **3.** *Fig.* Domaine d'une action ou d'une activité quelconque ; champ de réflexion ; perspective d'avenir : *Élargir son horizon professionnel. L'horizon social s'éclaircit avec la hausse des offres d'emploi.* ▸ ***À l'horizon,*** dans un avenir proche : *Aucune solution à l'horizon.* ***Faire un tour d'horizon,*** étudier succinctement tous les aspects d'une question, d'un sujet. ***Ouvrir des horizons,*** créer de nouvelles perspectives, susciter un nouveau champ de réflexion : *Ce nouveau logiciel m'a ouvert des horizons.*

horizontal, e, aux adj. Qui est parallèle au plan de l'horizon, donc perpendiculaire à une direction représentant conventionnellement la verticale (**SYN.** plat). ◆ **horizontale** n.f. Ligne horizontale : *Tracer une horizontale* (**CONTR.** verticale). ▸ ***À l'horizontale,*** dans une position horizontale : *Installez-vous à l'horizontale* (= couchez-vous).

horizontalement adv. Parallèlement à l'horizon ; dans la direction horizontale : *Posez les livres horizontalement sur l'étagère* (**CONTR.** verticalement).

horizontalité n.f. Caractère, état de ce qui est horizontal : *Vérifier l'horizontalité des marches d'un escalier.*

horloge n.f. (du gr. *hôrologion,* qui dit l'heure). Appareil fixe de mesure du temps, de grandes dimensions, qui indique l'heure sur un cadran ; pendule : *Horloge atomique* (= qui mesure le temps grâce aux vibrations des atomes). ▸ *Fam.* ***Heure d'horloge,*** heure entière qui paraît longue : *Nous avons dû l'écouter deux heures d'horloge.* ***Horloge interne*** ou ***biologique,*** mécanisme interne à l'être vivant qui contrôle ses rythmes biologiques. ***Horloge parlante,*** horloge et service donnant l'heure par téléphone, de façon continue. ***Réglé comme une horloge,*** extrêmement régulier, ponctuel dans ses habitudes, en parlant de qqn.

horloger, ère n. Personne qui fabrique, répare ou vend des horloges, des montres, des pendules. ◆ adj. Relatif à l'horlogerie : *La production horlogère.*

horlogerie n.f. **1.** Technique de la fabrication ou de la réparation des horloges, des pendules, des montres. **2.** Commerce de ces objets. **3.** Magasin de l'horloger.

***hormis** [ɔrmi] prép. *Sout.* Indique ce qu'on met à part, ce qui n'est pas compris dans un ensemble : *Personne n'a réagi, hormis le maire* (**SYN.** excepté, sauf).

hormonal, e, aux adj. Relatif aux hormones : *Des troubles hormonaux* (**SYN.** endocrinien).

hormone n.f. (du gr. *hormân,* exciter). **1.** Substance produite par une glande endocrine, déversée dans le sang et exerçant une action biologique spécifique sur le fonctionnement d'un organe ou sur un processus biochimique : *L'insuline et l'adrénaline sont des hormones.* **2.** Substance produite par une plante et qui agit sur sa croissance, sa floraison, etc. (**SYN.** phytohormone).

hormonothérapie n.f. Traitement médical par des hormones.

horodaté, e adj. Se dit d'un document qui comporte l'indication de la date et de l'heure. ▸ ***Stationnement horodaté,*** stationnement que l'on paie à l'aide d'un horodateur.

horodateur, trice adj. et n.m. Se dit d'un appareil imprimant la date et l'heure sur certains documents : *Borne horodatrice. Ticket de stationnement délivré par un horodateur.*

horoscope n.m. (gr. *hôroskopos,* qui considère le moment de la naissance). **1.** En astrologie, carte du ciel tel qu'il est observé de la Terre lors d'un événement, et partic. lors d'une naissance. **2.** Ensemble des déductions et interprétations concernant l'avenir de qqn, qu'on peut tirer de cette carte du ciel : *Il lit son horoscope.*

horreur n.f. (lat. *horror,* de *horrere,* trembler). **1.** Sensation d'effroi, de répulsion causée par l'idée ou la vue d'une chose horrible, affreuse, repoussante : *Être saisi d'horreur. Il a poussé un hurlement d'horreur* (**SYN.** épouvante, frayeur, terreur). *Avoir horreur de rester seul* (= détester). *J'ai horreur des prétentieux* (**SYN.** aversion, répugnance, répulsion). *Cette perspective me fait horreur* (= m'affole). **2.** Caractère de ce qui est horrible : *L'horreur de cette catastrophe se lisait sur le visage des témoins* (**SYN.** atrocité, monstruosité). **3.** Ce qui inspire le dégoût, l'indignation ou l'effroi : *Cet attentat est une horreur* (**SYN.** abomination, ignominie [sout.], infamie). ◆ **horreurs** n.f. pl. **1.** Ce qui provoque le dégoût, l'effroi, l'indignation : *Les horreurs de la maladie* (**SYN.** atrocité, monstruosité). **2.** Paroles déshonorantes à l'encontre de qqn ; propos ou actes indécents, obscènes : *Il profère des horreurs sur leur compte* (**SYN.** calomnie). *Arrête de dire des horreurs* (**SYN.** grossièreté, obscénité).

horrible adj. **1.** Qui inspire de l'effroi ; qui provoque la répulsion : *Un crime horrible* (**SYN.** affreux, atroce, effrayant). *Une horrible traîtrise* (**SYN.** abominable, infâme, révoltant). **2.** Qui dépasse en intensité tout ce qu'on peut imaer : *Un horrible vacarme* (**SYN.** insupportable, intolérable). *Il fait un temps horrible* (**SYN.** exécrable).

horriblement adv. **1.** De façon horrible : *Une maison horriblement décorée* (**SYN.** affreusement). **2.** À un très haut degré : *Ce voyage est horriblement long* (**SYN.** excessivement, extrêmement).

horrifiant, e adj. Qui horrifie : *Le spectacle horrifiant d'un village bombardé* (**SYN.** effroyable, épouvantable, terrifiant).

horrifier v.t. [conj. 9]. Remplir d'horreur ou d'effroi : *Ces hurlements l'ont horrifié* (**SYN.** effrayer, épouvanter, terrifier). *La violence de ces propos l'a horrifiée* (**SYN.** indigner, scandaliser).

horrifique adj. *Litt.* Qui cause de l'horreur ou qui est énorme, stupéfiant (parfois par plaisanterie) : *Un désordre horrifique* (**SYN.** épouvantable).

horripilant, e adj. *Fam.* Qui horripile : *Ces moustiques sont horripilants* (**SYN.** agaçant, exaspérant).

horripilation n.f. **1.** Redressement des poils sur la peau dû à la peur ou au froid ; chair de poule (**SYN.** hérissement). **2.** *Fam.* Agacement extrême ; exaspération.

horripiler v.t. (du lat. *horripilare,* avoir le poil hérissé) [conj. 3]. *Fam.* Énerver fortement : *Ce bruit m'horripile* (**SYN.** agacer, exaspérer, excéder).

hors** [ɔr] prép. (de *dehors*). **1.** Indique ce qui n'est pas compris dans un ensemble : *Nous prenons nos vacances hors saison.* **2.** S'emploie en composition avec certains noms pour indiquer une position extérieure, une situation marale : *Le ski hors-piste. Des hors-la-loi.* **3.** Suivi d'un nom sans article, indique l'extériorité, la supériorité, l'écart : *Modèles hors commerce. Une informaticienne hors pair. Des joueurs hors catégorie.* ▸ ***Hors les murs, à l'extérieur d'un cadre traditionnel, d'une institution : *Représentation théâtrale hors les murs.* ***Hors tout,*** se dit de la plus grande valeur de la dimension d'un objet. ◆ ***hors de** loc. prép. **1.** Marque l'extériorité par rapport à un lieu : *L'hypermarché se trouve hors de la ville* (= à l'écart de). *Sa tête est hors du cadre de la photographie* (= à l'extérieur de ; **SYN.** en dehors de). **2.** Marque l'extériorité par rapport à une action, à une influence : *Elle est hors d'atteinte. Nous avons été mis hors de cause.* **3.** Marque un dépassement des normes par rapport à une donnée quantifiable : *Il possède du matériel hors de prix* (= très cher). *Un whisky hors d'âge* (= très vieux). ▸ ***Être*** ou ***mettre hors de soi,*** dans un état d'agitation ou de violence extrême. ***Hors de question,*** que l'on ne peut ou ne veut envisager : *Il est hors de question que tu y ailles.* ***Hors d'état de nuire,*** qui ne peut plus nuire. ***Hors d'usage,*** qui ne peut plus servir.

***horsain** ou ***horsin** n.m. En Normandie, étranger au village, au pays.

***hors-bord** adj. inv. Se dit d'un moteur fixé à l'arrière d'un bateau, à l'extérieur du bord. ◆ n.m. inv. Canot léger propulsé par un moteur hors-bord.

***hors-d'œuvre** n.m. inv. **1.** Mets servi au début du repas : *Des hors-d'œuvre variés. Nous avons eu de la charcuterie en hors-d'œuvre.* **2.** *Fig.* Ce qui donne une idée de ce qui va suivre, qui annonce qqch d'essentiel : *Il m'a donné un dossier de deux cents pages à lire, et ce n'est qu'un hors-d'œuvre* (**SYN.** avant-goût, début, préliminaires).

***horsin** n.m. → ***horsain.**

***hors jeu** loc. adj. Se dit d'un joueur qui, dans un sport d'équipe, se place sur le terrain d'une manière interdite par les règles. ◆ ***hors-jeu** n.m. inv. Faute commise par un joueur hors jeu.

***hors-la-loi** n. inv. (calque de l'angl. *outlaw*). Personne qui, par ses actions, se met hors la loi (**SYN.** bandit).

***hors-média** n.m. inv. Ensemble des actions de communication (marketing direct, P.L.V., mécénat, etc.) qui ne font pas appel aux cinq grands médias (presse, radio, télévision, cinéma et affichage).

***hors-piste** n.m. inv. et adj. inv. Ski pratiqué en dehors des pistes balisées. ☞ **REM.** On peut aussi écrire **hors-pistes.*

***hors-série** adj. inv. Se dit d'un journal, d'un magazine publié en dehors des dates habituelles, et souvent consacré à un seul sujet. ◆ n.m. (pl. **hors-séries*). Publication hors-série.

***hors-texte** n.m. inv. Feuillet, le plus souvent illustré, intercalé entre les pages d'un livre : *Les hors-texte sont magnifiques.*

hortensia n.m. (du lat. *hortensius,* de jardin).

Arbrisseau cultivé pour ses fleurs ornementales en boules, blanches, roses ou bleues.

horticole adj. Relatif à l'horticulture.

horticulteur, trice n. Personne qui pratique l'horticulture.

horticulture n.f. (du lat. *hortus*, jardin). Branche de l'agriculture comprenant la culture des légumes, des fleurs, des arbres et arbustes fruitiers et ornementaux.

hortillonnage n.m. En Picardie, marais entrecoupé de petits canaux, exploité pour les cultures de légumes et de fruits.

hosanna n.m. (mot hébr. signif. « sauve-nous, je t'en prie »). **1.** Acclamation de la liturgie juive passée dans la liturgie chrétienne. **2.** *Litt.* Cri de joie ; chant de triomphe : *La foule entonnait des hosannas.*

hospice n.m. (lat. *hospitium*, gîte, de *hospes, hospitis*, hôte). **1.** Maison d'assistance où l'on reçoit les vieillards démunis ou atteints de maladie chronique. **2.** Maison où des religieux donnent l'hospitalité aux pèlerins, aux voyageurs : *Les hospices de Beaune.*

hospitalier, ère adj. **1.** Relatif aux hôpitaux : *Établissement hospitalier.* **2.** Qui exerce l'hospitalité, qui accueille volontiers les hôtes, les étrangers : *Une famille très hospitalière* (**SYN.** accueillant ; **CONTR.** inhospitalier). **3.** Relatif aux ordres religieux voués au service des voyageurs, des pèlerins, des malades. ◆ adj. et n. Qui est employé dans un hôpital : *Recruter du personnel hospitalier.* ◆ **hospitalier** n.m. Membre des ordres religieux hospitaliers.

hospitalisation n.f. Admission et séjour dans un établissement hospitalier. ▸ ***Hospitalisation à domicile*** ou ***H.A.D.***, système de soins à domicile permettant d'éviter au malade d'être hospitalisé.

hospitaliser v.t. [conj. 3]. Faire entrer dans un établissement hospitalier : *Hospitaliser les victimes dans un service de réanimation.*

hospitalité n.f. **1.** Action de recevoir et d'héberger qqn chez soi, par charité, libéralité, amitié : *Nous avons accepté l'hospitalité de nos voisins.* **2.** Asile accordé à qqn, à un groupe par un pays : *Les opposants à ce régime bénéficient de l'hospitalité du Québec.* **3.** Cordialité dans la manière d'accueillir et de traiter ses hôtes : *Nous avons apprécié leur aimable hospitalité* (**SYN.** accueil, réception).

hospitalo-universitaire adj. (pl. *hospitalo-universitaires*). ▸ ***Centre hospitalo-universitaire*** ou ***C.H.U.***, en France, centre hospitalier où, en relation avec une faculté de médecine, est dispensé l'enseignement médical.

host [ɔst] n.m. → **ost.**

hostellerie n.f. Hôtel ou restaurant de caractère élégant et traditionnel, souvent situé à la campagne (**SYN.** hôtellerie).

hostie n.f. (du lat. *hostia*, victime). Dans la religion catholique, pain eucharistique en forme de disque mince que le prêtre consacre à la messe.

hostile adj. (lat. *hostilis*, de *hostis*, ennemi). **1.** Qui manifeste des intentions agressives : *Le pays est entouré de voisins hostiles* (**SYN.** belliqueux, ennemi, inamical ; **CONTR.** ami). **2.** **[à].** Qui manifeste de la désapprobation, une opposition : *Des manifestations hostiles au pouvoir, au candidat* (**SYN.** défavorable, opposé ; **CONTR.** favorable). **3.** Qui semble contraire à l'homme et à ses entreprises : *Une île, une nature hostile* (**SYN.** ingrat, inhospitalier ; **CONTR.** propice).

hostilement adv. Avec hostilité.

hostilité n.f. **1.** Attitude hostile ; sentiment d'inimitié envers qqn : *L'hostilité de la foule envers les terroristes* (**SYN.** antipathie, haine, malveillance ; **CONTR.** amitié, bienveillance, sympathie). **2.** Attitude d'opposition à qqch : *Les salariés affichent leur hostilité au plan de reprise de l'entreprise* (**SYN.** désaccord, désapprobation). ◆ **hostilités** n.f. pl. Opérations de guerre : *Le déclenchement des hostilités.*

***hot dog** [ɔtdɔg] n.m. (mots anglo-amér. signif. « chien chaud ») [pl. *hot dogs*]. Petit pain fourré d'une saucisse chaude enduite de moutarde.

① **hôte** n.m. (lat. *hospes, hospitis*). **1.** Personne qui est reçue chez qqn : *La reine de ce pays sera l'hôte du gouvernement pendant une semaine* (**SYN.** invité). **2.** *Litt.* Être qui vit habituellement quelque part : *« Vous êtes le phénix des hôtes de ces bois »* [Jean de La Fontaine].

② **hôte, hôtesse** n. (lat. *hospes, hospitis*). Personne qui reçoit qqn chez elle, qui lui donne l'hospitalité : *Nos hôtes nous ont fait visiter la région.* ◆ **hôte** n.m. En biologie, organisme animal ou végétal qui héberge un parasite.

hôtel n.m. (lat. *hospitale*, auberge). **1.** Établissement commercial qui loue des chambres ou des appartements meublés pour un prix journalier. **2.** Édifice qui abrite certaines administrations : *L'hôtel des ventes.* **3.** Vaste maison citadine d'un particulier (on dit aussi *hôtel particulier*). ▸ ***Hôtel de ville***, mairie d'une localité assez importante. ***Maître d'hôtel***, chef du service de la table dans une grande maison, un restaurant.

hôtelier, ère n. Personne qui tient un hôtel, une hôtellerie, une auberge. ◆ adj. Relatif aux hôtels, aux restaurants et aux services qu'ils offrent : *Ils ont fait l'école hôtelière.*

hôtellerie n.f. **1.** Ensemble des activités hôtelières ; ensemble de la profession hôtelière : *Les métiers de l'hôtellerie.* **2.** Hostellerie.

hôtesse n.f. Femme chargée d'accueillir et d'informer les visiteurs ou les clients, dans une entreprise, une exposition, etc. ▸ ***Hôtesse de l'air***, femme chargée d'assurer, à bord des avions commerciaux, les différents services utiles au confort et à la sécurité des passagers. ***Robe d'hôtesse***, robe d'intérieur, longue et confortable. ☞ **REM.** Voir aussi *2. hôte.*

***hot line** [ɔtlajn] n.f. (mots angl. signif. « ligne directe ») [pl. *hot lines*]. Ligne téléphonique directe mise en place par les fabricants de produits informatiques afin d'apporter un service après-vente à leurs clients.

***hotte** n.f. (du frq.). **1.** Grand panier que l'on porte sur le dos à l'aide de bretelles : *Une hotte de vendangeur.* **2.** Appareil électroménager destiné à expulser ou à recycler l'air chargé de vapeurs grasses dans une cuisine (on dit aussi *hotte aspirante* ou *hotte filtrante*).

***hou** interj. **1.** Sert à faire peur, à faire honte, à conspuer : *Hou ! Dehors !* **2.** Répété, sert à interpeller : *Hou ! hou ! Y a-t-il quelqu'un ?*

***houblon** n.m. (anc. néerl. *hoppe*). Plante grimpante cultivée pour ses fleurs qui servent à aromatiser la bière.

***houblonnière** n.f. Champ de houblon.

***houe** n.f. (du frq.). Pioche à fer large et recourbé, servant à ameublir la terre.

***houille** n.f. (wallon *hoye,* du frq. *hukila,* tas). Combustible minéral fossile solide, d'orie végétale, ayant un grand pouvoir calorifique ; charbon.

***houiller, ère** adj. Relatif à la houille ; qui renferme de la houille : *Bassin houiller.* ◆ ***houillère** n.f. Mine de houille.

***houle** n.f. (du germ. *hol,* creux). Mouvement d'ondulation de la mer, sans déferlement des vagues.

houlette** n.f. (de l'anc. fr. *houler,* jeter). **1.** Bâton de berger. **2.** Petite bêche de jardinier. ▸ ***Sous la houlette de qqn, sous sa direction.

***houleux, euse** adj. **1.** Se dit d'une mer agitée par la houle. **2.** Se dit d'une assemblée agitée de sentiments contraires : *Un débat houleux* (**SYN.** animé, mouvementé, orageux ; **CONTR.** calme, serein).

***houligan** [uligan] n.m. → ***hooligan.**

***houliganisme** n.m. → ***hooliganisme.**

***houppe** n.f. (du frq. *huppo,* touffe). **1.** Touffe de brins de laine, de soie, de duvet ; houppette : *Une houppe pour se poudrer le visage.* **2.** Touffe de cheveux dressée sur la tête : *Riquet à la houppe* (**SYN.** toupet). **3.** Huppe.

***houppelande** n.f. *Anc.* Manteau ample et long, sans manches : *Un berger vêtu d'une houppelande.*

***houppette** n.f. Petite houppe.

***hourdis** [urdi] n.m. Corps de remplissage posé entre les pièces de charpente supportant les planchers.

***houri** n.f. (mot persan). **1.** Dans le Coran, vierge du paradis, promise comme épouse aux croyants. **2.** *Litt.* Femme très belle.

***hourra** ou **hurrah** [ura] interj. et n.m. (angl. *hurrah*). Cri d'acclamation, d'enthousiasme : *Hip hip hip ! Hourra ! Des hourras ont salué la victoire* (**SYN.** acclamation, bravo, vivat).

***hourvari** n.m. (de *houre,* cri pour exciter les chiens, et *charivari*). *Litt.* Grand tumulte bruyant ; tintamarre, tohu-bohu.

***houspiller** v.t. (de l'anc. fr. *housser,* frapper, et *pignier,* peigner) [conj. 3]. Faire de vifs reproches à qqn : *Il s'est fait houspiller par le gardien pour avoir fait du bruit* (**SYN.** gronder, réprimander ; **CONTR.** féliciter).

***houssaie** n.f. Partie de forêt où abonde le houx.

***housse** n.f. (du frq. *hulftia,* couverture). Enveloppe de protection : *Une housse de couette. Des housses pour sièges.*

***houx** n.m. (du frq.). Petit arbre à feuilles épineuses et persistantes, à baies rouges et dont l'écorce sert à fabriquer la glu.

hovercraft [ɔvœrkraft] n.m. (de l'angl. *to hover,* planer, et *craft,* embarcation). Aéroglisseur.

HQE** [aʃkyə] n.f. (sigle). ▸ ***Haute Qualité Environnementale → **qualité.**

***H.S.** ou ***HS** adj. (sigle). *Fam.* **1.** Qui est hors service : *L'appareil est complètement H.S.* (**SYN.** inutilisable). **2.** Qui est fatigué au point d'être inopérant : *Après cette nuit blanche, ils sont H.S.* (**SYN.** épuisé, inefficace).

***HTML** n.m. (sigle de l'angl. *hypertext mark-up language,* langage de balisage hypertexte). Langage informatique de description de documents servant à présenter des pages Web et à établir, grâce à des balises, des liens avec d'autres documents.

***huard** ou ***huart** n.m. (de *huer*). **1.** Au Québec, oiseau appelé aussi « plongeon de l'Arctique ». **2.** *Fam.* Au Québec, pièce de un dollar à l'emblème du huard ; monnaie canadienne.

***hublot** n.m. (du normand *houle,* trou). **1.** Petite fenêtre étanche, génér. ronde ou ovale, aménagée dans la coque d'un navire, d'un avion, d'un vaisseau spatial. **2.** Partie vitrée de la porte d'un four, d'un appareil ménager, permettant de surveiller l'opération en cours.

***huche** n.f. (du germ.). Coffre utilisé pour conserver le pain (**SYN.** maie).

hue** [y] interj. S'emploie pour inciter un cheval à avancer ; sert à le faire tourner à droite (par opp. à dia) : *Allez, hue !* ▸ ***Tirer à hue et à dia, dans des directions opposées ; de manière contradictoire : *Dans ce parti, les militants tirent à hue et à dia* (= agissent de façon désordonnée).

***huée** n.f. (Surtout au pl.). Cri hostile : *Son arrivée a déclenché les huées de la foule* (**SYN.** sifflet, tollé ; **CONTR.** acclamation, vivat).

***huer** v.t. (de *hue*) [conj. 7]. Accueillir par des cris de dérision et d'hostilité : *La foule a hué la pièce, l'auteur* (**SYN.** conspuer, siffler ; **CONTR.** acclamer, ovationner).

***huguenot, e** n. et adj. (de l'all. *Eidgenossen,* confédéré). Surnom que les catholiques français donnaient aux calvinistes.

huilage n.m. Action d'huiler : *L'huilage des gonds d'une porte.*

huile n.f. (lat. *oleum,* de *olea,* olivier). **1.** Substance grasse, liquide et insoluble dans l'eau, d'orie végétale, animale ou minérale : *Huile de tournesol. Huile de foie de morue. Des huiles de vidange.* **2.** Peinture constituée d'un mélange d'huile minérale ou végétale et de matière colorante (on dit aussi *peinture à l'huile*) ; tableau fait avec cette peinture : *Une vente d'huiles anciennes.* **3.** Pétrole brut. **4.** Produit obtenu en faisant macérer une substance végétale ou animale dans de l'huile : *Huile aromatique.* **5.** *Fam.* Personnage important, influent, haut placé ; notable. ▸ ***Faire tache d'huile,*** s'étendre largement et insensiblement : *Cette grève fait tache d'huile* (= elle en entraîne d'autres). *Fam.* ***Huile de coude,*** énergie physique déployée à faire qqch. ***Huile essentielle,*** mélange de substances végétales. ***Mer d'huile,*** très calme. ***Mettre de l'huile dans les rouages,*** aplanir les difficultés. ***Saintes huiles,*** huiles utilisées pour les sacrements catholiques. ***Verser*** ou ***jeter de l'huile sur le feu,*** envenimer une querelle.

huiler v.t. [conj. 3]. Frotter, imprégner d'huile ; lubrifier avec de l'huile : *Huiler les parois d'un moule. Huiler une serrure* (**SYN.** graisser).

huilerie n.f. Fabrique ou magasin d'huile végétale.

huileux, euse adj. **1.** Qui est de la nature de l'huile ; qui en a l'aspect, la consistance : *Une substance huileuse* (**SYN.** onctueux, visqueux). **2.** Qui est comme imbibé d'huile : *Des mains huileuses* (**SYN.** graisseux). *Cheveux huileux* (**SYN.** gras ; **CONTR.** sec).

① **huilier** n.m. Accessoire de table contenant les burettes d'huile et de vinaigre.

② **huilier** n.m. Industriel fabriquant de l'huile alimentaire.

huis [ɥi] n.m. (lat. *ostium*, porte). *Vx* ou *litt.* Porte extérieure d'une maison.

huis clos** [ɥiklo] n.m. Débats judiciaires se déroulant hors de la présence du public : *Le tribunal a ordonné le huis clos.* ▸ ***À huis clos, toutes portes fermées, sans que le public soit admis : *Le procès se déroulera à huis clos* ; en petit comité, en secret : *Les négociateurs se sont rencontrés à huis clos.*

huisserie n.f. Dans la construction, partie fixe en bois ou en métal formant le tour d'une porte.

huissier, ère n. (de *huis*). **1.** Employé chargé d'annoncer et d'introduire les visiteurs dans les réceptions officielles ; employé chargé du service dans les assemblées, les administrations : *Les huissiers de l'Assemblée nationale* (**SYN.** appariteur). **2.** Officier ministériel chargé de signifier les actes de procédure et les décisions de justice, d'assurer leur exécution et de procéder à des constats (on dit aussi *huissier de justice*).

huit** [ɥit] adj. num. card. inv. (lat. *octo*). **1.** Sept plus un : *Travailler huit heures par jour.* **2.** (En fonction d'ordinal). De rang numéro huit ; huitième : *Page huit. Henri VIII.* ▸ ***Huit jours, une semaine : *Elle viendra dans huit jours.* ***Lundi, mardi,*** etc., ***en huit,*** ce jour de la semaine suivante. ◆ n.m. inv. **1.** Le nombre qui suit sept dans la série des entiers naturels ; le chiffre représentant ce nombre : *Quatre fois deux font huit. Le huit en chiffres romains.* **2.** Carte à jouer marquée de huit points : *Le huit de cœur.* **3.** Désigne, selon les cas, le jour, le numéro d'une chambre, etc. : *Le huit a gagné le tiercé.* **4.** Dessin, mouvement en forme de 8 : *L'avion décrit un huit dans le ciel. Le grand huit* (= attraction foraine en forme de 8). ▸ ***Les trois huit,*** division d'un horaire de travail de vingt-quatre heures entre trois équipes qui se succèdent toutes les huit heures.

***huitain** n.m. Strophe ou poème de huit vers.

huitaine** n.f. **1.** Ensemble de huit jours consécutifs : *Prenez rendez-vous dans une huitaine* (**SYN.** semaine). **2.** Groupe de huit ou d'environ huit unités : *Une huitaine de voitures. Une huitaine de personnes se sont présentées.* ▸ ***À huitaine ou ***sous huitaine,*** à pareil jour la semaine suivante : *La livraison aura lieu sous huitaine.*

***huitante** adj. num. En Suisse, quatre-vingts.

huitième** [ɥitjɛm] adj. num. ord. De rang numéro huit : *C'est la huitième fois. La huitième invitée est arrivée.* ▸ ***Le huitième art, la télévision. ◆ n. Personne, chose qui occupe le huitième rang : *Cette cliente est la huitième de la journée.* ◆ adj. et n.m. Qui correspond à la division d'un tout en huit parties égales : *Il me faudra un huitième de litre* (= 12,5 cl).

***huitièmement** adv. En huitième lieu.

huître n.f. (lat. *ostrea*, du gr. *ostreon*). Mollusque marin comestible, fixé aux rochers par l'une des deux valves de sa coquille : *L'élevage des huîtres dans des parcs* (= l'ostréiculture). ▸ ***Huître perlière,*** huître qui produit des perles fines.

① **huîtrier, ère** adj. Relatif aux huîtres, à leur élevage, à leur vente.

② **huîtrier** n.m. Oiseau échassier vivant sur les côtes et se nourrissant de crustacés et de mollusques.

huîtrière n.f. Parc à huîtres.

***hulotte** n.f. (de l'anc. fr. *huller*, hurler). Oiseau rapace nocturne, commun dans les bois, usuellement appelé *chat-huant.*

***hululement** n.m. → **ululement.**

***hululer** v.i. → **ululer.**

***hum** [œm] interj. **1.** Marque le doute, l'impatience, la réticence : *Hum ! êtes-vous certain de cela ?* **2.** Répété, sert à signaler sa présence.

humain, e adj. (lat. *humanus*, de *homo*, homme). **1.** Qui a les caractères, la nature de l'homme ; qui se compose d'hommes : *Un être humain. Le genre humain* (= l'humanité). *Des groupes humains.* **2.** Qui est relatif à l'homme, qui lui est propre : *Le corps humain. La dualité de la nature humaine. L'erreur est humaine.* **3.** Qui concerne l'homme, qui a l'homme pour objet : *La géographie humaine. Sciences humaines* (= qui ont trait à l'homme et à ses comportements). **4.** Qui est à la mesure de l'homme : *Des bâtiments à l'échelle humaine.* **5.** Qui marque de la sensibilité, de la compassion, de la compréhension à l'égard d'autres hommes : *C'est une femme très humaine* (**SYN.** bon, charitable, généreux, indulgent ; **CONTR.** barbare, cruel, inhumain). *Une mondialisation à visage humain.* ◆ **humain** n.m. **1.** *Sout.* Être humain (**SYN.** homme). **2.** Ce qui appartient en propre à l'homme : *Dirigeants qui perdent l'humain de vue* (= l'homme, la nature humaine). ◆ **humains** n.m. pl. *Sout.* Les hommes (= l'humanité).

humainement adv. **1.** En homme, suivant les capacités de l'homme : *Les sauveteurs ont fait ce qui était humainement possible.* **2.** Avec humanité, avec bonté : *L'otage a été traité humainement* (**SYN.** charitablement ; **CONTR.** cruellement, inhumainement).

humanisation n.f. Action d'humaniser ; fait de s'humaniser : *L'humanisation des prisons.*

humaniser v.t. [conj. 3]. **1.** Donner un caractère plus humain, plus civilisé à ; rendre plus supportable à l'homme : *Humaniser les conditions de vie dans les camps de réfugiés* (**SYN.** adoucir, améliorer). **2.** Rendre plus sociable, plus compatissant : *La solidarité qui lui a été manifestée l'a humanisé* (**SYN.** attendrir, désarmer, toucher ; **CONTR.** durcir). ◆ **s'humaniser** v.pr. Devenir plus humain, moins cruel, plus conciliant : *Ils se sont humanisés au contact de la misère.*

humanisme n.m. **1.** Attitude philosophique qui met l'homme et les valeurs humaines au-dessus des autres valeurs. **2.** Mouvement intellectuel de la Renaissance, marqué par le retour aux textes antiques, dont il tirait ses méthodes et sa philosophie.

humaniste n. Partisan de l'humanisme philosophique. ◆ adj. Relatif à l'humanisme ; qui met l'homme, son épanouissement et son destin au centre de ses préoccupations.

humanitaire adj. Qui recherche le bien de l'humanité par l'amélioration de la condition des hommes : *Les organisations humanitaires* (**SYN.** caritatif, philanthropique). *L'action humanitaire.* ◆ n.m. (Avec l'art. déf.). Ensemble des organisations humanitaires et des actions qu'elles mènent : *S'engager dans l'humanitaire.* ◆ n. Membre d'une organisation humanitaire : *Les humanitaires demandent des médicaments.*

humanitarisme n.m. *Péjor.* Ensemble de conceptions humanitaires jugées utopiques ou dangereuses.

humanité n.f. (lat. *humanitas*). **1.** Ensemble des hommes ; genre humain : *Œuvrer pour le bien de l'humanité. « Un petit pas pour l'homme, un grand pas pour l'humanité »* [Neil Armstrong]. **2.** Essence de l'homme ; nature humaine : *La folie a fait disparaître toute humanité en ce criminel* (**SYN.** humain). **3.** Disposition à la compassion : *La juge a fait preuve d'humanité envers l'accusé* (**SYN.** bienveillance, bonté, clémence ; **CONTR.** cruauté, dureté, inhumanité). ◆ **humanités** n.f. pl. *Vieilli* Étude des lettres classiques comprenant le latin et le grec.

humanoïde n. Être ressemblant à l'homme : *Les humanoïdes d'un roman de science-fiction.* ◆ adj. Qui présente des caractères humains ; qui a forme humaine.

humble adj. (du lat. *humilis*, près de la terre, de *humus*, terre). **1.** Qui a une attitude volontairement modeste : *Sa célébrité ne l'empêche pas de rester humble* (**SYN.** discret, effacé, réservé ; **CONTR.** altier, prétentieux, vaniteux). **2.** Qui est de condition sociale modeste : *Un humble cantonnier* (**SYN.** pauvre, petit ; **CONTR.** grand, puissant). **3.** Qui est sans éclat, sans prétention ou sans importance : *Je vous offre l'hospitalité dans mon humble demeure* (**SYN.** modeste ; **CONTR.** grandiose, magnifique). **4.** Qui dénote l'effacement, la déférence : *Je suis votre humble serviteur.* ▸ ***À mon humble avis,*** formule de courtoisie permettant de donner son opinion sans l'imposer. ◆ **humbles** n.m. pl. Les pauvres, les petites gens.

humblement adv. Avec humilité ; de façon humble : *Je vous demande humblement pardon. Ils vivaient humblement de leurs retraites* (**SYN.** modestement ; **CONTR.** largement).

humecter v.t. (lat. *humectare*) [conj. 4]. Mouiller légèrement ; asperger : *Humecter les lèvres, le front d'un enfant fiévreux* (**SYN.** humidifier).

***humer** v.t. [conj. 3]. Aspirer par le nez pour sentir : *Humer des parfums* (**SYN.** respirer). *Humer de l'air frais* (**SYN.** aspirer, inhaler).

huméral, e, aux adj. Relatif à l'humérus.

humérus [ymerys] n.m. (lat. *humerus*, épaule). Os du bras, qui va de l'épaule au coude.

humeur n.f. (du lat. *humor*, liquide). **1.** Disposition affective dominante : *Ils ont mis fin à leur collaboration pour incompatibilité d'humeur* (**SYN.** caractère, tempérament). **2.** Disposition affective passagère, liée aux circonstances : *Sa bonne humeur est communicative* (= sa gaieté, son entrain). *Il est de mauvaise humeur ce matin* (= irrité, morose). **3.** Disposition à l'irritation, à la colère : *Il a des accès d'humeur* (= énervement). *Il passe son humeur sur ses employés* (= mécontentement). **4.** En médecine, liquide contenu dans l'œil : *Humeur vitrée, aqueuse.* ▸ ***Être d'humeur à,*** être dans de bonnes dispositions pour : *Elle est d'humeur à sortir* (= elle en a envie).

humide adj. (lat. *humidus*). Qui est chargé d'eau ou de vapeur d'eau : *Un sous-sol humide. Une éponge humide* (**SYN.** mouillé ; **CONTR.** sec). *Des mains humides de sueur* (**SYN.** moite, trempé). *Des yeux humides* (= pleins de larmes).

humidificateur n.m. Appareil servant à régler dans un local le taux d'humidité de l'air, l'hygrométrie.

humidification n.f. Action d'humidifier ; son résultat : *Les saturateurs servent à l'humidification de l'air.*

humidifier v.t. [conj. 9]. Rendre humide : *Humidifier une éponge pour laver une table* (**SYN.** humecter, mouiller ; **CONTR.** sécher).

humidité n.f. État de ce qui est humide : *L'humidité de l'atmosphère* (**SYN.** moiteur ; **CONTR.** sécheresse).

humiliant, e adj. Qui humilie : *Ce manque de considération est humiliant* (**SYN.** dégradant, mortifiant, vexant ; **CONTR.** flatteur, gratifiant, valorisant).

humiliation n.f. **1.** Acte, situation qui humilie : *Ils ont subi de terribles humiliations* (**SYN.** affront, offense, vexation ; **CONTR.** exaltation, glorification). **2.** Sentiment qu'éprouve une personne humiliée : *Il a ressenti une profonde humiliation d'avoir été pris en faute* (**SYN.** honte, mortification ; **CONTR.** fierté, satisfaction).

humilié, e adj. et n. Qui a subi une humiliation : *Il s'est senti humilié de ne pas avoir été promu* (**SYN.** blessé, mortifié, offensé).

humilier v.t. (du lat. *humilis*, humble) [conj. 9]. Rabaisser qqn en le faisant apparaître comme inférieur, méprisable, indigne de la valeur qu'on lui accordait : *Chercher à humilier un adversaire* (**SYN.** accabler, rabaisser ; **CONTR.** glorifier, valoriser). *Ce refus l'a humilié* (**SYN.** mortifier, offenser, vexer ; **CONTR.** flatter). ◆ **s'humilier** v.pr. Avoir une attitude servile, par lâcheté ou par intérêt : *Ne pas s'humilier devant le vainqueur* (**SYN.** s'abaisser, se rabaisser).

humilité n.f. État d'esprit, attitude de qqn qui est humble, qui est porté à rabaisser ses propres mérites ; effacement : *Elle sait recevoir les compliments avec humilité* (**SYN.** modestie ; **CONTR.** arrogance, fierté, orgueil). ▸ ***En toute humilité,*** très humblement, sans aucune vanité.

humoral, e, aux adj. En médecine, relatif au sang : *Bilan humoral.*

humoriste n. et adj. **1.** Personne qui a de l'humour. **2.** Auteur de dessins, d'écrits comiques ou satiriques.

humoristique adj. **1.** Qui est relatif à l'humour ; qui est empreint d'humour : *Elle apporte une note humoristique au débat.* **2.** Qui concerne le texte ou le dessin satirique ; qui en crée : *Un dessinateur humoristique.*

humour n.m. (mot angl., de l'anc. fr. *humor*, humeur). Forme d'esprit qui cherche à mettre en valeur avec drôlerie le caractère ridicule, insolite ou absurde de certains aspects de la réalité ou de soi-même ; qualité de qqn qui peut comprendre cette forme d'esprit : *Elle ne manque pas d'humour. Avoir le sens de l'humour.* ▸ ***Humour noir,*** humour qui souligne avec cruauté l'absurdité du monde.

humus [ymys] n.m. (mot lat. signif. « terre, sol »). Substance brune ou noirâtre constituée de terre et de déchets végétaux et animaux.

***hune** n.f. (du scand.). Plate-forme en saillie, fixée à la partie inférieure des mâts.

***hunier** n.m. Voile carrée fixée au mât de hune.

***huppe** n.f. (lat. *upupa*). **1.** Touffe de plumes que certains oiseaux ont sur la tête (**SYN.** houppe). **2.** Oiseau passereau ayant une touffe de plumes rousses à extrémités noires sur la tête.

***huppé, e** adj. **1.** Se dit de certains oiseaux qui portent une huppe. **2.** *Fam.* Qui est d'un rang social élevé :

Ce magasin est destiné à une clientèle huppée (**SYN.** aisé, fortuné, riche).

***hure** n.f. (du germ.). **1.** Tête de certains animaux : *La hure d'un sanglier* (= groin), *d'un esturgeon.* **2.** Trophée constitué d'une tête coupée de sanglier. **3.** Charcuterie cuite à base de tête de porc.

hurlant, e** adj. Qui hurle : *Des véhicules de police toutes sirènes hurlantes.* ▸ ***Les cinquantièmes hurlants → **cinquantième.**

***hurlement** n.m. **1.** Cri prolongé, plaintif ou furieux, particulier au loup, au chien, à l'hyène. **2.** Cri aigu et prolongé, poussé par une personne : *Des hurlements de colère* (**SYN.** clameur, vocifération).

***hurler** v.i. (lat. *ululare*) [conj. 3]. **1.** Faire entendre des hurlements, des cris effrayants ou discordants : *Le chien hurle.Le gagnant du Loto hurlait de joie* (**SYN.** crier, s'égosiller). **2.** Faire un bruit épouvantable : *La radio des voisins hurle.* **3.** Présenter une disparité choquante : *Ce rouge écarlate hurle avec le vert vif* (**SYN.** jurer avec). ◆ v.t. Dire, chanter en criant très fort : *L'acteur hurle son texte. Je hurle mon désarroi* (**SYN.** clamer). ☞ **REM.** On ne fait ni élision ni liaison avec le verbe **hurler.*

***hurleur, euse** adj. Qui hurle : *Des chiens hurleurs.*

hurluberlu, e n. *Fam.* Personne qui se comporte avec extravagance : *Cet hurluberlu se promène en tee-shirt par moins dix degrés* (**SYN.** écervelé).

***huron, onne** n. et adj. *Litt.* Personne grossière (**SYN.** malotru). ◆ ***huron** n.m. *Litt.* Personne qui dénonce les travers, le ridicule, les simagrées des usages sociaux.

***hurrah** interj. et n.m. → ***hourra.**

***husky** [œski] n.m. (mot angl., probabl. de *eskimo*) [pl. *huskies*]. Chien utilisé pour la traction des traîneaux.

***hussard** n.m. (du hongr.). Militaire d'un corps de cavalerie légère.

hussarde** n.f. ▸ *Fam.* ***À la hussarde, sans aucune délicatesse : *Il nous a congédiés à la hussarde* (= brutalement).

***hutte** n.f. (du frq.). Abri sommaire ou habitation primitive faits de branchages, de paille, de terre séchée (**SYN.** cabane, cahute, paillote).

hyacinthe [jasɛ̃t] n.f. (gr. *huakinthos*). Pierre fine de couleur orange à rouge, qui est une variété de zircon.

hyalin, e adj. (du gr. *hualos,* verre). Se dit d'une roche qui a l'apparence du verre ; se dit d'un matériau qui a un aspect vitreux.

hybridation n.f. Croisement entre deux variétés, deux races d'une même espèce ou entre deux espèces différentes : *L'hybridation d'un âne et d'une jument produit un mulet ou une mule.*

hybride adj. et n.m. (lat. *hybrida,* de sang mêlé). **1.** Se dit d'un animal ou d'un végétal résultant d'une hybridation : *Une plante hybride. Un hybride de tigre et de lionne.* **2.** Se dit d'un véhicule équipé à la fois d'un moteur thermique et d'un moteur électrique. **3.** *Fig.* Qui est composé d'éléments disparates : (**SYN.** composite, hétérogène). *Le nom « bicyclette », formé à partir du latin « bis », du grec « kuklos » et du suffixe français « -ette », est un mot hybride.*

hybrider v.t. [conj. 3]. Réaliser l'hybridation de.

hydrant n.m. ou **hydrante** n.f. En Suisse, borne d'incendie.

hydratant, e adj. Qui produit une hydratation ; qui fournit de l'eau : *Un lait hydratant pour le corps.*

hydratation n.f. Introduction d'eau dans l'organisme, dans les tissus : *Hydratation des couches supérieures de l'épiderme.*

hydrate n.m. Combinaison chimique d'un corps avec une ou plusieurs molécules d'eau.

hydrater v.t. [conj. 3]. Introduire de l'eau dans un organisme, dans un tissu : *Cette crème hydrate la peau du visage.*

hydraulicien, enne n. et adj. Spécialiste de l'hydraulique ou des installations hydrauliques.

hydraulique adj. **1.** Relatif à l'eau, à la circulation de l'eau : *Des installations hydrauliques. L'énergie hydraulique.* **2.** En mécanique, qui met en jeu un liquide sous pression : *Une voiture à freins hydrauliques.* ◆ n.f. **1.** Branche de la mécanique des fluides qui traite de l'écoulement des liquides. **2.** Technique industrielle relative à la mise en œuvre de liquides sous pression, à l'utilisation de l'eau.

hydravion n.m. Avion conçu pour s'envoler de la surface de l'eau et pour s'y poser.

hydre n.f. (gr. *hudra*). **1.** Dans la mythologie grecque, animal fabuleux en forme de serpent d'eau : *L'Hydre de Lerne* (= dont chacune des sept têtes repoussait après avoir été tranchée). **2.** *Litt.* Mal qui se renouvelle constamment : *L'hydre du terrorisme.*

hydrique adj. Relatif à l'eau.

hydrobase n.f. Base pour hydravions.

hydrocarbure n.m. Composé chimique formé uniquement de carbone et d'hydrogène : *Le pétrole et le gaz naturel contiennent des hydrocarbures.*

hydrocéphale adj. et n. Qui est atteint d'hydrocéphalie.

hydrocéphalie n.f. Augmentation de volume du liquide circulant dans le cerveau, qui entraîne, chez l'enfant, un gonflement de la boîte crânienne et une insuffisance du développement intellectuel.

hydrocution n.f. (du gr. *hudôr,* eau, et *électrocution*). Syncope réflexe déclenchée par un bain dans l'eau froide et pouvant entraîner la mort par noyade.

hydrodynamique n.f. Partie de la mécanique des fluides qui traite des liquides.

hydroélectricité n.f. Énergie électrique obtenue à partir de l'énergie hydraulique des rivières et des chutes d'eau.

hydroélectrique adj. Relatif à l'hydroélectricité : *Des centrales hydroélectriques. La production hydroélectrique.*

hydrofoil [idrɔfɔjl] n.m. (mot angl.). Hydroptère.

hydrofuge adj. et n.m. Se dit d'un produit qui préserve de l'humidité ou qui la chasse : *Des enduits hydrofuges* (**SYN.** imperméable).

hydrofuger v.t. [conj. 17]. Rendre hydrofuge.

hydrogène n.m. Corps chimique simple, gazeux, extrêmement léger, qui, avec l'oxygène, entre dans la composition de l'eau. ▸ ***Bombe à hydrogène*** → **h.**

hydrogéner v.t. [conj. 18]. En chimie, fixer de l'hydrogène sur un corps ; combiner avec l'hydrogène.

hydroglisseur n.m. Bateau à fond plat, qui est propulsé par une hélice aérienne ou un réacteur.

hydrographe n. Spécialiste de l'hydrographie.

hydrographie n.f. **1.** Partie de la géographie physique qui traite des eaux marines ou douces. **2.** Ensemble des eaux courantes ou stables d'un pays : *L'hydrographie de la Belgique.*

hydrographique adj. Relatif à l'hydrographie : *La carte hydrographique d'une région.*

hydrologie n.f. Science qui traite des propriétés mécaniques, physiques et chimiques des eaux : *L'hydrologie marine* (= l'océanographie). *L'hydrologie fluviale* (= la potamologie). *L'hydrologie lacustre* (= la limnologie).

hydrologique adj. Relatif à l'hydrologie : *Un déficit hydrologique.*

hydrologue ou **hydrologiste** n. Spécialiste de l'hydrologie.

hydrolyse n.f. Décomposition de certains composés chimiques par l'eau.

hydromel n.m. (du gr. *hudôr,* eau, et *meli,* miel). Boisson alcoolique faite de miel fermenté dans de l'eau.

hydrométrie n.f. Mesure des débits des cours d'eau et des eaux souterraines. ☞ **REM.** Ne pas confondre avec *hygrométrie.*

hydrophile adj. Se dit d'une fibre qui absorbe l'eau : *Coton hydrophile.*

hydropique adj. et n. *Vx* Qui est atteint d'hydropisie.

hydropisie n.f. *Vx* En médecine, accumulation anormale de sérosité entre les cellules des tissus du corps.

hydroptère n.m. Navire rapide muni d'ailes portantes reliées à la coque par des bras (**SYN.** hydrofoil [anglic.]).

hydrosphère [idrɔsfɛr] n.f. Ensemble des eaux de la surface et du sous-sol de la Terre ; partie liquide de la Terre (par opp. à atmosphère et à lithosphère).

hydrostatique n.f. et adj. Partie de la mécanique qui étudie l'équilibre des liquides.

hydrothérapie n.f. Ensemble des traitements médicaux qui utilisent les propriétés curatives de l'eau.

hydrothérapique adj. Relatif à l'hydrothérapie.

hyène n.f. (gr. *huaina*). Mammifère carnivore, à pelage gris ou fauve tacheté ou rayé de brun, se nourrissant de proies animales ou de charognes : *L'hyène hurle.* ☞ **REM.** La prononciation avec un « h aspiré » tend à se répandre dans la langue courante.

Hygiaphone n.m. (nom déposé). Dispositif transparent et perforé à travers lequel un employé installé derrière un guichet communique avec le public.

hygiène n.f. (gr. *hugieinon,* santé). **1.** Partie de la médecine qui traite des mesures propres à préserver ou à favoriser la santé ; respect de ces principes : *Les règles d'hygiène en vigueur dans les hôpitaux. Les conditions d'hygiène requises* (**SYN.** salubrité). *Avoir une bonne hygiène de vie.* **2.** Ensemble des soins que l'on apporte à son corps pour le maintenir propre : *L'hygiène des mains* (**SYN.** propreté, soin). **3.** Ensemble des conditions sanitaires d'un lieu : *Le médecin du travail vérifie l'hygiène des bureaux.*

hygiénique adj. **1.** Relatif à l'hygiène : *Règles hygiéniques.* **2.** Qui est bon pour la santé ; sain : *Repos hygiénique.* **3.** Qui a trait à l'hygiène, à la propreté du corps, et partic. de ses parties intimes : *Des rouleaux de papier hygiénique. Serviette hygiénique* (**SYN.** périodique).

hygiéniste n. Spécialiste de l'hygiène.

hygromètre n.m. Appareil qui sert à mesurer le degré d'humidité de l'air.

hygrométrie n.f. **1.** Partie de la météorologie qui étudie la quantité de vapeur d'eau contenue dans l'air. **2.** Quantité de vapeur d'eau contenue dans l'air : *Degré d'hygrométrie.* ☞ **REM.** Ne pas confondre avec *hydrométrie.*

hygrométrique adj. Relatif à l'hygrométrie.

① **hymen** [imɛn] n.m. (gr. *humên,* membrane). Membrane qui ferme plus ou moins complètement l'entrée du vagin chez la femme vierge.

② **hymen** [imɛn] ou **hyménée** n.m. (gr. *Humên,* Hymen, dieu du Mariage dans la mythologie). *Litt.* Mariage : *Des hymens princiers.*

hyménoptère n.m. et adj. (du gr. *humên,* membrane, et *pteron,* aile). Insecte possédant deux paires d'ailes membraneuses, comme l'abeille, la guêpe, la fourmi.

① **hymne** n.m. (gr. *humnos*). Chant, poème lyrique célébrant un personnage, une grande idée, un grand sentiment : *Un hymne à la joie.* ▸ ***Hymne national,*** chant patriotique adopté par un pays pour être exécuté lors des cérémonies publiques.

② **hymne** n.f. (de *1. hymne*). Cantique qui, dans la liturgie catholique, fait partie de l'office divin : *Une hymne sacrée.*

hyper n.m. (abrév.). *Fam.* Hypermarché.

hyperacousie n.f. (du gr. *huper,* au-dessus, et *akousis,* de *akouein,* entendre). Sensibilité excessive, voire douloureuse, au son, au bruit.

hyperactif, ive adj. et n. Qui est sujet à l'hyperactivité.

hyperactivité n.f. En médecine et en psychiatrie, état d'une personne en constante activité et présentant une instabilité de comportement accompagnée de difficultés d'attention.

hyperbare adj. Se dit d'une enceinte où la pression est supérieure à la pression atmosphérique : *Caisson hyperbare.*

hyperbole n.f. (du gr. *huperbolê,* excès). **1.** Procédé de style qui consiste à utiliser des mots qui exagèrent la pensée pour produire une forte impression : *« Mourir de rire » est une hyperbole* (**CONTR.** litote). **2.** En géométrie, courbe représentant les points d'un plan dont la différence des distances à deux points fixes du même plan est constante.

hyperbolique adj. **1.** Se dit d'une expression qui a le caractère d'une hyperbole ; se dit d'un style qui recourt à des hyperboles : *Une description hyperbolique* (**SYN.** emphatique, grandiloquent, pompeux ; **CONTR.** euphémique, sobre). **2.** Qui a la forme d'une hyperbole géométrique.

hyperboréen, enne adj. (du gr. *Boreas,* vent du nord). *Litt.* Relatif à l'extrême nord.

hypercorrection n.f. En linguistique, erreur qui consiste à reconstruire un mot en lui restituant un élément que l'on croit disparu dans l'évolution de la langue, alors qu'il n'y a pas lieu de le faire : *Par hypercorrection, « savoir », tiré du latin « sapere », a été* *orthographié « sçavoir », car on le croyait issu de « scire ».*

hyperglycémie n.f. Excès de la concentration de glucose dans le sang (par opp. à hypoglycémie).

hyperinflation n.f. Inflation dont le taux est très élevé ; inflation galopante.

hyperlien n.m. En informatique, lien associé à un élément d'un document hypertexte, qui pointe vers un autre élément textuel ou multimédia.

hypermarché n.m. Magasin exploité en libre service et présentant une superficie consacrée à la vente supérieure à 2 500 m^2 (abrév. fam. hyper).

hypermédia n.m. Technique ou système informatique analogues à l'hypertexte mais qui permettent de passer d'une image à une autre, d'un son à un autre.

hypermétrope adj. et n. Qui est atteint d'hypermétropie.

hypermétropie n.f. (du gr. *huper*, au-dessus, *metron*, mesure, et *ôps*, vue). Anomalie de la vision qui empêche de distinguer nettement les objets proches.

hyperonyme n.m. En linguistique, terme dont le sens inclut le sens d'autres termes qui sont ses hyponymes : *« Chien » est un hyperonyme de « lévrier »* (= « chien » est le terme général, « lévrier » est l'un des termes spécialisés de cet ensemble).

hyperpuissance n.f. Superpuissance en situation d'hégémonie.

hyperréalisme n.m. Courant des arts plastiques caractérisé par une interprétation quasi photographique du visible.

hyperréaliste adj. et n. Relatif à l'hyperréalisme ; qui le pratique.

hypersensibilité n.f. Sensibilité extrême.

hypersensible adj. et n. Qui est d'une sensibilité extrême.

hypersomnie n.f. Maladie caractérisée par un besoin excessif de sommeil.

hypersonique adj. Dans l'aviation, se dit d'une vitesse égale ou supérieure à 5 000 km/h, à haute altitude ; se dit d'un en se déplaçant à une telle vitesse.

hypertendu, e adj. et n. Qui souffre d'hypertension (par opp. à hypotendu).

hypertension n.f. Pression artérielle supérieure à la normale (par opp. à hypotension).

hypertexte n.m. et adj. Technique ou système informatique qui permet, dans une base documentaire de textes, de passer d'un document à un autre selon des chemins préétablis ou élaborés lors de la consultation.

hyperthermie n.f. Élévation de la température du corps au-dessus de la normale ; fièvre (par opp. à hypothermie).

hyperthyroïdie n.f. En médecine, excès de sécrétion de la glande thyroïde (par opp. à hypothyroïdie).

hypertrophie n.f. **1.** En médecine, augmentation de volume d'un tissu, d'un organe (par opp. à atrophie ou hypotrophie) : *Une hypertrophie musculaire.* **2.** *Fig.* Développement excessif, exagéré : *L'hypertrophie de la réglementation* (**SYN.** démesure, outrance).

hypertrophier v.t. [conj. 9]. Produire l'hypertrophie d'un tissu, d'un organe : *Ce geste répétitif a hypertrophié le muscle de son avant-bras.*

◆ **s'hypertrophier** v.pr. **1.** Augmenter de volume par hypertrophie (par opp. à s'atrophier). **2.** *Fig.* Se développer excessivement : *La ville s'est hypertrophiée.*

hypnose n.f. (du gr. *hupnoûn*, endormir, de *hupnos*, sommeil). **1.** État de conscience intermédiaire entre la veille et le sommeil, provoqué par la suggestion. **2.** Technique de suggestion propre à provoquer cet état (**SYN.** hypnotisme).

hypnotique adj. Relatif à l'hypnose, à l'hypnotisme : *L'état hypnotique.* ◆ adj. et n.m. Se dit de médicaments qui provoquent le sommeil (**SYN.** somnifère).

hypnotiser v.t. [conj. 3]. **1.** Soumettre à l'hypnose : *Il hypnotise les personnes qui désirent arrêter de fumer.* **2.** Retenir l'attention au point d'empêcher de réfléchir ou de penser à autre chose : *Cet avocat hypnotise les jurés* (**SYN.** envoûter, fasciner, magnétiser).

hypnotiseur, euse n. Personne qui hypnotise.

hypnotisme n.m. Ensemble des techniques permettant de provoquer l'hypnose.

hypoacousie n.f. (du gr. *hupo*, sous, et *akousis*, de *akouein*, entendre). Diminution partielle de l'acuité auditive ; surdité.

hypoallergénique adj. et n.m. Se dit d'une substance qui provoque peu de réactions allergiques.

hypocalorique adj. Qui apporte peu d'énergie à l'organisme : *Un substitut de repas hypocalorique.*

hypocondriaque adj. et n. (gr. *hupokhondriakos*, malade des hypocondres [parties latérales de la région supérieure du ventre]). Qui souffre d'hypocondrie.

hypocondrie n.f. État d'anxiété permanente de qqn concernant sa santé, l'état et le fonctionnement de ses organes.

hypocoristique adj. et n.m. (gr. *hupokoristikos*, caressant). En linguistique, se dit d'un mot, d'une tournure qui exprime une intention affectueuse : *Les mots « sœurette » et « fifille » sont des diminutifs hypocoristiques* ou *des hypocoristiques.*

hypocrisie n.f. (du gr. *hupocrisis*, mimique). **1.** Défaut qui consiste à dissimuler sa véritable personnalité et à affecter des sentiments, des opinions et des vertus que l'on n'a pas : *Il parle de solidarité mais ne recherche que son intérêt personnel, quelle hypocrisie !* (**SYN.** duplicité, fausseté, fourberie, tartufferie ; **CONTR.** franchise, sincérité). **2.** Caractère de ce qui est hypocrite : *L'hypocrisie d'une promesse.* **3.** Acte ou parole destinés à dissimuler les sentiments, les intentions véritables : *Je ne me livrerai pas à de telles hypocrisies* (**SYN.** comédie, imposture, mascarade).

hypocrite adj. et n. Qui fait preuve d'hypocrisie ; qui dénote l'hypocrisie : *Un négociateur hypocrite* (**SYN.** fourbe, menteur, sournois ; **CONTR.** franc, sincère). *Un sourire hypocrite* (**SYN.** affecté, faux, trompeur). *Vous êtes des hypocrites* (**SYN.** imposteur, tartuffe).

hypocritement adv. De façon hypocrite.

hypoderme n.m. Partie profonde de la peau, sous le derme (par opp. à épiderme).

hypodermique adj. Relatif à l'hypoderme, au tissu sous-cutané : *Seringue hypodermique.*

hypogée [ipɔʒe] n.m. (du gr. *hupo*, sous, et *gê*, terre). En archéologie, tombeau souterrain : *Les hypogées égyptiens de la Vallée des Rois.*

hypoglycémie n.f. Diminution de la concentration de glucose dans le sang (par opp. à hyperglycémie).

hypokhâgne n.f. *Arg. scol.* Première année de classe préparatoire au concours d'entrée en sections littéraires de l'École normale supérieure.

hyponyme n.m. En linguistique, terme dont le sens est inclus dans le sens d'un autre terme, son hyperonyme : *« Chaise » est l'un des hyponymes de « siège ».*

hypophysaire adj. Relatif à l'hypophyse.

hypophyse n.f. (gr. *hupophusis*). Glande située à la base du cerveau et qui sécrète de nombreuses hormones passant directement dans le sang.

hyposodé, e [ipɔsɔde] adj. Qui est pauvre en sel : *Il a un régime hyposodé.*

hypotaupe n.f. *Arg. scol.* Classe de mathématiques supérieures.

hypotendu, e adj. et n. Qui a une tension artérielle inférieure à la normale (par opp. à hypertendu).

hypotension n.f. Abaissement au-dessous de la normale de la pression ou tension artérielle (par opp. à hypertension).

hypoténuse n.f. (du gr. *hupoteinousa pleura,* côté se tendant sous les angles). En géométrie, côté opposé à l'angle droit d'un triangle rectangle : *Le théorème de Pythagore permet de calculer le carré de l'hypoténuse.*

hypothalamus [ipɔtalamys] n.m. Région du cerveau constituant le centre de régulation du système nerveux végétatif et contrôlant une partie du système hormonal.

hypothécable adj. Qui peut être hypothéqué : *Une maison hypothécable.*

hypothécaire adj. Relatif à une hypothèque ; qui est garanti par une hypothèque : *Créance hypothécaire.*

hypothèque n.f. (du gr. *hupothêkê,* gage). **1.** Droit accordé à un créancier sur un bien immobilier pour garantir le paiement de sa créance : *L'organisme de crédit a pris une hypothèque sur leur maison. Lever une hypothèque* (= payer au créancier ce qui est dû). **2.** *Fig.* Obstacle qui empêche l'accomplissement de qqch : *Cette intransigeance fait peser une hypothèque sur les négociations* (**SYN.** menace). ▸ ***Prendre une hypothèque sur l'avenir,*** disposer d'une chose avant de la posséder.

hypothéquer v.t. [conj. 18]. **1.** Dans la langue juridique, prendre une hypothèque sur un bien pour garantir une créance : *Il a hypothéqué les bâtiments de la ferme. Une maison hypothéquée.* **2.** Constituer un danger pour : *Il hypothèque son avenir en abandonnant ses études* (**SYN.** compromettre ; **CONTR.** garantir, préserver).

hypothermie n.f. Abaissement de la température du corps au-dessous de la normale (par opp. à hyperthermie).

hypothèse [ipɔtɛz] n.f. (gr. *hupothesis,* principe, supposition). **1.** Supposition destinée à expliquer ou à prévoir des faits : *Les enquêteurs n'écartent aucune hypothèse* (**SYN.** possibilité, probabilité). *Dans l'hypothèse où la proposition serait acceptée, il faudrait débloquer des crédits* (= au cas où ; **SYN.** éventualité). **2.** Proposition résultant d'une observation et que l'on soumet au contrôle de l'expérience ou que l'on vérifie par déduction. ▸ ***En toute hypothèse,*** en tout cas ; quoi qu'il arrive.

hypothétique adj. **1.** Qui n'est pas certain ; qui repose sur une supposition : *Sa venue est hypothétique* (**SYN.** douteux, incertain ; **CONTR.** assuré, indubitable). **2.** Qui est fondé sur une hypothèse : *Un raisonnement hypothétique.*

hypothétiquement adv. D'une façon hypothétique.

hypothyroïdie n.f. En médecine, insuffisance de la sécrétion de la glande thyroïde (par opp. à hyperthyroïdie).

hypotrophie n.f. Retard de la croissance chez le nouveau-né ou le nourrisson ; atrophie (par opp. à hypertrophie).

hypsométrie n.f. (du gr. *hupsos,* hauteur). Mesure et représentation cartographique du relief terrestre.

hystérectomie n.f. (du gr. *hustera,* utérus). Ablation chirurgicale de l'utérus.

hystérie n.f. (du gr. *hustera,* utérus, parce que l'on croyait que cette maladie était due à cet organe). **1.** Névrose caractérisée par une excitation poussant à faire des gestes outrés ou théâtraux, à avoir des crises de nerfs, des convulsions, etc. **2.** *Fig.* Vive excitation poussée jusqu'au délire : *Cette victoire a déclenché une hystérie collective* (**SYN.** frénésie, folie).

hystérique adj. et n. Relatif à l'hystérie ; qui est atteint d'hystérie.

I i

i n.m. inv. Neuvième lettre (voyelle) de l'alphabet français. ▸ ***I,*** chiffre romain valant 1. ***Mettre les points sur les « i »,*** s'expliquer de façon claire et précise pour éviter les ambiguïtés.

I.A. ou **IA** [ia] n.f. (sigle). ▸ ***Intelligence artificielle*** → **intelligence.**

iambe ou **ïambe** [jɑ̃b] n.m. (gr. *iambos*). Dans la poésie grecque et latine, pied composé d'une syllabe brève suivie d'une syllabe longue.

iambique ou **ïambique** adj. Composé d'iambes.

iatrogène adj. Se dit d'un trouble, d'une maladie causés par un traitement médical ou un médicament.

ibérique adj. **1.** Relatif à l'Espagne et au Portugal : *La population ibérique. La péninsule Ibérique.* **2.** Qui concernait l'Ibérie.

ibidem [ibidɛm] adv. (mot lat.). Au même endroit d'un texte déjà cité (abrév. ibid.).

ibis [ibis] n.m. (mot lat.). Oiseau échassier à bec long et courbé vers le bas.

iceberg [isbɛrg ou ajsbɛrg] n.m. (mot angl., du norvég. *ijsberg,* montagne de glace). Bloc de glace de très grande taille flottant à la surface de la mer. ▸ ***La partie immergée de l'iceberg,*** la partie cachée et souvent la plus importante d'une affaire.

ichtyologie [iktjɔlɔʒi] n.f. (du gr. *ikhthus,* poisson). Étude scientifique des poissons.

ichtyologique [iktjɔlɔʒik] adj. Relatif à l'ichtyologie.

ichtyologiste [iktjɔlɔʒist] n. Spécialiste d'ichtyologie.

ichtyophage [iktjɔfaʒ] adj. et n. Qui se nourrit principalement ou exclusivement de poissons : *Le pingouin et le phoque sont des animaux ichtyophages* (**SYN.** piscivore).

ichtyosaure [iktjɔzɔr] n.m. Reptile fossile évoquant un requin.

ici adv. (du lat. *ecce hic,* voilà ici). **1.** Indique le lieu où l'on est (par opp. à là) : *Nous avons rendez-vous ici* (**CONTR.** là-bas). *Ils vivent ici depuis dix ans.* **2.** Indique un endroit précis connu de tous, ou que l'on désigne : *Nous ne sommes pas ici pour aborder ce sujet. Les assiettes se rangent ici.* **3.** En tête de phrase, dans un message téléphonique ou diffusé par la radio, la télévision, sert à indiquer le lieu d'émission ou l'identité du correspondant : *Ici, Madrid. Ici, Jérôme Davien, m'entendez-vous ?* ▸ ***D'ici,*** qui habite dans le pays, le lieu où l'on se trouve ; qui en provient : *Cet homme n'est pas d'ici. Le vin d'ici est sucré.* ***D'ici*** ou ***d'ici à,*** indique un laps de temps commençant à l'instant où l'on parle et se terminant au moment indiqué : *J'aurai fini mon travail d'ici une heure. D'ici à la fin de l'année, nous devrions avoir trois réunions.* ***D'ici là,*** entre le moment présent et celui dont il est question : *D'ici là leur bébé sera né.* ***D'ici peu,*** dans peu de temps : *D'ici peu, ce chanteur sera célèbre* (= sous peu). ***D'ici que*** ou ***d'ici à ce que*** (+ subj.), indique qu'une éventualité est ou n'est pas probable : *Je lui en ai parlé, mais d'ici à ce qu'elle veuille répondre, nous avons le temps d'attendre.* ***Par ici,*** de ce côté-ci ; dans les environs : *Elle doit habiter par ici.*

ici-bas [isiba] adv. Sur la terre ; en ce monde (par opp. à là-haut) : *Les choses d'ici-bas.*

① **icône** n.f. (russe *ikona,* du gr. *eikonion,* petite image). **1.** Image du Christ, de la Vierge, des saints, dans les Églises de rite chrétien oriental : *Les icônes grecques.* **2.** *Fig.* Personne qui incarne un courant, une mode : *Une icône de la culture pop.*

② **icône** n.f. (angl. *icon*). En informatique, symbole graphique affiché sur un écran et correspondant, au sein d'un logiciel, à l'exécution d'une tâche particulière.

iconoclaste n. et adj. (du gr. *eikonoklastês,* briseur d'images). Personne qui cherche à détruire tout ce qui représente le passé, la tradition.

iconographe n. Spécialiste d'iconographie.

iconographie n.f. **1.** Étude descriptive des différentes représentations figurées d'un même sujet ; ensemble classé des images correspondantes : *L'iconographie de la guerre de Cent Ans.* **2.** Ensemble de l'illustration d'une publication : *L'iconographie d'un dictionnaire.*

iconographique adj. Relatif à l'iconographie : *Recherche iconographique* (= recherche d'illustrations pour un ouvrage).

iconostase n.f. Cloison couverte d'icônes qui sépare la nef du sanctuaire, dans les églises de rite chrétien oriental.

icosaèdre [ikɔzaɛdr] n.m. (du gr. *eikosi,* vingt, et *edra,* face). En géométrie, polyèdre à vingt faces.

ictère n.m. (gr. *ikteros,* jaunisse). En médecine, coloration jaune de la peau, des muqueuses et du blanc de l'œil, due à l'accumulation d'un pigment de la bile, la bilirubine, dans les tissus (**SYN.** jaunisse).

ictus [iktys] n.m. (mot lat. signif. « coup »). En médecine, affection subite qui frappe une personne ; attaque : *La paralysie, l'amnésie, l'accident vasculaire cérébral sont des ictus.*

ide n.m. (lat. scientif. *idus,* du suéd. *id*). Poisson d'eau douce de couleur rouge, élevé dans les étangs.

idéal, e, aux ou **als** adj. (bas lat. *idealis*). **1.** Qui n'existe que dans la pensée et non dans le réel : *La société idéale* (**SYN.** chimérique, fictif, imaginaire, utopique). **2.** Qui possède toutes les qualités souhaitables ; qui tend à la perfection : *Elle a trouvé l'homme idéal* (**SYN.** modèle, parfait ; **CONTR.** imparfait). *Nos conditions de travail sont idéales* (**SYN.** exemplaire, idyllique, remarquable ; **CONTR.** mauvais). **3.** Qui convient le mieux ; parfaitement adapté à : *C'est le temps idéal pour faire une randonnée* (**SYN.** rêvé). *Ces livres sont idéaux pour des lectures de vacances.* ◆ **idéal** n.m. (pl. *idéaux*). **1.** Modèle d'une perfection absolue, qui répond aux exigences esthétiques, morales, intellectuelles de qqn, d'un groupe : *Cette athlète est l'idéal de la sportivité* (**SYN.** exemple, parangon [sout.], type). *Ont-ils un idéal ?* (**SYN.** ambition, rêve). *Cet adolescent a des idéaux de paix et de fraternité* (**SYN.** utopie). **2.** Ce qui donne entière satisfaction ou représente la perfection dans un domaine : *L'idéal serait qu'il soit muté près de chez lui* (= la meilleure solution ; **SYN.** bonheur, félicité).

idéalement adv. **1.** De façon idéale, parfaite : *Nous sommes idéalement placés pour voir le ballet* (**SYN.** excellemment). **2.** Dans le domaine de l'idéal, de l'imaginaire : *Idéalement, la loi sera votée avant l'été* (**SYN.** théoriquement).

idéalisation n.f. Action d'idéaliser ; fait d'être idéalisé : *L'idéalisation par les citadins de la vie à la campagne* (**SYN.** glorification).

idéaliser v.t. [conj. 3]. Attribuer un caractère idéal à qqch : *Le biographe idéalise quelque peu l'enfance du personnage* (**SYN.** enjoliver, magnifier ; **CONTR.** noircir). *Beaucoup d'adolescents idéalisent ce métier* (**SYN.** exalter, glorifier).

idéalisme n.m. **1.** Attitude, caractère d'une personne qui aspire à un idéal élevé, souvent utopique : *L'idéalisme de la jeunesse.* **2.** Système philosophique qui n'admet la réalité qu'à travers la représentation que l'esprit en a (par opp. à matérialisme) : *Idéalisme kantien.*

idéaliste adj. et n. **1.** Qui a une conception idéale mais souvent utopique des valeurs sociales : *Un projet idéaliste* (**SYN.** chimérique, irréaliste, utopique ; **CONTR.** concret, réaliste, sensé). *Ces étudiants sont des idéalistes* (**SYN.** utopiste). **2.** En philosophie, relatif à l'idéalisme (par opp. à matérialiste) ; qui en est partisan : *Le courant idéaliste.*

idéalité n.f. Caractère de ce qui est idéal.

idée n.f. (lat. *idea*, du gr. *idein*, voir). **1.** Représentation abstraite d'un être, d'un objet, etc., élaborée par la pensée : *L'idée du bien et du mal* (**SYN.** notion). *Le lien entre le mot et l'idée qu'il représente* (**SYN.** concept). *« Toute ma vie, je me suis fait une certaine idée de la France »* [Ch. de Gaulle] (**SYN.** conception, opinion). **2.** Représentation sommaire de qqch : *Ce dépliant vous donnera une idée des activités proposées par le centre culturel* (**SYN.** aperçu, avant-goût). *Vous n'avez pas idée de l'état de pauvreté de ce pays* (= vous n'imaginez pas). **3.** Manière de voir les choses : *Quelle est ton idée sur cette question ?* (**SYN.** avis, point de vue). *Son idée est de faire fusionner ces deux entreprises* (**SYN.** dessein, projet). *Il faut toujours qu'elle en fasse à son idée !* (**SYN.** fantaisie, guise). *L'idée de partir si loin ne m'enchante guère* (**SYN.** pensée, perspective). **4.** Création plus ou moins originale de la pensée, de l'esprit : *Je manque d'idées pour la fête de cette année* (**SYN.** inspiration). *Perdre, suivre le fil de ses idées* (**SYN.** raisonnement). *Vous avez eu une bonne idée de l'inviter* (**SYN.** inspiration, trouvaille). **5.** (Toujours au sing.). Siège de la pensée : *Il ne lui est même pas venu à l'idée que nous le faisions pour lui rendre service* (**SYN.** esprit). *Vous ne m'ôterez pas de l'idée que c'est un arriviste* (**SYN.** tête). ▸ ***Avoir idée que*** ou ***avoir dans l'idée que,*** avoir l'impression que : *J'ai dans l'idée qu'il ne va pas en rester là.* ***Avoir l'idée de,*** concevoir le projet de : *Elle a eu l'idée de cette publicité.* ***Idée fixe,*** idée qui occupe l'esprit de manière tyrannique : *Avoir un bureau toujours bien rangé est son idée fixe* (**SYN.** manie, obsession). ***Idée reçue,*** idée admise par tous et que l'on accepte sans aucun esprit critique ; préjugé. ◆ **idées** n.f. pl. **1.** Ensemble des opinions d'une personne, d'un groupe : *Elle se bat pour ses idées* (**SYN.** position, thèse). **2.** Disposition d'esprit ; humeur : *Avoir des idées noires* (= être pessimiste). *Elle a des idées de vengeance.* ▸ *Fam.* ***Se faire des idées,*** imaginer des choses fausses ; se faire des illusions : *Si vous croyez que vous aurez ce poste, vous vous faites des idées* (= vous vous leurrez).

idée-force n.f. (pl. *idées-forces*). Idée principale d'un raisonnement : *L'idée-force d'une thèse.*

idem [idɛm] adv. (mot lat.). Sert à éviter une répétition ; de même (abrév. id.) : *Un vase en porcelaine blanche et une théière idem* (= en porcelaine blanche). *Elle a une voiture rouge et lui idem* (= il a une voiture rouge ; **SYN.** aussi). *Le gaz et l'électricité augmentent, le téléphone idem* (**SYN.** également).

identifiable adj. Qui peut être identifié : *Le cadavre est difficilement identifiable.*

identification n.f. **1.** Action d'identifier, d'établir l'identité de : *L'identification des victimes sera difficile.* **2.** Fait de s'identifier : *L'identification d'une petite fille à ou avec sa mère.*

identifier v.t. [conj. 9]. **1.** Établir l'identité de : *Pouvez-vous identifier la personne qui est sur cette photographie ?* **2.** Déterminer la nature de qqch : *Identifier le gène de la mucoviscidose* (**SYN.** repérer). *Elle est incapable d'identifier cette épice* (**SYN.** reconnaître). **3. [à, avec, et].** Considérer, déclarer qqn, qqch, identique à une autre personne, une autre chose : *On identifie souvent ce savant à la science moderne* (**SYN.** assimiler). *Ils identifient l'acteur avec le personnage qu'il joue* (**CONTR.** distinguer). *Identifier la paix et la démocratie* (**CONTR.** dissocier). ◆ **s'identifier** v.pr. **[à, avec].** Se rendre, en pensée, identique à : *Beaucoup de jeunes filles se sont identifiées à cette actrice* (**CONTR.** se différencier, se singulariser).

identique adj. (du lat. *idem*, le même). **1.** Qui présente avec qqn, avec qqch une parfaite ressemblance ; qui est pareil : *Leurs écritures sont identiques* (**SYN.** semblable ; **CONTR.** différent, dissemblable). *Leurs visions sur ce problème sont identiques* (**CONTR.** contraire, opposé). **2.** Qui est unique, bien que se rapportant à deux choses différentes : *Deux mots d'origine identique* (**SYN.** commun). ▸ ***À l'identique,*** semblable à l'original : *Cette sculpture a été reproduite à l'identique.*

identiquement adv. De façon identique : *Ces ordinateurs ont été identiquement configurés* (**SYN.** pareillement ; **CONTR.** différemment).

identitaire adj. Relatif à l'identité d'une personne,

d'un groupe : *Une coiffure, une musique, un langage identitaires.*

identité n.f. (du lat. *idem*, le même). **1.** Ensemble des éléments qui déterminent l'état civil et le signalement d'une personne sans confusion possible avec une autre : *Vérification d'identité. Présenter ses papiers d'identité, sa carte d'identité. Les policiers recherchent l'identité du voleur.* **2.** Ce par quoi des êtres ou des choses sont semblables : *L'identité des vrais jumeaux* (**SYN.** ressemblance ; **CONTR.** dissemblance). *L'identité des titres développés dans deux journaux télévisés* (**CONTR.** différence, spécificité). *L'identité de leurs opinions* (**SYN.** communauté, similitude ; **CONTR.** altérité, opposition). **3.** Caractère permanent et fondamental de qqn, d'un groupe : *Vous devez affirmer votre identité* (**SYN.** personnalité). *Un adolescent en pleine crise d'identité. Le verlan sert aux jeunes à afficher leur identité.*

idéogramme n.m. (du gr. *idea*, idée, et *gramma*, signe). Signe graphique qui représente le sens du mot et non les sons : *Les idéogrammes chinois.*

idéographie n.f. Écriture idéographique.

idéographique adj. Se dit d'une écriture qui utilise des idéogrammes.

idéologie n.f. **1.** Ensemble d'idées constituant un système philosophique et conditionnant le comportement d'un individu ou d'un groupe : *L'idéologie marxiste* (**SYN.** doctrine, pensée). *L'idéologie dominante.* **2.** *Péjor.* Ensemble de pensées abstraites, d'idées vagues et confuses, loin de la réalité ; utopie.

idéologique adj. Relatif à l'idéologie : *Des luttes idéologiques.*

idéologue n. **1.** Personne qui est à l'origine de la doctrine d'un groupe. **2.** *Péjor.* Personne qui vit dans un monde d'idées, qui ignore la réalité ; utopiste.

ides [id] n.f. pl. (mot lat.). Dans le calendrier de la Rome antique, quinzième jour des mois de mars, mai, juillet et octobre, et treizième jour des autres mois : *Les ides de juillet.*

id est [idɛst] loc. conj. (loc. lat., par l'angl.). C'est-à-dire (abrév. i.e.).

idiolecte n.m. (du gr. *idios*, particulier, et *dialecte*). En linguistique, ensemble des façons de parler, vocabulaire propres à un individu donné.

idiomatique adj. Qui est caractéristique de telle ou telle langue : *« How do you do ? » et « comme ci comme ça » sont des expressions idiomatiques.*

idiome [idjom] n.m. (gr. *idiomâ*). Langue propre à une communauté ; manière de s'exprimer propre à une personne, à un groupe : *Le catalan est un idiome roman. Les idiomes africains* (**SYN.** parler). *Les jeunes ont leur idiome* (**SYN.** jargon).

idiosyncrasie [idjɔsɛ̃krazi] n.f. (du gr. *idios*, particulier, et *sugkrasis*, mélange). *Didact.* Manière d'être particulière à chaque individu qui l'amène à avoir des réactions, des comportements qui lui sont propres ; tempérament.

idiot, e adj. et n. (gr. *idiôtês*, ignorant). **1.** Dépourvu d'intelligence, de bon sens ; stupide : *Des gens idiots avec qui on ne peut parler de rien* (**SYN.** borné, niais). *Cesse de me prendre pour une idiote* (**SYN.** imbécile). **2.** *Fam.* Qui fait preuve d'étourderie ; irréfléchi : *Quel idiot, il leur a tout raconté !* (**SYN.** lourdaud, maladroit).
◆ adj. **1.** Qui manifeste de la sottise ; bête, stupide : *Votre raisonnement est idiot* (**SYN.** inepte ; **CONTR.** intelligent, sensé). **2.** Qui dénote l'injustice, l'absurdité de la destinée : *Une mort idiote* (**SYN.** absurde, injuste).

idiotement adv. De façon idiote, stupide (**SYN.** bêtement, sottement).

idiotie [idjɔsi] n.f. (de *idiot*). **1.** Manque d'intelligence, de bon sens : *Elle a fait preuve d'idiotie en lui faisant confiance* (**SYN.** imbécillité, inintelligence ; **CONTR.** clairvoyance, discernement, perspicacité). **2.** Caractère inepte, stupide de qqch : *L'idiotie de son programme électoral* (**SYN.** ineptie, stupidité). *Ce film est d'une idiotie !* (**SYN.** absurdité, bêtise). **3.** Action, parole qui dénote un manque d'intelligence : *Quelle idiotie de ne pas me l'avoir avoué !* (**SYN.** maladresse). *L'animateur de cette émission dit des idioties* (**SYN.** bêtise, ineptie, sottise).

idiotisme [idjɔtism] n.m. (du gr. *idios*, particulier). En linguistique, expression ou construction particulière à une langue donnée et que l'on ne peut traduire mot à mot : *« Comment vas-tu ? » est un idiotisme du français* (= gallicisme).

idoine adj. (lat. *idoneus*). *Sout.* Qui convient ; approprié : *C'est la coéquipière idoine* (= celle qu'il faut). *C'est l'appareil idoine pour faire de la techno* (**SYN.** adéquat, ad hoc, convenable ; **CONTR.** inadapté, inadéquat, inapproprié).

idolâtre adj. et n. **1.** Qui voue un culte à des idoles : *Une tribu idolâtre.* **2.** Qui voue un amour excessif, une sorte de culte à qqn ou qqch : *Les admirateurs idolâtres d'une chanteuse* (**SYN.** fanatique).

idolâtrer v.t. [conj. 3]. **1.** Vouer un culte à : *Des politiciens qui idolâtrent le pouvoir.* **2.** Aimer avec passion : *Un père qui idolâtre ses enfants* (**SYN.** adorer ; **CONTR.** détester, haïr).

idolâtrie n.f. **1.** Culte voué à des idoles, des images, des statues : *L'idolâtrie des peuples de l'Antiquité.* **2.** Passion que l'on porte à qqn, qqch : *L'idolâtrie d'un élève pour un ancien professeur* (**SYN.** adoration, dévotion, passion).

idole n.f. (gr. *eidôlon*, image). **1.** Image ou représentation d'une divinité qui est l'objet d'un culte d'adoration : *Les habitants déposent des présents devant les idoles.* **2.** Personne qui est l'objet d'une admiration passionnée : *Elle conserve les articles qui paraissent sur son idole.*

idylle [idil] n.f. (it. *idillio*, du gr.). **1.** Relation amoureuse tendre et naïve : *Une idylle entre deux adolescents* (**SYN.** amourette, flirt, passade). **2.** Relation harmonieuse entre des individus ou des groupes : *Une idylle passagère entre les partis de l'opposition* (**SYN.** entente).

idyllique [idilik] adj. **1.** Marqué par une entente parfaite : *Une relation idyllique* (= sans nuages ; **CONTR.** tumultueux). **2.** Se dit de ce qui est merveilleux, idéal : *La presse donne une vision idyllique de la situation* (= embellie, idéalisée).

if [if] n.m. (du gaul. *ivos*). **1.** Arbre à feuillage persistant et à baies rouges, souvent cultivé et taillé de façon ornementale dans les jardins. **2.** Ustensile de forme conique, garni de pointes, qui sert à égoutter les bouteilles après les avoir rincées (on dit aussi *if à bouteilles*).

igloo [iglu] ou **iglou** n.m. (mot inuit). Habitation en forme de coupole, faite de blocs de neige, que construisent les Esquimaux : *De grands igloos.*

igname [iɲam ou ignam] n.f. (mot esp.). Plante grimpante des régions chaudes, cultivée pour ses tubercules farineux et comestibles.

ignare [iɲar] adj. et n. (lat. *ignarus*). Se dit d'une personne sans instruction ; ignorant : *Elle est ignare en matière de peinture* (**SYN.** inculte ; **CONTR.** cultivé, érudit, instruit).

igné, e [igne ou iɲe] adj. (lat. *igneus,* de *ignis,* feu). **1.** Qui est produit par l'action de la chaleur : *Fusion ignée.* **2.** *Litt.* Qui est en feu : *Les braises ignées d'un volcan* (**SYN.** incandescent).

ignifugation [ignifygasjɔ̃ ou iɲifygasjɔ̃] n.f. Action d'ignifuger ; son résultat.

ignifuge [ignifyʒ ou iɲifyʒ] adj. et n.m. Se dit d'une substance, d'un produit propre à ignifuger.

ignifuger [ignifyʒe ou iɲifyʒe] v.t. [conj. 17]. Traiter un matériau de telle sorte qu'il devienne peu ou difficilement inflammable : *Ignifuger une porte.*

ignition [ignisjɔ̃ ou iɲisjɔ̃] n.f. État de ce qui est en feu et qui produit de la lumière.

ignoble [iɲɔbl] adj. (du lat. *ignobilis,* non noble). **1.** Qui est d'une bassesse écœurante : *La façon dont ils l'ont traité est ignoble* (**SYN.** abject, déshonorant, odieux ; **CONTR.** généreux, noble). *Ce présentateur est ignoble avec les techniciens* (**SYN.** infâme, méprisable, répugnant ; **CONTR.** agréable, charmant, délicieux). **2.** Se dit de ce qui inspire du dégoût, de la répulsion, de ce qui est très mauvais, très sale : *Ce dessert est ignoble* (**SYN.** dégoûtant ; **CONTR.** délicieux, exquis). *Les toilettes de ce restaurant sont ignobles* (**SYN.** immonde, repoussant, sordide ; **CONTR.** impeccable, propre).

ignoblement [iɲɔbləmɑ̃] adv. De façon ignoble : *Ce commerçant l'a traitée ignoblement* (**SYN.** bassement, indignement ; **CONTR.** noblement).

ignominie [iɲɔmini] n.f. (lat. *ignominia,* de *nomen,* nom, renom). *Sout.* **1.** État de qqn qui a perdu tout honneur pour avoir commis une action infamante : *En les dénonçant, elle est tombée dans l'ignominie* (**SYN.** abjection, infamie ; **CONTR.** noblesse). **2.** Action, parole infâme : *Cet escroc a commis toutes sortes d'ignominies* (**SYN.** turpitude [sout.], vilenie [litt.]).

ignominieusement [iɲɔminjøzmɑ̃] adv. *Sout.* Avec ignominie : *On l'a trahie ignominieusement* (**SYN.** bassement ; **CONTR.** noblement).

ignominieux, euse [iɲɔminjø, øz] adj. *Sout.* Qui dénote de l'ignominie : *Un mensonge ignominieux* (**SYN.** abject, infâme, méprisable ; **CONTR.** noble).

ignorance [iɲɔrɑ̃s] n.f. (lat. *ignorantia*). **1.** Fait de manquer de connaissances, d'instruction : *Cette association lutte contre l'ignorance* (**SYN.** inculture ; **CONTR.** culture, savoir). **2. [en, sur, de].** Défaut de connaissance ou d'expérience dans un domaine déterminé : *Ce médecin déplore l'ignorance de certains jeunes sur les méfaits du tabac* (**SYN.** méconnaissance). *J'avoue mon ignorance en informatique* (**SYN.** incompétence ; **CONTR.** compétence). *Son ignorance de l'anglais est un mauvais point pour sa carrière* (**SYN.** incapacité, nullité ; **CONTR.** capacité, force).

ignorant, e [iɲɔrɑ̃, ɑ̃t] adj. et n. **1.** Qui manque de connaissances, de savoir : *Ce garçon est un ignorant !* (**SYN.** ignare ; **CONTR.** lettré). *Ils sont jeunes et ignorants* (**SYN.** inculte ; **CONTR.** cultivé, instruit). **2. [en, dans].** Qui n'est pas instruit de certaines choses : *Je suis ignorant en électricité* (**SYN.** incompétent ; **CONTR.** capable, compétent). **3. [de, sur].** Qui n'est pas informé de qqch : *Des prisonniers ignorants de leur sort.*

ignoré, e [iɲɔre] adj. **1.** Dont l'existence, la nature n'est pas connue : *L'identité du meurtrier reste ignorée* (**SYN.** inconnu). *Y a-t-il encore des terres ignorées ?* (**SYN.** inexploré). **2.** Se dit de qqn, de qqch qui est peu connu : *Une musicienne ignorée* (**SYN.** méconnu ; **CONTR.** célèbre, illustre). *Un vin ignoré* (**SYN.** inconnu ; **CONTR.** renommé, réputé).

ignorer [iɲɔre] v.t. (lat. *ignorare*) [conj. 3]. **1.** Ne pas savoir ; ne pas connaître : *J'ignore qui le lui a dit. Nous ignorons s'il sera candidat. Elle ignore le nom de son successeur. Nul n'est censé ignorer la loi.* **2.** Ne pas connaître par expérience, par la pratique : *Ignorer la peur, la jalousie. À cette époque-là, j'ignorais la poésie.* **3.** Manifester à l'égard de qqn une indifférence complète : *Il l'ignore quand il la croise dans les couloirs* (= il fait mine de ne pas la voir). **4.** Ne pas tenir compte de : *J'ai décidé d'ignorer ses critiques.* ◆ **s'ignorer** v.pr. Feindre de ne pas se connaître : *Depuis cet incident, ils s'ignorent.* ▸ ***Qui s'ignore,*** se dit d'un sentiment dont on n'a pas conscience : *Une passion qui s'ignore* ; se dit de qqn qui n'est pas conscient de sa valeur : *Un écrivain qui s'ignore.*

iguane [igwan] n.m. (esp. *iguana,* mot des Caraïbes). Gros lézard de l'Amérique tropicale, herbivore et pouvant atteindre 1,60 mètre de long.

iguanodon [igwanɔdɔ̃] n.m. Reptile dinosaurien fossile qui marchait sur deux pattes.

igue [ig] n.f. Dans le Quercy, aven.

ikebana [ikebana] n.m. (mot jap.). Art japonais de la composition florale.

il, ils [il] pron. pers. (lat. *ille,* celui-là). Désigne la 3e pers. du masc. dans la fonction de sujet : *Il exerce le métier d'architecte. Ils jouent aux échecs.* ◆ **il** pron. indéf. Sert à introduire des verbes impersonnels : *Il pleut. Il y a plusieurs grottes dans la région. Il importe que vous soyez présent.*

ilang-ilang ou **ylang-ylang** [ilɑ̃ilɑ̃] n.m. (pl. *ilangs-ilangs, ylangs-ylangs*). Arbre cultivé en Indonésie et à Madagascar pour ses fleurs, utilisées en parfumerie.

île n.f. (lat. *insula*). Étendue de terre entourée d'eau de tous côtés : *Cuba, la Réunion sont des îles.* ▸ ***Île flottante,*** dessert constitué d'œufs à la neige dont les blancs sont cuits au bain-marie dans un moule.

iléon n.m. (du gr. *eileîn,* enrouler). Troisième partie de l'intestin grêle, située avant le gros intestin.

îlet n.m. Aux Antilles, hameau.

iléus [ileys] n.m. (lat. *ileus*). Obstruction de l'intestin.

iliaque adj. (du lat. *ilia,* flanc). En anatomie, relatif aux parties latérales du bassin : *Les artères iliaques.* ▸ ***Os iliaque,*** chacun des deux os pairs et symétriques formant le squelette du bassin du corps humain.

îlien, enne adj. et n. Qui habite une île, notamm. du littoral breton ; insulaire : *Les touristes découvrent la flore et la faune îliennes.*

illégal, e, aux adj. (lat. *illegalis,* de *lex, legis,* loi). Contraire à la loi : *Vous ne pouvez pas le chasser de* *chez lui, c'est illégal* (**SYN.** illicite, irrégulier ; **CONTR.** légal, réglementaire). *Exercice illégal de la médecine.*

illégalement adv. De façon illégale : *Des marchandises illégalement importées* (**SYN.** frauduleusement, illicitement, irrégulièrement ; **CONTR.** légalement, licitement).

illégalité n.f. **1.** Caractère de ce qui est contraire à la loi : *L'illégalité d'une sanction* (**SYN.** irrégularité). **2.** Acte illégal ; situation contraire à la loi : *Vous avez commis une illégalité en occupant ces locaux* (**SYN.** abus). *Ils vivent dans l'illégalité* (**CONTR.** légalité).

illégitime adj. **1.** Qui ne remplit pas les conditions exigées par la loi ; qui est contraire à la justice, au droit : *Un gouvernement illégitime* (**SYN.** illégal, irrégulier ; **CONTR.** légal). *Une mesure illégitime* (**SYN.** inique ; **CONTR.** équitable, juste). **2.** Qui n'est pas fondé, justifié : *L'administration juge votre demande illégitime* (**SYN.** déraisonnable, injustifié ; **CONTR.** fondé). ▸ ***Enfant illégitime,*** enfant né hors mariage et qui n'a pas été légitimé.

illégitimement adv. De façon illégitime ; illégalement : *Il s'est illégitimement proclamé président* (**SYN.** indûment ; **CONTR.** légitimement).

illégitimité n.f. Caractère de ce qui est illégitime : *L'illégitimité d'une procédure* (**CONTR.** bien-fondé, légitimité).

illettré, e adj. et n. **1.** Qui ne maîtrise ni la lecture ni l'écriture : *Le pourcentage des illettrés en France.* **2.** *Vx* Qui n'est pas très instruit (**SYN.** inculte ; **CONTR.** érudit, lettré).

illettrisme n.m. État des personnes qui, ayant appris à lire et à écrire, en ont complètement perdu la pratique.

illicite adj. Qui est défendu par la morale ou par la loi : *Amour illicite* (**SYN.** coupable, interdit). *Le clonage humain est illicite* (**SYN.** illégal ; **CONTR.** légal, licite).

illicitement adv. De manière illicite : *On a écouté illicitement ses communications téléphoniques* (**SYN.** illégalement ; **CONTR.** légalement, licitement).

illico adv. (mot lat.). *Fam.* Sur-le-champ ; tout de suite : *Ils s'y sont rendus illico* (**SYN.** aussitôt, immédiatement).

illimité, e adj. Se dit de ce qui est sans limites, sans restriction : *Il a une confiance illimitée en ses employés* (= sans bornes ; **SYN.** absolu, total ; **CONTR.** limité). *Il s'est octroyé un pouvoir illimité* (**SYN.** immense, infini ; **CONTR.** réduit, restreint). *Ils ont fermé le magasin pour une durée illimitée* (**SYN.** indéfini, indéterminé ; **CONTR.** défini, déterminé). *J'ai pris un forfait illimité pour l'accès à Internet* (= qui n'est pas limité en heures).

illisible adj. **1.** Que l'on ne peut lire ; qui est mal écrit : *L'inscription est devenue illisible. Une signature illisible* (**SYN.** indéchiffrable ; **CONTR.** déchiffrable, lisible). **2.** Dont la lecture est rebutante ou difficile : *Un roman, un écrivain illisible* (**SYN.** incompréhensible ; **CONTR.** compréhensible).

illogique adj. **1.** Se dit de qqch qui n'est pas conforme aux règles de la logique : *C'est illogique d'écrire « religieux » sans accent, mais « irréligieux » avec* (**SYN.** absurde, incohérent, irrationnel ; **CONTR.** cohérent, rationnel). **2.** Se dit de qqn qui manque de logique : *Cette fille est assez illogique* (**SYN.** inconséquent ; **CONTR.** cartésien, méthodique).

illogiquement adv. De façon illogique.

illogisme n.m. Caractère de ce qui est illogique ; manque de logique : *L'illogisme de leur choix* (**SYN.** absurdité, incohérence, inconséquence ; **CONTR.** logique). *Il y a beaucoup d'illogisme chez cet enfant* (**SYN.** incohérence, inconséquence ; **CONTR.** cohérence).

illumination n.f. **1.** Action d'illuminer : *L'illumination de la place du village* (**SYN.** éclairage). **2.** (Souvent au pl.). Ensemble des lumières disposées pour décorer les rues ou éclairer les monuments publics : *Les illuminations de l'avenue des Champs-Élysées.* **3.** Inspiration subite ; idée qui vient à l'esprit : *Elle eut une illumination et la solution lui apparut* (**SYN.** éclair).

illuminé, e n. et adj. Personne qui embrasse une idée ou soutient une doctrine avec une foi aveugle, un zèle fanatique : *Les illuminés de la fin du monde* (**SYN.** exalté, mystique).

illuminer v.t. (lat. *illuminare,* de *lumen,* lumière) [conj. 3]. **1.** Éclairer d'une vive lumière : *Un éclair illumina le ciel* (**CONTR.** assombrir, obscurcir). *Illuminer un monument historique.* **2.** Donner un vif éclat à : *Le bonheur illumine son regard* (**SYN.** éclairer).

illusion n.f. (lat. *illusio,* de *illudere,* se jouer de, de *ludere,* jouer). **1.** Erreur de perception qui fait prendre une apparence pour la réalité : *J'ai cru voir une marmotte sur ce rocher, mais ce n'était qu'une illusion* (**SYN.** hallucination, vision). *Le décor donne l'illusion de la perspective.* **2.** Erreur de l'esprit ; croyance fausse : *Les illusions d'une jeune chanteuse à qui on a promis une belle carrière* (**SYN.** chimère, rêve, utopie ; **CONTR.** désillusion). ▸ ***Faire illusion,*** donner de soi une apparence flatteuse mais erronée : *Il a fait illusion quelque temps devant ses futurs beaux-parents.* ***Illusion d'optique,*** erreur visuelle relative à la forme, aux dimensions, etc., des objets : *Un mirage est une illusion d'optique.* ***Se faire des illusions,*** nourrir de fausses espérances ; se tromper : *Si tu crois qu'on va te proposer ce poste, tu te fais des illusions.*

illusionner v.t. [conj. 3]. Tromper qqn par une illusion ; créer des illusions chez : *Elle cherche à nous illusionner* (**SYN.** abuser, leurrer ; **CONTR.** désabuser [litt.], désillusionner, détromper). ◆ **s'illusionner** v.pr. Se faire des illusions ; se tromper : *Elle s'est illusionnée sur ce métier* (**SYN.** s'abuser [litt.], se leurrer).

illusionnisme n.m. Technique de l'illusionniste (**SYN.** magie, prestidigitation).

illusionniste n. Artiste de variétés qui trompe le regard du public par l'habileté de ses mains ou à l'aide d'accessoires truqués (**SYN.** magicien, prestidigitateur).

illusoire adj. Propre à tromper par une fausse apparence ; qui est le produit d'une illusion : *La promesse illusoire de bénéfices substantiels* (**SYN.** fallacieux, trompeur ; **CONTR.** fondé, réalisable, sûr). *Il serait illusoire de croire à l'amélioration de la situation dans ce pays* (**SYN.** chimérique, irréaliste ; **CONTR.** réaliste, sensé).

illusoirement adv. *Litt.* D'une façon illusoire : *Un romancier illusoirement célèbre.*

illustrateur, trice n. Artiste qui exécute des illustrations pour des livres : *Gustave Doré, l'illustrateur des contes de Perrault.*

illustratif, ive adj. Qui illustre qqch, le rend plus clair : *Donner un exemple illustratif d'une définition de dictionnaire* (= qui l'éclaire).

illustration n.f. **1.** Action d'illustrer un texte ; image figurant dans un texte : *Un dessinateur célèbre a fait* *l'illustration de cet ouvrage. Ce recueil de poèmes a de belles illustrations.* **2.** Action d'illustrer, de rendre clair : *L'illustration d'une démonstration par un exemple.*

illustre adj. (lat. *illustris*). Dont le renom est éclatant : *Un illustre scientifique* (**SYN.** célèbre, réputé ; **CONTR.** inconnu). *Il a peint d'illustres personnages* (**SYN.** fameux, légendaire ; **CONTR.** obscur).

illustré, e adj. Qui est orné de gravures, d'images, de photographies : *Un dictionnaire illustré.* ◆ **illustré** n.m. Journal, revue contenant des récits accompagnés de dessins : *Son enfant lit surtout des illustrés.*

illustrer v.t. (du lat. *illustrare*, éclairer, illuminer) [conj. 3]. **1.** Orner d'images, de dessins : *Illustrer un livre pour enfants.* **2.** Rendre plus clair par des exemples ; mettre en lumière : *Pour illustrer mon propos, je vais vous raconter une anecdote* (**SYN.** éclairer ; **CONTR.** compliquer, obscurcir). *Cette attitude illustre les réelles intentions du candidat* (**SYN.** montrer, révéler ; **CONTR.** cacher, dissimuler). **3.** *Litt.* Rendre illustre, célèbre : *Il a illustré son nom en participant à cette expédition.* ◆ **s'illustrer** v.pr. *Litt.* Devenir illustre, célèbre : *Elle s'est illustrée en s'opposant au régime en place* (**SYN.** se distinguer, se signaler).

îlot n.m. (de *île*). **1.** Très petite île : *Des dizaines d'oiseaux ont élu domicile dans* ou *sur cet îlot.* **2.** Élément ayant une unité, un caractère particulier, mais isolé au sein d'un espace plus vaste : *Des dunes parsemées d'îlots de végétation. Des îlots de résistance* (**SYN.** poche). **3.** Groupe de maisons, d'immeubles, délimité par des rues, dans une ville : *Il connaît tous les gens qui habitent l'îlot* (= pâté de maisons ; **SYN.** bloc).

îlotage n.m. Travail de l'îlotier.

ilote n.m. (du gr. *heilôs, heilôtos*, esclave de Sparte). **1.** Dans l'Antiquité grecque, hilote. **2.** *Litt.* Personne réduite au dernier degré de la misère, de la servilité ou de l'ignorance (**SYN.** esclave, paria).

îlotier, ère n. Agent de police chargé de la surveillance d'un îlot d'habitations, d'une portion de quartier.

ilotisme n.m. **1.** Dans l'Antiquité grecque, hilotisme. **2.** *Litt.* État de servilité et d'ignorance : *L'ilotisme qui existe encore dans certains pays pauvres* (**SYN.** esclavage, servitude).

il y a [ilja] loc. verb. **1.** Indique la durée écoulée depuis un événement donné ou depuis la fin d'un état : *Nous nous sommes vus il y a deux heures. Il y a dix ans, j'habitais encore chez mes parents.* **2.** (Employé avec *que*). Indique la durée d'une action depuis son origine, ou bien la durée écoulée depuis un événement donné dont on considère les suites : *Il y a un an que je ne suis pas allé chez le dentiste* (= cela fait un an). *Il y a six mois qu'il est là et il ne s'est toujours pas intégré dans l'entreprise.*

image n.f. (lat. *imago*). **1.** Représentation d'un être ou d'une chose par le dessin, la photographie, le film, etc. : *Les images de ce livre sont amusantes* (**SYN.** illustration). *Tous les journaux ont diffusé des images de l'attentat.* **2.** Représentation de qqn, qqch par certains effets optiques : *Elle voyait son image dans la vitre* (**SYN.** reflet). *L'image du téléviseur est floue.* **3.** Représentation mentale d'un être ou d'une chose : *Je garde de lui l'image d'un homme dynamique* (**SYN.** souvenir). **4.** Expression évoquant la réalité par analogie ou similitude avec un domaine autre que celui auquel elle s'applique : *L'expression « brûler d'amour » est une image* (**SYN.** métaphore). **5.** *Fig.* Ce qui reproduit, imite ou évoque qqn, qqch : *Dans son roman, il donne une image erronée de cet événement historique* (**SYN.** description, tableau). *Ils sont l'image même de la paresse* (**SYN.** incarnation, personnification). ▸ ***Droit à l'image,*** dans le langage juridique, protection des personnes contre l'usage abusif de photographies ou de films les représentant sans leur accord. ***Image d'Épinal,*** gravure à usage populaire, de style naïf, d'abord fabriquée à Épinal ; fig., présentation naïve ou exagérément optimiste d'un événement, d'un fait ; caricature. ***Image de marque,*** idée favorable ou défavorable que le public se fait d'une marque commerciale, des produits de cette marque ; fig., opinion générale du public sur une personne, une institution : *Ce parti a décidé de soigner son image de marque.* ***Livre d'images,*** livre constitué surtout de dessins ou de gravures.

imagé, e adj. Qui est orné d'images, de métaphores : *Une expression imagée* (**SYN.** métaphorique).

imagerie n.f. **1.** Ensemble d'images représentant des faits, des personnages, etc. : *L'imagerie populaire a beaucoup enrichi l'épopée napoléonienne.* **2.** Technique permettant d'obtenir des images à partir de différents types de rayonnement, tels que la lumière, les rayons X, etc. : *Imagerie médicale, spatiale. Imagerie par résonance magnétique.*

Imagier n.m. (nom déposé). Livre d'images : *Un Imagier pour les jeunes enfants.*

imaginable adj. Qui peut être imaginé : *Une méchanceté pareille est difficilement imaginable* (**SYN.** concevable, pensable ; **CONTR.** impensable, inconcevable, inimaginable). *Elle a essayé toutes les solutions possibles et imaginables pour maigrir.*

imaginaire adj. (lat. *imaginarius*). Qui n'existe que dans l'esprit : *Ces menaces sont purement imaginaires* (**SYN.** chimérique, infondé ; **CONTR.** fondé, réel). *La licorne est un animal imaginaire* (**SYN.** fabuleux, fantasmagorique, irréel, légendaire ; **CONTR.** réel, vrai). ▸ ***Malade imaginaire,*** personne qui se croit malade sans l'être ; hypocondriaque. ◆ n.m. Domaine de l'imagination, des choses créées par l'imagination : *Cet enfant ne vit que dans l'imaginaire* (**CONTR.** réalité, réel).

imaginatif, ive adj. et n. Qui est capable d'imaginer, d'inventer facilement ; qui se laisse emporter par son imagination, romanesque : *Un bricoleur imaginatif* (**SYN.** créatif, ingénieux, inventif). *C'est une imaginative* (**SYN.** rêveur).

imagination n.f. **1.** Faculté de se représenter par l'esprit des objets ou des faits irréels ou jamais perçus ; capacité de l'esprit de restituer à la mémoire des perceptions ou des expériences antérieures : *Jules Verne avait une imagination fertile* (**SYN.** créativité, inventivité). *Je revois en imagination mes anciens camarades d'école* (**SYN.** rêve, songe [litt.]). **2.** Faculté d'inventer, de créer, de concevoir : *L'imagination est une qualité essentielle chez les publicitaires* (**SYN.** fantaisie, invention). **3.** *Litt.* Construction plus ou moins chimérique de l'esprit : *Ceci est le fruit de votre imagination* (**SYN.** chimère, extravagance).

imaginer v.t. (lat. *imaginari*) [conj. 3]. **1.** Se représenter mentalement : *Imagines-tu les conséquences d'un tel acte ?* (**SYN.** concevoir, envisager). *Imagine qu'il* *aille travailler ailleurs, que feras-tu ?* (**SYN.** admettre, supposer). **2.** Avoir l'idée d'une chose ingénieuse : *Elle a imaginé une nouvelle façon de mettre une couette dans sa housse* (**SYN.** inventer). *Qu'a-t-il encore imaginé pour humilier ses concurrents ?* (**SYN.** manigancer, trouver). ◆ **s'imaginer** v.pr. **1.** Se représenter par l'esprit ; concevoir : *Ils s'étaient imaginé des attractions plus impressionnantes* (**SYN.** se figurer, se représenter). *Elle s'imagine que son parti va remporter les élections* (**SYN.** croire, penser). **2.** Croire sans raison valable que qqch est vrai ; se représenter soi-même par la pensée : *Il s'imagine que tout le monde l'admire* (**SYN.** se figurer). *Je m'imagine bien à la retraite* (**SYN.** se voir).

imago n.m. (mot lat. signif. « image »). Insecte adulte, arrivé à son complet développement et apte à se reproduire.

imam [imam] n.m. (mot ar.). Ministre ou dignitaire religieux musulman.

imamat n.m. Charge ou dignité d'imam.

imbattable adj. Qui ne peut être surpassé : *Elle est imbattable aux échecs* (**SYN.** invincible).

imbécile adj. et n. (lat. *imbecillus*, faible). Qui est dépourvu d'intelligence : *Une remarque imbécile* (**SYN.** inepte, sot, stupide ; **CONTR.** intelligent, sensé). *Cessez de faire les imbéciles, vous avez parfaitement compris !* (**SYN.** âne, idiot, niais).

imbécilement adv. De façon imbécile.

imbécillité [ɛ̃besilite] n.f. **1.** Absence d'intelligence ; manque de culture ou de lucidité : *Son imbécillité est navrante* (**SYN.** bêtise, inintelligence, stupidité). **2.** Acte ou parole qui dénote le manque d'intelligence : *Vous dites des imbécillités* (**SYN.** idiotie, ineptie, sottise).

imberbe adj. (lat. *imberbis*, de *barba*, barbe). Qui n'a pas de barbe : *Un adolescent au visage imberbe* (**SYN.** glabre [sout.] ; **CONTR.** barbu).

imbiber v.t. (lat. *imbibere*, de *bibere*, boire) [conj. 3]. **1.** Mouiller d'un liquide : *Imbiber une serviette d'eau de Cologne* (**SYN.** humecter, imprégner). **2.** En parlant d'un liquide, pénétrer profondément un corps, une matière : *La pluie a imbibé la terre* (**SYN.** détremper, imprégner). ◆ **s'imbiber** v.pr. **[de].** Absorber un liquide, en parlant de qqch : *La couche du bébé s'est imbibée d'urine* (**SYN.** s'imprégner).

imbrication n.f. **1.** État de choses imbriquées : *L'imbrication des écailles d'un poisson.* **2.** Liaison étroite, intime de choses diverses : *L'imbrication des faits économiques et des faits politiques* (**SYN.** amalgame, enchevêtrement, mélange).

imbriquer v.t. (du lat. *imbrex, imbricis*, tuile creuse) [conj. 3]. **1.** Assembler des choses de telle façon qu'elles se chevauchent : *Imbriquer des tranches de pommes sur une pâte à tarte.* **2.** Engager un objet dans un autre : *Imbriquer un lavabo dans un meuble de salle de bains* (**SYN.** ajuster, emboîter, encastrer). ◆ **s'imbriquer** v.pr. **1.** Se chevaucher : *Les tuiles s'imbriquent.* **2.** S'ajuster : *Cette pièce s'imbrique dans celle-là* (**SYN.** s'emboîter). **3.** Être lié de manière étroite : *Dans son œuvre, le cinéma et la musique s'imbriquent* ou *le cinéma s'imbrique avec la musique* (**SYN.** se combiner, s'entremêler).

imbroglio [ɛ̃brɔljo ou ɛ̃brɔglijo] n.m. (mot it., de *imbrogliare*, embrouiller). Situation confuse et d'une grande complexité : *La démission du ministre a créé un imbroglio au sein du gouvernement* (**SYN.** confusion, désordre).

imbu, e adj. (lat. *imbutus*, imprégné). Qui est imprégné, pénétré profondément d'une idée, d'un sentiment : *Ils sont imbus de préjugés* (**SYN.** plein, rempli). ▸ ***Être imbu de soi-même,*** être intimement persuadé de sa supériorité ; être prétentieux : *Cette sportive est imbue d'elle-même.*

imbuvable adj. **1.** Que l'on ne peut pas boire ; qui est désagréable à boire : *Cette eau polluée est imbuvable* (**CONTR.** potable). *Ce vin de table est imbuvable* (**SYN.** mauvais ; **CONTR.** buvable). **2.** *Fam.* Qui est insupportable, inacceptable ou fastidieux : *Son habitude de donner des leçons à tout le monde est imbuvable* (**SYN.** détestable, exécrable). *Un présentateur imbuvable* (**SYN.** déplaisant, odieux ; **CONTR.** charmant).

imitable adj. Qui peut être imité : *Sa façon de parler est facilement imitable* (**CONTR.** inimitable).

imitateur, trice adj. et n. Qui imite : *Les enfants sont imitateurs. Ce romancier a eu des imitateurs* (**SYN.** pasticheur, plagiaire). ◆ n. Artiste de music-hall qui imite la voix, le comportement de personnalités : *Cette imitatrice se cantonne aux actrices.*

imitatif, ive adj. De la nature de l'imitation : *Les capacités imitatives de certains singes.*

imitation n.f. **1.** Action d'imiter qqn ou d'évoquer qqch ; son résultat : *Son imitation de la directrice est parfaite. Cet article est une imitation du vôtre* (**SYN.** démarquage). **2.** Action de reproduire artificiellement une matière, un objet ; cette reproduction, cette copie : *L'imitation d'un bronze antique. Une bague en imitation or. Ces statuettes sont des imitations.* ▸ ***À l'imitation de,*** à la manière de, sur le modèle de : *Cette fête a été instaurée en France à l'imitation des Américains.*

imiter v.t. (lat. *imitari*) [conj. 3]. **1.** Reproduire l'allure, le comportement de qqn, d'un animal, le bruit, le mouvement de qqch : *Les enfants imitent beaucoup leurs parents* (**SYN.** copier, mimer, singer). **2.** Reproduire exactement ; copier : *Quelqu'un a imité son écriture* (**SYN.** contrefaire). **3.** Prendre pour modèle : *Elle imite les chanteuses des années 1950* (**SYN.** calquer, copier, pasticher). **4.** Être une imitation de ; présenter le même aspect que : *Le plan de travail de la cuisine imite le marbre* (**SYN.** rappeler, ressembler à).

immaculé, e adj. (lat. *immaculatus*, de *macula*, tache). **1.** Qui n'a pas la moindre tache ou qui est d'une blancheur absolue : *Une robe de mariée immaculée* (**SYN.** net, propre). **2.** Qui est sans souillure morale : *Une âme immaculée* (**SYN.** pur ; **CONTR.** abject, vil [sout.]).

immanence n.f. État de ce qui est immanent. ☞ **REM.** Ne pas confondre avec *imminence.*

immanent, e adj. (lat. *immanens*, de *manere*, rester). Qui est contenu dans la nature même d'un être et ne résulte pas d'une intervention extérieure : *La gentillesse est immanente à cet homme.* ☞ **REM.** Ne pas confondre avec *imminent.* ▸ ***Justice immanente,*** justice qui découle naturellement des actes accomplis, qui frappe le coupable sans intervention d'un agent extérieur.

immangeable [ɛ̃mɑ̃ʒabl] adj. Que l'on ne peut pas manger ; qui n'est pas bon à manger : *Les fruits de cet arbre sont immangeables* (**SYN.** inconsommable ; **CONTR.** comestible, consommable). *Ces gâteaux sont* *immangeables* (= très mauvais ; **SYN.** dégoûtant ; **CONTR.** mangeable).

immanquable [ɛ̃mɑ̃kabl] adj. **1.** Qui ne peut manquer d'arriver : *Dans ces conditions, l'échec semble immanquable* (**SYN.** certain, inéluctable, inévitable ; **CONTR.** évitable). **2.** Que l'on ne peut manquer, rater : *Un tel panier était immanquable pour la basketteuse.* **3.** Qui ne peut manquer d'atteindre son but : *Un moyen immanquable de réussir une mayonnaise* (**SYN.** infaillible, sûr ; **CONTR.** douteux).

immanquablement [ɛ̃mɑ̃kabləmɑ̃] adv. De façon inévitable ; à coup sûr : *On parlera immanquablement de la mondialisation* (**SYN.** inévitablement, infailliblement).

immatériel, elle adj. Qui n'a pas de consistance corporelle : *Les fantômes sont des êtres immatériels* (**SYN.** incorporel).

immatriculation n.f. Action d'immatriculer ; fait d'être immatriculé ; numéro ainsi attribué : *L'immatriculation à la Sécurité sociale. La plaque d'immatriculation d'une moto* (**SYN.** minéralogique).

immatriculer v.t. (du lat. *immatriculare*, de *matricula*, registre) [conj. 3]. Inscrire sur un registre public (appelé *une matricule*) ; donner un numéro d'immatriculation à : *Immatriculer un étudiant à l'université. Immatriculer une voiture neuve.*

immature adj. Qui n'a pas encore atteint la maturité intellectuelle, affective : *Un jeune homme immature* (**CONTR.** mature).

immaturité n.f. État d'une personne immature : *Elle a fait preuve d'immaturité* (**CONTR.** maturité).

immédiat, e adj. (bas lat. *immediatus*, de *medius*, au milieu). Qui précède ou qui suit sans qu'il y ait d'intermédiaire : *Le prédécesseur, le successeur immédiat. Ma voisine immédiate* (= la plus proche ; **SYN.** direct). *L'effet de ce médicament est immédiat* (**SYN.** instantané). ◆ **immédiat** n.m. ▸ ***Dans l'immédiat,*** pour le moment ; pour l'instant : *Elle n'a pas de projet de film dans l'immédiat.*

immédiatement adv. À l'instant même ; tout de suite : *Il a répondu immédiatement à mon mél* (**SYN.** aussitôt, sur-le-champ). *Elle me précède immédiatement dans la hiérarchie* (**SYN.** directement).

immémorial, e, aux adj. (lat. *immemorialis*, de *memoria*, mémoire). Qui est si ancien que l'on n'en connaît plus l'origine : *Une coutume immémoriale* (**SYN.** ancestral, séculaire ; **CONTR.** récent).

immense adj. (lat. *immensus*). **1.** Qui présente une étendue considérable ; dont les dimensions sont colossales : *Ils ont une cuisine immense* (**SYN.** spacieux, vaste ; **CONTR.** exigu, minuscule). **2.** Dont la valeur, l'intensité est considérable : *Elle a accumulé une immense fortune* (**SYN.** colossal, fabuleux, fantastique). *Ce travail lui demande d'immenses efforts* (**SYN.** démesuré, énorme ; **CONTR.** infime, minime).

immensément adv. De façon immense : *Un écrivain immensément supérieur à un autre* (**SYN.** extrêmement, infiniment [sout.], très).

immensité n.f. **1.** Caractère de ce qui est immense ; étendue très vaste : *L'immensité du désert du Sahara.* **2.** Caractère de ce qui est considérable en grandeur, en intensité : *L'immensité de cette tâche l'effraie* (**SYN.** ampleur, énormité).

immergé, e adj. Qui est sous l'eau (par opp. à émergé) : *La partie immergée d'un iceberg.*

immerger v.t. (lat. *immergere*, de *mergere*, plonger) [conj. 17]. Plonger entièrement dans un liquide, partic. dans la mer : *Immerger des blocs de béton pour construire un pont.* ◆ **s'immerger** v.pr. Se plonger totalement dans un milieu différent de son milieu habituel : *La journaliste s'est immergée dans les milieux du sport pour faire son enquête.*

immérité, e adj. Que l'on ne mérite pas, en bien ou en mal : *Des critiques imméritées* (**SYN.** injuste, injustifié ; **CONTR.** juste). *Une victoire imméritée.*

immersion n.f. **1.** Action de plonger un corps dans un liquide, de l'immerger ; son résultat : *L'immersion d'un sous-marin.* **2.** Fait de se retrouver dans un milieu étranger sans contact direct avec son milieu d'origine : *Un ethnologue en immersion dans un pays lointain.*

immettable [ɛ̃mɛtabl] adj. Se dit d'un vêtement que l'on ne peut pas ou que l'on n'ose pas porter : *Un pantalon devenu immettable* (**SYN.** importable ; **CONTR.** mettable).

① **immeuble** adj. et n.m. (du lat. *immobilis*, immobile). Dans le langage juridique, se dit d'un bien qui ne peut être déplacé : *Une maison, un terrain sont des biens immeubles* (**CONTR.** meuble).

② **immeuble** n.m. (de *1. immeuble*). Grand bâtiment à plusieurs étages divisé en appartements pour particuliers ou aménagé en bureaux : *Un immeuble sans ascenseur.*

immigrant, e adj. et n. Qui immigre : *Un service d'accueil pour les immigrants.* ☞ **REM.** Ne pas confondre avec *émigrant.*

immigration n.f. Arrivée, dans un pays, d'étrangers venus s'y installer et y travailler ; ensemble des immigrés : *L'immigration turque en Allemagne.*

immigré, e adj. et n. Qui a immigré : *La population immigrée. L'intégration des immigrés.*

immigrer v.i. (lat. *immigrare*, passer dans, de *migrare*, partir) [conj. 3]. Venir se fixer dans un pays étranger au sien : *De nombreux Maghrébins ont immigré en France.* ☞ **REM.** Voir la remarque sous *émigrer.*

imminence n.f. Caractère de ce qui est imminent : *L'imminence d'un orage* (**SYN.** approche, proximité). ☞ **REM.** Ne pas confondre avec *immanence.*

imminent, e adj. (lat. *imminens*, de *imminere*, menacer). Qui est sur le point de se produire : *Son accouchement est imminent* (**SYN.** proche ; **CONTR.** lointain). ☞ **REM.** Ne pas confondre avec *immanent.*

s'**immiscer** v.pr. (lat. *immiscere*, de *miscere*, mêler) [conj. 16]. **[dans].** Intervenir indûment et indiscrètement dans ce qui est de la compétence d'autrui : *Elle s'immisçait constamment dans notre vie* (**SYN.** s'ingérer dans, se mêler de).

immixtion [imiksjɔ̃] n.f. *Sout.* Action de s'immiscer dans les affaires d'autrui : *L'immixtion de ce journaliste dans cette affaire leur déplaît* (**SYN.** ingérence, intervention, intrusion).

immobile adj. (lat. *immobilis*). Qui ne bouge pas ; qui demeure fixe : *Le chien de garde demeure immobile devant la porte* (**CONTR.** mobile). *L'eau immobile d'une mare* (**SYN.** dormant, stagnant, tranquille ; **CONTR.** courant).

immobilier, ère adj. **1.** Qui est composé de biens immeubles : *Propriétés immobilières.* **2.** Relatif à un immeuble : *Vente immobilière. Crédit immobilier.* ◆ **immobilier** n.m. Ensemble des professions intervenant dans la commercialisation des immeubles, des bâtiments : *Elle travaille dans l'immobilier.*

immobilisation n.f. Action d'immobiliser ; fait d'être immobilisé : *L'immobilisation du train* (**SYN.** arrêt).

immobiliser v.t. [conj. 3]. **1.** Rendre immobile ; empêcher ou arrêter le mouvement de : *Immobiliser une porte avec une cale* (**SYN.** assujettir, bloquer, caler). *Les policiers ont immobilisé le malfaiteur* (**SYN.** maîtriser). **2.** Contraindre qqn à rester inactif : *Sa maladie l'a immobilisé chez lui une semaine* (**SYN.** retenir). ▸ ***Immobiliser des capitaux,*** les utiliser à des investissements qui les rendent indisponibles pour un autre objectif. ◆ **s'immobiliser** v.pr. S'arrêter dans sa progression : *La luge s'est immobilisée au bas de la piste.*

immobilisme n.m. Disposition à se satisfaire de l'état politique, social, etc., présent : *Les syndicats protestent contre l'immobilisme du gouvernement* (**SYN.** conservatisme, inertie, sclérose ; **CONTR.** progressisme).

immobiliste adj. et n. Qui fait preuve d'immobilisme : *Un parti immobiliste* (**SYN.** conservateur ; **CONTR.** progressiste).

immobilité n.f. État d'un être, d'une chose qui est ou paraît sans mouvement : *L'immobilité d'un chat qui guette sa proie* (**SYN.** fixité ; **CONTR.** agitation, mobilité, mouvement).

immodéré, e adj. Qui dépasse la mesure ; excessif : *Vos exigences sont immodérées* (**SYN.** démesuré, exagéré, irraisonnable ; **CONTR.** modéré, raisonnable). *Elle éprouve un besoin immodéré de boire* (**SYN.** effréné, insatiable).

immodérément adv. De façon immodérée : *Il fume immodérément* (**SYN.** excessivement, trop ; **CONTR.** raisonnablement).

immodeste adj. *Sout.* Qui manque de modestie, de pudeur : *Un comportement immodeste* (**CONTR.** modeste, réservé).

immodestie n.f. *Sout.* Manque de pudeur, de réserve (**CONTR.** décence).

immolation n.f. Action d'immoler, de s'immoler : *L'immolation d'un agneau* (**SYN.** sacrifice).

immoler v.t. (lat. *immolare,* de *mola,* meule de moulin) [conj. 3]. **1.** Tuer pour offrir en sacrifice à une divinité : *Immoler un agneau* (**SYN.** sacrifier). **2.** *Litt.* **[à].** Sacrifier qqn, qqch pour satisfaire une exigence morale, passionnelle, etc. : *Immoler sa famille à son travail.* ◆ **s'immoler** v.pr. **[à].** Faire le sacrifice de sa fortune, de ses intérêts, etc., au nom de : *Ils se sont immolés à cette cause.*

immonde adj. (lat. *immundus,* de *mundus,* net). **1.** D'une saleté qui provoque le dégoût : *Cette chambre d'hôtel est immonde* (**SYN.** ignoble, repoussant, sordide ; **CONTR.** impeccable, propre). **2.** D'une bassesse, d'une immoralité qui écœure : *On a fait courir d'immondes rumeurs à son sujet* (**SYN.** abject, répugnant, révoltant).

immondices n.f. pl. Ordures ménagères ; déchets de toutes sortes : *Des immondices malodorantes* (**SYN.** détritus).

immoral, e, aux adj. Qui agit contrairement à la morale établie ; qui est contraire à cette morale : *Une jeune femme immorale* (**SYN.** débauché, dépravé ; **CONTR.** pur, vertueux). *Des livres immoraux* (**SYN.** inconvenant, indécent, obscène).

immoralisme n.m. Doctrine qui nie toute obligation morale.

immoraliste adj. et n. Qui concerne l'immoralisme ; qui en est partisan.

immoralité n.f. Caractère de qqn, qqch qui est immoral : *L'immoralité d'un écrivain, de ses écrits.*

immortaliser v.t. [conj. 3]. Rendre immortel dans la mémoire des hommes : *Cette statue immortalisera leur bravoure* (**SYN.** pérenniser, perpétuer).

immortalité n.f. (lat. *immortalitas,* de *mors, mortis,* mort). **1.** Qualité, état de ce qui est immortel, d'un être immortel : *Il croit à l'immortalité de l'âme.* **2.** Survivance éternelle dans le souvenir des hommes : *Cette œuvre littéraire lui a valu l'immortalité* (**SYN.** pérennité).

immortel, elle adj. **1.** Que la mort ne peut atteindre : *Nul n'est immortel* (**SYN.** éternel ; **CONTR.** mortel, périssable [litt.]). **2.** Qu'on suppose devoir durer toujours : *Rêver d'un amour immortel* (**SYN.** éternel, impérissable, indéfectible ; **CONTR.** éphémère, périssable). **3.** Dont le souvenir reste dans la mémoire des hommes : *La gloire immortelle des poilus.* ◆ n. **1.** Dans la mythologie antique, dieu, déesse. **2.** *Fam.* Membre de l'Académie française.

immortelle n.f. Plante qui ne change pas d'aspect quand elle est desséchée.

immotivé, e adj. Qui se produit sans motif apparent ou réel : *Un refus immotivé* (**SYN.** arbitraire, infondé, injustifié ; **CONTR.** motivé).

immuable adj. (de l'anc. fr. *muable,* qui bouge, qui change). Qui n'est pas sujet à changer ; constant : *Une loi immuable* (**SYN.** durable, stable ; **CONTR.** éphémère, inconstant, variable). *Il a toujours son immuable chapeau* (**SYN.** éternel, habituel ; **CONTR.** nouveau).

immuablement adv. De façon immuable : *On lui offre immuablement les mêmes fleurs* (**SYN.** invariablement).

immunisation n.f. Action d'immuniser ; fait d'être immunisé : *Faire un rappel de vaccin pour prolonger l'immunisation.*

immuniser v.t. (du lat. *immunis,* exempt, de *munus, muneris,* charge) [conj. 3]. **1.** Rendre réfractaire à une maladie : *Vaccin qui immunise contre la tuberculose.* **2.** *Fig.* Mettre à l'abri d'un mal, d'une influence nocive : *Sa garde à vue l'a immunisé contre l'envie de recommencer* (**SYN.** prémunir, préserver).

immunitaire adj. En médecine, relatif à l'immunité d'un organisme : *Déficit immunitaire* (= immunodéficience). ▸ ***Système immunitaire,*** ensemble de cellules, de tissus et d'organes assurant la défense de l'organisme contre les agents extérieurs.

immunité n.f. (lat. *immunitas,* de *munus, muneris,* charge). Résistance naturelle ou acquise d'un organisme vivant à un agent infectieux, tel que les micro-organismes ou les virus, ou toxique, tel que les venins ou les toxines de champignons. ▸ ***Immunité diplomatique,*** privilège des agents diplomatiques en vertu duquel, notamm., ceux-ci ne peuvent être déférés aux juridictions de l'État dans lequel ils sont en poste. ***Immunité parlementaire,*** privilège selon lequel les parlementaires ne peuvent faire l'objet de poursuites judiciaires sans l'autorisation de l'assemblée à laquelle ils appartiennent.

immunodéficience n.f. Déficience des mécanismes immunitaires (= déficit immunitaire).

immunodéficient, e adj. Qui souffre d'immunodéficience.

immunodéficitaire adj. Relatif à l'immunodéficience.

immunodépresseur ou **immunosuppresseur** adj.m. et n.m. Se dit d'un médicament ou d'un traitement capable de diminuer ou même de supprimer les réactions immunitaires de l'organisme : *Les corticoïdes sont des immunodépresseurs.*

immunoglobuline n.f. Protéine présente dans le sang et qui a une fonction d'anticorps.

immunologie n.f. Partie de la biologie qui étudie les phénomènes d'immunité.

immunologique adj. Relatif à l'immunologie.

immunologiste n. Spécialiste d'immunologie.

immunostimulant, e adj. Se dit d'un produit ou d'un procédé qui stimule les défenses immunitaires. ♦ **immunostimulant** n.m. Produit immunostimulant : *Un vaccin est un immunostimulant.*

immunosuppresseur adj.m. et n.m. → **immunodépresseur.**

immunothérapie n.f. Traitement visant à provoquer ou à augmenter l'immunité de l'organisme.

impact [ɛ̃pakt] n.m. (lat. *impactus,* de *impingere,* heurter). **1.** Fait pour un corps, un projectile de venir en frapper un autre : *L'impact entre les deux camions a été violent* (**SYN.** choc, collision, heurt). **2.** Effet produit par qqch ; influence qui en résulte : *L'impact d'une émission télévisée sur les jeunes* (**SYN.** retentissement). **3.** Influence exercée par qqn, par ses idées : *Cet homme politique a-t-il encore de l'impact sur les militants ?* (**SYN.** ascendant, emprise). ▸ ***Point d'impact,*** endroit où a frappé un projectile : *Points d'impact sur une porte.*

① **impair, e** adj. (lat. *impar,* de *par,* égal). En mathématiques, se dit d'un nombre qui n'est pas divisible par deux (par opp. à pair) : *Sept est un chiffre impair. Les nombres impairs se terminent par 1, 3, 5, 7 et 9.*

② **impair** n.m. (de *1. impair*). Maladresse choquante ; faute de tact : *Vous avez commis un impair en ne l'invitant pas* (**SYN.** balourdise, bévue, erreur).

impala [impala] n.m. (mot de la langue des Zoulous). Antilope d'Afrique australe et orientale, vivant en grands troupeaux et dont le mâle porte des cornes en forme de lyre.

impalpable adj. (de *palper*). Se dit de qqch de si fin, si ténu qu'on ne le sent pas au toucher : *Poussière impalpable* (**CONTR.** palpable).

impaludé, e adj. Atteint par le paludisme : *Population, région impaludée.*

imparable adj. Impossible à parer, à contrer : *Un coup imparable aux échecs. Ce genre d'argument est imparable* (**SYN.** inattaquable, irrécusable).

impardonnable adj. Qui ne peut ou ne doit pas être pardonné : *Ta conduite est impardonnable* (**SYN.** inexcusable, injustifiable ; **CONTR.** excusable, pardonnable). *Tu es impardonnable de ne jamais m'envoyer de tes nouvelles.*

① **imparfait, e** adj. (lat. *imperfectus,* de *perficere,* achever, accomplir). **1.** Qui présente des lacunes, qui n'est pas achevé : *Mes connaissances en informatique sont imparfaites* (**SYN.** partiel, rudimentaire ; **CONTR.** parfait). *Sa guérison est imparfaite* (**SYN.** incomplet, insuffisant ; **CONTR.** complet, total). **2.** Qui n'atteint pas la perfection absolue ; qui présente des défauts : *Ce roman donne une idée imparfaite de la vie en prison* (**SYN.** approximatif, inexact, médiocre ; **CONTR.** admirable, excellent). *Un couple imparfait* (**CONTR.** exemplaire, idéal).

② **imparfait** n.m. (de *1. imparfait*). En grammaire, système de formes verbales qui situe l'énoncé dans le passé : *Dans « il pleuvait encore quand je suis sorti », l'imparfait indique que l'action est en voie d'accomplissement. Dans « chaque fois que je parlais, il riait », l'imparfait indique une action habituelle ou qui se répète.*

imparfaitement adv. De façon imparfaite : *Son article rend imparfaitement compte de notre situation* (**SYN.** approximativement ; **CONTR.** impeccablement, parfaitement).

imparisyllabique [ɛ̃parisilabik] adj. et n.m. En linguistique, se dit d'un mot latin qui a au génitif singulier une syllabe de plus qu'au nominatif singulier (par opp. à parisyllabique) : *« Consul », qui fait « consulis » au génitif, est imparisyllabique.*

imparité n.f. Caractère d'un nombre impair.

impartial, e, aux [ɛ̃parsjal, o] adj. Qui ne favorise pas l'un aux dépens de l'autre ; qui n'exprime aucun parti pris : *Ses critiques de films sont impartiales* (**SYN.** objectif ; **CONTR.** subjectif). *Un arbitre impartial* (**SYN.** équitable, neutre ; **CONTR.** partial).

impartialement [ɛ̃parsjalmɑ̃] adv. De façon impartiale : *Ils ont été jugés impartialement* (**SYN.** équitablement ; **CONTR.** partialement).

impartialité [ɛ̃parsjalite] n.f. Caractère, qualité de qqn qui est impartial ou de ce qui est juste, équitable : *L'impartialité d'un arbitre. Cet examinateur note les candidats en toute impartialité* (**SYN.** équité, objectivité ; **CONTR.** partialité, subjectivité).

impartir v.t. (lat. *impartiri,* accorder) [conj. 32]. Dans le langage juridique, attribuer ; accorder : *Il s'est acquitté des obligations qui lui ont été imparties. Le juge a imparti un délai de trois jours.*

impasse n.f. **1.** Rue, ruelle sans issue : *Habiter dans une impasse* (**SYN.** cul-de-sac). **2.** *Fig.* Situation ne présentant pas d'issue favorable : *Les chercheurs sont dans une impasse.* ▸ *Fam.* ***Faire une impasse,*** négliger d'étudier une partie d'un programme d'examen en espérant être interrogé sur les autres ; à certains jeux de cartes, ne pas jouer la carte maîtresse mais une carte plus basse, pour tenter de faire tomber la carte intermédiaire.

impassibilité n.f. Caractère ou état d'une personne impassible : *L'impassibilité de ce pompier m'a impressionnée* (**SYN.** flegme, sang-froid, stoïcisme).

impassible adj. (lat. *impassibilis,* de *pati,* souffrir). Qui ne manifeste aucun trouble, aucune souffrance ; qui ne se laisse pas émouvoir : *Un visage impassible* (= de marbre ; **SYN.** impavide, placide). *Le juge est resté* *impassible* (= maître de soi ; **SYN.** imperturbable ; **CONTR.** exalté, passionné, véhément).

impassiblement adv. Avec impassibilité : *Elle écouta impassiblement le verdict* (**SYN.** placidement).

impatiemment [ɛ̃pasjamɑ̃] adv. Avec impatience : *Ils attendent impatiemment les résultats* (**CONTR.** patiemment).

impatience [ɛ̃pasjɑ̃s] n.f. Manque de patience ; incapacité à se contraindre ou à attendre : *Les clients manifestent leur impatience à l'hôtesse d'accueil* (**SYN.** agacement, énervement, irritation).

impatiens [ɛ̃pasjɑ̃s] n.f. → **impatiente.**

impatient, e [ɛ̃pasjɑ̃, ɑ̃t] adj. (lat. *impatiens, impatientis*, de *pati*, endurer). Qui manque de patience ; qui est incapable de supporter une contrainte, de se contenir : *Les enfants sont impatients d'aller au parc* (= ont hâte ; **SYN.** avide, pressé ; **CONTR.** patient). ◆ n. Personne impatiente : *Cet impatient commence à taper du pied.*

impatiente ou **impatiens** [ɛ̃pasjɑ̃s] n.f. Autre nom de la balsamine.

impatienter [ɛ̃pasjɑ̃te] v.t. [conj. 3]. Faire perdre patience à ; agacer : *Les aboiements du chien ont fini par impatienter les voisins* (**SYN.** énerver, exaspérer, irriter ; **CONTR.** apaiser, calmer, détendre). ◆ **s'impatienter** v.pr. Perdre patience ; marquer son impatience : *Elle s'impatiente dès que la connexion à Internet prend plus de trois minutes* (**SYN.** s'énerver).

impavide adj. (lat. *impavidus*, de *pavidus*, effrayé). *Sout.* Qui n'éprouve ou ne manifeste aucune peur : *Tous ces sarcasmes la laissent impavide* (**SYN.** impassible, imperturbable).

impayable [ɛ̃pɛjabl] adj. *Fam.* Qui fait beaucoup rire ; comique : *Ce chansonnier est impayable* (**SYN.** amusant, drôle ; **CONTR.** ennuyeux, triste). *Une plaisanterie impayable* (**SYN.** cocasse, désopilant, hilarant, risible).

impayé, e [ɛ̃peje] adj. Qui n'a pas été payé : *Cette facture est restée impayée.* ◆ **impayé** n.m. Dette, traite, effet non payés : *Vous avez trop d'impayés.*

impeccable adj. (du lat. *peccare*, pécher). **1.** Qui est sans défaut : *Son travail est impeccable* (**SYN.** excellent, exemplaire, irréprochable, parfait ; **CONTR.** défectueux, imparfait). **2.** Parfaitement propre ; net : *Des ongles impeccables* (**CONTR.** dégoûtant, répugnant, sale).

impeccablement adv. De façon impeccable : *Un appartement impeccablement tenu* (**SYN.** parfaitement ; **CONTR.** imparfaitement).

impécunieux, euse adj. (du lat. *pecunia*, argent). *Litt.* Qui manque d'argent : *Une aide aux familles impécunieuses* (**SYN.** démuni, nécessiteux, pauvre ; **CONTR.** fortuné, riche).

impédance n.f. (mot angl., de *to impede*, empêcher). En physique, quotient de la tension aux bornes d'un circuit par l'intensité du courant alternatif qui le parcourt.

impedimenta [ɛ̃pedimɛ̃ta] n.m. pl. (mot lat. signif. « bagages »). *Litt.* Ce qui entrave l'activité, le mouvement : *Tous ces dossiers à fournir aux diverses administrations sont des impedimenta à la création d'une entreprise* (**SYN.** obstacle).

impénétrabilité n.f. Caractère impénétrable : *L'impénétrabilité d'un juge, d'un mystère.*

impénétrable adj. (du lat. *penetrare*, pénétrer). **1.** Qui ne peut être pénétré, traversé : *Une jungle impénétrable* (**SYN.** dense ; **CONTR.** pénétrable). **2.** *Fig.* Impossible à comprendre : *Une énigme impénétrable* (**SYN.** insondable, mystérieux, obscur ; **CONTR.** compréhensible, intelligible). *Leur collègue est impénétrable* (**SYN.** énigmatique, hermétique, secret).

impénitent, e adj. (lat. *impaenitens*, de *paenitere*, se repentir). **1.** Qui persiste dans une habitude : *Une fumeuse impénitente* (**SYN.** incorrigible, invétéré ; **CONTR.** occasionnel). **2.** Dans la religion chrétienne, qui refuse de se repentir : *Un pécheur impénitent.*

impensable adj. Qui dépasse l'imagination : *Un tel mensonge de sa part, c'est impensable !* (**SYN.** inconcevable, inimaginable ; **CONTR.** concevable, imaginable, pensable). *Il est impensable qu'ils soient partis sans nous prévenir* (**SYN.** impossible ; **CONTR.** possible).

imper [ɛ̃pɛr] n.m. (abrév.). *Fam.* Imperméable.

impératif, ive adj. (lat. *imperativus*, de *imperare*, commander). **1.** Qui a le caractère du commandement ; qui exprime un ordre absolu : *Elle parle sur un ton impératif* (**SYN.** autoritaire, impérieux, péremptoire). *Votre présence est impérative* (**SYN.** indispensable, nécessaire, obligatoire). **2.** Qui s'impose comme une nécessité absolue : *Il est impératif de lui donner les premiers soins* (**SYN.** pressant, urgent). ◆ **impératif** n.m. **1.** Nécessité absolue qui impose certaines actions comme un ordre : *Les impératifs du moment m'obligent à reporter le rendez-vous* (**SYN.** exigence). **2.** En grammaire, mode du verbe caractérisé par l'absence de pronoms de conjugaison et qui exprime un ordre ou une interdiction : *« Écoute ! », « pars ! », « n'y touchez pas ! » sont des formes conjuguées à l'impératif.*

impérativement adv. De façon impérative : *Il faut impérativement finir ce travail pour ce soir* (**SYN.** obligatoirement).

impératrice n.f. (lat. *imperatrix*, de *imperare*, commander). **1.** Femme d'un empereur. **2.** Femme qui gouverne un empire.

imperceptible adj. **1.** Qui échappe à nos sens : *Un bruit imperceptible à l'oreille humaine* (= inaudible ; **CONTR.** perceptible). *Le défaut de ce tableau est imperceptible pour un non-initié* (= invisible ; **SYN.** indécelable, indiscernable ; **CONTR.** tangible). **2.** Qui échappe à l'attention : *L'amélioration est imperceptible* (**SYN.** infime, insensible ; **CONTR.** marqué, net).

imperceptiblement adv. De façon imperceptible.

imperdable n.f. En Suisse, épingle de nourrice.

imperfectible adj. Que l'on ne peut pas améliorer, perfectionner : *Un chef-d'œuvre imperfectible* (**CONTR.** améliorable, perfectible).

imperfectif, ive adj. En grammaire, se dit d'une forme verbale indiquant que l'action est envisagée dans son déroulement ou sa durée : *La phrase « il mange un gâteau » représente une forme imperfective du verbe « manger »* (**SYN.** non accompli). ◆ **imperfectif** n.m. En grammaire, aspect imperfectif ; ensemble des formes verbales imperfectives (**SYN.** non-accompli).

imperfection n.f. **1.** État d'une personne ou d'une chose imparfaite : *L'imperfection d'un nouveau logiciel* (**SYN.** défectuosité, médiocrité ; **CONTR.** perfection). **2.** Ce qui rend qqn ou qqch imparfait : *Votre article présente peu d'imperfections* (**SYN.** défaut, faute, malfaçon).

impérial, e, aux adj. (du lat. *imperium*, empire, de *imperare*, commander). **1.** Qui appartient ou se rapporte à un empereur ou à un empire : *La famille impériale. La Rome impériale.* **2.** *Litt.* Qui montre beaucoup de grandeur ou d'autorité : *Elle a un maintien impérial* (**SYN.** majestueux).

impériale n.f. Étage supérieur d'une diligence, d'un tramway, d'un autobus, d'un train.

impérialement adv. *Litt.* De façon impériale ; en grand personnage : *Elle entra impérialement dans la salle* (**SYN.** majestueusement).

impérialisme n.m. **1.** Domination culturelle, économique, etc., d'un État ou d'un groupe d'États sur un autre État ou groupe d'États : *L'Afrique a souffert de l'impérialisme* (**SYN.** colonialisme). **2.** Volonté d'expansion et de domination : *L'impérialisme culturel.*

impérialiste adj. et n. Qui concerne l'impérialisme ; qui en est partisan : *Une politique impérialiste* (**SYN.** colonialiste).

impérieusement adv. De façon impérieuse : *Il s'est adressé impérieusement à nous* (**SYN.** autoritairement ; **CONTR.** humblement).

impérieux, euse adj. (lat. *imperiosus*, de *imperium*, empire). **1.** Qui commande avec énergie : *Un leader impérieux* (**SYN.** tyrannique ; **CONTR.** humble). *Une note de service impérieuse* (**SYN.** autoritaire). **2.** Qui oblige à céder ; qui s'impose sans que l'on puisse résister : *Ils disent être dans l'impérieuse nécessité de riposter* (**SYN.** impératif).

impérissable adj. Qui ne saurait périr ; qui dure très longtemps : *Une gloire impérissable* (**SYN.** immortel ; **CONTR.** éphémère, périssable). *Cette chanson ne m'a pas laissé un souvenir impérissable* (**SYN.** durable, éternel).

impéritie [ɛ̃perisi] n.f. (lat. *imperitia*, de *peritus*, expérimenté). *Litt.* Manque de capacité dans la fonction que l'on exerce : *L'impéritie d'un chef d'entreprise* (**SYN.** inaptitude, incapacité ; **CONTR.** aptitude, compétence).

imperméabilisant, e adj. et n.m. Se dit d'un produit qui, pulvérisé sur le cuir ou le tissu, le rend imperméable.

imperméabilisation n.f. Action d'imperméabiliser ; fait d'être imperméabilisé.

imperméabiliser v.t. [conj. 3]. Rendre imperméable à l'eau, à la pluie : *Imperméabiliser des chaussures de marche.*

imperméabilité n.f. Qualité de ce qui est imperméable ; étanchéité : *L'imperméabilité d'une tente de camping* (**CONTR.** perméabilité).

imperméable adj. **1.** Qui ne se laisse pas traverser par les liquides : *Le caoutchouc, l'argile sont imperméables* (**SYN.** étanche ; **CONTR.** perméable, poreux). *Un tissu imperméable.* **2. [à].** Qui est inaccessible à certains sentiments, certaines idées : *Il est imperméable à la pitié* (**SYN.** indifférent, insensible ; **CONTR.** sensible). *Elle est imperméable à ce genre de films* (**SYN.** fermé, rebelle, réfractaire à ; **CONTR.** ouvert, réceptif). ◆ n.m. Manteau en tissu imperméable (abrév. fam. imper).

impersonnalité n.f. Caractère impersonnel.

impersonnel, elle adj. **1.** Qui n'appartient ou n'est destiné à personne en particulier : *La loi est impersonnelle.* **2.** Qui n'a aucun caractère personnel, individuel ; banal : *Le texte de cette chanson est impersonnel* (**SYN.** fade, plat ; **CONTR.** recherché). *Une mise en scène impersonnelle* (**SYN.** commun, ordinaire, quelconque ; **CONTR.** nouveau, original). ▸ ***Verbe impersonnel,*** en grammaire, verbe qui ne se conjugue qu'à la 3e pers. du sing., représentant un sujet neutre indéterminé : *« Falloir, neiger, pleuvoir » sont des verbes impersonnels* (**SYN.** unipersonnel).

impersonnellement adv. De façon impersonnelle : *Verbe employé impersonnellement.*

impertinence n.f. **1.** Manière arrogante de parler, d'agir : *Cet élève s'est adressé à elle avec impertinence* (**SYN.** effronterie ; **CONTR.** déférence, politesse, respect). **2.** Parole, action déplacée ou offensante : *Je ne tolère pas de telles impertinences* (**SYN.** impudence, insolence ; **CONTR.** égard, prévenance).

impertinent, e adj. et n. (du lat. *impertinens, impertinentis*, qui ne convient pas). Qui fait preuve d'impertinence ; qui parle, agit d'une façon déplacée ou choquante : *Votre façon de poser toutes ces questions est impertinente* (**SYN.** inconvenant, incorrect, irrespectueux ; **CONTR.** courtois, poli, respectueux). *Cette impertinente a eu l'audace de répliquer à la ministre* (**SYN.** arrogant, effronté, impudent, insolent).

imperturbabilité n.f. État, caractère d'une personne imperturbable : *L'imperturbabilité d'un accusé face à ses juges* (**SYN.** flegme, impassibilité, placidité, sang-froid).

imperturbable adj. Que rien ne peut troubler, émouvoir : *L'orateur est resté imperturbable sous les huées* (**SYN.** calme, impassible, inébranlable, stoïque).

imperturbablement adv. De façon imperturbable ; sans manifester aucun trouble.

impétigo n.m. (lat. *impetigo*, de *impetere*, attaquer). Infection bactérienne et contagieuse de la peau, caractérisée par l'éruption de pustules qui, en se desséchant, forment des croûtes épaisses.

impétrant, e n. (du lat. *impetrare*, obtenir). **1.** Personne qui a obtenu de l'autorité compétente la charge ou le titre qu'elle avait sollicité : *Le comité lui a accordé la qualité d'impétrant au conseil de surveillance* (= il est devenu membre du conseil). **2.** Personne qui a obtenu un diplôme universitaire : *Les impétrants doivent signer leur diplôme* (**SYN.** lauréat).

impétueusement adv. Avec impétuosité : *Il l'a défendu impétueusement* (**SYN.** ardemment, fougueusement ; **CONTR.** mollement).

impétueux, euse adj. (lat. *impetuosus*, de *impetus*, impulsion). **1.** Qui est animé d'un mouvement puissant, rapide : *Un torrent impétueux* (**SYN.** agité, tumultueux ; **CONTR.** calme). **2.** Qui est vif, emporté, en parlant de qqn, de son caractère : *Une jeune fille impétueuse* (**SYN.** ardent, bouillant, exalté ; **CONTR.** nonchalant). *Une passion impétueuse* (**SYN.** explosif, volcanique ; **CONTR.** serein, tranquille).

impétuosité n.f. **1.** Caractère, nature de ce qui est impétueux : *L'impétuosité des vagues* (**SYN.** fureur, violence). **2.** Caractère impétueux, passionné d'une personne : *Il a combattu cette injustice avec impétuosité* (**SYN.** ardeur, exaltation, fougue ; **CONTR.** indolence, mollesse, tiédeur).

impie adj. et n. (lat. *impius*, de *pius*, pieux). *Litt.* Qui méprise la religion : *Toute sa famille est impie* (**SYN.** athée, incroyant, irréligieux). ◆ adj. *Litt.* Qui montre le mépris de la religion : *Un livre considéré comme impie* (**SYN.** blasphématoire, sacrilège).

impiété n.f. *Litt.* **1.** Mépris pour les choses religieuses : *L'impiété de Don Juan* (**SYN.** irréligion ; **CONTR.** dévotion, piété). **2.** Parole, action impie : *Commettre des impiétés* (**SYN.** blasphème, sacrilège).

impitoyable adj. **1.** Qui est sans pitié : *Un arbitre impitoyable* (**SYN.** dur, implacable). **2.** Qui ne fait grâce de rien : *Les critiques ont été impitoyables à l'égard de ce film* (**SYN.** intraitable, intransigeant ; **CONTR.** bienveillant).

impitoyablement adv. De façon impitoyable ; sans pitié : *Son erreur a été impitoyablement sanctionnée* (**SYN.** durement, implacablement).

implacable adj. (du lat. *placare*, apaiser). **1.** Dont on ne peut apaiser la violence, la dureté : *Une haine implacable* (**SYN.** acharné, déchaîné, farouche). *Ils furent implacables avec leurs prisonniers* (**SYN.** impitoyable, inflexible, intraitable ; **CONTR.** généreux, humain). **2.** Se dit de qqch à quoi on ne peut échapper ; inévitable : *La mort est implacable* (**SYN.** inéluctable, inexorable, fatidique). *Une logique implacable* (**SYN.** imparable).

implacablement adv. De façon implacable : *Ils ont riposté implacablement* (**SYN.** impitoyablement).

implant n.m. Comprimé médicamenteux ou fragment de tissu organique que l'on introduit sous la peau d'un malade pour le soigner, et qui se résorbe lentement. ▸ ***Implant dentaire,*** tige métallique fixée dans l'os de la mâchoire pour soutenir une prothèse dentaire.

implantable adj. En chirurgie, se dit d'un organe qui peut être implanté.

implantation n.f. **1.** Action d'implanter ; fait d'être implanté : *L'implantation d'une école dans un village* (**SYN.** établissement, installation). **2.** Manière dont les cheveux sont plantés dans le cuir chevelu. **3.** En chirurgie, intervention ayant pour but d'insérer un implant sous la peau.

implanter v.t. (lat. *implantare*, planter dans) [conj. 3]. **1.** Fixer, introduire, planter dans qqch : *Le rosier implante ses racines dans la terre.* **2.** Établir qqn, qqch quelque part de façon durable : *Implanter un animal dans une région* (**SYN.** acclimater, introduire). *Implanter une usine française au Japon* (**SYN.** construire, installer). **3.** En chirurgie, pratiquer une implantation. ◆ **s'implanter** v.pr. S'installer durablement dans un lieu ; se fixer : *Ils se sont implantés en Bretagne* (**SYN.** s'établir ; **CONTR.** partir de, quitter).

implantologie n.f. Partie de la chirurgie dentaire qui concerne les implants dentaires.

implication n.f. **1.** État d'une personne impliquée dans une escroquerie : *Ce témoignage prouve votre implication dans cette affaire* (**SYN.** complicité, participation). **2.** (Surtout au pl.). Ce qui est impliqué par qqch ; conséquence attendue : *Les implications de cette réforme seraient désastreuses* (**SYN.** effet).

implicite adj. (lat. *implicitus*). Qui est contenu dans une phrase sans être exprimé en termes précis, formels : *Un consentement implicite* (**SYN.** sous-entendu, tacite ; **CONTR.** explicite, formel).

implicitement adv. De façon implicite : *En changeant de sujet, il refuse implicitement notre proposition* (**SYN.** tacitement ; **CONTR.** explicitement).

impliquer v.t. (lat. *implicare*, envelopper, de *plicare*, plier) [conj. 3]. **1.** Entraîner dans une affaire fâcheuse ; mettre en cause : *N'essayez pas de m'impliquer dans cette affaire de vol !* (**SYN.** compromettre, mêler). **2.** Avoir pour conséquence logique ou inéluctable : *Cette mesure impliquerait une baisse des salaires* (**SYN.** signifier ; **CONTR.** exclure). *Vos nouvelles fonctions impliquent que vous travailliez le samedi* (**SYN.** supposer). ◆ **s'impliquer** v.pr. **[dans].** Se consacrer très activement à qqch : *Elle s'est impliquée dans cette réforme* (**SYN.** s'engager dans, s'investir ; **CONTR.** se désengager).

implorant, e adj. *Sout.* Qui implore : *Il lui demanda de l'aide d'une voix implorante* (**SYN.** suppliant).

imploration n.f. *Sout.* Action d'implorer (**SYN.** adjuration, supplication).

implorer v.t. (lat. *implorare*, de *plorare*, pleurer) [conj. 3]. *Sout.* **1.** Supplier avec insistance, en faisant appel à la pitié : *Elle implora le policier de la laisser partir* (**SYN.** adjurer, conjurer). **2.** Demander qqch en suppliant, d'une manière pressante : *J'ai dû implorer son aide* (**SYN.** quémander, solliciter).

imploser v.i. [conj. 3]. Faire implosion : *Le sous-marin a implosé.*

implosion n.f. Destruction d'un corps creux (téléviseur, sous-marin) qui, sous l'effet d'une pression extérieure supérieure à sa résistance mécanique, s'écrase violemment en s'effondrant sur lui-même.

impluvium [ɛ̃plyvjɔm] n.m. (mot lat.). Espace découvert au milieu de l'atrium des maisons romaines et qui contenait un bassin pour recevoir les eaux de pluie ; ce bassin lui-même : *Des impluviums.*

impoli, e adj. et n. Qui manque de politesse : *Il a été impoli à notre égard* (**SYN.** discourtois, grossier, incorrect, irrespectueux ; **CONTR.** courtois, poli, respectueux). *Cet impoli est passé devant moi* (**SYN.** goujat, malappris).

impoliment adv. Avec impolitesse : *Elle m'a répondu impoliment* (**SYN.** grossièrement ; **CONTR.** poliment).

impolitesse n.f. **1.** Manque de politesse : *Votre impolitesse vous vaudra des ennuis* (**SYN.** grossièreté ; **CONTR.** savoir-vivre). **2.** Action, parole impolie : *Personne ne tolère plus ses impolitesses* (**SYN.** goujaterie, grossièreté).

impondérable adj. *Sout.* Se dit de ce qu'il est impossible de prévoir ; dont l'importance peut difficilement être évaluée : *De nombreux facteurs impondérables peuvent intervenir dans le choix des électeurs* (**SYN.** imprédictible, imprévisible ; **CONTR.** prévisible). ◆ n.m. (Surtout au pl.). Élément imprévisible qui influe sur la détermination des événements : *Les impondérables de la météo* (**SYN.** imprévu).

impopulaire adj. Qui n'est pas conforme aux désirs de la population ; qui n'est pas aimé du grand nombre : *Une mesure impopulaire. Un ministre impopulaire* (**CONTR.** populaire).

impopularité n.f. Manque de popularité ; caractère de ce qui est impopulaire : *Ce sondage montre l'impopularité du gouvernement* (**CONTR.** popularité).

① **importable** adj. (de *1. importer*). Qu'il est permis ou possible d'importer : *Une marchandise importable* (**CONTR.** exportable).

② **importable** adj. (de *porter*). Se dit d'un vêtement

que l'on ne peut ou que l'on n'ose pas porter : *Cette veste bariolée est importable* (SYN. immettable ; CONTR. mettable).

importance n.f. (de *2. importer*). **1.** Caractère de ce qui importe par sa valeur, par son intérêt, par son rôle : *Vous accordez trop d'importance à ses paroles* (SYN. influence, poids). *Elle est consciente de l'importance de son témoignage* (SYN. conséquence, portée). **2.** Caractère de ce qui est considérable par la force, le nombre, la quantité : *L'importance des pertes humaines depuis le début du conflit.* **3.** Autorité, influence que confère un rang élevé dans la société, un talent reconnu, etc. : *Il a perdu de l'importance auprès de ses sympathisants* (SYN. crédit, prestige). ▸ *Litt.* ***D'importance,*** important, considérable : *Elle nous a convoqués pour une affaire d'importance* (SYN. grave, sérieux).

important, e adj. **1.** Qui a une valeur, un intérêt, un rôle considérable : *Ton avis est très important pour moi* (SYN. capital, essentiel, primordial ; CONTR. accessoire, secondaire). *Elle a obtenu un poste important au sein de cette société* (SYN. éminent, supérieur ; CONTR. secondaire, subalterne). **2.** Qui est considérable par ses proportions, sa quantité : *L'entreprise a réalisé d'importants bénéfices* (SYN. appréciable, gros, substantiel ; CONTR. dérisoire, minime). *La différence entre leurs deux salaires est importante* (SYN. net ; CONTR. infime). ◆ adj. et n. *Péjor.* Qui témoigne une prétention à paraître plus qu'il n'est : *Il fait l'important depuis qu'il a son diplôme* (SYN. fier). ◆ **important** n.m. Ce qui importe le plus ; point essentiel : *L'important, c'est que cela te plaise* (SYN. essentiel, principal).

importateur, trice adj. et n. Qui fait des importations : *Pays importateur de pétrole* (CONTR. exportateur). *Un gros importateur de blé.*

importation n.f. (de *1. importer*). **1.** Action d'importer, de faire entrer dans un pays : *L'importation de pétrole nous coûte cher* (CONTR. exportation). **2.** (Surtout au pl.). Ce qui est importé : *Depuis la crise, les importations sont en chute libre* (CONTR. exportation).

① **importer** v.t. (lat. *importare,* porter dans) [conj. 3]. **1.** Faire entrer dans un pays des marchandises provenant de l'étranger : *Importer des matières premières* (CONTR. exporter). **2.** *Fig.* Introduire dans son pays, dans son milieu qqch qui vient de l'étranger : *Importer un style de boutique de Londres* (SYN. implanter). **3.** En informatique, procéder à une importation : *Importer des fichiers.*

② **importer** v.i. et v.t. ind. (lat. *importare,* susciter, avoir pour conséquence) [conj. 3]. **[à].** Avoir de l'importance ; présenter de l'intérêt : *Qu'elle souffre le moins possible, voilà ce qui importe* (SYN. compter). *La couleur de la voiture m'importe peu* (SYN. intéresser ; CONTR. indifférer). ◆ v.impers. ▸ ***Il importe de*** (+ inf.), ***que*** (+ subj.), il est nécessaire de, que : *Il importe de lui dire la vérité. Il importe que tu aies un antivirus sur ton ordinateur.* ***N'importe, il n'importe*** → **n'importe.** ***N'importe qui, quel, où*** → **n'importe.** ***Peu importe*** ou ***qu'importe,*** cela n'a aucune importance : *Peu importe qu'il le lui dise. Qu'importent ses caprices, je ne céderai pas.*

import-export [ɛ̃pɔrɛkspɔr] n.m. (pl. *imports-exports*). Commerce de produits importés et exportés.

importun, e adj. et n. (lat. *importunus,* difficile à aborder). **1.** Qui ennuie, qui gêne par une insistance répétée ou hors de propos ; fâcheux : *Sa présence est importune* (SYN. indésirable ; CONTR. souhaitable). *Mettez cet importun à la porte !* (SYN. gêneur). **2.** Qui irrite par sa continuité ou sa répétition : *Des coupures de courant importunes* (SYN. agaçant, énervant). **3.** Qui incommode par son caractère déplacé : *Votre question est importune* (SYN. embarrassant, gênant, intempestif).

importuner v.t. [conj. 3]. Causer du désagrément à ; gêner : *Il importune les autres voyageurs avec sa musique* (SYN. déranger, ennuyer, incommoder).

imposable adj. Soumis à l'impôt : *Revenu imposable.*

imposant, e adj. Qui impressionne par la grandeur, le nombre, la force : *Une statue imposante* (SYN. énorme, gigantesque, grandiose ; CONTR. minuscule). *Son air imposant nous intimide* (SYN. impérial, majestueux, solennel).

imposé, e adj. Qui est obligatoire : *Les gymnastes doivent présenter des figures imposées* (CONTR. libre). ◆ adj. et n. Soumis à l'impôt ; assujetti à l'impôt : *Vous entrez dans la catégorie des personnes imposées.*

imposer v.t. (lat. *imponere,* placer sur, de *ponere,* poser) [conj. 3]. **1.** Obliger à accepter, à faire, à subir : *Son supérieur lui a imposé les dates de ses vacances* (SYN. dicter, fixer). *On lui a imposé un régime draconien* (SYN. prescrire). **2.** Faire accepter par une pression morale : *Vous devez imposer votre point de vue.* **3.** Charger qqn d'un impôt : *Imposer les contribuables* (CONTR. exonérer). **4.** Frapper qqch d'un impôt, d'une taxe : *Imposer les cigarettes* (SYN. taxer ; CONTR. dégrever). ▸ ***Imposer le respect,*** inspirer un sentiment de respect. ***Imposer silence,*** faire taire. ***Imposer les mains,*** mettre les mains sur qqn pour le bénir. ◆ v.t. ind. ▸ ***En imposer à qqn,*** lui inspirer du respect, de l'admiration, de la crainte : *Elle en impose à ses étudiants avec ses connaissances.* ***S'en laisser imposer,*** se laisser impressionner : *Ne t'en laisse pas imposer par ce fanfaron.* ◆ **s'imposer** v.pr. **1.** Imposer sa présence : *Il s'impose à toutes les réunions.* **2.** Se faire accepter par le respect que l'on inspire ou par sa valeur : *Elle s'est imposée comme la plus grande cantatrice de son temps.* **3.** Avoir un caractère de nécessité ; devenir une obligation : *Une aide aux réfugiés s'impose. La plus grande discrétion s'impose dans cette affaire* (= est de rigueur).

imposition n.f. **1.** Fait de soumettre qqn, qqch à un impôt, à une taxe : *L'imposition de boissons alcoolisées* (CONTR. dégrèvement, exonération). **2.** Action d'imposer les mains.

impossibilité n.f. **1.** Caractère de ce qui est impossible à faire, à concevoir logiquement : *Cette expérience démontre l'impossibilité de votre théorie.* **2.** Chose impossible : *Nous nous sommes heurtés à plusieurs impossibilités techniques* (SYN. écueil, obstacle). ▸ ***Être dans l'impossibilité de,*** être incapable ou hors d'état de : *Je suis dans l'impossibilité de vous accorder un rendez-vous avant le mois prochain* (= il m'est impossible de ; SYN. incapacité).

impossible adj. (lat. *impossibilis,* de *posse,* pouvoir). **1.** Qui ne peut pas être ; qui ne peut pas se faire : *Toute discussion avec lui est impossible* (SYN. illusoire, impraticable). *La fusion entre ces deux entreprises est impossible* (SYN. infaisable, irréalisable ; CONTR. faisable, possible, réalisable). *Il est impossible de ne pas rire pendant un* *tel spectacle* (**SYN.** impensable, inconcevable, inimaginable). **2.** *Fam.* Très difficile à faire, à concevoir, à endurer, etc. : *Cette situation précaire est devenue impossible* (**SYN.** insupportable, intenable, intolérable). **3.** *Fam.* Se dit de qqn avec qui il est difficile de vivre, d'entretenir des relations : *Son mari est impossible* (**SYN.** insupportable, invivable ; **CONTR.** charmant, délicieux). **4.** *Fam.* Se dit de ce qui est jugé bizarre ou extravagant : *Il a toujours des coiffures impossibles* (**SYN.** inouï, invraisemblable, surprenant). ◆ n.m. Ce qui ne saurait exister, se produire, être réalisé : *Vous lui avez promis l'impossible* (= la lune). ▸ ***Faire l'impossible,*** recourir à tous les moyens pour : *Les syndicats ont fait l'impossible pour que ces postes ne soient pas supprimés.* *Litt.* ***Si, par impossible,*** en envisageant une éventualité des plus improbables : *Si, par impossible, vous étiez élu, quelle serait votre première réforme ?*

imposte n.f. (it. *imposta*). Panneau, souvent en verre, placé au-dessus d'une porte ou d'une fenêtre (**SYN.** dormant).

imposteur n.m. (lat. *impostor,* de *imponere,* tromper). Personne qui trompe par de fausses apparences, qui se fait passer pour qqn d'autre : *Cet imposteur n'était pas un journaliste mais un espion* (**SYN.** charlatan, menteur, mystificateur).

imposture n.f. *Sout.* Action de tromper qqn par de fausses apparences ou des allégations mensongères, notamm. en usurpant une qualité, un titre, une identité : *Les impostures d'un guérisseur* (**SYN.** mensonge, tromperie). *Quelle imposture, aucun des mérites vantés par cette publicité ne s'est vérifié !* (**SYN.** mystification, supercherie).

impôt n.m. (du lat. *impositum,* placer sur). Prélèvement que l'État effectue sur les ressources ou les biens des individus ou des collectivités et payé en argent pour subvenir aux dépenses publiques : *Elle est soumise à l'impôt sur les grandes fortunes.* ▸ ***Impôt direct,*** perçu directement par l'Administration sur les revenus, sur les bénéfices industriels, commerciaux. ***Impôt indirect,*** perçu, notamm., sur les biens de consommation comme les carburants, les alcools, les tabacs.

impotence n.f. État d'une personne ou d'un membre impotent : *Son impotence le réduit à l'immobilité* (**SYN.** infirmité, invalidité).

impotent, e adj. et n. (lat. *impotens,* impuissant, de *posse,* pouvoir). **1.** Qui éprouve de grandes difficultés à se mouvoir : *Depuis son accident, il est impotent* (**SYN.** infirme, invalide ; **CONTR.** valide). **2.** Se dit d'un membre qui est dans l'impossibilité d'accomplir les mouvements qui lui sont propres : *Sa jambe est devenue impotente* (**SYN.** inerte, paralysé).

impraticable adj. **1.** Où l'on ne peut pas passer : *Depuis le glissement de terrain, cette route est impraticable* (**CONTR.** carrossable, praticable). **2.** Que l'on ne peut mettre à exécution : *Votre projet de mise en scène est impraticable* (**SYN.** irréalisable ; **CONTR.** réalisable).

imprécateur, trice n. *Litt.* Personne qui profère des imprécations.

imprécation n.f. (lat. *imprecatio,* de *precari,* prier). *Litt.* Malédiction proférée contre qqn ; parole ou souhait appelant le malheur sur qqn : *Proférer des imprécations contre son ennemi* (**SYN.** anathème).

imprécatoire adj. *Litt.* Qui a la forme d'une imprécation : *Une formule imprécatoire.*

imprécis, e adj. Qui manque de précision : *Ce plan de la ville est imprécis* (**SYN.** approximatif ; **CONTR.** détaillé, précis). *Votre réponse est imprécise* (**SYN.** flou, vague ; **CONTR.** clair).

imprécision n.f. Manque de précision, d'exactitude ; élément imprécis : *Mes souvenirs de cette époque sont d'une très grande imprécision* (**SYN.** approximation ; **CONTR.** justesse, rigueur). *Toutes ces imprécisions nous empêchent de prendre son témoignage au sérieux* (**SYN.** inexactitude).

imprédictible adj. Qui échappe à la prévision : *Les conséquences de ce séisme sont imprédictibles* (**SYN.** imprévisible ; **CONTR.** prédictible, prévisible).

imprégnation n.f. **1.** Action d'imprégner ; fait d'être imprégné : *L'imprégnation d'une éponge.* **2.** *Fig.* Pénétration lente : *L'imprégnation de certains esprits par un préjugé.*

imprégner v.t. (bas lat. *impregnare,* féconder) [conj. 18]. **1.** Faire pénétrer un liquide, une odeur dans : *Imprégner une compresse de désinfectant* (**SYN.** humecter, imbiber). *Son parfum a imprégné son foulard* (**SYN.** envahir, pénétrer). **2.** *Fig.* Pénétrer de façon insidieuse et profonde, en parlant d'une influence : *Cette propagande a imprégné beaucoup d'esprits* (**SYN.** marquer, remplir). ◆ **s'imprégner** v.pr. **[de]. 1.** Se pénétrer d'un liquide, d'une odeur ; s'imbiber : *Mes vêtements se sont imprégnés d'une odeur de tabac.* **2.** *Fig.* Faire pénétrer qqch dans son esprit par un contact étroit : *Je me suis imprégnée de l'histoire de ces lieux* (**SYN.** apprendre, assimiler).

imprenable adj. Se dit d'un lieu qui ne peut être pris, dont on ne peut s'emparer : *Ce fort était réputé imprenable* (**SYN.** inexpugnable [sout.] ; **CONTR.** prenable). ▸ ***Vue imprenable,*** qui ne peut être masquée par des constructions nouvelles : *D'ici, vous avez une vue imprenable sur la vallée.*

impréparation n.f. Manque de préparation : *Son impréparation à l'examen l'a conduit à l'échec.*

imprésario [ɛ̃presarjo ou ɛ̃prezarjo] n.m. (it. *impresario,* de *impresa,* entreprise). Personne qui négocie, moyennant rémunération, les engagements et les contrats d'un artiste du spectacle : *Ce groupe de rock a eu deux imprésarios au cours de sa carrière.*

imprescriptibilité n.f. Caractère de ce qui est imprescriptible : *L'imprescriptibilité des crimes contre l'humanité.*

imprescriptible adj. **1.** Qui ne peut être effacé par le temps : *Un souvenir imprescriptible* (**SYN.** éternel). **2.** Dans le langage juridique, qui ne peut être atteint par la prescription : *Les crimes contre l'humanité sont imprescriptibles.*

impression n.f. (lat. *impressio,* application, de *imprimere,* appuyer sur). **1.** Action d'imprimer, de reproduire un dessin, un texte, un motif ; texte, dessin, motif ainsi reproduit : *L'impression de ce mél a pris quelques secondes. Ce livre est plein de fautes d'impression* (= coquilles). *Les impressions de ce tissu sont criardes.* **2.** Marque laissée par un objet qui appuie ou est pressé sur une substance : *L'impression de ses pas dans la neige* (**SYN.** empreinte, trace). **3.** Sentiment ou sensation résultant de l'effet d'un agent extérieur : *Ce bain chaud* *lui procure une impression de bien-être.* **4.** Sentiment, opinion qui naît d'un premier contact : *Son ami m'a fait bonne impression* (**SYN.** effet). *Quelle est votre impression sur cette chanson ?* (**SYN.** point de vue). **5.** *Vieilli* Édition : *Rechercher la première impression d'un livre.* ▸ ***Avoir l'impression de, que,*** croire, s'imaginer que : *J'ai l'impression d'être observée* ou *que l'on m'observe.* ***Faire impression,*** provoquer l'admiration ou l'étonnement : *Ce défilé de mode a fait impression sur les journalistes.*

impressionnable adj. Qui est facile à impressionner, à émouvoir : *Un enfant impressionnable* (**SYN.** émotif, sensible ; **CONTR.** impassible, imperturbable).

impressionnant, e adj. **1.** Qui impressionne, produit une forte impression sur l'esprit : *Cette descente en rafting était impressionnante* (**SYN.** spectaculaire). *Un accident impressionnant* (**SYN.** bouleversant, frappant, poignant). **2.** Qui atteint une importance considérable : *Le nombre de manifestants est impressionnant* (**SYN.** énorme, imposant).

impressionner v.t. [conj. 3]. **1.** Produire une vive impression sur : *Il cherche à l'impressionner en parlant fort* (**SYN.** émouvoir, intimider). *Ces images sur l'esclavage l'ont impressionné* (**SYN.** affecter, bouleverser, frapper, saisir). **2.** En photographie, laisser une trace sur une surface sensible : *La pellicule s'est bloquée et n'a pas été impressionnée.*

impressionnisme n.m. **1.** École picturale du dernier quart du XIXe siècle qui s'attachait à peindre les impressions fugitives suscitées par le jeu de la lumière sur la nature, les objets. **2.** Tendance générale, en art, à rendre, à exprimer les impressions fugitives.

impressionniste adj. **1.** Relatif à l'impressionnisme en peinture : *Le mouvement impressionniste.* **2.** Qui procède par petites touches : *Une critique impressionniste.* ◆ n. Peintre impressionniste : *Monet, Pissarro, Renoir étaient des impressionnistes.*

imprévisibilité n.f. Caractère de ce qui est imprévisible : *L'imprévisibilité du temps.*

imprévisible adj. Que l'on ne peut prévoir ; dont on ne peut prévoir les réactions : *Sa réponse était imprévisible* (**CONTR.** prévisible). *Méfie-toi d'elle, elle est imprévisible.*

imprévoyance n.f. Défaut, manque de prévoyance : *Quelle imprévoyance de laisser les enfants jouer avec ce gros chien* (**SYN.** insouciance, légèreté, négligence).

imprévoyant, e adj. et n. Qui ne se soucie pas de prévoir ce qui peut arriver : *Vous avez été imprévoyant de ne pas souscrire une assurance* (**SYN.** insouciant, négligent ; **CONTR.** avisé, prévoyant, prudent).

imprévu, e adj. Qui arrive sans avoir été prévu et qui déconcerte : *Dans un sursaut imprévu, le boxeur terrassa son adversaire* (**SYN.** inattendu, inopiné ; **CONTR.** prévisible). *En évoluant, les mots prennent parfois des formes imprévues* (**SYN.** déconcertant, déroutant). ◆ **imprévu** n.m. Ce qui n'a pas été prévu : *En cas d'imprévu, elle a toujours son téléphone sur elle.*

imprimable adj. Qui peut être imprimé ; qui mérite de l'être.

imprimante n.f. Organe périphérique d'un ordinateur servant à éditer sur papier les résultats du travail effectué à l'écran : *Imprimante à laser, à jet d'encre.*

imprimatur [ɛ̃primatyr] n.m. inv. (mot lat. signif. « qu'il soit imprimé »). Dans la religion catholique, permission d'imprimer donnée par l'autorité ecclésiastique.

imprimé n.m. **1.** Livre, journal, brochure imprimés : *Il vend un imprimé au profit des sans-abri.* **2.** Papier ou tissu à motifs imprimés : *Ils recherchent un imprimé original pour les rideaux de la chambre.*

imprimer v.t. (lat. *imprimere,* appuyer sur, laisser une empreinte) [conj. 3]. **1.** Reporter sur un support un dessin, un texte, un motif, etc., par pression d'une surface sur une autre : *Ce fabricant imprime son logo sur tous ses vêtements. Imprimer des soieries.* **2.** Reproduire des caractères graphiques, des gravures, etc., à un certain nombre d'exemplaires par les techniques de l'imprimerie : *Imprimer des romans, des dictionnaires, des tracts.* **3.** Faire paraître ; publier : *Ce journal a imprimé mon annonce.* **4.** Transmettre un mouvement, une impulsion à : *Imprimer un mouvement de va-et-vient à un balancier. La ministre a imprimé une orientation nouvelle au gouvernement.* **5.** *Litt.* Laisser une trace, une empreinte, par pression sur une surface : *Les stars impriment l'empreinte de leur pied dans du béton frais.* **6.** *Litt.* Faire pénétrer dans l'esprit, dans le cœur : *J'ai imprimé son visage dans ma mémoire* (**SYN.** fixer, graver).

imprimerie n.f. **1.** Ensemble des techniques et des métiers qui concourent à la fabrication d'ouvrages imprimés : *Des caractères d'imprimerie.* **2.** Établissement où l'on imprime des livres, des journaux, des affiches, des prospectus, etc. **3.** Secteur industriel réalisant ce type de travaux : *Elle travaille dans l'imprimerie.*

imprimeur n.m. **1.** Personne qui travaille dans l'imprimerie. **2.** Entreprise d'imprimerie.

impro n.f. (abrév.). *Fam.* Improvisation.

improbabilité n.f. Caractère de ce qui est improbable : *L'improbabilité d'une dévaluation* (**SYN.** invraisemblance ; **CONTR.** probabilité).

improbable adj. Qui a peu de chances de se produire : *Une telle panne est improbable sur ce type de matériel* (**SYN.** douteux, incertain ; **CONTR.** plausible, probable).

improductif, ive adj. Qui ne produit rien, ne rapporte pas : *Un sol improductif* (**SYN.** stérile ; **CONTR.** fertile, productif). *Un commerce devenu improductif* (**CONTR.** fructueux, lucratif, rentable). ◆ adj. et n. Qui ne participe pas à la production des biens : *La réinsertion des improductifs.*

improductivité n.f. Caractère, état de qqn, de ce qui est improductif.

impromptu, e [ɛ̃prɔ̃pty] adj. (du lat. *in promptu,* sous la main). Se dit de ce qui est improvisé ; fait sur-le-champ : *C'est un discours impromptu.* ◆ **impromptu** adv. De façon inattendue ; à l'improviste : *Nous sommes passés chez eux impromptu.* ◆ **impromptu** n.m. **1.** En littérature, petite pièce de vers improvisée. **2.** En musique, pièce instrumentale de forme libre, génér. pour piano : *Un impromptu de Chopin.*

imprononçable adj. Qui est très difficile à prononcer : *Ce sigle est imprononçable* (**CONTR.** prononçable).

impropre adj. (lat. *improprius* [au sens grammatical]). **1.** Qui ne convient pas ; inapproprié : *Un* *exemple impropre* (**SYN.** inadéquat ; **CONTR.** adéquat, approprié). **2. [à].** Qui ne convient pas pour tel usage : *Un logiciel impropre à l'apprentissage d'une langue* (**SYN.** inadapté ; **CONTR.** adapté, propre à).

improprement adv. De façon impropre, inadéquate (dans le domaine du langage) : *Un mot utilisé improprement.*

impropriété n.f. **1.** Caractère d'un mot, d'une expression impropre : *Dire « il faut mieux » au lieu de « il vaut mieux » est une impropriété* (**SYN.** incorrection). **2.** Emploi impropre d'un mot : *Cet article est plein d'impropriétés* (**SYN.** barbarisme).

improuvable adj. Qui ne peut pas être prouvé : *Sa part de responsabilité dans cette affaire est improuvable* (**SYN.** indémontrable, invérifiable ; **CONTR.** démontrable, prouvable, vérifiable).

improvisateur, trice n. Personne qui a le talent d'improviser.

improvisation n.f. **1.** Action, art d'improviser : *Un animateur doué pour l'improvisation.* **2.** Ce que l'on improvise : *Les acteurs ont fait une improvisation hilarante* (abrév. fam. impro).

improviser v.t. (it. *improvvisare,* du lat. *improvisus,* imprévu) [conj. 3]. **1.** Produire, composer sans préparation un discours, un morceau de musique, etc. : *Un comique qui improvise des sketchs sur l'actualité* (**CONTR.** créer, inventer). **2.** (Sans compl.). Interpréter un morceau de musique, un passage, sans suivre une partition précise : *Le guitariste improvisa sur un thème connu.* **3.** Réaliser, organiser d'emblée, avec les moyens dont on dispose : *Il improvisa un délicieux repas avec des restes.* ◆ **s'improviser** v.pr. Devenir subitement, sans préparation : *On ne s'improvise pas médecin.*

à l'**improviste** loc. adv. (de l'it. *improvvisto,* imprévu). De façon inattendue ; sans prévenir : *Ils sont venus chez moi à l'improviste* (**SYN.** impromptu, inopinément).

imprudemment [ɛ̃prydamɑ̃] adv. Avec imprudence : *Vous conduisez imprudemment* (**CONTR.** prudemment).

imprudence n.f. **1.** Défaut d'une personne imprudente : *Ils faisaient du hors-piste et ont été victimes de leur imprudence* (**SYN.** imprévoyance, inconscience ; **CONTR.** prudence, sagesse). **2.** Caractère d'une action imprudente : *L'imprudence de cette initiative lui a valu un rappel à l'ordre* (**SYN.** inconséquence). **3.** Action imprudente, irréfléchie : *Vous commettez une imprudence en traversant en dehors des clous* (**SYN.** folie).

imprudent, e adj. et n. Qui manque de prudence : *Tu t'es montré imprudent en confiant tes affaires à un inconnu* (**SYN.** inconscient, irréfléchi ; **CONTR.** circonspect). ◆ adj. Qui dénote l'absence de prudence : *Une conduite imprudente* (**SYN.** dangereux, périlleux ; **CONTR.** prudent). *Il serait imprudent de se baigner par ce temps* (**SYN.** aventureux, inconsidéré ; **CONTR.** raisonnable, sage).

impubère adj. et n. (lat. *impubes, impuberis,* de *pubes, pubis,* poil). Qui n'a pas atteint l'âge, l'état de puberté : *Enfant impubère* (**CONTR.** pubère).

impubliable adj. Que l'on ne peut ou que l'on ne doit pas publier : *Un article mettant en cause un chef d'État est-il impubliable ?* (**CONTR.** publiable).

impudemment [ɛ̃pydamɑ̃] adv. Avec impudence : *Il ment impudemment* (**SYN.** cyniquement, effrontément, insolemment).

impudence n.f. **1.** Caractère de qqn, de ce qui est impudent : *Elle a eu l'impudence de reparaître devant moi* (**SYN.** aplomb, cynisme, effronterie ; **CONTR.** correction, politesse). **2.** Action, parole impudente : *De telles impudences sont intolérables* (**SYN.** impertinence, insolence).

impudent, e adj. et n. (lat. *impudens, impudentis,* de *pudere,* avoir honte). Qui est d'une effronterie, d'une audace extrême : *Un menteur impudent* (**SYN.** cynique, effronté, éhonté). *Des propos impudents* (**SYN.** impertinent, insolent, irrévérencieux [litt.] ; **CONTR.** courtois, poli, respectueux).

impudeur n.f. Manque de pudeur physique ou morale, de retenue : *L'impudeur d'un décolleté, d'une confession* (**SYN.** indécence ; **CONTR.** décence, réserve).

impudique adj. Qui blesse la pudeur : *Une tenue impudique* (**SYN.** inconvenant, incorrect, indécent ; **CONTR.** convenable, correct, décent). *Un dessin impudique* (**SYN.** licencieux, obscène).

impuissance n.f. **1.** Manque de force, de moyens pour faire une chose : *Elle a réduit son adversaire à l'impuissance. L'impuissance de la médecine devant une maladie incurable* (**SYN.** faiblesse, insuffisance ; **CONTR.** aptitude, pouvoir). **2.** Incapacité d'un homme à accomplir l'acte sexuel (on dit aussi *impuissance sexuelle*).

impuissant, e adj. Qui est réduit à l'impuissance ; qui manque du pouvoir, de la force nécessaire pour faire qqch : *Face aux lobbys, ils se sentent impuissants* (**SYN.** désarmé, faible). ◆ **impuissant** adj. m. et n.m. Se dit d'un homme atteint d'impuissance sexuelle.

impulser v.t. [conj. 3]. Donner de l'élan à une activité, favoriser son expansion : *La mairie souhaite impulser les spectacles de rue* (**SYN.** développer ; **CONTR.** limiter, restreindre).

impulsif, ive adj. et n. (bas lat. *impulsivus*). Qui cède à ses impulsions, à ses penchants : *Il est trop impulsif pour exercer ce métier* (**SYN.** emporté, fougueux, impétueux ; **CONTR.** calme, pondéré, posé). ◆ adj. Qui est fait par impulsion : *Un mouvement impulsif* (= non contrôlé ; **SYN.** instinctif, irréfléchi ; **CONTR.** réfléchi).

impulsion n.f. (lat. *impulsio,* de *impellere,* pousser à). **1.** Action d'une force qui agit par poussée sur qqch et tend à lui imprimer un mouvement ; mouvement ainsi produit : *La roue du moulin tourne sous l'impulsion de l'eau.* **2.** Action propre à accroître le développement, le dynamisme d'une activité, d'une entreprise ; effet qui en résulte : *Le conseil général souhaite donner de l'impulsion à l'artisanat d'art* (**SYN.** élan, essor). **3.** Force, penchant qui pousse à agir : *Elle a agi sous l'impulsion de la peur* (**SYN.** mouvement, tendance). *Vous devez résister à vos impulsions* (**SYN.** pulsion).

impulsivement adv. De façon impulsive : *N'agissez pas impulsivement, pesez d'abord le pour et le contre.*

impulsivité n.f. Caractère impulsif de qqn, de ses actions.

impunément adv. **1.** Sans subir ou sans encourir de punition, de sanction : *Ils ont triché impunément à l'examen* (= en toute impunité). **2.** Sans s'exposer à des conséquences fâcheuses : *On ne peut pas impunément fumer trente cigarettes par jour.*

impuni, e adj. (lat. *impunitus*). Qui demeure sans

punition : *Le bizutage reste impuni dans cette école* (**CONTR.** puni).

impunité n.f. Fait de ne pas risquer d'être puni, sanctionné : *Ses relations assurent l'impunité à ce trafiquant.* ▸ ***En toute impunité,*** sans encourir de punition ; impunément : *Ils continuent leur trafic en toute impunité.*

impur, e adj. **1.** Qui n'est pas pur ; qui est altéré par la présence d'éléments étrangers : *Près de l'usine d'incinération, l'air est impur* (**SYN.** pollué, vicié). *L'eau de cette source est impure* (**CONTR.** clair, limpide, pur). **2.** *Litt., vieilli* Qui est contraire à la chasteté : *Des pensées impures* (**SYN.** impudique, indécent ; **CONTR.** pur, vertueux).

impureté n.f. **1.** État de ce qui est impur, altéré : *L'impureté de l'air dans une région industrielle* (**SYN.** pollution ; **CONTR.** pureté). **2.** Ce qui salit, altère qqch : *Ce filtre permet d'éliminer les impuretés* (**SYN.** boue, saleté).

imputable adj. **1.** Qui peut, qui doit être imputé, attribué à qqch, à qqn : *Un retard imputable à des embouteillages.* **2.** Qui peut être prélevé sur un compte, un budget : *Les frais de dossier sont imputables au budget de fonctionnement.*

imputation n.f. **1.** Fait d'imputer, d'attribuer une faute à qqn : *Cette imputation risque d'entacher son honneur* (**SYN.** accusation, allégation). **2.** Affectation d'une somme à un compte.

imputer v.t. (lat. *imputare,* porter en compte, de *putare,* évaluer, compter) [conj. 3]. **1.** Attribuer à qqn, à qqch la responsabilité de : *La police impute ce délit à des jeunes du quartier* (= elle les en accuse ; **SYN.** incriminer ; **CONTR.** disculper). **2.** Porter une somme au débit ou au crédit d'un compte : *Imputer des frais de déplacement au budget de son entreprise.*

imputrescible adj. Qui ne peut se putréfier, se décomposer : *Un bois imputrescible* (**SYN.** inaltérable ; **CONTR.** putrescible).

in [in] adj. inv. (mot angl. signif. « dedans »). *Fam.* Se dit de ce qui est à la mode : *Les cheveux longs sont in.*

inabordable adj. **1.** Où l'on ne peut aborder : *L'îlot est inabordable par grand vent* (**SYN.** inaccessible ; **CONTR.** abordable, accessible). **2.** Qui est d'un abord difficile ; inaccessible : *La ministre est inabordable* (**SYN.** fermé, inapprochable ; **CONTR.** ouvert, réceptif). **3.** Que l'on ne peut s'offrir ; dont le prix est trop élevé : *Les vêtements de ce couturier sont inabordables* (**SYN.** coûteux, onéreux ; **CONTR.** abordable, bon marché).

inabouti, e adj. Qui n'a pu aboutir, être mené à bien : *Une enquête inaboutie.*

inaccentué, e adj. En phonétique, qui ne porte pas d'accent (par opp. à accentué) : *Syllabe inaccentuée* (**SYN.** atone ; **CONTR.** tonique).

inacceptable adj. Que l'on ne peut accepter, tolérer : *Votre conduite est inacceptable !* (**SYN.** inadmissible, intolérable ; **CONTR.** admissible, satisfaisant, tolérable). *Sa demande est inacceptable* (**SYN.** irrecevable ; **CONTR.** recevable).

inaccessibilité n.f. Caractère d'une personne, d'une chose inacessible.

inaccessible adj. **1.** Se dit d'un endroit que l'on ne peut atteindre, dont l'accès est impossible : *Le sommet de la montagne est inaccessible en cette saison* (**SYN.** impraticable, infranchissable ; **CONTR.** accessible). *Cette salle du musée est inaccessible pendant les travaux* (**SYN.** interdit). **2.** Se dit de qqch que l'on ne peut comprendre, connaître : *Sa poésie est inaccessible* (**SYN.** ardu, incompréhensible ; **CONTR.** clair, compréhensible, intelligible). **3.** Qui ne peut pas être touché par tel sentiment, telle manière de penser : *Il est inaccessible à la misère humaine* (**SYN.** imperméable à, insensible ; **CONTR.** ouvert, sensible).

inaccompli, e adj. *Litt.* Se dit de ce qui n'est pas accompli ; inachevé.

inaccoutumé, e adj. Dont on n'a pas l'habitude : *L'ordinateur émet un bruit inaccoutumé* (**SYN.** bizarre, inhabituel, insolite ; **CONTR.** habituel, ordinaire).

inachevé, e adj. Qui n'est pas achevé : *Une œuvre inachevée* (**SYN.** incomplet ; **CONTR.** complet, fini).

inachèvement n.m. État de ce qui n'est pas achevé, mené à son terme : *L'inachèvement de sa dernière symphonie* (**SYN.** interruption ; **CONTR.** achèvement).

inactif, ive adj. **1.** Qui n'a pas d'activité : *Ils sont restés inactifs pendant les vacances* (**SYN.** désœuvré, inoccupé, oisif ; **CONTR.** actif, occupé). **2.** Qui n'a pas d'action, d'effet : *Un médicament inactif* (**SYN.** inefficace, inopérant ; **CONTR.** efficace). ◆ adj. et n. Qui n'exerce pas d'activité professionnelle ; qui n'appartient pas à la population active : *Les retraités sont des inactifs.*

inaction n.f. Absence de travail, d'activité : *L'inaction pèse à ces enfants* (**SYN.** désœuvrement, inoccupation, oisiveté).

inactivation n.f. En médecine, suppression artificielle de l'effet toxique d'une substance ou d'un micro-organisme, notamm. pour préparer un vaccin.

inactiver v.t. [conj. 3]. En médecine, produire l'inactivation d'une substance, d'un micro-organisme : *Inactiver un virus par l'action de la chaleur.*

inactivité n.f. Absence d'activité ; état de qqn qui n'a pas d'occupation : *L'inactivité d'une personne incarcérée* (**SYN.** désœuvrement, inaction ; **CONTR.** activité, occupation).

inactuel, elle adj. Qui n'est plus actuel ou qui n'est pas d'actualité : *Cette théorie est tout à fait inactuelle* (**SYN.** caduc, dépassé, périmé ; **CONTR.** contemporain, présent).

inadaptable adj. Qui n'est pas susceptible d'être adapté : *Ce roman est inadaptable au cinéma* (**CONTR.** adaptable).

inadaptation n.f. Manque, défaut d'adaptation : *L'inadaptation des rues d'une ville à la circulation automobile.*

inadapté, e adj. et n. Qui ne peut s'adapter à son milieu, à la société : *Cet éducateur aide les enfants inadaptés* (**SYN.** asocial). ◆ adj. Se dit de qqch qui n'est pas adapté : *Ces trottoirs sont inadaptés aux poussettes et aux fauteuils roulants* (**SYN.** impropre à ; **CONTR.** propre à).

inadéquat, e [inadekwa, at] adj. Qui n'est pas adéquat ; inapproprié : *La solution proposée me paraît inadéquate* (**SYN.** impropre, inadapté ; **CONTR.** approprié, idoine [sout.]).

inadéquation [inadekwasjɔ̃] n.f. Caractère de ce

qui n'est pas adéquat, qui n'est pas approprié (**CONTR.** adéquation).

inadmissible adj. Qui ne peut pas être admis ou toléré : *Son retard à l'examen est inadmissible* (**SYN.** inacceptable, inexcusable ; **CONTR.** acceptable, admissible, tolérable).

inadvertance n.f. (du lat. *advertere,* tourner son attention vers, de *vertere,* tourner). *Litt.* Inattention, étourderie ; faute qui en résulte, négligence. ▸ ***Par inadvertance,*** par inattention ; par mégarde : *Je l'ai bousculée par inadvertance.*

inaliénabilité n.f. Caractère de ce qui est inaliénable ; incessibilité.

inaliénable adj. Qui ne peut être aliéné, vendu : *Cette propriété est inaliénable tant que vous n'avez pas atteint votre majorité* (**SYN.** incessible ; **CONTR.** cessible).

inalpage n.m. ou **inalpe** n.f. En Savoie et en Suisse, ascension des troupeaux aux alpages.

s'**inalper** v.pr. (d'un mot du Valais, *inalpa*) [conj. 3]. En Savoie et en Suisse, se rendre aux alpages avec les troupeaux.

inaltérabilité n.f. Caractère de ce qui est inaltérable : *L'inaltérabilité d'un bois.*

inaltérable adj. **1.** Qui ne peut être altéré, abîmé ; imputrescible : *Un métal inaltérable* (**SYN.** inoxydable ; **CONTR.** altérable, oxydable). **2.** Qui ne peut être amoindri ; indestructible : *Son dévouement à cette cause est inaltérable* (**SYN.** immuable, indéfectible ; **CONTR.** éphémère, passager).

inaltéré, e adj. Qui n'a subi aucune altération : *Une momie inaltérée* (**SYN.** intact).

inamical, e, aux adj. Qui témoigne de l'hostilité ou de la malveillance : *Un geste inamical* (**SYN.** hostile, malveillant ; **CONTR.** amical, bienveillant, cordial).

inamovibilité n.f. Dans le langage juridique, garantie statutaire de certains agents de l'État, en vertu de laquelle ils sont inamovibles.

inamovible adj. Dans le langage juridique, se dit de qqn qui ne peut être révoqué, puni ou déplacé qu'en vertu d'une procédure spéciale offrant des garanties renforcées : *Un magistrat inamovible.*

inanimé, e adj. **1.** Qui n'est pas doué de vie : *« Objets inanimés, avez-vous donc une âme* [...] *?* [Lamartine] (**CONTR.** animé). *Les êtres inanimés* (= les choses, par opp. aux êtres vivants). **2.** Qui a perdu la vie ou qui semble privé de vie : *L'employé de la voirie trouva le corps inanimé d'une femme* (= un cadavre). *Après sa chute, il est resté inanimé un long moment* (**SYN.** immobile, inerte).

inanité n.f. (lat. *inanitas,* de *inanis,* vide). *Sout.* Caractère de ce qui est vain, inutile : *L'inanité d'une démarche* (**SYN.** inefficacité, inutilité, vanité [litt.] ; **CONTR.** efficacité, utilité).

inanition n.f. (du lat. *inanis,* vide). Épuisement par privation d'aliments : *La S.D.F. tomba d'inanition* (= s'évanouit épuisée par le manque de nourriture).

inaperçu, e adj. Qui échappe aux regards, à l'attention de : *Son absence ne pouvait rester inaperçue.* ▸ ***Passer inaperçu,*** ne pas être remarqué : *Avec ce chapeau, elle ne passe pas inaperçue.*

inappétence n.f. *Didact.* **1.** Diminution d'un désir, d'une envie : *Une inappétence intellectuelle* (**SYN.** désaffection, désintérêt, indifférence ; **CONTR.** appétence [sout.], ardeur, intérêt). **2.** Manque d'appétit ; dégoût pour les aliments ; anorexie.

inapplicable adj. Qui ne peut être appliqué : *Tant que nous manquerons de moyens, cette loi sera inapplicable* (**CONTR.** applicable).

inapplication n.f. **1.** Fait de ne pas mettre en application, en pratique : *L'inapplication d'un règlement.* **2.** Manque d'application, d'attention dans ce que l'on fait : *Vous faites preuve d'inapplication dans votre travail* (**SYN.** laisser-aller, négligence ; **CONTR.** soin).

inappliqué, e adj. Qui manque d'application, d'attention : *Un élève inappliqué* (**SYN.** distrait, inattentif, négligent ; **CONTR.** appliqué, consciencieux).

inappréciable adj. **1.** Dont on ne peut estimer, déterminer la valeur : *La différence entre les deux est inappréciable à l'œil nu* (**SYN.** indéterminable). **2.** Qu'on ne saurait trop estimer ; extraordinaire, rare : *Le rôle des secouristes est inappréciable* (**SYN.** inestimable, précieux ; **CONTR.** modeste, négligeable).

inapprivoisable adj. Qui ne peut être apprivoisé ; sauvage : *Un animal inapprivoisable.*

inapprochable adj. Que l'on ne peut approcher, aborder : *Une femme d'affaires inapprochable* (**SYN.** inabordable, inaccessible ; **CONTR.** abordable, accessible, approchable).

inapproprié, e adj. Qui n'est pas approprié ; inadéquat : *Votre tenue est inappropriée pour une telle occasion* (**SYN.** impropre, inadapté ; **CONTR.** adéquat, approprié).

inapte adj. **[à].** Qui n'est pas apte à telle activité ; incapable de : *Il est inapte à la comptabilité* (**SYN.** incompétent). *Vous êtes inapte à diriger une équipe.*

inaptitude n.f. Défaut d'aptitude, de disposition à faire qqch ; incompétence : *Son inaptitude à communiquer l'isole peu à peu* (**SYN.** incapacité ; **CONTR.** facilité, prédisposition).

inarticulé, e adj. Qui n'est pas ou qui est mal articulé, énoncé ; inaudible : *Le blessé poussait des gémissements inarticulés* (**SYN.** incompréhensible, indistinct, inintelligible ; **CONTR.** audible, clair, distinct).

inassimilable adj. **1.** Qui ne peut être assimilé par l'organisme : *Un aliment inassimilable* (**CONTR.** assimilable). **2.** Que l'on ne peut assimiler intellectuellement : *Toutes ces dates sont inassimilables.* **3.** Qui ne peut s'assimiler, s'intégrer dans un groupe social : *Une communauté inassimilable.*

inassouvi, e adj. *Sout.* Qui n'est pas assouvi : *Un désir de revanche inassouvi* (**SYN.** insatisfait).

inattaquable adj. Que l'on ne peut attaquer, contester : *Un comportement inattaquable* (**SYN.** irréprochable, parfait). *Une démonstration inattaquable* (**SYN.** incontestable, irréfutable ; **CONTR.** contestable).

inattendu, e adj. Que l'on n'attendait pas ; imprévu : *Elle a obtenu une promotion inattendue* (**SYN.** inespéré, inopiné ; **CONTR.** prévisible).

inattentif, ive adj. Qui manifeste de l'inattention : *Un enfant inattentif en classe* (**SYN.** distrait, étourdi ; **CONTR.** attentif, vigilant).

inattention n.f. Manque d'attention : *Les voleurs ont profité d'un moment d'inattention du gardien* *pour s'introduire dans le bâtiment* (**SYN.** distraction, étourderie ; **CONTR.** vigilance).

inaudible adj. **1.** Qui n'est pas perceptible par l'ouïe, par l'oreille : *Pour l'homme, les ultrasons sont inaudibles* (**CONTR.** audible). **2.** Dont on ne peut supporter l'audition : *Ce CD est devenu inaudible.*

inaugural, e, aux adj. Qui concerne une inauguration : *Le vol inaugural d'un avion.*

inauguration n.f. **1.** Cérémonie par laquelle on procède officiellement à la mise en service d'un bâtiment, à l'ouverture d'une exposition, etc. : *L'inauguration d'une exposition de peinture* (= vernissage). **2.** *Litt.* Début, commencement : *Ce nouvel agencement marque l'inauguration d'une conception innovante du travail* (**SYN.** amorce, intronisation).

inaugurer v.t. (lat. *inaugurare*, prendre les augures, consacrer) [conj. 3]. **1.** Procéder à l'inauguration d'un monument, d'un établissement, d'une exposition : *Le député a inauguré la patinoire.* **2.** Établir un usage ; introduire une chose nouvelle : *La chanteuse a inauguré une nouvelle mode vestimentaire* (**SYN.** instaurer, instituer). **3.** Marquer le début de : *Cet album inaugurait un style de musique qui devait influencer des générations de musiciens* (**SYN.** introniser).

inauthenticité n.f. Manque d'authenticité.

inauthentique adj. Qui n'est pas authentique ; faux : *Un récit inauthentique* (**SYN.** mensonger ; **CONTR.** exact, véridique).

inavouable adj. Qui ne peut être avoué : *Un crime inavouable* (**SYN.** abject, honteux, ignoble).

inavoué, e adj. Qui n'est pas avoué ou que l'on ne s'avoue pas : *Il a une passion inavouée pour les sciences occultes* (**SYN.** secret ; **CONTR.** connu, notoire).

inca adj. (du quechua). Relatif aux Incas : *Civilisation inca. Les arts incas.*

incalculable adj. **1.** Que l'on ne peut calculer : *Une fourmilière contient un nombre incalculable de fourmis* (**SYN.** indénombrable, innombrable ; **CONTR.** dénombrable). **2.** Qui est difficile ou impossible à évaluer : *Les dégâts dus à la tempête sont incalculables* (**SYN.** inchiffrable, inimaginable).

incandescence n.f. État d'un corps qui, porté à une haute température, devient lumineux.

incandescent, e adj. (lat. *incandescens, incandescentis*, qui est en feu, de *incandescere*, s'embraser). Qui émet de la lumière sous l'effet d'une haute température : *Un métal incandescent.*

incantation n.f. (du lat. *incantare*, prononcer des formules magiques). Formule magique, chantée ou récitée, pour obtenir un charme, un sortilège.

incantatoire adj. Relatif à l'incantation ; qui constitue une incantation : *Une formule incantatoire.*

incapable adj. **[de]. 1.** Qui n'est pas capable de faire qqch : *Je suis incapable de taper un texte sans regarder le clavier* (**SYN.** inapte à ; **CONTR.** apte à). **2.** Qui est dans l'impossibilité morale de faire qqch : *Il serait incapable de faire du mal à un animal.* ◆ adj. et n. Qui manque de capacité, d'aptitude, d'habileté : *Il est paresseux et incapable* (**SYN.** borné, ignare, obtus). *Vous avez été défendu par un incapable* (= bon à rien ; **SYN.** médiocre ; **CONTR.** as, virtuose).

incapacitant, e adj. et n.m. Se dit d'un produit chimique employé par des militaires en guerre, qui provoque une paralysie temporaire chez l'homme.

incapacité n.f. État de qqn qui est incapable de faire qqch : *Son incapacité à prendre des décisions est notoire* (**SYN.** inaptitude, incompétence ; **CONTR.** aptitude, capacité, compétence). *Nous sommes dans l'incapacité de vous rejoindre* (**SYN.** impossibilité).

incarcération n.f. **1.** Action d'incarcérer, d'emprisonner : *L'incarcération d'un tueur en série* (**SYN.** emprisonnement, enfermement ; **CONTR.** libération). **2.** Fait d'être enfermé dans un véhicule accidenté, à la suite de la déformation de la carrosserie.

incarcérer v.t. (du lat. *carcer*, prison) [conj. 18]. Mettre en prison : *On l'a incarcérée avec d'autres mineurs* (**SYN.** écrouer, emprisonner ; **CONTR.** libérer, relâcher).

incarnat, e adj. (it. *incarnato*, de *caro, carnis*, chair). D'un rouge clair et vif : *Des lèvres incarnates.* ◆ **incarnat** n.m. Couleur incarnate : *L'incarnat de son manteau me plaît.*

incarnation n.f. **1.** Personne ou chose qui apparaît comme la représentation concrète d'une réalité abstraite ; symbole : *Cette femme est l'incarnation de la réussite professionnelle* (**SYN.** image, personnification). **2.** (Avec une majuscule). Dans la religion chrétienne, mystère par lequel Dieu s'est fait homme en la personne de Jésus-Christ.

① **incarné, e** adj. Dans la religion chrétienne, qui s'est fait homme : *Le Verbe incarné.* ▸ ***C'est le diable*** ou ***le démon incarné***, se dit d'une personne très méchante, d'un enfant très turbulent. ***C'est la jalousie incarnée, le vice incarné***, etc., se dit de qqn d'extrêmement jaloux, vicieux, etc.

② **incarné** adj.m. ▸ ***Ongle incarné***, qui s'enfonce dans la chair et y cause une plaie.

incarner v.t. (lat. *incarnare*, de *caro, carnis*, chair) [conj. 3]. **1.** Personnifier une réalité abstraite : *Cet homme incarne la joie de vivre* (**SYN.** représenter). **2.** Interpréter un personnage à la scène, à l'écran : *Qui incarne Jean Valjean dans cette version des « Misérables » ?* (**SYN.** jouer). ◆ **s'incarner** v.pr. **1.** Prendre un corps de chair, en parlant d'une divinité, d'un être spirituel. **2.** Apparaître, se réaliser en : *Leur espoir s'est incarné dans ce parti.*

incartade n.f. (it. *inquartata*, coup d'épée). Léger écart de conduite : *Il était jeune quand il fit cette incartade* (**SYN.** frasque, peccadille).

incassable adj. Qui ne peut se casser : *Des verres de lunettes incassables* (**SYN.** résistant, solide ; **CONTR.** cassable, cassant, fragile).

incendiaire n. Auteur volontaire d'un incendie : *La police a arrêté l'incendiaire* (**SYN.** pyromane). ◆ adj. **1.** Qui est destiné à provoquer un incendie : *Une bombe incendiaire.* **2.** *Fig.* Propre à enflammer les esprits, à inciter à la révolte : *Un discours incendiaire* (**SYN.** séditieux [litt.]). **3.** *Fig.* Propre à exciter la sensualité, à éveiller le désir : *Des blondes incendiaires* (**SYN.** affriolant, aguicheur).

incendie n.m. (lat. *incendium*). Grand feu qui, en se propageant, cause des dégâts importants : *Les pompiers luttent contre un incendie* (**SYN.** brasier, 2. sinistre).

incendier v.t. [conj. 9]. **1.** Détruire par le feu ; brûler : *Incendier une grange.* **2.** *Fam.* Accabler qqn de reproches, d'injures : *Le piéton a incendié l'automobiliste* (**SYN.** injurier, insulter, invectiver).

incertain, e adj. **1.** Qui n'est pas certain : *La réussite de cette expérience est incertaine* (**SYN.** douteux, hypothétique ; **CONTR.** certain, sûr). *L'avenir de notre projet est incertain* (**SYN.** flou, indéterminé, vague). *Son remplaçant est timide et incertain* (**SYN.** hésitant, indécis, irrésolu ; **CONTR.** décidé). *La démarche incertaine d'un tout-petit* (**SYN.** chancelant, vacillant ; **CONTR.** assuré, ferme). **2.** Se dit d'un temps variable, susceptible de tourner à la pluie : *Le temps est trop incertain pour que nous allions pique-niquer* (**SYN.** changeant, menaçant).

incertitude n.f. **1.** Caractère de ce qui est incertain, indéterminé : *L'incertitude de leur avenir les préoccupe* (**SYN.** instabilité, précarité ; **CONTR.** assurance, certitude). **2.** Ce qui ne peut être établi avec exactitude : *Des incertitudes planent encore sur l'efficacité de ce médicament* (**SYN.** doute, mystère). **3.** État d'une personne qui ne sait ce qu'elle doit croire, penser : *Depuis qu'elle a surpris leur conversation, elle est dans l'incertitude* (**SYN.** embarras, indécision, perplexité).

incessamment adv. D'un instant à l'autre ; sans délai ; sous peu : *Le réparateur doit venir incessamment.*

incessant, e adj. Qui ne cesse pas ; qui se reproduit fréquemment : *La recherche incessante d'une vie meilleure* (**SYN.** constant, continuel, ininterrompu ; **CONTR.** discontinu, intermittent). *Ces remarques incessantes sur ses lunettes l'irritent* (**SYN.** fréquent, perpétuel, sempiternel ; **CONTR.** épisodique, occasionnel).

incessibilité n.f. Qualité des biens incorporels incessibles (**SYN.** inaliénabilité).

incessible adj. Dans le langage juridique, se dit de ce qui ne peut être cédé, vendu : *Ses parts de la société sont incessibles* (**SYN.** inaliénable, invendable ; **CONTR.** cessible, vendable).

inceste n.m. (lat. *incestus*, impur, de *castus*, chaste). Relations sexuelles entre deux personnes unies par un lien de parenté étroit : *Étant enfant, elle a été victime d'un inceste.*

incestueux, euse adj. et n. Qui est coupable d'inceste. ◆ adj. **1.** Qui constitue un inceste ; relatif à un inceste : *L'amour incestueux entre un frère et une sœur.* **2.** Qui est né d'un inceste : *Un enfant incestueux.*

inchangé, e adj. Qui n'a subi aucun changement : *La décoration de la pièce est inchangée* (**SYN.** identique, pareil, semblable).

inchavirable adj. Se dit d'un bateau qui ne peut chavirer.

inchiffrable adj. Qui ne peut être chiffré, quantifié : *Pertes inchiffrables* (**SYN.** incalculable).

inchoatif, ive [ɛ̃kɔatif, iv] adj. et n.m. (lat. *inchoativus*, de *inchoare*, commencer). Se dit d'une forme verbale qui sert à indiquer le commencement d'une action qui va se poursuivre : *Le préfixe « en- » dans « endormir » et le suffixe « -ir » dans « vieillir » donnent des formes verbales inchoatives.*

incidemment [ɛ̃sidamɑ̃] adv. De façon incidente ; par hasard : *Nous avons appris incidemment sa mutation* (**SYN.** accidentellement).

incidence n.f. Conséquence plus ou moins directe de qqch ; retombée, séquelle : *Cela peut avoir des incidences graves sur la vie des enfants* (**SYN.** effet, répercussion).

① **incident, e** adj. (du lat. *incidere*, tomber sur). Qui se produit d'une manière accessoire ; qui interrompt le déroulement de qqch : *Une observation incidente* (= hors du sujet). *Des questions incidentes.* ◆ **incidente** n.f. En grammaire, proposition insérée dans une autre ; incise (on dit aussi *proposition incidente*).

② **incident** n.m. (de *1. incident*). **1.** Événement, le plus souvent fâcheux, qui survient au cours d'une action : *Cet incident a retardé le départ du train* (**SYN.** contretemps, péripétie). *Le concert s'est déroulé sans incident* (= sans encombre ; **SYN.** accroc, anicroche). **2.** Difficulté peu importante mais dont les conséquences peuvent être graves : *Ces incidents répétés à la frontière sont inquiétants.* ▸ ***L'incident est clos,*** la querelle est terminée, il n'y a plus de différend.

incinérateur n.m. Appareil servant à incinérer : *Incinérateur d'ordures ménagères.*

incinération n.f. **1.** Action d'incinérer, de réduire en cendres : *L'incinération de vieux papiers.* **2.** Action de brûler un mort ; crémation.

incinérer v.t. (lat. *incinerare*, de *cinis, cineris*, cendre) [conj. 18]. Réduire en cendres : *Il souhaite se faire incinérer après sa mort.*

incipit [ɛ̃sipit] n.m. inv. (mot lat. signif. « il commence »). Premiers mots d'un ouvrage : *« Il était une fois » est l'incipit de beaucoup de contes de fées. Des incipit célèbres.*

incise n.f. En grammaire, proposition insérée dans une autre : *Dans la phrase « Un jour, j'espère, ils se réconcilieront », « j'espère » est une incise* (**SYN.** incidente).

inciser v.t. (du lat. *incidere*, couper) [conj. 3]. Faire une incision, une entaille à, dans : *Le dentiste a incisé l'abcès de son patient* (**SYN.** ouvrir).

incisif, ive adj. Qui blesse profondément par son caractère mordant : *Une remarque incisive* (**SYN.** acerbe, caustique, corrosif, tranchant).

incision n.f. Entaille faite par un instrument tranchant ; fente : *Faire une incision à un arbre pour pratiquer une greffe.*

incisive n.f. Chacune des dents des mammifères, aplatie et tranchante, située symétriquement sur le devant de chaque mâchoire.

incitateur, trice adj. et n. Se dit d'une personne qui incite à faire qqch : *Un incitateur de troubles* (**SYN.** instigateur).

incitatif, ive adj. Se dit de ce qui incite à faire qqch : *Mener une campagne incitative à la consommation.*

incitation n.f. Action d'inciter ; ce qui incite à faire qqch : *Le critique considère ce livre comme une incitation à la violence* (**SYN.** appel, encouragement, invitation).

inciter v.t. (lat. *incitare*, de *citare*, mettre en mouvement) [conj. 3]. **[à].** Pousser qqn à faire qqch : *Cette publicité incite à la modération* (**SYN.** engager, inviter, recommander). *Ses amis l'ont incité à publier son manuscrit* (**SYN.** encourager, exhorter ; **CONTR.** déconseiller, décourager, dissuader).

incivilité n.f. **1.** Acte, comportement qui manifeste l'ignorance ou le rejet des règles élémentaires de la vie sociale : *Les incivilités commises par certains jeunes* (= actes d'agression ou de vandalisme). **2.** *Litt.* Manque de politesse (**SYN.** impolitesse, inconvenance, incorrection ; **CONTR.** civilité [sout.], courtoisie).

incivique adj. Qui n'est pas civique, qui n'est pas digne d'un citoyen : *Vous vous êtes montré incivique en fraudant dans le métro.* ◆ adj. et n. En Belgique, collaborateur, sous l'occupation allemande.

incivisme n.m. *Sout.* Manque de civisme ; incivilité.

inclassable adj. Que l'on ne peut classer, faire entrer dans une catégorie : *Un auteur inclassable* (**SYN.** exceptionnel, insituable, unique).

inclémence n.f. *Litt.* Rigueur du climat, du temps.

inclément, e adj. *Litt.* Se dit d'un climat qui manque de douceur ; rigoureux.

inclinable adj. Qui peut être incliné : *Un fauteuil à dossier inclinable.*

inclinaison n.f. **1.** État de ce qui est incliné par rapport à l'horizon : *L'inclinaison d'un toit* (**SYN.** déclivité, escarpement, pente). **2.** Position inclinée du corps, d'une partie du corps par rapport à la verticale : *L'inclinaison de sa tête est due au torticolis.*

inclination n.f. **1.** Action de pencher la tête ou le corps en signe d'acquiescement ou de respect : *Elle approuva sa proposition d'une inclination de la tête.* **2.** Disposition, tendance naturelle à qqch : *Il a de l'inclination pour ce genre de films* (**SYN.** goût, penchant ; **CONTR.** dégoût, répulsion). *Votre inclination à mentir vous causera des ennuis* (**SYN.** disposition, propension, tendance).

incliné, e adj. Qui s'incline ; oblique : *Un fauteuil à dossier incliné.* ▸ ***Plan incliné,*** surface plane oblique, employée pour diminuer l'effort nécessaire à la montée d'un corps ou réduire la vitesse de sa descente : *Un plan incliné pour les fauteuils roulants.*

incliner v.t. (lat. *inclinare,* pencher) [conj. 3]. **1.** Mettre qqch dans une position légèrement oblique ; pencher : *Incliner un parasol. Le danseur incline le buste vers le sol* (**SYN.** baisser, courber ; **CONTR.** lever). **2.** Pousser, inciter qqn à : *Sa mésaventure nous incline à la prudence* ou *à être prudents* (**SYN.** disposer, inviter, porter). ◆ v.t. ind. **[à].** Avoir du penchant pour ; être enclin à : *Elle incline à la paresse. J'incline à penser qu'il ne veut pas nous recevoir.* ◆ **s'incliner** v.pr. **1.** Se courber par respect, par crainte : *Ils s'inclinèrent au passage de la reine.* **2.** Renoncer à la lutte en s'avouant vaincu : *Elle a fini par s'incliner* (**SYN.** céder, se soumettre). **3.** Être dominé, dans une compétition sportive : *La joueuse de tennis s'est inclinée sur le score de deux sets à un* (**SYN.** perdre ; **CONTR.** gagner).

inclure v.t. (lat. *includere,* enfermer, de *claudere,* fermer) [conj. 96]. **1.** Introduire une chose dans une autre : *Il a inclus une photo dans son message électronique* (**SYN.** insérer, intégrer). **2.** Comprendre, contenir : *L'abonnement à ce mensuel inclut trois hors-séries* (**SYN.** comporter, impliquer ; **CONTR.** exclure). *Une boisson est incluse dans le menu.*

inclus, e adj. Qui est contenu, compris dans qqch : *Vous lirez ce livre jusqu'au chapitre trois inclus.* ▸ ***Dent incluse,*** qui reste enfouie dans le maxillaire sans percer.

inclusif, ive adj. Qui contient en soi qqch d'autre.

inclusion n.f. **1.** Action d'inclure ; fait d'être inclus : *L'inclusion d'une série de photos dans un ouvrage* (**SYN.** insertion, introduction). *L'inclusion de cette dent nécessite une intervention.* **2.** Bibelot constitué par un insecte, une fleur, un petit objet conservés dans un bloc de matière plastique transparente.

inclusivement adv. Y compris : *Elle a vu le feuilleton jusqu'au cinquième épisode inclusivement* (**CONTR.** exclusivement).

incoagulable adj. Qui ne coagule pas.

incoercible [ɛ̃kɔɛrsibl] adj. (du lat. *coercere,* contraindre). *Sout.* Que l'on ne peut réprimer : *Une envie incoercible de fumer* (**SYN.** irrépressible, irrésistible).

incognito [ɛ̃kɔɲito] adv. (mot it., du lat. *incognitus,* inconnu). Sans se faire connaître ; secrètement : *Les actrices sont sorties incognito par la sortie de secours.* ◆ n.m. Situation de qqn qui cache son identité : *Ceux qui participent à l'émission peuvent garder l'incognito* (**SYN.** anonymat).

incohérence n.f. **1.** Caractère de ce qui est incohérent, illogique : *L'incohérence d'un scénario* (**SYN.** absurdité ; **CONTR.** cohérence, logique). **2.** Parole, action incohérente : *Un raisonnement plein d'incohérences* (**SYN.** contradiction, inconséquence).

incohérent, e adj. **1.** Qui manque de cohérence, de logique : *Les paroles du malade sont incohérentes* (**SYN.** confus, décousu ; **CONTR.** cohérent). **2.** Qui manque d'unité, de cohésion : *L'équipe de la rédaction de ce journal est incohérente* (**SYN.** hétérogène ; **CONTR.** homogène). **3.** Se dit d'une personne dont les idées manquent de cohérence, de logique : *Votre témoin est incohérent* (**SYN.** extravagant, illogique, insensé).

incollable adj. **1.** Qui ne colle pas pendant la cuisson : *Un riz incollable.* **2.** *Fam.* Qui est capable de répondre à toutes les questions : *Elle est incollable sur la peinture du* XIX*e* *siècle. Il est incollable en calcul mental* (**SYN.** imbattable).

incolore adj. **1.** Qui n'a pas de couleur : *Un vernis incolore* (**CONTR.** coloré). **2.** *Fig.* Qui manque d'éclat, d'originalité : *Une description incolore* (**SYN.** fade, terne ; **CONTR.** pittoresque).

incomber v.t. ind. (lat. *incumbere,* peser sur) [conj. 3]. **[à].** Être imposé à qqn, en parlant d'une charge, d'un devoir ; revenir à : *Cette corvée nous incombe. Il incombe à son médecin de lui dire la vérité. Veuillez régler les frais qui vous incombent.*

incombustible adj. Qui ne brûle pas : *De nouveaux matériaux incombustibles* (**CONTR.** combustible).

incommensurable adj. (lat. *incommensurabilis,* de *mensura,* mesure). Dont l'étendue, la grandeur sont tellement vastes que l'on ne peut les évaluer : *L'Univers est incommensurable* (**SYN.** illimité, infini). *Ils sont d'une bêtise incommensurable* (**SYN.** démesuré, immense).

incommodant, e adj. Qui gêne, incommode : *Un bruit incommodant* (**SYN.** déplaisant, désagréable, gênant ; **CONTR.** agréable, plaisant).

incommode adj. **1.** Qui n'est pas d'usage facile, pratique : *Ce système d'ouverture est incommode* (**SYN.** malcommode ; **CONTR.** commode). **2.** Qui cause de la gêne, du désagrément : *Le bébé s'est endormi dans une position incommode* (**SYN.** inconfortable ; **CONTR.** confortable).

incommoder v.t. (lat. *incommodare*, gêner) [conj. 3]. Causer de la gêne, un malaise physique à : *L'odeur de la pipe m'incommode* (**SYN.** déranger, gêner, importuner). *Quelques personnes ont été incommodées par les émanations* (**SYN.** indisposer).

incommodité n.f. **1.** Caractère de ce qui est incommode, peu pratique : *La réunion est reportée en raison de l'incommodité de la date.* **2.** Caractère de ce qui gêne, cause du désagrément : *Le voisinage d'une autoroute ne va pas sans incommodité* (**SYN.** désavantage, ennui, inconvénient ; **CONTR.** avantage).

incommunicabilité n.f. **1.** Caractère de ce qui ne peut pas être communiqué : *L'incommunicabilité des sentiments.* **2.** Impossibilité de communiquer avec autrui.

incommunicable adj. **1.** Qui ne peut être exprimé : *Un désir incommunicable* (**SYN.** indicible [sout.], ineffable [sout.], inexprimable ; **CONTR.** exprimable). **2.** Que l'on ne peut faire partager : *Un savoir incommunicable* (**SYN.** intransmissible).

incomparable adj. Qui ne peut être comparé à rien d'autre ; unique : *Une conteuse incomparable* (= sans égal ; **SYN.** inégalable, remarquable, supérieur ; **CONTR.** médiocre).

incomparablement adv. Sans comparaison possible : *Cette robe est incomparablement plus belle* (**SYN.** beaucoup, infiniment).

incompatibilité n.f. **1.** Absence de compatibilité ; impossibilité de s'accorder : *L'incompatibilité entre leurs emplois du temps les empêche de se voir* (**SYN.** discordance). *L'incompatibilité d'humeur entre deux collègues* (**SYN.** désaccord, mésentente ; **CONTR.** entente). **2.** Dans le langage juridique, impossibilité légale d'exercer simultanément certaines fonctions. **3.** En médecine, impossibilité de transfuser du sang ou de greffer un organe sur une autre personne en raison de différences immunitaires. ▸ ***Incompatibilité médicamenteuse***, impossibilité d'administrer un médicament en même temps qu'un autre, sous peine d'accident.

incompatible adj. **1.** Qui n'est pas compatible, conciliable : *Leurs caractères sont incompatibles* (**SYN.** différent, inconciliable, opposé ; **CONTR.** semblable). *Ce logiciel est incompatible avec ce type d'ordinateur.* **2.** Dans le langage juridique, se dit des fonctions qui ne peuvent être exercées simultanément par une même personne.

incompétence n.f. **1.** Manque de compétence, de connaissances pour faire qqch ; ignorance : *L'incompétence de ce cuisinier me sidère* (**SYN.** impéritie [litt.], inaptitude, incapacité ; **CONTR.** aptitude, capacité). **2.** Dans le langage juridique, état d'un juge, d'un tribunal auquel la loi ne donne pas le droit de traiter certaines affaires.

incompétent, e adj. **1. [en].** Qui n'a pas les connaissances voulues pour décider ou parler de qqch : *Il est incompétent en matière d'art contemporain* (**SYN.** insuffisant, nul). **2.** Dans le langage juridique, qui n'a pas la qualité pour juger : *Le tribunal s'est déclaré incompétent sur cette question.* ◆ adj. et n. Qui n'a pas les connaissances requises : *Des employés incompétents. C'est un incompétent.*

incomplet, ète adj. Se dit de ce qui n'est pas complet, auquel il manque qqch : *Votre dossier d'inscription est incomplet* (**SYN.** fragmentaire, partiel). *Un service de table incomplet* (**SYN.** dépareillé).

incomplètement adv. De façon incomplète : *Un fichier incomplètement imprimé* (**SYN.** partiellement ; **CONTR.** complètement, entièrement).

incomplétude n.f. État de ce qui est incomplet.

incompréhensible adj. **1.** Que l'on ne peut comprendre : *Une phrase incompréhensible* (**SYN.** inintelligible, obscur ; **CONTR.** compréhensible, intelligible). **2.** Que l'on ne peut expliquer : *Un phénomène incompréhensible* (**SYN.** déconcertant, inexplicable, mystérieux ; **CONTR.** explicable).

incompréhensif, ive adj. Qui ne cherche pas à comprendre autrui ; qui n'est pas ouvert à autrui.

incompréhension n.f. Incapacité ou refus de comprendre qqn, qqch : *L'incompréhension du public devant certaines formes d'art contemporain.*

incompressible adj. **1.** Qui ne peut être réduit : *La demande des consommateurs est incompressible* (**SYN.** irréductible ; **CONTR.** réductible). *Dépenses incompressibles.* **2.** Se dit d'un corps qui ne peut être comprimé : *L'eau est incompressible* (**CONTR.** compressible).

incompris, e adj. et n. Qui n'est pas compris, apprécié à sa valeur : *Une romancière incomprise. Il se plaint d'être un incompris.*

inconcevable adj. Que l'on ne peut concevoir, comprendre, admettre : *Il est inconcevable que vous fassiez le trajet dans votre état* (**SYN.** impensable ; **CONTR.** concevable, imaginable). *Ce magicien fait des tours inconcevables* (**SYN.** étonnant, incroyable, stupéfiant). *Ils sont traités d'une façon inconcevable* (**SYN.** inacceptable, intolérable ; **CONTR.** satisfaisant).

inconciliable adj. Que l'on ne peut concilier avec qqch d'autre : *Leurs théories sont inconciliables* (**SYN.** incompatible ; **CONTR.** compatible, conciliable). *Cette profession est inconciliable avec une vie de famille.*

inconditionnel, elle adj. **1.** Qui n'admet ou ne suppose aucune condition : *Un soutien inconditionnel* (= sans réserve ; **SYN.** absolu, complet, total ; **CONTR.** conditionnel). **2.** En psychologie, qui n'est lié à aucun conditionnement (par opp. à conditionnel) : *Réflexe inconditionnel.* ◆ n. et adj. Partisan sans réserve de qqch ou de qqn : *C'est une inconditionnelle des comédies musicales* (**SYN.** fanatique).

inconditionnellement adv. De façon inconditionnelle ; sans réserve.

inconduite n.f. Mauvaise conduite ; débauche : *Son inconduite est choquante* (**SYN.** dévergondage).

inconfort n.m. **1.** Manque de confort : *L'inconfort de sa voiture.* **2.** Situation de malaise moral dans laquelle se trouve qqn : *L'inconfort d'une personne obligée de choisir entre deux amis* (**SYN.** embarras, gêne).

inconfortable adj. Qui n'est pas confortable : *Ce strapontin est inconfortable. Les jurés se trouvent dans une situation inconfortable* (**SYN.** embarrassant, incommode, malaisé ; **CONTR.** aisé).

inconfortablement adv. De façon inconfortable : *Nous étions assis inconfortablement* (**CONTR.** confortablement).

incongru, e adj. (bas lat. *incongruus*, de *congruere*, s'accorder). Qui va contre les règles du savoir-vivre, de la bienséance : *Une réponse incongrue* (**SYN.** déplacé, inconvenant, incorrect).

incongruité n.f. Caractère de ce qui est incongru ; action ou parole incongrue : *Comment pouvez-vous dire de telles incongruités ?* (**SYN.** grossièreté, inconvenance).

incongrûment adv. *Sout.* De façon incongrue : (**SYN.** grossièrement).

inconnu, e adj. et n. **1.** Se dit de qqn que l'on ne connaît pas : *Elle est née de père inconnu* (**SYN.** anonyme). *Une inconnue s'assit à côté de lui* (**SYN.** étranger). **2.** Qui n'est pas célèbre : *Un compositeur inconnu* (**SYN.** méconnu, obscur ; **CONTR.** connu, illustre, renommé). ◆ adj. Se dit d'une chose, d'un sentiment que l'on ne connaît pas : *Des terres inconnues* (**SYN.** inexploré). *Les circonstances du meurtre sont encore inconnues* (**SYN.** inexpliqué, mystérieux). *Une sensation inconnue* (= que l'on n'a pas encore éprouvée ; **SYN.** inédit, neuf, nouveau). ◆ **inconnu** n.m. Ce qui reste mystérieux : *En entrant dans la vie active, elle doit affronter l'inconnu* (**CONTR.** connu).

inconnue n.f. **1.** Élément d'une question, d'une situation qui n'est pas connu : *La grande inconnue, c'est le temps qu'il fera lors de la cérémonie* (= le point d'interrogation). **2.** En algèbre, élément indéterminé dont on se propose de trouver la valeur en résolvant une équation.

inconsciemment [ɛ̃kɔ̃sjamɑ̃] adv. De façon inconsciente, irréfléchie ; involontairement : *Il chantonnait inconsciemment* (**SYN.** machinalement ; **CONTR.** consciemment).

inconscience n.f. **1.** Perte de connaissance momentanée ou durable : *Elle sombra quelques secondes dans l'inconscience.* **2.** État de qqn qui agit sans mesurer la portée de ses actes : *Il faut une bonne dose d'inconscience pour se baigner en dehors des zones surveillées* (**SYN.** irréflexion, irresponsabilité ; **CONTR.** prudence, sagesse).

inconscient, e adj. **1.** Qui a perdu connaissance ; qui s'est évanoui : *Elle est restée inconsciente après l'accident* (**CONTR.** conscient). **2.** Qui ne se rend pas compte de la portée de ses actes : *Il est inconscient du danger qu'il court* (**CONTR.** conscient, lucide). **3.** Qui se produit sans qu'on en ait conscience : *Un geste inconscient* (**SYN.** instinctif, involontaire, machinal ; **CONTR.** intentionnel, volontaire). ◆ adj. et n. Qui agit de façon inconsidérée : *Il faut être inconscient pour rouler si vite* (**SYN.** inconséquent, irresponsable ; **CONTR.** réfléchi, responsable). *Cet inconscient a failli ruiner l'entreprise.* ◆ **inconscient** n.m. Ensemble des phénomènes psychiques qui échappent à la conscience : *Le rêve appartient à l'inconscient.*

inconséquence n.f. **1.** Défaut de lien, de suite dans les idées ou les actes ; manque de réflexion : *Il refuse d'admettre qu'il a agi avec inconséquence* (**SYN.** incohérence, illogisme ; **CONTR.** cohérence). **2.** Acte ou parole inconséquente : *Leur banqueroute est due à plusieurs inconséquences de sa part* (**SYN.** erreur, étourderie).

inconséquent, e adj. (lat. *inconsequens*, illogique). **1.** Qui manque de logique, de cohérence : *Un adolescent inconséquent* (**SYN.** écervelé, inconscient, irréfléchi ; **CONTR.** pondéré, réfléchi). **2.** Qui est fait ou dit à la légère, inconsidérément : *Des paroles inconséquentes* (**SYN.** déraisonnable, insensé ; **CONTR.** judicieux, raisonnable).

inconsidéré, e adj. (lat. *inconsideratus*, irréfléchi). Qui est fait ou dit sans avoir réfléchi : *Ces paroles inconsidérées lui ont fait du tort* (**SYN.** déraisonnable, inconséquent, irréfléchi ; **CONTR.** raisonnable, réfléchi).

inconsidérément adv. De manière inconsidérée : *Il a inconsidérément engagé sa fortune dans cette aventure* (**SYN.** imprudemment ; **CONTR.** prudemment).

inconsistance n.f. **1.** Manque de consistance, de dureté : *L'inconsistance d'un enduit.* **2.** Manque d'intérêt, de fondement : *L'inconsistance d'un programme électoral* (**SYN.** faiblesse, insignifiance, platitude ; **CONTR.** densité, richesse). **3.** *Fig.* Manque de fermeté, de force de caractère : *Son inconsistance le conduit à tergiverser sans cesse* (**SYN.** faiblesse, versatilité, veulerie ; **CONTR.** énergie, vigueur).

inconsistant, e adj. **1.** Qui manque de consistance, de solidité : *Une pâte inconsistante* (**SYN.** mou ; **CONTR.** consistant, dur, ferme). **2.** Qui manque de logique, de cohérence, de valeur : *Un projet inconsistant* (**SYN.** léger, vide ; **CONTR.** sérieux, solide). *Une personne inconsistante* (**SYN.** mou, velléitaire, versatile ; **CONTR.** résolu, volontaire).

inconsolable adj. Qui ne peut être consolé : *Un veuf, un chagrin inconsolable.*

inconsommable adj. Qui ne peut être consommé : *Une viande inconsommable* (**SYN.** immangeable ; **CONTR.** consommable, mangeable).

inconstance n.f. **1.** Tendance à changer facilement d'opinion, de résolution, de conduite : *L'inconstance de l'électorat* (**SYN.** instabilité, versatilité ; **CONTR.** constance). *L'inconstance d'un amant* (**SYN.** infidélité). **2.** Caractère changeant, variable ; instabilité, mobilité : *L'inconstance de la célébrité* (**SYN.** précarité ; **CONTR.** permanence, stabilité).

inconstant, e adj. Qui est sujet à changer : *Le public est inconstant* (**SYN.** capricieux, changeant, versatile ; **CONTR.** constant). *Un taux inconstant* (**SYN.** fluctuant, instable ; **CONTR.** fixe, stable). *Elle est inconstante en amour* (**SYN.** infidèle, volage ; **CONTR.** fidèle).

inconstitutionnalité n.f. Caractère de ce qui est inconstitutionnel (par opp. à constitutionnalité).

inconstitutionnel, elle adj. Qui n'est pas conforme à la Constitution : *Cette mesure est inconstitutionnelle* (**SYN.** anticonstitutionnel ; **CONTR.** constitutionnel).

inconstructible adj. Se dit d'un lieu où l'on ne peut construire (par opp. à constructible) : *Un terrain inondable et inconstructible.*

incontestable adj. Qui ne peut être contesté, mis en doute : *C'est un incontestable succès pour le Premier ministre* (**SYN.** certain, indéniable, indiscutable, manifeste ; **CONTR.** contestable, douteux, problématique).

incontestablement adv. De façon incontestable ; sans conteste : *Ce cheval est incontestablement le plus beau de l'écurie* (**SYN.** assurément, indéniablement, indiscutablement).

incontesté, e adj. Qui n'est pas contesté, discuté : *Il est le maître incontesté du reggae* (**SYN.** indiscuté, reconnu).

incontinence n.f. **1.** Absence de modération dans les paroles ; tendance à parler à tort et à travers :

Incontinence verbale. **2.** En médecine, évacuation involontaire de selles ou d'urine.

① **incontinent, e** adj. (lat. *incontinens, incontinentis,* de *continere,* contenir). *Litt.* Qui manque de modération dans ses paroles : *Une bavarde incontinente.* ◆ adj. et n. En médecine, atteint d'incontinence.

② **incontinent** adv. (lat. *in continenti* [*tempore*], dans un [temps] continu). *Litt.* Tout de suite ; immédiatement : *L'infirmière est venue incontinent* (**SYN.** aussitôt, sur-le-champ).

incontournable adj. **1.** Qu'il est impossible de contourner, d'éviter : *Un obstacle incontournable.* **2.** Dont il faut tenir compte : *Le chef de l'opposition est désormais incontournable.* ◆ n.m. Ce qu'il faut absolument faire ou posséder pour être à la mode : *Le téléphone mobile est un incontournable.*

incontrôlable adj. Que l'on ne peut pas contrôler, vérifier ou maîtriser : *Ces chiffres sont incontrôlables* (**SYN.** invérifiable ; **CONTR.** contrôlable, vérifiable). *La situation devient incontrôlable pour le ministre.*

incontrôlé, e adj. Qui n'est pas contrôlé : *On ne publie pas les nouvelles incontrôlées.*

inconvenance n.f. Caractère inconvenant de qqn, de qqch ; acte, propos inconvenants : *Elle a eu l'inconvenance de passer devant tout le monde* (**SYN.** effronterie, impolitesse, incorrection ; **CONTR.** courtoisie, politesse). *Dire des inconvenances* (**SYN.** grossièreté, incongruité).

inconvenant, e adj. Qui va à l'encontre des convenances, de la bienséance : *Une remarque inconvenante* (**SYN.** déplacé, incongru, indécent ; **CONTR.** convenable, correct, poli). *Il serait inconvenant de ne pas répondre à sa lettre* (**SYN.** grossier, incorrect, malséant).

inconvénient n.m. (lat. *inconveniens, inconvenientis,* de *convenire,* convenir). **1.** Conséquence fâcheuse d'une situation, d'une action : *Y a-t-il un inconvénient à mettre ces deux espèces de poissons dans le même aquarium ?* (**SYN.** danger, risque). *Je ne vois aucun inconvénient à ce que vous veniez aussi* (**SYN.** obstacle). **2.** Ce qui cause un désavantage ; défaut : *Les inconvénients d'un voyage en solitaire* (**SYN.** désagrément, incommodité ; **CONTR.** agrément, avantage).

inconvertibilité n.f. Caractère de ce qui est inconvertible : *L'inconvertibilité d'une monnaie* (**CONTR.** convertibilité).

inconvertible adj. Se dit d'une monnaie qui n'est pas convertible, qui ne peut pas s'échanger contre d'autres valeurs.

incorporation n.f. Action d'incorporer ; amalgame, intégration : *Procédez maintenant à l'incorporation du beurre à la pâte* (**SYN.** mélange ; **CONTR.** séparation).

incorporel, elle adj. Qui n'a pas de corps ; qui n'est pas matériel : *L'âme est incorporelle* (**SYN.** immatériel).

incorporer v.t. (bas lat. *incorporare,* de *corpus, corporis,* corps) [conj. 3]. Mêler intimement une substance, une matière à une autre ; intégrer un élément dans un tout : *Incorporer de la crème à une soupe* (**SYN.** agréger, mélanger ; **CONTR.** séparer). *Incorporer des illustrations dans un livre* (**SYN.** ajouter, insérer, mettre).

incorrect, e adj. **1.** Qui comporte des erreurs : *Le résultat de cette opération est incorrect* (**SYN.** erroné, fautif, faux, inexact ; **CONTR.** correct, exact, juste). **2.** Qui manque aux règles de la bienséance, de la politesse : *Elle s'est montrée incorrecte avec ses collaborateurs* (**SYN.** grossier, impoli, inconvenant ; **CONTR.** courtois, poli, respectueux).

incorrectement adv. De façon incorrecte : *Ne me parlez pas incorrectement !* (**SYN.** impoliment, irrespectueusement ; **CONTR.** correctement, poliment, respectueusement). *Il a écrit mon nom incorrectement* (**SYN.** mal ; **CONTR.** bien).

incorrection n.f. **1.** Faute de grammaire : *Une copie pleine d'incorrections* (**SYN.** impropriété). **2.** Manquement aux règles de la correction, de la bienséance : *Il a fait preuve d'incorrection à l'égard de son professeur* (**SYN.** grossièreté, impolitesse, inconvenance ; **CONTR.** courtoisie, politesse, respect).

incorrigible adj. Que l'on ne peut corriger : *Un bavard incorrigible* (**SYN.** impénitent, invétéré).

incorrigiblement adv. De façon incorrigible : *Elle est incorrigiblement irréaliste.*

incorruptibilité n.f. **1.** Qualité de qqn qui est incorruptible ; intégrité, probité. **2.** Qualité de ce qui ne peut se corrompre : *L'incorruptibilité de ce métal* (**SYN.** inaltérabilité).

incorruptible adj. (bas lat. *incorruptibilis,* de *corrumpere,* gâter, corrompre). **1.** Se dit de qqn que l'on ne peut corrompre pour le faire agir contre son devoir : *Un huissier de justice incorruptible* (**SYN.** intègre, probe [litt.] ; **CONTR.** vénal). **2.** Qui ne se corrompt pas ; inaltérable : *L'ébéniste utilise un bois incorruptible* (**SYN.** imputrescible ; **CONTR.** putrescible).

incrédule adj. et n. (lat. *incredulus,* de *credere,* croire). **1.** Qui ne croit pas en Dieu, ou qui met en doute les croyances religieuses (**SYN.** athée, incroyant, irréligieux ; **CONTR.** croyant, pieux). **2.** Qui se laisse difficilement convaincre : *L'astrologie la laisse incrédule* (**SYN.** sceptique). *Cet incrédule pense que les sondages ont été truqués.*

incrédulité n.f. Attitude d'une personne qui ne se laisse pas facilement convaincre : *L'avocat voyait l'incrédulité se peindre sur le visage des jurés* (**SYN.** défiance, doute, scepticisme ; **CONTR.** confiance, crédulité).

incréé, e adj. Dans le vocabulaire religieux, qui existe sans avoir été créé.

incrément n.m. (angl. *increment,* du lat. *incrementum,* accroissement, de *crescere,* croître). En informatique, quantité constante ajoutée à la valeur d'une variable à chaque exécution d'une instruction d'un programme.

incrémenter v.t. [conj. 3]. Ajouter un incrément à : *Incrémenter une variable.*

increvable adj. **1.** Qui ne peut pas être crevé : *Un ballon increvable.* **2.** *Fam.* Qui n'est jamais fatigué : *Des danseurs increvables* (**SYN.** endurant, infatigable, résistant).

incrimination n.f. Action d'incriminer ; fait d'être incriminé.

incriminer v.t. (lat. *incriminare,* de *crimen, criminis,* accusation) [conj. 3]. Mettre en cause ; rendre responsable d'un acte blâmable : *Le client incrimine le garagiste pour cette malfaçon* (**SYN.** accuser, imputer à ; **CONTR.** disculper, innocenter).

incrochetable adj. Se dit d'une serrure qu'on ne peut crocheter.

incroyable [ɛ̃krwajabl] adj. **1.** Qui est difficile ou impossible à croire : *Cette histoire est incroyable* (**SYN.** invraisemblable, rocambolesque ; **CONTR.** croyable, plausible, vraisemblable). **2.** Qui suscite l'étonnement par son caractère excessif ou insolite : *Je trouve incroyable que les médias ne rendent pas hommage à ce chanteur disparu* (**SYN.** impensable, révoltant, scandaleux ; **CONTR.** normal). *Son interprétation est incroyable de réalisme* (**SYN.** extraordinaire, fantastique, inouï).

incroyablement [ɛ̃krwajabləmɑ̃] adv. De façon incroyable : *Ce gâteau est incroyablement mauvais* (**SYN.** extrêmement, très).

incroyance [ɛ̃krwajɑ̃s] n.f. Absence de foi religieuse (**SYN.** athéisme, irréligion ; **CONTR.** croyance).

incroyant, e [ɛ̃krwajɑ̃, ɑ̃t] adj. et n. Qui n'a pas de foi religieuse (**SYN.** athée, incrédule, incroyant, irréligieux ; **CONTR.** croyant, pieux).

incrustation n.f. **1.** Action d'incruster des fragments de matière dans une autre matière ; ce qui est incrusté : *Des incrustations de dentelle sur un haut en velours.* **2.** Dépôt plus ou moins dur que laisse une eau chargée de sels calcaires (**SYN.** tartre). **3.** Insertion d'une image électronique dans une autre ; image ainsi insérée : *Son nom apparaît en incrustation dans un coin de l'écran.*

incruster v.t. (lat. *incrustare*, de *crusta*, croûte) [conj. 3]. **1.** Insérer dans une matière des fragments d'une autre matière, génér. plus précieuse : *Incruster de la nacre dans de l'ébène.* **2.** Couvrir d'un dépôt calcaire : *L'eau calcaire a incrusté le filtre du lave-linge* (**SYN.** entartrer). ◆ **s'incruster** v.pr. **1.** Se déposer sur une matière en adhérant fortement : *La saleté s'est incrustée dans l'évier.* **2.** Se couvrir de dépôt calcaire : *La cafetière s'est incrustée.* **3.** *Fam.* Imposer sa présence : *Ils se sont incrustés chez nous tout le week-end.*

incubateur n.m. **1.** Appareil servant à l'incubation artificielle des œufs ; couveuse. **2.** Dans le domaine économique, structure financée par de grands groupes pour aider au lancement de start-up.

incubation n.f. (lat. *incubatio*). **1.** Action de couver des œufs pour qu'ils éclosent ; développement de l'embryon dans son œuf : *L'incubation artificielle d'œufs d'autruche* (**SYN.** couvaison). **2.** En sciences de la vie, protection assurée aux œufs dans une cavité du corps de l'un des parents, chez de nombreux vertébrés : *L'incubation d'un marsupial dans la poche ventrale de la mère.* **3.** En médecine, temps qui s'écoule entre l'introduction dans un organisme d'un micro-organisme infectieux et l'apparition des premiers symptômes de la maladie qu'il provoque : *L'incubation de la varicelle est de quinze jours.*

incube n.m. (bas lat. *incubus*, cauchemar). Démon mâle qui, dans la tradition médiévale, abuse des femmes pendant leur sommeil (par opp. à succube).

incuber v.t. (lat. *incubare*, être couché sur) [conj. 3]. En sciences de la vie, opérer l'incubation de : *L'hippocampe mâle incube les œufs dans sa poche ventrale.*

inculpation n.f. Acte par lequel le juge d'instruction met en cause une personne présumée coupable d'un délit ou d'un crime : *Il a été arrêté sous l'inculpation d'escroquerie.* ☞ **REM.** On dit aujourd'hui *une mise en examen.*

inculpé, e n. et adj. Personne qui fait l'objet d'une inculpation, qui est mise en examen : *L'inculpé sera jugé demain* (**SYN.** prévenu).

inculper v.t. (bas lat. *inculpare*, de *culpa*, faute) [conj. 3]. Mettre en cause dans une procédure d'instruction une personne présumée coupable d'un crime ou d'un délit ; mettre en examen : *On l'a inculpée pour homicide.*

inculquer v.t. (lat. *inculcare*, fouler, presser, de *calcare*, piétiner, de *calx, calcis*, talon) [conj. 3]. Faire entrer durablement qqch dans l'esprit de qqn ; empreindre, graver : *Leur professeur leur a inculqué le respect de l'environnement* (**SYN.** apprendre, enseigner).

inculte adj. (lat. *incultus*, de *colere*, cultiver). **1.** Se dit d'un sol qui n'est pas cultivé : *On ne devrait pas laisser ces terres incultes* (= en friche). **2.** Qui n'a aucune culture intellectuelle : *Il est complètement inculte* (**SYN.** ignare, ignorant ; **CONTR.** cultivé, érudit, lettré). **3.** Se dit d'une barbe, d'une chevelure peu soignée, en désordre : *Une moustache inculte* (**SYN.** embroussaillé, hirsute).

incultivable adj. Se dit d'un sol qui ne peut être cultivé : *Ce terrain aride est incultivable* (**CONTR.** arable, cultivable).

inculture n.f. Manque de culture intellectuelle : *L'inculture de certains élèves* (**SYN.** ignorance ; **CONTR.** culture, savoir).

incunable adj. et n.m. (du lat. *incunabulum*, berceau). Se dit d'un ouvrage imprimé qui date des origines de l'imprimerie (antérieur à 1500) : *Une édition incunable. Une collection d'incunables.*

incurable adj. et n. (bas lat. *incurabilis*, de *cura*, soin). Se dit d'un malade qui ne peut être guéri : *Cette infirmière aide les incurables.* ◆ adj. Que l'on ne peut guérir ; à quoi on ne peut remédier : *Elle est atteinte d'une maladie incurable* (**SYN.** inguérissable ; **CONTR.** curable, guérissable). *Sa paresse est incurable* (**SYN.** incorrigible, irrémédiable).

incurablement adv. De façon incurable : *Être incurablement atteint* (**SYN.** irrémédiablement).

incurie n.f. (lat. *incuria*, de *cura*, soin). Manque de soin ; laisser-aller : *Leur incurie nous conduit à la catastrophe* (**SYN.** insouciance, négligence ; **CONTR.** application).

incurieux, euse adj. *Litt.* Qui ne manifeste pas de curiosité ; indifférent : *Être incurieux des autres.*

incuriosité n.f. *Litt.* Manque de curiosité ; indifférence à apprendre : *Son incuriosité de l'avenir, à l'égard des sciences.*

incursion n.f. (lat. *incursio*, de *incurrere*, faire irruption, de *currere*, courir). **1.** Invasion, génér. de courte durée, effectuée par un groupe armé en territoire ennemi : *Cette incursion des rebelles a fait plusieurs morts* (**SYN.** raid, razzia). **2.** Entrée soudaine et jugée importune : *L'incursion des intermittents du spectacle sur un plateau de télévision* (**SYN.** irruption). **3.** Fait de s'intéresser momentanément à un domaine dans lequel on est profane : *La sportive a fait une incursion dans la peinture.*

incurver v.t. (lat. *incurvare*, de *curvus*, courbe) [conj. 3]. Rendre courbe ; donner une forme courbe : *Incurver les reins* (**SYN.** cambrer). *Les pieds incurvés d'un fauteuil.* ◆ **s'incurver** v.pr. Prendre une forme courbe : *Les cornes de cette antilope s'incurvent* (**SYN.** s'arrondir).

indatable adj. Se dit d'un vestige, d'un manuscrit impossible à dater.

indéboulonnable adj. *Fam.* Se dit de qqn qui ne peut être destitué, révoqué : *Un animateur de télévision indéboulonnable* (**SYN.** intouchable, irrévocable ; **CONTR.** révocable).

indécelable adj. Qui ne peut être décelé : *Cette substance est indécelable dans le cadre d'un contrôle antidopage* (**SYN.** imperceptible, indiscernable ; **CONTR.** perceptible).

indécemment [ɛ̃desamɑ̃] adv. De façon indécente.

indécence n.f. **1.** Caractère d'une personne, d'une chose indécente, qui viole les règles de la pudeur : *L'indécence de sa tenue lui a valu un blâme* (**SYN.** impudeur). **2.** Caractère de ce qui choque par son côté déplacé : *Ce déballage de leur vie privée est d'une totale indécence* (**SYN.** inconvenance, incorrection ; **CONTR.** décence, pudeur).

indécent, e adj. **1.** Qui viole les règles de la pudeur : *Une jupe indécente* (**SYN.** impudique, inconvenant ; **CONTR.** convenable, correct, décent). *Une chanson indécente* (**SYN.** égrillard, licencieux, obscène). **2.** Qui choque la morale ; scandaleux : *Cette publicité qui utilise des personnes âgées pour s'en moquer est indécente* (**SYN.** choquant, déplacé, malséant).

indéchiffrable adj. **1.** Que l'on ne peut déchiffrer, lire : *Un message indéchiffrable* (**SYN.** illisible ; **CONTR.** déchiffrable, lisible). **2.** Qui est difficile à comprendre ; mystérieux : *Une personnalité indéchiffrable* (**SYN.** énigmatique, impénétrable).

indéchirable adj. Qui ne peut être déchiré.

indécidable adj. En logique, se dit d'une formule, d'une proposition, etc., qui n'est ni démontrable ni réfutable (par opp. à décidable).

indécis, e adj. et n. (bas lat. *indecisus,* non tranché). Qui ne parvient pas à se décider : *Je suis encore indécise sur ce que je vais lui offrir* (**SYN.** hésitant, irrésolu ; **CONTR.** décidé, résolu). *Cet indécis ne sait pas pour qui il va voter.* ◆ adj. **1.** Qui n'a pas été résolu ; qui n'est pas sûr : *Sa présence à l'inauguration est indécise* (**SYN.** douteux, hypothétique, incertain ; **CONTR.** certain). **2.** Qui est difficile à reconnaître, à percevoir : *La silhouette indécise de la maison dans le crépuscule* (**SYN.** flou, indistinct, vague ; **CONTR.** distinct, reconnaissable).

indécision n.f. État, caractère d'une personne indécise : *Elle est dans l'indécision quant à l'attitude à adopter* (**SYN.** doute, hésitation, incertitude, irrésolution, perplexité ; **CONTR.** certitude).

indéclinable adj. En linguistique, qui ne peut pas se décliner : *En français, les adverbes, les conjonctions sont indéclinables.*

indécodable adj. **1.** Qui ne peut être décodé : *Un message secret indécodable.* **2.** En informatique, dont le décodage par des manœuvres frauduleuses est rendu très difficile ou impossible : *Un logiciel indécodable.*

indécollable adj. Impossible à décoller : *Utiliser des étiquettes indécollables.*

indécomposable adj. Qu'on ne peut décomposer, analyser.

indécrottable adj. *Fam.* Impossible à améliorer, à changer : *Ce sont d'indécrottables casaniers* (**SYN.** impénitent, incorrigible, incurable).

indéfectible adj. (du lat. *deficere,* faire défaut). **1.** Qui dure toujours ; inaltérable : *Il a une passion indéfectible pour l'opéra* (**SYN.** éternel, immuable, impérissable ; **CONTR.** éphémère, périssable). **2.** Qui ne peut faire défaut, manquer ; solide : *Elle a un indéfectible sens de l'orientation* (**SYN.** sûr).

indéfendable adj. Qui ne peut être défendu : *Une thèse indéfendable* (**SYN.** injustifiable, insoutenable, intenable ; **CONTR.** défendable, justifiable, soutenable).

indéfini, e adj. (lat. *indefinitus,* de *finis,* limite). **1.** Que l'on ne peut délimiter : *L'espace indéfini qui nous entoure* (**SYN.** illimité, infini ; **CONTR.** borné, limité). **2.** Que l'on ne peut définir ; indéterminé : *Ils sont partis pour une raison indéfinie* (**SYN.** imprécis, vague ; **CONTR.** défini, précis). *Je m'absente pour un temps indéfini.* ▸ ***Adjectif, pronom indéfini,*** adjectif, pronom qui indique une indétermination : *« Aucun, plusieurs, quelque » sont des adjectifs indéfinis. « Quelque chose, quiconque, rien » sont des pronoms indéfinis.* ***Article indéfini,*** article qui se rapporte à un être, à une chose indéterminés : *« Un, une, des » sont des articles indéfinis.*

indéfiniment adv. De façon indéfinie ; sans cesse : *Il siffle indéfiniment le même air* (**SYN.** continuellement, éternellement, perpétuellement).

indéfinissable adj. Que l'on ne saurait définir : *La nostalgie est un sentiment indéfinissable* (**SYN.** confus, indescriptible, vague ; **CONTR.** définissable, traduisible).

indéformable adj. Qui ne peut être déformé : *Un pull indéformable.*

indéhiscent, e [ɛ̃deisɑ̃, ɑ̃t] adj. Qui ne s'ouvre pas, mais se détache en entier de la plante mère, en parlant de certains fruits secs, comme l'akène.

indélébile adj. (lat. *indelebilis,* de *delere,* détruire). **1.** Qui ne peut être effacé : *Une tache indélébile* (**SYN.** ineffaçable ; **CONTR.** effaçable). **2.** *Fig.* Dont la marque ne peut disparaître : *J'ai gardé un souvenir indélébile de cette journée* (**SYN.** impérissable, inoubliable ; **CONTR.** éphémère, périssable).

indélicat, e adj. **1.** Qui manque de délicatesse, de tact ; grossier : *Une remarque indélicate* (**CONTR.** délicat, fin). *Un homme indélicat* (**SYN.** fruste). **2.** Qui manque d'honnêteté : *Un associé indélicat* (**SYN.** malhonnête, véreux ; **CONTR.** honnête, probe [litt.]).

indélicatesse n.f. Action malhonnête : *Son indélicatesse est découverte* (**SYN.** escroquerie).

indémaillable adj. Se dit d'un tricot, d'un tissu dont les mailles ne filent pas si l'une se défait : *Jersey indémaillable.* ◆ n.m. Textile indémaillable : *Un chandail en indémaillable.*

indemne [ɛ̃dɛmn] adj. (lat. *indemnis,* de *damnum,* dommage). **1.** Qui n'a pas subi de dommage moral ou physique : *L'ancien ministre est sorti indemne de cette affaire judiciaire. Tous les passagers de l'autocar accidenté sont indemnes* (= sains et saufs ; **CONTR.** blessé). **2.** Qui n'est pas contaminé : *Ces enfants sont indemnes de toute contagion.*

indemnisable [ɛ̃dɛmnizabl] adj. Qui peut ou doit être indemnisé.

indemnisation [ɛ̃dɛmnizasjɔ̃] n.f. Action d'indemniser ; paiement d'une indemnité : *L'indemnisation d'un propriétaire exproprié.*

indemniser [ɛ̃dɛmnize] v.t. [conj. 3]. Dédommager

qqn de ses frais, de ses pertes, d'un préjudice : *L'assurance a indemnisé les sinistrés.*

indemnité [ɛ̃dɛmnite] n.f. (lat. *indemnitas*, salut, sûreté). **1.** Somme allouée en réparation d'un préjudice : *Réclamer des indemnités pour licenciement abusif* (**SYN.** compensation, dédommagement, dommages-intérêts). **2.** Allocation attribuée en compensation de certains frais professionnels ; remboursement : *Indemnités de frais de déplacement.* ▸ ***Indemnité parlementaire,*** traitement que reçoivent les députés et les sénateurs.

indémodable adj. Qui ne risque pas de se démoder : *Le jean est indémodable.*

indémontable adj. Qui ne peut être démonté : *Une vieille armoire indémontable* (**CONTR.** démontable).

indémontrable adj. Que l'on ne peut démontrer : *Une hypothèse indémontrable* (**SYN.** improuvable, invérifiable ; **CONTR.** démontrable, prouvable, vérifiable).

indéniable adj. Que l'on ne peut dénier, réfuter : *Sa victoire est indéniable* (**SYN.** authentique, flagrant, manifeste). *La supériorité du DVD sur la cassette vidéo est indéniable* (**SYN.** incontestable, indiscutable ; **CONTR.** contestable, douteux, incertain).

indéniablement adv. De façon indéniable : *Il est indéniablement plus doué que son frère au piano* (**SYN.** incontestablement, indiscutablement, indubitablement).

indénombrable adj. Qu'il est impossible de dénombrer : *Il y a dans cette forêt une quantité indénombrable de chênes* (**SYN.** incalculable, innombrable ; **CONTR.** dénombrable).

indentation n.f. (de *dent*). Échancrure d'une côte, d'un littoral (**SYN.** dentelure).

indépassable adj. Que l'on ne peut dépasser, franchir : *Une limite indépassable* (**SYN.** infranchissable ; **CONTR.** franchissable).

indépendamment adv. De manière indépendante, autonome : *Les deux syndicats préfèrent agir indépendamment* (**SYN.** individuellement, séparément ; **CONTR.** ensemble). ◆ **indépendamment de** loc. prép. **1.** En considérant à part chacun des éléments : *Indépendamment de l'aspect cinématographique ce film a une importance symbolique* (= abstraction faite de). **2.** En plus de ; par surcroît : *Indépendamment du confort, le voyage en avion offre l'avantage de la rapidité* (**SYN.** outre).

indépendance n.f. **1.** État d'une personne indépendante, autonome : *Cet adolescent souhaiterait davantage d'indépendance* (**SYN.** autonomie, liberté ; **CONTR.** dépendance). **2.** Caractère, attitude d'une personne qui refuse les contraintes, les règles établies : *Elle a le goût de l'indépendance* (**SYN.** individualisme, non-conformisme ; **CONTR.** conformisme). **3.** Autonomie politique ; souveraineté nationale : *Ce territoire réclame son indépendance.* **4.** Absence de rapports entre plusieurs choses : *L'indépendance des deux phénomènes* (**CONTR.** interdépendance).

indépendant, e adj. **1.** Qui ne dépend d'aucune autorité ; libre : *Une infirmière indépendante* (= qui travaille à son compte). *Un organisme humanitaire indépendant de tout parti politique* (**CONTR.** dépendant, tributaire). **2.** Qui refuse la contrainte, la sujétion : *Il est trop indépendant pour travailler en équipe* (**SYN.** individualiste, rétif). **3.** Qui jouit de l'autonomie politique : *Ce pays est devenu indépendant* (**SYN.** autonome, souverain). **4.** Qui n'a aucun rapport avec autre chose ; qui n'est pas solidaire d'autre chose : *Chaque épisode de la série est indépendant des autres* (**SYN.** différent, distinct). *Le scanner est indépendant de l'imprimante* (**SYN.** séparé). ▸ ***Proposition indépendante,*** en grammaire, proposition qui ne dépend d'aucune autre et dont aucune ne dépend (on dit aussi *une indépendante*).

indépendantisme n.m. Revendication d'indépendance de la part d'une province, d'une région, d'un pays.

indépendantiste adj. et n. Partisan de l'indépendance politique : *Les indépendantistes basques* (**SYN.** séparatiste).

indéracinable adj. Que l'on ne peut déraciner, faire disparaître : *Un mal indéracinable* (**SYN.** inextirpable).

indéréglable adj. Qui ne peut se dérégler.

indescriptible adj. Qui ne peut être décrit, exprimé : *Il régnait un désordre indescriptible* (**SYN.** inénarrable, inexprimable). *Leur joie était indescriptible* (**SYN.** délirant, inimaginable, inouï).

indésirable adj. et n. Que l'on n'accepte pas dans un pays, un milieu ; qui n'est pas désiré, souhaité : *Ils sont considérés comme des personnes indésirables* (**SYN.** intrus). ◆ adj. ▸ ***Effet indésirable,*** trouble physique, psychique provoqué par un médicament utilisé dans des conditions normales.

indestructible adj. Qui ne peut être détruit, aboli : *Cette porte est réputée indestructible* (**SYN.** inaltérable). *Leur amitié est indestructible* (**SYN.** éternel, impérissable ; **CONTR.** éphémère, périssable).

indétectable adj. Que l'on ne peut pas détecter : *Un satellite espion indétectable* (**CONTR.** détectable).

indéterminable adj. Qui ne peut être déterminé : *Une couleur indéterminable* (**SYN.** indéfinissable).

indétermination n.f. **1.** Caractère de ce qui n'est pas déterminé, précisé : *Le partage du territoire a engendré l'indétermination de la frontière* (**SYN.** imprécision). **2.** Caractère hésitant, irrésolu de qqn : *Son indétermination a provoqué la chute du cours des actions* (**SYN.** incertitude, indécision, hésitation ; **CONTR.** détermination, fermeté).

indéterminé, e adj. Qui n'est pas déterminé, précisé : *Pour une raison indéterminée, il n'assistera pas à la réunion* (**SYN.** imprécis, inconnu, indéfini ; **CONTR.** défini, déterminé, précis). *Nous resterons au camping pour un temps indéterminé* (**SYN.** illimité, incertain).

index [ɛ̃dɛks] n.m. (mot lat. signif. « indicateur »). **1.** Deuxième doigt de la main, le plus proche du pouce : *Il tape sur le clavier essentiellement avec ses index.* **2.** Liste alphabétique des mots, des sujets, des noms apparaissant dans un ouvrage, une collection, etc., avec les références permettant de les retrouver. **3.** Repère servant au réglage de la position d'un élément mobile ou à la lecture d'une graduation. **4.** En informatique, valeur fixe permettant de compléter ou de corriger les valeurs de certaines adresses lors de l'exécution d'une instruction. ▸ ***Index des prix,*** en Belgique, indice des prix. ***Mettre qqn, qqch à l'index,*** l'exclure, le signaler comme dangereux : *Des spécia-*

listes viennent de mettre ce médicament à l'index (= l'interdire, le proscrire).

indexation n.f. ou **indexage** n.m. Action d'indexer ; son résultat : *L'indexation d'un emprunt sur le cours de l'or.*

indexer v.t. [conj. 4]. **1.** Lier la variation d'une valeur à la variation d'une autre valeur prise comme référence, comme indice : *Indexer les prix de l'essence sur ceux du pétrole. Indexer un compte épargne sur les cours de la Bourse.* **2.** Réaliser l'index d'un ouvrage, d'une collection : *Indexer une encyclopédie.* **3.** Mettre à sa place dans un index : *Indexer le nom d'un auteur.*

indexeur, euse n. Personne qui réalise l'index d'un ouvrage, d'une collection.

indianisme n.m. Étude des langues et des civilisations de l'Inde.

indianiste n. Spécialiste d'indianisme.

indicateur, trice adj. Qui indique, fait connaître : *Un poteau indicateur* (= qui indique le chemin). ◆ n. Personne qui renseigne la police en échange d'un privilège ou d'une rémunération (abrév. fam. indic). ◆ **indicateur** n.m. **1.** Livre ou brochure qui sert de guide : *L'indicateur des horaires des chemins de fer.* **2.** Appareil qui sert à indiquer : *L'indicateur d'altitude d'un avion.*

indicatif, ive adj. Qui indique, annonce, renseigne : *Un signe indicatif de la rubéole* (**SYN.** révélateur). *Des prix indicatifs.* ▸ ***À titre indicatif,*** pour donner un renseignement qui serve de repère (= pour information). ◆ **indicatif** n.m. **1.** Court morceau de musique qui permet d'identifier une station de radio ou de télévision, une émission, etc. : *L'indicatif de la météo.* **2.** Nombre sélectionnant une zone géographique, que l'on doit composer avant le numéro d'appel d'un correspondant au téléphone : *L'indicatif de la région parisienne est « 01 »* (**SYN.** préfixe). **3.** En grammaire, mode du verbe qui exprime l'action, l'état de façon neutre, objective, sans interprétation : *Le présent, le futur de l'indicatif.*

indication n.f. **1.** Action d'indiquer, de renseigner sur qqch : *La lettre ne portait aucune indication de lieu ni de date.* **2.** Ce qui indique, fait connaître ; marque, preuve : *Le tremblement de ses mains est une indication de son angoisse* (**SYN.** indice, signe). **3.** Ce qu'il est indiqué ou recommandé de faire ; conseil, directive : *Vous devez suivre les indications de votre médecin* (**SYN.** prescription, recommandation). *Lire les indications qui accompagnent un plan* (**SYN.** annotation). **4.** En médecine, affection pour laquelle un traitement particulier est recommandé (par opp. à contre-indication) : *La notice donne les indications d'un médicament.*

indice n.m. (lat. *indicium,* dénonciation, de *index, indicis,* indicateur). **1.** Objet, signe qui met sur la trace de qqch : *Les concurrents cherchent des indices pour réussir cette épreuve du rallye* (**SYN.** indication, marque, trace). *Ces boutons peuvent être un indice de la varicelle* (**SYN.** symptôme). **2.** Rapport entre des quantités ou des prix, qui en montre l'évolution, la variation : *L'indice des prix de détail.* **3.** En mathématiques, signe attribué à une lettre représentant les différents éléments d'un ensemble : *« A indice n » s'écrit* A_n. ▸ ***Indice d'écoute,*** nombre des personnes, évalué en pourcentage, ayant écouté une émission de radio ou regardé une émission de télévision à un moment déterminé.

indiciaire [ɛ̃disjɛr] adj. Qui concerne un indice ; rattaché à un indice.

indicible adj. (du lat. *dicere,* dire). *Sout.* Que l'on ne peut exprimer, dire : *La gagnante éprouve une joie indicible* (**SYN.** ineffable [sout.], inexprimable ; **CONTR.** exprimable).

indiciel, elle adj. Qui a une valeur d'indice dans le domaine économique : *Courbe indicielle.*

indien, enne adj. et n. **1.** De l'Inde. **2.** *Cour.* Amérindien.

indienne n.f. Toile de coton légère colorée par impression.

indifféremment [ɛ̃diferamɑ̃] adv. Sans faire de différence : *Les virus informatiques s'attaquent à tous les types d'ordinateurs indifféremment* (**SYN.** indistinctement). *Les nouveaux terminaux fonctionnent indifféremment sur les deux fréquences.*

indifférence n.f. État d'une personne indifférente ; absence d'intérêt pour qqch : *J'avoue mon indifférence pour les sciences occultes* (**SYN.** désaffection, désintérêt, détachement ; **CONTR.** intérêt). *Il nous a regardés avec indifférence* (**SYN.** froideur).

indifférenciation n.f. État de ce qui est indifférencié.

indifférencié, e adj. Qui ne présente pas de caractéristiques suffisantes pour être différencié : *Au début de la fécondation, les cellules sont indifférenciées.*

indifférent, e adj. (du lat. *indifferens, indifferentis,* ni bon ni mauvais). **1.** Qui ne suscite aucun intérêt, aucun sentiment ; qui ne provoque ni attirance ni répulsion : *Cette exposition lui est indifférente. Ces sarcasmes la laissent indifférente* (**SYN.** détaché ; **CONTR.** concerné). *Le choix du film m'est indifférent* (= m'est égal). **2.** Qui est de peu d'importance ; banal : *Ils parlèrent de choses indifférentes* (**SYN.** inintéressant, insignifiant, quelconque ; **CONTR.** important). **3.** Qui n'éprouve aucun intérêt, aucun sentiment pour qqn, qqch ; dont on ne se préoccupe pas : *Elle est indifférente à ce genre d'émission* (**SYN.** imperméable à, réfractaire à ; **CONTR.** ouvert, réceptif). *Ses larmes me laissèrent indifférent* (**SYN.** froid, impassible, insensible ; **CONTR.** compatissant, sensible). ◆ n. Individu que rien ne touche ni n'émeut : *Tu joues les indifférents, alors que tu as pleuré pendant le film.*

indifférer v.t. [conj. 18]. Être indifférent à qqn ; ne présenter aucun intérêt pour lui : *Cette fille m'indiffère. Votre avis nous indiffère* (**CONTR.** importer, intéresser).

indigénat n.m. **1.** *Anc.* Régime administratif qui était appliqué aux indigènes des colonies françaises. **2.** En Suisse, droit de cité.

indigence n.f. **1.** État d'une personne qui vit dans la misère : *L'indigence des S.D.F.* (**SYN.** dénuement [sout.], détresse, misère, pauvreté ; **CONTR.** aisance, opulence, richesse). **2.** Grande pauvreté intellectuelle ou morale : *L'indigence de ce discours politique* (**SYN.** faiblesse).

indigène adj. et n. (lat. *indigena*). **1.** Qui est né dans le pays où il habite (**SYN.** aborigène, autochtone). **2.** Se dit d'une plante, d'un animal originaires de la région où ils vivent : *Un arbre indigène* (**CONTR.** exotique). **3.** Originaire d'un pays d'outre-mer, avant la décolonisation.

indigent, e adj. et n. (lat. *indigens, indigentis,* de *indigere,* avoir besoin). Qui est privé de ressources suffisantes ; qui manque des choses les plus nécessaires : *Cette association aide les personnes indigentes* (**SYN.** démuni, miséreux, nécessiteux, pauvre ; **CONTR.** aisé, fortuné, riche). ◆ adj. Qui manifeste une grande pauvreté, une nette insuffisance : *Une imagination indigente* (**SYN.** pauvre, stérile ; **CONTR.** fécond, productif).

indigeste adj. **1.** Difficile à digérer : *Sa choucroute est indigeste* (**SYN.** lourd ; **CONTR.** digeste, léger). **2.** *Fig.* Difficile à assimiler par l'esprit : *Un roman indigeste* (**SYN.** confus, pesant ; **CONTR.** clair).

indigestion [ɛ̃diʒɛstjɔ̃] n.f. Indisposition provenant d'une digestion qui se fait mal, et aboutissant génér. au vomissement : *Tu manges trop, tu vas avoir une indigestion.* ▸ *Fam.* ***Avoir une indigestion de qqch,*** en être lassé jusqu'au dégoût : *J'ai une indigestion de musique techno.*

indignation n.f. Sentiment de colère que provoque qqn, qqch ; état de qqn qui s'indigne : *Le sort réservé au journaliste a suscité l'indignation de ses confrères* (**SYN.** révolte).

indigne adj. (lat. *indignus*). **1.** Qui n'est pas digne de qqch, qui ne le mérite pas : *Ce ramassis d'images est indigne du nom de reportage. Il est indigne de présider notre association.* **2.** Qui inspire le mépris : *Une dénonciation indigne* (**SYN.** abject, infâme, méprisable). **3.** Qui n'est pas digne de son rôle, de sa fonction : *Ce fils indigne ne rend jamais visite à ses parents.* **4.** Qui n'est pas en rapport avec la valeur de qqn : *Ce travail lui semble indigne de lui* (= il pense qu'il vaut mieux que cela). *C'est indigne de vous d'avoir menti.*

indigné, e adj. **1.** Qui éprouve, ressent de l'indignation : *Le public indigné siffle le trouble-fête* (= scandalisé). **2.** Qui marque la colère, la révolte ; qui manifeste de l'indignation : *Un regard indigné* (**SYN.** outré).

indignement adv. De façon indigne : *Se conduire indignement* (**SYN.** bassement ; **CONTR.** dignement, noblement).

indigner v.t. (lat. *indignari,* s'indigner, de *indignus,* indigne) [conj. 3]. Exciter, provoquer la colère, la révolte de qqn : *Les projets du directeur indignent les syndicats* (**SYN.** outrer, scandaliser ; **CONTR.** enchanter, enthousiasmer, ravir). ◆ **s'indigner** v.pr. Éprouver un sentiment de colère, de révolte : *Elles se sont indignées contre le sort réservé aux femmes de ce pays* (**SYN.** blâmer, désapprouver, s'insurger).

indignité n.f. **1.** Caractère d'une personne, d'un acte indignes : *L'indignité d'un délateur* (**SYN.** abjection, déshonneur). *L'indignité de votre requête* (**CONTR.** dignité, respectabilité). **2.** Action indigne, méprisable : *Pendant la guerre, il a commis des indignités* (**SYN.** bassesse, infamie, vilenie [litt.]).

indigo [ɛ̃digo] n.m. (mot esp., du lat. *indicum,* indien). Matière colorante, provenant d'une plante appelée *indigotier,* qui, dans sa forme première, est d'un bleu légèrement violacé : *Mettre de l'indigo sur sa palette.* ◆ adj. inv. et n.m. D'une couleur bleu foncé légèrement violacé : *Des yeux indigo.*

indigotier [ɛ̃digɔtje] n.m. Plante des régions chaudes dont on tirait l'indigo.

indiquer v.t. (lat. *indicare,* de *index*) [conj. 3]. **1.** Montrer, signaler qqn, qqch d'une manière précise : *Indique-moi tes camarades sur la photo* (**SYN.** désigner). **2.** Être l'indice de ; dénoter : *Cette remarque indique une grande hypocrisie* (**SYN.** révéler). *Son sourire indique qu'il est l'auteur de cette farce* (**SYN.** prouver, signifier). *Le baromètre indique qu'il va pleuvoir* (**SYN.** marquer). **3.** Fournir un renseignement à qqn : *Pourriez-vous m'indiquer la gendarmerie ?* (**SYN.** signaler). *Le mode d'emploi indique la marche à suivre* (**SYN.** mentionner, spécifier). ▸ ***Être indiqué,*** conseillé, recommandé : *L'exposition prolongée au soleil n'est pas indiquée pour les jeunes enfants.*

indirect, e [ɛ̃dirɛkt] adj. **1.** Qui ne conduit pas au but directement : *Prendre un chemin indirect* (**SYN.** détourné ; **CONTR.** direct). **2.** Qui agit par l'intermédiaire de ; qui ne se produit pas directement : *Les conséquences indirectes d'une crise* (**SYN.** médiat [sout.] ; **CONTR.** immédiat). **3.** *Fig.* Qui n'est pas franchement exprimé : *Cet article est une remise en cause indirecte du régime* (**SYN.** allusif, voilé ; **CONTR.** franc, net). **4.** En grammaire, se dit d'une construction introduite par une préposition, d'un verbe relié à son complément par une préposition (par opp. à direct) : *Complément d'objet indirect. « Échapper » est un verbe transitif indirect.* ▸ ***Discours*** ou ***style indirect,*** en grammaire, manière de rapporter des paroles sous la forme de propositions subordonnées (par opp. à discours ou style direct) : *« Elle a dit qu'elle s'en allait » est une phrase au style indirect.*

indirectement adv. De façon indirecte, détournée : *On lui a fait comprendre indirectement qu'il devait partir* (**CONTR.** directement).

indiscernable [ɛ̃disɛrnabl] adj. Que l'on ne peut discerner ; invisible : *Sur cette photo, les retouches sont indiscernables* (**SYN.** imperceptible, indécelable, invisible ; **CONTR.** discernable, visible).

indiscipline [ɛ̃disiplin] n.f. Attitude de qqn qui ne se soumet pas à la discipline : *Cet élève a été puni pour indiscipline* (**SYN.** désobéissance, indocilité, insubordination ; **CONTR.** docilité, obéissance).

indiscipliné, e [ɛ̃disipline] adj. Rebelle à toute discipline : *Un enfant indiscipliné* (**SYN.** désobéissant, indocile, rétif ; **CONTR.** docile, obéissant).

indiscret, ète adj. et n. **1.** Qui manque de discrétion, de réserve ; qui dénote de l'indiscrétion : *Cette indiscrète se mêle de tout* (**SYN.** curieux). *Un regard indiscret* (**SYN.** inquisiteur). **2.** Qui révèle ce que l'on devrait taire : *Elle est trop indiscrète pour que nous lui parlions de notre projet* (**SYN.** bavard, cancanier ; **CONTR.** discret, réservé).

indiscrètement adv. De façon indiscrète : *Elle a indiscrètement fouillé dans mes tiroirs.*

indiscrétion n.f. **1.** Manque de discrétion ; acte, parole indiscrète : *Elle a eu l'indiscrétion de lire la lettre par-dessus mon épaule* (**CONTR.** discrétion). *Son indiscrétion le conduit à se mêler de nos affaires* (**SYN.** curiosité ; **CONTR.** réserve, retenue). **2.** Action de révéler ce qui devait rester secret : *Je l'ai su par une indiscrétion de sa part* (**SYN.** fuite).

indiscutable adj. Qui n'est pas discutable ; évident : *L'efficacité de ce vaccin est indiscutable* (**SYN.** incontestable, indéniable, irréfutable ; **CONTR.** contestable).

indiscutablement adv. De façon indiscutable : *Ce*

film a indiscutablement mérité le grand prix (**SYN.** incontestablement, indéniablement).

indiscuté, e adj. Qui n'est pas mis en discussion ou en doute : *L'influence de ce romancier sur les auteurs contemporains est indiscutée* (**SYN.** incontesté ; **CONTR.** discuté).

indispensable adj. Dont on ne peut se passer : *Un arrosage hebdomadaire est indispensable au développement de cette plante* (**SYN.** essentiel, vital). *Votre présence est indispensable* (**SYN.** nécessaire, primordial ; **CONTR.** inutile, superflu). ◆ n.m. Ce dont on ne peut se passer : *N'emporter que l'indispensable* (**CONTR.** superflu).

indisponibilité n.f. État de qqn ou de qqch qui est indisponible : *En cas d'indisponibilité, je vous appellerai* (**SYN.** empêchement ; **CONTR.** disponibilité). *L'indisponibilité d'un véhicule en révision.*

indisponible adj. **1.** Dont on ne peut pas disposer, que l'on ne peut pas utiliser : *La salle des fêtes sera indisponible le week-end prochain* (**SYN.** occupé ; **CONTR.** inoccupé, libre, vacant). *L'argent de ce compte est indisponible pour le moment* (**CONTR.** disponible). **2.** Qui est empêché de faire qqch, en raison de contraintes, d'obligations : *Le médecin est indisponible toute la matinée* (**SYN.** pris ; **CONTR.** libre).

indisposé, e adj. (lat. *indispositus*, de *disponere*, arranger). Qui est légèrement malade : *Il est indisposé depuis qu'il a pris froid* (**SYN.** souffrant ; **CONTR.** dispos). ◆ **indisposée** adj.f. Se dit d'une femme qui a ses règles.

indisposer v.t. [conj. 3]. **1.** Rendre un peu malade : *Les fumées ont indisposé plusieurs personnes* (**SYN.** gêner, incommoder). **2.** Rendre mécontent : *L'augmentation des tarifs indispose les usagers* (**SYN.** déplaire à, fâcher, froisser, offusquer ; **CONTR.** plaire à, satisfaire).

indisposition n.f. **1.** Léger malaise. **2.** État d'une femme qui a ses règles.

indissociable adj. **1.** Que l'on ne peut dissocier d'une autre chose ou d'une autre personne : *Ces deux questions économiques sont indissociables* (**SYN.** inséparable ; **CONTR.** dissociable, séparable). **2.** Que l'on ne peut diviser en parties : *Notre famille forme un tout indissociable* (**SYN.** indivisible ; **CONTR.** divisible).

indissolubilité n.f. Qualité de ce qui est indissoluble.

indissoluble adj. Qui ne peut être dissous, défait : *Leur amitié est indissoluble* (**SYN.** indéfectible, indestructible).

indissolublement adv. De façon indissoluble : *Nous sommes indissolublement liés par ce serment.*

indistinct, e [ɛ̃distɛ̃, ɛ̃kt] adj. Que l'on distingue mal : *Le sommet de la montagne est indistinct à cause du brouillard* (**SYN.** indiscernable, invisible ; **CONTR.** net, visible). *Un souvenir indistinct* (**SYN.** flou, vague). *D'ici, leur conversation est indistincte* (**SYN.** confus, inaudible ; **CONTR.** clair, distinct). ☞ **REM.** Au masculin, on peut aussi prononcer [ɛ̃distɛ̃kt].

indistinctement [ɛ̃distɛ̃ktəmɑ̃] adv. **1.** De façon indistincte : *La pièce était sombre et je la voyais indistinctement* (**SYN.** confusément, vaguement ; **CONTR.** distinctement, nettement). **2.** Sans faire de différence : *Des gens de tous les niveaux sont accueillis indistinctement à l'atelier théâtre* (**SYN.** indifféremment).

individu n.m. (lat. *individuum*, ce qui est indivisible). **1.** Être humain, personne (par opp. à la collectivité, à la société) : *Chaque individu a droit au respect.* **2.** (Souvent péjor.). Être humain indéterminé ; personne quelconque : *Un individu s'est introduit chez nous* (**SYN.** personnage, quidam). **3.** En sciences de la vie, chaque spécimen vivant d'une espèce animale ou végétale : *Une espèce en voie de disparition dont il ne reste que quelques individus* (**SYN.** créature, spécimen).

individualisation n.f. **1.** Action d'individualiser ; son résultat : *L'individualisation des primes de fin d'année* (**SYN.** personnalisation). **2.** Fait de s'individualiser : *Ce style d'éducation permet une certaine individualisation.*

individualiser v.t. [conj. 3]. Rendre individuel, distinct des autres par des caractères propres ; adapter selon les individus : *La loi permet d'individualiser les peines* (**SYN.** particulariser, personnaliser). ◆ **s'individualiser** v.pr. Se distinguer des autres en affirmant sa personnalité : *Elle s'est individualisée de sa sœur jumelle* (**SYN.** se singulariser).

individualisme n.m. **1.** Tendance à s'affirmer indépendamment des autres ; tendance à l'égoïsme : *Faire preuve d'individualisme* (**SYN.** indépendance, non-conformisme ; **CONTR.** conformisme). **2.** Tendance à privilégier la valeur et les droits de l'individu contre ceux de la société ; doctrine qui fait de l'individu la valeur suprême.

individualiste adj. et n. **1.** Qui tient à s'affirmer indépendamment des autres ; qui a tendance à ne penser qu'à soi : *Elle est trop individualiste pour travailler dans une équipe* (**SYN.** indépendant, non conformiste ; **CONTR.** conformiste). *Un individualiste peu enclin à donner de son temps pour les autres* (**SYN.** égoïste ; **CONTR.** altruiste). **2.** Partisan de la doctrine de l'individualisme.

individualité n.f. **1.** Ensemble des caractéristiques propres à un individu : *La drogue modifie l'individualité psychique des êtres humains.* **2.** Originalité propre à une personne : *L'individualité d'un peintre* (**SYN.** particularité). **3.** Personne douée d'un caractère particulièrement marqué et original : *Une forte individualité* (**SYN.** personnalité).

① **individuel, elle** adj. **1.** Qui concerne une seule personne ; qui est le fait d'une seule personne : *Demander une chambre individuelle* (**SYN.** particulier). *Vous devrez rendre un travail individuel* (**SYN.** personnel ; **CONTR.** collectif). **2.** Se dit d'une épreuve sportive ou d'une compétition qui ne se dispute pas par équipes : *Une course individuelle.*

② **individuel, elle** n. Concurrent n'appartenant à aucun club, à aucune équipe, dans une compétition.

individuellement adv. De façon individuelle : *Le ministre vous recevra individuellement* (**SYN.** séparément ; **CONTR.** conjointement, ensemble).

indivis, e [ɛ̃divi, iz] adj. (lat. *indivisus*, qui n'est pas séparé). **1.** Dans le langage juridique, qui n'a pas été divisé, partagé ; qui est possédé par plusieurs personnes : *Succession indivise.* **2.** Qui possède conjointement une propriété non divisée : *Héritiers indivis.* ◆ **indivis** n.m. ▸ ***Par indivis,*** sans qu'il y ait eu partage : *Château possédé par indivis* (= en commun, en indivision).

indivisibilité n.f. Caractère de ce qui est indivisible.

indivisible adj. Qui ne peut être divisé, séparé : *Un territoire indivisible* (**CONTR.** divisible). *La langue est indivisible de la nation* (**SYN.** indissociable, inséparable).

indivision n.f. **1.** Dans le langage juridique, état d'un bien indivis, que l'on n'a pas divisé : *Le partage d'un bien met fin à l'indivision* (**SYN.** communauté). **2.** Situation de qqn qui possède de tels biens.

indocile adj. et n. Qui n'obéit pas facilement ; rebelle : *Ces élèves sont indociles* (**SYN.** désobéissant, indiscipliné, rétif ; **CONTR.** discipliné, docile, obéissant).

indocilité n.f. Attitude d'une personne indocile : *Son indocilité lui a valu d'être renvoyé* (**SYN.** désobéissance, insubordination ; **CONTR.** docilité, soumission).

indo-européen, enne adj. et n. (pl. *indo-européens, indo-européennes*). Se dit de langues auxquelles on attribue une origine commune et qui ont été parlées dès une époque ancienne à la fois en Europe et en Asie : *Les langues germaniques, romanes, slaves sont des langues indo-européennes.* ◆ **indo-européen** n.m. Langue non directement attestée mais reconstituée par comparaison des diverses langues indo-européennes.

indolemment [ɛ̃dɔlamɑ̃] adv. Avec indolence : *Elle entra indolemment dans la pièce* (**SYN.** mollement, nonchalamment, paresseusement ; **CONTR.** dynamiquement, énergiquement).

indolence n.f. Comportement d'une personne indolente : *Son indolence agace ses collègues* (**SYN.** apathie, mollesse, nonchalance, paresse ; **CONTR.** dynamisme, énergie, entrain, vitalité).

indolent, e adj. et n. (lat. *indolens*, de *dolere*, souffrir). Qui évite de se donner de la peine : *Un étudiant indolent* (**SYN.** apathique, mou, nonchalant, paresseux ; **CONTR.** actif, dynamique, énergique).

indolore adj. (lat. *indolorius*, de *dolor*, douleur). Qui ne cause aucune douleur physique : *Une blessure indolore* (**CONTR.** douloureux, lancinant).

indomptable [ɛ̃dɔ̃tabl] adj. Que l'on ne peut pas dompter, maîtriser : *Un tigre indomptable* (**SYN.** farouche, sauvage). *Un orgueil indomptable* (**SYN.** inébranlable, inflexible, irréductible).

indompté, e [ɛ̃dɔ̃te] adj. Que l'on n'a pu dompter, contenir, réprimer : *Un cheval indompté* (**SYN.** sauvage). *Une colère indomptée* (**SYN.** irrépressible).

indonésien, enne adj. et n. D'Indonésie. ◆ **indonésien** n.m. Forme du malais, langue officielle de la république d'Indonésie.

indu, e adj. (de *dû*). ▸ ***Heure indue,*** heure où il n'est pas convenable de faire telle ou telle chose : *Le voisin écoute de la musique à une heure indue* (= tardive).

indubitable adj. (lat. *indubitabilis*, de *dubitare*, douter). Dont on ne peut douter : *Sa participation au complot est indubitable* (**SYN.** certain, incontestable, indéniable, sûr ; **CONTR.** contestable, douteux, incertain).

indubitablement adv. De manière indubitable ; sans aucun doute : *Elle est indubitablement la meilleure de sa discipline* (**SYN.** assurément, incontestablement, indéniablement, indiscutablement).

inductance n.f. En électricité, quotient du flux d'induction créé par le courant qui traverse un circuit par l'intensité de ce courant.

inducteur, trice adj. Se dit de ce qui produit le phénomène d'induction.

inductif, ive adj. **1.** Qui procède par induction : *Méthode inductive* (**CONTR.** déductif). **2.** En électricité, qui est relatif à l'induction.

induction n.f. (lat. *inductio*). **1.** Opération intellectuelle par laquelle on part de l'observation de faits, de cas particuliers pour en tirer une proposition, une loi générale ; généralisation. **2.** Production de courant électrique dans un circuit par un champ magnétique variable.

induire v.t. (lat. *inducere*, conduire à, de *ducere*, conduire) [conj. 98]. **1.** Établir par voie de conséquence, par induction : *De ces premiers résultats, n'induisez pas une victoire totale de votre parti* (= ne généralisez pas ; **SYN.** déduire, inférer [litt.]). **2.** Conduire, mener qqn à une action, à un comportement : *C'est la peur qui l'a induit à te mentir* (**SYN.** inciter, pousser ; **CONTR.** dissuader). **3.** Avoir pour conséquence : *Son changement de poste induit une meilleure paie* (**SYN.** entraîner, occasionner). **4.** En électricité, produire les effets de l'induction. ▸ ***Induire qqn en erreur,*** l'amener à se tromper.

induit, e adj. Qui est entraîné comme conséquence, qui résulte de ; consécutif : *Les effets induits d'une réforme. Les anticorps induits par une infection.*

indulgence n.f. **1.** Facilité à excuser ou à pardonner les fautes d'autrui : *Elle a montré de l'indulgence à l'égard de ces chenapans* (**SYN.** bienveillance, clémence ; **CONTR.** inflexibilité, sévérité). *Je n'ai aucune indulgence pour le mensonge* (**SYN.** compréhension, tolérance). *Faire appel à l'indulgence du jury* (**SYN.** mansuétude ; **CONTR.** rigueur). **2.** Dans l'Église catholique, rémission totale ou partielle de la peine méritée pour les péchés pardonnés.

indulgent, e adj. (lat. *indulgens, indulgentis*, de *indulgere*, être bienveillant). Qui est porté à excuser, à pardonner ; qui exprime l'indulgence : *Soyez indulgent avec lui, son irascibilité est liée à sa maladie* (**SYN.** bienveillant, clément, tolérant ; **CONTR.** impitoyable, intolérant, sévère). *Un compte rendu indulgent* (**SYN.** conciliant, favorable ; **CONTR.** dur, intransigeant).

indûment adv. (de *indu*). De façon illégitime : *Il s'est emparé indûment de ce dossier* (**SYN.** illégalement, illicitement, irrégulièrement ; **CONTR.** légitimement, licitement).

induration n.f. En médecine, durcissement anormal d'un tissu ; partie anormalement dure.

s'**indurer** v.pr. (lat. *indurare*, de *durus*, dur) [conj. 3]. Devenir anormalement dur : *La lésion s'est indurée.*

industrialisation n.f. Action d'industrialiser ; fait de s'industrialiser : *L'industrialisation de la fabrication du pain* (**SYN.** mécanisation). *L'industrialisation d'un pays en développement.*

industrialisé, e adj. Où l'industrie tient une place prédominante. ▸ ***Nouveaux pays industrialisés*** ou ***N.P.I.,*** ensemble des pays en développement ayant réussi leur décollage économique et connu une croissance rapide dès la fin des années 1960 (Taïwan, Singapour, Corée du Sud, etc.).

industrialiser v.t. [conj. 3]. **1.** Donner un caractère industriel à une activité : *Industrialiser la boulangerie.* **2.** Équiper une région, un pays en usines, en industries. ◆ **s'industrialiser** v.pr. Être exploité, équipé industriellement : *Cette région s'est industrialisée.*

industrie n.f. (lat. *industria*, activité). **1.** Ensemble des activités économiques qui produisent des biens matériels par la transformation de matières premières et l'utilisation des sources d'énergie : *Il faut développer l'industrie dans ces pays.* **2.** Chacune de ces activités économiques : *L'industrie électronique. L'industrie du textile.* **3.** Toute activité économique organisée sur une grande échelle : *L'industrie du spectacle.* **4.** *Litt.* Habileté, ingéniosité employée à faire qqch : *Les peintures préhistoriques sont des traces de l'industrie humaine* (**SYN.** savoir-faire). ▸ ***Capitaine d'industrie,*** dirigeant d'une entreprise industrielle. *Litt.* ***Chevalier d'industrie*** → **chevalier.** ***Petites et moyennes industries*** → **P.M.I.**

① **industriel, elle** adj. **1.** Relatif à l'industrie ; qui relève de l'industrie : *Secteur industriel. Un fromage de chèvre industriel* (**CONTR.** artisanal). **2.** Relatif à un lieu où sont implantées des usines, des industries : *Cette entreprise se trouve dans la zone industrielle.* ▸ *Fam.* ***Quantité industrielle,*** très grande quantité : *Ils ont une quantité industrielle de CD.*

② **industriel** n.m. Propriétaire, dirigeant d'une usine, d'établissements industriels.

industriellement adv. De façon industrielle : *De la vaisselle réalisée industriellement* (= en série).

industrieux, euse adj. *Litt.* **1.** Qui a de l'adresse, de l'habileté dans son métier : *Un horloger industrieux* (**SYN.** adroit, habile ; **CONTR.** malhabile). **2.** Qui est très actif, dynamique : *Des bricoleurs industrieux* (**SYN.** entreprenant). *Un quartier industrieux* (**SYN.** affairé).

inébranlable adj. **1.** Qui ne peut être ébranlé ; solide : *Une construction inébranlable* (**SYN.** indestructible, résistant ; **CONTR.** fragile). **2.** Qui ne se laisse pas abattre ; imperturbable : *Le directeur resta inébranlable face à ses accusateurs* (**SYN.** ferme, impassible). **3.** Que l'on ne peut pas fléchir, faire changer : *Une volonté inébranlable* (**SYN.** inexorable, inflexible ; **CONTR.** changeant, inconstant).

inédit, e adj. (lat. *ineditus*). **1.** Qui n'a pas été imprimé, publié : *Une pièce de théâtre inédite.* **2.** Que l'on n'a jamais vu ; original : *Un logiciel inédit* (**SYN.** nouveau, révolutionnaire ; **CONTR.** banal, commun, ordinaire). ◆ **inédit** n.m. Œuvre inédite : *Des inédits de cet auteur ont été découverts après sa mort.* ▸ ***L'inédit,*** ce qui est entièrement nouveau ; caractère nouveau de qqch : *Avec cette émission, nous avons enfin de l'inédit.*

ineffable adj. (lat. *ineffabilis*, de *fari*, parler, dire). *Sout.* Qui ne peut être exprimé : *Un bonheur ineffable* (**SYN.** indéfinissable, indescriptible, indicible [sout.], inexprimable).

ineffaçable adj. Qui ne peut être effacé ; que l'on ne peut faire disparaître : *Encre ineffaçable* (**SYN.** indélébile ; **CONTR.** effaçable). *Un moment ineffaçable de mon enfance* (**SYN.** impérissable, inoubliable ; **CONTR.** éphémère, périssable).

inefficace adj. Qui n'est pas efficace : *Un détachant inefficace* (**SYN.** inopérant ; **CONTR.** actif, puissant, radical). *Un régime inefficace* (**SYN.** infructueux, vain). *Un entraîneur inefficace* (**SYN.** incapable, incompétent ; **CONTR.** capable, compétent, efficient).

inefficacement adv. De façon inefficace : *Un réseau Intranet inefficacement protégé* (**CONTR.** efficacement, utilement).

inefficacité n.f. Manque d'efficacité : *L'inefficacité de sa thérapie* (**SYN.** inutilité ; **CONTR.** utilité).

inégal, e, aux adj. **1.** Qui n'est pas égal à qqch ou à qqn d'autre : *Ces parts de flan sont inégales* (**SYN.** disproportionné, dissemblable ; **CONTR.** équivalent, identique). *La répartition de leurs tâches est inégale* (**SYN.** inéquitable, injuste ; **CONTR.** équitable, juste). **2.** Qui présente des irrégularités : *Un chemin inégal* (**SYN.** accidenté, raboteux ; **CONTR.** plat, uni). **3.** Dont le rythme n'est pas régulier : *Des battements de cœur inégaux* (**SYN.** irrégulier, saccadé). **4.** Dont la qualité n'est pas constante : *Les épisodes de cette série sont d'un intérêt inégal* (**SYN.** variable). *Un scénariste inégal.* **5.** Qui change rapidement, en parlant de qqn ou de son caractère : *Depuis un mois, elle est d'humeur inégale* (**SYN.** capricieux, changeant, fantasque ; **CONTR.** constant, égal).

inégalable adj. Qui ne peut être égalé : *Le parfum de cette fleur est inégalable* (= sans égal ; **SYN.** incomparable, unique ; **CONTR.** ordinaire, quelconque).

inégalé, e adj. Qui n'a pas été égalé ; qui n'a pas d'égal : *Ces DVD offrent une qualité d'image inégalée* (= sans pareil). *Il est le poète inégalé de l'amour* (= hors de pair ; **SYN.** unique).

inégalement adv. De façon inégale : *Leurs capacités se développent inégalement* (**SYN.** différemment, diversement). *L'héritage a été inégalement réparti* (**CONTR.** également, équitablement).

inégalitaire adj. Fondé sur l'inégalité civile, politique et sociale : *Société inégalitaire* (**SYN.** injuste ; **CONTR.** égalitaire).

inégalité n.f. **1.** Caractère, état de choses ou de personnes inégales entre elles : *L'inégalité des chances* (**SYN.** disparité ; **CONTR.** égalité, parité). *Ces associations luttent contre les inégalités sociales et culturelles* (**SYN.** différence). **2.** Caractère de ce qui n'est pas égal, uni : *Les inégalités du relief* (**SYN.** accident, dénivellation). *Les inégalités d'une planche* (**SYN.** aspérité, proéminence). **3.** Caractère de ce qui n'est pas constant : *L'inégalité du pouls d'un malade* (**SYN.** irrégularité, variation ; **CONTR.** régularité). **4.** Relation mathématique qui existe entre deux grandeurs dont l'une est supérieure ou inférieure à l'autre.

inélégamment adv. Sans élégance : *Cet anglicisme remplace inélégamment un mot français usuel* (**SYN.** fâcheusement ; **CONTR.** adéquatement, heureusement).

inélégance n.f. Manque d'élégance ; acte inélégant : *Cette robe accentue l'inélégance de son allure* (**CONTR.** beauté, élégance). *L'inélégance de ce procédé me choque* (**SYN.** impolitesse, incorrection ; **CONTR.** délicatesse).

inélégant, e adj. **1.** Qui manque d'élégance vestimentaire : *Aujourd'hui, elle est particulièrement inélégante* (**SYN.** disgracieux, laid ; **CONTR.** chic, élégant). **2.** Qui manque de délicatesse de sentiments, de savoir-vivre : *Lui rappeler ce mauvais souvenir serait très inélégant* (**SYN.** discourtois [litt.], incorrect ; **CONTR.** délicat). *Un geste inélégant* (**SYN.** grossier, inconvenant).

inéligibilité n.f. État, condition d'une personne inéligible : *L'ancien maire a été condamné à deux ans d'inéligibilité* (**CONTR.** éligibilité).

inéligible adj. Qui ne remplit pas les conditions pour pouvoir être élu (**CONTR.** éligible).

inéluctable adj. (lat. *ineluctabilis*, de *eluctari*, surmonter en luttant). Qui ne peut être évité, empêché :

Son licenciement est inéluctable (**SYN.** inévitable ; **CONTR.** évitable).

inéluctablement adv. De façon inéluctable : *Une dispute éclatera inéluctablement entre eux* (= à coup sûr ; **SYN.** fatalement, forcément, immanquablement).

inemployable adj. Qui ne peut être employé : *Une éponge inemployable* (**SYN.** inutilisable ; **CONTR.** employable, utilisable).

inemployé, e adj. Qui n'est pas employé : *Des compétences inemployées* (**SYN.** inutilisé).

inénarrable adj. (lat. *inenarrabilis,* de *narrare,* raconter). Que l'on ne peut raconter ni décrire ; d'une bizarrerie, d'un comique extraordinaires : *Une rencontre inénarrable* (**SYN.** cocasse, désopilant).

inepte adj. (du lat. *ineptus,* qui n'est pas apte). Qui fait preuve d'une grande sottise ; qui est absurde, dépourvu de sens : *Un animateur inepte* (**SYN.** idiot, niais ; **CONTR.** brillant). *Votre argumentation est inepte* (**SYN.** absurde, inintelligent, stupide ; **CONTR.** intelligent, sensé).

ineptie [inɛpsi] n.f. **1.** Caractère d'un comportement, d'un acte inepte : *L'ineptie de sa réaction* (**SYN.** absurdité, inintelligence, stupidité). **2.** Action ou parole stupide : *Le journaliste a écrit des inepties à propos de cette affaire* (**SYN.** bêtise, insanité, sottise).

inépuisable adj. **1.** Que l'on ne peut épuiser : *Le vent nous offre une source d'énergie inépuisable* (**SYN.** intarissable). *Une patience inépuisable* (**SYN.** immense, infini). **2.** Se dit de qqn qui ne se fatigue jamais, qui n'arrête jamais de parler : *L'historienne est inépuisable sur ce sujet* (**SYN.** intarissable ; **CONTR.** silencieux).

inéquitable [inekitabl] adj. Qui n'est pas équitable : *La répartition des salaires entre les hommes et les femmes est inéquitable* (**SYN.** inégal, injuste ; **CONTR.** égal, juste).

inerme adj. (du lat. *inermis,* non armé). Se dit d'une plante qui n'a pas d'épines.

inertage n.m. Enrobage d'un déchet dans un verre ou dans un liant hydraulique pour empêcher la dissémination de ses composés toxiques dans l'environnement.

inerte adj. (du lat. *iners, inertis,* incapable, de *ars, artis,* talent). **1.** Sans activité ni mouvement propres : *Masse inerte* (**SYN.** inanimé). **2.** Qui ne bouge pas, ne fait plus de mouvements : *La malade est inerte dans son lit* (**SYN.** immobile). *Son bras est inerte depuis l'accident* (**SYN.** impotent). **3.** Qui est sans énergie, sans réaction : *Elle est inerte et n'arrive plus à réagir* (**SYN.** apathique, passif ; **CONTR.** actif, dynamique, énergique).

inertie [inɛrsi] n.f. (du lat. *inertia,* incapacité). **1.** Manque d'activité, d'énergie, d'initiative : *Tu dois sortir de ton inertie !* (**SYN.** apathie, indolence, léthargie, passivité ; **CONTR.** dynamisme, entrain, vitalité). *Les habitants protestent contre l'inertie du député* (**SYN.** immobilisme). **2.** En mécanique, propriété de la matière qui fait que les corps ne peuvent d'eux-mêmes modifier leur état d'immobilité ou de mouvement : *L'inertie d'un gaz.* ▸ ***Force d'inertie,*** résistance que les corps, en raison de leur masse, opposent au mouvement ; fig., résistance passive d'une personne, qui consiste principalement à ne pas obéir.

inespéré, e adj. **1.** Que l'on n'espérait pas ; inattendu : *Une qualification inespérée dans l'équipe de France* (**SYN.** imprévu, inopiné ; **CONTR.** prévisible). **2.** Qui dépasse les espérances : *Un chiffre de vente inespéré* (**SYN.** extraordinaire, incroyable, inouï).

inesthétique adj. Qui n'est pas beau ; qui rend laid : *Un chapeau inesthétique* (**SYN.** hideux, vilain ; **CONTR.** joli, ravissant). *Un bouton d'acné inesthétique* (**SYN.** repoussant, répugnant ; **CONTR.** attirant).

inestimable adj. Dont on ne saurait estimer la valeur : *Un tableau de maître inestimable. Les dégâts causés par les inondations sont inestimables* (**SYN.** incalculable, inchiffrable ; **CONTR.** calculable, chiffrable, estimable). *Vous m'avez rendu un service inestimable* (**SYN.** inappréciable, précieux ; **CONTR.** modeste, négligeable).

inévitable adj. **1.** Que l'on ne peut éviter : *Son échec au concours était inévitable* (**SYN.** fatal). *Il était inévitable qu'ils divorcent* (**SYN.** certain, inéluctable ; **CONTR.** évitable). **2.** (Avant le n.). Que l'on ne peut éviter de rencontrer, de subir : *Les inévitables chants des supporteurs* (**SYN.** immanquable, incontournable).

inévitablement adv. De façon inévitable : *Il faudra inévitablement faire des travaux pour être aux normes de sécurité* (**SYN.** fatalement, forcément, immanquablement).

inexact, e [inɛgzakt] adj. **1.** Qui contient des erreurs : *Votre réponse est inexacte* (**SYN.** erroné, incorrect, faux ; **CONTR.** bon, correct, exact, juste). **2.** *Litt.* Qui manque de ponctualité : *Son collègue est inexact* (**CONTR.** ponctuel). ☞ **REM.** Au masculin, on peut aussi prononcer [inɛgza].

inexactement adv. De façon inexacte, erronée.

inexactitude [inɛgzaktityd] n.f. **1.** Caractère de ce qui est inexact, erroné ; détail contraire à la vérité : *L'inexactitude des prévisions météorologiques* (**SYN.** fausseté ; **CONTR.** exactitude, justesse). *Un exposé plein d'inexactitudes* (**SYN.** erreur, faute). **2.** *Litt.* Manque de ponctualité.

inexaucé, e [inɛgzose] adj. Qui n'a pas été exaucé : *Un souhait inexaucé.*

inexcusable adj. Qui ne peut être excusé : *Tu as commis une erreur inexcusable* (**SYN.** injustifiable ; **CONTR.** excusable, pardonnable). *Vous êtes inexcusable de ne pas l'avoir soutenu dans cette épreuve* (**SYN.** impardonnable).

inexécutable [inɛgzekytabl] adj. Qui ne peut être exécuté : *Un projet inexécutable* (**SYN.** infaisable, irréalisable ; **CONTR.** exécutable, faisable, réalisable).

inexécution [inɛgzekysjɔ̃] n.f. Absence ou défaut d'exécution ; caractère de ce qui n'est pas exécuté : *L'inexécution d'un contrat* (**SYN.** inobservation). *L'inexécution d'un plan* (**CONTR.** accomplissement, réalisation).

inexercé, e adj. Qui n'est pas exercé : *Oreille inexercée.*

inexigible [inɛgziʒibl] adj. Qui ne peut être exigé : *Dette présentement inexigible.*

inexistant, e [inɛgzistɑ̃, ɑ̃t] adj. **1.** Qui n'existe pas : *Des dangers inexistants* (**SYN.** fictif, imaginaire, irréel ; **CONTR.** existant, réel, vrai). **2.** Qui n'a pas de valeur, pas de poids ; qui ne compte pas : *Vos arguments sont inexistants* (**SYN.** nul ; **CONTR.** décisif). *Une baisse du CAC 40 inexistante* (**SYN.** insignifiant, négligeable ; **CONTR.** considérable, important).

inexistence [inɛgzistɑ̃s] n.f. **1.** Défaut d'existence ;

fait de ne pas exister : *L'inexistence de documentation sur ce sujet est surprenante.* **2.** Absence de valeur, d'efficacité : *L'inexistence du scénario de ce film* (**SYN.** nullité).

inexorable [inɛgzɔrabl] adj. (lat. *inexorabilis*, de *exorare*, obtenir par des prières, de *orare*, prier). **1.** D'une dureté implacable ; impitoyable : *Le policier se montra inexorable avec les fraudeurs* (**SYN.** inflexible, intraitable, sévère ; **CONTR.** clément, indulgent). **2.** Se dit de ce à quoi l'on ne peut se soustraire ; inévitable : *Leur faillite était inexorable* (**SYN.** fatal, inéluctable ; **CONTR.** évitable).

inexorablement [inɛgzɔrabləmɑ̃] adv. De façon inexorable : *La situation se retournera inexorablement contre eux* (**SYN.** fatalement, immanquablement, inéluctablement).

inexpérience n.f. Manque d'expérience.

inexpérimenté, e adj. Qui n'a pas d'expérience : *Un ouvrier inexpérimenté* (**SYN.** débutant, novice ; **CONTR.** chevronné, expérimenté, expert).

inexpiable adj. **1.** Qui ne peut être expié : *Ce tueur a commis des crimes inexpiables* (**SYN.** impardonnable, inhumain, monstrueux ; **CONTR.** expiable, pardonnable). **2.** Qui est sans merci ; impitoyable : *La lutte entre les deux candidats est inexpiable* (**SYN.** acharné, implacable).

inexplicable adj. et n.m. **1.** Qui ne peut être expliqué : *Le fait qu'il ait changé d'avis au dernier moment est inexplicable* (**SYN.** incompréhensible ; **CONTR.** compréhensible, explicable). **2.** Dont le comportement n'est pas rationnel : *Cet homme est inexplicable* (**SYN.** déconcertant, énigmatique, mystérieux).

inexplicablement adv. De façon inexplicable : *Ce programme informatique a été inexplicablement modifié* (**SYN.** curieusement, mystérieusement).

inexpliqué, e adj. Qui n'a pas reçu d'explication satisfaisante : *Une affaire judiciaire restée inexpliquée* (= non élucidée ; **SYN.** mystérieux).

inexploitable adj. Qui n'est pas susceptible d'être exploité : *Un gisement inexploitable* (**CONTR.** exploitable).

inexploité, e adj. Qui n'est pas exploité : *Une énergie inexploitée* (**SYN.** inutilisé).

inexploré, e adj. Que l'on n'a pas encore exploré : *Une planète inexplorée* (**SYN.** inconnu).

inexpressif, ive adj. Dépourvu d'expression : *Un clown au visage inexpressif* (**SYN.** éteint, figé ; **CONTR.** expressif, mobile, vivant). *Style inexpressif* (**SYN.** fade, terne ; **CONTR.** brillant, coloré).

inexprimable adj. et n.m. Que l'on ne peut exprimer : *Cette région a un charme inexprimable* (**SYN.** indescriptible, indicible [sout.], ineffable [sout.]). *Une inquiétude inexprimable* (**SYN.** indéfinissable).

inexprimé, e adj. Qui n'a pas été exprimé ou que l'on n'ose pas exprimer : *Une haine inexprimée* (**SYN.** informulé, sous-entendu, tacite).

inexpugnable [inɛkspyɲabl] adj. (lat. *inexpugnabilis*, de *expugnare*, prendre par force, de *pugnus*, poing). *Sout.* Que l'on ne peut prendre par la force : *Une citadelle inexpugnable* (**SYN.** imprenable ; **CONTR.** prenable).

inextensible adj. Qui ne peut être étiré, allongé : *Un fil inextensible* (**CONTR.** élastique, extensible).

in extenso [inɛkstɛ̃so] loc. adv. (mots lat. signif. « en entier »). Tout au long ; en entier : *Il recopia les notices in extenso* (**SYN.** intégralement ; **CONTR.** partiellement).

inextinguible [inɛkstɛ̃gibl ou inɛkstɛ̃gɥibl] adj. (lat. *inextinguibilis*, de *extinguere*, éteindre). Que l'on ne peut apaiser, arrêter : *Un fou rire inextinguible. Il est d'une curiosité inextinguible* (**SYN.** insatiable).

inextirpable adj. Que l'on ne peut extirper : *Tumeur inextirpable. Un préjugé inextirpable* (**SYN.** indéracinable, tenace).

in extremis [inɛkstremis] loc. adv. (mots lat. signif. « à l'extrémité »). Au dernier moment ; à la dernière limite : *Il vit le chien traverser la route in extremis.*

inextricable adj. (lat. *inextricabilis*, de *extricare*, débarrasser). Qui ne peut être démêlé, élucidé : *Un problème inextricable.*

inextricablement adv. De façon inextricable : *Des lianes inextricablement enchevêtrées.*

infaillibilité n.f. **1.** Qualité de qqn qui ne peut se tromper : *L'infaillibilité d'un œnologue à reconnaître un grand vin.* **2.** Caractère de ce qui ne peut manquer de réussir : *L'infaillibilité d'un traitement médical* (**SYN.** fiabilité).

infaillible adj. **1.** Qui ne peut se tromper : *Le commissaire ne prétend pas être infaillible, c'est pourquoi il souhaiterait avoir l'avis d'un expert* (**CONTR.** faillible). **2.** Qui produit les résultats attendus ; qui ne peut manquer d'arriver : *Je connais une méthode infaillible pour enlever les taches d'encre* (**SYN.** efficace, radical, sûr ; **CONTR.** inefficace, inopérant). *C'est la marque infaillible du talent* (**SYN.** évident, manifeste ; **CONTR.** douteux).

infailliblement adv. De façon infaillible, sans erreur ; immanquablement : *L'ordinateur résout infailliblement ces calculs. Ce virus touche infailliblement plusieurs milliers de personnes chaque hiver* (= à coup sûr ; **SYN.** inévitablement).

infaisable [ɛ̃fəzabl] adj. Qui ne peut être fait : *Cette grille de mots croisés est infaisable* (**SYN.** irréalisable ; **CONTR.** faisable, réalisable).

infalsifiable adj. Qui ne peut être falsifié : *Une pièce d'identité infalsifiable* (**CONTR.** falsifiable).

infamant, e adj. Qui déshonore, nuit à la réputation de qqn : *Un article infamant* (**SYN.** avilissant, dégradant, déshonorant). ☞ **REM.** Attention : pas d'accent circonflexe.

infâme adj. (lat. *infamis*, de *fama*, réputation). **1.** Qui avilit ou déshonore celui qui agit, parle : *Il a utilisé des procédés infâmes pour la faire renvoyer* (**SYN.** abject, honteux, ignoble ; **CONTR.** honorable, respectable). **2.** Qui provoque le dégoût ; répugnant : *Un logis infâme* (**SYN.** immonde, sale, sordide ; **CONTR.** impeccable, propre).

infamie n.f. **1.** Action ou parole méprisable, honteuse : *Ce trafiquant a commis bien des infamies* (**SYN.** bassesse, vilenie [litt.]). **2.** *Litt.* Grand déshonneur ; atteinte à la réputation de qqn ; opprobre. **3.** *Litt.* Caractère d'une personne ou d'une action infâme : *L'infamie d'un chantage* (**SYN.** abjection, ignominie [sout.]). ☞ **REM.** Attention : pas d'accent circonflexe.

infant, e [ɛ̃fɑ̃, ɑ̃t] n. (esp. *infante*, du lat. *infans*, *infantis*, qui ne parle pas). Titre des enfants cadets des rois de Portugal et d'Espagne.

infanterie n.f. (anc. it. *infanteria*, de *infante*, fantassin, du lat. *infans*). Ensemble des troupes capables de combattre à pied, chargées de la conquête et de l'occupation du terrain.

① **infanticide** n.m. (lat. *infanticidium*, de *infans, infantis*, enfant, et *caedere*, tuer). Meurtre d'un enfant et, spécial., d'un nouveau-né.

② **infanticide** adj. et n. (lat. *infanticida*). Qui a commis un infanticide : *Des parents infanticides.*

infantile adj. (bas lat. *infantilis*, de *infans*, enfant). **1.** Relatif à l'enfant en bas âge : *La rougeole est une maladie infantile.* **2.** *Péjor.* Qui a gardé à l'âge adulte certains caractères, notamm. psychologiques, de l'enfant : *Il a parfois des réactions infantiles* (**SYN.** puéril).

infantilisant, e adj. Qui infantilise : *Un système éducatif infantilisant.*

infantiliser v.t. [conj. 3]. Rendre infantile ; maintenir chez un adulte une mentalité infantile : *Laissez-la se débrouiller toute seule, vous l'infantilisez.*

infantilisme n.m. **1.** Absence de maturité ; comportement infantile, irresponsable : *Ses caprices continuels témoignent de son infantilisme* (**SYN.** puérilité). **2.** Arrêt pathologique du développement physique et psychique d'un individu.

infarctus [ɛ̃farktys] n.m. (du lat. *in*, dans, et *farcire*, remplir de farce). En médecine, mort d'un tissu d'une partie d'organe due à l'interruption de l'irrigation sanguine. ▸ ***Infarctus du myocarde,*** lésion du cœur de gravité variable, consécutive à l'occlusion d'une artère coronaire.

infatigable adj. Que rien ne fatigue : *Un coureur infatigable* (**SYN.** endurant, résistant). *Un bavard infatigable* (**SYN.** inépuisable, inlassable, intarissable).

infatigablement adv. De façon infatigable ; sans se lasser : *Elle explique infatigablement la méthode de travail* (**SYN.** inlassablement).

infatué, e adj. (du lat. *infatuare*, de *fatuus*, sot). Qui a une trop bonne opinion de lui-même ; prétentieux : *Il est très infatué de sa personne* (**SYN.** suffisant, vaniteux ; **CONTR.** humble, modeste).

infécond, e adj. **1.** *Litt.* Qui n'est pas fécond ; qui ne produit rien : *Une lionne inféconde. Une terre inféconde* (**SYN.** improductif, infertile [litt.], stérile ; **CONTR.** fertile, productif). *Un esprit infécond.* **2.** En médecine, qui n'a jamais eu d'enfant : *Un couple infécond.*

infécondité n.f. Caractère de qqn ou de qqch d'infécond ; stérilité : *L'infécondité du désert* (**SYN.** infertilité [litt.] ; **CONTR.** fécondité, fertilité).

infect, e [ɛ̃fɛkt] adj. (lat. *infectus*, de *inficere*, souiller). **1.** *Litt.* Qui exhale de mauvaises odeurs : *Un local à poubelles infect* (**SYN.** pestilentiel, putride). **2.** *Fam.* Qui a très mauvais goût ; dégoûtant : *Cette soupe en sachet est infecte* (**SYN.** ignoble ; **CONTR.** bon, délicieux, exquis). **3.** *Fam.* Qui provoque le dégoût moral ; ignoble, infâme : *Un journal infect. Il se montre infect avec ses employés* (**SYN.** abject, sordide ; **CONTR.** bienveillant, bon).

infecter v.t. [conj. 4]. **1.** Contaminer et provoquer une infection : *Allez voir un médecin, cette plaie risque d'infecter votre œil.* **2.** *Litt.* Remplir d'émanations puantes et malsaines : *Des relents d'égouts infectent l'immeuble* (**SYN.** empester, empuantir ; **CONTR.** embaumer, parfumer). **3.** En informatique, entrer dans un système et s'y propager, en parlant d'un virus : *Le dernier virus a infecté tous les ordinateurs de l'entreprise.* ☞ **REM.** Ne pas confondre avec *infester.* ◆ **s'infecter** v.pr. Être atteint par une infection : *Sa blessure s'est infectée.*

infectieux, euse [ɛ̃fɛksjø, øz] adj. **1.** Qui produit ou communique une infection : *Germe infectieux.* **2.** Qui résulte d'une infection ou s'accompagne d'infection : *La varicelle est une maladie infectieuse.*

infection [ɛ̃fɛksjɔ̃] n.f. **1.** Pénétration et développement dans l'organisme de micro-organismes qui provoquent une maladie : *Isoler un foyer d'infection.* **2.** Pénétration et développement d'un virus dans un système informatique. **3.** Odeur particulièrement mauvaise : *Quelle infection dans cette cave !* (**SYN.** pestilence, puanteur).

inféodation n.f. Action d'inféoder ; fait d'être inféodé.

inféoder v.t. (du lat. *feodum*, fief) [conj. 3]. **1.** Mettre qqn, qqch sous la dépendance de : *Inféoder une administration à l'État* (**SYN.** soumettre). **2.** Au Moyen Âge, donner une terre en fief à un vassal. ◆ **s'inféoder** v.pr. Se mettre sous la dépendance de ; s'affilier à : *Cette organisation s'est inféodée à un parti* (**CONTR.** s'affranchir de, s'émanciper).

inférence n.f. (de *inférer*). En logique, opération intellectuelle par laquelle on passe d'une vérité à une autre vérité, jugée telle en raison de son lien avec la première : *La déduction est une inférence.*

inférer v.t. (du lat. *inferre*, alléguer) [conj. 18]. *Litt.* Tirer une conséquence de qqch : *Que pouvez-vous inférer de ces résultats ?* (**SYN.** conclure, déduire).

inférieur, e adj. (lat. *inferior*, qui est situé plus bas). **1.** Situé en bas, plus bas, au-dessous (par opp. à supérieur) : *La partie inférieure de la statue est en marbre. Le cabinet médical se trouve à l'étage inférieur.* **2. [à].** Moindre en quantité, en importance, en valeur : *La fréquentation du parc d'attractions est inférieure à celle de l'année passée* (**SYN.** moindre). *Ce résultat est très inférieur à mes prévisions.* **3.** Qui occupe un rang moindre dans une hiérarchie : *Elle occupe un poste inférieur* (**SYN.** mineur, subalterne). **4.** Se dit de la partie d'un fleuve la plus rapprochée de la mer (par opp. à supérieur) : *La Loire inférieure.* **5.** En sciences de la vie, se dit d'espèces animales ou végétales peu évoluées : *Les mousses, les champignons sont des végétaux inférieurs.* ◆ n. Personne qui occupe une position subalterne : *Il ne daigne même pas saluer ses inférieurs* (**SYN.** subordonné ; **CONTR.** supérieur).

inférieurement adv. Moins bien : *Il a traité ce sujet bien inférieurement à ses prédécesseurs.*

inférioriser v.t. [conj. 3]. Mettre à un rang inférieur ; donner un sentiment d'infériorité à : *Le responsable du département infériorise ses collaborateurs* (**SYN.** déprécier, dévaloriser, rabaisser ; **CONTR.** valoriser).

infériorité n.f. Désavantage en ce qui concerne le rang, la force, le mérite, etc. : *L'infériorité d'un pays en matière de recherche médicale* (**SYN.** faiblesse, handicap ; **CONTR.** prééminence, supériorité, suprématie). *Leur infériorité en nombre ne les a pas empêchés de gagner.* ▸ ***Complexe d'infériorité,*** en psychologie, sentiment qui pousse une personne, ayant la conviction intime d'être inférieure à ceux qui l'entourent, à se sous-estimer.

infernal, e, aux adj. (bas lat. *infernalis*). **1.** Qui est digne de l'enfer par son caractère horrible : *Ces terroristes sont d'une cruauté infernale* (**SYN.** démoniaque, diabolique, satanique ; **CONTR.** angélique). **2.** *Litt.* Qui appartient à l'enfer ou aux Enfers : *Les puissances infernales.* **3.** *Fam.* Qui est difficile à supporter : *Les voisins font un bruit infernal* (**SYN.** épouvantable, intolérable, terrible). *Un élève infernal* (**SYN.** indocile, insupportable, pénible). *Ils dansaient sur un rythme infernal* (**SYN.** démentiel, effréné, endiablé). ▸ ***Machine infernale,*** engin explosif ; bombe.

infertile adj. *Litt.* Qui n'est pas fertile : *Terre infertile* (**SYN.** improductif, infécond [litt.], stérile ; **CONTR.** productif).

infertilité n.f. *Litt.* Caractère de ce qui n'est pas fertile ; stérilité : *L'infertilité d'un sol* (**SYN.** infécondité ; **CONTR.** fécondité, fertilité).

infestation n.f. État d'un organisme vivant envahi par un parasite : *Un traitement pour empêcher l'infestation de tous les orangers, de tous les moutons.*

infester v.t. (lat. *infestare*, de *infestus*, ennemi) [conj. 3]. **1.** Envahir un organisme vivant, en parlant de parasites : *Tous les poissons de l'élevage sont infestés.* **2.** Abonder dans un lieu, en parlant d'animaux nuisibles : *Les cafards infestent le vide-ordures* (**SYN.** envahir). **3.** *Litt.* Ravager un lieu par des attaques, en parlant de personnes : *Des pirates de la route infestent ce secteur de l'autoroute* (**SYN.** écumer). ☞ **REM.** Ne pas confondre avec *infecter.*

infeutrable adj. Qui ne se feutre pas : *Un tissu infeutrable.*

infibulation n.f. (du lat. *infibulare*, de *fibula*, agrafe, épingle). Opération rituelle chez certains peuples, consistant à passer un anneau, ou *fibule,* à travers le prépuce de l'homme ou les petites lèvres de la femme.

infidèle adj. **1.** Qui n'est pas fidèle, en partic. dans le mariage : *Un époux infidèle* (**SYN.** adultère, inconstant, volage). **2.** Qui ne respecte pas sa promesse, son engagement : *Un romancier infidèle à son éditeur.* **3.** Qui n'exprime pas la vérité, la réalité ; inexact : *Sa version des faits est infidèle* (**SYN.** mensonger ; **CONTR.** correct, exact, juste). *Ma mémoire est infidèle* (= elle décline, elle défaille). ◆ n. **1.** Personne infidèle en amour. **2.** *Vieilli* Qui ne croit pas au Dieu considéré comme le vrai Dieu : *Une croisade contre les infidèles.*

infidèlement adv. De façon infidèle, inexacte.

infidélité n.f. **1.** Manque de fidélité, en partic. dans le mariage ; inconstance. **2.** Manque d'exactitude, de vérité : *L'infidélité d'une citation* (**SYN.** imprécision, inexactitude ; **CONTR.** justesse).

infiltration n.f. **1.** Passage lent d'un liquide à travers les interstices d'un corps : *Il y a quelques infiltrations dans la cave.* **2.** Action de s'insinuer dans l'esprit de qqn, de pénétrer furtivement quelque part : *L'infiltration d'une doctrine chez les jeunes* (**SYN.** pénétration). *L'infiltration d'un groupuscule par des policiers* (**SYN.** noyautage). **3.** En médecine, envahissement d'un tissu, d'un organe par un liquide organique (sang, urine, pus, etc.) ou par des cellules ; injection d'une substance médicamenteuse, génér. un anti-inflammatoire.

infiltrer v.t. [conj. 3]. **1.** Faire entrer des éléments clandestins dans un groupe à des fins de surveillance ou de provocation : *Infiltrer un parti politique* (**SYN.** noyauter). **2.** En médecine, introduire une substance médicamenteuse dans un organe : *Infiltrer de la cortisone dans une articulation.* ◆ **s'infiltrer** v.pr. **1.** Pénétrer peu à peu à travers les interstices d'un corps solide : *De l'eau s'est infiltrée dans les murs.* **2.** Pénétrer, s'introduire furtivement : *La journaliste a réussi à s'infiltrer dans ce réseau clandestin* (**SYN.** entrer, se glisser, s'insinuer).

infime adj. (du lat. *infimus*, le plus bas). Très petit ; minime, infinitésimal : *Il ne garde qu'un pourcentage infime sur les recettes* (**SYN.** dérisoire, insignifiant ; **CONTR.** considérable, excessif). *Une quantité infime de pollen peut provoquer une allergie* (**SYN.** léger, minuscule ; **CONTR.** immense).

infini, e adj. (du lat. *infinitus*, sans fin). **1.** Qui est sans limites : *La suite des nombres est infinie.* **2.** Très grand ; considérable : *Nous étions entourés par l'océan infini* (**SYN.** illimité, immense ; **CONTR.** borné, limité). *Elle est restée un temps infini dans le coma* (**SYN.** interminable, long ; **CONTR.** bref, court). *Elle leur parle avec une infinie tendresse* (**SYN.** extrême, profond). ◆ **infini** n.m. Ce que l'on suppose sans limites : *L'infini des cieux.* ▸ ***À l'infini,*** à une distance infiniment grande : *Ces canyons s'étendent à l'infini* ; d'un très grand nombre de manières : *On peut changer les configurations d'écran à l'infini* (**SYN.** indéfiniment).

infiniment adv. *Sout.* Extrêmement : *Je vous remercie infiniment* (**SYN.** beaucoup). *Ce jeu est infiniment plus intéressant que les autres* (**SYN.** incomparablement).

infinité n.f. Très grand nombre : *Vous trouverez une infinité d'informations à ce sujet sur le site Internet du ministère* (**SYN.** multitude, myriade).

infinitésimal, e, aux adj. (du lat. *infinitus*, sans fin, infini). Extrêmement petit : *Le chimiste ajoute une dose infinitésimale de ce produit dans la solution* (**SYN.** infime ; **CONTR.** considérable, grand, important).

infinitif n.m. (du bas lat. *infinitivus* [*modus*]). En grammaire, forme nominale du verbe, ne portant pas de marque de nombre ni de personne : *Dans les entrées d'un dictionnaire, les verbes sont donnés à l'infinitif. Dans « le boire et le manger » les infinitifs sont utilisés comme des noms.* ◆ **infinitif, ive** adj. Caractérisé par l'emploi de l'infinitif : *Tournure infinitive.* ▸ ***Proposition infinitive,*** subordonnée complétive dont le verbe est à l'infinitif (on dit aussi *une infinitive*) : *La phrase « je vois les oiseaux s'envoler » contient une infinitive.*

infirmation n.f. **1.** *Didact.* Action d'infirmer : *Ces résultats tendent à l'infirmation de votre hypothèse* (**SYN.** démenti, négation ; **CONTR.** confirmation, validation). **2.** Dans le langage juridique, annulation en appel d'une décision (**SYN.** cassation).

infirme adj. et n. (du lat. *infirmus*, faible, de *firmus*, solide). Qui ne jouit pas de toutes ses facultés physiques : *Elle est restée infirme à la suite de cette chute* (**SYN.** estropié, impotent).

infirmer v.t. (du lat. *infirmare*, affaiblir, de *firmus*, solide) [conj. 3]. **1.** Détruire la valeur, l'autorité de ; remettre totalement en question : *Les résultats ont infirmé votre hypothèse* (**SYN.** démentir ; **CONTR.** valider). *La déclaration du gardien infirme celle de l'accusé* (**SYN.** détruire, ruiner ; **CONTR.** confirmer, corroborer). **2.** Dans le langage juridique, annuler partiellement ou totalement une décision en appel : *Le jugement de la cour a été infirmé* (**SYN.** casser).

infirmerie n.f. Local d'un établissement scolaire ou militaire, d'une entreprise, etc., où sont reçues les personnes souffrant de troubles légers ou victimes d'accidents sans gravité.

infirmier, ère n. Personne habilitée à soigner les malades, sous la direction des médecins, dans les hôpitaux, les cliniques, ou à domicile. ◆ adj. Relatif aux infirmiers, aux soins qu'ils dispensent : *Le personnel infirmier.*

infirmité n.f. Affection particulière qui atteint une partie du corps d'une manière chronique : *La surdité est une infirmité* (**SYN.** handicap).

infixe n.m. (du lat. *infixus*, inséré). En linguistique, élément qui s'insère à l'intérieur d'un mot, pour en modifier le sens, la valeur grammaticale : *Dans le verbe « lamper » qui vient de « laper », « m » est un infixe.*

inflammable adj. (du lat. *inflammare*, enflammer, de *flamma*, flamme). Qui s'enflamme facilement : *Un gaz inflammable* (**CONTR.** ininflammable).

inflammation n.f. **1.** *Litt.* Fait de s'enflammer, en parlant d'une matière combustible : *L'inflammation du fioul.* **2.** En médecine, ensemble de phénomènes de défense de l'organisme contre une agression (traumatisme, infection, etc.) pouvant se manifester par divers signes (chaleur, rougeur, douleur, tuméfaction, etc.) : *L'inflammation de la peau après un coup de soleil* (**SYN.** irritation).

inflammatoire adj. En médecine, qui est caractérisé par une inflammation ; dont l'origine est une inflammation : *Une réaction inflammatoire due à une allergie.*

inflation n.f. (lat. *inflatio*, de *inflare*, enfler, de *flare*, souffler). **1.** Situation ou phénomène caractérisé par une hausse généralisée, permanente et plus ou moins importante des prix : *Cette crise a engendré une inflation sans précédent* (**CONTR.** déflation). **2.** *Fig.* Augmentation, accroissement excessifs : *L'opposition dénonce une inflation du nombre des fonctionnaires* (**SYN.** hausse ; **CONTR.** baisse, déclin).

inflationniste adj. Qui est cause ou signe d'inflation : *Politique inflationniste.*

infléchir v.t. (de *inflexion*) [conj. 32]. **1.** Modifier l'orientation de ; incliner, courber : *L'atmosphère terrestre infléchit les rayons du soleil.* **2.** Changer l'évolution de : *Sa démission a infléchi le cours des événements* (**SYN.** influencer). ◆ **s'infléchir** v.pr. **1.** Prendre une autre direction ; dévier : *La piste de ski s'infléchit à cet endroit* (**SYN.** s'incurver). **2.** Subir une modification progressive de son évolution : *L'orientation de l'organisation s'est infléchie depuis qu'il en a pris la direction.*

infléchissement n.m. Modification peu accusée d'un processus, d'une évolution : *L'infléchissement de la politique sociale.*

inflexibilité n.f. Caractère, attitude d'une personne inflexible : *L'inflexibilité d'un magistrat* (**SYN.** rigueur, sévérité ; **CONTR.** bienveillance, clémence).

inflexible adj. **1.** Que rien ne peut fléchir, vaincre ou émouvoir : *Une résolution inflexible* (**SYN.** inébranlable ; **CONTR.** changeant, inconstant). *L'examinateur s'est montré inflexible avec les candidats* (**SYN.** dur, impitoyable, inexorable, intraitable ; **CONTR.** compréhensif, indulgent). **2.** Qui est dénué d'indulgence, de souplesse : *Un règlement inflexible* (**SYN.** rigoureux, sévère, strict ; **CONTR.** élastique, souple).

inflexion n.f. (lat. *inflexio*, de *inflectere*, plier, de *flectere*, courber). **1.** Action de plier légèrement, d'incliner : *Elle m'approuva d'une inflexion de la tête* (**SYN.** inclination). **2.** Changement de direction : *L'inflexion de la rivière vers le sud* (**SYN.** courbure, déviation). **3.** Changement dans la manière de conduire une affaire, de se comporter : *Les sociologues ont noté une inflexion des mentalités après ces événements* (**SYN.** modification). **4.** Changement d'accent ou du ton de la voix : *Cette inflexion trahit une vive émotion* (**SYN.** modulation).

infliger v.t. (du lat. *infligere*, heurter) [conj. 17]. **1.** Frapper d'une peine pour une faute, une infraction : *Le gendarme lui infligea une contravention pour excès de vitesse* (**SYN.** donner). **2.** Faire subir qqch de pénible à qqn : *Pourquoi faut-il qu'il nous inflige la présence de sa sœur ?* (**SYN.** imposer). *Nous leur avons infligé une sévère défaite.* ▸ ***Infliger un démenti à,*** contredire catégoriquement, montrer à l'évidence l'erreur de : *Ces résultats ont infligé un démenti aux premiers sondages.*

inflorescence n.f. (du lat. *inflorescere*, fleurir). **1.** En botanique, mode de groupement des fleurs sur une plante : *La grappe, l'épi, l'ombelle, le capitule sont des inflorescences.* **2.** Ensemble de ces fleurs : *Les inflorescences de cette plante sont rouges.*

influençable adj. Qui se laisse influencer : *Une adolescente influençable* (**SYN.** malléable ; **CONTR.** inflexible).

influence n.f. (lat. *influentia*, de *influere*, couler). **1.** Action qu'une personne exerce sur une autre : *Sa tante a de l'influence sur lui* (**SYN.** ascendant, autorité, emprise). *Il a de l'influence dans le milieu journalistique* (**SYN.** importance, poids, puissance). **2.** Action qu'une chose exerce sur qqn ou sur qqch : *L'influence d'une chanson sur les jeunes* (**SYN.** impact). *Quelle est l'influence de la DHEA sur l'organisme ?* (**SYN.** effet, répercussion).

influencer v.t. [conj. 16]. Exercer une influence sur : *Le temps influence son humeur* (**SYN.** agir sur, infléchir, influer sur). *Ils se sont laissé influencer par le vendeur* (**SYN.** convaincre, entraîner).

influent, e adj. Qui a de l'autorité, du prestige : *Ils connaissent beaucoup de gens influents en haut lieu* (**SYN.** important, puissant).

influenza [ɛ̃flyɑ̃za ou ɛ̃flyɛ̃za] n.f. (mot it. signif. « épidémie »). *Vx* Grippe.

influer [ɛ̃flye] v.t. ind. (lat. *influere*, couler dans, de *fluere*, couler) [conj. 3]. **[sur].** Exercer une action sur : *Ses soucis influent sur son sommeil* (**SYN.** agir, peser). *Sa conversion a influé sur tous ses proches* (**SYN.** déteindre sur, influencer).

influx [ɛ̃fly] n.m. (du lat. *influxus*, influence, de *fluere*, couler). ▸ ***Influx nerveux,*** phénomène par lequel l'excitation d'une fibre nerveuse se propage dans le nerf : *Les neurones transmettent l'influx nerveux.*

info n.f. (abrév.). *Fam.* Information.

Infographie n.f. (nom déposé). Application de l'informatique à la représentation graphique et au traitement de l'image.

in-folio [infɔljo] adj. inv. (mots lat. signif. « en

feuille »). Se dit du format d'un livre déterminé par le pliage d'une feuille d'impression en 2 feuillets, soit 4 pages (abrév. in-f°). ◆ n.m. inv. Livre dans le format in-folio : *Imprimer des in-folio.*

infondé, e adj. Se dit de ce qui n'est pas fondé ; sans fondement : *Vos soupçons à son égard sont infondés* (**SYN.** arbitraire, injustifié).

informateur, trice n. Personne qui donne des informations ou qui les recueille : *Le journaliste refuse de donner le nom de son informateur. Cet officier de police a plusieurs informateurs* (**SYN.** indicateur).

informaticien, enne n. Spécialiste d'informatique.

informatif, ive adj. Qui informe : *Une campagne publicitaire informative.*

information n.f. **1.** Action d'informer, de s'informer : *La mairie a ouvert un bureau pour l'information des habitants.* **2.** Renseignement, précision que l'on obtient sur qqn, qqch : *J'ai eu des informations sur les raisons du retard de l'avion* (**SYN.** indication, précision). **3.** Nouvelle communiquée par une agence de presse, un média (abrév. fam. info) : *Une information vient de nous parvenir à propos de la démission d'un ministre* (**SYN.** communiqué, flash). **4.** En informatique, élément de connaissance susceptible d'être codé pour être conservé, traité ou communiqué. **5.** Dans le langage juridique, ensemble des actes d'instruction qui ont pour objet de faire la preuve d'une infraction et d'en connaître les auteurs : *Ouvrir une information contre X.* ◆ **informations** n.f. pl. Bulletin radiodiffusé ou télévisé qui donne des nouvelles du jour (abrév. fam. infos) : *Regarder les informations de vingt heures* (= le journal télévisé).

informatique n.f. (de *information* et *automatique*). Science du traitement automatique et rationnel de l'information en tant que support des connaissances et des communications ; ensemble des applications de cette science, mettant en œuvre des matériels (ordinateurs) et des programmes (logiciels). ◆ adj. Qui a trait à l'informatique : *Matériel informatique. Combattre le piratage informatique.* ▸ ***Système informatique,*** ensemble formé par un ordinateur et les différents éléments qui lui sont rattachés.

informatiquement adv. Par des moyens informatiques : *Des données traitées informatiquement.*

informatisation n.f. Action d'informatiser ; fait d'être informatisé : *L'informatisation d'un cabinet médical.*

informatiser v.t. [conj. 3]. **1.** Traiter par les procédés de l'informatique : *Informatiser des dossiers d'inscription.* **2.** Doter de moyens informatiques : *Informatiser une gendarmerie.*

informe adj. (lat. *informis,* affreux, de *forma,* forme). **1.** Qui n'a pas de forme nette, reconnaissable : *Après l'incendie, la maison n'était qu'une masse informe.* **2.** Qui est insuffisamment élaboré, pensé : *Un programme politique informe* (**SYN.** fragmentaire, grossier, sommaire ; **CONTR.** achevé, fini, parfait). **3.** *Péjor.* Qui a une forme lourde et sans grâce : *Un monument informe* (**SYN.** hideux, inesthétique, laid ; **CONTR.** élégant, harmonieux). *Un corps informe* (**SYN.** disgracieux, ingrat ; **CONTR.** beau, gracieux).

informé, e adj. Qui a reçu les informations qu'il doit connaître : *Dans les milieux bien informés, on annonce qu'il sera candidat.* ◆ **informé** n.m. ▸ ***Jusqu'à plus ample informé,*** dans le langage administratif, jusqu'à la découverte d'un fait nouveau.

informel, elle adj. Qui n'obéit pas à des règles déterminées ; qui n'a pas un caractère officiel : *Une rencontre informelle entre deux chefs d'État.*

informer v.t. (du lat. *informare,* donner une forme, de *forma,* forme) [conj. 3]. **1.** Mettre qqn au courant de qqch : *Elle nous a informés de sa demande de mutation* (= elle nous a fait part ; **SYN.** avertir, aviser, prévenir ; **CONTR.** cacher, taire). *Je vous informe que vous serez reçu d'ici une heure* (**SYN.** signaler). **2.** Donner des informations à ; renseigner : *La conseillère d'orientation les a informés sur les différentes filières* (**SYN.** éclairer). ◆ v.i. Dans le langage juridique, procéder à une information, instruire une affaire. ◆ **s'informer** v.pr. **[de, sur].** Recueillir des renseignements ; interroger sur qqch : *Elle s'est longuement informée sur cette affaire avant d'écrire son livre* (**SYN.** se documenter). *Ils se sont informés de sa situation financière* (**SYN.** s'enquérir de).

informulé, e adj. Qui n'est pas formulé, exprimé : *Une tristesse informulée* (**SYN.** inexprimé).

infortune n.f. (lat. *infortunium,* de *fortuna,* sort, hasard). *Litt.* **1.** Manque de chance : *Son infortune attirait la compassion de ses collègues* (**SYN.** adversité [litt.], malchance, malheur). **2.** (Souvent au pl.). Événement malheureux : *Depuis son licenciement, il a connu de nombreuses infortunes* (**SYN.** calamité, catastrophe, revers). **3.** Fait d'être trompé par son conjoint, son partenaire : *Elle n'a pas conscience de son infortune conjugale.*

infortuné, e adj. et n. *Litt.* Qui n'a pas de chance : *Cette infortunée se retrouve toute seule* (**SYN.** malheureux ; **CONTR.** chanceux).

infos n.f. pl. (abrév.). *Fam.* Informations.

infra [ɛ̃fra] adv. (mot lat.). Plus bas dans le texte ; ci-dessous (par opp. à supra) : *Voir la définition infra.*

infraction n.f. (bas lat. *infractio,* de *frangere,* briser). **1.** Fait de ne pas respecter une règle définie par une institution : *Toute infraction au règlement sera sanctionnée* (**SYN.** dérogation, manquement, transgression, violation). **2.** Dans le langage juridique, action ou comportement définis par la loi et sanctionnés par une peine : *Les contraventions, les délits et les crimes sont les trois types d'infractions dans le droit français.*

infranchissable adj. Que l'on ne peut franchir : *Une rivière infranchissable. Les difficultés que connaît actuellement votre couple ne sont pas infranchissables* (**SYN.** insurmontable ; **CONTR.** surmontable).

infrarouge adj. et n.m. Se dit du rayonnement électromagnétique émis par les corps chauds et utilisé pour la photographie aérienne ou en thérapeutique.

infrason [ɛ̃frasɔ̃] n.m. En acoustique, vibration de même nature que le son, mais de fréquence trop basse pour être perçue par l'oreille humaine.

infrastructure n.f. **1.** Ensemble des ouvrages et des aménagements constituant la fondation d'une construction ou d'un ensemble d'installations (route, voie ferrée, etc.) ; ensemble des parties inférieures d'un ouvrage, d'un bâtiment (par opp. à superstructure). **2.** Ensemble des installations, des équipements nécessaires à une collectivité, à une activité : *L'infrastructure* *culturelle d'une ville.* **3.** Partie interne, sous-jacente à une structure abstraite ou matérielle : *L'infrastructure d'un roman.*

infréquentable adj. Que l'on ne peut pas fréquenter : *Un individu, un quartier infréquentable* (**CONTR.** fréquentable, recommandable).

infroissable adj. Qui ne peut se froisser, se chiffonner : *Une nappe infroissable* (**CONTR.** froissable).

infructueusement adv. Sans résultat ; sans profit : *Elle a infructueusement cherché partout.*

infructueux, euse adj. (lat. *infructuosus,* de *fructus,* revenu, fruit). Qui ne donne pas de résultat utile : *Ses recherches en généalogie sont restées infructueuses* (**SYN.** inefficace, stérile, vain ; **CONTR.** fécond, fructueux).

infuse adj. f. (du lat. *infusus,* de *fundere,* répandre). ▸ ***Avoir la science infuse,*** savoir sans avoir besoin d'étudier, prétendre tout savoir.

infuser v.t. (du lat. *infundere,* verser dans) [conj. 3]. **1.** Faire macérer une plante aromatique dans un liquide bouillant afin que celui-ci en prenne l'arôme : *Infuser du tilleul.* **2.** *Litt.* Inspirer un sentiment, un état d'esprit à qqn : *Cet agitateur a infusé l'idée de vengeance dans les esprits* (**SYN.** instiller [litt.], introduire). *Sa déclaration a infusé le doute dans l'équipe* (**SYN.** insuffler). ◆ v.i. Communiquer ses sucs aromatiques à un liquide : *Le thé a infusé deux minutes.*

Infusette n.f. (nom déposé). Sachet de tisane prêt à infuser.

infusible adj. Se dit de ce qui ne peut être fondu (**CONTR.** fusible).

infusion n.f. **1.** Action de verser de l'eau bouillante sur une plante aromatique. **2.** Liquide dans lequel on a fait infuser une plante pendant quelques minutes : *Boire une infusion de menthe.*

ingagnable adj. Qui ne peut être gagné : *Une partie d'échecs ingagnable.*

ingambe [ɛ̃gɑ̃b] adj. (de l'it. *in gamba,* en jambe). Qui se sert de ses jambes normalement ; par ext., agile, leste : *Une vieille dame ingambe* (**SYN.** alerte, gaillard ; **CONTR.** impotent).

s'**ingénier** v.pr. (du lat. *ingenium,* esprit) [conj. 9]. **[à].** Mettre en œuvre toutes les ressources de son esprit pour parvenir à son but : *Elle s'est ingéniée à faire bonne impression* (**SYN.** chercher à, s'efforcer de, s'évertuer à).

ingénierie [ɛ̃ʒeniri] n.f. (de *ingénieur*). Étude d'un projet industriel sous tous ses aspects (techniques, financiers, sociaux, etc.) ; discipline, spécialité constituée par cette activité ; génie : *L'ingénierie génétique, financière, comptable* (**SYN.** engineering [anglic.]).

ingénieriste n. Spécialiste d'ingénierie.

ingénieur, e n. (de l'anc. fr. *engin,* machine de guerre). Personne, génér. diplômée de l'enseignement supérieur, que ses connaissances rendent apte à élaborer, organiser ou diriger des travaux scientifiques ou techniques : *Ingénieur agronome. Une ingénieure chimiste.* ▸ ***Ingénieur système,*** ingénieur informaticien spécialisé dans la conception, la production, l'utilisation et la maintenance de systèmes d'exploitation d'ordinateurs.

ingénieusement adv. De façon ingénieuse.

ingénieux, euse adj. (lat. *ingeniosus,* de *ingenium,* esprit). Plein d'esprit d'invention ; qui manifeste un tel esprit : *C'est une bricoleuse très ingénieuse* (**SYN.** astucieux, génial, inventif). *Il a trouvé une excuse ingénieuse pour ne pas aller chez eux* (**SYN.** adroit, fin, habile, subtil).

ingéniosité n.f. Qualité de qqn, de qqch qui est ingénieux : *Vous avez fait preuve d'ingéniosité dans cette affaire* (**SYN.** adresse, habileté). *L'ingéniosité d'un système d'ouverture.*

ingénu, e adj. et n. (lat. *ingenuus,* né libre). **1.** *Litt.* Qui agit, parle avec une innocente franchise : *Un enfant ingénu* (**SYN.** candide ; **CONTR.** fourbe, sournois). *Ne joue pas les ingénus !* (**SYN.** innocent). **2.** *Iron.* Qui est d'une naïveté excessive : *Réponse ingénue* (**SYN.** naïf, simplet). ◆ **ingénue** n.f. Au théâtre, rôle de jeune fille simple et naïve.

ingénuité n.f. **1.** *Litt.* Caractère ingénu ; candeur, innocence : *L'ingénuité d'un jeune homme* (**SYN.** pureté, simplicité ; **CONTR.** cynisme). **2.** *Iron.* Sincérité, simplicité excessive dans sa naïveté : *L'ingénuité de ses raisonnements* (**SYN.** niaiserie ; **CONTR.** finesse, rouerie). *Avec beaucoup d'ingénuité, elle a cru qu'elle avait gagné le gros lot.*

ingénument adv. De façon ingénue : *Elle nous l'avoua ingénument* (**SYN.** candidement, innocemment, naïvement).

① **ingérable** adj. (de *ingérer*). Qui peut être ingéré, absorbé par la bouche : *Médicament ingérable.*

② **ingérable** adj. (de *gérer*). Impossible à gérer : *Une crise ingérable* (**CONTR.** gérable).

ingérence n.f. Action de s'ingérer, de se mêler de qqch : *Cette entreprise ne tolère aucune ingérence dans ses affaires* (**SYN.** immixtion [sout.], intervention, intrusion). ▸ ***Droit*** ou ***devoir d'ingérence,*** possibilité qu'a un État de s'immiscer dans les affaires intérieures d'un autre État, génér. pour des raisons humanitaires.

ingérer v.t. (lat. *ingerere,* introduire dans, de *gerere,* porter) [conj. 18]. Introduire dans l'estomac, par la bouche : *Le bébé a ingéré une substance toxique* (**SYN.** absorber, avaler). ◆ **s'ingérer** v.pr. **[dans].** Se mêler d'une chose sans y être autorisé : *Ils se sont ingérés dans notre vie privée* (**SYN.** s'immiscer).

ingestion [ɛ̃ʒɛstjɔ̃] n.f. Action d'ingérer : *L'ingestion des aliments solides la fait souffrir* (**SYN.** absorption).

ingouvernable adj. Que l'on ne peut pas gouverner : *Ce pays devient ingouvernable* (**SYN.** incontrôlable ; **CONTR.** gouvernable).

ingrat, e adj. et n. (lat. *ingratus,* de *gratus,* agréable, reconnaissant). Qui n'a aucune reconnaissance pour les bienfaits ou les services reçus : *Il se montre ingrat envers la personne qui l'a embauché* (**SYN.** oublieux [litt.] ; **CONTR.** reconnaissant). ◆ adj. **1.** Qui n'est pas agréable à l'œil : *Visage ingrat* (**SYN.** disgracieux, laid ; **CONTR.** beau, charmant, gracieux). **2.** Qui exige de gros efforts sans résultats appréciables : *On lui confie les tâches les plus ingrates* (**SYN.** difficile, malaisé, pénible ; **CONTR.** aisé). **3.** Se dit d'un terrain qui produit peu, qui ne dédommage guère de la peine qu'il coûte : *Une terre ingrate* (**SYN.** improductif, stérile ; **CONTR.** fertile, productif). ▸ ***L'âge ingrat,*** le début de l'adolescence, la puberté.

ingratitude n.f. **1.** Caractère de qqn qui manque de reconnaissance : *L'ingratitude des personnes qu'elle a formées la blesse* (**CONTR.** gratitude, reconnaissance).

2. Caractère d'une action ou d'une parole ingrate : *Ils furent choqués de* ou *par l'ingratitude de sa réponse.*

ingrédient n.m. (lat. *ingrediens, ingredientis,* de *ingredi,* entrer dans, de *gradi,* marcher). **1.** Produit qui entre dans la composition d'un mélange, d'une préparation : *Quels sont les ingrédients de la mayonnaise ?* (**SYN.** constituant). **2.** Ce qui joue un rôle dans qqch, qui concourt à un résultat ; facteur : *Tous les ingrédients étaient réunis pour passer une bonne soirée* (**SYN.** condition).

inguérissable adj. Qui ne peut être guéri : *Elle est atteinte d'une maladie inguérissable* (**SYN.** incurable ; **CONTR.** curable, guérissable).

inguinal, e, aux [ɛ̃gɥinal, o] adj. (du lat. *inguen, inguinis,* aine). En anatomie, relatif à l'aine : *Canal inguinal.*

ingurgiter v.t. (lat. *ingurgitare,* de *gurges, gurgitis,* gouffre) [conj. 3]. **1.** Avaler rapidement et souvent en grande quantité : *Ils ingurgitent leurs sandwichs à toute vitesse* (**SYN.** dévorer, engloutir). **2.** *Fig.* Acquérir massivement des connaissances sans les assimiler : *Cet élève a ingurgité sa leçon juste avant le contrôle.*

inhabile adj. (lat. *inhabilis,* de *habilis,* apte à). *Litt.* Qui manque d'habileté : *Elle est inhabile à la diplomatie* (**SYN.** gauche, malhabile ; **CONTR.** adroit, habile). *Cette réflexion inhabile l'a vexé* (**SYN.** maladroit ; **CONTR.** ingénieux).

inhabileté n.f. *Litt.* Manque d'adresse, d'habileté : *Il s'est montré d'une grande inhabileté dans son interrogatoire* (**SYN.** gaucherie, maladresse, lourdeur ; **CONTR.** dextérité, ingéniosité).

inhabilité n.f. Dans le langage juridique, incapacité légale : *L'inhabilité d'un médecin à exercer.*

inhabitable adj. Qui ne peut être habité : *Une bâtisse inhabitable* (**CONTR.** habitable, logeable).

inhabité, e adj. Qui n'est pas habité : *Un logement inhabité depuis un an* (**SYN.** inoccupé, vacant, vide). *Depuis le tremblement de terre, cette région est inhabitée* (**SYN.** désert).

inhabituel, elle adj. Qui n'est pas habituel : *Il manifeste une ardeur au travail assez inhabituelle* (**SYN.** anormal, inaccoutumé, insolite ; **CONTR.** courant, ordinaire).

inhalateur n.m. Appareil servant à prendre des inhalations.

inhalation n.f. **1.** Action, fait d'inhaler (**SYN.** aspiration, inspiration ; **CONTR.** expiration). **2.** Traitement qui consiste à inhaler des vapeurs d'eau chaude chargées de principes médicamenteux volatils.

inhaler v.t. (du lat. *inhalare,* souffler sur) [conj. 3]. Absorber par les voies respiratoires : *Les ouvriers ont inhalé des gaz toxiques* (**SYN.** aspirer, inspirer, respirer ; **CONTR.** exhaler, expirer, souffler).

inhérence n.f. Caractère de ce qui est inhérent à qqch.

inhérent, e adj. (lat. *inhaerens, inhaerentis,* de *inhaerere,* adhérer à). **[à].** *Sout.* Lié d'une manière intime et nécessaire à qqch, à qqn : *La confiance est inhérente à l'amitié* (**SYN.** indissociable, inséparable). *Les droits inhérents à la personne humaine* (**SYN.** intrinsèque).

inhibé, e adj. Qui souffre d'inhibition ; timide, complexé.

inhiber v.t. (du lat. *inhibere,* retenir) [conj. 3]. **1.** Supprimer ou ralentir toute possibilité de réaction, toute activité chez qqn : *Le vertige l'inhibait, il ne pouvait plus avancer* (**SYN.** engourdir, paralyser). **2.** Produire une inhibition, un complexe chez qqn : *Les remarques incessantes de son professeur de danse l'ont inhibée* (**SYN.** complexer). **3.** Ralentir ou diminuer un processus physiologique.

inhibiteur, trice adj. et n.m. Se dit d'une substance, d'une cellule, d'un phénomène qui bloque ou retarde une réaction chimique ou un processus physiologique : *Un inhibiteur de l'ovulation.*

inhibition n.f. **1.** Phénomène d'arrêt ou de ralentissement d'un processus chimique, psychologique ou physiologique ; blocage : *La peur de monter sur scène provoque chez elle une inhibition de la parole.* **2.** Sentiment d'infériorité ; complexe : *Un employé plein d'inhibitions.*

inhospitalier, ère adj. Qui n'est pas hospitalier, accueillant : *Le patron de ce restaurant est inhospitalier* (**SYN.** froid, glacial ; **CONTR.** agréable, chaleureux). *Une terre inhospitalière* (**SYN.** hostile, sauvage).

inhumain, e adj. **1.** Qui ne semble pas appartenir à la nature ou à l'espèce humaine ; qui est perçu comme atroce : *Il poussa un cri inhumain* (**SYN.** monstrueux). **2.** Se dit de ce qui semble au-dessus des forces humaines : *Ils doivent fournir un travail inhumain* (**SYN.** accablant, surhumain, pénible ; **CONTR.** aisé, facile). **3.** Qui est sans pitié ; cruel : *Dans ces camps, les prisonniers sont traités de façon inhumaine* (**SYN.** barbare, impitoyable ; **CONTR.** bon, charitable). *Il est inhumain de faire travailler des enfants.*

inhumainement adv. De façon inhumaine.

inhumanité n.f. *Litt.* Manque d'humanité ; cruauté : *Des prisonniers qui souffrent de l'inhumanité de leurs geôliers* (**SYN.** barbarie, férocité ; **CONTR.** bonté, compassion, humanité).

inhumation n.f. Action d'inhumer ; fait d'être inhumé ; funérailles, obsèques : *Son inhumation aura lieu dans la plus stricte intimité* (**SYN.** enterrement ; **CONTR.** exhumation).

inhumer v.t. (du lat. *humus,* terre) [conj. 3]. Mettre un corps humain en terre, avec les cérémonies d'usage : *On l'a inhumé dans le caveau de famille* (**SYN.** ensevelir [litt.], enterrer ; **CONTR.** déterrer, exhumer).

inimaginable adj. Qui dépasse tout ce que l'on pourrait imaginer : *Tu as une audace inimaginable* (**SYN.** extraordinaire, incroyable, inouï). *Il est inimaginable qu'elle ait réalisé cette œuvre elle-même* (**SYN.** impensable, inconcevable ; **CONTR.** concevable, pensable).

inimitable adj. Qui ne peut être imité : *Le style de cette chanteuse est inimitable* (**SYN.** unique ; **CONTR.** imitable).

inimité, e adj. Qui n'a pas été imité : *Un peintre inimité.*

inimitié n.f. (lat. *inimicitia,* de *amicus,* ami). Sentiment durable d'hostilité ; antipathie : *Vous allez vous attirer l'inimitié de vos collègues* (**SYN.** animosité, haine ; **CONTR.** affection, amitié, sympathie).

ininflammable adj. Qui ne peut s'enflammer : *Ce matériau est ininflammable* (**CONTR.** inflammable).

inintelligence n.f. Manque d'intelligence ; action

qui dénote ce manque : *L'inintelligence d'une réplique* (**SYN.** absurdité, ineptie, stupidité ; **CONTR.** sagacité).

inintelligent, e adj. Se dit d'une personne qui manque d'intelligence, de son comportement : *Tous le décrivent comme un homme inintelligent* (**SYN.** borné, obtus ; **CONTR.** brillant, intelligent). *Débarrassez-vous de cette habitude inintelligente* (**SYN.** idiot, inepte, sot, stupide).

inintelligible adj. Que l'on ne peut comprendre : *Avec tout ce bruit, l'annonce est inintelligible* (**SYN.** inaudible, incompréhensible ; **CONTR.** audible, compréhensible, intelligible). *Un poème inintelligible* (**SYN.** hermétique, nébuleux, obscur ; **CONTR.** abordable, clair).

inintéressant, e adj. Qui est sans intérêt ; qui ne mérite pas l'attention : *Je m'étonne que ce mensuel ait publié un article aussi inintéressant* (**SYN.** banal, quelconque ; **CONTR.** captivant, intéressant, passionnant).

inintérêt n.m. *Litt.* Absence d'intérêt, d'attrait : *L'inintérêt de beaucoup de jeunes pour la politique* (**SYN.** désaffection, désintérêt).

ininterrompu, e adj. Qui n'est pas interrompu dans l'espace ou le temps : *Le flot ininterrompu des voyageurs. Le tic-tac ininterrompu de l'horloge* (**SYN.** continu, incessant ; **CONTR.** discontinu, intermittent).

inique adj. (lat. *iniquus*, de *aequus*, équitable). *Sout.* Qui n'agit pas avec équité ; contraire à l'équité : *Un arbitre inique* (**SYN.** partial ; **CONTR.** impartial). *Jugement inique* (**SYN.** inéquitable, injuste ; **CONTR.** équitable, juste).

iniquement adv. De manière inique.

iniquité [inikite] n.f. *Sout.* **1.** Caractère de qqn, qqch qui est inique, injuste : *L'iniquité d'un juge, d'une sentence* (**SYN.** partialité ; **CONTR.** impartialité). **2.** Action injuste : *Toutes les iniquités commises pendant qu'il était au pouvoir* (**SYN.** abus, injustice).

initial, e, aux [inisjal, o] adj. (lat. *initialis*, de *initium*, début). Qui est au début, au commencement de qqch : *La forme initiale d'un embryon* (**SYN.** premier ; **CONTR.** final, terminal). *Le sens initial d'un mot* (**SYN.** originel, primitif).

initiale [inisjal] n.f. Première lettre d'un mot, du nom, du prénom d'une personne : *Il a fait graver ses initiales sur sa chevalière.*

initialement [inisjalmɑ̃] adv. Au début ; à l'origine : *Il était prévu, initialement, qu'elle ne participerait pas à ce projet.*

initialer [inisjale] v.t. (de l'angl. *to initial*) [conj. 3]. (Anglic. déconseillé). Au Québec, apposer ses initiales sur ; parapher.

initialisation [inisjalizasjɔ̃] n.f. En informatique, ensemble d'opérations précédant la mise en service d'un ordinateur.

initialiser [inisjalize] v.t. [conj. 3]. Effectuer l'initialisation de : *Initialiser un ordinateur portable.*

initiateur, trice [inisjatœr, tris] n. **1.** Personne qui initie qqn à qqch : *Il a été leur initiateur en philosophie* (**SYN.** éducateur, maître). **2.** Personne qui est à l'origine de qqch, qui ouvre une voie nouvelle : *L'initiatrice d'une loi* (**SYN.** précurseur, promoteur [litt.]). ◆ adj. Se dit du rôle, de la fonction de qqn qui initie : *Le rôle initiateur de ce grand démocrate.*

initiation [inisjasjɔ̃] n.f. **1.** Action de donner ou de recevoir la connaissance d'une pratique, les premiers rudiments d'une discipline : *L'initiation d'élèves de cours moyen à l'allemand* (**SYN.** découverte, introduction). *Ce jeune cuisinier est encore dans une phase d'initiation* (**SYN.** apprentissage, formation). **2.** Cérémonie qui fait accéder un individu à un nouveau groupe d'appartenance (classe d'âge, métier, etc.), dans les sociétés non industrielles : *Les rites d'initiation.* **3.** Cérémonie par laquelle on introduit qqn dans une société secrète : *Initiation maçonnique.*

initiatique [inisjatik] adj. Qui relève de l'initiation, de pratiques secrètes : *Rite initiatique.*

initiative [inisjativ] n.f. **1.** Action de qqn qui propose ou qui fait le premier qqch ; droit de proposer, de commencer qqch : *La journaliste a pris l'initiative d'interviewer cet exilé politique* (= entreprendre). *Je l'ai invité de ma propre initiative* (= sans en référer à personne, de mon propre chef). *Un mini-golf a été créé à* ou *sur l'initiative du conseil municipal d'enfants* (= sur sa proposition). *L'initiative des lois appartient au Parlement ou au gouvernement.* **2.** Qualité de celui qui sait prendre une décision lorsque c'est nécessaire : *Faire preuve d'initiative.* **3.** Action d'une personne qui agit, entreprend spontanément : *Elle sait prendre des initiatives. Une initiative malheureuse* (= qui conduit à un échec).

initié, e [inisje] adj. et n. Qui a reçu une initiation ; instruit d'un secret, d'un art : *Ce livre s'adresse essentiellement aux initiés* (**CONTR.** débutant, novice, profane). ▸ ***Délit d'initié***, infraction commise par une personne qui, disposant d'informations privilégiées, réalise de gros gains en Bourse.

initier [inisje] v.t. (lat. *initiare*, de *initium*, début) [conj. 9]. **1.** Apprendre les rudiments d'une science, d'une technique à qqn ; enseigner : *Le directeur initie ses collaborateurs au contrôle de gestion* (**SYN.** former). **2.** Mettre qqn au courant de choses secrètes ou connues seulement d'un petit nombre ; admettre qqn à la connaissance ou au culte d'un mystère religieux, aux pratiques d'une association : *Initier qqn à la franc-maçonnerie.* **3.** Être le premier à faire connaître qqch à qqn : *Son ami l'a initié à la musique techno.* **4.** (Emploi critiqué). Mettre en route ; prendre l'initiative de : *Initier un processus de privatisation* (**SYN.** amorcer, entreprendre). ◆ **s'initier** v.pr. **[à].** Commencer à s'instruire dans une discipline, une activité : *Dans le cadre de leur colonie de vacances, les enfants se sont initiés à la planche à voile* (**SYN.** apprendre).

injectable adj. Qui peut être injecté : *Un médicament injectable.*

injecté, e adj. Coloré par l'afflux du sang : *Face injectée. Yeux injectés.*

injecter v.t. (lat. *injectare*, de *jacere*, jeter) [conj. 4]. **1.** Introduire sous pression un liquide, un gaz dans un corps : *Injecter un produit dans une poutre pour tuer les termites. Injecter un vaccin sous la peau.* **2.** Fournir massivement des capitaux à une entreprise, à une activité : *Un industriel a injecté des millions dans ce nouveau magazine.* ◆ **s'injecter** v.pr. Devenir injecté : *Sous le coup de la colère, ses yeux se sont injectés.*

injecteur n.m. Appareil au moyen duquel on introduit un liquide (eau, essence, etc.) dans une machine, un dispositif.

injection n.f. (lat. *injectio*). **1.** Action d'injecter un produit dans qqch : *Avec quelques injections de ce produit la charpente de votre maison sera protégée.* **2.** Introduction d'un liquide ou d'un gaz dans l'organisme ; substance ainsi introduite : *L'anesthésiste lui fit une injection pour l'endormir* (**SYN.** piqûre). **3.** Apport massif de capitaux : *Cette injection d'argent frais a permis de sauver l'entreprise.* ☞ **REM.** Ne pas confondre avec *injonction.* ▸ ***Moteur à injection,*** moteur dans lequel un injecteur dose le mélange de carburant sans l'intermédiaire d'un carburateur.

injoignable adj. Que l'on ne peut joindre, contacter : *Je serai injoignable la semaine prochaine* (**CONTR.** joignable).

injonction n.f. (bas lat. *injunctio*, de *injungere*, imposer, de *jungere*, joindre). Ordre précis, formel d'obéir sur-le-champ : *Le malfaiteur a fini par obtempérer à l'injonction de la police* (**SYN.** commandement, sommation). *Une injonction de payer son loyer* (= une mise en demeure). ☞ **REM.** Ne pas confondre avec *injection.*

injouable adj. **1.** Qui ne peut être joué, interprété : *Cette pièce est injouable à notre époque* (**CONTR.** jouable). **2.** En sports, se dit d'une balle, d'un ballon très difficile à jouer.

injure n.f. (lat. *injuria*, ce qui cause du tort, de *jus, juris*, droit, justice). **1.** Parole qui blesse d'une manière grave et voulue : *L'automobiliste couvrait le piéton d'injures* (**SYN.** insulte, invective). **2.** *Litt.* Action, procédé qui offense : *Elle a dû essuyer bien des injures avant de pouvoir s'imposer en politique* (**SYN.** affront, camouflet [litt.], outrage). *Ils lui ont fait l'injure de vérifier tout son travail* (= l'affront). *Cette remarque fait injure à toute l'équipe* (= la blesse, l'offense). ▸ *Litt.* ***Les injures du temps*** ou ***des ans,*** les dommages qu'ils provoquent : *Ce monument a bien supporté les injures du temps.*

injurier v.t. [conj. 9]. Offenser par des injures ; insulter : *Les supporteurs injurièrent l'arbitre* (**SYN.** invectiver).

injurieusement adv. De façon injurieuse, offensante.

injurieux, euse adj. Qui constitue une injure ; qui porte atteinte à la réputation, à la dignité de qqn : *Il a tenu des propos injurieux à leur égard* (**SYN.** insultant ; **CONTR.** élogieux, respectueux). *Ses adversaires ont diffusé un tract injurieux le concernant* (**SYN.** blessant, offensant, outrageant).

injuste adj. **1.** Qui n'est pas conforme à la justice, à l'équité : *L'arrestation de ce dissident politique est injuste* (**SYN.** arbitraire, inique [sout.]). *Il est injuste que tous les salariés de cette entreprise ne jouissent pas des mêmes avantages* (**SYN.** illégitime, inéquitable ; **CONTR.** équitable, juste, légitime). **2.** Qui n'agit pas avec justice, équité : *Ne soyez pas injuste avec lui, il a fait beaucoup d'efforts. Le père a été injuste dans son testament* (**SYN.** partial ; **CONTR.** impartial). ◆ n.m. Ce qui est contraire à la justice : *Le sentiment du juste et de l'injuste* (**SYN.** injustice).

injustement adv. De façon injuste : *Ils ont été soupçonnés injustement* (**CONTR.** légitimement).

injustice n.f. **1.** Caractère de ce qui est injuste : *Plusieurs associations ont dénoncé l'injustice de cette condamnation* (**SYN.** arbitraire, partialité ; **CONTR.** impartialité). **2.** Acte injuste : *Elle a été victime d'une injustice* (**SYN.** iniquité [sout.]). *Il a commis de nombreuses injustices.*

injustifiable adj. Que l'on ne saurait justifier ; inexcusable : *La façon dont il harcèle son employée est injustifiable* (**SYN.** indéfendable, insoutenable ; **CONTR.** défendable, justifiable).

injustifié, e adj. Qui n'est pas justifié : *Cette remarque désobligeante est injustifiée* (**SYN.** gratuit, illégitime, infondé ; **CONTR.** légitime). *Une absence injustifiée.*

inlandsis [inlɑ̃dsis] n.m. (mot scand., de *land*, pays, et *is*, glace). Vaste glacier recouvrant les terres polaires.

inlassable adj. Qui ne se lasse pas : *Son inlassable curiosité la pousse à apprendre* (**SYN.** indéfectible, inépuisable). *Un conteur inlassable* (**SYN.** infatigable).

inlassablement adv. Sans se lasser : *Elle joue inlassablement le même morceau* (= sans arrêt ; **SYN.** immuablement, infatigablement).

inlay [inlɛ] n.m. (mot angl. signif. « incrustation »). Bloc métallique coulé à l'intérieur d'une dent qu'il sert à obturer.

inné, e [ine] adj. (lat. *innatus*, de *nasci*, naître). **1.** Qui existe dès la naissance, fait partie du patrimoine génétique : *Les membres de cette famille ont un goût inné pour le chant* (**SYN.** héréditaire, naturel ; **CONTR.** acquis). **2.** Qui appartient au caractère fondamental de qqn : *Elle a un sens inné des affaires.*

innervation n.f. (du lat. *nervus*, nerf). Ensemble des nerfs d'un organe, d'une région du corps.

innerver v.t. [conj. 3]. Atteindre un organe, une région du corps, en parlant d'un nerf : *Le nerf optique innerve l'œil.*

innocemment [inɔsamɑ̃] adv. De façon innocente ; sans intention mauvaise : *Elle a innocemment donné son adresse dans un forum sur Internet* (**SYN.** candidement). *Il a innocemment répété ce que lui avait dit le directeur* (**SYN.** ingénument, naïvement).

innocence n.f. **1.** État d'une personne qui n'est pas coupable : *Ce témoignage prouve l'innocence de l'accusé* (**CONTR.** culpabilité). **2.** Pureté de qqn qui ignore le mal : *L'innocence des enfants* (**SYN.** candeur, ingénuité ; **CONTR.** cynisme). **3.** Simplicité d'esprit ; niaiserie : *Cet astrologue a abusé de votre innocence* (**SYN.** naïveté). ▸ ***En toute innocence,*** en toute franchise ; en toute simplicité.

innocent, e adj. et n. (lat. *innocens, innocentis*, de *nocere*, nuire). **1.** Qui n'a pas commis telle faute, tel délit : *Elle est innocente du crime dont vous l'accusez* (= elle n'en est pas responsable). *Beaucoup d'innocents furent massacrés* (**CONTR.** coupable). **2.** Qui n'est pour rien dans les événements dont il souffre : *L'attentat a fait d'innocentes victimes* (**SYN.** irréprochable). **3.** Qui ignore les réalités de la vie : *Une innocente jeune fille* (**SYN.** candide, ingénu, pur). **4.** Simple d'esprit : *Cet innocent croit tout ce que je lui dis* (**SYN.** idiot, naïf, niais). ◆ adj. Qui est fait sans intention maligne : *Ne vous fâchez pas, ce n'était qu'une innocente plaisanterie* (**SYN.** anodin, inoffensif ; **CONTR.** malintentionné, malveillant, méchant).

innocenter v.t. [conj. 3]. **1.** Déclarer innocent ; établir l'innocence de : *Les juges l'ont innocenté* (**SYN.** acquitter ; **CONTR.** condamner). *Ce rapport l'a innocenté* (**SYN.** blanchir, disculper, laver ; **CONTR.** charger, incriminer). **2.** Faire apparaître comme innocent ; justifier : *Elle a* *essayé d'innocenter la conduite de son mari* (**SYN.** excuser).

innocuité [inɔkɥite] n.f. (du lat. *innocuus,* qui n'est pas nuisible, de *nocere,* nuire). Qualité, caractère d'une chose qui n'est pas nuisible : *L'innocuité d'un champignon* (**CONTR.** nocivité, toxicité).

innombrable adj. (lat. *innumerabilis,* de *numerus,* nombre). Qui ne peut se compter ; considérable : *Cette vedette a d'innombrables admirateurs* (**SYN.** nombreux). *Elle a dû faire face à d'innombrables obstacles* (**SYN.** incalculable).

innommable [inɔmabl] adj. Qui est trop abject, trop détestable pour être nommé : *Ils ont eu recours à des procédés innommables* (**SYN.** ignoble, inqualifiable).

innommé, e ou **innomé, e** adj. Qui n'a pas reçu de nom : *Une nouvelle planète encore innommée.*

innovant, e adj. Se dit de ce qui innove, constitue une innovation : *Un combustible innovant* (**SYN.** nouveau, révolutionnaire).

innovateur, trice adj. et n. Qui innove : *Une réforme innovatrice* (**SYN.** novateur). *Cet innovateur a beaucoup apporté à la technologie moderne* (**SYN.** créateur).

innovation n.f. **1.** Action d'innover, d'inventer, de créer qqch de nouveau : *L'innovation artistique, industrielle.* **2.** Ce qui est nouveau : *Les innovations électroniques seront présentées lors de ce Salon* (**SYN.** création, nouveauté).

innover v.i. (lat. *innovare,* de *novus,* nouveau) [conj. 3]. Introduire qqch de nouveau dans un domaine particulier : *Cette styliste a innové en matière de mode.*

inobservable adj. **1.** Qui ne peut être observé : *Sans télescope, cette étoile est inobservable* (**CONTR.** observable). **2.** Qui ne peut être exécuté, suivi : *Une clause inobservable.*

inobservance n.f. Attitude d'une personne qui ne respecte pas fidèlement des prescriptions religieuses ou morales (**CONTR.** observance, pratique).

inobservation n.f. Fait de ne pas respecter une loi, un règlement, un engagement : *L'inobservation d'un contrat* (**SYN.** manquement, transgression, violation ; **CONTR.** observation, respect).

inoccupation n.f. **1.** État d'une personne qui n'a ni travail ni activité : *L'inoccupation que lui impose sa maladie lui pèse* (**SYN.** désœuvrement, inaction, oisiveté ; **CONTR.** activité, affairement). **2.** Fait d'être inhabité, en parlant d'un logement.

inoccupé, e adj. **1.** Qui n'a pas d'occupation : *Un enfant inoccupé le mercredi* (**SYN.** désœuvré, oisif ; **CONTR.** occupé). **2.** Qui n'est pas occupé ; inhabité : *Deux fauteuils sont inoccupés au premier rang* (**SYN.** libre). *Leur ancien appartement est inoccupé* (**SYN.** disponible, vacant).

in-octavo [inɔktavo] adj. inv. (mots lat. signif. « en huitième »). Se dit du format d'un livre déterminé par le pliage d'une feuille d'impression en 8 feuillets, soit 16 pages. ◆ n.m. inv. Livre de format in-octavo : *Imprimer des in-octavo.*

inoculable adj. Qui peut être inoculé : *Cette maladie est inoculable par morsure.*

inoculation n.f. En médecine, introduction volontaire ou accidentelle d'un micro-organisme dans le corps, dans un milieu de culture : *La vaccination est une inoculation volontaire.*

inoculer v.t. (lat. *inoculare,* greffer, de *oculus,* œil) [conj. 3]. **1.** Introduire dans un organisme par inoculation : *Inoculer une maladie à un rat de laboratoire pour étudier ses effets.* **2.** *Fig., litt.* Transmettre une opinion, un sentiment à qqn : *Elle réussit à inoculer le goût de la musique à ses élèves* (**SYN.** communiquer, instiller, insuffler).

inodore adj. (lat. *inodorus,* de *odor,* odeur). Qui n'a pas d'odeur : *Une peinture inodore* (**CONTR.** odorant).

inoffensif, ive adj. Qui ne présente pas de danger : *Bien dressé, ce chien est tout à fait inoffensif* (**SYN.** doux ; **CONTR.** dangereux, méchant). *On ne sait pas encore si les organismes transgéniques sont inoffensifs* (**SYN.** anodin, bénin ; **CONTR.** nocif, nuisible).

inondable adj. Qui peut être inondé : *Ils ont construit leur maison dans une zone inondable.*

inondation n.f. **1.** Submersion des terrains avoisinant le lit d'un cours d'eau, due à une crue ; eaux qui inondent : *Évaluer les dégâts causés par les inondations.* **2.** Présence anormale d'une grosse quantité d'eau dans un local : *La fuite du radiateur a provoqué une inondation dans la chambre.* **3.** Afflux considérable de choses : *L'inondation du marché par de nouveaux jeux vidéo* (**SYN.** déferlement, envahissement, invasion).

inondé, e adj. et n. Qui a souffert d'une inondation : *Les régions inondées. Récolter des fonds pour aider les populations inondées ou les inondés* (**SYN.** sinistré).

inonder v.t. (lat. *inundare,* de *unda,* onde, flot) [conj. 3]. **1.** Couvrir d'eau un terrain, un lieu : *La rivière en crue a inondé plusieurs villages* (**SYN.** noyer, submerger). **2.** Mouiller abondamment ; tremper : *Ferme le rideau de la douche pour ne pas inonder la salle de bains* (**SYN.** arroser, éclabousser). **3.** Affluer au point d'envahir complètement ; se trouver en grand nombre dans : *Les aoûtiens inondent la plage* (**SYN.** déferler sur). *Les publicités inondent les magazines* (**SYN.** encombrer). **4.** Répandre abondamment dans : *Inonder les supermarchés de jouets au moment de Noël* (**SYN.** remplir ; **CONTR.** vider). ◆ **s'inonder** v.pr. Répandre abondamment sur soi ; s'asperger : *Elle s'est inondée d'eau de Cologne.*

inopérable adj. Qui ne peut subir une opération chirurgicale : *Un malade, une maladie inopérable* (**CONTR.** opérable).

inopérant, e adj. Qui est sans effet : *Le traitement est inopérant sur ce malade* (**SYN.** inactif, inefficace ; **CONTR.** efficace, radical).

inopiné, e adj. (lat. *inopinatus,* de *opinari,* conjecturer). Qui arrive sans qu'on y ait pensé, sans qu'on l'ait prévu : *La mort inopinée d'une personne aimée* (**SYN.** inattendu, subit ; **CONTR.** prévisible). *Elle m'a rendu une visite inopinée* (**SYN.** fortuit, imprévu ; **CONTR.** attendu, prévu).

inopinément adv. De façon inopinée : *J'ai découvert ce document inopinément* (**SYN.** accidentellement, fortuitement).

inopportun, e adj. Qui n'est pas opportun ; qui n'arrive pas à propos : *Votre réflexion est inopportune*

(**SYN.** déplacé, intempestif, malvenu). *Ils sont intervenus à un moment inopportun* (**CONTR.** convenable, propice).

inopportunément adv. *Litt.* De façon inopportune : *Vous êtes entré ici inopportunément* (= mal à propos).

inopportunité n.f. *Litt.* Caractère de ce qui n'est pas opportun : *L'inopportunité d'une décision prise dans des circonstances tragiques* (**CONTR.** à-propos, opportunité, pertinence).

inorganique adj. Se dit d'une substance qui ne provient pas d'un organisme vivant.

inorganisation n.f. État de ce qui n'est pas organisé ; désordre.

inorganisé, e adj. Qui n'est pas organisé : *Un étudiant inorganisé* (**SYN.** brouillon, désordonné ; **CONTR.** méticuleux, soigneux). ◆ adj. et n. Qui n'appartient pas à un parti, à un syndicat : *Les employés de cette entreprise sont inorganisés.*

inoubliable adj. Que l'on ne peut oublier : *Un concert inoubliable* (**SYN.** mémorable).

inouï, e [inwi] adj. (de *ouïr*). **1.** Qui est sans exemple ; extraordinaire : *L'adresse de ce jongleur est inouïe* (**SYN.** exceptionnel, incroyable, prodigieux ; **CONTR.** banal, commun, quelconque). **2.** Qui étonne et qui irrite : *C'est inouï, il faut toujours qu'il ramène tout à lui !* (**SYN.** invraisemblable).

Inox n.m. (nom déposé). Acier, métal inoxydable : *Des casseroles en Inox.*

inoxydable adj. **1.** Qui résiste à l'oxydation : *Le chrome est un métal inoxydable* (**SYN.** inaltérable ; **CONTR.** altérable, oxydable). **2.** *Fig.* Que rien ne peut altérer ; immuable : *Un héros de B.D. inoxydable* (**SYN.** indestructible ; **CONTR.** éphémère).

in pace ou **in-pace** [inpatʃe] n.m. inv. (mots lat. signif. « en paix »). Prison, souterrain d'un couvent où l'on enfermait certains coupables jusqu'à leur mort.

in petto [inpeto] loc. adv. (mots it. signif. « dans le cœur »). À part soi ; en secret : *Il jura in petto qu'il se vengerait de cet affront* (**SYN.** intérieurement ; **CONTR.** ouvertement).

inqualifiable adj. Qui ne peut être qualifié assez sévèrement ; odieux : *Votre conduite est inqualifiable* (**SYN.** indigne, innommable).

in-quarto [inkwarto] adj. inv. (mots lat. signif. « en quart »). Se dit du format d'un livre déterminé par le pliage d'une feuille d'impression en 4 feuillets, soit 8 pages. ◆ n.m. inv. Livre dans le format in-quarto : *Imprimer des in-quarto.*

inquiet, ète adj. et n. (lat. *inquietus*, de *quies, quietis*, repos). Qui est agité par la crainte, l'incertitude ; qui marque l'inquiétude : *Il est inquiet de son avenir dans l'entreprise* (**SYN.** angoissé, soucieux ; **CONTR.** serein, tranquille). *Je suis inquiète de ne pas avoir reçu cette lettre* (**SYN.** préoccupé, troublé). *C'est un éternel inquiet* (**SYN.** anxieux). *Elle avait une voix inquiète au téléphone* (**SYN.** fébrile, fiévreux).

inquiétant, e adj. Qui cause de l'inquiétude : *La situation économique de ce pays est inquiétante* (**SYN.** alarmant, grave, préoccupant ; **CONTR.** encourageant, rassurant). *Cette attente est inquiétante* (**SYN.** angoissant). *Cet homme a un air inquiétant* (**SYN.** louche, patibulaire).

inquiéter v.t. [conj. 18]. **1.** Rendre inquiet ; alarmer : *Cette forte fièvre m'a inquiété* (**SYN.** affoler, préoccuper, tracasser ; **CONTR.** rassurer). **2.** Demander des comptes à qqn : *Si vous agissez ainsi, le fisc risque de vous inquiéter.* **3.** Porter atteinte à la suprématie de ; risquer de faire perdre sa place à : *Cette jeune athlète risque d'inquiéter la championne en titre* (**SYN.** menacer). ◆ **s'inquiéter** v.pr. **[de]. 1.** Se préoccuper de qqn, de qqch ; se faire du souci : *La mairie s'est enfin inquiétée de l'état de cette forêt* (**SYN.** se soucier). *Ses parents s'inquiètent de son silence* (**SYN.** s'alarmer, se tracasser). **2.** Prendre des renseignements sur : *Avant de partir, le randonneur ne s'est même pas inquiété de la météo* (**SYN.** s'enquérir de, s'informer sur).

inquiétude n.f. Trouble, état pénible causé par la crainte, l'appréhension d'un événement que l'on redoute : *Cet adolescent donne des inquiétudes à ses parents* (**SYN.** souci, tracas). *Tu aurais pu nous prévenir, nous étions fous d'inquiétude* (**SYN.** angoisse, anxiété).

inquilin, e [ɛ̃kilɛ̃, in] adj. et n.m. (lat. *inquilinus*, locataire). En sciences de la vie et en écologie, espèce vivant à l'intérieur d'une autre, ou fixée sur elle, sans se nourrir à ses dépens : *L'anémone de mer est inquiline ou est un inquilin.*

inquisiteur, trice adj. Qui marque une curiosité indiscrète : *Il lui lança un regard inquisiteur* (**SYN.** indiscret, scrutateur [litt.], soupçonneux). ◆ **inquisiteur** n.m. Membre d'un tribunal de l'Inquisition.

inquisition n.f. (lat. *inquisitio*, de *inquirere*, rechercher, de *quaerere*, chercher). **1.** *Litt.* Enquête considérée comme arbitraire et vexatoire : *On mène sur ce chercheur une véritable inquisition.* **2.** (Avec une majuscule). Tribunal ecclésiastique qui était chargé de lutter contre les hérésies, entre le XIIe et le XVIIIe siècle.

inquisitorial, e, aux adj. **1.** Se dit d'un acte digne de l'Inquisition : *Une arrestation inquisitoriale* (**SYN.** injustifié). **2.** Relatif à l'Inquisition.

inracontable adj. Que l'on ne peut raconter : *Son dernier roman est inracontable* (= il est embrouillé ; **CONTR.** racontable). *Un bonheur inracontable* (**SYN.** indicible, ineffable). *Une histoire inracontable devant les enfants* (= grivoise, licencieuse).

inratable adj. *Fam.* Que l'on ne peut rater : *Ce gâteau est inratable. Ce but était inratable* (**SYN.** immanquable).

inrayable [ɛ̃rɛjabl] adj. Que l'on ne peut pas rayer.

insaisissable adj. **1.** Qui ne peut être arrêté : *Un malfaiteur insaisissable.* **2.** Qui ne peut être apprécié, perçu : *La différence est insaisissable* (**SYN.** imperceptible, indiscernable, invisible ; **CONTR.** 1. manifeste, visible). **3.** Se dit de qqn que l'on n'arrive pas à comprendre, à cerner : *Cette femme est insaisissable* (**SYN.** énigmatique, fuyant, impénétrable).

insalubre adj. Qui est malsain, nuisible à la santé : *Des logements insalubres* (**CONTR.** sain, salubre). *Cette usine est insalubre* (= elle pollue).

insalubrité n.f. État de ce qui est insalubre : *L'insalubrité d'un logement* (**CONTR.** salubrité).

insane [ɛ̃san] adj. (mot angl., du lat. *insanus*, déraisonnable). *Litt.* Contraire à la raison, au bon sens ; fou.

insanité n.f. **1.** Manque de bon sens : *L'insanité de son refus prouve son immaturité* (**SYN.** démence, déraison [litt.]). **2.** Parole ou action déraisonnable : *Vous avez écrit des insanités* (**SYN.** imbécillité, ineptie, sottise).

insatiable [ɛ̃sasjabl] adj. (lat. *insatiabilis*, de *satiare*, rassasier, de *satis*, suffisamment). Qui ne peut être rassasié : *Un glouton insatiable* (**SYN.** vorace). *Une lectrice insatiable* (**SYN.** avide). *Une curiosité insatiable* (**SYN.** inextinguible).

insatisfaction n.f. État de qqn qui n'est pas satisfait de ce qu'il a : *Depuis qu'elle occupe ce poste, elle éprouve un sentiment d'insatisfaction* (**CONTR.** contentement, satisfaction).

insatisfaisant, e [ɛ̃satisfəzɑ̃, ɑ̃t] adj. Qui ne satisfait pas : *Les ventes de cet album sont insatisfaisantes* (**SYN.** insuffisant ; **CONTR.** correct, satisfaisant, suffisant).

insatisfait, e adj. et n. **1.** Qui n'est pas satisfait : *Je suis insatisfaite de cette voiture* (**SYN.** mécontent ; **CONTR.** content, enchanté). **2.** Que l'on n'a pas satisfait, assouvi : *Une envie de voyage insatisfaite* (**SYN.** inassouvi [sout.]).

inscription n.f. (lat. *inscriptio*). **1.** Ensemble de caractères gravés ou inscrits sur la pierre, le métal, etc., dans un but commémoratif : *Dans cette église, toutes les inscriptions sont en latin.* **2.** Ce qui est inscrit quelque part : *Mur couvert d'inscriptions* (**SYN.** graffiti). *Peux-tu lire les inscriptions qui sont sur ce panneau ?* **3.** Action d'inscrire sur une liste, un registre officiel ou administratif : *Ce courrier confirme votre inscription à l'A.N.P.E.* (**SYN.** enregistrement, immatriculation).

inscrire v.t. (lat. *inscribere*, de *scribere*, écrire) [conj. 99]. **1.** Porter un nom sur un registre, une liste : *Elle a inscrit sa fille à un cours de judo* (**SYN.** enregistrer, immatriculer). **2.** Écrire, graver sur le métal, la pierre, etc. : *Le bijoutier a inscrit la date du mariage sur les alliances.* **3.** Noter ce que l'on ne veut pas oublier : *J'ai inscrit le rendez-vous sur mon agenda* (**SYN.** écrire, marquer). **4.** Faire entrer qqch dans un ensemble : *La candidate a inscrit cette proposition dans son programme électoral* (**SYN.** inclure, intégrer). ◆ **s'inscrire** v.pr. **1.** Écrire, faire enregistrer son nom sur une liste, un registre, etc. : *Elle s'est inscrite sur les listes électorales.* **2.** Entrer dans un groupe, un parti, un établissement : *Ils se sont inscrits à un club de modélisme* (**SYN.** adhérer, s'affilier). **3.** Trouver place au milieu d'autres éléments : *Ce sujet s'inscrit dans notre étude* (**SYN.** s'insérer, se situer). ▸ ***S'inscrire en faux contre qqch,*** le nier : *Je m'inscris en faux contre ces allégations mensongères.*

inscrit, e n. Personne dont le nom est inscrit sur une liste, qui s'est inscrite dans une organisation : *Les inscrits doivent payer une cotisation annuelle.*

insécable adj. (lat. *insecabilis*, de *secare*, couper). Qui ne peut être coupé ou partagé : *Un comprimé insécable* (**SYN.** indivisible ; **CONTR.** divisible, sécable).

insectarium [ɛ̃sɛktarjɔm] n.m. Établissement où l'on élève et conserve des insectes.

insecte n.m. (du lat. *insectus*, divisé en parties, de *secare*, couper). **1.** Petit animal invertébré, dont le corps est divisé en trois segments (tête, thorax, abdomen) : *La fourmi, l'abeille, la coccinelle, la sauterelle sont des insectes. Un insecte a trois paires de pattes.* **2.** (Abusif en zoologie). Tout animal très petit, qui, au regard de la zoologie, peut être un insecte proprement dit, une araignée, un mille-pattes, etc.

insecticide adj. et n.m. Se dit d'un produit utilisé pour détruire les insectes nuisibles.

insectivore adj. Se dit d'un animal qui se nourrit principalement ou exclusivement d'insectes, comme le lézard ou l'hirondelle. ◆ n.m. Mammifère de petite taille, doté de nombreuses dents pointues et qui se nourrit notamm. d'insectes : *Le hérisson, la taupe, la musaraigne sont des insectivores.*

insécurité n.f. Manque de sécurité ; état de ce qui n'est pas sûr : *L'insécurité de certains sites industriels, des villes modernes* (**SYN.** danger). *Les syndicats dénoncent l'insécurité de ces emplois* (**SYN.** instabilité, précarité).

insémination n.f. (du lat. *inseminare*, féconder, de *semen, seminis*, semence). Dépôt de la semence du mâle dans les voies génitales de la femelle : *Insémination artificielle* (= sans accouplement).

inséminer v.t. [conj. 3]. Procéder à l'insémination artificielle de : *Inséminer une vache.*

insensé, e adj. et n. Qui a perdu la raison : *Tu es insensé, tu ne peux pas aller travailler dans ton état !* (**SYN.** dément, fou). ◆ adj. **1.** Qui est contraire au bon sens : *Vous prenez un risque insensé* (**SYN.** extravagant ; **CONTR.** raisonnable, sage, sensé). **2.** Qui est excessif ; considérable : *Le producteur a dépensé une somme insensée pour ce film* (**SYN.** colossal, énorme ; **CONTR.** dérisoire, minime).

insensibilisation n.f. Action d'insensibiliser une partie du corps ; perte de la sensibilité ; anesthésie.

insensibiliser v.t. [conj. 3]. Rendre insensible à la douleur : *Le dentiste insensibilise la gencive avant de soigner la dent* (**SYN.** anesthésier, endormir).

insensibilité n.f. **1.** Manque de sensibilité physique : *Son insensibilité à la douleur a surpris le médecin.* **2.** État d'une personne dépourvue de sensibilité, d'affectivité ; détachement, froideur : *Votre insensibilité est révoltante* (**SYN.** impassibilité, indifférence ; **CONTR.** émotivité).

insensible adj. **1.** Qui n'éprouve pas certaines sensations physiques : *Des dents insensibles au froid* (**CONTR.** sensible). **2.** Qui n'est pas accessible à certains sentiments ; indifférent : *Il est devenu insensible à la détresse humaine* (**SYN.** imperméable à, inaccessible). *Comment peut-on rester insensible aux paroles de cette chanson ?* (**SYN.** fermé, réfractaire à ; **CONTR.** ouvert, réceptif). **3.** Qui est difficile à percevoir ; qui se fait progressivement : *Il y a une différence insensible entre ces deux rouges à lèvres* (**SYN.** imperceptible, indiscernable, léger ; **CONTR.** marqué, net, tangible). *Une hausse insensible de la T.V.A.* (**SYN.** faible, infime ; **CONTR.** important, notable).

insensiblement adv. De façon insensible : *Cette semaine, les températures vont baisser insensiblement* (= peu à peu ; **SYN.** graduellement, progressivement ; **CONTR.** nettement, sensiblement).

inséparable adj. Qui ne peut être séparé : *Ces haut-parleurs sont inséparables de l'ordinateur* (**SYN.** indissociable ; **CONTR.** dissociable, séparable). ◆ adj. et n. Se dit de personnes qui sont presque toujours ensemble : *Des amies inséparables. Ces deux inséparables vont monter un spectacle.* ◆ **inséparables** n.m. pl. Perruches qui vivent en couples permanents.

inséparablement adv. De façon à ne pouvoir être séparé : *Cette aventure les a inséparablement unis.*

insérer v.t. (lat. *inserere*, de *serere*, entrelacer) [conj. 18]. Introduire, faire entrer, placer une chose parmi d'autres : *Insérer des photos dans un livre* (**SYN.** ajouter, inclure, intégrer ; **CONTR.** enlever, retirer). *Insérer une proposition subordonnée relative dans une phrase* (**SYN.** intercaler). ◆ **s'insérer** v.pr. **1.** Trouver place dans un ensemble : *Ce stage s'insère dans votre formation* (**SYN.** s'inscrire). **2.** Trouver sa place dans un ensemble, dans un groupe : *Elle s'est bien insérée dans ce pays* (**SYN.** s'intégrer). **3. [sur].** Être attaché sur qqch : *Les muscles s'insèrent sur les os.*

insert [ɛ̃sɛr] n.m. (mot angl. signif. « ajout »). **1.** Brève séquence ou bref passage introduit dans un programme de télévision ou de radio en direct. **2.** Au cinéma, gros plan, génér. bref, destiné à mettre en valeur un détail utile à la compréhension de l'action (lettre, nom de rue, carte de visite, etc.).

insertion [ɛ̃sɛrsjɔ̃] n.f. **1.** Fait de s'insérer, de s'attacher sur, dans qqch : *L'insertion des feuilles sur la tige* (**SYN.** implantation). **2.** Action d'insérer un texte dans une publication : *L'insertion d'un avis de décès dans un journal.* **3.** Action, manière de s'insérer dans un groupe : *Son insertion dans l'équipe n'a posé aucun problème* (**SYN.** assimilation, intégration).

insidieusement adv. De façon insidieuse : *Le journaliste essayait insidieusement de lui soutirer des informations* (**SYN.** sournoisement).

insidieux, euse adj. (lat. *insidiosus*, de *insidiae*, embûches). **1.** Qui constitue un piège, qui cherche à tromper : *L'examinateur lui posa une question insidieuse* (**SYN.** sournois, trompeur). **2.** Qui se répand graduellement, insensiblement : *Un virus informatique insidieux.* ▸ ***Maladie insidieuse,*** en médecine, maladie d'apparence bénigne et qui se révèle grave par la suite.

① **insigne** adj. (lat. *insignis*, qui porte une marque distinctive, de *signum*, marque, signe). *Litt.* Qui s'impose par sa grandeur, son éclat, son importance (en bonne ou en mauvaise part) : *Cette victoire occupe une place insigne dans l'histoire de notre pays* (**SYN.** éclatant, remarquable). *Cette musique est d'une pauvreté insigne* (= elle est quelconque).

② **insigne** n.m. (lat. *insigne*, signe, marque). **1.** Marque distinctive d'une dignité, d'une fonction : *Un insigne de garde-chasse* (**SYN.** plaque). **2.** Signe distinctif des membres d'une association : *L'insigne d'un club de plongée* (**SYN.** emblème).

insignifiance n.f. Caractère de ce qui est insignifiant, sans valeur : *Une émission d'une totale insignifiance* (**SYN.** banalité, inconsistance, médiocrité ; **CONTR.** intérêt).

insignifiant, e adj. **1.** Qui ne présente pas d'intérêt ; qui a peu d'importance, peu de valeur : *Ils parlèrent de choses insignifiantes* (**SYN.** futile, négligeable ; **CONTR.** important, sérieux). *Nous n'avons obtenu qu'une augmentation insignifiante* (**SYN.** dérisoire, infime, petit ; **CONTR.** considérable). **2.** Qui manque de personnalité, de qualités : *Un réalisateur insignifiant* (**SYN.** médiocre ; **CONTR.** brillant, remarquable). *Une actrice insignifiante* (**SYN.** effacé, falot, terne ; **CONTR.** incomparable, unique).

insinuant, e adj. Qui s'impose par des manières adroites ou hypocrites : *Méfiez-vous de cet homme insinuant* (**SYN.** artificieux [litt.], mielleux). *Je n'apprécie pas ses manières insinuantes* (**SYN.** perfide, sournois ; **CONTR.** direct, franc).

insinuation n.f. **1.** Manière sournoise de faire accepter sa pensée : *Procéder par insinuation* (**SYN.** sous-entendu). **2.** Ce que l'on fait entendre en insinuant : *Je ne comprends pas vos insinuations* (**SYN.** allusion).

insinuer v.t. (lat. *insinuare*, de *in*, dans, et *sinus*, courbure, pli) [conj. 7]. Faire entendre d'une manière détournée, sans dire expressément : *Elle a insinué que mon travail n'était pas satisfaisant* (**SYN.** sous-entendre, suggérer). ◆ **s'insinuer** v.pr. **1.** Se faire admettre adroitement ; s'introduire : *Il s'est insinué dans les bonnes grâces du directeur.* **2.** Pénétrer doucement quelque part : *L'eau s'est insinuée à travers les coutures de la tente* (**SYN.** s'infiltrer).

insipide adj. (lat. *insipidus*, de *sapidus*, qui a du goût). **1.** Qui n'a pas de saveur, de goût : *L'eau est un liquide insipide. Ces fruits sont insipides* (**SYN.** fade ; **CONTR.** sapide). **2.** *Fig.* Qui est sans agrément ; ennuyeux : *Une série télévisée insipide* (**SYN.** fastidieux, inintéressant ; **CONTR.** captivant, intéressant, passionnant).

insipidité n.f. Caractère de ce qui est insipide : *L'insipidité d'une salade* (**SYN.** fadeur ; **CONTR.** sapidité, saveur). *L'insipidité d'un poème* (**SYN.** banalité ; **CONTR.** intérêt).

insistance n.f. Action d'insister, de revenir souvent sur qqch : *J'ai dû réclamer le remboursement de mon titre de transport avec insistance* (**SYN.** obstination, persévérance).

insistant, e adj. Qui insiste ; pressant : *Ses créanciers se font insistants. Ses messages électroniques sont de plus en plus insistants* (**SYN.** impérieux, 1. instant).

insister v.i. (lat. *insistere*, s'attacher à, de *stare*, se tenir debout) [conj. 3]. **1.** Persévérer à demander qqch : *Vous devriez insister auprès de votre supérieur pour obtenir un entretien* (**SYN.** s'acharner, persister). **2.** (Sans compl.). Revenir à la charge : *N'insistez pas, je n'irai pas avec vous !* (**SYN.** s'obstiner). **3. [sur].** Appuyer sur qqch avec force, y revenir : *Pendant l'entretien, insistez sur le fait que vous êtes parfaitement bilingue* (= mettre l'accent sur ; **SYN.** souligner). **4. [sur].** Prendre un soin particulier de qqch : *Pour laver les chemises, insistez sur les cols et les poignets.*

in situ [insity] loc. adv. (loc. lat. signif. « en place »). Dans son milieu naturel : *Étudier des fleurs tropicales in situ.*

insituable adj. Se dit de qqn, de qqch dont il est difficile de déterminer la place dans un groupe, un ensemble : *Un écrivain, un film insituable* (**SYN.** inclassable).

insociable adj. Qui n'est pas sociable, avec qui il est difficile de vivre : *Un collègue insociable* (**SYN.** farouche, sauvage ; **CONTR.** liant).

insolation n.f. (lat. *insolatio*, de *sol*, *solis*, soleil). **1.** Action des rayons du soleil qui frappent un objet : *L'insolation est nécessaire au développement de la végétation.* **2.** En médecine, trouble provoqué par une exposition trop longue au soleil. **3.** En météorologie, ensoleillement.

insolemment [ɛ̃sɔlamɑ̃] adv. Avec insolence : *Ils répondent insolemment* (**SYN.** effrontément, grossièrement, irrespectueusement ; **CONTR.** courtoisement, poliment). *Ils étalent insolemment leur richesse* (**SYN.** impudemment).

insolence n.f. (lat. *insolentia*, inexpérience). **1.** Manque de respect ; effronterie : *Comment peux-tu tolérer une telle insolence ?* (**SYN.** impudence, inconvenance, irrespect). **2.** Parole, action insolente : *Je me plaindrai de vos insolences !* (**SYN.** impertinence, impolitesse, incorrection).

insolent, e adj. et n. (lat. *insolens, insolentis,* inaccoutumé, de *solere,* être habitué). Qui manque de respect, qui a une attitude effrontée : *Ne soyez pas insolent avec les clients* (**SYN.** impertinent, impoli, irrespectueux ; **CONTR.** courtois, poli, respectueux). *Cet insolent a reçu un blâme* (**SYN.** effronté, impudent). ◆ adj. **1.** Qui dénote l'insolence : *Je n'aime pas son regard insolent* (**SYN.** arrogant, insultant). **2.** Qui constitue une provocation, un défi : *Un luxe insolent* (**SYN.** déplacé, indécent).

insolite adj. (lat. *insolitus,* de *solere,* être habitué). Qui est contraire aux habitudes, à l'usage et qui surprend : *L'architecture de cette maison est insolite* (**SYN.** bizarre, inaccoutumé, inhabituel ; **CONTR.** habituel, ordinaire). *Des objets luxueux et insolites* (**SYN.** original, singulier ; **CONTR.** banal). *Une histoire insolite* (**SYN.** étrange). ◆ n.m. Caractère insolite de qqch ; ce qui est insolite : *Ce cinéaste est un spécialiste de l'insolite.*

insolubilité n.f. Caractère de ce qui est insoluble : *L'insolubilité d'un corps dans l'eau* (**CONTR.** solubilité).

insoluble adj. **1.** Qui ne peut pas être dissous : *La résine est insoluble dans l'eau* (**CONTR.** soluble). **2.** Que l'on ne peut résoudre : *Une énigme insoluble.*

insolvabilité n.f. Dans le langage juridique, état d'une personne ou d'une société qui ne peut pas payer ses dettes (par opp. à solvabilité).

insolvable adj. et n. Qui est en état d'insolvabilité (par opp. à solvable) : *Elle est insolvable depuis qu'elle est au chômage.*

insomniaque adj. et n. Qui souffre d'insomnie.

insomnie [ɛ̃sɔmni] n.f. (lat. *insomnia,* de *somnus,* sommeil). Impossibilité ou difficulté à s'endormir ou à dormir suffisamment : *Il a des insomnies depuis son accident.*

insondable adj. **1.** Qui ne peut être sondé ; dont on ne peut toucher le fond ; abyssal : *Un abîme insondable.* **2.** *Fig.* Impossible à comprendre : *Elle a un caractère insondable* (**SYN.** énigmatique, impénétrable, mystérieux, obscur ; **CONTR.** limpide).

insonore adj. **1.** Qui transmet peu les sons, qui les amortit : *Des murs insonores.* **2.** Où l'on n'entend que peu de bruit : *Une salle de restaurant insonore* (**CONTR.** bruyant, sonore). **3.** Qui ne produit aucun son sous l'effet d'une percussion, d'un frottement : *Matériau insonore.*

insonorisation n.f. Action d'insonoriser ; son résultat : *Effectuer l'insonorisation d'une chambre. L'insonorisation de l'appartement est insuffisante.*

insonoriser v.t. [conj. 3]. Rendre un local moins sonore ; l'aménager pour le soustraire aux bruits extérieurs : *Insonoriser un studio d'enregistrement.*

insouciance n.f. Caractère d'une personne insouciante : *Quelle insouciance de votre part, vous auriez dû prévoir ces dépenses !* (**SYN.** frivolité, imprévoyance, négligence). *Nos insouciances d'enfant* (**SYN.** frivolité, légèreté). *Ils vivent dans l'insouciance de l'avenir* (**SYN.** désintérêt, détachement, indifférence).

insouciant, e adj. et n. Qui ne se soucie de rien : *Malgré les menaces de conflit, il restait insouciant* (**SYN.** frivole, négligent). *Elle paraît insouciante du danger* (**SYN.** inconscient, indifférent). ◆ adj. Qui témoigne que l'on ne se soucie de rien ; qui ne s'inquiète pas : *Elle passa devant nous d'un air insouciant* (**SYN.** détaché, évaporé, indifférent).

insoucieux, euse adj. *Litt.* Qui ne se soucie pas de qqch : *Un étudiant insoucieux de son avenir* (**SYN.** détaché de, indifférent à ; **CONTR.** inquiet de, préoccupé de, soucieux de).

insoumis, e adj. Qui refuse de se soumettre à l'autorité : *Un poète insoumis* (**SYN.** insubordonné, mutin ; **CONTR.** docile, soumis). ◆ n. Personne, en partic. militaire, qui refuse de se soumettre aux ordres : *Ces féministes sont des insoumises* (**SYN.** rebelle).

insoumission n.f. Fait de ne pas se soumettre à l'autorité, en partic. pour un militaire ; rébellion : *L'insoumission de certains officiers* (**SYN.** désobéissance, insubordination ; **CONTR.** obéissance, soumission).

insoupçonnable adj. Que l'on ne peut soupçonner : *Une intendante insoupçonnable.*

insoupçonné, e adj. Dont on ne peut estimer les limites ou entrevoir l'existence : *Elle a des talents insoupçonnés* (**SYN.** ignoré, secret). *Cette exposition révèle des trésors insoupçonnés* (**SYN.** inattendu, inespéré, inimaginable).

insoutenable adj. **1.** Que l'on ne peut soutenir, supporter ou poursuivre sans fléchir : *Elle nous impose un rythme de travail insoutenable* (**SYN.** démesuré, effréné, excessif). *Des photos d'une violence insoutenable* (**SYN.** insupportable, intolérable ; **CONTR.** supportable, tolérable). **2.** Que l'on ne peut soutenir, défendre, justifier : *Une cause insoutenable* (**SYN.** indéfendable, injustifiable ; **CONTR.** défendable, justifiable, soutenable).

inspecter v.t. (lat. *inspectare,* examiner) [conj. 4]. **1.** Examiner avec soin pour contrôler, vérifier : *Les vigiles inspectent tous les sacs, à l'entrée de la salle de spectacle* (**SYN.** fouiller). **2.** Observer attentivement : *Les marins inspectent le ciel* (**SYN.** regarder, scruter). *Les spéléologues inspectent la grotte* (**SYN.** explorer).

inspecteur, trice n. Titre donné aux agents de divers services publics et à certains officiers généraux chargés d'une mission de surveillance et de contrôle : *Un inspecteur d'académie* (= qui surveille l'enseignement dispensé aux élèves). *Inspectrice des impôts. Inspecteur de police, du travail.*

inspection n.f. **1.** Action de surveiller, de contrôler : *L'inspection d'un colis suspect* (**SYN.** contrôle, fouille). **2.** Fonction d'inspecteur. **3.** Corps des inspecteurs : *Inspection générale des Finances, de la Sécurité sociale.* **4.** Partie de l'examen clinique dans laquelle le médecin cherche des anomalies visibles à l'œil nu.

inspirateur, trice n. **1.** Personne qui inspire une action : *L'inspiratrice d'une réforme* (**SYN.** initiateur, instigateur). **2.** Auteur, œuvre dont s'inspire un auteur, un artiste, et qu'il prend comme modèle : *Brassens est l'inspirateur de nombreux chanteurs* (**SYN.** guide, mentor). ◆ **inspiratrice** n.f. Femme qui inspire un artiste : *Elle a été l'inspiratrice de ce poète* (**SYN.** égérie [litt.], muse).

inspiration n.f. **1.** Action d'inspirer, de faire pénétrer de l'air dans ses poumons : *Sortez et prenez une bonne inspiration d'air frais* (= bouffée ; **SYN.** aspiration, inhalation ; **CONTR.** expiration). **2.** Enthousiasme créateur de l'artiste : *Cette chanteuse manque d'inspiration* (**SYN.** créativité, souffle). **3.** Idée soudaine : *Je viens d'avoir une inspiration concernant le nom du projet* (**SYN.** intuition). **4.** Influence exercée sur une œuvre artistique ou littéraire : *Ces films sont de la même inspiration* (**SYN.** veine).

inspiratoire adj. Relatif à l'inspiration de l'air pulmonaire (par opp. à expiratoire).

inspiré, e adj. et n. Animé par l'inspiration : *Un poète inspiré* (**SYN.** illuminé, visionnaire). ▸ *Fam.* ***Être bien, mal inspiré,*** avoir une bonne, une mauvaise idée : *Elle a été mal inspirée de déménager si vite.*

inspirer v.t. (lat. *inspirare*, souffler dans, de *spirare*) [conj. 3]. **1.** Faire pénétrer l'air dans les poumons en respirant : *Inspirez un peu d'oxygène* (**SYN.** aspirer, inhaler ; **CONTR.** expirer, souffler). **2.** (Sans compl.). Gonfler ses poumons : *Inspirez profondément.* **3.** Faire naître dans le cœur, dans l'esprit un sentiment, une pensée, une idée : *Son attitude inspire la méfiance* (**SYN.** susciter). *Son éditeur lui a inspiré ce sujet de roman* (**SYN.** conseiller, suggérer). **4.** Faire naître l'enthousiasme créateur chez qqn : *Le physique de cette femme inspire le peintre.* ◆ **s'inspirer** v.pr. **[de].** Se servir des idées de qqn ; tirer ses idées de qqch : *Dans cette bande dessinée, le dessinateur s'est inspiré de Gustave Doré* (**SYN.** imiter). *La romancière s'est inspirée de son aventure pour écrire son livre.*

instabilité n.f. Caractère de ce qui est instable : *L'instabilité des cours de la Bourse* (**SYN.** fluctuation ; **CONTR.** constance, stabilité). *L'instabilité d'un escabeau* (**SYN.** déséquilibre).

instable adj. Qui manque de stabilité : *Aujourd'hui, le temps a été instable* (**SYN.** capricieux, changeant, variable ; **CONTR.** stable). *Elle est dans une situation instable* (**SYN.** fragile, précaire ; **CONTR.** durable). ◆ adj. et n. Qui n'est pas constant dans sa conduite, dans ses idées, ses sentiments : *À cet âge-là, on est trop instable pour s'engager fermement* (**SYN.** inconstant, versatile ; **CONTR.** opiniâtre, persévérant).

installateur, trice n. Spécialiste assurant l'installation d'un appareil (chauffage central, appareils sanitaires, etc.).

installation n.f. **1.** Action d'installer qqn dans un lieu, dans une fonction : *L'installation des sans-papiers dans ce local est provisoire* (**SYN.** emménagement, établissement). *L'installation d'un juge* (**SYN.** investiture). **2.** Mise en place d'un appareil, d'un réseau électrique, téléphonique, etc. : *L'installation d'une alarme dans une maison* (**SYN.** pose). **3.** Ensemble des appareils, des aménagements, du réseau mis en place : *L'installation électrique n'est pas conforme aux normes de sécurité* (**SYN.** équipement). **4.** En informatique, procédure qui vise à rendre un matériel ou un logiciel apte à fonctionner sur un équipement spécifique : *L'installation d'un logiciel sur un PC.* **5.** En art moderne, œuvre faite d'éléments arbitrairement choisis et organisés dans un espace donné, à la manière d'un environnement.

installer v.t. (lat. *installare*, de *stallum*, stalle) [conj. 3]. **1.** Mettre, disposer à une place déterminée : *Installer une bibliothèque dans un couloir* (**SYN.** placer). *Installer un enfant sur son siège.* **2.** Mettre en place un appareil, un circuit en effectuant certains travaux : *Installer une antenne parabolique* (**SYN.** poser). **3.** Aménager un local : *Installer une salle de jeux dans le grenier* (**SYN.** agencer, arranger, équiper). **4.** Établir officiellement dans une dignité, dans une charge : *Installer un magistrat* (**SYN.** introniser, investir). **5.** Établir dans un lieu pour un certain temps : *Ils ont installé leur fils dans leur maison de campagne* (**SYN.** loger). **6.** En informatique, procéder à l'installation d'un système informatique, d'un périphérique ou d'un logiciel pour les rendre opérationnels. ▸ ***Être installé,*** être parvenu à une situation qui assure l'aisance et le confort. ◆ **s'installer** v.pr. S'établir dans un lieu, y établir sa résidence : *Ils se sont installés dans une ancienne ferme* (**SYN.** emménager, se fixer ; **CONTR.** déménager).

instamment adv. *Sout.* De façon instante, pressante : *Je vous demande instamment de dire tout ce que vous savez* (= je vous implore).

instance n.f. (de *1. instant*). **1.** Organisme, service qui exerce le pouvoir de décision : *Cette décision émane des instances du syndicat* (**SYN.** autorités). **2.** Dans le langage juridique, série des actes d'une procédure depuis la demande en justice jusqu'au jugement : *Introduire une instance.* ▸ ***En instance,*** en cours de discussion : *Son affaire est en instance devant les prud'hommes.* ***En instance de,*** près de, sur le point de : *Ses parents sont en instance de divorce.* ◆ **instances** n.f. pl. Demandes pressantes : *La ministre finit par céder aux instances des journalistes* (**SYN.** prière, requête, sollicitation).

① **instant, e** adj. (lat. *instans, instantis*, de *instare*, presser, de *stare*, se tenir debout). *Litt.* Qui est pressant, urgent : *Ce malade a un besoin instant de sang* (**SYN.** impérieux).

② **instant** n.m. (de *1. instant*). Moment très court : *Vous ne pourrez le voir qu'un instant. Puis-je vous emprunter votre téléphone quelques instants ?* ▸ ***À chaque instant,*** continuellement : *Il fait appel à elle à chaque instant.* ***À l'instant*** ou ***dans l'instant,*** dès que ; tout de suite : *À l'instant où je l'ai vu, j'ai su qu'il avait échoué. Je vous l'envoie dans l'instant.* ***À l'instant où*** (+ ind.), au moment où : *À l'instant où je commençais, le téléphone a sonné.* ***Dans un instant,*** très bientôt : *Je suis à vous dans un instant.* ***Dès l'instant que*** (+ ind.), dans la mesure où ; puisque : *Dès l'instant que la panne a été signalée avant la fin de la garantie, vous n'avez rien à payer.* ***Par instants,*** par moments ; de temps en temps : *Par instants, elle a des pertes de mémoire.* ***Pour l'instant,*** pour le moment ; actuellement. ***Un instant !,*** attendez un peu ! : *Un instant ! Ce n'est pas encore votre tour !*

instantané, e adj. **1.** Qui se produit soudainement : *La mort a été instantanée* (**SYN.** brusque, immédiat, subit). **2.** Qui ne dure qu'un instant : *Il y a eu une lueur instantanée, puis l'explosion* (**SYN.** bref ; **CONTR.** long). **3.** Se dit d'un produit alimentaire déshydraté qui, après adjonction d'eau, est prêt à être consommé : *Une purée instantanée.* ◆ **instantané** n.m. Cliché photographique obtenu par une exposition de très courte durée : *Des instantanés de vacances.*

instantanéité n.f. Caractère de ce qui est instantané.

instantanément adv. De façon instantanée ; aussitôt : *Les pompiers se mirent en route instantanément* (**SYN.** immédiatement, sur-le-champ).

à l'**instar de** loc. prép. (lat. *ad instar*, à la ressemblance, de *instar*, valeur). *Sout.* À la manière ou à l'exemple de : *À l'instar de son ami, il voudrait créer son propre site Internet* (= comme).

instaurateur, trice n. *Litt.* Personne qui instaure, établit qqch pour la première fois : *L'instauratrice d'une doctrine* (**SYN.** créateur, fondateur).

instauration n.f. Action d'instaurer qqch : *L'instauration d'un nouveau règlement* (**SYN.** établissement, fondation).

instaurer v.t. (lat. *instaurare*) [conj. 3]. Établir les bases de ; fonder : *Les internes ont instauré un nouveau système de garde dans l'hôpital* (**SYN.** organiser). *Il instaura un nouveau genre littéraire* (**SYN.** créer, inaugurer, promouvoir).

instigateur, trice n. Personne qui pousse à faire qqch : *La police recherche l'instigateur de l'attentat* (**SYN.** incitateur, inspirateur).

instigation n.f. (lat. *instigatio*, de *instigare*, pousser à). Action de pousser qqn à faire qqch ; conseil : *Tu n'aurais pas dû suivre ses instigations* (**SYN.** exhortation, incitation). ▸ ***À l'instigation de qqn,*** en étant poussé par lui, sur ses conseils, avec ses encouragements : *Il y est allé à l'instigation de ses camarades* (**SYN.** suggestion).

instiguer v.t. [conj. 3]. En Belgique, pousser qqn à faire qqch.

instillation [ɛ̃stilasjɔ̃] n.f. Action d'introduire goutte à goutte une substance médicamenteuse dans une cavité naturelle de l'organisme : *Des instillations nasales, auriculaires.*

instiller [ɛ̃stile] v.t. (lat. *instillare*, de *stilla*, goutte) [conj. 3]. **1.** En médecine, pratiquer une instillation : *Instiller un médicament dans ses narines.* **2.** *Litt.* Faire pénétrer lentement : *Il n'a pas réussi à instiller son optimisme dans le cœur de ses enfants* (**SYN.** insuffler, inoculer [litt.], introduire).

instinct [ɛ̃stɛ̃] n.m. (du lat. *instinctus*, impulsion). **1.** Tendance innée qui pousse les individus d'une même espèce à accomplir des actes déterminés : *En tuant cet oiseau, le chat a obéi à son instinct.* **2.** Tendance, impulsion souvent irraisonnée qui détermine l'homme dans ses actes, son comportement : *Son instinct lui disait de s'en méfier* (**SYN.** intuition, prémonition, pressentiment). **3.** Don, disposition naturelle pour qqch : *Ce commerçant a l'instinct des affaires* (**SYN.** sens). ▸ ***D'instinct,*** par un mouvement naturel, spontané : *D'instinct, nous baissâmes la tête.*

instinctif, ive [ɛ̃stɛ̃ktif, iv] adj. et n. Qui est poussé par l'instinct : *Sa sœur est instinctive dans le choix de ses amis* (**SYN.** impulsif, spontané). ◆ adj. Qui naît de l'instinct ; inconscient : *D'un geste instinctif, il tortillait une mèche de ses cheveux* (**SYN.** irréfléchi, machinal ; **CONTR.** réfléchi, volontaire).

instinctivement [ɛ̃stɛ̃ktivmɑ̃] adv. Par instinct : *Instinctivement, il chercha ses clefs dans sa poche* (**SYN.** inconsciemment, machinalement).

instit [ɛ̃stit] n. (abrév.). *Fam.* Instituteur, institutrice.

instituer v.t. (lat. *instituere*, établir, de *status*, pose, état) [conj. 7]. **1.** Établir qqch de nouveau : *Cette loi institue l'entière liberté des échanges commerciaux* (**SYN.** fonder, instaurer). **2.** Dans le langage juridique, nommer un héritier par testament : *Instituer son neveu légataire universel* (**SYN.** désigner).

institut n.m. (lat. *institutum*, de *instituere*, établir). Établissement de recherche scientifique, d'enseignement, etc. : *Un institut de sondages. Conduire un cadavre à l'institut médico-légal.* ▸ ***Institut de beauté,*** établissement où l'on dispense des soins du visage et du corps à des fins esthétiques. ***Institut universitaire de formation des maîtres*** ou ***I.U.F.M.,*** établissement d'enseignement supérieur qui assure la formation professionnelle des enseignants du premier et du second degré. ***Institut universitaire de technologie*** ou ***I.U.T.,*** établissement d'enseignement assurant en deux années la formation de techniciens supérieurs.

instituteur, trice n. (lat. *institutor*, précepteur, de *instituere*, établir). Personne chargée de l'enseignement du premier degré (abrév. fam. instit). ☞ **REM.** Les *instituteurs* sont progressivement remplacés par les *professeurs des écoles*, formés dans les I.U.F.M.

institution n.f. **1.** Action d'instituer, d'établir : *L'institution d'un code d'honneur au sein d'un club* (**SYN.** création, instauration). **2.** Établissement d'enseignement privé : *Institution catholique* (**SYN.** école, collège). **3.** Dans le langage juridique, ensemble des règles établies en vue de la satisfaction d'intérêts collectifs ; organisme visant à les maintenir : *L'État, le Parlement, le mariage, la famille sont des institutions.* ◆ **institutions** n.f. pl. Ensemble des formes ou des structures politiques établies par la loi ou la coutume et relevant du droit public : *Institutions démocratiques.*

institutionnalisation n.f. Action d'institutionnaliser : *L'institutionnalisation du PACS.*

institutionnaliser v.t. [conj. 3]. Transformer en institution : *Faudrait-il institutionnaliser la thérapie génique ?*

institutionnel, elle adj. Relatif aux institutions de l'État : *Une réforme institutionnelle.*

instructeur, trice n. Gradé chargé de faire l'instruction militaire. ◆ adj. ▸ ***Magistrat instructeur,*** dans le langage juridique, magistrat chargé d'instruire un procès.

instructif, ive adj. Qui instruit, informe : *Une exposition particulièrement instructive* (**SYN.** didactique, éducatif).

instruction n.f. (lat. *instructio*). **1.** Action d'instruire, de donner des connaissances nouvelles : *L'instruction donnée au collège* (**SYN.** éducation, enseignement, formation). **2.** Savoir acquis par l'étude ; connaissances : *Ses enfants ont une solide instruction* (**SYN.** culture, érudition). **3.** Ordre de service adressé par un supérieur à ses subordonnés : *La directrice nous a laissé ses instructions par écrit* (**SYN.** consigne, directive). **4.** En informatique, ordre indiquant à un ordinateur une action élémentaire à exécuter. **5.** Dans le langage juridique, ensemble des recherches, des actions, des interrogatoires menés par un juge d'instruction pour permettre le jugement d'une affaire ; durée de cette phase : *L'instruction est finie.* ▸ ***Juge d'instruction*** → **juge.** ***Instruction militaire,*** formation donnée aux militaires. ◆ **instructions** n.f. pl. Explications pour l'utilisation d'un appareil, etc. : *Si tu avais lu les instructions, tu saurais que ce fil est mal branché* (= mode d'emploi ; **SYN.** notice).

instruire v.t. (lat. *instruere*, bâtir, de *struere*, assembler) [conj. 98]. **1.** Former l'esprit de qqn en lui donnant des connaissances nouvelles : *Elle a instruit des* *générations d'élèves* (**SYN.** éduquer, enseigner à). *Ce cédérom m'a beaucoup instruit* (**SYN.** apprendre). **2.** Mettre qqn au courant : *Il faut immédiatement instruire le ministre de cette affaire* (**SYN.** éclairer, informer, renseigner). ▸ ***Instruire une cause*** ou ***une affaire,*** dans le langage juridique, en faire l'instruction pour la mettre en état d'être jugée. ◆ **s'instruire** v.pr. **1.** Développer ses connaissances ; étudier : *Ils s'instruisent en suivant des conférences sur l'art contemporain* (**SYN.** se cultiver). **2.** **[de].** Recueillir des renseignements ; s'informer : *Je me suis instruite des horaires auprès de l'hôtesse d'accueil* (**SYN.** se renseigner).

instruit, e adj. Qui a des connaissances étendues : *Nous cherchons une personne instruite pour présenter ce magazine littéraire* (**SYN.** cultivé, érudit, lettré ; **CONTR.** ignare, inculte).

instrument n.m. (lat. *instrumentum,* de *instruere,* bâtir). **1.** Outil, machine servant à accomplir un travail, une opération quelconque : *Je n'ai pas les bons instruments pour effectuer cette réparation. Cet instrument permet de faire des découpes avec une très grande précision* (**SYN.** appareil). **2.** Appareil conçu pour produire des sons musicaux (on dit aussi *instrument de musique*) : *Instrument à vent, à percussion, à cordes. De quel instrument jouez-vous ?* **3.** Personne ou chose qui est employée pour atteindre un résultat ; moyen : *Je refuse d'être l'instrument de cette escroquerie* (**SYN.** agent, exécutant). *Ce site Internet est un instrument de propagande* (**SYN.** organe).

① **instrumental, e, aux** adj. Qui se rapporte aux instruments de musique, à l'orchestre (par opp. à vocal) : *Musique instrumentale. La partie instrumentale d'une chanson.*

② **instrumental** n.m. En linguistique, cas exprimant le moyen, l'instrument, dans certaines langues à déclinaisons : *L'instrumental russe.*

instrumentalisation n.f. Action d'instrumentaliser ; fait d'être instrumentalisé.

instrumentaliser v.t. [conj. 3]. Traiter qqn, qqch comme un instrument ; utiliser à son profit : *Le gouvernement instrumentalise cette grève.*

instrumentation n.f. Choix des instruments correspondant à chaque partie d'une œuvre musicale.

instrumenter v.t. [conj. 3]. Confier chaque partie d'une œuvre musicale à un instrument (**SYN.** orchestrer). ◆ v.i. Dans le langage juridique, établir un acte légal (procès-verbal, contrat, etc.) : *Le notaire doit maintenant instrumenter.*

instrumentiste n. **1.** Musicien qui joue d'un instrument : *Un orchestre de vingt instrumentistes.* **2.** Membre d'une équipe chirurgicale qui prépare et présente au chirurgien les instruments nécessaires au cours de l'intervention.

à l'**insu de** loc. prép. (de *su,* p. passé de *savoir*). **1.** Sans qu'on le sache : *Ils se fréquentent à l'insu de leurs collègues* (**SYN.** secrètement ; **CONTR.** au vu et au su de, ouvertement). *Vous lui avez téléphoné à mon insu.* **2.** Sans en avoir conscience : *Vous sombrez dans l'alcoolisme à votre insu* (**SYN.** inconsciemment ; **CONTR.** consciemment).

insubmersible adj. Qui ne peut pas couler : *Un Pédalo insubmersible.*

insubordination n.f. Attitude de qqn qui refuse d'obéir : *Ces militaires vont être jugés pour leur insubordination* (**SYN.** indiscipline, insoumission, rébellion ; **CONTR.** obéissance, soumission).

insubordonné, e adj. Qui fait preuve d'insubordination : *Un prisonnier insubordonné* (**SYN.** désobéissant, insoumis, rebelle ; **CONTR.** docile, obéissant, soumis).

insuccès [ɛ̃syksɛ] n.m. *Sout.* Manque de succès : *L'insuccès d'un film* (**SYN.** échec ; **CONTR.** réussite, triomphe).

insuffisamment adv. De façon insuffisante : *La pièce est insuffisamment éclairée* (**CONTR.** assez, suffisamment).

insuffisance n.f. **1.** Caractère de ce qui est insuffisant : *L'insuffisance de notre augmentation* (**SYN.** médiocrité). *Vous souffrez d'une insuffisance en fer* (**SYN.** carence, déficience). **2.** (Souvent au pl.). Manque de capacité, d'aptitudes ; infériorité : *Je reconnais mes insuffisances en cuisine* (**SYN.** inaptitude, incapacité, lacune ; **CONTR.** aptitude, compétence). **3.** En médecine, diminution qualitative ou quantitative du fonctionnement d'un organe : *Insuffisance rénale. Le malade souffre d'insuffisance respiratoire* (**SYN.** défaillance).

insuffisant, e adj. **1.** Qui ne suffit pas : *Nos ressources sont insuffisantes pour partir en vacances cette année* (**SYN.** maigre ; **CONTR.** suffisant). *Les résultats de l'équipe sont insuffisants pour passer en première division* (**SYN.** faible, médiocre ; **CONTR.** satisfaisant). **2.** Qui n'a pas les aptitudes nécessaires : *Ce commerce est géré par une personne insuffisante* (**SYN.** incapable, incompétent, médiocre ; **CONTR.** capable, compétent, qualifié).

insufflation n.f. En médecine, action d'insuffler de l'air, un gaz.

insuffler v.t. (lat. *insufflare,* de *flare,* souffler) [conj. 3]. **1.** Inspirer un sentiment à qqn ; transmettre : *Le nouveau responsable a réussi à insuffler un dynamisme sans précédent au sein du groupe* (**SYN.** communiquer, instiller [litt.]). **2.** Introduire de l'air, du gaz dans l'organisme à l'aide du souffle ou d'un appareil : *Insuffler de l'oxygène dans les poumons d'un noyé.*

insulaire adj. et n. (lat. *insularis,* de *insula,* île). Qui habite une île, qui y vit ; îlien : *La population insulaire décroît.* ◆ adj. Relatif à une île, aux îles : *La flore insulaire.*

insularité n.f. État, caractère d'un pays constitué par une ou plusieurs îles : *L'insularité de l'Indonésie.*

insuline n.f. (du lat. *insula,* île). Hormone du pancréas employée dans le traitement du diabète.

insulinique adj. Relatif à l'insuline, au traitement par l'insuline.

insulinodépendant, e adj. et n. En médecine, se dit d'un diabète, d'un diabétique dont l'équilibre en glucides ne peut être assuré que par des injections d'insuline.

insulinothérapie n.f. Traitement par l'insuline.

insultant, e adj. Qui constitue une insulte, une offense : *Cet article sur le Premier ministre est insultant* (**SYN.** injurieux, outrageant ; **CONTR.** élogieux, respectueux).

insulte n.f. Parole ou acte qui outrage, blesse la dignité ou l'honneur : *Ils échangèrent des insultes* (**SYN.**

injure, invective). *Votre attitude est une insulte à la mémoire des disparus* (**SYN.** affront, offense, outrage).

insulter v.t. (lat. *insultare,* sauter sur, de *salire,* sauter) [conj. 3]. Offenser par des paroles blessantes ou des actes méprisants, injurieux : *Vous m'insultez en me prêtant des intentions aussi malhonnêtes* (**SYN.** offenser, outrager).

insupportable adj. **1.** Que l'on ne peut supporter : *Avoir une migraine insupportable* (**SYN.** insoutenable, intenable, intolérable ; **CONTR.** supportable, tolérable). **2.** Se dit de qqn qui est difficile à supporter : *Un collègue insupportable* (**SYN.** impossible, invivable ; **CONTR.** charmant, délicieux).

insupporter v.t. [conj. 3]. *Fam.* Être insupportable à qqn : *Toutes ses petites manies insupportent son entourage* (**SYN.** agacer, énerver, exaspérer).

insurgé, e n. et adj. Personne qui participe à une insurrection : *La déroute des insurgés* (**SYN.** mutin, rebelle, révolté).

s'**insurger** v.pr. (lat. *insurgere,* se lever contre, de *surgere,* dresser, mettre debout) [conj. 17]. **1.** Se révolter, se soulever contre une autorité, un pouvoir, etc. : *La population s'est insurgée contre le dictateur* (**SYN.** se mutiner, se rebeller ; **CONTR.** se soumettre). **2.** Marquer par son attitude ou ses paroles que l'on désapprouve qqch : *Les consommateurs se sont insurgés contre cette augmentation injustifiée* (**SYN.** se dresser contre, s'indigner, protester ; **CONTR.** admettre).

insurmontable adj. Qui ne peut être surmonté : *Des problèmes financiers insurmontables* (**SYN.** irrémédiable ; **CONTR.** surmontable). *Sa peur du vide est insurmontable* (**CONTR.** maîtrisable).

insurpassable adj. Qui ne peut être surpassé : *Un score insurpassable.*

insurrection n.f. Action de s'insurger, de se soulever contre le pouvoir établi : *Les forces de l'ordre tentent de réprimer l'insurrection* (**SYN.** émeute, révolte, soulèvement).

insurrectionnel, elle adj. Qui tient de l'insurrection : *Mouvement insurrectionnel* (**SYN.** révolutionnaire, séditieux [litt.]).

intact, e [ɛ̃takt] adj. (lat. *intactus,* de *tangere,* toucher). **1.** À quoi l'on n'a pas touché ; qui est dans son état premier ; dont on n'a rien retranché : *Malgré ma chute, les œufs sont tous intacts. La somme est intacte* (**SYN.** entier). **2.** Qui n'a subi aucune atteinte physique ou morale : *Les passagers sont tous sortis intacts de l'accident* (= sains et saufs ; **SYN.** indemne ; **CONTR.** blessé). *Malgré cette affaire, sa réputation est restée intacte* (**SYN.** immaculé, pur ; **CONTR.** souillé, terni).

intaille n.f. (it. *intaglio,* entaille). Pierre fine gravée en creux (par opp. à camée).

intangible adj. Qui doit rester intact ; inviolable : *Un droit intangible* (**SYN.** sacré).

intarissable adj. **1.** Qui ne peut être tari : *Un puits intarissable* (**SYN.** inépuisable ; **CONTR.** tarissable). **2.** Qui ne s'épuise pas : *Cet enfant a une imagination intarissable* (**SYN.** délirant, fertile ; **CONTR.** pauvre, stérile). **3.** Qui ne cesse pas de parler : *Il est intarissable sur la mondialisation* (**SYN.** bavard, prolixe ; **CONTR.** muet, silencieux).

intarissablement adv. De façon intarissable : *Elle raconte intarissablement les mêmes histoires* (**SYN.** inlassablement).

intégral, e, aux adj. (du lat. *integer,* entier). Qui ne fait l'objet d'aucune restriction ; dont on n'a rien retiré : *Je paierai la somme intégrale* (**SYN.** complet, entier, total ; **CONTR.** partiel). *Cette chaîne passe la version intégrale du film.* ▸ ***Casque intégral,*** casque de motocycliste, de coureur automobile, qui protège la boîte crânienne, le visage et les mâchoires (on dit aussi *un intégral*).

intégrale n.f. Œuvre complète d'un écrivain, d'un musicien : *Je possède l'intégrale des chansons de Gainsbourg.*

intégralement adv. En totalité : *J'ai recopié intégralement ce poème* (**SYN.** complètement, entièrement ; **CONTR.** partiellement).

intégralité n.f. État de ce qui est complet, de ce à quoi il ne manque rien : *Elle a acheté l'intégralité de la collection* (**SYN.** totalité). *As-tu écouté ce disque dans son intégralité ?* (= en entier).

intégrant, e adj. ▸ ***Partie intégrante,*** élément constituant d'un tout et qui ne peut en être retiré : *Désormais, la promotion d'un film fait partie intégrante du travail d'un acteur.*

intégration n.f. **1.** Action d'intégrer qqn ou qqch ; fait de s'intégrer : *Favoriser l'intégration des immigrés. L'intégration d'un nouvel élève au sein d'une classe* (**SYN.** assimilation, insertion). **2.** En économie, fusion d'entreprises situées à des stades différents du processus de production.

intègre adj. (lat. *integer,* entier). Qui observe rigoureusement les principes de la justice et de la morale : *Un avocat intègre* (**SYN.** honnête, incorruptible ; **CONTR.** malhonnête, véreux).

intégré, e adj. **1.** Se dit d'un élément inclus dès le stade de la construction dans la structure ou l'ensemble dont il fait partie : *Une chaîne avec graveur de CD intégré.* **2.** Se dit d'un service spécialisé d'une administration, d'une entreprise, etc., assurant des tâches qui pourraient être confiées à des fournisseurs extérieurs : *Maison d'édition qui possède une imprimerie intégrée.* ▸ ***Circuit intégré*** → **circuit.**

intégrer v.t. (lat. *integrare,* réparer, de *integer,* entier) [conj. 18]. **1.** Faire entrer dans un ensemble plus vaste : *Elle a intégré une chanson de Barbara à son album* (**SYN.** inclure, incorporer, insérer ; **CONTR.** enlever, retirer, supprimer). **2.** *Fam.* Être reçu au concours d'entrée à une grande école : *Il a intégré l'ENA.* ◆ **s'intégrer** v.pr. S'assimiler entièrement à un groupe : *Elle s'est bien intégrée à notre famille* (**SYN.** s'insérer).

intégrisme n.m. Attitude et disposition d'esprit de certains croyants qui, au nom d'un respect intransigeant de la tradition, se refusent à toute évolution : *Intégrisme catholique, musulman.*

intégriste adj. et n. Relatif à l'intégrisme ; qui en est partisan.

intégrité n.f. **1.** Qualité d'une personne intègre : *Je doute de l'intégrité de ce comptable* (**SYN.** honnêteté, incorruptibilité, probité ; **CONTR.** malhonnêteté). **2.** État d'une chose qui a toutes ses parties, qui n'a pas subi d'altération : *Ils veulent défendre l'intégrité de leur territoire.*

intellect [ɛ̃telɛkt] n.m. (lat. *intellectus,* de *intellegere,* comprendre). Faculté de penser, de comprendre et de manier des concepts, des idées (**SYN.** entendement, intelligence).

intellectualisation n.f. Action d'intellectualiser.

intellectualiser v.t. [conj. 3]. Donner un caractère intellectuel, abstrait à : *Intellectualiser l'art.*

intellectualisme n.m. Tendance d'une personne à donner la primauté à l'intelligence et aux facultés intellectuelles sur la sensibilité.

intellectualiste adj. et n. Relatif à l'intellectualisme ; qui en est partisan.

intellectuel, elle adj. Qui appartient à l'intelligence ; qui fait appel à l'intelligence, à l'activité de l'esprit : *Évaluer les facultés intellectuelles d'un enfant* (**SYN.** mental). *Un jeu de société intellectuel* (**SYN.** cérébral). ◆ n. et adj. **1.** Personne dont la profession fait surtout appel aux manipulations abstraites et au discours (par opp. à manuel) : *Les intellectuels se sont joints à cette protestation.* **2.** Personne qui a un goût affirmé pour les choses de l'esprit (abrév. fam. intello).

intellectuellement adv. Du point de vue de l'intelligence : *Intellectuellement, cet enfant est en avance.*

intelligemment [ɛ̃teliʒamɑ̃] adv. Avec intelligence : *Vous lui avez répondu intelligemment* (**SYN.** habilement ; **CONTR.** bêtement, sottement).

intelligence n.f. (du lat. *intellegere*, comprendre, de *legere*, recueillir, lire). **1.** Faculté de comprendre, de saisir par la pensée : *Les différents stades de l'intelligence chez l'enfant.* **2.** Aptitude à s'adapter à une situation, à choisir en fonction des circonstances ; capacité de comprendre, de donner un sens à telle ou telle chose : *Le participant au rallye a fait preuve d'intelligence en choisissant cette piste* (**SYN.** bon sens, discernement ; **CONTR.** absurdité, bêtise, inintelligence). *Il a manqué d'intelligence dans cette affaire* (**SYN.** clairvoyance, perspicacité ; **CONTR.** aveuglement). **3.** Être humain considéré dans ses aptitudes intellectuelles ; personne très intelligente : *Ce magazine ouvre ses colonnes aux plus hautes intelligences du pays. Cet écrivain est une intelligence* (**SYN.** cerveau, esprit, tête). **4.** Action de saisir par la pensée ; action de comprendre : *Pour l'intelligence du texte, il est nécessaire d'avoir quelques rudiments d'histoire* (**SYN.** compréhension). ▸ ***Être d'intelligence avec qqn,*** s'entendre secrètement avec lui : *Elle est d'intelligence avec ce trafiquant* (= elle est sa complice). ***Intelligence artificielle*** ou ***I.A.,*** ensemble des théories et des techniques mises en œuvre pour réaliser des machines dont le fonctionnement s'apparente à celui du cerveau humain. ***Vivre en bonne, en mauvaise intelligence avec qqn,*** vivre en bons, en mauvais termes avec lui. ◆ **intelligences** n.f. pl. Entente, relations secrètes : *Il a des intelligences avec notre principal concurrent* (**SYN.** collusion, complicité). *Elle a des intelligences dans les ministères* (= des personnes qui l'informent).

intelligent, e adj. **1.** Doué d'intelligence ; capable de comprendre : *L'homme est un être intelligent* (**SYN.** raisonnable). *Une élève très intelligente* (**SYN.** brillant ; **CONTR.** idiot, sot, stupide). **2.** Qui dénote l'intelligence : *Une réflexion intelligente* (**SYN.** profond, sensé ; **CONTR.** absurde, inepte, inintelligent). **3.** Se dit d'un objet dont la maintenance ou le fonctionnement sont assurés par un dispositif automatisé capable de se substituer, pour certaines opérations, à l'intelligence humaine : *Une voiture intelligente* (= avec de l'informatique embarquée).

intelligentsia [ɛ̃teliʒɛ̃sja ou inteligentsja] n.f. (mot russe). Ensemble des intellectuels d'un pays.

intelligibilité n.f. Caractère de ce qui est intelligible.

intelligible adj. Qui peut être facilement compris : *La morale de ce conte est intelligible même pour de jeunes enfants* (**SYN.** accessible, clair, compréhensible ; **CONTR.** inaccessible, incompréhensible, inintelligible, obscur). *La comédienne parle à haute et intelligible voix* (**SYN.** audible ; **CONTR.** inaudible, indistinct).

intelligiblement adv. De façon intelligible : *Pourriez-vous prononcer votre nom intelligiblement ?* (**SYN.** clairement).

intello n. et adj. (abrév.). *Fam.* (Souvent péjor.). Intellectuel : *Cette intello prend de grands airs avec nous.*

intempérance n.f. (lat. *intemperantia*, intempérie, excès, de *temperare*, maîtriser, modérer, de *tempus*, temps). **1.** Manque de modération dans le manger ou le boire. **2.** *Litt.* Manque de modération dans un domaine quelconque : *Ses intempérances de langage sont connues de tous* (**SYN.** outrance ; **CONTR.** retenue, sobriété).

intempérant, e adj. *Litt.* Qui fait preuve d'intempérance ; qui manque de sobriété ; excessif : *Une gaieté intempérante* (**SYN.** exagéré, outrancier ; **CONTR.** modéré, sobre).

intempéries n.f. pl. (lat. *intemperies*, dérèglement, de *tempus*, temps). Mauvais temps ; rigueur du climat : *Les marins doivent faire face aux intempéries.*

intempestif, ive adj. (lat. *intempestivus*, hors de saison, de *tempus*, temps). Qui se produit mal à propos ; déplacé : *Son arrivée intempestive a gâché la soirée* (**SYN.** inopportun ; **CONTR.** opportun). *Évitez toute remarque intempestive* (**SYN.** déplacé, inconvenant, malvenu).

intemporel, elle adj. Qui est indépendant du temps qui passe : *Une vérité intemporelle* (**SYN.** immuable).

intenable adj. **1.** Qui n'est pas supportable : *Un bruit intenable* (**SYN.** insoutenable, insupportable). *La situation est devenue intenable, il faut que vous réussissiez à vous accorder* (**SYN.** invivable, pénible ; **CONTR.** tenable, tolérable). **2.** Que l'on ne peut pas discipliner : *Un élève intenable* (**SYN.** indocile ; **CONTR.** dissipé, indiscipliné). **3.** Qui ne peut être conservé, défendu : *Une conception philosophique intenable* (**SYN.** indéfendable, injustifiable ; **CONTR.** défendable, justifiable).

intendance n.f. Fonction, service, bureaux d'un intendant : *Les élèves doivent payer leurs repas à l'intendance* (**SYN.** économat). ▸ *Fam.* ***L'intendance,*** les questions matérielles et économiques : *C'est ma mère qui s'occupe des problèmes d'intendance.* ***L'intendance suivra,*** les solutions économiques viendront en leur temps, une fois prises les décisions politiques.

intendant, e n. (de l'anc. fr. *superintendant*, du lat. *superintendere*, surveiller, de *intendere*, étendre, tendre). **1.** Fonctionnaire chargé de l'administration financière d'un établissement public ou d'enseignement : *L'intendante du lycée* (**SYN.** économe). **2.** Personne chargée d'administrer les affaires d'une collectivité ou d'un particulier (**SYN.** régisseur).

intense adj. (bas lat. *intensus,* tendu, de *intendere,* étendre, tendre). D'une puissance, d'une force très grande ; très important, considérable : *Un froid intense* (**SYN.** extrême, vif). *Aux heures de pointe, la circulation est intense sur l'autoroute* (**SYN.** dense ; **CONTR.** faible, fluide).

intensément adv. De façon intense ; avec intensité : *Ils souhaitent vivre ces moments intensément.*

intensif, ive adj. **1.** Qui met en œuvre des moyens importants : *Pendant une semaine, elle va suivre des cours intensifs d'italien.* **2.** En linguistique, qui renforce la notion exprimée : *« Extra- » et « hyper- » sont des préfixes intensifs.* ▸ ***Culture intensive, élevage intensif,*** destinés à produire des rendements élevés (par opp. à extensif).

intensification n.f. Action d'intensifier ; fait de s'intensifier : *L'intensification des combats* (**SYN.** aggravation, extension).

intensifier v.t. [conj. 9]. Rendre plus intense, plus fort, plus actif : *Sa chute a intensifié la douleur* (**SYN.** accentuer, augmenter ; **CONTR.** affaiblir). *Il faut intensifier la recherche sur les maladies orphelines* (**SYN.** amplifier ; **CONTR.** réduire). ◆ **s'intensifier** v.pr. Devenir plus intense : *Ce bruit s'est intensifié depuis ce matin* (**SYN.** s'accentuer, s'accroître ; **CONTR.** s'atténuer, diminuer).

intensité n.f. **1.** Très haut degré d'énergie, de force, de puissance atteint par qqch : *L'intensité d'un tremblement de terre* (**SYN.** violence). *Grâce à la morphine, sa douleur perd de son intensité* (**SYN.** acuité). **2.** Quantité d'électricité que débite un courant continu pendant l'unité de temps.

intensivement adv. De façon intensive : *Les comédiens répètent la pièce intensivement pour être prêts à temps.*

intenter v.t. (lat. *intentare,* diriger, de *intendere,* tendre, étendre) [conj. 3]. Entreprendre une action en justice contre qqn : *Elle a intenté un procès à son ancien patron pour licenciement abusif.*

intention n.f. (lat. *intentio,* action de diriger, de *intendere,* tendre, étendre). Disposition d'esprit par laquelle on se propose d'accomplir délibérément tel ou tel acte ; volonté : *Mon intention était de vous faire plaisir* (**SYN.** but, dessein [sout.]). *Quelles sont vos intentions ?* (**SYN.** objectif, projet). ▸ ***À l'intention de qqn,*** spécialement pour lui, en son honneur : *J'ai écrit un discours à son intention.* ***Avoir l'intention de*** (+ inf.), se proposer de ; compter : *Il a l'intention de s'installer à son compte* (**SYN.** projeter). ***Procès d'intention,*** accusation fondée non pas sur ce que qqn a fait ou dit, mais sur les intentions qu'on lui prête.

intentionné, e adj. ▸ ***Bien intentionné,*** qui a de bonnes dispositions d'esprit à l'égard de qqn : *Vous avez de la chance, je crois qu'elle est bien intentionnée à votre égard* (**CONTR.** malintentionné).

intentionnel, elle adj. Fait délibérément, avec intention : *Son absence à cette réunion était intentionnelle* (**SYN.** volontaire, voulu ; **CONTR.** involontaire).

intentionnellement adv. De façon intentionnelle, délibérée : *Le style de son dernier roman est intentionnellement dépouillé* (**SYN.** délibérément, volontairement ; **CONTR.** involontairement).

interactif, ive adj. **1.** Se dit de phénomènes qui réagissent les uns sur les autres. **2.** Se dit d'un support de communication, d'un média favorisant un échange avec le public : *Participer à une émission interactive.* **3.** En informatique, doué d'interactivité : *Un logiciel interactif* (**SYN.** conversationnel).

interaction n.f. Influence réciproque de deux phénomènes, de deux personnes : *Les interactions entre les organismes vivants et la pollution du milieu ambiant* (**SYN.** interdépendance). ▸ ***Interaction médicamenteuse,*** augmentation ou diminution des effets thérapeutiques ou toxiques d'un médicament par une autre substance (alcool, autre médicament, etc.).

interactivité n.f. **1.** Caractère d'un média interactif. **2.** En informatique, faculté d'échange entre l'utilisateur d'un système informatique et la machine, par l'intermédiaire d'un terminal doté d'un écran de visualisation.

interagir v.i. [conj. 32]. Exercer une interaction.

interallié, e adj. Commun à plusieurs alliés ou à l'ensemble des alliés : *Les troupes interalliées.*

interarmées adj. Commun à plusieurs armées (de terre, de mer ou de l'air).

interarmes adj. Commun à plusieurs armes (infanterie, artillerie, etc.) de l'armée de terre : *Manœuvres interarmes.*

interbancaire adj. Qui concerne les relations entre banques : *Des opérations interbancaires.*

intercalaire adj. **1.** Inséré, ajouté entre d'autres choses de même nature : *Feuille intercalaire.* **2.** Se dit du jour ajouté au mois de février dans les années bissextiles (29 février). ◆ n.m. Feuille, feuillet intercalaires : *Un intercalaire transparent.*

intercalation n.f. Action d'intercaler ; ce qui est intercalé : *L'intercalation d'une phrase dans un paragraphe* (**SYN.** ajout, insertion ; **CONTR.** suppression).

intercaler v.t. (lat. *intercalare,* de *calare,* appeler) [conj. 3]. Insérer parmi d'autres choses, dans une série, un ensemble : *Intercaler un diagramme dans un chapitre* (**SYN.** incorporer, intégrer, introduire ; **CONTR.** supprimer). ◆ **s'intercaler** v.pr. Se placer entre deux éléments : *La voiture est venue s'intercaler entre les deux camions* (**SYN.** s'interposer).

intercéder v.i. (lat. *intercedere*) [conj. 18]. Intervenir en faveur de qqn : *Elle a intercédé pour sa collègue* ou *en faveur de sa collègue auprès du directeur* (**SYN.** s'entremettre).

intercepter v.t. (du lat. *interceptus,* pris au passage, de *capere,* prendre, saisir) [conj. 4]. **1.** Arrêter au passage : *Les volets interceptent la lumière* (**SYN.** cacher, masquer). **2.** S'emparer de qqch qui était destiné à autrui : *Ils ont intercepté sa lettre* (**SYN.** dérober ; **CONTR.** remettre). **3.** Dans certains sports d'équipe, s'emparer du ballon au cours d'une passe entre deux adversaires. **4.** Arrêter qqn, un véhicule, en l'empêchant d'atteindre son but : *La gendarmerie a intercepté le véhicule suspect.*

interception n.f. **1.** Action d'intercepter ; fait d'être intercepté : *L'interception d'une lettre.* **2.** En sports, action d'intercepter le ballon.

intercesseur n.m. *Litt.* Personne qui intercède en faveur d'une autre : *Se faire l'intercesseur de qqn* (**SYN.** 1. avocat). *Elle a été mon intercesseur auprès de la direction* (**SYN.** défenseur).

intercession n.f. *Litt.* Action d'intercéder ; démarche en faveur de qqn : *Il a obtenu ce rendez-vous par l'intercession d'un ami* (**SYN.** entremise, intervention). ☞ **REM.** Ne pas confondre avec *intersession.*

interchangeabilité n.f. Caractère de ce qui est interchangeable.

interchangeable adj. (mot angl.). Se dit de choses, de personnes qui peuvent être mises à la place les unes des autres : *Des écrous interchangeables* (**SYN.** substituable).

interclasse n.m. Dans l'enseignement, intervalle de temps qui sépare deux cours : *À l'interclasse, les étudiants attendent dans le couloir* (**SYN.** intercours).

interclassement n.m. Action d'interclasser.

interclasser v.t. [conj. 3]. Réunir en une série ou un document unique ce qui était jusqu'alors classé dans des séries ou des documents divers : *Interclasser des fichiers informatiques.*

interclubs [ɛ̃tɛrklœb] adj. et n.m. pl. Qui oppose les équipes ou les membres de plusieurs clubs sportifs : *Compétition interclubs. Perdre les interclubs.*

intercommunal, e, aux adj. Qui concerne plusieurs communes : *Des groupements intercommunaux d'usagers.*

intercommunalité n.f. Caractère de ce qui est intercommunal.

intercommunautaire adj. Qui concerne les relations entre plusieurs communautés : *Un conflit intercommunautaire.*

interconnectable adj. Qui peut être interconnecté.

interconnecter v.t. [conj. 4]. Associer, joindre par interconnexion : *Interconnecter des réseaux informatiques.*

interconnexion n.f. Connexion de réseaux distincts pour assurer la continuité du service en cas de défaut, et une production plus économique.

intercontinental, e, aux adj. Qui est situé ou qui a lieu entre des continents : *Un voyage intercontinental.*

intercostal, e, aux adj. (du lat. *costa,* côte). Qui se situe entre les côtes du thorax : *Douleur intercostale.*

intercours n.m. Dans l'enseignement, intervalle de temps qui sépare deux cours : *Durant l'intercours, le professeur change de salle* (**SYN.** interclasse).

interculturel, elle adj. Qui concerne les contacts entre différentes cultures : *Des échanges interculturels.*

interdépartemental, e, aux adj. Commun à plusieurs départements : *Une compétition sportive interdépartementale.*

interdépendance n.f. Dépendance mutuelle : *L'interdépendance de la croissance économique et de l'emploi* (**SYN.** corrélation, liaison, rapport).

interdépendant, e adj. Se dit de personnes, de choses dépendant les unes des autres : *Des événements interdépendants.*

interdiction n.f. **1.** Action d'interdire : *Interdiction de fumer* (**SYN.** défense ; **CONTR.** autorisation). *Interdiction de sortir* (**CONTR.** permission). **2.** Défense perpétuelle ou temporaire faite à une personne de remplir ses fonctions : *Ce médecin est frappé d'une interdiction temporaire d'exercer.*

interdigital, e, aux adj. Situé entre les doigts : *Espace interdigital.*

interdire v.t. (lat. *interdicere,* de *dicere,* dire) [conj. 103]. **1.** Défendre à qqn, empêcher qqn d'utiliser, de faire : *Le médecin lui a interdit le sucre* (**SYN.** prohiber ; **CONTR.** autoriser). *Ses parents lui ont interdit de sortir* (**CONTR.** permettre). *Cette réunion pourrait être interdite* (= elle pourrait ne pas avoir lieu). **2.** Frapper d'interdiction dans le cadre de ses fonctions : *Interdire un magistrat.* ◆ **s'interdire** v.pr. ▸ ***S'interdire qqch, s'interdire de*** (+ inf.), décider de ne pas avoir recours à qqch, de ne pas agir de telle manière : *Elle s'interdit tout repos. Je m'interdis de parler de ce sujet* (**SYN.** se refuser à).

interdisciplinaire adj. Qui établit des relations entre plusieurs sciences ou disciplines : *Un projet scolaire interdisciplinaire. Un groupe de recherche interdisciplinaire.*

interdisciplinarité n.f. Caractère de ce qui est interdisciplinaire.

① **interdit, e** adj. et n. (de *interdire*). Qui est l'objet d'une interdiction : *Un prêtre interdit. Être interdit bancaire* (= ne plus avoir le droit d'utiliser un chéquier ou une carte de crédit). ◆ adj. Qui ne sait que répondre ; déconcerté : *Elle resta interdite* (**SYN.** désemparé, pantois). *Cette accusation les laissa interdits* (**SYN.** pétrifié, stupéfait).

② **interdit** n.m. (lat. *interdictum*). **1.** Condamnation absolue qui met qqn à l'écart d'un groupe : *La communauté internationale a jeté l'interdit sur les criminels de guerre* (= les a mis à l'index ; **SYN.** quarantaine). *Lever un interdit.* **2.** Règle sociale qui prohibe un acte, un comportement : *Le respect des interdits* (**SYN.** tabou).

interentreprises adj. Qui concerne plusieurs entreprises : *Les relations interentreprises.*

intéressant, e adj. **1.** Qui offre de l'intérêt ; digne d'attention : *Un film intéressant* (**SYN.** captivant, prenant ; **CONTR.** ennuyeux, inintéressant). *Une romancière intéressante.* **2.** Qui inspire de l'intérêt, excite la sympathie : *Elle a rencontré des gens intéressants* (**SYN.** brillant, éminent ; **CONTR.** banal, insignifiant). **3.** Qui procure un avantage matériel : *Des prix intéressants* (**SYN.** avantageux, modique, raisonnable ; **CONTR.** élevé, excessif). ◆ n. ▸ ***Faire l'intéressant*** ou ***son intéressant,*** chercher à se faire remarquer.

intéressé, e adj. et n. Qui est concerné par une chose : *Il vaudrait mieux en parler à la principale intéressée.* ◆ adj. **1.** Qui n'a en vue que son intérêt pécuniaire : *Une femme intéressée* (**SYN.** cupide [litt.] ; **CONTR.** désintéressé, généreux). **2.** Inspiré par l'intérêt : *Ses compliments sont intéressés* (= il espère en tirer un profit).

intéressement n.m. Système par lequel on fait participer les salariés aux bénéfices d'une entreprise.

intéresser v.t. (lat. *interesse,* importer, être de l'intérêt de) [conj. 4]. **1.** Avoir de l'importance, de l'utilité pour : *Cette réforme intéresse les chasseurs* (**SYN.** concerner, toucher). **2.** Inspirer de l'intérêt ; retenir l'attention de : *Ce garçon l'intéresse* (**SYN.** plaire à ; **CONTR.** déplaire à). *Ce jeu vidéo ne l'intéresse plus* (**SYN.** captiver, passionner ; **CONTR.** ennuyer). **3.** Attribuer une part des bénéfices d'une entreprise à qqn : *Intéresser* *qqn à une affaire.* ◆ **s'intéresser** v.pr. **[à].** Avoir de l'intérêt pour : *Elle ne s'intéresse pas à la politique* (**SYN.** se préoccuper de, se soucier de ; **CONTR.** se désintéresser de). *Il s'intéresse à la techno* (**SYN.** aimer, se passionner pour ; **CONTR.** détester).

intérêt n.m. (du lat. *interest,* il importe). **1.** Ce qui importe, ce qui est utile, avantageux : *Agir dans l'intérêt de la science* (= la servir). *Il trouve son intérêt dans cette affaire* (**SYN.** avantage, compte, profit). **2.** Attachement exclusif à ce qui est avantageux pour soi, partic. à l'argent : *Elle a agi par intérêt* (**SYN.** cupidité [litt.] ; **CONTR.** générosité). **3.** (Génér. au pl.). Somme d'argent qu'une personne a dans une affaire : *Avoir des intérêts dans une entreprise* (**SYN.** part). **4.** Somme que le débiteur paie au créancier pour l'usage de l'argent prêté : *Elle a trouvé un emprunt à 4,90 % d'intérêt.* **5.** Sentiment de curiosité, de bienveillance à l'égard de qqch, de qqn ; plaisir que l'on y prend : *Ses paroles ont éveillé mon intérêt* (**SYN.** attention). *Elle éprouve un très vif intérêt pour ses étudiantes* (**SYN.** bienveillance, sollicitude ; **CONTR.** indifférence). **6.** Qualité de ce qui éveille l'attention et la retient : *Ce scénario est dénué d'intérêt* (**SYN.** charme, originalité ; **CONTR.** banalité, platitude). *Un événement d'un intérêt considérable* (**SYN.** poids, portée ; **CONTR.** inutilité, vanité). ▸ ***Avoir intérêt à*** (+ inf.), ***à ce que*** (+ subj.), ***que*** (+ subj.), y trouver son compte : *Elle a intérêt à signer rapidement ce nouveau contrat.*

interethnique adj. Qui concerne les relations entre différentes ethnies.

interface [ɛ̃tɛrfas] n.f. (mot angl.). **1.** *Didact.* Limite commune à deux systèmes, permettant des échanges entre ceux-ci : *L'interface production-distribution.* **2.** En informatique, ensemble des règles et des conventions qui permettent l'échange d'informations entre deux systèmes donnés. **3.** Personne qui assure l'échange d'informations entre deux domaines, deux services : *Ingénieur qui est une interface entre la recherche et la production* (**SYN.** connexion, liaison).

interférence n.f. (angl. *interference*). **1.** Rencontre, conjonction de deux séries de phénomènes distincts : *L'interférence de la situation économique et de la crise politique* (**SYN.** interaction). **2.** Phénomène résultant de la superposition d'ondes de même nature et de fréquences égales ou voisines : *Il y a des interférences sur la ligne téléphonique.*

interférer v.i. (lat. *inter,* entre, et *ferre,* porter) [conj. 18]. **1. [avec].** Venir se mêler ou s'ajouter à qqch, à une situation en lui nuisant : *Le krach boursier a interféré avec l'endettement de l'entreprise.* **2. [dans].** Avoir une action sur ; jouer un rôle dans : *Ce scandale interfère dans sa vie privée.* **3.** Produire des interférences : *Des rayons qui interfèrent.*

interféron n.m. (de *interférer*). Protéine produite par les cellules infectées par un virus et qui les rend résistantes à toute autre infection virale.

intergalactique adj. Situé entre les galaxies : *Espace intergalactique.*

intergénérationnel, elle adj. Qui concerne plusieurs générations : *La solidarité intergénérationnelle.*

intergouvernemental, e, aux adj. Qui concerne plusieurs gouvernements : *Tenir une conférence intergouvernementale.*

intergroupe n.m. Réunion de parlementaires de différents groupes, formée pour étudier un problème déterminé.

① **intérieur, e** adj. (lat. *interior*). **1.** Qui est au-dedans, dans l'espace compris entre les limites de qqch ; interne : *L'escalier intérieur* (**CONTR.** 1. extérieur). **2.** Qui concerne la nature morale, psychologique de l'individu : *Une voix intérieure me disait de garder mon calme* (**SYN.** intime, profond). **3.** Qui concerne un pays, un territoire : *La politique intérieure* (**SYN.** national ; **CONTR.** étranger, 1. extérieur).

② **intérieur** n.m. **1.** La partie de dedans : *L'intérieur de la maison* (**SYN.** 2. dedans ; **CONTR.** 2. dehors, 2. extérieur). **2.** Espace compris entre les frontières d'un pays ; le pays lui-même, ou sa partie centrale (par opp. aux frontières ou aux côtes) : *À l'intérieur des terres, il fait plus chaud* (= dans l'arrière-pays). **3.** Endroit où l'on habite ; maison, appartement : *Un intérieur douillet* (**SYN.** foyer, nid). ▸ ***De l'intérieur,*** en faisant partie d'un groupe, en participant à la chose même : *Juger de l'intérieur.* ***Femme, homme d'intérieur,*** qui sait tenir sa maison ; qui n'aime pas sortir, qui reste au milieu des siens. ***Robe, veste d'intérieur,*** vêtement confortable que l'on porte chez soi.

intérieurement adv. **1.** Au-dedans : *Le bâtiment est très abîmé intérieurement* (**CONTR.** extérieurement). **2.** En soi-même : *Rire intérieurement* (**SYN.** secrètement ; **CONTR.** ouvertement).

intérim [ɛ̃terim] n.m. (du lat. *interim,* pendant ce temps-là). **1.** Temps pendant lequel une fonction est remplie par un autre que par le titulaire ; exercice de cette fonction : *Diriger pendant un intérim. Assurer l'intérim de qqn* (**SYN.** remplacement). **2.** Activité des salariés intérimaires : *Faire de l'intérim. Une agence d'intérim.* ▸ ***Par intérim,*** pendant l'absence du titulaire ; provisoirement : *Directeur par intérim.*

intérimaire n. et adj. **1.** Personne qui, provisoirement, exerce des fonctions à la place du titulaire : *Un président intérimaire* (**SYN.** remplaçant). **2.** Travailleur mis à la disposition d'une entreprise par une entreprise de travail temporaire pour un emploi ponctuel. ◆ adj. Qui a lieu, qui s'exerce par intérim : *Travail intérimaire* (**SYN.** provisoire, temporaire).

interindividuel, elle adj. Qui concerne les rapports entre individus : *La communication interindividuelle.*

intériorisation n.f. Action d'intérioriser : *L'intériorisation de sa colère* (**CONTR.** expression, extériorisation, manifestation).

intérioriser v.t. [conj. 3]. **1.** Garder pour soi ; contenir en son for intérieur : *Intérioriser sa joie* (**SYN.** cacher, contenir ; **CONTR.** exprimer, extérioriser, manifester). **2.** Faire siennes des opinions, des règles de conduite propres à un autre individu, à un groupe extérieur : *Il a complètement intériorisé leur façon de voir les choses.*

intériorité n.f. Caractère de ce qui est intérieur, intime.

interjectif, ive adj. (du bas lat. *interjectivus,* intercalé). En grammaire, qui exprime l'interjection : *« Mille tonnerres ! » ou « tu parles ! » sont des locutions interjectives.*

interjection n.f. (du lat. *interjectio,* intercalation, parenthèse). Mot invariable, isolé, qui exprime un sentiment violent, une émotion, un ordre : *« Ah ! », « ouf ! » ou « stop ! » sont des interjections.*

interjeter v.t. [conj. 27]. ▸ ***Interjeter appel,*** faire appel d'une décision de justice rendue en premier ressort.

interleukine n.f. En biochimie, substance qui assure les interactions entre les leucocytes et joue un rôle dans la réaction immunitaire.

interlignage n.m. Action ou manière d'interligner : *Le traitement de texte propose un double interlignage.*

① **interligne** n.m. Blanc séparant deux lignes écrites ou imprimées : *Laisser un grand interligne pour les annotations.*

② **interligne** n.f. En imprimerie, lame de métal dont on se sert, en composition typographique, pour espacer les lignes.

interligner v.t. [conj. 3]. Séparer par des interlignes : *Interligner un paragraphe.*

interlocuteur, trice n. (du lat. *interloqui,* couper la parole à qqn). **1.** Toute personne conversant avec une autre : *Il ne met jamais ses interlocuteurs dans l'embarras.* **2.** Personne avec laquelle on engage des négociations, des pourparlers : *Interlocuteur valable* (**SYN.** partenaire).

interlope adj. (de l'angl. *interloper,* navire trafiquant en fraude). **1.** Qui est le lieu de trafics louches ; qui est suspect de combinaisons malhonnêtes : *Un hôtel interlope. Un individu interlope* (**SYN.** douteux ; **CONTR.** honnête). **2.** Qui se fait en fraude : *Des activités interlopes* (**SYN.** illégal, illicite ; **CONTR.** légal, licite).

interloquer v.t. (du lat. *interloqui,* couper la parole à qqn) [conj. 3]. Mettre dans l'embarras par un effet de surprise : *Ma question l'a interloqué* (**SYN.** déconcerter, décontenancer).

interlude n.m. (mot angl., du lat. *ludere,* jouer, de *ludus,* jeu). Divertissement dramatique ou musical entre deux parties d'un spectacle, d'une émission de télévision, etc.

intermède n.m. (it. *intermedio,* du lat. *intermedius,* intercalé). **1.** Divertissement entre deux pièces ou deux actes d'une représentation théâtrale : *Un intermède musical* (**SYN.** intermezzo, prélude). **2.** Temps pendant lequel une action s'interrompt : *Ces vacances ont été un court intermède* (**SYN.** interruption).

① **intermédiaire** adj. (du lat. *inter,* entre, et *medius,* qui est au milieu). Qui est entre deux choses ; qui forme une transition entre deux termes : *Une époque intermédiaire* (**SYN.** charnière, transitoire). *Une solution intermédiaire* (= de juste milieu ; **CONTR.** extrême). *Une couleur intermédiaire entre le rouge et le rose.* ◆ n.m. ▸ ***Par l'intermédiaire de,*** grâce à l'entremise de qqn ; au moyen de qqch : *Il a contacté la presse par l'intermédiaire d'un ami. Par l'intermédiaire d'Internet, ils peuvent facilement correspondre* (**SYN.** voie).

② **intermédiaire** n. (de *1. intermédiaire*). **1.** Personne qui sert de lien entre deux autres : *Elle a été leur intermédiaire dans la négociation de ce contrat* (**SYN.** médiateur). **2.** Personne, entreprise qui, dans un circuit de distribution commerciale, se trouve entre le producteur et le consommateur : *Les grossistes et les détaillants sont des intermédiaires.*

intermezzo [ɛ̃tɛrmedzo] n.m. (mot it. signif. « intermède »). **1.** Divertissement musical intercalé entre les parties d'une œuvre théâtrale (**SYN.** intermède). **2.** Pièce instrumentale de forme libre : *Écouter des intermezzos.*

interminable adj. (bas lat. *interminabilis,* de *terminus,* limite). Qui dure très longtemps : *Une discussion interminable* (= sans fin ; **SYN.** long ; **CONTR.** 1. bref, 1. court).

interminablement adv. De façon interminable : *On pourrait en discuter interminablement.*

interministériel, elle adj. Relatif à plusieurs ministres ou ministères : *Une réunion interministérielle.*

intermittence n.f. Caractère de ce qui est intermittent : *L'intermittence de la lumière d'un phare en mer* (**SYN.** discontinuité ; **CONTR.** continuité, permanence). ▸ ***Par intermittence,*** par moments, de façon discontinue : *Elle s'entraîne par intermittence* (= irrégulièrement).

① **intermittent, e** adj. (du lat. *intermittere,* discontinuer, de *mittere,* envoyer). Qui s'arrête et reprend par intervalles : *Un signal intermittent* (**SYN.** discontinu ; **CONTR.** continu, permanent). *Un travail intermittent* (**SYN.** irrégulier ; **CONTR.** régulier, stable).

② **intermittent, e** n. Personne dont l'activité comporte une alternance de périodes travaillées et non travaillées : *Les intermittents du spectacle.*

internat n.m. **1.** Situation d'un élève interne (par opp. à externat). **2.** Établissement où les élèves sont nourris et logés : *Il poursuit sa scolarité dans un internat* (**SYN.** pension, pensionnat). **3.** Concours permettant d'obtenir le titre d'interne des hôpitaux : *Il a été reçu à l'internat.* **4.** Fonction d'interne des hôpitaux ; période pendant laquelle on est interne : *Elle est en première année d'internat.*

① **international, e, aux** adj. Qui a lieu, qui se passe entre plusieurs nations : *Une rencontre internationale de rugby. Commerce international. Une renommée internationale* (**SYN.** mondial, universel). ◆ **international** n.m. **1.** Domaine des relations internationales, spécial. dans les échanges commerciaux. **2.** Dans une entreprise, secteur chargé de ce domaine : *Travailler à l'international.*

② **international, e, aux** n. Sportif, sportive qui représente son pays dans des épreuves internationales : *Une internationale de tennis.* ◆ **internationaux** n.m. pl. Compétitions internationales : *Les Internationaux de France.*

Internationale n.f. (Avec une majuscule). Association internationale de partis ouvriers créée au XIXe siècle et qui fonctionna jusqu'à la fin de la Seconde Guerre mondiale.

internationalement adv. Sur le plan international : *Cet écrivain est connu internationalement* (**SYN.** mondialement).

internationalisation n.f. Action de rendre international : *L'internationalisation de la lutte contre la pollution.*

internationaliser v.t. [conj. 3]. Rendre international ; porter sur le plan international : *Internationaliser un conflit* (**SYN.** mondialiser).

internationalisme n.m. Doctrine qui prône la

solidarité, l'union internationale des peuples, de groupes sociaux, etc.

internationaliste adj. et n. Relatif à l'internationalisme ; qui en est partisan.

internationalité n.f. État, caractère de ce qui est international : *L'internationalité d'une idée.*

internaute n. Utilisateur du réseau Internet : *Cette internaute envoie un mél* (**SYN.** cybernaute).

① **interne** adj. (lat. *internus,* de *inter,* entre). **1.** Qui est au-dedans : *La paroi interne d'un vase* (**SYN.** intérieur ; **CONTR.** 1. extérieur, externe). **2.** Qui concerne la nature profonde de qqch : *Les difficultés internes de ce syndicat* (**SYN.** intrinsèque ; **CONTR.** extrinsèque). ▸ ***Médicament à usage interne,*** à introduire dans l'organisme (par voie buccale, rectale, etc.).

② **interne** n. (de *1. interne*). Élève logé et nourri dans un établissement scolaire (par opp. à demi-pensionnaire, externe). ▸ ***Interne des hôpitaux,*** étudiant en fin d'études de médecine ou de pharmacie, assurant les fonctions de base dans un établissement hospitalier : *Interne en chirurgie.*

interné, e adj. et n. **1.** Enfermé dans un camp de concentration, une prison : *Une internée politique.* **2.** *Vieilli* Qui est l'objet d'une mesure d'internement en milieu psychiatrique.

internement n.m. **1.** Action d'interner ; fait d'être interné : *L'internement d'un criminel* (**SYN.** emprisonnement, incarcération ; **CONTR.** libération). **2.** *Vieilli* Hospitalisation forcée d'un malade en milieu psychiatrique.

interner v.t. (de *interne*) [conj. 3]. **1.** Enfermer dans un camp, une prison : *Ils internent les opposants au régime* (**SYN.** emprisonner, incarcérer ; **CONTR.** libérer). **2.** *Vieilli* Hospitaliser un malade mental en milieu psychiatrique sans son consentement (**SYN.** enfermer).

Internet [ɛ̃tɛrnɛt] n.m. (abrév. de l'anglo-amér. *international network,* réseau international). Réseau télématique international résultant de l'interconnexion de milliers de réseaux utilisant un protocole de communication commun (aussi appelé *la Toile* ; abrév. Net) : *Un fournisseur d'accès à Internet.* ☞ **REM.** Ce mot peut aussi s'écrire sans majuscule : *l'internet* et s'employer en apposition : *des sites Internet.*

interpellateur, trice [ɛ̃tɛrpelatœr, tris] n. Personne qui interpelle, qui demande une explication : *Le président a donné la parole à l'interpellatrice.*

interpellation [ɛ̃tɛrpelasjɔ̃] n.f. **1.** Action d'interpeller : *Il se retourna en entendant cette interpellation* (**SYN.** apostrophe). **2.** Sommation faite à qqn d'avoir à dire, à faire qqch : *La police a procédé à plusieurs interpellations.* **3.** Demande d'explication adressée à un ministre par un membre du Parlement : *Répondre à une interpellation sur la politique intérieure.*

interpeller [ɛ̃tɛrpəle ou ɛ̃tɛrpele] v.t. (du lat. *interpellare,* interrompre) [conj. 26]. **1.** Adresser vivement la parole à qqn pour lui demander qqch : *Interpeller le serveur pour lui demander l'addition* (**SYN.** apostropher, héler). **2.** Sommer qqn de répondre, lui demander de s'expliquer sur un fait ; vérifier son identité, l'arrêter : *La police a interpellé deux suspects.* **3.** (Emploi critiqué). Contraindre qqn à regarder en face une situation ; s'imposer à lui : *L'horreur de ces guerres nous interpelle.*

interpénétration n.f. Pénétration mutuelle : *L'interpénétration des cultures* (**SYN.** imbrication, intrication).

s'**interpénétrer** v.pr. [conj. 18]. Pour deux choses, pénétrer l'une dans l'autre : *La politique et l'économie s'interpénètrent* (**SYN.** s'entremêler, s'imbriquer, s'intriquer).

interpersonnel, elle adj. Qui concerne les relations entre individus : *Les rapports interpersonnels.*

Interphone n.m. (nom déposé). Téléphone à haut-parleur permettant des communications à courte distance, génér. à l'intérieur du même bâtiment : *Le facteur sonne à l'Interphone.*

interplanétaire adj. Situé entre les planètes du système solaire : *Un voyage interplanétaire.*

interpolation n.f. Action d'interpoler ; passage interpolé : *Ce traducteur a fait quelques interpolations* (**SYN.** ajout).

interpoler v.t. (lat. *interpolare,* réparer, de *polire,* égaliser, aplanir) [conj. 3]. Introduire dans un texte un élément qui ne figure pas dans l'original et qui en modifie le sens : *Certains copistes interpolaient les textes* (**SYN.** altérer).

interposer v.t. (lat. *interponere*) [conj. 3]. **1.** Placer entre deux choses : *Interposer un filtre entre les yeux et un écran d'ordinateur* (**SYN.** intercaler). **2.** Faire intervenir comme médiation entre deux personnes, deux groupes : *Interposer un policier entre deux antagonistes.* ◆ **s'interposer** v.pr. Se placer entre deux choses, deux personnes : *Quand la Lune s'interpose entre la Terre et le Soleil, il y a éclipse de Soleil* (**SYN.** s'intercaler). *L'arbitre s'est interposé entre les deux boxeurs.*

interposition n.f. Action d'interposer ; fait de s'interposer : *L'interposition d'un État entre deux pays belligérants* (**SYN.** entremise, médiation ; **CONTR.** non-intervention).

interprétable adj. Qui peut être interprété : *Des signes difficilement interprétables* (**SYN.** compréhensible).

interprétariat n.m. (de *interprète,* avec l'infl. de *secrétariat*). Métier, fonction d'interprète, de traducteur : *École d'interprétariat.*

interprétatif, ive adj. Qui contient une interprétation : *Une analyse interprétative* (**SYN.** explicatif).

interprétation n.f. **1.** Action d'interpréter, de donner un sens à qqch : *Une interprétation d'un passage de Sartre* (**SYN.** commentaire, explication). **2.** Action ou manière de représenter, de jouer, de danser une œuvre artistique : *C'est une nouvelle interprétation de « Roméo et Juliette » de Prokofiev* (**SYN.** version). **3.** Traduction et exécution d'un programme informatique, instruction par instruction.

interprète n. **1.** Personne qui traduit oralement une langue dans une autre : *Cette interprète parle couramment plusieurs langues.* **2.** Personne qui est chargée de déclarer, de faire connaître les volontés, les intentions d'une autre : *Il se fait l'interprète de ses collègues lors des réunions* (**SYN.** porte-parole, représentant). **3.** Artiste qui exécute une œuvre musicale, qui joue un rôle au théâtre ou au cinéma : *Elle a reçu le prix de la meilleure interprète féminine* (**SYN.** acteur). *C'est un grand interprète de Beethoven.*

interpréter v.t. (du lat. *interpretari,* expliquer) [conj. 18]. **1.** Chercher à rendre compréhensible, à traduire, à donner un sens à : *Demander à son avocat d'interpréter l'avis du tribunal* (**SYN.** expliquer). *Il a interprété son sourire comme une moquerie* (**SYN.** comprendre). **2.** Jouer un rôle dans une pièce, un film ; exécuter un morceau de musique, une œuvre chorégraphique : *Elle interprète un personnage violent dans ce film* (**SYN.** incarner). ◆ **s'interpréter** v.pr. Être compris, expliqué : *Ce rêve peut s'interpréter de plusieurs façons.*

interpréteur n.m. Logiciel d'interprétation.

interprofession n.f. Groupe de professions d'un secteur économique : *L'interprofession viticole.*

interprofessionnel, elle adj. Qui groupe, concerne plusieurs professions : *Le S.M.I.C. est le salaire minimum interprofessionnel de croissance.*

interracial, e, aux adj. Qui concerne les relations entre personnes ou communautés distinguées selon l'origine, la couleur de la peau ; interethnique : *Des guerres interraciales.*

interrégional, e, aux adj. Qui concerne plusieurs régions : *Une rencontre sportive interrégionale.*

interrègne n.m. **1.** Intervalle entre la mort d'un roi et le sacre de son successeur. **2.** Intervalle pendant lequel une fonction n'est pas assurée par un titulaire (**SYN.** intérim, vacance).

interrogateur, trice adj. et n. Qui interroge : *Un regard interrogateur* (**SYN.** interrogatif).

interrogatif, ive adj. Qui exprime une interrogation : *Phrase interrogative. Une mimique interrogative* (**SYN.** interrogateur). ▸ ***Proposition interrogative indirecte,*** proposition subordonnée complétive exprimant une interrogation (on dit aussi une *interrogative indirecte*) : *« Il m'a demandé si tu allais mieux » est une proposition interrogative indirecte.* ◆ **interrogatif** n.m. Mot (adjectif, pronom, adverbe) interrogatif : *« Quel ? », « qui ? » ou « combien ? » sont des adverbes interrogatifs.* ◆ **interrogative** n.f. Phrase interrogative.

interrogation n.f. Demande, question ou ensemble de questions : *Des interrogations indiscrètes* (**SYN.** demande). *Le professeur corrige l'interrogation écrite de ce matin* (**SYN.** contrôle, épreuve). ▸ ***Interrogation directe,*** interrogation posée directement à l'interlocuteur, sans l'intermédiaire d'un verbe : *« Comment vas-tu ? » est une interrogation directe.* ***Interrogation indirecte,*** interrogation posée par l'intermédiaire d'un verbe comme *savoir, demander,* etc. : *« Il lui a demandé pourquoi elle était partie aussi vite » est une interrogation indirecte.* ***Point d'interrogation,*** signe de ponctuation (?) placé à la fin d'une interrogative directe ; fig., question non résolue, chose incertaine, imprévisible : *Est-ce qu'il viendra ? C'est le grand point d'interrogation.*

interrogativement adv. D'une manière, d'un air qui expriment l'interrogation.

interrogatoire n.m. **1.** Ensemble des questions posées à qqn (prévenu, accusé) et des réponses qu'il y apporte au cours d'une enquête, d'une instruction : *Les inspecteurs procèdent à un interrogatoire.* **2.** Procès-verbal consignant ces demandes et ces réponses. **3.** Partie de l'examen clinique dans laquelle le médecin demande au patient des renseignements sur ses antécédents et les symptômes qu'il présente.

interrogeable adj. Dans le domaine des télécommunications ou en informatique, que l'on peut interroger : *Répondeur interrogeable à distance.*

interroger v.t. (lat. *interrogare,* de *rogare,* demander) [conj. 17]. **1.** Adresser, poser des questions à : *Les journalistes l'ont interrogé sur son nouveau film* (**SYN.** questionner, interviewer ; **CONTR.** répondre à). *La police l'a interrogé plus de trois heures* (= lui a fait subir un interrogatoire). **2.** Examiner avec attention : *Interroger les textes anciens* (**SYN.** consulter, étudier). *Interroger le ciel* (**SYN.** scruter). **3.** Consulter, génér. à distance, un répondeur téléphonique, un serveur ou une base de données pour en obtenir un renseignement. ◆ **s'interroger** v.pr. Se poser des questions, être dans l'incertitude : *Je m'interroge sur la conduite à tenir dans un tel cas* (**SYN.** se demander).

interrompre v.t. (lat. *interrumpere,* de *rumpere,* briser) [conj. 78]. **1.** Rompre la continuité ou la continuation de : *Il a interrompu son exposé* (**SYN.** arrêter ; **CONTR.** continuer). *Interrompre un voyage* (**SYN.** suspendre ; **CONTR.** maintenir). *Elle a interrompu ses études* (**SYN.** abandonner ; **CONTR.** reprendre). **2.** Arrêter qqn dans son discours : *Il m'interrompt tout le temps* (= il me coupe la parole). ◆ **s'interrompre** v.pr. Cesser de faire qqch ; s'arrêter au cours d'une action : *Elle s'interrompit pour répondre au téléphone* (= elle arrêta de parler).

interrupteur n.m. Appareil qui sert à interrompre ou à rétablir un courant électrique en ouvrant ou en fermant son circuit (**SYN.** commutateur).

interruption n.f. **1.** Action d'interrompre : *Les inondations ont provoqué l'interruption du trafic ferroviaire* (**SYN.** arrêt, cessation). *L'interruption d'une émission de télévision* (**SYN.** suspension ; **CONTR.** reprise). **2.** Paroles prononcées pour interrompre qqn : *De continuelles interruptions.* ▸ ***Interruption volontaire de grossesse*** ou ***I.V.G.,*** avortement provoqué sous contrôle médical.

intersaison n.f. Période qui sépare deux saisons commerciales, touristiques, sportives : *Il y a de nombreux transferts de footballeurs durant l'intersaison.*

intersection n.f. (lat. *intersectio,* de *secare,* couper). **1.** Endroit où deux routes se croisent : *À l'intersection, tu tourneras à droite* (**SYN.** carrefour, croisement). **2.** En géométrie, lieu où des lignes, des surfaces, des volumes se rencontrent : *Le point d'intersection de deux droites.*

intersession n.f. Temps qui s'écoule entre deux sessions d'une assemblée. ☞ **REM.** Ne pas confondre avec *intercession.*

intersidéral, e, aux adj. Situé entre les astres : *Les espaces intersidéraux* (**SYN.** interstellaire).

intersigne n.m. (anc. fr. *entreseing,* du lat. médiév. *intersignum*). Lien mystérieux qui existerait entre deux faits apparemment indépendants l'un de l'autre ; présage.

interspécifique adj. En écologie, se dit de ce qui concerne les rapports entre espèces.

interstellaire adj. (du lat. *stella,* étoile). Situé entre les étoiles : *L'espace interstellaire* (**SYN.** intersidéral).

interstice n.m. (du lat. *interstare,* se trouver entre, de *stare,* se tenir debout). Petit espace vide entre les parties de qqch : *Un petit interstice.*

interstitiel, elle [ɛ̃tɛrstisjɛl] adj. Situé dans les

interstices de qqch : *La matière interstitielle d'une roche.*

intersyndical, e, aux adj. Qui concerne plusieurs syndicats : *Une manifestation intersyndicale.* ◆ **intersyndicale** n.f. Association de plusieurs syndicats, pour des objectifs communs : *Une réunion de l'intersyndicale.*

intertextualité n.f. Ensemble des relations qui existent entre des textes, notamm. des textes littéraires.

intertitre n.m. **1.** Titre secondaire annonçant une partie ou un paragraphe d'un article. **2.** Au cinéma, dans un film muet, ensemble des textes écrits sur un carton et paraissant à l'écran entre deux séquences.

intertropical, e, aux adj. Qui est situé, qui a lieu entre les tropiques : *Régions intertropicales.*

① **interurbain, e** adj. Établi entre des villes différentes : *Des liaisons ferroviaires interurbaines.*

② **interurbain** n.m. *Vieilli* Téléphone interurbain (abrév. fam. inter).

intervalle n.m. (lat. *intervallum*, de *vallum*, palissade). **1.** Espace plus ou moins large entre deux corps ; distance d'un point à un autre : *Il y a un intervalle de trois mètres entre chaque arbre* (**SYN.** distance, écart, espace). **2.** Espace de temps entre deux instants, deux périodes : *Les intervalles entre les douleurs* (**SYN.** pause, répit). *Ils sont nés à trois jours d'intervalle. Je suis sortie quelques instants, et il est arrivé dans l'intervalle* (= entre-temps). ▸ ***Par intervalles,*** de place en place : *Des troncs abattus restent par intervalles dans la forêt* ; de temps à autre : *La fièvre revient par intervalles.*

intervenant, e adj. et n. Qui intervient dans un procès, dans une discussion, dans un processus économique, etc. : *Lors de la conférence, il y avait une dizaine d'intervenants.*

intervenir v.i. (lat. *intervenire*) [conj. 40]. **1.** Prendre part volontairement à une action pour en modifier le cours : *Des passants sont intervenus pour éviter la bagarre* (**SYN.** s'entremettre, s'interposer). *Elle intervient toujours dans notre vie privée* (**SYN.** s'ingérer, se mêler de). **2.** Prendre la parole pour donner son avis : *Il est intervenu dans la conversation* (**SYN.** s'immiscer). **3.** Se produire, avoir lieu : *Un incident est intervenu* (**SYN.** advenir, arriver, survenir). **4.** Engager des forces militaires : *L'armée française est intervenue dans ce conflit.* **5.** Procéder à une intervention chirurgicale : *Le chirurgien pense qu'il vaut mieux intervenir rapidement* (**SYN.** opérer).

intervention n.f. **1.** Action d'intervenir dans une situation, un débat, une action : *L'intervention des pompiers a été très rapide. Je ne compte plus sur son intervention en ma faveur* (**SYN.** entremise, intercession [litt.]). **2.** Ce que dit une personne pour contribuer à un débat ou apporter des explications : *L'intervention télévisée du chef de l'État a fait la une des journaux.* **3.** Opération chirurgicale : *Pratiquer une intervention.* **4.** Action d'un État ou d'un groupe d'États qui s'immisce dans la sphère de compétence d'un autre État (**SYN.** immixtion [sout.], ingérence ; **CONTR.** non-intervention).

interventionnel, elle adj. Se dit d'un examen radiologique pendant lequel on réalise un traitement (comme une injection), que l'on peut surveiller sur les images.

interventionnisme n.m. **1.** Doctrine préconisant l'intervention de l'État dans les affaires économiques (**SYN.** dirigisme, étatisme ; **CONTR.** libéralisme). **2.** Doctrine préconisant l'intervention d'un État dans un conflit concernant d'autres États.

interventionniste adj. et n. Favorable à l'interventionnisme : *Une politique interventionniste.*

interversion n.f. Modification, renversement de l'ordre habituel ou naturel : *Interversion de deux mots dans une liste alphabétique* (**SYN.** inversion, transposition).

intervertébral, e, aux adj. Placé entre deux vertèbres : *Les disques intervertébraux.*

intervertir v.t. (lat. *intervertere*, détourner, de *vertere*, tourner, faire tourner) [conj. 32]. Modifier, renverser l'ordre naturel ou habituel des choses : *Intervertir les lettres d'un mot* (**SYN.** inverser, permuter).

interview [ɛ̃tɛrvju] n.f. ou n.m. (mot angl., du fr. *entrevue*). Entretien au cours duquel un journaliste interroge une personne sur ses idées, ses projets, afin d'en publier le compte rendu ; ce compte rendu lui-même : *Ce chanteur a accordé plusieurs interviews aux journalistes. Une interview tronquée.*

interviewé, e [ɛ̃tɛrvjuve] n. Personne qui répond à une interview.

interviewer [ɛ̃tɛrvjuve] v.t. [conj. 3]. Soumettre à une interview : *Elle interviewe un ministre.*

intervieweur, euse [ɛ̃tɛrvjuvœr, øz] n. Journaliste, personne qui interviewe qqn : *L'intervieweuse a bien préparé ses questions.*

intestat [ɛ̃tɛsta] adj. inv. en genre et n. (lat. *intestatus*, de *testari*, tester, de *testis*, témoin). Qui n'a pas fait de testament : *Ses tantes sont mortes intestats.*

① **intestin, e** adj. (du lat. *intestinus*, intérieur). *Litt.* Qui se passe entre des adversaires appartenant à la même communauté : *Une guerre intestine* (**SYN.** civil, intérieur).

② **intestin** n.m. (du lat. *intestina*, entrailles, intestins). Portion du tube digestif allant de l'estomac à l'anus, divisée en deux parties, l'*intestin grêle* puis le *gros intestin.*

intestinal, e, aux adj. Qui concerne l'intestin : *Des troubles intestinaux.*

intimation n.f. Dans le langage juridique, action d'intimer (**SYN.** assignation).

intime adj. (lat. *intimus*, superlatif de *interior*). **1.** *Litt.* Qui est au plus profond d'une personne ; qui constitue l'essence d'un être, d'une chose : *Connaître la nature intime de qqn. Il a l'intime conviction qu'elle ment* (**SYN.** profond). **2.** Qui est uniquement personnel et privé : *Cette actrice n'a plus de vie intime* (**CONTR.** public). *Un journal intime* (= secret). **3.** Qui se passe entre des personnes étroitement liées : *Une soirée intime* (**SYN.** amical ; **CONTR.** guindé). ▸ ***Toilette intime,*** toilette des organes génitaux. ◆ adj. et n. Avec qui on est étroitement lié : *Amie intime. Un repas entre intimes* (**SYN.** 2. familier).

intimement adv. De façon intime : *Elle en est intimement convaincue* (**SYN.** profondément). *Ils sont intimement liés* (**SYN.** étroitement).

intimer v.t. (du bas lat. *intimare,* introduire, notifier) [conj. 3]. **1.** Signifier, déclarer avec autorité : *Elle lui intima l'ordre de venir* (**SYN.** enjoindre [sout.], notifier). **2.** Dans le langage juridique, assigner devant une juridiction supérieure.

intimidant, e adj. Qui intimide : *Un examinateur intimidant* (**SYN.** impressionnant ; **CONTR.** rassurant).

intimidateur, trice adj. Destiné à intimider : *Des propos intimidateurs.*

intimidation n.f. Action d'intimider : *Ce sont des manœuvres d'intimidation* (**SYN.** menace, pression).

intimider v.t. [conj. 3]. **1.** Remplir de gêne, de timidité ; faire perdre son assurance à : *L'ambiance de ce grand restaurant l'intimidait beaucoup* (**SYN.** embarrasser, impressionner, troubler ; **CONTR.** rassurer). **2.** Inspirer de la crainte, de la peur à qqn pour faire pression sur lui : *Ils ont essayé d'intimider les jurés* (**SYN.** effrayer, inquiéter, terroriser).

intimisme n.m. En littérature et en peinture, style, manière intimiste.

intimiste adj. et n. Se dit d'un peintre qui exécute des scènes d'intérieur ; se dit d'un écrivain ou d'un poète qui cherche à exprimer les sentiments les plus intimes, les plus secrets.

intimité n.f. **1.** Relations étroites et continues entre des personnes ; amitié : *Il a longtemps vécu dans l'intimité d'un grand poète.* **2.** La vie privée de qqn ; le cercle de la famille ou des amis proches : *Dans l'intimité, c'est une femme qui a beaucoup d'humour* (= en privé). *L'enterrement aura lieu dans la plus stricte intimité.* **3.** *Litt.* Ce qui est intime, profond : *Elle a pris sa décision dans l'intimité de sa conscience.*

intitulé n.m. Titre d'un livre, d'un chapitre, d'une loi, d'un jugement, etc.

intituler v.t. (bas lat. *intitulare,* de *titulus,* titre, inscription) [conj. 3]. Désigner par un titre : *Il intitula son recueil de vers « Lointains ».* ◆ **s'intituler** v.pr. Avoir pour titre : *Le livre s'intitule « Histoires anecdotiques »* (**SYN.** s'appeler).

intolérable adj. **1.** Que l'on ne peut pas tolérer, supporter : *Des souffrances intolérables* (**SYN.** atroce, insupportable ; **CONTR.** supportable, tolérable). **2.** Que l'on ne peut pas admettre, accepter : *Des propos intolérables* (**SYN.** inacceptable, inadmissible, scandaleux ; **CONTR.** acceptable, admissible).

intolérance n.f. (du lat. *tolerare,* supporter). **1.** Attitude hostile ou agressive à l'égard de ceux dont on ne partage pas les opinions, les croyances : *L'intolérance religieuse* (**SYN.** fanatisme, sectarisme ; **CONTR.** tolérance). **2.** Impossibilité, pour un organisme, de supporter certains médicaments ou aliments : *Intolérance à la pénicilline, aux laitages* (**SYN.** allergie).

intolérant, e adj. et n. Qui fait preuve d'intolérance : *Un esprit intolérant* (**SYN.** intransigeant ; **CONTR.** souple). *Des doctrines intolérantes* (**SYN.** sectaire ; **CONTR.** tolérant).

intonation n.f. (du lat. *intonare,* faire retentir, tonner). **1.** Ensemble des inflexions que prend la voix, caractérisé par des variations de hauteur : *Dans « Il pleut ? », l'intonation de la phrase est montante. Prendre une intonation douce* (**SYN.** 2. ton). **2.** En musique, action d'émettre des sons avec la voix ; manière dont on le fait.

intouchable adj. **1.** Qui ne peut être touché ; que l'on ne doit pas toucher : *Objet sacré et intouchable* (**SYN.** tabou). **2.** Que l'on ne peut pas joindre, contacter : *La ministre est intouchable depuis une semaine* (**SYN.** injoignable ; **CONTR.** disponible). ◆ adj. et n. **1.** Qui ne peut être l'objet d'aucune critique, d'aucune sanction ; sacro-saint : *Un diplomate intouchable* (**SYN.** irrévocable ; **CONTR.** révocable). **2.** En Inde, individu hors caste considéré comme impur (**SYN.** paria).

intoxication n.f. **1.** Ensemble des troubles dus à l'introduction d'une substance toxique, d'un poison dans l'organisme : *Intoxication alimentaire* (= toxi-infection alimentaire ; **SYN.** empoisonnement). **2.** *Fig.* Effet lent et insidieux sur l'esprit de certaines influences (abrév. fam. intox) : *C'est de l'intoxication pour nous faire accepter des hausses d'impôts.*

intoxiqué, e adj. et n. Qui a l'habitude d'absorber certaines substances toxiques : *Être intoxiqué par l'alcool.*

intoxiquer v.t. (lat. *intoxicare,* de *toxicum,* poison) [conj. 3]. **1.** Imprégner un organisme vivant de substances toxiques : *Elle a été intoxiquée par de la viande avariée* (**SYN.** empoisonner). **2.** *Fig.* Influencer en faisant perdre tout sens critique : *Propagande qui intoxique les esprits.*

intracellulaire adj. Qui se trouve ou se produit à l'intérieur de la cellule vivante.

intracommunautaire adj. Qui se fait à l'intérieur d'une communauté, et, en partic., au sein de l'Union européenne.

intradermique adj. Qui est situé ou qui est pratiqué à l'intérieur de la peau, dans l'épaisseur du derme : *Injection intradermique.* ◆ n.f. Injection faite dans la peau : *Le médecin lui a fait une intradermique.*

intraduisible adj. Que l'on ne peut traduire : *Une expression intraduisible* (**CONTR.** traduisible). *Une émotion intraduisible* (**SYN.** indicible, inexprimable ; **CONTR.** exprimable).

intraitable adj. Qui n'accepte aucun compromis : *Il se montre intraitable sur ce sujet* (**SYN.** inébranlable, inflexible, intransigeant ; **CONTR.** conciliant, souple).

intra-muros [ɛ̃tramyros] adj. inv. et adv. (mots lat. signif. « en dedans des murs »). Dans l'enceinte des fortifications, à l'intérieur de la ville (par opp. à extra-muros) : *Des quartiers intra-muros. Ils ont toujours habité intra-muros.*

intramusculaire adj. Qui est ou qui se fait à l'intérieur d'un muscle : *Injection intramusculaire.* ◆ n.f. Injection faite dans un muscle.

Intranet n.m. Réseau informatique interne à une entreprise, qui s'appuie sur les technologies d'Internet pour faciliter la communication et le partage du travail entre les collaborateurs. ☞ **REM.** Ce mot peut aussi s'écrire sans majuscule : *l'intranet.*

intransigeance n.f. Caractère d'une personne intransigeante : *L'intransigeance de ses parents lui pèse* (**SYN.** inflexibilité ; **CONTR.** souplesse).

intransigeant, e adj. et n. (esp. *intransigente,* du lat. *transigere,* transiger). Qui ne fait aucune concession, qui n'admet aucun compromis : *Elle est toujours aussi intransigeante* (**SYN.** inflexible, intraitable ; **CONTR.** conciliant, souple).

intransitif, ive adj. et n.m. (bas lat. *intransitivus*, de *transire*, aller au-delà). En grammaire, se dit des verbes qui n'admettent pas de complément d'objet (par opp. à transitif) : *« Paraître », « devenir », « dîner » ou « dormir » sont des verbes intransitifs.*

intransitivement adv. En grammaire, à la façon d'un verbe intransitif : *Dans « Il mange », « manger » est un verbe transitif employé intransitivement* (**SYN.** absolument).

intransmissible adj. Qui ne peut se transmettre : *Une expérience intransmissible* (**SYN.** incommunicable ; **CONTR.** transmissible).

intransportable adj. Que l'on ne peut transporter : *Un malade, du matériel intransportable* (**CONTR.** transportable).

intra-utérin, e adj. (pl. *intra-utérins, es*). Qui est situé ou qui a lieu à l'intérieur de l'utérus : *Vie intra-utérine.* ▸ ***Dispositif intra-utérin,*** stérilet.

intraveineux, euse adj. Qui est ou qui se fait à l'intérieur d'une veine : *Une injection intraveineuse.* ◆ **intraveineuse** n.f. Injection faite dans une veine.

intrépide adj. et n. (lat. *intrepidus*, de *trepidus*, tremblant). Qui ne craint pas le danger, ne se laisse pas rebuter par les obstacles : *Un surfeur intrépide* (**SYN.** audacieux, hardi ; **CONTR.** craintif, timoré).

intrépidement adv. Avec intrépidité : *Elle a plongé intrépidement du haut du rocher* (**SYN.** audacieusement, hardiment).

intrépidité n.f. Caractère d'une personne intrépide : *Une telle démarche demande de l'intrépidité* (**SYN.** audace, courage, hardiesse ; **CONTR.** crainte, peur, timidité).

intrication n.f. État de ce qui est intriqué, emmêlé : *L'intrication des fils électriques* (**SYN.** enchevêtrement, entremêlement). *L'intrication de deux affaires judiciaires* (**SYN.** imbrication, interpénétration).

intrigant, e adj. et n. Qui recourt à l'intrigue pour parvenir à ses fins : *Ce milieu artistique regorge d'intrigants* (**SYN.** arriviste, aventurier [péjor.]). *Un secrétaire intrigant* (= manœuvrier).

intrigue n.f. **1.** Enchaînement de faits et d'actions formant la trame d'une pièce de théâtre, d'un roman, d'un film : *L'intrigue est pleine de rebondissements* (**SYN.** 1. action, scénario). **2.** Machination secrète ou déloyale qu'on emploie pour obtenir un avantage ou pour nuire à qqn : *Déjouer une intrigue* (**SYN.** complot, conspiration). *Une intrigue politique* (**SYN.** cabale, menées). **3.** Liaison amoureuse passagère : *Nouer une intrigue avec qqn* (**SYN.** aventure, idylle).

intriguer v.t. (it. *intrigare*, du lat. *intricare*, embarrasser) [conj. 3]. Exciter vivement la curiosité de : *Son comportement m'intrigue. Cette déclaration est intriguante.* ◆ v.i. Se livrer à des intrigues : *Intriguer pour obtenir une promotion* (**SYN.** manœuvrer).

intrinsèque adj. (lat. *intrinsecus*, au-dedans). Qui appartient à l'objet lui-même, indépendamment des facteurs extérieurs (par opp. à extrinsèque) : *Les qualités intrinsèques d'une personne* (**SYN.** inhérent à [sout.], propre à). *La valeur intrinsèque des billets de banque* (**CONTR.** conventionnel, fictif).

intrinsèquement adv. De façon intrinsèque, en soi.

intriquer v.t. (du lat. *intricare*, embrouiller) [conj. 3]. Rendre complexe, entremêler : *L'écrivain a intriqué les vies des deux héros* (**SYN.** enchevêtrer, imbriquer). ◆ **s'intriquer** v.pr. Se mêler étroitement ; s'enchevêtrer : *La première affaire s'est intriquée avec la seconde* (**SYN.** s'imbriquer).

introducteur, trice n. **1.** Personne qui introduit une personne auprès d'une autre : *Servir d'introducteur à un ami auprès d'un haut fonctionnaire.* **2.** Personne qui introduit quelque part une idée, une chose nouvelle : *Cette styliste fut l'introductrice de la mode du tailleur-pantalon* (**SYN.** initiateur).

introductif, ive adj. Qui sert à introduire un exposé : *La partie introductive d'un discours* (= introduction).

introduction n.f. **1.** Action d'introduire : *L'introduction de produits illicites sur le territoire* (**SYN.** entrée, importation ; **CONTR.** exportation, sortie). *L'introduction d'un visiteur* (**SYN.** admission ; **CONTR.** éviction, renvoi). **2.** Texte explicatif en tête d'un ouvrage ; entrée en matière d'un exposé, d'un discours (par opp. à conclusion) : *L'introduction de ce livre est très longue* (**SYN.** avant-propos, préambule ; **CONTR.** épilogue). **3.** Ce qui introduit à la connaissance d'une étude ; ouvrage d'initiation à une science : *Introduction à l'informatique* (**SYN.** initiation). **4.** En musique, partie lente précédant l'entrée d'un mouvement principal (**SYN.** prélude). ▸ ***Lettre d'introduction,*** lettre qui facilite à une personne l'accès auprès d'une autre.

introduire v.t. (lat. *introducere*, de *ducere*, conduire) [conj. 98]. **1.** Faire entrer qqn, qqch dans un endroit déterminé : *La secrétaire l'a introduit dans le bureau du directeur* (**SYN.** conduire, mener). *Introduire dans un pays des articles de contrebande* (**SYN.** importer ; **CONTR.** exporter). **2.** Faire entrer, faire pénétrer une chose dans une autre : *Introduire la clé dans la serrure* (**SYN.** enfoncer, engager ; **CONTR.** enlever, retirer). **3.** Faire adopter par l'usage : *Parmentier a introduit la pomme de terre en France* (**SYN.** implanter, répandre). **4.** Faire admettre qqn dans un groupe, dans un milieu : *Il a introduit le nouveau venu dans son cercle d'amis* (**SYN.** présenter). *Introduire qqn dans un club* (**SYN.** parrainer ; **CONTR.** exclure). ◆ **s'introduire** v.pr. Entrer, pénétrer dans un lieu : *Un individu s'est introduit dans le parc cette nuit* (**SYN.** se faufiler, se glisser).

introït [ɛ̃trɔit] n.m. (du lat. *introitus*, entrée). Dans la religion catholique, chant d'entrée de la messe romaine.

intromission n.f. (du lat. *intromittere*, introduire dans). **1.** *Didact.* Introduction d'un objet ou d'un organe dans un autre. **2.** Introduction du pénis dans le vagin.

intronisation n.f. Action d'introniser : *L'intronisation d'un évêque* (**SYN.** consécration, 1. sacre).

introniser v.t. (du gr. *enthronizein*, de *thronos*, trône épiscopal) [conj. 3]. Installer un souverain sur le trône, un évêque dans ses fonctions épiscopales, etc. : *Introniser un empereur* (**SYN.** couronner, investir, sacrer).

introspectif, ive adj. Fondé sur l'introspection ; relatif à l'introspection : *Analyse psychologique introspective.*

introspection n.f. (du lat. *introspicere*, regarder à l'intérieur). En psychologie, observation méthodique, par le sujet lui-même, de ses états de conscience et de sa vie intérieure.

introuvable adj. Que l'on ne peut pas trouver,

retrouver : *Mes clés restent introuvables. Solution introuvable. Ce livre est introuvable aujourd'hui* (= on ne peut plus se le procurer).

introversion n.f. (mot all., du lat. *introversus*, tourné vers l'intérieur). Attitude d'une personne qui a tendance à se replier sur elle-même.

introverti, e adj. et n. Qui est porté à l'introversion, replié sur soi-même (par opp. à extraverti).

intrus, e [ɛ̃try, yz] adj. et n. (du lat. *intrudere*, introduire de force). Qui s'introduit quelque part sans avoir qualité pour y être admis, sans y avoir été invité : *Elle a l'impression d'être une intruse parmi ces gens* (**SYN.** importun, indésirable). *Des intrus ont pénétré dans les fichiers informatiques du ministère* (**SYN.** pirate).

intrusif, ive adj. Qui a le caractère d'une intrusion : *Une publicité intrusive.*

intrusion n.f. **1.** Action de s'introduire sans y être invité, dans un lieu, dans un groupe : *Son intrusion mit fin au dîner* (**SYN.** irruption). **2.** Action d'intervenir dans un domaine où l'on n'a aucun titre à le faire : *L'intrusion d'un État dans la politique d'un autre* (**SYN.** immixtion [sout.], ingérence). **3.** Arrivée, intervention soudaine de qqch : *L'intrusion d'un virus informatique dans un réseau.*

intubation n.f. (mot angl.). Introduction d'un tube creux dans la trachée ou dans le nez pour permettre la respiration artificielle.

intuber v.t. [conj. 3]. Pratiquer une intubation sur un patient.

intuitif, ive adj. et n. Qui procède par intuition : *Connaissance intuitive* (**CONTR.** discursif). *C'est une intuitive.*

intuition n.f. (lat. *intuitio*, de *intueri*, regarder attentivement). **1.** Perception immédiate de la vérité sans l'aide du raisonnement : *Comprendre par intuition* (**CONTR.** déduction). **2.** Faculté de prévoir, de deviner : *Il a l'intuition qu'une catastrophe va arriver* (**SYN.** prémonition, pressentiment). *Elle se fie à son intuition* (= à son instinct).

intuitivement adv. Par intuition : *Intuitivement, je savais que tu viendrais.*

intumescence n.f. (du lat. *intumescere*, gonfler). *Didact.* Gonflement d'une partie du corps : *L'intumescence d'un organe* (**SYN.** tuméfaction, turgescence ; **CONTR.** dégonflement).

intumescent, e adj. *Didact.* Qui commence à enfler, à gonfler ; turgescent.

inuit, e [inɥit] adj. Relatif aux Inuits : *Des habitations inuites.*

inuktitut [inuktitut] n.m. Langue parlée par les Inuits (au nord et à l'est du Canada).

inusable adj. Qui ne peut s'user : *Un sac inusable* (**SYN.** résistant, solide ; **CONTR.** fragile).

inusité, e adj. Qui n'est pas usité : *Une expression inusitée* (**SYN.** rare ; **CONTR.** fréquent, usuel).

inusuel, elle adj. Qui n'est pas usuel : *Un objet inusuel* (**SYN.** inhabituel, rare ; **CONTR.** familier, ordinaire, usuel).

in utero [inytero] loc. adj. inv. et loc. adv. (mots lat. signif. « dans l'utérus »). Qui se produit ou se trouve à l'intérieur de l'utérus : *Des fécondations in utero* (**CONTR.** in vitro).

inutile adj. Qui ne sert à rien : *Ne t'encombre pas de vêtements inutiles* (**SYN.** superflu ; **CONTR.** nécessaire). *Une discussion inutile* (**SYN.** oiseux, vain ; **CONTR.** nécessaire, utile). *C'est inutile d'essayer, tu n'y arriveras pas* (= ce n'est pas la peine). *Il se sent inutile* (**CONTR.** indispensable). ◆ n. Personne qui ne joue aucun rôle, ne rend aucun service ; parasite.

inutilement adv. De façon inutile : *Elle a cherché inutilement dans toute la maison* (= en vain, en pure perte).

inutilisable adj. Que l'on ne peut pas ou plus utiliser : *Un appareil inutilisable* (**CONTR.** utilisable).

inutilisé, e adj. Que l'on n'utilise pas : *L'équipement médical inutilisé est donné aux humanitaires* (**SYN.** inemployé ; **CONTR.** employé).

inutilité n.f. Caractère de ce qui est inutile : *L'inutilité de la guerre* (**SYN.** inefficacité ; **CONTR.** efficacité, utilité).

invagination n.f. (du lat. *in*, dans, et *vagina*, gaine). Pénétration d'un segment d'intestin dans le segment suivant, qui se retourne comme un doigt de gant.

invaincu, e adj. Qui n'a jamais été vaincu : *Un boxeur invaincu.*

invalidant, e adj. Se dit d'une maladie, d'une opération chirurgicale qui provoque une invalidité ou une gêne importante : *La migraine est très invalidante.*

invalidation n.f. Action d'invalider ; décision par laquelle une assemblée annule l'élection d'un de ses membres : *L'invalidation d'une inscription* (**SYN.** annulation ; **CONTR.** validation). *L'invalidation d'un député.*

invalide adj. et n. (du lat. *invalidus*, faible). Qui n'est pas en état d'avoir une vie active : *Son accident l'a rendu invalide* (**SYN.** handicapé, impotent ; **CONTR.** valide). *Les invalides de guerre* (**SYN.** blessé, mutilé). ▸ ***Grand invalide civil*** ou ***G.I.C., grand invalide de guerre*** ou ***G.I.G.,*** personne handicapée, personne blessée au cours d'une guerre, qui a droit à certains avantages dans les transports en commun et en matière de stationnement.

invalider v.t. [conj. 3]. Déclarer nul ou non valable : *Invalider un contrat* (**SYN.** annuler, casser ; **CONTR.** valider).

invalidité n.f. État d'une personne invalide ; état d'une personne dont la capacité de travail est réduite : *L'invalidité d'une personne âgée* (**SYN.** impotence, infirmité). *Évaluer le degré d'invalidité de qqn* (**SYN.** incapacité ; **CONTR.** capacité).

invariabilité n.f. État, caractère de ce qui est invariable : *Invariabilité d'un phénomène* (**SYN.** constance, permanence ; **CONTR.** évolution, variabilité).

invariable adj. **1.** Qui ne change pas : *Un emploi du temps invariable* (**SYN.** immuable ; **CONTR.** changeant). **2.** Se dit d'un mot qui ne subit aucune modification quelle que soit sa fonction : *Le mot « garde-boue » est un mot invariable* (**CONTR.** variable).

invariablement adv. De façon invariable : *Elle est invariablement de mauvaise humeur* (**SYN.** constamment, toujours ; **CONTR.** rarement).

invariance n.f. Caractère de ce qui est invariant.

invariant, e adj. Se dit d'une grandeur physique qui reste constante. ◆ **invariant** n.m. Ce qui ne varie pas, ce qui est constant : *Un invariant économique.*

invasif, ive adj. En médecine, se dit d'une méthode

d'exploration ou de soins qui provoque une lésion de l'organisme.

invasion n.f. (du lat. *invadere,* envahir). **1.** Action d'envahir un pays avec des forces armées : *L'invasion des provinces du Nord par l'armée ennemie* (**CONTR.** évacuation). **2.** Arrivée massive d'animaux nuisibles : *Une invasion de sauterelles* (**SYN.** déferlement). **3.** Irruption de personnes ou de choses qui arrivent quelque part en grand nombre : *Fuir l'invasion des vacanciers* (**SYN.** incursion ; **CONTR.** départ). **4.** Diffusion soudaine et massive d'objets, d'idées, de comportements, jugés négatifs : *L'invasion du marché français par des objets de contrefaçon* (**SYN.** envahissement).

invective n.f. (bas lat. *invectivus,* de *invehere,* attaquer). Parole violente et injurieuse : *Se répandre en invectives contre qqn* (**SYN.** injure, insulte).

invectiver v.t. et v.t. ind. [conj. 3]. Dire, lancer des invectives : *Invectiver contre un chauffard, contre la grève des transports* (**SYN.** crier, fulminer). *Invectiver qqn* (**SYN.** injurier, insulter).

invendable adj. Que l'on ne peut vendre : *Des marchandises invendables* (**CONTR.** vendable).

invendu, e adj. et n.m. Qui n'a pas été vendu : *Des produits invendus. Brader les invendus.*

inventaire n.m. (lat. juridique *inventarium,* de *invenire,* trouver). **1.** Description et estimation des biens appartenant à qqn, à une collectivité : *Faire l'inventaire d'une succession.* **2.** État détaillé et estimatif des biens que possède une entreprise : *Le magasin sera fermé pour cause d'inventaire de fin d'année* (**SYN.** bilan). **3.** Revue détaillée, minutieuse d'un ensemble : *Faire l'inventaire des artistes d'un pays* (**SYN.** dénombrement, liste, recensement). ▸ ***Inventaire à la Prévert,*** énumération burlesque d'éléments sans rapport entre eux, dans un but poétique ou ludique. ☞ **REM.** Ne pas confondre avec *éventaire.*

inventer v.t. [conj. 3]. **1.** Créer le premier, en faisant preuve d'ingéniosité, ce qui n'existait pas encore et dont personne n'avait eu l'idée : *Bell a inventé le téléphone* (**SYN.** concevoir). **2.** Avoir recours à des choses fausses, imaginées : *Il ne sait plus quoi inventer pour échapper à ces réunions* (**SYN.** imaginer, trouver). **3.** Créer de toutes pièces ce que l'on fait passer pour réel ou vrai : *Elle a inventé toute une histoire d'héritage* (**SYN.** fabriquer, forger). ▸ *Fam.* ***Ne pas avoir inventé la poudre*** ou ***le fil à couper le beurre,*** ne pas être très malin.

inventeur, trice n. (lat. *inventor,* de *invenire,* trouver). **1.** Personne qui invente, crée qqch de nouveau : *L'inventeur de l'imprimerie* (**SYN.** père). *Un inventeur de génie* (**SYN.** créateur). **2.** Dans le langage juridique, celui qui découvre, retrouve un objet caché ou perdu, un trésor (**SYN.** découvreur).

inventif, ive adj. Qui a le génie, le talent d'inventer : *Une artiste inventive* (**SYN.** créatif, fécond, ingénieux).

invention n.f. **1.** Action d'inventer, de créer qqch de nouveau : *L'invention d'un nouvel appareil volant* (**SYN.** conception, création). **2.** Chose inventée, imaginée : *Les dernières inventions du siècle* (**SYN.** découverte). **3.** Faculté d'inventer ; inventivité : *Elle n'est jamais à court d'invention* (**SYN.** inspiration). **4.** Mensonge imaginé pour tromper : *Cette histoire est une pure invention* (**SYN.** affabulation, fable ; **CONTR.** vérité). **5.** Dans le langage juridique, découverte de choses cachées ; objet ainsi découvert : *L'invention d'un trésor, d'un gisement archéologique.*

inventivité n.f. Qualité d'une personne inventive : *Elle ne manque pas d'inventivité* (**SYN.** créativité, imagination).

inventorier v.t. (de l'anc. fr. *inventoire,* inventaire) [conj. 9]. Faire l'inventaire de : *Inventorier des stocks* (**SYN.** recenser). *Inventorier les archives de l'entreprise* (**SYN.** répertorier).

invérifiable adj. Qui ne peut être vérifié : *Des chiffres invérifiables* (**SYN.** incontrôlable ; **CONTR.** contrôlable, vérifiable).

inversable adj. Qui ne peut se renverser : *Un gobelet de bébé inversable.*

inverse adj. (lat. *inversus,* de *invertere,* retourner). Opposé exactement à la direction actuelle ou habituelle : *Il a pris la rue en sens inverse. Faire les choses dans l'ordre inverse* (**SYN.** contraire). *Obtenir le résultat inverse de celui qu'on avait prévu* (**SYN.** opposé). ▸ ***En raison inverse,*** se dit de choses qui varient dans une proportion opposée : *Deux corps célestes s'attirent en raison inverse de la distance qui les sépare.* ◆ n.m. Ce qui est dans le sens, l'ordre opposé : *Il fait toujours l'inverse de ce qu'on lui demande* (**SYN.** contraire). *À l'inverse de lui, elle n'est jamais en retard* (= contrairement à).

inversement adv. D'une manière inverse : *Il aide son frère en informatique et inversement celui-ci lui prête son scooter* (**SYN.** réciproquement, vice versa).

inverser v.t. [conj. 3]. **1.** Renverser la direction, la position relative de : *Il a inversé deux nombres dans ce tableau* (**SYN.** permuter). **2.** Changer le sens d'un courant électrique.

inversion n.f. **1.** Action d'inverser, fait de s'inverser : *Une anomalie génétique due à une inversion de chromosomes* (**SYN.** interversion). **2.** En grammaire, construction par laquelle on donne aux mots un ordre autre que l'ordre habituel : *Dans la question « Reviendras-tu ? », il y a inversion du sujet.*

invertébré, e adj. et n.m. Se dit des animaux qui ne possèdent pas de colonne vertébrale (par opp. à vertébré) : *Les insectes, les crustacés, les mollusques, les vers sont des invertébrés.*

inverti, e n. *Vieilli* Homosexuel.

invertir v.t. (lat. *invertere,* retourner) [conj. 32]. *Vx* Renverser symétriquement : *Un miroir invertit les objets* (**SYN.** inverser).

investigateur, trice adj. et n. (lat. *investigator,* de *vestigium,* trace). Qui examine avec soin, qui fait des investigations, des recherches suivies, minutieuses : *Un esprit investigateur* (**SYN.** curieux, inquisiteur). *Une investigatrice méticuleuse* (**SYN.** chercheur, enquêteur).

investigation n.f. Recherche attentive et suivie : *Le journalisme d'investigation* (= fondé sur des enquêtes approfondies).

investiguer v.i. [conj. 3]. Procéder à des investigations ; faire une recherche attentive et suivie.

① **investir** v.t. (lat. *investire,* entourer, de *vestire,* habiller) [conj. 32]. **1.** Charger solennellement, officiellement, d'un pouvoir, d'un droit, d'une dignité ; conférer l'investiture à : *On l'a investi de cette charge* (**SYN.**

doter). *Investir le Premier ministre.* **2.** Encercler (une ville, une position militaire) pour couper les communications avec l'extérieur : *L'ennemi a investi la capitale* (**SYN.** cerner). **3.** (Emploi critiqué). Envahir, occuper : *La police a investi le quartier.* ◆ v.i. ou **s'investir** v.pr. Mettre toute son énergie dans une activité, un objet ; attacher des valeurs affectives à qqch : *Elle investit beaucoup dans son travail. Il s'est peu investi dans cette relation sentimentale* (**SYN.** s'impliquer dans).

② **investir** v.t. et v.i. (de l'angl. *to invest*) [conj. 32]. Placer des fonds en vue d'en retirer des bénéfices : *Investir de l'argent dans une entreprise. Investir dans l'informatique.*

① **investissement** n.m. (de *1. investir*). **1.** Action d'entourer de troupes une ville, une position militaire (**SYN.** blocus, encerclement, siège). **2.** Action d'investir, de s'investir, de mettre de soi dans qqch : *La compétition de haut niveau exige un investissement total.*

② **investissement** n.m. (de l'angl. *investment*). Action de placer des capitaux afin d'améliorer la production d'une entreprise ; capitaux ainsi investis : *Politique d'investissement. Il a fait un investissement rentable* (**SYN.** placement).

investisseur, euse adj. et n. Qui pratique un ou des investissements : *Chercher de nouveaux investisseurs.* ◆ **investisseur** n.m. ▸ ***Investisseur institutionnel,*** organisme effectuant des placements à grande échelle pour son compte ou celui de tiers sur les marchés financiers : *Les caisses de retraite sont des investisseurs institutionnels* (abrév. fam. des zinzins).

investiture n.f. (lat. médiév. *investitura*). **1.** Acte par lequel un parti politique désigne son candidat ou ses candidats pour une élection, par lequel il les investit de la charge de gagner les élections : *Recevoir l'investiture de son parti.* **2.** Procédure qui tend, en régime parlementaire, à accorder à un nouveau chef de gouvernement la confiance du Parlement.

invétéré, e adj. (lat. *inveteratus*, de *inveterare*, faire vieillir, de *vetus, veteris*, vieux). **1.** Fortifié, enraciné, par le temps : *Une habitude invétérée* (**SYN.** chronique, immuable). **2.** Qui a laissé vieillir, s'enraciner en soi telle manière d'être, telle habitude : *Un menteur invétéré* (**SYN.** endurci, impénitent, incorrigible).

s'**invétérer** v.pr. [conj. 18]. *Litt.* S'affermir, se fortifier avec le temps : *Laisser s'invétérer une manie ridicule* (**SYN.** s'ancrer, s'enraciner, s'installer).

invincibilité n.f. Caractère de qqn, de qqch d'invincible : *L'invincibilité d'un héros, d'une armée.*

invincible adj. (bas lat. *invincibilis*, de *vincere*, vaincre). **1.** Que l'on ne peut vaincre : *Une équipe de rugby invincible* (**SYN.** imbattable). **2.** Que l'on ne peut surmonter : *Une angoisse invincible* (**SYN.** insurmontable ; **CONTR.** surmontable).

invinciblement adv. De façon invincible : *Elle était invinciblement gagnée par le sommeil* (**SYN.** irrésistiblement).

inviolabilité n.f. **1.** Caractère de ce qui est inviolable : *L'inviolabilité du domicile d'une personne.* **2.** Privilège de ne pouvoir être poursuivies ou arrêtées conféré à certaines personnes par leurs fonctions : *Inviolabilité parlementaire, diplomatique* (**SYN.** immunité).

inviolable adj. **1.** Que l'on ne doit jamais violer, enfreindre : *Un sanctuaire inviolable* (**SYN.** sacré, sacro-saint). *Une loi inviolable* (**SYN.** intangible). **2.** Que la loi préserve de toute poursuite : *Un parlementaire inviolable* (**SYN.** intouchable ; **CONTR.** révocable). **3.** Où l'on ne peut pénétrer ; que l'on ne peut forcer : *Une forteresse inviolable.*

inviolé, e adj. Qui n'a pas été violé, outragé, enfreint : *Un lieu saint inviolé. Règlement inviolé.*

invisibilité n.f. Caractère de ce qui est invisible : *L'invisibilité d'une retouche* (**CONTR.** visibilité).

invisible adj. Qui ne peut pas être vu ou se voit très peu : *Les acariens sont invisibles à l'œil nu* (**SYN.** imperceptible, indiscernable ; **CONTR.** perceptible). *Une cicatrice invisible* (**SYN.** indécelable ; **CONTR.** 1. visible).

invitant, e adj. Qui invite : *La puissance invitante de cette conférence de la paix.*

invitation n.f. **1.** Action d'inviter ; fait d'être invité : *Il a reçu une invitation pour le mariage* (= faire-part). **2.** Action d'inciter qqn à qqch, à faire qqch : *Ce paysage est une invitation à rêver* ou *à la rêverie* (**SYN.** appel, incitation).

invite n.f. Manière habile d'inciter qqn à faire qqch ; appel indirect et adroit ; sollicitation : *Ce film est une invite à la réflexion* (**SYN.** exhortation). *Sur l'invite du gouvernement, la loi sera remaniée* (**SYN.** incitation).

invité, e n. Personne que l'on invite à un repas, une cérémonie, une fête, etc. : *Les invités sont arrivés.*

inviter v.t. (lat. *invitare*) [conj. 3]. **1.** Prier qqn de venir en un lieu, d'assister, de participer à qqch : *Inviter un ami à une soirée* (**SYN.** convier à). **2.** (Sans compl.). Payer le repas, la consommation, etc. : *Cette fois, c'est moi qui invite.* **3.** Demander avec autorité à qqn de faire qqch : *Le commissaire nous a invités à montrer nos papiers* (**SYN.** enjoindre de [sout.], ordonner de). *Je vous invite à la plus grande discrétion* (**SYN.** conseiller, exhorter, recommander). **4.** Engager, inciter : *Ce film nous invite au voyage* (**SYN.** pousser à).

in vitro [invitro] loc. adj. inv. et loc. adv. (mots lat. signif. « dans le verre »). Se dit de toute exploration, expérimentation ou manipulation biologique qui se fait en dehors de l'organisme, dans des tubes, des éprouvettes, etc. (par opp. à in vivo) : *Des fécondations in vitro* (**CONTR.** in utero).

invivable adj. **1.** Avec qui il est impossible de vivre ; très difficile à supporter : *Elle est devenue invivable* (**SYN.** insupportable ; **CONTR.** adorable). **2.** Où il est impossible de vivre : *Un appartement invivable* (**SYN.** inhabitable, intenable).

in vivo [invivo] loc. adj. inv. et loc. adv. (mots lat. signif. « dans le vif »). Se dit d'une réaction physiologique dont on fait l'étude dans l'organisme (par opp. à in vitro).

invocateur, trice n. Personne qui invoque.

invocation n.f. **1.** Action d'invoquer : *Formule d'invocation* (**SYN.** incantation, prière). **2.** Dans le catholicisme, patronage, dédicace : *Église placée sous l'invocation de la Vierge.* ☞ **REM.** Ne pas confondre avec *évocation.*

invocatoire adj. Qui sert à invoquer ; incantatoire.

involontaire adj. **1.** Qui échappe au contrôle de la volonté ; qui n'est pas fait à dessein : *Une réaction involontaire* (**SYN.** instinctif ; **CONTR.** intentionnel, volontaire). *Une erreur involontaire* (**SYN.** irréfléchi ; **CONTR.** délibéré). **2.** Qui se trouve dans une situation sans l'avoir voulu : *Être le témoin involontaire d'un vol* (**SYN.** forcé).

involontairement adv. Sans le vouloir : *Je lui ai fait peur involontairement* (**CONTR.** délibérément, volontairement).

involutif, ive adj. (du lat. *involutus*, enveloppé). Se dit des phénomènes liés à l'involution.

involution n.f. (lat. *involutio*, enroulement). Décroissance d'un organe le ramenant à l'aspect qu'il avait antérieurement : *L'involution de l'utérus après un accouchement.*

invoquer v.t. (lat. *invocare*, de *vocare*, appeler) [conj. 3]. **1.** Appeler une puissance surnaturelle à l'aide par des prières, des formules, des rites : *Invoquer Dieu* (**SYN.** prier, supplier). **2.** Solliciter l'aide, l'appui de qqn de plus puissant par des prières, des supplications : *Invoquer la clémence des juges* (**SYN.** implorer, réclamer). **3.** Avancer comme justification : *Invoquer une excuse pour pouvoir partir* (**SYN.** alléguer, arguer). ☞ **REM.** Ne pas confondre avec *évoquer.*

invraisemblable adj. **1.** Qui ne semble pas vrai ou qui ne peut être vrai : *Une histoire invraisemblable* (**SYN.** incroyable, inimaginable, stupéfiant ; **CONTR.** crédible, vraisemblable). **2.** Qui surprend par son côté extraordinaire, bizarre : *Elle est apparue dans une tenue invraisemblable* (**SYN.** extravagant, inénarrable ; **CONTR.** simple, sobre).

invraisemblablement adv. De façon invraisemblable : *Une pièce invraisemblablement décorée* (**SYN.** bizarrement, étonnamment, singulièrement ; **CONTR.** simplement, sobrement).

invraisemblance n.f. Manque de vraisemblance ; fait, chose invraisemblable : *L'invraisemblance d'une rumeur* (**CONTR.** crédibilité, vraisemblance). *Un film plein d'invraisemblances* (**SYN.** énormité, extravagance).

invulnérabilité n.f. Caractère de qqn qui est invulnérable ; fait d'être invulnérable : *L'invulnérabilité d'un héros* (**CONTR.** vulnérabilité).

invulnérable adj. (lat. *invulnerabilis*, de *vulnerare*, blesser, de *vulnus, vulneris*, blessure). **1.** Qui ne peut être blessé : *Achille, selon la légende, était invulnérable, sauf au talon* (**CONTR.** vulnérable). **2.** Qui résiste à toute atteinte morale : *Il est invulnérable aux reproches* (**SYN.** indifférent, insensible ; **CONTR.** sensible). **3.** À l'abri de toute atteinte sociale : *Un haut fonctionnaire invulnérable* (**SYN.** intouchable ; **CONTR.** révocable).

iode [jɔd] n.m. (du gr. *iôdês*, violet). Corps qui se présente sous forme de paillettes grises à éclat métallique et répand, quand on le chauffe, des vapeurs violettes : *De l'iode marin. La teinture d'iode est un antiseptique.*

iodé, e adj. **1.** Qui contient de l'iode : *Eau iodée.* **2.** Qui évoque l'iode, en partic. en parlant d'une odeur : *La senteur iodée des algues.*

ioder v.t. [conj. 3]. Couvrir ou additionner d'iode.

iodler [jɔdle] v.i. [conj. 3] → **iouler.**

ion n.m. (mot angl., du gr. *ion*, allant). Atome ou groupe d'atomes ayant gagné ou perdu un ou plusieurs électrons.

ionien, enne adj. et n. Relatif à l'Ionie : *Les cités ioniennes.* ◆ **ionien** n.m. L'un des principaux dialectes du grec ancien, parlé en Ionie.

① **ionique** adj. (angl. *ionic*). Dû ou relatif à des ions : *Une transformation ionique.*

② **ionique** adj. (lat. *Ionicus*, du gr. *Iônikos*). Relatif à l'Ionie. ▸ ***Ordre ionique,*** ordre d'architecture grecque apparu v. 560 av. J.-C., caractérisé par une colonne et par un chapiteau à deux volutes (on dit aussi l'*ionique*).

ionisant, e adj. Qui produit l'ionisation : *Protection contre les radiations ionisantes* (= rayons X).

ionisation n.f. Transformation d'atomes, de molécules neutres en ions.

ioniser v.t. [conj. 3]. Provoquer l'ionisation de.

ionosphère n.f. Zone de la haute atmosphère où l'air est fortement ionisé : *L'ionosphère est située entre 60 et 600 kilomètres d'altitude environ.*

iota n.m. inv. (mot lat., du gr. *iôta*). **1.** Neuvième lettre de l'alphabet grec (ι, Ι), correspondant au *i* français. **2.** *Fig.* La moindre chose ; le moindre détail : *Il a relu son article sans en changer un iota.*

iouler [jule] ou **iodler, jodler, yodler** [jɔdle] v.i. (all. *jodeln*) [conj. 3]. Chanter à la manière des Tyroliens qui vocalisent sans paroles, en passant sans transition de la voix de poitrine à la voix de tête avec de fréquents changements de registre.

iourte [jurt] n.f. → **yourte.**

ipéca ou **ipécacuana** [ipekakwana] n.m. (mot port., du tupi). Racine de différents arbrisseaux d'Amérique du Sud, utilisée en médecine comme vomitif.

ipomée n.f. (du gr. *ips, ipos*, ver, et *homoios*, semblable). Plante des pays chauds, cultivée pour ses fleurs, comme le volubilis, ou pour ses fruits, comme la patate douce.

ippon [ipɔ̃] n.m. (mot jap. signif. « marquer un point »). Point décisif, dans les arts martiaux : *Des ippons.*

ipso facto [ipsofakto] loc. adv. (mots lat. signif. « par le fait même »). Par une conséquence obligée ; automatiquement : *Signer ce contrat, c'est en accepter ipso facto les conditions.*

iranien, enne adj. et n. Relatif à l'Iran, à ses habitants : *La population iranienne. Les Iraniens.* ◆ **iranien** n.m. **1.** Groupe de langues indo-européennes parlées en Iran et dans les régions environnantes. **2.** Persan.

irascibilité [irasibilite] n.f. *Litt.* Caractère d'une personne irascible (**SYN.** irritabilité ; **CONTR.** sérénité).

irascible [irasibl] adj. (bas lat. *irascibilis*, de *irasci*, se mettre en colère, de *ira*, colère). Prompt à la colère ; porté à la colère : *Les embouteillages la rendent irascible* (**SYN.** coléreux, irritable ; **CONTR.** impassible). *Un caractère irascible* (**SYN.** emporté ; **CONTR.** serein).

ire n.f. (lat. *ira*). *Litt.* ou *vx* Colère.

irénique adj. (du gr. *eirênikos*, pacifique). **1.** *Didact.* Qui veut éviter les excès d'une attitude purement polémique. **2.** Relatif à l'irénisme.

irénisme n.m. Dans le christianisme, attitude de compréhension et de charité adoptée entre chrétiens de confessions différentes pour étudier les problèmes qui les séparent.

iridié, e adj. Qui contient de l'iridium : *Du platine iridié.*

iridium [iridjɔm] n.m. (lat. *iris, iridis,* arc-en-ciel). Métal blanc grisâtre, extrêmement dur, utilisé pour faire des alliages.

irien, enne adj. Relatif à l'iris de l'œil.

iris [iris] n.m. (mot gr.). **1.** Disque coloré occupant le centre antérieur de l'œil, et percé en son milieu d'un orifice, la pupille. **2.** Plante cultivée pour ses fleurs ornementales et odorantes, et dont la tige souterraine (rhizome) est employée en parfumerie. **3.** En photographie, ouverture circulaire à diamètre variable utilisée comme diaphragme.

irisation n.f. (de *iris*). **1.** Propriété qu'ont certains corps de disperser la lumière en rayons colorés comme l'arc-en-ciel. **2.** Reflets ainsi produits.

irisé, e [irize] adj. Qui a les couleurs, les nuances de l'arc-en-ciel : *Cristal irisé.*

iriser v.t. (de *iris*) [conj. 3]. Donner les couleurs de l'arc-en-ciel à : *Les rayons du soleil irisent les facettes du diamant.*

irish-coffee [ajriʃkɔfi] n.m. (mot angl. signif. « café irlandais ») [pl. *irish-coffees*]. Boisson composée de café très chaud additionné de whisky et nappé de crème fraîche.

irlandais, e adj. et n. Relatif à l'Irlande : *Des musiciens irlandais. Des Irlandaises.* ◆ **irlandais** n.m. Langue celtique parlée en Irlande.

I.R.M. ou **IRM** [iɛrɛm] n.f. ▸ ***Imagerie par résonance magnétique*** → **résonance.**

ironie n.f. (du gr. *eirôneia,* interrogation). **1.** Raillerie consistant à ne pas donner aux mots leur valeur réelle ou complète ou à dire une chose pour laisser entendre son contraire : *Des paroles pleines d'ironie* (**SYN.** persiflage). **2.** *Fig.* Contraste entre une réalité cruelle et ce que l'on pouvait attendre : *Ironie du sort* (= qui apparaît comme une moquerie du destin).

ironique adj. **1.** Qui manifeste de l'ironie : *Des propos ironiques* (**SYN.** railleur). *Un rire ironique* (**SYN.** moqueur, narquois). **2.** Qui emploie l'ironie : *Un écrivain ironique* (**SYN.** persifleur). **3.** *Fig.* Qui fait un contraste étrange et a le caractère d'une moquerie : *Un ironique retournement de situation.*

ironiquement adv. De façon ironique ; avec ironie : *Il a souri ironiquement.*

ironiser v.i. [conj. 3]. User d'ironie ; traiter avec ironie : *Il ironise sur cet homme politique, à propos de son programme* (**SYN.** se moquer de, rire de).

ironiste n. Personne, en partic. écrivain, qui pratique habituellement l'ironie ; humoriste.

iroquois, e [irɔkwa, az] adj. et n. Qui appartient aux Iroquois. ◆ **iroquois** n.m. Famille de langues parlées par les Iroquois.

irradiant, e adj. Qui irradie, se propage : *Une douleur irradiante.*

irradiation n.f. **1.** Fait de se propager par rayonnement à partir d'un centre d'émission : *L'irradiation de la lumière solaire* (**SYN.** rayonnement). **2.** Action d'un rayonnement ionisant sur une matière vivante ou inanimée ; fait d'être irradié.

irradié, e adj. Qui a subi les effets néfastes de la radioactivité : *Population irradiée à Tchernobyl.*

irradier v.t. (lat. *irradiare,* de *radius,* rayon) [conj. 9]. Exposer à certaines radiations, notamm. à des radiations ionisantes : *Irradier une tumeur.* ◆ v. i. ou **s'irradier** v.pr. Se propager en s'écartant d'un centre, en rayonnant : *Les rayons d'un foyer lumineux irradient* (**SYN.** 1. rayonner). *La douleur s'irradie à partir de la blessure.*

irraisonné, e adj. Qui n'est pas raisonné ; qui n'est pas contrôlé par la raison : *Une peur irraisonnée* (**SYN.** incontrôlé, instinctif, irrépressible ; **CONTR.** contrôlé, raisonné).

irrationalisme n.m. Doctrine selon laquelle tout dans le monde ne peut être expliqué par la raison ; hostilité au rationalisme.

irrationaliste adj. et n. Propre à l'irrationalisme ; qui en est partisan.

irrationalité n.f. Caractère de ce qui est irrationnel : *L'irrationalité d'un comportement* (**SYN.** absurdité, incohérence ; **CONTR.** cohérence, rationalité).

irrationnel, elle adj. Contraire à la raison ; inaccessible à la raison : *Des propos irrationnels* (**SYN.** absurde, déraisonnable, illogique, incohérent ; **CONTR.** cohérent, logique, raisonnable, rationnel).

irrattrapable adj. Qui ne peut pas être rattrapé, réparé : *Erreur irrattrapable* (**SYN.** irréparable ; **CONTR.** rattrapable, rectifiable, réparable).

irréalisable adj. Qui ne peut être réalisé : *Un projet irréalisable* (**SYN.** chimérique, impossible, utopique ; **CONTR.** possible, réalisable).

irréalisme n.m. Manque de sens du réel : *L'irréalisme d'une idée* (**CONTR.** réalisme).

irréaliste adj. et n. Qui manque du sens du réel, de réalisme : *Un programme politique irréaliste* (**SYN.** chimérique, utopique ; **CONTR.** réaliste).

irréalité n.f. Caractère de ce qui est irréel : *L'irréalité des songes* (**SYN.** illusion, mirage ; **CONTR.** réalité).

irrecevabilité n.f. Caractère de ce qui n'est pas recevable : *L'irrecevabilité d'une demande en justice* (**CONTR.** recevabilité).

irrecevable adj. Qui ne peut être pris en considération : *Une demande irrecevable* (**SYN.** inacceptable, inadmissible ; **CONTR.** acceptable, admissible, recevable).

irréconciliable adj. Qui ne peut être réconcilié : *Un couple irréconciliable.*

irrécouvrable adj. Qui ne peut être recouvré ; dont on ne peut reprendre possession : *Une somme d'argent irrécouvrable* (**CONTR.** percevable, recouvrable).

irrécupérable adj. Qui n'est pas récupérable : *Des déchets irrécupérables* (**CONTR.** récupérable, recyclable, réutilisable). *Un alcoolique irrécupérable* (**SYN.** incorrigible).

irrécusable adj. (bas lat. *irrecusabilis,* du lat. class. *recusare,* refuser). Qui ne peut être récusé : *Des preuves irrécusables* (**SYN.** inattaquable, incontestable, irréfutable ; **CONTR.** contestable, douteux, récusable).

irrédentisme n.m. (de *Italia irredenta,* Italie non achetée). **1.** Au XIXe siècle, mouvement de revendication de l'Italie sur des territoires qu'elle considérait comme italiens. **2.** Tout mouvement analogue de revendication territoriale.

irrédentiste adj. et n. (it. *irredentista*). Relatif à

l'irrédentisme ; qui en est partisan : *Mouvement irrédentiste.*

irréductibilité n.f. Caractère de ce qui est irréductible.

irréductible adj. **1.** Qui ne peut être réduit ; qui ne peut être simplifié : *Une équation irréductible* (**CONTR.** réductible). **2.** Qu'on ne peut résoudre, faire cesser : *Un conflit irréductible* (**SYN.** insoluble ; **CONTR.** soluble). **3.** Qu'on ne peut fléchir, faire céder : *Un adversaire irréductible* (**SYN.** intraitable, intransigeant ; **CONTR.** accommodant, arrangeant). **4.** Qui ne peut être remis en place sans opération chirurgicale : *Fracture irréductible.*

irréductiblement adv. De façon irréductible ; irrémédiablement, viscéralement.

irréel, elle adj. Qui n'est pas réel ; qui paraît en dehors de la réalité : *La lune et la brume créaient un spectacle irréel* (**SYN.** fantasmagorique, fantastique ; **CONTR.** réel).

irréfléchi, e adj. **1.** Qui est fait ou dit sans réflexion : *Acte, propos irréfléchis* (**SYN.** déraisonnable, inconsidéré ; **CONTR.** raisonnable). **2.** Qui agit sans réflexion : *Une jeune fille irréfléchie* (**SYN.** écervelé, étourdi ; **CONTR.** avisé, réfléchi).

irréflexion n.f. Manque de réflexion : *Son irréflexion lui a fait commettre de nombreuses erreurs* (**SYN.** étourderie, inattention, précipitation ; **CONTR.** attention, prudence, réflexion).

irréformable adj. Qui ne peut être réformé, corrigé : *Une habitude irréformable.*

irréfragable adj. (du lat. *refragari*, voter contre, s'opposer). *Didact.* Que l'on ne peut récuser : *Un témoignage irréfragable* (**SYN.** inattaquable, irréfutable ; **CONTR.** réfutable).

irréfutabilité n.f. Caractère de ce qui est irréfutable : *L'irréfutabilité d'une preuve.*

irréfutable adj. Qui ne peut être réfuté : *Des arguments irréfutables* (**SYN.** inattaquable, incontestable ; **CONTR.** contestable, douteux).

irréfutablement adv. De façon irréfutable.

irréfuté, e adj. Qui n'a pas été réfuté : *Une argumentation irréfutée.*

irrégularité n.f. **1.** Manque de régularité, de symétrie, d'uniformité : *L'irrégularité de ses efforts* (**CONTR.** assiduité, constance, régularité). *L'irrégularité des traits d'un visage* (**SYN.** asymétrie ; **CONTR.** symétrie). **2.** Caractère de ce qui n'est pas régulier, réglementaire, légal : *L'irrégularité d'une situation* (**SYN.** illégalité ; **CONTR.** légalité). **3.** Action irrégulière, contraire à la loi, au règlement : *Commettre une irrégularité* (**SYN.** faute). **4.** Chose, surface irrégulière : *Les irrégularités du sol* (**SYN.** inégalité ; **CONTR.** uniformité).

① **irrégulier, ère** adj. **1.** Qui n'est pas symétrique, uniforme : *Une figure géométrique irrégulière* (**SYN.** asymétrique ; **CONTR.** symétrique). **2.** Qui n'est pas régulier, constant dans son travail, ses résultats : *Un élève irrégulier* (**SYN.** inégal ; **CONTR.** assidu). *Des performances irrégulières.* **3.** Non conforme à l'usage commun ; qui s'écarte d'un modèle : *L'affaire s'est déroulée selon un processus irrégulier* (**SYN.** anormal ; **CONTR.** ordinaire). *Conjugaison irrégulière* (**CONTR.** régulier). **4.** Non conforme à une réglementation : *Des familles en situation irrégulière* (**SYN.** illégal ; **CONTR.** légal).

② **irrégulier** n.m. Partisan qui coopère à l'action d'une armée régulière ; franc-tireur.

irrégulièrement adv. De façon irrégulière : *Il travaille irrégulièrement* (= par à-coups ; **CONTR.** assidûment, régulièrement). *Elle a obtenu ses papiers irrégulièrement* (**SYN.** illégalement, illicitement ; **CONTR.** légalement, licitement).

irréligieux, euse adj. **1.** Qui n'a pas de convictions religieuses : *Un individu irréligieux* (**SYN.** athée, incroyant ; **CONTR.** pieux, religieux). **2.** Irrespectueux envers la religion : *Un écrit irréligieux* (**SYN.** impie [litt.]).

irréligion n.f. Absence de convictions religieuses, de religion (**SYN.** athéisme, incroyance ; **CONTR.** croyance, foi).

irrémédiable adj. À quoi on ne peut remédier : *Une maladresse irrémédiable* (**SYN.** irrattrapable, irréparable ; **CONTR.** remédiable, réparable).

irrémédiablement adv. Sans recours, sans remède : *Un projet irrémédiablement compromis* (**SYN.** définitivement ; **CONTR.** provisoirement, temporairement).

irrémissible adj. (bas lat. *irremissibilis*, de *remittere*, renvoyer, relâcher). *Litt.* **1.** Qui ne mérite pas de pardon, de rémission : *Une offense irrémissible* (**SYN.** impardonnable ; **CONTR.** pardonnable, rémissible). **2.** Implacable, fatal : *La fuite irrémissible du temps* (**SYN.** inéluctable, inexorable).

irremplaçable adj. Qui ne peut être remplacé : *Elle se croit irremplaçable* (**SYN.** indispensable ; **CONTR.** remplaçable).

irréparable adj. Qui ne peut être réparé : *Une perte irréparable* (**SYN.** irrémédiable ; **CONTR.** remédiable, réparable). ◆ n.m. Ce qui ne peut être réparé : *Commettre l'irréparable.*

irréparablement adv. De façon irréparable : *Une réputation irréparablement compromise* (**SYN.** irrémédiablement).

irrépréhensible adj. *Sout.* Que l'on ne saurait blâmer : *Un individu irrépréhensible* (**SYN.** inattaquable). *Des actes irrépréhensibles* (**SYN.** irréprochable ; **CONTR.** répréhensible).

irrépressible adj. Que l'on ne peut réprimer : *Une envie de dormir irrépressible* (**SYN.** impérieux, incoercible [sout.], irrésistible ; **CONTR.** résistible).

irréprochable adj. Qui ne mérite pas de reproche ; qui ne présente pas de défaut : *Un employé irréprochable* (**SYN.** irrépréhensible [sout.], parfait ; **CONTR.** incompétent, répréhensible). *Une tenue irréprochable* (**SYN.** impeccable).

irréprochablement adv. De façon irréprochable : *Elle s'est comportée irréprochablement.*

irrésistible adj. **1.** À qui ou à quoi l'on ne peut résister : *Un homme irrésistible* (**SYN.** attirant, séduisant ; **CONTR.** repoussant). *Une envie irrésistible de pleurer* (**SYN.** incoercible [sout.], irrépressible). **2.** Qui fait rire : *Un humoriste irrésistible. Un sketch irrésistible* (**SYN.** désopilant, hilarant).

irrésistiblement adv. De façon irrésistible.

irrésolu, e adj. et n. Qui a de la peine à se déterminer, à prendre parti : *Elle demeure irrésolue* (**SYN.** hésitant, incertain, indécis ; **CONTR.** décidé, déterminé). ◆ adj. Qui n'a pas reçu de solution : *Une affaire irrésolue* (**CONTR.** résolu).

irrésolution n.f. État d'une personne qui demeure irrésolue : *Son irrésolution l'a amené à interroger les autres* (**SYN.** hésitation, incertitude, indécision ; **CONTR.** certitude, détermination, résolution).

irrespect [irɛspɛ] n.m. Manque de respect : *Traiter qqn avec irrespect* (**SYN.** incorrection, insolence ; **CONTR.** correction, respect).

irrespectueusement [irɛspɛktɥøzmɑ̃] adv. De façon irrespectueuse : *Parler irrespectueusement de qqn* (**SYN.** impoliment, insolemment ; **CONTR.** poliment, respectueusement).

irrespectueux, euse [irɛspɛktɥø, øz] adj. Qui manque de respect ; qui manifeste un manque de respect : *Il s'est montré irrespectueux envers elle. Des paroles irrespectueuses* (**SYN.** incorrect, insolent, irrévérencieux [litt.] ; **CONTR.** respectueux, révérencieux [sout.]).

irrespirable adj. **1.** Non respirable ; empuanti : *À cause de la pollution, l'air du centre de la ville devient irrespirable* (**SYN.** suffocant ; **CONTR.** respirable). **2.** *Fig.* Difficile à supporter, en parlant d'un milieu ; invivable : *L'atmosphère dans cette équipe est irrespirable* (**SYN.** pesant ; **CONTR.** amical).

irresponsabilité n.f. **1.** État de celui qui n'est pas responsable de ses actes : *Plaider l'irresponsabilité d'un accusé* (**CONTR.** responsabilité). **2.** Caractère de qqn qui agit à la légère : *Agir avec une totale irresponsabilité* (**SYN.** inconscience, irréflexion, légèreté ; **CONTR.** prudence, réflexion, sérieux). **3.** Privilège mettant le chef de l'État à l'abri de tout contrôle parlementaire ou juridictionnel pour les actes accomplis dans l'exercice de ses fonctions, sauf cas prévus par la Constitution.

irresponsable adj. et n. **1.** Qui n'est pas capable de répondre de ses actes, de sa conduite : *Il est irresponsable en raison de son état mental* (**CONTR.** responsable). **2.** Qui agit avec une légèreté coupable, de l'irréflexion : *C'est une irresponsable qui ne pense qu'à se faire remarquer* (**SYN.** inconscient).

irrétrécissable adj. Qui ne peut rétrécir au lavage : *Tissu irrétrécissable.*

irrévérence n.f. *Litt.* **1.** Manque de respect : *Faire preuve d'irrévérence* (**SYN.** incorrection, insolence, irrespect ; **CONTR.** correction, respect, révérence [sout.]). **2.** Action, parole irrévérencieuse ; incongruité.

irrévérencieusement adv. *Litt.* De façon irrévérencieuse : *Elle parle irrévérencieusement de lui* (**SYN.** impoliment, insolemment ; **CONTR.** poliment, respectueusement).

irrévérencieux, euse adj. Qui manque de respect : *Un enfant irrévérencieux envers ses parents. Des propos irrévérencieux* (**SYN.** incorrect, irrespectueux ; **CONTR.** respectueux).

irréversibilité n.f. Caractère de ce qui est irréversible : *L'irréversibilité du temps qui passe* (**CONTR.** réversibilité).

irréversible adj. **1.** Qui n'est pas réversible, qui ne peut être entravé : *Cet accident a provoqué chez les victimes des lésions irréversibles.* **2.** Que l'on ne peut suivre que dans une seule direction, dans un seul sens : *L'histoire est irréversible* (**CONTR.** réversible).

irréversiblement adv. De façon irréversible : *Ces toxines se fixent irréversiblement sur les neurones.*

irrévocabilité n.f. Caractère de ce qui ne peut être révoqué, annulé : *L'irrévocabilité d'une décision* (**CONTR.** révocabilité).

irrévocable adj. **1.** Qui ne peut être révoqué : *Donation irrévocable. Un fonctionnaire irrévocable* (**SYN.** intouchable ; **CONTR.** révocable). **2.** Sur quoi il est impossible de revenir : *Un choix irrévocable* (**SYN.** définitif ; **CONTR.** provisoire).

irrévocablement adv. De façon irrévocable ; définitivement : *Il est irrévocablement décidé à ne plus revenir.*

irrigable adj. Qui peut être irrigué : *Une terre irrigable.*

irrigation n.f. **1.** Apport d'eau pour arroser une terre et les plantes qu'elle porte : *Techniques d'irrigation* (**CONTR.** assèchement, drainage). **2.** En médecine, action de faire couler un liquide sur une partie malade : *Irrigation d'une plaie avec un drain perforé.* **3.** Apport du sang dans les tissus par les vaisseaux sanguins : *L'irrigation du cerveau.*

irriguer v.t. (lat. *irrigare*) [conj. 3]. Fournir artificiellement de l'eau à une terre, à des plantes ; arroser : *Irriguer une prairie* (**CONTR.** assécher, drainer).

irritabilité n.f. Caractère, état d'une personne irritable : *Son irritabilité augmente avec l'âge* (**SYN.** irascibilité ; **CONTR.** flegme, impassibilité).

irritable adj. **1.** Qui se met facilement en colère : *La fatigue le rend irritable* (**SYN.** nerveux). *Un tempérament irritable* (**SYN.** coléreux, irascible, ombrageux ; **CONTR.** flegmatique, imperturbable). **2.** Se dit d'un tissu, d'un organe qui s'irrite facilement : *Avoir la gorge irritable.*

irritant, e adj. **1.** Qui met en colère, provoque un état d'irritation : *La sonnerie irritante d'un téléphone portable* (**SYN.** agaçant, énervant, exaspérant ; **CONTR.** apaisant, calmant). **2.** Qui irrite les tissus, les organes : *Gaz irritants.*

irritatif, ive adj. En médecine, qui se rapporte à une irritation : *Des rougeurs irritatives.*

irritation n.f. **1.** État de qqn qui est irrité, en colère : *Son comportement dénotait une certaine irritation* (**SYN.** agacement, énervement, exaspération ; **CONTR.** apaisement, sérénité). **2.** Inflammation ou douleur légère affectant un tissu, un organe : *Irritation de la peau, des bronches.*

irriter v.t. (du lat. *irritare*, exciter) [conj. 3]. **1.** Provoquer chez qqn un certain énervement, pouvant aller jusqu'à la colère : *Toute objection à ses idées l'irrite* (**SYN.** agacer, contrarier, énerver ; **CONTR.** apaiser, calmer). *Les conducteurs pressés l'irritent* (**SYN.** exaspérer, horripiler). **2.** Enflammer légèrement la peau, un organe, en provoquant une sensation douloureuse : *La fumée de cigarette irrite les yeux.*

irruption n.f. (lat. *irruptio*, de *irrumpere*, se précipiter sur, de *rumpere*, briser, casser). **1.** Entrée soudaine et violente de qqn dans un lieu : *L'irruption de la foule sur le terrain de football* (**SYN.** intrusion). *La police a fait irruption dans le bâtiment* (= elle a surgi brusquement). **2.** Débordement brusque et violent de la mer, d'un fleuve ; envahissement ; inondation. **3.** Apparition soudaine d'éléments dans un domaine : *L'irruption des nouvelles technologies dans l'enseignement.*
☞ **REM.** Ne pas confondre avec *éruption.*

isabelle adj. inv. et n.m. (esp. *isabel*). Se dit d'un cheval dont la robe est d'une couleur jaune, avec les crins et l'extrémité des poils noirs : *Des chevaux isabelle* ou *des isabelles.*

isard [izar] n.m. Appellation du chamois dans les Pyrénées.

isatis [izatis] n.m. (mot lat., du gr.). Renard des régions arctiques dont la fourrure d'hiver peut être gris bleuté ou blanche (on dit aussi *renard bleu* ou *renard polaire*).

isba [isba ou izba] n.f. (du russe *izba,* hutte de paysan). Habitation des paysans russes, en rondins de sapin : *Des isbas.*

ISBN [iɛsbeɛn] n.m. (sigle de *international standard book number*). Numéro d'identification international attribué à chaque ouvrage publié.

ischion [iskjɔ̃] n.m. (du gr. *iskhion,* hanche). Un des trois os formant l'os iliaque.

I.S.F. ou **ISF** [iɛsɛf] n.m. (sigle de *impôt de solidarité sur la fortune*). Impôt institué en 1989 sur les grandes fortunes, en France, et destiné à financer le revenu minimum d'insertion.

islam [islam] n.m. (d'un mot ar. signif. « soumission à Dieu »). Religion des musulmans. ▸ (Avec une majuscule). ***L'Islam,*** le monde musulman ; la civilisation qui le caractérise.

islamique adj. Relatif à l'islam : *Le rite islamique. Les pays islamiques.*

islamisation n.f. Action d'islamiser : *L'islamisation des populations.*

islamiser v.t. [conj. 3]. **1.** Convertir à l'islam. **2.** Appliquer la loi islamique à la vie publique, sociale, à la justice, etc.

islamisme n.m. **1.** Ensemble des mouvements les plus radicaux de l'islam, qui veulent faire de celui-ci, non plus essentiellement une religion, mais une véritable idéologie politique par l'application rigoureuse de la charia et la création d'États islamiques. **2.** *Vieilli* Religion musulmane ; islam.

islamiste adj. et n. Relatif à l'islamisme ; qui en est partisan : *Des groupes islamistes.*

islamologie n.f. Étude scientifique de l'islam.

islandais, e adj. et n. Relatif à l'Islande, à ses habitants : *La capitale islandaise.* ◆ **islandais** n.m. Langue scandinave parlée en Islande.

ISO [izo] adj. inv. (acronyme de l'angl. *International Organization for Standardization,* Organisation internationale de normalisation). ▸ ***Norme ISO,*** norme définie par l'Organisation internationale de normalisation s'appliquant aux produits et aux services.

isobare adj. (du gr. *isos,* égal, et *baros,* pesanteur). Se dit d'une surface d'égale pression atmosphérique. ◆ n.f. Sur une carte météorologique, courbe qui joint les points de la Terre où la pression atmosphérique est la même à un moment donné.

isobathe adj. (du gr. *isos,* égal, et *bathos,* profondeur). Se dit d'une courbe reliant les points souterrains ou sous-marins d'égale profondeur.

isocèle adj. (lat. *isoceles,* du gr. *skelos,* jambe). Qui a deux côtés égaux : *Triangle isocèle. Trapèze isocèle* (= dont les côtés non parallèles sont égaux).

isochrone [izokrɔn] adj. De durée égale : *Des oscillations isochrones.*

isoclinal, e, aux adj. Se dit d'un pli géologique dont les flancs sont parallèles.

isocline adj. (du gr. *klineîn,* pencher). Se dit d'une courbe reliant les points d'un terrain qui ont la même inclinaison.

isoédrique adj. (du gr. *hedra,* face). Se dit d'un cristal dont les faces sont semblables.

isogone adj. (du gr. *gônia,* angle). Qui a des angles égaux.

isolable adj. Qui peut être isolé : *Élément isolable d'un tout* (**SYN.** dissociable, séparable ; **CONTR.** indissociable, inséparable).

isolant, e adj. Qui est mauvais conducteur de la chaleur, de l'électricité ou du son et qui est utilisé pour protéger un local des variations de température et du bruit : *Matériaux isolants.* ◆ **isolant** n.m. Matériau isolant : *La porcelaine est un isolant électrique.*

isolat [izɔla] n.m. **1.** Population animale ou végétale qu'une barrière climatique ou géographique isole du reste de l'espèce. **2.** Groupe humain que son isolement contraint aux unions entre personnes du même groupe, à l'endogamie.

isolateur n.m. Support isolant d'un conducteur électrique.

isolation n.f. **1.** Action de protéger qqch contre le bruit ou contre les variations de température : *Isolation acoustique* (= insonorisation). *Isolation thermique* (= climatisation). *L'isolation de l'auditorium est défectueuse.* **2.** Ensemble des matériaux utilisés pour isoler un dispositif.

isolationnisme n.m. (anglo-amér. *isolationism*). Politique d'un État qui s'isole des autres.

isolationniste adj. et n. Relatif à l'isolationnisme ; qui en est partisan : *Une politique isolationniste.*

isolé, e adj. (it. *isolato,* de *isola,* île). **1.** Seul, séparé des autres : *Vivre isolé* (**SYN.** solitaire). *Se sentir isolé* (**SYN.** délaissé, esseulé). **2.** À l'écart, éloigné des autres habitations ou de toute activité : *Maison isolée* (**SYN.** 1. écarté). *Un lieu isolé* (**SYN.** perdu, reculé, retiré). **3.** Qui est fait par quelques personnes seulement ou qui ne se produit pas souvent : *Il y eut quelques applaudissements isolés* (**SYN.** rare ; **CONTR.** unanime). *Un fait isolé* (**SYN.** particulier ; **CONTR.** 1. commun, 2. courant, ordinaire). *Une action isolée* (**SYN.** individuel ; **CONTR.** collectif). **4.** Détaché de son contexte : *Il est difficile d'interpréter cette phrase isolée.* **5.** Se dit d'un local pourvu d'une isolation acoustique ou thermique : *Une pièce bien isolée.*

isolement n.m. **1.** État d'un lieu, d'une habitation situés à l'écart de tout ; état d'une personne qui vit isolée : *L'isolement d'une ferme. Ressentir douloureusement son isolement* (**SYN.** solitude). **2.** État d'un pays, d'une région sans relation politique ou économique, sans engagement avec les autres. **3.** État d'un corps isolé du point de vue électrique, calorifique ou phonique ; isolation. **4.** Action d'isoler un malade par mesure sanitaire, une personne dangereuse par mesure de sécurité ; quarantaine, internement, réclusion.

isolément adv. De façon isolée ; à part, individuellement : *Chaque cas est pris isolément* (**SYN.** indépendamment, séparément ; **CONTR.** collectivement).

isoler v.t. [conj. 3]. **1.** Séparer qqch, un lieu des objets environnants, de ce qui l'entoure : *Les inondations ont* *isolé le village* (= l'ont coupé du reste du pays). **2.** Mettre qqn physiquement ou moralement à l'écart des autres, lui interdire toute relation avec les autres : *Isoler un détenu, des malades contagieux* (**SYN.** confiner, enfermer, interner ; **CONTR.** rassembler). *Ses opinions l'isolent de sa famille* (**SYN.** couper, détacher ; **CONTR.** rapprocher). **3.** Considérer qqch à part, le distinguer du reste : *Isoler une phrase de son contexte* (**SYN.** abstraire, séparer). **4.** Procéder à l'isolation thermique ou acoustique : *Isoler un appartement* (= le climatiser, l'insonoriser). **5.** En chimie, séparer un élément d'un corps composé, d'un ensemble organisé : *Isoler un métal* (**CONTR.** combiner). *Isoler un virus.* ◆ **s'isoler** v.pr. Se mettre à l'écart des autres : *Elle aime s'isoler dans sa chambre pour réfléchir* (**SYN.** se retirer).

isoloir n.m. Cabine dans laquelle l'électeur met son bulletin sous enveloppe et qui garantit le secret du vote.

isomère adj. et n.m. (du gr. *isos*, égal, et *meros*, partie). Se dit de deux composés formés des mêmes éléments dans les mêmes proportions, mais ayant des propriétés différentes.

isomérie n.f. Caractère des composés isomères.

isométrique adj. Se dit d'un cristal dont les dimensions sont égales.

isomorphe adj. En chimie, de même forme cristalline.

isopet [isɔpɛt] n.m. → **ysopet.**

isotherme adj. (du gr. *thermos*, chaud). **1.** Maintenu à une température constante ; isolé thermiquement : *Camion, sac isotherme.* **2.** En physique, se dit de processus qui s'effectuent à la même température. **3.** Qui se fait à une température constante : *Réaction isotherme.*

isotope n.m. (mot angl., du gr.). Chacun des atomes dont les noyaux diffèrent par leur nombre de neutrons mais ont le même nombre de protons et d'électrons, donc les mêmes propriétés chimiques. ▸ ***Isotope radioactif,*** élément chimique radioactif (= radioélément, radio-isotope).

isotopique adj. Relatif aux isotopes : *Noyaux isotopiques.*

isotrope adj. (du gr. *tropos*, direction). Dont les propriétés physiques sont identiques dans toutes les directions.

israélien, enne adj. et n. De l'État d'Israël, de ses habitants.

israélite adj. et n. **1.** Relatif à l'Israël biblique, à son peuple. **2.** Juif : *La communauté israélite.*

issu, e adj. (de l'anc. fr. *issir*, du lat. *exire*, sortir). Venu, né de : *Elle est issue d'une famille d'enseignants. Des idées issues de la Révolution* (= résultant de).

issue n.f. **1.** Ouverture ou passage par où l'on peut sortir, s'échapper : *Issue de secours* (**SYN.** porte, sortie). *Une rue sans issue* (= une impasse, un cul-de-sac). **2.** Moyen de sortir d'une difficulté, d'un embarras ; échappatoire : *Cette crise est sans issue. Il ne voit plus d'autre issue que celle-ci* (**SYN.** solution). **3.** *Litt.* Manière dont une chose aboutit, dont une affaire se conclut : *L'issue du procès* (= verdict ; **SYN.** aboutissement, conclusion, dénouement ; **CONTR.** commencement, début). *On craint l'issue fatale* (= la mort). ▸ ***À l'issue de,*** à la fin de : *À l'issue du temps réglementaire, le score est de 1 à 0.*

isthme [ism] n.m. (lat. *isthmus*, du gr.). **1.** Bande de terre étroite, située entre deux mers et réunissant deux terres : *L'isthme de Suez.* **2.** Partie rétrécie de certaines régions du corps, de certains organes : *L'isthme de l'utérus.*

italianisant, e adj. et n. **1.** Se dit d'artistes, d'œuvres marqués par l'italianisme. **2.** Spécialiste de la langue et de la civilisation italiennes (**SYN.** italianiste).

italianiser v.t. [conj. 3]. Donner un caractère, un aspect italien à.

italianisme n.m. **1.** Expression, tournure particulière à la langue italienne. **2.** Emprunt à la langue italienne. **3.** Tendance, chez les artistes étrangers, à l'imitation de la manière italienne, de modèles italiens, notamm. à la Renaissance.

italianiste n.Spécialiste de la langue et de la civilisation italiennes (**SYN.** italianisant).

italien, enne adj. et n. Relatif à l'Italie, à ses habitants : *La cuisine italienne. Les Italiens.* ▸ ***À l'italienne,*** à la manière italienne. ***Format à l'italienne,*** se dit d'un format de livre où la largeur est plus importante que la hauteur (par opp. à format à la française). ◆ **italien** n.m. Langue romane parlée en Italie.

① **italique** adj. (lat. *Italicus*). Relatif à l'Italie ancienne : *Les populations italiques.*

② **italique** adj. et n.m. (de *1. italique*). Se dit du caractère d'imprimerie incliné vers la droite (par opp. à romain) : *Mettre un mot en italique.*

① **item** [itɛm] adv. (mot lat.). (Dans un compte commercial, une énumération). De même, en outre, de plus : *Réglé 500 euros pour une cuisinière, item pour un four.*

② **item** [itɛm] n.m. (de *1. item*). **1.** Tout élément d'un ensemble (grammatical, lexical, etc.) considéré en tant que terme particulier : *Les noms « chat », « chien » sont des items lexicaux ; « présent », « passé » sont des items grammaticaux.* **2.** Chacune des questions, chacun des éléments d'un test psychologique.

itératif, ive adj. (lat. *iterativus*, de *iterare*, recommencer). *Didact.* Qui est fait ou répété plusieurs fois ; qui indique la répétition d'une action : *Des gestes itératifs* (**SYN.** répétitif). *« Chaque fois » est une locution itérative.* ◆ adj. et n.m. En grammaire, fréquentatif.

itération n.f. *Didact.* Action de répéter, de faire de nouveau (**SYN.** répétition).

itinéraire n.m. (lat. *iter, itineris*, chemin). Chemin à suivre ou suivi pour aller d'un lieu à un autre : *Une diversité d'itinéraires touristiques* (**SYN.** circuit). *Choisir son itinéraire sur la carte* (**SYN.** parcours, route, trajet).

itinérance n.f. Capacité d'un téléphone mobile à conserver toutes ses fonctionnalités en changeant de zone d'émission.

itinérant, e adj. et n. Qui se déplace dans l'exercice de ses fonctions, de son métier : *Des marchands itinérants* (**SYN.** ambulant ; **CONTR.** sédentaire). ◆ adj. Qui exige des déplacements, qui n'est pas sédentaire : *Faire de la vente itinérante* (**SYN.** ambulant).

itou adv. (anc. fr. *atut*, avec infl. de *itel*, pareillement). *Fam.* Aussi, de même : *Et toi itou* (**SYN.** également).

I.U.F.M. ou **IUFM** [iyɛfɛm] n.m. (sigle de *institut*

universitaire de formation des maîtres). ▸ ***Institut universitaire de formation des maîtres*** → **institut.**

iule [iyl] n.m. (du gr. *ioulos*, fleur à duvet). Mille-pattes qui s'enroule en spirale lorsqu'on le touche.

I.U.T. ou **IUT** [iyte] n.m. (sigle). ▸ ***Institut universitaire de technologie*** → **institut.**

ive ou **ivette** n.f. (de *if*). Plante à fleurs jaunes qui pousse dans les lieux incultes.

I.V.G. ou **IVG** [iveʒe] n.f. (sigle). ▸ ***Interruption volontaire de grossesse*** → **interruption.**

ivoire n.m. (lat. *ebur, eboris*). **1.** Partie dure des dents de l'homme et des mammifères, recouverte d'émail au-dessus de la couronne (on dit aussi *la dentine*). **2.** Substance osseuse et dure qui constitue les défenses de l'éléphant et de quelques autres mammifères : *Le trafic de l'ivoire est sévèrement réprimé.* **3.** Objet fabriqué, sculpté dans de l'ivoire : *Des ivoires médiévaux.* ▸ ***D'ivoire,*** d'une blancheur comparable à celle de l'ivoire. ***Ivoire végétal,*** corozo. ◆ adj. inv. D'un blanc crémeux : *Des dentelles ivoire.*

ivoirin, e adj. *Litt.* Qui ressemble à l'ivoire par sa blancheur, son éclat : *Une couleur ivoirine* (SYN. éburnéen).

ivraie n.f. (lat. pop. *ebriaca*, de *ebrius*, ivre). Plante à graines toxiques, nuisible aux céréales. ▸ ***Séparer le bon grain de l'ivraie,*** séparer les bons des méchants, le bien du mal.

ivre adj. (lat. *ebrius*). **1.** (Sans compl.). Qui a l'esprit troublé par l'effet du vin, de l'alcool : *Elle ne tient pas l'alcool, elle est complètement ivre* (CONTR. sobre). **2. [de].** Exalté par une passion, un sentiment, une idée : *Ivre de bonheur* (SYN. fou de, grisé par). ▸ ***Ivre mort, ivre morte,*** ivre au point d'avoir perdu connaissance.

ivresse n.f. **1.** État d'une personne dont le cerveau est troublé par l'abus d'alcool : *Conduite en état d'ivresse* (SYN. ébriété ; CONTR. sobriété). **2.** État d'euphorie, d'excitation : *Dans l'ivresse de la victoire, les supporters ont envahi les Champs-Élysées* (SYN. exaltation).

ivressomètre n.m. Au Québec, éthylotest.

ivrogne n. et adj. (du lat. pop. *ebrionia*, ivrognerie). Personne qui a l'habitude de s'enivrer ; alcoolique.

ivrognerie n.f. Habitude de s'enivrer : *Sombrer dans l'ivrognerie* (SYN. alcoolisme ; CONTR. sobriété, tempérance).

ivrognesse n.f. *Vieilli* Femme alcoolique.

ixer v.t. (de [*film*] *X*) [conj. 3]. Classer un film dans la catégorie des films pornographiques.

ixième adj. (de *x*). Qui occupe un rang indéterminé et élevé : *Une ixième réclamation.*

ixode n.m. (du gr. *ixôdês*, gluant). Genre d'acarien que l'on appelle aussi *une tique.*

J j

j [ʒi] n.m. inv. Dixième lettre (consonne) de l'alphabet français. ▸ ***Jour J,*** jour où doit avoir lieu un événement important, et, en partic., où doit se déclencher une action militaire.

jabot n.m. (mot auvergnat). **1.** Chez les oiseaux, poche formée par un renflement de l'œsophage, où la nourriture séjourne quelque temps avant de passer dans l'estomac. **2.** Ornement de dentelle ou de tissu léger fixé au plastron d'une chemise, d'un corsage : *Un chemisier à jabot.*

jacassement n.m. **1.** Cri de la pie et de quelques oiseaux. **2.** Bavardage continuel et bruyant : *Le jacassement incessant de ces élèves est insupportable* (**SYN.** caquetage).

jacasser v.i. (de *jaque,* nom dialect. du *geai*) [conj. 3]. **1.** Crier, en parlant de la pie. **2.** *Fam.* Bavarder, parler avec volubilité : *Elle ne cesse de jacasser avec sa voisine* (**SYN.** caqueter).

jacasseur, euse ou **jacassier, ère** n. et adj. *Fam.* Personne qui jacasse : *Une jacasseuse invétérée* (**SYN.** bavard).

jachère n.f. (bas lat. *gascaria,* d'un mot gaul. signif. « branche »). Terre non cultivée temporairement pour permettre au sol de se reposer ou pour limiter une production jugée trop abondante : *Laisser une terre en jachère* (**SYN.** friche).

jacinthe [ʒasɛ̃t] n.f. (du gr. *Huakinthos,* personnage mythol.). Plante à bulbe cultivée pour ses fleurs en grappes ornementales.

jack [dʒak] n.m. (mot angl., du prénom *Jack*). Connecteur servant à établir des contacts ou à opérer des commutations électriques ou téléphoniques ; fiche.

jackpot [ʒakpɔt] n.m. (mot angl. signif. « gros lot »). **1.** Dans certaines machines à sous, combinaison qui permet de remporter le gros lot ; montant de ce lot. **2.** *Fig.* Grosse somme vite gagnée ; pactole : *Avec sa start-up, elle a touché le jackpot.* **3.** Machine à sous fondée sur le principe du jackpot : *Des jackpots.*

jacobin, e n. (du lat. *Jacobus,* Jacques). Dans la politique contemporaine, républicain intransigeant, partisan d'une démocratie centralisée. ◆ adj. Qui se rapporte aux Jacobins ou aux jacobins : *Idées jacobines.* ◆ **Jacobin** n.m. Membre d'un club révolutionnaire pendant la Révolution.

jacobinisme n.m. **1.** Doctrine démocratique et centralisatrice professée sous la Révolution française par les Jacobins. **2.** Opinion préconisant le centralisme de l'État.

jacobite n. et adj. (mot angl., du lat. *Jacobus,* Jacques). En Angleterre, partisan de Jacques II et des Stuarts.

jacquard n.m. (nom de l'inventeur). **1.** Métier à tisser inventé par Joseph Jacquard. **2.** Tricot qui présente des bandes ornées de dessins géométriques sur un fond de couleur différente : *Il a mis son jacquard. Un pull jacquard.*

jacquemart n.m. → **jaquemart.**

jacquerie n.f. (de *Jacques,* nom donné aux paysans). **1.** Révolte de la paysannerie. **2.** (Avec une majuscule). Insurrection paysanne de 1358.

jacques n.m. (du prénom *Jacques*). **1.** (Avec une majuscule). Paysan révolté lors de la Jacquerie de 1358. **2.** (Avec une majuscule). *Vx* Sobriquet que l'on donnait au paysan français. **3.** *Fam., vx* Imbécile ; niais. ▸ *Fam.* ***Faire le jacques,*** se livrer à des excentricités ; se donner en spectacle.

jacquet n.m. (dimin. de *Jacques*). Jeu de société dérivé du trictrac, joué avec des pions et des dés sur une tablette divisée en quatre compartiments.

jacquier n.m. → **jaquier.**

① **jactance** n.f. (lat. *jactancia,* de *jactare,* vanter). *Litt.* Satisfaction de soi-même qui se manifeste par des paroles vaniteuses ; fanfaronnade, vantardise : *Un jeune acteur plein de jactance* (**SYN.** suffisance ; **CONTR.** humilité, modestie).

② **jactance** n.f. (de *jacter*). *Fam.* Bavardage, bagou, baratin.

jacter v.i. (de *jacquette,* nom dialect. de la *pie*) [conj. 3]. *Fam.* Parler ; bavarder.

jaculatoire adj. (du lat. *jaculari,* lancer). ▸ ***Oraison jaculatoire,*** prière courte et fervente.

Jacuzzi [ʒakuzi] n.m. (nom déposé). Petit bassin équipé de jets d'eau sous pression destinés à créer des remous relaxants (on dit aussi *bain à remous*).

jade n.m. (esp. *ijada*). **1.** Roche noire, verte ou blanchâtre, très dure, utilisée comme pierre fine, en Chine notamm. : *Un bracelet de jade.* **2.** Objet en jade : *Des jades chinois.* ◆ adj. inv. De la couleur du jade : *Les eaux jade du lac.*

jadis [ʒadis] adv. (de l'anc. fr. *ja a dis,* il y a déjà des jours). Autrefois ; dans le passé : *Jadis, mes grands-parents vivaient dans cette ferme* (**SYN.** 1. avant ; **CONTR.**

aujourd'hui, maintenant). ▸ ***Le temps jadis,*** une époque lointaine, reculée : *François Villon a écrit « Ballade des dames du temps jadis ».*

jaguar [ʒagwar] n.m. (mot tupi-guarani). Grand félin de l'Amérique du Sud, voisin de la panthère, au pelage tacheté.

jaillir v.i. (lat. pop. *galire,* lancer, d'un mot gaul. signif. « bouillir ») [conj. 32]. **1.** Sortir impétueusement, en parlant d'un liquide, d'un gaz : *L'eau jaillit de la source* (**SYN.** gicler). *La lumière jaillit* (**SYN.** éclater). **2.** *Fig.* Se manifester vivement, sortir soudainement : *Des cris jaillirent de la foule* (**SYN.** fuser). *Une idée a jailli de la discussion* (**SYN.** se dégager, émaner).

jaillissant, e adj. Qui jaillit : *Eau jaillissante.*

jaillissement n.m. Action, fait de jaillir : *Le jaillissement d'une source* (**SYN.** giclée, 1. jet).

jais [ʒɛ] n.m. (du lat. *gagates,* pierre de Gages, en Lycie). Variété de lignite d'un noir brillant, pouvant être polie et taillée. ☞ **REM.** Ne pas confondre avec *geai.* ▸ ***De jais,*** d'un noir brillant : *Des cheveux de jais.*

jalon n.m. (du lat. pop. *galire,* lancer). **1.** Piquet servant à établir des alignements, à marquer des distances : *Placer des jalons pour tracer une route* (**SYN.** balise, repère). **2.** Ce qui sert de point de repère, de marque pour suivre une voie déterminée : *Poser les jalons d'un projet* (**SYN.** préliminaires).

jalonnement n.m. Action, manière de jalonner : *Le jalonnement d'un chantier de fouilles.*

jalonner v.t. [conj. 3]. **1.** Déterminer, matérialiser un parcours, une direction, un alignement dans un lieu, sur un terrain : *Des arbres jalonnent la nouvelle allée du parc* (**SYN.** s'aligner). **2.** Marquer des étapes dans le temps, dans le cours de qqch : *Beaucoup d'événements tristes ont jalonné son existence. Une carrière jalonnée d'obstacles.*

jalonneur, euse n. Personne chargée de jalonner.

jalousement adv. De façon jalouse ; avec un soin jaloux : *Regarder jalousement un rival* (**SYN.** envieusement). *Garder jalousement un secret* (**SYN.** soigneusement).

jalouser v.t. [conj. 3]. Considérer avec jalousie ; être jaloux de : *Cet enfant jalouse sa petite sœur* (**SYN.** envier). *Il jalouse leur succès.*

① **jalousie** n.f. (de *jaloux*). **1.** Sentiment d'inquiétude douloureuse ressenti par une personne qui en aime une autre d'un amour exclusif et qui craint son éventuelle infidélité : *Sa jalousie à l'égard de ou envers sa femme n'a fait qu'empirer.* **2.** Dépit envieux ressenti à la vue des avantages d'autrui : *Sa promotion a provoqué la jalousie de ses collègues* (**SYN.** envie ; **CONTR.** indifférence).

② **jalousie** n.f. (it. *gelosia,* de *geloso,* jaloux). Dispositif de fermeture de fenêtre composé de lamelles mobiles, horizontales ou verticales.

jaloux, ouse adj. et n. (lat. pop. *zelosus,* du gr. *zêlos,* zèle). **1.** Qui éprouve de la jalousie en amour : *Une fiancée jalouse* (**SYN.** exclusif, possessif). **2.** Qui éprouve du dépit devant les avantages des autres : *Il est jaloux de leur réussite professionnelle* (**SYN.** envieux de ; **CONTR.** indifférent à). *Il est jaloux que son adversaire ait gagné.* ◆ adj. Qui manifeste le souci de préserver ce qu'il possède, notamm. un droit : *Un chef jaloux de ses privilèges* (**SYN.** soucieux de). *Veiller sur ses livres avec un soin jaloux.*

jamaïquain, e ou **jamaïcain, e** adj. et n. De la Jamaïque.

jamais adv. (de l'anc. fr. *ja,* déjà, et *mais,* davantage). **1.** (Précédé ou suivi de *ne* ou *sans*). En aucun temps, à aucun moment : *Il n'en a jamais parlé* (**CONTR.** déjà, toujours). *Il est passé plusieurs fois à côté d'elle sans jamais la voir. Jamais, au grand jamais.* **2.** (Sans négation). En un moment quelconque dans le passé ou dans l'avenir : *L'avez-vous jamais entendu chanter ? Si jamais tu reviens* (= si un jour). *C'est le plus beau que j'aie jamais vu.* ▸ ***À jamais*** ou ***à tout jamais,*** dans tout le temps à venir : *C'est à jamais fini entre eux. Il a disparu à tout jamais* (= pour toujours, définitivement). ***Jamais de la vie,*** il n'en est pas question.

jamais-vu n.m. inv. ▸ ***Du jamais-vu,*** une situation, une pratique, des agissements tout à fait exceptionnels et qui font sensation (**CONTR.** déjà-vu).

jambage n.m. **1.** Trait vertical ou légèrement incliné de certaines lettres : *Le « m » a trois jambages, le « n » et le « u » n'en ont que deux. Le jambage du « p » et du « q ».* **2.** Piédroit.

jambe n.f. (du bas lat. *gamba,* jarret des animaux). **1.** *Cour.* Le membre inférieur tout entier de l'homme : *Elle a des jambes maigres.* **2.** Partie du membre inférieur de l'homme, comprise entre le genou et la cheville (par opp. à la cuisse) : *Le squelette de la jambe est formé du tibia et du péroné.* **3.** Partie du membre d'un quadrupède, et spécial. d'un cheval, correspondant à la jambe et à l'avant-bras de l'homme (**SYN.** 1. patte). **4.** Partie du pantalon recouvrant chacune des deux jambes. ▸ ***À toutes jambes,*** en courant le plus vite possible : *S'enfuir à toutes jambes. Fam., iron.* ***Ça lui, me,*** etc., ***fait une belle jambe,*** cela ne l'avance en rien, ne présente aucune utilité. ***Jeu de jambes,*** manière de mouvoir les jambes : *Le jeu de jambes d'un footballeur.* ***Par-dessous la jambe,*** avec désinvolture, sans soin : *Rapport rédigé par-dessous la jambe.* ***Prendre ses jambes à son cou,*** s'enfuir en courant, à toute vitesse. *Fam.* ***Tenir la jambe à qqn,*** l'importuner par un long discours, souvent ennuyeux. ***Tirer dans les jambes de qqn,*** l'attaquer d'une façon déloyale.

jambier, ère adj. Relatif à la jambe : *Muscles jambiers.*

jambière n.f. **1.** Morceau de tissu ou de cuir façonné pour envelopper et protéger la jambe : *Les hockeyeurs portent des jambières.* **2.** Partie d'une armure protégeant la jambe.

jambon n.m. Cuisse ou épaule de porc, préparée soit crue et séchée (jambon sec), soit cuite et désossée (jambon de Paris) ou avec os (jambon d'York) : *Une tranche de jambon de Bayonne.*

jambonneau n.m. Partie de la jambe du porc située au-dessous de la cuisse ou de l'épaule et utilisée en cuisine : *Des jambonneaux panés.*

jamboree [ʒɑ̃bɔri] n.m. (mot anglo-amér.). Réunion internationale des scouts.

jam-session [dʒamseʃən] n.f. (de l'angl. *jam,* foule, et *session,* réunion) [pl. *jam-sessions*]. Réunion de musiciens de jazz improvisant en toute liberté pour leur plaisir.

janissaire n.m. (du turc *yeni çeri*, nouvelle milice). Soldat d'élite de l'infanterie ottomane entre le XIVe et le XIXe siècle.

jansénisme n.m. (de *Jansénius*, nom d'un évêque d'Ypres). **1.** Doctrine de Jansénius et de ses disciples ; mouvement religieux animé par ses partisans. **2.** Piété et morale austères.

janséniste adj. et n. **1.** Relatif au jansénisme ; qui en est partisan. **2.** Qui manifeste une vertu austère évoquant celle des jansénistes.

jante n.f. (du gaul. *cambo*, courbe). Cercle qui constitue le pourtour d'une roue de véhicule : *Pneu monté sur une jante en alliage.*

janvier n.m. (du lat. *januarius*, mois de Janus). Premier mois de l'année : *Des janviers neigeux.*

japon n.m. Porcelaine fabriquée au Japon : *Un bol en japon.* ▸ ***Papier japon,*** papier légèrement jaune, soyeux, satiné, nacré, fabriqué autref. au Japon et qui servait aux tirages de luxe ; papier fabriqué à l'imitation du papier japon.

japonais, e adj. et n. Relatif au Japon, à ses habitants : *La musique japonaise* (**SYN.** nippon). ◆ **japonais** n.m. Langue parlée au Japon.

japonaiserie ou **japonerie** n.f. Objet d'art ou de curiosité originaire du Japon.

japonisant, e n. Spécialiste de la langue et de la civilisation japonaises.

japonisme n.m. Mode et influence des œuvres et objets d'art du Japon en Occident (surtout pendant la seconde moitié du XIXe siècle).

jappement n.m. **1.** Aboiement aigre et perçant des jeunes chiens. **2.** Cri du chacal.

japper v.i. (onomat.) [conj. 3]. **1.** Aboyer, en parlant des jeunes chiens. **2.** Émettre un jappement, en parlant du chacal.

jaque n.m. (port. *jaca*). Fruit du jaquier, qui peut atteindre 15 kilos et que l'on consomme cuit comme légume.

jaquemart ou **jacquemart** n.m. (anc. prov. *Jaqueme*, de *Jacques*). Automate qui frappe sur le timbre ou la cloche de certaines horloges monumentales.

jaquette n.f. (de *Jacques*, sobriquet du paysan). **1.** Veste de cérémonie portée par les hommes et dont les pans ouverts se prolongent par-derrière. **2.** Veste de femme ajustée à la taille qui, avec la jupe assortie, compose un tailleur. **3.** Couverture de protection, souvent illustrée, sous laquelle un livre est présenté à la vente. **4.** Prothèse remplaçant la couche d'émail de la couronne dentaire. **5.** En Suisse, gilet, cardigan.

jaquier ou **jacquier** n.m. Arbre originaire du Sud-Est asiatique, cultivé pour son fruit, le jaque.

jar ou **jard** n.m. (mot dialect.). Amas de sable et de gravier qui se forme dans la Loire et qui est balayé par de forts courants.

jardin n.m. (du frq. *gardo*). Terrain génér. clos où l'on cultive des légumes, des fleurs ou des arbres : *Un jardin potager* (= où l'on cultive des légumes). *Jardin à la française* (= dont les plantations et les allées sont disposées de façon géométrique). *Un jardin de curé* (= petit jardin entretenu avec un soin particulier). ▸ ***Côté jardin,*** partie de la scène d'un théâtre située à la gauche des spectateurs (par opp. à côté cour). ***Jardin d'enfants,*** établissement qui accueille les jeunes enfants entre la crèche et l'école maternelle. ***Jardin d'hiver,*** pièce aménagée en serre pour la culture des plantes d'appartement. ***Jeter une pierre dans le jardin de qqn,*** l'attaquer par un moyen détourné, le critiquer par une allusion voilée.

jardinage n.m. Culture et entretien des jardins : *Faire du jardinage* (= jardiner).

jardiner v.i. [conj. 3]. S'adonner au jardinage.

jardinerie n.f. Établissement commercial où l'on vend tout ce qui concerne le jardin et le jardinage.

jardinet n.m. Petit jardin.

jardinier, ère n. Personne qui cultive, entretient les jardins. ◆ adj. Relatif aux jardins : *Cultures jardinières.*

jardinière n.f. **1.** Caisse ou bac garnis de terre dans lesquels on cultive des fleurs, des plantes vertes, etc. : *Un balcon garni de jardinières de géraniums.* **2.** Assortiment de différents légumes coupés en petits morceaux et cuits ensemble : *Une jardinière de légumes en salade.* ▸ ***Jardinière d'enfants,*** personne chargée des enfants dans un jardin d'enfants.

jargon n.m. (du rad. onomat. *garg-*, gosier). **1.** Langage incorrect employé par qqn qui a une connaissance imparfaite, approximative d'une langue : *Son rapport n'est pas rédigé en anglais, mais en jargon.* **2.** (Par ext.). Langue que l'on ne comprend pas : *Ce touriste m'a répondu dans son jargon* (**SYN.** galimatias). **3.** Vocabulaire propre à une profession, à une discipline, etc. ; argot de métier : *Le jargon médical.*

① **jargonner** v.i. [conj. 3]. *Fam.* Parler en jargon : *Des étudiants qui jargonnent en russe.*

② **jargonner** v.i. [conj. 3]. Crier, en parlant du jars.

jargonneux, euse adj. Qui est exprimé de façon obscure, incompréhensible : *Un rapport jargonneux.*

jarre n.f. (prov. *jarra*, de l'ar.). Grand vase en terre cuite, à large ouverture, anses et fond plat, servant à la conservation des aliments (huile, olives, etc.).

jarret n.m. (du gaul. *garra*, jambe). **1.** Partie de la jambe située derrière l'articulation du genou (on dit aussi *le creux poplité*). **2.** Endroit où se plie la jambe postérieure des quadrupèdes : *Le jarret des chevaux.*

jarretelle n.f. Ruban élastique servant à maintenir le bas attaché à la gaine ou au porte-jarretelles.

jarretière n.f. Bande de tissu élastique qui entoure la jambe par-dessus le bas et le maintient tiré : *La jarretière de la mariée.*

jars [ʒar] n.m. (du frq. *gard*, aiguillon). Mâle de l'oie.

jas [ʒa] n.m. (lat. pop. *jacium*, de *jacere*, être couché). En Provence, bergerie.

jaser v.i. (onomat.) [conj. 3]. **1.** Bavarder sans fin pour le plaisir de parler ou de dire des médisances : *Les voisins commencent à jaser au sujet de sa conduite.* **2.** Émettre des sons modulés, un babillage : *Le bébé jase* (**SYN.** gazouiller). **3.** Crier, en parlant des oiseaux parleurs, tels la pie, le merle, le perroquet, etc.

jaseur, euse adj. et n. Qui aime à jaser ; bavard.

jasmin n.m. (de l'ar.). **1.** Arbuste aux fleurs très odorantes blanches, jaunes ou rougeâtres, cultivé pour la parfumerie. **2.** Parfum, essence que l'on tire de ces fleurs : *Du thé au jasmin.*

jaspe n.m. (lat. *jaspis*). Roche colorée en rouge, en

jaune, en brun, en noir, par bandes ou par taches, et employée en joaillerie.

jasper v.t. [conj. 3]. Bigarrer de diverses couleurs imitant le jaspe : *Jasper la tranche d'un livre.*

jaspiner v.i. (de *jaser* et *japper*) [conj. 3]. *Arg.* Causer, bavarder.

jaspure n.f. Aspect jaspé : *Les jaspures d'un livre* (**SYN.** marbrure).

jass [jas] n.m. → **yass.**

jatte n.f. (du lat. *gabata,* plat). Récipient rond et sans rebord ; son contenu : *Une jatte en faïence. Boire une jatte de lait* (**SYN.** bolée).

jauge n.f. (d'un mot frq. signif. « perche »). **1.** Dispositif propre à mesurer une quantité déterminée de liquide ou de grains : *Une jauge d'essence.* **2.** Capacité totale ou partielle d'un navire de commerce évaluée selon certaines règles précises : *L'unité de jauge est le tonneau, qui vaut 2,83 m^3* (**SYN.** tonnage). **3.** Indicateur du niveau de l'essence dans le réservoir et de l'huile dans le carter d'une automobile (on dit aussi *jauge de niveau*) : *Surveiller la jauge.*

jaugeage n.m. Action de jauger : *Le jaugeage d'un bateau.*

jauger v.t. [conj. 17]. **1.** Mesurer avec une jauge la capacité, le volume de : *Jauger un réservoir.* **2.** Mesurer la capacité d'un navire : *Jauger un cargo.* **3.** *Litt.* Apprécier qqn, qqch, les juger à leur valeur : *Jauger qqn d'un coup d'œil. Jauger le potentiel d'un athlète* (**SYN.** évaluer). ◆ v.i. Avoir une capacité de : *Navire qui jauge 1 200 tonneaux.*

jaunâtre adj. D'une couleur qui tire sur le jaune ; d'un jaune terne ou sale : *Un tee-shirt jaunâtre.*

① **jaune** adj. (lat. *galbinus*). Se dit de la couleur placée, dans le spectre solaire, entre le vert et l'orangé, qui évoque celle du citron ou du soufre : *Les jonquilles sont des fleurs jaunes. Des robes jaune clair.* ▸ ***Fièvre jaune,*** maladie contagieuse des pays tropicaux, caractérisée par la coloration jaune de la peau et par des vomissements de sang. ***Le métal jaune,*** l'or. ***Maillot jaune,*** coureur qui est en tête du classement général, dans le Tour de France cycliste, et qui porte un maillot de cette couleur. ***Nain jaune*** → **nain.** ◆ adv. ▸ ***Rire jaune,*** rire avec contrainte, pour dissimuler son dépit ou sa gêne.

② **jaune** n. (Avec une majuscule). Personne ayant la peau de couleur jaune ou cuivrée (par opp. à Blanc, Noir) : *Les Jaunes d'Asie.*

③ **jaune** adj. et n. *Péjor.* Se dit d'un ouvrier qui travaille quand les autres sont en grève ; briseur de grève.

④ **jaune** n.m. (de *1. jaune*). **1.** Couleur jaune : *Un maillot de bain d'un jaune pâle. Jaune verdâtre. Jaune d'or* (= légèrement orangé). **2.** Matière colorante jaune : *Un tube de jaune.* **3.** Partie jaune de l'œuf des oiseaux et des reptiles, surmontée par le germe et riche en protéine et en vitamines A et D (par opp. au blanc) : *Il faut séparer les blancs des jaunes dans cette recette. Battez séparément les jaunes d'œufs.*

jaunet, ette adj. *Litt.* Un peu jaune. ◆ **jaunet** n.m. *Fam., vx* Pièce d'or.

jaunir v.t. [conj. 32]. Teindre qqch en jaune, rendre jaune : *L'automne jaunit les feuilles des arbres* (**SYN.** dorer, ocrer). *Le tabac a jauni ses doigts.* ◆ v.i. Devenir jaune : *Le papier peint a jauni* (**SYN.** se décolorer, passer).

jaunissant, e adj. Qui jaunit : *Des feuilles jaunissantes.*

jaunisse n.f. (de *jaune*). Dans le langage courant, ictère. ▸ *Fam.* ***En faire une jaunisse,*** éprouver un grand dépit à propos de qqch : *S'il apprenait ça, il en ferait une jaunisse.*

jaunissement n.m. Action de rendre jaune ; fait de devenir jaune : *On ne peut éviter le jaunissement du papier avec le temps.*

① **java** n.f. Danse populaire française, à trois temps ; air sur lequel on la danse. ▸ *Fam.* ***Faire la java,*** s'amuser, faire la fête, en partic. de manière bruyante.

② **java** n.m. En Afrique, tissu de pagne en coton imprimé, de qualité commune.

③ **Java** n.m. (nom déposé). Langage de programmation informatique servant notamm. aux applications interactives, ou *appliquettes,* utilisées sur Internet.

javanais, e adj. et n. Relatif à Java, à ses habitants. ◆ **javanais** n.m. **1.** Langue du groupe indonésien parlée à Java. **2.** Argot codé qui consiste à insérer après chaque consonne les syllabes *av* ou *va* : *En javanais, « mari » se dit « mavariave ».*

eau de **Javel** n.f. Solution aqueuse contenant du chlore, utilisée comme décolorant ou comme désinfectant : *Laver le sol de la cuisine à l'eau de Javel.* ☞ **REM.** Dans la langue familière, on dit *de la javel.* Ne pas confondre avec *javelle.*

javeler v.t. [conj. 24]. En agriculture, mettre en javelles.

javeline [ʒavlin] n.f. (de *javelot*). Petit javelot long et mince.

javelle n.f. (lat. pop. *gabella,* du gaul.). **1.** Dans la moisson à la main, petit tas de céréales coupées qu'on laisse sur place quelque temps avant la mise en gerbe, afin que le grain achève de mûrir. **2.** Petit tas de sel, dans les salins.

javellisation n.f. Action d'ajouter de l'eau de Javel à une eau, afin de la stériliser.

javelliser v.t. [conj. 3]. Stériliser l'eau par addition d'eau de Javel.

javelot [ʒavlo] n.m. (mot gaul.). **1.** En athlétisme, tige de bois ou de métal en forme de lance, dont l'extrémité est munie d'une pointe et que l'on doit lancer ; l'épreuve de lancer elle-même : *Un champion de javelot.* **2.** Dans l'Antiquité, lance courte que l'on projetait avec la main ou avec une machine.

jazz [dʒaz] n.m. (de l'anglo-amér. *jazz-band*). Musique afro-américaine, créée au début du XXᵉ siècle, et fondée sur l'improvisation et une mise en valeur spécifique du rythme, le swing : *Les jazz moderne et classique.*

jazz-band [dʒazbɑ̃d] n.m. [pl. *jazz-bands*]. *Vieilli* Orchestre de jazz : *Les grands jazz-bands du siècle dernier.*

jazzique [dʒazik] ou **jazzistique** [dʒazistik] adj. Relatif au jazz ; propre au jazz : *Rythme jazzique.*

jazzman [dʒazman] n.m. [pl. *jazzmans* ou *jazzmen*]. Musicien de jazz.

jazzy [dʒazi] adj. inv. *Fam.* Qui évoque, rappelle le jazz : *Des musiques jazzy.*

je [ʒə] pron. pers. (du lat. *ego*). Désigne la première personne du singulier, représentant la personne qui parle, et ayant la fonction de sujet de la phrase : *Je suis en retard, j'ai raté le train. Je pense donc je suis* [Descartes]. ▸ ***Je ne sais où,*** dans un endroit que l'on ne saurait situer : *De vieux livres venus de je ne sais où.* ***Je ne sais quel, quelle,*** que l'on ne peut définir, que l'on ne connaît pas : *Il a engagé sa fortune dans je ne sais quel projet mirobolant.* ***Je ne sais qui,*** une personne totalement inconnue : *Elle est partie avec je ne sais qui.* ***Je ne sais quoi,*** quelque chose que l'on ignore : *Il a raconté je ne sais quoi pour se justifier.*

jean [dʒin] ou **jeans** [dʒins] n.m. (de l'anglo-amér. *jeans,* grosse toile). **1.** (Toujours au sing.). Tissu de coton très serré, teint génér. en bleu : *Une jupe en jean* (**SYN.** denim). **2.** Pantalon à coutures apparentes coupé dans ce tissu : *Elle ne porte que des jeans* (**SYN.** blue-jean). **3.** Pantalon de tissu quelconque, coupé comme un jean : *Jean de velours.* ☞ **REM.** Ne pas confondre avec *djinn* ou *gin.*

jean-foutre n.m. inv. *Fam., vieilli* Homme incapable, sur qui on ne peut compter.

① **jeannette** n.f. (du prénom). Petite planche à repasser montée sur un pied, utilisée notamm. pour le repassage des manches.

② **jeannette** n.f. (de *Jeanne d'Arc*). Jeune fille de 8 à 11 ans chez les Guides de France (mouvement de scoutisme).

jeans [dʒins] n.m. pl. → **jean.**

Jeep [dʒip] n.f. (nom déposé des initiales anglaises *GP,* de *general purpose,* tous usages). Automobile tout terrain à quatre roues motrices.

jéjunum [ʒeʒynɔm] n.m. (lat. *jejunum* [*intestinum*], [intestin] à jeun). Partie de l'intestin grêle qui fait suite au duodénum.

je-m'en-foutisme ou **je-m'en-fichisme** n.m. (pl. *je-m'en-foutismes, je-m'en-fichismes*). *Fam.* Attitude de qqn qui manifeste une indifférence totale à l'égard de ce qui devrait l'intéresser ou le préoccuper.

je-m'en-foutiste ou **je-m'en-fichiste** adj. et n. (pl. *je-m'en-foutistes, je-m'en-fichistes*). *Fam.* Qui fait preuve de je-m'en-foutisme.

je-ne-sais-quoi n.m. inv. Chose que l'on ne saurait définir ou exprimer : *Il a un je-ne-sais-quoi qui me plaît. Tous ces je-ne-sais-quoi qui donnent des couleurs à la vie.*

jérémiade n.f. (par allusion aux Lamentations du prophète *Jérémie*). (Surtout au pl.). *Fam.* Plainte ; lamentation persistante, importune : *Je ne supporte plus ses jérémiades* (**SYN.** geignement, gémissement, pleurnichement).

jerez [xerɛs] n.m. → **xérès.**

jerk [dʒɛrk] n.m. (mot angl. signif. « secousse »). Danse exécutée individuellement dans laquelle on imprime au corps des secousses rythmées.

jéroboam [ʒerɔbɔam] n.m. (angl. *jeroboam*). Grosse bouteille de champagne d'une contenance de plus de 3 litres : *Ils ont acheté des jéroboams.*

jerrican ou **jerrycan** [ʒerikan] n.m. (de *Jerry,* surnom donné aux Allemands par les Anglais, et de l'angl. *can,* bidon). Récipient métallique muni d'un bec verseur, d'une contenance d'env. 20 litres : *Des jerricans d'essence.*

jersey [ʒɛrzɛ] n.m. (de l'île de *Jersey*). **1.** Tricot ne comportant que des mailles à l'endroit sur une même face. **2.** Vêtement, et en partic. chandail, en jersey : *Il n'aime pas les jerseys.* ▸ ***Point de jersey,*** point de tricot obtenu en alternant un rang de mailles à l'endroit et un rang de mailles à l'envers.

jésuite n.m. Membre de l'ordre religieux, la Compagnie de Jésus. ◆ adj. et n. *Péjor.* Qui agit de façon hypocrite : *Une attitude jésuite* (**SYN.** fourbe, jésuitique, sournois ; **CONTR.** 2. franc, honnête, sincère).

jésuitique adj. **1.** Qui concerne les jésuites : *Une morale jésuitique.* **2.** *Péjor.* Hypocrite et astucieux : *Un conseil jésuitique* (**SYN.** retors, tortueux ; **CONTR.** 2. franc, sincère).

jésuitisme n.m. **1.** Système moral et religieux des jésuites. **2.** *Péjor.* Hypocrisie ; fourberie : *Le jésuitisme d'un propos* (**SYN.** dissimulation ; **CONTR.** franchise, sincérité).

jésus n.m. (de *Jésus,* n.pr.). **1.** Représentation de Jésus enfant : *Des jésus en plâtre.* **2.** Saucisson sec de gros diamètre (on dit aussi *un jésus de Lyon*).

① **jet** [ʒɛ] n.m. **1.** Action de jeter, de lancer loin de soi : *Un jet de pierres* (**SYN.** lancement, projection). *Le lanceur de javelot a réussi un jet exceptionnel* (**SYN.** 2. lancer). **2.** Mouvement d'un fluide qui jaillit avec force et comme sous l'effet d'une pression : *Le jet puissant d'une lance d'incendie* (**SYN.** jaillissement). **3.** Apparition, émission vive et soudaine : *Un jet de lumière* (**SYN.** flot). *Des jets d'étincelles* (**SYN.** gerbe, ruissellement). **4.** Embout placé sur une arrivée d'eau et permettant de la projeter avec force ; eau ainsi projetée : *Passer sa voiture au jet.* ▸ ***À jet continu,*** sans interruption : *Parler à jet continu.* ***Arme de jet,*** arme qui constitue elle-même un projectile, comme le javelot, ou qui permet de lancer un projectile, comme l'arc. ***À un jet de pierre d'ici,*** à une distance correspondant à l'espace que parcourt une pierre jetée à la main ; près d'ici. ***D'un jet*** ou ***d'un seul jet*** ou ***du premier jet,*** en une seule fois, d'un seul coup : *Elle a écrit son discours d'un seul jet* (= sans tâtonnements ni retouches). ***Jet d'eau,*** filet ou gerbe d'eau qui jaillit d'une fontaine et retombe dans un bassin. ***Premier jet,*** ébauche, esquisse d'une œuvre, notamm. littéraire : *Ce n'est qu'un premier jet* (= un brouillon).

② **jet** [dʒɛt] n.m. (mot angl.). Avion à réaction : *Plusieurs jets viennent de décoller.*

jetable adj. Se dit d'un objet destiné à être jeté après usage : *Un appareil photo jetable* (= non réutilisable). ◆ n.m. Appareil photo jetable : *Elle n'utilise plus que des jetables.*

jeté n.m. **1.** Bande d'étoffe placée sur un meuble comme ornement : *Jeté de table. Jeté de lit* (= couvre-lit). **2.** En chorégraphie, saut lancé par une jambe et reçu sur l'autre. **3.** En haltérophilie, mouvement amenant la barre de l'épaule au bout des bras tendus.

jetée n.f. (de *jeter*). **1.** Chaussée enracinée dans le rivage et qui s'avance dans la mer pour protéger un port ou permettre l'accostage des navires : *Il est interdit de se promener sur la jetée pendant les grandes marées.* **2.** Couloir reliant une aérogare à un satellite ou à un poste de stationnement d'avion.

jeter v.t. (lat. *jactare,* de *jacere*) [conj. 27]. **1.** Envoyer loin en lançant : *Jeter un caillou* (**SYN.** lancer). **2.** Porter vivement le corps ou une partie du corps dans une direction : *Jeter la tête en arrière. Jeter un coup d'œil à son voisin.* **3.** Mettre au rebut ce qui est usé ou inutile : *Jeter des yaourts périmés* (**SYN.** se débarrasser de, se défaire de). **4.** Mettre, poser rapidement ou sans précaution : *Jeter sa veste sur un fauteuil. Jeter une lettre à la boîte* (**SYN.** déposer). **5.** Disposer, mettre en place ; établir : *Jeter un pont sur une rivière* (**SYN.** construire, édifier, ériger). *Jeter les bases d'un projet* (= en fixer les grandes lignes). **6.** Répandre sur qqch : *Ce projecteur jette une lumière vive sur les statues* (**SYN.** déverser). **7.** Produire une impression, faire naître un sentiment : *Cette rumeur jeta le doute dans les esprits* (**SYN.** semer, susciter). *Ces propos ont jeté un froid entre eux* (**SYN.** causer). **8.** Pousser avec violence : *Jeter qqn à terre* (= le faire tomber). *La mer a jeté le navire sur les rochers* (**SYN.** drosser, précipiter, projeter). **9.** *Fam.* Éconduire, repousser, renvoyer qqn : *Le service d'ordre a jeté tous les perturbateurs* (**SYN.** expulser). **10.** Mettre brusquement qqn dans un certain état d'esprit : *Sa réponse me jeta dans l'embarras, dans l'angoisse* (**SYN.** plonger). **11.** Lancer, répandre hors de soi : *Le serpent jette son venin. Jeter un cri* (**SYN.** émettre, pousser). **12.** Faire jaillir ; émettre : *Diamant qui jette mille feux* (**SYN.** lancer). ▸ *Fam.* ***En jeter,*** avoir de l'allure, une apparence brillante qui impressionne : *Elle en jette dans cette robe.* ***Jeter les yeux*** ou ***le regard sur qqn,*** le regarder ; s'intéresser à lui. ***Jeter qqch à la face*** ou ***à la figure*** ou ***à la tête de qqn,*** le lui dire, le lui reprocher vivement. ◆ **se jeter** v.pr. **1.** Se porter vivement ; se précipiter : *Elle se jeta à l'eau pour le sauver* (**SYN.** sauter). *Il se jeta sur son adversaire* (**SYN.** s'élancer, se ruer). **2.** S'engager, s'adonner complètement, avec passion : *Se jeter à corps perdu dans les études* (**SYN.** se consacrer, se lancer). **3.** Déverser ses eaux, en parlant d'un cours d'eau (= est un affluent de). ▸ *Fam.* ***S'en jeter un*** ou ***s'en jeter un derrière la cravate,*** boire un verre.

jeteur, euse n. ▸ ***Jeteur de sort*** ou ***de sorts,*** personne qui lance des malédictions en usant de magie.

jeton n.m. (de *jeter,* au sens ancien de calculer). **1.** Pièce ronde et plate en métal, en ivoire, en matière plastique, etc., utilisée pour faire fonctionner certains appareils ou comme marque à certains jeux : *Jeton de téléphone. Miser des jetons à un jeu de casino.* **2.** *Fam.* Coup de poing : *Prendre un jeton* (**SYN.** horion [litt.]). ▸ *Fam.* ***Avoir, foutre les jetons,*** avoir peur, faire peur. *Fam.* ***Faux jeton,*** personne à qui on ne peut se fier ; hypocrite. ***Jeton de présence,*** somme forfaitaire accordée aux membres assistant à certaines réunions.

jet-set [dʒɛtsɛt] n.f. ou n.m. (mot angl., de *jet,* avion à réaction, et *set,* groupe) [pl. *jet-sets*]. Ensemble des personnalités en vue de la politique, du spectacle, des affaires riches et habituées aux voyages en jet.

Jet-Ski [dʒɛtski] n.m. (nom déposé). Petite embarcation propulsée par le jet d'eau d'un moteur à turbine et se pilotant debout ; sport ainsi pratiqué.

jeu n.m. (du lat. *jocus,* plaisanterie). **1.** Activité physique ou intellectuelle non imposée et gratuite, à laquelle on s'adonne pour se divertir, en tirer un plaisir : *Participer à un jeu* (**SYN.** amusement, divertissement). *Elle essaie de résoudre ce problème par jeu* (**SYN.** distraction). **2.** Action, attitude de qqn qui n'agit pas sérieusement : *Il la contredit par jeu* (**SYN.** plaisanterie). **3.** Activité de loisir soumise à des règles conventionnelles, comportant gagnants et perdants, et où interviennent les qualités physiques ou intellectuelles, l'adresse, l'habileté ou le hasard : *Le football est un jeu d'équipe. Jeu de dames. Jeux d'argent* (= dans lesquels on parie de l'argent). **4.** Ensemble des règles d'après lesquelles on joue : *Respecter, jouer le jeu. Ce n'est pas du jeu* ou *de jeu* (= c'est irrégulier). **5.** Espace délimité à l'intérieur duquel une partie doit se dérouler : *La balle est sortie du jeu* (**SYN.** terrain). *Une joueuse mise hors jeu.* **6.** Au tennis, division d'un set correspondant, sauf dans le cas d'un jeu décisif, à une série de mises en service de la balle par un même joueur : *Perdre, remporter un jeu. Jeu blanc* (= dont les points ont tous été remportés par un seul joueur). **7.** Ensemble des différents jeux de hasard, notamm. ceux où l'on risque de l'argent : *Se ruiner au jeu. Jouer gros jeu* (= miser beaucoup d'argent). **8.** Action, manière de jouer ; partie qui se joue : *Ce footballeur a un jeu très technique. C'était du très beau jeu.* **9.** Ensemble des éléments nécessaires à la pratique d'un jeu : *Un jeu de cartes. Les 32 pièces d'un jeu d'échecs.* **10.** Ensemble des cartes, des jetons, etc., distribués à un joueur : *Avoir un bon jeu. N'avoir aucun jeu. Montrer son jeu.* **11.** Série complète d'objets de même nature : *Un jeu de clefs.* **12.** Manière de jouer d'un instrument de musique ; manière de jouer, d'interpréter un rôle : *Le jeu brillant d'un pianiste* (**SYN.** interprétation). *Acteur qui a un jeu très vrai.* **13.** Manière d'agir en vue d'obtenir un résultat : *Le jeu subtil d'un négociateur* (**SYN.** manège, manœuvres). *J'ai lu dans son jeu* (= j'ai deviné ses intentions ; **SYN.** manigance, stratagème, tactique). **14.** Manière de bouger, de se mouvoir en vue d'obtenir un résultat : *Ce boxeur a un bon jeu de jambes.* **15.** *Litt.* Ensemble de mouvements produisant un effet esthétique : *Un jeu d'ombres et de lumières.* **16.** Mouvement régulier d'un mécanisme, d'un organe : *Jeu du piston dans le cylindre. Jeu des muscles sous la peau.* **17.** Fonctionnement normal d'un système, d'une organisation, des éléments d'un ensemble : *Le jeu de l'offre et de la demande, de la concurrence.* **18.** Intervalle laissé entre deux pièces, leur permettant de se mouvoir librement ; excès d'aisance dû à un défaut de serrage entre deux pièces en contact : *Laisser du jeu entre deux surfaces pour éviter un grippage. Il y a trop de jeu.* **19.** (Avec une majuscule). En littérature, poème dramatique du Moyen Âge, destiné à être joué au théâtre : *Le Jeu de Robin et Marion.* ▸ ***Avoir beau jeu de,*** être dans des conditions favorables, avoir toute facilité pour : *Elle a beau jeu de me dire qu'elle n'est pas d'accord maintenant que tout est terminé !* ***D'entrée de jeu,*** tout de suite, dès le début : *Il nous a prévenus d'entrée de jeu.* ***Entrer dans le jeu de qqn,*** faire cause commune avec lui, lui donner son appui. ***Entrer en jeu,*** intervenir dans une affaire, une entreprise, un combat : *La ministre est entrée en jeu pour régler le différend.* ***Être en jeu,*** être mis en question, être menacé : *C'est sa réputation qui est en jeu* (= être en cause). ***Faire le jeu de qqn,*** l'avantager, agir dans son intérêt, le plus souvent involontairement. *Vieilli* ***Jeu à XIII,*** rugby à XIII, à treize joueurs. ***Jeu d'arcade,*** jeu et type de jeu vidéo d'adresse, à l'origine installé dans un lieu public et payant. ***Jeu décisif,*** au tennis, jeu supplémentaire servant à départager deux joueurs ou deux équipes à égalité à six jeux partout ; dans certains jeux, question servant à départager les ex aequo. ***Jeu d'écriture,*** opération comptable purement formelle, n'ayant aucune incidence sur l'équilibre des recettes et des dépenses. ***Jeu de hasard,*** jeu fondé sur les caprices du sort et non sur le calcul ou l'habileté des joueurs. ***Jeu de mots,*** plaisanterie fondée sur une équivoque, sur la ressemblance des mots (= calembour). ***Jeu d'enfant,*** chose très facile : *Rédiger ce rapport, c'est un jeu d'enfant pour elle.* ***Jeu de physionomie,*** mimique du visage exprimant tel ou tel sentiment. ***Jeu de plate-forme,*** jeu et type de jeu vidéo dans lequel un personnage se déplace dans un décor représenté en coupe. ***Jeu de rôle,*** jeu dans lequel chaque joueur, incarnant un personnage, le fait évoluer dans le cadre d'un scénario. ***Jeu de scène,*** au théâtre, attitude, déplacement concourant à un effet scénique, sans lien direct avec le texte. ***Jeu de société,*** jeu qui se joue à plusieurs, selon des règles déterminées et à l'aide d'un support matériel. ***Jeu d'orgue,*** tableau de commande des éclairages d'un théâtre. ***Jeu vidéo,*** programme informatique permettant de jouer seul ou à plusieurs, installé le plus souvent sur une console électronique ou sur un micro-ordinateur. ***Jouer double jeu,*** avoir deux attitudes différentes pour tromper. ***Les jeux sont faits,*** tout est décidé. ***Maison de jeu,*** établissement ouvert au public où on joue de l'argent. ***Mettre qqch en jeu,*** l'exposer, le risquer : *Il a mis sa vie en jeu pour faire libérer les otages.* ***Mise en jeu,*** emploi, usage : *La mise en jeu de nouveaux moyens* (= entrée en action). ***Se faire un jeu de qqch,*** le faire très facilement. ***Se prendre*** ou ***se piquer au jeu,*** se passionner pour une chose à laquelle on n'avait guère pris d'intérêt jusque-là. ***Vieux jeu,*** suranné ; d'une autre époque : *Ses parents sont vieux jeu. Cette musique est vieux jeu* (= elle est démodée, elle n'est plus actuelle). ◆ **jeux** n.m. pl. **1.** Ensemble de compétitions regroupant plusieurs disciplines sportives, et auxquelles participent souvent les représentants de divers pays : *Les jeux Olympiques.* **2.** Dans l'Antiquité, compétitions sportives ou dramatiques qui se déroulaient en présence de la foule. ▸ ***Les Jeux,*** les jeux Olympiques : *Remporter une médaille aux Jeux.*

jeudi n.m. (du lat. *Jovis dies,* jour de Jupiter). Quatrième jour de la semaine : *Ils vont au cinéma tous les jeudis soir.* ▸ ***Le Jeudi saint,*** jeudi de la Semaine sainte. *Fam.* ***La semaine des quatre jeudis,*** une époque qui n'arrivera jamais : *Tu iras là-bas la semaine des quatre jeudis* (= tu n'iras jamais).

à **jeun** [ʒœ̃] loc. adj. inv. et loc. adv. (du lat. *jejunus,* qui n'a rien mangé). Sans avoir rien mangé ni bu depuis le réveil : *Elles sont encore à jeun. Il faut prendre ce médicament à jeun.*

jeune adj. (lat. *juvenis*). **1.** Qui n'est pas avancé en âge : *Elle a de jeunes enfants. Il a commencé à travailler jeune* (**CONTR.** vieux). *Jeune fille* (= adolescente ou célibataire de moins de 25 ans). *Jeune femme* (= femme encore jeune). **2.** Qui a encore la vigueur et le charme de la jeunesse : *À cinquante ans, elle est restée très jeune. Il a une allure jeune.* **3.** Qui existe depuis relativement peu de temps : *Un pays jeune* (**SYN.** neuf). *Une jeune science* (**SYN.** récent ; **CONTR.** ancien). **4.** Qui est moins âgé que d'autres personnes occupant la même fonction, exerçant la même profession : *Ils font appel à de jeunes ingénieurs* (= ayant récemment obtenu leur diplôme ; **SYN.** débutant, inexpérimenté ; **CONTR.** expérimenté). *Un jeune maire* (= élu pour la première fois). **5.** Qui n'a pas encore les qualités de la maturité : *Il fallait qu'il fût bien jeune pour s'imaginer être élu dès la première fois* (**SYN.** candide, naïf ; **CONTR.** méfiant). **6.** S'emploie pour distinguer deux homonymes d'âge ou d'époque différents (par opp. à aîné, ancien, père) : *Dupond jeune* (**SYN.** fils, junior). *Pline le Jeune et Pline l'Ancien.* **7.** Qui convient à la jeunesse ou qui en donne l'aspect : *La mode jeune* (**SYN.** juvénile). *Des couleurs jeunes.* **8.** Se dit d'un vin auquel il manque encore les qualités qu'il peut acquérir par le vieillissement. **9.** Se dit d'un animal qui n'a pas fini sa croissance : *Un jeune chat.* **10.** Se dit d'un végétal qui n'a pas atteint son plein développement : *Les jeunes pousses craignent le gel.* ▸ *Fam.* ***C'est un peu jeune,*** c'est un peu insuffisant, un peu juste : *Deux mois pour réaliser ce projet, c'est un peu jeune !* ***Vieux jeune homme, vieille jeune fille,*** en Belgique, vieux garçon, vieille fille. ◆ adv. À la manière des personnes jeunes : *S'habiller jeune.* ▸ ***Faire jeune,*** paraître jeune. ◆ n. **1.** Personne jeune : *Elle a engagé une jeune. Ils font des tarifs préférentiels pour les jeunes.* **2.** Animal (mammifère, oiseau) non encore adulte : *Les jeunes sont encore au nid.* ▸ ***Les jeunes,*** la jeunesse : *Ils ont refusé avec l'intransigeance des jeunes.*

jeûne [ʒøn] n.m. (de *jeûner*). Privation d'aliments : *Ces jeûnes successifs l'ont épuisé* (**SYN.** diète). ▸ ***Jeûne fédéral,*** en Suisse, fête religieuse consacrée à l'amour de la patrie, fixée au troisième dimanche de septembre.

jeûner v.i. (lat. *jejunare*) [conj. 3]. **1.** S'abstenir de manger ; pratiquer le jeûne, la diète : *Pendant leur thalassothérapie, ils jeûnaient un jour par semaine* (**CONTR.** s'alimenter, manger). **2.** Pratiquer le jeûne pour des raisons religieuses.

jeunesse n.f. **1.** Période de la vie humaine comprise entre l'enfance et l'âge mûr : *Il a écrit ces poèmes durant sa jeunesse* (**CONTR.** vieillesse). **2.** Fait d'être jeune ; ensemble des caractères physiques et moraux d'une personne jeune : *Le poste lui a échappé à cause de son extrême jeunesse. Jeunesse d'esprit.* **3.** Ensemble des jeunes, ou des enfants et des adolescents : *Une collection de livres pour la jeunesse.* **4.** Période de croissance, de développement ; état, caractère des choses nouvellement créées ou établies et qui n'ont pas encore atteint leur plénitude : *Internet est encore dans sa jeunesse.* ▸ ***N'être plus de la première jeunesse,*** être déjà assez âgé. *Fam.* ***Une jeunesse,*** une jeune fille ou une très jeune femme. ◆ **jeunesses** n.f. pl. Mouvement, groupement de jeunes gens : *Les jeunesses socialistes.*

jeunet, ette adj. *Fam.* Très jeune ; un peu trop jeune : *Il la trouve bien jeunette pour se marier.*

jeune-turc, jeune-turque n. (de *Jeunes-Turcs,* n.pr.) [pl. *jeunes-turcs, -turques*]. Personne, souvent assez jeune, qui, dans une organisation politique, est favorable à une action rapide, ferme et volontaire : *Les jeunes-turcs du parti.*

jeûneur, euse n. Personne qui jeûne ; personne qui observe les jeûnes prescrits par sa religion.

jeunisme n.m. Tendance à exalter la jeunesse, ses valeurs, et à en faire un modèle obligé.

jeunot, otte adj. et n. *Fam.* Jeune et naïf : *Une petite jeunotte.*

jingle [dʒingœl] n.m. (mot angl. signif. « couplet »).

Bref thème musical destiné à introduire ou à accompagner une émission ou un message publicitaire : *Des jingles reconnaissables* (**SYN.** sonal).

jiu-jitsu [ʒjyʒitsy] n.m. inv. → **jujitsu.**

J.O. ou **JO** [ʒio] n.m. pl. (sigle). ▸ ***Jeux Olympiques*** → **olympique.**

joaillerie [ʒɔajri] n.f. **1.** Art de mettre en valeur les pierres fines et précieuses, d'autres minéraux, en utilisant leur éclat, leur forme, leur couleur. **2.** Commerce du joaillier. **3.** Ensemble des articles vendus par le joaillier.

joaillier, ère [ʒɔaje, ɛr] n. (de l'anc. fr. *joel,* joyau). Personne qui crée, fabrique ou vend des bijoux (on dit aussi *un bijoutier-joaillier*). ◆ adj. Relatif à la joaillerie : *La production joaillière.*

job [dʒɔb] n.m. (mot angl. signif. « besogne, tâche »). *Fam.* **1.** Petit emploi rémunéré, souvent provisoire : *Il a trouvé un job pour les vacances.* **2.** Tout emploi rémunéré : *Avoir un bon job* (**SYN.** métier, 1. travail). ☞ **REM.** Au Québec, ce mot est féminin.

jobard, e adj. et n. (du moyen fr. *jobe,* niais, de *Job,* n. pr.). *Fam.* Très naïf ; qui se laisse duper facilement : *Il faut être bien jobard pour lui faire confiance* (**SYN.** crédule, niais, simplet ; **CONTR.** défiant, méfiant, soupçonneux).

jobardise ou **jobarderie** n.f. *Fam.* Crédulité excessive, naïveté : *Le croire serait faire preuve de jobardise* (**SYN.** niaiserie ; **CONTR.** défiance, méfiance).

jobiste [dʒɔbist] n. *Fam.* En Belgique, étudiant occupant un emploi occasionnel, un job.

jockey [ʒɔkɛ] n. (mot angl., dimin. de *Jock,* forme écossaise de *Jack*). Professionnel qui monte les chevaux de course : *Les casaques éclatantes des jockeys.*

jocrisse n.m. (de *Jocrisse,* nom d'un personnage de théâtre). *Vx* Benêt qui se laisse duper (**SYN.** nigaud ; **CONTR.** malin).

jodhpurs [ʒɔdpyr] n.m. pl. (de *Jodhpur,* ville de l'Inde où l'on fabrique des cotonnades). Pantalon long, serré à partir du genou, utilisé pour monter à cheval.

jodler [jɔdle] v.i. [conj. 3] → **iouler.**

joggeur, euse [dʒɔgœr, øz] n. Personne qui pratique le jogging : *Cette joggeuse s'entraîne tous les jours.*

jogging [dʒɔgiŋ] n.m. (mot angl.). **1.** Course à pied pratiquée pour l'entretien de la forme physique, sur les terrains les plus variés, bois et campagne, routes, rues des villes : *Il fait son jogging matinal.* **2.** Survêtement utilisé pour cette activité.

joie n.f. (lat. *gaudium,* de *gaudere,* se réjouir). **1.** Sentiment de bonheur intense, de plénitude, limité dans sa durée, éprouvé par une personne dont un souhait, un désir est satisfait : *Ils ont ressenti une immense joie* (**SYN.** bonheur, satisfaction ; **CONTR.** 2. chagrin, désespoir, tristesse). *Le succès de leur fille les remplit de joie* (**SYN.** allégresse, félicité ; **CONTR.** affliction, désolation). **2.** État de satisfaction qui se manifeste par de la gaieté et de la bonne humeur ; ces manifestations elles-mêmes : *Travailler dans la joie* (**SYN.** gaieté ; **CONTR.** morosité). *Je pleurais de joie* (**SYN.** exultation, jubilation ; **CONTR.** désespoir). **3.** Ce qui provoque chez qqn un sentiment de vif bonheur, de vif plaisir : *Il se faisait une telle joie de venir* (**SYN.** ravissement ; **CONTR.** ennui). *Cet enfant est leur joie* (**SYN.** satisfaction ; **CONTR.** douleur). ▸ ***Fausse joie,*** joie attendue, mais qui se révèle non fondée. ***Feu de joie,*** feu allumé lors de réjouissances publiques. ***Joie de vivre,*** plaisir de vivre et d'accomplir les tâches de la vie quotidienne. ***Les joies de,*** les plaisirs, les bons moments que qqch procure ; fam., iron., les ennuis, les désagréments de : *Les joies du célibat.* ***Mettre qqn en joie,*** le mettre de bonne humeur ou le faire rire. ***Se faire une joie de,*** être extrêmement heureux à l'idée de : *Ils se font une joie d'aller à ce concert.* *Fam.* ***S'en donner à cœur joie,*** profiter pleinement du plaisir qui se présente : *Quand ils vont à la plage, les enfants s'en donnent à cœur joie.*

joignable adj. Que l'on peut joindre, avec qui l'on peut entrer en contact, notamm. par téléphone : *Où seras-tu joignable ?* (**CONTR.** injoignable).

joindre v.t. (lat. *jungere*) [conj. 82]. **1.** Rapprocher des choses de telle sorte qu'elles se touchent : *Joindre des planches* (**SYN.** accoler ; **CONTR.** éloigner). *Joindre les mains* (= les placer paume contre paume). **2.** Unir, assujettir par un lien solide : *Joindre des tôles par des rivets* (**SYN.** ajuster, sceller ; **CONTR.** disjoindre, séparer). **3.** Établir une communication entre : *La nouvelle autoroute joindra notre ville à la capitale* (**SYN.** relier). **4.** Ajouter à une chose, à un ensemble préexistant pour compléter ; associer en vue d'un résultat : *Joindre une pièce à un dossier* (**SYN.** annexer, insérer ; **CONTR.** enlever, retirer, supprimer). *Joindre l'utile à l'agréable* (**SYN.** allier). *Joindre le geste à la parole* (= passer à l'action aussitôt après avoir parlé). *Joignez vos efforts aux nôtres* (**SYN.** conjuguer, unir). **5.** Entrer en rapport, en communication avec : *Il l'a joint par mél* (**SYN.** contacter, toucher). ▸ *Fam.* ***Joindre les deux bouts,*** boucler son budget : *Avec un seul salaire, ils ont du mal à joindre les deux bouts.* ◆ v.i. Être en contact étroit : *Les battants de la fenêtre joignent mal.* ◆ **se joindre** v.pr. Être réuni en un tout : *Leurs mains se joignirent.* ▸ ***Se joindre à,*** s'associer à qqn, à un groupe ; participer à qqch : *Se joindre aux manifestants. Se joindre à la conversation* (**SYN.** se mêler).

① **joint, e** adj. Qui est rapproché de manière à se toucher : *Avoir les talons joints* (**SYN.** uni).

② **joint** n.m. **1.** Surface ou ligne d'assemblage de deux éléments fixes : *Meuble dont les joints sont à peine visibles.* **2.** Point de raccordement de deux tuyaux, de deux rails ; jointure : *La soudure du joint va lâcher.* **3.** Espace entre deux pierres, deux briques, etc., garni de liant. **4.** Garniture assurant l'étanchéité d'un assemblage : *Changer le joint d'un robinet qui fuit.* **5.** Articulation entre deux pièces : *Joint de cardan.* ▸ ***Faire le joint entre deux personnes,*** agir comme un intermédiaire ou un médiateur. ***Joint de culasse,*** joint d'étanchéité interposé entre le bloc-cylindres et la culasse d'un moteur à combustion interne. *Fam.* ***Trouver le joint,*** trouver le moyen de résoudre une difficulté, de surmonter un obstacle.

③ **joint** n.m. (mot anglo-amér.). *Fam.* Cigarette de haschisch ou de marijuana.

jointif, ive adj. Se dit de pièces en contact par leur bord sans laisser d'intervalle : *Lattes jointives.*

jointoiement [ʒwɛ̃twamɑ̃] n.m. Action de jointoyer.

jointoyer [ʒwɛ̃twaje] v.t. [conj. 13]. Remplir les joints d'une maçonnerie, d'un sol avec du mortier ou une autre substance : *Cet ouvrier jointoie le mur* (**SYN.** cimenter).

jointure n.f. (lat. *junctura,* de *jungere,* joindre). **1.** Endroit où deux choses sont en contact ; joint : *La jointure de deux planches* (**SYN.** assemblage). **2.** Endroit où deux os se joignent : *Faire craquer les jointures de ses doigts* (**SYN.** articulation).

joint-venture [dʒɔjntvɛntʃər] n.m. (mot angl. signif. « entreprise mixte ») [pl. *joint-ventures*]. Coentreprise.

① **jojo** n.m. (du nom d'un héros de B.D.). ▸ *Fam.* ***Un affreux jojo,*** un enfant turbulent et mal élevé.

② **jojo** adj. inv. *Fam.* Joli : *Ce n'est pas jojo ce que tu as fait là.*

jojoba n.m. (mot indien du Mexique). Arbuste des régions arides du Mexique, dont les graines fournissent une huile utilisée en cosmétique.

joker [ʒɔkɛr] n.m. (mot angl.). **1.** Carte portant la figure d'un bouffon et susceptible de prendre à certains jeux la valeur que lui donne celui qui la détient. **2.** *Fig.* Élément inattendu qui se révèle déterminant dans le succès d'une entreprise : *Le président a sorti son joker au début de la campagne.*

joli, e adj. (de l'anc. scand. *jôl,* nom d'une fête païenne). **1.** Qui séduit par sa grâce, son charme, dont l'aspect extérieur présente de l'agrément : *Une jolie femme* (**SYN.** beau, charmant ; **CONTR.** laid). *Elle a un joli visage* (**SYN.** gracieux ; **CONTR.** disgracieux, ingrat). *Une jolie voix* (**SYN.** harmonieux, mélodieux ; **CONTR.** criard, discordant). **2.** *Fam.* Qui mérite d'être considéré ; assez important : *Elle a maintenant une jolie situation dans l'entreprise* (**SYN.** avantageux, intéressant). *Il a réalisé de jolis bénéfices* (**SYN.** considérable, important ; **CONTR.** dérisoire, insignifiant). **3.** Qui est plaisant, divertissant : *Jouer un joli tour à qqn* (**SYN.** amusant, cocasse ; **CONTR.** mauvais). **4.** *Iron.* Se dit de qqn ou de qqch qui est désagréable, déplaisant : *Embarquez-moi tout ce joli monde !* (= peu recommandable). *Il s'est mis dans un joli pétrin !* (**SYN.** sale, vilain). ▸ ***Faire le joli cœur,*** chercher à paraître agréable, à séduire. ◆ n. (Précédé d'un adj. possessif). Appellatif affectueux : *Mon joli, ma jolie.* ◆ **joli** n.m. ▸ *Fam., iron.* ***C'est du joli !,*** quelle vilaine action !, que c'est mal.

joliesse n.f. *Litt.* Caractère de ce qui est joli : *La joliesse de son visage* (**SYN.** charme, grâce ; **CONTR.** laideur).

joliment adv. **1.** De façon agréable, plaisante ; bien : *Un appartement joliment décoré* (**SYN.** agréablement, délicieusement ; **CONTR.** affreusement, horriblement). **2.** *Iron.* Très mal : *Eh bien, vous vous êtes joliment débrouillé* (= vous avez tout raté, tout perdu). **3.** *Fam.* Beaucoup ; très : *Elle s'est joliment trompée* (**SYN.** énormément, extrêmement ; **CONTR.** peu).

jonc [ʒɔ̃] n.m. (lat. *juncus*). **1.** Plante des lieux humides, à tiges et feuilles cylindriques. **2.** Canne de rotin. **3.** Bague ou bracelet d'or dont le cercle est partout de même grosseur et qui n'a aucun ornement.

jonchaie, jonchère ou **joncheraie** n.f. Lieu où poussent les joncs.

jonchée n.f. (de *joncher*). *Litt.* Quantité de choses qui jonchent le sol : *Une jonchée de détritus* (**SYN.** couche). *Une jonchée de feuilles et de fleurs* (**SYN.** tapis).

joncher v.t. (de *jonc*) [conj. 3]. **1. [de].** Couvrir en répandant çà et là : *Le vent avait jonché le sol de feuilles mortes* (**SYN.** parsemer). **2.** Être épars sur ; couvrir : *Des papiers jonchent le sol* (**SYN.** recouvrir, tapisser).

jonchère ou **joncheraie** n.f. → **jonchaie.**

jonchet n.m. (de *joncher*). Bâtonnet de bois, d'os, etc., utilisé au jeu de jonchets. ◆ **jonchets** n.m. pl. Jeu d'adresse consistant à recueillir un à un dans un tas le maximum de bâtonnets sans faire bouger les autres ; mikado.

jonction n.f. (lat. *junctio*). Action de joindre, d'unir ; fait de se joindre : *La jonction de deux conduites de gaz* (**SYN.** raccordement ; **CONTR.** disjonction). *Opérer la jonction de deux armées* (**SYN.** fusion, réunion ; **CONTR.** séparation). ▸ ***Point de jonction,*** endroit où deux choses se joignent, se rencontrent (on dit aussi *la jonction*) : *Au point de jonction ou à la jonction de ces deux routes* (= au croisement).

jonglage n.m. Au cirque, technique manuelle du jongleur ou technique pédestre de l'antipodiste.

jongler v.i. (de l'anc. fr. *jogler,* se jouer de) [conj. 3]. **1.** Lancer en l'air, les uns après les autres, divers objets que l'on relance à mesure qu'on les reçoit : *Le clown jongle avec des assiettes.* **2.** *Fig.* Manier avec une grande habileté, une grande aisance : *Avec ses enfants à l'école, elle doit jongler avec les horaires.*

jonglerie n.f. **1.** Action de jongler ; art du jongleur. **2.** Tour d'adresse ou de passe-passe. **3.** Habileté hypocrite par laquelle on cherche à donner le change : *Il s'est tiré de ce mauvais pas par quelques jongleries* (**SYN.** simagrée).

jongleur, euse n. (du lat. *joculator,* rieur). **1.** Artiste qui pratique l'art de jongler. **2.** *Fig.* Personne habile, qui jongle avec les idées, les mots : *Les jongleurs de la politique.*

jonque n.f. (port. *junco,* du javanais, *djong*). En Extrême-Orient, bateau dont les voiles sont raidies par des lattes de bambou : *Les jonques de la baie d'Along.*

jonquille [ʒɔ̃kij] n.f. (esp. *junquillo,* de *junco,* jonc). Variété de narcisse cultivée pour ses fleurs jaunes. ◆ adj. inv. D'une couleur jaune vif : *Des vestes jonquille.*

① **jota** [xɔta] n.f. (mot esp.). Chanson et danse populaires espagnoles, avec accompagnement de castagnettes.

② **jota** [xɔta] n.f. Consonne du castillan qui a la forme du *j* français, mais qui se prononce [x], comme dans « azulejo ».

jouable adj. **1.** Qui peut être joué, représenté : *Un morceau au piano difficilement jouable. Cette pièce n'est pas jouable* (**CONTR.** injouable). **2.** Se dit d'un coup que l'on peut tenter dans un jeu, une entreprise quelconque : *C'est encore jouable* (**SYN.** faisable, possible ; **CONTR.** impossible, infaisable).

joual [ʒwal] n.m. sing. (prononciation ancienne de *cheval,* au Québec). Variété urbaine de français québécois, fortement anglicisé.

joubarbe n.f. (du lat. *Jovis barba,* barbe de Jupiter). Plante grasse, à feuilles charnues disposées en rosette.

joue n.f. (p.-ê. d'origine gaul.). **1.** Chacune des parties latérales du visage de l'homme, comprise entre la bouche, l'œil et l'oreille : *Embrasser qqn sur les deux joues. Des joues creuses.* **2.** Partie latérale de la tête de certains animaux : *Les joues d'un cheval.* **3.** Morceau du bœuf correspondant à la région de l'os de la mâchoire inférieure, servant à faire du pot-au-feu. **4.** Panneau latéral au-dessous de l'accoudoir d'un canapé, d'un fauteuil. ▸ ***Mettre en joue,*** viser avec une arme à feu pour tirer. ***Tendre l'autre joue,*** réagir à un affront en s'exposant à un nouvel affront.

jouer v.i. (du lat. *jocari,* badiner) [conj. 6]. **1.** Se divertir, se distraire, se livrer à des jeux : *Les enfants jouent dans leur chambre* (**SYN.** s'amuser). **2.** Exercer le métier d'acteur ; tenir un rôle : *Il joue dans le dernier film de ce réalisateur.* **3.** Fonctionner correctement : *La clé joue dans la serrure.* **4.** Changer de dimensions, de forme sous l'effet de l'humidité ; prendre du jeu, en parlant de ce qui est en bois : *La planche a joué* (**SYN.** se déformer, gauchir). *La cheville joue dans le mur* (**SYN.** se desceller). **5.** Agir, produire un effet : *Cette réaction ne joue pas en ta faveur. Le contrat d'assurance ne joue pas en cas d'attentat.* **6.** En Suisse, fonctionner, s'ajuster, convenir. ◆ v.t. ind. **1. [à].** Se divertir en pratiquant un jeu, s'amuser avec un jeu, un jouet ; pratiquer un sport : *Jouer à un jeu vidéo. Jouer au rugby* (**SYN.** pratiquer). **2. [à].** Engager de l'argent dans un jeu : *Jouer au tiercé.* **3.** Se livrer à des spéculations pour en tirer un profit : *Jouer à la Bourse* ou *en Bourse* (**SYN.** spéculer). **4. [avec].** Exposer à des risques par légèreté : *Jouer avec sa vie, sa santé* (**SYN.** risquer). **5. [de].** Manier un instrument, une arme : *Les majorettes jouent de leur bâton. Jouer du couteau.* **6. [de].** Tirer parti, faire usage d'une partie de son corps en vue d'un résultat : *Elle a dû jouer des coudes pour arriver au premier rang.* **7. [de].** Se servir ou savoir se servir d'un instrument de musique : *Jouer du piano.* **8. [de].** Tirer parti d'un avantage ou d'une faiblesse pour faire pression sur qqn : *Jouer de son charme, de son infirmité.* **9. [sur].** Miser sur qqch pour en tirer profit : *Ils ont joué sur la lassitude des gens.* **10. [à].** Chercher à paraître ce qu'on n'est pas : *Jouer à l'amoureux transi.* ▸ ***Jouer à la hausse, à la baisse,*** à la Bourse, spéculer sur la hausse ou la baisse des cours des valeurs ou des marchandises. ***Jouer au plus fin,*** chercher à se duper l'un l'autre. ***Jouer de bonheur, de malchance,*** avoir une chance, une malchance particulièrement remarquable ou durable. ***Jouer sur les mots,*** tirer parti des équivoques qu'ils peuvent présenter. ◆ v.t. **1.** Faire une partie de qqch que l'on considère comme un divertissement ; mettre en jeu, lancer, déplacer ce avec quoi on joue : *Jouer une partie de tennis. Jouer le valet de cœur.* **2.** Mettre comme enjeu sur : *Jouer dix euros sur un cheval* (**SYN.** miser). *Elle joue gros jeu à la roulette* (**SYN.** risquer). **3.** Mettre en danger : *Jouer sa vie* (**SYN.** risquer). *Jouer sa carrière* (**SYN.** aventurer, hasarder [litt.]). **4.** Exécuter sur un instrument : *Elle a joué une sonate* (**SYN.** interpréter). **5.** Représenter au théâtre, au cinéma : *Cette salle joue « Dom Juan ». Que joue-t-on au cinéma en ce moment ?* (**SYN.** donner, passer). **6.** Interpréter une œuvre, un auteur ; tenir le rôle de : *Elle a souvent joué Claudel. Il joue les mauvais garçons au cinéma.* **7.** Feindre d'être ; tenter de se faire passer pour : *Cesse de jouer les victimes.* **8.** Faire semblant de ressentir tel ou tel sentiment : *Jouer la surprise* (**SYN.** feindre, simuler). *Elle nous joue la comédie.* **9.** Adopter une stratégie dans une perspective donnée : *Le ministère joue le dialogue* (**SYN.** parier sur). **10.** *Litt.* Tromper : *Un charlatan qui a joué de nombreuses personnes* (**SYN.** duper, mystifier). ▸ ***Jouer gros jeu,*** dans des jeux de hasard, miser des sommes importantes ; fig., prendre de grands risques. ***Jouer la montre,*** chercher à gagner du temps. ***Jouer un rôle dans qqch,*** y avoir une part, une influence : *Elle a joué un rôle important dans cette association. L'internet joue un grand rôle dans leur entreprise.* *Fam.* ***La jouer ...,*** adopter tel comportement : *La jouer tricheur repenti.* ◆ **se jouer** v.pr. **1.** Être pratiqué, joué : *Ce jeu se joue à quatre.* **2.** Être en jeu : *C'est son avenir qui se joue dans ce bureau.* **3.** Être représenté : *Ce film se joue dans vingt salles.* **4.** Être exécuté : *Ce morceau se joue à quatre mains.* **5. [de].** Ne pas se laisser arrêter par qqch ; n'en faire aucun cas : *Se jouer des difficultés* (= les surmonter, les vaincre). *Se jouer des lois* (= les ignorer ou les contourner ; **CONTR.** respecter). **6. [de].** *Litt.* Tromper qqn, abuser de sa confiance : *Elle s'est jouée de nous* (**SYN.** duper). ▸ ***En se jouant,*** aisément : *Gagner en se jouant.* *Fam.* ***Se la jouer ...,*** se comporter d'une certaine façon : *Elle se la joue future ministre.*

jouet n.m. Objet conçu pour amuser un enfant, dont les enfants se servent pour jouer : *Offrir des jouets à Noël.* ▸ ***Être le jouet de,*** être victime de qqn, d'une volonté supérieure, de l'action d'éléments, etc. : *Les populations civiles sont le jouet de ces guerres dévastatrices* (**SYN.** proie). *Le catamaran était le jouet de la mer en furie.*

jouette n.f. En Belgique, personne encline à s'amuser pour des riens.

joueur, euse n. **1.** Personne qui pratique un jeu, un sport : *Joueur d'échecs, de golf.* **2.** Personne qui a la passion des jeux d'argent, le goût du risque : *Une incorrigible joueuse.* **3.** Personne qui joue d'un instrument de musique : *Un joueur de flûte* (= un flûtiste). ▸ ***Beau joueur,*** personne qui reste impassible devant une perte, qui accepte loyalement un revers. ***Mauvais joueur,*** personne qui accepte mal une défaite, qui s'en irrite. ◆ adj. Qui aime jouer, s'amuser : *Des enfants joueurs. Avoir un tempérament joueur.*

joufflu, e adj. (de *joue* et *gifle*). Qui a de grosses joues : *Une enfant joufflue* (**CONTR.** émacié).

joug [ʒu] n.m. (lat. *jugum*). **1.** Élément d'attelage en bois pour réunir deux animaux de trait : *Le joug est surtout utilisé pour les bœufs.* **2.** *Litt.* Contrainte exercée à l'encontre de qqn : *Tomber sous le joug de qqn* (**SYN.** domination).

jouir v.t. ind. (lat. *gaudere*) [conj. 32]. **[de]. 1.** Tirer un vif plaisir, une grande satisfaction de : *Jouir de ses succès* (**SYN.** savourer). *Savoir jouir de la vie* (**SYN.** goûter, profiter de). *J'ai appris qu'il jouissait de mon échec* (**SYN.** se délecter de, se réjouir de ; **CONTR.** s'attrister de). **2.** Avoir la possession de qqch dont on tire des avantages : *Jouir d'une excellente réputation* (**SYN.** bénéficier de, connaître ; **CONTR.** pâtir de, souffrir de). *Il jouit d'une immense fortune* (**SYN.** disposer de, posséder). ◆ v.i. *Fam.* Atteindre l'orgasme.

jouissance n.f. (de *jouir*). **1.** Plaisir intense tiré de la possession ou de l'obtention de qqch : *Cette victoire lui a procuré une vive jouissance* (**SYN.** délectation, joie, satisfaction). **2.** Plaisir sexuel (**SYN.** orgasme, volupté). **3.** Libre disposition de qqch ; droit d'utiliser une chose, d'en jouir : *Il a la jouissance de la totalité de cette maison* (**SYN.** usage).

jouisseur, euse n. Personne qui recherche les plaisirs matériels ou sensuels (**SYN.** épicurien, hédoniste ; **CONTR.** ascète).

jouissif, ive adj. *Fam.* Se dit de ce qui procure un plaisir intense ou, iron., un vif déplaisir, une douleur intense : *C'était vraiment jouissif de voir sa mine déconfite* (**SYN.** plaisant).

joujou n.m. (forme enfantine de *jouet*) [pl. *joujoux*]. **1.** (Dans le langage enfantin). Petit jouet d'enfant : *Pourquoi ne veux-tu pas prêter tes joujoux ?* **2.** Objet dont on aime à se servir ; mécanique très perfectionnée, merveilleuse : *Son ordinateur, c'est son dernier joujou. Sa moto est un beau joujou.* ▸ ***Faire joujou,*** jouer : *Les enfants font joujou avec leurs amis dans le jardin* (**SYN.** s'amuser).

joujouthèque n.f. Au Québec, ludothèque.

joule n.m. (du nom du physicien angl. *Joule*). Unité de mesure de travail, d'énergie et de quantité de chaleur (abrév. J).

jour n.m. (du lat. médiév. *diurnum*, de jour). **1.** Clarté, lumière du Soleil permettant de voir les objets : *En plein jour. À la tombée du jour. Mets-toi face au jour* (**CONTR.** obscurité). **2.** Ouverture, dans un espace plein, qui laisse passer la lumière : *Des jours entre des planches mal jointes* (**SYN.** fente, fissure). **3.** En broderie, vide décoratif pratiqué dans une étoffe : *Des rideaux ornés de jours.* **4.** Intervalle de temps compris entre le lever et le coucher du soleil en un lieu donné : *Les jours rallongent* (**SYN.** journée). *Elle travaille jour et nuit pour terminer son projet.* **5.** Durée de la rotation de la Terre, d'une autre planète ou d'un satellite naturel autour de son axe : *Une année compte 365 jours.* **6.** Période de 24 heures, assimilée au jour civil, constituant une unité de temps et un repère dans le calendrier : *Quel jour sommes-nous ? Cela fait plusieurs jours qu'il aurait dû me téléphoner.* **7.** Intervalle de 24 heures considéré en fonction des circonstances qui le marquent : *Un jour de grand froid. Les jours d'ouverture du magasin. Un jour férié.* **8.** Période, moment indéterminé, dans le passé ou le futur : *Et puis, un jour, il a décidé de ne plus venir. Un beau jour, on se reverra.* **9.** Moment présent ; époque actuelle : *Ce sont les nouvelles de ce jour* (= d'aujourd'hui). *Ils ont remis cette musique au goût du jour* (= à la mode). ▸ ***À jour,*** en conformité avec le moment présent : *Il est à jour dans son travail* (= il n'est pas en retard). *Son C.V. n'est plus à jour* (= il faut l'actualiser). ***Au grand jour,*** au vu et au su de tous ; ouvertement, sans rien dissimuler : *Ils vivent leur amour au grand jour.* ***Au jour le jour,*** régulièrement, sans omettre un jour ; sans se préoccuper du lendemain : *Il fait ses comptes au jour le jour* (= au fur et à mesure). *Vivre au jour le jour.* *Fam.* ***Ce n'est pas mon jour,*** se dit lorsque rien ne vous réussit. ***C'est le jour et la nuit,*** se dit de deux choses ou de deux personnes totalement différentes ou qui s'opposent en tout. ***Dans un bon, un mauvais jour,*** bien, mal disposé ; de bonne, de mauvaise humeur. ***De jour,*** pendant le jour : *Travailler de jour. Être de jour* (= assurer un service pendant la journée). ***De jour en jour*** ou ***jour après jour,*** graduellement, progressivement : *Il progresse de jour en jour. Jour après jour, on la voyait reprendre des forces.* ***De tous les jours,*** qui est utilisé ou fait chaque jour ; ordinaire, habituel : *Des chaussures de tous les jours.* *Litt.* ***Donner le jour à un enfant,*** le mettre au monde. ***Du jour,*** du jour présent, de la journée en cours ; de notre époque : *Le plat du jour* (= qui est proposé aujourd'hui). *Des œufs du jour. L'homme du jour* (= dont tout le monde parle actuellement). ***Du jour au lendemain,*** brusquement ; sans transition : *Du jour au lendemain, il ne lui a plus adressé la parole.* ***D'un jour,*** très bref : *Ce fut un bonheur d'un jour* (= éphémère). ***D'un jour à l'autre,*** à tout moment ; incessamment : *Elle va accoucher d'un jour à l'autre.* ***Faux jour,*** lumière mal dirigée et qui éclaire mal les objets. ***Jeter un jour nouveau sur qqch,*** le faire apparaître sous un aspect jusqu'alors inédit : *Jeter un jour nouveau sur une théorie scientifique.* ***Jour civil,*** jour solaire moyen dont la durée est de 24 heures exactement et qui commence à minuit. ***Jour pour jour,*** exactement ; au jour près : *Dans un mois, jour pour jour, c'est son anniversaire.* ***Le petit jour*** ou ***le point du jour,*** le moment où le jour se lève ; l'aube : *Il est rentré au petit jour.* ***Mettre à jour,*** adapter au moment présent : *Ce dictionnaire est régulièrement mis à jour* (= il est actualisé). ***Mettre au jour,*** sortir de terre, dégager une chose enfouie : *Mettre au jour un trésor.* ***Par jour,*** dans une journée ; dans l'espace de temps d'un jour : *Elle travaille huit heures par jour. Il me pose la question plusieurs fois par jour* (= journellement). ***Percer qqn à jour,*** découvrir sa nature cachée ; deviner ses intentions secrètes. ***Se faire jour,*** finir par apparaître, par être connu, par devenir notoire : *Sa véritable personnalité s'est fait jour à cette occasion.* ***Sous un jour*** (+ adj.), sous tel ou tel éclairage ; selon tel ou tel point de vue : *Présenter un film sous un jour trop flatteur. Montrer les choses sous un mauvais jour.* ***Voir le jour,*** venir au monde, naître ; être publié, édité : *Il a vu le jour un 25 août. Son nouveau roman va enfin voir le jour.* ◆ **jours** n.m. pl. **1.** *Litt.* Époque, temps : *Traverser des jours difficiles* (**SYN.** période). **2.** *Litt.* Vie, existence : *Mettre fin à ses jours. Couler des jours heureux.* ▸ ***De nos jours,*** dans le temps où nous vivons. ***Les beaux jours,*** le printemps. ***Les vieux jours,*** la vieillesse.

journal n.m. (du lat. *diurnalis*, journalier). **1.** Publication, le plus souvent quotidienne, qui donne des informations politiques, artistiques, scientifiques, etc. : *Les journaux du matin, du soir* (**SYN.** quotidien). *Lire les journaux* (= la presse). *J'ai lu son récit dans le journal.* **2.** Bulletin d'informations transmis par la radio, la télévision : *Regarder le journal de treize heures* (= journal télévisé ; **SYN.** actualités, informations). *Écouter le journal de dix heures à la radio* (= journal parlé). **3.** L'ensemble du personnel d'un journal ; le bâtiment qui l'abrite : *Le journal est en grève. Écrivez au journal qui transmettra.* **4.** Écrit où l'on relate les événements de la vie quotidienne : *Tenir son journal. Elle a écrit un journal intime* (= c'est une diariste). **5.** Registre sur lequel un commerçant inscrit, jour par jour, ses diverses opérations comptables (on dit aussi *un livre journal*). ▸ ***Journal de bord,*** registre sur lequel sont inscrits tous les renseignements concernant la navigation d'un navire. ***Journal de classe,*** en Belgique, cahier de textes. ***Journal lumineux*** ou ***journal électronique,*** dispositif visible de la rue, affichant des annonces par un procédé électronique.

① **journalier, ère** adj. Qui se fait chaque jour : *Le travail journalier* (**SYN.** quotidien).

② **journalier, ère** n. Travailleur payé à la journée, en partic. ouvrier agricole saisonnier.

journalisme n.m. **1.** Profession de ceux qui écrivent

dans les journaux, participent à la rédaction d'un journal parlé ou télévisé. **2.** Ensemble des journaux ou des journalistes : *Le monde du journalisme est sur les dents* (= la presse).

journaliste n. Professionnel de l'information écrite ou audiovisuelle, du journalisme : *Un journaliste sportif* (**SYN.** 1. reporter). *Les journalistes scientifiques* (**SYN.** chroniqueur). *Un journaliste de mode.* ▸ ***Journaliste reporter d'images,*** journaliste spécialisé dans la prise de vues.

journalistique adj. Qui a trait au journalisme ou aux journalistes : *Le style journalistique.*

journée n.f. **1.** Espace de temps compris approximativement entre le lever et le coucher du soleil : *En fin de journée. Je n'aurai pas complètement perdu ma journée. Il est rarement libre dans la journée. Bonne journée !* **2.** Cet espace de temps considéré du point de vue du climat ou des activités auxquelles on le consacre : *Au mois de septembre, nous avons encore de très belles journées. Une journée bien remplie.* **3.** Travail, quantité d'affaires que l'on traite ; rémunération, recette correspondante : *Depuis la loi des 35 heures, ils font des journées de 7 heures. Commerçant qui a fait une bonne journée.* **4.** Jour marqué par un événement historique important : *Les journées de juillet 1830 sont appelées les Trois Glorieuses.*

journellement adv. **1.** Tous les jours : *Elle nous appelle journellement pour nous tenir informés* (**SYN.** quotidiennement). **2.** *Vieilli* Fréquemment : *Ils rencontrent journellement les mêmes problèmes* (**SYN.** continuellement ; **CONTR.** rarement).

joute n.f. **1.** Au Moyen Âge, combat entre deux hommes à cheval armés d'une lance. **2.** *Litt.* Lutte spectaculaire où l'on rivalise de talent : *Une joute entre deux saxophonistes* (**SYN.** duel). ▸ ***Joute nautique*** ou ***joute lyonnaise,*** jeu où deux hommes, debout sur une barque, cherchent à se faire tomber à l'eau en se poussant avec une longue perche.

jouter v.i. (du lat. pop. *juxtare,* toucher à) [conj. 3]. **1.** Pratiquer la joute à cheval ou la joute nautique. **2.** *Litt.* Rivaliser, se mesurer avec qqn : *Le candidat a jouté avec son rival.*

jouteur, euse n. **1.** Personne qui prend part à une joute nautique. **2.** *Litt.* Personne qui rivalise avec une autre : *Un rude jouteur* (= un adversaire difficile).

jouvence n.f. (altér., d'apr. *jouvenceau,* de l'anc. fr. *jovente,* du lat. *juventa,* jeunesse). ▸ ***Eau*** ou ***bain de jouvence,*** ce qui fait rajeunir qqn, lui redonne de la vitalité : *Cet agréable séjour a été un véritable bain de jouvence.*

jouvenceau, elle n. (bas lat. *juvencellus,* du lat. class. *juvencus,* jeune). *Vx* Jeune homme, jeune fille (employé aussi par plaisanterie) : *Cette jouvencelle n'a pas fini de l'étonner* (**SYN.** adolescent).

jouxter [ʒukste] v.t. (de l'anc. fr. *joster,* rassembler) [conj. 3]. *Sout.* Être situé à côté de ; être contigu à : *Son jardin jouxte le mien* (= ils sont adjacents, attenants ; **SYN.** avoisiner).

jovial, e, als ou **aux** adj. (du bas lat. *jovialis,* né sous la planète Jupiter). Qui manifeste une gaieté simple et communicative ; qui exprime la joie de vivre : *C'est une femme joviale* (**SYN.** enjoué, gai ; **CONTR.** maussade, triste). *Des rires jovials.*

jovialement adv. Avec gaieté et bonne humeur : *Il les accueillit jovialement* (**SYN.** gaiement, joyeusement ; **CONTR.** froidement).

jovialité n.f. Humeur joviale ; tempérament gai : *Nous apprécions sa jovialité* (**SYN.** enjouement ; **CONTR.** morosité).

jovien, enne adj. (lat. *Jovis,* génitif de *Jupiter*). *Didact.* Relatif à la planète Jupiter ; jupitérien : *Satellites joviens.*

joyau [ʒwajo] n.m. (anc. fr. *joel*). **1.** Objet fait de matières précieuses, génér. destiné à la parure : *Cette femme porte de magnifiques joyaux* (**SYN.** bijou). **2.** *Fig.* Chose très belle ou d'une grande valeur : *Cette chapelle est un joyau de l'art roman* (**SYN.** chef-d'œuvre, merveille).

joyeusement [ʒwajøzmɑ̃] adv. Avec joie ; dans la joie : *Ils bavardaient joyeusement* (**SYN.** gaiement ; **CONTR.** tristement).

joyeuseté [ʒwajøzte] n.f. *Fam.* Parole ou action destinée à faire rire : *Ses joyeusetés ne sont pas toujours de bon goût* (**SYN.** plaisanterie).

joyeux, euse [ʒwajø, øz] adj. **1.** Qui éprouve de la joie : *Être d'humeur joyeuse* (**SYN.** enjoué, gai, jovial ; **CONTR.** maussade). *Elle se sent joyeuse* (**SYN.** heureux ; **CONTR.** malheureux, sombre, triste). **2.** Qui exprime la joie : *Des visages joyeux* (**SYN.** radieux, réjoui). **3.** Qui inspire la joie : *Une joyeuse fête* (**CONTR.** navrant, pénible).

joystick n.m. (mot angl., de *joy,* plaisir, et *stick,* bâton). Manette de commande qui sert, dans certains jeux vidéo, à déplacer le curseur sur l'écran. ☞ **REM.** Il est recommandé d'utiliser l'expression *manche à balai* à la place de cet anglicisme.

J.T. ou **JT** [ʒite] n.m. (sigle). Journal télévisé : *Présenter le J.T.*

jubé n.m. (du premier mot lat. de la formule liturgique *Jube, Domine, benedicere*). Galerie haute qui sépare le chœur de la nef dans certaines églises.

① **jubilaire** adj. Dans la religion catholique, relatif à un jubilé : *Année jubilaire.*

② **jubilaire** n. En Belgique et en Suisse, personne qui fête un jubilé, un anniversaire.

jubilation n.f. Joie intense que l'on extériorise : *On lisait de la jubilation sur son visage* (**SYN.** allégresse, gaieté ; **CONTR.** morosité, tristesse).

jubilatoire adj. Qui provoque la jubilation : *Des paroles jubilatoires* (**SYN.** réjouissant ; **CONTR.** affligeant, désolant).

jubilé n.m. (lat. ecclés. *jubilaeus,* de l'hébr. *yôbel,* sonnerie de cor). **1.** Anniversaire important, génér. cinquantenaire, d'un mariage, de l'exercice d'une fonction, du début d'un règne : *Le jubilé de la reine d'Angleterre.* **2.** En sport, manifestation organisée en l'honneur d'un champion qui se retire de la compétition : *Il a assisté au jubilé de Platini.* **3.** Dans la religion catholique, année sainte, au cours de laquelle le pape accorde une indulgence plénière.

jubiler [ʒybile] v.i. (du lat. *jubilare,* pousser des cris de joie) [conj. 3]. Éprouver, manifester une joie intense : *Il jubile de voir son nom écrit sur la liste des gagnants* (**SYN.** se réjouir ; **CONTR.** se désoler).

jucher v.t. (d'un mot frq. signif. « s'accroupir ») [conj. 3]. Placer à une hauteur relativement grande par rapport à sa taille : *Jucher un enfant sur une chaise.*

◆ v.i. Se mettre sur une branche, sur une perche pour dormir, en parlant des poules et de quelques oiseaux : *Les faisans juchent sur les arbres.* ◆ **se jucher** v.pr. **[sur].** Se placer, grimper en un lieu élevé : *Elle s'est juchée sur le muret pour voir le spectacle* (**SYN.** monter sur, se percher sur ; **CONTR.** descendre de).

juchoir n.m. Perche pour faire jucher la volaille ; perchoir.

judaïcité n.f. *Didact.* Fait d'être juif.

judaïque adj. (lat. *judaicus*). Relatif au judaïsme : *La religion judaïque* (**SYN.** juif).

judaïser v.t. Rendre juif ; convertir au judaïsme.

judaïsme n.m. (lat. ecclés. *judaismus*). Ensemble de la pensée et des institutions religieuses du peuple d'Israël, des Juifs.

judas [ʒyda] n.m. (de *Judas*, n.pr.). **1.** (Souvent avec une majuscule). Traître : *Ce Judas m'a dupé* (**SYN.** fourbe). **2.** Petite ouverture ou système optique aménagé dans une porte, pour voir ce qui se passe de l'autre côté sans être vu : *Regarder par le judas.*

judéité ou **judaïté** n.f. Ensemble des caractères religieux, sociologiques et culturels qui constituent l'identité juive.

judéo-allemand, e adj. et n.m. (pl. *judéo-allemands, es*). Yiddish : *La langue judéo-allemande* ou *le judéo-allemand.*

judéo-chrétien, enne adj. (pl. *judéo-chrétiens, ennes*). Se dit des croyances et des valeurs morales communes au judaïsme et au christianisme : *Les valeurs judéo-chrétiennes.*

judéo-christianisme n.m. Ensemble des éléments constitutifs de la civilisation judéo-chrétienne, qui a modelé les sociétés occidentales.

judéo-espagnol n.m. (pl. *judéo-espagnols*). Autre nom du ladino.

judiciaire adj. (lat. *judicarius*, de *judex, judicis*, juge). **1.** Relatif à la justice, à son administration : *Police judiciaire* (= qui constate les infractions à la loi pénale). *Pouvoir judiciaire* (= chargé de rendre la justice). **2.** Qui se fait en justice, par autorité de justice : *Une liquidation judiciaire.* ▸ ***Casier judiciaire*** → **casier.**

judiciairement adv. Par les voies de la justice ; selon les formes judiciaires.

judiciarisation n.f. **1.** Tendance à privilégier le recours aux tribunaux pour trancher des litiges qui pourraient être réglés par la médiation, l'accord à l'amiable. **2.** Intervention croissante des juges dans le contrôle de la régularité des actes de certaines autorités, comme les élus, les administrateurs, les chefs d'entreprise.

judiciariser v.t. [conj. 3]. Confier à la justice le contrôle d'une situation, l'exécution d'une procédure ; pratiquer la judiciarisation de : *Judiciariser la vie politique.*

judicieusement adv. De façon judicieuse ; avec pertinence : *Elle m'a fait judicieusement remarquer que je commettais une erreur* (= avec à-propos).

judicieux, euse adj. (du lat. *judicium*, jugement, de *judex, judicis*, juge). **1.** Qui a un jugement bon, droit, juste : *Un esprit judicieux* (**SYN.** raisonnable, sensé ; **CONTR.** déraisonnable, insensé). **2.** Qui témoigne d'un jugement rationnel : *Une remarque judicieuse* (**SYN.** intelligent, pertinent ; **CONTR.** absurde, stupide). *Faire un choix judicieux* (**SYN.** rationnel ; **CONTR.** irrationnel). *Il serait judicieux de lui téléphoner* (**SYN.** sage ; **CONTR.** saugrenu).

judo n.m. (du jap. *ju*, souplesse, et *do*, voie). Sport de combat qui consiste à immobiliser ou déséquilibrer l'adversaire.

judogi [ʒudɔgi] n.m. (mot jap.). Kimono de judoka : *Ils portent des judogis.*

judoka n. (mot jap.). Personne qui pratique le judo : *Des judokas triomphantes.*

jugal, e, aux adj. (lat. *jugalis*, de *jugum*, joue). Relatif à la joue : *L'os jugal.*

juge n. (lat. *judex, judicis*). **1.** Magistrat chargé de rendre la justice en appliquant les lois : *Une juge de cour d'appel.* **2.** Commissaire chargé, dans une course, un sport, de constater l'ordre des arrivées, de réprimer les irrégularités qui pourraient se produire au cours d'une épreuve : *Le juge de touche.* **3.** Personne qui est appelée à servir d'arbitre dans une contestation, à donner son avis : *Je vous fais juge de la situation.* ▸ ***Être à la fois juge et partie,*** être appelé à se prononcer sur un différend auquel on est soi-même mêlé. ***Juge des enfants,*** juge chargé des délits commis par les mineurs. ***Juge d'instance,*** juge du tribunal d'instance (on disait autref. *juge de paix*). ***Juge d'instruction,*** juge chargé, en France, de l'instruction préparatoire en matière pénale : *La juge d'instruction a demandé une confrontation des témoins.*

jugé n.m. → **2. juger.**

juge-commissaire n.m. (pl. *juges-commissaires*). Juge désigné en France par le tribunal de commerce pour diriger certaines procédures, comme le redressement et la liquidation judiciaires.

jugement n.m. **1.** Action de juger une affaire selon le droit ; décision rendue par un tribunal : *Le tribunal n'a pas encore rendu son jugement* (**SYN.** arrêt, sentence, verdict). **2.** Faculté de l'esprit qui permet de juger, d'apprécier : *Former son jugement* (**SYN.** intelligence, raison). *Une femme qui ne manque pas de jugement* (**SYN.** discernement, perspicacité, raisonnement). **3.** Aptitude à bien juger : *Je m'en remets à votre jugement* (**SYN.** avis, opinion, sentiment). **4.** Action de se faire une opinion ; manière de juger : *Il porte un jugement sévère sur notre société* (**SYN.** appréciation). ▸ ***Jugement dernier,*** acte par lequel Dieu, à la fin des temps, manifestera les mérites et les fautes de tous les humains ; figuration peinte, sculptée de cet acte.

jugeote n.f. *Fam.* Capacité de juger sainement des choses : *Elle n'a pas de jugeote* (= bon sens).

① **juger** v.t. (lat. *judicare*, de *judex, judicis*, juge, de *jus, juris*, le droit, la justice) [conj. 17]. **1.** Prononcer en qualité de juge une sentence sur : *Juger un prévenu, une affaire.* **2.** Prendre une décision en qualité d'arbitre : *Juger un différend* (**SYN.** arbitrer, régler). **3.** Estimer la valeur de : *Juger un adversaire* (**SYN.** apprécier, jauger [litt.]). **4.** Être d'avis ; penser : *Il n'a pas jugé utile de m'en faire part* (**SYN.** croire, estimer). *Nous jugeons que cela ne vaut plus la peine d'essayer* (**SYN.** considérer). ◆ v.t. ind. **[de]. 1.** Porter une appréciation sur qqch : *On ne peut pas juger de la qualité des couleurs dans cette pénombre* (**SYN.** estimer, évaluer). **2.** Se faire une idée de qqch ; imaginer qqch : *Jugez de mon* *inquiétude* (SYN. se représenter). ▸ ***En juger par,*** évaluer qqch d'après telle ou telle chose : *Si j'en juge par mon expérience.* ◆ **se juger** v.pr. Être soumis à la justice : *L'affaire se jugera au mois d'octobre.* ▸ ***Se juger*** (+ adj.), porter un jugement sur soi : *Se juger offensé* (SYN. s'estimer).

② **juger** ou **jugé** n.m. ▸ ***Au juger,*** d'après une appréciation rapide, une estimation sommaire de la situation : *Évaluer une distance au juger.* ***Tir au juger,*** exécuté sans épauler ni viser.

① **jugulaire** adj. (du lat. *jugulum,* gorge). Qui appartient à la gorge : *Des ganglions jugulaires.* ◆ adj. et n.f. Se dit de chacune des quatre grosses veines situées sur le côté du cou.

② **jugulaire** n.f. (de *1. jugulaire*). Courroie de cuir ou bande métallique servant à assujettir un casque, un shako, une bombe, etc., sous le menton (SYN. mentonnière).

juguler v.t. (du lat. *jugulare,* égorger) [conj. 3]. Arrêter le développement d'un phénomène : *Juguler la hausse des prix* (SYN. enrayer). *Juguler une révolte* (SYN. étouffer, mater).

juif, juive n. (du lat. *judaeus,* de Judée). **1.** (Avec une majuscule). Personne appartenant à la communauté israélite, au peuple juif : *Les Juifs européens.* **2.** Personne qui professe la religion judaïque : *Un juif pratiquant.* ▸ ***Le Juif errant,*** personnage légendaire condamné à marcher sans s'arrêter jusqu'à la fin du monde pour avoir injurié Jésus portant sa croix. *Fam.* ***Le petit juif,*** l'endroit sensible de l'articulation du coude. ◆ adj. **1.** Relatif aux Juifs, au judaïsme : *La religion juive* (SYN. judaïque). **2.** Qui professe le judaïsme : *Jeune garçon juif qui fait sa bar-mitsva.*

juillet n.m. (du lat. *Julius,* mois de Jules César). Septième mois de l'année : *Le 14 Juillet est le jour de la fête nationale française. Des juillets pluvieux.*

juillettiste n. Personne qui prend ses vacances au mois de juillet : *Le chassé-croisé des juillettistes et des aoûtiens.*

juin [ʒɥɛ̃] n.m. (du lat. *Junius,* mois de Junius Brutus). Sixième mois de l'année : *Le 21 juin est le premier jour de l'été.*

juiverie n.f. *Anc.* Quartier juif ; ghetto.

jujitsu ou **ju-jitsu** [ʒyʒitsy] ou **jiu-jitsu** [ʒjyʒitsy] n.m. inv. (mot jap.). Méthode de combat, autrefois réservée aux samouraïs, qui, codifiée, a donné naissance au judo.

jujube n.m. (gr. *zizuphon*). **1.** Fruit du jujubier, à pulpe blanche et sucrée, dont on fait des confitures et des pâtes de fruits. **2.** Suc, pâte extraits du jujube.

jujubier n.m. Arbre épineux cultivé dans les régions tropicales et méditerranéennes pour ses fruits, les jujubes.

juke-box [dʒukbɔks] n.m. (mot anglo-amér.) [pl. *juke-boxes* ou inv.). Lecteur automatique de disques, placé génér. dans un lieu public et que l'on met en marche avec une pièce ou un jeton.

julep [ʒylɛp] n.m. (d'un mot persan signif. « eau de rose »). En pharmacie, préparation liquide, sucrée et aromatisée, qui sert de base aux potions.

jules n.m. (du prénom *Jules*). *Fam.* Homme avec lequel une femme vit, maritalement ou non, ou avec lequel elle a une relation : *Elle veut nous présenter son nouveau jules* (= petit ami ; SYN. amant).

julien, enne adj. (lat. *Julianus,* de *Julius,* Jules). ▸ ***Année julienne,*** année de 365,25 jours. ***Calendrier julien,*** calendrier introduit par Jules César en 46 av. J.-C., qui comportait des années de 365 jours, pour 365 jours et quart, et une année bissextile de 366 jours tous les quatre ans.

julienne n.f. (du prénom *Julien*). **1.** Manière de tailler certains légumes en fins bâtonnets : *Préparer des carottes en julienne.* **2.** Potage fait de légumes ainsi taillés et servis dans le bouillon.

jumbo-jet [dʒœmbodʒɛt] n.m. (mot anglo-amér., de *jumbo,* géant, et *jet,* avion à réaction) [pl. *jumbo-jets*]. Avion de transport de grande capacité ; gros-porteur.

① **jumeau, elle** adj. (lat. *gemellus*). **1.** Se dit de deux enfants nés d'une même grossesse : *Des sœurs jumelles.* **2.** Se dit de deux choses semblables, symétriques ou faites pour aller ensemble : *Fenêtres jumelles. Lits jumeaux.* ▸ ***Muscles jumeaux,*** se dit de deux muscles de la fesse et de deux muscles du mollet (on dit aussi *les jumeaux*). ◆ n. Frère jumeau ou sœur jumelle : *Il s'habille comme son jumeau.* ◆ **jumeaux** n.m. pl. **1.** Enfants jumeaux : *Elle n'a pas eu des jumeaux, mais des triplés.* **2.** Muscles jumeaux. ▸ ***Faux jumeaux*** ou ***jumeaux dizygotes,*** qui résultent de la fécondation simultanée de deux ovules : *Les faux jumeaux peuvent être de sexe différent.* ***Vrais jumeaux*** ou ***jumeaux monozygotes,*** qui proviennent de la division d'un seul ovule fécondé.

② **jumeau** n.m. (de *1. jumeau*). En boucherie, morceau de bœuf situé dans l'épaule.

jumelage n.m. **1.** Action de jumeler : *Le jumelage de deux poutrelles.* **2.** Création et développement de liens entre des villes de pays différents : *Le jumelage de Nancy et de Liège.*

jumelé, e adj. Disposé par couples : *Maisons jumelées. Roues jumelées.*

jumeler v.t. (de *jumeau*) [conj. 24]. **1.** Ajuster, accoupler côte à côte deux objets semblables et semblablement disposés : *Jumeler des péniches, des mitrailleuses.* **2.** Associer des villes de pays différents en vue d'établir entre elles des liens et des échanges culturels et touristiques.

① **jumelle** adj.f. et n.f. → **1. jumeau.**

② **jumelle** n.f. (de *jumelle*). Instrument d'optique formé de deux lunettes identiques accouplées de façon à permettre la vision binoculaire : *Une jumelle marine. Des jumelles de théâtre.*

jument n.f. (du lat. *jumentum,* bête de somme). Femelle adulte du cheval.

jumping [dʒœmpiŋ] n.m. (mot angl., de *to jump,* sauter). Concours hippique consistant en une succession de sauts d'obstacles.

jungle [ʒœ̃gl ou ʒɔ̃gl] n.f. (d'un mot hindi signif. « steppe »). **1.** En Inde, formation végétale très épaisse qui prospère sous un climat chaud et humide avec une courte saison sèche : *Les animaux de la jungle.* **2.** *Fig.* Milieu où règne la loi du plus fort : *La jungle de la mode, de la publicité.* ▸ ***La loi de la jungle,*** la loi du plus fort.

junior adj. (mot lat. signif. « plus jeune »). **1.** Se dit du frère le plus jeune (par opp. à aîné) ou du fils pour le distinguer du père : *Dupont junior* (**SYN.** cadet). **2.** Qui concerne les jeunes, qui leur est destiné : *La mode junior.* **3.** Débutant, sur le plan professionnel : *Éditrice junior* (**SYN.** inexpérimenté ; **CONTR.** expérimenté). **4.** En sport, se dit d'un junior : *Champion junior.* ◆ n. et adj. **1.** Adolescent : *Cette publicité vise les juniors.* **2.** Sportif appartenant à une tranche d'âge dont les limites varient selon les sports autour de 17 ans.

junte [ʒœ̃t] n.f. (esp. *junta*, de *junto*, joint). Gouvernement à caractère autoritaire, le plus souvent militaire, issu d'un coup d'État.

jupe n.f. (d'un mot ar.). **1.** Vêtement féminin qui enserre la taille et descend sur les jambes : *Une jupe longue.* **2.** Élément de tôle, de plastique, placé à la partie inférieure d'une automobile pour en améliorer l'aérodynamisme. **3.** Dans les véhicules à coussin d'air, paroi souple permettant l'équilibre du véhicule : *La jupe d'un aéroglisseur.* ▸ ***Jupe portefeuille,*** qui se croise largement par-devant.

jupe-culotte n.f. (pl. *jupes-culottes*). Pantalon très ample coupé de manière à tomber comme une jupe.

jupette n.f. Jupe très courte (**SYN.** minijupe).

jupitérien, enne adj. **1.** *Litt.* Qui rappelle Jupiter par son caractère impérieux, dominateur ; olympien : *Un tempérament jupitérien.* **2.** Relatif à la planète Jupiter ; jovien.

jupon n.m. (de *jupe*). Sous-vêtement féminin qui soutient l'ampleur d'une jupe, d'une robe ou qui atténue l'effet de transparence : *Un jupon de dentelle.* ▸ *Fam.* ***Coureur de jupons,*** homme qui court après les femmes ou les filles.

jurassien, enne adj. et n. Du Jura : *Le climat jurassien.*

jurassique n.m. et adj. (de *Jura*, n.pr.). Deuxième période de l'ère secondaire, marquée par le dépôt d'épaisses couches calcaires, partic. dans le Jura : *Des fossiles du jurassique. Des fossiles jurassiques.*

① **juré, e** adj. (lat. *juratus*). Qui a prêté serment : *Un expert juré.* ▸ ***Ennemi juré,*** adversaire acharné, implacable, avec lequel on ne peut se réconcilier.

② **juré, e** [ʒyre] n. **1.** Citoyen désigné par voie de tirage au sort en vue de participer au jury d'une cour d'assises : *Les jurés délibèrent afin de rendre leur verdict.* **2.** Membre d'un jury quelconque : *Les jurés du Festival de Cannes.*

① **jurer** v.t. (du lat. *jurare*, faire serment, de *jus, juris*, le droit, la justice) [conj. 3]. **1.** Prononcer solennellement un serment en engageant un être ou une chose que l'on tient pour sacré : *Il jure sur la tête de ses enfants que cela n'arrivera plus* (**SYN.** promettre). *Jurer sur l'honneur de dire la vérité.* **2.** Affirmer avec vigueur : *Elle jure qu'elle est innocente* (**SYN.** assurer, prétendre, soutenir). *Ils ont juré le secret* (= de ne rien dire à personne). **3.** Prendre la ferme résolution de ; s'engager à : *Jurer la perte d'un ennemi* (**SYN.** décider). *Il a juré de ne plus jamais revenir. Jurer fidélité à un ami.* ▸ ***Ne jurer que par qqn,*** approuver tout ce qu'il fait : *Il ne jure que par cet écrivain.* ◆ **se jurer** v.pr. **1.** Se promettre réciproquement qqch : *Elles se sont juré une amitié éternelle.* **2.** Se promettre à soi-même de faire qqch : *Je me suis juré d'y retourner bientôt.*

② **jurer** v.i. (de *1. jurer*) [conj. 3]. Proférer des jurons : *Qu'il est grossier ! Il ne cesse de jurer* (**SYN.** blasphémer, pester). ◆ v.t. ind. **[avec].** Être mal assorti avec qqch ; produire un effet discordant : *Ce vert jure avec l'orangé* (**SYN.** détonner avec ; **CONTR.** s'harmoniser avec).

juridiction n.f. (lat. *jurisdictio*, droit de rendre la justice, de *jus, juris*, le droit, la justice). **1.** Pouvoir de juger, de rendre la justice ; étendue de territoire sur laquelle s'exerce ce pouvoir : *Cela ne relève pas de la juridiction de ce magistrat.* **2.** Ensemble des tribunaux de même ordre, de même nature ou de même degré hiérarchique : *La juridiction criminelle, commerciale, correctionnelle.*

juridictionnel, elle adj. Relatif à une juridiction : *Instance juridictionnelle.*

juridique adj. Qui concerne le droit : *Texte juridique. Il a une formation juridique* (= de juriste).

juridiquement adv. Par intervention de la justice ; du point de vue du droit : *Une demande juridiquement irrecevable.*

juridisme n.m. Attachement étroit à la règle juridique ; formalisme juridique.

jurisconsulte n.m. (du lat. *juris consultus*, versé dans le droit). *Anc.* Spécialiste du droit, qui donne des consultations, des conseils en cette matière (**SYN.** juriste, légiste).

jurisprudence n.f. (du lat. *jurisprudentia*, science du droit). Ensemble des décisions de justice qui interprètent la loi ou comblent un vide juridique : *La jurisprudence en matière de droit international.* ▸ ***Faire jurisprudence,*** faire autorité et servir d'exemple dans un cas déterminé ; créer un précédent : *La condamnation de ce délinquant va faire jurisprudence.*

jurisprudentiel, elle [ʒyrisprydɑ̃sjɛl] adj. Qui résulte de la jurisprudence : *Une décision jurisprudentielle.*

juriste n. (du lat. *jus, juris*, le droit, la justice). Personne qui connaît, pratique le droit ; auteur d'ouvrages juridiques (**SYN.** légiste).

juron n.m. (de *2. jurer*). Expression grossière ou blasphématoire qui, sous forme d'interjection, traduit une réaction vive de dépit ou de colère : *« Nom de Dieu ! » est un juron* (**SYN.** blasphème, grossièreté).

jury n.m. (mot angl.). **1.** Ensemble des jurés appelés à titre temporaire à participer à l'exercice de la justice en cour d'assises : *Le jury délibère.* **2.** Commission d'examinateurs chargée d'un examen, d'un classement, d'un jugement : *Le jury du bac. Le jury d'un festival.*

jus [ʒy] n.m. (du lat. *jus, juris*, sauce). **1.** Liquide extrait de la pulpe, de la chair de certains fruits ou légumes ; boisson constituée par ce liquide : *Ces pêches ont beaucoup de jus. Boire un jus de carotte.* **2.** Suc résultant de la cuisson d'une viande, d'une volaille : *Le jus d'un gigot.* **3.** *Fam.* Café noir : *Boire un jus.* **4.** *Fam.* Courant électrique : *Il n'y a plus de jus.* ▸ *Fam.* ***Jus de chaussette*** ou ***de chaussettes,*** mauvais café.

jusant n.m. (de l'anc. fr. *jus*, en bas). Marée descendante (**SYN.** reflux ; **CONTR.** flot, flux).

jusqu'au-boutisme n.m. (pl. *jusqu'au-boutismes*). *Fam.* Comportement des jusqu'au-boutistes : *Le jusqu'au-boutisme de ces manifestants* (**SYN.** extrémisme ; **CONTR.** modération).

jusqu'au-boutiste n. et adj. (pl. *jusqu'au-boutistes*). *Fam.* Partisan d'une action poussée jusqu'à ses limites extrêmes, quelles qu'en soient les conséquences : *Des groupuscules jusqu'au-boutistes* (**SYN.** extrémiste ; **CONTR.** modéré).

jusque prép. (anc. fr. *enjusque,* du lat. *inde,* de là, et *usque,* jusque). (Suivi des prép. *à, en, vers, dans* ou d'un adv. de lieu, de temps). **1.** Indique une limite dans l'espace : *Il est déjà allé jusqu'à Montpellier. Nous avons cherché jusque dans le grenier. La fièvre est montée jusqu'à 40 °C.* **2.** Indique une limite dans le temps : *Il sera là jusque vers midi. Jusqu'alors, elle avait toujours été d'accord.* ▸ ***Aller jusqu'à*** (+ inf.), en venir au point de : *Elle est allée jusqu'à lui téléphoner en pleine nuit. Fam.* ***En avoir jusque-là,*** avoir atteint la limite de ce que l'on peut supporter. ***Jusqu'à*** (+ n.), marque le degré extrême de qqch : *Il pousse la bonté jusqu'à la faiblesse.* ***Jusque-là*** ou ***jusqu'ici,*** indiquent une limite spatiale ou temporelle que l'on ne dépasse pas ; jusqu'à ce lieu, jusqu'à ce moment : *Notre domaine va jusque-là. Jusqu'ici, elles se sont très bien entendues.* ◆ **jusqu'à ce que** loc. conj. (Suivie du subjonctif). Indique la limite temporelle ; jusqu'au moment où : *Il était gai jusqu'à ce qu'elle parte.*

jusquiame [ʒyskjam] n.f. (du gr. *huoskuamos,* fève de porc). Plante à fleurs jaunes rayées de pourpre, extrêmement toxique.

justaucorps n.m. **1.** Vêtement collant d'une seule pièce utilisé pour la danse et certains sports. **2.** Sous-vêtement féminin d'un seul tenant, dont le bas se termine en slip (**SYN.** body).

juste adj. (du lat. *justus,* qui est conforme au droit). **1.** Qui juge et agit selon l'équité, en respectant les règles de la morale ou de la justice : *Un arbitre juste* (**SYN.** impartial ; **CONTR.** partial). *Elle est juste avec ses employés* (**SYN.** équitable ; **CONTR.** inéquitable, injuste). **2.** Qui est conforme au droit, à la règle, à la loi : *Une décision juste. De justes revendications* (**SYN.** légitime ; **CONTR.** illégitime). *Il est juste qu'ils soient dédommagés* (**SYN.** fondé ; **CONTR.** infondé). **3.** Conforme à la raison, à la vérité : *Un raisonnement juste* (**SYN.** logique ; **CONTR.** boiteux, illogique). *Il s'est fait une idée assez juste du projet* (**SYN.** exact ; **CONTR.** faux, inexact). **4.** Qui est exact, conforme à la norme ; qui est tel qu'il doit être ; qui fonctionne avec précision : *Note de musique juste* (**CONTR.** faux). *Elle a l'heure juste. Un tir juste. Ce pèse-bébé est juste* (**SYN.** précis ; **CONTR.** imprécis). **5.** Se dit d'un vêtement trop étroit ou trop court : *Une veste trop juste* (**SYN.** serré ; **CONTR.** ample, large). *Les manches sont un peu justes* (**CONTR.** long). **6.** Qui suffit à peine : *Dix minutes pour aller jusque là-bas, ce sera juste* (**SYN.** insuffisant ; **CONTR.** suffisant). ◆ n. **1.** Personne qui observe la loi morale, agit avec droiture : *La souffrance du juste devant l'iniquité.* **2.** (Avec une majuscule). Titre décerné par l'État d'Israël aux non-Juifs ayant fait preuve de bravoure pour soustraire des Juifs aux persécutions nazies, pendant la Seconde Guerre mondiale. ▸ ***Dormir du sommeil du juste,*** dormir d'un sommeil profond et tranquille, comme celui d'une personne qui n'a rien à se reprocher. ◆ n.m. Ce qui est conforme au droit, à la justice : *Prendre conscience du juste et de l'injuste* (**SYN.** justice). ▸ ***Au juste,*** exactement : *Il voudrait savoir au juste où il peut en trouver* (**SYN.** précisément). ***Comme de juste,*** comme il se doit : *Comme de juste, on lui remboursera ses frais de déplacement* (= naturellement) ; iron., comme il fallait s'y attendre : *Comme de juste, elle se sert la première* (= évidemment). ◆ adv. **1.** Avec justesse : *Chanter juste* (**CONTR.** faux). **2.** Précisément : *La librairie est juste à droite. Prends juste ce dont tu as besoin* (**SYN.** exactement). *Il est trois heures juste.* **3.** À l'instant : *Il vient juste de partir.* **4.** D'une manière insuffisante : *Elle a compté trop juste. C'est tout juste s'il m'a dit bonjour* (= c'est à peine si). **5.** Seulement : *J'ai juste pris un café ce matin.*

juste-à-temps n.m. inv. Méthode de production industrielle consistant à acheter ou à produire la quantité juste nécessaire au moment où on en a besoin.

justement adv. **1.** De façon justifiée : *Elle est justement punie* (**SYN.** dûment, légitimement ; **CONTR.** injustement). **2.** Précisément : *Ils viennent justement de le rencontrer.* **3.** D'une manière exacte : *Comme vous venez de le dire si justement* (**SYN.** pertinemment).

justesse n.f. **1.** Qualité d'une chose bien réglée, exacte et donc bien adaptée à sa fonction : *La justesse d'un instrument de mesure. Contrôler la justesse d'un pèse-personne* (**SYN.** précision ; **CONTR.** imprécision). **2.** Précision, exactitude d'une expression, d'un ton, etc. : *La justesse de son discours a conquis l'auditoire.* **3.** Manière de faire, de penser, etc., sans erreur ni écart : *Tirer avec justesse.* ▸ ***De justesse,*** de très peu : *Gagner de justesse.*

justice n.f. (lat. *justitia*). **1.** Principe moral qui exige le respect du droit et de l'équité : *Faire régner la justice* (**SYN.** légalité ; **CONTR.** illégalité). **2.** Vertu, qualité morale qui consiste à être juste, à respecter les droits d'autrui : *Les magistrats ont l'amour de la justice* (**SYN.** équité ; **CONTR.** injustice). **3.** Caractère de ce qui est juste, impartial : *Ils n'ont pas gagné, mais cela n'est que justice* (= c'est légitime). **4.** Pouvoir de dire, de juger ce qui est légalement juste ou injuste ; exercice de ce pouvoir : *Exercer la justice avec rigueur, avec clémence. Une cour de justice* (= où l'on rend la justice). **5.** Action par laquelle une autorité, un pouvoir judiciaire reconnaît le droit de chacun : *Demander justice pour un préjudice subi* (**SYN.** réparation). **6.** Acte par lequel s'exprime le pouvoir juridique de l'État, sa fonction souveraine à trancher les litiges : *Être acquitté par décision de justice.* **7.** Institution qui exerce un pouvoir juridictionnel ; ensemble de ces institutions : *La justice militaire, administrative. Il a fui la justice de son pays.* ▸ ***Justice sociale,*** celle qui exige des conditions de vie équitables pour chacun. ***Rendre*** ou ***faire justice à qqn,*** réparer le tort qu'il a subi ; reconnaître ses mérites. ***Se faire justice,*** se venger ; se suicider, en parlant d'un coupable, en partic. d'un meurtrier.

justiciable adj. et n. Qui relève de la justice, des tribunaux : *Un criminel justiciable de la cour d'assises.* ◆ adj. **1.** Qui doit répondre de ses actes : *Le gouvernement est justiciable de sa politique.* **2.** Qui, par sa nature, appelle telle action : *Cette tumeur est justiciable d'une opération* (= elle nécessite).

justicier, ère adj. et n. Qui agit en redresseur de torts sans en avoir reçu le pouvoir légal ; qui fait justice lui-même : *Un policier justicier. Jouer les justiciers.*

justifiable adj. Qui peut être justifié : *Sa conduite est justifiable* (**SYN.** défendable, explicable ; **CONTR.** indéfendable, inexplicable, injustifiable).

justificateur, trice adj. Qui apporte une justification : *Des explications justificatrices* (**SYN.** justificatif).

justificatif, ive adj. Qui sert à justifier ou à prouver ; justificateur : *Pièces justificatives.* ◆ **justificatif** n.m. **1.** Document apportant la preuve que qqch a bien été fait : *Un justificatif de paiement.* **2.** Exemplaire ou extrait de journal prouvant l'insertion d'un article ou d'une annonce, et envoyé à l'auteur ou à l'annonceur.

justification n.f. **1.** Action de justifier, de se justifier ; défense : *Il n'a rien à dire pour sa justification* (**SYN.** décharge, excuse ; **CONTR.** culpabilité). **2.** Preuve d'une chose par titres ou par témoins : *Justification de domicile.* **3.** En imprimerie, longueur d'une ligne pleine.

justifier v.t. (du lat. *justificare,* rendre justice à) [conj. 9]. **1.** Mettre hors de cause ; prouver que qqch n'est pas répréhensible : *Ils ont cherché à justifier leur collègue* (**SYN.** défendre, disculper, innocenter ; **CONTR.** accuser, incriminer). *Elle a cherché à justifier sa décision* (**SYN.** fonder, légitimer). **2.** Faire admettre qqch, en établir le bien-fondé, la nécessité : *Vous devez justifier vos dépenses* (**SYN.** expliquer, motiver). **3.** En imprimerie, donner à une ligne la longueur requise en insérant des blancs entre les mots, les caractères. ◆ v.t. ind. **[de].** Apporter la preuve matérielle : *Justifier de son identité* (**SYN.** prouver). ◆ **se justifier** v.pr. **1.** Donner des preuves de son innocence : *Il a tenté de se justifier* (**SYN.** se défendre, se disculper, s'expliquer). **2.** Être légitimé, fondé : *Une telle attitude ne peut guère se justifier.*

jute n.m. (mot angl., du bengali *jhuto*). **1.** Plante dont la tige fournit une fibre textile. **2.** Étoffe faite avec cette fibre : *Un sac en toile de jute. Du jute résistant.*

juter v.i. (de *jus*) [conj. 3]. *Fam.* Rendre du jus : *Des pamplemousses qui jutent.*

juteux, euse adj. **1.** Qui a beaucoup de jus : *Orange juteuse.* **2.** *Fam.* Qui rapporte beaucoup d'argent : *Affaire juteuse* (**SYN.** fructueux, lucratif, rentable).

juvénile adj. (lat. *juvenilis*). Qui appartient à la jeunesse ; qui en a l'ardeur, la vivacité : *Une allure juvénile. Elle a pris un plaisir juvénile à répondre à leurs questions.* ◆ n.m. Petit d'un animal ; jeune animal.

juvénilité n.f. *Litt.* Caractère de ce qui est juvénile : *La juvénilité d'une voix d'adolescent* (**SYN.** jeunesse).

juxtalinéaire adj. (du lat. *juxta,* à côté, et *linea, ligne*). Se dit d'une traduction où le texte original et la version se correspondent ligne à ligne dans deux colonnes contiguës.

juxtaposé, e adj. En grammaire, se dit de propositions qui ne sont liées par aucune coordination ou subordination : *« Il pleut, il ne viendra pas » sont des propositions juxtaposées.*

juxtaposer v.t. (du lat. *juxta,* à côté, et *poser*) [conj. 3]. Poser, placer côte à côte, dans une proximité immédiate : *Juxtaposer des lits* (**SYN.** rapprocher, réunir ; **CONTR.** éloigner, espacer). *Juxtaposer une phrase à une autre* (**SYN.** accoler, joindre).

juxtaposition n.f. **1.** Action de juxtaposer : *La bibliothèque se monte par juxtaposition des éléments* (**SYN.** assemblage). **2.** Situation d'éléments d'une phrase qui sont juxtaposés : *Il y a juxtaposition des propositions dans « Je suis venu, j'ai vu, j'ai vaincu »* (**SYN.** parataxe).

K *k*

k [ka] n.m. inv. Onzième lettre (consonne) de l'alphabet français.

kabbale ou **cabale** n.f. (de l'hébr. *qabbalah,* tradition). Interprétation juive ésotérique et symbolique du texte de la Bible.

kabbaliste n. Spécialiste de la kabbale.

kabig [kabik] ou **kabic** n.m. (mot breton). Veste à capuchon, en laine imperméable.

kabuki [kabuki] n.m. (mot jap. signif. « art du chant et de la danse »). Genre théâtral traditionnel japonais où le dialogue alterne avec des parties psalmodiées ou chantées et avec des intermèdes de ballet.

kabyle adj. et n. Relatif à la Kabylie, aux Kabyles ; qui appartient à ce peuple. ◆ n.m. Langue berbère parlée par les Kabyles (**SYN.** tamazight).

kacha n.f. (mot russe signif. « bouillie »). Semoule de sarrasin, cuite à l'eau ou au gras.

kafkaïen, enne adj. **1.** Relatif à Kafka, à son œuvre. **2.** Dont l'absurdité, l'illogisme rappellent l'atmosphère des romans et des nouvelles de Kafka : *Une situation kafkaïenne.*

kaiser [kajzœr ou kɛzɛr] n.m. (mot all., du lat. *Caesar*). Titre donné en France à l'empereur d'Allemagne Guillaume II.

kakawi [kakawi] n.m. → **cacaoui.**

kakemono [kakemɔno] ou **kakémono** n.m. (mot jap. signif. « chose suspendue »). Peinture ou calligraphie japonaise, sur soie ou sur papier, qui se déroule verticalement.

① **kaki** n.m. (mot jap.). Fruit du plaqueminier, à pulpe molle et sucrée, ayant l'aspect d'une tomate : *Cultiver des kakis* (**SYN.** plaquemine).

② **kaki** adj. inv. (d'un mot hindi signif. « couleur de poussière »). D'une couleur brun jaunâtre qui est la couleur de la tenue de campagne de nombreuses armées : *Des vestes kaki.* ◆ n.m. En Afrique, coutil servant à faire des uniformes (quelle qu'en soit la couleur).

kalachnikov [kalaʃnikɔf] n.m. ou n.f. (du nom de l'inventeur soviétique). Fusil d'assaut soviétique : *Des kalachnikovs neufs.*

kaléidoscope n.m. (du gr. *kalos,* beau, *eidos,* aspect, et *skopein,* regarder). **1.** Appareil formé d'un tube opaque contenant plusieurs miroirs disposés de façon à produire une infinité de dessins et d'images symétriques et variés. **2.** *Fig.* Suite rapide de sensations vives et variées.

kaléidoscopique adj. Relatif au kaléidoscope : *Des reflets kaléidoscopiques* (**SYN.** changeant, mouvant ; **CONTR.** 1. fixe, stable).

kamikaze [kamikaz] n.m. (mot jap. signif. « vents divins »). En 1944-1945, pilote japonais volontaire pour écraser son avion chargé d'explosifs sur un objectif ; cet avion lui-même. ◆ n. **1.** (Par ext.). Personne téméraire qui se sacrifie : *Il fallait un kamikaze pour accepter ce poste.* **2.** (Employé en appos.). Se dit d'une personne qui se sacrifie à une cause supérieure : *Candidat kamikaze à une élection perdue d'avance.*

kanak, e adj. inv. et n. inv. (du polynésien *kanaka,* homme). Relatif aux Kanak ; qui fait partie de ce peuple : *Autochtones kanak qui habitent la Nouvelle-Calédonie. Les Kanak.* ☞ **REM.** On peut aussi écrire *canaque.*

kangourou n.m. (angl. *kangaroo,* d'une langue indigène d'Australie). Mammifère d'Australie aux membres postérieurs très longs, lui permettant de se déplacer par bonds : *La femelle du kangourou porte son petit dans une poche ventrale.* ▸ ***Sac kangourou,*** qui permet de porter un bébé sur le ventre (on dit aussi *un kangourou*).

kanji [kɑ̃dʒi] n.m. inv. (mot jap.). Signe de l'écriture japonaise, à valeur idéographique.

kantien, enne [kɑ̃sjɛ̃, ɛn] adj. et n. Qui concerne la philosophie de Kant ; qui en est partisan.

kantisme n.m. Philosophie de Kant.

kaolin [kaɔlɛ̃] n.m. (d'un mot chin.). Roche argileuse, blanche et friable, qui entre dans la composition de la porcelaine dure.

kapo n.m. Dans les camps de concentration nazis, détenu chargé de commander les autres détenus.

kapok [kapɔk] n.m. (mot angl., du malais). Duvet végétal, très léger et imperméable, qui entoure les graines de certains arbres, tels le fromager et le kapokier, et que l'on utilise notamm. pour le rembourrage des coussins.

kapokier n.m. **1.** Grand arbre asiatique qui produit le kapok. **2.** Tout arbre fournissant du kapok.

Kaposi (sarcome de), affection caractérisée par des sarcomes multiples de la peau, et parfois des viscères, observée en partic. au cours du sida.

kappa n.m. inv. Dixième lettre de l'alphabet grec (Κ, κ), correspondant au *k* français.

karaoké n.m. (du jap. *kara,* vide, et *oke,* orchestration). Divertissement collectif consistant à chanter sur une musique préenregistrée.

karaté n.m. (jap. *karate*, de *kara*, vide, et *te*, main). Sport de combat et art martial d'origine japonaise, dans lequel les adversaires combattent de façon fictive, les coups étant arrêtés avant de toucher.

karatéka n. Personne qui pratique le karaté : *De grands karatékas.*

karité n.m. Arbre de l'Afrique tropicale dont les graines fournissent une matière grasse comestible, le beurre de karité, d'usage culinaire et cosmétique.

karma ou **karman** [karman] n.m. (d'un mot sanskrit signif. « acte »). Principe fondamental des religions indiennes qui repose sur la conception de la vie humaine comme maillon d'une chaîne de vies, chaque vie étant déterminée par les actes accomplis dans la vie précédente.

karstique adj. ▸ ***Relief karstique,*** relief particulier aux régions calcaires : *Le relief karstique présente des grottes, des avens, des dolines, etc.*

kart [kart] n.m. (mot angl.). Petit véhicule automobile de compétition, à embrayage automatique, sans boîte de vitesses, ni carrosserie, ni suspension.

karting [kartiŋ] n.m. (mot angl.). Sport automobile pratiqué avec le kart.

kasher ou **casher** [kaʃɛr] ou **cachère** adj. inv. (mot hébr. signif. « conforme à la loi »). Se dit d'un aliment, notamm. la viande, conforme aux prescriptions rituelles du judaïsme ainsi que du lieu où il est préparé ou vendu : *Des boucheries kasher.*

kashrout ou **cacherout** [kaʃrut] n.f. (mot hébr. signif. « fait de convenir »). Ensemble des prescriptions alimentaires du judaïsme.

kata n.m. (mot jap. signif. « forme »). Dans les arts martiaux, enchaînements de positions et de prises constituant une démonstration.

kayak [kajak] n.m. (mot inuit). **1.** Embarcation individuelle des Inuit, dont la carcasse de bois est recouverte de peaux cousues qui entourent l'emplacement du rameur. **2.** Embarcation de sport étanche et légère, propulsée par une pagaie double ; sport pratiqué avec cette embarcation : *Ces kayaks se sont retournés. Une championne de kayak.*

kayakable adj. Au Québec, se dit d'une rivière où l'on peut faire du kayak.

kayakiste n. Sportif pratiquant le kayak.

kazakh, e adj. et n. **1.** Du Kazakhstan, de ses habitants. **2.** Relatif aux Kazakhs ; qui fait partie de ce peuple. ◆ **kazakh** n.m. Langue turque parlée par les Kazakhs.

keffieh [kefje] n.m. (mot ar.). Coiffure traditionnelle des Bédouins, faite d'un carré de tissu plié et maintenu sur la tête par un cordon : *Les keffiehs.*

kéfir n.m. → **képhir.**

kelvin [kɛlvin] n.m. (de *Kelvin*, physicien anglais). En thermodynamique, unité de mesure de la température (abrév. K).

kendo [kɛndo] n.m. (mot jap. signif. « voie du sabre »). Art martial d'origine japonaise dans lequel les adversaires luttent avec un sabre de bambou.

képhir ou **kéfir** n.m. (mot du Caucase). Boisson gazeuse et acidulée, obtenue en faisant fermenter du petit-lait.

képi n.m. (alémanique *käppi*, petit bonnet). Coiffure légère munie d'une visière, portée notamm. par les officiers de l'armée de terre française.

kératine n.f. (du gr. *keras, keratos*, corne). Protéine fibreuse, riche en soufre, qui est un constituant de l'épiderme de l'homme et des animaux, ainsi que des poils, des ongles, des cornes, des sabots et des plumes.

kératite n.f. Inflammation de la cornée.

kératoplastie n.f. Greffe de la cornée.

kermès [kɛrmɛs] n.m. (mot ar., du persan). Insecte parasite de certains chênes et des arbres fruitiers, dont on tirait autrefois une teinture rouge. ▸ ***Chêne kermès,*** petit chêne méditerranéen à feuilles persistantes et épineuses.

kermesse n.f. (du néerl. *kerkmisse*, messe d'église). **1.** *Région.* Fête patronale et foire annuelle (**SYN.** ducasse [région.]). **2.** Fête, génér. en plein air, comportant des jeux et des stands de vente, organisée au bénéfice d'une œuvre : *La kermesse de l'école.*

kérosène n.m. (du gr. *kêros*, cire). Liquide pétrolier incolore ou jaune pâle, utilisé comme carburant d'aviation.

ketchup [kɛtʃœp] n.m. (mot angl., du *hindi*). Condiment d'origine anglaise, sauce épaisse à base de tomates, de saveur piquante et sucrée.

keuf n.m. (verlan de *flic*). *Fam.* Policier.

khâgne n.f. *Arg. scol.* Seconde année de classe préparatoire au concours d'entrée à l'École normale supérieure (sections littéraires).

khâgneux, euse n. *Arg. scol.* Élève de khâgne.

khalifat [kalifa] n.m. → **califat.**

khalife [kalif] n.m. → **calife.**

khalkha [kalka] n.m. Langue officielle de la République de Mongolie (**SYN.** mongol).

khamsin [xamsin] ou **chamsin** [kamsin] n.m. (de l'ar. *khamsin*, cinquantaine). Vent de sable soufflant en Égypte et sur la mer Rouge, analogue au sirocco.

① **khan** [kɑ̃] n.m. (mot turc). Titre des princes turcs et des souverains mongols.

② **khan** [kɑ̃] n.m. (mot persan). En Orient, abri pour les voyageurs ; caravansérail.

khat [kat] n.m. → **qat.**

khédive n.m. (du persan *khadiw*, seigneur). Titre porté par le vice-roi d'Égypte de 1867 à 1914.

khi [ki] n.m. inv. Vingt-deuxième lettre de l'alphabet grec (Χ, χ).

khmer, ère [kmɛr] adj. et n. (mot hindou). Relatif aux Khmers, à ce peuple du Cambodge : *La population khmère.* ◆ **khmer** n.m. Langue officielle du Cambodge (**SYN.** cambodgien).

khôl [kol] ou **kohol** [kɔɔl] n.m. (ar. *kuhl*). Fard noirâtre provenant de la carbonisation de substances grasses, utilisé pour le maquillage des yeux.

kibboutz [kibuts] n.m. (mot hébr. signif. « collectivité »). En Israël, exploitation communautaire, le plus souvent agricole : *Les premiers kibboutz ont été créés aux environs de 1909.* ☞ **REM.** Le pluriel savant est *kibboutzim.*

kick n.m. (de l'angl. *to kick*, donner des coups de pied). Dispositif de mise en marche d'un moteur de motocyclette, à l'aide du pied.

kicker [kikœr] n.m. En Belgique, baby-foot.

kidnapper v.t. (angl. *to kidnap*) [conj. 3]. Commettre un kidnapping : *Les ravisseurs qui ont kidnappé cette femme réclament une rançon.*

kidnappeur, euse n. Personne qui commet un kidnapping (**SYN.** ravisseur).

kidnapping [kidnapiŋ] n.m. Enlèvement d'une personne, en partic. pour obtenir une rançon (**SYN.** rapt).

kif n.m. (mot ar. maghrébin signif. « aise, état de béatitude »). Poudre de haschisch mêlée de tabac, en Afrique du Nord.

kiffer ou **kifer** v.t. (de *kif*) [conj. 3]. *Fam.* Apprécier, aimer qqn, qqch ; prendre du plaisir à.

kif-kif adj. inv. (de l'ar. dialect. *kif,* comme). ▸ *Fam.* ***C'est kif-kif,*** c'est pareil : *Qu'il veuille ou non, c'est kif-kif.*

kig ha fars n.m. inv. (mot breton). Dans la cuisine bretonne, potée dans laquelle on fait cuire le fars, préparation à base de froment ou de blé noir.

kiki n.m. (onomat.). *Fam.* Cou, gorge.

kil n.m. (abrév. de *kilo*). ▸ ***Un kil de rouge,*** un litre de vin rouge.

kilim [kilim] n.m. (mot turc). Tapis d'Orient tissé.

kilo n.m. (abrév.) [pl. *kilos*]. Kilogramme : *Il a acheté deux kilos de pommes.*

kilofranc n.m. Ancienne unité de compte qui équivalait à 1 000 francs (abrév. kF).

kilogramme n.m. Unité de mesure de masse valant 1 000 grammes (abrév. kg).

kilohertz [kiloɛrts] n.m. Fréquence équivalant à 1 000 hertz (abrév. kHz).

kilométrage n.m. **1.** Action de kilométrer : *Le kilométrage d'une route.* **2.** Nombre de kilomètres parcourus : *Le kilométrage d'une voiture.*

kilomètre n.m. Unité de distance valant 1 000 mètres (abrév. km). ▸ ***Kilomètre par heure*** ou ***kilomètre à l'heure*** ou ***kilomètre-heure,*** unité de mesure de vitesse équivalant à la vitesse d'un mobile qui, animé d'un mouvement uniforme, parcourt un kilomètre en une heure (abrév. km/h) : *Des kilomètres-heure.* ***Saisie au kilomètre,*** saisie de texte à l'aide d'un clavier en ne se préoccupant ni de la justification ni des éventuelles coupures de mots en fin de lignes.

kilométrer v.t. [conj. 18]. **1.** Marquer les distances kilométriques à l'aide de bornes. **2.** Mesurer une distance en kilomètres.

kilométrique adj. Relatif au kilomètre ; qui indique les kilomètres : *Borne kilométrique.*

kilotonne n.f. Unité servant à évaluer la puissance d'une charge nucléaire, équivalant à l'énergie dégagée par l'explosion de 1 000 tonnes de trinitrotoluène.

kilovolt n.m. Tension de 1 000 volts (abrév. kV).

kilowatt n.m. Unité de puissance égale à 1 000 watts (abrév. kW).

kilowattheure n.m. Unité d'énergie ou de travail, équivalant au travail exécuté pendant une heure par une machine dont la puissance est de 1 kilowatt (abrév. kWh).

kilt [kilt] n.m. (mot angl.). **1.** Jupe courte, plissée, en tartan, qui fait partie du costume national écossais. **2.** Jupe féminine ayant cette forme.

kimono n.m. (mot jap.). **1.** Tunique japonaise très ample, d'une seule pièce, croisée devant et maintenue par une large ceinture appelée *obi* ; peignoir léger évoquant cette tunique par sa coupe. **2.** Tenue, composée d'une veste et d'un pantalon amples, portée par les judokas, les karatékas, etc. ◆ adj. inv. ▸ ***Manche kimono,*** manche ample taillée d'une seule pièce avec le corsage.

kiné n. (abrév.). *Fam.* Kinésithérapeute. ◆ n.f. *Fam.* Kinésithérapie.

kinésiste n. En Belgique, kinésithérapeute.

kinésithérapeute n. Professionnel paramédical exerçant la kinésithérapie (abrév. fam. kiné) [on dit aussi *masseur-kinésithérapeute*].

kinésithérapie n.f. (du gr. *kinesis,* mouvement). Traitement de certaines affections des muscles ou des os et des articulations par des massages ou des mouvements imposés à différentes parties du corps (abrév. fam. kiné).

kiosque n.m. (d'un mot turc). **1.** Pavillon ouvert de tous côtés, installé dans un jardin ou un parc public : *Kiosque à musique.* **2.** Petite boutique installée sur la voie publique pour la vente de journaux, de fleurs, etc. : *Kiosque à journaux.*

kiosquier, ère ou **kiosquiste** n. Personne qui tient un kiosque à journaux.

kippa n.f. (mot hébr. signif. « coupole »). Calotte que portent les juifs pratiquants : *Des kippas.*

kipper [kipœr] n.m. (mot angl.). Hareng ouvert et fumé.

Kippour n.m. inv. → **Yom Kippour.**

Kir n.m. (nom déposé ; du chanoine *Kir,* ancien maire et député de Dijon). Apéritif constitué par un mélange de liqueur de cassis et de vin blanc. ▸ ***Kir royal,*** Kir où le vin blanc est remplacé par du champagne.

kirghiz, e [kirgiz] adj. et n. Du Kirghizistan, de ses habitants. ◆ **kirghiz** n.m. Langue turque parlée au Kirghizistan.

kirsch [kirʃ] n.m. (mot all. signif. « cerise »). Eau-de-vie extraite de cerises ou de merises fermentées.

kit [kit] n.m. (mot angl.). Ensemble d'éléments vendus avec un plan de montage et que l'on peut assembler soi-même : *Un meuble en kit.* ☞ **REM.** Il est recommandé d'utiliser *prêt-à-monter* à la place de cet anglicisme.

kitchenette n.f. (de l'angl. *kitchen,* cuisine). Petite cuisine souvent intégrée à la salle de séjour. ☞ **REM.** Il est recommandé d'utiliser *cuisinette* à la place de cet anglicisme.

kitsch [kitʃ] adj. inv. et n.m. inv. (mot all. signif. « toc »). Se dit d'un objet, d'un décor, d'une œuvre d'art dont le mauvais goût, voire la vulgarité, voulus ou non, réjouissent les uns, rebutent les autres : *Une lampe kitsch.*

kiwi [kiwi] n.m. (mot angl.). **1.** Oiseau de Nouvelle-Zélande au bec long et aux ailes réduites (**SYN.** aptéryx). **2.** Fruit comestible d'un arbuste, appelé *actinidia,* à pulpe verte et à peau marron couverte d'un duvet.

Klaxon [klaksɔn] n.m. (nom déposé). Avertisseur sonore pour les automobiles, les bateaux : *Des Klaxons.*

klaxonner [klaksɔne] v.i. et v.t. [conj. 3]. Faire fonctionner un Klaxon, un avertisseur sonore : *Klaxonner pour faire signe d'avancer. Elle a klaxonné un piéton.*

Kleenex [klinɛks] n.m. (nom déposé). Mouchoir jetable en ouate de cellulose : *Un paquet de Kleenex.*

kleptomane ou **cleptomane** n. et adj. Personne atteinte de kleptomanie.

kleptomanie ou **cleptomanie** n.f. (du gr. *kleptein*, voler). Impulsion pathologique qui pousse certaines personnes à voler.

knickers [nikœrs ou knikɛrs] n.m. pl. (mot angl.). Pantalon large et court, serré au-dessous du genou.

knock-down [nɔkdawn] n.m. inv. (mot angl., de *knock*, coup, et *down*, par terre). État d'un boxeur envoyé à terre, mais qui n'est pas encore mis hors de combat.

knock-out [nɔkawt] n.m. inv. (mot angl., de *knock*, coup, et *out*, dehors). Mise hors de combat d'un boxeur resté au moins dix secondes à terre ; état de ce boxeur (abrév. K.-O.). ◆ adj. inv. **1.** Se dit d'un boxeur vaincu par knock-out (abrév. K.-O.) : *Ces deux anciens champions ont déjà été knock-out au cours de leur carrière.* **2.** Complètement étourdi : *Ce coup sur la tête l'a mis knock-out* (= l'a assommé).

knout [knut] n.m. (mot russe). **1.** Dans l'ancienne Russie, fouet à lanières de cuir. **2.** Châtiment qui consistait à frapper le dos avec le knout.

K.-O. [kao] n.m. et adj. (abrév.). Knock-out : *Ce boxeur a été battu par K.-O.* ◆ adj. Épuisé par un effort ou assommé par un choc violent : *En rentrant du travail, ils sont complètement K.-O.* (SYN. exténué, fatigué ; CONTR. dispos).

koala n.m. (mot d'une langue indigène d'Australie). Mammifère marsupial grimpeur, se nourrissant exclusivement de feuilles d'eucalyptus, et vivant en Australie : *Les enfants ont vu des koalas au zoo.*

Koch (bacille de), bactérie responsable de la tuberculose.

kohol [kɔɔl] n.m. → **khôl.**

koinè [kɔjnɛ] n.f. (du gr. *koinos*, commun). **1.** Dialecte attique qui est devenu la langue commune de tout le monde grec à l'époque hellénistique et romaine. **2.** Toute langue commune aux habitants d'une région donnée (= langue véhiculaire).

kola ou **cola** n.m. (mot dialect. d'une langue d'Afrique occidentale). **1.** Arbre d'Afrique (on dit aussi *un kolatier*). **2.** Fruit de cet arbre, contenant des alcaloïdes stimulants (on dit aussi *une noix de kola*).

kolatier n.m. Arbre originaire d'Afrique, qui produit le kola.

kolkhoz ou **kolkhoze** n.m. (abrév. d'un mot russe signif. « exploitation collective »). Dans l'ex-U.R.S.S., coopérative agricole de production.

kolkhozien, enne adj. et n. Relatif à un kolkhoz ; qui est membre d'un kolkhoz : *Une organisation kolkhozienne.*

kopeck n.m. (mot russe). Unité monétaire divisionnaire de la Russie, valant 1/100 de rouble. ▸ *Fam.* ***Pas un kopeck,*** pas un sou.

kora n.f. Grand luth à 21 cordes, originaire d'Afrique de l'Ouest.

korê n.f. (mot gr.). Statue de jeune fille, typique de l'art grec archaïque.

korrigan, e [kɔrigɑ̃, an] n. (mot breton signif. « lutin »). Nain ou fée des légendes bretonnes.

kot [kɔt] n.m. (mot néerl. signif. « chambre »). En Belgique, chambre d'étudiant ; débarras.

koubba n.f. (mot ar.). Monument élevé sur la tombe d'un marabout, en Afrique du Nord.

kouglof n.m. (mot alsacien, de l'all. *Kugel*, boule). Brioche alsacienne aux raisins secs, en forme de couronne : *Il achète souvent des kouglofs.*

kouign-amann [kwiɲnaman] n.m. inv. (mot breton signif. « gâteau au beurre »). Galette riche en beurre et en sucre, caramélisée sur le dessus : *Les kouign-amann sont une spécialité de Douarnenez.*

koulak n.m. (mot russe). Paysan enrichi de la Russie de la fin du XIXe siècle et du début du XXe siècle.

koulibiac n.m. (d'un mot russe). Dans la cuisine russe, pâté brioché et farci de poisson, de viande, de chou, etc.

kouros ou **couros** [kurɔs] n.m. (mot gr. signif. « jeune homme »). Statue grecque archaïque représentant un jeune homme nu.

kraal [kral] n.m. (mot néerl.). En Afrique du Sud, village indigène ; enclos pour le bétail.

krach [krak] n.m. (mot all. signif. « craquement »). **1.** Effondrement des cours des valeurs ou des marchandises, à la Bourse : *Des krachs financiers.* **2.** Débâcle financière, faillite brutale d'une entreprise. ☞ REM. Ne pas confondre avec *crash*.

kraft [kraft] n.m. (mot all. signif. « force »). ▸ ***Papier kraft,*** papier d'emballage brun ou blanc très résistant (on dit aussi *du kraft*) : *Des papiers krafts de grammages différents.*

kriek [krik] n.f. En Belgique, gueuze aromatisée à la cerise.

krill [kril] n.m. (mot norvég.). Plancton des mers froides formé de petits crustacés transparents, et qui constitue la nourriture principale des baleines à fanons.

kriss n.m. (mot malais). Poignard malais à lame ondulée en forme de flamme.

krypton n.m. (du gr. *kruptos*, caché). Gaz rare de l'atmosphère, utilisé dans certaines ampoules électriques.

ksar n.m. (d'un mot ar.) [pl. *ksour*]. Village fortifié de l'Afrique du Nord.

ksi ou **xi** [ksi] n.m. inv. Quatorzième lettre de l'alphabet grec (Ξ, Ξ) correspondant à l'*x* français.

kummel [kymɛl] n.m. (mot all. signif. « cumin »). Liqueur d'origine russe, à base de cumin, appréciée pour ses qualités digestives.

kumquat [kumkwat] n.m. (du chin.). **1.** Arbuste voisin du mandarinier, cultivé pour ses petits fruits comestibles et pour l'ornement. **2.** Fruit de cet arbuste, consommé confit.

kung-fu [kuŋfu] n.m. inv. (mot chin.). Art martial chinois, assez proche du karaté.

kurde [kyrd] adj. et n. Qui se rapporte aux Kurdes ; relatif au Kurdistan : *Le peuple kurde.* ◆ n.m. Langue du groupe iranien parlée par les Kurdes.

kwas ou **kvas** [kvas] n.f. (d'un mot russe). Boisson d'origine russe, obtenue à partir de farine d'orge ou de seigle fermentée.

kwashiorkor [kwaʃjɔrkɔr] n.f. (mot du Ghana). Dénutrition grave par carence en protéines, observée chez les enfants du tiers-monde.

K-way [kawɛ] n.m. inv. (nom déposé). Coupe-vent

qui, replié dans une des poches prévues à cet effet, peut être porté en ceinture.

Kyrie [kirije] ou **Kyrie eleison** [kirijeelejsɔn] n.m. inv. (du gr. *Kurie,* Seigneur). Invocation faite au début de la messe ; musique composée sur cette invocation.

kyrielle n.f. (de *Kyrie*). Longue suite ininterrompue : *Elle a fait une kyrielle de remarques* (**SYN.** avalanche, chapelet). *Elle a une kyrielle de chats* (**SYN.** foule, quantité).

kyste n.m. (du gr. *kustis,* vessie). Cavité pathologique à contenu liquide ou semi-liquide : *Un kyste du rein.*

kystique adj. Relatif aux kystes ; de la nature des kystes.

kyudo [kjudo] n.m. (mot jap.). Tir à l'arc japonais.

L

l [ɛl] n.m. inv. Douzième lettre (consonne) de l'alphabet. ▸ ***L,*** chiffre romain valant cinquante.

① **la** art. déf. fém. sing. → **1. le.**

② **la** pron. pers. fém. sing. → **2. le.**

③ **la** n.m. inv. Note de musique dans le système de notation musical français, sixième degré de la gamme de *do.* ▸ ***Donner le « la »,*** jouer cette note de musique pour donner le ton ; fig., en parlant de qqn, être le premier à faire telle chose, à avoir tel comportement, en parlant de qqch, servir d'exemple : *Elle a donné le « la » des concerts dans un stade. Les biotechnologies donnent le « la » dans de nombreux domaines.*

là adv. (du lat. *illac,* par là). **1.** Indique un lieu autre que celui où l'on se trouve (par opp. à ici) : *Ne le range pas ici, mets-le plutôt là.* **2.** Indique un lieu précis ou le lieu où l'on est, dans la langue courante : *C'est là que je pars en vacances. J'irai là où il se trouve. C'est là qu'il y a un problème* (= en cet endroit). **3.** Indique un moment, une situation, un point précis dans le temps ; à ce point, en cela : *Là, je ne sais plus quoi faire.* **4.** Se place avec un trait d'union à la suite des pron. dém. et des noms précédés eux-mêmes de l'adj. dém. *ce* pour apporter une plus grande précision : *Celui-là. Celle-là. Ceux-là. Ces arbres-là. Ce matin-là.* **5.** Se place avant quelques adv. de lieu : *Là-bas, là-dessus.* **6.** Indique un renforcement de l'énoncé : *Que dites-vous là ?* ▸ ***Çà et là,*** disséminés de tous côtés, de côté et d'autre. ***De là,*** pour cette cause, pour cette raison : *De là sont venus tous nos ennuis. Elle n'a pas répondu ; de là ma colère.* ***De là à,*** il s'en faut de beaucoup : *Je ne lui en veux plus, mais de là à l'inviter...* ***Être là,*** être présent. ***Là contre,*** contre cela. ***Par là,*** par ce lieu ; dans les environs ; par ce moyen : *L'air passe par là* (= par cet endroit). *Elles travaillent par là* (= dans le secteur). ◆ **là, là !** interj. Sert à apaiser, à consoler qqn : *Là, là, c'est fini !*

là-bas adv. En un lieu situé plus bas ou plus loin : *Là-bas, dans l'arrière-pays, il fait très chaud.*

label n.m. (mot angl. signif. « étiquette »). **1.** Marque spéciale apposée sur un produit destiné à la vente, pour en certifier l'origine, les conditions de fabrication (on dit aussi *label de qualité*) : *Le label A.O.C. pour les vins.* **2.** Signe, marque sous lesquels se présente qqn, qqch : *Candidat qui se présente sous le label d'un parti politique* (**SYN.** étiquette). **3.** Société éditrice de disques ; marque déposée par cette société.

labéliser ou **labelliser** v.t. [conj. 3]. Attribuer un label à qqch : *Labéliser du jambon de pays.*

labeur n.m. (lat. *labor*). *Litt.* Travail pénible et prolongé : *Une dure vie de labeur.*

labial, e, aux adj. (du lat. *labium,* lèvre). Relatif aux lèvres : *Les muscles labiaux. Une consonne labiale* (= dont l'articulation se fait avec les lèvres).

labialiser v.t. [conj. 3]. Prononcer un phonème en arrondissant les lèvres.

labié, e adj. (du lat. *labium,* lèvre). Se dit d'une corolle dont le bord est découpé en deux lobes principaux opposés l'un à l'autre comme deux lèvres ouvertes.

labile adj. (lat. *labilis,* de *labi,* glisser). **1.** Se dit d'une substance chimique peu stable. **2.** Se dit d'une humeur changeante.

laborantin, e n. Personne employée dans un laboratoire d'analyses ou de recherches.

laboratoire n.m. (du lat. *laborare,* travailler). **1.** Local aménagé pour faire des recherches scientifiques, des analyses biologiques, des essais industriels, des travaux photographiques, etc. (abrév. fam. labo) : *Examens de laboratoire.* **2.** Ensemble de chercheurs effectuant dans un lieu déterminé un programme de recherches. **3.** (Employé en appos., avec ou sans trait d'union). Indique que qqch sert à des travaux de recherche : *Un camion laboratoire. Des navires-laboratoires.* **4.** *Fig.* Tout lieu où une équipe travaille à l'élaboration de qqch : *Un laboratoire de l'urbanisme.*

laborieusement adv. Avec beaucoup de peine et de travail : *Elle a rédigé son rapport laborieusement* (**SYN.** difficilement, péniblement ; **CONTR.** aisément, facilement).

laborieux, euse adj. et n. (lat. *laboriosus,* de *labor,* travail). Qui travaille beaucoup, assidûment (**SYN.** travailleur ; **CONTR.** paresseux). ◆ adj. Qui coûte beaucoup de travail, d'efforts : *Une analyse laborieuse. Digestion laborieuse* (**SYN.** difficile).

labour n.m. Travail agricole qui consiste à labourer le sol : *Labour de printemps.* ◆ **labours** n.m. pl. Terres labourées.

labourable adj. Propre à être labouré : *Terres labourables* (**SYN.** arable, cultivable ; **CONTR.** incultivable).

labourage n.m. Action, manière de labourer la terre.

labourer v.t. (du lat. *laborare,* travailler) [conj. 3]. **1.** Ouvrir et retourner la terre avec une charrue ou avec un outil à main. **2.** Creuser profondément le sol, l'entailler : *Les pneus du tracteur ont labouré le chemin* (**SYN.** défoncer). **3.** *Fig.* Marquer une partie du corps de raies, de stries profondes : *De grandes rides* *labouraient son front* (**SYN.** sillonner). *Les griffes du chat ont labouré ses mains* (**SYN.** entailler, lacérer).

laboureur n.m. *Vieilli* Celui qui laboure, cultive la terre (**SYN.** agriculteur, cultivateur).

labrador n.m. Race de grands chiens à poil ras.

labre n.m. (du lat. *labrum,* lèvre). **1.** Poisson marin comestible. **2.** Lèvre supérieure des insectes.

labyrinthe n.m. (gr. *laburinthos*). **1.** (Avec une majuscule). Édifice légendaire, attribué à Dédale, qui était tellement complexe que l'on n'en trouvait que difficilement l'issue. **2.** Réseau compliqué de chemins où l'on a du mal à s'orienter : *Le labyrinthe des ruelles de Venise* (**SYN.** dédale, lacis). **3.** Petit bois ou plantation de haies comportant des allées tellement entrelacées que l'on peut s'y égarer facilement. **4.** Complication inextricable : *Le labyrinthe des lois* (**SYN.** maquis). **5.** Ensemble des parties qui composent l'oreille interne.

labyrinthique adj. Relatif à un labyrinthe : *Des couloirs labyrinthiques.*

lac n.m. (lat. *lacus*). Grande étendue d'eau intérieure, génér. douce : *Lac artificiel.* ▸ *Fam.* ***Être*** ou ***tomber dans le lac,*** n'aboutir à rien : *Notre travail est dans le lac* (= il a échoué).

laçage ou **lacement** n.m. Action, manière de lacer.

lacédémonien, enne adj. De Lacédémone (Sparte).

lacer v.t. (lat. *laqueare,* de *laqueus,* lacet) [conj. 16]. Serrer, maintenir, fermer avec un lacet : *Lacer ses chaussures* (**SYN.** attacher ; **CONTR.** délacer).

lacération n.f. Action de lacérer.

lacérer [lasere] v.t. (du lat. *lacerare,* déchirer) [conj. 18]. **1.** Mettre en pièces : *Lacérer des affiches* (**SYN.** déchirer). **2.** Faire des entailles dans un tissu vivant : *Le fouet lui lacéra le dos* (**SYN.** labourer).

lacertilien n.m. (du lat. *lacertus,* lézard). Reptile à la peau écailleuse, génér. muni de pattes, tel que le lézard, le caméléon ou le varan (**SYN.** saurien).

lacet n.m. (de *lacs*). **1.** Cordon que l'on passe dans des œillets pour serrer un vêtement, des souliers, etc. **2.** Nœud coulant pour prendre le gibier (**SYN.** collet, lacs).

laceur, euse n. Personne qui fait des filets pour la chasse, la pêche.

lâchage n.m. **1.** Action de lâcher : *Le lâchage des chiens de garde.* **2.** *Fam.* Action de quitter qqn que l'on aidait : *Le lâchage de sa famille* (**SYN.** abandon).

① **lâche** adj. (de *1. lâcher*). **1.** Qui n'est pas tendu, pas serré : *Fil lâche* (**SYN.** mou). *Nœud lâche* (**CONTR.** serré). *L'encolure est un peu lâche* (**SYN.** flottant, large ; **CONTR.** ajusté, étroit). **2.** *Litt.* Qui manque de précision, d'intensité ou de rigueur.

② **lâche** adj. et n. (de *1. lâche*). **1.** Qui manque de courage, d'énergie ou de loyauté : *Vous êtes lâches* (**SYN.** peureux, poltron ; **CONTR.** brave, courageux). *Il a ressenti un lâche soulagement* (**SYN.** abject, inavouable, méprisable). **2.** Qui manifeste de la cruauté et de la bassesse en s'attaquant à des êtres sans défense : *Un lâche qui s'en prend aux plus petits.*

lâchement adv. Sans courage ; avec lâcheté : *Abandonner lâchement ses amis* (**CONTR.** courageusement).

① **lâcher** v.t. (du lat. *laxare,* détendre) [conj. 3]. **1.** Rendre qqch moins tendu, moins serré : *Lâcher sa ceinture d'un cran* (**SYN.** desserrer, relâcher ; **CONTR.** serrer). **2.** Cesser de tenir, de retenir : *Lâcher son verre* (= laisser tomber). *Le chat a lâché sa proie. Lâcher les amarres* (**SYN.** détacher, larguer). *Ne lâche pas sa main.* **3.** Laisser échapper malgré soi une parole, un geste : *Lâcher un soupir* (**CONTR.** retenir). *Voilà le grand mot lâché.* **4.** Se détacher de qqch, de qqn : *Lâcher son travail* (**SYN.** abandonner, quitter). *Lâcher ses amis* (= rompre les relations). *Lâcher un concurrent* (**SYN.** distancer, semer). **5.** Cesser de retenir ; libérer : *Lâcher des ballons* (= les faire s'envoler). *Lâcher son chien sur qqn* (= le lancer à sa poursuite). **6.** *Fam.* Cesser d'importuner ; laisser tranquille : *Elle ne m'a pas lâché de la soirée.* ▸ ***Lâcher pied,*** abandonner une position ; renoncer à combattre : *Face à de tels arguments, elle a lâché pied* (= elle a cédé). ***Lâcher prise,*** cesser de serrer, de tenir ce qu'on avait en main ; fig., abandonner une tâche, une entreprise : *J'attrapais une crampe, j'ai dû lâcher prise. Ne réponds pas, il finira par lâcher prise* (= se décourager, se lasser). ◆ v.i. Céder brutalement ; rompre, se casser : *La planche a lâché* (**SYN.** casser, craquer ; **CONTR.** tenir).

② **lâcher** n.m. (de *1. lâcher*). Action de laisser aller, de laisser partir : *Un lâcher de ballons, de pigeons.*

lâcheté n.f. **1.** Manque de courage ; attitude d'une personne lâche : *Mentir par lâcheté* (**SYN.** peur, poltronnerie, veulerie ; **CONTR.** bravoure). **2.** Action indigne : *Tant de lâchetés ont été commises à cette époque* (**SYN.** bassesse, vilenie).

lâcheur, euse n. *Fam.* Personne qui abandonne ceux avec qui elle était engagée.

lacis [lasi] n.m. (de *lacer*). Réseau de fils, de vaisseaux, de routes, etc., entrelacés : *Un lacis de ruelles* (**SYN.** labyrinthe). *Le lacis géométrique des digues des rizières.*

laconique adj. (du gr. *lakonikos,* de Laconie). Qui s'exprime ou est exprimé en peu de mots : *Un écrivain laconique* (**CONTR.** prolixe, verbeux). *Un communiqué laconique* (**SYN.** bref, concis ; **CONTR.** long).

laconiquement adv. De façon laconique ; en peu de mots (**SYN.** succinctement ; **CONTR.** longuement).

laconisme n.m. Façon laconique de s'exprimer : *Le laconisme d'une réponse* (**SYN.** brièveté, concision).

lacquemant [lakmɑ̃] n.m. En Belgique, gaufrette ovale fourrée de sirop de sucre brun aromatisé à la fleur d'oranger, qui se vend sur les champs de foire (on écrit aussi *lacment* et *lack(e)man*).

lacrima-christi [lakrimakristi] n.m. inv. (mots lat. signif. « larme du Christ »). Vin provenant des vignes cultivées au pied du Vésuve ; cépage qui le produit.

lacrymal, e, aux adj. (lat. *lacrimalis,* de *lacrima,* larme). Relatif à la sécrétion des larmes : *Glandes lacrymales.*

lacrymogène adj. Qui fait pleurer : *Gaz lacrymogène.*

lacs [lɑ] n.m. (lat. *laqueus,* nœud coulant). Nœud coulant pour prendre du gibier (**SYN.** collet, lacet).

lactaire n.m. (du lat. *lac, lactis,* lait). Champignon des bois dont la chair brisée laisse écouler un lait blanc ou coloré.

lactarium [laktarjɔm] n.m. (mot lat.). Centre de stockage et de distribution du lait maternel : *Des lactariums.*

lactation n.f. (du lat. *lactare,* allaiter). Formation, sécrétion et excrétion du lait par la glande mammaire.

lacté, e adj. (du lat. *lac, lactis,* lait). **1.** À base de lait : *Un dessert lacté. Régime lacté.* **2.** Qui ressemble au lait : *Suc lacté.* ▸ ***La Voie lactée,*** bande blanchâtre, floue, qui fait le tour complet de la sphère céleste.

lactescent, e [laktesɑ̃, ɑ̃t] adj. (du lat. *lactescens,* qui devient laiteux). **1.** Qui contient un suc laiteux : *Le lactaire est un champignon lactescent.* **2.** Qui est d'un blanc laiteux.

lactique adj. ▸ ***Acide lactique,*** acide présent dans le petit-lait. ***Ferments lactiques,*** ensemble des bactéries contenues dans le lait non stérilisé et qui sont utilisées dans les industries laitière et pharmaceutique.

lactose n.m. Sucre contenu dans le lait, se dédoublant en glucose et en galactose.

lactosérum [laktoserɔm] n.m. Petit-lait obtenu lors de la fabrication du fromage.

lacunaire adj. Qui présente des lacunes : *Texte lacunaire* (**SYN.** incomplet ; **CONTR.** complet).

lacune n.f. (du lat. *lacuna,* fossé). **1.** Interruption dans un texte qui brise l'enchaînement : *Un récit rempli de lacunes* (**SYN.** manque, omission). **2.** Ce qui manque pour compléter une chose : *Les lacunes d'une éducation* (**SYN.** carence). *Ma mémoire a des lacunes* (**SYN.** défaillance, trou).

lacuneux, euse adj. *Litt.* Qui comporte des lacunes : *Manuscrit lacuneux* (**SYN.** lacunaire ; **CONTR.** complet).

lacustre adj. (lat. *lacustris,* de *lacus,* lac). Qui vit sur les bords ou dans les eaux d'un lac : *Plante lacustre.* ▸ ***Village lacustre,*** village construit ou non sur pilotis, en bordure ou à proximité d'un lac (on disait autref. *une cité lacustre* ou *un palafitte*).

lad [lad] n.m. (mot angl. signif. « jeune homme »). Garçon d'écurie qui soigne les chevaux de course.

là-dedans adv. **1.** À l'intérieur de ce lieu, de cet objet : *Je l'ai rangé là-dedans.* **2.** *Fam.* Dans ce texte, dans ce que vous dites ; dans cela : *Il y a là-dedans quelque chose qui m'échappe* (= dans cette situation).

là-dessous adv. **1.** Sous cette chose, cet objet ; sous cela : *Le stylo a glissé là-dessous.* **2.** Sous ce qui est montré, sous les apparences : *Je pense qu'il y a quelque chose de plus grave là-dessous.*

là-dessus adv. **1.** Sur cet objet, cette chose : *Ne monte pas là-dessus, tu risques de tomber !* (= sur cela). **2.** Aussitôt après ; immédiatement : *Là-dessus, il quitta la pièce* (= sur ces entrefaites). **3.** Remplace *sur cela, dessus* dans certaines expressions : *Je compte là-dessus. Il se penchera là-dessus dès que possible.*

ladino n.m. (mot esp.). Forme du castillan parlée par les descendants des Juifs expulsés d'Espagne en 1492 (**SYN.** judéo-espagnol).

ladite adj.f. → **ledit.**

ladre adj. et n. (du lat. *Lazarus,* nom du pauvre couvert d'ulcères dans la parabole de l'Évangile). **1.** *Litt.* Avare (**CONTR.** généreux). **2.** Se dit d'un porc ou d'un bœuf infecté par des larves de ténia.

ladrerie n.f. **1.** *Litt.* Avarice (**CONTR.** générosité). **2.** Maladie d'un porc, d'un bœuf ladres.

lady [lɛdi] n.f. (mot angl.) [pl. *ladys* ou *ladies*]. Femme de haut rang, en Angleterre.

lagon n.m. (mot esp., du lat. *lacus,* lac). Étendue d'eau peu profonde à l'intérieur d'un atoll, ou fermée vers le large par un récif corallien : *Le lagon de Mururoa.*

lagopède n.m. (du gr. *lagôs,* lièvre, et du lat. *pes, pedis,* pied). Oiseau gallinacé des hautes montagnes et du nord de l'Europe : *Le lagopède des Alpes est entièrement blanc en hiver.*

laguiole [lajɔl] n.m. (de *Laguiole,* n.pr.). **1.** Fromage voisin du cantal, fabriqué dans l'Aubrac. **2.** Couteau à manche légèrement recourbé et à lame allongée.

lagunaire adj. Relatif aux lagunes.

lagune n.f. (it. *laguna*). Étendue d'eau marine retenue derrière un cordon littoral : *Venise est construite sur les îles d'une lagune.*

là-haut adv. **1.** Dans un lieu situé plus haut : *La salle de bains est là-haut, au premier étage* (**SYN.** au-dessus ; **CONTR.** au-dessous). **2.** Dans la vie future, après la mort (par opp. à ici-bas) : *Quand elle sera là-haut, tu te le reprocheras* (= au ciel).

① **lai** [lɛ] n.m. (celt. *laid*). Au Moyen Âge, petit poème narratif ou lyrique, à vers courts.

② **lai, e** [lɛ] adj. (du lat. *laicus,* laïque). ▸ ***Frère lai, sœur laie,*** religieux, religieuse appartenant à une congrégation et qui observent la règle tout en gardant un statut laïc.

laïc adj.m. et n.m. → **laïque.**

laïcisation n.f. Action de laïciser : *La laïcisation de l'enseignement.*

laïciser v.t. [conj. 3]. Rendre laïque et, spécial., soustraire à l'autorité religieuse ; organiser selon les principes de la laïcité.

laïcisme n.m. Doctrine des partisans de la laïcisation.

laïcité n.f. **1.** Caractère de ce qui est laïque, indépendant des conceptions religieuses ou partisanes. **2.** Organisation politique fondée sur la séparation de l'Église et de l'État, en partic. dans le domaine de l'organisation de l'enseignement public.

laid, e adj. (du frq.). **1.** Dont l'aspect heurte le sens esthétique, l'idée que l'on a du beau : *Un visage laid* (**SYN.** disgracieux, ingrat ; **CONTR.** gracieux). *Ces maisons sont laides* (**SYN.** hideux, horrible ; **CONTR.** beau). **2.** Qui s'écarte des bienséances, de ce que l'on pense être bien, moral, honnête : *C'est très laid de mentir* (**SYN.** honteux, ignoble ; **CONTR.** édifiant, honorable). ◆ **laid** n.m. ▸ ***Le laid,*** ce qui est laid, inesthétique (**CONTR.** 2. beau).

laidement adv. D'une façon déplaisante ou vile.

laideron n.m. ou **laideronne** n.f. Jeune fille, jeune femme laide : *Cette fille est un vrai laideron.*

laideur n.f. **1.** Fait d'être laid ; caractère de ce qui est laid : *La laideur d'un bâtiment* (**SYN.** hideur [litt.] ; **CONTR.** beauté). *Un visage d'une grande laideur.* **2.** Caractère de ce qui est bas, vil : *Molière a montré l'hypocrisie dans toute sa laideur* (**SYN.** abjection, bassesse ; **CONTR.** beauté, noblesse).

① **laie** n.f. (frq. *lêha*). Femelle du sanglier.

② **laie** n.f. (frq. *laida,* chemin). Sentier rectiligne percé dans une forêt (**SYN.** layon).

lainage n.m. **1.** Étoffe de laine : *Une veste en lainage.* **2.** Vêtement en laine tricotée : *Emportez des lainages pour le soir.* **3.** Toison des moutons. **4.** Opération qui donne aux tissus de laine et de coton un aspect pelucheux et doux.

laine n.f. (lat. *lana*). **1.** Fibre épaisse, douce et frisée, provenant de la toison des moutons, et utilisée comme matière textile : *Une pelote de laine. Laine vierge*

(= laine pure et non traitée). **2.** Fibre provenant du pelage de certains animaux, comme l'alpaga, le chameau, la chèvre ou le lapin angora. **3.** *Fam.* Vêtement de laine tricoté : *Mettre une petite laine pour ne pas avoir froid* (**SYN.** lainage, tricot). **4.** Duvet qui recouvre certaines plantes. ▸ ***Laine à tricoter,*** qui est roulée en pelote, rangée en écheveau. ***Laine de verre,*** fibre de verre de très faible diamètre, utilisée pour l'isolation thermique. ***Pure laine,*** au Québec, qui descend en droite ligne des premiers colons venus de France : *Une Québécoise pure laine* ; qui est de souche, qui est représentatif de sa communauté d'origine : *Un citadin pure laine.* ***Se laisser manger la laine sur le dos,*** se laisser dépouiller.

lainer v.t. [conj. 3]. Opérer le lainage d'une étoffe.

lainerie n.f. **1.** Fabrication des étoffes de laine. **2.** Atelier où sont lainées les étoffes. **3.** Lieu où l'on tond les moutons.

laineux, euse adj. **1.** Qui contient beaucoup de laine : *Un mouton laineux.* **2.** Se dit de ce qui a l'aspect de la laine : *Le pelage laineux d'un colley.* **3.** Se dit d'une plante couverte d'un duvet qui ressemble à de la laine.

① **lainier, ère** adj. Relatif à la laine : *L'industrie lainière.*

② **lainier, ère** n. **1.** Industriel de la laine. **2.** Professionnel qui travaille dans l'industrie lainière.

laïque adj. et n. (bas lat. *laicus,* du gr. *laikos,* qui appartient au peuple). **1.** Qui n'appartient pas au clergé : *Les autorités laïques* (**SYN.** séculier ; **CONTR.** ecclésiastique). **2.** Relatif à la laïcité ; qui en est partisan : *Un mouvement laïque.* ◆ **laïc, laïque** adj. **1.** Indépendant des organisations religieuses ; qui relève de la laïcité : *Institution laïque. Un État laïque.* **2.** Qui est étranger à la religion, au sentiment religieux : *Un mythe laïc.* ▸ ***École, enseignement laïques,*** école, enseignement indépendants de toute appartenance religieuse (par opp. à confessionnel, à religieux). ☞ **REM.** Au masculin, l'adjectif peut s'écrire *laïc* ou *laïque* ; au féminin, il s'écrit toujours *laïque.*

① **laisse** n.f. (de *laisser*). Corde, lanière servant à mener un chien. ▸ ***Tenir qqn en laisse,*** l'empêcher d'agir librement.

② **laisse** n.f. (de *1. laisse*). Zone d'une plage qui se trouve découverte à marée basse.

laissé-pour-compte, laissée-pour-compte n. (pl. *laissés-pour-compte, laissées-pour-compte*). *Fam.* Personne rejetée par un groupe social ou qui ne peut pas s'adapter aux changements du monde : *Les laissés-pour-compte de la société.* ◆ **laissé-pour-compte** n.m. (pl. *laissés-pour-compte*). Marchandise dont on a refusé de prendre livraison.

laisser v.t. (du lat. *laxare,* relâcher, détendre) [conj. 4]. **1.** Ne pas prendre, ne pas employer, ne pas consommer qqch dont on pourrait disposer ; différer une action : *Laisser de la nourriture dans son assiette. Laisse du pain pour demain matin* (**SYN.** garder). *Laissez ça pour lundi* (= remettez à lundi). **2.** Abandonner à qqn qqch que l'on pourrait garder : *Laisser sa place assise à une personne âgée.* **3.** Remettre qqch à qqn : *Laisser un paquet chez la concierge* (**SYN.** confier). *Laisser un pourboire au serveur* (**SYN.** donner, verser). **4.** Confier qqch à qqn : *Je te laisse le soin d'arroser les fleurs* (= je te charge de). *Je peux vous laisser un message pour elle ?* **5.** Se séparer de qqch, l'abandonner volontairement ou non : *Je vous laisse le tout pour 20 euros* (**SYN.** céder, vendre). *Laisser son manteau au vestiaire* (**SYN.** déposer, mettre ; **CONTR.** garder). *Je crois que j'ai laissé mon sac chez elle* (**SYN.** oublier). *Ils ont laissé leur maison de Castelnau* (**SYN.** quitter). **6.** Perdre : *J'y ai laissé beaucoup d'argent. Il a laissé sa vie dans cette guerre* (= il est mort). **7.** Donner par testament, par donation : *Laisser tous ses biens à ses enfants* (**SYN.** léguer, transmettre). **8.** Avoir tel acquit (positif ou négatif) au moment de sa mort : *Ce peintre a laissé une œuvre considérable. Laisser des dettes. Il laisse deux enfants.* **9.** Se séparer de qqn, ne pas l'emmener avec soi : *Pendant son hospitalisation, elle a laissé ses enfants chez sa mère* (= elle les a confiés). **10.** Maintenir qqn, qqch dans tel état, dans telle situation, dans telle position : *Laisser qqn à la porte. Laisser un animal en liberté. Laisser un champ en friche. Laisse ta sœur tranquille* (= ne l'importune pas). **11.** Être la cause de qqch qui se forme ou qui subsiste ; former, déposer : *Ce produit a laissé une tache.* **12.** (Suivi d'un inf.). Permettre de ; ne pas empêcher de : *Laisser passer une ambulance. Je ne la laisserai pas partir seule. Je les ai laissés sortir. Laisse-le choisir.* ▸ *Litt.* ***Laisser à qqn à penser*** (si, ce que, etc.), ne pas expliquer à qqn qqch que l'on juge suffisamment clair, explicite : *Je te laisse à penser si je veux y retourner* ; (sans compl.) donner à réfléchir : *Cela laisse à penser.* ***Laisser faire, laisser dire,*** ne pas se soucier de ce que font, de ce que disent les autres. *Fam.* ***Laisser tomber,*** abandonner : *Je n'en peux plus, je laisse tomber* (= j'arrête). *Litt.* ***Ne pas laisser de*** (+ inf.), ne pas manquer de : *Ces propos ne laissent pas de me surprendre* (= me surprennent énormément). ◆ **se laisser** v.pr. **1.** (Suivi d'un inf.). Être, volontairement ou non, l'objet d'une action : *Elle s'est laissée aller à un mouvement d'impatience. Nous nous sommes laissé faire* (= nous n'avons pas opposé de résistance). **2.** *Fam.* Être agréable à, en parlant de choses : *Petit vin qui se laisse boire. Cette tarte se laisse manger.* ▸ ***Se laisser aller*** ou ***se laisser vivre,*** se relâcher, s'abandonner à ses penchants. ***Se laisser dire que...,*** entendre dire, mais sans y croire beaucoup, que : *Je me suis laissé dire que vous alliez déménager.*

laisser-aller n.m. inv. Négligence dans la tenue, dans les manières : *Faire preuve de laisser-aller dans son travail* (**SYN.** négligence ; **CONTR.** soin).

laisser-faire n.m. inv. Attitude qui consiste à ne pas intervenir : *Politique du laisser-faire.*

laissez-passer n.m. inv. Document délivré par une autorité et permettant à une personne de pénétrer et de circuler sur un territoire déterminé : *Obtenir des laissez-passer* (**SYN.** sauf-conduit).

lait n.m. (lat. *lac, lactis*). **1.** Liquide blanc sécrété par les glandes mammaires de la femme et par celles des femelles des mammifères : *Le lait est un aliment complet. Une montée de lait. Lait de vache, de chèvre, d'ânesse. Lait entier. Café au lait.* **2.** Liquide qui a l'aspect du lait : *Lait de coco, d'amande. Lait de chaux.* **3.** Préparation plus ou moins fluide, souvent parfumée, pour les soins de la peau et le maquillage : *Lait démaquillant.* ▸ *Fam.* ***Boire du lait*** ou ***du petit lait,*** éprouver une vive satisfaction. ***Dent de lait,*** dent appartenant à la première dentition de l'enfant ou du jeune mammifère et qui sera remplacée par les dents permanentes.

Frères, sœurs de lait, enfants nourris du lait de la même femme. ***Lait de poule,*** mélange de jaune d'œuf battu, de lait chaud et de sucre.

laitage n.m. Aliment à base de lait : *Le beurre, le fromage, les yaourts sont des laitages.*

laitance ou **laite** n.f. Sperme de poisson.

laité, e adj. Qui a de la laitance : *Hareng laité.*

laiterie n.f. **1.** Usine où le lait recueilli dans les fermes est stérilisé ou transformé en produits dérivés (crème, beurre, fromage, etc.). **2.** Industrie, commerce du lait. **3.** Local d'une ferme où l'on conserve le lait et où l'on fait le beurre, le fromage.

laiteux, euse adj. Qui ressemble au lait ; de couleur blanchâtre : *Une peau laiteuse* (**CONTR.** basané, bronzé, hâlé).

① **laitier, ère** n. Personne qui vend des produits laitiers. ▸ ***À l'heure du laitier,*** à l'aube, au petit jour. ◆ adj. Qui concerne le lait et ses dérivés : *Produits laitiers.* ▸ ***Vache laitière,*** vache élevée pour la production du lait (on dit aussi *une laitière*).

② **laitier** n.m. Ensemble de scories, d'impuretés qui se forment à la surface d'un métal en fusion : *Le laitier est employé dans la construction des assises de chaussée.*

laitière n.f. Vache laitière.

laiton n.m. (d'un mot ar. signif. « cuivre »). Alliage de cuivre et de zinc : *Le laiton est parfois appelé « cuivre jaune ».*

laitue n.f. (lat. *lactuca,* de *lac, lactis,* lait). Plante potagère annuelle, que l'on consomme en salade et dont il existe plusieurs variétés (romaine, batavia, etc.). ▸ ***Laitue de mer,*** autre nom de l'ulve.

laïus [lajys] n.m. (de *Laïus,* père d'Œdipe). *Fam.* Discours long et ennuyeux.

laïusser v.i. [conj. 3]. *Fam.* Faire un laïus (**SYN.** discourir, pérorer [péjor.]).

laize n.f. (du lat. *latus,* large). Autre nom pour *lé.*

lala interj. (Employé avec *ah* ou *oh*). Exprime un sentiment de difficulté, de déception, de lassitude, d'énervement, etc. : *Oh lala ! Ce que tu peux être douillet !*

lallation n.f. (du lat. *lallare,* chanter). **1.** Défaut de prononciation de la consonne « l ». **2.** Ensemble des émissions vocales des nourrissons (**SYN.** babil, babillage).

① **lama** n.m. (mot esp., du quechua). Mammifère ruminant de la cordillère des Andes qui a une toison laineuse.

② **lama** n.m. (d'un mot tibétain). Moine bouddhiste, au Tibet et en Mongolie.

lamaïsme n.m. (de *2. lama*). Forme particulière du bouddhisme au Tibet et en Asie centrale, dont le chef est le dalaï-lama.

lamantin n.m. (d'un mot esp.). Mammifère herbivore aquatique au corps massif, vivant dans les fleuves d'Afrique et d'Amérique tropicales.

lamaserie n.f. Couvent de lamas.

lambada n.f. (mot brésilien signif. « coup de fouet »). Danse d'inspiration brésilienne, exécutée en couple.

lambda [lɑ̃bda] n.m. inv. Onzième lettre de l'alphabet grec (Λ, λ) correspondant au « l » français. ◆ adj. inv. *Fam.* Qui ne se distingue par aucun trait remarquable : *Le consommateur lambda* (**SYN.** moyen).

lambeau n.m. (du frq. *labba,* bout d'étoffe). **1.** Morceau d'étoffe, de papier, d'une matière quelconque, déchiré, détaché, arraché : *Ses vêtements étaient en lambeaux* (**SYN.** loque). *Ce papier peint part en lambeaux.* **2.** *Fig.* Fragment d'un ensemble ; partie détachée d'un tout : *Il ne reste que des lambeaux de la richesse touristique de cette région* (**SYN.** bribe). *Des lambeaux de conversation* (**SYN.** bout). **3.** En chirurgie plastique, fragment de peau prélevé sur un patient en vue d'une greffe.

lambic ou **lambick** n.m. (flamand *lambiek*). Bière forte fabriquée en Belgique, préparée avec du malt et du froment cru par fermentation spontanée.

lambin, e adj. et n. *Fam.* Qui agit avec lenteur et mollesse : *Il est lambin* (**SYN.** indolent, nonchalant). *Quelle lambine ! Il faut toujours l'attendre.*

lambiner v.i. [conj. 3]. *Fam.* Agir avec lenteur, sans énergie ni vivacité : *Cesse de lambiner, le magasin va fermer* (**SYN.** s'attarder, traîner ; **CONTR.** se dépêcher, se hâter, se presser).

lambourde n.f. (de l'anc. fr. *laon,* planche, du frq.). Petite pièce de bois sur laquelle sont clouées les lames d'un parquet.

lambrequin n.m. (néerl. *lamperkijn,* de *lamper,* voile). Bande d'étoffe festonnée dont on décore les ciels de lit.

lambris [lɑ̃bri] n.m. (de *lambrisser*). Revêtement génér. en bois, des parois d'une pièce, d'un plafond : *Des lambris en chêne clair.* ▸ *Litt.* ***Lambris dorés,*** riche habitation ; palais.

lambrissage n.m. Action de lambrisser ; ensemble des lambris d'un ouvrage.

lambrisser v.t. (du lat. pop. *lambrusca,* vigne sauvage) [conj. 3]. Revêtir de lambris : *Lambrisser une pièce.*

lambswool [lɑ̃bswul] n.m. (de l'angl. *lamb,* agneau, et *wool,* laine). **1.** Laine très légère provenant d'agneaux de 6 à 8 mois. **2.** Tissu fabriqué avec cette laine : *Un pull en lambswool.*

lame n.f. (lat. *lamina*). **1.** Partie métallique d'un instrument ou d'un outil propre à couper, à trancher, à scier, à raser, à gratter : *La lame d'un couteau, d'un rasoir.* **2.** Morceau de métal ou d'une autre matière dure, plat et très mince : *La caisse est consolidée par des lames d'acier. Une lame de parquet* (**SYN.** latte). **3.** Rectangle de verre sur lequel on dépose les objets à examiner au microscope, et que l'on recouvre d'une lamelle. **4.** Masse d'eau de mer qui se soulève et retombe : *Un surfeur a été emporté par une lame* (**SYN.** flot, rouleau). **5.** Carte du jeu de tarot (**SYN.** arcane). ▸ ***Bonne lame*** ou ***fine lame,*** personne qui manie bien l'épée, bon escrimeur. ***Lame de fond,*** vague de la mer de forte amplitude ; fig., phénomène brutal et violent qui provoque de grands changements : *Une lame de fond électorale.*

lamé, e adj. et n.m. (de *lame*). Se dit d'un tissu tissé avec des fils de métal, d'or ou d'argent : *Robe de soirée en lamé. Une étoffe lamée.*

lamellaire adj. Dont la structure présente des lames, des lamelles : *Une roche lamellaire.*

lamelle n.f. (lat. *lamella*). **1.** Petite lame, petit morceau : *Des lamelles de graphite* (**SYN.** feuille). **2.** Fine tranche : *Découper un concombre en lamelles.*

3. Mince lame de verre utilisée pour recouvrir les préparations microscopiques. **4.** Chacune des petites lames concentriques qui constituent l'envers du chapeau de certains champignons.

lamellé, e ou **lamelleux, euse** adj. Garni ou constitué de lamelles.

lamellé-collé n.m. (pl. *lamellés-collés*). Matériau formé de lamelles de bois assemblées par collage.

lamellibranche n.m. Autre nom du bivalve.

lamelliforme adj. En forme de lamelle.

lamentable adj. (du lat. *lamentabilis*, déplorable). **1.** Qui fait pitié : *Il était dans un état lamentable* (**SYN.** déplorable, piteux, triste). **2.** Mauvais, faible au point d'exciter une pitié méprisante : *Un orateur lamentable* (**SYN.** pitoyable ; **CONTR.** formidable). *Un film lamentable* (**SYN.** affligeant, navrant ; **CONTR.** excellent).

lamentablement adv. De façon lamentable : *Elle a échoué lamentablement* (**SYN.** piteusement, pitoyablement).

lamentation n.f. Plainte accompagnée de gémissements : *Épargne-moi ces lamentations !* (**SYN.** pleurnichement).

se **lamenter** v.pr. (du lat. *lamentari*, pleurer, gémir) [conj. 3]. Se répandre en plaintes, en gémissements : *Se lamenter sur son sort* (**SYN.** gémir ; **CONTR.** se réjouir de). *Il se lamente sur le comportement de son ami* (**SYN.** déplorer, se désoler de).

lamento [lamɛnto] n.m. (mot it. signif. « plainte »). Chant, morceau de musique triste et plaintif : *Des lamentos.*

lamifié, e adj. Constitué de plusieurs feuilles de matériau ; stratifié. ◆ **lamifié** n.m. Appellation commerciale du bois stratifié décoratif.

laminage n.m. **1.** Action de laminer un métal, un alliage. **2.** *Fig.* Action de laminer, de réduire ; fait d'être laminé : *Le laminage des salaires* (**SYN.** réduction ; **CONTR.** augmentation).

laminaire n.f. (du lat. *lamina*, lame). Algue brune des côtes rocheuses de l'Atlantique, qui peut servir d'engrais ou fournir de l'iode, de la soude, de la potasse.

laminer v.t. (de *lame*) [conj. 3]. **1.** Aplatir une masse de métal en la comprimant entre les cylindres d'un laminoir. **2.** *Fig.* Réduire progressivement qqch : *Ces mesures laminent les revenus* (**SYN.** diminuer, rogner ; **CONTR.** augmenter).

lamineur n.m. Ouvrier employé au laminage des métaux. ◆ adj. m. Qui lamine : *Cylindre lamineur.*

laminoir n.m. Machine formée de deux cylindres d'acier tournant en sens inverse, qui sert à laminer un produit métallurgique ; usine où sont installées de telles machines. ▸ ***Passer au laminoir,*** être soumis ou soumettre à de rudes épreuves : *Ce recruteur l'a passé au laminoir.*

lampadaire n.m. (lat. médiév. *lampadarium*). Dispositif d'éclairage d'appartement ou de voie publique, à une ou à plusieurs lampes montées sur un support élevé.

lampant, e adj. et n.m. (prov. *lampan*, de *lampa*, briller). Se dit d'un produit pétrolier utilisé dans une lampe à flamme.

lamparo n.m. (mot prov.). Lampe placée à l'avant d'un bateau, pour attirer le poisson.

lampe n.f. (lat. *lampas, lampadis*, du gr.). **1.** Appareil d'éclairage fonctionnant à l'électricité ; luminaire : *Lampe de bureau. Lampe halogène.* **2.** Ampoule électrique : *Changer une lampe.* **3.** Récipient contenant un liquide ou un gaz combustible pour produire de la lumière : *Lampe à huile, à pétrole.* **4.** Dispositif produisant une flamme ou un rayonnement : *Lampe à alcool. Lampe à souder.* ▸ ***Lampe de poche,*** boîtier plat ou cylindrique équipé d'une pile et d'une ampoule électrique. ***Lampe témoin,*** lampe qui signale le fonctionnement et la mise en marche d'un appareil en s'allumant ou en s'éteignant.

lampée n.f. (de *lamper*). *Fam.* Grande gorgée de liquide que l'on avale d'un coup ; rasade : *Boire à grandes lampées.*

lamper v.t. (forme nasalisée de *laper*) [conj. 3]. *Fam.* Boire avidement, à grands traits : *Lamper un verre de vin* (**SYN.** avaler, ingurgiter).

lampe-tempête n.f. (pl. *lampes-tempête*). Lampe à pétrole dont la flamme est protégée des intempéries.

lampion n.m. (de l'it. *lampione*, grande lampe). **1.** Lanterne vénitienne. **2.** Petit récipient contenant une matière combustible et une mèche, qui sert aux illuminations lors de fêtes traditionnelles : *Lampions du 14 Juillet.* ▸ ***Sur l'air des lampions,*** en scandant trois syllabes sur une seule note : *Ils criaient « Remboursez ! » sur l'air des lampions.*

lampiste n.m. *Fam.* Employé subalterne à qui l'on fait injustement endosser les fautes : *Accuser le lampiste.*

lamproie n.f. (bas lat. *lampreda*). Poisson ayant la forme d'une anguille, et apprécié pour sa chair fine et délicate.

lampyre n.m. (lat. *lampyris*, du gr. *lampein*, briller). Coléoptère dont la femelle, lumineuse et dépourvue d'ailes, est connue sous le nom de *ver luisant.*

lance n.f. (lat. *lancea*). **1.** Arme à long manche et à fer pointu que l'on jetait devant soi. **2.** Tuyau muni d'un diffuseur servant à former et à diriger un jet d'eau : *Lance à eau. Lance d'incendie.* **3.** Long bâton garni d'un tampon, pour jouter sur l'eau. ▸ *Litt.* ***Rompre une lance*** ou ***des lances avec qqn,*** soutenir âprement une discussion avec qqn.

lancé, e adj. Qui a acquis une certaine célébrité : *Une chanteuse lancée* (**SYN.** connu ; **CONTR.** inconnu).

lance-bombes n.m. inv. Appareil ou dispositif installé sur un avion pour le largage des bombes.

lancée n.f. **1.** Élan pris par qqn, qqch en mouvement. **2.** En Suisse, brusque accès de douleur ; élancement. ▸ ***Sur sa lancée,*** en profitant de l'élan pris pour atteindre un objectif ; fig., en profitant des succès que l'on a déjà remportés : *Elle se mit à courir et, sur sa lancée, dépassa tous ses adversaires. Sur sa lancée, il a créé une maison de couture.*

lance-flammes n.m. inv. Arme employée au combat pour projeter des liquides enflammés.

lance-grenades n.m. inv. Arme lançant des grenades.

lancement n.m. **1.** Action de lancer : *Le lancement du marteau* (**SYN.** 2. lancer). *Le lancement d'un satellite.* **2.** Publicité faite pour promouvoir un produit, faire connaître qqn, le mettre en vedette : *Profitez de notre* *offre de lancement. Le lancement d'un chanteur.* **3.** En Belgique, élancement.

lance-missiles n.m. inv. Matériel ou engin servant à lancer des missiles.

lancéolé, e adj. (lat. *lanceolatus*, de *lanceola*, petite lance). En botanique, se dit d'un organe dont la forme rappelle celle d'un fer de lance : *Des feuilles lancéolées.*

lance-pierre n.m. (pl. *lance-pierres*). Dispositif à deux branches, muni de deux élastiques et d'une pièce de cuir, dont on se sert pour lancer des pierres (**SYN.** 1. fronde). ▸ *Fam.* ***Être payé au lance-pierre,*** être mal payé. *Fam.* ***Manger avec un lance-pierre,*** très rapidement et plutôt mal.

① **lancer** v.t. (de *lance*) [conj. 16]. **1.** Envoyer avec force loin de soi : *Lancer des cailloux dans l'eau* (**SYN.** jeter). *Lancer le ballon à son partenaire* (**SYN.** envoyer, passer). *Lancer une flèche en l'air, un satellite dans l'espace* (**SYN.** projeter). *Lancer le javelot.* **2.** Mouvoir une partie du corps d'un geste vif dans une direction : *Lancer la jambe en arrière* (**SYN.** 2. tendre). **3.** Regarder rapidement ; dire de manière soudaine ou assez violente ; émettre des sons avec force : *Elle lui a lancé un regard. Lancer une plaisanterie, des insultes. Les blessés lançaient des cris* (**SYN.** pousser). **4.** Envoyer une personne, un animal quelque part afin qu'ils acomplissent une action : *Il a lancé des hommes à sa recherche. Lancer ses chiens sur un cerf* (**SYN.** lâcher). **5.** Écrire ou publier qqch et l'envoyer pour informer qqn, un groupe : *Ils ont lancé les invitations pour l'ouverture de leur boutique. Lancer un mandat d'arrêt, un ultimatum.* **6.** Faire connaître ou reconnaître d'un large public : *C'est ce film qui l'a lancée. Lancer une nouvelle marque de yaourts* (**SYN.** promouvoir). **7.** Donner l'élan nécessaire à ; mettre en train : *C'est leur chaîne de télévision qui a lancé ce genre d'émission* (**SYN.** créer). **8.** Mettre en marche, en mouvement : *Les pilotes lancent leurs moteurs.* **9.** *Fam.* Faire parler qqn de qqch qu'il aime, amener la conversation sur l'un de ses sujets favoris : *Si tu la lances sur l'informatique, on en a pour deux heures.* ▸ ***Lancer un navire,*** mettre un navire à l'eau par glissement sur sa cale de construction. ◆ v.i. Aux Antilles, en Belgique, élancer, produire des élancements : *Ça me lance très fort dans le ventre.* ◆ **se lancer** v.pr. **1.** Se précipiter, se jeter dans une direction déterminée : *Les chevaux affolés se sont lancés dans le vide.* **2.** *Fig.* S'engager impétueusement dans une action, un exposé : *Elle s'est lancée dans de gros frais. Se lancer dans de grands discours.* **3.** Ne plus hésiter à faire qqch : *Allez, lance-toi.*

② **lancer** n.m. (de *1. lancer*). Épreuve d'athlétisme consistant à projeter le plus loin possible un engin (poids, disque, javelot, marteau). ▸ ***Pêche au lancer,*** pêche à la ligne consistant à envoyer loin devant soi un appât ou un leurre que l'on ramène grâce à un moulinet.

lance-roquettes n.m. inv. Arme tirant des roquettes.

lance-torpilles n.m. inv. Dispositif servant à lancer des torpilles.

lancette n.f. (dimin. de *lance*). *Anc.* Petit instrument médical en forme de couteau pliant qui servait surtout à la saignée.

① **lanceur, euse** n. **1.** Personne qui lance un objet : *Un lanceur de couteaux.* **2.** Athlète spécialisé dans le lancer : *Une lanceuse de marteau.* ▸ ***Lanceur d'alerte,*** personne qui dénonce publiquement l'utilisation de technologies ou substances dangereuses pour la santé publique et l'environnement, et la transgression de certaines règles déontologiques ou légales.

② **lanceur** n.m. Fusée conçue pour placer des satellites sur orbite.

lancier n.m. (du lat. *lancea*, lance). *Anc.* Soldat d'un corps de cavalerie, armé d'une lance.

lancinant, e adj. Qui lancine, fait souffrir, tourmente : *Une douleur lancinante. Des souvenirs lancinants* (**SYN.** obsédant).

lancinement n.m. ou **lancination** n.f. Douleur qui lancine (**SYN.** élancement).

lanciner v.t. et v.i. (lat. *lancinare*, déchirer) [conj. 3]. Faire souffrir par des élancements répétés : *Cet abcès le lancine. Une brûlure qui lancine* (**SYN.** élancer). ◆ v.t. Tourmenter de façon persistante : *Ce problème le lancine depuis des mois* (**SYN.** hanter, obséder, tenailler).

lançon n.m. (de *lance*). Nom usuel de l'*équille.*

Land [lɑ̃d] n.m. (mot all. signif. « terre ») [pl. *Länder* [lɛndœr]]. **1.** Chacun des États de l'Allemagne. **2.** Province, en Autriche.

landais, e adj. et n. Relatif aux Landes : *La forêt landaise.* ▸ ***Course landaise,*** jeu traditionnel des Landes dans lequel un homme *(l'écarteur)* doit éviter la charge d'une vache.

landau n.m. (de *Landau*, ville d'Allemagne) [pl. *landaus*]. **1.** Voiture d'enfant composée d'une nacelle rigide à capote mobile, suspendue sur de grandes roues. **2.** *Anc.* Voiture à cheval, à quatre roues et quatre places disposées vis-à-vis.

lande n.f. (du gaul.). Formation végétale de la zone tempérée où dominent bruyères, genêts et ajoncs ; terrain recouvert par cette végétation.

landerneau ou **landernau** n.m. (de *Landerneau*, n.pr.). Milieu étroit et fermé, toujours agité de querelles mesquines ; microcosme : *Le landerneau du journalisme parisien.* ▸ ***Cela fera du bruit dans Landerneau,*** se dit lorsqu'un événement imprévu vient bouleverser les projets intéressés de qqn.

langage n.m. (de *langue*). **1.** Faculté propre à l'homme d'exprimer et de communiquer sa pensée au moyen d'un système de signes vocaux ou graphiques ; ce système : *Le langage parlé, écrit* (**SYN.** langue). **2.** Système structuré de signes non verbaux remplissant une fonction de communication : *Le langage des signes. Le langage des abeilles.* **3.** Ensemble de caractères, de symboles et de règles permettant de les assembler, utilisé pour donner des instructions à un ordinateur : *Le langage HTML. Langage machine* (= dans lequel les instructions sont exprimées en code binaire). **4.** Manière de parler propre à un groupe social ou professionnel, à une discipline, etc. : *Le langage médical* (**SYN.** jargon, vocabulaire). *Le langage soutenu* (**SYN.** langue). **5.** Ensemble des procédés utilisés par un artiste dans l'expression de ses sentiments et de sa conception du monde : *Le langage de la danse.* **6.** Mode d'expression propre à un sentiment, une attitude : *Le langage de la raison.*

langagier, ère adj. Relatif au langage : *Elle s'intéresse aux modes langagières.*

lange n.m. (du lat. *laneus*, de laine). *Anc.* Rectangle de laine ou de coton pour emmailloter un nourrisson.

langer v.t. [conj. 17]. Emmailloter dans un lange ; mettre des couches à un bébé : *Une table à langer.*

langoureusement adv. De façon langoureuse : *Danser langoureusement.*

langoureux, euse adj. Qui exprime la langueur ; languissant : *Air langoureux* (**SYN.** languide [litt.]).

langouste n.f. (prov. *langosta*, du lat. *locusta*, sauterelle). Crustacé marin à fortes antennes, mais sans pinces, très apprécié pour sa chair.

langoustier n.m. **1.** Bateau équipé pour la pêche à la langouste. **2.** Filet pour prendre les langoustes.

langoustine n.f. Crustacé de la taille et de la forme d'une grosse écrevisse, pêché au large des côtes atlantiques européennes et de la Méditerranée.

langue n.f. (lat. *lingua*). **1.** Organe charnu, allongé, mobile, situé dans la bouche et qui, chez l'homme, joue un rôle essentiel dans la déglutition, le goût et la parole : *La soupe était trop chaude, elle s'est brûlé la langue.* **2.** En cuisine, langue de certains animaux (bœuf, veau) préparée selon diverses recettes. **3.** Système de signes verbaux propre à une communauté d'individus qui l'utilisent pour s'exprimer et communiquer entre eux : *La langue française. La langue scientifique* (**SYN.** jargon, langage, vocabulaire). *Quelle est sa langue maternelle ? Langue morte, langue vivante.* **4.** Système d'expression propre à un écrivain : *La langue de Molière, de Shakespeare. La langue de Mistral* (= le provençal). **5.** Ce qui a la forme allongée et étroite d'une langue : *Langue de terre. Langue de feu.* ▸ *Fam.* ***Avoir avalé sa langue,*** garder le silence. *Fam.* ***Avoir la langue bien pendue,*** parler beaucoup. *Fam.* ***Avoir la langue trop longue,*** ne pas savoir garder un secret. ***La langue verte,*** l'argot. ***Langue de bois,*** manière rigide de s'exprimer en utilisant des stéréotypes et des formules figées, et qui reflète une position dogmatique, notamm. en politique. ***Langue mère,*** celle qui est à l'origine d'autres langues : *Le latin, langue mère des langues romanes.* ***Langues sœurs,*** langues qui sont dérivées d'une autre : *Le français et l'italien sont des langues sœurs.* ***Mauvaise langue*** ou ***langue de vipère,*** personne qui se plaît à médire. *Litt.* ***Prendre langue,*** entrer en pourparlers. ***Tenir sa langue,*** garder un secret. ***Tirer la langue,*** la sortir de la bouche en signe de moquerie ; fig., fam., être dans le besoin. ***Tourner sept fois sa langue dans sa bouche,*** réfléchir avant de parler pour éviter de commettre une bévue.

langue-de-chat n.f. (pl. *langues-de-chat*). Petit gâteau sec en forme de languette arrondie : *Les enfants adorent les langues-de-chat.*

languedocien, enne adj. et n. Relatif au Languedoc. ◆ **languedocien** n.m. Dialecte de langue d'oc parlé en Languedoc.

languette n.f. **1.** Objet mince, étroit et allongé, ayant la forme d'une langue : *Rentre la languette de ta chaussure.* **2.** Lame vibrante, dans certains instruments de musique.

langueur n.f. (lat. *languor*). **1.** Abattement physique ou moral, qui se manifeste par un manque d'énergie, de dynamisme (**SYN.** apathie, atonie ; **CONTR.** ardeur, fougue, vitalité, vivacité). **2.** Mélancolie douce et rêveuse : *Dans ce paysage paradisiaque, on se sent touché d'une douce langueur* (**SYN.** alanguissement).

languide adj. *Litt.* Plein de langueur ; langoureux.

languir v.i. (lat. *languere*) [conj. 32]. **1.** *Litt.* Éprouver une peine qui dure et qui épuise le corps et l'esprit : *Languir d'amour pour qqn* (**SYN.** se morfondre, souffrir de). **2.** Traîner en longueur ; manquer d'animation : *La conversation languit.* **3.** Attendre longtemps : *Cesse de me faire languir !* ◆ **se languir** v.pr. **[de].** Éprouver du chagrin de l'absence de qqn ou de qqch : *Il se languit de sa fiancée.*

languissamment adv. *Litt.* De façon languissante.

languissant, e adj. *Litt.* Qui manque d'entrain ou d'animation ; qui languit : *Dans cette chaleur, on se sent languissant* (**SYN.** amorphe, mou). *Une conversation languissante* (**SYN.** morne ; **CONTR.** intéressant).

lanière n.f. (du frq.). Courroie ou bande de cuir ou d'une autre matière, longue et étroite : *Il a cassé les lanières de son cartable.*

lanoline n.f. (du lat. *lana*, laine, et *oleum*, huile). Graisse de consistance solide, jaune ambré, retirée du suint du mouton et employée comme excipient pour les crèmes et les pommades.

lansquenet [lɑ̃skənɛ] n.m. (de l'all. *Landsknecht*, serviteur du pays). Mercenaire allemand au service de la France et du Saint Empire romain germanique (XVe-XVIIe s.).

lanterne n.f. (lat. *lanterna*). **1.** Boîte à parois transparentes qui abrite une source de lumière : *Ils ont des lanternes pour éclairer le jardin le soir.* **2.** Signal lumineux à l'avant ou à l'arrière du dernier véhicule d'un train : *La lanterne rouge d'un convoi.* **3.** En architecture, petit dôme percé de baies, couvrant un bâtiment ou une partie de bâtiment : *Lanterne d'escalier.* ▸ ***Éclairer la lanterne de qqn,*** lui fournir des explications pour qu'il comprenne. ***La lanterne rouge,*** le dernier d'une course, d'un classement. ***Lanterne magique,*** instrument d'optique utilisé autref. pour projeter l'image agrandie de figures peintes sur un support transparent. ***Lanterne vénitienne,*** lanterne en papier translucide et colorié, employée dans les fêtes, les illuminations (= lampion). ◆ **lanternes** n.f. pl. Feux de position d'un véhicule automobile (**SYN.** veilleuses).

lanterneau ou **lanternon** n.m. En architecture, petite lanterne.

lanterner v.i. (du moyen fr. *lanterne*, propos frivole) [conj. 3]. *Fam.* Flâner, perdre son temps ; lambiner (**CONTR.** se dépêcher, se hâter, se presser). ▸ *Fam.* ***Faire lanterner qqn,*** le faire attendre longtemps.

lanternon n.m. → **lanterneau.**

lao n.m. Langue du groupe thaï parlée par les Laotiens (**SYN.** laotien).

laogai [laogaj] n.m. (du chin. *lao*, travail, et *gai*, redressement). Système concentrationnaire de la République populaire de Chine.

laotien, enne [laɔsjɛ̃, ɛn] adj. et n. Relatif au Laos, à ses habitants : *Un village laotien.* ◆ **laotien** n.m. Autre nom du lao.

lapalissade n.f. (de *La Palice*, personnage d'une chanson). Affirmation d'une évidence niaise ; vérité de La Palice.

laparotomie n.f. (du gr. *lapara,* flanc, et *tomê,* section). Ouverture chirurgicale de l'abdomen.

lapement n.m. Action de laper ; bruit fait en lapant.

laper v.t. et v.i. (onomat.) [conj. 3]. Boire à coups de langue, en parlant des animaux : *Le chat lape son lait.*

lapereau [lapro] n.m. (préroman *lapparo*). Jeune lapin.

lapidaire n.m. (lat. *lapidarius,* de *lapis, lapidis,* pierre). **1.** Professionnel qui taille et polit les pierres précieuses et fines. **2.** Commerçant qui vend ces pierres. ◆ adj. Relatif aux pierres fines et précieuses ; qui concerne la pierre. ▸ ***Formule*** ou ***style lapidaire,*** d'une concision brutale et expressive. ***Inscription lapidaire,*** inscription gravée sur la pierre.

lapidation n.f. Action de lapider.

lapider v.t. (lat. *lapidare,* de *lapis, lapidis,* pierre) [conj. 3]. Tuer, attaquer à coups de pierres : *Dans certains pays, on lapide les criminels.*

lapilli [lapili] n.m. pl. (mot it. signif. « petites pierres »). Projections volcaniques de petites dimensions.

lapin n.m. (de *lapereau*). **1.** Mammifère sauvage ou domestique, végétarien, très prolifique : *Le lapin sauvage* ou *lapin de garenne est à l'origine du lapin domestique.* **2.** Chair comestible de cet animal : *Du lapin à la moutarde.* **3.** Fourrure de cet animal : *Manteau de lapin.* **4.** *Fam.* Terme d'affection ou d'amitié : *Ne t'inquiète pas, mon petit lapin !* ▸ *Fam.* ***Cage*** ou ***cabane à lapins,*** immeuble regroupant de nombreux appartements exigus. *Fam.* ***Chaud lapin,*** homme d'un fort tempérament amoureux. *Fam.* ***Coup du lapin,*** coup brutal sur la nuque. *Fam.* ***Poser un lapin à qqn,*** ne pas venir au rendez-vous qu'on lui a fixé. ◆ **lapine** n.f. Femelle du lapin.

lapiner v.i. [conj. 3]. Mettre bas, en parlant de la lapine.

lapinière n.f. Endroit où l'on élève des lapins (**SYN.** clapier).

lapinisme n.m. *Fam.* Fécondité jugée excessive d'un couple, d'un peuple.

lapis-lazuli [lapislazyli] ou **lapis** [lapis] n.m. inv. (du lat. *lapis,* pierre, et *lazuli,* d'azur). Pierre fine opaque d'un bleu intense, employée en bijouterie et en ornementation (**SYN.** outremer).

lapon, one ou **onne** adj. et n. Relatif à la Laponie, aux Lapons ; qui fait partie de ce peuple. ◆ **lapon** n.m. Langue parlée en Laponie (**SYN.** same).

laps [laps] n.m. (du lat. *lapsus,* chute). ▸ ***Laps de temps,*** intervalle de temps : *Pendant un court laps de temps, je l'ai cru* (= instant, moment).

lapsus [lapsys] n.m. (mot lat. signif. « glissement »). Faute commise en parlant *(lapsus linguae)* ou en écrivant *(lapsus calami)* et qui consiste à substituer un mot à celui que l'on voulait dire ou écrire.

laquage n.m. Action de laquer ; état de ce qui est laqué : *Le laquage d'une surface, des cheveux, d'une volaille.*

laquais n.m. (gr. médiév. *oulakês,* du turc *ulaq,* coureur). **1.** *Anc.* Valet de pied qui portait la livrée. **2.** *Litt.* Homme d'un caractère servile ; valet.

① **laque** n.f. (mot ar., du sanskrit). **1.** Substance résineuse rouge-brun, fournie par plusieurs plantes d'Orient. **2.** Vernis noir ou rouge préparé avec cette résine. **3.** Peinture brillante ayant l'aspect d'une laque. **4.** Produit qui, vaporisé sur la chevelure, la recouvre d'un film qui maintient la coiffure. **5.** Vernis à ongles non transparent.

② **laque** n.m. (de *1. laque*). Objet d'Extrême-Orient revêtu de nombreuses couches de laque, éventuellement peint, gravé, sculpté : *Un laque chinois.*

laqué, e adj. **1.** Recouvert de laque : *Meuble chinois laqué.* **2.** Dans la cuisine chinoise, se dit d'une volaille (canard), d'une viande (porc) enduite, entre deux cuissons, d'une sauce aigre-douce.

laquelle pron. relat. → **lequel.**

laquer v.t. [conj. 3]. Couvrir de laque, d'une couche de laque : *Laquer un meuble.*

laqueur, euse n. Personne qui décore des ouvrages en bois par application de laques et de vernis.

larbin n.m. *Fam., péjor.* **1.** Domestique, valet : *Il me prend pour son larbin.* **2.** Homme servile (**SYN.** laquais).

larcin n.m. (lat. *latrocinium,* de *latro, latronis,* voleur). Petit vol commis sans effraction et sans violence ; produit de ce vol.

lard n.m. (lat. *lardum*). Tissu gras sous-cutané du porc et de certains animaux : *Lard fumé.* ▸ *Fam.* ***Faire du lard,*** engraisser du fait de l'inaction. *Fam.* ***Gros lard,*** personne grosse. ***Lard maigre*** ou ***lard de poitrine,*** morceau prélevé dans la poitrine du porc, qui peut être salé ou fumé, très employé en cuisine. *Fam.* ***Tête de lard,*** personne entêtée et ayant mauvais caractère.

larder v.t. [conj. 3]. **1.** Piquer une viande de petits morceaux de lard : *Larder un rôti de bœuf* (**SYN.** entrelarder). **2.** Percer de coups : *Le corps était lardé de plusieurs coups de couteau* (**SYN.** cribler, transpercer).

lardoire n.f. Grosse aiguille creuse utilisée pour larder les viandes.

lardon n.m. **1.** Petit morceau de lard pour accommoder un plat : *Une omelette aux lardons.* **2.** *Fam.* Enfant.

lare n.m. et adj. (lat. *lar, laris*). Dans la mythologie romaine, dieu protecteur du foyer domestique : *Les lares* ou *les dieux lares.*

largable adj. Qui peut être largué : *Des munitions largables.*

largage n.m. Action de larguer, notamm. à partir d'un aéronef : *Le largage des bombes.*

① **large** adj. (du lat. *largus,* abondant). **1.** Qui a une certaine étendue dans le sens perpendiculaire à la longueur, à la hauteur : *Ce boulevard est très large. Des hanches larges* (**CONTR.** étroit). **2.** Qui a une étendue importante : *Un large cercle de curieux s'était formé* (**SYN.** 1. grand). *Pantalon large* (**SYN.** ample ; **CONTR.** moulant). *« Il [le corbeau] ouvre un large bec, laisse tomber sa proie »* [La Fontaine]. **3.** Se dit d'une chose qui a une grande importance, recouvre de nombreux aspects : *Il a une large part de responsabilité dans cette histoire* (**SYN.** considérable ; **CONTR.** négligeable). **4.** Qui n'est pas borné, qui est sans préjugés : *Un esprit large* (**SYN.** ouvert ; **CONTR.** buté, étroit). *Des idées larges* (**CONTR.** mesquin). **5.** Qui est fait avec générosité : *Un large pourboire* (**SYN.** fastueux ; **CONTR.** chiche, misérable). *Se montrer large* (**SYN.** généreux ; **CONTR.** avare, égoïste). ▸ ***Large de,*** qui a telle largeur : *Une couette large de 140 cm.* ***Sens large,*** sens général ; à ne pas prendre au pied de la lettre (par opp. à sens strict) : *Terme à prendre au sens large* ou *dans son sens large.* ◆ adv. D'une façon ample, non étriquée : *Ce genre de bottines chausse large.* ▸ ***Avoir vu large,*** avoir prévu en trop grande quantité : *En prenant autant de nourriture, elle a vu large* (= elle en a trop pris).

② **large** n.m. **1.** Largeur : *Une table de un mètre de large. Marcher de long en large.* **2.** Haute mer : *Vent du large. Le navire gagne le large.* ▸ ***Au large de,*** dans les parages de ; à une certaine distance de : *Naviguer au large des côtes. Se tenir au large de qqn. Fam.* ***Du large !,*** éloignez-vous, partez ! ***Être au large,*** avoir de la place ; fig., être à l'abri du besoin. *Fam.* ***Prendre*** ou ***gagner le large,*** décamper.

largement adv. **1.** De façon large ; abondamment : *Gagner largement sa vie. Vous aurez largement le temps* (**SYN.** amplement ; **CONTR.** peu). **2.** Au minimum : *Il est largement midi* (= il est au moins midi). *Elle gagne largement le double.*

largesse n.f. **1.** *Litt.* Qualité d'une personne généreuse : *Profiter de la largesse de qqn* (**SYN.** générosité, libéralité [litt.] ; **CONTR.** avarice). **2.** (Surtout au pl.). Don généreux : *Distribuer des largesses autour de soi.*

largeur n.f. **1.** Dimension d'un corps dans le sens perpendiculaire à la longueur : *La largeur d'un drap.* **2.** Mesure du côté le plus petit d'un rectangle ; le côté lui-même : *Pour calculer l'aire d'un rectangle, on multiplie sa longueur par sa largeur.* **3.** Caractère de ce qui n'est pas borné, mesquin, étroit : *Largeur d'esprit* (**SYN.** ouverture ; **CONTR.** étroitesse). ▸ *Fam.* ***Se tromper dans les grandes largeurs,*** se tromper complètement.

larghetto [largɛto] adv. (mot it., de *largo,* large). Terme de musique indiquant qu'il faut jouer un peu moins lentement que largo. ◆ n.m. Passage d'une œuvre exécutée dans ce tempo : *Des larghettos.*

largo adv. (mot it. signif. « large »). Terme de musique indiquant qu'il faut jouer lentement et avec ampleur. ◆ n.m. Passage d'une œuvre exécutée dans ce tempo : *Des largos.*

larguer v.t. (mot prov. signif. « lâcher ») [conj. 3]. **1.** Détacher, lâcher, laisser aller une amarre, une voile, etc. : *Larguer une montgolfière* (= détacher les câbles qui la maintiennent au sol). **2.** Lâcher d'un aéronef des parachutistes, des cargaisons : *Larguer des vivres, des médicaments.* **3.** *Fam.* Abandonner volontairement qqn ou qqch qui embarrasse : *Il a tout largué pour aller s'installer aux États-Unis* (**SYN.** quitter). ▸ *Fam.* ***Être largué,*** être complètement dépassé dans un domaine ; être perdu, ne plus rien comprendre : *Elle est complètement larguée en informatique.*

largueur n.m. Spécialiste chargé à bord d'un aéronef du parachutage de personnel ou de matériel.

larigot n.m. (mot d'un ancien refrain de chanson). *Anc.* Petite flûte.

larme n.f. (lat. *lacrima*). **1.** Goutte de liquide salé produit par les glandes lacrymales situées sous les paupières, qui s'échappe parfois au-dehors et coule sur les joues : *Être en larmes. Pleurer à chaudes larmes* (= pleurer abondamment). **2.** *Fig.* Petite quantité d'un liquide : *Une larme de vin* (**SYN.** 1. goutte). ▸ ***Avoir des larmes dans la voix,*** parler d'une voix qui trahit le chagrin, l'émotion. ***Avoir la larme à l'œil,*** être ému ou attendri. ***Avoir la larme facile,*** pleurer à la moindre émotion. ***Larmes de crocodile,*** larmes hypocrites. ***Rire aux larmes,*** rire très fort, au point que les larmes coulent des yeux.

larmier n.m. (de *larme*). **1.** Moulure en saillie sur le mur d'un édifice et qui sert à en écarter les eaux pluviales. **2.** Angle interne de l'œil, d'où semblent couler les larmes.

larmoiement [larmwamɑ̃] n.m. **1.** Écoulement continuel de larmes : *La fatigue peut provoquer un larmoiement.* **2.** (Surtout au pl.). *Péjor.* Plaintes continuelles ; pleurnichements : *Épargne-moi ces larmoiements !* (**SYN.** gémissement).

larmoyant, e [larmwajɑ̃, ɑ̃t] adj. **1.** Dont les yeux sont humides de larmes : *Cet enfant a les yeux larmoyants.* **2.** Qui cherche à attendrir : *Parler sur un ton larmoyant* (**SYN.** gémissant, plaintif, pleurnicheur).

larmoyer [larmwaje] v.i. [conj. 13]. **1.** Être plein de larmes, en parlant des yeux : *Ses yeux larmoient à cause de son rhume* (**SYN.** pleurer). **2.** *Péjor.* Se lamenter continuellement : *Larmoyer sur son sort* (**SYN.** pleurnicher).

larron n.m. (lat. *latro, latronis*). *Litt.* Voleur. ▸ ***Le bon et le mauvais larron,*** les deux voleurs qui, selon les Évangiles, furent mis en croix avec Jésus-Christ et dont le premier se repentit avant de mourir. ***Le troisième larron,*** celui qui tire profit de la querelle de deux autres personnes. ***S'entendre comme larrons en foire,*** s'entendre parfaitement.

larsen [larsɛn] n.m. (de *Larsen,* n.pr.). Oscillation parasite se manifestant par un sifflement dû à une interférence entre un microphone et un haut-parleur (on dit aussi *effet Larsen*).

larvaire adj. **1.** Relatif à la larve, à son état : *Les formes larvaires des insectes.* **2.** *Fig.* Qui en est à son début et dont l'avenir est imprécis : *Un projet à l'état larvaire* (**SYN.** embryonnaire).

larve n.f. (du lat. *larva,* fantôme). **1.** En zoologie, forme que prennent certains animaux, notamm. les insectes, entre l'état embryonnaire et l'état adulte : *La chenille est la larve du papillon.* **2.** *Fam.* Personne qui a perdu toute dignité, toute énergie (**SYN.** loque). **3.** Dans la mythologie romaine, fantôme malfaisant ; spectre.

larvé, e adj. **1.** Se dit d'une maladie qui n'est pas encore apparente ou qui ne se manifeste pas complètement : *Une varicelle larvée.* **2.** *Fig.* Qui ne s'est pas encore manifesté nettement : *Un conflit larvé* (**SYN.** latent ; **CONTR.** ouvert).

laryngé, e [larɛ̃ʒe] ou **laryngien, enne** [larɛ̃ʒjɛ̃, ɛn] adj. Relatif au larynx : *Un œdème laryngé.*

laryngectomie [larɛ̃ʒɛktɔmi] n.f. Ablation chirurgicale du larynx.

laryngite [larɛ̃ʒit] n.f. Inflammation du larynx.

laryngologie [larɛ̃gɔlɔʒi] n.f. Étude du larynx et de ses affections.

laryngologiste [larɛ̃gɔlɔʒist] ou **laryngologue** n. Spécialiste de laryngologie.

laryngoscope [larɛ̃gɔskɔp] n.m. Appareil avec lequel on peut observer le larynx.

laryngoscopie [larɛ̃gɔskɔpi] n.f. Examen du larynx, à l'aide d'un laryngoscope.

laryngotomie [larɛ̃gɔtɔmi] n.f. Incision chirurgicale du larynx.

larynx [larɛ̃ks] n.m. (du gr. *larugx, laruggos,* gosier). Partie des voies respiratoires située entre le pharynx et la trachée, où se trouvent les cordes vocales : *Le larynx sert à la production de la voix.*

① **las** [las] interj. *Litt.* Hélas !

② **las, lasse** [la, las] adj. (lat. *lassus*). *Sout.* Qui éprouve, manifeste une grande fatigue physique : *Elle se sent lasse à la fin de la journée* (**SYN.** épuisé, fatigué ; **CONTR.** dispos). ▸ ***De guerre lasse*** → **guerre. *Être las de,*** ne plus supporter ; être ennuyé, dégoûté de : *Je suis las de répéter toujours les mêmes choses* (**SYN.** fatigué).

lasagne [lazaɲ] n.f. (it. *lasagna*) [pl. *lasagnes* ou inv.]. Pâte alimentaire italienne en forme de large plaque. ◆ **lasagnes** ou **lasagne** n.f. pl. Dans la cuisine italienne, plat fait avec ces pâtes, disposées en couches alternées avec un hachis de viande, et gratinées.

lascar n.m. (mot persan signif. « soldat »). *Fam.* **1.** Individu rusé, qui aime jouer des tours : *C'est un sacré lascar* (**SYN.** gaillard, luron). **2.** Individu quelconque ; type, gars : *Je t'y prends, mon lascar !*

lascif, ive [lasif, iv] adj. (du lat. *lascivus,* folâtre). **1.** *Litt.* Enclin aux plaisirs de l'amour ; sensuel. **2.** Qui évoque la sensualité, les plaisirs de l'amour : *Une voix lascive* (**SYN.** voluptueux).

lascivement [lasivmɑ̃] adv. De façon lascive : *Danser lascivement.*

lascivité [lasivite] ou **lasciveté** [lasivte] n.f. *Litt.* Penchant, caractère lascif de qqn, de qqch (**SYN.** sensualité).

laser [lazɛr] n.m. (acronyme de l'angl. *light amplification by stimulated emission of radiation*). **1.** Appareil pouvant engendrer un faisceau de rayonnement, utilisé dans la recherche scientifique, l'armement, la médecine, etc. **2.** (En appos.). Caractérise les émissions de cet appareil et les systèmes qui utilisent cette technologie : *Des rayons lasers. Une platine laser.*

lassant, e adj. Qui lasse par sa monotonie : *Des questions lassantes* (**SYN.** ennuyeux ; **CONTR.** amusant, intéressant).

lasser v.t. (lat. *lassare*) [conj. 3]. Remplir de lassitude physique ou morale : *Toutes ces allées et venues m'ont lassé* (**SYN.** épuiser ; **CONTR.** délasser, reposer). *Lasser son public* (**SYN.** ennuyer ; **CONTR.** amuser, intéresser). *Tu me lasses avec tes plaintes continuelles !* (**SYN.** importuner ; **CONTR.** divertir, égayer). ◆ **se lasser** v.pr. Devenir las, dégoûté de qqch, de qqn : *Elle s'est lassée de l'attendre. Il s'est vite lassé de ce logiciel* (**SYN.** se fatiguer). ▸ ***Ne pas se lasser de,*** éprouver un intérêt sans cesse renouvelé pour : *Il ne se lasse pas de regarder ce paysage.*

lassitude n.f. (lat. *lassitudo*). **1.** Sensation de fatigue physique : *Sentir une grande lassitude dans les jambes* (**SYN.** épuisement). **2.** Dégoût mêlé d'ennui : *Elle a abandonné par lassitude* (**SYN.** découragement, démoralisation).

lasso n.m. (de l'esp. *lazo,* lacet). Corde ou longue lanière de cuir tressé, terminée par un nœud coulant et utilisée pour capturer les animaux : *Prendre un cheval au lasso. Les cow-boys enroulent leurs lassos.*

Lastex n.m. (nom déposé). Fil de caoutchouc recouvert de fibres textiles (coton, rayonne, Nylon, etc.)

latence n.f. État de ce qui est latent : *La période de latence d'une maladie.*

latent, e adj. (lat. *latens, latentis,* de *latere,* être caché). Qui existe de manière non apparente mais peut à tout moment se manifester : *Maladie latente* (= sans symptômes apparents). *Une guerre latente* (**SYN.** larvé ; **CONTR.** ouvert).

latéral, e, aux adj. (lat. *lateralis,* de *latus, lateris,* flanc). **1.** Qui se trouve sur le côté : *Rue latérale.* **2.** Qui double une chose : *Canal latéral à la Marne* (**SYN.** annexe, secondaire).

latéralement adv. Sur le côté ; de côté : *Les crabes se déplacent latéralement.*

latéralisation n.f. En neuropsychologie, prédominance de l'un ou l'autre hémisphère cérébral pour ce qui concerne les différentes fonctions de l'activité humaine ; état de latéralité qui en résulte.

latéralisé, e adj. Qui présente une latéralisation. ▸ ***Enfant bien, mal latéralisé,*** enfant qui présente une latéralisation nette dans toutes les tâches ou fluctuante selon les tâches.

latéralité n.f. (de *latéral*). Dominance fonctionnelle systématisée, droite ou gauche, dans l'utilisation de certains organes pairs (main, œil, pied) : *Latéralité manuelle* (= préférence systématique de la main droite ou de la main gauche pour accomplir des actions).

latérite n.f. (du lat. *later, lateris,* brique). Sol rougeâtre de la zone tropicale humide, riche en alumine et en oxyde de fer.

latéritique adj. Formé de latérite ; qui en contient : *Ici, le sol est latéritique.*

latex n.m. (mot lat. signif. « liqueur »). Émulsion sécrétée par certaines plantes, notamm. les plantes à caoutchouc, et ayant souvent un aspect laiteux : *On tire le caoutchouc du latex de l'hévéa.*

latifolié, e adj. (lat. *latifolius*). En botanique, qui a de larges feuilles : *Érable latifolié.*

latifundiste [latifɔ̃dist] n.m. Propriétaire d'un latifundium.

latifundium [latifɔ̃djɔm] n.m. (mot lat., de *latus,* large, et *fundus,* fond) [pl. *latifundiums* ou *latifundia*]. Grand domaine agricole exploité extensivement, caractéristique des économies peu développées : *Les latifundiums d'Amérique latine.*

latin, e adj. et n. (lat. *latinus*). **1.** Relatif au Latium, aux Latins qui faisaient partie de ce peuple. **2.** Relatif à un pays dont la langue a pour origine le latin ; relatif à ces langues : *Les Portugais sont des Latins. L'italien, l'espagnol, le français sont des langues latines.* ◆ adj. **1.** Relatif aux pays latins, à leurs habitants : *L'Amérique latine.* **2.** Relatif au latin : *Une grammaire latine.* **3.** Relatif à l'Église romaine d'Occident ayant le latin pour langue liturgique : *Le rite latin.* ▸ ***Alphabet latin,*** alphabet utilisé pour transcrire les langues romanes et de nombreuses autres langues. ***Nom latin,*** nom scientifique : *« Laurus nobilis » est le nom latin du laurier.* ***Voile latine,*** voile triangulaire à antenne. ◆ **latin** n.m. Langue des Latins : *Étudier le latin.* ▸ ***Bas latin,*** latin parlé ou écrit après la chute de l'Empire romain et durant le Moyen Âge. *Fam.* ***Latin de cuisine,*** jargon formé de mots français à désinences latines. ***Latin populaire*** ou ***vulgaire,*** latin parlé qui a donné naissance aux langues romanes. *Fam.* ***Y perdre son latin,*** n'y rien comprendre.

latinisant, e adj. et n. Qui pratique le culte de l'Église latine dans un pays de rite grec.

latinisation n.f. Action de latiniser ; fait d'être latinisé : *La latinisation d'un pays.*

latiniser v.t. [conj. 3]. **1.** Donner une forme ou une terminaison latine à un mot. **2.** Donner à une société, à un pays un caractère latin : *L'Empire romain a latinisé la Gaule.* **3.** Doter une langue d'un alphabet latin : *L'alphabet turc a été latinisé en 1928.*

latinisme n.m. **1.** Mot, expression particuliers à la langue latine. **2.** Emprunt au latin.

latiniste n. Spécialiste des langue et littérature latines.

latinité n.f. **1.** Caractère latin de qqn, d'un groupe. **2.** Le monde latin, la civilisation latine.

latino n. et adj. Aux États-Unis, immigré originaire d'Amérique latine : *Les Latinos.* ◆ adj. *Fam.* Relatif à l'Amérique latine : *Les sonorités latinos.*

latino-américain, e adj. et n. (pl. *latino-américains, es*). Relatif à l'Amérique latine : *Une actrice latino-américaine.*

latitude n.f. (du lat. *latitudo, latitudinis,* largeur). **1.** Distance, mesurée en degrés, qui sépare au nord et au sud un point du globe terrestre de l'équateur (par opp. à longitude) : *Une latitude de 45° nord.* **2.** Lieu considéré sous le rapport du climat : *On pense différemment sous d'autres latitudes.* **3.** Liberté, pouvoir d'agir à son gré : *Il a toute latitude pour planifier ce projet* (= il a le champ libre, il a carte blanche).

lato sensu [latosɛ̃sy] loc. adv. (mots lat.). Au sens large (par opp. à stricto sensu) : *Il faut prendre cette remarque lato sensu.*

latrines n.f. pl. (lat. *latrina*). Lieux d'aisances sommaires dans un camp, une caserne, une prison, etc.

lattage n.m. Action de latter ; ensemble de lattes ; lattis.

latte n.f. **1.** Planchette de bois utilisée en menuiserie, pour des charpentes, des planchers. **2.** *Fam.* Chaussure ; pied : *Donner des coups de lattes.* **3.** En Belgique, règle plate.

latter v.t. [conj. 3]. Garnir de lattes : *Latter un sol.*

lattis [lati] n.m. Garniture de lattes ; lattage.

laudanum [lodanɔm] n.m. (du lat. *ladanum,* résine du ciste). *Anc.* Préparation à base d'opium utilisée contre la douleur et contre la diarrhée.

laudateur, trice n. (lat. *laudator*). *Litt.* Personne qui fait des louanges : *Les laudateurs du président* (**SYN.** flatteur ; **CONTR.** détracteur).

laudatif, ive adj. (lat. *laudativus,* de *laudare,* louer, faire des éloges). *Sout.* Qui loue, glorifie, vante : *Les critiques sont très laudatives à l'égard de ce film* (**SYN.** élogieux, flatteur ; **CONTR.** dépréciatif).

laudes n.f. pl. (bas lat. *laudes,* louanges). Dans la religion chrétienne, prière liturgique du matin.

lauréat, e [lɔrea, at] n. et adj. (du lat. *laureatus,* couronné de laurier). **1.** Personne qui a réussi un examen : *Les lauréats ont reçu leurs diplômes* (**SYN.** impétrant). **2.** Personne qui a remporté un prix dans un concours : *La lauréate du prix Femina* (**SYN.** gagnant, vainqueur ; **CONTR.** perdant).

laurier n.m. (lat. *laurus*). **1.** Arbuste de la région méditerranéenne, à fleurs blanchâtres et à feuilles persistantes utilisées comme condiment (**SYN.** laurier-sauce). **2.** Feuille de cet arbuste utilisée en cuisine : *Ajouter un peu de thym et de laurier.* ◆ **lauriers** n.m. pl. *Litt.* Gloire, succès : *Les lauriers de la victoire.* ▸ ***S'endormir*** ou ***se reposer sur ses lauriers,*** ne pas poursuivre ses efforts après un succès.

laurier-cerise n.m. (pl. *lauriers-cerises*). Arbrisseau utilisé dans les haies vives et dont les fruits sont toxiques.

laurier-rose n.m. (pl. *lauriers-roses*). Arbuste à fleurs blanches, roses ou jaunes, ornemental et toxique.

laurier-sauce n.m. (pl. *lauriers-sauce*). Laurier utilisé en cuisine.

laurier-tin n.m. (pl. *lauriers-tins*). Arbrisseau méditerranéen, dont les feuilles persistantes rappellent celles du laurier.

lause ou **lauze** n.f. (du gaul. *lausa,* pierre plate). Pierre plate utilisée comme dalle ou pour couvrir des bâtiments dans le sud et le sud-est de la France : *Des toits de lauses.*

lavable adj. Qui peut être lavé : *Gilet lavable en machine.*

lavabo n.m. (mot lat. signif. « je laverai »). **1.** Appareil sanitaire en forme de cuvette et alimenté en eau, permettant de faire sa toilette : *Se laver au lavabo.* **2.** Action du prêtre qui se lave les mains au cours de la messe ; moment de l'office où se fait ce geste. ◆ **lavabos** n.m. pl. Pièce contenant un ou plusieurs lavabos, avec toilettes attenantes, dans un lieu public : *Aller aux lavabos.*

lavage n.m. Action de laver : *Le lavage du sol* (**SYN.** nettoyage). ▸ ***Lavage de cerveau,*** pression physique ou psychologique exercée sur une personne pour anéantir ses pensées et ses réactions personnelles.

lavallière n.f. (de Mlle de *La Vallière*). Cravate souple, nouée en deux larges boucles.

lavande n.f. (de l'it. *lavanda,* qui sert à laver). **1.** Plante aromatique des régions méditerranéennes, à feuilles persistantes et à fleurs bleues ou violettes en épi. **2.** Huile essentielle odorante obtenue à partir de ces fleurs. ◆ adj. inv. ▸ ***Bleu lavande,*** bleu mauve assez clair : *Des écharpes bleu lavande.*

lavandière n.f. **1.** *Anc., litt.* Femme qui lavait le linge à la main. **2.** Bergeronnette grise.

lavasse n.f. *Fam.* Café, soupe ou sauce dans lesquels on a mis trop d'eau.

lave n.f. (it. *lava,* du lat. *labes,* éboulement). Magma en fusion émis par un volcan et qui se solidifie en refroidissant pour former une roche volcanique : *Des coulées de lave.*

lavé, e adj. Se dit d'une couleur peu intense : *Un rose lavé.*

lave-auto n.m. (pl. *lave-autos*). Au Québec, station de lavage automatique pour automobiles.

lave-glace ou **lave-vitre** n.m. (pl. *lave-glaces, lave-vitres*). Appareil envoyant un jet de liquide sur le pare-brise d'une automobile pour le laver.

lave-linge n.m. inv. Machine à laver le linge.

lave-mains n.m. inv. Petit lavabo d'appoint, en partic. dans les toilettes.

lavement n.m. **1.** En médecine, injection d'un liquide dans le gros intestin, par l'anus, dans un but thérapeutique ou diagnostique. **2.** Dans la religion catholique, partie rituelle de la messe *(lavement des mains)* ou cérémonie du Jeudi saint *(lavement des pieds).*

laver v.t. (lat. *lavare*) [conj. 3]. **1.** Nettoyer avec un liquide : *Il lave les traces de chocolat autour de sa bouche* (SYN. débarbouiller). *Elles lavent le mur à grande eau* (SYN. lessiver ; CONTR. salir, tacher). *Machine à laver le linge* (= lave-linge). *Machine à laver la vaisselle* (= lave-vaisselle). **2.** Prouver l'innocence de qqn ; faire disparaître ce qui porte préjudice : *Cet alibi le lave de tout soupçon* (SYN. blanchir, disculper). ▸ *Litt.* ***Laver une injure, un affront,*** s'en venger. ◆ **se laver** v.pr. Laver son corps : *Elle s'est lavée sous la douche. Elle s'est lavé les cheveux* (CONTR. se salir). ▸ ***Se laver les mains de qqch,*** décliner toute responsabilité à ce sujet : *Pour ce qui est de cet incident, je m'en lave les mains.*

laverie n.f. Blanchisserie équipée de machines à laver mises à la disposition des clients.

lave-tête n.m. inv. Chez les coiffeurs, cuvette fixée au dossier d'un siège, qui permet de laver les cheveux au-dessus d'un lavabo.

lavette n.f. **1.** Carré de tissu-éponge servant à nettoyer, à essuyer. **2.** En Belgique et en Suisse, carré de tissu-éponge pour se laver. **3.** *Fam., péjor.* Personne veule et sans énergie.

laveur, euse n. Personne dont le métier est de laver : *Des laveurs de voitures.* ◆ **laveur** n.m. Appareil utilisé en chimie pour purifier des gaz.

laveuse n.f. Au Québec, lave-linge.

lave-vaisselle n.m. inv. Appareil électroménager qui lave et sèche automatiquement la vaisselle.

lave-vitre n.m. → **lave-glace.**

lavis [lavi] n.m. Manière de colorer un dessin avec des couleurs étendues d'eau ; œuvre exécutée de cette manière : *Un dessin au lavis.*

lavoir n.m. **1.** *Anc.* Lieu public où on lavait le linge. **2.** En Belgique, laverie.

laxatif, ive adj. et n.m. (lat. *laxativus,* de *laxare,* détendre, de *laxus,* large). Se dit d'une substance qui accélère l'évacuation des selles : *Un puissant laxatif* (= un purgatif).

laxisme n.m. (du lat. *laxus,* large). Indulgence exagérée ; tolérance excessive : *Ce laxisme devant les petits méfaits a conduit à une aggravation de la situation* (SYN. permissivité ; CONTR. intransigeance, sévérité).

laxiste adj. et n. Qui manifeste du laxisme : *Politique laxiste.*

laxité n.f. *Didact.* État de ce qui est distendu, lâche.

layette [lɛjɛt] n.f. (de l'anc. fr. *laie,* tiroir). **1.** Ensemble du linge, des vêtements destinés aux nouveau-nés. **2.** (Employé en appos.). Se dit de couleurs claires, pâles : *Bleu layette.*

layon [lɛjɔ̃] n.m. (de *2. laie*). Petit sentier forestier.

lazaret n.m. (it. *lazaretto,* de *lazaro,* ladre). **1.** Établissement où l'on isole les arrivants d'un pays où sévit une maladie contagieuse. **2.** *Anc.* Léproserie.

lazzi [ladzi ou lazi] n.m. (mot it.) [pl. *lazzis* ou inv.]. *Litt.* Plaisanterie moqueuse : *Il est la cible des lazzis depuis sa bévue* (SYN. quolibet, raillerie).

LCD n.m. (sigle de l'angl. *liquid crystal display*). Affichage par cristaux liquides.

① **le, la** art. déf. (du lat. *ille, illa,* ce, cette) [pl. *les*]. **1.** Détermine un groupe nominal dont il indique le genre et le nombre : *La présentatrice du journal télévisé. Les livres que vous cherchez sont dans la réserve* (= ces livres-là). *Le lieu noir est aussi appelé colin. Madame la ministre et députée. L'histoire qu'il nous a racontée.* **2.** Avec un nombre cardinal, indique une date précise : *La réunion aura lieu le 20. Je l'ai rencontré le 15. Nous sommes le 12.* **3.** Devant un nom de mesure, prend le sens de *chaque* : *Vingt euros le kilo.* **4.** Devant un nom ne comportant pas d'autre indication, indique que l'on considère tous les êtres, toutes les choses désignés : *Le pigeon est granivore* (= tout pigeon). *Les ballons rebondissent.*

② **le, la** pron. pers. (du lat. *ille,* celui-là) [pl. *les*]. En fonction de complément d'objet direct, désigne la personne, la chose que l'on vient de nommer : *Nous la connaissons* (= nous connaissons cette femme). *Dressez-le à obéir* (= ce chien). *Elle les range dans le tiroir* (= ces objets-là).

lé n.m. (du lat. *latus,* large). **1.** Largeur d'une étoffe entre ses deux bords (SYN. laize). **2.** Largeur d'une bande de papier peint. **3.** En couture, panneau d'étoffe dont l'assemblage et le montage déterminent la forme et l'ampleur d'une jupe.

leader [lidœr] n.m. (mot angl. signif. « guide »). **1.** Personne qui est à la tête d'un parti politique, d'un mouvement, d'un groupe : *Les peuples européens et leurs principaux leaders* (SYN. chef, dirigeant, gouvernant). **2.** Concurrent ou équipe qui est en tête d'une compétition sportive : *Le leader du marathon a deux minutes d'avance sur ses poursuivants.* **3.** Entreprise, groupe, produit qui occupe la première place dans un domaine : *Cette marque est le leader du marché de l'emballage.* **4.** (Employé en appos.). Qui occupe la première place : *Le produit leader de cette entreprise* (= le produit-phare).

leadership [lidœrʃip] n.m. (mot angl.). Fonction de leader : *Cette entreprise conserve son leadership sur la téléphonie mobile* (= sa position dominante ; SYN. suprématie).

leasing [liziŋ] n.m. (mot angl.). Dans le langage bancaire, crédit-bail.

léchage n.m. Action de lécher.

lèche n.f. ▸ *Fam.* ***Faire de la lèche à qqn,*** le flatter bassement, servilement.

léché, e adj. *Fam.* Qui est exécuté minutieusement : *Une finition léchée* (SYN. soigné ; CONTR. rapide, sommaire). ▸ ***Ours mal léché,*** personne mal élevée, grossière.

lèche-bottes n. inv. *Fam.* Personne servile, obséquieuse (SYN. flagorneur [sout.]).

lèchefrite n.f. (de *lèche* et de l'anc. fr. *froie,* frotte). Ustensile de cuisine destiné à recevoir le jus et la graisse d'une pièce de viande mise à rôtir à la broche.

lécher v.t. (du frq.) [conj. 18]. **1.** Enlever avec la langue ; passer la langue sur : *Il lèche le jus resté sur ses doigts* (SYN. sucer). **2.** *Litt.* En parlant du feu, de l'eau, effleurer légèrement : *Les flammes lèchent les brochettes* (SYN. frôler). **3.** *Fam.* Exécuter avec un soin minutieux ou excessif : *Elle a léché la présentation de son travail* (**SYN.** parachever, parfaire, peaufiner ; **CONTR.** saboter). ▸ *Fam.* ***Lécher les bottes à qqn,*** le flatter bassement. *Fam.* ***Lécher les vitrines,*** flâner le long des rues en s'attardant devant les vitrines des magasins.

lécheur, euse n. *Fam.* Personne qui flatte bassement.

lèche-vitrines n.m. inv. ▸ *Fam.* ***Faire du lèche-vitrines,*** flâner en regardant les étalages des magasins.

lécithine n.f. (du gr. *lekithos,* jaune d'œuf). Lipide utilisé comme additif alimentaire : *Lécithine de soja.*

leçon n.f. (du lat. *lectio,* lecture, de *legere,* ramasser, lire). **1.** Enseignement donné en une séance par un professeur à une classe, à un élève : *Elle prend des leçons de piano* (**SYN.** cours). **2.** Ce que le maître donne à apprendre : *Nous révisons nos leçons.* **3.** Enseignement tiré d'une faute ou d'un événement : *Ils ont tiré des leçons de leur échec* (**SYN.** conclusion, morale). **4.** Avertissement donné à qqn : *Je n'ai pas de leçon à recevoir de sa part* (**SYN.** réprimande, semonce).

① **lecteur, trice** n. **1.** Personne qui lit un livre, un journal, un texte : *Les fidèles lecteurs de cette revue. Avis aux lecteurs.* **2.** Personne qui lit à haute voix, devant un auditoire. **3.** Personne qui lit et juge les manuscrits envoyés à un éditeur. **4.** Assistant étranger d'un professeur de langues vivantes chargé de faire pratiquer sa langue maternelle.

② **lecteur** n.m. **1.** Appareil audiovisuel qui permet de restituer des sons, des images, des textes enregistrés sur un support : *Lecteur de DVD. Lecteur laser.* **2.** En informatique, dispositif permettant l'introduction dans un ordinateur des données stockées sur un support extérieur.

lectorat n.m. **1.** Ensemble des lecteurs d'une publication. **2.** Fonction de lecteur dans l'enseignement.

lecture n.f. **1.** Action de lire, de déchiffrer : *Il commence sa journée par la lecture du journal. La lecture d'une partition musicale* (**SYN.** déchiffrage). **2.** Fait de savoir lire : *Les écoliers s'entraînent à la lecture. Un livre de lecture* (= grâce auquel on apprend à lire). **3.** Action de lire à haute voix, devant un auditoire : *Le porte-parole donne lecture d'un communiqué.* **4.** Ce qu'on lit : *Elle tire profit de ses lectures.* **5.** Analyse, interprétation d'un texte, d'une partition, etc. : *Vous avez une lecture réductrice de ce poème.* **6.** Discussion et vote d'un texte par une assemblée législative : *Cette proposition de loi a été approuvée en première lecture.* **7.** Dans l'audiovisuel, restitution, par un lecteur, de signaux enregistrés sous forme mécanique, magnétique ou optique. ▸ ***Tête de lecture,*** dispositif qui se déplace à la surface d'un support magnétique ou optique pour lire les informations qui y sont enregistrées.

ledit, ladite, lesdits, lesdites adj. (contraction de *le, la, les* et de l'adj. *dit*). Dans la langue administrative ou juridique, sert à désigner une personne précédemment nommée : *Des compensations seront versées aux sinistrés ; lesdits sinistrés n'auront alors plus de recours* (**SYN.** susdit, susnommé).

légal, e, aux adj. (lat. *legalis,* de *lex, legis,* loi). Qui est conforme à la loi ; qui est défini par la loi : *La procédure légale de mise en accusation* (**CONTR.** illégal, irrégulier). *Le cours légal de la monnaie* (**SYN.** réglementaire).

légalement adv. De façon légale : *Ces animaux sont légalement importés* (**SYN.** régulièrement ; **CONTR.** illégalement).

légalisation n.f. Action de légaliser : *La légalisation de la vente d'un médicament* (**SYN.** autorisation ; **CONTR.** interdiction).

légaliser v.t. [conj. 3]. **1.** Rendre conforme à la loi, légal : *Certains proposent de légaliser cette pratique* (**SYN.** autoriser, légitimer ; **CONTR.** interdire). **2.** En parlant d'un officier public, certifier l'authenticité des signatures apposées sur un acte (**SYN.** authentifier, confirmer).

légalisme n.m. Souci de respecter minutieusement la loi.

légaliste adj. et n. Relatif au légalisme ; qui fait preuve de légalisme : *Un gouvernement légaliste.*

légalité n.f. **1.** Caractère de ce qui est légal : *Le conseil doit statuer sur la légalité de cette procédure* (**SYN.** légitimité, validité ; **CONTR.** arbitraire). **2.** Situation conforme à la loi : *Il s'est enrichi en toute légalité* (= légalement ; **CONTR.** illégalité).

légat n.m. (lat. *legatus,* de *legare,* envoyer avec une mission). Représentant officiel du pape.

légataire n. (du lat. *legare,* léguer). Bénéficiaire d'un legs : *Elle est sa légataire universelle* (= elle reçoit par testament la totalité des biens disponibles).

légation n.f. **1.** Représentation diplomatique qu'un État entretient dans un pays où il n'a pas d'ambassade. **2.** Bâtiment occupé par cette représentation diplomatique.

legato [legato] adv. (mot it.). Terme de musique indiquant qu'il faut lier les sons.

légendaire adj. **1.** Qui appartient à la légende : *Les Cyclopes sont des géants légendaires* (**SYN.** fabuleux, mythique). **2.** Qui est connu de tous : *Une preuve du légendaire humour anglais* (**SYN.** célèbre, proverbial).

légende n.f. (du lat. *legenda,* ce qui doit être lu, de *legere,* ramasser, lire). **1.** Récit à caractère merveilleux, où les faits historiques sont transformés par l'imagination populaire ou par l'invention poétique : *La légende de Merlin l'Enchanteur* (**SYN.** conte, mythe). **2.** Récit déformé ou embelli concernant des faits et des personnages réels : *La légende des débuts de l'aviation.* **3.** Tradition populaire qui conserve et perpétue ces récits et leurs héros : *Jean Moulin est entré dans la légende.* **4.** Texte expliquant ce que représente une illustration ; liste explicative des signes conventionnels utillisés dans une carte, un plan.

légender v.t. [conj. 3]. Pourvoir une illustration d'une légende : *Légender un schéma.*

léger, ère adj. (lat. *levis*). **1.** Dont le poids est faible : *Portez le sac le plus léger* (**CONTR.** lourd, pesant). **2.** Dont la densité est faible : *Un gaz plus léger que l'air. Une légère brume* (**CONTR.** dense, opaque). **3.** Dont la texture, l'épaisseur est faible : *Un manteau léger pour le printemps* (**SYN.** fin, mince ; **CONTR.** épais). **4.** Qui est peu concentré, peu fort : *Boire un café léger* (**CONTR.** serré). *Des cigarettes légères.* **5.** Qui est facile à digérer : *Nous prendrons un dîner léger avant de partir* (**SYN.** digeste ; **CONTR.** indigeste, lourd). **6.** Qui met en œuvre des moyens peu importants : *Cette blessure relève de la chirurgie légère* (**CONTR.** lourd). **7.** Qui donne une impression de vivacité, de délicatesse, de grâce : *Marcher d'un pas léger* (**SYN.** agile, alerte, souple). *Une légère* *caresse* (**CONTR.** appuyé). **8.** Qui est libre de soucis, de responsabilités : *Avoir le cœur léger. Après l'examen, elle se sentait plus légère* (**SYN.** détendu). **9.** Qui est peu important : *Il y a une légère différence de coloris* (**SYN.** infime, insignifiant ; **CONTR.** notable). *Une légère migraine* (**SYN.** anodin, faible ; **CONTR.** intense, vif). **10.** Qui est enjoué, sans gravité : *Ton léger* (**SYN.** gai ; **CONTR.** cérémonieux, solennel). *Musique légère* (= de variété). **11.** Qui manque de sérieux : *Il s'est montré un peu léger dans ses déclarations* (**SYN.** désinvolte, irresponsable ; **CONTR.** circonspect, pondéré). ▸ ***À la légère,*** inconsidérément : *Elle a donné son accord à la légère* (**SYN.** imprudemment). ***Avoir la main légère,*** agir avec douceur. ***Poids léger,*** dans divers sports individuels comme la boxe, catégorie de poids ; sportif appartenant à cette catégorie. ***Sommeil léger,*** que peu de chose suffit à troubler. ◆ **léger** adv. ▸ ***Manger léger,*** manger des aliments faciles à digérer ; manger peu.

légèrement adv. **1.** De façon légère : *Appuyez légèrement sur le bouton* (**SYN.** délicatement, doucement, faiblement ; **CONTR.** fortement). *S'habiller légèrement* (**CONTR.** chaudement). **2.** Un peu : *Ce vin est légèrement bouchonné.* **3.** (Par ironie ou par euphémisme). Beaucoup : *Vous êtes légèrement en retard* (= vous êtes très en retard). **4.** À la légère ; inconsidérément : *Vous annoncez bien légèrement cette nouvelle non confirmée.*

légèreté n.f. **1.** Propriété de ce qui est peu pesant, peu dense : *La légèreté d'un matériau* (**CONTR.** lourdeur). *La légèreté d'une étoffe* (**SYN.** finesse, minceur). **2.** Caractère de ce qui est léger, fin, agile : *La légèreté des entrechats d'une ballerine* (**SYN.** aisance, gracilité ; **CONTR.** lourdeur). **3.** Caractère de ce qui est sans gravité : *La légèreté d'une blessure.* **4.** Manque de sérieux : *Il aurait dû faire preuve de moins de légèreté dans cette affaire* (**SYN.** désinvolture, irréflexion ; **CONTR.** prudence, sagesse).

légiférer v.i. (du lat. *legifer,* qui établit des lois, de *lex, legis,* loi) [conj. 18]. **1.** Établir des lois : *Le Parlement légifère.* **2.** Édicter des règles : *L'Académie légiférera sur ce sujet.*

légion n.f. (lat. *legio*). **1.** Dans l'Antiquité, unité fondamentale de l'armée romaine. **2.** Grand nombre d'êtres vivants : *L'accusé est défendu par une légion d'avocats* (**SYN.** cohorte, nuée). ▸ ***Être légion,*** être très nombreux : *Les gens qui pensent comme vous sont légion. Les cas de ce genre sont légion.* (Avec une majuscule). ***La Légion d'honneur*** → **honneur.** ***La Légion étrangère,*** formation militaire française composée de volontaires, en majorité étrangers.

légionelle n.f. Bactérie responsable de la légionellose.

légionellose n.f. Infection contagieuse grave, due à la légionelle, se traduisant par une pneumopathie.

légionnaire n.m. **1.** Soldat d'une légion romaine. **2.** Militaire de la Légion étrangère. ◆ n. Membre de l'ordre de la Légion d'honneur.

législateur, trice adj. et n. (lat. *legislator,* de *lex, legis,* loi). Qui légifère ; qui en a le pouvoir. ◆ **législateur** n.m. Autorité qui a mission d'établir des lois ; la loi en général : *Le législateur n'a pas prévu ce cas.*

législatif, ive adj. Relatif à la loi, au pouvoir de légiférer : *Le pouvoir législatif* (par opp. à exécutif, judiciaire). ▸ ***Élections législatives,*** en France, élections des députés de l'Assemblée nationale au suffrage universel (on dit aussi *les législatives*). ◆ **législatives** n.f. pl. Élections législatives : *Elle se présente aux législatives.*

législation n.f. Ensemble des lois, des dispositions législatives d'un pays, ou concernant un domaine particulier : *La législation belge. Elle s'informe sur la législation du travail.*

législature n.f. Durée du mandat d'une assemblée législative : *Votre réforme se fera au cours de cette législature.*

légiste n. (du lat. *lex, legis,* loi). **1.** Spécialiste des lois. **2.** Médecin légiste. ◆ adj. ▸ ***Médecin légiste,*** médecin qui fait des expertises afin d'aider la justice dans la recherche de la vérité (on dit aussi *un légiste*).

légitimation n.f. **1.** Action de légitimer : *Refuser la légitimation de la violence* (**SYN.** justification, motivation). **2.** Dans la langue juridique, acte par lequel on rend légitime un enfant naturel.

légitime adj. (lat. *legitimus,* de *lex, legis,* loi). **1.** Qui est consacré, reconnu, admis par la loi : *Il a le droit légitime d'exercer l'autorité parentale* (**SYN.** légal ; **CONTR.** illégal). **2.** Se dit de personnes unies par les liens du mariage ; se dit d'un enfant né de cette union (par opp. à naturel). **3.** Qui est fondé en raison, en droit, en justice : *Son refus est parfaitement légitime* (**SYN.** fondé, juste, normal ; **CONTR.** illégitime, infondé). ▸ ***Légitime défense,*** droit de riposter par un acte interdit et de façon proportionnée, pour se protéger ou pour protéger autrui contre un acte de violence.

légitimement adv. Conformément à la loi, à l'équité, à la justice : *Nous pouvons légitimement réclamer une compensation pour le préjudice subi* (= à juste titre).

légitimer v.t. [conj. 3]. **1.** Faire admettre comme excusable, juste : *Il cherche à légitimer son refus* (**SYN.** excuser, justifier). **2.** Faire reconnaître comme légitime : *Ils se sont mariés à l'étranger et ont fait légitimer leur union.* **3.** Dans la langue juridique, conférer la légitimité à un enfant né hors mariage.

légitimiste adj. et n. **1.** Qui défend une dynastie légitime, les droits héréditaires au trône. **2.** Qui a tendance à favoriser le pouvoir en place : *Un réflexe légitimiste des électeurs.*

légitimité n.f. **1.** Qualité de ce qui est fondé en droit, en justice, en équité : *La légitimité d'un accord* (**SYN.** légalité). *La légitimité de ses revendications* (**SYN.** bien-fondé). **2.** Dans la langue juridique, qualité d'un enfant légitime.

Lego [lego] n.m. (nom déposé). Jeu de construction en plastique à pièces emboîtables en trois dimensions.

legs [lɛ ou lɛg] n.m. (anc. fr. *lais,* de *laisser,* avec l'infl. du lat. *legatum,* don par testament). **1.** Dans la langue juridique, don fait par testament : *Cette association caritative reçoit de nombreux legs* (**SYN.** donation). **2.** *Litt.* Ce qu'une génération transmet aux générations suivantes : *Le legs le plus important du XXe siècle* (**SYN.** héritage).

léguer v.t. (lat. *legare*) [conj. 18]. **1.** Donner par testament : *Sa grand-mère lui lègue des tableaux* (**SYN.** laisser). **2.** *Fig.* Transmettre à ceux qui viennent ensuite : *Le gouvernement précédent nous a légué un lourd déficit budgétaire.*

① **légume** n.m. (lat. *legumen*). **1.** Plante potagère

dont on consomme les graines, les feuilles, les tiges, les fruits ou les racines. **2.** *Fam.* Personne réduite à une existence végétative. ▸ ***Légume sec,*** légume dont on mange la graine : *Les haricots, les pois, les fèves sont des légumes secs.* ***Légume vert,*** légume dont on mange la feuille (épinard), la fleur (brocoli), la tige (asperge) ou la racine (carotte).

② **légume** n.f. (de *1. légume*). ▸ *Fam.* ***Grosse légume,*** personnage important : *Les premiers rangs sont réservés aux grosses légumes.*

① **légumier, ère** adj. Relatif aux légumes : *Le chou-fleur fait partie de la production légumière bretonne.* ◆ **légumier** n.m. Plat creux et couvert dans lequel on sert des légumes.

② **légumier, ère** n. **1.** Producteur de légumes. **2.** En Belgique, commerçant en légumes.

légumineuse n.f. Plante à fleurs dont le fruit est une gousse et qui est utilisée comme légume, comme fourrage, pour l'ornement ou pour son bois : *Les pois, la luzerne, l'acacia et le palissandre sont des légumineuses.*

leishmaniose [lɛʃmanjoz] n.f. Groupe de maladies des pays tropicaux causées par des parasites appelés *leishmanias.*

leitmotiv [lɛtmɔtiv ou lajtmɔtif] n.m. (mot all. signif. « motif conducteur ») [pl. *leitmotivs* ou *leitmotive*]. **1.** Thème musical qui apparaît à plusieurs reprises dans une œuvre pour rappeler une idée, un sentiment, un personnage. **2.** Formule ou idée qui revient sans cesse dans des propos, dans un texte : *La guerre bactériologique est l'un de ses leitmotivs.*

lemming [lɛmiŋ] n.m. (mot norvég.). Petit rongeur de Scandinavie, voisin du campagnol.

lémure n.m. (du lat. *lemures,* âmes des morts). Dans la mythologie romaine, spectre d'un mort ; fantôme.

lémurien n.m. (du lat. *lemures,* âmes des morts). Mammifère primate de Madagascar et d'Afrique vivant sur les arbres.

lendemain n.m. (de l'anc. fr. *l'endemain*). **1.** Jour qui suit celui où l'on est ; jour suivant celui dont on parle : *Le lendemain, dans la matinée, elle a prévenu tout le monde. Le lendemain de la Saint-Sylvestre est le jour de l'An.* **2.** Avenir plus ou moins immédiat : *Nous espérons des lendemains qui chantent. Il faut penser au lendemain* (**SYN.** futur). *Au lendemain des élections, le parti s'est dissous* (= aussitôt après). *Cette réforme sera sans lendemain* (**SYN.** conséquence, suite). ▸ ***Du jour au lendemain*** → **jour.**

lendit [lɑ̃di] n.m. (du lat. *indictum,* ce qui est fixé). Importante foire qui se tenait au Moyen Âge dans la plaine Saint-Denis.

lénifiant, e ou **lénitif, ive** adj. *Litt.* Qui lénifie : *Une chaleur lénifiante* (**SYN.** amollissant ; **CONTR.** vivifiant). *Des nouvelles lénifiantes* (**SYN.** apaisant ; **CONTR.** inquiétant).

lénifier v.t. (lat. *lenificare,* de *lenis,* doux) [conj. 9]. *Litt.* **1.** Ôter toute énergie à : *Ce climat nous lénifie* (**SYN.** amollir ; **CONTR.** revigorer). **2.** Atténuer une peine morale : *Ces marques de sollicitude le lénifiaient* (**SYN.** apaiser ; **CONTR.** tourmenter).

léninisme n.m. Doctrine de Lénine.

léniniste adj. et n. Relatif au léninisme ; qui en est partisan.

lénitif, ive adj. → **lénifiant.**

lent, e adj. (du lat. *lentus,* visqueux, flexible). **1.** Qui parcourt peu d'espace en un temps donné : *Véhicules lents, serrez à droite* (**CONTR.** rapide). *L'aï est un animal lent* (**SYN.** apathique, indolent, mou ; **CONTR.** dynamique). **2.** Qui n'agit pas avec rapidité : *Ils sont lents à se décider* (**SYN.** long ; **CONTR.** prompt, vif). **3.** Qui se fait dans un temps relativement long : *L'évolution des mœurs est lente* (**CONTR.** instantané). *Il a les réflexes lents* (**CONTR.** rapide). **4.** Dont l'effet tarde à se manifester : *L'action lente d'un médicament. Une mort lente* (= au terme d'une longue agonie ; **CONTR.** brutal).

lente n.f. Œuf que le pou dépose à la base des cheveux.

lentement adv. **1.** Avec lenteur dans le mouvement : *Ce camion roule lentement* (**CONTR.** vite). *Elle parle lentement pour se faire comprendre* (**SYN.** posément ; **CONTR.** rapidement). **2.** Avec lenteur dans le temps : *La situation s'améliore lentement* (= peu à peu ; **SYN.** doucement ; **CONTR.** instantanément).

lenteur n.f. **1.** Manque de rapidité, de vivacité dans les mouvements, dans le raisonnement : *Sa lenteur est exaspérante* (**SYN.** apathie, indolence, mollesse ; **CONTR.** dynamisme). *Lenteur d'esprit* (**CONTR.** pétulance). **2.** Caractère de ce qui est lent : *La lenteur de la mise en œuvre des réformes* (**CONTR.** diligence, rapidité).

lenticulaire ou **lenticulé, e** adj. En forme de lentille : *Les taches lenticulaires du pelage d'un animal.*

lenticule n.f. Lentille d'eau.

lentigo [lɑ̃tigo] n.m. ou **lentigine** n.f. (mot lat. signif. « taches de rousseur »). En médecine, petite tache apparaissant sur la peau (= grain de beauté).

lentille [lɑ̃tij] n.f. (lat. *lenticula,* petite lentille, de *lens, lentis,* lentille). **1.** Plante annuelle cultivée pour sa graine, en forme de petit disque convexe, consommée comme légume sec. **2.** Verre taillé en forme de lentille, servant dans les instruments d'optique : *La lentille d'un zoom.* **3.** Verre de contact qui s'applique sur la cornée sans en déborder (on dit aussi *lentille cornéenne*) : *Des lentilles colorées.* ▸ ***Lentille d'eau,*** plante de la taille d'une lentille, à petites feuilles bombées, abondante à la surface des eaux stagnantes (= lenticule).

lentisque n.m. (lat. *lentiscus*). Arbrisseau dont le tronc fournit une résine appelée *mastic* et employée comme produit à mâcher.

lento [lɛnto] adv. (mot it.). Terme de musique indiquant qu'il faut suivre un tempo lent. ◆ n.m. Passage d'une œuvre exécuté dans ce tempo : *Des lentos.*

léonin, e adj. (lat. *leoninus,* de *leo, leonis,* lion). **1.** *Litt.* Qui est propre au lion ; qui rappelle le lion : *Une chevelure léonine* (**SYN.** touffu). **2.** Dans la langue juridique, se dit d'un partage où qqn se réserve la plus grosse part, d'un contrat qui avantage exagérément l'une des parties : *Des clauses léonines* (**SYN.** abusif, excessif ; **CONTR.** équitable).

léopard n.m. (du lat. *leo,* lion, et *pardus,* panthère). **1.** Panthère tachetée d'Afrique. **2.** Fourrure de cet animal. ▸ ***Léopard de mer,*** grand phoque carnassier de l'Antarctique. ***Tenue léopard,*** tenue militaire de camouflage, tachetée de diverses couleurs : *Des parachutistes en tenue léopard.*

lépidoptère n.m. (du gr. *lepis, lepidos,* écaille, et *pteron,* aile). Insecte à métamorphose complète, portant à l'état adulte (papillon) quatre ailes couvertes d'écailles.

lépiote n.f. (du gr. *lepion,* petite écaille). Champignon à anneau et à chapeau couvert d'écailles. ▸ ***Lépiote élevée,*** coulemelle.

lépisme n.m. (du gr. *lepisma,* écorce ou écaille enlevée). Insecte sans ailes, au corps couvert d'écailles argentées, communément appelé *petit poisson d'argent,* qui vit dans les lieux humides des maisons.

lèpre n.f. (lat. *lepra*). **1.** Maladie infectieuse contagieuse, qui se manifeste par des lésions cutanées ou par des atteintes du système nerveux. **2.** *Litt.* Vice ou mal grave qui s'étend comme la lèpre : *La lèpre du terrorisme* (**SYN.** cancer, gangrène).

lépreux, euse adj. et n. Qui a la lèpre ; relatif à la lèpre. ◆ adj. Dont la surface est abîmée : *Des façades lépreuses.*

léproserie n.f. Hôpital réservé aux lépreux.

lequel, laquelle pron. relat. (contraction de *le, la, les* et de l'adj. *quel*) [pl. *lesquels, lesquelles*]. S'emploie comme sujet à la place de *qui* ou comme complément prépositionnel pour représenter la personne ou la chose dont on vient de parler : *Nous avons invité l'amie de mon cousin, laquelle vient par avion. Les fichiers sur lesquels je travaille. Des personnes parmi lesquelles nous comptons plusieurs ministres.* ◆ adj. relat. *Litt.* S'emploie parfois pour reprendre l'antécédent à l'intérieur de la proposition relative : *Il avait emporté son mobile en randonnée, lequel mobile s'avéra inutile puisqu'il s'était déchargé.* ◆ pron. interr. Indique dans une interrogation une comparaison, un choix entre des personnes, des choses : *Pour laquelle des candidates votez-vous ? Vous avez deux itinéraires possibles. Lequel voulez-vous emprunter ?* ☞ **REM.** Avec la préposition *à, lequel* se contracte en *auquel* ; avec la préposition *de,* il se contracte en *duquel.* Voir ces mots à leur ordre alphabétique.

lérot n.m. (de *loir*). Petit rongeur hibernant omnivore.

① **les** art. déf. pl. → **1. le.**

② **les** pron. pers. pl. → **2. le.**

lès ou **lez** [lɛ] prép. (du lat. *latus, lateris,* côté). S'emploie dans certains noms de lieux pour indiquer la proximité : *Habiter à Fontaine-lès-Dijon* (**SYN.** à côté de, près de).

lesbianisme n.m. Homosexualité féminine ; saphisme.

lesbien, enne adj. et n. De Lesbos. ◆ adj. Relatif au lesbianisme.

lesbienne n.f. (de *Lesbos,* patrie de Sappho). Femme homosexuelle.

lesdits, lesdites adj. pl. → **ledit.**

lésé, e adj. **1.** Qui subit un préjudice : *Des clients lésés ont porté plainte.* **2.** Qui comporte une lésion : *Un muscle lésé.*

lèse-majesté n.f. inv. ▸ *Anc.* ***Crime de lèse-majesté,*** attentat dirigé contre un prince ou contre son autorité.

léser v.t. (du lat. *laesus,* blessé, de *laedere,* blesser) [conj. 18]. **1.** Causer un préjudice à qqn, à ses intérêts, nuire à : *Le rachat de cette entreprise lèse les petits actionnaires* (**SYN.** défavoriser, désavantager ; **CONTR.** avantager, favoriser). **2.** Produire la lésion d'un organe : *L'abus d'alcool a lésé le foie* (**SYN.** attaquer, endommager).

lésiner v.i. (de l'it. *lesina,* alêne) [conj. 3]. Économiser avec excès ; agir avec une trop grande économie de moyens : *Ils ont lésiné sur la qualité des matériaux et l'immeuble s'est effondré.* ▸ ***Ne pas lésiner sur,*** ne pas hésiter à utiliser abondamment : *Elle ne lésine pas sur les explications.*

lésion n.f. (lat. *laesio,* de *laedere,* blesser). **1.** Modification de la structure d'un tissu, d'un organe due à une maladie ou à un accident : *L'exposition prolongée au soleil provoque des lésions de la peau* (**SYN.** brûlure). **2.** Dans la langue juridique, préjudice qu'éprouve une partie dans un contrat ou dans un partage.

lésionnaire adj. Dans la langue juridique, se dit d'un acte, d'un contrat qui a le caractère d'une lésion.

lésionnel, elle adj. En médecine, relatif à une lésion ; qui est caractérisé par une lésion.

lesquels, lesquelles pron. relat. et interr. → **lequel.**

lessivable adj. Que l'on peut lessiver : *Peinture lessivable.*

lessivage n.m. Action de lessiver : *Le lessivage des murs précède l'application de la peinture* (**SYN.** lavage, nettoyage).

lessive n.f. (du lat. pop. *lixiva,* de *lix,* lessive). **1.** Produit liquide ou en poudre servant à laver les textiles ou à nettoyer : *Des barils de lessive. De la lessive en tablette.* **2.** Action de laver le linge ; linge lavé : *Trier le linge avant de faire la lessive. Sortir la lessive de la machine pour l'étendre. J'ai fait trois lessives hier.* **3.** *Fam.* Exclusion rapide et massive de personnes jugées indésirables dans une collectivité : *Les mauvais résultats de l'entreprise ont entraîné une grande lessive parmi les dirigeants* (**SYN.** épuration, purge).

lessiver v.t. [conj. 3]. **1.** Nettoyer avec de la lessive : *Il lessive le portail* (**SYN.** laver). **2.** En Belgique, laver le linge. **3.** *Fam.* Faire perdre à qqn toute force physique : *Cette randonnée en V.T.T. nous a lessivés* (**SYN.** épuiser, exténuer ; **CONTR.** revigorer). **4.** *Fam.* Au jeu, faire perdre tout son argent à qqn : *Des mises excessives l'ont lessivé* (**SYN.** ruiner). **5.** *Fam.* Battre un adversaire : *Le champion a lessivé ses concurrents* (**SYN.** vaincre). ▸ ***Machine à lessiver,*** en Belgique, lave-linge.

lessiveuse n.f. **1.** *Anc.* Récipient en tôle pour faire bouillir le linge. **2.** En Belgique, lave-linge.

lessiviel, elle adj. Relatif à la lessive : *Produits lessiviels.*

lessivier n.m. Fabricant de produits servant à la lessive.

lest [lɛst] n.m. (du néerl. *last,* poids). **1.** Masse placée dans les fonds d'un navire ou fixée à sa quille pour lui assurer une certaine profondeur dans l'eau ou une stabilité convenable. **2.** Sacs de sable qu'un aéronaute emporte dans la nacelle du ballon, et qu'il jette pour prendre de l'altitude ou ralentir sa descente. ▸ ***Jeter*** ou ***lâcher du lest,*** faire des concessions pour rétablir une situation compromise.

lestage n.m. Action de lester : *Le lestage d'un navire.*

leste adj. (de l'it. *lesto,* dégagé). **1.** Qui se meut avec agilité, aisance : *Malgré son âge, elle est encore leste*

(**SYN.** agile, preste, souple). *Marcher d'un pas leste* (**SYN.** alerte, allègre, vif ; **CONTR.** lourd). **2.** Qui est trop libre par manquement à la décence : *Il raconte des histoires un peu lestes* (**SYN.** gaulois, grivois, osé ; **CONTR.** chaste, grave). ▸ ***Avoir la main leste,*** être prompt à frapper, à gifler.

lestement adv. Avec agilité : *Sauter lestement un ruisseau.*

lester v.t. [conj. 3]. **1.** Charger de lest : *L'aéronaute leste son ballon.* **2.** *Fam.* Charger en remplissant : *Toutes ces pièces de monnaie lestent mes poches* (**SYN.** alourdir). *Son gâteau nous a lesté l'estomac.*

let [lɛt] adj. inv. (mot angl. signif. « obstacle »). Au tennis et au tennis de table, se dit d'une balle de service qui passe dans l'autre camp en touchant le filet : *La balle est let* (**SYN.** net). ▸ ***Let !,*** mot crié par le juge qui constate que la balle a touché le filet. ☞ **REM.** Il est recommandé de dire *filet* à la place de cet anglicisme.

létal, e, aux adj. (lat. *letalis,* de *letum,* mort). En médecine, qui entraîne la mort : *Une dose létale de stupéfiant.*

letchi n.m. → **litchi.**

léthargie n.f. (gr. *lêthargia,* de *lêthê,* oubli). **1.** Sommeil anormalement profond et continu : *Tomber en léthargie.* **2.** *Fig.* Affaiblissement extrême qui entraîne une activité réduite : *Nous ne savons comment le sortir de sa léthargie* (**SYN.** apathie, atonie, prostration). *Des industries en pleine léthargie* (**SYN.** marasme ; **CONTR.** vitalité).

léthargique adj. **1.** Qui tient de la léthargie ; qui est atteint de léthargie : *Sommeil léthargique.* **2.** Dont l'activité est très diminuée : *Des marchés boursiers léthargiques* (**CONTR.** dynamique). *Une petite bourgade léthargique* (**SYN.** endormi, languissant ; **CONTR.** animé, dynamique).

letton, onne ou **one** adj. et n. Relatif à la Lettonie, à ses habitants. ◆ **letton** n.m. Langue balte parlée en Lettonie (on dit aussi *le lette*).

lettrage n.m. Marquage au moyen de lettres.

lettre n.f. (du lat. *littera,* caractère d'écriture). **1.** Signe graphique utilisé pour les écritures alphabétiques et dont l'ensemble constitue l'alphabet : *La lettre d.* **2.** Signe alphabétique envisagé dans son aspect, dans ses caractéristiques : *Lettre minuscule, majuscule. Écrire en lettres d'imprimerie.* **3.** Caractère d'imprimerie représentant une des lettres de l'alphabet : *Une lettre ornée* (= une lettrine). **4.** Sens strict des mots d'un texte, d'un discours : *Ce jugement est conforme à la lettre de la loi* (par opp. à l'esprit). **5.** Message personnel écrit adressé à quelqu'un sous enveloppe : *Je lui ai écrit trois lettres* (**SYN.** missive). *Papier à lettres. Poster une lettre* (**SYN.** pli). *Comme il me l'a écrit dans sa lettre.* **6.** Document officiel ou privé : *Joindre une lettre de motivation.* ▸ ***À la lettre*** ou ***au pied de la lettre,*** au sens propre, exact : *Les journalistes ont pris son discours au pied de la lettre* ; scrupuleusement, ponctuellement : *Suivre le mode d'emploi à la lettre.* ***Avant la lettre,*** avant le complet développement de qqch ; qui préfigure ce que sera l'état définitif : *C'est une réorganisation avant la lettre.* ***En toutes lettres,*** écrit sans abréviation : *Inscrivez le nom de l'entreprise en toutes lettres* ; avec des mots (et non avec des chiffres, des signes conventionnels, etc.) : *La ligne « département » doit être complétée en toutes lettres.* ***Être, rester, devenir lettre morte,*** sans effet, inutile : *Nos demandes sont restées lettre morte.* *Fam.* ***Les cinq lettres*** ou ***le mot de cinq lettres,*** le mot « merde ». ***Lettre de cachet*** → **cachet.** ***Lettre de mort,*** en Belgique, faire-part de décès. ***Lettre ouverte,*** écrit polémique ou revendicatif adressé à une personne, mais rendu public : *« J'accuse » de Zola était une lettre ouverte au président de la République.* *Fam.* ***Passer comme une lettre à la poste,*** facilement, sans difficulté : *Les modifications sont passées comme une lettre à la poste.* ◆ **lettres** n.f. pl. **1.** Culture et activités littéraires : *Avoir des lettres* (= avoir beaucoup lu, être cultivé). *Femme de lettres* (= écrivaine). **2.** Ensemble des connaissances et des études concernant la littérature, la linguistique et les langues (par opp. à sciences) : *Professeur de lettres classiques.*

lettré, e adj. et n. Qui a une culture très étendue.

lettre-transfert n.f. (pl. *lettres-transferts*). Caractère graphique se reportant sur une surface par pression et frottement.

lettrine n.f. (it. *letterina*). Grande initiale, souvent ornée, placée au début d'un chapitre ou d'un paragraphe dans un livre : *Les lettrines d'un dictionnaire.*

leu n.m. (forme anc. de *loup*). ▸ ***À la queue leu leu,*** à la suite les uns des autres : *Les manifestants défilent à la queue leu leu* (= en file indienne).

leucémie n.f. (du gr. *leukos,* blanc, et *haima,* sang). Maladie caractérisée par la prolifération de globules blancs.

leucémique adj. et n. Relatif à la leucémie ; qui est atteint de leucémie.

leucocytaire adj. Relatif aux leucocytes.

leucocyte n.m. (du gr. *leukos,* blanc, et *kutos,* cavité). Cellule du sang et de la lymphe, participant aux défenses immunitaires (= globule blanc).

leucocytose n.f. Augmentation du nombre des globules blancs du sang (**CONTR.** leucopénie).

leucoderme adj. et n. Se dit d'une personne dont la peau est de couleur blanche.

leucopénie n.f. Diminution du nombre des globules blancs du sang (**CONTR.** leucocytose).

leucorrhée n.f. Écoulement blanchâtre provenant des voies génitales de la femme (= pertes blanches).

① **leur** pron. pers. pl. (du lat. *illorum,* d'eux, de *ille,* celui-là). (Se place immédiatement devant le verbe). Désigne la 3e personne du pluriel, aux deux genres, représentant des êtres ou des choses dans les fonctions de compl. d'objet indirect et compl. d'attribution : *Elle leur a offert un café* (= à eux ou à elles). *Les volets s'abîmaient, je leur ai donné un coup de peinture.*

② **leur, leurs** adj. poss. (de *1. leur*). **1.** Correspond à un possesseur de la 3e personne du pluriel, aux deux genres, pour indiquer un rapport de possession, un rapport d'ordre affectif ou social : *Ils emportent leur mobile et leurs papiers d'identité. Leurs parents et leurs collègues sont venus.* **2.** (En fonction d'attribut). *Sout.* Qui est à eux, à elles : *Elles font leurs les coutumes du pays où elles s'installent. Ces idées qui sont leurs* (= les leurs). ◆ **le leur, la leur** pron. poss. (pl. *les leurs*). Désigne ce qui appartient ou se rapporte à un possesseur de la 3e personne du pluriel : *Elles ont aussi un lecteur DVD, mais le leur est plus performant* (= celui qui est à elles). *J'ai des roses, mais les leurs sont plus belles.* ▸ ***Être un des leurs*** ou ***des leurs,*** faire partie de leur groupe, partager leur activité : *Nous serons des leurs pour le mariage de leur fils* (= parmi eux). ***Les leurs,*** leurs parents, leurs amis, leurs proches ; leurs alliés, leurs partisans.

leurre n.m. (du frq. *lopr,* appât). **1.** Ce qui sert à attirer et tromper qqn ; artifice : *Cette annonce de réforme est un leurre pour calmer les esprits* (SYN. duperie, imposture). **2.** À la pêche, appât factice dissimulant un hameçon.

leurrer v.t. [conj. 5]. Attirer par quelque espérance trompeuse : *Ils nous ont leurrés avec leurs promesses de bénéfices mirobolants* (SYN. abuser, duper, tromper). ◆ **se leurrer** v.pr. Se faire des illusions : *Elle s'est leurrée sur leurs intentions* (SYN. s'illusionner, se tromper).

levage n.m. **1.** En parlant d'une pâte, fait de lever. **2.** Action de lever, de déplacer verticalement une charge : *La grue est un appareil de levage.*

levain n.m. (de *1. lever*). **1.** Ensemble de micro-organismes en développement, utilisé pour produire une fermentation : *Du levain de bière* (SYN. levure). **2.** Morceau de pâte en cours de fermentation qui, mêlé à la pâte du pain, la fait lever et fermenter. **3.** *Fig., litt.* Ce qui peut faire naître, amplifier un sentiment, une idée : *L'injustice est le levain de la révolte* (SYN. ferment, germe).

levant n.m. *Litt.* Côté de l'horizon où le soleil se lève (par opp. à couchant) : *L'expédition avance vers le levant* (SYN. est, orient ; CONTR. occident, ouest). ◆ adj. m. ▸ ***Le soleil levant,*** qui se lève : *Le pays du Soleil-Levant* (= le Japon).

levantin, e adj. et n. *Vieilli* Qui est originaire des pays de la Méditerranée orientale.

① **levé, e** adj. **1.** Qui est soulevé, placé plus haut : *Vote à mains levées.* **2.** Qui est sorti du lit : *Levée aux aurores pour partir travailler* (SYN. debout). **3.** Qui est placé verticalement : *Les menhirs sont des pierres levées* (SYN. dressé). ▸ ***Au pied levé,*** sans préparation, à l'improviste : *Elle l'a remplacé au pied levé.*

② **levé** ou **lever** n.m. En topographie, établissement d'un plan, d'une carte à partir de données relevées sur le terrain, de photographies aériennes ou d'images satellitaires ; plan, carte ainsi tracés.

levée n.f. **1.** Action d'enlever, de retirer : *La levée d'une punition* (SYN. suppression). **2.** Action de faire cesser : *La levée d'une séance* (SYN. clôture, fin, interruption). **3.** Action de recueillir, de collecter ; ce qui a été collecté : *Levée des impôts* (SYN. perception, recouvrement). **4.** Enlèvement des lettres de la boîte par un préposé de l'administration des postes : *La dernière levée a lieu à 19 heures.* **5.** Remblai de terre, de pierres, de maçonnerie élevé dans un but de défense ou de protection. **6.** Ensemble des cartes jouées à chaque coup et ramassées par celui qui a gagné (SYN. pli). ▸ ***Levée d'écrou*** → **écrou.** ***Levée de troupes,*** enrôlement de soldats. ***Levée du corps,*** enlèvement du cercueil de la maison mortuaire ; cérémonie qui l'accompagne. ***Levée en masse,*** appel de tous les hommes valides pour la défense du pays.

lève-glace n.m. → **lève-vitre.**

① **lever** v.t. (lat. *levare*) [conj. 19]. **1.** Mettre plus haut, à un niveau supérieur : *Elle lève la vitre de la voiture* (SYN. fermer, relever, remonter ; CONTR. baisser). **2.** Diriger vers le haut, mouvoir de bas en haut une partie du corps : *Lever la tête de son écran* (SYN. redresser ; CONTR. incliner). *Lever le bras* (CONTR. baisser). **3.** Placer verticalement ce qui était horizontal ; redresser ce qui était penché : *Le gardien du parking lève la barrière pour laisser passer les voitures.* **4.** Retirer ce qui était posé ou déposé : *Il lève son chapeau pour saluer* (SYN. ôter). *Les syndicats ont levé le préavis de grève* (SYN. annuler). **5.** Soulever en découvrant ce qui était caché : *Lever le couvercle de la casserole. Le régisseur lève le rideau.* **6.** Représenter sur une surface plane des données en dessinant : *Lever un plan, une carte.* **7.** En cuisine, prélever un filet sur une volaille ou un poisson : *Lever des aiguillettes de canard.* **8.** Recueillir des fonds : *Lever des capitaux* (SYN. collecter, percevoir). **9.** Recruter, mobiliser : *Lever une armée.* **10.** Supprimer ce qui était un obstacle : *Lever une hypothèque. Vous avez levé toutes nos objections* (SYN. abolir, contrer, supprimer). **11.** Faire sortir un animal de son gîte : *Le chien a levé un lièvre.* **12.** Faire sortir du lit ; mettre debout : *Les infirmières ont levé la malade.* ▸ ***Lever l'ancre*** ou ***le camp*** ou ***le siège,*** s'en aller. ***Lever la séance, l'audience,*** la clore ; l'interrompre. ***Lever les épaules,*** manifester son mépris par un haussement d'épaules (SYN. hausser). ***Lever les yeux sur qqn, qqch,*** le regarder ; s'y intéresser. ***Lever le voile,*** révéler ce qui était secret : *La présidente a levé le voile sur la nouvelle campagne publicitaire.* ◆ v.i. **1.** Sortir de terre : *Les haricots lèvent* (SYN. pousser). **2.** Gonfler sous l'effet de la fermentation : *La pâte à brioche lève.* ◆ **se lever** v.pr. **1.** Quitter la position couchée ou assise ; se mettre debout : *Ils se sont levés à l'entrée de leur supérieure.* **2.** Sortir du lit : *Nous nous sommes levés à huit heures* (CONTR. se coucher). **3.** *Fig., litt.* Se révolter : *Les femmes se sont levées contre cette discrimination* (SYN. se dresser). **4.** En parlant d'un astre, apparaître à l'horizon : *La lune se lève* (CONTR. se coucher). **5.** En parlant du vent, commencer à souffler : *À la tombée du jour, la tramontane s'est levée.* **6.** En parlant de la houle, de la mer, se former, devenir forte. **7.** En parlant du temps, s'éclaircir, devenir meilleur. ▸ ***Se lever de table,*** quitter la table.

② **lever** n.m. **1.** Action de sortir du lit ; moment où l'on se lève : *Le lever a lieu à six heures* (CONTR. coucher). **2.** Instant où un astre apparaît au-dessus de l'horizon : *Le lever du soleil.* **3.** En topographie, levé. ▸ ***Lever de rideau,*** au spectacle, moment où le rideau se lève pour découvrir la scène ; pièce de théâtre en un acte jouée avant la pièce principale ; match préliminaire dans une réunion sportive.

lève-tard n. inv. *Fam.* Personne qui se lève habituellement à une heure tardive.

lève-tôt n. inv. *Fam.* Personne qui se lève habituellement de bonne heure.

lève-vitre ou **lève-glace** n.m. (pl. *lève-vitres, lève-glaces*). Mécanisme servant à ouvrir ou à fermer les vitres d'une automobile ; bouton servant à actionner ce mécanisme.

levier n.m. **1.** Barre rigide pouvant tourner autour d'un point d'appui fixe, que l'on utilise pour remuer, soulever les fardeaux. **2.** Tige de commande d'un mécanisme : *Vous avez le choix entre un levier de changement de vitesse au tableau de bord ou au* *plancher.* **3.** *Fig.* Moyen d'action ; ce qui sert à surmonter une résistance : *La consommation est le levier de la reprise économique.*

lévitation n.f. (mot angl., du lat. *levitas,* légèreté). Phénomène selon lequel certains êtres seraient soulevés du sol et se maintiendraient sans aucun appui naturel.

levraut n.m. (dimin. de *lièvre*). Jeune lièvre.

lèvre n.f. (lat. *labrum*). **1.** Chacune des parties charnues, inférieure et supérieure, de la bouche, situées en avant des dents : *Elle sait lire sur les lèvres.* **2.** En anatomie, chacun des replis cutanés de l'appareil génital externe féminin. ▸ ***Du bout des lèvres,*** en remuant à peine les lèvres ; sans enthousiasme : *Il a accepté du bout des lèvres* (= sans conviction). ***Manger, sourire du bout des lèvres,*** à peine, avec réticence. ◆ **lèvres** n.f. pl. En médecine, bords d'une plaie : *Les lèvres d'une coupure.*

levrette n.f. (de *lévrier*). Femelle du lévrier.

lévrier n.m. (de *lièvre*). Chien à la tête allongée et à la musculature puissante, très rapide, propre à la chasse du lièvre. ▸ ***Lévrier russe,*** barzoï.

levure n.f. (de *1. lever*). Champignon qui produit la fermentation alcoolique des solutions sucrées ou qui fait lever les pâtes farineuses. ▸ ***Levure chimique,*** mélange de produits chimiques utilisés en pâtisserie pour faire lever la pâte.

lexème [lɛksɛm] n.m. En linguistique, unité minimale de signification, appartenant au lexique : *Le mot « commenciez » est composé du lexème « commenc- » et du morphème grammatical « -iez ».*

lexical, e, aux adj. Qui concerne le lexique, le vocabulaire d'une langue : *Les unités lexicales recensées dans un dictionnaire* (= entrée, mot). ▸ ***Champ lexical,*** ensemble formé par les unités lexicales relatives à une même notion : *Le champ lexical de la parenté* (= tous les mots qui servent pour en parler). ***Mot lexical,*** mot porteur de sens, comme les noms, les adjectifs, les verbes (par opp. à mot grammatical, qui dénote les fonctions syntaxiques).

lexicalisation n.f. En linguistique, processus par lequel une suite de morphèmes devient une unité lexicale : *La lexicalisation de l'élément « cyber- ».*

lexicalisé, e adj. En linguistique, se dit d'une suite de morphèmes fonctionnant comme une unité de lexique et employée comme un mot : *« Compte rendu », « tout de go » et « chemin de fer » sont lexicalisés.*

se **lexicaliser** v.pr. En linguistique, se transformer en unité lexicale autonome, devenir une unité du lexique : *Le sens de « portail » en informatique s'est lexicalisé. « Tout à fait », « à grand-peine » et « quelque chose » se sont lexicalisés.*

lexicographe n. Spécialiste de lexicographie ; rédacteur de dictionnaires.

lexicographie n.f. Discipline linguistique dont l'objet est la connaissance et l'étude des mots d'une langue permettant l'élaboration des dictionnaires.

lexicographique adj. Relatif à la lexicographie.

lexicologie n.f. Partie de la linguistique qui étudie le vocabulaire, considéré dans son histoire, son fonctionnement, son emploi selon les personnes.

lexicologique adj. Relatif à la lexicologie.

lexicologue n. Spécialiste de lexicologie.

lexique n.m. (gr. *lexikon,* de *lexis,* mot). **1.** Ensemble des mots formant la langue d'une communauté (par opp. à grammaire). **2.** Dictionnaire spécialisé regroupant les termes utilisés dans une science ou une technique : *Un lexique de la génétique* (**SYN.** vocabulaire). **3.** Dictionnaire bilingue succinct : *Ce manuel d'informatique contient un lexique anglais-français.* **4.** Vocabulaire employé par une personne, dans son œuvre, ses discours : *Ce chercheur s'intéresse au lexique des militants syndicaux.*

lez [lɛ] prép. → **lès.**

lézard n.m. (anc. fr. *laisarde,* du lat. *lacerta*). **1.** Reptile à pattes courtes et à longue queue. **2.** Peau tannée de grands reptiles tropicaux ressemblant à des lézards, et qui est utilisée en maroquinerie. **3.** *Fam.* Difficulté imprévue ; problème gênant : *Il n'y a pas de lézard entre nous.* ▸ *Fam.* ***Faire le lézard,*** se prélasser au soleil pour se réchauffer ou bronzer ; lézarder.

lézarde n.f. **1.** Crevasse traversant l'épaisseur d'un ouvrage de maçonnerie (**SYN.** fissure). **2.** *Fig., litt.* Ce qui compromet la solidité de qqch, d'un état, d'un sentiment : *Les lézardes qui apparaissaient dans la théorie* (**SYN.** brèche, fêlure).

① **lézarder** v.i. [conj. 3]. *Fam.* Faire le lézard : *Ils lézardent sur l'herbe du parc* (**SYN.** paresser, se prélasser).

② **lézarder** v.t. [conj. 3]. Produire des lézardes : *Les vibrations des trains ont lézardé la façade* (**SYN.** fissurer). ◆ **se lézarder** v.pr. **1.** En parlant d'un mur, se fendre ; se crevasser. **2.** *Fig.* Être atteint dans sa cohésion ; présenter des failles : *Un mouvement revendicatif qui se lézarde.*

L.G.V. ou **LGV** n.f. (sigle de *ligne à grande vitesse*). Ligne ferroviaire construite spécialement pour permettre la circulation de trains à grande vitesse, à partir de 250 km/h (T.G.V., par ex.).

liage n.m. Action de lier ; son résultat : *Le liage d'un fagot.*

liaison n.f. **1.** Union de plusieurs choses, de plusieurs corps ensemble : *Une liaison de maçonnerie en ciment* (**SYN.** assemblage). *Ajouter un jaune d'œuf pour faciliter la liaison de la sauce.* **2.** Enchaînement des parties d'un tout : *Faites une liaison entre les deux paragraphes* (**SYN.** lien, suite, transition). *Nous avons établi une liaison de cause à effet entre ces phénomènes* (**SYN.** corrélation, rapport, relation). **3.** Prononciation de la dernière consonne d'un mot, habituellement muette, avec la voyelle initiale du mot suivant : *Dans « les assiettes » et « vient-elle aujourd'hui ? », on fait la liaison.* **4.** Communication régulièrement assurée entre deux ou plusieurs points du globe : *Liaison aérienne. La liaison à grande vitesse entre Paris et Lille. Nous avons établi la liaison téléphonique avec nos envoyés spéciaux* (**SYN.** connexion). **5.** Action de maintenir les relations entre différents services, différents organismes : *Assurer la liaison entre les filiales* (**SYN.** contact). **6.** Dans l'armée, lien permanent établi entre chefs et subordonnés, entre unités différentes : *Agent de liaison.* **7.** *Litt.* Lien entre deux personnes, reposant sur des affinités de goût, d'intérêt, de sentiment : *Il a cessé toute liaison avec ces gens* (**SYN.** attaches, fréquentation, relation). **8.** Relation amoureuse suivie : *Ils ont une liaison, mais essaient de la cacher.* **9.** En cuisine, opération consistant à incorporer de la farine, du jaune d'œuf, etc., à une sauce pour l'épaissir et la rendre onctueuse. ▸ ***En liaison,*** en contact : *Nous sommes restées en liaison par l'intermédiaire d'un ami commun* ; en communication : *Elle a agi en liaison avec ses collaborateurs.* ***Mots de liaison,*** conjonctions et prépositions.

liane n.f. (de *lier*). Plante dont la tige flexible s'accroche à un support, telles la vigne et la clématite, ou s'enroule autour, comme le liseron ou le haricot ; tige ligneuse de ces plantes : *Des singes se balancent dans les lianes de la jungle.*

① **liant, e** adj. Qui se lie facilement avec autrui : *Elle est très liante* (**SYN.** sociable ; **CONTR.** farouche, sauvage, solitaire).

② **liant** n.m. (p. présent de *lier*). **1.** Matière ajoutée à une autre, qui, en se solidifiant, en agglomère les parties composantes. **2.** *Litt.* Caractère d'une personne liante : *Avoir du liant* (**SYN.** affabilité, aménité [sout.], sociabilité).

liard n.m. (de l'anc. fr. *liart,* grisâtre). *Anc.* Monnaie de cuivre qui valait trois deniers.

liasse [ljas] n.f. Paquet de papiers, de billets, de documents liés ensemble : *Le distributeur apporte ses liasses de journaux.*

libanais, e adj. et n. Du Liban.

libation n.f. (lat. *libatio,* de *libare,* verser). Dans l'Antiquité, offrande rituelle, à une divinité, d'un liquide que l'on répandait sur le sol ou sur un autel. ◆ **libations** n.f. pl. ▸ ***Faire des libations,*** boire beaucoup, bien s'amuser en buvant du vin, de l'alcool.

libelle n.m. (du lat. *libellus,* petit livre). *Litt.* Petit écrit satirique, parfois à caractère diffamatoire : *Un libelle virulent* (**SYN.** pamphlet).

libellé n.m. Formulation d'un acte, d'un document ; manière dont il est rédigé : *Il faudrait simplifier le libellé de certains imprimés* (**SYN.** expression, rédaction).

libeller v.t. [conj. 4]. **1.** Rédiger un acte dans les formes : *Libeller un chèque au nom du Trésor public.* **2.** *Sout.* Formuler par écrit : *Vous libellerez votre réponse sur papier libre.*

libellule n.f. (du lat. *libella,* niveau, à cause du vol horizontal de l'insecte). Insecte à quatre ailes transparentes, qui vit près des eaux.

liber [libɛr] n.m. (mot lat. signif. « écorce »). En botanique, tissu végétal situé entre l'écorce et le bois d'un arbre, où circule la sève.

libérable adj. Qui présente les conditions requises pour être libéré : *Une fois la moitié de sa peine purgée, ce détenu sera libérable.*

libéral, e, aux adj. et n. **1.** Qui est favorable aux libertés individuelles, à la liberté de penser, à la liberté politique : *Des idées très libérales* (**SYN.** ouvert, tolérant ; **CONTR.** dirigiste). **2.** Qui appartient au libéralisme économique ou politique ; qui en est partisan : *Économie libérale. Les libéraux et les conservateurs.* **3.** Qui laisse une grande liberté ; indulgent : *Une éducation libérale* (**SYN.** permissif ; **CONTR.** autoritaire). ◆ adj. ▸ ***Profession libérale,*** profession non manuelle dépendant d'un ordre, d'un organisme professionnel et dont la rémunération n'est pas un salaire : *Les avocats, les architectes exercent des professions libérales.*

libéralement adv. **1.** Avec libéralité, avec générosité : *Donner libéralement à des organisations caritatives* (**SYN.** largement). **2.** Avec libéralisme, avec tolérance : *Elle dirige libéralement l'école.*

libéralisation n.f. Action de libéraliser : *La libéralisation des télécommunications* (**CONTR.** étatisation).

libéraliser v.t. [conj. 3]. **1.** Rendre un régime, une économie plus libéraux, en diminuant les interventions de l'État et en les ouvrant à la concurrence (**CONTR.** étatiser). **2.** Affranchir d'une interdiction : *Libéraliser la vente des contraceptifs* (**SYN.** autoriser, légaliser).

libéralisme n.m. **1.** Doctrine de la libre entreprise, hostile à l'intervention de l'État dans le domaine économique. **2.** Doctrine politique visant à développer les libertés individuelles et à limiter les pouvoirs de l'État en cette matière. **3.** Fait d'être tolérant ; largeur de vues : *Le libéralisme d'un médiateur* (**SYN.** compréhension ; **CONTR.** fanatisme, intolérance, sectarisme).

libéralité n.f. **1.** *Litt.* Disposition à donner largement : *Elle a toujours fait preuve de libéralité envers sa famille* (**SYN.** générosité, largesse ; **CONTR.** avarice, mesquinerie). **2.** (Surtout pl.). *Litt.* Don fait avec générosité : *L'association s'est développée grâce aux libéralités des mécènes.* **3.** Dans la langue juridique, acte par lequel une personne procure à autrui un avantage sans contrepartie.

libérateur, trice adj. Qui libère de contraintes morales ou physiques : *Un aveu libérateur. Une révolte libératrice* (**SYN.** émancipateur). ◆ adj. et n. Qui libère du despotisme, d'une occupation étrangère : *Les résistants sont accueillis en libérateurs dans la ville* (**SYN.** sauveur).

libération n.f. **1.** Action de rendre libre une personne prisonnière : *La libération des otages* (**SYN.** délivrance ; **CONTR.** capture). **2.** Action de délivrer un peuple de la servitude, de l'occupation étrangère : *Une armée de libération.* **3.** Affranchissement de tout ce qui limite la liberté, le développement de qqn, d'un groupe : *Le Mouvement de libération des femmes* (**SYN.** émancipation). **4.** Action de mettre fin à une réglementation, à un contrôle strict : *La libération des échanges internationaux* (**SYN.** déréglementation ; **CONTR.** encadrement). **5.** Cessation d'une contrainte matérielle ou psychologique : *La résolution de ce problème lui a apporté une libération* (**SYN.** délivrance, soulagement). **6.** Action de décharger qqn d'une dette, d'une obligation financière. ▸ ***La Libération,*** période au cours de laquelle les Alliés et les résistants libérèrent de l'armée nazie les territoires français occupés. ***Libération conditionnelle,*** mise en liberté d'un condamné avant l'expiration de sa peine, sous certaines conditions.

libératoire adj. Qui a pour effet de libérer d'une obligation, d'une dette : *Un prélèvement libératoire.*

libéré, e adj. et n. Qui est dégagé d'une obligation, d'une peine, d'une servitude : *Des prisonniers libérés sur parole. Un pays libéré du joug du dictateur* (**SYN.** libre). ◆ adj. Qui est affranchi des contraintes sociales en matière de mœurs : *C'est une femme libérée* (**SYN.** émancipé).

libérer v.t. (lat. *liberare,* de *liber,* libre) [conj. 18]. **1.** Mettre en liberté un prisonnier : *Libérer un détenu* (**SYN.** élargir, relâcher ; **CONTR.** arrêter, incarcérer). **2.** Délivrer un pays, un peuple de la domination ou de l'occupation étrangère. **3.** Débarrasser de qqch qui entrave : *Les pompiers ont libéré la victime de sa ceinture de sécurité.* **4.** Décharger d'une obligation : *Je vous libère de votre promesse* (**SYN.** dégager, délier ; **CONTR.** engager). **5.** Laisser partir qqn ; rendre sa liberté d'action à qqn : *L'administration libérera ses employés une heure plus tôt que d'habitude.* **6.** Soustraire à une contrainte physique ou morale : *Vous me libérez d'un grand poids* (**SYN.** débarrasser, ôter, soulager). *En avouant, il a libéré sa conscience.* **7.** Rendre libre un mécanisme : *Libérer le frein à main* (**SYN.** débloquer, desserrer ; **CONTR.** bloquer, serrer). **8.** Dégager de ce qui obstrue, entrave : *Libérer le passage* (**SYN.** désencombrer ; **CONTR.** boucher, encombrer, obstruer). **9.** Rendre un lieu libre, disponible : *Libérer une place assise* (**CONTR.** occuper). **10.** Rendre libre ce qui était soumis à des restrictions : *Libérer les prix* (**SYN.** déréglementer). **11.** Dégager une substance, un produit : *La fission nucléaire libère de l'énergie* (**SYN.** produire). ◆ **se libérer** v.pr. **1.** Se rendre libre de toute occupation : *Elle s'est libérée pour aller au cinéma.* **2. [de].** Se débarrasser d'une contrainte, de ce à quoi on est soumis : *Ils se sont libérés de leurs complexes* (**SYN.** s'affranchir, se défaire). **3. [de].** Dans la langue juridique, acquitter une dette, une obligation : *se libérer d'un emprunt.*

libero [libero] n.m. (mot it.). Au football, défenseur évoluant librement devant le gardien de but.

libertaire n. et adj. Partisan de la liberté absolue de l'individu en matière politique et sociale ; anarchiste. ◆ adj. Relatif à la doctrine libertaire.

liberté n.f. (lat. *libertas*, de *liber*, libre). **1.** État d'une personne qui n'est pas soumise à la servitude : *Combattre les ennemis de la liberté.* **2.** État d'un être qui n'est pas captif : *Les loups vivent en liberté sur ce territoire. Les otages ont recouvré la liberté.* **3.** Possibilité de se mouvoir sans gêne ni entrave physique : *Ces vêtements sont trop serrés, je n'ai aucune liberté de mouvement* (**SYN.** aisance). **4.** Possibilité d'agir, de penser, de s'exprimer selon ses propres choix : *La liberté de la presse. Liberté d'opinion, d'expression. Elle bénéficie d'une certaine liberté dans son travail* (**SYN.** autonomie, latitude). **5.** État d'une personne qui n'est liée par aucun engagement professionnel, conjugal, etc. : *Reprendre sa liberté* (**SYN.** indépendance). **6.** Attitude de qqn qui n'est pas dominé par la peur, la gêne, les préjugés : *Vous pouvez parler en toute liberté, je suis tenue au secret professionnel* (**SYN.** confiance, franchise ; **CONTR.** méfiance). **7.** État d'un pays qui se gouverne en pleine souveraineté. **8.** État de l'homme qui se gouverne selon sa raison, en l'absence de tout déterminisme ; libre arbitre. ▸ ***Avoir toute liberté pour*** (+ inf.), pouvoir agir sans aucune surveillance ni contrôle : *Elle a toute liberté pour mener ce projet à bonne fin.* ***Liberté de conscience*** ou ***liberté du culte,*** droit de pratiquer la religion de son choix. ***Liberté individuelle,*** droit reconnu à l'individu d'aller et de venir sans entraves sur le territoire national, d'y entrer et d'en sortir à son gré. ***Liberté surveillée,*** dans la langue juridique, mesure prise en faveur d'un mineur délinquant, qui consiste à le remettre à sa famille sous le contrôle du juge des enfants. ***Liberté syndicale,*** droit pour les salariés de constituer des syndicats, d'adhérer ou non à un syndicat. ***Prendre la liberté de,*** se permettre de : *J'ai pris la liberté de venir vous en parler.* ◆ **libertés** n.f. pl. Ensemble des droits reconnus aux personnes et aux groupes par la loi : *Refuser toute atteinte aux libertés.* ▸ ***Libertés publiques,*** ensemble des libertés reconnues aux personnes et aux groupes face à l'État. ***Prendre des libertés avec qqn,*** agir trop familièrement avec lui. ***Prendre des libertés avec un texte,*** ne pas le citer ou le traduire exactement.

liberticide adj. et n. *Litt.* Qui porte atteinte aux libertés : *Des mesures liberticides.*

libertin, e adj. et n. (du lat. *libertinus*, affranchi). **1.** Au XVIIe s., libre-penseur. **2.** *Litt.* Qui mène une vie dissolue ; qui a des mœurs très libres : *C'est un libertin* (**SYN.** dévergondé, viveur ; **CONTR.** ascète).

libertinage n.m. *Litt.* Manière de vivre dissolue du libertin : *Le libertinage de Casanova* (**SYN.** débauche, licence).

libidinal, e, aux adj. En psychanalyse, relatif à la libido : *Pulsions libidinales.*

libidineux, euse adj. *Litt.* Se dit de qqn qui est obsédé par les plaisirs érotiques, de son comportement : *Des remarques libidineuses* (**SYN.** lubrique, vicieux).

libido n.f. (mot lat. signif. « désir »). En psychanalyse, énergie qui est à la source de la sexualité.

libraire n. (lat. *librarius*, de *liber*, livre). Personne qui vend des livres, des ouvrages imprimés, qui tient une librairie.

librairie n.f. **1.** Magasin du libraire. **2.** Activité du libraire.

libre adj. (lat. *liber*). **1.** Qui n'est pas esclave ; qui n'est pas prisonnier, retenu en captivité : *L'accusé s'est présenté libre devant le tribunal.* **2.** Qui a le pouvoir d'agir, de se déterminer à sa guise : *Laissez-moi libre d'en juger* (**SYN.** indépendant). *Libre à vous de partir* (= il vous est permis de partir). **3.** Se dit d'un État, d'un peuple qui exerce le pouvoir en toute souveraineté : *Nous vivons dans un pays libre* (**SYN.** souverain). **4.** Qui est sans contrainte, sans souci des règles : *Avoir des mœurs très libres* (**SYN.** léger, osé). **5.** Qui n'est pas lié par un engagement ; qui dispose de son temps : *Son contrat de travail se termine, il est libre. Elle n'est pas libre ce jour-là* (**SYN.** disponible). **6.** Qui n'est pas marié, engagé dans une relation amoureuse. **7.** Qui se détermine indépendamment de dogmes, d'idées reçues : *Un esprit libre. Il a son libre arbitre.* **8.** Qui n'éprouve pas de gêne dans ses relations avec autrui : *Elle se sent très libre avec lui* (**SYN.** familier ; **CONTR.** embarrassé, intimidé). **9.** Qui ne respecte pas la décence, les convenances : *Des propos trop libres* (**SYN.** égrillard, leste, licencieux). **10.** Qui n'est pas assujetti, retenu : *Elle laisse ses cheveux libres.* **11.** Qui ne comporte pas d'obstacle, de contrainte : *La voie est libre* (**SYN.** dégagé, vide ; **CONTR.** barré, encombré). **12.** Qui n'est pas défini par un règlement, une convention, un programme, etc. : *Les prix sont libres. Vous avez deux après-midi libres par semaine* (**SYN.** disponible ; **CONTR.** occupé). *L'épreuve des figures libres.* **13.** Se dit d'une adaptation, d'une traduction qui n'est pas tout à fait fidèle au texte original : *Elle donne une interprétation très libre de ce poème.* **14.** Qui n'est pas assujetti à des contraintes fixées par le pouvoir politique ; qui ne subit aucune pression : *Les médias sont libres.* **15.** Qui n'est pas occupé ou réservé à qqn : *L'appartement est libre* (**SYN.** inoccupé, vacant ; **CONTR.** loué, occupé, réservé).

▸ ***Avoir le champ libre,*** avoir la possibilité d'agir à sa guise. ***Entrée libre*** → **entrée.** ***Libre arbitre*** → **2. arbitre.** ***Libre entreprise*** → **entreprise.** ***Libre-penseur,*** voir à l'ordre alphabétique. ***Papier libre,*** papier sans en-tête ou non timbré : *Vous pouvez répondre sur papier libre.* ***Temps libre,*** temps dont on peut disposer à sa guise.

libre-échange n.m. (pl. *libres-échanges*). Système économique dans lequel les échanges commerciaux entre États sont affranchis des droits de douane (par opp. à protectionnisme).

libre-échangisme n.m. (pl. *libre-échangismes*). Doctrine économique visant à établir le libre-échange.

libre-échangiste adj. et n. (pl. *libre-échangistes*). Relatif au libre-échange ; qui en est partisan.

librement adv. **1.** Sans entrave ; sans restriction, sans contrainte : *Une fois débarrassé de son plâtre, il se mouvait librement.* **2.** En toute liberté de choix : *Un Parlement librement élu.* **3.** Avec franchise, spontanéité : *Ils exposent librement leurs intentions* (**SYN.** ouvertement).

libre-pensée n.f. (calque de l'angl. *free-thinking*) [pl. *libres-pensées*]. **1.** Attitude ou ensemble des conceptions d'un libre-penseur. **2.** Ensemble des libres-penseurs.

libre-penseur n.m. (pl. *libres-penseurs*). Personne qui s'est affranchie de toute sujétion religieuse, de toute croyance en quelque dogme que ce soit.

libre-service n.m. (pl. *libres-services*). **1.** Méthode de vente où le client se sert lui-même, dans un magasin, un restaurant : *Ces produits sont en libre-service.* **2.** Établissement où l'on se sert soi-même : *Plusieurs libres-services vont ouvrir dans ce quartier.*

librettiste n. (de l'it. *libretto*, livret). Auteur du livret d'un opéra.

① **lice** n.f. (du frq. *listja*, barrière). Palissade de bois dont on entourait les places ou les châteaux fortifiés ; terrain ainsi clos, qui servait aux tournois, aux joutes. ☞ **REM.** Ne pas confondre avec *lis* ou *lisse.* ▸ ***Entrer en lice,*** s'engager dans une lutte ; intervenir dans une discussion.

② **lice** n.f. (lat. *lyciscus*, chien-loup). Chienne de chasse.

③ **lice** n.f. → **2. lisse.**

licence n.f. (du lat. *licentia*, permission). **1.** *Litt.* Liberté excessive qui tend au dérèglement moral ; caractère de ce qui est licencieux, contraire à la décence : *La licence de ses propos* (**SYN.** impudeur, inconvenance, indécence ; **CONTR.** bienséance, pudeur). **2.** Liberté que prend un écrivain, un poète avec les règles de la grammaire, de la syntaxe, de la versification : *Écrire « encor », sans « e », est une licence poétique.* **3.** Deuxième grade universitaire, obtenu au terme de trois ans d'études après le baccalauréat. *Une licence ès lettres. Elle a obtenu sa licence de chimie.* **4.** Dans la langue juridique, permis d'exercer une activité soumise à autorisation préalable ; autorisation délivrée par l'Administration d'importer ou d'exporter divers produits : *Une licence de buraliste.* **5.** Autorisation de participer à des compétitions officielles, délivrée par une fédération sportive. ▸ ***Licence d'exploitation,*** autorisation d'exploiter un brevet d'invention.

① **licencié, e** n. et adj. (de *licence*). **1.** Titulaire d'une licence universitaire : *Un licencié en sociologie. Elle est licenciée ès sciences.* **2.** Titulaire d'une licence sportive : *Il y a de nombreuses licenciées au club de Lille.*

② **licencié, e** adj. et n. (de *licencier*). Qui est privé de son emploi à la suite d'un licenciement.

licenciement n.m. Rupture, à l'initiative de l'employeur, d'un contrat de travail à durée indéterminée : *Une vague de licenciements économiques dans ce secteur. Licenciement collectif, individuel.* ▸ ***Licenciement sec,*** qui n'est pas accompagné de mesures sociales.

licencier v.t. (du lat. *licentia*, liberté) [conj. 9]. Priver d'emploi un salarié ; rompre son contrat de travail : *Son employeur l'a licencié pour incompétence* (**SYN.** congédier, remercier, renvoyer ; **CONTR.** embaucher, engager, recruter).

licencieux, euse adj. (lat. *licentiosus*, de *licentia*, liberté). **1.** Qui est extrêmement libre dans ses mœurs, ses écrits, ses paroles : *Un satiriste licencieux* (**SYN.** dépravé, immoral, libertin). **2.** Qui est contraire à la pudeur, à la décence : *Une chanson licencieuse* (**SYN.** érotique, grivois, scabreux).

lichen [likɛn] n.m. (mot lat., du gr. *leikhên*, qui lèche). Végétal formé par l'association d'une algue microscopique et d'un champignon filamenteux, qui vivent en symbiose.

lichette n.f. (de *licher*, var. de *lécher*). **1.** *Fam.* Petite quantité d'un aliment : *Je reprendrais bien une lichette de crème.* **2.** En Belgique, attache, cordon servant à suspendre un vêtement, une serviette.

licier, ère n. → **lissier.**

licitation n.f. Dans la langue juridique, vente aux enchères, par les copropriétaires, d'un bien qui ne peut être partagé.

licite adj. (lat. *licitus*, de *licere*, être permis). Que la loi n'interdit pas : *Ces transactions sont licites* (**SYN.** légal, réglementaire, régulier ; **CONTR.** illégal, illicite, prohibé).

licitement adv. De façon licite ; légalement : *Une maison licitement occupée.*

liciter v.t. [conj. 3]. Vendre par licitation.

licol ou **licou** n.m. (de *lier* et de l'anc. fr. *col*, cou). Pièce de harnais que l'on place sur la tête des bêtes de somme pour les attacher, les mener.

licorne n.f. (du lat. *unicornis*, à une seule corne). Animal fabuleux représenté comme un cheval portant au milieu du front une longue corne torsadée.

licteur n.m. (lat. *lictor*, de *ligare*, lier). Dans l'Antiquité, officier romain qui marchait devant les magistrats importants pour écarter la foule.

lido n.m. (de *Lido*, île qui ferme la lagune de Venise). En géographie, cordon littoral à l'entrée d'une baie.

lie n.f. (du gaul. *liga*). **1.** Dépôt qui se forme dans les liquides fermentés comme la bière, le vin. **2.** *Litt.* Ce qu'il y a de plus mauvais dans une société ; racaille. ▸ ***Boire le calice jusqu'à la lie*** → **calice.**

lied [lid] n.m. (mot all. signif. « chant ») [pl. *lieds* ou *lieder* [lidœr]]. Poème chanté avec ou sans accompagnement.

lie-de-vin adj. inv. Qui est d'un rouge violacé : *Des carrosseries lie-de-vin.*

liège n.m. (du lat. *levis*, léger). Matériau imperméable et léger, fourni par l'écorce de certains arbres, en partic.

du chêne-liège : *Un bouchon de liège. Un revêtement en liège.*

liégé, e adj. Qui est garni de liège.

liégeois, e adj. et n. Relatif à Liège, à ses habitants. ◆ adj. ▸ ***Café, chocolat liégeois,*** glace au café, au chocolat nappée de crème Chantilly.

lien n.m. (lat. *ligamen,* de *ligare,* lier). **1.** Ce qui sert à lier pour maintenir ou fermer ; ficelle : *Une bourse qui se ferme avec un lien de cuir* (**SYN.** attache, cordon). **2.** Rapport logique ou de dépendance : *Il existe un lien de cause à effet entre ces phénomènes* (**SYN.** liaison, relation). *Les enquêteurs ont établi un lien entre les attentats* (**SYN.** corrélation ; **CONTR.** indépendance). **3.** Ce qui lie deux, plusieurs personnes ; relation : *Ils ont un lien de parenté. Vous êtes unis par les liens du mariage. Tisser des liens d'amitié* (**SYN.** attachement). **4.** *Litt.* Ce qui impose une contrainte ; ce qui enchaîne ; carcan : *Briser, rompre ses liens* (**SYN.** chaîne). **5.** Dans un document informatisé et hypertexte, commande qui, à partir d'une zone sur laquelle on peut cliquer, permet d'accéder à d'autres informations.

lier v.t. (lat. *ligare*) [conj. 9]. **1.** Attacher ou maintenir avec qqch : *Lier des feuilles par paquet de cent* (**SYN.** assembler, ficeler). *Ils lui ont lié les mains avec une corde* (**SYN.** ligoter, nouer ; **CONTR.** délier, dénouer, détacher). **2.** Joindre des éléments par l'établissement d'une continuité entre eux : *Un « h muet » à l'initiale permet de lier le mot à la dernière lettre de celui qui le précède* (= faire la liaison avec le mot précédent ; **SYN.** enchaîner, réunir). **3.** Établir une relation logique ou de dépendance entre : *Cette situation est liée aux phénomènes climatiques.* **4.** Constituer un lien affectif entre des personnes ; unir par un intérêt, un goût, un rapport quelconque : *Une amitié profonde les lie* (**SYN.** rapprocher ; **CONTR.** diviser). *Sa passion pour les animaux la lie à son métier.* **5.** Attacher par un engagement juridique ou moral : *Un contrat lie les deux parties* (**SYN.** engager). *Être lié par une promesse.* ▸ ***Avoir partie liée avec qqn,*** être engagé solidairement avec lui dans une affaire. ***Lier amitié,*** devenir amis. ***Lier conversation,*** engager la conversation. ***Lier une sauce,*** la rendre consistante et onctueuse au moyen de divers ingrédients, en faire la liaison. ◆ **se lier** v.pr. Engager une relation d'amitié ; être uni à qqn, rattaché à qqch : *Elles se sont liées d'amitié. Il s'est lié avec eux par contrat* (**SYN.** s'associer ; **CONTR.** rompre).

lierre n.m. (anc. fr. *l'ierre,* du lat. *hedera*). Plante ligneuse grimpante, à feuilles persistantes, qui se fixe aux murs, aux arbres par des racines crampons.

liesse n.f. (du lat. *laetitia,* allégresse). *Litt.* Joie débordante et collective : *La liesse de la population libérée.* ▸ ***En liesse,*** qui manifeste sa joie : *Les spectateurs en liesse faisaient la ola.*

① **lieu** n.m. (lat. *locus*) [pl. *lieux*]. **1.** Partie circonscrite de l'espace où se situe une chose, où se déroule une action : *Selon le lieu où vous vous trouvez, la distance à parcourir varie* (**SYN.** emplacement, endroit, place). *Ils ont changé le lieu du rendez-vous* (**SYN.** point). *Un complément de lieu.* **2.** Partie d'une région ; localité, pays : *Donner sa date et son lieu de naissance. Le lieu historique de cette bataille* (**SYN.** site). **3.** Endroit, édifice, local, etc., considéré du point de vue de sa destination, de son usage : *Elle arrive sur son lieu de travail. Un lieu de culte.* ▸ ***Au lieu de,*** à la place de : *J'ai lu « 3 » au lieu de « 9 »* ; plutôt que de : *Vous devriez réfléchir au lieu de vous affoler.* ***Avoir lieu,*** se produire, arriver, se dérouler : *La réunion aura lieu à 10 heures. L'accident a eu lieu au décollage.* ***Avoir lieu*** ou ***avoir tout lieu de,*** avoir une raison, de bonnes raisons pour : *Elles ont tout lieu d'espérer que la situation s'améliorera.* ***Donner lieu à,*** fournir l'occasion de : *Tout abus donnera lieu à des poursuites.* ***En dernier lieu,*** enfin, pour finir : *En dernier lieu, il a exposé les perspectives de développement économique.* ***En haut lieu,*** auprès des responsables, des dirigeants : *J'en référerai en haut lieu.* ***En premier lieu, ... en second lieu,*** premièrement, d'abord, ... deuxièmement, ensuite : *En premier lieu, vous poserez vos questions, en second lieu, je tenterai d'y répondre.* ***En temps et lieu,*** au moment et à l'endroit appropriés. ***En tous lieux,*** partout. ***Être sans feu ni lieu*** → **1. feu.** ***Haut lieu,*** endroit immortalisé par un fait héroïque ou des richesses artistiques : *Un haut lieu de la Résistance, de l'art gothique.* ***Il y a lieu de,*** il est permis, opportun de : *Il y a lieu d'être optimiste.* ***Lieu commun,*** réflexion banale, sans originalité ; cliché, poncif. ***Lieu public,*** endroit où le public a accès (jardin public, cinéma, café, etc.). ***S'il y a lieu,*** le cas échéant : *S'il y a lieu, envoyez-moi un mél.* ***Tenir lieu de,*** se substituer à ; remplacer : *Cette lettre tient lieu de convocation. Le stagiaire tiendra lieu de réceptionniste.* ◆ **lieux** n.m. pl. **1.** Espace constitué d'une ou plusieurs pièces ; locaux, maison, appartement : *Laisser les lieux dans l'état où on les a trouvés. Faire l'état des lieux.* **2.** Endroit précis où un fait s'est produit : *Ils sont très vite arrivés sur les lieux de l'accident.* ▸ *Vieilli* ***Lieux d'aisances,*** cabinets, toilettes. ***Les Lieux saints,*** les localités et les sanctuaires de Palestine liés au souvenir de Jésus.

② **lieu** n.m. (anc. scand. *lyr*) [pl. *lieus*]. Colin (on dit aussi *lieu noir*).

lieu-dit n.m. (pl. *lieux-dits*). Lieu qui porte un nom rappelant une particularité géographique ou historique et qui, souvent, constitue un hameau : *Vous arriverez au lieu-dit « Le Priorat ».*

lieue n.f. (du gaul.). *Anc.* Mesure de longueur, de valeur variable selon les pays (env. quatre kilomètres) : *Les bottes de sept lieues.* ▸ ***Être à cent lieues de*** ou ***à mille lieues de,*** être fort éloigné de : *J'étais à mille lieues de me douter de cela.*

lieuse n.f. Dispositif adapté à une moissonneuse et servant à lier les gerbes.

lieutenant, e n. (du lat. *locus tenens,* qui tient un lieu). **1.** Personne qui seconde et remplace le chef : *Un terroriste accompagné de ses fidèles lieutenants* (= bras droits ; **SYN.** second). **2.** Officier dont le grade se situe entre celui de sous-lieutenant et celui de capitaine. ▸ ***Lieutenant de vaisseau,*** officier de marine dont le grade correspond à celui de capitaine dans les armées de terre et de l'air.

lieutenant-colonel, lieutenante-colonelle n. (pl. *lieutenants-colonels, lieutenantes-colonelles*). Officier des armées de terre, de l'air et de la gendarmerie, dont le grade est intermédiaire entre celui de commandant et celui de colonel.

lièvre n.m. (lat. *lepus, leporis*). **1.** Mammifère végétarien, voisin du lapin, à longues pattes postérieures permettant une course rapide, aux oreilles très longues. **2.** Chair comestible de cet animal : *Préparer un civet* *de lièvre.* **3.** Coureur chargé de mener un train rapide au début d'une course, pour faciliter la réalisation d'une performance. ▸ ***Courir*** ou ***chasser deux lièvres à la fois,*** poursuivre deux buts en même temps. ***Lever un lièvre,*** le faire sortir de son gîte ; fig., soulever une question embarrassante, une difficulté.

lift [lift] n.m. (de l'angl. *to lift,* soulever). Au tennis, effet donné à la balle, afin d'en augmenter le rebond.

lifter [lifte] v.t. [conj. 3]. **1.** Au tennis, donner un effet de lift à une balle. **2.** Procéder à un lifting. ◆ v.i. Faire un lift.

liftier, ère n. (de l'angl. *lift,* ascenseur). Personne préposée à la manœuvre d'un ascenseur, dans un grand magasin, un hôtel.

lifting [liftiŋ] n.m. (mot angl., de *to lift,* relever). **1.** Intervention de chirurgie esthétique consistant à retendre la peau pour supprimer les rides (**SYN.** lissage). **2.** *Fig., fam.* Opération de rajeunissement, de rénovation : *Le centre-ville a subi un lifting* (**SYN.** réhabilitation, restauration).

ligament n.m. (lat. *ligamentum,* de *ligare,* lier). Ensemble de fibres qui unissent les os au niveau des articulations ou qui maintiennent des organes en place.

ligamentaire adj. Relatif aux ligaments.

ligamenteux, euse adj. De la nature des ligaments.

ligature n.f. (du lat. *ligare,* lier). **1.** En médecine, opération qui consiste à serrer un lien autour d'une partie du corps, génér. un vaisseau sanguin ; le lien lui-même : *La ligature d'une artère.* **2.** Caractère d'écriture qui lie plusieurs lettres en un seul signe : *La signe « œ » est une ligature.* ▸ ***Ligature des trompes,*** méthode anticonceptionnelle consistant à ligaturer le canal par où passent les ovules.

ligaturer v.t. [conj. 3]. En médecine, serrer avec une ligature : *La chirurgienne ligature la veine.*

lige adj. (d'un mot frq. désignant une personne d'une classe intermédiaire entre celle des hommes libres et celle des serfs). ▸ *Litt.* ***Homme lige,*** personne totalement dévouée à qqn, à un groupe.

① **lignage** n.m. Ensemble de personnes issues d'un ancêtre commun (**SYN.** famille, lignée). ▸ ***De haut lignage,*** de haute noblesse.

② **lignage** n.m. En imprimerie, nombre de lignes d'un texte imprimé.

ligne n.f. (lat. *linea*). **1.** Trait continu de faible épaisseur : *Écrire sur la ligne. Placer des notes de musique sur les lignes d'une portée.* **2.** Figure géométrique qui peut être matérialisée par un fil assez fin : *Une ligne droite. Des lignes parallèles.* **3.** Ensemble des éléments se trouvant sur une même horizontale dans un tableau à double entrée : *La troisième ligne de la deuxième colonne.* **4.** Trait réel ou imaginaire qui sépare deux éléments contigus ; intersection de deux surfaces : *Une ligne blanche délimite les deux voies de circulation. La ligne de l'horizon. La ligne de démarcation entre deux pays* (= la frontière). **5.** Forme, contour, dessin d'un corps, d'un objet, etc. : *La ligne aérodynamique d'un T.G.V.* (**SYN.** profil). *Il surveille sa ligne* (**SYN.** silhouette). **6.** En Belgique, raie dans les cheveux. **7.** Trait imaginaire marquant une direction suivie de façon continue : *Les pilotes accélèrent dans la ligne droite des stands. Cet article arrive en droite ligne du Québec* (= il en est directement importé). **8.** Règle de vie, d'action : *Elle respecte sa ligne de conduite. Les militants ont défini leur ligne revendicative* (**SYN.** orientation). **9.** Itinéraire régulier desservi par un service de transport ; ce service : *Cette gare se trouve sur la ligne Metz-Nice* (**SYN.** trajet). *Pilote de ligne* (= qui assure un service régulier de transport par avion). **10.** Fil terminé par un ou plusieurs hameçons pour pêcher : *Un pêcheur à la ligne.* **11.** Installation servant au transport d'énergie électrique, à la communication : *Les pylônes d'une ligne à haute tension* (**SYN.** câble). *Il y a de la friture sur la ligne.* **12.** Suite, série continue de personnes ou de choses : *Disposez-vous sur deux lignes* (**SYN.** file, rang). *Une ligne de poiriers sépare le potager du verger* (**SYN.** alignement, rangée). **13.** Suite de mots écrits ou imprimés sur une longueur déterminée : *Ajoutez quelques lignes sur ce sujet. Aller à la ligne* (= commencer une nouvelle suite de mots en laissant un espace vide après la précédente). **14.** Ensemble des générations successives de parents : *Elle descend en ligne directe de ce savant* (= par filiation directe). *La ligne collatérale* (= descendance par le frère, la sœur, le cousin ou la cousine ; **SYN.** branche). **15.** Dans le commerce, série de produits ou d'articles se complétant dans leur utilisation et unis par des qualités communes : *Une ligne de vêtements de sport* (**SYN.** gamme). **16.** Dispositif militaire formé d'hommes, d'unités ou de moyens de combat placés les uns à côté des autres ; cette troupe elle-même. **17.** Suite continue de fortifications permanentes destinées à protéger une frontière : *La ligne Maginot.* ▸ *Fam.* ***Avoir, garder la ligne,*** un corps mince, svelte. ***En première ligne,*** au plus près du combat ; fig., en s'exposant aux attaques. ***Entrer en ligne de compte,*** être inclus dans un compte ; avoir de l'importance : *Son avis ne doit pas entrer en ligne de compte.* ***Être en ligne,*** être en communication téléphonique avec un correspondant ; en parlant d'un matériel de téléinformatique, fonctionner en relation directe avec un autre. *Fam.* ***Faire bouger les lignes,*** proposer ou entreprendre une action, génér. politique, qui marque un changement, voire une rupture avec la pratique traditionnelle : *La candidate veut faire bouger les lignes.* ***Franchir la ligne blanche*** ou ***jaune,*** sur la route, opérer un dépassement interdit ; fig., aller au-delà de ce qui est permis, toléré ; dépasser la mesure. ***Hors ligne,*** exceptionnel, tout à fait supérieur : *Une généticienne hors ligne.* ***Les grandes lignes,*** les points principaux d'un projet, d'un texte. ***Ligne de crédit,*** montant d'un crédit accordé par une banque et que le bénéficiaire peut utiliser au fur et à mesure de ses besoins. ***Lire entre les lignes,*** deviner ce qui est sous-entendu dans un texte, découvrir les intentions cachées de qqn. ***Services en ligne,*** services télématiques accessibles à l'aide d'un ordinateur connecté à un réseau téléphonique ou câblé. *Fam.* ***Sur toute la ligne,*** d'un bout à l'autre ; tout à fait, complètement : *Se tromper sur toute la ligne.*

lignée n.f. **1.** Ensemble des parents descendant en ligne directe les uns des autres ; famille : *Une lignée de viticulteurs.* **2.** *Fig.* Filiation spirituelle, intellectuelle ou artistique : *Faire partie de la lignée des grands auteurs.*

ligner v.t. [conj. 3]. Marquer d'une ligne ou de lignes : *Ligner une feuille de papier.*

ligneux, euse adj. (lat. *lignosus,* de *lignum,* bois). **1.** Qui est de la nature du bois : *Matière ligneuse.* **2.** Se dit d'une plante dont la tige lignifiée est rigide (par opp. à herbacé).

lignicole adj. Se dit d'une espèce animale qui vit dans le bois des arbres : *Des insectes lignicoles.*

lignification n.f. En botanique, phénomène par lequel les membranes de certaines cellules végétales prennent la consistance du bois.

se **lignifier** v.pr. [conj. 9]. En parlant d'un organe végétal, se changer en bois : *La tige s'est lignifiée.*

lignine n.f. Substance organique qui imprègne les tissus végétaux et leur donne la consistance du bois.

lignite n.m. Roche combustible d'origine organique, résultant de la décomposition incomplète de débris végétaux : *Le lignite brûle bien.*

ligotage n.m. Action de ligoter.

ligoter v.t. (du gascon *ligot,* lien, du lat. *ligare,* lier) [conj. 3]. **1.** Attacher étroitement qqn à qqch ; lui lier les membres : *Les cambrioleurs ont ligoté le gardien au radiateur* (**SYN.** attacher, enchaîner ; **CONTR.** délivrer, détacher). *Le soldat lui ligote les mains* (**SYN.** lier ; **CONTR.** délier). **2.** *Fig.* Priver qqn de sa liberté d'action, d'expression : *Le secret professionnel la ligotait* (**SYN.** enchaîner, lier, museler).

ligue n.f. (it. *liga,* du lat. *ligare,* lier). **1.** En histoire, union formée entre plusieurs princes. **2.** Confédération entre plusieurs cités ou États : *Les pays de la Ligue arabe* (**SYN.** alliance, coalition, union). **3.** (Avec une majuscule). Association de citoyens unis en vue d'une action déterminée : *La Ligue des droits de l'homme* (**SYN.** front). *La Ligue contre le cancer.*

liguer v.t. [conj. 3]. Unir dans une même coalition, une même alliance : *La défense des avantages acquis a ligué les salariés contre cette mesure* (**SYN.** allier, coaliser, fédérer, rassembler ; **CONTR.** désolidariser). ◆ **se liguer** v.pr. Unir ses efforts contre : *Ils se sont ligués pour lutter contre la pollution* (**SYN.** s'associer, s'unir).

ligueur, euse n. Membre d'une ligue.

lilas [lila] n.m. (d'un mot ar., du persan). **1.** Arbuste cultivé pour ses grappes de fleurs odorantes, mauves ou blanches ; branche fleurie de cet arbre : *Cueillir du lilas* ou *des lilas.* **2.** (Employé en appos.). Qui est d'une couleur mauve rosé : *Des chemises lilas.*

lilial, e, aux adj. *Litt.* Qui a la blancheur, la pureté du lis.

lilliputien, enne [lilipysjɛ̃, ɛn] adj. et n. (de *Lilliput,* pays imaginaire des *Voyages de Gulliver*). Qui est de très petite taille : *Des bibelots lilliputiens* (**SYN.** minuscule ; **CONTR.** gigantesque, immense).

limace n.f. (lat. *limax, limacis*). **1.** Mollusque rampant terrestre, sans coquille, dont certaines espèces s'attaquent aux cultures. **2.** *Fam., péjor.* Personne lente et molle.

limaçon n.m. **1.** Escargot ; colimaçon. **2.** Organe de l'oreille interne enroulé en spirale, contenant l'organe récepteur de l'audition (**SYN.** cochlée).

limage n.m. Action de limer.

limaille n.f. Ensemble des parcelles de métal détachées par l'action de la lime : *Limaille de fer.*

limande n.f. (anc. fr. *lime*). Poisson plat dissymétrique, comestible. ▸ *Fam.* ***Plat comme une limande,*** très plat ; péjor., se dit d'une femme à la poitrine peu développée.

limbe n.m. (du lat. *limbus,* bord). **1.** Couronne circulaire portant la graduation angulaire d'un instrument de mesure : *Le limbe d'un sextant.* **2.** Bord lumineux du disque d'un astre. **3.** En botanique, partie principale de la feuille ; partie large et étalée d'un pétale ou d'un sépale.

limbes n.m. pl. **1.** Dans la religion chrétienne, séjour où les justes attendent la Rédemption ; séjour des enfants morts sans baptême. **2.** *Fig.* État de ce qui est vague, incertain : *Cette réforme est toujours dans les limbes* (= en projet).

① **lime** n.f. (lat. *lima*). **1.** Outil à main, en acier, long et étroit, couvert de stries entrecroisées, utilisé pour user, polir les métaux ou le bois par frottement. **2.** Mollusque bivalve marin, à coquille ornée de côtes. ▸ ***Lime à ongles,*** petite lime de métal strié ou de papier émeri destinée à raccourcir les ongles.

② **lime** ou **limette** n.f. (de l'ar.). Petit citron de couleur verte, à peau lisse, qui est le fruit cosmestible du limettier.

limer v.t. [conj. 3]. **1.** Frotter un objet, un métal avec une lime pour le tailler, le polir : *Limer l'arête d'une planche.* **2.** Raccourcir avec une lime à ongles : *J'ai limé mon ongle cassé.*

limettier [limetje] n.m. Arbre cultivé pour ses fruits, les limes ou limettes.

limicole adj. (du lat. *limus,* fange). Se dit d'un organisme vivant, d'un animal qui vit dans la vase ou qui y cherche sa nourriture : *Des oiseaux limicoles.*

limier n.m. (de l'anc. fr. *liem,* de *lien,* chien qu'on mène en laisse). **1.** Chien courant, employé, dans la chasse à courre, pour la recherche du gibier. **2.** *Fam.* Policier, détective : *Un fin limier mène l'enquête.*

liminaire adj. (du lat. *limen, liminis,* seuil). Qui est au début d'un livre, d'un poème, d'un débat : *La séance s'est ouverte sur une déclaration liminaire de la présidente.*

limitatif, ive adj. Qui fixe ou constitue une limite : *Cette liste n'est pas limitative* (**SYN.** restrictif).

limitation n.f. **1.** Action de fixer la limite, la frontière d'un terrain : *La limitation du territoire communal* (**SYN.** délimitation). **2.** Action, fait de fixer un terme, des bornes, des restrictions à qqch : *Respecter les limitations de vitesse. Une politique de limitation des naissances* (**SYN.** contrôle).

limite n.f. (du lat. *limes, limitis,* sentier, bordure, frontière). **1.** Ligne séparant deux pays, deux territoires, deux terrains contigus : *Ce muret matérialise la limite du jardin public* (**SYN.** bord, confins, lisière). *Le Rhin représente la limite entre la France et l'Allemagne* (**SYN.** frontière). **2.** Ligne qui circonscrit un espace, qui marque le début ou la fin d'une étendue : *La balle est sortie des limites du terrain* (**SYN.** cadre). **3.** Ce qui marque le début ou la fin d'un espace de temps ; ce qui le circonscrit : *Dans les limites du temps qui m'est imparti* (= le délai). *La limite de conservation de ces denrées* (**SYN.** terme). **4.** Point au-delà duquel ne peuvent aller ou s'étendre une action, une influence, un état, etc. : *Ma résistance a des limites. Dans la limite des stocks disponibles. Elle est d'une gentillesse sans limites* (**SYN.** borne, frein). **5.** (Employé en appos.). Indique un seuil qu'on ne peut dépasser ; extrême : *La date limite d'inscription. Des prix limites. Ces exemples* *sont des cas limites.* ▸ ***À la limite,*** si on envisage le cas extrême. ***Limite d'âge,*** âge au-delà duquel on ne peut exercer une fonction : *Il a atteint la limite d'âge pour se présenter au concours.* ◆ adj. *Fam.* Qui est tout juste acceptable : *Ces plaisanteries sont limites.*

limité, e adj. **1.** Qui a des limites étroites : *Épreuve en temps limité* (= qui se fait en une durée restreinte). *Son vocabulaire est très limité* (**SYN.** pauvre, réduit ; **CONTR.** riche, vaste). *Un nombre limité de participants* (**SYN.** réduit, restreint). **2.** *Fam.* Qui a peu de moyens intellectuels ; qui est peu inventif : *C'est un esprit bien limité* (**SYN.** borné ; **CONTR.** brillant, supérieur).

limiter v.t. (lat. *limitare*) [conj. 3]. **1.** Constituer la limite de : *Le ruisseau limite le parc de la propriété* (**SYN.** borner, délimiter, fermer). **2.** Restreindre dans certaines limites : *Limiter ses déplacements* (**SYN.** modérer, réduire ; **CONTR.** multiplier). *Limiter les conséquences des inondations* (**SYN.** atténuer, circonscrire, contrôler ; **CONTR.** accentuer, aggraver). ▸ *Fam.* ***Limiter les dégâts*** → **dégât.** ◆ **se limiter** v.pr. **1.** S'imposer des limites : *Elle s'est limitée à quelques remarques de détail* (**SYN.** se cantonner à, se contenter de). **2.** Avoir pour limites : *Les travaux se limitent à une réparation de fortune* (**SYN.** se borner à).

limitrophe adj. **1.** Qui est situé à la frontière d'un pays, d'une région : *Les communes limitrophes du chef-lieu* (= qui jouxtent ; **SYN.** périphérique, voisin). **2.** Qui a des limites communes avec un lieu : *La tempête a dévasté tous les départements limitrophes* (**SYN.** adjacent, attenant, contigu).

limnologie n.f. (du gr. *limnê*, lac). Étude scientifique des lacs et des eaux lacustres ; hydrologie lacustre.

limnologique adj. Relatif à la limnologie.

limogeage n.m. Action de limoger : *Le limogeage du préfet* (**SYN.** destitution, révocation ; **CONTR.** nomination).

limoger v.t. (de *Limoges*, ville où Joffre envoya, en 1914, des généraux incapables, après les avoir destitués) [conj. 17]. Priver un officier, un fonctionnaire de son emploi par révocation, déplacement ou mise à la retraite : *Le gouvernement limogea cet ambassadeur* (**SYN.** destituer, révoquer ; **CONTR.** accréditer, nommer).

① **limon** n.m. (du lat. *limus*, boue). Ensemble de particules de terre mêlées de débris organiques et déposés par les eaux, constituant des sols légers et fertiles.

② **limon** n.m. (it. *limone*, de l'ar.). Citron très acide, fruit du limonier.

③ **limon** n.m. (du gaul.). **1.** Chacun des brancards qui sert à atteler un cheval à une voiture. **2.** Partie latérale d'un escalier qui supporte les marches.

limonade n.f. Boisson gazeuse à base de sucre et d'essence de citron.

limonadier, ère n. **1.** Personne qui fabrique de la limonade. **2.** *Vx* Cafetier.

limonaire n.m. (du nom de l'inventeur). Orgue de Barbarie.

limoneux, euse adj. Qui contient du limon : *Une terre limoneuse.*

limonier n.m. Citronnier de la variété qui produit les limons.

limousin, e adj. et n. Relatif au Limousin, à ses habitants. ◆ **limousin** n.m. Dialecte de langue d'oc parlé dans le Limousin.

limousine n.f. Automobile à quatre portes et six glaces latérales : *Une limousine s'est arrêtée devant le ministère.*

limpide adj. (lat. *limpidus*). **1.** Qui est clair et transparent : *L'eau limpide d'un torrent* (**SYN.** cristallin, pur ; **CONTR.** opaque, trouble). *Un ciel limpide* (**SYN.** dégagé, lumineux ; **CONTR.** nuageux, sombre). **2.** *Fig.* Qui est facile à comprendre : *Une démonstration limpide* (**SYN.** clair, évident, intelligible ; **CONTR.** abstrus [litt.], incompréhensible, obscur, sibyllin).

limpidité n.f. **1.** Caractère de ce qui est limpide, pur : *La limpidité d'un diamant* (**SYN.** éclat, pureté, transparence). **2.** *Fig.* Caractère de ce qui est facilement compréhensible : *La limpidité d'un mode d'emploi* (**SYN.** accessibilité, intelligibilité, simplicité ; **CONTR.** hermétisme, opacité).

lin [lɛ̃] n.m. (lat. *linum*). **1.** Plante herbacée, à fleurs bleues, cultivée pour sa tige qui fournit des fibres textiles, et pour sa graine qui fournit de l'huile et une farine. **2.** Fibre textile obtenue à partir de cette plante ; tissu fait de cette fibre.

linceul n.m. (du lat. *linteolum*, petit morceau de toile de lin). Pièce de toile dans laquelle on ensevelit un mort (**SYN.** suaire).

① **linéaire** adj. (lat. *linearis*, de *linea*, ligne). **1.** Qui a l'aspect continu d'une ligne : *Un tracé linéaire* (**SYN.** rectiligne). *La disposition linéaire des sièges d'un cinéma.* **2.** *Fig.* Qui évoque une ligne par sa simplicité, sa sobriété : *Une histoire linéaire.* ▸ ***Dessin linéaire,*** dessin qui ne reproduit que les seuls contours d'un objet. ***Mesure linéaire,*** mesure de longueur (par opp. à mesure de surface, mesure de volume).

② **linéaire** n.m. (de *1. linéaire*). Longueur disponible pour la présentation d'une marchandise dans un magasin, pour le rangement de livres dans une bibliothèque, un bureau.

linéairement adv. De façon linéaire : *Ces arbres sont plantés linéairement.*

linéament n.m. (lat. *lineamentum*, de *linea*, ligne). (Surtout pl.). *Litt.* **1.** Chacune des lignes qui définissent le contour général des êtres, des objets, leur forme globale : *Les linéaments d'un visage* (**SYN.** trait). **2.** *Fig.* Premier état d'un être, d'une chose appelés à se développer ; esquisse : *Les linéaments d'une réorganisation* (**SYN.** ébauche).

linéarité n.f. Caractère de ce qui est linéaire : *L'absence de linéarité dans la transmission de données informatiques peut entraîner une distorsion.*

linge n.m. (du lat. *lineus*, qui est en lin). **1.** Ensemble des objets de tissu à usage vestimentaire ou domestique : *Étendre le linge. Le linge de corps* (= les sous-vêtements). *Le linge de maison* (= les articles de tissu destinés à la literie, à la toilette, à la table, à la cuisine). **2.** Morceau d'étoffe, de tissu : *Utilisez un linge doux pour essuyer l'écran* (**SYN.** chiffon). **3.** En Suisse, serviette de toilette. ▸ ***Être blanc comme un linge,*** être très pâle. *Fam.* ***Laver son linge sale en famille,*** limiter à ses proches les discussions sur les différends intimes. ***Linge de bain,*** en Suisse, serviette de bain.

lingère n.f. Personne chargée de l'entretien du linge

d'une maison, d'une institution, d'un hôpital, d'une communauté.

lingerie n.f. **1.** Fabrication et commerce du linge. **2.** Lieu où l'on range le linge. **3.** Ensemble des sous-vêtements et des vêtements de nuit féminins.

lingette n.f. Petit rectangle de tissu jetable imprégné d'un produit de toilette ou de nettoyage : *Lingettes démaquillantes. Nettoyer un meuble avec une lingette détachante.*

lingot n.m. (du prov. *lingot,* de *lenga,* langue, par analogie de forme). **1.** Masse de métal ou d'alliage ayant conservé la forme du moule dans lequel elle a été coulée : *Un lingot de plomb* (SYN. barre). **2.** Masse coulée d'un kilogramme d'or fin.

lingotière n.f. Moule dans lequel on coule le métal en fusion pour en faire un lingot.

lingua franca [lingwafrɑ̃ka] n.f. inv. (loc. it. signif. « langue franque », les Européens étant appelés *Francs* dans l'Orient médiéval). Langue auxiliaire utilisée par des groupes de langues maternelles différentes.

lingual, e, aux [lɛ̃gwal, o] adj. Relatif à l'organe de la langue : *Le muscle lingual.*

lingue [lɛ̃g] n.f. (néerl. *leng*). Poisson de mer comestible, souvent pêché au chalut.

linguette [lɛ̃gɛt] n.f. Médicament aussi appelé *Glossette.*

linguiste [lɛ̃gɥist] n. Spécialiste de linguistique.

linguistique [lɛ̃gɥistik] n.f. (du lat. *lingua,* langue). Science qui a pour objet l'étude du langage et des langues. ◆ adj. **1.** Qui concerne la langue comme moyen de communication : *Diverses communautés linguistiques.* **2.** Qui concerne l'apprentissage d'une langue étrangère : *Des voyages linguistiques à l'étranger.* **3.** Qui concerne la linguistique : *Analyse linguistique d'un discours.*

linier, ère adj. Relatif au lin : *L'industrie linière.*

linière n.f. Champ de lin.

liniment n.m. (lat. *linimentum,* de *linire,* oindre). Médicament liquide ayant souvent une consistance grasse, et destiné à être appliqué sur la peau en frictions.

links [links] n.m. pl. (mot angl.). Terrain de golf.

linoléum [linɔleɔm] n.m. (mot angl., du lat. *linum,* lin, et *oleum,* huile). Revêtement de sol imperméable, composé d'une toile de jute recouverte d'un mélange d'huile de lin, de résine et de poudre de liège agglomérée : *Des linoléums bariolés* (abrév. lino).

linon n.m. Toile fine et transparente en lin ou en coton.

linotte n.f. (de *lin,* la linotte étant friande de graines de lin). Oiseau passereau granivore, chanteur, à dos brun et à poitrine rouge. ▸ *Fam.* ***Tête de linotte,*** personne très étourdie.

Linotype n.f. (nom déposé ; de l'angl. *line of types,* ligne de caractères). *Anc.* Machine de composition mécanique utilisant un clavier pour produire des lignes à la longueur voulue, fondues en un seul bloc.

linteau n.m. (de l'anc. fr. *lintier,* seuil, du lat. *limes, limitis,* limite). Support horizontal d'une maçonnerie située au-dessus d'une baie.

lion n.m. (lat. *leo, leonis*). Mammifère carnivore au pelage fauve dont le mâle porte une crinière, et qui s'attaque à des proies de grande taille. ▸ *Fam.* ***Avoir mangé du lion,*** faire preuve d'une énergie inaccoutumée. ***C'est un lion,*** c'est un homme courageux. ***La part du lion,*** la plus grosse part : *Ce parti s'est taillé la part du lion aux dernières élections.* ***Lion de mer,*** otarie d'une espèce dont le mâle porte une crinière. ◆ **Lion** n. inv. et adj. inv. Personne née sous le signe du Lion, entre le 22 juillet et le 23 août : *Nos amies sont Lion.* ◆ **lionne** n.f. Femelle du lion.

lionceau n.m. Petit du lion.

lipémie n.f. → **lipidémie.**

lipide n.m. (du gr. *lipos,* graisse). Composant fondamental de la matière vivante, constitué d'acides gras, qui joue un rôle énergétique.

lipidémie ou **lipémie** n.f. En médecine, taux de lipides dans le sang.

lipidique adj. Relatif aux lipides : *La teneur lipidique d'un aliment.*

lipogramme n.m. (du gr. *leipein,* laisser, et *gramma,* lettre). Jeu littéraire qui consiste à s'interdire d'utiliser une ou plusieurs lettres de l'alphabet : *« La Disparition » de Georges Perec est écrite sous la forme d'un lipogramme.*

lipome [lipom] n.m. (du gr. *lipos,* graisse). En médecine, tumeur bénigne constituée de tissu graisseux siégeant sous la peau.

liposome [lipozom] n.m. Microscopique vésicule artificielle utilisée pour introduire certaines substances dans les cellules de l'organisme.

liposuccion [liposysjɔ̃ ou liposyksjɔ̃] n.f. Traitement des surcharges adipeuses localisées par aspiration de la graisse sous-cutanée.

lippe n.f. (néerl. *lippe*). Grosse lèvre inférieure.

lippu, e adj. Qui a une grosse lèvre inférieure.

liquéfaction [likefaksjɔ̃] n.f. **1.** Passage d'un solide, d'un gaz à l'état liquide : *La liquéfaction d'un métal* (SYN. fonte, fusion ; CONTR. solidification). *La liquéfaction d'un gaz par refroidissement.* **2.** *Fam.* État d'amollissement, d'abattement physique et intellectuel.

liquéfiable [likefjabl] adj. Qu'on peut liquéfier : *Un goudron liquéfiable à haute température.*

liquéfier [likefje] v.t. (du lat. *liquefacere,* faire fondre, de *liquere,* être liquide) [conj. 9]. **1.** Faire passer un gaz, un solide, à l'état liquide : *Gaz de pétrole liquéfiés* (= G.P.L.). *Liquéfier de l'or* (SYN. fondre ; CONTR. solidifier). **2.** *Fam.* Ôter toute force, toute énergie à qqn : *Cette course m'a liquéfié* (SYN. épuiser, exténuer). ◆ **se liquéfier** v.pr. **1.** Passer à l'état liquide : *Le goudron de la route s'est liquéfié* (SYN. fondre). **2.** *Fam.* Perdre toute énergie, toute vigueur : *Sans une riposte appropriée, l'autorité du gouvernement se liquéfierait* (SYN. s'effondrer).

liquette n.f. (de *limace,* chemise d'homme en argot). *Fam.* Chemise.

liqueur [likœr] n.f. (lat. *liquor,* liquide). **1.** Boisson alcoolisée, préparée sans fermentation à partir d'alcool, de produits végétaux, d'eau et de produits sucrés ; eau-de-vie, sucrée ou non : *Servir une liqueur en digestif.* **2.** *Vieilli* En pharmacie, toute préparation liquide ; soluté.

liquidambar [likidɑ̃bar] n.m. (mot esp.). Arbre ornemental dont on tire des résines balsamiques.

liquidateur, trice adj. et n. Dans la langue juridique, qui est chargé d'une liquidation amiable ou judiciaire.

liquidatif, ive adj. Dans la langue juridique, relatif à une liquidation ; qui opère une liquidation.

liquidation n.f. **1.** Action de calculer et de fixer le montant d'un compte à régler ; règlement de ce compte : *Liquidation d'une dette.* **2.** Dans la langue juridique, ensemble des opérations préliminaires au partage d'une indivision : *Liquidation d'une succession.* **3.** Vente de marchandises à bas prix : *Liquidation totale des stocks* (**SYN.** 2. solde). **4.** *Fam.* Action de mettre fin à une situation difficile, en partic. par des mesures énergiques : *La liquidation rapide d'un problème* (**SYN.** résolution). **5.** *Fam.* Action de se débarrasser d'une personne gênante en l'assassinant : *La liquidation d'un parrain de la mafia* (**SYN.** assassinat, meurtre). ▸ ***Liquidation judiciaire,*** procédure judiciaire qui permet de faire le bilan financier d'un commerçant ou d'une société en état de cessation de paiements, en vue du règlement de ses créanciers.

① **liquide** [likid] adj. (lat. *liquidus*). **1.** Qui coule ou tend à couler : *Des aliments liquides. Lessive liquide.* **2.** Qui est de faible consistance : *Crème fraîche liquide* (**SYN.** fluide ; **CONTR.** épais). **3.** En physique, qui est à l'état liquide ; relatif à un liquide : *Hydrogène liquide.* ▸ ***État liquide,*** en physique, état de la matière présenté par les corps n'ayant pas de forme propre, mais dont le volume est invariable. ◆ n.m. **1.** En physique, corps qui se trouve à l'état liquide (par opp. aux solides et aux gaz) : *L'eau, le mercure sont des liquides.* **2.** Aliment liquide ; boisson : *Pour l'instant, la malade ne peut absorber que du liquide.*

② **liquide** adj. (it. *liquido*). En économie, qui est déterminé dans son montant : *Une créance liquide.* ▸ ***Argent liquide,*** argent immédiatement disponible, en espèces (on dit aussi *du liquide*). ◆ n.m. Argent liquide : *Retirer du liquide au distributeur de billets.*

liquider v.t. [conj. 3]. **1.** Dans la langue juridique, déterminer le montant de ce qui est dû et de ce que l'on doit ; transformer un bien en argent liquide : *Liquider une succession. Liquider une dette* (**SYN.** régler). *Liquider des actions boursières* (**SYN.** réaliser, vendre). **2.** Vendre des marchandises à bas prix : *Les commerçants liquident leur collection printemps-été* (**SYN.** solder). **3.** *Fam.* Mettre fin à une situation difficile, notamm. par des mesures énergiques : *Liquider les conflits internes* (**SYN.** régler, résoudre). **4.** *Fam.* Éliminer qqn, un groupe en le supprimant physiquement : *L'armée a liquidé les derniers rebelles* (**SYN.** exécuter, tuer ; **CONTR.** épargner). **5.** *Fam.* Consommer complètement un aliment, un repas ; vider un contenant : *Liquider les restes. Ils ont liquidé la bouteille* (**SYN.** terminer).

liquidité n.f. Caractère d'une somme d'argent liquide, dont on peut disposer immédiatement ou presque ; argent liquide (surtout au pl.) : *La liquidité d'un actif. La banque vous fournira des liquidités.*

liquoreux, euse [likɔrø, øz] adj. Se dit de boissons alcoolisées sucrées, de saveur douce : *Un vin liquoreux.*

① **lire** n.f. (it. *lira,* du lat. *libra,* livre [= monnaie]). *Anc.* Unité monétaire principale de l'Italie jusqu'à l'introduction de l'euro.

② **lire** v.t. (lat. *legere,* ramasser, recueillir, lire) [conj. 106]. **1.** Reconnaître les signes graphiques d'une langue ou leurs combinaisons et leur associer un son et un sens : *Lire l'arabe littéraire* (**SYN.** déchiffrer, décrypter). **2.** Prendre connaissance du contenu d'un texte par la lecture : *Lire ses méls. Je l'ai lu dans le journal. Nous lisions les petites annonces. En espérant avoir bientôt le plaisir de vous lire, je...* **3.** (Sans compl.). Déchiffrer un texte ; s'adonner à la lecture : *Il n'a jamais appris à lire. Ce livre se laisse lire* (= on le lit sans peine et même avec plaisir). *Elle aime lire.* **4.** Énoncer à voix haute un texte écrit, pour le porter à la connaissance d'autrui : *Le porte-parole lit un communiqué aux journalistes* (**SYN.** dire). **5.** Déchiffrer un ensemble de signes autres que ceux de l'écriture ; comprendre ce qui est noté par un système de signes ne requérant pas l'usage de la vue : *Lire des notes de musique. Lire un graphique* (**SYN.** interpréter). *Elle sait lire le braille.* **6.** Reconnaître qqch à certains signes : *On lisait l'espoir sur le visage des parents* (**SYN.** déceler, discerner). *Vous lisez dans mes pensées* (**SYN.** comprendre, deviner). **7.** En informatique, reconnaître une information présentée à un organe d'entrée ou stockée dans une mémoire, afin de la transmettre vers une autre unité de l'ordinateur. **8.** Restituer sous leur forme initiale des signaux électriques ou acoustiques enregistrés : *Lire une cassette, un DVD.* ▸ ***À te, vous, la, le, les lire,*** à en croire ce que tu écris, ce que vous écrivez, ce qu'elle ou il écrit, ce qu'ils écrivent : *À vous lire, je sens que vous allez mieux.* ***Lu et approuvé*** → **approuver.** ◆ **se lire** v.pr. **1.** En parlant d'un texte, pouvoir être lu : *Ce livre se lit facilement.* **2.** En parlant d'une émotion, être visible : *La peur se lisait dans son regard.*

lis ou **lys** [lis] n.m. (lat. *lilium*). Plante bulbeuse à grandes fleurs ; fleur de cette plante, notamm. fleur du lis blanc. ☞ **REM.** Ne pas confondre avec *lice* ou *lisse.* ▸ ***Fleur de lis,*** emblème de la royauté, en France. ***Lis Saint-Jacques,*** amaryllis.

liseré [lizre] ou **liséré** [lizere] n.m. (de *lisière*). **1.** Ruban étroit dont on borde un vêtement : *Un liseré met en relief le col de cette veste* (**SYN.** passepoil). **2.** Raie étroite bordant une étoffe d'une autre couleur : *Une taie d'oreiller bleue à liseré rouge* (**SYN.** bordure).

liseron n.m. (dimin. de *lis*). Plante volubile dont les fleurs, souvent blanches, ont une corolle en entonnoir et communément appelée *belle-de-jour* ou *volubilis.*

liseur, euse n. Personne qui aime lire.

liseuse n.f. **1.** Vêtement féminin qui couvre le buste et les bras et que l'on met pour lire au lit. **2.** Petit coupe-papier qui sert à marquer la page d'un livre où l'on arrête sa lecture. **3.** Couverture dans laquelle on place un livre pour le protéger.

lisibilité n.f. Qualité de ce qui est lisible : *Ces caractères d'imprimerie améliorent la lisibilité du texte.*

lisible adj. **1.** Qui est facile à lire, à déchiffrer : *Ce mot n'est pas lisible* (**SYN.** déchiffrable ; **CONTR.** illisible). **2.** Qui peut être lu sans poser de problème de compréhension, sans provoquer l'ennui ; qui est digne d'être lu : *Ce compte rendu est très lisible* (**SYN.** accessible, intelligible ; **CONTR.** incompréhensible, inintelligible). **3.** *Fig.* Qui se révèle immédiatement ; dont on comprend d'emblée la structure ou la finalité : *L'indignation est lisible sur son visage* (**SYN.** discernable, perceptible ; **CONTR.** imperceptible, invisible). *Une stratégie financière peu lisible* (**SYN.** clair ; **CONTR.** opaque).

lisiblement adv. De façon lisible : *Écrivez lisiblement.*

lisier n.m. (mot suisse). Mélange liquide des urines et des excréments des animaux domestiques, utilisé comme engrais agricole.

lisière n.f. (de l'anc. fr. *lis,* forme masc. rare de *lice,* enceinte de tournoi). **1.** Chacun des bords qui limitent une pièce de tissu dans sa largeur. **2.** Bord de qqch ; limite : *Ces oiseaux nichent à la lisière de la forêt* (**SYN.** orée). ▸ *Litt.* ***Tenir en lisière*** ou ***en lisières,*** maintenir dans une étroite dépendance : *Les problèmes d'argent la tiennent en lisière* (= limitent étroitement sa liberté).

lissage n.m. **1.** Action de lisser : *Le lissage d'un enduit.* **2.** Action de disposer les lisses d'un métier à tisser en fonction du genre d'étoffe que l'on veut obtenir. **3.** Mot qu'il est recommandé d'employer à la place de lifting.

① **lisse** adj. Qui n'offre pas d'aspérités ; qui est uni et poli : *Une chevelure lisse* (**SYN.** raide ; **CONTR.** crépu, frisé). *Un cuir lisse* (**CONTR.** grenu). ▸ ***Muscle lisse,*** muscle dont la contraction est involontaire ou inconsciente (par opp. à muscle strié).

② **lisse** ou **lice** n.f. (du lat. *licium,* fil). Sur un métier à tisser, fil de métal portant un maillon ou une lamelle allongée percée d'un trou dans lesquels passe le fil de chaîne. ☞ **REM.** Ne pas confondre avec *lice* ou *lis.* ▸ ***Métier de basse lisse,*** métier de tapisserie dans lequel l'ouvrage est disposé horizontalement. ***Métier de haute lisse,*** métier de tapisserie dans lequel l'ouvrage est disposé verticalement.

lisser v.t. (du lat. *lixare,* repasser) [conj. 3]. Rendre lisse : *Lisser une surface* (**SYN.** aplanir, égaliser, polir).

lissier, ère ou **licier, ère** n. Personne qui exécute des tapisseries sur métier à tisser.

lissoir n.m. Instrument servant à lisser le sable d'un moule, le papier, le carton, le ciment.

listage n.m. **1.** En informatique, action de lister. **2.** Mot qu'il est recommandé d'employer à la place de listing, en tant qu'opération.

liste n.f. (it. *lista,* du germ. *lista,* bord). **1.** Suite de mots, de nombres, de noms de personnes, de choses le plus souvent inscrits l'un au-dessous de l'autre : *Elle figure sur la liste des passagers* (**SYN.** état, relevé, rôle). *La liste des abréviations utilisées figure au début de l'ouvrage* (**SYN.** répertoire, tableau). **2.** Longue énumération : *La liste de ses exploits est allongée par la légende* (**SYN.** catalogue, inventaire). **3.** En informatique, tout ensemble structuré d'éléments d'informations. **4.** Mot qu'il est recommandé d'employer à la place de listing, en tant que résultat. ▸ ***Liste civile,*** somme allouée annuellement à certains chefs d'État. ***Liste de mariage,*** ensemble de cadeaux sélectionnés dans une boutique par les futurs époux. ***Liste de vérification,*** expression qu'il est recommandé d'employer à la place de check-list. ***Liste électorale,*** suite des noms des électeurs. ***Liste noire,*** ensemble de personnes que l'on considère avec suspicion. ***Liste rouge,*** en France, suite des noms d'abonnés au téléphone qui ne figurent pas dans l'annuaire.

listel ou **listeau** n.m. (it. *listello*). **1.** En architecture, moulure plate saillante. **2.** Cercle périphérique faisant saillie sur chaque côté d'une pièce de monnaie.

lister v.t. [conj. 3]. **1.** Mettre en liste : *Lister les noms des personnes à contacter* (**SYN.** répertorier). **2.** En informatique, imprimer en continu tout ou partie des informations traitées par un ordinateur : *Lister un programme.*

listériose n.f. (de *Lister,* nom d'un naturaliste angl.). Maladie infectieuse des animaux et de l'homme, due à une bactérie, la *listeria,* et qui est particulièrement grave chez les personnes âgées, la femme enceinte et le nouveau-né.

listing [listiŋ] n.m. (mot angl. signif. « mise en liste »). En informatique, sortie sur une imprimante du résultat d'un traitement par ordinateur, qu'il est recommandé d'appeler *listage* ; liste ainsi obtenue.

lit n.m. (lat. *lectus*). **1.** Meuble sur lequel on se couche pour dormir ou se reposer ; partie de ce meuble sur laquelle on s'allonge, matelas : *Un lit en chêne. Des lits gigognes. Le chevet d'un lit* (**SYN.** tête). *Fatigué, il s'est allongé sur son lit. Un lit moelleux.* **2.** Ce qui garnit le matelas de ce meuble : *Le lit n'a pas été défait. Faire son lit* (= y disposer des draps, une couverture ou une couette ; les arranger). **3.** Endroit où l'on couche, en tant que symbole de l'union conjugale : *Ils font lit à part. Enfant du premier, du second lit* (**SYN.** mariage). **4.** Tout ce qui, sur le sol, peut être utilisé pour se coucher, s'étendre : *Un lit de feuilles* (**SYN.** couche, tapis). **5.** Couche horizontale d'une matière ou d'objets quelconques sur laquelle vient reposer qqch : *Mettez un lit de terreau dans le fond du trou. Une escalope sur un lit de petits légumes* (**SYN.** nappe). **6.** Partie du fond d'une vallée où s'écoulent les eaux d'un cours d'eau : *Le lit d'une rivière.* ▸ ***Comme on fait son lit, on se couche,*** proverbe signifiant qu'il faut s'attendre, en bien ou en mal, à ce qu'on s'est préparé par sa conduite. ***Être tombé du lit,*** se lever plus tôt que de coutume. *Sout.* ***Faire le lit de,*** favoriser, volontairement ou non, le développement d'un phénomène jugé néfaste : *Ils ont fait le lit du racisme.* ***Garder le lit*** ou ***être cloué au lit,*** rester couché pour cause de maladie. *Anc.* ***Lit clos,*** lit à panneaux mobiles, se fermant comme une armoire. ***Lit de camp,*** lit démontable composé d'un châssis pliable et d'un fond garni de sangles ou de grosse toile. ***Lits jumeaux,*** lits de même forme placés l'un à côté de l'autre.

litanie n.f. (du gr. *litaneia,* prière). *Fam.* Longue et ennuyeuse énumération : *Il nous a abreuvés d'une litanie de récriminations* (**SYN.** chapelet). ◆ **litanies** n.f. pl. Dans la liturgie, prières formées d'une suite de courtes invocations, que les fidèles récitent ou chantent.

lit-cage n.m. (pl. *lits-cages*). Lit métallique pliant.

litchi ou **letchi** ou **lychee** [litʃi] n.m. (du chin.). **1.** Arbre originaire d'Extrême-Orient, cultivé pour son fruit et son bois. **2.** Fruit comestible de cet arbre : *Une corbeille de litchis.*

liteau n.m. (anc. fr. *listel*). **1.** Dans le linge de maison, raie colorée allant d'une lisière à l'autre : *Une serviette à liteaux bleus.* **2.** Baguette de bois supportant une tablette ; tasseau. **3.** Pièce de bois placée horizontalement sur les chevrons pour recevoir les tuiles ou les ardoises ; latte.

literie n.f. Équipement d'un lit comprenant le sommier, le matelas, les couvertures, les draps, l'oreiller.

litham [litam] n.m. (mot ar.). Voile dont les femmes musulmanes et certains nomades du Sahara se couvrent la face.

lithiase n.f. (du gr. *lithiasis,* maladie de la pierre). En médecine, formation de calculs dans un organe ; gravelle.

lithiasique adj. et n. Relatif à la lithiase ; qui est atteint de lithiase.

lithium [litjɔm] n.m. (du lat. mod. *lithion*). Métal blanc, qui est le plus léger de tous les corps solides et dont certains sels sont utilisés en psychiatrie comme régulateurs de l'humeur.

litho n.f. (abrév.). *Fam.* Lithographie : *Une vente de lithos.*

lithographe n. Artiste utilisant la lithographie, créant des lithographies.

lithographie n.f. **1.** Art de reproduire par impression des dessins tracés avec une encre ou un crayon gras sur une pierre calcaire. **2.** Estampe imprimée par ce procédé (abrév. fam. litho).

lithographier v.t. [conj. 9]. Reproduire par les procédés de la lithographie.

lithographique adj. Relatif à la lithographie.

lithosphère [litɔsfɛr] n.f. Couche externe du globe terrestre, rigide : *Les plaques mobiles de la lithosphère.*

lithosphérique [litɔsferik] adj. Relatif à la lithosphère.

litière n.f. **1.** Lit de paille ou d'une autre matière végétale sur lequel se couchent les animaux dans une étable. **2.** Matière faite de particules absorbantes, destinée à recueillir les déjections des animaux d'appartement. ▸ *Litt.* ***Faire litière de qqch,*** n'en faire aucun cas ; le mépriser, le négliger : *Le ministre a fait litière de nos revendications.*

litige n.m. (lat. *litigium,* de *lis, litis,* procès). **1.** Contestation donnant lieu à procès ou à arbitrage ; affaire, cause : *Ce litige concernant la succession se réglera devant le tribunal* (**SYN.** conflit, désaccord, différend). **2.** Contestation quelconque : *La paternité de cette idée est sujette à litige* (**SYN.** contradiction, discussion, réfutation ; **CONTR.** adhésion, approbation). *Ce point de la loi reste en litige* (**SYN.** controverse).

litigieux, euse adj. Qui est ou peut être l'objet d'un litige : *Un sujet litigieux* (**SYN.** contentieux).

litote n.f. (du gr. *litotês,* simplicité). Procédé stylistique destiné à atténuer l'expression de la pensée, qui consiste à dire moins pour faire comprendre plus : *Dire « ce n'est pas pour demain », c'est employer une litote pour signifier que cela arrivera dans très longtemps.*

litre n.m. (du gr. *litra,* poids de douze onces). **1.** Unité de volume pour les liquides ou pour les matières sèches, équivalant à 1 décimètre cube (abrév. l ou L). **2.** Récipient contenant un litre ; son contenu : *Ouvrir un litre de jus de fruits* (**SYN.** bouteille). *Nous avons fini le litre d'eau.*

litron n.m. *Fam.* Litre de vin.

littéraire adj. **1.** Qui concerne la littérature ; relatif à ses techniques et à ses qualités spécifiques : *Des œuvres littéraires. Les mots et les sens littéraires portent la marque* « Litt. » *dans ce dictionnaire.* **2.** Relatif aux lettres (par opp. à scientifique) : *Les matières littéraires.* **3.** *Péjor.* Qui est trop attaché aux effets de style et donne une fausse image du réel : *Il se perd dans des développements littéraires* (**SYN.** artificiel, verbeux ; **CONTR.** réaliste). ◆ adj. et n. Qui a des aptitudes pour les lettres, la littérature, plutôt que pour les sciences : *Leur fille est une littéraire.*

littérairement adv. Du point de vue littéraire.

littéral, e, aux adj. (lat. *litteralis,* de *littera,* lettre). **1.** Relatif au sens strict d'un mot, d'un texte (par opp. à figuré) : *Ne prenez pas ce mot dans son sens littéral* (= au pied de la lettre ; **SYN.** propre). *Une traduction littérale de l'anglais* (= mot à mot ; **SYN.** exact, fidèle ; **CONTR.** approximatif). **2.** Qui est mot pour mot la copie d'un texte : *Une reprise littérale de son discours d'inauguration* (**SYN.** conforme, identique, textuel). ▸ ***Arabe littéral,*** arabe classique, littéraire, écrit (par opp. à arabe parlé ou dialectal).

littéralement [literalmɑ̃] adv. **1.** Mot à mot ; mot pour mot : *Une expression traduite littéralement* (**SYN.** textuellement). **2.** *Fam.* Au degré que le mot indique : *Il les a littéralement abandonnés* (**SYN.** complètement, totalement). *Nous étions littéralement gelés* (**SYN.** absolument, tout à fait).

littéralité n.f. *Didact.* Caractère de ce qui est littéral, strictement conforme au texte.

littérarité n.f. *Didact.* Ensemble des caractères qui font qu'un texte appartient à la littérature.

littérateur n.m. (du lat. *litterator,* grammairien). Personne qui s'occupe de littérature, qui écrit (souvent péjor.).

littérature n.f. (lat. *litteratura,* écriture, de *littera,* caractère d'écriture). **1.** Ensemble des œuvres écrites auxquelles on reconnaît une exigence de qualité, de valeur, d'esthétique ; ensemble des œuvres littéraires d'un pays, d'une époque, d'un genre donné : *Un manuel de littérature. La littérature policière.* **2.** Activité, métier de l'écrivain, de l'homme de lettres. **3.** Ensemble des textes consacrés à un sujet : *Le séquençage du génome humain a généré une abondante littérature.* **4.** Ce qui est ou paraît artificiel, superficiel : *Le reste n'est que littérature* (**SYN.** bavardage, futilité, verbiage).

① **littoral, e, aux** adj. (du lat. *litus, litoris,* rivage). Qui appartient au bord de la mer : *Les villes littorales* (**SYN.** côtier).

② **littoral** n.m. (pl. *littoraux*). Étendue de pays le long des côtes, au bord de la mer : *Une tempête sévit sur le littoral breton* (**SYN.** côte, rivage ; **CONTR.** arrière-pays).

lituanien, enne adj. et n. Relatif à la Lituanie, à ses habitants. ◆ **lituanien** n.m. Langue balte parlée par les Lituaniens.

liturgie n.f. (du gr. *leitourgia,* service public, service du culte). Dans la religion chrétienne, ensemble des règles fixant le déroulement des actes du culte ; partie de ce culte : *La liturgie catholique. La liturgie de la messe.*

liturgique adj. Relatif à la liturgie chrétienne.

livarot n.m. Fromage fabriqué en Normandie, avec du lait de vache.

live [lajv] adj. inv. et n.m. inv. (mot angl. signif. « vivant »). Se dit d'un disque, d'une émission enregistrés sur scène devant un public : *Des albums live.*

livide adj. (du lat. *lividus,* bleuâtre). Qui est

extrêmement pâle : *Un visage livide* (**SYN.** blafard, cireux, terreux). *Il est devenu livide de frayeur* (**SYN.** blême).

lividité n.f. *Litt.* Couleur de ce qui est livide (**SYN.** pâleur).

living-room [liviŋrum] ou **living** n.m. (mot angl. signif. « pièce où l'on vit »)[pl. *living-rooms, livings*]. Salle de séjour.

livrable adj. Qui peut être livré par le vendeur à l'acheteur : *Une commande livrable dans un délai de 48 heures.*

livraison n.f. **1.** Action de livrer, de remettre une chose vendue à son acquéreur : *Livraison à domicile. Paiement à la livraison ou à la commande.* **2.** Marchandise ainsi remise : *Une livraison réceptionnée sous réserve de déballage* (**SYN.** commande). **3.** Partie d'un ouvrage qu'on délivre aux souscripteurs au fur et à mesure de l'impression : *La prochaine livraison du Dictionnaire de l'Académie française contiendra les articles que vous cherchez* (**SYN.** fascicule, numéro).

① **livre** n.m. (du lat. *liber*, partie vivante de l'écorce [sur laquelle on écrivait autrefois]). **1.** Assemblage de feuilles imprimées et réunies en un volume relié ou broché ; volume : *La réimpression d'un livre. Une bouquiniste vend des livres d'occasion* (**SYN.** ouvrage). **2.** Volume imprimé considéré du point de vue de son contenu ; écrit, œuvre, publication : *Elle écrit un livre sur ce sujet* (**SYN.** essai, étude, roman). **3.** Subdivision de certains ouvrages : *Les livres de l'Ancien Testament dans la Bible.* **4.** Registre sur lequel on inscrit qqch : *Livre de comptes.* ▸ ***À livre ouvert,*** sans préparation ; à la première lecture : *Elle traduit le russe à livre ouvert.* ***Les religions du Livre,*** le judaïsme, le christianisme et l'islam, religions fondées sur un texte considéré comme révélé (la Bible, les Évangiles et le Coran). ***Livre animé,*** pop-up. ***Livre blanc,*** recueil de documents sur un problème déterminé, publié par un gouvernement ou un organisme quelconque. (Abusif). ***Livre de bord,*** journal de bord. ***Livre d'or,*** registre sur lequel les visiteurs apposent leur signature et consignent leurs réflexions : *Le livre d'or du vernissage d'une exposition.* ***Parler comme un livre,*** parler d'une manière savante.

② **livre** n.f. (lat. *libra*, unité de poids des Romains, balance). **1.** Moitié d'un kilogramme : *Une livre de carottes.* **2.** Au Canada, ancienne unité de masse équivalant à la livre britannique et valant 453,592 grammes (abrév. lb). **3.** Sous l'Ancien Régime, mesure de poids variable selon les provinces. **4.** *Anc.* Monnaie de compte de valeur variable, remplacée en France par le franc. **5.** Unité monétaire principale de Chypre, de l'Égypte, du Liban, de Malte, de la Syrie et de la Turquie. **6.** Unité monétaire principale de la république d'Irlande jusqu'à l'introduction de l'euro. **7.** Unité monétaire principale de la Grande-Bretagne et de l'Irlande du Nord (on dit aussi *livre sterling*).

livre-cassette n.m. (pl. *livres-cassettes*). Coffret contenant une cassette sur laquelle est enregistré le texte d'un livre.

livrée n.f. **1.** Costume distinctif que portaient autrefois les domestiques masculins des grandes maisons ; costume particulier que portent les membres de certaines professions : *Devant cet hôtel, un groom en livrée accueille les clients* (**SYN.** uniforme). **2.** Pelage du cerf et du chevreuil ; plumage de certains oiseaux ; aspect visuel présenté par un insecte : *La livrée d'un scarabée.*

livrer v.t. (du lat. *liberare*, libérer, dégager) [conj. 3]. **1.** Remettre qqn au pouvoir de qqn : *Livrer des prisonniers à la justice* (**SYN.** déférer). **2.** Abandonner qqn, qqch à l'action de qqn, de qqch : *Livrer un coupable à la foule. Livrer une ville au pillage.* **3.** Remettre par trahison au pouvoir de qqn : *Le terroriste a livré ses complices à la police* (**SYN.** dénoncer, vendre). *Livrer un secret* (**SYN.** confier, trahir ; **CONTR.** garder, taire). **4.** Remettre une marchandise à un acheteur : *Un coursier livrera ces cartons. Un transporteur nous a livré notre ordinateur* (**SYN.** apporter, fournir). ▸ ***Livrer combat*** ou ***un combat, bataille*** ou ***une bataille,*** l'engager ; le mener, la mener à terme. ***Livrer passage à qqn, qqch,*** leur laisser la place de passer : *Les voitures se rangent pour livrer passage à l'ambulance.* ◆ **se livrer** v.pr. **[à]. 1.** Se constituer prisonnier : *Les assassins se sont livrés aux autorités* (**SYN.** se rendre). **2.** (Sans compl.). Confier ses sentiments, ses pensées à qqn : *Elle ne se livre pas facilement.* **3.** S'abandonner sans réserve à un sentiment : *Nous nous sommes livrés au plaisir des retrouvailles* (**SYN.** se plonger). **4.** Se consacrer à une activité : *Se livrer à la navigation sur Internet* (**SYN.** pratiquer). *Les enquêteurs se livrent à des perquisitions* (**SYN.** effectuer, procéder à).

livresque adj. Qui provient uniquement des livres et non de l'expérience : *Sa connaissance de l'arabe est purement livresque* (**SYN.** littéraire ; **CONTR.** oral, pratique).

livret n.m. **1.** Petit registre dans lequel on inscrit certains renseignements : *Il note ses idées sur un livret* (**SYN.** carnet). **2.** En musique, petit livre contenant les paroles d'un opéra, d'une œuvre lyrique. **3.** En Suisse, table de multiplication. ▸ ***Livret de famille,*** livret remis, en France, aux personnes mariées, contenant l'extrait de l'acte de mariage et, quand il y a lieu, les extraits des actes de naissance des enfants (un livret de famille peut-être remis aux parents d'un enfant naturel ; en Belgique, on dit *livret de mariage*). ***Livret d'épargne,*** livret que des établissements de crédit remettent à chacun de leurs déposants et sur lequel sont inscrits les dépôts et remboursements ainsi que les intérêts acquis. ***Livret scolaire,*** livret sur lequel figurent les notes d'un élève et les appréciations de ses professeurs.

livreur, euse n. Personne qui livre aux acheteurs les marchandises vendues.

llanos [ljanos] n.m. pl. (mot esp. signif. « plaines »). Grande plaine herbeuse de l'Amérique du Sud.

lob [lɔb] n.m. (mot angl.). En sport, coup qui consiste à faire passer la balle ou le ballon au-dessus d'un adversaire, assez haut pour qu'il ne puisse pas l'intercepter.

lobaire adj. Relatif à un lobe anatomique.

lobby [lɔbi] n.m. (mot anglo-amér. signif. « couloir ») [pl. *lobbys* ou *lobbies]*. Groupe chargé de promouvoir auprès des pouvoirs publics les intérêts de la communauté dont il est issu ; groupe de pression.

lobbying [lɔbiiŋ] ou **lobbyisme** [lɔbiism] n.m. (mot anglo-amér. signif. « pression »). Action menée par un groupe de pression.

lobbyiste [lɔbiist] n. Membre d'un groupe de pression.

lobe n.m. (du gr. *lobos*, lobe de l'oreille). **1.** En anatomie, partie arrondie et saillante d'un organe quelconque : *Les lobes du cerveau, du foie.* **2.** En architecture, découpure en arc de cercle servant à composer certains arcs et rosaces. **3.** En botanique, division arrondie d'une feuille, d'un pétale. ▸ ***Lobe de l'oreille,*** partie molle et arrondie de l'oreille.

lobé, e adj. Qui est divisé en lobes : *Des pétales lobés.*

lobectomie n.f. Intervention chirurgicale qui consiste à enlever un lobe d'un organe.

lober v.t. [conj. 3]. En sports, tromper par un lob : *La joueuse de tennis lobe son adversaire montée au filet.* ◆ v.i. En sports, faire un lob : *L'attaquant a lobé pour marquer le but.*

lobotomie n.f. Section chirurgicale des fibres nerveuses qui unissent un lobe du cerveau aux autres régions.

lobule n.m. **1.** Petit lobe. **2.** Subdivision d'un lobe : *Un lobule rénal.*

① **local, e, aux** adj. (bas lat. *localis,* de *locus,* lieu). **1.** Qui est particulier à un lieu, à une région (par opp. à national) : *Les communications locales* (= dans le département). *Le correspondant local d'un journal. Les radios locales* (**SYN.** régional). **2.** Qui n'affecte qu'une partie du corps (par opp. à général) : *Ces pastilles contiennent des antiseptiques locaux.*

② **local** n.m. (de *1. local*). Partie d'un bâtiment qui a une destination déterminée : *Local d'habitation* (= logement). *Un local syndical* (= une pièce, une salle réservée aux syndicats).

localement adv. De façon locale ; par endroits : *Un brouillard localement givrant.*

localier n.m. Journaliste chargé de la rubrique des informations locales.

localisable adj. Qui peut être localisé : *Un bruit localisable. Un conflit localisable.*

localisateur, trice adj. Qui permet de localiser.

localisation n.f. **1.** Action de localiser, de situer : *La localisation d'un navire en détresse* (**SYN.** repérage). **2.** Action de limiter l'extension de qqch : *La localisation d'une épidémie* (**SYN.** limitation ; **CONTR.** généralisation). **3.** En économie, adaptation d'un produit, d'une activité à une zone géographique : *La localisation d'un cédérom.*

localiser v.t. [conj. 3]. **1.** Déterminer la place, le moment, l'origine, la cause de : *Localiser une rue sur le plan* (**SYN.** situer). *Les policiers ont localisé l'appel du ravisseur* (**SYN.** repérer). **2.** Arrêter l'extension de qqch : *Localiser la prolifération des termites* (**SYN.** circonscrire, limiter). **3.** Adapter un produit multimédia pour le développer dans un pays étranger.

localité n.f. Petite ville ; bourg, village : *Les habitants de cette localité du bord de mer* (**SYN.** agglomération, commune).

locataire n. (du lat. *locare,* louer, de *locus,* lieu). Personne qui, en contrepartie d'un loyer versé au propriétaire, a la jouissance momentanée d'une terre, d'un appartement.

① **locatif, ive** adj. Qui concerne le locataire ou la chose louée : *Réparations locatives* (= qui sont à la charge du locataire). *Des appartements locatifs* (= destinés à la location). ▸ ***Impôts locatifs, taxes locatives,*** impôts répartis d'après la valeur locative. ***Valeur locative,*** revenu que peut rapporter un bien immeuble en location.

② **locatif** n.m. Dans certaines langues à déclinaison, cas exprimant le lieu où se passe l'action.

location n.f. (lat. *locatio,* de *locare,* louer). **1.** Action de donner ou de prendre à loyer ou à bail, un logement, un appareil, etc. : *Ils ont acheté un studio pour le donner en location* (= le louer à qqn). *Nous avons pris cet appartement en location. Une entreprise de location de matériel informatique.* **2.** Action de retenir une place de train, d'avion, de spectacle, ou une chambre d'hôtel : *Location par téléphone* (**SYN.** réservation).

location-accession n.f. (pl. *locations-accessions*). Location-vente d'une propriété immobilière.

location-gérance n.f. (pl. *locations-gérances*). Exploitation d'un fonds de commerce par une personne qui n'en est que locataire.

location-vente n.f. (pl. *locations-ventes*). Contrat aux termes duquel un bien est loué à une personne qui, à l'expiration d'un délai fixé, a la possibilité d'en devenir propriétaire.

① **loch** [lɔk] n.m. (du néerl. *log,* poutre). Dans la marine, appareil servant à mesurer la vitesse apparente d'un navire.

② **loch** [lɔk] n.m. (mot écossais). Lac très allongé au fond d'une vallée, en Écosse : *Le loch Ness.*

loche n.f. (du gaul.). **1.** Petit poisson d'eau douce, comestible. **2.** *Région.* Limace.

lock-out [lɔkawt] n.m. inv. (de l'angl. *to lock out,* mettre à la porte). Fermeture temporaire d'une entreprise à l'initiative de l'employeur.

loco n.f. (abrév.). *Fam.* Locomotive.

locomoteur, trice adj. **1.** Qui sert à la locomotion : *Des machines locomotrices.* **2.** En anatomie, relatif à la locomotion ; qui permet la locomotion : *Des troubles locomoteurs. Des muscles locomoteurs.*

locomotion n.f. (du lat. *motio,* de *movere,* mouvoir). **1.** En biologie, fonction qui permet aux êtres vivants de se déplacer : *La course, la reptation, la natation et le vol sont des modes de locomotion chez les animaux.* **2.** Transport de choses ou de personnes d'un lieu vers un autre : *Il faut trouver un moyen de locomotion pour se rendre dans ce village.*

locomotive n.f. **1.** Puissant engin de traction monté sur roues et destiné à remorquer un convoi de voitures ou de wagons sur une voie ferrée (abrév. fam. loco) : *Une locomotive électrique.* **2.** *Fig., fam.* Personne qui par son dynamisme, sa réussite entraîne un groupe à l'action ; chose qui par son prestige constitue un facteur de réussite : *Ce cinéaste a été la locomotive du mouvement de protestation. Ce livre est la locomotive de leur nouvelle maison d'édition.*

locomotrice adj. → **locomoteur.**

locuteur, trice n. En linguistique, personne qui parle (par opp. à auditeur, scripteur).

locution n.f. (lat. *locutio,* de *loqui,* parler). **1.** Groupe de mots assemblés de façon particulière et invariable : *« Parler de la pluie et du beau temps » est une locution. Locution proverbiale* (**SYN.** expression, formule, tournure). **2.** En grammaire, groupe de mots figé constituant une unité sur le plan du sens : *« Perdre de vue » est une locution verbale* (= elle équivaut à un verbe). *La* *locution adverbiale « tout de suite ». « Afin de » est une locution prépositive, « sinon que », une locution conjonctive.*

loden [lɔdɛn] n.m. (mot all.). **1.** Lainage épais, feutré et imperméable. **2.** Manteau fait dans ce lainage : *Des lodens verts.*

lœss [løs] n.m. (all. *Löss*). Limon très fertile dont les constituants ont été déposés par le vent.

lof [lɔf] n.m. (néerl. *loef*). Côté d'un navire qui reçoit le vent.

lofer v.i. [conj. 3]. Dans la marine, gouverner plus près du vent.

loft [lɔft] n.m. (mot anglo-amér. signif. « entrepôt »). Logement ou studio d'artiste aménagé dans un ancien entrepôt, un ancien atelier ou une anciene usine.

logarithme n.m. (du gr. *logos*, proportion, et *arithmos*, nombre). En mathématiques, exposant de la puissance à laquelle il faut élever un nombre fixe, appelé *base*, pour obtenir un nombre donné (abrév. log).

logarithmique adj. Relatif aux logarithmes.

loge n.f. (frq. *laubja*). **1.** Petit local à l'entrée d'un immeuble, servant de logement à un gardien, un concierge. **2.** Petite pièce dans laquelle se préparent les artistes de théâtre, de cinéma. **3.** Compartiment cloisonné dans une salle de spectacle : *Louer une loge d'orchestre.* **4.** En architecture, galerie en étage, largement ouverte sur l'extérieur par une colonnade, des arcades : *Les loges du Vatican* (**SYN.** loggia). **5.** (D'apr. l'angl. *lodge*). Lieu de réunion des francs-maçons ; (avec une majuscule) groupe de francs-maçons réunis autour d'un président qui porte le nom de *vénérable.* ▸ *Fam.* ***Être aux premières loges,*** être bien placé pour voir, pour suivre le déroulement d'un événement quelconque.

logeable adj. Qui est suffisamment spacieux et bien conçu pour loger des personnes ou des choses : *Avec cette mezzanine, ce studio est très logeable* (**SYN.** habitable ; **CONTR.** inhabitable). *Un coffre de voiture logeable* (**SYN.** vaste ; **CONTR.** exigu).

logement n.m. **1.** Action de loger ; fait de se loger : *Je lui ai offert le logement pendant son séjour* (**SYN.** hébergement). *Le droit au logement.* **2.** Lieu où l'on habite : *Elle vient d'emménager dans le logement d'en face* (**SYN.** appartement, habitation). **3.** Lieu, en partic. cavité, où vient se loger qqch : *Faire entrer un cliquet dans son logement.*

loger v.i. (de *loge*) [conj. 17]. **1.** Avoir sa résidence permanente ou provisoire quelque part : *Nous logeons à la campagne* (**SYN.** demeurer, habiter, résider). *Ils logeront à l'hôtel* (**SYN.** descendre, séjourner). **2.** Trouver place : *Le matériel informatique logera dans cette mallette* (**SYN.** tenir). ◆ v.t. **1.** Procurer un lieu d'habitation, un abri à qqn : *La municipalité loge les nouveaux arrivants à l'hôtel* (**SYN.** héberger, installer). **2.** Faire entrer ; faire pénétrer : *Loger une idée dans la tête de qqn* (**SYN.** enfoncer ; **CONTR.** déloger). *J'ai logé toutes mes affaires dans l'armoire* (**SYN.** caser, placer). ◆ **se loger** v.pr. **1.** Avoir un endroit où habiter : *Elle a trouvé à se loger dans un gîte rural.* **2.** Pénétrer quelque part : *La balle s'est logée dans le cerveau* (**SYN.** s'enfoncer, se placer).

logeur, euse n. Personne qui loue des chambres meublées.

loggia [lɔdʒja] n.f. (mot it. signif. « loge »). En architecture, galerie largement ouverte sur l'extérieur (**SYN.** loge).

① **logiciel** n.m. **1.** En informatique, ensemble des programmes, des procédés et des règles qui permettent de traiter l'information à l'aide d'ordinateurs (par opp. à matériel). **2.** Un tel ensemble adapté spécialement à la résolution d'un problème donné : *Un logiciel de traitement de textes.* ▸ ***Logiciel libre,*** logiciel que son auteur met à la disposition du public qui peut, à sa guise, l'utiliser, le copier, le diffuser, le modifier ou l'améliorer pour en faire profiter la communauté. ***Logiciel public,*** logiciel versé au domaine public en raison d'un renoncement de son auteur à ses droits de propriété.

② **logiciel, elle** adj. Relatif à un ou à des logiciels : *Des applications logicielles.*

logicien, enne n. Spécialiste de logique.

① **logique** n.f. (du gr. *logikê*, la science du raisonnement). **1.** Discipline qui étudie le raisonnement, les formes et les lois de la pensée : *Les règles de la logique.* **2.** Manière de raisonner juste ; suite cohérente d'idées : *La simple logique voudrait que l'on refuse cet argument* (**SYN.** raison). *En toute logique, nous arrivons à cette conclusion* (**SYN.** cohérence ; **CONTR.** illogisme). **3.** Manière de raisonner et d'agir propre à un individu, un groupe : *Il suit sa logique* (**SYN.** raisonnement). **4.** Manière dont les faits découlent nécessairement les uns des autres ; ensemble des relations qui règlent l'apparition de phénomènes : *Dans la logique des choses, il devrait être élu* (**SYN.** enchaînement, nécessité). *Il faut se placer dans une logique de négociations.* **5.** Ensemble des procédés d'établissement de la vérité ; leur étude : *La logique d'une enquête. La logique des sciences.*

② **logique** adj. (de *1. logique*). **1.** Qui est conforme aux règles de la logique, de la cohérence, du bon sens : *Une démonstration logique* (**SYN.** cohérent, judicieux, rationnel, sensé ; **CONTR.** absurde, illogique, incohérent). *La conséquence logique de ses imprudences* (**SYN.** attendu, inéluctable, nécessaire ; **CONTR.** imprévisible, inattendu). *Il serait logique de leur téléphoner pour les remercier* (**SYN.** convenable, naturel, normal ; **CONTR.** anormal, extravagant, singulier). **2.** Qui raisonne de manière cohérente : *Soyez logique, vous ne pouvez dire une chose et son contraire* (**SYN.** cartésien, conséquent, méthodique, raisonnable ; **CONTR.** déraisonnable, insensé).

logiquement [lɔʒikmɑ̃] adv. **1.** De façon logique : *Démontrer logiquement la culpabilité d'un suspect* (**SYN.** méthodiquement, rationnellement). **2.** Selon le cours normal des choses : *Il s'est logiquement sauvé par la fenêtre ouverte* (**SYN.** évidemment, normalement).

logis n.m. *Litt.* Endroit où l'on loge ; logement : *Nous rentrons au logis* (**SYN.** demeure, domicile, maison).

logisticien, enne n. Spécialiste de la logistique.

logistique n.f. (du gr. *logistikos*, relatif au calcul, au raisonnement). **1.** Ensemble des moyens permettant de ravitailler, transporter et loger une armée en campagne ainsi que d'assurer le traitement médical du personnel. **2.** Ensemble de méthodes et de moyens relatifs à l'organisation d'un service, d'une entreprise ou d'une opération quelconque : *Le transport des produits fait partie de la logistique. La commune assure la logistique du festival.* ◆ adj. **1.** Relatif à la logistique militaire : *Les moyens logistiques nécessaires à une intervention.* **2.** Qui a trait aux méthodes et aux moyens d'organisation d'une opération, d'un processus : *Les élus locaux apportent un soutien logistique au candidat du parti.*

logithèque n.f. Bibliothèque de logiciels.

logo ou **logotype** n.m. Représentation graphique d'une marque commerciale, du sigle d'un organisme : *La « Semeuse » est le logo de Larousse.*

logogriphe n.m. (du gr. *logos*, parole, et *griphos*, filet). Énigme graphique dans laquelle il faut deviner plusieurs mots composés de lettres communes, en partant de définitions ou de mots : *Le logogriphe « par cinq pieds l'on se quitte et par quatre on m'adore » a pour solution « adieu » et « Dieu ».*

logomachie n.f. (du gr. *logomakhia*, combat en paroles). En rhétorique, discussion sur les mots, ou discussion dans laquelle les interlocuteurs emploient les mêmes mots dans des sens différents.

logorrhée n.f. (du gr. *logos*, parole, et *rhein*, couler). **1.** Flot de paroles désordonnées ; besoin irrésistible de parler, que l'on rencontre dans certains états d'excitation psychique. **2.** Tendance à parler beaucoup ; paroles contenant beaucoup de mots inutiles : *La logorrhée clinquante de certains publicitaires* (SYN. bavardage, verbiage, verbosité).

logorrhéique adj. Relatif à la logorrhée.

logotype n.m. → **logo.**

loi n.f. (lat. *lex, legis*). **1.** Prescription établie par l'autorité souveraine de l'État, applicable à tous, et définissant les droits et les devoirs de chacun ; l'ensemble de ces prescriptions : *Ce projet de loi est en discussion à l'Assemblée nationale. Nul n'est censé ignorer la loi* (SYN. code, règle). *Il s'est mis hors la loi en volant cet objet* (SYN. légalité ; CONTR. illégalité). **2.** (Avec une majuscule). Ensemble des commandements que Dieu a révélés aux hommes ; ensemble des prescriptions propres à une religion : *La Loi divine. Les tables de la Loi. La Loi coranique.* **3.** Règle de conduite établie par une personne, par la morale, la vie sociale, etc. ; volonté imposée : *Les lois de l'hospitalité* (SYN. convention). *Les plus riches dictent leur loi* (SYN. commandement, ordre). *La loi du plus fort* (SYN. domination, pouvoir, puissance). **4.** Ce qu'imposent les choses, les événements, les circonstances : *La loi de l'économie de marché* (SYN. impératif, nécessité). **5.** Principe fondamental déterminant les choses, les hommes : *La loi de la nature. La loi des séries.* **6.** Proposition générale énonçant des rapports nécessaires et constants entre des phénomènes physiques, économiques, etc. : *Loi de la gravitation universelle. La loi du marché.* ▸ ***Avoir force de loi,*** être imposé, appliqué, à l'égal d'une loi : *Cette décision a force de loi.* ***Faire la loi quelque part,*** s'y comporter en maître absolu. ***Loi fondamentale*** ou ***lois fondamentales,*** la Constitution ou les textes formant la Constitution d'un pays. ***Se faire une loi de,*** s'imposer l'obligation de.

loi-cadre n.f. (pl. *lois-cadres*). Loi se limitant à définir les grands principes ou les grandes orientations d'une réforme.

loin adv. (du lat. *longe*, en long, en longueur). **1.** (Dans l'espace). À une grande distance : *Elle habite très loin* (CONTR. près). *Elle a lancé la balle aussi loin qu'elle a pu. Voir plus loin dans l'ordre alphabétique* (= ci-après, infra, ci-dessous). **2.** (Dans le temps). Après une longue durée : *L'été est encore loin. Le XXe siècle n'est pas encore si loin.* **3.** (Dans une échelle de valeur). À un niveau très différent : *Il y a loin entre son premier film et celui-là. Cette découverte peut mener la biologie très loin.* ▸ ***Aller loin,*** avoir de grandes conséquences : *Cette invention peut aller loin* ; être promis à un grand avenir, en parlant de qqn : *Elle est intelligente, elle ira loin.* ***Aller trop loin,*** exagérer. ***Au loin,*** à une grande distance. ***De loin,*** d'une grande distance : *Je l'ai aperçu de loin* ; longtemps à l'avance : *Nous prévenons les difficultés de loin* ; de beaucoup : *Elle est de loin la plus qualifiée.* ***De loin en loin,*** à de grands intervalles : *Nous correspondons par mél de loin en loin.* ***Être loin,*** en Belgique et en Suisse, être absent. ***Ne pas aller loin,*** être de peu de valeur, de peu d'intérêt : *Cette idée ne va pas loin.* ***Ne pas aller plus loin,*** en rester à ce qui a été dit, convenu. ***Voir loin,*** être doué d'une grande prévoyance : *Vous voyez loin en plaçant de l'argent pour cet enfant* ; avoir beaucoup de projets ou d'importants projets devant soi : *Un gouvernement doit s'appliquer à voir loin.* ◆ **aussi loin que** loc. conj. **1.** (Suivi de l'ind.). À une aussi grande distance que : *Aussi loin que l'œil pouvait voir s'étendait une forêt.* **2.** (Suivi de l'ind. ou du subj.). À une telle distance dans le temps : *Mes ancêtres, aussi loin que j'ai pu remonter, habitaient ici. Aussi loin que je me souvienne, ça n'était jamais arrivé.* ◆ **loin de** loc. prép. **1.** À une grande distance de ; à un moment éloigné de : *Les hypermarchés se trouvent loin du centre-ville. Nous sommes loin de l'été.* **2.** Indique un écart par rapport à ce qui doit être atteint : *Vous êtes loin de la vérité.* **3.** Indique une négation renforcée : *J'étais loin de me douter de cela* (= je ne m'en doutais pas du tout). ▸ ***Loin de là,*** bien au contraire : *L'affaire n'est pas terminée, loin de là.* Sout. ***Loin de moi, de toi, de lui,*** etc., ***l'idée de,*** indique que l'on n'en a pas du tout l'idée : *Loin d'elle l'idée de vous vexer.*

lointain, e adj. **1.** Qui se trouve à une grande distance dans l'espace ou dans le temps ; qui n'a qu'une relation indirecte : *Il s'est envolé vers des pays lointains* (SYN. éloigné ; CONTR. voisin). *Une époque lointaine* (SYN. reculé ; CONTR. récent). *Dans un avenir lointain* (= dans longtemps). *Il existe une correspondance lointaine entre ces deux événements* (SYN. approximatif, vague ; CONTR. direct, étroit). *Nous avons de lointains cousins au Québec* (SYN. éloigné ; CONTR. proche). **2.** Qui est inattentif à ce qui se passe : *Il regardait son ami d'un air lointain* (SYN. absent, distrait ; CONTR. attentif). ◆ **lointain** n.m. **1.** Plan situé à une grande distance : *Elle a aperçu des tours dans le lointain* (= au loin). **2.** (Souvent au pl.). Partie d'un tableau représentant les objets les plus éloignés ; arrière-plan, fond.

lointainement adv. Litt. Au loin ; de loin : *Un court-métrage lointainement inspiré d'un classique du cinéma muet.*

loir n.m. (lat. pop. *lis, liris*). Petit rongeur hibernant, au pelage gris, qui se nourrit de fruits et de graines.

loisible adj. (de l'anc. fr. *loisir*, être permis). ▸ ***Il est loisible de*** (+ inf.), il est permis, possible de : *Il m'est loisible de changer d'activité.*

loisir n.m. (de l'anc. fr. *loisir*, être permis, du lat. *licere*). Temps dont qqn peut disposer en dehors de ses occupations ordinaires : *Je n'ai pas eu le loisir de m'occuper de cette affaire* (**SYN.** liberté, occasion, possibilité). ▸ ***À loisir*** ou ***tout à loisir,*** à son aise, sans se presser : *Les vacances lui ont permis de visiter tout à loisir la région.* ◆ **loisirs** n.m. pl. Distractions auxquelles on se livre pendant ses moments de liberté : *Elle apprécie les loisirs culturels* (**SYN.** activité, occupation).

lokoum n.m. → **loukoum.**

lolette n.f. En Suisse, tétine que l'on donne à sucer à un nourrisson pour le calmer.

lombago n.m. → **lumbago.**

lombaire adj. Relatif aux lombes. ▸ ***Vertèbre lombaire,*** chacune des cinq vertèbres de la région des lombes (on dit aussi *une lombaire*). ◆ n.f. Vertèbre lombaire.

lombalgie n.f. Douleur dans la région lombaire (= mal aux reins, mal de reins).

lombes n.f. pl. (du lat. *lumbus,* rein). Régions du bas du dos situées de chaque côté de la colonne vertébrale entre la cage thoracique et l'os du bassin (**SYN.** reins).

lombric n.m. (lat. *lumbricus*). Ver, communément appelé *ver de terre,* qui creuse des galeries dans le sol humide, contribuant ainsi à son aération.

lompe n.m. → **lump.**

① **long, longue** adj. (lat. *longus*). **1.** Qui s'étend sur une grande distance, une grande longueur : *Faire un long détour. Un long cortège* (**SYN.** interminable ; **CONTR.** petit). *De longs fils de laine* (**CONTR.** court). **2.** Qui se caractérise par sa longueur (par opp. à court, plat, rond, etc.) : *Un manteau long* (**CONTR.** court, mini). *Os long* (par opp. à plat, court). **3.** Qui dure un certain temps : *Une longue attente* (**CONTR.** bref, momentané). *Une longue amitié. Ces quelques instants furent pour moi bien longs* (**SYN.** éternel, interminable ; **CONTR.** rapide). **4.** Se dit d'une œuvre, d'un discours, d'un texte qui a un développement fourni : *Il m'a envoyé une longue lettre* (**CONTR.** concis, sommaire, succinct). **5.** *Fam.* Se dit d'une personne qui met beaucoup de temps à faire qqch : *Il est long à se décider* (**SYN.** lent ; **CONTR.** prompt, rapide, vif). ▸ ***Long de,*** qui a telle étendue d'une extrémité à l'autre : *Une bibliothèque longue de trois mètres* ; qui a telle durée : *Un entretien long de deux heures.* ◆ **long** adv. Avec un long vêtement : *Elles aiment s'habiller long.* ▸ ***En dire long,*** donner beaucoup de renseignements : *Ce texte en dit plus long sur les formalités à remplir* (= il les explique, les détaille) ; avoir beaucoup de signification : *Cet oubli en dit long sur sa fatigue* (= il révèle une grande fatigue). ***En savoir long,*** être bien informé : *Ce journaliste en sait plus long qu'il ne veut bien le dire.*

② **long** n.m. Longueur : *Une voiture de quatre mètres de long.* ▸ ***Au long*** ou ***tout au long,*** sans abréger, dans son intégralité : *Écrivez le nom de la rue au long.* ***De long en large,*** alternativement en longueur, puis en largeur : *Elle arpente la salle de long en large.* ***De tout son long,*** de toute la longueur de son corps : *Il s'est étendu de tout son long sur le canapé. Tomber de tout son long.* ***En long et en large,*** en tous sens : *J'ai parcouru la forêt en long et en large pour retrouver mon chien* ; sous tous les aspects : *Il nous a parlé en long et en large de ses vacances.* ***Le long de,*** en longeant : *Se garer le long du trottoir* (= parallèlement au bord du trottoir). ***Tout au long*** ou ***tout le long de,*** pendant toute la longueur, toute la durée de : *J'y ai pensé tout le long du chemin.*

longanimité n.f. (du lat. *longus,* long, et *animus,* esprit). *Litt.* **1.** Patience à supporter ses propres maux (**SYN.** constance, opiniâtreté). **2.** Indulgence qui porte à pardonner ce qu'on pourrait punir (**SYN.** clémence, mansuétude [litt.]).

long-courrier n.m. (pl. *long-courriers*). **1.** Avion de transport destiné à voler sur de très longues distances (par opp. à court-courrier, à moyen-courrier) : *Ce commandant ne pilote que des long-courriers.* **2.** Navire effectuant une navigation de long cours.

① **longe** n.f. (de *long*). Courroie qui sert à mener un cheval ou un autre animal domestique.

② **longe** n.f. (du lat. *lumbus,* rein). Partie de certains animaux de boucherie, prise dans l'échine : *Longe de porc.*

longeole n.f. En Suisse, grosse saucisse de porc.

longer v.t. [conj. 17]. Suivre le bord de qqch : *Le chemin longe la rivière* (**SYN.** border). *Le bateau longe le quai* (**SYN.** raser).

longère n.f. *Région.* Ensemble de bâtiments ruraux, de forme basse et allongée.

longeron n.m. Pièce maîtresse de la structure d'une machine, d'un véhicule, d'une charpente, disposée dans le sens de la longueur : *Longeron d'un pont, d'une aile d'avion.*

longévité n.f. (du lat. *longus,* long, et *aevum,* âge). **1.** Longue durée de vie : *La longévité des membres d'une famille.* **2.** Durée de la vie en général : *La longévité s'accroît chaque année* (= l'espérance de vie).

longiligne adj. Se dit d'une personne aux membres longs et minces (par opp. à bréviligne) : *Des mannequins longilignes.*

longitude n.f. (du lat. *longitudo,* longueur). Distance mesurée en degrés, qui sépare, à l'est ou à l'ouest, un point du globe terrestre du méridien de Greenwich (par opp. à latitude) : *Le navire est signalé à 28° de longitude ouest.*

longitudinal, e, aux adj. Qui est fait dans la longueur, dans le sens de la longueur (par opp. à transversal) : *Schéma en coupe longitudinale.*

longitudinalement adv. Dans le sens de la longueur.

long-métrage ou **long métrage** n.m. (pl. *longs-métrages, longs métrages*). Film dont la durée dépasse une heure (par opp. à court-métrage, à moyen-métrage).

longtemps adv. Pendant un long espace de temps : *Il s'est promené longtemps* (**SYN.** longuement ; **CONTR.** brièvement, peu). *Il y a longtemps que nous sommes arrivés.*

longue n.f. En musique, note longue. ▸ ***À la longue,*** après un long temps ; avec le temps qui passe : *À la longue, son chagrin s'effacera.*

longuement adv. **1.** Pendant un long moment : *Elle a longuement réfléchi* (**SYN.** beaucoup, longtemps ; **CONTR.** brièvement). **2.** Avec minutie : *Il a longuement expliqué son idée* (**SYN.** amplement ; **CONTR.** succinctement).

① **longuet, ette** adj. *Fam.* Qui dure un peu trop

longtemps : *Ce film est vraiment longuet* (**SYN.** interminable).

② **longuet** n.m. Petit pain long et mince.

longueur n.f. **1.** Dimension d'une chose dans le sens de sa plus grande étendue (par opp. à largeur) : *Mesurer la longueur d'une étagère.* **2.** Distance d'une extrémité à l'autre d'un objet, d'une surface : *Une corde d'une grande longueur* (**SYN.** taille). *La carrosserie est éraflée sur toute sa longueur* (= d'un bout à l'autre). **3.** Distance, partic. dans une course : *La longueur d'un itinéraire. La longueur parcourue en une enjambée.* **4.** Unité de mesure égale à la longueur d'un cheval, d'un véhicule, d'une embarcation, d'une enjambée, etc., servant à évaluer la distance qui sépare les concurrents dans une course : *Cette nageuse a pris deux longueurs d'avance.* **5.** (Précédé de l'art. déf.). Spécialité sportive du saut en longueur consistant à sauter le plus loin possible : *Elle l'a emporté à la longueur.* **6.** Espace de temps que dure qqch, un phénomène : *La longueur de cette émission télévisée dépend du nombre d'invités* (**SYN.** durée). **7.** Durée supérieure à la normale ; durée excessive : *Il lui a reproché la longueur des travaux* (**SYN.** lenteur ; **CONTR.** brièveté). ▸ ***À longueur de,*** pendant toute la durée de : *Il téléphone à longueur de journée* (= tout le temps). ***Tirer les choses en longueur,*** les faire durer. ***Traîner*** ou ***tirer en longueur,*** durer très longtemps sans progresser : *La réunion traîne en longueur* (= s'éterniser). ◆ **longueurs** n.f. pl. Développements longs et inutiles dans un texte, un film, etc. : *Il y a trop de longueurs dans ce film* (**SYN.** délayage, remplissage).

longue-vue n.f. (pl. *longues-vues*). Instrument d'optique en forme de long tube légèrement évasé, permettant d'observer des objets éloignés ; lunette d'approche.

loofa [lufa] n.m. → **luffa.**

look [luk] n.m. (mot angl.). *Fam.* Image que donne qqn, qqch de lui-même : *Elle a un nouveau look* (**SYN.** allure, apparence, style). *Le look résolument moderne de cette voiture* (**SYN.** aspect).

looping [lupiŋ] n.m. (de la loc. angl. *looping the loop,* action de boucler la boucle). Exercice de voltige aérienne consistant à faire une boucle dans un plan vertical.

lopin n.m. (de l'anc. fr. *lope,* loupe). Petite parcelle de terrain : *Certains n'ont même pas un lopin de terre à cultiver.*

loquace [lɔkas] adj. (lat. *loquax,* de *loqui,* parler). Qui parle beaucoup : *Le suspect s'est montré peu loquace* (**SYN.** bavard, prolixe, volubile ; **CONTR.** muet, silencieux).

loquacité [lɔkasite] n.f. Fait d'être loquace ; disposition à parler beaucoup (**SYN.** prolixité, volubilité).

loque n.f. (du moyen néerl. *locke,* boucle de cheveux). **1.** (Souvent pl.). Vieux vêtement ; vêtement en lambeaux : *Ce pantalon est une vraie loque* (**SYN.** guenille, haillon). *Cette robe tombe en loques.* **2.** En Belgique, étoffe servant au nettoyage des sols, au ménage. **3.** *Fig., péjor.* Personne sans énergie, épuisée : *C'était une loque pendant sa maladie* (**SYN.** épave).

loquet n.m. (de l'anc. anglais *loc,* verrou). Barre mobile autour d'un pivot, servant à fermer une porte : *La porte ne ferme qu'au loquet* (= il n'y a pas de clef).

loqueteau n.m. Petit loquet qui sert à la fermeture des fenêtres, des volets.

loqueteux, euse adj. et n. *Litt.* Qui est vêtu de loques : *Des réfugiés loqueteux* (**SYN.** déguenillé, dépenaillé).

lord [lɔr ou lɔrd] n.m. (mot angl. signif. « seigneur »). Titre donné en Grande-Bretagne aux pairs du royaume ainsi qu'aux membres de la Chambre des lords.

lordose n.f. (gr. *lordôsis,* de *lordos,* voûte). Déformation de la colonne vertébrale vers l'avant, qui provoque une cambrure excessive.

lorgner v.t. (de l'anc. fr. *lorgne,* louche, du germ. *lurni,* guetter) [conj. 3]. **1.** Regarder du coin de l'œil et avec insistance une chose, une personne : *Le gardien nous lorgnait d'un air sévère* (**SYN.** dévisager). **2.** Convoiter qqch secrètement : *Il lorgne la présidence du comité* (**SYN.** convoiter, loucher sur, viser).

lorgnette n.f. Petite lunette portative permettant d'observer les objets éloignés. ▸ ***Regarder les choses par le petit bout de la lorgnette,*** ne voir les choses que sous un aspect particulier, que l'on grossit exagérément ; ne voir que le côté mesquin des choses.

lorgnon n.m. Paire de lunettes sans branches que l'on tient par une tige verticale ou qu'un ressort maintient sur le nez.

loriot n.m. (anc. prov. *auriol,* du lat. *aureolus,* d'or). Oiseau passereau au chant sonore, au plumage jaune et noir chez le mâle, verdâtre chez la femelle.

lorrain, e adj. et n. Relatif à la Lorraine, à ses habitants. ◆ **lorrain** n.m. Dialecte de langue d'oïl parlé en Lorraine.

lors [lɔr] adv. (du lat. *illa hora,* à ce moment-là). ▸ ***Depuis lors*** → **depuis.** ***Dès lors*** → **dès.** ◆ **lors de** loc. prép. Indique l'époque de, le moment de : *Lors de ce voyage, il rencontra sa future femme* (**SYN.** au cours de, pendant). ◆ **dès lors que** loc. conj. (Suivi de l'ind.). Du moment que ; puisque : *Dès lors qu'il existe des preuves indiscutables, la personne peut être mise en examen.* ◆ **lors même que** loc. conj. (Suivi du cond.). *Litt.* Marque une opposition : *Lors même que vous ne seriez pas d'accord, le règlement serait appliqué* (= même si vous n'étiez pas d'accord).

lorsque [lɔrskə] conj. sub. Indique la simultanéité entre deux actions : *Lorsqu'elle parle, tout le monde écoute* (**SYN.** quand). *Lorsque vous aurez fini, dites-le* (= au moment où).

losange n.m. (du gaul. *lausa,* pierre plate, dalle). Figure géométrique dont les quatre côtés sont égaux et les diagonales perpendiculaires.

losangé, e adj. Qui présente une série de losanges ; qui est divisé en losanges.

lot n.m. (mot frq. signif. « héritage, sort »). **1.** Fraction d'un terrain destiné à être loti ; ce qui revient à chacun dans un partage : *Une mise aux enchères des différents lots* (**SYN.** lopin, parcelle). *Chacun des héritiers a reçu son lot* (**SYN.** part). **2.** Ce qui revient au gagnant d'un tirage au sort, d'une loterie : *Le premier lot est une voiture.* **3.** *Fig., litt.* Ce que le hasard, la nature, le destin réserve à chacun : *Aller de ville en ville est le lot des artistes de cirque* (**SYN.** destinée, sort). **4.** Ensemble d'articles, d'objets assortis, de marchandises vendues ensemble : *Le lot de cinq vidéocassettes à prix sacrifié.* **5.** Groupe de personnes présentant les mêmes caractères : *Quelques candidates sortent du lot* (**SYN.** ensemble, masse). **6.** En informatique, ensemble fini de travaux destinés à être traités d'un seul tenant en différé : *Traitement par lots.* ▸ ***Tirer le gros lot,*** gagner le lot le plus important d'une loterie ; fig., jouir d'une aubaine exceptionnelle (parfois iron.) : *J'ai tiré le gros lot en achetant cet appareil : il n'a jamais fonctionné.*

lote n.f. → **lotte.**

loterie n.f. (néerl. *loterij*). **1.** Jeu de hasard qui consiste à tirer au sort des numéros désignant des billets gagnants et donnant droit à des lots. **2.** *Fig.* Ce qui est régi par le hasard : *La loterie des investissements boursiers* (**SYN.** pari).

loti, e adj. ▸ ***Être bien, mal loti,*** être favorisé, défavorisé par le sort (souvent iron.) : *Me voilà bien lotie avec ce logiciel bogué !*

lotion [lɔsjɔ̃] n.f. (bas lat. *lotio,* de *lavare,* laver). Eau de toilette utilisée pour les soins de la peau ou de la chevelure. ▸ ***Lotion après-rasage*** → **après-rasage.**

lotionner v.t. [conj. 3]. Frictionner avec une lotion : *Il lotionne son cuir chevelu.*

lotir v.t. [conj. 32]. **1.** Diviser en lots ; faire des lotissements : *Lotir une propriété en vue d'un partage* (**SYN.** démembrer, morceler). **2.** Mettre qqn en possession d'un lot : *Lotir un associé d'une part de capital* (**SYN.** doter, pourvoir).

lotissement n.m. **1.** Morcellement d'une propriété foncière en lots, en vue d'y construire des habitations. **2.** Ensemble des habitations construites sur un terrain loti : *Ils ont emménagé dans le nouveau lotissement* (**SYN.** quartier).

lotisseur, euse n. Personne qui lotit un terrain.

loto n.m. (de l'it. *lotto,* lot, sort). Jeu de hasard qui consiste à recouvrir, avec des jetons tirés au sort, les cases numérotées qui figurent sur des cartons. ▸ ***Loto national,*** en France, jeu de hasard institué par l'État qui consiste à cocher sur une grille les numéros gagnants d'un tirage au sort (on dit aussi *le Loto*). ◆ n.f. Au Québec, loterie : *Gagner à la loto.*

lotte ou **lote** n.f. (du gaul.). Poisson d'eau douce à chair estimée. ▸ ***Lotte de mer,*** baudroie.

lotus [lɔtys] n.m. (mot lat., du gr. *lôtos*). Nénuphar blanc ou bleu : *Le lotus blanc de l'Inde, bleu de l'Égypte.*

① **louable** adj. (de *1. louer*). Qui est digne de louanges : *Des intentions louables* (**SYN.** estimable, honorable ; **CONTR.** blâmable, condamnable, répréhensible). *C'était louable de vouloir arranger les choses* (**SYN.** méritoire).

② **louable** adj. (de *2. louer*). Qui peut être mis ou pris en location : *Un studio louable.*

louage n.m. (de *2. louer*). Dans la langue juridique, contrat par lequel une personne s'engage à laisser à une autre la jouissance d'une chose pendant un certain temps moyennant le paiement d'une somme : *Un matériel de louage.*

louange n.f. (de *1. louer*). Action de vanter les mérites de qqn : *Il se montre accessible à la louange* (**SYN.** éloge ; **CONTR.** critique, désapprobation). *Un reportage à la louange de ce grand homme* (= en son honneur ; **SYN.** gloire ; **CONTR.** blâme). ◆ **louanges** n.f. pl. Paroles par lesquelles on fait l'éloge de qqn, de qqch : *Les journalistes l'ont couverte de louanges* (**SYN.** compliment, félicitation ; **CONTR.** reproche). ▸ ***Chanter les louanges de qqn, de qqch,*** en vanter les mérites.

louanger v.t. [conj. 17]. *Sout.* Décerner de nombreuses louanges à qqn ; faire l'éloge de qqch : *Ils louangeaient ce grand savant* (**SYN.** célébrer, glorifier ; **CONTR.** critiquer, dénigrer, réprouver).

louangeur, euse adj. *Sout.* Qui contient des louanges : *Des comptes rendus louangeurs sur les possibilités du logiciel* (**SYN.** élogieux, flatteur ; **CONTR.** caustique, désapprobateur).

loubard ou **loubar** n.m. *Fam.* Jeune voyou ; jeune délinquant.

① **louche** adj. (du lat. *luscus,* borgne). Qui est ambigu ; qui éveille des soupçons : *Un individu louche* (**SYN.** équivoque, suspect). *Cette coïncidence me paraît louche* (**SYN.** douteux, étrange, trouble ; **CONTR.** évident). ◆ n.m. Ce qui éveille la méfiance : *Il y a du louche dans son comportement.*

② **louche** n.f. (frq. *lôtja*). Grande cuillère à long manche ; contenu de cette cuillère : *Servir la soupe avec une louche. Quelques louches de crème anglaise.* ▸ *Fam.* ***À la louche,*** en grande quantité ; de façon approximative : *À la louche, je dirais qu'il nous faudra trois mois pour terminer. Fam.* ***En remettre une louche,*** insister lourdement ; en rajouter.

loucher v.i. [conj. 3]. Être atteint de strabisme. ◆ v.t. ind. **[sur].** Regarder qqn, qqch avec envie : *Il louche sur mon lecteur de DVD* (**SYN.** convoiter, guigner).

loucheur, euse n. Personne atteinte de strabisme.

① **louer** v.t. (lat. *laudare*) [conj. 6]. Vanter les mérites ou les qualités de qqn, de qqch : *Louer les pompiers pour leur courage et leur humanité* (**SYN.** complimenter, féliciter ; **CONTR.** blâmer). *Louer une initiative* (**SYN.** glorifier, vanter ; **CONTR.** critiquer, dénigrer). ▸ ***Louer Dieu,*** célébrer sa grandeur, ses bienfaits : *Dieu soit loué, ils sont sains et saufs.* ◆ **se louer** v.pr. **[de].** Se montrer satisfait de qqn, de qqch : *Elle s'est louée de l'avoir rencontré* (**SYN.** se féliciter ; **CONTR.** se plaindre).

② **louer** v.t. (lat. *locare*) [conj. 6]. **1.** Donner la jouissance d'une chose, moyennant un loyer, une rémunération, pour un temps déterminé : *Elle a loué son terrain à des raveurs.* **2.** Avoir la jouissance d'une chose pour un temps déterminé et moyennant le paiement d'une certaine somme à son propriétaire : *Nous cherchons un appartement à louer. Louer des vidéocassettes.* **3.** Prendre qqn à son service de manière provisoire et moyennant un salaire : *Louer un animateur pour une soirée* (**SYN.** engager). **4.** Réserver une place dans un moyen de transport ou pour assister à un spectacle.

loueur, euse n. Dans la langue juridique, personne qui donne à louer un bien ; bailleur : *Un loueur de caravanes.*

loufoque adj. et n. (de *louf,* forme argotique de *fou*). *Fam.* Se dit d'une personne qui a perdu tout bon sens ; se dit d'une situation invraisemblable : *Il faut avouer que c'est un loufoque* (**SYN.** fou, hurluberlu). *Un scénario complètement loufoque* (**SYN.** extravagant, rocambolesque ; **CONTR.** vraisemblable).

loufoquerie n.f. *Fam.* Acte, parole d'une personne loufoque ; extravagance.

louis [lwi] n.m. (du nom de *Louis XIII*). *Anc.* **1.** Monnaie d'or française, à l'effigie de Louis XIII et de ses successeurs. **2.** Pièce d'or française de 20 francs (**SYN.** napoléon).

louise-bonne n.f. (pl. *louises-bonnes*). Poire d'une variété fondante et sucrée.

loukoum [lukum] ou **lokoum** [lɔkum] n.m. (d'un mot ar. signif. « le repos des gorges »). Confiserie orientale faite d'une pâte à base de miel et parfumée. ☞ **REM.** On peut aussi dire *un rahat-loukoum, des rahat-loukoums.*

loulou n.m. (de *loup*). Petit chien à museau pointu, à fourrure longue et abondante : *Des loulous blancs.*

loup n.m. (lat. *lupus*). **1.** Mammifère carnivore, à pelage gris jaunâtre, vivant en meutes. **2.** Dans le midi de la France, poisson vorace ; bar. **3.** Masque de velours ou de satin noir couvrant le pourtour des yeux. **4.** Défaut, malfaçon irréparable dans la fabrication d'une pièce technique, d'un ouvrage. ▸ ***Être connu comme le loup blanc,*** être connu de tout le monde. ***Hurler avec les loups,*** se joindre aux autres pour critiquer ou attaquer. ***Jeune loup,*** jeune homme ambitieux, soucieux de faire carrière. ***Se jeter dans la gueule du loup,*** s'exposer de soi-même à un grand danger. ***Vieux loup de mer,*** marin expérimenté.

loup-cervier n.m. (de *loup* et du lat. *cervarius,* qui chasse le cerf) [pl. *loups-cerviers*]. Lynx.

loupe n.f. (du frq. *luppa,* masse informe d'un liquide caillé). **1.** Lentille de verre qui grossit les objets : *Il prend une loupe pour lire les petites lettres.* **2.** En botanique, excroissance ligneuse qui se développe sur certains arbres. **3.** En médecine, kyste sébacé. ▸ ***Regarder*** ou ***examiner*** ou ***observer qqch à la loupe,*** examiner qqch avec une extrême minutie et des intentions critiques : *La juge examine les témoignages à la loupe avant de rendre son verdict.*

loupé n.m. *Fam.* Erreur due à une mauvaise exécution ; ratage.

louper v.t. (de *loup,* malfaçon) [conj. 3]. *Fam.* **1.** Ne pas réussir ; mal exécuter : *Louper des tests* (**SYN.** échouer à, rater). **2.** Laisser partir un moyen de transport ; laisser passer une occasion, un rendez-vous, qqn : *J'ai failli louper le train. Nous ne voulions pas louper la ministre.* ◆ v.i. ▸ *Fam.* ***Ça n'a pas loupé,*** cela s'est produit comme il fallait s'y attendre.

loup-garou n.m. (de *loup* et de l'anc. fr. *garou,* homme-loup) [pl. *loups-garous*]. Selon certaines croyances, homme se métamorphosant en loup la nuit et reprenant forme humaine le jour (**SYN.** lycanthrope).

loupiot, e n. *Fam.* Enfant.

loupiote n.f. *Fam.* Petite lampe.

lourd, e adj. (du lat. *luridus,* blême). **1.** Qui est difficile à porter, à remuer à cause de son poids ; pesant : *Ces cartons sont trop lourds* (**CONTR.** léger). **2.** Dont la densité est élevée : *Le fer est plus lourd que l'aluminium* (**SYN.** dense). **3.** Se dit d'un sol compact, difficile à remuer. **4.** Se dit d'un terrain détrempé dans lequel on s'enfonce, sur lequel on a du mal à se déplacer : *Courses de chevaux sur terrain lourd.* **5.** Se dit d'un aliment difficile à digérer : *La tourte était un peu lourde* (**SYN.** indigeste ; **CONTR.** digeste). **6.** Qui éprouve une sensation de lourdeur ; qui est le siège de cette sensation : *Le repas était copieux et je me sens lourd. Avoir la tête lourde, les paupières lourdes.* **7.** Qui donne une impression de pesanteur : *Marcher d'un pas lourd* (**SYN.** gauche, lent, maladroit ; **CONTR.** agile, alerte, leste). *Il fait un temps lourd* (**SYN.** orageux). **8.** Qui met en œuvre des moyens importants : *Chirurgie lourde* (**CONTR.** léger). *L'industrie lourde.* **9.** Que sa complexité rend difficile à gérer : *Cette lourde structure ne permet pas de réagir rapidement aux besoins des clients* (**CONTR.** souple). **10.** Que son importance, son ampleur, sa gravité rend difficile à supporter : *Un lourd déficit budgétaire* (**SYN.** écrasant, exorbitant ; **CONTR.** faible, infime). *Il a une lourde responsabilité dans cet accident* (**SYN.** accablant, grave ; **CONTR.** bénin). **11.** Qui est chargé de qqch de pesant ou de pénible : *Un regard lourd de mépris. Une fuite lourde de sens.* **12.** Qui manque de finesse, d'intelligence, d'élégance : *Ses plaisanteries sont lourdes* (**SYN.** épais, grossier ; **CONTR.** subtil). ▸ ***Avoir la main lourde,*** frapper, punir rudement ; peser ou verser une chose en trop grande quantité : *La tasse déborde, j'ai eu la main un peu lourde.* ***Eau lourde,*** liquide analogue à l'eau ordinaire, employé comme ralentisseur de neutrons dans certains réacteurs nucléaires. ***Poids lourd,*** dans divers sports individuels comme la boxe, catégorie sans limite supérieure de poids ; sportif appartenant à cette catégorie. ***Sommeil lourd,*** sommeil profond. ◆ **lourd** adv. ▸ *Fam.* ***Ne pas en faire lourd,*** travailler peu. *Fam.* ***Ne pas en savoir lourd,*** être très ignorant. ***Peser lourd,*** avoir un poids plus élevé que la moyenne : *Ces livres pèsent lourd* ; fig., avoir une grande importance : *Son expérience a pesé lourd dans les pourparlers.*

lourdaud, e adj. et n. Qui est maladroit, gauche dans ses mouvements ; qui est dépourvu de finesse intellectuelle.

lourde n.f. *Arg.* Porte : *Ouvrez-moi la lourde.*

lourdement adv. **1.** Avec un grand poids : *Des voitures trop lourdement chargées.* **2.** De tout son poids ; de toute sa force : *Il appuie lourdement sur la sonnette* (**SYN.** fortement, pesamment ; **CONTR.** faiblement, légèrement). **3.** De manière importante : *Ils se sont lourdement endettés* (**SYN.** considérablement, énormément). **4.** Sans élégance ni finesse ; de façon maladroite, peu habile : *Se tromper lourdement* (**SYN.** grossièrement). *Il insiste lourdement sur les sujets qui fâchent.*

lourder v.t. [conj. 3]. *Arg.* Mettre à la porte (**SYN.** congédier, licencier, renvoyer).

lourdeur [lurdœr] n.f. **1.** Caractère de ce qui est lourd : *La lourdeur d'un sac à dos* (**CONTR.** légèreté). *La lourdeur de ses responsabilités* (**SYN.** ampleur, importance). *La lourdeur d'un système* (**SYN.** complexité ; **CONTR.** adaptabilité, flexibilité). **2.** Maladresse dans le déplacement, dans les gestes : *Il marche avec lourdeur* (**SYN.** lenteur, pesanteur ; **CONTR.** agilité, aisance). **3.** Impression de poids qui provoque une douleur sourde, diffuse : *Elle a des lourdeurs dans les jambes.* **4.** Manque de tact, de subtilité, d'élégance : *Il détailla avec lourdeur l'accident* (**SYN.** maladresse ; **CONTR.** finesse, tact).

lousse adj. *Fam.* Au Québec, qui n'est pas serré ; qui est ample ou sans entrave ; se dit de qqn qui est prodigue, généreux : *Veste lousse. Ses parents sont lousses.*

loustic n.m. (de l'all. *lustig,* gai). *Fam., péjor.* Individu en qui on n'a pas grande confiance ; mauvais plaisant.

loutre n.f. (lat. *lutra*). **1.** Mammifère carnivore aquatique, aux pattes palmées, au pelage épais et soyeux. **2.** Fourrure de cet animal ; fourrure de rat musqué ou d'otarie.

louve n.f. (lat. *lupa*). Femelle du loup.

louvet, ette adj. Se dit de la robe d'un cheval qui est de la couleur du poil du loup, jaune mêlé de noir.

louveteau n.m. **1.** Jeune loup de moins de un an. **2.** Scout de 8 à 11 ans.

louveterie [luvɛtri ou luvtri] n.f. Institution se chargeant d'assurer les battues de destruction des animaux nuisibles.

louvette n.f. Scoute de 8 à 12 ans.

louvoiement ou **louvoyage** n.m. **1.** Action de louvoyer avec un voilier. **2.** *Fig.* Action de prendre des moyens détournés : *Ses louvoiements nous font perdre du temps* (**SYN.** tergiversation).

louvoyer [luvwaje] v.i. (de *lof*, côté du navire qui reçoit le vent) [conj. 13]. **1.** Naviguer contre le vent, tantôt sur un bord, tantôt sur l'autre. **2.** *Fig.* User de moyens détournés pour parvenir à son but : *Face aux difficultés, il louvoie* (**SYN.** biaiser, tergiverser).

lover v.t. (du bas all. *lofen*, tourner) [conj. 3]. Dans la marine, rouler un cordage en cercles superposés. ◆ **se lover** v.pr. S'enrouler sur soi-même : *Une couleuvre qui se love. La chienne s'est lovée dans sa corbeille* (**SYN.** se pelotonner).

low cost [lokɔst] n.m. inv. et adj. inv. (mots angl. signif. « bas coût »). Stratégie commerciale consistant à proposer un bien ou un service à un prix inférieur à ceux que pratiquent habituellement les entreprises concurrentes : *Vols low cost Paris-Kiev.*

loyal, e, aux [lwajal, o] adj. (du lat. *legalis*, conforme à la loi). Qui obéit aux lois de l'honneur, de la probité, de la droiture : *Des concurrents loyaux* (**SYN.** franc, honnête, régulier ; **CONTR.** déloyal, hypocrite, perfide). *La directrice l'a félicité pour ses bons et loyaux services* (**SYN.** dévoué, fidèle). ▸ *Fam.* ***À la loyale,*** sans tricher ; sans coups interdits.

loyalement [lwajalmɑ̃] adv. De façon loyale : *Ils ont appliqué loyalement le traité.*

loyalisme [lwajalism] n.m. Fidélité au régime établi ou à une autorité considérée comme légitime.

loyaliste [lwajalist] adj. et n. Qui est fidèle au régime établi.

loyauté [lwajote] n.f. Caractère loyal de qqn, de qqch : *Il est d'une grande loyauté envers ses amis* (**SYN.** droiture, fidélité, honnêteté ; **CONTR.** déloyauté, traîtrise).

loyer [lwaje] n.m. (du lat. *locarium*, prix du gîte, de *locus*, lieu). Prix auquel on loue un logement, une terre, une chose : *Ce locataire paie régulièrement son loyer* (**SYN.** terme). ▸ ***Donner, prendre à loyer,*** donner, prendre en location. ***Loyer de l'argent,*** taux d'intérêt de l'argent emprunté.

L.P. ou **LP** [ɛlpe] n.m. (sigle). ▸ ***Lycée professionnel*** → **lycée.**

L.S.D. ou **LSD** n.m. (de l'all. *Lysergsäurediäthylamid*, acide lysergique). Substance hallucinogène utilisée par les toxicomanes.

lubie n.f. (du lat. *lubere*, de *libere*, trouver bon). Fantaisie soudaine ; caprice extravagant : *Créer un logiciel, c'est sa nouvelle lubie* (**SYN.** foucade [litt.], passion).

lubricité n.f. Caractère lubrique, impudique ; salacité.

lubrifiant, e adj. et n.m. Se dit d'un produit qui lubrifie.

lubrification n.f. Action de lubrifier : *La lubrification d'un appareil par graissage.*

lubrifier v.t. (du lat. *lubricus*, glissant) [conj. 9]. Rendre glissant pour atténuer le frottement et faciliter le fonctionnement : *Lubrifier un rail* (**SYN.** graisser, huiler).

lubrique adj. (du lat. *lubricus*, glissant). *Péjor.* Qui montre un penchant excessif pour les plaisirs charnels, la luxure (**SYN.** libidineux, salace ; **CONTR.** chaste).

lubriquement adv. Avec lubricité.

lucane n.m. (du lat. *lucanus*, cerf-volant). Coléoptère des chênes et des châtaigniers, communément appelé *cerf-volant.*

lucanophile ou **lucaniste** n. Personne qui pratique le cerf-volant ; cerf-voliste.

lucarne n.f. (du lat. *lucerna*, lampe). **1.** Petite ouverture pratiquée dans un toit pour éclairer et aérer les combles ; petite fenêtre. **2.** En sports, chacun des deux angles supérieurs d'un but ; tir effectué dans l'un de ces angles : *Tirer dans la lucarne. Faire une lucarne.*

lucide adj. (du lat. *lucidus*, lumineux). **1.** Qui est en pleine possession de ses facultés intellectuelles : *Parlez au blessé pour le garder lucide* (**SYN.** conscient ; **CONTR.** inconscient). **2.** Qui voit les choses telles qu'elles sont : *Esprit lucide* (**SYN.** clairvoyant, perspicace ; **CONTR.** crédule, naïf). *Soyons lucides : il est incapable de faire cela* (**SYN.** objectif, réaliste, sensé ; **CONTR.** aveugle, irréaliste).

lucidement adv. Avec lucidité : *Analyser lucidement ses défauts* (**SYN.** objectivement).

lucidité n.f. **1.** État de qqn qui a toute sa conscience : *Sa maladie n'a pas altéré sa lucidité* (**SYN.** acuité, facultés, raison). **2.** Qualité de qqn qui est lucide, qui juge avec clarté ; qualité d'une pensée, d'un jugement nets et exacts : *Il a manqué de lucidité en signant cet engagement* (**SYN.** clairvoyance, intuition, perspicacité).

luciférien, enne adj. *Litt.* Qui tient du diable ; démoniaque, satanique.

lucilie n.f. (du lat. *lux, lucis*, lumière). Mouche verte qui vit sur les déchets organiques et peut pondre sur la viande.

luciole n.f. (it. *lucciola*, de *luce*, lumière). Coléoptère voisin du ver luisant, mais chez lequel le mâle et la femelle sont ailés et luminescents.

lucratif, ive adj. (lat. *lucrativus*). Qui rapporte de l'argent ; qui procure de gros profits : *Association à but non lucratif. Des placements très lucratifs* (**SYN.** rémunérateur, rentable).

lucre n.m. (du lat. *lucrum*, gain, profit). *Litt.* Profit recherché avec avidité : *Esprit de lucre.*

ludiciel n.m. (du lat. *ludus*, jeu, et de *logiciel*). Logiciel de jeu.

ludion n.m. (du lat. *ludio*, histrion). Jouet fait d'une figurine creuse, qui monte ou descend en fonction des variations de pression exercées à la surface du liquide où elle est plongée.

ludique adj. (du lat. *ludus*, jeu). Relatif au jeu ; qui manifeste un certain penchant pour le jeu : *Une forme ludique d'apprentissage.*

ludo-éducatif, ive adj. Se dit d'un logiciel ou d'un cédérom qui permet de s'instruire en s'amusant.

ludologue n. Personne qui crée des jeux pour les médias.

ludospace n.m. Voiture particulière destinée aux loisirs, dérivée d'un véhicule utilitaire.

ludothécaire n. Personne qui gère, anime une ludothèque.

ludothèque n.f. Établissement dans lequel les enfants peuvent jouer ou emprunter des jeux et des jouets.

luette n.f. (pour *l'uette,* dimin. du lat. *uva,* grappe). Appendice charnu, mobile et contractile, qui sert à fermer les fosses nasales pendant la déglutition (son nom scientifique est *une uvule*).

lueur n.f. (du lat. *lucere,* luire). **1.** Clarté faible ou éphémère : *Elle a aperçu un animal dans la lueur des phares* (**SYN.** halo). **2.** Éclat fugitif du regard : *En nous parlant, elle avait une lueur de malice dans les yeux* (**SYN.** éclair, flamme). **3.** Manifestation faible et passagère de qqch : *Nous gardons une lueur d'espoir* (**SYN.** rayon). *Une lueur de lucidité* (**SYN.** étincelle).

luffa ou **loofa** [lufa] n.m. (ar. *luff*). Plante grimpante dont la pulpe fibreuse, desséchée, constitue l'éponge végétale.

luge n.f. (mot savoyard). Petit traîneau utilisé pour glisser sur la neige ; sport pratiqué avec ce traîneau.

luger v.i. [conj. 17]. Faire de la luge. ◆ **se luger** v.pr. *Fam.* En Suisse, échouer à un examen, à une élection.

lugeur, euse n. Personne qui pratique le sport de la luge.

lugubre adj. (du lat. *lugere,* être en deuil). Qui exprime ou inspire la tristesse : *Ses vêtements noirs lui donnent un air lugubre* (**SYN.** sinistre ; **CONTR.** réjoui). *Une ville lugubre* (**SYN.** morne, triste ; **CONTR.** gai, riant).

lugubrement adv. De façon lugubre, funèbre : *Une bougie éclairait lugubrement la crypte.*

lui [lɥi] pron. pers. (lat. pop. *illui,* de *ille,* celui-ci). **1.** Désigne la 3e personne du masculin singulier, dans les fonctions de complément prépositif, comme attribut ou comme complément d'objet : *Elles ont acheté ce cadeau pour lui. Nous pensons à lui. Ce souvenir est encore vivace en lui. Je ne voudrais pas être lui. Nous n'accusons que lui.* **2.** Désigne la 3e personne du singulier, au masculin et au féminin, dans les fonctions de complément d'objet indirect et de complément d'attribution : *J'ai envoyé un courriel à Hélène pour lui faire part de cela. Elle lui a prêté son mobile. Présentez-lui vos collègues.* **3.** Désigne et renforce le sujet de la 3e personne : *Tous étaient prévenus, mais lui ne savait rien. L'enfant, lui, souriait.*

luire v.i. (lat. *lucere*) [conj. 97]. **1.** Émettre ou réfléchir de la lumière : *Le soleil luit* (**SYN.** éclairer). *Son visage luisait de sueur* (**SYN.** briller). **2.** *Fig., litt.* Se manifester comme une lueur : *Un dernier espoir a lui* (**CONTR.** s'évanouir).

luisant, e adj. Qui luit : *Des trottoirs luisants de verglas* (**SYN.** brillant, étincelant ; **CONTR.** mat). ▸ ***Ver luisant,*** lampyre femelle.

lumbago [lœ̃bago] ou **lombago** n.m. (mot lat. signif. « faiblesse des reins », de *lumbus,* rein). Douleur de la région lombaire provoquée par un effort ou une torsion (= tour de reins).

lumen [lymɛn] n.m. (mot lat. signif. « lumière »). Unité de mesure de flux lumineux (abrév. lm).

lumière n.f. (du lat. *luminaria,* lampe, de *lumen, luminis,* lumière). **1.** Rayonnement émis par des corps incandescents ou luminescents, et qui est perçu par les yeux : *La vitesse de la lumière.* **2.** Clarté du soleil : *Approchez-vous de la fenêtre pour avoir plus de lumière* (**SYN.** jour ; **CONTR.** obscurité). *Une lumière d'automne* (**SYN.** luminosité). **3.** Éclairage artificiel ; ce qui produit cet éclairage : *Éteindre la lumière* (**SYN.** électricité). **4.** Partie claire ou plus éclairée que les autres dans une peinture, un dessin : *La distribution des lumières et des ombres.* **5.** Ce qui éclaire l'esprit ; élément qui fait comprendre : *Ce fait nouveau n'a apporté aucune lumière dans le débat* (**SYN.** éclaircissement, précision). **6.** (Souvent en tournure nég.). Personne au savoir ou aux mérites éclatants : *Une lumière du journalisme* (**SYN.** phare, sommité). *Ce n'est pas une lumière* (**SYN.** génie). ▸ ***À la lumière de,*** en se référant à : *L'enquête redémarre à la lumière d'un nouveau témoignage.* ***Faire la lumière sur*** ou ***toute la lumière sur,*** révéler les tenants et les aboutissants d'une affaire qui restait mystérieuse : *Le reportage a permis de faire toute la lumière sur cet incident.* ***Mettre en lumière,*** mettre en évidence : *Cette catastrophe a mis en lumière les faiblesses de la prévention.* ◆ **lumières** n.f. pl. **1.** Feux d'un véhicule : *Le conducteur a laissé ses lumières allumées.* **2.** Capacités intellectuelles ou connaissances que qqn possède : *Je ferai appel à vos lumières pour éclaircir ceci* (**SYN.** intelligence, savoir). ▸ ***Les Lumières,*** mouvement philosophique qui domine le monde des idées en Europe au XVIIIe siècle et prône la tolérance et le respect des libertés civiles.

lumignon n.m. (du lat. *lumen, luminis,* lumière). **1.** Bout de la mèche d'une bougie allumée. **2.** Petit morceau de chandelle. **3.** Lampe qui diffuse une lumière faible.

luminaire n.m. (du lat. *luminare,* lampe, astre). Tout appareil d'éclairage : *Le rayon des luminaires d'un hypermarché.*

luminescence [lyminesɑ̃s] n.f. Propriété de certaines substances d'émettre de la lumière à basse température sous l'effet d'une excitation lumineuse, électrique ou chimique.

luminescent, e [lyminesɑ̃, ɑ̃t] adj. Relatif à la luminescence ; doué de luminescence.

lumineusement adv. De façon lumineuse, claire : *Une théorie scientifique lumineusement expliquée* (**SYN.** clairement, simplement).

lumineux, euse adj. **1.** Qui émet de la lumière ou la réfléchit : *Des panneaux lumineux. Un bleu lumineux* (**SYN.** éclatant, vif). **2.** Qui paraît émettre de la lumière : *Un visage lumineux* (**SYN.** étincelant, radieux, rayonnant). **3.** Qui reçoit beaucoup de lumière : *Une salle lumineuse* (**CONTR.** sombre). **4.** Qui comprend ou fait comprendre facilement : *Un esprit lumineux* (**SYN.** brillant, pénétrant ; **CONTR.** confus). *Une explication lumineuse* (**SYN.** clair, limpide ; **CONTR.** compliqué, obscur).

luminosité n.f. **1.** Qualité de ce qui émet ou renvoie une lumière éclatante ; qualité de cette lumière : *La luminosité du ciel méditerranéen* (**SYN.** clarté, éclat). *La luminosité est insuffisante pour faire des photos* (**SYN.** éclairage, jour). **2.** Qualité de ce qui est clair, radieux : *La luminosité du teint d'un enfant* (**SYN.** éclat, limpidité).

lump [lœ̃p] ou **lompe** n.m. (mot angl.). Poisson côtier des mers froides, dont on consomme les œufs qui ressemblent au caviar.

① **lunaire** adj. (lat. *lunaris*). **1.** Relatif à la Lune ; qui s'y rapporte : *La clarté lunaire.* **2.** Qui évoque la Lune : *Un paysage lunaire* (= désertique, sinistre et accidenté). *Un visage lunaire* (= rond et blême). ▸ ***Mois lunaire,*** lunaison.

② **lunaire** n.f. Plante ornementale, communément appelée *monnaie-du-pape* et *herbe aux écus,* cultivée pour ses fleurs odorantes et ses fruits en forme de disques blanc argenté.

lunaison n.f. Espace de temps qui s'écoule entre deux nouvelles lunes consécutives (= mois lunaire).

lunatique adj. et n. Dont l'humeur est changeante : *C'est une personne un peu lunatique* (**SYN.** fantasque, instable, versatile ; **CONTR.** constant, égal).

lunch [lœʃ ou lœntʃ] n.m. (mot angl.) [pl. *lunchs* ou *lunches*]. **1.** Repas léger que l'on sert en buffet à l'occasion d'une réception. **2.** Au Québec, casse-croûte ; collation prise dans l'après-midi, la soirée.

lundi n.m. (du lat. *Lunae dies,* jour de la Lune). Premier jour de la semaine : *Tous les lundis soir, elle prend le train.*

lune n.f. (lat. *luna*). **1.** (Avec une majuscule). Satellite naturel de la Terre : *Les phases de la Lune* (= les aspects suivant lesquels on la voit de la Terre). **2.** Satellite naturel d'une planète quelconque : *Les lunes de Saturne.* ▸ ***Demander, promettre la lune,*** demander, promettre l'impossible. ***Être dans la lune,*** être distrait. ***Lune de miel,*** premier temps du mariage ; période de bonne entente entre des personnes, des groupes, notamm. au début de leurs relations. ***Nouvelle lune,*** phase de la Lune dans laquelle elle présente sa face obscure à la Terre et, de ce fait, est invisible. ***Pleine lune,*** phase de la Lune dans laquelle elle présente sa face éclairée à la Terre et est donc visible sous l'aspect d'un disque lumineux. ***Tomber de la lune,*** être surpris par un événement imprévu. *Fam.* ***Vieilles lunes,*** idées dépassées, périmées.

luné, e adj. ▸ *Fam.* ***Bien, mal luné,*** de bonne, de mauvaise humeur : *Une conductrice mal lunée.*

lunetier, ère n. Personne qui fabrique ou vend des lunettes. ◆ adj. Relatif à la vente, à la fabrication de lunettes : *L'industrie lunetière.*

lunette n.f. (de *lune,* à cause de la forme). **1.** Instrument d'optique destiné à l'observation des objets éloignés : *Une lunette astronomique.* **2.** Ouverture d'une cuvette de W.-C. ▸ ***Lunette arrière,*** vitre arrière d'une automobile. ◆ **lunettes** n.f. pl. Paire de verres correcteurs ou filtrants, enchâssés dans une monture conçue pour être placée sur le nez, devant les yeux : *Des lunettes de soleil.* ▸ ***Serpent à lunettes,*** naja.

lunetterie n.f. Métier, commerce du lunetier.

lunule n.f. (du lat. *lunula,* petit croissant). Tache blanche en forme de croissant, située à la base de l'ongle chez l'homme.

lupanar n.m. (mot lat., de *lupa,* fille publique). *Litt.* Maison de prostitution.

lupin n.m. (lat. *lupinus*). Plante herbacée cultivée comme fourrage ou pour ses fleurs ornementales disposées en épi.

lupus [lypys] n.m. (mot lat. signif. « loup », en raison de la violence de cette maladie). Affection de la peau, qui siège principalement sur le visage ; dermatose.

lurette n.f. (de *heurette,* petite heure). ▸ *Fam.* ***Il y a belle lurette,*** il y a bien longtemps : *Il y a belle lurette qu'elle ne se sert plus de machine à écrire.*

Lurex n.m. (nom déposé). Fil textile gainé de polyester, qui lui donne un aspect métallique.

luron, onne n. *Fam.* Personne joviale, insouciante ; bon vivant : *Un gai luron.*

lusitanien, enne ou **lusitain, e** adj. et n. Relatif à la Lusitanie, au Portugal, à ses habitants.

lusophone adj. et n. Qui est de langue portugaise ; qui parle le portugais : *Les Brésiliens sont lusophones.*

lustrage n.m. Action, manière de lustrer : *Le lustrage d'une carrosserie.*

lustral, e, aux adj. (du lat. *lustralis,* expiatoire, de *lustrum,* sacrifice [quinquennal]). Dans la religion, qui sert à purifier : *Eau lustrale* (**SYN.** purificateur).

① **lustre** n.m. (lat. *lustrum,* sacrifice [quinquennal], de *luere,* laver, baigner). *Litt.* Période de cinq années. ◆ **lustres** n.m. pl. Longue période : *Ses allées et venues durent depuis des lustres* (= depuis longtemps).

② **lustre** n.m. (de l'it. *lustro,* lumière, éclat). **1.** Appareil d'éclairage décoratif suspendu au plafond : *Décrocher un lustre* (**SYN.** suspension). **2.** Éclat brillant de qqch : *Grâce à ce cirage, le cuir retrouve son lustre* (**SYN.** luisant). **3.** *Fig., litt.* Ce qui rend digne d'intérêt, met en valeur ; éclat, relief : *L'appui de toutes ces vedettes donne du lustre à notre association* (**SYN.** prestige, splendeur).

lustrer v.t. (de *2. lustre*) [conj. 3]. **1.** Donner du brillant, du poli à qqch : *J'ai lustré la commode avec un chiffon de feutre* (**SYN.** astiquer, fourbir). **2.** Rendre un vêtement brillant par le frottement, l'usure : *Il a lustré son veston aux coudes.*

lustrerie [lystrəri] n.f. (de *2. lustre*). **1.** Ensemble des luminaires accrochés aux murs ou aux plafonds d'une maison. **2.** Fabrication des lustres et des appareils d'éclairage.

lustrine n.f. (it. *lustrino,* de *lustro,* lumière, éclat). Étoffe de coton lustrée et glacée par traitement.

lut [lyt] n.m. (du lat. *lutum,* limon). Enduit utilisé pour boucher ou entourer des objets soumis au feu. ☞ **REM.** Ne pas confondre avec *luth* ou *lutte.*

luter v.t. [conj. 3]. Boucher avec du lut. ☞ **REM.** Ne pas confondre avec *lutter.*

luth [lyt] n.m. (d'un mot ar.). Instrument de musique à cordes pincées, en forme de demi-poire. ☞ **REM.** Ne pas confondre avec *lut* ou *lutte.*

luthéranisme n.m. Doctrine religieuse protestante issue de la pensée de Luther ; religion des luthériens.

lutherie n.f. Métier, commerce du luthier.

luthérien, enne adj. et n. Relatif au luthéranisme ; qui le professe : *Les Églises luthériennes.*

luthier, ère n. Fabricant d'instruments de musique portables à cordes.

luthiste n. Personne qui joue du luth.

① **lutin** n.m. (du lat. *Neptunus,* Neptune, qui désignait un démon païen). Petit génie malicieux (**SYN.** farfadet).

② **lutin, e** adj. *Litt.* Qui a l'esprit éveillé, l'humeur espiègle.

lutiner v.t. [conj. 3]. *Litt.* Poursuivre une femme de baisers, de taquineries galantes.

lutrin n.m. (lat. *lectorinum,* de *lectrum,* pupitre). **1.** Pupitre sur lequel on dispose les livres ouverts pour les lire plus aisément. **2.** Meuble placé dans le chœur d'une église pour porter les livres de chant liturgique. **3.** En Suisse, pupitre pour les partitions musicales.

lutte n.f. **1.** Opposition violente, affrontement plus ou moins brutal entre deux personnes, deux groupes, dont chacun s'efforce de faire triompher sa cause ou d'imposer sa domination à l'autre : *La lutte entre un adolescent et sa famille* (**SYN.** conflit). *Après une lutte désespérée, il succomba sous le nombre de ses assaillants* (**SYN.** bataille, combat, pugilat). **2.** Sport de combat dans lequel deux adversaires s'affrontent à mains nues, chacun cherchant à renverser l'autre sur le dos : *Lutte gréco-romaine.* **3.** Ensemble d'actions menées pour triompher d'un mal, de difficultés ou pour atteindre un but que l'on s'est fixé : *La lutte contre la pollution* (**SYN.** combat). *Lutte pour l'égalité entre hommes et femmes* (**SYN.** bataille). *Les luttes politiques* (**SYN.** antagonisme, duel). **4.** Action de deux forces agissant en sens contraire : *La lutte entre le bien et le mal* (**SYN.** antagonisme, opposition). ☞ **REM.** Ne pas confondre avec *lut* ou *luth.* ▸ ***De haute lutte,*** à la suite d'un effort vigoureux et continu : *Les syndicalistes l'ont emporté de haute lutte.* ***Lutte pour la vie,*** combat que mène chaque individu, chaque espèce contre les autres en vue d'assurer sa survie ; sélection naturelle.

lutter v.i. (lat. *luctare*) [conj. 3]. **1.** Se battre avec qqn : *Il a lutté un grand moment avant de s'avouer vaincu* (**SYN.** se bagarrer). *La population lutte contre une armée d'occupation* (**SYN.** combattre). **2.** Déployer toute son énergie pour empêcher qqch de se produire, pour atteindre un but : *Lutter contre la tentation* (**SYN.** résister à ; **CONTR.** céder à). *Lutter avec la mort* (**SYN.** se battre, se défendre). *Lutter pour le droit au logement* (**SYN.** batailler, militer). ☞ **REM.** Ne pas confondre avec *luter.* ▸ ***Lutter de,*** faire des efforts pour l'emporter sur d'autres personnes en tel ou tel domaine : *Les banquiers luttent d'inventivité pour vendre leurs nouveaux produits* (**SYN.** rivaliser).

lutteur, euse n. **1.** Sportif qui pratique la lutte. **2.** Personne énergique, combative ; battant : *C'est une lutteuse qui ne renonce jamais.*

lux [lyks] n.m. (mot lat. signif. « lumière »). Unité de mesure d'éclairement lumineux (abrév. lx).

luxation n.f. Déplacement de deux os par rapport à leur articulation ; déboîtement.

luxe n.m. (du lat. *luxus,* excès, splendeur). **1.** Caractère de ce qui est raffiné, coûteux, somptueux : *Des palais vénitiens réputés pour le luxe de leur ameublement* (**SYN.** faste, magnificence ; **CONTR.** dénuement, dépouillement). **2.** Environnement constitué par des objets coûteux ; manière de vivre coûteuse et raffinée : *Vivre dans le luxe* (**SYN.** raffinement, richesse, splendeur ; **CONTR.** modestie, pauvreté, simplicité). **3.** Plaisir que l'on s'offre exceptionnellement : *Faire la grasse matinée est un luxe qu'elle peut rarement s'autoriser.* **4.** *Litt.* Grande abondance de qqch ; profusion : *Un luxe de vérifications* (**SYN.** débauche, excès, multiplicité). ▸ *Fam.* ***Ce n'est pas du luxe,*** cela fait partie du nécessaire ; c'est indispensable : *Installer un feu rouge à ce carrefour dangereux, ce n'est pas du luxe.* ***De luxe,*** se dit de produits, de services qui représentent un raffinement coûteux : *Une édition de luxe* ; se dit du commerce de ces produits : *La bijouterie de luxe. Fam.* ***Se payer*** ou ***s'offrir le luxe de dire, de faire qqch,*** se permettre qqch d'extraordinaire et d'audacieux : *Elle s'est offert le luxe de tout refuser en bloc.*

luxembourgeois, e adj. et n. Relatif au Luxembourg, à ses habitants. ◆ **luxembourgeois** n.m. Dialecte allemand parlé par les Luxembourgeois.

luxer [lykse] v.t. (du lat. *luxare,* disloquer, déboîter) [conj. 3]. Provoquer la luxation de : *Le choc a luxé l'épaule* (**SYN.** déboîter, démettre). ◆ **se luxer** v.pr. Se faire une luxation à : *Elle s'est luxé la hanche.*

luxueusement adv. De façon luxueuse, somptueuse : *Un livre luxueusement illustré* (**SYN.** richement).

luxueux, euse adj. Qui se caractérise par son luxe : *Un luxueux écrin* (**SYN.** riche, somptueux, splendide ; **CONTR.** banal, ordinaire, simple). *Un train de vie luxueux* (**SYN.** fastueux, princier ; **CONTR.** modeste, pauvre, simple).

luxure n.f. (du lat. *luxuria,* surabondance, de *luxus*). *Litt.* Recherche sans retenue des plaisirs sexuels (**SYN.** débauche, lubricité).

luxuriance n.f. *Litt.* Caractère d'une végétation luxuriante ; foisonnement : *La luxuriance de ce jardin.*

luxuriant, e adj. (lat. *luxurians, luxuriantis,* surabondant). Se dit de plantes qui poussent, se développent avec abondance : *La forêt équatoriale possède une végétation luxuriante* (**SYN.** exubérant, foisonnant ; **CONTR.** clairsemé, pauvre).

luxurieux, euse adj. *Litt.* Qui révèle la luxure ; sensuel.

luzerne n.f. (prov. *luzerno,* du lat. *lucerna,* lampe). Plante fourragère, riche en protéines.

lycanthrope n.m. (du gr. *lukos,* loup, et *anthropos,* homme). Homme qui se transforme en loup ; loup-garou.

lycée n.m. (lat. *Lyceum,* gr. *Lukeion,* nom du gymnase où enseignait Aristote). **1.** En France, établissement qui dispense l'enseignement du second cycle du second degré, de la seconde à la terminale. **2.** En Belgique, établissement public d'enseignement secondaire pour les filles. ▸ ***Lycée d'enseignement général et technologique,*** établissement d'enseignement préparant aux baccalauréats d'enseignement général, aux baccalauréats technologiques et aux brevets de technicien. ***Lycée professionnel*** ou ***L.P.,*** établissement d'enseignement professionnel, préparant aux C.A.P., aux B.E.P. et aux baccalauréats professionnels.

lycéen, enne n. Élève d'un lycée. ◆ adj. Relatif au lycée, aux lycéens : *Les représentants lycéens.*

lychee [litʃi] n.m. → **litchi.**

Lycra n.m. (nom déposé). Fibre synthétique utilisée dans la confection d'articles textiles possédant une grande élasticité : *Un pantalon en Lycra.*

lymphatique adj. Relatif à la lymphe : *Ganglions lymphatiques* (= qui contiennent la lymphe). ◆ adj. et n. Qui manque d'énergie ; nonchalant : *Il est d'un caractère assez lymphatique* (**SYN.** apathique, indolent ; **CONTR.** dynamique, énergique).

lymphe n.f. (du lat. *lympha,* eau). Liquide riche en protéines et en lymphocytes, circulant dans l'organisme.

lymphocytaire adj. Relatif aux lymphocytes.

lymphocyte n.m. Globule blanc du sang et des tissus jouant un rôle fondamental dans l'immunité.

lymphocytose n.f. Augmentation du nombre des lymphocytes dans le sang.

lymphoïde adj. Relatif aux ganglions lymphatiques.

lymphome [lɛ̃fom] n.m. Tumeur maligne qui se développe aux dépens du tissu des organes lymphoïdes.

lynchage n.m. **1.** Action de lyncher qqn (**SYN.** lapidation). **2.** *Fig.* Acharnement collectif à critiquer, à dénoncer qqn : *Un lynchage médiatique.*

lyncher [lɛ̃ʃe] v.t. (de l'anglo-amér. *to lynch,* de *Lynch,* nom d'un juge de Virginie) [conj. 3]. En parlant d'une foule, d'un groupe, exécuter sommairement qqn ou lui faire subir des violences, sans jugement régulier.

lyncheur, euse n. Personne qui participe à un lynchage.

lynx [lɛ̃ks] n.m. (du gr. *lunx,* loup-cervier). Mammifère carnivore, haut sur pattes, à vue perçante et aux oreilles terminées par une mèche de poils ; loup-cervier. ▸ ***Avoir un œil de lynx*** ou ***des yeux de lynx,*** avoir une vue perçante ; fig., avoir une très grande perspicacité : *Cette particularité n'a pas échappé à ses yeux de lynx.*

lyophilisation n.f. Déshydratation par congélation que l'on fait subir à certaines substances pour les conserver.

lyophiliser v.t. (du gr. *luein,* dissoudre) [conj. 3]. Soumettre à la lyophilisation : *Lyophiliser du café.*

lyre n.f. (gr. *lura*). Instrument de musique à cordes pincées, utilisé dans l'Antiquité et au Moyen Âge : *Orphée et sa lyre.*

lyric [lirik] n.m. (mot angl.). Partie chantée d'un film ou d'une œuvre dramatique.

lyrique adj. (gr. *lurikos,* de *lura,* lyre). **1.** Se dit d'une œuvre poétique, littéraire ou artistique où s'expriment avec passion les sentiments personnels de l'auteur ; se dit des auteurs de telles œuvres : *Un film lyrique sur la condition ouvrière. Un poète lyrique.* **2.** Qui est mis en musique et chanté : *L'art lyrique* (= où interviennent le chant et la musique, par opp. à dramatique). **3.** *Fig.* Qui est plein d'enthousiasme, d'exaltation : *Il se lance dans des envolées lyriques* (**SYN.** passionné ; **CONTR.** détaché, plat, prosaïque). ▸ ***Artiste lyrique,*** chanteur, chanteuse d'opéra, d'opéra-comique.

lyrisme n.m. Expression poétique et exaltée de sentiments personnels, de passions : *Le lyrisme des poètes romantiques. Il parle de cette époque avec lyrisme* (**SYN.** enthousiasme ; **CONTR.** détachement, indifférence).

lys [lis] n.m. → **lis.**

lyse n.f. (du gr. *lusis,* dissolution). En biologie, destruction d'un élément organique (cellule, tissu) sous l'influence d'agents physiques ou chimiques.

lytique adj. Qui provoque la lyse : *Des enzymes lytiques.*

Mm

m [ɛm] n.m. inv. Treizième lettre (consonne) de l'alphabet : *« Comme » s'écrit avec deux « m ».* ▸ ***M,*** chiffre romain valant mille.

ma, mes adj. poss. fém. Désigne la personne qui parle comme le possesseur d'un objet représenté par un nom féminin, comme auteur de qqch, d'une action, comme membre d'un groupe : *Ma maison. Ma dernière poésie. Mes promenades dominicales. Ma famille. Ma ville natale.*

maboul, e adj. et n. (de l'ar.). *Fam.* Qui a perdu la raison ; fou : *Ils sont devenus mabouls.*

macabre adj. (du moyen fr. *danse Macabré,* peut-être d'un nom propre). Qui a trait à la mort : *Faire une macabre découverte* (= découvrir un cadavre ; **SYN.** funèbre, sinistre). *Des idées macabres* (**SYN.** lugubre, noir).

macadam [makadam] n.m. (de *McAdam,* nom de l'inventeur). Revêtement de chaussée formé de pierres concassées et agglomérées avec du sable.

macadamia n.m. (du nom d'un botaniste australien). **1.** Arbre cultivé pour ses fruits et son bois ou comme plante ornementale. **2.** Fruit de cet arbre, constitué d'une amande à chair blanche et croquante.

macadamiser v.t. [conj. 3]. Recouvrir de macadam.

macaque n.m. (port. *macaco,* d'un mot bantou). Singe d'Asie dont une espèce, le macaque rhésus, est utilisée dans les laboratoires et a permis la découverte du facteur Rhésus.

macareux n.m. Oiseau marin au plumage noir et blanc, au gros bec multicolore.

macaron n.m. (du vénitien *macarone,* macaroni). **1.** Petit gâteau rond moelleux, à base d'amandes, de blancs d'œufs et de sucre. **2.** *Fam.* Insigne de forme ronde. **3.** Insigne à caractère officiel que l'on appose sur le pare-brise d'une voiture : *Cette voiture porte le macaron tricolore de la préfecture.* **4.** Natte de cheveux enroulée sur l'oreille.

macaroni n.m. (pl. du mot it. *macarone*). Pâte alimentaire de semoule de blé dur, moulée en larges tubes : *Des macaronis au gratin.*

macaronique adj. ▸ ***Poésie macaronique,*** poésie burlesque où les mots sont mêlés de latin ou prennent une terminaison latine.

maccartisme ou **maccarthysme** n.m. (de Joseph *McCarthy,* sénateur qui mit en œuvre cette politique). Politique de persécution de toute personne soupçonnée de sympathies communistes, menée aux États-Unis dans les années 1950.

macchabée [makabe] n.m. *Fam.* Cadavre.

macédoine n.f. (par allusion à l'empire disparate d'*Alexandre de Macédoine*). Mélange de plusieurs fruits ou légumes coupés en menus morceaux.

macédonien, enne adj. et n. Relatif à la Macédoine, à ses habitants. ◆ **macédonien** n.m. Langue slave, parlée principalement par les Macédoniens.

macérateur n.m. Récipient où s'effectue une macération.

macération n.f. Opération consistant à faire tremper un produit alimentaire pour le conserver ou le parfumer : *La macération des cornichons dans du vinaigre.*

macérer v.t. (du lat. *macerare,* rendre doux) [conj. 18]. Opérer une macération : *Macérer des raisins secs dans du rhum. Des fruits macérés.* ◆ v.i. En parlant d'un aliment, baigner longuement dans un liquide : *Les morceaux de porc macèrent dans la saumure* (**SYN.** mariner).

mach [mak] n.m. inv. (de Ernst *Mach,* nom d'un physicien autrichien). Rapport de la vitesse d'un mobile à celle du son dans l'atmosphère où il se déplace (on dit aussi *nombre de Mach*) : *L'avion vole à mach 2* (= à une vitesse double de celle du son).

machaon [makaɔ̃] n.m. (de *Machaon,* nom d'un héros de la guerre de Troie). Papillon diurne, à ailes jaunes tachetées de noir.

mâche n.f. (du moyen fr. *pomache,* du lat. *pomum,* fruit). Plante potagère à petites feuilles, que l'on mange en salade (**SYN.** doucette).

mâchefer [mɑʃfɛr] n.m. (de l'anc. picard *maquer,* frapper). Résidu poreux de la combustion du charbon utilisé parfois dans la construction ou pour la réalisation de chaussées.

mâcher v.t. (lat. *masticare*) [conj. 3]. Broyer avec les dents avant d'avaler ; triturer dans la bouche : *Mâchez longuement les aliments, afin de mieux digérer* (**SYN.** mastiquer). *Ils mâchent du chewing-gum.* ▸ *Fam.* ***Mâcher la besogne*** ou ***le travail à qqn,*** lui préparer entièrement ce qu'il a à faire. ***Ne pas mâcher ses mots,*** dire crûment son opinion.

machette n.f. (esp. *machete*). Grand coutelas à lame épaisse, à poignée courte, utilisé à la volée comme outil ou comme arme.

mâcheur, euse n. Personne qui a l'habitude de mâcher un produit : *Des mâcheurs de chewing-gum.*

machiavel [makjavɛl] n.m. (de *Machiavel,* homme politique, écrivain et philosophe italien). Personne sans principes, rusée, machiavélique.

machiavélique [makjavelik] adj. **1.** Qui est digne

de la doctrine de Machiavel par son amoralité : *Une politique d'alliance machiavélique* (**SYN.** diabolique). **2.** Qui est d'une grande perfidie : *Un assassin, un piège machiavélique* (**SYN.** pervers, tortueux).

machiavélisme [makjavelism] n.m. **1.** Système politique de Machiavel ; doctrine qui s'en inspire. **2.** Caractère d'une conduite tortueuse et sans scrupules : *Un guet-apens d'un machiavélisme incroyable* (**SYN.** fourberie, perfidie).

mâchicoulis [maʃikuli] n.m. (de l'anc. fr. *macher*, écraser, et de *col*, cou). Dans les fortifications médiévales, galerie au sommet d'une muraille ou d'une tour, comportant des ouvertures pour observer l'ennemi ou laisser tomber des projectiles sur lui ; chacune de ces ouvertures.

machin, e n. (Avec une majuscule). *Fam.* Personne inconnue ; personne que l'on ne peut pas ou ne veut pas nommer : *On attend Machine.* ◆ **machin** n.m. *Fam.* Chose dont on ne veut pas ou dont on ne peut pas dire le nom : *Passez-moi ce machin-là.*

machinal, e, aux adj. Se dit d'un mouvement accompli sans intervention de la volonté : *Des gestes machinaux* (**SYN.** automatique, instinctif ; **CONTR.** réfléchi). *Il m'a adressé un salut machinal* (**SYN.** mécanique ; **CONTR.** volontaire).

machinalement adv. De façon machinale ; sans réfléchir : *Elle a fermé machinalement la porte* (**SYN.** mécaniquement ; **CONTR.** délibérément).

machination n.f. Ensemble d'actions orchestrées secrètement pour faire réussir un complot, un mauvais dessein : *Déjouer une machination* (**SYN.** intrigue, manigance).

machine n.f. (du lat. *machina*, invention, engin, du gr. *mêkhanê*, invention ingénieuse). **1.** Appareil ou ensemble d'appareils capable d'effectuer un travail, d'accomplir des tâches : *Machine de traitement de textes. Machines électroniques.* **2.** Appareil destiné à simplifier les tâches de la vie quotidienne : *Machine à laver. Machine à calculer* (= calculatrice). **3.** Tout véhicule comportant un mécanisme ou un moteur : *Des wagons tractés par une machine Diesel* (= une locomotive Diesel). *Les coureurs rentrent leurs machines au stand* (= les autos et les motos). **4.** Dispositif assurant la propulsion d'un navire : *La salle des machines.* **5.** *Fig.* Grande organisation fortement structurée, à rouages complexes : *La machine judiciaire est lancée.* **6.** Personne dont l'action est automatique et qui semble dénuée de sentiments, de qualités humaines : *Nous ne sommes pas des machines.* ▸ ***Machine à sous,*** appareil constituant un jeu de hasard où, après introduction d'une mise, le joueur peut remporter un nombre variable de pièces de monnaie. ***Machine de guerre,*** dans l'Antiquité et au Moyen Âge, tout engin employé dans la guerre de siège ; par ext., moyen offensif quelconque utilisé contre qqn : *La machine de guerre de l'opposition.*

machine-outil n.f. (pl. *machines-outils*). Machine destinée à façonner la matière, à fabriquer des pièces industrielles.

machiner v.t. (du lat. *machinari*, combiner) [conj. 3]. Combiner certains moyens d'action avec de mauvaises intentions : *Ils ont machiné cette opération financière pour le ruiner* (**SYN.** manigancer, ourdir).

machinerie n.f. **1.** Ensemble de machines employées à un travail. **2.** Endroit où sont les machines d'un navire ; salle des machines. **3.** Au théâtre, ensemble des appareils permettant d'opérer les changements de décor.

machinisme n.m. Emploi généralisé de machines, substituées à la main-d'œuvre dans l'industrie.

machiniste n. **1.** Conducteur de machines. **2.** Conducteur d'autobus. **3.** En Belgique, conducteur de locomotive. **4.** Ouvrier chargé de mettre en place et de démonter les décors et les accessoires de théâtre et de cinéma.

machisme [matʃism ou maʃism] n.m. (de *macho*). Idéologie fondée sur l'idée que l'homme doit dominer la femme ; comportement conforme à cette idéologie (**SYN.** phallocratie).

machiste [matʃist ou maʃist] adj. et n. Qui révèle des tendances au machisme ; phallocrate.

machmètre [makmɛtr] n.m. Instrument servant à mesurer le nombre de Mach atteint à bord d'un avion.

macho [matʃo] adj. et n.m. (mot esp., du lat. *masculus*, mâle). *Fam.* Qui fait preuve de machisme : *Ses manières machos me révoltent.*

mâchoire n.f. (de *mâcher*). **1.** Chacune des deux parties osseuses situées dans la bouche de l'homme et des vertébrés, sur laquelle sont fixées les dents et qui leur servent à mâcher : *La mâchoire supérieure* (= le maxillaire). **2.** Chacune des pièces mobiles d'un outil pour saisir, serrer et maintenir un objet : *Les mâchoires d'un étau, d'une tenaille.*

mâchon n.m. *Région.* À Lyon, restaurant où l'on sert un repas léger ; ce repas.

mâchonnement n.m. Action de mâchonner.

mâchonner v.t. [conj. 3]. **1.** Mâcher lentement : *Mâchonner un chewing-gum.* **2.** Mordre machinalement un objet qu'on tient entre les dents : *Mâchonner son stylo.*

mâchouiller v.t. [conj. 3]. *Fam.* Mâchonner.

mâchurer v.t. (de l'anc. fr. *macher*, écraser) [conj. 3]. *Vx* Déchiqueter en écrasant ; meurtrir.

① **maçon** n.m. (du frq. *makjo*, de *makôn*, faire). Personne qui réalise une construction en maçonnerie.

② **maçon, onne** adj. Se dit des animaux qui se construisent une habitation : *La guêpe maçonne.*

③ **maçon, onne** n. Franc-maçon.

maçonnage n.m. Action de maçonner ; travail du maçon : *Le maçonnage d'une façade.*

maçonner v.t. [conj. 3]. **1.** Construire en matériaux de maçonnerie : *Maçonner les fondations d'une maison.* **2.** Revêtir d'une maçonnerie : *Maçonner les murs d'un auvent.* **3.** Boucher avec une maçonnerie : *Maçonner une porte* (**SYN.** obturer).

maçonnerie n.f. **1.** Ouvrage composé de pierres ou de briques assemblées à l'aide de mortier, de plâtre ou de ciment ; partie des travaux d'un bâtiment qui s'y rapporte : *Une maçonnerie en moellons. Entreprise de maçonnerie.* **2.** Franc-maçonnerie.

maçonnique adj. Qui appartient à la franc-maçonnerie : *Une loge maçonnique.*

macramé n.m. (d'un mot ar. signif. « nœud »).

Dentelle d'ameublement assez lourde, obtenue avec des fils tressés et noués à la main.

① **macreuse** n.f. (normand *macrouse*). Canard des régions boréales, à plumage sombre, qui passe l'hiver sur les côtes de France.

② **macreuse** n.f. (de *1. macreuse*). Morceau du bœuf constitué par les muscles de l'épaule.

macro n.f. (abrév.). En informatique, macro-instruction.

macrobiotique adj. et n.f. (du gr. *makros*, grand, long, et *bios*, vie). Se dit d'un régime végétarien composé essentiellement de céréales, de légumes et de fruits : *Des aliments macrobiotiques.*

macrocéphale adj. et n. Qui est atteint de macrocéphalie (par opp. à microcéphale).

macrocéphalie n.f. En médecine, augmentation anormale du volume du crâne (par opp. à microcéphalie).

macrocosme n.m. (Précédé de l'art. déf.). En philosophie, l'univers par rapport au microcosme que constitue l'homme.

macrocosmique adj. Relatif au macrocosme.

macroéconomie n.f. Partie de la science économique qui envisage les faits économiques de façon globale (par opp. à la microéconomie).

macroéconomique adj. Relatif à la macroéconomie.

macrofaune n.f. En écologie, ensemble des animaux observables à l'œil nu (par opp. à la microfaune).

macro-instruction n.f. (pl. *macro-instructions*). En informatique, instruction complexe, composée à partir des instructions du répertoire de base d'un ordinateur (abrév. macro).

macromoléculaire adj. Relatif aux macromolécules.

macromolécule n.f. En chimie, très grosse molécule, formée par l'enchaînement et la répétition d'un grand nombre de groupements d'atomes.

macronutriment n.m. En physiologie, élément chimique que l'organisme utilise en grande quantité.

macro-ordinateur n.m. (pl. *macro-ordinateurs*). Ordinateur de moyenne ou de grande puissance, à usages multiples.

macrophage n.m. et adj. Cellule de grande taille qui intervient dans les processus immunitaires en phagocytant les cellules étrangères.

macrophotographie n.f. Photographie d'un très petit sujet donnant une image agrandie de celui-ci.

macroscopique adj. Qui se voit à l'œil nu : *Des fissures macroscopiques* (par opp. à microscopique).

macroséisme [makroseism] n.m. Tremblement de terre dont l'effet est directement perceptible par l'homme (par opp. à microséisme).

macrosociologie [makrosɔsjɔlɔʒi] n.f. Sociologie qui étudie la société globalement, à travers ses principales structures.

macrostructure n.f. *Didact.* Structure générale de qqch (par opp. à microstructure) : *La macrostructure d'une multinationale.*

macula [makyla] n.f. (mot lat. signif. « tache »). En anatomie, dépression de la rétine, appelée aussi *tache jaune*, située à la partie postérieure de l'œil et où l'acuité visuelle est maximale.

maculaire adj. Relatif à la macula : *La dégénérescence maculaire.*

maculature n.f. Papier grossier servant à l'emballage des rames de papier.

macule n.f. **1.** En médecine, tache cutanée qui n'est pas décelable au toucher (par opp. à papule). **2.** En imprimerie, feuille mal imprimée ou tachée d'encre.

maculer v.t. (lat. *maculare*, de *macula*, tache) [conj. 3]. Couvrir de taches : *Les éclaboussures ont maculé son imperméable* (**SYN.** salir, souiller, tacher).

macumba [makumba] n.f. (mot brésilien). Culte proche du vaudou, pratiqué au Brésil.

madame n.f. (pl. *mesdames*). **1.** Titre accordé autref. aux dames de qualité et donné aujourd'hui aux femmes mariées et, de plus en plus, à toutes les femmes auxquelles on s'adresse : *Bonjour, madame. Madame Vort a téléphoné.* **2.** Titre précédant la fonction ou la profession d'une femme (abrév. Mme, pl. Mmes) : *Madame l'ambassadrice. Madame le proviseur.* **3.** (Avec une majuscule). Titre que l'on donnait, à la cour de France, aux filles du roi : *« Madame se meurt, Madame est morte »* [Bossuet].

made in [mɛdin] loc. adj. (mots angl. signif. « fabriqué en, à »). (Suivi du nom anglais d'un pays). Indique l'origine d'un produit manufacturé : *Des montres made in China.*

madeleine n.f. (du prénom *Madeleine*). Petit gâteau en forme de coquille striée et au centre bombé.

mademoiselle n.f. (pl. *mesdemoiselles*). **1.** Titre donné aux jeunes filles ou aux femmes célibataires auxquelles on s'adresse (abrév. Mlle, pl. Mlles) : *Que désirez-vous, mademoiselle ? Veuillez entrer, mesdemoiselles.* **2.** (Avec une majuscule). En histoire, titre de la fille aînée du frère du roi de France.

madère n.m. Vin produit dans l'île de Madère. ▸ (Employé en appos.). ***Sauce madère,*** sauce faite avec du madère.

madérisation n.f. Fait, pour un vin, de prendre un goût de madère.

se **madériser** v.pr. [conj. 3]. En parlant d'un vin blanc ou rosé, prendre un goût de madère : *Ces vins blancs se sont madérisés.*

madone n.f. (de l'it. *madonna*, madame). Représentation, image, statuette de la Vierge Marie. ▸ ***La Madone,*** la Vierge : *Prier la Madone.*

madrague n.f. (prov. *madraga*, d'un mot ar. signif. « enceinte, espace clos »). *Région.* En Provence, dispositif servant à pêcher le thon, formé de filets fixés sur des pieux.

madras [madras] n.m. (de *Madras*, ville de l'Inde où l'on fabrique cette étoffe). Étoffe de soie et de coton, de couleurs vives : *« Adieu madras, adieu foulards / Adieu rob'soie, adieu collier chou ».*

madrasa [madrasa] ou **medersa** [medɛrsa] n.f. inv. (mot ar.). Dans les pays musulmans, établissement d'enseignement dépendant de l'autorité religieuse.

madré, e adj. (de l'anc. fr. *masdre*, bois veiné). Se dit d'un bois aux fibres irrégulièrement enchevêtrées, utilisé en ébénisterie (**SYN.** ronceux). ◆ adj. et n. *Litt.* Qui est inventif et retors, sous des allures bonhommes ; malin, matois, rusé.

madrépore n.m. (it. *madrepora*, de *madre*, mère, et *poro*, pore). Invertébré aquatique constructeur jouant un rôle déterminant dans la formation des récifs coralliens.

madrier n.m. (de l'anc. prov. *madier*, couverture de pétrin, du lat. *materia*, bois de construction). Pièce de bois très épaisse, employée en construction : *Charpente en madriers de chêne* (**SYN.** poutre).

madrigal n.m. (it. *madrigale*) [pl. *madrigaux*]. En littérature, petite pièce en vers exprimant une pensée tendre, galante.

madrigaliste n. Auteur de madrigaux.

maelström [malstrøm] ou **malstrom** [malstrɔm] n.m. (mot néerl., de *malen*, moudre, et *strom*, courant). **1.** Courant tourbillonnaire marin. **2.** *Litt.* Mouvement impétueux entraînant tout sur son passage : *Le monde de la finance est emporté par un maelström dont nul ne peut prévoir les conséquences* (**SYN.** tornade, tourbillon, tourmente).

maestria [maɛstrija] n.f. (mot it. signif. « maîtrise », de *maestro*). Aisance et perfection dans l'exécution d'une œuvre d'art, dans la réalisation de qqch : *La maestria d'un guitariste* (**SYN.** dextérité, maîtrise, virtuosité). *Elle présente avec maestria le journal télévisé* (**SYN.** brio, talent).

maestro [maɛstro] n.m. (mot it. signif. « maître »). **1.** Compositeur de musique ou chef d'orchestre célèbre : *Deux maestros se produiront en alternance.* **2.** (Par plaisanterie). Tout chef d'orchestre.

mafé n.m. En Afrique, ragoût de viande ou de poisson cuit dans une sauce à l'arachide.

mafflu, e adj. (du néerl. *maffelen*, mâchonner). *Litt.* Qui a de grosses joues : *Un garçon mafflu* (**SYN.** joufflu, rond).

mafia ou **maffia** n.f. (mot sicilien signif. « hardiesse, vantardise »). **1.** (Avec une majuscule). En Sicile, organisation criminelle secrète, dont les membres s'infiltrent dans la société civile et dans les institutions : *Les parrains de la Mafia.* **2.** Association criminelle secrète, comparable par sa structure et ses méthodes à la Mafia : *Les mafias balkaniques.* **3.** *Fam., péjor.* Groupe occulte de personnes qui se soutiennent dans leurs intérêts : *La mafia des spéculateurs immobiliers.*

mafieux, euse ou **maffieux, euse** adj. et n. Relatif à la Mafia ; qui se rapporte à une mafia : *Les ramifications mafieuses d'un réseau de pirates informatiques.*

mafioso ou **maffioso** n.m. (mot it.) [pl. *mafiosi*, *maffiosi*]. Membre de la Mafia.

magané, e adj. *Fam.* Au Québec, se dit de ce qui est usé, détérioré ; se dit de qqn qui est fatigué, malade.

maganer v.t. [conj. 3]. *Fam.* Au Québec, abîmer ; user.

magasin n.m. (de l'ar. *makhâzin*, dépôt, bureaux). **1.** Établissement de commerce où l'on vend des marchandises en gros ou au détail : *Je l'ai acheté dans un magasin d'électroménager. Un magasin de souvenirs* (**SYN.** boutique). *Nous n'avons plus ce modèle en magasin.* **2.** Local aménagé pour qu'on y entrepose des marchandises, des provisions : *Magasin à blé* (**SYN.** dépôt, réserve, silo). *Les magasins d'un port* (**SYN.** dock, entrepôt). **3.** (Suivi d'un n. pl.). *Fig.* Ce qui renferme des choses diverses en grande quantité : *Cet ouvrage est un magasin d'astuces* (**SYN.** mine, réservoir). **4.** Dans une arme à répétition, cavité qui reçoit les cartouches ou le chargeur. **5.** Dans un appareil photographique, partie creuse à l'abri de la lumière, où se place la pellicule. ▸ ***Grand magasin,*** établissement de vente au détail proposant un large assortiment de marchandises sur une grande surface.

① **magasinage** n.m. Action d'entreposer en magasin (**SYN.** stockage).

② **magasinage** n.m. Au Québec, action de magasiner (**SYN.** shopping).

magasiner v.i. (calque de l'angl. *to shop*, d'apr. *magasin*) [conj. 3]. Au Québec, faire des courses dans les magasins. ▸ ***Magasiner en ligne,*** sur Internet.

magasinier, ère n. Employé chargé de garder les objets déposés dans un magasin et de gérer les stocks.

magazine n.m. (mot angl., du fr. *magasin*). **1.** Publication périodique, le plus souvent illustrée, qui traite des sujets les plus divers ; journal : *Un magazine de jardinage* (**SYN.** revue). *Elle s'est abonnée à un magazine économique* (**SYN.** périodique). **2.** Émission de radio, de télévision traitant régulièrement de sujets appartenant à un même domaine de connaissances : *À seize heures, la chaîne rediffuse son magazine scientifique.*

magdalénien, enne adj. et n.m. Se dit de la dernière période du paléolithique.

mage n.m. (du gr. *magos*, d'orig. persane). Personne qui pratique les sciences occultes, la magie. ▸ ***Les Rois mages,*** personnages qui vinrent, guidés par une étoile, adorer Jésus à Bethléem (on dit aussi *les Mages*).

magenta [maʒɛ̃ta] n.m. et adj. inv. (de *Magenta*, ville de Lombardie). Rouge violacé : *Le magenta est l'une des trois couleurs de base de la trichromie. Des couvertures magenta.*

maghrébin, e [magrebɛ̃, in] adj. et n. Relatif au Maghreb, à ses habitants.

magicien, enne n. **1.** Personne qui pratique la magie : *Le magicien d'Oz* (**SYN.** enchanteur, mage). **2.** Personne qui fait des choses extraordinaires, qui semble disposer d'un pouvoir magique sur les êtres et les choses : *L'ordinateur fonctionne à nouveau grâce à notre magicienne de l'informatique.* **3.** Artiste de variétés qui produit des effets qui semblent surnaturels au moyen d'accessoires truqués ; illusionniste, prestidigitateur.

magie n.f. (gr. *mageia*, de *magos*, mage). **1.** Ensemble des pratiques fondées sur la croyance en l'existence de forces surnaturelles, invisibles dans la nature et visant à maîtriser, à se concilier ces forces : *Les rites de la magie* (**SYN.** sorcellerie). **2.** Art de l'illusionniste, du magicien : *Un numéro de magie* (**SYN.** prestidigitation). **3.** *Fig.* Série d'effets comparables à ceux de la magie ; puissance de séduction, d'illusion : *On se laisse fasciner par la magie des lieux* (**SYN.** charme, enchantement). *La magie des mots* (**SYN.** envoûtement, sortilège). ▸ ***Comme par magie,*** d'une manière inexplicable : *Le fichier est réapparu comme par magie.* ***Magie blanche, noire,*** ensemble de pratiques mises en œuvre pour le bien, pour le mal.

magique adj. **1.** Relatif à la magie ; occulte, surnaturel : *Il prononce la formule magique.* **2.** Dont les effets sont extraordinaires, sortent du rationnel : *Cette musique magique les a envoûtés* (**SYN.** féerique, enchanteur, merveilleux). **3.** Qui agit d'une manière surprenante : *L'atmosphère magique des soirées au coin du feu.* ▸ ***Carré magique,*** tableau carré de nombres, tel que la somme des éléments d'une ligne, d'une colonne ou d'une diagonale soit le même nombre.

magiquement adv. De façon magique.

magistère n.m. (lat. *magisterium,* de *magister,* maître). **1.** Autorité suprême et absolue s'exerçant sur le plan doctrinal, moral, intellectuel : *Le magistère de l'Église.* **2.** Diplôme français de haut niveau, décerné par les universités, sanctionnant une formation de deuxième cycle en trois ans.

magistral, e, aux adj. (du lat. *magister,* maître). **1.** Qui porte la marque de la supériorité, de l'excellence : *Une prestation magistrale* (**SYN.** admirable, brillant, remarquable ; **CONTR.** courant, habituel, normal). *Réussir un coup magistral* (= un coup de maître ; **SYN.** exceptionnel, sensationnel ; **CONTR.** banal, médiocre, ordinaire). **2.** Qui appartient à un maître : *Il prend un ton magistral pour s'adresser à nous* (**SYN.** impérieux, péremptoire, solennel ; **CONTR.** humble, modeste, simple). ▸ ***Cours magistral,*** cours dispensé par un professeur (par opp. à travaux dirigés). ***Préparation magistrale,*** médicament qui se confectionne en pharmacie d'après l'ordonnance (par opp. à préparation officinale).

magistralement adv. De façon magistrale : *Un travail magistralement présenté* (**SYN.** remarquablement).

magistrat, e n. (lat. *magistratus,* de *magister,* maître). **1.** En France, tout fonctionnaire ou officier civil investi d'une autorité juridictionnelle, administrative ou politique : *Les membres des tribunaux, les maires, les préfets sont des magistrats.* **2.** En France, fonctionnaire exerçant ses fonctions au sein d'une juridiction de l'ordre judiciaire ou administratif ; membre de la magistrature du siège ou du parquet : *Les juges, les procureurs généraux et leurs substituts, les avocats généraux sont des magistrats.*

magistrature n.f. **1.** Charge de magistrat ; temps pendant lequel un magistrat exerce ses fonctions : *La magistrature suprême* (= la fonction de président de la République). **2.** Corps des magistrats : *L'École nationale de la magistrature.*

magma n.m. (du lat. *magma,* résidu, du gr. *magma,* pâte pétrie). **1.** Mélange formant une masse pâteuse, épaisse et visqueuse : *Ce magma informe constitué de neige fondue mêlée de sel* (**SYN.** bouillie). **2.** En géologie, liquide qui se forme à l'intérieur de la Terre, par fusion de la croûte ou du manteau, et qui, en refroidissant, forme une roche : *Les volcans rejettent des magmas.* **3.** Mélange confus de choses abstraites : *Cette théorie se fonde sur un magma d'hypothèses incompatibles.*

magmatique adj. Relatif au magma terrestre : *Des roches magmatiques* (**SYN.** éruptif).

magnan [maɲɑ̃] n.m. (mot prov.). *Région.* Dans le Midi, ver à soie.

magnanerie [maɲanri] n.f. Bâtiment destiné à l'élevage des vers à soie.

magnanier, ère [maɲanje, ɛr] n. Personne qui pratique l'élevage des vers à soie ; sériciculteur.

magnanime [maɲanim] adj. (du lat. *magnus,* grand, et *animus,* âme). Dont la générosité se manifeste par la bienveillance et la clémence : *Elle a eu un geste magnanime à leur égard* (**SYN.** généreux, noble).

magnanimement [maɲanimmɑ̃] adv. De façon magnanime : *Elle a, magnanimement, accordé son pardon* (**SYN.** généreusement, noblement).

magnanimité [maɲanimite] n.f. Caractère de qqn, d'un comportement qui est magnanime : *L'avocat en a appelé à la magnanimité des juges* (**SYN.** bienveillance, clémence).

magnat [magna ou maɲa] n.m. (du lat. *magnus,* grand). Personnalité très importante du monde des affaires, de la finance, de la presse : *Les magnats de la communication* (**SYN.** roi).

se **magner** [maɲe] [conj. 3] ou **se manier** [conj. 9] v.pr. *Fam.* Se dépêcher ; se hâter.

magnésie [maɲezi] n.f. (du lat. *magnesia,* de *magnes,* aimant minéral). En chimie, poudre blanche contenant du magnésium ; en pharmacie, cette poudre utilisée pour son action laxative, antiulcéreuse et antipoison.

magnésien, enne [maɲezjɛ̃, ɛn] adj. Qui contient du magnésium.

magnésium [maɲezjɔm] n.m. Métal solide, blanc argenté, pouvant brûler à l'air avec une flamme éblouissante.

magnet [maɲɛt] n.m. (mot angl. signif. « aimant »). Aimantin.

magnétique [maɲetik] adj. (lat. *magneticus,* de *magnes,* aimant minéral). **1.** Qui est doué des propriétés de l'aimant : *Des bandes magnétiques.* **2.** Qui concerne le magnétisme : *Champ magnétique.* **3.** *Fig.* Qui a une influence puissante et mystérieuse : *Une voix magnétique* (**SYN.** ensorcelant, envoûtant, fascinant).

magnétisation [maɲetizasjɔ̃] n.f. Action ou manière de magnétiser ; fait d'être magnétisé : *La magnétisation d'une aiguille* (**SYN.** aimantation).

magnétiser [maɲetize] v.t. [conj. 3]. **1.** Communiquer une aimantation à un matériau, à un corps : *Magnétiser des tiges de fer* (**SYN.** aimanter ; **CONTR.** démagnétiser, désaimanter). **2.** *Fig.* Exercer une attraction puissante et mystérieuse sur qqn : *Le gourou les magnétise* (**SYN.** envoûter, fasciner).

magnétiseur, euse [maɲetizœr, øz] n. Personne censée guérir sans contact physique par la transmission d'un fluide particulier.

magnétisme [maɲetism] n.m. **1.** Ensemble des phénomènes que présentent les matériaux aimantés ; science qui étudie ces phénomènes. **2.** Attrait puissant et mystérieux exercé par qqn sur son entourage ; envoûtement : *Les spectateurs subissent le magnétisme de ce chanteur* (**SYN.** charisme, charme, fascination). ▸ ***Magnétisme terrestre,*** géomagnétisme.

magnéto [maɲeto] n.f. (abrév. de *génératrice magnétoélectrique*). En électrotechnique, génératrice de courant continu, fonctionnant avec un aimant permanent.

magnétocassette n.m. Magnétophone utilisant des cassettes.

magnétophone n.m. Appareil d'enregistrement et de lecture des sons, par aimantation d'une bande magnétique.

magnétoscope n.m. Appareil d'enregistrement et de lecture des images et du son sur bande magnétique.

magnétoscoper v.t. [conj. 3]. Enregistrer à l'aide d'un magnétoscope : *Magnétoscoper un film.*

magnificat [maɲifikat ou magnifikat] n.m. inv. (mot lat., du cantique *Magnificat anima mea Dominum*, mon âme magnifie le Seigneur). **1.** Dans la religion catholique, cantique de la Vierge Marie chanté aux vêpres : *Les fidèles entonnent le magnificat.* **2.** Musique composée sur ce cantique : *Un CD contenant plusieurs magnificat.*

magnificence [maɲifisɑ̃s] n.f. **1.** Qualité de ce qui est magnifique : *La magnificence du carnaval de Rio* (**SYN.** faste, éclat). *La magnificence d'un château* (**SYN.** somptuosité, splendeur). **2.** *Sout.* Disposition d'une personne à dépenser sans compter : *La magnificence d'un mécène* (**SYN.** largesse, libéralité [litt.], prodigalité ; **CONTR.** avarice). ☞ **REM.** Ne pas confondre avec *munificence.*

magnifier [maɲifje] v.t. (lat. *magnificare*, de *magnus*, grand) [conj. 9]. Exalter la grandeur de : *Ils magnifient le courage des sauveteurs* (**SYN.** glorifier, louer, vanter ; **CONTR.** dévaloriser, rabaisser, ravaler).

magnifique [maɲifik] adj. **1.** Qui a une beauté pleine de grandeur : *Un magnifique décor d'époque* (**SYN.** fastueux, grandiose, somptueux ; **CONTR.** humble, modeste, simple). **2.** Qui est extrêmement beau : *Il y a un soleil magnifique* (**SYN.** splendide). *Votre tenue de soirée est magnifique* (**SYN.** superbe ; **CONTR.** affreux). **3.** Qui est d'une qualité exceptionnelle : *Ce produit détachant est magnifique* (**SYN.** merveilleux). *Elle a fait un travail magnifique* (**SYN.** admirable). **4.** Qui suscite l'admiration ; remarquable : *Quelle idée magnifique !* (**SYN.** excellent).

magnifiquement [maɲifikmɑ̃] adv. De façon magnifique : *Une maison magnifiquement restaurée* (**SYN.** somptueusement). *Elle a magnifiquement parlé* (**SYN.** admirablement).

magnitude [maɲityd] n.f. (du lat. *magnitudo*, grandeur). **1.** En géologie, représentation numérique, sur une échelle donnée, de l'importance d'un séisme : *Un séisme de magnitude 4 sur l'échelle de Richter.* **2.** En astronomie, grandeur qui sert à caractériser l'éclat apparent d'un astre.

magnolia [maɲɔlja] n.m. (de *Magnol*, nom d'un botaniste). Arbre ornemental à grandes fleurs odorantes.

magnum [magnɔm] n.m. (mot lat. signif. « grand »). **1.** Grosse bouteille de vin contenant l'équivalent de deux bouteilles ordinaires, soit 1,5 litre : *Des magnums de champagne.* **2.** Bouteille de 1,5 ou de 2 litres d'eau minérale, de jus de fruits, etc.

① **magot** n.m. (de *Magog*, nom d'un peuple séduit par Satan). **1.** Singe sans queue, du genre macaque. **2.** Figurine représentant un personnage obèse aux traits grotesques.

② **magot** n.m. (de l'anc. fr. *mugot*, lieu où l'on conserve les fruits). *Fam.* Somme d'argent plus ou moins importante amassée peu à peu et mise en réserve ; bas de laine : *Il a caché son magot sous le plancher* (**SYN.** économies, pécule).

magouille n.f. ou **magouillage** n.m. *Fam.* Ensemble de manœuvres douteuses ou malhonnêtes menées entre des groupes ou entre des personnes : *Il se livre à toutes sortes de magouilles pour obtenir ce poste* (**SYN.** combinaison, intrigue, manigance).

magouiller v.t. [conj. 3]. *Fam.* Arranger par des magouilles : *Il a magouillé une vente clandestine* (**SYN.** manigancer). ◆ v.i. *Fam.* Se livrer à des magouilles : *Magouiller pour être élu.*

magouilleur, euse adj. et n. *Fam.* Qui magouille (**SYN.** manœuvrier).

magret n.m. (mot du Sud-Ouest signif. « maigre »). En cuisine, filet de canard gras.

magyar, e [magjar] adj. et n. (mot hongr.). Relatif à la Hongrie, à ses habitants ; hongrois.

maharaja ou **maharadjah** [maaradʒa] n.m. (mot sanskrit signif. « grand roi »). Titre que l'on donne aux princes en Inde.

maharani n.f. (mot sanskrit, de *maha*, grand, et *rani*, reine). Femme de maharaja.

mahatma n.m. (mot sanskrit signif. « grande âme »). Titre donné en Inde à des personnalités spirituelles de premier plan : *Le mahatma Gandhi.*

mahdi n.m. (mot ar. signif. « le Bien Dirigé »). Dans l'islam, envoyé de Dieu, qui doit venir à la fin des temps pour rétablir la justice sur terre.

mah-jong [maʒɔ̃ ou maʒɔ̃g] n.m. (mot chin. signif. « je gagne ») [pl. *mah-jongs*]. Jeu de société chinois consistant à former des combinaisons avec des pièces appelées *tuiles.*

mahous, ousse [maus] adj. → **maous.**

mai n.m. (du lat. *maius*, mois consacré à la déesse Maia). **1.** Cinquième mois de l'année : *Il y a des mais plus ou moins chauds* (= des mois de mai). **2.** Dans la tradition populaire, arbre planté dans la nuit du 1er mai devant la porte des filles à marier (on dit aussi *arbre de mai*). ▸ ***Le Premier-Mai*** ou ***Premier Mai,*** jour de la fête légale du Travail, férié, chômé et payé.

maiche n.m. En Louisiane, marécage sans arbres, le long de la mer.

maie n.f. (du lat. *magis*, plat, pétrin). **1.** Coffre sur pieds qu'on utilisait autref. pour pétrir et conserver le pain (**SYN.** huche). **2.** Table de pressoir.

maïeur, e ou **mayeur, e** n. (du lat. *major*, plus grand). En Belgique, bourgmestre.

maïeutique [majøtik] n.f. (du gr. *maieutikê*, art de faire accoucher). Dans la philosophie socratique, art de faire découvrir à l'interlocuteur, par une série de questions, les vérités qu'il a en lui.

maigre adj. et n. (lat. *macer*). Qui a très peu de graisse : *Un visage maigre* (**SYN.** anguleux, émacié, hâve [litt.] ; **CONTR.** adipeux, bouffi, gras). *Ce chat est très maigre* (**SYN.** décharné, efflanqué, étique [litt.] ; **CONTR.** dodu, gros). ◆ adj. **1.** Qui contient peu ou pas de matières grasses : *Une viande maigre* (**CONTR.** gras). *Des yaourts maigres* (**SYN.** allégé). **2.** Qui est peu abondant : *Un maigre dîner* (**SYN.** frugal, léger ; **CONTR.** copieux, plantureux). *Une maigre récolte* (**SYN.** médiocre, pauvre, rare ; **CONTR.** dense, fourni). **3.** Qui est peu important : *Un tel travail pour de si maigres résultats !* (**SYN.** faible, médiocre, modeste, piètre [sout.] ; **CONTR.** appréciable, considérable, substantiel). **4.** En imprimerie, se dit d'un caractère au trait moins épais que celui du caractère normal (par opp. à gras). ▸ ***Jours maigres,*** jours pendant lesquels les catholiques ne doivent pas manger de viande. ◆ n.m. Partie maigre d'une viande, d'un jambon, etc. ▸ ***Faire***

maigre, ne pas manger de viande aux jours prescrits par l'Église.

maigrelet, ette adj. Maigrichon.

maigrement adv. De façon peu abondante ou peu importante : *Des efforts maigrement récompensés* (**SYN.** médiocrement, piètrement ; **CONTR.** amplement, largement).

maigreur n.f. **1.** État de qqn, d'un animal qui est maigre, sans graisse ni chair ; minceur : *Sa maigreur s'est accentuée avec l'âge* (**SYN.** amaigrissement). **2.** Manque d'ampleur, de richesse : *La maigreur du style d'un écrivain* (**SYN.** pauvreté, sécheresse ; **CONTR.** richesse).

maigrichon, onne ou **maigriot, otte** adj. Qui est un peu maigre : *Une personne maigrichonne* (**SYN.** fluet, frêle ; **CONTR.** corpulent).

maigrir v.i. [conj. 32]. Devenir maigre : *Il a maigri de deux kilos* (= il pèse deux kilos de moins ; **CONTR.** grossir). ◆ v.t. Faire paraître maigre, mince : *Cette forme de vêtements la maigrit* (**SYN.** amincir).

mail [maj] n.m. (du lat. *malleus,* marteau, maillet). **1.** Allée publique où l'on peut se promener. **2.** Voie piétonne dans un centre d'activités, un centre commercial.

mailing [meliŋ] n.m. (mot anglo-amér.). (Anglic. déconseillé). Message publicitaire adressé par voie postale (**SYN.** publipostage).

maillage n.m. Organisation en réseau : *Renforcer le maillage associatif dans les quartiers défavorisés.*

maillant, e adj. ▸ ***Filet maillant,*** grand filet vertical pour la pêche en mer, dont les mailles sont calibrées en fonction de la grosseur du poisson à capturer.

① **maille** [maj] n.f. (du lat. *macula,* tache, point d'un filet). **1.** Boucle de fil reliée à d'autres boucles pour former un tricot ou un filet : *Une rangée de mailles* (**SYN.** point). **2.** Tissu tricoté : *La bonneterie fait partie de l'industrie de la maille.* **3.** Petit annelet de fer dont on faisait les armures au Moyen Âge : *Une cotte de mailles.* **4.** En technique, chacune des ouvertures d'un tamis, d'un grillage.

② **maille** [maj] n.f. (lat. *medialia,* de *medius,* demi). *Anc.* Monnaie médiévale en cuivre, de faible valeur. ▸ ***Avoir maille à partir avec qqn,*** avoir des démêlés, un différend avec qqn : *Il a eu maille à partir avec l'administration.* *Vx* ***N'avoir ni sou ni maille,*** être complètement dépourvu d'argent ; être démuni.

maillechort [majʃɔr ou majʃɔrt] n.m. (de *Maillot* et *Chorier,* inventeurs de cet alliage). Alliage de cuivre, de nickel et de zinc, imitant l'argent.

mailler [maje] v.t. [conj. 3]. **1.** Tisser en formant des mailles : *Mailler un hamac.* **2.** *Fig.* Structurer en réseau ; relier comme par les mailles d'un filet : *Les antennes de téléphonie qui maillent le territoire national. Les associations de bénévoles qui maillent un quartier.* **3.** En Suisse, tordre ; fausser.

maillet [majɛ] n.m. (de *mail*). Gros marteau à deux têtes, en bois dur : *Un maillet de sculpteur.*

mailloche [majɔʃ] n.f. (de *mail*). **1.** Gros maillet à une seule tête, à long manche. **2.** En musique, baguette terminée par une boule garnie de matière souple, avec laquelle on fait résonner certains instruments à percussion.

maillon [majɔ̃] n.m. (de *1. maille*). Anneau d'une chaîne : *L'un des maillons du collier a cédé* (**SYN.** chaînon). ▸ ***Être un maillon de la chaîne,*** ne représenter qu'un élément d'un ensemble complexe.

maillot [majo] n.m. (de *1. maille*). **1.** Vêtement souple qui couvre le corps jusqu'à la taille et qui se porte sur la peau : *Un maillot de coton. Les maillots de l'équipe de football.* **2.** Vêtement de bain (on dit aussi *maillot de bain*). **3.** Vêtement collant porté par certains sportifs, gymnastes, danseurs ou acrobates : *Le maillot jaune du Tour de France.* ▸ ***Maillot de corps,*** sous-vêtement en tissu à mailles, couvrant le torse.

main n.f. (lat. *manus*). **1.** Organe du corps humain qui sert à toucher et à prendre, situé à l'extrémité des bras et muni de cinq doigts : *Elle s'est lavé les mains avant de nous servir. La paume de la main.* **2.** Cet organe, utilisé pour donner, recevoir ou exprimer qqch : *Donnez-vous la main pour former une chaîne. Elle m'a dit bonjour en me serrant la main. Faites un signe de la main en guise d'au revoir.* **3.** Cet organe, considéré comme un instrument : *Il écrit aussi bien de la main droite que de la main gauche* (= il est ambidextre). *Elle travaille de ses mains. Des bagages à main. Des miniatures faites main* (= faites à la main). **4.** Cet organe, utilisé pour frapper ou manier les armes : *Ils se battent à mains nues. Lever la main sur qqn* (= se préparer à le frapper ou le frapper). **5.** La main, comme symbole de l'aide, de l'acceptation : *Offrir une main secourable* (= une aide). *Elle nous a donné un coup de main pour le déménagement* (= aidé à sa réalisation). **6.** La main, comme symbole de l'activité, de l'effort : *L'affaire est en bonnes mains* (= confiée à une personne capable). *Mettre la dernière main à un travail* (= le terminer). **7.** La main, comme symbole de la possession ou de la détention : *La voiture a changé de mains* (= est passée d'un possesseur à un autre). *Passer, circuler de main en main* ou *de mains en mains* (= d'un détenteur, d'un possesseur à l'autre). **8.** La main comme symbole du pouvoir ou de l'autorité : *Les policiers ont mis la main sur le pirate informatique* (= ils l'ont arrêté). *Passer la main* (= renoncer à ses pouvoirs, les transmettre). **9.** Extrémité des membres antérieurs de certains vertébrés : *Les mains d'un singe.* **10.** Dans la papeterie, ensemble de 25 feuilles de papier. **11.** Ensemble des cartes détenues par un joueur au début d'un tour : *Je n'avais pas une belle main* (**SYN.** jeu). **12.** En Afrique, portion d'un régime de bananes. ▸ ***À main armée,*** les armes à la main : *Commettre un vol à main armée.* ***À main levée,*** se dit d'un dessin effectué d'un seul trait et sans compas ni règle ; se dit d'un vote dans lequel ceux qui sont pour lèvent la main. ***À pleines mains,*** en emplissant ses mains : *Les enfants prenaient des bonbons à pleines mains* (= à profusion). ***Avoir la haute main sur,*** commander : *Elle a la haute main sur la programmation musicale de l'émission.* ***Avoir la main,*** aux cartes, être le premier à jouer. ***Avoir la main heureuse, malheureuse,*** avoir, ne pas avoir de chance dans un tirage au sort ; réussir, échouer dans ce que l'on entreprend. ***Avoir le cœur sur la main,*** être très généreux. ***Avoir les mains libres,*** avoir toute liberté d'agir. ***De la main à la main,*** sans passer par un intermédiaire ; sans observer les formalités légales : *Ils sont rémunérés de la main à la main* (= en espèces, sans trace écrite). *Litt.* ***De longue main,*** par un travail long et réfléchi. ***Demander, obtenir la main de qqn,*** demander, obtenir une jeune fille en mariage.

De première main, obtenu directement ; sans passer par des intermédiaires : *Une information de première main.* ***Des deux mains,*** avec empressement : *Approuver des deux mains.* ***De seconde main,*** obtenu indirectement ; sans originalité : *Des marchandises de seconde main* (= défraîchies). ***Faire main basse sur qqch,*** s'en emparer indûment. ***Main courante,*** partie supérieure d'une rampe d'escalier, d'une barre d'appui, etc., sur laquelle s'appuie la main : *Tenir la main courante pour ne pas glisser* ; en comptabilité, brouillard ; dans un poste de police, registre dans lequel on inscrit, au fur et à mesure de leur signalement, des incidents ou délits mineurs. ***Main(s) libre(s),*** se dit d'un téléphone conçu pour être utilisé sans être tenu en main. ***Mettre la main à la pâte,*** participer activement à un travail. ***Mettre la main sur qqch,*** le découvrir alors qu'on le cherchait. ***Mettre sa main au feu,*** être entièrement persuadé de ce que l'on affirme. ***Ne pas y aller de main morte,*** agir avec brutalité. ***Perdre la main,*** perdre son habileté manuelle ; perdre l'habitude de faire qqch : *Malgré sa retraite, il n'a pas perdu la main.* ***Petite main,*** autrefois, apprentie couturière ; fig., simple exécutant : *Les petites mains de la campagne électorale.* ***Première main,*** première ouvrière d'une maison de couture, capable d'exécuter tous les modèles. ***Prendre qqch en main,*** s'en charger pour l'améliorer, pour redresser la situation. ***Reprendre en main,*** redresser une situation compromise. ***Se faire la main,*** s'essayer à un travail. *Fam.* ***Se prendre par la main,*** s'obliger à faire qqch. ***Sous la main,*** à sa portée : *Avez-vous un crayon sous la main pour noter ?* ***Tendre la main à qqn,*** lui offrir son aide ; lui faire une offre de réconciliation.

mainate n.m. (mot malais). Passereau au plumage noir et au bec jaune, qui peut imiter la voix humaine.

main-d'œuvre n.f. (pl. *mains-d'œuvre*). **1.** Travail de l'ouvrier dans la confection d'un ouvrage : *Les frais de main-d'œuvre et de déplacement sont compris* (**SYN.** façon). **2.** Ensemble des salariés, en partic. des ouvriers, d'un établissement, d'une région, d'un pays : *L'entreprise a besoin de main-d'œuvre qualifiée.*

main-forte n.f. sing. ▸ ***Prêter main-forte à qqn,*** lui venir en aide.

mainlevée n.f. Dans la langue juridique, acte qui arrête les effets d'une saisie, d'une opposition, d'une hypothèque.

mainmise n.f. **1.** Action de s'emparer de qqch : *La mainmise d'un État sur un territoire étranger.* **2.** Action de s'assurer une domination exclusive sur qqch : *La mainmise d'une société sur le secteur de l'informatique* (**SYN.** monopole).

mainmorte n.f. Dans la langue juridique, se dit d'un bien appartenant à des associations, des communautés, des collectivités, qui n'est pas transmissible de main en main et échappe au régime des successions.

maint, e [mɛ̃, mɛ̃t] adj. (du germ.). *Litt.* Un grand nombre de : *Elle m'a montré sa sollicitude en mainte occasion* (= à plus d'une occasion). *Je le lui ai dit maintes et maintes fois* ou *à maintes reprises* (= de nombreuses fois).

maintenance n.f. Ensemble des opérations permettant de maintenir un système, un matériel, un appareil, etc., dans un bon état de fonctionnement ou de le réparer : *Ce service assure la maintenance des ordinateurs.*

maintenant adv. (p. présent adverbialisé de *maintenir*). **1.** À présent ; à partir de l'instant présent : *Maintenant, il est l'heure de partir. Jusqu'à maintenant, le système a fonctionné. Maintenant tout le monde adore la communication en temps réel* (**SYN.** actuellement, aujourd'hui ; **CONTR.** autrefois, jadis, naguère). *Il saura maintenant comment faire* (**SYN.** désormais). **2.** Cela dit : *C'était une bonne idée ; maintenant, vous la mettrez ou non en application.* ◆ **maintenant que** loc. conj. (Suivi de l'indic.). À présent que ; dès lors que : *Maintenant que vous avez le matériel, vous pouvez travailler.*

maintenir v.t. (du lat. *manutenere,* tenir avec la main) [conj. 40]. **1.** Garder dans une position fixe, stable : *Le tuteur maintient la plante verticale* (**SYN.** retenir, soutenir). *Les vis maintiennent la planche en place* (**SYN.** fixer, tenir). **2.** Empêcher de remuer, d'avancer : *Des barrières maintiendront le public à distance* (**SYN.** bloquer, contenir). *Les jockeys maintiennent leurs chevaux dans les stalles de départ* (**SYN.** retenir). **3.** Conserver dans le même état : *Maintenir la production au niveau actuel* (**SYN.** perpétuer, préserver, sauvegarder). *La marche le maintenait en forme* (**SYN.** garder). *J'ai maintenu mon rendez-vous* (**SYN.** confirmer ; **CONTR.** annuler, changer, modifier). **4.** Affirmer avec force : *Je maintiens qu'elle a raison* (**SYN.** soutenir). *L'accusé maintient ses déclarations* (**SYN.** répéter ; **CONTR.** contredire, dénoncer, retirer). ◆ **se maintenir** v.pr. Rester dans le même état, dans la même situation : *La candidate s'est maintenue au second tour* (**CONTR.** se désister). *Le beau temps se maintient* (**SYN.** durer, persister ; **CONTR.** se dégrader).

maintien n.m. **1.** Action de faire durer, de conserver : *Le maintien à domicile des personnes âgées* (**SYN.** continuité, poursuite ; **CONTR.** abandon, cessation, suspension). **2.** Fait de maintenir, de soutenir une partie du corps : *Ces chaussures assurent un bon maintien du pied.* **3.** Manière habituelle de se tenir ; allure : *Un maintien timide* (**SYN.** contenance, présentation, tenue). ▸ ***Maintien de l'ordre,*** dans la langue juridique, ensemble des mesures de sécurité prises par l'autorité compétente pour maintenir l'ordre public.

maïoral, e, aux ou **mayoral, e, aux** adj. En Belgique, relatif au bourgmestre, au maïeur.

maïorat ou **mayorat** n.m. En Belgique, fonction de bourgmestre, de maïeur.

maire n. (du lat. *major,* plus grand). En France, premier magistrat municipal, élu par les conseillers municipaux : *Les adjoints au maire.* ▸ ***Maire d'arrondissement,*** maire élu dans chaque arrondissement de Paris, de Lyon et de Marseille. ***Le maire du palais,*** le dignitaire de la cour mérovingienne, qui se substitua peu à peu au roi.

mairesse n.f. *Fam., vieilli* **1.** Femme d'un maire. **2.** Femme exerçant les fonctions de maire.

mairie n.f. **1.** Fonction de maire : *Plusieurs candidats postulent à la mairie.* **2.** Édifice où se trouvent les services de l'administration municipale ; hôtel de ville. **3.** Administration municipale : *Secrétaire de mairie.*

① **mais** adv. (du lat. *magis,* plus, davantage). ▸ *Litt.* ***N'en pouvoir mais,*** n'y rien pouvoir : *Tous se plaignent à lui qui n'en peut mais* (= qui n'est pas responsable).

② **mais** [mɛ] conj. coord. (du lat. *magis,* plus).

1. Indique une opposition : *Cette élève est intelligente mais paresseuse. Elle n'a pas de magnétoscope, mais elle possède un lecteur de DVD-ROM* (**SYN.** cependant, néanmoins). **2.** Introduit une objection, une restriction, une précision : *Vous semblez vexé, mais nous vous avions prévenu* (**SYN.** bien que, quoique). **3.** Marque le renforcement d'une réponse, d'une exclamation ou d'une opposition : *Mais bien sûr que oui. Mais naturellement ! Mais que faites-vous ici ?* ◆ n.m. inv. Argument donné pour refuser qqch ; objection : *Il n'y a pas de mais qui tienne, obéissez.*

maïs [mais] n.m. (esp. *maíz*, du caraïbe *mahis*). Céréale de grande dimension, à gros épi portant des graines en rangs serrés, cultivée pour l'alimentation humaine et animale.

maïserie [maizri] n.f. **1.** Usine de traitement du maïs. **2.** Activité industrielle liée à la transformation du maïs.

maison n.f. (lat. *mansio*, de *manere*, demeurer). **1.** Bâtiment construit pour servir d'habitation aux personnes : *Elle habite au troisième étage de cette maison* (**SYN.** bâtisse, immeuble). **2.** Construction individuelle abritant une famille (par opp. à appartement) : *Se faire construire une maison* (**SYN.** pavillon, villa). **3.** Logement où l'on habite : *Je vous invite à la maison* (= chez moi ; **SYN.** domicile, foyer, logis). *Ranger sa maison* (**SYN.** intérieur). **4.** Édifice public ou privé servant à un usage particulier : *Une maison de repos. Maison d'arrêt* (= prison). **5.** Entreprise commerciale ou industrielle : *Une maison de commerce* (**SYN.** établissement, société). *Des maisons mères et leurs filiales. Avoir dix ans de maison* (= être employé depuis dix ans dans la même entreprise). **6.** Ensemble des membres d'une même famille : *Toute la maison est devant la télévision* (**SYN.** maisonnée). **7.** Famille noble : *La maison des Habsbourg.* ▸ ***De bonne maison,*** de famille honorable. ***Maison des jeunes et de la culture*** ou ***M.J.C.,*** établissement destiné à favoriser l'accès de tous, et notamment des jeunes, à des activités culturelles. ***Maison mobile,*** expression qu'il est recommandé d'employer à la place de *mobile home.* ◆ adj. inv. **1.** Qui est fabriqué par la maison, sur place, par un restaurant, et non industriellement : *Des pâtisseries maison.* **2.** Qui est particulier à une entreprise, à un établissement d'enseignement : *Les syndicats maison. Des diplômes maison.*

maisonnée n.f. Ensemble des personnes vivant sous le même toit : *Il a réveillé la maisonnée en rentrant* (**SYN.** famille, maison).

maisonnette n.f. Petite maison.

① **maître, maîtresse** n. (lat. *magister*). **1.** Personne qui commande, gouverne, exerce une autorité : *Certains maîtres affranchissaient leurs esclaves. « Arlequin serviteur de deux maîtres » de Goldoni.* **2.** Possesseur d'un animal : *Les maîtres doivent tenir leurs chiens en laisse.* **3.** Personne qui enseigne : *Des maîtres d'école* (= professeur des écoles ; **SYN.** instituteur). **4.** Personne qui dirige sa maison, reçoit les invités, etc. : *La maîtresse de maison est au salon.* ▸ ***Être son maître,*** être indépendant professionnellement. ***Maître auxiliaire,*** professeur assurant l'intérim d'un professeur titulaire.

② **maître** n.m. **1.** Personne qui enseigne qqch : *Des maîtres nageurs.* **2.** Personne qui dirige l'exécution de qqch, qui a autorité sur du personnel : *Le maître d'équipage* (= sur un navire, matelot qualifié). *Un maître d'hôtel.* **3.** Personne dont on est le disciple ; artiste ou écrivain éminent, qui est pris comme modèle : *Maître à penser. L'atelier d'un maître. Elle possède des toiles de maître.* **4.** Titre donné aux avocats, à certains officiers ministériels (abrév. M^e^) : *Les clercs de maître Pommier, notaire. Maître Annie Danet, avocate à la cour.* ▸ ***Maître d'armes,*** qui enseigne l'escrime. ***Maître de conférences,*** titre donné aux membres titulaires de l'enseignement supérieur qui organisent les travaux dirigés et contribuent aux travaux de recherche. ***Maître d'état,*** en Suisse, artisan responsable d'un secteur de la construction d'une maison. ***Maître d'œuvre,*** responsable de l'organisation et de la réalisation d'un vaste ouvrage ; personne ou organisme qui dirige un chantier du bâtiment après avoir exécuté les plans de l'ouvrage. ***Maître d'ouvrage*** ou ***de l'ouvrage,*** personne physique ou morale pour le compte de laquelle une construction est réalisée. ***Maître du jeu,*** dans un jeu de rôle, joueur qui crée ou anime le scénario du jeu et en dirige le déroulement. ***Passer maître en*** ou ***dans,*** devenir très habile dans un art, un métier : *Elle est passée maître dans l'art de temporiser.* ***Petit maître,*** écrivain, artiste de second plan. ***Trouver son maître,*** rencontrer qqn qui vous est supérieur en qqch.

③ **maître, maîtresse** adj. **1.** Qui a un rôle capital, essentiel : *La qualité maîtresse d'un artisan* (**SYN.** majeur, principal). **2.** Qui est le plus important dans son genre : *La maîtresse branche d'un arbre* (= sa branche principale). **3.** Se dit de la plus forte carte à jouer dans la couleur et de celui qui la détient : *Carte maîtresse. Être maître à carreau.* ▸ ***Être maître de qqch, de faire qqch,*** en disposer librement ; être libre de le faire. ***Maîtresse femme,*** femme énergique, déterminée.

maître-à-danser n.m. (pl. *maîtres-à-danser*). Compas à branches croisées pour la mesure d'une dimension intérieure.

maître-autel n.m. (pl. *maîtres-autels*). Autel principal d'une église.

maître chanteur n.m. → **chanteur.**

maître-chien n.m. (pl. *maîtres-chiens*). Personne responsable du dressage et de l'utilisation des chiens de surveillance ou de sauvetage.

maîtresse n.f. Femme avec laquelle un homme a des relations sexuelles en dehors du mariage : *Son mari a une maîtresse. Ils sont amant et maîtresse.*

maîtrisable adj. Que l'on peut maîtriser : *Cette émotion n'est pas maîtrisable* (**SYN.** surmontable ; **CONTR.** insurmontable, irrépressible).

maîtrise n.f. **1.** Qualité d'une personne qui se domine (on dit aussi *maîtrise de soi*) : *Elle a fait preuve d'une grande maîtrise* (**SYN.** calme, sang-froid). **2.** Domination scientifique, technique incontestée : *La maîtrise de la technologie informatique* (**SYN.** hégémonie, monopole). **3.** Possibilité d'agir sur qqch, d'en user à son gré : *La maîtrise des dépenses de santé* (**SYN.** contrôle). **4.** Sûreté dans la technique : *Elle surfe avec maîtrise sur Internet* (**SYN.** assurance, habileté, maestria, virtuosité ; **CONTR.** difficulté, maladresse). **5.** Ensemble des contremaîtres et des chefs d'équipe : *Des agents de maîtrise.* **6.** Diplôme de l'enseignement supérieur obtenu au terme de quatre ans d'études après le baccalauréat : *La maîtrise correspond à la première année de master.* **7.** École de musique où l'on enseigne le chant de la musique sacrée ; ensemble des chanteurs : *Les chœurs de la maîtrise de Reims.* ▸ ***Maîtrise de l'air*** ou ***du ciel, de la mer,*** supériorité militaire, aérienne ou navale, acquise sur un adversaire.

maîtriser v.t. [conj. 3]. **1.** Se rendre maître de forces difficilement contrôlables : *Les pompiers ont maîtrisé l'incendie* (**SYN.** circonscrire, contenir). *Le gouvernement maîtrise la hausse du chômage* (**SYN.** enrayer, juguler, stopper). **2.** Contenir par la force : *Les policiers ont maîtrisé le forcené* (**SYN.** dompter, soumettre). **3.** Dominer un sentiment, une passion : *Maîtriser ses réactions* (**SYN.** contenir, réprimer). **4.** Être capable d'user à son gré d'une technique, d'un savoir : *Maîtriser l'électronique. Elle maîtrise parfaitement cette langue étrangère* (= elle la parle couramment). ◆ **se maîtriser** v.pr. Avoir ou garder le contrôle de soi : *En dépit des provocations, elle s'est maîtrisée* (**SYN.** se contrôler, se dominer).

Maïzena [maizena] n.f. (nom déposé). Farine de maïs destinée à la cuisine.

majesté n.f. (lat. *majestas*). **1.** Caractère de grandeur, de dignité, de noblesse : *La majesté divine* (**SYN.** gloire, grandeur). **2.** (Avec une majuscule). Titre des empereurs, des rois : *Sa Majesté la reine.* **3.** Air extérieur de grandeur, de noblesse : *Elle a une démarche pleine de majesté* (**SYN.** beauté, distinction, grandeur). ▸ ***Pluriel de majesté,*** pluriel du pronom de la première personne employé, dans le style officiel, par les personnes ayant une autorité : *Dans « Nous, maire de la commune, décidons d'accorder le droit de passage », « nous » est un pluriel de majesté.*

majestueusement adv. Avec majesté : *L'aigle vole majestueusement.*

majestueux, euse adj. Qui a de la majesté, de la grandeur : *Le port majestueux d'un mannequin* (**SYN.** fier, noble, solennel). *La lenteur majestueuse du Danube* (**SYN.** grandiose, imposant).

① **majeur, e** adj. (lat. *major*, comparatif de *magnus*, grand). **1.** Qui est plus grand, plus considérable, plus important : *La majeure partie des logiciels est performante.* **2.** Qui a atteint l'âge de la majorité (par opp. à mineur) : *Nos enfants sont majeurs.* **3.** Qui est très important : *J'ai une raison majeure d'agir ainsi* (**SYN.** capital, essentiel, primordial). *C'est une défaite majeure pour lui* (**CONTR.** négligeable). **4.** En musique, se dit d'un accord, d'une gamme et d'un mode dont la tierce se compose de deux tons : *Morceau en si bémol majeur.* ▸ ***Cas de force majeure,*** événement qu'on ne peut éviter et dont on n'est pas responsable. ***En majeure partie,*** pour la plus grande partie : *Ce travail est en majeure partie terminé.* ***Tierce majeure,*** aux cartes, l'as, le roi, la dame d'une même couleur. ◆ adj. et n. Qui a atteint l'âge de la majorité.

② **majeur** n.m. Doigt du milieu qui est le plus grand dans la main (**SYN.** médius).

majeure n.f. En logique, première proposition d'un syllogisme (par opp. à mineure).

① **major** n.m. (du lat. *major*, plus grand). **1.** En France, grade le plus élevé des sous-officiers des armées. **2.** Officier d'un grade égal à celui de commandant, dans de nombreuses armées étrangères. **3.** *Anc.* Médecin militaire. **4.** Premier d'une promotion : *Elle est sortie major de l'E.N.A.* **5.** En Suisse, officier commandant un bataillon. ▸ ***Major de table,*** en Suisse, personne qui préside un banquet, anime une soirée.

② **major** n.f. (de l'angl. *major companies*, entreprises les plus importantes). Entreprise faisant partie des plus puissantes de son secteur : *Maison de disques rachetée par une major.*

majoration n.f. Action de majorer : *Le retard de paiement entraîne une majoration de dix pour cent de la somme due* (**SYN.** augmentation, hausse, relèvement ; **CONTR.** baisse, diminution, minoration).

majordome n.m. (it. *maggiordomo*, du lat. *major domus*, chef de la maison). Maître d'hôtel de grande maison.

majorer v.t. [conj. 3]. Augmenter un prix, une valeur, le montant d'une facture, d'un impôt : *Le gouvernement a majoré les allocations sociales de trois pour cent* (**SYN.** rehausser, relever, revaloriser ; **CONTR.** baisser, diminuer, minorer).

majorette n.f. (mot anglo-amér., du fr. *major*). Jeune fille en uniforme de fantaisie qui parade dans les fêtes et les défilés.

majoritaire adj. et n. **1.** Qui appartient à la majorité ; qui s'appuie sur une majorité : *Un syndicat majoritaire chez les employés.* **2.** Se dit de personnes en plus grand nombre que d'autres : *Les moins de vingt ans sont majoritaires dans ce pays* (**CONTR.** minoritaire). **3.** Se dit d'un actionnaire qui détient la majorité du capital dans une entreprise ; se dit de la participation elle-même : *L'État est majoritaire dans cette société.* ▸ ***Scrutin majoritaire,*** mode de scrutin dans lequel est proclamé élu le candidat ayant obtenu le plus grand nombre de suffrages (par opp. au scrutin proportionnel).

majoritairement adv. En majorité ; à la majorité : *Cette commission se compose majoritairement d'experts.*

majorité n.f. (du lat. *major*, plus grand). **1.** Âge auquel, selon la loi, une personne acquiert la pleine capacité d'exercer ses droits, à savoir la majorité civile, ou est reconnue responsable de ses actes, en atteignant la majorité pénale : *À leur majorité, ils pourront voter* (= à l'âge de 18 ans en France). **2.** Groupe de personnes, de choses supérieures en nombre par rapport à un autre groupe (par opp. à minorité) : *Il y a une majorité de femmes dans sa liste électorale. La majorité des sondés est satisfaite* ou *sont satisfaits.* **3.** Le plus grand nombre des voix ou des suffrages : *Ils ont voté « oui » à une large majorité.* **4.** Parti ou coalition de partis détenant le plus grand nombre de sièges dans une assemblée (par opp. à l'opposition) : *Ce mouvement s'est rallié à la majorité.* ▸ ***En majorité,*** pour la plupart : *Les salariés sont en majorité favorables à cette réforme.* ***Être en majorité,*** être les plus nombreux, par rapport à un autre groupe. ***Majorité absolue,*** partie des suffrages égale à la moitié des suffrages exprimés plus un. ***Majorité relative*** ou ***simple,*** nombre de suffrages obtenus par un candidat qui recueille plus de suffrages que ses concurrents. ***Majorité silencieuse,*** partie majoritaire d'une population qui n'exprime pas publiquement ses opinions.

majuscule adj. et n.f. (du lat. *majusculus*, un peu plus grand). Se dit d'une lettre plus grande que les autres et de forme différente (par opp. à minuscule) : *Des E majuscules. Remplissez le formulaire en majuscules* (**SYN.** capitale).

maki n.m. (mot malgache). Primate à museau allongé et à longue queue, vivant à Madagascar.

making of [mɛkiŋɔf] n.m. inv. (angl. *making*, tournage). Documentaire portant sur le tournage d'un film ; coulisses du tournage.

① **mal** n.m. (du lat. *malum*, douleur physique) [pl. *maux*]. **1.** Ce qui est contraire au bien, à la vertu ; ce qui est condamné par la morale : *Faire le mal pour le mal* (**CONTR.** bien). *Quel mal y a-t-il à ça ?* (**SYN.** crime, péché). **2.** Ce qui est susceptible de nuire, de faire souffrir ; ce qui n'est pas adapté : *Je lui ai dit tout le mal que je pensais d'elle. Le mal est fait* (**SYN.** dommage, préjudice, tort). *Cette mesure est un mal nécessaire* (**SYN.** épreuve, malheur ; **CONTR.** bienfait). *Entre deux maux, il faut choisir le moindre* (**SYN.** calamité, problème). **3.** Souffrance physique : *Il a des maux de dents* (**SYN.** affection, trouble). *Le mal régresse* (**SYN.** maladie). **4.** Souffrance morale : *Le mal du pays* (**SYN.** nostalgie). **5.** Ce qui oblige à un effort : *Se donner du mal* (**SYN.** peine). *Elle a réussi sans trop de mal* (**SYN.** difficulté ; **CONTR.** facilité). **6.** Mauvais côté de qqch : *Il a pris en mal ce que nous lui avons dit* (= il l'a pris défavorablement). ▸ ***Avoir du mal à,*** éprouver de la difficulté à faire qqch. ***Avoir mal,*** souffrir. ***Avoir mal au cœur,*** avoir la nausée ; avoir de la peine. ***Dire du mal de qqn,*** le dénigrer, le calomnier. ***Être en mal de qqch,*** souffrir de son absence : *Cet enfant est en mal d'affection.* ***Faire du mal à qqn,*** le faire souffrir ; lui nuire. ***Mal blanc,*** panaris. ***Mal de l'air,*** malaise éprouvé en avion. ***Mal de mer,*** malaise éprouvé en bateau ; naupathie. ***Mal des montagnes*** ou ***d'altitude,*** malaise causé par la raréfaction de l'oxygène en altitude. ***Mal de tête,*** douleur au niveau du crâne ; migraine, céphalée. ***Mal du siècle,*** état dépressif caractéristique de la jeunesse à l'époque du romantisme.

② **mal** adv. (lat. *male*). **1.** D'une manière contraire à la morale : *Il s'est mal conduit* (**SYN.** vilainement ; **CONTR.** bien, convenablement). **2.** D'une manière mauvaise, non satisfaisante : *Ils écrivent très mal* (**SYN.** incorrectement ; **CONTR.** admirablement, impeccablement). *Aller mal* (= être en mauvaise santé). ▸ ***Pas mal de,*** un assez grand nombre de : *Elle a pas mal d'idées* ; une assez grande quantité de : *Il a pas mal de travail* (**SYN.** beaucoup de). ***Prendre mal qqch,*** s'en offenser. ◆ adj. inv. **1.** Qui est contraire à la morale : *Elle n'a rien dit de mal.* **2.** Qui est en mauvaise forme, en mauvaise santé : *Il est bien mal* (= très malade). ▸ ***Ce n'est pas plus mal,*** cela vaut mieux. ***Être au plus mal,*** être gravement malade ; être à l'agonie. ***Être, se mettre mal avec qqn,*** être brouillé, se brouiller avec lui. *Fam.* ***Être pas mal,*** être bien de sa personne : *Ils sont pas mal, ces chanteurs.* *Fam.* ***Mal fait,*** en Suisse, regrettable, déplorable : *C'est mal fait pour elle, elle ne mérite pas ça.* ***Ne pas être mal,*** être assez beau ou assez satisfaisant : *Ce logiciel n'est pas mal* (= il est convenable, correct). *Fam.* ***On est mal,*** nous sommes dans une situation difficile. ***Se sentir mal,*** être dans un état de malaise physique ; être sur le point de défaillir. ☞ **REM.** Voir *bon an, mal an* sous an et *bon gré, mal gré* sous gré.

malabar n.m. (du nom d'une région de l'Inde). *Fam.* Homme grand et fort : *Un malabar bloque l'accès.*

malachite [malakit] n.f. (du gr. *malakhê*, mauve, plante dont la couleur rappelle celle du minéral). Pierre verte utilisée en joaillerie et en tabletterie.

malacologie n.f. (du gr. *malakos*, mou). Étude scientifique des mollusques.

malade adj. et n. (du lat. *male habitus*, qui se trouve en mauvais état). **1.** Dont la santé est altérée : *Il est malade depuis la veille de Noël* (**SYN.** indisposé, souffrant). *Tomber malade. Des malades en soins intensifs* (**SYN.** patient). **2.** *Fam.* Qui est mentalement dérangé : *Tu es malade de te pencher comme ça* (**SYN.** déraisonnable). *Ce conducteur est un malade* (**SYN.** fou). ◆ adj. **1.** Se dit d'un organe atteint par la maladie : *Il a le cœur malade.* **2.** Qui est en proie à un dérèglement, à un dysfonctionnement : *Un pays malade de la corruption* (= gangrené). **3.** Qui est dans un état général de malaise : *J'étais malade de ne pouvoir les aider* (**SYN.** perturbé, traumatisé).

maladie n.f. **1.** Altération de la santé, de l'équilibre des êtres vivants : *Soigner, guérir une maladie* (**SYN.** affection, mal). *La maladie des ormes a fait beaucoup de dégâts en France.* **2.** Dégradation de qqch : *La pollution provoque la maladie des pierres.* **3.** *Fam.* Comportement excessif ou obsessionnel : *La maladie des jeux vidéo* (**SYN.** passion). *Il a la maladie de tout désinfecter* (**SYN.** hantise, manie, obsession). ▸ *Fam.* ***En faire une maladie,*** être très contrarié par qqch : *Dès que l'on déplace un objet, il en fait toute une maladie.* ***Maladie sexuellement transmissible*** → **transmissible.**

maladif, ive adj. **1.** Qui est sujet à être malade ; qui traduit cette faiblesse : *Il est d'une constitution maladive* (**SYN.** chétif, délicat, fragile ; **CONTR.** résistant, robuste). **2.** Dont les manifestations ressemblent à celles des troubles mentaux : *Ses voisins sont d'une curiosité maladive* (**SYN.** malsain, morbide).

maladivement adv. De façon maladive.

maladrerie n.f. (de *ladre*, lépreux). Au Moyen Âge, hôpital pour lépreux (**SYN.** léproserie).

maladresse n.f. **1.** Caractère d'une personne maladroite, de ses gestes, de ce qu'elle réalise : *Les gestes pleins de maladresse d'un petit enfant* (**SYN.** gaucherie, inhabileté ; **CONTR.** adresse, habileté). **2.** Défaut de savoir-faire dans les actions, de tact dans la conduite : *Sa maladresse a vexé son collègue* (= son manque de tact). **3.** Acte maladroit : *Il commet beaucoup de maladresses* (**SYN.** bévue, 2. impair).

maladroit, e adj. et n. **1.** Qui manque d'adresse, d'aisance dans ses mouvements, ses gestes : *Il est si maladroit qu'il a bloqué le système* (**SYN.** gauche, malhabile ; **CONTR.** adroit). **2.** Qui manque d'expérience, de sûreté pour l'exécution de qqch : *Une coiffeuse encore maladroite* (**SYN.** gauche, inexpérimenté ; **CONTR.** expérimenté, habile). **3.** Qui manque de diplomatie, de tact, de sens de l'opportunité : *Vous avez été maladroit en le renvoyant ainsi* (**SYN.** grossier, malavisé ; **CONTR.** diplomate). **4.** Qui est caractérisé par la maladresse ; qui n'est pas approprié au but recherché : *Des paroles maladroites* (**SYN.** inconsidéré, malheureux ; **CONTR.** heureux, pertinent).

maladroitement adv. De façon maladroite : *Un projet maladroitement présenté* (**SYN.** gauchement ; **CONTR.** adroitement, habilement).

mal-aimé, e n. (pl. *mal-aimés, es*). Personne qui souffre du rejet des autres : *Les mal-aimés des médias* (**CONTR.** bien-aimé, favori).

malaire adj. et n.m. (du lat. *mala,* joue). Se dit de l'os qui forme la saillie de la pommette.

malais, e adj. et n. Relatif aux Malais, peuple d'Asie du Sud-Est. ◆ **malais** n.m. Langue indonésienne, parlée par les Malais.

malaise n.m. **1.** Sensation pénible d'un trouble de l'organisme : *Éprouver un malaise* (**SYN.** indisposition). *Il a eu un malaise à cause de la chaleur* (= il s'est trouvé mal ; **SYN.** évanouissement). **2.** État d'inquiétude, de nervosité mal défini ; début de crise : *Il faudrait dissiper le malaise existant entre nous* (**SYN.** gêne, tension, trouble). *Le malaise paysan* (**SYN.** agitation, mal-être, mécontentement).

malaisé, e adj. Qui n'est pas facile, pas commode à faire : *Une manœuvre malaisée* (**SYN.** ardu, délicat, difficile ; **CONTR.** aisé, simple).

malaisément adv. Avec difficulté : *Un règlement malaisément applicable* (**SYN.** laborieusement ; **CONTR.** aisément, facilement).

malandrin n.m. (de l'it. *malandrino,* voleur). *Litt.* Bandit de grand chemin ; voleur, brigand.

malappris, e adj. et n. Qui est mal éduqué : *Il passe devant tout le monde, quel malappris !* (**SYN.** goujat, impoli, malotru).

malard ou **malart** n.m. *Région.* Canard mâle.

malaria n.f. (de l'it. *mala aria,* mauvais air). *Vieilli* Paludisme.

malavisé, e adj. *Litt.* Qui agit mal à propos ou sans discernement : *Il a été malavisé de ne pas vendre ses actions à ce moment-là* (**SYN.** imprudent, irréfléchi, maladroit ; **CONTR.** avisé, prévoyant, prudent).

malaxage n.m. Action de malaxer (**SYN.** pétrissage).

malaxer v.t. (du lat. *malaxare,* amollir) [conj. 3]. **1.** Pétrir une substance pour la ramollir, pour la rendre plus homogène : *Le potier malaxe l'argile* (**SYN.** travailler, triturer). **2.** Masser du bout des doigts une partie du corps.

malaxeur n.m. et adj. m. Appareil muni d'une cuve, servant à mélanger plusieurs produits : *Un malaxeur à mortier.*

malbar, malbaraise n. À la Réunion, Indien non musulman.

malbâti, e adj. Se dit d'une personne dont le corps n'est pas harmonieux. ☞ **REM.** On peut aussi écrire *mal bâti, mal bâtie.*

malbouffe n.f. *Fam., péjor.* Nourriture de mauvaise qualité tant du point de vue de la gastronomie que de la diététique.

malchance n.f. **1.** Sort défavorable ; suite de désagréments : *Être poursuivi par la malchance* (**SYN.** adversité, infortune [litt.], malheur ; **CONTR.** chance). *Jouer de malchance* (= ne pas avoir de chance dans ce qu'on entreprend). **2.** Hasard malheureux ; situation défavorable ; issue malheureuse : *Une série de malchances les a conduits à l'échec* (**SYN.** aléa, incident, mésaventure).

malchanceux, euse adj. et n. Qui est en butte à la malchance : *Des investisseurs malchanceux* (**SYN.** malheureux ; **CONTR.** chanceux, heureux).

malcommode adj. Qui n'est pas commode, pas pratique : *Ce tournevis est malcommode* (**SYN.** incommode).

maldonne n.f. Erreur dans la distribution des cartes ; fausse donne. ▸ *Fam.* ***Il y a maldonne,*** c'est un malentendu ; il y a erreur.

mâle n.m. (lat. *masculus*). **1.** Être vivant du sexe capable de féconder : *Le taureau est le mâle de l'espèce bovine.* **2.** Personne de sexe masculin (par opp. à femme) : *La couronne royale passe de mâle en mâle.* **3.** *Fam.* Homme caractérisé par sa vigueur physique ou morale : *Un mâle fort et viril.* ◆ adj. **1.** En biologie, se dit d'un individu ou d'un organe animal ou végétal appartenant au sexe fécondant, porteur de cellules reproductrices plus nombreuses, plus petites et plus mobiles que celles du sexe femelle : *Souris mâle.* **2.** Qui est du sexe masculin : *Ce titre s'est transmis aux descendants mâles.* **3.** Qui annonce de la force, de l'énergie : *Voix mâle* (**SYN.** viril ; **CONTR.** efféminé). *Une mâle assurance* (**SYN.** hardi, martial). **4.** Se dit d'un élément, d'un instrument qui entre dans un autre, qualifié de *femelle* : *Une fiche mâle.*

malédiction n.f. (du lat. *maledicere,* maudire). **1.** *Litt.* Action de maudire : *Il est poursuivi par la malédiction paternelle* (**SYN.** anathème). **2.** Sort défavorable qui s'acharne sur une personne ; fléau : *Tous les appareils sont en panne en même temps, c'est une malédiction* (**SYN.** fatalité, malchance).

maléfice n.m. (du lat. *maleficium,* méfait). *Litt.* Pratique magique visant à nuire ; diablerie, sortilège.

maléfique adj. (lat. *maleficus,* de *male facere,* mal faire). *Litt.* Qui a une influence nocive, malfaisante et mystérieuse : *Un film de science-fiction peuplé de créatures maléfiques* (**SYN.** dangereux, pernicieux ; **CONTR.** bénéfique, bienfaisant).

malencontreusement adv. De façon malencontreuse : *Il a malencontreusement fait tomber la pile de livres* (= sans le faire exprès).

malencontreux, euse adj. (de l'anc. fr. *malencontre,* mauvaise rencontre). Qui survient mal à propos ; fâcheux : *Un geste malencontreux* (**SYN.** inopportun, malheureux, malvenu ; **CONTR.** approprié, bienvenu, opportun).

mal-en-point adj. inv. Qui est en mauvais état de santé, de fortune, de situation : *Ces concurrentes sont bien mal-en-point.* ☞ **REM.** On peut aussi écrire *mal en point.*

malentendant, e adj. et n. Se dit de qqn dont l'acuité auditive est diminuée : *Le journal télévisé des sourds et des malentendants est sous-titré et traduit en langage des signes.*

malentendu n.m. Divergence d'interprétation de paroles, d'actions ; désaccord qui en résulte : *C'est un malentendu, elle devait prendre la parole la première* (**SYN.** erreur, méprise). *Dissiper un malentendu* (**SYN.** dissension, mésentente).

mal-être n.m. inv. Sentiment de profond malaise : *Le mal-être des exclus de la société* (**CONTR.** bien-être).

malfaçon n.f. Défaut de fabrication dans un ouvrage, un travail : *L'assurance couvre les malfaçons* (**SYN.** défectuosité).

malfaisance [malfəzɑ̃s] n.f. *Litt.* Disposition à nuire ; action nuisible : *On note la malfaisance de certains pirates informatiques.*

malfaisant, e [malfəzɑ̃, ɑ̃t] adj. (de l'anc. fr. *malfaire,* faire du mal). **1.** Se dit de qqn qui cherche à faire du mal, à nuire : *Des individus malfaisants* (**SYN.** mauvais, méchant). **2.** Se dit de qqch qui a des effets néfastes, nuisibles : *Des idées malfaisantes* (**SYN.** malsain, pernicieux ; **CONTR.** bienfaisant, positif).

malfaiteur n.m. Individu qui commet des vols, des crimes : *Une bande de malfaiteurs* (**SYN.** bandit, gangster).

malfamé, e adj. (du lat. *fama*, renommée). Qui est fréquenté par des individus de mauvaise réputation : *Une rue malfamée.* ☞ **REM.** On peut aussi écrire *mal famé, mal famée.*

malformation n.f. Altération morphologique congénitale d'un tissu, d'un organe du corps humain : *Une malformation crânienne* (**SYN.** difformité).

malfrat [malfra] n.m. (du languedocien *malfar*, mal faire). *Fam.* Malfaiteur, truand.

malgache adj. et n. Relatif à Madagascar, à ses habitants. ◆ n.m. Langue indonésienne parlée par les Malgaches.

malgracieux, euse adj. *Litt.* Qui manque d'amabilité, de courtoisie (**SYN.** bourru, renfrogné, revêche ; **CONTR.** affable).

malgré prép. **1.** En allant contre le gré, la volonté de : *Elle a obtenu ce poste malgré les opposants.* **2.** En ne se laissant pas arrêter par tel obstacle : *Malgré son handicap, il participe à toutes les activités* (**SYN.** en dépit de, au mépris de). ▸ ***Malgré soi,*** en allant contre sa propre volonté : *C'était son devoir, il l'a fait malgré lui* ; involontairement : *J'emploie ce mot malgré moi, c'est un tic.* ***Malgré tout,*** en dépit des inconvénients, des obstacles : *Malgré tout, ils sont arrivés à l'heure. Ce film est long ; malgré tout il tient en haleine* (= pourtant). ◆ **malgré que** loc. conj. (Suivi du subj. ; emploi critiqué). Indique une opposition, une concession : *La voiture a démarré malgré qu'elle soit restée longtemps dehors* (**SYN.** bien que, quoique). ☞ **REM.** Il est préférable d'employer *bien que* ou *quoique.* ▸ *Litt.* ***Malgré que j'en aie, que tu en aies,*** etc., bien que cela me, te, etc., contrarie ; à contrecœur.

malhabile adj. Qui manque d'habileté manuelle : *Des bricoleurs malhabiles* (**SYN.** inexpérimenté, inhabile [litt.], maladroit ; **CONTR.** adroit, habile).

malhabilement adv. De façon malhabile : *Il dessine malhabilement* (**SYN.** maladroitement ; **CONTR.** habilement).

malheur n.m. **1.** Situation pénible qui affecte douloureusement qqn : *C'est dans le malheur qu'on connaît ses vrais amis* (**SYN.** adversité, chagrin, peine ; **CONTR.** bonheur, félicité [sout.]). **2.** Événement fâcheux, funeste ; coup du sort : *Il nous a raconté tous ses malheurs* (**SYN.** épreuve, revers). *Un malheur n'arrive jamais seul* (**SYN.** désastre, ennui). *Sois prudent, un malheur est si vite arrivé* (**SYN.** accident). **3.** Sort hostile : *Le malheur a voulu que personne ne l'entende* (**SYN.** fatalité, malchance, malédiction ; **CONTR.** chance). ▸ *Fam.* ***Faire un malheur,*** se livrer à des accès de violence ou faire un éclat : *Si vous ne vous taisez pas, je vais finir par faire un malheur* ; obtenir un grand succès : *Cette émission fait un malheur auprès des jeunes.* ***Jouer de malheur,*** avoir une grande malchance. ***Oiseau de malheur,*** personne qui porte malheur. ***Par malheur,*** par un fâcheux concours de circonstance : *Par malheur, le train est tombé en panne.* ***Porter malheur,*** avoir une influence néfaste.

malheureusement adv. Par manque de chance ; par malheur : *Il a malheureusement oublié son portable dans le train* (**SYN.** malencontreusement).

malheureux, euse adj. et n. **1.** Qui est dans une situation pénible, douloureuse : *Les malheureux sinistrés sont hébergés par la mairie* (**SYN.** misérable, pauvre ; **CONTR.** heureux). *Ils offrent un peu de chaleur humaine aux malheureux* (**SYN.** indigent, miséreux, nécessiteux ; **CONTR.** nanti, riche). **2.** Qui inspire la pitié : *Les malheureux touristes s'étaient perdus* (**SYN.** pauvre). ◆ adj. **1.** Qui exprime le malheur, la douleur : *Elle baissait la tête d'un air malheureux* (**SYN.** désolé, peiné, triste ; **CONTR.** heureux, joyeux, radieux). **2.** Qui manque de chance : *Être malheureux au jeu* (**SYN.** malchanceux). *Les concurrents malheureux feront d'autres tentatives* (= ceux qui ont échoué ; **SYN.** infortuné [litt.] ; **CONTR.** chanceux). **3.** Qui a pour conséquence le malheur : *Un malheureux accident* (**SYN.** déplorable, désastreux, fâcheux). *Il a eu un geste malheureux* (**SYN.** malencontreux, regrettable). *Son premier stage a été une expérience malheureuse* (**SYN.** désagréable, triste). **4.** (Avant le n.). Qui est sans valeur, sans importance : *Inutile de faire un constat pour une malheureuse éraflure* (**SYN.** insignifiant, négligeable, petit ; **CONTR.** conséquent, considérable, grave).

malhonnête adj. **1.** Qui enfreint les règles de la probité, de l'honnêteté : *Un commerçant malhonnête* (**SYN.** véreux ; **CONTR.** intègre, probe). *Des manœuvres malhonnêtes* (**SYN.** déloyal, indélicat). **2.** Qui choque la décence, la pudeur : *Faire une caricature malhonnête de la directrice d'une association* (**SYN.** inconvenant, indécent). **3.** En Suisse, mal élevé ; impoli.

malhonnêtement adv. De façon contraire à la probité : *De l'argent malhonnêtement gagné* (**CONTR.** honnêtement).

malhonnêteté n.f. **1.** Caractère malhonnête de qqn, de son comportement : *La malhonnêteté d'une personne corrompue* (**SYN.** déloyauté ; **CONTR.** honnêteté, intégrité). **2.** Action contraire à l'honnêteté : *Il a commis plusieurs malhonnêtetés* (**SYN.** escroquerie, indélicatesse).

mali n.m. En Belgique, déficit.

malice n.f. (du lat. *malitia*, méchanceté, de *malus*, mauvais). Penchant à dire ou à faire des petites méchancetés, à taquiner : *On sait de quelle malice il est capable* (**SYN.** rouerie). *Ses yeux pétillent de malice* (**SYN.** espièglerie, raillerie).

malicieusement adv. Avec malice : *Il nous regardait malicieusement* (**SYN.** narquoisement).

malicieux, euse adj. et n. Qui a de la malice : *Un enfant malicieux* (**SYN.** espiègle, taquin). *Des paroles malicieuses* (**SYN.** ironique, narquois, railleur).

malignement [maliɲəmɑ̃] adv. Avec malignité.

malignité [maliɲite] n.f. (lat. *malignitas*, de *malus*, mauvais). **1.** *Litt.* Méchanceté mesquine : *Être en butte à la malignité d'un harceleur* (**SYN.** malveillance). **2.** Caractère dangereux, mortel d'une tumeur, d'un mal (**CONTR.** bénignité).

malin, igne [malɛ̃, iɲ] adj. et n. (du lat. *malignus*, méchant, de *malus*, mauvais). **1.** Qui a de la finesse d'esprit, de la ruse et qui s'en sert pour se tirer d'embarras ou pour se moquer : *Il est malin, il a compris comment retourner la situation à son avantage* (**SYN.**

astucieux, habile, ingénieux ; **CONTR.** lent, obtus). *C'est une petite maligne, elle ne vous a pas cru* (**SYN.** roué, rusé). ☞ **REM.** Dans ce sens, la forme féminine *maline* se rencontre de plus en plus souvent. **2.** *Litt.* (Avec l'art. déf. et une majuscule). Le démon, le diable (on dit aussi *l'esprit malin*). ▸ *Fam.* ***Faire le malin,*** vouloir se mettre en avant ; vouloir faire de l'esprit. ◆ adj. **1.** Qui montre de la malveillance : *Il éprouve un malin plaisir à nous voir perdre* (**SYN.** pervers, sadique). **2.** Au Québec, en parlant d'un animal, méchant, dangereux ; en parlant d'une personne, coléreux, irascible. ▸ ***Ce n'est pas bien malin,*** ce n'est pas très difficile : *Ce n'est pas bien malin, il suffit de connaître le mécanisme.* ***Ce n'est pas malin,*** c'est stupide. ***Tumeur maligne,*** en médecine, tumeur cancéreuse.

malingre adj. (de *mal* et de l'anc. fr. *haingre,* décharné). Qui est d'une constitution délicate, fragile : *Des enfants malingres* (**SYN.** chétif, frêle ; **CONTR.** fort, robuste).

malintentionné, e adj. Qui a de mauvaises intentions ; méchant : *Un esprit malintentionné* (**SYN.** malveillant ; **CONTR.** bienveillant, gentil).

malle n.f. (du frq.). **1.** Coffre de grandes dimensions, où l'on enferme les objets que l'on emporte en voyage : *Il range ses vêtements dans cette malle en cuir.* **2.** *Anc.* Malle-poste. ▸ *Vx* ***Malle arrière,*** coffre arrière d'une automobile. *Fam.* ***Se faire la malle,*** partir sans prévenir ; s'enfuir.

malléabilité n.f. **1.** Caractère de qqn, de son esprit, qui est docile, influençable. **2.** Qualité d'une matière malléable : *La malléabilité des métaux* (**SYN.** plasticité).

malléable adj. (du lat. *malleare,* marteler, de *malleus,* marteau). **1.** Qui se laisse influencer ou former : *Un enfant malléable* (**SYN.** docile, souple ; **CONTR.** rétif). **2.** Se dit d'une matière qui se laisse modeler : *L'argile est malléable* (**SYN.** plastique).

malléole n.f. (du lat. *malleolus,* petit marteau). Saillie osseuse qui forme la cheville.

malle-poste n.f. (pl. *malles-poste*). *Anc.* Voiture tirée par des chevaux, qui faisait surtout le service des dépêches (**SYN.** malle).

mallette n.f. **1.** Petite valise rigide ou semi-rigide : *Une mallette remplie d'échantillons.* **2.** En Belgique, cartable d'écolier.

mal-logé, e n. (pl. *mal-logés, ées*). Personne dont les conditions d'habitation ne sont pas satisfaisantes : *Une association qui aide les mal-logés.*

mal-logement n.m. inv. Situation des mal-logés.

malmener v.t. [conj. 19]. **1.** Traiter durement qqn ; maltraiter : *Des voyous l'ont malmené* (**SYN.** battre, brutaliser, rudoyer). *Les critiques malmènent systématiquement ses films* (**SYN.** dénigrer, vilipender [litt.]). **2.** Dans un combat, mettre un adversaire dans une situation difficile : *Ce jeune lutteur a malmené le champion.*

malnutrition n.f. Excès, insuffisance ou déséquilibre de la nourriture d'une personne, d'une population ; défaut d'utilisation des aliments par l'organisme : *Souffrir de malnutrition* (= déséquilibre alimentaire).

malodorant, e adj. Qui a une mauvaise odeur : *Une décharge malodorante* (**SYN.** fétide, nauséabond, pestilentiel).

malotru, e n. (du lat. *male astrucus,* né sous une mauvaise étoile). Personne grossière, mal élevée : *Ce malotru ne m'a même pas demandé pardon* (**SYN.** goujat, malappris, mufle).

maloya n.m. À la Réunion, ancienne danse des esclaves noirs, devenue une forme de l'expression musicale créole.

malpoli, e adj. et n. *Fam.* Qui fait preuve de manque d'éducation ; qui choque la bienséance : *Il est très malpoli* (**CONTR.** poli). *Des mots malpolis* (**SYN.** grossier, impoli). *Vous êtes un malpoli* (**SYN.** malappris, malotru).

malposition n.f. Position anormale d'une dent.

malpropre adj. Au Québec, qui manque de propreté : *Des cheveux malpropres* (**SYN.** sale). ◆ adj. et n. Qui est contraire à la décence, aux convenances : *Il leur a lancé un chapelet de paroles malpropres* (**SYN.** grossier, inconvenant, obscène). *Ils n'osent pas faire état de ces tractations malpropres* (**SYN.** indélicat, malhonnête ; **CONTR.** honnête). ▸ *Fam.* ***Comme un malpropre,*** sans ménagement et d'une façon indigne : *Ils l'ont chassé comme un malpropre.*

malproprement adv. De façon sale, indélicate : *Il travaille malproprement* (**SYN.** salement ; **CONTR.** soigneusement).

malpropreté n.f. **1.** Au Québec, défaut de propreté : *La malpropreté de ses vêtements* (**SYN.** saleté). **2.** Acte malhonnête ou indécent ; indélicatesse : *Il s'est enrichi par des malpropretés* (**SYN.** malhonnêteté).

malsain, e adj. **1.** Qui nuit à la santé physique ou morale ; dangereux : *L'air est malsain dans cet atelier* (**SYN.** impur, pollué, vicié ; **CONTR.** pur, sain). *Une campagne de presse malsaine* (**SYN.** pernicieux, pourri). **2.** Qui ne paraît pas sain et suscite l'inquiétude : *Un individu malsain* (**SYN.** morbide, pervers). **3.** Qui dénote une perversion intellectuelle ou morale : *Une curiosité malsaine* (**SYN.** pernicieux, vicieux).

malséant, e adj. *Sout.* Qui n'est pas convenable : *Des critiques malséantes* (**SYN.** déplacé, grossier, inconvenant). *Il est malséant de bâiller devant son interlocuteur* (**SYN.** incorrect ; **CONTR.** bienséant, courtois, poli).

malsonnant, e adj. *Litt.* Se dit de mots, de paroles contraires à la bienséance, à la pudeur : *Des mots malsonnants* (**SYN.** grossier, inconvenant, ordurier ; **CONTR.** convenable, décent).

malstrom [malstrɔm] n.m. → **maelström.**

malt [malt] n.m. (mot angl.). Orge germée artificiellement, séchée et débarrassée de ses germes, utilisée pour fabriquer de la bière.

maltage n.m. Opération consistant à transformer l'orge en malt.

maltaise n.f. (de *Malte,* île de la Méditerranée). Variété d'orange sucrée.

malté, e adj. **1.** Se dit de l'orge convertie en malt. **2.** Qui est additionné de malt grillé : *Du lait malté.*

malter v.t. [conj. 3]. Transformer l'orge en malt.

malterie n.f. **1.** Usine où l'on réalise le maltage. **2.** Ensemble des activités industrielles liées à la fabrication du malt.

malthusianisme n.m. (de Thomas Robert *Malthus,* économiste angl.). **1.** Restriction volontaire de la procréation. **2.** Ralentissement volontaire de la production, de l'expansion économique.

malthusien, enne adj. et n. **1.** Qui appartient aux

doctrines de Malthus ; qui en est partisan. **2.** Qui est opposé à l'expansion économique ou démographique.

maltraitance n.f. Fait de maltraiter, d'infliger de mauvais traitements à une personne ; ensemble de ces mauvais traitements : *Des cas de maltraitance de personnes âgées* (**SYN.** sévices).

maltraitant, e adj. et n. Qui inflige des mauvais traitements, se rend coupable de maltraitance.

maltraiter v.t. [conj. 4]. **1.** Soumettre à de mauvais traitements : *Ces personnes maltraitent leur chien* (**SYN.** brutaliser, frapper ; **CONTR.** choyer, dorloter). **2.** Ne pas ménager qqn ; critiquer qqn durement : *L'opposition a maltraité le ministre* (**SYN.** étriller, houspiller, stigmatiser).

malus [malys] n.m. (mot lat. signif. « mauvais »). Majoration d'une prime d'assurance automobile en fonction du nombre d'accidents survenus annuellement aux assurés et dont ils ont été responsables (par opp. à bonus) : *Le barème des malus.*

malveillance n.f. **1.** Intention de nuire : *Des actes de malveillance* (**SYN.** sabotage). **2.** Disposition d'esprit agressive à l'égard de qqn : *Des propos empreints de malveillance* (**SYN.** animosité, hostilité, méchanceté ; **CONTR.** amabilité, bienveillance, gentillesse).

malveillant, e adj. et n. (de *mal* et de l'anc. fr. *vueillant,* voulant). Qui est animé par la volonté de faire du mal à autrui : *Des voisins malveillants* (**SYN.** agressif, mauvais, méchant ; **CONTR.** amical, bon, charitable). ◆ adj. Qui est inspiré par la malveillance : *Des rumeurs malveillantes courent à son sujet* (**SYN.** désobligeant, hostile ; **CONTR.** bienveillant).

malvenu, e adj. Qui arrive à un mauvais moment : *Cette demande est malvenue* (**SYN.** déplacé, inconvenant, inopportun, intempestif ; **CONTR.** bienvenu). ▸ *Litt.* ***Être malvenu à*** ou ***de*** (+ inf.), être peu fondé à, peu qualifié pour : *Ceux qui bafouent la loi sont malvenus à* ou *de réclamer des sanctions pour les casseurs.* ☞ **REM.** On peut aussi écrire *mal venu, mal venue.*

malversation n.f. (du lat. *male versari,* se comporter mal). Détournement de fonds dans l'exercice d'une charge : *Un politicien accusé de malversations* (**SYN.** concussion, exaction [litt.], prévarication).

mal-vivre n.m. inv. Fait de mener une existence insatisfaisante, qui est une source de mal-être : *Le mal-vivre des jeunes qui n'ont pas de travail* (**SYN.** désarroi, malaise).

malvoisie n.m. (du nom d'une ville de Grèce). Vin grec doux et liquoreux.

malvoyant, e adj. et n. Se dit d'une personne dont l'acuité visuelle est très diminuée : *Les personnes non voyantes et malvoyantes.*

maman n.f. (lat. *mamma,* formation enfantine par redoublement). Nom affectueux utilisé par les enfants pour désigner leur mère : *Maman, attends-moi. La maîtresse demande aux mamans d'être ponctuelles.*

mamelle n.f. (lat. *mamilla,* de *mamma,* sein). Glande placée sur la face ventrale du tronc des femelles des mammifères, sécrétant après la gestation le lait dont se nourrissent les jeunes : *Les mamelles d'une vache* (= le pis).

mamelon n.m. **1.** Éminence charnue qui s'élève au centre de la mamelle ou du sein : *Le nourrisson tète le mamelon.* **2.** Colline de forme arrondie : *La route passe entre des mamelons boisés* (**SYN.** croupe, éminence, hauteur, monticule).

mamelonné, e adj. Se dit d'une région comportant de nombreuses collines arrondies : *Une campagne mamelonnée.*

mamelouk ou **mameluk** [mamluk] n.m. (ar. *mamluk*). **1.** Dans l'histoire égyptienne, soldat esclave faisant partie d'une milice. **2.** Dans l'histoire française, cavalier d'un escadron de la Garde de Napoléon Ier.

mamelu, e adj. *Fam., péjor.* Qui a de grosses mamelles, de gros seins.

mamie ou **mamy** n.f. (de l'angl. *mammy,* maman). Nom affectueux donné à une grand-mère par ses petits-enfants : *Des mamies de plus en plus jeunes.*

mamillaire [mamilɛr] adj. En anatomie, relatif au mamelon.

mammaire adj. (du lat. *mamma,* sein). Relatif à la mamelle ou au sein : *La glande mammaire* (= qui sécrète le lait).

mammalien, enne adj. Relatif aux mammifères.

mammalogie n.f. Partie de la zoologie qui traite des mammifères.

mammectomie ou **mastectomie** n.f. Ablation chirurgicale du sein.

mammifère n.m. Animal vertébré caractérisé par la présence de mamelles : *Il y a des mammifères terrestres, aériens, aquatiques et souterrains.*

mammite ou **mastite** n.f. En médecine, inflammation de la glande mammaire.

mammographie n.f. Radiographie de la glande mammaire, du sein.

mammoplastie n.f. Intervention de chirurgie plastique sur le sein.

mammouth [mamut] n.m. (mot russe, d'une langue sibérienne). Mammifère fossile du quaternaire, voisin de l'éléphant d'Asie, mais couvert d'une toison laineuse.

mamours [mamur] n.m. pl. (de *ma amour,* mon amour). *Fam.* Grandes démonstrations de tendresse : *Faire des mamours à qqn* (**SYN.** cajolerie, câlin, caresse).

mamy n.f. → **mamie.**

manade n.f. (mot prov.). En Camargue, troupeau de taureaux ou de chevaux conduit par un gardian.

manadier, ère n. Propriétaire d'une manade.

management [manadʒmɛnt ou manaʒmɑ̃] n.m. (mot angl., de *to manage,* diriger). **1.** Ensemble des techniques de direction, d'organisation et de gestion de l'entreprise. **2.** Ensemble des dirigeants d'une entreprise.

① **manager** [manadʒœr ou manadʒɛr] n.m. (mot angl.). **1.** Spécialiste du management ; dirigeant d'entreprise. **2.** Personne qui gère les intérêts d'un sportif, qui entraîne une équipe : *Le manager des joueuses belges* (**SYN.** entraîneur). ☞ **REM.** On rencontre de plus en plus souvent la forme *un manageur, une manageuse.*

② **manager** [manadʒe ou manaʒe] v.t. [conj. 17]. **1.** Faire du management ; diriger une affaire, un service. **2.** Entraîner des sportifs.

managérial, e, aux [manadʒerjal, o ou manaʒerjal, o] adj. Relatif au management.

manant n.m. (du lat. *manere,* rester). **1.** Sous l'Ancien

Régime, paysan ou habitant d'un village. **2.** *Litt.* Homme grossier : *Ce manant m'a bousculé pour passer* (**SYN.** rustre).

① **manche** n.m. (lat. *manicum,* de *manus,* main). **1.** Partie par laquelle on tient un instrument, un outil : *Un manche à balai. Le manche d'un rateau.* **2.** Os apparent des côtelettes et des gigots. **3.** Partie d'un instrument à cordes prolongeant la caisse, où sont fixées les chevilles tendant les cordes : *Un manche de mandoline.* ▸ *Fam.* ***Être du côté du manche,*** être du côté du plus fort. *Fam.* ***Se débrouiller*** ou ***s'y prendre comme un manche,*** se montrer incapable, maladroit. *Fam.* ***Tomber sur un manche,*** rencontrer une difficulté.

② **manche** n.f. (lat. *manica,* de *manus,* main). **1.** Partie du vêtement qui entoure le bras : *Un gilet sans manches. Manche ballon* (= courte et bouffante). **2.** Au jeu, une des parties liées que l'on est convenu de jouer : *Nous jouerons en deux manches et une belle.* ▸ ***Avoir qqn dans sa manche,*** pouvoir influer sur ses décisions. *Fam.* ***C'est une autre paire de manches,*** c'est tout différent et plus difficile : *Mettre en application cette idée, c'est une autre paire de manches.* ***Manche à air,*** tube en toile placé au sommet d'un mât pour indiquer la direction du vent ; conduit métallique servant à aérer l'intérieur d'un navire. *Fam.* ***Retrousser ses manches,*** se mettre au travail avec ardeur.

③ **manche** n.f. (prov. *mancho,* quête). ▸ *Fam.* ***Faire la manche,*** mendier.

mancheron n.m. Chacune des deux poignées d'une charrue à traction animale.

manchette n.f. **1.** Poignet à revers d'une chemise ou d'un chemisier, à quatre boutonnières que l'on réunit avec des boutons, dits *boutons de manchette* (= poignet mousquetaire). **2.** Au catch, coup porté avec l'avant-bras. **3.** Titre en gros caractères en haut de la première page d'un journal : *Au kiosque, il lit les manchettes des journaux.*

manchon n.m. **1.** Rouleau de fourrure dans lequel on met les mains pour les préserver du froid. **2.** Pièce cylindrique servant à protéger, à assembler : *Poser un manchon d'assemblage* (**SYN.** anneau, bague, douille).

① **manchot, e** adj. et n. (du lat. *mancus,* estropié). Qui est estropié ou privé d'une main ou d'un bras. ▸ *Fam.* ***Ne pas être manchot,*** être adroit, habile.

② **manchot** n.m. (de *1. manchot*). Oiseau des régions antarctiques, dont les membres antérieurs, impropres au vol, servent de nageoires.

mandant, e n. Personne qui, par un mandat, donne à une autre le pouvoir de la représenter dans un acte juridique (par opp. à mandataire).

mandarin n.m. (mot port., du malais). **1.** En histoire, titre donné aux fonctionnaires de l'Empire chinois, choisis par concours parmi les lettrés. **2.** *Péjor.* Personnage important et influent dans son milieu ; professeur d'université : *Les mandarins de la médecine.* **3.** En linguistique, forme dialectale du chinois, qui sert de base à la langue commune officielle actuelle.

mandarinal, e, aux adj. Relatif au mandarinat.

mandarinat n.m. **1.** En histoire, fonction de mandarin ; ensemble des mandarins chinois. **2.** *Péjor.* Pouvoir arbitraire détenu dans certains milieux par des intellectuels influents : *Le mandarinat universitaire.*

mandarine n.f. (de l'esp. *naranja mandarina,* orange des mandarins). Petite orange douce et parfumée, qui est le fruit du mandarinier.

mandarinier n.m. Arbre très proche de l'oranger, cultivé pour son fruit, la mandarine.

mandat n.m. (lat. juridique *mandatum,* de *mandare,* donner une mission). **1.** Dans la langue juridique, pouvoir qu'une personne donne à une autre d'agir en son nom (**SYN.** procuration). **2.** Dans la langue juridique, mission que les citoyens confient à certains d'entre eux, par une élection, d'exercer en leur nom certains pouvoirs ; durée de cette mission : *Il a un mandat de délégué du personnel. Malgré sa maladie, le maire a décidé d'aller jusqu'au terme de son mandat.* **3.** Formulaire officiel remis par le service des postes pour faire parvenir une somme à un correspondant : *Je vous enverrai un mandat pour couvrir vos frais.* ▸ ***Mandat d'amener,*** dans la langue juridique, ordre de faire comparaître une personne immédiatement devant un juge. ***Mandat d'arrêt,*** dans la langue juridique, ordre d'arrêter quelqu'un. ***Mandat de dépôt,*** dans la langue juridique, ordre de conduire quelqu'un en prison.

mandataire n. Personne qui a reçu mandat ou procuration pour représenter son mandant dans un acte juridique (= fondé de pouvoir ; **SYN.** représentant).

mandat-carte n.m. (pl. *mandats-cartes*). Mandat postal payable en espèces, établi sur une formule remplie par l'expéditeur.

mandat-contributions n.m. (pl. *mandats-contributions*). Mandat-carte réservé au paiement des contributions.

mandatement n.m. Action de mandater qqn : *Le mandatement d'un délégué pour des négociations.*

mandater v.t. [conj. 3]. **1.** Donner à qqn le pouvoir d'agir en son nom ; investir qqn d'un mandat : *Les membres de l'association ont mandaté le secrétaire pour transmettre leurs réclamations* (**SYN.** déléguer, députer). *Le juge a mandaté un administrateur judiciaire* (= l'a désigné, nommé). **2.** Payer sous la forme d'un mandat : *Le R.M.I. est mandaté.*

mandat-lettre n.m. (pl. *mandats-lettres*). Mandat délivré en échange d'un dépôt de fonds et transmis au bénéficiaire pour qu'il l'encaisse dans un bureau de poste.

mandature n.f. Durée d'un mandat politique électif.

mandchou, e [mɑ̃tʃu] adj et n. De la Mandchourie. ◆ **mandchou** n.m. Langue de la famille altaïque parlée en Mandchourie.

mandement n.m. Écrit d'un évêque à ses diocésains ou à son clergé pour donner des instructions (= lettre pastorale).

mander v.t. (du lat. *mandare,* donner une mission) [conj. 3]. *Litt.* Donner à qqn l'ordre de venir : *Il mandait sa fille à son chevet* (**SYN.** réclamer).

mandibule n.f. (lat. *mandibula,* de *mandere,* mâcher). **1.** Os de la mâchoire inférieure de l'homme et des vertébrés (= maxillaire inférieur). **2.** Pièce buccale paire des crustacés et des insectes, située en avant des mâchoires : *Les fortes mandibules d'un termite.* **3.** (Souvent pl.). *Fam.* Mâchoire de l'homme : *Jouer des mandibules* (= manger).

mandingue n.m. Groupe de langues parlées en Afrique occidentale.

mandoline n.f. (it. *mandolino*). Instrument de musique à cordes doubles pincées et à caisse de résonance le plus souvent bombée.

mandoliniste n. Personne qui joue de la mandoline.

mandragore n.f. (lat. *mandragoras*, du gr.). Plante dont la racine rappelle la forme d'un corps humain et qui passait pour avoir des vertus magiques.

mandrill [mɑ̃dril] n.m. (mot angl., d'une langue de Guinée). Singe voisin du babouin, au museau rouge bordé de sillons faciaux bleus.

mandrin n.m. (du prov. *mandre*, manivelle). **1.** Outil de forme génér. cylindrique servant à agrandir ou à égaliser des trous. **2.** Pièce fixée sur une machine-outil et qui permet de maintenir l'objet à usiner.

manducation n.f. (du lat. *manducare*, manger). *Didact.* Ensemble des actions qui préparent les aliments contenus dans la bouche à passer dans l'œsophage ; mastication.

manécanterie n.f. (du lat. *mane*, le matin, et de *cantare*, chanter). *Anc.* École de chant destinée à former les enfants de chœur ; maîtrise.

manège n.m. (it. *maneggio*, de *maneggiare*, manier). **1.** Ensemble des exercices destinés à apprendre à un cavalier à monter, à dresser correctement son cheval ; lieu où se pratiquent ces exercices d'équitation : *Les chevaux sont à l'exercice dans le manège.* **2.** Attraction foraine où des véhicules miniatures, des figures d'animaux servant de montures aux enfants sont ancrés sur un plancher circulaire que l'on fait tourner autour d'un axe vertical : *Faire deux tours de manège. Monter sur le manège.* **3.** Piste d'un cirque. **4.** Manière habile ou étrange de se conduire, d'agir : *Les policiers observent le manège d'un voleur à la tire* (= les faits et gestes ; **SYN.** agissements). *Ce manège pour t'évincer a duré un an* (**SYN.** intrigue, machination, manœuvre).

mânes [mɑn] n.m. pl. (lat. *manes*). **1.** Dans la mythologie romaine, âmes des morts, considérées comme des divinités. **2.** *Litt.* Ancêtres considérés comme vivant dans l'au-delà : *Invoquer les mânes de ses aïeux.*

manette n.f. (dimin. de *main*). Levier de commande manuelle de certains organes de machines : *Actionner la manette d'un jeu vidéo.*

manga n.m. (mot jap.). Bande dessinée japonaise ; dessin animé qui s'en inspire.

mangaka n. Dessinateur ou auteur de mangas.

manganèse n.m. (it. *manganese*). Métal grisâtre très dur et très cassant, utilisé dans la fabrication des aciers spéciaux.

mangeable adj. **1.** Que l'on peut manger : *Cette crème est mangeable jusqu'à la date de péremption* (**SYN.** comestible, consommable ; **CONTR.** inconsommable). **2.** Qui est tout juste bon à manger : *Ces plats préparés sont mangeables, sans plus* (**SYN.** passable, potable ; **CONTR.** exécrable, immangeable).

mangeaille n.f. *Fam.* Nourriture abondante et de médiocre qualité.

mange-mil n.m. inv. En Afrique, petit oiseau causant des dégâts aux récoltes de céréales.

mangeoire n.f. Auge où mangent le bétail, les animaux de basse-cour.

① **manger** v.t. (du lat. *manducare*, mâcher) [conj. 17]. **1.** Avaler un aliment, afin de se nourrir : *Mangez des légumes plus souvent* (**SYN.** consommer). *Il mangeait de la soupe de poissons* (**SYN.** absorber, ingérer). **2.** (Sans compl.). Absorber des aliments : *Nous mangeons trop vite* (**SYN.** s'alimenter, se nourrir ; **CONTR.** jeûner). *« Il faut manger pour vivre, et non pas vivre pour manger »* [Molière, *l'Avare*]. **3.** En parlant d'un insecte, ronger : *Les termites mangent la charpente. Une armoire mangée par les vers* ou *aux vers* (= piquée, vermoulue). **4.** Entamer, ronger, altérer : *La rouille mange la carrosserie* (**SYN.** attaquer, corroder). **5.** Dépenser ce que l'on possède : *Ces travaux ont mangé toutes ses économies* (**SYN.** dilapider, dissiper, engloutir [fig.]). **6.** Consommer pour son fonctionnement : *En veille, les téléviseurs mangent de l'électricité* (**SYN.** user). ▸ *Fam.* ***Ça ne mange pas de pain,*** cela ne coûte rien, cela ne demande pas beaucoup d'efforts : *Essaie d'entrer, ça ne mange pas de pain* ; cela n'engage à rien : *Demandez-le-lui, ça ne mange pas de pain.* ***Manger des yeux,*** regarder avidement. *Fam.* ***Manger le morceau,*** faire des aveux, des révélations ; dénoncer ses complices. *Fam.* ***Manger ses mots,*** les prononcer trop vite, indistinctement. ◆ v.i. Prendre un repas : *Manger au restaurant. Elle a peu de temps pour manger* (= déjeuner, dîner ; **SYN.** se restaurer, se sustenter). ◆ **se manger** v.pr. Être consommé : *Ce gâteau se mange chaud. C'est léger, ça se mange sans faim.*

② **manger** n.m. (de *1. manger*). Ce qu'on a à manger : *On peut apporter son manger* (**SYN.** nourriture, repas). ▸ ***En perdre le boire et le manger*** → **2. boire.**

mange-tout ou **mangetout** n.m. inv. (Employé en appos.). Haricot ou pois dont on mange la cosse aussi bien que les grains : *Des mange-tout fins. Des haricots mange-tout.*

mangeur, euse n. Personne qui mange ; personne qui aime manger tel ou tel aliment : *Dans cette famille, il y a de gros mangeurs* (= des personnes qui mangent beaucoup). *Ce sont des mangeuses de pommes.*

mangoustan n.m. (du malais). Fruit comestible, rouge, du mangoustanier.

mangoustanier n.m. Arbre cultivé dans les zones tropicales humides pour son fruit, le mangoustan.

mangouste n.f. (esp. *mangosta*, d'une langue de l'Inde). Petit mammifère carnivore ressemblant à une belette, qui est un prédateur de serpents et de rats.

mangrove n.f. (mot angl., du malais). Forêt impénétrable des régions côtières tropicales, constituée de palétuviers étroitement enchevêtrés.

mangue n.f. (port. *manga*, du tamoul). Fruit comestible du manguier, à la pulpe jaune.

manguier n.m. Arbre cultivé dans les régions tropicales pour son fruit, la mangue.

maniabilité n.f. Qualité de ce qui est maniable : *Vous apprécierez la maniabilité de cette voiture.*

maniable adj. **1.** Qui est facile à manier ou à manœuvrer : *Une perceuse très maniable* (**SYN.** commode, ergonomique, pratique). *Un chariot de supermarché difficilement maniable* (**SYN.** manœuvrable). **2.** Qui se laisse diriger : *Un caractère maniable* (**SYN.** docile, malléable, souple ; **CONTR.** indocile).

maniaco-dépressif, ive adj. et n. (pl. *maniaco-dépressifs, ives*). Se dit d'une maladie mentale caractérisée par la succession d'accès d'excitation et de dépression ; se dit du malade qui en est atteint.

maniaque adj. et n. (lat. *maniacus*, de *mania*, folie). **1.** Qui a un goût et un soin excessifs pour des détails : *Elle est très maniaque sur l'assortiment des couleurs* (**SYN.** méticuleux, pointilleux ; **CONTR.** indifférent). **2.** Qui est très attaché à ses habitudes : *Ce vieux garçon est maniaque* (**SYN.** encroûté, routinier). **3.** Qui est obsédé par qqch : *C'est une maniaque de la ponctualité. Arrête avec l'eau de Javel, tu es un peu maniaque !* (= trop préoccupé de propreté). **4.** En psychiatrie, qui concerne la manie ; qui est atteint de manie : *Un dangereux maniaque.*

maniaquerie n.f. *Fam.* Comportement d'une personne maniaque, qui a un souci excessif de qqch.

manichéen, enne [manikeɛ̃, ɛn] adj. et n. Qui apprécie les choses selon les principes du bien et du mal, sans nuances : *Une conception manichéenne des rapports sociaux.*

manichéisme [manikeism] n.m. Façon de penser qui pousse à apprécier les choses, en bien ou en mal, sans aucune nuance : *Analyser une situation politique sans manichéisme.*

manicle ou **manique** n.f. (du lat. *manicula*, petite main). Gant de travail utilisé pour protéger la main.

manie n.f. (du lat. *mania*, folie). **1.** Habitude bizarre qui provoque la moquerie ou l'irritation : *Il a la manie de jouer avec son stylo* (**SYN.** tic). **2.** Goût excessif pour qqch ; idée fixe : *Il a la manie des livres anciens* (**SYN.** fureur, passion, rage). **3.** Obsession dénotant un certain déséquilibre : *La manie de la persécution* (**SYN.** obsession). **4.** En psychiatrie, état de surexcitation psychique qui provoque des troubles du comportement.

maniement n.m. **1.** Action ou manière de manier, d'utiliser un instrument, un outil, de se servir de qqch : *Un distributeur d'un maniement facile* (**SYN.** manipulation, usage, utilisation). *Elle est experte dans le maniement de l'imparfait du subjonctif* (**SYN.** emploi). **2.** Action ou manière de gérer, d'administrer qqch : *Ces investisseurs connaissent le maniement des investissements* (**SYN.** administration, gestion).

manier v.t. (de *main*) [conj. 9]. **1.** Tenir qqch entre ses mains pour le tâter ou le déplacer : *Nous maniions les bouteilles avec précaution* (**SYN.** manipuler, remuer, transporter). **2.** Se servir d'un appareil, d'un instrument ; manœuvrer un véhicule, une machine : *Il a compris comment manier la souris de l'ordinateur* (**SYN.** utiliser). *Vous maniez cet engin avec dextérité* (**SYN.** actionner, conduire). **3.** Employer avec habileté des idées, des mots, des sentiments : *Elle manie l'ironie à merveille* (**SYN.** user de). **4.** Orienter la pensée, l'action de qqn : *Un groupe difficile à manier* (**SYN.** diriger, mener, régenter). **5.** Pétrir à la main du beurre et de la farine pour les incorporer l'un à l'autre.

se **manier** v.pr. [conj. 9] → **se magner.**

manière n.f. (de l'anc. fr. *manier*, habile, du lat. *manuarius*, de la main, de *manus*, main). **1.** Façon particulière d'être ou d'agir : *Elle vit d'une manière simple* (= avec simplicité). *Les différentes manières d'utiliser un appareil* (**SYN.** méthode, moyen, procédé). *Employer la manière forte* (= avoir recours à la brutalité). **2.** Façon de peindre, de composer particulière à un artiste ; style propre à un écrivain : *Un concerto dans la manière de Vivaldi* (**SYN.** facture). ▸ ***À la manière,*** selon la coutume de telle ou telle population : *Elle aime cuisiner à la manière italienne* (= à l'italienne). ***À la manière de,*** à l'imitation de : *Elle peint à la manière de Seurat.* ***À ma, ta, sa manière,*** de la façon qui m'est, t'est, lui est propre : *Elle l'aime à sa manière.* ***C'est une manière de parler,*** ce qui est dit ne doit pas être pris au pied de la lettre : *Quand il dit que c'est fini, c'est une manière de parler : il faut encore tout vérifier.* ***De toute manière,*** quoi qu'il arrive : *De toute manière, elle sera au rendez-vous.* ***D'une manière générale,*** dans l'ensemble ; en règle générale. ***En aucune manière,*** nullement. ◆ **manières** n.f. pl. **1.** Façons habituelles de parler ou d'agir en société : *Il a des manières de parvenu* (**SYN.** attitude). *Elle connaît les bonnes manières* (= les usages). **2.** Attitude pleine d'affectation (**SYN.** cérémonies, embarras, simagrées). ▸ ***Faire des manières,*** agir, parler d'une façon affectée ; se faire prier. ***Sans manières,*** en toute simplicité. ◆ **de manière à** loc. prép. (Suivi de l'inf.). Indique le but, la conséquence prévue : *Nous étudions la question de manière à bien vous conseiller* (**SYN.** afin de, de façon à). ◆ **de manière à ce que** loc. conj. (Suivi du subj.). Indique le but (on dit aussi *de manière que*) : *Il s'est garé de manière à ce que personne ne soit gêné* (**SYN.** de façon que, de telle sorte que). ◆ **de manière que** loc. conj. **1.** (Suivi de l'ind.). *Litt.* Indique une conséquence réalisée : *Elle nous écrivait régulièrement, de manière que nous n'avions aucun motif d'inquiétude* (**SYN.** si bien que, de sorte que). **2.** (Suivi du subj.). Indique le but, la conséquence recherchée : *Elle tente de concilier tous les avis de manière que chacun soit satisfait* (**SYN.** afin que, de façon que, pour que).

maniéré, e adj. Qui manque de naturel, de simplicité ; poseur : *Une personne un peu maniérée* (**SYN.** affecté, gourmé). *Style maniéré* (**SYN.** alambiqué, mièvre, recherché).

maniérisme n.m. (it. *manierismo*). **1.** Manque de naturel, affectation, en partic. en matière artistique (**SYN.** afféterie, préciosité). **2.** Forme d'art du XVIe siècle, se caractérisant par des effets recherchés de raffinement.

maniériste adj. et n. **1.** Qui tombe dans le défaut du maniérisme. **2.** Qui se rattache au maniérisme artistique : *Un sculpteur maniériste.*

manieur, euse n. Personne qui manie qqch : *Une manieuse de cartes.* ▸ ***Manieur d'argent,*** homme d'affaires, financier. ***Manieur d'hommes,*** homme qui fait preuve de qualités de chef, qui sait diriger, mener les hommes (= un meneur).

manif n.f. (abrév.). *Fam.* Manifestation sur la voie publique.

manifestant, e n. Personne qui prend part à une manifestation sur la voie publique.

manifestation n.f. **1.** Action de manifester un sentiment : *Ces manifestations de sympathie l'ont encouragé à continuer sa lutte* (**SYN.** démonstration, marque, témoignage). **2.** Fait de se manifester, d'apparaître au grand jour : *Votre attitude n'aide pas à la manifestation de la vérité* (**SYN.** expression, révélation). *La manifestation d'une maladie* (**SYN.** apparition). **3.** Événement organisé dans un but commercial, culturel, etc. : *Ce festival est la manifestation qui attire le plus de monde.* **4.** Rassemblement collectif, défilé de personnes organisé sur la voie publique pour exprimer une opinion politique, une revendication : *Participer à une manifestation contre la guerre* (abrév. fam. manif).

① **manifeste** adj. (lat. *manifestus*). Dont la nature, la réalité, l'authenticité s'imposent avec évidence : *La différence entre l'original et sa copie est manifeste* (**SYN.** apparent, flagrant, visible ; **CONTR.** imperceptible, indiscernable, invisible). *Sa volonté de s'en sortir est manifeste* (**SYN.** évident, incontestable, indéniable, patent ; **CONTR.** contestable, douteux).

② **manifeste** n.m. (it. *manifesto*). **1.** Déclaration publique par laquelle un groupe politique, artistique, littéraire, etc., expose son programme, sa doctrine, sa théorie : *Le manifeste du surréalisme* (= proclamation de foi ; **SYN.** proclamation). **2.** Document de bord d'un avion comportant l'itinéraire du vol, le nombre de passagers et la quantité de fret emportée.

manifestement adv. De façon manifeste, évidente : *Manifestement, elle n'est pas contente de nous voir* (**SYN.** apparemment, visiblement).

manifester v.t. (lat. *manifestare*) [conj. 3]. Faire connaître ; donner des preuves de : *Il a manifesté son désir de les recevoir très bientôt* (**SYN.** déclarer, exprimer ; **CONTR.** taire). *Ils manifestèrent leur joie par des cris* (**SYN.** extérioriser, montrer ; **CONTR.** cacher, dissimuler). *Ses gestes manifestent sa nervosité* (**SYN.** indiquer, révéler, traduire, trahir). ◆ v.i. Participer à une démonstration collective publique : *Ils appellent à manifester pour le droit au logement.* ◆ **se manifester** v.pr. **1.** Apparaître au grand jour ; se faire reconnaître à tel signe : *Ses véritables intentions se sont manifestées dans son discours* (**SYN.** se dévoiler, se révéler). *Cette maladie se manifeste par des rougeurs au visage* (**SYN.** se traduire). **2.** Donner des signes de son existence, se faire connaître : *La personne qui a perdu ce portefeuille se manifestera sans doute à l'accueil* (**SYN.** se présenter).

manigance n.f. (du lat. *manus*, main). (Surtout au pl.). Petite manœuvre secrète qui a pour but de tromper qqn ou d'obtenir qqch : *Ils ont été victimes de ses manigances* (**SYN.** agissement, combinaison, manège).

manigancer v.t. [conj. 16]. Préparer secrètement et avec des moyens plus ou moins honnêtes : *Qu'ont-ils encore manigancé pour faire monter les cours ?* (**SYN.** machiner, tramer).

① **manille** [manij] n.f. (esp. *malilla*). **1.** Jeu de cartes par levées qui se joue génér. à quatre, deux contre deux, et où le dix et l'as sont les cartes maîtresses. **2.** Le dix de chaque couleur au jeu de manille.

② **manille** [manij] n.f. (du lat. *manicula*, petite main). Pièce de métal en forme d'anneau ouvert ou d'étrier, servant à relier deux longueurs de chaîne, des câbles, des voilures, etc.

manillon n.m. L'as de chaque couleur au jeu de la manille.

manioc [manjɔk] n.m. (du tupi). Plante des régions tropicales dont la racine comestible fournit une fécule avec laquelle on fait le tapioca.

manip ou **manipe** n.f. (abrév.). **1.** *Fam.* Manœuvre obscure visant à manipuler qqn. **2.** *Arg. scol.* Manipulation scientifique, expérience de physique, de chimie, etc.

manipulable adj. Que l'on peut manipuler : *Les enfants sont manipulables* (**SYN.** malléable, maniable).

manipulateur, trice n. **1.** Personne qui manipule des produits, des appareils : *Elle est manipulatrice en radiologie.* **2.** Personne qui aime à manipuler autrui ; manœuvrier : *Méfie-toi de cette manipulatrice.*

manipulation n.f. **1.** Action ou manière de manipuler un objet, un appareil : *La manipulation de la souris est simple* (**SYN.** maniement). **2.** Spécialité du prestidigitateur qui, par sa seule dextérité, fait apparaître et disparaître des objets. **3.** Manœuvre destinée à tromper : *Les manipulations d'un escroc* (**SYN.** manigance). **4.** Exercice au cours duquel des élèves, des chercheurs, etc., réalisent une expérience ; cette expérience même (abrév. fam. manip). *Cette manipulation n'a pas abouti aux résultats escomptés.* **5.** (Souvent au pl.). En médecine, opération manuelle, ensemble des gestes par lesquels un kinésithérapeute rétablit la position normale d'une articulation ou d'un segment de la colonne vertébrale. ▸ ***Manipulations génétiques,*** ensemble des opérations de modification de l'A.D.N., du génome de cellules et de micro-organismes.

manipuler v.t. (du lat. *manipulus*, poignée) [conj. 3]. **1.** Tenir un objet dans ses mains lors d'une utilisation quelconque : *Les déménageurs manipulent les bibelots précautionneusement* (**SYN.** déplacer, transporter). **2.** Faire fonctionner un appareil avec la main ; actionner : *Il ne sait pas encore manipuler son appareil photo numérique* (**SYN.** employer, se servir de, utiliser). **3.** Soumettre qqch à certaines opérations en le tenant avec les mains ou avec un instrument : *La laborantine manipule des éprouvettes* (**SYN.** manier). **4.** Transformer par des opérations plus ou moins honnêtes : *Ce commerçant a manipulé ses comptes* (**SYN.** falsifier). **5.** Amener insidieusement qqn à tel ou tel comportement, le diriger à sa guise : *Elle a essayé de manipuler certains de ses collaborateurs* (**SYN.** manœuvrer).

manique n.f. (lat. *manicula*). **1.** Manicle. **2.** Gant ou petit carré de tissu matelassé servant à tenir les plats chauds.

manitou n.m. (mot algonquien). **1.** Pour certaines peuplades indiennes d'Amérique du Nord, puissance surnaturelle pouvant s'incarner dans des personnes ou dans des objets. **2.** *Fam.* Personnage puissant dans un certain domaine d'activité : *Les grands manitous de la finance* (**SYN.** magnat).

manivelle n.f. (du lat. *manicula*, mancheron de charrue). **1.** Levier coudé deux fois à angle droit, à l'aide duquel on imprime un mouvement de rotation : *La manivelle du cric d'une voiture.* **2.** Partie du pédalier d'une bicyclette portant la pédale. ▸ ***Premier tour de manivelle,*** début du tournage d'un film.

① **manne** n.f. (lat. *manna*, de l'hébr. *man*). **1.** Nourriture providentielle et miraculeuse envoyée aux Hébreux dans leur traversée du désert du Sinaï après leur sortie d'Égypte. **2.** *Litt.* Avantage inespéré, chose providentielle ; aubaine.

② **manne** n.f. (du moyen néerl.). Grand panier qui servait au transport des marchandises.

mannequin n.m. (moyen néerl. *mannekijn*, de *man*, homme). **1.** Objet ayant la forme d'un corps humain sur lequel le couturier essaie et compose en partie les modèles ou qui sert à exposer ceux-ci dans les étalages : *Pendant les soldes, les mannequins de la vitrine ne sont pas habillés.* **2.** Dans une maison de couture, personne qui présente les nouveaux modèles de collection au public : *Les mannequins ont défilé.* ☞ **REM.** Au féminin, on rencontre souvent *une* *mannequin.* **3.** Figure articulée, destinée aux peintres, aux sculpteurs pour l'étude des attitudes du corps.

mannequinat n.m. Métier, activité d'un mannequin qui défile pour un couturier.

manœuvrable adj. Se dit d'un véhicule, d'un bateau, d'un aéronef facile à manœuvrer : *Un hors-bord très manœuvrable* (**SYN.** maniable).

① **manœuvre** n.f. **1.** Ensemble d'opérations permettant de mettre en marche, de faire fonctionner une machine, un véhicule, un aéronef, etc. : *La manœuvre d'un engin de terrassement* (**SYN.** maniement). **2.** Action de diriger un véhicule, un navire, etc. ; mouvement ou série de mouvements que détermine cette action : *La manœuvre d'un autobus. Le créneau est la manœuvre qui lui pose le plus de problèmes. Le commandant dirige la manœuvre.* **3.** Sur un navire, cordage faisant partie du gréement ; filin. **4.** Mouvement d'ensemble d'une troupe de militaires : *Une manœuvre d'encerclement.* **5.** (Surtout au pl.). Exercice d'instruction militaire destiné à enseigner les mouvements des troupes et l'usage des armes : *Terrain de manœuvres.* **6.** (Souvent péjor.). Ensemble de moyens employés pour obtenir un résultat : *Ils ont déjoué la manœuvre de leur adversaire* (**SYN.** machination). *Elle a usé de manœuvres frauduleuses pour obtenir un permis de construire* (**SYN.** combinaison, tractation). ▸ ***Fausse manœuvre,*** action inappropriée, mal exécutée ou exécutée à contretemps et susceptible d'avoir des conséquences fâcheuses : *J'ai dû faire une fausse manœuvre en éteignant l'ordinateur.*

② **manœuvre** n.m. Salarié affecté à des travaux ne nécessitant pas de connaissances professionnelles spéciales.

manœuvrer v.t. (du lat. *manu operare,* travailler avec la main, de *manus,* main) [conj. 5]. **1.** Mettre en action un appareil, une machine ; faire fonctionner : *Manœuvrer un treuil* (**SYN.** manier). **2.** Faire exécuter une manœuvre à un véhicule : *Manœuvrer une camionnette* (**SYN.** conduire, diriger). **3.** Amener qqn à agir dans le sens que l'on souhaite ; se servir de qqn comme moyen pour parvenir à ses fins : *Il a manœuvré une ancienne connaissance pour que son fils obtienne ce poste* (**SYN.** manipuler). ◆ v.i. **1.** Exécuter une manœuvre, un exercice d'instruction militaire : *Les troupes manœuvreront toute la semaine.* **2.** Combiner et employer certains moyens, plus ou moins détournés, pour atteindre un objectif : *Ils ont bien manœuvré pour obtenir cette maison au plus bas prix* (**SYN.** intriguer, ruser).

manœuvrier, ère adj. et n. Qui sait obtenir ce qu'il veut par des moyens habiles ; manipulateur.

manoir n.m. (du lat. *manere,* rester). Petit château ou grosse habitation de caractère entourée de terres : *Un manoir normand* (**SYN.** gentilhommière).

manomètre n.m. (du gr. *manos,* rare). Instrument servant à mesurer la pression d'un fluide.

manouche adj. et n. (d'un mot tsigane signif. « homme »). **1.** Qui se rapporte aux Manouches, fait partie de cette population. **2.** Tsigane.

manquant, e adj. Qui manque, qui est en moins : *Quelles sont les cartes manquantes dans ce jeu ?* ◆ adj. et n. Se dit de qqn qui est absent : *Au bureau, il y a plusieurs manquants à cause de la grippe* (**CONTR.** présent).

manque n.m. **1.** Fait de manquer, de faire défaut ; insuffisance ou absence de ce qui serait nécessaire : *Le manque de cliniques dans la région oblige les malades à faire de nombreux kilomètres* (**SYN.** pénurie ; **CONTR.** abondance, prolifération). *Un manque de fer entraîne une anémie* (**SYN.** carence, déficience). **2.** Ce qui manque à qqch pour être complet : *Il y a beaucoup de manques dans son compte rendu* (**SYN.** lacune, omission). **3.** À la roulette, série de numéros de 1 à 18 (par opp. à passe) : *Impair, rouge et manque.* ▸ ***État de manque,*** état d'anxiété et de malaise physique ressenti par un toxicomane lors d'un arrêt volontaire ou accidentel d'une drogue. ***Manque à gagner,*** perte portant sur un bénéfice escompté et non réalisé. ***Par manque de,*** en raison de l'absence de ; faute de : *Ils n'ont pas pu monter la pièce par manque de moyens.* ◆ loc. adj. ▸ *Fam.* ***À la manque,*** mauvais, défectueux : *Ce maître-nageur à la manque ne les a même pas surveillés. Un spectacle à la manque.*

① **manqué, e** adj. **1.** Qui n'est pas réussi ; défectueux : *Mon gâteau au chocolat est complètement manqué.* **2.** Auquel on n'a pu assister ; que l'on n'a pu honorer : *Après ce rendez-vous manqué, tâchons de trouver une autre date pour nous voir.* **3.** Qui n'est pas devenu ce qu'il devait ou prétendait être : *Un acteur manqué* (**CONTR.** accompli). ▸ *Fam.* ***Garçon manqué,*** fille ayant des allures, un comportement de garçon.

② **manqué** n.m. Pâtisserie analogue au gâteau de Savoie. ▸ ***Moule à manqué,*** moule rond et plat, à bord assez haut et roulé.

manquement n.m. Action de manquer à un devoir, à une loi, à une règle : *Ce manquement au règlement intérieur de l'établissement est inexcusable* (**SYN.** dérogation, infraction, transgression).

manquer v.i. (it. *mancare,* être insuffisant, du lat. *mancus,* défectueux, manchot) [conj. 3]. **1.** Ne pas réussir : *La tentative de détournement d'avion a manqué* (**SYN.** avorter, échouer ; **CONTR.** aboutir). **2.** Faire défaut ; être en quantité insuffisante : *Les médicaments manquent.* **3.** Être absent de son lieu de travail, d'études : *Vous avez manqué deux fois cette semaine.* ◆ v.t. ind. **1. [à].** Faire défaut à : *Le courage lui manque pour aller jusqu'au bout. Les vivres et les médicaments manquent aux réfugiés.* **2. [à].** Créer un manque par son absence : *Ses enfants lui manquent. La télévision manque à sa sœur pendant les vacances.* **3. [à].** Se soustraire, se dérober à une obligation morale : *Elle a manqué à sa promesse* (**SYN.** déroger à [sout.], trahir ; **CONTR.** tenir, respecter). **4. [de].** Ne pas avoir de ; ne pas disposer en quantité suffisante de : *Il manque de patience, d'indulgence. Ces enfants manquent d'affection. L'imprimante manque de papier.* **5. [de].** Être sur le point de ; faillir : *Il a manqué de tomber* (on peut aussi dire *il a manqué tomber*). ▸ ***Ne pas manquer de*** (+ inf.), ne pas oublier, ne pas négliger, ne pas omettre de : *Elle n'a pas manqué de nous le rappeler.* ◆ v.t. **1.** Ne pas réussir : *Il a manqué sa mayonnaise* (**SYN.** rater). **2.** Ne pas réussir à atteindre sa cible, son but : *La basketteuse a manqué le panier.* **3.** Laisser échapper ; ne pas profiter de : *Vous avez manqué une occasion d'être célèbre. Nous avons* *manqué le début du spectacle* (**CONTR.** assister à, voir). **4.** Ne pas rencontrer comme prévu : *Tu l'as manquée de peu, elle est partie il y a cinq minutes.* **5.** Arriver trop tard pour prendre un moyen de transport : *J'ai manqué le dernier métro.* ▸ ***Ne pas manquer qqn,*** ne pas laisser échapper l'occasion de lui donner une leçon, de se venger de lui : *À la première erreur, je ne le manquerai pas.* ◆ **se manquer** v.pr. **1.** En parlant de plusieurs personnes, ne pas se rencontrer comme c'était prévu : *Elles se sont manquées de trois minutes.* **2.** En parlant d'une personne, rater son suicide.

mansarde n.f. (du nom de l'architecte *François Mansart*). Pièce ménagée sous le toit d'un immeuble, d'une maison, dont un mur est en pente et le plafond bas.

mansardé, e adj. Qui est disposé en mansarde : *Une salle de jeux mansardée.*

mansuétude [mɑ̃sɥetyd] n.f. (lat. *mansuetudo,* de *manus,* main, et *suetus,* habitué). *Litt.* Disposition d'esprit qui incline à la patience, au pardon : *Vous faites preuve de trop de mansuétude à l'égard de cet enfant* (**SYN.** bienveillance, indulgence ; **CONTR.** inflexibilité, sévérité).

① **mante** n.f. (du gr. *mantis,* prophétesse). Insecte carnassier à la petite tête triangulaire très mobile, aux pattes antérieures qui se replient sur sa proie, qui chasse à l'affût (aussi appelée *mante religieuse* ou *mante prie-Dieu*). ☞ **REM.** Ne pas confondre avec *menthe.*

② **mante** n.f. (du prov. *manta,* manteau). *Anc.* Ample cape à capuchon froncé, que portaient les femmes.

manteau n.m. (lat. *mantellum,* dimin. de *mantum,* manteau). **1.** Vêtement à manches longues, se fermant sur le devant, que l'on porte à l'extérieur pour se protéger du froid : *Un manteau en fausse fourrure.* **2.** Construction qui délimite le foyer d'une cheminée et fait saillie dans la pièce : *Des cheminées au manteau en marbre.* **3.** En géophysique, partie d'une planète, en partic. de la Terre, intermédiaire entre la croûte et le noyau. **4.** Chez les oiseaux et les mammifères, région dorsale, quand elle est d'une autre couleur que celle du reste du corps : *Un canard sauvage au manteau bleu.* ▸ ***Manteau d'Arlequin,*** au théâtre, partie supérieure du cadre mobile de la scène, simulant une draperie. ***Sous le manteau,*** en dehors des formes légales ou régulières ; clandestinement, irrégulièrement : *Des disques piratés vendus sous le manteau.*

mantelé, e adj. En zoologie, se dit d'un animal dont le dos est d'une couleur différente de celle du reste du corps : *Un oiseau mantelé.*

mantelet n.m. Cape de femme en tissu léger, à capuchon, à pans longs devant et écourtée derrière.

mantille n.f. (esp. *mantilla,* du lat. *mantum,* manteau). Longue écharpe de dentelle que les femmes portent sur la tête ou sur les épaules.

mantra n.m. (mot sanskrit signif. « instrument de pensée »). Dans l'hindouisme et le bouddhisme, syllabe ou phrase sacrée dotée d'un pouvoir spirituel : *Psalmodier un mantra.*

manucure n. (du lat. *manus,* main, et *curare,* soigner). Personne chargée des soins esthétiques des mains et des ongles. ◆ n.f. Ensemble des soins esthétiques donnés aux ongles ; technique, activité de manucure.

manucurer v.t. [conj. 3]. Donner des soins aux mains de qqn, lui faire les ongles.

① **manuel, elle** adj. (lat. *manualis,* de *manus,* main). **1.** Qui se fait principalement avec la main, où l'activité de la main est importante (par opp. à intellectuel) : *Les enfants de l'école maternelle font beaucoup d'activités manuelles.* **2.** Qui requiert l'intervention active de l'homme, de sa main (par opp. à automatique) : *L'ouverture des portes de cette écluse est manuelle.* ◆ adj. et n. **1.** Qui est plus à l'aise dans l'activité manuelle que dans l'activité intellectuelle : *Leur fille est une manuelle.* **2.** Qui exerce un métier manuel : *Ses parents sont tous deux manuels.*

② **manuel** n.m. Ouvrage didactique ou scolaire qui expose les notions essentielles d'un art, d'une science, d'une technique, etc. : *Le manuel du parfait bricoleur* (**SYN.** guide, livre, méthode). *Un manuel de russe.*

manuellement adv. **1.** Avec la main, en se servant de la main : *Il préfère travailler manuellement.* **2.** Par une opération manuelle (par opp. à automatiquement) : *La porte du garage s'ouvre manuellement.*

manufacture n.f. (lat. médiév. *manufactura,* travail à la main). Vaste établissement industriel réalisant des produits manufacturés : *Une manufacture de tapis, de drapeaux.* ▸ ***Manufacture royale,*** en France, sous l'Ancien Régime, établissement industriel appartenant à des particuliers et bénéficiant de privilèges royaux : *La manufacture de Sèvres.*

manufacturé, e adj. ▸ ***Produit manufacturé,*** issu de la transformation de matières premières au moyen de procédés industriels.

manufacturer v.t. [conj. 3]. Transformer industriellement des matières premières en produits finis : *Manufacturer du coton.*

manufacturier, ère adj. Relatif aux manufactures, à leur production.

manu militari [manymilitari] loc. adv. (mots lat. signif. « par la force militaire »). **1.** Par l'emploi de la force publique, de la troupe : *Les squatteurs ont été délogés manu militari.* **2.** En usant de la force physique : *Le garde du corps a repoussé les gêneurs manu militari* (**SYN.** violemment).

manuscrit, e adj. (du lat. *manu scriptus,* écrit à la main). Qui est écrit à la main : *Pour une demande d'emploi, la lettre de motivation doit être manuscrite. Une page manuscrite de l'auteur* (**SYN.** autographe). ◆ **manuscrit** n.m. **1.** Ouvrage écrit à la main (abrév. ms) : *Le musée possède de nombreux manuscrits anciens.* **2.** Original, ou copie, d'un texte destiné à être imprimé, qu'il soit écrit à la main ou dactylographié : *Enregistrer son manuscrit sur une disquette.*

manutention n.f. (du lat. *manu tenere,* tenir avec la main). **1.** Manipulation, déplacement de marchandises en vue de l'emmagasinage, de l'expédition, de la vente : *Un appareil de manutention.* **2.** Local réservé à ces opérations : *La manutention d'un grand magasin* (**SYN.** entrepôt, réserve).

manutentionnaire n. Personne effectuant des travaux de manutention.

manutentionner v.t. [conj. 3]. Soumettre à des opérations de manutention : *Manutentionner des marchandises.*

maoïsme n.m. Doctrine politique de Mao Zedong.

maoïste adj. et n. Relatif au maoïsme ; partisan du maoïsme.

maous, ousse ou **mahous, ousse** [maus] adj. *Fam.* Se dit de ce qui est de grande taille ; gros : *Des motos maousses* (**SYN.** énorme).

mappemonde [mapmɔ̃d] n.f. (du lat. médiév. *mappa mundi,* nappe du monde). **1.** Carte représentant le globe terrestre divisé en deux hémisphères placés côte à côte (**SYN.** planisphère). **2.** (Abusif en géogr.). Sphère représentant le globe terrestre.

① **maquereau** n.m. (néerl. *makelaer*). Poisson de mer à chair estimée, à dos bleu-vert zébré de noir, objet d'une pêche industrielle en vue de la conserverie.

② **maquereau, elle** n. (moyen néerl. *makelâre,* courtier). *Très fam.* Personne qui tire ses ressources de la prostitution d'autrui (**SYN.** proxénète).

maquette n.f. (de l'it. *macchietta,* petite tache). **1.** Représentation en trois dimensions, à échelle réduite mais fidèle dans ses proportions et son aspect, d'un bâtiment, d'un décor de théâtre, etc. : *Une maquette du Louvre.* **2.** Modèle réduit vendu en pièces détachées prêtes à monter : *La maquette d'un bateau.* **3.** Petit modèle en terre, en cire, etc., d'une sculpture. **4.** Projet plus ou moins poussé pour la conception graphique d'un imprimé : *Elle a fait la maquette de notre prochain dictionnaire. Travailler à la nouvelle maquette d'un magazine* (= typographie, mise en pages, etc.).

maquettiste n. **1.** Professionnel capable d'exécuter une maquette d'après des plans, des dessins. **2.** Personne spécialisée dans l'élaboration et la mise en pages d'imprimés.

maquignon n.m. (du néerl. *makelen,* trafiquer). **1.** Marchand de chevaux. **2.** Marchand de bétail, notamm. de bovins. **3.** Personne peu scrupuleuse et d'une honnêteté douteuse, qui entreprend des affaires diverses.

maquignonnage n.m. **1.** Métier de maquignon. **2.** Manœuvres frauduleuses employées dans les affaires et les négociations ; marchandage sordide : *Il refuse tous ces maquignonnages.*

maquignonner v.t. [conj. 3]. Maquiller un animal que l'on veut vendre pour dissimuler ses défauts.

maquillage n.m. **1.** Action, manière de maquiller ou de se maquiller : *Le maquillage des comédiens* (**SYN.** grimage). *Un maquillage discret.* **2.** Ensemble de produits servant à se maquiller : *Acheter du maquillage par correspondance* (**SYN.** cosmétique). **3.** *Fig.* Action de maquiller pour falsifier, tromper : *Le maquillage d'un rapport d'expertise* (**SYN.** contrefaçon, falsification).

maquiller v.t. (du néerl. *maken,* faire) [conj. 3]. **1.** Modifier l'aspect du visage au moyen de produits cosmétiques, pour l'embellir ou pour l'adapter aux nécessités d'un rôle artistique : *L'esthéticienne maquille la future mariée* (**SYN.** farder). *Maquiller un chanteur d'opéra* (**SYN.** grimer). **2.** *Fig.* Modifier pour donner une apparence trompeuse : *Maquiller la plaque d'immatriculation d'une voiture* (**SYN.** altérer, camoufler, falsifier). *Maquiller des résultats* (**SYN.** truquer). *Maquiller un crime en accident* (**SYN.** déguiser, travestir). ◆ **se maquiller** v.pr. Se grimer ou se farder : *Les clowns se sont maquillés* (**CONTR.** se démaquiller).

maquilleur, euse n. Personne dont le métier consiste à maquiller les artistes, les acteurs, les personnes qui passent à la télévision.

maquis [maki] n.m. (du corse *macchia,* tache). **1.** Dans les régions méditerranéennes, association végétale touffue et dense, composée d'arbustes (chênes verts, chênes-lièges), de myrtes, de bruyères, d'arbousiers et de lauriers-roses. **2.** Lieu retiré où se réunissaient les résistants à l'occupation allemande au cours de la Seconde Guerre mondiale ; groupe de ces résistants : *Le maquis du Vercors.* **3.** En Afrique, bar, dancing. **4.** *Fig.* Complication inextricable : *Je me perds dans le maquis de ses histoires sentimentales* (**SYN.** dédale, labyrinthe). ▸ ***Prendre le maquis,*** rejoindre les résistants du maquis, sous l'Occupation ; se réfugier, après avoir commis un délit, dans une zone peu accessible couverte par le maquis : *Il semble que le meurtrier ait pris le maquis.*

maquisard n.m. Résistant d'un maquis, sous l'Occupation.

marabout n.m. (port. *marabuto,* d'un mot ar.). **1.** Dans les pays musulmans, saint personnage, objet de la vénération populaire durant sa vie et après sa mort. **2.** Tombeau d'un marabout. **3.** En Afrique, musulman réputé pour ses pouvoirs magiques ; devin, guérisseur. **4.** Grande cigogne d'Afrique et d'Asie, à la tête et au cou dépourvus de plumes, au bec fort et épais.

maraboutage n.m. En Afrique, action de marabouter ; ensemble des pratiques à la fois magiques et religieuses des marabouts.

marabouter v.t. [conj. 3]. En Afrique, avoir recours à un marabout pour jeter un sort à qqn : *Marabouter son ennemi.*

maraca n.f. (mot esp.). Instrument à percussion d'origine sud-américaine, constitué par une coque contenant des grains durs, avec lequel on scande le rythme des danses : *Une paire de maracas.*

maracudja [marakudʒa] n.m. (mot amérindien du Brésil). Aux Antilles, fruit de la Passion.

maraîchage n.m. Culture intensive des légumes et de certains fruits, en plein air ou sous abri.

maraîcher, ère n. (de *marais*). Personne qui pratique le maraîchage. ◆ adj. Relatif au maraîchage, à la production intensive des légumes : *Culture maraîchère.*

maraîchin, e adj. et n. Qui appartient au Marais breton ou au Marais poitevin : *Les côtes maraîchines.*

marais n.m. (frq. *marisk*). Région basse où sont accumulées, sur une faible épaisseur, des eaux stagnantes, et qui est envahie par une végétation et une faune particulières. ▸ ***Marais salant,*** ensemble de bassins et de canaux destinés à la production du sel par évaporation des eaux de mer sous l'action du soleil et du vent (= salin).

marasme n.m. (du gr. *marasmos,* consomption, de *marainein,* consumer). **1.** Ralentissement important ou arrêt de l'activité économique ou commerciale : *Cet attentat a provoqué un marasme boursier* (**SYN.** crise, récession). **2.** Affaiblissement des forces morales : *Un psychologue devrait l'aider à sortir de son marasme* (**SYN.** abattement, découragement, dépression).

marasque n.f. (it. *marasca*). Cerise d'une variété amère, qui sert à fabriquer le marasquin.

marasquin n.m. (it. *maraschino*). Liqueur ou eau-de-vie tirée de la marasque.

marathon n.m. (de *Marathon*, ville grecque). **1.** Course à pied de grand fond (42,195 kilomètres) constituant une discipline olympique. **2.** Négociation longue et difficile, mettant à rude épreuve la résistance des participants (parfois employé en appos.) : *Le marathon sur la revalorisation des salaires des employés. Des négociations marathons.*

marathonien, enne n. Coureur de marathon.

marâtre n.f. (du bas lat. *matrastra*, seconde femme du père, de *mater*, mère). **1.** Mauvaise mère, qui traite durement ses enfants. **2.** *Vx* Seconde épouse du père, par rapport aux enfants qui sont nés d'un premier mariage ; belle-mère.

maraud, e [maro, od] n. (nom du *matou*, dans l'ouest de la France). *Vx* Individu méprisable, qui ne mérite aucune considération : *Ce maraud finira en prison* (**SYN.** vaurien).

maraudage n.m. **1.** Vol de denrées commis par des gens de guerre en campagne : *Certains militaires se sont livrés au maraudage* (**SYN.** pillage, rapine [litt.]). **2.** Dans le langage juridique, vol de récoltes, de fruits, de légumes encore sur pied : *Le fugitif vit de maraudage* (**SYN.** chapardage, larcin, maraude).

maraude n.f. Dans le langage juridique, maraudage. ▸ ***Taxi en maraude,*** taxi qui circule à vide en quête de clients, au lieu de stationner.

marauder v.i. [conj. 3]. **1.** Dans le langage juridique, commettre un maraudage, un larcin (**SYN.** voler). **2.** Être en maraude, en parlant d'un taxi.

maraudeur, euse n. Dans le langage juridique, personne qui commet un maraudage (**SYN.** chapardeur, voleur).

marbre n.m. (lat. *marmor*). **1.** Roche calcaire, dure, souvent veinée de couleurs variées, capable de recevoir un beau poli et qui est très employée dans les arts : *Une pierre tombale en marbre.* **2.** Objet, statue en marbre ; plateau, tablette de marbre : *Une collection de marbres. Le marbre d'une coiffeuse.* **3.** Table sur laquelle, dans une imprimerie, on place les pages pour les imprimer, les corriger : *La une du journal est au marbre.* ▸ ***De marbre,*** qui ne manifeste aucune émotion ; froid et insensible : *Elle est restée de marbre en apprenant la nouvelle* (**SYN.** impassible, imperturbable). ***Gravé*** ou ***inscrit dans le marbre,*** établi de façon sûre et définitive : *Un contrat gravé dans le marbre.*

marbré, e adj. Marqué de veines ou de taches évoquant le marbre : *Un gâteau marbré.*

marbrer v.t. [conj. 3]. **1.** Décorer de dessins, de couleurs évoquant les veines du marbre : *Marbrer la tranche d'un livre* (**SYN.** jasper, veiner). **2.** Marquer la peau, le corps, de marbrures : *Le froid a marbré ses mains.*

marbrerie n.f. **1.** Travail, industrie de transformation et de mise en œuvre des marbres et des roches dures. **2.** Atelier dans lequel se pratique ce travail.

marbrier, ère adj. Relatif au marbre, à son façonnage : *Travailler dans l'industrie marbrière.* ◆ **marbrier** n.m. **1.** Spécialiste du travail du marbre. **2.** Propriétaire d'une marbrerie ; marchand de marbre.

marbrière n.f. Carrière de marbre.

marbrure n.f. **1.** Décor imitant les veines, les taches du marbre : *La marbrure d'un album de timbres.* **2.** Marque rouge violacé, semblable à une veine ou à une tache du marbre, qui se voit sur la peau.

marc [mar] n.m. (de l'anc. fr. *marcher*, fouler). **1.** Résidu des fruits, en partic. du raisin, que l'on a pressés pour en extraire le jus. **2.** Eau-de-vie obtenue en distillant du marc de raisin : *Boire du marc de Bourgogne.* **3.** Résidu de certaines substances que l'on a fait infuser, bouillir, etc. : *Marc de café.*

marcassin n.m. Petit du sanglier âgé de moins de six mois, au pelage rayé horizontalement de noir et de blanc.

marcel n.m. (du prénom). Débardeur d'homme : *Quand il fait chaud, il ne porte que des marcels.*

① **marchand, e** adj. (du lat. *mercatus*, marché). **1.** Qui a rapport au commerce : *La valeur marchande d'un produit* (= sa valeur dans le commerce). **2.** Qui est à vendre, ou qui se vend facilement : *Denrée marchande.* **3.** Où il se fait beaucoup de commerce, qui vit grâce au commerce : *Le quartier marchand d'une ville* (**SYN.** commerçant). *Une galerie marchande.* ▸ ***Marine marchande,*** celle qui assure le transport des voyageurs et des marchandises (par opp. à la marine de guerre).

② **marchand, e** n. **1.** Commerçant qui vend un certain type de marchandises, de produits : *Marchand d'habits, de bois, de journaux.* **2.** Personne qui fait du commerce, qui est habile dans l'art du commerce : *Une famille de marchands.* ▸ ***Marchand de biens,*** commerçant qui achète des immeubles, des fonds pour les revendre. *Péjor.* ***Marchand de canons,*** fabricant d'armes de guerre. *Vieilli* ***Marchand de couleurs,*** droguiste. *Péjor.* ***Marchand de sommeil,*** hôtelier, logeur qui exploite ses locataires.

marchandage n.m. **1.** Action de marchander pour obtenir qqch à meilleur prix : *Au marché aux puces, il faut toujours faire un peu de marchandage.* **2.** Discussion laborieuse que l'on engage dans un but plus ou moins honorable ou avouable : *Dès le lendemain du premier tour des élections, les marchandages commencent* (**SYN.** tractation).

marchander v.t. [conj. 3]. **1.** Discuter le prix d'une marchandise pour l'obtenir à meilleur compte : *Ils marchandèrent le fauteuil.* **2.** *Litt.* Accorder à regret, avec parcimonie ou en exigeant certains avantages : *Elle ne lui a pas marchandé son appui* (= elle l'a aidé sans réserve ; **SYN.** ménager). ◆ v.i. Discuter longuement avant de conclure une affaire : *Dans les brocantes, il marchande toujours.*

marchandeur, euse n. Personne qui a l'habitude de marchander en achetant.

marchandisage n.m. Ensemble des techniques assurant, grâce à une stratégie adaptée, la meilleure diffusion commerciale des produits (**SYN.** merchandising [anglic.]).

marchandisation n.f. *Péjor.* Tentative de tirer un profit mercantile d'une réalité, d'une activité non marchande : *La marchandisation de la culture.*

marchandise n.f. **1.** Objet, produit qui se vend et s'achète : *Ce bateau transporte des marchandises.* **2.** *Fig.* Qualité, talent qu'une personne estime posséder et qu'elle présente sous un jour favorable afin de les faire reconnaître par qqn d'autre : *Ce scénariste sait vanter sa marchandise.*

① **marche** n.f. (de *marcher*). **1.** Action, fait de marcher, mode de locomotion de l'homme : *La marche et la course.* **2.** Manière de marcher : *La marche d'un mannequin sur un podium* (**SYN.** allure, démarche). **3.** Action de marcher considérée comme une activité physique, un exercice sportif ; discipline de l'athlétisme qui consiste en des courses de fond que les compétiteurs doivent accomplir en marchant sans que leurs deux pieds quittent le sol simultanément : *Ils pratiquent la marche tous les dimanches. Faire Strasbourg-Paris à la marche.* **4.** Distance parcourue en marchant : *Nous avons fait une marche de cinq kilomètres* (**SYN.** promenade). *Il y a deux heures de marche pour aller au village.* **5.** Mouvement qu'exécute une troupe de militaires pour se porter à pied d'un point à un autre. **6.** Déplacement à pied d'un groupe, dans le cadre d'une manifestation : *Cette association organise une marche contre la mondialisation* (**SYN.** défilé). **7.** Pièce de musique destinée à régler les pas d'un groupe, d'une troupe : *La fanfare joue une marche militaire.* **8.** Déplacement d'un véhicule : *Dans le train, je préfère être assise dans le sens de la marche. Faire marche arrière pour laisser passer une ambulance.* **9.** Mouvement d'un astre : *La marche de la Lune* (**SYN.** course). **10.** En parlant d'un mécanisme, action de fonctionner : *La marche d'un automate* (**SYN.** fonctionnement). **11.** En parlant d'un organisme, d'une institution, action de fonctionner ; en parlant d'une affaire, d'un processus, action de se dérouler, de progresser : *Pour la bonne marche de l'entreprise, il serait nécessaire d'embaucher des personnes supplémentaires* (**SYN.** fonctionnement). *Il est difficile d'arrêter la marche de cette épidémie* (**SYN.** progression, propagation). *La marche d'une affaire judiciaire* (**SYN.** cours, développement). ▸ ***Être en marche,*** fonctionner, en parlant d'un mécanisme, d'une machine ; avancer, en parlant d'un véhicule : *N'ouvrez pas les portes tant que le train est en marche* ; fig., commencer à avancer, à se manifester : *Le processus de paix est en marche.* ***La marche à suivre,*** l'ensemble des actions, des démarches pour parvenir à un but ; méthode : *Quelle est la marche à suivre pour obtenir un passeport rapidement ?* ***Marche forcée,*** marche qui est prolongée au-delà de la durée normale d'une étape. ***Mettre en marche,*** déclencher le fonctionnement de ; faire marcher : *Elle mit l'imprimante en marche.* ***Monter, descendre en marche,*** monter d'un véhicule, en descendre alors que celui-ci est en marche. ***Ouvrir, fermer la marche,*** marcher dans les premiers, dans les derniers rangs, au sein d'un défilé, d'un groupe.

② **marche** n.f. (de *marcher*). Chacune des surfaces planes sur lesquelles on pose le pied pour monter ou descendre un escalier : *Des marches en pierre* (**SYN.** degré [litt.]).

③ **marche** n.f. (du frq. *marka*, frontière). Zone périphérique d'un État, mal soumise ou menacée par un pays voisin : *Les marches de la Chine.*

marché n.m. (lat. *mercatus*). **1.** Lieu public, en plein air ou couvert, où l'on vend et où l'on achète des marchandises : *Il fait ses courses au marché couvert* (**SYN.** halle). *Le marché aux puces.* **2.** Réunion de commerçants ambulants qui, à jours fixes, vendent dans un lieu dépendant du domaine public des produits comestibles ainsi que des articles ménagers, vestimentaires, etc. : *Il est interdit de se garer sur ce parking les jours de marché. Le marché aux bestiaux se tient une fois par mois sur la place du village* (**SYN.** foire). **3.** Ville, pays où se fait principalement le commerce d'un produit déterminé ou de plusieurs : *La Côte d'Ivoire est l'un des principaux marchés mondiaux du cacao.* **4.** Débouché économique ; ensemble de clients qui achètent ou peuvent acheter une production : *Viser le marché européen* (**SYN.** clientèle). *Il faut conquérir de nouveaux marchés* (**SYN.** acheteur, client). **5.** Lieu théorique où se rencontrent l'offre et la demande ; état de l'offre et de la demande : *Le marché de l'art contemporain.* **6.** Tractation, accord impliquant un échange de biens ou de services ; convention d'achat et de vente : *Je te propose un marché : je passe te prendre en voiture le matin et en contrepartie tu participes aux frais d'essence. Ces deux entreprises ont conclu un marché* (**SYN.** affaire). **7.** Ensemble de négociations boursières se tenant sur une place financière et définies par une caractéristique commune : *Le marché a été très actif aujourd'hui.* ▸ ***À bon marché,*** à bas prix : *Vente de tapis à bon marché* ; sans grands inconvénients : *Elle s'est tirée de cette affaire judiciaire à bon marché* (= à bon compte). ***Bon marché, meilleur marché,*** d'un prix peu ou moins élevé : *Des bouteilles bon marché. Ces outils sont meilleur marché à l'entrepôt que dans les boutiques.* ***Économie de marché,*** système économique dans lequel la loi de l'offre et de la demande assure la régulation de la production et des prix. ***Étude de marché,*** étude des besoins et des goûts des consommateurs afin de prévoir les débouchés possibles d'un produit avant de lancer sa fabrication. ***Faire bon marché de qqch,*** en faire peu de cas ; ne pas y attacher d'importance : *Ils font bon marché de ses conseils.* ***Faire son marché*** ou ***le marché,*** aller acheter ses provisions sur un marché public ou dans les magasins. ***Marché du travail,*** situation de l'offre et de la demande d'emploi dans une région, un pays ou par rapport à un type d'activité. ***Marché noir*** → **1. noir.** ***Marché public,*** marché ou contrat conclu par l'État ou par une collectivité publique et concernant la fourniture de biens ou de services. ***Mettre le marché en main à qqn,*** lui donner nettement le choix de conclure l'accord ou de rompre. ***Par-dessus le marché,*** en plus de ce qui a été convenu, stipulé ; de plus, en outre : *Ils n'étaient pas prêts lors de notre arrivée et par-dessus le marché, c'est nous qui avons dû faire le repas.* ***Part de marché,*** pourcentage des ventes d'un produit, d'une entreprise, d'une marque, par rapport au total des ventes des produits similaires sur un marché déterminé.

marchéage n.m. Branche de la mercatique qui consiste à coordonner l'ensemble des actions commerciales en termes de dosage et de cohérence (**SYN.** marketing mix [anglic.]).

marchepied n.m. **1.** Marche ou série de marches, qui servent à monter dans un véhicule automobile, dans un train, ou à en descendre. **2.** *Fig.* Moyen de progresser, de réaliser ses ambitions, de s'élever socialement : *Ce stage a été un bon marchepied pour entrer dans l'entreprise* (**SYN.** tremplin). **3.** Aux Antilles, paillasson.

marcher v.i. (du frq.) [conj. 3]. **1.** Se déplacer, se mouvoir en mettant un pied devant l'autre : *Leur fils a su marcher à un an. Nous avons marché au hasard dans les rues de cette ville* (**SYN.** flâner, se promener).

2. Mettre le pied sur, dans qqch, en se déplaçant : *Ne marchez pas sur la pelouse !* **3.** En parlant d'un véhicule, d'un mobile, se mouvoir, se déplacer : *Ce train marche à plus de 300 kilomètres à l'heure* (**SYN.** aller, rouler). **4.** Être en état de marche, en parlant d'un appareil, d'un organe, etc. : *Le graveur de l'ordinateur marche* (**SYN.** fonctionner). *Ce jouet marche à l'électricité. L'un de ses reins ne marche plus.* **5.** Être en activité, en parlant d'organismes, de services, etc. : *Après une semaine de grève, l'entreprise s'est remise à marcher* (**SYN.** tourner). **6.** Se dérouler correctement ; faire des progrès : *Depuis qu'ils ont créé ce produit, leurs affaires marchent* (**SYN.** se développer, prospérer). **7.** *Fam.* Donner son accord à une proposition ; consentir à participer à qqch avec qqn : *Je ne marche pas* (= je ne suis pas d'accord). *Elle ne veut pas marcher dans ses combines* (= prendre part à). **8.** *Fam.* Faire preuve de crédulité : *Cette histoire est insensée, et pourtant ils ont marché* (**SYN.** croire). ▸ *Fam.* ***Ça marche,*** c'est d'accord. ***Faire marcher qqn,*** le taquiner ; abuser de sa crédulité, de sa gentillesse : *Vous me faites marcher, vous n'avez pas osé lui dire cela ?* ***Marcher droit,*** se conduire conformément à la discipline imposée. ***Marcher sur les traces*** ou ***les pas de qqn,*** suivre son exemple, l'imiter : *Elle marche sur les traces de cette chanteuse.*

marchette n.f. Au Québec, déambulateur.

marcheur, euse n. **1.** Personne qui marche, qui aime marcher : *Leurs enfants sont de bons marcheurs.* **2.** Personne qui pratique la marche sportive.

marcheuse n.f. Figurante dans un opéra, au music-hall.

marcottage n.m. Procédé de multiplication des plantes par des marcottes.

marcotte n.f. (moyen fr. *marquot*). En agriculture, branche tenant à la plante mère, couchée en terre pour y prendre racine et fournir un nouveau sujet.

marcotter v.t. [conj. 3]. Pratiquer le marcottage de : *Marcotter des rosiers.*

mardi n.m. (du lat. *Martis dies*, jour de Mars). Deuxième jour de la semaine : *Elle va à la piscine tous les mardis soir.* ▸ ***Mardi gras,*** dernier jour avant le début du carême.

mare n.f. (de l'anc. scand. *marr*, lac). **1.** Petite étendue d'eau dormante : *Les canards barbotent dans la mare.* **2.** Grande quantité de liquide répandu : *La voiture laissa une mare d'huile derrière elle.*

marécage n.m. (de *maresc*, anc. forme de *marais*). **1.** Étendue de terrain couverte de marais : *Cet échassier vit dans les marécages.* **2.** *Litt.* Situation où l'on risque les compromissions, l'abaissement moral ; bourbier : *Ce député s'est retrouvé empêtré dans le marécage des fausses factures.*

marécageux, euse adj. Relatif aux marécages : *Cette plante pousse dans les régions marécageuses.* ▸ ***Terrain marécageux,*** situation difficile où rien n'est sûr, où l'on ne sait pas à qui ni à quoi se fier ; bourbier : *En acceptant cette offre, elle s'est engagée dans un terrain marécageux.*

maréchal n.m. (du frq. *marhskalk*, domestique chargé des chevaux) [pl. *maréchaux*]. **1.** Dans de nombreux pays, dignité ou grade le plus élevé de la hiérarchie militaire. **2.** Maréchal-ferrant. ▸ ***Maréchal des logis, maréchal des logis-chef,*** dans la gendarmerie, la cavalerie et l'artillerie, sous-officiers d'un grade correspondant à ceux de sergent et de sergent-chef dans les autres armes de l'armée de terre.

maréchalat n.m. Dignité de maréchal.

maréchale n.f. Femme d'un maréchal.

maréchalerie n.f. Métier ou atelier du maréchal-ferrant.

maréchal-ferrant n.m. (pl. *maréchaux-ferrants*). Artisan qui ferre les chevaux (**SYN.** maréchal).

maréchaussée n.f. ▸ *Fam.* ***La maréchaussée,*** la gendarmerie, les gendarmes.

marée n.f. (de *mer*). **1.** Mouvement de va-et-vient du niveau de la mer, dû à l'attraction de la Lune et du Soleil sur la masse d'eau des océans : *Marée basse* (= lorsque la mer s'est retirée). *Marée haute* (= lorsque la mer est à son maximum). *Le pêcheur consulte le calendrier des marées.* **2.** Foule considérable en mouvement ; grand nombre de choses qui déferlent en un lieu : *La marée des supporteurs quitte le stade* (**SYN.** flot). *Une marée de livres sur l'attentat a envahi les librairies* (**SYN.** déferlante, multitude). **3.** Ensemble des produits frais de la mer destinés à la consommation : *Dans cette poissonnerie, la marée arrive chaque jour* (= les poissons, coquillages et crustacés frais). **4.** Phénomène de masse évoquant le flux de la mer par son caractère irrésistible, inéluctable : *La marée montante du racisme dans une région.* ▸ ***Contre vents et marées,*** en dépit de tous les obstacles : *Elle a défendu son projet de loi contre vents et marées.* ***Marée noire,*** arrivée sur un rivage de nappes de pétrole provenant d'un navire accidenté ou qui a purgé ses réservoirs ; pollution et dégâts qui en résultent.

marelle n.f. (de l'anc. fr. *merel*, jeton). Jeu d'enfant qui consiste à pousser à cloche-pied un palet dans des cases tracées sur le sol : *Tracer une marelle à la craie. Ils jouent à la marelle.*

marémoteur, trice adj. Relatif à la force motrice des marées ; qui utilise cette force : *Des usines marémotrices.*

marengo [marɛ̃go] adj. inv. (de *Marengo*, ville d'Italie). D'une couleur brun-rouge foncé, piqueté de blanc : *Des vestes marengo.* ▸ ***Poulet, veau marengo*** ou ***à la marengo,*** poulet ou veau détaillé en morceaux et cuit dans une sauce à base de vin blanc avec des tomates et des champignons.

mareyage n.m. Travail, commerce du mareyeur.

mareyeur, euse n. (de *marée*). Commerçant en gros vendant aux poissonniers les produits frais de la mer.

margarine n.f. (du gr. *margaron*, perle). Substance grasse comestible, de consistance molle, faite avec diverses huiles et graisses le plus souvent végétales (arachide, soja, noix de coco) : *Il fait fondre de la margarine pour cuire son escalope.*

marge n.f. (du lat. *margo, marginis*, bord). **1.** Espace blanc latéral d'une page imprimée ou écrite : *Vous inscrirez votre nom dans la marge de votre copie.* **2.** *Fig.* Intervalle de temps ou liberté d'action dont on dispose, entre certaines limites, pour le choix, l'exécution de qqch : *Il faudrait nous accorder une marge plus importante pour prendre une décision* (**SYN.** délai, temps). *Vous devriez lui laisser de la marge dans le* *choix de ses études* (**SYN.** latitude, liberté). **3.** Tolérance, écart possible admis dans une évaluation : *Nous prévoyons une marge d'erreur de 5 %.* ▸ ***Avoir de la marge,*** avoir un temps, une latitude suffisants pour agir : *Nous avons de la marge pour réaliser cette étude.* ***En marge de,*** plus ou moins en dehors, à l'écart de : *Il vend ces produits en marge des circuits commerciaux.* ***En marge de la société*** ou ***en marge,*** sans s'intégrer au groupe social et sans se soumettre à ses normes : *Populations chassées par la guerre qui vivent en marge de la société.* ***Être aux marges de,*** à la limite de : *Depuis son licenciement, elle est aux marges de la dépression.*

margelle n.f. (du lat. *margella,* petite marge). Pierre ou assise de pierres qui forme le rebord d'un puits, d'une fontaine, d'un bassin.

marginal, e, aux adj. **1.** Qui est écrit dans la marge : *Des annotations marginales.* **2.** Qui est en marge d'une activité essentielle, principale ; qui n'a qu'un rôle, une importance secondaires : *Les questions marginales seront abordées à la fin de la réunion* (**SYN.** accessoire ; **CONTR.** essentiel, primordial). *Ce sont des phénomènes marginaux* (= des épiphénomènes). ◆ adj. et n. Qui se situe en marge de la société, qui n'est pas bien intégré au groupe social ni soumis à ses normes : *Empêcher les exclus de devenir des marginaux.*

marginalement adv. De façon marginale ; de façon accessoire, annexe.

marginalisation n.f. Fait de devenir marginal, d'être marginalisé : *La marginalisation d'un sans-logis* (**SYN.** désocialisation).

marginaliser v.t. [conj. 3]. **1.** Placer en marge, mettre à l'écart ; situer en dehors de ce qui est essentiel, principal, central : *Les syndicats ont tenté de marginaliser cette organisation.* **2.** Tendre à exclure de la société, à faire perdre son intégration sociale à : *Il ne faut pas marginaliser les plus démunis.*

marginalité n.f. Caractère, état d'une personne marginalisée, d'une chose marginale, secondaire : *La misère les a fait basculer dans la marginalité. Un magazine qui essaie de sortir de la marginalité.*

margoulette n.f. (de l'anc. fr. *goule,* gueule). *Fam.* Mâchoire ; bouche ; figure. ▸ *Fam.* ***Se casser la margoulette,*** tomber.

margoulin n.m. (mot dial. signif. « individu méprisable »). *Fam.* Commerçant, homme d'affaires peu scrupuleux : *Ce margoulin nous a escroqués* (**SYN.** maquignon, trafiquant).

margrave n.m. (de l'all. *Markgraf,* comte de la frontière). Titre donné aux chefs militaires des marches, dans l'Empire carolingien, puis à certains princes du Saint Empire.

marguerite n.f. (du lat. *margarita,* perle). **1.** Plante à fleurs blanches, dont le cœur est jaune. **2.** Roue portant à sa périphérie les caractères d'impression, utilisée sur certaines machines à écrire et certaines imprimantes d'ordinateurs.

marguillier [margije] n.m. (du lat. *matricularis,* qui tient un registre). Au Moyen Âge et pendant l'Ancien Régime, personne qui était chargée d'administrer les biens d'une paroisse.

mari n.m. (lat. *maritus,* de *mas, maris,* mâle). Homme uni à une femme par le mariage ; époux : *Son mari s'occupe des enfants le mercredi* (**SYN.** conjoint).

mariachi [marjatʃi] n.m. (mot esp.). Au Mexique, musicien ambulant qui joue en groupe lors des mariages, des festivités : *Les mariachis jouèrent un air entraînant.*

mariage n.m. **1.** Acte solennel par lequel un homme et une femme établissent entre eux une union légale ; union ainsi établie (par opp. à célibat) : *Mariage civil, religieux* (**CONTR.** divorce). *Un mariage mixte* (**SYN.** couple). **2.** Cérémonie, réception organisée à l'occasion de la célébration de cette union : *Nous nous sommes bien amusés à leur mariage* (**SYN.** noce). **3.** Situation de deux personnes mariées : *Leur mariage bat de l'aile* (**SYN.** union). **4.** Combinaison, réunion de plusieurs choses, organismes, etc. : *Le mariage de ces deux épices donne un très bon goût au plat* (**SYN.** association). *Le mariage de deux conglomérats* (**SYN.** fusion). **5.** Jeu de cartes dans lequel l'un des buts est de réunir dans sa main un roi et une dame de même couleur. ▸ ***Mariage de convenance,*** conclu en fonction des rapports de fortune, de position sociale, etc., des conjoints.

marial, e, als ou **aux** adj. Relatif à la Vierge Marie : *Des sanctuaires marials.*

marié, e n. Personne dont on va célébrer le mariage ou qui vient de se marier : *Personne n'a vu la robe de la mariée. Les mariés vont partir en voyage de noces.* ▸ ***Jeune marié, jeune mariée,*** personne qui vient de se marier. ***Se plaindre que la mariée est trop belle,*** se plaindre de qqch dont on devrait se réjouir.

marier [marje] v.t. (lat. *maritare*) [conj. 9]. **1.** Unir un homme et une femme par le mariage : *Le maire en personne les a mariés.* **2.** Donner en mariage : *Ils marient leur fille en juin.* **3.** Au Québec, en Belgique et dans le nord de la France, épouser : *Il a marié une amie d'enfance.* **4.** Associer des choses qui peuvent se combiner : *Il a marié la couleur de sa cravate à celle de son gilet* (**SYN.** assortir, harmoniser ; **CONTR.** dépareiller). *Cette athlète marie la grâce à l'efficacité* (**SYN.** allier, joindre). ◆ **se marier** v.pr. **[avec]. 1.** S'unir à qqn par les liens du mariage : *Elle s'est mariée avec son ami d'enfance* (**SYN.** épouser ; **CONTR.** divorcer). **2.** S'associer, se combiner : *Ce tableau se marie bien avec la pièce* (**SYN.** s'harmoniser ; **CONTR.** détonner, jurer).

marieur, euse n. Personne qui aime s'entremettre pour faciliter des mariages.

marigot n.m. En Afrique, bras mort d'un fleuve ou d'une rivière, ou mare d'eau stagnante ; tout petit cours d'eau.

marijuana ou **marihuana** [marirwana] n.f. (mot hispano-amér.). Substance produite par les feuilles et les inflorescences des pieds femelles du cannabis, utilisée comme drogue.

① **marin, e** adj. (lat. *marinus,* de *mare,* mer). **1.** Qui concerne la mer, qui y vit, qui en provient : *L'air marin vous fera le plus grand bien. Les mammifères marins.* **2.** Qui sert à la navigation sur mer ou qui s'y rapporte : *La météo marine. Un nœud marin.* **3.** Qui tient bien la mer ; qui est à l'aise en mer : *Un canot marin.* ▸ ***Avoir le pied marin,*** savoir se déplacer à bord d'un bateau malgré le roulis, le tangage ; ne pas être sujet au mal de mer.

② **marin** n.m. (de *1. marin*). **1.** Personne dont la

profession est la conduite et l'entretien des navires de mer : *Les marins se préparent à affronter la tempête.* **2.** Homme habile dans l'art de la navigation : *Les Phéniciens, peuple de marins.* ▸ ***Marin d'eau douce,*** personne qui n'a navigué que sur les fleuves ou les rivières ; marin peu expérimenté (péjor.).

marina n.f. (mot it. signif. « plage »). Ensemble immobilier construit en bord de mer et comprenant à la fois des habitations et des installations portuaires pour les bateaux de plaisance : *Les marinas de la Côte d'Azur.*

marinade n.f. **1.** Mélange liquide aromatique composé de vin, d'huile, de vinaigre, de sel, d'épices, etc., qui sert à faire macérer des viandes ou des poissons pour leur donner un arôme particulier. **2.** Viande, poisson qui ont mariné. ◆ **marinades** n.f. pl. Au Québec, cornichons, petits oignons, dés de betterave marinés, employés comme condiments.

① **marine** n.f. (du lat. *marina,* eau de mer). **1.** Ensemble de ce qui concerne l'art de la navigation sur mer : *Le compas et le sextant sont des instruments de marine. Le vocabulaire de la marine.* **2.** Ensemble des gens de mer, des navires et des activités qui s'y rapportent : *Être dans la marine.* **3.** Ensemble des navires et des activités de navigation relevant d'une même catégorie : *Marine de plaisance. Marine marchande.* **4.** Puissance navale, marine militaire d'un État : *La Marine nationale.* **5.** Tableau représentant une vue de mer, de port, etc. ▸ ***Marine de guerre*** ou ***marine militaire,*** ensemble des forces navales et aéronavales d'un État, destinées à la guerre sur mer. ◆ adj. inv. et n.m. Bleu foncé (on dit aussi *bleu marine*) : *Des chaussettes marine* ou *bleu marine. J'aime le marine.*

② **marine** [marin] n.m. (mot angl.). Soldat d'un corps spécialisé américain : *Les marines ont débarqué.*

mariner v.t. (de *1. marine*) [conj. 3]. Faire tremper dans une marinade : *Mariner du gibier.* ◆ v.i. **1.** Tremper dans une marinade, en parlant d'un aliment : *Le poulet a mariné toute la journée* (**SYN.** macérer). **2.** *Fam.* Attendre longtemps et, souvent, dans une situation peu agréable : *J'ai mariné une heure à l'arrêt du bus.*

maringouin [marɛ̃gwɛ̃] n.m. (mot tupi). En Louisiane et au Québec, moustique, insecte piqueur.

marinier, ère adj. Relatif à la marine ; qui en fait partie : *Officier marinier.* ▸ ***Arche marinière,*** arche d'un pont, plus large que les autres, sous laquelle passent les bateaux. ◆ n. Professionnel chargé de la conduite et de l'entretien des bateaux destinés à la navigation intérieure ; batelier.

marinière n.f. Blouse, chandail très ample, qui se passe par la tête. ▸ ***Moules marinière*** ou ***moules à la marinière,*** cuites dans leur jus additionné de vin blanc, d'oignons hachés et aromatisé aux fines herbes.

mariole ou **mariol** ou **mariolle** adj. et n. (de l'it. *mariolo,* filou). *Fam.* Individu malin qui sait toujours se tirer d'affaires (**SYN.** débrouillard, dégourdi). ▸ ***Faire le mariole,*** faire l'intéressant ; se vanter.

marionnette n.f. (de *Marion,* n. pr.). **1.** Petite figure de bois, de carton ou de tissu qu'une personne cachée fait mouvoir avec la main ou grâce à des fils : *Les enfants assistent à un spectacle de marionnettes.* **2.** Personne sans caractère, que l'on fait agir à sa guise : *Ce candidat est une marionnette aux mains des dirigeants du parti* (**SYN.** fantoche, pantin, polichinelle).

marionnettiste n. Montreur de marionnettes.

marital, e, aux adj. (lat. *maritalis*). Dans le langage juridique, relatif au mari ; qui appartient au mari : *L'obtention d'un crédit sans accord marital.*

maritalement adv. Comme des époux mais sans être mariés légalement : *Ils vivent maritalement depuis deux ans* (= en concubinage).

maritime adj. (lat. *maritimus,* de *mare,* mer). **1.** Qui est au bord de la mer : *Une région maritime.* **2.** Relatif à la mer ou à la navigation sur mer : *Commerce maritime.*

maritorne n.f. (nom d'une servante d'auberge, dans *Don Quichotte*). *Litt.* Fille, femme mal faite, malpropre et acariâtre.

marivaudage n.m. **1.** Dans la littérature, langage raffiné et précieux propre à l'expression de la passion amoureuse, dont le modèle est le théâtre de Marivaux. **2.** *Litt.* Badinage spirituel et superficiel ; échange de propos galants et raffinés.

marivauder v.i. (de *Marivaux,* n.pr.) [conj. 3]. *Litt.* Se livrer au marivaudage, au badinage galant : *La présentatrice marivaudait avec ses invités* (**SYN.** badiner).

marjolaine n.f. (lat. médiév. *maiorana*). Plante aromatique voisine du thym, dont les feuilles sont utilisées comme condiment (**SYN.** origan).

mark n.m. (mot all.). Dénomination usuelle du Deutsche Mark, qui était l'unité monétaire principale de l'Allemagne avant l'introduction de l'euro. ▸ ***Mark finlandais*** ou ***markka,*** unité monétaire principale de la Finlande, qui était en usage avant l'introduction de l'euro.

marketer [markete] v.t. [conj 24]. Utiliser les méthodes du marketing pour positionner un produit, une entreprise dans leur environnement concurrentiel.

marketing [marketiŋ] n.m. (mot angl.). Ensemble des actions coordonnées (étude de marché, publicité, promotion sur le lieu de vente, stimulation du personnel de vente, recherche de nouveaux produits, etc.) qui concourent au développement des ventes d'un produit ou d'un service. ☞ **REM.** Ce mot est un anglicisme qu'il est recommandé de remplacer par *mercatique.* ▸ ***Marketing direct,*** méthode de vente permettant de prospecter à distance une clientèle ciblée (téléphone, coupons-réponse, etc.). ***Marketing mix,*** marchéage.

marmaille n.f. (de *marmot*). *Fam.* Bande, troupe désordonnée et bruyante de tout jeunes enfants. ◆ n.m. À la Réunion, enfant.

marmelade n.f. (port. *marmelada,* de *marmelo,* coing). Compote de fruits coupés en morceaux et cuits avec du sucre jusqu'à ce qu'ils aient une consistance de purée. ▸ *Fam.* ***En marmelade,*** réduit en bouillie ; en piteux état : *Ne mets pas les cerises au fond du sac, sinon elles seront en marmelade. Après le match, le rugbyman avait le nez en marmelade.*

marmite n.f. (de l'anc. adj. fr. *marmite,* hypocrite). Récipient avec couvercle, sans manche, en génér. muni d'anses, dans lequel on fait cuire les aliments ; son contenu : *Une marmite en Inox* (**SYN.** cocotte, fait-tout). *Une marmite de soupe.* ▸ ***Marmite de géants,*** cavité creusée par les tourbillons d'un cours d'eau. ***Nez en pied de marmite,*** nez large du bas et retroussé.

marmiton n.m. Dans un restaurant, apprenti attaché au service de la cuisine.

marmonnement n.m. Action de marmonner ; bruit fait en marmonnant : *Les marmonnements d'un élève puni* (**SYN.** bredouillement, grommellement).

marmonner v.t. et v.i. (onomat.) [conj. 3]. Murmurer entre ses dents, d'une manière confuse et, souvent, avec hostilité : *Elle marmonna des insultes* (**SYN.** bredouiller, marmotter). *Cessez de marmonner, et dites ce que vous avez à dire* (**SYN.** grommeler).

marmoréen, enne adj. (du lat. *marmoreus*, de marbre). **1.** Qui a la nature ou l'aspect du marbre : *Une roche marmoréenne.* **2.** *Litt.* Se dit de ce qui est froid, dur ou blanc comme le marbre : *Un visage marmoréen.*

marmot n.m. (de l'anc. fr. *marmote*, guenon). *Fam.* Petit enfant (**SYN.** bambin, gamin).

marmotte n.f. (de *marmotter*). **1.** Mammifère rongeur de l'hémisphère Nord qui hiberne plusieurs mois dans un terrier. **2.** Boîte à échantillons des voyageurs de commerce.

marmottement n.m. Action de marmotter ; murmure d'une personne qui marmotte : *Le marmottement d'une personne qui prie* (**SYN.** marmonnement).

marmotter v.t. et v.i. (onomat.) [conj. 3]. *Fam.* Murmurer confusément et entre les dents ; marmonner : *Il marmotta une critique* (**SYN.** bredouiller, grommeler).

marmouset n.m. (de l'anc. fr. *marmote*, guenon). **1.** En sculpture, figurine grotesque, souvent accroupie : *Marmousets sur le portail d'une église gothique.* **2.** En zoologie, nom parfois donné aux singes ouistitis ou tamarins.

marnage n.m. En agriculture, opération consistant à marner une terre.

marne n.f. (d'un mot gaul.). Roche sédimentaire argileuse contenant une forte proportion de calcaire et que l'on utilise pour amender les sols acides et fabriquer du ciment.

marner v.t. [conj. 3]. En agriculture, amender un sol pauvre en calcaire par incorporation de marne. ◆ v.i. *Fam.* Travailler dur : *Elle a marné pour obtenir ce poste* (**CONTR.** paresser).

marneux, euse adj. Qui est de la nature de la marne ; qui contient de la marne : *Un terrain marneux.*

marnière n.f. Carrière de marne.

marocain, e adj. et n. Du Maroc ; relatif à ses habitants.

maroilles [marwal] n.m. (nom d'une commune du Nord). Fromage au lait de vache, à pâte molle, et à croûte lavée.

marollien n.m. (de *Marolles*, nom d'un anc. quartier de Bruxelles). Argot des faubourgs de Bruxelles, à base de français et de flamand.

maronite adj. et n. (de *Saint-Maron*, monastère situé au sud d'Antioche). Se dit d'un fidèle de l'Église maronite. ◆ adj. Relatif aux maronites. ▸ ***Église maronite,*** Église catholique de rite oriental implantée surtout au Liban.

maronner v.i. (mot du nord-ouest de la France signif. « miauler ») [conj. 3]. *Fam.* **1.** Exprimer son mécontentement en marmonnant : *Quand cesseras-tu de maronner ?* (**SYN.** grommeler, maugréer [sout.]). **2.** Attendre trop longtemps : *Je maronne depuis deux heures dans la salle d'attente.*

maroquin n.m. (de *Maroc*, pays où se fabrique ce cuir). **1.** Peau de chèvre tannée au moyen de produits végétaux, teinte et utilisée pour la reliure et la maroquinerie : *Un sac en maroquin.* **2.** *Fam., vieilli* Portefeuille ministériel.

maroquinage n.m. Action de maroquiner.

maroquiner v.t. [conj. 3]. Tanner et travailler une peau à la façon du maroquin.

maroquinerie n.f. **1.** Fabrication du maroquin ; lieu où on le fabrique. **2.** Fabrication de petits objets en cuir ; entreprise industrielle ou artisanale où l'on fabrique ces petits objets ; commerce, magasin où on les vend. **3.** Ensemble des objets fabriqués par le maroquinier (sacs, portefeuilles, etc.).

maroquinier, ère n. Personne qui fabrique ou vend des objets de maroquinerie.

marotte n.f. (dimin. de *Marie*). **1.** Sceptre surmonté d'une tête grotesque coiffée d'un capuchon garni de grelots, attributs de la Folie : *Le bouffon du roi tenait une marotte.* **2.** Tête en bois, en carton, etc., dont se servent les modistes, les coiffeurs. **3.** *Fam.* Idée fixe, goût obsessionnel pour qqch : *Sa nouvelle marotte consiste à garder les articles qui paraissent sur ce chanteur* (**SYN.** manie).

marouflage n.m. Action de maroufler.

maroufler v.t. (de *maroufle*, colle forte) [conj. 3]. Coller une toile peinte sur une surface murale ou un plafond.

marquage n.m. Action de marquer, d'apposer une marque sur qqch : *Le marquage au sol d'une place de stationnement* (**SYN.** matérialisation, traçage). *Le marquage des moutons d'un troupeau.* ▸ ***Marquage radioactif,*** introduction d'éléments chimiques radioactifs dans une molécule, une substance, un organisme vivant, afin d'en étudier les déplacements.

marquant, e adj. **1.** Qui fait impression, qui laisse une trace : *Les événements marquants de la dernière décennie* (**SYN.** important, majeur, notable, saillant ; **CONTR.** mineur). **2.** Qui est remarquable par sa situation, son mérite : *Les femmes les plus marquantes du monde scientifique* (**SYN.** éminent, prestigieux).

marque n.f. **1.** Trace de contact, empreinte laissée par un corps sur un autre : *En sortant de la piscine, elle avait la marque de ses lunettes. Il y a des marques de peinture rouge sur le pare-chocs* (**SYN.** tache). **2.** Trace laissée sur le corps par un coup, un choc, etc. : *Cet enfant a été battu, il a des marques dans le dos* (**SYN.** cicatrice). **3.** Trace, signe, objet qui sert à repérer, à reconnaître qqch : *Le bûcheron laisse une marque sur chaque arbre malade* (**SYN.** coche). *Mettez une marque devant les articles que vous commandez* (**SYN.** croix). **4.** Ce qui distingue qqn, indique sa fonction, son grade, etc. : *L'antilope est la marque du capitaine de l'équipe* (**SYN.** emblème, insigne). **5.** Caractère propre, trait distinctif de qqn, de qqch : *La pièce porte la marque de ce dramaturge* (**SYN.** manière, style, touche). *Ce commentaire est la marque d'un esprit plein de finesse* (**SYN.** preuve, signe). *En français, pour beaucoup de noms communs, le « s » est la marque du pluriel* (**SYN.** indication). **6.** Signe, indice qui révèle qqch : *La* *ministre lui a manifesté des marques de confiance* (**SYN.** gage, témoignage). **7.** Décompte des points gagnés, des buts inscrits au cours d'une compétition : *La marque est de trois buts à un* (**SYN.** score). **8.** Ensemble des produits fabriqués, vendus sous un label ; firme, entreprise qui est propriétaire de ce label : *Ce mannequin est l'ambassadrice d'une grande marque de cosmétique.* ▸ ***De marque,*** se dit d'un produit qui sort d'une maison dont la marque est connue ; de qualité : *Beaucoup d'adolescents ne veulent porter que des vêtements de marque.* ***Marque déposée,*** marque de fabrique ou de commerce ayant fait l'objet d'un dépôt légal, afin de bénéficier de la protection juridique attachée à cette formalité (= nom déposé). ***Marque de fabrique, de commerce, de service,*** tout signe servant à distinguer des produits, des objets, des services : *Ce logo est la marque de fabrique de cette maison.* ***Personnage, hôte de marque,*** personnalité, hôte important. ◆ **marques** n.f. pl. **1.** Repère placé par un athlète pour faciliter un saut, un élan : *Le sauteur en hauteur a pris ses marques.* **2.** *Fig.* Ensemble de repères délimitant un territoire, une zone d'influence : *Avant de se sentir à l'aise dans son nouveau travail, elle doit prendre ses marques.* ▸ ***À vos marques !,*** en athlétisme, ordre donné par le starter pour amener les athlètes sur la ligne de départ.

marqué, e adj. **1.** Qui apparaît avec netteté : *Il y a une différence marquée entre ces jumeaux* (**SYN.** net, visible ; **CONTR.** faible, indistinct). *J'ai une préférence marquée pour ce genre de musique* (**SYN.** vif). **2.** Se dit de qqn qui est engagé dans qqch, ou compromis par ses agissements antérieurs : *Une employée marquée politiquement.*

marque-page n.m. (pl. *marque-pages*). Papier, carton, marque qui sert à retrouver une page dans un livre : *Son ticket de train lui sert de marque-page.*

marquer v.t. (de l'anc. fr. *merchier,* faire une marque) [conj. 3]. **1.** Faire ou laisser une marque visible, une trace : *Le coup fait avec l'aspirateur a marqué le bas du meuble* (**SYN.** rayer, zébrer). *Les ans ont marqué son visage* (**SYN.** creuser, rider). **2.** Laisser une marque, une trace dans le caractère ou la personnalité de qqn : *La séparation de leurs parents les a marqués* (**SYN.** affecter, toucher). *Sa rencontre avec ce grand philosophe l'a marquée* (**SYN.** influencer). **3.** Signaler, distinguer par un repère, un signe : *Les promeneurs marquent leur chemin par des flèches au sol* (**SYN.** baliser, jalonner, repérer). *Marque d'une croix les produits qui t'intéressent sur ce catalogue* (**SYN.** cocher, indiquer). **4.** Indiquer par écrit ; relever, transcrire : *Marquer un numéro de téléphone dans son répertoire* (**SYN.** consigner, inscrire, noter). *Ils ont marqué des insanités sur le mur de sa maison* (**SYN.** écrire, tracer). **5.** Fournir une indication, en parlant d'un instrument de mesure : *Le thermomètre marque qu'il a gelé cette nuit* (**SYN.** annoncer, indiquer). **6.** Rendre plus apparent, plus sensible ; souligner : *Marquer une pause après un point-virgule. Elle hocha la tête pour marquer qu'elle approuvait la déclaration* (**SYN.** montrer, ponctuer, signaler ; **CONTR.** cacher). **7.** Faire ressortir, accuser, en partic. en parlant d'un vêtement : *Ce maillot de bain marque ses rondeurs* (**SYN.** accentuer, souligner). **8.** Faire connaître à autrui : *Ils marquèrent leur désaccord dès les premières minutes* (**SYN.** exprimer, manifester ; **CONTR.** taire). *Marquer de la gratitude à qqn* (**SYN.** témoigner). **9.** Être le signe de ; indiquer : *Cette réaction marque un profond égoïsme de sa part* (**SYN.** dénoter, prouver, révéler). **10.** Réussir un but, un essai, un panier, au football, au rugby, au basket : *La joueuse marqua un panier à trois points.* **11.** Dans les sports d'équipe, surveiller étroitement un adversaire pour contrecarrer ses initiatives : *Marquer un avant.* **12.** En physique nucléaire et en biologie, procéder au marquage radioactif de : *Marquer une molécule.* ▸ ***Marquer le pas,*** pour un militaire, continuer à frapper le sol avec les pieds, selon la cadence du pas, sans avancer ; fig., ralentir, cesser de progresser, en parlant d'un processus : *Les négociations marquent le pas* (= stagnent). ◆ v.i. **1.** Faire une marque, laisser une trace : *Ce tampon ne marque plus* (**SYN.** imprimer). **2.** Laisser une impression, un souvenir durables, en parlant de faits : *Cette douloureuse expérience les a profondément marqués.* **3.** Marquer un but, un essai, un panier, dans les sports d'équipe : *Aucune équipe n'a marqué.*

marqueter [markəte] v.t. (de *marquer*) [conj. 27]. Orner de marqueterie : *Il a joliment marqueté cette table.*

marqueterie [markɛtri ou markətri] n.f. **1.** Assemblage décoratif de lamelles de bois précieux, de marbre, de métal, de nacre, etc., formant des motifs variés, appliqué sur un ouvrage de menuiserie ou d'ébénisterie : *Un panneau en* ou *de marqueterie.* **2.** *Fig.* Ensemble formé d'éléments disparates : *Ce pays offre une marqueterie de dialectes* (**SYN.** mosaïque, patchwork).

marqueteur, euse [markətœr, øz] n. Ouvrier qui fait des ouvrages de marqueterie.

① **marqueur, euse** n. **1.** Personne qui marque les points dans un jeu, un sport. **2.** Joueur qui marque un but, un essai, un panier, etc., ou qui en marque fréquemment : *Ce joueur de football est un marqueur exceptionnel* (= buteur).

② **marqueur** n.m. **1.** Crayon-feutre formant un trait large : *Elle a écrit le contenu des cartons de déménagement au marqueur.* **2.** Segment de l'A.D.N. permettant de localiser un gène voisin ; caractère dépendant d'un gène permettant de différencier les individus : *Le groupe sanguin est un marqueur.* **3.** En médecine, substance présente naturellement dans l'organisme, qui est caractéristique d'un état particulier, d'une maladie ; substance que l'on introduit en très faible quantité dans l'organisme, et que l'on sait retrouver grâce à une propriété physique particulière : *Un marqueur tumoral. Un marqueur radioactif, fluorescent* (**SYN.** traceur).

marquis n.m. (anc. fr. *marchis*). **1.** En France, titre de noblesse situé entre celui de duc et celui de comte. **2.** À l'époque carolingienne, seigneur qui était préposé à la garde d'une marche territoriale.

marquisat n.m. **1.** Terres auxquelles le titre de marquis était attaché. **2.** Titre, dignité de marquis.

① **marquise** n.f. **1.** Femme d'un marquis. **2.** Femme qui possède un marquisat.

② **marquise** n.f. (de *1. marquise*). **1.** Auvent en charpente de fer et vitré, placé au-dessus d'une porte d'entrée, d'un perron. **2.** Bague à chaton allongé, couvrant la première phalange.

marquoir n.m. Instrument de tailleur, de couturier, utilisé pour faire une marque.

marraine n.f. (du lat. *mater, matris,* mère). **1.** Dans le christianisme, femme qui présente un enfant au baptême ou à la confirmation. **2.** Femme qui préside au baptême d'un navire, d'un ouvrage d'art, etc. **3.** Femme qui présente qqn dans un club, une société, pour l'y faire entrer. ▸ ***Marraine de guerre,*** femme ou jeune fille qui, pendant un conflit, entretient une correspondance avec un soldat, lui envoie des colis.

marrane n. (esp. *marrano,* port. *marrao,* de l'ar. *mahram,* illicite). Juif d'Espagne ou du Portugal converti de force au catholicisme sous la pression de l'Inquisition, et qui continuait à pratiquer en secret sa religion.

marrant, e adj. *Fam.* Qui amuse, fait rire : *Cette farce est marrante* (**SYN.** désopilant, drôle, hilarant). *Votre mari est marrant* (**SYN.** amusant, comique ; **CONTR.** ennuyeux).

marre adv. (de *se marrer*). *Fam.* ▸ ***En avoir marre*** ou ***en avoir marre de,*** en avoir assez, être excédé de : *J'en ai marre de ses perpétuels reproches !* ***Il y en a marre*** ou ***y en a marre,*** ça suffit : *Il y en a marre, baissez votre musique !*

se **marrer** v.pr. (de l'anc. fr. *se marrir,* s'ennuyer) [conj. 3]. *Fam.* Rire ; se divertir : *Pendant le film, nous nous sommes bien marrés* (**SYN.** s'amuser, s'esclaffer).

marri, e adj. (de l'anc. fr. *se marrir,* s'ennuyer). *Litt.* Qui éprouve de la tristesse, de la contrariété : *Elle est bien marrie de ce qui nous arrrive* (**SYN.** désolé, navré ; **CONTR.** heureux, ravi).

① **marron** n.m. (it. *marrone,* du rad. préroman *marr-,* caillou). **1.** Fruit comestible de certaines variétés cultivées de châtaigniers : *Manger des marrons grillés* (**SYN.** châtaigne). **2.** *Fam.* Coup de poing. ▸ ***Marron d'Inde,*** fruit du marronnier d'Inde, qui renferme une graine farineuse, non comestible, utilisée contre les troubles circulatoires. ***Marron glacé,*** marron confit dans du sucre et glacé au sirop. ***Tirer les marrons du feu,*** courir des risques pour le profit de qqn d'autre. ◆ adj. inv. et n.m. D'une couleur brun-rouge : *Des chaussures marron. Le marron de ses yeux.*

② **marron, onne** adj. (mot des Antilles, de l'esp. *cimarrón*). **1.** Qui exerce une profession libérale dans des conditions illégales : *Un pédiatre marron* (**SYN.** malhonnête, véreux ; **CONTR.** honnête, intègre). **2.** Se disait d'un esclave noir fugitif, dans l'Amérique coloniale. **3.** Aux Antilles, clandestin, illégal.

③ **marron** adj. inv. ▸ *Fam.* ***Être marron*** ou ***être fait marron,*** être dupé, attrapé : *Elles sont marron avec leurs contraventions à amnistier.*

marronnier n.m. (de *1. marron*). **1.** Châtaignier d'une variété cultivée, qui produit le marron. **2.** Grand arbre à feuilles palmées et à fleurs en grappes, dont le fruit n'est pas comestible (on dit aussi *marronnier d'Inde*). **3.** Article de presse sur un événement qui se reproduit à date fixe : *La façon de perdre des kilos avant l'été est un célèbre marronnier* (= serpent de mer).

mars [mars] n.m. (du lat. *martius,* de Mars). Troisième mois de l'année : *Elle est née en mars.*

marsala n.m. (de *Marsala,* ville de Sicile). Vin de liqueur produit en Sicile.

marseillais, e adj. et n. De Marseille. ▸ ***La Marseillaise,*** l'hymne national français.

marshmallow [marʃmalo] n.m. (mot angl. signif. « guimauve »). Guimauve molle enrobée de sucre glace et d'amidon : *Manger des marshmallows.*

marsouin n.m. (de l'anc. scand. *marsvin,* porc de mer). **1.** Mammifère cétacé voisin du dauphin, très vorace, commun dans l'Atlantique, où il suit souvent les navires (**SYN.** cochon de mer). **2.** *Arg. mil.* Militaire de l'infanterie de marine.

marsupial n.m. (du lat. *marsupium,* bourse) [pl. *marsupiaux*]. Mammifère dont la femelle a une poche ventrale contenant les mamelles, destinée à recevoir les petits après la naissance : *Le kangourou et le koala sont des marsupiaux.*

marsupium [marsypjɔm] n.m. (mot lat.). Poche ventrale des marsupiaux qui contient les mamelles.

martagon n.m. (esp. *martagón*). Lis des prairies et des bois de basse montagne, à fleurs rose maculé de pourpre.

marte n.f. → **martre.**

① **marteau** n.m. (lat. *martellus*). **1.** Outil formé d'une tête en acier dur fixée sur un manche, dont on se sert pour frapper : *Elle enfonça des clous avec son marteau.* **2.** Battant métallique, fixé à l'extérieur d'une porte et servant de heurtoir. **3.** Pièce garnie de feutre, qui frappe les cordes d'un piano. **4.** Sphère métallique pesant 7,257 kilogrammes, munie d'un fil d'acier et d'une poignée, que lancent les athlètes ; épreuve d'athlétisme pratiquée avec cet engin : *Le lancer du marteau.* **5.** En anatomie, premier osselet de l'oreille moyenne. **6.** Requin des mers chaudes, à tête aplatie en deux lobes latéraux portant les yeux (**SYN.** requin-marteau). ▸ ***Marteau piqueur,*** machine-outil équipée d'une tige pointue et fonctionnant à l'air comprimé, qui sert à défoncer les sols, à disloquer des roches.

② **marteau** adj. ▸ *Fam.* ***Être marteau,*** être fou : *Elle est complètement marteau !*

marteau-pilon n.m. (pl. *marteaux-pilons*). Machine-outil de forge destinée à provoquer la déformation du métal par l'action d'une masse tombante.

martel n.m. (du lat. *martellus,* marteau). ▸ ***Se mettre martel en tête,*** se faire beaucoup de souci ; se tracasser : *Ne vous mettez pas martel en tête, elle va téléphoner.*

martelage n.m. Action de marteler, de façonner ou de forger au marteau.

martèlement n.m. **1.** Action de marteler ; bruit qui en résulte : *Les martèlements du carrossier.* **2.** Bruit cadencé rappelant celui des coups de marteau : *Le martèlement des pas sur le plancher.* **3.** Action de répéter systématiquement qqch pour le faire pénétrer dans l'esprit de qqn : *Un martèlement publicitaire* (**SYN.** battage, matraquage).

marteler [martəle] v.t. [conj. 25]. **1.** Frapper, forger, façonner au moyen du marteau : *Marteler une barre de fer pour qu'elle soit bien droite* (**SYN.** battre). **2.** Frapper fort et à coups redoublés ; ébranler par un bruit fort et répété : *Les sabots des chevaux martèlent la chaussée.* **3.** Prononcer distinctement en détachant les syllabes : *L'oratrice martèle ses phrases* (**SYN.** articuler, scander ; **CONTR.** bafouiller, bredouiller). ▸ ***Marteler la cervelle*** ou ***la tête de qqn,*** en parlant d'une idée, d'une phrase, revenir sans cesse à l'esprit ; obséder : *Ces mots lui martelaient la tête.*

martial, e, aux [marsjal, o] adj. (lat. *martialis,* de *Mars, Martis,* dieu de la Guerre). **1.** Se dit d'une attitude décidée, résolue, qui cherche à en imposer : *Il s'avança* *d'un air martial* (SYN. assuré, confiant ; CONTR. timide). **2.** *Litt.* Qui manifeste des dispositions pour le combat ; qui encourage cet état d'esprit : *Un discours martial* (SYN. belliqueux, guerrier ; CONTR. pacifiste). ▸ ***Arts martiaux,*** ensemble des sports de combat d'origine japonaise, tels que le judo, le karaté, l'aïkido, le kendo. ***Cour martiale,*** tribunal militaire d'exception. ***Loi martiale,*** loi d'exception confiant le maintien de l'ordre aux autorités militaires.

martien, enne [marsjɛ̃, ɛn] adj. Relatif à la planète Mars. ◆ n. Habitant imaginaire de la planète Mars.

① **martinet** n.m. (de *Martin,* n.pr.). Oiseau aux longues ailes étroites, ressemblant à l'hirondelle, qui chasse les insectes au vol.

② **martinet** n.m. Fouet formé de plusieurs lanières de cuir fixées à un manche.

martingale n.f. (prov. *martegalo,* de Martigues, ville du Midi). **1.** Ensemble de deux pattes se boutonnant l'une sur l'autre et placées à la taille dans le dos d'un vêtement : *Un manteau à martingale.* **2.** Système de jeu qui prétend, selon des principes fondés sur le calcul des probabilités, assurer un bénéfice certain dans les jeux de hasard ; combinaison : *Trouver une martingale pour la roulette.*

martiniquais, e adj. et n. Relatif à la Martinique, à ses habitants.

martin-pêcheur n.m. (pl. *martins-pêcheurs*). Petit oiseau au plumage brillant, qui vit au bord des cours d'eau et plonge avec rapidité pour prendre de petits poissons.

martre ou **marte** n.f. (du germ.). Mammifère carnivore à fourrure soyeuse et estimée : *La martre ordinaire, la fouine et la zibeline sont des martres.*

martyr, e n. (du gr. *martur, marturos,* témoin). **1.** Chrétien mis à mort ou torturé en témoignage de sa foi : *Une martyre livrée aux lions.* **2.** Personne qui a été torturée ou tuée pour une cause à laquelle elle s'est sacrifiée : *Une commémoration en l'honneur des martyrs de la Résistance.* ◆ adj. Qui souffre de mauvais traitements systématiques : *Une fillette martyre.*

martyre n.m. (lat. *martyrium*). **1.** Torture, mort que qqn endure, en génér. pour la défense de sa foi, de sa cause : *Le martyre de certains opposants à un régime dictatorial* (SYN. supplice). **2.** Grande douleur physique ou morale ; état, situation extrêmement pénibles : *Le malade souffre le martyre* (SYN. calvaire). *Ces années passées dans le pensionnat ont été pour elle un martyre* (SYN. torture).

martyriser v.t. [conj. 3]. Faire endurer de cruels traitements à ; persécuter : *Plusieurs civils ont été martyrisés* (SYN. supplicier, torturer). *Ces enfants ont martyrisé un chien errant* (SYN. brutaliser, maltraiter).

martyrologe [martirɔlɔʒ] n.m. (lat. médiév. *martyrologium,* de *martyr* et *elogium,* épitaphe). **1.** Liste ou catalogue des martyrs et des saints. **2.** *Litt.* Liste des victimes d'une cause : *Le martyrologe des déportés.*

marxisme n.m. Ensemble des conceptions politiques, philosophiques, sociales de Karl Marx, de Friedrich Engels et de leurs continuateurs.

marxisme-léninisme n.m. sing. Doctrine s'inspirant des idées de Marx et de Lénine.

marxiste adj. et n. Relatif au marxisme ; qui en est partisan.

marxiste-léniniste adj. et n. (pl. *marxistes-léninistes*). Relatif au marxisme-léninisme ; qui en est partisan.

mas [ma ou mas] n.m. (mot prov.). Maison de campagne, ferme, en Provence.

mascara n.m. (mot angl., de l'it. *maschera,* masque). Produit cosmétique coloré utilisé pour le maquillage des cils.

mascarade n.f. (it. *mascherata,* de *maschera,* masque). **1.** Réunion ou défilé de personnes déguisées et masquées. **2.** Déguisement étrange ; accoutrement ridicule : *Qu'est-ce que c'est que cette mascarade, tu ne peux pas aller travailler ainsi !* **3.** *Péjor.* Mise en scène trompeuse ; comédie, hypocrisie : *Cette conférence de presse ne fut qu'une mascarade* (SYN. mystification, supercherie).

mascaret n.m. (mot gascon signif. « bœuf tacheté », de *mascara,* barbouiller de noir). Haute vague qui se produit dans certains estuaires au moment du flux et qui déferle rapidement vers l'amont.

mascogne n.f. En Suisse, tricherie.

mascotte n.f. (du prov. *mascoto,* sortilège). Objet, personne ou animal considérés comme pouvant procurer la chance, le bonheur ; porte-bonheur : *Ce chien est la mascotte de l'équipe* (SYN. fétiche).

masculin, e adj. (lat. *masculinus,* de *masculus,* mâle). **1.** Qui appartient au mâle, à l'homme, qui a ses caractères : *Une démarche masculine* (SYN. mâle, viril). **2.** Qui est composé d'hommes : *L'équipe masculine de handball* (CONTR. féminin). **3.** En grammaire, qui appartient au genre masculin (par opp. à féminin) : *« Ordinateur, chêne, soleil » sont des noms masculins.* ▸ ***Rime masculine,*** rime qui ne finit pas par un « e » muet ou une syllabe muette (par opp. à rime féminine). ◆ **masculin** n.m. Un des genres grammaticaux, qui s'applique, en français, à la plupart des noms d'êtres mâles et à une partie des noms désignant des choses (par opp. à féminin) : *Certains noms de métiers ne s'emploient encore qu'au masculin.*

masculinisation n.f. **1.** Action de masculiniser ; son résultat : *La masculinisation d'une femme par la pratique intensive du culturisme.* **2.** Fait de se masculiniser (par opp. à féminisation) : *La masculinisation d'une profession.*

masculiniser v.t. [conj. 3]. **1.** Donner un caractère masculin à : *Cette coiffure la masculinise.* **2.** En biologie, provoquer l'apparition de caractères sexuels masculins ; viriliser. ◆ **se masculiniser** v.pr. Comporter un plus grand nombre d'hommes qu'auparavant, en parlant d'une profession, d'un milieu, etc. (par opp. à se féminiser) : *Cette discipline sportive s'est masculinisée.*

masculinité n.f. Ensemble des traits psychologiques, des comportements considérés comme caractéristiques du sexe masculin (SYN. virilité ; CONTR. féminité).

maso adj. et n. (abrév.). *Fam.* Masochiste.

masochisme n.m. (du nom de *L. von Sacher-Masoch,* romancier autrichien). **1.** Comportement d'une personne qui recherche le plaisir sexuel dans la douleur physique et les humiliations qui lui sont infligées. **2.** Comportement d'une personne qui semble rechercher les situations où elle souffre, se trouve en difficulté : *C'est du masochisme de faire tous ces kilomètres à pied par ce froid !*

masochiste adj. et n. Relatif au masochisme ; qui agit avec masochisme : *Vous êtes masochiste, vous savez très bien que vous allez être mal reçu !* (abrév. fam. maso).

masquage n.m. Action de masquer qqch, de l'occulter.

masque n.m. (it. *maschera*). **1.** Faux visage de carton peint, de matière plastique, de tissu, etc., dont on se couvre la figure pour se déguiser ou dissimuler son identité : *Des masques de carnaval. Les malfaiteurs portaient un masque lors de l'attaque à main armée.* **2.** Reproduction stylisée du visage ou du corps ayant une fonction rituelle : *Une exposition de masques africains.* **3.** Moulage de la face, pris sur le vif ou sur un cadavre : *Le masque mortuaire de Victor Hugo.* **4.** Préparation cosmétique sous forme de crème, de pâte ou de gel, utilisée en application pour les soins esthétiques du visage. **5.** Appareil médical que l'on applique sur le nez et la bouche pour administrer les anesthésiques gazeux et l'oxygène. **6.** Appareil individuel qui protège le visage dans certaines professions, certains sports : *Mettre un masque à gaz pour se protéger d'émanations toxiques. Masque de soudeur, d'apiculteur, d'escrimeur.* **7.** Accessoire des plongeurs sous-marins, isolant les yeux et le nez du contact de l'eau : *Des masques de plongée.* **8.** *Litt.* Apparence, aspect du visage : *Sous un masque de courtoisie se cachait un être cruel* (**SYN.** dehors). ▸ ***Arracher son masque à qqn,*** révéler, dévoiler sa duplicité : *Le journaliste lui a arraché son masque* (= l'a obligé à se montrer sous son vrai jour). ***Lever*** ou ***tomber le masque,*** révéler sa vraie nature, tenue jusqu'alors dissimulée : *Cet incident l'a obligé à lever le masque et à révéler ses véritables projets.* ***Masque de grossesse*** ou ***de la grossesse,*** en médecine, chloasma.

masqué, e adj. Qui porte un masque : *Un chanteur d'opéra masqué.* ▸ ***Bal masqué,*** bal où l'on va déguisé.

masquer v.t. [conj. 3]. **1.** Couvrir d'un masque : *Elle a masqué ses enfants pour le carnaval.* **2.** Cacher à la vue : *Cet immeuble masque le monument* (**SYN.** dissimuler ; **CONTR.** montrer). **3.** Soustraire à la connaissance, cacher sous de fausses apparences : *Elle a longtemps masqué sa véritable nature* (**SYN.** déguiser, travestir ; **CONTR.** dévoiler, divulguer). ◆ **se masquer** v.pr. Se couvrir le visage d'un masque.

massacrant, e adj. ▸ *Fam.* ***Être d'une humeur massacrante,*** être de très mauvaise humeur.

massacre n.m. **1.** Action de massacrer : *Le massacre de la population civile* (**SYN.** extermination, hécatombe, tuerie). **2.** *Fam.* Exécution très maladroite d'un travail, d'une opération : *Ils ont fait un massacre en posant les prises électriques, il va falloir changer le papier peint* (**SYN.** gâchis, saccage). ▸ *Très fam.* ***Faire un massacre,*** remporter un grand succès : *Ce groupe de rock a fait un massacre.* ***Jeu de massacre,*** jeu forain qui consiste à faire basculer des silhouettes avec des balles en chiffon.

massacrer v.t. (du lat. pop. *matteuculare,* tuer en frappant, de *matteuca,* massue) [conj. 3]. **1.** Tuer sauvagement et en masse des êtres, des gens sans défense : *Ils ont massacré les habitants de ce village* (**SYN.** exterminer). *Les terroristes ont massacré leurs otages* (**SYN.** abattre, assassiner). **2.** *Fam.* Endommager par un travail maladroit, une opération mal menée ; saccager : *Il a massacré la moquette en découpant les bords* (**SYN.** abîmer, détériorer). *Sans de bonnes cisailles, je risque de massacrer le poulet* **3.** *Fam.* Représenter, exécuter maladroitement une œuvre, au point de la défigurer : *La chorale a massacré ce chant.*

massacreur, euse n. **1.** Personne qui commet un massacre : *Ce massacreur va enfin être jugé* (**SYN.** boucher, tueur). **2.** *Fam.* Personne qui, par une exécution maladroite, gâte un travail, une œuvre : *Ce musicien est un massacreur.*

massage n.m. Action de masser une partie du corps, un organe : *Un massage de la nuque vous décontracterait.* ▸ ***Massage cardiaque,*** technique de réanimation fondée sur des compressions rythmées du cœur.

massaliote adj. et n. (de *Massalia,* nom gr. de Marseille). Qui se rapporte à la Marseille antique.

① **masse** n.f. (lat. *massa,* gr. *maza*). **1.** Grande quantité d'une matière, d'une substance sans forme précise, mais compacte : *Mesurer la masse d'eau tombée pendant la nuit* (**SYN.** volume). *Une masse de neige s'est accumulée devant la porte* (**SYN.** amas, congère). *Une masse d'air chaud se dirige vers le Sud* (**SYN.** flux). **2.** Ensemble imposant dont on ne distingue pas les parties : *Malgré un épais brouillard, nous distinguions la masse du château d'eau.* **3.** Réunion d'éléments distincts de même nature, rassemblés en un tout indistinct : *Ils cherchent leur valise dans la masse des bagages* (**SYN.** amoncellement, entassement). **4.** Grande quantité d'éléments formant un tout : *Il a une masse de linge à repasser* (**SYN.** monceau, paquet). **5.** Grande quantité de choses ou de personnes : *Elle a des masses de factures à payer* (= beaucoup de ; **SYN.** multitude de, tas). *Au moment de Noël, une masse de clients fréquente ce magasin* (**SYN.** foule). **6.** (Précédé de l'art. déf.). Le commun des hommes, le plus grand nombre (souvent péjor.) : *Ce style de film plaît à la masse* (= au grand public ; **CONTR.** élite). **7.** En physique, grandeur qui caractérise la quantité de matière constituant un corps ; grandeur qui caractérise l'attraction qu'un corps subit de la part d'un autre corps : *L'unité de masse est le kilogramme.* **8.** En électrotechnique, ensemble des pièces conductrices qui, dans une installation électrique, sont mises en communication avec le sol. ▸ ***Comme une masse,*** sans réagir ; de tout son poids, comme une chose inanimée, inerte : *J'étais si épuisée que je suis tombée comme une masse sur le lit.* ***Dans la masse,*** dans un seul bloc de matière homogène : *Cette artiste sculpte dans la masse.* ***De masse,*** qui concerne la grande majorité du corps social, considérée comme culturellement homogène : *Communication, culture de masse.* ***En masse,*** en grand nombre ; massivement : *Les électeurs ont voté en masse.* ***Masse monétaire,*** en économie, ensemble des billets de banque en circulation. ***Plan de masse,*** en architecture, plan à petite échelle, ne donnant d'un ensemble de bâtiments que les contours et souvent, par des ombres, une indication des volumes (**SYN.** plan-masse). ◆ **masses** n.f. pl. Le peuple dans sa majorité ; les classes populaires : *Ce discours est fait pour plaire aux masses.* ▸ *Fam.* ***Des masses,*** beaucoup : *Il n'y a pas des masses de place dans le train.*

② **masse** n.f. (lat. *mattea*, de *mateola*, outil pour enfoncer). Gros maillet servant à enfoncer ; gros marteau servant à casser, à tailler : *Enfoncer un piquet dans la terre à l'aide d'une masse.*

massepain n.m. (it. *marzapane*, de l'ar.). Petit biscuit rond, fait avec des amandes, du sucre et des blancs d'œufs.

① **masser** v.t. (d'un mot ar. signif. « palper ») [conj. 3]. Presser, pétrir différentes parties du corps avec les mains pour assouplir les tissus, fortifier les muscles, atténuer les douleurs, etc. : *Le kinésithérapeute masse le dos du sportif.*

② **masser** v.t. (de *1. masse*) [conj. 3]. Rassembler, disposer en masse : *Masser les salariés à l'extérieur de l'entreprise pendant une alerte au feu* (**SYN.** concentrer, regrouper, réunir ; **CONTR.** disloquer, disperser). ◆ **se masser** v.pr. Se réunir en masse ; se grouper : *Les manifestants se sont massés devant le ministère* (**SYN.** se rassembler ; **CONTR.** se disperser, s'égailler, s'éparpiller).

massette n.f. Petite masse utilisée notamm. par les carriers, les maçons, les plâtriers.

masseur, euse n. Personne habilitée à effectuer des massages : *Le masseur attitré d'un joueur de tennis.*

masseur-kinésithérapeute, masseuse-kinésithérapeute n. (pl. *masseurs-, masseuses-kinésithérapeutes*). Kinésithérapeute.

massicot n.m. (de *Massiquot*, nom de l'inventeur). Machine à couper le papier, qui sert notamm. à rogner les marges, les tranches des livres.

massicoter v.t. [conj. 3]. Couper, rogner du papier au massicot.

① **massif, ive** adj. (de *1. masse*). **1.** Qui forme un bloc compact ; qui n'est ni creux, ni plaqué, ni mélangé : *Une armoire en chêne massif. Une bague en or massif.* **2.** Qui a une apparence épaisse, lourde, compacte : *Une bâtisse massive* (**SYN.** imposant, volumineux). *Un corps massif* (**SYN.** épais, trapu ; **CONTR.** décharné, émacié). **3.** Qui est donné ou fait, ou qui existe en grande quantité : *Il y a eu un nombre massif de réclamations* (**SYN.** considérable, important ; **CONTR.** faible, infime). **4.** Qui groupe un grand nombre de personnes : *Un rassemblement massif* (**SYN.** important, impressionnant). *Les départs massifs du mois d'août* (= qui se produisent en masse ; **SYN.** innombrable).

② **massif** n.m. (de *1. massif*). **1.** Ensemble de plantes fleuries ou d'arbustes groupés en parterre : *Un massif d'hortensias.* **2.** Ensemble de montagnes groupées en une masse (par opp. à chaîne) : *Le massif du Mont-Blanc.*

massification n.f. Adaptation d'un phénomène à la masse, au grand nombre ; transformation en phénomène de masse : *La massification d'un genre littéraire.*

massifier v.t. [conj. 9]. Opérer la massification de : *Massifier le tourisme dans une région.*

massique adj. En physique, qui concerne la masse ou l'unité de masse : *Volume massique.*

massivement adv. De façon massive ; en très grand nombre : *Les cadres participent massivement à la grève.*

massivité n.f. Caractère massif de qqch : *Les O.N.G. ont été débordées par la massivité de l'exode des villageois.*

mass media [masmedja] n.m. pl. (mots angl.). Moyens de communication de masse (télévision, radio, presse, cinéma).

massue n.f. (de *2. masse*). **1.** Bâton noueux, beaucoup plus gros à un bout qu'à l'autre, utilisé comme arme contondante de l'Antiquité au XVIe siècle. **2.** (Employé en appos.). Se dit de paroles, d'une argumentation auxquelles on ne sait quoi répliquer : *Des arguments massues.* ▸ ***Coup de massue,*** événement catastrophique et brutal qui abat, bouleverse : *Son licenciement a été un coup de massue* ; prix excessif à payer auquel on ne s'attendait pas : *La facture de la réparation de la voiture a été un coup de massue.*

mastaba n.m. (mot ar. signif. « banc »). Monument funéraire trapézoïdal de l'Égypte antique.

mastectomie n.f. → **mammectomie.**

master [mastœr ou mastɛr] n.m. Troisième grade universitaire obtenu au terme de deux ans d'études après la licence.

mastère n.m. (de l'angl. *master*, maître). Diplôme sanctionnant une formation d'une année effectuée après un diplôme d'études supérieures et ouvrant la voie à un métier.

mastic n.m. (du gr. *mastikhê*, gomme de lentisque). **1.** Pâte malléable à base de carbonate de calcium et d'huile de lin pure, durcissant au contact de l'air, qui sert à boucher des trous ou des joints, à faire adhérer des objets de nature différente, etc. **2.** Résine jaunâtre qui s'écoule du lentisque. **3.** En imprimerie, erreur de composition, d'impression, mélange de lignes ou de caractères. ◆ adj. inv. D'un gris tirant sur le beige clair : *Des gants mastic.*

masticage n.m. Action de mastiquer, de joindre ou de remplir avec du mastic : *Le masticage d'une vitre.*

masticateur, trice adj. Qui intervient dans la mastication : *Les muscles masticateurs.*

mastication n.f. Action de mastiquer, de mâcher des aliments solides : *La mastication aide à la digestion.*

masticatoire n.m. et adj. Substance que l'on mâche sans l'avaler pour exciter la sécrétion de la salive : *Le chewing-gum est un masticatoire.*

mastiff n.m. (mot angl., du fr. *mâtin*). Chien à corps trapu, voisin du dogue.

① **mastiquer** v.t. (du lat. *masticare*, mâcher) [conj. 3]. Broyer des aliments avec les dents avant de les avaler : *Mastiquer de la viande* (**SYN.** mâcher).

② **mastiquer** v.t. (de *mastic*) [conj. 3]. Coller, joindre, boucher avec du mastic : *Mastiquer les vitres d'une fenêtre.*

mastite n.f. → **mammite.**

mastoc adj. inv. *Fam.* Qui a des formes lourdes, épaisses : *Des constructions mastoc* (**SYN.** énorme, imposant, massif).

mastodonte n.m. (du gr. *mastos*, mamelle, et *odous, odontos*, dent). **1.** Mammifère fossile de la fin du tertiaire et du début du quaternaire, voisin de l'éléphant, parfois muni de deux paires de défenses. **2.** *Fam.* Personne, animal ou chose énorme : *Ce taureau est un mastodonte.*

mastoïde [mastɔid] n.f. (du gr. *mastoeidês*, qui a

l'apparence d'une mamelle). En anatomie, protubérance osseuse située en arrière de l'oreille.

mastoïdien, enne [mastɔidjɛ̃, ɛn] adj. Qui concerne la mastoïde.

mastoïdite [mastɔidit] n.f. En médecine, inflammation de la mastoïde, qui peut accompagner une otite aiguë.

mastologie n.f. (du gr. *mastos*, sein, mamelle). Discipline médicale qui étudie le sein et ses maladies (**SYN.** sénologie).

masturbation n.f. Action de masturber, de se masturber (**SYN.** onanisme).

masturber v.t. (lat. *masturbari*, de *manus*, main, et *stuprare*, polluer) [conj. 3]. Procurer le plaisir sexuel par l'excitation manuelle des parties génitales. ◆ **se masturber** v.pr. Se livrer à la masturbation sur soi-même.

m'as-tu-vu [matyvy] n. inv. (question qu'emploient les acteurs évoquant entre eux leurs succès). *Fam.* Personne vaniteuse : *Je ne supporte absolument pas ces m'as-tu-vu* (**SYN.** prétentieux).

masure n.f. (du bas lat. *mansura*, demeure, de *manere*, rester). Maison misérable, délabrée : *Les clandestins se sont abrités dans une masure.*

① **mat** [mat] n.m. (d'un mot ar. signif. « il est mort »). Aux échecs, position du roi qui est en échec sans pouvoir se mettre hors de prise, ce qui termine la partie. ◆ adj. inv. Se dit du roi en position de mat, du joueur dont le roi est dans une telle situation : *La joueuse a été mat en dix coups.*

② **mat, e** [mat] adj. (du lat. *mattus*, humide). **1.** Qui n'a pas d'éclat, de poli : *La peinture de la voiture est mate* (**SYN.** terne ; **CONTR.** brillant, métallisé). **2.** Qui n'a pas de transparence, n'est pas lumineux : *Des vitraux mats* (**SYN.** dépoli, opaque ; **CONTR.** clair, transparent). **3.** Qui n'a pas de résonance : *Un bruit mat* (**SYN.** étouffé, sourd ; **CONTR.** sonore). ▸ ***Teint mat, peau mate,*** légèrement bistres : *Une brune au teint mat* (**CONTR.** clair).

mât [mɑ] n.m. (frq. *mast*). **1.** Longue pièce de bois ou de métal, de section génér. circulaire, dressée verticalement ou obliquement sur le pont d'un voilier, maintenue par des haubans et destinée à porter la voilure : *Le grand mât. Une goélette à deux mâts.* **2.** Poteau fiché dans le sol, au sommet duquel on hisse des drapeaux, des signaux, etc. : *Le mât d'un sémaphore.* **3.** Longue perche fixe servant aux exercices des gymnastes. ▸ ***Mât de cocagne*** → **cocagne.**

matabiche n.m. (du port. *matar o bicho*, tuer la bête). En Afrique, pot-de-vin.

matador n.m. (mot esp., de *matar*, tuer). Dans les courses de taureaux, personne chargée de la mise à mort de l'animal.

matamore n.m. (de l'esp. *Matamoros*, tueur de Maures, nom d'un personnage de la comédie espagnole). Personne qui n'est courageuse qu'en paroles ; faux brave : *Ils se sont laissé impressionner par ce matamore* (**SYN.** bravache, fanfaron, fier-à-bras [litt.]).

match n.m. (mot angl.) [pl. *matchs* ou *matches*]. **1.** Compétition sportive disputée entre deux concurrents, deux équipes ; épreuve, rencontre : *Un match de badminton, de hockey.* **2.** Compétition économique, politique entre deux États, deux organismes, etc. : *Laquelle de ces deux multinationales va remporter le match ?* ▸ ***Faire match nul,*** terminer à égalité : *Les deux équipes ont fait match nul.*

maté n.m. (mot esp., du quechua). Houx d'Amérique du Sud, dont les feuilles fournissent une infusion stimulante et diurétique ; cette infusion : *Boire du maté.*

matefaim [matfɛ̃] n.m. Dans la cuisine lyonnaise et franc-comtoise, crêpe très épaisse.

matelas [matla] n.m. (it. *materasso*, d'un mot ar. signif. « tapis »). **1.** Pièce de literie, génér. capitonnée, rembourrée de laine, de mousse, ou à ressorts, et destinée à garnir le sommier. **2.** Épaisse couche d'un matériau mou, souple ou meuble : *Ils se sont fait un matelas de feuilles et de mousse.* ▸ ***Matelas pneumatique,*** enveloppe gonflable de toile caoutchoutée ou de plastique, utilisée pour le camping, la plage, etc.

matelassage n.m. Action de matelasser un siège, un coussin, etc.

matelassé, e adj. Se dit d'un tissu, d'un matériau doublé d'une couche moelleuse maintenue par des piqûres. ◆ **matelassé** n.m. Tissu, matériau matelassé : *Un sac en matelassé de cuir.*

matelasser v.t. [conj. 3]. **1.** Rembourrer un siège, un coussin, etc., en fixant la couche intérieure par des piqûres ou des boutons : *Matelasser des accoudoirs* (**SYN.** capitonner). **2.** Doubler une étoffe avec un matelassé : *Matelasser une veste.*

matelassier, ère n. Personne qui confectionne ou répare les matelas.

matelot n.m. (du moyen néerl. *mattenoot*, compagnon). **1.** Homme d'équipage qui, à bord, participe à la manœuvre et à l'entretien du navire. **2.** Dans la Marine française, militaire qui n'est pas un officier.

matelote n.f. (de *matelot*). **1.** Préparation faite de poissons coupés en morceaux, cuits dans du vin avec des oignons : *Matelote d'anguilles au vin rouge.* **2.** (Employé en appos.). Au vin et aux oignons : *Sauce matelote.*

① **mater** v.t. (de *1. mat*) [conj. 3]. Aux échecs, mettre le roi, l'adversaire en position de mat ; faire mat : *Je l'ai maté en six coups.*

② **mater** v.t. (de *2. mat*) [conj. 3]. **1.** Réduire à l'impuissance, à l'obéissance : *Il a facilement maté son adversaire* (**SYN.** terrasser, vaincre). *Elle a réussi à mater cet enfant turbulent* (**SYN.** discipliner). **2.** Empêcher le développement de ; se rendre maître de : *Les forces de l'ordre ont maté la révolte* (**SYN.** étouffer, réprimer).

③ **mater** v.t. (fr. d'Algérie, de l'esp. *matar*, tuer) [conj. 3]. *Fam.* **1.** Regarder, surveiller (**SYN.** observer). **2.** Épier avec convoitise ; lorgner : *Il mate les jolies femmes.*

mâter v.t. [conj. 3]. Pourvoir un navire de son mât ou de ses mâts.

matérialisation n.f. **1.** Action de matérialiser ; fait de se matérialiser : *La matérialisation d'un rêve d'enfance* (**SYN.** concrétisation, réalisation). **2.** Action de matérialiser une voie, un emplacement, etc. : *La matérialisation au sol d'un passage pour piétons* (**SYN.** marquage, traçage).

matérialiser v.t. (du lat. *materia*, matière) [conj. 3]. **1.** Donner une forme concrète, une réalité sensible à : *Ces bornes matérialisent la limite du terrain* (**SYN.** indiquer, marquer). **2.** Rendre concret, effectif : *L'argent* *qu'il a gagné au Loto va lui permettre de matérialiser son rêve* (**SYN.** accomplir, concrétiser, réaliser). **3.** Rendre visible ; signaliser : *Matérialiser les voies d'une autoroute* (**SYN.** marquer, tracer). ◆ **se matérialiser** v.pr. Devenir réel : *Ses projets se sont enfin matérialisés* (**SYN.** s'accomplir, se concrétiser, se réaliser).

matérialisme n.m. (de *matériel*). **1.** Manière de vivre, état d'esprit orientés vers la recherche des plaisirs et des satisfactions matériels (**SYN.** épicurisme ; **CONTR.** ascétisme). **2.** En philosophie, doctrine qui affirme que rien n'existe en dehors de la matière, et que l'esprit est lui-même entièrement matériel (**CONTR.** idéalisme, spiritualisme).

matérialiste adj. et n. **1.** Qui est orienté vers la seule recherche des satisfactions matérielles : *Le refus d'une vie matérialiste* (**SYN.** terre à terre). **2.** Qui appartient au matérialisme ; qui en est partisan : *Courant matérialiste* (**CONTR.** idéaliste, spiritualiste).

matérialité n.f. **1.** Caractère de ce qui est matériel : *La matérialité de l'Univers.* **2.** Dans le langage juridique, circonstance matérielle qui constitue un acte, en dehors des motifs : *La matérialité de ces faits n'a pas encore été établie.*

matériau n.m. (de *material*, anc. forme de *matériel*). **1.** Substance, matière utilisée pour la construction d'objets, de machines, de bâtiments, etc. : *Le bois, la pierre, les métaux sont des matériaux.* **2.** Matière de base, ensemble d'informations utilisables pour une recherche, la rédaction d'un ouvrage, etc. : *L'histoire de sa famille constitue le matériau du roman.* ◆ **matériaux** n.m. pl. **1.** Ensemble des matières d'origine naturelle ou artificielle entrant dans la construction d'un bâtiment, d'un véhicule, etc. : *Récupérer les matériaux d'un immeuble qui vient d'être détruit.* **2.** Informations, documents recueillis et combinés pour former un tout : *Tous les matériaux qui ont permis de réaliser un dossier sur un sujet précis* (**SYN.** pièce).

matériel, elle adj. (bas lat. *materialis*, de *materia*, matière). **1.** Formé de matière (par opp. à spirituel, à intellectuel, etc.) : *Le monde matériel* (**SYN.** concret ; **CONTR.** abstrait). **2.** Qui concerne les objets et non les personnes : *La tempête n'a fait que des dégâts matériels* (**CONTR.** humain). **3.** Qui existe effectivement : *Vous n'avez pas fourni de preuves matérielles de sa culpabilité* (**SYN.** réel, palpable, tangible). **4.** Qui est considéré d'un point de vue purement concret, en dehors de toute subjectivité : *Je suis dans l'impossibilité matérielle de le prévenir* (= je n'ai aucun moyen de le faire ; **SYN.** effectif). **5.** Qui concerne les nécessités de la vie humaine, les besoins normaux de l'existence quotidienne : *Le fait de disposer d'un logement de fonction présente des avantages matériels. Cet organisme réclame une aide matérielle pour aider les sinistrés* (**SYN.** financier, pécuniaire). **6.** *Péjor.* Qui est trop attaché à l'argent, aux plaisirs (**SYN.** matérialiste, prosaïque, terre à terre). ▸ ***Temps matériel,*** temps nécessaire pour accomplir une action : *Je n'ai pas le temps matériel de taper ce rapport.* ◆ **matériel** n.m. **1.** Ensemble des objets, des instruments nécessaires pour le bon fonctionnement d'une exploitation, d'un établissement, la pratique d'un sport, d'une activité, etc. : *Le matériel de cette usine est vétuste* (**SYN.** équipement). *Faire une estimation des besoins en matériels informatiques. Une panoplie des matériels antipolluants. Elle a emporté son matériel de pêche.* **2.** Ensemble d'éléments susceptibles d'être exploités, traités scientifiquement : *Le matériel d'une recherche généalogique* (**SYN.** matériau). **3.** Ensemble des équipements, véhicules, armes nécessaires aux forces armées. **4.** Ensemble des éléments physiques d'un système informatique (par opp. à logiciel) ; hardware (anglic.). ▸ ***Matériel génétique,*** A.D.N. ◆ **matérielle** n.f. ▸ *Fam., vieilli* ***La matérielle,*** l'argent nécessaire pour vivre : *Cet héritage lui assure la matérielle.*

matériellement adv. **1.** D'une manière concrète, objective : *Il est matériellement impossible de se rendre sur cette planète* (**SYN.** effectivement, pratiquement). **2.** Sur le plan matériel, financier : *Matériellement, ils n'ont pas à se plaindre* (**SYN.** financièrement, pécuniairement).

maternage n.m. **1.** Ensemble des soins qu'une mère, ou la personne qui la remplace, prodigue à un enfant. **2.** Action de materner, de surprotéger qqn.

maternel, elle adj. (lat. *maternus*, de *mater*, mère). **1.** Propre à la mère (par opp. à paternel) : *L'instinct maternel. Le lait maternel contient des anticorps.* **2.** Qui concerne les mères : *Centre de protection maternelle et infantile.* **3.** Qui rappelle, imite le comportement d'une mère : *Elle a des gestes maternels avec ses petits frères.* **4.** Relatif à la mère ; qui est du côté de la mère : *Ses grands-parents maternels étaient espagnols.* ▸ ***École maternelle,*** école mixte qui peut accueillir les enfants de deux à six ans (on dit aussi *la maternelle*). ***Langue maternelle,*** première langue apprise par l'enfant, dans son milieu familial. ◆ **maternelle** n.f. École maternelle : *Une institutrice de maternelle.*

maternellement adv. De façon maternelle : *La nourrice veille maternellement sur les enfants qu'elle garde.*

materner v.t. [conj. 3]. Entourer de soins excessifs, protéger à la façon d'une mère ; surprotéger : *Elle materne ses jeunes collègues.*

maternisé, e adj. Se dit d'un lait de vache modifié industriellement pour avoir une composition la plus proche possible de celle du lait de femme : *Elle donne du lait maternisé à son nourrisson.*

maternité n.f. (lat. *maternitas*, de *mater*, mère). **1.** État, qualité de mère (par opp. à paternité) : *Elle souhaiterait connaître les joies de la maternité.* **2.** Fait de mettre un enfant au monde : *Après ses deux maternités, elle a réussi à retrouver sa taille de guêpe* (**SYN.** grossesse). **3.** Établissement, service d'un hôpital, d'une clinique où s'effectuent la surveillance médicale de la grossesse et l'accouchement. **4.** Œuvre d'art représentant une mère avec son enfant, la Vierge avec l'Enfant Jésus.

matété ou **matoutou** n.m. Dans la cuisine antillaise, plat à base de crabe de terre accompagné de riz.

math ou **maths** [mat] n.f. pl. (abrév.). Mathématiques : *Elle est professeure de math. Il adore les maths.* ▸ ***Math spé,*** mathématiques spéciales. ***Math sup,*** mathématiques supérieures.

mathématicien, enne n. Chercheur, enseignant spécialiste des mathématiques.

① **mathématique** n.f. (gr. *mathêmatikos*, de *mathêma*, science). Ensemble des disciplines mathématiques envisagées comme constituant un tout organique. ◆ **mathématiques** n.f. pl. Science qui étudie par le moyen du raisonnement déductif les propriétés des grandeurs numériques, des figures géométriques, ainsi que les relations qui s'établissent entre elles : *Un exercice de mathématiques* (abrév. math ou maths). ▸ ***Mathématiques spéciales,*** seconde année de classe préparatoire aux concours des grandes écoles scientifiques (abrév. math spé). ***Mathématiques supérieures,*** première année de classe préparatoire aux concours des grandes écoles scientifiques (abrév. math sup).

② **mathématique** adj. **1.** Relatif aux mathématiques : *Un raisonnement mathématique.* **2.** Qui présente un caractère rigoureux ; qui exclut toute incertitude, toute inexactitude : *Elle a tout réglé avec une précision quasi mathématique* (**SYN.** géométrique, précis, rigoureux ; **CONTR.** approximatif, imprécis). ▸ ***C'est mathématique,*** c'est logique, certain, inévitable : *À vouloir investir partout, il finira par perdre de l'argent, c'est mathématique.*

mathématiquement adv. **1.** De façon mathématique : *Elle raisonne mathématiquement.* **2.** Avec une grande rigueur : *L'avocat l'a prouvé mathématiquement* (**SYN.** rigoureusement). **3.** De façon inéluctable ; à coup sûr : *En écrivant de tels articles, il finira mathématiquement par avoir un procès* (**SYN.** immanquablement, inévitablement).

matheux, euse n. *Fam.* **1.** Personne douée pour les mathématiques. **2.** Étudiant en mathématiques.

maths [mat] n.f. pl. → **math.**

mathusalem [matyzalɛm] n.m. (de *Mathusalem,* n.pr.). Grosse bouteille de champagne d'une contenance de huit bouteilles champenoises ordinaires, soit six litres.

matière n.f. (bas lat. *materia,* de *materies,* bois de construction). **1.** Substance, réalité constitutive des corps, douée de propriétés physiques : *La matière vivante* (= ce dont sont faits tous les êtres vivants). **2.** Substance particulière dont est faite une chose et connaissable par ses propriétés : *Une matière inflammable. En quelle matière cette robe est-elle faite ? Ce fromage contient beaucoup de matières grasses.* **3.** Ce qui fait l'objet d'une élaboration, d'une transformation d'ordre intellectuel : *Ces résultats lui ont fourni la matière de son exposé* (**SYN.** matériau). **4.** Ce qui peut constituer le thème, le sujet d'un ouvrage, d'une étude : *Il y a dans ce fait divers la matière d'un téléfilm* (**SYN.** fond, trame). **5.** Ce qui est l'objet d'une étude systématique, d'un enseignement ; spécialité : *L'histoire est la matière dans laquelle cette lycéenne excelle* (**SYN.** discipline, domaine). **6.** Ce qui fournit l'occasion, ce qui est la cause de : *Cet événement donne matière à réflexion* (**SYN.** sujet). *Je ne vois pas là matière à plaisanter* (**SYN.** objet, prétexte). **7.** En philosophie, corps, réalité matérielle (par opp. à âme, à esprit). ▸ ***En matière de*** ou ***en matière*** (+ adj.), en ce qui concerne tel domaine : *En matière de pédagogie, il a beaucoup à apprendre. En matière cinématographique, elle est assez inculte.* ***Entrée en matière,*** début, introduction d'un exposé, d'un discours, d'une étude. ***Entrer en matière,*** aborder un sujet. ***Matière première,*** matériau d'origine naturelle qui est l'objet d'une transformation artisanale ou industrielle : *La laine, le pétrole sont des matières premières.* ***Table des matières,*** liste fournissant l'indication des sujets traités dans un ouvrage ainsi que leur référence, et annexée au début ou à la fin du volume.

matifiant, e adj. Se dit d'un produit cosmétique qui rend la peau mate, l'empêche de briller : *Un fond de teint matifiant* (**CONTR.** brillant).

matin n.m. (lat. *matutinum*). **1.** Début du jour (par opp. à soir) : *Il se lève à cinq heures du matin.* **2.** Partie du jour comprise entre le lever du soleil et midi (par opp. à après-midi) : *Le médecin passera ce matin* (= dans la matinée). ▸ ***De bon matin*** ou ***de grand matin,*** de bonne heure ; tôt : *Ils sont partis de bon matin* (**CONTR.** tard). ◆ adv. **1.** *Litt.* De bonne heure : *Ils se lèvent matin* (**SYN.** tôt ; **CONTR.** tard). **2.** Dans la matinée : *Je ne viens pas lundi matin. Elle va courir tous les samedis matin.*

① **mâtin** n.m. (du lat. *mansuetus,* apprivoisé). Gros chien de garde.

② **mâtin** interj. *Fam., vx* Marque l'étonnement, l'admiration : *Mâtin, quelle belle robe !* (**SYN.** bigre).

matinal, e, aux adj. **1.** Propre au matin : *La fraîcheur matinale.* **2.** Qui se lève de bonne heure : *Ils sont tous matinaux dans la famille.* ▸ ***Heure matinale,*** l'une des premières heures de la journée : *Ils se sont levés à une heure matinale pour aller à la pêche.*

mâtiné, e adj. (de *1. mâtin*). **1.** Se dit d'un animal qui n'est pas de race pure : *Un bichon mâtiné de caniche* (**SYN.** croisé). **2.** Qui est mêlé à qqch d'autre : *Elle parle un français mâtiné de patois* (**SYN.** mélangé, panaché).

matinée n.f. **1.** Temps qui s'écoule depuis le point du jour jusqu'à midi : *J'ai passé ma matinée à faire du ménage* (**SYN.** matin). **2.** Spectacle, réunion qui a lieu l'après-midi (par opp. à soirée) : *Ce théâtre propose des matinées pour les lycéens.* ▸ ***Faire la grasse matinée,*** rester tard au lit le matin.

matines n.f. (de *matin*). Dans le christianisme, premier office divin, chanté avant le lever du jour : *Sonner les matines.*

matir v.t. [conj. 32]. En orfèvrerie, rendre mat un métal précieux (par opp. à brunir).

matité n.f. État de ce qui est mat : *La matité d'une peinture* (**CONTR.** brillance [litt.]). *La matité d'un son.*

matois, e adj. et n. (de l'arg. *mate,* voleur, filou). *Litt.* Qui a de la ruse et de la finesse : *Un homme d'affaires matois* (**SYN.** finaud, habile, rusé ; **CONTR.** benêt, niais).

maton, onne n. (de *3. mater*). *Arg.* Gardien de prison (**SYN.** surveillant).

matos [matos] n.m. *Fam.* Matériel : *L'animateur est censé apporter tout le matos pour l'animation musicale* (**SYN.** équipement).

matou n.m. Chat mâle, génér. non castré : *Elle nourrit les matous qui traînent dans son quartier.*

matoutou n.m. → **matété.**

matraquage n.m. Action de matraquer : *Quel matraquage publicitaire autour de ce film !*

matraque n.f. (d'un mot ar. signif. « gourdin »). Arme contondante, faite le plus souvent d'un cylindre de bois ou de caoutchouc durci : *Il a reçu des coups de matraque.* ▸ *Fam.* ***Coup de matraque,*** vente à un prix excessif.

matraquer v.t. [conj. 3]. **1.** Frapper à coups de

matraque : *Les C.R.S. matraquèrent les agitateurs.* **2.** Infliger, en les répétant avec insistance, un slogan, une image publicitaire, etc. : *Les chaînes matraquent cette publicité aux heures de grande écoute.* **3.** *Fig.* Critiquer, traiter durement : *Les critiques ont matraqué cette chanteuse* (**SYN.** démolir ; **CONTR.** glorifier). **4.** *Fam.* Demander à un client un prix excessif pour un produit, un service : *Le garagiste nous a matraqués* (**SYN.** escroquer).

matraqueur, euse n. Personne qui matraque.

matriarcal, e, aux adj. Relatif au matriarcat : *Il a étudié les sociétés matriarcales.*

matriarcat n.m. (du lat. *mater, matris,* mère, et du gr. *arkhê,* commandement). Forme de société dans laquelle les femmes ont une autorité prépondérante dans la famille et exercent des fonctions politiques (par opp. à patriarcat).

matrice n.f. (lat. *matrix, matricis,* de *mater, matris,* mère). **1.** Moule en creux ou en relief, servant à reproduire une empreinte sur un objet par pression ou déformation : *La matrice d'une pièce de monnaie* (**SYN.** forme). **2.** En mathématiques, arrangement ordonné d'un ensemble de nombres disposés en lignes et en colonnes. **3.** *Vieilli* Utérus. ▸ ***Matrice cadastrale,*** document énumérant les parcelles appartenant à chaque propriétaire dans une commune. ***Matrice du rôle des contributions,*** registre original d'après lequel sont établis les rôles des contributions dans chaque commune.

① **matricide** n.m. (lat. *matricidium*). *Litt.* Action de tuer sa mère.

② **matricide** n. et adj. (lat. *matricida*). *Litt.* Personne qui a commis un matricide : *Néron était un matricide.*

matriclan n.m. En anthropologie, clan fondé sur la filiation matrilinéaire (par opp. à patriclan).

① **matricule** n.f. (bas lat. *matricula*). **1.** Registre où sont inscrits les noms de tous les individus qui entrent dans un hôpital, dans une prison, dans un corps de troupes, etc. : *Vérifier un nom sur la matricule.* **2.** Inscription sur ce registre : *Cinquante matricules ont été faites aujourd'hui.* **3.** Extrait de cette inscription.

② **matricule** n.m. (de *1. matricule*). **1.** Numéro d'inscription sur la matricule : *Le soldat matricule 120* ou *le matricule 120.* **2.** Numéro d'identification des véhicules et matériels militaires.

matrilinéaire adj. (du lat. *mater, matris,* mère, et *linea,* ligne). En anthropologie, se dit d'un système de filiation et d'organisation sociale qui ne prend en compte que l'ascendance maternelle (par opp. à patrilinéaire) : *Dans une société matrilinéaire, le père n'a aucun pouvoir sur ses enfants.*

matrimonial, e, aux adj. (du lat. *matrimonium,* mariage). Relatif au mariage. ▸ ***Agence matrimoniale,*** établissement commercial qui met en rapport des personnes désireuses de se marier. ***Régime matrimonial,*** régime qui règle la répartition et la gestion des biens entre époux.

matriochka n.f. (mot russe). Poupée gigogne en bois peint dont l'intérieur creux reçoit une série de figurines identiques, de taille décroissante, emboîtées les unes dans les autres : *Elle leur a rapporté des matriochkas* (**SYN.** poupée russe).

matrone n.f. (du lat. *matrona,* femme mariée). **1.** Femme d'âge mûr et d'allure imposante. **2.** *Péjor.* Femme corpulente aux manières vulgaires. **3.** *Anc.* Sage-femme.

matronyme n.m. Nom de famille transmis par la mère (par opp. à patronyme).

maturation n.f (lat. *maturatio,* de *maturare,* mûrir). **1.** Évolution d'un organe végétal vers la maturité : *Le gel a perturbé la maturation du raisin.* **2.** Série de transformations qui conduisent un individu, un organisme à la maturité : *La maturation cérébrale du fœtus.* **3.** *Fig.* Processus menant au développement complet d'un phénomène, à la plénitude d'une faculté : *Ce roman a été écrit après des années de maturation.* **4.** Transformation que subit un produit pour arriver à l'état où il peut être livré à la consommation : *La maturation du cognac, du roquefort.*

mature adj. (lat. *maturus*). **1.** Arrivé à maturité, et notamm. à une certaine maturité psychologique : *Malgré son jeune âge, il est assez mature* (**SYN.** mûr ; **CONTR.** immature). **2.** Se dit d'un poisson prêt à frayer, à déposer ses œufs.

mâture n.f. Ensemble des mâts d'un navire.

maturité n.f. (lat. *maturitas,* de *maturus,* mûr). **1.** Période de la vie humaine caractérisée par le plein développement physique, affectif et intellectuel : *Il est en pleine maturité* (= dans la force de l'âge ; **SYN.** plénitude). **2.** État de qqn, d'une intelligence, d'une faculté, de qqch qui a atteint son plein développement ; sûreté du jugement : *Cette jeune femme fait preuve de beaucoup de maturité* (**SYN.** sagesse ; **CONTR.** immaturité). *Ce film prouve que son talent est arrivé à maturité* (**SYN.** épanouissement). **3.** En botanique, état d'un fruit quand il est mûr : *Cueillir des pommes arrivées à maturité.* **4.** En Suisse, examen de fin d'études secondaires, homologue du baccalauréat français.

matutinal, e, aux adj. *Vx* ou *litt.* Qui appartient au matin : *La rosée matutinale* (**SYN.** matinal).

maudire v.t. (lat. *maledicere,* de *male,* mal, et *dicere,* dire) [conj. 104]. **1.** Exprimer son impatience, sa colère contre qqn, qqch : *Ils maudissent ce genre de trafiquant* (**SYN.** détester, exécrer, haïr ; **CONTR.** adorer, vénérer). *Elle maudit les voitures qui se garent sur sa place de stationnement* (**SYN.** fulminer, pester contre). **2.** *Litt.* Appeler la malédiction, la colère divine sur qqn ; vouer à la damnation éternelle, en parlant de Dieu : *Dieu maudit Caïn.*

maudit, e adj. et n. **1.** Qui est voué à la damnation éternelle : *Les supplices des maudits* (**SYN.** damné). *Qu'il soit maudit !* **2.** Réprouvé, rejeté par la société : *Un artiste, un amour maudits.* ▸ ***Le Maudit,*** le Démon. ◆ adj. (Avant le n.). Qui contrarie ; dont on a sujet de se plaindre : *Ce maudit répondeur ne s'est pas déclenché* (**SYN.** abominable, détestable, odieux).

maugréer v.i. (de l'anc. fr. *maugré,* chagrin) [conj. 15]. *Sout.* Manifester sa mauvaise humeur, son mécontentement en prononçant des paroles à mi-voix : *Elle quitta la table en maugréant* (**SYN.** grommeler, pester). ◆ v.t. *Sout.* Dire en maugréant : *Il maugréa quelques excuses* (**SYN.** marmonner).

maure ou **more** [mɔr] adj. et n. (du lat. *Maurus,* Africain). **1.** Relatif aux habitants du Sahara occidental et du Mali. **2.** Dans l'Espagne du Moyen Âge, musulman ; sarrasin. ▸ ***Tête de Maure,*** en héraldique, figure représentant une tête de Noir.

① **mauresque** ou **moresque** adj. Propre aux Maures : *L'art mauresque.* ◆ n.f. Femme maure.

② **mauresque** n.f. Pastis additionné de sirop d'orgeat.

mauser [mozɛr] n.m. (du nom des frères *von Mauser*). Type de pistolet automatique : *Ils ont utilisé des mausers pour attaquer la banque.*

mausolée n.m. (lat. *mausoleum*, du gr. *mausôleion*, tombeau de Mausole). Monument funéraire de grandes dimensions, à l'architecture somptueuse : *Le Tadj Mahall, en Inde, est un mausolée.*

maussade adj. (de *mal* et de l'anc. fr. *sade*, du lat. *sapidus*, savoureux). **1.** Qui est de mauvaise humeur, désagréable ; qui manifeste de la mauvaise humeur, de la tristesse : *Ne sois pas si maussade avec les invités !* (SYN. désobligeant ; CONTR. aimable, 2. avenant). *Mon collègue avait un air maussade* (SYN. bougon, revêche ; CONTR. jovial, souriant). **2.** Qui inspire l'ennui, la tristesse : *Quel temps maussade !* (SYN. morose, triste).

maussaderie n.f. *Litt.* Fait d'être maussade ; mauvaise humeur : *Sa maussaderie est contagieuse* (SYN. acrimonie, morosité).

mauvais, e adj. (lat. pop. *malifatius*, de *male fatum*, mauvais sort). **1.** Qui n'est pas de bonne qualité, qui présente un défaut, une imperfection : *La vigne qui court le long de ce mur donne un mauvais raisin* (SYN. inférieur ; CONTR. bon). *Il a un mauvais accent anglais* (SYN. incorrect ; CONTR. excellent, parfait). *Son dernier roman est mauvais* (SYN. faible, médiocre ; CONTR. brillant). **2.** Qui ne convient pas : *Elle m'a téléphoné au mauvais moment* (SYN. défavorable, inopportun ; CONTR. favorable, opportun). *Le candidat donna une mauvaise réponse* (SYN. faux, incorrect, inexact ; CONTR. correct, exact). **3.** Qui n'a pas les qualités requises : *C'est un mauvais conducteur* (SYN. incompétent, maladroit ; CONTR. chevronné, habile). *Elle est mauvaise en calcul mental* (SYN. médiocre, nul ; CONTR. doué, fort). *Nous travaillons dans de mauvaises conditions* (SYN. désastreux, néfaste ; CONTR. idéal, parfait). **4.** Dont les conséquences, les résultats sont insatisfaisants : *La récolte en sel marin a été mauvaise* (SYN. insuffisant ; CONTR. abondant). *Nous avons fait un mauvais placement* (SYN. catastrophique, malheureux ; CONTR. fructueux). **5.** Qui provoque une réaction défavorable ; qui déplaît : *Habillé ainsi, vous allez faire mauvaise impression* (SYN. désastreux, négatif). *Il nous a fait une mauvaise plaisanterie* (SYN. déplacé, incongru). *Cette boisson est particulièrement mauvaise* (SYN. dégoûtant ; CONTR. délectable [sout.], délicieux). *J'ai une mauvaise nouvelle à vous annoncer* (SYN. désagréable, pénible ; CONTR. plaisant). *Nous avons eu de mauvaises places.* **6.** Qui peut nuire, causer du mal, présenter un danger : *Les émotions fortes sont mauvaises pour son cœur* (SYN. dangereux, nocif, nuisible ; CONTR. inoffensif). *Elle a une mauvaise toux* (= inquiétante). *La mer est mauvaise aujourd'hui* (= très agitée). **7.** Qui fait le mal ; qui manifeste de la méchanceté : *Cette femme est foncièrement mauvaise* (SYN. cruel, méchant, odieux ; CONTR. gentil). *Il a un regard mauvais* (SYN. malveillant ; CONTR. bienveillant). **8.** Se dit de ce qui n'est pas conforme à une norme : *Votre mauvaise conduite vous attirera des ennuis* (SYN. blamâble, condamnable, répréhensible ; CONTR. digne, louable). ▸ *Fam.* ***L'avoir*** ou ***la trouver mauvaise,*** être mécontent, déçu de qqch : *Je l'ai eu mauvaise quand j'ai su que l'on ne nous accorderait pas cette prime.* ***Mauvaise tête,*** personne sujette à des sautes d'humeur, qui n'a pas bon caractère : *Il est mauvaise tête, mais il n'est pas méchant.* ◆ **mauvais** n.m. Ce qui est mauvais, désagréable : *Il y a du bon et du mauvais dans son programme électoral.* ◆ **mauvais** adv. ▸ ***Il fait mauvais,*** le temps n'est pas beau. ***Sentir mauvais,*** exhaler une odeur fétide ; puer : *Ces chaussettes sentent mauvais* ; fig., annoncer une catastrophe : *La Bourse a encore baissé, ça sent mauvais.*

mauve n.f. (lat. *malva*). Plante à fleurs roses ou violacées, dont l'infusion est laxative et calmante. ◆ adj. et n.m. Couleur violet pâle : *Des rideaux mauves. Le mauve est à la mode cette année.*

mauviette n.f. (de *mauvis*, grive). *Fam.* Personne chétive, maladive ou peu courageuse : *Cette mauviette lui a obéi sans protester* (SYN. lâche).

① **maxi** adj. inv. Se dit d'un vêtement très long : *Des jupes maxi* (CONTR. court, mini). ◆ n.m. Habillement fait de jupes et de manteaux longs : *Elle aime la mode du maxi* (CONTR. mini).

② **maxi** adj. inv. (abrév.). *Fam.* Maximal : *Graver un cédérom à la vitesse maxi.* ◆ adv. *Fam.* Au maximum ; tout au plus : *Je baisserai le prix de 500 euros maxi.*

maxillaire [maksilɛr] n.m. (lat. *maxillaris*, de *maxilla*, mâchoire). **1.** Chacun des os qui constituent les mâchoires. **2.** Os faisant partie de la mâchoire supérieure (on dit aussi *le maxillaire supérieur*). ▸ ***Maxillaire inférieur,*** os de la mâchoire inférieure (SYN. mandibule). ◆ adj. Qui se rapporte aux mâchoires ou aux os des mâchoires.

maxima n.m. pl. → **maximum.**

a **maxima** loc. adj. inv. → **a maxima.**

maximal, e, aux adj. Qui constitue ou atteint le plus haut degré : *Le train roule à la vitesse maximale* (CONTR. minimal).

maximalisation n.f. → **maximisation.**

maximaliser v.t. → **maximiser.**

maximalisme n.m. Tendance à préconiser des solutions extrêmes, notamm. en politique (par opp. à minimalisme).

maximaliste adj. et n. Qui relève du maximalisme ; qui en est partisan (par opp. à minimaliste).

maxime n.f. (du lat. *maxima* [*sententia*], [sentence] la plus générale). Formule brève énonçant une règle de morale ou de conduite ou une réflexion d'ordre général : *« Aide-toi, le ciel t'aidera » est une maxime.*

maximisation ou **maximalisation** n.f. Action de maximiser.

maximiser ou **maximaliser** v.t. [conj. 3]. **1.** Donner la plus haute valeur possible à une grandeur, un fait, une idée, etc. : *Ces investissements permettront de maximiser les effets de la reprise économique* (SYN. amplifier, majorer ; CONTR. minimiser). *Maximiser les conditions de travail* (SYN. optimiser). **2.** Porter une quantité au plus haut degré.

maximum [maksimɔm] n.m. (mot lat. signif. « le plus grand ») [pl. *maximums* ou *maxima*]. **1.** Le plus haut degré atteint par qqch ou que qqch puisse atteindre : *Il faut recueillir un maximum de signatures* (= le plus grand nombre ; **CONTR.** minimum). *J'ai mis le maximum de pommes dans le panier. Enregistrer les maximums de hausse des prix* (**SYN.** pic, pointe). **2.** Limite supérieure d'une condamnation pénale : *Elle risque le maximum.* ▸ ***Au maximum,*** dans le pire des cas, au plus : *Vous devriez payer au maximum 1 000 euros* ; au plus haut degré : *Il faut utiliser ses performances au maximum.* ◆ adj. (Emploi critiqué). Maximal : *Ce cageot peut supporter un poids maximum de 20 kilogrammes.*

maya adj. et n. Qui se rapporte aux Mayas : *La civilisation maya.* ◆ n.m. Famille de langues indiennes de l'Amérique centrale.

mayen [majɛ̃] n.m. (du lat. *maius,* mai). En Suisse, pâturage d'altitude moyenne du Valais, comportant des bâtiments rudimentaires, où les troupeaux séjournent du printemps à l'automne ; ces bâtiments.

mayeur, e [majœr] n. → **maïeur.**

mayonnaise n.f. Sauce froide composée d'une émulsion de jaune d'œuf, de moutarde et d'huile. ▸ *Fam.* ***Faire monter la mayonnaise,*** grossir un événement, dramatiser une solution. *Fam.* ***La mayonnaise prend, ne prend pas,*** la situation évolue de façon positive, négative ; des gens d'horizons divers arrivent, n'arrivent pas à s'entendre : *Avec la nouvelle directrice, la mayonnaise prend.*

mayoral, e, aux [majɔral, o] adj. → **maïoral.**

mayorat [majɔra] n.m. → **maïorat.**

mazagran n.m. (de *Mazagran,* anc. nom d'une ville d'Algérie). Récipient épais, en faïence, en forme de verre à pied, sans anse, utilisé pour boire le café.

mazarinade n.f. Chanson satirique ou pamphlet dirigés contre Mazarin, pendant la Fronde.

mazdéen, enne adj. Relatif au mazdéisme.

mazdéisme n.m. Religion de l'Iran ancien, fondée sur les principes dualistes du Bien et du Mal.

mazette interj. (du normand *mesette,* mésange). *Vieilli* Exprime l'admiration, l'étonnement : *Mazette ! Vous l'avez réalisé tout seul !*

mazot n.m. En Suisse, petit bâtiment rural et montagnard.

mazout [mazut] n.m. (mot russe, de l'ar.). Fioul domestique : *Ils se chauffent au mazout.*

mazouter v.t. [conj. 3]. Polluer, souiller par le mazout : *Mazouter les côtes, les plages.*

mazurka [mazyrka] n.f. (mot polon.). **1.** Danse à trois temps, d'origine polonaise. **2.** Air sur lequel cette danse s'exécute : *Des mazurkas de Chopin.*

me pron. pers. (lat. *me*). **1.** Désigne la 1re pers. du sing., aux deux genres, dans les fonctions de complément d'objet direct ou indirect ou de complément d'attribution : *Ce livre m'intéresse. Votre idée me plaît. Elle me l'a prêté.* **2.** Reprise du sujet *je* dans les formes verbales pronominales : *Je vais me fâcher ! Je m'ennuie.*

mea culpa ou **mea-culpa** [meakylpa] n.m. inv. (mots lat. signif. « par ma faute »). Aveu de la faute commise ; coup dont on se frappe la poitrine en prononçant ces paroles. ▸ ***Faire*** ou ***dire son mea culpa,*** reconnaître ses torts ; se repentir : *Je fais mon mea culpa, je n'aurais pas dû dire ça* (= je bats ma coulpe).

méandre n.m. (du gr. *Maiandros,* le Méandre, nom d'un fleuve sinueux d'Asie Mineure). **1.** Sinuosité décrite par un cours d'eau : *Les méandres de la Loire* (**SYN.** boucle). **2.** *Fam.* (Surtout au pl.). Détour sinueux et tortueux : *Les méandres d'une procédure* (**SYN.** dédale, labyrinthe). *On se perd dans les méandres de son raisonnement.*

méat [mea] n.m. (du lat. *meatus,* passage). En anatomie, orifice de certains conduits. ▸ ***Méat urinaire,*** orifice externe de l'urètre.

mec n.m. *Fam.* **1.** Garçon ; homme : *Qui est ce mec ?* (**SYN.** individu). **2.** Mari ; amant ; compagnon : *Son mec l'a quittée.*

mécanicien, enne n. **1.** Personne effectuant le montage et les réparations courantes de machines, d'ensembles mécaniques : *Le mécanicien cherche la cause de la panne de la voiture* (abrév. fam. mécano). **2.** Physicien spécialiste de mécanique. **3.** Dans les chemins de fer, conducteur d'un engin moteur (locomotive, automotrice, etc.).

① **mécanique** n.f. (du gr. *mêkhanê,* machine). **1.** Combinaison de pièces, d'organes propres à produire ou à transmettre des mouvements : *La mécanique d'un automate* (**SYN.** mécanisme). **2.** Science ayant pour objet l'étude des mouvements des corps et des forces qui les produisent : *Mécanique des fluides. Mécanique quantique.* **3.** Étude des machines, de leur construction et de leur fonctionnement : *Elle a un B.E.P. de mécanique.* **4.** Machine considérée du point de vue du fonctionnement de ses organes mécaniques : *Cette voiture est une formidable mécanique.*

② **mécanique** adj. **1.** Relatif aux lois du mouvement et de l'équilibre : *L'énergie mécanique.* **2.** Qui agit uniquement suivant les lois du mouvement et des forces : *L'éolienne est mue par l'action mécanique des vents.* **3.** Qui est mis en mouvement par une machine ; qui comporte un mécanisme, et notamm. un mécanisme simple sans recours à l'électricité : *Ce grand magasin est équipé d'un escalier mécanique. Un jouet mécanique* (**CONTR.** électrique). **4.** Qui est effectué à l'aide d'une machine : *Un tissage mécanique.* **5.** Qui relève du fonctionnement d'une machine, d'un mécanisme et, partic., du moteur d'une automobile : *Un problème mécanique m'empêche d'utiliser la voiture.* **6.** Qui ne dépend pas de la volonté, qui est fait sans réfléchir : *Un mouvement mécanique* (**SYN.** automatique, inconscient, machinal ; **CONTR.** intentionnel, volontaire).

mécaniquement adv. **1.** De façon mécanique, machinale : *Elle était tellement fatiguée qu'elle souriait mécaniquement* (**SYN.** machinalement ; **CONTR.** intentionnellement). **2.** À l'aide de moyens mécaniques : *Le chargement et le déchargement se font mécaniquement.*

mécanisation n.f. Action de mécaniser : *La mécanisation de l'agriculture.*

mécaniser v.t. [conj. 3]. Introduire l'emploi des machines dans une activité, une installation : *Mécaniser la traite des vaches.*

mécanisme n.m. **1.** Combinaison d'organes ou de pièces disposés de façon à obtenir un résultat déterminé ; ensemble des pièces entrant en jeu dans un fonctionnement : *Cette porte s'ouvre à l'aide d'un mécanisme très compliqué* (**SYN.** mécanique). *Démonter le mécanisme d'une serrure.* **2.** Mode de fonctionnement de qqch qui est comparé à une machine : *Le* *mécanisme biologique* (**SYN.** processus). *Le mécanisme du langage.* **3.** En philosophie, conception selon laquelle l'ensemble des phénomènes naturels s'explique par les seules lois de cause à effet.

mécaniste adj. et n. En philosophie, relatif au mécanisme ; qui en est partisan : *Une explication mécaniste de l'Univers.*

mécano n.m. (abrév.). *Fam.* Mécanicien : *Les mécanos d'un garage.*

mécanothérapie n.f. (du gr. *mêkhanê,* machine, et *therapeuein,* soigner). Kinésithérapie effectuée au moyen d'appareils mécaniques (poulies, contrepoids, etc.).

mécatronique n.f. Utilisation combinée de la mécanique, de l'électronique et de l'informatique pour concevoir et fabriquer des robots.

Meccano n.m. (nom déposé). Jeu de construction composé de lames percées de trous équidistants et de boulons.

mécénat n.m. Protection, soutien financier accordés à des activités culturelles, scientifiques, sportives : *Le mécénat d'entreprise.*

mécène n.m. (de *Mécène,* nom d'un ami de l'empereur Auguste). Personne physique ou morale qui protège les écrivains, les artistes, les savants, en les aidant financièrement : *Son mécène lui a acheté de nombreuses toiles* (**SYN.** bienfaiteur, protecteur).

méchamment adv. **1.** De façon méchante, dure : *Elle nous a répondu méchamment* (**SYN.** durement, hargneusement ; **CONTR.** aimablement, gentiment). **2.** *Fam.* À un très haut degré ; très : *Ils sont méchamment motivés* (**SYN.** extrêmement ; **CONTR.** peu).

méchanceté n.f. **1.** Caractère d'une personne méchante, malveillante : *La méchanceté se lit sur son visage* (**SYN.** cruauté, malveillance ; **CONTR.** bonté, gentillesse). **2.** Action, parole méchante : *Je regrette les méchancetés que je t'ai dites* (**CONTR.** amabilités).

méchant, e adj. et n. (de l'anc. fr. *méchoir,* mal tomber). Qui fait le mal sciemment ; qui manifeste de la malveillance : *Pourquoi se montre-t-il si méchant avec ses collègues ?* (**SYN.** dur, mauvais ; **CONTR.** bon). *Elle a un air méchant* (**SYN.** hargneux, malveillant ; **CONTR.** bienveillant, gentil). *Ils ont tenu des propos méchants sur nous* (**SYN.** blessant, désagréable). *À la fin du film, les méchants sont punis* ◆ adj. **1.** (Souvent avant le n.). Qui attire des ennuis, cause des difficultés ; dangereux : *Vous vous êtes laissé entraîner dans une méchante affaire* (**SYN.** mauvais, néfaste). *Méfie-toi, la mer est méchante à cet endroit.* **2.** (Souvent avant le n.). Se dit d'un enfant insupportable, turbulent : *Tu es une méchante fille !* (**SYN.** détestable ; **CONTR.** adorable, charmant). **3.** (Après le n.). Se dit d'un animal agressif, qui cherche à attaquer ; hargneux : *Attention, chien méchant !* (**CONTR.** inoffensif). **4.** *Litt.* (Souvent avant le n.). Qui n'a aucune valeur ou compétence : *Ce n'est pas cette méchante veste qui te protégera du froid* (**SYN.** malheureux, misérable). *Un méchant scénariste* (**SYN.** médiocre ; **CONTR.** compétent, doué). **5.** *Fam.* (Souvent avant le n.). Qui sort de l'ordinaire ; étonnant, remarquable : *Il a une méchante collection de jouets anciens* (**SYN.** magnifique, superbe).

① **mèche** n.f. (lat. pop. *micca,* du lat. class. *myxa,* lumignon). **1.** Assemblage de fils employés dans la confection des bougies ou pour servir à conduire un liquide combustible dans un appareil d'éclairage : *La mèche d'un cierge, d'une lampe à pétrole.* **2.** Touffe de cheveux : *Il entourait machinalement une mèche autour de son doigt. Elle s'est fait faire des mèches blondes.* **3.** Gaine de coton contenant de la poudre noire et servant à mettre le feu à une arme, une mine, un explosif : *Les enfants allumèrent la mèche de la fusée.* **4.** Outil rotatif en acier servant à percer des trous : *Changer la mèche d'une perceuse.* **5.** En médecine, pièce de gaze étroite et longue que l'on introduit dans une plaie pour arrêter l'épanchement du sang, drainer une suppuration. ▸ *Fam.* ***Éventer*** ou ***vendre la mèche,*** livrer un secret.

② **mèche** n.f. sing. (de l'it. *mezzo,* moyen). ▸ *Fam.* ***Être de mèche avec qqn,*** être son complice ; être de connivence avec lui : *L'escroc était de mèche avec des marchands peu scrupuleux.* *Arg.* ***Y a pas mèche,*** c'est impossible ; il n'y a aucun moyen.

méchoui n.m. (de l'ar.). Dans la cuisine d'Afrique du Nord, mouton ou agneau cuit en entier à la broche ; repas où l'on sert cet animal rôti : *Ils organisent plusieurs méchouis par an.*

mécompte [mekɔ̃t] n.m. *Sout.* Attente, espérance trompée : *Vous allez devoir surmonter ce mécompte* (**SYN.** déception, désenchantement, désillusion).

se **méconduire** v.pr. [conj. 3]. En Belgique, se conduire mal.

méconduite n.f. En Belgique, mauvaise conduite.

méconnaissable adj. Qui est transformé au point d'être difficile à reconnaître : *Avec ses cheveux courts, elle est méconnaissable. Depuis qu'il travaille régulièrement, il est méconnaissable* (**SYN.** différent ; **CONTR.** semblable).

méconnaissance n.f. *Sout.* Fait de méconnaître qqch, qqn : *Sa méconnaissance de la situation peut nous conduire à l'échec* (**SYN.** ignorance ; **CONTR.** connaissance).

méconnaître v.t. [conj. 91]. *Sout.* Refuser de reconnaître le mérite de qqn, l'importance de qqch : *Les critiques ont longtemps méconnu ce cinéaste* (**SYN.** dédaigner, mésestimer [sout.]). *Vous ne pouvez méconnaître les contraintes budgétaires* (**SYN.** sous-estimer ; **CONTR.** surestimer).

méconnu, e adj. et n. Qui n'est pas apprécié selon son mérite : *Un compositeur longtemps méconnu* (**SYN.** ignoré, incompris ; **CONTR.** reconnu).

mécontent, e adj. et n. Qui n'est pas satisfait ; qui éprouve du ressentiment : *Ils sont mécontents du gîte rural qu'ils ont loué* (**SYN.** insatisfait ; **CONTR.** content, enchanté, satisfait). *Cette réforme va faire des mécontents.*

mécontentement n.m. Sentiment, état d'indignation de qqn, d'un groupe qui est mécontent : *Le mécontentement des spectateurs qui avaient attendu deux heures sous la pluie* (**SYN.** insatisfaction, irritation ; **CONTR.** contentement, satisfaction).

mécontenter v.t. [conj. 3]. Rendre mécontent ; exciter le mécontentement de : *Les nouveaux horaires mécontentent de nombreux usagers* (**SYN.** déplaire à, indisposer ; **CONTR.** contenter, plaire à, satisfaire).

mécréant, e n. (de l'anc. fr. *mécroire*). *Vieilli* Personne qui n'a pas de religion (**SYN.** athée, incroyant, irréligieux ; **CONTR.** croyant, pieux).

médaille n.f. (it. *medaglia*). **1.** Pièce de métal, génér. circulaire, portant un dessin, une inscription en relief, frappée en l'honneur d'une personne ou en souvenir d'un événement : *Chaque membre a reçu une médaille commémorant les cinquante ans de l'association.* **2.** Pièce de métal représentant un sujet de dévotion : *Pour son baptême, il a reçu une médaille de la Vierge.* **3.** Petite pièce de métal portée comme breloque ou comme plaque d'identité : *Le collier du chien a une médaille indiquant l'adresse de ses maîtres.* **4.** Pièce de métal donnée en prix dans certains concours, certaines épreuves sportives ou en récompense d'actes de dévouement : *L'équipe a gagné la médaille de bronze. Le maire lui a remis la médaille du travail.*

médaillé, e adj. et n. Décoré d'une médaille ayant valeur de récompense : *La ministre a félicité personnellement les médaillés pour leur record du monde.*

médailler v.t. [conj. 3]. Honorer, décorer qqn d'une médaille : *Le président a médaillé le vainqueur.*

médailleur n.m. Artiste qui crée des médailles ; graveur en médailles.

médaillier [medaje] n.m. **1.** Collection de médailles. **2.** Meuble à tiroirs plats conçu pour abriter une collection de médailles.

médaillon n.m. (it. *medaglione*). **1.** Bijou de forme circulaire ou ovale, dans lequel on place un portrait, des cheveux, etc. : *Elle a mis une petite photo de sa fille dans son médaillon.* **2.** Élément architectural de décoration sculpté ou peint, circulaire ou ovale. **3.** Préparation culinaire de forme ronde ou ovale : *Médaillon de foie gras.*

médecin n. (lat. *medicus*). Titulaire du diplôme de docteur en médecine, qui exerce la médecine : *Tu tousses beaucoup, tu devrais consulter un médecin* (**SYN.** généraliste, praticien). ▸ ***Médecin de famille,*** généraliste qui suit à long terme plusieurs personnes d'une famille. ***Médecin traitant,*** qui donne des soins au cours d'une maladie.

médecin-conseil n.m. (pl. *médecins-conseils*). Médecin attaché à un organisme (assurance maladie, compagnie d'assurances privée, etc.), chargé de donner un avis médical motivé sur les cas qui lui sont soumis.

médecin-dentiste n.m. (pl. *médecins-dentistes*). En Suisse, dentiste.

médecine n.f. (lat. *medicina,* de *medicus,* médecin). **1.** Ensemble des connaissances scientifiques et des moyens mis en œuvre pour la prévention, le traitement, la guérison des maladies, blessures ou infirmités : *Elle souhaite entreprendre des études de médecine.* **2.** Système médical particulier : *C'est un adepte des médecines douces.* **3.** Profession de médecin : *Ses parents exercent tous les deux la médecine.* ▸ ***Médecine de ville,*** exercée en dehors de l'hôpital. ***Médecine du travail,*** ensemble des mesures préventives destinées à dépister les maladies touchant les travailleurs et à éviter les accidents ou maladies résultant de l'activité professionnelle. ***Médecine générale,*** pratique de la médecine qui s'étend à l'ensemble de l'organisme. ***Médecine légale,*** branche de la médecine appliquée à différentes questions de droit, de criminologie (constats des décès, expertises auprès des tribunaux). ***Médecine sociale,*** ensemble des connaissances portant sur les conséquences médicales des lois et des phénomènes sociaux (législation sociale, médecine du travail, etc.).

médecine-ball [medsinbol] n.m. → **medicine-ball.**

medersa [medɛrsa] n.f. inv. → **madrasa.**

média n.m. (de *mass media*) [pl. *médias*]. Tout support de diffusion de l'information (radio, télévision, etc.) constituant à la fois un moyen d'expression et un intermédiaire transmettant un message à l'intention d'un groupe : *Les médias ont préféré taire cette affaire mettant en cause le président. L'attachée de presse a contacté les cinq grands médias* (= la presse, la radio, la télévision, le cinéma et l'affichage).

médian, e adj. (lat. *medianus,* de *medius,* qui est au milieu). Qui se trouve au milieu : *Ligne médiane.*

médiane n.f. Dans un triangle, droite passant par un sommet et par le milieu du côté opposé ; segment limité par ces deux points. ☞ **REM.** Ne pas confondre avec *médiatrice.*

médiaplanneur n.m. En publicité, personne chargée de concevoir et de mettre en application un plan média.

médiaplanning n.m. Choix et achat des supports en vue d'une campagne de publicité.

médiastin n.m. (du lat. *mediastinus,* qui se tient au milieu). En anatomie, espace compris entre les deux poumons.

médiat, e adj. Qui est pratiqué ou qui agit de façon indirecte, par un intermédiaire : *Entre l'artiste et son public, la relation est médiate* (**CONTR.** direct, immédiat).

médiateur, trice adj. (lat. *mediator,* de *mediare,* être au milieu). Qui effectue une médiation ; qui sert d'intermédiaire, d'arbitre, de conciliateur : *Une nation médiatrice.* ◆ n. Personne qui effectue une médiation ; dans les quartiers sensibles, personne chargée d'apaiser les conflits avec les autorités. ▸ ***Médiateur de la République,*** en France, autorité indépendante jouant le rôle d'intermédiaire entre les pouvoirs publics et les particuliers au sujet de leurs revendications. ◆ **médiateur** n.m. Ce qui sert d'intermédiaire.

médiathèque n.f. **1.** Collection rassemblant sur des supports correspondant aux différents médias (bande magnétique, disque, film, papier, etc.) des documents de nature diverse. **2.** Organisme chargé de la conservation et de la mise à la disposition du public d'une telle collection ; lieu qui l'abrite : *J'ai emprunté des DVD à la médiathèque de mon entreprise.*

médiation n.f. (bas lat. *mediatio,* de *mediare,* s'interposer). **1.** Entremise destinée à amener un accord ; arbitrage : *Le secrétaire général assurera une médiation dans ce conflit* (**SYN.** conciliation, entremise, intercession). **2.** Dans le langage juridique, procédure qui propose une solution de conciliation aux parties en litige ; arrangement.

médiatique adj. **1.** Relatif aux médias : *Son retour à la scène a été l'occasion d'un grand battage médiatique.* **2.** Rendu populaire grâce aux médias : *Une ministre très médiatique.*

médiatiquement adv. Du point de vue des

médias ; par les médias : *Un sujet médiatiquement porteur.*

médiatisation n.f. Action de médiatiser : *La médiatisation d'un mouvement politique.*

médiatiser v.t. (de *média*) [conj. 3]. Faire passer, diffuser par les médias : *Médiatiser une campagne de prévention.*

médiator n.m. (lat. *mediator*). Lamelle d'une matière plus ou moins souple (plastique, corne, écaille, etc.), qui sert à toucher les cordes de certains instruments de musique, comme la mandoline, le banjo, la guitare (**SYN.** plectre).

médiatrice n.f. Droite perpendiculaire à un segment en son milieu. ▸ ***Médiatrice d'un triangle,*** médiatrice du côté d'un triangle. ☞ **REM.** Ne pas confondre avec *médiane.*

médical, e, aux adj. (du lat. *medicus,* médecin). **1.** Relatif à la médecine, aux médecins : *Cabinet médical. Le corps médical est en grève.* **2.** Qui concerne la médecine clinique (par opp. à chirurgie ou à psychothérapie) : *Chaque employé doit passer une visite médicale.* ▸ ***Professions médicales,*** professions des médecins, des chirurgiens-dentistes et des sages-femmes. ***Visiteur médical*** ou ***délégué médical,*** représentant des laboratoires de spécialités pharmaceutiques auprès des professions médicales.

médicalement adv. Du point de vue de la médecine ; par une intervention médicale : *Cette vieille dame doit être médicalement suivie. La procréation médicalement assistée.*

médicalisation n.f. Action de médicaliser : *La médicalisation d'un pays en voie de développement.*

médicalisé, e adj. Qui fait l'objet d'une médicalisation : *Une maison de retraite médicalisée.*

médicaliser v.t. [conj. 3]. **1.** Faire relever du domaine médical des phénomènes naturels ou sociaux : *Médicaliser la grossesse. Médicaliser des phénomènes de délinquance.* **2.** Doter un pays, une région, un local d'une infrastructure médicale.

médicament n.m. (lat. *medicamentum*). Substance ou composition administrée en vue de lutter contre une maladie, de soigner, de guérir : *Prendre un médicament contre la toux* (**SYN.** remède).

médicamenteux, euse adj. Qui a les propriétés d'un médicament ; relatif aux médicaments : *Évitez toute interaction médicamenteuse. Un traitement médicamenteux devrait vous suffire* (**CONTR.** chirurgical).

médicastre n.m. (it. *medicastro*). *Vx* Mauvais médecin ; charlatan.

médication n.f. (lat. *medicatio*). Emploi thérapeutique d'un médicament : *Une médication postopératoire* (**SYN.** traitement).

médicinal, e, aux adj. (lat. *medicinalis*). Qui sert de remède : *La verveine est une plante médicinale.*

medicine-ball ou **médecine-ball** [medsinbol] n.m. (mot angl., de *medicine,* remède, et *ball,* ballon) [pl. *medicine-balls, médecine-balls*]. Ballon plein et lourd, utilisé pour les exercices d'assouplissement et de musculation.

médico-légal, e, aux adj. Relatif à la médecine légale : *Une expertise médico-légale.* ▸ ***Institut médico-légal,*** établissement, tel que la morgue de Paris, destiné à recevoir des cadavres, notamm. pour pratiquer certains examens demandés par les magistrats.

médico-pédagogique adj. (pl. *médico-pédagogiques*). Se dit d'une institution pédagogique placée sous contrôle médical et accueillant des enfants ayant des troubles psychologiques, pour les initier à la vie professionnelle.

médico-social, e, aux adj. Relatif à la médecine sociale : *Des recherches médico-sociales.*

médico-sportif, ive adj. (pl. *médico-sportifs, ives*). Relatif à la médecine du sport.

médiéval, e, aux adj. (du lat. *medium aevum,* Moyen Âge). Relatif au Moyen Âge : *L'architecture médiévale.*

médiéviste n. et adj. Spécialiste de la littérature, de l'histoire du Moyen Âge.

médina n.f. (d'un mot ar. signif. « ville »). Vieille ville, par opp. à la ville neuve européenne, dans les pays d'Afrique du Nord, partic. au Maroc et en Tunisie.

médiocratie [medjokrasi] n.f. Pouvoir exercé par des médiocres.

médiocre adj. (lat. *mediocris,* qui tient le milieu, de *medius,* qui est au milieu). **1.** Qui est au-dessous de la moyenne ; peu important : *L'association a reçu une subvention assez médiocre* (**SYN.** modeste, modique ; **CONTR.** considérable, gros). *Un chiffre d'affaires médiocre* (**SYN.** faible, insuffisant ; **CONTR.** satisfaisant). **2.** Qui a peu de capacités dans un domaine : *Une élève médiocre en chimie* (**SYN.** faible ; **CONTR.** bon, doué). **3.** Qui est sans éclat, sans intérêt : *Son nouvel album est médiocre* (**SYN.** insignifiant, mauvais ; **CONTR.** extraordinaire, prodigieux, remarquable). ◆ adj. et n. Qui a peu d'intelligence, de capacités, de valeur : *Un journaliste médiocre* (**SYN.** lamentable ; **CONTR.** admirable, brillant). *Ce médiocre ne pourra jamais vous égaler.*

médiocrement adv. De façon médiocre : *Ils gagnent médiocrement leur vie* (**SYN.** mal, modestement ; **CONTR.** bien).

médiocrité n.f. État, caractère d'une personne, d'une chose médiocre : *Un pianiste d'une grande médiocrité* (**CONTR.** valeur). *La médiocrité d'un article* (**SYN.** banalité, platitude).

médire v.t. ind. [conj. 103]. **[de].** Tenir sur qqn des propos malveillants ; révéler ses défauts avec l'intention de nuire : *Vous médisez sans arrêt de vos collègues* (**SYN.** critiquer, dénigrer ; **CONTR.** louer, vanter).

médisance n.f. **1.** Action de médire, de dénigrer : *Dans cet établissement, la médisance est fréquente.* **2.** (Souvent au pl.). Propos de qqn qui médit : *Je réprouve vos médisances.*

médisant, e adj. et n. Qui médit ; détracteur : *Certains membres de son équipe sont médisants. Personne n'apprécie cette médisante.* ◆ adj. Qui manifeste de la médisance : *Ces propos médisants risquent de vous porter préjudice.*

méditatif, ive adj. et n. Qui est porté à la méditation : *Cet auteur est un méditatif* (**SYN.** contemplatif). ◆ adj. Qui dénote un état de méditation : *Elle avait une expression méditative* (**SYN.** pensif, rêveur, songeur).

méditation n.f. (lat. *meditatio*). **1.** Action de réfléchir, de penser profondément à un sujet, à la réalisation de qqch : *Il note ses méditations dans un carnet* (**SYN.** pensée, réflexion). **2.** Attitude qui consiste à s'absorber dans une réflexion profonde : *Le yogi se livre à la méditation.* **3.** Prière, oraison mentale sur un sujet religieux.

méditer v.t. (du lat. *meditari*, réfléchir) [conj. 3]. **1.** Soumettre à une profonde réflexion : *Les étudiants de philosophie méditent une pensée* (**SYN.** approfondir, étudier). *Méditer le conseil d'un ami.* **2.** Préparer par une longue réflexion : *Elle a médité ce scénario pendant deux ans* (**SYN.** mûrir, réfléchir à). ◆ v.t. ind. **1. [sur].** Se livrer à de profondes réflexions sur : *L'économiste médite sur la mondialisation* (**SYN.** spéculer). **2. [de].** Former le projet de : *Nous méditons d'ouvrir notre propre commerce* (**SYN.** envisager, projeter, songer à). ◆ v.i. S'absorber dans ses pensées, dans la méditation ; se recueillir : *Ne le dérangez pas, il médite* (**SYN.** réfléchir).

méditerranéen, enne (du lat. *medius*, qui est au milieu, et *terra*, terre) adj. Relatif à la Méditerranée, aux régions qui l'entourent : *Une plante méditerranéenne.* ▸ ***Climat méditerranéen***, climat caractérisé par des étés chauds et secs et des hivers génér. doux et pluvieux. ◆ n. (Avec une majuscule). Originaire ou habitant des régions qui bordent la Méditerranée : *Ce Méditerranéen a perdu son accent.*

① **médium** [medjɔm] n.m. (du lat. *medium*, milieu). En musique, registre moyen d'une voix, d'un instrument.

② **médium** [medjɔm] n. (de l'angl.). Selon le spiritisme, personne susceptible de jouer les intermédiaires entre le monde des vivants et le monde des esprits : *Ils ont eu recours à une médium.*

médiumnique [medjɔmnik] adj. Relatif à un médium spirite, à la faculté qu'il posséderait de servir d'interprète aux esprits : *Il prétend avoir des pouvoirs médiumniques.*

médius [medjys] n.m. (du lat. [*digitus*] *medius*, [doigt] du milieu). Doigt du milieu de la main (**SYN.** majeur).

médullaire adj. (lat. *medullaris*, de *medulla*, moelle). **1.** Relatif à la moelle épinière ou à la moelle osseuse. **2.** En botanique, relatif à la moelle d'une plante.

médulleux, euse adj. (lat. *medullosus*, de *medulla*, moelle). En botanique, se dit d'une tige remplie de moelle : *La tige du sureau est médulleuse.*

méduse n.f. (de *Méduse*, nom myth.). Animal marin en forme d'ombrelle, fait d'une substance transparente et d'aspect gélatineux et dont le bord porte des filaments urticants.

médusé, e adj. Qui manifeste un grand étonnement, de la stupeur : *Ils eurent un air médusé en l'apercevant* (**SYN.** ébahi, éberlué, sidéré, stupéfait).

méduser v.t. [conj. 3]. Frapper de stupeur : *Son insolence nous a médusés* (**SYN.** ébahir, pétrifier, stupéfier).

meeting [mitiŋ] n.m. (mot angl., de *to meet*, rencontrer). **1.** Importante réunion publique organisée par un parti, un syndicat, etc., pour informer et débattre d'un sujet politique ou social. **2.** Démonstration, réunion sportive : *Elle a participé à plusieurs meetings d'athlétisme.*

méfait n.m. **1.** Action mauvaise, nuisible et, partic., crime ou délit : *Il va être jugé pour ses méfaits* (**SYN.** faute, forfait [litt.]). **2.** Résultat néfaste, effet nuisible de qqch : *Les méfaits du cannabis* (**SYN.** nuisance ; **CONTR.** bienfait).

méfiance n.f. État d'esprit de qqn qui se tient sur ses gardes face à qqn d'autre ou à propos de qqch : *Son étrange comportement a éveillé la méfiance de ses proches* (**SYN.** soupçon). *Je lui ai obéi sans méfiance* (**SYN.** défiance ; **CONTR.** confiance).

méfiant, e adj. et n. Qui se méfie ; qui dénote la méfiance : *Ce commerçant est très méfiant depuis qu'il a été escroqué. Un regard méfiant* (**SYN.** défiant, soupçonneux ; **CONTR.** confiant, crédule).

se **méfier** v.pr. [conj. 9]. **[de]. 1.** Manquer de confiance, être soupçonneux : *Méfie-toi de lui, il n'est pas franc. Elle s'est toujours méfiée de leurs promesses* (**SYN.** se défier, douter). **2.** Faire attention ; se tenir sur ses gardes : *Méfiez-vous, il y a du brouillard en cette saison !*

méforme n.f. Mauvaise condition physique d'un sportif.

méga n.m. (abrév.). Mégaoctet : *Il me faut 5 mégas de plus.*

mégabit [megabit] n.m. En informatique, unité de mesure équivalant à 2^{20} bits.

mégaflops [megaflɔps] n.m. Unité de mesure de la puissance d'un système informatique qui correspond au traitement d'un million d'opérations par seconde.

mégahertz n.m. Unité de fréquence valant un million de hertz.

mégalithe n.m. (du gr. *megas*, grand, et *lithos*, pierre). Monument composé d'un ou de plusieurs grands blocs de pierre : *Les menhirs et les dolmens sont des mégalithes.*

mégalithique adj. Relatif aux mégalithes : *Un monument mégalithique.*

mégalomane adj. et n. **1.** Qui manifeste des idées de grandeur, un orgueil excessif : *Ce mégalomane s'est fait construire un véritable palais* (abrév. fam. mégalo). **2.** En psychiatrie, atteint de mégalomanie.

mégalomaniaque adj. Relatif à la mégalomanie : *Des idées mégalomaniaques* (abrév. fam. mégalo).

mégalomanie n.f. (du gr. *megas*, grand, et *mania*, folie). **1.** Surestimation de sa valeur physique ou intellectuelle, de sa puissance : *La mégalomanie d'un chef d'État.* **2.** En psychiatrie, délire, folie des grandeurs.

mégalopole ou **mégapole** n.f. (du gr. *megas*, grand, et *polis*, ville). Très grande agglomération urbaine ou ensemble de grandes villes voisines ; conurbation : *Mexico est une mégalopole.*

mégaoctet n.m. En informatique, unité de mesure équivalant à 2^{20} octets.

mégaphone n.m. (du gr. *phonê*, voix). Appareil qui amplifie les sons de la voix : *Le meneur scande le slogan dans un mégaphone* (**SYN.** porte-voix).

mégapole n.f. → **mégalopole.**

par **mégarde** loc. adv. (de l'anc. fr. *se mesgarder*, se mal garder). Sans faire attention ; par erreur : *Par mégarde, j'ai mis ton pull au lieu du mien* (**SYN.** par inadvertance).

mégatonne n.f. Unité servant à évaluer la puissance d'un explosif nucléaire, équivalant à l'énergie produite par l'explosion d'un million de tonnes de T.N.T.

mégère n.f. (de *Mégère,* nom myth.). Femme acariâtre : *Il a épousé une mégère* (**SYN.** furie, harpie).

mégir [conj. 32] ou **mégisser** [conj. 3] v.t. (de l'anc. fr. *mégier,* soigner). Tanner à l'alun les peaux délicates.

mégisserie n.f. **1.** Industrie, commerce des peaux mégies. **2.** Établissement où l'on mégit les peaux.

mégissier n.m. Personne qui mégit les peaux.

mégot n.m. (du tourangeau *mégauder,* téter). *Fam.* Bout d'un cigare ou d'une cigarette que l'on a fini de fumer.

mégoter v.i. [conj. 3]. *Fam.* Faire des économies sur de petites choses : *Il ne mégote jamais sur la nourriture* (**SYN.** lésiner).

méharée n.f. Voyage à dos de méhari.

méhari n.m. (d'un mot ar.) [pl. *méharis* ou *méhara*]. En Afrique du Nord et au Sahara, dromadaire.

méhariste n. Personne qui monte un méhari.

meilleur, e adj. (lat. *melior*). **1.** Comparatif de supériorité de *bon* (par opp. à pire) : *Aspirer à un monde meilleur* (= plus clément). *En grandissant, il est devenu meilleur* (= plus généreux, plus gentil). *Cette tarte est meilleure qu'elle ne paraît* ou *qu'elle paraît. Son deuxième film est bien meilleur que le premier.* **2.** (Précédé de l'art. déf. ou d'un adj. poss.). Superlatif de *bon* : *C'est la meilleure méthode que je connaisse* ou *que je connais. Il a rassemblé le meilleur de ses chansons dans cet album. J'ai invité mes meilleurs amis. Que le meilleur gagne* (= le meilleur concurrent). ▸ *Fam.* ***Avoir meilleur temps de,*** en Suisse, avoir avantage, avoir intérêt à. *Fam.* ***C'est la meilleure*** ou ***la meilleure de l'année !,*** l'histoire la plus incroyable, l'événement le plus étonnant : *C'est la meilleure, ils ont conclu un accord alors qu'ils se détestaient ! Fam.* ***J'en passe et des meilleures,*** je ne vous raconte pas tout. ◆ **meilleur** n.m. Ce qui est excellent chez qqn ou dans qqch : *Il a donné le meilleur de lui-même dans ce travail. Elle a gardé le meilleur pour la fin. Ils se marient pour le meilleur et pour le pire.* ◆ **meilleur** adv. ▸ ***Il fait meilleur,*** le temps est plus beau, plus chaud : *Il a fait meilleur en juin qu'en juillet.*

méiose n.f. (du gr. *meiôsis,* décroissance). En biologie, mode de division de la cellule dans lequel les cellules filles ont deux fois moins de chromosomes que la cellule mère.

méjuger v.t. [conj. 17]. *Litt.* Porter un jugement défavorable ou erroné sur : *Je l'ai méjugée jusqu'à ce que je lise ses Mémoires* (**SYN.** mésestimer [sout.], sous-estimer ; **CONTR.** surestimer). *Elle reconnaît avoir méjugé leur travail* (**SYN.** déprécier, méconnaître [sout.]). ◆ v.t. ind. **[de].** *Litt.* Se tromper sur : *J'ai méjugé de vos intentions* (**SYN.** se méprendre [sout.]). ◆ **se méjuger** v.pr. *Litt.* Méconnaître sa propre valeur : *Cette comédienne s'est longtemps méjugée.*

mél n.m. (abrév. de *message électronique*). Courrier électronique : *Ils s'envoient des méls* (**SYN.** courriel, e-mail [anglic.]).

mélamine n.f. En chimie, composé employé pour la fabrication de résines synthétiques ; résine ainsi obtenue. ☞ **REM.** Ne pas confondre avec *mélanine.*

mélaminé, e adj. et n.m. Qui est recouvert de mélamine.

mélancolie n.f. (lat. *melancholia,* du gr. *melas, melanos,* noir, et *kholê,* bile). **1.** État de dépression, de tristesse vague, de dégoût de la vie ; vague à l'âme : *Elle a sombré dans la mélancolie depuis qu'elle a perdu son emploi. Il pense à ces années avec mélancolie* (**SYN.** nostalgie). **2.** Caractère de ce qui inspire cet état : *La mélancolie d'un temps pluvieux.* **3.** En psychiatrie, dépression intense. ▸ *Fam.* ***Ne pas engendrer la mélancolie,*** être très gai.

mélancolique adj. et n. **1.** Qui éprouve de la mélancolie, une tristesse vague : *Il est mélancolique depuis qu'il vit seul* (**SYN.** maussade, pessimiste, sombre ; **CONTR.** enjoué, gai, joyeux). **2.** En psychiatrie, atteint de mélancolie ; dépressif. ◆ adj. Qui manifeste, qui inspire de la mélancolie : *Jouer une sonate mélancolique* (**SYN.** funèbre, triste). *Elle écrit des chansons mélancoliques* (**SYN.** désenchanté, nostalgique).

mélancoliquement adv. De façon mélancolique : *Elle parle mélancoliquement de son pays* (**SYN.** tristement ; **CONTR.** gaiement, joyeusement).

mélanésien, enne adj. et n. De Mélanésie.

mélange n.m. (de *mêler*). **1.** Action de mêler, de mettre ensemble des choses diverses : *Elle a fait un mélange d'épices pour cuisiner le poulet* (**SYN.** combinaison). *Le mélange des populations* (**SYN.** amalgame, brassage ; **CONTR.** dissociation, séparation). **2.** Absorption, dans un temps relativement court, de boissons alcoolisées de nature différente : *Je préfère éviter les mélanges.* **3.** Substance obtenue en mêlant des ingrédients : *Le mélange que le pharmacien a préparé est efficace* (**SYN.** composition, mixture). **4.** Réunion de choses ou d'êtres différents formant un tout : *Sa musique est un mélange de rock et de rap* (**SYN.** amalgame, association, panachage). ▸ ***Sans mélange,*** pur, parfait : *Un bonheur sans mélange.* ◆ **mélanges** n.m. **1.** Recueil de textes portant sur des sujets variés : *Mélanges historiques.* **2.** Ouvrage composé d'articles divers, offert en hommage à un professeur par ses collègues et ses disciples.

mélangé, e adj. Composé d'éléments différents : *Une société très mélangée* (**SYN.** composite, hétérogène ; **CONTR.** homogène).

mélanger v.t. [conj. 17]. **1.** Mettre ensemble pour former un tout : *Mélanger la farine et le lait* (**SYN.** amalgamer, mêler ; **CONTR.** dissocier). **2.** Mettre en désordre : *Tu as mélangé tous les DVD, alors qu'ils étaient classés dans l'ordre alphabétique* (**SYN.** brouiller, embrouiller ; **CONTR.** débrouiller). **3.** Confondre des choses, des faits, des idées ; mêler en un tout confus : *Elle mélange les noms de ses élèves.* ▸ ***Mélanger les cartes,*** les battre. ◆ **se mélanger** v.pr. En parlant de choses, se mêler au point de se confondre : *L'huile et l'eau ne se mélangent pas.*

mélangeur n.m. **1.** Appareil, récipient servant à mélanger des substances. **2.** Appareil de robinetterie à deux têtes et un bec, permettant d'obtenir un mélange d'eau froide et d'eau chaude ; mitigeur.

mélanine n.f. (du gr. *melas, melanos,* noir). Pigment de couleur foncée, présent dans la peau, les cheveux et l'iris. ☞ **REM.** Ne pas confondre avec *mélamine.*

mélanoderme n.m. (du gr. *melas, melanos* et *derma,* peau). Se dit de qqn dont la peau est de couleur noire (par opp. à leucoderme).

mélanome n.m. En médecine, tumeur cutanée

développée à partir des cellules de la peau qui contiennent de la mélanine.

mélasse n.f. (du lat. *mellaceum*, vin cuit). Résidu sirupeux de la fabrication du sucre, utilisé notamm. pour l'alimentation du bétail. ▸ *Fam.* ***Être dans la mélasse,*** être dans une situation inextricable ou dans la misère.

Melba adj. inv. (du nom d'une cantatrice). ▸ ***Pêche, poire, fraises Melba,*** pochées au sirop, servies sur une couche de glace à la vanille et nappées de crème Chantilly.

mêlé, e adj. Formé d'éléments divers, disparates : *Une assistance mêlée* (**SYN.** composite, hétérogène ; **CONTR.** homogène).

méléagrine n.f. (de *Méléagre*, nom myth.). Huître perlière (**SYN.** pintadine).

mêlée n.f. **1.** Combat opiniâtre et confus où on lutte corps à corps : *Il se jeta dans la mêlée pour défendre son ami* (**SYN.** bagarre, bataille). **2.** Bousculade confuse : *La star a eu du mal à se sortir de la mêlée de paparazzis* (**SYN.** chaos, confusion). **3.** Lutte, conflit d'intérêts, de passions : *Le député préfère rester en dehors de la mêlée.* **4.** Phase du jeu de rugby où les avants de chaque équipe s'arc-boutent face à face pour récupérer le ballon ; ensemble des joueurs qui y participent.

mêler v.t. (bas lat. *misculare*) [conj. 4]. **1.** Mettre ensemble des choses diverses : *Mêler de l'eau à du plâtre* (**SYN.** agréger, incorporer, mélanger ; **CONTR.** séparer). *Mêler des œillets et des tulipes pour faire un bouquet* (**SYN.** marier). *Elle a mêlé le vrai avec le faux dans son récit* (**SYN.** associer). **2.** Unir, joindre ; faire participer : *Ce danseur mêle la grâce à l'originalité* (**SYN.** allier). *Elle ne veut pas qu'on la mêle à cette histoire* (**SYN.** compromettre, impliquer). **3.** Mettre dans le plus grand désordre : *Vous avez mêlé tous les fils* (**SYN.** embrouiller, emmêler, mélanger ; **CONTR.** débrouiller, démêler). **4.** Au Québec, troubler qqn, lui faire perdre le fil de ses idées ; embrouiller : *Toutes vos questions l'ont mêlé.* ◆ **se mêler** v.pr. **1.** Être mis ensemble ; se mélanger : *Les différents parfums se mêlaient dans la pièce. Un pays où se mêlent les populations les plus diverses* (**SYN.** fusionner). **2.** Se confondre ; s'embrouiller : *Toutes ces images se sont mêlées dans sa tête* (**SYN.** s'emmêler). **3.** Au Québec, se tromper : *Elle s'est mêlée dans les prix.* **4.** Entrer dans un tout ; se joindre : *Ils se sont mêlés à la foule. Les applaudissements se mêlaient à la musique.* **5.** Intervenir dans qqch, sans en avoir été prié : *Ne te mêle pas de mes affaires !* (**SYN.** s'immiscer, s'ingérer dans). ▸ ***Se mêler de*** ou ***être mêlé de,*** être mélangé à, teinté de : *Son humour est mêlé de perfidie.*

mêle-tout n. inv. Dans le Nord et en Belgique, personne qui s'occupe de ce qui ne la regarde pas ; fureteur, indiscret : *Ses sœurs sont des mêle-tout.*

mélèze n.m. (mot dauphinois). Grand conifère croissant dans les montagnes au-dessus de la zone des sapins, à aiguilles caduques insérées par touffes.

méli-mélo n.m. (anc. fr. *mesle-mesle*, de *mêler*) [pl. *mélis-mélos*]. *Fam.* Mélange confus, désordonné : *Un méli-mélo judiciaire* (**SYN.** imbroglio).

mélioratif, ive adj. et n.m. (du lat. *melior*, meilleur). En linguistique, se dit d'un terme qui présente sous un aspect favorable l'idée ou l'objet désigné (par opp. à péjoratif) : *L'adjectif « grand » dans « un grand homme » est un mélioratif.*

mélisse n.f. (du gr. *melissa*, abeille). Plante aromatique à fleurs blanchâtres (**SYN.** citronnelle). ▸ ***Eau de mélisse,*** boisson tonifiante obtenue par la distillation des feuilles de mélisse fraîche.

mellifère adj. (du lat. *mel, mellis*, miel, et *ferre*, porter). **1.** Se dit d'un insecte qui produit du miel : *L'abeille est mellifère.* **2.** Se dit d'une plante qui produit un suc avec lequel les abeilles font le miel : *L'acacia est mellifère.*

mellification n.f. Élaboration du miel par les abeilles.

melliflu, e adj. *Litt.* Qui a la suavité du miel ; d'une douceur exagérée : *Une voix melliflue* (**SYN.** doucereux).

mélo n.m. (abrév.). *Fam.* Mélodrame : *Cette comédienne a surtout joué dans des mélos.*

mélodie n.f. (du gr. *melôdia*, chant d'homme ou d'oiseau). **1.** Suite de sons formant un air : *Cette chanteuse écrit toujours de jolies mélodies.* **2.** Poème chanté avec accompagnement : *Une mélodie de Debussy.* **3.** Suite harmonieuse de mots, de phrases, etc., propre à charmer l'oreille : *La mélodie d'un sonnet* (**SYN.** harmonie).

mélodieusement adv. De façon mélodieuse : *Cet oiseau chante mélodieusement* (**SYN.** harmonieusement).

mélodieux, euse adj. Dont la sonorité est agréable à l'oreille : *Un instrument au son mélodieux* (**SYN.** harmonieux ; **CONTR.** discordant, dissonant). *Elle a une voix mélodieuse* (**SYN.** doux, suave ; **CONTR.** âpre [sout.], rude, strident).

mélodique adj. Relatif à la mélodie.

mélodiste n. Musicien qui compose des mélodies.

mélodramatique adj. **1.** Qui relève du mélodrame : *Une pièce mélodramatique.* **2.** Qui évoque le mélodrame par son emphase, son exagération : *Prendre des airs mélodramatiques.*

mélodrame n.m. (du gr. *melos*, cadence, et *drama*, action théâtrale). Drame populaire, né à la fin du XVIIIe siècle, où sont accumulées des situations pathétiques et des péripéties imprévues (abrév. fam. mélo).

mélomane n. et adj. Amateur de musique.

melon n.m. (lat. *melo, melonis*). **1.** Plante rampante cultivée pour ses fruits, demandant de la chaleur et de la lumière. **2.** Fruit de cette plante, arrondi ou ovoïde, à chair orangée ou jaune, sucrée et parfumée. ▸ ***Chapeau melon,*** chapeau rond et bombé à bords étroits, ourlés sur les côtés (on dit aussi *un melon*). ***Melon d'eau,*** pastèque.

mélopée n.f. (bas lat. *melopœia*, du gr. *melopoiios*, qui compose des chants). Chant monotone et triste : *Les pleureuses entonnent leur mélopée funèbre.*

melting-pot [mɛltiŋpɔt] n.m. (mot angl. signif. « creuset ») [pl. *melting-pots*]. **1.** Au XIXe siècle aux États-Unis, brassage et assimilation d'éléments démographiques divers. **2.** Endroit où se rencontrent des personnes d'origines variées, des idées différentes : *Cette université est un melting-pot.*

membranaire adj. Relatif à une membrane.

membrane n.f. (du lat. *membrana*, peau qui recouvre les membres). **1.** En biologie, enveloppe mince et souple qui entoure des organes ou des cellules : *Les membranes du cerveau. La membrane du tympan.* **2.** Mince plaque faite d'une matière souple et génér.

élastique : *Membrane vibrante d'un haut-parleur.* **3.** En chimie, mince paroi qui permet le passage de certains constituants d'une substance et en arrête d'autres.

membraneux, euse adj. Qui est de la nature des membranes : *Tissu membraneux.*

membre n.m. (lat. *membrum*). **1.** Partie du corps de l'homme et des vertébrés, fixée par paires au tronc, et servant à la locomotion et à la préhension : *Membres inférieurs et membres supérieurs* (= les jambes et les bras). **2.** Personne, groupe, pays faisant partie d'un ensemble, d'une communauté, etc : *Chaque membre de l'association doit verser une cotisation* (SYN. adhérent, sociétaire). **3.** (Employé en appos.). Se dit de qqn, d'un groupe qui a adhéré à un organisme : *Les États membres de l'Union européenne.* **4.** En algèbre, chacun des termes d'une équation. **5.** En grammaire, partie d'une phrase correspondant à une unité syntaxique (groupe nominal, verbal) ou à une unité significative (mot). ▸ ***Membre viril,*** pénis.

membré, e adj. ▸ *Litt.* ***Bien, mal membré,*** qui a les membres vigoureux, faibles : *Une sportive bien membrée.*

membrure n.f. **1.** Ensemble des membres du corps humain : *Une membrure d'athlète.* **2.** Charpente d'une construction, d'un navire, d'un planeur.

même adj. (lat. pop. *metipsimus*, de *egomet ipse*, moi-même). **1.** (Avant le n.). Indique la similitude (souvent employé avec *que*) : *Ils ont la même voiture que nous. Nous avons emprunté le même itinéraire qu'eux* (SYN. identique, pareil, semblable ; CONTR. différent, dissemblable). **2.** (Après le n.). Marque une insistance, souligne une précision : *Ce sont les mots mêmes qu'il a employés. Elle est la discrétion et le tact mêmes.* **3.** (Lié par un trait d'union à un pronom personnel). Insiste sur l'identité, le caractère personnel : *J'ai écrit ce texte moi-même. Le journaliste a interrogé les responsables eux-mêmes* (= en personne). ▸ ***De moi-même, de toi-même,*** etc., de mon, de ton, etc., propre mouvement, spontanément : *Elles ont demandé pardon d'elles-mêmes.* ◆ adv. **1.** Marque un renchérissement, une gradation : *Ils ont même une cheminée dans leur appartement* (SYN. aussi). *Les opposants même étaient bien traités.* **2.** Renforce un adverbe de temps, de lieu : *Je veux votre compte rendu aujourd'hui même. Nous avions rendez-vous ici même.* ▸ ***À même*** (+ n.), marque un contact étroit ; directement : *Elle porte ce pull à même la peau. Ils sont assis à même le sol.* ***De même,*** de la même manière ; pareillement : *S'il vous ignore, faites de même.* ***Être à même de,*** être en état, en mesure de : *Ils ne sont pas à même de nous recevoir.* ***Mettre à même de,*** mettre en état de : *Ils ont mis la maison à même d'être habitée.* (Emploi critiqué). ***Tout de même*** ou ***quand même,*** indique une opposition ; marque la réprobation : *Vous avez tout de même apprécié ce vin* (SYN. malgré tout, néanmoins). ◆ pron. indéf. (Précédé de l'art. déf.). Indique l'identité, la ressemblance : *Je sais me servir de ce fax, j'ai le même. Que tu empruntes la première à gauche ou la deuxième, cela revient au même.* ◆ **de même que** loc. conj. Marque une comparaison (parfois employé avec *de même*) : *De même que les hommes influent sur l'époque, l'époque influe sur les hommes* (SYN. ainsi que). ◆ **même que** loc. conj. *Fam.* Au point que : *Il est déprimé, même qu'il consulte un psychanalyste.* ◆ **même si** loc. conj. Marque une concession par rapport à une situation hypothétique : *Je n'abandonnerai pas, même s'il faut aller jusqu'au tribunal.*

mémé n.f. **1.** Grand-mère, dans le langage enfantin. **2.** *Fam., péjor.* Femme d'un certain âge.

mémento [memɛ̃to] n.m. (du lat. *memento*, souviens-toi). **1.** Agenda où l'on inscrit ce dont on veut se souvenir. **2.** Livre où est résumé l'essentiel d'une question : *Des mémentos de géographie* (SYN. aide-mémoire, précis).

mémère n.f. **1.** Grand-mère, dans le langage enfantin. **2.** *Fam.* Femme d'un certain âge et, le plus souvent, de forte corpulence. **3.** *Fam.* Au Québec, personne bavarde, indiscrète ; commère.

mémérer v.i. [conj. 18]. *Fam.* Au Québec, bavarder, faire des commérages.

mémo n.m. (abrév.). *Fam.* Mémorandum.

① **mémoire** n.f. (lat. *memoria*). **1.** Activité biologique et psychique qui permet de retenir des expériences antérieurement vécues : *Ce médicament peut provoquer des troubles de la mémoire.* **2.** Faculté de conserver et de rappeler des sentiments éprouvés, des connaissances antérieurement acquises ; ce qui résulte de l'exercice de cette faculté : *Elle a la mémoire des dates. Je n'ai plus en mémoire leur numéro de téléphone* (= je l'ai oublié). **3.** Souvenir que l'on garde de qqn, de qqch : *Ce livre ternit la mémoire de l'ancien président.* **4.** Organe d'un ordinateur qui permet l'enregistrement, la conservation et la restitution des données : *Mettre un fichier en mémoire.* ▸ ***À la mémoire de,*** en souvenir de : *Ériger un monument à la mémoire des victimes d'une dictature.* ***De mémoire,*** en s'aidant seulement de la mémoire : *Elle a récité le poème de mémoire.* ***De mémoire d'homme,*** du plus loin que l'on se souvienne. ***Devoir de mémoire,*** obligation morale de témoigner d'événements historiques qui ont attenté à la dignité de l'humanité, afin d'en tirer les leçons et éviter leur retour. ***Lieu de mémoire,*** objet, ouvrage, lieu dans lesquels une communauté peut retrouver le symbole d'un moment important de son histoire. ***Mémoire morte*** ou ***ROM,*** en informatique, mémoire dont le contenu enregistré ne peut être modifié par l'utilisateur. ***Mémoire vive*** ou ***RAM,*** en informatique, mémoire effaçable qui peut être reprogrammée au gré de l'utilisateur. ***Pour mémoire,*** à titre de rappel, de renseignement : *Pour mémoire, sachez que la réunion est fixée au 28.*

② **mémoire** n.m. **1.** Écrit sommaire exposant des faits, des idées : *Les membres de l'association ont adressé un mémoire au maire pour défendre les sans-logis.* **2.** Exposé scientifique ou littéraire en vue d'un examen, d'une communication dans une société savante : *Elle doit bientôt soutenir son mémoire de maîtrise.* **3.** Relevé des sommes dues à un fournisseur : *Nous avons reçu le mémoire du peintre* (SYN. compte, note). ◆ **Mémoires** n.m. pl. (Avec une majuscule). Relation écrite faite par une personne des événements qui ont marqué sa vie : *Il souhaite que ses Mémoires soient publiés après sa mort* (SYN. autobiographie). *Des Mémoires émouvants* (SYN. journal).

mémorable adj. Digne d'être conservé dans la mémoire ; marquant : *Elle a donné une interprétation* *mémorable de Norma* (**SYN.** fameux, historique, inoubliable).

mémorandum [memɔrɑ̃dɔm] n.m. (lat. *memorandum*, que l'on doit se rappeler). **1.** Note de service adressée à une ou plusieurs personnes pour leur rappeler, leur notifier qqch : *Elle leur a envoyé plusieurs mémorandums sur ce sujet* (abrév. fam. mémo). **2.** Dans le langage juridique, note diplomatique contenant l'exposé sommaire de l'état d'une question.

mémorial n.m. [pl. *mémoriaux*]. **1.** (Avec une majuscule). Ouvrage dans lequel sont consignés des faits mémorables : *Le Mémorial de Sainte-Hélène.* **2.** Monument commémoratif : *Des mémoriaux pour la paix.*

mémorialiste n. Auteur de Mémoires.

mémoriel, elle adj. Relatif à la mémoire : *Les capacités mémorielles* (**SYN.** mnémonique).

mémorisable adj. Qui peut être mémorisé : *Un numéro facilement mémorisable.*

mémorisation n.f. Action de mémoriser : *La vieille dame a des problèmes de mémorisation.*

mémoriser v.t. [conj. 3]. **1.** Fixer dans sa mémoire : *Mémoriser le code de sa carte bancaire* (**SYN.** retenir ; **CONTR.** oublier). **2.** En informatique, mettre des données en mémoire.

menaçant, e adj. Qui exprime une menace ; qui fait prévoir une menace, un danger : *Des propos menaçants* (**SYN.** agressif, comminatoire [litt.] ; **CONTR.** bienveillant). *Le temps est menaçant depuis ce matin* (= il risque de pleuvoir ; **SYN.** incertain).

menace n.f. (lat. pop. *minacia*, de *minari*, menacer). **1.** Parole, geste, acte par lesquels on exprime la volonté que l'on a de faire du mal à qqn, par lesquels on manifeste sa colère : *La ministre a reçu des menaces de la part de cette organisation terroriste.* **2.** Signe, indice qui laisse prévoir un danger : *Des menaces de crise économique. Le dopage constitue une menace pour les sportifs* (**SYN.** péril, risque).

menacé, e adj. En danger : *Une espèce animale menacée.*

menacer v.t. [conj. 16]. **1.** Chercher à intimider par des menaces : *Elle l'a menacé de mort. Il nous a menacés de poursuites en justice.* **2.** Constituer un danger, un sujet de crainte pour : *Un conflit menace cette région.* **3.** Laisser prévoir, laisser craindre ; risquer de : *Le chalet menace de s'effondrer* ou *menace ruine.* **4.** (Sans compl.). Être à craindre : *L'orage menace* (**SYN.** se préparer).

ménade n.f. (lat. *maenas, maenadis*, gr. *mainas, mainados*, de *mainesthai*, être fou). Dans l'Antiquité grecque, prêtresse du culte de Bacchus adonnée aux transes sacrées ; bacchante.

ménage n.m. (du lat. *mansio*, demeure, de *manere*, rester). **1.** Homme et femme vivant ensemble et formant la base de la famille : *Un ménage sans enfants, avec deux enfants* (**SYN.** couple). **2.** En économie, unité élémentaire de population résidant dans un même logement : *Les dépenses des ménages.* **3.** Ensemble de ce qui concerne la vie domestique, l'organisation matérielle du foyer : *Ils subviennent tous les deux aux frais du ménage* (**SYN.** foyer, maison, maisonnée). **4.** Ensemble de ce qui concerne l'entretien, la propreté d'un intérieur : *Ces chiffons serviront au ménage.* ▸ ***Faire bon, mauvais ménage,*** s'entendre bien, mal : *Le chat et le chien font bon ménage* ; être compatible, incompatible : *La précipitation fait mauvais ménage avec la rigueur.* ***Faire des ménages,*** être femme, homme de ménage. ***Faire le ménage,*** ranger et nettoyer un local ; fig., réorganiser qqch en se débarrassant de ce qui est inutile : *Elle a fait le ménage dans ses factures.* ***Femme de ménage, homme de ménage,*** personne qui fait le ménage, moyennant salaire, chez un particulier, dans une entreprise. ***Monter son ménage,*** acheter le nécessaire à la vie domestique. ***Scène de ménage,*** querelle entre époux. ***Se mettre en ménage,*** se marier ou vivre maritalement.

ménagement n.m. Attitude destinée à ménager qqn : *Les infirmières l'ont traité avec ménagements* (**SYN.** douceur, égards ; **CONTR.** brutalité, rudesse). *Elle lui a annoncé son départ sans ménagement* (**SYN.** précaution).

① **ménager** v.t. (de *ménage*) [conj. 17]. **1.** Employer avec économie, mesure, modération : *Elle doit ménager ses forces pour le marathon* (**SYN.** économiser, épargner). **2.** Traiter avec égards, avec respect, pour ne pas déplaire, indisposer ou fatiguer : *Je n'ai rien dit afin de ménager sa susceptibilité* (= éviter de la chagriner, de la froisser). **3.** Prendre des dispositions pour que qqch ait lieu ; préparer : *Leurs amis leur ont ménagé une surprise* (**SYN.** organiser, réserver). *Ils lui ont ménagé un entretien avec des journalistes.* ▸ ***Ménager les oreilles de qqn,*** éviter de le choquer ou de le blesser par des paroles déplacées. ***Ménager ses paroles,*** parler peu. ***Ménager une ouverture, un passage,*** les pratiquer, les créer. ***Ne pas ménager ses expressions,*** parler brutalement ou crûment. ◆ **se ménager** v.pr. **1.** Économiser ses forces, prendre soin de sa santé : *Elle s'est ménagée depuis sa crise cardiaque.* **2.** Se réserver qqch, s'arranger pour en disposer : *Elle s'est ménagé deux semaines de vacances avant le début de la saison* (**SYN.** s'assurer).

② **ménager, ère** adj. Relatif aux soins du ménage, à tout ce qui concerne l'entretien, la propreté d'une maison : *Les tâches ménagères. Trier les ordures ménagères.* ▸ ***Équipement ménager,*** ensemble des appareils domestiques destinés à faciliter les tâches ménagères.

ménagère n.f. **1.** Femme qui s'occupe de son foyer. **2.** Service de couverts de table dans leur coffret : *Une ménagère en argent.*

ménagerie n.f. (de *ménage*). **1.** Ensemble d'animaux de toutes espèces, entretenus pour l'étude ou pour la présentation au public : *La ménagerie du Jardin des Plantes.* **2.** Lieu où l'on entretient ces animaux : *Visiter la ménagerie d'un laboratoire.*

menchevique ou **menchevik** [mɛnʃevik] adj. et n. (d'un mot russe signif. « minoritaire »). Qui appartenait à la fraction minoritaire du parti ouvrier social-démocrate russe (par opp. à bolchevique).

mendiant, e n. Personne qui mendie, demande l'aumône. ▸ ***Les quatre mendiants,*** dessert composé de quatre fruits secs (figues, raisins secs, amandes et noisettes) [on dit aussi *un mendiant*]. ◆ adj. ▸ ***Ordres mendiants,*** ordres religieux fondés au XIIIe siècle, auxquels leur règle impose la pauvreté.

mendicité n.f. (lat. *mendicitas*). **1.** Action de mendier : *Ces réfugiés se livrent à la mendicité.*

2. Condition de celui qui mendie : *Leur expulsion les a réduits à la mendicité.*

mendier v.i. (lat. *mendicare*) [conj. 9]. Demander l'aumône, la charité : *Elle mendie dans le métro.* ◆ v.t. **1.** Demander comme une aumône : *Il est allé mendier de la nourriture auprès d'une association caritative.* **2.** Solliciter humblement ; quémander : *Un député qui mendie des éloges.*

mendigot, e n. *Fam., vx* Mendiant.

meneau n.m. (du bas lat. *medianus,* qui est au milieu). Chacun des montants fixes divisant une fenêtre, une ouverture en compartiments : *Les meneaux d'un vitrail.*

menée n.f. En Suisse, congère.

menées n.f. Manœuvres secrètes et malveillantes ; machination : *Leurs menées ont été découvertes* (**SYN.** agissements, manigance).

mener v.t. (du bas lat. *minare,* menacer) [conj. 19]. **1.** Faire aller avec soi ; conduire quelque part : *La guide les mena dans un lieu peu fréquenté par les touristes* (**SYN.** accompagner, emmener). **2.** Transporter à telle destination : *L'autobus nous a menés au parc* (**SYN.** conduire). **3.** Permettre d'accéder à un lieu : *Cette route mène à leur ferme* (**SYN.** aboutir à, aller). **4.** Assurer la marche, le déroulement de : *Le commissaire souhaite mener cette enquête librement* (**SYN.** conduire, diriger). *Elle a toujours bien mené ses affaires* (**SYN.** gérer). **5.** Être à la tête de ; diriger, commander : *Elle mène l'entreprise avec brio.* **6.** Être en tête : *Il a mené la course de bout en bout.* **7.** *Fig.* Guider, diriger, entraîner vers : *Ce témoignage a mené la police sur une fausse piste. Ce trafic vous mènera en prison.* **8.** En géométrie, tracer : *Mener une parallèle, une perpendiculaire à une droite.* ▸ ***Mener la vie dure à qqn,*** lui rendre la vie pénible, partic. en exerçant sur lui une autorité brutale : *Ce chef de service mène la vie dure à ses employés.* ***Mener loin,*** avoir de graves conséquences pour qqn : *Cette escroquerie l'a mené loin.* ***Mener qqch à bien,*** le réussir ; accomplir : *Ils ont mené leur projet à bien.* ***Mener qqn en bateau*** → **bateau.** ***Mener telle vie, telle existence,*** vivre de telle ou telle façon : *Ils mènent une vie mouvementée. Fam.* ***Ne pas en mener large,*** avoir peur ; être inquiet, mal à l'aise : *Depuis que cette histoire a été rendue publique, il n'en mène pas large.* ◆ v.i. **1.** Avoir l'avantage sur un adversaire : *Ce joueur mène par deux sets à un* (**SYN.** dominer). **2.** Être en tête d'une course : *Elle a mené pendant les dix premiers kilomètres.*

ménestrel n.m. (du lat. *ministerium,* service, de *minister,* serviteur). Au Moyen Âge, musicien de basse condition qui récitait ou chantait des vers en s'accompagnant d'un instrument de musique.

ménétrier n.m. (de *ménestrel*). *Anc.* Dans les campagnes, homme qui jouait de la musique pour faire danser ; violoneux.

meneur, euse n. Personne qui, par son ascendant et son autorité, dirige un mouvement populaire ; agitateur : *La police a arrêté les meneurs.* ▸ ***Meneur de jeu,*** animateur d'un jeu, d'un spectacle ; joueur qui anime une équipe sportive. ***Meneur d'hommes,*** personne qui sait par son autorité entraîner les autres à sa suite.

menhir [menir] n.m. (mot breton, de *men,* pierre, et *hir,* longue). Monument constitué d'une pierre levée : *Les menhirs de Carnac.*

méninge n.f. (lat. *meninga,* gr. *mênigx*). Chacune des trois membranes (pie-mère, arachnoïde, dure-mère) qui entourent le cerveau et la moelle épinière. ◆ **méninges** n.f. *Fam.* Cerveau, esprit : *Il ne s'est pas creusé les méninges.*

méningé, e adj. Relatif aux méninges : *Artères méningées.*

méningite n.f. Inflammation des méninges, d'origine infectieuse.

méningocoque n.m. Bactérie responsable de la méningite.

ménisque n.m. (du gr. *mêniskos,* petite lune). **1.** En optique, lentille de verre convexe d'un côté et concave de l'autre. **2.** En anatomie, lame de cartilage située entre deux os, dans certaines articulations comme celle du genou.

ménopause n.f. (du gr. *mên, mênos,* mois, et *pausis,* cessation). Cessation de l'ovulation chez la femme, caractérisée par l'arrêt définitif de la menstruation ; époque où elle se produit.

ménopausée adj.f. Se dit d'une femme dont la ménopause est accomplie.

menora [menora] n.f. (mot hébr.). Chandelier à sept branches, un des principaux objets du culte hébraïque.

menotte n.f. (dimin. de *main*). *Fam.* Petite main ; main d'enfant. ◆ **menottes** n.f. Bracelets métalliques avec lesquels on attache les poignets d'un prisonnier : *Le policier passa des menottes au malfaiteur.*

menotter v.t. [conj. 3]. Passer les menottes à : *Il menotta le condamné.*

mensonge n.m. (lat. pop. *mentionica,* de *mentiri,* mentir). **1.** Action de mentir, d'altérer la vérité : *Vous ne pouvez pas vivre dans le mensonge* (**SYN.** duplicité, fausseté). *Il dit que c'est lui qui a eu cette idée, mais c'est un mensonge* (**SYN.** imposture [sout.]). **2.** Affirmation contraire à la vérité : *Ne dites pas de mensonges, vous n'êtes jamais allé dans ce pays* (**SYN.** contrevérité, sornette).

mensonger, ère adj. Qui repose sur un mensonge : *Une publicité mensongère* (**SYN.** fallacieux, faux, trompeur ; **CONTR.** fondé, vrai).

mensongèrement adv. De façon mensongère : *Attribuer mensongèrement des paroles à qqn.*

menstruation n.f. (de *menstrues*). Phénomène physiologique caractérisé par un écoulement sanguin périodique correspondant à l'élimination de la muqueuse utérine, se produisant chez la femme non enceinte, de la puberté à la ménopause.

menstruel, elle adj. Relatif à la menstruation : *Le cycle menstruel est d'environ 28 jours.*

menstrues n.f. (lat. *menstrua,* de *mensis,* mois). *Vx* Perte de sang accompagnant la menstruation (**SYN.** règles).

mensualisation n.f. Action de mensualiser : *La mensualisation de l'impôt sur le revenu.*

mensualiser v.t. [conj. 3]. **1.** Rendre mensuel un paiement, un salaire : *Mensualiser le remboursement d'un crédit.* **2.** Faire passer à une rémunération mensuelle qqn qui était payé à l'heure : *Mensualiser des travailleurs à domicile.*

mensualité n.f. **1.** Somme versée chaque mois : *Ils ont payé leur voiture en plusieurs mensualités.* **2.** Salaire mensuel : *Elle touche une treizième mensualité* (**SYN.** mois).

mensuel, elle adj. (du lat. *mensualis*, de *mensis*, mois). Qui se fait, qui paraît tous les mois : *Une réunion mensuelle. Un magazine mensuel.* ◆ n. Employé payé au mois. ◆ **mensuel** n.m. Publication qui paraît chaque mois.

mensuellement adv. Chaque mois : *L'entrepôt approvisionne mensuellement 200 concessionnaires.*

mensuration n.f. (lat. *mensuratio*, de *metiri*, mesurer). Détermination de certaines dimensions anatomiques caractéristiques : *La mensuration du bassin d'une femme enceinte* (**SYN.** mesure). ◆ **mensurations** n.f. Ensemble des dimensions caractéristiques du corps humain, notamm. le tour de poitrine, le tour de taille et le tour de hanches : *Quelles sont les mensurations de ce mannequin ?*

mental, e, aux adj. (bas lat. *mentalis*, de *mens, mentis*, esprit). **1.** Relatif aux fonctions intellectuelles, au psychisme : *Des troubles mentaux.* **2.** Qui se fait exclusivement dans l'esprit, sans être exprimé : *Elle est forte en calcul mental.* ◆ **mental** n.m. Ensemble des dispositions mentales, psychiques de qqn ; état d'esprit : *Ce sportif a un bon mental* (= un bon moral).

mentalement adv. **1.** Par la pensée, sans s'exprimer à haute voix : *La comédienne répète mentalement son monologue* (**SYN.** intérieurement). **2.** Du point de vue mental, psychique : *Il souffre mentalement* (**SYN.** moralement, psychiquement).

mentalité n.f. **1.** Ensemble des manières d'agir, de penser de qqn ; état d'esprit : *Je n'apprécie pas sa mentalité* (**SYN.** moralité). **2.** En sociologie, ensemble des habitudes intellectuelles, des croyances, des comportements caractéristiques d'un groupe : *Les habitants de cette région ont une mentalité différente de la nôtre* (**SYN.** mœurs).

menterie n.f. *Fam., vieilli* Mensonge.

menteur, euse adj. et n. Qui ment ; qui a l'habitude de mentir : *Quel menteur, il a dit cela pour vous impressionner !* (**SYN.** hâbleur [litt.]). *Méfiez-vous d'elle, c'est une menteuse-née* (**SYN.** mythomane). ◆ adj. Qui trompe ; qui induit en erreur : *Un contrat menteur* (**SYN.** fallacieux, mensonger).

menthe n.f. (lat. *mentha*, du gr. *minthê*). **1.** Plante odorante des lieux humides, à fleurs roses ou blanches. **2.** Essence de cette plante utilisée pour son arôme : *Des bonbons à la menthe.* ☞ **REM.** Ne pas confondre avec *mante*.

menthol [mɑ̃tɔl ou mɛ̃tɔl] n.m. Alcool extrait de l'essence de menthe : *Ce produit contre la toux contient du menthol.*

mentholé, e [mɑ̃tɔle] adj. Qui contient du menthol : *Des mouchoirs mentholés.*

mention n.f. (lat. *mentio*, de *mens, mentis*, esprit). **1.** Action de signaler, de citer ; fait d'être signalé, cité : *Dans son autobiographie, il ne fait jamais mention de son père.* **2.** Indication, note dans un texte, un formulaire : *Rayer la mention inutile.* **3.** Appréciation, souvent favorable, donnée par un jury sur une personne, un travail, dans un examen, un concours, une compétition : *Elle a eu son diplôme avec la mention bien.*

mentionner v.t. [conj. 3]. Faire mention de ; citer : *Le journal mentionne plusieurs cas de méningites* (**SYN.** signaler). *Il a oublié de mentionner le nom de ses collaborateurs* (**SYN.** indiquer).

mentir v.i. (lat. *mentiri*, de *mens, mentis*, esprit) [conj. 37]. **1.** Donner pour vrai ce que l'on sait être faux ou nier ce que l'on sait être vrai : *Vous nous avez menti sur les bénéfices réalisés* (**SYN.** mystifier, tromper). *Ne mens pas, je sais que tu l'as vu. Il ment comme il respire* (= il a l'habitude de mentir ; **SYN.** fabuler). **2.** Tromper par de fausses apparences : *Les tests A.D.N. ne mentent pas.* ▸ ***Sans mentir,*** à dire vrai ; sans exagérer : *Sans mentir, ils étaient bien une centaine.*

menton n.m. (lat. *mentum*). Partie saillante du visage, au-dessous de la bouche : *Le boxeur le frappa au menton.* ▸ ***Double, triple menton,*** menton gras dont le dessous forme deux ou trois bourrelets.

mentonnière n.f. **1.** Bande passant sous le menton et retenant un casque ; jugulaire. **2.** Accessoire épousant la forme du menton et servant à maintenir un violon pendant qu'on en joue.

mentor [mɛ̃tɔr] n.m. (de *Mentor*, nom du précepteur de Télémaque). *Litt.* Guide attentif ; conseiller expérimenté : *Ce professeur a été son mentor pendant ses études.* ◆ **mentor, e** n. Au Québec, personne expérimentée qui contribue bénévolement au développement personnel ou professionnel d'un débutant.

mentorat [mɛ̃tɔra] n.m. Au Québec, aide apportée à un débutant par son mentor.

mentoré, e [mɛ̃tɔre] n. Au Québec, personne qui bénéficie de l'aide d'un mentor.

① **menu, e** adj. (lat. *minutus*, amoindri, petit, de *minuere*, diminuer). **1.** Qui a peu de volume, d'épaisseur, d'importance : *Donner de menus morceaux de viande à un bébé* (**SYN.** petit ; **CONTR.** gros). *Elle a des chevilles menues* (**SYN.** fin ; **CONTR.** épais). *De menues dépenses* (**SYN.** faible, négligeable ; **CONTR.** considérable, important). **2.** Se dit de qqn qui est mince, frêle : *Une jeune fille menue* (**SYN.** fluet, gracile [litt.] ; **CONTR.** corpulent, gros, trapu). ▸ ***À pas menus,*** à tout petits pas. ***Menue monnaie,*** petites pièces de peu de valeur. ***Menus plaisirs,*** petites dépenses d'agrément qui n'entrent pas dans les frais ordinaires. ◆ **menu** adv. En petits morceaux : *Des carottes coupées menu.* ◆ **menu** n.m. ▸ ***Par le menu,*** dans les moindres détails : *Il nous a raconté le film par le menu.*

② **menu** n.m. (de *1. menu*). **1.** Liste détaillée des plats servis à un repas, à un banquet : *Chaque convive avait un menu devant son assiette* (**SYN.** carte). **2.** Repas à prix fixe servi dans un restaurant (par opp. à repas à la carte) : *Je prendrai le menu du jour. Le menu est très copieux ici.* **3.** En informatique, liste de commandes ou d'options offertes au choix de l'utilisateur, qui s'affiche sur l'écran de visualisation d'un ordinateur lors d'un travail, d'une consultation en mode conversationnel. **4.** *Fam.* Ordre du jour ; programme : *Le menu d'une réunion.*

menu-carte n.m. (pl. *menus-cartes*). Menu à prix fixe proposant un choix d'entrées, de plats et de desserts.

menuet n.m. (dimin. de *1. menu*). **1.** Danse à trois

temps du XVIIe siècle. **2.** En musique, passage d'une sonate, d'une symphonie, d'un quatuor : *Jouer un menuet de Mozart.*

menuiser v.t. (du lat. pop. *minutiare,* rendre menu, de *minutus,* petit) [conj. 3]. Travailler du bois en menuiserie : *Menuiser du châtaignier.* ◆ v.i. Faire de la menuiserie.

menuiserie n.f. **1.** Métier du menuisier. **2.** Ouvrage réalisé par un menuisier. **3.** Atelier de menuisier.

menuisier, ère n. Artisan ou industriel qui produit des ouvrages en bois pour le bâtiment, constitués de pièces relativement petites (par opp. au charpentier), ou des meubles utilitaires, sans placage ni ornement (par opp. à l'ébéniste).

ménure n.m. (du gr. *mênê,* lune, et *oura,* queue). Passereau d'Australie, de la taille d'un faisan, communément appelé *oiseau-lyre.*

méphistophélique adj. *Litt.* Qui est digne de Méphistophélès ; diabolique : *Il a un air méphistophélique* (**SYN.** démoniaque, satanique ; **CONTR.** angélique).

méphitique adj. (du lat. *mephitis,* odeur pestilentielle). Qui a une odeur répugnante ou toxique : *En brûlant, cette matière répand des fumées méphitiques* (**SYN.** fétide, malodorant, nauséabond, puant ; **CONTR.** odoriférant [litt.]).

méplat, e adj. Se dit d'une pièce de bois, de métal, qui a plus de largeur que d'épaisseur. ◆ **méplat** n.m. **1.** Partie relativement plane : *Les méplats d'une sculpture.* **2.** Pièce de bois, de métal, plus large qu'épaisse.

se **méprendre** v.pr. [conj. 79]. *Sout.* **1. [sur].** Se tromper sur qqn, sur qqch : *Elle s'est méprise sur eux, sur leurs intentions.* **2.** Commettre une erreur : *Ne vous méprenez pas, c'est une plante artificielle.* ▸ ***À s'y méprendre,*** au point de se tromper : *Cette copie imite l'original à s'y méprendre.*

mépris n.m. (de *mépriser*). **1.** Sentiment par lequel on juge qqn ou qqch inférieur, indigne d'estime, d'attention : *Il s'adresse à son subordonné avec mépris* (**SYN.** dédain, hauteur ; **CONTR.** déférence, respect). **2.** Fait de ne tenir aucun compte de qqch : *Son mépris du règlement est choquant* (**SYN.** indifférence ; **CONTR.** observation, respect). *Mépris du danger.* ▸ ***Au mépris de,*** sans considérer ; malgré : *Il a entrepris cette expédition au mépris de toutes les mises en garde* ; contrairement à : *Vous agissez au mépris du bon sens.*

méprisable adj. Qui est digne de mépris : *Un individu méprisable* (**SYN.** indigne, infâme ; **CONTR.** estimable). *La délation est un comportement méprisable* (**SYN.** abject, honteux, vil [sout.] ; **CONTR.** louable, noble).

méprisant, e adj. Qui a ou qui témoigne du mépris : *Il est méprisant à l'égard des plus jeunes* (**SYN.** dédaigneux, hautain ; **CONTR.** déférent, respectueux). *Ils la regardèrent d'un air méprisant* (**SYN.** condescendant).

méprise n.f. (de *se méprendre*). Erreur commise sur qqn, qqch : *Quelle regrettable méprise, je pensais que vous aviez été prévenu !* (**SYN.** confusion, malentendu). ▸ ***Par méprise,*** par suite d'une erreur : *Votre nom a été rayé de la liste par méprise.*

mépriser v.t. (de *1. priser*) [conj. 3]. **1.** Avoir ou témoigner du mépris pour qqn, pour qqch : *Il méprise ses voisins* (**SYN.** dédaigner ; **CONTR.** estimer). **2.** Ne faire aucun cas de : *Des cascadeurs qui méprisent le danger* (**SYN.** braver, s'exposer à, narguer ; **CONTR.** redouter). *Sur l'autoroute, elle méprise les limitations de vitesse* (**SYN.** ignorer ; **CONTR.** observer, respecter).

mer n.f. (lat. *mare*). **1.** Très vaste étendue d'eau salée qui couvre une partie de la surface du globe ; partie définie de cette étendue (par opp. à océan) : *Éviter la pollution des mers. La mer Caspienne.* **2.** Eau de la mer ou de l'océan : *La mer est froide en cette saison.* **3.** Région, ville qui borde la mer : *Ils ont passé tout l'été à la mer.* **4.** Marée : *La mer est basse. Les chalutiers sortiront quand la mer sera pleine.* **5.** Grande quantité de liquide, d'une chose quelconque : *Une mer de sable s'étendait à perte de vue* (**SYN.** immensité). **6.** En astronomie, à la surface de la Lune, ou de certaines planètes du système solaire, vaste étendue faiblement accidentée. ▸ ***Basse mer,*** marée basse. *Fam.* ***Ce n'est pas la mer à boire,*** ce n'est pas très difficile. ***Haute mer,*** partie de la mer libre, en principe, de la juridiction des États. ***Homme de mer,*** marin. ***Pleine mer,*** marée haute. ***Une goutte d'eau dans la mer,*** un apport insignifiant : *Cette subvention a été une goutte d'eau dans la mer.*

mercanti n.m. (de l'it. *mercanti,* marchands). *Péjor.* Commerçant malhonnête, âpre au gain : *Des mercantis qui profitent de la détresse des réfugiés* (**SYN.** trafiquant).

mercantile adj. (de l'it.). Animé par l'appât du gain, le profit : *Un homme d'affaires mercantile* (**SYN.** cupide ; **CONTR.** désintéressé, philanthrope).

mercantilisme n.m. *Litt.* État d'esprit mercantile : *Le mercantilisme des marchands d'armes* (= l'esprit de lucre).

mercaticien, enne n. Spécialiste de mercatique.

mercatique n.f. (du lat. *mercatus,* marché). Mot qu'il est recommandé d'employer à la place de *marketing.*

Mercator (projection de), représentation cartographique cylindrique qui permet de conserver la forme réelle des territoires, mais non le rapport exact de leurs superficies (par opp. à la projection de Peters).

mercenaire adj. (lat. *mercenarius,* de *merces,* salaire, de *merere,* gagner). *Litt.* Qui ne travaille que pour l'argent ; qui n'est fait que par appât du gain : *Un film mercenaire* (= alimentaire). ◆ n.m. Soldat qui sert pour de l'argent un gouvernement étranger.

mercerie n.f. (lat. *merx, mercis,* marchandise). **1.** Ensemble des articles destinés à la couture, aux travaux d'aiguille. **2.** Commerce, magasin du mercier.

mercerisé, e adj. (de *J. Mercer,* nom d'un chimiste angl.). Se dit de fils, de tissus ayant subi un traitement à la soude, leur donnant un aspect brillant : *Du fil de coton mercerisé.*

merchandising [mɛrʃɑ̃dizin] n.m. → **marchandisage.**

① **merci** n.f. (du lat. *merces,* salaire, de *merere,* gagner). ▸ *Litt.* ***Demander merci,*** se déclarer vaincu ; demander grâce. ***Être à la merci de,*** être sous l'entière dépendance de qqn ; être soumis aux effets de qqch qu'on ne peut éviter : *Ils sont à la merci de leurs créanciers. Les marins sont à la merci du mauvais temps.* ***Sans merci,*** sans pitié : *Les deux adversaires ont engagé une lutte sans merci.*

② **merci** n.m. (de *1. merci*). Parole de remerciement : *Dites-lui un grand merci. Mille mercis de la part de ma mère.* ◆ interj. Sert à remercier : *Votre cadeau me* *plaît beaucoup, merci ! Merci de* ou *pour votre gentillesse. Non merci, je n'ai plus faim.*

mercier, ère n. Personne qui vend de la mercerie.

mercredi n.m. (du lat. *Mercurii dies,* jour de Mercure). Troisième jour de la semaine : *Il va au cinéma tous les mercredis.*

mercure n.m. (lat. *Mercurius,* Mercure, messager des dieux et dieu du Commerce). Métal blanc très brillant, utilisé dans la construction d'appareils comme les baromètres, pour l'étamage des glaces et en médecine, et autref. appelé *vif-argent.*

① **mercuriale** n.f. *Litt.* Remontrance, réprimande d'une certaine vivacité : *Ils ne méritaient pas une telle mercuriale.*

② **mercuriale** n.f. (lat. *mercurialis,* de *Mercurius,* dieu du Commerce). Bulletin reproduisant les cours officiels des denrées vendues sur un marché public ; ces cours eux-mêmes.

mercuriel, elle adj. Qui contient du mercure.

Mercurochrome n.m. (nom déposé). Composé organique mercuriel dont les solutions aqueuses, de couleur rouge, sont antiseptiques : *Appliquer du Mercurochrome sur une plaie.*

merde n.f. (lat. *merda*). **1.** *Vulg.* Excrément de l'homme et de quelques animaux. **2.** *Très fam.* (Souvent au pl.). Ennui ; difficulté (**SYN.** désagrément, souci, tracas). **3.** *Très fam.* Être ou chose sans valeur. ◆ interj. *Très fam.* Exprime la colère, l'indignation, le mépris : *Merde, j'ai encore raté !*

merder v.i. [conj. 3]. *Très fam.* Ne pas réussir ; échouer.

merdeux, euse adj. *Très fam.* **1.** Qui ne donne pas satisfaction ; mauvais (**CONTR.** convenable, correct, satisfaisant). **2.** Se dit de qqn qui est mal à l'aise après avoir commis une maladresse, un impair ; gêné, confus. ◆ n. *Très fam.* Personne mal élevée ou prétentieuse.

merdier n.m. *Très fam.* **1.** Grand désordre. **2.** Situation complexe, confuse, difficile (**SYN.** guêpier, imbroglio).

merdique adj. *Très fam.* Sans valeur ; mauvais.

mère n.f. (lat. *mater, matris*). **1.** Femme qui a mis au monde un ou plusieurs enfants : *L'enfant fait un câlin à sa mère.* **2.** Femelle d'un animal qui a eu des petits : *Les chiots tètent leur mère.* **3.** Femme qui donne des soins maternels : *Sa mère adoptive ne lui a rien caché de ses origines. Elle a été une mère pour nous.* **4.** Supérieure d'un couvent. **5.** *Litt.* Pays, lieu où une chose a commencé ; source, cause, origine : *La Grèce, mère des arts* (**SYN.** patrie). **6.** (Employé en appos.). Qui est à l'origine, au centre d'autres choses de même nature : *Le latin est la langue mère des langues romanes. L'idée mère d'une thèse* (**SYN.** directeur). *Maison mère d'une communauté religieuse.* **7.** Pellicule visqueuse qui se forme à la surface de certains liquides alcooliques : *Une mère de vinaigre.* **8.** *Fam.* Titre que l'on donne à une femme d'âge avancé : *La mère Michel.* ▸ ***Mère célibataire,*** femme non mariée qui élève seule son ou ses enfants. ***Mère patrie,*** pays où l'on est né ; patrie considérée sur le plan affectif. ***Société mère,*** société ayant sous sa dépendance financière d'autres sociétés, dites *filiales.*

mère-grand n.f. (pl. *mères-grand*). *Vx* Grand-mère.

merguez [mɛrgɛz] n.f. (de l'ar.). Dans la cuisine d'Afrique du Nord, saucisse pimentée et consommée grillée ou frite : *Les merguez qui accompagnent ce couscous sont délicieuses.*

① **méridien, enne** adj. (lat. *meridianus,* de *meridies,* midi). Relatif au méridien.

② **méridien** n.m. Cercle imaginaire passant par les deux pôles terrestres : *Les méridiens servent à mesurer la longitude* (par opp. à parallèle). ▸ ***Méridien origine*** ou ***premier méridien,*** méridien par rapport auquel on compte les degrés de longitude : *Le méridien origine international passe par l'ancien observatoire de Greenwich.*

méridienne n.f. **1.** *Litt.* Sieste : *Après un bon repas, il aime faire une méridienne.* **2.** Canapé, lit de repos à la mode sous l'Empire.

méridional, e, aux adj. et n. (lat. *meridionalis,* de *meridies,* midi). Du midi de la France : *La cuisine méridionale. Les Méridionaux ont un accent chantant.* ◆ adj. Situé au sud (par opp. à septentrional) : *L'Europe méridionale. La côte méridionale de la Bretagne.*

meringue n.f. Pâtisserie légère, à base de blancs d'œufs et de sucre, que l'on fait cuire au four à feu doux.

meringué, e adj. Garni de meringue : *Une tarte au citron meringuée.*

mérinos [merinos] n.m. (esp. *merino,* de l'ar.). **1.** Mouton dont la laine fine est très estimée. **2.** Étoffe, feutre faits avec la laine de ce mouton : *Un manteau de mérinos.*

merise n.f. (de *amer* et *cerise*). Fruit du merisier.

merisier n.m. Cerisier sauvage, appelé aussi *cerisier des oiseaux* ; bois de cet arbre utilisé en ébénisterie.

méritant, e adj. Se dit de qqn qui a du mérite, qui est digne d'estime : *Des bénévoles méritants* (**SYN.** estimable).

mérite n.m. (lat. *meritum,* gain, de *merere,* gagner). **1.** Ce qui rend qqn, sa conduite dignes d'estime, de récompense : *Vous avez du mérite à travailler dans de telles conditions. Elle se fait un mérite d'avoir réussi sans l'aide de personne* (**SYN.** gloire, honneur). **2.** Ensemble de qualités intellectuelles et morales dignes d'estime : *C'est une personne de mérite* (**SYN.** valeur). **3.** Qualité louable de qqn, de qqch : *Il a le mérite de dire toujours ce qu'il pense* (**SYN.** vertu). *Ce moyen de locomotion a le mérite de ne pas polluer* (**SYN.** avantage ; **CONTR.** désavantage). **4.** (Avec une majuscule). Nom de certaines distinctions honorifiques : *Ordre du Mérite agricole.*

mériter v.t. [conj. 3]. **1.** Être digne de récompense ou passible de châtiment : *Ce film mérite un prix. Vous avez mérité de prendre quelques jours de repos. Ce site mérite le détour* (**SYN.** valoir). *Il mériterait qu'on le dénonce.* **2.** Donner lieu à ; légitimer : *Votre étrange attitude mérite une explication* (**SYN.** exiger). *Toute peine mérite salaire.* **3.** Être digne de qqn, de vivre à ses côtés : *Il ne mérite pas sa femme.* ◆ v.t. ind. ▸ ***Bien mériter de,*** avoir droit à sa reconnaissance : *Ce médecin a bien mérité de l'humanité.*

méritocratie n.f. Système selon lequel le mérite doit déterminer la position sociale.

méritoire adj. Se dit de qqch qui est digne d'estime, de récompense : *Une action méritoire* (**SYN.** louable ; **CONTR.** blâmable, condamnable).

merlan n.m. (de *merle*). **1.** Poisson des côtes d'Europe occidentale, pêché activement pour sa chair tendre et légère. **2.** *Fam., vx* Coiffeur. ▸ *Fam.* ***Faire des yeux de merlan frit,*** lever les yeux au ciel, si bien qu'on n'en voit plus que le blanc.

merle n.m. (bas lat. *merulus,* class. *merula*). Oiseau passereau à plumage noir pour le mâle, brun pour la femelle. ▸ ***Merle blanc,*** personne ou objet rare ou introuvable.

merlin n.m. (mot lorrain, du lat. *marculus,* marteau). Grosse hache utilisée pour fendre le bois.

merlu n.m. (anc. prov. *merlus,* de *merle,* merlan, et de l'anc. fr. *luz,* brochet). Poisson au corps élancé, à dos gris, à chair estimée, vendu sous le nom de *colin* ou *saumon blanc.*

merluche n.f. (anc. prov. *merluce,* de *merlus,* merlu). **1.** Nom commercial de divers poissons tels que le merlu. **2.** Morue, merlu, vendus séchés et non salés.

mérou n.m. (esp. *mero*). Poisson osseux à la chair très estimée, vivant dans les mers chaudes.

mérovingien, enne adj. (de *Mérovée,* nom du chef d'une tribu de Francs Saliens). Relatif aux Mérovingiens : *Un roi mérovingien.*

merroutage n.m. Mode de transport de marchandises où des camions sont acheminés par bateau d'un port à un autre avec leur cargaison et leur chauffeur : *Le merroutage permet d'éviter les transbordements et de désengorger les routes.*

merveille n.f. (lat. *mirabilia,* de *mirabilis,* admirable). **1.** Ce qui inspire une grande admiration par sa beauté, sa grandeur, sa valeur : *Les merveilles d'un paysage. Ce film est une merveille* (**SYN.** chef-d'œuvre). *Cet instrument est une merveille de précision* (**SYN.** miracle, prodige). **2.** Pâte frite, coupée en morceaux, que l'on mange saupoudrée de sucre (**SYN.** oreillette). ▸ ***À merveille,*** très bien ; parfaitement : *Ils s'entendent à merveille.* ***Faire merveille*** ou ***faire des merveilles,*** obtenir un remarquable résultat : *Ce savon fait merveille* ; faire qqch de très difficile : *Le chirurgien a fait des merveilles sur ce grand brûlé.* ***La huitième merveille du monde,*** chose qui inspire une très vive admiration. ***Les Sept Merveilles du monde,*** les sept ouvrages les plus remarquables de l'Antiquité.

merveilleuse n.f. Sous le Directoire, femme élégante et excentrique.

merveilleusement adv. De façon merveilleuse : *Un concerto merveilleusement interprété* (**SYN.** admirablement, extraordinairement ; **CONTR.** mal, médiocrement).

merveilleux, euse adj. Qui suscite l'admiration par ses qualités extraordinaires, exceptionnelles : *Ils ont un merveilleux appartement sur les quais* (**SYN.** magnifique ; **CONTR.** horrible). *Elle écrit de merveilleux textes* (**SYN.** excellent, remarquable ; **CONTR.** insignifiant, médiocre). *Cet éducateur spécialisé est merveilleux avec les enfants* (**SYN.** admirable ; **CONTR.** lamentable). ◆ **merveilleux** n.m. **1.** Ce qui s'éloigne du cours ordinaire des choses ; ce qui paraît miraculeux, surnaturel : *Le merveilleux dans cette histoire, c'est qu'ils sont tous revenus sains et saufs.* **2.** Caractère de ce qui appartient au surnaturel, au monde de la magie, de la féerie : *L'emploi du merveilleux dans les contes.*

mes adj. poss. Pluriel de *mon* et *ma* : *Mes livres sont bien classés. Mes chaussures sont confortables.*

mésadapté, e n. et adj. Au Québec, personne présentant des difficultés d'adaptation à son milieu ; inadapté : *Les mésadaptés sociaux.*

mésalliance n.f. Mariage avec une personne de classe ou de fortune considérées comme inférieures : *Il considère leur union comme une mésalliance.*

se **mésallier** v.pr. [conj. 9]. Épouser une personne de classe jugée inférieure : *D'après ses parents, elle s'est mésalliée en épousant cet homme.*

mésange n.f. (frq. *meisinga*). Petit passereau au plumage parfois rehaussé de teintes vives, répandu dans le monde entier.

mésaventure n.f. Aventure désagréable qui a des conséquences fâcheuses : *Depuis cette mésaventure, ils sont devenus très méfiants* (**SYN.** déboire, incident).

mescaline n.f. (du mexicain *mexcalli,* peyotl). Alcaloïde hallucinogène extrait d'une cactacée mexicaine, le peyotl.

mesclun [mɛsklœ̃] n.m. (mot prov.). Mélange de jeunes plants de salades de diverses espèces (chicorée, scarole, trévise, etc.) et de plantes aromatiques.

mesdames n.f. pl. → **madame.**

mesdemoiselles n.f. pl. → **mademoiselle.**

mésentente n.f. Mauvaise entente ; désaccord : *Cette décision devrait mettre fin à leur mésentente* (**SYN.** désunion, discorde [litt.], dissension).

mésentère n.m. (du gr. *mesos,* au milieu, et *enteron,* intestin). En anatomie, repli du péritoine reliant l'intestin grêle à la paroi postérieure de l'abdomen.

mésestime n.f. *Litt.* Mauvaise opinion que l'on a de qqn : *Depuis la révélation de cette affaire, ils tiennent le maire en mésestime* (**SYN.** mépris ; **CONTR.** estime).

mésestimer v.t. [conj. 3]. *Sout.* Ne pas apprécier qqn, qqch à sa juste valeur : *On a longtemps mésestimé ce romancier* (**SYN.** méconnaître [sout.] ; **CONTR.** surestimer). *Mésestimer les difficultés* (**SYN.** sous-estimer).

mésintelligence n.f. *Litt.* Défaut d'entente, d'accord entre des personnes : *Elle vit en mésintelligence avec ses collègues* (**SYN.** dissension, mésentente ; **CONTR.** concorde [sout.]).

mésoblaste ou **mésoderme** n.m. En biologie, enveloppe interne de l'embryon, qui produit le squelette, le derme, la musculature, les reins et le sang.

mésolithique n.m. et adj. (du gr. *mesos,* au milieu, et *lithos,* pierre). Période préhistorique comprise entre le paléolithique et le néolithique.

mésosphère n.f. Couche atmosphérique qui s'étend entre la stratosphère et la thermosphère.

mésothérapie n.f. Procédé thérapeutique consistant en de petites injections de médicaments faites simultanément.

mésozoïque n.m. En géologie, ère secondaire.

mesquin, e adj. (de l'it. *meschino,* chétif, de l'ar.). Qui manque de noblesse, de générosité : *Un esprit mesquin* (**SYN.** étriqué). *C'est un cadeau mesquin pour un mariage* (**SYN.** chiche, misérable ; **CONTR.** généreux).

mesquinement adv. Avec mesquinerie ; sans générosité.

mesquinerie n.f. **1.** Caractère d'une personne mesquine, de ce qui est mesquin : *Il a détaillé avec mesquinerie toutes nos erreurs* (**SYN.** bassesse, étroitesse ;

CONTR. grandeur). **2.** Action mesquine : *Elle est incapable de telles mesquineries* (**SYN.** petitesse ; **CONTR.** générosité, largesse).

mess [mɛs] n.m. (mot angl., de l'anc. fr. *mes,* mets). Salle où les officiers, les sous-officiers d'un corps ou d'une garnison prennent leurs repas.

message n.m. (du lat. *missus,* envoyé, de *mittere,* envoyer). **1.** Information, nouvelle transmise à qqn : *Après le bip, vous pouvez laisser un message. N'oubliez pas de lui transmettre le message* (**SYN.** commission). **2.** Communication adressée avec une certaine solennité à qqn, à une assemblée, à une nation : *Le Premier ministre adresse un message à ses concitoyens* (**SYN.** communiqué, déclaration, discours). **3.** Pensée profonde, incitation adressée aux hommes par un être d'exception, un écrivain, un artiste : *Le message du dalaï-lama. Une pièce de théâtre à message.* ▸ ***Message publicitaire,*** annonce publicitaire ou promotionnelle de courte durée diffusée sur un support audiovisuel (**SYN.** spot [anglic.]).

messager, ère n. **1.** Personne chargée de transmettre un message : *Le ministre lui a demandé d'être son messager auprès des négociateurs* (**SYN.** ambassadeur, émissaire, envoyé). **2.** Ce qui annonce qqch : *Les hirondelles sont les messagères du printemps* (**SYN.** annonciateur, précurseur).

messagerie n.f. **1.** (Surtout au pl.). Service de transport rapide de marchandises ; maison où est établi ce service : *Messageries aériennes.* **2.** (Surtout au pl.). Entreprise chargée du triage, de l'acheminement, de la distribution d'ouvrages imprimés : *Messageries de presse.* ▸ ***Messagerie électronique,*** service d'envoi de messages entre des personnes connectées sur un réseau télématique (**SYN.** courrier électronique, télémessagerie).

messe n.f. (du lat. ecclés. *missa,* action de renvoyer, de *mittere,* envoyer). **1.** Célébration fondamentale du culte catholique, qui commémore le sacrifice du Christ sur la Croix : *Ils vont à la messe le dimanche matin. Servir la messe.* **2.** Musique composée sur les paroles des chants liturgiques de la messe : *Une messe de Bach.* ▸ *Fam.* ***La messe est dite,*** l'affaire est entendue, on ne peut plus changer la situation. ***Messe basse,*** messe dont toutes les parties sont lues et récitées et non chantées ; fam., entretien à voix basse entre deux personnes : *Vos messes basses dérangent les autres spectateurs* (**SYN.** aparté). ***Messe chantée,*** grand-messe. ***Messe de minuit,*** messe célébrée dans la nuit de Noël.

messeoir v.t. ind. ou v. impers. (de *seoir*) [conj. 67]. **[à].** *Litt.* Ne pas convenir à : *Une telle désinvolture messied à un ministre* (**CONTR.** aller, cadrer avec). ▸ *Litt.* ***Il messied, il ne messied pas à qqn de,*** il convient, il ne convient pas de : *Il ne lui messiérait pas d'avoir un peu plus d'esprit critique.*

messianique adj. Relatif au Messie, au messianisme.

messianisme n.m. **1.** Dans la Bible, attente et espérance du Messie. **2.** Croyance en l'avènement d'un monde de justice et de bonheur.

messidor n.m. (du lat. *messis,* moisson, et du gr. *dôron,* don). Dixième mois du calendrier républicain, allant du 19 ou 20 juin au 18 ou 19 juillet.

messie n.m. (lat. *messias,* d'un mot araméen signif. « oint, sacré par le Seigneur »). **1.** (Avec une majuscule). Chez les chrétiens, le Christ. **2.** (Avec une majuscule). Dans le judaïsme, envoyé de Dieu qui rétablira Israël dans ses droits et inaugurera l'ère de la justice. **3.** *Fig.* Celui dont on attend le salut ; personnage providentiel : *Avec la création de son logiciel libre, il est apparu comme un messie pour bien des internautes* (**SYN.** bienfaiteur, sauveur). ▸ ***Être attendu comme le Messie,*** comme un sauveur, avec un grand espoir : *Le nouveau maire était attendu comme le Messie.*

il **messied** v. impers. → **messeoir.**

messieurs [mesjø] n.m. pl. → **monsieur.**

messire n.m. (de l'anc. fr. *mes,* mon, et *sire*). Titre d'honneur donné autref. aux hommes d'un rang élevé, aux nobles.

mesurable adj. Que l'on peut mesurer : *La distance entre ces deux planètes est-elle mesurable ?* (**SYN.** évaluable).

mesurage n.m. Action de mesurer.

mesure n.f. (lat. *mensura,* de *metiri,* mesurer). **1.** Action d'évaluer une grandeur d'après son rapport avec une grandeur de même espèce prise comme unité et comme référence : *Cet appareil sert à la mesure des températures. Les systèmes de mesure.* **2.** Grandeur déterminée par cette évaluation : *Elle a pris les mesures de la pièce à tapisser* (**SYN.** dimension). *La vendeuse prit ses mesures pour ajuster sa robe de mariée* (**SYN.** mensuration). **3.** Quantité servant d'unité de base pour une évaluation : *Le mètre carré est une mesure de surface* (**SYN.** étalon). *Mettez une mesure de pastis et ajoutez de l'eau* (**SYN.** dose). **4.** Récipient de contenance déterminée servant à mesurer des volumes : *Ils ont posé une série de mesures en étain sur une étagère de la cuisine.* **5.** Moyen mis en œuvre en vue d'un résultat déterminé : *La mairie va prendre des mesures pour qu'un incident de ce genre ne se renouvelle pas* (**SYN.** disposition). *Cette mesure risque de ne pas plaire à tout le monde* (**SYN.** décision). **6.** Modération, retenue dans l'action, le comportement, le jugement : *Ce magistrat parle toujours avec mesure* (**SYN.** circonspection, réserve). *Pendant les soldes, il dépense sans mesure* (**SYN.** borne, limite). **7.** Division du temps musical en unités égales, matérialisées dans la partition par des barres verticales, dites *barres de mesure* ; cadence qui règle l'exécution d'un morceau : *Mesure à deux temps. Jouer en mesure* (= en suivant le rythme). **8.** *Fig.* Élément de référence servant de critère ; moyen de comparaison et d'appréciation : *La vraie mesure de l'intelligence, c'est la capacité à être généreux.* ▸ ***À la mesure de,*** proportionné à : *Ce travail est à la mesure de ses compétences* (= à l'échelle de). ***À mesure*** ou ***à mesure que,*** en même temps et en proportion : *À mesure que la date de son entretien approchait, elle était de plus en plus nerveuse* (= au fur et à mesure que). ***Battre la mesure,*** marquer le rythme, la cadence par des gestes convenus : *Le chef d'orchestre bat la mesure.* ***Dans la mesure où,*** dans la proportion où ; si : *Vous avez droit à cette réduction dans la mesure où vous fournissez un justificatif.* ***Dans une certaine mesure,*** jusqu'à un certain point ; dans une certaine proportion : *Dans une certaine mesure, il a aidé à la réalisation de cette œuvre.* ***Donner sa mesure*** ou ***la mesure de son talent,*** montrer ce dont on est capable. ***Être en mesure de,*** pouvoir faire qqch, être à même de : *Nous ne sommes pas en mesure de le réparer.* ***Faire bonne mesure,*** donner à un acheteur un peu plus que ce qui lui revient ; donner généreusement. ***Il n'y a pas de commune mesure entre,*** il est impossible de comparer ces deux choses, ces deux personnes : *Il n'y a pas de commune mesure entre ces deux dramaturges.* ***Passer*** ou ***dépasser la mesure,*** aller au-delà de ce qui est permis, régulier, convenable : *En lui parlant sur ce ton, vous dépassez la mesure !* ***Sur mesure,*** confectionné d'après des mesures prises sur la personne même : *Une robe sur mesure* ; fig., particulièrement adapté : *Cette actrice a eu un rôle sur mesure.* ☞ **REM.** Voir *sur-mesure* à son ordre alphabétique.

mesuré, e adj. **1.** Fait avec mesure ; lent : *Elle s'approchait à pas mesurés* (**CONTR.** rapide). **2.** Qui manifeste de la modération, de la circonspection : *Il restait mesuré dans ses paroles* (**SYN.** réservé ; **CONTR.** excessif).

mesurer v.t. (bas lat. *mesurare,* du lat. class. *metiri*) [conj. 3]. **1.** Déterminer une quantité, une grandeur par le moyen d'une mesure : *Mesurer la distance entre deux maisons. Le médecin scolaire mesure chaque enfant* (= en relève la taille). **2.** Déterminer l'importance de : *Ils n'ont pas su mesurer les risques* (**SYN.** estimer, évaluer). **3.** Ne pas dépasser certaines limites : *Essayez de mesurer vos paroles* (**SYN.** modérer). **4.** Donner avec parcimonie : *Le conseil général mesure les subventions* (**SYN.** marchander). **5.** *Litt.* Déterminer qqch proportionnellement à autre chose ; régler sur : *Le jury mesure la récompense à l'effort fourni* (**SYN.** proportionner). ◆ v.i. Avoir pour mesure : *Ce bateau mesure vingt mètres de long. Cet angle mesure quarante-cinq degrés.* ◆ **se mesurer** v.pr. **1.** Être déterminé avec telle unité de mesure : *La longueur se mesure en mètres.* **2. [à, avec].** Lutter avec qqn ; rivaliser avec qqn : *Nul n'a souhaité se mesurer à lui dans ce débat* (= l'affronter).

mesurette n.f. **1.** Cuillère servant à doser des liquides, des poudres : *Mettez deux mesurettes d'engrais pour un arrosoir.* **2.** *Fam.* Mesure, décision sans grande portée ; réformette.

mesureur n.m. **1.** Appareil ou instrument permettant d'effectuer diverses mesures ou analyses. **2.** (Employé en appos.). Qui sert à effectuer des mesures : *Il se sert d'un verre mesureur pour doser le lait et l'eau.*

mésusage n.m. *Litt.* Usage abusif ou détourné de qqch : *Le mésusage que l'homme a fait des ressources de la planète* (**SYN.** gâchis, gaspillage).

mésuser v.t. ind. [conj. 3]. **[de].** *Litt.* Faire un mauvais usage de : *Nul ne devrait pouvoir mésuser des avancées de la biologie* (**SYN.** détourner, galvauder).

métabolique adj. Relatif au métabolisme.

métaboliser v.t. [conj. 3]. Transformer par le métabolisme.

métabolisme n.m. (du gr. *metabolê,* changement). En biochimie, ensemble des réactions de transformation de matière et d'énergie qui s'accomplissent dans tous les tissus de l'organisme vivant : *Le métabolisme cellulaire.*

métabolite n.m. En biochimie, substance résultant du métabolisme.

métacarpe n.m. (gr. *metakarpion*). Partie du squelette de la main, comprise entre le poignet et la base des doigts.

métacarpien, enne adj. Se dit de chacun des cinq os du métacarpe.

métairie n.f. (de *métayer*). **1.** Propriété foncière exploitée en métayage. **2.** Ensemble des bâtiments de la métairie.

métal n.m. (du lat. *metallum,* mine, du gr.) [pl. *métaux*]. **1.** Corps simple caractérisé par un éclat particulier, une aptitude à la déformation, et conduisant bien la chaleur et l'électricité : *L'or, l'argent, le fer, le cuivre sont des métaux.* **2.** Matériau constitué d'un de ces corps ou d'un alliage de ces corps : *Une chaîne en métal.* **3.** *Litt.* Matière, substance dont est fait un être : *Il est du métal dont on forge les héros.*

métalangue n.f. Langage utilisé pour décrire et étudier une langue.

métalinguistique adj. Relatif à la métalangue.

métallerie n.f. Fabrication et pose des ouvrages métalliques pour le bâtiment.

métallier, ère [metalje, ɛr] n. Spécialiste de métallerie.

métallifère adj. Qui renferme un métal.

métallique adj. **1.** Constitué par du métal : *Une grille métallique.* **2.** Qui a l'apparence du métal ; qui évoque le métal par sa dureté, sa sonorité, son éclat, etc. : *Ses cheveux ont des reflets métalliques. Cet instrument a un son métallique.*

métallisation n.f. Action de métalliser.

métallisé, e adj. Qui a un éclat métallique : *Peinture rouge métallisé.*

métalliser v.t. [conj. 3]. **1.** Revêtir une surface d'une mince couche de métal : *Métalliser une voiture.* **2.** Donner un éclat métallique à.

métallo n.m. → **métallurgiste.**

métallographie n.f. Étude de la structure et des propriétés des métaux et de leurs alliages.

métalloïde n.m. *Vx* Corps simple non métallique : *L'oxygène est un métalloïde.*

métallurgie n.f. (du gr. *metallourgeîn,* exploiter une mine, de *metallon,* mine). Ensemble des procédés et des techniques d'extraction, d'élaboration, de mise en forme et de traitement des métaux et des alliages.

métallurgique adj. Relatif à la métallurgie : *Industrie métallurgique.*

métallurgiste n. Personne qui travaille dans la métallurgie (abrév. fam. métallo).

métamathématique n.f. Discipline qui a pour objet l'étude des mathématiques et de leurs méthodes.

métamorphique adj. Relatif au métamorphisme : *Roche métamorphique.*

métamorphisme n.m. (du gr. *morphê,* forme). Dans la croûte terrestre, transformation interne profonde d'une roche sous l'effet de la température, de la pression.

métamorphose n.f. (du gr. *meta,* après, et *morphê,* forme). **1.** Changement d'un être vivant en un autre ; incarnation : *La métamorphose d'un crapaud en prince* (**SYN.** avatar, transformation). **2.** Changement complet dans l'état, le caractère d'une personne, dans l'aspect des choses : *Quelle métamorphose depuis* *qu'elle fait de la gymnastique !* (**SYN.** transfiguration). *Les métamorphoses des vieux quartiers d'une ville* (**SYN.** évolution). **3.** Chez certaines espèces animales, transformation importante du corps et du mode de vie constituant une phase de leur développement normal : *La métamorphose du têtard en grenouille, de la chenille en papillon.*

métamorphoser v.t. [conj. 3]. **1.** Changer la forme, la nature ou l'individualité d'un être : *La fée métamorphosa Pinocchio en petit garçon* (**SYN.** transformer). **2.** Changer profondément l'aspect ou le caractère de : *Cette coiffure te métamorphose* (**SYN.** transfigurer). ◆ **se métamorphoser** v.pr. Changer complètement de forme, d'état ; se transformer.

métaphore n.f. (du gr. *metaphora*, transport). Figure de rhétorique consistant à employer un mot concret pour exprimer une notion abstraite : *Quand on dit « brûler de désir », « l'hiver de la vie », on emploie des métaphores* (**SYN.** image).

métaphorique adj. Relatif à la métaphore : *Dans « cette femme est une perle », « perle » a un sens métaphorique.*

métaphoriquement adv. De façon métaphorique : *Elle emploie ce mot métaphoriquement.*

métaphysicien, enne n. Spécialiste de la métaphysique.

métaphysique n.f. (du gr. *meta ta phusika*, après la physique, cette connaissance étant, dans les œuvres d'Aristote, traitée après la physique). **1.** Partie de la réflexion philosophique qui a pour objet la recherche des principes premiers des choses, de leur nature au-delà des apparences. **2.** (Souvent péjor.). Spéculation sur des choses abstraites, n'aboutissant à aucune solution des problèmes réels : *Au lieu de faire de la métaphysique, vous devriez agir.* ◆ adj. Qui appartient à la métaphysique : *Une question métaphysique.*

métastase n.f. (du gr. *metastasis*, déplacement). Apparition, en un point de l'organisme, d'un phénomène pathologique, notamm. un cancer, déjà présent ailleurs : *Le médecin a détecté une métastase au cerveau.*

métastaser v.i. et v.t. [conj. 3]. Produire des métastases : *Son cancer métastase. La tumeur a métastasé un sein.*

métatarse n.m. (du gr. *tarsos*, plat du pied). Partie du squelette du pied comprise entre la cheville et la base des orteils.

métatarsien, enne adj. Se dit de chacun des cinq os du métatarse.

métathèse n.f. (du gr. *metathesis*, déplacement). En linguistique, déplacement de voyelles, de consonnes ou de syllabes à l'intérieur d'un mot : *Le mot « formage » de l'ancien français est devenu « fromage » par métathèse* (**SYN.** interversion, inversion).

métayage [metɛjaʒ] n.m. Contrat d'exploitation agricole dans lequel le propriétaire d'un domaine rural le loue au métayer en échange d'une partie des récoltes.

métayer, ère [metɛje, ɛr] n. (de *meitié*, anc. forme de *moitié*). Exploitant agricole lié à un propriétaire foncier par un contrat de métayage.

métazoaire n.m. (du gr. *meta*, après, et *zôon*, animal). Animal formé de plusieurs cellules (par opp. à protozoaire).

méteil n.m. (du lat. *mixtus*, mélangé). Mélange de seigle et de blé semés et récoltés ensemble.

métempsycose n.f. (gr. *metempsukhôsis*). Réincarnation de l'âme après la mort dans un corps humain, dans celui d'un animal ou dans un végétal : *Les hindous croient en la métempsycose* (**SYN.** transmigration [litt.]).

météo n.f. (abrév.). **1.** Bulletin météorologique : *Elle présente la météo sur cette chaîne.* **2.** Conditions atmosphériques : *Nous déciderons en fonction de la météo.* **3.** *Fam.* Météorologie.

météore n.m. (du gr. *meteôra*, choses élevées dans les airs, de *meteôros*, qui est en haut). **1.** Phénomène lumineux qui résulte de l'entrée d'une météorite dans l'atmosphère terrestre ; étoile filante : *Certaines nuits du mois d'août, on peut observer de nombreux météores.* **2.** *Fig.* Personne ou chose qui brille d'un éclat très vif mais passager : *Cette jeune femme fut un météore de la chanson.*

météorique adj. Qui appartient ou se rapporte à un météore : *Un observatoire des phénomènes météoriques.*

météorisme n.m. En médecine, accumulation de gaz dans l'intestin, se traduisant par un gonflement du ventre.

météorite n.f. (de *météore*). Fragment d'un astre qui tombe sur la Terre : *Recueillir les fragments d'une météorite.*

météoritique adj. Relatif à une météorite.

météorologie n.f. (gr. *meteôrologia*, de *meteôros*, qui est en haut). **1.** Science qui a pour objet l'étude des phénomènes atmosphériques et de leurs lois, notamm. en vue de la prévision du temps. **2.** Organisme chargé de ces études : *Consulter le bulletin de la météorologie régionale sur l'Internet* (abrév. fam. météo).

météorologique adj. Relatif à la météorologie : *Donner les prévisions météorologiques pour une semaine.*

météorologue ou **météorologiste** n. Spécialiste de météorologie.

métèque n.m. (du gr. *metoikos*, qui change de maison, de *oikos*, maison). *Péjor., raciste* Nom que certaines personnes donnent aux étrangers, partic. aux Méditerranéens, établis en France : *« Avec ma gueule de métèque / De juif errant, de pâtre grec »* [Georges Moustaki].

méthadone n.f. Substance morphinique de synthèse, utilisée comme succédané de l'héroïne dans le traitement de certains toxicomanes.

méthane n.m. (du gr. *methu*, boisson fermentée). Gaz incolore, constituant essentiel du gaz naturel : *Le méthane se dégage des matières en putréfaction et constitue le gaz des marais.*

méthanier, ère adj. Qui se rapporte à l'industrie du méthane. ◆ **méthanier** n.m. Navire servant au transport du méthane liquéfié.

méthanol n.m. Alcool méthylique.

méthode n.f. (lat. *methodus*, du gr. *methodos*, recherche, de *hodos*, route, chemin). **1.** Manière ordonnée de mener qqch : *Les enquêteurs mènent cette affaire avec méthode* (**SYN.** logique, ordre ; **CONTR.** désordre, incohérence). *Cette jeune chercheuse manque encore de méthode.* **2.** Ensemble, ordonné de manière logique, de principes, de règles permettant de parvenir à un résultat : *Elle connaît une méthode infaillible pour déjouer le système de sécurité* (**SYN.** procédé, recette). **3.** Ensemble des règles qui permettent l'apprentissage d'une technique, d'une science : *Il a inventé une nouvelle méthode d'apprentissage de la lecture.* **4.** Ouvrage groupant logiquement les éléments d'une science, d'un enseignement : *Une méthode de solfège* (**SYN.** manuel).

méthodique adj. **1.** Qui agit, qui raisonne avec méthode : *Elle est méthodique dans tout ce qu'elle entreprend* (**SYN.** méticuleux, organisé ; **CONTR.** désordonné, inorganisé). *C'est un esprit méthodique* (**SYN.** cohérent, logique, réfléchi ; **CONTR.** brouillon, confus, incohérent). **2.** Qui résulte d'une méthode : *Des recherches méthodiques* (**SYN.** systématique).

méthodiquement adv. Avec méthode : *La secrétaire classe les dossiers méthodiquement.*

méthodisme n.m. Mouvement religieux protestant fondé en Angleterre au XVIIIe siècle.

méthodiste adj. et n. Relatif au méthodisme ; qui le professe.

méthodologie n.f. **1.** Observation et étude logique et systématique des méthodes utilisées par les différentes sciences. **2.** Ensemble des méthodes et des techniques d'un domaine particulier : *La méthodologie médicale, linguistique.*

méthodologique adj. Relatif à la méthodologie.

méthylène [metilɛn] n.m. (du gr. *methu,* boisson fermentée, et *hulê,* bois). Nom commercial de l'alcool méthylique. ▸ ***Bleu de méthylène,*** colorant et désinfectant extrait de la houille.

méthylique adj. En chimie, se dit de composés dérivés du méthane. ▸ ***Alcool méthylique,*** alcool extrait des goudrons de bois et utilisé comme solvant, comme combustible et comme matière première (**SYN.** méthanol, méthylène).

méticuleusement adv. De façon méticuleuse : *Les policiers ont méticuleusement relevé toutes les empreintes* (**SYN.** minutieusement, scrupuleusement ; **CONTR.** négligemment).

méticuleux, euse adj. (du lat. *meticulosus,* craintif, de *metus,* crainte). Qui apporte beaucoup d'attention, de soin à ce qu'il fait : *Il faut être méticuleux pour réaliser des modèles réduits* (**SYN.** appliqué, minutieux). *Il est d'une propreté méticuleuse* (= maniaque).

méticulosité n.f. Caractère d'une personne, d'une action méticuleuse : *Elle travaille avec beaucoup de méticulosité* (**SYN.** application, soin).

métier n.m. (lat. *ministerium,* service, de *minister,* serviteur). **1.** Profession caractérisée par une spécificité exigeant un apprentissage, de l'expérience, etc., et entrant dans un cadre légal ; profession qui procure des moyens d'existence : *Il exerce le métier de pâtissier. Cet homme est musicien de métier* (= de profession, professionnel). **2.** Savoir-faire, habileté technique résultant de l'expérience, d'une longue pratique : *Cet ébéniste a beaucoup de métier* (**SYN.** expérience, qualification). **3.** Secteur professionnel : *Ils sont dans le métier depuis vingt ans* (**SYN.** corporation). **4.** Chacun des secteurs d'activité d'un groupe industriel : *Une entreprise qui se recentre sur ses métiers traditionnels.* **5.** Machine servant à la fabrication des textiles : *Métier à tisser.* **6.** *Fig.* Fonction, rôle présentant certains des caractères d'une profession : *Tu n'assures pas bien ton métier de père.*

métis, isse [metis] adj. et n. (lat. *mixticius,* de *mixtus,* mélangé). **1.** Qui est issu de l'union de deux personnes de couleur de peau différente : *Mon frère a épousé une Vietnamienne et mes nièces sont métisses.* **2.** Se dit d'un hybride obtenu à partir de deux races, de deux variétés différentes de la même espèce : *Un chien métis* (**SYN.** bâtard). *Une rose métisse.* ▸ ***Toile métisse,*** toile dont la chaîne est en coton et la trame en lin (on dit aussi *du métis*). ◆ **métis** n.m. Toile métisse.

métissage n.m. **1.** Union féconde entre hommes et femmes de groupes humains présentant un certain degré de différenciation génétique. **2.** Croisement de variétés végétales ou animales différentes, mais appartenant à la même espèce : *Le pitbull résulte d'un métissage.* ▸ ***Métissage culturel,*** production culturelle (musique, littérature, etc.) résultant de l'influence mutuelle de civilisations en contact.

métisser v.t. [conj. 3]. Croiser par métissage.

métonymie n.f. (du gr. *metônumia,* changement de nom). Procédé stylistique consistant à désigner une notion par un terme lié à cette notion par une relation logique : *C'est par métonymie que l'on dit « boire un verre », « les cuivres jouent excellemment », « toute la ville en parle ».*

métonymique adj. Relatif à la métonymie.

métrage n.m. **1.** Action de métrer, de mesurer en mètres : *Le métrage d'un champ.* **2.** Longueur en mètres, notamm. d'un coupon d'étoffe, d'un film : *Quel métrage faut-il pour la moquette ?*

① **mètre** n.m. (gr. *metron*). **1.** Unité de longueur dans le système légal des poids et mesures : *Ce monument a une hauteur de dix mètres.* **2.** Objet servant à mesurer et ayant la longueur d'un mètre : *Un mètre ruban de couturière.* ▸ ***Mètre carré*** → **1. carré.** ***Mètre cube*** → **2. cube.**

② **mètre** n.m. (du lat. *metrum,* mesure, du gr. *metron*). **1.** Arrangement, rythme de syllabes dont l'ensemble forme un vers. **2.** Dans la prosodie grecque et latine, groupe déterminé de syllabes longues ou brèves, comprenant deux temps marqués.

métré n.m. **1.** Mesure d'un terrain, d'une construction, d'un ouvrage quelconque. **2.** Devis détaillé de tous travaux dans le bâtiment.

métrer v.t. [conj. 18]. **1.** Mesurer avec un mètre. **2.** Effectuer un métré.

métreur, euse n. Personne qui établit des métrés pour le compte d'un architecte ou d'un entrepreneur.

① **métrique** adj. (de *1. mètre*). Relatif au mètre. ▸ ***Système métrique,*** ensemble, système de mesures ayant pour base le mètre.

② **métrique** n.f. (de *2. mètre*). **1.** Prosodie, versification. **2.** Système de versification propre à un poète, à un pays, à une langue : *La métrique arabe.* ◆ adj. Relatif à la métrique, à la prosodie.

métrite n.f. (du gr. *mêtra,* matrice). Infection de l'utérus.

① **métro** n.m. (abrév. de *chemin de fer métropolitain*).

1. Chemin de fer souterrain ou aérien qui dessert les quartiers d'une grande ville et de sa banlieue ; ensemble des installations de ce moyen de transport : *Le métro lyonnais. Une station de métro.* **2.** Rame d'un tel chemin de fer : *Aux heures de pointe, les métros se suivent de près.*

② **métro** adj. et n. (abrév.). *Fam.* Dans les départements et territoires français d'outre-mer, se dit d'une personne originaire de la métropole.

③ **métro** n.m. *Anc.* En Afrique, franc français.

métrologie n.f. Science des mesures.

métrologiste ou **métrologue** n. Spécialiste de la métrologie.

métronome n.m. (du gr. *nomos*, règle). Appareil servant à marquer la mesure d'un morceau de musique et à en indiquer la vitesse d'exécution.

métropole n.f. (bas lat. *metropolis*, du gr. *mêtêr*, mère, et *polis*, ville). **1.** État considéré par rapport à ses colonies, à ses territoires extérieurs : *Ce Guadeloupéen s'est installé en métropole.* **2.** Capitale politique ou économique d'une région, d'un État : *La métropole lyonnaise.* **3.** Centre le plus important dans un domaine particulier : *Hollywood, la métropole du cinéma* (**SYN.** capitale).

① **métropolitain, e** adj. Qui appartient à la métropole, à la mère patrie : *Cette émission n'est diffusée qu'en France métropolitaine.* ◆ adj. et n. De la métropole : *Beaucoup de métropolitains se rendent aux Antilles pendant les vacances* (abrév. fam. métro).

② **métropolitain** n.m. *Vieilli* Métro urbain.

métropolite n.m. Prélat orthodoxe qui occupe un rang intermédiaire entre le patriarche et les archevêques.

métrorragie n.f. (du gr. *mêtra*, matrice, et *rhagê*, rupture). Hémorragie utérine survenant en dehors des règles.

mets [mɛ] n.m. (du lat. *missus*, mis sur la table, de *mittere*, envoyer). Tout aliment cuisiné qui entre dans la composition d'un repas : *Il lui a préparé les mets qu'elle préfère* (**SYN.** plat).

mettable adj. Se dit d'un vêtement que l'on peut mettre, porter : *Ce vieux manteau tout rapiécé n'est plus mettable* (**CONTR.** immettable, 2. importable).

metteur, euse n. ▸ ***Metteur en ondes,*** réalisation d'une émission, d'une œuvre radiophonique. ***Metteur en pages,*** personne qui effectue la mise en pages d'un ouvrage. ***Metteur en scène,*** personne qui réalise une œuvre dramatique ou lyrique en dirigeant les acteurs et en harmonisant les divers éléments nécessaires ; réalisateur d'un film.

mettre v.t. (du lat. *mittere*, envoyer) [conj. 84]. **1.** Placer qqch ou qqn dans un endroit déterminé : *Mettre du lait au réfrigérateur* (**SYN.** ranger ; **CONTR.** enlever, retirer, sortir). *J'ai mis les dossiers sur votre bureau* (**SYN.** disposer, poser ; **CONTR.** prendre). *Il mit le bébé sur la table à langer* (**SYN.** installer). **2.** Disposer sur le corps ; revêtir : *Ils mettent toujours un casque pour faire du vélo* (**SYN.** porter). *Elle mit son imperméable et sortit* (**SYN.** endosser, enfiler ; **CONTR.** ôter, quitter, retirer). **3.** Adapter, ajouter, adjoindre : *Il a mis un cadenas à la porte de la cabane* (**SYN.** poser). **4.** Inclure, mêler, introduire : *Elle a mis des feuilles supplémentaires dans son classeur* (**SYN.** insérer, intégrer ; **CONTR.** enlever, retirer). *Je mets une pincée de sel dans la pâte.* **5.** Faire résider dans ; faire consister en : *Je mets toute ma confiance en lui* (**SYN.** placer). *J'ai mis un point d'honneur à finir ce soir.* **6.** Placer dans une certaine position, une certaine situation : *Mettez les mains sur la tête. Ils ont mis son spectacle en fin de soirée.* **7.** Disposer d'une certaine façon : *Mettre les petits devant et les grands derrière.* **8.** Disposer un appareil, un mécanisme de manière qu'il fonctionne : *N'oubliez pas de mettre le frein à main* (= serrer). *Puis-je mettre la télévision ?* (**SYN.** allumer ; **CONTR.** éteindre). **9.** Faire passer dans un certain état ; modifier la forme, la structure de : *Ce film m'a mis de bonne humeur. Mettez tous les verbes à l'imparfait* (= conjuguez). **10.** Soumettre à une action : *J'ai mis les escargots à dégorger. Mettre sa montre à l'heure d'hiver.* **11.** Employer, utiliser un certain temps : *Elle a mis un an à écrire ce livre.* **12.** Engager une somme d'argent dans ; consacrer ses moyens physiques ou intellectuels à : *Il a mis toutes ses économies dans cette voiture* (**SYN.** dépenser, investir). *Mettre toute son énergie à défendre les plus faibles* (**SYN.** apporter). ▸ *Fam.* ***En mettre un coup,*** faire un gros effort, se donner beaucoup de mal. *Fam.* ***Mettons, mettez,*** supposons ; supposez : *Mettons que vous le preniez sur le fait, que ferez-vous ?* ***Mettre à jour, en scène*** → **jour, scène.** ***Y mettre du sien,*** faire des concessions, contribuer à : *Si vous voulez continuer à les voir, il va falloir y mettre du vôtre.* ◆ **se mettre** v.pr. **1.** Se placer ; occuper un lieu, une fonction, une situation : *Ils se sont mis devant lui pour l'empêcher de passer. Elle s'est mise au premier rang, pour bien entendre* (**SYN.** s'installer). **2.** Prendre une certaine position : *Mettez-vous à genoux.* **3.** S'habiller de telle manière, avec tel vêtement : *Elle se met rarement en jupe* (**SYN.** se vêtir). *Je n'ai plus rien à me mettre* (**SYN.** porter). **4.** Entrer dans un état, une situation déterminée : *En apprenant la nouvelle, elle s'est mise en colère. Ils ont décidé de se mettre au régime.* **5. [à].** Entreprendre qqch ; commencer à : *Il est temps de se mettre au travail. Il s'est mis à la sculpture* (= il y a pris goût). *Ils se sont mis à l'insulter.* ▸ ***Se mettre en tête*** ou ***dans la tête,*** s'imaginer : *Ils se sont mis dans la tête que nous ne voulions plus les voir* ; vouloir absolument : *Elle s'est mis en tête de le rencontrer.*

① **meuble** adj. (du lat. *mobilis*, mobile, de *movere*, mouvoir). Se dit d'un sol que l'on peut labourer facilement : *Planter des pommes de terre dans une terre meuble* (**SYN.** friable).

② **meuble** adj. (de *1. meuble*). Dans le langage juridique, se dit d'un bien susceptible d'être déplacé sans être détérioré (**CONTR.** immeuble).

③ **meuble** n.m. (de *2. meuble*). Objet mobile servant à l'aménagement ou à la décoration d'un lieu ; pièce de mobilier : *Une table et un lit constituent leurs seuls meubles.*

meublé, e adj. et n.m. Se dit d'un appartement loué avec le mobilier : *Depuis qu'ils sont séparés, il habite dans un meublé.*

meubler v.t. [conj. 5]. **1.** Garnir, équiper de meubles : *Ces jeunes mariés meublent leur appartement progressivement.* **2.** Remplir un vide ; occuper une période de temps : *Les enfants ne savaient comment meubler* *les journées de pluie.* ◆ v.i. Produire un effet d'ornementation : *Ces tableaux meublent bien.*

meuf [mœf] (verlan de *femme*). *Fam.* Femme, jeune femme : *Elles font une soirée entre meufs.*

meuglement n.m. Cri sourd et prolongé des bovins : *Le meuglement d'un bœuf* (**SYN.** beuglement, mugissement).

meugler v.i. (bas lat. *mugilare*, de *mugire*, mugir) [conj. 5]. Crier, en parlant d'un bovin : *Les vaches meuglaient* (**SYN.** beugler, mugir).

① **meule** n.f. (lat. *mola*). **1.** Lourd cylindre, génér. en pierre, servant à écraser, à broyer, à moudre : *La meule d'un moulin. Écraser des olives avec une meule.* **2.** Corps solide de forme circulaire constitué de matière abrasive, qui sert à aiguiser, à polir : *Le rémouleur aiguise les couteaux à la meule.* **3.** Grande pièce cylindrique de fromage : *Une meule de gruyère.* ▸ *Fam.* ***Faire la meule,*** en Suisse, harceler qqn pour obtenir qqch.

② **meule** n.f. Tas de gerbes de céréales, tas de paille ou de foin, liés ou en vrac, constitué en vue de la conservation de ces produits : *Les meules sont encore dans le champ.*

meuler v.t. [conj. 5]. Usiner ou aiguiser à la meule : *Meuler un couteau. La dentiste meule une dent.*

meulière n.f. Roche sédimentaire siliceuse et calcaire, employée en construction (on dit aussi *pierre meulière*) : *Leur maison est en meulière.*

meulon n.m. Petit tas de paille, de foin, etc.

meunerie n.f. **1.** Usine où l'on transforme les grains de céréales en farine. **2.** Industrie de cette transformation (**SYN.** minoterie).

meunier, ère adj. (lat. *molinarius*, de *molina*, moulin). Qui concerne la meunerie : *Les industries meunières.* ◆ n. Personne qui dirige une meunerie ou un moulin : *Ce meunier vend de l'excellente farine aux boulangers de la région* (**SYN.** minotier). ▸ ***Échelle, escalier de meunier,*** échelle, escalier droits, raides et étroits : *On accède au grenier par un escalier de meunier.* ***Truite, sole meunière*** ou ***à la meunière,*** truite, sole farinées, cuites à la poêle et au beurre, citronnées et servies dans leur jus de cuisson.

meurette n.f. (de l'anc. fr. *murette*, sauce). Sauce au vin rouge, avec des croûtons, accompagnant les œufs, le poisson.

meurtre n.m. (de *meurtrir*). Action de tuer volontairement un être humain : *Elle a été condamnée à quinze ans de prison pour le meurtre qu'elle a commis* (**SYN.** homicide).

meurtrier, ère n. Personne qui a commis un meurtre : *Ce meurtrier est un récidiviste* (**SYN.** assassin, criminel, tueur). ◆ adj. Propre à causer la mort ; qui provoque la mort de beaucoup de personnes : *Un poison meurtrier* (**SYN.** fatal, mortel). *Une route meurtrière* (= sur laquelle il y a beaucoup d'accidents mortels).

meurtrière n.f. Ouverture étroite pratiquée dans le mur d'un ouvrage fortifié pour permettre l'observation et l'envoi de projectiles : *Les meurtrières d'un château fort.*

meurtrir v.t. (du frq. *murthrjan*, assassiner) [conj. 32]. **1.** Blesser par un choc qui laisse une marque sur la peau : *Ce coup de poing a meurtri son visage* (**SYN.** contusionner). **2.** Endommager un fruit par choc ou par contact : *Le sac posé sur le cageot a meurtri les pêches* (**SYN.** taler). **3.** *Fig.* Blesser moralement : *Ces insultes l'ont meurtri* (**SYN.** offenser, peiner).

meurtrissure n.f. **1.** Contusion marquée par une tache bleuâtre : *Le médecin a remarqué qu'elle avait des meurtrissures sur les jambes* (**SYN.** ecchymose). **2.** Partie d'un fruit endommagée par un choc : *Enlever les meurtrissures d'une pêche avant de la manger* (**SYN.** talure).

meute n.f. (du lat. *motus*, mû, de *movere*, mouvoir). **1.** Troupe de chiens dressés pour la chasse à courre : *La meute est sur la piste du cerf.* **2.** *Fig.* Foule, bande de gens acharnés contre qqn : *Les policiers durent protéger le cambrioleur de la meute qui le pourchassait* (**SYN.** horde).

mévente n.f. Forte chute des ventes : *La mévente de la viande de bœuf.*

mezzanine [medzanin] n.f. (de l'it. *mezzanino*, entresol). **1.** En architecture, niveau intermédiaire ménagé dans une pièce haute de plafond : *Un escalier permet d'accéder à la mezzanine.* **2.** Étage compris entre le parterre et le balcon, dans un théâtre : *Il reste quatre places à la mezzanine* (**SYN.** corbeille).

mezza voce [mɛdzavɔtʃe] loc. adv. (loc. it.). Terme de musique indiquant qu'il faut chanter à mi-voix.

mezze [medze] n.m. pl. (gr. mod. *mezes*). Dans la cuisine moyen-orientale, assortiment de hors-d'œuvre servis le plus souvent froids.

mezzo-soprano [mɛdzosɔprano] n.m. (mot it. signif. « soprano moyenne ») [pl. *mezzo-sopranos*]. **1.** Voix de femme plus grave et plus étendue que le soprano. **2.** (Est aussi n.f. dans ce sens). Chanteuse qui a cette voix : *Une célèbre mezzo-soprano.*

① **mi** n.m. inv. (première syllabe de *mira*, dans l'hymne de saint Jean-Baptiste). Note de musique, troisième degré de la gamme de *do.*

② **mi** adv. À moitié : *Il a dit ça mi par jeu, mi pour calmer le débat. Elle était mi amusée, mi irritée* (= à demi).

miam ou **miam-miam** interj. *Fam.* Indique que qqch est appétissant, alléchant : *Miam, je sens que nous allons nous régaler !*

miaou n.m. (onomat.). *Fam.* Cri du chat, miaulement : *Des miaous apeurés.*

miasme n.m. (du gr. *miasma*, souillure). (Surtout au pl.). Émanation pestilentielle provenant de matières en putréfaction : *Des miasmes provenaient du cadavre du chamois.*

miaulement n.m. **1.** Cri du chat et de certains carnassiers. **2.** Son, chant désagréables : *Cet appareil émet un miaulement* (**SYN.** grincement).

miauler v.i. (onomat.) [conj. 3]. **1.** Crier, en parlant du chat et de certains carnassiers. **2.** Se lamenter d'une voix aiguë ; crier, geindre, pleurnicher.

mi-bas n.m. inv. Longue chaussette fine, s'arrêtant au-dessous du genou : *Des mi-bas couleur chair.*

mica n.m. (mot lat. signif. « parcelle »). Minéral brillant, que l'on peut facilement diviser en lamelles : *Le granite contient du mica.*

micacé, e adj. Qui contient du mica : *Une roche micacée.*

mi-carême n.f. (pl. *mi-carêmes*). Jeudi de la troisième semaine du carême, que l'on célèbre par des fêtes.

micaschiste n.m. Roche métamorphique formée de mica et de quartz.

miche n.f. (du lat. *mica*, parcelle). **1.** Gros pain rond. **2.** En Belgique et en Suisse, petit pain rond.

micheline n.f. (du nom de son inventeur, *Michelin*). **1.** Autorail qui était monté sur pneus spéciaux, utilisé de 1932 à 1953. **2.** (Emploi abusif). Tout autorail.

à **mi-chemin** prép. **[de].** Vers le milieu de la distance à parcourir : *Nous étions à mi-chemin du sommet lorsque la neige s'est mise à tomber.* ◆ à **mi-chemin** loc. adv. **1.** Entre deux lieux, deux choses : *L'école est à mi-chemin entre la mairie et la poste.* **2.** Avant d'avoir atteint son but : *Vous ne devez pas arrêter votre travail à mi-chemin* (**SYN.** à mi-course).

mi-clos, e adj. À moitié fermé : *Des fenêtres mi-closes.*

micmac n.m. (du moyen fr. *meutemacre*, rébellion). *Fam.* Situation obscure et suspecte ; imbroglio : *Il a le don pour se laisser entraîner dans de drôles de micmacs.*

micocoulier n.m. (mot prov.). Arbre ou arbuste des régions tempérées et tropicales, abondant dans le midi de la France.

à **mi-corps** loc. adv. Au milieu du corps ; à la taille : *Son enfant lui arrive à mi-corps.*

à **mi-côte** loc. adv. À la moitié de la côte : *L'un de ses pneus a crevé à mi-côte.*

à **mi-course** loc. adv. **1.** Vers le milieu de la course : *Elle l'a rattrapée à mi-course.* **2.** *Fig.* Au milieu du chemin à parcourir pour atteindre un but : *Ils sont à mi-course de leurs objectifs* (**SYN.** à mi-chemin).

① **micro** n.m. (abrév.). Microphone : *Les micros ne sont pas branchés.*

② **micro** n.m. (abrév.). *Fam.* Micro-ordinateurs : *On nous a installé de nouveaux micros dans les bureaux.*

③ **micro** n.f. (abrév.). *Fam.* Micro-informatique : *Elle travaille dans la micro.*

microbe n.m. (du gr. *mikros*, petit, et *bios*, vie). **1.** Micro-organisme : *Cette chambre stérile vous met à l'abri de tout microbe* (**SYN.** germe). *Le microbe de la tuberculose* (**SYN.** bacille, bactérie). **2.** *Fam.* Personne chétive, petite ou sans envergure : *Laisse-moi passer, microbe.*

microbien, enne adj. Relatif aux microbes, aux micro-organismes : *Elle a attrapé une maladie microbienne.*

microbiologie n.f. Ensemble des disciplines biologiques qui s'occupent des micro-organismes.

microbiologique adj. Qui concerne la microbiologie.

microbiologiste n. Spécialiste de microbiologie.

microbrasserie n.f. Au Québec, brasserie artisanale ; établissement où l'on offre à consommer des bières brassées sur place.

microcassette n.f. Cassette magnétique miniaturisée.

microcéphale adj. et n. Dont le volume crânien est extrêmement réduit (par opp. à macrocéphale).

microchirurgie n.f. Chirurgie pratiquée sous le contrôle du microscope, avec des instruments miniaturisés spéciaux : *Microchirurgie du cœur.*

microclimat n.m. Ensemble des conditions climatiques observables dans un espace de très faible étendue, isolé du milieu général.

microcosme n.m. (bas lat. *microcosmus*, du gr. *kosmos*, monde). **1.** Image réduite du monde, de la société : *Cette mégalopole est un microcosme du monde.* **2.** Milieu social ou professionnel replié sur lui-même : *Le microcosme journalistique.*

microcosmique adj. Relatif à un microcosme.

micro-cravate n.m. (pl. *micros-cravates*). Microphone miniaturisé, que l'on peut accrocher aux vêtements : *Le micro-cravate de la présentatrice s'est décroché.*

microcrédit n.m. Dans les pays en développement, prêt à taux très bas consenti à des insolvables pour leur permettre de créer une activité génératrice de revenus.

microéconomie n.f. Science qui étudie les comportements économiques individuels (par opp. à la macroéconomie).

microéconomique adj. Relatif à la microéconomie (par opp. à macroéconomique) : *Une analyse microéconomique.*

microédition n.f. Ensemble de procédés électroniques et informatiques permettant l'édition de livres à petit tirage (= publication assistée par ordinateur).

microélectronique n.f. Technologie des composants, des circuits, des assemblages électroniques miniaturisés.

microentreprise n.f. Entreprise employant moins de dix salariés.

microfaune n.f. En écologie, ensemble des animaux de très petite taille présents dans un milieu donné (par opp. à la macrofaune) : *Les cloportes et les mille-pattes font partie de la microfaune.*

microfibre n.f. Fibre textile très fine, très douce au toucher : *Un blouson en microfibre.*

microfiche n.f. Film photographique comportant une ou plusieurs images de dimensions très réduites : *Reproduire un document sur microfiches.*

microfilm n.m. Film en rouleau ou en bande composé d'une série d'images de dimensions très réduites : *Tous ses dossiers secrets sont sur microfilms.*

microfilmer v.t. [conj. 3]. Reproduire des documents sur microfilm : *Microfilmer l'édition originale d'un ouvrage ancien.*

microflore n.f. Ensemble d'espèces microbiennes qui vivent dans les milieux obscurs et humides tels que les sols, l'intestin des animaux, etc.

micrographie n.f. Étude au microscope de matériaux, notamm. de la structure des métaux et alliages.

micro-informatique n.f. (pl. *micro-informatiques*). Domaine de l'informatique relatif à la fabrication et à l'utilisation des micro-ordinateurs : *Avec la micro-informatique, son métier a changé* (abrév. fam. 3. micro). ◆ adj. Relatif à la micro-informatique : *Les moyens micro-informatiques.*

micromètre n.m. **1.** Instrument permettant de mesurer avec une grande précision des longueurs ou des angles très petits. **2.** Un millionième de mètre (anc. appelé *micron*).

micrométrie n.f. Mesure de très petites dimensions.

micron n.m. Ancien nom du micromètre.

micronisation n.f. Réduction d'un corps solide en particules ayant des dimensions de l'ordre du micromètre.

microniser v.t. [conj. 3]. Procéder à une micronisation : *Microniser des abrasifs.*

micronutriment n.m. En physiologie, oligoélément.

micro-onde n.f. (pl. *micro-ondes*). Onde électromagnétique d'une longueur comprise entre un mètre et un millimètre.

micro-ondes n.m. inv. Four à cuisson très rapide utilisant les micro-ondes.

micro-ordinateur n.m. (pl. *micro-ordinateurs*). Petit ordinateur construit autour d'un microprocesseur auquel on adjoint l'environnement logiciel et matériel nécessaire (abrév. fam. 2. micro).

micro-organisme n.m. (pl. *micro-organismes*). Organisme microscopique, végétal ou animal (anc. appelé *microbe*) : *Les bactéries et les virus sont des micro-organismes.*

microphone n.m. En électroacoustique, appareil qui transforme le son en oscillations électriques permettant d'enregistrer ou de transmettre ce son (abrév. 1. micro) : *L'animateur parle dans un microphone.*

microphotographie n.f. Photographie des préparations microscopiques : *La microphotographie d'une bactérie.*

microphysique n.f. Partie de la physique qui étudie les atomes, les noyaux et les particules élémentaires.

micropilule n.f. Pilule contraceptive ne contenant que des progestatifs.

microprocesseur n.m. En électronique et en informatique, processeur miniaturisé dont tous les éléments sont rassemblés en un seul circuit intégré.

microscope n.m. (du gr. *skopein*, observer). Instrument d'optique composé de plusieurs lentilles, qui sert à regarder les objets invisibles à l'œil nu : *Un microscope électronique.*

microscopie n.f. Examen au microscope.

microscopique adj. **1.** Qui se fait au moyen du microscope : *Un examen microscopique nous permettra de savoir si c'est bien du sang.* **2.** Qui ne peut être vu qu'avec un microscope (par opp. à macroscopique) : *Un champignon microscopique.* **3.** Se dit de ce qui est de très petite taille : *La remarque en bas du contrat était rédigée dans des caractères microscopiques* (**SYN.** minuscule ; **CONTR.** énorme).

microséisme [mikrɔseism] n.m. Séisme de très faible amplitude, détectable seulement au moyen d'instruments (par opp. à macroséisme).

microsillon [mikrɔsijɔ̃] n.m. Disque phonographique tournant à la vitesse de 33, 45, voire 16 tours par minute : *Écouter un enregistrement sur microsillon.*

microsociologie [mikrɔsɔsjɔlɔʒi] n.f. Étude des relations sociales au sein des petits groupes (par opp. à macrosociologie).

microstructure n.f. Structure qui fait partie d'une structure plus vaste (par opp. à macrostructure).

microtracteur n.m. Petit tracteur agricole utilisé pour le jardinage et le maraîchage.

micro-trottoir n.m. (pl. *micros-trottoirs*). Enquête d'opinion effectuée au hasard dans la rue, pour une radio ou une télévision : *Elle réalise des micros-trottoirs.*

miction n.f. (bas lat. *mictio*, de *mingere*, uriner). En physiologie, action d'uriner ; écoulement de l'urine : *Cette sonde facilite la miction du malade.* ☞ **REM.** Ne pas confondre avec *mixtion*.

midi n.m. (du lat. *medius*, au milieu, et *dies*, jour). **1.** Milieu du jour ; heure, moment du milieu du jour : *Midi a sonné* (= la douzième heure). *Elle écoute cette émission tous les midis. Son train arrivera vers midi et demi. Qu'y a-t-il de bon à manger ce midi ?* (= pour le déjeuner). **2.** Le sud comme point cardinal : *Le solarium est exposé au midi* (**CONTR.** nord). **3.** (Avec une majuscule). Région sud de la France : *À la retraite, ils se sont installés dans le Midi.* ▸ ***Chercher midi à quatorze heures,*** chercher des difficultés là où il n'y en a pas, compliquer les choses. ***Heure*** ou ***temps de midi,*** en Belgique, heure du déjeuner. ***Le démon de midi,*** les tentations d'ordre sexuel qui assaillent l'homme vers le milieu de la vie. ***Voir midi à sa porte,*** regarder tout de son seul point de vue. ◆ adv. Dans la période du milieu de la journée ; à midi : *Il mange avec sa mère tous les mardis midi.*

midinette n.f. (de *midi* et *dînette*). *Fam.* **1.** Jeune fille frivole et naïvement sentimentale : *Un chanteur pour midinettes.* **2.** *Vx* Jeune ouvrière parisienne de la couture et de la mode.

① **mie** n.f. (du lat. *mica*, parcelle). Partie molle de l'intérieur du pain (par opp. à la croûte).

② **mie** n.f. (de *m'amie*, mon amie). *Litt., vx* Amie ; femme aimée : *Comment allez-vous ma mie ?*

miel n.m. (lat. *mel*). Substance sucrée et parfumée produite par les abeilles à partir du nectar des fleurs, qu'elles entreposent dans les rayons de la ruche : *Du miel d'acacia.* ▸ ***Être tout miel*** ou ***être tout sucre, tout miel,*** être d'une gentillesse intéressée, doucereuse : *Il est tout miel quand il a besoin de moi.* ***Faire son miel de,*** se servir avec profit de qqch : *La journaliste a fait son miel de ce dossier secret.* ◆ adj. inv. De la couleur du miel : *Des chaussettes miel.*

miellat n.m. Produit sucré sécrété par divers pucerons, et dont se nourrissent certaines abeilles et fourmis.

miellé, e adj. Propre au miel ; qui rappelle le miel : *Ce biscuit a un goût miellé.*

mielleusement adv. Sur un ton mielleux : *Il lui présenta mielleusement ses excuses* (**SYN.** hypocritement).

mielleux, euse adj. D'une douceur hypocrite : *Je n'aime pas son sourire mielleux* (**SYN.** doucereux, patelin [litt.]).

mien, mienne pron. poss. (lat. *meus*). (Précédé de l'art. déf.). Désigne ce qui appartient ou se rapporte à un possesseur de la 1re pers. du sing. : *Ce stylo est le mien. Son écriture ressemble à la mienne.* ◆ adj. poss. *Litt.* Qui est à moi : *Je ne ferai pas mien votre slogan. Un mien ami.*

mien n.m. ▸ ***J'y mets du mien,*** je fais un effort, je fais des concessions : *J'y mets du mien, mais c'est peine perdue.* ◆ **miens** n.m. pl. ▸ ***Les miens,*** ma famille, mes proches.

miette n.f. (de *1. mie*). **1.** Petit fragment qui tombe du pain, d'un gâteau quand on le coupe : *Secouer une nappe pour la débarrasser des miettes de pain.* **2.** *Fig.* Parcelle, reste insignifiant de qqch : *Les miettes d'un empire commercial* (**SYN.** bribe, débris ; **CONTR.** totalité). ▸ ***En miettes,*** en petits morceaux : *Elle a mis le saladier en miettes.* ***Ne pas perdre une miette de qqch,*** y prêter une grande attention : *Je n'ai pas perdu une miette de cet entretien.* ***Une miette,*** une toute petite quantité : *Je reprendrai une miette de fromage* (**SYN.** brin, parcelle).

mieux adv. (lat. *melius*, comparatif de *bene*, bien). **1.** (Comparatif de supériorité de *bien*). De façon plus convenable, plus avantageuse, plus favorable : *Il serait mieux qu'ils n'en sachent rien* (**SYN.** préférable ; **CONTR.** pire). *Elle travaille mieux que son prédécesseur. Moins vous parlerez, mieux cela vaudra.* **2.** (Précédé de l'art. déf. ; superlatif de *bien*). De la meilleure façon : *Cette candidate est la mieux préparée au concours. L'ouvrage le mieux documenté.* ▸ ***Aimer mieux,*** préférer : *J'aimerais mieux ne rien lui dire pour le moment.* ***Aller mieux,*** être en meilleure santé : *Elle va mieux depuis qu'elle suit ce nouveau traitement.* ***À qui mieux mieux,*** en rivalisant avec les autres : *Ils le complimentèrent à qui mieux mieux* (= à l'envi [litt.]). ***De mieux en mieux,*** en progressant de manière constante : *Vous peignez de mieux en mieux.* ◆ adj. **1.** Se dit de qqch de meilleur, de plus agréable : *Cette robe est mieux que l'autre.* **2.** Se dit de qqn qui a une meilleure santé, un meilleur physique : *La malade est mieux qu'hier. Il est mieux sans moustache.* ◆ n.m. **1.** Ce qui est préférable, plus avantageux : *Le mieux serait de lui poser la question. Le mieux qu'elle puisse faire est d'attendre* (= ce qu'elle a de mieux à faire mais qu'elle ne fera peut-être pas). *Le mieux qu'elle peut faire est d'attendre* (= tout ce qu'elle peut faire, c'est attendre). **2.** (Sans art.). Indique qqch de meilleur : *Après avoir lu les critiques du film, elle s'attendait à mieux. Impossible de trouver mieux.* **3.** État meilleur : *Ses parents constatent un léger mieux depuis qu'il s'est fait opérer* (**SYN.** amélioration, progrès ; **CONTR.** aggravation). ▸ ***Au mieux,*** aussi bien que possible : *Vous arrangerez cette affaire au mieux* ; dans le meilleur des cas : *Le trafic devrait reprendre au mieux d'ici une heure.* ***De mon, ton,*** etc., ***mieux*** ou ***du mieux possible*** ou ***du mieux que l'on peut,*** avec la meilleure volonté : *Ils ont fait de leur mieux pour la réanimer* ; de la meilleure façon possible : *Elle m'a conseillé du mieux possible* ou *du mieux qu'elle a pu.* ***Faute de mieux,*** à défaut d'une chose plus avantageuse, plus agréable : *Faute de mieux, nous irons en voiture.*

mieux-être [mjøzɛtr] n.m. inv. Amélioration de la situation de qqn : *Depuis sa cure thermale, il ressent un mieux-être.*

mièvre adj. Qui est d'une grâce affectée et fade ; qui manque de vigueur, de caractère ; mignard : *Un mannequin d'une beauté mièvre. Les paroles de cette chanson sont mièvres.*

mièvrement adv. Avec mièvrerie.

mièvrerie n.f. Caractère de qqn, de qqch qui est fade, affecté, mièvre ; action, propos sans intérêt : *La mièvrerie d'un roman* (**SYN.** platitude ; **CONTR.** relief). *Son discours est un recueil de mièvreries* (**SYN.** banalité ; **CONTR.** hardiesse).

mi-figue, mi-raisin loc. adj. → **figue.**

mignard, e adj. (de *mignon*). *Litt.* D'une délicatesse, d'une douceur affectée (**SYN.** maniéré, mièvre, recherché).

mignardise n.f. **1.** Œillet vivace à petites fleurs très odorantes (on dit aussi *un œillet mignardise*). **2.** (Surtout au pl.). Petite pâtisserie servie en assortiment à la fin d'un repas. **3.** *Litt.* Manque de naturel : *Les mignardises d'une présentatrice* (**SYN.** minauderie, simagrée).

① **mignon, onne** adj. (de *minet*). **1.** *Fam.* Qui est pourvu d'attraits physiques ; qui a de la grâce : *Cette jeune actrice est mignonne* (**SYN.** beau, joli ; **CONTR.** laid, vilain). *Ce bébé a de mignonnes petites oreilles* (**SYN.** adorable, charmant, gracieux ; **CONTR.** disgracieux, horrible). **2.** *Fam.* Qui fait preuve de gentillesse, de complaisance : *Elle est bien mignonne de nous aider* (**SYN.** aimable, gentil). ▸ ***Filet mignon,*** morceau de bœuf, de porc, de veau coupé dans la pointe du filet. ***Péché mignon*** → **péché.** ◆ n. Terme de tendresse en parlant à un enfant, à une jeune personne : *Ne pleure pas ma mignonne.*

② **mignon** n.m. Nom donné aux favoris d'Henri III de France, très efféminés.

mignonnette n.f. **1.** Petite bouteille contenant un échantillon d'alcool, d'apéritif : *Elle collectionne les mignonnettes.* **2.** Poivre concassé.

migraine n.f. (du gr. *hêmi*, à demi, et *kranion*, crâne). **1.** Douleur violente qui affecte un côté de la tête : *Il souffre régulièrement d'atroces migraines.* **2.** (Abusif en médecine). Mal de tête ; céphalée : *Si tu restes trop longtemps devant l'ordinateur, tu vas avoir la migraine.*

migraineux, euse adj. Relatif à la migraine : *Des crises migraineuses.* ◆ adj. et n. Qui souffre de migraine.

migrant, e adj. et n. Se dit de qqn qui effectue une migration : *On constate une augmentation de la population migrante dans ce pays. Elle donne des cours de français aux migrants* (**SYN.** émigré).

migrateur, trice adj. et n.m. Se dit d'un animal qui effectue des migrations : *Ce groupe d'oiseaux migrateurs s'envole vers l'Afrique.*

migration n.f. (lat. *migratio*, de *migrare*, changer de séjour). **1.** Déplacement de populations d'un pays dans un autre pour s'y établir : *La migration de nombreux civils pendant une guerre* (**SYN.** exode). **2.** Déplacement en groupe et dans une direction déterminée, que certains animaux entreprennent à certaines saisons : *Il a filmé la migration des oies et des canards sauvages.*

migratoire adj. Relatif aux migrations : *Observer les mouvements migratoires.*

migrer v.i. (lat. *migrare*) [conj. 3]. Effectuer une migration : *Les saumons migrent.*

mihrab [mirab] n.m. (mot ar.). Dans une mosquée, niche creusée dans le mur indiquant la direction de La Mecque.

à **mi-jambe** loc. adv. À la hauteur du milieu de la jambe : *Nous avions de l'eau jusqu'à mi-jambe.*

mijaurée n.f. (de *mijolée,* mot dial.). Femme qui a des manières affectées et prétentieuses ; pimbêche.

mijoter v.t. (de l'anc. fr. *musgode,* provision de vivres, du germ.) [conj. 3]. **1.** Faire cuire lentement et à petit feu : *Mijoter une gibelotte* (**SYN.** mitonner). **2.** *Fig., fam.* Préparer avec soin, dans le secret.*Il mijote sa vengeance* (**SYN.** manigancer, tramer). ◆ v.i. Cuire lentement : *Le pot-au-feu doit mijoter pendant plusieurs heures.*

mijoteuse n.f. Cocotte électrique permettant une cuisson prolongée à feu doux.

mikado n.m. (mot jap. signif. « souverain »). **1.** Empereur du Japon. **2.** Jeu d'adresse constitué de longues et fines baguettes de bois appelées *jonchets,* jetées en tas et qu'il s'agit de prendre une à une et sans faire bouger les autres.

① **mil** adj. num. → **1. mille.**

② **mil** n.m. (lat. *milium*). Céréale à petits grains, telle que le millet et le sorgho, cultivée en zone tropicale sèche : *Ils font pousser du mil.*

milan n.m. (lat. pop. *milanus*). Oiseau rapace diurne chassant le menu gibier et les petits rongeurs.

milanais, e adj. et n. De Milan. ◆ adj. ▸ ***Escalope milanaise,*** panée à l'œuf et frite.

mildiou n.m. (angl. *mildew*). Maladie des plantes cultivées provoquée par des champignons microscopiques : *Traiter la vigne contre le mildiou.*

mile [majl] n.m. (mot angl.). Mesure itinéraire anglo-saxonne valant 1 609 mètres : *Parcourir des miles.*

milice n.f. (du lat. *militia,* service militaire, de *miles, militis,* soldat). **1.** Organisation paramilitaire constituant l'élément de base de certains partis totalitaires ou de certaines dictatures. **2.** En Belgique, service militaire. ▸ ***Armée de milice,*** en Suisse, armée composée de citoyens soldats rapidement mobilisables grâce à de fréquentes périodes d'instruction. ***La Milice,*** formation paramilitaire créée par le gouvernement de Vichy en 1943 en France, qui collabora avec les Allemands dans la répression de la Résistance.

milicien, enne n. Personne appartenant à une milice : *Les miliciens traquent les opposants.* ◆ **milicien** n.m. En Belgique, jeune homme qui accomplit son service militaire ; appelé.

milieu n.m. (du lat. *medius,* qui est au milieu, et *lieu*). **1.** Lieu situé à égale distance de tous les points du pourtour ou des extrémités de qqch : *L'archer vise le milieu de la cible* (**SYN.** centre). *Le milieu d'un segment.* **2.** Position, place de qqch, de qqn situés entre d'autres : *Le bar se trouve dans la voiture du milieu. La mère s'est assise au milieu* (= entre les enfants). **3.** Moment également éloigné du début et de la fin d'une période de temps ; moitié : *Le milieu de l'année a été mouvementé.* **4.** Position modérée, intermédiaire entre deux partis extrêmes : *Vous devez trouver le juste milieu pour calmer les esprits* (**SYN.** entre-deux). **5.** Entourage social de qqn ; couche de la société dont il est issu : *Le milieu ouvrier. Ses parents ne viennent pas du même milieu* (**SYN.** monde). **6.** Groupe de personnes ayant les mêmes activités, les mêmes intérêts : *Les milieux de la finance* (**SYN.** sphère). *Le milieu de la chanson est très fermé* (**SYN.** cercle, monde). **7.** En écologie, ensemble des facteurs extérieurs qui agissent de façon permanente ou durable sur un animal, une plante, dans le lieu où ils vivent ordinairement ; ce lieu : *Un milieu hostile. Ces espèces vivent dans des milieux différents* (**SYN.** biotope, environnement). ▸ ***Le milieu,*** le monde de la pègre. ***Milieu naturel,*** écosystème. ◆ loc. prép. ▸ ***Au milieu de,*** au centre de : *Planter un arbre au milieu du jardin* ; à un moment d'une durée qui est également éloigné du début et de la fin : *J'ai arrêté la cassette au milieu du film* ; parmi : *Je n'étais pas à l'aise au milieu de tous ces gens.* ***Au beau milieu de*** ou ***en plein milieu de,*** exactement au milieu de qqch : *Le parachutiste s'est posé en plein milieu du pré* ; alors que quelque chose bat son plein : *Cet incident s'est produit au beau milieu de la soirée.*

militaire adj. (lat. *militaris,* de *miles, militis,* soldat). **1.** Qui concerne les armées, leurs membres, les opérations de guerre : *L'instruction militaire.* **2.** Considéré comme propre à l'armée : *La rigueur militaire.* ◆ n. Personne qui fait partie des forces armées : *Les militaires défilent le jour de la fête nationale* (**SYN.** soldat).

militairement adv. De façon militaire ; par la force armée : *Ils occupent ce territoire militairement.*

militance n.f. Activité militante.

militant, e adj. Qui lutte, milite pour une idée, une opinion, un parti : *Le cinéma militant.* ◆ n. Adhérent d'une organisation politique, syndicale, sociale, qui participe activement à la vie de cette organisation : *Les militants distribuent des tracts.*

militantisme n.m. Attitude, activité de militant : *Le militantisme des associations pacifistes.*

militarisation n.f. Action de militariser.

militariser v.t. [conj. 3]. **1.** Pourvoir de forces armées : *Militariser les frontères* (**CONTR.** démilitariser). **2.** Donner un caractère, une structure militaire à : *Militariser un groupement politique.*

militarisme n.m. **1.** Système politique fondé sur la prépondérance de l'armée. **2.** Doctrine préconisant la prépondérance de l'armée dans un État.

militariste adj. et n. Relatif au militarisme ; qui en est partisan : *Une politique militariste* (**CONTR.** pacifiste).

militaro-industriel, elle adj. (pl. *militaro-industriels, elles*). ▸ ***Complexe militaro-industriel,*** groupe formé par des responsables politiques et militaires et des représentants des grandes entreprises industrielles d'un État qui exercerait des pressions sur les gouvernements.

militer v.i. (du lat. *miles, militis,* soldat) [conj. 3]. **1.** Participer d'une manière active à la vie d'un syndicat, d'une organisation : *Elle milite dans ce parti depuis trente ans.* **2.** Constituer un argument en faveur de ou contre qqn, qqch : *Ce témoignage milite en faveur de l'inculpé* (**SYN.** plaider).

milk-shake [milkʃɛk] n.m. (mot anglo-amér., de *milk,* lait, et *to shake,* secouer) [pl. *milk-shakes*]. Boisson à base de lait aromatisé : *Des milk-shakes au chocolat.*

millage [milaʒ] n.m. (de *2. mille*). Au Québec, distance comptée en milles.

millas [mijas] n.m. → **milliasse.**

① **mille** [mil] adj. num. card. inv. (lat. *milia,* plur. de *mille*). **1.** Dix fois cent : *Cette salle peut contenir jusqu'à trois mille spectateurs. Elle gagne deux mille euros par mois.* ☞ **REM.** Dans les dates, on utilise indifféremment *mille* ou *mil* : *l'an deux mille* ou *deux mil.* **2.** (En fonction d'ordinal). De rang numéro mille ;

millième : *La page mille d'un catalogue.* **3.** Un très grand nombre de : *Mille excuses.* ▸ *Fam.* ***Je vous le donne en mille,*** vous n'avez pas une chance sur mille de deviner : *Devine où il est ? Je te le donne en mille...* ◆ n.m. inv. **1.** Le nombre qui suit neuf cent quatre-vingt-dix-neuf dans la série des entiers naturels : *Dix fois cent égale mille.* **2.** Ensemble, quantité de mille objets : *Chez l'imprimeur, on paie au mille de signes.* **3.** Chaque millier d'exemplaires du tirage d'un ouvrage imprimé : *Les trente premiers mille ont déjà été vendus.* ▸ *Fam.* ***Des mille et des cents,*** de très fortes sommes : *Ils ont dépensé des mille et des cents pour ouvrir ce restaurant.* *Fam.* ***Mettre*** ou ***taper dans le mille*** ou ***en plein dans le mille,*** deviner juste ; atteindre son objectif : *Vous aviez tapé dans le mille en prédisant qu'elle serait élue.*

② **mille** [mil] n.m. (de *1. mille*). **1.** Unité de mesure internationale pour les distances en navigation aérienne ou maritime (on dit aussi *mille marin* ou *mille nautique*) : *Le mille vaut, par convention, 1 852 mètres.* **2.** Mesure itinéraire romaine, qui valait mille doubles pas (1 481,5 mètres). **3.** Au Canada, ancienne unité de mesure des distances, équivalant au mile britannique (env. 1 609 mètres).

① **mille-feuille** ou **millefeuille** [milfœj] n.f. (anc. fr. *milfoil,* du lat. *millefolium*) [pl. *mille-feuilles*]. Nom usuel de l'*achillée.*

② **mille-feuille** ou **millefeuille** [milfœj] n.m. (de *1. mille* et *feuille*) [pl. *mille-feuilles*]. **1.** Gâteau de pâte feuilletée garni de crème pâtissière et poudré de sucre glace ; préparation culinaire salée, à base de saumon ou de légumes, notamm., ayant l'aspect de ce gâteau. **2.** *Fig.* Organisation, texte administratif, etc., constitués d'un empilement d'éléments sans lien ni cohérence : *Un mille-feuille institutionnel, fiscal.*

millefiori [millefjɔri] n.m. inv. (mot it.). Objet de verre décoré intérieurement d'une mosaïque de couleur, souvent utilisé comme presse-papiers.

millénaire [milenɛr] adj. (lat. *millenarius*). Qui a atteint mille ans ; qui est très vieux : *Un arbre millénaire. Une tradition millénaire* (**SYN.** ancestral, ancien). ◆ n.m. **1.** Durée de mille ans : *Le troisième millénaire.* **2.** Anniversaire d'un événement qui a eu lieu mille ans auparavant : *Le millénaire de la naissance d'un personnage célèbre.* (Voir la remarque sous *anniversaire.*)

millénarisme [milenarism] n.m. Croyance selon laquelle le Christ devait réapparaître sur la Terre pour régner pendant mille ans.

millénariste [milenarist] adj. et n. Relatif au millénarisme ; qui le professe : *Un mouvement millénariste.*

millenium [milenjɔm] n.m. Règne de mille ans attendu par les millénaristes.

mille-pattes [milpat] n.m. inv. Animal invertébré terrestre dont le corps, formé d'anneaux, porte de nombreuses pattes semblables ; iule, myriapode.

millepertuis [milpɛrtɥi] n.m. inv. (de *1. mille* et *pertuis,* ouverture). Plante à fleurs jaunes et dont les feuilles semblent parsemées de petits trous.

milleraies [milrɛ] n.m. Tissu de velours à côtes très fines.

millésime [milezim] n.m. (du lat. *millesimus,* millième). Chiffres indiquant l'année d'émission d'une pièce de monnaie, celle de la production d'un vin, d'une voiture : *Un champagne d'un grand millésime. Un nouveau millésime du* Petit Larousse.

millésimé, e [milezime] adj. Doté d'un millésime : *Un bordeaux millésimé.*

millet [mijɛ] n.m. (de *2. mil*). Céréale à très petits grains, cultivée en Afrique : *La récolte du millet.*

milliard [miljar] n.m. **1.** Mille millions : *Un milliard d'euros ont été échangés* ou *a été échangé sur le marché.* **2.** Nombre extrêmement grand : *Des milliards d'acariens* (**SYN.** myriade).

milliardaire adj. et n. Qui possède au moins un milliard d'une unité monétaire donnée : *Il est milliardaire en euros.*

milliardième adj. num. ord. De rang numéro un milliard : *Le milliardième abonné.* ◆ n. Personne, chose qui occupe le milliardième rang. ◆ adj. et n.m. Qui correspond à la division d'un tout en un milliard de parties égales : *Un milliardième de l'humanité.*

milliasse ou **millas** [mijas] n.f. (de *millet*). Dans la cuisine du Sud-Ouest, bouillie de farine de maïs refroidie, puis mise à frire.

millibar [milibar] n.m. Unité de pression atmosphérique, aujourd'hui remplacée par l'hectopascal.

millième [miljɛm] adj. num. ord. De rang numéro mille : *C'est le millième livre que nous éditons.* ◆ n. Personne, chose qui occupe le millième rang : *Vous êtes la millième à entrer dans le magasin.* ◆ adj. et n.m. Qui correspond à la division d'un tout en mille parties égales : *Le milligramme est la millième partie du gramme.*

millier [milje] n.m. **1.** Quantité, nombre de mille, d'environ mille : *Un millier de signatures ont été recueillies.* **2.** Grand nombre indéterminé : *Des milliers de personnes risquent d'être contaminées.*

milligramme [miligram] n.m. Millième partie du gramme (abrév. mg).

millilitre [mililitr] n.m. Millième partie du litre (abrév. ml).

millimètre [milimɛtr] n.m. Millième partie du mètre : *Cet insecte mesure dix millimètres* (abrév. mm).

millimétré, e [milimetre] ou **millimétrique** [milimetrik] adj. Relatif au millimètre ; gradué en millimètres : *Du papier millimétré.*

million [miljɔ̃] n.m. (it. *milione*). Mille fois mille : *La France compte plus de soixante millions d'habitants. Un million d'habitants ont été privés d'électricité.*

millionième [miljɔnjɛm] adj. num. ord. De rang numéro un million : *Le millionième exemplaire de ce disque vient d'être vendu.* ◆ n. Personne, chose qui occupe le millionième rang. ◆ adj. et n.m. Qui correspond à la division d'un tout en un million de parties égales : *Le micromètre est le millionième du mètre.*

millionnaire adj. et n. Se dit de qqn qui possède au moins un million d'une unité monétaire donnée : *Elle est millionnaire en dollars.* ◆ adj. Se dit d'une ville ou d'une agglomération dont la population atteint ou dépasse le million d'habitants.

milord [milɔr] n.m. (de l'angl. *my lord,* mon seigneur). *Vx* Homme riche et élégant : *« Allez ! Venez, Milord / Vous asseoir à ma table / Il fait si froid dehors / Ici, c'est confortable »* [Georges Moustaki].

mi-lourd adj.m. (pl. *mi-lourds*). Dans certains sports, se dit d'une catégorie de poids. ◆ adj.m. et n.m. Se dit d'un sportif appartenant à cette catégorie : *Un judoka mi-lourd.*

mime n.m. (lat. *mimus*, du gr.). **1.** Genre de comédie où l'acteur représente une action, des sentiments uniquement par gestes ; pantomime. **2.** Action de mimer une situation, une attitude : *Les enfants doivent reconnaître un métier grâce au mime qu'en fait un des leurs.* ◆ n. Acteur spécialisé dans le genre du mime : *Le mime Marceau.*

mimer v.t. et v.i. [conj. 3]. **1.** Exprimer une attitude, un sentiment, une action par les gestes, par les jeux de physionomie, sans utiliser la parole : *Mimer la peur* (**SYN.** jouer). **2.** Imiter d'une façon plaisante une personne, ses gestes, ses manières : *Il mime très bien le ministre* (**SYN.** contrefaire).

mimétique adj. Relatif au mimétisme.

mimétisme n.m. (du gr. *mimeisthai*, imiter). **1.** Aptitude qu'ont certaines espèces vivantes à se confondre par la forme ou la couleur avec l'environnement ou avec les individus d'une autre espèce : *Le mimétisme du caméléon.* **2.** Reproduction inconsciente du comportement, des manières de penser de son entourage, de qqn : *Les jeunes enfants apprennent beaucoup par mimétisme.*

mimi n.m. *Fam.* **1.** Chat, dans le langage enfantin. **2.** Baiser, caresse. ◆ adj. inv. *Fam.* Qui est gracieux, joli : *Qu'elles sont mimi !* (**SYN.** adorable, mignon).

① **mimique** adj. Qui mime, qui exprime par le geste : *Langage mimique.*

② **mimique** n.f. **1.** Ensemble d'expressions du visage : *Une mimique amusante.* **2.** Expression de la pensée par le geste, les jeux de physionomie ; gestuelle : *Il me fit comprendre par une mimique qu'il fallait que je prenne garde.*

mimodrame n.m. Fable dramatique représentée par un enchaînement de gestes expressifs ; pantomime.

mimolette n.f. Fromage de Hollande à pâte sèche.

mimosa n.m. (mot lat., de *mimus*, qui se contracte comme un mime). **1.** Variété d'acacia dont les fleurs jaunes sont réunies en petites boules odorantes : *Les mimosas de la Côte d'Azur.* **2.** Plante à fleurs roses, dont les feuilles se replient au moindre contact ; sensitive. ▸ ***Œuf mimosa,*** œuf dur dont chaque moitié est farcie d'une mayonnaise épaissie avec le jaune écrasé.

mi-moyen adj.m. (pl. *mi-moyens*). Dans certains sports, se dit d'une catégorie de poids. ◆ adj.m. et n.m. Se dit d'un sportif appartenant à cette catégorie : *Un boxeur mi-moyen.*

minable adj. et n. (de *miner*). *Fam.* Qui est d'une médiocrité pitoyable : *Un scénario minable* (**SYN.** lamentable, mauvais). *Vous n'êtes qu'un minable !* (**SYN.** incapable, médiocre, nul).

minage n.m. Action de poser des mines explosives : *Le minage d'une forêt* (**CONTR.** déminage).

minaret n.m. (turc *minare*, de l'ar. *manara*, phare). Tour d'une mosquée, du haut de laquelle le muezzin fait les cinq appels quotidiens à la prière.

minauder v.i. (de *1. mine*) [conj. 3]. Faire des mines, prendre des manières affectées pour plaire, séduire : *La petite fille minaudait devant les invités* (**SYN.** poser).

minauderie n.f. **1.** Action de minauder (**SYN.** affectation ; **CONTR.** naturel). **2.** (Souvent au pl.). Mines affectées : *Elle fait toujours des minauderies lorsqu'on l'invite à danser* (**SYN.** façons, manières, simagrées).

minaudier, ère adj. et n. Qui minaude, fait des mines (**SYN.** maniéré ; **CONTR.** naturel).

① **mince** adj. (de l'anc. fr. *mincier*, couper en menus morceaux, du lat. *minutus*, petit). **1.** Se dit de ce qui est peu épais : *Il dispose de minces tranches de pommes sur la pâte à tarte* (**SYN.** fin ; **CONTR.** gros). *Mettre une mince couche d'enduit sur un mur.* **2.** Qui a peu de largeur ; dont le diamètre est petit ; étroit : *Avec sa taille mince, elle peut tout porter* (**SYN.** fin ; **CONTR.** épais, lourd, massif). *Un mince filet d'eau* (**SYN.** filiforme, ténu ; **CONTR.** puissant). **3.** Se dit de qqn dont les formes sont fines : *Une jeune femme mince* (**SYN.** élancé, fluet, menu, svelte ; **CONTR.** gros, trapu). **4.** *Litt.* Qui a peu d'importance ; insignifiant : *Il reste cinq kilomètres à parcourir et son avance est bien mince* (**SYN.** faible, médiocre ; **CONTR.** considérable, important). ▸ ***Mince comme un fil,*** très mince ; filiforme : *Cette danseuse est mince comme un fil.*

② **mince** interj. *Fam.* Marque l'admiration ou le mécontentement : *Mince alors ! Comment fais-tu pour calculer si vite ! Mince ! Nous devons tout recommencer.*

minceur n.f. État, caractère de qqn, de qqch qui est mince : *La minceur d'une contorsionniste* (**SYN.** gracilité, sveltesse ; **CONTR.** corpulence, embonpoint). *La minceur d'une couche de neige* (**SYN.** finesse ; **CONTR.** épaisseur).

mincir v.i. [conj. 32]. Devenir plus mince : *Depuis qu'il court le dimanche, il a minci* (**SYN.** maigrir ; **CONTR.** s'empâter, s'épaissir, forcir, grossir). ◆ v.t. Faire paraître plus mince : *Cette robe la mincit vraiment* (**SYN.** amincir ; **CONTR.** grossir).

① **mine** n.f. (du breton *min*, bec). **1.** Aspect de la physionomie indiquant certains sentiments ou l'état du corps : *Elle avait la mine joyeuse en apprenant la nouvelle* (**SYN.** air, expression, visage). *Tu as une petite mine, aujourd'hui* (= tu as l'air fatigué). **2.** Aspect extérieur : *Tu ne dois pas le juger uniquement sur sa mine* (**SYN.** apparence, physique). ▸ ***Avoir bonne mine,*** avoir un visage qui dénote la bonne santé : *Vous avez bonne mine depuis que vous êtes allée à la montagne* ; fam., iron., avoir l'air ridicule : *Tu as bonne mine, tu n'aurais jamais dû prétendre que tu savais danser !* ***Avoir mauvaise mine*** ou ***une mine de papier mâché,*** avoir le visage qui dénote une mauvaise santé ou de la fatigue : *Il ne devrait pas fumer, il a mauvaise mine.* ***Faire bonne mine, mauvaise*** ou ***grise mine à qqn,*** lui faire bon, mauvais accueil. *Fam.* ***Faire mine de,*** faire semblant de : *Ils ont fait mine de ne pas nous voir.* *Fam.* ***Mine de rien,*** sans en avoir l'air : *Mine de rien, elle a réussi à nous cacher ses véritables intentions.* *Fam.* ***Ne pas payer de mine,*** ne pas se présenter sous une apparence propre à inspirer confiance : *Ce H.L.M. ne paie pas de mine mais il est très calme.* ◆ **mines** n.f. pl. ▸ ***Faire des mines,*** prendre des poses, faire des simagrées : *Cette starlette fait des mines aux photographes* (= elle minaude).

② **mine** n.f. (du gaul. *meina*, minerai). **1.** Petit bâton de graphite ou de toute autre matière formant l'axe d'un crayon et qui laisse une trace sur le papier : *Tailler la mine de son crayon à papier.* **2.** Gisement de substance minérale ou fossile se trouvant dans le sous-sol ou à la surface : *Exploiter une mine de diamants* (SYN. filon). **3.** Cavité creusée dans le sol pour extraire du charbon, un minerai : *Les ouvriers descendent dans la mine.* **4.** Charge explosive déposée sur le sol, sous terre ou dans l'eau et conçue pour exploser au passage d'un homme, d'un char, d'un navire : *Un enfant victime d'une mine antipersonnel.* **5.** *Fig.* Endroit, ouvrage qui contient des informations en abondance ; ressource importante : *Ce cédérom est une mine de renseignements* (SYN. trésor). *L'affaire qu'elle te propose est une véritable mine d'or* (= elle produira de façon régulière et continue des profits importants).

miner v.t. (de *2. mine*) [conj. 3]. **1.** Poser des mines, des charges explosives : *Miner une carrière* (CONTR. déminer). **2.** Creuser lentement en dessous, à la base de qqch : *La rivière souterraine a miné la roche* (SYN. éroder, ronger, saper). **3.** *Fig.* Affaiblir, détruire peu à peu, lentement : *Ces problèmes ont miné le gouvernement* (SYN. ébranler ; CONTR. affermir, consolider). *Ses soucis la minent* (SYN. épuiser, ronger ; CONTR. revigorer).

minerai n.m. (de *2. mine*). Roche contenant des minéraux utiles en grande proportion : *Minerai de fer, d'aluminium.*

minéral n.m. (lat. *mineralis*, de *minera*, mine) [pl. *minéraux*]. Corps solide constituant les roches de l'écorce terrestre : *L'opale, le quartz et le mica sont des minéraux.* ◆ **minéral, e, aux** adj. Relatif aux minéraux : *Des sels minéraux.* ▸ ***Eau minérale,*** eau qui contient des minéraux en dissolution, et que l'on emploie en boisson ou en bains, à des fins thérapeutiques.

minéralier n.m. Cargo conçu pour le transport en vrac des minerais.

minéralisation n.f. Transformation d'un métal en minerai par sa combinaison avec un autre corps.

minéralisé, e adj. Qui contient des matières minérales : *Boire une eau faiblement minéralisée.*

minéralogie n.f. Branche de la géologie qui traite des minéraux, de leurs propriétés et de leur formation.

minéralogique adj. **1.** Relatif à la minéralogie : *Une étude minéralogique.* **2.** Qui concerne les mines : *Service minéralogique.* ▸ ***Numéro, plaque minéralogique,*** numéro, plaque d'immatriculation des véhicules automobiles enregistrés par l'administration des Mines, en France : *Un témoin a relevé les chiffres de la plaque minéralogique du fuyard.*

minéralogiste n. Spécialiste de minéralogie.

minerval n.m. (pl. *minervals*). En Belgique, frais de scolarité.

minerve n.f. (du lat. *Minerva*, nom de la déesse de la Sagesse). Appareil orthopédique placé autour du cou et destiné à maintenir la tête bien droite : *Porter une minerve.*

minestrone [minɛstrɔn] n.m. (mot it.). Dans la cuisine italienne, soupe aux légumes et au lard additionnée de petites pâtes ou de riz et servie accompagnée de parmesan râpé.

minet, ette n. (de *mine*, nom pop. du chat dans de nombreux parlers gallo-romans). *Fam.* **1.** Chat, chatte : *Le minet joue avec une ficelle.* **2.** Terme d'affection : *Ne pleure pas, ma minette.* **3.** *Vieilli* Jeune homme, jeune fille qui soigne son apparence, suit la mode, et dont les manières sont affectées.

① **mineur** n.m. et adj.m. (de *2. mine*). **1.** Personne qui travaille dans une mine : *Les mineurs doivent porter un casque.* **2.** Militaire qui pose des mines : *Sapeur mineur.*

② **mineur, e** adj. (du lat. *minor*, plus petit). **1.** D'une importance moindre, de peu d'intérêt : *Un événement mineur* (SYN. marginal, minime ; CONTR. capital, majeur). *Rééditer une œuvre mineure d'un romancier célèbre* (= de second ordre ; SYN. secondaire ; CONTR. essentiel, fondamental, majeur). **2.** En musique, se dit d'un accord, d'une gamme, d'un intervalle ou d'un mode dont la tierce se compose d'un ton et d'un demi-ton. *Tonalité en mi mineur.* ◆ adj. et n. Qui n'a pas encore atteint l'âge de la majorité légale (par opp. à majeur) : *En France, on est mineur jusqu'à l'âge de 18 ans. Un film interdit aux mineurs.* ◆ **mineure** n.f. En logique, seconde proposition d'un syllogisme (par opp. à majeure).

mini adj. inv. Se dit d'un vêtement très court : *Des robes mini.* ◆ n.m. ▸ ***Le mini,*** l'habillement féminin particulièrement court : *Ce n'est plus la mode du mini.*

miniature n.f. (du lat. *miniare*, enduire au minimum). **1.** Lettre ornée que les enlumineurs traçaient au début des chapitres des manuscrits. **2.** Petite peinture finement exécutée qui sert d'ornement : *Une miniature sur émail.* **3.** Flacon en réduction ; échantillon de parfum. ▸ ***En miniature,*** en réduction : *Ceci représente notre ville en miniature.* ◆ adj. Extrêmement petit ; qui est la réduction de qqch : *Avions miniatures.*

miniaturisation n.f. Action de miniaturiser.

miniaturiser v.t. [conj. 3]. Donner de très petites dimensions à : *Miniaturiser des circuits électroniques.*

miniaturiste n. Peintre en miniatures.

minibus [minibys] ou **minicar** n.m. Petit autocar.

minicassette n.f. Cassette audio de petit format.

minichaîne n.f. Chaîne haute fidélité très compacte.

minidisque n.m. Disque numérique à enregistrement magnétique et lecture optique, au format inférieur à celui d'un CD.

minier, ère adj. (de *2. mine*). Relatif aux mines ; où il y a des mines : *Industrie, région minière.*

minigolf n.m. Golf miniature.

minijupe n.f. Jupe très courte, s'arrêtant à mi-cuisse.

minima n.m. pl. → **minimum.**

a **minima** loc. adj. inv. → **a minima.**

minimal, e, aux adj. Qui a atteint le plus bas niveau, son minimum : *Durée minimale* (SYN. minimum ; CONTR. maximum). *Températures minimales* (CONTR. maximal).

minimalisation n.f. Action de minimaliser : *La minimalisation des coûts de production* (CONTR. maximisation).

minimaliser v.t. [conj. 3]. Réduire jusqu'au seuil minimal : *Minimaliser les frais* (CONTR. maximiser).

minimalisme n.m. Recherche des solutions requérant le minimum de moyens, d'efforts et susceptibles de rencontrer une large adhésion (par opp. à maximalisme).

minimaliste adj. et n. Qui prône le minimalisme (par opp. à maximaliste).

minime adj. (du lat. *minimus*, très petit). Qui est très petit, peu important : *Une différence minime* (**SYN.** infime ; **CONTR.** important, notable). *Des dettes minimes* (**SYN.** dérisoire, insignifiant ; **CONTR.** considérable). ◆ n. et adj. Jeune sportif, jeune sportive âgés de 11 à 13 ans.

minimessage n.m. Bref message écrit sur l'écran d'un téléphone mobile (**SYN.** SMS, télémessage).

minimex n.m. (acronyme de *minimum de moyens d'existence*). En Belgique, revenu minimum d'insertion.

minimexé, e n. En Belgique, bénéficiaire du minimex.

minimiser v.t. [conj. 3]. Réduire l'importance de : *Minimiser le rôle de qqn* (**SYN.** diminuer, minorer ; **CONTR.** exagérer). *Minimiser un incident* (**SYN.** sous-estimer ; **CONTR.** grossir).

minimum [minimɔm] n.m. (mot lat. signif. « très peu, la plus petite chose »)[pl. *minimums* ou *minima*]. **1.** La plus petite quantité possible : *Pour ce voyage, il a emporté le minimum de bagages* (**CONTR.** maximum). **2.** Peine la plus faible qui puisse être appliquée pour un cas déterminé : *Être condamné au minimum.* **3.** Le degré, le niveau le plus bas de qqch : *Ils ont réduit leurs dépenses au minimum.* ▸ ***Au minimum,*** au moins : *Ce sportif s'entraîne au minimum 5 heures par jour.* ***Minima sociaux,*** en France, ensemble des allocations garanties aux personnes ne disposant pas de ressources suffisantes. ◆ adj. (Emploi critiqué). Qui est à la limite la plus basse : *Une période minimum de deux mois* (**SYN.** minimal ; **CONTR.** maximal).

mini-ordinateur n.m. (pl. *mini-ordinateurs*). Ordinateur d'une capacité moyenne de mémoire.

minipilule n.f. Pilule contraceptive d'usage courant, faiblement dosée en œstrogène.

ministère n.m. (du lat. *ministerium*, service, de *minister*, serviteur). **1.** Fonction, charge de ministre ; temps pendant lequel on l'exerce : *Refuser le ministère de l'Éducation. Son ministère a été marqué par de grandes réformes.* **2.** Ensemble des ministres qui composent le gouvernement d'un État : *Former un ministère.* **3.** Administration dépendant d'un ministre ; bâtiment où se trouvent ses services : *Tout le ministère s'est mobilisé. Aller au ministère.* **4.** Fonctions, charges religieuses que l'on exerce ; sacerdoce. ▸ ***Ministère public,*** magistrats veillant à l'application des lois au nom de la société (on dit aussi *magistrature debout* ou *parquet*).

ministériel, elle adj. Relatif au ministre ou au ministère : *Crise ministérielle.* ▸ ***Office ministériel*** → **office.** ***Officier ministériel*** → **2. officier.**

ministrable adj. et n. Susceptible de devenir ministre.

ministre n. (du lat. *minister*, serviteur). Membre du gouvernement d'un État à la tête d'un ministère : *Le ministre de la Santé.* ▸ ***Le Premier ministre,*** chef du gouvernement dans certains régimes parlementaires. ◆ n.m. *Vieilli* Dans la religion chrétienne, pasteur du culte réformé. ▸ ***Ministre du culte,*** prêtre ou pasteur.

Minitel n.m. (nom déposé). Terminal français qui permet de consulter des bases de données, de passer des commandes.

minitéliste n. Personne qui utilise un Minitel.

minium [minjɔm] n.m. (mot lat.). **1.** Pigment rouge-orangé obtenu par oxydation du plomb fondu. **2.** Peinture antirouille au minium.

minivague n.f. Assouplissement des cheveux grâce à une permanente légère ; cette permanente.

minoen [minɔɛ̃] n.m. (de *Minos*, n.pr.). Période de l'histoire de la Crète, depuis le IIIe millénaire jusqu'à 1100 av. J.-C.

minois n.m. (de *1. mine*). Visage jeune, délicat et gracieux ; frimousse : *Charmant minois* (**SYN.** figure).

minon n.m. En Suisse, chaton d'une fleur de châtaignier, de noisetier. ◆ **minons** n.m. pl. En Suisse, amas de poussière ; moutons.

minoration n.f. Action de minorer : *La minoration des prix* (**SYN.** baisse, diminution ; **CONTR.** hausse, majoration).

minorer v.t. (bas lat. *minorare*) [conj. 3]. **1.** Diminuer l'importance de : *Minorer la gravité d'un problème* (**SYN.** minimiser, sous-estimer ; **CONTR.** exagérer). **2.** Porter à un chiffre inférieur : *Minorer les prix de 20 %* (**SYN.** diminuer ; **CONTR.** augmenter).

minoritaire adj. et n. Qui appartient à la minorité : *Groupe minoritaire* (**CONTR.** majoritaire).

① **minorité** n.f. (du lat. *minor*, plus petit). État de qqn qui n'a pas atteint l'âge de la majorité ; période pendant laquelle une personne est mineure : *En France, la minorité se termine à 18 ans.*

② **minorité** n.f. (angl. *minority*). **1.** Ensemble de personnes, de choses inférieures en nombre par rapport à un autre ensemble (par opp. à majorité) : *Il y a une minorité de femmes dans cette profession.* **2.** Groupe de personnes réunissant le moins de voix dans une élection : *Un ministre appartenant à la minorité* (= opposition ; **CONTR.** majorité). **3.** Ensemble de ceux qui se différencient au sein d'un même groupe : *La minorité du parti s'oppose à cette réforme. Une minorité de participants ont refusé.* ▸ ***Être en minorité,*** être moins important numériquement. ***Mettre qqn, un groupe en minorité,*** les battre dans un vote, en obtenant la majorité des suffrages. ***Minorité nationale,*** groupe se distinguant de la majorité de la population par sa religion, sa langue ou ses traditions. ***Minorité visible,*** groupe socioculturel minoritaire dans un pays, distinct (par la couleur de sa peau et ses modes de vie) du reste de la population et sous-représenté dans les institutions.

minot n.m. Dans le sud-est de la France, enfant, gamin.

minoterie n.f. (de l'anc. fr. *minot*, farine de blé). Meunerie.

minotier n.m. Industriel exploitant une minoterie.

minou n.m. (de *minet*). *Fam.* **1.** Dans le langage enfantin, chat : *Des minous tigrés.* **2.** Terme d'affection adressé à une personne : *Mon minou.*

minque [mɛ̃k] n.f. En Belgique, halle aux poissons, dans les localités côtières.

minuit n.m. **1.** Milieu de la nuit (par opp. à midi) : *Les frais minuits du mois de septembre.* **2.** Douzième heure après midi : *Il arrivera à minuit. La messe de minuit. Minuit sonne.*

minus [minys] n. (du lat. *minus habens*, qui a le moins). *Fam.* Personne minable : *Je hais ces minus !*

minuscule adj. (lat. *minusculus*, de *minor*, plus petit). Très petit : *Cette opération lui a laissé une minuscule cicatrice* (SYN. microscopique ; CONTR. énorme). ▸ ***Lettre minuscule,*** petite lettre (par opp. à majuscule) : *Apprendre à écrire des lettres minuscules* ou *des minuscules.* ◆ n.f. Lettre minuscule : *Les entrées de notre dictionnaire sont en minuscules.*

minutage n.m. Action de minuter.

minutaire adj. Dans le langage juridique, qui a le caractère d'une minute, d'un original : *Acte minutaire.*

① **minute** n.f. (du lat. *minutus*, menu). **1.** Unité de mesure du temps valant 60 secondes (abrév. min) : *Il y a soixante minutes dans une heure.* **2.** Court espace de temps : *J'en ai pour une minute* (SYN. instant). **3.** Unité de mesure des angles équivalant à la soixantième partie d'un degré. ▸ ***La minute de vérité,*** le moment décisif où la vérité éclate. ◆ interj. ▸ *Fam.* ***Minute !*** ou ***minute papillon !,*** attendez !, doucement !

② **minute** n.f. (du lat. *minutus*, menu). Écrit original d'un jugement ou d'un acte notarié.

minuter v.t. (de *1. minute*) [conj. 3]. Fixer avec précision la durée, le déroulement de : *Ils ont minuté la cérémonie.*

minuterie n.f. Dispositif électrique à mouvement d'horlogerie, destiné à assurer le fonctionnement d'un appareil pendant un laps de temps déterminé : *Une minuterie règle l'éclairage du hall d'entrée.*

minuteur n.m. Appareil à mouvement d'horlogerie, permettant de régler la durée d'une opération ménagère.

minutie [minysi] n.f. (du lat. *minutia*, très petite parcelle). Application attentive et scrupuleuse aux détails : *Il a rédigé ce compte rendu avec minutie* (SYN. soin ; CONTR. négligence).

minutier [minytje] n.m. (de *2. minute*). Registre contenant les minutes des actes d'un notaire.

minutieusement [minysjøzmɑ̃] adv. Avec minutie : *Elle étudie minutieusement chaque candidature* (SYN. consciencieusement ; CONTR. négligemment).

minutieux, euse [minysjø, øz] adj. **1.** Qui s'attache aux petits détails : *Un professeur minutieux* (SYN. méticuleux, pointilleux). **2.** Fait avec minutie : *Travail minutieux* (SYN. consciencieux, soigné ; CONTR. négligé).

miocène n.m. et adj. (du gr. *meiôn*, moins, et *kainos*, récent). Troisième période de l'ère tertiaire, entre l'oligocène et le pliocène, qui a vu l'apparition des mammifères évolués.

mioche n. (de *1. mie*). *Fam.* Jeune enfant.

mips [mips] n.m. (acronyme de *million d'instructions par seconde*). Unité de mesure de la puissance d'un ordinateur, permettant d'exprimer le nombre de millions d'instructions exécutées par seconde.

mirabelle n.f. (de *Mirabel*, n.pr.). **1.** Petite prune jaune, fruit du mirabellier. **2.** Eau-de-vie faite avec ce fruit.

mirabellier [mirabelje] n.m. Prunier cultivé qui produit les mirabelles.

miracle n.m. (du lat. *miraculum*, prodige). **1.** Phénomène interprété comme résultant d'une intervention divine : *Les miracles de sainte Thérèse de Lisieux.* **2.** Fait étonnant qui suscite l'admiration : *Ce médicament fait des miracles* (SYN. merveille, prodige). *C'est un miracle qu'elle ait évité l'accident.* **3.** (Employé en appos.). Indique un résultat inattendu ou extraordinaire : *Une crème miracle.* **4.** Drame religieux du Moyen Âge, mettant en scène une intervention miraculeuse d'un saint ou de la Vierge. ▸ ***Crier au miracle,*** s'extasier, marquer un étonnement admiratif : *Il n'y a pas de quoi crier au miracle !* ***Par miracle,*** de façon heureuse et inattendue ; par enchantement : *Et, comme par miracle, le soleil est apparu.* ***Un miracle de*** (+ n.), une chose merveilleuse en son genre : *Un ordinateur qui est un miracle de rapidité.*

miraculé, e adj. et n. **1.** Guéri par un miracle : *Les miraculés de Lourdes.* **2.** Qui a échappé, par une chance exceptionnelle, à une catastrophe : *Les miraculés de la catastrophe ferroviaire.*

miraculeusement adv. De façon miraculeuse : *Elle a échappé miraculeusement à la mort.*

miraculeux, euse adj. **1.** Qui tient du miracle ; surnaturel : *Guérison miraculeuse* (SYN. inexplicable ; CONTR. naturel). **2.** Étonnant par ses effets : *Une lotion miraculeuse* (SYN. prodigieux ; CONTR. ordinaire, quelconque).

mirador n.m. (mot esp., de *mirar*, regarder). Poste élevé de surveillance, pour la garde d'un camp de prisonniers.

mirage n.m. (de *mirer*). **1.** Phénomène d'optique qui donne l'illusion que des objets éloignés offrent une image renversée comme s'ils se reflétaient dans l'eau. **2.** *Fig.* Apparence séduisante et trompeuse : *Le mirage de la célébrité* (SYN. chimère, illusion). **3.** Action de mirer un œuf.

mire n.f. (de *mirer*). **1.** Règle graduée ou signal fixe utilisés pour mesurer les différences de niveau, en géodésie ou en topographie. **2.** Image à motifs géométriques, qui permet d'effectuer le réglage des postes récepteurs de télévision. ▸ ***Cran de mire,*** échancrure pratiquée dans le canon d'une arme à feu et servant à la visée. ***Ligne de mire,*** ligne droite déterminée par le centre du cran de mire et par l'avant du canon d'une arme à feu. ***Point de mire,*** point que l'on veut atteindre en tirant avec une arme à feu ; fig., personne, chose qui est l'objet de tous les regards.

mirepoix n.f. (du nom du duc de *Mirepoix*). Préparation d'oignons, de carottes, de jambon que l'on ajoute à certains plats ou à certaines sauces pour en relever la saveur.

mirer v.t. (du lat. *mirari*, admirer) [conj. 3]. **1.** *Litt.* Refléter : *Les arbres mirent leurs branches dans la rivière.* **2.** Observer un œuf par transparence afin de s'assurer de l'état de son contenu. ◆ **se mirer** v.pr. *Litt.* **1.** Se regarder dans un miroir. **2.** Se refléter : *La colline se mire dans le lac.*

mirettes n.f. pl. (de *mirer*). *Fam.* Yeux : *Ouvre tes mirettes !*

mireur, euse n. Personne qui effectue le mirage des œufs.

mirifique adj. (lat. *mirificus*). *Fam.* Étonnant ; merveilleux ; surprenant : *Elle a toujours des projets mirifiques* (SYN. fabuleux, prodigieux ; CONTR. banal, ordinaire).

mirliflore ou **mirliflor** n.m. *Vx* Jeune élégant qui fait l'intéressant.

mirliton n.m. (d'un anc. refrain). Flûte faite d'un roseau garni aux deux bouts d'une membrane, et qui émet des sons nasillards. ▸ *Fam.* ***De mirliton,*** se dit de sons, d'un air de musique, de vers de mauvaise qualité.

mirmidon n.m. → **myrmidon.**

mirmillon [mirmijɔ̃] n.m. (lat. *mirmillo*). Dans l'Antiquité romaine, gladiateur armé d'un bouclier et d'une épée et muni d'un casque.

miro adj. et n. (de *mirer*). *Fam.* Qui a une mauvaise vue ; myope : *Elles sont complètement miros sans leurs lunettes.*

mirobolant, e adj. *Fam.* Si étonnant que l'on a peine à y croire : *Ils promettent des bénéfices mirobolants* (**SYN.** extraordinaire, fabuleux, sensationnel).

miroir n.m. (de *mirer*). **1.** Surface ou verre polis qui réfléchissent la lumière et les images : *Se regarder dans un miroir* (**SYN.** glace). **2.** *Litt.* Surface unie qui réfléchit les choses : *Le miroir des eaux d'une rivière.* **3.** *Fig.* Ce qui offre l'image, le reflet de qqch : *Ce spectacle est le miroir de notre société.* ▸ ***Miroir aux alouettes,*** engin constitué de petits morceaux de miroir que l'on faisait tourner au soleil pour attirer les alouettes ; fig., ce qui fascine par une apparence trompeuse.

miroitant, e adj. Qui miroite : *La surface miroitante des eaux du lac* (**SYN.** scintillant).

miroitement n.m. Éclat produit par qqch qui miroite : *Le miroitement des sommets enneigés* (**SYN.** scintillement).

miroiter v.i. (de *miroir*) [conj. 3]. Lancer des éclats de lumière, des reflets changeants ; chatoyer, étinceler : *La pierre de sa bague miroite au soleil* (**SYN.** briller, scintiller). ▸ ***Faire miroiter qqch à qqn,*** lui faire une offre séduisante : *Ils lui ont fait miroiter une augmentation de salaire.*

miroiterie n.f. **1.** Industrie, commerce de miroirs. **2.** Atelier, magasin de miroitier.

miroitier, ère n. Fabricant, vendeur de miroirs.

miroton ou **mironton** n.m. Plat de tranches de bœuf bouilli accommodé avec des oignons et du vin blanc.

misaine n.f. (de l'it. *mezzana,* voile du mât du milieu). ▸ ***Mât de misaine,*** mât situé entre le grand mât et le beaupré.

misandre adj. et n. (du gr. *miseîn,* haïr, et *andros,* homme). Qui est hostile aux personnes de sexe masculin (par opp. à misogyne) : *Elle a un comportement misandre.*

misandrie n.f. Mépris ou haine envers les hommes (par opp. à misogynie).

misanthrope adj. et n. (du gr. *miseîn,* haïr, et *anthrôpos,* homme). Qui a de l'aversion pour le genre humain : *Le chagrin l'a rendue misanthrope* (**SYN.** insociable, sauvage ; **CONTR.** aimable, gentil, sociable).

misanthropie n.f. Disposition d'esprit qui pousse à fuir la compagnie des gens ; caractère de misanthrope.

misanthropique adj. Qui a le caractère de la misanthropie : *Une attitude misanthropique* (**SYN.** insociable, sauvage ; **CONTR.** sociable).

miscibilité [misibilite] n.f. Aptitude à former avec un autre corps un mélange homogène : *La miscibilité de deux liquides.*

miscible [misibl] adj. (du lat. *miscere,* mêler). Qui a la propriété de miscibilité : *L'eau et l'alcool sont miscibles.*

① **mise** n.f. (p. passé fém. de *mettre*). **1.** Action de mettre, de placer qqch, qqn dans un lieu particulier : *La mise en bouteilles d'un vin. Mise à la porte.* **2.** Fait d'inscrire, d'enregistrer qqch : *Mise à l'index d'un livre considéré comme pernicieux.* **3.** Action de mettre qqn, qqch dans une certaine situation : *Mise en liberté. Mise à la retraite. Mise en vente.* **4.** Action de faire passer qqch dans un nouvel état : *Mise en tas. Mise en veilleuse. Mise à jour d'une base de données.* **5.** Action d'organiser, de disposer pour une certaine finalité : *Mise en ordre. Mise au propre.* **6.** Action de faire apparaître d'une certaine manière : *Mise en lumière, en évidence. Mise en valeur, en relief.* **7.** Action d'effectuer certaines actions en vue d'un résultat : *Mise en eau d'un barrage. Mise sous tension d'une installation électrique. Mise à feu du moteur d'une fusée.* **8.** Action de donner l'impulsion initiale à qqch : *Mise en route. Mise en chantier. Mise en service.* ▸ ***Mise à pied,*** mesure disciplinaire consistant à priver, pendant une courte durée, un salarié de son emploi et du salaire correspondant. ***Mise à prix,*** détermination du prix de ce que l'on vend ; somme à partir de laquelle démarrent les enchères dans une vente publique ; en Suisse, vente aux enchères. ***Mise au point,*** opération qui consiste, avec un instrument d'optique, à rendre l'image nette ; fig., explication destinée à éclaircir, à régler des questions restées jusque-là dans le vague. ***Mise en page*** ou ***en pages,*** assemblage, d'après la maquette, des divers éléments de texte et d'illustration d'un livre, d'un journal, etc., pour obtenir des pages d'un format déterminé, en vue de l'impression. ***Mise en plis,*** opération qui consiste à mettre en boucles les cheveux mouillés en vue de la coiffure à réaliser après le séchage. ***Mise en scène,*** réalisation scénique ou cinématographique d'une œuvre lyrique ou dramatique, d'un scénario ; fig., présentation dramatique et arrangée d'un événement.

② **mise** n.f. (p. passé fém. de *mettre*). **1.** Manière de se vêtir, d'être habillé : *Soigner sa mise* (**SYN.** tenue, toilette). **2.** Action de risquer de l'argent au jeu, ou dans une affaire ; cet argent : *Perdre, doubler sa mise. Une mise de fonds considérable.* ▸ *Sout.* ***De mise,*** convenable, opportun (s'emploie souvent dans une phrase négative) : *De telles paroles n'étaient pas de mise ici.* ***Sauver la mise,*** retirer l'argent engagé, sans rien perdre ni gagner. ***Sauver la mise à qqn,*** le tirer d'une situation où il risque de tout perdre.

miser v.t. [conj. 3]. **1.** Déposer une mise, un enjeu : *Elle a misé une petite somme sur ce cheval* (**SYN.** jouer, parier). **2.** En Suisse, vendre ou acheter dans une vente aux enchères. ◆ v.t. ind. **[sur]. 1.** Parier sur qqn, qqch : *Le directeur mise beaucoup sur la dernière recrue. Miser sur l'informatisation.* **2.** Compter sur qqch pour aboutir à un résultat : *Ils misent sur notre lassitude pour l'emporter.*

misérabilisme n.m. Tendance artistique visant à représenter tous les aspects de la misère humaine.

misérabiliste adj. et n. Qui relève du misérabilisme : *Un roman misérabiliste.*

misérable adj. et n. (du lat. *miserabilis,* touchant, de *miserari,* avoir pitié de). Qui manque de ressources ; qui témoigne d'une extrême pauvreté : *Ce vieillard est misérable* (**SYN.** indigent, nécessiteux ; **CONTR.** riche). *Un quartier misérable* (**SYN.** pauvre ; **CONTR.** luxueux). ◆ adj.

1. De nature à susciter la pitié : *Les conditions de vie des réfugiés sont misérables* (**SYN.** déplorable, pitoyable ; **CONTR.** enviable). **2.** Digne de mépris ; sans valeur : *Une misérable vengeance* (**SYN.** mesquin ; **CONTR.** noble). *Un salaire misérable* (**SYN.** dérisoire ; **CONTR.** considérable).

misérablement adv. D'une manière qui inspire la pitié : *Elle a vécu misérablement* (**SYN.** pauvrement ; **CONTR.** richement).

misère n.f. (du lat. *miseria,* malheur). **1.** État d'extrême pauvreté ; manque grave de qqch : *Vivre dans la misère* (**SYN.** dénuement ; **CONTR.** opulence, richesse). *Un salaire de misère* (= insuffisant pour vivre décemment). **2.** Événement douloureux, qui suscite la pitié : *C'est une misère de la voir ruiner sa vie ainsi* (**SYN.** malheur ; **CONTR.** bonheur). **3.** Chose de peu d'importance : *Il a eu cette voiture pour une misère* (**SYN.** bagatelle, rien). **4.** Nom usuel d'une plante à feuillage décoratif et à croissance rapide. ▸ ***Avoir de la misère,*** au Québec, éprouver des difficultés. ***Chercher misère à qqn,*** en Belgique, lui chercher querelle. ◆ **misères** n.f. pl. Ce qui rend la vie incommode, pénible : *Les misères de l'âge* (**SYN.** souffrance ; **CONTR.** plaisir). ▸ *Fam.* ***Faire des misères à qqn,*** le taquiner, le tracasser.

miserere [mizerere] n.m. inv. ou **miséréré** n.m. (lat. *miserere,* aie pitié). Psaume de la pénitence par lequel les fidèles implorent la pitié de Dieu : *Des miserere.*

miséreux, euse adj. et n. Qui est dans la misère ; qui dénote la misère : *Aider des miséreux* (**SYN.** indigent, misérable, nécessiteux ; **CONTR.** riche). *Un logement miséreux* (**SYN.** pauvre, sordide ; **CONTR.** luxueux).

miséricorde n.f. (lat. *misericordia,* de *miserari,* avoir pitié, et de *cor, cordis,* cœur). **1.** *Sout.* Pardon accordé par pure bonté : *Implorer miséricorde.* **2.** Console placée sous le siège relevable d'une stalle d'église et servant à s'appuyer tout en ayant l'air d'être debout ; dispositif de ce genre installé dans un lieu public où il faut attendre (station de métro, guichet d'une gare, etc.). ◆ interj. *Vx* Marque la surprise accompagnée de regret, d'effroi, de dépit.

miséricordieux, euse adj. *Litt.* Enclin à la miséricorde.

misogyne adj. et n. (du gr. *miseîn,* haïr, et *gunê,* femme). Qui manifeste du mépris ou de l'hostilité à l'égard des femmes (par opp. à misandre) : *Il a une attitude misogyne.*

misogynie n.f. Mépris pour les femmes (par opp. à misandrie).

miss [mis] n.f. (mot angl. signif. « mademoiselle ») [pl. inv. ou *misses*]. **1.** *Fam.* Jeune fille. **2.** Reine de beauté : *L'élection de Miss Europe.*

missel n.m. (du lat. *missalis liber,* livre de messe). Livre qui contient les textes de la liturgie de la messe.

missi dominici [misidɔminisi] n.m. pl. (mots lat. signif. « envoyés du maître »). Sous Charlemagne, agents qui allaient toujours par deux et qui étaient chargés de la surveillance des autorités locales.

missile n.m. (mot angl., du lat. *missile,* arme de jet). Projectile militaire autopropulsé, et autoguidé ou téléguidé.

missilier n.m. Militaire chargé du service des missiles.

mission n.f. (du lat. *missio,* action d'envoyer, de *mittere,* envoyer). **1.** Charge donnée à qqn d'accomplir une tâche définie : *Il n'a pas rempli sa mission* (**SYN.** mandat). *Être envoyé en mission.* **2.** Ensemble des personnes que l'on envoie accomplir une tâche : *Une mission scientifique* (**SYN.** commission, délégation). **3.** But élevé, devoir inhérent à une profession et au rôle social qu'on lui attribue : *La mission de l'école est de former le futur citoyen* (**SYN.** fonction, rôle). **4.** Organisation visant à la propagation de la foi ; établissement de missionnaires : *La mission protestante.*

missionnaire n. Prêtre, pasteur, religieux envoyé pour prêcher une religion, pour évangéliser un peuple. ◆ adj. Relatif aux missions, à la propagation de la foi.

missive n.f. (du lat. *missus,* envoyé). *Litt.* Lettre : *Je n'ai jamais reçu cette missive* (**SYN.** billet, épître [litt.], message).

mistigri n.m. (de l'anc. fr. *miste,* doux, et *gris*). **1.** *Fam.* Chat. **2.** À certains jeux de cartes, valet de trèfle. **3.** *Fam.* Problème épineux dont chacun souhaite se débarrasser.

miston, onne n. *Fam., vx* Gamin.

mistral n.m. (mot prov.) [pl. *mistrals*]. Vent du nord violent, qui souffle dans la vallée du Rhône et en Provence.

mitage n.m. (de *se miter*). Multiplication de résidences dispersées dans un espace rural.

mitaine n.f. (de l'anc. fr. *mite,* gant). **1.** Gant qui couvre les premières phalanges. **2.** Au Québec et en Suisse, moufle.

mitan n.m. *Vieilli, région.* Milieu ; centre (par opp. à bord) : « *Dans le mitan du lit / La rivière est profonde* » [Chanson populaire].

mitard n.m. (de l'arg. *mite,* cachot). *Arg.* Cachot de prison.

mite n.f. (du moyen néerl. *mîte,* racloir). Petit papillon dont les chenilles rongent les tissus de laine, de soie (**SYN.** teigne).

mité, e adj. Troué par les mites : *Des tapis mités.*

① **mi-temps** n.f. inv. Chacune des deux périodes d'égale durée que comportent certains sports d'équipe ; temps d'arrêt qui sépare ces deux périodes : *La France menait en première mi-temps. Les joueurs retournent dans les vestiaires pendant la mi-temps.*

② **mi-temps** n.m. inv. Travail à mi-temps : *Faire un mi-temps.* ◆ **à mi-temps** loc. adv. Pendant la moitié de la durée normale du travail : *Travailler à mi-temps.*

se **miter** v.pr. [conj. 3]. Être attaqué, abîmé par les mites : *Une couverture qui se mite.*

miteux, euse adj. et n. (de *mite*). D'apparence misérable : *Bar miteux* (**SYN.** pouilleux, sordide ; **CONTR.** chic).

mithridatisation n.f. ou **mithridatisme** n.m. (de *Mithridate,* nom d'un roi de l'Antiquité, qui, selon la légende, s'était accoutumé aux poisons). Tolérance à l'égard d'une substance toxique, acquise par l'ingestion de doses progressivement croissantes de cette substance.

mithridatiser v.t. [conj. 3]. Immuniser contre un poison par une accoutumance progressive.

mitigé, e adj. Se dit d'un jugement qui n'est pas tranché, net : *Ce film a reçu un accueil mitigé* (**SYN.** tiède). ▸ (Emploi critiqué). ***Mitigé de,*** mêlé de : *Des compliments mitigés de reproches* (**SYN.** mélangé de).

mitiger v.t. (du lat. *mitigare,* adoucir, de *mitis,* doux) [conj. 17]. *Vieilli* Rendre moins rigoureux, moins strict : *Mitiger ses critiques* (**SYN.** adoucir, atténuer, tempérer ; **CONTR.** durcir).

mitigeur n.m. Appareil de robinetterie permettant de régler la température et le débit de l'eau ; mélangeur.

mitochondrie [mitɔkɔ̃dri] n.f. (du gr. *mitos,* filament, et *khondros,* grain). Chacun des éléments du cytoplasme de la cellule, qui synthétise la substance qui est la source d'énergie des êtres vivants.

mitonner [mitɔne] v.i. (de *miton,* mie de pain, dans l'ouest de la France) [conj. 3]. Mijoter, en parlant d'aliments. ◆ v.t. **1.** Faire mijoter un aliment : *Mitonner un ragoût* (**SYN.** mijoter). **2.** Préparer qqch peu à peu, avec soin : *Elle mitonne un projet* (**SYN.** méditer, mûrir).

mitose n.f. (du gr. *mitos,* filament). Mode usuel de division de la cellule vivante, assurant le maintien d'un nombre constant de chromosomes.

mitotique adj. Relatif à la mitose : *La division mitotique.*

mitoyen, enne adj. (de *moitié*). Qui appartient à deux propriétaires voisins et sépare leurs biens : *Une clôture mitoyenne.*

mitoyenneté n.f. État de ce qui est mitoyen.

mitraillade n.f. Décharge simultanée d'armes à feu.

mitraillage n.m. Action de mitrailler.

mitraille n.f. (de l'anc. fr. *mitaille,* menu métal). **1.** Décharge d'obus, de balles : *Les soldats fuyaient sous la mitraille.* **2.** *Fam.* Petite monnaie de métal : *Il s'est débarrassé de sa mitraille à la boulangerie.*

mitrailler v.t. [conj. 3]. **1.** Tirer par rafales sur : *Les soldats mitraillent les troupes ennemies.* **2.** *Fam.* Photographier ou filmer sous tous les angles : *Les photographes ont mitraillé les stars durant le festival.* ▸ ***Mitrailler qqn de questions,*** le soumettre à un grand nombre de questions (**SYN.** bombarder, harceler de).

mitraillette n.f. Pistolet-mitrailleur.

mitrailleur n.m. Servant d'une mitrailleuse.

mitrailleuse n.f. Arme automatique montée sur un affût : *La mitrailleuse d'un avion.*

mitral, e, aux adj. (de *mitre*). Relatif à la valvule mitrale. ▸ ***Valvule mitrale,*** valvule située entre l'oreillette et le ventricule gauches du cœur.

mitre n.f. (du lat. *mitra,* bandeau, du gr.). **1.** Coiffure liturgique de cérémonie portée par le pape, les évêques et certains abbés. **2.** Appareil qui coiffe l'extrémité d'un conduit de cheminée pour empêcher la pluie ou le vent d'y pénétrer.

mitron n.m. (de *mitre*). Apprenti boulanger ou pâtissier.

à **mi-voix** loc. adv. En émettant un faible son de voix : *Chanter à mi-voix* (= à voix basse ; **SYN.** mezza voce).

mixage n.m. (de l'angl. *mix,* mélange). Report sur un support unique des divers sons et images nécessaires pour constituer une scène, un programme de radio ou de télévision : *Une table de mixage.*

① **mixer** [mikse] v.t. (de l'angl. *to mix,* mélanger) [conj. 3]. **1.** Procéder au mixage de : *Mixer des sons.* **2.** Passer au mixeur : *Mixer des légumes.*

② **mixer** [miksœr] ou **mixeur** n.m. (de l'angl. [*electric*] *mixer,* batteur [électrique]). Appareil électrique servant à broyer et à mélanger des denrées alimentaires : *Ce commerçant vend des mixers.*

mixité n.f. Caractère d'un groupe, d'une équipe, d'un établissement scolaire comprenant des personnes des deux sexes. ▸ ***Mixité sociale,*** cohabitation, dans une zone géographique ou une collectivité donnée, d'individus ayant des origines ethniques, sociales, culturelles différentes.

mixte [mikst] adj. (lat. *mixtus,* p. passé de *miscere,* mêler). **1.** Formé d'éléments de nature, d'origine différentes : *Une commission mixte. Société d'économie mixte* (= à capitaux privés et publics). **2.** Qui comprend des personnes des deux sexes, ou appartenant à des origines différentes : *Une classe mixte* (= constituée de garçons et de filles). *Mariage mixte* (= entre des personnes de religion, d'origine ou de nationalité différentes).

mixtion [mikstjɔ̃] n.f. (lat. *mixtio*). Action de mélanger des substances pour composer un médicament ; ce médicament. ☞ **REM.** Ne pas confondre avec *miction.*

mixture [mikstyr] n.f. (lat. *mixtura*). **1.** Mélange de plusieurs substances médicamenteuses. **2.** Mélange quelconque dont le goût est désagréable : *Je ne peux plus avaler cette mixture !*

M.J.C. ou **MJC** [ɛmʒise] n.f. (sigle). ▸ ***Maison des jeunes et de la culture*** → **maison.**

MMS [ɛmɛmɛs] n.m. (sigle de l'angl. *multimedia messaging service*). Message multimédia → **multimédia.**

mnémonique ou **mnésique** adj. (gr. *mnêmonikos,* de *mnêmê,* mémoire). Relatif à la mémoire.

mnémotechnique adj. (du gr. *mnêmê,* mémoire, et *tekhnê,* art). Se dit d'un procédé qui facilite la fixation des souvenirs par des associations mentales.

① **mobile** adj. (lat. *mobilis,* de *movere,* mouvoir). **1.** Qui peut se déplacer, être enlevé : *Calendrier à feuillets mobiles* (**SYN.** amovible ; **CONTR.** inamovible). **2.** Qui est animé d'un mouvement constant : *La surface mobile des eaux* (**SYN.** mouvant ; **CONTR.** immobile, stagnant). *Une physionomie très mobile* (**SYN.** expressif ; **CONTR.** inexpressif). **3.** Qui est amené à se déplacer ou qui est prêt à changer d'activité : *Une main-d'œuvre mobile* (**SYN.** itinérant). **4.** Dont la date, la valeur n'est pas fixe : *La Pentecôte est une fête mobile* (= dont la date varie en fonction de la date de Pâques). *Échelle mobile des salaires* (**SYN.** variable). **5.** Se dit d'un matériel informatique, audiovisuel ou de télécommunication qui peut s'utiliser lors de déplacements, sans nécessité de branchement : *Un téléphone mobile* (= radiotéléphone ; **CONTR.** 1. fixe).

② **mobile** n.m. (de *1. mobile*). **1.** Corps ou point qui se déplace et dont on étudie le mouvement : *La vitesse d'un mobile.* **2.** Œuvre d'art composée d'éléments articulés qui peuvent bouger sous l'action de l'air, d'un moteur : *Les premiers mobiles ont été conçus par Calder.* **3.** Impulsion qui pousse à agir, qui détermine une conduite ; motivation : *Le mobile d'un crime* (**SYN.** cause, motif, raison). **4.** Téléphone mobile : *Elle a perdu son mobile* (**SYN.** radiotéléphone).

mobile home [mɔbilom] n.m. (mot anglo-amér. signif. « maison mobile ») [pl. *mobile homes*]. Caravane de très grandes dimensions, aux normes de la construction, immobilisée sur des plots et qui sert d'habitation principale. ☞ **REM.** Il est recommandé de remplacer cet anglicisme par *maison mobile.*

mobil-home [mɔbilom] n.m. (de l'anglo-amér. *mobile home*) [pl. *mobil-homes*]. Caravane de grande dimension, hors gabarit routier, destinée à une occupation temporaire de loisirs, et conservant ses moyens de mobilité. ☞ **REM.** Il est recommandé de remplacer cet anglicisme par *résidence mobile.*

① **mobilier, ère** adj. (de *1. mobile*). Dans le langage juridique, qui concerne les meubles, les biens meubles.

② **mobilier** n.m. (de *1. mobilier*). **1.** Ensemble des meubles destinés à l'usage personnel et à l'aménagement d'une habitation : *Elle voudrait changer le mobilier de son appartement* (**SYN.** ameublement). **2.** Ensemble des meubles et des objets d'équipement destinés à un usage particulier : *Mobilier scolaire.* **3.** Dans le langage juridique, ensemble des biens meubles qui dépendent d'un patrimoine. ▸ ***Mobilier urbain,*** ensemble des équipements installés au bénéfice des usagers sur la voie publique et dans les lieux publics.

mobilisable adj. Dans le langage militaire, qui peut être mobilisé : *Des réservistes mobilisables.*

mobilisateur, trice adj. Qui mobilise ; qui incite à agir : *Une grève mobilisatrice* (**CONTR.** démobilisateur).

mobilisation n.f. **1.** Action de mobiliser des troupes : *Décréter la mobilisation* (**CONTR.** démobilisation). **2.** Action de mobiliser qqn ; fait de se mobiliser : *La mobilisation des militants.*

mobiliser v.t. (de *1. mobile*) [conj. 3]. **1.** Mettre sur pied de guerre les forces militaires d'un pays (**SYN.** appeler, rappeler ; **CONTR.** démobiliser). **2.** En parlant d'un groupe, faire appel à l'action de ses adhérents : *Le syndicat mobilise ses troupes.* **3.** Présenter pour qqn, un groupe, un intérêt suffisant pour les faire agir : *Cette élection a mobilisé les citoyens.* **4.** Mettre en œuvre tout ce qui est possible afin d'accomplir qqch : *Mobiliser les efforts de tous.* **5.** Mettre en mouvement des articulations pour en rétablir la souplesse, en parlant d'un kinésithérapeute. ◆ **se mobiliser** v.pr. Être motivé et prêt à agir : *Le pays entier s'est mobilisé.*

mobilité n.f. (lat. *mobilitas*). **1.** Caractère de ce qui est capable de mouvement : *La mobilité des bras* (**SYN.** motilité ; **CONTR.** immobilité). *La mobilité d'un regard* (**CONTR.** fixité). *Les personnes à mobilité réduite* (= celles qui ont des difficultés à marcher ou qui se déplacent en fauteuil roulant). **2.** Caractère de ce qui est fluctuant, instable : *La mobilité de l'électorat* (**SYN.** inconstance, versatilité ; **CONTR.** constance, stabilité). ▸ ***Mobilité de la main-d'œuvre,*** passage d'une région d'emploi à une autre ; changement de profession, de qualification.

mobinaute n. (de *mobile* et *internaute*). Personne qui navigue sur Internet à partir d'un appareil mobile.

Mobylette n.f. (nom déposé). **1.** Cyclomoteur de la marque de ce nom. **2.** (Emploi abusif). Tout cyclomoteur, quelle que soit sa marque.

mocassin n.m. (algonquien *mockasin*). **1.** Chaussure des Indiens de l'Amérique du Nord, en peau non tannée. **2.** Chaussure basse, souple et sans lacets. **3.** Serpent américain, venimeux, voisin des crotales.

moche adj. *Fam.* **1.** Laid : *Sa veste est moche* (**SYN.** affreux ; **CONTR.** joli). **2.** Désagréable ; fâcheux : *C'est moche ce qui lui arrive* (**SYN.** dur). **3.** Méprisable ; inélégant : *Il a été moche avec sa voisine* (**SYN.** mesquin).

mocheté n.f. *Fam.* Personne ou chose laide : *Ce jouet est une vraie mocheté !* (**SYN.** horreur).

modal, e, aux adj. (de *2. mode*). Qui se rapporte aux modes du verbe : *Formes modales.*

modalisation n.f. Ensemble des moyens linguistiques qui traduisent la relation entre la personne qui parle et ce qu'elle dit (comme les adverbes *peut-être, certainement,* les niveaux de langue, etc.).

modaliser v.t. [conj. 3]. Servir à la modalisation de.

modalité n.f. (de *modal*). Condition qui accompagne un acte juridique : *Les modalités d'acquisition d'un logement* (**SYN.** clause, convention, stipulation).

① **mode** n.f. (du lat. *modus,* manière, mesure). **1.** Manière passagère d'agir, de vivre, de penser, liée à un milieu, à une époque déterminés : *C'est la mode des trottinettes. Ce style de musique est passé de mode* (= est démodé). **2.** Manière particulière de s'habiller conformément au goût d'une certaine société : *Une émission sur la mode.* **3.** Commerce, industrie de l'habillement : *Les ouvrières de la mode.* ▸ ***À la mode,*** se dit de qqn qui s'habille selon la tendance du moment : *Elles sont toujours à la mode* ou *à la dernière mode* ; se dit de qqn, de qqch qui est au goût du jour, en vogue : *Le dernier chanteur à la mode. Ces émissions de télévision sont à la mode.* ***À la mode de,*** à la manière de : *Cuisiner à la mode de Provence.* ***À la mode de Bretagne,*** se dit de parents (cousin, oncle, neveu) qui descendent de cousins germains ; se dit de personnes ayant un lien de parenté éloigné. ◆ adj. inv. Au goût du jour : *Des coiffures très mode.* ▸ ***Bœuf mode,*** morceau de bœuf piqué de lard.

② **mode** n.m. (du lat. *modus,* manière, mesure). **1.** Manière générale dont un phénomène se présente, dont une action se fait : *Mode de vie* (**SYN.** façon, genre, style). *Mode de paiement* (**SYN.** formule, 2. moyen). *Le mode d'emploi du lecteur de DVD* (= la notice). **2.** État particulier de fonctionnement d'un système informatique (téléphonique, électronique, etc.), déterminé par l'usage que l'on veut en faire : *Ordinateur en mode réseau, local, veille.* **3.** *Fig.* Comportement d'une personne, lié à sa situation, aux circonstances, etc. *Le ministre est passé en mode silencieux.* **4.** Caractère des formes verbales indiquant la manière dont le sujet parlant envisage ce qu'il énonce : *En français, les six modes sont l'indicatif, le subjonctif, le conditionnel, l'impératif, l'infinitif et le participe.* **5.** En musique, échelle à structure définie dans le cadre de l'octave et caractérisée par la disposition de ses intervalles : *Mode majeur, mineur.*

modelage n.m. Action de modeler un objet ; la chose modelée : *Des modelages en argile.*

modèle n.m. (it. *modello,* du lat. *modulus,* mesure). **1.** Ce qui est donné pour servir de référence, de type : *C'est un modèle pour ses frères et sœurs* (**SYN.** exemple). *Un modèle de corrigé pour le devoir de mathématiques.* **2.** Ce qui est donné, ou choisi, pour être reproduit : *Il ne peut pas dessiner sans modèle.* **3.** (Suivi d'un compl.). Personne ou objet qui représente idéalement une catégorie, une qualité : *Un modèle de courage, de lâcheté* (**SYN.** parangon [sout.]). *Un modèle de classicisme* (**SYN.** archétype). **4.** Personne qui pose pour un artiste : *Cela fait une heure que son modèle tient la pose.* **5.** Catégorie, variété particulière ; objet particulier conçu pour être reproduit en série : *Une voiture d'un modèle ancien. Nos derniers modèles ne sont plus disponibles.* **6.** Schéma simplifié et symbolique d'un processus, d'un système : *Des modèles de phrase. Un modèle économique.* ▸ ***Modèle réduit,*** reproduction à petite échelle d'une machine, d'un véhicule (= maquette). ◆ adj. (Toujours épithète). **1.** Parfait en son genre : *Un employé modèle* (**SYN.** exemplaire, idéal). **2.** Propre à être imité : *Des entreprises modèles.*

modelé n.m. Relief des formes, en sculpture, en peinture : *Le modelé délicat d'une figure.*

modeler v.t. (de *modèle*) [conj. 25]. **1.** Pétrir de la terre, de la cire, etc., pour obtenir une certaine forme : *Modeler un buste en argile* (**SYN.** façonner, sculpter). *De la pâte à modeler.* **2.** Donner une forme, un relief particulier à : *La mer modèle le contour de la falaise.* **3.** *Fig.* Fixer, régler d'après un modèle : *Elle modèle sa conduite sur celle de ses sœurs* (**SYN.** forger, régler). ◆ **se modeler** v.pr. **[sur].** Régler sa conduite sur qqn, qqch : *Se modeler sur ses aînés* (**SYN.** se conformer à).

modélisation n.f. Établissement des modèles utilisés en informatique, en économie, etc.

modéliser v.t. [conj. 3]. Procéder à une modélisation.

modélisme n.m. Réalisation de modèles reduits.

modéliste n. **1.** Personne qui crée des modèles dans la couture. **2.** Personne qui fabrique des modèles réduits.

modem [mɔdɛm] n.m. (acronyme de *modulateur démodulateur*). Appareil électronique, utilisé en télématique, qui permet l'échange d'informations entre des ordinateurs par le réseau téléphonique.

modérateur, trice n. (lat. *moderator*). **1.** Personne qui tend à limiter les excès, à apaiser les conflits (**CONTR.** provocateur). **2.** Personne chargée de diriger et tempérer un forum de discussion sur Internet, un débat public. ◆ adj. Qui modère, tempère ce qui est excessif : *Une influence modératrice.* ▸ ***Ticket modérateur,*** quote-part du coût des soins que l'assurance maladie laisse, en France, à la charge de l'assuré.

modération n.f. (lat. *moderatio*). **1.** Caractère de qqn, de qqch qui est éloigné de tout excès : *Dans cette affaire, il a fait preuve de modération* (**SYN.** pondération, retenue). *Une réponse pleine de modération* (**SYN.** mesure, sagesse ; **CONTR.** démesure, outrance). **2.** Action de modérer, de réduire qqch, de ralentir un mouvement : *À boire avec modération* (= sans excès, sans abus).

moderato [mɔderato] adv. (mot it. signif. « modérément »). Terme de musique indiquant qu'il faut modérer le mouvement : *Ce morceau doit se jouer moderato.* ◆ n.m. Passage d'une œuvre exécuté dans ce mouvement : *Des moderatos.*

modéré, e adj. **1.** Qui est situé entre les extrêmes ; qui n'est pas exagéré : *Un loyer modéré* (**SYN.** raisonnable ; **CONTR.** abusif). **2.** Éloigné de tout excès : *Il est très modéré dans ses paroles* (**SYN.** mesuré, pondéré ; **CONTR.** excessif, violent). ◆ adj. et n. Partisan d'une politique éloignée des solutions extrêmes : *En politique, c'est un modéré* (**SYN.** centriste).

modérément adv. Avec modération ; sans excès : *Manger modérément* (**SYN.** raisonnablement ; **CONTR.** immodérément). *Cela ne me plaît que modérément* (= assez peu).

modérer v.t. (lat. *moderari,* de *modus,* mesure, manière) [conj. 18]. Diminuer la force, l'intensité de : *Modérer sa joie* (**SYN.** retenir ; **CONTR.** attiser). *Modérer ses dépenses* (**SYN.** limiter, réduire ; **CONTR.** augmenter). *Modérer ses paroles* (**SYN.** mesurer, tempérer ; **CONTR.** outrer). ◆ **se modérer** v.pr. S'écarter de tout excès ; se contenir : *Apprends à te modérer en public !*

moderne adj. (bas lat. *modernus,* de *modo,* récemment). **1.** Qui appartient au temps présent ou à une époque relativement récente : *La société moderne* (**SYN.** actuel ; **CONTR.** 2. passé). *Appartement moderne* (**SYN.** contemporain ; **CONTR.** ancien). **2.** Qui se conforme à l'évolution des mœurs : *Avoir des idées modernes* (**CONTR.** traditionnel). *Le sens moderne d'une expression* (**CONTR.** désuet, obsolète). **3.** Qui bénéficie des progrès les plus récents : *Un équipement hospitalier très moderne* (**SYN.** nouveau, récent ; **CONTR.** vétuste). **4.** Qui a pour objet l'étude des langues et des littératures vivantes (par opp. à classique) : *Lettres modernes.* **5.** Qui est conforme à l'usage actuel d'une langue (par opp. à ancien, vieilli, vieux). ▸ ***Français moderne,*** état actuel de la langue française, telle qu'elle est utilisée depuis le milieu du XVIIIe siècle. ***Histoire moderne,*** histoire de la période qui va de la chute de Constantinople (1453) à la fin du XVIIIe siècle (partic., jusqu'à 1789 pour la France). ◆ n.m. Ce qui est moderne : *En matière de mobilier, je préfère le moderne* (**CONTR.** ancien).

modernisateur, trice adj. et n. Qui modernise.

modernisation n.f. Action de moderniser : *La modernisation de l'agriculture.*

moderniser v.t. [conj. 3]. Donner une forme plus moderne, adaptée aux techniques présentes ou aux goûts actuels : *Moderniser la décoration de son salon* (**SYN.** rajeunir). *Moderniser les bureaux d'une entreprise* (**SYN.** rénover). *Moderniser les programmes scolaires* (**SYN.** adapter, réformer). ◆ **se moderniser** v.pr. Se conformer aux usages modernes : *Les transports en commun se modernisent* (**SYN.** évoluer).

modernisme n.m. **1.** Goût, recherche de ce qui est moderne. **2.** Caractère de ce qui est moderne (**SYN.** modernité).

moderniste adj. et n. Qui a le goût de ce qui est actuel ; moderne (par opp. à passéiste) : *Un architecte moderniste.*

modernité n.f. **1.** Caractère de ce qui est moderne : *Un hôtel d'une grande modernité* (= dernier cri ; **SYN.** modernisme). **2.** Les temps modernes, la période ouverte par la révolution industrielle (par opp. à la postmodernité).

modern style [mɔdɛrnstil] n.m. inv. et adj. inv. (mots angl.). Mouvement de rénovation des arts décoratifs, qui a eu lieu à la fin du XIXe siècle (on dit aussi l'*Art nouveau*).

modeste adj. (du lat. *modestus,* modéré). **1.** Qui manifeste de la modestie : *Une femme modeste* (**SYN.** effacé ; **CONTR.** vaniteux). *Un air modeste* (**SYN.** discret, réservé ; **CONTR.** orgueilleux, prétentieux). **2.** Qui est peu exigeant : *Il est modeste dans ses ambitions* (**SYN.** modéré ; **CONTR.** excessif). **3.** Qui est sans richesse, sans faste : *Des vêtements modestes* (**SYN.** simple ; **CONTR.** fastueux, luxueux). **4.** De peu d'importance : *Un salaire* *modeste* (**SYN.** maigre, modique ; **CONTR.** élevé, important). **5.** Qui est peu fortuné : *Elle est d'origine modeste* (**SYN.** humble ; **CONTR.** aisé, cossu).

modestement adv. **1.** De façon modeste : *Vivre modestement* (**SYN.** simplement ; **CONTR.** fastueusement). **2.** Avec modestie, retenue : *Parler de soi modestement* (**SYN.** humblement ; **CONTR.** prétentieusement).

modestie n.f. (lat. *modestia*). Qualité d'une personne modérée dans l'appréciation qu'elle fait d'elle-même : *Se comporter avec modestie* (**SYN.** humilité, simplicité ; **CONTR.** orgueil, vanité). ▸ ***Fausse modestie,*** attitude d'une personne qui veut faire prendre pour de la modestie ce qui est de l'orgueil déguisé.

modeux, euse adj. et n. *Fam.* Qui travaille dans la mode (styliste, journaliste) ou est toujours à la dernière mode.

modicité n.f. (bas lat. *modicitas*). Caractère de ce qui est modique : *La modicité d'un revenu* (**SYN.** faiblesse, petitesse).

modifiable adj. Qui peut être modifié : *La situation est modifiable* (**SYN.** transformable ; **CONTR.** immuable).

modificateur, trice adj. Propre à modifier : *Un événement modificateur* (**SYN.** transformateur).

modificatif, ive adj. Qui modifie : *Un texte modificatif.*

modification n.f. Action de modifier ; fait d'être modifié : *L'ordinateur a provoqué une modification des méthodes de travail* (**SYN.** changement, transformation). *Apporter quelques modifications à un texte* (**SYN.** correction, remaniement).

modifier v.t. (lat. *modificare,* de *modus,* manière, mesure) [conj. 9]. **1.** Changer qqch, sans en altérer la nature essentielle : *Modifier une loi* (= l'amender). *Modifier l'aspect d'un local* (**SYN.** changer, transformer). **2.** En parlant d'un adverbe, déterminer ou préciser le sens d'un verbe, d'un adjectif ou d'un autre adverbe.

modique adj. (lat. *modicus,* de *modus,* mesure, manière). De peu d'importance, de faible valeur : *Un salaire modique* (**SYN.** maigre, modeste ; **CONTR.** élevé, important). *Payer la modique somme de 20 euros* (**SYN.** insignifiant, minime ; **CONTR.** considérable, énorme).

modiquement adv. De façon modique : *Être modiquement rétribué* (**SYN.** faiblement ; **CONTR.** grassement).

modiste n. (de *1. mode*). Personne qui confectionne ou vend des chapeaux de femme.

modulable adj. Qui peut être modulé : *Un emploi du temps modulable* (**SYN.** flexible ; **CONTR.** rigide).

modulaire adj. Constitué d'un ensemble de modules.

modulateur, trice adj. *Didact.* Qui produit une modulation : *Le modem est un appareil modulateur.* ◆ **modulateur** n.m. Dispositif électronique qui effectue la modulation d'une oscillation.

modulation n.f. (lat. *modulatio,* de *modulus,* cadence). **1.** Chacun des changements de ton, d'accent, d'intensité dans l'inflexion de la voix. **2.** En musique, passage d'une tonalité à une autre au cours d'un morceau. **3.** Variation, modification de qqch selon certains critères : *Modulation des horaires* (**SYN.** flexibilité ; **CONTR.** rigidité). **4.** En physique, modification d'une caractéristique d'un phénomène (amplitude, fréquence) en fonction des valeurs d'une caractéristique d'un autre phénomène. ▸ ***Modulation de fréquence,*** modulation par laquelle on fait varier la fréquence d'une oscillation électrique ; bande de fréquences dans laquelle sont diffusées des émissions de radio selon ce procédé (on dit aussi *FM*).

module n.m. (du lat. *modulus,* mesure). **1.** Unité fonctionnelle d'équipements permettant de réaliser un ensemble par juxtaposition ou combinaison : *Un meuble de rangement constitué de dix modules.* **2.** Unité d'enseignement qu'un étudiant, un élève combine à d'autres afin de personnaliser sa formation. **3.** Élément qui constitue une partie d'un vaisseau spatial et qui peut aussi être utilisé de façon autonome : *Un module lunaire.*

moduler v.t. (lat. *modulari,* de *modulus,* cadence) [conj. 3]. **1.** Exécuter avec des inflexions variées : *Un orateur qui module son discours.* **2.** Adapter d'une manière souple à des circonstances diverses : *Moduler une prime d'assurance en fonction de la conduite de l'assuré.* **3.** Effectuer la modulation d'une oscillation.

modus vivendi [mɔdysvivɛ̃di] n.m. inv. (mots lat. signif. « manière de vivre »). **1.** Accord permettant à deux parties en litige de trouver une solution amiable (**SYN.** accommodement, transaction). **2.** Arrangement dans une relation, les liens que l'on a avec qqn : *Trouver des modus vivendi* (**SYN.** accord, compromis).

moelle [mwal] n.f. (lat. *medulla,* de *medius,* qui est au milieu). **1.** Substance molle, graisseuse contenue dans différents os (on dit aussi *la moelle osseuse*). **2.** Substance molle contenue au centre de la tige de certaines plantes : *La moelle du sureau.* **3.** *Fig., litt.* Partie essentielle de qqch : *La moelle d'un récit* (**SYN.** essence, quintessence [litt.]). ▸ ***Jusqu'à la moelle*** ou ***jusqu'à la moelle des os,*** très profondément : *Ils étaient glacés jusqu'à la moelle.* ***Moelle épinière,*** partie du système nerveux central situé dans la colonne vertébrale et qui assure la transmission de l'influx nerveux, ainsi que certains réflexes.

moelleusement [mwaløzmɑ̃] adv. De façon confortable, agréable : *Être moelleusement emmitouflé dans un châle* (**SYN.** confortablement, douillettement).

moelleux, euse [mwalø, øz] adj. (du bas lat. *medullosus,* rempli de moelle). **1.** Doux au toucher et comme élastique : *Un oreiller moelleux* (**SYN.** douillet, 1. mou ; **CONTR.** dur). **2.** Agréable à goûter, à entendre : *Un potage moelleux* (**SYN.** onctueux, velouté). *Elle a une voix moelleuse* (**SYN.** suave ; **CONTR.** rude, sec). ▸ ***Vin moelleux,*** vin qui n'est ni très doux ni très sec.

moellon [mwalɔ̃] n.m. (du lat. pop. *mutulio,* corbeau). Pierre de petites dimensions : *Un mur en moellons.*

mœurs [mœr ou mœrs] n.f. pl. (lat. *mores*). **1.** Pratiques sociales, usages communs à un groupe, un peuple, une époque : *La mondialisation provoque une modification de nos mœurs* (**SYN.** coutumes, habitudes, usages). **2.** Habitudes particulières à chaque espèce animale : *Les mœurs des fourmis* (**SYN.** comportement). **3.** Habitudes de vie personnelles : *Avoir des mœurs simples.* **4.** Ensemble des règles codifiées par la morale sociale, partic. sur le plan sexuel : *Les mœurs dépravées des milieux du banditisme* (**SYN.** moralité, principes). *Les bonnes mœurs* (= les règles morales régissant la société). *Police des mœurs* (= chargée de réprimer la prostitution). **5.** Conduites individuelles considérées par rapport à un code moral : *Femme de mœurs légères.* ▸ ***Attentat aux mœurs,*** atteinte aux bonnes mœurs.

mofette n.f. (it. *moffetta,* de *muffa,* moisissure). Émanation de gaz carbonique dans les régions volcaniques (**SYN.** fumerolle).

mofler v.t. (du wallon *mofe,* moufle) [conj. 3]. *Fam.* En Belgique, recaler à un examen.

mogette ou **mojette** n.f. *Région.* Haricot sec.

mohair [mɔɛr] n.m. (mot angl., de l'ar.). Poil de la chèvre angora, dont on fait des laines à tricoter ; étoffe faite avec cette laine : *Un pull en mohair.*

① **moi** pron. pers. (lat. *me*). **1.** Désigne la 1re pers. du sing., représentant la personne qui parle, en fonction de sujet : *Ma sœur et moi. Et moi de rire. Moi élu, tout ira bien. Moi, je veux bien y aller. C'est moi qui le lui ai dit* ; en fonction de complément prépositionnel : *Ce n'est pas pour moi. Le chien a couru vers moi* ; en fonction d'attribut : *Cette entreprise, c'est moi.* **2.** Avec un impératif affirmatif : *Répondez-moi. Donne-le-moi.* **3.** Marque l'intérêt que prend quelqu'un à l'ordre qu'il donne : *Ouvrez-moi cette fenêtre. Regardez-moi le gâchis qu'ils ont fait.* ▸ ***À moi !,*** au secours ! ***De vous à moi*** ou ***entre vous et moi,*** en confidence ; entre nous. ***Moi-même,*** annonce ou reprend le sujet : *Je l'annoncerai moi-même* ; comme attribut : *Je suis enfin moi-même* ; avec une préposition : *Je ne me fie qu'à moi-même.*

② **moi** n.m. inv. (de *1. moi*). **1.** Ce qui constitue l'individualité, la personnalité du sujet. **2.** En psychanalyse, structure psychique qui permet à l'individu de se défendre contre la réalité et contre les pulsions (**SYN.** ego).

moignon [mwaɲɔ̃] n.m. (de l'anc. fr. *moing,* mutilé). **1.** Ce qui reste d'un membre coupé ou amputé : *Un moignon de jambe.* **2.** (Employé abusivement en zoologie). Membre rudimentaire : *Les manchots n'ont qu'un moignon d'aile.* **3.** Ce qui reste d'une grosse branche cassée ou coupée (**SYN.** chicot).

moindre adj. (lat. *minor*). **1.** Plus petit en dimensions, en quantité, en intensité : *À un moindre coût* (**SYN.** inférieur ; **CONTR.** supérieur). *Une vitesse moindre.* **2.** (Avec l'art. déf.). Le plus petit, le moins important, le moins grand : *La moindre remarque le vexe. Être partisan du moindre effort.* **3.** *Fam.* En Suisse, maladif, affaibli : *Il se sent moindre en ce moment.*

moindrement adv. ▸ *Litt.* ***Pas le moindrement,*** pas le moins du monde : *Il ne s'est pas le moindrement inquiété.*

moine n.m. (du lat. ecclés. *monachus,* solitaire, du gr.). **1.** Religieux vivant en communauté dans un monastère. **2.** *Anc.* Récipient dans lequel on plaçait des braises pour chauffer un lit. **3.** Phoque des mers chaudes à pelage gris tacheté.

moineau n.m. (de *moine,* à cause de la couleur du plumage, qui rappelle celle de l'habit des moines). **1.** Oiseau passereau abondant dans les villes et dans les champs. **2.** *Fam.* Individu désagréable ou malhonnête : *Un drôle de moineau.* ▸ *Fam.* ***Manger comme un moineau,*** très peu. *Fam.* ***Tête*** ou ***cervelle de moineau,*** personne étourdie, écervelée.

moine-soldat n.m. (pl. *moines-soldats*). Militant inconditionnel d'une cause, d'un parti.

moinillon n.m. *Fam.* Jeune moine.

moins adv. (lat. *minus*). **1.** Indique une infériorité de qualité, de quantité, de prix : *Cette veste est moins belle* (**CONTR.** plus). *Il y a moins de monde ici. Moins de deux années se sont écoulées. Si vous en prenez deux, c'est moins cher. Elle souffre moins. Il a moins souffert que nous.* **2.** (Précédé de l'art. déf.). Indique le plus bas degré, la plus faible valeur de qqch : *Elle semblait la moins intéressée. C'est ici que ça vous coûtera le moins cher.* ▸ ***À moins,*** pour un moindre prix : *Vous ne trouverez pas ce modèle à moins* ; pour un motif moins important : *On s'effraierait à moins.* ***À tout le moins*** ou ***pour le moins*** ou ***tout du moins,*** en tout cas, avant tout, au minimum : *C'était son rôle, à tout le moins, d'organiser cet entretien.* ***Au moins,*** si ce n'est davantage : *Elle a au moins trente ans*; en tout cas, de toute façon : *Il pourrait au moins la remercier.* ***Du moins,*** néanmoins, en tout cas : *C'est du moins ce que j'ai compris.* ***N'être rien de moins que,*** être bel et bien, véritablement : *Elle n'est rien de moins qu'une championne.* ◆ prép. **1.** Indique une soustraction : *9 moins 6 égale 3. Il est dix heures moins vingt.* **2.** En algèbre, introduit un nombre négatif : *Moins deux plus moins trois égale moins cinq.* ◆ **à moins de** loc. prép. **1.** Au-dessous de, à un prix moindre que : *Il ne le vendra pas à moins de 200 euros.* **2.** (Suivi d'un inf.). Sauf si ; excepté si : *Vous n'y arriverez pas, à moins de faire appel au maire.* ◆ **à moins que** loc. conj. (Suivi du subj.). Sauf si : *À moins qu'il ne soit déjà parti* ou *qu'il soit déjà parti.* ◆ n.m. Signe noté « – » utilisé pour représenter une soustraction ou pour l'écriture des nombres négatifs.

moins-disant n.m. (pl. *moins-disants*). Personne qui, dans une adjudication, fait l'offre la plus basse.

moins-perçu n.m. (pl. *moins-perçus*). Ce qui est dû et n'a pas été perçu.

moins-value n.f. (pl. *moins-values*). Diminution de la valeur d'un objet ou d'un bien (**CONTR.** plus-value).

moirage n.m. Action de moirer une étoffe ; reflet chatoyant ainsi obtenu ; moirure.

moire n.f. (angl. *mohair,* de l'ar.). **1.** Étoffe à reflet changeant ; ce reflet. **2.** *Litt.* Reflets changeants et chatoyants d'une surface, d'un objet : *Les moires de la mer au soleil.*

moiré, e adj. Qui a les reflets de la moire : *La surface moirée du lac.* ◆ **moiré** n.m. Effet de la moire : *Le moiré d'un satin.*

moirer v.t. [conj. 3]. Donner un aspect moiré à une étoffe.

moirure n.f. *Litt.* Effet de moire : *Les moirures des flots* (**SYN.** scintillement).

mois n.m. (lat. *mensis*). **1.** Chacune des douze divisions de l'année civile : *Le mois d'août.* **2.** Espace de temps d'environ trente jours : *Il part en vacances dans un mois. Un bébé de trois mois.* **3.** Unité de travail et de salaire correspondant à un mois légal ; ce salaire lui-même : *Toucher un treizième mois* (**SYN.** mensualité). **4.** Somme due pour un mois de location, de services, etc. : *Ils lui doivent deux mois de loyer.*

moïse [mɔiz] n.m. (de *Moïse,* n.pr.). Berceau portatif en osier, capitonné.

moisi, e adj. Attaqué par la moisissure. ◆ **moisi** n.m. Partie moisie de qqch : *Enlever le moisi d'un fruit* (**SYN.** moisissure).

moisir v.i. (lat. *mucere,* de *mucus,* morve) [conj. 32]. **1.** Se gâter en se couvrant de moisissure : *La confiture a moisi.* **2.** *Fam.* Rester longtemps au même endroit : *Elle m'a fait moisir tout l'après-midi* (**SYN.** attendre, se morfondre). **3.** *Fam.* Rester inutilisé, improductif : *C'est de l'argent qui moisit* (**SYN.** dormir ; **CONTR.** rapporter, travailler). ◆ v.t. Couvrir de moisissure : *L'humidité a moisi le pain.*

moisissure n.f. **1.** Champignon de très petite taille qui provoque une modification chimique du milieu sur lequel il se développe : *La moisissure d'un fromage.* **2.** Altération de qqch sous l'effet de tels champignons ; partie moisie de qqch : *Enlever les moisissures d'une pêche* (**SYN.** moisi).

moisson n.f. (lat. *messio,* de *metere,* faire la moisson). **1.** Action de récolter les céréales parvenues à maturité ; époque de cette récolte : *Faire la moisson.* **2.** Céréale récoltée : *Rentrer la moisson* (**SYN.** récolte). **3.** Grande quantité de choses recueillies : *Une moisson d'informations* (**SYN.** masse, tas).

moissonnage n.m. Action, manière de moissonner.

moissonner v.t. [conj. 3]. **1.** Faire la moisson des céréales : *Moissonner l'orge.* **2.** (Sans compl.). Faire la moisson : *C'est bientôt la période de moissonner.* **3.** *Litt.* Recueillir, amasser en quantité : *Moissonner des renseignements* (**SYN.** collecter, récolter).

moissonneur, euse n. Personne qui fait la moisson.

moissonneuse n.f. Machine utilisée pour faire la moisson.

moissonneuse-batteuse n.f. (pl. *moissonneuses-batteuses*). Machine qui coupe, bat, trie et sépare les céréales de leurs grains.

moite adj. (du lat. pop. *muscidus,* moisi). **1.** Légèrement humide sous l'effet de la transpiration : *Elle a les mains moites lorsqu'elle est intimidée* (**CONTR.** sec). **2.** Imprégné d'humidité : *Des vêtements moites.*

moiteur n.f. **1.** Légère humidité de la peau : *La moiteur du corps après des efforts physiques.* **2.** État de ce qui est moite, humide : *La moiteur des draps, de l'atmosphère.*

moitié n.f. (lat. *medietas,* de *medius,* qui est au milieu). **1.** Chacune des parties égales d'un tout divisé en deux : *Dix est la moitié de vingt.* **2.** Une des deux parties à peu près égales d'un espace, d'une durée : *Parcourir la moitié du trajet. Elle est malade la moitié du temps. J'ai fait la moitié du travail.* **3.** *Fam.* Épouse, par rapport au mari : *Je te présente ma moitié* (**SYN.** femme). ▸ ***À moitié,*** à demi ; en partie : *Un restaurant à moitié vide. Je ne suis qu'à moitié satisfaite de ses progrès.* ***À moitié chemin,*** au milieu de la distance à parcourir ; avant d'avoir achevé une action entreprise (**SYN.** à mi-chemin). ***À moitié prix,*** pour la moitié du prix normal, ordinaire. ***De moitié,*** dans la proportion de un sur deux : *Sa prime a été augmentée de moitié.* ***Être*** ou ***se mettre de moitié,*** participer à égalité avec qqn aux risques et aux résultats d'une entreprise. ***Être pour moitié dans qqch,*** en parlant de qqch, entrer pour 50 % dans la composition de cette chose : *Les lettres sont pour moitié des réclamations* ; en parlant de qqn, en être responsable pour une part : *Elle est pour moitié dans l'abandon de ce projet.* ***Moitié..., moitié...,*** en partie..., en partie... : *Une couette moitié grise, moitié beige.* (= mi... mi). ***Moitié-moitié,*** à parts égales : *Partager un gâteau moitié-moitié* ; ni bien ni mal, ni oui ni non : *Êtes-vous contente ? — Moitié-moitié.*

moitir v.t. [conj. 32]. *Vx* Rendre moite.

mojette n.f. → **mogette.**

moka n.m. (de *Moka,* ville du Yémen). **1.** Café d'une variété réputée. **2.** Gâteau fait d'une génoise fourrée d'une crème au beurre parfumée au café.

mol adj.m. sing. → **1. mou.**

① **molaire** n.f. (lat. *molaris,* de *mola,* meule). Grosse dent placée à l'arrière des mâchoires, qui sert à broyer les aliments.

② **molaire** adj. (de *mole*). Relatif à la mole, unité de quantité de matière : *Masse molaire.*

molasse n.f. (de l'anc. fr. *mol,* mou). Grès tendre qui se forme au pied des chaînes de montagnes.

moldave adj. et n. Relatif à la Moldavie, à ses habitants. ◆ n.m. Forme du roumain parlée en Moldavie.

mole [mɔl] n.f. (de *mol*[*écule-gramme*]). Unité de quantité de matière (abrév. mol) : *Depuis 1971, la mole est une des sept unités de base du système international d'unités.*

môle n.m. (de l'it. *molo*). Ouvrage en maçonnerie qui protège l'entrée d'un port ou divise un port en bassins.

moléculaire adj. Relatif aux molécules ; constitué de molécules : *La structure moléculaire d'une substance.*

molécule n.f. (du lat. *moles,* masse). La plus petite quantité de matière d'un corps pur qui puisse exister à l'état libre sans perdre les propriétés de ce corps : *Une molécule est formée d'atomes.*

moleskine n.f. (de l'angl. *moleskin,* peau de taupe). Toile de coton fin, revêtue d'un enduit et d'un vernis imitant le grain du cuir : *Un canapé recouvert de moleskine.*

molester v.t. (du lat. *molestare,* ennuyer) [conj. 3]. Faire subir des violences physiques à : *Des voyous ont molesté le vendeur d'un magasin* (**SYN.** brutaliser, malmener, rudoyer).

molette n.f. (du lat. *mola,* meule). **1.** Pièce cylindrique striée qui sert à actionner un mécanisme mobile : *Une clef à molette.* **2.** Petit disque en acier dur, servant à couper, graver les corps durs ; outil muni d'un tel disque : *Une molette de vitrier.* **3.** Partie mobile de l'éperon, en forme de roue étoilée, et qui sert à piquer les flancs du cheval. **4.** En Suisse, pierre à aiguiser.

molière n.m. (de *Molière,* n.pr.). Distinction honorifique décernée chaque année en France à des acteurs de théâtre : *La soirée des molières.*

mollah [mɔla] ou **mulla** ou **mullah** [mula] n.m. (mot ar. signif. « seigneur »). Dans l'islam chiite, titre donné aux personnalités religieuses, aux docteurs de la loi coranique.

mollasse adj. (de l'anc. fr. *mol,* mou). Qui manque de consistance : *Il y a trop d'eau, la pâte est mollasse* (**SYN.** flasque ; **CONTR.** 1. ferme). ◆ adj. et n.f. *Fam.* Qui est mou ; apathique (**SYN.** indolent, nonchalant ; **CONTR.** dynamique, énergique).

mollasson, onne adj. et n. *Fam.* Qui est très mou, sans énergie : *Il pourrait se dépêcher, ce grand mollasson !*

mollement adv. **1.** Avec nonchalance, abandon : *Rester mollement étendu sur une chaise longue* (**SYN.** indolemment, nonchalamment). **2.** Sans conviction ; faiblement : *Se défendre mollement* (**SYN.** timidement ; **CONTR.** énergiquement).

mollesse n.f. (de l'anc. fr. *mol*, mou). **1.** État de qqch qui est mou : *La mollesse d'un coussin* (**SYN.** souplesse ; **CONTR.** dureté). **2.** Manque d'énergie, de vigueur, de conviction : *Agir avec mollesse* (**SYN.** apathie, indolence, nonchalance ; **CONTR.** dynamisme).

① **mollet** n.m. (de l'anc. fr. *mol*, mollet). Saillie que font les muscles de la partie postérieure de la jambe, entre la cheville et le pli du genou.

② **mollet, ette** adj. (dimin. de l'anc. fr. *mol*, mou). *Litt.* Un peu mou : *Un fauteuil mollet* (**SYN.** douillet ; **CONTR.** dur). ▸ ***Œuf mollet,*** œuf bouilli dans sa coque, de façon que le blanc soit coagulé, le jaune restant liquide.

molletière n.f. et adj.f. (de *1. mollet*). Bande de cuir ou de toile qui couvrait la jambe de la cheville jusqu'au jarret.

molleton n.m. (de *2. mollet*). Tissu épais, de coton ou de laine, doux, moelleux et chaud : *Une veste en molleton.*

molletonner v.t. [conj. 3]. Garnir ou doubler de molleton : *Molletonner un couvre-lit* (**SYN.** ouater). *Un pyjama molletonné.*

mollir v.i. (de l'anc. fr. *mol*, mou) [conj. 32]. **1.** Perdre de sa force, de son énergie : *Sentir ses jambes mollir* (**SYN.** flageoler ; **CONTR.** se durcir, se raidir). **2.** Perdre de sa violence : *Le vent mollit* (**SYN.** faiblir, tomber ; **CONTR.** persister). **3.** Perdre de sa vigueur ; céder, flancher : *Son courage mollit* (**SYN.** fléchir).

mollo adv. *Fam.* Doucement ; sans forcer : *Vas-y mollo, sinon tu vas l'abîmer !*

mollusque n.m. (du lat. scientif. *molluscum*, de *mollusca*, noix à écorce molle). Invertébré aquatique ou des lieux humides, au corps mou, qui porte souvent une coquille sur sa face dorsale : *L'escargot, la limace, la moule et la pieuvre sont des mollusques.*

molosse n.m. (du gr. *molossos*, du pays des Molosses). Gros chien de garde.

molossoïde adj. et n.m. Se dit de chiens à tête et à corps massifs, tels que les dogues, les mastiffs.

molybdène n.m. (du gr. *molubdos*, plomb). Métal blanc, dur, cassant et peu fusible.

môme n. *Fam.* Enfant : *Ils ont trois mômes.* ◆ n.f. *Fam.* Jeune fille : *Une jolie môme.*

moment n.m. (du lat. *momentum*, contraction de *movimentum*, mouvement). **1.** Espace de temps considéré dans sa durée : *Elle est restée un long moment au téléphone. Il revient dans un moment* (**SYN.** instant, 1. minute). **2.** Espace de temps considéré du point de vue des événements qui s'y situent : *Un moment de bonheur* (**SYN.** instant). *Que fais-tu de tes moments libres ?* **3.** Temps présent : *La mode du moment* (**SYN.** époque). *C'est le meilleur film du moment* (**SYN.** saison). **4.** Situation favorable ; occasion : *Il attend le bon moment pour lui en parler* (**SYN.** circonstances, temps). ▸ ***À tout moment,*** continuellement ; sans cesse. ***Au moment de*** (+ n. ou inf.), marque la simultanéité exacte : *Il doit prendre ses cachets au moment des repas. Au moment de parler, elle hésita.* ***Avoir de bons moments,*** être sympathique, agréable à vivre par périodes ; connaître des périodes heureuses. ***Du moment où,*** dès l'instant que : *Du moment où il a eu ce qu'il voulait, il ne nous a plus adressé la parole.* ***En ce moment*** ou ***pour le moment,*** actuellement ; pour l'instant : *En ce moment, je cherche du travail.* ***En un moment,*** en très peu de temps. ***Par moments,*** par intervalles ; de temps à autre. ***Sur le moment,*** sur l'instant ; sur le coup. ***Un moment !,*** attendez ! ◆ **au moment où** loc. conj. Lorsque ; précisément quand : *Il s'en va au moment où nous arrivons.* ◆ **du moment que** loc. conj. Puisque : *Du moment que tu sais que tu as raison, tu n'as qu'à le laisser dire* (= dès lors que).

momentané, e adj. Qui ne dure qu'un moment : *Une coupure d'eau momentanée* (**SYN.** provisoire, temporaire ; **CONTR.** durable).

momentanément adv. De façon momentanée : *Les programmes de cette chaîne sont momentanément interrompus* (**SYN.** provisoirement, temporairement).

momerie [mɔmri] n.f. (de l'anc. fr. *momer*, se déguiser). *Litt., vieilli* Affectation ridicule de sentiments que l'on n'éprouve pas, en partic. de sentiments religieux ; simagrée.

mômerie [momri] n.f. (de *môme*). (Surtout au pl.). *Fam.* Enfantillage : *Cesse ces mômeries, tu as passé l'âge !*

momie n.f. (d'un mot ar. signif. « masse résineuse »). **1.** Cadavre conservé par l'embaumement : *Les momies d'Égypte.* **2.** *Fam.* Personne très sèche et très maigre.

mômier, ère adj. et n. (de *momerie*). *Péjor.* En Suisse, bigot ; puritain.

momification n.f. Action de momifier ; fait de se momifier : *La momification de Ramsès II* (**SYN.** embaumement).

momifier v.t. [conj. 9]. Transformer un corps en momie (**SYN.** embaumer). ◆ **se momifier** v.pr. Se dessécher, physiquement ou intellectuellement ; se fossiliser.

mon, ma adj. poss. (du lat. *meus*) [pl. *mes*]. **1.** Qui est à moi, qui me concerne, qui vient de moi, qui a un rapport avec moi : *Je te prête mon livre. Voici ma maison. Mes collègues. Voici mon compte rendu. Je vous présente mes parents.* **2.** S'emploie dans l'armée ou au sein de l'Église devant certains noms de titres, de grades : *Mon père. Ma sœur. Mon capitaine.*

monacal, e, aux adj. (du lat. *monachus*, moine). Propre au genre de vie des moines : *Vie monacale* (**SYN.** monastique).

monachisme [mɔnaʃism ou mɔnakism] n.m. Vie monastique.

monade n.f. (gr. *monas, monados*, de *monos*, seul). Chez le philosophe Leibniz, unité simple et indivisible, qui est à la base de l'Univers et de ce qui le compose.

monarchie n.f. (du gr. *arkhein*, commander). **1.** Régime dans lequel l'autorité est exercée par une seule personne. **2.** Régime politique dans lequel le chef de l'État est un roi héréditaire ; État ainsi gouverné : *La monarchie britannique* (**SYN.** royaume).

monarchique adj. Qui concerne la monarchie : *Pouvoir monarchique.*

monarchisme n.m. Doctrine des partisans de la monarchie.

monarchiste adj. et n. Relatif au monarchisme ; qui en est partisan.

monarque n.m. Chef de l'État dans une monarchie ; potentat, prince : *Un monarque absolu* (**SYN.** roi, souverain).

monastère n.m. (gr. *monastêrion*). Maison, ensemble des bâtiments qu'habitent des moines ou des moniales.

monastique adj. (du gr. *monastikos*, solitaire). Relatif aux moines ou aux moniales : *Habit monastique* (**SYN.** monacal).

monaural, e, aux adj. (du lat. *auris*, oreille). Monophonique (par opp. à stéréophonique).

monceau n.m. (du lat. *monticellus*, petit mont). **1.** Élévation formée par un amoncellement d'objets : *Un monceau d'ordures* (**SYN.** amas, tas). *Des monceaux de dossiers* (**SYN.** entassement, 2. pile). **2.** Grande quantité de choses : *Ce livre n'est qu'un monceau de contre-vérités* (**SYN.** fatras, ramassis).

mondain, e adj. (lat. *mundanus*, de *mundus*, monde). **1.** Relatif à la vie sociale et aux divertissements de la haute société : *Chronique mondaine. Soirée mondaine.* **2.** Relatif à la vie séculière (par opp. à monastique). ▸ *Anc.* ***Brigade mondaine,*** brigade des stupéfiants et du proxénétisme de la préfecture de police de Paris (on disait aussi *la mondaine* [fam.]). ◆ adj. et n. Qui adopte les manières en usage dans la société des gens en vue ; qui aime les mondanités : *Elle est très mondaine* (**SYN.** snob ; **CONTR.** simple).

mondanité n.f. **1.** Caractère de ce qui est mondain, qui relève de la société des gens en vue : *La mondanité de ces dîners* (**SYN.** snobisme ; **CONTR.** simplicité). **2.** Goût pour la vie mondaine. ◆ **mondanités** n.f. pl. Habitudes de vie propres aux gens du monde ; événements de la vie mondaine : *Rechercher les mondanités.*

monde n.m. (lat. *mundus*). **1.** Ensemble de tout ce qui existe : *L'origine du monde* (**SYN.** création). *La Terre a longtemps été considérée comme le centre du monde* (**SYN.** cosmos, Univers). **2.** Toute planète considérée comme un ensemble, un milieu : *Découvrirons-nous d'autres mondes ?* **3.** La Terre ; le globe terrestre : *Faire le tour du monde sur un voilier* (**SYN.** planète). **4.** La Terre, considérée comme le séjour de l'homme (par opp. au ciel) : *En ce bas monde. N'être plus de ce monde* (= n'être plus en vie). **5.** La nature ; ce qui constitue l'environnement des êtres humains : *L'école doit permettre à l'enfant de découvrir le monde qui l'entoure.* **6.** Ensemble des êtres humains vivant sur la Terre : *Le monde entier s'indigne devant un tel acte de barbarie* (**SYN.** humanité). **7.** Ensemble de personnes ; grand nombre de personnes : *Il y avait du monde à l'inauguration* (**SYN.** foule). **8.** Les gens, l'ensemble des personnes à qui l'on a affaire : *Elle connaît bien son monde.* **9.** Entourage de qqn ; famille proche : *Il aime avoir tout son monde autour de lui* (= les siens ; **SYN.** maisonnée). **10.** Milieu, groupe social défini par une caractéristique : *Ils ne sont pas du même monde. Le monde du spectacle.* **11.** Ensemble des personnes constituant les classes sociales les plus aisées : *Une femme, un homme du monde.* **12.** *Litt.* Vie séculière, profane, par opposition à la vie monastique : *Renoncer au monde.* **13.** Ensemble de choses ou d'êtres formant un tout à part, organisé : *Le monde préhistorique. Le monde des reptiles.* **14.** Ensemble de choses abstraites du même ordre : *Le monde des idées. Le monde du rêve.* **15.** Écart important ; grande différence : *Il y a un monde entre ces deux générations* (**SYN.** abîme, fossé). ▸ ***Aller dans l'autre monde,*** mourir. ***Au bout du monde,*** dans un endroit éloigné. ***Avoir du monde,*** des invités : *Nous avons du monde à déjeuner.* ***Beau*** ou ***joli monde,*** société brillante, élégante : *Être invité dans le beau monde.* ***C'est le monde à l'envers,*** le contraire de ce qui devrait se faire. ***Courir*** ou ***parcourir le monde,*** voyager beaucoup. ***L'Ancien Monde,*** l'Europe, l'Asie et l'Afrique. ***Le Nouveau Monde,*** l'Amérique. ***Mettre un enfant au monde,*** lui donner naissance. ***Pour rien au monde,*** en aucun cas. ***Se faire un monde*** ou ***tout un monde de,*** attribuer une importance exagérée à : *Elle se fait tout un monde de l'entretien qu'elle doit passer.* ***Tout le monde,*** tous les gens ; chacun. ***Venir au monde,*** naître.

monder v.t. (du lat. *mundare*, purifier) [conj. 3]. **1.** Enlever la pellicule qui enrobe le noyau de certains fruits secs : *Monder des amandes* (**SYN.** décortiquer). **2.** Tailler, nettoyer les arbres (**SYN.** émonder).

mondial, e, aux adj. Qui concerne le monde entier : *L'économie mondiale* (**SYN.** international). ◆ **mondial** n.m. En sports, championnat du monde.

mondialement adv. Dans le monde entier : *Une actrice mondialement connue* (**SYN.** internationalement).

mondialisation n.f. **1.** Fait de devenir mondial : *Redouter la mondialisation d'une guerre.* **2.** Tendance des multinationales à concevoir des stratégies à l'échelle planétaire, conduisant à la mise en place d'un même modèle économique, social et culturel pour le monde entier ; globalisation : *Ils militent pour une autre mondialisation.*

mondialiser v.t. [conj. 3]. Donner à qqch un développement qui touche le monde entier. ◆ **se mondialiser** v.pron. Prendre une extension mondiale : *L'économie se mondialise.*

mondialisme n.m. **1.** Doctrine qui vise à réaliser l'unité politique de la communauté humaine. **2.** Prise en considération des problèmes politiques, culturels, etc., dans une optique mondiale.

mondialiste adj. et n. Qui relève du mondialisme ; qui en est partisan.

mondovision n.f. (de *monde* et *télévision*). Transmission d'images de télévision dans le monde entier par l'intermédiaire de satellites.

monégasque adj. et n. De Monaco ; de ses habitants.

M.O.N.E.P. ou **MONEP** [monɛp] n.m. (acronyme de *marché des options négociables de Paris*). Marché français où s'achètent et se vendent des options qui portent sur des produits financiers.

monétaire adj. (lat. *monetarius*, de *moneta*, monnaie). Relatif à la monnaie, aux monnaies : *Politique monétaire.*

monétarisme n.m. Courant de la pensée économique qui place au premier plan la politique monétaire.

monétariste adj. et n. Relatif au monétarisme ; qui en est partisan.

Monétique n.m. (nom déposé). Ensemble des dispositifs utilisant l'informatique et l'électronique dans les transactions bancaires (cartes de paiement, distributeurs de billets).

monétisation n.f. Introduction de nouvelles formes de moyens de paiement dans le circuit économique.

monétiser v.t. [conj. 3]. Effectuer la monétisation de.

mongol, e adj. et n. Relatif à la Mongolie, à ses habitants. ◆ **mongol** n.m. Groupe de langues altaïques parlées en Mongolie (SYN. khalkha).

mongolien, enne adj. et n. *Vieilli* Atteint de trisomie 21, ou mongolisme (SYN. trisomique).

mongolisme n.m. *Vieilli* Maladie congénitale appelée aujourd'hui trisomie 21.

mongoloïde adj. Qui rappelle le type mongol.

moniale n.f. (de l'anc. fr. *monial*, monacal, de *monie*, moine). Religieuse vivant en monastère.

monisme n.m. (du gr. *monos*, seul). Doctrine selon laquelle l'être est fait d'une seule substance (par opp. à dualisme).

① **moniteur, trice** n. (lat. *monitor*, de *monere*, avertir). **1.** Personne chargée d'enseigner ou de faire pratiquer certaines activités : *Moniteur d'auto-école, de ski.* **2.** Personne chargée de l'encadrement des enfants dans les activités extrascolaires (abrév. fam. mono) : *Monitrice de colonie de vacances.* **3.** Doctorant rémunéré pour participer à l'enseignement universitaire. **4.** En Afrique, fonctionnaire de rang subalterne employé dans le développement agricole ; enseignant de rang inférieur à celui d'instituteur.

② **moniteur** n.m. (angl. *monitor*). **1.** Écran d'un micro-ordinateur. **2.** Programme de contrôle qui permet de surveiller l'exécution de plusieurs tâches à effectuer par un ordinateur. **3.** En médecine, appareil électronique qui permet une surveillance continue des malades.

monitorage ou **monitoring** [mɔnitɔriŋ] n.m. Surveillance médicale à l'aide d'un moniteur.

monitorat n.m. Formation que suit une personnne pour accéder à la fonction de moniteur ; cette fonction.

monitoring [mɔnitɔriŋ] n.m. → **monitorage.**

monnaie n.f. (du lat. *moneta*, monnaie, de *Moneta*, surnom de la déesse Junon, dans le temple de laquelle les Romains frappaient la monnaie). **1.** Pièce de métal frappée par l'autorité souveraine pour servir aux échanges : *Monnaie d'or. Cette monnaie a été retirée de la circulation.* **2.** Tout instrument légal de paiement : *Monnaie de papier* (= billet). *Monnaie scripturale* (= chèques bancaires ou postaux, ordres de virements). **3.** Unité monétaire adoptée par un État : *La monnaie de la Grande-Bretagne est la livre sterling.* **4.** Équivalent de la valeur d'un billet ou d'une pièce en billets ou pièces de moindre valeur : *Faire la monnaie de 100 euros.* **5.** Pièces ou coupures de faible valeur que l'on porte sur soi : *Auriez-vous de la monnaie ?* **6.** Différence entre la valeur d'un billet, d'une pièce et le prix exact d'une marchandise : *Rendre la monnaie.* ▸ ***Battre monnaie,*** fabriquer, émettre de la monnaie. ***Fausse monnaie,*** contrefaçon de la monnaie légale. ***Petite monnaie,*** pièces de faible valeur. ***Rendre à qqn la monnaie de sa pièce,*** user de représailles envers lui ; se venger. ***Servir de monnaie d'échange,*** être utilisé dans une négociation pour obtenir quelque chose de la partie adverse.

monnaie-du-pape n.f. (pl. *monnaies-du-pape*). En botanique, nom usuel de la *lunaire.*

monnayable [mɔnɛjabl] adj. **1.** Qui peut être monnayé : *L'or est monnayable.* **2.** Susceptible d'être rémunéré, payé : *Des renseignements monnayables* (SYN. négociable, vendable ; CONTR. invendable).

monnayage [mɔnɛjaʒ] n.m. Fabrication de la monnaie.

monnayer [mɔnɛje] v.t. [conj. 11]. **1.** Convertir un métal en monnaie : *Monnayer de l'or, de l'argent.* **2.** Tirer un profit, de l'argent de : *Monnayer ses services* (SYN. vendre).

monnayeur [mɔnɛjœr] n.m. **1.** Personne qui effectue la frappe de la monnaie. **2.** Appareil qui change un billet, une pièce en petite monnaie.

① **mono** n. (abrév.). *Fam.* Moniteur, monitrice : *Des monos les ont accompagnés.*

② **mono** n.f. (abrév.). *Fam.* Monophonie (par opp. à stéréophonie) : *Un son en mono.*

monobloc adj. et n.m. Qui est fait d'une seule pièce : *Des bielles monoblocs.*

monocaméral, e, aux adj. (du lat. *camera*, chambre). Qui ne comporte qu'une seule chambre, qu'une seule assemblée parlementaire (par opp. à bicaméral) : *Système monocaméral.*

monocamérisme ou **monocaméralisme** n.m. Système politique monocaméral (par opp. à bicamérisme).

monochrome [mɔnokrom] adj. Qui est d'une seule couleur : *Un tableau monochrome* (CONTR. polychrome).

monochromie [mɔnokrɔmi] n.f. Caractère de ce qui est monochrome (CONTR. polychromie).

monocle n.m. (du lat. *oculus*, œil). Verre correcteur unique que l'on fait tenir dans l'arcade sourcilière.

monocolore adj. Se dit d'un gouvernement qui est l'émanation d'un seul des partis représentés au Parlement.

monocoque n.m. Bateau, partic. voilier, à une seule coque (par opp. à multicoque).

① **monocorde** adj. (lat. *monochordos*, du gr. *monos*, unique, et *khordê*, corde). Qui est émis sur une seule note et ne varie pas : *Elle parlait d'une voix basse et monocorde* (SYN. monotone).

② **monocorde** n.m. (lat. *monochordon*). Instrument de musique à une seule corde.

monocorps adj. et n.m. Se dit d'un véhicule automobile dont le profil ne présente de décrochement ni à l'avant ni à l'arrière.

monocotylédone n.f. (du gr. *kotûledôn*, cavité). Plante dont la graine ne contient qu'un seul cotylédon (par opp. à dicotylédone) : *Le blé, le lis, le poireau, le cocotier, le bananier sont des monocotylédones.*

monoculaire adj. Qui ne concerne qu'un seul œil : *Vision monoculaire.*

monoculture n.f. Spécialisation dans une seule culture agricole (par opp. à polyculture).

monocycle n.m. Cycle à une seule roue, utilisé par les équibristes dans les cirques.

monocyte n.m. (du gr. *kutos*, creux). Globule blanc de grande taille.

monodépartemental, e, aux adj. ▸ ***Région monodépartementale***, qui ne compte qu'un seul département.

monodie n.f. (bas lat. *monodia*, du gr.). Chant à une voix.

monodique adj. Se dit d'un chant à une seule voix.

monogame adj. **1.** Qui n'a qu'un seul conjoint légitime (par opp. à bigame, polygame). **2.** Qui se conforme au système de la monogamie : *Société monogame* (**SYN.** monogamique).

monogamie n.f. (du gr. *gamos*, mariage). Système dans lequel une personne ne peut avoir légalement qu'un seul conjoint (par opp. à la polygamie, polyandrie ou polygynie).

monogamique adj. Relatif à la monogamie (**SYN.** monogame).

monogénique adj. Se dit d'une maladie génétique due à une anomalie d'un seul gène.

monogramme n.m. (du gr. *gramma*, lettre). **1.** Motif ornemental fait d'un entrelacement des lettres ou des principales lettres d'un nom : *Le monogramme de Louis XIV* (**SYN.** chiffre). **2.** Marque ou signature abrégée qu'un artiste appose sur ses œuvres.

monographie n.f. Étude détaillée portant sur un point précis d'histoire, de littérature, sur une personne, sa vie, etc.

monographique adj. Relatif à la monographie.

monoï [mɔnɔj] n.m. inv. (mot polynésien). Huile parfumée d'origine tahitienne, tirée des fleurs de tiaré.

monokini n.m. (formation plaisante sur *Bikini*). *Vieilli* Maillot de bain féminin ne comportant qu'un slip.

monolingue adj. et n. Qui ne parle qu'une langue (par opp. à multilingue, plurilingue) : *Ils sont monolingues* (**CONTR.** polyglotte). ◆ adj. Rédigé en une seule langue (par opp. à bilingue, trilingue) : *Dictionnaire monolingue* (**SYN.** unilingue).

monolinguisme [mɔnolɛ̃gɥism] n.m. État d'une personne, d'une région, d'un pays monolingues (par opp. à bilinguisme, multilinguisme, plurilinguisme).

monolithe n.m. et adj. (du gr. *lithos*, pierre). **1.** Se dit d'un élément de construction formé d'un seul bloc de pierre. **2.** Se dit d'un monument taillé dans le roc : *L'église monolithe de Saint-Émilion.*

monolithique adj. **1.** Formé d'un seul bloc de pierre : *Ouvrage monolithique.* **2.** *Fig.* Qui présente l'aspect d'un bloc homogène, rigide : *Un parti politique monolithique.*

monolithisme n.m. Caractère de ce qui est monolithique, rigide : *Le monolithisme d'une institution.*

monologue n.m. (du gr. *monologos*, qui parle seul). **1.** Au théâtre, discours qu'un personnage se tient à lui-même. **2.** Discours de quelqu'un qui se parle tout haut à lui-même ou qui ne laisse pas parler les autres ; soliloque.

monologuer v.i. [conj. 3]. Tenir un monologue ; se parler à soi-même ; soliloquer.

monomaniaque adj. Relatif à la monomanie. ◆ adj. et n. **1.** *Vx* Atteint de monomanie. **2.** Qui a une obsession, une idée fixe : *Un monomaniaque de la politique.*

monomanie n.f. Idée fixe : *Son envie de vivre à l'étranger est devenue une véritable monomanie* (**SYN.** obsession).

monôme n.m. (du gr. *nomos*, portion). **1.** Expression algébrique formée d'un seul terme (par opp. à binôme ou polynôme). **2.** *Arg. scol.* Cortège d'étudiants qui marchent en file indienne en se tenant par les épaules, qui était de tradition en France après la fin des examens.

monomère adj. et n.m. Se dit d'un corps composé constitué de molécules simples.

monométallisme n.m. Système monétaire qui n'admet qu'un seul étalon monétaire, génér. l'or ou l'argent (par opp. à bimétallisme).

monométalliste adj. et n. Relatif au monométallisme.

monomoteur adj.m. et n.m. Se dit d'un avion équipé d'un seul moteur.

mononucléaire n.m. et adj. Globule blanc possédant un seul noyau.

mononucléé, e adj. Se dit d'une cellule qui n'a qu'un seul noyau.

mononucléose n.f. Augmentation du nombre des mononucléaires dans le sang : *Mononucléose infectieuse.*

monoparental, e, aux adj. Se dit d'une famille où il n'y a qu'un seul parent : *Des foyers monoparentaux.*

monoparentalité n.f. Situation, condition d'une famille monoparentale.

monopartisme n.m. Système politique fondé sur l'existence d'un parti unique (par opp. à bipartisme, à multipartisme, à pluripartisme).

monophasé, e adj. Se dit des tensions électriques ou des courants alternatifs simples ainsi que des installations utilisant ou produisant ces courants (par opp. à polyphasé).

monophonie n.f. Technique de la reproduction des sons au moyen d'une seule voie (par opp. à stéréophonie ; abrév. fam. mono).

monophonique adj. Relatif à la monophonie (par opp. à stéréophonique) : *Un son monophonique* (**SYN.** monaural).

monoplace adj. Se dit d'un véhicule à une seule place (par opp. à biplace). ◆ n.f. Automobile à une place, spécialement conçue pour les compétitions.

monoplan adj. et n.m. Se dit d'un avion qui ne possède qu'un seul plan de sustentation (par opp. à biplan).

monoplégie n.f. (du gr. *plêgê*, coup). Paralysie d'un seul membre (par opp. à hémiplégie, à tétraplégie).

monopole n.m. (du gr. *pôlein*, vendre). **1.** Privilège exclusif que possèdent un individu, une entreprise de fabriquer ou de vendre certains biens : *En France, la culture du tabac est un monopole d'État.* **2.** *Fig.* Possession exclusive de qqch : *Vous n'avez pas le monopole de la vérité* (**SYN.** prérogative).

monopolisation n.f. Action de monopoliser.

monopoliser v.t. [conj. 3]. **1.** Exercer un monopole sur une production, un secteur d'activité : *Cette* *entreprise a monopolisé la vente du matériel informatique* (**SYN.** truster). **2.** Se réserver ; accaparer pour son seul profit : *Monopoliser la parole* (**SYN.** s'approprier, s'arroger).

monopoliste adj. et n. Qui exerce, détient un monopole : *Une entreprise monopoliste.*

monopolistique adj. Qui a la forme d'un monopole ; qui tend vers le monopole ou s'y apparente : *Une stratégie monopolistique.*

Monopoly n.m. (nom déposé). Jeu de société dans lequel les joueurs doivent acquérir des terrains et des immeubles jusqu'à en obtenir le monopole.

monoprocesseur adj.m. et n.m. Se dit d'un système informatique qui possède une seule unité de traitement (par opp. à multiprocesseur).

monopsone n.m. (du gr. *opsônein,* s'approvisionner). Marché caractérisé par la présence d'un acheteur unique et d'une multitude de vendeurs (par opp. à oligopsone).

monorail adj. et n.m. Se dit d'un chemin de fer n'utilisant qu'un seul rail de roulement.

monosémique adj. Qui n'a qu'un seul sens (par opp. à polysémique) : *Un mot monosémique.*

monoski n.m. Ski sur lequel on pose les deux pieds pour glisser sur l'eau ou sur la neige ; sport ainsi pratiqué : *Faire du monoski.*

monospace n.m. Automobile spacieuse et monocorps.

monosyllabe [mɔnosilab] adj. Se dit d'un vers qui n'a qu'une seule syllabe (**SYN.** monosyllabique ; **CONTR.** polysyllabe). ◆ n.m. **1.** Mot, vers monosyllabe. **2.** Phrase réduite à un ou deux mots assez courts : *Répondre par monosyllabes.*

monosyllabique [mɔnosilabik] adj. **1.** Monosyllabe. **2.** Qui est formé de monosyllabes : *Vers monosyllabiques.* **3.** Se dit des langues où la plupart des mots sont monosyllabes : *Le chinois est une langue monosyllabique.*

monothéisme n.m. (du gr. *theos,* dieu). Doctrine, religion qui n'admet qu'un seul dieu (par opp. à polythéisme).

monothéiste adj. Relatif au monothéisme ; qui le professe (par opp. à polythéiste) : *Le judaïsme, le christianisme et l'islam sont des religions monothéistes.*

monotone adj. (du gr. *tonos,* ton). **1.** Qui est toujours sur le même ton : *Chant monotone* (**SYN.** monocorde). **2.** Qui lasse par son rythme, ses intonations sans variété : *Une comédienne monotone* (**SYN.** terne). **3.** Qui est uniforme ; sans imprévu : *Une vie monotone* (**SYN.** morne, triste).

monotonie n.f. **1.** Caractère, état de ce qui est monotone : *La monotonie d'une conférence, d'un conférencier* (**SYN.** uniformité). **2.** Absence de variété qui provoque la lassitude : *La monotonie d'un travail* (**SYN.** répétitivité ; **CONTR.** diversité, fantaisie, imprévu).

monoxyde n.m. Oxyde qui contient un seul atome d'oxygène dans sa molécule. ▸ ***Monoxyde de carbone,*** gaz très toxique.

monoxyle adj. (lat. *monoxylus,* du gr. *xulon,* bois). Qui est fabriqué dans une seule pièce de bois : *Une pirogue monoxyle.*

monozygote adj. Se dit de jumeaux issus d'un même œuf (**SYN.** univitellin ; **CONTR.** bivitellin, dizygote).

monseigneur n.m. (pl. *messeigneurs*). Titre donné aux princes d'une famille souveraine, aux prélats (abrév. Mgr).

monsieur [məsjø] n.m. (de *mon* et *sieur*) [pl. *messieurs*]. **1.** Titre donné à un homme à qui l'on s'adresse, oralement ou par écrit (abrév. M., pl. MM.) : *Au revoir, monsieur. Parlez-en à monsieur Resval. Mesdames, mesdemoiselles, messieurs* (= adresse à un auditoire). **2.** Titre précédant la fonction ou la profession d'un homme : *Veuillez agréer, Monsieur le Directeur.* **3.** Appellation respectueuse utilisée par un serveur, un employé, etc., pour s'adresser à un client, au maître de maison ou pour parler de lui : *Monsieur désire ? Je crois que Monsieur rentrera tard.* **4.** Homme dont on ignore le nom : *Elle a rencontré un monsieur avec qui elle a sympathisé. Les vieux messieurs étaient déconcertés.* **5.** (Avec une majuscule). Titre du frère puîné du roi de France. ▸ *Péjor.* ***Faire le monsieur,*** jouer à l'homme important. ***Un vilain monsieur,*** un individu peu estimable.

monsignor [mɔ̃siɲɔr] ou **monsignore** [mɔ̃siɲɔre] n.m. (de l'it. *monsignore,* monseigneur) [pl. *monsignors*]. Prélat de la cour pontificale.

monstre n.m. (du lat. *monstrum,* phénomène singulier, fait prodigieux). **1.** Être vivant contrefait, difforme : *Le forain prétend exhiber des monstres* (**SYN.** phénomène). **2.** Être fantastique de la mythologie, des légendes : *Le griffon était un monstre.* **3.** Animal, objet effrayant par sa taille, son aspect : *Monstres marins.* **4.** Personne d'une laideur repoussante. **5.** Personne qui suscite l'horreur par sa cruauté, sa perversité : *Néron était un monstre.* ▸ ***Monstre sacré,*** comédien très célèbre ; personnage hors du commun. ***Un monstre de,*** une personne qui dépasse tout le monde dans tel défaut, tel vice : *Un monstre d'ingratitude.* ◆ adj. *Fam.* Prodigieux ; énorme : *Des soldes monstres* (**SYN.** extraordinaire, fantastique ; **CONTR.** ordinaire).

monstrueusement adv. **1.** D'une manière monstrueuse : *Elle s'est comportée monstrueusement* (**SYN.** abominablement, horriblement). **2.** Prodigieusement ; excessivement : *Il est monstrueusement laid* (**SYN.** extrêmement).

monstrueux, euse adj. **1.** Atteint de malformations : *Un être monstrueux.* **2.** Excessivement laid ; horrible : *Un corps monstrueux* (**SYN.** difforme ; **CONTR.** magnifique). **3.** Qui est d'une dimension, d'une intensité hors du commun : *Une pieuvre monstrueuse* (**SYN.** gigantesque, phénoménal ; **CONTR.** minuscule). *Une dette monstrueuse* (**SYN.** colossal). **4.** Qui atteint un degré extrême dans le mal : *Un acte monstrueux* (**SYN.** abominable, atroce).

monstruosité n.f. **1.** Caractère de ce qui est monstrueux : *La monstruosité d'un crime* (**SYN.** atrocité, horreur). **2.** Chose monstrueuse : *Dire des monstruosités* (**SYN.** abomination). **3.** Malformation grave qui déforme le corps.

mont n.m. (lat. *mons, montis*). Grande élévation de terrain : *Le mont Rushmore aux États-Unis. Le mont Blanc est situé dans le massif du Mont-Blanc.* ▸ ***Mont de Vénus,*** pénil. ***Par monts et par vaux → val. Promettre monts et merveilles,*** des choses extraordinaires mais peu réalisables.

montage n.m. **1.** Action de monter, de porter du bas vers le haut : *Le montage des matériaux de construction à l'aide de grues.* **2.** Action d'ajuster les différents éléments d'un objet, les différentes pièces d'un appareil : *Montage d'une armoire* (**SYN.** assemblage). **3.** Choix et assemblage raisonné des différentes séquences d'un film, des bandes enregistrées pour une émission de radio, etc. : *Cette interview est un montage.*

montagnard, e adj. et n. Qui est de la montagne ; qui habite les montagnes : *La population montagnarde.*

montagne n.f. (du lat. *mons, montis,* mont). **1.** Élévation naturelle du sol, caractérisée par une forte dénivellation entre les sommets et le fond des vallées : *Le sommet d'une montagne.* **2.** Région de forte altitude (par opp. à la plaine) ; lieu de villégiature (par opp. à la campagne, la mer) : *Les routes de montagne sont en lacets. Nous passerons nos vacances à la montagne.* **3.** *Fig.* Amoncellement important d'objets : *Une montagne de linge à repasser* (**SYN.** entassement, monceau, tas). ▸ ***Montagne à vaches,*** peu élevée et dont l'ascension ne présente pas de difficultés. ***Montagnes russes,*** attraction foraine constituée de montées et de descentes abruptes sur lesquelles roulent très rapidement de petites voitures.

montagneux, euse adj. Où il y a des montagnes : *Le nord de la région est montagneux* (**SYN.** accidenté ; **CONTR.** plat).

montaison n.f. (de *monter*). Migration par laquelle certains poissons quittent l'eau salée pour remonter les fleuves et s'y reproduire ; saison de cette migration.

① **montant, e** adj. Qui monte : *La marée montante* (**CONTR.** descendant). *Des chaussures montantes* (= qui couvrent la cheville).

② **montant** n.m. **1.** Élément vertical d'un ensemble, destiné à servir de support ou de renfort : *Montant d'une étagère. Les montants d'une échelle.* **2.** Élément vertical, central ou latéral du cadre d'un vantail ou d'un châssis de fenêtre, de porte.

③ **montant** n.m. Total d'un compte, d'une recette, d'une somme quelconque : *Le montant des bénéfices.* ▸ ***Montants compensatoires monétaires,*** taxes et subventions destinées à harmoniser la circulation des produits agricoles au sein de la Communauté européenne.

mont-blanc n.m. (de *Mont-Blanc,* massif des Alpes) [pl. *monts-blancs*]. Entremets froid fait d'un dôme de crème Chantilly entouré d'une bordure de purée de marrons.

mont-de-piété n.m. (de l'it. *monte di pietà,* banque de charité) [pl. *monts-de-piété*]. Ancien nom du crédit municipal.

monte n.f. (de *monter*). **1.** Action, manière de monter à cheval. **2.** Accouplement, dans les espèces équine, bovine, caprine et porcine ; époque de cet accouplement.

monté, e adj. **1.** Pourvu d'un cheval : *La police montée.* **2.** Pourvu du nécessaire : *Être bien monté en chemises.* **3.** Assemblé ; ajusté, serti : *Diamant monté sur une bague.* **4.** *Fam.* Irrité : *Il est très monté contre eux.* ▸ ***Coup monté,*** coup préparé à l'avance et en secret.

monte-charge n.m. (pl. *monte-charges* ou inv.). Appareil élévateur qui sert à transporter des charges d'un étage à l'autre.

montée n.f. **1.** Action de monter sur un lieu élevé : *La montée a été pénible* (**SYN.** ascension, escalade ; **CONTR.** descente). **2.** Chemin par lequel on monte au sommet d'une éminence : *J'ai mis pied à terre au milieu de la montée* (**SYN.** pente, raidillon). **3.** Trajectoire d'un aéronef qui s'élève. **4.** Fait d'être porté à un niveau plus élevé : *La montée des eaux* (**SYN.** crue ; **CONTR.** décrue). **5.** Élévation en quantité, en valeur, en intensité : *La montée des températures* (**SYN.** hausse ; **CONTR.** baisse, chute). **6.** En Afrique, début de la demi-journée de travail. ▸ ***Montée de lait,*** début de la sécrétion lactée, après l'accouchement. ***Montée en puissance,*** progression spectaculaire de la vente d'un produit, de la popularité de qqn, etc.

monte-en-l'air n.m. inv. *Fam., vieilli* Cambrioleur.

monte-plat n.m. (pl. *monte-plats*) ou **monte-plats** n.m. inv. Petit monte-charge utilisé entre une cuisine en sous-sol et la salle à manger.

monter v.i. (lat. pop. *montare,* de *mons, montis,* mont) [conj. 3]. **1.** (Auxil. *être*). Se transporter en un lieu plus élevé : *Monter sur une chaise* (**SYN.** se jucher sur ; **CONTR.** descendre de). *Nous sommes montés jusqu'au sommet* (**SYN.** grimper). *Monter au grenier.* **2.** (Auxil. *être*). *Fam.* Se rendre en un lieu géographique situé plus au nord, ou considéré comme central : *Elle est montée à Paris pour prendre des cours de théâtre.* **3.** (Auxil. *être*). Prendre place sur un animal, sur ou dans un véhicule : *Monter sur un cheval, sur une moto* (**SYN.** enfourcher). *Sais-tu monter à cheval ?* (**SYN.** chevaucher). *Monter en avion, en bateau* (**SYN.** embarquer sur). **4.** (Auxil. *être*). Suivre une pente ; s'élever en pente : *La route monte jusqu'au chalet* (**SYN.** grimper). **5.** (Auxil. *être*). Croître en hauteur : *L'immeuble est monté lentement* (**SYN.** s'élever). **6.** (Auxil. *être*). Atteindre telle ou telle hauteur : *Cette tour monte à plus de deux cents mètres* (**SYN.** s'élever). **7.** (Auxil. *être*). Se manifester ou augmenter en intensité, en parlant d'un sentiment : *Il sentait la peur monter en lui* (**SYN.** s'amplifier ; **CONTR.** diminuer). **8.** (Auxil. *être* ou *avoir*). Atteindre un niveau plus élevé : *L'eau est montée* ou *a monté dans le bassin. La température a encore monté. Des clameurs montent du stade* (**SYN.** s'élever, jaillir). **9.** (Auxil. *avoir*). Pousser, en parlant de certains légumes : *Avec ces pluies torrentielles, les salades ont monté.* **10.** (Auxil. *être*). Avoir de l'avancement : *Cette année, elle est montée en grade* (= elle a été promue). **11.** (Auxil. *avoir*). Passer du grave à l'aigu : *La voix monte sur cette syllabe.* **12.** (Auxil. *avoir*). Atteindre un degré plus élevé : *Le prix des produits biologiques a monté* (**SYN.** augmenter ; **CONTR.** baisser, diminuer). **13.** (Auxil. *avoir*). Former un total de : *La facture monte à deux cents euros* (**SYN.** atteindre, se monter). ▸ ***Le ton monte,*** les esprits s'échauffent, la discussion devient plus âpre. ***Monter sur le trône,*** devenir roi. ◆ v.t. (Auxil. *avoir*). **1.** Parcourir de bas en haut : *Monter les marches d'un escalier* (**SYN.** gravir ; **CONTR.** descendre). **2.** Utiliser un animal comme monture : *Monter un cheval* (**SYN.** chevaucher). **3.** Transporter dans un lieu plus élevé : *Le facteur nous a monté le courrier. Monter un carton à l'étage.* **4.** Accroître la valeur, l'intensité de qqch : *Ce restaurant a monté ses prix* (**SYN.** augmenter, majorer ; **CONTR.** baisser, diminuer). **5.** Fournir ce qui est nécessaire : *Monter son ménage.* **6.** Assembler les différentes parties de : *Monter une tente* (**SYN.** dresser ; **CONTR.** démonter). *Monter une armoire.* **7.** Effectuer le montage d'un film, d'une bande magnétique. **8.** Enchâsser dans une monture : *Monter une émeraude* (**SYN.** sertir). **9.** Préparer ; organiser : *Monter un complot* (**SYN.** échafauder, tramer). *Monter sa propre entreprise* (**SYN.** fonder). **10.** *Fig.* Encourager l'hostilité envers qqn : *Il les a tous montés contre nous.* ▸ *Fam.* ***Monter le coup à qqn,*** l'induire en erreur. ***Monter une mayonnaise, des blancs en neige,*** battre les ingrédients qui les composent pour en augmenter la consistance et le volume. ***Monter un spectacle, une pièce de théâtre,*** en organiser la représentation, la mise en scène. ◆ **se monter** v.pr. **1.** S'élever à un total de : *Leur dette se monte à 5 000 euros* (**SYN.** atteindre, monter). **2.** Se pourvoir du nécessaire : *Se monter en linge de table* (**SYN.** s'équiper). ▸ *Fam.* ***Se monter la tête,*** s'exciter ; s'exalter.

monteur, euse n. **1.** Personne qui assemble les pièces constitutives d'un ensemble. **2.** Personne chargée du montage d'un film.

montgolfière [mɔ̃gɔlfjɛr] n.f. (du nom des frères *Montgolfier*). Aérostat dont la sustentation est assurée par de l'air chauffé par un foyer situé sous le ballon.

monticule n.m. Petit mont ; butte, éminence, hauteur.

montmorency [mɔ̃mɔrɑ̃si] n.f. (nom d'une commune d'Île-de-France). Cerise au goût acidulé.

montoir n.m. Côté gauche du cheval, par lequel on se met en selle (on dit aussi *le côté du montoir*).

montrable adj. Qui peut être montré.

① **montre** n.f. (de *montrer*). Petit appareil portatif servant à donner l'heure et d'autres indications (date, etc.) : *Il porte une montre à son poignet.* ▸ ***Course contre la montre,*** épreuve cycliste sur route dans laquelle les concurrents sont chronométrés individuellement ; fig., action ou entreprise qui doit être réalisée en un temps très bref. ***Montre en main,*** en mesurant le temps avec précision : *Il nous a fallu une heure, montre en main, pour tout ranger.*

② **montre** n.f. (de *montrer*). *Sout.* ▸ ***Faire montre de,*** faire preuve de : *Faire montre de courage.*

montre-bracelet n.f. (pl. *montres-bracelets*). Bracelet-montre.

montrer v.t. (lat. *monstrare*) [conj. 3]. **1.** Faire voir, exposer aux regards : *Montrer son passeport* (**SYN.** présenter ; **CONTR.** cacher, dissimuler). **2.** Faire voir par un geste, un signe : *Montrer qqn du doigt* (**SYN.** désigner). *Montrer un pays sur une carte* (**SYN.** indiquer). **3.** Manifester ; faire paraître : *Elle a montré une grande patience* (**SYN.** révéler ; **CONTR.** manquer de). *Montrer son affection à qqn* (**SYN.** marquer). **4.** Mettre en évidence ; signaler : *L'avenir nous montrera qu'elle avait raison* (**SYN.** démontrer, établir, prouver). ◆ **se montrer** v.pr. **1.** Apparaître à la vue : *Peut-être le soleil se montrera-t-il aujourd'hui* (**SYN.** émerger, percer, poindre ; **CONTR.** disparaître). *Depuis cet incident, il n'ose plus se montrer* (= paraître en public). **2.** Se manifester sous tel aspect ; se dévoiler : *Elle s'est montrée compréhensive* (**SYN.** se révéler).

montreur, euse n. Personne qui montre un spectacle, une attraction : *Montreur d'ours.*

montueux, euse adj. (lat. *montuosus*, de *mons, montis*, montagne). *Litt.* Accidenté ; coupé de collines : *Pays montueux.*

monture n.f. (de *monter*). **1.** Bête sur laquelle on monte pour se faire porter : *Le cavalier descend de sa monture.* **2.** Partie d'un objet qui sert d'armature, de cadre : *La monture d'une paire de lunettes, d'une bague.*

monument n.m. (lat. *monumentum*, de *monere*, faire se souvenir, avertir). **1.** Ouvrage d'architecture ou de sculpture destiné à perpétuer le souvenir d'un personnage ou d'un événement : *Un monument aux morts* (**SYN.** mémorial). **2.** Édifice remarquable par sa beauté ou son ancienneté : *Les monuments de la Rome antique.* **3.** Toute œuvre considérable, digne de durer : *Ce film est un monument du cinéma français.* ▸ ***Être un monument de,*** présenter une caractéristique, surtout négative, à un degré extrême : *Son frère est un monument de bêtise.* ***Monument historique,*** vestige du passé qu'il importe de conserver dans le patrimoine national pour les souvenirs qui s'y rattachent ou pour sa valeur artistique.

monumental, e, aux adj. **1.** Qui a les proportions d'un monument : *Une sculpture monumentale.* **2.** Énorme en son genre ; étonnant : *Elle a fait une erreur monumentale* (**SYN.** colossal). **3.** Relatif aux monuments : *Carte monumentale de la Bourgogne.*

monumentalité n.f. Caractère puissant ou grandiose d'une œuvre d'art, apporté par ses dimensions, son style.

① **moque** n.f. (du bas all. *mokke*, cruche). *Région.* Tasse pour boire le cidre.

② **moque** n.f. (lat. *mucus*). En Suisse, morve.

moquer v.t. [conj. 3]. *Litt.* Railler ; tourner en ridicule : *Moquer les manies de qqn* (**SYN.** ironiser sur, plaisanter). ◆ **se moquer** v.pr. **[de]. 1.** Faire un objet de plaisanterie de : *Il s'est moqué de la nouvelle coiffure de sa sœur* (**SYN.** railler). **2.** Ne faire nul cas de ; mépriser : *Il se moque que les gens l'aiment ou non, de l'opinion des gens* (**SYN.** dédaigner, se désintéresser, ignorer ; **CONTR.** s'intéresser à, respecter). **3.** Essayer de tromper qqn : *Elle s'est bien moquée de lui* (**SYN.** berner, duper, leurrer).

moquerie n.f. **1.** Action de se moquer : *Être en butte à la moquerie de ses collègues* (**SYN.** persiflage, raillerie). **2.** Action, parole par lesquelles on se moque : *Il n'est pas sensible aux moqueries de ses voisins* (**SYN.** quolibet, sarcasme).

moquette n.f. Sorte de tapis vendu au mètre, cloué ou collé, qui recouvre génér. tout le sol d'une pièce.

moquetter v.t. [conj. 3]. Recouvrir de moquette.

moqueur, euse adj. et n. Qui se moque ; qui aime à se moquer : *Lancer un regard moqueur* (**SYN.** narquois, railleur).

moraine n.f. Ensemble de roches transportées ou déposées par un glacier.

① **moral, e, aux** adj. (du lat. *mores*, mœurs). **1.** Qui concerne les règles de conduite en usage dans une société ; éthique : *Des préceptes moraux.* **2.** Conforme à ces règles ; admis comme honnête, juste : *Des lectures morales* (**SYN.** édifiant, moralisateur ; **CONTR.** inconvenant). *Il ne s'est pas comporté de façon très morale avec elle* (**SYN.** convenable ; **CONTR.** incorrect). **3.** Relatif à l'esprit, à la pensée ; intellectuel, mental, psychique :

Faire preuve d'une grande force morale. Une grande souffrance morale (**SYN.** psychologique).

② **moral** n.m. sing. (de *1. moral*). **1.** Ensemble des facultés mentales, de la vie psychique : *Le physique influe sur le moral* (**SYN.** mental). **2.** État d'esprit ; disposition à supporter qqch : *Le moral du malade s'améliore.* ▸ ***Avoir le moral*** ou ***avoir bon moral,*** être optimiste, gai.

morale n.f. (de *1. moral*). **1.** Ensemble de règles de conduite, de normes considérées comme bonnes et applicables à tous : *Ils ont une morale rigide.* **2.** Ensemble des règles de conduite applicables à un domaine particulier : *La morale politique.* **3.** En philosophie, étude du bien et du mal visant à établir des principes normatifs pour l'action humaine (**SYN.** éthique). **4.** Enseignement que l'on peut tirer d'un événement, d'un récit : *La morale de cet incident est qu'il faut réfléchir avant de parler* (**SYN.** instruction, leçon). **5.** Conclusion d'une fable, d'un conte ; apologue. ▸ ***Faire la morale à qqn,*** lui adresser des recommandations morales ; le réprimander.

moralement adv. **1.** Conformément à la morale : *Agir moralement* (**SYN.** honnêtement ; **CONTR.** malhonnêtement). **2.** Du point de vue de la morale : *Les parents sont moralement responsables de leurs enfants.* **3.** Quant au moral : *Être fatigué moralement* (**SYN.** psychologiquement).

moralisant, e adj. Qui aime à donner des leçons de morale ; prêcheur : *Un écrivain moralisant.*

moralisateur, trice adj. et n. Qui fait la morale : *Un discours moralisateur* (**SYN.** édifiant, moraliste).

moralisation n.f. Action de moraliser, de rendre moral : *La moralisation des pratiques de la politique.*

moraliser v.t. [conj. 3]. **1.** Rendre conforme à la morale : *Moraliser la vie politique, la navigation sur Internet.* **2.** *Litt.* Faire la morale à ; morigéner : *Moraliser un élève.* ◆ v.i. Faire des réflexions morales.

moralisme n.m. Attachement formaliste et étroit à une morale (**CONTR.** immoralisme).

moraliste n. Auteur qui écrit sur les mœurs, la nature et la condition humaines. ◆ adj. Empreint de moralisme : *Un récit moraliste* (**SYN.** moralisateur).

moralité n.f. **1.** Adéquation d'une action, d'un fait à une morale : *Un acte d'une moralité exemplaire* (**CONTR.** immoralité). **2.** Attitude, conduite morale : *Un député d'une moralité irréprochable* (**SYN.** honnêteté). **3.** Conclusion morale que suggère une histoire : *La moralité d'une fable* (**SYN.** morale).

morasse n.f. (de l'it. *moraccio,* noiraud). Dernière épreuve d'une page de journal, tirée pour une révision générale.

moratoire adj. (lat. *moratorius,* de *morari,* retarder, de *mora,* délai, retard). Dans le langage juridique, qui accorde un délai. ◆ n.m. **1.** Délai légal accordé à certains débiteurs éprouvant des difficultés à s'acquitter de leurs dettes ; rééchelonnement. **2.** Décision de suspendre provisoirement une action : *Un moratoire sur le maïs transgénique.*

morbide adj. (lat. *morbidus,* de *morbus,* maladie). **1.** Propre à la maladie : *État morbide* (**SYN.** pathologique ; **CONTR.** sain). **2.** Qui dénote un déséquilibre mental : *Une imagination morbide* (**SYN.** maladif, malsain).

morbidesse n.f. (it. *morbidezza*). *Litt.* Grâce maladive ; langueur, nonchalance.

morbidité n.f. **1.** Caractère de ce qui est morbide. **2.** Nombre d'individus touchés par une maladie dans une population déterminée et pendant un temps donné.

morbier n.m. (de *Morbier,* commune du Jura français). **1.** Fromage cylindrique, au lait de vache, à pâte pressée. **2.** En Suisse, horloge d'appartement, variété de comtoise.

morbilleux, euse [mɔrbijø, øz] adj. (du lat. *morbilli,* rougeole). Relatif à la rougeole.

morbleu interj. (de *mort de Dieu*). *Vx* Juron qui marque la colère, l'impatience, etc.

morce n.f. En Suisse, bouchée.

morceau n.m. (anc. fr. *mors,* du lat. *morsus,* morsure, de *mordere,* mordre). **1.** Partie d'un tout, d'une matière, d'un aliment, d'un corps : *Un morceau de tissu, de fromage* (**SYN.** bout). **2.** Fragment d'une œuvre écrite : *Recueil de morceaux choisis.* **3.** Œuvre musicale prise isolément ; fragment d'œuvre musicale : *Écouter un morceau de Chopin.* ▸ *Fam.* ***Enlever*** ou ***emporter le morceau,*** réussir ; avoir gain de cause. *Fam.* ***Manger le morceau,*** faire des aveux complets.

morcelable adj. Que l'on peut morceler : *Un terrain morcelable* (**SYN.** divisible ; **CONTR.** indivisible).

morceler v.t. [conj. 24]. Diviser en morceaux, en parties : *Morceler un héritage* (**SYN.** démembrer, partager).

morcellement n.m. Action de morceler ; fait d'être morcelé : *Le morcellement d'une propriété* (**SYN.** démembrement, division, partage ; **CONTR.** remembrement).

mordache n.f. (du lat. *mordax, mordacis,* tranchant). *Fam.* En Suisse, bagou ; faconde.

mordacité n.f. (lat. *mordacitas,* de *mordere,* mordre). *Litt.* Caractère de ce qui est mordant : *La mordacité d'une satire.*

① **mordant, e** adj. **1.** Qui entame en rongeant : *Acide mordant* (**SYN.** corrosif). **2.** *Fig.* Qui critique et attaque vivement : *Critique mordante* (**SYN.** acerbe, caustique, incisif).

② **mordant** n.m. **1.** Vivacité, énergie, entrain dans l'attaque : *Notre équipe a du mordant.* **2.** Caractère vif, agressif d'une réplique ; causticité.

mordicus [mɔrdikys] adv. (mot lat. signif. « en mordant »). *Fam.* Avec fermeté et ténacité : *Il soutient mordicus que c'est vrai* (**SYN.** fermement, obstinément, opiniâtrement).

mordillement ou **mordillage** n.m. Action de mordiller.

mordiller v.t. [conj. 3]. Mordre légèrement et à de nombreuses reprises : *Cet étudiant ne cesse de mordiller son stylo.*

mordoré, e adj. (de *more* et *doré*). D'un brun chaud avec des reflets dorés : *Une étoffe mordorée.*

mordorure n.f. *Litt.* Couleur mordorée.

mordre v.t. (lat. *mordere*) [conj. 76]. **1.** Serrer, saisir fortement avec les dents en blessant, en entamant : *Le chien a mordu son maître. Mordre une pomme* (**SYN.** croquer). **2.** (Sans compl.). Attaquer avec les dents : *Cet animal ne risque pas de mordre. Ça mord* (= le poisson prend l'appât). **3.** Ronger ; pénétrer dans : *La* *lime mord le métal* (**SYN.** entamer). **4.** S'accrocher ; trouver prise : *Des crampons qui mordent bien la glace.* **5.** Aller au-delà de la limite fixée : *La voiture a mordu la ligne blanche* (**SYN.** empiéter sur). **6.** (Sans compl.). Réaliser un saut mordu : *À son premier essai, il a mordu.* ◆ v.t. ind. **1. [dans].** Entamer avec les dents : *Mordre dans une pêche.* **2. [dans].** S'enfoncer dans : *La vis mord dans le bois.* **3. [à].** Prendre goût à : *Elle a mordu à l'informatique.* **4. [à].** Se laisser prendre ou tromper : *Il a mordu à notre histoire.* **5. [sur].** Empiéter sur : *La haie mord sur notre jardin. La réunion mordra un peu sur l'après-midi.* ▸ ***Mordre à l'appât*** ou ***à l'hameçon,*** s'en saisir, en parlant du poisson ; fig., se laisser prendre à qqch, en parlant de qqn. ◆ **se mordre** v.pr. ▸ *Fam.* ***Se mordre les doigts de qqch,*** s'en repentir amèrement.

mordu, e adj. (p. passé de *mordre*). **1.** *Fam.* Passionnément amoureux. **2.** Se dit d'un saut (longueur, triple saut) amorcé au-delà de la limite permise. ◆ adj. et n. *Fam.* Passionné : *Elle est mordue de littérature américaine* (**SYN.** fanatique, féru de ; **CONTR.** réfractaire à). *C'est un mordu d'Internet* (**SYN.** fervent).

more adj. et n. → **maure.**

moresque adj. → **1. mauresque.**

morfil n.m. (de *2. mort* et *fil*). Petites aspérités de métal restant attachées au tranchant d'un outil que l'on vient d'affûter.

morfler v.i. *Fam.* Encaisser un coup dur, une punition.

se **morfondre** v.pr. (du rad. *murr-*, museau, et *fondre*, prendre froid) [conj. 75]. S'ennuyer à attendre trop longtemps ; être triste : *Les voyageurs se morfondaient dans l'aérogare.*

morganatique adj. (du germ. *morgan*, matin, et *geba*, don). Se dit du mariage d'un prince avec une femme de rang inférieur.

① **morgue** n.f. (de l'anc. fr. *morguer*, dévisager, du lat. *murricare*, faire la moue). *Sout.* Attitude hautaine, méprisante ; arrogance : *La morgue d'un ministre* (**SYN.** dédain, suffisance ; **CONTR.** modestie, simplicité).

② **morgue** n.f. (de *1. morgue*). **1.** Établissement où sont déposés les cadavres non identifiés et ceux qui doivent subir une autopsie (on dit aussi *un institut médico-légal*). **2.** Salle où, dans un hôpital, on garde momentanément les morts.

moribond, e adj. et n. (lat. *moribundus*). Qui est près de mourir ; mourant : *Une malade moribonde* (**SYN.** agonisant).

moricaud, e adj. et n. (de *more*). (Souvent péjor. et raciste). *Fam.* Qui a la peau très brune.

morigéner v.t. (du lat. *morigerari*, être complaisant) [conj. 18]. *Litt.* Réprimander ; admonester, sermonner : *Morigéner un élève* (**SYN.** chapitrer, gronder, tancer [sout.]).

morille n.f. (du lat. *maurus*, brun foncé). Champignon comestible des bois et des montagnes.

mormon, e n. et adj. (mot anglo-améric.). Membre d'un mouvement religieux, fondé aux États-Unis en 1830.

morna n.f. Musique du Cap-Vert, au rythme lent, inspirée par la saudade.

① **morne** adj. (du frq. *mornôn*, être triste). **1.** Empreint de tristesse : *Un air morne* (**SYN.** 1. morose, triste ; **CONTR.** gai, joyeux). **2.** Qui inspire la tristesse ; sinistre : *« Waterloo, morne plaine »* [Victor Hugo] (**SYN.** funèbre, lugubre). **3.** Terne ; sans éclat : *Une discussion morne* (**SYN.** insipide ; **CONTR.** animé).

② **morne** n.m. (mot créole, de l'esp. *morro*, monticule). Aux Antilles, colline.

① **morose** adj. (lat. *morosus*, de *mores*, mœurs). **1.** Empreint de tristesse : *Il est d'humeur morose* (**SYN.** maussade, sombre ; **CONTR.** gai, joyeux). **2.** Se dit d'un secteur économique peu actif : *L'agroalimentaire est morose actuellement.*

② **morose** adj. (du lat. *morosus*, qui s'attarde, de *mora*, délai, retard). ▸ ***Délectation morose,*** dans la théologie chrétienne, complaisance mise à penser au péché.

morosité n.f. Caractère d'une personne morose : *Être enclin à la morosité* (**SYN.** mélancolie, tristesse ; **CONTR.** gaieté, joie).

morphème n.m. En linguistique, unité minimale de signification : *Dans le mot « mangiez », « -iez » est un morphème grammatical (= 2ᵉ personne du pluriel), et « mang- » est un morphème lexical (= lexème).*

morphine n.f. (de *Morphée*, dieu des Songes). Stupéfiant, principal alcaloïde de l'opium, utilisé en médecine pour son puissant effet antalgique.

morphing [mɔrfiŋ] n.m. (mot anglo-amér., du gr.). Transformation en continu d'une image en une autre, par des procédés informatiques.

morphinique adj. Se dit des médicaments apparentés à la morphine (**SYN.** opiacé). ◆ n.m. Médicament morphinique.

morphinomane adj. et n. Qui se drogue à la morphine.

morphinomanie n.f. Toxicomanie à la morphine.

morphologie n.f. **1.** Étude de la forme et de la structure externe des êtres vivants. **2.** Aspect général du corps humain : *À la puberté, la morphologie change.* **3.** Partie de la grammaire qui étudie la forme des mots et leurs variations.

morphologique adj. Relatif à la morphologie grammaticale : *Analyse morphologique d'un mot.*

morphologiquement adv. Du point de vue de la forme.

morpion n.m. (de *mords*, impér. de *mordre*, et *pion*, fantassin). **1.** *Fam.* Pou du pubis. **2.** *Fam., péjor.* Garçon très jeune ; petit gamin. **3.** Jeu de stratégie dans lequel chacun des deux adversaires s'efforce d'être le premier à aligner cinq fois son propre repère sur les intersections d'un quadrillage.

mors [mɔr] n.m. (du lat. *morsus*, morsure). **1.** Pièce métallique fixée à la bride et passée dans la bouche du cheval, et qui permet de le conduire. **2.** Chacune des mâchoires d'un étau, d'une pince, de tenailles, etc. ▸ ***Prendre le mors aux dents,*** en parlant d'un cheval, s'emporter ; fam., en parlant de qqn, se mettre brusquement en colère, ou se jeter impétueusement dans l'action.

① **morse** n.m. (du russe *morj*, du lapon). Mammifère marin des régions arctiques, au corps épais, aux canines supérieures transformées en défenses.

② **morse** n.m. (de Samuel *Morse*, nom de l'inventeur). ▸ ***Le code Morse,*** code télégraphique qui utilise un alphabet conventionnel fait de traits et de points (on dit aussi *le morse*). ☞ **REM.** Le code Morse a été abandonné le 1er février 1999 au profit d'un système satellitaire.

morsure n.f. (du lat. *morsus*, morsure). **1.** Action de mordre ; plaie faite en mordant : *La morsure d'un chien.* **2.** Action d'entamer une matière : *La morsure de la lime.* **3.** *Fig.* Effet nuisible d'un élément naturel : *Les morsures du froid.*

① **mort** n.f. (lat. *mors, mortis*). **1.** Cessation complète et définitive de la vie : *Annoncer la mort d'un proche* (**SYN.** décès, disparition ; **CONTR.** naissance). **2.** *Fig.* Arrêt d'activité ; ruine : *La mort de l'industrie textile en France* (**SYN.** extinction ; **CONTR.** reprise). ▸ ***À mort,*** mortellement ; fig., fam., de toutes ses forces, à un degré intense : *Frapper à mort qqn. En vouloir à mort à qqn.* ***À mort ! Mort à... !,*** exclamations pour réclamer la mort de qqn ou le conspuer. ***Être entre la vie et la mort,*** en grand danger de mourir. ***La mort dans l'âme,*** avec un regret très vif, mêlé de chagrin. ***Peine de mort,*** peine criminelle suprême, peine capitale qui a été supprimée en France par la loi du 9 octobre 1981. *Litt.* ***Souffrir mille morts,*** subir de terribles souffrances.

② **mort, e** adj. (lat. *mortuus*). **1.** Qui a cessé de vivre : *Il est mort d'une crise cardiaque. Ramasser les feuilles mortes.* **2.** Qui semble sans vie : *Un regard mort* (**SYN.** éteint). **3.** Privé d'animation, d'activité : *Un quartier mort* (**SYN.** désert ; **CONTR.** animé, vivant). **4.** Qui ne peut plus être utilisé ; hors d'usage : *Son téléphone portable est mort.* **5.** (Avec un compl.). Indique un très haut degré : *Être mort de faim* (= affamé). *Être mort de froid, de peur. Elles étaient mortes de rire.* ▸ ***Angle mort,*** zone que l'on ne peut voir d'un endroit donné. ***Bras mort,*** bras d'un cours d'eau où l'eau stagne. *Fam.* ***Être mort,*** être épuisé. ***Langue morte,*** langue qui n'est plus parlée. ***Plus mort que vif,*** se dit de qqn qui, sous l'empire de la peur, paraît incapable de réagir.

③ **mort, e** n. (de *2. mort*). **1.** Personne décédée ; défunt : *Cet accident a fait trois morts* (**SYN.** disparu, victime). **2.** Dépouille mortelle : *Enterrer un mort* (**SYN.** cadavre). ▸ ***Faire le mort,*** ne pas bouger, faire semblant d'être mort ; ne rien dire, ne pas manifester sa présence pour ne pas attirer l'attention sur soi. *Fam.* ***La place du mort,*** celle qui est à côté du conducteur, dans une automobile, et qui est réputée la plus dangereuse en cas de collision. ◆ **mort** n.m. Au bridge, celui des quatre joueurs qui étale son jeu sur la table ; les cartes de ce joueur.

mortadelle n.f. (it. *mortadella*). Gros saucisson d'Italie, fait d'un mélange de viande de porc et de bœuf.

mortaisage n.m. Action de mortaiser.

mortaise n.f. Cavité pratiquée dans une pièce de bois ou de métal, pour recevoir le tenon d'une autre pièce.

mortaiser v.t. [conj. 4]. Pratiquer une mortaise dans.

mortalité n.f. (lat. *mortalitas*). **1.** Ensemble des morts survenues dans un certain espace de temps : *La mortalité due à la guerre.* **2.** Rapport des décès dans une population à l'effectif moyen de cette population, durant une période donnée : *La mortalité infantile.*

mort-aux-rats [mɔrora] n.f. inv. Préparation empoisonnée, le plus souvent à base d'arsenic, destinée à détruire les rats, les rongeurs ; raticide.

morte-eau [mɔrto] n.f. (pl. *mortes-eaux* [mɔrtzo]). Marée de faible amplitude (par opp. à vive-eau).

mortel, elle adj. (lat. *mortalis*). **1.** Sujet à la mort ; périssable : *L'être humain est mortel* (**CONTR.** éternel, immortel). **2.** Qui cause la mort ; létal : *Un accident mortel* (**SYN.** fatal ; **CONTR.** bénin). **3.** *Fam.* Très pénible ou très ennuyeux : *Passer des vacances mortelles* (**SYN.** lugubre). ▸ ***Ennemi mortel,*** que l'on hait profondément. ***Péché mortel,*** dans la religion catholique, péché qui a pour conséquence la damnation éternelle. ◆ n. *Litt.* Être humain : *Un heureux mortel* (= un homme qui a de la chance).

mortellement adv. **1.** À mort : *Être blessé mortellement.* **2.** (Toujours avec des adj. péjor.). Extrêmement ; très : *Une soirée mortellement ennuyeuse.*

morte-saison n.f. (pl. *mortes-saisons*). Période où l'activité est faible pour un commerce, une industrie, etc.

mortier n.m. (du lat. *mortarium*, auge). **1.** Récipient où l'on broie, avec un pilon, des aliments, certaines substances, en partic. pharmaceutiques. **2.** Canon à tir courbe, qui sert notamm. à viser des objectifs masqués ou enterrés : *Tir au mortier.* **3.** Mélange constitué de sable, d'eau et d'un liant, qui est utilisé en maçonnerie. **4.** Bonnet des magistrats de la Cour de cassation et de la Cour des comptes.

mortifère adj. **1.** *Didact.* Qui cause la mort : *Une maladie mortifère* (**SYN.** mortel ; **CONTR.** bénin). **2.** (Par exagération). Qui est d'un ennui mortel : *Une journée mortifère* (**SYN.** lugubre).

mortifiant, e adj. Qui mortifie, humilie : *Une remarque mortifiante* (**SYN.** blessant, offensant).

mortification n.f. **1.** Action de mortifier son corps. **2.** Blessure d'amour-propre : *Subir une terrible mortification* (**SYN.** affront, humiliation, offense).

mortifier v.t. (lat. *mortificare*, de *mors*, mort) [conj. 9]. **1.** Soumettre le corps à une souffrance dans un but de pénitence. **2.** Blesser dans son amour-propre : *Son absence l'a mortifié* (**SYN.** humilier, offenser ; **CONTR.** flatter).

mortinatalité n.f. Rapport du nombre des enfants mort-nés à celui des naissances au cours d'une même période.

mort-né, e adj. et n. (pl. *mort-nés, mort-nées*). Se dit d'un enfant mort soit in utero après 180 jours de grossesse, soit pendant l'accouchement, avant d'avoir respiré : *Une fillette mort-née.* ◆ adj. Qui échoue dès son commencement : *Un projet mort-né.*

mortuaire adj. (lat. *mortuarius*). Relatif aux morts, aux cérémonies qui concernent un décès : *Des couronnes mortuaires* (**SYN.** funéraire). *Une veillée mortuaire.* ▸ ***Maison mortuaire,*** où une personne est décédée (en Belgique, on dit *la mortuaire*).

mort-vivant n.m. (pl. *morts-vivants*). **1.** Personne amoindrie par de graves épreuves physiques ou morales. **2.** Dans le fantastique, mort qui revient à la vie.

morue n.f. Gros poisson des mers froides, consommé frais sous le nom de *cabillaud*, séché sous le nom de *merluche* et du foie duquel on tire une huile riche en vitamines A et D. ▸ ***Morue noire,*** églefin.

morula n.f. (mot lat. signif. « petite mûre »). En biologie, premier stade du développement d'un embryon.

morutier, ère adj. Relatif à la morue, à sa pêche. ◆ **morutier** n.m. **1.** Bateau pour la pêche à la morue. **2.** Pêcheur de morues.

morve n.f. (var. anc. de *gourme*). **1.** Maladie contagieuse des équidés, caractérisée par des ulcérations nasales. **2.** (Par ext.). Sécrétion des muqueuses du nez.

morveux, euse adj. **1.** Qui est atteint de la morve : *Cheval morveux.* **2.** Qui a la morve au nez : *Enfant morveux.* ▸ ***Se sentir morveux,*** se sentir confus d'une maladresse que l'on a commise. ◆ n. *Fam.* **1.** Enfant ; gamin. **2.** Jeune prétentieux.

① **mosaïque** n.f. (it. *mosaico,* du lat. médiév. *musaicum,* altér. de *musivum opus,* travail artistique auquel président les Muses). **1.** Assemblage de petits fragments multicolores juxtaposés pour former un dessin, et liés par un ciment : *Les mosaïques de Pompéi.* **2.** *Fig.* Ensemble d'éléments juxtaposés et disparates : *Son article n'est qu'une mosaïque de citations* (**SYN.** patchwork). **3.** Maladie à virus qui attaque certaines plantes : *Mosaïque du tabac.* ◆ adj. ▸ ***Pavage mosaïque,*** revêtement de chaussée constitué par des pavés posés en quart de cercle sur une fondation de béton.

② **mosaïque** adj. (du lat. *mosaicus,* de Moïse). Relatif à Moïse : *La loi mosaïque.*

mosaïste n. Artiste ou artisan qui fait des mosaïques.

mosquée n.f. (d'un mot ar. signif. « lieu où l'on se prosterne »). Édifice cultuel de l'islam.

mot n.m. (du bas lat. *muttum,* grognement). **1.** Son ou groupe de sons d'une langue que l'on peut représenter par l'écriture, auquel on peut associer un sens et qui est considéré comme une unité linguistique autonome ; terme, vocable : *Mot difficile à prononcer. Ces mots sont illisibles.* **2.** Petit nombre de paroles, de phrases : *Le directeur veut te dire un mot* (= il veut te parler). *Elle n'a pas dit un mot de toute la soirée* (= elle est restée silencieuse). **3.** Billet ; courte lettre : *Il lui a envoyé un mot pour la remercier.* **4.** Sentence ; parole historique : *Ce mot est attribué à Clovis.* **5.** Parole remarquable par sa drôlerie, son ingéniosité : *Ils rient parce que leur collègue a fait un mot* (**SYN.** boutade, saillie). **6.** Élément d'information stocké ou traité d'un seul tenant dans un ordinateur. ▸ ***Au bas mot,*** en évaluant au plus bas : *Cela coûtera au bas mot cinq mille euros.* ***Avoir des mots avec qqn,*** se quereller avec lui. ***Avoir le dernier mot,*** l'emporter dans une discussion, une querelle. ***Avoir son mot à dire,*** être en droit de donner son avis. ***Bon mot*** ou ***mot d'esprit,*** parole spirituelle. ***En un mot,*** brièvement. *Péjor.* ***Grand mot,*** terme emphatique. ***Gros mot,*** terme grossier, injurieux. ***Le fin mot de l'histoire*** ou ***de l'affaire,*** son sens caché. ***Mot à mot*** ou ***mot pour mot,*** littéralement ; sans rien changer : *Répéter, traduire mot à mot.* ***Mot clé*** ou ***mot-clé,*** celui qui donne l'explication d'un problème. ***Mot composé*** → **composé.** ***Mot d'ordre,*** consigne donnée en vue d'une action déterminée : *Lancer un mot d'ordre de grève.* ***Ne pas avoir dit son dernier mot,*** ne pas avoir encore montré tout ce dont on est capable. ***Prendre qqn au mot,*** accepter sur-le-champ une proposition qu'il a faite. ***Se donner le mot,*** se mettre d'accord, convenir de ce qu'il faut dire ou faire. ***Se payer de mots,*** parler au lieu d'agir. ***Toucher un mot à qqn de qqch,*** lui en parler brièvement.

motard, e n. *Fam.* Motocycliste. ◆ **motard** n.m. Motocycliste de la police, de la gendarmerie ou de l'armée.

mot-clé ou **mot-clef** n.m. (pl. *mots-clés, mots-clefs*). *Didact.* Mot qui, une fois indexé, permet d'identifier, de sélectionner un article dans un fichier.

motel n.m. (mot anglo-amér., de *motor car,* automobile, et *hotel,* hôtel). Hôtel situé à proximité des grands itinéraires routiers, aménagé pour accueillir les automobilistes.

motet n.m. (de *mot*). Chant religieux.

① **moteur, trice** adj. (lat. *motor,* de *motus,* mû, de *movere,* mouvoir). **1.** Qui produit un mouvement, qui le transmet. **2.** Se dit d'un nerf qui assure la motricité d'un organe. **3.** *Fig.* Qui dynamise : *L'élément moteur de l'équipe.*

② **moteur** n.m. (de *1. moteur*). **1.** Appareil qui transforme en énergie mécanique d'autres formes d'énergie : *Moteur électrique, thermique.* **2.** *Fig.* Personne qui dirige, qui donne l'élan : *Elle est le moteur du projet* (**SYN.** âme, animateur). **3.** *Fig.* Cause d'action ; motif déterminant : *L'investissement est le moteur de la croissance.* ▸ ***Moteur à réaction,*** moteur dans lequel l'action mécanique est réalisée par l'éjection d'un flux gazeux à grande vitesse. ***Moteur de recherche,*** logiciel qui facilite la localisation sur le réseau Internet de fichiers ou d'adresses de serveurs sur un thème donné.

moteur-fusée n.m. (pl. *moteurs-fusées*). Propulseur à réaction utilisé en aviation et en astronautique.

motif n.m. (du lat. *movere,* mouvoir). **1.** Raison d'ordre intellectuel, affectif qui pousse à faire qqch, à agir : *Je ne connais pas le motif de son retard* (**SYN.** cause, pourquoi, raison). **2.** Partie du jugement où le juge indique les raisons de sa décision ; les raisons de cette décision (**SYN.** 1. attendu). **3.** Dessin, ornement qui, le plus souvent, se répète : *Le motif d'un tissu imprimé, d'une frise.* **4.** Thème mélodique ou rythmique qui assure l'unité d'une composition.

motilité n.f. Aptitude d'un être vivant à se mouvoir, à effectuer des mouvements (**SYN.** mobilité).

motion n.f. (du lat. *motio,* mise en mouvement, de *movere,* mouvoir). **1.** Texte soumis à l'approbation d'une assemblée par un de ses membres ou une partie de ses membres : *Déposer une motion.* **2.** Texte voté par une assemblée parlementaire.

motivant, e adj. Qui motive : *Des résultats motivants* (**CONTR.** démoralisant, déprimant).

motivation n.f. **1.** Ensemble des motifs qui expliquent un acte : *La motivation d'un renvoi* (**SYN.** justification). **2.** Ce qui incite à agir de telle ou telle façon. ▸ ***Lettre de motivation,*** lettre qu'un demandeur d'emploi adresse à une entreprise pour expliquer pourquoi il aimerait y travailler.

motivé, e adj. **1.** Justifié par des motifs : *Refus motivé* (**SYN.** fondé ; **CONTR.** injustifié). **2.** Qui a une, des motivations : *Une étudiante très motivée.*

motiver v.t. (de *1. motif*) [conj. 3]. **1.** Fournir des motifs pour justifier un acte : *Motiver une décision* (**SYN.** fonder). **2.** Être la justification, la cause de : *C'est la jalousie qui motive son comportement* (**SYN.** expliquer). **3.** Créer chez qqn les conditions qui le poussent à agir : *Cette promotion le motive à persévérer* (**SYN.** encourager, inciter, stimuler).

moto n.f. (abrév.). Motocyclette.

motociste n. Vendeur et réparateur de motocycles.

motocross n.m. Épreuve motocycliste sur un circuit fermé et très accidenté.

motoculteur n.m. Machine automotrice utilisée pour faire de petits travaux agricoles.

motoculture n.f. Utilisation de machines motorisées dans l'agriculture.

motocycle n.m. Tout véhicule à deux roues qui avance grâce à un moteur.

motocyclette n.f. Véhicule à deux roues, actionné par un moteur à explosion de plus de 125 cm^3 (abrév. moto).

motocyclisme n.m. Ensemble des activités sportives disputées sur motocyclettes et side-cars.

motocycliste n. Personne qui conduit une motocyclette. ◆ adj. Relatif à la moto : *Épreuve motocycliste.*

motomarine n.f. Au Québec, petite embarcation à une ou deux places, propulsée par le jet d'eau d'un moteur à turbine ; scooter des mers.

motonautique adj. Relatif au motonautisme.

motonautisme n.m. Sport pratiqué sur des embarcations à moteur.

motoneige n.f. Petit véhicule muni de skis à l'avant et tracté par des chenilles (on dit aussi *un scooter des neiges*).

motoneigisme n.m. Pratique de la motoneige.

motoneigiste n. Personne qui pratique la motoneige.

motopompe n.f. Pompe actionnée par un moteur.

motor-home n.m. (mot angl.) [pl. *motor-homes*]. Autocaravane.

motorisation n.f. **1.** Action de motoriser : *La motorisation de l'agriculture* (**SYN.** mécanisation). **2.** Équipement d'un véhicule automobile en un type déterminé de moteur : *Motorisation d'une voiture en diesel.*

motorisé, e adj. Doté de moyens de transport automobiles : *Troupes motorisées.* ▸ *Fam.* ***Être motorisé,*** disposer d'un véhicule à moteur pour se déplacer.

motoriser v.t. [conj. 3]. Doter de véhicules, de machines à moteur : *Motoriser l'agriculture* (**SYN.** mécaniser).

motoriste n. **1.** Spécialiste de la réparation et de l'entretien des moteurs des véhicules. **2.** Industriel qui fabrique des moteurs, en partic. dans le domaine aérospatial.

moto-taxi n.f. (pl. *motos-taxis*). Motocyclette avec chauffeur, qui assure un service payant de transport de personnes.

motrice n.f. (fém. de *1. moteur*). Automotrice qui tracte plusieurs voitures : *Motrice de métro.*

motricité n.f. Ensemble des fonctions biologiques qui assurent le mouvement, chez l'homme et les animaux.

mots croisés ou **mots-croisés** n.m. pl. Jeu qui consiste à trouver des mots qui s'entrecroisent dans une grille, d'après des définitions plus ou moins énigmatiques : *Faire des mots croisés.*

mots-croisiste n. (pl. *mots-croisistes*). Auteur de grilles de mots croisés ; verbicruciste. ☞ **REM.** Ne pas confondre avec *cruciverbiste.*

motte n.f. **1.** Morceau de terre plus ou moins compact détaché du sol par une charrue ou une bêche : *De grosses mottes.* **2.** Masse de beurre pour la vente au détail : *Vendre du beurre à la motte.*

motu proprio [mɔtyprɔprijo] loc. adv. (mots lat. signif. « de son propre mouvement »). Spontanément ; sans y être incité.

motus [mɔtys] interj. (de *mot*). *Fam.* Invitation à garder le silence sur ce qui se fait ou se dit : *C'est un secret, donc motus* ou *motus et bouche cousue !*

mot-valise n.m. (pl. *mots-valises*). Mot constitué par l'amalgame de la partie initiale d'un mot et de la partie finale d'un autre : *« Alicament » est un mot-valise formé de « aliment » et « médicament ».*

① **mou** ou **mol** (devant voyelle ou « h muet »), **molle** adj. (du lat. *mollis*, flexible). **1.** Qui manque de dureté : *Terre molle* (**SYN.** malléable ; **CONTR.** dur). *Un lit mou* (**SYN.** douillet, moelleux). *Un mol oreiller.* **2.** Qui manque de fermeté, de vigueur, d'énergie, de vivacité : *Un ventre mou* (**SYN.** flasque ; **CONTR.** musclé). *De molles protestations* (**SYN.** faible ; **CONTR.** résolu, vigoureux). *C'est une femme molle* (**SYN.** apathique, indolent ; **CONTR.** dynamique, énergique). ◆ n. *Fam.* Personne sans énergie : *Il ne prend aucune initiative, c'est un mou* (**SYN.** nonchalant ; **CONTR.** 1. battant). ◆ **mou** n.m. Ce qui est mou, peu résistant. ▸ ***Donner du mou à une corde,*** la détendre. ◆ **mou** adv. *Fam.* Doucement : *Vas-y mou.*

② **mou** n.m. (de *1. mou*). Poumon de certains animaux de boucherie : *Achète du mou de bœuf au chat.*

moucharabieh [muʃarabje] n.m. (d'un mot ar.). Grillage en bois, permettant de voir sans être vu, dans l'architecture arabe traditionnelle ; balcon garni d'un tel grillage.

① **mouchard, e** n. (de *mouche*). *Fam., péjor.* Personne qui dénonce (**SYN.** délateur, dénonciateur).

② **mouchard** n.m. (de *1. mouchard*). **1.** Appareil de contrôle et de surveillance. **2.** *Fam.* Judas d'une porte.

mouchardage n.m. *Fam.* Action de moucharder (**SYN.** délation, dénonciation).

moucharder v.t. [conj. 3]. *Fam.* Rapporter à qqn les faits et gestes de qqn d'autre : *Moucharder une collègue* (**SYN.** dénoncer). ◆ v.i. *Fam.* Pratiquer le mouchardage.

mouche n.f. (lat. *musca*). **1.** Insecte diptère au vol bourdonnant et zigzagant : *Le fromage attire les mouches.* **2.** Au Québec, tout insecte diptère piqueur des forêts, qui se nourrit de sang. **3.** Appât artificiel de pêche qui imite un insecte : *Pêche à la mouche.* **4.** Petite touffe de poils que les hommes font pousser au-dessous de leur lèvre inférieure. **5.** Petite rondelle de taffetas noir que les femmes, aux XVIIe et XVIIIe siècles, se collaient sur le visage. **6.** Point noir au centre d'une cible. **7.** Bouton qui garnit la pointe d'un fleuret pour la rendre inoffensive : *Avant le combat, on pose des mouches aux fleurets* (= on les mouchette). ▸ *Fam.* ***Comme des mouches,*** en grand nombre, en masse : *Tomber, mourir comme des mouches.* ***Faire mouche,*** placer un projectile au centre de la cible ; fig., toucher le point sensible ou névralgique. ***Fine mouche,*** personne très rusée. ***Mouche à feu,*** au Québec, luciole. ***Mouche du vinaigre,*** drosophile. ***Pattes de mouche,*** écriture fine et peu lisible. ***Poids mouche,*** en boxe, catégorie de poids ; boxeur qui appartient à cette catégorie. ***Prendre la mouche,*** se vexer et s'emporter mal à propos, pour peu de chose (en Suisse, on dit *piquer la mouche*). *Fam.* ***Quelle mouche le pique ?,*** pourquoi se fâche-t-il ?

moucher v.t. (bas lat. *muccare,* du lat. class. *muccus* ou *mucus,* écoulement nasal, morve) [conj. 3]. **1.** Débarrasser les narines des sécrétions nasales : *Moucher un malade.* **2.** *Fam.* Remettre qqn à sa place vertement ; réprimander : *Cette fois-ci, je l'ai mouché !* ▸ ***Moucher une chandelle,*** en éteindre la flamme en prenant la mèche entre ses doigts. ◆ **se moucher** v.pr. Moucher son nez.

moucheron n.m. Nom usuel des petits insectes diptères voisins de la mouche.

moucheronner v.i. [conj. 3]. Saisir des insectes à la surface de l'eau, en parlant des poissons.

mouchet n.m. En Suisse, petite touffe.

moucheté, e adj. **1.** Tacheté, marqué de mouchetures : *Le pelage moucheté d'un chat* (**SYN.** ocellé). *Un tissu moucheté* (**SYN.** bigarré). **2.** Se dit d'une arme d'escrime dont la pointe est garnie d'une mouche : *Une épée mouchetée.* ▸ ***À fleurets mouchetés,*** se dit d'une discussion sans agressivité, dans laquelle on ne cherche pas à blesser.

moucheter v.t. [conj. 27]. **1.** Marquer de petits points disposés plus ou moins régulièrement : *Moucheter une étoffe* (**SYN.** bigarrer). **2.** En escrime, garnir d'une mouche la pointe d'un fleuret.

moucheture n.f. **1.** Tache naturelle sur le pelage de certains animaux : *Les mouchetures d'une panthère* (**SYN.** ocelle). **2.** Ornement donné à une étoffe en la mouchetant.

mouchoir n.m. **1.** Petit carré de tissu fin ou de papier servant à se moucher. **2.** En Afrique, étoffe dont les femmes se servent pour se couvrir la tête (on dit aussi *un mouchoir de tête*) ; foulard. ▸ ***Arriver dans un mouchoir,*** dans un peloton très serré ; obtenir des résultats très voisins dans une épreuve, un concours. ***Grand comme un mouchoir de poche,*** de très petites dimensions.

mouclade n.f. (de *moucle,* var. dialect. de *2. moule*). Plat de moules au vin blanc et à la crème.

moudjahid [mudʒaid] n.m. (d'un mot ar. signif. « combat ») [pl. *moudjahidin* ou *moudjahidine*]. Combattant de divers mouvements de libération nationale du monde musulman.

moudre v.t. (lat. *molere,* de *mola,* meule) [conj. 85]. Réduire en poudre avec un moulin, avec une meule : *Moudre du poivre* (**SYN.** broyer, concasser). *Quand tu auras moulu le café.*

moue n.f. (du frq.). Grimace faite par mécontentement, en avançant les lèvres : *Une moue de dégoût.*

mouette n.f. (du frq.). Oiseau marin plus petit que le goéland, qui vit sur les côtes.

moufette ou **mouffette** n.f. (it. *mofetta,* du germ.). Mammifère carnivore d'Amérique, qui projette un liquide puant lorsqu'il est attaqué (**SYN.** sconse).

① **moufle** n.f. (du bas lat. *muffula,* mitaine, du germ.). **1.** Gant où il n'y a de séparation que pour le pouce. **2.** Assemblage de poulies qui permet de soulever de très lourdes charges.

② **moufle** n.m. (de *1. moufle*). Partie réfractaire utilisée pour protéger les pièces que l'on traite dans un four.

mouflet, ette n. *Fam.* Petit enfant.

mouflon n.m. (it. *muflone*). Mouton sauvage des montagnes, aux puissantes cornes enroulées.

moufter v.i. (du moyen fr. *mouveter,* agiter) [conj. 3]. (Surtout en tournure négative). *Fam.* Parler ; protester : *Il a tout supporté sans moufter* (**SYN.** broncher).

mouillage n.m. **1.** Action de mouiller, d'imbiber d'eau : *Le mouillage d'une éponge* (**SYN.** humidification, mouillure). **2.** Action d'ajouter de l'eau au lait, au vin, etc., notamm. dans une intention frauduleuse (**SYN.** coupage). **3.** Emplacement où peuvent mouiller les navires (**SYN.** ancrage). **4.** Manœuvre que l'on exécute pour jeter l'ancre.

mouillant, e adj. Se dit d'un liquide qui a la propriété de s'étendre sur une surface avec laquelle il entre en contact.

mouillé, e adj. ▸ ***Consonne mouillée,*** consonne articulée avec le son [j] : *Le « n » mouillé de « jardinière ».*

mouillement n.m. Arrosage d'un mets pendant sa cuisson.

mouiller v.t. (du lat. *mollis,* mou) [conj. 3]. **1.** Rendre humide ; imbiber d'eau : *Mouiller un gant de toilette* (**SYN.** humecter, humidifier ; **CONTR.** sécher). *La pluie a mouillé ma veste* (**SYN.** tremper). **2.** Ajouter de l'eau à : *Mouiller du lait* (**SYN.** couper, diluer). **3.** Ajouter un liquide à une préparation en cours de cuisson pour composer une sauce : *Mouiller un ragoût avec du vin.* **4.** Laisser tomber dans la mer : *Mouiller des mines sous-marines* (**SYN.** immerger). *Mouiller l'ancre* (**SYN.** jeter ; **CONTR.** lever). ▸ *Fam.* ***Mouiller qqn,*** le compromettre (**SYN.** impliquer). ◆ v.i. **1.** Jeter l'ancre : *Le bateau a mouillé dans le port de Marseille.* **2.** *Fam.* Avoir peur. ◆ v. impers. *Région.* Pleuvoir. ◆ **se mouiller** v.pr. **1.** Être en contact avec l'eau : *Le chat craint de se mouiller.* **2.** *Fam.* Prendre des risques dans une affaire : *Elles ne se sont pas mouillées dans cette histoire* (**SYN.** se compromettre).

mouillette n.f. Petit morceau de pain long et mince que l'on trempe dans les œufs à la coque.

mouilleur n.m. Appareil pour mouiller, humecter le dos des étiquettes (**SYN.** mouilloir). ▸ ***Mouilleur de mines,*** petit navire ou sous-marin aménagé pour immerger des mines.

mouillon n.m. En Suisse, humidité ; flaque.

mouillure n.f. **1.** Action de mouiller (**SYN.** mouillage). **2.** État de ce qui est humide.

mouise n.f. (de l'all. dialect. *mues,* bouillie). *Fam.* Misère : *Être dans la mouise.*

moujik [muʒik] n.m. (mot russe). Paysan, dans la Russie des tsars.

moukère ou **mouquère** n.f. (mot ar., de l'esp. *mujer*). *Fam.* Femme.

① **moulage** n.m. (de *mouler*). **1.** Action de verser dans des moules des métaux, des plastiques, etc. : *Le moulage d'une cloche* (**SYN.** 1. fonte). **2.** Action de prendre une empreinte de qqch : *Prendre le moulage d'une mâchoire.* **3.** Reproduction d'un objet faite au moyen d'un moule : *Le moulage d'une statue.*

② **moulage** n.m. (de *moudre*). Action de moudre les grains.

moulant, e adj. Se dit d'un vêtement qui moule le corps : *Pantalon moulant* (**SYN.** ajusté, collant ; **CONTR.** ample, 1. large).

① **moule** n.m. (du lat. *modulus*, mesure). **1.** Objet présentant un creux dans lequel on verse une matière pâteuse qui prend, en se solidifiant, la forme de ce creux : *Verser du plâtre dans un moule.* **2.** Récipient qui sert au moulage de certaines préparations culinaires : *Moule à gaufre, à tarte.* **3.** *Fig.* Modèle imposé selon lequel on construit qqch, on façonne qqn : *Tous ces films sont faits sur le même moule* (**SYN.** type).

② **moule** n.f. (du lat. *musculus*, petite souris, coquillage). **1.** Mollusque comestible, à coquille sombre, vivant fixé sur les rochers : *L'élevage des moules se nomme la mytiliculture.* **2.** *Fam.* Personne sans énergie, maladroite ; mollasson.

moulé, e adj. **1.** Qui porte un vêtement moulant : *Une femme moulée dans sa robe.* **2.** Se dit de lettres tracées à la main comme des caractères d'imprimerie.

mouler v.t. (de *1. moule*) [conj. 3]. **1.** Obtenir un objet grâce à un moule : *Mouler une cloche* (**SYN.** couler, fondre). **2.** Prendre l'empreinte de : *Mouler une main.* **3.** Accuser les contours en épousant la forme de : *Chemise qui moule le corps* (**SYN.** sangler, serrer).

mouleur, euse n. Personne qui exécute des moulages.

moulière n.f. (de *2. moule*). Lieu au bord de la mer où l'on élève les moules ; parc à moules.

moulin n.m. (bas lat. *molinum*, de *mola*, meule). **1.** Machine à moudre les grains de céréales ; bâtiment où elle est installée : *Un moulin à vent, à eau.* **2.** Appareil servant à moudre du grain, des aliments : *Moulin à café, à légumes.* **3.** *Fam.* Moteur d'avion, de voiture, de moto. ▸ ***Apporter de l'eau au moulin de qqn,*** lui donner des arguments qui confirment ses dires. ***Entrer quelque part comme dans un moulin,*** comme on veut, sans contrôle. *Fam.* ***Moulin à paroles,*** personne très bavarde. ***Moulin à prières,*** cylindre, renfermant des formules sacrées, que les bouddhistes font tourner au moyen d'une poignée pour acquérir des mérites. ***Se battre contre des moulins à vent,*** se battre contre des ennemis qui n'existent qu'en imagination, contre des chimères (par allusion à Don Quichotte).

moulinage n.m. Action de mouliner.

mouliner v.t. (de *moulin*) [conj. 3]. **1.** Réunir et tordre ensemble plusieurs fils textiles de façon à les consolider : *Mouliner de la soie.* **2.** Écraser avec un moulin à légumes : *Mouliner des carottes pour faire une purée* (**SYN.** broyer). **3.** *Fam.* Traiter des données en grande quantité, en parlant d'un ordinateur.

moulinet n.m. **1.** Appareil constitué d'une bobine sur laquelle est enroulée le fil d'une canne à pêche. **2.** Petit appareil qui fonctionne selon un mouvement de rotation : *Le moulinet d'une crécelle.* **3.** Mouvement tournant et rapide que l'on fait avec une canne, une épée, avec ses bras : *Faire des moulinets avec un bâton.*

Moulinette n.f. (nom déposé). Petit moulin manuel ou électrique pour broyer les aliments. ▸ *Fam.* ***Passer qqch à la Moulinette,*** le réduire en morceaux, l'anéantir ; fig., l'analyser minutieusement : *Passer un projet à la Moulinette.*

mouloud ou **mulud** [mulud] n.m. (de mots ar. signif. « anniversaire du Prophète »). Fête religieuse musulmane qui célèbre l'anniversaire de la naissance du Prophète.

moult [mult] adv. (du lat. *multum*, beaucoup, de *multus*, nombreux). *Vx* ou *iron.* Beaucoup de ; de nombreux : *Elle a posé moult questions.*

moulu, e adj. (de *moudre*). **1.** Réduit en poudre : *Du poivre moulu.* **2.** *Fam.* Anéanti par la fatigue : *Après le travail, elle est complètement moulue* (**SYN.** épuisé, fourbu).

moulure n.f. (de *mouler*). Ornement linéaire, en relief ou en creux : *Les moulures d'un plafond.* ▸ ***Moulure électrique,*** latte creuse destinée à recevoir des fils électriques.

moulurer v.t. [conj. 3]. Orner de moulures.

moumoute n.f. *Fam.* **1.** Cheveux postiches ; perruque. **2.** Veste en peau de mouton retournée.

mouquère n.f. → **moukère.**

mourant, e adj. et n. Qui se meurt ; qui va mourir : *Elle est mourante* (**SYN.** agonisant, expirant [litt.]). *Veiller un mourant* (**SYN.** moribond). ◆ adj. Qui s'affaiblit : *Une voix mourante* (**SYN.** faiblissant ; **CONTR.** tonitruant).

mourir v.i. (bas lat. *morire*, du lat. class. *mori*) [conj. 42]. (Auxil. *être*). **1.** Cesser de vivre : *Mourir dans un accident d'avion* (**SYN.** décéder, disparaître, périr). *Il est mort dans ses bras* (**SYN.** expirer [litt.], s'éteindre). **2.** Perdre ses fonctions vitales : *Ces fleurs meurent par manque de soleil* (**SYN.** crever, dépérir ; **CONTR.** s'épanouir). **3.** S'affaiblir progressivement : *Ne laisse pas le feu mourir* (**SYN.** s'éteindre). **4.** Se dégrader jusqu'à disparition complète : *Le petit commerce meurt lentement* (**SYN.** décliner, péricliter ; **CONTR.** se développer). ▸ ***C'est à mourir de rire,*** c'est extrêmement drôle. ***Mourir de,*** être affecté à un très haut degré par : *Mourir de soif, de peur.* ***Mourir de sa belle mort,*** de mort naturelle. ◆ **se mourir** v.pr. **1.** *Litt.* Être sur le point de décéder : *Il se meurt* (**SYN.** s'éteindre). **2.** Être en passe de disparaître : *Des coutumes qui se meurent* (**SYN.** s'effacer, se perdre ; **CONTR.** se perpétuer).

mouroir n.m. *Fam., péjor.* Établissement où, parce que leur fin est proche, on ne dispense qu'un minimum de soins aux personnes âgées ou gravement malades qui y séjournent.

mouron n.m. (du moyen néerl. *muer*). Petite plante à fleurs rouges ou bleues, toxique pour les animaux. ▸ *Fam.* ***Se faire du mouron,*** se faire du souci.

mousmé n.f. (jap. *musume*). **1.** *Vx* Jeune fille, jeune femme au Japon. **2.** *Fam.* Femme, fille en général.

mousquet n.m. (it. *moschetto*). Arme à feu portative employée aux XVIe et XVIIe siècles.

mousquetaire n.m. (de *mousquet*). Gentilhomme d'une des deux compagnies à cheval de la maison du roi de France aux XVIIe et XVIIIe siècles. ▸ ***Poignet mousquetaire,*** poignet à revers d'une chemise d'homme se fermant avec des boutons de manchette.

① **mousqueton** n.m. Fusil court et léger en usage jusqu'à la Seconde Guerre mondiale.

② **mousqueton** n.m. Système d'accrochage constitué par une lame métallique recourbée formant une boucle à ressort : *Le mousqueton d'un alpiniste.*

moussaillon n.m. *Fam.* Petit mousse ; jeune marin.

moussaka n.f. (turc *musakka*). Plat grec ou turc,

composé de couches alternées d'aubergines, de mouton haché et de sauce Béchamel épaisse, cuit au four.

moussant, e adj. Qui produit de la mousse en abondance : *Des sels de bain moussants.*

① **mousse** n.m. (it. *mozzo*). Marin de moins de dix-sept ans.

② **mousse** n.f. (frq. *mosa*). Plante, sans fleurs ni racines, formant un tapis de courtes tiges feuillues serrées les unes contre les autres : *Une vieille maison couverte de mousse.* ◆ adj. inv. ▸ ***Vert mousse,*** vert très clair.

③ **mousse** n.f. (de *2. mousse*). **1.** Matière plus ou moins légère, formée d'un amas de bulles : *La mousse d'une bière* (**SYN.** écume). *La mousse d'un savon à barbe.* **2.** *Fam.* Verre de bière. **3.** Préparation culinaire dont les ingrédients ont été battus, et qui présente une consistance onctueuse : *Mousse de foie de canard. Mousse au chocolat.* **4.** Matière plastique se présentant sous une forme cellulaire : *Un oreiller en mousse.* ▸ ***Point mousse,*** point de tricot qui ne comporte que des mailles à l'endroit.

④ **mousse** adj. Qui est émoussé : *Lame mousse* (**CONTR.** acéré).

mousseline n.f. (de l'it. *mussolina,* tissu de Mossoul). Tissu de coton, de soie, léger et transparent : *Un foulard de mousseline.* ◆ adj. inv. ▸ ***Pommes mousseline,*** purée de pommes de terre très légère.

mousser v.i. (de *3. mousse*) [conj. 3]. Produire de la mousse. *Ce savon mousse beaucoup.* ▸ *Fam.* ***Faire mousser qqn, qqch,*** les faire valoir, les vanter de manière exagérée : *Il fait mousser ses enfants, sa voiture.* ◆ v.t. Au Québec, promouvoir ; faire valoir : *Mousser la vente d'un produit. Mousser la candidature de qqn.*

mousseron n.m. (bas lat. *mussirio*). Champignon comestible poussant dans les prés.

mousseux, euse adj. (de *3. mousse*). Qui mousse : *Du chocolat mousseux. Du cidre, du vin mousseux* (= dégageant du gaz carbonique dû à la fermentation). ◆ **mousseux** n.m. Vin mousseux, à l'exclusion du champagne.

mousson n.f. (néerl. *mouçon,* de l'ar. *mausim,* saison). Vent tropical saisonnier qui souffle alternativement vers la mer (en hiver : *mousson sèche*) et vers la terre (en été : *mousson humide*).

moussu, e adj. (de *2. mousse*). Couvert de mousse : *Des arbres moussus.*

moustache n.f. (it. *mostaccio,* du gr. *mustaks, mustakos,* lèvre supérieure). **1.** Poils que les hommes laissent pousser au-dessus de la lèvre supérieure : *Il a une belle moustache* ou *de belles moustaches.* **2.** Poils latéraux, longs et raides, de la gueule de certains animaux : *Les moustaches d'un chat* (**SYN.** vibrisse).

moustachu, e adj. et n. Qui a une moustache, de la moustache.

moustiquaire n.f. **1.** Rideau de tulle, de mousseline dont on entoure les lits pour se préserver des moustiques. **2.** Châssis en toile métallique placé aux fenêtres et ayant le même usage.

moustique n.m. (esp. *mosquito,* de *mosca,* mouche, du lat. *musca*). **1.** Insecte diptère dont la femelle pique la peau de l'homme et des animaux pour sucer leur sang : *Le moustique du Canada est le maringouin.* **2.** *Fam.* Enfant ; personne petite et malingre.

moût n.m. (lat. *mustum*). **1.** Jus de raisin non fermenté à partir duquel se fait la vinification. **2.** Jus de fruits, de végétaux, que l'on fait fermenter pour préparer des boissons alcooliques.

moutard n.m. **1.** *Fam.* Petit garçon. **2.** (Au pl.). Enfants.

moutarde n.f. (de *moût*). **1.** Plante à fleurs jaunes, voisine du chou ; graine de cette plante : *La moutarde blanche, noire.* **2.** Condiment préparé avec des graines de moutarde broyées et du vinaigre. ▸ *Fam.* ***La moutarde lui monte au nez,*** il commence à se fâcher. ◆ adj. inv. D'une couleur jaune verdâtre : *Des vestes moutarde.*

moutardier n.m. **1.** Fabricant de moutarde. **2.** Petit pot dans lequel on sert la moutarde sur la table.

mouton n.m. (lat. pop. *multo,* bélier, du gaul.). **1.** Mammifère ruminant qui porte une épaisse toison bouclée, et que l'on élève pour sa chair et celle de son petit (agneau), pour sa laine et pour le lait des femelles (brebis). **2.** Viande de cet animal : *Un gigot de mouton.* **3.** Cuir tanné ou fourrure de cet animal : *Une veste en mouton retourné.* **4.** Homme crédule et influençable : *Mouton de Panurge* (= personne qui suit aveuglément l'exemple des autres, allusion à un épisode de « Pantagruel » de Rabelais). **5.** *Arg.* Compagnon de cellule d'un prisonnier, chargé d'obtenir de lui des aveux. ▸ *Fam.* ***Mouton noir,*** personne qui, dans un groupe, est tenue à l'écart. ***Revenons à nos moutons,*** revenons à notre sujet, après une digression (allusion à une scène de « la Farce de Maître Pathelin »). ***Un mouton à cinq pattes,*** un phénomène, une chose, une personne extrêmement rares. ◆ **moutons** n.m. pl. **1.** Petites vagues couvertes d'écume. **2.** Petits nuages floconneux. **3.** Petits flocons de poussière ; chatons.

moutonné, e adj. ▸ ***Ciel moutonné,*** ciel couvert de petits nuages blancs (**SYN.** moutonneux, pommelé).

moutonnement n.m. Aspect de la mer, du ciel qui moutonnent.

moutonner v.i. [conj. 3]. S'agiter en petites vagues écumeuses ; se couvrir de petits nuages blancs : *La mer, le ciel moutonnent.*

moutonneux, euse adj. Qui moutonne : *Mer moutonneuse* (**SYN.** moutonné).

moutonnier, ère adj. **1.** Relatif au mouton, à son élevage ; ovin. **2.** Qui suit stupidement l'exemple des autres ; grégaire : *Des élèves moutonniers.*

mouture n.f. (lat. pop. *molitura,* de *molere,* moudre, de *mola,* meule). **1.** Action ou manière de moudre des grains ; produit ainsi obtenu : *La mouture de ce café est trop fine.* **2.** Nouvelle présentation d'un sujet déjà traité : *C'est une autre mouture d'un article écrit il y a dix ans* (**SYN.** version). ▸ ***Première mouture,*** premier état d'une œuvre littéraire : *Première mouture d'un scénario* (= ébauche).

mouvance n.f. (de *mouvoir*). **1.** Domaine dans lequel qqn, un groupe exerce son influence : *La mouvance antimondialiste.* **2.** *Litt.* Caractère de ce qui est mouvant : *La mouvance de la situation économique* (**SYN.** instabilité ; **CONTR.** stabilité).

mouvant, e adj. **1.** Qui bouge sans cesse ; qui n'est pas stable : *Foule mouvante* (**SYN.** agité, remuant ; **CONTR.** immobile). *Opinions mouvantes* (**SYN.** changeant, instable ; **CONTR.** stable). **2.** Qui a peu de consistance ; qui s'affaisse : *Sables mouvants.*

mouvement n.m. (du lat. *movere,* mouvoir). **1.** Déplacement d'un corps dans l'espace : *Le mouvement d'une planète* (**SYN.** cours ; **CONTR.** immobilité). **2.** Ensemble de mécanismes engendrant le déplacement régulier des organes d'une machine : *Le mouvement du piston dans le cylindre. Un mouvement d'horlogerie.* **3.** Action ou manière de se mouvoir : *Répondre par un mouvement de tête* (**SYN.** geste). *Décomposer un mouvement de danse* (**SYN.** 1. pas). **4.** Ensemble des déplacements d'un groupe : *Le mouvement de reflux d'une foule.* **5.** Déplacement d'une formation militaire dans un but tactique : *Mouvements de troupes.* **6.** Animation due au va-et-vient incessant de personnes ou de véhicules : *Une rue pleine de mouvement* (**SYN.** agitation, effervescence). **7.** Changement dans le domaine économique, social : *Le mouvement de hausse sur le pétrole se maintient* (**SYN.** fluctuation, variation ; **CONTR.** stabilité). *Le mouvement des idées au siècle dernier* (**SYN.** évolution). **8.** Action collective visant à un changement : *Un mouvement de grève.* **9.** Organisation politique, syndicale, culturelle : *Ce mouvement réformiste s'oppose à la politique actuelle* (**SYN.** groupement, rassemblement). **10.** Impulsion qui porte à manifester un sentiment : *Retenir un mouvement de colère* (**SYN.** geste). *Avoir un mouvement de compassion* (**SYN.** 1. élan). *Son premier mouvement a été d'accepter* (**SYN.** penchant, tendance). **11.** En musique, degré de rapidité de la mesure ; partie d'une œuvre musicale : *Le mouvement est adagio* (**SYN.** cadence, rythme, tempo). *Le premier mouvement d'une symphonie.* ▸ ***Avoir un bon mouvement,*** se montrer obligeant, généreux. *Fam.* ***En deux temps trois mouvements,*** très rapidement. *Fam.* ***Être dans le mouvement,*** être au courant de l'actualité, des nouveautés. ***Faux mouvement,*** mouvement du corps, qui n'est pas naturel et entraîne souvent une douleur.

mouvementé, e adj. Agité ; troublé par des incidents : *Un voyage mouvementé* (**SYN.** tumultueux ; **CONTR.** 1. calme).

mouvementer v.t. [conj. 3]. Modifier le montant d'un compte bancaire ou postal.

mouvoir v.t. (lat. *movere*) [conj. 54]. **1.** Mettre en mouvement ; faire changer de place : *Mouvoir son bras* (**SYN.** bouger, remuer ; **CONTR.** immobiliser). **2.** Inciter à agir : *Il est mû par l'ambition* (**SYN.** motiver, pousser, stimuler). ◆ **se mouvoir** v.pr. Exécuter des mouvements : *Il ne peut se mouvoir qu'avec une canne* (**SYN.** bouger, se déplacer).

① **moyen, enne** adj. (du lat. *medianus,* du milieu). **1.** Qui se situe entre deux extrêmes : *Une femme de taille moyenne, d'âge moyen. Un Français moyen* (= représentatif de la masse des Français). **2.** Qui n'est ni bon ni mauvais : *Cet étudiant est moyen* (**SYN.** ordinaire ; **CONTR.** extraordinaire). *Des résultats moyens* (**SYN.** acceptable, passable ; **CONTR.** exceptionnel, remarquable). **3.** Qui est obtenu en calculant une moyenne : *La température moyenne du mois* (**CONTR.** extrême). ▸ ***Cours moyen,*** dans l'enseignement primaire français, cours réparti sur deux ans et succédant au cours élémentaire (abrév. C.M.). ***Moyen terme,*** parti que l'on prend pour éviter deux inconvénients extrêmes. ***Poids moyen,*** catégorie de poids dans divers sports individuels, comme la boxe ; sportif appartenant à cette catégorie.

② **moyen** n.m. (de *1. moyen*). **1.** Procédé qui permet de parvenir à un but : *Je ne connais pas d'autre moyen de le convaincre* (**SYN.** façon, manière). *Ils ne reculent devant aucun moyen* (**SYN.** expédient, procédé). **2.** Ce qui permet d'accomplir qqch : *Moyen de pression. La peinture est un moyen d'expression. Moyen de transport* (= véhicule permettant de se déplacer). **3.** Pouvoir, possibilité de faire qqch : *A-t-elle le moyen de refuser ?* (**SYN.** facilité, liberté). ▸ ***Au moyen de*** ou ***par le moyen de,*** en faisant usage de, par l'entremise de. ***Il y a moyen, il n'y a pas moyen de,*** il est possible, il n'est pas possible de : *Il y a moyen, il n'y a pas moyen de débloquer la situation.* ◆ **moyens** n.m. pl. **1.** Ressources pécuniaires : *Vivre au-dessus de ses moyens* (**SYN.** revenus). **2.** Aptitudes physiques ou intellectuelles : *La peur lui fait perdre tous ses moyens* (**SYN.** capacité). ▸ ***Employer les grands moyens,*** prendre des mesures énergiques. ***Moyens du bord,*** ceux dont on peut disposer immédiatement. ***Par ses propres moyens,*** avec ses seules ressources, sans aucune aide.

Moyen Âge n.m. inv. Période de l'histoire du monde située entre l'Antiquité et l'époque moderne : *Le Moyen Âge commence à la chute de l'Empire romain.*

moyenâgeux, euse adj. **1.** *Vieilli* Qui appartient au Moyen Âge : *L'époque moyenâgeuse* (**SYN.** médiéval). **2.** *Fig.* Qui évoque le Moyen Âge : *Ils ont des idées moyenâgeuses* (**SYN.** dépassé, désuet, suranné ; **CONTR.** moderne).

moyen-courrier n.m. et adj. (pl. *moyen-courriers*). Avion de transport destiné à voler sur des distances moyennes (génér. inférieures à 2 000 km).

moyen-métrage ou **moyen métrage** n.m. (pl. *moyens-métrages, moyens métrages*). Film dont la durée se situe entre 30 et 60 minutes.

moyennant prép. Au moyen de ; à la condition de : *Moyennant finance, nous pourrons trouver un accord* (= en payant ; **SYN.** grâce à). ▸ ***Moyennant quoi,*** en échange de quoi : *Modifier vos conditions, moyennant quoi nous résilierons ce contrat.*

moyenne n.f. **1.** Quantité, chose, état qui tient le milieu entre plusieurs autres et correspond au type le plus répandu : *Des performances au-dessous de la moyenne* (**SYN.** normale). **2.** Quantité obtenue en additionnant toutes les quantités données et en divisant ce total par le nombre de quantités : *Elle calcule la moyenne des notes de ses étudiants.* **3.** Note égale à la moitié de la note maximale qui peut être attribuée à un devoir ou à une copie d'examen : *Elle doit obtenir la moyenne en espagnol.* **4.** Vitesse moyenne : *Rouler à 90 km/h de moyenne.* ▸ ***En moyenne,*** en évaluant la moyenne : *Dans cette famille, ils se marient à 30 ans en moyenne.*

moyennement adv. De façon moyenne : *Cette conférence était moyennement intéressante* (**SYN.** faiblement, peu ; **CONTR.** extrêmement, très).

moyenner v.t. (de *2. moyen*) [conj. 4]. ▸ *Fam., vieilli* ***Il n'y a pas moyen de moyenner,*** il n'est pas possible de réussir, de parvenir à un résultat satisfaisant.

moyen-oriental, e, aux adj. Qui se rapporte au Moyen-Orient : *Les pays moyen-orientaux.*

moyeu [mwajø] n.m. (du lat. *modiolus,* petit vase).

Pièce centrale traversée par l'essieu, dans la roue d'un véhicule : *Des moyeux porteurs.*

MP3 [ɛmpetrwa] n.m. (abrév. de l'angl. *moving picture experts group audio layer 3*). Format de compression numérique servant au téléchargement de fichiers musicaux sur Internet.

M.S.T. ou **MST** [ɛmɛste] n.f. (sigle). ▸ ***Maladie sexuellement transmissible*** → **sexuellement.**

mu [my] n.m. inv. Douzième lettre de l'alphabet grec (Μ, μ), correspondant au *m* français.

mucilage n.m. (bas lat. *mucilago*, de *mucus*, morve). Substance végétale visqueuse qui, mélangée à de l'eau, donne une gelée : *Les algues sont riches en mucilage.*

mucilagineux, euse adj. Qui contient un mucilage ; qui en a l'aspect : *Un liquide mucilagineux.*

mucosité n.f. (du lat. *mucosus*, muqueux). Sécrétion des muqueuses.

mucoviscidose [mykovisidoz] n.f. Maladie héréditaire, caractérisée par une viscosité excessive des sécrétions pulmonaires et gastriques.

mucus [mykys] n.m. (mot lat. signif. « morve »). Sécrétion visqueuse produite par les cellules des muqueuses.

mue n.f. (de *muer*). **1.** Changement dans le plumage, le poil, la peau, chez certains animaux à certaines époques de l'année ; époque de ce changement : *La mue des crustacés.* **2.** Dépouille de l'animal qui a mué : *Une mue de couleuvre* (= exuvie). **3.** Changement qui s'opère dans le timbre de la voix des garçons au moment de la puberté ; époque de ce changement.

muer v.i. (du lat. *mutare*, changer) [conj. 7]. **1.** Perdre sa peau, son poil, son plumage, sa carapace, en parlant de certains animaux : *Les serpents muent.* **2.** Changer de timbre au moment de la puberté, en parlant de la voix ou de celui qui a cette voix : *Sa voix mue. Il a mué.* ◆ v.t. *Litt.* Changer en : *Dans ce conte, le prince fut mué en grenouille* (**SYN.** métamorphoser). ◆ **se muer** v.pr. **[en].** *Litt.* Se changer en ; devenir : *Amitié qui se mue en amour* (**SYN.** se transformer).

muesli [mɥɛsli] ou **musli** [mysli] n.m. (de l'alémanique *müesli*). Mélange de flocons de céréales et de fruits secs sur lequel on verse du lait froid, et que l'on consomme notamm. au petit déjeuner.

muet, ette adj. et n. (anc. fr. *mu*, du lat. *mutus*). Qui n'a pas l'usage de la parole : *Elle est sourde et muette.* ◆ adj. **1.** Qui est momentanément empêché de parler par un sentiment violent : *Rester muet de stupeur* (**SYN.** coi, 1. interdit). **2.** Qui refuse de parler : *Il l'a questionnée, mais elle est restée muette* (**SYN.** silencieux, taciturne ; **CONTR.** bavard). **3.** Se dit d'un acteur qui n'a pas de texte à dire, d'une scène ou d'une action sans paroles. **4.** Se dit d'un sentiment qui ne se manifeste pas par des paroles : *Une souffrance muette.* **5.** Qui ne parle pas de qqch, n'en fait pas mention : *Le règlement est muet là-dessus.* **6.** Qui ne comporte pas les indications habituellement présentes : *Carte de géographie muette.* **7.** En phonétique, se dit d'une unité graphique non prononcée : *Le « t » dans « lit » est muet. Les « h muets »* (= qui n'empêchent pas la liaison). ▸ ***Cinéma muet,*** qui ne comportait pas l'enregistrement de la parole ou des sons (par opp. au cinéma parlant). ◆ **muet** n.m. Cinéma muet : *Une vedette du muet.*

muezzin [mɥedzin] n.m. (turc *müezzin*, de l'ar.). Dans l'Islam, fonctionnaire religieux chargé d'appeler, du haut du minaret de la mosquée, aux cinq prières quotidiennes.

muffin [mœfin] n.m. (mot angl.). **1.** Petit pain au lait à pâte levée que l'on sert avec le thé : *Des muffins.* **2.** Au Québec, petit gâteau rond contenant souvent des fruits. ☞ **REM.** Au Québec, on prononce [mɔfœn].

mufle n.m. (du moyen fr. *moufle*, visage rebondi). **1.** Extrémité du museau de certains mammifères : *Le mufle d'un bœuf.* **2.** *Péjor.* Homme sans éducation, sans délicatesse ; butor : *Il s'est comporté comme un mufle* (**SYN.** goujat, malotru ; **CONTR.** gentleman).

muflerie n.f. *Péjor.* Comportement de mufle ; parole, action grossière : *Elle ne supporte plus sa muflerie* (**SYN.** goujaterie, grossièreté ; **CONTR.** galanterie).

muflier n.m. Plante souvent cultivée pour ses fleurs décoratives rappelant un mufle d'animal (**SYN.** gueule-de-loup).

mufti ou **muphti** [myfti] n.m. (mot ar.). Interprète officiel de la loi musulmane : *Des muftis.*

muge n.m. (lat. *mugil*). Poisson à chair estimée, et dont les œufs servent à préparer la poutargue (**SYN.** 2. mulet).

mugir v.i. (lat. *mugire*) [conj. 32]. **1.** Crier, en parlant de certains bovidés : *La vache mugit* (**SYN.** beugler, meugler). **2.** Produire un son comparable à un mugissement : *Le vent mugit* (**SYN.** hurler).

mugissant, e adj. Qui mugit : *Les flots mugissants.*

mugissement n.m. **1.** Cri sourd et prolongé de certains bovidés : *Le mugissement des taureaux* (**SYN.** beuglement, meuglement). **2.** Bruit, appel qui ressemble à ce cri : *Le mugissement d'une sirène* (**SYN.** hurlement).

muguet n.m. (de l'anc. fr. *mugue*, musc, à cause de l'odeur). **1.** Plante des sous-bois, à petites fleurs blanches d'une odeur douce et agréable, qui fleurit en mai : *Offrir du muguet le 1ᵉʳ mai.* **2.** Maladie de la muqueuse buccale.

muid [mɥi] n.m. (du lat. *modius*, mesure). **1.** *Anc.* Mesure de capacité pour les liquides ou les grains, et dont la valeur variait selon les lieux. **2.** Tonneau de la capacité d'un muid.

mulâtre adj. et n. (esp. *mulato*, de *mulo*, mulet). Né d'un parent noir et d'un parent blanc. ☞ **REM.** Le féminin *mulâtresse* est vieilli.

① **mule** n.f. (du lat. *mulleus*, de couleur rouge). **1.** Pantoufle laissant le talon découvert. **2.** Chaussure sans contrefort.

② **mule** n.f. (lat. *mula*). Mulet femelle, presque toujours stérile. ▸ ***Être têtu comme une mule,*** très entêté. *Fam.* ***Tête de mule,*** personne têtue, obstinée (on dit aussi *une mule*) : *Tu es une vraie mule !*

① **mulet** n.m. (lat. *mulus*). **1.** Hybride mâle d'un âne et d'une jument, toujours stérile. **2.** *Fam.* Voiture de remplacement, dans une course automobile.

② **mulet** n.m. (du lat. *mullus*, rouget). Autre nom du *muge.*

muleta [mulɛta] n.f. (mot esp.). Morceau d'étoffe écarlate dont se sert le matador pour fatiguer le taureau avant de lui porter l'estocade.

muletier, ère adj. ▸ ***Chemin muletier,*** chemin étroit et escarpé, qui était destiné au passage des mulets. ◆ n. Personne qui conduit des mulets.

mulla ou **mullah** [mula] n.m. → **mollah.**

mulon n.m. (de l'anc. fr. *mule,* tas de foin). Dans les marais salants, tas de sel que l'on recouvre d'argile pour assurer sa conservation.

mulot n.m. (du bas lat. *mulus,* taupe). Petit rat gris fauve des bois et des champs.

mulsion n.f. (bas lat. *mulsio,* de *mulgere,* traire). Action de traire ; traite.

multicarte adj. Se dit d'un représentant de commerce qui représente plusieurs entreprises.

multicellulaire adj. Formé de plusieurs cellules (**SYN.** pluricellulaire ; **CONTR.** unicellulaire).

multicolore adj. Qui présente un grand nombre de couleurs ; omnicolore : *Un pull multicolore* (**SYN.** bariolé, bigarré ; **CONTR.** uni, unicolore).

multiconfessionnel, elle adj. Où coexistent plusieurs religions.

multicoque adj. et n.m. Se dit d'un bateau et, en partic., d'un voilier qui comporte plusieurs coques (par opp. à monocoque) : *Le catamaran est un multicoque.*

multicouche adj. Qui comprend plusieurs couches : *Des revêtements multicouches.*

multicritère adj. Qui s'appuie sur plusieurs critères : *Une recherche multicritère sur Internet.*

multiculturalisme n.m. Coexistence de plusieurs cultures dans une société, un pays.

multiculturaliste adj. et n. Relatif au multiculturalisme ; favorable au multiculturalisme.

multiculturel, elle adj. Où coexistent plusieurs cultures : *Une société multiculturelle.*

multidiffusion n.f. **1.** Diffusion d'une émission télévisée plusieurs fois dans une même journée ou une même semaine. **2.** Diffusion par plusieurs canaux ou plusieurs réseaux.

multidimensionnel, elle adj. Qui a des dimensions multiples ; qui concerne des niveaux, des domaines variés : *Tri d'un tableau multidimensionnel.*

multidisciplinaire adj. Pluridisciplinaire.

multiethnique adj. Pluriethnique.

multifenêtre adj. Se dit d'un logiciel qui permet l'utilisation simultanée de plusieurs fenêtres sur un écran.

multifonction adj. ou **multifonctions** adj. inv. Se dit d'un appareil qui remplit à lui seul plusieurs fonctions.

multiforme adj. Qui a ou prend des formes diverses et variées ; polymorphe, protéiforme.

multijoueur adj. inv. Se dit d'un jeu vidéo interactif auquel participent plusieurs joueurs, notamm. en réseau : *Un quiz multijoueur.*

multilatéral, e, aux adj. Qui engage plusieurs parties contractantes : *Une décision multilatérale* (**CONTR.** unilatéral).

multilingue [myltilɛ̃g] adj. **1.** Qui existe, qui se fait en plusieurs langues (par opp. à monolingue, à unilingue) : *Un séminaire multilingue.* **2.** Qui peut utiliser couramment plusieurs langues (par opp. à monolingue) : *Population multilingue* (**SYN.** plurilingue, polyglotte).

multilinguisme [myltilɛ̃gɥism] n.m. Situation d'un individu, d'un État multilingue (par opp. à monolinguisme) : *Le multilinguisme d'un pays* (**SYN.** plurilinguisme).

multimédia adj. Qui utilise ou concerne plusieurs médias ***Message multimédia,*** message pouvant contenir du texte, des images ou des sons émis par un téléphone mobile. (**SYN.** MMS). ◆ n.m. Technique permettant l'utilisation simultanée et interactive de plusieurs modes de représentation de l'information (textes, sons, images).

multimilliardaire adj. et n. Qui est plusieurs fois milliardaire.

multimillionnaire adj. et n. Qui est plusieurs fois millionnaire.

multinational, e, aux adj. Qui concerne ou englobe plusieurs nations : *Un accord multinational.* ▸ ***Société multinationale,*** groupe industriel ou financier dont les activités et les capitaux se répartissent entre plusieurs États (on dit aussi *une multinationale*). ◆ **multinationale** n.f. Société multinationale.

multinorme ou **multistandard** adj. Se dit d'un récepteur de télévision fournissant des images provenant d'émetteurs de normes différentes.

multipare adj. et n.f. (du lat. *parere,* enfanter). **1.** Se dit d'une femme qui a mis au monde plusieurs enfants (par opp. à nullipare et à primipare). **2.** Se dit d'une femelle qui met bas plusieurs petits en une seule portée (par opp. à unipare) : *La lapine est multipare.*

multiparité n.f. Caractère d'une femelle multipare.

multipartisme n.m. Système politique caractérisé par l'existence de plus de deux partis politiques (par opp. à monopartisme) ; pluripartisme.

multipartite adj. Qui regroupe plusieurs partis politiques : *Un gouvernement multipartite.*

multiple adj. (du lat. *multiplex,* qui a beaucoup de plis). **1.** Qui se produit de nombreuses fois : *Il a fugué à de multiples reprises* (**SYN.** nombreux). **2.** Qui est composé de plusieurs parties : *Prise multiple* (= sur laquelle on peut brancher plusieurs appareils). **3.** Qui se présente sous des aspects nombreux et variés : *Nous proposons de multiples solutions.* ▸ ***Grossesse multiple,*** donnant naissance à deux enfants ou plus. ◆ n.m. Nombre entier qui contient un autre nombre entier plusieurs fois exactement : *12 est un multiple de 4.* ▸ ***Plus petit commun multiple*** ou ***P.P.C.M.,*** le plus petit des multiples communs à plusieurs nombres.

multiplex adj. et n.m. (mot lat.). Se dit d'une liaison par voie hertzienne ou téléphonique faisant intervenir des participants qui se trouvent en des lieux distincts : *Une émission de télévision réalisée en multiplex.*

multiplexe n.m. Cinéma qui comporte un grand nombre de salles de projection (on dit aussi *un complexe multisalle*).

multipliable adj. Qui peut être multiplié.

multiplicande n.m. Nombre à multiplier par un autre, appelé multiplicateur : *Dans 2 fois 3, 3 est le multiplicande.*

multiplicateur, trice adj. Qui multiplie : *Coefficient multiplicateur* (**SYN.** multiplicatif). ◆ **multiplicateur** n.m. Nombre par lequel on multiplie un autre, appelé multiplicande : *Dans 2 fois 3, 2 est le multiplicateur* (**CONTR.** diviseur).

multiplicatif, ive adj. **1.** Qui concerne la multiplication ; qui indique la multiplication : *« Pluri- » est un préfixe multiplicatif.* **2.** Qui multiplie (**SYN.** multiplicateur ; **CONTR.** diviseur).

multiplication n.f. (lat. *multiplicatio*). **1.** Opération associant à deux nombres, l'un appelé multiplicande, l'autre multiplicateur, un troisième nombre appelé produit : *La multiplication de 2 par 3 a pour résultat 6* (**CONTR.** division). **2.** Augmentation en nombre : *La multiplication des maladies de la thyroïde* (**SYN.** accroissement ; **CONTR.** diminution). *La multiplication des espèces* (**SYN.** prolifération). ▸ ***Table de multiplication,*** tableau donnant le produit, l'un par l'autre, des dix premiers nombres entiers.

multiplicité n.f. Nombre considérable : *La multiplicité des étoiles dans le ciel* (**SYN.** multitude, profusion).

multiplier v.t. (lat. *multiplicare*) [conj. 10]. **1.** Augmenter le nombre, la quantité de : *Il faudrait multiplier les tests pour s'assurer de la qualité de ce produit* (**SYN.** répéter). *Cela va multiplier les risques* (**SYN.** accroître ; **CONTR.** diminuer, réduire). **2.** Procéder à la multiplication d'un nombre par un autre : *Quand on multiplie 4 par 2, on obtient 8.* ◆ v.i. Effectuer une multiplication. ◆ **se multiplier** v.pr. **1.** Se répéter un grand nombre de fois : *Les accidents se sont multipliés sur cette route* (**SYN.** augmenter ; **CONTR.** diminuer). **2.** Augmenter en nombre par voie de génération : *Les rongeurs se multiplient rapidement* (**SYN.** se reproduire). **3.** *Litt.* Faire preuve d'une activité extrême : *Elle se multiplie pour que chacun soit satisfait* (**SYN.** se démener, se dépenser).

multipoint adj. ou **multipoints** adj. inv. Se dit d'une serrure qui comporte plusieurs pênes actionnés simultanément par la même clef.

multipolaire adj. Qui a plus de deux pôles (par opp. à bipolaire, à unipolaire) : *Un monde nucléaire multipolaire.*

multiposte adj. et n.m. Se dit d'un micro-ordinateur auquel peuvent être reliés directement plusieurs postes de travail.

multiprise n.f. Prise de courant qui permet de relier plusieurs appareils au réseau (on dit aussi *une prise multiple*).

multiprocesseur adj.m. et n.m. Se dit d'un système informatique qui possède plusieurs unités de traitement (par opp. à monoprocesseur).

multiprogrammation n.f. Mode d'exploitation d'un ordinateur permettant l'exécution de plusieurs programmes, en simultanéité ou en alternance, avec une même machine.

multiprogrammé, e adj. Multitâche.

multipropriété n.f. Formule de copropriété d'une résidence secondaire selon laquelle chaque copropriétaire a l'usage du bâtiment pendant un temps donné (on dit aussi *propriété saisonnière*) : *Une villa à la mer achetée en multipropriété.*

multiracial, e, aux adj. Où coexistent plusieurs races : *Un quartier multiracial.*

multirécidiviste n. Auteur de plusieurs récidives.

multirisque adj. ▸ ***Assurance multirisque,*** assurance qui couvre simultanément plusieurs risques, comme le vol et l'incendie (on dit aussi *une multirisque*).

multisalle [myltisal] adj. ou **multisalles** adj. inv. Se dit d'un cinéma qui comporte plusieurs salles de projection. ▸ ***Complexe multisalle,*** multiplexe.

multiséculaire adj. Qui existe depuis plusieurs siècles ; pluriséculaire : *Une monarchie multiséculaire.*

multiservice adj. Qui permet l'accès à plusieurs services de télécommunication : *Carte à mémoire multiservice.*

multistandard adj. → **multinorme.**

multisupport [myltisypɔr] adj. inv. et n.m. Se dit d'un contrat d'assurance-vie qui permet divers types de placements.

multitâche adj. Se dit d'un ordinateur conçu pour la multiprogrammation (**SYN.** multiprogrammé).

multitude n.f. (lat. *multitudo*). **1.** Très grand nombre : *Il a tourné une multitude de films* (**SYN.** quantité). **2.** Rassemblement d'un grand nombre d'êtres vivants, de personnes : *Une multitude de manifestants s'étaient déplacés hier* (**SYN.** foule). ▸ *Litt.* ***La multitude,*** le commun des hommes, la masse, la foule.

mulud [mulud] n.m. → **mouloud.**

mungo [mungo] n.m. Haricot à petit grain, originaire d'Extrême-Orient, dont les grains germés sont appelés *germes de soja.*

munichois, e [mynikwa, az] adj. et n. De Munich. ◆ n. Partisan des accords de Munich.

municipal, e, aux adj. (lat. *municipalis*). **1.** Relatif à l'administration d'une commune : *Les conseillers municipaux.* **2.** Qui appartient à une commune ; communal : *La cantine municipale.* ▸ ***Élections municipales,*** élections du conseil municipal au suffrage universel, en France. ◆ **municipales** n.f. pl. Élections municipales.

municipalisation n.f. Action de municipaliser.

municipaliser v.t. [conj. 3]. Faire passer sous le contrôle de la municipalité.

municipalité n.f. **1.** Territoire soumis à une organisation municipale : *Ces bâtiments ont été rachetés par la municipalité* (**SYN.** commune, ville). **2.** Ensemble formé par le maire et ses adjoints ; conseil municipal.

munificence n.f. (lat. *munificentia,* de *munus,* cadeau, et *facere,* faire). *Litt.* Disposition qui porte à donner avec largesse : *La munificence d'un mécène* (**SYN.** générosité, prodigalité ; **CONTR.** avarice, mesquinerie). ☞ **REM.** Ne pas confondre avec *magnificence.*

munificent, e adj. *Litt.* Très généreux.

munir v.t. (du lat. *munire,* construire, fortifier) [conj. 32]. Pourvoir de ce qui est nécessaire, utile : *Munir les bureaux d'ordinateurs* (**SYN.** doter, équiper). *Munir les enfants de paniers-repas* (**SYN.** nantir). ◆ **se munir** v.pr. **[de].** Prendre avec soi : *Se munir d'un parapluie.* ▸ ***Se munir de patience, de courage,*** se préparer à supporter ce qui va arriver (**SYN.** s'armer de).

munition n.f. (du lat. *munitio,* fortification, de *munire,* construire, fortifier). (Surtout au pl.). Projectile nécessaire pour les armes à feu : *Les cartouches sont des munitions.*

munster [mœ̃stɛr] n.m. (de *Munster,* ville d'Alsace). Fromage fabriqué avec du lait de vache dans les Vosges.

muphti [myfti] n.m. → **mufti.**

muqueuse n.f. Membrane qui tapisse les organes du

corps et qui sécrète du mucus : *La muqueuse de l'estomac.*

muqueux, euse adj. (lat. *mucosus*, de *mucus*, morve). Relatif aux mucosités ou au mucus : *Glandes muqueuses.*

mur n.m. (lat. *murus*). **1.** Ouvrage vertical en maçonnerie, qui sert à enclore un espace, à constituer les côtés d'une maison : *Les murs de pierres délimitent ses terres. Il a accroché plusieurs tableaux sur les murs du salon* (**SYN.** cloison). **2.** *Fig.* Ce qui constitue un obstacle ; ce qui isole, sépare : *Les responsables de la sécurité formaient un mur entre le public et le chanteur* (**SYN.** cordon, écran). *Il élève autour de lui un mur d'indifférence* (**SYN.** fossé). **3.** Paroi naturelle ; pente abrupte : *Skieuse qui descend un mur.* **4.** Au football, ligne de joueurs placés entre le but et le tireur d'un coup franc. ▸ *Fam.* ***Aller dans le mur*** ou ***droit dans le mur,*** courir à l'échec, au désastre. ***Entre quatre murs,*** enfermé, à l'intérieur d'un bâtiment, d'une pièce ; en prison. ***Être au pied du mur,*** être mis face à ses responsabilités. ***Être le dos au mur,*** ne plus pouvoir reculer, être obligé de faire front. *Fam.* ***Faire le mur,*** sortir sans permission (notamm. d'une caserne, d'un internat), en escaladant un mur. ***Mur d'escalade*** ou ***mur artificiel,*** paroi de béton, de bois aménagée pour la pratique de la varappe. ***Mur du son,*** ensemble des phénomènes aérodynamiques qui se produisent lorsqu'un objet volant se déplace dans l'atmosphère à une vitesse voisine de celle du son. ***Se cogner*** ou ***se taper la tête contre les murs,*** désespérer de parvenir à une solution. ◆ **murs** n.m. pl. **1.** Limites d'une ville, d'un immeuble : *Les murs de Saint-Malo* (**SYN.** enceinte, muraille, rempart). **2.** Local à usage commercial indépendant du fonds de commerce : *Elle est propriétaire des murs.* ▸ ***Dans nos murs,*** dans notre ville, dans notre entreprise : *Le président est dans nos murs.* ***Être dans ses murs,*** être propriétaire de l'appartement, de la maison que l'on habite.

mûr, e adj. (lat. *maturus*). **1.** Se dit d'un fruit, d'une graine arrivés à maturité : *Des pêches bien mûres. Le blé est mûr* (**CONTR.** 1. vert). **2.** Se dit d'un bouton, d'un abcès près de percer. **3.** Se dit de qqn qui a atteint son plein développement physique ou intellectuel : *Cet enfant est très mûr pour son âge* (**SYN.** raisonnable, réfléchi ; **CONTR.** immature, puéril). *Les gens d'âge mûr* (= les adultes). **4.** Qui, après une longue évolution, est amené au stade de la réalisation : *Son projet est enfin mûr.* ▸ ***Après mûre réflexion,*** après avoir bien réfléchi.

murage n.m. Action de murer, d'obturer.

muraille n.f. **1.** Mur épais, d'une certaine hauteur : *Les murailles d'une ville* (**SYN.** enceinte, rempart). **2.** Surface verticale abrupte : *La muraille des falaises fait face à la mer* (**SYN.** mur).

① **mural, e, aux** adj. **1.** Qui pousse sur les murs : *Plante murale.* **2.** Appliqué, tracé sur un mur : *Des cartes murales. Une peinture murale* (= une fresque).

② **mural** n.m. (mot anglo-amér.) [pl. *murals*]. Peinture, vaste fresque décorant un mur extérieur.

muralisme n.m. Courant artistique du XXe siècle, caractérisé par l'exécution de grandes peintures murales sur des thèmes populaires ou de propagande nationale.

muraliste adj. et n. Qui se rattache au muralisme.

mûre n.f. (anc. fr. *meure*, du lat. *morum*). **1.** Fruit du mûrier. **2.** Fruit comestible de la ronce.

mûrement adv. Après de longues réflexions : *Elle a mûrement pesé le pour et le contre* (**SYN.** longuement).

murène n.f. (lat. *muraena*, du gr. *muraina*). Poisson à corps allongé comme l'anguille, très vorace.

murer v.t. (de *mur*) [conj. 3]. **1.** Boucher avec de la maçonnerie : *Murer une fenêtre* (**SYN.** condamner, obturer). **2.** Enfermer dans un lieu en bouchant les issues : *L'éboulement a muré les spéléologues* (**SYN.** emmurer). ◆ **se murer** v.pr. **1.** S'enfermer chez soi ; rester à l'écart des autres : *Il se mure dans sa chambre* (**SYN.** se cloîtrer, s'enfermer, s'isoler). **2.** *Fig.* S'enfermer dans un état : *Se murer dans sa solitude* (**SYN.** se retrancher).

muret n.m. ou **murette** n.f. Petit mur.

murex n.m. (mot lat.). Mollusque à coquille hérissée de pointes d'où, autrefois, on tirait la pourpre.

murger [myrʒe] n.m. *Région.* Tas de pierres extraites des champs ; mur de pierres sèches que l'on bâtit avec.

mûrier n.m. **1.** Arbre ou arbuste des régions tempérées, à fruits noirs, blancs ou rouges selon l'espèce, dont les feuilles nourrissent le ver à soie. **2.** (Employé abusivement en botanique). Ronce.

mûrir v.i. (de *mûr*) [conj. 32]. **1.** Devenir mûr ; arriver à maturité : *Les poires mûrissent au soleil.* **2.** *Fig.* Atteindre un certain degré d'élaboration ou de développement : *Laisser un projet mûrir* (**SYN.** évoluer). **3.** Prendre, acquérir de la sagesse, de l'expérience : *Il a beaucoup mûri depuis cet événement* (= il est devenu mature). ◆ v.t. **1.** Rendre mûr un fruit, une graine : *Le soleil a mûri le raisin.* **2.** *Fig.* Mettre soigneusement au point : *Un cinéaste qui mûrit longuement ses films* (**SYN.** préparer). **3.** Rendre sage, expérimenté : *Ces tristes événements l'ont mûrie.*

mûrissant, e adj. **1.** Qui est en train de mûrir : *Des prunes mûrissantes.* **2.** Qui atteint l'âge mûr : *Un homme mûrissant.*

mûrissement ou **mûrissage** n.m. Action de mûrir ou de faire mûrir : *Le mûrissement des tomates.*

mûrisserie n.f. Entrepôt dans lequel on fait mûrir les fruits.

murmel [myrmɛl] n.m. (all. *Murmel*). Fourrure de marmotte.

murmurant, e adj. *Litt.* Qui fait entendre un murmure.

murmure n.m. (du lat. *murmur*, bruit confus). **1.** Bruit de voix léger, sourd et prolongé : *Les murmures des étudiants exaspèrent le professeur* (**SYN.** chuchotement). **2.** Paroles, plaintes sourdes marquant le mécontentement : *L'annonce de cette décision souleva des murmures dans l'assemblée* (**SYN.** protestation). **3.** *Litt.* Bruit léger, prolongé : *Le murmure des feuilles* (**SYN.** bruissement [litt.]).

murmurer v.i. [conj. 3]. **1.** Faire entendre un bruit de voix sourd et prolongé : *Quelques spectateurs n'ont pas cessé de murmurer pendant le film* (**SYN.** chuchoter). **2.** Faire entendre une sourde protestation : *Ils acceptèrent le projet sans murmurer* (**SYN.** marmonner, protester). **3.** *Litt.* Faire entendre un bruissement léger : *L'eau murmure* (**SYN.** gazouiller). ◆ v.t. Dire à voix basse : *Murmurer des mots doux à l'oreille de qqn* (**SYN.** chuchoter, susurrer).

musaraigne n.f. (du bas lat. *musaranea*, souris-araignée). Petit mammifère insectivore à museau pointu : *La musaraigne est le plus petit des mammifères actuels.*

musarder v.i. (de *muser*) [conj. 3]. Perdre son temps ; flâner : *Il faut toujours que tu musardes sur la route !*

musc [mysk] n.m. (lat. *muscus*). Substance odorante utilisée en parfumerie et produite par certains mammifères.

muscade n.f. (anc. prov. [*noz*] *muscada*, [noix] muscade, du lat. *muscus*, musc). **1.** Fruit du muscadier, dont la graine *(noix [de] muscade)* est utilisée comme condiment. **2.** Petite boule de liège dont se servent les prestidigitateurs. ▸ ***Passez muscade,*** le tour est réussi ; se dit de qqch qui passe presque inaperçu.

muscadet n.m. Vin blanc sec de la région nantaise.

muscadier n.m. Arbuste des pays chauds, qui fournit la muscade.

muscadin n.m. (de l'it. *moscardino*, pastille au musc). Sous la Révolution, jeune élégant vêtu de façon excentrique.

muscadine n.f. Vigne d'une variété canadienne ; vin que produit cette vigne.

muscat [myska] n.m. (mot prov., de *musc*). **1.** Cépage dont les baies ont une saveur musquée caractéristique. **2.** Vin doux et sucré obtenu avec ce cépage. ◆ adj. Se dit de certains fruits à saveur musquée, notamm. du raisin.

muscle n.m. (du lat. *musculus*, petite souris). **1.** Organe formé de fibres capable de se contracter et d'assurer le mouvement chez les êtres vivants : *La natation développe les muscles* (= la musculature). **2.** *Fig.* Force physique ou morale ; énergie, vigueur : *Ce secteur d'activité manque de muscle* (**SYN.** dynamisme, vitalité).

musclé, e adj. **1.** Qui a les muscles bien développés : *Un gymnaste musclé.* **2.** *Fig.* Qui use volontiers de la force : *Une politique musclée* (**SYN.** autoritaire).

muscler v.t. [conj. 3]. **1.** Développer les muscles de : *La marche muscle les jambes.* **2.** *Fig.* Donner plus de vigueur, d'énergie à qqch : *Muscler les forces de vente d'une entreprise* (**SYN.** renforcer).

musculaire adj. Propre aux muscles : *Force musculaire.*

musculation n.f. Ensemble d'exercices visant à développer la musculature dans un but sportif (**SYN.** culturisme).

musculature n.f. Ensemble des muscles du corps : *Développer sa musculature.*

musculeux, euse adj. **1.** Qui est de la nature des muscles : *Membrane musculeuse.* **2.** Qui est très musclé : *Un athlète aux jambes musculeuses.*

musculo-squelettique adj. (pl. *musculo-squelettiques*). ▸ ***Trouble musculo-squelettique*** ou ***T.M.S.,*** affection périarticulaire, souvent d'origine professionnelle, liée à une sollicitation excessive de l'articulation concernée.

muse n.f. (lat. *musa*, du gr.). **1.** (Avec une majuscule). Chacune des neuf déesses de la mythologie grecque qui présidaient aux arts. **2.** Inspiratrice d'un poète, d'un écrivain : *Elle est sa muse* (**SYN.** égérie [litt.]). ▸ *Litt.* ***Les Muses*** ou ***la Muse,*** symbole de la poésie. ***Taquiner la Muse,*** s'essayer, en amateur, à faire des vers.

muséal, e, aux adj. Relatif aux musées : *La richesse muséale d'une ville.*

museau n.m. (bas lat. *musus*). **1.** Partie avant de la face de certains animaux, située au-dessus de la bouche : *Des museaux pointus, aplatis. Le museau d'un brochet.* **2.** Préparation de charcuterie à base de museau de porc ou de bœuf. **3.** *Fam.* Figure humaine : *Va te laver le museau* (**SYN.** visage).

musée n.m. (lat. *museum*, du gr. *mouseîon*, temple des Muses). Établissement où est conservée, exposée une collection d'œuvres d'art, d'objets d'intérêt historique, scientifique ou technique : *Le musée Grévin.* ▸ ***Pièce de musée,*** objet rare et précieux.

muséifier v.t. [conj. 9]. Transformer en musée : *Le maire veut muséifier le village.*

museler v.t. (de l'anc. fr. *musel*, museau) [conj. 24]. **1.** Mettre une muselière à : *Museler un chien.* **2.** *Fig.* Empêcher de s'exprimer : *Museler les opposants* (**SYN.** bâillonner).

muselet n.m. (de l'anc. fr. *musel*, museau). Armature de fil de fer qui maintient le bouchon des bouteilles de champagne.

muselière n.f. (de l'anc. fr. *musel*, museau). Appareil que l'on met au museau de certains animaux pour les empêcher de mordre, de paître, de téter.

musellement n.m. Action de museler : *Le musellement de la presse* (**SYN.** bâillonnement ; **CONTR.** liberté).

muséographe n. Spécialiste de muséographie.

muséographie n.f. Ensemble des connaissances nécessaires à la conservation et à la présentation des œuvres des musées.

muséologie n.f. Science de l'organisation des musées et de la mise en valeur de leurs collections.

muséologue n. Spécialiste de muséologie.

muser v.i. (de l'anc. fr. *mus*, museau) [conj. 3]. *Litt.* Flâner ; musarder.

① **musette** n.f. (anc. fr. *muse*, de *muser*, jouer de la musette). Instrument de musique à vent, très en vogue au XVIIe siècle. ▸ ***Bal musette,*** bal populaire où l'on danse au son de l'accordéon (à l'origine, de la musette).

② **musette** n.f. (de *1. musette*). Sac de toile porté en bandoulière : *La musette d'un ouvrier* (**SYN.** sacoche).

muséum [myzeɔm] n.m. (lat. *museum*). Musée consacré aux sciences naturelles.

musical, e, aux adj. **1.** Propre à la musique : *La notation musicale.* **2.** Qui comporte de la musique : *Un spectacle musical.* **3.** Qui a les caractères de la musique : *Une voix musicale* (**SYN.** harmonieux, mélodieux).

musicalement adv. **1.** Du point de vue musical. **2.** D'une manière harmonieuse : *Une langue qui sonne musicalement* (**SYN.** mélodieusement).

musicalité n.f. Qualité de ce qui est musical : *La musicalité d'une phrase* (**SYN.** harmonie, mélodie).

music-hall [myzikol] n.m. (mot angl., de *music*, musique, et *hall*, salle) [pl. *music-halls*]. **1.** Établissement spécialisé dans des spectacles de fantaisie, de variétés. **2.** Genre de spectacle que présente un tel établissement : *« Moi, j'aime le music-hall / Ses jongleurs, ses danseuses légères »* [*Moi j'aime le music-hall,* Charles Trenet].

musicien, enne n. Personne qui compose ou exécute de la musique : *Mozart fut un grand musicien.* ◆ adj. Qui a des aptitudes pour la musique : *Avoir l'oreille musicienne* (**SYN.** musical).

musicographe n. Auteur qui écrit sur la musique et les musiciens.

musicographie n.f. Activité du musicographe.

musicologie n.f. Science de l'histoire de la musique.

musicologue n. Spécialiste de la musicologie.

musicothérapie n.f. Psychothérapie basée sur l'écoute ou sur la pratique de la musique.

musique n.f. (lat. *musica*, de *musa*, muse). **1.** Art de combiner les sons ; œuvre musicale : *Étudier la musique. Il compose la musique de ses chansons. Musique de chambre. Musique moderne.* **2.** Notation écrite d'airs musicaux ; partition musicale : *Notes de musique. Lire la musique.* **3.** Réunion de gens pratiquant la musique et constituant une institution : *La musique du régiment* (**SYN.** fanfare, orchestre). **4.** Suite de sons produisant une impression harmonieuse : *La musique d'un poème* (**SYN.** harmonie, mélodie). ▸ *Fam.* ***C'est toujours la même musique,*** c'est toujours la même chose. *Fam.* ***Connaître la musique,*** savoir d'expérience de quoi il s'agit. ***Musique à bouche,*** en Belgique, au Québec et en Suisse, harmonica. ***Papier à musique,*** papier sur lequel sont imprimées des portées, pour écrire la musique. ***Réglé comme du papier à musique,*** ordonné de manière précise, rigoureuse.

musiquette n.f. *Fam.* Petite musique sans valeur artistique.

musli n.m. → **muesli.**

musqué, e adj. **1.** Qui est parfumé de musc. **2.** Qui évoque l'odeur du raisin muscat : *Poire musquée.*

must [mœst] n.m. (mot angl. signif. « obligation »). *Fam.* Ce qu'il faut absolument faire ou avoir pour être à la mode ; impératif : *Des musts* (**SYN.** incontournable).

mustang [mystɑ̃g] n.m. (mot anglo-amér., de l'anc. esp. *mestengo*, vagabond). Cheval sauvage d'Amérique du Nord.

musulman, e adj. (de l'ar. *muslim*, croyant, fidèle). Qui concerne l'islam : *La religion musulmane* (**SYN.** islamique). ◆ adj. et n. Qui professe la religion islamique.

mutabilité n.f. En génétique, aptitude à subir des mutations.

mutable adj. **1.** Susceptible d'être muté : *Un employé mutable.* **2.** En génétique, qui peut subir des mutations.

mutagenèse n.f. En génétique, production d'une mutation.

mutant, e n. et adj. **1.** Animal ou végétal qui présente des caractères nouveaux par rapport à ses ascendants. **2.** Être extraordinaire qui, dans les récits de science-fiction, procède d'une mutation, partic. d'une mutation de l'espèce humaine.

mutation n.f. (lat. *mutatio*, de *mutare*, changer). **1.** Variation, modification dans un groupe, un processus : *Secteur d'activité en pleine mutation* (**SYN.** changement, révolution, transformation). **2.** En génétique, modification des caractères héréditaires d'une lignée animale ou végétale. **3.** Changement d'affectation d'un travailleur : *La mutation de ce professeur a été acceptée.*

mutatis mutandis [mytatismytɑ̃dis] loc. adv. (mots lat. signif. « en changeant ce qui doit être changé »). En faisant les changements nécessaires : *Ces deux cas peuvent, mutatis mutandis, être comparés.*

muter v.t. (du lat. *mutare*, changer) [conj. 3]. Donner une nouvelle affectation, un nouveau poste à : *Muter un fonctionnaire dans le Sud* (**SYN.** déplacer). ◆ v.i. En biologie, être affecté par une mutation : *Espèce végétale qui mute.*

mutilant, e adj. Qui entraîne une mutilation : *Une blessure mutilante.*

mutilateur, trice adj. et n. *Litt.* Qui mutile.

mutilation n.f. **1.** Perte partielle ou complète d'un membre : *Les mutilations d'un blessé.* **2.** Dégradation d'une œuvre d'art : *La mutilation d'un monument. La mutilation d'un roman* (**SYN.** amputation).

mutilé, e n. Personne dont le corps a subi une mutilation : *Des mutilés de guerre* (**SYN.** invalide).

mutiler v.t. (lat. *mutilare*) [conj. 3]. **1.** Retrancher un membre ; amputer : *Cet accident l'a mutilé* (**SYN.** estropier). **2.** Détruire partiellement ; saccager : *Mutiler une statue* (**SYN.** endommager). *Ils ont mutilé son discours* (**SYN.** tronquer).

① **mutin, e** adj. (de l'anc. fr. *meute*, émeute). *Litt.* Espiègle ; malicieux : *Un sourire mutin.*

② **mutin** n.m. (de *1. mutin*). Personne qui est en révolte ouverte contre une autorité établie ; émeutier, factieux : *Les mutins ont échoué* (**SYN.** insurgé, rebelle).

mutiné, e adj. et n. Qui est engagé dans une mutinerie.

se **mutiner** v.pr. (de *2. mutin*) [conj. 3]. Se révolter collectivement et ouvertement contre l'autorité : *Des soldats se mutinèrent* (**SYN.** s'insurger, se rebeller, se soulever).

mutinerie n.f. Action de se mutiner : *La mutinerie des prisonniers* (**SYN.** insurrection, rébellion, révolte).

mutique adj. En psychiatrie, qui est atteint de mutisme.

mutisme n.m. (du lat. *mutus*, muet). **1.** Attitude de celui qui ne veut pas exprimer sa pensée : *L'accusée s'est enfermée dans un mutisme complet* (**SYN.** silence ; **CONTR.** bavardage, loquacité). **2.** En psychiatrie, absence d'expression verbale sans lésion organique.

mutité n.f. (bas lat. *mutitas*, de *mutus*, muet). Impossibilité de parler, ayant une origine organique.

mutualiser v.t. **1.** Faire passer un risque, une dépense à la charge d'une mutualité, d'une collectivité. **2.** Mettre qqch en commun, le répartir : *Mutualiser des compétences, des frais.*

mutualisme n.m. **1.** En écologie, relation durable entre deux espèces, avantageuse pour toutes les deux : *La symbiose est un cas de mutualisme très poussé.* **2.** Mutualité.

mutualiste adj. et n. (de *mutuel*). Qui appartient à la mutualité, à une mutuelle. ◆ adj. ▸ ***Société mutualiste,*** organisme d'assurance fondé sur la mutualité (**SYN.** mutuelle).

mutualité n.f. **1.** Système de solidarité entre les membres d'un groupe professionnel fondé sur l'entraide (**SYN.** mutualisme). **2.** Ensemble des sociétés mutualistes : *La mutualité agricole.*

mutuel, elle adj. (du lat. *mutuus*, réciproque). Qui

s'échange entre deux ou plusieurs personnes : *Ces deux amis se portent un respect mutuel* (**SYN.** partagé, réciproque).

mutuelle n.f. Société mutualiste : *La mutuelle rembourse le complément.*

mutuellement adv. De manière réciproque : *Se remercier mutuellement* (**SYN.** réciproquement).

mutuellisme n.m. Ancienne appellation du mouvement mutualiste.

myalgie n.f. (du gr. *mus*, muscle, et *algos*, douleur). Douleur musculaire.

myasthénie n.f. Épuisement progressif et rapide de la force musculaire.

mycélium [miseljɔm] n.m. (lat. scientif. *mycelium*). Appareil végétatif des champignons, formé de filaments souterrains.

mycénien, enne adj. et n. De Mycènes : *La civilisation mycénienne.*

mycologie n.f. Étude scientifique des champignons.

mycologique adj. Relatif à la mycologie.

mycologue n. Spécialiste de la mycologie.

mycoplasme n.m. Genre de bactéries pathogènes.

mycose n.f. Infection provoquée par un champignon parasite.

mycosique adj. Relatif aux mycoses.

mydriase n.f. (gr. *mudriasis*). Dilatation de la pupille (**CONTR.** myosis).

mydriatique adj. et n.m. Se dit d'une substance qui provoque une mydriase (**CONTR.** myotique).

myéline n.f. Substance lipidique qui forme une gaine autour de certaines fibres nerveuses et qui sert à accélérer la transmission des messages nerveux.

myélite n.f. (du gr. *muelos*, moelle). Inflammation de la moelle épinière.

myélographie n.f. Radiographie de la moelle épinière.

myélome [mjelom] n.m. (du gr. *muelos*, moelle). Tumeur de la moelle osseuse.

myélopathie n.f. Affection de la moelle épinière.

mygale n.f. (du gr. *mugalê*, musaraigne). Grosse araignée dont la morsure est douloureuse mais rarement dangereuse.

myocarde n.m. (du gr. *mus*, muscle, et *kardia*, cœur). Paroi du cœur, constituée surtout de tissu musculaire : *Infarctus du myocarde.*

myocardiopathie n.f. Affection du myocarde (on dit aussi *cardiomyopathie*).

myocardite n.f. Inflammation du myocarde.

myologie n.f. Partie de l'anatomie qui étudie les muscles.

myopathe adj. et n. Atteint de myopathie.

myopathie n.f. (du gr. *mus*, muscle). Atrophie musculaire grave, à évolution progressive.

myope adj. et n. (du gr. *muôps*, qui cligne des yeux). **1.** Qui est atteint de myopie. **2.** *Fig.* Qui manque de discernement : *Tu dois être myope pour ne pas te rendre compte de son comportement* (**SYN.** aveugle ; **CONTR.** clairvoyant, perspicace).

myopie n.f. **1.** Anomalie de la vue qui fait que l'on voit troubles les objets éloignés. **2.** *Fig.* Manque de perspicacité : *Sa myopie le conduira à la ruine* (**CONTR.** clairvoyance).

myorelaxant, e adj. et n.m. Se dit d'un médicament qui favorise la détente musculaire.

myosis [mjozis] n.m. (mot lat., du gr. *muein*, cligner des yeux). Rétrécissement de la pupille (**CONTR.** mydriase).

myosite n.f. Inflammation du tissu musculaire.

myosotis [mjɔzɔtis] n.m. (du gr. *muosôtis*, oreille de souris). Plante à fleurs bleues, dont le nom usuel est *un ne-m'oubliez-pas* ou *une oreille-de-souris.*

myotique adj. et n.m. Se dit d'une substance qui provoque un myosis (**CONTR.** mydriatique).

myriade n.f. (du gr. *murias*, dix mille). Quantité innombrable, indéfinie : *Des myriades d'étoiles* (**SYN.** multitude).

myriapode n.m. (du gr. *murias*, dix mille, et *pous, podos*, pied). Arthropode terrestre ayant de nombreux segments et de nombreuses paires de pattes (on dit aussi cour. *un mille-pattes*) : *La scolopendre et l'iule sont des myriapodes.*

myrmécologie n.f. (du gr. *murmêks, murmêkos*, fourmi). Étude scientifique des fourmis.

myrmécophage adj. et n.m. Se dit d'un animal qui se nourrit de fourmis : *Le tamanoir est myrmécophage.*

myrmidon ou **mirmidon** n.m. (du lat. *Myrmidon*, nom d'un peuple). *Litt.* Personnage insignifiant.

myrrhe n.f. (lat. *myrrha*, du gr.). Résine aromatique fournie par un arbre d'Arabie : *La myrrhe odorante.*

myrte n.m. (gr. *murtos*). Arbuste aromatique, à feuillage toujours vert et à fleurs blanches.

myrtille [mirtij ou mirtil] n.f. (de *myrte*). Baie noire comestible, produite par un arbrisseau des montagnes ; cet arbrisseau.

mystère n.m. (lat. *mysterium*, du gr. *mustês*, initié). **1.** Ce qui est incompréhensible, caché, inconnu : *Les mystères de la création* (**SYN.** énigme). **2.** Personne ou chose dont les mobiles, le sens demeurent incompréhensibles : *Cette fille a toujours été un mystère pour nous* (= elle est impénétrable). *Sa démission reste un mystère.* **3.** Chose obscure pour le plus grand nombre et accessible seulement aux initiés : *Les mystères de la politique* (**SYN.** arcanes [litt.], coulisses). *Internet n'a plus de mystères pour elle* (**SYN.** 1. secret). **4.** Dans la religion catholique, vérité révélée par Dieu et inaccessible à la raison humaine : *Le mystère de la Rédemption.* **5.** Au Moyen Âge, pièce de théâtre à sujet religieux. ▸ ***Faire mystère de,*** tenir secret : *Il ne fait pas mystère de son mécontentement.*

Mystère n.m. (nom déposé). Crème glacée fourrée de meringue et enrobée de praliné.

mystérieusement adv. De façon mystérieuse : *Elle a mystérieusement réapparu* (**SYN.** inexplicablement).

mystérieux, euse adj. **1.** Qui contient un sens caché : *Un message mystérieux* (**SYN.** sibyllin ; **CONTR.** 1. clair, compréhensible). **2.** Difficile à comprendre : *Le fonctionnement mystérieux du cerveau humain* (**SYN.** inconnu, obscur ; **CONTR.** connu). **3.** Qui n'est pas divulgué : *Ils se sont rendus dans un endroit resté mystérieux* (**SYN.** 1. secret). **4.** Se dit de qqn dont on ignore l'identité ou qui s'entoure de mystère : *Un mystérieux* *personnage* (**SYN.** équivoque). *C'est un homme mystérieux* (**SYN.** insaisissable).

mysticisme n.m. (de *mystique*). **1.** Attitude religieuse qui affirme la possibilité d'une communication directe de l'homme avec Dieu. **2.** Doctrine ou croyance fondée sur le sentiment religieux.

mystifiant, e adj. Se dit de ce qui mystifie : *Une annonce mystifiante* (= qui berne, qui leurre).

mystificateur, trice adj. et n. Se dit d'une personne qui aime à mystifier ; auteur d'une mystification : *Ce romancier est un mystificateur* (**SYN.** imposteur, plaisantin).

mystification n.f. **1.** Action de mystifier, de tromper qqn : *Ils préparent une mystification* (**SYN.** imposture). **2.** Ce qui constitue une duperie ; attrape-nigaud : *La parité en politique est une mystification* (**SYN.** supercherie).

mystifier v.t. (du gr. *mustês*, initié) [conj. 9]. **1.** Abuser de la crédulité de qqn : *Elle nous a mystifiés avec ses promesses* (**SYN.** duper, leurrer). **2.** Tromper en donnant de la réalité une idée séduisante, mais fausse : *Ce battage médiatique n'a pas réussi à mystifier l'opinion publique* (**SYN.** berner). ☞ **REM.** Ne pas confondre avec *mythifier*.

① **mystique** adj. (lat. *mysticus*, du gr. *mustikos*, relatif aux mystères). **1.** Qui concerne les mystères de la religion : *Le baptême, naissance mystique.* **2.** Qui appartient au mysticisme : *Une expérience mystique.* ☞ **REM.** Ne pas confondre avec *mythique*. ◆ adj. et n. **1.** Qui pratique le mysticisme : *Les mystiques chrétiens. Les philosophes mystiques.* **2.** Qui défend son idéal avec exaltation : *Les mystiques de la révolution* (**SYN.** zélateur).

② **mystique** n.f. **1.** Étude du mysticisme religieux. **2.** Ensemble de croyances qui naissent autour d'une idée, d'une personne : *La mystique de Mai 1968.*

mythe n.m. (du gr. *muthos*, récit). **1.** Récit mettant en scène des êtres surnaturels, des actions remarquables : *Le mythe de Prométhée* (**SYN.** légende). **2.** Représentation d'un personnage ou d'un fait historique que l'imagination populaire a embelli ou amplifié : *Le mythe de Jeanne d'Arc.* **3.** Construction de l'esprit qui ne repose pas sur un fond de réalité : *La jeunesse éternelle est un mythe* (**SYN.** invention, mensonge). **4.** Représentation symbolique qui influence la vie sociale : *Le mythe du progrès* (**SYN.** illusion, rêve, utopie).

mythifier v.t. [conj. 9]. Donner un caractère de mythe à : *Mythifier une actrice* (**CONTR.** démythifier). ☞ **REM.** Ne pas confondre avec *mystifier*.

mythique adj. Qui concerne les mythes : *Les récits mythiques* (**SYN.** fabuleux, légendaire ; **CONTR.** historique). ☞ **REM.** Ne pas confondre avec *mystique*.

mythologie n.f. **1.** Ensemble des mythes et des légendes propres à un peuple, à une civilisation : *La mythologie grecque.* **2.** Étude systématique des mythes : *La mythologie comparée.* **3.** Ensemble de mythes créés autour d'un personnage, d'un fait social : *La mythologie de la médiatisation.*

mythologique adj. Relatif à la mythologie : *Les héros mythologiques.*

mythologue n. Spécialiste de la mythologie.

mythomane n. et adj. Personne qui fait preuve de mythomanie (**SYN.** fabulateur, menteur).

mythomaniaque adj. Relatif à la mythomanie.

mythomanie n.f. Tendance pathologique au mensonge et à la fabulation.

mytiliculteur, trice n. Personne qui élève des moules, sur bouchots ou dans des parcs.

mytiliculture n.f. (du lat. *mytilus*, 2. moule, et de *culture*). Élevage des moules.

myxomatose n.f. (du gr. *muksa*, morve). Maladie infectieuse du lapin, due à un virus.

N *n*

n [ɛn] n.m. inv. Quatorzième lettre (consonne) de l'alphabet français. ▸ ***N.,*** abrév. de nord. ***n,*** en mathématiques, sert à noter un nombre indéterminé ; fig., un certain nombre de : *Un yacht qui file* n *nœuds. Je vous l'ai dit* n *fois.*

n^ième^ [ɛnjɛm] adj. et n. Voir à l'ordre alphabétique.

na interj. (onomat.). Exclamation enfantine de caractère souvent capricieux : *J'irai, na !*

nabab [nabab] n.m. (hindi *nawab*). **1.** Dans l'Inde musulmane, gouverneur ou grand officier de la cour. **2.** Homme riche qui fait étalage de son opulence.

nabi n.m. (mot hébr. signif. « prophète »). Artiste membre d'un groupe postimpressionniste de la fin du XIXe siècle. ◆ adj. inv. Relatif aux nabis, à leur art.

nabot, e n. (de *nain* et *bot*). *Péjor.* Personne de très petite taille ; nain.

nabuchodonosor [nabykɔdɔnɔzɔr] n.m. (de *Nabuchodonosor,* n.pr.). Grosse bouteille de champagne d'une contenance de 20 bouteilles ordinaires.

N.A.C. ou **NAC** [nak] n.m. pl. (sigle). ▸ ***Nouveaux animaux de compagnie*** → **nouveau.**

nacelle n.f. (bas lat. *navicella,* de *navis,* navire). **1.** *Litt.* Petite barque sans mât ni voile. **2.** Panier suspendu à un ballon, où prennent place les aéronautes : *La nacelle d'une montgolfière.* **3.** Partie d'un landau, d'une poussette, sur laquelle on met le bébé. **4.** Coque carénée portée par un bras articulé, dans laquelle prend place un ouvrier effectuant des travaux en hauteur.

nacre n.f. (anc. it. *naccaro,* d'un mot ar. signif. « petit tambour »). Substance dure, irisée, qu'on trouve à l'intérieur de la coquille de certains mollusques : *De la nacre scintillante.*

nacré, e adj. Qui a la couleur, l'apparence de la nacre : *Des perles nacrées.*

nacrer v.t. [conj. 3]. *Litt.* Donner l'aspect de la nacre à : *La lune nacrait la surface de l'eau* (**SYN.** iriser).

nadir n.m. (d'un mot ar. signif. « opposé au zénith »). Point de la sphère céleste qui se trouve sur la verticale de l'observateur et directement sous ses pieds (par opp. à zénith).

nævus [nevys] n.m. (mot lat. signif. « tache ») [pl. inv. ou *nævi*]. Tache ou lésion de la peau.

nage n.f. **1.** Action, manière de nager ; natation : *Sa nage préférée est la brasse.* **2.** Action de ramer : *Un banc de nage* (= sur lequel sont assis les rameurs). ▸ ***À la nage,*** en nageant : *Regagner le rivage à la nage* ; mode de préparation de certains crustacés servis dans un court-bouillon : *Des écrevisses à la nage.* ***Être en nage,*** être couvert de sueur.

nageoire n.f. Organe qui permet à des animaux aquatiques de se déplacer dans l'eau : *Nageoire ventrale, dorsale, caudale.*

nager v.i. (du lat. *navigare,* naviguer, de *navis,* navire) [conj. 17]. **1.** Se déplacer à la surface de l'eau ou dans l'eau grâce à des mouvements appropriés : *Il ne sait pas nager. Les poissons nagent dans le bassin.* **2.** Se maintenir à la surface d'un liquide : *Le bois nage sur l'eau* (**SYN.** flotter, surnager). **3.** *Fam.* Être dans l'embarras ; ne pas comprendre : *Elle nage complètement dans ce cours de mathématiques.* **4.** Être plongé dans un sentiment, un état : *Nager dans le bonheur* (**SYN.** baigner). **5.** Ramer. ▸ *Fam.* ***Nager dans un vêtement,*** y être trop au large (**SYN.** flotter). ***Nager entre deux eaux,*** ménager adroitement deux partis opposés. ◆ v.t. Pratiquer tel type de nage ou telle épreuve de natation : *Nager le crawl, le 50 mètres.*

nageur, euse n. **1.** Personne qui nage, qui sait nager. **2.** Rameur. ▸ ***Maître nageur,*** professeur de natation. ◆ adj. Se dit d'un animal qui nage : *Un oiseau nageur.*

naguère adv. (de *n'a guère*). *Litt.* Récemment : *Naguère, ce comportement aurait choqué* (= il y a peu de temps). ☞ **REM.** Ne pas employer ce mot à la place de *jadis.*

nahuatl [nawatl] n.m. Langue de la littérature aztèque.

naïade n.f. (lat. *naias, naiadis,* du gr.). (Souvent avec une majuscule). Dans la mythologie grecque, nymphe des eaux.

naïf, ïve adj. et n. (du lat. *nativus,* naturel). **1.** Confiant et simple par inexpérience ou par nature : *Un jeune homme naïf* (**SYN.** candide, ingénu ; **CONTR.** méfiant). *Il joue le naïf* (**SYN.** innocent ; **CONTR.** rusé). **2.** Qui dénote une crédulité excessive : *Question naïve* (**SYN.** simplet ; **CONTR.** habile). ◆ adj. **1.** *Litt.* D'une grande simplicité ; sans artifice : *Une confiance naïve* (**SYN.** naturel, spontané ; **CONTR.** artificieux [litt.], hypocrite). **2.** Se dit d'un art au caractère spontané et populaire et des artistes qui le pratiquent. ◆ **naïf** n.m. Peintre naïf.

nain, naine n. et adj. (lat. *nanus,* du gr. *nanos*). Personne, animal ou chose de très petite taille : *Blanche-Neige et les sept nains.* ◆ adj. Se dit de végétaux, d'animaux de taille plus petite que la moyenne : *Un arbre nain en pot* (= un bonsaï). ▸ ***Étoile naine,*** étoile de petites dimensions et de luminosité moyenne ou faible (on dit aussi *une naine*). ◆ **naine** n.f. Étoile naine. ◆ **nain** n.m. ▸ ***Nain de jardin,*** figurine représentant un personnage de contes, utilisée pour décorer les jardins. ***Nain jaune,*** jeu de cartes pour 3 à 8 joueurs qui se joue avec 52 cartes, un tableau et des jetons.

naissain n.m. (de *naître*). Larves d'huîtres, de moules.

naissance n.f. (lat. *nascentia*). **1.** Commencement de la vie indépendante pour un être vivant, au sortir de l'organisme maternel ; venue au monde : *Date de naissance* (**CONTR.** 1. mort). **2.** Mise au monde : *Naissance avant terme* (**SYN.** accouchement). **3.** Enfant qui naît : *Il y a déjà eu deux naissances dans la famille.* **4.** Endroit, point où commence qqch, partic. une partie du corps : *La naissance du cou* (**SYN.** attache, base). **5.** Moment où commence qqch : *La naissance du jour* (= l'aube, le point du jour ; **SYN.** commencement ; **CONTR.** tombée). **6.** Fait pour qqch d'apparaître, de commencer : *La naissance d'une œuvre* (**SYN.** création, genèse). ▸ ***De naissance,*** de façon congénitale, non acquise : *Être aveugle de naissance.* ***Donner naissance à,*** mettre un enfant au monde ; produire qqch : *Cet article a donné naissance à un scandale.* ***Prendre naissance,*** avoir son origine ; commencer à exister : *La Loire prend naissance au mont Gerbier-de-Jonc.*

naissant, e adj. Qui naît ; qui commence : *Une barbe, une amitié naissante.*

naître v.i. (lat. *nasci*) [conj. 92]. (Auxil. *être*). **1.** Venir au monde : *Elle est née en février. Musset naquit à Paris* (**CONTR.** mourir). **2.** Se manifester à la suite de : *Cet accord est né de longues négociations* (**SYN.** découler, provenir, résulter). **3.** *Litt.* Commencer à paraître : *Le jour va naître* (**SYN.** se lever ; **CONTR.** tomber). ▸ ***Être né pour,*** avoir des aptitudes spéciales pour. ***Faire naître,*** provoquer ; produire : *Cette modification a fait naître des problèmes* (= susciter). *Litt.* ***Naître à,*** commencer à montrer de l'intérêt pour : *Naître à l'amour* (**SYN.** découvrir). ***Ne pas être né d'hier*** ou ***de la dernière pluie,*** avoir de l'expérience ; être malin, avisé.

naïvement adv. Avec naïveté : *Il pensait naïvement que tout irait bien* (**SYN.** ingénument).

naïveté n.f. **1.** Caractère d'une personne naïve : *La naïveté d'un enfant* (**SYN.** candeur, ingénuité). **2.** Excès de crédulité : *Faire preuve d'une grande naïveté* (**SYN.** bêtise, niaiserie ; **CONTR.** méfiance). **3.** (Surtout au pl.). Propos qui échappe par ignorance ; baliverne : *Dire des naïvetés* (**SYN.** sottise).

naja [naʒa] n.m. (du cinghalais). Autre nom du cobra.

nana n.f. (dimin. du prénom *Anna*). *Fam.* **1.** Jeune fille, jeune femme ; femme. **2.** Épouse ; compagne.

nandou n.m. Grand oiseau coureur d'Amérique du Sud : *Les nandous des pampas.*

nandrolone n.f. Médicament anabolisant dérivé de la testostérone, qui stimule l'activité musculaire et mentale.

naniser [conj. 3] ou **nanifier** [conj. 9] v.t. Traiter une plante de manière à l'empêcher de grandir.

nanisme n.m. (du lat. *nanus*, nain). **1.** État d'un individu caractérisé par une taille très petite. **2.** État d'une plante naine.

nankin [nɑ̃kɛ̃] n.m. (de *Nankin*, ville de Chine). Tissu de coton jaunâtre, fabriqué d'abord à Nankin.

nanomètre n.m. Unité de mesure de longueur, qui équivaut à un milliardième de mètre (abrév. nm).

nanoparticule n.f. Particule dont les dimensions varient de 1 à 100 nanomètres env.

nanoscience n.f. Étude de structures et de systèmes physiques, chimiques, biologiques, mesurables en nanomètres.

nanotechnologie n.f. Application de la microélectronique à la fabrication de structures à l'échelle du nanomètre.

nansouk [nɑ̃suk] ou **nanzouk** n.m. (du hindi). Tissu de coton léger, utilisé en lingerie et en broderie.

nanti, e adj. et n. Qui ne manque de rien ; qui a de la fortune : *Les nantis* (**SYN.** riche ; **CONTR.** démuni, pauvre).

nantir v.t. (de l'anc. fr. *nant*, gage, caution) [conj. 32]. **1.** Remettre une chose à un créancier en garantie d'une dette. **2. [de].** *Litt.* Mettre qqn en possession de qqch : *Tous les excursionnistes ont été nantis d'une boussole* (**SYN.** munir, pourvoir). ◆ **se nantir** v.pr. **[de].** *Litt.* Prendre avec soi : *Se nantir d'un peu d'argent* (**SYN.** se munir de).

nantissement n.m. **1.** Contrat par lequel un débiteur remet une chose à son créancier pour garantir sa dette. **2.** Bien remis en nantissement.

nanzouk n.m. → **nansouk.**

naos [naɔs] n.m. (mot gr.). Dans la Grèce antique, salle centrale du temple, abritant la statue du dieu.

napalm n.m. (mot anglo-amér.). Essence gélifiée utilisée dans des projectiles incendiaires : *Bombes au napalm.*

naphta n.m. (mot lat., du gr.). Distillat du pétrole, intermédiaire entre l'essence et le kérosène.

naphtalène n.m. Hydrocarbure qui est le constituant principal de la naphtaline.

naphtaline n.f. Antimite : *Des boules de naphtaline.*

naphte n.m. (lat. *naphta*, du gr.). **1.** Mélange de liquides inflammables. **2.** *Vx* Pétrole.

napoléon n.m. Pièce d'or française de 20 francs, restée en usage jusqu'à la Première Guerre mondiale (**SYN.** louis).

napoléonien, enne adj. Relatif à Napoléon Ier, à sa dynastie : *Les conquêtes napoléoniennes.*

napolitain, e adj. et n. Relatif à Naples. ◆ adj. ▸ ***Tranche napolitaine,*** glace disposée par couches diversement parfumées et servie en tranches.

nappage n.m. Action de napper un mets : *Le nappage d'un gâteau.*

nappe n.f. (lat. *mappa*). **1.** Linge dont on couvre la table pour les repas. **2.** Vaste étendue d'un liquide ou d'un gaz, en surface ou sous terre : *Nappe d'eau, de pétrole, de brouillard.*

napper v.t. [conj. 3]. Recouvrir d'une sauce, d'une crème : *Napper une glace d'un coulis de framboises.*

napperon n.m. Petite pièce de toile décorative.

narcisse n.m. (de *Narcisse*, n.pr.). **1.** Plante bulbeuse, aux fleurs printanières blanches ou jaunes *(jonquille).* **2.** *Litt.* Homme amoureux de sa propre image.

narcissique adj. Relatif au narcissisme ; qui fait preuve de narcissisme. ◆ adj. et n. Atteint de narcissisme.

narcissisme n.m. Admiration de soi.

narcolepsie n.f. (du gr. *narkê*, sommeil, et *lêpsis*,

action de prendre). Tendance irrésistible au sommeil, survenant par accès.

narcose n.f. Sommeil artificiel obtenu par administration de médicaments, en partic. au cours d'une anesthésie générale.

narcotique adj. et n.m. Se dit d'une substance qui provoque le sommeil.

narcotrafiquant, e n. (de l'anglo-amér. *narcotics,* stupéfiants). Trafiquant de drogue à l'échelle internationale.

narguer v.t. (du lat. pop. *naricare,* nasiller) [conj. 3]. Braver avec insolence : *Il nargue ses collègues parce qu'il a été promu* (SYN. défier, provoquer). *Narguer les autorités* (SYN. mépriser).

narguilé ou **narghilé** [nargile] n.m. (d'un mot persan signif. « noix de coco »). Pipe orientale, à long tuyau flexible, dans laquelle la fumée passe par un flacon rempli d'eau parfumée.

narine n.f. (du lat. *naris*). Chacune des deux ouvertures du nez, chez l'homme et chez les mammifères.

narquois, e adj. (de l'anc. fr. *narquin,* soldat vagabond). Malicieux et moqueur : *Sourire narquois* (SYN. railleur).

narrateur, trice n. Personne qui narre un récit.

narratif, ive adj. Relatif à la narration : *Le style narratif.*

narration n.f. (lat. *narratio, narrationis*). **1.** Récit, exposé détaillé d'une suite de faits : *La narration d'un voyage* (SYN. relation). **2.** *Vieilli* Exercice scolaire qui consistait à faire un récit écrit sur un sujet donné (SYN. rédaction).

narrer v.t. (lat. *narrare*) [conj. 3]. *Litt.* Exposer dans le détail : *Narrer une histoire* (SYN. conter, raconter, relater).

narse n.f. *Région.* Dans le Massif central, fondrière tourbeuse ; marécage.

narthex [nartɛks] n.m. (du gr. *narthêks,* férule). Vestibule fermé situé en avant de la nef des basiliques chrétiennes.

narval n.m. (mot norvég.) [pl. *narvals*]. Mammifère cétacé des mers arctiques, appelé autrefois *licorne de mer* à cause de la longue dent torsadée que porte le mâle.

nasal, e, aux adj. (du lat. *nasus,* nez). **1.** Relatif au nez : *Cloison nasale.* **2.** Se dit d'un son caractérisé par une vibration de l'air dans les fosses nasales : *Voyelle, consonne nasale* (= une nasale). *Dans « an », « n » est une consonne nasale.* ◆ **nasale** n.f. Voyelle, consonne nasale.

nasalisation n.f. Action de nasaliser : *La nasalisation d'une voyelle.*

nasaliser v.t. [conj. 3]. Donner un timbre nasal à une voyelle, une consonne : *Dans « cloison », la consonne nasale* [n] *nasalise la voyelle* [o] *qui la précède :* [klwazɔ̃].

nasalité n.f. Caractère nasal d'un son.

Nasdaq n.m. (nom déposé ; acronyme de l'anglo-amér. *National Association of securities dealers automated quotation*). Marché boursier américain destiné aux sociétés du secteur des technologies de pointe ; indice boursier de ce marché.

nase ou **naze** adj. (arg. *nase,* syphilitique). *Fam.* **1.** Hors d'usage : *Ce portable est nase.* **2.** Très fatigué. **3.** Idiot, stupide ou un peu fou.

naseau n.m. (du lat. *nasus,* nez). Narine de certains animaux comme le cheval ou les ruminants.

nasillard, e adj. Qui vient du nez : *Voix nasillarde.*

nasillement n.m. Action de nasiller ; bruit d'une voix, d'un son nasillards.

nasiller v.i. (du lat. *nasus,* nez) [conj. 3]. **1.** Parler du nez ; émettre un son nasillard : *Un haut-parleur qui nasille.* **2.** Pousser son cri, en parlant du canard.

nasilleur, euse n. Personne qui nasille.

nasonnement n.m. (du lat. *nasus,* nez). Modification de la voix, due à une résonance nasale excessive.

nasse n.f. (lat. *nassa*). Instrument de pêche constitué d'un panier conique doté d'une entrée en goulot, d'où le poisson, une fois entré, ne peut plus ressortir.

natal, e, als adj. (lat. *natalis,* de *natus,* naissance). Où l'on est né : *Terre natale.*

nataliste adj. Qui vise à favoriser la natalité.

natalité n.f. (de *natal*). Rapport entre le nombre des naissances et celui des habitants d'une région pendant un temps donné : *Un pays à faible natalité.*

natation n.f. (lat. *natatio,* de *natare,* nager). Action de nager : *Une épreuve de natation.* ▸ ***Natation synchronisée*** ou ***artistique,*** ballet nautique comportant un certain nombre de figures notées.

natatoire adj. Se dit d'un organe qui sert à la nage : *La vessie natatoire de certains poissons.*

Natel n.m. inv. (nom déposé ; abrév. de l'all. *National Telefon*). En Suisse, téléphonie mobile ; téléphone portable.

natif, ive adj. et n. (lat. *nativus*). ▸ ***Natif de,*** qui est né à ; originaire de : *Il est natif de Nice. Les natifs du Sud.* ◆ adj. *Litt.* Que l'on a de naissance : *Avoir des dispositions natives pour le chant* (SYN. inné, naturel).

nation n.f. (lat. *natio*). **1.** Grande communauté humaine, souvent installée sur un même territoire, qui possède une unité historique, linguistique et constitue une entité politique : *Les nations du monde.* **2.** Entité collective et indivisible formée par l'ensemble des individus régis par une même Constitution : *La nation est souveraine.* ▸ ***Les Premières Nations,*** au Canada, les Amérindiens et les Inuits.

national, e, aux adj. **1.** Relatif à une nation ; qui lui appartient : *Fête nationale.* **2.** Qui intéresse l'ensemble d'un pays (par opp. à régional, à local) : *Équipe nationale de handball.* **3.** Qui prétend représenter les intérêts de la nation : *Les partis politiques nationaux* (SYN. nationaliste). ▸ ***Route nationale*** ou ***R.N.,*** route construite et entretenue par l'État. ◆ **nationale** n.f. Route nationale.

nationalisation n.f. Transfert à la collectivité publique de la propriété de certains moyens de production : *La nationalisation de la production de gaz* (SYN. étatisation ; CONTR. dénationalisation, privatisation).

nationaliser v.t. [conj. 3]. Procéder à la nationalisation de : *Les chemins de fer ont été nationalisés après 1945* (SYN. étatiser ; CONTR. dénationaliser, privatiser).

nationalisme n.m. **1.** Doctrine qui affirme la prééminence de l'intérêt de la nation par rapport aux intérêts des groupes, des classes, des individus qui la constituent. **2.** Mouvement politique d'individus qui veulent imposer, dans tous les domaines, la prédominance de la nation à laquelle ils appartiennent (CONTR. internationalisme).

nationaliste adj. et n. Relatif au nationalisme ; qui en est partisan : *Des mouvements nationalistes.*

nationalité n.f. **1.** Appartenance juridique d'une personne à la population d'un État : *Demander à acquérir la nationalité française* (SYN. citoyenneté). **2.** Communauté d'individus constitués en nation.

national-socialisme n.m. sing. Mouvement nationaliste raciste dont la doctrine a servi d'idéologie politique à l'Allemagne hitlérienne de 1933 à 1945 (SYN. hitlérisme, nazisme).

national-socialiste adj. et n. (pl. *nationaux-socialistes*). Qui appartient au national-socialisme (SYN. hitlérien, nazi). ☞ REM. On rencontre parfois le féminin *nationale-socialiste, nationales-socialistes.*

nationaux n.m. pl. Citoyens d'une nation (par opp. à étrangers) : *Un consul défend les intérêts de ses nationaux.*

nativité n.f. (lat. *nativitas*). Anniversaire de la naissance de Jésus (le 25 décembre), de la Vierge (le 8 décembre) et de Jean-Baptiste (le 24 juin). ▸ ***La Nativité,*** la naissance de Jésus ; la fête de Noël ; représentation artistique de la naissance de Jésus.

nattage n.m. Action de natter ; état de ce qui est natté.

natte n.f. (lat. *matta*). **1.** Tissu de paille ou de joncs entrelacés : *Se coucher sur une natte.* **2.** Ensemble de mèches de cheveux entrelacées (SYN. tresse).

natter v.t. [conj. 3]. Tresser des cheveux en natte.

nattier, ère n. Personne qui fabrique des nattes, des tapis tissés en fibres de jonc ou de roseau.

naturalisation n.f. **1.** Fait d'octroyer la nationalité d'un État à un étranger qui la demande. **2.** Action de donner à un animal mort l'apparence de la vie tout en assurant sa conservation (SYN. empaillage, taxidermie).

naturalisé, e n. et adj. Personne qui a obtenu sa naturalisation. ◆ adj. Se dit d'un animal mort qui a subi une naturalisation, qui a été empaillé.

naturaliser v.t. [conj. 3]. **1.** Donner à un étranger, un apatride, la nationalité d'un État. **2.** Introduire un mot, une coutume dans un pays et les adopter définitivement : *Les Français ont-ils naturalisé la fête d'Halloween ?* **3.** Conserver un animal par naturalisation (SYN. empailler).

naturalisme n.m. École littéraire et artistique du XIXe siècle qui visait à reproduire la réalité dans tous ses aspects.

naturaliste n. **1.** Personne qui se livre à l'étude des plantes, des minéraux, des animaux. **2.** Personne qui prépare des animaux pour la conservation (SYN. taxidermiste). ◆ adj. et n. Relatif au naturalisme : *Zola était un écrivain naturaliste.*

① **nature** n.f. (lat. *natura*). **1.** Ensemble des êtres et des choses qui constituent l'Univers, le monde physique ; réalité : *Les merveilles de la nature* (SYN. cosmos, monde). **2.** Ensemble du monde physique, considéré en dehors de l'homme : *Développer l'amour de la nature chez les enfants.* **3.** Ensemble de ce qui, dans le monde physique, n'apparaît pas comme transformé par l'homme : *Vivre en pleine nature.* **4.** Ensemble des lois qui paraissent maintenir l'ordre des choses et des êtres : *La nature fait bien les choses.* **5.** Ensemble des caractères fondamentaux qui définissent les êtres : *C'est dans la nature de l'homme* (SYN. condition, essence). **6.** Ensemble des traits qui constituent la personnalité physique ou morale d'un être humain : *Une nature délicate* (SYN. constitution, santé). *Ce n'est pas dans sa nature de mentir* (SYN. caractère, tempérament). **7.** Ensemble des caractères, des propriétés qui définissent les choses ; sorte, espèce : *La nature de ce conflit l'apparente à un génocide. Nous avons rencontré des difficultés de toute nature* (SYN. genre, ordre). **8.** Modèle réel qu'un artiste a sous les yeux : *Dessiner d'après nature. Une figure plus petite que nature.* **9.** En grammaire, classe à laquelle appartient un mot. ▸ ***Contre nature,*** se dit de ce qui est jugé contraire aux lois de la nature, et en partic. de ce qui est contraire aux grands principes moraux. ***De nature à,*** susceptible de, capable de ; propre à : *Cette déclaration n'est pas de nature à apaiser les esprits.* ***En nature,*** en objets réels et non en argent : *Avantages en nature.* ***Être dans la nature des choses,*** se produire par une nécessité interne, être normal. ***Les forces de la nature,*** les forces qui semblent animer l'Univers et qui se manifestent notamm. dans les phénomènes météorologiques. ***Nature humaine,*** ensemble des caractères communs à tous les hommes. ***Nature morte,*** représentation peinte de fruits, de fleurs, de nourritures, d'objets divers. *Fam.* ***Payer en nature,*** accorder ses faveurs en échange d'un service rendu. ***Petite nature,*** personne de santé fragile ou de faible résistance psychologique.

② **nature** adj. inv. **1.** Au naturel ; sans addition ni mélange : *Yaourts, thés nature.* **2.** *Fam.* Naturel ; spontané : *Elles sont très nature.*

naturel, elle adj. (lat. *naturalis*). **1.** Qui appartient à la nature ; qui est le propre du monde physique (par opp. à surnaturel) : *Phénomène naturel. Les catastrophes naturelles.* **2.** Qui est issu directement de la nature ; qui n'est pas dû au travail de l'homme (par opp. à artificiel, à synthétique) : *Gaz naturel. Soie naturelle* (SYN. brut, grège). **3.** Qui n'est pas altéré, modifié, falsifié : *Jus de fruits naturel. Ce n'est pas la couleur naturelle de ses cheveux.* **4.** Qui tient à la nature particulière de l'espèce ou de l'individu : *Avoir des dispositions naturelles pour la musique* (SYN. inné, natif). **5.** Conforme à l'ordre normal des choses, au bon sens, à la raison : *Il est naturel de vouloir vérifier* (SYN. logique ; CONTR. anormal, illogique). **6.** Qui exclut toute affectation, toute contrainte : *Et surtout, soyez naturelle quand vous lui parlez* (SYN. simple, spontané, vrai ; CONTR. guindé, maniéré). ▸ ***C'est naturel*** ou ***c'est tout naturel,*** c'est bien normal, cela va de soi. ***Enfant naturel,*** enfant né hors mariage (par opp. à enfant légitime). ***Entier naturel,*** chacun des entiers positifs de la suite 0, 1, 2, 3, 4, ... (on dit aussi *un naturel*). ***Mort naturelle,*** qui est due à l'âge (par opp. à mort accidentelle ou violente). ***Note naturelle,*** qui n'est pas altérée par un dièse ou un bémol. ◆ **naturel** n.m. **1.** Ensemble des tendances qui appartiennent à un individu : *Elle est d'un naturel timide* (SYN. caractère, nature, tempérament). **2.** Absence d'affectation dans le comportement : *Faire preuve de naturel* (SYN. simplicité, spontanéité). ▸ ***Au naturel,*** préparé ou conservé sans assaisonnement : *Thon au naturel.*

naturellement adv. **1.** Par l'effet de la nature : *Ce* *bois est naturellement imputrescible.* **2.** Sans effort : *Cette pensée lui est venue naturellement* (**SYN.** spontanément). **3.** D'une manière inévitable : *Naturellement, elle est encore en retard* (**SYN.** évidemment).

naturisme n.m. Philosophie de la vie fondée sur le respect de la nature et qui préconise le retour à la nature, une alimentation végétarienne et la suppression des vêtements.

naturiste adj. et n. Qui appartient au naturisme ; qui pratique le naturisme : *Un village naturiste.*

naturopathe n. Personne qui exerce la naturopathie.

naturopathie n.f. Thérapie utilisant les plantes et des moyens naturels.

naufrage n.m. (lat. *naufragium,* de *navis,* navire, et *frangere,* briser). **1.** Perte d'un navire en mer : *Le naufrage d'un chimiquier.* **2.** *Fig.* Ruine complète : *Le naufrage d'une entreprise* (**SYN.** faillite ; **CONTR.** renflouement). ▸ ***Faire naufrage,*** couler, disparaître sous les flots, en parlant d'un bateau ; fig., aller à sa perte, être ruiné : *Un pays trop endetté qui fait naufrage.*

naufragé, e adj. et n. Qui a fait naufrage.

naufrager v.i. [conj. 17]. *Litt.* Faire naufrage ; couler, sombrer.

naufrageur, euse n. **1.** *Anc.* Personne qui, par de faux signaux, provoquait des naufrages pour piller les épaves. **2.** *Litt.* Personne qui cause la ruine de qqch : *Les naufrageurs de la démocratie* (**SYN.** fossoyeur [litt.]).

naumachie [nomaʃi] n.f. (du gr. *naumakhia,* combat naval, de *naûs,* navire). Dans la Rome antique, spectacle d'un combat naval ; grand bassin aménagé pour un tel spectacle.

naupathie n.f. (du gr. *naûs,* navire). Mal de mer.

nauséabond, e adj. (du lat. *nauseabundus,* qui a le mal de mer). **1.** Dont la mauvaise odeur cause des nausées : *Des égouts nauséabonds* (**SYN.** fétide, infect). **2.** *Fig.* Qui provoque le dégoût, le rejet : *Un film nauséabond* (**SYN.** immonde, répugnant, sordide).

nausée n.f. (du lat. *nausea,* mal de mer, de *nautês,* marin, navigateur). **1.** Envie de vomir : *Avoir des nausées* (**SYN.** haut-le-cœur, malaise). **2.** *Fig.* Profond dégoût ; horreur, répulsion : *Ses paroles me donnent la nausée.*

nauséeux, euse adj. **1.** Qui souffre de nausées ; provoqué par des nausées : *Elle se sent nauséeuse.* **2.** *Litt.* Qui provoque le dégoût moral ; nauséabond, immonde, répugnant.

nautile n.m. (gr. *nautilos,* matelot). Mollusque des mers chaudes.

nautique adj. (lat. *nauticus,* naval). **1.** Qui appartient au domaine de la navigation : *Salon nautique.* **2.** Qui concerne les sports pratiqués sur l'eau : *Ski nautique.*

nautisme n.m. Ensemble des sports nautiques.

nautonier n.m. (de l'anc. fr. *noton,* matelot, du lat. *nauta*). *Litt.* Personne qui conduit un navire, une barque ; nocher.

navaja [navaʒa ou navaxa] n.f. (mot esp.). Long couteau espagnol, à lame effilée, légèrement recourbée.

naval, e, als adj. (lat. *navalis,* de *navis,* navire). **1.** Qui concerne la navigation ; maritime, nautique : *Des chantiers navals.* **2.** Relatif à la marine de guerre : *Des combats navals.*

navarin n.m. (de *navet*). Ragoût de mouton préparé avec des pommes de terre, des navets, des carottes, etc.

navel n.f. (mot angl. signif. « nombril »). Variété d'orange ayant un fruit secondaire interne.

navet n.m. (de l'anc. fr. *nef,* navet, du lat. *napus*). **1.** Plante potagère à racine comestible ; cette racine : *Un ragoût de navets.* **2.** Au Québec, rutabaga. **3.** Œuvre artistique sans valeur : *Ce film est un vrai navet.*

navette n.f. (de l'anc. fr. *nef,* navire). **1.** Instrument de métier à tisser qui permet de croiser le fil de trame avec le fil de chaîne par un mouvement de va-et-vient. **2.** Pièce de la machine à coudre qui renferme la canette. **3.** Véhicule effectuant des liaisons courtes et régulières entre deux lieux : *Il y a une navette entre l'hôtel et l'aéroport.* **4.** Va-et-vient d'une proposition ou d'un projet de loi entre le Sénat et l'Assemblée nationale, en France. ▸ ***Faire la navette,*** aller et venir de façon continuelle : *Ses études l'obligent à faire la navette entre Paris et Rouen.* ***Navette spatiale,*** véhicule spatial réutilisable, conçu pour assurer différentes missions en orbite basse autour de la Terre.

navetteur, euse [navɛtœr, øz ou naftœr, øz] n. En Belgique, personne qui se déplace quotidiennement par un moyen de transport en commun entre son domicile et son lieu de travail.

navigabilité n.f. **1.** État d'un cours d'eau navigable. **2.** État d'un navire pouvant tenir la mer, d'un avion pouvant voler.

navigable adj. Où l'on peut naviguer : *Fleuve navigable.*

navigant, e adj. et n. ▸ ***Personnel navigant,*** personnel de l'équipage d'un avion, par opp. au personnel au sol.

navigateur, trice n. (lat. *navigator,* de *navigare,* naviguer). **1.** Personne qui navigue sur mer : *La navigatrice s'est portée au secours du navigateur en détresse.* **2.** Membre de l'équipage d'un navire ou d'un avion, chargé de relever la position et de déterminer la route à suivre. **3.** Assistant du pilote, dans un rallye automobile (**SYN.** copilote). ◆ **navigateur** n.m. Sur Internet, logiciel qui permet l'activation de liens hypertextes pour aller de site en site (on dit aussi *un fureteur* ou *un logiciel de navigation*).

navigation n.f. **1.** Action de naviguer, de conduire d'un point à un autre un véhicule maritime, aérien ou spatial : *Navigation fluviale, spatiale.* **2.** Technique de la conduite des navires, des avions, des engins spatiaux. **3.** En informatique, action de naviguer. ▸ ***Logiciel de navigation,*** autre nom du *navigateur.* ***Système de navigation,*** dispositif d'aide à la conduite affiché sur écran à bord des véhicules automobiles.

naviguer v.i. (lat. *navigare,* de *navis,* navire) [conj. 3]. **1.** Voyager sur l'eau ou dans les airs : *Un marin qui a beaucoup navigué. La navette spatiale navigue dans la stratosphère.* **2.** Faire suivre à un navire ou à un avion une route déterminée : *Naviguer en direction de Marseille.* **3.** En parlant d'un bateau, se comporter sur mer : *Navire qui navigue bien.* **4.** En informatique, passer d'une information à une autre dans un document hypertexte ou hypermédia, d'un site à un autre sur Internet (**SYN.** surfer). ▸ ***Savoir naviguer,*** savoir diriger habilement ses affaires en évitant les obstacles.

navire n.m. (du lat. class. *navigium*). **1.** Bâtiment ponté, d'assez fort tonnage, destiné à la navigation en mer, par opp. au bateau, destiné à la navigation intérieure ; vaisseau. **2.** *Cour.* Bateau : *Un navire à voiles.*

navire-citerne n.m. (pl. *navires-citernes*). Navire équipé pour le transport des liquides en vrac (**SYN.** tanker).

navire-école n.m. (pl. *navires-écoles*). Navire conçu pour l'apprentissage du métier de marin.

navire-usine n.m. (pl. *navires-usines*). Navire aménagé pour le traitement en mer du poisson (congélation, conserves).

navrant, e adj. **1.** Qui cause une vive affliction : *Ces familles sont dans une situation navrante* (**SYN.** cruel, poignant ; **CONTR.** réconfortant). **2.** Lamentable : *Il pose des questions d'une navrante banalité* (**SYN.** consternant ; **CONTR.** brillant).

navré, e adj. Qui manifeste de la tristesse, de la compassion ou de la confusion : *Il est navré que vous n'ayez pas été reçu* (**SYN.** désolé ; **CONTR.** ravi, réjoui). *Je suis navrée de ne pas vous avoir téléphoné* (**SYN.** confus).

navrer v.t. (de l'anc. scand. *nafra,* percer) [conj. 3]. Causer une grande peine, une vive affliction à : *Cet incident me navre* (**SYN.** attrister, chagriner ; **CONTR.** ravir, réjouir).

nazaréen, enne adj. et n. Relatif à Nazareth. ◆ **nazaréen** n.m. ▸ ***Le Nazaréen,*** nom donné par les Juifs à Jésus.

naze adj. → **nase.**

nazi, e adj. et n. (abrév. de l'all. *National Sozialist*). National-socialiste.

nazisme n.m. National-socialisme.

N.B. abrév. → **nota bene.**

N.B.C. ou **NBC** [ɛnbese] (sigle de *nucléaire, biologique, chimique*). ▸ ***Guerre N.B.C.*** → **guerre.**

ne adv. (du lat. *non*) **1.** (Avec les mots *pas, plus, point, rien, aucun, personne, nul, guère, jamais*). Indique une négation dans le groupe verbal : *Elle ne part pas. Il ne pleut plus. Je n'y pense guère.* **2.** (Employé seul). Sert à indiquer une négation ou une interrogation : *Elle ne cesse de pleurer. Je n'ose entrer. Je ne puis vous le dire. Il ne le peut ni ne le veut. Que ne ferais-je pour les satisfaire ?* **3.** (Employé seul). Dans certaines expressions figées, certaines exclamatives ou interrogatives : *Je n'en ai cure. Il n'importe. Que ne m'en avez-vous parlé plus tôt ! Qui ne souhaiterait en faire autant ?* **4.** (Employé seul). Dans des subordonnées dépendant de verbes d'opinion ou déclaratifs, sans valeur négative (on l'appelle *ne explétif*) : *Elle est moins avare que tu ne le dis. Je crains qu'il ne vienne* (= je redoute sa venue). **5.** Dans une double négation : *Je ne doute point que l'affaire ne se fasse* (= l'affaire se fera). *Je ne peux pas ne pas venir* (= je dois y aller). ▸ ***Ne... que...,*** indique une restriction : *Il n'y a qu'elle qui a accepté. Ce ne sont que des paroles en l'air.*

né, e adj. (de *naître*). **1.** S'emploie pour introduire le nom de jeune fille d'une femme mariée : *Madame Vanand, née Rigaud.* **2.** (Employé en appos. ; avec un trait d'union). De naissance : *Des chanteuses-nées.* ▸ ***Bien né,*** d'une famille honorable ou, anc., noble : *« Mais aux âmes bien nées / La valeur n'attend pas le nombre des années »* [Corneille].

néandertalien, enne adj. (de *Neandertal,* en Allemagne). Se dit d'un homme fossile apparu en Europe il y a plus de 200 000 ans et disparu il y a 30 000 ans, après avoir coexisté avec l'homme moderne. ◆ **néandertalien** n.m. Homme néandertalien (on dit aussi *homme de Neandertal*).

néanmoins [neɑ̃mwɛ̃] adv. (de *néant* et *moins*). Exprime une opposition, un contraste : *Il vit à l'étranger, néanmoins il revient souvent* (**SYN.** cependant, mais, pourtant).

néant n.m. (du lat. pop. *ne gentem,* personne). **1.** Ce qui n'existe pas. **2.** Ce qui n'a pas encore d'existence ou qui a cessé d'être : *Sortir du néant.* **3.** Dans la langue administrative, indique l'absence de certains éléments : *Signes particuliers : néant.* ▸ ***Réduire qqch à néant,*** l'annihiler. ***Tirer qqch du néant,*** le créer.

néantiser v.t. [conj. 3]. *Litt.* Faire disparaître ; anéantir.

nébuleuse n.f. **1.** Nuage de gaz et de poussières interstellaires. **2.** *Fig.* Rassemblement d'éléments hétéroclites, aux relations imprécises et confuses : *La nébuleuse terroriste.*

nébuleux, euse adj. (lat. *nebulosus,* de *nebula,* nuage). **1.** Obscurci par les nuages : *Ciel nébuleux* (**SYN.** nuageux, 1. voilé ; **CONTR.** 1. clair). **2.** Qui manque de précision, de clarté : *Des propositions nébuleuses* (**SYN.** confus ; **CONTR.** précis).

nébulisation n.f. Action de nébuliser.

nébuliser v.t. [conj. 3]. Projeter un liquide en fines gouttelettes à l'aide d'un nébuliseur.

nébuliseur n.m. (du lat. *nebula,* nuage). Appareil permettant de nébuliser un liquide.

nébulosité n.f. **1.** Nuage ayant l'apparence d'une légère vapeur ; brouillard, brume. **2.** Partie du ciel couverte par des nuages à un moment donné. **3.** *Litt.* Manque de clarté : *La nébulosité de ses explications* (**SYN.** flou, imprécision ; **CONTR.** netteté).

① **nécessaire** adj. (du lat. *necessarius,* inévitable, inéluctable). **1. [à].** Dont on a absolument besoin : *L'eau et la nourriture sont nécessaires à la vie* (**SYN.** essentiel, primordial ; **CONTR.** superflu). **2.** Dont on ne peut se passer : *Une bonne entente est nécessaire pour mener à terme ce projet* (**SYN.** indispensable). *L'accord des parents est nécessaire pour s'inscrire* (**SYN.** obligatoire ; **CONTR.** inutile). **3.** Qui se produit inévitablement dans une suite d'événements : *L'échec est la conséquence nécessaire de votre négligence* (**SYN.** inéluctable).

② **nécessaire** n.m. **1.** Ce qui est indispensable pour les besoins de la vie : *Les plus démunis manquent du nécessaire* (**SYN.** minimum ; **CONTR.** superflu). **2.** Ce dont on a besoin dans des circonstances données : *N'emportez que le nécessaire* (**SYN.** indispensable). **3.** Ce qu'il est impératif de faire : *Ils feront le nécessaire.* **4.** Sac, mallette qui renferme des objets destinés à un usage précis : *Un nécessaire de toilette* (**SYN.** trousse).

nécessairement adv. **1.** À tout prix : *Il faut nécessairement que ce travail soit fini ce soir* (**SYN.** absolument). **2.** Par une conséquence inévitable : *Investir comporte nécessairement des risques* (**SYN.** obligatoirement ; **CONTR.** éventuellement).

nécessité n.f. **1.** Caractère de ce qui est nécessaire : *La nécessité de savoir lire* (**SYN.** obligation). **2.** Besoin impérieux ; chose nécessaire : *La liberté d'opinion est une nécessité* (**SYN.** exigence). ▸ ***De première nécessité,*** indispensable à la vie humaine : *Des produits de première nécessité.*

nécessiter v.t. [conj. 3]. Rendre nécessaire, indispensable : *Cette compétition nécessite une bonne préparation physique* (**SYN.** exiger, réclamer, requérir).

nécessiteux, euse adj. et n. Qui manque des choses nécessaires à la vie : *Aider une famille nécessiteuse* (**SYN.** indigent, pauvre ; **CONTR.** aisé, riche).

nec plus ultra [nɛkplyzyltra] n.m. inv. (mots lat. signif. « pas au-delà »). Ce qu'il y a de mieux : *C'est le nec plus ultra en matière d'ordinateur.*

nécrologe n.m. Registre paroissial contenant les noms des morts avec la date de leur décès.

nécrologie n.f. (du gr. *nekros*, mort). **1.** Liste de personnes décédées au cours d'un laps de temps : *La nécrologie du mois.* **2.** Notice biographique consacrée à une personne décédée. **3.** Avis de décès dans un journal ; rubrique contenant de tels avis.

nécrologique adj. Relatif à la nécrologie : *La rubrique nécrologique d'un journal.*

nécrologue n. Auteur de nécrologies.

nécromancie n.f. (du gr. *nekros*, mort, et *manteia*, prédiction). Évocation des morts pour connaître l'avenir.

nécromancien, enne n. ou **nécromant** n.m. Personne qui pratique la nécromancie.

nécrophage adj. Qui se nourrit de cadavres.

nécrophile adj. et n. Atteint de nécrophilie.

nécrophilie n.f. Trouble psychiatrique caractérisé par une attirance morbide pour les cadavres.

nécropole n.f. (du gr. *nekros*, mort, et *polis*, ville). **1.** Vaste lieu de sépultures dans l'Antiquité. **2.** *Litt.* Grand cimetière : *Le Père-Lachaise est une nécropole parisienne.*

nécrose n.f. (du gr. *nekrôsis*, mortification). Mort d'une cellule ou d'un tissu à l'intérieur d'un corps vivant.

nécroser v.t. [conj. 3]. Produire la nécrose de. ◆ **se nécroser** v.pr. Être atteint de nécrose : *Tissu qui se nécrose.*

nécrotique adj. Relatif à la nécrose.

nectaire n.m. (de *nectar*). Organe des fleurs qui sécrète le nectar.

nectar n.m. (mot lat., du gr. *nektar*). **1.** Dans la mythologie grecque, breuvage des dieux. **2.** Liquide sucré sécrété par certaines plantes et que butinent les abeilles. **3.** Boisson à base de jus de fruits additionné d'eau et de sucre : *Du nectar d'abricot.* **4.** *Litt.* Boisson délicieuse : *Ce saint-émilion est un nectar.*

nectarine n.f. Pêche à peau lisse.

néerlandais, e adj. et n. Relatif aux Pays-Bas, à leurs habitants. ◆ **néerlandais** n.m. Langue germanique parlée aux Pays-Bas et en Belgique.

néerlandophone adj. et n. Qui parle le néerlandais.

nef n.f. (du lat. *navis*, vaisseau). **1.** Partie d'une église qui s'étend du chœur jusqu'à la façade principale : *La nef principale d'une cathédrale* (**SYN.** vaisseau). **2.** Grand navire à voiles, au Moyen Âge.

néfaste adj. (du lat. *nefastus*, interdit par la loi divine). **1.** *Litt.* Marqué par des événements funestes, tragiques : *Une année néfaste* (**SYN.** mauvais ; **CONTR.** faste, propice). **2.** Qui peut avoir des conséquences fâcheuses : *Une politique néfaste pour le pays* (**SYN.** nuisible, préjudiciable ; **CONTR.** bénéfique).

nèfle n.f. (bas lat. *mespila*, du gr.). Fruit comestible du néflier. ▸ *Fam.* ***Des nèfles !,*** rien à faire ! ; pas question !

néflier n.m. Arbrisseau épineux, cultivé pour son fruit, la nèfle.

négateur, trice adj. et n. *Litt.* Qui est porté à tout nier, à tout critiquer : *Un esprit négateur.*

① **négatif, ive** adj. (du lat. *negare*, nier). **1.** Qui marque le refus : *J'ai obtenu une réponse négative* (**CONTR.** affirmatif). **2.** Dépourvu d'éléments constructifs ; inefficace : *Une remarque négative* (**SYN.** stérile). *Examen médical négatif* (= qui ne révèle rien d'anormal ; **CONTR.** positif). ▸ ***Charge électrique négative,*** l'une des deux formes d'électricité statique, de même nature que celle que l'on développe sur un morceau de verre frotté avec de la soie. ***Nombre négatif,*** nombre inférieur à zéro (par opp. à positif).

② **négatif** n.m. Image photographique sur film, où la valeur des tons est inversée.

négation n.f. (lat. *negatio, negationis*, de *negare*, nier). **1.** Action de nier qqch : *La négation d'un événement historique* (**SYN.** dénégation, réfutation). **2.** Action de rejeter, de ne faire aucun cas de qqch : *La négation de tout sentiment filial* (**SYN.** mépris, rejet). **3.** Mot ou groupe de mots servant à nier, comme *ne, non, pas,* etc. ▸ ***Être la négation de qqch,*** être en complète contradiction avec qqch : *Cette décision est la négation de ses idéaux.*

négationnisme n.m. Doctrine niant la réalité du génocide des Juifs par les nazis, et l'existence des chambres à gaz ; révisionnisme.

négative n.f. ▸ ***Répondre par la négative,*** répondre par un refus (**CONTR.** affirmative).

négativement adv. De façon négative : *Répondre négativement* (**CONTR.** affirmativement, positivement).

négativisme n.m. Attitude de refus systématique, de dénigrement : *Le négativisme d'un adolescent.*

négativité n.f. Caractère de ce qui est négatif (par opp. à positivité).

négligé n.m. **1.** État de qqn dont la tenue est négligée. **2.** *Vx* Léger vêtement féminin d'intérieur.

négligeable adj. Qui peut être négligé ; dont on peut ne pas tenir compte : *Une augmentation négligeable* (**SYN.** infime, insignifiant ; **CONTR.** considérable, important). ▸ ***Traiter qqn, qqch comme une quantité négligeable,*** ne pas tenir compte de leur existence, les estimer sans importance.

négligemment [negliʒamɑ̃] adv. Avec négligence : *Il posa négligemment sa veste sur le canapé* (**CONTR.** soigneusement).

négligence n.f. **1.** Manque de soin, d'application ; fait de négliger qqch : *Faire preuve de négligence dans son travail* (**SYN.** laisser-aller, nonchalance ; **CONTR.** attention, minutie). **2.** Faute résultant d'un manque d'attention : *Cette erreur est due à une négligence de mon secrétaire* (**SYN.** étourderie).

négligent, e adj. et n. Qui montre de la négligence : *Un ouvrier négligent* (**SYN.** indolent, insouciant, nonchalant ; **CONTR.** consciencieux, soigneux).

négliger v.t. (du lat. *negligere*, ne pas se soucier de, de *nec*, ne pas, et *legere*, choisir) [conj. 17]. **1.** Ne pas prendre soin de ; omettre de faire : *Elle néglige sa maison* (**SYN.** se désintéresser de ; **CONTR.** se consacrer à). *Négliger ses devoirs* (**SYN.** manquer à). **2.** Ne tenir aucun compte de : *Il a négligé nos conseils, nos avertissements* (**SYN.** dédaigner, mépriser ; **CONTR.** écouter, suivre). **3.** Traiter sans attention : *Il néglige son épouse* (**SYN.** délaisser ; **CONTR.** s'occuper de). ◆ **se négliger** v.pr. Ne plus prendre soin de sa personne.

négoce n.m. (du lat. *negotium*, occupation, de *nec*, ne pas, et *otium*, loisir). *Sout.* Activités d'un commerçant : *Le négoce du vin* (**SYN.** commerce).

négociable adj. Qui peut être négocié : *Cette clause du contrat est négociable. Ces pièces anciennes ne sont plus négociables* (**SYN.** monnayable).

négociant, e n. Personne qui fait du commerce en gros : *Négociant en vin* (**SYN.** grossiste ; **CONTR.** détaillant).

négociateur, trice n. **1.** Personne qui est chargée de négocier pour le compte de son gouvernement : *Les négociateurs d'un traité* (**SYN.** diplomate, plénipotentiaire). **2.** Personne qui sert d'intermédiaire pour favoriser un accord.

négociation n.f. **1.** Action de négocier, de discuter les affaires communes entre des parties en vue d'un accord : *La négociation reprendra demain* (**SYN.** débat, discussion, tractation). *Régler un différend par voie de négociation* (**SYN.** concertation, dialogue). **2.** Achat ou vente d'un effet de commerce : *La négociation de titres.*

négocier v.t. (du lat. *negotiari*, faire du commerce) [conj. 9]. **1.** Discuter en vue d'un accord : *Négocier un traité de paix* (**SYN.** débattre, traiter). **2.** Monnayer un titre, une valeur. ▸ (Calque de l'angl.). ***Négocier un virage,*** manœuvrer pour le prendre dans les meilleures conditions. ◆ v.i. Engager des pourparlers en vue de régler un différend, de conclure un accord : *Négocier avec le patronat* (**SYN.** discuter, parlementer).

① **nègre, négresse** n. (esp. *negro*, du lat. *niger*, noir). **1.** Personne de couleur noire. ☞ **REM.** La connotation raciste de ce mot fait qu'il est auj. remplacé par *un Noir, une Noire.* **2.** *Anc.* Esclave noir. ▸ ***Nègre blanc,*** albinos appartenant à une population de couleur noire. *Fam.* ***Travailler comme un nègre,*** travailler très dur, sans relâche. ◆ **nègre** n.m. *Fam.* Personne qui prépare ou rédige anonymement, pour un auteur qui le signe, un travail littéraire, artistique ou scientifique. ▸ ***Nègre en chemise,*** entremets au chocolat nappé d'une crème anglaise.

② **nègre** adj. Qui appartient aux Noirs, à la culture des Noirs : *Musique nègre.* ▸ ***L'art nègre,*** art de l'Afrique noire considéré comme source d'inspiration, au XXe siècle, de certains courants de l'art occidental (fauvisme, cubisme). ***Nègre blanc,*** se dit d'un texte qui vise à concilier des avis contraires, qui ne prend pas position ; ambigu : *Des conclusions nègre blanc* (= équivoques).

négrier, ère adj. Relatif à la traite des Noirs : *Navire négrier.* ◆ **négrier** n.m. **1.** Personne qui faisait la traite des Noirs. **2.** Navire qui servait à ce commerce. **3.** Employeur qui traite ses employés comme des esclaves.

négrillon, onne n. *Vieilli* ou *péjor.* Enfant noir.

négritude n.f. (du lat. *negritudo, negritudinis*, la couleur noire). Ensemble des valeurs culturelles et spirituelles des Noirs et revendiquées par eux.

négro-africain, e adj. (pl. *négro-africains, es*). Relatif aux Noirs d'Afrique : *Les langues négro-africaines.*

négroïde adj. et n. *Péjor.* ou *raciste* Qui rappelle les caractéristiques morphologiques des Noirs.

negro spiritual [negrospiritwol] n.m. (mot anglo-amér.) [pl. *negro spirituals*]. Chant religieux des Noirs d'Amérique, d'inspiration chrétienne (**SYN.** gospel).

négus [negys] n.m. (de l'éthiopien *negûs*, roi). Titre des souverains d'Éthiopie.

neige n.f. (de *neiger*). **1.** Eau congelée qui tombe des nuages en flocons blancs et légers. **2.** La montagne l'hiver ; les sports d'hiver : *Vacances de neige.* ▸ ***Blanc comme neige,*** très blanc ; fig., innocent. ***En neige,*** se dit de blancs d'œufs battus jusqu'à former une mousse blanche et consistante : *Monter des blancs en neige.* ***Neige carbonique,*** dioxyde de carbone solidifié, utilisé en médecine pour la cryothérapie. ***Œufs à la neige,*** blancs montés en neige, cuits dans du lait bouillant et servis sur une crème anglaise.

neigeoter v. impers. [conj. 3]. *Fam.* Neiger faiblement.

neiger v. impers. (lat. pop. *nivicare*, de *nix, nivis*, neige) [conj. 23]. Tomber, en parlant de la neige : *Lorsque nous sommes partis, il neigeait.*

neigeux, euse adj. Couvert de neige : *Sommet neigeux* (**SYN.** enneigé). ☞ **REM.** Ne pas confondre avec *nival.* ▸ ***Temps neigeux,*** qui laisse prévoir des chutes de neige.

nem [nɛm] n.m. (mot vietnamien). En cuisine vietnamienne, petite crêpe de riz fourrée de soja, de viande, roulée et frite.

nématode n.m. (du gr. *nêma*, fil). Ver vivant dans le sol ou en parasite de l'homme et des mammifères.

ne-m'oubliez-pas n.m. inv. Autre nom du *myosotis.*

nemrod [nɛmrɔd] n.m. (de *Nemrod*, nom d'un personnage de la Bible). *Litt.* Homme qui aime beaucoup la chasse.

nénette n.f. *Fam.* Jeune fille ; jeune femme. ▸ *Fam.* ***Se casser la nénette,*** réfléchir beaucoup ; se donner du mal.

nénies n.f. pl. (lat. *nenia*). Dans l'Antiquité grecque et romaine, chants funèbres.

nenni [neni] adv. *Vx* Non.

nénuphar n.m. (d'un mot ar.). Plante aquatique à larges feuilles flottantes et à fleurs blanches, jaunes ou rouges.

néoclassicisme n.m. Tendance artistique de la fin du XVIIIe siècle et du début du XIXe, qui tirait son inspiration de l'Antiquité classique.

néoclassique adj. Qui appartient au néoclassicisme.

néocolonialisme n.m. Politique visant à rétablir, sous des formes nouvelles, une domination sur les anciens pays colonisés devenus indépendants.

néocolonialiste adj. et n. Relatif au néocolonialisme ; qui en est partisan.

néolibéralisme n.m. Doctrine économique moderne qui accepte une intervention limitée de l'État.

néolithique n.m. (du gr. *lithos*, pierre). Période de la préhistoire caractérisée par la pierre polie. ◆ adj. Relatif au néolithique.

néologie n.f. Ensemble des processus de formation des néologismes, comme la dérivation, la composition, l'emprunt.

néologique adj. Relatif à la néologie, aux néologismes : *Cette expression est une création néologique.*

néologisme n.m. Mot ou expression de création ou d'emprunt récents ; sens nouveau d'un mot ou d'une expression existant déjà dans la langue.

néomortalité n.f. Mortalité des nouveau-nés.

néon n.m. (du gr. *neon*, nouveau). **1.** Gaz rare de l'atmosphère. **2.** Éclairage par tube fluorescent au néon ; le tube lui-même : *Les néons de la ville* (= les enseignes et publicités lumineuses).

néonatal, e, als adj. Relatif au nouveau-né : *Médecine néonatale* (= néonatalogie).

néonatalogie n.f. Discipline médicale qui a pour objet l'étude du nouveau-né et le traitement de ses maladies.

néonazi, e adj. et n. Relatif au néonazisme.

néonazisme n.m. Mouvement d'extrême droite puisant son inspiration dans le nazisme.

néophyte n. (du gr. *neos*, nouveau, et *phuein*, faire naître). Adepte récent d'une doctrine, d'une religion ; personne récemment entrée dans un parti.

néoplasie n.f. En médecine, formation d'un tissu biologique nouveau (cicatrice, tumeur).

néoplasme n.m. Tissu biologique qui résulte de la néoplasie.

Néoprène n.m. (nom déposé). Caoutchouc synthétique thermoplastique : *Colle au Néoprène.*

néoréalisme n.m. Mouvement cinématographique né en Italie au lendemain de la Seconde Guerre mondiale.

néoréaliste adj. et n. Qui appartient au néoréalisme ; qui s'en réclame : *« Le Voleur de bicyclette » est un film néoréaliste.*

néorural, e, aux n. Personne qui a quitté la ville pour s'installer dans une zone rurale et y exercer une activité professionnelle.

népalais, e adj. et n. Relatif au Népal, à ses habitants. ◆ **népalais** n.m. Langue parlée au Népal (SYN. népali).

néphrectomie n.f. Ablation chirurgicale d'un rein.

néphrétique adj. Relatif aux reins : *Colique néphrétique.*

① **néphrite** n.f. (du gr. *nephros*, rein). Inflammation du rein.

② **néphrite** n.f. Silicate naturel de magnésium, de fer et de calcium, qui est une variété de jade.

néphrologie n.f. Étude des reins et de leurs maladies.

néphrologue n. Médecin spécialiste de néphrologie.

néphropathie n.f. Maladie du rein.

népotisme n.m. (it. *nepotismo*, du lat. *nepos*, neveu). Abus qu'une personne haut placée fait de son pouvoir en accordant des faveurs à sa famille : *Elle a eu ce poste par népotisme.*

nerd [nɛrd] n.m. (mot anglo-amér.) *Péjor.* Personne qu'une passion obsessionnelle, génér. pour les mathématiques et l'informatique, conduit souvent à vivre en marge de la société.

néréide n.f. ou **néréis** [nereis] n.m. ou n.f. (du gr. *nereis*, nymphe de la mer). Ver marin carnassier vivant dans la vase littorale.

nerf [nɛr] n.m. (du lat. *nervus*, ligament). **1.** Cordon blanchâtre, conduisant les messages du cerveau aux différents organes et réciproquement : *Les nerfs moteurs, sensitifs.* **2.** (Employé abusivement). Dans la viande, ligament : *Cette viande est pleine de nerfs.* **3.** Ce qui fait la force de qqch, l'énergie physique ou morale de qqn : *La mise en scène manque de nerf* (SYN. force, puissance). *Elle nous a montré qu'elle avait du nerf* (SYN. dynamisme, vigueur ; CONTR. mollesse). **4.** Ce qui est la condition d'une action efficace : *Le nerf de la victoire, c'est le travail* (SYN. moteur, ressort [litt.]). ▸ ***Le nerf de la guerre,*** l'argent. ***Nerf de bœuf,*** matraque faite avec le ligament cervical postérieur du bœuf ou du cheval, desséché et traité. ◆ **nerfs** n.m. pl. *Cour.* Système nerveux considéré comme le siège de la résistance psychologique, de l'équilibre mental : *Avoir les nerfs fragiles.* ▸ *Fam.* ***Avoir les nerfs en boule*** ou ***en pelote,*** se trouver dans un état de grand agacement. ***Crise de nerfs*** → **crise.** ***Être*** ou ***vivre sur les nerfs,*** dans un état de tension nerveuse permanente. ***Guerre des nerfs,*** ensemble des procédés (intoxication, désinformation, etc.) visant à affaiblir, à déstabiliser l'adversaire. *Fam.* ***Paquet*** ou ***boule de nerfs,*** personne très nerveuse, irritable. ***Passer ses nerfs sur qqn, sur qqch,*** manifester contre eux une irritation dont la cause est ailleurs. *Fam.* ***Taper*** ou ***porter sur les nerfs,*** causer un vif agacement : *Sa condescendance me tape sur les nerfs.*

nerprun [nɛrprœ̃] n.m. (du lat. *niger prunus*, prunier noir). Arbuste à fruits noirs, tel que la bourdaine.

nervation n.f. Disposition des nervures d'une feuille.

nerveusement adv. Avec nervosité : *Pleurer nerveusement* (SYN. convulsivement).

nerveux, euse adj. (du lat. *nervosus*, vigoureux). **1.** Qui relève des nerfs, du système nerveux : *Les cellules nerveuses.* **2.** Relatif aux nerfs, au siège de l'équilibre psychologique, mental : *Les parents des otages sont soumis à une terrible tension nerveuse.* **3.** Qui est dû à la nervosité ou qui l'exprime : *Un rire nerveux* (SYN. convulsif). **4.** Qui manifeste une certaine agitation : *L'attente la rend nerveuse* (SYN. fébrile, impatient ; CONTR. 1. calme, patient). **5.** Qui manifeste de la vivacité, de la vigueur : *Un caissier peu nerveux* (SYN. dynamique, énergique ; CONTR. lymphatique). **6.** Se dit d'une voiture, d'un moteur qui a de bonnes reprises. ▸ ***Système nerveux,*** ensemble des nerfs et des organes qui assurent la commande et la coordination des fonctions vitales et la réception des messages sensoriels. ◆ adj. et n. Qui a des nerfs irritables ; très émotif : *Un enfant nerveux.*

nervi n.m. (mot prov. signif. « portefaix »). Homme de main ; sbire, sicaire, tueur.

nervosité n.f. **1.** État d'excitation nerveuse passagère : *Donner des signes de nervosité* (SYN. agitation, énervement ; CONTR. 2. calme). **2.** État d'irritabilité ou d'inquiétude : *Le silence du président augmente la nervosité des médias* (SYN. alarmisme, pessimisme).

nervure n.f. (de *nerf*). Saillie longue et fine sur le limbe d'une feuille ou l'aile d'un insecte.

Nescafé n.m. (nom déposé). Café soluble.

n'est-ce pas adv. **1.** S'emploie pour appeler l'acquiescement de l'interlocuteur à ce qui vient d'être dit : *Tu m'appelleras, n'est-ce pas ?* **2.** S'emploie à l'intérieur d'une phrase comme un renforcement : *Le problème, n'est-ce pas, reste le même.*

① **net, nette** adj. (du lat. *nitidus*, brillant). **1.** Propre ; sans tache : *Le linge est net* (SYN. impeccable ; CONTR. sale). **2.** Bien marqué ; bien distinct : *Une différence très nette* (SYN. notable ; CONTR. 1. vague). *L'image est nette* (CONTR. flou). **3.** Qui ne prête à aucun doute : *Il a fait de nets progrès* (SYN. appréciable). *Sa réponse est nette* (SYN. catégorique ; CONTR. ambigu, équivoque). *Avoir des opinions très nettes* (SYN. tranché ; CONTR. indécis). **4.** Qui n'a plus à subir aucune déduction (par opp. à brut) : *Poids, salaire net.* ▸ ***Avoir les mains nettes,*** être moralement irréprochable. ***Faire place nette,*** débarrasser un endroit de tout ce qui gêne. *Fam.* ***Ne pas être net,*** être un peu fou ; être louche, suspect. ***Net de,*** exempt de ; non susceptible de : *Placements nets d'impôt.* ◆ **net** adv. **1.** Brutalement ; tout d'un coup : *Stopper net* (SYN. brusquement). **2.** Sans ambiguïté ni ménagement : *Parler net* (SYN. franchement, nettement). *Je te le dis tout net* (= sans détour ; carrément). ◆ **net** n.m. ▸ ***Au net,*** sous une forme définitive : *Recopier un texte au net.*

② **net** [nɛt] adj. inv. (mot angl. signif. « filet »). Let, au tennis, au tennis de table et au volley-ball. ☞ REM. Ce mot est un anglicisme qu'il est recommandé de remplacer par *filet*.

Net [nɛt] n.m. (abrév.). ▸ ***Le Net,*** Internet.

netcam [nɛtkam] n.f. (de *Internet* et *caméra*). Autre nom de la *webcam*.

netéconomie [nɛtekɔnɔmi] n.f. Économie née du développement des start-up sur Internet.

nettement adv. D'une manière nette, incontestable : *Un territoire nettement délimité* (SYN. clairement ; CONTR. vaguement). *Dis-lui nettement ce que tu penses* (SYN. fermement, franchement). *Elle est nettement la plus forte à ce jeu* (= sans conteste ; SYN. indéniablement).

netteté n.f. **1.** Caractère de ce qui est propre, sans tache : *Sa maison est d'une netteté irréprochable* (SYN. propreté ; CONTR. saleté). **2.** Caractère de ce qui est clair et sans ambiguïté : *La netteté d'une réponse* (SYN. précision ; CONTR. confusion, imprécision).

nettoiement n.m. Ensemble des opérations ayant pour but de nettoyer les lieux publics : *Le nettoiement des plages.*

nettoyage n.m. Action de nettoyer ; son résultat : *Le nettoyage du sol* (SYN. lavage). *Nettoyage à sec* (= avec un solvant). ▸ *Fam.* ***Nettoyage par le vide,*** élimination énergique de tout ce qui encombre.

nettoyant, e adj. Qui nettoie ; qui sert à détacher. ◆ **nettoyant** n.m. Produit de nettoyage.

nettoyer v.t. (de *1. net*) [conj. 13]. **1.** Rendre net, propre : *Nettoyer sa maison* (= faire le ménage ; SYN. décaper, laver, lessiver ; CONTR. salir). *Faire nettoyer un vêtement* (= le porter chez un teinturier ; SYN. dégraisser, détacher). **2.** Débarrasser un lieu d'éléments indésirables, dangereux : *La police veut nettoyer ces rues.* **3.** *Fam.* Vider un lieu de son contenu : *Les cambrioleurs ont nettoyé l'appartement.* **4.** *Fam.* Faire perdre tout son argent, ses biens à qqn : *Il s'est fait nettoyer au casino* (SYN. dépouiller, ruiner). **5.** *Fam.* Tuer, assassiner.

① **nettoyeur, euse** n. Personne qui nettoie.

② **nettoyeur** n.m. **1.** Appareil de nettoyage utilisant un jet d'eau sous pression. **2.** Au Québec, pressing ; teinturerie.

① **neuf** [nœf] adj. num. card. inv. (lat. *novem*). **1.** Huit plus un : *Il a neuf ans.* **2.** (En fonction d'ordinal). De rang numéro neuf ; neuvième : *Page neuf.* ▸ ***Preuve par neuf,*** méthode de contrôle des opérations arithmétiques fondée sur les propriétés de la division des entiers par le nombre neuf ; fig., la preuve absolue, irréfutable. ◆ n.m. inv. **1.** Le nombre qui suit huit dans la série des entiers naturels ; le chiffre représentant ce nombre : *Six et trois font neuf. Le neuf arabe.* **2.** Carte à jouer marquée de neuf signes : *Avoir les quatre neuf dans son jeu.* **3.** Désigne selon les cas le jour, le numéro d'une chambre, etc. : *Repassez le neuf du mois prochain.* ☞ REM. On prononce [nœv] dans *neuf ans* [nœvɑ̃] et *neuf heures* [nœvœr].

② **neuf, neuve** [nœf, nœv] adj. (du lat. *novus*, nouveau). **1.** Qui est fait depuis peu et n'a pas ou presque pas servi : *Maison neuve* (SYN. récent ; CONTR. ancien, vieux). *Des livres neufs.* **2.** Qui n'a pas encore été dit, traité : *Il a toujours des idées neuves* (SYN. nouveau, original). *Aborder un thème neuf* (SYN. inédit ; CONTR. banal, connu). **3.** Qui n'est pas influencé par l'expérience antérieure : *Considérer cette affaire avec un œil neuf* (SYN. innocent, intact). ◆ **neuf** n.m. Ce qui est neuf : *Acheter un logement dans le neuf* (CONTR. ancien). ▸ ***À neuf,*** de façon à apparaître comme neuf. ***De neuf,*** avec des choses neuves : *Le voici habillé de neuf.* ***Quoi de neuf ?,*** est-il arrivé quelque chose de nouveau ?

neuneu adj. et n. (pl. *neuneus*). *Fam.* Niais ; sot ; bêtifiant.

neural, e, aux adj. Relatif au système nerveux.

neurasthénie n.f. (du gr. *neuron*, nerf, et *astheneia*, manque de force). État d'abattement, de tristesse et de pessimisme.

neurasthénique adj. Relatif à la neurasthénie. ◆ adj. et n. Atteint de neurasthénie.

neurobiologie n.f. Étude des neurones et des tissus nerveux.

neurochirurgical, e, aux adj. Relatif à la neurochirurgie.

neurochirurgie n.f. Chirurgie du système nerveux.

neurochirurgien, enne n. Spécialiste de neurochirurgie.

neurodégénératif, ive adj. Qui concerne la dégénérescence du système nerveux : *Des troubles neurodégénératifs.*

neurodépresseur adj.m. et n.m. Se dit d'une substance qui diminue l'activité du système nerveux.

neuroleptique adj. et n.m. Se dit de médicaments qui exercent une action sédative sur le système nerveux.

neurologie n.f. Étude du système nerveux et de ses maladies.

neurologique adj. Relatif à la neurologie.

neurologue n. Médecin spécialiste de neurologie.

neuromédiateur n.m. Substance chimique libérée par un neurone, permettant à celui-ci de transmettre le signal nerveux à un autre neurone (**SYN.** neurotransmetteur).

neuronal, e, aux ou **neuronique** adj. Relatif au neurone.

neurone n.m. Cellule de base du système nerveux.

neuropathie n.f. Affection du système nerveux.

neurophysiologie n.f. Physiologie du système nerveux.

neurophysiologique adj. Relatif à la neurophysiologie.

neuropsychiatre n. *Anc.* Spécialiste de neuropsychiatrie.

neuropsychiatrie n.f. *Anc.* Nom donné à la psychiatrie, avant qu'elle ne se sépare de la neurologie (en 1968).

neurosciences n.f. pl. Ensemble des disciplines scientifiques qui étudient le système nerveux.

neurotomie n.f. Incision chirurgicale d'un nerf.

neurotoxine n.f. Toxine qui affecte le système nerveux.

neurotransmetteur n.m. → **neuromédiateur.**

neurovégétatif, ive adj. Se dit du système nerveux qui règle la vie végétative de l'organisme.

neutralisant, e adj. Qui neutralise, annihile les propriétés d'un autre corps : *Un produit chimique neutralisant.*

neutralisation n.f. **1.** Action de neutraliser : *La neutralisation d'un adversaire.* **2.** Traitement d'un acide par une base, ou inversement, jusqu'à l'obtention d'un pH égal à 7.

neutraliser v.t. (du lat. *neutralis,* neutre) [conj. 3]. **1.** Annuler l'effet de ; empêcher d'agir par une action contraire : *Neutraliser les efforts de qqn* (**SYN.** anéantir, annihiler). *Il a neutralisé tous ses adversaires* (**SYN.** contrecarrer, paralyser). **2.** Déclarer neutres un État, une ville, un territoire. **3.** Effectuer une neutralisation chimique : *Neutraliser un acide.* **4.** Amoindrir la force, l'effet de : *Neutraliser un vert trop vif en y mêlant du blanc* (**SYN.** atténuer). **5.** Arrêter momentanément la circulation sur une portion de route ou de voie ferrée : *Neutraliser la voie de droite d'une autoroute.* ◆ **se neutraliser** v.pr. S'annuler réciproquement ; se contrebalancer : *Deux forces contraires qui se neutralisent.*

neutralisme n.m. Refus d'adhérer à une alliance militaire.

neutraliste adj. et n. Relatif au neutralisme ; qui en est partisan.

neutralité n.f. **1.** État de celui qui reste neutre, de ce qui est neutre : *Elle a observé une neutralité absolue dans ce débat* (**SYN.** impartialité ; **CONTR.** partialité). *La neutralité d'un journal* (**SYN.** objectivité). **2.** Situation d'un État qui demeure à l'écart d'un conflit international. **3.** En chimie, en physique, état, qualité d'un corps ou d'un milieu neutres.

neutre adj. et n. (du lat. *neuter,* ni l'un ni l'autre). **1.** Qui ne prend parti ni pour l'un ni pour l'autre, dans un conflit, une discussion : *Leurs collègues sont restés neutres dans cette querelle* (**SYN.** impartial, 1. objectif ; **CONTR.** partial). **2.** Se dit d'un pays qui ne participe pas aux hostilités engagées entre d'autres pays. ◆ adj. **1.** Qui est objectif, impartial : *Un article de journal neutre* (**CONTR.** partisan). **2.** Qui manque d'éclat, de relief : *Parler d'une voix neutre* (**SYN.** détaché, inexpressif ; **CONTR.** expressif). **3.** Se dit d'une couleur qui n'est ni franche ni vive : *Aimer les couleurs neutres* (**SYN.** terne ; **CONTR.** éclatant). **4.** Dans certaines langues, se dit du genre grammatical qui, dans une classification à trois genres, s'oppose au masculin et au féminin : *En allemand, « das Buch » est un mot neutre.* **5.** Qui n'est ni acide ni basique, dont le pH est égal à 7. ▸ ***Se rencontrer en terrain neutre,*** se rencontrer chez une tierce personne pour régler un différend ou se réconcilier. ◆ n.m. En grammaire, le genre neutre. ▸ ***Les neutres,*** les nations neutres.

neutrino n.m. (de *neutron*). Particule élémentaire, de charge électrique nulle et de masse très faible.

neutron n.m. (de *neutre* et *électron*). Particule électriquement neutre, constituant des noyaux des atomes.

neuvaine n.f. Suite d'actes de dévotion poursuivis pendant neuf jours, en vue d'obtenir une grâce particulière.

neuvième adj. num. ord. De rang numéro neuf : *Elle a terminé neuvième dans cette compétition.* ◆ n. Personne, chose qui occupe le neuvième rang : *Le neuvième de la liste vient de se désister.* ▸ ***Le neuvième art,*** la bande dessinée. ◆ adj. num. et n.m. Qui correspond à la division d'un tout en neuf parties égales : *Avoir la neuvième part d'un revenu. Avoir le neuvième d'une somme.*

neuvièmement adv. En neuvième lieu.

névé n.m. (mot valaisan). **1.** Partie d'un glacier en haute montagne, où la neige se transforme en glace. **2.** Plaque de neige isolée, mais relativement importante, persistant en été.

neveu n.m. (du lat. *nepos, nepotis,* petit-fils). Fils du frère ou de la sœur : *Il a trois neveux.*

névralgie n.f. (du gr. *neuron,* nerf, et *algos,* douleur). Douleur vive ressentie sur le trajet d'un nerf.

névralgique adj. Qui a le caractère d'une névralgie : *Douleur névralgique.* ▸ ***Point névralgique,*** point où les atteintes à l'intérêt d'un pays, à l'amour-propre d'un individu sont les plus sensibles.

névrite n.f. Inflammation d'un nerf.

névritique adj. Relatif à la névrite.

névroglie n.f. (du gr. *neuron,* nerf, et *gloios,* glu). Glie.

névropathe adj. et n. *Vieilli* Atteint de névrose.

névrose n.f. Affection psychique perturbant peu le comportement, et dont le sujet est conscient.

névrosé, e adj. et n. Qui est atteint de névrose.

névrotique adj. Relatif à la névrose : *Troubles névrotiques.*

new-look [njuluk] adj. inv. et n.m. inv. (mot anglo-amér. signif. « style nouveau »). Se dit de ce qui se présente sous un nouvel aspect, sur le plan politique, économique, social, etc. : *Des sacs new-look. Le new-look télévisuel.*

newton [njutɔn] n.m. (de I. *Newton*). Unité de mesure de force équivalant à une accélération de

1 mètre par seconde carrée communiquée à un corps ayant une masse de 1 kilogramme.

nez [ne] n.m. (lat. *nasus*). **1.** Partie saillante du visage, entre la bouche et le front, siège et organe de l'odorat : *Respirer par le nez. Le nez de Cléopâtre. Parler du nez* (= avoir une voix nasillarde). **2.** Mufle, museau de quelques mammifères. **3.** Finesse de l'odorat : *Cet animal a du nez* (**SYN.** flair). **4.** Visage ; tête : *Elle ne lève pas le nez de son travail.* **5.** Avant du fuselage d'un avion ou d'une fusée : *L'avion a piqué du nez.* **6.** Proue d'un navire. **7.** En géographie, cap ; promontoire. **8.** Personne dont le métier est de créer des parfums. ▸ ***Au nez*** ou ***au nez et à la barbe de qqn,*** devant lui, sans se cacher. ***Avoir du nez*** ou ***le nez fin*** ou ***le nez creux,*** être perspicace. *Fam.* ***Avoir qqn dans le nez,*** ne pas le supporter ; lui en vouloir. *Fam.* ***Avoir un verre dans le nez,*** être un peu ivre. *Fam.* ***À vue de nez,*** approximativement. *Fam.* ***Faire de son nez,*** en Belgique, faire de l'embarras. *Fam.* ***Mener qqn par le bout du nez,*** lui faire faire tout ce que l'on veut. *Fam.* ***Mettre*** ou ***fourrer le nez dans qqch,*** s'en occuper, le plus souvent indiscrètement. ***Mettre le nez dehors,*** sortir : *Il fait un temps à ne pas mettre le nez dehors. Fam.* ***Montrer le bout du nez,*** apparaître, se montrer à peine ; dévoiler ses intentions. ***Ne pas voir plus loin que le bout de son nez,*** manquer de clairvoyance, de prévoyance. ***Passer sous le nez de qqn,*** lui échapper : *Ce poste lui est passé sous le nez.* ***Pied de nez,*** geste de moquerie que l'on fait en appuyant sur l'extrémité du nez le bout du pouce d'une main tenue ouverte et les doigts écartés. ***Regarder qqn sous le nez,*** l'examiner avec indiscrétion ; le toiser avec insolence. *Fam.* ***Se casser le nez,*** trouver porte close ; échouer. ***Sentir à plein nez,*** très fort : *Il sent l'alcool à plein nez.* ***Se trouver nez à nez avec qqn,*** face à face.

ni conj. (lat. *nec*). **1.** *Sout.* Indique une coordination dans les phrases où la négation concerne le verbe : *Elle ne veut ni ne peut lui téléphoner. Je ne l'aime ni ne l'estime.* **2.** Répété, unit les constituants de même nature d'une proposition négative, ou deux ou plusieurs propositions négatives : *Il n'a retrouvé ni ses clés ni son portefeuille. Ni sa pièce ni son roman n'ont plu au public. Je ne pourrai venir ni aujourd'hui ni demain. N'essayez ni de m'écrire ni de me téléphoner. Ni l'une ni l'autre n'a été élue.* **3.** Coordonné avec *sans* : *Elle est partie sans manteau ni parapluie.* **4.** Avec l'article partitif *de,* n'est pas répété : *Il n'a plus de courage ni d'espoir.*

niable adj. (Surtout en tournure nég.). Qui peut être nié : *Il n'est pas niable qu'elle a fait des progrès* (**SYN.** contestable ; **CONTR.** incontestable, indéniable).

niais, e adj. et n. (du lat. *nidus,* nid). Naïf et un peu sot : *Quel niais ce garçon !* (**SYN.** benêt, nigaud, sot ; **CONTR.** malin, rusé). *Un sourire niais* (**SYN.** idiot, imbécile, innocent).

niaisement adv. De façon niaise : *Il répète niaisement ce qu'ils ont dit* (**SYN.** bêtement ; **CONTR.** intelligemment).

niaiser v.i. [conj. 4]. *Fam.* Au Québec, perdre son temps à des riens ; faire ou dire des niaiseries. ◆ v.t. ▸ ***Niaiser qqn,*** au Québec, le faire marcher.

niaiserie n.f. **1.** Caractère niais : *La niaiserie d'une question* (**SYN.** naïveté ; **CONTR.** finesse). **2.** Action, parole niaise, stupide : *Dire des niaiseries* (**SYN.** fadaise, insanité, sottise).

niaiseux, euse adj. et n. *Fam.* Au Québec, niais ; sot.

niaque ou **gnaque** n.f. (du gascon *gnaca,* mordre). *Fam.* Combativité, mordant : *Notre équipe a la niaque* (= la volonté de vaincre).

nicam [nikam] n.m. inv. (acronyme de l'angl. *near instantaneously companded audio multiplex,* multiplex audio compressé presque instantanément). Procédé de codage qui apporte à la télévision un son de haute fidélité.

① **niche** n.f. (de *nicher*). **1.** Renfoncement ménagé dans un mur et pouvant recevoir une statue. **2.** Petite cabane servant d'abri à un chien. ▸ ***Niche commerciale*** ou ***technologique,*** petite portion de marché, ciblée en termes de clientèle ou de produit, généralement nouvelle et peu exploitée. ***Niche écologique,*** ensemble des conditions d'habitat, de régime alimentaire et de mœurs propres à une espèce vivante déterminée.

② **niche** n.f. (de l'anc. fr. *nicher,* agir en niais). *Fam., vieilli* Farce jouée à qqn ; espièglerie.

nichée n.f. **1.** Ensemble des oiseaux d'une même couvée encore au nid. **2.** *Fam.* Jeunes enfants d'une même famille.

nicher v.i. (du lat. *nidus,* nid) [conj. 3]. Faire son nid (**SYN.** nidifier). ◆ **se nicher** v.pr. **1.** Faire son nid. **2.** Se cacher ; se blottir : *Le chat s'est niché sous le meuble.*

nichet n.m. Œuf en plâtre, en marbre que l'on met dans un nid où l'on veut que les poules aillent pondre.

nichoir n.m. **1.** Cage pour faire couver les oiseaux. **2.** Nid artificiel que l'on suspend aux arbres pour aider les oiseaux.

nichon n.m. *Fam.* Sein de femme.

nickel [nikɛl] n.m. (de l'all. *Kupfernickel,* sulfure de nickel). Métal d'un blanc grisâtre, brillant. ◆ adj. inv. *Fam.* Parfaitement propre : *Les toilettes sont nickel* (**SYN.** impeccable).

nickelage [niklaʒ] n.m. Action de nickeler.

nickeler [nikle] v.t. [conj. 24]. Recouvrir de nickel.

nicnac n.m. ou **nic-nac** n.m. inv. En Belgique, biscuit sec de petite dimension.

niçois, e adj. et n. Relatif à Nice, à ses habitants. ◆ adj. ▸ ***Salade niçoise,*** composée d'un mélange de tomates, de pommes de terre, d'œufs durs, etc., assaisonnés à l'huile d'olive et au vinaigre.

nicotine n.f. (de Jean *Nicot,* n.pr.). Alcaloïde du tabac, pouvant, à forte dose, provoquer une intoxication grave.

nictitant, e adj. (du lat. *nictare,* clignoter). ▸ ***Membrane nictitante,*** troisième paupière, qui, chez les oiseaux et les reptiles, se déplace horizontalement devant l'œil.

nid [ni] n.m. (lat. *nidus*). **1.** Abri que se construisent divers animaux (oiseaux, poissons, insectes, etc.) pour y déposer leurs œufs : *Le nid d'un aigle* (= une aire). *Un nid d'épinoches.* **2.** Habitation que se ménagent certains animaux : *Un nid de souris, de guêpes.* **3.** Habitation confortable, constituant le cadre intime d'une famille : *Adolescents qui hésitent à quitter le nid familial* (**SYN.** demeure, foyer, toit). **4.** Endroit où se regroupent des individus dangereux : *Un nid d'escrocs* (**SYN.** repaire). ▸ ***Nid à poussière,*** endroit propice à l'accumulation de poussière. ***Nid d'aigle,*** construction difficilement accessible, dans la montagne.

nidation n.f. Implantation de l'œuf dans la muqueuse utérine des mammifères.

nid-d'abeilles n.m. (pl. *nids-d'abeilles*). Point d'ornement destiné à retenir les plis d'un tissu suivant un dessin géométrique ; tissu ainsi obtenu.

nid-de-poule n.m. (pl. *nids-de-poule*). Trou dans une chaussée abîmée ; ornière.

nidification n.f. Construction d'un nid par un animal.

nidifier v.i. [conj. 9]. Faire son nid, en parlant d'un animal.

niébé n.m. Plante voisine du haricot cultivée en Afrique.

nièce n.f. (lat. *neptia*). Fille du frère ou de la sœur.

niellage n.m. ou **niellure** n.f. Art et action de nieller ; produit de cet art.

① **nielle** n.f. (du lat. *nigellus*, noirâtre). Incrustation décorative d'un émail noir dans la surface d'un métal.

② **nielle** n.f. (de *1. nielle*). **1.** Plante aux graines toxiques, qui pousse dans les champs de céréales. **2.** Maladie produite par un parasite sur les céréales.

nieller v.t. (de *1. nielle*) [conj. 4]. Orner de nielles.

niellure n.f. → **niellage.**

n^{ième} ou **nième** [ɛnjɛm] adj. et n. **1.** Énième : *Une n*^{ième} *rupture.* **2.** En mathématiques, se dit de ce qui occupe le rang *n*, d'un nombre élevé à la puissance *n* : *Racine n*^{ième}.

nier v.t. (lat. *negare*) [conj. 9]. Dire qu'une chose n'existe pas, n'est pas vraie ; rejeter comme faux : *Il nie leurs accusations* (**SYN.** contester, réfuter ; **CONTR.** reconnaître). *Elle nie être partie à cette heure-là* (**SYN.** démentir ; **CONTR.** affirmer, certifier). *Il ne nie pas qu'ils se soient rencontrés* ou *qu'ils se sont rencontrés.*

nietzschéen, enne [nitʃeɛ̃, ɛn] adj. et n. Relatif à la philosophie de Nietzsche ; adepte de cette philosophie.

nigaud, e adj. et n. (dimin. de *Nicodème*, n.pr.). Qui agit d'une manière sotte, maladroite : *Ce grand nigaud m'exaspère* (**SYN.** benêt, niais ; **CONTR.** malin, rusé).

nigéro-congolais, e adj. (pl. *nigéro-congolais, es*). Se dit d'une famille de langues d'Afrique noire que l'on parle du nord du Sénégal au sud du Kenya.

night-club [najtklœb] n.m. (mot angl., de *night*, nuit, et *club*) [pl. *night-clubs*]. Boîte de nuit.

nihilisme n.m. (du lat. *nihil*, rien). Négation des valeurs intellectuelles et morales communes à un groupe social ; refus de l'idéal collectif de ce groupe.

nihiliste adj. et n. Relatif au nihilisme ; qui en est partisan.

ex **nihilo** [ɛksniilo] loc. adv. → **ex nihilo.**

Nikkei (indice) [nikɛj], indice boursier japonais (ce mot est un nom déposé).

nilles n.f. pl. (du lat. *nodiculus*, petit nœud). En Suisse, articulations des doigts.

nilo-saharien, enne adj. (pl. *nilo-sahariens, ennes*). Se dit d'une famille de langues d'Afrique noire occupant une zone discontinue entre le chamito-sémitique et le nigéro-congolais.

nilotique adj. (lat. *niloticus*, du gr. *Neilos*, Nil). Se dit d'un groupe de langues parlées dans la région du haut Nil.

nimbe n.m. (du lat. *nimbus*, nuage). **1.** Cercle lumineux entourant la tête du Christ et des saints, dans l'iconographie religieuse (**SYN.** auréole). **2.** *Litt.* Halo lumineux : *Les rayons du soleil l'entouraient d'un nimbe doré.*

nimber v.t. [conj. 3]. **1.** Orner d'un nimbe. **2.** *Litt.* Entourer d'un halo : *Le soleil couchant nimbait de rose les sommets enneigés* (**SYN.** auréoler [litt.]).

nimbostratus [nɛ̃bostratys] n.m. (du lat. *nimbus*, nuage, et *stratus*, étendu). Nuage bas, qui se présente en couches de couleur grise, et annonce le mauvais temps.

nimbus n.m. Nuage d'un gris sombre.

n'importe adv. (de *2. importer*). **1.** Devant un mot interrogatif, indique un choix totalement ouvert : *N'importe qui peut s'inscrire. Ne dis pas n'importe quoi. Donnez-moi n'importe lequel.* **2.** Indique l'indétermination du nom qui suit : *Ne venez pas à n'importe quelle heure. N'importe quel stylo fera l'affaire.* ◆ interj. Cela est sans importance : *Il a échoué ? N'importe, il recommencera.*

ninas [ninas] n.m. (d'un mot esp. signif. « petites »). Cigarillo de type courant.

El **Niño** [ɛlninjo] n.m. (mots esp. signif. « l'Enfant-Jésus »). Phénomène climatique déclenché par un réchauffement anormal de la partie orientale de l'océan Pacifique.

nipper v.t. [conj. 3]. *Fam.* Habiller ; vêtir.

nippes n.f. pl. (de *guenipe*, guenille). *Fam.* Vêtements usagés.

nippon, onne ou **one** adj. et n. (d'un mot jap. signif. « soleil levant »). Relatif au Japon ; japonais.

nique n.f. (de l'anc. fr. *niquer*, faire un signe de tête). ▸ *Vieilli* ***Faire la nique à qqn,*** lui faire un signe de mépris ou de moquerie.

nirvana n.m. (mot sanskrit). Dans la religion bouddhiste, sérénité parfaite résultant de l'absence de désir, qui correspond à la libération du cycle des réincarnations.

nissart n.m. Dialecte de langue d'oc de la région de Nice.

nitrate n.m. Sel de l'acide nitrique : *Nitrate de calcium.*

nitrique adj. ▸ ***Acide nitrique,*** composé oxygéné dérivé de l'azote, acide fort et oxydant.

nitroglycérine n.f. Explosif puissant obtenu par action de l'acide nitrique sur de la glycérine : *La nitroglycérine entre dans la composition de la dynamite.*

nival, e, aux adj. (du lat. *nix, nivis*, neige). Relatif à la neige ; dû à la neige. ☞ **REM.** Ne pas confondre avec *neigeux.*

nivéal, e, aux adj. (du lat. *nix, nivis*, neige). Se dit des plantes qui fleurissent en plein hiver, ou qui peuvent vivre dans la neige (**SYN.** nivicole).

niveau n.m. (de l'anc. fr. *livel*, du lat. *libella*, dimin. de *libra*, balance). **1.** Hauteur de qqch par rapport à un plan horizontal de référence : *Le niveau de l'eau a baissé. Le village est à deux cents mètres au-dessus du niveau de la mer* (= son altitude est de).

2. Instrument qui permet de vérifier l'horizontalité d'une surface : *Niveau à bulle* ou *à bulle d'air.* **3.** Dans un bâtiment, ensemble des locaux situés sur un même plan horizontal : *Cette boutique est au premier niveau du centre commercial* (**SYN.** étage). **4.** Valeur de qqch, de qqn ; degré atteint dans un domaine : *Niveau d'études. Un écrivain de son niveau* (**SYN.** classe, qualité). *Le niveau de la production agricole* (**SYN.** volume). **5.** Valeur atteinte par une grandeur : *Nous mesurons le niveau de pollution* (**SYN.** degré). **6.** Échelon d'un ensemble organisé, position dans une hiérarchie : *Cette décision sera prise au niveau national.* ▸ ***Courbe de niveau,*** ligne reliant sur une carte les points de même altitude. ***De niveau,*** sur le même plan horizontal : *Les deux poutres sont de niveau.* ***Niveau de langue,*** chacun des registres (familier, littéraire, etc.) d'une même langue qu'un locuteur peut employer en fonction de son niveau social, culturel, des interlocuteurs auxquels il s'adresse. ***Niveau de vie,*** conditions matérielles d'existence que peuvent atteindre un individu, un groupe en fonction de leurs revenus moyens.

nivelage n.m. Action de niveler.

niveler v.t. [conj. 24]. **1.** Égaliser le niveau de ; rendre plan, horizontal : *Niveler un sol* (**SYN.** aplanir). **2.** *Fig.* Rendre égal : *Niveler les salaires* (**SYN.** égaliser). **3.** Vérifier avec un niveau.

niveleur, euse adj. et n. Qui nivelle, égalise.

nivellement n.m. **1.** Action de niveler un terrain, de le rendre plan (**SYN.** aplanissement, arasement). **2.** *Fig.* Action d'égaliser les revenus, les conditions sociales : *Le nivellement des statuts* (**SYN.** égalisation).

nivicole adj. (du lat. *nix, nivis,* neige). Se dit d'un animal ou d'une plante qui vit dans les zones enneigées : *Le saule nain est nivicole* (**SYN.** nivéal).

nivôse n.m. (du lat. *nivosus,* neigeux). Quatrième mois du calendrier républicain, commençant le 21, 22 ou 23 décembre et finissant le 19, 20 ou 21 janvier.

nô n.m. inv. (mot jap.). Drame lyrique japonais, combinant la musique, la danse et la poésie.

nobel n.m. Personne qui a reçu le prix Nobel.

nobélisable adj. et n. Susceptible de recevoir le prix Nobel.

nobiliaire adj. (du lat. *nobilis,* noble). Qui est propre à la noblesse : *Un titre nobiliaire* (**SYN.** aristocratique). ◆ n.m. Registre des familles nobles d'une province ou d'un État.

noble adj. et n. (du lat. *nobilis,* illustre). Qui appartient à la catégorie sociale qui, de par la naissance ou la décision des souverains, jouit de certains privilèges (par opp. à roturier) : *Une famille noble* (**SYN.** aristocratique). *Une noble* (**SYN.** aristocrate). ◆ adj. **1.** Qui appartient à un noble, à la noblesse : *Un nom noble.* **2.** Qui a de la dignité, qui manifeste de la grandeur : *Un geste noble* (**SYN.** sublime ; **CONTR.** vil). *Un noble caractère* (**SYN.** généreux ; **CONTR.** mesquin). **3.** Qui suscite l'admiration, le respect par sa distinction : *Une noble allure* (**SYN.** imposant, majestueux). **4.** Qui se distingue par sa qualité : *Un matériau noble* (**SYN.** supérieur ; **CONTR.** 1. commun).

noblement adv. De façon noble : *Agir noblement* (**SYN.** dignement ; **CONTR.** bassement).

noblesse n.f. **1.** Condition d'une personne noble : *Petite noblesse.* **2.** Classe sociale constituée par les nobles : *La noblesse de l'Ancien Régime* (**SYN.** aristocratie). **3.** Caractère de qqn, de qqch qui est grand, élevé, généreux : *Vous avez manqué de noblesse* (**SYN.** grandeur ; **CONTR.** bassesse). *La noblesse du pardon* (**SYN.** générosité, magnanimité ; **CONTR.** mesquinerie). ▸ ***Recevoir*** ou ***conquérir ses lettres de noblesse,*** avoir acquis officiellement une grande notoriété ; être élevé à une certaine dignité : *Grâce à lui, la bande dessinée a reçu ses lettres de noblesse.*

nobliau n.m. Homme de petite noblesse : *Les nobliaux des romans de Balzac* (**SYN.** hobereau).

noce n.f. (lat. *nuptiae,* de *nubere,* se marier en parlant d'une femme). Cérémonie du mariage ; ensemble des personnes qui s'y trouvent : *Être invité à la noce* (**SYN.** mariage). ▸ *Fam.* ***Faire la noce,*** mener une vie dissolue ; faire la fête. *Fam.* ***Ne pas être à la noce,*** être dans une situation critique, gênante. ◆ **noces** n.f. pl. **1.** Célébration du mariage : *Le jour des noces.* **2.** Réjouissances nuptiales : *Le repas de noces.* **3.** Chacun des mariages contractés par qqn : *Épouser en secondes, en troisièmes noces.* ▸ ***Noces d'argent, d'or, de diamant,*** fêtes que l'on célèbre au bout de 25, 50, 60 ans de mariage.

nocebo (effet) [nosebo], apparition d'effets indésirables bénins, d'origine psychologique, après administration d'un médicament inactif ou qui ne peut lui-même produire ces effets.

noceur, euse n. *Fam.* Personne qui fait la noce, qui mène une vie de débauche.

nocher n.m. (du lat. *nauclerus,* pilote). *Litt.* Homme qui conduit un bateau (**SYN.** nautonier [litt.]).

nocif, ive adj. (lat. *nocivus,* de *nocere,* nuire). **1.** Qui est de nature à nuire à l'organisme : *Des gaz nocifs* (**SYN.** délétère, toxique ; **CONTR.** inoffensif). **2.** Qui peut nuire intellectuellement ou moralement : *Avoir une influence nocive* (**SYN.** négatif, pernicieux ; **CONTR.** positif).

nocivité n.f. Caractère de ce qui est nocif : *La nocivité d'un produit* (**SYN.** nocuité, toxicité ; **CONTR.** innocuité).

noctambule adj. et n. (du lat. *nox, noctis,* nuit, et *ambulare,* marcher). Qui aime sortir tard le soir, se divertir la nuit.

noctuelle n.f. (du lat. *noctua,* 1. chouette). Papillon de nuit.

nocturne adj. (lat. *nocturnus,* de *nox, noctis,* nuit). **1.** Qui a lieu pendant la nuit : *Travail nocturne.* **2.** Se dit d'un animal qui est actif pendant la nuit (par opp. à diurne). ◆ n.m. **1.** Morceau de musique d'un caractère rêveur et mélancolique : *Un nocturne de Chopin.* **2.** Oiseau nocturne. ◆ n.f. **1.** Ouverture en soirée d'un magasin, d'institutions culturelles : *La nocturne est le jeudi soir.* **2.** Réunion sportive en soirée.

nocuité n.f. (du lat. *nocuus,* nuisible, de *nocere,* nuire). Caractère de qqch qui est nocif, dangereux pour la santé (**SYN.** nocivité, toxicité ; **CONTR.** innocuité).

nodosité n.f. (du lat. *nodosus,* noueux, de *nodus,* nœud). **1.** Excroissance sur un végétal, sur du bois ; nœud. **2.** Petite grosseur qui se développe parfois sous la peau : *Des nodosités rhumatismales* (**SYN.** nodule).

nodule n.m. (lat. *nodulus,* petit nœud). **1.** Petit renflement pathologique (**SYN.** nodosité). **2.** Petite concrétion contenue dans une roche de nature différente : *Des nodules siliceux.*

noduleux, euse adj. Qui a beaucoup de petits nœuds : *Une tige noduleuse.*

① **Noël** [nɔɛl] n.m. (du lat. *natalis* [*dies*], [jour de] naissance). **1.** Dans la religion chrétienne, fête de la naissance du Christ, célébrée le 25 décembre ; Nativité. **2.** Période autour de cette fête : *Nous allons faire du ski à Noël.* ▸ ***Arbre de Noël,*** épicéa ou sapin que l'on orne et illumine à l'occasion de la fête de Noël. ***Le Père Noël,*** personnage légendaire chargé de distribuer des cadeaux aux enfants pendant la nuit de Noël. ◆ n.f. (Précédé de l'art. déf.). Fête de Noël ; période de Noël : *Ils fêteront la Noël à la montagne. Nous recevons des amis pendant une semaine à la Noël.*

② **noël** [nɔɛl] n.m. **1.** Cantique célébrant la naissance du Christ. **2.** Chanson populaire inspirée par la fête de Noël : *Les enfants ont chanté des noëls.*

nœud [nø] n.m. (lat. *nodus*). **1.** Entrecroisement qui réunit étroitement deux fils, deux cordes, ou simple enlacement serré d'un brin, d'un fil, d'une corde, sur lui-même : *Des nœuds plats. Faire un nœud à ses lacets. Il fait son nœud de cravate.* **2.** Ornement constitué d'une étoffe nouée : *Elle met un nœud dans ses cheveux* (**SYN.** ruban). *Un nœud papillon.* **3.** Endroit où se croisent plusieurs voies de communication : *Un nœud autoroutier.* **4.** *Fig.* Ce qui constitue le point essentiel d'une question : *Nous touchons là le nœud du problème* (**SYN.** cœur). **5.** En littérature, moment d'une histoire où l'intrigue atteint la plus grande complexité : *Le nœud d'un roman policier.* **6.** Unité de vitesse, utilisée en navigation maritime ou aérienne, équivalant à 1 mille marin par heure, soit 0,514 4 mètre par seconde. **7.** En botanique, point de la tige où s'insère une feuille ; région du tronc d'un arbre d'où part une branche ; nodosité. ▸ ***Nœud coulant,*** qui se serre ou se desserre sans se dénouer.

① **noir, e** adj. (lat. *niger*). **1.** Se dit de la couleur la plus foncée, due à l'absence de rayons lumineux ou à leur absorption totale (par opp. au blanc et aux autres couleurs) ; qui a cette couleur : *Des cheveux noirs. Des robes du soir noires.* **2.** Qui est de couleur relativement foncée : *Du chocolat noir* (par opp. à blanc, à au lait). *Un café noir* (par opp. à crème, à noisette). *Elle met des lunettes noires pour protéger ses yeux du soleil. Ils sont revenus noirs de leur séjour dans les îles* (**SYN.** basané, bronzé, hâlé). **3.** Qui est sans luminosité : *Il fait nuit noire. Des ruelles noires* (**SYN.** obscur, sombre ; **CONTR.** éclairé). **4.** Qui est sale, crasseux : *Les enfants étaient tout noirs après leur partie de foot.* **5.** Qui marque la tristesse, le malheur : *Des perspectives très noires* (**SYN.** alarmiste, funeste ; **CONTR.** encourageant, optimiste). *Des idées noires* (**SYN.** macabre ; **CONTR.** gai, joyeux). **6.** Qui est inspiré par la perversité, la méchanceté : *Une âme noire* (**SYN.** machiavélique). *Ces terroristes nourrissent de noirs desseins* (**SYN.** sinistre). **7.** *Fam.* Qui est ivre (**SYN.** soûl). **8.** Qui est lié aux forces des ténèbres, aux forces du mal : *La magie noire.* **9.** Se dit d'un style romanesque ou cinématographique relevant du genre policier où la violence de la réalité sociale est dépeinte avec un grand souci de vérité : *Le roman noir. Le film noir américain.* ▸ ***Caisse noire,*** fonds qui n'apparaissent pas en comptabilité et que l'on peut utiliser sans contrôle. ***Marché noir,*** marché parallèle, trafic clandestin de marchandises, notamm. de denrées. ***Regard noir,*** regard qui exprime la colère. ***Travail noir,*** activité professionnelle non déclarée et qui échappe aux réglementations en matière sociale, fiscale, etc. (on dit aussi *travail au noir*).

② **noir, e** n. (Avec une majuscule). Personne caractérisée par une pigmentation très foncée de la peau ; ensemble des personnes mélanodermes (par opp. à Blanc, à Jaune) : *Les Noirs d'Afrique du Sud.* ◆ adj. Qui fait partie des Noirs ; relatif aux Noirs : *Whoopie Goldberg est une actrice noire. Les pays d'Afrique noire* (par opp. au Maghreb).

③ **noir** n.m. **1.** Couleur noire : *Cette carrosserie est d'un noir profond.* **2.** Matière colorante de couleur noire : *Un tube de noir. Elle a mis du noir autour de ses yeux* (= du fard noir). **3.** Étoffe noire ; vêtement ou couleur de deuil : *Ils s'habillent toujours en noir.* **4.** Obscurité complète ; nuit : *Il ne peut pas dormir dans le noir* (**SYN.** ténèbres). **5.** *Fam.* Travail noir ; marché noir : *Il travaille au noir pour compléter son salaire. Les terroristes ont acheté de l'uranium au noir.* **6.** *Fam.* Tasse de café sans lait, dans un débit de boissons (on dit aussi *un petit noir*). ▸ ***En noir,*** en Belgique, en pratiquant le travail noir (= au noir). ***En noir et blanc,*** qui ne comporte que des valeurs de noir, de blanc et de gris ; qui n'est pas en couleurs : *Des documentaires d'archives en noir et blanc.* ***Noir sur blanc,*** par écrit, formellement : *Il faut le mettre noir sur blanc dans le compte rendu.* ***Voir tout en noir,*** être très pessimiste.

noirâtre adj. Qui est d'une couleur qui tire sur le noir.

noiraud, e adj. et n. Qui a les cheveux noirs et le teint brun.

noirceur n.f. **1.** État de ce qui est noir : *La noirceur du charbon* (**CONTR.** blancheur). **2.** Au Québec, obscurité. **3.** *Litt.* Méchanceté extrême ; acte de méchanceté : *Un attentat d'une grande noirceur* (**SYN.** perfidie, vilenie [litt.]). *Un être capable de grandes noirceurs* (**SYN.** atrocité, monstruosité). ▸ ***À la noirceur,*** au Québec, à la nuit tombée.

noircir v.t. [conj. 32]. **1.** Rendre noir : *Noircir certaines zones sur un dessin* (**SYN.** assombrir ; **CONTR.** blanchir). **2.** Décrire sous des couleurs noires, inquiétantes : *Ils noircissent la situation* (**SYN.** dramatiser ; **CONTR.** embellir). ▸ *Fam.* ***Noircir du papier,*** écrire abondamment ou sans talent. ◆ v.i. Devenir noir : *Les bijoux d'argent noircissent à l'air.* ◆ **se noircir** v.pr. Devenir noir : *La façade s'est noircie à cause de la pollution.*

noircissement n.m. Action de noircir ; fait de devenir noir : *Le noircissement d'un plat en argent.*

noircissure n.f. Tache noire : *Le meuble est couvert de noircissures.*

noire n.f. Note de musique valant le quart d'une ronde.

noise n.f. (du lat. *nausea*, mal de mer). ▸ ***Chercher noise*** ou ***des noises à qqn,*** lui chercher querelle.

noiseraie n.f. Lieu planté de noyers ou de noisetiers.

noisetier n.m. Arbuste des bois et des haies, dont le fruit est la noisette (**SYN.** coudrier).

noisette n.f. (dimin. de *noix*). **1.** Fruit du noisetier, coque contenant une amande comestible : *Casser des noisettes.* **2.** Petite quantité d'une matière, de la grosseur d'une noisette : *Ajouter une noisette de beurre.* ▸ ***Café noisette,*** café additionné d'une petite quantité de lait (par opp. à noir, à crème). ***Pommes noisettes,*** boules de purée de pommes de terre rissolées.

◆ adj. inv. Qui est d'une couleur brun clair, tirant sur le roux : *Des yeux noisette.*

noix n.f. (lat. *nux, nucis*). **1.** Fruit à coque dure, entourée d'une écorce verte dite *brou,* produit par le noyer : *Casser des noix et en retirer les cerneaux.* **2.** Fruit à enveloppe dure de divers arbres ou arbustes : *Noix de coco. Noix de muscade.* **3.** Petite quantité d'une matière de la grosseur d'une noix : *Une noix de beurre.* ▸ *Fam.* ***À la noix,*** sans valeur : *Il a toujours des idées à la noix.* ***Noix de cajou,*** anacarde. ***Noix de pécan,*** pacane. ***Noix de veau,*** morceau tendre du cuisseau de veau.

noli-me-tangere [nɔlimetɑ̃ʒere] n.m. inv. (mots lat. signif. « ne me touche pas »). Autre nom d'une fleur appelée *balsamine* ou *impatiente.*

noliser v.t. (du lat. *naulum,* fret) [conj. 3]. Au Québec, prendre en location un véhicule de transport collectif ; affréter.

nom [nɔ̃] n.m. (lat. *nomen, nominis*). **1.** Mot servant à désigner un individu, un animal ou une chose et à les distinguer des êtres de même sorte : *Quel est le nom des habitants de cette ville ?* (= ethnonyme, gentilé). *J'ai oublié le nom de la rivière qui coule ici. Ce type d'insecte porte le nom de hanneton. Le nom savant et le nom usuel de cette plante* (**SYN.** appellation, dénomination). **2.** Prénom : *Les futurs parents ont choisi deux noms, l'un féminin, l'autre masculin pour leur enfant.* **3.** Mot qui dénomme une famille et la distingue des autres (on dit aussi *nom de famille*) : *Il y a quelqu'un de ce nom dans notre immeuble.* (**SYN.** patronyme). *Elle est la dernière du nom* (**SYN.** lignée). **4.** Personnage célèbre : *Les grands noms du cinéma français.* **5.** Mot considéré comme titre d'une qualité, comme qualificatif : *Elle mérite le nom de sainte* (**SYN.** qualification). **6.** Catégorie grammaticale regroupant les mots qui désignent soit une espèce ou un représentant de l'espèce *(noms communs),* soit un individu particulier *(noms propres)* : *« Table » est un nom commun* (**SYN.** substantif). *« Molière » est un nom propre.* ▸ ***Au nom de,*** de la part ou à la place de : *Je suis mandatée pour agir au nom des riverains* ; en considération de : *Au nom de ce que j'ai de plus cher au monde.* ***Ne pas avoir de nom,*** être inqualifiable : *Cet acte n'a pas de nom.* ***Nom commercial,*** dénomination sous laquelle une personne exploite un fonds de commerce. ***Nom scientifique,*** désignation officielle et internationale d'une espèce animale ou végétale, le plus souvent en latin. *Fam.* ***Petit nom,*** prénom usuel. ***Se faire un nom,*** devenir célèbre : *Elle s'est fait un nom parmi les créateurs* (**SYN.** renom, réputation).

nomade adj. et n. (du gr. *nomades,* pasteur). **1.** Se dit d'un peuple qui vit sans se fixer dans un lieu (par opp. à sédentaire) : *Les Touareg sont des nomades.* **2.** (Par ext.). Qui se déplace fréquemment : *Il mène une existence nomade* (**SYN.** itinérant, vagabond). ◆ adj. **1.** Se dit d'un matériel informatique utilisable en déplacement (**SYN.** mobile). **2.** (Par ext.). Se dit d'une activité qui peut être pratiquée avec ce matériel : *Travail nomade.*

nomadiser v.i. [conj. 3]. Vivre en nomade : *Certaines tribus nomadisent dans le Sahara.*

nomadisme n.m. Mode de vie des nomades : *Le nomadisme des peuples du désert.*

no man's land [nomanslɑ̃d] n.m. inv. (loc. angl. signif. « terre d'aucun homme »). **1.** Territoire inoccupé entre deux belligérants. **2.** Zone complètement dévastée, abandonnée : *Les régions frontalières sont des no man's land.*

nombrable adj. Que l'on peut compter : *Des manifestants nombrables* (**SYN.** comptable ; **CONTR.** innombrable).

nombre n.m. (lat. *numerus*). **1.** En mathématiques, notion qui permet de dénombrer, de classer les objets ou de mesurer les grandeurs et qui est représentée par des chiffres : *Nombre entier naturel, relatif, rationnel. Des nombres décimaux. Un nombre à trois chiffres.* **2.** Ensemble de personnes ou de choses : *Les opposants à cette mesure sont supérieurs en nombre* (= majoritaires ; **SYN.** quantité). *Les modèles de cette série sont en nombre limité.* **3.** En grammaire, catégorie qui permet l'opposition entre le singulier et le pluriel : *L'adjectif s'accorde en genre et en nombre avec le nom qu'il qualifie.* ▸ ***Au nombre de,*** dans le groupe de : *Elle est au nombre des élus* (= parmi) ; faisant partie de : *Nous l'avons compté au nombre des présents.* ***En nombre,*** en grande quantité ; en masse : *Les spectateurs sont venus en nombre.* ***Faire nombre,*** constituer un ensemble nombreux : *Il est important de faire nombre pour que notre demande soit entendue.* ***Le nombre*** ou ***le grand nombre*** ou ***le plus grand nombre,*** la majorité des gens : *Un film pour le plus grand nombre* (= grand public). ***Nombre de*** ou ***bon nombre de,*** beaucoup de ; plusieurs : *Bon nombre d'actionnaires sont bénéficiaires.* ***Nombre d'or,*** en architecture, nombre correspondant à une proportion considérée comme très esthétique. ***Sans nombre,*** innombrable : *Des critiques sans nombre.*

nombrer v.t. [conj. 3]. *Litt.* Dénombrer.

nombreux, euse adj. **1.** (Avec un nom au pl.). Qui est en grand nombre : *De nombreux marathoniens envahissent la ville* (= une foule de ; **SYN.** innombrable ; **CONTR.** rare). *Cette réforme résoudra de nombreuses difficultés* (= beaucoup de). *À de nombreuses reprises* (= souvent). **2.** (Avec un nom au sing.). Qui comprend un grand nombre d'éléments : *Une famille nombreuse. Une assistance nombreuse a suivi le cercueil* (**SYN.** considérable, important ; **CONTR.** réduit, restreint).

nombril [nɔ̃bri ou nɔ̃bril] n.m. (anc. fr. *nomblil,* du lat. *umbilicus*). Cicatrice du cordon ombilical, au milieu du ventre (**SYN.** ombilic). ▸ *Fam.* ***Se prendre pour le nombril du monde,*** se donner une importance exagérée.

nombrilisme n.m. *Fam.* Attitude d'une personne qui ramène tout à soi-même ; égocentrisme.

nombriliste adj. et n. *Fam.* Qui fait preuve de nombrilisme.

nome n.m. (gr. *nomos*). Division administrative de l'Égypte ancienne et de la Grèce actuelle.

nomenclature n.f. (lat. *nomenclatura,* de *nomen,* nom, et *calare,* appeler). **1.** Ensemble des termes techniques d'une discipline, présentés selon un classement méthodique : *La nomenclature zoologique* (**SYN.** terminologie). **2.** Ensemble des entrées d'un dictionnaire : *Vérifier que ce mot figure à la nomenclature.*

nomenklatura [nɔmɛnklatura] n.f. (mot russe signif. « liste de noms »). **1.** Dans l'ex-U.R.S.S., liste des postes de direction politique et économique et des personnes susceptibles de les occuper. **2.** (Par ext.). Ensemble de personnes en vue, de privilégiés.

nominal, e, aux adj. (lat. *nominalis,* de *nomen, nominis,* nom). **1.** Relatif au nom d'une personne : *Faire un appel nominal* (= qui se fait en disant les noms). *La liste nominale des commerçants de la ville* (**SYN.** nominatif). **2.** Qui n'a que le nom, sans avoir les avantages ou les pouvoirs réels de la fonction : *Il est le titulaire nominal de ce poste* (**SYN.** honoraire). **3.** En grammaire, relatif au nom : *L'infinitif et les participes sont des formes nominales du verbe. Un groupe nominal* (= composé d'un nom, parfois précédé d'un déterminant et suivi d'un complément). ▸ ***Valeur nominale,*** valeur inscrite sur une monnaie, un billet.

nominalement adv. Par le nom individuel et un à un ; de façon nominale : *Les pompiers ont été cités nominalement. Un infinitif employé nominalement* (= en tant que nom).

nominalisation n.f. En grammaire, action de nominaliser : *La nominalisation d'une phrase.*

nominaliser v.t. En grammaire, transformer une phrase en un groupe nominal : *En nominalisant « ce portable est très utile », on produit « la grande utilité de ce portable ».*

① **nominatif, ive** adj. (du lat. *nominare,* nommer, appeler). Qui contient des noms : *Établir un état nominatif des salariés* (**SYN.** nominal).

② **nominatif** n.m. (lat. *nominativus*). Dans les langues à déclinaisons, cas exprimant la fonction de sujet.

nomination n.f. Désignation d'une personne à un emploi, une fonction ou une dignité : *La nomination d'un nouveau responsable à la tête de ce service est imminente.*

nominativement adv. En spécifiant le nom de qqn : *Elles ont été chargées nominativement d'établir ces listes.*

nominer v.t. (de l'angl. *to nominate,* proposer) [conj. 3]. (Calque de l'angl. ; emploi critiqué). Sélectionner des personnes, des œuvres pour un prix, une distinction.

nommage n.m. Désignation de l'adresse d'un site Internet.

nommé, e adj. et n. Qui porte le nom de : *Un lieu-dit nommé « le Paradou ». La nommée Anne* (**SYN.** dénommé, prénommé). ▸ ***À point nommé*** → **1. point.**

nommément adv. En désignant par le nom : *Plusieurs ministres ont été nommément cités dans cette affaire.*

nommer v.t. (lat. *nominare*) [conj. 3]. **1.** Pourvoir d'un nom : *Ils ne savent comment nommer leur premier enfant* (**SYN.** appeler, prénommer). *Nous ferons un remue-méninges pour nommer le nouveau produit* (**SYN.** baptiser, dénommer). **2.** Désigner par son nom ou son appellation : *Elle a nommé toutes les capitales d'Europe* (**SYN.** citer, énumérer, indiquer). **3.** Qualifier d'un nom : *Le lopin de terre qu'il nomme son jardin* (**SYN.** qualifier). **4.** Choisir pour remplir certaines fonctions : *Elle a été nommée présidente* (**SYN.** désigner). **5.** Instituer en qualité de : *Ils ont nommé son oncle tuteur légal.* ◆ **se nommer** v.pr. **1.** Avoir pour nom : *Elle se nomme Florence Duval* (**SYN.** s'appeler). **2.** Se faire connaître par son nom : *La personne qui a téléphoné ne s'est pas nommée.*

non adv. (lat. *non*). **1.** Indique une réponse négative : *Voulez-vous nous accompagner ? — Non, je n'ai pas le temps* (**CONTR.** d'accord, oui). **2.** Équivaut à une proposition négative : *Je lui ai demandé s'il acceptait, il m'a répondu que non. Elle rentre à la maison, lui non* (= lui ne rentre pas). **3.** Joint à une interrogative, indique une demande de confirmation : *Vous nous avez déjà téléphoné, non ?* (**SYN.** n'est-ce pas). **4.** Sur un ton interrogatif, marque l'étonnement, le refus de croire à ce qui vient d'être dit : *Il a raflé tous les premiers prix. — Non ?* (= c'est impossible !). **5.** Avec une phrase exclamative, indique l'indignation : *Ah non, maintenant, cela suffit !* **6.** Devant un participe ou un adjectif, en indique la négation, le contraire : *Une maison non occupée* (= inoccupée). ▸ ***Non plus,*** équivaut à « aussi » dans une phrase négative : *Nous n'en avons pas besoin non plus.* ***Non seulement..., mais...,*** pas seulement, pas uniquement : *Non seulement elle a du talent, mais elle le cultive* (= et de plus). ◆ n.m. inv. Expression du refus, du désaccord : *Ils nous ont opposé un non définitif. Compter les oui et les non.* ◆ **non que** loc. conj. (Suivi du subj.). Indique que l'on écarte la cause que l'on pourrait supposer pour y substituer la cause véritable (on dit aussi *non pas que*) : *Elle lit beaucoup d'ouvrages spécialisés, non pas qu'elle y soit obligée, mais parce qu'elle a soif de savoir.*

non accompli, e adj. En grammaire, se dit d'une forme verbale exprimant qu'une action est considérée dans son déroulement (**SYN.** imperfectif). ◆ **non-accompli** n.m. Forme verbale non accomplie.

non-activité n.f. (pl. *non-activités*). État d'un fonctionnaire, d'un militaire de carrière temporairement sans emploi.

nonagénaire adj. et n. (lat. *nonagenarius,* qui comprend 90 unités). Qui a atteint quatre-vingt-dix ans.

non-agression n.f. (pl. *non-agressions*). Fait de ne pas attaquer, de ne pas recourir à la force.

non aligné, e adj. Qui pratique le non-alignement : *Les pays non alignés.* ◆ **non-aligné, e** n. (pl. *non-alignés, es*). État qui pratique le non-alignement.

non-alignement n.m. (pl. *non-alignements*). Position de neutralité de certains États.

nonantaine n.f. En Belgique, nombre de quatre-vingt-dix ou environ ; âge d'environ quatre-vingt-dix ans.

nonante adj. num. card. inv. En Belgique et en Suisse, quatre-vingt-dix.

nonantième adj. num. ord. et n. En Belgique et en Suisse, quatre-vingt-dixième.

non-assistance n.f. (pl. *non-assistances*). Fait de refuser de porter assistance à qqn : *La non-assistance à personne en danger est punie par la loi* (**CONTR.** aide, assistance, secours).

non-belligérance n.f. (pl. *non-belligérances*). État d'un pays qui, sans être totalement neutre dans un conflit, ne prend pas part aux opérations militaires.

non belligérant, e adj. Qui ne participe pas à un conflit. ◆ **non-belligérant, e** n. (pl. *non-belligérants, es*). État qui ne participe pas à un conflit.

nonce n.m. (it. *nunzio,* du lat. *nuntius,* envoyé). Prélat chargé de représenter le pape auprès d'un gouvernement étranger (on dit aussi *nonce apostolique*).

nonchalamment adv. Avec nonchalance : *Il se prélasse nonchalamment au soleil* (**SYN.** paresseusement).

nonchalance n.f. **1.** Absence d'ardeur, d'énergie, de zèle : *Il travaille avec nonchalance* (**SYN.** mollesse ; **CONTR.** entrain). **2.** Lenteur naturelle ou affectée des gestes : *La nonchalance de sa démarche est inimitable* (**SYN.** indolence, langueur).

nonchalant, e adj. et n. (de l'anc. fr. *nonchaloir*, négliger). **1.** Qui manque de zèle, d'ardeur, d'énergie : *La canicule nous rendait nonchalants* (**SYN.** apathique, mou). **2.** Qui manque de vivacité ; dont les gestes sont lents : *Une jeune femme nonchalante* (**SYN.** alangui, indolent).

nonciature n.f. **1.** Fonction d'un nonce du pape ; exercice de cette charge. **2.** Résidence du nonce.

non combattant, e adj. Qui ne prend pas part au combat : *Les unités non combattantes.* ◆ **non-combattant, e** n. (pl. *non-combattants, es*). Personnel militaire qui ne prend pas part au combat.

non-comparution n.f. (pl. *non-comparutions*). Fait de s'abstenir de comparaître en justice.

non-conciliation n.f. (pl. *non-conciliations*). Dans la langue juridique, échec de la conciliation.

non-concurrence n.f. (pl. *non-concurrences*). ▸ ***Clause de non-concurrence,*** clause intégrée dans un contrat de travail, interdisant à un salarié l'exercice d'activités professionnelles pouvant nuire à son employeur.

non-conformisme n.m. (pl. *non-conformismes*). Attitude d'indépendance à l'égard des usages établis, des idées reçues (**SYN.** anticonformisme, originalité ; **CONTR.** conformisme).

non conformiste adj. Qui fait preuve de non-conformisme ; anticonformiste : *Elles sont non conformistes* (**SYN.** individualiste ; **CONTR.** conformiste). ◆ **non-conformiste** n. (pl. *non-conformistes*). Personne qui fait preuve de non-conformisme, qui affiche son originalité.

non-conformité n.f. (pl. *non-conformités*). Défaut de conformité : *La non-conformité d'une installation électrique aux normes de sécurité.*

non croyant, e adj. Qui n'appartient à aucune confession religieuse (**SYN.** agnostique, athée, incroyant ; **CONTR.** croyant). ◆ **non-croyant, e** n. (pl. *non-croyants, es*). Personne qui n'est adepte d'aucune religion.

non-cumul n.m. (pl. *non-cumuls*). **1.** Principe selon lequel une personne ne peut occuper plusieurs charges, titres ou fonctions. **2.** Principe selon lequel seule la peine la plus forte est prononcée en cas de condamnations multiples d'une même personne.

non-dénonciation n.f. (pl. *non-dénonciations*). Fait de ne pas révéler une infraction dont on a eu connaissance : *Il est accusé de non-dénonciation de malfaiteur.*

non directif, ive adj. Qui n'est pas directif, n'impose pas de pression : *Des supérieurs non directifs. Des entretiens non directifs.*

non-directivité n.f. (pl. *non-directivités*). Attitude non directive.

non-discrimination n.f. (pl. *non-discriminations*). Attitude des personnes qui rejettent toute discrimination, sociale, politique, ethnique, sexuelle ou religieuse.

non-dissémination n.f. (pl. *non-disséminations*). Non-prolifération : *La non-dissémination des armes nucléaires.*

non-dit n.m. (pl. *non-dits*). Ce que l'on tait, génér. de manière délibérée : *Cet entretien foisonnait de non-dits.*

non-droit n.m. (pl. *non-droits*). Absence de règles juridiques sur un sujet : *L'avocat a profité du non-droit en la matière.* ▸ ***Zone de non-droit,*** quartier, secteur, territoire où le pouvoir n'est pas en mesure de faire respecter la loi : *Certaines prisons sont des zones de non-droit.*

none n.f. (du lat. *nona*, fém. de *nonus*, neuvième). Partie de l'office monastique catholique qui se récite à 15 heures.

non engagé, e adj. Qui ne s'engage pas dans un conflit ; neutre. ◆ **non-engagé, e** n. (pl. *non-engagés, es*). Personne non engagée.

non-engagement n.m. (pl. *non-engagements*). Attitude d'une personne non engagée.

nones n.f. pl. (lat. *nonae*). Dans l'Antiquité, à Rome, septième jour de mars, mai, juillet et octobre ; cinquième jour des autres mois.

non-événement [nɔnevɛnmɑ̃] n.m. (pl. *non-événements*). Événement annoncé avec fracas et qui n'a pas la portée escomptée.

non-exécution n.f. (pl. *non-exécutions*). Dans la langue juridique, défaut d'exécution : *La non-exécution d'un jugement.*

non-existence n.f. (pl. *non-existences*). Fait de ne pas être, de ne pas exister : *La non-existence de dispositions en la matière* (**SYN.** inexistence ; **CONTR.** existence).

non figuratif, ive adj. En art moderne, abstrait : *Des peintures non figuratives.* ◆ **non-figuratif, ive** n. (pl. *non-figuratifs, ives*). **1.** Ce qui est non figuratif ; art abstrait. **2.** Artiste qui pratique l'art abstrait.

non-fumeur, euse n. (pl. *non-fumeurs, euses*). **1.** Personne qui ne fume pas. **2.** (Employé en appos.). Qui est réservé aux non-fumeurs : *Une salle non-fumeurs.*

nonidi n.m. (du lat. *nonus*, neuvième, et *dies*, jour). Dans le calendrier républicain, neuvième jour de la décade.

non-ingérence n.f. Respect de la souveraineté politique d'un pays : *La non-ingérence dans les affaires intérieures d'un État.*

non-initié, e n. (pl. *non-initiés, es*). Personne profane dans un certain domaine : *Ce livre de vulgarisation est destiné aux non-initiés* (**SYN.** novice ; **CONTR.** spécialiste). ◆ **non initié, e** adj. Qui est profane dans un domaine.

non-inscrit, e n. (pl. *non-inscrits, es*). Député qui n'est pas inscrit à un groupe parlementaire. ◆ **non inscrit, e** adj. Qui n'est inscrit à aucun groupe parlementaire.

non-intervention n.f. (pl. *non-interventions*). Attitude d'un État qui n'intervient pas dans les affaires des autres États, lorsqu'il n'est pas directement concerné.

non-lieu n.m. (pl. *non-lieux*). Décision d'une juridiction selon laquelle il n'y a pas lieu de poursuivre en justice : *Le tribunal a conclu au non-lieu.*

non-métal n.m. (pl. *non-métaux*). En chimie, corps simple non métallique.

nonne n.f. (lat *nonna*, terme de respect équivalent à *mère*). *Vx* Religieuse.

nonnette n.f. Petit pain d'épice rond.

nonobstant [nɔnɔpstɑ̃] prép. (du lat. *obstans, obstantis*, empêchant). *Sout.* En dépit de : *Nonobstant ces reproches, elle a poursuivi son argumentation* (**SYN.** malgré). ◆ adv. *Sout.* Pourtant : *Il était souffrant, nonobstant il a travaillé toute la journée* (**SYN.** cependant, néanmoins, toutefois).

non-paiement n.m. (pl. *non-paiements*). Défaut de paiement : *Le non-paiement de loyer.*

nonpareil, eille adj. *Litt.* Qui n'a pas son pareil.

non-prolifération n.f. (pl. *non-proliférations*). Limitation de la production et du stockage des armes nucléaires dans le monde (**SYN.** non-dissémination).

non-recevoir n.m. sing. ▸ ***Fin de non-recevoir,*** dans la langue juridique, moyen de défense tendant à faire établir que la partie adverse n'est pas fondée dans sa demande. ***Opposer une fin de non-recevoir à qqn,*** lui opposer un refus catégorique et définitif.

non-réponse n.f. (pl. *non-réponses*). Réponse à une question, à un problème, qui ne constitue qu'un faux-fuyant.

non-résident n.m. (pl. *non-résidents*). Personne qui ne réside pas habituellement dans son pays.

non-respect [nɔ̃rɛspɛ] n.m. (pl. *non-respects*). Fait de ne pas respecter une obligation légale ou réglementaire : *Le non-respect de la limitation de vitesse* (**SYN.** transgression).

non-retour n.m. sing. ▸ ***Point de non-retour,*** moment à partir duquel on ne peut plus annuler une action en cours, revenir en arrière : *Atteindre le point de non-retour.*

non-salarié, e n. (pl. *non-salariés, es*). Personne dont l'activité professionnelle n'est pas rémunérée par un salaire : *Les membres des professions libérales sont des non-salariés.*

non-sens [nɔ̃sɑ̃s] n.m. inv. Phrase ou parole dépourvue de sens ; chose absurde : *Cette traduction littérale est pleine de non-sens. Le développement anarchique de cette ville est un non-sens* (= se fait en dépit du bon sens ; **SYN.** absurdité).

non spécialiste adj. Qui n'est pas spécialiste dans un domaine (**CONTR.** expert en, spécialisé en). ◆ **non-spécialiste** n. (pl. *non-spécialistes*). Personne qui n'est pas spécialiste dans un domaine donné : *Des cours de langue pour les non-spécialistes.*

non-stop [nɔnstɔp] adj. inv. (mot angl.). Qui se déroule sans interruption : *Des vols non-stop de Bruxelles à Montréal* (= sans escale ; **SYN.** direct). ◆ n.m. inv. Activité ininterrompue : *Le chirurgien a fait un non-stop pour le sauver.*

non-tissé n.m. (pl. *non-tissés*). Étoffe obtenue par assemblage de fibres textiles, sans tissage.

nonupler v.t. [conj. 3]. Multiplier par neuf.

non-violence n.f. (pl. *non-violences*). Doctrine qui refuse de faire de la violence un instrument politique.

non violent, e adj. Qui applique la non-violence : *Des actions non violentes.* ◆ **non-violent, e** n. (pl. *non-violents, es*). Partisan de la non-violence : *Un rassemblement de non-violents.*

non-voyant, e n. (pl. *non-voyants, es*). Personne qui ne voit pas ; aveugle.

nopal n.m. (mot aztèque) [pl. *nopals*]. Plante grasse dont les fruits (*figues de Barbarie*) sont comestibles ; opuntia.

nord [nɔr] n.m. inv. (anc. angl. *north*). **1.** L'un des quatre points cardinaux, situé dans la direction de l'étoile Polaire (abrév. N.) : *Nous marchons vers le nord* (**SYN.** septentrion [litt.]). **2.** (Employé en appos.). Qui est situé dans la direction de l'étoile Polaire : *Le mur nord de la maison est froid* (**SYN.** septentrional). **3.** (Avec une majuscule). Partie du globe terrestre ou ensemble des régions d'un pays situés vers ce point : *Le Grand Nord canadien. Habiter dans le Nord.* ☞ **REM.** Ce mot s'écrit avec une minuscule s'il y a un complément : *Habiter dans le nord de la France.* **4.** (Avec une majuscule). Ensemble des pays industrialisés situés dans l'hémisphère Nord (par opp. à pays en développement, dans l'hémisphère Sud) : *Une conférence entre le Nord et le Sud.* ▸ *Fam.* ***Perdre le nord,*** ne plus savoir où l'on en est ; perdre la tête : *Même confrontée aux pires situations, elle ne perd pas le nord.*

nord-africain, e [nɔrafrikɛ̃, ɛn] adj. et n. (pl. *nord-africains, es*). Relatif à l'Afrique du Nord, à ses habitants.

nord-américain, e [nɔramerikɛ̃, ɛn] adj. et n. (pl. *nord-américains, es*). Relatif à l'Amérique du Nord, à ses habitants.

nord-est [nɔrɛst ou nɔrdɛst] n.m. inv. **1.** Point de l'horizon situé entre le nord et l'est : *Le vent de nord-est est froid.* **2.** (Employé en appos.). Qui est situé entre le nord et l'est : *La tour nord-est du château.* **3.** (Avec deux majuscules). Partie d'un territoire ou du globe terrestre située vers ce point : *L'Asie du Nord-Est. La Lorraine est dans le Nord-Est* (= le nord-est de la France).

nordicité n.f. Au Québec, caractère nordique d'un lieu, d'une région.

nordique adj. et n. **1.** Relatif aux pays ou aux peuples du nord de l'Europe : *Des paysages nordiques. Les Suédois sont des Nordiques.* **2.** Au Québec, relatif aux régions situées le plus au nord.

nordiste n. et adj. **1.** Partisan du gouvernement fédéral pendant la guerre de Sécession, aux États-Unis (par opp. à sudiste). **2.** Habitant du département du Nord ou de la région Nord-Pas-de-Calais, en France.

nord-ouest [nɔrwɛst ou nɔrdwɛst] n.m. inv. **1.** Point de l'horizon situé entre le nord et l'ouest : *Les nuages arrivent du nord-ouest. Vent de nord-ouest* (= noroît). **2.** (Employé en appos.). Qui est situé entre le nord et l'ouest : *La région nord-ouest de la France.* **3.** (Avec deux majuscules). Partie d'un territoire ou du globe terrestre située vers ce point : *L'Afrique du Nord-Ouest. Nous passons nos vacances dans le Nord-Ouest* (= dans le nord-ouest de tel ou tel pays).

noria n.f. (mot esp., de l'ar.). **1.** Machine hydraulique formée de godets attachés à une chaîne sans fin, plongeant renversés et remontant pleins. **2.** *Fig.* Série d'allers et retours de véhicules de transport : *Une noria de cars.*

normal, e, aux adj. (lat. *normalis*, de *norma*,

équerre). **1.** Qui est conforme à une moyenne considérée comme une norme ; qui n'a rien d'exceptionnel : *Une température normale pour la saison* (**SYN.** courant, ordinaire ; **CONTR.** anormal). *En temps normal, cette ville est calme* (= d'habitude). *Cet appareil est garanti dans des conditions normales d'utilisation* (**SYN.** habituel, raisonnable ; **CONTR.** inadéquat, spécial). **2.** Qui ne présente aucun trouble pathologique : *Toutes ses fonctions sont normales. Il n'est pas dans son état normal.* **3.** En géométrie, qui est perpendiculaire à. ▸ ***École normale supérieure,*** établissement de l'enseignement public où l'on forme des professeurs de l'enseignement supérieur et des chercheurs.

normale n.f. Ce qui est normal ; la règle habituelle : *Des résultats supérieurs à la normale* (**SYN.** moyenne). *Après la décrue, nous assistons à un retour à la normale.*

normalement adv. **1.** De façon normale : *Aujourd'hui, elle a mangé normalement.* **2.** D'habitude : *Il sort normalement par cette porte* (**SYN.** ordinairement ; **CONTR.** exceptionnellement).

normalien, enne n. Élève de l'École normale supérieure.

normalisateur, trice adj. et n. Qui normalise : *Une commission normalisatrice.*

normalisation n.f. **1.** Action d'établir ou de rétablir des relations normales : *La normalisation des relations entre deux pays.* **2.** Dans le domaine technologique, action de normaliser : *La normalisation de la production de réfrigérateurs* (**SYN.** rationalisation, standardisation).

normalisé, e adj. ▸ ***Taille normalisée,*** taille d'un vêtement de confection établie selon les mesures moyennes d'un échantillon de personnes.

normaliser v.t. [conj. 3]. **1.** Faire revenir à une situation normale : *Normaliser les rapports sociaux.* **2.** Dans le domaine technologique, émettre des normes, des règles de fabrication, de production ; soumettre à ces normes : *Normaliser l'étiquetage des produits* (**SYN.** standardiser). ◆ **se normaliser** v.pr. Devenir normal : *Les relations se sont normalisées.*

normalité n.f. Caractère de ce qui est conforme à une norme : *Ces performances sont dans la normalité. La normalité d'un comportement.*

normand, e adj. et n. (du frq. *nortmann,* homme du Nord). De la Normandie, de ses habitants. ▸ ***Réponse de Normand,*** réponse ambiguë. ◆ **normand** n.m. Dialecte de langue d'oïl parlé en Normandie.

normatif, ive adj. Qui institue des règles, une norme : *Un guide normatif du tri des ordures ménagères.*

norme n.f. (du lat. *norma,* équerre). **1.** État conforme à la règle établie : *Son intelligence correspond à la norme* (**SYN.** moyenne). **2.** Critère, principe auquel se réfère tout jugement de valeur moral ou esthétique : *La norme admise par la société* (**SYN.** modèle). *Les normes orthographiques* (**SYN.** loi). **3.** Règle fixant le type d'un objet fabriqué, les conditions techniques de production : *La marque nationale de conformité aux normes françaises est la marque NF.*

normographe n.m. Plaquette percée de fentes en forme de lettres ou de chiffres, dans lesquelles on passe une plume pour les tracer sur un support : *Écrire un titre au normographe.*

noroît ou **norois** n.m. En marine, vent soufflant du nord-ouest.

norrois n.m. (de l'angl. *north,* nord). Langue germanique parlée par les anciens peuples de la Scandinavie.

norvégien, enne adj. et n. Relatif à la Norvège, à ses habitants. ◆ **norvégien** n.m. Langue scandinave parlée en Norvège.

nos adj. poss. pl. (pl. de *notre*). **1.** Qui sont à nous : *Nos manteaux sont suspendus. Nous garons nos voitures le long du trottoir.* **2.** Indique un rapport d'ordre affectif ou social : *Nos amies arrivent. Je vous présenterai nos supérieurs.*

nosocomial, e, aux adj. (du gr. *nosos,* maladie, et *komeîn,* soigner). Se dit d'une infection contractée lors d'un séjour en milieu hospitalier.

nosographie n.f. Classification descriptive des maladies.

nosologie n.f. Partie de la médecine qui définit les maladies et établit leur classement.

nostalgie n.f. (lat. scientif. *nostalgia,* de *nostos,* retour, et *algos,* souffrance). **1.** Tristesse et état de langueur causés par l'éloignement du pays natal : *Ces expatriés ressentent une profonde nostalgie* (= mal du pays). **2.** Regret attendri ou désir vague accompagné de mélancolie ; spleen, vague à l'âme : *Il se souvient avec nostalgie de ces années-là.*

nostalgique adj. et n. Qui est atteint de nostalgie : *Les nostalgiques du franc.* ◆ adj. Qui provoque la nostalgie ; qui est inspiré par la nostalgie : *Sa lettre était nostalgique* (**SYN.** mélancolique, triste).

nota bene [nɔtabene] n.m. inv. (loc. lat. signif. « notez bien »). Note mise dans la marge ou au bas d'un texte écrit (abrév. N.B.) : *De longs nota bene.* ☞ **REM.** On peut aussi dire *un nota,* qui est invariable.

notabilité n.f. Personne en vue par sa situation ou son autorité morale, intellectuelle : *Ce banquet réunit toutes les notabilités locales* (**SYN.** notable, personnalité, sommité).

① **notable** adj. (lat. *notabilis,* de *notare,* marquer). **1.** Qui est digne d'être retenu : *Aucun événement notable n'a marqué cette journée* (**SYN.** frappant, important ; **CONTR.** banal). **2.** Qui a une certaine importance : *Cela fait une différence notable* (**SYN.** appréciable, sensible).

② **notable** n.m. (de *1. notable*). Personne qui a une situation sociale de premier rang dans une ville, une région : *Elle fait partie des notables de la ville* (**SYN.** notabilité, personnalité, sommité ; **CONTR.** anonyme).

notablement adv. D'une manière notable : *Ses dépenses ont notablement augmenté* (**SYN.** sensiblement ; **CONTR.** peu).

notaire n.m. (du lat. *notarius,* sténographe, de *notare,* marquer). Officier public et ministériel qui reçoit et rédige les actes ou les contrats pour leur conférer un caractère authentique : *Acte signé par-devant Maître Clavier, notaire à Orléans.*

notamment [nɔtamɑ̃] adv. Spécialement, surtout : *Elle a invité toutes les personnes qu'elle connaissait, notamment ses amis d'enfance.*

notarial, e, aux adj. Qui se rapporte aux notaires, à leurs fonctions : *Des frais notariaux.*

notariat n.m. **1.** Ensemble de la profession notariale. **2.** Fonction, charge de notaire : *Une école de notariat.*

notarié, e adj. Se dit d'un acte rédigé par le notaire.

notation n.f. (lat. *notatio*, de *notare*, marquer). **1.** Action d'indiquer, de représenter par un système de signes conventionnels ; ce système : *Des symboles et des formules composent la notation chimique. Notation musicale.* **2.** Courte remarque : *Ce livre contient quelques notations au fil des pages* (**SYN.** annotation, observation). **3.** Action d'attribuer une note : *Établir un barème de notation pour des copies.*

note n.f. (du lat. *nota*, marque, signe). **1.** Courte indication que l'on écrit pour se rappeler qqch : *Elle a pris des notes pendant la réunion. Il a pris en note les instructions.* **2.** Brève communication écrite destinée à informer, notamm. dans un contexte administratif : *Une note de service va vous être distribuée.* (**SYN.** avis, circulaire). **3.** En Afrique, lettre, missive. **4.** Courte remarque apportant un commentaire, un éclaircissement sur un texte : *Les notes dans la marge contiennent ses critiques* (**SYN.** annotation, notule). *Les chiffres en exposant renvoient aux notes en bas de page* (**SYN.** commentaire, glose). **5.** Marque distinctive : *Ces jeux de mots apportent une note de gaieté à son discours* (**SYN.** nuance, touche). **6.** Évaluation, souvent chiffrée, du travail de qqn, de sa conduite, etc. : *Ce fonctionnaire a obtenu la note maximale* (**SYN.** appréciation). *Elle a eu de bonnes notes ce trimestre.* **7.** Détail d'un compte à acquitter ; somme due : *Nous avons demandé la note au serveur* (**SYN.** addition). *Régler une note d'hôtel* (**SYN.** facture, relevé). **8.** Signe conventionnel qui indique par sa position sur la portée la hauteur d'un son musical, et par sa forme la durée relative de ce son ; son musical correspondant à ce signe ; syllabe ou lettre le désignant : *La gamme comprend sept notes : do* ou *ut* ou *C, ré* ou *D, mi* ou *E, fa* ou *F, sol* ou *G, la* ou *A, si* ou *B.* ▸ ***Donner la note,*** indiquer le ton ; indiquer ce qu'il convient de faire. ***Être dans la note,*** convenir aux circonstances, au milieu : *Ce décor est bien dans la note de l'émission.* ***Forcer la note,*** exagérer. ***La note juste,*** le détail exact, en accord avec la situation. ***Prendre note*** ou ***bonne note de qqch, que,*** le retenir, le noter pour en tenir compte par la suite : *Elle a pris note qu'il manque des crayons.*

noter v.t. (du lat. *notare*, marquer) [conj. 3]. **1.** Faire une marque sur ce qu'on veut retenir : *Elle a noté ce passage d'une croix* (**SYN.** cocher). **2.** Mettre par écrit : *Notez votre nom et votre adresse sur cette feuille* (**SYN.** inscrire). *Je note notre prochain rendez-vous* (**SYN.** consigner, enregistrer). **3.** Prendre garde à : *Notez bien les conséquences d'une telle décision* (**SYN.** observer). **4.** Constater après observation : *J'ai noté qu'elle aimait ce genre de films* (**SYN.** s'apercevoir de, remarquer). **5.** Écrire de la musique avec des signes convenus : *Le compositeur note la mélodie qui lui vient à l'esprit* (**SYN.** transcrire). **6.** Apprécier le travail, la valeur de qqn : *Les examinateurs notent les prestations des candidats sur 20. Ses supérieurs l'ont toujours bien notée.*

notice n.f. (du lat. *notitia*, connaissance). Exposé succinct par écrit sur un sujet particulier ; ensemble d'indications sommaires : *Une notice biographique* (**SYN.** abrégé, note, résumé). *Lisez cette notice d'utilisation et de montage avant d'installer l'appareil* (= mode d'emploi).

notificatif, ive adj. Qui sert à notifier qqch : *Un courriel notificatif.*

notification n.f. Action de notifier : *La notification d'un congé* (**SYN.** annonce, avis, communication).

notifier v.t. (lat. *notificare*) [conj. 9]. **1.** Faire connaître à qqn dans les formes légales ou usitées : *Notifier à une personne sa mise en examen* (**SYN.** signifier). **2.** Faire part de ; faire connaître : *Par cette lettre, nous vous notifions notre indignation* (**SYN.** informer de, signaler).

notion [nosjɔ̃] n.f. (lat. *notio*, de *noscere*, connaître). **1.** Idée qu'on a de qqch : *La notion de liberté* (**SYN.** concept). **2.** (Surtout au pl.). Connaissance élémentaire d'une science, d'un art : *Elle leur a inculqué quelques notions d'électronique* (**SYN.** rudiments). **3.** Connaissance intuitive qu'on a de qqch d'abstrait : *Il a perdu toute notion du temps* (**SYN.** conscience, sens).

notionnel, elle adj. Relatif à une notion.

notoire adj. (lat. *notorius*, qui fait connaître, de *noscere*, connaître). **1.** Se dit de ce qui est connu, de façon certaine, d'un très grand nombre de personnes : *Son implication dans cette affaire est notoire* (**SYN.** avéré, public ; **CONTR.** douteux). **2.** Se dit de qqn connu comme possédant telle qualité, tel défaut : *Un délinquant notoire* (**SYN.** reconnu).

notoirement adv. D'une façon notoire ; manifestement : *Des entreprises notoirement bénéficiaires* (**SYN.** incontestablement, indiscutablement).

notoriété n.f. **1.** Caractère d'une personne ou d'un fait notoires : *Ses extravagances sont de notoriété publique* (= connues de tout le monde). **2.** Fait d'être avantageusement connu : *Acquérir une certaine notoriété* (**SYN.** célébrité, renom). *Cette industrie de pointe a fait la notoriété de la ville* (**SYN.** renommée). ▸ ***Indice de notoriété,*** pourcentage d'individus capables de citer spontanément une marque commerciale.

notre [nɔtr] adj. poss. (lat. *noster*) [pl. *nos*]. **1.** Correspond à un possesseur de la 1re pers. du pl., pour indiquer un rapport de possession ou un rapport de hiérarchie, de parenté : *Nous utilisons notre ordinateur tous les jours. Notre supérieure travaille beaucoup. Notre frère.* **2.** Remplace *mon* ou *ma* dans le style officiel ou dans les ouvrages : *Notre exposé démontrera les intérêts de cette technique.*

nôtre [notr] pron. poss. (lat. *noster*). Précédé de *le, la* ou *les*, désigne ce qui appartient ou se rapporte à un possesseur de la 1re pers. du pl. : *Ses résultats sont meilleurs que les nôtres.* ◆ adj. poss. *Sout.* (En fonction d'attribut). Qui est à nous : *Toutes ces terres sont nôtres.* ▸ ***Faire nôtre qqch,*** se l'approprier : *Nous avons fait nôtres ces propositions* (= nous les avons adoptées). ◆ **nôtres** n.m. ▸ ***Être des nôtres,*** faire partie de notre groupe, partager notre activité. ***Les nôtres,*** nos parents, nos proches ; nos partisans.

notule n.f. Courte note commentant un point de détail d'un texte ou exposant brièvement une question ; annotation.

nouage n.m. **1.** Action de nouer. **2.** Opération de tissage qui consiste à nouer ensemble les fils de deux chaînes successives.

nouba n.f. (mot ar. signif. « tour de rôle »). **1.** *Anc.*

Musique des régiments de tirailleurs nord-africains. **2.** *Fam.* Fête : *Faire la nouba.*

noué, e adj. ▸ ***Avoir la gorge, l'estomac noué,*** contracté sous l'effet de l'émotion ou de la nervosité.

nouer v.t. (lat. *nodare,* de *nodus,* nœud) [conj. 6]. **1.** Faire un nœud à ; réunir par un nœud : *Il noue sa cravate* (**CONTR.** dénouer). *Nouez les deux ficelles.* **2.** Tenir attaché, fermé, par un lien auquel on a fait un nœud : *Nouer ses cheveux* (**SYN.** attacher, lier ; **CONTR.** délier, détacher). *Nouer un paquet avec un ruban.* **3.** Former des liens plus ou moins étroits avec qqn, un groupe : *Nous avons noué des relations avec nos voisins* (**SYN.** contracter, établir). ▸ ***Nouer la conversation,*** l'engager.

noueux, euse adj. **1.** Se dit du bois qui a des nœuds : *Un tronc noueux.* **2.** Qui présente des nodosités : *Des doigts noueux.*

nougat n.m. (mot prov., de *noga,* noix). Confiserie faite d'un mélange de sucre, de miel et de blancs d'œufs, additionné d'amandes : *Du nougat de Montélimar.*

nougatine n.f. **1.** Nougat dur, fait d'amandes broyées et de caramel. **2.** Génoise pralinée.

nouille [nuj] n.f. (all. *Nudel*). Pâte alimentaire en forme de lanière mince et plate. ◆ adj. et n.f. *Fam.* Se dit d'une personne peu dégourdie : *Ils sont vraiment nouilles !*

nounou n.f. (pl. *nounous*). Dans le langage enfantin, nourrice.

nounours [nunurs] n.m. Dans le langage enfantin, ours en peluche.

nourrain n.m. Jeune porc après le sevrage.

nourri, e adj. Se dit d'un tir d'arme automatique composé de décharges nombreuses et rapprochées : *Les soldats avançaient sous un feu nourri* (**SYN.** continu, intense).

nourrice n.f. (lat. *nutrix, nutricis,* de *nutrire,* nourrir). **1.** Femme qui allaite l'enfant d'une autre. **2.** Femme qui garde des enfants à son domicile contre rémunération : *Conduire ses enfants chez la nourrice* (= assistante maternelle ; **SYN.** gardienne). **3.** Réservoir de carburant de secours.

nourricier, ère adj. *Litt.* Qui nourrit, procure la nourriture : *Protéger la terre nourricière.*

nourrir v.t. (lat. *nutrire*) [conj. 32]. **1.** Fournir des aliments à ; faire vivre en donnant des aliments : *Ils préparent de quoi nourrir les vingt invités* (**SYN.** sustenter). *Elle nourrit son chien avec des croquettes.* **2.** Alimenter un nouveau-né de son lait : *Elle nourrit encore son bébé* (**SYN.** allaiter). **3.** Donner les moyens de vivre et de subsister : *Elle a une famille à nourrir* (= à sa charge ; **SYN.** entretenir). **4.** *Litt.* Donner une formation à qqn ; lui fournir des idées : *Ces débats nourrissent l'esprit critique* (**SYN.** enrichir, façonner). *Nous avons été nourris des mêmes lectures* (**SYN.** éduquer, former). **5.** Faire durer un sentiment : *Nous nourrissons l'espoir d'une amélioration* (**SYN.** caresser, entretenir). *Nourrir de la rancœur envers qqn.* **6.** Entretenir en accroissant l'importance : *Les pluies diluviennes nourrissaient la crue* (**SYN.** augmenter). **7.** Renforcer la matière d'un texte, d'une œuvre : *L'auteur nourrit ses romans de faits divers* (**SYN.** étoffer). ◆ **se nourrir** v.pr. **1. [de].** Absorber pour s'alimenter : *Ils se sont nourris de conserves pendant leur randonnée* (**SYN.** consommer, se restaurer). **2.** (Sans compl.). Absorber les aliments nécessaires pour vivre : *La malade ne se nourrit plus* (**SYN.** s'alimenter, manger, se sustenter ; **CONTR.** jeûner). **3. [de].** Tirer sa force, sa substance de : *La révolte se nourrit de l'injustice.*

nourrissage n.m. Action de nourrir un animal d'élevage.

nourrissant, e adj. Qui nourrit bien : *Les pommes de terre sont très nourrissantes* (**SYN.** nutritif, riche).

nourrisseur n.m. Personne qui engraisse du bétail pour la boucherie.

nourrisson n.m. Enfant qui a entre 29 jours et deux ans.

nourriture n.f. (du bas lat. *nutritura,* action de nourrir). **1.** Action de nourrir un être vivant : *La nourriture du bétail se fait à heures fixes* (**SYN.** ravitaillement). **2.** Toute substance qui sert à l'alimentation des êtres vivants : *Les insectes constituent la nourriture des araignées. Elle privilégie la nourriture biologique* (**SYN.** alimentation, produit). **3.** *Litt.* Ce qui nourrit le cœur, l'esprit : *Les nourritures intellectuelles.*

nous pron. pers. (lat. *nos*). **1.** Désigne la 1re pers. du pl., aux deux genres, dans les fonctions de sujet ou de complément : *Nous avons gagné. Il nous a appelés. Laissez-nous. Resterons-nous longtemps ? C'est nous qui la préviendrons. Elle nous a écrit. Vous nous avez offert un beau cadeau. Les journalistes ont fait un reportage sur nous. Beaucoup d'entre nous ont réussi.* **2.** Reprend le sujet de la 1re pers. du pl. dans les formes verbales pronominales : *Nous nous reverrons demain. Allons-nous-en.* **3.** S'emploie en apposition au pron. sujet ou au compl. de la 1re pers. du pl. dans des formules d'insistance : *Nous, nous nous mobilisons pour les défendre. Nous, il nous a oubliés dans la distribution.* **4.** S'emploie à la place de « je » quand la personne qui parle occupe un rang éminent (*nous* de majesté) ou quand elle s'exprime dans un exposé ou un ouvrage (*nous* de modestie) : *Nous soussignée, Jeanne Faure, ambassadrice de France, attestons que... Dans cette étude, nous prouverons le bien-fondé de notre méthode.*

nouure [nuyr] n.f. En botanique, commencement de la formation des fruits.

nouveau ou **nouvel** (devant voyelle ou « h » muet), **nouvelle** adj. (du lat. *novellus,* jeune, récent, dimin. de *novus,* nouveau). **1.** Qui existe, qui est connu depuis peu : *Les chercheurs ont mis au point un nouveau médicament* (**SYN.** récent). *Mots nouveaux* (= néologismes). **2.** Qui vient après qqn ou qqch de même espèce : *Ils ont désigné une nouvelle directrice* (**CONTR.** ancien). *Son nouveau mari* (**CONTR.** ex). *Faire un nouvel essai.* **3.** Qui possède des qualités originales : *Les technologies nouvelles* (**SYN.** inédit, moderne). *Une nouvelle approche du problème* (**SYN.** hardi, 2. neuf, original). **4.** (Avec une valeur d'adv., mais variable devant les adj. ou des p. passés pris comme noms). Qui est tel depuis peu : *Les nouveaux pauvres. Les nouveaux venus.* ▸ ***L'Art nouveau,*** le modern style. ***Nouveaux animaux de compagnie*** ou ***N.A.C.,*** animaux exotiques dangereux (reptiles, poissons, araignées, singes) et souvent importés illégalement que des particuliers élèvent à leur domicile. ◆ adj. et n. Qui est depuis peu quelque part ; qui exerce depuis peu une activité : *Les nouveaux sont invités à* *fêter leur arrivée. Elles sont nouvelles dans le métier* (**SYN.** débutant, inexpérimenté, novice). ◆ **nouveau** n.m. **1.** Ce qui est original, inattendu : *Ils savent faire du nouveau avec du vieux* (**SYN.** inédit, nouveauté). **2.** Fait récent qui modifie la situation : *Les enquêteurs ont découvert du nouveau* (**SYN.** 2. neuf). ▸ ***À nouveau,*** d'une façon différente de la fois précédente ; de nouveau : *Elle a modifié son projet et l'a présenté à nouveau.* ***De nouveau,*** une fois de plus : *Il est de nouveau en retard* (= encore).

nouveau-né, e adj. et n. (pl. *nouveau-nés, es*). Qui vient de naître ; se dit d'un enfant qui a moins de 29 jours : *Des jumelles nouveau-nées.*

nouveauté n.f. **1.** Qualité de ce qui est nouveau : *Ce film n'a rien perdu de sa nouveauté* (**SYN.** hardiesse, modernisme). *Un composant électronique d'une grande nouveauté* (**SYN.** originalité ; **CONTR.** archaïsme). **2.** Chose nouvelle : *Sa passion pour Internet est une nouveauté* (**SYN.** changement). *Toute nouveauté l'effraie* (**SYN.** innovation ; **CONTR.** routine). **3.** Livre nouvellement publié : *Le libraire a reçu les nouveautés du mois.* **4.** Produit nouveau de l'industrie, de la mode : *Consultez le catalogue de nos nouveautés.*

① **nouvelle** n.f. Première annonce d'un événement qui vient de se produire ; cet événement : *La nouvelle de sa promotion s'est répandue comme une traînée de poudre. C'est lui qui nous a annoncé la nouvelle.* ◆ **nouvelles** n.f. pl. **1.** Renseignements sur la santé, la situation de personnes que l'on connaît : *J'ai eu de ses nouvelles par un ami commun. Être sans nouvelles de qqn.* **2.** Informations sur les événements du monde diffusées par les médias : *Écouter les nouvelles* (**SYN.** actualité, informations).

② **nouvelle** n.f. (it. *novella*). Court récit qui présente une intrigue simple, avec peu de personnages : *Un recueil de nouvelles.*

nouvellement adv. *Litt.* Depuis peu : *Le président nouvellement élu* (**SYN.** récemment).

nouvelliste n. En littérature, auteur de nouvelles.

nova n.f. (du lat. *nova stella,* nouvelle étoile) [pl. *novae* [nɔve]]. Étoile qui, augmentant brusquement d'éclat, semble constituer une étoile nouvelle.

novateur, trice adj. et n. (lat. *novator, novatrix,* de *novare,* renouveler). Qui innove : *Des idées novatrices* (**SYN.** innovateur, révolutionnaire).

novélisation n.f. (de l'angl. *novel,* roman). Réécriture, sous forme de roman, du scénario d'un film ou d'un téléfilm.

novembre n.m. (du lat. *november,* neuvième mois, l'année romaine commençant en mars). Onzième mois de l'année : *Ici, nous avons des novembres brumeux.*

novice n. et adj. (lat. *novicius,* de *novus,* nouveau). Personne peu expérimentée, qui débute dans une activité : *Un reporter novice* (**SYN.** apprenti, débutant). *Elle s'y prend comme une novice* (**SYN.** néophyte, nouveau). ◆ n. Personne qui accomplit son noviciat.

noviciat n.m. Temps d'épreuve et de préparation imposé à ceux qui veulent se faire religieux.

noyade [nwajad] n.f. Asphyxie par afflux d'un liquide dans les voies respiratoires : *Elle a échappé de peu à la noyade.*

noyau [nwajo] n.m. (du lat. *nodus,* nœud). **1.** Partie centrale dure qui entoure la graine ou amande de certains fruits charnus : *Les pêches et les prunes sont des fruits à noyau. Des noyaux de cerise, de mirabelle.* **2.** Petit groupe de personnes à l'origine d'un groupe plus vaste, ou qui en constitue l'élément essentiel : *Le noyau de notre association* (**SYN.** cœur). **3.** Petit groupe cohérent agissant dans un milieu hostile ou dominant : *Un noyau de réformateurs au sein d'un parti. Réduire les noyaux de résistance.* **4.** En géologie, partie centrale du globe terrestre. **5.** En physique, partie centrale de l'atome, autour de laquelle gravitent les électrons. **6.** En biologie, élément central d'une cellule, contenant les chromosomes et un ou plusieurs nucléoles. ▸ ***Noyau dur,*** partie la plus intransigeante, la plus déterminée ou la plus influente d'un groupe : *Le noyau dur des grévistes, des actionnaires.*

noyautage [nwajotaʒ] n.m. Tactique qui consiste à infiltrer dans un syndicat, un parti, un groupement des personnes qui ont pour rôle de le désorganiser ou d'en prendre le contrôle.

noyauter [nwajote] v.t. [conj. 3]. Procéder au noyautage : *Des extrémistes noyautent ce mouvement* (**SYN.** infiltrer).

noyé, e [nwaje] n. et adj. Personne victime d'une noyade.

① **noyer** [nwaje] v.t. (du lat. *necare,* tuer, de *nex, necis,* mort, meurtre) [conj. 13]. **1.** Faire mourir par asphyxie dans un liquide : *L'assassin noie ses victimes.* **2.** Recouvrir d'eau ; mouiller abondamment : *Les débordements de la rivière ont noyé les installations* (**SYN.** engloutir, inonder, submerger). *Des yeux noyés de larmes* (= baignés de larmes). **3.** Étendre d'une trop grande quantité d'eau : *Ne noyez pas cette sauce.* **4.** Enfermer dans une masse solide : *Des poutres noyées dans le ciment.* **5.** *Fig.* Faire disparaître dans une masse confuse ; plonger dans la confusion : *Vous noyez vos arguments dans des descriptions inutiles* (**SYN.** occulter). *Il noie ses interlocuteurs dans des explications interminables* (**SYN.** embrouiller). ▸ ***Noyer dans le sang,*** réprimer très violemment : *Noyer une émeute dans le sang.* ***Noyer le poisson,*** fatiguer un poisson pris à la ligne, de manière à l'amener à la surface ; fig., fam., embrouiller une question, un problème pour tromper ou lasser : *Le témoin a noyé le poisson.* ***Noyer son chagrin, sa peine dans l'alcool,*** boire pour les oublier. ***Noyer un moteur,*** provoquer un afflux excessif d'essence au carburateur, ce qui l'empêche de fonctionner. ◆ **se noyer** v.pr. **1.** Périr par immersion : *Elle s'est noyée dans le lac.* **2.** *Fig.* Se laisser submerger : *Se noyer dans les détails* (**SYN.** se perdre). **3.** Disparaître dans un tout : *Les fuyards se sont noyés dans la foule* (**SYN.** se fondre). ▸ ***Se noyer dans un verre d'eau,*** échouer à cause d'une très petite difficulté, d'un très petit obstacle.

② **noyer** [nwaje] n.m. (du lat. *nux,* noix). **1.** Grand arbre au bois dur produisant les noix. **2.** Bois de cet arbre, utilisé en ébénisterie : *Des meubles en noyer.*

N.P.I. ou **NPI** n.m. (sigle). ▸ ***Nouveaux pays industrialisés*** → **industrialisé.**

① **nu** n.m. inv. Treizième lettre de l'alphabet grec (Ν, ν), correspondant au « n » français.

② **nu, e** adj. (lat. *nudus*). **1.** Se dit d'une personne qui n'est pas vêtue : *Elle dort toute nue* (**SYN.** dévêtu ; **CONTR.** habillé). **2.** Se dit d'une partie du corps qui n'est pas couverte : *Il se promène tête nue. Elles sont jambes nues. Être nu-jambes, nu-pieds, nu-tête.* **3.** Qui est sans végétation : *Les branches de cet arbre sont nues en hiver* (= sans feuilles). *Une plaine nue* (**SYN.** pelé). **4.** Qui est sans ornement : *Les murs nus d'une chambre d'hôpital* (**SYN.** austère, monacal). **5.** Qui n'est pas enveloppé, protégé : *Les fils électriques sont nus* (= sans gaine isolante). *Une épée nue* (= hors du fourreau). ▸ ***À l'œil nu,*** sans l'aide d'un instrument d'optique : *Ce défaut est visible à l'œil nu.* ***La vérité toute nue,*** la vérité telle qu'elle est, sans la déguiser. ***Se battre à mains nues,*** se battre sans arme. ◆ **nu** n.m. En art, représentation du corps humain dénudé : *Un nu de Renoir.* ▸ ***Mettre à nu,*** enlever le revêtement : *Mettre à nu des fils électriques* (= les dénuder) ; fig., dévoiler : *Mettre à nu les manigances de qqn* (= les révéler).

nuage n.m. (de *nue*, du lat. *nubes*). **1.** Amas de particules d'eau très fines en suspension dans l'atmosphère : *De gros nuages noirs assombrissent le ciel.* **2.** Tout ce qui forme une masse légère et comme en suspension : *Un nuage de fumée, de poussière.* **3.** *Fig.* Ce qui trouble la sérénité ; menace plus ou moins précise : *De gros nuages pèsent sur notre projet* (**SYN.** péril, souci). *Un bonheur sans nuages* (**SYN.** orage). ▸ ***Être dans les nuages,*** être distrait, rêveur. ***Nuage de lait,*** petite quantité de lait que l'on verse dans le thé, le café.

nuageux, euse adj. **1.** Qui est couvert de nuages : *Un horizon nuageux* (**SYN.** sombre ; **CONTR.** clair, dégagé). **2.** *Fig.* Qui manque de clarté, de rigueur : *Il nous a donné des explications nuageuses* (**SYN.** confus, obscur, 1. vague).

nuance n.f. (de *nuer*, assortir des couleurs). **1.** Chacun des degrés différents d'une même couleur, ou chacun des degrés intermédiaires entre deux couleurs : *Un dégradé avec des nuances de jaune* (**SYN.** gradation, teinte, 2. ton). **2.** Différence légère entre des choses, des idées de même nature : *Les nuances d'un parfum. J'aurais dit la même chose, à quelques nuances près.* ▸ ***Être sans nuances,*** être intransigeant, tout d'une pièce.

nuancer v.t. [conj. 16]. **1.** Ménager des gradations dans les couleurs : *Le peintre a nuancé le bleu du ciel* (**SYN.** dégrader, nuer). **2.** Exprimer sa pensée en tenant compte des différences les plus subtiles : *Elle a appris à nuancer ses jugements* (**SYN.** mesurer, modérer ; **CONTR.** durcir, radicaliser).

nuancier n.m. Carton, petit album présentant les différentes nuances et les divers coloris d'un produit coloré.

nubile adj. (lat. *nubilis*, de *nubere*, se marier, en parlant d'une femme). Se dit d'une fille en âge de se marier (**SYN.** pubère).

nubilité n.f. État d'une fille nubile ; âge nubile.

nubuck [nybyk] n.m. (probabl. de l'angl. *new buck*, nouveau daim). Cuir de bovin qui présente une surface veloutée.

nucal, e, aux adj. Relatif à la nuque : *Une douleur nucale.*

nucléaire adj. (du lat. *nucleus*, noyau). Relatif au noyau de l'atome et à l'énergie qui en est issue : *Une réaction nucléaire. Des centrales nucléaires.* ▸ ***Arme nucléaire,*** arme qui utilise l'énergie nucléaire. ***Puissance nucléaire,*** pays doté de l'arme nucléaire. ◆ n.m. (Précédé de l'art. déf.). Ensemble des industries qui utilisent l'énergie nucléaire : *Les écologistes veulent abandonner le nucléaire.*

nucléariser v.t. [conj. 3]. **1.** Remplacer les sources d'énergie traditionnelles par le nucléaire. **2.** Doter un pays d'armes nucléaires.

nucléique adj. ▸ ***Acide nucléique,*** substance qui est l'un des constituants fondamentaux du noyau de la cellule et qui forme les supports du message héréditaire.

nucléole n.m. Corps sphérique très riche en A.R.N., situé à l'intérieur du noyau des cellules.

nudisme n.m. Fait de vivre au grand air dans un état de complète nudité : *Faire du nudisme.*

nudiste adj. et n. Relatif au nudisme ; qui le pratique.

nudité n.f. **1.** État d'une personne, d'une partie du corps nue. **2.** État de ce que rien ne garnit, qui est dépouillé de tout ornement ; austérité, sobriété : *La nudité de la pièce la fait paraître plus vaste* (**SYN.** dépouillement, vide).

nue n.f. (du lat. *nubes*, nuage). *Litt.* Espace céleste : *« ... ; il est étendu dans l'herbe, sous la nue, / Pâle dans son lit vert où la lumière pleut » [le Dormeur du Val,* Rimbaud]. ◆ **nues** n.f. pl. ▸ ***Porter aux nues,*** exalter, louer excessivement. ***Tomber des nues,*** être extrêmement surpris.

nuée n.f. **1.** *Litt.* Gros nuage épais : *Des nuées d'orage.* **2.** Grand nombre d'animaux, de personnes groupés en masse compacte : *Une nuée d'étourneaux s'est abattue sur le cerisier* (**SYN.** volée). *Une nuée de photographes a fondu sur la chanteuse* (**SYN.** armée, horde, meute). ▸ ***Nuée ardente,*** nuage brûlant projeté par un volcan en éruption.

nuement adv. → **nûment.**

nue-propriété n.f. (pl. *nues-propriétés*). Droit de propriété ne conférant à son titulaire que le droit de disposer d'un bien, mais non d'en user et d'en percevoir les fruits.

nuer v.t. [conj. 7]. *Litt.* Réaliser des gradations dans les couleurs ; nuancer.

nues n.f. pl. → **nue.**

nuire v.t. ind. (lat. *nocere*) [conj. 97]. **1.** Faire du tort, du mal ; causer un dommage à : *La rumeur a beaucoup nui au député* (**SYN.** desservir, discréditer ; **CONTR.** aider, favoriser). *Une infraction commise sans intention de nuire* (**SYN.** léser). **2.** Constituer un danger, une gêne, un obstacle pour : *L'alcool nuit à la santé* (**SYN.** miner, ruiner ; **CONTR.** améliorer, renforcer). *Ces délais de livraison nuisent à la bonne marche de l'entreprise* (**SYN.** entraver, freiner ; **CONTR.** stimuler). ◆ **se nuire** v.pr. Nuire à soi-même : *Ils se sont nui en ne répondant pas.*

nuisance n.f. (Souvent pl.). Ensemble des facteurs qui dégradent la qualité de la vie : *L'isolation phonique permet de réduire les nuisances sonores.*

nuisette n.f. Chemise de nuit très courte.

nuisible adj. Qui nuit ; qui fait du tort : *Des insectes nuisibles* (**CONTR.** utile). *Il exerce une influence nuisible sur son entourage* (**SYN.** mauvais, néfaste, nocif ; **CONTR.** bienfaisant, favorable). ◆ n.m. Animal parasite ou destructeur, comme les rongeurs ou certains insectes.

nuit n.f. (lat. *nox, noctis*). **1.** Durée comprise entre le coucher et le lever du soleil (par opp. à jour) ; espace de temps consacré au sommeil et qui se situe normalement pendant cette durée : *En été, les nuits sont courtes. Il m'a rendu visite en pleine nuit. Passer une bonne nuit* (= bien dormir). **2.** Obscurité qui règne du soir au matin : *À la nuit tombante. Par une nuit de pleine lune.* **3.** Prix que l'on paie pour une nuit à l'hôtel ; nuitée. ▸ ***De nuit,*** qui s'effectue pendant la nuit : *Le travail de nuit* ; qui sert pendant cet espace de temps : *Une chemise de nuit* ; qui est actif pendant la nuit : *Un gardien de nuit. Des papillons de nuit* (= nocturnes). ***La nuit des temps,*** les temps les plus reculés de l'histoire : *Cette invention remonte à la nuit des temps.* ***Nuit bleue,*** nuit marquée par une série d'actions terroristes ou criminelles coordonnées. ***Nuit et jour,*** continuellement : *Les voitures circulent nuit et jour.*

nuitamment [nɥitamɑ̃] adv. *Litt.* Pendant la nuit : *Ils ont franchi la frontière nuitamment.*

nuitée n.f. Durée de séjour dans un hôtel, comptée génér. de midi au jour suivant à midi ; nuit d'hôtel.

① **nul, nulle** adj. indéf. (du lat. *nullus,* aucun). Devant le nom, en corrélation avec *ne* ou précédé de *sans,* indique l'absence totale : *Je n'en ai trouvé nulle trace. Nul homme ne supporterait de telles conditions. Sans nul doute* (**SYN.** aucun). ▸ ***Nulle part,*** en aucun lieu : *Je n'ai trouvé les clefs nulle part.* ◆ **nul** pron. indéf. masc. sing. *Litt.* Pas un ; personne : *Nul n'est censé ignorer la loi. Nul n'est prophète en son pays* (= personne n'est apprécié à sa juste valeur là où il vit habituellement).

② **nul, nulle** adj. (de *1. nul*). (Après le nom). **1.** Qui est sans existence, qui se réduit à rien ; qui reste sans résultat : *Les effets de ce traitement sont nuls* (**SYN.** inexistant). *Ils ont fait match nul* (= sans gagnant ni perdant). *Les dossiers incomplets seront considérés comme nuls* (= ils seront invalidés ; **SYN.** caduc). **2.** Qui n'a aucune qualité, aucune valeur : *Cette chanson est vraiment nulle* (= très mauvaise). **3.** Qui est sans valeur légale par suite d'un vice de forme : *Bulletin de vote nul.* ◆ adj. et n. Se dit d'une personne qui n'a aucune intelligence, aucune compétence : *Ce conseiller est nul* (**SYN.** bête, idiot, ignare). ▸ ***Être nul en qqch,*** être totalement ignorant dans ce domaine : *Je suis nulle en comptabilité.*

nullard, e adj. et n. *Fam.* Qui est sans valeur ; qui est sans aucune compétence.

nullement adv. Pas du tout : *Cette question ne l'embarrasse nullement* (**SYN.** aucunement ; **CONTR.** beaucoup). *Nullement vexé, il a poursuivi son histoire* (= absolument pas).

nullipare adj. et n.f. Se dit d'une femme qui n'a jamais accouché (par opp. à multipare, à primipare).

nullité n.f. **1.** Manque total de talent, de valeur : *Cette émission est d'une absolue nullité* (**SYN.** sottise, stupidité). *Il a prouvé sa nullité en informatique* (**SYN.** ignorance, incompétence). **2.** *Péjor.* Personne sans compétence : *Cet animateur est une nullité* (**SYN.** incapable, zéro ; **CONTR.** as, champion). **3.** Inefficacité d'un acte, résultant de l'absence d'une des conditions requises pour sa validité : *Un testament frappé de nullité* (**SYN.** invalidité).

nûment ou **nuement** [nymɑ̃] adv. *Litt.* Sans déguisement ; carrément : *Je vous dis tout nûment que je n'en veux pas* (**SYN.** franchement).

numéraire n.m. (lat. *numerarius,* officier comptable, de *numerus,* nombre). Toute monnaie en espèces ayant cours légal : *Il a demandé à se faire payer en numéraire.* ◆ adj. Se dit de la valeur légale des espèces monnayées.

numéral, e, aux adj. **1.** Se dit d'un terme qui exprime une idée de nombre ou de rang : *« Dix » est un adjectif numéral cardinal, « dixième » un adjectif numéral ordinal.* **2.** Se dit des symboles servant à représenter les nombres dans un système de numération : *La lettre numérale romaine M vaut mille.* ◆ **numéral** n.m. (pl. *numéraux*). Adjectif numéral.

numérateur n.m. (lat. *numerator,* celui qui compte). Terme d'une fraction placé au-dessus de la barre horizontale et indiquant de combien de parties de l'unité se compose cette fraction (par opp. à dénominateur).

numération n.f. **1.** Action de compter, de dénombrer : *La numération globulaire.* (= le dénombrement des globules sanguins dans un certain volume de sang). **2.** Méthode qui permet l'écriture et la lecture des nombres : *Le système de numération décimale* (= à base 10).

numérique adj. (du lat. *numerus,* nombre). **1.** Qui est relatif aux nombres ; qui se fait avec les nombres : *Le calcul numérique.* **2.** Qui est évalué ou se traduit en nombre, en quantité : *La supériorité numérique des adversaires.* ◆ adj. et n.m. En informatique, se dit de la représentation d'informations ou de grandeurs physiques au moyen de caractères, tels que des chiffres, ou au moyen de signaux à valeurs discrètes ; se dit des systèmes employant ce mode de représentation (par opp. à analogique) : *Une montre à affichage numérique. La télévision numérique.* ▸ ***Disque numérique,*** disque audionumérique.

numériquement adv. **1.** Du point de vue du nombre : *Des forces numériquement supérieures.* **2.** Sous forme numérique : *Représenter numériquement des données.*

numérisation n.f. Action de numériser : *La numérisation d'une photographie.*

numériser v.t. [conj. 3]. En technique, convertir une information analogique en une forme numérique directement utilisable par un système informatique : *Numériser une image.*

numéro n.m. (it. *numero,* du lat. *numerus,* nombre). **1.** Chiffre, nombre qui indique la place d'une chose dans une série : *Un numéro d'immatriculation. Quel est son numéro de téléphone ? L'appartement numéro 21* (abrév. n°). **2.** Partie d'un ouvrage périodique, publiée à une date donnée : *Le dernier numéro est en kiosque* (**SYN.** livraison, parution). *Ce matin, j'ai reçu deux numéros du journal* (**SYN.** exemplaire). **3.** Billet portant un chiffre et qui donne le droit de participer au tirage d'une loterie : *Elle a le bon numéro.* **4.** Chacune des parties d'un spectacle de variétés, de cirque : *Un numéro de claquettes.* **5.** *Fam.* Personnage singulier : *C'est un sacré numéro* (**SYN.** original, phénomène). ▸ *Fam.* ***Faire son numéro,*** se faire remarquer ; se donner en spectacle. ***La suite au prochain numéro,*** ce qui reste viendra plus tard. ***Le numéro un, deux,*** etc., personne qui occupe la première, la deuxième place dans un groupe, une organisation : *Le numéro trois du gouvernement.* ***Numéro postal,*** en Suisse, code postal. ***Tirer le bon numéro,*** bénéficier d'un concours de circonstances particulièrement heureux ; avoir de la chance.

numérologie n.f. Analyse numérique des nom, prénom et date de naissance d'une personne, supposée permettre de prédire son avenir.

numérologue n. Spécialiste de numérologie.

numérotage n.m. Action de numéroter des éléments : *Le numérotage des pages avec des chiffres romains* (**SYN.** foliotage, numérotation, pagination).

numérotation n.f. **1.** Attribution d'un numéro d'ordre ou de classement à : *La numérotation des places de spectacle* (**SYN.** numérotage). **2.** Ordre de classement : *La numérotation des tomes d'une encyclopédie.*

numéroter v.t. [conj. 3]. Marquer d'un numéro d'ordre : *Numéroter les pièces d'une collection* (**SYN.** coter). *Elle a numéroté les pages de son tapuscrit* (**SYN.** folioter, paginer).

numéroteur n.m. Appareil servant à imprimer des numéros.

numerus clausus [nymerysklozys] n.m. (mots lat. signif. « nombre fermé »). Nombre auquel on limite la quantité de personnes admises à une fonction, à un grade, etc. : *Les numerus clausus instaurés il y a trente ans ont été supprimés.*

numismate n. Spécialiste de numismatique.

numismatique n.f. (du gr. *nomisma,* monnaie). Étude scientifique des monnaies, médailles, pièces et jetons. ◆ adj. Relatif aux monnaies et aux médailles.

nunchaku [nunʃaku] n.m. (mot jap.). Arme japonaise, formée de deux matraques reliées par une chaîne.

nuoc-mâm [nɥɔkmam] n.m. inv. (mot vietnamien signif. « eau de poisson »). Condiment du Viêt Nam, obtenu par macération de poisson dans de la saumure.

nu-pieds n.m. inv. Sandale à semelle mince retenue au pied par des lanières : *Des nu-pieds bleus.*

nu-propriétaire, nue-propriétaire n. (pl. *nus-propriétaires, nues-propriétaires*). Personne qui a la nue-propriété d'un bien et pas l'usufruit.

nuptial, e, aux [nypsjal, o] adj. (du lat. *nuptiae,* noces). **1.** Relatif au mariage : *La bénédiction nuptiale.* **2.** Qui concerne l'union entre les époux : *Les anneaux nuptiaux* (= les alliances).

nuque n.f. (d'un mot ar. signif. « moelle épinière »). Partie postérieure du cou, au-dessous de l'occiput : *Après une journée devant l'ordinateur, on a la nuque raide.*

nurse [nœrs] n.f. (mot angl.). *Vieilli* Bonne d'enfant ; gouvernante.

nursery [nœrsəri] n.f. (mot angl.)[pl. *nurserys* ou *nurseries*]. **1.** Local réservé aux bébés, dans certains lieux publics. **2.** Lieu d'élevage de poissons, de crustacés.

nursing [nœrsiŋ] ou **nursage** [nœrsaʒ] n.m. (mot angl.). Ensemble des soins prodigués par une infirmière et une aide-soignante ; ensemble des soins prodigués aux personnes dépendantes.

nutriment n.m. (lat. *nutrimentum,* nourriture, de *nutrire,* nourrir). Substance chimique contenue dans les aliments ou provenant de leur digestion, et directement assimilable par l'organisme : *Les acides aminés, les sels minéraux et le glucose sont des nutriments.*

nutritif, ive adj. **1.** Qui nourrit : *Des substances nutritives.* **2.** Qui contient en abondance des éléments ayant la propriété de nourrir : *Des aliments très nutritifs* (**SYN.** nourrissant). **3.** Relatif à la nutrition : *Les propriétés nutritives d'un aliment.*

nutrition n.f. (du lat. *nutrire,* nourrir). **1.** Ensemble des processus d'absorption et d'utilisation des aliments : *Les troubles de la nutrition.* **2.** Discipline qui étudie ces processus.

nutritionnel, elle adj. Relatif à la nutrition : *Les apports nutritionnels.*

nutritionniste n. Médecin spécialiste de la nutrition.

nyctalope adj. et n. (du gr. *nuktalôps,* qui ne voit que dans la nuit, de *nuks, nuktos,* nuit). Qui voit dans l'obscurité.

nyctalopie n.f. Faculté de voir dans l'obscurité.

nycthémère n.m. (du gr. *nuks, nuktos,* nuit, et *hêmera,* jour). En physiologie, durée de vingt-quatre heures consécutives, soit une période de veille et une de sommeil.

Nylon n.m. (nom déposé ; mot anglo-amér.). Matière à base de résine polyamide, utilisée pour la production d'objets moulés et de fibres textiles.

nymphal, e, als ou **aux** adj. Relatif à une nymphe d'insecte.

nymphe n.f. (du gr. *nymphê,* jeune fille). **1.** Dans la mythologie grecque et romaine, divinité féminine des eaux, des bois et des montagnes ; dryade, oréade. **2.** (Par ext.). Jeune fille gracieuse et bien faite (**SYN.** sylphide). **3.** Forme que prennent certains insectes à l'issue de leur développement larvaire.

nymphéa n.m. Nénuphar dont une espèce est le lotus sacré des Égyptiens : *Claude Monet a peint une série de tableaux intitulés « les Nymphéas ».*

nymphette n.f. Très jeune fille au physique attrayant et aux manières aguichantes ; lolita.

nymphomane adj. et n.f. Atteinte de nymphomanie.

nymphomanie n.f. Exagération des besoins sexuels chez la femme.

nymphose n.f. Transformation d'une larve d'insecte en nymphe.

O*o*

o [o] n.m. inv. Quinzième lettre (voyelle) de l'alphabet français. ▸ ***O.,*** abrév. écrite de *ouest*.

ô [o] interj. *Litt.* **1.** Sert à invoquer : *Ô mon Dieu !* **2.** Marque l'intensité de l'admiration, de l'étonnement, de la douleur : *« Ô rage ! ô désespoir ! ô vieillesse ennemie ! »* [Corneille].

oasien, enne adj. et n. Relatif à une oasis, à ses habitants.

oasis [ɔazis] n.f. (mot gr., de l'égyptien). **1.** Dans un désert, petite région fertile grâce à la présence d'eau : *Une oasis verdoyante.* **2.** *Fig.* Lieu, situation qui procure du calme : *Une oasis de tranquillité* (**SYN.** asile, îlot, refuge).

obédience n.f. (du lat. *oboedientia*, obéissance). **1.** Obéissance à un supérieur ecclésiastique. **2.** Fidélité et soumission à une autorité spirituelle, politique ou philosophique : *Des pays d'obédience marxiste* (**SYN.** mouvance).

obéir v.t. ind. (du lat. *oboedire*, prêter l'oreille à, de *audire*, entendre, écouter) [conj. 32]. **[à].** **1.** Se soumettre à la volonté de qqn, à un règlement : *Ils obéissent à leurs supérieurs* (**SYN.** écouter ; **CONTR.** désobéir). *Obéir à la loi* (**SYN.** observer, respecter ; **CONTR.** transgresser, violer). **2.** (Sans compl.). Exécuter les ordres : *Ne discutez pas, obéissez* (**SYN.** obtempérer, s'incliner ; **CONTR.** commander, ordonner). **3.** Céder à une incitation, à un sentiment : *Elle obéit à son intuition* (**SYN.** suivre ; **CONTR.** ignorer). **4.** Répondre au mouvement commandé : *Les roues n'obéissent plus à la barre de direction* (**SYN.** répondre à). **5.** Être soumis à une force, à une nécessité naturelle : *Les entreprises obéissent à la loi du marché* (**SYN.** subir).

obéissance n.f. Action d'une personne qui obéit ; fait d'obéir : *L'obéissance des enfants à leurs parents* (**SYN.** soumission ; **CONTR.** désobéissance). *L'obéissance aux consignes* (**SYN.** application, observance ; **CONTR.** inobservation).

obéissant, e adj. Qui obéit, se soumet : *Des élèves obéissants* (**SYN.** discipliné, sage ; **CONTR.** désobéissant, indiscipliné). *Une jument obéissante* (**SYN.** docile).

obélisque n.m. (gr. *obeliskos*, de *obelos*, broche à rôtir). Pierre levée, à quatre faces, terminée par une petite pyramide : *Un obélisque égyptien.*

obérer v.t. (lat. *obaerare*, endetter, de *aes*, *aeris*, airain, monnaie) [conj. 18]. *Litt.* Faire peser une lourde charge financière sur : *Les remboursements de ce crédit obèrent notre budget* (**SYN.** grever).

obèse adj. et n. (du lat. *obesus*, gras). Qui est atteint d'obésité (**SYN.** corpulent, gras, gros ; **CONTR.** maigre, mince, svelte).

obésité n.f. Excès de poids corporel par augmentation de la masse adipeuse de l'organisme.

obi n.f. (mot jap.). Large ceinture de soie portée au Japon sur le kimono : *Une obi blanche.*

obier n.m. (de l'it. *obbio*). Arbrisseau dont une forme cultivée, à fleurs blanches, s'appelle aussi *une boule-de-neige.*

objecter v.t. (lat. *objectare*, placer devant, opposer) [conj. 4]. **1.** Formuler un argument visant à réfuter ce qui a été dit ou à s'y opposer : *Je n'ai rien à objecter à cette décision* (**SYN.** rétorquer, riposter). **2.** Alléguer qqch pour repousser une demande : *Ils ont objecté que l'appareil n'était pas fiable* (**SYN.** prétexter).

objecteur n.m. ▸ ***Objecteur de conscience,*** jeune homme qui refuse d'accomplir ses obligations militaires pour obéir à sa conscience.

① **objectif, ive** adj. **1.** Qui existe indépendamment de la pensée (par opp. à subjectif) : *Une preuve objective* (**SYN.** concret). **2.** Qui ne fait pas intervenir d'éléments affectifs ou personnels dans ses jugements : *Elle essaie de rester objective dans sa description des événements* (**SYN.** impartial, neutre).

② **objectif** n.m. **1.** But à atteindre : *La flèche a atteint le centre de l'objectif* (**SYN.** cible). *Les objectifs à moyen terme d'une réforme* (**SYN.** dessein, finalité, visée). **2.** Élément d'un instrument d'optique qui est tourné vers l'objet à observer (par opp. à l'oculaire, contre lequel on place l'œil).

objection n.f. **1.** Argument opposé à une affirmation : *Puis-je émettre une objection ?* (**SYN.** critique, remarque). **2.** Difficulté qui s'oppose à la réalisation de qqch : *Elle ne voit aucune objection à prendre l'autobus* (**SYN.** empêchement, inconvénient, obstacle).

objectivation n.f. Action d'objectiver, d'exprimer.

objectivement adv. De façon objective ; en s'en tenant à la réalité des faits : *Un événement décrit objectivement* (**SYN.** impartialement ; **CONTR.** subjectivement).

objectiver v.t. [conj. 3]. Traduire par des mots un sentiment, une pensée : *Objectiver un malaise* (**SYN.** exprimer).

objectivité n.f. **1.** Qualité d'une personne qui porte un jugement objectif (par opp. à subjectivité) : *L'objectivité d'un médiateur* (**SYN.** impartialité, neutralité ; **CONTR.** partialité). **2.** Qualité de ce qui décrit la réalité avec exactitude : *L'objectivité d'un procès-verbal* (**SYN.** fidélité).

objet n.m. (lat. *objectum*, de *objicere*, jeter devant). **1.** Toute chose concrète, perceptible par la vue, le toucher et destinée à un certain usage : *Des objets en bois* (**SYN.** article). *Vos objets de toilette. Une exposition d'objets d'art.* **2.** Ce sur quoi porte une activité, un sentiment : *L'objet de cette émission* (**SYN.** matière, sujet, thème). *Sa fille est l'objet de ses pensées.* **3.** But d'une action, d'un comportement : *Cette mesure a pour objet la prévention des accidents* (**SYN.** fin, objectif). ▸ ***Complément d'objet,*** nom, groupe nominal ou pronom complément du verbe, qui désigne l'être ou la chose qui subit l'action exprimée par le verbe : *Un complément d'objet direct* (= construit sans préposition). *Un complément d'objet indirect* (= introduit par une préposition). ***Sans objet,*** sans motivation, sans fondement : *Vos réclamations sont sans objet.*

objurgation n.f. (du lat. *objurgatio*, réprimande). (Surtout pl.). *Litt.* **1.** Vive remontrance : *Il n'a fait aucun cas de nos objurgations* (**SYN.** admonestation [litt.], reproche). **2.** Prière pressante : *Elle a cédé aux objurgations de ses partisans* (**SYN.** adjuration [sout.], supplication).

oblat, e [ɔbla, at] n. (du lat. *oblatus*, offert). Personne qui se joint à un monastère sans prononcer de vœux religieux.

obligataire adj. Relatif aux obligations boursières. ◆ n. Porteur d'obligations boursières.

obligation n.f. **1.** Contrainte qu'imposent la loi, la morale, les circonstances : *Respecter ses obligations professionnelles* (**SYN.** impératif, responsabilité). *Elle est dans l'obligation de s'absenter* (= elle le doit, elle y est obligée). *Il se fait une obligation de répondre à toutes les lettres* (**SYN.** devoir). *Jeu gratuit sans obligation d'achat* (**SYN.** engagement). **2.** Dans la langue juridique, lien de droit par lequel une personne est tenue de faire ou de ne pas faire qqch : *Obligation alimentaire* (= devoir de nourrir ses proches parents). *Cet artisan est astreint à une obligation de résultat* (= son travail doit donner le résultat escompté). **3.** En Bourse, titre négociable, produisant des intérêts.

obligatoire adj. **1.** Qui est imposé par la loi ou des circonstances particulières ; *Le port du casque est obligatoire* (**SYN.** impératif, indispensable ; **CONTR.** facultatif). *Tenue de soirée obligatoire* (= de rigueur). **2.** Qui doit se produire inévitablement ; inéluctable : *Dans ces conditions, la chute était obligatoire* (**SYN.** certain, obligé, sûr ; **CONTR.** imprévisible).

obligatoirement adv. **1.** De façon obligatoire : *Il faut obligatoirement deux pièces d'identité* (**SYN.** absolument, impérativement). **2.** De façon inévitable ; fatalement, forcément : *Cette permissivité donne obligatoirement naissance à des excès* (**SYN.** immanquablement, infailliblement).

obligé, e adj. et n. *Sout.* Qui est lié par la reconnaissance ; redevable : *Je vous serais très obligé de m'en informer* (= je vous saurais gré). *Je suis votre obligé* (= je vous témoigne ma reconnaissance). ◆ adj. Qui est commandé par une nécessité ou une obligation : *C'est une conséquence obligée de la mondialisation* (**SYN.** obligatoire). ▸ *Fam.* ***C'est obligé,*** il ne peut en être autrement : *C'est obligé qu'elle réussisse, elle est intelligente* (**SYN.** immanquable ; **CONTR.** inattendu, surprenant).

obligeamment [ɔbliʒamɑ̃] adv. Avec le désir de rendre service : *Elle nous a très obligeamment aidés* (**SYN.** aimablement, gentiment ; **CONTR.** désobligeamment).

obligeance [ɔbliʒɑ̃s] n.f. Disposition à rendre service, à faire plaisir : *Elle se montre toujours d'une extrême obligeance* (**SYN.** bienveillance, prévenance ; **CONTR.** désobligeance).

obligeant, e adj. Qui aime obliger, faire plaisir : *C'est une personne fort obligeante* (**SYN.** aimable, prévenant, serviable ; **CONTR.** désobligeant, indifférent).

obliger v.t. (lat. *obligare*, de *ligare*, lier) [conj. 17]. **1.** Imposer comme devoir ; lier par une loi, une convention : *Le bail oblige le locataire et le propriétaire* (**SYN.** engager ; **CONTR.** dégager, libérer). **2.** **[à]**. Mettre dans la nécessité, dans l'obligation morale de : *Les circonstances m'obligent à refuser* (**SYN.** contraindre, forcer, imposer de ; **CONTR.** dispenser). *Ceci l'a obligée à agir* (**SYN.** condamner à). **3.** *Sout.* Rendre service par complaisance ; être agréable à : *Vous m'obligeriez en acceptant* (**SYN.** agréer, satisfaire ; **CONTR.** déplaire, désobliger).

oblique adj. (lat. *obliquus*). Qui est de biais, dévié par rapport à une ligne, à un plan horizontal, vertical : *Les rayons obliques du soleil couchant* (**CONTR.** perpendiculaire, vertical). ◆ n.f. Droite oblique. ▸ ***En oblique,*** selon une direction oblique : *Traverser une rue en oblique* (= en diagonale).

obliquement [ɔblikmɑ̃] adv. De façon oblique ; selon une direction oblique : *La lumière frappe obliquement le tableau* (**SYN.** en biais, de côté).

obliquer [ɔblike] v.i. [conj. 3]. Quitter le chemin sur lequel on se trouve pour emprunter une direction différente : *Le taxi obliqua à gauche après le croisement* (**SYN.** tourner, virer).

obliquité [ɔblikɥite] n.f. Qualité de ce qui est oblique ; inclinaison.

oblitérateur, trice adj. Qui oblitère : *Un cachet oblitérateur.* ◆ **oblitérateur** n.m. Appareil pour oblitérer des timbres, des reçus, des quittances.

oblitération n.f. Action d'oblitérer ; état de ce qui est oblitéré.

oblitérer v.t. (du lat. *oblitterare*, effacer, faire oublier, de *littera*, caractère d'écriture) [conj. 18]. **1.** Couvrir un timbre d'une marque pour le rendre impropre à un nouvel usage : *L'appareil a mal oblitéré le timbre* (**SYN.** tamponner). **2.** *Litt.* Effacer progressivement : *Les années oblitèrent le passé* (**SYN.** atténuer, estomper). **3.** En médecine, obstruer un canal organique, un orifice : *Un caillot a oblitéré l'artère.*

oblong, ongue [ɔblɔ̃, ɔ̃g] adj. (lat. *oblongus*). Qui est plus long que large, de forme allongée : *Une figure oblongue.*

obnubiler v.t. (lat. *obnubilare*, de *nubes*, nuage) [conj. 3]. Dominer l'esprit de : *Ses problèmes financiers l'obnubilent* (**SYN.** hanter, obséder).

obole n.f. (du gr. *obolos*). Contribution peu importante en argent : *Verser son obole à une association* (**SYN.** don, offrande).

obombrer v.t. [conj. 3]. *Litt.* Couvrir d'ombre ; ombrager.

obscène [ɔpsɛn] adj. (lat. *obscenus*, de mauvais augure). **1.** Qui blesse ouvertement la pudeur par des représentations d'ordre sexuel : *Des images obscènes*

(**SYN.** impudique, indécent ; **CONTR.** chaste, pudique). **2.** (Par ext.). Qui choque par son caractère scandaleux, immoral : *Ce reportage sur l'agonie des victimes est obscène* (**SYN.** inconvenant, révoltant).

obscénité [ɔpsenite] n.f. **1.** Caractère de ce qui est obscène (**SYN.** inconvenance, indécence). **2.** Parole, acte obscène (**SYN.** grossièreté).

obscur, e [ɔpskyr] adj. (lat. *obscurus*). **1.** Qui n'est pas ou qui est mal éclairé : *Des couloirs obscurs* (**SYN.** sombre ; **CONTR.** clair, lumineux). *Fréquenter les salles obscures* (= les salles de cinéma). **2.** Qui est difficile à comprendre : *Un langage obscur* (**SYN.** hermétique, sibyllin). *Une affaire obscure* (**SYN.** confus, mystérieux). **3.** Se dit de ce qu'il est difficile d'exprimer, d'analyser : *Un obscur pressentiment la poussait à refuser* (**SYN.** 1. vague ; **CONTR.** précis). **4.** Qui est sans gloire ni renom : *Mener une existence obscure* (**SYN.** effacé, humble). *D'obscurs exécutants* (**SYN.** anonyme, inconnu ; **CONTR.** célèbre, illustre).

obscurantisme [ɔpskyrɑ̃tism] n.m. Attitude d'opposition à l'instruction, à la raison et au progrès.

obscurantiste [ɔpskyrɑ̃tist] adj. et n. Relatif à l'obscurantisme ; qui en est partisan.

obscurcir [ɔpskyrsir] v.t. [conj. 32]. **1.** Rendre obscur, sombre : *Des nuages obscurcissent l'horizon* (**SYN.** assombrir, voiler ; **CONTR.** illuminer). **2.** Rendre difficile à comprendre : *Ces témoignages ont obscurci l'affaire* (**SYN.** compliquer, embrouiller ; **CONTR.** clarifier, simplifier). ◆ **s'obscurcir** v.pr. **1.** Devenir obscur : *La pièce s'est obscurcie* (**SYN.** s'assombrir). **2.** S'affaiblir : *Son esprit s'obscurcit* (**SYN.** s'embrouiller).

obscurcissement [ɔpskyrsismɑ̃] n.m. Action d'obscurcir ; fait de s'obscurcir ; assombrissement.

obscurément [ɔpskyremɑ̃] adv. **1.** De façon obscure, confuse : *Elle souhaitait obscurément le rencontrer* (**SYN.** vaguement). **2.** Sans être connu : *Il œuvre obscurément à leurs côtés* (**SYN.** anonymement, modestement).

obscurité [ɔpskyrite] n.f. **1.** Absence de lumière, de clarté : *Elle tâtonne dans l'obscurité* (**SYN.** noir, nuit, ténèbres [litt.]). **2.** Manque de limpidité, d'intelligibilité : *L'obscurité d'une philosophie* (**SYN.** ésotérisme, flou, hermétisme).

obsédant, e [ɔpsedɑ̃, ɑ̃t] adj. Qui obsède, tourmente : *Une musique obsédante* (**SYN.** lancinant). *Des souvenirs obsédants.*

obsédé, e [ɔpsede] adj. et n. **1.** Qui est la proie d'une obsession, d'une idée fixe : *Un obsédé du rangement* (**SYN.** fou, maniaque). **2.** Qui est la proie d'obsessions sexuelles.

obséder [ɔpsede] v.t. (lat. *obsidere*, assiéger, de *sedere*, être assis) [conj. 18]. Occuper de façon exclusive l'esprit de : *Ces images m'obsèdent* (**SYN.** hanter, poursuivre, tourmenter).

obsèques [ɔpsɛk] n.f. pl. (lat. *obsequiae*, de *sequi*, suivre). Cérémonie des funérailles : *Les obsèques se dérouleront dans la plus stricte intimité* (**SYN.** enterrement).

obséquieusement [ɔpsekjøzmɑ̃] adv. De façon obséquieuse (**SYN.** servilement).

obséquieux, euse [ɔpsekjø, øz] adj. (lat. *obsequiosus*, de *sequi*, suivre). Qui est poli et empressé à l'excès : *L'entourage obséquieux d'un homme de pouvoir* (**SYN.** servile, soumis).

obséquiosité [ɔpsekjozite] n.f. Caractère d'une personne obséquieuse (**SYN.** flagornerie, flatterie, servilité).

observable [ɔpsɛrvabl] adj. Qui peut être observé : *Des changements observables.*

observance [ɔpsɛrvɑ̃s] n.f. **1.** Action d'observer fidèlement une règle religieuse : *L'observance des préceptes du Coran* (**SYN.** pratique ; **CONTR.** inobservance). **2.** Action de se conformer à un modèle, une coutume, de suivre une prescription : *L'observance des règles de la courtoisie* (**SYN.** respect, soumission ; **CONTR.** manquement à, transgression).

observateur, trice [ɔpsɛrvatœr, tris] n. **1.** Personne qui assiste à qqch et observe (par opp. à participant) : *Elle assiste à la négociation en tant que simple observatrice* (**SYN.** auditeur, témoin). **2.** Personne dont la mission est de surveiller le déroulement de certains événements afin d'en rendre compte : *Des observateurs de l'O.N.U. suivent les élections.* ◆ adj. Qui sait observer avec attention ; qui regarde avec un esprit critique : *Vous avez remarqué ce détail, vous êtes observatrice.*

observation [ɔpsɛrvasjɔ̃] n.f. **1.** Action de regarder avec attention les êtres, les choses, les événements : *L'observation des planètes* (**SYN.** examen). *Elle s'est installée à son poste d'observation* (**SYN.** surveillance). *Je ne sais quoi conclure de mes observations* (**SYN.** enquête, investigation). **2.** Surveillance d'un malade pendant un temps donné, destinée à permettre au médecin de préciser ou d'infirmer un diagnostic : *Garder un blessé en observation.* **3.** Ensemble de remarques, de réflexions de qqn qui a observé, étudié qqch : *Un recueil des observations sur ce sujet* (**SYN.** constatation). **4.** Remarque faite aux propos de qqn : *Je ferai deux observations sur le fond* (**SYN.** commentaire). **5.** Légère réprimande : *Le directeur lui a fait une observation sur sa tenue* (**SYN.** remontrance, reproche). **6.** Action de se conformer à ce qui est prescrit : *La stricte observation des consignes de sécurité* (**SYN.** observance, respect ; **CONTR.** transgression).

observatoire [ɔpsɛrvatwar] n.m. **1.** Établissement affecté aux observations astronomiques, météorologiques ou volcanologiques. **2.** Lieu aménagé pour l'observation : *Un observatoire à oiseaux installé au bord de l'étang.* **3.** Organisme chargé de surveiller les faits politiques, économiques, sociaux : *L'observatoire de la parité entre hommes et femmes.*

observer [ɔpsɛrve] v.t. (lat. *observare*) [conj. 3]. **1.** Examiner avec attention pour étudier : *Observer les animaux avec des jumelles* (**SYN.** contempler). *Observer les réactions du public* (**SYN.** analyser). **2.** Regarder attentivement pour surveiller, contrôler : *Les policiers observent les allées et venues des suspects* (**SYN.** épier, guetter, scruter). **3.** Prêter attention à : *Les journalistes ont pu observer une détente dans les relations entre les deux pays* (**SYN.** constater, noter, remarquer). **4.** Se conformer à ce qui est prescrit par la loi, les usages : *Observer le règlement* (**SYN.** se plier à, respecter, se soumettre à ; **CONTR.** enfreindre, transgresser, violer). **5.** Adopter de façon durable et volontaire un comportement : *Observer une parfaite neutralité* (**SYN.** conserver, garder). ◆ **s'observer** v.pr. **1.** Surveiller ses réactions : *Elle s'observe pour garder son calme* (**SYN.** se contrôler, se dominer). **2.** Se surveiller réciproquement : *Les deux joueurs s'observent* (**SYN.** s'épier).

obsession [ɔpsesjɔ̃] n.f. (lat. *obsessio,* action d'assiéger, de *sedere,* être assis). **1.** En psychiatrie, idée qui surgit dans la conscience et l'assiège, bien que le sujet soit conscient de son caractère morbide. **2.** Fait d'obséder qqn ; ce qui obsède : *L'obsession d'échouer* (**SYN.** hantise, phobie).

obsessionnel, elle [ɔpsesjɔnɛl] adj. En psychiatrie, qui relève de l'obsession. ◆ adj. et n. Qui a des obsessions.

obsidienne [ɔpsidjɛn] n.f. (de *Obsius,* nom de celui qui aurait découvert ce minéral). Roche volcanique de couleur sombre, constituée de verre.

obsidional, e, aux [ɔpsidjɔnal, o] adj. (du lat. *obsidio, obsidionis,* siège, de *sedere,* être assis). Qui concerne le siège d'une ville ou la population assiégée.

obsolescence [ɔpsɔlesɑ̃s] n.f. **1.** Fait de devenir obsolète, de tomber en désuétude. **2.** (Spécial.). Dépréciation d'un équipement, qui le rend périmé du seul fait de l'évolution technique : *La rapide obsolescence du matériel informatique.*

obsolescent, e [ɔpsɔlesɑ̃, ɑ̃t] adj. *Sout.* Qui est frappé d'obsolescence : *Des traditions obsolescentes* (**SYN.** dépassé, désuet, périmé).

obsolète [ɔpsɔlɛt] adj. (lat. *obsoletus,* de *solere,* avoir coutume). **1.** *Sout.* Se dit d'un mot sorti de l'usage : *Il emploie des expressions obsolètes* (**SYN.** désuet, vieux). **2.** Qui est périmé par obsolescence : *Des installations obsolètes* (**SYN.** dépassé).

obstacle [ɔpstakl] n.m. (lat. *obstaculum,* de *stare,* se tenir debout). **1.** Ce qui empêche d'avancer, s'oppose à la marche : *Elle contourne l'obstacle en passant à gauche* (**SYN.** barrage, écueil). **2.** *Fig.* Ce qui empêche ou retarde une action : *Tous les obstacles à la réalisation de ce projet sont à présent levés* (**SYN.** difficulté, entrave). **3.** En sports, chacune des difficultés qu'ont à franchir des coureurs ou des chevaux sur un parcours déterminé ; haie. ▸ ***Faire obstacle à qqch, qqn,*** s'opposer à eux : *Son manque d'expérience fait obstacle à sa promotion.*

obstétrical, e, aux [ɔpstetrikal, o] adj. Relatif à l'obstétrique, à la grossesse ou à l'accouchement.

obstétricien, enne [ɔpstetrisjɛ̃, ɛn] n. Médecin spécialiste d'obstétrique.

obstétrique [ɔpstetrik] n.f. (du lat. *obstetrix,* accoucheuse). Discipline médicale étudiant la grossesse et l'accouchement.

obstination [ɔpstinasjɔ̃] n.f. Caractère d'une personne obstinée : *Son obstination a eu raison des opposants* (**SYN.** acharnement, entêtement, persévérance, ténacité).

obstiné, e [ɔpstine] adj. et n. Qui persévère dans une action, dans une opinion ; opiniâtre, entêté : *C'est une personne obstinée, elle atteindra son but* (**SYN.** résolu ; **CONTR.** inconstant, versatile). ◆ adj. **1.** Qui marque de l'obstination : *Un refus obstiné* (**SYN.** acharné). **2.** Qui est difficile à réprimer ; constant : *Une toux obstinée* (**SYN.** incessant, tenace).

obstinément [ɔpstinemɑ̃] adv. Avec obstination : *Le suspect continue obstinément à se taire* (**SYN.** résolument).

s'**obstiner** [ɔpstine] v.pr. (lat. *obstinare*) [conj. 3]. **1.** Persévérer dans son opinion, dans son action : *Elle s'obstine à refuser de l'aide* (**SYN.** s'entêter, persister). *Il s'obstine dans sa volonté de se défendre seul* (**SYN.** s'acharner). **2.** (Sans compl.). Demeurer sur ses positions : *Tant que tous ne l'approuveront pas, il s'obstinera* (**SYN.** se buter, insister).

obstruction [ɔpstryksjɔ̃] n.f. **1.** Ensemble de manœuvres employées pour entraver le bon déroulement d'une action : *Faire obstruction à la bonne marche de la justice.* **2.** Engorgement d'une canalisation, d'un conduit ou d'un canal organique : *Une obstruction de l'intestin* (**SYN.** occlusion).

obstructionnisme [ɔpstryksjɔnism] n.m. Obstruction systématique dans une assemblée politique.

obstructionniste [ɔpstryksjɔnist] adj. et n. Relatif à l'obstructionnisme ; qui le pratique.

obstruer [ɔpstrye] v.t. (du lat. *obstruere,* construire devant) [conj. 3]. Boucher par un obstacle : *Des déchets obstruent le siphon* (**SYN.** encombrer, engorger). *Le camion de livraison obstrue la circulation* (**SYN.** paralyser ; **CONTR.** fluidifier).

obtempérer [ɔptɑ̃pere] v.t. ind. (lat. *obtemperare,* de *temperare,* modérer) [conj. 18]. *Sout.* **1. [à].** Se soumettre à un ordre : *Elle obtempère à cette sommation* (**SYN.** obéir, se plier ; **CONTR.** résister). **2.** (Sans compl.). Exécuter un ordre ; obéir : *Il est en garde à vue pour refus d'obtempérer* (**SYN.** s'exécuter).

obtenir [ɔptənir] v.t. (lat. *obtinere,* maintenir) [conj. 40]. (Auxil. *avoir*). **1.** Parvenir à se faire accorder ce que l'on désire : *Elle a obtenu un prêt* (**SYN.** se procurer, recevoir). **2.** Atteindre un résultat : *Obtenir sa licence* (**SYN.** réussir). *Ce film a obtenu un grand succès* (**SYN.** recueillir, remporter).

obtention [ɔptɑ̃sjɔ̃] n.f. Fait d'obtenir qqch : *L'obtention d'un délai de paiement. L'obtention d'un mélange homogène* (**SYN.** création, production).

obturateur, trice [ɔptyratœr, tris] adj. Qui sert à obturer. ◆ **obturateur** n.m. En photographie, dispositif d'un objectif permettant d'obtenir des temps de pose différents.

obturation [ɔptyrasjɔ̃] n.f. Action, manière d'obturer : *L'obturation d'une dent* (**SYN.** plombage).

obturer [ɔptyre] v.t. (lat. *obturare*) [conj. 3]. Boucher hermétiquement : *Obturer une fuite* (**SYN.** colmater). *Obturer une fenêtre avec des briques* (**SYN.** aveugler, condamner, murer).

obtus, e [ɔpty, yz] adj. (lat. *obtusus,* émoussé). **1.** Qui manque de finesse, de perspicacité : *Un esprit obtus* (**SYN.** borné, épais, lourd ; **CONTR.** pénétrant, subtil, vif). **2.** Se dit d'un angle plus grand que l'angle droit (par opp. à aigu).

obus [ɔby] n.m. (de l'all. *Haubitze,* obusier, du tchèque). Projectile explosif lancé par une pièce d'artillerie.

obvier v.t. ind. (lat. *obviare,* aller à la rencontre de) [conj. 9]. **[à].** *Litt.* Éviter que qqch de fâcheux se produise : *Obvier à un incident diplomatique* (**SYN.** parer, prévenir, remédier à).

oc [ɔk] adv. (mot d'anc. prov. signif. « oui »). ▸ ***Langue d'oc,*** ensemble des dialectes romans, parlés dans la moitié sud de la France (= occitan).

ocarina n.m. (mot it., de *oca,* oie). Petit instrument

de musique, à vent, de forme ovoïde et percé de trous : *Un ocarina ancien.*

occasion n.f. (lat. *occasio*, de *occidere*, se coucher, en parlant des astres). **1.** Circonstance qui vient à propos : *Profiter de l'occasion* (**SYN.** aubaine, chance). *Ce ne sont pas les occasions qui manquent* (**SYN.** facilité). **2.** Circonstance qui détermine un événement, une action : *Ce sera une occasion de découvrir le pays* (**SYN.** prétexte). *Il n'a pas eu l'occasion de sortir* (**SYN.** faculté, possibilité). **3.** Objet vendu ou acheté de seconde main ; achat, vente de tels objets : *Ils ne vendent que des occasions. Le marché de l'occasion est florissant.* ▸ ***À l'occasion,*** un de ces jours : *À l'occasion, elle passera vous voir.* ***À l'occasion de,*** lors de : *Je l'ai revue à l'occasion d'une réunion.* ***D'occasion,*** qui n'est pas vendu ou acheté neuf : *Des meubles d'occasion* (abrév. fam. occase).

occasionnel, elle adj. **1.** Qui arrive, se produit par hasard : *Des rencontres occasionnelles* (**SYN.** accidentel, imprévu). **2.** Qui est tel de temps en temps (par opp. à habituel) : *Un joueur occasionnel. Un travail occasionnel* (**SYN.** intermittent, irrégulier ; **CONTR.** régulier).

occasionnellement adv. De temps en temps : *Elle utilise occasionnellement notre voiture* (**CONTR.** habituellement).

occasionner v.t. [conj. 3]. Être la cause de qqch de fâcheux : *Cette erreur de calcul a occasionné un préjudice* (**SYN.** entraîner, provoquer, susciter).

occident [ɔksidɑ̃] n.m. (du lat. *occidens*, qui se couche, de *occidere*, se coucher, en parlant d'un astre). **1.** Côté de l'horizon où le Soleil se couche (**SYN.** couchant, ouest). **2.** (Avec une majuscule). Ensemble des pays d'Europe de l'Ouest et d'Amérique du Nord ; spécial., ensemble des pays membres du pacte de l'Atlantique Nord : *Les relations entre l'Occident et l'Orient.*

occidental, e, aux [ɔksidɑ̃tal, o] adj. **1.** Qui est situé à l'ouest : *La frontière occidentale de l'Algérie.* **2.** Relatif à la civilisation européenne et nord-américaine : *Les traditions occidentales.* ◆ n. (Avec une majuscule). Personne qui appartient à la civilisation occidentale.

occidentalisation [ɔksidɑ̃talizasjɔ̃] n.f. Action d'occidentaliser.

occidentaliser [ɔksidɑ̃talize] v.t. [conj. 3]. Modifier un peuple, une société par le contact avec les valeurs et la civilisation de l'Occident, donné en modèle. ◆ **s'occidentaliser** v.pr. Prendre les caractères des civilisations occidentales.

occipital, e, aux [ɔksipital, o] adj. Qui appartient ou se rapporte à l'occiput : *Le blessé souffre d'un traumatisme occipital.*

occiput [ɔksipyt] n.m. (mot lat., de *caput*, tête). Partie inférieure et postérieure de la tête, située au-dessus de la nuque.

occire [ɔksir] v.t. (lat. *occidere*). *Litt.* Faire mourir ; tuer.

occitan, e [ɔksitɑ̃, an] adj. et n. (d'*oc*). Relatif à l'Occitanie, ensemble des régions de langue d'oc, à ses habitants. ◆ **occitan** n.m. Langue d'oc.

occitanisme [ɔksitanism] n.m. Mouvement de défense de la langue et de la culture occitanes.

occlure v.t. (lat. *occludere*, de *claudere*, fermer) [conj. 96]. En médecine, fermer un orifice, un conduit organique.

occlusif, ive adj. En médecine, qui produit une occlusion : *Un pansement occlusif.* ◆ **occlusive** n.f. Consonne produite par une fermeture momentanée de la bouche, comme *p, k, t.*

occlusion n.f. **1.** Fermeture anormale d'un conduit, d'un orifice de l'organisme ; obstruction : *Une occlusion intestinale* (= iléus). **2.** Action d'occlure. **3.** Position des mâchoires lorsqu'on serre les dents.

occultation n.f. Action d'occulter, de cacher qqch : *L'occultation d'un mauvais résultat* (**SYN.** dissimulation ; **CONTR.** divulgation, révélation).

occulte adj. Qui est fait de façon secrète ; dont les buts restent inconnus, secrets : *Le financement occulte d'un parti politique* (**SYN.** clandestin ; **CONTR.** notoire, officiel, 1. public). ▸ ***Sciences occultes,*** doctrines et pratiques concernant des faits échappant à l'explication rationnelle : *L'alchimie, la magie, la divination sont des sciences occultes.*

occulter v.t. (lat. *occultare*, cacher) [conj. 3]. **1.** Passer sous silence : *Occulter des faits compromettants* (**SYN.** cacher, dissimuler, taire ; **CONTR.** avouer, divulguer, révéler). **2.** Masquer l'importance de : *La tempête boursière a occulté les bons résultats du premier semestre.*

occultisme n.m. Étude et pratique des sciences occultes ; ensemble de ces sciences.

occultiste adj. et n. Relatif à l'occultisme ; qui est adepte de l'occultisme.

occupant, e adj. et n. **1.** Qui occupe un lieu, un local : *Note aux occupants de l'immeuble* (**SYN.** habitant, résidant). **2.** Qui occupe militairement un pays : *La résistance à l'occupant* (**SYN.** envahisseur).

occupation n.f. **1.** Fait d'occuper un lieu, un local : *L'occupation d'un logement par son propriétaire.* **2.** Action d'occuper par la force ou indûment un lieu : *Une armée d'occupation* (**SYN.** invasion). *Les grévistes ont décidé l'occupation de l'usine.* **3.** (Avec une majuscule). Période où la France était occupée par les Allemands, de 1940 à 1944. **4.** Ce à quoi on occupe son temps : *Ses occupations professionnelles* (= son travail). *Il a trouvé une nouvelle occupation* (**SYN.** activité).

occupé, e adj. **1.** Qui est pris, utilisé par qqn : *Un appartement occupé par un jeune couple* (**SYN.** habité). *Un emploi occupé par un cadre* (**CONTR.** vacant). *Toutes les lignes de votre correspondant sont occupées* (**CONTR.** disponible, libre). **2.** Qui est sous occupation ennemie : *Un pays occupé* (**SYN.** envahi). **3.** Qui est pris par une tâche, une activité ; qui n'est pas disponible : *Il est occupé à dessiner. C'est une personne très occupée* (**SYN.** affairé, débordé ; **CONTR.** désœuvré, inactif).

occuper v.t. (lat. *occupare*, de *capere*, prendre) [conj. 3]. **1.** Remplir un espace : *Le camion occupe toute l'allée* (**SYN.** prendre, tenir). **2.** Exercer une fonction, une charge : *Occuper un poste à la direction* (**SYN.** détenir). **3.** Avoir la possession, l'usage d'un lieu : *Un locataire occupe le studio* (**SYN.** habiter, loger dans). **4.** Rester en masse en un lieu pour manifester un mécontentement, une revendication : *Des salariés occupent le hall de l'entreprise.* **5.** S'installer et établir son autorité militairement sur un territoire : *L'armée occupe l'aéroport* (**SYN.** contrôler, envahir ; **CONTR.** libérer).

6. Donner du travail à : *Les services occupent de nombreuses femmes* (**SYN.** employer). **7.** Remplir le temps, la pensée de qqn : *Les travaux ménagers occupent une partie de sa journée* (**SYN.** accaparer). *Il faut occuper les détenus* (**SYN.** distraire). ◆ **s'occuper** v.pr. **1. [de].** Se charger de : *Il s'occupe des questions matérielles* (**SYN.** veiller à). *Elle s'occupe des sans-abri* (**SYN.** se consacrer à). **2.** (Sans compl.). Avoir une activité ; ne pas être oisif : *Elle trouve à s'occuper.*

① **occurrence** n.f. (du lat. *occurrere*, se présenter). ▸ ***En l'occurrence,*** dans cette circonstance : *Vous devez prendre des précautions, une désinfection générale en l'occurrence.*

② **occurrence** n.f. (mot angl.). En linguistique, apparition d'une unité phonologique, grammaticale ou lexicale dans un corpus ; cette unité : *Relever les occurrences d'un verbe dans un texte* (**SYN.** emploi).

océan n.m. (lat. *oceanus*, du gr.). **1.** Vaste étendue d'eau de mer couvrant une partie du globe terrestre. **2.** Division majeure de l'océan mondial, constituant une entité géographique dans une région : *L'océan Arctique.* **3.** (Avec une majuscule). L'océan Atlantique, en France : *Ils ont une maison de vacances au bord de l'Océan* (= sur la côte atlantique). **4.** *Fig.* Grande quantité : *Nous avons reçu un océan de réclamations* (**SYN.** déluge, flot).

océane adj.f. *Litt.* Relatif à l'Océan : *La douceur océane.*

océanien, enne adj. et n. Relatif à l'Océanie, à ses habitants.

océanique adj. Relatif à l'océan : *Les courants océaniques.* ▸ ***Climat océanique,*** climat doux et humide.

océanographe n. Spécialiste d'océanographie.

océanographie n.f. Étude physique, chimique et biologique des eaux marines.

océanographique adj. Relatif à l'océanographie.

océanologie n.f. Ensemble des disciplines scientifiques relatives à l'étude et à l'utilisation du domaine océanique.

océanologique adj. Relatif à l'océanologie.

océanologue n. Spécialiste d'océanologie.

ocelle n.m. (du lat. *ocellus*, petit œil). Tache ronde, de deux couleurs, sur l'aile d'un insecte, le plumage d'un oiseau ou le pelage d'un mammifère : *Des ocelles blancs.*

ocellé, e adj. Qui est parsemé d'ocelles, de taches rondes : *Des plumes ocellées.*

ocelot n.m. (d'un mot aztèque). Félin sauvage d'Amérique, à fourrure grise tachetée très recherchée ; fourrure de cet animal.

ocre n.f. (gr. *ôkhra*, de *ôkhros*, jaune). Argile de couleur jaune ou rouge, utilisée comme colorant : *Des ocres brunes.* ◆ n.m. Couleur jaune ou rouge mêlée de brun : *Des ocres roux.* ◆ adj. inv. Qui est brun-jaune clair ou brun-rouge clair : *Des étoffes ocre.*

ocrer v.t. [conj. 3]. Colorer en ocre.

octaèdre n.m. et adj. Solide géométrique à huit faces.

octaédrique adj. Qui a la forme d'un octaèdre.

octal, e, aux adj. Qui a pour base le nombre huit.

octane n.m. Hydrocarbure existant dans l'essence de pétrole. ▸ ***Indice d'octane,*** indice mesurant la résistance à la détonation d'un carburant.

octante adj. num. *Région.* Quatre-vingts.

octave n.f. Ensemble des notes de musique contenues dans l'intervalle de huit degrés de l'échelle diatonique : *Vocaliser toute l'octave.*

octavon, onne n. Personne dont l'un des parents est quarteron et l'autre blanc.

octet [ɔktɛ] n.m. (mot angl.). Ensemble de huit bits permettant de représenter un chiffre, une lettre, un caractère quelconque sous la forme binaire que traite un ordinateur.

octidi n.m. (de *octi-* et du lat. *dies*, jour). Dans le calendrier républicain, huitième jour de la décade.

octobre n.m. (lat. *october*, huitième mois, l'année romaine commençant en mars). Dixième mois de l'année, de trente et un jours : *Des octobres ensoleillés.*

octogénaire adj. et n. Qui a entre quatre-vingts et quatre-vingt-neuf ans.

octogonal, e, aux adj. Qui a la forme d'un octogone.

octogone n.m. (du gr. *oktagonos*, à huit angles). Figure géométrique qui a huit angles, et donc huit côtés.

octosyllabe adj. et n.m. ou **octosyllabique** adj. Se dit d'un vers qui a huit syllabes.

octroi n.m. **1.** Action d'octroyer : *L'octroi de crédits supplémentaires* (**SYN.** attribution). **2.** *Anc.* Taxe qui était perçue à l'entrée d'une ville sur certaines denrées ; administration chargée de percevoir ce droit ; bureau où il était perçu : *Payer l'octroi. S'arrêter à l'octroi.*

octroyer [ɔktrwaje] v.t. (du lat. *auctorare*, garantir) [conj. 13]. Accorder à titre de faveur : *La direction lui octroie une rallonge budgétaire* (**SYN.** concéder, consentir ; **CONTR.** dénier, refuser). ◆ **s'octroyer** v.pr. Prendre sans permission : *Il s'octroiera une petite pause* (**SYN.** s'accorder, s'offrir).

octuor n.m. Ensemble de huit instrumentistes ou chanteurs.

octuple adj. et n.m. Qui vaut huit fois autant.

octupler v.t. [conj. 3]. Multiplier par huit.

oculaire adj. (du lat. *oculus*, œil). Relatif à l'œil : *Des troubles oculaires* (**SYN.** visuel). ▸ ***Témoin oculaire,*** personne qui a vu la chose dont elle témoigne. ◆ n.m. Système optique d'une lunette, d'un microscope, etc., placé du côté de l'œil de l'observateur (par opp. à l'objectif).

oculariste n. Personne qui prépare des pièces de prothèse oculaire.

oculiste n. Médecin spécialisé dans les troubles de la vision et les maladies de l'œil (**SYN.** ophtalmologiste, ophtalmologue).

oculus [ɔkylys] n.m. (mot lat. signif. « œil »). Petite ouverture circulaire dans un mur (**SYN.** œil-de-bœuf).

odalisque n.f. (turc *odaliq*, de *oda*, chambre). **1.** Dans l'Empire ottoman, esclave attachée au service des femmes du sultan. **2.** *Litt.* Femme d'un harem.

ode n.f. (du gr. *ôdê*, chant). Poème lyrique divisé en strophes semblables entre elles par le nombre et la mesure des vers.

odelette n.f. Petite ode.

odéon n.m. (du lat. *odeum*, petit théâtre, du gr. *ôdê*, chant). Édifice couvert, à gradins, destiné, dans l'Antiquité, aux auditions musicales.

odeur n.f. (lat. *odor*). Émanation produite par certaines substances, transmise par l'air et perçue par l'appareil olfactif : *Cette bougie exhale une odeur de vanille* (**SYN.** fragrance [litt.], parfum, senteur). ▸ *Fam.* ***Ne pas être en odeur de sainteté auprès de qqn,*** ne pas être apprécié, estimé de lui.

odieusement adv. **1.** De façon odieuse, ignoble : *Des victimes odieusement mutilées* (**SYN.** atrocement, horriblement). **2.** De façon très désagréable, très déplaisante : *Vous êtes odieusement en retard* (**SYN.** intolérablement).

odieux, euse adj. (lat. *odiosus*, de *odium*, haine). **1.** Qui provoque la haine, l'indignation : *Un odieux enlèvement* (**SYN.** abject, abominable, ignoble). **2.** Qui déplaît : *Une odieuse polémique* (**SYN.** intolérable, pénible). **3.** Se dit d'une personne déplaisante, insupportable : *Il est odieux avec les serveurs* (**SYN.** détestable, exécrable ; **CONTR.** adorable, charmant).

odomètre n.m. (du gr. *hodos*, route). Instrument servant à mesurer un trajet parcouru par une voiture ou par un piéton.

odontalgie n.f. (du gr. *odous, odontos*, dent). En médecine, mal de dents.

odontologie n.f. Spécialité médicale dont l'objet est l'étude des maladies des dents et de leur traitement.

odontologiste n. Spécialiste d'odontologie ; dentiste, chirurgien-dentiste.

odorant, e adj. **1.** Qui exhale, répand une odeur : *Certains insectes émettent une substance odorante.* **2.** Qui répand une odeur agréable : *Au printemps, le jardin est odorant* (**SYN.** odoriférant ; **CONTR.** inodore).

odorat n.m. Sens permettant la perception des odeurs (**SYN.** olfaction).

odoriférant, e adj. *Litt.* Qui répand une odeur agréable : *Des herbes odoriférantes* (**SYN.** aromatique, odorant, parfumé ; **CONTR.** malodorant, nauséabond, pestilentiel).

odyssée n.f. (du gr. *Odusseia*, nom du poème d'Homère). Voyage mouvementé, riche en péripéties : *L'odyssée des concurrents de la course autour du monde.*

œcuménique [ekymenik] adj. (du gr. *oikoumenikê gê*, terre habitée). Dans la religion chrétienne, qui intéresse l'ensemble des Églises ; relatif à l'œcuménisme : *Le mouvement œcuménique. Un concile œcuménique* (= qui réunit tous les évêques).

œcuménisme [ekymenism] n.m. Mouvement qui préconise l'union de toutes les Églises chrétiennes en une seule.

œcuméniste [ekymenist] adj. et n. Relatif à l'œcuménisme ; qui en est partisan.

œdémateux, euse [edematø, øz] adj. Relatif à l'œdème ; qui est de la nature de l'œdème.

œdème [edɛm] n.m. (du gr. *oidêma*, tumeur). Accumulation anormale de liquide dans les espaces compris entre les cellules d'un tissu organique.

œdipe [edip] n.m. (de *Œdipe*, personnage de la mythologie grecque). En psychanalyse, ensemble des sentiments amoureux et hostiles que l'enfant éprouve à l'égard de ses parents (on dit aussi *complexe d'Œdipe*).

œdipien, enne [edipjɛ̃, ɛn] adj. Relatif au complexe d'Œdipe.

① **œil** [œj] n.m. (lat. *oculus*) [pl. *yeux*]. **1.** Organe pair de la vue ; globe oculaire : *Avoir une poussière dans l'œil. Il ne voit que d'un œil* (= il est borgne). *Elle a les yeux irrités.* **2.** Cet organe en tant que partie du visage et élément de la physionomie : *Elle a de beaux yeux noisette.* **3.** Cet organe, en tant qu'il manifeste les émotions ou sert à l'expression des pensées : *Elle nous regardait d'un œil narquois. Sa colère se lit dans ses yeux* (**SYN.** regard). **4.** Cet organe, considéré dans sa fonction, la vision, ou comme symbole de la perspicacité, de la vigilance : *Il a de bons yeux* (= il y voit très bien). *J'ai pu le constater de mes propres yeux. Rien n'échappe à cet œil exercé.* **5.** Cet organe, considéré dans les mouvements qui lui sont propres : *Lever, baisser les yeux. Fermez l'œil droit. Il cligne de l'œil gauche.* **6.** Manière de voir ; sentiment : *Elle observe la situation d'un œil lucide. À mes yeux, il est le plus gentil des hommes* (= selon moi). *Il voit ce projet d'un bon œil, d'un mauvais œil* (= avec satisfaction, avec déplaisir). **7.** Petit bourgeon naissant : *Les yeux d'une pomme de terre.* **8.** Cavité dans la pâte d'un pain, de certains fromages. **9.** (Surtout au pl.). Petit cercle de graisse à la surface d'un bouillon. **10.** Partie centrale et calme d'un cyclone tropical, autour de laquelle tournent des vents violents. ▸ *Fam.* ***À l'œil,*** gratuitement : *Les employés de la compagnie voyagent à l'œil.* ***Avoir l'œil*** ou ***l'œil à tout,*** faire attention à tout : *Pour trouver les erreurs, il a l'œil.* ***Avoir l'œil sur qqn, qqch, avoir*** ou ***tenir qqn, qqch à l'œil,*** les surveiller. ***À vue d'œil,*** nettement et rapidement : *Le tas de dossiers grandit à vue d'œil.* *Fam.* ***Entre quatre yeux*** ou ***entre quat'z-yeux*** [ɑ̃trəkatzjø], en tête à tête. ***Faire de l'œil à qqn,*** lui faire signe en clignant de l'œil, soit pour marquer la connivence, soit pour l'aguicher. ***Fermer les yeux à qqn,*** l'assister au moment de sa mort. ***Fermer les yeux sur qqch,*** faire semblant de ne pas le voir. ***L'œil du maître,*** la surveillance qu'il exerce, la seule à être efficace. ***Mauvais œil,*** influence maléfique. *Fam.* ***Mon œil !,*** sert à exprimer l'incrédulité : *Il travaille à la télévision ? Mon œil !* (= je ne le crois pas). ***N'avoir pas froid aux yeux,*** avoir du courage, de l'énergie. ***Ne pas pouvoir fermer l'œil de la nuit,*** ne pas pouvoir dormir. ***Œil de verre*** ou ***œil artificiel,*** prothèse placée dans la cavité d'un œil énucléé. ***Ouvrir de grands yeux,*** paraître très étonné. ***Ouvrir les yeux,*** voir la réalité telle qu'elle est. ***Ouvrir l'œil,*** être attentif : *Ouvrez l'œil, certains articles sont abîmés.* *Fam.* ***Pour les beaux yeux de qqn,*** pour lui seul ; de façon désintéressée. ***Sauter aux yeux*** ou ***crever les yeux,*** être évident : *Cette faute d'orthographe m'a sauté aux yeux. Le manche est trop court, ça crève les yeux.*

② **œil** [œj] n.m. (pl. *œils*). **1.** Trou pratiqué dans un outil pour le passage d'une autre pièce : *Les œils des marteaux.* **2.** En imprimerie, partie du caractère représentant le dessin de la lettre reproduit à l'impression sur le papier. **3.** En marine, boucle à l'extrémité d'un filin.

œil-de-bœuf [œjdəbœf] n.m. (pl. *œils-de-bœuf*). Lucarne à fenêtre ronde ou ovale.

œil-de-perdrix [œjdəpɛrdri] n.m. (pl. *œils-de-*

perdrix). **1.** Cor entre deux orteils. **2.** En Suisse, vin rosé à base de pinot noir.

œillade [œjad] n.f. Coup d'œil furtif, qui marque la tendresse ou la connivence : *Lancer* ou *jeter des œillades à qqn.*

œillère [œjɛr] n.f. **1.** Pièce de cuir qui protège l'œil du cheval et l'empêche de voir de côté. **2.** Petite coupe pour baigner l'œil. ▸ ***Avoir des œillères,*** ne pas comprendre certaines choses par étroitesse d'esprit.

① **œillet** [œjɛ] n.m. (de *1. œil*). **1.** Petite pièce métallique évidée, de forme ronde ou ovale, qui sert de renfort à une perforation faite sur une ceinture, une bâche, une chaussure ; cette perforation elle-même. **2.** Anneau de papier autocollant renforçant les perforations des feuilles mobiles.

② **œillet** [œjɛ] n.m. (même étym. que *1. œillet*). Plante aux fleurs parfumées.

œilleton [œjtɔ̃] n.m. **1.** Extrémité du tube d'une lunette ou d'un microscope, qui détermine la position de l'œil. **2.** Petit viseur circulaire de certaines armes à feu.

œillette [œjɛt] n.f. (de l'anc. fr. *olie*, huile). Pavot dont on tire une huile ; cette huile.

œkoumène [ekumɛn] n.m. → **écoumène.**

œnolisme [enɔlism] n.m. Alcoolisme dû à l'abus de vin.

œnologie [enɔlɔʒi] n.f. (du gr. *oinos*, vin). Science et technique de la fabrication et de la conservation des vins.

œnologique [enɔlɔʒik] adj. Relatif à l'œnologie.

œnologue [enɔlɔg] n. Spécialiste d'œnologie.

œnométrie [enɔmetri] n.f. Détermination de la richesse des vins en alcool.

œnométrique [enɔmetrik] adj. Relatif à l'œnométrie.

œnothèque [enɔtɛk] n.f. Magasin spécialisé dans la vente des vins de grands crus.

œsophage [ezɔfaʒ] n.m. (du gr. *oisophagos*, qui porte ce qu'on mange). Partie du tube digestif qui s'étend du pharynx jusqu'à l'orifice supérieur de l'estomac, et dont les parois, par leurs mouvements, assurent la descente du bol alimentaire.

œsophagien, enne [ezɔfaʒjɛ̃, ɛn] ou **œsophagique** [ezɔfaʒik] adj. Qui concerne l'œsophage.

œsophagite [ezɔfaʒit] n.f. Inflammation de l'œsophage.

œstral, e, aux [ɛstral, o] adj. En biologie, relatif à l'œstrus : *Cycle œstral* (= cycle menstruel).

œstre [ɛstr] n.m. (du gr. *oistros*, taon). Mouche parasite des moutons et des chèvres.

œstrogène [ɛstrɔʒɛn] ou, vx, **estrogène** n.m. et adj. Hormone sécrétée par l'ovaire, qui provoque l'œstrus.

œstrus [ɛstrys] n.m. (mot lat., du gr. *oistros*, fureur). En biologie, ensemble des phénomènes physiologiques et comportementaux qui précèdent et accompagnent l'ovulation chez la femme et chez la femelle des mammifères.

œuf [œf], au pl. [ø] n.m. (lat. *ovum*). **1.** Corps organique, sphérique ou oblong, protégé par une coquille, pondu par certains animaux femelles et qui, s'il est fécondé, produit un nouvel individu : *Des œufs de tortue.* **2.** Cellule résultant de la fécondation, et qui, par division, donne un nouvel être, animal ou végétal : *Les vrais jumeaux sont issus du même œuf* (**SYN.** zygote). **3.** Produit comestible de la ponte de certains oiseaux ou poissons : *Des œufs de lump.* **4.** (Spécial.). Produit comestible de la ponte de la poule : *Un blanc d'œuf, des blancs d'œufs. Un jaune d'œuf, des jaunes d'œufs. Un œuf entier* (= un jaune et un blanc). **5.** Confiserie en forme d'œuf : *Des œufs de Pâques.* ▸ *Fam.* ***Avoir un œuf à peler avec qqn,*** en Belgique, avoir un compte à régler avec lui. ***Dans l'œuf,*** dès le commencement, à l'origine : *Un scandale étouffé* ou *noyé dans l'œuf.* ***L'œuf de Christophe Colomb,*** une solution simple et ingénieuse à laquelle il suffisait de penser. ***Marcher sur des œufs,*** marcher en posant le pied avec précaution ; fig., parler, agir, avec la plus grande prudence. ***Mettre tous ses œufs dans le même panier,*** placer tous ses espoirs, tous ses fonds dans une même affaire.

œufrier [œfrije] n.m. Ustensile utilisé pour faire cuire en même temps plusieurs œufs à la coque (**SYN.** coquetière).

① **œuvre** [œvr] n.f. (du lat. *opera*, activité, soin, de *opus, operis*, travail). **1.** *Litt.* Travail, activité : *Entreprendre une œuvre de longue haleine* (**SYN.** entreprise, tâche). **2.** Ce qui résulte d'un travail : *Cette réforme est l'œuvre de la ministre de la Justice* (**SYN.** réalisation). **3.** Production artistique ou littéraire ; ensemble des réalisations d'un écrivain, d'un artiste : *Une œuvre d'art. Une œuvre cinématographique* (= un film). *Il a étudié l'œuvre de Jules Verne* (= tous les livres écrits par lui). **4.** Organisation à but religieux, humanitaire ou philanthropique : *Les fonds recueillis seront versés à une œuvre.* ▸ ***Juger qqn à l'œuvre,*** juger de la qualité de son action. ***Mettre en œuvre qqch,*** l'utiliser, y recourir, l'appliquer : *Nous mettrons tout en œuvre pour sauver l'entreprise* (= nous utiliserons tous les moyens possibles). ***Mise en œuvre,*** action de mettre en œuvre ; début de réalisation. ***Se mettre à l'œuvre,*** commencer à travailler. ◆ **œuvres** n.f. pl. Actions humaines jugées du point de vue moral ou religieux. ▸ ***Bonnes œuvres,*** ensemble d'actions charitables. *Litt.* ***Œuvres vives,*** partie vitale, essentielle : *Ce krach a atteint l'entreprise dans ses œuvres vives.*

② **œuvre** [œvr] n.m. (même étymologie que *1. œuvre*). Ensemble des productions d'un artiste, notamm. de celles réalisées au moyen d'une technique particulière : *L'œuvre sculptural de Camille Claudel. L'œuvre peint de Picasso.* ▸ ***Être à pied d'œuvre,*** être à proximité immédiate du travail à faire ; fig., être prêt à se mettre au travail. ***Gros œuvre,*** ensemble des ouvrages constituant la structure d'une construction : *Les fondations, les murs et le plancher font partie du gros œuvre.*

œuvrer [œvre] v.i. [conj. 5]. **1.** Travailler à réaliser qqch d'important : *Œuvrer à la reconstruction d'un pays.* **2.** Mettre tout en œuvre pour obtenir qqch : *Nos techniciens œuvrent pour rétablir l'électricité dans le quartier.*

off adj. inv. (mot angl. signif. « hors de »). **1.** Au cinéma, à la télévision, se dit d'une voix dont la source n'est pas visible sur l'écran. ☞ **REM.** Il est recommandé de remplacer cet anglicisme par *hors champ.* **2.** Se dit d'un spectacle organisé en marge d'une manifestation officielle : *Une pièce de théâtre présentée au festival off.*

offensant, e adj. Qui offense : *Il a fait des remarques offensantes* (**SYN.** blessant, outrageant ; **CONTR.** élogieux, flatteur).

offense n.f. (lat. *offensa,* de *offendere,* blesser). **1.** Parole ou action qui blesse qqn dans sa dignité, dans son honneur : *N'y voyez aucune offense* (**SYN.** affront, insulte ; **CONTR.** compliment, éloge). **2.** Outrage commis publiquement envers un chef d'État ou de gouvernement, et qui constitue un délit.

offensé, e adj. et n. Qui a subi une offense (par opp. à offenseur).

offenser v.t. [conj. 3]. **1.** Blesser qqn dans sa dignité, son honneur : *Ce refus les a offensés* (**SYN.** froisser, humilier). **2.** Manquer à une règle ; ne pas respecter un principe : *Sa tenue offense la pudeur* (**SYN.** déroger à, enfreindre ; **CONTR.** se conformer à, obéir à). ▸ ***Soit dit sans vous offenser,*** sans vouloir vous vexer, sans intention désobligeante à votre égard. ◆ **s'offenser** v.pr. **[de].** Se sentir blessé moralement : *Elle s'est offensée de ces critiques* ou *d'être critiquée* ou *qu'on l'ait critiquée* (**SYN.** s'offusquer, se vexer).

offenseur n.m. Personne qui offense (par opp. à offensé).

offensif, ive adj. **1.** Qui attaque, sert à attaquer : *Des troupes offensives* (**CONTR.** défensif). **2.** Qui a un esprit combatif : *Il s'est montré très offensif dans son discours* (**SYN.** agressif).

offensive n.f. **1.** Opération militaire de grande envergure : *L'armée ennemie a lancé une offensive* (**SYN.** attaque). **2.** Initiative visant à faire reculer un adversaire : *Le candidat a lancé une vaste offensive médiatique* (**SYN.** campagne). **3.** Action brusque et marquée d'un phénomène naturel : *La première offensive de l'hiver.*

offensivement adv. De façon offensive.

offertoire n.m. (lat. *offertorium,* de *offerre,* offrir). Partie de la messe pendant laquelle le prêtre accomplit l'offrande du pain et du vin.

office n.m. (du lat. *officium,* service). **1.** Charge remplie par qqn ; rôle joué par qqch : *Pendant sa maladie, l'office de gérant était vacant* (**SYN.** métier, place, poste). *Ces gants ont parfaitement rempli leur office* (**SYN.** emploi, fonction, rôle). **2.** Établissement public ou privé se consacrant à une activité déterminée : *Un office de tourisme* (**SYN.** agence, bureau). **3.** (Avec une majuscule). Dans la langue juridique, service public doté de l'autonomie financière : *Office public des H.L.M.* **4.** Ensemble des prières et des cérémonies réparties dans la journée (on dit aussi *office divin*) : *Aller à l'office.* **5.** Pièce attenante à la cuisine, où l'on dispose tout ce qui dépend du service de la table. ☞ **REM.** Dans ce sens, *office* était autrefois féminin. ▸ ***D'office,*** par voie d'autorité, sans demande préalable : *Un avocat commis d'office.* ***Faire office de,*** jouer le rôle de : *Dans cette entreprise, il fait office de coursier.* ***Office ministériel,*** fonction conférée à vie par nomination de l'autorité publique (charge de notaire, avoué, huissier). ◆ **offices** n.m. pl. ▸ ***Bons offices,*** service occasionnel rendu par qqn : *Le diplomate a proposé ses bons offices* (= sa médiation).

officialisation n.f. Action d'officialiser.

officialiser v.t. [conj. 3]. Rendre officiel : *Sa nomination a été officialisée par le ministère.*

officiant n.m. et adj.m. Personne qui célèbre un office religieux ; célébrant, prêtre.

officiel, elle adj. (angl. *official,* du lat. *officialis,* de *officium,* service). **1.** Qui émane du gouvernement, de l'Administration ; qui a un caractère légal : *Les chiffres officiels du chômage* (**SYN.** gouvernemental, public ; **CONTR.** officieux). *Cette annonce est parue au Journal officiel* (= la publication quotidienne dans laquelle sont imprimés les lois, décrets ou actes émanant du pouvoir). **2.** Qui est organisé par les autorités : *Le président est en visite officielle au Québec* (**SYN.** solennel ; **CONTR.** privé). **3.** Qui a une fonction dans un gouvernement : *Un personnage officiel.* **4.** Qui est donné pour vrai par une autorité quelconque, mais qui laisse supposer une autre réalité : *La raison officielle de sa démission* (**SYN.** présumé). ▸ ***Recommandation officielle,*** néologisme préconisé par les autorités françaises approuvées par l'Académie, pour nommer une réalité nouvelle ou remplacer un anglicisme. ◆ **officiel** n.m. **1.** Personne qui a une fonction publique. **2.** Personne qui a une fonction dans l'organisation d'épreuves sportives, de concours, etc.

officiellement adv. De façon officielle : *Sa démission a été officiellement annoncée* (**SYN.** publiquement ; **CONTR.** officieusement). *Officiellement, il s'est suicidé* (= selon une autorité).

① **officier** v.i. (lat. *officiare,* de *officium,* service) [conj. 9]. **1.** Célébrer l'office divin. **2.** *Iron.* Travailler de façon solennelle et suivant certains rites : *Ce soir, mon mari officie à la cuisine.*

② **officier** n.m. (du lat. *officiarius,* chargé d'une fonction). **1.** Militaire d'un grade égal ou supérieur à celui de sous-lieutenant ou d'enseigne de vaisseau. **2.** Titulaire d'une charge publique : *Officier de l'état civil* (= qui tient les registres de l'état civil). *Un officier de police judiciaire.* **3.** Titulaire de certains titres honorifiques : *Un officier de la Légion d'honneur.* ▸ ***Officier ministériel,*** titulaire d'un office ministériel.

officieusement adv. De façon officieuse : *Il doit les contacter officieusement* (**SYN.** discrètement ; **CONTR.** officiellement).

officieux, euse adj. (lat. *officiosus,* de *officium,* service rendu). Qui émane d'une source autorisée, sans être garanti : *Des révélations officieuses* (**CONTR.** officiel).

officinal, e, aux adj. Se dit d'un remède préparé et conservé dans l'officine du pharmacien (par opp. à magistral). ▸ ***Herbe, plante officinale,*** dont on se sert en pharmacie.

officine n.f. (du lat. *officina,* atelier). **1.** Ensemble des locaux où le pharmacien entrepose, prépare et vend les médicaments au public ; pharmacie. **2.** *Péjor.* Endroit où se trame qqch de secret, de nuisible, de mauvais : *Une officine terroriste.*

offrande n.f. (du lat. *offeranda,* choses à offrir). **1.** Don fait à une divinité. **2.** Don le plus souvent modeste ; aumône : *Verser son offrande à une association* (**SYN.** obole).

offrant n.m. ▸ ***Le plus offrant,*** la personne qui offre le plus haut prix : *Cette sculpture a été adjugée au plus offrant.*

offre n.f. **1.** Action d'offrir ; ce qui est offert : *Le* *fournisseur fait une offre de remboursement* (**SYN.** proposition). *Des offres de négociation* (**SYN.** ouverture). **2.** Action de proposer un contrat à une autre personne : *Offre d'emploi* (**CONTR.** demande). **3.** Quantité d'un bien ou d'un service qui peut être vendue sur le marché à un prix donné : *La valeur des actions est soumise à la loi de l'offre et de la demande.* ▸ ***Appel d'offres,*** proposition publique de conclure un marché pour effectuer des travaux. ***Offre publique d'achat*** ou ***O.P.A.,*** offre publique faite par une société d'acquérir des actions d'une autre société pour en prendre le contrôle. ***Offre publique d'échange*** ou ***O.P.E.,*** offre publique faite par une société d'échanger ses propres actions contre celles d'une autre société qu'elle désire contrôler. ***Offre publique de vente*** ou ***O.P.V.,*** offre lancée par un ou plusieurs actionnaires d'une société pour céder une partie de leurs actions au public à un certain prix.

offreur, euse n. En économie, personne qui offre qqch.

offrir v.t. (du lat. *offerre,* porter devant, présenter) [conj. 34]. **1.** Remettre en cadeau : *Il lui a offert un bijou* (**SYN.** donner). **2.** Faire une proposition d'achat ou de rémunération : *Le garagiste vous offre deux mille euros de reprise pour votre ancienne voiture* (**SYN.** accorder). **3.** Mettre à la disposition de qqn : *Elle offre un logement aux sinistrés* ou *de loger les sinistrés* (**SYN.** proposer). **4.** Être caractérisé par ; donner lieu à : *Ce logiciel offre toutes les fonctionnalités* (**SYN.** comporter, présenter). *Cette formation offre de nombreux débouchés* (**SYN.** fournir, procurer). ◆ **s'offrir** v.pr. **1.** S'accorder le plaisir de : *Elle s'est offert un petit répit* (**SYN.** s'accorder). **2. [à].** Se montrer disposé à : *S'offrir à aider qqn* (**SYN.** se proposer). **3. [à].** Se présenter : *Plusieurs solutions s'offrent à moi* (**SYN.** apparaître). **4. [à].** S'exposer à qqch : *S'offrir aux regards* (**SYN.** se montrer).

offset [ɔfsɛt] n.m. inv. (mot angl. signif. « report »). Procédé d'impression typographique au moyen d'une machine rotative, par l'intermédiaire d'un rouleau de caoutchouc. ◆ n.f. inv. Machine utilisée dans l'impression par offset.

offsettiste n. Spécialiste de l'offset.

offshore [ɔfʃɔr] adj. inv. (mot angl. signif. « au large »). **1.** Se dit de l'exploitation des gisements de pétrole situés en mer. **2.** Dans le domaine bancaire, extraterritorial. **3.** Se dit d'un sport motonautique de grande vitesse sur bateaux très puissants ; se dit du bateau lui-même : *Des engins offshore.* ◆ n.m. **1.** Plateforme pétrolière en mer. **2.** Sport motonautique de grande vitesse ; bateau utilisé dans ce sport : *Des offshores.*

offusquer v.t. (du lat. *offuscare,* obscurcir) [conj. 3]. Déplaire fortement à ; offenser : *Il les a offusqués par ses provocations* (**SYN.** choquer, froisser, heurter). ◆ **s'offusquer** v.pr. Se choquer : *Ils se sont offusqués de ne pas avoir été informés* ou *qu'on ne les ait pas informés* (**SYN.** s'offenser, se scandaliser).

oflag [ɔflag] n.m. (mot all.). En Allemagne, pendant la Seconde Guerre mondiale, camp de prisonniers de guerre réservé aux officiers.

ogival, e, aux adj. Relatif à l'ogive en architecture, à l'arc brisé ; dont la forme allongée évoque une ogive.

ogive n.f. **1.** En architecture, arc diagonal de renfort situé sous la voûte gothique : *Une voûte sur croisée d'ogives.* **2.** Dans l'armement, partie antérieure d'un projectile, de forme conique ou ogivale : *L'ogive d'un missile* (**SYN.** tête).

O.G.M. ou **OGM** [oʒeɛm] n.m. inv. (sigle). ▸ ***Organisme génétiquement modifié*** → **organisme.**

ogre n.m. (du lat. *Orcus,* nom d'une divinité infernale). **1.** Dans les contes de fées, géant vorace qui mange les petits enfants. **2.** *Fam.* Personne vorace : *Avoir un appétit d'ogre.*

ogresse n.f. **1.** Femme d'un ogre. **2.** Femme cruelle.

oh [o] interj. **1.** Marque la surprise, l'indignation : *Oh ! Il en restait ! Oh ! C'est écœurant !* **2.** Sert à appeler : *Oh ! Sabine !*

ohé [ɔe] interj. Sert à appeler : *Ohé ! Vous êtes prêts ?*

ohm [om] n.m. (de *Ohm,* physicien all.). Unité de mesure de résistance électrique.

ohmique [omik] adj. Relatif à l'ohm.

ohmmètre [ommɛtr] n.m. Appareil servant à mesurer la résistance électrique d'un conducteur.

oïdium [ɔidjɔm] n.m. (du gr. *ôon,* œuf). Maladie de la vigne provoquée par des champignons.

oie [wa] n.f. (lat. *avica,* de *avis,* oiseau). **1.** Oiseau palmipède, au long cou et au bec large, dont une espèce domestique est élevée pour sa chair et son foie : *La migration des oies sauvages.* **2.** *Fam.* Personne sotte, niaise. ▸ ***Jeu de l'oie,*** jeu de société qui se joue avec deux dés et des pions que l'on déplace sur un plateau où, toutes les 9 cases, figure une image d'oie. ***Les oies du Capitole,*** les oies sacrées, qui sauvèrent Rome en 390 av. J.-C., en avertissant par leurs cris de l'attaque nocturne des Gaulois. ***Oie blanche,*** jeune fille candide et un peu sotte. ***Pas de l'oie,*** pas de parade militaire en usage dans certaines armées.

oignon [ɔɲɔ̃] n.m. (lat. *unio, unionis,* de *unus,* un seul). **1.** Plante potagère, dont le bulbe, d'une saveur forte et piquante, est très employé en cuisine ; ce bulbe : *Une soupe à l'oignon.* **2.** Bulbe souterrain de certaines plantes : *Des oignons de tulipes.* **3.** Grosse montre à verre bombé. **4.** Durillon se formant à la base du gros orteil. ▸ *Fam.* ***Aux petits oignons,*** préparé avec un soin particulier ; parfait. *Fam.* ***Ce ne sont pas tes oignons*** ou ***occupe-toi de tes oignons,*** ça ne te regarde pas. *Fam.* ***En rang d'oignons,*** sur une seule ligne.

oignonade [ɔɲɔnad] n.f. Mets accommodé avec beaucoup d'oignons.

oïl [ɔjl] adv. (mot de l'anc. fr. signif. « oui », de *o,* cela, et *il,* pron. pers.). ▸ ***Langue d'oïl,*** ensemble des dialectes romans parlés dans la moitié nord de la France (par opp. à langue d'oc).

oindre [wɛ̃dr] v.t. (lat. *ungere*) [conj. 82]. **1.** Frotter d'huile ou d'une substance grasse : *On oignait les athlètes pour la lutte.* **2.** Appliquer une huile consacrée sur une personne, procéder à l'onction de : *Oindre un enfant pour le baptême.*

oing ou **oint** [wɛ̃] n.m. (du lat. *unguen,* onguent). Graisse servant à oindre.

oint, e [wɛ̃, wɛ̃t] adj. et n. Qui a été consacré par une onction.

oiseau n.m. (lat. *aucellus,* de *avis,* oiseau). **1.** Vertébré ovipare, couvert de plumes, pourvu d'ailes et dont les mâchoires sont revêtues d'un bec corné : *Le chant des* *oiseaux. L'autruche et l'émeu sont des oiseaux qui ne volent pas.* **2.** *Fam., péjor.* Individu quelconque : *C'est un drôle d'oiseau.* ▸ ***Avoir une cervelle d'oiseau,*** être très étourdi. ***À vol d'oiseau,*** en ligne droite. *Fam.* ***Donner à qqn des noms d'oiseau,*** l'injurier. ***Être comme l'oiseau sur la branche,*** être pour très peu de temps dans un endroit ; être dans une situation précaire. ***Oiseau rare,*** personne douée de qualités peu communes. ***Oiseau sans tête,*** en Belgique, paupiette.

oiseau-lyre n.m. (pl. *oiseaux-lyres*). Nom usuel du *ménure.*

oiseau-mouche n.m. (pl. *oiseaux-mouches*). Autre nom du *colibri.*

oiselet n.m. *Litt.* Petit oiseau.

oiseleur n.m. Personne qui capture des petits oiseaux.

oiselier, ère n. Personne qui élève et vend des oiseaux.

oiselle n.f. *Fam.* Jeune fille naïve, niaise.

oisellerie n.f. Métier de l'oiselier ; commerce de l'oiselier.

oiseux, euse adj. (lat. *otiosus,* de *otium,* loisir). Qui est inutile parce que superficiel et vain : *Des discussions oiseuses* (**SYN.** futile, stérile ; **CONTR.** fécond, profitable, utile).

oisif, ive adj. et n. (de *oiseux*). Qui n'a pas d'occupation ; qui dispose de beaucoup de loisirs : *Des jeunes oisifs et livrés à eux-mêmes* (**SYN.** désœuvré, inoccupé ; **CONTR.** affairé, surchargé). *Une vie oisive* (**SYN.** inactif ; **CONTR.** actif, laborieux).

oisillon n.m. Jeune oiseau.

oisivement adv. De façon oisive ; dans l'oisiveté.

oisiveté n.f. État d'une personne qui vit sans travailler et sans avoir d'occupation permanente : *L'oiseveté lui pèse* (**SYN.** désœuvrement, inaction, inoccupation ;). (**CONTR.** activité, occupation, travail).

oison n.m. Petit de l'oie.

O.K. [ɔke] interj. (abrév. de l'anglo-amér. *oll korrect,* orthographe fautive pour *all correct*). *Fam.* D'accord, c'est entendu. ◆ adj. inv. *Fam.* Qui convient : *Les installations sont O.K.* (**SYN.** conforme). *C'est O.K., pour vous ?* (**SYN.** bon, parfait).

oka n.m. (de *Oka,* rivière de Russie). Fromage québécois à pâte ferme.

okapi n.m. (mot africain). Mammifère ruminant du Congo, à pelage rayé sur les membres.

okoumé n.m. (mot gabonais). Arbre au bois rose, utilisé notamm. dans la fabrication du contreplaqué.

ola n.f. (mot esp. signif. « vague »). Ovation du public d'un stade, consistant à se lever à tour de rôle afin de produire un mouvement d'ensemble comparable à une ondulation.

olé ou **ollé** interj. (mot esp.). S'emploie pour encourager, en partic. dans les corridas.

oléagineux, euse adj. (lat. *oleaginus,* de *olea,* olivier). Qui est de la nature de l'huile : *Un liquide oléagineux* (**SYN.** huileux). ▸ ***Plante oléagineuse,*** plante cultivée pour ses graines ou ses fruits, dont on tire de l'huile (on dit aussi *un oléagineux*). ◆ **oléagineux** n.m. Plante oléagineuse.

olécrane n.m. (du gr. *ôlenê,* bras, et *kranion,* tête). Excroissance du cubitus formant la saillie postérieure du coude.

oléicole adj. Qui concerne l'oléiculture.

oléiculteur, trice n. Personne qui cultive l'olivier.

oléiculture n.f. Culture de l'olivier.

oléifère adj. Dont on extrait de l'huile.

oléine n.f. Substance qui entre dans la composition des huiles végétales.

oléoduc n.m. (du lat. *oleum,* huile). Pipeline servant au transport du pétrole brut.

olé olé adj. inv. *Fam.* Qui est assez osé, grivois : *Ces histoires sont plutôt olé olé* (**SYN.** égrillard).

olfactif, ive adj. (du lat. *olfactus,* odorat). Relatif à l'olfaction, à l'odorat : *Les nerfs olfactifs.*

olfaction n.f. Fonction qui permet à l'homme et aux animaux de percevoir les odeurs ; odorat.

olibrius [ɔlibrijys] n.m. (de *Olybrius,* n.pr.). *Fam., péjor.* Individu qui se fait remarquer par ses extravagances.

olifant ou **oliphant** n.m. (altér. de *éléphant*). Petit cor d'ivoire dont se servaient les chevaliers du Moyen Âge.

oligarchie n.f. (du gr. *oligos,* peu nombreux, et *arkhê,* commandement). Régime politique où l'autorité est entre les mains de quelques personnes ; ensemble de ces personnes, de ces familles.

oligarchique adj. Qui concerne une oligarchie.

oligarque n.m. Membre d'une oligarchie.

oligocène n.m. (du gr. *kainos,* récent). Deuxième période de l'ère tertiaire, entre l'éocène et le miocène.

oligoélément n.m. En biologie, élément chimique nécessaire, en infime quantité, à la vie des animaux et des végétaux : *Le fer, le manganèse, le magnésium, le cobalt sont des oligoéléments* (**SYN.** micronutriment).

oligopole n.m. Marché dans lequel il n'y a que quelques vendeurs face à une multitude d'acheteurs (par opp. à oligopsone).

oligopsone n.m. (du gr. *opsônion,* approvisionnement). Marché caractérisé par la présence d'un très petit nombre d'acheteurs face à de très nombreux vendeurs (par opp. à monopsone et oligopole).

oliphant n.m. → **olifant.**

olivaie ou **oliveraie** n.f. Lieu planté d'oliviers.

olivaison n.f. Récolte des olives ; saison de cette récolte.

olivâtre adj. Qui est d'une couleur tirant sur le vert olive : *Un teint olivâtre* (**SYN.** verdâtre).

olive n.f. (lat. *oliva*). **1.** Fruit comestible de l'olivier, dont on tire une huile : *Des olives noires* (= cueillies mûres). *Des olives vertes* (= cueillies avant maturité). **2.** Objet ou ornement ayant la forme d'une olive : *Des olives permettent de coincer le cordon à ses extrémités.* **3.** Petit interrupteur de forme ovale placé sur un fil électrique. ◆ adj. inv. Qui a la couleur vert clair, tirant un peu sur le jaune, de l'olive verte : *Des gants olive.*

oliveraie n.f. → **olivaie.**

olivette n.f. **1.** Variété de raisin de table, à grains en forme d'olive. **2.** Tomate d'une variété à fruit allongé, oblong.

olivier n.m. Arbre au feuillage persistant, cultivé pour son fruit, l'olive : *Un rameau d'olivier* (= un emblème de fécondité et un symbole de paix).

ollé interj. → **olé.**

olographe ou **holographe** adj. (du gr. *holos,* entier). ◗ ***Testament olographe,*** testament entièrement écrit de la main du testateur.

Olympe n.m. (du gr. *Olumpos,* mont Olympe). *Litt.* L'ensemble des dieux de la mythologie grecque.

olympiade n.f. (lat. *olympias, olympiadis,* du nom de la ville d'*Olympie*). Espace de quatre ans entre deux célébrations successives des jeux Olympiques. ◆ **olympiades** n.f. pl. (Emploi critiqué). Jeux Olympiques.

olympien, enne adj. **1.** Relatif à l'Olympe : *Les divinités olympiennes.* **2.** *Fig.* Qui est majestueux et serein : *Un vieillard olympien* (**SYN.** auguste, noble).

olympique adj. **1.** Relatif aux jeux Olympiques : *La flamme olympique.* **2.** Qui est conforme aux règles des jeux Olympiques : *Une piscine olympique.* ◗ ***Les jeux Olympiques,*** compétition sportive internationale qui a lieu tous les quatre ans : *Les jeux Olympiques d'hiver* (= consacrés aux sports de neige et de glace). *Les jeux Olympiques d'été.*

olympisme n.m. **1.** Ensemble des phénomènes sociaux, culturels et économiques liés aux jeux Olympiques. **2.** Idéal olympique de sportivité.

ombelle n.f. (du lat. *umbella,* parasol). Disposition des fleurs d'une plante autour d'un même point à partir duquel leurs tiges rayonnent comme les baleines d'un parasol : *Les ombelles des carottes, du persil.*

ombellifère n.f. Plante aux fleurs groupées en ombelle.

ombilic [ɔ̃bilik] n.m. (lat. *umbilicus*). Cicatrice arrondie laissée sur l'abdomen après la chute du cordon ombilical (**SYN.** nombril).

ombilical, e, aux adj. Relatif à l'ombilic, au nombril : *Cordon ombilical.*

omble n.m. (de *amble,* mot de Neuchâtel). Poisson d'eau douce voisin du saumon, à chair délicate.

ombrage n.m. Ensemble de branches, de feuilles d'arbres qui donnent de l'ombre ; cette ombre : *Se promener sous les ombrages du parc* (**SYN.** feuillage, frondaison). ◗ ***Porter*** ou ***faire ombrage à qqn,*** lui inspirer de l'inquiétude ou du ressentiment. ***Prendre ombrage de qqch,*** s'en offenser.

ombragé, e adj. Se dit d'un lieu où les arbres donnent de l'ombre : *Une terrasse ombragée* (**SYN.** ombreux).

ombrager v.t. [conj. 17]. Couvrir de son ombre : *Des arbres ombragent le jardin.*

ombrageux, euse adj. **1.** Se dit d'un cheval qui a peur de son ombre ou d'un objet inaccoutumé. **2.** Qui est susceptible ; qui est soupçonneux : *Un caractère ombrageux* (**SYN.** difficile). *Un air ombrageux* (**SYN.** méfiant, suspicieux). ☞ **REM.** Ne pas confondre avec *ombreux.*

① **ombre** n.m. (du lat. *umbra,* poisson de couleur sombre). Poisson d'eau douce, voisin du saumon, à chair estimée.

② **ombre** n.f. (lat. *umbra*). **1.** Zone sombre due à l'absence de lumière ou à l'interception de la lumière par un corps opaque : *Cet arbre fait de l'ombre aux cultures* (**SYN.** ombrage ; **CONTR.** clarté, lumière). *Je ne distingue que des ombres dans la rue* (**SYN.** silhouette). **2.** Apparence à peine perceptible de qqch : *Elle n'a pas eu l'ombre d'une hésitation* (**SYN.** soupçon, trace). *Une ombre de tristesse passa dans son regard.* ◗ ***À l'ombre de,*** à l'abri de qqch ; sous la protection de qqn. ***Faire de l'ombre à qqn,*** prendre trop d'importance par rapport à lui. ***Il y a une ombre au tableau,*** la situation comporte un inconvénient. *Fam.* ***Mettre, être à l'ombre,*** mettre, être en prison. ***Ombres chinoises*** ou ***théâtre d'ombres,*** spectacle présentant des silhouettes fortement éclairées par-derrière et apparaissant sur un écran transparent. ***Vivre, rester dans l'ombre,*** dans un endroit peu en vue ; dans le mystère et le secret : *Il reste dans l'ombre du candidat.* ***Zone d'ombre,*** ce qui est incertain ou inconnu : *Des zones d'ombre subsistent sur lui.*

③ **ombre** n.f. (de *Ombrie,* région d'Italie). ◗ ***Terre d'ombre,*** ocre brune qui sert de pigment en peinture.

ombrelle n.f. (it. *ombrello,* du lat. *umbrella,* parasol). Parasol portatif de femme.

ombrer v.t. [conj. 3]. Marquer les ombres dans un dessin.

ombreux, euse adj. *Litt.* Où il y a de l'ombre : *Une allée ombreuse* (**SYN.** ombragé). ☞ **REM.** Ne pas confondre avec *ombrageux.*

ombudsman [ɔmbydsman] n.m. (mot suédois). Dans les pays scandinaves, puis au Canada, personnalité indépendante chargée d'examiner les plaintes des citoyens contre l'Administration (**SYN.** médiateur).

oméga [ɔmega] n.m. inv. Vingt-quatrième et dernière lettre de l'alphabet grec (Ω, ω), notant un « o » long ouvert. ◆ n.m. pl. Famille d'acides gras présents dans certains aliments (poissons gras, soja, etc.), bénéfiques pour le système cardio-vasculaire.

omelette [ɔmlɛt] n.f. (de l'anc. fr. *alumelle,* lamelle, à cause de la forme aplatie de l'omelette). Plat composé d'œufs battus et cuits dans une poêle. ◗ ***Omelette norvégienne,*** entremets composé d'une glace enrobée d'un soufflé chaud. ***On ne fait pas d'omelette sans casser des œufs,*** on n'arrive pas à un résultat sans peine ni sacrifices.

omerta n.f. (mot it.). **1.** Loi du silence régnant dans les organisations mafieuses, et qui impose de ne jamais révéler le nom de l'auteur d'un délit. **2.** Silence qui s'impose dans toute communauté d'intérêts : *Rompre l'omerta mandarinale.*

omettre v.t. [conj. 84]. **1.** *Sout.* Négliger de faire ou de dire : *N'omettez pas d'inscrire votre numéro de téléphone* (**SYN.** oublier ; **CONTR.** penser à). **2.** Ne pas inscrire dans une énumération, un ensemble ; passer sous silence : *J'ai omis son nom dans la liste des inscrits* (**SYN.** sauter ; **CONTR.** citer).

omicron [ɔmikrɔn] n.m. inv. Quinzième lettre de l'alphabet grec (Ο, ο), notant un « o » bref fermé.

omission n.f. **1.** Action d'omettre : *L'omission d'un renseignement rend le traitement du dossier impossible* (**SYN.** absence, oubli ; **CONTR.** indication, mention). **2.** Chose oubliée : *J'ai relevé quelques omissions dans votre récit* (**SYN.** lacune, manque).

omnibus [ɔmnibys] n.m. (mot lat. signif. « pour tous »). Train qui dessert toutes les stations de son parcours (on dit aussi *train omnibus*).

omnicolore adj. Qui présente toutes sortes de couleurs (**SYN.** multicolore).

omnidirectionnel, elle ou **omnidirectif, ive** adj. Se dit d'une antenne qui émet les ondes ou les reçoit aussi efficacement dans toutes les directions (par opp. à unidirectionnel).

omnipotence n.f. *Sout.* Toute-puissance ; pouvoir absolu.

omnipotent, e adj. (du lat. *omnis,* tout, et *potens,* puissant). Dont l'autorité est absolue : *Un maire omnipotent dans sa commune* (**SYN.** tout-puissant).

omnipraticien, enne n. et adj. Médecin généraliste.

omniprésence n.f. Présence constante en tous lieux : *L'omniprésence de la publicité dans notre environnement.*

omniprésent, e adj. Qui est présent continuellement en tous lieux : *Les lobbyistes sont omniprésents pendant les sessions de la commission.*

omniscience n.f. Connaissance universelle : *L'omniscience des encyclopédistes.*

omniscient, e adj. Qui sait tout ; universel.

omnisports adj. inv. Où l'on pratique plusieurs sports : *Une salle omnisports.*

omnium [ɔmnjɔm] n.f. inv. En Belgique, assurance tous risques.

omnivore adj. et n. Se dit d'un animal qui se nourrit indifféremment de substances animales ou végétales (par opp. à carnivore, herbivore).

omoplate n.f. (du gr. *ômos,* épaule, et *platê,* surface plate). Os plat, large, mince et triangulaire, situé à la partie postérieure de l'épaule.

on [ɔ̃] pron. indéf. (du lat. *homo,* homme). **1.** Désigne une personne, un groupe de personnes indéterminées : *On vous a dénoncé* (**SYN.** quelqu'un). **2.** Désigne les gens en général : *À l'époque, on n'avait pas inventé l'imprimerie. On appelle cela un logiciel.* ◆ pron. pers. *Fam.* **1.** Remplace le pronom de la 1re personne du pluriel ; nous : *Nous, on a réussi. On est toutes présentes. On se retrouve ce soir. Que fait-on maintenant ?* **2.** Remplace le pronom de la 1re personne du singulier ; je : *On fait ce qu'on peut.* **3.** Désigne la personne à qui s'adresse celui qui parle : *On ne bouge plus !* (= ne bouge plus, ne bougez plus). *On se tait !*

onagre n.m. (du gr. *onagros,* âne sauvage). Mammifère sauvage d'Iran et d'Inde, intermédiaire entre le cheval et l'âne.

onanisme n.m. (de *Onan,* nom d'un personnage biblique). Masturbation.

onc [ɔ̃k] adv. (du lat. *unquam,* quelquefois). *Vx* Jamais. ☞ **REM.** On peut aussi écrire *oncques* ou *onques.*

① **once** n.f. (du lat. *uncia,* douzième partie). **1.** Mesure de poids des anciens Romains. **2.** *Anc.* Unité de masse anglo-saxonne, utilisée aussi au Canada. ▸ ***Une once de,*** une très petite quantité de : *Il n'a pas une once d'humour.*

② **once** n.f. (anc. fr. *lonce,* du lat. *lynx*). Grand félin des forêts montagneuses du nord de l'Asie, au pelage clair et tacheté (on l'appelle aussi *panthère des neiges*).

oncle n.m. (lat. *avunculus*). **1.** Frère du père ou de la mère. **2.** (Par ext.). Mari de la tante.

oncogène adj. (du gr. *ogkos,* grosseur). Qui est cancérogène. ◆ n.m. Gène dont l'excès d'activité provoque le cancer.

oncologie n.f. Cancérologie.

oncologiste ou **oncologue** n. Cancérologue.

oncques [ɔ̃k] adv. → **onc.**

onction n.f. (lat. *unctio,* de *ungere,* oindre). **1.** Action d'oindre une personne en lui appliquant de l'huile sainte pour la consacrer à Dieu : *L'onction du baptême.* **2.** *Litt.* Douceur particulière dans les gestes et la manière de parler : *Des paroles pleines d'onction* (**SYN.** aménité, gentillesse ; **CONTR.** brutalité, dureté, rudesse).

onctueux, euse adj. **1.** Qui est d'une consistance moelleuse et douce ; velouté : *Un yaourt onctueux.* **2.** *Litt.* Se dit d'une personne qui est d'une douceur excessive, parfois hypocrite ; doucereux, mielleux.

onctuosité n.f. Qualité de ce qui est onctueux : *Donner de l'onctuosité à une sauce* (**SYN.** velouté).

onde n.f. (du lat. *unda,* eau courante). **1.** Mouvement de la surface de l'eau, formant des rides concentriques qui se soulèvent et s'abaissent alternativement : *Les ondes provoquées par le passage d'un bateau.* **2.** *Litt.* Eau de la mer, d'un lac, d'une rivière : *« Un agneau se désaltérait / Dans le courant d'une onde pure »* [La Fontaine]. **3.** Dessin représentant des sinuosités, des cercles concentriques : *La lumière dessine des ondes sur la moire.* **4.** En physique, phénomène de vibration qui se produit dans un milieu matériel ou immatériel : *Les ondes d'un tremblement de terre peuvent se propager sur de grandes distances.Les ondes radiophoniques.* ▸ *Fam.* ***Être sur la même longueur d'onde,*** en parlant de deux personnes, se comprendre, parler le même langage. ***Longueur d'onde,*** en physique, distance parcourue par une vibration pendant un intervalle de temps constant : *Faire varier les longueurs d'onde.* ***Onde de choc,*** phénomène provoqué par un avion qui se déplace à une vitesse supérieure à celle de la propagation du son ; fig., répercussion, effet fâcheux de qqch : *L'onde de choc de cette affaire atteint toute la famille.* ◆ **ondes** n.f. pl. (Précédé de l'art. déf.). La radio, les émissions radiodiffusées : *Ce reportage sera diffusé demain sur les ondes.*

ondé, e adj. *Litt.* Qui forme des ondes, des sinuosités.

ondée n.f. Grosse pluie soudaine et de courte durée : *Des nuages porteurs d'ondées* (**SYN.** averse).

ondin, e n. Dans les mythologies nordiques, génie des eaux.

on-dit [ɔ̃di] n.m. inv. (Surtout pl.). Nouvelle répétée de bouche en bouche : *Elle ne tient aucun compte des on-dit* (**SYN.** racontar, ragot, rumeur).

ondoiement [ɔ̃dwamɑ̃] n.m. **1.** *Litt.* Fait d'ondoyer : *L'ondoiement des blés sous le vent* (**SYN.** ondulation). **2.** Dans la religion catholique, baptême d'urgence réduit à l'essentiel.

ondoyant, e [ɔ̃dwajɑ̃, ɑ̃t] adj. *Litt.* **1.** Qui ondoie, ondule : *Des flammes ondoyantes dans la cheminée* (**SYN.** dansant). **2.** *Fig.* Qui change selon les circonstances : *Il a un caractère ondoyant* (**SYN.** inconstant, versatile ; **CONTR.** constant).

ondoyer [ɔ̃dwaje] v.i. [conj. 13]. *Litt.* **1.** S'élever et s'abaisser alternativement comme une onde : *Les blés ondoient dans le vent* (**SYN.** onduler). **2.** Dans la religion catholique, baptiser par ondoiement.

ondulant, e adj. Qui ondule.

ondulation n.f. (du lat. *undula,* petite onde).

1. Mouvement léger d'un fluide qui s'abaisse et s'élève alternativement : *L'ondulation de la mer* (**SYN.** agitation, onde, remous, vague). **2.** (Surtout pl.). Mouvement se propageant par vagues successives : *Les ondulations d'une ola dans un stade* (**SYN.** balancement, houle). **3.** Succession de petites hauteurs et de faibles dépressions d'un sol : *L'ondulation du terrain* (**SYN.** vallonnement). **4.** Forme sinueuse des mèches des cheveux qui frisent : *Se faire faire des ondulations* (**SYN.** cran).

ondulatoire adj. Qui a les caractères, la forme d'une onde, d'une ondulation.

ondulé, e adj. **1.** Qui présente des ondulations : *Des cheveux ondulés* (**SYN.** bouclé, frisé ; **CONTR.** raide). **2.** Dont la surface présente une alternance régulière de reliefs et de creux : *Du carton ondulé. De la tôle ondulée.*

onduler v.i. [conj. 3]. Avoir un léger mouvement sinueux : *La surface de l'eau ondule* (**SYN.** ondoyer [litt.]). ◆ v.t. Donner une forme ondulante à : *Onduler ses cheveux* (**SYN.** boucler).

one-man-show [wanmanʃo] n.m. inv. (mots angl. signif. « spectacle d'un seul homme »). Spectacle de variétés où l'artiste est seul sur scène. ☞ **REM.** Il est recommandé de remplacer cet anglicisme par *spectacle solo* ou *solo*.

onéreux, euse adj. (lat. *onerosus*, de *onus, oneris*, charge). Qui occasionne des frais importants : *Des loisirs onéreux* (**SYN.** coûteux ; **CONTR.** économique). ▸ *Sout.* ***À titre onéreux,*** en payant (par opp. à à titre gracieux).

O.N.G. ou **ONG** [oɛnʒe] n.f. (sigle). ▸ ***Organisation non gouvernementale*** → **organisation.**

ongle n.m. (lat. *ungula*). **1.** Lame cornée qui couvre le dessus du bout des doigts et des orteils chez l'homme : *Se faire les ongles* (= les couper, les limer, les nettoyer). **2.** Sabot ou griffe de certains animaux. ▸ ***Jusqu'au bout des ongles,*** à un degré extrême : *Il est arriviste jusqu'au bout des ongles* ; à la perfection : *Elle est artiste jusqu'au bout des ongles.*

onglé, e adj. *Litt.* Qui est pourvu d'ongles.

onglée n.f. Engourdissement douloureux du bout des doigts, causé par un grand froid : *Ils avaient l'onglée.*

onglet n.m. **1.** Petite entaille où l'on peut placer l'ongle : *L'onglet d'une lame de canif.* **2.** Échancrure pratiquée dans les bords des feuillets d'un livre, d'un cahier pour signaler un chapitre ou une section : *Un carnet à onglets.* **3.** Morceau du bœuf utilisé pour les biftecks : *De l'onglet aux échalotes.* **4.** Élément d'une interface graphique qui permet de choisir une page à afficher sur l'écran d'un ordinateur.

onguent [ɔ̃gɑ̃] n.m. (lat. *unguentum*, de *ungere*, oindre). Médicament à base de corps gras, destiné à être appliqué sur la peau (**SYN.** baume, pommade).

ongulé, e adj. (du lat. *ungula*, ongle). Se dit d'un animal dont les doigts sont terminés par des sabots. ◆ **ongulé** n.m. Mammifère herbivore doté de sabots : *L'éléphant, le cheval, le rhinocéros et le sanglier sont des ongulés.*

onguligrade adj. et n.m. Se dit d'un mammifère ongulé qui marche sur des sabots, comme le cheval.

onirique adj. (du gr. *oneiros*, rêve). **1.** Relatif au rêve : *Étudier l'activité onirique d'un patient.* **2.** *Litt.* Qui évoque le rêve : *Les scènes oniriques d'un film* (**CONTR.** réaliste).

onirisme n.m. **1.** Ensemble des images, des phénomènes du rêve. **2.** Délire psychiatrique aigu.

oniromancie n.f. Divination par les rêves.

oniromancien, enne n. Personne pratiquant l'oniromancie.

onomastique n.f. (du gr. *onoma*, nom). Branche de la lexicologie qui étudie l'origine des noms propres : *L'onomastique comprend l'anthroponymie et la toponymie.*

onomatopée n.f. (gr. *onomatopoiia*, création de mots). Mot qui évoque le son produit par l'être ou la chose qu'il désigne : *« Coucou », « hi-han » et « crac » sont des onomatopées.*

onomatopéique adj. Qui concerne l'onomatopée : *Une étymologie onomatopéique.*

onques [ɔ̃k] adv. → **onc.**

ontogenèse n.f. (du gr. *ôn, ontos*, 2. être, et *genesis*, génération). En embryologie, développement de l'individu depuis l'œuf fécondé jusqu'à l'état adulte.

ontologie n.f. (du gr. *ôn, ontos*, 2. être). En philosophie, étude de l'être en tant qu'être, de l'être en soi.

ontologique adj. En philosophie, relatif à l'ontologie.

onusien, enne adj. Relatif à l'O.N.U., à l'Organisation des Nations unies : *Les forces onusiennes.*

onychophagie [ɔnikɔfaʒi] n.f. (du gr. *onux, onukhos*, ongle). Habitude de se ronger les ongles.

onyx [ɔniks] n.m. (du gr. *onux*, ongle, à cause de sa transparence). Agate d'une variété caractérisée par des raies concentriques de diverses couleurs.

onzain n.m. Strophe ou poème de onze vers.

onze [ɔ̃z] adj. num. card. inv. (lat. *undecim*). **1.** Dix plus un : *Les onze joueurs d'une équipe de football. Les cent onze candidates. Nous ne serons que onze.* **2.** (En fonction d'ordinal). De rang numéro onze, onzième : *La chambre onze. Louis XI* (= le onzième roi à s'appeler Louis). ◆ n.m. inv. **1.** Le nombre qui suit dix dans la série des entiers naturels : *Six et cinq font onze.* **2.** Désigne selon les cas le jour, le numéro d'une chambre, etc. : *Le onze a gagné.*

onzième [ɔ̃zjɛm] adj. num. ord. De rang numéro onze : *Elle est dans sa onzième année* (= elle a entre dix et onze ans). ◆ n. Personne, chose qui occupe le onzième rang : *Elle est la onzième à venir. Ils habitent au onzième* (= au onzième étage). ◆ adj. et n.m. Qui correspond à la division d'un tout en onze parties égales : *La onzième partie d'une somme.*

onzièmement adv. En onzième lieu.

oocyte [ɔɔsit] n.m. → **ovocyte.**

oogone [ɔɔgɔn] n.f. (du gr. *ôon*, œuf, et *gonê*, génération). Cellule dans laquelle se forment les éléments femelles d'un grand nombre de végétaux.

① **oolithe** ou **oolite** [ɔɔlit] n.f. ou n.m. (du gr. *ôon*, œuf, et *lithos*, pierre). En géologie, petite pierre d'environ 1 millimètre de diamètre.

② **oolithe** ou **oolite** [ɔɔlit] n.f. Calcaire formé d'oolithes.

oosphère [ɔɔsfɛr] n.f. Gamète femelle des végétaux, homologue de l'ovule des animaux.

O.P.A. ou **OPA** [ɔpea] n.f. (sigle). ▸ ***Offre publique d'achat*** → **offre.**

opacification n.f. Action d'opacifier ; fait de s'opacifier : *L'opacification du cristallin de l'œil.*

opacifier v.t. [conj. 9]. Rendre opaque. ◆ **s'opacifier** v.pr. Devenir opaque.

opacité n.f. **1.** État de ce qui est opaque, qui ne laisse pas passer la lumière : *L'opacité des stores.* **2.** *Litt.* Ombre épaisse ; obscurité totale : *L'opacité d'une nuit sans lune* (= ténèbres). **3.** *Fig., litt.* Caractère d'une chose incompréhensible ou impénétrable : *Des paroles d'une grande opacité* (**CONTR.** clarté). *L'opacité dans la gestion d'une association* (**SYN.** mystère ; **CONTR.** transparence).

opale n.f. (lat. *opalus*). Pierre fine, à reflets irisés.

opalescence n.f. *Litt.* Teinte ou reflet d'opale ; irisation.

opalescent, e adj. *Litt.* Qui prend une teinte d'opale : *Un vase opalescent* (**SYN.** opalin).

opalin, e adj. Qui a l'aspect laiteux et bleuâtre de l'opale, ses reflets irisés ; opalescent.

opaline n.f. **1.** Verre opalin. **2.** Objet fait avec cette matière.

opaque adj. (du lat. *opacus*, sombre). **1.** Qui ne se laisse pas traverser par la lumière : *Un verre opaque* (**CONTR.** translucide, transparent). *Un brouillard opaque* (**SYN.** dense, épais ; **CONTR.** léger). **2.** Où règne une obscurité totale : *Une nuit opaque* (**SYN.** 1. noir, sombre ; **CONTR.** lumineux). **3.** *Fig.* Dont on ne peut pénétrer le sens : *Cette théorie demeure opaque* (**SYN.** incompréhensible, inintelligible, obscur ; **CONTR.** clair, évident).

ope n.f. ou n.m. (gr. *opê*). Ouverture ménagée dans un mur.

O.P.E. ou **OPE** [ɔpeə] n.f. (sigle). ▸ ***Offre publique d'échange*** → **offre.**

opéable adj. et n.f. Se dit d'une société qui peut faire l'objet d'une O.P.A. ou d'une O.P.E. : *Un raid sur les opéables.*

open [ɔpœn ou ɔpɛn] adj. inv. (mot angl. signif. « ouvert »). Se dit d'une compétition réunissant amateurs et professionnels : *Des tournois open.* ☞ **REM.** Il est recommandé de dire *ouvert.* ▸ ***Billet open,*** billet d'avion, de chemin de fer non daté, utilisable à la date choisie par le voyageur. ◆ n.m. Compétition open : *Des opens de golf, de tennis.* ☞ **REM.** Il est recommandé de remplacer cet anglicisme par *tournoi ouvert.*

opéra n.m. (it. *opera*). **1.** Œuvre théâtrale mise en musique, composée d'une partie orchestrale et d'une partie chantée ; genre dramatique correspondant : *« Fidelio » est l'unique opéra de Beethoven. Des opéras rock.* **2.** (Avec une majuscule). Théâtre où on joue des opéras : *La représentation a lieu à l'Opéra de Lyon.*

opéra-ballet n.m. (pl. *opéras-ballets*). Spectacle mêlant le genre opératique et le genre chorégraphique.

opérable adj. Qui peut être opéré : *Cette malformation n'est pas opérable* (**CONTR.** inopérable).

opéra-bouffe ou **opéra bouffe** n.m. (it. *opera buffa*, de *buffa*, ridicule) [pl. *opéras-bouffes, opéras bouffes*]. Opéra dont le sujet est léger ou comique.

opéra-comique n.m. (pl. *opéras-comiques*). Opéra dans lequel alternent des épisodes parlés et chantés.

① **opérateur, trice** n. **1.** Personne qui fait fonctionner un appareil : *Une opératrice de saisie. Un opérateur radio.* **2.** Personne qui exécute des opérations de Bourse. ▸ ***Chef opérateur,*** au cinéma, directeur de la photographie. ***Opérateur de prises de vues,*** cadreur. ◆ **opérateur** n.m. **1.** Entreprise qui exploite un réseau de télécommunications : *Un opérateur de téléphonie mobile.* **2.** Entreprise ou personne qui met en place une opération financière.

② **opérateur** n.m. En informatique et en mathématiques, symbole représentant une opération : *« × » est l'opérateur de multiplication.*

opération n.f. (du lat. *operatio*, travail, de *operari*, travailler). **1.** Ensemble organisé des processus qui concourent à l'action d'une fonction, d'un organe : *Les procédés mnémotechniques facilitent les opérations de mémorisation.* **2.** Action concrète et méthodique, individuelle ou collective, qui vise à tel résultat : *Des opérations de contrôle. Une opération de vaccination* (**SYN.** campagne). **3.** Ensemble des combats et manœuvres exécutés par des unités militaires : *Une vaste opération antiterroriste* (**SYN.** campagne, offensive). **4.** Calcul, à l'aide des tables d'addition et de multiplication, d'une somme, d'une différence, d'un produit ou d'un quotient : *Une opération à trois chiffres.* **5.** Affaire dont on évalue le profit financier ou le bénéfice : *L'opération doit rapporter plusieurs millions d'euros* (**SYN.** transaction). **6.** Intervention chirurgicale : *Des salles d'opération.* ▸ ***Opération de Bourse,*** action d'acheter ou de vendre des valeurs en Bourse. *Fam., iron.* ***Par l'opération du Saint-Esprit,*** par un moyen mystérieux.

opérationnel, elle adj. **1.** Qui est prêt à être mis en service, à réaliser parfaitement une, des opérations : *Le réseau télématique reste opérationnel pendant les travaux.* **2.** Relatif aux opérations militaires : *Un quartier général opérationnel.*

opératique adj. Qui concerne l'opéra.

opératoire adj. **1.** Relatif à une opération chirurgicale : *Le patient se remet du choc opératoire.* **2.** Qui sert à effectuer des opérations logiques : *Une technique opératoire.*

opercule n.m. (du lat. *operculum*, couvercle). **1.** En zoologie, nom donné à divers organes qui ferment une ouverture, une cavité : *L'opercule des branchies d'un poisson. L'opercule d'une alvéole de guêpe.* **2.** Pièce servant de fermeture à de petits contenants ; couvercle : *Des opercules de pots de yaourt.*

operculé, e adj. En zoologie, qui est muni d'un opercule : *Une coquille operculée.*

opéré, e adj. et n. Qui a subi une intervention chirurgicale.

opérer v.t. (du lat. *operari*, travailler, de *opus*, œuvre) [conj. 18]. **1.** Accomplir une action ; effectuer une série d'actes permettant d'obtenir, d'accomplir qqch : *Elle opère un tri dans ses papiers* (**SYN.** exécuter, réaliser). *La région doit maintenant opérer une reconversion* (**SYN.** pratiquer). **2.** Avoir pour résultat : *Cette expérience a opéré un grand changement chez les enfants* (**SYN.** déclencher, entraîner). *Les aménagements routiers ont opéré une amélioration du trafic* (**SYN.** produire, susciter). **3.** Effectuer une opération de calcul, de chimie : *Opérer une multiplication. Opérer un mélange de composants.* **4.** Pratiquer un acte chirurgical sur qqn, une partie du corps : *Le chirurgien l'a opéré de multiples fractures.* ◆ v.i. **1.** Agir d'une certaine manière : *Il faut opérer dans le calme* (**SYN.** procéder). **2.** Produire un effet ; être efficace : *La magie a opéré* (**SYN.** agir). **3.** Pratiquer une intervention chirurgicale : *Le chirurgien a décidé d'opérer* (**SYN.** intervenir). ◆ **s'opérer** v.pr. Se produire, avoir lieu : *Une réorganisation s'est opérée dans l'entreprise* (**SYN.** s'accomplir, se réaliser).

opérette n.f. Opéra-comique de caractère léger. ▸ ***D'opérette,*** qui paraît léger ou factice, qu'on ne peut pas prendre au sérieux : *Un enquêteur d'opérette.*

ophidien n.m. (du gr. *ophis,* serpent). *Didact.* Serpent.

ophiure n.f. (du gr. *ophis,* serpent, et *ouron,* queue). Animal marin ressemblant à une étoile de mer aux bras longs et souples.

ophtalmie n.f. Affection inflammatoire de l'œil.

ophtalmique adj. Relatif à l'œil : *Migraine ophtalmique.*

ophtalmologie n.f. (du gr. *ophtalmos,* œil). Spécialité médicale dont l'objet est le traitement des affections de l'œil et des troubles de la vision.

ophtalmologique adj. Relatif à l'ophtalmologie.

ophtalmologiste ou **ophtalmologue** n. Spécialiste d'ophtalmologie (**SYN.** oculiste).

ophtalmomètre n.m. Instrument utilisé pour l'ophtalmométrie.

ophtalmométrie n.f. Mesure de l'astigmatisme.

ophtalmoscope n.m. Instrument servant à l'ophtalmoscopie.

ophtalmoscopie n.f. Examen de la partie postérieure de la rétine à travers la pupille (= fond d'œil).

opiacé, e adj. et n.m. Se dit d'une substance contenant de l'opium (**SYN.** morphinique).

Opinel n.m. (nom déposé). Couteau fermant à manche en bois et doté d'une virole.

opiner v.t. ind. (du lat. *opinari,* conjecturer) [conj. 3]. **[à].** Apporter son appui à : *Il opine à tout ce qui est proposé* (**SYN.** acquiescer, approuver, consentir ; **CONTR.** refuser, rejeter, repousser). ▸ ***Opiner de la tête*** ou ***du bonnet*** ou ***du chef,*** approuver sans mot dire, par un signe d'assentiment.

opiniâtre adj. (de *opinion*). **1.** Qui montre de l'obstination, de la ténacité, de la persévérance : *Un traqueur d'ovnis opiniâtre* (**SYN.** déterminé, résolu ; **CONTR.** changeant, inconstant). **2.** Qui est fait avec ténacité, persévérance : *Une recherche opiniâtre de la vérité* (**SYN.** acharné). **3.** Qui est durable ; qui persiste : *Une toux opiniâtre* (**SYN.** persistant, tenace ; **CONTR.** passager).

opiniâtrement adv. Avec opiniâtreté : *Une enquête opiniâtrement conduite* (**SYN.** obstinément, résolument).

opiniâtreté n.f. *Litt.* Volonté tenace : *L'opiniâtreté d'un juge* (**SYN.** détermination, persévérance ; **CONTR.** versatilité).

opinion n.f. (lat. *opinio,* de *opinari,* conjecturer). **1.** Ce que l'on pense sur un sujet : *Il a émis une opinion favorable sur ce projet* (**SYN.** avis, jugement). *Elle s'est fait une opinion sur cette question* (**SYN.** idée, sentiment). **2.** (Précédé de l'art. déf.). Manière de penser la plus répandue dans une société, celle de la majorité du corps social ; cette majorité (on dit aussi *l'opinion publique*) : *Des sondages d'opinion. Les écologistes ont alerté l'opinion sur cette menace.* ▸ ***Avoir bonne opinion de,*** estimer, apprécier. ***Prisonnier d'opinion,*** personne détenue en raison de ses convictions (par opp. à prisonnier de droit commun). ***Verbe d'opinion,*** verbe qui exprime la pensée de la personne qui parle : *Les verbes « croire, estimer, juger » sont des verbes d'opinion.* ◆ **opinions** n.f. pl. Convictions d'une personne, d'un groupe : *Nul ne doit être inquiété pour ses opinions* (**SYN.** croyance, idée).

opiomane n. Toxicomane à l'opium.

opiomanie n.f. Toxicomanie à l'opium.

opium [ɔpjɔm] n.m. (du gr. *opion,* suc de pavot). **1.** Stupéfiant extrait de diverses espèces de pavot. **2.** *Fig.* Ce qui cause un engourdissement intellectuel : *Ce philosophe écrit que l'Internet est l'opium du* XXI*e* *siècle.*

oponce n.m. → **opuntia.**

opossum [ɔpɔsɔm] n.m. (algonquien *oposon*). **1.** Petit marsupial d'Amérique, à la fourrure appréciée. **2.** Fourrure de cet animal.

oppidum [ɔpidɔm] n.m. (mot lat.). Ville fortifiée de l'Antiquité romaine.

opportun, e adj. (lat. *opportunus,* qui conduit au port, de *portus,* port). Qui convient aux circonstances ; qui survient à propos : *Elle est arrivée au moment opportun* (= au bon moment ; **SYN.** propice ; **CONTR.** inopportun, mauvais). *Une aide opportune* (**SYN.** bienvenu, utile ; **CONTR.** intempestif).

opportunément adv. De façon opportune : *Le verdict a opportunément rappelé que ces comportements sont dangereux* (**SYN.** à point, à propos).

opportunisme n.m. Attitude consistant à agir selon les circonstances et en fonction de ses intérêts.

opportuniste adj. et n. Qui fait preuve d'opportunisme : *Une politique opportuniste.* ◆ adj. Se dit d'un germe qui ne devient pathogène que dans un organisme aux défenses immunitaires affaiblies ; se dit de l'infection due à ce type de germe.

opportunité n.f. **1.** Caractère de ce qui est opportun : *Ils débattent de l'opportunité d'entamer des négociations* (**SYN.** à-propos, bien-fondé ; **CONTR.** inopportunité). **2.** (Calque de l'angl. ; emploi critiqué). Circonstance favorable : *Profitez des dernières opportunités qu'offrent les soldes* (**SYN.** occasion).

opposabilité n.f. **1.** Qualité d'un moyen de défense que l'on peut faire valoir contre la partie adverse. **2.** Caractère opposable d'un doigt.

opposable adj. **1.** Qui peut être opposé à qqch, utilisé contre qqch : *Des motifs opposables à une mesure.* **2.** Se dit d'un doigt qui peut être mis en face des autres doigts : *Le pouce de l'homme est opposable aux autres doigts.*

opposant, e adj. et n. **1.** Qui forme une opposition : *La partie opposante dans un procès* (**SYN.** adverse). **2.** Se dit d'une personne qui s'oppose à une décision, à un gouvernement : *Les opposants à la violence* (**SYN.** adversaire ; **CONTR.** défenseur).

opposé, e adj. **1.** Qui est placé vis-à-vis ; qui va dans la direction inverse : *L'hôtel se trouve sur la rive opposée* (= la rive d'en face). *Les voitures venant en sens opposé* (**SYN.** contraire ; **CONTR.** même). **2.** Qui est de nature différente, contradictoire : *Ils ont des avis opposés sur cette question* (**SYN.** discordant, divergent ; **CONTR.**

analogue, identique). **3.** Qui refuse qqch, y est défavorable : *Des travailleurs opposés à la mondialisation* (**SYN.** hostile ; **CONTR.** favorable). ◆ **opposé** n.m. Chose contraire : *Il a prétendu l'opposé* (**SYN.** contraire, inverse). ▸ ***À l'opposé de,*** du côté opposé à : *Cette rue se trouve à l'opposé de la ville* ; au contraire de : *À l'opposé de tous les autres, elle a voté pour* (**SYN.** à l'encontre de).

opposer v.t. (lat. *opponere*) [conj. 3]. **1.** Faire s'affronter : *La finale opposera deux Belges. Un différend oppose cette famille à ses voisins* (**SYN.** diviser, séparer ; **CONTR.** rapprocher). **2.** Présenter comme objection, comme contradiction : *Je n'ai rien à opposer à cet argument* (**SYN.** objecter). **3.** Placer une chose de manière qu'elle fasse obstacle à une autre : *Les sacs de sable opposent une résistance aux eaux en crue.* **4.** Comparer en soulignant les différences : *Il a opposé son programme à celui du candidat sortant* (= mettre en balance ; **SYN.** confronter ; **CONTR.** rapprocher). ◆ **s'opposer** v.pr. **1. [à].** Être contre ; faire obstacle à : *Elle s'est opposée à sa venue* ou *à ce qu'il vienne* (**SYN.** défendre, empêcher, interdire ; **CONTR.** accepter, autoriser, permettre). **2.** Être contraire, incompatible : *Leurs idées s'opposent* (**SYN.** contraster, diverger ; **CONTR.** concorder). **3.** Se combattre : *Les deux meilleures équipes s'opposeront ce soir* (**SYN.** s'affronter, se mesurer).

à l'**opposite** loc. adv. (du lat. *oppositus,* opposé). *Litt.* À l'opposé : *Son frère, à l'opposite, est calme* (**SYN.** au contraire).

opposition n.f. **1.** Action de s'opposer, de résister, de faire obstacle à qqn, à qqch : *Faire de l'opposition systématique* (**SYN.** obstruction). *Cette proposition tient compte de l'opposition formulée par la direction* (**SYN.** critique, remarque ; **CONTR.** approbation). **2.** Différence extrême ; situation de choses ou de personnes qui s'affrontent : *L'opposition de leurs caractères* (**SYN.** contradiction, désaccord ; **CONTR.** accord, correspondance, harmonie). *L'opposition d'un adolescent à ses parents* (**SYN.** antagonisme, contestation ; **CONTR.** alliance, entente). **3.** Ensemble des partis et des forces politiques opposés à la majorité parlementaire, au gouvernement qui en est issu : *L'opposition dénonce un trucage des chiffres* (**CONTR.** majorité). *Les journaux d'opposition.* **4.** Situation de choses placées vis-à-vis : *L'opposition de ce rouge et de ce vert* (**SYN.** contraste). **5.** Acte par lequel une personne déclare s'opposer à un autre acte, à une procédure : *Faire opposition à un chèque, à un partage.*

oppositionnel, elle adj. et n. Qui est dans l'opposition politique.

oppressant, e adj. **1.** Qui provoque une gêne respiratoire : *Une pollution oppressante* (**SYN.** étouffant, suffocant). **2.** Qui accable moralement : *Un climat d'insécurité oppressant* (**SYN.** angoissant).

oppressé, e adj. Qui éprouve une gêne respiratoire.

oppresser v.t. (du lat. *oppressum,* de *opprimere,* opprimer, de *premere,* presser) [conj. 4]. **1.** Gêner la respiration de : *Le temps orageux l'oppresse* (**SYN.** étouffer). **2.** Accabler moralement : *Ces soucis l'oppressent* (**SYN.** angoisser).

oppresseur n.m. Personne qui opprime (par opp. à opprimé) : *Se libérer du joug de l'oppresseur* (**SYN.** despote, tyran).

oppressif, ive adj. Qui tend à opprimer : *Des mesures de sécurité oppressives* (**SYN.** coercitif, tyrannique).

oppression n.f. **1.** Fait d'oppresser ; sensation de gêne respiratoire : *Il souffre d'une oppression due à la chaleur* (**SYN.** étouffement, suffocation). **2.** Malaise psychique sourd, un peu angoissant, qui étreint : *Ces scènes d'horreur provoquent une oppression chez le spectateur.* **3.** Action d'opprimer, d'accabler sous une autorité tyrannique : *Lutter contre l'oppression* (**SYN.** servitude).

opprimant, e adj. Qui opprime ; oppressif.

opprimé, e n. et adj. Personne qu'on opprime (par opp. à oppresseur).

opprimer v.t. (lat. *opprimere*) [conj. 3]. **1.** Accabler par violence, par abus d'autorité : *Ce gouvernement extrémiste opprime les femmes* (**SYN.** asservir, assujettir). **2.** Empêcher de s'exprimer : *La censure opprime la presse* (**SYN.** bâillonner, enchaîner, museler).

opprobre n.m. (lat. *opprobrium,* de *probum,* infamie). *Litt.* **1.** Réprobation publique qui s'attache aux auteurs d'actes condamnables : *Jeter l'opprobre sur les corrompus* (**SYN.** anathème, blâme). **2.** Cause de honte : *Cet individu est l'opprobre de sa profession* (**SYN.** déshonneur ; **CONTR.** honneur).

optatif, ive adj. et n.m. (du lat. *optare,* souhaiter). Se dit d'un mode du verbe qui exprime le souhait.

opter v.i. (du lat. *optare,* choisir) [conj. 3]. Choisir entre plusieurs possibilités : *À dix-huit ans, ils pourront opter pour la nationalité française* (**SYN.** adopter ; **CONTR.** écarter, repousser).

opticien, enne n. Personne qui vend ou fabrique des instruments d'optique, des lunettes.

optimal, e, aux adj. Qui est le meilleur, le plus favorable ; optimum : *Une sécurité optimale* (**SYN.** idéal, parfait, total).

optimalisation ou **optimisation** n.f. Action d'optimaliser ; fait d'être optimalisé : *L'optimalisation d'un matériel informatique.*

optimaliser ou **optimiser** v.t. [conj. 3]. Placer dans les meilleures conditions d'utilisation, de fonctionnement : *Optimaliser la maintenance technique.*

optimisme n.m. (du lat. *optimus,* le meilleur). **1.** Tendance à prendre les choses du bon côté, à être confiant dans l'avenir : *Nous attendons les résultats avec optimisme* (**SYN.** espoir ; **CONTR.** pessimisme). **2.** En philosophie, doctrine selon laquelle le monde, tel qu'il est, est le meilleur des mondes possibles.

optimiste adj. et n. Qui fait preuve d'optimisme : *Des prévisions optimistes* (**SYN.** encourageant, rassurant ; **CONTR.** décourageant, pessimiste).

optimum [ɔptimɔm] n.m. (mot lat. signif. « le meilleur »)[pl. *optimums* ou *optima*]. Degré de développement de qqch jugé le plus favorable : *Garantir l'optimum en matière de protection de l'environnement.* ◆ adj. Qui est le meilleur : *Des conditions optimums pour la circulation* (**SYN.** optimal).

option [ɔpsjɔ̃] n.f. (du lat. *optio,* choix). **1.** Fait d'opter ; choix à faire ; chose choisie : *Dans le menu principal, cliquez sur les options qui vous intéressent* (**SYN.** possibilité). **2.** Accessoire facultatif que l'on peut acheter moyennant un supplément de prix : *Peinture métallisée en option sur ce modèle.* **3.** Matière facultative à un examen : *Elle a pris deux options pour le baccalauréat.* **4.** Promesse d'achat ou de location qui, pour être effective, doit être confirmée avant une date limite : *Location avec option d'achat.* ▸ ***À option,*** qui fait l'objet d'un choix : *Une matière à option à l'examen.* ***Option sur titre,*** expression qu'il est recommandé d'employer à la place de *stock-option.*

optionnel, elle [ɔpsjɔnɛl] adj. Qui donne lieu à un choix, à une option : *Des équipements optionnels.*

① **optique** adj. (du gr. *optikos,* relatif à la vue, de *optos,* visible). **1.** Relatif à la vision ou à l'œil : *Nerf optique* (= nerf qui relie l'œil au cerveau). **2.** Relatif à l'optique ; qui est fondé sur les lois de l'optique : *Un système de guidage optique.*

② **optique** n.f. **1.** Partie de la physique qui traite des propriétés de la lumière et des phénomènes de la vision : *Les lois de l'optique.* **2.** Fabrication et commerce des instruments et des appareils utilisant, notamm., les propriétés des lentilles et des miroirs, dits *instruments d'optique.* **3.** Partie d'un appareil formée de lentilles, de miroirs ou de leurs combinaisons (par opp. à la monture, au boîtier) : *L'optique d'un appareil photo.* **4.** *Fig.* Manière de juger particulière ; point de vue : *Dans l'optique des concepteurs, cet appareil devait améliorer la vie de l'homme* (**SYN.** idée).

optoélectronique n.f. et adj. Conception de dispositifs associant l'électronique et l'optique.

optomètre n.m. Appareil utilisé pour l'optométrie.

optométrie n.f. (du gr. *optos,* visible). Mesure de l'acuité visuelle et de ses anomalies, les amétropies.

opulence n.f. **1.** Extrême abondance de biens matériels : *Ils vivent dans l'opulence* (**SYN.** aisance, richesse ; **CONTR.** misère, pauvreté). **2.** *Litt.* Caractère de ce qui est ample, abondant : *L'opulence d'une poitrine* (**SYN.** générosité, rondeur).

opulent, e adj. (lat. *opulentus,* de *opes,* richesses). **1.** Qui est très riche : *Une famille opulente* (**SYN.** aisé, nanti ; **CONTR.** pauvre). **2.** Qui a des formes plantureuses : *Les femmes opulentes de Rubens.*

opuntia [ɔpɔ̃sja] ou **oponce** n.m. (du lat. *opuntius,* de la ville d'Oponte). Plante grasse à rameaux épineux en forme de raquette, communément appelée *figuier de Barbarie* ; nopal : *Un opuntia fleuri.*

opus [ɔpys] n.m. (mot lat. signif. « œuvre »). Terme qui, suivi d'un numéro, sert à situer un morceau de musique dans la production d'un compositeur (abrév. op.) : *Le concerto brandebourgeois numéro 1, opus 1046 de Jean-Sébastien Bach.*

opuscule n.m. (lat. *opusculum,* de *opus,* ouvrage). Petit livre : *Cet intéressant opuscule donne l'essentiel des informations sur la question* (**SYN.** brochure, précis).

O.P.V. ou **OPV** [ɔpeve] n.f. (sigle). ▸ ***Offre publique de vente*** → **offre.**

① **or** n.m. (lat. *aurum*). **1.** Métal précieux d'un jaune brillant : *Des pépites d'or.* **2.** Alliage de ce métal avec d'autres métaux, utilisé en bijouterie, en dentisterie, etc. : *Or blanc, jaune, rose, rouge, vert. Une bague en or.* **3.** Couleur jaune de l'or : *Les ors du soleil couchant. Des jaunes d'or.* **4.** Monnaie d'or : *Harpagon comptait sans cesse son or.* ▸ ***Affaire en or,*** très avantageuse. ***Âge d'or,*** temps heureux d'une civilisation ; époque de bonheur, de prospérité. ***À prix d'or,*** très cher. ***C'est de l'or en barre,*** c'est une valeur très sûre. ***Cœur d'or,*** personne généreuse. ***En or,*** parfait : *C'est une informaticienne en or.* ***Nombre d'or*** → **nombre.** ***Or blanc,*** la neige, les sports d'hiver. ***Or bleu,*** l'eau, élément indispensable à la vie. ***Or noir,*** pétrole. ***Or vert,*** l'ensemble des ressources végétales. ***Règle d'or,*** précepte qu'il convient de respecter absolument. ◆ adj. inv. Qui est de la couleur de l'or : *Des cheveux or.*

② **or** conj. coord. (du lat. *hac hora,* à cette heure). Introduit une transition d'une idée à une autre dans un récit : *Il n'a pas voulu l'écouter ; or ce qu'elle avait à dire était crucial.*

oracle n.m. (lat. *oraculum,* de *orare,* parler). **1.** Dans l'Antiquité, réponse d'une divinité au fidèle qui la consultait ; divinité qui rendait cette réponse ; sanctuaire où cette réponse était rendue : *L'interprétation des oracles. L'oracle de Delphes.* **2.** *Litt.* Décision jugée infaillible et émanant d'une autorité ; cette autorité : *Les oracles des experts* (**SYN.** prophétie). *Elle est devenue le nouvel oracle de la Bourse.*

orage n.m. (de l'anc. fr. *ore,* du lat. *aura,* vent). **1.** Perturbation atmosphérique violente, accompagnée d'éclairs, de tonnerre, de pluie : *La lumière plombée qui précède les orages.* **2.** *Fig., litt.* (Surtout pl.). Ce qui vient troubler violemment un état de calme : *Les orages de l'amour* (**SYN.** déchirement, tourmente). **3.** Trouble dans les relations entre individus : *Il est prudent de laisser passer l'orage* (**SYN.** colère, dispute). ▸ ***Il y a de l'orage dans l'air,*** la tension laisse présager un éclat ; cela va mal se passer.

orageusement adv. *Litt.* De façon orageuse, tumultueuse.

orageux, euse adj. **1.** Qui caractérise l'orage : *Une pluie orageuse.* **2.** *Fig.* Qui est agité, troublé : *Une réunion orageuse* (**SYN.** houleux, mouvementé, tumultueux ; **CONTR.** 2. calme).

oraison n.f. (lat. *oratio,* de *orare,* parler, prier). Courte prière liturgique récitée par l'officiant. ▸ ***Oraison funèbre,*** discours public prononcé en l'honneur d'un mort illustre.

oral, e, aux adj. (du lat. *os, oris,* bouche). **1.** Relatif à la bouche en tant qu'organe : *L'administration d'un médicament par voie orale* (**SYN.** buccal). **2.** Qui est fait de vive voix (par opp. à écrit) : *Il a donné son accord oral* (**SYN.** verbal). *La tradition orale des contes.* ◆ **oral** n.m. Partie d'examen qui consiste uniquement en interrogations orales (par opp. à l'écrit) : *Elle passe deux oraux demain.*

oralement adv. Par la parole : *Les griots transmettent la culture oralement* (**SYN.** verbalement).

oraliser v.t. [conj. 3]. *Didact.* Dire à haute voix : *Le professeur fait oraliser tous les nombres à virgule. Oraliser une expérience traumatisante* (= la raconter ; **SYN.** verbaliser).

oralité n.f. Caractère de qui est oral : *L'oralité de la culture africaine.*

orange n.f. (de l'ar. *narandj*). Fruit comestible sphérique de l'oranger, d'un jaune mêlé de rouge. ◆ n.m. Couleur de l'orange qui est un mélange de rouge et de jaune : *Des oranges vifs.* ◆ adj. inv. Qui est de la couleur de l'orange : *Des tenues orange.*

orangé, e adj. Qui tire sur la couleur de l'orange : *Des terres orangées.* ◆ **orangé** n.m. Couleur orangée.

orangeade n.f. Boisson faite de jus d'orange, de sucre et d'eau.

orangeat n.m. Écorce d'orange hachée finement et confite.

oranger n.m. Arbre du groupe des agrumes, cultivé pour son fruit, l'orange. ▸ ***Eau de fleur d'oranger,*** essence extraite des fleurs du bigaradier et utilisée comme arôme en pâtisserie.

orangeraie n.f. Terrain planté d'orangers.

orangerie n.f. Local où l'on abrite pendant l'hiver les agrumes cultivés en caisses.

orangette n.f. Petite orange amère utilisée en confiserie.

orangiste n. et adj. Protestant de l'Irlande du Nord.

orang-outan ou **orang-outang** [ɔrɑ̃utɑ̃] n.m. (mot malais signif. « homme des bois »)[pl. *orangs-outans, orangs-outangs*]. Grand singe d'un brun roux, sans queue et aux bras très longs.

orant, e n. (du lat. *orare*, prier). Dans l'Antiquité, personnage représenté dans l'attitude de la prière.

orateur, trice n. (lat. *orator*, de *orare*, parler, prier). **1.** Personne qui prononce un discours devant des assistants : *L'orateur s'est installé sur l'estrade.* **2.** Personne éloquente, qui sait parler en public : *Une oratrice hors pair* (**SYN.** tribun).

① **oratoire** adj. *Didact.* Qui concerne l'art de parler en public : *Le style oratoire* (**SYN.** déclamatoire).

② **oratoire** n.m. Petite chapelle privée.

oratorien n.m. Membre d'une congrégation religieuse appelée l'Oratoire.

oratorio n.m. (mot it. signif. « oratoire »). Composition musicale dramatique, à sujet religieux : *Écouter des oratorios de Händel.*

① **orbe** adj. (du lat. *orbus*, privé de). Se dit d'un mur sans porte ni fenêtre.

② **orbe** n.m. (du lat. *orbis*, cercle). *Litt.* Ligne ou surface circulaire : *Les orbes de la fumée qui sort de la cheminée* (**SYN.** ondulation). *L'orbe brillant de l'arc-en-ciel* (**SYN.** courbe).

orbitaire adj. Relatif à l'orbite de l'œil.

orbital, e, aux adj. En astronomie, relatif à l'orbite d'une planète, d'un satellite : *Rendez-vous orbital de deux satellites.* ▸ ***Station orbitale,*** station spatiale sur orbite.

orbite n.f. (du lat. *orbita*, ornière, orbite, de *orbis*, cercle). **1.** Courbe décrite par une planète autour du Soleil, ou par un satellite autour de sa planète : *L'orbite lunaire.* **2.** *Fig.* Zone d'action ; sphère d'influence : *Des carriéristes gravitent dans l'orbite de ce politicien.* **3.** Cavité osseuse de la face, dans laquelle l'œil est placé. ▸ ***Mettre*** ou ***placer qqn, qqch en orbite,*** les faire connaître, les conduire sur la voie du succès. ***Mise sur orbite,*** ensemble des opérations visant à placer un satellite artificiel sur une orbite déterminée ; satellisation.

orbiter v.i. [conj. 3]. En parlant d'un astre, d'un satellite artificiel, décrire une orbite : *La navette orbite autour de la Terre.*

orbiteur n.m. Élément récupérable de la navette spatiale américaine, qui peut être mis en orbite.

orchestral, e, aux [ɔrkɛstral, o] adj. Relatif à l'orchestre : *Des ensembles orchestraux.*

orchestrateur, trice [ɔrkɛstratœr, tris] n. Musicien qui compose des orchestrations.

orchestration [ɔrkɛstrasjɔ̃] n.f. **1.** Répartition des différentes parties d'une composition musicale entre les instruments de l'orchestre. **2.** *Fig.* Orchestration d'un événement : *L'orchestration du retour d'un exilé* (= mise en scène).

orchestre [ɔrkɛstr] n.m. (du gr. *orkheîsthai*, danser). **1.** Ensemble d'instrumentistes constitué pour exécuter de la musique : *Un orchestre de jazz. Un orchestre symphonique* (**SYN.** formation, groupe). **2.** Lieu d'un théâtre, d'un cinéma où se situent les sièges du rez-de-chaussée, face à la scène : *Nous avons des places à l'orchestre.*

orchestrer [ɔrkɛstre] v.t. [conj. 3]. **1.** Procéder à l'orchestration de : *Orchestrer une chanson.* **2.** *Fig.* Organiser de manière à donner le maximum d'ampleur et de retentissement : *Une campagne électorale bien orchestrée* (**SYN.** arranger, diriger).

orchidée [ɔrkide] n.f. (du gr. *orkhidion*, petit testicule). Plante dont les fleurs à trois pétales ont des couleurs et des formes spectaculaires ; fleur de cette plante.

orchite [ɔrkit] n.f. (du gr. *orkhis*, testicule). Inflammation du testicule.

ordalie n.f. (de l'anc. angl. *ordâl*, jugement, du frq.). Au Moyen Âge, épreuve judiciaire au cours de laquelle on faisait appel à Dieu pour innocenter ou condamner un accusé (= jugement de Dieu).

ordinaire adj. (du lat. *ordinarius*, rangé par ordre, de *ordo, ordinis*, ordre). **1.** Qui est conforme à l'ordre des choses, à l'usage habituel : *Une journée ordinaire* (**SYN.** courant, normal ; **CONTR.** exceptionnel, inhabituel). **2.** Qui ne dépasse pas le niveau commun : *Un matériel de qualité ordinaire* (**SYN.** standard ; **CONTR.** supérieur). *Une personne très ordinaire* (**SYN.** banal, quelconque ; **CONTR.** original). ◆ n.m. **1.** Niveau habituel, commun ; ce qui est courant, banal : *Ces vêtements sortent de l'ordinaire.* **2.** Ce qu'on sert habituellement à un repas : *Cela améliore l'ordinaire.* ▸ ***Comme à l'ordinaire,*** comme d'habitude. ***D'ordinaire,*** habituellement : *D'ordinaire, elle prend ce chemin.*

ordinairement adv. Généralement, habituellement : *Ordinairement, elle est de bonne humeur.*

ordinal, e, aux adj. (lat. *ordinalis*, de *ordo, ordinis*, ordre, rang). Se dit d'un nombre qui indique l'ordre, le rang dans un ensemble. ▸ ***Adjectif numéral ordinal,*** adjectif qui exprime le rang, l'ordre d'un élément au sein d'un ensemble (par opp. à cardinal) : *« Premier », « deuxième », « troisième » sont des adjectifs numéraux ordinaux.*

ordinateur n.m. (du lat. *ordinator*, qui met en ordre, de *ordo, ordinis*, ordre, rang). Machine électronique de traitement de l'information, obéissant à des programmes formés par des suites d'opérations arithmétiques et logiques. ▸ ***Ordinateur individuel*** ou ***personnel,*** ordinateur à l'usage des particuliers (**SYN.** 2. PC).

ordination n.f. Cérémonie religieuse par laquelle on confère le sacrement de l'ordre, et spécialement la prêtrise.

① **ordonnance** n.f. (de *ordonner*). **1.** Action de

disposer, d'arranger selon un ordre ; disposition des éléments d'un ensemble : *L'ordonnance d'une cérémonie* (**SYN.** déroulement, organisation). *L'ordonnance des lieux* (**SYN.** agencement, ordonnancement). **2.** Prescription d'un médecin ; papier sur lequel elle est portée : *Conformez-vous à ce qui est écrit sur l'ordonnance.* **3.** En France, acte législatif pris par le gouvernement, avec l'autorisation du Parlement ; décision prise par un juge : *Légiférer par ordonnance. Une ordonnance de non-lieu.*

② **ordonnance** n.f. ou n.m. (de *1. ordonnance*). *Anc.* Militaire mis à la disposition d'un officier pour son service personnel.

ordonnancement n.m. Organisation méthodique : *L'ordonnancement d'un programme informatique.*

ordonnancer v.t. [conj. 16]. Disposer dans un certain ordre : *Ordonnancer un répertoire informatique* (**SYN.** agencer, organiser).

ordonnancier n.m. **1.** Registre sur lequel le pharmacien doit inscrire, pour certaines prescriptions, le nom du médicament, celui du médecin et celui du malade. **2.** Bloc de papier à en-tête utilisé par un médecin pour rédiger ses ordonnances.

ordonnateur, trice n. Personne qui ordonne, règle selon un certain ordre : *L'ordonnatrice de la soirée* (**SYN.** organisateur). *Ordonnateur des pompes funèbres* (= personne qui accompagne et dirige des convois mortuaires).

ordonné, e adj. **1.** Qui a de l'ordre et de la méthode : *Une personne très ordonnée* (**SYN.** méticuleux, organisé, soigneux ; **CONTR.** désordonné). **2.** Dont les éléments sont disposés avec ordre, bien rangés : *Une bibliothèque ordonnée.*

ordonnée n.f. En mathématique, l'un des nombres (appelés *coordonnées*) servant à définir la position d'un point dans un plan (par opp. à abscisse) : *L'ordonnée s'indique sur l'axe vertical.*

ordonner v.t. (lat. *ordinare*, mettre en rang) [conj. 3]. **1.** Mettre en ordre ; ranger : *Ordonner ses papiers* (**SYN.** classer, trier ; **CONTR.** déclasser, déranger). *Ordonner logiquement ses idées* (**SYN.** organiser, structurer ; **CONTR.** désorganiser, embrouiller, emmêler). **2.** Donner l'ordre de : *La ministre leur a ordonné de conserver tous les documents* ou *a ordonné qu'ils conservent tous les documents* (= les a sommés de ; **SYN.** commander, enjoindre ; **CONTR.** défendre, interdire). **3.** En parlant d'un médecin, prescrire sur une ordonnance : *Elle vous a ordonné du sirop.* **4.** Consacrer par l'ordination : *Ordonner un prêtre.*

ordovicien, enne adj. et n.m. Se dit du système géologique qui constitue la deuxième période de l'ère primaire.

ordre n.m. (du lat. *ordo, ordinis*, rang, ordre). **1.** Manière dont les éléments d'un ensemble organisé sont placés les uns par rapport aux autres : *L'ordre des mots dans une phrase varie d'une langue à une autre* (**SYN.** agencement, arrangement, disposition). **2.** Succession d'éléments rangés, classés d'une manière déterminée ; principe qui détermine le rang de chacun des éléments dans cette succession : *Donnez un ordre de préférence. Ordre alphabétique, chronologique, croissant* (**SYN.** classement). **3.** Disposition des objets lorsqu'ils sont rangés, mis à la place qui est la leur : *Mettre un peu d'ordre dans ses dossiers. Il faut tout remettre en ordre* (**SYN.** organisation, rangement ; **CONTR.** désordre). **4.** Tendance spontanée à disposer les choses à leur place, à les ranger : *Il manque d'ordre* (**SYN.** minutie, soin ; **CONTR.** laisser-aller, négligence). **5.** Manière d'agir ou de raisonner dans laquelle les étapes de l'action, de la pensée se suivent selon une succession logique, rationnelle : *Procéder avec ordre et méthode* (**SYN.** cohérence). **6.** Ensemble de règles qui garantissent le fonctionnement social : *La loi et l'ordre.* **7.** Respect des règles de la vie en société ; absence de troubles : *Rétablir l'ordre public* (**SYN.** sécurité). *La police assure le maintien de l'ordre* (**SYN.** calme). *Le service d'ordre de la manifestation était insuffisant.* **8.** Ensemble des lois qui régissent l'Univers : *C'est dans l'ordre des choses* (= c'est normal, régulier). **9.** Catégorie dans un ensemble organisé, hiérarchisé : *Dans cet ordre d'idées* (**SYN.** niveau, plan). *Des rafales de vent de l'ordre de 80 km/h* (**SYN.** importance). *Des affaires de quel ordre ?* (**SYN.** genre, sorte, type). **10.** En sciences de la vie, division de la classification des plantes et des animaux, intermédiaire entre la classe et la famille : *L'ordre des lépidoptères.* **11.** Chacune des trois classes qui composaient la société française sous l'Ancien Régime : *Les trois ordres étaient le clergé, la noblesse et le tiers état.* **12.** Chacun des styles de construction antique et classique, caractérisés par la forme et les proportions : *L'ordre dorique.* **13.** Acte par lequel une personne, une autorité commande à qqn de faire qqch ; commandement, sommation : *Donner des ordres* (**SYN.** directive, instruction ; **CONTR.** interdiction). *Ils refusent d'obéir à cet ordre* (**SYN.** consigne, injonction). **14.** (Spécial.). Texte émanant d'un échelon du commandement militaire : *Un ordre de mission.* **15.** En Bourse, mandat donné à un intermédiaire d'acheter ou de vendre des valeurs mobilières ou des marchandises. **16.** Société dont les membres font vœu de vivre selon certaines règles : *L'ordre des Dominicains.* **17.** Association à laquelle les membres de certaines professions libérales sont légalement tenus d'appartenir : *L'ordre des avocats. L'ordre des médecins.* **18.** Compagnie honorifique instituée pour récompenser le mérite personnel : *L'ordre de la Légion d'honneur. L'ordre national du Mérite.* ▸ ***À l'ordre de,*** formule pour indiquer le destinataire d'un chèque, d'un effet de commerce. ***C'est à l'ordre du jour,*** cela fait l'objet des conversations du moment ; c'est d'actualité. ***De premier ordre,*** de grande qualité ; supérieur en son genre. ***Entrer dans les ordres,*** se faire prêtre, religieux ou religieuse. ***Mettre bon ordre à qqch,*** porter remède à une situation fâcheuse, la faire cesser. ***Mot d'ordre*** → **mot.** ***Ordre du jour,*** liste des questions qu'une assemblée doit examiner tour à tour. ***Ordre moral,*** nom donné à la politique conservatrice et cléricale définie en France en 1873, après la chute de Thiers : *Cette censure signifierait le retour à l'ordre moral.*

ordré, e adj. En Suisse, qui est ordonné.

ordure n.f. (de l'anc. fr. *ord*, repoussant, du lat. *horridus*). **1.** Action ou parole grossière, vile, sale : *Ce livre est une ordure* (**SYN.** grossièreté, obscénité). **2.** (Terme d'injure). Personne vile, abjecte. ◆ **ordures** n.f. pl. Déchets de la vie quotidienne : *Le ramassage des ordures ménagères* (**SYN.** détritus). ▸ ***Boîte à ordures,*** poubelle. ***Jeter*** ou ***mettre aux ordures,*** mettre au rebut.

ordurier, ère adj. Qui contient des grossièretés, des obscénités : *Un vocabulaire ordurier* (**SYN.** grossier).

oréade n.f. (du gr. *oros,* montagne). Dans la mythologie grecque, nymphe des montagnes.

orée n.f. (du lat. *ora,* bord). *Litt.* Lisière d'une forêt.

oreillard, e adj. Se dit d'un animal qui a de longues oreilles. ◆ **oreillard** n.m. Chauve-souris insectivore aux grandes oreilles.

oreille n.f. (lat. *auricula*). **1.** Organe de l'ouïe ; partic., partie externe de l'organe, placée de chaque côté de la tête des hommes et des mammifères : *Avoir les oreilles décollées. Une boucle d'oreille, des boucles d'oreilles. Le chat remue les oreilles.* **2.** Sens par lequel on perçoit les sons : *Il est un peu dur d'oreille* (= il entend mal). *Avoir l'oreille fine* (**SYN.** ouïe). **3.** Aptitude à reconnaître les sons musicaux, les mélodies, et à s'en souvenir : *Avoir de l'oreille.* **4.** Petite saillie placée de chaque côté d'un objet et qui sert à le prendre, à le tenir : *Un bol à oreilles. Les oreilles d'une marmite.* ▸ ***Avoir l'oreille basse,*** être humilié, confus, penaud. ***Avoir l'oreille de qqn,*** avoir sa confiance. ***Dire qqch à l'oreille de qqn,*** le lui dire tout bas. ***Frotter*** ou ***tirer les oreilles de qqn,*** le châtier, le réprimander pour quelque méfait. ***Les oreilles ont dû lui siffler,*** se dit de qqn dont on a parlé en son absence et notamment dont on a médit. ***Montrer le bout de l'oreille,*** laisser deviner son vrai caractère, ses véritables projets. ***Se faire tirer l'oreille,*** se faire prier longtemps. ***Tendre l'oreille,*** écouter attentivement. ***Venir aux oreilles de qqn,*** être porté à sa connaissance : *Cette histoire est venue aux oreilles du ministre* (= il a fini par le savoir).

oreille-de-mer n.f. (pl. *oreilles-de-mer*). Mollusque marin aussi appelé *ormeau.*

oreille-de-souris n.f. (pl. *oreilles-de-souris*). Autre nom du *myosotis.*

oreiller n.m. Coussin qui soutient la tête quand on est couché.

oreillette n.f. **1.** Chacune des deux cavités supérieures du cœur, qui reçoivent le sang des veines. **2.** Objet qui protège les oreilles : *Les oreillettes d'une casquette.* **3.** Écouteur miniaturisé adapté à l'oreille, destiné à la communication téléphonique, à l'écoute musicale, etc. : *L'oreillette d'un animateur de télévision.* **4.** Pâtisserie aussi appelée *merveille.*

oreillon n.m. Moitié d'abricot dénoyauté. ◆ **oreillons** n.m. pl. Maladie contagieuse qui se manifeste par un gonflement et une inflammation des glandes parotides.

ores [ɔr] adv. (du lat. *hac hora,* à cette heure). ▸ ***D'ores et déjà*** [dɔrzedeʒa], dès maintenant : *Elle est d'ores et déjà élue.*

orfèvre n. (de *1. or* et de l'anc. fr. *fevre,* artisan). Personne qui fait ou qui vend des objets d'art en métaux précieux. ▸ ***Être orfèvre en la matière,*** être expert, habile en qqch.

orfèvrerie n.f. **1.** Art, commerce de l'orfèvre. **2.** Ensemble des objets fabriqués par un orfèvre.

orfraie [ɔrfrɛ] n.f. (du lat. *ossifraga,* qui brise les os, de *os, ossis,* os). ▸ ***Pousser des cris d'orfraie,*** pousser des cris épouvantables, très aigus.

organdi n.m. (de *Ourguentch,* ville d'Ouzbékistan). Mousseline de coton légère et très apprêtée.

organe n.m. (du lat. *organum,* gr. *organon,* instrument). **1.** Partie d'un corps vivant qui remplit une fonction utile à la vie : *L'organe de la vue* (= l'œil). *Un don d'organes.* **2.** Voix humaine : *L'organe puissant de l'orateur domina le brouhaha.* **3.** Partie d'une machine assurant une fonction déterminée : *Les organes de commande d'un avion.* **4.** Média qui est le porte-parole d'un groupe, d'un parti : *Ce journal est l'organe de la dissidence* (**SYN.** émanation, expression). **5.** Ce qui sert d'intermédiaire, d'instrument : *Les magistrats sont les organes de la justice* (**SYN.** âme, centre).

organeau n.m. **1.** Fort anneau métallique scellé dans la maçonnerie d'un quai pour amarrer les bateaux. **2.** Anneau d'une ancre sur lequel s'amarre la chaîne ou le câble.

organelle n.f. → **organite.**

organicien, enne n. Spécialiste de la chimie organique.

organigramme n.m. Graphique représentant la structure d'une organisation complexe avec ses divers éléments et leurs relations : *L'organigramme d'une entreprise.*

organique adj. **1.** Relatif aux organes, aux tissus vivants, aux êtres organisés ; qui provient d'organismes vivants : *Les fonctions organiques* (= celles qui servent à la vie). *Des engrais organiques* (= du compost). **2.** Se dit d'une maladie due à une lésion d'un organe (par opp. à fonctionnel) : *Cette douleur n'est pas d'origine organique* (**SYN.** lésionnel). **3.** Qui est inhérent à la structure, à la constitution de qqch : *La croissance organique d'une entreprise.* ▸ ***Chimie organique*** → **chimie.**

organiquement adv. De façon organique.

organisateur, trice adj. et n. Qui organise, sait organiser : *Le comité organisateur. L'organisatrice d'une soirée.*

organisateur-conseil n.m. (pl. *organisateurs-conseils*). Professionnel capable de déterminer les structures propres à assurer la marche d'une entreprise au mieux des objectifs qui lui sont assignés.

organisation n.f. **1.** Action d'organiser, de structurer, d'arranger : *Améliorer l'organisation des secours* (**SYN.** coordination, ordonnancement). *Cet échec révèle un manque d'organisation* (**SYN.** planification, préparation). **2.** Manière dont quelque chose est organisé ; structure d'une entreprise : *L'organisation complexe du cerveau. L'organisation hiérarchisée d'une administration.* **3.** Groupement de personnes qui poursuivent des buts communs : *Des organisations syndicales. Une organisation mafieuse* (**SYN.** association). ▸ ***Organisation non gouvernementale*** ou ***O.N.G.,*** organisme financé essentiellement par des dons privés et qui se voue à l'aide humanitaire.

organisationnel, elle adj. Relatif à l'organisation.

organisé, e adj. **1.** Qui a reçu une organisation ; qui est aménagé d'une certaine façon : *Des réseaux de mieux en mieux organisés* (**SYN.** structuré ; **CONTR.** inorganisé). **2.** Qui est pourvu d'organes dont le fonctionnement constitue la vie : *Les végétaux sont des êtres organisés.* **3.** Qui sait organiser sa vie, ses affaires : *Une personne très bien organisée* (**SYN.** méthodique ; **CONTR.** brouillon).

organiser v.t. [conj. 3]. **1.** Arranger, combiner pour obtenir un bon fonctionnement : *Organiser un réseau* *de correspondants* (SYN. structurer ; CONTR. désorganiser). **2.** Préparer dans un but précis : *Organiser une excursion* (SYN. arranger). *Organiser son emploi du temps* (SYN. aménager, planifier). ◆ **s'organiser** v.pr. **1.** Arranger son travail, ses affaires de façon efficace : *Elle s'est organisée pour assister à cette réunion.* **2.** Prendre forme ; s'agencer de manière satisfaisante : *Le plan s'organise autour de deux pôles* (SYN. se structurer).

organiseur n.m. (de l'anglo-amér. *organizer*). **1.** Agenda à feuillets mobiles, destiné à structurer un emploi du temps professionnel. **2.** Ordinateur de poche servant d'agenda et de carnet d'adresses.

organisme n.m. **1.** Être vivant, animal ou végétal, organisé : *Les bactéries sont les plus petits organismes autonomes.* **2.** Ensemble des organes qui constituent un être vivant : *L'activité physique contribue à maintenir l'organisme en bon état* (SYN. corps). **3.** Ensemble de services affectés à une tâche administrative : *L'organisme gestionnaire de l'épargne salariale* (SYN. agence, bureau). ▸ ***Organisme génétiquement modifié*** ou ***O.G.M.,*** être vivant qui possède un ou plusieurs caractères nouveaux issus de gènes provenant d'autres organismes : *Certains demandent l'interdiction des O.G.M.*

organiste n. (du lat. *organum,* orgue). Personne qui joue de l'orgue.

organite n.m. ou **organelle** n.f. En biologie, chacun des éléments distincts, entourés d'une membrane, constituant la cellule.

organoleptique adj. Qui est capable d'affecter les organes des sens, et plus particulièrement le goût.

organologie n.f. (du gr. *organon,* instrument). Discipline qui étudie les instruments de musique.

organsin n.m. (de *Ourguentch,* ville d'Ouzbékistan). Fil formé de deux fils de soie grège tordus séparément dans un sens puis ensemble en sens inverse.

orgasme n.m. (du gr. *orgân,* bouillonner d'ardeur). Point culminant du plaisir sexuel.

orgasmique ou **orgastique** adj. Relatif à l'orgasme.

orge n.f. (lat. *hordeum*). Céréale dont les épis portent de longues barbes ; graine de cette céréale, utilisée dans l'alimentation animale et dans la brasserie : *L'orge est encore verte.* ▸ ***Sucre d'orge,*** bâtonnet de sucre cuit, coloré et aromatisé. ◆ n.m. ▸ ***Orge mondé,*** grains d'orge débarrassés de leur première enveloppe. ***Orge perlé,*** grains d'orge réduits en petites boules farineuses.

orgeat [ɔrʒa] n.m. ▸ ***Sirop d'orgeat,*** sirop préparé autref. avec de l'orge, auj. avec du lait d'amandes.

orgelet n.m. (du lat. *hordeolus,* grain d'orge). Petit furoncle qui se développe sur le bord de la paupière (SYN. compère-loriot).

orgiaque adj. Qui tient de l'orgie (SYN. dissolu, licencieux).

orgie n.f. (mot gr. signif. « fêtes de Dionysos »). **1.** Partie de débauche où l'on se livre à toutes sortes d'excès. **2.** Abondance excessive de qqch ; profusion : *Pendant le festival, nous avons fait une orgie de bandes dessinées.*

orgue n.m. (lat. *organum,* du gr. *organon,* instrument). Instrument de musique à un ou plusieurs claviers, à vent et à tuyaux : *Il y a deux orgues puissants dans la cathédrale.* ▸ ***Orgue à parfums*** ou ***orgue du parfumeur,*** meuble à étagères sur lesquelles sont rangées les essences nécessaires à la composition des parfums. ***Orgue de Barbarie,*** instrument de musique mécanique des musiciens ambulants, actionné à l'aide d'une manivelle. ***Point d'orgue,*** signe musical placé au-dessus d'une note ou d'un silence pour en augmenter la durée à volonté ; fig., interruption dans le déroulement de qqch, qui semble très longue ; point culminant d'un phénomène, d'un événement : *Le point d'orgue de la cérémonie.* ◆ **orgues** n.m. pl. Colonnes de basalte. ▸ ***Orgues de Staline,*** lance-roquettes à plusieurs tubes, utilisés par l'U.R.S.S. pendant la Seconde Guerre mondiale. ◆ **orgues** n.f. pl. Orgue à tuyaux : *Les grandes orgues retentissaient.*

orgueil [ɔrgœj] n.m. (du frq.). **1.** Estime excessive de sa propre valeur : *Être bouffi d'orgueil* (SYN. arrogance, fatuité, suffisance, vanité ; CONTR. humilité, modestie). **2.** Sentiment de fierté légitime : *Elle tire orgueil de sa promotion* (SYN. amour-propre, dignité). **3.** Sujet de fierté : *Ce tramway ultramoderne est l'orgueil de la ville* (SYN. gloire, honneur ; CONTR. honte).

orgueilleusement [ɔrgœjøzmɑ̃] adv. Avec orgueil : *Il fait orgueilleusement admirer sa voiture* (SYN. vaniteusement).

orgueilleux, euse [ɔrgœjø, øz] adj. et n. Qui fait preuve d'orgueil, de prétention.

oriel n.m. (mot angl., de l'anc. fr. *orel,* galerie). Ouvrage vitré en surplomb, formant une sorte de balcon clos sur un ou plusieurs étages (SYN. bow-window [anglic.]).

orient n.m. (lat. *oriens,* de *oriri,* se lever). **1.** Côté de l'horizon où le Soleil se lève (SYN. est, levant [litt.]). **2.** (Avec une majuscule et l'art. déf.). Les pays situés à l'est de l'Europe ; les habitants de ces pays : *Les relations entre l'Orient et l'Occident.* **3.** Dans la franc-maçonnerie, ville où se trouve une loge. **4.** Éclat brillant et nacré : *L'orient d'une perle* (SYN. eau).

orientable adj. Que l'on peut orienter : *Une antenne orientable* (CONTR. fixe).

oriental, e, aux adj. **1.** Qui est situé à l'est (par opp. à occidental) : *La côte orientale du Canada.* **2.** Relatif aux civilisations qui se sont développées à l'est de l'Europe : *Les pays orientaux.* ◆ n. (Avec une majuscule). Personne qui appartient à la civilisation orientale, à l'un des pays qui s'y rattachent : *Les Orientaux qui visitent notre pays.* ◆ **oriental** n.m. Chat proche du siamois, à robe marbrée ou unie.

orientalisme n.m. Ensemble des disciplines qui ont pour objet l'étude des civilisations orientales.

orientaliste adj. Qui se rapporte à l'orientalisme. ◆ n. Spécialiste des civilisations orientales.

orientation n.f. **1.** Action de déterminer, à partir du lieu où l'on se trouve, la direction des points cardinaux : *Avoir le sens de l'orientation* (= savoir où l'on se situe et retrouver son chemin). **2.** Manière dont qqch est disposé par rapport aux points cardinaux : *L'orientation de cette pièce au sud lui donne une grande luminosité* (SYN. exposition, situation). **3.** Action d'orienter qqn dans ses études, le choix de son métier : *Une conseillère d'orientation.* **4.** Direction prise par une action, une activité : *Cette découverte a modifié l'orientation des recherches* (SYN. voie). **5.** Tendance politique, idéologique : *L'orientation nettement à gauche de ces mesures* (SYN. engagement, ligne).

orienté, e adj. **1.** Qui a une direction déterminée : *Une maison orientée à l'ouest.* **2.** Qui est marqué par une idéologie ; qui est au service d'une cause politique : *Un discours très orienté* (**SYN.** engagé, tendancieux ; **CONTR.** impartial, neutre, 1. objectif).

orienter v.t. [conj. 3]. **1.** Disposer par rapport aux points cardinaux : *Orienter un lit vers l'ouest* (**SYN.** exposer). **2.** Tourner dans une certaine direction : *Orienter un télescope vers le ciel* (**SYN.** diriger). **3.** Indiquer la direction à prendre à qqn : *Orienter les spectateurs vers leur place* (**SYN.** conduire, guider). **4.** Diriger qqn, une action dans une certaine voie : *Ce témoignage a orienté la décision des jurés* (**SYN.** infléchir, influencer). **5.** Diriger qqn vers un service, une personne, une voie professionnelle : *Orienter un malade vers un spécialiste* (**SYN.** aiguiller). ◆ **s'orienter** v.pr. **1.** Reconnaître la direction des points cardinaux ; retrouver son chemin : *Elle s'est orientée sur le soleil* (**SYN.** se repérer). *Il est difficile de s'orienter dans une ville inconnue.* **2.** Tourner son action, ses activités vers qqch : *Elle s'est orientée vers l'informatique* (**SYN.** se diriger).

orienteur, euse n. Personne chargée de l'orientation des élèves et des étudiants.

orifice n.m. (lat. *orificium*, de *os, oris*, bouche). **1.** Ouverture qui permet l'accès à une cavité : *L'orifice d'une grotte* (**SYN.** bouche, entrée). **2.** Ouverture de certains organes du corps : *Les orifices du nez* (= les narines).

oriflamme n.f. (du lat. *aurea flamma*, flamme d'or). **1.** Bannière d'apparat, longue et effilée. **2.** Affichette publicitaire suspendue, dans un bus ou une rame de métro.

origami n.m. (mot jap.). Art japonais du papier plié.

origan n.m. (du gr. *origanon*). Marjolaine.

originaire adj. **1.** Qui vient de tel lieu : *Elle est originaire de Suisse* (**SYN.** natif). **2.** Que l'on tient de son origine : *Une malformation originaire* (**SYN.** congénital, inné ; **CONTR.** acquis).

originairement adv. À l'origine : *Un outil originairement en bois* (**SYN.** initialement, primitivement).

original, e, aux adj. (du lat. *originalis*, qui existe dès l'origine, de *origo, originis*, origine). **1.** Qui émane directement de l'auteur, de la source, de la première rédaction : *La musique originale d'un film. Un texte original.* **2.** Qui semble se produire pour la première fois ; qui n'imite pas : *Une initiative originale* (**SYN.** inédit, nouveau ; **CONTR.** commun, ordinaire). **3.** Qui écrit, compose d'une manière neuve, personnelle : *Une artiste originale* (**SYN.** créatif, inventif). **4.** Qui ne ressemble à aucun autre : *Une technique chirurgicale originale* (**SYN.** inusité, spécial ; **CONTR.** banal, quelconque). ▶ ***Édition originale,*** première édition d'un ouvrage imprimé. ◆ n. Personne dont le comportement sort de l'ordinaire : *C'est un original* (**SYN.** excentrique). ◆ **original** n.m. Modèle, ouvrage, texte primitif, document authentique (par opp. à copie, traduction, reproduction).

originalement adv. D'une façon originale, nouvelle.

originalité n.f. **1.** Caractère de ce qui est original, nouveau : *L'originalité de cette cérémonie* (**SYN.** singularité ; **CONTR.** banalité). **2.** Marque de fantaisie, d'excentricité : *Se faire remarquer par ses originalités* (**SYN.** bizarrerie, extravagance). **3.** Capacité d'une personne à innover ; personnalité : *L'originalité de ce créateur* (**SYN.** génie, inventivité).

origine n.f. (lat. *origo, originis*). **1.** Commencement de l'existence, d'une chose : *L'origine de l'Univers* (**SYN.** création, genèse, naissance). **2.** Point de départ ; cause : *On n'a pas pu déterminer l'origine de l'explosion* (**SYN.** fondement, source). **3.** Milieu d'où qqn est issu : *Elle est d'origine modeste* (**SYN.** ascendance, extraction). **4.** Temps, lieu, milieu d'où est issu qqch : *Une appellation d'origine contrôlée* (**SYN.** provenance). *Mot d'origine grecque* (**SYN.** souche). ▶ ***À l'origine, dès l'origine,*** au début. ***Être à l'origine de qqch,*** en être la cause ou le point de départ : *Sa mère est à l'origine de son goût pour la musique. Son passage au ministère est à l'origine de sa fulgurante carrière.*

originel, elle adj. (du lat. *originalis*, qui existe dès l'origine). Qui remonte à l'origine : *L'idée originelle d'un film* (= qui est à l'origine de ce film ; **SYN.** initial). ▶ ***Péché originel,*** dans la religion chrétienne, péché qui entache tous les hommes, en tant que descendants d'Adam et Ève.

originellement adv. Dès l'origine ; à l'origine : *Ce produit était originellement destiné aux professionnels* (**SYN.** initialement, primitivement).

orignal [ɔriɲal] n.m. (basque *oregnac*, pl. de *orein*, cerf) [pl. *orignaux*]. Élan de l'Amérique du Nord.

oripeaux n.m. pl. (de l'anc. fr. *orie*, doré, et de *peau*). *Litt.* Vêtements usés qui ont conservé un reste de magnificence.

O.R.L. ou **ORL** [ɔɛrɛl] n.f. (sigle). Oto-rhino-laryngologie. ◆ n. Oto-rhino-laryngologiste.

Orlon n.m. (nom déposé). Fibre textile synthétique.

ormaie ou **ormoie** n.f. Lieu planté d'ormes.

orme n.m. (lat. *ulmus*). Arbre à feuilles dentelées, dont le bois est utilisé en menuiserie et qui est aujourd'hui menacé de disparition par une maladie, *la graphiose.*

① **ormeau** n.m. Jeune orme.

② **ormeau** ou **ormet** ou **ormier** n.m. (du lat. *auris maris*, oreille de mer). Mollusque marin à coquille plate nacrée à l'intérieur et percée d'une rangée d'orifices, communément appelé *oreille-de-mer.*

ormoie n.f. → **ormaie.**

ornemaniste n. Artiste spécialisé dans la conception ou la réalisation des motifs décoratifs.

ornement n.m. (lat. *ornamentum*). Élément qui orne, agrémente un ensemble : *Tout le monde a aidé à installer les ornements pour la fête* (**SYN.** accessoire, décoration). *Des ornements de style* (**SYN.** enjolivure, fioriture). ▶ ***D'ornement,*** purement décoratif : *Des plantes d'ornement* (= ornementales).

ornemental, e, aux adj. Qui sert ou peut servir à l'ornement : *Les panneaux ornementaux d'un cloître* (**SYN.** décoratif). *Des fleurs ornementales* (= d'ornement).

ornementation n.f. Action, art, manière de disposer des ornements ; décoration : *L'ornementation d'une façade.*

ornementer v.t. [conj. 3]. Enrichir d'ornements : *Des trompe-l'œil ornementent les murs* (**SYN.** agrémenter, décorer).

orner v.t. (lat. *ornare*) [conj. 3]. **1.** Embellir en ajoutant des éléments décoratifs : *Orner des étagères de bibelots* (**SYN.** agrémenter, garnir). *Elle a orné la table* *avec des fleurs* (**SYN.** égayer, embellir). **2.** *Fig.* Rendre plus attrayant : *La journaliste orne ses articles de détails savoureux* (**SYN.** enjoliver). **3.** Servir d'ornement à : *Des photographies ornent le bureau* (**SYN.** parer).

ornière n.f. (lat. *orbita*). Sillon creusé dans le sol des chemins par les roues des véhicules. ▸ ***Sortir de l'ornière,*** se dégager de la routine ; se tirer d'une situation difficile.

ornithologie n.f. (du gr. *ornis, ornithos,* oiseau). Partie de la zoologie qui étudie les oiseaux.

ornithologique adj. Relatif à l'ornithologie.

ornithologiste ou **ornithologue** n. Spécialiste d'ornithologie.

① **ornithophile** adj. et n. Personne qui aime les oiseaux.

② **ornithophile** adj. Se dit des plantes pollinisées par les oiseaux.

ornithophilie n.f. Intérêt pour les oiseaux.

ornithorynque [ɔrnitɔrɛ̃k] n.m. (du gr. *ornis, ornithos,* oiseau, et *runkhos,* bec). Mammifère primitif, à bec de canard, à pattes palmées et à queue plate, lui permettant de creuser des galeries près de l'eau.

orogenèse n.f. (du gr. *oros,* montagne, et *genesis,* génération). En géologie, formation des chaînes de montagnes.

orogénique adj. Relatif à l'orogenèse : *Des mouvements orogéniques.*

orographie n.f. Agencement des reliefs terrestres.

orographique adj. Relatif à l'orographie.

oronge n.f. (du prov. *ouronjo,* orange). Amanite à chapeau orangé, qui est un champignon comestible très recherché (on dit aussi *oronge vraie* ou *amanite des Césars*). ▸ ***Fausse oronge,*** amanite à chapeau rouge tacheté de blanc, qui est un champignon vénéneux, communément appelée *amanite tue-mouches.*

orpaillage n.m. Travail de l'orpailleur.

orpailleur n.m. (de l'anc. fr. *harpailler,* saisir). Personne qui lave les alluvions aurifères pour en retirer les paillettes d'or.

orphelin, e n. (lat. *orphanus*). Enfant qui a perdu son père et sa mère, ou l'un des deux. ◆ adj. Se dit d'une maladie héréditaire rare pour laquelle il n'existe pas de traitement spécifique, faute d'investissements de recherche.

orphelinat n.m. Établissement où l'on élève des orphelins.

orphéon n.m. (de *Orphée,* personnage mythol.). Chorale de voix d'hommes ou de voix mixtes d'enfants.

orphéoniste n. Membre d'un orphéon.

orphique adj. Relatif à Orphée, à l'orphisme.

orphisme n.m. (de *Orphée,* personnage mythol.). Dans la Grèce antique, courant mystique et religieux qui se rattache à Orphée, le maître des incantations.

orpiment n.m. (du lat. *aurum,* or, et *pigmentum,* piment). Substance constituée de soufre et d'arsenic, jaune vif, utilisée en peinture et en pharmacie.

orque n.f. (lat. *orca*). Épaulard : *Une orque agressive.*

ORSEC (plan) [ɔrsɛk], programme français d'organisation des secours permettant au préfet de mobiliser, en cas de catastrophe, tous les moyens, publics et privés, de son département (ce mot est l'acronyme de *ORganisation des SECours*).

orseille n.f. (catalan *orcella*). Colorant rouge tiré d'un lichen.

orteil [ɔrtɛj] n.m. (du lat. *articulus,* articulation, jointure). Doigt de pied.

orthèse n.f. Appareil orthopédique destiné à pallier une déficience du système locomoteur.

orthodontie [ɔrtɔdɔ̃si] n.f. (du gr. *orthos,* 2. droit, et *odous, odontos,* dent). Spécialité dentaire qui a pour objet la correction des anomalies de position des dents.

orthodontiste [ɔrtɔdɔ̃tist] n. Spécialiste d'orthodontie.

orthodoxe adj. (du gr. *orthos,* 2. droit, et *doxa,* opinion). **1.** Qui est conforme au dogme, à la doctrine d'une religion (par opp. à hétérodoxe, à hérétique). **2.** Qui est conforme aux principes d'une doctrine, aux usages : *Vous employez des méthodes peu orthodoxes* (**SYN.** conventionnel, traditionnel ; **CONTR.** anticonformiste, inhabituel). **3.** Dans la religion, qui concerne les Églises chrétiennes d'Orient ; qui en est un fidèle. ▸ ***Églises orthodoxes,*** Églises chrétiennes orientales, séparées de Rome depuis 1054. ◆ adj. et n. **1.** Se dit d'une personne qui se conforme strictement à la doctrine d'une religion. **2.** Se dit d'une personne qui se conforme aux usages établis : *Les orthodoxes du libéralisme.*

orthodoxie n.f. **1.** Caractère de ce qui est orthodoxe : *L'orthodoxie politique de ces militants* (**SYN.** conformisme ; **CONTR.** déviationnisme). **2.** Ensemble des doctrines des Églises orthodoxes.

orthogonal, e, aux adj. (du lat. *orthogonus,* à angle droit). En géométrie, perpendiculaire : *Des droites orthogonales.*

orthographe n.f. (du gr. *orthographia,* écriture correcte). **1.** Ensemble de règles et d'usages qui régissent la manière d'écrire correctement les mots d'une langue : *La réforme de l'orthographe.* **2.** Maîtrise de ces règles et de ces usages : *Elle fait des fautes d'orthographe. Une bonne orthographe.* **3.** Manière correcte d'écrire un mot : *Un mot qui a deux orthographes* (**SYN.** graphie).

orthographier v.t. [conj. 9]. Écrire selon les règles de l'orthographe : *Cette expression est mal orthographiée.* ◆ **s'orthographier** v.pr. Avoir telle orthographe.

orthographique adj. Relatif à l'orthographe : *La cédille et les accents font partie des signes orthographiques.*

orthopédie n.f. Partie de la médecine et de la chirurgie qui a pour objet le traitement des affections de l'appareil locomoteur.

orthopédique adj. Relatif à l'orthopédie : *Des chaussures orthopédiques.*

orthopédiste n. et adj. Médecin spécialiste d'orthopédie.

orthophonie n.f. Rééducation du langage écrit et oral.

orthophoniste n. Auxiliaire médical spécialisé en orthophonie.

orthoptie [ɔrtɔpsi] ou **orthoptique** n.f. Discipline paramédicale qui traite les défauts de la vision par la rééducation.

orthoptique [ɔrtɔptik] adj. Relatif à l'orthoptie.

orthoptiste [ɔrtɔptist] n. Auxiliaire médical spécialisé en orthoptie.

ortie n.f. (lat. *urtica*). Herbe à petites fleurs verdâtres, aux larges feuilles dentées couvertes de poils qui renferment un liquide irritant.

ortolan n.m. (mot prov., du lat. *hortulanus*, de jardin, de *hortus*, jardin). Petit passereau recherché pour sa chair délicate.

orvet n.m. (de l'anc. fr. *orb*, aveugle, du lat. *orbus*, privé de). Lézard sans pattes, insectivore, communément appelé *serpent de verre*.

os [ɔs], au pl. [o] n.m. (lat. *os, ossis*). **1.** Organe dur et solide qui constitue la charpente de l'homme et des vertébrés : *Les os courts, les os plats et les os longs. L'os d'un gigot.* **2.** Matière constituée d'os, avec laquelle on fabrique certains objets : *Un manche de couteau en os.* **3.** *Fig., fam.* Difficulté qui empêche de poursuivre une action ; obstacle : *Il y a un os* (**SYN.** problème). ▸ ***Donner un os à ronger à qqn***, lui faire une maigre faveur, lui laisser quelques miettes d'une grosse affaire. ***N'avoir que la peau et les os*** ou ***que la peau sur les os***, être très maigre. *Fam.* ***Ne pas faire de vieux os***, ne pas vivre très longtemps ; ne pas rester longtemps quelque part. ***Os à moelle***, os d'un animal de boucherie qui contient de la moelle. ***Os de seiche***, coquille interne dorsale de la seiche, formée d'une plaque allongée, poreuse, calcaire, faisant fonction de flotteur. *Fam.* ***Sac d'os*** ou ***paquet d'os***, personne très maigre.

O.S. ou **OS** [oɛs] n. (sigle). ▸ ***Ouvrier spécialisé*** → **ouvrier.**

oscar [ɔskar] n.m. (de *Oscar*, prénom). **1.** Récompense cinématographique, matérialisée par une statuette et attribuée chaque année, à Hollywood : *La cérémonie de remise des oscars.* **2.** Récompense décernée par un jury dans divers domaines : *L'oscar de la publicité.*

oscillant, e [ɔsilɑ̃, ɑ̃t] adj. Qui oscille.

oscillateur [ɔsilatœr] n.m. Appareil produisant des courants électriques alternatifs périodiques.

oscillation [ɔsilasjɔ̃] n.f. **1.** Mouvement de va-et-vient : *Les oscillations d'un pendule* (**SYN.** balancement). **2.** *Fig.* Changement alternatif et irrégulier : *Les oscillations de l'électorat* (**SYN.** fluctuation, variation ; **CONTR.** stabilité).

oscillatoire [ɔsilatwar] adj. Qui est de la nature de l'oscillation : *Des mouvements oscillatoires.*

osciller [ɔsile] v.i. (du lat. *oscillare*, balancer) [conj. 3]. **1.** Être animé d'un mouvement alternatif et régulier : *L'aiguille de la boussole oscille* (**SYN.** ballotter, vaciller). **2.** Être animé d'un mouvement de va-et-vient quelconque qui menace l'équilibre, la régularité : *La pile de livres oscille sur l'étagère* (**SYN.** chanceler, tanguer). **3.** *Fig.* Hésiter entre des attitudes contraires : *Elle oscille entre l'espoir et le découragement* (**SYN.** balancer, flotter, tergiverser). **4.** Varier entre deux niveaux : *Le temps de trajet oscille entre une et deux heures.*

oscillogramme [ɔsilɔgram] n.m. Image qui apparaît sur l'écran d'un oscillographe.

oscillographe [ɔsilɔgraf] n.m. Appareil permettant d'observer et d'enregistrer les variations temporelles d'une grandeur physique.

oscilloscope [ɔsilɔskɔp] n.m. Appareil servant à visualiser les variations temporelles d'une grandeur physique.

osé, e adj. **1.** Qui est fait avec audace : *Une manœuvre osée* (**SYN.** risqué ; **CONTR.** timoré). **2.** Qui choque la bienséance : *Des images osées* (**SYN.** leste, scabreux ; **CONTR.** convenable, correct).

oseille n.f. (du lat. *acidulus*, aigrelet). **1.** Plante potagère dont les feuilles comestibles ont un goût acide : *Une omelette à l'oseille.* **2.** *Fam.* Argent ; fric.

oser v.t. (lat. *ausare*) [conj. 3]. **1.** Avoir la hardiesse, le courage de : *Elle a osé prendre la parole* (**SYN.** s'aventurer à ; **CONTR.** craindre de). **2.** *Litt.* Tenter avec courage, avec audace : *Osez la nouveauté* (**SYN.** risquer). **3.** En Suisse, avoir la permission de.

oseraie n.f. Lieu planté d'osiers.

osier n.m. (bas lat. *auseria*). Saule à rameaux jaunes, longs et flexibles, servant à tresser des paniers ; ces rameaux.

osiériculture n.f. Culture de l'osier.

osmium [ɔsmjɔm] n.m. (du gr. *osmê*, odeur). Métal gris-blanc, présent dans le platine.

osmose n.f. (du gr. *ôsmos*, poussée). **1.** Transfert du solvant d'une solution diluée vers une solution concentrée au travers d'une membrane semi-perméable. **2.** *Fig.* Influence réciproque ; interpénétration : *Il y a eu osmose entre les deux civilisations.*

osmotique adj. Relatif à l'osmose.

ossature n.f. **1.** Ensemble des os d'un homme ou d'un animal : *Avoir une forte ossature* (**SYN.** carcasse, charpente, squelette). **2.** Structure qui soutient un ensemble ou lui donne sa rigidité : *L'ossature en fer de la statue de la Liberté* (**SYN.** armature). **3.** *Fig.* Organisation d'un ensemble : *L'ossature d'un reportage* (**SYN.** canevas, plan).

osselet n.m. **1.** Petit os : *Le marteau, l'enclume et l'étrier sont les trois osselets de l'oreille des mammifères.* **2.** Pièce d'un jeu d'adresse ayant la forme d'un petit os de pied de mouton. ◆ **osselets** n.m. pl. Jeu d'adresse consistant à lancer des osselets et à les rattraper sur le dos de la main.

ossements n.m. pl. Os décharnés et desséchés.

osseux, euse adj. **1.** Qui a des os : *Les poissons osseux* (par opp. à cartilagineux). **2.** Dont les os sont saillants : *Un vieil homme osseux* (**SYN.** décharné, squelettique ; **CONTR.** dodu, gras). **3.** Relatif aux os : *La moelle osseuse.* ▸ ***Tissu osseux***, tissu organique constituant la partie dure des os.

ossification n.f. Formation du tissu osseux.

s'**ossifier** v.pr. [conj. 9]. Se transformer en os : *Les fontanelles s'ossifient peu à peu.*

osso-buco [ɔsobuko] n.m. inv. (mot it. signif. « os à trou »). Dans la cuisine italienne, jarret de veau cuit dans un mélange de tomates, d'oignons et de vin blanc, et servi avec l'os à moelle : *Des osso-buco à la milanaise.*

ossu, e adj. *Litt.* Qui a de gros os.

ossuaire n.m. (du lat. *ossuarium*, urne funéraire). Lieu où l'on conserve des ossements humains qui n'ont pas eu de sépulture individuelle : *L'ossuaire de Douaumont.*

ost ou **host** [ɔst] n.m. (du lat. *hostis,* ennemi). À l'époque féodale, armée.

ostéite n.f. (du gr. *ostêon,* os). Inflammation des os.

ostensible adj. (du lat. *ostendere,* montrer). *Sout.* Que l'on ne cache pas : *Une satisfaction ostensible* (**SYN.** manifeste, patent ; **CONTR.** dissimulé, secret). *Un soutien ostensible à l'opposition* (**SYN.** apparent, visible ; **CONTR.** discret).

ostensiblement adv. De façon ostensible : *Elle affiche ostensiblement son dédain* (**SYN.** ouvertement).

ostensoir n.m. (du lat. *ostensus,* montré, de *ostendere,* montrer). Pièce d'orfèvrerie dans laquelle on expose à l'autel l'hostie consacrée.

ostentation n.f. (lat. *ostentatio,* de *ostendere,* montrer). Attitude de qqn qui cherche à se faire remarquer ; étalage prétentieux d'un avantage, d'une qualité : *Il rit avec ostentation* (**SYN.** affectation, outrance ; **CONTR.** discrétion).

ostentatoire adj. Qui manifeste de l'ostentation : *Un luxe ostentatoire* (**SYN.** outrancier, tapageur ; **CONTR.** discret).

ostéologie n.f. Partie de l'anatomie qui étudie les os.

ostéolyse n.f. Destruction du tissu osseux.

ostéome [ɔsteom] n.m. Tumeur constituée de tissu osseux.

ostéomyélite n.f. Infection d'un os.

ostéopathe n. Personne qui pratique l'ostéopathie.

ostéopathie n.f. **1.** Pratique thérapeutique consistant en des manipulations des membres, des vertèbres ou du crâne. **2.** Toute maladie des os.

ostéoporose n.f. (du gr. *ostêon,* os, et *poros,* passage). Fragilité des os due à une raréfaction du tissu osseux.

ostraciser v.t. [conj. 3]. Tenir à l'écart ; isoler : *Ostraciser un pays.*

ostracisme n.m. (du gr. *ostrakon,* coquille). Action d'exclure qqn d'un groupe, d'un parti, de le tenir à l'écart : *Être frappé d'ostracisme. L'ostracisme de certains villageois à l'égard des néoruraux* (**SYN.** hostilité, rejet).

ostréicole adj. Relatif à l'ostréiculture.

ostréiculteur, trice n. Éleveur d'huîtres.

ostréiculture n.f. (du lat. *ostrea,* huître). Élevage, production des huîtres.

① **ostrogoth, e** ou **ostrogot, e** [ɔstrɔgo, ɔt] ou **ostrogothique** adj. Relatif aux Ostrogoths, ancien peuple germanique.

② **ostrogoth** ou **ostrogot** [ɔstrɔgo] n.m. *Fam.* Homme qui ignore la bienséance, la politesse. ▸ ***Un drôle d'ostrogoth,*** un individu bizarre.

otage n. (anc. fr. *ostage,* logement [les otages séjournaient dans la demeure du personnage qui les tenait captifs]). **1.** Personne prise ou livrée comme garantie de l'exécution de certaines conventions militaires ou politiques : *Deux négociatrices sont gardées comme otages* (**SYN.** garant). **2.** Personne dont on s'empare et qu'on utilise comme moyen de pression contre qqn, pour l'amener à céder à des exigences : *Les membres d'une O.N.G. ont été pris en otage par les rebelles.*

otalgie n.f. (du gr. *oûs, ôtos,* oreille). Douleur d'oreille.

otarie n.f. (du gr. *ôtarion,* petite oreille). Mammifère voisin du phoque, qui vit dans le Pacifique et les mers du Sud.

ôté prép. *Litt.* En ôtant : *Ôté les erreurs dues à l'inexpérience, sa technique est parfaite* (**SYN.** excepté).

ôter v.t. (du lat. *obstare,* faire obstacle, de *stare,* se tenir debout) [conj. 3]. **1.** Tirer qqch de l'endroit où il est : *Ôter les cartons du passage* (**SYN.** dégager, déplacer). **2.** Enlever ce que l'on porte sur soi : *Ôtez vos chaussures* (**SYN.** se débarrasser de, quitter ; **CONTR.** garder, mettre). **3.** Retrancher d'une autre chose : *Ils ont ôté son nom de la liste* (**SYN.** barrer, radier, rayer). *Dix ôté de treize donne trois* (**SYN.** soustraire ; **CONTR.** ajouter). **4.** Déposséder ou débarrasser qqn de : *Ce retard dans la déclaration lui a ôté tous ses droits* (**SYN.** enlever, supprimer ; **CONTR.** conférer, donner, fournir). *Ôtez-lui cette idée de l'esprit* (**SYN.** extirper). ◆ **s'ôter** v.pr. *Fam.* Se retirer de quelque part : *Ils se sont ôtés du chemin* (**SYN.** s'écarter). *« Ôte-toi de mon soleil »* [parole du philosophe Diogène à l'empereur Alexandre].

otique adj. En médecine, relatif à l'oreille.

otite n.f. (du gr. *oûs, ôtos,* oreille). Inflammation de l'oreille.

otologie n.f. Étude de l'oreille et de ses maladies.

oto-rhino-laryngologie n.f. Partie de la médecine qui traite les maladies des oreilles, du nez et de la gorge (abrév. O.R.L.).

oto-rhino-laryngologiste n. (pl. *oto-rhino-laryngologistes*). Médecin spécialisé en oto-rhino-laryngologie (abrév. O.R.L. et, fam., oto-rhino).

otoscope n.m. Instrument servant à l'otoscopie.

otoscopie n.f. Examen médical du tympan et du conduit auditif externe.

① **ottoman, e** adj. et n. (de *Othman,* fondateur d'une dynastie turque). Relatif à l'Empire ottoman, à ses sujets : *La dynastie ottomane.*

② **ottoman** n.m. Étoffe de soie à grosses côtes, avec une trame en coton.

ottomane n.f. Canapé ovale à long dossier enveloppant.

ou [u] conj. coord. (lat. *aut*). **1.** Parfois renforcé par *bien,* marque une alternative : *Est-elle rousse ou brune ? En Belgique ou en Suisse. Vous pouvez venir seul ou à plusieurs. Voulez-vous y aller à pied ou bien en voiture ?* **2.** Introduit une équivalence, une formulation différente : *La marjolaine, ou origan, a de multiples utilisations. « Dom Juan ou le Festin de pierre »* [Molière]. ▸ ***Ou... ou,*** précède les termes d'une alternative : *Vous pouvez ou envoyer un mél, ou téléphoner* (= soit..., soit).

où [u] adv. interr. (lat. *ubi*). Interroge sur le lieu, la direction, le but : *Où allez-vous ? Nous ne savons pas où il se trouve. Dis-moi où elle sera demain.* ▸ ***D'où,*** de quel endroit : *D'où appelle-t-elle ? Dites-moi d'où cela provient.* ***D'où vient que,*** qu'est-ce qui explique que : *D'où vient que cet ordinateur ne s'allume plus ?* ***Par où,*** par quel endroit : *Par où arriverez-vous ?* ◆ adv. relat. Marque le lieu, le temps, la manière : *Je cherche un endroit où me reposer* (**SYN.** pour). *Vous le lui direz au moment où il arrivera. À la vitesse où il travaille, il aura fini ce soir.* ▸ ***D'où,*** marque une conséquence : *D'où il ressort que...* (= il ressort de ce qui précède que...). *D'où l'hilarité générale* (= c'est pourquoi tout le monde a ri). ***Là où,*** au lieu dans lequel : *Elle travaille là où les employeurs la demandent.* ◆ **où que** loc. relat. indéf. (Suivi du subj.). Introduit une proposition relative à nuance concessive : *Où qu'elles aillent, elles retrouvent des connaissances* (= en quelque lieu que).

ouaille [waj] n.f. (anc. fr. *oeille,* du lat. *ovis,* brebis). (Surtout pl.). *Litt.* Les fidèles, par rapport au prêtre.

ouais [wɛ] adv. (altér. de *oui*). *Fam.* Oui.

ouananiche n.f. (mot amérindien). Saumon d'eau douce.

ouaouaron n.m. (mot amérindien). Grenouille géante d'Amérique du Nord, aussi appelée *grenouille taureau.*

ouate [wat] n.f. (it. *ovatta,* de l'ar.). **1.** Matière textile (laine, soie, et surtout coton) préparée soit pour être placée sous la doublure des objets de literie ou de vêtements, soit pour rembourrer : *Des morceaux de ouate* ou *d'ouate.* **2.** Coton cardé et étalé en nappe pour servir aux soins : *Une compresse d'ouate.*

ouaté, e [wate] adj. Qui donne une impression de douceur ou de confort douillet : *L'atmosphère ouatée de cette chambre.*

ouater [wate] v.t. [conj. 3]. Garnir d'ouate : *Ouater des vestes, des couvertures* (**SYN.** molletonner).

ouatine n.f. Nappe de fibre textile cousue entre deux tissus légers, et utilisée comme doublure de vêtement.

ouatiné, e adj. Qui est doublé de ouatine : *Une robe de chambre ouatinée.*

oubli n.m. **1.** Fait d'oublier, de perdre le souvenir de qqn, de qqch : *Une actrice tirée de l'oubli* (**SYN.** anonymat, néant ; **CONTR.** célébrité). *Je ne me pardonne pas l'oubli de son anniversaire* (**SYN.** omission). **2.** Manquement aux règles, à des habitudes : *L'oubli des bonnes manières* (**SYN.** inobservation, négligence ; **CONTR.** respect). **3.** Défaillance de la mémoire, de l'attention : *Un oubli bien compréhensible* (**SYN.** absence, étourderie).

oubliable adj. *Péjor.* Qui peut ou doit être oublié : *Un film oubliable* (**SYN.** négligeable ; **CONTR.** inoubliable, mémorable).

oublie n.f. *Anc.* Gaufre mince, roulée en cylindre.

oublier v.t. (lat. *oblitare*) [conj. 10]. **1.** Ne plus savoir qqch ; être incapable de se remémorer qqch : *J'ai oublié le nom du village où ils vivent* (**CONTR.** retenir). *J'avais complètement oublié son visage* (**CONTR.** se rappeler, retrouver). **2.** Ne pas se souvenir de qqch par un défaut d'attention : *J'avais oublié qu'il devait venir. Nous avons oublié d'envoyer des fleurs* (**SYN.** négliger, omettre ; **CONTR.** penser à). **3.** Laisser qqch quelque part, ne pas le prendre par manque d'attention : *J'ai oublié ma bague sur le lavabo. Rapportez les médicaments inutilisés sans oublier les emballages vides.* **4.** Ne plus être préoccupé par qqch : *Cette soirée lui fera oublier ses problèmes* (**CONTR.** revivre, revoir). **5.** Ne plus s'occuper de qqn ; cesser de penser à qqn, à qqch : *Le peuple n'oublie pas ses héros* (**SYN.** se désintéresser de ; **CONTR.** commémorer, honorer). *Oublier ses amis* (**SYN.** délaisser ; **CONTR.** s'inquiéter de). **6.** Ne pas tenir compte de qqch ; manquer à une obligation : *Elle n'a pas oublié l'aide que vous lui avez apportée* (**SYN.** méconnaître ; **CONTR.** reconnaître). *Ne pas oublier le règlement* (**SYN.** faillir à ; **CONTR.** observer, respecter, suivre). **7.** *Sout.* Pardonner : *Il n'oubliera pas ce qu'on lui a fait.* ▸ ***Oublier l'heure,*** ne pas prêter attention à l'heure et se mettre ainsi en retard. ◆ **s'oublier** v.pr. **1.** Disparaître de la mémoire : *Ces mésaventures s'oublieront vite.* **2.** Faire abnégation de ses intérêts : *Elle s'est oubliée dans le partage.* **3.** Manquer aux convenances ; commettre une incongruité. **4.** *Fam.* Faire ses besoins mal à propos : *Le chat s'est oublié sur le paillasson.* ▸ (Par plaisanterie). ***Ne pas s'oublier,*** être très attentif à ses intérêts : *Ils ne se sont pas oubliés dans les promotions.*

oubliette n.f. (Surtout pl.). **1.** Cachot où l'on enfermait ceux qui étaient condamnés à la prison perpétuelle ou ceux dont on voulait se débarrasser. **2.** *Fig.* Endroit où l'on relègue qqch, qqn que l'on veut oublier : *Cette réforme est tombée dans les oubliettes, a été mise aux oubliettes.*

oublieux, euse adj. *Litt.* Qui ne garde pas le souvenir de : *Une personne oublieuse de sa promesse.*

oued [wɛd] n.m. (mot ar. signif. « cours d'eau »). **1.** En Afrique du Nord, rivière. **2.** Cours d'eau, le plus souvent intermittent, des régions sèches : *Les nomades longent les oueds.*

ouest [wɛst] n.m. inv. (angl. *west*). **1.** L'un des quatre points cardinaux, situé du côté où le soleil se couche (abrév. O.) : *Une perturbation arrive par l'ouest* (**SYN.** couchant [litt.], occident). **2.** (Employé en appos.). Qui est situé à l'ouest : *Les pièces ouest sont très claires. La rive ouest d'un fleuve* (**SYN.** occidental). **3.** (Avec une majuscule). Partie du globe terrestre ou ensemble des régions d'un pays situées vers ce point : *L'Ouest américain. Elles sont originaires de l'Ouest.* ☞ **REM.** Ce mot s'écrit avec une minuscule s'il y a un complément : *L'ouest de la France.* **4.** (Avec une majuscule). Ensemble des États du pacte de l'Atlantique.

ouf [uf] interj. (onomat.). Exprime le soulagement : *Ouf ! Tout s'est bien passé.* ▸ *Fam.* ***Ne pas laisser à qqn le temps de dire ouf*** ou ***de faire ouf,*** ne pas lui laisser le temps de souffler, de respirer, de dire le moindre mot.

ougrien, enne adj. et n.m. Se dit d'un groupe de langues de la famille ouralienne ; se dit des personnes qui les parlent.

oui [wi] adv. (de *oïl,* de l'anc. fr. *o,* cela, et du pron. pers. *il*). **1.** Marque une réponse positive, une approbation : *Oui, c'est elle que j'ai vue. « Est-ce juste ? — Oui. »* (**SYN.** assurément ; **CONTR.** non). **2.** Équivaut à une proposition affirmative : *Il ne le pense pas, mais moi oui. Il lui a demandé si elle avait gagné, elle a répondu que oui.* **3.** Renforce une exclamation ; marque l'impatience : *Vous permettez que je mette mes lunettes, oui ?* ▸ ***Ne dire ni oui ni non,*** ne pas se prononcer ; être hésitant. ***Oui et non,*** indique une réponse dubitative : *« Êtes-vous sûr ? — Oui et non. »* ◆ n.m. inv. Réponse positive : *Les oui sont majoritaires* (**CONTR.** non). ▸ ***Pour un oui ou pour un non,*** à tout bout de champ, sans motif sérieux.

ouï-dire [widir] n.m. inv. Ce qu'on sait par la rumeur publique : *Ce ne sont que des ouï-dire, rien n'est officiel.* ▸ ***Par ouï-dire,*** pour l'avoir entendu dire : *Je l'ai appris par ouï-dire.*

ouïe [wi] n.f. **1.** Sens par lequel sont perçus les sons ; audition : *Vous avez l'ouïe fine* (**SYN.** oreille). **2.** Chez les poissons, chacune des deux fentes de rejet de l'eau respiratoire, situées sur les côtés de la tête. **3.** Chacune des ouvertures d'aération pratiquées sur le capot d'un appareil ou d'une machine. **4.** Chacune des ouvertures en forme d'S de certains instruments à cordes : *Les ouïes d'un violon* (**SYN.** esse). ▸ *Fam.* ***Être tout ouïe,*** être prêt à écouter attentivement.

ouille ou **ouïe** [uj] interj. (onomat.). Exprime la douleur (**SYN.** aïe).

ouïr [wir] v.t. (du lat. *audire*, entendre) [conj. 51]. *Litt.* Entendre : *Nous avons ouï dire que vous vous présentiez aux élections.*

ouistiti n.m. (d'un mot amérindien). **1.** Petit singe arboricole, à queue touffue et aux fortes griffes ; marmouset. **2.** *Fam.* Personne bizarre : *Un drôle de ouistiti.*

oukase ou **ukase** [ukaz] n.m. (d'un mot russe signif. « ordre »). **1.** Édit du tsar, en Russie. **2.** En Russie d'aujourd'hui, décret rendu par l'État. **3.** *Litt.* Décision autoritaire et arbitraire.

ouléma n.m. → **uléma.**

oumiak n.m. (mot inuit). Embarcation des Inuits faite de peaux de phoque cousues.

ouolof adj. inv. et n.m. → **wolof.**

ouragan n.m. (de l'esp. *huracán*, tornade, d'une langue caraïbe). **1.** Cyclone tropical de l'Atlantique nord. **2.** *Fig.* Déchaînement impétueux de sentiments, de passions : *Un ouragan de violence* (**SYN.** déferlement, tourbillon).

ouralien, enne adj. **1.** Relatif à l'Oural, aux habitants de cette région. **2.** Se dit d'une famille de langues réunissant le finno-ougrien et le samoyède.

ourdir v.t. (du lat. *ordiri*, faire une trame) [conj. 32]. **1.** Préparer les fils de la chaîne d'une étoffe, avant le tissage. **2.** *Litt.* Mettre en place un complot, une machination : *La tentative de putsch qu'ils avaient ourdie a échoué* (**SYN.** manigancer, tramer).

ourdou ou **urdu** [urdu] n.m. Langue parlée en Inde du Nord et au Pakistan.

ourler v.t. (du lat. *ora*, bord) [conj. 3]. Faire un ourlet à : *J'ourle le bas de ce pantalon.*

ourlet n.m. Repli cousu au bord d'une étoffe : *Il faut refaire l'ourlet de cette manche.*

ourlien, enne adj. (de l'anc. fr. *ourles*, oreillons). Relatif aux oreillons ; qui est dû aux oreillons.

ours [urs] n.m. (lat. *ursus*). **1.** Mammifère carnivore, plantigrade, au corps lourd et massif et aux pattes armées de griffes : *Un ours blanc ou polaire. Un ours brun.* **2.** *Fam.* Personne qui fuit le monde : *Son père est un vrai ours* (**SYN.** misanthrope, sauvage). **3.** Jouet d'enfant en peluche ayant l'apparence d'un ourson. **4.** Encadré où figurent dans un journal, un ouvrage, les noms des principaux collaborateurs.

ourse n.f. (lat. *ursa*). Ours femelle. ▸ ***La Grande Ourse, la Petite Ourse,*** constellations voisines du pôle Nord.

oursin n.m. Animal marin à carapace calcaire, couvert de piquants, et dont les glandes reproductrices sont comestibles, communément appelé *châtaigne de mer.*

ourson n.m. Petit de l'ours.

oust ou **ouste** [ust] interj. (onomat.). *Fam.* S'emploie pour chasser qqn.

out [awt] adv. (mot angl. signif. « dehors »). **1.** Au tennis, en dehors des limites du jeu. **2.** En boxe, hors de combat. ◆ adj. inv. *Fam.* **1.** Qui est hors de combat, hors de compétition. **2.** Qui n'est plus dans le coup : *Des techniques totalement out* (**SYN.** démodé, dépassé, désuet).

outarde n.f. (du lat. *avis tarda*, oiseau lent). **1.** Oiseau échassier au corps lourd, à la chair savoureuse. **2.** Au Québec, oie sauvage hivernant en Europe, aussi appelée *bernache.*

outil [uti] n.m. (du lat. *utensilia*, ustensiles, de *uti*, se servir de). **1.** Objet fabriqué, utilisé pour réaliser une opération déterminée : *Une boîte à outils. Des outils de menuiserie* (**SYN.** instrument, ustensile). *Un nouvel outil informatique* (**SYN.** appareil, machine, matériel). **2.** *Fig.* Moyen utile à une activité ; instrument : *L'alphabétisation est un outil d'intégration.*

outillage [utijaʒ] n.m. Ensemble des outils nécessaires à une profession ou à un travail : *Un magasin d'outillage* (**SYN.** équipement, matériel).

outillé, e [utije] adj. Qui a les outils nécessaires à un travail : *Une bricoleuse bien outillée.*

outiller [utije] v.t. [conj. 3]. Munir des outils nécessaires pour faire qqch ; équiper en machines un atelier, une usine.

outilleur [utijœr] n.m. Personne qui fabrique et qui met au point des moules, des outillages.

outplacement [awtplasmɑ̃] n.m. (mot angl.). Ensemble des techniques visant à aider un salarié qui a été licencié à rechercher un nouvel emploi : *Un cabinet d'outplacement.*

outrage n.m. (de *2. outre*). **1.** Grave offense, atteinte à l'honneur, à la dignité de qqn : *Il a ressenti son éviction du comité comme un outrage* (**SYN.** affront, injure, insulte). **2.** Action ou parole contraire à une règle, à un principe : *Cette décision est un outrage au bon sens* (**SYN.** atteinte, manquement). **3.** Parole, geste, menace, etc., par lesquels un individu exprime sciemment son mépris à un dépositaire de l'autorité ou de la force publique, et qui constituent une infraction : *Outrage à magistrat.* ▸ ***Les outrages du temps,*** les altérations physiques, les infirmités dues à l'âge.

outrageant, e adj. Qui outrage : *Une attitude outrageante* (**SYN.** insultant, offensant).

outrager v.t. [conj. 17]. Offenser vivement : *Vous avez outragé un représentant de la force publique* (**SYN.** injurier, insulter).

outrageusement adv. **1.** D'une façon qui outrage : *Il a outrageusement calomnié ses voisins* (**SYN.** injurieusement). **2.** De façon excessive : *Elle est outrageusement maquillée.*

outrageux, euse adj. *Litt.* **1.** Qui outrage ; outrageant : *Des propos outrageux* (**SYN.** injurieux). **2.** Qui est excessif : *Un luxe outrageux* (**SYN.** tapageur ; **CONTR.** discret).

outrance n.f. **1.** Caractère de ce qui est outré : *L'outrance d'une polémique* (**SYN.** démesure, exagération ; **CONTR.** modération, pondération). **2.** Action ou parole qui passe les bornes : *Des outrances verbales* (**SYN.** excès, extravagance). ▸ ***À outrance,*** jusqu'à l'excès : *Elle est consciencieuse à outrance* ; par tous les moyens possibles : *La guerre à outrance* (= totale).

outrancier, ère adj. Qui est poussé jusqu'à l'excès : *Des flatteries outrancières* (**SYN.** outré ; **CONTR.** modéré).

① **outre** n.f. (du lat. *uter, utris*, ventre). Peau de bouc cousue en forme de sac, pour conserver et transporter des liquides. ▸ *Fam.* ***Être gonflé, plein comme une outre,*** être gavé de nourriture ; avoir trop bu.

② **outre** prép. (du lat. *ultra,* au-delà de). En plus de : *Outre un lecteur de CD, elle a acheté une webcam* (**SYN.** indépendamment de). ▸ ***Outre mesure,*** au-delà de la normale : *Elle n'est pas déçue outre mesure* (= trop). ◆ adv. ▸ ***Passer outre,*** poursuivre son action, son chemin sans se laisser arrêter : *Elle a passé outre à nos conseils.* ◆ **en outre** loc. adv. De plus : *Ils ont obtenu des indemnités et, en outre, le remboursement des frais.* ◆ **outre que** loc. conj. (Suivi de l'ind.). En plus du fait que : *Outre que le temps de travail diminue, l'effectif est insuffisant.*

outré, e adj. **1.** *Litt.* Qui est poussé à l'extrême : *Une imitation outrée d'un politicien* (**SYN.** exagéré, outrancier ; **CONTR.** sobre). **2.** Qui montre de l'indignation ; qui est scandalisé : *Elle est outrée de cette hypocrisie* (**SYN.** révolté).

outre-Atlantique adv. En Amérique du Nord ; aux États-Unis.

outrecuidance n.f. (de l'anc. fr. *outrecuider,* de *2. outre,* et *cuider,* penser). *Sout.* **1.** Confiance excessive en soi-même : *Il a l'outrecuidance de penser qu'il y arrivera tout seul* (**SYN.** fatuité, présomption, prétention, suffisance ; **CONTR.** modestie). **2.** Acte désinvolte et impertinent : *Ces outrecuidances ne resteront pas impunies* (**SYN.** arrogance, insolence).

outrecuidant, e adj. Qui fait preuve d'outrecuidance : *Une personne outrecuidante* (**SYN.** arrogant, présomptueux, prétentieux ; **CONTR.** modeste, réservé).

outre-Manche adv. En Grande-Bretagne.

outremer [utrəmɛr] n.m. **1.** Lapis-lazuli. **2.** Bleu profond et assez foncé : *Des nuances de différents outremers.* ◆ adj. inv. Qui est d'un bleu intense : *Des couvertures outremer.*

outre-mer [utrəmɛr] adv. Au-delà des mers par rapport à la France : *Elle s'est établie outre-mer.* ▸ ***La France d'outre-mer,*** ensemble des régions françaises dispersées dans le monde. ◆ n.m. sing. L'ensemble des territoires français d'outre-mer : *Le Président propose une aide à l'outre-mer.*

outrepasser v.t. [conj. 3]. Aller au-delà de ce qui est permis, de ce qui est légal : *Vous avez outrepassé les consignes qui vous avaient été données* (**SYN.** dépasser, enfreindre).

outre-Quiévrain adv. En Belgique.

outrer v.t. [conj. 3]. **1.** Donner à qqch une importance exagérée, excessive : *Elle nous a raconté l'incident en outrant sa déception* (**SYN.** amplifier, dramatiser, grossir ; **CONTR.** limiter, restreindre). **2.** Provoquer l'indignation de : *Cette mauvaise foi les a outrés* (**SYN.** révolter, scandaliser).

outre-Rhin adv. En Allemagne.

d'**outre-tombe** loc. adj. inv. D'au-delà de la tombe : *« Les Mémoires d'outre-tombe » de Chateaubriand.*

outsider [awtsajdœr] n.m. (mot angl. signif. « personne qui est en dehors »). Concurrent dont les chances de remporter une compétition sont réduites (par opp. à favori).

ouvert, e adj. (p. passé de *ouvrir*). **1.** Qui laisse un passage ; où l'on peut entrer : *Laissez la porte ouverte* (**CONTR.** clos, fermé). *Des magasins ouverts le lundi.* **2.** Qui est en communication avec l'extérieur ; qui est accessible à qqn : *Commencez par les bouteilles ouvertes. Une exposition ouverte au public.* **3.** Qui est accueillant, abordable : *Notre association est ouverte à toutes les bonnes volontés. Nous avons été reçus à bras ouverts.* **4.** Qui se confie facilement : *Un caractère ouvert* (**SYN.** confiant, expansif ; **CONTR.** renfermé). **5.** Qui exprime la franchise : *Un visage ouvert* (**SYN.** franc, sincère ; **CONTR.** dissimulateur, sournois). **6.** Qui est capable de comprendre, de s'intéresser : *Elle est ouverte à toutes les suggestions* (**SYN.** réceptif ; **CONTR.** imperméable, réfractaire). *Il est ouvert à la pitié* (**SYN.** sensible ; **CONTR.** fermé, sourd). **7.** Qui se manifeste publiquement : *C'est désormais la guerre ouverte entre ces deux sociétés* (**SYN.** déclaré). **8.** Se dit d'une compétition dont l'issue est incertaine en raison de la valeur égale des concurrents en présence : *Un match très ouvert.* ▸ ***Tenir table ouverte,*** recevoir journellement à sa table des invités. ***Vin ouvert,*** en Suisse, vin vendu en carafe dans un café, un restaurant.

ouvertement adv. De façon ouverte, directe : *Il s'est ouvertement déclaré contre la peine de mort* (**SYN.** franchement).

ouverture n.f. **1.** Action d'ouvrir ; état de ce qui est ouvert : *L'ouverture automatique des portières* (**CONTR.** fermeture). **2.** Action de pratiquer un passage, de créer un vide, un orifice : *Il a fallu pratiquer une ouverture dans la roche* (**SYN.** brèche, fente, trou). **3.** Action d'inaugurer, de commencer : *La cérémonie d'ouverture des jeux Olympiques* (**CONTR.** clôture). **4.** Composition instrumentale au début d'un opéra (par opp. à final). **5.** Point de départ d'une situation juridique ou d'un droit : *L'ouverture d'une information judiciaire. L'ouverture d'une succession.* **6.** Fait d'être ouvert : *Les heures d'ouverture des magasins* (**CONTR.** fermeture). **7.** Espacement des deux parties d'un objet : *L'ouverture d'une pince, d'un compas* (**SYN.** écartement). **8.** Fait d'être ouvert, réceptif : *Elle a une certaine ouverture d'esprit* (**CONTR.** étroitesse). **9.** Possibilité de comprendre, de connaître qqch de nouveau : *Une ouverture sur le monde.* **10.** Attitude politique visant à des rapprochements, des alliances avec d'autres ; élargissement : *Une politique d'ouverture au centre.* ◆ **ouvertures** n.f. pl. En politique, premières propositions, dans une négociation : *Le président étudie les ouvertures faites par l'opposition* (**SYN.** avances).

ouvrable adj. ▸ ***Jour ouvrable,*** jour consacré normalement au travail (par opp. à jour de repos, chômé, férié).

ouvrage n.m. (de *œuvre*). **1.** Action de travailler : *Se mettre à l'ouvrage* (**SYN.** tâche, travail). *Avoir du cœur à l'ouvrage* (= travailler avec entrain). **2.** Objet produit par le travail ; œuvre : *Un ouvrage de maçonnerie.* **3.** Travail d'aiguille ou de tricot. **4.** Volume relié ou broché, contenant un texte littéraire ou scientifique : *Les ouvrages d'une collection* (**SYN.** livre). ▸ ***Boîte à ouvrage,*** boîte à casiers qui permet de ranger le nécessaire de couture. ***Ouvrage d'art,*** construction nécessitée par l'établissement d'une ligne de communication : *Un pont, un tunnel sont des ouvrages d'art.* ◆ n.f. ▸ *Fam.* ***De la belle ouvrage,*** du beau travail.

ouvragé, e adj. Qui est finement travaillé, décoré, ciselé, sculpté : *Des balcons ouvragés.*

ouvrager v.t. [conj. 17]. Façonner avec délicatesse.

ouvrant, e adj. Qui est conçu de manière à pouvoir être ouvert : *Une voiture avec un toit ouvrant.*

ouvré, e adj. **1.** Qui est façonné : *Du fer ouvré.* **2.** Qui est travaillé, décoré avec soin : *Des bijoux ouvrés.* ▸ ***Jour ouvré,*** jour où l'on travaille.

ouvre-boîte n.m. (pl. *ouvre-boîtes*) ou **ouvre-boîtes** n.m. inv. Instrument coupant, qui sert à ouvrir les boîtes de conserves.

ouvre-bouteille n.m. (pl. *ouvre-bouteilles*) ou **ouvre-bouteilles** n.m. inv. Ustensile servant à ouvrir les bouteilles (**SYN.** décapsuleur).

ouvre-huître n.m. (pl. *ouvre-huîtres*) ou **ouvre-huîtres** n.m. inv. Couteau à lame courte et forte permettant d'ouvrir les huîtres.

ouvrer v.t. (du lat. *operari,* travailler) [conj. 3]. Façonner des matériaux ; travailler, orner : *Ouvrer du bois, de la lingerie.*

ouvreur, euse n. **1.** Personne qui ouvre, qui sait ouvrir : *Une ouvreuse d'huîtres.* **2.** Skieur qui fait la première descente lors d'une compétition de ski. **3.** Personne chargée de placer les spectateurs dans un théâtre, un cinéma.

ouvrier, ère n. (lat. *operarius,* de *operari,* travailler). **1.** Personne salariée qui se livre à un travail manuel pour le compte d'un employeur : *Un ouvrier agricole.* **2.** *Litt.* Agent de qqch : *Elle est l'ouvrière de sa réussite* (**SYN.** artisan). ▸ ***Ouvrier professionnel*** ou ***ouvrier qualifié,*** dont l'apprentissage a été sanctionné au minimum par un certificat d'aptitude professionnelle. ***Ouvrier spécialisé,*** dont le travail ne demande aucune formation spécifique. ◆ adj. Qui concerne les ouvriers ; qui est composé, constitué d'ouvriers : *Une cité ouvrière. La classe ouvrière.* ◆ **ouvrière** n.f. Chez les abeilles, les fourmis et les termites, individu stérile assurant la nutrition, la construction du nid, les soins aux larves, la défense de la colonie.

ouvrir v.t. (lat. *aperire*) [conj. 34]. **1.** Dégager ce qui est fermé ; déplacer ce qui empêche une communication avec l'extérieur : *Elle a ouvert les volets* (**SYN.** écarter, entrebâiller). *Ouvrir un tiroir* (**SYN.** tirer ; **CONTR.** fermer, pousser). *Ouvrir une bouteille* (**SYN.** déboucher ; **CONTR.** boucher). *Ouvrir un colis* (**SYN.** déballer, défaire). *Ouvrir une enveloppe* (**SYN.** décacheter ; **CONTR.** cacheter, coller). **2.** (Sans compl.). Ouvrir la porte : *Police ! Ouvrez.* **3.** Écarter les parties repliées ou fermées de qqch : *Elle ouvre le journal* (**SYN.** déplier, étaler). *Il ouvre son parapluie. Elle ouvre les bras* (**SYN.** déployer, étendre). *Ouvrir un œil, la bouche.* **4.** Rendre possible l'accès à : *Ouvrir les frontières. Nous ouvrons nos bureaux à 10 heures. L'entreprise ouvre son capital aux investisseurs privés.* **5.** Faire fonctionner ; mettre en marche : *Ouvrir l'ordinateur* (**SYN.** allumer ; **CONTR.** arrêter, éteindre). **6.** Faire une ouverture dans qqch de solide : *Le médecin a ouvert l'abcès* (**SYN.** inciser). *Le choc lui a ouvert le front* (**SYN.** entamer). *On a ouvert un tunnel sous la montagne* (**SYN.** percer). **7.** Être l'initiateur de qqch ; commencer : *Ouvrir une enquête. Les mariés ont ouvert le bal* (**SYN.** attaquer, inaugurer, lancer). **8.** Faire fonctionner pour la première fois : *Ouvrir un site Internet* (**SYN.** créer, fonder). ▸ *Fam.* ***L'ouvrir,*** ouvrir la bouche pour parler. ***Ouvrir la marque*** ou ***le score,*** en sports, marquer le premier but. ***Ouvrir l'appétit,*** donner de l'appétit. ***Ouvrir l'esprit de qqn,*** le rendre plus réceptif au monde extérieur. ***Ouvrir un compte,*** faire établir un compte bancaire à son nom en y versant des fonds. ◆ v.i. **1.** Donner accès à un lieu : *La porte ouvre sur un grand jardin.* **2.** Devenir accessible au public : *Ces commerces ouvrent le lundi.* ◆ **s'ouvrir** v.pr. **1.** Présenter une ouverture, un passage : *L'armoire s'ouvre mal.* **2.** Devenir accessible : *Ces pays se sont ouverts à l'exportation.* **3.** Se couper : *Elle s'est ouvert la lèvre.* **4.** Commencer : *Le procès s'ouvre devant les assises. Le festival s'ouvre sur un concert.* **5.** En parlant d'une fleur, s'épanouir. **6. [à].** *Sout.* Se confier à : *Elle s'en est ouverte à sa sœur.*

ouvroir n.m. Dans les communautés religieuses, lieu réservé aux ouvrages de couture, broderie, tissage.

ouzbek, e ou **uzbek, e** [uzbɛk] adj. et n. Relatif à l'Ouzbékistan, à ses habitants. ◆ **ouzbek** n.m. Langue turque parlée par les Ouzbeks.

ouzo n.m. (mot gr.). Liqueur parfumée à l'anis, d'origine grecque.

ovaire n.m. (du lat. *ovum,* œuf). Glande génitale femelle paire, où se forment les ovules et qui produit des hormones.

ovale adj. (du lat. *ovum,* œuf). Qui a la forme d'un œuf : *Un bâtiment ovale.* ▸ ***Le ballon ovale,*** le rugby (par opp. au ballon rond, le football) [on dit aussi *l'ovale*]. ◆ **ovale** n.m. **1.** Figure, forme ovale : *L'ovale du visage.* **2.** (Précédé de l'art. déf.). Le rugby.

ovalie n.f. ▸ *Fam.* ***L'ovalie,*** l'ensemble des régions et des pays où l'on joue au rugby ; le monde du rugby.

ovaliser v.t. [conj. 3]. Rendre ovale.

ovariectomie n.f. Ablation chirurgicale d'un ovaire.

ovarien, enne adj. Relatif à l'ovaire.

ovation n.f. (lat. *ovatio,* de *ovis,* brebis). Série d'acclamations adressées à qqn par la foule ; applaudissements, vivats : *Une ovation debout pour saluer l'entrée en scène d'une vedette* (**CONTR.** huées, sifflets).

ovationner v.t. [conj. 3]. Saluer par une ovation : *Les spectateurs ont ovationné le champion* (**SYN.** acclamer).

overdose [ɔvərdoz] n.f. (mot angl.). **1.** Dose excessive de drogue ; surdose. **2.** *Fig., fam.* Quantité excessive : *Une overdose d'images de violence* (**SYN.** saturation).

ovin, e adj. (du lat. *ovis,* brebis). Relatif au mouton, à la brebis : *Un élevage ovin.* ◆ **ovin** n.m. Animal de l'espèce ovine.

ovipare adj. et n. (du lat. *ovum,* œuf). Se dit des espèces dont la femelle pond des œufs (par opp. à vivipare) : *Les oiseaux sont ovipares.*

oviparité n.f. Mode de reproduction des animaux ovipares.

ovni [ɔvni] n.m. (acronyme de *objet volant non identifié*). **1.** Objet volant dont la nature n'est pas identifiée par les témoins ; soucoupe volante. **2.** *Fam.* Personne inclassable ; création atypique : *Cette cinéaste est un ovni. Les ovnis littéraires de la rentrée.*

ovocyte [ɔvosit] ou **oocyte** [ɔɔsit] n.m. (du lat. *ovum,* œuf, et du gr. *kutos,* cellule). Gamète femelle non encore parvenu à maturité.

ovoïde [ɔvɔid] ou **ovoïdal, e, aux** [ɔvɔidal, o] adj. (du lat. *ovum,* œuf). Dont la forme ressemble à celle d'un œuf : *Une ampoule ovoïde.*

ovovivipare adj. et n. Se dit d'un animal qui se reproduit par œufs, mais qui les conserve dans ses voies génitales jusqu'à l'éclosion des jeunes : *La vipère est ovovivipare.*

ovoviviparité n.f. Mode de reproduction des ovovivipares.

ovulaire adj. Qui concerne l'ovule.

ovulation n.f. Expulsion d'un ovule par l'ovaire, chez la femme et les animaux femelles.

ovulatoire adj. Relatif à l'ovulation.

ovule n.m. (du lat. *ovum,* œuf). **1.** Chez les humains et les animaux, cellule reproductrice femelle élaborée par l'ovaire ; gamète femelle. **2.** Solide ovoïde contenant un médicament et destiné à être placé dans le vagin.

ovuler v.i. [conj. 3]. Avoir une ovulation.

oxford [ɔksfɔr ou ɔksfɔrd] n.m. (de *Oxford,* ville angl.). Toile de coton rayée ou quadrillée, très solide.

oxhydrique [ɔksidrik] adj. Relatif à un mélange d'hydrogène et d'oxygène. ▸ ***Chalumeau oxhydrique,*** produisant la combustion d'un mélange d'hydrogène et d'oxygène.

oxydable [ɔksidabl] adj. Qui peut être oxydé : *Un métal oxydable* (**CONTR.** inoxydable).

oxydant, e [ɔksidɑ̃, ɑ̃t] adj. et n.m. Se dit d'un corps qui a la propriété d'oxyder : *L'eau oxygénée est un oxydant.*

oxydation [ɔksidasjɔ̃] n.f. Combinaison d'un corps, d'une substance avec l'oxygène ; état de ce qui est oxydé : *L'oxydation du fer produit la rouille.*

oxyde [ɔksid] n.m. (du gr. *oxus,* acide). Corps résultant de la combinaison de l'oxygène avec un autre élément : *Un oxyde de carbone.*

oxyder [ɔkside] v.t. [conj. 3]. **1.** Faire passer à l'état d'oxyde : *L'air oxyde les objets en argent.* **2.** Combiner avec l'oxygène. ◆ **s'oxyder** v.pr. Se couvrir d'oxyde : *Le fer s'oxyde.*

oxygénation [ɔksiʒenasjɔ̃] n.f. Action d'oxygéner.

oxygène [ɔksiʒɛn] n.m. (du gr. *oxus,* acide, et *gennan,* engendrer). **1.** Gaz incolore, inodore et sans saveur, contenu dans l'air : *Un masque à oxygène.* **2.** Air pur, non pollué : *Elle se promène en forêt pour prendre un peu d'oxygène.* **3.** *Fig.* Ce qui permet de progresser, ce qui redonne du dynamisme : *Cette commande apporte une bouffée d'oxygène à l'entreprise.*

oxygéné, e [ɔksiʒene] adj. Qui contient de l'oxygène. ▸ ***Eau oxygénée,*** solution aqueuse utilisée pour désinfecter des blessures et pour stopper les hémorragies.

oxygéner [ɔksiʒene] v.t. [conj. 18]. Opérer la combinaison d'un corps avec l'oxygène. ◆ **s'oxygéner** v.pr. *Fam.* Respirer l'air pur : *Elle s'est oxygénée en jardinant.*

oxymore [ɔksimɔr] ou **oxymoron** [ɔksimɔrɔ̃] n.m. (gr. *oxumôron,* de *oxus,* pointu, et *môros,* émoussé). Figure de style qui réunit deux mots en apparence contradictoires : *« Se faire une douce violence », « une obscure clarté », « un silence éloquent » sont des oxymores* (= alliance de mots).

oxyure [ɔksjyr] n.m. (du gr. *oxus,* aigu, et *ouron,* queue). Ver parasite de l'intestin de l'homme, du cheval et des ruminants.

oyat [ɔja] n.m. (mot picard). Plante utilisée pour la fixation du sable des dunes.

ozone n.m. (du gr. *ozein,* exhaler une odeur). Corps simple gazeux, à l'odeur forte, au pouvoir très oxydant. ▸ ***Trou dans la couche d'ozone*** ou ***trou d'ozone,*** zone de l'atmosphère terrestre où l'on observe chaque année une diminution temporaire de la concentration en ozone.

ozoner ou **ozoniser** v.t. [conj. 3]. Faire agir de l'ozone sur un corps pour le stériliser ou le transformer : *Ozoner de l'eau.*

ozonosphère n.f. Couche de l'atmosphère terrestre, située entre 20 et 50 km d'altitude, qui contient la quasi-totalité de l'ozone atmosphérique.

P *p*

p [pe] n.m. inv. Seizième lettre (consonne) de l'alphabet français.

P.A.C. ou **PAC** n.f. (sigle de *politique agricole commune*). Ensemble des dispositions prises par les institutions de la Communauté européenne en matière agricole.

pacage n.m. (du lat. *pascuum,* pâturage). Lieu où l'on mène paître le bétail (**SYN.** pâturage).

pacager v.t. [conj. 17]. Faire paître le bétail. ◆ v.i. Paître : *Les vaches pacagent sur les hauteurs.*

pacane n.f. (mot algonquien). Fruit du pacanier, noix ovale contenant une amande comestible (= noix de pécan).

pacanier n.m. Arbre des lieux frais et humides du sud-est des États-Unis, qui produit un fruit comestible, la pacane.

pacemaker [pɛsmɛkər] n.m. (mot angl. signif. « régulateur du pas, de l'allure »). Stimulateur cardiaque.

pacha n.m. (mot turc). **1.** Dans l'Empire ottoman, gouverneur de province. **2.** *Arg. mil.* Commandant d'un navire. ▸ *Fam.* ***Une vie de pacha,*** une vie sans souci, dans l'abondance.

pachto ou **pachtou** n.m. (mot afghan signif. « parler »). Langue du groupe iranien parlée en Afghanistan (**SYN.** afghan).

pachyderme n.m. (du gr. *pakhus,* épais, et *derma,* peau). Mammifère ongulé de grande taille, à peau épaisse : *L'éléphant, l'hippopotame et le rhinocéros sont des pachydermes.*

pacificateur, trice adj. et n. Qui vise à rétablir la paix.

pacification n.f. Action de pacifier : *La pacification d'un pays.*

pacifier v.t. (du lat. *pax, pacis,* paix) [conj. 9]. **1.** Rétablir le calme, la paix dans une région, un pays. **2.** *Litt.* Calmer la colère, l'irritation de qqn, d'un groupe : *Cette mesure a pacifié les esprits* (**SYN.** apaiser ; **CONTR.** agiter, troubler).

① **pacifique** adj. **1.** Qui aspire à la paix ; pacifiste : *Des gouvernements pacifiques* (**CONTR.** belliqueux). **2.** Qui se passe dans la paix ; qui tend à la paix : *Ils organisent une manifestation pacifique* (**SYN.** non violent ; **CONTR.** violent).

② **pacifique** adj. Relatif à l'océan Pacifique, aux pays qui le bordent : *Les courants pacifiques.* ▸ ***Franc pacifique*** → **1. franc.**

pacifiquement adv. De façon pacifique, sans violence : *La réunion s'est déroulée pacifiquement.*

pacifisme n.m. Courant de pensée préconisant la recherche de la paix internationale par la non-violence.

pacifiste adj. et n. Relatif au pacifisme ; qui en est partisan : *Des militants pacifistes.*

pack [pak] n.m. (mot angl. signif. « paquet »). **1.** Emballage qui réunit plusieurs bouteilles ou pots pour en faciliter le stockage et le transport : *Un pack de lait.* **2.** Ensemble des avants d'une équipe de rugby.

package [pakɛdʒ ou pakadʒ] n.m. (mot angl.). Ensemble de marchandises ou de services proposés groupés à la clientèle.

packager [pakadʒœr] ou **packageur** [pakaʒœr] n.m. (mot angl.). Sous-traitant qui se charge de la réalisation d'un livre pour le compte d'un éditeur.

packaging [pakadʒiŋ] n.m. (mot angl. signif. « emballage »). **1.** Technique de l'emballage et du conditionnement des produits. **2.** L'emballage lui-même ; conditionnement. **3.** Activité du packager.

pacotille n.f. (esp. *pacotilla,* de l'anc. fr. *pakke,* paquet). Marchandise de peu de valeur : *Il n'y a que de la pacotille dans ces magasins de souvenirs.* ▸ ***De pacotille,*** de qualité médiocre : *Des bagues de pacotille. Un film de pacotille.*

pacs [paks] n.m. (acronyme de *pacte civil de solidarité*). En France, contrat conclu entre deux personnes célibataires, pour organiser leur vie commune.

pacsé, e adj. et n. *Fam.* Se dit d'une personne ayant contracté un pacs avec une autre.

pacser v.i. ou **se pacser** v.pr. [conj. 3]. *Fam.* Conclure un pacs avec qqn.

pacte n.m. (lat. *pactum*). Accord solennel entre États ou entre particuliers : *Les États européens ont conclu un pacte de collaboration économique* (**SYN.** contrat, convention, traité).

pactiser v.i. [conj. 3]. **1.** S'entendre avec qqn sur la base de concessions réciproques : *Le gouvernement a pactisé avec les grévistes pour débloquer les axes routiers* (**SYN.** négocier, traiter). **2.** Avoir pour qqch une indulgence coupable : *Pactiser avec le crime* (**SYN.** composer, transiger).

pactole n.m. (de *Pactole,* rivière de Lydie, qui charriait de l'or). *Litt.* Source de richesse : *La contrebande est un vrai pactole pour eux.*

paddock [padɔk] n.m. (mot angl. signif. « enclos »). **1.** Enclos dans une prairie, pour les juments poulinières et leurs poulains. **2.** Piste circulaire où les chevaux sont promenés en main, avant une course. **3.** *Arg.* Lit.

paddy n.m. (mot angl., du malais). Riz non décortiqué (on dit aussi *riz paddy*).

pæan [peɑ̃] n.m. → **péan.**

paella [paɛla ou paelja] n.f. (mot esp. signif. « poêle »). Plat espagnol à base de riz au safran, doré à l'huile et cuit au bouillon, garni de viande, de poissons, de crustacés, etc.

① **paf** [paf] interj. (onomat.). Exprime le bruit d'un coup, d'une rupture brusque, d'une chute : *Et paf ! C'est cassé.*

② **paf** [paf] adj. inv. *Fam.* Ivre : *Ils sont complètement paf.*

③ **paf** [paf] n.m. inv. (acronyme de *paysage audiovisuel français*). Ensemble des chaînes de télévision et de radiodiffusion sonore autorisées à émettre sur le territoire français.

pagaie [pagɛ] n.f. (du malais). Rame courte, à pelle large, qui se manie sans être fixée à l'embarcation.

pagaille ou **pagaïe** [pagaj] n.f. (du prov. *en pagaio*, en désordre). *Fam.* Désordre, confusion : *Il a mis la pagaille dans mes papiers.* ▸ *Fam.* ***En pagaille,*** en grande quantité : *Elle a des logiciels en pagaille.*

pagailleux, euse [pagajø, øz] adj. *Fam.* Qui met la pagaille ; désordonné.

paganisme n.m. (du lat *paganus*, paysan). Pour les chrétiens des premiers siècles, religion polythéiste des paysans de l'Empire romain, des païens.

pagayer [pagɛje] v.i. [conj. 11]. Ramer avec une pagaie.

pagayeur, euse [pagɛjœr, øz] n. Personne qui pagaie.

① **page** n.f. (lat. *pagina*). **1.** Chacun des deux côtés d'une feuille ou d'un feuillet de papier : *Une page de petites annonces. N'écrivez rien au dos de cette page* (= verso, par opp. à recto). **2.** Feuille ou feuillet : *Déchirer une page. Le texte original est sur la page de droite, la traduction sur la page de gauche.* **3.** Ce qui est écrit, imprimé sur la page : *Il ne reste aucune faute dans cette page.* **4.** Passage d'une œuvre littéraire ou musicale : *Les pages les plus passionnantes de Maurice Leblanc.* **5.** Période de la vie d'une personne ; épisode de l'histoire d'un groupe humain : *C'est une page sombre de l'histoire de notre pays* (**SYN.** époque, jour, moment). ▸ *Fam.* ***Être à la page,*** être au courant de l'actualité. ***Page d'accueil,*** première page d'un site Internet qui donne accès aux rubriques qu'il contient. ***Page Web,*** document multimédia accessible sur Internet et contenant des liens vers d'autres documents. ***Tourner la page,*** oublier le passé afin de recommencer sur de nouvelles bases ; changer de sujet, d'occupation.

② **page** n.m. (du gr. *paidion*, de *paîs, paidos*, enfant). *Anc.* Jeune noble qui était placé au service d'un seigneur.

page-écran n.f. (pl. *pages-écrans*). Ensemble des informations qui peuvent tenir sur un écran de visualisation.

pagination n.f. Numérotation des pages d'un livre ; foliotage : *Une pagination en chiffres romains.*

paginer v.t. [conj. 3]. Numéroter les pages d'un livre, les feuillets d'un manuscrit (**SYN.** folioter).

pagne n.m. (de l'esp. *paño*, pan d'étoffe). Morceau d'étoffe drapé autour de la taille et qui couvre le bas du corps.

pagode n.f. (mot port., du sanskrit *bhagavat*, saint, divin). **1.** En Extrême-Orient, édifice religieux bouddhique. **2.** (Employé en appos.). Se dit d'une manche qui va s'évasant vers le poignet : *Une tunique à manches pagodes.*

pagodon n.m. Petite pagode.

pagure n.m. (du gr. *pagouros*, qui a la queue en forme de corne). Crustacé décapode qui loge dans les coquilles vides et communément appelé *bernard-l'ermite.*

paie [pɛ] ou **paye** [pɛj] n.f. **1.** Paiement des salaires : *Le jour de paie.* **2.** Ce qui est versé comme salaire : *Recevoir sa paie* (**SYN.** rétribution). ▸ ***Bulletin*** ou ***feuille*** ou ***fiche de paie,*** pièce justificative récapitulant notamm. les éléments de calcul d'un salaire. *Fam.* ***Ça fait une paie,*** ça fait longtemps.

paiement ou **payement** [pɛmɑ̃] n.m. Action de payer une somme d'argent qui est due ; somme payée : *Effectuer le paiement des arriérés* (**SYN.** règlement ; **CONTR.** non-paiement). *Paiement en espèces ou par chèque* (**SYN.** versement). ▸ ***Paiement électronique,*** transaction financière via Internet ; télépaiement.

païen, enne [pajɛ̃, ɛn] adj. et n. (du lat. *paganus*, paysan). **1.** Relatif aux cultes polythéistes de l'Antiquité, au paganisme (par opp. à chrétien). **2.** *Litt.* Qui n'a aucune croyance religieuse ; athée, impie, mécréant.

paierie [pɛri] n.f. Bureau d'un trésorier-payeur.

paillage n.m. Action de pailler : *Le paillage des semis.*

paillard, e adj. et n. (de *paille*). Qui est porté aux plaisirs charnels ; libertin. ◆ adj. Se dit de textes grivois, égrillards : *Des chansons paillardes* (**SYN.** polisson).

paillardise n.f. **1.** Comportement d'une personne paillarde. **2.** Action ou parole paillarde.

paillasse n.f. **1.** Grand sac rembourré de paille qui sert de matelas. **2.** Plan de travail d'un évier, à côté de la cuve. **3.** Plan de travail carrelé, à hauteur d'appui, dans un laboratoire.

paillasson n.m. **1.** Petite natte épaisse, en fibres dures pour essuyer les semelles des chaussures au seuil d'une habitation (**SYN.** essuie-pieds, tapis-brosse). **2.** *Fig., fam.* Personne servile.

paille [paj] n.f. (du lat. *palea*, balle de blé). **1.** Tige de céréale, coupée et dépouillée de son grain : *Une meule de paille. De la paille d'avoine, de riz.* **2.** Matière obtenue en tressant ou en tissant ces tiges et qui sert à divers usages : *Des chapeaux, des nattes de paille.* **3.** Petit tuyau utilisé pour boire un liquide en l'aspirant : *Une briquette de jus de fruits avec une paille* (**SYN.** chalumeau). **4.** Défaut interne d'un produit métallique, d'une pièce de verre, d'une pierre précieuse. ▸ ***Être sur la paille,*** être dans la misère. ***Homme de paille,*** prête-nom dans une affaire malhonnête. ***Paille de fer,*** tampon formé de longs copeaux métalliques, utilisé pour gratter, pour décaper les parquets. ***Tirer à la courte paille,*** tirer au sort en faisant choisir au hasard des brins de paille de longueur inégale. *Fam.* ***Une paille,*** presque rien (souvent iron.) : *Un embouteillage de vingt kilomètres, une paille !* ***Vin de paille,*** vin blanc liquoreux, obtenu avec des raisins que l'on a laissé sécher sur de la paille. ***Voir une paille dans l'œil de son voisin et ne pas voir une poutre dans le sien,***

remarquer aisément les plus petits défauts chez les autres mais pas les plus graves chez soi (allusion biblique). ◆ adj. inv. Qui est d'une couleur jaune pâle : *Des rideaux paille.* ▸ ***Pommes paille,*** pommes de terre frites très fines et allongées.

paillé, e adj. Qui a la couleur jaune pâle de la paille : *Des reflets paillés.*

① **pailler** n.m. (du lat. *palearium*, grenier à paille). **1.** Local où l'on entrepose la paille. **2.** Meule de paille.

② **pailler** v.t. [conj. 3]. **1.** Garnir de paille : *Pailler un tabouret* (**SYN.** empailler, rempailler). **2.** Couvrir de paille pour protéger : *Pailler des fraisiers.*

pailletage n.m. Action de pailleter.

pailleté, e adj. Qui est couvert de paillettes : *Un rouge à lèvres pailleté.*

pailleter v.t. [conj. 27]. Orner de paillettes : *Pailleter un satin. Elle paillette ses paupières pour la soirée.*

paillette n.f. **1.** Parcelle d'or que l'on trouve dans les sables de certains cours d'eau. **2.** Petite lamelle d'une matière plus ou moins rigide : *Un galet avec des paillettes de mica. Savon en paillettes.* **3.** Petite lamelle d'une matière brillante utilisée pour orner certaines étoffes, certains produits de maquillage : *Une robe de soirée à paillettes.* ◆ **paillettes** n.f. pl. *Péjor.* Le monde des apparences, de l'inauthenticité : *Les paillettes du show-business.*

paillis n.m. Couche de paille disposée sur le sol pour préserver certains fruits du contact de la terre.

paillon n.m. Manchon de paille pour protéger une bouteille.

paillote n.f. Hutte à toit de paille, dans les pays chauds.

pain n.m. (lat. *panis*). **1.** Aliment fait d'une pâte composée essentiellement de farine, d'eau, de sel et de levure ou de levain, pétrie et fermentée puis cuite au four : *Du pain de seigle. Manger du pain. Si le pain venait à manquer.* **2.** Masse façonnée de cet aliment : *Un pain rond. Un pain long.* **3.** Symbole de la nourriture, des aliments : *Gagner son pain quotidien.* **4.** En cuisine, préparation moulée en forme de pain : *Un pain de poisson.* **5.** Masse d'une matière moulée : *Un pain de savon.* **6.** *Fam.* Coup de poing ; gifle. ▸ ***Avoir du pain sur la planche,*** avoir beaucoup de travail à faire. ***Bon comme du bon pain,*** se dit d'une personne qui fait preuve d'une bonté extrême. ***Enlever*** ou ***ôter à qqn le pain de la bouche,*** lui retirer ses moyens de subsistance. ***Je ne mange pas de ce pain-là,*** je n'use pas de ces procédés malhonnêtes. ***Long comme un jour sans pain,*** qui dure longtemps et qui est très ennuyeux. ***Manger son pain blanc le premier,*** jouir de circonstances favorables qui ne dureront pas. ***Ôter le pain de la bouche de qqn,*** le priver de ses moyens de subsistance. ***Pain au chocolat,*** pâtisserie individuelle faite de pâte feuilletée fourrée d'une barre de chocolat ; chocolatine. ***Pain brûlé,*** brun soutenu et chaud : *Des gants pain brûlé.* ***Pain complet,*** pain fait d'une pâte où entrent de la farine brute et du son. ***Pain de campagne,*** pain fait d'une pâte à la farine bise, à croûte farinée. ***Pain de mie,*** pain cuit dans un moule de sorte qu'il ne se forme presque pas de croûte. ***Pain d'épice*** ou ***d'épices,*** gâteau de farine de seigle au sucre, au miel et aux aromates. ***Pain de sucre,*** masse de sucre blanc en forme de cône ; en géologie, piton au sommet arrondi. ***Pain français,*** en Belgique, tout pain de forme allongée. ***Pain noir,*** pain fait de farine de blé, de sarrasin et de seigle. ***Pain perdu,*** entremets fait de pain ou de brioche rassis trempés dans du lait et de l'œuf battu, sucrés et frits. *Fam.* ***Se vendre comme des petits pains,*** se vendre rapidement et facilement, avoir un grand succès.

① **pair, e** adj. (du lat. *par, paris*, égal). Se dit d'un nombre divisible par deux (par opp. à impair). ▸ ***Organes pairs,*** organes qui sont au nombre de deux : *Les reins sont des organes pairs.*

② **pair** n.m. ▸ ***Aller de pair,*** aller ensemble en étant sur le même rang : *La préservation de la planète va de pair avec la limitation de la pollution.* ***Au pair,*** logé, nourri et percevant une petite rémunération en échange de certains services : *Elle travaille au pair.* ***Hors pair*** ou ***hors de pair,*** sans égal ; exceptionnel, supérieur : *Une informaticienne hors pair.*

③ **pair** n.m. **1.** Personne de même condition sociale, de même rang : *Il comparaît devant ses pairs.* **2.** Membre de la Chambre haute, dite *Chambre des lords*, en Grande-Bretagne. **3.** En France pendant la féodalité, grand vassal du roi ; seigneur.

paire n.f. (du lat. *paria*, choses égales). **1.** Ensemble de deux choses identiques ou symétriques, utilisées simultanément ou formant un objet unique : *Une paire de boucles d'oreilles. Une paire de ciseaux.* **2.** Ensemble de deux personnes unies par un sentiment ou une similitude d'intérêts : *Une paire d'amis* (**SYN.** duo). *C'est une paire d'escrocs* (**SYN.** tandem). **3.** Couple d'animaux formé par le mâle et la femelle d'une même espèce.

pairesse n.f. **1.** En histoire, femme d'un pair de France. **2.** En Grande-Bretagne, femme titulaire d'une pairie.

pairie n.f. **1.** En histoire, titre, dignité d'un pair de France ; fief auquel la dignité de pair était attachée. **2.** Dignité des membres de la Chambre haute, en Grande-Bretagne.

paisible adj. **1.** Qui est d'humeur douce et tranquille : *Une personne paisible* (**SYN.** calme, placide ; **CONTR.** inquiet). **2.** Que rien ne trouble : *Elle goûte une paisible retraite* (**SYN.** serein ; **CONTR.** agité, trépidant). *Une ville paisible* (**SYN.** tranquille ; **CONTR.** animé).

paisiblement adv. D'une manière paisible : *Ils ont discuté paisiblement toute la nuit. Elle s'est éteinte paisiblement dans son sommeil.*

paître v.i. (lat. *pascere*) [conj. 91]. Manger de l'herbe en broutant : *Mener paître un troupeau* (**SYN.** pacager). ▸ *Fam.* ***Envoyer paître qqn*** → **envoyer.** ◆ v.t. Manger en broutant : *Les poneys paissent l'herbe.*

paix n.f. (lat. *pax, pacis*). **1.** Situation d'un pays qui n'est pas en guerre : *L'Organisation des Nations unies est chargée du maintien de la paix* (**CONTR.** conflit, hostilités). **2.** Cessation des hostilités ; traité mettant fin à l'état de guerre : *Signer, ratifier la paix.* **3.** État de concorde, d'accord entre les membres d'un groupe : *Ces citadins vivent en paix. Rétablir la paix sociale* (**SYN.** calme, ordre ; **CONTR.** agitation, trouble). **4.** Tranquillité d'un lieu, d'un moment exempt de bruit, d'agitation : *Se retirer dans la paix de son bureau* (**SYN. 1.** calme, silence). **5.** Tranquillité de l'esprit : *Avoir la conscience en paix. Cet aveu a apporté la paix aux* *victimes* (**SYN.** quiétude, sérénité ; **CONTR.** tourment). ▸ ***Faire la paix,*** se réconcilier. ***La paix !,*** taisez-vous !, tenez-vous tranquille ! ***Paix des braves,*** accord conclu sur la base de concessions mutuelles.

pal n.m. (lat. *palus*) [pl. *pals*]. Pieu aiguisé à une extrémité. ☞ **REM.** Ne pas confondre avec *une pale.* ▸ ***Supplice du pal,*** supplice qui consistait à enfoncer un pal dans le corps du condamné.

Pal (système) [pal], standard de télévision en couleurs, d'origine allemande (ce mot est l'acronyme de l'angl. *phase alternative line*).

palabre n.f. ou n.m. (de l'esp. *palabra,* parole). **1.** (Surtout pl.). *Péjor.* Discussion longue et oiseuse : *Chaque décision donne lieu à d'interminables palabres.* **2.** En Afrique, débat coutumier entre les hommes d'une communauté villageoise ; procès devant un tribunal coutumier.

palabrer v.i. [conj. 3]. **1.** Discuter longuement et de manière oiseuse ; tenir des palabres : *Il est inutile de palabrer plus longtemps* (**SYN.** pérorer). **2.** En Afrique, se plaindre, demander justice ; se quereller ; marchander.

palace [palas] n.m. (mot angl.). Hôtel luxueux.

paladin n.m. (du lat. *palatinus,* officier du palais). **1.** Seigneur de la suite de Charlemagne, dans la tradition des chansons de geste : *Le paladin Roland essaya de briser son épée Durandal avant de mourir.* **2.** Celui qui est toujours prêt à défendre les faibles, à soutenir de justes causes.

palafitte n.m. (it. *palafitta,* du lat. *palus,* pieu). Village lacustre préhistorique.

① **palais** n.m. (du lat. *Palatium,* le Palatin [mont sur lequel Auguste avait fait élever son palais]). **1.** Vaste et somptueuse résidence d'un chef d'État, d'un personnage de marque ; château : *Le palais présidentiel.* **2.** Vaste édifice public : *Le palais des Expositions. Le palais des Congrès.* **3.** Bâtiment départemental où siègent les tribunaux (on dit aussi *le palais de justice*). ☞ **REM.** Ne pas confondre avec *un palet.*

② **palais** n.m. (lat. *palatum*). Paroi supérieure de la bouche, séparant celle-ci des fosses nasales. ☞ **REM.** Ne pas confondre avec *un palet.* ▸ ***Avoir le palais fin,*** être gourmet. ***Palais dur,*** voûte du palais. ***Palais mou,*** voile du palais.

palan n.m. (it. *palanco*). Appareil de levage utilisant un système de poulies.

palanche n.f. (lat. *palanca,* levier). Tige de bois permettant de porter sur l'épaule deux charges, deux seaux.

palangre n.f. (mot prov., du gr. *panagron,* grand filet). Ligne pour la pêche en mer constituée d'une corde le long de laquelle sont attachés des hameçons.

palangrotte n.f. (prov. *palangrotto*). Ligne plombée pour la pêche en mer, enroulée autour d'une plaque de liège.

palanque n.f. (it. *palanca*). Chacune des planches superposées qui constituent l'un des obstacles du concours hippique.

palanquée n.f. **1.** Charge manipulée à l'aide d'un palan : *Les palanquées de caisses déchargées d'un cargo.* **2.** *Fig.* Grand nombre : *Il a reçu une palanquée de lettres* (**SYN.** multitude).

palanquer v.i. [conj. 3]. Utiliser un palan. ◆ v.t. Lever avec un palan.

palanquin n.m. (port. *palanquim,* du sanskrit). Dans les pays orientaux, chaise ou litière portée à bras d'hommes ou installée sur le dos d'un chameau ou d'un éléphant.

palatal, e, aux adj. (de *2. palais*). **1.** En anatomie, qui concerne le palais. **2.** Se dit d'une voyelle ou d'une consonne qui a son point d'articulation situé dans la région du palais dur (on dit aussi *une palatale*) : *En français, « é »* [e], *« i »* [i] *sont des voyelles palatales et « ch »* [ʃ] *et « j »* [ʒ] *des consonnes palatales.*

palatalisation n.f. Modification subie par un son dont l'articulation se trouve reportée dans la région du palais dur.

palataliser v.t. [conj. 3]. Transformer un son par palatalisation.

palatial, e, aux [palasjal, sjo] adj. (de *1. palais*). Qui a les dimensions d'un palais : *Un bâtiment palatial.*

① **palatin, e** adj. (lat. *palatinus,* de *Palatium*). **1.** Se disait d'un seigneur chargé d'un office dans le palais d'un souverain : *Les comtes palatins.* **2.** Qui dépend d'un palais.

② **palatin, e** adj. (de *2. palais*). En anatomie, relatif au palais : *Les artères palatines.*

pale n.f. (du lat. *pala,* pelle). **1.** Élément en forme de vrille fixé au moyeu d'une hélice. **2.** Partie plate d'un aviron, qui entre dans l'eau. ☞ **REM.** Ne pas confondre avec *un pal.*

pâle adj. (lat. *pallidus*). **1.** Se dit d'un teint peu coloré, d'une blancheur terne : *Un visage très pâle* (**SYN.** blafard, blême, livide ; **CONTR.** coloré, empourpré). **2.** Qui a le teint pâle : *Le malade est un peu pâle* (**SYN.** cireux, exsangue ; **CONTR.** rose, rosé). **3.** Se dit d'une lumière sans éclat : *Le pâle soleil d'hiver* (**SYN.** faible, terne, voilé ; **CONTR.** brillant, intense, lumineux). **4.** Se dit d'une couleur dont la tonalité est atténuée : *Des jaunes pâles* (**SYN.** délavé ; **CONTR.** foncé, vif). **5.** *Fig.* Qui manque d'éclat, de relief, d'originalité : *Une pâle copie d'un tableau de maître* (**SYN.** fade, terne ; **CONTR.** splendide). ▸ *Arg. mil.* ***Se faire porter pâle,*** se faire porter malade.

pale-ale [pɛlɛl] n.f. (mot angl.) [pl. *pale-ales*]. Bière blonde anglaise.

palefrenier, ère [palfrənje, ɛr] n. (de l'anc. prov. *palafren,* palefroi). Personne qui soigne les chevaux.

palefroi [palfrwa] n.m. (lat. *paraveredus,* de *veredus,* cheval). Au Moyen Âge, cheval de parade ou de marche (par opp. au destrier, qui était le cheval de bataille).

palémon n.m. (gr. *Palaimôn,* nom d'un personnage mythologique qui fut changé en dieu marin). Grosse crevette rose, aussi appelée *bouquet.*

paléobotanique n.f. Science des végétaux fossiles.

paléochrétien, enne adj. Relatif aux premiers chrétiens, à leur art : *Une basilique paléochrétienne.*

paléoclimat n.m. Climat d'une époque géologique.

paléographe n. Spécialiste de paléographie.

paléographie n.f. Science des écritures anciennes.

paléographique adj. Relatif à la paléographie.

paléolithique n.m. (du gr. *palaios,* ancien, et *lithos,* pierre). Première période de la préhistoire, caractérisée par l'apparition puis le développement de l'industrie de la pierre ; âge de la pierre taillée. ◆ adj. Relatif au paléolithique.

paléontologie n.f. Science des êtres vivants ayant peuplé la Terre aux époques géologiques, fondée sur l'étude des fossiles : *Paléontologie humaine, animale, végétale.*

paléontologique adj. Relatif à la paléontologie.

paléontologue ou **paléontologiste** n. Spécialiste de paléontologie.

paléo-océanographie n.f. Étude et reconstitution des océans et des fonds marins au cours des époques géologiques.

paléozoïque [paleɔzɔik] n.m. En géologie, autre nom de l'ère primaire. ◆ adj. Relatif au paléozoïque.

paleron n.m. En boucherie, morceau de viande correspondant au membre antérieur du bœuf.

palestinien, enne adj. et n. De la Palestine, de ses habitants.

palestre n.f. (du gr. *palaistra*). Partie du gymnase grec et des thermes romains où se pratiquaient les exercices physiques.

palet n.m. (de *pale*). Dans certains jeux, pierre plate et ronde ou disque épais qu'on lance le plus près possible d'une cible : *Un palet de marelle, de hockey sur glace.* ☞ **REM.** Ne pas confondre avec *un palais.*

paletot n.m. (du moyen angl. *paltoke*, casaque de paysan). **1.** Veste ample et confortable, qui arrive à mi-cuisse. **2.** En Belgique, pardessus. ▸ *Fam.* ***Tomber sur le paletot de qqn,*** l'attaquer par surprise.

palette n.f. (de *pale*). **1.** Instrument long, large et plat, servant à divers usages : *La palette d'un potier, d'un verrier. Retourner des steaks avec une palette* (**SYN.** spatule). **2.** Plaque percée d'un trou pour le pouce, sur laquelle les peintres disposent et mêlent leurs couleurs. **3.** Ensemble des couleurs habituellement utilisées par un peintre : *La palette de Magritte.* **4.** *Fig.* Ensemble d'objets différents, de personnes diverses, mais ayant des caractéristiques communes : *Une large palette de logiciels* (**SYN.** éventail, gamme, panoplie). *Une palette de comédiens exceptionnels.* **5.** Plateau de chargement destiné à la manutention des marchandises par des chariots élévateurs : *Des palettes de bouteilles d'eau minérale.* **6.** En boucherie, morceau du mouton, du porc, comprenant l'omoplate et la chair qui la recouvre. ▸ ***Palette électronique*** ou ***graphique,*** système de création d'images utilisant l'écran d'une station de travail ou d'un micro-ordinateur.

palettisable adj. Se dit d'une marchandise qui peut être chargée sur palette.

palettisation n.f. Action de palettiser.

palettiser v.t. [conj. 3]. **1.** Organiser des transports de marchandises à l'aide de palettes. **2.** Charger sur des palettes.

palettiseur n.m. Appareil servant à palettiser.

palétuvier n.m. (du tupi *apara-hiwa*, arbre courbé). Arbre qui pousse au bord des eaux calmes ou stagnantes, aux racines aériennes en forme d'arceaux.

pâleur n.f. Aspect de ce qui est pâle ; état d'une personne pâle : *La pâleur d'une lumière* (**SYN.** douceur). *Une pâleur maladive* (**SYN.** lividité).

pâlichon, onne adj. *Fam.* Qui est un peu pâle.

palier n.m. (de l'anc. fr. *paele*, une poêle). **1.** Plateforme ménagée à chaque étage, dans un escalier : *Ils sont voisins de palier.* **2.** *Fig.* Phase de stabilité dans le cours d'une évolution : *Le cours des actions a franchi le palier symbolique des dix euros.* ☞ **REM.** Ne pas confondre avec le verbe *pallier.* ▸ ***Par paliers,*** progressivement, par étapes.

palière adj. f. ▸ ***Porte palière,*** porte qui ouvre sur un palier.

palimpseste [palɛ̃psɛst] n.m. (gr. *palimpsêstos*, de *palin*, de nouveau, et *psân*, gratter). Manuscrit sur parchemin dont la première écriture a été lavée ou grattée et sur lequel un nouveau texte a été écrit.

palindrome n.m. (du gr. *palin*, de nouveau, et *dromos*, course). Mot ou groupe de mots qui peut être lu indifféremment de gauche à droite ou de droite à gauche : *« Laval » et « ressasser » sont des palindromes.*

palinodie n.f. (du gr. *palin*, de nouveau, et *ôdê*, chant). *Litt.* Changement complet d'opinion ; rétractation : *Les électeurs lui reprochent ses palinodies* (**SYN.** désaveu, retournement, revirement, volte-face).

pâlir v.i. [conj. 32]. **1.** Devenir subitement pâle : *Il pâlit de rage* (**SYN.** blanchir, blêmir). **2.** Perdre de sa luminosité, de son éclat : *Ce bleu a pâli au soleil* (**SYN.** se faner, passer). ▸ ***Faire pâlir qqn de dépit, de jalousie,*** lui inspirer une jalousie, un dépit violents. ***Son étoile pâlit,*** son influence diminue. ◆ v.t. *Litt.* Rendre pâle : *L'effroi pâlissait son visage.*

palis [pali] n.m. (de *pal*). Pieu enfoncé avec d'autres pour former une clôture continue ; cette clôture.

palissade n.f. Clôture formée d'une rangée de palis, de pieux ou de planches : *La palissade d'un chantier.*

palissader v.t. [conj. 3]. Entourer d'une palissade ; enclore.

palissage n.m. (de *palisser*). Action d'attacher les branches d'un arbuste à un support pour les faire pousser dans une direction déterminée : *Le palissage d'un chèvrefeuille.*

palissandre n.m. (d'une langue de la Guyane). Bois lourd et dur, veiné de nuances allant de gris à rouge vif, qui est utilisé en ébénisterie.

pâlissant, e adj. Qui blêmit ou pâlit : *La lumière pâlissante du soleil* (**SYN.** faiblissant).

palisser v.t. (de *palis*) [conj. 3]. Procéder au palissage de : *Elle palissait le rosier.*

palladien, enne adj. Relatif à l'architecte italien Palladio, à son style : *Les villas palladiennes de la région de Venise.*

palladium [paladjɔm] n.m. (mot angl., de *Pallas*, nom d'une planète). Métal précieux, blanc, dur et ductile.

palliatif, ive adj. Se dit d'un traitement, d'un remède agissant sur les symptômes d'une maladie sans s'attaquer à sa cause. ▸ ***Soins palliatifs,*** ensemble des soins et des soutiens apportés à un malade en fin de vie. ◆ **palliatif** n.m. **1.** En médecine, remède palliatif. **2.** Moyen provisoire de détourner un danger, de pallier une difficulté : *Cette mesure n'est qu'un piètre palliatif de la crise qui secoue le pays.*

pallier v.t. (du lat. *palliare*, couvrir d'un manteau)

[conj. 9]. Remédier d'une manière incomplète ou provisoire à : *Pallier un manque de personnel par l'emploi de stagiaires* (**SYN.** obvier à [litt.]). ☞ **REM.** Ne pas confondre avec *un palier.*

palmaire adj. (du lat. *palma,* paume). Relatif à la paume de la main.

palmarès [palmarɛs] n.m. (du lat. *palmaris,* digne de la palme [du vainqueur]). **1.** Liste de lauréats : *Le palmarès d'un concours.* **2.** Liste de succès, de victoires : *Elle a inscrit un autre record à son palmarès.* **3.** Classement par ordre de popularité : *Le palmarès des départements où il fait bon vivre* (**SYN.** hit-parade [anglic.]).

palmas [palmas] n.f. pl. (de l'esp. *palma,* paume de la main). Battements des mains au rythme du flamenco.

palmature n.f. Malformation d'une main dont les doigts sont réunis par une membrane ; cette membrane.

palme n.f. (lat. *palma*). **1.** Feuille de palmier. **2.** Symbole de la victoire, dans un concours, un festival, matérialisé par un prix : *Ce film a obtenu la palme d'or au Festival de Cannes.* **3.** Distinction dont l'insigne représente des palmes : *Elle a reçu les Palmes académiques.* **4.** Nageoire en caoutchouc qu'un nageur ajuste à son pied et qui augmente la vitesse, la puissance de la nage. ▸ ***Remporter la palme,*** l'emporter sur d'autres ; triompher. ***Vin, huile de palme,*** obtenus à partir de certains palmiers.

palmé, e adj. Dont les doigts sont réunis par une membrane : *Les pattes palmées d'une oie. Des mains palmées.*

palmer [palmɛr] n.m. (de Jean-Louis *Palmer,* inventeur de cet instrument). Instrument de précision qui sert à mesurer les épaisseurs et les diamètres externes de pièces métalliques.

palmeraie n.f. Lieu planté de palmiers.

palmier n.m. **1.** Arbre des pays chauds composé d'un tronc couronné par un faisceau de grandes feuilles, les *palmes,* dont on tire des produits alimentaires, comme la datte, la noix de coco, ou industriels comme le raphia, le rotin. **2.** Gâteau sec plat, en pâte feuilletée, dont la forme évoque vaguement une palme. ▸ ***Cœur de palmier,*** palmite.

palmipède n.m. et adj. (du lat. *palma,* palme, et *pes, pedis,* pied). Oiseau aux pattes palmées (canard, mouette).

palmiste n.m. (du port. *palmito,* petit palmier). **1.** Nom usuel de divers palmiers. **2.** Bourgeon terminal comestible de certains palmiers, aussi appelé *chou palmiste.*

palmite n.m. Moelle comestible du palmier, aussi appelée *cœur de palmier.*

palmure n.f. Membrane reliant les doigts de certains vertébrés aquatiques, comme les palmipèdes ou la grenouille.

palombe n.f. (lat. *palumbus*). *Région.* Pigeon ramier.

palonnier n.m. (de *pal*). **1.** Barre se manœuvrant au pied et agissant sur la gouverne de direction d'un avion. **2.** En ski nautique, poignée fixée au bout de la corde de traction et à laquelle se tient le skieur.

palot n.m. Bêche étroite servant à retirer les vers, les coquillages, du sable ou de la vase.

pâlot, otte adj. *Fam.* Qui est un peu pâle.

palourde n.f. (lat. *peloris*). Clovisse.

palpable adj. **1.** Que l'on peut sentir au toucher : *Une humidité palpable* (**SYN.** réel, sensible ; **CONTR.** impalpable, insensible). **2.** Qui est évident ; que l'on peut vérifier : *Les conséquences palpables du krach* (**SYN.** tangible, vérifiable ; **CONTR.** éventuel, hypothétique, supposé).

palpation n.f. Action de palper, de toucher ou de presser une partie du corps pour détecter une anomalie.

palpébral, e, aux adj. (du lat. *palpebra,* paupière). Relatif aux paupières.

palper v.t. (lat. *palpare*) [conj. 3]. **1.** Apprécier en touchant avec la main, les doigts : *Elle palpe les tissus avant de choisir* (**SYN.** manier, manipuler). *Le médecin lui a palpé le bras* (**SYN.** tâter). **2.** *Fam.* Recevoir de l'argent : *Il a palpé une grosse somme* (**SYN.** toucher).

palpeur n.m. Capteur servant à contrôler ou à réguler qqch : *Une plaque électrique à palpeur.*

palpitant, e adj. **1.** Qui palpite ; qui respire de façon saccadée et précipitée : *Le cœur palpitant d'un animal blessé* (**SYN.** pantelant). *Elle est encore palpitante de cette course effrénée* (**SYN.** frémissant, haletant). **2.** *Fig.* Qui suscite un intérêt très vif, mêlé d'émotion : *Une intrigue palpitante* (**SYN.** captivant, fascinant, passionnant ; **CONTR.** ennuyeux, inintéressant, plat). ◆ **palpitant** n.m. *Fam.* Cœur : *J'ai le palpitant qui s'affole.*

palpitation n.f. **1.** Mouvement de ce qui palpite : *Avoir une palpitation à la paupière* (**SYN.** frémissement, tressaillement). **2.** (Surtout pl.). Battements du cœur plus fréquents, plus violents qu'à l'accoutumée : *Avoir des palpitations.*

palpiter v.i. (lat. *palpitare,* de *palpare,* palper) [conj. 3]. **1.** En parlant du cœur, battre plus fort, plus vite, souvent sous l'effet d'une émotion. **2.** En parlant d'un animal que l'on vient de tuer, être agité de mouvements convulsifs, de frémissements ; panteler. **3.** *Litt.* En parlant de qqch, manifester une sorte d'agitation, de frémissement : *Les flammes des flambeaux palpitaient sous le vent* (**SYN.** osciller, vaciller).

palsambleu interj. (de *par le sang de Dieu*). *Vx* Juron marquant la colère, l'impatience, le dépit.

paltoquet n.m. (du moyen angl. *paltoke,* casaque de paysan). Personnage insignifiant et prétentieux.

palu n.m. (abrév.). *Fam.* Paludisme.

paludéen, enne adj. **1.** Relatif au paludisme ; paludique, palustre. **2.** Relatif aux marais : *Des plantes paludéennes.*

paludier, ère n. Ouvrier des marais salants.

paludique adj. Relatif au paludisme ; paludéen, palustre.

paludisme n.m. (du lat. *palus, paludis,* marais). Maladie due à un parasite du sang, le plasmodium, et transmise par un moustique des régions marécageuses, l'anophèle (abrév. fam. palu) ; malaria [vieilli].

palustre adj. (du lat. *paluster,* marécageux). **1.** Qui vit dans les marais. **2.** Relatif au paludisme ; paludéen, paludique.

palynologie n.f. (du gr. *palunein,* répandre de la farine). Étude des pollens.

se **pâmer** v.pr. (du lat. *spasmare,* avoir un spasme) [conj. 3]. **1.** *Litt.* Tomber en syncope ; s'évanouir. **2. [de].** Être sur le point de défaillir sous l'effet d'une émotion : *Elle s'est pâmée de douleur* (**SYN.** chavirer, s'effondrer).

pâmoison n.f. *Vieilli* ou *litt.* Évanouissement : *Tomber en pâmoison* (**SYN.** syncope).

pampa [pɑ̃pa] n.f. (mot esp., du quechua). Vaste prairie d'Amérique du Sud.

pamphlet [pɑ̃flɛ] n.m. (mot angl., de *Pamphilet,* comédie en vers latins du XIIe siècle). Écrit satirique, dirigé contre qqn, une institution, un groupe ; libelle, mazarinade.

pamphlétaire [pɑ̃fletɛr] n. Auteur de pamphlets. ◆ adj. Qui a les caractères du pamphlet ; satirique.

pampille n.f. Pendeloque d'une frange ornementale dans un ouvrage de passementerie, de bijouterie.

pamplemousse n.m. ou n.f. (du néerl. *pompelmoes,* gros citron). Fruit comestible du pamplemoussier, au goût acidulé.

pamplemoussier n.m. Arbre cultivé pour son fruit, le pamplemousse.

pampre n.m. (lat. *pampinus*). Jeune pousse de vigne de l'année avec ses feuilles : *Un pampre vert.*

① **pan** n.m. (du lat. *pannus,* morceau d'étoffe). **1.** Partie tombante et flottante d'un vêtement ; grand morceau d'étoffe : *Ses pans de chemise dépassent sous sa veste* (**SYN.** 1. basque). *Un pan de rideau.* **2.** Partie de mur, face d'un bâtiment : *Le pan nord de l'immeuble se lézarde.* **3.** Partie importante de qqch : *Vous avez occulté un pan de la question* (**SYN.** aspect, part, versant). **4.** Face d'un polyèdre (**SYN.** côté).

② **pan** interj. (onomat.). Exprime un bruit sec, un coup, un éclatement : *Pan ! Un coup de feu a retenti.*

panacée n.f. (du gr. *panakeia,* de *pan,* tout, et *akos,* remède). **1.** Remède universel contre tous les maux : *Cette tisane est une panacée.* **2.** *Fig.* Prétendu remède à tous les problèmes : *En cas de plantage, éteindre l'ordinateur est la panacée.*

panachage n.m. **1.** Action de panacher, de mélanger. **2.** (Spécial.). Mode de vote consistant à choisir des candidats appartenant à des listes différentes.

panache n.m. (it. *pennaccio,* du lat. *penna,* plume). **1.** Assemblage de plumes flottantes servant d'ornement : *Le panache d'un chapeau* (**SYN.** plumet). **2.** Objet, forme évoquant un panache par son aspect ondoyant : *Un panache de fumée.* **3.** *Fig.* Ce qui indique, chez une personne, la bravoure, l'élégance morale : *Un discours plein de panache* (**SYN.** audace, courage). *Les adolescents aiment cet acteur pour son panache* (**SYN.** allant, brio, prestance).

panaché, e adj. **1.** Qui présente des couleurs diverses : *Une rose panachée* (**SYN.** bigarré, multicolore ; **CONTR.** uni). **2.** Qui est composé d'éléments différents : *Une corbeille de fruits panachés* (**SYN.** varié). *Une glace panachée* (= de différents parfums). ▸ ***Demi panaché,*** composé de bière et de limonade (on dit aussi *un panaché*). ***Liste panachée,*** liste électorale résultant d'un panachage. ◆ **panaché** n.m. Demi panaché.

panacher v.t. [conj. 3]. **1.** Orner de couleurs variées (**SYN.** barioler, bigarrer). **2.** Composer d'éléments divers (**SYN.** mélanger). **3.** (Spécial.). Composer par panachage une liste électorale.

panachure n.f. Ensemble de motifs ou de taches de couleur tranchant sur un fond de couleur différente.

panade n.f. (prov. *panado,* du lat. *panis,* pain). **1.** *Vx* Soupe faite de pain bouilli dans de l'eau ou du lait. **2.** *Fam.* Situation de grande difficulté ; misère : *Nous sommes dans la panade.*

panafricain, e adj. Relatif à l'ensemble du continent africain, au panafricanisme : *Une politique panafricaine.*

panafricanisme n.m. Doctrine politique tendant à regrouper, à rendre solidaires les nations du continent africain.

panaire adj. Relatif au pain.

panais n.m. (lat. *pastinaca*). Plante potagère, dont la racine est utilisée comme légume ou comme fourrage.

panama n.m. (de *Panamá,* État d'Amérique centrale). Chapeau souple, tressé avec la feuille d'un arbuste d'Amérique centrale : *Des panamas blancs.*

panaméricain, e adj. Relatif à l'ensemble du continent américain, au panaméricanisme.

panaméricanisme n.m. Doctrine politique tendant à établir une solidarité des nations du continent américain.

panarabisme n.m. Doctrine politique tendant à regrouper les nations de langue et de civilisation arabes.

① **panard, e** adj. (du prov. *panar,* boiteux). Se dit d'un cheval dont les pieds sont tournés en dehors (par opp. à cagneux).

② **panard** n.m. *Fam.* Pied.

panaris [panari] n.m. (lat. *panaricium*). Infection aiguë du doigt (= mal blanc).

pan-bagnat [pɑ̃baɲa] n.m. (mot prov.) [pl. *pans-bagnats*]. Dans la cuisine provençale, sandwich rond, garni de tomate, de salade, d'œuf dur, de thon et d'anchois, et arrosé d'huile d'olive.

pancartage n.m. Affichage, dans un lieu public, d'indications destinées aux usagers.

pancarte n.f. (du gr. *pan,* tout, et *khartês,* livre). Panneau portant une inscription destinée au public : *Une pancarte sur la porte indique que la maison est à vendre* (**SYN.** écriteau).

pancetta [pɑ̃tʃeta] n.f. (mot it.). Charcuterie italienne faite de poitrine de porc salée, roulée et séchée.

panchen-lama [panʃɛnlama] n.m. (d'un mot chin. et d'un mot tibétain) [pl. *panchen-lamas*]. Second personnage de la hiérarchie du bouddhisme tibétain, après le dalaï-lama.

pancrace n.m. (du gr. *kratos,* force). Dans l'Antiquité, en Grèce, combat gymnique combinant la lutte et le pugilat.

pancréas [pɑ̃kreas] n.m. (gr. *pankreas,* de *kreas,* chair). Glande de l'appareil digestif de l'homme, qui produit un suc digestif et l'insuline.

pancréatique adj. Relatif au pancréas.

pancréatite n.f. Inflammation du pancréas.

panda n.m. (mot népalais). Nom donné à deux mammifères des forêts de l'Inde et de la Chine, le *grand panda,* voisin de l'ours, et le *petit panda,* à l'allure de raton laveur.

pandémie n.f. (du gr. *pan*, tout, et *demos*, peuple). Épidémie qui s'étend sur un ou plusieurs continents.

pandémonium [pãdemɔnjɔm] n.m. (angl. *pandemonium*, du gr. *pan*, tout, et *daimôn*, démon). *Litt.* Lieu où règnent le désordre et la corruption ; lieu plein d'une agitation infernale.

pandiculation n.f. (du lat. *pandiculari*, s'étendre). Action de s'étirer en tendant les bras vers le haut et en bâillant.

pandit [pɑ̃dit] n.m. (mot sanskrit). Titre honorifique donné dans l'Inde aux érudits, aux sages.

pandore n.m. (de *Pandore*, gendarme popularisé par une chanson de Nadaud). *Fam., vieilli* Gendarme : *« En voyant ces braves pandores / Être à deux doigts de succomber... »* [*Hécatombe*, G. Brassens].

pané, e adj. Qui est enrobé de chapelure : *Du poisson pané.*

panégyrique [paneʒirik] n.m. (gr. *panêgurikos*, de *pan*, tout, et *agora*, assemblée). Parole ou écrit à la louange de qqn, de qqch : *La directrice a fait le panégyrique de son prédécesseur* (**SYN.** éloge).

panégyriste n. Auteur d'un panégyrique.

panel n.m. (mot angl. signif. « tableau »). Groupe de personnes formant un échantillon représentatif et que l'on interroge pour des enquêtes, pour des études de marché.

paner v.t. (du lat. *panis*, pain) [conj. 3]. Enrober un aliment de chapelure avant de le faire frire : *Paner une escalope.*

paneterie [pantri ou panɛtri] n.f. Lieu où l'on conserve et distribue le pain dans les grands établissements, les communautés.

panetière [pantjɛr] n.f. Coffre où l'on conserve le pain ; huche.

paneton [pantɔ̃] n.m. Petit panier où les boulangers mettent le pâton.

pangermanisme n.m. Doctrine politique visant à regrouper en un État unique tous les peuples germaniques.

pangermaniste adj. et n. Relatif au pangermanisme ; qui en est partisan.

pangolin n.m. (malais *panggoling*). Mammifère d'Afrique et d'Asie, au corps couvert d'écailles.

panhellénique adj. Qui concerne tous les Grecs.

panicaut n.m. (mot prov., du lat. *panis*, pain, et *cardus*, chardon). Plante des terres incultes et des sables littoraux, aux feuilles épineuses bleuâtres.

panicule n.f. (du lat. *panus*, épi). Groupement de fleurs en grappe ressemblant à un épi : *Une panicule de maïs.*

panier n.m. (du lat. *panarium*, corbeille à pain). **1.** Ustensile muni d'une anse ou de poignées, servant à transporter des objets, des animaux : *Un panier d'osier* ou *en osier. Un panier à provisions. Un panier à bouteilles. Un panier à chat.* **2.** Contenu d'un panier : *Cueillir un panier de pommes.* **3.** Corbeille à papier : *Jeter un gobelet au panier.* **4.** Au basket-ball, but formé d'un filet cylindrique sans fond ; tir au but réussi. **5.** *Anc.* Jupon garni de cercles d'osier qui rendait la jupe bouffante : *Un robe à paniers.* ▸ ***Le dessus du panier***, ce qu'il y a de meilleur. ***Le fond du panier***, le rebut. ***Le panier de la ménagère***, la part du budget d'un ménage destinée aux dépenses alimentaires et d'entretien de la maison, et qui sert au calcul du coût de la vie. ***Mettre au panier***, jeter aux ordures. ***Mettre dans le même panier***, englober dans un même jugement péjoratif. ***Panier à salade***, panier à jour permettant de secouer la salade pour l'égoutter ; fam., car de police, voiture cellulaire. *Fam.* ***Panier de crabes***, collectivité dont les membres se détestent et cherchent à se nuire. ***Panier percé***, personne très dépensière.

panière n.f. Grande corbeille d'osier à deux anses.

panier-repas n.m. (pl. *paniers-repas*). Emballage contenant un repas froid pour une personne.

panifiable adj. Se dit d'une farine, d'une céréale, qui peut être utilisée pour faire du pain.

panification n.f. Ensemble des opérations par lesquelles on transforme la farine en pain.

panifier v.t. [conj. 9]. Transformer en pain.

panini n.m. (mot it.) [pl. *paninis* ou inv.]. Sandwich italien fait d'un petit pain mi-cuit garni et passé au grille-pain.

paniquant, e adj. Qui suscite la panique.

panique n.f. (du nom du dieu grec *Pan*). Terreur subite et incontrôlable, de caractère souvent collectif : *L'arrivée des hooligans a semé la panique dans le public* (**SYN.** affolement). ◆ adj. ▸ ***Peur panique***, peur soudaine, irraisonnée.

paniquer v.i. ou **se paniquer** v.pr. [conj. 3]. *Fam.* Céder à la panique : *J'ai paniqué et je me suis enfui* (**SYN.** s'affoler, s'effrayer). *Dès la première explosion, les spectateurs se sont paniqués.* ◆ v.t. *Fam.* Affoler : *La prise de parole le panique.*

panislamique adj. Relatif au panislamisme.

panislamisme n.m. Doctrine visant à unir sous une même autorité tous les peuples de religion musulmane.

panka n.m. (mot hindi). Écran suspendu au plafond, en usage dans les pays chauds, que l'on manœuvre à l'aide de cordes pour brasser l'air.

① **panne** n.f. (de l'anc. fr. *penne*, plume, du lat. *penna*). Arrêt de fonctionnement accidentel et momentané : *Ils sont tombés en panne sur l'autoroute. La panne de courant a été de courte durée.* ▸ ***Être en panne***, devoir interrompre son activité pour une raison fortuite : *Nous sommes en panne depuis que le budget a été réduit.* *Fam.* ***Être en panne de qqch***, en manquer : *Je suis en panne de beurre pour faire le gâteau. La scénariste est en panne d'inspiration.* ***Panne sèche***, due à un manque de carburant.

② **panne** n.f. (du lat. *penna*, plume). **1.** Étoffe comparable au velours, mais à poils plus longs et moins serrés. **2.** Graisse située sous la peau du porc et qui entoure aussi les rognons.

③ **panne** n.f. (var. de *penne*, plume). **1.** Partie étroite de la tête d'un marteau, opposée au côté plat appelé *table.* **2.** Partie plate et tranchante d'un piolet.

panneau n.m. (du lat. *pannelus*, petit pan, de *pannus*, pan). **1.** Élément plan d'un ouvrage de menuiserie, de maçonnerie : *Un panneau de porte. Une cloison à panneaux coulissants.* **2.** Plaque d'un élément préfabriqué : *Un panneau de plâtre.* **3.** Plaque de bois, de métal portant des indications, des inscriptions : *Les horaires sont indiqués sur ce panneau. Les panneaux électoraux sont installés devant les bureaux de vote.*

4. En beaux-arts, planche ou assemblage de planches servant de support à une peinture ; compartiment peint : *Les trois panneaux d'un triptyque.* **5.** En couture, pièce de tissu rapportée dans un vêtement pour l'orner ou pour lui donner de l'ampleur : *Elle porte une jupe à panneaux.* ▸ ***Tomber dans le panneau,*** se laisser duper, tomber dans le piège.

panneton n.m. (de l'anc. fr. *penon,* petit étendard). Partie d'une clé située à l'extrémité de la tige, qui fait mouvoir le pêne en tournant dans la serrure.

pannicule n.m. (du lat. *panniculus,* petit pan d'étoffe). ▸ ***Pannicule adipeux,*** couche de tissu cellulaire située sous la peau et où s'accumule la graisse.

panonceau n.m. (de l'anc. fr. *penon,* étendard). **1.** Écusson placé à la porte des officiers ministériels : *Le panonceau d'un notaire.* **2.** Petit panneau portant des inscriptions ; enseigne : *Lire le panonceau d'un hôtel.*

panophtalmie n.f. Inflammation généralisée de l'œil.

panoplie n.f. (du gr. *panoplia,* armure d'un hoplite, de *pan,* tout, et *hoplon,* arme). **1.** Ensemble d'instruments, d'accessoires nécessaires à une activité : *J'ai la panoplie du parfait jardinier.* **2.** Jouet d'enfant constitué par un ensemble de pièces de déguisement et d'accessoires : *Une panoplie de Zorro, de fée.* **3.** Ensemble des moyens d'action dont on dispose dans une situation donnée : *Toute une panoplie d'aides au sevrage tabagique* (**SYN.** arsenal, série). **4.** Collection d'armes disposées sur un panneau : *Une panoplie se trouve au-dessus de la cheminée.*

panoptique adj. Se dit d'un édifice dont, d'un poste d'observation interne, on peut observer tout l'intérieur.

panorama n.m. (mot angl., du gr. *pan,* tout, et *horama,* spectacle). **1.** Vaste paysage que l'on découvre d'une hauteur : *Depuis leur maison, on a un très beau panorama* (**SYN.** perspective, vue). **2.** *Fig.* Vue d'ensemble d'un sujet, d'un domaine : *Un panorama du cinéma américain* (**SYN.** fresque).

panoramique adj. Qui permet de découvrir un vaste paysage : *D'ici, nous avons une vue panoramique sur la vallée. Un restaurant panoramique.* ◆ n.m. Au cinéma, à la télévision, procédé consistant à faire pivoter la caméra pendant la prise de vues ; effet visuel résultant de ce procédé.

panosse n.f. (du lat. *panuccia,* guenille). En Savoie et en Suisse, serpillière.

panosser v.t. [conj. 3]. En Savoie et en Suisse, nettoyer à l'aide d'une serpillière ; passer la serpillière.

pansage n.m. Action de panser un cheval.

panse n.f. (du lat. *pantex,* intestins). **1.** Première poche de l'estomac des ruminants (**SYN.** rumen). **2.** Partie arrondie et renflée de certains récipients : *La panse d'une bonbonne.* **3.** Partie d'une cloche où frappe le battant. **4.** Partie arrondie de certaines lettres : *La panse du « a », du « b », du « d », du « q ».* **5.** *Fam.* Ventre d'une personne : *Les convives se sont rempli la panse* (= ont beaucoup mangé).

pansement n.m. **1.** Action de panser une plaie. **2.** Ce qui sert à couvrir une plaie ; compresse, bandage : *Vous devrez changer votre pansement tous les jours.* ▸ ***Pansement gastrique,*** préparation médicamenteuse administrée par la bouche, dans le traitement des affections de l'estomac.

panser v.t. (du lat. *pensare,* soigner) [conj. 3]. **1.** Appliquer un pansement sur : *L'infirmière lui pansa la main* (**SYN.** bander). **2.** Brosser, étriller un cheval. **3.** *Fig.* Adoucir une douleur morale : *Un long voyage l'aidera à panser sa peine* (**SYN.** soulager ; **CONTR.** raviver). ☞ **REM.** Ne pas confondre avec *penser.*

panslave adj. Qui concerne l'ensemble des Slaves : *La culture panslave.*

panslavisme n.m. Doctrine visant au regroupement de tous les peuples d'origine slave.

pansu, e adj. **1.** De forme arrondie, renflée : *Un flacon pansu* (**SYN.** bombé). **2.** *Fam.* Se dit de qqn qui a un gros ventre : *Un homme pansu* (**SYN.** ventru).

pantacle n.m. → **pentacle.**

pantagruélique adj. (de *Pantagruel,* nom d'un personnage de Rabelais). Qui évoque Pantagruel, son énorme appétit : *Un repas pantagruélique* (**SYN.** gargantuesque ; **CONTR.** frugal).

pantalon n.m. (de *Pantalone,* nom d'un personnage à culotte longue de la comédie italienne). Culotte longue, enveloppant séparément chaque jambe et descendant jusqu'aux pieds : *Un pantalon de survêtement.*

pantalonnade n.f. **1.** Farce pitoyable, bouffonnerie grossière : *Ce débat électoral a viré à la pantalonnade* (**SYN.** pitrerie). **2.** Subterfuge hypocrite et méprisable : *Ce vil escroc s'en est tiré par une pantalonnade* (**SYN.** dérobade, faux-fuyant, pirouette).

pantelant, e adj. *Litt.* **1.** *Vx* Qui respire avec peine : *Après la course, elle était pantelante* (**SYN.** haletant). **2.** *Fig.* En proie à une vive émotion ; bouleversé : *Il était pantelant de frayeur.* ▸ ***Chair pantelante,*** chair encore palpitante d'un animal que l'on vient de tuer.

panteler v.i. (du lat. *pantasiare,* rêver) [conj. 24]. *Litt., vx* Respirer avec peine ; haleter.

panthéisme n.m. (angl. *pantheism,* du gr. *pan,* tout, et *theos,* dieu). **1.** Système religieux, philosophique qui identifie Dieu et le monde. **2.** Divinisation de la nature.

panthéiste adj. et n. Relatif au panthéisme ; adepte du panthéisme.

panthéon n.m. (lat. *pantheon,* du gr. *pan,* tout, et *theos,* dieu). **1.** (Avec une majuscule). Monument où sont déposés les corps des hommes illustres d'une nation : *Le Panthéon de Paris.* **2.** Temple que les Grecs et les Romains consacraient à tous leurs dieux. **3.** Ensemble des dieux d'une mythologie, d'une religion : *Le panthéon égyptien.* **4.** *Fig.* Ensemble des personnes qui se sont illustrées dans un domaine : *Ce roman lui a permis d'entrer au panthéon littéraire.*

panthère n.f. (gr. *panthêr*). **1.** Mammifère carnassier des régions tropicales, au pelage noir ou jaune tacheté de noir. **2.** Fourrure de cet animal. ▸ ***Panthère des neiges,*** autre nom du félin *once.*

pantin n.m. (de l'anc. fr. *pantine,* écheveau de soie). **1.** Figurine en carton, en bois découpé, que l'on fait bouger avec un fil. **2.** *Fig.* Personne influençable et qui change facilement d'avis : *Ce pantin passe d'un parti à l'autre* (**SYN.** fantoche, girouette, marionnette).

pantographe n.m. **1.** Instrument formé de quatre tiges articulées, servant à reproduire mécaniquement un dessin. **2.** Dispositif reliant une locomotive électrique à une caténaire.

pantois, e adj. (de l'anc. fr. *pantoisier,* haleter). Se dit de qqn qui est suffoqué, déconcerté par un événement imprévu : *Votre refus l'a laissé pantois* (**SYN.** interdit, stupéfait).

pantomime n.f. (du gr. *pantomimos,* qui imite tout). **1.** Art du mime. **2.** Pièce mimée : *Ce comédien excelle dans les pantomimes* (**SYN.** mimodrame). **3.** *Péjor.* Comportement exagéré, ridicule : *Cessez cette pantomime !* (**SYN.** comédie).

pantouflard, e n. et adj. *Fam.* Qui aime à rester chez soi (**SYN.** casanier, sédentaire).

pantoufle n.f. **1.** Chaussure d'intérieur : *Mets tes pantoufles pour ne pas salir la moquette* (**SYN.** chausson). **2.** *Fig., fam.* Situation d'un fonctionnaire qui pantoufle ; somme qu'il doit à l'État pour ce dédit.

pantoufler v.i. [conj. 3]. *Fam.* Quitter la fonction publique pour entrer dans le privé, en parlant d'un fonctionnaire.

panure n.f. Chapelure.

panurgisme n.m. (de *Panurge,* personnage de Rabelais). Comportement passif et moutonnier ; conformisme : *Le panurgisme des téléspectateurs* (**SYN.** grégarisme, suivisme).

P.A.O. ou **PAO** [peao] n.f. (sigle). ▸ ***Publication assistée par ordinateur*** → **publication.**

paon [pɑ̃] n.m. (lat. *pavo, pavonis*). Oiseau gallinacé au magnifique plumage bleuté, dont le mâle a une longue queue qu'il relève en roue. ▸ ***Être vaniteux comme un paon,*** être très vaniteux. ***Se parer des plumes du paon,*** se prévaloir des mérites de qqn d'autre.

paonne [pan] n.f. Femelle du paon.

papa n.m. (du gr. *pappas,* père). Père, dans le langage des enfants : *Tous les papas ont reçu un cadeau.* ▸ *Fam.* ***À la papa,*** sans hâte ; sans risque : *Elle conduit à la papa. Fam.* ***De papa,*** désuet, démodé : *Les appareils photo de papa.*

papaïne n.f. Enzyme extraite du latex du papayer.

papal, e, aux adj. Qui appartient au pape ; relatif au pape : *Une décision papale* (**SYN.** pontifical).

paparazzi [paparadzi] n.m. (mot it., pl. de *paparazzo,* reporter-photographe). *Péjor.* Photographe de presse : *Ces paparazzis ont vendu leurs photos à un journal à scandales.*

papas [papas] n.m. (du gr. *pappas,* père). Prêtre d'une Église chrétienne d'Orient.

papauté n.f. **1.** Dignité, fonction de pape : *Ce cardinal prétend à la papauté* (**SYN.** pontificat). **2.** Administration, gouvernement d'un pape ; durée de sa fonction.

papavéracée n.f. (du lat. *papaver,* pavot). Plante à pétales séparés et à fruit en forme de capsule.

papavérine n.f. Composé organique tiré de l'opium, utilisé comme antispasmodique.

papaye [papaj] n.f. (mot caraïbe). Fruit comestible du papayer, semblable à un gros melon.

papayer [papaje] n.m. Arbre fruitier des régions tropicales et équatoriales, qui produit la papaye.

pape n.m. (lat. *papa,* du gr. *pappas,* père). **1.** Chef élu de l'Église catholique romaine : *Le pape réside au Vatican* (**SYN.** saint-père, souverain pontife). **2.** *Fam.* Personne jouissant d'une autorité indiscutée : *Beaucoup le considèrent comme le pape de la mode* (= chef de file).

① **papelard, e** adj. et n. (de l'anc. fr. *paper,* manger gloutonnement). *Litt.* Qui manifeste de l'hypocrisie : *Il nous parlait d'une voix papelarde* (**SYN.** doucereux, mielleux ; **CONTR.** franc, sincère).

② **papelard** n.m. *Fam.* Papier : *Il y a trop de papelards à remplir pour être remboursé.*

papelardise n.f. *Litt.* Attitude hypocrite (**SYN.** fausseté, hypocrisie ; **CONTR.** franchise).

paperasse n.f. Papier, écrit considéré comme sans valeur : *Elle fait le tri dans sa paperasse administrative.*

paperasserie n.f. Excès de paperasse ; abus d'écritures administratives : *Toute cette paperasserie nous retarde.*

paperassier, ère adj. et n. Qui se complaît dans la paperasserie : *Un fonctionnaire paperassier.*

papesse n.f. **1.** Femme pape, selon une légende : *La papesse Jeanne.* **2.** *Fam.* Femme qui jouit d'une grande autorité dans son domaine : *La papesse de la psychanalyse.*

papet n.m. (du lat. *pappare,* manger). Plat traditionnel du canton de Vaud, constitué d'une bouillie de pommes de terre et de poireaux accompagnée de saucisses.

papeterie [papɛtri ou paptri] n.f. **1.** Magasin où l'on vend du papier, des fournitures scolaires et des articles de bureau. **2.** Fabrication du papier. **3.** Fabrique de papier.

papetier, ère [paptje, ɛr] n. **1.** Personne qui tient une papeterie. **2.** Personne qui fabrique du papier. ◆ adj. Relatif au papier, à la papeterie : *L'industrie papetière.*

papette n.f. En Suisse, bouillie ; boue.

papi n.m. → **papy.**

papier n.m. (lat. *papyrus,* du gr. *papuros,* roseau d'Égypte). **1.** Matière faite de substances végétales réduites en une pâte étalée et séchée en couche mince, et qui sert à écrire, à imprimer, à envelopper : *Du papier à dessin. Il enveloppa ses chaussures dans du papier journal.* **2.** Feuille, morceau de cette matière : *Je ne retrouve plus le papier sur lequel j'ai écrit son numéro de téléphone* (**SYN.** document, note). **3.** Feuille très mince d'un métal : *Recouvrir un gâteau de papier d'aluminium.* **4.** Feuille écrite ou imprimée : *Il a mis tous ses papiers importants dans un coffre* (**SYN.** dossier, pièce). **5.** Article dans la presse écrite : *Son papier sur les conditions de travail dans cette multinationale a été publié.* **6.** Reportage, court exposé sur un sujet, dans la presse radiodiffusée, télévisée : *Vous présenterez votre papier à la fin de l'émission.* ▸ ***Mine*** ou ***figure de papier mâché,*** visage d'une pâleur maladive : *Vous avez une mine de papier mâché.* ***Papier à lettres,*** utilisé pour la correspondance. ***Papier bible,*** papier d'imprimerie très mince et opaque. ***Papier cristal,*** papier transparent, glacé et lustré sur les deux faces : *La fleuriste enveloppa le bouquet dans du papier cristal.* ***Papier de verre,*** papier enduit d'une substance abrasive et servant à poncer, à polir. ***Papier mâché,*** papier réduit en menus morceaux et mélangé à de l'eau additionnée de colle, de manière à former une pâte que l'on peut modeler, façonner : *Une marionnette en papier mâché.* ***Papier peint,*** papier décoré, destiné à tapisser des murs intérieurs : *Le papier peint du salon commence à noircir* (**SYN.** tapisserie). ***Sur le papier,*** par écrit : *Elle souhaiterait que sa promesse d'augmentation apparaisse sur le papier* ; en principe, théoriquement : *Sur le papier, tout est parfait, mais qui vous dit que nous aurons l'accord du ministre ?* ◆ **papiers** n.m. pl. Pièces d'identité (on dit aussi *papiers d'identité*) ; document officiel permettant l'identification d'un véhicule : *Veuillez présenter vos papiers. Le gendarme vérifie les papiers de la moto.* ▸ *Fam.* ***Être dans les petits papiers de qqn,*** jouir de sa faveur, de son estime.

papier-calque n.m. (pl. *papiers-calque*). Papier translucide permettant de recopier un dessin (**SYN.** calque).

papier-émeri n.m. (pl. *papiers-émeri*). Papier dont la surface est recouverte d'une couche de produit abrasif.

papier-filtre n.m. (pl. *papiers-filtres*). Papier poreux destiné à la filtration des liquides.

papier-monnaie n.m. (pl. *papiers-monnaies*). Monnaie de papier, non convertible en métal précieux.

papilionacée n.f. (du lat. *papilio, papilionis,* papillon). Plante dont la corolle a l'aspect d'un papillon, et qui comprend le genêt, la glycine, le soja, le haricot, le pois, l'arachide.

papillaire [papilɛr] adj. Qui se rapporte aux papilles.

papille [papij] n.f. (du lat. *papilla,* mamelon, bouton). Petite éminence plus ou moins saillante qui s'élève à la surface d'une muqueuse, de la langue : *Les papilles gustatives.*

papillomavirus [papijɔmavirys] n.m. Virus responsable de lésions cutanées et muqueuses plus ou moins contagieuses : *Les papillomavirus sont responsables des verrues et du cancer du col de l'utérus.*

papillome [papijom] n.m. Tumeur bégnine développée sur la peau ou sur certaines muqueuses : *Une verrue est un papillome.*

papillon n.m. (lat. *papilio, papilionis*). **1.** Insecte adulte, aux quatre ailes couvertes d'écailles extrêmement fines, et parées de couleurs plus ou moins vives : *La larve du papillon est la chenille.* **2.** Écrou à ailettes, que l'on serre et desserre à la main. **3.** Nage dérivée de la brasse, dans laquelle les bras sont ramenés latéralement au-dessus de l'eau (on dit aussi *brasse papillon*). **4.** *Fam.* Avis de contravention : *Il a un papillon sur son pare-brise.* **5.** Petite affiche de propagande ou de publicité : *Des papillons autocollants sur la vitre du bus.* ▸ ***Nœud papillon,*** nœud de cravate en forme de papillon : *Pour son mariage, tous ses amis portaient des nœuds papillon.*

papillonnage ou **papillonnement** n.m. Action de papillonner.

papillonner v.i. [conj. 3]. S'intéresser de façon superficielle aux gens, aux choses : *Il papillonne autour des amies de sa sœur* (**SYN.** batifoler). *Cet écrivain papillonne d'un sujet à l'autre* (**SYN.** se disperser, s'éparpiller).

papillonneur, euse n. Nageur de brasse papillon.

papillotage n.m. **1.** Mouvement incessant et involontaire des yeux, des paupières (**SYN.** cillement, clignement). **2.** Effet produit par le miroitement de lumières vives.

papillote n.f. (de l'anc. fr. *papillot,* petit papillon). **1.** Papier sulfurisé ou d'aluminium, dont on enveloppe certains aliments pour les cuire : *Des truites en papillotes.* **2.** Papier enveloppant un bonbon ; bonbon ainsi présenté : *Offrir un paquet de papillotes.* **3.** *Anc.* Morceau de papier sur lequel on enroulait une mèche de cheveux pour la friser ; cette mèche de cheveux.

papillotement n.m. Scintillement qui fatigue la vue.

papilloter v.i. [conj. 3]. **1.** Être animé de reflets mouvants : *La surface de l'étang papillote* (**SYN.** scintiller). **2.** En parlant de l'œil, de la paupière, être animé d'un mouvement continuel, qui empêche de fixer un objet (**SYN.** cligner).

papisme n.m. *Péjor.* Terme employé par les protestants anglais pour désigner le catholicisme romain.

papiste n. *Péjor.* Nom que les protestants donnent aux catholiques romains.

papivore n. *Fam.* Personne qui lit beaucoup ; grand lecteur.

papotage n.m. *Fam.* Bavardage frivole : *Vos papotages me fatiguent* (**SYN.** caquetage).

papoter v.i. (de l'anc. fr. *papeter,* bavarder) [conj. 3]. *Fam.* Dire des choses insignifiantes ; bavarder : *Les deux amis papotent.*

papouille n.f. *Fam.* (Souvent au pl.). Chatouillement.

paprika n.m. (mot hongr. signif. « poivre rouge »). Piment doux de Hongrie, que l'on réduit en poudre et que l'on utilise comme condiment.

papule n.f. (lat. *papula*). En médecine, petite éminence rouge, qui se forme sur la peau dans certaines maladies, comme l'urticaire.

papy ou **papi** n.m. Grand-père, dans le langage enfantin.

papy-boom [papibum] n.m. (pl. *papy-booms*). **1.** Augmentation de la proportion de personnes âgées dans une population : *Les démographes constatent un papy-boom dans ce pays industrialisé.* **2.** Génération des enfants du baby-boom arrivée à l'âge de la retraite.

papyrologie n.f. Étude des manuscrits sur papyrus.

papyrologue n. Spécialiste de papyrologie.

papyrus [papirys] n.m. (mot lat., du gr. *papuros,* roseau d'Égypte). **1.** Plante des bords du Nil. **2.** Feuille utilisée pour l'écriture, fabriquée par les anciens Égyptiens à partir de cette plante. **3.** Manuscrit sur papyrus : *Il a réussi à déchiffrer ces papyrus.*

pâque n.f. (gr. *paskha,* de l'hébr. *pessah,* passage). **1.** (Avec une majuscule). Fête annuelle juive qui commémore la sortie d'Égypte du peuple hébreu : *Ils fêtent la Pâque ensemble.* **2.** Agneau pascal : *Ils mangent la pâque en famille.* ☞ **REM.** Ne pas confondre avec *Pâques.*

paquebot [pakbo] n.m. (de l'angl. *packet-boat,* bateau qui transporte les paquets). Grand navire aménagé pour le transport des passagers : *Un paquebot de croisière.*

pâquerette n.f. (de *Pâques*). Petite marguerite blanche qui reste en fleur presque toute l'année. ▸ *Fam.* ***Au ras des pâquerettes,*** à un niveau très sommaire, très élémentaire : *Elle a prononcé un discours au ras des pâquerettes* (= très terre à terre).

Pâques n.m. (de *pâque*). Fête annuelle de l'Église

chrétienne, qui commémore la résurrection de Jésus-Christ : *Le lundi de Pâques. Les œufs de Pâques.* ☞ **REM.** Ne pas confondre avec *la pâque.* ▸ ***À Pâques ou à la Trinité,*** à une date que l'on ne précise pas, peut-être jamais. ◆ **pâques** n.f. pl. La fête de Pâques : *Joyeuses pâques !* ▸ ***À pâques fleuries,*** le dimanche des Rameaux. ***Faire ses pâques,*** communier au cours du temps pascal, selon la prescription de l'Église.

paquet n.m. (de l'anc. fr. *pakke,* ballot). **1.** Réunion de plusieurs choses attachées ou enveloppées ensemble : *Donner un paquet de vêtements* (**SYN.** ballot). *Elle a entouré le paquet de lettres d'un ruban rouge* (**SYN.** 2. pile, tas). **2.** Objet enveloppé, attaché pour être transporté plus facilement : *Il lui a envoyé un paquet par la poste* (**SYN.** colis). **3.** Marchandise, objet conditionné dans un emballage ; cet emballage : *Acheter un paquet de pâtes. Pouvez-vous me faire des paquets-cadeaux ?* **4.** Quantité importantes de choses ; masse volumineuse de qqch : *Il a recueilli un paquet d'options sur titres* (**SYN.** fournée, monceau). *Un paquet d'eau, de mer* (= une grosse vague). ▸ *Fam.* ***Mettre le paquet,*** n'épargner aucun effort, employer tous les moyens dont on dispose. *Fam.* ***Risquer le paquet,*** risquer gros dans une entreprise hasardeuse.

paquetage [paktaʒ] n.m. Ensemble des effets et des objets d'équipement d'un soldat.

paqueter [pakte] v.t. [conj. 27]. Mettre en paquet ; empaqueter : *Elle paquette les cadeaux* (**SYN.** emballer).

① **par** prép. (du lat. *per,* par le moyen de). **1.** Indique le lieu par où l'on passe : *Pour aller à Poitiers, il est passé par Tours* (**SYN.** via). **2.** Indique le moyen, la manière : *Ils sont allés en Corse par avion. Elle m'a envoyé une photo par mél. Classer les cartes par couleur.* **3.** Indique la cause, le motif : *Par respect pour ceux qui prient, les visiteurs parlent à voix basse. Il m'a aidé par intérêt.* **4.** Indique l'agent : *Ils ont fait estimer leur tableau par un spécialiste.* **5.** Indique la distribution : *La banque offre un calendrier par client. Il boit trois cafés par jour.* **6.** Indique les circonstances, le moment : *Ce plaisancier évite d'aller sur mer par grand vent.* ▸ ***De par,*** à travers : *Ce reporter a voyagé de par le monde* ; du fait de, étant donné : *De par vos fonctions, vous êtes tenu d'assister à cette réunion* (= à cause de, en raison de) ; par l'ordre ou l'autorité de : *De par la loi, je vous arrête.*

② **par** n.m. (mot angl. signif. « égalité »). Au golf, nombre de coups nécessaires pour effectuer un parcours, égal à celui établi par un excellent joueur et servant de repère.

para n.m. (abrév.). *Fam.* Parachutiste militaire.

paraben [parabɛn] ou **parabène** n.m. Substance chimique utilisée comme conservateur dans des produits alimentaires, cosmétiques ou pharmaceutiques : *Les parabens sont allergisants et seraient cancérigènes.*

parabellum [parabɛlɔm] (mot all. de la loc. lat. *si vis pacem, para bellum,* si tu veux la paix, prépare la guerre). Pistolet automatique de gros calibre en usage jusqu'à la Seconde Guerre mondiale dans l'armée allemande : *Des parabellums.*

① **parabole** n.f. (lat. *parabola,* du gr. *parabolê,* comparaison). Court récit allégorique : *Les paraboles de l'Évangile.* ▸ ***Parler par paraboles,*** d'une manière détournée ou obscure.

② **parabole** n.f. **1.** En géométrie, courbe plane dont chaque point est équidistant d'un point fixe appelé *foyer* et d'une droite fixe appelée *directrice.* **2.** Antenne parabolique destinée à la réception de programmes de télévision : *Ils ont installé une parabole sur le toit.*

① **parabolique** adj. Qui tient de la parabole, de l'allégorie.

② **parabolique** adj. En forme de parabole, de courbe : *Grâce à leur antenne parabolique, ils captent de nombreuses chaînes thématiques.*

paracentèse [parasɛ̃tɛz] n.f. (du gr. *parakentêsis,* ponction, de *kentêsis,* action de piquer). Opération qui consiste à percer une membrane pour retirer un liquide séreux ou purulent.

paracétamol n.m. Médicament utilisé pour calmer la douleur et faire diminuer la fièvre.

parachèvement n.m. *Sout.* Action, fait de parachever : *Le parachèvement d'une sculpture* (**SYN.** finition, peaufinage).

parachever v.t. [conj. 19]. Mener à son complet achèvement avec un soin particulier : *Il a parachevé le discours du président* (**SYN.** ciseler, parfaire, peaufiner).

parachimie n.f. Secteur de l'industrie chimique regroupant la production et la commercialisation des médicaments, des peintures.

parachronisme [parakrɔnism] n.m. (du gr. *para,* à côté, et *khronos,* temps). Erreur consistant à situer un événement à une époque plus tardive que celle où il s'est réellement produit.

parachutage n.m. Action de parachuter.

parachute n.m. **1.** Appareil constitué d'une voilure en tissu et d'un système d'accrochage destiné à ralentir la chute de ce qui tombe d'un avion ou à freiner certains avions à l'atterrissage : *Elle a fait un saut en parachute.* **2.** Dispositif de sécurité d'un ascenseur, qui bloque la cabine en cas de rupture du câble. **3.** (Calque de l'anglo-amér. *golden parachute*). ***Parachute en or,*** prime considérable perçue par un dirigeant qui quitte son entreprise.

parachuter v.t. [conj. 3]. **1.** Larguer qqn, qqch d'un aéronef avec un parachute : *Parachuter des troupes en territoire ennemi. Les militaires de l'O.N.U. ont parachuté des vivres aux civils.* **2.** *Fam.* Envoyer qqn exercer une fonction, un mandat dans un lieu où sa nomination n'était pas prévue : *Parachuter un candidat en banlieue* (**SYN.** affecter, nommer).

parachutisme n.m. Technique, sport du saut en parachute : *Il fait partie d'un club de parachutisme.*

parachutiste n. **1.** Personne, sportif qui pratique le parachutisme : *Les parachutistes réalisent des figures dans les airs.* **2.** Militaire appartenant à une unité aéroportée, spécialement entraîné à combattre après avoir été parachuté (abrév. fam. para). ◆ adj. Qui concerne les parachutistes.

Paraclet n.m. (du gr. *paraklêtos,* avocat). Dans la religion chrétienne, nom donné au Saint-Esprit.

① **parade** n.f. (de *1. parer*). **1.** Cérémonie militaire où les troupes sont rassemblées pour une revue, un défilé : *La parade du 14-Juillet.* **2.** Manifestation voyante destinée à attirer l'attention : *Tout cet étalage de tristesse n'est que parade* (**SYN.** cabotinage, comédie). **3.** Ensemble de comportements de séduction précédant l'accouplement, chez de nombreuses espèces animales. **4.** Exhibition burlesque à la porte d'un théâtre forain ou devant un cirque pour engager le public à entrer. ▸ ***De parade,*** destiné à servir d'ornement : *Une épée de parade* ; fig., peu sincère : *Une compassion de parade.* ***Faire parade de,*** attirer l'attention sur ; faire valoir : *Elle fait parade de ses origines nobles* (= fait étalage de).

② **parade** n.f. (de *2. parer*). **1.** Action de parer, d'éviter un coup, en escrime, en boxe, etc. : *Cette boxeuse a une bonne parade.* **2.** Riposte immédiate et efficace à une attaque : *Les informaticiens ont trouvé une parade à ce nouveau virus* (**SYN.** réplique, solution).

parader v.i. [conj. 3]. **1.** Prendre un air avantageux pour attirer l'attention : *Les starlettes paradent sur le bord de mer* (**SYN.** se pavaner). **2.** Défiler, manœuvrer, en parlant de troupes de militaires : *Les militaires paradent sur les Champs-Élysées.*

paradeur, euse n. Personne qui aime à parader, à se pavaner.

paradigmatique adj. Relatif à un paradigme.

paradigme n.m. (du gr. *paradeigma,* exemple). Ensemble des formes fléchies d'un mot pris comme modèle (déclinaison d'un nom ou conjugaison d'un verbe) : *Le paradigme du verbe « chanter ».*

paradis n.m. (lat. *paradisus,* du gr. *paradeisos,* jardin). **1.** Dans diverses religions, séjour des âmes des justes après la mort : *« Nous irons tous au paradis »* [film réalisé par Yves Robert] (**SYN.** ciel ; **CONTR.** enfer). **2.** Lieu, séjour enchanteur : *Cette région est le paradis des gastronomes.* **3.** Galerie supérieure d'une salle de théâtre ; poulailler. ▸ ***Être au paradis,*** être parfaitement heureux : *Après leur victoire, les joueurs étaient au paradis* (= au septième ciel). ***Il, elle,*** etc., ***ne l'emportera pas au paradis,*** il, elle, etc., ne restera pas impuni. ***Les paradis artificiels,*** les plaisirs que procurent les stupéfiants (titre d'une œuvre de Charles Baudelaire). ***Oiseau de paradis,*** autre nom du *paradisier.* ***Paradis fiscal,*** pays ou place financière qui fait bénéficier d'avantages fiscaux les personnes qui y font des opérations, des dépôts, etc. ***Paradis terrestre,*** dans la Genèse, jardin de délices où Dieu plaça Adam et Ève (**SYN.** Éden).

paradisiaque adj. Qui évoque le paradis : *Ils ont passé un séjour paradisiaque sur cette île* (**SYN.** enchanteur).

paradisier n.m. (de *paradis*). Oiseau passereau de Nouvelle-Guinée dont le mâle porte un plumage nacré, et qui est appelé aussi *oiseau de paradis.*

paradoxal, e, aux adj. Qui tient du paradoxe : *Ton attitude est paradoxale, tu prétends être son ami et tu refuses de l'aider* (**SYN.** contradictoire). ▸ ***Sommeil paradoxal,*** phase du sommeil pendant laquelle ont lieu les rêves.

paradoxalement adv. De façon paradoxale.

paradoxe n.m. (gr. *paradoxos,* de *para,* contre, et *doxa,* opinion). Pensée contraire à l'opinion commune ; personne ou action qui heurte la raison, la logique : *Le paradoxe des jeunes qui se disent non conformistes et portent tous les mêmes marques de vêtements* (**SYN.** bizarrerie, singularité).

parafe n.m. → **paraphe.**

parafer v.t. → **parapher.**

parafeur n.m. → **parapheur.**

paraffinage n.m. Action de paraffiner.

paraffine n.f. (du lat. *parum affinis,* qui a peu d'affinité). Substance blanche extraite du pétrole, utilisée notamm. dans la fabrication des bougies et de certains emballages.

paraffiné, e adj. Qui est enduit, imprégné de paraffine : *Un carton paraffiné.*

paraffiner v.t. [conj. 3]. Enduire, imprégner de paraffine.

parafiscal, e, aux adj. Relatif à la parafiscalité : *Une taxe parafiscale au profit de la recherche scientifique.*

parafiscalité n.f. Ensemble des taxes et des cotisations perçues, sous l'autorité de l'État, au profit d'administrations, d'organismes autonomes.

parafoudre n.m. Dispositif destiné à préserver les appareils et les lignes électriques contre les effets de la foudre.

parage n.m. En boucherie, action de parer la viande.

parages n.m. pl. (de l'esp. *paraje,* lieu de station, du lat. *parare,* préparer). **1.** Étendue de mer proche de la côte : *Les parages de Bréhat.* **2.** Région environnant un lieu ; voisinage : *Les parages de l'aéroport sont encombrés* (**SYN.** abords, environs). ▸ ***Dans les parages, dans les parages de,*** dans le voisinage immédiat ; près de : *D'après mon plan, la mairie devrait être dans les parages* (= non loin d'ici). *Il y a beaucoup de taxis dans les parages de la tour Eiffel.*

paragraphe n.m. (du gr. *paragraphos,* écrit à côté de). **1.** Subdivision d'un texte, formant une unité, marquée par un retour à la ligne : *Vous apprendrez par cœur le deuxième paragraphe de ce chapitre.* **2.** Signe typographique (§) indiquant une telle subdivision : *Page 3 § 4.*

paragrêle adj. inv. Se dit d'un dispositif servant à transformer la grêle en pluie : *Des fusées paragrêle.* ◆ n.m. Dispositif paragrêle : *Installer des paragrêles dans un vignoble.*

① **paraître** v.i. (lat. *parere*) [conj. 91]. (auxil. *avoir* ou *être*). **1.** Se présenter à la vue : *Le peloton parut au bout de la route* (**SYN.** apparaître, surgir ; **CONTR.** disparaître). **2.** Manifester sa présence quelque part, se produire : *Le directeur parut à sa fenêtre* (**SYN.** se montrer). *Il n'est pas paru à nos réunions depuis plusieurs semaines* (**SYN.** se présenter). **3.** Être visible ; se manifester : *Son trac n'a paru à aucun moment* (**SYN.** transparaître). **4.** Être publié : *Son roman a paru en deux tomes. Son autobiographie est enfin parue* (**SYN.** éditer). **5.** (Suivi d'un attribut). Avoir l'apparence de ; donner l'impression de : *Elle paraît fatiguée* (= elle a l'air ; **SYN.** sembler). *Vous paraissez plus jeune que votre âge. Ils paraissent s'amuser.* **6.** (Sans compl.). Se faire remarquer par une apparence avantageuse : *En société, elle cherche toujours à paraître* (**SYN.** briller). ▸ ***Il paraît que*** ou ***il paraîtrait que*** ou, fam., ***à ce qu'il paraît*** ou ***paraît-il,*** on dit que, le bruit court que ; selon les apparences : *Il paraîtrait que la redevance va augmenter. Vous allez être promu, paraît-il.* ***Il y paraît,*** la chose se voit, cela se remarque : *Il a été grièvement brûlé mais il n'y paraît plus. Elle a piraté un fichier informatique sans qu'il y paraisse.*

② **paraître** n.m. *Litt.* ▸ ***Le paraître,*** l'apparence : *Vous attachez trop d'importance au paraître.*

paralittéraire adj. Relatif à la paralittérature.

paralittérature n.f. Production textuelle qui comprend des genres tels que le roman-feuilleton, la bande dessinée, le roman-photo et que l'on ne classe pas dans la littérature.

parallaxe n.f. (du gr. *parallaxis,* changement). En topographie, déplacement de la position apparente d'un objet quand l'observateur se déplace.

parallèle adj. (gr. *parallêlos,* de *para,* à côté, et *allêlous,* l'un l'autre, de *allos,* autre). **1.** En géométrie, se dit d'une droite, d'un plan qui sont toujours à la même distance d'une autre droite, d'un autre plan, qui ne se rencontrent jamais. **2.** Se dit de choses, d'actions qui se développent dans la même direction ou en même temps : *Ils ont eu un parcours politique parallèle* (**SYN.** analogue, semblable ; **CONTR.** contraire, divergent). **3.** Qui porte sur le même objet qu'autre chose, mais d'une manière illégale ; clandestin, occulte : *Le marché parallèle* (= marché noir). *Ces petits trafics génèrent une économie parallèle.* ▸ ***Médecine parallèle,*** médecine douce. ◆ n.m. **1.** Chacun des cercles imaginaires parallèles à l'équateur (par opp. à méridien) : *Les parallèles servent à mesurer la latitude.* **2.** Comparaison suivie entre deux ou plusieurs sujets : *Les enquêteurs ont établi un parallèle entre les deux meurtres* (**SYN.** rapprochement). ◆ n.f. En géométrie, droite parallèle à une autre droite ou à un plan : *Tracer une parallèle.* ▸ ***En parallèle,*** en électricité, en dérivation (par opp. à en série).

parallèlement adv. **1.** De façon parallèle : *Se garer parallèlement au trottoir.* **2.** En plus de : *Parallèlement à ses études, il travaille dans un restaurant.*

parallélépipède n.m. (du gr. *parallêlos* et *epipedon,* surface plane). Polyèdre à six faces, qui sont toutes des parallélogrammes, parallèles deux à deux : *Parallélépipède rectangle.*

parallélépipédique adj. Qui a la forme d'un parallélépipède : *Un parpaing est parallélépipédique.*

parallélisme n.m. **1.** Fait d'être parallèle ; état de ce qui est parallèle : *Le parallélisme des roues d'une voiture.* **2.** Évolution similaire de faits, de choses : *Le parallélisme entre le chômage et la misère* (**SYN.** concordance).

parallélogramme n.m. Quadrilatère dont les côtés opposés sont parallèles deux à deux : *Le carré et le rectangle sont des parallélogrammes à angles droits.*

paralogisme n.m. Raisonnement faux fait en toute bonne foi (à la différence du sophisme).

paralympique adj. Relatif aux jeux Paralympiques : *Une épreuve paralympique.* ▸ ***Jeux Paralympiques,*** compétitions handisport qui se déroulent quelques jours après les jeux Olympiques.

paralysant, e adj. Qui paralyse : *Un poison paralysant.*

paralysé, e adj. et n. Atteint, frappé de paralysie : *Ses jambes vont rester paralysées* (**SYN.** impotent, inerte). *Des paralysés qui se déplacent en fauteuil roulant* (**SYN.** paralytique).

paralyser v.t. [conj. 3]. **1.** Frapper de paralysie : *Un accident vasculaire a paralysé le côté gauche de son corps.* **2.** *Fig.* Empêcher de bouger ; frapper d'impuissance : *Ce barrage paralyse la circulation* (**SYN.** bloquer, immobiliser). *La peur de bégayer pendant l'entretien le paralyse* (**SYN.** pétrifier).

paralysie n.f. (du gr. *paralusis,* relâchement). **1.** Disparition de la force musculaire, qui rend impossible tout mouvement volontaire : *Après son accident, elle a été frappée de paralysie.* **2.** *Fig.* Impossibilité d'agir ; arrêt complet : *La crise entraîna la paralysie de nombreuses entreprises* (**SYN.** asphyxie, blocage ; **CONTR.** essor).

paralytique adj. et n. Atteint de paralysie : *Il est devenu paralytique à la suite de cette chute* (**SYN.** paralysé).

paramécie n.f. (lat. *paramecium,* du gr. *paramêkês,* oblong). Être vivant unicellulaire de grande taille, commun dans les eaux douces stagnantes.

paramédical, e, aux adj. Qui est relatif à la santé sans relever du corps médical : *La kinésithérapie, l'orthoptie sont des disciplines paramédicales.*

paramètre n.m. (du gr. *para,* voisin de, et *metron,* mesure). **1.** Élément à prendre en compte pour évaluer une situation, comprendre un phénomène dans le détail : *Le temps du trajet est un paramètre dont il faut tenir compte lorsqu'on recherche un emploi* (**SYN.** donnée, facteur). **2.** Dans une équation algébrique, grandeur que l'on peut faire varier. **3.** En informatique, variable qui n'est précisée qu'à l'exécution du programme.

paramétrer v.t. [conj. 18]. Définir les paramètres de : *Paramétrer un ordinateur, une imprimante.*

paramilitaire adj. Se dit d'une organisation civile organisée comme une armée. ◆ n. Membre d'une organisation paramilitaire : *Des paramilitaires se sont livrés à des violences.*

parangon n.m. (de l'esp. *parangón,* comparaison). *Sout.* Modèle auquel on se réfère : *Ce juge est un parangon d'équité* (**SYN.** exemple, idéal).

parano adj. et n. (abrév.). *Fam.* Paranoïaque.

paranoïa [paranɔja] n.f. (du gr. *paranoia,* folie). **1.** Psychose caractérisée par un délire de persécution. **2.** Comportement de qqn qui a tendance à se croire persécuté : *La paranoïa de certains adolescents.*

paranoïaque [paranɔjak] adj. Relatif à la paranoïa : *Ce malade a un caractère paranoïaque.* ◆ adj. et n. Atteint de paranoïa (abrév. fam. parano).

paranormal, e, aux adj. et n.m. Se dit de certains phénomènes dont le mécanisme et les causes sont inexpliqués dans l'état actuel de la connaissance : *La télépathie est un phénomène paranormal. S'intéresser au paranormal.*

parapente n.m. (de *para*[*chute*] et *pente*). Parachute conçu pour s'élancer d'un versant montagneux, du sommet d'une falaise, etc. ; sport ainsi pratiqué : *Faire du parapente.*

parapentiste n. Personne qui pratique le parapente.

parapet n.m. (de l'it. *parapetto,* qui protège la poitrine). Muret à hauteur d'appui qui sert de garde-fou : *Le parapet d'un pont de chemin de fer.*

parapharmacie n.f. **1.** Ensemble des produits sans usage thérapeutique vendus en pharmacie. **2.** Commerce de ces produits. **3.** Boutique où l'on vend de la parapharmacie.

paraphe ou **parafe** n.m. (lat. *paraphus,* du gr. *paragraphein,* écrire à côté de). **1.** Trait de plume accompagnant la signature. **2.** Dans le langage juridique, signature abrégée, souvent formée des initiales, utilisée notamm. pour l'approbation des renvois et des ratures dans un acte officiel : *Apposer son paraphe au bas de chaque page d'un contrat.*

parapher ou **parafer** v.t. [conj. 3]. Marquer, signer d'un paraphe : *Parapher un acte de vente.*

parapheur ou **parafeur** n.m. Classeur, dossier dans lequel on met le courrier qui doit être signé.

paraphrase n.f. (lat. *paraphrasis*, du gr. *para*, à côté, et *phrazein*, expliquer). **1.** Développement explicatif d'un texte : *Les élèves font une paraphrase d'un poème* (**SYN.** glose). **2.** *Péjor.* Commentaire verbeux et diffus d'un texte : *Cette phrase résume mieux nos objectifs que votre longue paraphrase.* **3.** En linguistique, énoncé synonyme d'un autre : *Une phrase passive est la paraphrase d'une phrase active correspondante.* ☞ **REM.** Ne pas confondre avec *périphrase*.

paraphraser v.t. [conj. 3]. Faire la paraphrase d'un texte.

paraphrastique adj. Qui a le caractère d'une paraphrase. ☞ **REM.** Ne pas confondre avec *périphrastique*.

paraplégie n.f. (du gr. *plêgê*, choc). Paralysie des jambes.

paraplégique adj. et n. Atteint de paraplégie : *Ce paraplégique a gagné une médaille d'or aux jeux Paralympiques.*

parapluie n.m. Accessoire portatif formé d'un manche et d'une étoffe tendue sur une armature pliante, destiné à se protéger de la pluie. ▸ *Fam.* ***Ouvrir le parapluie,*** prendre toutes les précautions nécessaires pour ne pas avoir à endosser de responsabilités, à subir de désagréments. ***Parapluie nucléaire,*** protection nucléaire assurée par une grande puissance à ses alliés.

parapsychique adj. Parapsychologique.

parapsychologie n.f. Étude des phénomènes paranormaux ayant une origine psychique, ou jugés tels.

parapsychologique adj. Relatif à la parapsychologie (**SYN.** parapsychique).

parapsychologue n. Spécialiste de parapsychologie.

parapublic, ique adj. Qui s'apparente au secteur public : *Une entreprise parapublique de transports en commun.* ◆ **parapublic** n.m. Secteur parapublic : *Il travaille dans le parapublic.*

parascève [parasɛv] n.f. (du gr. *paraskeuê*, préparatif). Dans la religion juive, veille du sabbat.

parascolaire adj. Qui est en relation avec l'enseignement donné à l'école : *Un cahier d'entraînement parascolaire.*

parasismique adj. Conçu pour résister aux tremblements de terre : *Un immeuble parasismique* (**SYN.** antisismique).

parasitaire adj. **1.** Dû à un parasite ; relatif aux parasites : *La dysenterie est une maladie parasitaire.* **2.** Qui vit au détriment des autres : *Ce paresseux mène une vie parasitaire.*

parasite n.m. (du gr. *parasitos*, commensal, de *sitos*, nourriture). **1.** Personne qui vit dans l'oisiveté, aux dépens des autres : *Ce parasite profite de ta gentillesse.* **2.** En biologie, être vivant qui puise les substances qui lui sont nécessaires dans l'organisme d'un autre, appelé *hôte* : *La puce est un parasite des mammifères.* ◆ adj. **1.** Se dit de ce qui est inutile et gênant : *Des signaux parasites brouillent la retransmission.* **2.** En biologie, qui vit en parasite : *Ce produit détruit les animaux parasites.* ◆ **parasites** n.m. Perturbations dans la réception des signaux radioélectriques ; brouillage : *L'ordinateur provoque des parasites dans le téléphone.*

parasiter v.t. [conj. 3]. **1.** Vivre en parasite au détriment d'un être vivant : *La douve parasite le foie du mouton, du bœuf et de l'homme.* **2.** Perturber un signal radioélectrique par des parasites : *L'aspirateur parasite mon émission* (**SYN.** brouiller).

parasitisme n.m. **1.** État, mode de vie d'une personne qui vit aux dépens d'une autre : *Certains se complaisent dans le parasitisme économique.* **2.** En biologie, condition de vie des êtres vivants qui en parasitent d'autres.

parasitologie n.f. Étude des organismes parasites : *La parasitologie médicale.*

parasitose n.f. Maladie due à un parasite : *La mycose est une parasitose.*

parasol [parasɔl] n.m. (de l'it. *parasole*, contre le soleil). Objet pliant en forme de grand parapluie, destiné à protéger du soleil : *Elle aime lire sur la plage à l'ombre du parasol.* ▸ ***Pin parasol,*** pin dont les ramifications, étalées au sommet d'un haut fût, évoquent un parasol.

parastatal, e, aux adj. (du lat. *status*, État). En Belgique, semi-public.

parasympathique [parasɛ̃patik] adj. et n.m. Se dit de l'un des deux systèmes nerveux régulateurs de la vie végétative (l'autre étant le système *sympathique*), qui met l'organisme au repos.

parataxe n.f. Juxtaposition de phrases, sans mot de liaison explicitant le rapport qui les unit : *Il y a parataxe dans la phrase : « ce stylo n'écrit plus, tu devrais le jeter. »*

paratonnerre n.m. Appareil destiné à préserver les bâtiments des effets de la foudre.

parâtre n.m. **1.** Mauvais père, qui traite durement ses enfants. **2.** *Vx* Second époux de la mère, par rapport aux enfants qui sont nés d'un premier mariage ; beau-père.

paravalanche n.m. Construction destinée à protéger des avalanches.

paravent n.m. (de l'it. *paravento*, contre le vent). Meuble composé de panneaux verticaux articulés, servant à isoler : *La comédienne s'habille derrière un paravent.*

parbleu interj. (euphémisme pour *par Dieu*). *Vieilli* Souligne une évidence, exprime l'approbation.

parc n.m. (du bas lat. *parricus*, enclos). **1.** Terrain assez vaste, le plus souvent enclos et boisé, dépendant d'un édifice et parfois aménagé pour la promenade : *Les allées du parc du château sont bien entretenues.* **2.** Grand jardin public : *Les enfants jouent au ballon dans le parc.* **3.** Ensemble d'équipements, de matériels de même nature dont dispose un pays, une entreprise, etc. : *Le parc automobile de la mairie.* **4.** Petit enclos pliant et mobile où l'on place les bébés pour qu'ils apprennent à marcher sans danger. **5.** Bassin où sont placées des huîtres pour les y laisser grossir. ▸ ***Parc de stationnement,*** emplacement aménagé pour le stationnement des véhicules (on dit aussi *parc*) : *Un parc de stationnement souterrain.* ***Parc industriel,*** au Québec, zone périurbaine aménagée pour recevoir des entreprises industrielles et commerciales ; zone industrielle. ***Parc national, parc naturel régional,*** vaste étendue d'un territoire national, affecté, sous l'autorité de l'État, à la préservation des paysages, de la faune et de la flore : *Les chiens sont interdits dans le parc national des Pyrénées.*

parcage n.m. Action de parquer, de garer un véhicule.

parcellaire adj. **1.** Constitué de parcelles ; divisé en parcelles : *Le cadastre parcellaire de certaines régions.* **2.** Qui ne concerne qu'une partie d'un tout ; fragmentaire : *Une vue parcellaire de la situation.*

parcellarisation ou **parcellisation** n.f. Action de parcellariser.

parcellariser ou **parcelliser** v.t. [conj. 3]. **1.** Diviser en parcelles, en petits éléments : *Parcellariser une propriété agricole* (**SYN.** fragmenter, morceler). **2.** Fractionner une tâche complexe en opérations élémentaires : *Ils parcellarisent trop le travail* (**SYN.** atomiser).

parcelle n.f. (lat. *particula,* de *pars, partis,* partie). **1.** Très petite partie de matière : *Prélever une parcelle de peinture pour analyser ses composants* (**SYN.** fragment, morceau). **2.** Très petite quantité de qqch ; miette : *Elle n'a pas une parcelle d'humour* (**SYN.** atome, grain). **3.** Pièce de terrain rural, constituant une unité cadastrale : *Ce terrain va être divisé en trois parcelles.* **4.** En Afrique, lot de terrain bâti ou à bâtir.

parce que conj. sub. (de *par, ce* et *que*). **1.** Marque la cause : *Il ne peut pas manger de pâtisseries parce qu'il est diabétique* (**SYN.** car). **2.** (Employé seul). Marque le refus de répondre : *Pourquoi ne m'as-tu rien dit ? Parce que.* **3.** *Fam.* Marque une coordination : *Vous allez à cette soirée ? Parce que nous pourrions y aller ensemble.*

parchemin n.m. (du gr. *pergamênê,* [peau] de Pergame). **1.** Peau d'animal spécialement traitée pour l'écriture : *Les moines écrivaient sur des parchemins.* **2.** Document écrit sur parchemin : *De vieux parchemins sont conservés dans cette bibliothèque.* **3.** *Fam.* Diplôme universitaire ; peau d'âne.

parcheminé, e adj. Qui a la consistance ou l'aspect du parchemin : *Un visage parcheminé.*

parchet n.m. (du lat. *parricus,* parc). En Suisse, parcelle de vigne.

par-ci loc. adv. → **1. ci.**

parcimonie n.f. (lat. *parcimonia,* de *parcere,* épargner). Épargne rigoureuse et étendue aux plus petites choses : *La stagnation des salaires nous impose la parcimonie* (**SYN.** économie ; **CONTR.** prodigalité). ▸ ***Avec parcimonie,*** en s'en tenant au minimum : *Elle décerne des félicitations avec parcimonie* (= au compte-gouttes).

parcimonieusement adv. Avec parcimonie (**SYN.** chichement ; **CONTR.** généreusement).

parcimonieux, euse adj. **1.** Qui fait preuve de parcimonie : *Un intendant parcimonieux* (**SYN.** 1. chiche ; **CONTR.** dépensier, prodigue). **2.** Qui dénote la parcimonie : *Un buffet d'anniversaire parcimonieux* (**SYN.** insuffisant ; **CONTR.** copieux).

parcmètre n.m. Appareil mesurant le temps de stationnement des véhicules dans un parc payant.

parcomètre n.m. Au Québec, parcmètre.

parcotrain n.m. Parc de stationnement payant que la SNCF met à la disposition des usagers du chemin de fer.

parcourir v.t. (lat. *percurrere*) [conj. 45]. **1.** Traverser, visiter dans toute son étendue : *Pendant les vacances, ils parcourront la Guadeloupe* (**SYN.** sillonner). **2.** Accomplir un trajet déterminé : *Le R.E.R. parcourt ce trajet en une demi-heure* (**SYN.** couvrir, franchir). **3.** Traverser qqn, une partie du corps de part en part : *Une douleur parcourut sa jambe.* **4.** Examiner, lire rapidement : *J'ai parcouru cet article* (**SYN.** survoler).

parcours n.m. **1.** Chemin, trajet suivi pour aller d'un point à un autre : *Quel est le parcours de la manifestation ?* (**SYN.** itinéraire). **2.** Ensemble des étapes, des stades par lesquels passe qqn, en partic. dans sa carrière : *Ses enfants ont suivi un parcours totalement différent du sien.* **3.** Dans une épreuve hippique, trajet semé d'obstacles qu'un cavalier doit faire parcourir à sa monture. **4.** Trajet effectué par un joueur de golf qui place successivement la balle dans chacun des trous du terrain ; le terrain lui-même. ▸ ***Incident de parcours,*** difficulté imprévue retardant la réalisation d'un projet. ***Parcours du combattant,*** parcours effectué par les militaires à titre d'entraînement au combat ; fig., série d'épreuves rencontrées dans la réalisation de qqch : *Son inscription à l'université a été un véritable parcours du combattant.*

par-delà prép. De l'autre côté de ; en dépassant une limite d'espace, de durée, une notion abstraite : *Émission transmise par-delà les mers. Sa poésie nous est parvenue par-delà les siècles. « Par-delà bien et mal » de Nietzsche.*

par-derrière prép. **1.** Indique la partie située derrière une autre : *Les voleurs sont passés par-derrière la maison.* **2.** *Fig.* Dans le dos de : *Par-derrière leur collègue, ils se montrent médisants.* ◆ adv. **1.** Par la partie située derrière une autre (par opp. à par-devant) : *La voiture est entrée en collision avec le camion par-derrière.* **2.** *Fig.* Secrètement, sournoisement : *Ils se moquent d'elle par-derrière.*

par-dessous prép. Indique l'espace situé plus bas, la partie située sous une autre (par opp. à par-dessus) : *Elle a mis un chemisier par-dessous son pull.* ◆ loc. adv. Dans l'espace situé plus bas : *On ne peut lever la barrière, passez par-dessous.*

pardessus n.m. Vêtement long d'homme qui se porte par-dessus les autres vêtements ; manteau.

par-dessus prép. Indique l'espace situé plus haut, la partie située sur une autre (par opp. à par-dessous) : *L'aigle vole par-dessus le champ.* ◆ adv. Dans l'espace situé plus haut : *Il faut sauter par-dessus.*

par-devant prép. En présence de : *Un contrat établi par-devant notaire.* ◆ adv. Par la partie située devant une autre (par opp. à par-derrière) : *Les comédiens entrent dans le théâtre par-devant.*

par-devers prép. Devant, en présence de : *Le témoin ne veut parler que par-devers le juge.* ▸ *Sout.* ***Par-devers soi,*** entre ses mains ; en sa possession : *Elle a toujours ce document par-devers elle.*

pardi interj. (de *par Dieu*). Souligne une évidence : *S'il* *ne répond pas, c'est qu'il est sorti pardi !* (**SYN.** bien sûr).

pardon n.m. **1.** Action de pardonner ; rémission d'une faute, d'une offense : *Ils lui ont demandé pardon pour le vilain tour qu'ils lui ont joué. Accorder son pardon.* **2.** Formule de politesse pour s'excuser ou pour faire répéter ce que l'on n'a pas entendu, compris : *Pardon, je croyais que tu étais réveillé. Pardon ? Qu'avez-vous dit ?* (**SYN.** comment). **3.** Pèlerinage religieux annuel et fête populaire, en Bretagne. **4.** *Fam.* Formule pour souligner la pensée, appuyer une contradiction : *C'est beau, mais alors, pardon, c'est vraiment cher !* ▸ ***Grand Pardon,*** autre nom du *Yom Kippour.*

pardonnable adj. Qui peut être pardonné : *Un oubli pardonnable* (**SYN.** excusable ; **CONTR.** injustifiable).

pardonner v.t. [conj. 3]. **1.** Renoncer à punir une faute, à se venger d'une offense : *Veuillez pardonner cet oubli* (**SYN.** absoudre). **2.** Avoir de l'indulgence pour : *Pardonnez cette question, mais beaucoup se la posent* (**SYN.** excuser ; **CONTR.** blâmer). **3.** Accepter sans dépit, sans jalousie : *On ne pardonne pas un succès aussi fulgurant* (**SYN.** passer ; **CONTR.** envier). ◆ v.t. ind. **[à].** Cesser d'entretenir à l'égard de qqn de la rancune ou de l'hostilité : *Ils ont pardonné à leur fils.* ▸ ***Ça ne pardonne pas,*** cela ne manque jamais d'avoir de graves conséquences : *Une chute d'une telle hauteur, ça ne pardonne pas.*

pare-balles adj. inv. Qui protège des balles des armes à feu : *Un gilet pare-balles.* ◆ n.m. inv. Dispositif qui protège des balles des armes à feu : *Le pare-balles d'un stand de tir.*

pare-brise n.m. inv. Plaque de verre spécial à l'avant de l'habitacle d'un véhicule : *Des pare-brise teintés.*

pare-chocs n.m. inv. Dispositif placé à l'avant et à l'arrière d'une automobile et destiné à protéger la carrosserie des chocs : *Les voitures roulaient pare-chocs contre pare-chocs.*

pare-étincelles n.m. inv. Grille que l'on place devant le foyer d'une cheminée ; garde-feu, pare-feu.

pare-feu adj. inv. Qui protège du feu, de l'incendie : *Des portes pare-feu.* ◆ n.m. inv. **1.** Coupe-feu ; pare-étincelles. **2.** Logiciel, équipement servant à protéger l'intranet d'une entreprise d'attaques (intrusions, piratages, virus) qui pourraient venir par le réseau Internet.

pare-fumée n.m. inv. Dispositif destiné à canaliser ou à diriger la fumée qui s'échappe d'une cheminée.

parégorique adj. (du gr. *parêgorein,* adoucir). ▸ ***Élixir parégorique,*** solution médicamenteuse employée contre les douleurs intestinales et la diarrhée.

pareil, eille adj. (du lat. *par, paris,* égal). **1.** Qui présente une ressemblance ou une similitude : *Tous les bâtiments de la résidence sont pareils* (**SYN.** identique ; **CONTR.** différent, dissemblable). *Son écriture est pareille à la tienne* (**SYN.** semblable). **2.** (Souvent avant le n.). De cette sorte ; de cette nature : *Il est difficile de trouver les mots en pareille circonstance* (**SYN.** semblable, tel). *Que faire en pareil cas ?* (**SYN.** analogue). **3.** Si extraordinaire ou magnifique ; si médiocre ou fâcheux : *On a rarement vu un succès pareil. Comment peux-tu fréquenter un individu pareil ?* ◆ n. Personne de même condition : *Il préfère la compagnie de ses pareils* (**SYN.** congénère, semblable). ▸ ***Ne pas avoir son pareil pour,*** être supérieur à n'importe qui dans un domaine, une activité : *Elle n'a pas son pareil* ou *sa pareille pour nous faire rire.* ***Sans pareil,*** que rien ne peut égaler ; incomparable : *Une chanteuse lyrique sans pareille* (= sans égal). ◆ **pareil** n.m. ▸ *Fam.* ***C'est du pareil au même,*** c'est exactement la même chose ; c'est bonnet blanc et blanc bonnet. ◆ **pareil** adv. *Fam.* De la même façon : *Ils s'habillent tous pareil* (**SYN.** pareillement ; **CONTR.** différemment). ◆ **pareille** n.f. ▸ ***Rendre la pareille à qqn,*** lui faire subir le traitement que l'on a reçu de lui.

pareillement adv. **1.** De la même manière : *Elles sont coiffées pareillement* (**SYN.** identiquement ; **CONTR.** différemment). **2.** Dans la même proportion : *Ces associations sont pareillement subventionnées* (**SYN.** également ; **CONTR.** inégalement).

parement n.m. (de *1. parer*). **1.** Revers des manches ou de l'encolure de certains vêtements : *Un chemisier à parements de dentelle.* **2.** Face extérieure d'un ouvrage de maçonnerie.

parenchyme [parɑ̃ʃim] n.m. (gr. *paregkhuma,* de *paregkhein,* répandre sur). Tissu cellulaire assurant la fonction propre d'un organe du corps humain (par opp. à stroma) : *Le parenchyme rénal.*

parent, e n. (lat. *parens, parentis,* de *parere,* enfanter). Personne avec qui l'on a des liens familiaux : *Nous sommes parents puisque nos grands-pères étaient cousins.* ▸ ***Traiter qqn, qqch en parent pauvre,*** le négliger, le considérer comme secondaire : *Le ministère de la Culture est traité en parent pauvre avec ce gouvernement.* ◆ adj. *Litt.* Qui a des traits communs avec qqn, qqch d'autre : *Ces deux programmes électoraux sont parents* (**SYN.** proche, semblable ; **CONTR.** différent, dissemblable). ◆ **parent** n.m. Le père ou la mère : *Chaque parent a un droit de garde.* ◆ **parents** n.m. pl. **1.** Le père et la mère : *Mes parents ont divorcé.* **2.** *Litt.* Ancêtres : *Tous ses parents étaient bretons* (**SYN.** aïeux [litt.], ascendant).

parental, e, aux adj. Relatif aux parents, au père et à la mère : *L'autorité parentale.*

parentalité n.f. Fonction de parent, notamm. sur les plans juridique, moral et socioculturel.

parenté n.f. **1.** Relation de consanguinité ou de mariage qui unit deux ou plusieurs personnes entre elles : *Elles ont le même nom, mais elles n'ont aucun lien de parenté.* **2.** Ensemble des parents par le sang et par alliance ; parentèle : *Pour ses cinquante ans, il souhaite réunir sa parenté.* **3.** Ressemblance, point commun entre des choses : *Établir une parenté entre deux dialectes* (**SYN.** analogie, similitude).

parentèle n.f. *Vieilli* Ensemble des parents ; parenté.

parentéral, e, aux adj. (du gr. *para,* à côté, et *enteron,* intestin). Se dit de l'administration d'un médicament qui se fait par une voie autre que la voie digestive (sous-cutanée, intramusculaire, etc.) : *Une injection parentérale.*

parenthèse n.f. (du gr. *parenthesis,* action de mettre auprès de). **1.** Élément (phrase, membre de phrase, mot) inséré dans un discours, un texte, qui apporte une information accessoire : *Introduire une parenthèse dans une définition.* **2.** Chacun des deux signes typographiques ( ) qui indiquent l'intercalation d'un tel élément ou qui isolent une expression algébrique : *Dans notre dictionnaire, les indications sur l'origine* *des mots sont entre parenthèses.* **3.** Remarque incidente, accessoire : *Cela était une parenthèse, je reviens à mon sujet* (**SYN.** digression). **4.** Laps de temps considéré comme à part dans le cours des événements : *Les vacances ont été une parenthèse bénéfique.* ▸ ***Par parenthèse*** ou ***entre parenthèses,*** sans rapport avec ce qui précède ou ce qui suit ; incidemment : *Je te rappelle, entre parenthèses, que tu m'avais promis de téléphoner.*

paréo n.m. (mot tahitien). **1.** Pagne traditionnel tahitien : *Des paréos de toutes les couleurs.* **2.** Longue jupe drapée inspirée du paréo tahitien.

① **parer** v.t. (du lat. *parare,* préparer) [conj. 3]. **1.** Garnir d'objets qui embellissent : *Parer les rues de guirlandes électriques* (**SYN.** décorer, orner). **2.** Revêtir de beaux habits, d'ornements élégants : *Parer un mannequin pour un défilé de mode.* **3.** En cuisine, apprêter pour l'usage ou la consommation : *Parer de la viande.* **4.** Dans la marine, préparer, tenir prêt à servir : *Parer un canot.* ◆ **se parer** v.pr. **[de]. 1.** Se vêtir avec soin, élégance ; se pomponner : *Elle s'est parée de sa plus belle robe.* **2.** *Litt.* S'adjuger, s'attribuer plus ou moins indûment : *Ils se sont parés du grade de général.*

② **parer** v.t. (de l'it. *parare,* faire obstacle à) [conj. 3]. Détourner de soi une attaque, un coup : *L'escrimeur para la botte de son adversaire* (**SYN.** esquiver, éviter). ◆ v.t. ind. **[à].** Se prémunir contre ; se préserver de : *Ils ont pris une assurance tous risques pour parer à toute éventualité* (**SYN.** pallier, prévenir). ▸ ***Parer au plus pressé,*** dans une situation grave, prendre des mesures d'urgence pour limiter les dégâts.

parésie n.f. (du gr. *paresis,* relâchement). Paralysie légère se manifestant par une diminution de la force musculaire.

pare-soleil n.m. inv. Dispositif protégeant des rayons directs du soleil sur une automobile, un appareil photo, etc. : *Des pare-soleil orientables.*

paresse n.f. (lat. *pigritia,* de *piger,* paresseux). **1.** Répugnance au travail, à l'effort ; goût pour l'inaction, l'oisiveté : *La paresse est la cause de son échec scolaire* (**SYN.** fainéantise). **2.** Manque d'énergie dans une action ; apathie : *Il ne nous a pas écrit par paresse* (**SYN.** indolence, nonchalance). **3.** Lenteur anormale dans le fonctionnement d'un organe : *Pour lutter contre la paresse intestinale.*

paresser v.i. [conj. 4]. Se laisser aller à la paresse : *Les vacances nous permettent de paresser* (**SYN.** fainéanter).

paresseusement adv. Avec paresse ; mollement : *Il tape paresseusement sur son clavier* (**SYN.** nonchalamment ; **CONTR.** énergiquement).

① **paresseux, euse** adj. et n. Qui montre, manifeste de la paresse : *Elle pourrait avoir un bon niveau si elle n'était pas paresseuse* (**SYN.** apathique, fainéant, nonchalant ; **CONTR.** actif, dynamique, énergique). ◆ adj. Se dit d'un organe qui est lent dans son fonctionnement : *Un estomac paresseux.*

② **paresseux** n.m. Nom usuel de l'*aï* et de l'*unau.*

paresthésie n.f. (du gr. *para,* à côté, et *aisthêsis,* sensation). Trouble de la sensibilité qui se traduit par des fourmillements ou des picotements.

parfaire v.t. [conj. 109]. Mener à son complet développement, à la perfection : *Elle s'entraîne beaucoup pour parfaire sa technique* (**SYN.** parachever, perfectionner).

① **parfait, e** adj. (lat. *perfectus,* de *perficere,* parfaire). **1.** Qui réunit toutes les qualités ; qui ne présente aucun défaut : *Cette employée est parfaite* (**SYN.** idéal). *Son dîner était parfait* (**SYN.** impeccable ; **CONTR.** désastreux, exécrable). **2.** (Avant le n.). Qui présente toutes les caractéristiques propres à sa catégorie, à son espèce : *Un parfait homme du monde* (**SYN.** achevé, consommé). *Vous vous êtes conduit comme un parfait imbécile !* (**SYN.** fieffé, vrai). ▸ ***C'est parfait !*** ou ***Parfait !,*** tout est pour le mieux : *C'est parfait, nous serons prêts à temps.*

② **parfait** n.m. (lat. *perfectum*). **1.** Crème glacée au café moulée en forme de cône. **2.** Temps du verbe qui marque un état présent résultant d'une action passée : *Le parfait latin subsiste dans le passé simple français.*

parfaitement adv. **1.** De façon parfaite ; très bien : *Elle danse parfaitement le tango* (**SYN.** admirablement, impeccablement ; **CONTR.** imparfaitement). **2.** Insiste sur la véracité d'une affirmation ; renforce une affirmation : *Ce récit est parfaitement exact* (= tout à fait ; **SYN.** absolument). *Vous avez parfaitement le droit de refuser* (**SYN.** pleinement).

parfois adv. (de *par* et *fois*). De temps à autre ; selon les circonstances : *Ils vont parfois à la patinoire le mercredi* (**SYN.** quelquefois ; **CONTR.** jamais). *On écrit parfois labéliser parfois labelliser* (= tantôt... tantôt).

parfum [parfœ̃] n.m. (it. *perfumo*). **1.** Odeur agréable : *Le parfum de la lavande* (**SYN.** fragrance [litt.], senteur). *Apprécier le parfum d'un vin* (**SYN.** arôme, bouquet). **2.** Substance aromatique utilisée pour parfumer le corps : *Elle s'asperge de parfum chaque matin.* **3.** Arôme donné à certains aliments : *À quel parfum désirez-vous votre glace ?* ▸ *Arg.* ***Au parfum,*** informé de qqch ; au courant : *Il est temps de le mettre au parfum.*

parfumer v.t. (anc. prov. *perfumar,* du lat. *fumare,* fumer) [conj. 3]. **1.** Remplir, imprégner d'une bonne odeur : *Ces lys parfument le salon* (**SYN.** embaumer ; **CONTR.** empuantir). **2.** Imprégner de parfum : *Il a parfumé son mouchoir.* **3.** Aromatiser : *Parfumer une mousse au chocolat à l'écorce d'orange.* ◆ **se parfumer** v.pr. Mettre du parfum sur soi.

parfumerie n.f. **1.** Fabrication, commerce des parfums. **2.** Magasin où l'on vend des parfums et des produits de beauté.

parfumeur, euse n. **1.** Personne qui crée ou fabrique des parfums. **2.** Personne qui vend des parfums et des produits de beauté.

pari n.m. (de *parier*). **1.** Convention par laquelle des personnes soutenant des opinions contradictoires s'engagent à verser une somme d'argent à celle qui aura raison : *Il a perdu un pari.* **2.** Jeu d'argent où le gain dépend de l'issue d'une compétition sportive ; somme pariée : *Recueillir les paris sur un combat de boxe* (**SYN.** enjeu, mise). **3.** Affirmation qu'un événement hypothétique se produira : *Je vous fais le pari qu'ils vont encore arriver en retard.* ▸ ***Pari Mutuel Urbain*** ou ***P.M.U.,*** organisme détenant en France le monopole de l'organisation des paris sur les courses de chevaux.

paria n.m. (mot port., du tamoul). **1.** En Inde, intouchable. **2.** Personne tenue à l'écart, méprisée : *Depuis* *qu'il a perdu son travail, il est traité comme un paria* (**SYN.** réprouvé).

pariade n.f. Saison où les oiseaux se rassemblent par paires avant de s'accoupler ; cet accouplement.

parier v.t. (du lat. *pariare,* être égal, de *par,* égal) [conj. 9]. **1.** Mettre en jeu qqch, une somme dans un pari : *Je parie qu'il ne sera pas élu. Elle a parié vingt euros avec son ami qu'il ne pouvait pas grimper à cet arbre.* **2.** Affirmer, soutenir qqch comme très probable : *Je parie qu'il va téléphoner.* ◆ v.t. ind. **[sur, pour].** Mettre un enjeu sur un gagnant présumé : *Il a parié sur ce cheval* (**SYN.** jouer, miser). *Je parie pour cet athlète.*

pariétaire n.f. (du lat. *paries, parietis,* muraille). Plante herbacée, appelée couramment *casse-pierre* ou *perce-muraille.*

pariétal, e, aux adj. (du lat. *paries, parietis,* muraille). **1.** Se dit de chacun des deux os qui forment les côtés et la voûte du crâne (on dit aussi *un pariétal*). **2.** Qui a été peint, dessiné ou gravé sur les parois d'un rocher, d'une grotte : *Des peintures pariétales* (**SYN.** rupestre).

parieur, euse n. Personne qui parie : *Ce parieur joue régulièrement au tiercé* (= turfiste).

paris-brest n.m. inv. Pâtisserie en pâte à choux, en forme de couronne et fourrée de crème pralinée.

parisianisme n.m. **1.** Prononciation, tournure de langage propres aux Parisiens. **2.** Tendance à n'accorder d'importance qu'à Paris et à ce qui s'y fait.

parisien, enne adj. et n. De Paris : *Ils habitent dans la région parisienne* (= autour de Paris). *Beaucoup de Parisiens vont en vacances en province.* ◆ adj. Marqué par le parisianisme : *Un événement très parisien.*

parisyllabique [parisilabik] adj. et n.m. (du lat. *par,* égal, et *syllabique*). Se dit d'un mot latin qui a le même nombre de syllabes au nominatif et au génitif singulier (par opp. à imparisyllabique) : *« Templum, templi » est parisyllabique.*

paritaire adj. (de *parité*). Qui est formé d'un nombre égal de représentants de chaque partie : *Une commission paritaire* (= où les employeurs et les salariés sont en nombre égal).

paritarisme n.m. Recours aux organismes paritaires pour traiter des accords entre patronat et salariat.

parité n.f. (bas lat. *paritas,* de *par, paris,* égal). **1.** Égalité parfaite : *Cette liste électorale respecte la parité entre hommes et femmes. La parité entre les salaires* (**SYN.** concordance ; **CONTR.** disparité, inégalité). **2.** Égalité dans deux pays de la valeur d'échange de deux monnaies. **3.** En mathématiques, caractère d'un nombre pair (par opp. à imparité).

parjure n.m. Faux serment ; violation de serment : *Vous avez commis un parjure.* ◆ adj. et n. Qui prononce un faux serment ; qui viole son serment : *Un témoin parjure.*

se **parjurer** v.pr. (lat. *perjurare*) [conj. 3]. Violer son serment ; faire un faux serment.

parka n.f. ou n.m. (mot inuit). Manteau court à capuche, souvent en tissu imperméable : *Vos parkas sont sèches.*

parking [parkiŋ] n.m. (mot angl.). Parc de stationnement automobile ; chacun des emplacements de ce parc : *Chaque résident dispose d'un parking.*

Parkinson (maladie de) [parkinsɔn], affection dégénérative du système nerveux, caractérisée par un tremblement et une rigidité musculaire.

parkinsonien, enne [parkinsɔnjɛ̃, ɛn] adj. Qui se rapporte à la maladie de Parkinson ou lui ressemble. ◆ adj. et n. Qui est atteint de la maladie de Parkinson.

par-là loc. adv. → **1. ci.**

parlant, e adj. **1.** Se dit de ce qui est expressif, suggestif : *Ce geste est plus parlant qu'un long discours* (**SYN.** explicite, significatif). **2.** Qui n'a pas besoin de commentaires ; très convaincant : *Les résultats de ce sondage sont parlants* (**SYN.** éloquent). **3.** Qui reproduit ou enregistre la parole : *Appeler l'horloge parlante pour avoir l'heure exacte.* ▸ ***Le cinéma parlant,*** qui comporte l'enregistrement de la parole, de la musique et des sons (par opp. à cinéma muet). ◆ **parlant** n.m. Cinéma parlant (par opp. à muet).

parlé, e adj. **1.** Exprimé, réalisé par la parole : *Les passages parlés d'une comédie musicale.* **2.** Qui concerne la forme ou l'emploi oraux d'une langue (par opp. à sa forme ou à son emploi écrits) : *L'arabe parlé. « Ça » est employé dans la langue parlée.* ◆ **parlé** n.m. Ce qui est exprimé en parlant : *Il y a trop de parlé dans cette opérette.*

parlement n.m. (de *1. parler*). **1.** (Avec une majuscule). Assemblée ou ensemble des assemblées exerçant le pouvoir législatif : *En France, le Parlement comprend l'Assemblée nationale et le Sénat. Elle est députée au Parlement européen.* **2.** Au Moyen Âge et sous l'Ancien Régime, institution judiciaire, administrative et politique de la France.

① **parlementaire** adj. Relatif au Parlement : *Ne disposant plus d'une majorité parlementaire, le Premier ministre a dû démissionner.* ▸ ***Régime parlementaire,*** régime politique dans lequel le gouvernement est responsable devant le Parlement ; parlementarisme.

② **parlementaire** n. **1.** Membre du Parlement : *Les députés et les sénateurs sont des parlementaires.* **2.** Personne qui, en temps de guerre, est chargée de parlementer avec l'ennemi.

parlementarisme n.m. Régime parlementaire.

parlementer v.i. [conj. 3]. **1.** Discuter en vue d'un arrangement, d'un accord : *Les syndicats ont parlementé avec la direction* (**SYN.** débattre). **2.** Tenir des pourparlers avec l'ennemi en vue d'un armistice : *Les plénipotentiaires des deux camps parlementent* (**SYN.** négocier).

① **parler** v.i. (lat. *parabolare,* de *parabola,* parabole) [conj. 3]. **1.** Articuler des paroles : *Elle a commencé à parler vers 18 mois. Depuis son accident, il ne peut plus parler.* **2.** Manifester, exprimer sa pensée par la parole : *Ils parlent pendant des heures au téléphone* (**SYN.** bavarder, deviser, discourir). *Son adversaire politique n'a pas encore parlé* (**SYN.** s'exprimer). **3.** Manifester, exprimer sa pensée autrement que par la parole, le langage articulé : *Les sourds-muets parlent par signes* (= ils signent ; **SYN.** communiquer). **4.** Révéler ce qui devait être tenu caché : *Le coupable a fini par parler* (**SYN.** avouer). **5.** Ne pas nécessiter d'explications détaillées ; être éloquent, révélateur : *Ces images parlent d'elles-mêmes.* ▸ (Précédé d'un adv.). ***... parlant,*** de tel point de vue : *Médicalement parlant, ce sujet est intéressant.* ***Parler d'or,*** s'exprimer avec justesse, pertinence, sagesse. ***Parler en l'air,*** à la légère, sans réfléchir. *Fam.* ***Tu parles !, vous parlez !,*** marque l'approbation : *Si j'accepte ? Tu parles !* ; marque le doute, l'incrédulité (souvent iron.) : *Eux altruistes ? Vous parlez !* (= vous plaisantez !). ◆ v.t. ind. **1. [à, avec].** Communiquer avec qqn par la parole : *Je souhaiterais parler au maire* (= m'entretenir avec lui ; **SYN.** s'adresser à). *Vous devriez parler avec votre mari* (**SYN.** causer, discuter). **2. [de].** S'entretenir de qqch ; faire part de ses pensées, de son avis sur un sujet : *Il est temps de parler de vos projets* (**SYN.** aborder, traiter). **3. [de].** Avoir tel sujet, traiter tel thème, en parlant d'un écrit, d'un film, etc. : *La pièce parle de la guerre d'Algérie* (**SYN.** raconter, relater). **4. [de].** Évoquer qqch, qqn, en parlant de qqch : *Cette maison me parle de mon enfance.* **5. [de].** (Suivi de l'inf.). Annoncer son intention de faire qqch : *Ils ont parlé de se marier.* ▸ ***Ne pas*** ou ***ne plus parler à qqn,*** être fâché avec lui : *Je ne parle plus à ce traître.* ***Parler au cœur, aux yeux, à l'imagination,*** toucher, émouvoir, porter à la rêverie : *Cette musique parle au cœur.* ***Parler de la pluie et du beau temps,*** de choses insignifiantes. ***Trouver à qui parler,*** avoir affaire à un interlocuteur ou à un adversaire capable de résister, de l'emporter : *Avec cet opposant, l'actuel maire a trouvé à qui parler.* ◆ v.t. Faire usage d'une langue ; pouvoir s'exprimer dans une langue : *Les Québécois parlent le français. Elle parle couramment le japonais.* ▸ ***Parler politique, affaires,*** etc., s'entretenir de ces sujets. ◆ **se parler** v.pr. **1.** Communiquer l'un avec l'autre par le langage articulé : *Les deux frères se parlent tous les jours par téléphone* (**SYN.** dialoguer). *Elles ne se sont pas parlé depuis des mois.* **2.** Être utilisé, en parlant d'une langue, d'un dialecte : *Le picard ne se parle presque plus.* ▸ ***Se parler à soi-même,*** monologuer ; soliloquer.

② **parler** n.m. **1.** Manière dont qqn s'exprime, prononce les sons du langage : *Un parler lent, harmonieux, saccadé* (**SYN.** débit, diction, élocution). **2.** Moyen de communication linguistique (langue, dialecte, patois) particulier à une région : *Étudier les parlers régionaux.*

parler-vrai n.m. (pl. *parlers-vrai*). Manière sincère et simple de s'exprimer ; authenticité, franchise : *Ce député est apprécié pour son parler-vrai.*

parleur, euse n. Personne qui aime parler en société ; bavard, causeur. ▸ *Péjor.* ***Un beau parleur,*** celui qui s'écoute parler : *Ne te laisse pas enjôler par ce beau parleur* (= phraseur).

parloir n.m. Salle où l'on reçoit les visiteurs dans certains établissements : *Le parloir d'une prison.*

parlote ou **parlotte** n.f. *Fam.* Conversation insignifiante, oiseuse : *Il n'y a que de la parlote dans cette émission* (**SYN.** verbiage).

parlure n.f. *Vx* ou *litt.* Au Québec, manière de s'exprimer particulière à qqn (accent, vocabulaire, tournures).

parme adj. inv. et n.m. D'une couleur mauve soutenu : *Des chaussettes parme.*

parmentier adj. inv. (de *Parmentier,* nom pr.). ▸ ***Hachis parmentier,*** purée de pommes de terre garnie d'un hachis de viande et gratinée au four (on dit aussi *un parmentier*).

parmesan, e adj. et n. (de l'it. *parmigiano,* de Parme). De Parme ; de ses habitants. ◆ **parmesan** n.m. Fromage italien au lait de vache, à pâte très dure.

parmi prép. (de *par* et *mi,* milieu). (Devant un nom au pl. ou devant un nom collectif). Entre ; au milieu de ; au nombre de : *Il ne sait pas quelle discipline choisir parmi toutes celles qui sont proposées. Bienvenue parmi nous !*

parnassien, enne adj. et n. Qui appartient au groupe de poètes français du Parnasse.

parodie n.f. (gr. *parôdia,* de *para,* près de, et *ôdê,* chant). **1.** Imitation burlesque d'une œuvre littéraire ou artistique : *Ce comique a réalisé une parodie de « Dracula »* (**SYN.** pastiche). **2.** Imitation grossière : *Une parodie de justice* (**SYN.** caricature, simulacre).

parodier v.t. [conj. 9]. Faire la parodie d'une œuvre, d'une action quelconque : *Parodier une pièce de théâtre* (**SYN.** imiter). *Parodier un homme politique* (**SYN.** contrefaire, singer).

parodique adj. Qui tient de la parodie : *Un film parodique.*

parodiste n. Auteur de parodies.

parodonte n.m. (du gr. *para,* à côté, et *odous, odontos,* dent). Ensemble des tissus de soutien de la dent au maxillaire (os alvéolaire, ligaments, gencives).

parodontiste n. Chirurgien-dentiste spécialisé dans les soins du parodonte.

parodontologie n.f. Étude et soins du parodonte.

paroi n.f. (du lat. *paries, parietis,* muraille). **1.** Cloison qui sépare les pièces d'un bâtiment : *Les parois des chambres sont très fines* (**SYN.** mur). **2.** Surface matérielle qui délimite intérieurement un objet creux : *Les parois isolantes d'une Thermos.* **3.** Surface latérale d'une cavité naturelle : *Dessiner sur la paroi d'une grotte.* **4.** Versant abrupt d'une montagne : *J'aperçois des chamois sur la paroi nord de ce pic* (**SYN.** face). **5.** En anatomie, partie qui circonscrit, limite une cavité du corps : *Une irritation de la paroi de l'intestin.*

paroisse n.f. (du gr. *paroikia,* groupement d'habitations, de *oikos,* maison). Circonscription ecclésiastique d'un curé.

paroissial, e, aux adj. Relatif à une paroisse.

paroissien, enne n. Fidèle d'une paroisse. ▸ *Fam.* ***Un drôle de paroissien,*** un individu louche dont il faut se méfier. ◆ **paroissien** n.m. Missel à l'usage des fidèles.

parole n.f. (lat. *parabola*). **1.** Faculté naturelle de parler, propre à l'être humain : *L'acquisition de la parole chez l'enfant* (**SYN.** langage). **2.** Fait de parler : *Ce présentateur coupe sans cesse la parole à ses invités* (= les interrompt). **3.** Possibilité, droit de parler dans un groupe, une assemblée : *Un des conseillers municipaux demanda la parole. Le temps de parole est le même pour tous les candidats.* **4.** Capacité personnelle à parler, à s'exprimer oralement : *Ce conférencier a la parole facile* (= il s'exprime avec aisance). **5.** Mot ou suite de mots ; phrase : *Un film sans paroles* (= muet). *Des paroles d'encouragement. La journaliste rapporta les paroles de l'industriel* (**SYN.** déclaration, propos). **6.** Assurance donnée à qqn ; promesse : *Je vous donne ma parole* ou *ma parole d'honneur que je n'en ai parlé à personne* (= je vous fais le serment). ▸ ***C'était une parole en l'air,*** prononcée à la légère, sans réfléchir. ***De belles paroles,*** des discours prometteurs qui restent sans suite. ***Être de parole*** ou ***n'avoir qu'une parole,*** respecter ses engagements. ***La parole de Dieu*** ou ***la bonne parole,*** l'Évangile. ***Ma parole !,*** formule par laquelle on atteste la vérité de ce que l'on dit : *Vous n'avez rien compris, ma parole !* ***Passer la parole à qqn,*** lui permettre de parler à son tour ; l'y inviter. ***Prendre la parole,*** commencer à parler : *L'avocat prit la parole.* ***Reprendre sa parole,*** se dédire, se rétracter. ***Sur parole,*** sur une simple affirmation ; sur la garantie de la bonne foi : *Je l'ai crue sur parole.* ◆ **paroles** n.f. pl. Texte d'une chanson (par opp. à la musique) : *Les paroles de cette chanson ont été écrites par Prévert.*

parolier, ère n. Auteur des paroles d'une chanson.

paronomase n.f. (lat. *paronomasia,* du gr.). Figure qui consiste à rapprocher des paronymes dans une phrase : *« Le montant de ce chèque me choque » ou « qui vivra verra » sont des paronomases.*

paronyme adj. et n.m. (gr. *paronumos,* de *para,* à côté, et *onoma,* mot). Se dit de mots de sens différents mais de formes relativement voisines : *« Conjoncture » et « conjecture », « collocation » et « colocation » sont des paronymes.*

paronymie n.f. Caractère des mots paronymes.

parotide n.f. et adj.f. (lat. *parotis,* du gr. *para,* près de, et *oûs, ôtos,* oreille). Glande salivaire paire, située en avant de l'oreille.

paroxysme n.m. (du gr. *paroxusmos,* action d'exciter, de *oxus,* pointu). Le plus haut degré d'un état affectif, d'une douleur, d'un phénomène : *À la naissance de leur enfant, ils étaient au paroxysme du bonheur* (**SYN.** summum).

paroxystique ou **paroxysmique** ou **paroxysmal, e, aux** adj. Qui présente les caractères d'un paroxysme : *Une douleur paroxystique* (**SYN.** suraigu).

paroxyton n.m. (gr. *paroxutonos*). En linguistique, mot portant l'accent tonique sur son avant-dernière syllabe : *La majorité des mots italiens sont des paroxytons.*

parpaillot, e n. (du prov. *parpaioun,* papillon). *Vx, péjor.* Calviniste français ; protestant.

parpaing [parpɛ̃] n.m. (du lat. *perpetaneus,* de *perpes, perpetis,* perpétuel). **1.** Pierre de taille qui occupe toute l'épaisseur d'un mur. **2.** Aggloméré parallélépipédique en ciment, employé en maçonnerie : *Recouvrir les parpaings de crépi.*

parquer v.t. (de *parc*) [conj. 3]. **1.** Mettre des animaux dans un lieu entouré d'une clôture : *Parquer des moutons dans une prairie.* **2.** Enfermer des personnes dans un espace étroit : *Les militaires ont parqué les prisonniers dans un camp* (**SYN.** entasser). **3.** Mettre un véhicule en stationnement ; garer : *Parquer sa voiture sur un emplacement payant.*

parquet n.m. (de *parc*). **1.** Assemblage de lames de bois formant un revêtement de sol intérieur : *Vitrifier un parquet* (**SYN.** plancher). **2.** Ensemble des magistrats formant le ministère public et appelés la *magistrature debout* (par opp. aux magistrats du siège, ou magistrature assise).

parquetage n.m. Action de parqueter.

parqueter v.t. [conj. 27]. Garnir d'un parquet : *Il parquette le couloir.*

parqueteur n.m. Menuisier qui fabrique ou pose les parquets.

parquetier, ère n. Magistrat du parquet.

parqueur, euse ou **parquier, ère** n. Personne qui élève les huîtres d'un parc.

parrain n.m. (bas lat. *patrinus,* de *pater, patris,* père). **1.** Dans le christianisme, homme qui présente un enfant au baptême. **2.** Homme qui préside au baptême d'une cloche, d'un navire, qui donne un nom à qqn, à qqch : *Le parrain d'une association.* **3.** Homme qui présente qqn dans un club, une société, pour l'y faire entrer. **4.** Chef mafieux.

parrainage n.m. **1.** Qualité, fonction de parrain ou de marraine. **2.** Soutien moral accordé à qqn, à qqch : *Ce festival a reçu le parrainage du gouvernement* (**SYN.** patronage, protection). **3.** Soutien financier, à but publicitaire, accordé par une firme à une association sportive, de loisirs : *Le parrainage d'une équipe cycliste.* ☞ **REM.** Dans ce sens, il est recommandé d'éviter l'anglicisme *sponsoring.*

parrainer v.t. [conj. 4]. **1.** Soutenir une œuvre, un projet : *Une sportive qui parraine une organisation humanitaire* (**SYN.** patronner). **2.** Financer une entreprise dans un but publicitaire : *Parrainer un meeting sportif* (**SYN.** commanditer). ☞ **REM.** Dans ce sens, il est recommandé d'éviter l'anglicisme *sponsoriser.*

parraineur n.m. Personne ou entreprise qui parraine un athlète, une compétition, une manifestation culturelle : *Cette équipe recherche un parraineur* (**SYN.** commanditaire). ☞ **REM.** Dans ce sens, il est recommandé d'éviter l'anglicisme *sponsor.*

① **parricide** n.m. (lat. *parricidium*). Meurtre du père ou de la mère ou de tout autre ascendant.

② **parricide** adj. et n. (lat. *parricida*). Qui a commis un parricide : *Un fils parricide.*

parsec n.m. (de *par*[*allaxe*] et *sec*[*onde*]). Unité de distance utilisée en astronomie et valant 3,26 années-lumière.

parsemer v.t. [conj. 19]. **1.** Couvrir un lieu, une surface de choses répandues çà et là : *Les enfants ont parsemé la rue de confettis* (**SYN.** saupoudrer, semer). **2.** *Litt.* Être épars sur une surface, dans qqch : *Des feuilles mortes parsèment les pelouses du parc* (**SYN.** consteller). **3.** *Litt.* Placer qqch à de multiples endroits dans un texte, dans un ouvrage : *Parsemer un discours de citations* (**SYN.** émailler [litt.]).

part n.f. (du lat. *pars, partis*). **1.** Partie d'un tout destinée à qqn ; portion résultant d'une division, d'un partage : *Il a mangé deux parts de cake* (**SYN.** ration, tranche). *Une part de leurs économies est réservée à l'achat d'un ordinateur* (**SYN.** fraction). **2.** Ce qui revient, échoit à qqn : *Elle a cédé sa part de l'héritage à ses enfants* (**SYN.** portion, quotité). *La vie donne à chacun sa part de joies et de peines* (**SYN.** contingent, lot). **3.** (Avec un poss.). Ce que l'on apporte en partage ; contribution : *Tu dois fournir ta part de travail si tu veux bénéficier des mêmes droits que les autres. Chacun a payé sa part au restaurant* (= a payé son écot ; **SYN.** quote-part). **4.** Unité de base servant au calcul de l'impôt sur le revenu : *Le nombre de parts est proportionnel au nombre de personnes qui composent la* *famille.* ▸ ***À part,*** différent des autres, du reste ; particulier, spécial : *C'est un être à part* ; séparément : *Les produits d'entretien sont rangés à part* ; excepté : *À part nous, personne ne l'a vu* (**SYN.** hormis, sauf). ***À part entière,*** se dit de qqn qui jouit de tous les droits attachés à telle qualité, telle catégorie : *Vous voilà devenu un écrivain à part entière.* *Litt.* ***À part moi, toi,*** etc., en moi-même, en toi-même ; en mon, ton for intérieur : *Elle se dit à part elle qu'elle n'avait plus rien à faire ici.* ***Autre part*** → **autre.** ***De la part de qqn,*** en son nom : *Pourriez-vous lui donner cette lettre de ma part ?* ***De part en part,*** d'un côté à l'autre, en traversant l'épaisseur : *La flèche a traversé la cible de part en part.* ***De part et d'autre,*** des deux côtés ; chez les uns comme chez les autres : *Il y a des torts de part et d'autre.* ***De toute part*** ou ***de toutes parts,*** de tous côtés ; partout : *Lors de la fête, des pétards étaient tirés de toutes parts.* ***D'une part..., d'autre part...,*** introduit un parallèle, les deux aspects de qqch : *D'une part tu dois te lever tôt demain, d'autre part nous n'avons plus le temps.* ***Faire la part de,*** tenir compte de : *Il faut faire la part du hasard dans ce jeu.* ***Faire la part du feu,*** abandonner, pour ne pas tout perdre, ce qui ne peut plus être sauvé. ***Faire part de qqch à qqn,*** l'en informer. ***Nulle part*** → **nul.** ***Pour ma, ta, sa,*** etc., ***part,*** en ce qui me, te, le, etc., concerne : *Pour sa part, il a préféré se désengager de cette affaire.* ***Pour une bonne*** ou ***une large part,*** dans une large mesure. ***Prendre en bonne, en mauvaise part,*** prendre du bon, du mauvais côté ; interpréter en bien ou en mal : *Il a pris mes critiques en mauvaise part.* ***Prendre part à qqch,*** y participer, s'y associer ; y jouer son rôle : *Elle a pris part au vote. Le président n'a pas pris part à la controverse.*

partage n.m. (de l'anc. fr. *partir,* partager). **1.** Action de partager, de diviser en portions, en parties : *Le partage des recettes d'un spectacle* (**SYN.** distribution, répartition). **2.** Fait de partager, d'avoir qqch en commun avec qqn, avec d'autres : *Instaurer le partage des tâches ménagères.* **3.** *Litt.* Ce qui échoit à qqn ; part, sort : *La misère est son partage* (**SYN.** destin, lot [litt.]). ▸ ***Recevoir en partage,*** avoir comme don naturel : *Elle a reçu en partage un humour débridé.* ***Sans partage,*** entier, total ; exclusif : *Un amour sans partage.*

partagé, e adj. **1.** Se dit de qqch qui n'est pas imputable à une seule personne : *Dans cet accident, les torts sont partagés.* **2.** Se dit de qqn qui est animé de sentiments contraires : *Devant une telle œuvre, on est partagé entre l'admiration et le dégoût* (= écartelé). **3.** Qui est éprouvé par plusieurs personnes ; réciproque : *Une estime partagée* (**SYN.** mutuel).

partageable adj. Qui peut être partagé : *Une somme partageable en quatre* (**SYN.** divisible ; **CONTR.** indivisible).

partager v.t. [conj. 17]. **1.** Diviser en plusieurs parts : *Partager un champ en parcelles* (**SYN.** lotir, morceler). **2.** Diviser en parts destinées à être attribuées à des personnes différentes : *Le patron du bar partage les pourboires entre les serveurs* (**SYN.** répartir). *Partager un plat de lasagnes en quatre* (**SYN.** couper, découper). **3.** Séparer en parties distinctes : *Une raie qui partage sa chevelure en deux* (**SYN.** diviser, scinder). **4.** Donner une part de ce que l'on possède : *Il partagea son sandwich avec elle.* **5.** Avoir en commun avec d'autres : *Ils ont partagé un gîte avec des amis.* **6.** S'associer à qqn ; éprouver les mêmes sentiments que lui : *Nous partageons votre douleur* (= nous compatissons ; **SYN.** se solidariser). *Je ne partage pas tes idées politiques* (**SYN.** embrasser). **7.** Diviser en groupes dont les avis s'opposent : *Cette question partage le gouvernement* (**SYN.** séparer ; **CONTR.** rapprocher, unir). ◆ **se partager** v.pr. **1.** Diviser en parts et les répartir : *Ils se sont partagé les bénéfices.* **2.** Se séparer en groupes : *Les participants se sont partagés en ateliers de discussion.*

partageur, euse adj. Qui partage de bon gré : *Cet enfant n'est pas très partageur.*

partance n.f. ▸ ***En partance,*** sur le point de partir : *Un train en partance pour Grenoble.*

① **partant, e** n. (de *partir*). **1.** Personne qui part : *Les arrivants et les partants.* **2.** Concurrent qui prend le départ d'une course : *Consulter la liste des partants du tiercé.* ◆ adj. ▸ *Fam.* ***Être partant, être partant pour,*** être disposé, prêt à : *Elle est partante pour venir au cinéma.*

② **partant** adv. (de *par* et *tant*). *Litt.* Par conséquent : *Une tornade est annoncée, partant les habitants ne doivent pas quitter leur domicile.*

partenaire n. (angl. *partner*). **1.** Personne avec qui on est associé contre d'autres, dans un jeu : *Elle était ma partenaire au bridge* (**CONTR.** adversaire). **2.** Personne avec qui l'on pratique certaines activités sportives ; personne avec qui l'on danse, cavalier : *Sa partenaire s'est foulé la cheville pendant l'entraînement* (**SYN.** coéquipier). **3.** Personne, groupe auxquels on s'associe pour réaliser un projet : *Ce chef d'entreprise cherche des partenaires financiers* (**SYN.** associé ; **CONTR.** concurrent). **4.** Personne avec qui l'on a une relation sexuelle. **5.** Pays qui entretient avec un ou plusieurs autres des relations politiques, économiques : *Les partenaires européens.* ▸ ***Partenaires sociaux,*** représentants du patronat et des salariés.

partenarial, e, aux adj. Relatif au partenariat : *Des accords partenariaux.*

partenariat n.m. Système associant des partenaires : *Un projet réalisé en partenariat avec le conseil général.*

parterre n.m. **1.** Partie d'un jardin où l'on fait pousser des fleurs ornementales : *Un parterre de géraniums* (**SYN.** massif). **2.** Partie d'une salle de théâtre située derrière les fauteuils d'orchestre : *Nous avons des places au parterre.* **3.** Public, assistance : *Le président s'est expliqué devant un parterre de journalistes.*

parthénogenèse n.f. (du gr. *parthenos,* vierge, et de *genèse*). Reproduction à partir d'un ovule non fécondé : *La parthénogenèse s'observe chez les pucerons, les fourmis.*

parthénogénétique adj. Relatif à la parthénogenèse.

① **parti** n.m. (de l'anc. fr. *partir,* partager). **1.** Association de personnes constituée en vue d'une action politique : *Elle vote toujours pour le même parti. Le Parti socialiste.* **2.** Ensemble de personnes ayant des opinions, des aspirations communes : *Le parti des opposants à la mondialisation* (**SYN.** camp, clan). **3.** Résolution à prendre pour agir : *Elle hésite entre deux partis : l'indulgence et la sévérité* (**SYN.** choix, solution). **4.** *Vieilli* Personne à marier : *La fille de cet* *industriel est un beau parti.* ▸ ***Esprit de parti,*** partialité en faveur de son propre parti ; sectarisme. ***Faire un mauvais parti à qqn,*** le maltraiter, le mettre à mal. ***Parti pris,*** opinion préconçue ; partialité : *Je n'avais aucun parti pris avant d'aller voir ce film.* ***Prendre parti,*** se prononcer pour ou contre qqn, qqch : *Ils ont pris parti pour leur collègue.* ***Prendre son parti de qqch,*** l'accepter comme inévitable ; s'y résigner : *Vous devez prendre votre parti des nouveaux horaires.* ***Prendre un parti,*** opter pour une solution : *Il serait temps que le ministre prenne un parti.* ***Tirer parti de qqch,*** l'utiliser au mieux : *Elle a su tirer parti de tous les talents de l'équipe.*

② **parti, e** adj. *Fam.* Ivre : *Après deux verres de sangria, elle était un peu partie.*

partial, e, aux [parsjal, o] adj. (lat. *partialis,* de *pars,* partie). Qui fait preuve de parti pris : *L'arbitre s'est montré partial* (**SYN.** injuste ; **CONTR.** équitable, impartial).

partialement [parsjalmɑ̃] adv. Avec partialité (**CONTR.** équitablement, impartialement).

partialité [parsjalite] n.f. **1.** Attitude de qqn qui est partial : *La partialité d'un juge* (**SYN.** prévention ; **CONTR.** objectivité). **2.** Caractère d'un acte injuste : *Un commentaire plein de partialité* (= parti pris ; **CONTR.** équité, impartialité).

participant, e n. et adj. Personne qui participe, assiste à qqch : *Les participants à une émission de télévision.*

participatif, ive adj. **1.** Qui correspond à une participation financière : *Les versements participatifs d'une entreprise à ses salariés.* **2.** Qui fait appel à la participation de chacun : *Encyclopédie participative* (**SYN.** contributif).

participation n.f. **1.** Action, fait de participer : *La participation d'un pays aux jeux Olympiques. Cette exposition a été réalisée avec la participation du conseil régional* (**SYN.** collaboration, concours). **2.** Action de payer sa part : *Nous demandons une participation aux frais de gestion* (**SYN.** contribution). **3.** Fait de recevoir une part d'un profit : *Participation aux bénéfices.*

participe n.m. (lat. *participium*). En grammaire, forme verbale non personnelle, qui joue tantôt le rôle d'adjectif (variable), tantôt celui de verbe. ▸ ***Participe passé,*** forme qui sert à établir les temps composés de l'actif et tous les temps du passif : *Le participe passé de « boire » est « bu ».* ***Participe présent,*** forme toujours terminée par *-ant* qui marque un état ou une action simultanés à ceux de la principale : *Le participe présent du verbe « coudre » est « cousant ».*

participer v.t. ind. (lat. *participare,* de *particeps,* qui prend part) [conj. 3]. **1. [à].** Prendre part à qqch ; s'associer à : *Ce médecin a participé à un débat sur le clonage.* **2. [à].** Payer sa part de ; cotiser pour : *Voulez-vous participer au cadeau pour la naissance de leur enfant ?* (**SYN.** contribuer à). **3. [à].** Recevoir sa part de : *Les salariés souhaiteraient participer aux bénéfices de l'entreprise.* **4.** (Sans compl.). Prendre part aux activités d'un groupe : *Cet élève ne participe pas en classe.* **5. [de].** *Litt.* Présenter certains caractères de qqch : *Cette histoire participe du conte* (= ressemble à un conte ; **SYN.** tenir de).

participial, e, aux adj. Relatif à un participe. ▸ ***Proposition participiale,*** proposition subordonnée dont le verbe est un participe (on dit aussi *une participiale*) : *Dans « son ami parti, il se sentit très seul », « son ami parti » est une proposition participiale.*

particularisation n.f. Action de particulariser.

particulariser v.t. [conj. 3]. Différencier par des caractères particuliers : *La prononciation des « r » particularise les gens de cette région* (**SYN.** singulariser).

particularisme n.m. Attitude d'un groupe qui cherche à préserver son originalité, ses particularités.

particularité n.f. Caractère particulier, trait distinctif de qqn, de qqch : *Il a la particularité de savoir écouter ses interlocuteurs* (**SYN.** singularité). *Ce site Internet a la particularité d'être interactif* (**SYN.** caractéristique, originalité, spécificité).

particule n.f. (du lat. *particula,* petite part, de *pars, partis,* partie). **1.** Très petite partie d'un élément matériel, d'un corps : *On a trouvé des particules d'arsenic dans cette soucoupe* (**SYN.** parcelle). **2.** Préposition *de* précédant certains noms de famille : *Jean de La Fontaine avait un nom à particule.* **3.** Petit mot invariable servant à préciser le sens d'autres mots ou à indiquer des rapports grammaticaux : *Dans « celle-là », « -là » est une particule.* ▸ ***Particule élémentaire,*** en physique, constituant fondamental de la matière.

particulier, ère adj. (lat. *particularis,* de *pars, partis,* partie). **1.** Qui appartient, qui est affecté en propre à qqn, à qqch : *Les artistes ont une entrée particulière* (**SYN.** personnel ; **CONTR.** commun). *La directrice a une secrétaire particulière* (**SYN.** privé). **2.** Qui concerne spécialement qqn, qqch : *Il préfère défendre ses intérêts particuliers* (**SYN.** individuel ; **CONTR.** collectif, général). **3.** Se dit de ce qui distingue qqn, qqch ; remarquable, spécial, spécifique : *Cette comédienne a une élocution particulière* (**SYN.** distinctif, original ; **CONTR.** 1. banal, ordinaire). *Ce film est d'un genre un peu particulier* (**SYN.** singulier ; **CONTR.** quelconque). **4.** Qui est défini, précis, limité : *L'avocat souhaite insister sur ce point particulier* (**CONTR.** 1. général). **5.** Qui se distingue par qqch que l'on considère péjorativement comme anormal : *Ils ont des goûts particuliers* (**SYN.** spécial ; **CONTR.** 1. courant). ▸ ***Conversation particulière,*** en tête à tête : *Le ministre a eu une conversation particulière avec le chef de l'opposition.* ***Cours particulier*** ou ***leçon particulière,*** fait à un seul élève ou à un petit groupe d'élèves. ***Particulier à qqn, qqch,*** qui se rencontre ou s'observe spécialement chez qqn, dans qqch : *Une coutume particulière aux gens du Sud* (**SYN.** caractéristique de). *Une couleur particulière à ces fleurs* (**SYN.** propre à). ◆ **particulier** n.m. **1.** Personne privée (par opp. aux collectivités) : *Ces annuaires répertorient les numéros de téléphone des particuliers.* **2.** (Seulement au sing.). Ce qui constitue un élément d'un ensemble : *Le raisonnement inductif permet de passer du particulier au général.* ▸ ***En particulier,*** à part ; en privé : *La journaliste souhaiterait l'interviewer en particulier* ; spécialement, notamment : *Il souhaiterait visiter certains pays d'Asie, en particulier le Japon.*

particulièrement adv. **1.** D'une manière qui passe la mesure ordinaire : *Elle aime la lecture et particulièrement les romans* (**SYN.** spécialement, surtout). **2.** À un haut degré : *Il est particulièrement content de son score* (**SYN.** extrêmement).

partie n.f. (de l'anc. fr. *partir,* partager). **1.** Portion, élément d'un tout : *Il faut recoller les deux parties du* *vase* (**SYN.** fragment, morceau). *Une partie du conseil municipal a refusé de prendre part au vote* (**SYN.** fraction). **2.** Durée pendant laquelle des adversaires s'opposent, dans un jeu, un sport ; totalité des points à gagner pour déterminer un gagnant et un perdant : *Ils ont été interrompus pendant leur partie d'échecs. Elle a gagné la première partie.* **3.** Ensemble de manœuvres demandant une certaine habileté et dont l'enjeu est assez important : *Ses adversaires politiques ont préféré abandonner la partie* (**SYN.** compétition, lutte). **4.** Profession, spécialité ; domaine que qqn connaît bien : *Cette publicitaire est réputée dans sa partie. La politique étrangère, ce n'est pas sa partie.* **5.** Chacune des personnes qui prennent part à une négociation : *Le traité a été paraphé par les parties en présence.* **6.** Chacune des personnes qui plaident l'une contre l'autre : *La partie adverse manquait de témoins sérieux.* **7.** Chacune des voix, instrumentales ou vocales, d'une composition musicale : *J'ai préféré la partie de ténor, de piano.* ▸ ***Avoir affaire à forte partie,*** avoir affaire à un adversaire redoutable. ***Ce n'est pas une partie de plaisir,*** c'est un travail pénible : *Nettoyer la maison après des inondations, ce n'est pas une partie de plaisir.* ***Ce n'est que partie remise,*** c'est qqch qui est simplement différé : *Notre rendez-vous n'est que partie remise.* ***En partie,*** pour seulement une fraction, une part : *L'allée va être en partie gravillonnée* (**SYN.** partiellement ; **CONTR.** entièrement). ***Faire partie de,*** être un élément d'un ensemble : *Ils font partie de la chorale. Ce hameau ne fait pas partie de notre commune.* ***Prendre qqn à partie,*** s'en prendre à lui, l'attaquer : *Le footballeur prit l'arbitre à partie.* ***Quitter la partie,*** abandonner la lutte ; renoncer. ◆ **parties** n.f. pl. ▸ *Fam.* ***Les parties,*** les organes génitaux masculins.

partiel, elle [parsjɛl] adj. (lat. *partialis*). **1.** Qui ne constitue ou qui ne concerne qu'une partie d'un tout : *Ce compte rendu ne donne qu'une vision partielle du problème* (**SYN.** fragmentaire, incomplet ; **CONTR.** 1. complet, exhaustif). **2.** Qui n'a lieu, n'existe que pour une partie : *Une éclipse partielle de Lune* (**CONTR.** 1. total). ▸ ***Élection partielle,*** élection faite en dehors des élections générales, à la suite d'un décès, d'une démission, etc. (on dit aussi *une partielle*). ◆ **partiel** n.m. Dans l'enseignement supérieur, épreuve portant sur une partie du programme d'un examen, et constituant un élément de la note finale.

partiellement [parsjɛlmɑ̃] adv. En partie ; pour une part : *L'album a été partiellement enregistré à Londres* (**CONTR.** complètement, totalement).

partir v.i. (du lat. *partiri*, partager) [conj. 43]. **1.** Quitter un lieu : *Elle part de chez elle à huit heures du matin* (**SYN.** s'en aller ; **CONTR.** rentrer). *Ils partent pour les Vosges. Elle est partie en vacances.* **2. [de].** Avoir son origine, son point de départ : *La Dordogne part du Massif central. La dispute est partie d'un malentendu* (**SYN.** naître, venir de). **3.** Se mettre en marche ; commencer à fonctionner : *Le coup de feu est parti tout seul. Sa moto part difficilement* (= démarre). **4.** S'enlever, disparaître : *Les traces de calcaire sont parties grâce à ce détergent.* ▸ ***À partir de,*** à dater de, depuis ; en prenant cela comme point de départ : *À partir de la semaine prochaine, ce magasin ouvrira le dimanche. Nous avons toutes les tailles à partir du 36.* *Fam.* ***C'est parti,*** l'action, l'affaire est commencée : *C'est parti, nous verrons si c'est efficace.* *Fam.* ***Être mal parti,*** commencer mal : *La réunion est mal partie.* ***Partir d'un éclat de rire,*** rire tout à coup aux éclats.

① **partisan, e** n. (it. *partigiano*, de *parte*, parti). **1.** Personne dévouée à un idéal, à qqn : *Les partisans de la privatisation d'une entreprise* (**SYN.** adepte, défenseur). **2.** Combattant volontaire n'appartenant pas à une armée régulière : *« Le Chant des partisans » de Kessel.* ◆ adj. **[de].** Favorable à : *Elle est partisane d'une réforme de l'enseignement.* ☞ **REM.** Le féminin *partisante* est familier.

② **partisan, e** adj. Qui est de parti pris, inspiré par l'esprit de parti : *Des querelles partisanes les ont divisés.*

partita n.f. (mot it.) [pl. *partitas* ou *partite*]. Pièce écrite pour violon ou clavier ; variations sur un thème : *Des partitas de Bach.*

partitif, ive adj. et n.m. (lat. *partitus*, de *partire*, partager). ▸ ***Article partitif,*** article qui désigne une partie d'un tout : *« Du, de la, des » sont des articles partitifs.*

partition n.f. (du lat. *partitio*, partage). **1.** Partage politique d'une unité territoriale : *La partition de l'Inde* (**SYN.** division). **2.** Ensemble des parties d'une composition musicale réunies pour être lues simultanément ; feuillet, cahier où ces parties sont transcrites : *La guitariste joue sans lire sa partition.*

partout adv. (de *par* et *tout*). **1.** En tout lieu, n'importe où : *On trouve cette marque de boisson partout. Les touristes viennent de partout pour admirer ce site* (= de tous les endroits). **2.** Se dit lorsque deux joueurs ou deux équipes totalisent le même nombre de points : *Le score est de 2 partout.*

parturiente [partyrjɑ̃t] n.f. (du lat. *parturire*, être en couches). En médecine, femme qui accouche ; accouchée.

parturition n.f. En médecine, accouchement ; enfantement.

parure n.f. **1.** Ensemble de bijoux assortis destinés à être portés en même temps : *La mariée porte une parure de saphirs.* **2.** Ensemble assorti de pièces de linge : *Une parure de lit. Une parure de lingerie en satin.* **3.** Ce qui est enlevé à la viande (graisse, os, etc.) lorsqu'on la pare. **4.** *Litt.* Ce qui sert à parer, orner, embellir : *Ces vieux cèdres sont la parure de notre jardin public.*

parurerie n.f. Fabrication et commerce des articles destinés à agrémenter l'habillement féminin.

parurier, ère n. Fabricant, vendeur d'articles de parurerie.

parution n.f. Fait de paraître, d'être publié ; moment de la publication : *La parution d'un livre* (**SYN.** sortie).

parvenir v.i. [conj. 40]. **1.** Arriver, venir jusqu'à un point donné : *La cordée de secours est parvenue au bord de la crevasse* (**SYN.** atteindre, gagner). *Les flonflons de la fête nous parvenaient par à-coups.* **2.** Arriver à destination, en parlant de qqch : *Mon courriel ne lui est pas parvenu.* ◆ v.t. ind. **[à].** (Suivi de l'inf.). Réussir au prix d'un certain effort : *Je ne parviens pas à ouvrir cette bouteille* (**SYN.** arriver à).

parvenu, e n. *Péjor.* Personne qui s'est élevée à une

condition sociale supérieure sans en avoir acquis la culture, les manières ; nouveau riche.

parvis [parvi] n.m. (du lat. *paradisus*, paradis, du gr.). **1.** Place qui s'étend devant l'entrée principale d'une église : *Des musiciens jouent sur le parvis de Notre-Dame.* **2.** Place qui s'étend devant un grand bâtiment public : *Le parvis de la gare.*

① **pas** [pa] n.m. (lat. *passus*). **1.** Mouvement que fait l'homme ou l'animal en posant un pied devant l'autre pour se déplacer : *Elle marchait à grands pas* (**SYN.** enjambée). *Leur fils a fait ses premiers pas à un an.* **2.** Manière de marcher : *Une frêle jeune fille au pas léger* (**SYN.** démarche). *Pressez le pas si vous ne voulez pas rater le train* (**SYN.** allure). **3.** Longueur d'une enjambée : *Reculez de trois pas.* **4.** L'allure la plus lente des animaux quadrupèdes, caractérisée par la pose successive des quatre pattes (par opp. à trot, à galop) : *Son cheval marchait au pas.* **5.** Empreinte des pieds de qqn qui marche : *Ils voyaient leurs pas sur le sable.* **6.** Mouvement exécuté avec les pieds par une personne qui danse : *Elle apprend les pas de la salsa. Un pas de deux* (= exécuté par un couple de danseurs). **7.** Détroit ; passage resserré : *Le pas de Calais.* **8.** Distance qui sépare deux filets consécutifs d'une vis, d'un écrou : *Le pas d'une hélice.* **9.** *Fig.* Cheminement ; progrès : *Grâce à cette découverte, la génétique a fait un pas important* (**SYN.** bond, saut). ▸ ***À deux pas d'ici,*** tout près : *La crèche est à deux pas d'ici.* ***À pas de loup,*** sans bruit : *Marcher à pas de loup.* ***Céder*** ou ***donner le pas à qqn,*** le laisser passer, lui donner la priorité. ***Faire le premier pas*** ou ***les premiers pas,*** prendre l'initiative d'une relation, d'une réconciliation, d'une rencontre. ***Faire les cent pas,*** aller et venir pour tromper son attente : *Il faisait les cent pas en attendant qu'elle téléphone.* ***Faire un faux pas,*** trébucher ; fig., commettre une erreur, un impair : *Vous avez fait un faux pas en ne les prévenant pas.* ***Franchir*** ou ***sauter le pas,*** se décider à faire qqch : *Elle a enfin franchi le pas, et va se présenter aux élections.* ***Mauvais pas,*** endroit où il est dangereux de passer ; fig., situation difficile : *Il faut l'aider à se tirer de ce mauvais pas.* ***Pas à pas*** ou ***à pas comptés,*** sans se hâter ; fig., progressivement. ***Pas de tir,*** ensemble des installations permettant le tir d'un lanceur spatial (= aire de lancement). ***Prendre le pas sur,*** devancer, précéder : *Ils ont pris le pas sur leurs adversaires.* ***Sur le pas de la porte,*** sur le seuil, devant la porte d'entrée : *Ils prennent le frais sur le pas de la porte.*

② **pas** [pa] adv. (du lat. *passus*, pas). **1.** (Employé avec *ne* ou dans une phrase nominale). Marque la négation ; indique l'absence de qqn, de qqch : *Je ne veux pas. Il ne s'est pas fait vacciner contre la grippe. Je lui ai dit de ne pas venir. Pas un geste ! Pas de bruit. Pas de larmes, je ne céderai pas.* **2.** (Employé sans ne). Indique une réponse négative : *« Es-tu d'accord ? — Pas du tout* ou *absolument pas. »* ▸ ***Pourquoi pas ?,*** indique que l'on envisage une autre possibilité : *Nous ne pouvons tout de même pas partir sans eux. Pourquoi pas ?*

① **pascal, e, als** ou **aux** adj. (lat. *paschalis*). Qui concerne la fête de Pâques ou la Pâque juive : *L'agneau pascal.*

② **pascal** n.m. (de Blaise *Pascal*) [pl. *pascals*]. Unité de mesure de pression.

③ **pascal** n.m. (de Blaise *Pascal*) [pl. *pascals*]. Langage de programmation informatique.

pas-de-porte n.m. inv. Somme que paie un commerçant afin d'obtenir la jouissance d'un local.

pas-grand-chose n. inv. *Péjor.* Personne qui ne mérite guère d'estime : *Ces gens sont des pas-grand-chose.*

pashmina [paʃmina] n.m. (mot persan). Laine très fine et chaude provenant du duvet d'une chèvre de l'Himalaya, et tissée pour en faire des châles ; le châle lui-même : *Il vend de très beaux pashminas.*

pasionaria [pasjɔnarja] n.f. (mot esp.). Femme qui défend activement une cause : *Les pasionarias de la parité politique.*

paso-doble [pasodɔbl] n.m. inv. (mots esp. signif. « pas double »). Danse d'origine espagnole, à deux temps.

passable adj. **1.** Qui est d'une qualité moyenne : *Une dissertation passable* (**SYN.** acceptable ; **CONTR.** excellent). **2.** Qui est assez important pour être remarqué : *Cela fait une passable différence avec ce qui était promis* (**SYN.** notable, sensible).

passablement adv. **1.** De façon passable : *La comédienne connaît son texte passablement* (**SYN.** moyennement). **2.** De façon notable ; assez, plutôt : *Ce quartier a passablement changé depuis mon enfance* (**SYN.** beaucoup, fortement).

passacaille n.f. (esp. *pasacalle*, de *pasar*, passer, et *calle*, rue). Pièce musicale instrumentale.

passade n.f. (it. *passata*). **1.** Courte liaison amoureuse : *Elle a quitté son mari pour une passade* (**SYN.** amourette, caprice, toquade). **2.** Goût soudain et passager pour qqch ; engouement : *Sa passade pour le yoga a duré quelques semaines* (**SYN.** emballement, foucade).

passage n.m. **1.** Action, fait de passer : *Le passage d'une rive à l'autre* (**SYN.** franchissement, traversée). *Le malade attend le passage de l'infirmière* (**SYN.** venue). *Le passage de l'adolescence à l'âge adulte* (**SYN.** transition). *Son passage en cinquième est assuré* (**CONTR.** redoublement). **2.** Lieu où l'on passe pour aller d'un endroit à un autre : *Ce passage est interdit aux deux-roues* (**SYN.** accès, chemin). *Les enquêteurs ont trouvé un passage secret sous la maison.* **3.** Voie piétonne couverte ; galerie marchande. **4.** Somme payée pour emprunter un moyen de transport maritime ou fluvial ; traversée : *Chacun a payé son passage.* **5.** Fragment d'une œuvre littéraire, musicale : *Elle a appris un passage de la pièce* (**SYN.** extrait, morceau). *Je ne vous jouerai qu'un passage de cette sonate.* **6.** Tapis étroit et long : *Le passage du hall d'un hôtel.* ▸ ***Avoir un passage à vide,*** être momentanément fatigué, déprimé. ***De passage,*** qui reste peu de temps dans un endroit : *Je serai de passage à Paris la semaine prochaine.* ***Passage à niveau,*** croisement au même niveau d'une voie ferrée et d'une route. ***Passage obligé,*** condition nécessaire pour la réalisation d'un projet : *Un stage à l'étranger est un passage obligé pour l'obtention de ce poste.* ***Passage pour piétons,*** surface balisée que les piétons doivent emprunter pour traverser une rue ; passage protégé. ***Passage souterrain,*** aménagé sous une route, une voie ferrée pour les piétons, les automobiles.

① **passager, ère** adj. **1.** Qui est de courte durée :

Leur mésentente fut passagère (**SYN.** éphémère, temporaire ; **CONTR.** durable). *Une douleur passagère* (**SYN.** court, fugace). **2.** Qui ne fait que passer en un lieu : *Des hôtes passagers.* **3.** (Emploi critiqué). Très fréquenté ; passant : *Une route passagère.*

② **passager, ère** n. Personne qui emprunte un moyen de transport : *Ce passager n'a pas de billet* (**SYN.** usager, voyageur).

passagèrement adv. De manière passagère ; pour peu de temps : *Les sinistrés seront logés passagèrement dans le gymnase* (**SYN.** provisoirement, temporairement).

① **passant** n.m. **1.** Anneau qui maintient l'extrémité libre d'une courroie ou d'une sangle : *Le passant d'un bracelet de montre.* **2.** Bande étroite de tissu fixée à un vêtement pour y glisser une ceinture : *Les passants d'un pantalon.*

② **passant, e** adj. Où il y a beaucoup de circulation : *Cette avenue est très passante* (**SYN.** animé ; **CONTR.** désert).

③ **passant, e** n. Personne qui circule à pied dans une rue : *Un passant l'aida à traverser* (**SYN.** piéton, promeneur).

passation n.f. Action de rédiger dans la forme juridiquement prescrite : *La passation d'un contrat.* ▸ ***Passation des pouvoirs,*** action de transmettre les pouvoirs administratifs, politiques à son successeur.

passavant n.m. Document douanier autorisant la circulation de marchandises ou de boissons.

① **passe** n.m. (abrév.). *Fam.* Clef passe-partout.

② **passe** n.f. **1.** Action de passer le ballon ou le palet à un partenaire : *Le joueur fit une passe au gardien de but.* **2.** Mouvement par lequel le torero fait passer le taureau près de lui ; véronique. **3.** Mouvement de la main de l'hypnotiseur près du sujet, de son visage. **4.** En escrime, action d'avancer sur son adversaire. **5.** Passage praticable à la navigation ; chenal : *Le remorqueur tire le navire hors de la passe* (**SYN.** goulet). **6.** À la roulette, série de numéros de 19 à 36 (par opp. à manque) : *Pair, rouge et passe.* **7.** *Fam.* Rencontre tarifée entre une personne qui se prostitue et un client. ▸ ***Être dans une bonne, une mauvaise passe,*** dans une situation avantageuse, difficile. ***Être en passe de,*** être sur le point de, en situation de : *Les chercheurs sont en passe de trouver un nouveau vaccin.* *Fam.* ***Maison*** ou ***hôtel de passe,*** établissement servant à la prostitution. ***Mot de passe,*** mot ou phrase convenus par lesquels on se fait reconnaître ; chaîne de caractères confidentielle qui authentifie l'utilisateur d'un ordinateur ou d'un service informatique. ***Passe d'armes,*** en escrime, enchaînement d'attaques, de ripostes ; fig., vif échange verbal : *Ils assistèrent à une passe d'armes entre le directeur et son adjoint.*

① **passé** prép. **1.** Marque la postériorité dans l'espace ; au-delà de : *Passé ce bosquet, il y a des champs à perte de vue* (**SYN.** après). **2.** Marque la postériorité dans le temps ; après : *Passé une heure du matin, il n'y a plus de train* (**CONTR.** avant).

② **passé, e** adj. **1.** Se dit du temps écoulé, révolu : *Nous nous sommes vus le mois passé* (**SYN.** dernier ; **CONTR.** prochain). **2.** Dépassé depuis peu : *Son fils a dix ans passés* (**SYN.** révolu). **3.** Se dit d'une couleur qui a perdu de son éclat : *Le rouge passé d'un canapé* (**SYN.** décoloré, délavé).

③ **passé** n.m. **1.** Temps écoulé : *Le passé, le présent et l'avenir. Ces événements appartiennent au passé.* **2.** Vie de qqn avant le moment présent : *Ce vieil homme évoque son passé avec nostalgie* (= l'ancien temps). **3.** En grammaire, ensemble des formes du verbe situant l'énoncé dans un moment antérieur à l'instant présent. ▸ ***Par le passé,*** autrefois : *Ils se sont fréquentés par le passé* (= jadis). ***Participe passé*** → **participe.** ***Passé antérieur,*** formé avec un auxiliaire au passé simple, et marquant qu'un fait s'est produit avant un autre dans le passé : *« Finir » est conjugué au passé antérieur dans « quand il eut fini ses études, il monta à Paris ».* ***Passé composé,*** formé avec un auxiliaire, et donnant un fait pour accompli : *« Dormir » est conjugué au passé composé dans « j'ai bien dormi cette nuit ».* ***Passé simple,*** marquant un fait achevé dans un passé révolu ou historique : *« Écrire » est conjugué au passé simple dans « il écrivit ce roman en prison ».*

passe-crassane n.f. inv. Poire d'hiver d'une variété à chair fondante et juteuse : *Un kilo de passe-crassane* (**SYN.** crassane).

passe-droit n.m. (pl. *passe-droits*). Faveur accordée contre le droit, le règlement, l'usage : *La journaliste a obtenu un passe-droit pour visiter cette centrale* (**SYN.** privilège).

passée n.f. Moment où le gibier d'eau passe (soir, matin).

passéisme n.m. Attachement excessif au passé (**CONTR.** avant-gardisme, modernisme).

passéiste adj. et n. Qui manifeste une tendance au passéisme (**CONTR.** avant-gardiste, moderniste).

passe-lacet n.m. (pl. *passe-lacets*). Grosse aiguille à long chas et à pointe arrondie utilisée pour glisser un lacet dans des œillets, un élastique dans un ourlet.

passement n.m. Galon qui sert d'ornement.

passementerie n.f. **1.** Fabrication et commerce des passements : galons d'ameublement, d'habillement. **2.** Ensemble des articles fabriqués par le passementier.

passementier, ère n. Personne qui fabrique ou vend de la passementerie.

passe-montagne n.m. (pl. *passe-montagnes*). Coiffure de tricot qui couvre la tête et le cou (**SYN.** cagoule).

passe-partout n.m. inv. **1.** Clef ouvrant plusieurs serrures : (abrév. fam. passe). *Le serrurier ouvrit la porte avec l'un de ses passe-partout.* **2.** Large bordure de carton ou de papier fort dont on peut entourer un dessin, une gravure, une photo ; cadre à fond ouvrant. ◆ adj. inv. Dont on peut faire usage en toutes circonstances : *Un discours truffé de formules passe-partout.*

passe-passe n.m. inv. ▸ ***Tour de passe-passe,*** tour d'adresse des prestidigitateurs ; fig., artifice, tromperie adroite : *Par un tour de passe-passe, c'est sa femme qui se retrouve à la tête de la société.*

passe-plat n.m. (pl. *passe-plats*). Ouverture dans une cloison pour passer les plats de la cuisine à la salle à manger.

passepoil n.m. Bande de tissu ou de cuir, prise en double dans une couture et formant une garniture en relief.

passepoilé, e adj. Garni d'un passepoil.

passeport n.m. **1.** Document délivré par une autorité administrative nationale à ses ressortissants et destiné à leur permettre de circuler hors des frontières : *Un passeport a une validité de dix ans.* **2.** Ce qui facilite une démarche ; ce qui aide à progresser : *Son année dans une université américaine a été un passeport pour son embauche.*

passer v.i. (lat. *passare*, de *passus*, pas) [conj. 3]. **1.** Aller d'un lieu à un autre ; se déplacer en un mouvement continu : *Peux-tu passer par la boulangerie avant de rentrer ? La Seine passe à Paris* (**SYN.** traverser). *Les cyclistes du Tour de France sont passés dans ce village* (**SYN.** circuler). **2.** Aller quelque part un bref instant : *Elle a dit qu'elle passerait ce soir* (= faire un saut). *Je suis passé prendre les enfants à l'école.* **3.** Franchir une limite ou un obstacle : *Ces armes sont passées en fraude* (**SYN.** pénétrer). *Ces stores laissent passer la lumière* (**SYN.** s'infiltrer, percer, poindre). **4.** Couler au travers d'un filtre, d'un tamis : *Le café passe mal* (**SYN.** filtrer). **5.** Être digéré : *Mon dîner ne passe pas* (**SYN.** descendre). **6.** Être admis, accepté ; être adopté : *Cet enfant va passer en sixième.* **7.** Venir dans telle position : *Pour elle, la famille passe avant le travail* (= l'emporte sur ; **SYN.** primer sur). **8.** Aller d'un lieu dans un autre : *Veuillez passer dans la salle d'attente* (**SYN.** entrer). *Ne laissez passer que les personnes qui ont un carton d'invitation* (**SYN.** pénétrer, venir ; **CONTR.** sortir). *Ce colis ne passe pas dans la boîte aux lettres.* **9.** Changer d'état, de niveau : *Passer de l'état solide à l'état liquide. La température est passée de 20 °C à 30 °C en une après-midi.* **10.** (Avec un attribut). Être promu à telle fonction : *Il est enfin passé cadre* (**SYN.** devenir). **11.** En venir à : *Le suspect est passé aux aveux* (= a avoué). **12.** Se joindre à ; rejoindre le camp adverse : *L'ancien maire est passé à l'opposition* (**SYN.** rallier). **13.** Se transmettre à un autre possesseur : *À sa mort, ce manuscrit passera à sa fille* (**SYN.** aller, revenir). **14.** Se soumettre à ; subir : *Elle a dû passer une radio pour s'assurer que la rotule n'était pas déplacée.* **15.** Se produire en public ; être représenté, projeté : *Ce chanteur est passé plusieurs fois à l'Olympia. Cette publicité passe aux heures de grande écoute.* **16.** S'écouler, en parlant du temps : *Plusieurs années passèrent avant le rappel des exilés* (**SYN.** couler, filer). **17.** Avoir une durée limitée : *Sa colère passera vite* (**SYN.** cesser). *Avec ce cachet, votre mal de tête va passer* (**SYN.** disparaître, se dissiper, finir ; **CONTR.** durer). **18.** Perdre son éclat, en parlant d'une couleur : *Le vert du papier peint a passé* (**SYN.** se décolorer, se faner). **19.** *Vieilli* Faire saillie ; dépasser : *Son chemisier passe sous son gilet.* ▸ ***En passant,*** sans s'attarder : *Jetez un œil sur cette maison en passant.* ***Il faudra bien en passer par là,*** en venir à faire cela, s'y résoudre. ***Laisser passer,*** ne pas s'opposer à ; ne pas remarquer, ne pas corriger : *Ses parents laissent passer beaucoup de ses bêtises. Le correcteur a laissé passer une faute d'orthographe.* ***Ne pas passer,*** ne pas être admis, toléré : *Sa critique n'est pas passée.* ***Passer par,*** avoir à supporter : *Nous sommes passés par de graves difficultés avant de trouver du travail* (**SYN.** traverser). ***Passer pour,*** être considéré comme, avoir la réputation de : *Au travail, il passe pour un dilettante. Ses livres passent pour sérieux.* ***Passer sur,*** ne pas s'arrêter à : *Passons sur cette affaire et parlons de vos projets* (**SYN.** omettre). ***Y passer,*** subir une épreuve, un désagrément : *On ne peut pas imaginer comme c'est douloureux, tant qu'on n'y est pas passé* ; être dilapidé : *Toute sa paie y est passée* ; fam., mourir : *Il a bien failli y passer.* ◆ v.t. **1.** Aller au-delà d'une limite : *Ils ont passé la frontière sans encombre* (**SYN.** franchir, traverser). **2.** Subir un examen ; réussir à un examen : *Elle a passé le concours d'entrée à l'I.U.F.M.* **3.** Faire aller d'un lieu dans un autre : *Ce ferry passe aussi les camions* (**SYN.** transborder, transporter). *Ils passent des clandestins chaque nuit* (**SYN.** guider). **4.** Faire aller à travers un filtre : *Passer la sauce au chinois* (**SYN.** tamiser). *Passer le thé* (**SYN.** filtrer). **5.** Remettre, transmettre : *Peux-tu me passer ton stylo ?* (**SYN.** prêter). *Il m'a passé son rhume.* **6.** Laisser derrière soi ; dépasser : *Ce cheval a vite passé tous les autres* (**SYN.** devancer). **7.** Laisser de côté, volontairement ou non : *En recopiant le texte, vous avez passé une ligne* (**SYN.** omettre, oublier, sauter). **8.** (Sans compl.). À certains jeux, s'abstenir de jouer ou d'annoncer quand vient son tour : *Tous les joueurs de tarot ont passé.* **9.** Laisser s'écouler, employer du temps : *Ils passent leurs mercredis devant la télé. J'ai passé mes vacances à la montagne.* **10.** Admettre avec indulgence : *Ses parents lui passent tous ses caprices* (**SYN.** excuser ; **CONTR.** condamner, punir). **11.** Ternir une couleur : *Le soleil a passé le bleu des rideaux* (**SYN.** décolorer ; **CONTR.** colorer). **12.** Étendre sur une surface : *Passer une couche de vernis sur une table en chêne* (**SYN.** appliquer, mettre). **13.** Mettre sur soi : *Elle passa son manteau et sortit* (**SYN.** enfiler). **14.** Établir dans les formes légales ; dresser : *Passer une commande auprès d'un fournisseur* (**SYN.** conclure). **15.** Soumettre à l'action de ; exposer : *Passer des instruments à l'alcool pour les stériliser.* ▸ ***Passer au fil de l'épée,*** tuer, exécuter avec une épée. ◆ **se passer** v.pr. **1.** Avoir lieu ; arriver : *Cette histoire s'est passée il y a un siècle* (**SYN.** se dérouler). *Que s'est-il passé pour qu'elle change subitement d'attitude ?* (**SYN.** se produire). **2.** S'écouler, en parlant du temps : *Un mois s'est passé depuis ce drame.* **3. [de].** Ne pas avoir besoin de qqch ; le refuser : *Nous pouvons parfaitement nous passer de votre aide.* **4. [de].** Se priver de qqch, de qqn ; renoncer à faire qqch : *Elle ne peut pas se passer de café* (**SYN.** s'abstenir). *Les internes urgentistes ont dû se passer de dormir pendant deux jours* (**SYN.** se dispenser).

passereau ou **passériforme** n.m. (du lat. *passer, passeris*, moineau). Petit oiseau arboricole : *Le moineau, le merle, le rossignol et le corbeau sont des passereaux.*

passerelle n.f. **1.** Pont étroit réservé aux piétons : *Une passerelle va être construite au-dessus de la voie ferrée.* **2.** Escalier ou plan incliné mobile permettant l'accès à un avion, à un navire : *Les passagers montent par la passerelle d'embarquement.* **3.** Plate-forme située au-dessus du pont supérieur d'un navire et s'étendant sur toute sa largeur : *Le commandant est dans la passerelle.* **4.** *Fig.* Passage, communication entre plusieurs choses : *Ménager une passerelle entre plusieurs filières.*

passerose n.f. Autre nom de la *rose trémière.*

passe-temps n.m. inv. Occupation divertissante : *Les mots croisés sont leur passe-temps favori* (**SYN.** distraction).

passe-tout-grain n.m. inv. Vin de Bourgogne : *Ces passe-tout-grain ont obtenu un prix.*

passeur, euse n. **1.** Personne qui conduit un bac, un bateau pour traverser un cours d'eau. **2.** Personne qui fait passer une frontière clandestinement à qqn ou qui passe une marchandise en fraude. **3.** Dans les sports d'équipe, personne qui effectue une passe. **4.** Personne qui fait connaître, propage un savoir et sert d'intermédiaire entre les cultures, les générations.

passe-velours n.m. inv. Autre nom de l'*amarante.*

passe-vite n.m. inv. En Belgique et en Suisse, presse-purée.

passible adj. (lat. *passibilis,* de *passus,* ayant souffert). **[de].** Qui encourt une sanction ou qui peut entraîner son application : *Cet automobiliste est passible d'une amende. Un délit passible de deux ans de prison.*

① **passif, ive** adj. (du bas lat. *passivus,* susceptible de souffrir, de *pati,* souffrir). **1.** Qui subit sans réagir : *Comment le gouvernement peut-il rester passif devant de tels événements ?* (**SYN.** inactif ; **CONTR.** actif). **2.** Qui manque de dynamisme : *Cet enfant est passif* (**SYN.** amorphe, apathique ; **CONTR.** énergique). ▸ ***Défense passive,*** ensemble des moyens mis en œuvre en temps de guerre pour protéger les populations civiles. ***Voix passive,*** forme du verbe constituée, en français, de l'auxiliaire *être* et du participe passé du verbe actif, et qui présente l'action comme subie par le sujet (par opp. à voix active ; on dit aussi *le passif*) : *Dans la phrase « ce livre sera lu par des milliers de gens », « lire » est à la voix passive.*

② **passif** n.m. (de *1. passif*). **1.** Ensemble des dettes d'un particulier, d'une entreprise : *À combien le passif de la société s'élève-t-il ?* (**CONTR.** 2. actif, 2. avoir). **2.** En grammaire, voix passive (par opp. à l'actif) : *Dans « ils seront arrêtés par la police », « arrêter » est au passif.*

passiflore n.f. (du lat. *passio,* passion, et *flos, floris,* fleur). Plante tropicale au fruit comestible appelé *fruit de la Passion,* dite aussi *fleur de la Passion* à cause de la forme de sa fleur.

passim [pasim] adv. (mot lat. signif. « çà et là »). En de nombreux autres passages d'un livre : *Page vingt et passim.*

passing-shot [pasiŋʃɔt] n.m. (mot angl.) [pl. *passing-shots*]. Au tennis, balle rapide évitant un adversaire monté au filet.

passion n.f. (lat. *passio, passionis,* de *pati,* souffrir). **1.** Mouvement très vif qui pousse qqn vers ce qu'il désire ; amour ardent et durable inspiré par une personne : *La passion de la justice qui animait Victor Hugo* (**SYN.** culte). *Il a une passion pour cette actrice* (**SYN.** adoration, idolâtrie). **2.** Personne aimée : *Ce peintre a été la grande passion de sa vie* (**SYN.** amour). **3.** Inclination très vive pour qqch : *Il a la passion du modélisme* (**SYN.** engouement, folie). **4.** (Avec une majuscule). L'ensemble des événements de la vie de Jésus, de son arrestation à sa mort : *Une fresque représentant des épisodes de la Passion.* ▸ ***Fleur de la passion,*** passiflore. ***Fruit de la Passion,*** fruit comestible de certaines passiflores.

passionnant, e adj. Qui passionne : *Un reportage passionnant* (**SYN.** captivant, fascinant ; **CONTR.** inintéressant). *La finale a été passionnante* (**SYN.** exaltant, excitant).

passionné, e adj. et n. Qui est animé par la passion : *Un défenseur passionné de la liberté* (**SYN.** ardent ; **CONTR.** posé). *C'est une passionnée d'art contemporain* (**SYN.** féru, fou de). ◆ adj. Qui est marqué ou faussé par la passion : *Des déclarations passionnées* (**SYN.** fanatique ; **CONTR.** réfléchi).

passionnel, elle adj. **1.** Inspiré par la passion amoureuse : *Juger un crime passionnel.* **2.** Relatif à la passion, aux passions : *Les réactions passionnelles à une élection* (**SYN.** fanatique).

passionnellement adv. De manière passionnelle.

passionnément adv. Avec passion : *Ils aiment passionnément leurs enfants* (**SYN.** follement).

passionner v.t. [conj. 3]. **1.** Intéresser vivement : *Cette conférence nous a passionnés* (**SYN.** captiver ; **CONTR.** ennuyer). **2.** Donner un caractère animé, violent à : *Passionner une discussion* (**SYN.** enflammer, envenimer). ◆ **se passionner** v.pr. **[pour].** Prendre un intérêt très vif à : *Ces adolescents se sont passionnés pour le surf* (**SYN.** s'engouer de, s'enthousiasmer ; **CONTR.** se désintéresser de).

passivement adv. De façon passive : *Ils obéissent passivement à leur supérieur* (**SYN.** aveuglément).

passivité n.f. Attitude d'une personne passive : *La passivité de cet élève est décourageante* (**SYN.** apathie ; **CONTR.** dynamisme, énergie).

passoire n.f. **1.** Ustensile de cuisine percé de trous, qui sert à égoutter ou filtrer : *Mettre les pâtes dans une passoire.* **2.** *Fam.* Ce qui ne retient, ne contrôle rien : *Ce poste frontière est une passoire.*

pastel n.m. (it. *pastello,* du lat. *pastillum,* petit gâteau). **1.** Type de crayon de couleur en bâtonnet fait d'un matériau colorant aggloméré : *Il fait de très beaux portraits au pastel.* **2.** Dessin exécuté au pastel : *Elle a affiché ses pastels dans le salon.* ◆ adj. inv. Se dit de couleurs, de tons clairs et doux : *Un maquillage aux tons pastel. Des chemisiers bleu pastel.*

pastelliste n. Artiste qui travaille au pastel.

pastèque n.f. (port. *pateca,* de l'ar.). Plante cultivée pour son gros fruit à pulpe rouge très juteuse ; ce fruit : *Manger une tranche de pastèque* (**SYN.** melon d'eau).

pasteur n.m. (lat. *pastor,* de *pascere,* paître). **1.** Ministre du culte protestant : *Sa mère est pasteur.* **2.** *Litt.* Berger. ▸ ***Le Bon Pasteur,*** Jésus-Christ.

pasteurien, enne ou **pastorien, enne** adj. Relatif à Louis Pasteur, à ses théories. ◆ n. Chercheur de l'Institut Pasteur.

pasteurisation n.f. (du nom de Louis *Pasteur*). Stérilisation par chauffage de certains produits alimentaires, qui vise à détruire les micro-organismes ; conservation des aliments par ce procédé : *La pasteurisation du lait, du beurre, du cidre.*

pasteuriser v.t. [conj. 3]. Opérer la pasteurisation de.

pastiche n.m. (de l'it. *pasticcio,* pâté). Œuvre littéraire ou artistique où l'on imite le style d'un auteur : *Un pastiche d'une tragédie classique* (**SYN.** imitation).

pasticher v.t. [conj. 3]. Faire le pastiche d'un artiste, d'un écrivain : *Pasticher un poète* (**SYN.** copier).

pasticheur, euse n. Auteur de pastiches.

pastille [pastij] n.f. (esp. *pastilla,* du lat. *pastillum,* petit gâteau). **1.** Petit bonbon ou pilule médicamenteuse, de forme génér. ronde ; dragée, comprimé : *Sucer* *une pastille contre le mal de gorge.* **2.** Motif décoratif de forme ronde : *Un chemisier à pastilles bleues.*

pastis [pastis] n.m. (mot prov.). **1.** Boisson apéritive alcoolisée parfumée à l'anis, qui se boit étendue d'eau : *Il a pris un pastis.* **2.** *Fam.* Situation embrouillée, confuse : *Comment se sortir de ce pastis ?* (**SYN.** imbroglio, pataquès).

pastoral, e, aux adj. (du lat. *pastor*, berger). **1.** Qui évoque les bergers, la vie champêtre : *Une vie pastorale* (**SYN.** bucolique). **2.** Relatif au pastoralisme. **3.** Dans le christianisme, relatif à l'évêque : *L'anneau pastoral.*

pastorale n.f. Poème ou pièce de musique qui évoque la vie champêtre.

pastoralisme n.m. Mode d'élevage extensif fondé sur l'exploitation de la végétation naturelle dans les zones semi-arides.

pastorat n.m. Dans la religion protestante, dignité, fonction de pasteur ; durée de cette fonction.

pastorien, enne adj. → **pasteurien.**

pastoureau, elle n. *Litt.* Petit berger, petite bergère.

pastourelle n.f. *Litt.* Genre lyrique du Moyen Âge dans lequel une bergère dialogue avec un chevalier.

pat [pat] adj. inv. et n.m. (de l'it. *patta*, quitte, du lat. *pactum*, accord). Aux échecs, se dit du roi quand, seule pièce restant à jouer, il ne peut être déplacé sans être mis en échec : *Le pat rend la partie nulle.*

patache n.f. (de l'ar.). *Anc.* Diligence sans confort.

patachon n.m. (de *patache*). ▸ *Fam.* ***Mener une vie de patachon,*** mener une vie désordonnée, de débauche.

pataouète n.m. (déformation de *Bab el-Oued*, nom d'un quartier d'Alger). *Fam.* Parler populaire des Français d'Algérie.

pataphysique n.f. Terme créé par Alfred Jarry pour désigner la « science des solutions imaginaires » : *Ubu est un expert en pataphysique.* ◆ adj. Qui concerne la pataphysique.

patapouf n.m. *Fam.* Enfant, homme lourd et gauche.

pataquès [patakεs] n.m. (de la phrase plaisante *je ne sais pas-t-à qui est-ce*). **1.** Faute de liaison qui consiste à prononcer un *t* pour un *s*, ou vice versa, ou à confondre deux lettres : *Dire « ils vont-z-à la plage » constitue un pataquès.* **2.** Discours confus, inintelligible ; situation embrouillée : *Comprenez-vous quelque chose à ce pataquès ?* (**SYN.** galimatias).

patate n.f. (esp. *batata*, de l'arawak). **1.** Plante tropicale cultivée pour son tubercule comestible ; ce tubercule (on dit aussi *patate douce*). **2.** *Fam.* Pomme de terre : *Faire cuire des patates.* **3.** *Fam.* Personne stupide. ▸ *Fam.* ***En avoir gros sur la patate,*** éprouver un vif ressentiment ou une profonde tristesse : *J'en ai gros sur la patate.* *Fam.* ***Patate chaude,*** problème embarrassant que personne ne veut régler et que chacun essaie de faire résoudre par un autre.

patati patata loc. adv. *Fam.* Évoque ou résume de longs bavardages, ou des paroles que l'on peut deviner : *Tout va très bien, c'est merveilleux et patati, et patata !*

patatoïde n.m. Surface au contour irrégulier dont la forme évoque la section longitudinale d'une pomme de terre.

patatras [patatra] interj. Exprime le bruit d'une chose qui tombe avec fracas.

pataud, e n. et adj. (de *1. patte*). *Fam.* Personne lourde, lente et maladroite (**SYN.** balourd, lourdaud).

Pataugas [patogas] n.m. (nom déposé). Chaussure montante de forte toile, utilisée notamm. pour la randonnée.

pataugeoire n.f. Bassin peu profond réservé à la baignade des enfants, dans une piscine.

patauger v.i. (de *1. patte*) [conj. 17]. **1.** Marcher péniblement sur un sol détrempé : *Les sauveteurs pataugeaient dans la boue.* **2.** *Fig., fam.* S'embrouiller : *Elle a pataugé dans la traduction de ce texte* (**SYN.** s'empêtrer, s'enferrer).

patch n.m. (mot angl.). **1.** En médecine, timbre : *Des patchs pour arrêter de fumer.* **2.** En chirurgie, élément servant à obturer (**SYN.** pièce).

patchouli n.m. (angl. *patchleaf*). Plante originaire des régions tropicales, dont on extrait un parfum ; ce parfum.

patchwork [patʃwœrk] n.m. (mot angl., de *patch*, pièce, et *work*, travail). **1.** Ouvrage fait de morceaux de tissu de couleurs différentes, cousus les uns aux autres : *Des patchworks recouvrent tous les lits de la maison.* **2.** *Fig.* Ensemble formé d'éléments hétérogènes : *Ce projet de loi est un patchwork de propositions* (**SYN.** mosaïque).

pâte n.f. (bas lat. *pasta*, du gr. *pastê*, sauce mêlée de farine). **1.** Préparation à base de farine délayée et destinée à être consommée cuite : *Laisser reposer une pâte à pain. Préparer une pâte brisée pour faire une tarte.* **2.** Préparation de consistance intermédiaire entre le liquide et le solide, et destinée à des usages divers : *Des dattes fourrées à la pâte d'amandes. Les enfants font des figurines en pâte à modeler.* **3.** Constitution, tempérament d'une personne : *Il est d'une pâte à vivre très longtemps.* **4.** Produit de la transformation du caillé, constituant le fromage : *Un fromage à pâte cuite, à pâte molle.* ☞ **REM.** Ne pas confondre avec *une patte.* ▸ ***Pâte à bois,*** mastic de colle forte et de sciure de bois, qui sert à boucher les fentes d'une pièce de bois (**SYN.** futée). ***Pâte à papier,*** matière fibreuse d'origine végétale servant à la fabrication du papier. *Fam.* ***Une bonne pâte,*** une personne de caractère facile. ◆ **pâtes** n.f. pl. Petits morceaux de pâte de semoule de blé dur se présentant sous des formes variées (on dit aussi *pâtes alimentaires*) : *Les vermicelles, les nouilles, les spaghettis sont des pâtes.*

pâté n.m. **1.** Préparation à base de hachis de viande ou de poisson, cuite dans une terrine et servie froide : *Du pâté de campagne. Un pâté en croûte* (= enrobé de pâte feuilletée). **2.** Petit tas de sable humide moulé que les enfants confectionnent par jeu. **3.** *Fam.* Tache d'encre sur du papier : *Elle fait des pâtés quand elle écrit avec ce stylo.* ▸ ***Pâté de maisons,*** groupe de maisons isolé par des rues ; îlot. ***Pâté impérial,*** dans la cuisine chinoise, petite crêpe roulée, farcie de divers ingrédients et frite.

pâtée n.f. **1.** Mélange d'aliments réduits en pâte, avec lequel on nourrit les animaux domestiques : *Le chat réclame sa pâtée.* **2.** *Fam.* Défaite écrasante : *L'équipe a pris la pâtée.* **3.** *Fam.* Correction que l'on reçoit de qqn ; volée de coups.

① **patelin** n.m. (forme dial. de *pâtis*). *Fam.* Village : *Combien y a-t-il d'habitants dans ce patelin ?* (**SYN.** localité).

② **patelin, e** adj. et n. (de Maître *Pathelin,* nom d'un personnage dans une farce). *Litt.* D'une douceur hypocrite : *Il la remercia d'un ton patelin* (**SYN.** doucereux, mielleux).

patelle n.f. (du lat. *patella,* petit plat). Mollusque comestible à coquille conique, aussi appelé *bernique* ou *chapeau chinois.*

patène n.f. (du lat. *patena,* plat). Petit plat rond destiné à recevoir l'hostie pendant la messe.

patenôtre [patnotr] n.f. (du lat. *Pater noster,* Notre Père). Prière ou suite de prières : *De longues patenôtres.*

patent, e adj. (du lat. *patens, patentis,* ouvert, évident). Qui apparaît avec évidence : *Cette politique a abouti à un échec patent* (**SYN.** incontestable, indéniable). *Il est patent que vous ne maîtrisez pas votre sujet* (**SYN.** manifeste). ▸ ***Lettres patentes,*** dans la France de l'Ancien Régime, lettres notifiant une décision royale.

patente n.f. (de [*lettres*] *patentes,* par ellipse). **1.** Ancien nom de la taxe professionnelle. **2.** *Fam.* Au Québec, objet quelconque ; invention, procédé ingénieux.

patenté, e adj. **1.** *Anc.* Se disait d'un commerçant qui était assujetti à une patente. **2.** *Fam.* Qui a le monopole de telle activité ; attitré : *L'adversaire patenté de la mondialisation.*

patenter v.t. [conj. 3]. *Fam.* Au Québec, réparer sommairement.

patenteux, euse adj. et n. *Fam.* Au Québec, se dit d'un bricoleur souvent ingénieux.

Pater [patɛr] n.m. inv. (mot lat. signif. « père »). Prière en latin qui commence par les mots *Pater noster* : *Réciter des Pater.*

patère n.f. (du lat. *patera,* coupe). **1.** Support fixé à un mur pour accrocher des vêtements, pour soutenir des rideaux : *Accrocher son peignoir à une patère* (**SYN.** portemanteau). **2.** Dans l'Antiquité, coupe à boire évasée et peu profonde.

paterfamilias [patɛrfamiljas] n.m. **1.** (Par plaisanterie). Père autoritaire. **2.** Dans l'Antiquité romaine, chef de famille.

paternalisme n.m. Attitude marquée de bienveillance condescendante d'un supérieur envers son personnel.

paternaliste adj. et n. Relatif au paternalisme ; qui fait preuve de paternalisme : *Un chef de service paternaliste.*

paterne adj. (du lat. *paternus,* paternel). *Litt.* D'une bienveillance doucereuse : *Un examinateur paterne.*

paternel, elle adj. **1.** Propre au père (par opp. à maternel) : *L'autorité paternelle.* **2.** Relatif au père ; qui est du côté du père : *Sa grand-mère paternelle était danseuse.* **3.** Qui évoque un père par son affectueuse sollicitude : *Son ton paternel les mit en confiance* (**SYN.** bienveillant). ◆ **paternel** n.m. *Fam.* Père : *Il craint son paternel.*

paternellement adv. En père ; comme un père : *Il aime ses neveux paternellement* (= à la manière d'un père).

paternité n.f. **1.** État, qualité de père (par opp. à maternité) : *Un congé de paternité. Faire une recherche de paternité.* **2.** Qualité d'auteur, d'inventeur : *Ce chercheur revendique la paternité de cette découverte.*

pâteux, euse adj. Qui a la consistance molle d'une pâte : *Cette sauce est trop pâteuse* (**SYN.** épais ; **CONTR.** fluide). ▸ ***Avoir la bouche*** ou ***la langue pâteuse,*** comme encombrée d'une salive épaisse. ***Voix pâteuse,*** qui manque de netteté ; indistincte.

pathétique adj. (du gr. *pathêtikos,* émouvant). Qui émeut profondément : *Le récit de cette mère à la recherche de son fils est pathétique* (**SYN.** bouleversant, poignant). ◆ n.m. Caractère de ce qui est pathétique : *Le pathétique de la scène finale de « Roméo et Juliette ».*

pathétiquement adv. De façon pathétique.

pathogène adj. (du gr. *pathos,* maladie, et *gennân,* engendrer). Qui provoque une maladie : *L'agent pathogène de la grippe.*

pathogenèse ou **pathogénie** n.f. Étude de l'origine des maladies.

pathogénique adj. Relatif à la pathogenèse.

pathologie n.f. **1.** Étude des maladies, de leurs causes et de leurs symptômes. **2.** Ensemble des manifestations d'une maladie : *La pathologie de la tuberculose.*

pathologique adj. **1.** Qui tient de la pathologie ; maladif : *Il a une peur pathologique de la foule* (**SYN.** morbide). **2.** Qui concerne l'étude des maladies.

pathologiquement adv. **1.** De façon pathologique ; anormalement : *Elle redoute pathologiquement l'orage* (**SYN.** maladivement). **2.** Du point de vue de la pathologie.

pathologiste n. Médecin spécialiste de pathologie.

pathos [patos] n.m. (mot gr. signif. « passion, souffrance »). Recherche outrée d'effets de style dramatiques : *Le reportage montre sans pathos la vie de ces malades* (**SYN.** sentimentalisme).

patibulaire adj. (du lat. *patibulum,* gibet). Qui inspire de la méfiance par son caractère sinistre, inquiétant : *Certains avaient des visages patibulaires.*

patiemment [pasjamɑ̃] adv. Avec patience : *Elle attendait patiemment l'autobus* (**CONTR.** impatiemment).

patience [pasjɑ̃s] n.f. (lat. *patientia,* de *pati,* supporter, souffrir). **1.** Aptitude à supporter les désagréments de l'existence : *Il endurait les remontrances de son supérieur avec patience* (**SYN.** résignation, stoïcisme ; **CONTR.** indignation, révolte). **2.** Qualité de qqn qui peut attendre longtemps sans irritation ni lassitude : *Ce pêcheur a beaucoup de patience* (**SYN.** placidité ; **CONTR.** impatience). **3.** Constance dans l'effort : *La patience d'une dentellière* (**SYN.** persévérance, ténacité ; **CONTR.** instabilité, versatilité). **4.** Jeu de cartes auquel on joue en solitaire : *Le malade faisait des patiences pour s'occuper* (**SYN.** réussite). ▸ ***Patience !,*** s'emploie pour exhorter au calme, ou comme formule de menace. ***Perdre patience,*** ne plus supporter d'attendre, de subir ; s'impatienter. ***Prendre son mal en patience,*** s'efforcer de supporter un désagrément sans se plaindre : *Vous devez prendre votre mal en patience, la rééducation prend du temps.*

① **patient, e** [pasjɑ̃, ɑ̃t] adj. Qui a de la patience : *Il faut être très patient dans tous ces embouteillages* (**SYN.** flegmatique ; **CONTR.** impatient, impétueux). *Sa thèse de doctorat est le résultat d'un patient travail* (**SYN.** assidu, persévérant ; **CONTR.** hâtif, précipité).

② **patient, e** [pasjɑ̃, ɑ̃t] n. Personne qui consulte un médecin, subit un traitement : *Le médecin a prescrit un nouveau médicament à son patient* (**SYN.** client, malade).

patienter [pasjɑ̃te] v.i. [conj. 3]. Prendre patience ; attendre patiemment : *Puis-je vous offrir l'apéritif pour patienter ?* (**CONTR.** s'impatienter). *Toutes nos lignes téléphoniques sont occupées, veuillez patienter.*

patin n.m. (de *1. patte*). **1.** Pièce de tissu sur laquelle on pose le pied pour se déplacer sur un parquet sans l'abîmer. **2.** Dans une machine, un mécanisme, organe mobile venant frotter sur une surface, soit pour le guidage, soit pour le freinage : *Changer le patin de frein d'un vélo.* ▸ ***Patin à glace,*** dispositif constitué d'une lame fixée sous une chaussure pour glisser sur la glace. ***Patin à roulettes,*** dispositif monté sur quatre roulettes et qui s'adapte à la chaussure au moyen de lanières, ou qui est fixé directement à une chaussure spéciale ; roller, quad.

① **patinage** n.m. (de *1. patiner*). **1.** Pratique du patin à glace, du patin à roulettes : *Un gala de patinage artistique.* **2.** Rotation sans entraînement des roues motrices d'un véhicule, par suite d'une adhérence insuffisante : *Le patinage des roues d'une moto sur du verglas* (**SYN.** dérapage).

② **patinage** n.m. (de *2. patiner*). Action de donner une patine artificielle ; fait de se patiner : *Faire le patinage d'un chandelier.*

patine n.f. (it. *patina*). Coloration que prennent certains objets avec le temps : *L'horloge a pris une belle patine.*

① **patiner** v.i. (de *1. patte*) [conj. 3]. **1.** Glisser, avancer avec des patins à glace ou à roulettes : *Ils patinent sur les quais de la Seine.* **2.** Glisser par manque d'adhérence : *La voiture patine sur la neige durcie* (**SYN.** chasser, déraper). **3.** Au Québec, tergiverser, louvoyer.

② **patiner** v.t. (de *patine*) [conj. 3]. Donner une patine : *Patiner des bibelots.* ◆ **se patiner** v.pr. Prendre une patine.

patinette n.f. (de *1. patiner*). Trottinette.

patineur, euse n. Personne qui pratique le patinage : *Ce couple de patineurs a eu une médaille aux jeux Olympiques d'hiver.*

patinoire n.f. **1.** Lieu aménagé pour le patinage sur glace. **2.** Surface très glissante : *Le trottoir verglacé est une patinoire.*

patio [patjo ou pasjo] n.m. (mot esp.). Cour intérieure d'une maison : *Des patios fleuris.*

pâtir v.i. (du lat. *pati,* supporter, souffrir) [conj. 32]. Subir un dommage à cause de : *Les salariés pâtissent des restrictions budgétaires* (**CONTR.** profiter). *Cet hortensia pâtit de ne pas avoir été arrosé pendant deux semaines* (**SYN.** souffrir).

pâtis [pati] n.m. (du lat. *pastus,* pâture). Lande ou friche où l'on fait paître le bétail.

pâtisser v.t. [conj. 3]. Travailler une pâte : *Pâtisser une pâte feuilletée.*

pâtisserie n.f. **1.** Préparation, sucrée ou salée, de pâte travaillée, garnie et cuite au four : *Elle aime faire de la pâtisserie.* **2.** Aliment à base de pâte sucrée : *Il a acheté des pâtisseries pour le dessert* (**SYN.** gâteau). **3.** Profession, commerce de pâtissier. **4.** Boutique où l'on vend des pâtisseries.

pâtissier, ère n. Personne qui confectionne ou qui vend de la pâtisserie. ◆ **pâtissière** adj.f. ▸ ***Crème pâtissière,*** pour garnir certaines pâtisseries (choux, éclairs, etc.).

pâtisson n.m. (mot prov., de l'anc. fr. *pastitz,* pâté). Courge d'une variété dont le fruit est aussi appelé *artichaut d'Espagne* ou *d'Israël* ou *bonnet-de-prêtre.*

patois n.m. Parler propre à une région rurale : *Le patois d'Auvergne, savoyard.*

patoisant, e adj. et n. Qui s'exprime en patois.

pâton n.m. Morceau de pâte à pain mis en forme avant la cuisson.

patraque adj. (du prov. *patraco,* monnaie usée, de l'esp.). *Fam.* Qui est un peu fatigué ou souffrant : *Je me sens patraque* (**SYN.** indisposé ; **CONTR.** dispos).

pâtre n.m. (lat. *pastor*). *Litt.* Berger : *Le pâtre s'abrita dans sa cabane* (**SYN.** pasteur [litt.]).

patriarcal, e, aux adj. **1.** Qui concerne les patriarches de la Bible. **2.** En sociologie, qui concerne le patriarcat (par opp. à matriarcal) : *Une société patriarcale.*

patriarcat n.m. **1.** Dans le christianisme, dignité, fonction de patriarche ; territoire sur lequel s'exerce la juridiction d'un patriarche. **2.** Organisation sociale dans laquelle l'autorité du père est prépondérante (par opp. à matriarcat).

patriarche n.m. (du gr. *patriarkhês,* chef de famille). **1.** Évêque de certaines Églises chrétiennes d'Orient. **2.** Dans la Bible, grand ancêtre de l'humanité et du peuple d'Israël. **3.** *Litt.* Vieillard respectable, qui vit entouré d'une nombreuse famille.

patriciat n.m. Dignité de patricien ; ensemble des patriciens.

patricien, enne n. (lat. *patricius,* de *pater, patris,* père, chef de famille). Dans l'Antiquité romaine, citoyen appartenant à la classe aristocratique (par opp. à plébéien).

patriclan n.m. En anthropologie, clan fondé sur l'ascendance paternelle (par opp. à matriclan).

patrie n.f. (du lat. *patria,* pays du père). **1.** Communauté politique d'individus vivant sur le même sol ; pays habité par une telle communauté : *Ce monument a été créé en l'honneur des soldats morts pour la patrie.* **2.** Pays, province, ville d'origine d'une personne : *Mâcon est la patrie de Lamartine.* ▸ ***La patrie de,*** le pays, l'endroit où l'on rencontre en grand nombre certaines personnes, certaines choses : *Le Brésil, la patrie de la samba.*

patrilinéaire adj. En anthropologie, se dit d'un mode de filiation ou d'organisation sociale qui ne prend en compte que l'ascendance paternelle (par opp. à matrilinéaire).

patrimoine n.m. (lat. *patrimonium,* de *pater, patris,* père). **1.** Ensemble des biens hérités du père et de la mère : *Ils n'ont pas su conserver le patrimoine de leurs parents* (**SYN.** fortune, succession). **2.** Héritage commun d'une collectivité : *Cette œuvre fait partie du patrimoine culturel de notre pays.* ▸ ***Patrimoine génétique*** ou ***héréditaire,*** ensemble des caractères héréditaires d'un individu ; génome.

patrimonial, e, aux adj. Relatif à un patrimoine : *Les biens patrimoniaux d'une région.*

patriote adj. et n. Qui aime sa patrie : *Un ministre très patriote. Des patriotes résistèrent à l'occupant.*

patriotique adj. Qui exprime le patriotisme : *Un discours patriotique.*

patriotisme n.m. Amour de la patrie.

patristique ou **patrologie** n.f. Étude de la vie et de la doctrine des Pères de l'Église.

① **patron, onne** n. (du lat. *patronus,* avocat, de *pater, patris,* père). **1.** Chef d'une entreprise ; employeur, par rapport à ses employés : *Le patron de cette usine est très dynamique* (**SYN.** directeur). *Le vendeur demande une semaine de congés à sa patronne.* **2.** Professeur de médecine ; personne qui dirige un service hospitalier. **3.** Professeur, maître qui dirige un travail de recherche : *Son patron de thèse lui a suggéré de modifier son plan.* **4.** Commandant d'un bateau de pêche. **5.** Saint, sainte dont on porte le nom ou qui sont désignés comme protecteurs d'une ville, d'une corporation : *Sainte Cécile est la patronne des musiciens.*

② **patron** n.m. (de *1. patron*). Modèle en tissu, en papier fort, etc., d'après lequel on taille un vêtement. ▸ ***Tailles demi-patron, patron, grand patron,*** dans l'industrie vestimentaire, chacune des trois tailles masculines, désignées aussi par les chiffres 3, 4 et 5.

patronage n.m. **1.** Appui, soutien accordé par un personnage influent, par un organisme : *Un Salon organisé sous le patronage du conseil général* (**SYN.** égide [litt.], parrainage). **2.** Protection d'un saint : *Une église placée sous le patronage de saint Michel.* **3.** Organisation qui veille sur les enfants en organisant leurs loisirs pendant les congés ; siège d'une telle organisation : *Le patronage laïque, paroissial.*

patronal, e, aux adj. **1.** Relatif au patronat : *Il est membre d'un syndicat patronal.* **2.** Relatif à un saint patron : *Le village organise une fête patronale.*

patronat n.m. Ensemble des patrons, des chefs d'entreprise (par opp. à salariat) : *Le patronat engage la négociation.*

patronner v.t. [conj. 3]. Donner son soutien, son patronage à : *La ministre patronne cette exposition* (**SYN.** parrainer).

patronnesse adj.f. ▸ *Vieilli* ***Dame patronnesse,*** femme qui patronne une œuvre de bienfaisance.

patronyme n.m. Nom de famille (par opp. à prénom) : *Son patronyme est peu courant.*

patronymique adj. (du gr. *patrônumikos,* de *patêr, patros,* père, et *onoma,* nom). ▸ ***Nom patronymique,*** patronyme ; nom commun à tous les descendants d'un même ancêtre illustre : *« Capétien » est le nom patronymique des descendants d'Hugues Capet.*

patrouille n.f. (de l'anc. fr. *patrouiller,* patauger dans la boue). Mission de surveillance confiée à une petite formation militaire ou policière ; cette formation elle-même : *Une patrouille est partie en repérage* (**SYN.** détachement).

patrouiller v.i. [conj. 3]. Effectuer une patrouille ; aller en patrouille : *Des policiers patrouillent dans le métro.*

patrouilleur n.m. **1.** Membre d'une patrouille militaire. **2.** Avion, navire de guerre conçu pour les patrouilles.

① **patte** n.f. **1.** Membre ou appendice des animaux supportant le corps et assurant la marche : *Le chat fait patte de velours. Les pattes palmées du canard.* **2.** *Fam.* Pied ; jambe : *Après cette longue marche, j'avais mal aux pattes.* **3.** Habileté de la main particulière à un artiste, à un artisan : *On reconnaît la patte du sculpteur dans cette œuvre.* **4.** Languette de cuir ou d'étoffe servant à fermer, à décorer un vêtement : *Les pattes d'un bonnet.* **5.** (Surtout au pl.). Cheveux qu'un homme laisse pousser en avant de l'oreille ; favoris : *Ses pattes commencent à blanchir.* ☞ **REM.** Ne pas confondre avec *une pâte.* ▸ *Fam.* ***Coup de patte,*** critique, trait malveillants lancés à qqn. ***Marcher à quatre pattes,*** marcher sur les mains et les genoux : *Le bébé marche à quatre pattes.* ***Montrer patte blanche,*** présenter toutes les garanties nécessaires pour être admis quelque part : *Il faut montrer patte blanche pour pouvoir entrer dans ce club.* ***Pantalon à pattes d'éléphant,*** dont les jambes s'évasent du genou aux chevilles. *Fam.* ***Retomber sur ses pattes,*** sortir sans dommage d'un mauvais pas. *Fam.* ***Tirer dans les pattes de*** ou ***à qqn,*** lui causer sournoisement des difficultés. *Fam.* ***Tomber sous la patte de qqn,*** se trouver à sa merci : *Elle est tombée sous la patte de ce gourou.*

② **patte** n.f. (du germ. *paita,* vêtement). En Suisse, chiffon, torchon.

patte-d'oie n.f. (pl. *pattes-d'oie*). **1.** Carrefour où une voie se divise en plusieurs autres. **2.** Rides divergentes à l'angle externe de l'œil : *Ses pattes-d'oie lui donnent un certain charme.*

pattemouille n.f. Linge mouillé que l'on utilise pour repasser du linge : *Il repasse sa veste à la pattemouille.*

pattern [patərn ou patɛrn] n.m. (mot angl. signif. « modèle »). En sciences humaines, modèle simplifié de la structure d'un comportement individuel ou collectif.

pattier n.m. ▸ ***Jurer comme un pattier,*** en Suisse, jurer comme un charretier.

pattu, e adj. Se dit d'un animal qui a de grosses pattes : *Le terre-neuve est pattu.*

pâturage n.m. **1.** Lieu où le bétail pâture (**SYN.** herbage, pacage, pâture). **2.** Action de faire pâturer le bétail : *« Labourage et pâturage sont les deux mamelles dont la France est alimentée »* [Sully].

pâture n.f. (bas lat. *pastura,* de *pascere,* paître). **1.** Nourriture des animaux : *« Aux petits des oiseaux il* [Dieu] *donne leur pâture »* [Racine]. **2.** Action de pâturer ; lieu où l'on fait paître le bétail : *Mener les vaches à la pâture* (**SYN.** herbage, pacage, pâturage). **3.** *Fig., litt.* Ce qui alimente un besoin, un désir, une passion : *Il trouve sa pâture dans la poésie contemporaine.* ▸ ***Jeter*** ou ***livrer en pâture,*** abandonner qqn ou qqch à l'action d'autrui : *Livrer un fait divers en pâture aux journalistes.*

pâturer v.t. et v.i. [conj. 3]. En parlant d'un animal, paître.

paturon n.m. (de l'anc. fr. *empasturer,* entraver, du

lat. *pastoria*, corde de pâtre). Partie du bas de la jambe du cheval.

pauchouse n.f. → **pochouse.**

paulownia [polɔnja] n.m. (de Anna *Paulowna*, fille du tsar Paul Ier). Arbre ornemental à fleurs mauves odorantes.

paume n.f. (lat. *palma*). **1.** Intérieur de la main, entre le poignet et les doigts : *Elle prit un peu d'eau dans sa paume et la but.* **2.** Jeu où l'on se renvoie une balle avec une raquette.

paumé, e adj. et n. *Fam.* Déprimé, dépassé par les événements : *Il s'est senti paumé lors du passage à l'euro.*

paumelle n.f. (de *paume*). Ferrure double qui permet le pivotement d'une porte, d'une fenêtre.

paumer v.t. [conj. 3]. *Fam.* Perdre, égarer : *Elle a paumé ses clefs !* (**CONTR.** retrouver). ◆ **se paumer** v.pr. *Fam.* Perdre son chemin : *Nous nous sommes paumés en forêt* (**SYN.** s'égarer).

paupérisation n.f. Appauvrissement progressif et continu d'une population.

paupériser v.t. [conj. 3]. Frapper de paupérisation : *Cette crise risque de paupériser le pays.*

paupérisme n.m. (angl. *pauperism*, du lat. *pauper*, pauvre). État de pauvreté d'une population.

paupière n.f. (lat. *palpebra*). Chacune des deux membranes de peau mobile qui protègent l'œil : *Il ferma les paupières et s'endormit.*

paupiette n.f. (de l'anc. fr. *poupe*, partie charnue). Mince tranche de viande roulée autour d'une farce, et braisée.

pause n.f. (lat. *pausa*, du gr.). **1.** Arrêt momentané d'une activité, qui permet de se reposer : *Faire une pause de cinq minutes pendant une réunion* (**SYN.** interruption). **2.** Suspension dans le déroulement d'un processus : *Ils ont décidé de marquer une pause dans les négociations.* **3.** En musique, silence dont la durée correspond à celle d'une mesure ; signe qui note ce silence. ☞ **REM.** Ne pas confondre avec *une pose.* ▸ ***Faire les pauses,*** en Belgique, travailler en équipes par roulement.

pause-café n.f. (pl. *pauses-café*). *Fam.* Pause que l'on fait pour prendre le café : *Elle a fait trois pauses-café aujourd'hui.*

pause-carrière n.f. (pl. *pauses-carrière*). En Belgique, année sabbatique durant laquelle le salarié perçoit une rémunération réduite.

pauser v.i. [conj. 3]. En musique, faire une pause. ☞ **REM.** Ne pas confondre avec *poser.* ▸ *Région.* ***Faire pauser qqn,*** le faire attendre.

pauvre adj. et n. (lat. *pauper*). Qui a peu de ressources, de biens, d'argent : *Ses parents sont pauvres* (**SYN.** indigent, nécessiteux ; **CONTR.** aisé, fortuné, riche). *Les plus pauvres ont droit à une aide de la mairie* (**SYN.** démuni, miséreux). ▸ ***La part du pauvre,*** celle qui était mise de côté, à table, pour la venue éventuelle d'un pauvre. ◆ adj. **1.** Qui dénote le manque d'argent : *Elle portait de pauvres vêtements* (**SYN.** misérable). **2.** (Avant le n.). Qui attire la pitié, la compassion : *Cette pauvre femme a perdu son mari* (**SYN.** infortuné [litt.], malheureux). **3.** Qui n'a pas l'abondance voulue ; insuffisant : *L'imagination de ce chanteur est assez pauvre* (**SYN.** médiocre, réduit ; **CONTR.** riche). **4.** Qui produit peu ; qui est peu fécond : *Une terre pauvre* (**SYN.** improductif, infertile [litt.], stérile ; **CONTR.** productif). **5.** (Avant le n.). *Péjor.* Qui inspire le mépris : *Vous n'êtes qu'un pauvre envieux* (**SYN.** lamentable, minable). ▸ ***Pauvre en,*** qui contient peu de ; qui manque de : *Un légume pauvre en fer.*

pauvrement adv. De façon pauvre : *Ils vivent pauvrement* (**SYN.** misérablement ; **CONTR.** richement). *Un livre pour enfants pauvrement illustré* (**SYN.** insuffisamment).

pauvresse n.f. *Vieilli* Femme sans ressources ; miséreuse.

pauvret, ette n. et adj. *Fam.* Enfant qui inspire la pitié : *La pauvrette n'a eu aucun cadeau à Noël.*

pauvreté n.f. **1.** Manque d'argent, de ressources ; état d'une personne pauvre : *Depuis le début de la guerre civile, ils vivent dans la pauvreté* (**SYN.** indigence ; **CONTR.** aisance, richesse). *Cette banqueroute l'a réduite à la pauvreté* (**SYN.** misère ; **CONTR.** prospérité). **2.** État de qqch qui est pauvre : *La pauvreté d'un terrain* (**SYN.** aridité ; **CONTR.** fertilité). *La pauvreté de son style* (**SYN.** médiocrité, platitude).

pavage n.m. **1.** Action de paver un sol. **2.** Revêtement d'un sol, constitué de pavés (**SYN.** dallage, pavé, pavement).

pavane n.f. (de l'it. *pavana*, danse de Padoue). Danse lente et solennelle des XVIe et XVIIe siècles.

se **pavaner** v.pr. [conj. 3]. Marcher en prenant des poses avantageuses : *Ils se pavanent devant les filles* (**SYN.** parader).

pavé n.m. **1.** Bloc de pierre, génér. de forme cubique, utilisé pour le revêtement de certaines voies : *Il buta contre un pavé qui faisait saillie.* **2.** Revêtement formé de tels blocs : *Elle n'aime pas rouler à vélo sur le pavé* (**SYN.** pavage, pavement). **3.** Dans un journal, texte souvent publicitaire, de grandes dimensions, distingué du reste de la publication par un encadré, une typographie particulière, etc. **4.** Bifteck très épais : *Il commanda un pavé saignant.* **5.** Mode d'apprêt d'une substance alimentaire présentant la forme d'un pavé : *Manger un pavé au chocolat.* **6.** *Fam.* Livre très épais ; texte trop long et mal rédigé : *Elle n'a pas réussi à lire ce pavé jusqu'au bout.* ▸ ***Être sur le pavé,*** être sans domicile, sans emploi. ***Le pavé de l'ours,*** maladresse monumentale qui enfonce la personne qu'on voulait aider. ***Pavé numérique,*** sur un clavier d'ordinateur, ensemble distinct de touches numériques et de touches d'opérations. ***Tenir le haut du pavé,*** tenir le premier rang, être en vue : *Ce jeune couturier tient maintenant le haut du pavé.* ***Un pavé dans la mare,*** une vérité, une révélation brutale, qui jette la perturbation : *La révélation de l'implication du ministre a été un pavé dans la mare.*

pavement n.m. Sol de dalles, de carreaux, de mosaïque : *Le pavement des pièces d'un château* (**SYN.** dallage, pavage).

paver v.t. (du lat. *pavire*, niveler) [conj. 3]. Revêtir un sol de pavés : *Paver une allée.*

paveur n.m. Ouvrier qui réalise un pavage.

pavillon n.m. (du lat. *papilio, papilionis*, papillon). **1.** Maison particulière de petites ou de moyennes dimensions ; villa : *Ils cherchent un pavillon avec un* *grand jardin.* **2.** Petit bâtiment isolé : *Un pavillon de chasse.* **3.** L'une des trois enceintes d'un champ de courses (par opp. à pesage et à pelouse). **4.** Partie extérieure visible de l'oreille où s'ouvre le conduit auditif. **5.** Extrémité évasée d'un instrument de musique à vent : *Le pavillon d'une trompette.* **6.** Dans la marine, drapeau : *Le navire espagnol hissa son pavillon.* ▸ *Sout.* ***Baisser pavillon,*** s'avouer vaincu ; renoncer, céder : *Il dut baisser pavillon devant son adversaire.*

pavillonnaire adj. Qui est formé de pavillons d'habitation : *Elle distribue le courrier dans la zone pavillonnaire.*

pavlovien, enne adj. Relatif à Pavlov ; relatif aux expériences, aux théories de Pavlov : *Un réflexe pavlovien.*

pavois n.m. (de l'it. *pavese,* de Pavie). **1.** Partie de la coque d'un navire située au-dessus du pont. **2.** Ornementation de fête des navires. **3.** Grand bouclier des Francs. ▸ *Litt.* ***Élever*** ou ***hisser sur le pavois,*** mettre à l'honneur ; exalter : *Pendant la cérémonie, ce grand comédien a été élevé sur le pavois.*

pavoiser v.t. [conj. 3]. Orner de pavillons, de drapeaux : *Pavoiser l'hôtel de ville le jour de la fête nationale.* ◆ v.i. *Fam.* Manifester une grande joie : *Depuis son élection, il pavoise.*

pavot n.m. (lat. *papaver*). Plante dont une variété fournit l'opium.

payable [pejabl] adj. Qui peut ou qui doit être payé : *Un lave-linge payable en quatre fois sans frais.*

payant, e [pejɑ̃, ɑ̃t] adj. **1.** Qui paie : *Des visiteurs payants.* **2.** Que l'on paie : *L'entrée de la discothèque est payante* (**CONTR.** gratuit). **3.** *Fam.* Qui rapporte de l'argent ou produit l'effet recherché : *Ses recherches ont été payantes* (**SYN.** profitable).

paye [pɛj] n.f. → **paie.**

payement [pɛmɑ̃] n.m. → **paiement.**

payer [pɛje] v.t. (du lat. *pacare,* pacifier, de *pax, pacis,* paix) [conj. 11]. **1.** Verser une somme due ; acquitter une dette, un impôt : *Ils doivent payer la facture d'électricité avant la fin du mois* (**SYN.** régler). **2.** Verser la somme due pour : *Veuillez payer vos achats à la caisse centrale* (**SYN.** acquitter, solder). **3.** Donner à qqn la somme d'argent qui lui est due : *Ils paient leur employée de maison en chèques-service* (**SYN.** rémunérer, rétribuer). **4.** Récompenser ; dédommager : *Cet avancement la paie de ses efforts. Ses pourboires ne lui paient même pas son essence* (**SYN.** compenser, rembourser). **5.** Subir les conséquences de ses actes : *En restant dix ans en prison, il a payé son crime* (**SYN.** expier, racheter). ▸ ***Il me le paiera,*** je me vengerai de lui. ***Je suis payé pour le savoir,*** je l'ai appris à mes dépens : *Il ne faut pas faire confiance à n'importe qui, je suis payé pour le savoir.* ***Payer cher qqch,*** l'obtenir au prix de grands sacrifices : *Ils ont payé cher la libération de leur pays.* ***Payer qqn de retour,*** répondre à ses procédés, à ses sentiments, par des procédés, par des sentiments équivalents ; lui rendre la pareille. ◆ v.i. **1.** Acquitter ce que l'on doit par tel ou tel moyen : *Elle a payé en liquide. Puis-je payer avec ma carte de crédit ?* **2.** *Fam.* Procurer un avantage, un bénéfice pécuniaire : *Un segment de marché qui paie* (**SYN.** rapporter). ▸ ***Payer de sa personne,*** s'engager personnellement en affrontant les difficultés, les dangers. ◆ **se payer** v.pr. **1.** Retenir une somme d'argent en paiement : *Voilà un billet de vingt euros, payez-vous.* **2.** *Fam.* Acheter pour soi : *Elle s'est payé une montre* (**SYN.** s'offrir). **3.** *Fam.* Devoir subir qqn, qqch, les supporter : *Je vais encore devoir me payer ses amis. Nous nous sommes payé vingt minutes de publicité.* ▸ *Fam.* ***Se payer la tête de qqn,*** se moquer de lui.

payeur, euse [pɛjœr, øz] adj. et n. Qui paie : *Un organisme payeur. C'est un mauvais payeur* (= il ne rembourse pas ses dettes). ◆ n. Agent ou fonctionnaire chargé des paiements des traitements, des rentes, des pensions.

① **pays** [pei] n.m. (du lat. *pagensis,* de *pagus,* canton). **1.** Territoire d'une nation, délimité par des frontières : *Un pays riche en pétrole. Les pays membres de l'O.T.A.N.* (**SYN.** État, puissance). *Il a quitté son pays* (**SYN.** patrie). **2.** Ensemble des habitants d'une nation : *Cette catastrophe a ému tout le pays* (**SYN.** peuple, population). **3.** Région envisagée du point de vue climatique, économique : *Ils voyagent surtout dans les pays chauds* (**SYN.** contrée [sout.]). **4.** Lieu, région d'origine : *Ils aimeraient revenir au pays.* **5.** Village, agglomération : *Elle habite un petit pays d'une centaine d'habitants* (**SYN.** localité). ▸ ***En pays de connaissance,*** parmi des gens connus ; dans une situation connue. ***Le pays de qqch,*** la région réputée pour cette chose : *La Dordogne est le pays de la truffe* (**SYN.** terre, terroir). ***Mal du pays,*** nostalgie de la terre natale : *Elle a le mal du pays.* ***Vin de pays,*** produit par un terroir déterminé mais qui ne bénéficie pas de l'appellation contrôlée. ***Voir du pays,*** voyager beaucoup.

② **pays, e** [pei, peiz] n. (de *1. pays*). *Fam., vieilli* Personne du même village que qqn d'autre ; concitoyen : *Le gardien est un de leurs pays* (**SYN.** compatriote).

paysage [peizaʒ] n.m. **1.** Étendue de terre qui s'offre à la vue : *Ils purent admirer le paysage du haut de la tour* (**SYN.** panorama, vue). *Un paysage désertique.* **2.** Représentation d'un paysage par la peinture : *Les paysages de Courbet.* **3.** *Fig.* Aspect d'ensemble, situation dans un domaine : *Cela a créé des changements dans le paysage politique* (**SYN.** contexte).

paysager, ère [peizaʒe, ɛr] adj. **1.** Relatif au paysage. **2.** Disposé de manière à rappeler un paysage naturel : *Ils se promènent dans un parc paysager.* ▸ ***Bureau paysager,*** grand bureau dans lequel les espaces de travail ne sont pas séparés par des cloisons.

paysagiste [peizaʒist] n. et adj. **1.** Artiste spécialisé dans la peinture de paysages. **2.** Architecte de jardins et de parcs.

paysan, anne [peizɑ̃, an] n. (de *pays*). **1.** Personne qui vit à la campagne et cultive la terre (**SYN.** agriculteur, cultivateur). **2.** *Péjor.* Personne peu raffinée : *À table, il a des manières de paysan* (**SYN.** rustre). ◆ adj. Relatif aux paysans : *La vie paysanne* (**SYN.** campagnard, rural ; **CONTR.** citadin, urbain).

paysannat [peizana] n.m. Classe paysanne ; ensemble des agriculteurs : *Le paysannat européen.*

paysannerie [peizanri] n.f. Ensemble des paysans : *L'insatisfaction de la paysannerie.*

① **P.C.** ou **PC** [pese] n.m. (sigle). ▸ ***Poste de commandement*** → **2. poste.**

② **PC** [pese] n.m. (sigle de l'angl. *personal computer,* ordinateur personnel). Ordinateur individuel : *Des PC.*

P.-D.G. ou **P-DG** [pedeʒe] n. (sigle). ▸ ***Président-directeur général*** → **président.**

péage n.m. (du lat. *pes, pedis,* pied). Droit que l'on paie pour emprunter une autoroute, un pont, un tunnel ; lieu où est perçu ce droit : *Une autoroute à péage. Les vacanciers ont dû attendre une heure au péage.* ▸ ***Chaîne à péage,*** dont certains programmes ne sont accessibles qu'aux usagers abonnés.

péagiste n. Personne qui perçoit un péage : *L'automobiliste donna son ticket au péagiste.*

péan ou **pæan** [peɑ̃] n.m. (gr. *paian*). Dans l'Antiquité grecque, hymne guerrier en l'honneur d'Apollon.

peau n.f. (lat. *pellis*). **1.** Organe constituant le revêtement extérieur du corps de l'homme et des animaux : *Une crème pour peaux sensibles. La peau épaisse de l'éléphant.* **2.** Petit fragment de peau : *Mordiller les peaux autour de ses ongles.* **3.** Cuir détaché du corps d'un animal et traité : *Une peau de chèvre lui sert de descente de lit.* **4.** *Fam.* Intégrité physique de qqn ; vie : *Ils ont craint pour leur peau.* **5.** Enveloppe de certains légumes ou fruits : *Enlever la peau d'un oignon* (**SYN.** pelure). *Manger une poire avec sa peau.* **6.** Croûte légère qui se forme sur certaines substances liquides ou onctueuses comme le lait bouilli, le fromage (**SYN.** film, pellicule). ▸ ***Avoir la peau dure,*** être très résistant. *Fam.* ***Avoir qqn dans la peau,*** en être passionnément amoureux. ***Bien, mal dans sa peau,*** à l'aise, mal à l'aise ; plein d'allant, déprimé : *Elle est bien dans sa peau depuis qu'elle fait du sport.* *Fam.* ***Faire la peau à qqn,*** le tuer. ***Faire peau neuve,*** changer de vêtements ; fig., changer complètement de vie, de conduite. *Fam.* ***Peau d'âne,*** diplôme, parchemin. *Fam.* ***Peau de vache,*** personne dure, méchante. ***Risquer sa peau,*** risquer sa vie. ***Se mettre*** ou ***entrer dans la peau de qqn,*** se mettre mentalement à sa place pour comprendre sa pensée, ses réactions : *Elle s'est mise dans la peau du personnage qu'elle interprète.* ***Vendre chèrement sa peau,*** se défendre vigoureusement avant de succomber.

peaucier adj.m. et n.m. Se dit d'un muscle fixé à la peau et qui la plisse en bougeant : *Les peauciers du visage.*

peaufinage n.m. Action de peaufiner.

peaufiner v.t. [conj. 3]. **1.** Nettoyer, polir à la peau de chamois. **2.** Mettre au point avec un soin minutieux : *Peaufiner un manuscrit* (**SYN.** parachever, parfaire).

peau-rouge adj. (pl. *peaux-rouges*). Relatif aux Peaux-Rouges, aux Amérindiens du Nord : *Légendes peaux-rouges.*

peausserie n.f. **1.** Activité du peaussier. **2.** Article de peau.

peaussier n.m. et adj.m. Artisan qui prépare les peaux.

pécaïre [pekairə] interj. (mot prov.). Dans le Midi, exprime un sentiment de pitié ; peuchère.

pécan n.m. (angl. *pecan*). ▸ ***Noix de pécan,*** pacane.

pécari n.m. (mot caraïbe). **1.** Petit porc sauvage d'Amérique. **2.** Cuir de cet animal : *Des gants en pécari.*

peccadille [pekadij] n.f. (esp. *pecadillo,* du lat. *peccatum,* de *peccare,* pécher). Faute légère, sans gravité ; broutille.

pechblende [pɛʃblɛ̃d] n.f. (de l'all. *Pech,* poix, et *Blende,* sulfure). Minerai d'uranium.

① **pêche** n.f. (du lat. *persicus,* de la Perse). **1.** Fruit comestible du pêcher : *Acheter un cageot de pêches.* **2.** *Fam.* Coup de poing. ▸ *Fam.* ***Avoir la pêche,*** se sentir plein d'allant, de dynamisme. ***Peau, teint de pêche,*** rose et velouté. *Fam.* ***Se fendre la pêche,*** bien rire : *Nous nous sommes fendu la pêche.* ◆ adj. inv. D'un rose pâle légèrement doré : *Des teints pêche.*

② **pêche** n.f. (de *2. pêcher*). **1.** Action, manière de pêcher : *Elle va à la pêche. La pêche au lancer.* **2.** Poissons pêchés : *La pêche était bonne.* **3.** Lieu où l'on pêche : *Pêche gardée.*

péché n.m. (du lat. *peccatum,* faute, de *peccare,* pécher). Transgression consciente et volontaire de la Loi divine : *Confesser ses péchés* (**SYN.** offense). *Le péché de gourmandise.* ▸ ***Péché mignon,*** défaut mineur auquel on s'abandonne : *Les bonbons à la menthe sont son péché mignon.*

pécher v.i. (lat. *peccare*) [conj. 18]. **1.** Transgresser la Loi divine, commettre un péché. **2.** Commettre une erreur : *Vous avez péché contre la politesse* (**SYN.** enfreindre, manquer à). **3.** Présenter un défaut : *Votre théorie pèche sur un point.*

① **pêcher** n.m. (de *1. pêche*). Arbre cultivé pour son fruit, la pêche.

② **pêcher** v.t. (lat. *piscari,* de *piscis,* poisson) [conj. 4]. **1.** Prendre du poisson, des animaux aquatiques : *Il a pêché des gardons. Ici, on pêche le homard.* **2.** *Fam.* Trouver qqch d'inhabituel, d'étonnant : *Où as-tu pêché cette information ?* ◆ v.i. S'adonner à la pêche : *Ils pêchent en haute mer.* ▸ ***Pêcher en eau trouble,*** chercher à tirer profit d'une situation confuse.

pechère [pøʃɛr] interj. → **peuchère.**

pêcherie n.f. **1.** Lieu où l'on pêche. **2.** Lieu où le poisson pêché est traité : *Une pêcherie de saumon.*

pécheur, eresse n. (lat. *peccator*). Personne qui a commis des péchés : *Cette pécheresse s'est repentie.* ▸ ***Ne pas vouloir la mort du pécheur,*** être indulgent.

pêcheur, euse n. (lat. *piscator*). Personne qui pêche : *Les pêcheurs à la ligne. Des marins pêcheurs.*

pécloter v.i. (de *péclot,* verrou) [conj. 3]. En Suisse, mal fonctionner en parlant d'un appareil ; avoir une santé fragile, en parlant d'une personne.

pécore n.f. (de l'it. *pecora,* brebis, du lat. *pecus, pecoris,* bétail). *Fam.* Femme sotte et prétentieuse ; pimbêche.

pecten [pɛktɛn] n.m. (mot lat. signif. « peigne »). Autre nom du mollusque nommé *peigne.*

pectine n.f. (du gr. *pêktos,* coagulé). Substance gélifiante contenue dans de nombreux végétaux.

pectiné, e adj. (lat. *pectinatus,* de *pectinare,* peigner). Qui porte sur ses côtés de fines lamelles, évoquant un peigne : *Les rameaux du sapin sont pectinés.*

pectique adj. Relatif à la pectine.

pectoral, e, aux adj. (du lat. *pectus, pectoris,* poitrine). **1.** Relatif à la poitrine : *Des douleurs pectorales.* **2.** *Vieilli* Utilisé contre la toux : *Du sirop pectoral.* ▸ ***Nageoires pectorales,*** nageoires ventrales des poissons, fixées non loin des ouïes. ◆ **pectoraux** n.m. pl. Muscles du thorax : *Développer ses pectoraux.*

pécule n.m. (lat. *peculium,* de *pecunia,* argent). **1.** Petit capital économisé peu à peu : *Son pécule va* *lui permettre de s'acheter un ordinateur* (**SYN.** économies). **2.** Somme qu'un détenu a gagné en prison par son travail. ▸ ***Pécule de vacances,*** en Belgique, prime de vacances.

pécuniaire adj. (lat. *pecuniaris,* de *pecunia,* argent). **1.** Qui a rapport à l'argent : *Ils ont de graves problèmes pécuniaires* (**SYN.** financier). **2.** Qui consiste en argent : *Réclamer une aide pécuniaire à l'État* (**SYN.** matériel).

pécuniairement adv. Financièrement.

P.E.D. ou **PED** [peøde] n.m. (sigle). ▸ ***Pays en développement*** → **développement.**

pédagogie n.f. (du gr. *pais, paidos,* enfant, et *agein,* conduire). **1.** Science de l'éducation : *Une pédagogie qui recourt à l'informatique.* **2.** Sens pédagogique : *Ce jeune professeur manque de pédagogie.*

pédagogique adj. **1.** Relatif à la pédagogie : *Une nouvelle méthode pédagogique.* **2.** Qui a les qualités d'un bon enseignement (**SYN.** didactique, éducatif).

pédagogiquement adv. Du point de vue pédagogique.

pédagogue n. **1.** Spécialiste de pédagogie. **2.** Personne qui donne un enseignement : *Ces enfants ont un bon pédagogue* (**SYN.** enseignant, professeur). ◆ n. et adj. Personne qui a le sens de la pédagogie.

pédalage n.m. Action de pédaler.

pédale n.f. (it. *pedale,* du lat. *pes, pedis,* pied). **1.** Organe d'une machine, d'un véhicule, que l'on actionne avec le pied : *Les pédales d'un V.T.T. La conductrice appuya sur la pédale de frein.* **2.** Levier d'un instrument de musique qui s'actionne avec le pied : *Les pédales d'un piano, d'un orgue.* ▸ *Fam.* ***Mettre la pédale douce,*** baisser le ton ; éviter de dramatiser. *Fam.* ***Perdre les pédales,*** ne plus savoir ce que l'on dit ou ce que l'on fait.

pédaler v.i. [conj. 3]. **1.** Actionner les pédales d'une bicyclette : *Il a du mal à pédaler dans la montée.* **2.** Rouler à bicyclette : *Ils pédalent dans la voie réservée aux bicyclettes.* ▸ *Fam.* ***Pédaler dans la choucroute*** ou ***dans la semoule*** ou ***dans le yaourt,*** se démener, agir de manière confuse et inefficace.

pédalier n.m. **1.** Ensemble comprenant les pédales et le plateau d'une bicyclette. **2.** Clavier actionné par les pieds de l'organiste ; système de pédales du piano.

Pédalo n.m. (nom déposé). Embarcation reposant sur des flotteurs et que l'on fait avancer en pédalant.

pédant, e n. (it. *pedante,* du gr. *paideuein,* enseigner aux enfants, de *pais, paidos,* enfant). Personne qui fait prétentieusement étalage de son savoir ; cuistre, poseur. ◆ adj. Se dit d'une personne pédante, de son comportement : *Un conférencier pédant* (**SYN.** prétentieux). *Un exposé pédant* (**SYN.** doctoral).

pédanterie n.f. ou **pédantisme** n.m. Affectation de savoir, d'érudition du pédant ; caractère de ce qui est pédant : *Un discours d'une grande pédanterie* (**SYN.** prétention ; **CONTR.** simplicité).

pédantesque adj. *Litt.* Qui est propre au pédant.

pédéraste n.m. (gr. *paiderastês,* de *pais, paidos,* enfant, et *erastês,* amoureux). Homme qui pratique la pédérastie.

pédérastie n.f. **1.** Attirance sexuelle d'un homme adulte pour les garçons. **2.** (Emploi abusif). Homosexualité masculine.

pédérastique adj. Relatif à la pédérastie.

pédestre adj. (lat. *pedestris*). **1.** Qui se fait à pied : *Ils ont fait une randonnée pédestre de vingt kilomètres.* **2.** Qui représente un personnage à pied (par opp. à équestre) : *Statue pédestre.*

pédiatre n. Médecin spécialiste de pédiatrie.

pédiatrie n.f. (du gr. *pais, paidos,* enfant, et *iatreia,* traitement, guérison). Branche de la médecine consacrée à l'enfance.

pédiatrique adj. Relatif à la pédiatrie.

pedibus [pedibys] adv. (mot lat.). *Fam.* À pied : *Elle se rend au travail pedibus.*

pédicelle n.m. (du lat. *pedicellus,* petit pied). Petit pédoncule, petite queue d'une fleur ou d'un fruit.

pédiculaire adj. (du lat. *pediculus,* pou). Relatif aux poux ; causé par les poux : *Des démangeaisons pédiculaires.*

pédicule n.m. (du lat. *pediculus,* petit pied, de *pes, pedis,* pied). Support ou pied d'un organe végétal : *Le pédicule d'un champignon.*

pédiculose n.f. Lésions de la peau causées par des poux.

pédicure n. (du lat. *pes, pedis,* pied, et *cura,* soin). Auxiliaire médical qui effectue les soins des pieds.

pedigree [pedigre] n.m. (mot angl.). Généalogie d'un animal de race ; document qui l'atteste.

pédiluve n.m. (du lat. *pediluvium,* bain de pieds). Bassin destiné au lavage des pieds dans une piscine.

pédologie n.f. (du gr. *pedon,* sol, et *logos,* science). Étude des sols, de leurs caractéristiques et de leur évolution. ☞ **REM.** Ne pas confondre avec *podologie.*

pédologue n. Spécialiste de pédologie. ☞ **REM.** Ne pas confondre avec *podologue.*

pédoncule n.m. (du lat. *pedunculus,* petit pied). **1.** En anatomie, structure allongée reliant un organe au reste du corps : *Les pédoncules des yeux du crabe.* **2.** En botanique, tige qui porte la fleur ou le fruit ; queue.

pédonculé, e adj. En botanique, porté par un pédoncule (par opp. à sessile) : *Une fleur pédonculée.*

pédophile adj. et n. (du gr. *pais, paidos,* enfant, et *philos,* ami). Qui manifeste de la pédophilie : *Un trafic de cassettes pédophiles.*

pédophilie n.f. Attirance sexuelle d'un adulte pour les enfants.

pédopsychiatre [pedopsikjatr] n. Spécialiste de pédopsychiatrie.

pédopsychiatrie [pedopsikjatri] n.f. Étude et traitement des troubles psychologiques de l'enfant.

pedzer v.i. (du prov. *empega,* poisser). *Fam.* En Suisse, coller ; fig. s'attarder.

peeling [piliŋ] n.m. (mot angl.). Intervention dermatologique qui consiste à enlever la couche supérieure de l'épiderme pour atténuer les cicatrices, les lésions d'acné, etc.

peer to peer ou **peer-to-peer** [pirtupir] n.m. inv. (mots anglo-amér.). Technologie qui permet l'échange direct de données entre ordinateurs reliés à Internet, sans passer par un serveur central. ☞ **REM.** Il est recommandé de remplacer cet anglicisme par *pair à pair.*

pègre n.f. (de l'it. dial. *pegro*, lâche). Milieu des voleurs, des escrocs, des gangsters (**SYN.** canaille, racaille).

pégueux, euse adj. (de l'anc. fr. *pege*, poix). Dans le Midi, poisseux.

peignage n.m. Action de peigner les fibres textiles.

peigne n.m. (du lat. *pecten, pectinis*). **1.** Instrument à dents qui sert à démêler et à coiffer les cheveux ; démêloir : *Un peigne en écaille. Se donner un coup de peigne.* **2.** Instrument analogue, de forme incurvée, qui sert à retenir les cheveux. **3.** Instrument qui sert à peigner, à carder les fibres textiles. **4.** Mollusque bivalve, appelé aussi *pecten,* dont plusieurs espèces sont comestibles : *La coquille Saint-Jacques et le pétoncle sont des peignes.* ▸ ***Passer au peigne fin,*** chercher, inspecter minutieusement : *Nous avons passé le bureau au peigne fin pour retrouver ce dossier.*

peigné n.m. Tissu fabriqué avec des fibres peignées.

peignée n.f. *Fam.* Volée de coups ; correction, raclée.

peigner v.t. [conj. 4]. **1.** Démêler les cheveux avec un peigne : *Elle adore peigner ses poupées* (**SYN.** coiffer). **2.** Apprêter des fibres textiles, les trier et les démêler au peigne. ◆ **se peigner** v.pr. Démêler ses cheveux : *Avec ce vent, on ne dirait pas qu'elle s'est peignée* (**SYN.** se coiffer).

peignette n.f. En Suisse, personne tatillonne ou avare.

peignoir n.m. **1.** Vêtement en tissu éponge, que l'on met en sortant du bain. **2.** Vêtement d'intérieur, en tissu léger : *Elle portait un peignoir en satin.* **3.** Blouse destinée à protéger les vêtements, dans un salon de coiffure, un institut de beauté.

peignures n.f. pl. Cheveux qui restent sur le peigne quand on se coiffe.

peinard, e adj. *Fam.* À l'abri des risques et des tracas ; tranquille : *Un travail peinard.*

peinardement adv. *Fam.* De façon peinarde ; tranquillement.

peindre v.t. (lat. *pingere*) [conj. 81]. **1.** Enduire de peinture ; badigeonner : *Je peindrai ce mur en blanc.* **2.** Représenter par l'art de la peinture : *Il peint surtout des portraits.* **3.** (Sans compl.). Pratiquer l'art de la peinture : *Depuis qu'elle est retraitée, elle peint.* **4.** Dessiner avec de la peinture : *Ils ont peint des inscriptions sur le mur.* **5.** *Litt.* Décrire, représenter par la parole, l'écriture : *Dans cet article, il peint la situation des prisonniers avec beaucoup de réalisme* (**SYN.** dépeindre). ◆ **se peindre** v.pr. Être apparent, se manifester : *La déception s'est peinte sur son visage* (**SYN.** apparaître).

peine n.f. (lat. *poena*). **1.** Douleur morale : *Son décès a plongé toute la famille dans la peine* (**SYN.** affliction [sout.]). *Cette lettre m'a fait de la peine* (**SYN.** chagrin, tristesse ; **CONTR.** joie). **2.** Effort pour venir à bout d'une chose pénible : *Il s'est donné beaucoup de peine pour réussir ce concours* (**SYN.** 1. mal). *La morale de cette fable se comprend sans peine* (**SYN.** difficulté). **3.** Châtiment infligé par Dieu au pécheur ; damnation : *Les peines de l'enfer.* **4.** Punition appliquée à qqn pour une infraction à la loi ; sanction : *La coupable risque une peine de prison* (**SYN.** condamnation). ☞ **REM.** Ne pas confondre avec *un pêne* ou *une penne.* ▸ ***Avoir de la peine à,*** parvenir difficilement à : *Nous avons de la peine à suivre ses explications.* ***Ce n'est pas la peine,*** cela ne sert à rien, c'est inutile. ***Donnez-vous la peine de,*** veuillez : *Donnez-vous la peine d'entrer.* ***En être pour sa peine,*** ne rien obtenir en échange de ses efforts. ***Être bien en peine de,*** être fort embarrassé pour : *Je suis bien en peine de vous dire s'il acceptera.* ***Être comme une âme en peine,*** se sentir triste et désemparé. ***Homme, femme de peine,*** personne qui fait les travaux pénibles. ***Mourir à la peine,*** en travaillant. ***Se mettre en peine,*** se faire du souci ; s'inquiéter : *Ne vous mettez pas en peine pour nous, nous finirons par trouver une solution.* ***Sous peine de,*** sous la menace de telle sanction : *Défense de stationner sous peine de mise à la fourrière* ; fig., pour éviter tel événement fâcheux : *Pense bien à enregistrer ton fichier sous peine de devoir tout recommencer.* ***Valoir la peine,*** être important, digne d'intérêt : *Ce film vaut la peine d'être vu* ; justifier le mal que l'on se donne : *Même si nous ne sauvons qu'une personne, cela vaut la peine d'essayer.* ◆ **à peine** loc. adv. **1.** Depuis très peu de temps : *À peine était-il arrivé que le téléphone sonna.* **2.** Presque pas ; tout juste : *Elle peut à peine parler.*

peiner v.t. [conj. 4]. Faire de la peine, du chagrin à ; attrister : *Votre refus m'a beaucoup peiné* (**SYN.** désoler, navrer ; **CONTR.** ravir, réjouir). *Sa disparition m'a profondément peiné* (**SYN.** affliger, chagriner). ◆ v.i. Éprouver de la fatigue, de la difficulté : *La marathonienne a peiné dans les derniers kilomètres. J'ai peiné pour installer la galerie sur la voiture.*

peintre n. (lat. *pictor,* de *pingere,* peindre). **1.** Artiste qui exerce l'art de la peinture : *Des peintres expressionnistes. Sa mère est une célèbre peintre.* **2.** Professionnel du bâtiment spécialisé dans les enduits et la peinture (on dit aussi *peintre en bâtiment*).

peinture n.f. **1.** Matière colorante liquide propre à recouvrir une surface : *De la peinture en bombe. Un tube de peinture.* **2.** Action de recouvrir une surface, un support avec cette matière : *Elle a fait la peinture du plafond au rouleau.* **3.** Couche de couleur recouvrant un objet, un matériau : *La peinture de la voiture s'écaille.* **4.** Technique de représentation de sujets, de combinaisons de couleurs ; art qui utilise cette technique : *Il s'est spécialisé dans la peinture à l'acrylique. Un livre sur la peinture.* **5.** Œuvre d'un artiste peintre ; ensemble des œuvres d'un pays, d'une époque : *Cette peinture vaut plusieurs millions d'euros* (**SYN.** tableau, toile). *La peinture italienne du* XVII*e siècle.* **6.** Représentation par l'écrit : *Une peinture de la vie des femmes au siècle dernier* (**SYN.** description, fresque, tableau). ▸ *Fam.* ***Ne pas pouvoir voir qqn en peinture,*** ne pas pouvoir le supporter ; le détester.

peinturer v.t. [conj. 3]. **1.** *Fam.* Barbouiller de peinture ; peinturlurer. **2.** Aux Antilles et au Québec, couvrir de peinture.

peinturlurer v.t. [conj. 3]. *Fam.* Peindre grossièrement : *On les laisse peinturlurer les murs du préau* (**SYN.** barbouiller).

péjoratif, ive adj. (du lat. *pejor, pejoris,* pire). Qui comporte une nuance dépréciative (par opp. à mélioratif) : *Un mot péjoratif. Les suffixes « -âtre » de « bellâtre » et « -ard » de « vantard » sont péjoratifs.*

péjorativement adv. D'une manière péjorative.

pékan n.m. Martre du Canada, à la fourrure brun foncé, très estimée ; cette fourrure : *Un manteau en pékan.*

péket [pɛkɛ] n.m. → **péquet.**

pékin ou **péquin** n.m. **1.** *Arg. mil.* Civil. **2.** *Fam.* Individu quelconque : *À cette heure-ci, il n'y a plus un pékin dans les rues.*

pékiné, e n.m. et adj. (de *Pékin,* nom pr.). Tissu de soie à rayures alternativement brillantes et mates.

① **pékinois, e** adj. et n. De Pékin. ◆ **pékinois** n.m. Forme du mandarin parlée dans le nord de la Chine, et constituant la base de la langue officielle.

② **pékinois** n.m. Petit chien à poil long et à tête massive, au museau aplati.

pelade n.f. Maladie qui fait tomber les cheveux et les poils.

pelage n.m. (du lat. *pilus,* poil). Ensemble des poils d'un animal : *Une vache au pelage roux* (**SYN.** robe).

pélagique adj. (du gr. *pelagos,* mer). Relatif à la haute mer ou aux fonds marins : *La faune pélagique* (**SYN.** abyssal).

pelant, e adj. *Fam.* En Belgique, qui ennuie, qui lasse : *Une conférence pelante* (**SYN.** fastidieux).

pélargonium [pelargɔnjɔm] n.m. (du gr. *pelargos,* cigogne). Plante à fleurs ornementales et parfumées, voisine du géranium et souvent commercialisée sous ce nom.

pelé, e adj. **1.** Dont les poils, les cheveux sont tombés (**CONTR.** poilu, velu). **2.** Dont la végétation est rare : *Des montagnes pelées* (**SYN.** nu ; **CONTR.** luxuriant). ◆ **pelé** n.m. ▸ *Fam.* ***Quatre pelés et un tondu,*** un tout petit nombre de personnes.

pêle-mêle adv. (anc. fr. *mesle-mesle,* de *mêler*). En désordre, en vrac : *Il mit les pièces pêle-mêle dans la caisse.* ◆ n.m. inv. Cadre, sous-verre destiné à recevoir plusieurs photographies.

peler v.t. (du bas lat. *pilare,* enlever le poil, de *pilus,* poil) [conj. 25]. Ôter la peau d'un fruit, d'un légume : *Elle pèle une pomme* (**SYN.** éplucher). ◆ v.i. Perdre sa peau par lamelles : *Avec un tel coup de soleil, ton visage va peler* (**SYN.** desquamer).

pèlerin n.m. (du lat. *peregrinus,* voyageur, de *ager, agris,* champ). **1.** Personne qui fait un pèlerinage : *Les pèlerins suivent la route de Saint-Jacques-de-Compostelle.* **2.** Criquet migrateur très nuisible. **3.** Faucon du sud de la France, employé en fauconnerie. ▸ ***Prendre son bâton de pèlerin,*** partir en pèlerinage ; fig., faire un périple pour promouvoir une idée, une doctrine.

pèlerinage n.m. **1.** Voyage fait vers un lieu de dévotion ; ce lieu : *Cette musulmane a fait plusieurs pèlerinages à La Mecque.* **2.** Visite faite pour honorer la mémoire de qqn : *Elle a fait un pèlerinage dans la région natale de sa mère.*

pèlerine n.f. Manteau sans manches, couvrant les épaules.

pélican n.m. (lat. *pelicanus,* du gr.). Gros oiseau aux pattes palmées, au long bec pourvu d'une poche où sont emmagasinés les poissons destinés à la nourriture des jeunes.

pelisse n.f. (bas lat. *pellicia,* de *pellis,* peau). Manteau doublé de fourrure.

pellagre n.f. (du lat. *pellis,* peau, et du gr. *agra,* prise [de chasse]). Maladie se manifestant par des lésions cutanées.

pelle n.f. (lat. *pala*). **1.** Outil formé d'une plaque ajustée à un manche et servant notamm. à creuser la terre, à déplacer des matériaux : *Ramasser du sable avec une pelle.* **2.** Ustensile ayant cette forme et servant à divers usages : *Une pelle à poussière. Une pelle à tarte.* **3.** Extrémité plate et large d'un aviron. ▸ *Fam.* ***À la pelle,*** en grande quantité : *Ce chanteur reçoit des lettres d'admirateurs à la pelle.* ***Pelle mécanique,*** pelleteuse. *Fam.* ***Ramasser une pelle,*** faire une chute ; fig., échouer : *Elle a ramassé une pelle à l'examen.*

pelle-bêche n.f. (pl. *pelles-bêches*). Pelle carrée.

peller [pele] v.t. [conj. 4]. En Suisse, pelleter.

pelletage [pɛltaʒ] n.m. Action de pelleter.

pelletée [pɛlte] n.f. Quantité de matériaux que l'on prend en une fois avec une pelle. *Une pelletée de charbon.*

pelleter [pɛlte] v.t. [conj. 27]. Remuer ou déplacer à la pelle.

pelleterie [pɛltri] n.f. (du lat. *pellis,* peau). **1.** Travail et commerce des fourrures. **2.** Peaux travaillées par le pelletier.

pelleteur, euse [pɛltœr, øz] n. Personne qui travaille avec une pelle ; terrassier.

pelleteuse [pɛltøz] n.f. Engin de déblayage automoteur dont le godet se remplit en pénétrant dans le tas de matériau à charger et se vide en basculant en arrière ; pelle mécanique.

pelletier, ère [pɛltje, ɛr] n. Spécialiste de pelleterie.

pelliculage n.m. Application d'une pellicule transparente sur un support génér. imprimé, destinée à le protéger et à en améliorer l'aspect : *Le pelliculage d'une carte de bibliothèque.*

pelliculaire adj. Qui forme une pellicule, des pellicules.

pellicule n.f. (du lat. *pellicula,* petite peau, de *pellis,* peau). **1.** Bande de matière souple recouverte d'une couche sensible, destinée à la photographie, au cinéma : *Une pellicule photographique* (**SYN.** film). **2.** Petite lamelle de peau qui se détache du cuir chevelu : *Shampooing contre les pellicules.* **3.** Matière solidifiée ou déposée en couche mince à la surface de qqch : *Il y a une pellicule de moisi sur le pâté.* **4.** Mince feuille d'un matériau souple et transparent servant au pelliculage : *Une pellicule cellulosique.*

pelliculer v.t. [conj. 3]. Procéder au pelliculage de.

pelliculeux, euse adj. Qui est couvert de pellicules ; qui a tendance à avoir des pellicules : *Des cheveux pelliculeux.*

pelotari [pəlɔtari] n.m. (mot basque). Joueur de pelote : *Les pelotaris de cette équipe sont invaincus.*

pelote n.f. (du lat. *pila,* balle). **1.** Boule formée de fils, de cordes roulés sur eux-mêmes : *Une pelote de laine.* **2.** Balle du jeu de pelote basque, du jeu de paume. **3.** Petit coussinet servant à piquer des aiguilles, des épingles : *La couturière a fixé une pelote sur son bras.* **4.** Amas de débris alimentaires non digérés, que rejettent certains animaux. ▸ *Fam.* ***Avoir les nerfs en pelote,*** être énervé. *Fam., vieilli* ***Faire sa pelote,*** amasser petit à petit des profits, des économies. ***Pelote basque*** ou ***pelote,*** sport traditionnel du Pays basque, dans lequel le joueur lance une balle (la *pelote*) contre un fronton.

peloter v.t. [conj. 3]. *Fam.* Caresser de façon sensuelle.

peloton n.m. **1.** Petite pelote : *Un peloton de fil de cuisine.* **2.** Groupe compact de concurrents dans une course : *Le cycliste a semé le peloton.* **3.** Petite unité militaire. ▸ ***Peloton d'exécution,*** groupe de soldats chargés de fusiller un condamné.

pelotonnement n.m. Action de se pelotonner.

pelotonner v.t. [conj. 3]. Mettre en pelote, en peloton ; enrouler : *Il pelotonna la corde à linge.* ◆ **se pelotonner** v.pr. Se blottir en repliant bras et jambes ; se rouler en boule : *Elle s'est pelotonnée sous la couette pour se réchauffer.*

pelouse n.f. (anc. fr. *peleus,* du lat. *pilosus,* poilu, de *pilus,* poil). **1.** Terrain planté d'un gazon régulièrement tondu : *Ne pas marcher sur la pelouse.* **2.** Partie gazonnée d'un stade : *Les joueurs entrent sur la pelouse.* **3.** L'une des trois enceintes d'un champ de courses (par opp. à pesage et à pavillon).

peluche n.f. (de l'anc. fr. *peluchier,* éplucher). **1.** Étoffe à poils très longs, soyeux et brillants : *L'enfant dort avec son ours en peluche.* **2.** Jouet en peluche : *La petite fille a disposé ses peluches sur son lit.*

pelucher v.i. [conj. 3]. Prendre un aspect qui rappelle la peluche : *Son sweat-shirt commence à pelucher* (**SYN.** boulocher).

pelucheux, euse adj. Qui peluche : *Un pull pelucheux.*

pelure n.f. (de *peler*). **1.** Peau ôtée d'un fruit, d'un légume : *Les pelures de pommes de terre servent à l'alimentation des porcs* (**SYN.** épluchure). **2.** *Fam.* Vêtement, en partic. vêtement de dessus : *Mets ta pelure avant de sortir* (**SYN.** manteau). ▸ ***Papier pelure,*** papier très fin et légèrement translucide sur lequel on écrit. ***Pelure d'oignon,*** chacune des enveloppes qui entourent un bulbe d'oignon ; vin rosé.

pelvien, enne adj. (du lat. *pelvis,* bassin). Relatif au pelvis.

pelvis [pɛlvis] n.m. (mot lat.). En anatomie, partie inférieure du bassin, appelée aussi *petit bassin.*

pénal, e, aux adj. (du lat. *poenalis,* de *poena,* peine, châtiment). Relatif aux infractions et aux peines qui peuvent frapper leurs auteurs : *Elle étudie le droit pénal.* ▸ ***Code pénal,*** recueil de lois et de règlements concernant les infractions et déterminant les peines qui leur sont applicables. ◆ **pénal** n.m. Voie pénale (par opp. à civil) : *Ils ont été poursuivis au pénal* (= devant une juridiction pénale).

pénalement adv. Du point de vue pénal.

pénalisant, e adj. Qui pénalise : *Une taxe pénalisante pour certains pays* (**SYN.** désavantageux ; **CONTR.** avantageux).

pénalisation n.f. **1.** Fait d'être pénalisé, désavantagé : *Cette mesure est une pénalisation pour les petits commerçants.* **2.** En sports, désavantage infligé à un concurrent, à une équipe qui a commis une faute au cours d'une épreuve, d'un match.

pénaliser v.t. [conj. 3]. **1.** Causer un désavantage à : *La vétusté de leur matériel les pénalise* (**SYN.** désavantager, handicaper, léser ; **CONTR.** avantager). **2.** En sports, frapper d'une pénalité ; infliger une pénalisation à.

pénaliste n. Spécialiste de droit pénal.

pénalité n.f. **1.** Peine, sanction qui frappe un délit ou une faute : *Vous vous exposez à une pénalité en ne payant pas dans le délai prévu.* **2.** Au rugby, sanction pour un manquement aux règles : *Un coup de pied de pénalité.*

penalty [penalti] n.m. (mot angl.) [pl. *penaltys* ou *penalties*]. Au football, sanction d'une faute grave commise par un joueur dans sa surface de réparation. ☞ **REM.** Il est recommandé de remplacer cet anglicisme par *coup de pied de réparation.*

pénates n.m. pl. (lat. *penates,* de *penus,* provisions, garde-manger). Maison, foyer : *Nous allons regagner nos pénates douillets.*

penaud, e adj. (de *peine*). Qui est honteux après avoir commis une maladresse (**SYN.** contrit, déconfit).

pence n.m. pl. → **penny.**

penchant n.m. Tendance qui incline à un certain comportement ; goût : *Il a un penchant à la paresse, à se plaindre* (**SYN.** prédisposition, propension). *Lutter contre ses mauvais penchants* (**SYN.** instinct).

pencher v.t. (lat. *pendicare,* de *pendere,* pendre) [conj. 3]. Incliner vers le bas ou de côté : *Elle pencha la tête vers l'enfant* (**SYN.** baisser, courber, fléchir ; **CONTR.** lever). *Pencher un verre pour verser de la bière.* ◆ v.i. **1.** Ne pas être d'aplomb ; être incliné : *Après la tempête, le poteau penchait. Le tableau penche vers la gauche.* **2. [pour].** Être porté à, décider en faveur de ; préférer : *Il pencherait plutôt pour ce candidat* (**SYN.** incliner). ◆ **se pencher** v.pr. **1.** S'incliner, se baisser : *Elle s'est penchée pour cueillir les brins de muguet* (**SYN.** se courber). **2. [sur].** S'intéresser à qqch avec attention ou curiosité : *Le contrôleur fiscal s'est penché sur les comptes de l'entreprise* (**SYN.** examiner).

pendable adj. ▸ ***Un tour pendable,*** une mauvaise farce : *Ils lui ont joué un tour pendable en lui cachant ses clefs.*

pendaison n.f. **1.** Action de pendre qqn, de se pendre. **2.** Action de pendre qqch : *La pendaison de la crémaillère.*

① **pendant, e** adj. **1.** Se dit de ce qui pend : *Les oreilles pendantes d'un setter* (**SYN.** tombant). *Il est assis sur le mur, jambes pendantes* (**SYN.** ballant). **2.** Dans le langage juridique, se dit de ce qui est en instance, non résolu : *Un dossier pendant.*

② **pendant** n.m. Pièce de mobilier ou objet d'art formant symétrie avec un autre : *Les tables de nuit font pendants* ou *se font pendant de chaque côté du lit.* ▸ ***Pendants d'oreilles,*** boucles d'oreilles à pendeloques.

③ **pendant** prép. Durant une certaine période de temps : *Pendant les vacances, ils ont visité plusieurs châteaux* (= au cours de). *Elle a dormi pendant le film.* ▸ ***Pendant ce temps,*** au même moment. ◆ adv. Indique une durée révolue : *Il n'a rien dit, ni avant, ni pendant, ni après.* ◆ **pendant que** loc. conj. Indique que l'action de la subordonnée se déroule dans le même temps que celle de la principale : *Pendant que je serai à la boucherie, vous irez à la boulangerie* (**SYN.** tandis que). ▸ ***Pendant que j'y pense,*** puisque : *Pendant que j'y pense, note donc mon numéro de téléphone.* ***Pendant que j'y suis, que tu y es,*** etc., fait ressortir la possibilité, offerte par la situation, de faire qqch : *Pendant que tu y es, prends aussi une boisson pour moi.*

pendard, e n. *Fam., vieilli* Personne malhonnête ; vaurien.

pendeloque [pɑ̃dlɔk] n.f. (de l'anc. fr. *pendeler*, pendiller). **1.** Ornement suspendu à un bijou : *Un bracelet à pendeloques.* **2.** Morceau de cristal ou de verre taillé, suspendu à un lustre.

pendentif n.m. (du lat. *pendens, pendentis*, qui pend). Bijou, ornement suspendu à une chaînette de cou.

penderie n.f. Placard, armoire, ou petite pièce où l'on suspend des vêtements : *Elle range sa robe dans la penderie.*

pendiller v.i. [conj. 3]. Être suspendu en l'air en oscillant légèrement : *Des serviettes pendillent sur la corde à linge.*

pendoir n.m. Corde ou crochet qui sert à suspendre les viandes de boucherie.

pendouiller v.i. [conj. 3]. *Fam.* Pendre mollement : *Le cordon cassé du store pendouillait devant la fenêtre.*

pendre v.t. (lat. *pendere*) [conj. 73]. **1.** Attacher qqch par une de ses parties en le laissant tomber librement vers le bas : *Pendre du linge, des rideaux* (**SYN.** suspendre). *Pendre un tableau au mur* (**SYN.** accrocher, fixer). **2.** Mettre à mort en suspendant par le cou : *Les terroristes menacent de pendre leurs otages.* ▸ ***Dire pis que pendre de qqn,*** en dire le plus grand mal. ◆ v.i. **1.** Être suspendu : *L'ail pend au plafond.* **2.** Tomber trop bas : *Cette jupe pend d'un côté.* **3.** Retomber librement : *Ses cheveux pendent dans son dos.* ▸ *Fam.* ***Pendre au nez de qqn,*** risquer fort de lui arriver, en parlant d'une chose fâcheuse : *L'exclusion lui pend au nez.* ◆ **se pendre** v.pr. **1.** Se suspendre, s'accrocher : *Cessez de vous pendre à cette branche !* **2.** Se suicider par pendaison : *La désespérée s'est pendue.*

pendu, e adj. Qui est suspendu, accroché : *Une balançoire pendue à un portique.* ▸ *Fam.* ***Être pendu au téléphone,*** l'utiliser longtemps, souvent. ***Être pendu aux lèvres de qqn,*** l'écouter avec une attention passionnée : *Le présentateur de l'émission était pendu aux lèvres du philosophe.* ◆ adj. et n. Mort par pendaison : *Détacher un pendu.*

pendulaire adj. Relatif au pendule : *Cet appareil fait un mouvement pendulaire.* ▸ ***Migration pendulaire,*** déplacement quotidien du domicile au lieu de travail et retour. ◆ n. En Suisse, personne qui effectue une migration pendulaire.

① **pendule** n.m. (du lat. *pendulus*, qui est suspendu, de *pendere*, pendre). Corps solide suspendu à un point fixe et oscillant sous l'action de la pesanteur : *Le sourcier prétend avoir localisé un point d'eau grâce à son pendule.*

② **pendule** n.f. (de *1. pendule*). Petite horloge d'intérieur : *Regarder l'heure à la pendule de la cuisine.* ▸ *Fam.* ***En faire une pendule,*** exagérer l'importance de qqch qui n'en vaut pas la peine. *Fam.* ***Remettre les pendules à l'heure,*** faire cesser la dérive vers laquelle on avait laissé évoluer une situation, remettre les choses au point avec fermeté.

pendulette n.f. Petite pendule.

pendulier, ère n. Personne qui fabrique et monte des mouvements d'horlogerie de grande taille.

pêne n.m. (du lat. *pessulus*, verrou). Pièce mobile d'une serrure, qui, actionnée par une clef, s'engage dans la gâche. ☞ **REM.** Ne pas confondre avec *une peine* ou *une penne.*

pénéplaine n.f. (du lat. *paene*, presque, et de *plaine*). Surface géographique aplanie par l'érosion.

pénétrable adj. **1.** Où l'on peut pénétrer : *Une forêt difficilement pénétrable* (**CONTR.** impénétrable). **2.** *Litt.* Que l'on peut comprendre ; intelligible.

pénétrant, e adj. **1.** Qui transperce : *Un froid pénétrant* (**SYN.** perçant). **2.** *Fig.* Doué de discernement ; perspicace : *Son esprit pénétrant m'impressionne* (**SYN.** aigu, subtil).

pénétrante n.f. Voie urbaine allant de la périphérie vers le centre (par opp. à radiale).

pénétration n.f. **1.** Action de pénétrer : *La pénétration de clandestins dans un pays* (**SYN.** entrée). **2.** Faculté de comprendre des sujets difficiles : *La pénétration de ce commissaire de police est légendaire* (**SYN.** perspicacité).

pénétré, e adj. Qui est intimement persuadé de qqch : *Un chef de service pénétré de son importance* (**SYN.** imbu).

pénétrer v.t. (lat. *penetrare*) [conj. 18]. **1.** Passer à travers : *L'eau a pénétré la toile* (**SYN.** transpercer, traverser). **2.** Parvenir à découvrir les sentiments, les idées de qqn : *L'agent secret a pénétré les intentions de cet espion* (**SYN.** deviner, percer). **3.** Toucher profondément, intimement : *En l'entendant, la joie le pénétra* (**SYN.** envahir). **4.** En parlant d'une idée, d'une façon de faire s'introduire dans un groupe, l'imprégner : *Cette aspiration au mieux-être a pénétré toutes les couches de la société* (**SYN.** gagner). ◆ v.i. **1.** Entrer, s'introduire dans : *Quelqu'un a pénétré dans mon bureau en mon absence. La peinture pénètre dans le bois.* **2.** Occuper progressivement l'esprit, les pensées de qqn : *Cette mode a pénétré dans tous les milieux* (**SYN.** se répandre). ◆ **se pénétrer** v.pr. **[de].** Se convaincre d'une idée : *Tous les élus se sont pénétrés de l'importance de leur tâche.*

pénibilité n.f. Caractère d'une tâche pénible.

pénible adj. (de *peine*). **1.** Qui se fait avec peine, fatigue : *L'ascension jusqu'au refuge est pénible* (**SYN.** épuisant ; **CONTR.** aisé, facile). **2.** Qui cause une peine morale : *J'ai une pénible nouvelle à vous annoncer* (**SYN.** douloureux, triste ; **CONTR.** heureux). **3.** *Fam.* Se dit d'une personne qu'il est difficile de supporter : *Le patron est pénible avec ses serveurs* (**SYN.** désagréable ; **CONTR.** charmant, délicieux).

péniblement adv. Avec peine : *Il gravit péniblement cette côte* (**SYN.** difficilement, malaisément ; **CONTR.** aisément, facilement). *Ce parti a péniblement atteint les 5 %* (= tout juste).

péniche n.f. (esp. *pinaza*, de *pino*, pin). Long bateau à fond plat qui sert au transport fluvial des marchandises.

pénicilline [penisilin] n.f. (angl. *penicillin*). Antibiotique isolé à partir d'une espèce de pénicillium, dont les propriétés furent découvertes en 1928 par Alexander Fleming.

pénicillium [penisiljɔm] n.m. (du lat. *penicillum*, pinceau). Champignon qui se développe sous la forme d'une moisissure verte, et dont une espèce fournit la pénicilline.

pénien, enne adj. Relatif au pénis.

pénil [penil] n.m. (lat. pop. *pectiniculum*, de *pecten*, peigne). En anatomie, éminence arrondie située en avant du pubis chez la femme ; mont de Vénus.

péninsulaire adj. Relatif à une péninsule, à ses habitants.

péninsule n.f. (lat. *paeninsula*, de *paene*, presque, et *insula*, île). Grande presqu'île : *La péninsule Ibérique* (= l'Espagne et le Portugal).

pénis [penis] n.m. (du lat. *penis*, queue des quadrupèdes). Organe sexuel de l'homme (**SYN.** verge).

pénitence n.f. (lat. *paenitentia*, de *paenitere*, se repentir). **1.** Regret d'avoir offensé Dieu, accompagné de l'intention de ne plus recommencer ; contrition, repentir : *Elle a fait pénitence.* **2.** Peine imposée au pénitent par le confesseur : *Accomplir sa pénitence.* **3.** Peine infligée à qqn pour le punir : *Pour ta pénitence, tu ne regarderas pas le film ce soir* (**SYN.** châtiment).

pénitencier n.m. *Anc.* Établissement où étaient subies les longues peines d'emprisonnement.

pénitent, e n. Personne qui confesse ses péchés au prêtre.

pénitentiaire adj. Relatif aux prisons, aux détenus : *La ministre propose une réforme du régime pénitentiaire.*

penne n.f. (du lat. *penna*, plume, aile). Longue plume de l'aile ou de la queue des oiseaux. ☞ **REM.** Ne pas confondre avec *une peine* ou *un pêne.*

penné, e adj. Dont les nervures sont disposées comme les barbes d'une plume : *Les feuilles pennées de l'acacia.*

penny [peni] n.m. (mot angl.). **1.** Monnaie divisionnaire de la Grande-Bretagne : *Il y a cent pence dans une livre.* **2.** Pièce de cette valeur : *Cette machine accepte les pennies.* ☞ **REM.** Au sens 1, le pluriel est *pence* [pens]. Au sens 2, le pluriel est *pennies* [peniz].

pénologie n.f. Étude des peines qui sanctionnent les infractions pénales, et de leurs modalités d'application.

pénombre n.f. (du lat. *paene*, presque, et *ombre*). Lumière faible ; demi-jour (**SYN.** clair-obscur).

pensable adj. (Surtout en tournure nég.). Que l'on peut imaginer : *Une malhonnêteté de sa part, ce n'est pas pensable !* (**SYN.** concevable ; **CONTR.** impensable, inimaginable).

pensant, e adj. Qui est capable de penser : *« L'homme n'est qu'un roseau, ..., mais c'est un roseau pensant »* [Blaise Pascal] (**SYN.** intelligent, raisonnable). ▸ ***Tête pensante,*** organisateur d'un groupe ; cerveau : *Les têtes pensantes du parti.*

pense-bête n.m. (pl. *pense-bêtes*). Indication quelconque destinée à rappeler une tâche à accomplir : *Elle a mis sa montre au poignet droit en guise de pense-bête.*

① **pensée** n.f. **1.** Faculté de penser ; activité de l'esprit : *L'homme se distingue des animaux par la pensée* (**SYN.** intelligence, raison). **2.** Manière dont l'activité de l'esprit s'exprime : *Elle a une pensée cohérente* (**SYN.** réflexion). **3.** Façon de penser ; opinion : *Chacun est libre d'exprimer sa pensée* (**SYN.** avis, point de vue, position). **4.** Ensemble des idées, des doctrines d'un individu, d'un groupe ; idéologie, philosophie : *La pensée de cet écrivain m'a beaucoup influencé.* **5.** Acte particulier de l'esprit qui se porte sur un objet : *Vous devriez chasser cette pensée de votre esprit* (**SYN.** idée). *Elle était perdue dans ses pensées* (**SYN.** méditation, rêverie). **6.** Brève réflexion écrite : *Les lycéens dissertent sur une pensée de Rousseau* (**SYN.** méditation, propos). ▸ ***En pensée*** ou ***par la pensée,*** dans l'esprit ; par l'imagination : *Je revois en pensée la maison de mon enfance* (**SYN.** mentalement). *Péjor.* ***La pensée unique,*** l'ensemble des opinions dominantes, conventionnelles, des idées reçues, dans les domaines économique, politique et social.

② **pensée** n.f. Plante ornementale aux fleurs veloutées roses, jaunes ou violettes.

penser v.i. (du bas lat. *pensare*, peser) [conj. 3]. **1.** Former des idées dans son esprit : *« Je pense, donc je suis »* [Descartes]. *Il pense tout haut* (**SYN.** raisonner, réfléchir). *Les animaux pensent-ils ?* **2.** Avoir une certaine opinion : *Sur ce point, je ne pense pas comme toi.* ☞ **REM.** Ne pas confondre avec *panser.* ◆ v.t. **1.** Avoir pour opinion : *Elle n'ose pas dire ce qu'elle pense. Que pensez-vous de ce projet de loi ?* **2.** Avoir la conviction que ; croire : *L'entraîneur pense que l'équipe est capable de gagner* (**SYN.** considérer, estimer). *Comment as-tu pu penser que nous t'avions oublié ?* (**SYN.** imaginer). **3.** Avoir l'intention de : *Il pense présenter sa démission avant la fin du mois* (**SYN.** envisager, projeter). **4.** Concevoir, imaginer en fonction d'une fin déterminée : *Il a pensé cette émission pour les adolescents* (**SYN.** élaborer). ◆ v.t. ind. **[à]. 1.** Évoquer par la pensée ; se représenter : *Je pense à ce que je vais bien pouvoir lui dire* (**SYN.** réfléchir). *Nous pensons souvent à vous* (**SYN.** songer à). **2.** Se souvenir de ; ne pas oublier : *As-tu pensé à écrire ton adresse au dos de l'enveloppe ?* (**CONTR.** omettre). **3.** Concevoir la possibilité de qqch : *Je n'avais jamais pensé à une telle éventualité* (**SYN.** envisager). *As-tu pensé au mal que cette déclaration lui ferait ?* (**SYN.** évoquer, imaginer). ▸ ***Faire penser à,*** évoquer par une ressemblance ; rappeler : *Il me fait penser à notre père. Cette histoire me fait penser à un livre que j'ai lu récemment.* ***Sans penser à mal,*** sans mauvaise intention : *Je le lui ai dit sans penser à mal.*

penseur, euse n. **1.** Personne qui s'applique à penser, à réfléchir. **2.** Personne dont la pensée personnelle exerce une influence : *Les penseurs du XXe siècle.*

pensif, ive adj. Absorbé dans ses pensées : *Son refus me rend pensive* (**SYN.** méditatif, rêveur, songeur). *Elle avait un regard pensif* (**SYN.** absorbé, préoccupé, soucieux).

pension n.f. (du lat. *pensio, pensionis*, paiement, de *pendere*, peser, payer). **1.** Somme d'argent versée régulièrement à qqn : *Cet ancien combattant perçoit une maigre pension* (**SYN.** allocation). **2.** Somme que l'on verse pour être logé, nourri : *Depuis qu'elle travaille, elle verse une petite pension à ses parents.* **3.** Fait d'être logé, nourri, moyennant rétribution : *Ils ont pris un étudiant en pension. Ils ont choisi la pension complète* (= l'hébergement et tous les repas). **4.** Établissement d'enseignement où les élèves peuvent être internes (**SYN.** internat, pensionnat). **5.** En Belgique, retraite : *Elle a pris sa pension.* ▸ ***Pension de famille,*** hôtel très simple, rappelant la vie familiale.

pensionnaire n. **1.** Personne qui verse une pension pour être logée et nourrie. **2.** Élève interne.

pensionnat n.m. Établissement d'enseignement qui reçoit des internes ; ensemble des élèves de cet établissement.

pensionné, e adj. et n. **1.** Qui reçoit une pension : *Un pensionné de guerre.* **2.** En Belgique, retraité.

pensionner v.t. [conj. 3]. Verser une pension à qqn.

pensivement adv. De manière pensive (**SYN.** rêveusement).

pensum [pɛ̃sɔm] n.m. (mot lat. signif. « tâche »). Travail ennuyeux, pénible : *Elle considère la rédaction de ce compte rendu comme un vrai pensum* (**SYN.** corvée).

pentacle [pɛ̃takl] ou **pantacle** n.m. Étoile à cinq branches à laquelle les occultistes attribuent un pouvoir magique.

pentadécagone [pɛ̃tadekagɔn] ou **pentédécagone** [pɛ̃tedekagɔn] n.m. Polygone qui a quinze angles, et donc quinze côtés.

pentaèdre [pɛ̃taɛdr] n.m. et adj. Polyèdre à cinq faces.

pentagonal, e, aux [pɛ̃tagɔnal, o] adj. Qui a la forme d'un pentagone : *Un bâtiment pentagonal.*

pentagone [pɛ̃tagɔn] n.m. Polygone qui a cinq angles, et donc cinq côtés. ▸ ***Le Pentagone,*** l'état-major des forces armées des États-Unis.

pentamètre [pɛ̃tamɛtr] n.m. Vers de cinq syllabes.

pentasyllabe [pɛ̃tasilab] n.m. et adj. Vers ou mot de cinq syllabes.

pentathlon [pɛ̃tatlɔ̃] n.m. (du gr. *pente,* cinq, et *athlos,* combat). Discipline olympique combinant le cross, l'équitation, la natation, l'escrime, le tir (on dit aussi *le pentathlon moderne*).

pentathlonien, enne [pɛ̃tatlɔnjɛ̃, ɛn] n. Athlète qui dispute un pentathlon.

pentatonique [pɛ̃tatɔnik] adj. (du gr. *pente,* cinq, et *tonos,* ton). En musique, qui est constitué de cinq sons.

pente n.f. (lat. *pendita,* de *pendere,* pendre). **1.** Inclinaison d'un terrain, d'une surface : *Cette route a une forte pente* (**SYN.** déclivité). **2.** Terrain incliné par rapport à l'horizontale : *Il dévala la pente de la colline avec son V.T.T.* (**SYN.** versant). **3.** Tendance dominante de qqn ; inclination profonde : *Sa pente naturelle le porte à l'indulgence* (**SYN.** penchant, propension). ▸ ***Être sur la mauvaise pente,*** se laisser aller à ses mauvais penchants. ***Être sur une pente glissante*** ou ***savonneuse,*** aller vers les pires difficultés. ***Remonter la pente,*** être dans une situation qui s'améliore, après une période de difficultés ; rentrer dans le droit chemin : *Aider des jeunes en difficulté à remonter la pente.*

Pentecôte [pɑ̃tkot] n.f. (du gr. *pentêkostê [hêmera],* cinquantième [jour]). **1.** Fête juive commémorant la remise des Tables de la Loi à Moïse. **2.** Fête chrétienne commémorant la descente du Saint-Esprit sur les apôtres.

pentédécagone [pɛ̃tedekagɔn] n.m. → **pentadécagone.**

pentu, e adj. En pente ; incliné : *Le toit pentu d'un chalet. Un chemin très pentu.*

penture n.f. (de *pente*). Bande métallique, garniture de fer qui soutient sur ses gonds une porte, un volet.

pénultième n.f. et adj. (lat. *paenultimus,* de *paene,* presque, et *ultimus,* dernier). Avant-dernière syllabe d'un mot, d'un vers.

pénurie n.f. (lat. *penuria*). **1.** Manque de ce qui est nécessaire : *La région connaît une terrible pénurie de vivres* (= disette ; **SYN.** insuffisance ; **CONTR.** abondance). **2.** Insuffisance notoire : *Il y a une pénurie de médecins dans ce pays en développement* (**CONTR.** pléthore, profusion).

péon [peɔn] n.m. (esp. *peón*) [pl. *péons* ou *péones*]. En Amérique du Sud, paysan, ouvrier agricole : *Les conditions de vie des péons.*

pep n.m. → **peps.**

pépé n.m. **1.** Grand-père, dans le langage enfantin. **2.** *Fam.* Homme d'un certain âge.

pépère n.m. **1.** Grand-père, dans le langage enfantin. **2.** *Fam.* Gros homme, gros garçon d'allure paisible. ◆ adj. *Fam.* Se dit de ce qui est tranquille, paisible : *Des vacances pépères.*

pépie n.f. (du lat. *pituita,* pituite). ▸ *Fam.* ***Avoir la pépie,*** avoir très soif.

pépiement [pepimɑ̃] n.m. Cri des jeunes oiseaux : *Le pépiement des oisillons affamés.*

pépier v.i. (onomat.) [conj. 9]. Crier, en parlant des petits oiseaux, des poussins.

① **pépin** n.m. **1.** Chacune des graines d'une baie, d'un gros fruit comme le melon, le concombre : *Les pépins du raisin, de la pastèque.* **2.** *Fam.* Ennui sérieux et imprévu : *Il y a eu un pépin au décollage de l'avion* (**SYN.** problème).

② **pépin** n.m. (du nom d'un personnage de vaudeville). *Fam.* Parapluie.

pépinière n.f. (de *1. pépin*). **1.** Lieu où l'on cultive de jeunes végétaux destinés à être transplantés. **2.** *Fig.* Lieu où sont formées des personnes destinées à une profession : *Cette école est une pépinière d'ingénieurs.* (**SYN.** vivier).

pépiniériste n. et adj. Personne qui cultive une pépinière.

pépite n.f. (de l'esp. *pepita,* pépin). Petite masse d'un métal pur : *Ils ont trouvé des pépites d'or dans la rivière.* ▸ ***Pépite de chocolat,*** petit bout de chocolat dont on garnit les biscuits.

péplum [peplɔm] n.m. (lat. *peplum,* du gr. *peplos*). **1.** Dans l'Antiquité grecque, tunique de femme sans manches. **2.** *Iron.* Film à grand spectacle s'inspirant de l'histoire ou de la mythologie antiques : *Un amateur de péplums.*

peppermint [pepərmint] n.m. (mot angl., de *pepper,* poivre, et *mint,* menthe). Liqueur de menthe.

peps [pɛps] ou, vieilli, **pep** [pɛp] n.m. (de l'angl. *pepper,* poivre). *Fam.* Dynamisme ; vitalité.

pepsine n.f. (du gr. *pepsis,* digestion). Une des enzymes du suc gastrique, qui commence la digestion des protéines.

peptide n.m. Protide constitué par l'union d'un petit nombre de molécules d'acides aminés.

peptidique adj. Relatif à un peptide.

peptique adj. Relatif à la pepsine.

péquenaud, e n. ou **péquenot** n.m. (de *pékin*). *Fam., péjor.* Paysan.

péquet ou **péket** [pekɛ] n.m. En Belgique, eau-de-vie parfumée au genièvre.

péquin n.m. → **pékin.**

péquiste n. et adj. Au Québec, partisan du Parti québécois, ou PQ ; relatif à ce parti.

perçage n.m. **1.** Action de percer une matière : *Le perçage du cuir.* **2.** Pratique consistant à percer certaines parties du corps pour y fixer un bijou ; ce bijou : *Il a un perçage au nombril* (**SYN.** piercing [anglic.]).

percale n.f. (du persan *pergâla,* toile très fine). Tissu de coton ras et très serré.

percaline n.f. Toile de coton légère.

perçant, e adj. **1.** Qui pénètre l'organisme : *Un froid perçant* (**SYN.** pénétrant). **2.** Se dit d'un son aigu : *Les cris perçants de la victime alarmèrent ses voisins* (**SYN.** strident). **3.** Se dit d'une vision d'une grande acuité : *L'aigle a une vue perçante.*

perce n.f. Outil servant à percer. ▸ ***Mettre un tonneau en perce,*** y faire un trou pour en soutirer le contenu.

percée n.f. **1.** Ouverture ménageant un chemin, ou dégageant une perspective : *L'urbaniste a pratiqué une percée dans les vieux quartiers* (**SYN.** trouée). **2.** Action de rompre et de traverser la ligne défensive de l'adversaire ; brèche. **3.** Progrès rapide et spectaculaire : *La percée d'un nouveau produit sur le marché* (**SYN.** avancée ; **CONTR.** déclin).

percement n.m. Action de percer, de pratiquer une ouverture, un passage : *Le percement d'une porte, d'une rue.*

perce-muraille n.f. (pl. *perce-murailles*). Pariétaire.

perce-neige n.m. inv. ou n.f. inv. Plante dont les fleurs blanches s'épanouissent à la fin de l'hiver, quand le sol est encore recouvert de neige.

perce-oreille n.m. (pl. *perce-oreilles*). Insecte, appelé aussi *forficule,* et dont l'abdomen se termine en forme de pince.

percepteur, trice n. (du lat. *perceptus,* de *percipere,* recueillir). Fonctionnaire du Trésor, chargé de recouvrer les impôts directs.

perceptible adj. **1.** Qui peut être saisi, perçu par les sens ; audible, visible : *Les chromosomes ne sont pas perceptibles à l'œil nu* (**CONTR.** imperceptible). **2.** Qui peut être compris, perçu par l'esprit : *La raillerie était perceptible dans sa remarque* (**SYN.** clair, intelligible ; **CONTR.** insaisissable). ☞ **REM.** Ne pas confondre avec *percevable.*

perceptif, ive adj. Relatif à la perception par les sens.

perception n.f. (lat. *perceptio, perceptionis,* de *percipere,* recueillir). **1.** Action, fait de percevoir par les sens, par l'esprit : *La perception des couleurs varie d'un animal à l'autre.* **2.** Recouvrement des impôts par le percepteur : *La perception d'une amende* (**SYN.** encaissement). **3.** Fonction, emploi de percepteur ; bureau du percepteur : *Il va acheter un timbre fiscal à la perception.*

percer v.t. (lat. *pertusus,* de *pertundere,* trouer) [conj. 16]. **1.** Faire un trou de part en part dans : *Percer un mur pour faire passer un fil électrique* (**SYN.** perforer). *Percer un ballon de baudruche* (**SYN.** crever). *Le bijoutier lui a percé les oreilles.* **2.** Pratiquer une ouverture, un passage : *Percer un tunnel* (**SYN.** forer, ouvrir ; **CONTR.** boucher, obstruer). *Percer une fenêtre dans une façade.* **3.** Passer au travers de ; traverser : *La pluie a percé ma veste* (**SYN.** transpercer). **4.** Découvrir, comprendre ce qui était caché, secret : *Grâce à ces documents, le commissaire a enfin pu percer le mystère* (**SYN.** pénétrer, saisir). ▸ *Litt.* ***Percer le cœur,*** faire une grande peine à ; affliger : ***Son qui perce les oreilles*** ou ***les tympans,*** qui fait mal aux oreilles tant il est aigu et puissant. ◆ v.i. **1.** Apparaître : *Le soleil perce à travers les nuages* (**SYN.** poindre [litt.]). **2.** S'ouvrir, en laissant échapper qqch : *L'ampoule qu'il avait au pied a percé* (**SYN.** crever). **3.** Se manifester au grand jour ; se montrer : *Rien n'a percé de l'entrevue des deux chefs d'État* (**SYN.** filtrer, transpirer). **4.** Acquérir de la notoriété : *Cette jeune actrice est en train de percer* (**SYN.** s'imposer, réussir).

percet n.m. En Suisse, perçoir.

perceur, euse n. Personne qui perce.

perceuse n.f. Machine pour percer : *Une perceuse électrique.*

percevable adj. Qui peut être encaissé : *Une taxe percevable* (**SYN.** recouvrable). ☞ **REM.** Ne pas confondre avec *perceptible.*

percevoir v.t. (du lat. *percipere,* recueillir) [conj. 52]. **1.** Saisir par les sens ou par l'esprit : *Sur l'échographie, on perçoit bien les mains du fœtus* (**SYN.** discerner, distinguer, repérer). **2.** Recevoir, recueillir de l'argent : *Vous devriez percevoir une indemnité de l'assurance* (**SYN.** toucher). *L'État perçoit une taxe sur les cigarettes* (**SYN.** encaisser, recouvrer).

① **perche** n.f. (lat. *perca,* du gr. *perkê*). Poisson des lacs et des cours d'eau lents, à chair estimée.

② **perche** n.f. (du lat. *pertica,* gaule). **1.** Pièce longue et mince, faite d'une matière dure : *Les perches d'un téléski. Elle s'est accrochée à la perche que le maître nageur lui a tendue.* **2.** Longue tige de fibre de verre dont on se sert pour le saut à la perche, qui consiste à sauter le plus haut possible à l'aide de cet instrument. **3.** Au cinéma, à la télévision, long support mobile au bout duquel est suspendu le micro. **4.** Tige métallique permettant aux tramways, aux trolleybus de capter le courant des fils aériens. ▸ *Fam.* ***Grande perche,*** personne grande et maigre. ***Tendre la perche à qqn,*** lui permettre de se tirer d'embarras.

percher v.i. (de *2. perche*) [conj. 3]. **1.** Se poser, en parlant d'un oiseau : *La pie perche sur le bouleau* (**SYN.** brancher). **2.** *Fam.* Loger, demeurer : *Ils perchent à l'autre bout du village.* ◆ v.t. Placer en un endroit élevé : *Elle a perché la statuette sur le haut de la bibliothèque.* ◆ **se percher** v.pr. **1.** Se poser, en parlant d'un oiseau : *Les hirondelles se sont perchées sur le toit.* **2.** Monter sur qqch de haut, en parlant de qqn : *Les paparazzi se sont perchés sur le mur du parc* (**SYN.** se jucher).

percheron, onne adj. et n. Se dit d'une race de chevaux de trait originaires du Perche, grands et puissants.

perchiste n. **1.** Sportif qui saute à la perche. **2.** Au cinéma et à la télévision, technicien chargé de la perche. **3.** Employé d'un remonte-pente qui tend les perches aux skieurs.

perchman [pɛrʃman] n.m. (de *2. perche* et de l'angl. *man*). Au cinéma, perchiste.

perchoir n.m. **1.** Lieu où perchent les oiseaux domestiques ; juchoir : *Le perroquet dormait sur son perchoir.* **2.** *Fam.* Endroit élevé où se tient qqn : *Le professeur descendit de son perchoir* (**SYN.** estrade). ▸ ***Le perchoir,*** tribune où se tient le président de l'Assemblée nationale, en France ; fonction qu'il exerce : *On lui a promis le perchoir.*

perclus, e adj. (du lat. *perclusus,* obstrué, de *claudere,* fermer). Qui a de la difficulté à se mouvoir ; impotent, paralysé.

perçoir n.m. Outil servant à percer.

percolateur n.m. (du lat. *percolare,* filtrer, de *colum,* tamis). Appareil servant à faire du café à la vapeur.

percussion n.f. (lat. *percussio, percussionis*). Choc résultant de l'action d'un corps qui en percute un autre : *Tailler un silex par percussion.* ▸ ***Instruments à percussion,*** dont on tire le son en les frappant (djembé, tambourin, grosse caisse, etc.).

percussionniste n. Musicien qui joue d'un instrument à percussion.

percutané, e adj. Qui se fait à travers la peau : *L'action percutanée d'un timbre médical* (**SYN.** transdermique).

percutant, e adj. **1.** Qui percute qqch : *Le véhicule percutant a été détruit.* **2.** Qui atteint son but avec force, sûreté : *Un argument percutant* (**SYN.** frappant).

percuter v.t. (du lat. *percutere,* frapper, de *quatere,* secouer) [conj. 3]. Heurter, frapper : *Les marteaux du piano percutent les cordes. Le camion a percuté un bus* (**SYN.** tamponner, télescoper). ◆ v.i. Heurter avec une grande violence : *La voiture a percuté contre un pilier du tunnel.*

percuteur n.m. Dans une arme à feu, pièce métallique dont la pointe frappe l'amorce et la fait détoner.

perdant, e adj. et n. Qui perd ; qui est vaincu : *L'équipe perdante conteste la décision de l'arbitre* (**CONTR.** gagnant). *Les salariés de plus de cinquante ans sont les grands perdants dans cette négociation* (**CONTR.** bénéficiaire). ▸ ***Être bon, mauvais perdant,*** savoir, ne pas savoir perdre avec bonne grâce et sportivité. ***Partir perdant,*** être désavantagé dès le départ ; entreprendre qqch sans espoir de réussir.

perdition n.f. (du lat. *perditio, perditionis,* perte). **1.** Ruine morale : *Un lieu de perdition* (= de débauche). **2.** État de péché menant à la ruine de l'âme. ▸ ***En perdition,*** se dit d'un navire en danger de faire naufrage ; fig., se dit d'une entreprise menacée d'être anéantie.

perdre v.t. (lat. *perdere*) [conj. 77]. **1.** Cesser de posséder, d'avoir à sa disposition : *La joueuse a perdu une grosse somme au poker* (**CONTR.** gagner). *Avec la nouvelle politique salariale, ils risquent de perdre certains avantages* (**CONTR.** conserver, garder). **2.** Cesser d'avoir une partie de soi, une faculté : *Grâce à ce régime, il a perdu quinze kilos* (**CONTR.** prendre). *Elle a perdu la vue.* **3.** Être privé d'un de ses éléments, d'une de ses parties : *La voiture a perdu un enjoliveur* (**CONTR.** récupérer). *La tenture a perdu sa fraîcheur* (**CONTR.** reprendre, retrouver). **4.** Abandonner un comportement ; ne plus éprouver un sentiment : *Je souhaiterais que tu perdes l'habitude d'arriver en retard ! Ne perdons pas espoir, il est encore possible qu'on le retrouve vivant* (= ne désespérons pas). **5.** Ne plus pouvoir trouver : *J'ai perdu une boucle d'oreille* (**SYN.** égarer). **6.** Cesser de contrôler par la pensée, de maintenir un lien avec : *Elle n'a pas perdu un mot de notre conversation* (= elle a tout suivi). *La police a perdu la trace du kidnappeur.* **7.** Être séparé de qqn par la mort : *Elle a perdu son mari il y a deux ans.* **8.** Être quitté par qqn : *Depuis cette affaire, l'équipe a perdu beaucoup de supporteurs.* **9.** Avoir le dessous dans une compétition : *Le joueur d'échecs a perdu la première partie* (**CONTR.** gagner, remporter). *L'ancien député a perdu son siège.* **10.** Faire un mauvais emploi de : *J'ai perdu deux heures à essayer de l'appeler* (**SYN.** gâcher, gaspiller). *En disposant le lit de cette façon, nous risquons de perdre de la place.* **11.** Ne pas profiter de ; laisser échapper : *Ils ont perdu une occasion de marquer un but* (**SYN.** manquer). **12.** Faire subir un grave préjudice matériel ou moral à : *Sa crédulité l'a perdu.* ▸ ***N'avoir rien à perdre,*** n'être exposé à aucune conséquence fâcheuse en agissant de telle façon ; être dans une situation telle qu'on ne peut rien redouter de pire. ***Ne rien perdre pour attendre,*** n'avoir aucune chance d'échapper à une punition ou à une revanche. ***Perdre de vue,*** cesser d'être en relation avec qqn, de s'occuper de qqch. ***Perdre du terrain,*** aller moins vite que son adversaire ; reculer. ***Perdre la raison*** ou ***la tête,*** ne plus avoir tout son bon sens ; devenir fou. ◆ v.i. **1.** Avoir le dessous ; être vaincu, battu : *Cette championne ne peut pas perdre* (**CONTR.** gagner). **2.** Faire une perte d'argent : *Ce spéculateur a beaucoup perdu.* **3.** Ne pas bénéficier d'un avantage : *Tu n'as rien perdu en n'assistant pas à la réunion.* ◆ **se perdre** v.pr. **1.** Ne plus trouver son chemin : *Elles se sont perdues dans le centre-ville* (**SYN.** s'égarer). **2.** Ne plus être perceptible ; disparaître : *Le voleur se perdit dans la foule* (**SYN.** se fondre). **3.** Devenir inutilisable ; s'avarier : *Les pêches vont se perdre si on ne les mange pas tout de suite* (**SYN.** se gâter, pourrir). **4.** Cesser d'être en usage : *Cette coutume tend à se perdre* (**SYN.** disparaître, s'éteindre). ▸ ***Se perdre dans les détails,*** s'y attarder trop longuement. ***S'y perdre,*** ne plus rien comprendre : *Je m'y perds ; qui est le frère de qui ?*

perdreau n.m. Petit de la perdrix, né dans l'année. ▸ *Fam.* ***Perdreau de l'année,*** personne qui fait preuve d'une naïveté confondante ; débutant : *Ce vieux député n'est pas un perdreau de l'année.*

perdrix [pɛrdri] n.f. (lat. *perdix, perdicis*). Oiseau gallinacé au corps épais, qui est un gibier recherché.

perdu, e adj. **1.** Se dit d'un bien dont on est définitivement privé : *Pleurer sur sa fortune perdue. « Les Illusions perdues » de Balzac.* **2.** Que l'on ne retrouve plus : *Les employés de la voirie ramassent beaucoup d'objets perdus.* **3.** Qui échappe à toute direction, à tout contrôle : *Une balle perdue.* **4.** Qui a été mal employé : *Toutes ces heures passées dans les embouteillages, quel temps perdu !* **5.** Qui est devenu inutilisable : *La viande est perdue* (**SYN.** avarié). **6.** Se dit de qqn qui est ruiné : *Un industriel perdu.* **7.** Dont la situation est désespérée : *Cette malade est perdue* (**SYN.** condamné). **8.** Situé à l'écart ; isolé : *Ils habitent dans un village perdu.* ▸ ***À mes, tes, ses,*** etc., ***moments perdus,*** à mes moments de loisir, quand je n'ai rien d'autre à faire : *Elle joue du piano à ses moments perdus.* ***Être perdu dans ses pensées,*** y être profondément plongé. ◆ n. ▸ ***Comme un perdu, une perdue,*** de toutes ses forces ; avec toute son énergie : *Les personnes bloquées criaient comme des perdues.*

perdurer v.i. [conj. 3]. *Litt.* Continuer d'être ; se perpétuer : *Cette coutume perdure dans certaines régions* (**SYN.** subsister).

père n.m. (lat. *pater, patris*). **1.** Homme qui a un ou plusieurs enfants : *Le père donne le biberon à son bébé.* **2.** Homme qui agit en père : *Cet ami de la famille a été un père pour mes frères et moi.* **3.** Parent mâle d'un être vivant, d'un animal : *Le père de ce chien a gagné plusieurs concours.* **4.** Titre donné aux prêtres réguliers et séculiers : *Le père Martin a célébré la messe.* **5.** *Fam.* (Suivi d'un nom propre). Appellation familière pour désigner un homme d'un certain âge : *Le père Leblanc marche encore bien.* **6.** (Avec une majuscule). Dans le christianisme, Dieu, en tant que Créateur : *Dieu le Père. Notre Père qui êtes aux cieux.* **7.** En Afrique, tout homme âgé que l'on respecte ; oncle paternel (on dit aussi *père cadet* ou *petit père,* par opp. à vrai père) ; prêtre blanc (par opp. à abbé). ▸ ***De père en fils,*** par transmission successive du père aux enfants : *Cette recette secrète se transmet de père en fils.* ***Le père de,*** l'initiateur, le créateur, le fondateur de : *Freud est le père de la psychanalyse.* ***Les Pères de l'Église,*** les écrivains de l'Antiquité chrétienne (IIe - VIIe siècle) dont les œuvres font autorité en matière de foi (on dit aussi *les docteurs de l'Église*). ***Père spirituel,*** personne que l'on prend comme directeur de conscience ou comme modèle : *Martin Luther King est son père spirituel.* ***Placement de père de famille,*** d'un rapport modeste mais qui assure un revenu stable. ◆ **pères** n.m. pl. *Litt.* (Précédé d'un déterminant possessif). Les ancêtres, les aïeux : *Il pense que l'on s'exprimait mieux du temps de nos pères.*

pérégrination [peregrinasjɔ̃] n.f. (du lat. *peregrinari,* voyager, de *peregrinus,* voyageur). (Surtout au pl.). Allées et venues incessantes ; déplacements nombreux : *Les pérégrinations des Vikings.*

péremption [perɑ̃psjɔ̃] n.f. (du lat. *perimere,* détruire). Prescription qui atteint une procédure lorsqu'un certain délai s'est écoulé sans qu'un nouvel acte intervienne. ☞ **REM.** Ne pas confondre avec *préemption.* ▸ ***Date de péremption,*** au-delà de laquelle un produit est périmé : *Vérifier la date de péremption d'un médicament.*

péremptoire [perɑ̃ptwar] adj. (du lat. *peremptus,* détruit). À quoi l'on ne peut rien répliquer : *Parler sur un ton péremptoire* (**SYN.** cassant, catégorique, tranchant).

péremptoirement [perɑ̃ptwarmɑ̃] adv. De façon péremptoire.

pérennant, e adj. En botanique, qui peut vivre, subsister plusieurs années : *Les bulbes sont des organes pérennants.*

pérenne adj. (du lat. *perennis,* durable). *Sout.* Se dit de ce qui dure longtemps ou depuis longtemps : *Un règlement pérenne* (**SYN.** durable ; **CONTR.** éphémère).

pérennisation n.f. Action de pérenniser.

pérenniser v.t. [conj. 3]. Rendre durable : *Ils souhaitent pérenniser cette tradition* (**SYN.** immortaliser, perpétuer [sout.]).

pérennité n.f. *Litt.* Caractère de ce qui dure toujours : *La pérennité d'une institution.*

péréquation [perekwasjɔ̃] n.f. (du lat. *paraequare,* égaliser). Répartition des charges financières, des impôts proportionnellement aux possibilités de chacun.

perestroïka [perɛstrɔika] n.f. (mot russe signif. « reconstruction, restructuration »). Politique soviétique de restructuration économique mise en œuvre à partir de 1985.

perfectible adj. Susceptible d'être perfectionné : *Une qualité d'image perfectible* (**SYN.** améliorable).

perfectif, ive adj. Se dit d'une forme verbale indiquant que l'action est envisagée comme achevée : *La phrase « il a bu un verre » représente une forme perfective du verbe « boire ».* ◆ **perfectif** n.m. Aspect perfectif ; ensemble des formes verbales perfectives.

perfection n.f. (lat. *perfectio, perfectionis,* de *perficere,* achever). **1.** Qualité de ce qui est parfait : *La patineuse a atteint la perfection dans les figures libres. La perfection d'un enregistrement* (**CONTR.** défectuosité, médiocrité). **2.** Personne, chose parfaite : *Son assistante est une perfection* (**SYN.** perle, trésor). ▸ ***À la perfection,*** d'une manière parfaite ; parfaitement : *Un appeau qui imite le chant du merle à la perfection.*

perfectionné, e adj. Doté des derniers perfectionnements ; ultramoderne.

perfectionnement n.m. Action de perfectionner, de se perfectionner ; son résultat : *Cet employé suit des cours de perfectionnement en informatique. Le perfectionnement des appareils photo numériques* (**SYN.** amélioration, progrès).

perfectionner v.t. [conj. 3]. Rendre plus proche de la perfection : *Ce logiciel est à perfectionner* (**SYN.** améliorer, parfaire). ◆ **se perfectionner** v.pr. Devenir meilleur : *Elle veut se perfectionner en allemand* (**SYN.** progresser).

perfectionnisme n.m. Recherche excessive de la perfection.

perfectionniste adj. et n. Qui fait preuve de perfectionnisme : *Ce traducteur est un perfectionniste.*

perfide adj. et n. (du lat. *perfidus,* trompeur). *Litt.* Qui manque de loyauté ; fourbe, sournois : *Une insinuation perfide* (**SYN.** insidieux).

perfidement adv. *Litt.* Avec perfidie.

perfidie n.f. *Litt.* **1.** Caractère d'une personne perfide : *Ce journaliste est célèbre pour sa perfidie* (**SYN.** déloyauté, traîtrise ; **CONTR.** droiture, loyauté). **2.** Acte ou parole perfide : *On ne lui a pas pardonné ses perfidies* (**SYN.** fourberie).

perforant, e adj. Qui perfore : *Un ulcère perforant.*

perforateur, trice adj. Qui perfore, sert à perforer : *Un marteau perforateur.* ◆ **perforatrice** n.f. Machine utilisée pour perforer la roche, le sol.

perforation n.f. **1.** Action de perforer ; trou qui en résulte : *La perforation d'un métal.* **2.** Ouverture pathologique dans la paroi d'un organe : *Une perforation de la vésicule biliaire.*

perforer v.t. (lat. *perforare*) [conj. 3]. Pratiquer un trou dans : *Perforer une feuille pour la mettre dans un classeur* (**SYN.** percer, trouer). *La machine perfore les tickets* (**SYN.** poinçonner).

performance n.f. (mot angl., de l'anc. fr. *parformer,* accomplir). **1.** Résultat obtenu dans une compétition ; chiffre qui mesure ce résultat : *Une belle performance. Sa meilleure performance est de six mètres* (**SYN.**

record). **2.** Réussite remarquable : *Écrire un livre de cette qualité en si peu de temps, c'est une performance* (SYN. exploit, prouesse). **3.** Résultat obtenu dans l'exécution d'une tâche : *Cet élève pourrait améliorer ses performances.* **4.** Mode d'expression artistique contemporain qui consiste à produire un événement dont le déroulement constitue l'œuvre. ◆ **performances** n.f. pl. Indications chiffrées caractérisant les possibilités optimales d'un matériel : *Les performances d'un moteur de recherche sur Internet.*

performant, e adj. Capable de bons résultats : *L'entreprise est devenue performante* (SYN. compétitif).

perfuser v.t. [conj. 3]. Faire une perfusion à : *Perfuser un grand brûlé.*

perfusion n.f. (du lat. *perfundere,* verser sur, de *fundere,* répandre). Introduction lente et continue de sérum ou de médicament dans le sang : *Mettre un malade sous perfusion* (SYN. goutte-à-goutte).

pergélisol ou **permafrost** n.m. Partie du sol gelée en permanence, dans certaines parties du globe.

pergola n.f. (mot it., du lat. *pergula,* tonnelle). Petite construction de jardin destinée à servir de support à des plantes grimpantes ; tonnelle : *La vigne a recouvert la pergola.*

périanthe [perjɑ̃t] n.m. (du gr. *peri,* autour, et *anthos,* fleur). Ensemble des enveloppes de la fleur qui entourent les étamines et le pistil et comprennent le calice et la corolle.

périarthrite n.f. Inflammation des tissus qui entourent une articulation.

périarticulaire adj. Qui siège autour d'une articulation : *Affection périarticulaire.*

péricarde n.m. (du gr. *peri,* autour, et *kardia,* cœur). Membrane qui enveloppe le cœur.

péricardique adj. Relatif au péricarde.

péricardite n.f. Inflammation du péricarde.

péricarpe n.m. (du gr. *peri,* autour, et *karpos,* fruit). Partie du fruit qui entoure et protège la graine.

péricliter v.i. (lat. *periclitari,* de *periculum,* péril) [conj. 3]. Aller à la ruine ; décliner : *Cette entreprise périclite* (SYN. sombrer ; CONTR. prospérer). *Sa santé périclite* (SYN. baisser).

péridural, e, aux adj. Qui est situé, qui se fait autour de la dure-mère. ▸ ***Anesthésie péridurale,*** anesthésie locale du bassin, pratiquée en obstétrique (on dit aussi *une péridurale*).

périf ou **périph** n.m. (abrév.). *Fam.* Boulevard périphérique.

périgée n.m. (du gr. *peri,* autour, et *gê,* terre). Point de l'orbite d'un astre le plus rapproché de la Terre (par opp. à apogée) : *Calculer le périgée d'une planète.*

périhélie n.m. (du gr. *peri,* autour, et *hêlios,* soleil). Point de l'orbite d'une planète le plus proche du Soleil (par opp. à aphélie) : *Déterminer le périhélie de Jupiter.*

péri-informatique n.f. et adj. (pl. *péri-informatiques*). Ensemble des activités concernant les composants périphériques d'un système informatique : ensemble de ces composants.

péril [peril] n.m. (lat. *periculum*). *Sout.* **1.** Situation où la sécurité de qqn, de qqch est menacée : *En acceptant cette offre, vous auriez mis votre entreprise en péril* (SYN. danger). **2.** Danger qui menace qqch, qqn : *Les spationautes sont conscients des périls que présente leur mission* (SYN. écueil, risque). ▸ ***Au péril de sa vie,*** en s'exposant à la mort : *Le pompier est entré dans la maison en flammes au péril de sa vie.*

périlleusement [perijøzmɑ̃] adv. *Sout.* D'une façon périlleuse ; dangereusement.

périlleux, euse [perijø, øz] adj. Où il y a du péril ; dangereux : *Un voyage périlleux* (SYN. risqué ; CONTR. sûr). *La journaliste aborda un sujet périlleux* (SYN. délicat, hasardeux).

périmé, e adj. **1.** Qui n'est plus valable, valide : *Ce bon de réduction est périmé.* **2.** Se dit d'un produit périssable qui n'est plus consommable : *Ne bois pas ce lait, il est périmé depuis deux semaines* (= sa date de péremption est révolue). **3.** Qui est passé de mode : *Cette méthode est périmée* (SYN. dépassé, désuet ; CONTR. actuel, moderne).

se **périmer** v.pr. (du lat. *perimere,* détruire) [conj. 3]. Perdre sa validité : *Sa carte de séjour s'est périmée.*

périmètre n.m. (du gr. *peri,* autour, et *metron,* mesure). **1.** En géométrie, ligne délimitant le contour d'une figure plane ; longueur de cette ligne : *Le périmètre d'un cercle* (= circonférence). *Le périmètre de ce carré est de 16 centimètres.* **2.** Contour d'un espace quelconque : *Le périmètre d'un lac* (SYN. périphérie, pourtour). **3.** Étendue ; surface : *On entend la sirène des pompiers dans un vaste périmètre* (SYN. zone).

périnatal, e, als ou **aux** adj. Se dit de la période couvrant la fin de la grossesse et les premiers jours de vie.

périnatalité n.f. Période périnatale.

périnatalogie n.f. Médecine périnatale.

périnée n.m. (gr. *perineos*). En anatomie, région du corps comprise entre l'anus et les parties génitales.

période n.f. (lat. *periodus,* du gr. *periodos,* circuit, de *peri,* autour, et *hodos,* route, chemin). **1.** Espace de temps : *Il part aux États-Unis pour une période de deux ans* (SYN. durée). **2.** Espace de temps caractérisé par certains événements : *À cette période de l'année, il vaut mieux réserver* (SYN. époque). **3.** En médecine, phase d'une maladie : *Quelle est la période d'incubation de la scarlatine ?* **4.** Chacune des grandes divisions des ères géologiques : *La quatrième période de l'ère primaire.* **5.** En parlant d'un phénomène oscillatoire, intervalle de temps qui s'écoule entre deux passages au même point : *La période d'un pendule.* **6.** En sports, chaque partie d'un match ; mi-temps : *Cette équipe a dominé pendant la première période.* **7.** Phrase de prose assez longue et de structure complexe.

périodicité n.f. Caractère de ce qui est périodique ; fréquence : *La périodicité d'une éclipse.*

périodique adj. **1.** Qui revient à intervalles fixes : *Un phénomène périodique* (SYN. cyclique, régulier). *Le mouvement périodique d'un pendule* (SYN. oscillatoire). **2.** Se dit des protections destinées aux femmes pendant leurs règles : *Une serviette périodique* (SYN. hygiénique). ▸ ***Classification périodique des éléments,*** tableau des éléments chimiques, présentés selon l'ordre croissant de leurs numéros atomiques. ◆ n.m. Publication qui paraît à intervalles réguliers ; magazine : *Il est abonné à un périodique bimensuel.*

périodiquement adv. De façon périodique : *Les*

compteurs sont relevés périodiquement (**SYN.** régulièrement).

périoste n.m. (du gr. *peri*, autour, et *osteon*, os). Membrane qui entoure les os et assure leur croissance en épaisseur.

péripatéticienne n.f. *Litt.* Prostituée.

péripétie [peripesi] n.f. (du gr. *peripeteia*, événement imprévu). **1.** Changement brusque de situation : *Les péripéties d'un roman* (**SYN.** rebondissement). **2.** Événement imprévu qui ne bouleverse pas le déroulement d'une action : *Malgré quelques péripéties, ils sont arrivés à bon port* (**SYN.** anicroche, incident).

périph [perif] n.m. → **périf.**

périphérie n.f. (du gr. *periphereia*, circonférence). **1.** Ensemble des quartiers éloignés du centre d'une ville ; banlieue. **2.** Ce qui s'étend sur le pourtour de qqch : *Ils ont planté des arbres à la périphérie du lac* (**SYN.** bordure, lisière, périmètre).

périphérique adj. **1.** Relatif à la périphérie ; situé à la périphérie : *Les quartiers périphériques de cette ville sont mal desservis* (**SYN.** excentrique, périurbain ; **CONTR.** central). **2.** Qui n'appartient ni à l'unité de traitement ni à la mémoire centrale d'un système informatique : *L'imprimante est un élément périphérique de l'ordinateur.* **3.** En médecine, qui est situé à la périphérie du corps, d'un organe : *Le système nerveux périphérique.* ▸ ***Boulevard périphérique,*** voie facilitant la circulation rapide autour d'une ville (on dit aussi *le périphérique*) : *Il y a vingt kilomètres de bouchons sur le boulevard périphérique* (abrév. fam. périf). ◆ n.m. **1.** Boulevard périphérique d'une grande ville. **2.** Élément périphérique d'un système informatique : *Il faut allumer les périphériques avant l'unité centrale.*

périphrase n.f. (lat. *periphrasis*, du gr. *periphrazein*, parler par circonlocutions). **1.** Locution que l'on substitue à un mot unique : *« La ville rose » est une périphrase pour « Toulouse ».* **2.** Détour de langage : *Ne parlez pas par périphrases, dites-moi franchement votre pensée* (**SYN.** circonlocution). ☞ **REM.** Ne pas confondre avec *paraphrase.*

périphrastique adj. Qui forme une périphrase. ☞ **REM.** Ne pas confondre avec *paraphrastique.*

périple n.m. (du gr. *periplous*, navigation autour). **1.** Voyage de découverte, d'exploration par voie maritime : *Le long périple de Magellan* (**SYN.** circumnavigation). **2.** Long voyage touristique : *Ils ont fait un périple en Amérique du Sud* (**SYN.** circuit).

périr v.i. (du lat. *perire*, s'en aller tout à fait) [conj. 32]. *Litt.* **1.** Mourir : *Trois passagers ont péri dans l'accident* (**SYN.** succomber ; **CONTR.** survivre). **2.** Tomber en ruine, dans l'oubli ; disparaître : *Son secret a péri avec lui* (**SYN.** s'éteindre).

périscolaire adj. Qui complète l'enseignement scolaire : *Une encyclopédie périscolaire.*

périscope n.m. (du gr. *peri*, autour, et *skopein*, examiner). Instrument d'optique permettant de voir par-dessus un obstacle : *Ils avaient des périscopes pour voir le défilé. Le périscope d'un sous-marin.*

périscopique adj. Relatif au périscope.

périssable adj. **1.** Susceptible de s'altérer : *Ranger les denrées périssables dans le réfrigérateur* (**SYN.** fragile). **2.** *Litt.* Qui n'est pas durable : *Tout être vivant est périssable* (**SYN.** mortel ; **CONTR.** immortel). *La gloire est périssable.*

périssoire n.f. Embarcation longue et étroite, mue le plus souvent au moyen d'une pagaie double.

péristaltique adj. (du gr. *peristellein*, envelopper). Relatif au péristaltisme.

péristaltisme n.m. Mouvement du tube digestif, dû à des contractions musculaires de sa paroi.

péristyle n.m. (du gr. *peri*, autour, et *stulos*, colonne). Colonnade formant portique : *Le péristyle d'un cloître.*

Péritel (prise), connecteur électronique placé sur un téléviseur et permettant de le relier à d'autres appareils (magnétoscope, console de jeux vidéo, lecteur de DVD).

péritélévision n.f. Ensemble des appareils pouvant être raccordés à un téléviseur (magnétoscope, console de jeux).

péritoine n.m. (du gr. *peritonaion*, ce qui est tendu autour). Membrane qui recouvre les organes de la cavité abdominale.

péritonite n.f. Inflammation du péritoine : *L'appendicite peut être une cause de péritonite aiguë.*

périurbain, e adj. Situé aux abords immédiats d'une ville : *Une zone périurbaine* (**SYN.** périphérique).

perle n.f. (it. *perla*). **1.** Concrétion globuleuse, formée de nacre, que l'on trouve dans certains mollusques, et qui est utilisée en joaillerie : *Les pêcheurs de perles d'Asie. Une perle de culture* (= obtenue artificiellement). **2.** Petite boule percée d'un trou pour l'enfilage : *Un collier de perles d'ambre, de cristal.* **3.** Goutte de liquide ronde et brillante : *Des perles de sueur couvraient son front. Des perles de rosée.* **4.** Personne, chose remarquable, sans défaut : *L'hôtesse d'accueil de cette agence est une perle* (**SYN.** modèle, trésor). *Beaucoup considèrent cette œuvre comme la perle du musée.* **5.** (Employé en appos.). Qui est d'une certaine nuance de gris, proche du blanc mat : *Des voitures gris perle.* **6.** *Fam.* Erreur ridicule dans les propos ou les écrits de qqn : *Un site Internet qui présente les perles du baccalauréat.*

perlé, e adj. **1.** Orné de perles : *Un bustier perlé.* **2.** Qui rappelle la forme, l'éclat, la disposition des perles : *Du riz perlé* (= dont les grains sont arrondis). ▸ ***Grève perlée,*** succession de ralentissements du travail à différents postes.

perlèche ou **pourlèche** n.f. Inflammation de la commissure des lèvres.

perler v.i. [conj. 3]. Se former en gouttelettes : *Du sang perlait au bout de son doigt.*

perlier, ère adj. **1.** Relatif à la perle : *L'industrie perlière.* **2.** Qui produit des perles : *Un élevage d'huîtres perlières.*

perlimpinpin n.m. (mot de fantaisie). ▸ *Fam.* ***Poudre de perlimpinpin,*** vendue comme remède par les charlatans.

perlingual, e, aux [perlɛ̃gwal, o] adj. Qui se fait par les muqueuses de la langue et la muqueuse buccale : *Administrer un médicament par voie perlinguale.*

permafrost n.m. → **pergélisol.**

permanence n.f. **1.** Caractère de ce qui est permanent, durable : *La permanence d'un phénomène* (**SYN.**

constance, persistance ; **CONTR.** changement). **2.** Service d'une administration, d'un organisme fonctionnant de manière continue ; lieu où se tient ce service : *Ce policier est de permanence jusqu'à minuit. La permanence est au bout du couloir.* **3.** Salle d'études surveillées dans un collège. ▸ ***En permanence,*** sans interruption ; sans cesse : *Elle se plaint en permanence* (**SYN.** constamment).

permanencier, ère n. Personne qui est de permanence.

permanent, e adj. (lat. *permanens, permanentis,* de *manere,* rester). **1.** Qui dure sans discontinuer ni changer : *Cet enfant a besoin d'une surveillance permanente* (**SYN.** constant, continuel). *Une douleur permanente* (**SYN.** incessant ; **CONTR.** fugace). **2.** Qui ne cesse pas ; qui exerce une activité continuelle : *Une collaboration permanente entre deux pays* (**SYN.** durable ; **CONTR.** provisoire, temporaire). *L'envoyé permanent d'un journal* (**SYN.** fixe ; **CONTR.** intermittent). ◆ n. Membre rémunéré par une organisation politique, syndicale, pour assurer des tâches administratives.

permanente n.f. Traitement que l'on fait subir aux cheveux pour les onduler, les friser de façon durable.

permanganate n.m. Sel d'un acide dérivé du manganèse.

perméabilité n.f. Propriété des corps perméables.

perméable adj. (du lat. *permeare,* passer au travers). **1.** Qui se laisse traverser par un fluide : *Une roche perméable à l'eau* (**SYN.** poreux ; **CONTR.** étanche, imperméable). **2.** Qui est ouvert aux influences extérieures : *Les jeunes sont perméables aux messages publicitaires* (**SYN.** accessible, réceptif ; **CONTR.** réfractaire, sourd).

permettre v.t. (lat. *permittere*) [conj. 84]. **1.** Donner la liberté, le pouvoir de faire, de dire : *Le chef de service permet que l'on parte plus tôt certains soirs* (**SYN.** autoriser, consentir ; **CONTR.** défendre, interdire, s'opposer à). *Permettez à un vieil ami de vous parler franchement.* **2.** Accepter qu'une chose soit : *La loi permet au consommateur de résilier le contrat dans les huit jours* (**SYN.** autoriser, tolérer ; **CONTR.** prohiber). **3.** Rendre possible : *Cette rocade permet d'éviter le centre-ville.* (**CONTR.** empêcher). ◆ **se permettre** v.pr. **1.** Prendre la liberté de ; s'autoriser à : *Comment s'est-elle permis de consulter mon agenda ?* (**SYN.** oser). **2.** Avoir les moyens de : *Je ne peux pas me permettre de voyager en première classe.*

permis n.m. Autorisation officielle requise pour certaines activités : *Il faut un permis pour pêcher dans cet étang. Obtenir un permis de construire* (en Belgique, *permis de bâtir*).

permissif, ive adj. Qui tolère beaucoup de choses et punit peu : *Des parents permissifs* (**SYN.** laxiste ; **CONTR.** sévère, strict). *Une éducation permissive.*

permission n.f. (du lat. *permissus,* permis). **1.** Action de permettre : *Ses parents lui ont donné la permission de regarder la télévision* (**SYN.** autorisation ; **CONTR.** interdiction). *Ils ont publié cet article sans la permission de l'intéressé* (**SYN.** accord, agrément, consentement ; **CONTR.** défense). **2.** Congé de courte durée accordé à un militaire : *Ce soldat a eu trois jours de permission* ou *une permission de trois jours.*

permissionnaire n. Militaire titulaire d'une permission.

permissivité n.f. Caractère permissif : *La permissivité de leur éducation* (**SYN.** laxisme ; **CONTR.** dureté, sévérité).

permutable adj. Qui peut être permuté.

permutation n.f. **1.** Action, fait de permuter : *La permutation des chiffres d'un code de carte bancaire* (**SYN.** interversion). **2.** Échange d'un poste, d'un emploi contre un autre.

permuter v.t. (lat. *permutare,* de *mutare,* déplacer, changer) [conj. 3]. Mettre une chose à la place d'une autre : *Vous avez permuté les chiffres de la date.* (**SYN.** intervertir). ◆ v.i. Échanger un poste, un emploi, un horaire avec qqn : *Je serai là samedi, j'ai pu permuter avec mon collègue.*

pernicieusement adv. *Litt.* De manière pernicieuse.

pernicieux, euse adj. (du lat. *pernicies,* destruction, de *nex, necis,* mort). **1.** Qui présente un grave danger pour la santé : *L'usage de produits dopants est pernicieux* (**SYN.** nocif, nuisible ; **CONTR.** bienfaisant, salutaire). **2.** Qui est dangereux, nuisible, d'un point de vue moral, social : *Il exerce sur eux une influence pernicieuse* (**SYN.** malfaisant, malsain).

péroné n.m. (du gr. *peronê,* cheville). Os long de la jambe.

péronnelle n.f. (nom d'un personnage de chanson, var. de *Pétronille*). *Fam., vieilli* Fille, femme sotte et bavarde.

péroraison n.f. **1.** Conclusion d'un discours : *Sa péroraison restera dans les annales.* **2.** *Péjor.* Discours ennuyeux, pédant d'une personne qui pérore (**SYN.** bavardage, verbiage).

pérorer v.i. (du lat. *perorare,* plaider) [conj. 3]. *Péjor.* Discourir longuement et avec emphase : *Il aime à pérorer devant ses jeunes collègues* (**SYN.** pontifier).

per os [perɔs] loc. adv. (mots lat.). Par la bouche : *Prendre un médicament per os* (= par la voie orale).

peroxyde [perɔksid] n.m. Oxyde qui contient plus d'oxygène qu'un oxyde ordinaire : *L'eau oxygénée est une solution de peroxyde.*

perpendiculaire adj. (du lat. *perpendiculum,* fil à plomb). Qui forme un angle de 90° avec une droite, un plan : *Tracer des droites perpendiculaires à l'aide d'une équerre* (**SYN.** orthogonal). ◆ n.f. Droite perpendiculaire.

perpendiculairement adv. De façon perpendiculaire.

à **perpète** loc. adv. → **perpette (à).**

perpétration n.f. Action de perpétrer, de commettre un acte criminel : *La perpétration d'un attentat.*

perpétrer v.t. (du lat. *perpetrare,* accomplir) [conj. 18]. Commettre, un acte criminel : *Qui a pu perpétrer ce meurtre ?*

à **perpette** ou à **perpète** loc. adv. *Fam.* **1.** À perpétuité : *Elle a été condamnée à perpette.* **2.** Très loin : *Cette île est à perpette.*

perpétuation n.f. *Litt.* Fait de perpétuer, de se perpétuer : *La perpétuation d'une coutume.*

perpétuel, elle adj. **1.** Qui se perpétue : *La flamme perpétuelle qui symbolise l'olympisme* (**SYN.** éternel, impérissable ; **CONTR.** éphémère). **2.** Très fréquent ; habituel : *Nous apprécions sa perpétuelle bonne humeur* (**SYN.** constant, continuel ; **CONTR.** passager). **3.** Qui dure toute la vie : *Elle touche une rente perpétuelle* (**CONTR.** momentané, temporaire). **4.** Qui assure la même fonction à vie : *Le secrétaire perpétuel de l'Académie française.*

perpétuellement adv. D'une manière perpétuelle ; très fréquemment : *Ce mur est perpétuellement tagué.*

perpétuer v.t. (lat. *perpetuare,* de *perpetuus,* continu) [conj. 7]. *Sout.* Rendre perpétuel ; faire durer : *L'intervention des scientifiques a permis de perpétuer cette espèce* (**SYN.** conserver, entretenir). *Certains pays perpétuent le travail des enfants* (**SYN.** maintenir ; **CONTR.** supprimer). ◆ **se perpétuer** v.pr. Se maintenir très longtemps : *Cette légende s'est perpétuée à travers les siècles* (**SYN.** durer).

perpétuité n.f. Durée perpétuelle ou très longue : *La perpétuité d'un souvenir* (**SYN.** continuation, permanence). ▸ ***À perpétuité,*** pour toujours : *Condamné à la prison à perpétuité.*

perplexe adj. (du lat. *perplexus,* équivoque, de *plectere,* tisser). **1.** Qui ne sait quelle décision prendre : *À la fin de sa plaidoirie, les jurés restèrent perplexes* (**SYN.** indécis, irrésolu ; **CONTR.** convaincu, déterminé). **2.** Qui traduit l'hésitation : *Un air perplexe* (**SYN.** embarrassé ; **CONTR.** résolu).

perplexité n.f. État d'une personne perplexe : *Ses collaborateurs sont dans la plus grande perplexité* (**SYN.** incertitude, indécision ; **CONTR.** assurance, certitude).

perquisition n.f. (du lat. *perquisitus,* recherché, de *quaerere,* chercher). Fouille d'un domicile par un juge ou un officier de police : *Les policiers ont obtenu un mandat de perquisition.*

perquisitionner v.i. [conj. 3]. Faire une perquisition : *Ils ont perquisitionné chez le père de la victime.* ◆ v.t. Fouiller au cours d'une perquisition : *La police a perquisitionné tous les bureaux.*

perron n.m. (de *pierre*). Escalier extérieur se terminant par un palier devant une porte d'entrée : *Le guide attend les visiteurs sur le perron du château.*

perroquet n.m. (dimin. fam. de *Perrot,* lui-même dimin. du prénom *Pierre*). **1.** Oiseau exotique de grande taille, au plumage coloré, au bec crochu et puissant : *Certains perroquets sont capables d'imiter la voix humaine.* **2.** Boisson composée de pastis et de sirop de menthe. **3.** Voile haute, carrée, sur les grands voiliers. ▸ ***Parler, répéter comme un perroquet,*** sans comprendre ce que l'on dit.

perruche n.f. (anc. fr. *perrique,* de l'esp. *perico*). **1.** Oiseau exotique de petite taille, qui siffle et chante. **2.** Femelle du perroquet. **3.** Sur un voilier, voile haute du mât d'artimon.

perruque n.f. (de l'it. *parrucca,* chevelure). **1.** Coiffure postiche de cheveux naturels ou artificiels. **2.** *Fam.* Travail effectué en fraude par un employé dans son entreprise.

perruquier n.m. Fabricant de perruques, de postiches.

pers, e [pɛr, pɛrs] adj. (du bas lat. *persus,* persan, d'après la couleur des tissus persans). *Litt.* D'une couleur intermédiaire entre le bleu et le vert : *Des yeux pers.*

① **persan, e** adj. et n. De la Perse (du VIIe au XXe siècle) : *La littérature persane.* ◆ **persan** n.m. Langue du groupe iranien parlée en Iran, en Afghanistan et au Tadjikistan (**SYN.** iranien).

② **persan** n.m. et adj. m. Chat à poil long et soyeux, à face aplatie.

perse adj. et n. De la Perse (avant le VIIe siècle) : *L'écriture perse.*

persécuté, e n. et adj. Victime de persécutions : *Sous la dictature, les persécutés furent nombreux* (**SYN.** opprimé).

persécuter v.t. (du lat. *persequi,* poursuivre, de *sequi,* suivre) [conj. 3]. **1.** Opprimer par des mesures tyranniques et cruelles : *La dictature a persécuté les opposants* (**SYN.** martyriser). **2.** Importuner sans cesse ; s'acharner sur qqn : *Cet élève persécute certains de ses camarades* (**SYN.** brimer, harceler).

persécuteur, trice adj. et n. Qui persécute : *Il a porté plainte contre ses persécuteurs* (**SYN.** harceleur, tortionnaire).

persécution n.f. Action de persécuter : *Elle est en butte aux persécutions de son chef de service* (**SYN.** brimade, harcèlement). *Les persécutions subies par les protestants pendant plusieurs siècles* (**SYN.** répression). ▸ ***Délire de la persécution,*** psychose où le malade se croit en butte à des attaques et à de l'hostilité ; paranoïa.

persévérance n.f. Qualité de qqn qui persévère : *Il fait ses recherches avec persévérance* (**SYN.** constance, opiniâtreté, ténacité ; **CONTR.** légèreté, versatilité).

persévérant, e adj. et n. Qui persévère : *Un chercheur persévérant* (**SYN.** opiniâtre, tenace ; **CONTR.** inconstant, versatile).

persévérer v.i. (lat. *perseverare,* de *severus,* sévère) [conj. 18]. Demeurer ferme et constant dans une décision ; persister : *Malgré les difficultés, il veut persévérer dans cette voie* (**SYN.** continuer ; **CONTR.** abandonner).

persienne n.f. (de l'anc. fr. *persien,* de Perse). Contrevent, volet à claire-voie laissant pénétrer de l'air et de la lumière.

persiflage n.m. *Sout.* Action de persifler, de railler ; propos persifleurs : *La ministre ne prête guère attention aux persiflages de l'opposition* (**SYN.** moquerie, quolibet, raillerie).

persifler v.t. (de *siffler*) [conj. 3]. *Sout.* Ridiculiser par des propos ironiques : *Ce journal satirique persifle le monde politique* (**SYN.** brocarder [litt.], railler).

persifleur, euse adj. et n. *Sout.* Qui persifle : *Un chroniqueur persifleur* (**SYN.** moqueur, railleur).

persil [pɛrsi] n.m. (lat. *petroselinum*). Plante potagère aromatique, utilisée comme condiment.

persillade [pɛrsijad] n.f. Persil haché, additionné d'ail : *Mettre une persillade sur des haricots verts.*

persillé, e [pɛrsije] adj. Accompagné de persil haché : *Des champignons persillés.* ▸ ***Fromage persillé,*** dont la pâte contient des moisissures vert-bleu comme le roquefort. ***Viande persillée,*** parsemée de petits filaments de graisse.

persistance n.f. **1.** Action de persister ; opiniâtreté : *Sa persistance à nier l'évidence le mène à la catastrophe* (**SYN.** entêtement, obstination). **2.** Fait de persister, de se perpétuer : *La persistance d'un mythe* (**SYN.** continuité, permanence).

persistant, e adj. **1.** Qui persiste ; qui ne disparaît pas : *Un préjugé persistant* (**SYN.** tenace, vivace). *Un mal de dos persistant* (**SYN.** permanent). **2.** Se dit du feuillage de certains arbres qui ne tombe pas en hiver (par opp. à caduc).

persister v.i. (lat. *persistere*, de *sistere*, placer) [conj. 3]. **1.** Demeurer ferme, constant dans ses décisions : *Le prévenu persiste dans ses déclarations* (**SYN.** s'obstiner, persévérer ; **CONTR.** fléchir, mollir). *Je persiste à croire qu'il nous a menti* (**SYN.** continuer ; **CONTR.** renoncer à). **2.** Continuer d'exister ; durer : *Malgré l'intervention du spécialiste, la panne persiste* (**SYN.** demeurer, subsister ; **CONTR.** cesser, disparaître). *Le mauvais temps persiste* (**SYN.** se maintenir ; **CONTR.** s'arrêter). ▸ ***Persiste et signe,*** formule de conclusion des déclarations faites à la police, à l'autorité judiciaire.

perso adj. (abrév.). *Fam.* **1.** Personnel, privé : *Les sites persos sur Internet.* **2.** Qui manque d'esprit d'équipe ; individualiste : *Il a un jeu trop perso.*

persona grata loc. adj. inv. (mots lat. signif. « personne bienvenue »). **1.** Se dit d'un diplomate agréé par la puissance étrangère auprès de laquelle il est envoyé (par opp. à persona non grata). **2.** *Litt.* Se dit d'une personne en faveur auprès de qqn : *Depuis l'explosion, cet industriel n'est plus persona grata dans la région.*

personnage n.m. **1.** Personne imaginaire d'une œuvre de fiction ; rôle joué par un acteur : *Le personnage principal d'un roman* (= héros). *Il joue le personnage de Jean Valjean.* **2.** Manière de se comporter dans la vie courante, comparée à un rôle : *Elle prend tout au tragique, cela fait partie de son personnage.* **3.** Personne en vue, influente : *La journaliste dresse un portrait de ce grand personnage* (**SYN.** personnalité, sommité). **4.** Personne considérée du point de vue de son comportement : *Quel curieux personnage !* (**SYN.** individu).

personnalisation n.f. Action de personnaliser.

personnaliser v.t. [conj. 3]. **1.** Donner à qqch un caractère original, personnel : *Les jeunes aiment personnaliser leurs voitures.* **2.** Adapter à chaque cas particulier : *Personnaliser le crédit* (**SYN.** individualiser).

personnalité n.f. (lat. *personalitas*, de *personalis*, personnel). **1.** Ensemble des comportements, des aptitudes dont l'unité et la permanence constituent l'individualité de chacun : *Chacun de ces jumeaux a une personnalité très marquée* (**SYN.** caractère, nature). **2.** Force, énergie avec laquelle s'exprime le caractère, l'originalité de qqn : *Elle manque un peu de personnalité pour s'imposer* (**SYN.** tempérament). **3.** Personne connue, influente : *Cette personnalité a reçu le prix Nobel de la paix* (**SYN.** personnage, sommité).

① **personne** n.f. (du lat. *persona*, masque de théâtre, personnage). **1.** Être humain ; individu : *Plusieurs centaines de personnes ont signé la pétition.* **2.** Individu considéré en lui-même, pour sa personnalité : *Je ne suis pas sensible à son œuvre, mais je respecte sa personne.* **3.** Aspect physique d'un individu : *Elle prend soin de sa personne* (**SYN.** apparence). **4.** Jeune fille ; femme : *Comment s'appelle cette charmante personne ?* **5.** Individu, en tant que sujet de droits et de devoirs : *Toute personne a le droit de vivre dans la dignité* (**SYN.** homme, humain). **6.** Forme de la conjugaison et du pronom permettant de distinguer le ou les locuteurs *(première personne),* le ou les auditeurs *(deuxième personne),* celui, ceux ou ce dont on parle *(troisième personne)* : *Dans « nous partons », « partir » est conjugué à la première personne du pluriel.* ▸ ***En personne,*** soi-même ; en chair et en os : *Le préfet et le député sont venus en personne* ; comme personnifié, incarné : *Cet homme est le diable en personne.* ***Grande personne,*** adulte. ***Par personne interposée,*** par l'intermédiaire de qqn. ***Personne morale,*** aptitude reconnue à un groupe, à une association d'avoir une existence juridique propre (par opp. à la personne physique, à l'individu) : *La Fondation de France est une personne morale.*

② **personne** pron. indéf. masc. sing. (de *1. personne*). **1.** (Employé avec *ne* ou précédé de *sans*, ou bien dans une phrase nominale). Aucun être humain : *Il n'y a personne dans cette cabine. Personne ne peut dire le contraire* (**SYN.** nul [litt.]). *Y avait-il quelqu'un au guichet ? Non, personne. Personne n'ira contre sa volonté. Personne ne doit faire ce qu'il réprouve.* **2.** (Sans négation). Quelqu'un : *Il connaît les oiseaux mieux que personne* (**SYN.** quiconque).

① **personnel, elle** adj. **1.** Propre à qqn, à une personne : *À la sortie, vous récupérerez vos objets personnels* (**SYN.** individuel, particulier). *Ce problème est trop personnel pour que je lui en parle* (**SYN.** intime, privé). **2.** Qui porte la marque d'une individualité singulière : *Vous avez une philosophie très personnelle* (**SYN.** original, particulier ; **CONTR.** ordinaire, quelconque). **3.** Qui ne pense qu'à soi ; égoïste (abrév. fam. perso) : *Ce rugbyman a un jeu trop personnel* (**SYN.** individualiste). ▸ ***Modes personnels,*** modes du verbe dont les terminaisons marquent le changement de personne (par opp. aux modes impersonnels) : *L'indicatif, le conditionnel, l'impératif et le subjonctif sont des modes personnels.* ***Pronom personnel,*** pronom qui désigne un être humain ou une chose et qui sert à marquer la personne grammaticale (*je, tu, il, elle, nous, vous, ils, elles*).

② **personnel** n.m. Ensemble des personnes employées par une entreprise : *Le directeur a annoncé une compression du personnel.*

personnellement adv. **1.** En personne : *Elle répond personnellement à ses admirateurs.* **2.** En ce qui me concerne : *Personnellement, je le crois innocent* (= pour ma part).

personne-ressource n.f. (pl. *personnes-ressources*). Au Québec, expert auquel on fait appel pour ses connaissances dans un domaine particulier.

personnification n.f. Action de personnifier ; être qui personnifie qqch : *Cet homme est la personnification du courage* (**SYN.** image, incarnation). *Marianne est la personnification de la République française* (**SYN.** emblème, symbole).

personnifier v.t. [conj. 9]. **1.** Représenter qqch, une idée sous l'apparence d'une personne : *Dans ce tableau de Delacroix, la jeune femme au bonnet phrygien personnifie la liberté* (**SYN.** symboliser). **2.** Être le symbole vivant de : *Ce garçon personnifie la ruse* (**SYN.** incarner).

perspectif, ive adj. Qui représente qqch en perspective : *Dessin perspectif.*

perspective n.f. (du lat. *perspicere*, regarder à travers). **1.** Art de représenter sur une surface plane les objets en trois dimensions, tels qu'on les voit : *Ce* *peintre respecte les règles de la perspective.* **2.** Aspect que présentent divers objets vus de loin ou considérés comme un tout : *Du haut de la tour, on a une belle perspective sur la ville* (**SYN.** panorama, vue). **3.** Grande voie urbaine en ligne droite : *La perspective Nevski à Saint-Pétersbourg.* **4.** Manière de voir ; point de vue : *Étudier des faits démographiques dans une perspective économique* (**SYN.** angle, 2. optique). **5.** Attente d'événements considérés comme probables : *Les perspectives économiques* (**SYN.** prévision). *Ces jeunes n'ont aucune perspective d'avenir* (**SYN.** horizon). *À la perspective de rencontrer son héros, il est fou de joie* (**SYN.** éventualité, expectative). ▸ ***En perspective,*** dans l'avenir ; en vue : *L'acteur a plusieurs rôles en perspective.*

perspicace adj. (lat. *perspicax, perspicacis,* de *perspicere,* regarder à travers). Se dit d'une personne sagace et subtile : *Un homme politique particulièrement perspicace* (**SYN.** clairvoyant, lucide, pénétrant).

perspicacité n.f. Qualité d'une personne perspicace : *Vous avez manqué de perspicacité en achetant ces actions* (**SYN.** clairvoyance, discernement, sagacité ; **CONTR.** aveuglement).

persuader v.t. (lat. *persuadere*) [conj. 3]. **1.** Amener qqn à être convaincu de qqch : *Il nous a persuadés de sa bonne foi* (**SYN.** convaincre). *Le vendeur l'a persuadé que cette option était la bonne.* **2.** Amener qqn à faire qqch : *Nous l'avons persuadé de s'abonner à cette revue* (**SYN.** inciter, pousser ; **CONTR.** dissuader, détourner). *Persuade-la de se joindre à nous* (**SYN.** décider, déterminer ; **CONTR.** empêcher, interdire). ◆ **se persuader** v.pr. **1.** Parvenir à se convaincre de qqch : *Maintenant qu'elle s'est persuadée de ta sincérité, tu ne dois pas la décevoir.* **2.** S'imaginer ; se figurer : *Ils se sont persuadés* ou *persuadé que nous voulions entrer en concurrence avec eux.*

persuasif, ive adj. Qui a le pouvoir, le talent de persuader : *Le candidat s'est montré persuasif* (**SYN.** convaincant). *Un discours persuasif* (**SYN.** éloquent ; **CONTR.** dissuasif).

persuasion n.f. **1.** Action de persuader, de convaincre : *Il vaut mieux recourir à la persuasion plutôt qu'à la force* (**CONTR.** dissuasion). **2.** Fait d'être persuadé : *Sa persuasion le rend imperméable à toute autre idée* (**SYN.** certitude, conviction).

perte n.f. (du lat. *perdere,* perdre). **1.** Fait d'avoir perdu qqch : *Il a omis de signaler la perte de sa carte de crédit.* **2.** Fait d'être privé de ce que l'on possédait : *La perte de ses droits civiques.* **3.** Disparition, destruction d'un bien matériel : *La perte de cet avion coûte cher à la compagnie.* **4.** Fait de perdre une somme d'argent ; somme perdue : *La perte de sa fortune. Une perte de dix mille euros à la Bourse* (**CONTR.** gain). **5.** Fait d'être privé, d'une faculté physique ou morale : *La perte d'un doigt dans un accident. Elle a de fréquentes pertes de mémoire.* **6.** Fait d'être privé de la présence d'un proche par la mort : *Ils ne se sont jamais remis de la perte de leur enfant.* **7.** Issue malheureuse ; échec, insuccès : *La perte d'un procès, d'un combat.* **8.** Mauvais emploi de qqch ; gaspillage : *Quelle perte de temps !* **9.** Ruine matérielle ou morale : *En vous engageant dans cette affaire, vous courez à votre perte* (**SYN.** anéantissement). ▸ ***À perte,*** en perdant de l'argent : *Ils ont vendu leur maison à perte.* ***À perte de vue,*** aussi loin que s'étend la vue ; très loin. ***Avec pertes et fracas*** ou ***avec perte et fracas,*** sans ménagement et avec éclat : *Elle a été renvoyée avec pertes et fracas.* ***Être en perte de vitesse,*** perdre de sa popularité, de son prestige, de son dynamisme, etc. ◆ **pertes** n.f. pl. Militaires tués au cours d'une guerre. ▸ ***Pertes blanches,*** leucorrhée.

pertinemment [pɛrtinamɑ̃] adv. De façon pertinente, appropriée (**SYN.** judicieusement). ▸ ***Savoir pertinemment qqch,*** le savoir parfaitement : *Vous saviez pertinemment que cette expérience ne pouvait pas aboutir.*

pertinence n.f. **1.** Caractère de ce qui est pertinent : *La pertinence de votre demande* (**SYN.** bien-fondé, justesse). **2.** Qualité d'une personne qui agit avec justesse : *Elle conseille avec pertinence les élèves en difficulté* (**SYN.** compétence, sagacité).

pertinent, e adj. (lat. *pertinens, pertinentis,* de *pertinere,* concerner). Qui se rapporte exactement à ce dont il est question : *Un exemple tout à fait pertinent* (**SYN.** approprié, judicieux ; **CONTR.** inadéquat, inapproprié).

pertuis n.m. (de l'anc. fr. *pertucer,* percer). Sur les côtes de l'ouest de la France, détroit entre une île et le continent, entre deux îles ; dans le Jura, passage d'un versant à l'autre.

pertuisane n.f. (de l'it. *partigiana*). Hallebarde légère.

perturbateur, trice adj. et n. Qui cause du trouble : *Les vigiles ont chassé les perturbateurs* (**SYN.** agitateur).

perturbation n.f. **1.** Dérèglement dans un fonctionnement, un système ; état de ce qui est perturbé ; chaos, dérangement : *En raison des grèves, des perturbations sont à craindre dans le métro* (**SYN.** désordre). **2.** Trouble dans la société, au sein d'un groupe ; crise : *Il a apporté la perturbation au sein du conseil municipal* (**SYN.** agitation, bouleversement, confusion).

perturbé, e adj. **1.** Se dit de qqn qui est troublé, désorienté : *Il est trop perturbé pour être interrogé.* **2.** Se dit de qqch qui est désorganisé : *Le trafic est perturbé sur le périphérique.*

perturber v.t. (lat. *perturbare,* de *turbare,* troubler) [conj. 3]. **1.** Empêcher le déroulement, le fonctionnement normal de : *Des électeurs mécontents sont venus perturber la cérémonie* (**SYN.** bouleverser, troubler). **2.** Bouleverser l'équilibre psychologique ou physique : *Son agression l'a perturbée* (**SYN.** ébranler).

pervenche n.f. (lat. *pervinca*). **1.** Plante aux fleurs bleu clair ou mauves. **2.** *Fam.* Contractuelle de la police parisienne. ◆ adj. inv. De la couleur bleu clair ou bleu-mauve de la pervenche : *Des chemisiers pervenche.*

pervers, e [pɛrvɛr, ɛrs] adj. et n. (du lat. *pervertere,* renverser, de *vertare,* tourner). **1.** Qui accomplit par plaisir des actes immoraux ou cruels ; vicieux : *Cet être pervers vous veut du mal* (**SYN.** diabolique, malfaisant). *Un pervers* (**SYN.** dépravé). **2.** En psychiatrie, atteint de perversion sexuelle. ◆ adj. Qui dénote la perversité : *Des intentions perverses.* ▸ ***Effet pervers,*** conséquence indirecte d'une action, contraire au résultat recherché : *Les effets pervers du clonage.*

perversion n.f. **1.** Action de pervertir, de corrompre ; fait d'être perverti : *La perversion des adolescents par la multiplication des films violents* (**SYN.** corruption, dépravation). **2.** Altération d'une fonction : *La perversion de l'odorat* (**SYN.** dérèglement). **3.** Trouble mental poussant le sujet à des actes déviants : *Perversion sexuelle.*

perversité n.f. **1.** Tendance à faire le mal. **2.** Action perverse.

pervertir v.t. (lat. *pervertere,* renverser, de *vertere,* tourner) [conj. 32]. **1.** Changer en mal : *Ses fréquentations le pervertissent* (**SYN.** corrompre, dépravé). **2.** Modifier la nature de ; altérer : *Ces sectes pervertissent l'idée de religion* (**SYN.** dénaturer). ◆ **se pervertir** v.pr. Devenir mauvais ; se corrompre.

pervertissement n.m. *Litt.* Action de pervertir ; état de ce qui est perverti : *Le pervertissement du goût du public* (**SYN.** altération ; **CONTR.** éducation, formation).

pesage n.m. **1.** Action de peser : *Le pesage d'un boxeur* (**SYN.** pesée). **2.** L'une des trois enceintes d'un champ de courses réservée au pesage des jockeys (par opp. à pavillon et à pelouse).

pesamment [pəzamɑ̃] adv. **1.** Avec un grand poids : *Cet enfant est pesamment chargé* (**SYN.** lourdement). **2.** Sans grâce : *Elle patine pesamment* (**SYN.** gauchement ; **CONTR.** élégamment).

pesant, e adj. **1.** Qui pèse ; qui est lourd : *Cette valise est pesante* (**CONTR.** léger). **2.** Sans vivacité ; lent : *Ce vieillard se déplace à pas pesants.* **3.** *Fig.* Pénible à supporter : *L'entretien de cette maison est une charge pesante* (**SYN.** écrasant). *Le silence devenait pesant* (**SYN.** oppressant). **4.** *Fig.* Sans finesse : *Le style de ce roman est pesant* (**SYN.** lourd). ◆ **pesant** n.m. ▸ ***Valoir son pesant d'or,*** avoir une très grande valeur.

pesanteur n.f. **1.** Tendance des corps situés sur un astre, en partic. la Terre, à tomber vers le centre de cet astre ; force d'attraction (par opp. à apesanteur) : *Les lois de la pesanteur.* **2.** Sensation de gêne, de lourdeur dans une partie du corps : *Avoir une pesanteur dans les jambes.* **3.** *Fig.* Manque de finesse, de légèreté : *La pesanteur de son esprit* (**SYN.** lourdeur ; **CONTR.** vivacité). **4.** (Surtout au pl.). Force d'inertie ; résistance au changement : *Les pesanteurs administratives.*

pèse-alcool n.m. inv. Alcoomètre.

pèse-bébé n.m. (pl. *pèse-bébés* ou inv.). Balance spécialement conçue pour peser les nourrissons.

pesée n.f. **1.** Action de peser : *La pesée d'un colis* (**SYN.** pesage). **2.** Quantité pesée en une fois : *Une pesée de vingt kilogrammes.* **3.** Pression exercée sur qqch : *Exercer une pesée sur un levier* (**SYN.** poussée).

pèse-lettre n.m. (pl. *pèse-lettres* ou inv.). Petite balance utilisée pour peser les lettres.

pèse-personne n.m. (pl. *pèse-personnes* ou inv.). Petite bascule plate à cadran gradué, sur laquelle on monte pour se peser.

peser v.t. (lat. *pensare,* de *pendere,* peser) [conj. 19]. **1.** Déterminer la masse, le poids d'un corps : *Nous allons peser vos bagages. La puéricultrice pèse les bébés.* **2.** Déterminer telle quantité d'une substance ayant une masse donnée : *Peux-tu me peser 200 grammes de farine ?* **3.** Examiner attentivement ; évaluer avec soin : *Vous devez peser le pour et le contre avant de prendre une décision* (**SYN.** apprécier, mesurer). ▸ ***Peser ses paroles*** ou ***ses mots,*** les choisir soigneusement, en en mesurant toute la portée. ◆ v.i. **1.** (Suivi d'un compl. de quantité ou d'un adv.). Avoir un certain poids : *Elle pesait trois kilos à la naissance. Cette caisse pèse beaucoup.* **2.** Être lourd : *Ce sac pèse, je vais le lâcher.* **3.** *Fig.* Avoir telle importance ; représenter telle valeur : *Son dernier argument a beaucoup pesé dans ma décision* (**SYN.** compter, 2. importer). *Cette société pèse plusieurs milliards en Bourse.* ▸ ***Peser lourd, ne pas peser lourd,*** avoir un poids, un rôle déterminant ou négligeable : *Leur appui a pesé lourd dans sa promotion.* ◆ v.t. ind. **1. [sur, contre].** Appuyer, exercer une pression : *Il pesa contre la porte pour l'ouvrir.* **2. [sur].** Exercer une influence sur : *Le prix pèse beaucoup sur le choix des clients* (**SYN.** agir sur). **3. [à].** Être pénible à supporter : *Son égoïsme pèse à ses proches* (**SYN.** accabler, coûter). *Son absence me pèse.* ▸ ***Peser sur l'estomac,*** être indigeste.

peseta [pezeta ou peseta] n.f. (mot esp.). Unité monétaire principale de l'Espagne et de la principauté d'Andorre jusqu'à l'introduction de l'euro.

pesette n.f. Petite balance de précision pour les monnaies.

peseuse n.f. Appareil automatique de pesage, utilisé notamm. pour le conditionnement de produits alimentaires.

peso [pezo ou peso] n.m. (mot esp.). Unité monétaire de plusieurs pays.

peson n.m. Instrument de pesage comportant un cadran gradué qui affiche directement le poids.

pessaire n.m. (du lat. *pessos,* tampon). Anneau, membrane de caoutchouc que l'on place dans le vagin à des fins médicales ou contraceptives.

pessimisme n.m. (du lat. *pessimus,* superlatif de *malus,* mauvais). Tournure d'esprit qui porte à penser que tout va mal : *Le pessimisme règne à la Bourse* (**SYN.** défaitisme, inquiétude ; **CONTR.** confiance, optimisme).

pessimiste adj. et n. Porté au pessimisme : *Elle a une vision pessimiste de l'avenir* (**SYN.** alarmiste, sombre ; **CONTR.** optimiste, rassurant).

peste n.f. (du lat. *pestis,* épidémie, fléau). **1.** Maladie infectieuse et épidémique : *La peste aviaire, porcine.* **2.** Personne ou chose nuisible, dangereuse : *Les moustiques sont la peste de cette région* (**SYN.** calamité, fléau). **3.** *Fam.* Personne désagréable ; enfant turbulent : *Cette petite peste nous a joué un vilain tour.* ▸ ***Choisir entre la peste et le choléra,*** entre deux solutions tout aussi dommageables. ***Fuir qqn, qqch comme la peste,*** les éviter à tout prix. ***La peste brune,*** le nazisme.

pester v.i. [conj. 3]. Manifester de la mauvaise humeur contre qqn, qqch : *Il n'arrête pas de pester* (**SYN.** s'emporter). *Elle peste contre les retardataires* (**SYN.** fulminer, maugréer [sout.]).

pesteux, euse adj. **1.** Relatif à la peste. **2.** Qui a la peste.

pesticide n.m. et adj. (mot angl., de *pest,* insecte nuisible). Produit chimique qui détruit les parasites animaux et végétaux nuisibles aux cultures : *L'agriculture biologique ne recourt à aucun pesticide.*

pestiféré, e adj. et n. (du lat. *pestifer,* pestilentiel). **1.** Atteint de la peste. **2.** *Fig.* Se dit d'une personne que les autres fuient ou évitent.

pestilence n.f. Odeur infecte, putride ; puanteur.

pestilentiel, elle [pɛstilɑ̃sjɛl] adj. Qui dégage une odeur infecte : *Les émanations pestilentielles de l'égout* (**SYN.** nauséabond ; **CONTR.** odoriférant [litt.]).

① **pet** [pɛ] n.m. (lat. *peditum*). *Fam.* Gaz intestinal qui sort de l'anus avec bruit (**SYN.** flatulence).

② **pet** [pɛt] n.m. (de *péter*). *Fam.* Coup violent ; trace laissée par ce coup : *Il y a plusieurs pets sur la carrosserie.*

pétainiste n. et adj. Partisan du maréchal Pétain (1940-1944).

pétale n.m. (du gr. *petalon,* feuille). Chacun des éléments qui composent la corolle d'une fleur : *Des pétales blancs.*

pétanque n.f. (du prov. *ped tanco,* pied fixé [au sol]). Jeu de boules originaire du midi de la France.

pétant, e adj. *Fam.* Se dit d'une heure exacte, précise : *Le train est parti à dix heures pétantes* (**SYN.** sonnant).

pétarade n.f. (prov. *petarrada,* de *1. pet*). Suite de détonations, d'explosions : *Les pétarades d'un feu d'artifice.*

pétarader v.i. [conj. 3]. Faire entendre une pétarade.

pétard n.m. (de *1. pet*). **1.** Petite pièce d'artifice qui détone avec un bruit sec et fort : *Lors de la fête nationale, ils ont fait claquer des pétards.* **2.** *Fam.* Cigarette de marijuana ou de haschisch. **3.** *Fam.* Pistolet. **4.** *Fam.* Derrière ; postérieur, fessier. **5.** *Fam.* Bruit, tapage ; scandale : *Cette histoire risque de faire du pétard.* ▸ *Fam.* ***Être en pétard,*** en colère.

pétaudière n.f. (du roi *Pétaud,* personnage légendaire du XVIe siècle). *Fam.* Lieu où règnent la confusion et le désordre : *Ce site Internet est une pétaudière.*

pet-de-nonne [pednɔn] n.m. (pl. *pets-de-nonne*). Beignet de pâte à choux, soufflé et très léger.

pétéchie [peteʃi] n.f. Petite hémorragie sous-cutanée.

péter v.i. [conj. 18]. **1.** *Vulg.* Faire un pet. **2.** *Fam.* Faire entendre un bruit sec et bref : *Le ballon de baudruche a pété* (**SYN.** exploser). **3.** *Fam.* Se casser : *Ma ceinture a pété.* ◆ v.t. **1.** *Fam.* Casser ; briser : *Il a pété son rétroviseur.* **2.** En Belgique, recaler à un examen. ▸ ***Péter le feu,*** déborder de dynamisme. ***Péter les plombs*** ou ***les boulons,*** devenir fou.

Peters (projection de), représentation cartographique qui conserve le rapport entre les superficies des territoires, mais non leur forme (par opp. à projection de Mercator).

pète-sec n. inv. et adj. inv. *Fam.* Personne autoritaire.

péteux, euse n. et adj. **1.** Personne prétentieuse. **2.** *Fam.* Personne peureuse ; couard, poltron. ◆ adj. *Fam.* Qui est honteux d'avoir commis une maladresse, une faute ; penaud.

pétillant, e adj. **1.** Qui pétille : *Ce soda n'est plus très pétillant.* **2.** *Fig.* Qui fait preuve d'entrain ; qui témoigne de ce caractère : *Cette animatrice est pétillante* (**SYN.** pétulant). *Les dialogues de ce film sont pétillants* (**SYN.** brillant).

pétillement [petijmɑ̃] n.m. **1.** Bruit léger produit par ce qui pétille : *Le pétillement du bois* (**SYN.** crépitement). *Le pétillement du champagne.* **2.** Éclat vif ; scintillement.

pétiller [petije] v.i. [conj. 3]. **1.** Éclater en produisant de petits bruits secs et rapprochés : *Le bois pétille dans la cheminée* (**SYN.** crépiter). **2.** Dégager des bulles de gaz : *Ce cachet effervescent pétille dans le verre d'eau.* **3.** Briller d'un vif éclat : *Son regard pétille* (**SYN.** étinceler, rayonner). **4. [de].** Manifester avec éclat : *Il pétille de joie* (**SYN.** déborder).

pétiole [pesjɔl] n.m. (du lat. *petiolus,* petit pied, de *pes, pedis,* pied). En botanique, partie rétrécie reliant la feuille à la tige : *Un petit pétiole.*

petiot, e adj. et n. *Fam.* Tout petit ; très jeune : *Elle est encore petiote pour aller dans ce parc d'attractions.*

① **petit, e** adj. (bas lat. *pittitus*). **1.** Dont les dimensions sont peu élevées : *Un petit caillou est entré dans ma chaussure* (**SYN.** minuscule ; **CONTR.** gros). *Ils vivent à cinq dans un petit appartement* (**SYN.** exigu ; **CONTR.** grand, vaste). **2.** De taille peu élevée ; de faible hauteur : *Sa fille est petite pour son âge* (**CONTR.** grand). *Un petit immeuble de quatre étages* (**CONTR.** haut). **3.** Qui n'a pas encore atteint le terme de sa croissance : *Quand j'étais petit, j'aimais jouer aux billes* (**SYN.** jeune). *Le petit chat tète sa mère.* **4.** Qui n'est pas élevé en quantité ; dont la valeur est faible : *Une petite récolte* (**SYN.** faible ; **CONTR.** gros). *Elle a eu une petite augmentation de salaire* (**SYN.** dérisoire, maigre ; **CONTR.** important, substantiel). **5.** Qui est peu considérable par son intensité ou sa durée : *Ce n'est qu'un petit orage* (**SYN.** léger ; **CONTR.** fort). **6.** Qui n'a pas beaucoup d'importance, d'intérêt : *Un petit détail* (**SYN.** mineur ; **CONTR.** primordial). *Un petit film* (**SYN.** banal, quelconque ; **CONTR.** excellent). **7.** (Après le nom). Qui manifeste de la mesquinerie : *C'est un esprit petit* (**SYN.** étriqué ; **CONTR.** noble). **8.** Qui occupe un rang modeste dans une hiérarchie : *Un petit écrivain* (**SYN.** insignifiant ; **CONTR.** 1. majeur). *Les petits commerçants. Elle a eu affaire à un petit fonctionnaire* (**CONTR.** 1. haut). **9.** *Fam.* Peut exprimer l'affection, l'attention, l'apitoiement ou le mépris : *Ma petite mamie. Préparer de bons petits plats. Vous avez une petite mine ce matin. Ce petit prétentieux nous snobe.* ▸ ***Petite main*** → **main.** ***Petites gens,*** personnes qui n'ont que de faibles ressources. ***Petit frère, petite sœur,*** frère, sœur moins âgés. ***Se faire tout petit,*** s'efforcer de passer inaperçu. ◆ **petit** adv. De façon étroite, étriquée ; mesquinement : *Ce metteur en scène voit petit.* ▸ ***En petit,*** sur une petite échelle : *C'est le même modèle mais en petit.* ***Petit à petit,*** peu à peu ; progressivement : *Ils s'équipent petit à petit.*

② **petit, e** n. **1.** Personne de petite taille : *Les petits se mettent devant pour la photo de groupe.* **2.** Garçon ou fille jeune : *Elle donne des cours de gymnastique aux petits.* **3.** Enfant de qqn : *La petite Dupont travaille bien en classe.* ◆ **petit** n.m. **1.** Jeune animal : *La chienne ne veut pas que l'on approche ses petits* (= chiots). **2.** Personne, entreprise qui se situe au bas de l'échelle (par opp. à grand) : *Cette réforme n'avantage pas les petits.* **3.** Ce qui est petit : *L'infiniment petit.* ▸ *Fam.* ***Faire des petits,*** mettre bas, en parlant d'une femelle ; fig., s'agrandir, en parlant de qqch : *Son compte épargne a fait des petits.*

petit-beurre n.m. (pl. *petits-beurre*). Petit gâteau sec rectangulaire au beurre.

petit-bourgeois, petite-bourgeoise n. et adj. (pl. *petits-bourgeois, petites-bourgeoises*). **1.** Personne qui appartient à la petite bourgeoisie. **2.** *Péjor.* Qui manifeste le conformisme jugé caractéristique de la petite bourgeoisie.

petit déjeuner n.m. (pl. *petits déjeuners*). Premier

repas pris le matin ; ce que l'on mange le matin : *Elle prend un solide petit déjeuner avant d'aller travailler.*

petit-déjeuner v.i. [conj. 3]. *Fam.* Prendre le petit déjeuner : *Les journalistes ont petit-déjeuné avec le ministre.*

petite-fille n.f. (pl. *petites-filles*). Fille du fils ou de la fille, par rapport à un grand-père, à une grand-mère.

petitement adv. **1.** À l'étroit : *Une famille petitement logée.* **2.** De manière modeste ; chichement : *Ils vivent petitement* (**SYN.** pauvrement ; **CONTR.** richement). **3.** De façon mesquine : *Vous l'avez remercié petitement* (**CONTR.** généreusement).

petit-enfant n.m. (pl. *petits-enfants*). Enfant du fils ou de la fille : *Noémie est leur premier petit-enfant.*

petite-nièce n.f. → **petit-neveu.**

petitesse n.f. **1.** État, caractère de ce qui est petit : *La petitesse de notre salle de bains* (**SYN.** étroitesse, exiguïté). **2.** Caractère de ce qui est mesquin : *Sa petitesse d'esprit me choque* (**SYN.** étroitesse ; **CONTR.** grandeur, noblesse). **3.** (Souvent au pl.). Acte mesquin : *Il a commis bien des petitesses pour obtenir ce poste* (**SYN.** bassesse, vilenie).

petit-fils n.m. (pl. *petits-fils*). Fils du fils ou de la fille, par rapport à un grand-père, à une grand-mère.

petit-four n.m. (pl. *petits-fours*). Bouchée sucrée ou salée, que l'on sert en assortiment : *Les petits-fours d'un buffet.*

petit-gris n.m. (pl. *petits-gris*). **1.** Écureuil de Russie au pelage gris argenté ; fourrure de cet animal. **2.** Petit escargot comestible.

pétition n.f. (lat. *petitio*, de *petere*, demander). Écrit adressé par une ou plusieurs personnes à une autorité pour exprimer une opinion, présenter une requête : *Elle fait circuler une pétition dans le voisinage pour que cet immeuble ne soit pas détruit.* ▸ ***Pétition de principe,*** raisonnement vicieux consistant à tenir pour vrai ce qu'il s'agit de démontrer.

pétitionnaire n. Personne qui présente, signe une pétition.

pétitionner v.i. [conj. 3]. Présenter une pétition ; protester par pétition : *Certains salariés ont pétitionné.*

petit-lait n.m. (pl. *petits-laits*). Liquide résiduel de l'écrémage du lait, de la fabrication du beurre ou du fromage. ▸ ***Boire du petit-lait,*** éprouver une vive satisfaction d'amour-propre. *Fam.* ***Ça se boit comme du petit-lait,*** on peut en boire en grande quantité tant c'est agréable.

petit-maître, petite-maîtresse n. (pl. *petits-maîtres, petites-maîtresses*). *Vieilli* Jeune élégant prétentieux.

petit-nègre n.m. sing. *Fam.* Façon de parler rudimentaire et incorrecte : *Je commence à parler russe, mais c'est encore du petit-nègre.*

petit-neveu, petite-nièce n. (pl. *petits-neveux, petites-nièces*). Fils, fille du neveu ou de la nièce, par rapport à un grand-oncle, à une grand-tante.

petit pois n.m. (pl. *petits pois*). Graine ronde et verte du pois, enfermée dans une cosse : *Des petits pois extrafins.*

petits-enfants n.m. pl. → **petit-enfant.**

petit-suisse n.m. (pl. *petits-suisses*). Fromage frais moulé en forme de petit cylindre.

pétoche n.f. *Fam.* Peur : *J'ai eu la pétoche en voyant ce film.*

pétoire n.f. *Fam.* Mauvais fusil ; vieux fusil.

pétole n.f. En Suisse, crotte de chèvre ; crotte de chocolat de cette forme.

peton n.m. (dimin. de *pied*). *Fam.* Petit pied ; pied d'un bébé.

pétoncle n.m. (lat. *pectunculus*, de *pecten*, peigne). Mollusque comestible.

pétouiller v.i. [conj. 3]. *Fam.* En Suisse, ne pas se décider ; traîner, tarder.

pétrel n.m. (angl. *petrel*). Oiseau aquatique à pieds palmés.

pétrifiant, e adj. **1.** Qui recouvre, incruste de calcaire : *Une fontaine pétrifiante.* **2.** *Fig.* Qui stupéfie, paralyse : *À cette nouvelle pétrifiante, tous baissèrent la tête* (**SYN.** effarant, sidérant).

pétrification n.f. **1.** Transformation de la substance d'un corps organique en une matière minérale : *Un fossile est le résultat d'une pétrification.* **2.** Action de pétrifier ; objet pétrifié.

pétrifier v.t. (du lat. *petra*, pierre, et *facere*, faire) [conj. 9]. **1.** Recouvrir de calcaire : *Les eaux de la fontaine pétrifient les pièces qu'on y jette.* **2.** *Fig.* Immobiliser qqn sous l'effet de l'émotion : *Le verdict pétrifia l'accusé* (**SYN.** méduser, paralyser).

pétrin n.m. (du lat. *pistrinum*, moulin à blé). **1.** Coffre, appareil dans lequel on pétrit la pâte à pain. **2.** *Fam.* Situation difficile, pénible : *Vous vous êtes mis dans le pétrin en lui prêtant de l'argent* (**SYN.** embarras, guêpier).

pétrir v.t. (bas lat. *pistrire*, de *pistrix*, fém. de *pistor*, boulanger) [conj. 32]. **1.** Presser de nombreuses fois, notamm. la pâte à pain ; malaxer. **2.** Presser, malaxer dans sa main : *Le potier pétrit la glaise* (**SYN.** façonner, modeler). **3.** *Litt.* Former, façonner qqn : *Les coups durs ont pétri son caractère* (**SYN.** forger). ▸ ***Être pétri d'orgueil, de contradictions,*** plein d'orgueil, de contradictions.

pétrissage n.m. Action de pétrir (**SYN.** malaxage).

pétrochimie n.f. Chimie des dérivés du pétrole.

pétrochimique adj. Relatif à la pétrochimie.

pétrodollar n.m. Dollar provenant du commerce du pétrole.

pétrographe n. Spécialiste de pétrographie.

pétrographie n.f. Étude et description des roches.

pétrographique adj. Relatif à la pétrographie.

pétrole n.m. (lat. médiév. *petroleum*, huile de pierre). **1.** Huile minérale, formée d'hydrocarbures, utilisée comme source d'énergie : *Un gisement de pétrole. Les pays exportateurs de pétrole.* **2.** (Employé en appos.). Qui est d'une certaine nuance de bleu, tirant sur le gris-vert : *Des chemisiers bleu pétrole.*

pétroleuse n.f. **1.** Femme du peuple qui aurait utilisé, pendant la Commune (1871), du pétrole pour allumer des incendies. **2.** *Fam.* Adhérente d'un parti, qui manifeste son militantisme avec véhémence. **3.** *Fam.* Femme impétueuse.

pétrolier, ère adj. Relatif au pétrole : *Une grande*

compagnie pétrolière. Les produits pétroliers. ◆ **pétrolier** n.m. **1.** Navire-citerne utilisé pour le transport en vrac du pétrole. **2.** Personne qui travaille dans l'industrie du pétrole.

pétrolifère adj. Qui contient du pétrole : *Un sol pétrolifère.*

pétrologie n.f. Étude des roches et de leur formation.

pétrologue n. Spécialiste de pétrologie.

pétulance n.f. Vivacité impétueuse ; ardeur exubérante : *Un récit plein de pétulance* (**SYN.** feu, flamme, fougue).

pétulant, e adj. (du lat. *petulans, petulantis*, querelleur, de *petere*, demander). Qui manifeste de la pétulance : *La pétulante députée a répondu du tac au tac* (**SYN.** fougueux, impétueux, vif ; **CONTR.** apathique, indolent, nonchalant).

pétunia n.m. (de *pétun*, tabac). Plante aux fleurs violettes, roses ou blanches.

peu adv. (lat. pop. *paucum*, de *pauci*, un petit nombre de). Marque une petite quantité, une faible intensité, une courte durée : *Le malade mange peu. Ils dépensent peu* (**CONTR.** beaucoup, énormément). *Je l'ai peu vu* (**SYN.** rarement ; **CONTR.** souvent). *Elle est fatiguée, parlez peu* (**SYN.** brièvement). ▸ ***À peu près*** → **près.** ***Avant peu*** ou ***sous peu,*** bientôt : *On devrait entendre sous peu sa dernière chanson.* ***De peu,*** avec une faible différence ; tout juste : *Elle le devance de peu dans les sondages.* ***Depuis peu,*** récemment : *Elle a déménagé depuis peu.* ***Peu de,*** un petit nombre, une petite quantité de : *Peu de gens se souviennent de lui. Il nous reste peu de carburant.* ***Sous peu,*** avant peu. *Fam.* ***Très peu pour moi,*** cela ne m'intéresse pas. ◆ n.m. sing. Quantité faible ou insuffisante : *Elle lui a dit le peu qu'elle savait sur cette affaire. Peux-tu me laisser un peu de place ? Donnez-lui un peu d'argent.* ▸ ***Peu à peu,*** progressivement ; insensiblement : *Ils ont appris peu à peu à se connaître* (= petit à petit). ***Pour un peu*** (+ cond.), indique que qqch a bien failli se produire : *Pour un peu, il aurait arrêté ses études.* ***Quelque peu,*** légèrement : *Un pas de danse quelque peu difficile à exécuter.* ***Un peu,*** dans une faible mesure : *Je lui en veux un peu. J'ai un peu mal au ventre* ; dans une faible proportion : *Ce livre est un peu meilleur que le précédent* ; fam., marque l'assentiment, l'affirmation : *Un peu que cela me plaît !* ◆ pron. indéf. pl. Un petit nombre de personnes : *Peu le connaissaient vraiment* (**CONTR.** beaucoup). ◆ **pour peu que** loc. conj. À condition que : *Ce sport ne présente pas de danger, pour peu que vous suiviez les règles de sécurité.*

peuchère ou **pechère** [pøʃɛr] interj. Dans le Midi, sert à exprimer l'attendrissement : *Peuchère ! Comme vous devez avoir froid !*

peuplade n.f. Groupe humain ne constituant pas une société fortement organisée.

peuple n.m. (lat. *populus*). **1.** Ensemble d'hommes constituant une communauté sociale ou culturelle : *Le peuple tsigane.* **2.** Ensemble d'hommes habitant sur un même territoire, régis par les mêmes lois, et formant une nation : *Le Président s'adresse au peuple français* (**SYN.** population). **3.** Ensemble des citoyens en tant qu'ils exercent des droits politiques : *Les élus du peuple.* **4.** (Précédé de l'art. déf.). Ensemble de ceux qui ne jouissent d'aucun privilège et ne vivent que de leur travail (par opp. aux classes possédantes, à la bourgeoisie) : *La ministre n'oublie pas qu'elle est issue du peuple.* **5.** *Fam.* Grand nombre de personnes : *Il y a du peuple dans la rue* (**SYN.** monde).

peuplé, e adj. Où il y a des habitants : *Une île très peuplée.*

peuplement n.m. Action de peupler un endroit ; fait d'être peuplé : *Le peuplement d'un continent* (**CONTR.** dépeuplement). *Le peuplement des vallées est inégalement réparti.*

peupler v.t. [conj. 5]. **1.** Établir un groupement humain, une espèce animale ou végétale dans un lieu : *Peupler une montagne d'ours* (**CONTR.** dépeupler). **2.** Vivre dans un endroit en assez grand nombre : *L'explorateur a rencontré les personnes qui peuplent cette région* (**SYN.** habiter, occuper). *Les oiseaux qui peuplent les marais.* ◆ **se peupler** v.pr. Se remplir de monde, d'habitants : *Cette ville nouvelle s'est vite peuplée.*

peupleraie n.f. Lieu planté de peupliers.

peuplier n.m. (de l'anc. fr. *peuple*, du lat. *populus*, peuplier). Arbre qui peut s'élever à une grande hauteur, et dont le bois est utilisé en menuiserie et en papeterie.

peur n.f. (lat. *pavor, pavoris*). **1.** Sentiment d'angoisse, en présence ou à la pensée d'un danger, d'une menace : *La comédienne a toujours un peu peur avant d'entrer en scène* (= le trac). *L'enfant tremblait de peur dans le noir* (**SYN.** terreur). *Tu m'as fait peur en arrivant si brusquement* (= tu m'as effrayé). **2.** État de crainte dans une situation précise : *La peur de ne pas réussir* (**SYN.** angoisse). *Cette bande fait régner la peur dans le quartier* (**SYN.** panique ; **CONTR.** sérénité). *Je ne comprends pas sa peur des oiseaux* (**SYN.** hantise, horreur, phobie). ▸ ***Avoir peur que*** (+ subj.), craindre : *J'ai peur que le film ne soit fini. Nous avons peur qu'elle ne tienne pas sa promesse.* ***Avoir plus de peur que de mal,*** avoir subi peu de dommages par rapport à ce qui aurait pu se passer. ***De peur de*** (+ inf.) ou ***que*** (+ subj.), par crainte de, que : *Elle ne caresse jamais les chiens qu'elle ne connaît pas de peur d'être mordue ou de peur qu'ils ne la mordent.* ***La peur du gendarme,*** la crainte des sanctions, qui incite à ne pas commettre de délit. ***Prendre peur,*** commencer à ressentir une crainte : *J'ai pris peur en voyant la voiture déraper.* ***Une peur bleue,*** une peur très vive.

peureusement adv. De façon peureuse ; craintivement.

peureux, euse adj. et n. Qui a peur : *Cette petite fille est trop peureuse pour monter en haut du toboggan* (**SYN.** craintif, poltron ; **CONTR.** courageux).

peut-être [pøtɛtr] adv. **1.** Exprime le doute, la possibilité : *S'il fait beau, il ira peut-être à pied. Peut-être est-elle enceinte.* **2.** (À la fin d'une phrase interr.). Indique un défi : *Je ne me suis pas bien occupé de lui, peut-être ?* ▸ ***Peut-être que*** (+ ind. ou cond.), indique une supposition, une probabilité : *Peut-être qu'elle est malade, qu'elle ira vous voir. Peut-être qu'il nous aiderait si on le lui demandait.*

peyotl [pɛjɔtl] n.m. (du nahuatl). Plante cactacée du Mexique, dont on extrait la mescaline.

pèze n.m. *Fam.* Argent ; monnaie : *Prête-moi du pèze.*

pfennig [pfenig] n.m. (mot all.). Ancienne monnaie divisionnaire du Deutsche Mark.

P.G.C.D. ou **PGCD** [peʒesede] n.m. (sigle). ▸ ***Plus grand commun diviseur*** → **diviseur.**

pH [peaʃ] n.m. inv. (abrév. de *potentiel d'hydrogène*). Nombre caractérisant l'acidité ou la basicité d'un milieu : *Une solution est acide si son pH est inférieur à 7, basique s'il est supérieur à 7 et neutre s'il est égal à 7. Des pH neutres.*

phacochère n.m. (du gr. *phakos*, lentille, et *khoîros*, cochon). Mammifère d'Afrique, voisin du sanglier.

phagocyte n.m. (du gr. *phagein*, manger, et *kutos*, cavité). Cellule de l'organisme capable d'effectuer la phagocytose.

phagocyter v.t. [conj. 3]. **1.** Détruire par phagocytose : *Les globules blancs phagocytent les bactéries.* **2.** *Fig.* Absorber et neutraliser à la façon des phagocytes : *Cette multinationale a phagocyté plusieurs entreprises.*

phagocytose n.f. Processus par lequel certaines cellules absorbent des particules étrangères puis les digèrent : *La phagocytose est un processus de défense de l'organisme.*

phalange n.f. (du gr. *phalagx*, gros bâton). **1.** Chacun des segments articulés qui composent les doigts et les orteils ; le premier de ces segments à partir de la base du doigt (par opp. à phalangine et à phalangette). **2.** Formation de combat de l'armée grecque antique. **3.** Groupement paramilitaire, d'inspiration fasciste.

phalangette n.f. Dernière phalange des doigts, qui porte l'ongle, la griffe ou le sabot.

phalangine n.f. Deuxième phalange des doigts, lorsqu'ils en comportent trois : *Le pouce n'a pas de phalangine.*

phalangiste n. et adj. Membre d'une phalange paramilitaire.

phalanstère n.m. (de *phalan*[*ge*] et [*mona*]*stère*). Communauté de travailleurs, dans le système de Fourier.

phalène n.f. (gr. *phalaina*). Papillon nocturne : *Une grande phalène.*

phallique adj. Relatif au phallus : *Un emblème phallique.*

phallocrate adj. et n. Qui fait preuve de phallocratie : *Une société phallocrate.*

phallocratie [falɔkrasi] n.f. (du gr. *phallos*, phallus, et *kratos*, pouvoir). Attitude tendant à assurer et à justifier la domination des hommes sur les femmes.

phallocratique adj. Relatif à la phallocratie.

phalloïde [falɔid] adj. En forme de phallus.

phallus [falys] n.m. (mot lat., du gr. *phallos*). **1.** Verge en érection. **2.** En psychanalyse, membre viril en tant que symbole de la différence des sexes.

phanère n.m. (du gr. *phaneros*, visible). Tout organe produit par la peau et les muqueuses : *Les poils, les ongles, les écailles, les plumes, les dents sont des phanères.*

phanérogame adj. (du gr. *phaneros*, visible, et *gamos*, mariage). Se dit d'une plante qui se reproduit par fleurs et par graines (par opp. à cryptogame). ◆ n.m. ou n.f. Plante phanérogame : *L'orchidée, le sapin sont des phanérogames.*

phantasme n.m. → **fantasme.**

pharaon n.m. (lat. *pharao, pharaonis*, de l'égyptien *perâa*, le palais). Souverain de l'Égypte ancienne.

pharaonique ou **pharaonien, enne** adj. **1.** Relatif aux pharaons, à leur époque : *L'Égypte pharaonique.* **2.** *Fig.* Marqué par le gigantisme, la démesure : *Un bâtiment pharaonique* (**SYN.** colossal). *Une superproduction pharaonique.*

phare n.m. (lat. *pharus*, du gr. *Pharos*, nom d'une île). **1.** Tour élevée portant au sommet un foyer lumineux destiné à guider les navires durant la nuit. **2.** Dispositif analogue pour la navigation aérienne : *Le phare d'un terrain d'aviation.* **3.** Projecteur de lumière placé à l'avant d'un véhicule ; position où ce dispositif éclaire le plus (par opp. à code) : *Les phares de cette voiture m'éblouissent. Elle roule en phares* (= avec les feux de route). **4.** *Litt.* Personne ou chose qui sert de guide : *Ce philosophe est notre phare* (**SYN.** exemple). **5.** (Employé en appos., avec ou sans trait d'union). Se dit de ce qui sert de modèle, est en vue : *Des idées-phares. Une publicité phare.* ☞ **REM.** Ne pas confondre avec *far*, *fard* ou *fart.*

pharisaïsme n.m. Affectation de vertu ; hypocrisie.

pharisien, enne n. et adj. (gr. *pharisaios*). Personne qui feint d'être un modèle de vertu et de piété.

pharmaceutique adj. Qui concerne la pharmacie : *Un produit pharmaceutique qui ne se vend que sur ordonnance.*

pharmacie n.f. (gr. *pharmakeia*, de *pharmakon*, remède). **1.** Science des médicaments, de leur composition et de leur préparation : *Un préparateur en pharmacie.* **2.** Magasin, local où l'on vend des médicaments ; officine : *Acheter de l'aspirine à la pharmacie.* **3.** Petite armoire où l'on range les médicaments : *Fermer la pharmacie à clef.*

pharmacien, enne n. Personne titulaire d'un diplôme de docteur en pharmacie ; personne qui tient une pharmacie.

pharmacodépendance n.f. Dépendance à un médicament.

pharmacologie n.f. Étude des médicaments et des substances qui ont une action sur l'organisme.

pharmacologique adj. Relatif à la pharmacologie.

pharmacologue ou **pharmacologiste** n. Spécialiste de pharmacologie.

pharmacopée n.f. (du gr. *pharmakopoiia*, confection de remèdes). **1.** (Avec une majuscule). Recueil contenant la liste des médicaments, leur composition, leurs effets : *Tout pharmacien est tenu de posséder une Pharmacopée.* **2.** Ensemble des remèdes, des médicaments disponibles : *La pharmacopée de la médecine homéopathique.*

pharmacovigilance n.f. Centralisation et diffusion des informations sur les effets indésirables des médicaments.

pharyngé, e ou **pharyngien, enne** adj. Relatif au pharynx : *Une angine pharyngée.*

pharyngite n.f. Inflammation du pharynx.

pharynx [farɛ̃ks] n.m. (du gr. *pharugx, pharuggos*, gorge). Conduit membraneux situé entre la bouche et l'œsophage, où se croisent les voies digestives et les voies respiratoires.

phase n.f. (du gr. *phasis*, apparition d'une étoile, de *phainein*, apparaître, briller). **1.** Chacun des aspects successifs d'un phénomène en évolution ; chacun des intervalles de temps marqués par ces changements : *Les diverses phases de la fabrication d'un fromage* (**SYN.** étape). *Étudier les différentes phases d'une crise économique* (**SYN.** palier, stade). *La dernière phase d'un processus* (**SYN.** partie, période). **2.** Chacun des aspects différents que présente la Lune selon sa position par rapport à la Terre et au Soleil. **3.** En chimie et en physique, partie homogène d'un système : *L'eau et la glace sont deux phases d'un même corps pur.* ▸ ***Être en phase avec qqn, qqch,*** être en accord, en harmonie avec eux.

phasme n.m. (du gr. *phasma*, apparition). Insecte sans ailes ressemblant aux brindilles sur lesquelles il vit.

phénicien, enne adj. et n. De la Phénicie. ◆ **phénicien** n.m. Langue sémitique ancienne dont l'alphabet est considéré comme l'ancêtre de toutes les écritures alphabétiques.

phénix [feniks] n.m. (du lat. *phoenix*, oiseau fabuleux, du gr. *phoinix*, pourpre). *Litt.* Personne exceptionnelle ; prodige, génie : *« Vous êtes le phénix des hôtes de ces bois »* [La Fontaine].

phénol n.m. (du gr. *phainein*, briller). Dérivé du benzène, utilisé comme désinfectant ainsi que dans l'industrie chimique.

phénoménal, e, aux adj. Qui tient du phénomène ; prodigieux : *Une imagination phénoménale* (= hors du commun ; **SYN.** exceptionnel ; **CONTR.** normal).

phénomène n.m. (du gr. *phainomenon*, ce qui apparaît, de *phainein*, apparaître, briller). **1.** Fait que l'on peut observer, étudier : *L'éclipse de Soleil est un phénomène rare* (**SYN.** événement, singularité). *La fraude dans les transports est un phénomène de plus en plus répandu* (**SYN.** manifestation). **2.** Fait, événement qui frappe par sa nouveauté ou son caractère exceptionnel : *Une tomate de deux kilos est un phénomène* (**SYN.** miracle, prodige). *Cette promenade à rollers à travers la capitale est un phénomène de société.* **3.** *Fam.* Individu qui ne se comporte pas comme tout le monde ; excentrique : *Cet animateur est un phénomène* (**SYN.** original).

phénoménologie n.f. En philosophie, méthode qui vise à saisir l'essence des êtres.

phénoménologique adj. Relatif à la phénoménologie.

phénotype n.m. (du gr. *phainein*, apparaître, briller, et *tupos*, marque). Manifestation externe, visible des caractères héréditaires inscrits dans les gènes (par opp. à génotype).

phéromone ou **phérormone** n.f. Substance émise par un animal dans le milieu extérieur à l'intention de ses congénères : *La fourmi émet une phéromone pour prévenir ses congénères du danger.*

phi [fi] n.m. inv. Vingt et unième lettre (Φ, φ) de l'alphabet grec (correspondant au *« ph »* français).

philanthrope n. (du gr. *philein*, aimer, et *anthrôpos*, homme). **1.** Personne qui cherche à améliorer le sort de l'humanité : *Ce philanthrope finance une association caritative* (**SYN.** altruiste). **2.** *Vieilli* Personne qui aime tous les hommes (par opp. à misanthrope).

philanthropie n.f. Fait d'être philanthrope (**SYN.** altruisme, charité ; **CONTR.** égoïsme).

philanthropique adj. Qui concerne la philanthropie : *Une association philanthropique* (**SYN.** caritatif, charitable).

philatélie n.f. (du gr. *philein*, aimer, et *ateleia*, exemption d'impôt). Étude et collection des timbres-poste.

philatélique adj. Relatif à la philatélie.

philatéliste n. Collectionneur de timbres-poste.

philharmonie n.f. Société musicale.

philharmonique adj. Se dit de certaines associations musicales de musiciens amateurs ou de certains grands orchestres symphoniques : *L'Orchestre philharmonique de Prague.*

philippine n.f. (de l'all. *Vielliebchen*, bien-aimé). Jeu qui consiste à se partager deux amandes trouvées dans une même coque, le gagnant étant celui qui, le lendemain, dit le premier à l'autre « Bonjour Philippine ».

philippique n.f. (des *Philippiques*, discours de Démosthène contre Philippe de Macédoine). *Litt.* Discours violent et polémique : *Les philippiques d'un candidat à la présidentielle* (**SYN.** diatribe, réquisitoire).

philistin n.m. (de l'arg. des étudiants all. *Philister*, bourgeois borné). *Litt.* Personne à l'esprit étroit ; béotien.

philo n.f. (abrév.). *Fam.* Philosophie : *Un cours de philo.*

philodendron [filɔdɛ̃drɔ̃] n.m. (du gr. *dendron*, arbre). Plante d'ornement, aux feuilles découpées et aux fleurs très odorantes.

philologie n.f. (du gr. *philologia*, amour des lettres). Étude d'une langue fondée sur l'analyse de textes écrits.

philologique adj. Relatif à la philologie.

philologue n. Spécialiste de philologie.

philosophale adj.f. (de *philosophe*, au sens anc. de « alchimiste »). ▸ ***Pierre philosophale,*** pierre qui, selon les alchimistes, pouvait opérer la transmutation des métaux en or.

philosophe n. (du gr. *philosophos*, ami de la sagesse). **1.** Spécialiste de philosophie ; personne qui élabore une doctrine philosophique ; penseur : *Platon était le disciple du philosophe Socrate.* **2.** Partisan des idées nouvelles, des « Lumières », au XVIIIe siècle ; encyclopédiste. ◆ adj. et n. Se dit de qqn qui supporte les épreuves avec sérénité : *Même dans les pires situations, elle reste philosophe* (**SYN.** 2. calme, stoïque).

philosopher v.i. [conj. 3]. **1.** Tenir une réflexion sur des problèmes philosophiques. **2.** Discuter sur un sujet quel qu'il soit : *Elles philosophent sur l'avenir de leur entreprise.*

philosophie n.f. (lat. *philosophia*, du gr. *philein*, aimer, et *sophia*, science, sagesse). **1.** Domaine d'activité de la pensée qui s'assigne pour but une réflexion sur la place et le rôle de l'homme dans le monde ; doctrine élaborée par un auteur : *La connaissance de soi, la morale, la liberté, la justice constituent certains des grands problèmes de la philosophie. La philosophie de Kant.* **2.** Enseignement donné dans les établissements secondaires et supérieurs sur ces problèmes (abrév. fam. philo). **3.** Étude des principes fondamentaux d'une activité, d'une pratique : *La philosophie de l'art. La philosophie des sciences* (= l'épistémologie). **4.** Sagesse acquise avec l'expérience des difficultés ; fermeté d'âme : *Une attitude pleine de philosophie* (**SYN.** raison). **5.** Conception de qqch fondée sur un ensemble de principes : *Une nouvelle philosophie du service public* (**SYN.** idée).

philosophique adj. **1.** Relatif à la philosophie : *Un texte philosophique.* **2.** Empreint de sagesse : *Une résignation philosophique.*

philosophiquement adv. **1.** Du point de vue philosophique. **2.** Avec sagesse, sérénité ; en philosophe.

philtre n.m. (lat. *philtrum,* du gr. *philtron,* breuvage, incantation). Breuvage magique propre à inspirer l'amour. ☞ **REM.** Ne pas confondre avec *filtre.*

phimosis [fimozis] n.m. (gr. *phimôsis*). Étroitesse du prépuce, qui empêche de découvrir le gland.

phlébite n.f. (du gr. *phlebs, phlebos,* veine). Inflammation d'une veine pouvant provoquer la formation d'un caillot.

phlébologie n.f. Spécialité médicale qui s'occupe des maladies des veines.

phlébologue n. Médecin qui exerce la phlébologie.

phlegmon [flɛgmɔ̃] n.m. (du gr. *phlegein,* brûler). Inflammation du tissu sous-cutané, susceptible d'évoluer vers la formation d'un abcès.

pH-mètre [peaʃmɛtr] n.m. (pl. *pH-mètres*). Appareil de mesure du pH.

phobie n.f. (du gr. *phobos,* crainte, peur). **1.** Aversion très vive : *Elle a la phobie de l'eau* (**SYN.** crainte, terreur). **2.** Angoisse irraisonnée créée par certaines situations : *La phobie des espaces clos est la claustrophobie.*

phobique adj. Qui a les caractères de la phobie : *Une peur phobique.* ◆ adj. et n. Atteint de phobie.

phocéen, enne adj. et n. Relatif à Marseille : *Visiter la cité phocéenne.*

phonateur, trice ou **phonatoire** adj. Relatif à la production des sons vocaux : *Les cordes vocales sont des organes phonateurs.*

phonation n.f. (du gr. *phônê,* voix). Production de la voix chez l'homme, des cris chez les animaux.

phonème n.m. (du gr. *phônêma,* son de voix). Son d'une langue, défini par les propriétés distinctives qui l'opposent aux autres sons de cette langue : *Les mots « chou » et « pou » se distinguent par leurs phonèmes initiaux* [ʃ] *et* [p].

phonéticien, enne n. Spécialiste de phonétique.

phonétique adj. Relatif aux sons du langage : *La transcription phonétique de « chose » est* [ʃoz]. ▸ ***Alphabet phonétique international*** → **alphabet.** ◆ n.f. Étude scientifique des sons du langage et de la représentation par des signes conventionnels de la prononciation des mots d'une langue.

phonétiquement adv. Du point de vue de la phonétique : *Transcrire un mot phonétiquement.*

phonétisme n.m. Ensemble des particularités phonétiques d'une langue.

phoniatre n.m. Médecin spécialiste de phoniatrie.

phoniatrie n.f. Spécialité de la médecine qui étudie les troubles de la phonation.

phonie n.f. (abrév.). Autre nom de la téléphonie, de la radiotéléphonie. ▸ ***Message en phonie,*** émis avec la voix (par opp. à en graphie).

phonique adj. Relatif aux sons ou à la voix : *L'isolation phonique d'un bâtiment.*

phono n.m. (abrév.). Phonographe.

phonogénie n.f. Aptitude, qualité phonogénique.

phonogénique adj. Se dit d'une voix ou d'un son qui se prête bien à l'enregistrement et à la diffusion.

phonogramme n.m. **1.** Signe graphique représentant un son ou une suite de sons. **2.** Enregistrement de sons sur un support comme un disque, une cassette, etc.

phonographe n.m. (du gr. *phônê,* voix, et *graphein,* écrire). *Anc.* Appareil de reproduction du son par des procédés mécaniques (abrév. phono).

phonographique adj. Relatif à l'enregistrement des sons sur disque : *Procédé phonographique.*

phonologie n.f. Étude des phonèmes d'une langue du point de vue de leurs fonctions et de leurs relations dans le système des sons de cette langue.

phonologique adj. Relatif à la phonologie.

phonologue n. Spécialiste de phonologie.

phonothèque n.f. Lieu où sont rassemblés et mis à la disposition des usagers des documents sonores de tout genre.

phoque n.m. (lat. *phoca,* du gr.). **1.** Mammifère marin vivant surtout dans les mers froides. **2.** Fourrure de cet animal. ☞ **REM.** Ne pas confondre avec *foc.*

phosphate n.m. (du gr. *phôs,* lumière). **1.** Sel de l'acide phosphorique. **2.** Engrais phosphaté.

phosphaté, e adj. Qui contient du phosphate : *Des engrais phosphatés.*

phosphène n.m. (du gr. *phôs,* lumière, et *phainein,* briller). Phénomène lumineux apparaissant dans le champ visuel, de cause variée (déchirure de la rétine, par ex.).

phosphore n.m. (du gr. *phôs,* lumière). Élément chimique, dont les deux formes les plus répandues sont le phosphore blanc, très inflammable et hautement toxique, et le phosphore rouge, non toxique.

phosphoré, e adj. Qui contient du phosphore.

phosphorer v.i. [conj. 3]. *Fam.* Déployer une activité intellectuelle intense ; réfléchir beaucoup.

phosphorescence n.f. **1.** Propriété qu'ont certains corps d'émettre de la lumière après avoir été exposés à un rayonnement. **2.** Émission de lumière par certains êtres vivants : *La phosphorescence du vert luisant.*

phosphorescent, e adj. Doué de phosphorescence : *Un insecte phosphorescent.*

phosphoreux, euse adj. Qui contient du phosphore : *Des minerais phosphoreux.*

phosphorique adj. ▸ ***Acide phosphorique,*** acide correspondant à une combinaison de phosphore et d'oxygène, formé par combustion vive.

photo n.f. (abrév. de *photographie*). **1.** Photographie : *Faire de la photo.* **2.** Image photographique : *Prendre des photos.* ▸ *Fam.* ***Il n'y a pas*** ou ***y a pas photo,*** il n'y a pas de comparaison possible ; la différence est évidente. ◆ adj. inv. Photographique : *Des appareils photo.*

photochimie n.f. Branche de la chimie qui étudie les réactions chimiques sous l'action de la lumière.

photochimique adj. Qui concerne la photochimie.

photocomposer v.t. [conj. 3]. Composer un texte par photocomposition.

photocompositeur ou **photocomposeur** n.m. Personne, entreprise spécialisée dans la photocomposition.

photocomposition n.f. Procédé de composition de textes fournissant directement des films photographiques.

photocopie n.f. Procédé de reproduction rapide des documents par photographie : *Faire des photocopies.*

photocopier v.t. [conj. 9]. Reproduire par photocopie.

photocopieuse n.f. ou **photocopieur** n.m. Appareil de photocopie.

photocopillage n.m. (de *photoco*[*pie*] et *pillage*). Action de photocopier un ouvrage partiellement ou en totalité : *Le photocopillage est un délit.*

photoélectricité n.f. Production d'électricité par l'action de la lumière ; électricité ainsi produite.

photoélectrique adj. Relatif à la photoélectricité. ▸ ***Cellule photoélectrique,*** instrument de mesure de l'intensité du rayonnement lumineux, utilisé notamm. en photographie.

photo-finish [fɔtofiniʃ] n.f. (de l'angl. *finish,* arrivée) [pl. *photos-finish*]. Appareil photographique enregistrant automatiquement l'ordre des concurrents à l'arrivée d'une course ; photographie ainsi obtenue.

photogénie n.f. Qualité d'une personne photogénique.

photogénique adj. Dont l'image photographique produit un bel effet : *Des enfants photogéniques.*

photogramme n.m. Au cinéma, l'un des vingt-quatre instantanés inscrits sur la pellicule en une seconde.

photographe n. **1.** Personne qui prend des photos, en amateur ou à titre professionnel. **2.** Personne qui développe, tire des clichés et vend du matériel photographique.

photographie n.f. (du gr. *phôs, phôtos,* lumière, et *graphein,* écrire). **1.** Technique permettant de fixer l'image des objets sur une surface rendue sensible à la lumière par des procédés chimiques. **2.** Cette technique employée comme moyen d'expression artistique ; art du photographe (abrév. photo) : *Apprendre la photographie.* **3.** Image obtenue par cette technique (abrév. photo) : *Cette photographie est floue* (**SYN.** cliché, épreuve). **4.** Description, reproduction rigoureuse et fidèle de qqch : *Ce roman fournit une photographie de la société de cette époque* (**SYN.** image). ▸ ***Directeur de la photographie,*** au cinéma, à la télévision, technicien responsable de la prise de vues (on dit aussi *un chef opérateur*).

photographier v.t. [conj. 9]. **1.** Obtenir par la photographie l'image de qqn, de qqch : *Vous photographierez les décors après le spectacle.* **2.** Imprimer fortement dans sa mémoire l'image de qqn, de qqch : *Il a photographié leur visage* (**SYN.** mémoriser). **3.** Décrire, représenter avec fidélité et précision : *Ce reportage a photographié l'état du pays avant les élections.*

photographique adj. **1.** Relatif à la photographie ; qui sert à faire de la photographie : *Appareil photographique.* **2.** Qui a la fidélité, la précision de la photographie.

photographiquement adv. Par la photographie.

photograveur n.m. Personne, entreprise spécialisée dans la photogravure.

photogravure n.f. Technique de reproduction imprimée des illustrations par des procédés photographiques et chimiques.

photojournalisme n.m. Métier du photojournaliste.

photojournaliste n. Journaliste chargé d'effectuer les photographies d'un reportage (**SYN.** reporter-photographe).

Photomaton n.m. (nom déposé). Appareil qui prend et développe automatiquement des photographies d'identité.

photomètre n.m. Instrument de mesure de l'intensité d'une source lumineuse.

photométrie n.f. Partie de la physique qui traite de la mesure des rayonnements lumineux ; cette mesure.

photométrique adj. Relatif à la photométrie.

photomontage n.m. Montage réalisé à partir de plusieurs photographies.

photon n.m. (de *phot*[*o*] et [*électr*]*on*). Particule constitutive de la lumière : *Un rayonnement lumineux est constitué par un flux de photons.*

photopériode n.f. Durée quotidienne du jour, considérée du point de vue de ses effets biologiques.

photopériodisme n.m. Réaction des êtres vivants à la variation de la longueur du jour et de la nuit.

photophobie n.f. Tendance à éviter la lumière lors de certaines maladies comme la kératite ou la migraine.

photophore n.m. Petit vase ou globe de verre abritant une bougie ou une veilleuse.

photoreportage n.m. Reportage constitué essentiellement de documents photographiques.

photo-roman n.m. (pl. *photos-romans*). Autre nom du *roman-photo.*

photosensibilité n.f. Caractère photosensible.

photosensible adj. Sensible aux rayonnements lumineux : *Une émulsion photosensible.*

photosphère n.f. Couche superficielle du Soleil, d'où provient la quasi-totalité de son rayonnement.

photostoppeur, euse n. Personne qui photographie les passants et leur propose de leur vendre ces clichés.

photostyle n.m. Dispositif en forme de crayon, comportant un élément photosensible, et qui, déplacé sur un écran de visualisation, permet l'utilisation interactive d'un ordinateur (on dit aussi *un crayon optique*).

photosynthèse n.f. Processus par lequel les plantes vertes, sous l'action de la lumière, élaborent des matières organiques à partir d'éléments minéraux, en absorbant le gaz carbonique et l'eau, et en rejetant l'oxygène (on disait aussi *assimilation chlorophyllienne*).

photosynthétique adj. Relatif à la photosynthèse.

photothèque n.f. **1.** Collection d'archives photographiques. **2.** Lieu où une telle collection est conservée.

photothérapie n.f. Utilisation de la lumière dans certains traitements médicaux.

phototropisme n.m. Action particulière de la lumière sur l'orientation de la croissance des végétaux.

phototype n.m. Image négative ou positive réalisée sur un support photographique opaque ou transparent.

phrase n.f. (gr. *phrasis*, de *phrazein*, expliquer). **1.** Unité élémentaire d'un énoncé, formée de plusieurs mots ou groupes de mots et qui présente un sens complet : *Une phrase affirmative, négative.* **2.** En musique, suite de notes formant une unité mélodique expressive. ▸ ***Faire des phrases,*** tenir un discours creux, conventionnel. ***Petite phrase,*** élément d'un discours, en partic. politique, repris par les médias pour son impact potentiel sur l'opinion. ***Phrase toute faite,*** formule conventionnelle ; cliché. ***Sans phrases,*** sans détour ; directement et franchement.

phrasé n.m. Art et manière de phraser : *Le phrasé d'un guitariste.*

phraséologie n.f. **1.** Ensemble des phrases et expressions propres à un milieu, à une époque, etc. : *La phraséologie sportive* (**SYN.** jargon). **2.** *Péjor.* Assemblage de formules pompeuses, de termes compliqués ou vides de sens : *Son discours n'était que de la phraséologie* (**SYN.** bavardage, verbiage).

phraser v.t. [conj. 3]. Jouer une phrase musicale, un air en mettant en évidence le développement de la ligne mélodique.

phraseur, euse n. et adj. Personne qui s'exprime avec affectation et grandiloquence ; beau parleur (**SYN.** discoureur).

phrastique adj. En grammaire, relatif à la phrase : *Un constituant phrastique.*

phratrie n.f. (gr. *phratria*). **1.** Dans l'Antiquité grecque, groupement de familles. **2.** En ethnologie, groupe de plusieurs clans ou tribus. ☞ **REM.** Ne pas confondre avec *fratrie.*

phréatique adj. (du gr. *phrear, phreatos,* puits). ▸ ***Nappe phréatique,*** nappe d'eau souterraine, formée par l'infiltration des eaux de pluie et alimentant des puits et des sources.

phrygien, enne adj. et n. De la Phrygie. ◆ **phrygien** adj. m. ▸ ***Bonnet phrygien,*** bonnet rouge porté par les révolutionnaires de 1789, qui ressemblait à la coiffe des esclaves romains affranchis.

phtisie n.f. (du gr. *phthisis*, dépérissement). *Vx* Tuberculose pulmonaire.

phtisiologie n.f. *Vieilli* Spécialité médicale qui s'occupait de la tuberculose.

phtisique adj. et n. (lat. *phthisicus*, du gr. *phthisikos*). *Vx* Atteint de phtisie.

phylactère n.m. (du gr. *phullatein*, protéger). **1.** Petit étui renfermant un morceau de parchemin où sont inscrits des versets de la Torah et que les juifs pieux portent attaché au front et au bras lors de certaines prières (**SYN.** tefillin). **2.** Bulle, dans une bande dessinée.

phylloxéra [filɔksera] n.m. (du gr. *phullon*, feuille, et *xêros*, sec). **1.** Puceron dont une espèce attaque la vigne. **2.** Maladie de la vigne causée par cet insecte.

phylogenèse ou **phylogénie** n.f. (du gr. *phûlon*, tribu, espèce, et *genesis*, origine). Partie de la biologie qui étudie la formation et l'évolution d'une espèce.

phylogénétique ou **phylogénique** adj. Relatif à la phylogenèse.

physiatre n. Au Québec, médecin spécialiste de physiatrie.

physiatrie n.f. Au Québec, branche de la médecine qui prévient et traite les troubles des muscles et de la locomotion.

physicien, enne n. Spécialiste de la physique.

physico-chimie n.f. (pl. *physico-chimies*). Branche de la chimie qui applique les lois de la physique à l'étude des systèmes chimiques.

physico-chimique adj. (pl. *physico-chimiques*). Relatif à la physico-chimie.

physiocrate n. Économiste du XVIIIe siècle, qui considérait que l'agriculture était la source essentielle de richesse pour un pays.

physiologie n.f. (du gr. *phusis*, nature, et *logos*, science). Partie de la biologie qui étudie les fonctions et les propriétés des organes et des tissus des êtres vivants.

physiologique adj. Relatif à la physiologie.

physiologiste n. Spécialiste de physiologie.

physionomie n.f. (du gr. *phusis*, nature, et *gnômôn*, qui connaît). **1.** Ensemble des traits du visage exprimant l'humeur, le tempérament : *Une physionomie renfrognée* (**SYN.** expression, figure, 1. mine). **2.** Caractère, aspect qu'une chose possède en propre, qui la singularise : *La physionomie du centre-ville a beaucoup changé* (**SYN.** apparence).

physionomiste adj. et n. Qui est capable de reconnaître immédiatement une personne déjà rencontrée : *Ce policier est très physionomiste.*

physiopathologie n.f. Étude des troubles physiologiques des maladies.

physiothérapeute n. Au Québec et en Suisse, kinésithérapeute.

physiothérapie n.f. **1.** Traitement des maladies au moyen d'agents physiques (lumière, chaleur, froid, électricité). **2.** Au Québec et en Suisse, kinésithérapie.

① **physique** adj. (gr. *phusikos*, de *phusis*, nature). **1.** Qui appartient à la nature, s'y rapporte : *La géographie physique.* **2.** Qui concerne le corps humain (par opp. à psychique) : *Une vive douleur physique. Il a fait un gros effort physique* (**SYN.** corporel ; **CONTR.** intellectuel, mental). *L'amour physique* (**SYN.** charnel, sexuel ; **CONTR.** platonique). **3.** Relatif à la physique (par opp. à chimique) : *Les propriétés physiques d'un corps.* ▸ ***Sciences physiques,*** la physique et la chimie. ◆ n.m. **1.** Aspect extérieur d'une personne, de son corps : *Avoir un physique ingrat.* **2.** Constitution du corps ; état de santé : *Le physique retentit sur le moral.* ▸ ***Avoir le physique de l'emploi,*** avoir une apparence extérieure conforme au rôle interprété, ou, par ext., au métier exercé.

② **physique** n.f. (gr. *phusikê*, de *phusis*, nature). Science qui étudie les propriétés générales de la matière, et détermine les lois qui la régissent. ▸ ***Physique du globe,*** géophysique.

physiquement adv. **1.** Du point de vue de la physique : *Ce phénomène est physiquement possible*

(**SYN.** matériellement). **2.** En ce qui concerne l'apparence extérieure, le physique (par opp. à moralement) : *Il lui plaît physiquement.*

phytocide adj. et n.m. Se dit d'un produit susceptible de tuer les végétaux.

phytohormone n.f. Hormone végétale.

phytopathologie n.f. Science qui étudie les maladies des plantes.

phytophage adj. et n.m. Se dit d'un animal, en partic. d'un insecte, qui se nourrit de matières végétales.

phytopharmacie n.f. Étude et préparation des produits destinés au traitement des maladies des plantes.

phytoplancton n.m. Plancton végétal.

phytothérapeute n. Personne, médecin qui traite les maladies par phytothérapie.

phytothérapie n.f. (du gr. *phuton,* plante). Traitement des maladies par les plantes et par leurs extraits.

phytotron n.m. Laboratoire équipé pour l'étude des conditions physiques et chimiques nécessaires au développement des plantes.

pi n.m. inv. **1.** Seizième lettre de l'alphabet grec (Π, π), correspondant au *p* français. **2.** Symbole représentant le rapport constant de la circonférence d'un cercle à son diamètre, soit approximativement 3,141 6. ☞ **REM.** Ne pas confondre avec *pie* ou *pis.*

piaf n.m. (onomat.). *Fam.* Moineau.

piaffant, e adj. Qui piaffe : *Une monture piaffante.*

piaffement n.m. Action de piaffer.

piaffer v.i. (onomat.) [conj. 3]. En parlant du cheval, frapper la terre d'un pied avant puis de l'autre, sans avancer. ▸ ***Piaffer d'impatience,*** en parlant de qqn, s'agiter, trépigner sous l'effet de l'impatience.

piaillard, e [pjajar, ard] adj. et n. → **piailleur, euse.**

piaillement [pjajmɑ̃] n.m. **1.** Cri aigu de certains oiseaux (**SYN.** piaulement). **2.** *Fam.* Bruit de personnes qui piaillent.

piailler [pjaje] v.i. (onomat.) [conj. 3]. **1.** Émettre un piaillement, en parlant de certains oiseaux (**SYN.** piauler). **2.** *Fam.* Crier sans cesse : *Les élèves piaillent dans la cour* (**SYN.** criailler).

piaillerie [pjajri] n.f. *Fam.* Criaillerie.

piailleur, euse [pjajœr, øz] ou **piaillard, e** [pjajar, ard] adj. et n. *Fam.* Qui piaille, crie sans cesse : *Des enfants piailleurs.*

pian [pjɑ̃] n.m. (mot d'une langue du Brésil). Maladie tropicale infectieuse et contagieuse, provoquant de graves lésions cutanées.

pianissimo adv. (mot it., superlatif de *piano,* doucement). Terme de musique indiquant qu'il faut jouer avec une très faible intensité sonore. ◆ n.m. (pl. *pianissimos* ou *pianissimi*). Passage d'une œuvre exécuté dans ce tempo.

pianiste n. Artiste qui joue du piano.

① **piano** n.m. (abrév. de *pianoforte*). **1.** Instrument de musique à cordes frappées par de petits marteaux et à clavier : *Ses parents lui ont offert un piano.* **2.** Grand fourneau occupant le milieu de la cuisine, dans un restaurant, un hôtel. ▸ *Fam.* ***Piano à bretelles,*** accordéon. ***Piano à queue,*** dont les cordes et la table d'harmonie sont horizontales. ***Piano droit,*** dont les cordes et la table d'harmonie sont verticales.

② **piano** adv. (mot it. signif. « doucement »). Terme de musique indiquant qu'il faut jouer avec une faible intensité sonore. ▸ *Fam.* ***Aller*** ou ***y aller piano,*** doucement, sans bruit ou sans hâte. ◆ n.m. Passage d'une œuvre exécuté dans ce tempo : *Des forte succèdent aux pianos.*

piano-bar n.m. (pl. *pianos-bars*). Bar dans lequel un pianiste crée une ambiance musicale.

pianoforte [pjanofɔrte] n.m. inv. (de l'it. *piano,* doucement, et *forte,* fort). Instrument à cordes frappées et à clavier, inventé au XVIIIe siècle, dont l'évolution a donné naissance au piano moderne.

pianotage n.m. Action de pianoter.

pianoter v.i. [conj. 3]. **1.** Jouer du piano maladroitement. **2.** Tapoter sur qqch avec les doigts : *Pianoter avec énervement sur une table* (**SYN.** tambouriner). **3.** Taper sur les touches d'un clavier de matériel informatique, de Minitel.

piapiater v.i. (onomat.) [conj. 3]. *Fam.* Bavarder.

piastre n.f. (de l'it. *piastra,* lame de métal). *Fam.* Au Québec, dollar canadien.

piaule n.f. (de l'anc. fr. *pier,* boire). *Fam.* Chambre ; logement : *Louer une piaule.*

piaulement n.m. Cri aigu des poulets, de certains oiseaux (**SYN.** piaillement).

piauler v.i. (onomat.) [conj. 3]. **1.** Émettre un piaulement, en parlant des poulets, de certains oiseaux (**SYN.** piailler). **2.** *Fam.* Crier en pleurant, en parlant des enfants.

piaute n.f. *Fam.* En Suisse, jambe.

piazza [pjadza] n.f. (mot it. signif. « place »). Espace libre piétonnier lié à un ensemble architectural.

P.I.B. ou **PIB** [peibe] n.m. (sigle). ▸ ***Produit intérieur brut*** → **produit.**

pibale n.f. Dans l'ouest de la France, nom de la civelle.

① **pic** n.m. (du lat. *picus,* pivert). Oiseau qui frappe avec le bec sur l'écorce des arbres pour en faire sortir les larves dont il se nourrit.

② **pic** n.m. (de *1. pic*). Instrument composé d'un fer pointu, souvent légèrement courbé, ajusté à un manche, dont on se sert pour creuser, pour fendre : *Un pic de mineur.*

③ **pic** n.m. (mot de l'anc. prov. signif. « sommet ») Montagne isolée, dont le sommet a une forme de pointe : *Le pic du Midi d'Ossau* (**SYN.** aiguille).

à **pic** loc. adv. (de *piquer*). **1.** De manière verticale : *Un sentier qui descend à pic* (**SYN.** verticalement). **2.** *Fam.* Au bon moment ; à point nommé : *Tu tombes à pic, j'allais partir.* ▸ ***Couler à pic,*** aller directement au fond de l'eau ; fig., faire faillite, être ruiné.

picador n.m. (mot esp.). Cavalier qui, dans une corrida, fatigue le taureau avec une pique.

picaillons n.m. pl. (mot de Savoie, de l'anc. prov. *piquar,* sonner). *Fam.* Pièces de monnaie ; argent.

picard, e adj. et n. Relatif à la Picardie. ◆ **picard** n.m. Dialecte de langue d'oïl parlé en Picardie et dans l'Artois.

picaresque adj. (de l'esp. *pícaro,* vaurien). Se dit d'œuvres littéraires dont le héros est un aventurier issu du peuple : *Tom Jones est le héros d'un roman picaresque anglais du XVIIIe siècle.*

piccolo ou **picolo** n.m. (mot it. signif. « petit »). Petite flûte traversière.

pichenette n.f. (du prov. *pichouneta,* petite, de *pitchoun,* petit). *Fam.* Petit coup appliqué avec un doigt replié et brusquement détendu : *D'une pichenette, l'infirmier fit descendre le sérum dans la seringue* (**SYN.** chiquenaude).

pichet n.m. (anc. fr. *pichier*). Petite cruche à anse et à bec dans laquelle on sert des boissons.

picholine [piʃɔlin] n.f. (prov. *pichoulino,* de *pitchoun,* petit). Petite olive à bout pointu, que l'on consomme génér. verte, marinée, en hors-d'œuvre.

pickles [pikœls] n.m. pl. (mot angl., de *pickle,* saumure). Petits légumes, fruits conservés dans du vinaigre aromatisé et utilisés comme condiment.

pickpocket [pikpɔkɛt] n.m. (mot angl., de *to pick,* enlever, et *pocket,* poche). Voleur à la tire.

pick-up [pikœp] n.m. inv. (de l'angl. *to pick up,* recueillir). **1.** Véhicule utilitaire léger comportant un plateau non recouvert, avec ridelles. **2.** *Vieilli* Électrophone.

picoler v.i. et v.t. (de l'it. *piccolo,* petit) [conj. 3]. *Fam.* Boire de l'alcool.

picolo n.m. → **piccolo.**

picorer v.t. (de *piquer,* voler) [conj. 3]. **1.** Saisir de la nourriture avec le bec, en parlant des oiseaux : *Les pigeons picorent des miettes de pain* (**SYN.** becqueter, picoter). **2.** Prendre çà et là des aliments : *Les enfants picorent les mûres le long du chemin* (**SYN.** grappiller).

picot n.m. (de *2. pic*). Petite pointe en forme de dent qui fait saillie au bord d'un passement, d'une dentelle.

picotage n.m. Action de picoter.

picotement n.m. Sensation de piqûre légère et répétée : *Ressentir des picotements dans les mains* (**SYN.** fourmillement).

picoter v.t. (de *piquer*) [conj. 3]. **1.** Causer un, des picotements : *Un gaz qui picote la gorge* (**SYN.** irriter, piquer). **2.** En parlant des oiseaux, piquer avec le bec à coups répétés : *Une poule qui picote du grain* (**SYN.** becqueter, picorer).

picotin n.m. (de *picoter*). *Anc.* Mesure d'avoine pour un cheval, un âne.

picoulet n.m. En Suisse, ronde du folklore romand.

picrate n.m. (du gr. *pikros,* amer, piquant). *Fam.* Vin de mauvaise qualité.

picrique adj. ▸ ***Acide picrique,*** obtenu par l'action de l'acide nitrique sur le phénol.

picrocholine [pikrɔkɔlin] adj. f. (du gr. *pikros,* amer, piquant, et *kholê,* bile). ▸ ***Guerre picrocholine,*** conflit entre des institutions, des individus, aux péripéties souvent burlesques et dont le motif apparaît obscur ou insignifiant (par allusion à la guerre opposant Picrochole à Grandgousier et à Gargantua dans le roman de Rabelais *Gargantua*).

pictogramme n.m. **1.** Dessin, signe d'une écriture pictographique. **2.** Dessin schématique normalisé, destiné à donner, notamm. dans les lieux publics, certaines indications telles que la direction de la sortie, l'emplacement des toilettes ; signe, symbole.

pictographie n.f. **1.** Écriture formée de pictogrammes. **2.** Utilisation de pictogrammes pour la communication de messages.

pictographique adj. (du lat. *pictus,* peint, et du gr. *graphein,* écrire). Se dit d'une écriture dans laquelle les concepts sont représentés par des scènes figurées ou par des symboles complexes : *L'écriture pictographique se rencontre chez les Esquimaux et les Amérindiens.*

pictural, e, aux adj. (du lat. *pictura,* peinture). Relatif à la peinture en tant qu'art : *Une œuvre picturale.*

pic-vert [pivɛr] n.m. → **pivert.**

pidgin [pidʒin] n.m. (prononciation chinoise de l'angl. *business*). **1.** Parler rudimentaire né du contact de l'anglais avec des langues d'Asie ou d'Océanie. **2.** Langue seconde née du contact de langues européennes avec des langues d'Asie ou d'Afrique et permettant l'intercompréhension des communautés.

① **pie** n.f. (lat. *pica*). **1.** Oiseau passereau à plumage noir bleuté et blanc et à longue queue, commun en France. **2.** *Fam.* Personne bavarde. ☞ **REM.** Ne pas confondre avec *pi* ou *pis.* ▸ ***Bavard comme une pie,*** très bavard.

② **pie** adj. inv. (de *1. pie*). Se dit de la robe d'un animal lorsqu'elle est composée de deux couleurs ; se dit de l'animal lui-même : *Une vache à robe pie noire. Des chevaux pie.* ▸ *Anc.* ***Voiture pie,*** voiture de police à carrosserie noir et blanc.

③ **pie** adj. f. (du lat. *pia,* pieuse). ▸ *Litt.* ***Œuvre pie,*** action charitable ; acte pieux.

pièce n.f. (du bas lat. *petia,* morceau de terre, du gaul.). **1.** Espace habitable délimité par des murs comportant une ouverture ou plusieurs et qui, seul ou avec d'autres, constitue un logement : *Une pièce exposée plein sud.* **2.** Chacun de ces espaces, à l'exception de la cuisine, des sanitaires et des dégagements, dans un descriptif d'appartement : *Un appartement de trois pièces* ou *un trois-pièces.* **3.** Morceau de métal plat, génér. façonné en disque et servant de valeur d'échange, de monnaie : *Une pièce de deux euro.* **4.** Composition littéraire, musicale ; œuvre dramatique : *Une pièce pour hautbois. Elle revient au théâtre dans une pièce de Guitry.* **5.** Document écrit servant à apporter une information, à établir un fait : *Les pièces d'un dossier. Une pièce d'identité.* **6.** Partie constitutive d'un tout : *Un vêtement de deux pièces* (= composé de deux éléments). **7.** Élément d'un ensemble, d'une collection : *Un service de table comprenant 30 pièces.* **8.** Objet considéré comme une unité : *Les bouteilles d'eau sont vendues à la pièce* (**SYN.** unité). *Articles vendus dix euros pièce* ou *la pièce.* **9.** (Suivi d'un compl.). Objet considéré sous le rapport de son utilité, de sa fonction : *Pièce de drap. Pièce de bétail* (**SYN.** tête). *Pièce de charpente.* **10.** Figure ou pion du jeu d'échecs. **11.** Morceau de tissu pour le raccommodage d'un vêtement : *Mettre une pièce à une veste.* **12.** Partie constitutive d'un ensemble mécanique : *L'électroménagiste a pu changer la pièce sur-le-champ.* **13.** En chirurgie, petit morceau de tissu organique ou artificiel, qui sert à fermer une incision ou à obturer un curetage (**SYN.** patch). **14.** En Suisse, gâteau : *Petite pièce. Pièce sèche.* ▸ ***À la pièce*** ou ***aux pièces,*** en proportion du travail réalisé : *Travailler aux pièces.* ***De toutes pièces,*** par un travail d'assemblage, de reconstitution des éléments : *Il a monté cet ordinateur de toutes pièces*; fig., en inventant tout : *Une accusation forgée de toutes pièces.* Fam. ***Donner la pièce à qqn,*** donner un pourboire à qqn. ***En pièces détachées,*** démonté, dont les parties sont disjointes. ***Fait de pièces et de morceaux,*** composé de parties disparates. Litt. ***Faire pièce à qqn,*** le contrecarrer, le mettre en échec. ***Juger pièces à l'appui*** ou ***sur pièces,*** se faire une opinion d'après des faits que l'on a soi-même constatés. ***Mettre*** ou ***tailler en pièces,*** détruire ; mettre en déroute : *Tailler en pièces un adversaire.* Fam. ***On n'est pas aux pièces,*** on a tout le temps ; on n'est pas pressés. ***Pièce à conviction,*** pièce destinée à servir d'élément de preuve dans un procès. ***Pièce d'artillerie,*** canon. ***Pièce d'eau,*** petit étang, bassin dans un jardin, un parc. ***Pièce détachée*** ou ***de rechange,*** que l'on peut acquérir isolément pour remplacer un élément usagé, détérioré. ***Pièce montée,*** grande pâtisserie formée de petits choux disposés en pyramide. ***Tout d'une pièce,*** d'un seul morceau, d'un seul bloc ; fig., entier, sans souplesse, en parlant de qqn, d'un caractère : *Les nouveaux dirigeants sont tout d'une pièce.* ***Une pièce de collection*** ou ***de musée,*** une œuvre, un objet de grande qualité, digne de figurer dans un musée.

piécette n.f. Petite pièce de monnaie.

pied n.m. (lat. *pes, pedis*). **1.** Partie de l'extrémité de la jambe munie de cinq orteils qui sert à l'homme à se tenir debout et à marcher : *Elle a de petits pieds. Il marche souvent pieds nus.* **2.** Le pied dans la manière de marcher, d'agir : *Avoir le pied sûr. Ils n'ont pas le pied marin.* **3.** Partie terminale de la patte des mammifères et des oiseaux : *Les pieds d'un cheval* (**SYN.** sabot). **4.** Organe musculeux des mollusques, qui leur sert à se déplacer : *Le pied d'un escargot.* **5.** Partie inférieure d'une chose élevée : *Être au pied d'une montagne* (**SYN.** base ; **CONTR.** sommet). *Il y avait un sac de ciment au pied du mur* (**SYN.** assise, bas). **6.** Partie d'un objet (meuble, ustensile, etc.) servant de support : *Les pieds d'une chaise. Un verre à pied.* **7.** Partie du tronc ou de la tige d'un végétal qui est le plus près du sol : *Le pied d'un champignon, d'un chêne.* **8.** Arbre, plante, en tant qu'unité : *Un pied de vigne, de salade.* **9.** (Calque de l'angl. *foot*). Unité de mesure valant 12 pouces, soit 30,48 cm, encore en usage dans certains pays anglo-saxons : *Une altitude de 20 000 pieds.* **10.** Groupe de syllabes constituant la mesure élémentaire du vers, dans la métrique grecque et latine. **11.** (Emploi critiqué). Syllabe, dans un vers français : *Un vers de six pieds.* ▸ ***À pied,*** en marchant ; sans être transporté par un véhicule ou une monture : *Rentrer à pied.* ***Au petit pied,*** en petit, en raccourci ; sans grandeur : *Un politicien au petit pied.* ***Avoir bon pied bon œil,*** être en excellente santé. ***Avoir pied,*** quand on est dans l'eau, pouvoir se tenir debout la tête à l'air libre et les pieds reposant sur le sol. Fam. ***Ça lui fera les pieds,*** ça lui servira de leçon ; ça lui apprendra. Fam. ***C'est le pied !,*** c'est très agréable ; c'est parfaitement réussi : *Skier toute la journée, c'est le pied !* ***Coup de pied,*** coup porté violemment avec le pied : *Des coups de pied.* ***De pied ferme,*** sans reculer ; fig., avec la ferme résolution de ne pas céder : *Je l'attends de pied ferme.* ***Être sur pied,*** être debout, rétabli après une maladie. ***Faire des pieds et des mains,*** se démener pour obtenir qqch. ***Faire du pied à qqn,*** lui toucher le pied avec le sien pour attirer son attention, dans une intention galante. ***Jouer avec les pieds de qqn,*** en Belgique, se moquer de lui, l'abuser. ***Le pied d'un lit,*** l'extrémité du lit où se trouvent les pieds du dormeur (par opp. à chevet). ***Lever le pied,*** en parlant d'un automobiliste, cesser d'accélérer ; fig., ralentir ses activités : *Très fatiguée, elle a décidé de lever le pied.* ***Marcher sur les pieds de qqn,*** chercher à l'évincer, à empiéter sur son domaine. ***Mettre à pied un salarié,*** suspendre son activité pendant un certain temps, sans salaire, notamm. par mesure disciplinaire. Fam. ***Mettre les pieds quelque part,*** y aller, y passer : *Je ne mettrai plus jamais les pieds chez lui.* ***Mettre pied à terre,*** descendre de cheval, de moto ; à bicyclette, poser un pied à terre. ***Mettre qqch sur pied,*** l'organiser, le mettre en état de fonctionner. ***Mettre qqn au pied du mur,*** le mettre en demeure de prendre parti, de répondre. ***Perdre pied,*** quand on est dans l'eau, ne plus avoir pied ; fig., perdre contenance ou ne plus pouvoir suivre ce qui se dit, se fait. ***Pied à coulisse,*** instrument de précision pour la mesure des épaisseurs et des diamètres. ***Pied à pied,*** pas à pas ; graduellement, insensiblement : *Avancer pied à pied.* ***Portrait en pied,*** portrait représentant la totalité du corps d'une personne debout. ***Prendre pied,*** arriver quelque part et s'y établir solidement. Fam. ***Prendre son pied,*** éprouver un vif plaisir, notamm. sexuel. ***S'être levé du pied gauche,*** être de mauvaise humeur. ***Sur le pied de guerre,*** prêt à combattre ; fig., prêt à agir. ***Sur pied,*** avant que la récolte ne soit effectuée : *Vendre des citrons sur pied.* ***Sur un grand pied,*** avec un grand train de vie : *Vivre sur un grand pied.* ***Sur un pied d'égalité,*** d'égal à égal.

pied-à-terre [pjetatɛr] n.m. inv. Logement que l'on n'occupe qu'occasionnellement : *Avoir un pied-à-terre à Lyon.*

pied-bot [pjebo] n.m. (pl. *pieds-bots*). Personne qui a un pied bot.

pied-de-biche n.m. (pl. *pieds-de-biche*). **1.** Levier métallique dont la tête, en biais, est aplatie et fendue pour l'arrachage des clous. **2.** Pièce d'une machine à coudre qui maintient et guide l'étoffe, et entre les branches de laquelle passe l'aiguille.

pied-de-poule adj. inv. Se dit d'un tissu dont les fils sont croisés de manière à former un dessin évoquant l'empreinte d'une patte de poule : *Des jupes pied-de-poule.* ◆ n.m. (pl. *pieds-de-poule*). Tissu pied-de-poule.

pied-de-roi n.m. (pl. *pieds-de-roi*). Au Québec, règle pliante de menuisier.

pied-droit n.m. → **piédroit.**

piédestal n.m. (it. *piedestallo*) [pl. *piédestaux*]. Support d'une colonne, d'une statue, d'un vase décoratif, composé d'une base, d'un corps de forme cubique et d'une corniche (**SYN.** socle). ▸ ***Descendre*** ou ***tomber de son piédestal,*** perdre tout son prestige. ***Mettre qqn sur un piédestal,*** l'idéaliser, le considérer comme supérieur aux autres (= le porter au pinacle).

piedmont [pjemɔ̃] n.m. → **piémont.**

pied-noir n. [pl. *pieds-noirs*]. Fam. Français d'origine européenne installé en Algérie, jusqu'à l'indépendance de ce pays, en 1962. ◆ adj. Relatif aux pieds-noirs : *L'accent pied-noir.*

piédroit ou **pied-droit** n.m. (pl. *piédroits, pieds-droits*). Chacun des montants latéraux d'une porte ou d'une fenêtre, d'un manteau de cheminée (**SYN.** jambage).

piège n.m. (lat. *pedica,* de *pes, pedis,* pied). **1.** Engin, dispositif pour attirer et prendre des animaux : *Un braconnier qui pose des pièges* (**SYN.** collet, lacet, lacs). **2.** *Fig.* Moyen détourné dont on se sert contre une personne pour la tromper, la mettre dans une situation difficile : *Ce rendez-vous était, en fait, un piège* (**SYN.** guet-apens, traquenard). **3.** Difficulté cachée : *Une traduction pleine de pièges* (**SYN.** chausse-trape, embûche).

piéger v.t. [conj. 22]. **1.** Chasser au moyen de pièges : *Piéger des grands fauves.* **2.** *Fig.* Prendre au piège ; faire tomber dans un piège : *La police a réussi à piéger les malfaiteurs.* ▸ ***Piéger un lieu, un véhicule,*** etc., y disposer un engin, une bombe qui explose lorsque l'on y pénètre.

pie-grièche [pigrijɛʃ] n.f. (de *pie* et de l'anc. fr. *griesche,* grecque) [pl. *pies-grièches*]. Oiseau passereau des bois et des haies, à bec crochu, surtout insectivore.

pie-mère n.f. (du lat. *pia mater,* pieuse mère, parce qu'elle enveloppe le cerveau comme la mère son fils) [pl. *pies-mères*]. La plus profonde des méninges, en contact avec le système nerveux.

piémont ou **piedmont** n.m. (de *pied* et de *mont*). Plaine alluviale glaciaire qui s'étend au pied d'un massif montagneux.

piercing [pirsiŋ] n.m. (mot angl.). Pratique consistant à percer la peau du corps ou certains organes, pour y fixer un bijou ; ce bijou : *Il a des piercings aux sourcils* (**SYN.** perçage).

piéride n.f. (du gr. *Pieris,* Muse). Papillon dont la chenille se nourrit des feuilles du chou, de la rave, du navet.

pierraille n.f. Amas de petites pierres ; étendue parsemée de pierres : *Marcher dans la pierraille.*

pierre n.f. (lat. *petra*). **1.** Matière minérale dure et solide, que l'on trouve à l'intérieur et à la surface de la Terre, et dont il existe de nombreuses variétés : *Un banc de pierre. Une carrière de pierre.* **2.** Morceau, fragment de cette matière, façonné ou non : *Les enfants s'amusent à jeter des pierres contre un mur* (**SYN.** caillou, galet). **3.** Morceau de cette matière utilisé pour bâtir, paver, etc. : *Construire un mur avec des pierres* (**SYN.** moellon). **4.** Fragment d'un minéral recherché pour sa couleur, son éclat, sa pureté et employé en joaillerie, en ornementation : *Monter une pierre sur une bague* (**SYN.** gemme). **5.** Chacun des petits grains durs qui se forment dans la pulpe de certains fruits : *Une poire pleine de pierres.* **6.** *Vx* Calcul de la vessie, de la vésicule biliaire, du rein ; gravelle, lithiase. ▸ *Vieilli* ***Âge de la pierre taillée, de la pierre polie,*** paléolithique, néolithique. ***En pierres sèches,*** en moellons posés les uns sur les autres, sans mortier : *Muret en pierres sèches.* ***Jeter la pierre à qqn,*** l'accuser ; le blâmer : *Il ne faut pas lui jeter la pierre, il a fait de son mieux.* ***La pierre,*** les constructions, l'immobilier : *Investir dans la pierre.* ***La Pierre noire,*** dans la religion islamique, pierre sacrée conservée dans la Kaba, à La Mecque. ***Marquer un jour d'une pierre blanche, noire,*** le compter au nombre des jours heureux, malheureux. *Litt.* ***Ne pas laisser pierre sur pierre d'une construction,*** la démolir, la détruire complètement. ***Pierre à plâtre,*** gypse. ***Pierre de taille,*** bloc de roche taillé et destiné à être utilisé sans enduit extérieur dans une construction : *Des manoirs en pierre de taille.* ***Pierre fine,*** dont la beauté ou la dureté permet l'utilisation en bijouterie. ***Pierre précieuse,*** utilisée en joaillerie (diamant, émeraude, rubis, saphir). ***Pierres levées,*** monuments composés de grands blocs de pierre dressés : *Les dolmens et les menhirs sont des pierres levées.* ***Un cœur de pierre,*** une personne dure, insensible.

pierreries [piɛrri] n.f. pl. Pierres précieuses et pierres fines utilisées en bijouterie et en joaillerie : *Un bracelet serti de pierreries* (**SYN.** gemme).

pierreux, euse adj. **1.** Couvert de pierres : *Un terrain pierreux* (**SYN.** caillouteux, rocailleux). **2.** De la nature de la pierre ; qui rappelle la pierre : *Une concrétion pierreuse.*

pierrier n.m. Lieu où le sol est couvert de pierres.

pierrot n.m. (dimin. de *Pierre*). **1.** Homme déguisé en Pierrot, personnage de la comédie italienne. **2.** *Fam.* Moineau.

pietà [pjeta] n.f. inv. (mot it. signif. « pitié »). Tableau, sculpture représentant la Vierge éplorée, le corps du Christ reposant sur ses genoux : *Ce musée possède plusieurs pietà.*

piétaille n.f. (lat. pop. *peditalia,* soldats à pied, de *pes, pedis,* pied). *Péjor.* Ensemble de ceux qui occupent des fonctions subalternes : *Ils se soucient peu de la piétaille* (= des plus humbles).

piété n.f. (lat. *pietas*). **1.** Attachement fervent à Dieu et à la religion (**SYN.** dévotion ; **CONTR.** impiété [litt.]). **2.** Affection, attachement tendre : *Un sentiment de piété filiale* (**SYN.** amour, vénération).

piétement [pjɛtmɑ̃] n.m. Ensemble des pieds d'un meuble, d'un siège et des traverses qui les relient : *Le piétement d'une chaise.*

piéter v.i. (de *pied*) [conj. 18]. Avancer en courant au lieu de prendre son envol, en parlant du gibier à plume.

piétinement n.m. **1.** Action de piétiner : *Le piétinement des gens qui font la queue dans le froid* (**SYN.** trépignement). **2.** Bruit fait en piétinant : *On entend un piétinement sourd.* **3.** Absence de progrès : *Le piétinement de l'enquête* (**SYN.** paralysie, stagnation).

piétiner v.i. [conj. 3]. **1.** S'agiter en remuant vivement les pieds : *Les gens piétinaient de rage devant les grilles fermées* (**SYN.** piaffer, trépigner). **2.** Effectuer les mouvements de la marche en avançant très peu ou pas du tout : *La foule piétine devant l'entrée du stade* (= marque le pas). **3.** *Fig.* Ne faire aucun progrès ; ne pas avancer : *Les pourparlers piétinent* (**SYN.** stagner ; **CONTR.** évoluer, progresser). ◆ v.t. **1.** Frapper avec les pieds de manière vive et répétée : *De colère, elle piétina le cadeau qu'il venait de lui offrir.* **2.** Malmener ; s'acharner contre : *Piétiner les règles de la bienséance* (**SYN.** enfreindre, transgresser ; **CONTR.** observer, respecter).

piétisme n.m. Mouvement religieux protestant du XVIIe siècle, mettant l'accent sur la nécessité de la piété.

piétiste adj. et n. Qui concerne le piétisme ; qui le pratique.

① **piéton, onne** n. (de *piéter*). Personne qui circule à pied : *Les piétons attendent de pouvoir traverser la rue.*

② **piéton, onne** ou **piétonnier, ère** adj. (de

1. piéton). Réservé aux piétons ; relatif aux piétons : *Traverser au passage piéton.*

piétonnier n.m. En Belgique, zone réservée aux piétons.

piètre adj. (du lat. *pedester, pedestris,* qui va à pied, pédestre). (Avant le n.). *Sout.* Qui est de peu de valeur ; très médiocre : *Un piètre acteur* (**SYN.** lamentable, minable ; **CONTR.** formidable). *Elle a obtenu de bien piètres résultats* (**SYN.** mauvais, piteux ; **CONTR.** excellent). ▸ ***Faire piètre figure,*** ne pas se montrer à la hauteur des circonstances : *Le jeune candidat a fait piètre figure après ces politiciens aguerris.*

piètrement adv. *Sout.* D'une piètre façon : *Un roman piètrement écrit* (**SYN.** médiocrement).

① **pieu** n.m. (du lat. *palus,* poteau) [pl. *pieux*]. Pièce de bois, de métal, etc., pointue à une extrémité et destinée à être enfoncée dans le sol : *Planter des pieux pour fixer une clôture* (**SYN.** pal, piquet, poteau).

② **pieu** n.m. (pl. *pieux*). *Fam.* Lit : *Se mettre au pieu.*

pieusement adv. **1.** Avec dévotion, piété : *Mourir pieusement* (**SYN.** religieusement). **2.** Avec amour, vénération : *Conserver pieusement une lettre* (**SYN.** précieusement).

se **pieuter** v.pr. [conj. 3]. *Fam.* Se mettre au lit ; se coucher.

pieuvre n.f. (du lat. *polypus,* polype, du gr. *polupous,* poulpe). **1.** Mollusque marin portant huit bras garnis de ventouses (**SYN.** poulpe). **2.** *Litt.* Personne insatiable, qui accapare tout ; entreprise, groupement tentaculaire.

pieux, euse adj. (lat. *pius*). Qui a ou manifeste de la piété : *Des hommes pieux* (**SYN.** dévot, religieux ; **CONTR.** impie [litt.]). *Une image pieuse.* ▸ ***Un pieux mensonge,*** un mensonge inspiré par la pitié, la générosité (**SYN.** charitable).

piézo-électricité n.f. (du gr. *piezein,* presser) [pl. *piézo-électricités*]. Apparition de charges électriques à la surface de certains cristaux lorsqu'ils sont soumis à une pression.

piézo-électrique adj. (pl. *piézo-électriques*). Relatif à la piézo-électricité : *Le quartz est piézo-électrique.*

① **pif** n.m. *Fam.* Nez. ▸ ***Au pif,*** à vue de nez ; au hasard : *Choisir au pif.*

② **pif** interj. (onomat.). (Souvent répété ou suivi de *paf*). Exprime un bruit sec, un claquement, une détonation : *Pif ! paf ! Elle l'a giflé.*

pifer ou **piffer** v.t. [conj. 3]. (Surtout en tournure négative). *Fam.* Supporter : *Il ne peut plus la pifer.*

pifomètre n.m. *Fam.* Intuition ; flair. ▸ ***Au pifomètre,*** à vue de nez ; en suivant son intuition : *Elle a pris sa décision au pifomètre.*

① **pige** n.f. **1.** Article écrit par un journaliste, un rédacteur et payé au nombre de lignes : *Faire des piges pour un éditeur.* **2.** Mode de rémunération du travail ainsi réalisé : *Travailler à la pige.*

② **pige** n.f. (de *piger*). ▸ *Fam.* ***Faire la pige à qqn,*** faire mieux que lui, le surpasser.

③ **pige** n.f. *Fam.* Année d'âge : *Il a 30 piges.*

pigeon n.m. (du lat. *pipio,* pigeonneau). **1.** Oiseau au bec court et droit, aux ailes courtes et au vol rapide : *Donner du pain aux pigeons.* **2.** *Fam.* Homme naïf, facile à duper : *Il trouve toujours des pigeons pour l'écouter.* ▸ ***Pigeon vole,*** jeu d'enfant qui consiste à répondre rapidement à la question : tel être, tel objet vole-t-il ? ***Pigeon voyageur,*** qui revient à son nid quel que soit le lieu où on le lâche, très utilisé autref. pour le transport des messages.

pigeonnant, e adj. Se dit d'un soutien-gorge qui maintient la poitrine haute et ronde et de la poitrine ainsi maintenue.

pigeonne n.f. Femelle du pigeon.

pigeonneau n.m. Jeune pigeon.

pigeonner v.t. [conj. 3]. *Fam.* Tromper ; duper : *Il s'est fait pigeonner par un escroc.*

pigeonnier n.m. Petit bâtiment ou local aménagé pour l'élevage des pigeons domestiques (**SYN.** colombier).

piger v.t. (du lat. pop. *pedicus,* qui prend les pieds au piège, de *pes, pedis,* pied) [conj. 17]. **1.** *Fam.* Comprendre ; saisir : *Je n'ai rien pigé à ce film.* **2.** Au Québec, prendre au hasard ; tirer au sort : *Piger un numéro.*

pigiste n. Journaliste, rédacteur rémunéré à la pige : *Elle est pigiste dans un grand quotidien.*

pigment n.m. (du lat. *pigmentum,* matière colorante, de *pingere,* peindre). **1.** Substance qui donne leurs couleurs externes aux animaux ou aux plantes : *La chlorophylle, l'hémoglobine sont des pigments.* **2.** Substance douée d'un pouvoir colorant élevé : *Les pigments sont utilisés dans la préparation des peintures.*

pigmentaire adj. Relatif à un pigment.

pigmentation n.f. **1.** Formation, accumulation de pigments dans les tissus vivants, en partic. dans la peau : *L'absence de pigmentation s'appelle l'albinisme.* **2.** Action de colorer un produit avec un pigment : *La pigmentation d'un enduit.*

pigmenter v.t. [conj. 3]. Colorer avec un pigment.

pigne n.f. (anc. prov. *pinha,* pomme de pin, du lat. *pinea*). *Région.* Pomme de pin.

① **pignon** n.m. (du lat. *pinna,* créneau). Partie supérieure, génér. triangulaire, d'un mur de bâtiment, qui porte les versants du toit : *Fixer une antenne au pignon de la maison.* ▸ ***Avoir pignon sur rue,*** avoir une situation bien établie.

② **pignon** n.m. (de *peigne*). Roue dentée située sur l'axe de la roue arrière d'une bicyclette (par opp. à plateau).

③ **pignon** n.m. (de l'anc. prov. *pinhon,* cône de pin). Pin d'une espèce méditerranéenne (on dit aussi *le pin parasol*) ; graine comestible de ce pin.

pignouf n.m. (mot dialect. de l'anc. fr. *pignier,* geindre). *Fam.* **1.** Individu mal élevé ; goujat, rustre. **2.** En Belgique et en Suisse, sot ; importun ; lourdaud.

pigouiller v.t. [conj. 3]. En Acadie, tisonner ; taquiner, harceler : *Pigouiller le feu.*

pilaf ou **pilaw** [pilav] n.m. (turc *pilav*). (Souvent en appos.). Riz d'abord revenu dans une matière grasse et cuit ensuite à l'eau bouillante avec du poisson, de la viande, des légumes : *Un pilaf d'agneau* ou *du riz pilaf à l'agneau.*

pilaire adj. (du lat. *pilus,* poil). Relatif aux poils ; pileux.

pilastre n.m. (it. *pilastro*). Pilier rectangulaire engagé dans un mur.

pilaw [pilav] n.m. → **pilaf.**

pilchard [pilʃar] n.m. (mot angl.). Sardine de grande taille.

① **pile** n.f. (du lat. *pila,* colonne). Côté d'une pièce de monnaie portant génér. l'indication de la valeur de la pièce (par opp. à face). ▸ ***Pile ou face,*** jeu de hasard qui consiste à parier sur le côté que présentera, en retombant au sol, une pièce de monnaie jetée en l'air : *Jouer qqch à pile ou face.*

② **pile** n.f. (du lat. *pila,* colonne). **1.** Amas, tas d'objets placés les uns sur les autres : *Ranger une pile d'assiettes. Une pile de livres* (**SYN.** amoncellement, entassement). **2.** Ouvrage de maçonnerie soutenant les arches d'un pont. **3.** Appareil transformant directement l'énergie développée dans une réaction chimique en énergie électrique : *Cet ouvre-boîte marche avec des piles.*

③ **pile** n.f. (de *2. pile*). *Fam.* Volée de coups ; défaite écrasante.

④ **pile** adv. (de *1. pile*). *Fam.* Très exactement ; de façon précise : *Il est arrivé à 8 heures pile* (**SYN.** juste, précisément). ▸ ***S'arrêter pile,*** s'arrêter brusquement. *Fam.* ***Tomber pile,*** arriver, survenir au bon moment : *Tu tombes pile, je voulais te parler* (= à pic). *Fam.* ***Tomber pile sur qqch,*** trouver exactement ce que l'on cherchait.

pile-poil adv. (de *4. pile* et *au poil*). *Fam.* Précisément ; exactement : *Il est parti pile-poil au moment où j'arrivais.*

① **piler** v.t. (du lat. *pilare,* enfoncer) [conj. 3]. **1.** Broyer, réduire en poudre ou en très petits morceaux ; écraser : *Piler de la glace pour un cocktail.* **2.** *Fam.* Infliger une défaite écrasante à qqn : *Elle m'a pilé aux échecs* (**SYN.** battre, écraser).

② **piler** v.i. (de *4. pile*) [conj. 3]. *Fam.* Freiner brutalement : *Le conducteur a dû piler pour éviter le chien.*

pileux, euse adj. (du lat. *pilus,* poil). Relatif aux poils ; pilaire : *Il a un système pileux très développé.*

pilier n.m. (de *2. pile*). **1.** En architecture, tout support vertical autre que la colonne ; piédroit, pilastre, pile. **2.** *Fig.* Personne, chose qui sert de support à qqch, qui en assure la stabilité : *Cette femme politique est l'un des piliers du parti* (**SYN.** défenseur, soutien). **3.** Au rugby, chacun des deux avants de première ligne, qui encadrent le talonneur dans la mêlée. ▸ *Fam.* ***Pilier de,*** personne qui passe beaucoup de temps dans un lieu déterminé, qui n'en bouge guère : *Un pilier de bar, de cybercafé.* ***Pilier public,*** en Suisse, emplacement réservé, dans chaque commune, à l'affichage des informations officielles.

pili-pili n.m. inv. En Afrique, piment rouge à goût très fort produit par un arbuste ; condiment fabriqué avec ce piment.

pilipino n.m. Tagal.

pillage n.m. Action de piller ; dégâts qui en résultent : *Le pillage d'un magasin, d'une ville* (**SYN.** 2. sac [sout.], saccage).

pillard, e n. et adj. Personne qui pille : *Une bande de pillards.*

piller v.t. (du lat. *pilleum,* chiffon) [conj. 3]. **1.** Dépouiller un lieu des biens, des richesses qui s'y trouvent, en usant de violence : *Ces soldats ont pillé la région* (= ont mis à sac ; **SYN.** écumer, saccager). **2.** Voler par des détournements frauduleux : *Piller les caisses de l'État.* **3.** Plagier une œuvre, un auteur : *Piller un roman, un poète.*

pilleur, euse n. Personne qui vole, qui pille.

pilon n.m. (de *1. piler*). **1.** Instrument cylindrique servant à piler, broyer, tasser : *Utiliser un pilon pour écraser du gros sel.* **2.** Partie inférieure d'une cuisse de volaille. **3.** *Fam.* Jambe de bois. **4.** À la Réunion, mortier en pierre. ▸ ***Mettre un livre au pilon,*** en détruire les exemplaires invendus ; pilonner.

pilonnage n.m. Action de pilonner une matière, un livre, un objectif.

pilonner v.t. [conj. 3]. **1.** Écraser, broyer au pilon. **2.** Mettre un livre au pilon. **3.** Soumettre à un bombardement intensif : *Pilonner une cible.*

pilori n.m. (du lat. *pila,* pilier, colonne). Poteau ou pilier où étaient exposés des criminels dans la France d'Ancien Régime. ▸ ***Mettre*** ou ***clouer qqn au pilori,*** le signaler à l'indignation publique, le désigner comme coupable.

pilosité n.f. (du lat. *pilus,* poil). Ensemble des poils qui poussent sur la peau.

pilot n.m. (de *2. pile*). Gros pieu de bois à pointe garnie de fer, utilisé pour construire un pilotis.

pilotage n.m. Action, art de piloter : *Le pilotage d'un hélicoptère, d'une voiture de course.*

① **pilote** n. (it. *pilota,* du gr. *pêdon,* gouvernail). **1.** Personne qui conduit un avion, une voiture de course, etc. : *Un pilote de formule 1.* **2.** Professionnel qualifié qui guide les navires dans les passages difficiles et à l'entrée des ports. **3.** *Litt.* Personne qui sert de guide : *Je vous servirai de pilote quand vous viendrez* (**SYN.** cicérone [litt.]). **4.** (En appos., avec ou sans trait d'union). Qui sert de modèle ; qui ouvre la voie : *Une classe-pilote. Des régions pilotes.* ▸ ***Pilote de ligne,*** professionnel chargé de la conduite d'un avion sur une ligne commerciale. ***Pilote d'essai,*** professionnel chargé de vérifier en vol les performances et la résistance d'un nouvel avion.

② **pilote** n.m. **1.** Petit poisson des mers chaudes et tempérées qui suit les navires et passait autref. pour guider les requins. **2.** Prototype d'un journal, d'un magazine, d'une émission télévisée (pour une publication, on dit aussi *un numéro zéro*). **3.** En informatique, petit module logiciel qui contrôle un périphérique. ▸ ***Pilote automatique,*** dispositif, génér. doté d'un gyroscope, qui permet la conduite d'un avion, d'un bateau sans intervention de l'équipage.

piloter v.t. [conj. 3]. **1.** Conduire un avion, une voiture, un navire, en tant que pilote. **2.** Guider une ou plusieurs personnes dans une ville, un musée : *Il a piloté un groupe d'étudiants dans Rome.* **3.** Être aux commandes de : *Piloter une entreprise, une équipe* (**SYN.** diriger).

pilotis [pilɔti] n.m. (de *pilot*). Ensemble de pilots, de pieux que l'on enfonce dans un sol peu consistant ou qui sont immergés pour soutenir une construction : *Une maison sur pilotis* ou *bâtie sur pilotis.*

pilou n.m. Tissu de coton pelucheux : *Tous les pilous sont doux.*

pils [pils] n.f. En Belgique, bière blonde.

pilulaire adj. En forme de pilule. ◆ n.m. Instrument

que l'on emploie pour faire ingérer des pilules aux animaux.

pilule n.f. (du lat. *pilula*, petite balle, de *pila*, balle). **1.** Médicament de forme sphérique, destiné à être avalé. **2.** (Précédé de l'art. déf.). Contraceptif oral : *Elle prend la pilule.* ▸ *Fam.* ***Avaler la pilule,*** supporter une chose pénible sans protester. *Fam.* ***Dorer la pilule à qqn,*** présenter à qqn une chose désagréable sous des dehors avantageux, pour la lui faire accepter. ***Pilule du lendemain,*** pilule contraceptive, qui se prend dans les 72 heures suivant un rapport sexuel.

pilulier n.m. Petite boîte qui sert à ranger des pilules.

pimbêche n.f. *Fam.* Femme prétentieuse et maniérée (**SYN.** mijaurée).

pimbina [pɛ̃bina] n.m. (de l'algonquien). Arbuste du Canada à baies rouges comestibles ; la baie elle-même.

piment n.m. (lat. *pigmentum*, de *pingere*, peindre). **1.** Plante dont certaines espèces sont cultivées pour leurs fruits, le *piment rouge* ou *brûlant*, qui est utilisé comme condiment, et le *piment doux*, ou *poivron*, utilisé comme légume ; le fruit lui-même. **2.** *Fig.* Ce qui ajoute un élément piquant à qqch : *Cet incident a mis un peu de piment dans sa vie* (**SYN.** saveur, sel).

pimenter v.t. [conj. 3]. **1.** Assaisonner de piment : *Pimenter un plat* (**SYN.** épicer ; **CONTR.** affadir). **2.** *Fig.* Rendre excitant, plus intéressant : *Pimenter une histoire de détails croustillants.*

pimpant, e adj. (de l'anc. fr. *pimper*, enjôler). Qui a un air de fraîcheur et d'élégance : *Une robe pimpante* (**SYN.** coquet).

pin n.m. (lat. *pinus*). Arbre forestier résineux, à feuilles en aiguilles, dont le bois est très employé en menuiserie, en charpente : *Le fruit du pin est la pomme de pin.*

pinacle n.m. (du lat. *pinnaculum*, faîte). Partie la plus élevée d'un édifice ; couronnement d'un arc-boutant. ▸ *Litt.* ***Porter qqn au pinacle,*** le placer très haut, en faire un très grand éloge (= le mettre sur un piédestal).

pinacothèque n.f. (du gr. *pinax, pinakos*, tableau, et *thêkê*, boîte). Musée de peinture.

pinaillage n.m. *Fam.* Action de pinailler.

pinailler v.i. [conj. 3]. *Fam.* Être pointilleux ; chicaner sur des détails, sur des riens.

pinailleur, euse n. *Fam.* Personne qui pinaille.

pinard n.m. (de *pinot*). *Fam.* Vin.

pinardier n.m. Navire aménagé pour le transport du vin en vrac.

pinasse n.f. (de *pin*). Dans le sud-ouest de la France, bateau de pêche à fond plat.

pince n.f. **1.** Outil à branches articulées dont les extrémités servent à saisir, à tenir qqch : *Une pince de chirurgien.* **2.** Dispositif à deux branches pour pincer : *Une pince à cheveux. Des pinces à linge* (**SYN.** épingle). **3.** Extrémité des grosses pattes de certains crustacés : *Les pinces d'un homard.* **4.** *Fam.* Main : *Il m'a serré la pince.* **5.** Pli cousu sur l'envers d'un vêtement pour l'ajuster plus près du corps : *Faire des pinces à une jupe. Un pantalon à pinces.* ▸ ***Pince crocodile,*** petite pince à ressort et à mâchoires dentées qui sert à assurer une liaison électrique. ***Pince universelle,*** pince servant à la fois à serrer, à couper, à cisailler ou à visser.

pincé, e adj. Qui exprime du dédain, de la froideur : *Avoir un air pincé* (**SYN.** hautain). ▸ ***Avoir les lèvres pincées,*** avoir des lèvres minces et serrées qui donnent au visage un air dur.

pinceau n.m. (du lat. *peniculus*, petite queue). **1.** Instrument formé d'un assemblage serré de poils fixé à l'extrémité d'un manche, utilisé pour peindre, pour coller, etc. **2.** Faisceau lumineux qui passe par une ouverture étroite : *Un pinceau de lumière.* **3.** *Fam.* Pied ; jambe : *S'emmêler les pinceaux.*

pincée n.f. Petite quantité d'une matière poudreuse ou granulée, que l'on peut prendre entre l'extrémité de deux doigts : *Ajoutez deux pincées de sel.*

pincelier n.m. (de l'anc. fr. *pincel*, pinceau). En peinture, petit récipient pour le nettoyage des pinceaux.

pincement n.m. Action, fait de pincer : *Le pincement des cordes d'une guitare.* ▸ ***Pincement au cœur,*** sensation passagère de peur ou de tristesse que l'on ressent notamm. à l'annonce d'une mauvaise nouvelle (**SYN.** serrement).

pince-monseigneur n.f. (pl. *pinces-monseigneur*). Levier court aux extrémités aplaties, utilisé notamm. pour forcer les portes.

pince-nez n.m. inv. *Anc.* Lorgnon qui tient sur le nez grâce à un ressort.

pincer v.t. [conj. 16]. **1.** Presser, serrer plus ou moins fort qqch entre ses doigts : *Elle lui a pincé le bras pour attirer son attention.* **2.** Donner une sensation de pincement : *Le vent glacial leur pinçait le visage* (**SYN.** mordre, piquer). **3.** Serrer en faisant mal : *Le tiroir lui a pincé un doigt* (**SYN.** coincer). **4.** *Fam.* Prendre sur le fait ; arrêter : *La police a pincé un cambrioleur.* ▸ ***Pincer les lèvres,*** les rapprocher en les serrant. ◆ v.i. ▸ *Fam.* ***Ça pince,*** il fait très froid. *Fam.* ***En pincer pour qqn,*** être amoureux de qqn.

pince-sans-rire adj. inv. et n. inv. Se dit d'une personne qui fait ou dit qqch de drôle en restant impassible : *Elles sont très pince-sans-rire.*

pincette n.f. **1.** (Surtout au pl.). Ustensile à deux branches utilisé pour attiser le feu. **2.** Petite pince à deux branches pour les travaux minutieux : *Une pincette de bijoutier.* **3.** En Suisse, pince à linge. ▸ *Fam.* ***Ne pas être à prendre avec des pincettes,*** être très sale ; être de très mauvaise humeur.

pinçon n.m. Marque que l'on garde sur la peau lorsque celle-ci a été pincée. ☞ **REM.** Ne pas confondre avec *pinson.*

pinéal, e, aux adj. (du lat. *pinea*, pomme de pin). Relatif à l'épiphyse du cerveau.

pineau n.m. Vin liquoreux des Charentes, obtenu en ajoutant du cognac au jus de raisin. ☞ **REM.** Ne pas confondre avec *pinot.*

pinède ou **pineraie** ou **pinière** n.f. Bois de pins.

pingouin [pɛ̃gwɛ̃] n.m. (néerl. *pinguin*). Oiseau des mers arctiques, à pieds palmés et qui se nourrit de poissons.

ping-pong [piŋpɔ̃ŋ] n.m. (onomat.) [pl. *ping-pongs*]. Tennis de table : *Jouer au ping-pong.*

pingre n. et adj. *Péjor.* Personne d'une grande avarice : *Quelle vieille pingre !* (**SYN.** avare).

pingrerie n.f. Avarice mesquine (**CONTR.** prodigalité).

pinière n.f. → **pinède.**

pinnipède n.m. (du lat. *pinna*, nageoire, et *pes, pedis*, pied). Mammifère carnivore aquatique, dont les pattes sont transformées en nageoires, tel que le phoque, le morse, l'otarie.

pinot n.m. Cépage français renommé, cultivé notamm. en Bourgogne. ☞ **REM.** Ne pas confondre avec *pineau.*

pin-pon [pɛ̃pɔ̃] interj. Sert à imiter le bruit de la sirène des pompiers.

pin's [pins] n.m. inv. (de l'angl. *pin,* punaise). Petit badge métallique muni d'une pointe de punaise, qui se fixe à un embout à travers un vêtement. ☞ **REM.** Il est recommandé de remplacer cet anglicisme par *épinglette.*

pinson n.m. Oiseau passereau, au chant agréable, à plumage de teintes vives. ☞ **REM.** Ne pas confondre avec *pinçon.* ▸ ***Gai comme un pinson,*** très gai.

pintade n.f. (port. *pintada,* de *pintar,* peindre). Oiseau gallinacé au plumage noirâtre pointillé de blanc, élevé pour sa chair.

pintadeau n.m. Jeune pintade.

pintadine n.f. Nom usuel de l'*huître perlière* (**SYN.** méléagrine).

pinte n.f. (du lat. *pinctus,* pourvu d'une marque, de *pingere,* peindre). **1.** Unité de mesure anglo-saxonne de capacité, valant 0,568 litre en Grande-Bretagne et 0,47 litre aux États-Unis. **2.** *Anc.* Mesure française de capacité pour les liquides, qui valait 0,93 litre à Paris ; récipient de cette capacité. **3.** *Fam.* Au Québec, litre : *Une pinte de lait.* **4.** En Suisse, débit de boissons. ▸ *Fam.* ***Se faire*** ou ***se payer une pinte de bon sang,*** se laisser aller à une franche gaieté.

pinter v.i. (de *pinte*) [conj. 3]. *Fam.* Boire beaucoup. ◆ **se pinter** v.pr. *Fam.* S'enivrer.

pintocher v.i. (de *pinte*) [conj. 3]. *Fam.* En Suisse, boire avec excès des boissons alcoolisées.

pin-up [pinœp] n.f. inv. (de l'angl. *to pin up,* épingler). **1.** Jolie fille peu vêtue dont on épingle la photo au mur : *Des calendriers de pin-up.* **2.** (Par ext.). Toute jolie fille au charme sensuel.

pinyin [pinjin] n.m. (mot chin.). Système de transcription des idéogrammes chinois en alphabet latin, adopté par le gouvernement chinois en 1958.

piochage n.m. Action de piocher.

pioche n.f. (de *2. pic*). **1.** Outil formé d'un fer allongé et pointu, muni d'un manche, servant à creuser la terre. **2.** Tas de cartes, de dominos dans lequel on puise lorsque l'on joue à certains jeux : *Faire bonne pioche.* ▸ *Fam.* ***Tête de pioche,*** personne têtue.

piocher v.t. [conj. 3]. **1.** Creuser, remuer la terre avec une pioche. **2.** Puiser dans un tas : *Il a pioché un chocolat dans le paquet. Pioche une carte !* **3.** *Fam., vieilli* Travailler avec ardeur ; bûcher : *Elle pioche l'anglais.* ◆ v.i. Fouiller dans un tas pour prendre qqch : *Piocher dans une pile de revues.*

piolet n.m. Canne d'alpiniste ferrée à un bout et munie d'un petit fer de pioche à l'autre.

① **pion** n.m. (du bas lat. *pedo, pedonis,* fantassin, de *pes, pedis,* pied). **1.** Chacune des huit plus petites pièces du jeu d'échecs. **2.** Chacune des pièces du jeu de dames. ▸ ***N'être qu'un pion sur l'échiquier,*** jouer un rôle mineur. ***Pousser ses pions,*** entreprendre d'habiles manœuvres pour étendre ses privilèges ou s'assurer le pouvoir.

② **pion, pionne** n. (de *1. pion*). *Arg. scol.* Surveillant.

pioncée n.f. *Fam.* En Suisse, sommeil profond.

pioncer v.i. [conj. 16]. *Fam.* Dormir.

pionnier, ère n. (de *1. pion*). **1.** Personne qui fait les premières recherches dans un certain domaine, qui prépare la route à d'autres : *Une pionnière de la biotechnologie. Les pionniers d'Internet.* **2.** Personne qui part défricher des contrées inhabitées : *Les pionniers de l'Ouest américain.* ◆ adj. Se dit d'un projet, d'une réalisation qui sont les premiers dans leur genre ; d'avant-garde : *Une expérience pionnière.*

piorne n.f. *Fam.* En Suisse, personne qui piorne, pleurniche.

piorner v.i. [conj. 3]. *Fam.* En Suisse, pleurnicher ; geindre.

pioupiou n.m. (d'une onomat. enfantine désignant les poussins). *Fam., vieilli* Jeune soldat.

pipe n.f. (de *piper*). Objet formé d'un fourneau et d'un tuyau, servant à fumer du tabac ; son contenu : *Fumer la pipe.* ▸ *Fam.* ***Casser sa pipe,*** mourir. *Fam.* ***Nom d'une pipe !,*** juron qui sert à exprimer la surprise ou l'indignation. *Fam.* ***Par tête de pipe,*** par personne : *Ça coûte 15 euros par tête de pipe.*

pipeau n.m. (dimin. de *pipe*). **1.** Petite flûte à bec à six trous : *Jouer du pipeau.* **2.** Dans le domaine de la chasse, autre nom de l'appeau. ▸ *Fam.* ***C'est du pipeau,*** ce n'est pas sérieux ; c'est inefficace : *Toute cette histoire, c'est du pipeau* (= c'est du vent).

pipelet, ette n. (nom d'un personnage des *Mystères de Paris,* d'Eugène Sue). *Fam.* **1.** (Surtout au fém.). Personne bavarde, qui aime les potins : *C'est une vraie pipelette !* (**SYN.** commère). **2.** Gardien d'immeuble ; concierge.

pipe-line (pl. *pipe-lines*) ou **pipeline** [piplin ou pajplajn] n.m. (mot angl., de *pipe,* tuyau, et *line,* ligne). Canalisation pour le transport à distance de pétrole *(oléoduc)* ou de gaz *(gazoduc).*

piper v.t. (du lat. *pipare,* glousser) [conj. 3]. ▸ *Fam.* ***Ne pas piper mot*** ou ***ne pas piper,*** garder le silence. ***Piper les dés, les cartes,*** les truquer.

piperade [piperad] n.f. (mot béarnais, de *piper,* poivron). Spécialité basque composée de poivrons cuits, de tomates et d'œufs brouillés.

pipette n.f. Petit tube pour prélever un liquide : *Le chimiste utilise une pipette graduée.* ▸ *Fam.* ***Ne pas valoir pipette,*** ne rien valoir.

pipi n.m. *Fam.* Urine. ▸ *Fam.* ***Faire pipi,*** uriner.

pipier, ère adj. Qui concerne les pipes, leur fabrication : *L'industrie pipière.* ◆ n. Personne qui fabrique des pipes.

pipistrelle n.f. (it. *pipistrello,* du lat. *vespertilio,* chauve-souris, de *vesper,* soir). Petite chauve-souris commune en France.

piquage n.m. Action de piquer un tissu.

piquant, e adj. **1.** Qui pique : *La tige piquante d'une rose. Un vent piquant.* **2.** Qui provoque l'intérêt, excite la curiosité : *Donner des détails piquants* (**SYN.** croustillant, savoureux ; **CONTR.** fade). ▸ ***Sauce piquante,*** faite avec des échalotes, des câpres, des cornichons, du vin blanc et du vinaigre. ◆ **piquant** n.m. **1.** Épine d'une plante ou d'un animal : *Les piquants d'un cactus, d'un hérisson.* **2.** *Litt.* Ce qu'il y a de curieux ou de cocasse dans qqch : *Cette histoire ne manque pas de piquant* (**SYN.** piment, saveur, sel).

① **pique** n.f. (de *2. pic*). Arme ancienne composée d'un fer plat et pointu placé au bout d'un long manche de bois. ▸ *Fam.* ***Lancer des piques à qqn,*** lui faire des réflexions blessantes.

② **pique** n.m. (de *1. pique*). L'une des quatre couleurs du jeu de cartes français, dont le dessin évoque le fer, noir et stylisé, d'une pique ; carte de cette couleur : *Le roi de pique. Elle a quatre piques dans son jeu.*

① **piqué, e** adj. **1.** Cousu par un point de couture : *Un ourlet bien piqué.* **2.** Marqué de petits trous de vers, de petites taches de moisi : *Ce linge mal séché est tout piqué.* **3.** Se dit d'une boisson devenue aigre au goût : *Le vin est piqué.* **4.** *Fam.* Se dit d'une personne originale ou un peu folle. ▸ *Fam.* ***Ne pas être piqué des vers*** ou ***des hannetons,*** être très intense, très fort, remarquable en son genre : *Une réponse qui n'est pas piquée des hannetons.*

② **piqué** n.m. **1.** Étoffe de coton formée de deux épaisseurs de tissu unies par des points formant des dessins : *Une veste de piqué.* **2.** En photographie, qualité d'une image bien contrastée et qui restitue le maximum de détails. **3.** Pour un avion, descente subite suivant une trajectoire proche de la verticale : *Faire un piqué.*

pique-assiette n. (pl. *pique-assiettes*). *Fam.* Personne qui a l'habitude de se faire nourrir par les autres (**SYN.** parasite).

pique-bœuf [pikbœf] n.m. (pl. *pique-bœufs* [pikbø] ou inv.). Oiseau qui se perche sur les bœufs et autres grands mammifères et se nourrit de leurs parasites (on dit aussi *garde-bœuf*).

pique-feu n.m. inv. Tisonnier.

pique-fleur n.m. (pl. *pique-fleurs*) ou **pique-fleurs** n.m. inv. Objet servant à maintenir en place les fleurs dans un vase, ou qui constitue lui-même un vase.

pique-nique n.m. (de *piquer*, picorer, et de l'anc. fr. *nique*, petite chose) [pl. *pique-niques*]. Repas pris en plein air, au cours d'une promenade : *Des pique-niques à la campagne.*

pique-niquer v.i. [conj. 3]. Faire un pique-nique : *Nous pique-niquions toujours sur la route des vacances.*

pique-niqueur, euse n. (pl. *pique-niqueurs, euses*). Personne qui pique-nique.

pique-note n.m. (pl. *pique-notes*) ou **pique-notes** n.m. inv. Tige sur laquelle on enfile des feuillets, des notes, des factures.

piquer v.t. (lat. pop. *pikkare*) [conj. 3]. **1.** Percer la peau avec qqch de pointu : *Piquer son doigt avec une aiguille.* **2.** Enfoncer par la pointe : *Piquer une broche dans une volaille* (**SYN.** 1. ficher, planter). **3.** Injecter un produit par une piqûre : *Piquer un chien contre la rage* (**SYN.** vacciner). **4.** Faire à un animal une piqûre entraînant la mort : *Il a dû faire piquer son chien malade* (**SYN.** euthanasier). **5.** Enfoncer son dard, son aiguillon, en parlant d'un insecte : *Un moustique l'a piqué.* **6.** Parsemer de petits trous, de taches d'humidité : *Les vers piquent le bois. L'humidité a piqué le papier peint* (**SYN.** moucheter, tacheter). **7.** Fixer avec un instrument pointu : *Piquer une carte postale sur un mur* (**SYN.** épingler). **8.** Prendre avec qqch de pointu : *Piquer un cornichon avec une fourchette.* **9.** Percer un morceau de viande pour y introduire un assaisonnement : *Piquer un rôti de bœuf de lardons* (= le larder). **10.** Coudre des étoffes ensemble à la main ou à la machine : *La couturière a piqué la robe.* **11.** Produire une sensation âpre au goût ou à l'odorat, ou aiguë sur la peau : *Cette sauce pique la langue* (**SYN.** irriter). *Le vent pique les joues* (**SYN.** pincer). **12.** *Litt.* Exciter un sentiment : *Piquer l'amour-propre, l'intérêt de qqn* (**SYN.** aiguillonner, attiser). **13.** *Fam.* Voler : *Je pense que c'est elle qui m'a piqué ma disquette* (**SYN.** dérober, prendre). **14.** *Fam.* Prendre qqn sur le fait ; l'arrêter : *Piquer un étudiant en train de tricher* (**SYN.** attraper, surprendre). *La police l'a piqué à la gare* (**SYN.** appréhender). ▸ ***Piquer qqn au vif,*** irriter son amour-propre. *Fam.* ***Piquer un cent mètres, un sprint,*** se mettre à courir soudainement. ***Piquer une crise, une colère,*** avoir une crise, une colère subite. ***Piquer une tête dans l'eau*** ou ***piquer une tête,*** tomber ou s'élancer la tête la première ; plonger. *Fam.* ***Piquer un fard*** → **fard.** ***Piquer un somme*** ou, fam., ***un roupillon,*** se laisser aller à dormir un moment. ◆ v.i. **1.** Être piquant : *Il est mal rasé, sa barbe pique.* **2.** Être très relevé, pimenté : *La moutarde pique.* **3.** En parlant d'une boisson, commencer à aigrir : *Ce cidre pique.* **4.** Être le siège d'une sensation de picotement, de petite brûlure : *Il y a de la fumée, mes yeux piquent.* **5.** Pour un avion, effectuer brusquement une descente rapide. ▸ ***Piquer des deux,*** donner vivement des éperons à un cheval ; fig., presser l'allure, se dépêcher. ***Piquer du nez,*** en parlant de qqn, laisser tomber sa tête en avant en s'assoupissant. ◆ **se piquer** v.pr. **1.** Se blesser légèrement : *Se piquer avec une épingle.* **2. [de].** *Litt.* Tirer vanité de qqch ; avoir des avantages, des qualités dont on se vante : *Il se pique d'être riche. Se piquer de littérature.* ▸ ***Se piquer au jeu,*** prendre intérêt à qqch que l'on avait entrepris sans ardeur.

① **piquet** n.m. Petit pieu destiné à être enfoncé dans la terre : *Les piquets d'une tente.* ▸ *Vieilli* ***Mettre un enfant au piquet,*** le punir en l'envoyant au coin dans une classe. ***Piquet de grève,*** groupe de grévistes génér. placés à l'entrée du lieu de travail pour en interdire l'accès.

② **piquet** n.m. (de *1. piquet*). Jeu qui se joue à deux avec trente-deux cartes.

piquetage n.m. Action de piqueter. ▸ ***Faire du piquetage,*** au Québec, manifester aux abords du lieu de travail, en parlant de grévistes.

piqueter v.t. [conj. 27]. **1.** Tacheter de petits points isolés : *Au printemps, les pâquerettes piquettent la pelouse* (**SYN.** moucheter). **2.** Marquer un alignement, une direction au moyen de piquets : *Piqueter un terrain* (**SYN.** jalonner). ◆ v.i. Au Québec, faire du piquetage.

piqueteur, euse n. Au Québec, personne qui participe à un piquetage.

① **piquette** n.f. (de *piquer*). **1.** Boisson aigrelette obtenue avec du marc et de l'eau. **2.** *Fam.* Mauvais vin.

② **piquette** n.f. (de *1. pique*). *Fam.* Défaite cuisante ; échec : *Il a pris une sacrée piquette !*

① **piqueur, euse** adj. Se dit des insectes munis d'organes propres à piquer.

② **piqueur, euse** n. Personne qui pique à la machine.

piqûre n.f. **1.** Perforation de la peau faite par un instrument, un insecte : *Une piqûre de guêpe.* **2.** Introduction d'une aiguille dans l'organisme dans un but thérapeutique ou diagnostique : *Faire à qqn une piqûre de pénicilline* (**SYN.** injection). **3.** Trou laissé dans un matériau par un insecte ; vermoulure. **4.** Tache d'humidité sur du papier. **5.** Sensation vive et qui provoque une forte démangeaison : *Des piqûres d'orties.* **6.** En couture, série de points serrés réunissant deux tissus. ▸ ***Piqûre d'amour-propre,*** vexation légère.

piranha [pirana ou piraɲa] n.m. (mot port.). Petit poisson carnassier très vorace, qui vit dans les eaux douces d'Amazonie.

piratage n.m. Action de pirater qqch.

pirate n.m. (lat. *pirata*). **1.** Bandit qui parcourait les mers pour piller des navires de commerce. **2.** Homme d'affaires cupide et sans scrupules : *Les pirates de la finance* (**SYN.** aigrefin, requin). **3.** En informatique, autre nom du fouineur ; personne qui pirate un système informatique. ▸ ***Pirate de l'air,*** personne qui, sous la menace, détourne un avion en vol. ◆ adj. Clandestin ; illicite : *Une radio, une édition pirate.*

pirater v.t. [conj. 3]. **1.** Reproduire une œuvre sans payer les droits de reproduction ; imiter frauduleusement : *Pirater un logiciel.* **2.** Accéder par effraction à un système informatique en vue d'en copier, d'en modifier ou d'en détériorer les informations : *Des étudiants ont piraté le serveur de l'université.* **3.** *Fam.* Escroquer ; voler.

piraterie n.f. **1.** Crime, actes de pillage commis en mer contre un navire. **2.** En informatique, action de pirater. **3.** Vol effronté ; escroquerie.

pire adj. (du lat. *pejor*, comparatif de *malus*, mauvais). **1.** (Sert de comparatif de supériorité à l'adjectif *mauvais*). Plus mauvais ; plus nuisible : *La situation économique actuelle est pire qu'avant* (**CONTR.** meilleur). **2.** (Précédé de l'art. déf. ou d'un adj. poss., superlatif de *mauvais*). Le plus mauvais ; le plus nuisible : *C'est la pire chose qu'elle pouvait lui dire* (**CONTR.** meilleur). *Cette femme est sa pire ennemie.* ◆ n.m. Ce qu'il y a de plus mauvais, de plus regrettable : *Je m'attends au pire avec lui.* ▸ ***Pratiquer la politique du pire,*** provoquer une aggravation de la situation pour en tirer parti.

piriforme adj. (du lat. *pirum*, poire). En forme de poire.

pirogue n.f. (esp. *piragua*). Embarcation longue et étroite propulsée à la voile ou à la pagaie.

piroguier n.m. Conducteur de pirogue.

pirojki [pirɔʃki] n.m. inv. (d'un mot russe). Dans la cuisine russe, petit pâté farci de viande, de poisson, etc.

piroplasmose n.f. (du lat. *pirum*, poire). Affection parasitaire transmise à certains animaux par les tiques.

pirouette n.f. (de l'anc. fr. *pirouelle*, toupie). **1.** Tour complet que l'on fait sur soi-même en pivotant sur la pointe ou le talon d'un seul pied : *Faire une pirouette* (**SYN.** virevolte). **2.** *Fig.* Changement brusque d'opinion : *Les pirouettes de cette femme politique ne surprennent plus* (**SYN.** revirement, volte-face). ▸ ***S'en tirer*** ou ***répondre par une pirouette,*** éviter une question embarrassante en répondant à côté.

pirouetter v.i. [conj. 4]. Effectuer une pirouette ; pivoter.

① **pis** [pi] n.m. (du lat. *pectus*, poitrine). Mamelle de certaines femelles laitières telles que la vache, la brebis. ☞ **REM.** Ne pas confondre avec *pi* ou *pie*.

② **pis** [pi] adv. et adj. (du lat. *pejus*, comparatif de *male*, mal). *Litt.* Plus mauvais ; plus mal : *Elle a fait pis que cela. C'est encore pis, c'est bien pis qu'il n'imaginait* (**SYN.** pire ; **CONTR.** meilleur, mieux). ▸ ***Au pis aller*** [opizale], dans l'hypothèse la plus défavorable. ***De mal en pis,*** de plus en plus mal : *Le malade va de mal en pis.* ***Tant pis !,*** c'est dommage.

pis-aller [pizale] n.m. inv. Solution à laquelle il faut recourir faute de mieux.

piscicole [pisikɔl] adj. (du lat. *piscis*, poisson). Relatif à la pisciculture.

pisciculteur, trice [pisikyltœr, tris] n. Personne qui élève des poissons.

pisciculture [pisikyltyr] n.f. Production de poissons par l'élevage.

pisciforme [pisifɔrm] adj. En forme de poisson.

piscine [pisin] n.f. (du lat. *piscina*, vivier, de *piscis*, poisson). Bassin artificiel pour la natation : *Aller à la piscine. Une piscine en plein air.*

piscivore [pisivɔr] adj. et n. Qui se nourrit de poissons : *L'otarie est un animal piscivore* (**SYN.** ichtyophage).

pisé n.m. (du lat. *pinsare*, broyer). Matériau de construction constitué de terre argileuse mêlée de paille ou de cailloux : *Des maisons en pisé.*

pissaladière n.f. (du prov.). Tarte niçoise en pâte à pain, garnie d'oignons, de filets d'anchois et d'olives noires.

pissat [pisa] n.m. Urine de certains animaux domestiques : *Du pissat de vache, d'âne.*

pisse n.f. *Très fam.* Urine.

pisse-copie n. inv. *Fam.* Écrivain ou journaliste qui écrit beaucoup et sur tous les sujets.

pisse-froid n.m. inv. *Fam.* Homme ennuyeux et morose ; rabat-joie : *Ses amis sont des pisse-froid !*

pissenlit n.m. (de *pisser*, à cause des vertus diurétiques de cette plante). Plante à fleurs jaunes et à feuilles dentelées, appelée aussi *dent-de-lion*, dont les petits fruits secs sont surmontés d'une aigrette qui facilite leur dispersion par le vent : *Une salade de pissenlits. Le pissenlit figure dans le logo de Larousse.* ▸ *Fam.* ***Manger les pissenlits par la racine,*** être mort et enterré.

pisser v.t. et v.i. (lat. pop. *pissiare*) [conj. 3]. *Très fam.* **1.** Uriner. **2.** Couler ou s'écouler abondamment : *Le réservoir pisse de partout* (**SYN.** fuir). ▸ ***Pisser de la copie,*** écrire beaucoup de textes de qualité médiocre : *Une journaliste débutante qui pisse de la copie.* ***Pisser du sang,*** évacuer du sang avec l'urine ; laisser échapper un flot de sang, en parlant d'une plaie, d'un organe.

pissette n.f. Récipient souple de laboratoire qui, par légère pression, produit un jet de liquide.

pisseur, euse n. ▸ *Fam.* ***Pisseur de copie,*** journaliste ou écrivain très médiocre ; pisse-copie.

pisseux, euse adj. *Fam.* **1.** Qui est imprégné d'urine ; qui sent l'urine : *Un couloir pisseux.* **2.** D'une couleur jaunâtre, terne : *Des tentures pisseuses.*

pisse-vinaigre n.m. inv. *Fam.* **1.** Personne très avare ; harpagon. **2.** Personne maussade ; rabat-joie.

pissotière n.f. *Fam.* Urinoir public (**SYN.** vespasienne [vx]).

pistache n.f. (lat. *pistacium*). Graine du pistachier, utilisée en confiserie et en cuisine : *Servir des pistaches à l'apéritif.* ◆ adj. inv. Vert clair : *Des gilets pistache* ou *vert pistache.*

pistachier n.m. Arbre des régions chaudes qui produit les pistaches.

pistard, e n. Coureur cycliste spécialisé dans les épreuves sur piste.

piste n.f. (it. *pista,* de *pestare,* broyer). **1.** Trace laissée par un animal : *Les chasseurs ont perdu la piste du daim.* **2.** Ensemble d'indications, d'indices qui orientent les recherches de qqn lancé à la poursuite de qqn d'autre ; chemin, voie ainsi tracés : *Les enquêteurs suivent la piste de l'enlèvement. Être sur une fausse piste.* **3.** Chemin sommairement tracé et aménagé : *Dans le désert, il faut toujours rester sur la piste.* **4.** Chemin réservé aux cyclistes, aux cavaliers : *Une piste cyclable.* **5.** Pente balisée pour les descentes à ski : *Il y a beaucoup de neige, toutes les pistes sont ouvertes.* **6.** Terrain spécialement aménagé pour des compétitions sportives : *La piste d'un hippodrome, d'un circuit automobile.* **7.** Emplacement, souvent circulaire, servant de scène dans un cirque, d'espace pour danser dans une boîte de nuit, etc. : *La piste de danse.* **8.** Bande de terrain aménagée pour le décollage et l'atterrissage des avions. **9.** Plateau circulaire à rebord, garni de feutrine, servant à lancer les dés. **10.** Partie d'une bande magnétique sur laquelle on enregistre des informations. ▸ ***Brouiller les pistes,*** faire perdre les traces de ; rendre les recherches difficiles. *Fam.* ***Entrer en piste,*** entrer en action ; commencer à participer à qqch. ***Jeu de piste,*** jeu de plein air dans lequel on doit parvenir à découvrir qqch en suivant des parcours fléchés.

pister v.t. [conj. 3]. Suivre à la piste : *Ce policier piste un cambrioleur* (**SYN.** filer).

pisteur n.m. Personne qui entretient et surveille les pistes de ski.

pistil [pistil] n.m. (du lat. *pistillus,* pilon). Organe femelle des plantes à fleurs (**SYN.** gynécée).

pistole n.f. (du tchèque *pichtal,* arme à feu). Ancienne monnaie d'or, notamm. espagnole.

pistolet n.m. (de *pistole*). **1.** Arme à feu individuelle, courte et légère, approvisionnée par un chargeur : *Un pistolet automatique.* **2.** Dispositif manuel associé à une pompe et projetant ou diffusant un liquide : *Un pistolet à peinture, à essence.* **3.** *Fam.* Urinal. **4.** En Belgique, petit pain rond ou allongé. ▸ *Fam.* ***Un drôle de pistolet,*** une personne un peu bizarre.

pistolet-mitrailleur n.m. (pl. *pistolets-mitrailleurs*). Arme automatique individuelle, tirant par rafales ; mitraillette.

pistoleur n.m. Ouvrier spécialisé dans l'application de peinture au pistolet.

pistolier n.m. Sportif qui tire au pistolet (tir, pentathlon).

piston n.m. (it. *pistone,* de *pestare,* broyer). **1.** Disque qui coulisse à l'intérieur du corps d'une pompe ou d'un cylindre de moteur à explosion : *La tige d'un piston.* **2.** Mécanisme de certains instruments de musique à vent, grâce auquel on peut produire toutes les notes : *Un trombone à pistons.* **3.** *Fam.* Appui donné à qqn pour obtenir plus facilement un avantage ; recommandation : *Il a obtenu le poste par piston.*

pistonner v.t. [conj. 3]. *Fam.* Appuyer qqn pour qu'il obtienne une place, un avantage : *Elle a pistonné son frère auprès du maire* (**SYN.** recommander).

pistou n.m. (de l'anc. prov. *pistar,* broyer). Dans la cuisine provençale, préparation culinaire faite de basilic et d'ail pilés au mortier et liés à l'huile d'olive. ▸ ***Soupe au pistou,*** soupe de légumes, liée au pistou (on dit aussi *le pistou*).

pita n.m. (mot gr.). Spécialité culinaire du Liban et de la Grèce constituée d'un pain sans levain que l'on garnit de viande, de fromage, de légumes, etc.

pitance n.f. (de *pitié*). *Litt.* Nourriture journalière : *Ils reçoivent une maigre pitance* (**SYN.** ration).

pit-bull (pl. *pit-bulls*) ou **pitbull** [pitbul ou pitbyl] n.m. (de l'angl. *pit,* arène, et *bull,* taureau). Chien issu de divers croisements, utilisé à l'origine dans des combats de chiens.

pitchoun, e [pitʃun] ou **pitchounet, ette** [pitʃunɛ, ɛt] n. (mot prov. signif. « petit »). Dans le midi de la France, terme d'affection pour désigner un petit enfant. ◆ adj. Petit : *Elle est un peu pitchoune pour son âge.*

pitchpin [pitʃpɛ̃] n.m. (de l'angl. *pitch-pine,* pin à résine). Arbre résineux d'Amérique du Nord, dont on utilise le bois en ébénisterie.

piteusement adv. De manière piteuse : *Il a échoué piteusement à ce concours* (**SYN.** lamentablement).

piteux, euse adj. (du bas lat. *pietosus,* qui a pitié, de *pius,* pieux). **1.** Qui inspire de la pitié mêlée d'un peu de mépris : *Il avait l'air piteux de devoir démentir ce qu'il avait annoncé* (**SYN.** navrant). **2.** Ridiculement médiocre ou insuffisant : *Elle a obtenu de piteux résultats* (**SYN.** déplorable, lamentable, piètre ; **CONTR.** excellent). ▸ ***En piteux état,*** en mauvais état, délabré : *Leur maison est en piteux état* ; en mauvaise santé, malade : *Les rescapés sont en piteux état. Fam.* ***Faire piteuse mine,*** avoir un air triste, confus.

pithécanthrope n.m. (du gr. *pithêkos,* singe, et *anthrôpos,* homme). Fossile humain découvert à Java.

pithiviers [pitivje] n.m. (de *Pithiviers,* nom d'une ville du Loiret). Gâteau fourré à la pâte d'amandes.

pitié n.f. (lat. *pietas,* de *pius,* pieux). **1.** Sentiment qui rend sensible aux souffrances, aux malheurs d'autrui ; commisération : *Éprouver de la pitié pour les réfugiés* (**SYN.** apitoiement, compassion ; **CONTR.** froideur, indifférence). **2.** Indulgence ou tolérance envers autrui : *« Mais un fripon d'enfant (cet âge est sans pitié) / Prit sa fronde »* [La Fontaine] (**SYN.** miséricorde ; **CONTR.** rigueur, sévérité). **3.** Sentiment de dédain, de mépris : *Elle était empêtrée dans ses mensonges, j'en ai eu pitié.* ▸ *Fam.* ***À faire pitié,*** très mal : *Il joue du violon à faire pitié.* ***Avoir pitié de qqn,*** éprouver de la compassion pour lui. ***Faire pitié,*** inspirer de la compassion à autrui. ***Par pitié !,*** de grâce ! : *Par pitié, ne l'abandonnez pas !*

piton n.m. **1.** Clou ou vis dont la tête est en forme d'anneau ou de crochet : *La tringle est soutenue par des pitons.* **2.** Pointe d'une montagne élevée : *Le piton des Neiges, à la Réunion.* **3.** Lame d'acier munie d'un trou utilisée par les alpinistes. **4.** Au Québec, bouton, touche d'un appareil : *Les pitons d'une télécommande.* ☞ **REM.** Ne pas confondre avec *python.*

pitonnage n.m. Action de pitonner.

pitonner v.t. [conj. 3]. Planter des pitons dans une paroi rocheuse. ◆ v.i. *Fam.* Au Québec, utiliser un appareil à clavier (calculatrice, ordinateur, téléphone) ; pratiquer le zapping.

pitonneux, euse n. *Fam.* Au Québec, personne qui pitonne.

pitoyable [pitwajabl] adj. **1.** Qui éveille un sentiment de pitié : *Elle est dans un état pitoyable* (**SYN.** déplorable, piteux). **2.** Sans valeur ; mauvais : *Le jeu de cet acteur est pitoyable* (**SYN.** lamentable ; **CONTR.** excellent).

pitoyablement [pitwajabləmɑ̃] adv. De façon pitoyable : *Sa carrière s'est terminée pitoyablement* (**SYN.** lamentablement).

pitre n.m. (var. dialect. de *piètre*). Personne qui fait des farces : *Cesse de faire le pitre !* (**SYN.** clown).

pitrerie n.f. Plaisanterie, grimace de pitre : *Elle amuse toute la classe avec ses pitreries* (**SYN.** clownerie).

pittoresque adj. (it. *pittoresco,* de *pittore,* peintre, du lat. *pingere,* peindre). **1.** Qui frappe par sa beauté, son originalité : *Un petit village pittoresque.* **2.** Qui a du relief, de l'originalité, de la fantaisie : *Un personnage pittoresque* (**SYN.** cocasse, original ; **CONTR.** 2. banal, 1. commun). *Le style pittoresque d'un romancier* (**SYN.** coloré, vivant ; **CONTR.** fade, terne). ◆ n.m. Ce qui est pittoresque : *Voyager par goût du pittoresque* (= la couleur locale).

pituite n.f. (du lat. *pituita,* mucus). En médecine, vomissement glaireux.

pityriasis [pitirjazis] n.m. (gr. *pituriasis,* de *pituron,* son du blé). Dermatose au cours de laquelle la peau se détache en fines lamelles.

pive n.f. (du lat. *pipa,* flûte). En Suisse, fruit des conifères.

pivert ou **pic-vert** [pivɛr] (pl. *pics-verts*) n.m. (de *1. pic,* oiseau). Pic de grande taille, à plumage vert et jaune et à tête rouge.

pivoine n.f. (du gr. *paiôna*). Plante à grosses fleurs rouges, roses ou blanches.

pivot n.m. **1.** Pièce cylindrique qui sert de support à une autre pièce et lui permet de tourner sur elle-même : *Le pivot d'une chaise de bureau.* **2.** Support d'une dent artificielle, enfoncé dans la racine. **3.** Agent, élément principal de qqch : *Il est le pivot de ce projet* (= la cheville ouvrière ; **SYN.** moteur, pilier).

pivotant, e adj. Qui pivote : *Un fauteuil pivotant.*

pivotement n.m. Action de pivoter.

pivoter v.i. [conj. 3]. Tourner sur un pivot, autour d'un axe ; tourner sur soi-même : *Une fenêtre pivote sur ses gonds. Elle pivota sur ses talons et le gifla* (**SYN.** pirouetter).

pixel [piksɛl] n.m. (contraction de l'angl. *picture element*). Le plus petit élément de teinte homogène d'une image enregistrée (photographie, télévision, télécommunications).

pizza [pidza] n.f. (mot it.). Dans la cuisine italienne, galette de pâte à pain garnie de tomates, d'anchois, d'olives, de fromage, etc., et cuite au four.

pizzaiolo [pidzajolo] n.m. (mot it.) [pl. *pizzaiolos* ou *pizzaioli*]. Personne qui confectionne des pizzas : *Ils ont embauché deux nouveaux pizzaiolos.*

pizzeria [pidzerja] n.f. (mot it.). Restaurant où l'on sert des pizzas et des spécialités italiennes.

pizzicato [pidzikato] n.m. (mot it.) [pl. *pizzicatos* ou *pizzicati*]. Pincement des cordes d'un instrument à archet.

P.J. ou **PJ** [peʒi] n.f. (sigle). ▸ ***Police judiciaire*** → **1. police.**

placage n.m. (de *plaquer*). **1.** Mince feuille de bois précieux servant à plaquer un meuble. **2.** En sports, plaquage.

placard n.m. (de *plaquer*). **1.** Armoire aménagée dans ou contre un mur : *Un placard à balais.* **2.** *Fam.* Poste dépourvu de responsabilité où l'on relègue qqn, dans une entreprise : *Il a été mis au placard.* **3.** Avis affiché pour informer le public : *Poser des placards sur les murs de la ville* (**SYN.** affiche). **4.** En imprimerie, épreuve d'un texte en colonnes, pour les corrections. ▸ *Fam.* ***Avoir un cadavre dans le placard,*** avoir un secret honteux, un crime caché à se reprocher.

placarder v.t. [conj. 3]. Afficher un texte imprimé, une affiche sur les murs : *Ils ont placardé sa photo sur tous les murs.*

placardiser v.t. [conj. 3]. *Fam.* Mettre qqn au placard ; écarter, reléguer.

place n.f. (du lat. *platea,* rue large). **1.** Espace qu'occupe ou que peut occuper qqn, qqch : *Laisse-moi un peu de place ! Cette armoire prend peu de place.* **2.** Rang obtenu dans un classement ; rang qu'une personne ou une chose doit occuper : *Elle a terminé à la troisième place dans cette compétition. Il n'est pas à sa place dans ce poste de subalterne.* **3.** Rang dans une file d'attente : *Il me garde ma place.* **4.** Emplacement réservé à un voyageur dans un moyen de transport, à un spectateur dans une salle : *Il ne reste aucune place libre dans ce train* (**SYN.** siège). **5.** Emplacement pour garer une voiture : *Un nouveau parc de stationnement de 300 places.* **6.** Emploi rémunéré : *Elle a une bonne place dans cette entreprise* (**SYN.** poste, situation). *Il vient de perdre sa place de serveur* (**SYN.** travail). **7.** Espace public découvert, dans une agglomération : *Le marché a lieu sur la place du village.* **8.** Ville où se font des opérations boursières ou financières : *La Bourse chute sur la place de Paris.* ▸ ***À la place de,*** au lieu de : *Ils ont diffusé un film à la place du match prévu* ; si on était dans le cas de qqn, dans sa situation : *Mets-toi un peu à ma place !* ***Entrer dans la place,*** s'introduire dans un milieu plutôt fermé. ***Être en place,*** se trouver à l'endroit convenable pour fonctionner, pour entrer en action : *Les forces de police sont déjà en place.* ***Faire place à,*** être remplacé par : *La vieille boucherie a fait place à une agence immobilière.* ***Mise en place,*** installation préliminaire à une action, à une activité donnée : *La mise en place d'un service de surveillance.* ***Ne pas tenir en place,*** s'agiter sans cesse. ***Place forte,*** ville défendue par des fortifications ; ville de garnison. ***Prendre la place de,*** se substituer à. ***Prendre place,*** s'installer : *Les spectateurs prennent place dans la salle.* ***Remettre qqn à sa place,*** le rappeler aux égards qu'il doit ; le réprimander. ***Sur place,*** à l'endroit même dont il est question : *Les journalistes se sont rendus sur place* ; sans se déplacer : *Ils sont* restés sur place jusqu'à l'arrivée de la dépanneuse. ***Tenir sa place,*** remplir convenablement sa fonction, son rôle.

placé, e adj. ▸ ***Être bien, mal placé,*** être dans une situation favorable, défavorable pour faire qqch : *Il est mal placé pour nous donner des conseils.* ***Jouer un cheval placé,*** parier qu'il arrivera dans les trois premiers. ***Personne haut placée,*** personne qui a une position sociale ou hiérarchique élevée.

placebo [plasebo] n.m. (mot lat. signif. « je plairai »). Substance inactive substituée à un médicament sans informer le patient pour étudier l'efficacité réelle de celui-ci : *Utiliser des placebos.*

placement n.m. **1.** Action de placer de l'argent ; capital ainsi placé : *Il a fait un mauvais placement en achetant ces tableaux* (**SYN.** investissement). **2.** Action de procurer un emploi à qqn : *Le placement des demandeurs d'emploi.* **3.** Action de mettre selon un certain ordre : *Le placement des invités autour d'une table.* **4.** Décision d'un juge confiant un mineur en danger à une famille d'accueil ou à un organisme spécialisé : *Le placement des jeunes délinquants.*

placenta [plasɛ̃ta] n.m. (mot lat. signif. « galette »). Organe reliant l'embryon à l'utérus maternel pendant la gestation ou la grossesse.

placentaire [plasɛ̃tɛr] adj. Relatif au placenta.

placer v.t. [conj. 16]. **1.** Mettre à une certaine place, à un endroit déterminé : *Une hôtesse d'accueil place les spectateurs* (**SYN.** installer). *Placer des boîtes sur une étagère* (**SYN.** disposer, ranger). **2.** Assigner une place, un rang à : *Il place sa réussite professionnelle au-dessus de tout.* **3.** Procurer un emploi à : *Cette agence place les employés de maison.* **4.** Faire admettre qqn dans un hôpital, une institution sociale, etc. : *Placer une personne âgée dans une maison de retraite.* **5.** Introduire dans un récit, une conversation : *Elle n'a pas réussi à placer une seule de ses plaisanteries* (**SYN.** glisser). **6.** Investir de l'argent dans l'intention de le faire fructifier : *Placer ses économies sur un compte* (**SYN.** déposer). *Il a placé de grosses sommes dans l'entreprise de son frère.* **7.** Réussir à vendre, à écouler : *Il n'arrive pas à placer ses fins de stocks.* ▸ *Fam.* ***En placer une,*** intervenir dans une conversation ; répliquer à un interlocuteur : *Avec eux, il est difficile d'en placer une.* ***Placer qqn devant qqch,*** le mettre dans une certaine situation : *Sa démission nous place devant un choix difficile.* ◆ **se placer** v.pr. **1.** Prendre une place, un certain rang : *Les invités se placent comme ils le désirent. Elle s'est placée parmi les premières à ce concours* (**SYN.** se classer). **2.** *Fam.* Se mettre en bonne position pour réussir : *Il sait se placer auprès du directeur.*

① **placet** [plasɛ] n.m. (mot lat. signif. « il plaît »). Document contenant les prétentions du demandeur, adressé au tribunal pour que l'affaire soit inscrite sur le registre.

② **placet** [plasɛ] n.m. (de *place*). En Suisse, partie d'un siège sur laquelle on s'assoit.

placette n.f. Petite place d'une ville.

placeur, euse n. Personne qui place les spectateurs dans une salle de spectacle.

placide adj. (du lat. *placidus,* doux, de *placere,* plaire). Qui garde son calme en toute circonstance ; paisible, serein : *Il est resté placide sous les attaques de son adversaire* (**SYN.** imperturbable ; **CONTR.** emporté, irascible).

placidement adv. Avec placidité : *Elle reprit placidement son explication* (**SYN.** calmement, posément).

placidité n.f. Caractère placide : *Réagir avec placidité* (**SYN.** flegme, sérénité ; **CONTR.** emportement, énervement).

placier n.m. **1.** Représentant de commerce qui prospecte la clientèle et vend à domicile (**SYN.** courtier). **2.** Personne qui loue les places d'un marché public aux commerçants.

Placoplâtre n.m. (nom déposé). Matériau de construction constitué de panneaux de plâtre coulé entre deux feuilles de carton : *Des cloisons en Placoplâtre.*

placotage n.m. *Fam.* Au Québec, bavardage.

placoter v.t. et v.i. [conj. 3]. *Fam.* Au Québec, dire, raconter ; bavarder.

plafond n.m. (de *plat* et *fond*). **1.** Surface horizontale formant la partie supérieure d'une pièce, d'un véhicule, etc. : *Accrocher un lustre au plafond.* **2.** Peinture décorant un plafond. **3.** Limite supérieure d'une vitesse, d'une valeur, du montant d'une cotisation (par opp. à plancher) : *Ce compte bancaire est soumis à un plafond.* **4.** (Employé en appos.). Qui constitue une limite maximale, le niveau supérieur de qqch : *Les prix plafonds vont être dépassés* (**CONTR.** minimal). **5.** Altitude maximale que peut atteindre un aéronef. ▸ *Fam.* ***Crever le plafond,*** dépasser la limite autorisée ou les performances escomptées. ***Plafond de verre,*** barrière invisible qui empêche certaines catégories de personnes (femmes, immigrés, syndicalistes) d'accéder aux plus hauts niveaux de la hiérarchie de leur métier.

plafonnage n.m. Action de plafonner une pièce.

plafonné, e adj. ▸ ***Salaire plafonné,*** fraction maximale d'un salaire soumise aux cotisations de la Sécurité sociale.

plafonnement n.m. État de ce qui atteint sa limite supérieure : *Le plafonnement des salaires.*

plafonner v.t. [conj. 3]. Garnir une pièce d'un plafond. ◆ v.i. Atteindre sa vitesse, sa valeur, sa hauteur maximale : *Cette voiture plafonne à 180 km/h. Les prix, les ventes plafonnent.*

plafonneur n.m. Plâtrier spécialisé dans les plafonds.

plafonnier n.m. Système d'éclairage fixé au plafond.

plage n.f. (de l'it. *piaggia,* coteau, pays, du gr. *plagios,* oblique). **1.** Étendue de sable ou de galets au bord de la mer, sur la rive d'un cours d'eau, d'un lac ; grève, rivage : *Aller à la plage. Il y a beaucoup de monde sur la plage.* **2.** Station balnéaire : *Les plages de la Côte d'Azur.* **3.** Surface délimitée d'une chose, d'un lieu, etc. : *La plage arrière d'une voiture* (= la tablette située sous la lunette arrière). **4.** Laps de temps, durée limitée : *Des plages musicales dans un programme de radio.* ▸ ***Plage d'un disque,*** partie qui correspond à un enregistrement.

plagiaire n. (lat. *plagiarius,* de *plagium,* vol d'esclaves). Personne qui plagie les œuvres des autres : *Cet écrivain a été traité de plagiaire* (**SYN.** copieur, faussaire).

plagiat n.m. Action de plagier qqch ou qqn : *Il a reconnu que son roman était un plagiat* (**SYN.** copie, démarquage).

plagier v.t. [conj. 9]. Piller les œuvres d'autrui en donnant pour siennes les parties copiées : *Plagier un musicien* (**SYN.** copier, démarquer, imiter).

plagiste n. Personne qui gère une plage payante.

plaid [plɛd] n.m. (mot angl.). Couverture de voyage en lainage à carreaux.

plaidable adj. Qui peut être plaidé : *Cette affaire n'est pas plaidable.*

plaider v.t. (de l'anc. fr. *plaid,* assemblée judiciaire, du lat. *placitum,* agrément, de *placere,* plaire) [conj. 4]. **1.** Défendre en justice la cause d'une personne : *Plaider une affaire en correctionnelle.* **2.** Exposer dans sa plaidoirie : *Plaider la légitime défense.* ▸ ***Plaider coupable,*** se défendre en admettant sa culpabilité. ***Plaider le faux pour savoir le vrai,*** dire qqch que l'on sait faux pour amener qqn à dire la vérité. ◆ v.i. Défendre un accusé devant une juridiction : *L'avocat plaide.* ▸ ***Plaider pour*** ou ***en faveur de qqn, de qqch,*** servir leur cause, leur être favorable : *Son comportement ne plaide pas en sa faveur.*

plaideur, euse n. Personne qui est en procès.

plaidoirie n.f. (de l'anc. fr. *plaidoier,* plaider). Discours prononcé par un avocat pour défendre une cause devant un tribunal : *Demain auront lieu les plaidoiries* (= celle de l'accusation puis celle de la défense ; **SYN.** plaidoyer).

plaidoyer [plɛdwaje] n.m. **1.** Discours prononcé devant un tribunal pour défendre une cause (**SYN.** plaidoirie). **2.** Argumentation en faveur d'une opinion, d'une personne : *Un plaidoyer en faveur du respect des droits de l'homme* (**SYN.** apologie, défense).

plaie n.f. (du lat. *plaga,* coup). **1.** Déchirure provoquée dans les chairs par une blessure, une brûlure, un abcès : *Une plaie au genou.* **2.** *Fig., litt.* Grande douleur morale : *La plaie de leur rupture est encore toute fraîche* (**SYN.** déchirement, peine). **3.** *Fam.* Personne ou événement désagréables : *Quelle plaie, ce brouillard !* ▸ ***Mettre le doigt sur la plaie,*** trouver exactement où est le mal. ***Remuer*** ou ***retourner le couteau dans la plaie,*** insister lourdement sur un sujet douloureux.

plaignant, e n. et adj. Personne qui dépose une plainte contre une autre, ou qui fait un procès à une autre.

plain-chant n.m. (du lat. *planus,* plat) [pl. *plains-chants*]. Chant d'église médiéval à une voix.

plaindre v.t. (du lat. *plangere,* se frapper la poitrine) [conj. 80]. Éprouver de la compassion pour qqn : *Comme je les plains d'avoir dû quitter leur pays !* (**SYN.** s'apitoyer sur, compatir avec). ▸ ***Être, ne pas être à plaindre,*** mériter ou non la compassion des autres. *Vieilli* ***Ne pas plaindre sa peine*** ou ***son temps,*** se dépenser sans compter. ◆ **se plaindre** v.pr. **1.** Exprimer sa souffrance ; se lamenter : *On entendait les blessés se plaindre* (**SYN.** geindre, gémir). **2.** Manifester son mécontentement : *Elle s'est plainte du rythme de travail* (**SYN.** protester contre). *Ils se plaignent que les prix ont augmenté.*

plaine n.f. (du lat. *planus,* plat, uni). Vaste étendue de terrain, au relief peu accidenté : *La plaine d'Alsace.* ▸ ***Plaine de jeux,*** en Belgique, terrain de jeux.

de **plain-pied** loc. adv. **1.** Au même niveau : *Dans les lieux publics, les toilettes doivent être de plain-pied.* **2.** Sur un pied d'égalité : *Elle s'est immédiatement sentie de plain-pied avec ses collègues.*

plainte n.f. **1.** Parole, cri provoqués par la souffrance : *Les plaintes des blessés nous serraient le cœur* (**SYN.** gémissement). **2.** Mécontentement que l'on exprime : *Il ne supporte plus leurs plaintes continuelles* (**SYN.** récrimination). **3.** Dénonciation en justice d'une infraction par la personne qui en a été la victime : *Porter plainte contre qqn. Retirer sa plainte.* ☞ **REM.** Ne pas confondre avec *plinthe.*

plaintif, ive adj. Qui a l'accent d'une plainte : *Une voix plaintive* (**SYN.** dolent, gémissant).

plaintivement adv. D'une voix plaintive.

plaire v.t. ind. (lat. *placere*) [conj. 110]. **[à]. 1.** En parlant d'une personne, être agréable, éveiller la sympathie : *Cette actrice plaît beaucoup aux jeunes* (**SYN.** charmer, séduire ; **CONTR.** déplaire). **2.** En parlant de choses, convenir aux goûts de qqn : *Ces fleurs lui ont beaucoup plu* (**SYN.** enchanter, ravir). ▸ ***À bien plaire,*** en Suisse, à l'amiable. ◆ v. impers. ▸ ***Comme il vous plaira,*** selon vos désirs. ***Plaît-il ?,*** formule de politesse pour faire répéter ce qu'on a mal entendu. ***S'il te plaît, s'il vous plaît,*** formule de politesse exprimant une demande, un ordre : *Puis-je ouvrir la fenêtre, s'il vous plaît ? Installe-toi à l'arrière, s'il te plaît.* ◆ **se plaire** v.pr. **1.** Se convenir ; s'aimer l'un l'autre : *Ils se sont tout de suite plu.* **2.** Prendre plaisir à faire qqch, à se trouver quelque part : *Elle se plaît à écrire* (**SYN.** aimer ; **CONTR.** détester). *Il se plaît beaucoup dans cette entreprise.* **3.** Se développer dans un lieu : *Cet arbre ne se plaît que dans les pays chauds* (**SYN.** prospérer).

plaisamment adv. De façon plaisante ; agréablement.

plaisance n.f. ▸ ***De plaisance,*** que l'on utilise ou que l'on pratique pour l'agrément, pendant les loisirs : *Port, navigation de plaisance.* ***La plaisance,*** la navigation de plaisance.

plaisancier, ère n. Personne qui pratique la navigation de plaisance.

plaisant, e adj. (de *plaire*). **1.** Qui plaît ; qui charme : *Une ville très plaisante* (**SYN.** agréable). *Un homme plaisant* (**SYN.** charmant ; **CONTR.** antipathique, désagréable). **2.** Qui fait rire : *Il nous est arrivé une aventure plaisante* (**SYN.** amusant, cocasse, drôle ; **CONTR.** triste). ◆ **plaisant** n.m. ▸ ***Le plaisant de,*** le côté amusant, cocasse de qqch. ***Mauvais plaisant,*** personne qui aime jouer de mauvais tours.

plaisanter v.i. [conj. 3]. **1.** Dire des choses drôles ; ne pas parler sérieusement : *Ils ont plaisanté durant tout le repas. Je n'ai aucune envie de plaisanter !* (**SYN.** badiner, rire). **2.** Faire des choses avec l'intention de faire rire ou par jeu : *Ne le prends pas mal, je plaisantais !* (**SYN.** s'amuser, se moquer). ▸ ***Ne pas plaisanter avec*** ou ***sur qqch,*** être très strict sur ce chapitre : *Je ne plaisante pas avec la politesse* (= je suis intraitable). ◆ v.t. Se moquer gentiment de qqn : *Son frère la plaisante sur sa nouvelle coiffure* (**SYN.** railler, taquiner).

plaisanterie n.f. **1.** Chose que l'on dit ou que l'on fait pour amuser ; facétie : *Ses plaisanteries ne me font pas rire* (**SYN.** pitrerie). **2.** Chose dérisoire ou très facile à faire : *C'était une plaisanterie de rédiger ce rapport !* (= un jeu d'enfant ; **SYN.** bagatelle, broutille).

plaisantin n.m. **1.** Personne qui aime plaisanter, faire rire (**SYN.** farceur, pitre). **2.** *Péjor.* Personne en qui on ne peut avoir confiance : *Vous n'êtes qu'un plaisantin* (**SYN.** dilettante).

plaisir n.m. (du lat. *placere*, plaire). **1.** État de contentement que crée chez qqn la satisfaction d'un besoin, d'un désir : *J'ai vu ce film avec plaisir* (**SYN.** contentement, délectation [sout.] ; **CONTR.** ennui). *J'ai le plaisir de t'annoncer que nous attendons un enfant* (**SYN.** bonheur ; **CONTR.** déplaisir, désagrément). **2.** Ce qui plaît, ce qui procure à qqn un sentiment de contentement : *Aller au théâtre est pour moi un plaisir* (**SYN.** joie, satisfaction). **3.** Satisfaction sexuelle ; jouissance, volupté. ▸ ***À plaisir,*** par caprice ; sans motif valable : *Il se moque d'elle à plaisir.* ***Au plaisir de vous revoir*** ou ***au plaisir,*** formule de politesse servant à prendre congé de qqn. ***Avec plaisir,*** volontiers. ***Faire plaisir à qqn,*** lui être agréable. ***Faites-moi le plaisir de...,*** formule pour demander ou ordonner qqch : *Faites-moi le plaisir de sortir tout de suite de chez moi !* ***Je vous souhaite bien du plaisir,*** se dit ironiquement à qqn qui va faire qqch de difficile, de désagréable. ***Par plaisir*** ou ***pour le plaisir,*** pour se divertir. ***Prendre un malin plaisir à,*** faire qqch en se réjouissant de l'inconvénient qui en résultera pour autrui.

① **plan** n.m. (du lat. *planum*). **1.** Représentation graphique d'un ensemble de constructions, d'un bâtiment, d'une machine : *Dessiner les plans d'un hôtel.* **2.** Carte à différentes échelles d'une ville, d'un quartier : *Un plan de Lyon.* **3.** Surface unie, plane : *Un plan incliné.* **4.** En géométrie, surface illimitée qui contient toute droite passant par deux de ses points. **5.** Projet élaboré servant de base à une réalisation : *Son plan pour récupérer l'argent a échoué* (**SYN.** tactique). *Avoir un plan de carrière* (**SYN.** stratégie). **6.** *Fam.* Projet d'activité, de loisir génér. concerté : *Ils ont un plan cinéma pour ce soir.* **7.** Organisation en différentes parties d'un texte, d'un ouvrage : *Écrire le plan d'un mémoire* (**SYN.** canevas). **8.** Ensemble des mesures gouvernementales prises en vue de planifier l'activité économique : *Le plan quinquennal.* **9.** Fragment d'un film tourné en une seule fois ; façon de cadrer la scène filmée : *Un plan fixe* (= enregistré par une caméra immobile). *Un gros plan* (= qui montre un visage ou un objet). **10.** Aspect sous lequel on considère qqch : *C'est une affaire compliquée sur tous les plans* (= à tous égards). **11.** Place occupée par une personne ou par une chose relativement à d'autres : *C'est un chercheur de premier plan* (**SYN.** importance, ordre). ☞ **REM.** Ne pas confondre avec *plant.* ▸ ***Laisser en plan,*** laisser inachevé : *Laisser son travail en plan* ; abandonner : *Il m'a laissée en plan toute la soirée.* ***Plan d'eau,*** étendue d'eau sur laquelle on peut pratiquer les sports nautiques. ***Plan de travail,*** surface horizontale servant de table, dans une cuisine. ***Plan de vol,*** document écrit par le pilote d'un avion avec des indications sur l'itinéraire, l'altitude, etc. ***Plan social,*** ensemble des mesures de reclassement ou d'indemnisation qu'un employeur doit prendre, dans le cadre d'un projet de licenciements pour motif économique. ***Premier plan,*** ce qui se trouve le plus près de l'observateur, un tableau, une photographie (par opp. à arrière-plan) : *Au premier plan, on voit une maison.* ***Sur le même plan,*** au même niveau : *Deux femmes politiques que l'on peut placer sur le même plan.* ***Sur le plan*** (+ adj.) ou ***sur le plan de*** (+ n.), du point de vue de : *Il a réussi sur le plan professionnel. Sur le plan de la générosité, il a encore des efforts à faire.* ***Tirer son plan,*** en Belgique, se débrouiller.

② **plan, e** adj. (lat. *planus*). Sans inégalité de niveau : *Cette surface plane convient au patinage* (**SYN.** égal, 1. plat, uni ; **CONTR.** inégal). ▸ ***Figure plane,*** en géométrie, figure dont tous les points sont dans un même plan. ***Géométrie plane,*** étude des figures planes (par opp. à géométrie dans l'espace).

planant, e adj. *Fam.* Qui fait planer ; qui met dans un état de bien-être, qui rend euphorique.

planche n.f. (bas lat. *planca*, du gr. *phalagx*, gros bâton). **1.** Pièce de bois sciée, assez longue et nettement plus large qu'épaisse : *Acheter des planches pour faire une bibliothèque.* **2.** Illustration ou ensemble d'illustrations relatives à un même sujet et occupant dans un livre la plus grande partie ou la totalité d'une page : *La planche des fleurs du « Petit Larousse illustré ».* **3.** Portion de jardin affectée à une culture : *Une planche de salades, de carottes.* **4.** Plaque de métal, de bois, sur laquelle on effectue un travail de gravure pour en tirer des estampes ; chacune de ces estampes : *Une planche à billets* (= qui sert à tirer les billets de banque). ▸ ***Faire la planche,*** flotter sur le dos à la surface de l'eau. *Fam.* ***Faire marcher la planche à billets,*** multiplier les billets de banque en circulation, en provoquant l'inflation. ***Planche à découper, à pain,*** tablette de bois pour couper la viande, le pain. ***Planche à dessin,*** plateau de bois parfaitement plan, sur lequel les dessinateurs fixent leur papier ; table de dessinateur à plateau inclinable. ***Planche à neige,*** au Québec, surf des neiges. ***Planche à repasser,*** planche recouverte de tissu et qui sert à repasser le linge. ***Planche à roulettes,*** planche montée sur quatre roues, sur laquelle on se déplace, on exécute des figures ; sport pratiqué avec cet instrument (**SYN.** skateboard). ***Planche à voile,*** flotteur plat muni d'une voile fixée à un mât articulé ; sport pratiqué avec cet instrument. ***Planche de bord,*** dans une automobile, élément placé devant le conducteur et qui contient les organes de contrôle du véhicule ; tableau de bord. ***Planche de salut,*** dernière ressource dans une situation désespérée. ◆ **planches** n.f. pl. Le théâtre, la scène : *Monter sur les planches* (= devenir acteur).

planche-contact n.f. (pl. *planches-contacts*). En photographie, tirage par contact de toutes les vues d'un film sur une même feuille de papier sensible.

planchéiage n.m. Action de planchéier.

planchéier v.t. [conj. 4]. Garnir d'un plancher, de planches.

① **plancher** n.m. **1.** Élément de construction horizontal entre deux étages d'une maison, d'un bâtiment : *Des planchers en bois, en béton armé.* **2.** Sol d'une pièce d'habitation, d'un véhicule : *La femme de ménage a ciré le plancher* (**SYN.** parquet). *Le plancher d'une voiture.* **3.** (Employé en appos.). Qui constitue un niveau minimal, un seuil inférieur (par opp. à plafond) : *Des prix planchers* (**CONTR.** maximal). ▸ *Fam.* ***Avoir le pied au plancher,*** dans une automobile, appuyer à fond sur l'accélérateur. *Fam.* ***Débarrasser le plancher,*** partir. *Fam.* ***Le plancher des vaches,*** la terre ferme.

② **plancher** v.i. [conj. 3]. **1.** *Arg. scol.* Être interrogé à une leçon, à un examen ; faire un exposé : *Hier, j'ai* *planché en espagnol.* **2.** *Fam.* Travailler sur un texte : *J'ai planché toute la nuit sur ce dossier.*

planchette n.f. Petite planche.

planchiste n. Personne qui pratique la planche à voile ; véliplanchiste.

plancton n.m. (du gr. *plagkton,* qui erre). Ensemble des êtres microscopiques en suspension dans l'eau.

planctonique adj. Relatif au plancton.

plané adj. m. ▸ *Fam.* ***Faire un vol plané,*** une chute spectaculaire et d'assez haut.

planéité n.f. Caractère d'une surface plane.

planelle n.f. En Suisse, carreau, brique de carrelage.

planer v.i. (du lat. *planus,* plat, uni) [conj. 3]. **1.** Se soutenir en l'air, les ailes étendues, sans mouvement apparent, en parlant d'un oiseau : *Des corbeaux planent au-dessus du champ.* **2.** Évoluer dans l'air sans l'aide d'un moteur, en parlant d'un aéronef, d'un avion. **3.** Flotter dans l'air : *Une épaisse fumée planait au-dessus de l'usine.* **4.** *Fig.* Peser d'une manière plus ou moins menaçante : *La mort planait sur cette famille.* **5.** *Fam.* Ne pas avoir le sens des réalités : *Il est encore en train de planer* (**SYN.** rêver). **6.** *Fam.* Être dans un état de bien-être euphorique, en partic. du fait de l'absorption d'une drogue.

planétaire adj. **1.** Qui se rapporte aux planètes : *Le système planétaire* (= ensemble des planètes gravitant autour du Soleil). **2.** Relatif à la Terre entière : *Ce film a eu un succès planétaire* (**SYN.** mondial, universel).

planétairement adv. À l'échelle de notre planète ; mondialement, universellement.

planétarisation n.f. Propagation dans le monde entier d'un phénomène : *Éviter la planétarisation du paludisme* (**SYN.** mondialisation).

planétarium [planetarjɔm] n.m. Installation qui représente les mouvements des astres sur une voûte hémisphérique au moyen de projections lumineuses.

planète n.f. (bas lat. *planeta,* du gr. *planêtês,* vagabond). Corps céleste en orbite autour d'une étoile, spécial. du Soleil : *La planète Terre. Une petite planète* (= un astéroïde). ▸ ***La planète,*** la Terre : *Il a parcouru la planète* ; fig., le petit monde, le domaine de : *La planète informatique.*

planétologie n.f. Étude des planètes.

planeur n.m. Aéronef sans moteur qui vole en utilisant les courants atmosphériques.

planifiable adj. Qui peut être planifié : *Des investissements planifiables.*

planificateur, trice adj. et n. Qui planifie.

planification n.f. **1.** Action de planifier. **2.** Encadrement du développement économique d'un pays par les pouvoirs publics. ▸ ***Planification familiale,*** ensemble des moyens mis en œuvre pour la régulation des naissances ; planning familial.

planifier v.t. [conj. 9]. Organiser, régler le développement, le déroulement ou l'organisation de qqch selon un plan : *Planifier l'économie d'un pays. Planifier son travail.*

planisphère n.m. (de *hémisphère*). Carte représentant les deux hémisphères terrestres ou célestes : *Un planisphère indiquant les zones contaminées* (**SYN.** mappemonde).

plan-masse n.m. (pl. *plans-masses*). En architecture, plan de masse.

planning [planiŋ] n.m. (mot angl., de *to plan,* projeter). Plan de travail détaillé ; plan de production, de fabrication : *Respecter un planning.* ▸ ***Planning familial,*** planification familiale.

plan-plan adj. inv. *Fam., péjor.* Se dit d'une personne très attachée à son confort, qui mène une vie tranquille ; se dit d'une chose sans complication ni difficulté ou sans originalité : *Ils sont plan-plan dans ce bureau. Avoir des habitudes plan-plan.*

planque n.f. *Fam.* **1.** Cachette : *Le fugitif est enfin sorti de sa planque.* **2.** Situation où l'on ne court pas de risque ; emploi bien rémunéré et où le travail est facile ; sinécure.

planqué, e n. et adj. *Fam.* Personne qui a trouvé une planque : *Il ne prend pas de risque, c'est un planqué.*

planquer v.t. [conj. 3]. *Fam.* Mettre à l'abri, cacher qqn, qqch : *Planquer ses économies.* ◆ **se planquer** v.pr. *Fam.* Se mettre à l'abri : *Il se planque derrière la porte* (**SYN.** se cacher).

plan-relief n.m. (pl. *plans-reliefs*). Maquette représentant en élévation et à échelle réduite une ville, une place forte.

plan-séquence n.m. (pl. *plans-séquences*). Au cinéma, séquence, génér. longue, filmée sans arrêter la caméra.

plant [plɑ̃] n.m. **1.** Jeune plante que l'on vient de planter ou que l'on doit repiquer : *Des plants de salade.* **2.** Ensemble des végétaux plantés dans un même terrain ; ce terrain lui-même : *Un plant de rosiers.* ☞ **REM.** Ne pas confondre avec *plan.*

plantage n.m. **1.** *Fam.* Fait de se planter, de faire une erreur ; échec. **2.** En Suisse, jardin potager.

① **plantain** n.m. (lat. *plantago*). Plante très commune dont les graines servent à nourrir les oiseaux en cage. ▸ ***Plantain d'eau,*** plante des étangs (**SYN.** flûteau).

② **plantain** n.m. (de l'esp. *plátano,* banane). Bananier dont le fruit *(banane plantain)* est consommé cuit comme légume.

plantaire adj. Relatif à la plante du pied : *Verrue plantaire.*

plantation n.f. **1.** Action de planter ; manière de planter ou d'être planté : *La plantation des vignes. Une plantation en quinconce.* **2.** Ensemble de végétaux plantés en un endroit ; terrain planté : *Une plantation de peupliers.* **3.** Grande exploitation agricole des pays tropicaux : *Une plantation de bananiers.*

① **plante** n.f. (lat. *planta*). Tout végétal vivant fixé en terre et dont la partie supérieure s'épanouit dans l'air ou dans l'eau douce : *Une plante verte.* ▸ *Fam.* ***Une belle plante,*** une belle femme, d'allure saine et vigoureuse.

② **plante** n.f. (lat. *planta*). Dessous du pied de l'homme ; partie inférieure du pied chez les plantigrades et les oiseaux (on dit aussi *la plante du pied*).

planter v.t. [conj. 3]. **1.** Mettre en terre pour qu'il s'y développe : *Planter du persil* (**SYN.** semer). *Planter des tulipes* (**CONTR.** arracher, déraciner). **2.** Garnir un lieu d'arbres, de végétaux : *Planter de tilleuls un parc* (**SYN.** boiser). **3.** Enfoncer dans une matière plus ou moins dure : *Planter un pieu dans le sol* (**SYN.** 1. ficher). *Le* *tigre a planté ses crocs dans le dos de l'antilope.* **4.** Poser, placer debout ; installer : *Planter une tente* (**SYN.** monter ; **CONTR.** démonter). **5.** *Fam.* Abandonner, quitter brusquement : *Il m'a planté là, devant le restaurant.* ◆ **se planter** v.pr. **1.** Se camper debout et immobile : *Elle se planta devant lui, attendant une réponse.* **2.** *Fam.* Percuter accidentellement qqch avec une voiture, une moto : *Il s'est planté contre un arbre.* **3.** *Fam.* Faire une erreur ; subir un échec : *Les instituts de sondage se sont plantés* (**SYN.** se tromper). *Il a passé le concours, mais il s'est planté* (**SYN.** échouer ; **CONTR.** réussir). **4.** *Fam.* Cesser de fonctionner, en parlant d'un ordinateur, d'un logiciel : *L'ordinateur s'est planté.*

planteur n.m. **1.** Propriétaire d'une plantation dans les pays tropicaux. **2.** Cocktail à base de rhum, de sirop de canne et de jus de fruits (on dit aussi *un punch planteur*).

plantigrade adj. et n.m. Se dit d'un mammifère qui marche sur toute la plante des pieds (par opp. à digitigrade) : *Les ours sont des plantigrades.*

plantoir n.m. Outil servant à faire des trous dans la terre pour y mettre des plants.

planton n.m. (de *planter*). **1.** Personne (soldat, en partic.) qui assure des liaisons entre différents services. **2.** En Afrique, garçon de bureau. **3.** En Suisse, plant destiné à être repiqué. ▸ *Fam.* ***Faire le planton,*** attendre debout assez longtemps.

plantule n.f. Embryon d'une plante ; germe.

plantureusement adv. En abondance : *Un buffet plantureusement garni* (**SYN.** copieusement ; **CONTR.** frugalement).

plantureux, euse adj. (anc. fr. *plentiveux,* du lat. *plenus,* plein). **1.** Très abondant : *Un repas plantureux* (**SYN.** copieux ; **CONTR.** frugal, maigre). **2.** Bien en chair ; épanoui : *Elle a une poitrine plantureuse* (**SYN.** généreux, opulent ; **CONTR.** fluet).

plaquage n.m. **1.** Action de plaquer une surface : *Le plaquage d'une armoire.* **2.** Au rugby, action de plaquer ; placage.

plaque n.f. **1.** Pièce plate et peu épaisse d'une matière rigide : *Une plaque de marbre. Une plaque de chocolat* (**SYN.** plaquette, tablette). **2.** Objet ayant la forme, l'aspect d'une plaque : *Les plaques électriques d'une cuisinière.* **3.** Pièce de métal portant une indication ; insigne de certaines professions, de certains grades : *La plaque d'immatriculation d'une voiture. Le cabinet du médecin est signalé par une plaque.* **4.** Couche peu épaisse, plus ou moins étendue, de certaines matières : *Une plaque de verglas.* **5.** Tache colorée qui se forme sur la peau ; surface couverte de boutons : *Des plaques d'eczéma.* **6.** En géologie, chacune des parties mobiles qui constituent l'écorce terrestre : *La tectonique des plaques.* ▸ *Fam.* ***Être*** ou ***mettre à côté de la plaque,*** se tromper ; manquer le but. ***Plaque à gâteau,*** en Suisse, moule à tarte. ***Plaque dentaire,*** enduit visqueux et collant, qui se forme à la surface des dents et des gencives, et qui favorise la carie. ***Plaque tournante,*** centre de multiples opérations : *Cette ville est la plaque tournante des blanchiments d'argent* ; par ext., chose ou personne occupant une position centrale : *Le ministre de l'Économie est la plaque tournante du gouvernement.* ***Sclérose en plaques*** → **sclérose.**

plaqué n.m. **1.** Métal commun recouvert d'or ou d'argent : *Du plaqué or.* **2.** Bois recouvert d'une feuille de placage.

plaquemine n.f. En botanique, autre nom du kaki.

plaqueminier n.m. (mot créole). Arbre au bois dur, noir et lourd, dont une espèce fournit le kaki.

plaquer v.t. (du moyen néerl. *placken,* coller) [conj. 3]. **1.** Appliquer fortement, étroitement contre qqch : *Le catcheur a plaqué son adversaire au sol.* **2.** Appliquer de manière à rendre plat et lisse : *Plaquer ses cheveux en arrière avec du gel* (**SYN.** aplatir). **3.** Au rugby, faire tomber un adversaire qui porte le ballon en le saisissant aux jambes. **4.** Couvrir d'une feuille mince de métal précieux un autre métal plus commun ; appliquer une feuille de bois précieux ou de belle qualité sur du bois ordinaire : *Plaquer de l'ébène sur un meuble.* **5.** *Fam.* Quitter soudainement : *Il l'a plaquée sans aucune explication* (**SYN.** abandonner). ▸ ***Plaquer un accord,*** au piano, en jouer simultanément toutes les notes (par opp. à arpéger).

plaquettaire adj. Relatif aux plaquettes du sang.

plaquette n.f. **1.** Petite plaque, de forme le plus souvent rectangulaire, de certaines substances, notamm. alimentaires : *Une plaquette de beurre, de chocolat.* **2.** Petit livre peu épais : *Une plaquette de nouvelles.* **3.** Brochure qui donne des informations sur un produit, un service, une société : *Une plaquette publicitaire.* **4.** Conditionnement de médicament, comportant une plaque munie d'alvéoles destinées à contenir chacune un comprimé : *Une plaquette de pilules.* **5.** Pièce d'un véhicule qui supporte la garniture de frein dans un frein à disque : *Il faut changer les plaquettes.* **6.** Petit élément du sang, qui joue un rôle fondamental dans la coagulation.

plaqueur, euse n. **1.** Au rugby, joueur qui plaque un adversaire. **2.** Ouvrier, artisan qui réalise des travaux de placage.

plasma n.m. (mot gr. signif. « ouvrage façonné »). **1.** Partie liquide du sang dans laquelle les cellules (globules, plaquettes) sont en suspension. **2.** En physique, fluide composé de molécules gazeuses, d'ions et d'électrons : *On estime que 99 % de la matière de l'Univers est sous forme de plasma.* ▸ ***Écran à plasma,*** dispositif d'affichage d'images ou de données fondé sur la luminescence d'un gaz enfermé sous faible pression et soumis à des décharges électriques, permettant la réalisation d'écrans plats de grandes dimensions.

plasmaphérèse n.f. Technique de prélèvement du sang consistant à ne conserver que le plasma pour le transfuser à des malades.

plasmatique adj. Relatif au plasma sanguin.

plasmique adj. En physique, relatif au plasma.

plasmodium [plasmɔdjɔm] n.m. Parasite des globules rouges du sang, responsable du paludisme.

plastic n.m. (mot angl.). Explosif : *Un attentat au plastic* (**SYN.** 1. plastique).

plasticage n.m. → **plastiquage.**

plasticien, enne n. **1.** Artiste qui se consacre aux arts plastiques. **2.** Personne qui travaille dans l'industrie de la matière plastique.

plasticité n.f. Caractéristique d'une matière très

malléable : *La plasticité de l'argile* (**SYN.** malléabilité ; **CONTR.** rigidité).

plastie n.f. Toute opération de chirurgie plastique.

plastifiant n.m. Produit ajouté à une matière pour en accroître la plasticité.

plastification n.f. Action de plastifier.

plastifier v.t. [conj. 9]. **1.** Recouvrir d'une pellicule de matière plastique transparente : *Plastifier un document.* **2.** Ajouter un plastifiant à un polymère ou à un béton.

plastiquage ou **plasticage** n.m. Action de plastiquer, de faire sauter avec du plastic : *Le plastiquage du bateau a fait plusieurs morts.*

① **plastique** adj. (lat. *plasticus,* du gr. *plastikos,* qui concerne le modelage, de *plassein,* façonner). **1.** Qui peut être façonné par modelage : *Le mastic est plastique* (**SYN.** malléable ; **CONTR.** rigide). **2.** Qui vise à donner des corps, des objets une représentation, une impression esthétiques : *La qualité plastique d'une sculpture.* ▸ ***Arts plastiques,*** la sculpture et la peinture, principalement. ***Chirurgie plastique,*** qui vise à restaurer la forme d'une partie du corps en cas d'accident ou de malformation (on dit aussi *la chirurgie réparatrice*). ***Matière plastique,*** matière synthétique susceptible d'être modelée ou moulée, génér. à chaud et sous pression (on dit aussi *le plastique*). ◆ n.m. **1.** Matière plastique : *Cuvette en plastique.* **2.** Explosif d'une consistance proche de celle du mastic de vitrier (**SYN.** plastic).

② **plastique** n.f. Beauté des formes du corps : *La belle plastique d'un athlète.*

plastiquer v.t. [conj. 3]. Faire sauter, endommager avec du plastic : *Les terroristes ont plastiqué la mairie.*

plastiqueur, euse n. Auteur d'un attentat au plastic.

plastron n.m. (de l'it. *piastrone,* haubert). Empiècement cousu sur le devant d'un corsage ou d'une chemise d'homme : *Un plastron en dentelle.*

plastronner v.i. [conj. 3]. *Fam.* Prendre une attitude fière, assurée : *Il plastronne devant elle* (**SYN.** parader).

plasturgie n.f. Techniques de transformation des matières plastiques ; industrie qui met en œuvre ces techniques.

plasturgiste n. Personne qui travaille dans la plasturgie.

① **plat, e** adj. (lat. pop. *plattus,* du gr. *platus,* large). **1.** Dont la surface est unie ; qui a peu de relief : *Un terrain parfaitement plat* (**SYN.** égal, 2. plan ; **CONTR.** accidenté, inégal, raboteux). **2.** Qui a très peu de profondeur et dont le fond est plan : *Une assiette plate* (**CONTR.** 1. creux). *Elle a les pieds plats* (= peu cambrés). **3.** Dont la surface est plane et proche de l'horizontale : *Une maison à toit plat.* **4.** Qui a peu d'épaisseur ; qui a peu de hauteur : *La limande est un poisson plat. Des bottes à talons plats* (**CONTR.** 1. haut). **5.** Qui manque de saveur, de caractère, de personnalité : *Cette sauce est plate* (**SYN.** fade, insipide). *De l'eau plate* (= non gazeuse). *Un film plat* (**SYN.** banal, terne ; **CONTR.** original). **6.** Qui montre de la bassesse, de la servilité : *Faire de plates excuses* (**SYN.** humble, obséquieux). **7.** En athlétisme, se dit d'une course de plat : *Le 400 mètres plat.* ▸ ***Angle plat,*** angle de 180°. ***À plat,*** sur la surface la plus large : *Faire sécher un pull à plat.* ***Calme plat,*** absence de vent sur la mer ; fig., état, situation où rien de notable ne se produit. ***Être à plat,*** être dégonflé, en parlant d'un pneu, ou déchargé, en parlant d'une batterie ; fam., être fourbu. ***Mettre*** ou ***remettre qqch à plat,*** procéder à une révision d'ensemble susceptible de conduire à de nouvelles décisions. ***Plates côtes,*** plat de côtes. ***Rimes plates,*** rimes qui se suivent deux à deux (deux masculines, deux féminines). ***Tomber à plat,*** être un échec : *Sa farce est tombée à plat.*

② **plat** n.m. (de *1. plat*). **1.** Partie plate de qqch : *Le plat de la main* (**SYN.** paume). **2.** Terrain plat, en partic. dans un cadre sportif : *Un cycliste spécialiste du plat.* **3.** Chacun des deux côtés de la couverture d'un livre. **4.** En sports, course de plat. ▸ ***Course de plat,*** course qui se déroule sur une piste sans obstacles (par opp. à course de haies). *Fam.* ***Faire du plat à qqn,*** le flatter ; le courtiser. ***Plat de côtes,*** morceau de bœuf comprenant la région moyenne des côtes et les muscles qui y sont situés (on dit aussi *les plates côtes*).

③ **plat** n.m. (de *1. plat*). **1.** Pièce de vaisselle de table plus grande que l'assiette, sur laquelle on sert les aliments ; son contenu : *Un plat long, rond. Il apporta un plat de pâtes.* **2.** Chacun des éléments d'un repas : *Le plat de résistance.* ▸ *Fam.* ***Faire tout un plat de qqch,*** donner une importance exagérée à qqch. *Fam.* ***Mettre les petits plats dans les grands,*** préparer un repas très soigné, un peu cérémonieux. *Fam.* ***Mettre les pieds dans le plat,*** intervenir de façon maladroite ou brutale. ***Plat du jour,*** plat principal, différent chaque jour, inscrit au menu d'un restaurant.

platane n.m. (lat. *platanus,* du gr. *platus,* large). Arbre aux larges feuilles palmées et dont l'écorce se détache par plaques. ▸ ***Faux platane,*** autre nom du sycomore.

plat-bord n.m. (pl. *plats-bords*). Latte de bois entourant le pont d'un navire.

plate n.f. **1.** Canot à fond plat, utilisé notamm. pour calfater ou nettoyer les navires. **2.** Huître plate à chair blanche.

plateau n.m. (de *3. plat*). **1.** Support plat et rigide qui sert à transporter, à présenter des objets divers (notamm. de la vaisselle, des aliments) : *Apporter le petit déjeuner au lit sur un plateau. Un plateau à fromages.* **2.** Partie d'une balance recevant les poids ou les matières à peser. **3.** Étendue de terrain relativement plane, souvent située en altitude (à la différence de la plaine) : *Les hauts plateaux du Tibet.* **4.** Pièce circulaire où l'on place les disques, sur un tourne-disque. **5.** Roue dentée qui fait partie du pédalier d'une bicyclette et sur laquelle s'accroche la chaîne (par opp. à pignon). **6.** Scène d'un théâtre ; lieu où sont plantés les décors et où évoluent les acteurs dans un studio de cinéma ou de télévision. **7.** Partie haute d'une courbe, d'un graphique ; niveau stationnaire d'un phénomène susceptible de variations : *Les ventes sont arrivées maintenant à un plateau.* ▸ *Fam.* ***Apporter qqch à qqn sur un plateau,*** sans qu'il ait le moindre effort à fournir. *Fam.* ***Le plateau,*** le siège du président du Sénat, en France. ***Mettre dans*** ou ***sur les plateaux de la balance,*** mettre en opposition le pour et le contre. ***Plateau technique,*** ensemble du matériel, des installations dont dispose un hôpital.

plateau-repas n.m. (pl. *plateaux-repas*). Plateau compartimenté dans lequel on sert les repas dans un avion, un self-service ; repas servi sur ce plateau.

plate-bande n.f. (pl. *plates-bandes*). Espace de terre plus ou moins large qui entoure un carré de jardin, où l'on plante des fleurs, des arbustes. ▸ *Fam.* ***Marcher sur les plates-bandes de qqn,*** empiéter sur ses attributions, ses droits.

platée n.f. (de *3. plat*). Contenu d'un plat : *Je vais faire une platée de pâtes.*

plate-forme ou **plateforme** n.f. (pl. *plates-formes*). **1.** Surface plane, souvent surélevée, destinée à recevoir certains matériels, certains équipements : *La plate-forme de chargement d'un entrepôt.* **2.** Partie arrière de certains autobus, dépourvue de siège, et où les voyageurs se tiennent debout. **3.** Structure utilisée pour le forage ou l'exploitation des puits de pétrole sous-marins. **4.** Ensemble d'outils informatiques (logiciels, matériels, systèmes d'exploitation, etc.) destinés au stockage et au partage de contenus virtuels (audio, vidéo ou autres). **5.** Ensemble d'idées constituant la base d'un programme politique : *La plate-forme électorale d'un parti.*

platement adv. **1.** De façon plate, dépourvue d'originalité : *Écrire platement* (**SYN.** banalement). **2.** De façon basse, servile : *S'excuser platement* (**SYN.** humblement, obséquieusement).

① **platine** n.f. (de *1. plat*). **1.** Dans un électrophone, ensemble comprenant un châssis, un plateau avec le système d'entraînement, un bras et une tête de lecture. **2.** Plaque soutenant les pièces du mouvement d'une montre. **3.** Plate-forme qui sert de support dans un microscope et où l'on place l'objet à étudier.

② **platine** n.m. (anc. esp. *platina,* de *plata,* argent). Métal précieux blanc-gris. ◆ adj. inv. Se dit d'une couleur de cheveux d'un blond presque blanc : *Une fille aux cheveux platine* ou *blond platine* (**SYN.** platiné).

platiné, e adj. (de *2. platine*). D'un blond très pâle : *Elle a les cheveux platinés* (**SYN.** platine). *Des blondes platinées.* ▸ ***Vis platinée,*** pastille au tungstène qui permet l'allumage d'un moteur d'automobile.

platitude n.f. **1.** Manque d'originalité, d'imprévu : *Un scénario d'une grande platitude* (**SYN.** banalité). **2.** Parole banale ; lieu commun, poncif : *Dire des platitudes.* **3.** *Litt.* Acte empreint de bassesse, de servilité : *Faire des platitudes pour obtenir une augmentation.*

platonicien, enne adj. et n. Qui se rapporte à la philosophie de Platon ; adepte du platonisme.

platonique adj. (de *Platon,* n.pr.). Se dit d'un amour idéal, sans relations charnelles : *Ils vivent un amour platonique* (**SYN.** chaste, pur ; **CONTR.** physique, sexuel).

platoniquement adv. De façon platonique : *Aimer platoniquement* (**SYN.** chastement ; **CONTR.** charnellement).

platonisme n.m. Philosophie de Platon et de ses disciples.

plâtrage n.m. Action de plâtrer ; ouvrage fait de plâtre : *On a refait le plâtrage des murs* (**SYN.** plâtre).

plâtras n.m. Débris de plâtre de construction : *Les ouvriers ont dégagé le chantier de tous les plâtras* (**SYN.** gravats).

plâtre n.m. (de *emplâtre*). **1.** Poudre blanche résultant de la déshydratation du gypse, et qui, mélangée à l'eau, forme une substance pâteuse qui durcit en séchant : *Enduire un mur de plâtre.* **2.** Ouvrage moulé en plâtre : *Un plâtre de Mozart.* **3.** Appareil d'immobilisation d'un membre cassé, formé de bandelettes plâtrées : *Avoir un bras dans le plâtre.* ◆ **plâtres** n.m. pl. Ouvrages légers de bâtiments, comme des enduits ou des moulures : *Tous les plâtres ont été refaits.*

plâtrer v.t. [conj. 3]. **1.** Couvrir de plâtre : *Plâtrer un plafond.* **2.** Immobiliser par un plâtre : *Les médecins ont plâtré sa jambe.*

plâtrerie n.f. **1.** Usine dans laquelle est produit le plâtre ; plâtrière. **2.** Travaux de construction faits par le plâtrier.

plâtreux, euse adj. Qui contient du plâtre ou qui en a l'aspect : *Un camembert plâtreux* (= qui n'est pas suffisamment fait).

plâtrier n.m. Personne qui prépare ou travaille le plâtre.

plâtrière n.f. **1.** Carrière de pierre à plâtre. **2.** Usine de plâtre ; plâtrerie.

plausible adj. (du lat. *plaudere,* applaudir). **1.** Qui peut être considéré comme vrai : *Une excuse plausible* (**SYN.** vraisemblable ; **CONTR.** invraisemblable). **2.** Que l'on peut admettre : *Une objection plausible* (**SYN.** acceptable).

play-back [plɛbak] n.m. inv. (mot angl.). Technique artistique consistant à diffuser une bande sonore préalablement enregistrée pendant qu'un chanteur mime la chanson correspondante : *Chanter en play-back* (**SYN.** présonorisation).

play-boy [plɛbɔj] n.m. (mots angl. signif. « viveur ») [pl. *play-boys*]. Jeune homme élégant et fortuné, à la mode, qui recherche les succès féminins et les plaisirs de la vie facile.

playlist ou **play-list** [plɛlist] n.f. [pl. *play-lists*]. (de l'angl. *to play,* jouer, et *list,* liste). Liste de fichiers audio à exécuter, dans un ordre déterminé d'avance.

plèbe n.f. (lat. *plebs, plebis*). **1.** Dans l'Antiquité romaine, classe populaire de la société (par opp. au patriciat). **2.** *Litt., péjor.* Peuple, bas peuple ; populace.

plébéien, enne adj. (lat. *plebeius*). **1.** Dans l'Antiquité romaine, relatif à la plèbe (par opp. à patricien). **2.** *Péjor.* Peu raffiné : *Avoir des manières plébéiennes* (**SYN.** vulgaire ; **CONTR.** distingué, raffiné).

plébiscitaire [plebisitɛr] adj. Qui se rapporte à un plébiscite ; issu d'un plébiscite : *Un vote plébiscitaire.*

plébiscite [plebisit] n.m. (lat. *plebiscitum,* de *plebs, plebis,* plèbe, et de *scitum,* décret). Consultation électorale au cours de laquelle il est demandé au peuple d'investir une personne du pouvoir de diriger l'État ou de se prononcer sur un texte donné.

plébisciter [plebisite] v.t. [conj. 3]. Élire, approuver à une très forte majorité : *Le peuple a plébiscité son président.*

plectre n.m. (du gr. *plêktron,* aiguillon). Médiator.

pléiade n.f. (du gr. *Pleias,* nom d'un groupe d'étoiles). *Litt.* Groupe de personnes remarquables : *Une pléiade d'auteurs était présente* (**SYN.** aréopage, foule, légion).

① **plein, e** adj. (lat. *plenus*). **1.** Qui est tout à fait rempli de : *Nos verres sont pleins* (**SYN.** rempli). *Le train était plein* (= comble). **2.** Qui contient qqch en grande quantité : *Un rapport plein d'erreurs. Le stade était plein de supporteurs.* **3.** Qui réunit le maximum de qualités possible : *Son travail me donne pleine* *satisfaction* (**SYN.** absolu, intégral). *J'ai pleine confiance en lui.* **4.** Qui atteint son plein développement ; qui a toute l'ampleur possible : *La pleine lune* (**SYN.** entier). *Elle travaille à temps plein* (**CONTR.** partiel). **5.** Dont toute la masse est occupée par une matière : *Une boule pleine* (**CONTR.** creux). **6.** Rond et bien en chair : *Des joues pleines* (**SYN.** rebondi). **7.** Se dit d'une femelle qui porte des petits : *Une chienne pleine* (**SYN.** gravide). ▸ ***À plein*** (+ n.), indique l'abondance, l'intensité : *Un moteur qui tourne à plein régime. Crier à pleins poumons.* ***En plein,*** dans le milieu ; complètement : *En plein dans le mille. Il est tombé en plein dans le piège.* ***En plein*** (+ n.), au milieu d'un endroit : *Il a reçu une balle en pleine poitrine* ; au cœur d'une chose : *Ouvrir un magasin en pleine ville* ; au milieu d'une durée : *Le chauffage est tombé en panne en plein hiver* ; au plus fort d'une évolution, d'une action : *Je suis en plein travail.* ***En plein air,*** à l'air libre ; à l'extérieur : *Manger en plein air.* ***En pleine terre,*** dans le sol même. ***En plein vent,*** exposé au vent. *Fam.* ***Être plein,*** être ivre. ***Être plein de,*** avoir l'esprit accaparé, dominé par : *Un écrivain plein de son sujet* (= occupé, pénétré). *Fam.* ***Plein comme un œuf,*** rempli au maximum ; repu. ***Pleine mer,*** moment où la marée atteint son maximum : *Quitter le port à la pleine mer* ; partie de la mer éloignée de la côte : *Le navire a atteint la pleine mer* (= le large). ***Pleins pouvoirs,*** pouvoirs politiques exceptionnels conférés temporairement à qqn. ***Sens plein d'un mot,*** sens originel, sens fort d'un mot : *« Avoir » perd son sens plein de « posséder » quand il est auxiliaire.*

② **plein** n.m. (de *1. plein*). **1.** Espace complètement occupé par la matière : *L'alternance des pleins et des vides dans un napperon de dentelle.* **2.** Contenu total d'un réservoir : *Faire le plein d'essence.* **3.** Partie forte et large d'une lettre calligraphiée (par opp. au délié) : *Le calligraphe marque les pleins et les déliés.* **4.** Marée haute : *Le plein de la mer.* ▸ ***Battre son plein,*** être haute, en parlant de la mer ; fig., en être au moment où il y a le plus d'animation, en parlant d'une réunion, d'une fête : *Les soldes battent leur plein.* ***Faire le plein de qqch,*** remplir totalement un lieu : *Cette chanteuse fait toujours le plein des salles où elle se produit* ; obtenir le maximum de qqch : *Ce politicien ne fait pas le plein des voix.*

③ **plein** adv. (de *1. plein*). Beaucoup ; en grande quantité : *Tu veux des crayons ? J'en ai plein* (**CONTR.** peu). ▸ ***Plein de,*** beaucoup de : *Il a fait plein d'erreurs dans sa vie. Il y avait plein de monde dans ce magasin.* ***Tout plein,*** très ; extrêmement : *Elle est gentille tout plein, cette petite fille.* ◆ prép. *Fam.* En grande quantité, en grand nombre dans : *Il a de la monnaie plein les poches. Des chaussettes ? Il y en a plein le tiroir.* ▸ ***En avoir plein la bouche de qqn, de qqch,*** en parler sans cesse avec admiration. *Fam.* ***En avoir plein le dos*** ou ***plein les bottes,*** être fatigué ou dégoûté (de, par) : *J'en ai plein les bottes, je ne ferai pas un pas de plus* (= je suis exténué). *J'en ai plein le dos de ses critiques* (= j'en ai assez). ***En mettre plein la vue à qqn,*** l'impressionner ; le séduire.

pleinement adv. Tout à fait ; sans réserve : *Elle est pleinement satisfaite* (**SYN.** entièrement ; **CONTR.** partiellement).

plein-emploi ou **plein emploi** n.m. sing. Situation dans laquelle toute la main-d'œuvre disponible dans un pays a trouvé un emploi (par opp. à sous-emploi) : *Des périodes de plein-emploi* (**CONTR.** chômage).

plein-temps n.m. (pl. *pleins-temps*). Activité professionnelle occupant la totalité du temps de travail : *Prendre un plein-temps.* ▸ ***À plein-temps,*** en utilisant la totalité du temps de travail.

plein-vent n.m. (pl. *pleins-vents*). Arbre planté loin des murs et des clôtures (on dit aussi *des arbres de plein vent*).

pléistocène n.m. et adj. (du gr. *pleistos*, nombreux, et *kainos*, nouveau). Période géologique au début du quaternaire.

plénier, ère adj. (du bas lat. *plenarius*, complet, de *plenus*, plein). Se dit d'une assemblée, d'une réunion, etc., où tous les membres sont convoqués.

plénipotentiaire n. (du lat. *plenus*, plein, et *potentia*, puissance). Agent diplomatique muni des pleins pouvoirs. ◆ adj. ▸ ***Ministre plénipotentiaire,*** représentant de l'État à la place d'un ambassadeur.

plénitude n.f. (lat. *plenitudo*, de *plenus*, plein). **1.** *Litt.* État de ce qui est complet, entier : *Il a recouvré la plénitude de ses capacités* (**SYN.** intégrité, totalité). **2.** État le plus élevé de qqch ; sentiment de contentement absolu : *Elle est dans toute la plénitude de son talent* (**SYN.** maturité). *Un sentiment de plénitude* (**SYN.** bonheur).

plénum [plenɔm] n.m. (du lat. *plenum*, le plein). Réunion plénière d'une assemblée, d'un organisme.

pléonasme n.m. (du gr. *pleonasmos*, surabondance). Répétition de mots dont le sens est identique : *« Descendre en bas » est un pléonasme* (**SYN.** redondance, tautologie).

pléonastique adj. Qui constitue un pléonasme : *Une expression pléonastique* (**SYN.** redondant, tautologique).

plésiosaure n.m. (du gr. *plêsios*, voisin, et *saura*, lézard). Reptile marin fossile du secondaire.

pléthore n.f. (du gr. *plêthôrê*, surabondance de sang, d'humeurs). Abondance excessive de choses, de personnes : *Il y a pléthore de téléphones portables sur le marché* (**SYN.** profusion, surabondance ; **CONTR.** pénurie). *Une pléthore de candidats à un concours* (**SYN.** excès ; **CONTR.** absence).

pléthorique adj. **1.** Qui existe en trop grand nombre : *Des réserves pléthoriques* (**SYN.** démesuré, surabondant). *Des classes pléthoriques* (**SYN.** surchargé). **2.** En médecine, obèse.

pleur n.m. (Surtout au pl.). *Litt.* Larme : *Être en pleurs.*

pleurage n.m. En électroacoustique, variation parasite de la hauteur des sons, sur un disque ou une bande magnétique.

pleural, e, aux adj. (du gr. *pleura*, côté, flanc). Relatif à la plèvre : *Un épanchement pleural.*

pleurant n.m. Sculpture funéraire représentant une personne en pleurs.

pleurard, e adj. et n. *Fam.* Qui pleure souvent. ◆ adj. Plaintif : *Un ton pleurard* (**SYN.** gémissant, pleurnicheur).

pleurer v.i. (lat. *plorare*) [conj. 5]. **1.** Verser des larmes : *Cesse de pleurer, tout va s'arranger* (**SYN.** sangloter). *Pleurer de bonheur, de rire.* **2.** En électroacoustique, être affecté de pleurage. **3.** Laisser échapper la sève, en parlant des arbres et de la vigne fraîchement taillés. ▸ ***À pleurer,*** à un point tel qu'on devrait en pleurer : *Il est bête à pleurer.* ***N'avoir plus que les yeux pour pleurer,*** avoir tout perdu. ***Pleurer comme une Madeleine*** ou ***toutes les larmes de son corps,*** verser des larmes abondantes. ***Pleurer sur,*** déplorer : *Arrête un peu de pleurer sur ton sort !* (**SYN.** s'apitoyer sur, se lamenter sur ; **CONTR.** se réjouir de). ◆ v.t. **1.** Déplorer la disparition, la mort de qqn ou la perte de qqch : *Elle pleure un ami.* **2.** *Litt.* Laisser couler des larmes : *Pleurer des larmes de joie.* ▸ *Fam.* ***Ne pas pleurer sa peine, son argent,*** ne pas les épargner.

pleurésie n.f. (du gr. *pleura,* côté, flanc). Inflammation de la plèvre avec épanchement de liquide (par opp. à pleurite).

pleurétique adj. Relatif à la pleurésie.

pleureur, euse adj. Se dit de certains arbres dont les branches retombent vers le sol : *Un saule pleureur.*

pleureuse n.f. Femme dont on loue les services pour pleurer les morts, dans certaines régions de l'Europe du Sud.

pleurite n.f. Inflammation de la plèvre sans épanchement de liquide (par opp. à pleurésie).

pleurnichement n.m. ou **pleurnicherie** n.f. **1.** Habitude, fait de pleurnicher. **2.** Douleur feinte, peu sincère : *Il nous agace avec ses pleurnichements* (**SYN.** gémissement, lamentation).

pleurnicher v.i. [conj. 3]. **1.** Pleurer souvent et sans raison : *Elle pleurniche pour pas grand-chose.* **2.** Se lamenter d'un ton larmoyant : *Il est allé pleurnicher chez son supérieur* (**SYN.** geindre, se lamenter, se plaindre).

pleurnicheur, euse ou **pleurnichard, e** adj. et n. Qui pleurniche : *Une voix pleurnicheuse* (**SYN.** gémissant, plaintif).

pleurote n.m. (du gr. *pleura,* côté, flanc, et *ous, otos,* oreille). Champignon comestible, qui vit sur les troncs d'arbres.

pleutre n.m. et adj. (du flamand *pleute,* chiffon). *Litt.* Homme sans courage (**SYN.** lâche, poltron ; **CONTR.** brave).

pleutrerie n.f. *Litt.* Caractère du pleutre ; action lâche (**SYN.** lâcheté, poltronnerie ; **CONTR.** bravoure, courage).

pleuvoir v. impers. (lat. *pluere*) [conj. 68]. Tomber, en parlant de la pluie : *Il pleut à verse* (= beaucoup). ◆ v.i. Tomber, arriver en abondance : *Les coups pleuvaient sur ce malheureux* (**SYN.** s'abattre). *Les insultes pleuvent.* ▸ ***Comme s'il en pleuvait,*** en abondance.

pleuvoter ou **pleuvasser** ou **pleuviner** v. impers. [conj. 3]. *Fam.* Pleuvoir légèrement : *Il pleuvote depuis ce matin* (**SYN.** bruiner).

plèvre n.f. (du gr. *pleura,* côté, flanc). Membrane séreuse, composée de deux feuillets, qui enveloppe les poumons : *Les inflammations de la plèvre sont des pleurésies ou des pleurites.*

Plexiglas [plɛksiglas] n.m. (nom déposé). Matière plastique dure, transparente, déformable à chaud, employée en partic. comme verre de sécurité.

plexus [plɛksys] n.m. (mot lat. signif. « entrelacement »). En anatomie, amas de filets nerveux ou vasculaires enchevêtrés : *Le plexus solaire est situé derrière l'estomac.*

pli n.m. **1.** Partie repliée en double d'une matière souple (étoffe, papier, cuir) : *Les plis d'une jupe, d'un éventail.* **2.** Marque qui résulte d'une pliure : *La carte routière se déchire aux plis* (**SYN.** pliure). **3.** Enveloppe de lettre ; lettre, missive : *Veuillez mettre les documents sous pli. Nous avons reçu un pli du ministère* (**SYN.** message). **4.** Ondulation d'une étoffe, d'un tissu flottant : *Les plis d'une tenture.* **5.** Levée, aux cartes : *Faire le dernier pli.* **6.** Ride, sillon ou bourrelet de la peau : *Les plis du front.* **7.** Déformation de l'écorce terrestre ; ondulation du sol : *La partie en saillie d'un pli est l'anticlinal, et la partie en creux le synclinal.* ▸ *Fam.* ***Ça ne fait pas un pli,*** cela ne présente aucune difficulté ; cela se produit infailliblement. ***Faux pli,*** pliure faite à une étoffe là où il ne devrait pas y en avoir : *Elle a fait des faux plis en repassant son pantalon.* ***Mise en plis*** → **mise.** ***Prendre le pli de,*** prendre l'habitude de. ***Un mauvais pli,*** une mauvaise habitude.

pliable adj. Que l'on peut plier ; facile à plier (**SYN.** flexible, souple ; **CONTR.** rigide).

pliage n.m. Action de plier : *Le pliage des draps.*

pliant, e adj. Articulé de manière à pouvoir être replié sur soi : *Une chaise pliante. Un mètre pliant.* ◆ **pliant** n.m. Petit siège qui se plie, sans bras ni dossier.

plie n.f. (bas lat. *platessa*). Poisson marin plat à chair estimée (**SYN.** carrelet).

plier v.t. (lat. *plicare*) [conj. 10]. **1.** Mettre en double en rabattant sur elle-même une chose souple : *Plier une couverture* (**CONTR.** déplier, étendre). *Plier une lettre en deux, en quatre.* **2.** Rabattre les unes sur les autres les parties articulées d'un objet : *Plier un canapé convertible, un mètre* (**SYN.** replier). **3.** Faire prendre une position courbe à qqch de flexible : *Le vent plie les roseaux* (**SYN.** courber). *Plier les jambes* (**SYN.** fléchir, ployer). **4.** *Fig.* Faire céder ; assujettir : *Plier qqn à sa volonté* (**SYN.** soumettre). **5.** *Région.* Envelopper, empaqueter. ▸ *Fam.* ***C'est plié,*** l'affaire est réglée ; les jeux sont faits. ◆ v.i. **1.** S'affaisser ; se courber : *Cette étagère plie sous le poids des dictionnaires* (**SYN.** fléchir, ployer). **2.** Se soumettre à une contrainte, une influence : *Ils ont dû plier devant leur père* (**SYN.** céder, s'incliner ; **CONTR.** regimber, résister). ◆ **se plier** v.pr. **[à].** Se soumettre à qqn, à qqch : *Il faut se plier au règlement* (**SYN.** obéir à).

plieur, euse n. Personne qui plie : *Une plieuse de chemises.*

plieuse n.f. Machine à plier le papier, les feuilles de tôle.

plinthe n.f. (du gr. *plinthos,* brique). Bande de menuiserie, de carrelage posée à la base des murs intérieurs d'un appartement ; bande, saillie à la base d'une colonne. ☞ **REM.** Ne pas confondre avec *plainte.*

pliocène n.m. et adj. (angl. *pliocene,* du gr. *pleiôn,* plus, et *kainos,* nouveau). Dernière période géologique de l'ère tertiaire, succédant au miocène.

plissage n.m. Action de plisser : *Le plissage d'un tissu.*

plissé, e adj. Qui présente des plis : *Une jupe plissée.* ◆ **plissé** n.m. Tissu plissé : *Un plastron en plissé.*

plissement n.m. **1.** Action de plisser ; ensemble de plis : *Le plissement du front* (**SYN.** froncement). **2.** Déformation de l'écorce terrestre ; plis ainsi formés : *Le plissement hercynien.*

plisser v.t. (de *plier*) [conj. 3]. Marquer de plis : *Plisser du papier pour faire des guirlandes. Plisser le nez* (**SYN.** froncer). ◆ v.i. Faire des plis ; présenter des plis : *La nappe plisse.*

pliure n.f. **1.** Marque formée par un pli : *Les pliures d'une lettre* (**SYN.** pli). **2.** Action de plier les feuilles d'un livre pour la reliure ou le brochage.

ploc [plɔk] interj. (onomat.). Évoque le bruit de la chute d'un objet dans l'eau.

ploiement n.m. *Litt.* Action, fait de ployer.

plomb [plɔ̃] n.m. (lat. *plumbum*). **1.** Métal d'un gris bleuâtre : *Des canalisations en plomb. Des soldats de plomb.* **2.** Coupe-circuit à fil de plomb : *Les plombs ont sauté* (**SYN.** fusible). **3.** Petite masse de plomb ou d'un autre métal, servant à lester un fil à plomb, un filet de pêche. **4.** Balle, grain de plomb dont on charge une arme à feu : *Une décharge de plombs.* **5.** Caractère typographique en alliage à base de plomb ; composition d'imprimerie qui utilisait ces caractères. **6.** Sceau des douanes certifiant qu'un colis a acquitté certains droits. ▸ ***À plomb,*** verticalement : *Le soleil tombe à plomb.* ***Avoir du plomb dans l'aile,*** être atteint dans sa santé, sa fortune, sa réputation. ***De plomb,*** lourd, écrasant, accablant : *Un soleil, un sommeil de plomb* ; se dit d'une période marquée par la violence, le terrorisme : *Les années de plomb.* ***Mettre du plomb dans la tête*** ou ***dans la cervelle à qqn,*** le rendre plus conscient de ses actes. ***N'avoir pas de plomb dans la tête*** ou ***dans la cervelle,*** être étourdi, irréfléchi.

plombage n.m. **1.** Action de plomber, de sceller avec un plomb. **2.** Action d'obturer une dent avec un amalgame ; l'amalgame lui-même : *Son plombage est à refaire.*

plombagine n.f. (du lat. *plumbago, plumbaginis,* mine de plomb). Graphite naturel appelé aussi *mine de plomb.*

plombe n.f. *Fam.* Heure : *Il va y avoir deux plombes que je l'attends.*

plombé, e adj. **1.** Garni de plomb : *Un filet de pêche plombé.* **2.** Scellé par un plomb, par des plombs : *Une caisse plombée.* **3.** Qui a la couleur du plomb : *Un teint plombé* (**SYN.** cireux, livide). ▸ ***Dent plombée,*** obturée avec un amalgame.

plomber v.t. [conj. 3]. **1.** Garnir de plomb : *Plomber une canne.* **2.** *Fig.* Entraîner vers le bas ; handicaper ; compromettre : *Une note qui plombe la moyenne. Une affaire qui plombe l'association.* **3.** Sceller d'un sceau de plomb : *Plomber un wagon.* **4.** Obturer une dent atteinte de carie avec un amalgame.

plomberie n.f. **1.** Métier, ouvrage, atelier du plombier. **2.** Ensemble des canalisations d'eau et de gaz, et des installations sanitaires : *La plomberie du bâtiment a été refaite.*

plombier n.m. Personne qui fait les travaux de plomberie.

plombières n.f. (de *Plombières,* nom d'une ville). Glace aux fruits confits.

plombifère adj. Qui contient du plomb.

plonge n.f. ▸ ***Faire la plonge,*** laver la vaisselle dans un café, dans un restaurant.

plongeant, e adj. **1.** Qui est dirigé vers le bas : *De notre chambre d'hôtel, on a une vue plongeante sur l'océan.* **2.** Se dit d'un décolleté très profond.

plongée n.f. **1.** Action de plonger, de s'enfoncer dans l'eau ; séjour plus ou moins prolongé en immersion complète : *Lors de cette plongée, elle vit un requin. Sous-marin qui effectue une plongée* (= qui navigue au-dessous de la surface de la mer). **2.** Mouvement de descente plus ou moins rapide : *L'avion fit une plongée vers la cible.* **3.** Au cinéma, prise de vues effectuée par une caméra dirigée de haut en bas.

plongement n.m. Action de plonger qqch dans un liquide ; immersion.

plongeoir n.m. Plate-forme d'où l'on plonge dans l'eau.

① **plongeon** n.m. (bas lat. *plumbio,* de *plumbum,* plomb). Oiseau aquatique aux pattes palmées, de l'hémisphère Nord.

② **plongeon** n.m. (de *plonger*). **1.** Action de se lancer dans l'eau d'une hauteur plus ou moins grande : *Faire un plongeon du haut d'un rocher.* **2.** Chute de qqn, de qqch qui tombe en avant ou de très haut : *Le camion a fait un plongeon dans le ravin* (**SYN.** saut). ▸ *Fam.* ***Faire le plongeon,*** essuyer un échec dans une opération financière ; faire faillite.

plonger v.t. (lat. pop. *plumbicare,* de *plumbum,* plomb) [conj. 17]. **1.** Faire entrer qqch, entièrement ou en partie, dans un liquide : *Plonger des pommes de terre dans la friture* (**SYN.** baigner). *Elle plongea le linge dans l'eau* (**SYN.** immerger, tremper). **2.** Enfoncer vivement : *Plonger la main dans sa poche* (**SYN.** enfouir, introduire ; **CONTR.** enlever de, retirer de). **3.** *Fig.* Mettre brusquement ou complètement dans un certain état physique ou moral : *La panne a plongé la ville dans l'obscurité. Son échec la plongea dans le désespoir* (**SYN.** jeter, précipiter). ▸ ***Plonger son regard*** ou ***ses yeux dans qqch,*** le regarder de façon insistante : *Il plongeait ses yeux dans le sac à main de sa voisine.* ◆ v.i. **1.** S'enfoncer entièrement dans l'eau : *Un sous-marin qui plonge.* **2.** Sauter dans l'eau, la tête et les bras en avant ; effectuer un plongeon : *Elle a plongé en arrière du second plot.* **3.** Aller du haut vers le bas ; descendre brusquement vers qqch : *L'aigle plongea sur sa proie* (**SYN.** s'abattre, fondre). **4.** Être enfoncé profondément dans qqch : *Des racines qui plongent dans le sol.* **5.** Dans différents sports de ballon, s'élancer brusquement pour faire une interception : *Le gardien de but plongea pour arrêter le ballon.* ◆ **se plonger** v.pr. S'adonner entièrement à une activité : *Il se plongea dans son travail jusqu'au soir* (**SYN.** s'absorber dans).

plongeur, euse n. **1.** Personne qui plonge dans l'eau : *Cette plongeuse n'a pas un très bon style.* **2.** Personne chargée de laver la vaisselle dans un café, un restaurant.

plot [plo] n.m. (var. de *blot,* forme anc. de *bloc*). **1.** Dans une piscine, cube numéroté sur lequel se place le nageur au départ de la course. **2.** En Suisse, billot ; petit élément de construction d'un jeu d'enfant.

plouc n. et adj. *Fam., péjor.* Paysan ; personne fruste.

plouf interj. (onomat.). Imite le bruit que fait un objet en tombant dans un liquide.

ploutocrate n.f. *Péjor.* Personnage influent, qui tire sa puissance, son pouvoir de sa richesse.

ploutocratie [plutɔkrasi] n.f. (du gr. *ploutos,*

richesse, et *kratos*, pouvoir). Gouvernement où le pouvoir appartient aux riches.

ployer [plwaje] v.t. (du lat. *plicare*, plier) [conj. 13]. Tordre en fléchissant ou en courbant : *Les rafales de vent ploient les arbres* (**SYN.** courber, plier). ◆ v.i. **1.** S'infléchir ; se courber : *La planche ploie sous la charge* (**SYN.** courber, fléchir, plier). **2.** *Fig.* Céder devant qqch, sous la contrainte : *Les démocrates n'ont jamais ployé* (**SYN.** s'incliner, obéir ; **CONTR.** résister).

pluches n.f. pl. *Fam.* Épluchures de légumes. ▸ *Fam.* ***Corvée de pluches,*** corvée d'épluchage.

pluie n.f. (lat. *pluvia*). **1.** Chute d'eau sous forme de gouttes qui tombent des nuages sur terre : *Il est sorti sous une pluie torrentielle.* **2.** Chute d'objets serrés, en grand nombre : *Une pluie de confettis.* **3.** *Fig.* Ce qui est dispensé, distribué en abondance : *Une pluie de critiques* (**SYN.** avalanche, déluge, flot). ▸ ***Ennuyeux, triste comme la pluie,*** très ennuyeux, très triste. ***En pluie,*** en tombant en particules légères : *Versez la semoule en pluie.* ***Faire la pluie et le beau temps,*** être très influent. ***Ne pas être né*** ou ***tombé de la dernière pluie,*** avoir de l'expérience ; ne pas être naïf. ***Parler de la pluie et du beau temps,*** parler de choses banales. ***Pluie des mangues,*** en Afrique, pluie de courte durée survenant pendant la période sèche.

plumage n.m. Ensemble des plumes recouvrant un oiseau : *Le plumage multicolore du pinson* (**SYN.** livrée).

plumard ou **plume** n.m. *Fam.* Lit.

plume n.f. (du lat. *pluma*, duvet). **1.** Organe produit par l'épiderme des oiseaux, formé d'une tige souple portant des barbes : *Les plumes blanches du cygne. Un oreiller de plume.* **2.** Tuyau des grosses plumes, de l'oie par ex., taillé en pointe, dont on se servait pour écrire : *« Prête-moi ta plume / Pour écrire un mot »* [Lully]. **3.** Morceau de métal en forme de bec et qui, fixé à un porte-plume, à un stylo, sert à écrire : *Il a cassé la plume de son stylo.* **4.** *Litt.* Personne qui vit de sa plume : *Une des grandes plumes de notre époque* (**SYN.** signature). **5.** (Employé en appos., sans trait d'union). Catégorie de poids, dans certains sports de combat : *Ce boxeur est classé dans les poids plume.* ▸ ***Prendre la plume,*** écrire : *Je prends la plume pour te souhaiter un bon anniversaire.* ***Vivre de sa plume,*** faire profession d'écrivain. *Fam.* ***Voler dans les plumes à qqn,*** se jeter sur lui, l'attaquer ou le critiquer. *Fam.* ***Y laisser des plumes,*** subir des pertes en une circonstance donnée. ◆ n.m. Boxeur, sportif de la catégorie poids plume.

plumeau n.m. Ustensile de ménage génér. fait de plumes assemblées autour d'un manche, et servant à épousseter : *Passer un coup de plumeau sur les meubles.*

plumer v.t. [conj. 3]. **1.** Arracher les plumes d'une volaille, d'un oiseau : *Plumer un poulet.* **2.** *Fam.* Dépouiller qqn de son argent : *Il s'est fait plumer au poker* (**SYN.** escroquer, voler).

plumet n.m. Bouquet de plumes ornant une coiffure : *Le plumet d'un casque* (**SYN.** aigrette, panache).

plumetis [plymti] n.m. **1.** Broderie exécutée en relief. **2.** Étoffe de coton, imitant cette broderie.

plumier n.m. Boîte de forme allongée servant à ranger des stylos, des crayons.

plumitif n.m. *Fam.* Écrivain, journaliste médiocre.

plum-pudding [plumpudiŋ] n.m. (mot angl.) [pl. *plum-puddings*]. Spécialité britannique préparée pour Noël qui consiste en un pudding à base de graisse de bœuf (on dit aussi *un Christmas pudding*).

la **plupart** n.f. (de *la plus part*). **1.** (Avec un compl. du n. au pl., ou reprenant un n. au pl., avec accord au pl. dans les deux cas). Le plus grand nombre de ; la quasi-totalité de : *La plupart de ces affaires n'ont jamais été résolues. La plupart des clients ont été satisfaits de ce produit. La plupart d'entre nous se reconnaîtront dans cette histoire* (**SYN.** majorité). **2.** (Sans compl., avec accord au pl.). Le plus grand nombre de personnes ; presque tout le monde : *La plupart penseront que tu as tort.* ▸ ***La plupart du temps,*** la plus grande partie du temps : *Je travaille la plupart du temps dans un bureau. Elle passe la plupart de son temps à regarder la télévision.* ***Pour la plupart,*** en grande majorité : *La maladie provoque des milliers de morts, pour la plupart de jeunes enfants.*

plural, e, aux adj. (du lat. *pluralis*, multiple). *Didact.* Qui contient plusieurs unités : *La francophonie est un ensemble plural.*

pluralisme n.m. Système qui admet l'existence d'opinions et de tendances diverses en matière politique, religieuse, etc.

pluraliste adj. et n. Relatif au pluralisme ; partisan du pluralisme : *Une société pluraliste.*

pluralité n.f. Fait d'être plusieurs (par opp. à unité) : *La pluralité des langues du monde* (**SYN.** diversité, multiplicité).

pluriannuel, elle adj. Qui s'étend sur plusieurs années : *Un contrat pluriannuel.*

pluricellulaire adj. Se dit des espèces vivantes formées de plusieurs cellules : *Un organisme pluricellulaire* (**SYN.** multicellulaire ; **CONTR.** unicellulaire).

pluridimensionnel, elle adj. Qui a plusieurs dimensions ; multidimensionnel (par opp. à unidimensionnel).

pluridisciplinaire adj. Qui concerne simultanément plusieurs disciplines, plusieurs domaines d'étude : *Des recherches pluridisciplinaires* (**SYN.** multidisciplinaire).

pluridisciplinarité n.f. Caractère de ce qui est pluridisciplinaire.

pluriel, elle adj. (du lat. *pluralis*, multiple). Qui marque la pluralité, le pluriel : *« Bijoux » est la forme plurielle écrite de « bijou ».* ◆ **pluriel** n.m. Forme particulière d'un mot indiquant un nombre supérieur à l'unité (par opp. au singulier) : *En français, « s » est la marque écrite du pluriel de nombreux noms.*

pluriethnique adj. Constitué de plusieurs peuples ou sociétés : *Un État pluriethnique* (**SYN.** multiethnique).

plurilatéral, e, aux adj. Qui concerne plus de deux parties (**SYN.** multilatéral ; **CONTR.** unilatéral).

plurilingue [plyrilɛ̃g] adj. **1.** Qui est en plusieurs langues différentes (par opp. à monolingue, unilingue) : *Une conférence plurilingue.* **2.** Qui peut utiliser couramment plusieurs langues (par opp. à monolingue) : *Des populations plurilingues* (= bilingue, multilingue, polyglotte, trilingue).

plurilinguisme [plyrilɛ̃gɥism] n.m. Multilinguisme.

pluripartisme n.m. Système politique admettant

l'existence de plusieurs partis (par opp. à monopartisme) : *La démocratie instaure le pluripartisme* (**SYN.** multipartisme).

pluriséculaire adj. Qui s'étend sur plusieurs siècles ; multiséculaire.

plurivalent, e adj. **1.** En chimie, qui peut avoir plusieurs valences ; polyvalent. **2.** Qui peut prendre plusieurs valeurs, plusieurs formes : *Un vaccin plurivalent.*

plurivoque adj. Qui a plusieurs valeurs, plusieurs sens (par opp. à univoque) : *Une expression plurivoque* (**SYN.** polysémique ; **CONTR.** monosémique).

plus [ply, plys, plyz (devant voyelle ou « h » muet)] adv. (mot lat. signif. « une plus grande quantité de »). **1.** (Comparatif de supériorité). Indique un degré supérieur, une supériorité en valeur, en quantité : *Leur maison est plus grande. Elle est plus drôle que lui. Téléphone-lui plus souvent. Il faudra des recherches plus poussées. Il fait plus frais qu'hier. Ils offrent des prix plus* [plyz] *abordables. Depuis janvier, elle gagne plus* [plys] (**SYN.** davantage). *Elle est plus jolie que gentille.* **2.** (Précédé d'un art. déf. ou d'un poss. ; superlatif de supériorité). Indique le degré extrême d'un état, d'une notion : *Elle a les plus beaux yeux du monde. Ce concert est mon plus beau souvenir de Bruxelles. C'est son insolence qui nous a le plus surpris, le plus* [plyz] *étonnés. Prenez les tomates les plus mûres possible. C'est ce jour-là qu'elle a été la plus gentille. Donnez-m'en le plus* [plys] *possible. Les comédiens les plus* [plyz] *applaudis* ou *le plus* [plyz] *applaudis.* **3.** (En liaison ou non avec *ne*, ou précédé de *sans*). Indique la cessation d'une action, d'un état, la disparition de qqn, de qqch : *Elle ne veut plus* [plyz] *avancer. Il n'est plus malade* (**CONTR.** encore, toujours). *Ces enfants n'ont plus de parents. Il n'y a plus de pain. Après minuit, plus* [ply] *ou* [plyz] *un bruit dans la maison. Sans recherche scientifique, plus de progrès.* ▸ ***Au plus*** ou ***tout au plus,*** en considérant ceci comme la limite, la quantité maximale : *Elle est partie cinq minutes tout au plus* (= au maximum). ***Bien plus*** ou ***de plus*** ou ***en plus*** ou ***qui plus est,*** en plus de cela ; par-dessus le marché : *Il est désagréable et de plus agressif* (= en outre). ***D'autant plus*** → **autant.** ***De plus en plus,*** en augmentation constante : *C'est de plus en plus difficile.* ***Des plus*** (+ adj.), parmi les plus ; extrêmement, très : *Un acteur des plus brillants* ou *des plus brillant.* ***En plus,*** en supplément : *Ils ont un balcon et une terrasse en plus. Je trouve vingt euros en plus.* ***Les plus de*** (+ indication d'âge), ceux qui sont âgés de : *Les plus de quinze ans paient plein tarif.* ***Ni plus ni moins,*** exactement comme il est dit : *Elle a appliqué les consignes ni plus ni moins.* ***On ne peut plus*** (+ adj.), au plus haut degré : *Il a été on ne peut plus aimable.* ***Plus de,*** un nombre, une quantité supérieure : *Il y a eu plus de visiteurs la dernière fois. Tu ne peux pas emprunter plus de trois livres à la fois.* ***Plus d'un*** (+ n.), un certain nombre de : *J'ai regretté plus d'une fois d'être arrivé en retard* ; (sans n.) de nombreux : *Plus d'un s'y est laissé prendre.* ***Plus ou moins,*** dans une certaine mesure ; presque : *C'est plus ou moins volontaire de sa part.* ***Plus... plus, plus... moins,*** indiquent une correspondance en proportion directe ou inverse : *Plus j'y pense, plus je crois qu'il a raison. Plus vous attendrez, moins vous aurez de chances d'en trouver.* ***Sans plus,*** sans rien d'autre : *Il a été poli sans plus. Son travail est passable sans plus.* ***Un peu plus,*** il s'en est fallu de peu : *Un peu plus, et il tombait dans l'escalier.* ◆ [plys] conj. **1.** En additionnant ; à quoi s'ajoute : *Sept plus deux égale neuf. Cela fera vingt mille euros plus les taxes.* **2.** Désigne un nombre positif ou une température supérieure à 0 °C : *Plus huit moins quatre égale plus quatre. Il fait plus trois* (**CONTR.** moins). ◆ [plys] n.m. **1.** Signe (+) de l'addition, signe algébrique d'une valeur positive : *N'oubliez pas le plus, sinon le calcul est faux.* **2.** Élément supplémentaire : *Cette formation est un plus pour toi.*

plusieurs [plyzjœr] adj. indéf. pl. (du lat. *plures*, plus nombreux). Indique un nombre de personnes, de choses supérieur ou égal à deux : *Elle a fait plusieurs erreurs de calcul* (**SYN.** quelques ; **CONTR.** aucun, 1. un). ◆ pron. indéf. pl. Un certain nombre de personnes, de choses : *Je les ai tous invités, mais plusieurs ne sont pas venus* (**SYN.** quelques-uns). *Plusieurs de ces propriétés sont à vendre.*

plus-que-parfait [plyskəparfɛ] n.m. (pl. *plus-que-parfaits*). Temps du verbe qui exprime une action passée antérieure à une autre action passée : *Dans la phrase « j'avais fini quand tu m'as appelée », « j'avais fini » est au plus-que-parfait.*

plus-value [plyvaly] n.f. (pl. *plus-values*). **1.** Accroissement de la valeur d'une ressource, d'un avoir. **2.** Bénéfice réalisé quand on revend un bien ou un titre (**CONTR.** moins-value).

plutonique adj. (de *Pluton*, nom mythol.). Se dit des roches qui se sont formées en profondeur : *Le granite est une roche plutonique.*

plutonium [plytɔnjɔm] n.m. Métal obtenu par irradiation de l'uranium avec des neutrons.

plutôt adv. (de *plus* et *tôt*). **1.** Indique une préférence, un choix : *Regardez plutôt ce film. Venez plutôt lundi. Plutôt mourir que renoncer* ou *que de renoncer !* **2.** Marque une précision, une rectification dans le jugement porté : *Il chante, ou plutôt il crie* (= en réalité). *Elle est plutôt réservée que timide.* **3.** Indique une tendance : *Il est plutôt sympathique* (**SYN.** assez, passablement). ◆ **plutôt que de** loc. prép. (Suivi d'un inf.). Indique un choix préférentiel : *Plutôt que de rire, vous feriez mieux de réfléchir* (**SYN.** au lieu de).

pluvial, e, aux adj. (du lat. *pluvia*, pluie). Qui provient de la pluie : *Eaux pluviales.*

pluvier n.m. (du lat. *pluere*, pleuvoir). Oiseau échassier migrateur vivant au bord des eaux.

pluvieux, euse adj. Caractérisé par la pluie : *Un pays pluvieux. Une journée pluvieuse.*

pluviomètre n.m. Appareil servant à mesurer la pluviosité.

pluviométrie n.f. Mesure de la quantité de pluie tombée pendant une période donnée.

pluviométrique adj. Relatif à la pluviométrie.

pluviôse n.m. (du lat. *pluviosus*, pluvieux). Cinquième mois du calendrier républicain, allant du 20, 21 ou 22 janvier au 18, 19 ou 20 février.

pluviosité n.f. Quantité moyenne de pluie tombée en un lieu pendant un temps donné.

P.L.V. ou **PLV** [peɛlve] n.f. (sigle de *publicité sur le lieu de vente*). Promotion publicitaire au moyen d'affichettes, de présentoirs, de factices installés chez le détaillant ; ce matériel.

P.M.E. ou **PME** [peɛmə] n.f. (sigle déposé de *petites et moyennes entreprises*). En France, entreprise employant moins de 500 salariés.

P.M.U. ou **PMU** [peɛmy] n.m. (nom déposé ; sigle). ▸ ***Pari Mutuel Urbain*** → **pari.**

P.N.B. ou **PNB** [peɛnbe] n.m. (sigle). ▸ ***Produit national brut*** → **produit.**

pneu n.m. (abrév. de *pneumatique*) [pl. *pneus*]. Nom courant du pneumatique : *Les pneus avant de sa voiture ne sont pas assez gonflés.*

pneumatique adj. (gr. *pneumatikos*, de *pneuma*, souffle). **1.** Qui fonctionne à l'aide d'air comprimé : *Un marteau pneumatique.* **2.** Qui prend sa forme utilisable quand on le gonfle d'air : *Un canot pneumatique* (**SYN.** gonflable). ◆ n.m. Bandage déformable et élastique en caoutchouc, que l'on fixe à la jante des roues de certains véhicules et que l'on gonfle d'air (abrév. cour. pneu).

pneumocoque n.m. Bactérie, agent de la pneumonie.

pneumologie n.f. Spécialité médicale qui traite du poumon et de ses maladies.

pneumologue n. Spécialiste en pneumologie.

pneumonie n.f. (du gr. *pneumôn*, poumon). Infection aiguë d'un lobe entier de poumon due, le plus souvent, au pneumocoque.

pneumopathie n.f. Toute affection du poumon.

pneumothorax n.m. Épanchement de gaz entre les deux feuillets de la plèvre.

pochade n.f. (de *pochoir*). **1.** Peinture exécutée rapidement, en quelques coups de pinceau. **2.** Œuvre littéraire sans prétention, écrite rapidement.

pochard, e n. *Fam.* Ivrogne.

① **poche** n.f. (frq. *pokka*). **1.** Partie d'un vêtement en forme de petit sac où l'on peut mettre de menus objets : *Elle range ses clés dans la poche de son manteau.* **2.** *Région.* Contenant de diverses tailles et fait de diverses matières ; sac : *Une poche en papier, en plastique* (**SYN.** pochette, pochon, sachet). **3.** Partie, compartiment d'un sac, d'un cartable : *Elle met ses papiers dans la poche intérieure de son sac à main.* **4.** Cavité de l'organisme, normale ou pathologique ; boursouflure : *Poche mammaire. Avoir des poches sous les yeux.* **5.** Fluide contenu dans une cavité souterraine : *Une poche de gaz.* **6.** Déformation, faux pli d'un tissu, d'un vêtement : *Ce pull fait des poches aux coudes.* **7.** Domaine, secteur limité où se manifeste un phénomène politique, économique, social : *Des poches de chômage, de pauvreté* (**SYN.** îlot). ▸ ***Argent de poche,*** somme destinée aux petites dépenses personnelles. *Fam.* ***C'est dans la poche,*** c'est réussi, c'est une affaire réglée. ***De poche,*** se dit d'un objet de petites dimensions, que l'on peut porter sur soi : *Des ordinateurs de poche* ; se dit de livres édités dans un format réduit : *Ce romancier va être réédité dans une collection de poche.* ***De sa poche,*** avec son argent : *La secrétaire a dû payer le taxi de sa poche.* ***En être de sa poche,*** essuyer une perte d'argent. *Fam.* ***Mettre qqn dans sa poche,*** prendre une autorité absolue sur lui de façon à s'assurer son concours ou sa neutralité. ***Ne pas avoir sa langue dans sa poche,*** parler avec facilité. ***Ne pas avoir les yeux dans sa poche,*** être observateur. *Fam.* ***Se remplir les poches*** ou ***s'en mettre plein les poches,*** s'enrichir, souvent malhonnêtement.

② **poche** n.f. (du lat. *poppia*, cuillère en bois). En Suisse, louche ; cuillère à pot.

③ **poche** n.m. Livre de poche.

pocher v.t. [conj. 3]. **1.** Faire cuire ou chauffer des aliments dans un liquide frémissant : *Pocher des œufs, des fruits.* **2.** Esquisser rapidement un petit tableau ; faire une pochade. ▸ ***Pocher l'œil*** ou ***un œil à qqn,*** lui donner un coup qui provoque une tuméfaction à l'œil.

pochette n.f. **1.** Enveloppe, sachet en papier, en tissu, servant à contenir des objets : *Ranger des photos, des disques dans leur pochette.* **2.** Sac à main plat et sans poignée. **3.** Mouchoir de fantaisie destiné à agrémenter la poche supérieure d'un veston.

pochette-surprise n.f. [pl. *pochettes-surprises*]. Cornet de papier contenant, avec des bonbons, un jouet dont la nature n'est pas connue au moment de l'achat.

pochoir n.m. (de *pocher*, peindre rapidement). Plaque rigide évidée selon un dessin et permettant de le reproduire sur un support quelconque à l'aide d'une brosse ou d'un pinceau.

pochon n.m. **1.** Petit sac ; sachet. **2.** En Suisse, petite louche.

pochothèque n.f. Librairie ou rayon de librairie où l'on vend des livres de poche.

pochouse ou **pauchouse** n.f. (mot dialect., de *pocher*). Spécialité bourguignonne qui consiste en une matelote de poissons de rivière au vin blanc.

podagre adj. et n. *Vx* Qui souffre de la goutte ; goutteux, rhumatisant.

podiatre n. Au Québec, professionnel de santé spécialiste du pied et de ses affections.

podium [pɔdjɔm] n.m. (du gr. *podion*, petit pied). Plate-forme installée pour accueillir les vainqueurs d'une épreuve sportive, les participants à un jeu, à un récital ; estrade : *Les patineurs espèrent monter sur le podium.*

podologie n.f. Discipline paramédicale qui étudie le pied et ses maladies. ☞ **REM.** Ne pas confondre avec *pédologie.*

podologue n. Auxiliaire médical qui exerce la podologie. ☞ **REM.** Ne pas confondre avec *pédologue.*

podomètre n.m. Appareil qui compte le nombre de pas faits par un piéton et indique ainsi, approximativement, la distance parcourue.

podzol [pɔdzɔl] n.m. (mot russe signif. « cendreux »). Sol acide des régions froides et humides.

pœcilotherme [pesilɔtɛrm] adj. et n.m. → **poïkilotherme.**

① **poêle** [pwal] n.m. (du lat. *pallium*, manteau). Drap mortuaire dont on couvre le cercueil pendant les funérailles : *Tenir les cordons du poêle* (= marcher de part et d'autre du cercueil en tenant le poêle).

② **poêle** [pwal] n.m. (du lat. *pensilis*, suspendu, de *pendere*, être suspendu). **1.** Appareil de chauffage à combustible : *Un poêle à charbon.* **2.** *Fam.* Au Québec, cuisinière : *Un poêle électrique.*

③ **poêle** [pwal] n.f. (du lat. *patella*, petit plat). Ustensile de cuisine en métal, à long manche, peu profond, pour frire, fricasser : *Une poêle à crêpes. Faire sauter des pommes de terre à la poêle.*

poêlée [pwale] n.f. Contenu d'une poêle : *Une poêlée de lardons frits.*

poêler [pwale] v.t. [conj. 3]. Cuire à la poêle : *Poêler des cèpes.*

poêlon [pwalɔ̃] n.m. (de *3. poêle*). Casserole en terre ou en métal épais, à manche creux.

poème n.m. (gr. *poiêma*, de *poieîn*, faire). Texte en vers ou en prose ayant les caractères de la poésie : *Le sonnet est un type de poème.* ▸ *Fam.* ***C'est tout un poème*** ou ***c'est un poème,*** c'est inénarrable, incroyable.

poésie n.f. (du gr. *poiêsis*, création). **1.** Art de combiner les sonorités, les rythmes, les mots d'une langue pour évoquer des images, suggérer des sensations, des émotions ; métrique, prosodie, versification. **2.** Œuvre en vers : *Dire une poésie de Rimbaud* (**SYN.** poème). **3.** Caractère de ce qui touche la sensibilité, émeut : *La poésie d'un soleil couchant.*

poète n.m. (du gr. *poiêtês*, créateur). **1.** Écrivain qui pratique la poésie : *Ronsard est un poète du XVIe siècle.* **2.** Personne sensible à ce qui est beau, émouvant. **3.** Personne qui n'a pas le sens des réalités : *C'est un poète, il semble vivre dans un autre monde* (**SYN.** rêveur).

poétesse n.f. Femme poète.

poétique adj. **1.** Relatif à la poésie ; propre à la poésie : *Une œuvre, une métaphore poétiques.* **2.** Plein de poésie, qui touche, émeut : *La chapelle est située dans un paysage poétique* (**SYN.** romantique). ◆ n.f. Traité sur l'art de composer de la poésie.

poétiquement adv. De façon poétique.

poétiser v.t. [conj. 3]. Rendre poétique ; idéaliser : *Poétiser sa jeunesse* (**SYN.** embellir, enjoliver).

pogne n.f. (de *poigne*). *Fam.* Main.

pognon n.m. (de l'anc. fr. *poigner*, saisir avec la main). *Fam.* Argent : *Il a eu beaucoup de pognon* (= une grosse somme).

pogrom [pɔgrɔm] ou **pogrome** n.m. (mot russe signif. « dévastation »). **1.** Dans la Russie des tsars, émeute antisémite accompagnée de pillages et de massacres. **2.** Toute émeute dirigée contre une communauté ethnique ou religieuse.

poids n.m. (du lat. *pensum*, ce qu'une chose pèse). **1.** Résultante de l'action de la pesanteur sur un corps en repos à la surface de la Terre : *Le poids d'un métal, de l'eau.* **2.** *Cour.* Masse d'un corps ; évaluation de ce que pèse une personne : *Le poids de cette plaquette de beurre est de 500 grammes. Elle surveille son poids.* **3.** Corps matériel dont la masse est déterminée ou non : *Il faut des treuils pour soulever des poids pareils* (**SYN.** charge, fardeau). **4.** Morceau de métal de masse déterminée et indiquée en unités légales, servant à peser d'autres corps : *Poser un poids de 100 grammes sur le plateau d'une balance.* **5.** Corps pesant suspendu aux chaînes d'une horloge, pour lui donner le mouvement : *Remonter le poids d'une horloge.* **6.** En athlétisme, sphère métallique qu'on lance d'un seul bras le plus loin possible ; épreuve au cours de laquelle on lance cette sphère. **7.** *Fig.* Sensation physique de lourdeur, d'oppression : *Avoir un poids sur l'estomac.* **8.** *Fig.* Ce qui est pénible à supporter ; ce qui oppresse, accable, tourmente : *Le poids des années* (**SYN.** fardeau). *Elle supporte tout le poids de ce projet colossal* (**SYN.** charge, responsabilité). **9.** Capacité d'exercer une influence décisive sur qqn ou qqch : *Ces exemples donnent du poids à vos idées* (**SYN.** consistance, force, importance, valeur ; **CONTR.** légèreté). ☞ **REM.** Ne pas confondre avec *pois* ou *poix.* ▸ ***Au poids de l'or,*** très cher. ***Avoir deux poids, deux mesures,*** juger différemment selon la situation, la diversité des intérêts ou des personnes. ***De poids,*** important : *Un argument de poids.* ***Faire, ne pas faire le poids,*** avoir, ne pas avoir l'autorité, les qualités requises. ***Poids lourd,*** véhicule automobile destiné au transport des charges lourdes ou volumineuses (= camion) ; fig., personne, groupe ou réalisation qui occupe une place prépondérante dans son domaine : *Un poids lourd de l'industrie pharmaceutique.* ***Poids mort,*** fardeau inutile.

poignant, e adj. (p. présent de *poindre*). Qui cause une vive douleur morale : *Des adieux poignants* (**SYN.** bouleversant, déchirant).

poignard n.m. (du lat. *pugnus*, poing). Arme formée d'un manche et d'une lame courte et pointue.

poignarder v.t. [conj. 3]. Frapper avec un poignard : *Le meurtrier a poignardé sa victime.* ▸ ***Poignarder qqn dans le dos,*** lui nuire traîtreusement.

poigne [pwaɲ] n.f. (de *poing*). **1.** Force de la main, du poignet : *Avoir une bonne poigne.* **2.** *Fam.* Énergie dans l'exercice de l'autorité : *Son successeur manquait de poigne.*

poignée n.f. (de *poing*). **1.** Quantité d'une matière que la main fermée contient : *Une poignée de bonbons.* **2.** *Fig.* Petit nombre de personnes : *Une poignée de supporteurs avait fait le déplacement.* **3.** Partie d'un objet par où on le saisit, l'empoigne : *La poignée d'une porte, d'une valise.* ▸ ***À poignée*** ou ***à poignées,*** à pleines mains ; en abondance : *Elle jetait des confettis à poignées* ; avec libéralité, sans retenue : *Elle dépense l'argent à poignée.* *Fam.* ***Poignée d'amour,*** amas graisseux à la taille, en partic. d'un homme. ***Poignée de main,*** geste par lequel on serre la main de qqn en guise de salutation ou d'accord : *Le président distribuait des poignées de main. Une poignée de main scella leur engagement.*

poignet n.m. (de *poing*). **1.** Articulation qui réunit la main et l'avant-bras de l'homme : *Elle s'est démis le poignet.* **2.** Extrémité de la manche d'un vêtement : *Un chemisier à poignets mousquetaire.* ▸ ***À la force du poignet*** ou ***des poignets,*** en se servant seulement de ses bras ; fig., uniquement par ses efforts personnels, par ses propres moyens : *Fonder une entreprise à la force du poignet.*

poïkilotherme [pɔikilɔtɛrm] ou **pœcilotherme** [pesilɔtɛrm] adj. et n.m. (du gr. *poikilos*, variable, et *thermos*, chaleur). Se dit des animaux dont la température varie avec celle du milieu dans lequel ils se trouvent : *Les poissons sont poïkilothermes* (**CONTR.** homéotherme).

poil n.m. (lat. *pilus*). **1.** Production filiforme de l'épiderme, couvrant la peau de certains animaux et, en divers endroits, le corps humain : *Un chien à poil long. Il a le torse couvert de poils.* **2.** Pelage : *Le poil d'un lapin.* **3.** Partie velue de certaines étoffes : *Du velours* *à long poil. Les poils d'un tapis.* **4.** Filament qui naît sur certains organes des plantes : *Les poils d'un fond d'artichaut.* ▸ *Fam.* ***À poil,*** tout nu. *Fam.* ***À un poil près,*** à très peu de chose près ; presque. *Fam.* ***Au poil,*** parfait ; parfaitement. *Fam.* ***Avoir un poil dans la main,*** être paresseux. *Fam.* ***Caresser qqn dans le sens du poil,*** ménager sa susceptibilité, le flatter. *Fam.* ***De tout poil,*** de toute nature ; de toute sorte. *Fam.* ***Être de bon, de mauvais poil,*** être de bonne, de mauvaise humeur. *Fam.* ***Reprendre du poil de la bête,*** reprendre des forces ou du courage. *Fam.* ***Un poil de,*** une très petite quantité de : *Ajoute un poil de sel à la purée.*

poilant, e adj. *Fam.* Très drôle.

poil-de-carotte adj. inv. *Fam.* Se dit de cheveux d'un roux lumineux, éclatant.

se **poiler** v.pr. [conj. 3]. *Fam.* Rire de bon cœur.

poilu, e adj. Couvert de poils : *Il a des bras poilus* (**SYN.** velu ; **CONTR.** glabre). ◆ **poilu** n.m. *Fam.* Soldat français, pendant la Première Guerre mondiale.

poinçon n.m. (lat. *punctum,* de *pungere,* piquer). **1.** Tige de métal pointue servant à percer, à emboutir, à graver : *Un poinçon de cordonnier, de médailleur.* **2.** Marque appliquée aux pièces d'orfèvrerie, notamm. pour en garantir le titre : *Apposer un poinçon sur une bague en argent* (**SYN.** estampille).

poinçonnage ou **poinçonnement** n.m. Action de poinçonner.

poinçonner v.t. [conj. 3]. **1.** Marquer au poinçon : *Poinçonner un bijou en or* (**SYN.** estampiller). **2.** Perforer des billets de train, de métro pour attester un contrôle.

poinçonneur, euse n. Personne qui perforait les tickets dans une gare, une station de métro : *« Le poinçonneur des Lilas »* [Serge Gainsbourg]. ◆ **poinçonneuse** n.f. Machine à poinçonner.

poindre v.i. (du lat. *pungere,* piquer) [conj. 82]. *Litt.* **1.** Commencer à paraître, en parlant du jour : *Le jour point* (**SYN.** se lever, naître ; **CONTR.** disparaître). **2.** Commencer à sortir de terre, en parlant des plantes (**SYN.** percer, 2. pointer). ◆ v.t. *Litt.* Faire souffrir moralement : *Ses paroles méchantes me poignaient* (**SYN.** blesser, meurtrir).

poing [pwɛ̃] n.m. (lat. *pugnus*). Main fermée : *Il a reçu plusieurs coups de poing en plein visage.* ▸ ***Arme de poing,*** arme blanche ou arme à feu que l'on peut tenir à la main (poignard, pistolet). ***Dormir à poings fermés,*** profondément. ***Faire le coup de poing,*** prendre part à une bagarre. ***Pieds et poings liés,*** dans une totale dépendance, dans l'incapacité complète d'agir. ***Taper du poing sur la table,*** imposer sa volonté brusquement ou avec éclat au cours d'une discussion.

poinsettia [pwɛ̃sesja] n.m. (de J. R. *Poinsett,* botaniste). Plante d'intérieur, aux larges feuilles rouges ou blanches.

① **point** n.m. (lat. *punctum,* de *pungere,* piquer). **1.** Signe graphique approximativement rond et de très petite dimension : *Le point du « i » et du « j ».* **2.** Signe de ponctuation utilisant une telle marque graphique : *Le point final d'un texte. Les points de suspension (...).* **3.** Petite marque de forme indéterminée : *Une angine à points blancs.* **4.** Unité d'une échelle de notation d'un travail scolaire, d'une épreuve : *Il faut un minimum de 200 points pour être admissible au concours.* **5.** Unité de compte dans un jeu, un match : *Il vient de marquer 20 points supplémentaires.* **6.** Unité de compte, dans un système de calcul (pourcentage, indice, cote) : *Ce candidat à la présidentielle a perdu deux points dans les sondages.* **7.** Unité de calcul des avantages d'assurance vieillesse, dans certains régimes de retraite : *Le changement d'échelon hiérarchique fait gagner des points.* **8.** Suite de deux piqûres faites dans une étoffe au moyen d'une aiguille enfilée : *Tu fais des points trop grands.* **9.** Manière particulière d'entrelacer, de piquer les fils : *Un châle au point de riz. Le point de croix.* **10.** Zone qui permet de situer qqch ou qui sert de repère : *Elle a des cicatrices en plusieurs points du corps* (**SYN.** endroit, place). *Un point de rencontre* (**SYN.** coin, emplacement). **11.** Figure géométrique sans dimension ; intersection de deux lignes : *Le point d'intersection de deux droites.* **12.** Question particulière ; problème précis : *Je ne reviendrai pas sur ce point* (**SYN.** chapitre). *Il faut revoir notre stratégie point par point* (**SYN.** partie). **13.** Degré atteint, moment dans le cours de qqch : *Concernant le rachat de l'entreprise, nous en sommes toujours au même point* (**SYN.** niveau, stade). **14.** En musique, signe (.) placé à droite d'une note ou d'un silence pour en augmenter la durée de moitié. **15.** Dans les pays anglo-saxons et, souvent, dans les machines électroniques, signe utilisé à la place de la virgule pour la numération décimale. **16.** En imprimerie, unité de mesure déterminant la force du corps des caractères. ▸ ***À point,*** au degré de cuisson convenable (entre « bien cuit » et « saignant », pour la viande) ; au bon moment : *Ces remboursements sont arrivés à point.* ***À point nommé,*** à propos ; au moment opportun. ***Au point,*** bien réglé, parfaitement prêt : *Ce nouveau système est enfin au point.* ***Au point de*** ou ***au point que*** ou ***à tel point que,*** marque la conséquence ; tellement que : *Il ne fait pas chaud au point de sortir sans veste* ou *au point qu'on puisse sortir sans veste.* ***En tout point,*** entièrement : *Ces deux textes se ressemblent en tout point.* ***Être mal en point,*** être dans un piteux état ; être malade. ***Faire le point,*** déterminer la position d'un navire, d'un avion ; fig., déterminer où l'on en est dans une affaire, un processus quelconque. ***Marquer un point,*** prendre un avantage ; fig., montrer sa supériorité. ***Mettre au point,*** régler : *Ils doivent mettre au point les derniers détails du contrat.* ***Mise au point,*** opération qui consiste, dans un appareil d'optique, à rendre l'image nette ; explication destinée à éclaircir, à régler des questions restées jusque-là dans le vague. ***Point chaud,*** endroit où un conflit armé risque d'éclater ou de s'aggraver. ***Point de,*** question précise dans tel domaine particulier : *Nous avons discuté un point de stratégie électorale.* ***Point d'eau,*** lieu où se trouve une source, un puits dans une région aride. ***Point de côté,*** douleur aiguë au thorax ou à l'abdomen, survenant à l'effort (course à pied, par ex.). ***Point de fusion, d'ébullition, de liquéfaction,*** température à laquelle un corps entre en fusion, en ébullition, se liquéfie. ***Point d'orgue*** → **orgue.** ***Point du jour,*** moment où le soleil commence à poindre, à paraître. ***Point mort,*** position du levier de changement de vitesse d'un véhicule où celui-là n'est enclenché dans aucune vitesse ; fig., dans un processus, moment où l'évolution est arrêtée : *Les négociations sont au point mort.* ***Point noir,*** comédon ; endroit où la circulation automobile est dangereuse ou difficile ; fig., difficulté grave, élément négatif :

L'un des points noirs de la situation économique. ***Point sensible*** ou ***névralgique,*** sujet sur lequel une personne se montre susceptible. ***Rendre des points,*** donner des points d'avance à un adversaire ; fig., accorder un avantage à qqn considéré comme plus faible que soi. ***Sur le point de,*** indique un futur immédiat : *Le magnétoscope est sur le point de tomber en panne* (= près de). ***Un point, c'est tout,*** il n'y a rien à ajouter.

② **point** adv. (de *1. point*). (Avec la négation *ne*). *Litt.* ou *Région.* Pas : *Elle n'est point venue.* ▸ ***Point n'est besoin de*** (+ inf.), il n'y a pas besoin de : *Point n'est besoin de crier, nous ne sommes pas sourds.*

pointage n.m. **1.** Action de pointer pour contrôler : *Le pointage des étudiants présents à un cours.* **2.** Action de pointer, de diriger une arme, une lunette sur un objectif. **3.** Au Québec, marque, score dans les sports.

point de vue n.m. (pl. *points de vue*). **1.** Endroit d'où l'on voit le mieux un paysage, un monument ; spectacle qui s'offre à l'observateur :*D'ici, le point de vue sur le fleuve est magnifique* (**SYN.** coup d'œil, perspective). *Un point de vue magnifique* (**SYN.** panorama, paysage). **2.** Manière de considérer les choses : *Je ne partage pas ton point de vue* (= je ne suis pas d'accord avec toi ; **SYN.** idée, vue). *Quel est le point de vue de notre spécialiste ?* (**SYN.** avis, jugement, opinion, position). *De ce point de vue, ils n'ont pas tort* (= si l'on regarde les choses sous cet angle). *Du point de vue de la forme, votre remarque est inacceptable* (= en ce qui concerne).

pointe n.f. (du bas lat. *puncta,* estocade, du lat. class. *pungere,* piquer). **1.** Extrémité pointue ou étroite de qqch qui va en s'amincissant : *La pointe d'un couteau, d'une aiguille. Un coq est fixé à la pointe du clocher* (**SYN.** cime, sommet). *Une pointe d'asperge.* **2.** Langue de terre qui s'avance dans la mer : *Ils sont allés jusqu'à la pointe de l'île* (= extrémité). **3.** Clou de même grosseur sur toute sa longueur : *Des pointes de charpentier.* **4.** Trait d'ironie blessante : *Lancer des pointes à qqn* (**SYN.** quolibet, raillerie). **5.** Moment où une activité, un phénomène (consommation d'électricité, circulation routière) connaissent leur intensité maximale : *Il y a des pointes de trafic ferroviaire en été.* **6.** Très petite quantité de : *Une pointe d'ail. Une pointe de jalousie.* **7.** Morceau d'étoffe triangulaire ; fichu. ▸ ***À la pointe de,*** à l'avant-garde de ; parfaitement au courant de : *Une entreprise à la pointe de la technologie. Cette station de radio est à la pointe de l'actualité.* *Litt.* ***À la pointe du jour,*** à la première clarté du jour. ***De pointe,*** d'avant-garde : *Les industries de pointe.* ***En pointe,*** dont l'extrémité va en s'amincissant, se termine par un bout pointu : *Tailler sa barbe en pointe.* ***Heure de pointe,*** moment où la consommation de gaz, d'électricité, etc., est la plus grande, où le nombre de voyageurs, de clients est le plus élevé (par opp. à heure creuse). ***La pointe du pied,*** le bout du pied opposé au talon ; les orteils. ***Pousser*** ou ***faire une pointe jusqu'à...,*** poursuivre sa route, son chemin jusqu'à un certain endroit. ***Sur la pointe des pieds,*** en faisant le moins de bruit possible : *Le bébé dort, marchez sur la pointe des pieds*; fig., de façon discrète, à la dérobée : *Après ces huées, le trublion a quitté la salle sur la pointe des pieds.* ◆ **pointes** n.f. pl. **1.** En danse classique, manière de se tenir sur l'extrémité des orteils tendus ; chausson à bout rigide : *Faire des pointes. Acheter une paire de pointes.* **2.** Chaussures d'athlétisme, à la semelle munie de pointes.

pointeau n.m. (de *pointe*). Poinçon à pointe d'acier servant à marquer la place d'un trou à percer.

① **pointer** [pwɛ̃te] v.t. (de *1. point*) [conj. 3]. **1.** Marquer d'un point, d'un signe indiquant une vérification, un contrôle : *Pointer les noms d'une liste* (**SYN.** 2. cocher). **2.** Contrôler les heures d'entrée et de sortie des ouvriers, des employés : *Une machine pointe les employés.* **3.** Diriger sur un point, dans une direction : *Pointer son doigt vers qqn. Elle pointa le canon de son arme sur lui* (**SYN.** braquer). **4.** *Fig.* Signaler, mettre en lumière ; épingler : *Le rapporteur a pointé un paragraphe du projet de loi.* **5.** En informatique, déplacer le pointeur sur l'écran d'un ordinateur jusqu'à l'amener sur l'élément à sélectionner. ◆ v.i. **1.** Enregistrer son heure d'arrivée ou de départ sur une pointeuse ; badger : *Un ouvrier qui pointe à l'usine.* **2.** Au jeu de boules, à la pétanque, lancer sa boule aussi près que possible du but en la faisant rouler (par opp. à tirer). ◆ **se pointer** v.pr. *Fam.* Se présenter à un endroit : *Ils se sont pointés en retard à l'entretien* (**SYN.** arriver).

② **pointer** [pwɛ̃te] v.t. (de *pointe*) [conj. 3]. Dresser en pointe : *Un chien qui pointe les oreilles.* ◆ v.i. **1.** *Litt.* S'élever ; se dresser verticalement : *Les tulipes pointent* (**SYN.** percer). **2.** Commencer à paraître : *L'aube pointe* (**SYN.** poindre).

③ **pointer** [pwɛ̃tɛr] n.m. (mot angl.). Chien d'arrêt d'origine anglaise.

pointeur, euse n. **1.** Personne qui fait un pointage pour vérification ou examen. **2.** Joueur de boules ou de pétanque qui pointe. ◆ **pointeur** n.m. En informatique, curseur qui indique la zone de l'écran qui sera affectée lorsque l'utilisateur cliquera sur la souris.

pointeuse n.f. Machine servant à enregistrer l'heure d'arrivée et de départ d'un salarié ; badgeuse.

pointillé [pwɛ̃tije] n.m. Trait discontinu fait de points : *Détacher un chèque suivant le pointillé.* ▸ ***En pointillé,*** de façon peu explicite ou pas très nette : *Les blessures de son enfance s'inscrivent en pointillé dans son roman.*

pointilleux, euse [pwɛ̃tijø, øz] adj. Exigeant jusque dans les détails, minutieux ; susceptible dans ses rapports avec les autres : *Une enseignante pointilleuse* (**SYN.** sourcilleux).

pointillisme [pwɛ̃tijism] n.m. En peinture, autre nom du *divisionnisme.*

pointilliste [pwɛ̃tijist] adj. et n. Qui appartient au pointillisme ; adepte du pointillisme.

pointu, e adj. **1.** Terminé en pointe : *Des griffes pointues* (**SYN.** acéré, effilé). **2.** Qui présente un degré élevé de spécialisation : *Recevoir une formation très pointue* (**SYN.** spécialisé). ▸ ***Voix pointue, ton pointu,*** de timbre aigu, aigre. ◆ adv. ▸ ***Parler pointu,*** de la manière sèche et affectée que les gens du midi de la France attribuent aux Parisiens.

pointure n.f. (du bas lat. *punctura,* piqûre, de *pungere,* piquer). Nombre qui indique la dimension des chaussures, des gants, des coiffures. ▸ *Fam.* ***Une pointure*** ou ***une grosse pointure,*** une personne d'une grande valeur dans son domaine (= un gros calibre).

point-virgule n.m. (pl. *points-virgules*). Signe de ponctuation (;) qui sépare deux membres de phrase indépendants l'un de l'autre grammaticalement, mais entre lesquels il existe une liaison logique.

poire n.f. (lat. *pirum*). **1.** Fruit comestible du poirier, de forme renflée à la base. **2.** Objet en forme de poire : *Une poire à injections.* **3.** *Fam.* Face ; figure. ▸ *Fam.* ***Couper la poire en deux,*** partager par moitié les avantages et les inconvénients ; composer, transiger. *Fam.* ***Entre la poire et le fromage,*** à la fin du repas, lorsque la gaieté et la liberté sont plus grandes. *Fam.* ***Garder une poire pour la soif,*** se réserver qqch pour les besoins à venir. ◆ n.f. et adj. *Fam.* Personne qui se laisse facilement duper : *Quelle poire, il se laisse toujours faire !* (**SYN.** naïf, niais).

poiré n.m. Boisson provenant de la fermentation du jus de poires fraîches.

poireau n.m. (lat. *porrum*). Plante potagère comestible aux longues feuilles vertes, formant à leur base un cylindre dont la partie enterrée, blanche, est la plus appréciée. ▸ *Fam.* ***Faire le poireau,*** attendre longuement sans bouger.

poireauter v.i. [conj. 3]. *Fam.* Rester longtemps à attendre sans bouger ni changer de place.

poirée n.f. (de l'anc. fr. *por,* poireau). Variété de betterave, dont on consomme les côtes.

poirier n.m. **1.** Arbre cultivé pour ses fruits, les poires. **2.** Bois de cet arbre, rouge et dur, utilisé en ébénisterie : *Une armoire en poirier.* ▸ ***Faire le poirier,*** se tenir en équilibre à la verticale, le sommet de la tête et les mains appuyés sur le sol.

pois n.m. (lat. *pisum*). **1.** Plante potagère cultivée pour ses graines comestibles : *Tuteurer des pois.* **2.** Dans un tissu, petit cercle dont la couleur tranche sur celle du fond : *Une jupe à pois.* ☞ **REM.** Ne pas confondre avec *poids* ou *poix.* ▸ ***Petits pois,*** graines du pois : *Des petits pois surgelés.* ***Pois cassés,*** pois secs décortiqués divisés en deux, consommés surtout en purée. ***Pois chiche*** → **3. chiche.** ***Pois de senteur,*** plante grimpante, cultivée pour ses grappes de fleurs très parfumées.

poison n.m. (du lat. *potio, potionis,* breuvage, de *potare,* boire). **1.** Toute substance qui détruit ou altère les fonctions vitales : *L'arsenic est un poison* (**SYN.** toxique). **2.** *Fig.* Ce qui exerce une influence dangereuse, pernicieuse : *Cette idéologie est un poison pour la société.* ◆ n. *Fam.* Personne méchante, acariâtre ; enfant insupportable, capricieux : *« La Poison » est un film de Sacha Guitry.*

poissard, e adj. (mot d'anc. fr. signif. « voleur »). *Vieilli* Qui utilise le langage attribué au bas peuple (**SYN.** grossier, populacier ; **CONTR.** distingué, raffiné). ◆ **poissarde** n.f. *Vieilli* Femme au langage grossier.

poisse n.f. *Fam.* Manque de chance (**SYN.** déveine, malchance).

poisser v.t. (de *poix*) [conj. 3]. Salir en rendant collant, gluant : *La confiture poisse les doigts.*

poisseux, euse adj. Qui poisse : *Un pot de miel poisseux* (**SYN.** collant, gluant, visqueux).

poisson n.m. (lat. *piscis*). **1.** Vertébré aquatique, muni de nageoires, à la peau le plus souvent recouverte d'écailles : *L'anguille est un poisson.* **2.** Ensemble des animaux de ce genre : *Prendre du poisson* (= pêcher). *Vendre le poisson à la criée.* ▸ ***Être comme un poisson dans l'eau,*** être parfaitement à l'aise dans la situation où l'on se trouve. ***Poisson d'argent,*** lépisme. ***Poisson rouge,*** carassin doré. ***Poisson volant,*** autre nom de l'*exocet.* ◆ **Poissons** n. inv. et adj. inv. Personne née sous le signe des Poissons, entre le 19 février et le 20 mars : *Il est Poissons.*

poisson-chat n.m. (pl. *poissons-chats*). Poisson d'eau douce à longs barbillons.

poissonnerie n.f. Magasin où l'on vend du poisson, des fruits de mer.

poissonneux, euse adj. Qui abonde en poissons : *Une rivière poissonneuse.*

poissonnier, ère n. Personne qui tient une poissonnerie. ◆ **poissonnière** n.f. Récipient de cuisine, de forme allongée, pour la cuisson du poisson au court-bouillon.

poisson-scie n.m. (pl. *poissons-scies*). Poisson des mers chaudes et tempérées, dont la bouche est prolongée par un appendice bordé de dents.

poitrail n.m. (du lat. *pectorale,* cuirasse, de *pectus, pectoris,* poitrine). **1.** Devant du corps du cheval et des quadrupèdes domestiques, situé au-dessous de l'encolure, entre les épaules. **2.** *Fam.* Buste, torse de qqn.

poitrinaire adj. et n. *Vx* Se dit d'une personne atteinte d'une affection pulmonaire, en partic. de la tuberculose.

poitrine n.f. (du lat. *pectus, pectoris,* poitrine). **1.** Partie du tronc, entre le cou et l'abdomen, qui contient le cœur et les poumons ; thorax, torse. **2.** Seins de la femme ; gorge : *Une forte poitrine.* **3.** Région antérieure du corps de certains animaux, entre le cou et le ventre. **4.** Partie inférieure de la cage thoracique des animaux de boucherie (les côtes avec leur chair) : *De la poitrine de porc.*

poivrade n.f. Sauce au poivre. ▸ ***Artichaut poivrade,*** petit artichaut violet pouvant se consommer cru avec du sel et du poivre.

poivre n.m. (lat. *piper*). Épice à saveur forte et piquante, formée par les grains séchés du poivrier : *Une sauce au poivre.* ▸ ***Cheveux, barbe poivre et sel,*** grisonnants. ***Poivre de Cayenne,*** condiment tiré d'une espèce de piment.

poivré, e adj. **1.** Assaisonné de poivre : *Un plat très poivré* (**SYN.** épicé, relevé ; **CONTR.** fade). **2.** *Fam.* Licencieux ou grossier : *Un récit poivré* (**SYN.** grivois, leste).

poivrer v.t. [conj. 3]. Assaisonner de poivre : *Poivrer un steak.*

① **poivrier** n.m. Arbuste grimpant des régions tropicales produisant le poivre.

② **poivrier** n.m. ou **poivrière** n.f. Petit ustensile de table où l'on met le poivre moulu.

poivrière n.f. **1.** Plantation de poivriers. **2.** Poivrier (ustensile).

poivron n.m. (de *poivre*). **1.** Piment doux à gros fruits verts, jaunes ou rouges. **2.** Fruit de cette plante, utilisé en cuisine comme légume : *Des poivrons farcis.*

poivrot, e n. *Fam.* Ivrogne.

poix n.f. (lat. *pix, picis*). Mélange mou et collant, à base de résines et de goudrons végétaux. ☞ **REM.** Ne pas confondre avec *poids* ou *pois.*

poker [pɔkɛr] n.m. (mot angl.). **1.** Jeu de cartes où le vainqueur est celui qui possède la combinaison de cartes la plus forte ou qui réussit à le faire croire à ses adversaires. **2.** Réunion de quatre cartes de même valeur, à ce jeu. ▸ ***Coup de poker,*** tentative hasardeuse. ***Partie de poker,*** opération, en partic. politique ou commerciale, dans laquelle on recourt au bluff pour l'emporter.

① **polaire** adj. (lat. médiév. *polaris,* du lat. class. *polus,* pôle). **1.** Situé près des pôles terrestres ; qui leur est propre : *Régions polaires.* **2.** Qui évoque les régions du pôle : *Paysage polaire.* **3.** Glacial : *Froid polaire.* **4.** Relatif aux pôles d'un aimant ou d'un électroaimant. **5.** Se dit d'une fibre textile, à base de polyester, utilisée pour la confection de vêtements chauds, isolants, coupe-vent. ▸ ***Cercle polaire,*** cercle parallèle à l'équateur, qui marque la limite de chacune des zones polaires.

② **polaire** n.m. Textile polaire.

polar n.m. *Fam.* Roman, film policier.

polard, e adj. et n. *Fam.* Préoccupé, obsédé par un seul sujet, une seule question.

polarisation n.f. **1.** Orientation des vibrations lumineuses autour de leur direction de propagation. **2.** Production, dans une pile parcourue par un courant électrique, d'une force de sens opposé à celle qui engendre le courant. **3.** *Fig.* Concentration de l'attention, des activités, des influences sur un même sujet : *La polarisation des médias sur l'insécurité en France.*

polariser v.t. [conj. 3]. **1.** Faire subir la polarisation à : *Polariser un rayon lumineux.* **2.** *Fig.* Attirer l'attention, faire converger sur soi : *Cet acteur polarise l'attention de toute la presse.* ◆ **se polariser** v.pr. **[sur].** Concentrer, orienter toute son attention sur qqn, qqch : *L'opinion s'est polarisée sur cette affaire.*

polarité n.f. Qualité qui permet de distinguer l'un de l'autre chacun des pôles d'un aimant ou d'un générateur électrique.

Polaroid [pɔlarɔid] n.m. (nom déposé). Appareil photographique à développement instantané ; photographie obtenue avec ce type d'appareil.

polder [pɔldɛr] n.m. (mot néerl.). Terre fertile conquise par l'homme sur la mer ou sur les marais.

pôle n.m. (lat. *polus,* du gr. *polos,* axe du monde). **1.** Chacun des deux points de la Terre formant les extrémités de l'axe autour duquel elle semble tourner : *Le pôle Nord. Le pôle Sud.* **2.** Région géographique située aux alentours d'un pôle de la Terre : *L'exploration du pôle Sud.* **3.** Chacune des deux extrémités d'un générateur ou d'un récepteur électriques, utilisées pour les connexions au circuit extérieur ; borne. **4.** Élément en complète opposition avec un autre : *Les deux pôles de la générosité et de l'égoïsme.* **5.** *Fig.* Entité jouant un rôle central, attractif : *Les biotechnologies créent un autre pôle économique.* ▸ ***Pôle d'attraction,*** ce qui attire l'intérêt : *Ce centre commercial est le pôle d'attraction de la ville.*

polémique n.f. (du gr. *polemikos,* relatif à la guerre). Vif débat public, mené le plus souvent par écrit ; controverse, querelle : *Une polémique sur les O.G.M.* ◆ adj. Qui critique, vise à la polémique : *Des éditoriaux polémiques* (**SYN.** agressif ; **CONTR.** conciliant). *Un écrivain polémique.*

polémiquer v.i. [conj. 3]. Faire de la polémique : *La presse polémique avec le gouvernement sur les privatisations* (**SYN.** débattre).

polémiste n. Personne qui polémique, aime à polémiquer ; pamphlétaire.

polémologie n.f. (du gr. *polemos,* guerre). Étude de la guerre considérée comme phénomène social.

polenta [pɔlɛnta] n.f. (mot it.). Bouillie, galette de farine de maïs (en Italie) ou de châtaignes (en Corse).

pole position n.f. (mots angl. signif. « position en flèche ») [pl. *pole positions*]. **1.** Au départ d'une course automobile, position en première ligne octroyée au pilote qui a réussi le meilleur temps aux essais qualificatifs. **2.** *Fig.* Meilleure place, place de tête détenue par qqn.

① **poli, e** adj. Dont la surface est assez lisse pour refléter la lumière : *Du marbre poli.* ◆ **poli** n.m. Qualité, aspect d'une surface polie : *Le poli de l'acier.*

② **poli, e** adj. Qui observe les usages, les règles de la politesse : *Des voisins très polis* (**SYN.** courtois ; **CONTR.** grossier, impoli). *Il nous a fait une réponse à peine polie* (**SYN.** convenable, correct ; **CONTR.** insolent, irrespectueux).

① **police** n.f. (du gr. *politeia,* organisation politique, de *polis,* ville). **1.** Administration, force publique qui veille au maintien de la sécurité publique ; ensemble des agents de cette administration : *La police a dû intervenir. Entrer dans la police. Un inspecteur de police.* **2.** Ensemble des mesures ayant pour but de garantir l'ordre public : *Ils assurent la police sur tout le territoire de la commune.* ▸ ***Faire la police,*** surveiller, maintenir l'ordre ; fig., tout régenter : *Il m'exaspère à toujours faire la police.* ***Police judiciaire*** ou ***P.J.,*** service qui a pour but de rechercher et de livrer à la justice les auteurs d'infractions à la loi pénale. ***Police secours,*** service de police affecté aux secours d'urgence. ***Police technique et scientifique,*** service chargé de recueillir puis d'interpréter les indices matériels laissés sur la scène d'un crime.

② **police** n.f. (de l'anc. prov. *polissia,* quittance, du gr. *apodeixis,* preuve). **1.** Document écrit qui consigne les clauses d'un contrat d'assurance (on dit aussi *une police d'assurance*) : *Retournez un exemplaire signé de la police à votre assureur.* **2.** En imprimerie, fonte (on dit aussi *une police de caractères*).

policé, e adj. *Litt.* Qui a atteint un certain degré de civilité, de raffinement : *Un peuple policé* (**SYN.** civilisé ; **CONTR.** barbare, primitif).

policer v.t. (de *1. police*) [conj. 16]. *Litt.* Civiliser ; adoucir les mœurs de : *Policer une société.*

polichinelle n.m. (du napolitain *Pulecenella,* nom d'un personnage de farce, it. *Pulcinella*). **1.** (Avec une majuscule). Personnage grotesque, bossu, du théâtre de marionnettes, issu de la comédie italienne. **2.** Personne ridicule, en qui l'on ne peut placer sa confiance : *Ce directeur est un polichinelle* (**SYN.** fantoche, pantin). ▸ ***Secret de Polichinelle,*** chose que l'on croit ignorée mais qui est connue de tous.

policier, ère adj. **1.** Relatif à la police : *Une bavure policière.* **2.** Qui s'appuie sur la police : *Un régime policier.* ▸ ***Film, roman policier,*** dont l'intrigue repose sur une enquête criminelle. ◆ n. Membre de la police.

policlinique n.f. (du gr. *polis,* ville, et de *clinique*). Établissement dépendant d'une commune, où l'on traite les malades sans les hospitaliser ; dispensaire. ☞ **REM.** Ne pas confondre avec *polyclinique.*

policologie n.f. Étude de l'organisation de la police, de son fonctionnement.

poliment adv. Avec courtoisie, politesse : *Elle déclina poliment l'invitation* (**SYN.** courtoisement ; **CONTR.** grossièrement, impoliment).

poliomyélite n.f. (du gr. *polios,* gris, et *muelos,* moelle). Maladie infectieuse due à un virus qui se fixe sur les centres nerveux, en partic. la moelle épinière, et peut provoquer des paralysies graves (abrév. fam. polio).

poliomyélitique adj. Relatif à la poliomyélite. ◆ adj. et n. Atteint de la poliomyélite (abrév. fam. polio).

polir v.t. (du lat. *polire,* égaliser, aplanir) [conj. 32]. **1.** Rendre poli, donner un aspect uni et luisant à : *L'ébéniste polit le dessus de la commode.* **2.** *Litt.* Rendre aussi soigné, aussi parfait que possible : *Il a poli son discours* (**SYN.** ciseler, peaufiner).

polissage n.m. Action de polir : *Le polissage du bois* (**SYN.** ponçage).

polisseur, euse n. Personne spécialisée dans le polissage. ◆ **polisseuse** n.f. Machine de marbrerie servant à polir des roches.

polissoir n.m. Outil, accessoire servant à polir.

polisson, onne adj. et n. (de l'anc. arg. *polir,* vendre). Se dit d'un enfant espiègle, désobéissant, d'un garnement : *Quelle petite polissonne !* (**SYN.** coquin). ◆ adj. Qui est un peu trop libre, un peu osé : *Une plaisanterie polissonne* (**SYN.** leste, grivois, licencieux).

polissonnerie n.f. Action, propos de polisson ; gauloiserie, paillardise.

politesse n.f. (anc. it. *pulitezza,* de *polito,* poli). **1.** Ensemble des règles de savoir-vivre, de courtoisie en usage dans une société ; respect de ces règles ; bienséance, correction : *Une visite de politesse. Une formule de politesse* (= celle qu'on écrit à la fin d'une lettre). **2.** Action, parole conforme à ces règles : *Ils ne cessent de se faire des politesses* (**SYN.** amabilité, compliment ; **CONTR.** goujaterie, impolitesse).

politicard, e n. *Péjor.* Politicien dépourvu de scrupule et d'envergure politique.

politicien, enne n. (angl. *politician*). Personne qui fait de la politique, qui exerce des responsabilités politiques : *Un politicien ambitieux.* ◆ adj. *Péjor.* Qui relève d'une politique intrigante et intéressée : *Des manœuvres politiciennes.*

① **politique** adj. (gr. *politikos,* de *polis,* ville). **1.** Relatif à l'organisation du pouvoir dans l'État, à son exercice : *Une réforme politique.* **2.** *Litt.* Se dit d'une manière d'agir habile et calculée ; se dit de qqn qui agit ainsi : *Une invitation toute politique* (**SYN.** intéressé ; **CONTR.** désintéressé). ▸ ***Homme, femme politique,*** personne qui s'occupe des affaires publiques, qui fait de la politique. ***Prisonnier politique,*** personne emprisonnée pour des motifs politiques (par opp. à prisonnier de droit commun) [on dit aussi *un, une politique*]. ◆ n. **1.** Homme, femme politique. **2.** Prisonnier politique. ◆ n.m. Ce qui est politique : *Le politique et le social.*

② **politique** n.f. (de *1. politique*). **1.** Art de gouverner un État ; science et pratique du gouvernement : *La politique intérieure.* **2.** Manière d'exercer l'autorité dans un État ; moyens mis en œuvre par un gouvernement : *Une politique conservatrice. Une audacieuse politique sociale.* **3.** Manière concertée d'agir, de conduire une affaire : *La politique commerciale d'une entreprise* (**SYN.** stratégie).

politique-fiction n.f. (pl. *politiques-fictions*). Fiction fondée sur l'évolution imaginaire d'une situation politique présente.

politiquement adv. **1.** D'un point de vue politique : *Politiquement, c'est un homme fini.* **2.** *Litt.* Avec habileté, à-propos : *Elle a agi très politiquement.*

politisation n.f. Action de politiser ; fait d'être politisé : *La politisation d'un syndicat* (**CONTR.** dépolitisation).

politiser v.t. [conj. 3]. **1.** Donner un caractère politique à qqch : *Politiser une discussion* (**CONTR.** dépolitiser). **2.** Donner une formation, une conscience politique à qqn : *Chercher à politiser les jeunes.*

politologie n.f. Étude des faits politiques dans l'État et dans la société.

politologue n. Spécialiste de politologie.

poljé [pɔlje] n.m. (mot slave signif. « plaine »). Vaste dépression fermée, dans les régions calcaires.

① **polka** n.f. (mot polon.). Danse à deux temps, exécutée en couple sur un rythme très vif.

② **polka** adj. inv. ▸ ***Pain polka,*** pain légèrement aplati, marqué de dessins en quadrillé.

pollen [pɔlɛn] n.m. (d'un mot lat. signif. « farine »). Ensemble des grains microscopiques produits par les étamines des fleurs, et dont chacun constitue un élément reproducteur mâle : *L'étude des pollens est la palynologie.*

pollinique adj. Relatif au pollen.

pollinisation n.f. Transport du pollen des étamines au stigmate d'une fleur de la même espèce, permettant la fécondation : *La pollinisation peut se faire par les abeilles.*

polliniser v.t. [conj. 3]. Féconder par pollinisation.

pollinose n.f. Ensemble des troubles allergiques provoqués par le pollen.

polluant, e adj. et n.m. Qui pollue : *Une usine polluante* (**SYN.** pollueur ; **CONTR.** 1. propre). *Ils ont déversé des polluants dans la rivière.*

polluer v.t. (du lat. *polluere,* souiller) [conj. 7]. Rendre malsain ou dangereux par pollution : *Ces fumées polluent l'atmosphère* (**CONTR.** assainir, dépolluer).

pollueur, euse adj. et n. Qui pollue, accroît la pollution : *Une voiture pollueuse* (**SYN.** polluant ; **CONTR.** 1. propre). *Les pollueurs devront payer l'écotaxe.*

pollution n.f. Dégradation d'un milieu naturel, de l'environnement humain par des substances chimiques, des déchets industriels ou ménagers : *La pollution de la mer par des naufrages de pétroliers* (**CONTR.** assainissement). ▸ ***Pollution nocturne,*** éjaculation survenant pendant le sommeil.

polo n.m. (mot angl., du tibétain). **1.** Sport joué par des cavaliers qui poussent une balle de bois à l'aide de longs maillets. **2.** Chemise de sport en tricot, à col chemisier et courte patte de boutonnage.

polochon n.m. *Fam.* Traversin.

polonais, e adj. et n. Relatif à la Pologne, à ses habitants. ◆ **polonais** n.m. Langue slave parlée en Pologne. ◆ **polonaise** n.f. Danse nationale polonaise ; pièce musicale.

poltron, onne adj. et n. (de l'it. *poltrone*, poulain). Qui prend peur au moindre danger (**SYN.** lâche, peureux ; **CONTR.** brave, courageux).

poltronnerie n.f. Caractère ou action d'un poltron : *Sa poltronnerie fait pitié à voir* (**SYN.** peur, lâcheté ; **CONTR.** bravoure, courage).

poly n.m. (abrév.). *Fam.* Polycopié.

polyamide n.m. Composé chimique utilisé dans la fabrication de fibres textiles : *Le Nylon est un polyamide.*

polyandre adj. Se dit d'une femme qui pratique la polyandrie (par opp. à monogame).

polyandrie n.f. Fait, pour une femme, d'avoir plusieurs maris (par opp. à la monogamie).

polyarthrite n.f. Rhumatisme atteignant simultanément plusieurs articulations.

polychlorure n.m. ▸ ***Polychlorure de vinyle,*** PVC.

polychrome [pɔlikrom] adj. (du gr. *polus*, nombreux, et *khrôma*, couleur). De plusieurs couleurs (par opp. à monochrome) : *Une œuvre polychrome* (**SYN.** multicolore).

polychromie [pɔlikrɔmi] n.f. Caractère de ce qui est polychrome.

polyclinique n.f. Établissement hospitalier où l'on soigne des maladies diverses. ☞ **REM.** Ne pas confondre avec *policlinique.*

polycopie n.f. Procédé de duplication par photographie ou sur un papier spécial.

polycopié n.m. Texte, cours reproduit par polycopie (abrév. fam. poly).

polycopier v.t. [conj. 9]. Reproduire un document par polycopie : *Cet enseignant a polycopié son cours.*

polyculture n.f. Culture d'espèces végétales différentes dans une même exploitation agricole, une même région (par opp. à monoculture).

polyèdre n.m. (du gr. *polus*, nombreux, et *hedra*, base). En géométrie, solide possédant plusieurs faces : *Le cube est un polyèdre.*

polyédrique adj. Relatif à un polyèdre ; qui en a la forme.

polyester [pɔliɛstɛr] n.m. Matériau synthétique utilisé notamm. dans la fabrication de fibres textiles.

polygame adj. et n. (du gr. *polus*, nombreux, et *gamos*, mariage). Se dit d'une personne qui pratique la polygamie (par opp. à monogame).

polygamie n.f. **1.** Fait pour une personne d'être mariée simultanément à plusieurs autres (par opp. à monogamie). **2.** Système social admettant légalement le mariage d'un homme avec plusieurs femmes simultanément *(polygynie)* ou d'une femme avec plusieurs hommes *(polyandrie).*

polyglotte adj. et n. (du gr. *polus*, nombreux, et *glôtta*, langue). Qui peut parler plusieurs langues (par opp. à monolingue) : *Des interprètes polyglottes* (**SYN.** multilingue, plurilingue).

polygonal, e, aux adj. Qui a plusieurs angles, et donc plusieurs côtés : *Des dalles polygonales.*

polygone n.m. (du gr. *polus*, nombreux, et *gônia*, angle). **1.** Figure géométrique possédant plusieurs côtés : *Le triangle est un polygone.* **2.** Champ de tir et de manœuvre militaires où sont effectués les essais de projectiles et d'explosifs.

polygraphe n. Auteur qui écrit sur des sujets variés.

polygynie n.f. (du gr. *polus*, nombreux, et *gunê*, femme). Fait, pour un homme, d'avoir plusieurs épouses (par opp. à la monogamie).

polymère adj. et n.m. En chimie, se dit d'un corps formé par polymérisation.

polymérisation n.f. Réaction chimique au cours de laquelle de petites molécules (monomères) s'agrègent pour former une seule molécule plus grosse (macromolécule).

polymériser v.t. [conj. 3]. Produire la polymérisation de.

polymorphe adj. **1.** Qui prend diverses formes ; multiforme. **2.** En biologie, hétéromorphe.

polymorphisme n.m. Propriété de ce qui est polymorphe.

polynésien, enne adj. et n. Relatif à la Polynésie, à ses habitants. ◆ **polynésien** n.m. Groupe de langues parlées en Polynésie.

polynévrite n.f. Atteinte simultanée de plusieurs nerfs par une intoxication ou une infection.

polynôme n.m. (du gr. *polus*, nombreux, et *nomos*, division). Somme algébrique de monômes.

polynucléaire adj. En biologie, se dit d'une cellule qui possède plusieurs noyaux.

polype n.m. (du gr. *polus*, nombreux, et *pous*, pied). **1.** Invertébré aquatique à corps cylindrique et fixé à un support. **2.** Tumeur bénigne, qui se développe sur une muqueuse.

polyphasé, e adj. Se dit des courants électriques qui comportent plusieurs phases (par opp. à monophasé).

polyphonie n.f. (du gr. *polus*, nombreux, et *phônê*, voix). Composition musicale chantée à plusieurs voix.

polyphonique adj. Qui constitue une polyphonie : *Une œuvre musicale polyphonique.*

polyphoniste n. Musicien qui pratique la polyphonie.

polypier n.m. Squelette calcaire sécrété par les polypes qui participent à la constitution des récifs coralliens.

polypode n.m. Fougère commune.

polyptyque n.m. (du gr. *polus*, nombreux, et *ptuks*, *ptukhos*, pli). Ensemble de panneaux peints ou sculptés liés entre eux et qui peuvent se replier sur la partie centrale.

polysémie [pɔlisemi] n.f. (du gr. *polus*, nombreux, et *sêma*, signe). Propriété d'un mot qui a plusieurs sens.

polysémique [pɔlisemik] adj. Qui présente plusieurs sens ; qui relève de la polysémie (par opp. à monosémique) : *Le mot « cœur » est un mot polysémique.*

polystyrène n.m. Matière thermoplastique obtenue par polymérisation.

polysyllabe [pɔlisilab] ou **polysyllabique** [pɔlisilabik] adj. et n.m. Se dit d'un mot qui a plusieurs syllabes (par opp. à monosyllabe).

polytechnicien, enne n. Élève ou ancien élève de l'École polytechnique.

polythéisme n.m. (du gr. *polus*, nombreux, et *theos*,

dieu). Religion qui admet l'existence de plusieurs dieux (par opp. à monothéisme).

polythéiste adj. et n. Relatif au polythéisme ; adepte du polythéisme (par opp. à monothéiste).

polytoxicomanie n.f. Usage de plusieurs drogues.

polytransfusé, e adj. et n. Qui a reçu des transfusions de sang répétées (provenant d'un donneur ou de plusieurs).

polytraumatisé, e adj. et n. Se dit d'un blessé qui présente simultanément plusieurs lésions traumatiques.

polyuréthanne ou **polyuréthane** n.m. Matière plastique employée dans l'industrie des peintures ou pour faire des mousses et des élastomères.

polyvalence n.f. **1.** Caractère de ce qui est polyvalent : *Un matériau de construction polyvalent.* **2.** Qualité de qqn qui a plusieurs compétences : *La polyvalence du personnel médical.*

polyvalent, e adj. **1.** Qui est efficace dans plusieurs cas différents : *Un sérum polyvalent.* **2.** Qui offre plusieurs usages possibles : *Une salle polyvalente.* **3.** Qui possède des capacités variées : *Un enseignant polyvalent.* **4.** En chimie, plurivalent. ▸ ***Inspecteur polyvalent,*** agent des impôts chargé de vérifier les déclarations fiscales des entreprises (on dit aussi *un polyvalent*).

polyvalente n.f. Au Québec, école secondaire publique où sont dispensés à la fois un enseignement général et un enseignement professionnel.

polyvinyle n.m. Polymère obtenu à partir de monomères dérivés du vinyle et qui a de très nombreuses applications.

pomelo [pɔmelo] ou **pomélo** n.m. (mot anglo-amér., du lat. *pomum,* fruit). **1.** Arbre du groupe des agrumes. **2.** Fruit de cet arbre, semblable à un gros pamplemousse ; grape-fruit.

pomiculteur, trice n. Personne qui cultive les arbres produisant des fruits à pépins.

pommade n.f. (it. *pomata,* de *pomo,* pomme). Préparation pharmaceutique molle et grasse, que l'on applique sur la peau ou les muqueuses ; baume : *Une pommade désinfectante* (**SYN.** crème). ▸ *Fam.* ***Passer de la pommade à qqn,*** le flatter pour en obtenir qqch.

pommader v.t. [conj. 3]. Enduire de pommade : *Pommader une plaie.*

① **pomme** n.f. (du lat. *pomum,* fruit). **1.** Fruit comestible du pommier, que l'on consomme cru ou cuit et dont le jus fermenté fournit le cidre : *Des beignets aux pommes.* **2.** Cœur du chou, de la laitue, formé de feuilles serrées. **3.** Objet dont la forme évoque une pomme : *Une pomme d'arrosoir, de douche.* **4.** *Fam.* Tête ; crâne. **5.** *Arg.* Individu crédule ou niais : *C'est une vraie pomme !* (**SYN.** nigaud, sot ; **CONTR.** malin). ▸ *Fam.* ***Aux pommes,*** très soigné ; délicieux. *Fam.* ***Haut comme trois pommes,*** de très petite taille. *Fam.* ***Ma pomme, ta pomme,*** moi, toi : *Ça, c'est encore pour ma pomme !* ***Pomme d'Adam,*** saillie placée à la partie antérieure du cou masculin, formée par le cartilage thyroïde. ***Pomme d'amour,*** région., tomate ; pomme enrobée de sucre et plantée au bout d'un bâtonnet, souvent vendue dans les foires. ***Pomme de discorde,*** sujet de querelle et de division. ***Pomme de pin,*** fruit du pin. *Fam.* ***Tomber dans les pommes,*** s'évanouir.

② **pomme** n.f. Pomme de terre : *Des pommes frites.*

pommé, e adj. Se dit d'une plante qui a un cœur arrondi comme une pomme : *Une laitue pommée.*

pommeau n.m. (de *pomme*). **1.** Extrémité renflée de la poignée d'une canne, d'un parapluie, d'une épée. **2.** Partie antérieure de l'arçon d'une selle de cheval. **3.** En Suisse, personnage sans importance ; exécutant.

pomme de terre n.f. (pl. *pommes de terre*). Plante cultivée pour ses tubercules riches en amidon ; tubercule comestible de cette plante, très utilisé dans l'alimentation humaine : *Des pommes de terre sautées, à la vapeur* (**SYN.** 2. pomme).

pommelé, e adj. Se dit de la robe d'un cheval marquée de taches grises plus claires ou blanches ; se dit de l'animal lui-même : *Une jument pommelée.* ▸ ***Ciel pommelé,*** ciel parsemé de nuages blancs (**SYN.** moutonné).

se **pommeler** v.pr. [conj. 24]. Se couvrir de petits nuages.

pommer v.i. [conj. 3]. Se former en pomme, en parlant des choux, des laitues, etc.

pommeraie n.f. Lieu planté de pommiers.

pommette n.f. (dimin. de *1. pomme*). Partie supérieure, la plus saillante, de la joue.

pommier n.m. Arbre cultivé pour ses fruits, les pommes.

pomologie n.f. (du lat. *pomum,* fruit). Partie de l'arboriculture qui traite des fruits à pépins.

pomologue ou **pomologiste** n. Spécialiste de pomologie.

pompage n.m. Action de pomper.

① **pompe** n.f. (lat. *pompa,* du gr. *pompê,* procession). *Sout.* Cérémonial somptueux, déploiement de faste : *La pompe d'un mariage princier* (**SYN.** apparat, éclat, magnificence ; **CONTR.** simplicité, sobriété). ▸ ***En grande pompe,*** avec beaucoup d'éclat. ◆ **pompes** n.f. pl. Dans la langue religieuse, les faux plaisirs, les vanités de ce monde. ▸ ***Service des pompes funèbres,*** service public ou privé chargé de l'organisation des funérailles.

② **pompe** n.f. (mot néerl.). **1.** Appareil pour aspirer, refouler ou comprimer les fluides : *Une pompe à eau, à incendie, à vélo.* **2.** Appareil utilisé pour la distribution et la vente au détail des carburants : *Une pompe à essence.* **3.** *Fam.* Chaussure. **4.** *Fam.* Mouvement de gymnastique qui consiste à soulever le corps, à plat ventre sur le sol, en poussant sur les bras : *Faire des pompes.* ▸ *Fam.* ***À toute pompe*** ou ***à toutes pompes,*** très vite. *Fam.* ***Coup de pompe,*** fatigue soudaine. *Fam.* ***Marcher*** ou ***être à côté de ses pompes,*** ne pas avoir les idées nettes ; être indécis, désorienté, très distrait.

pomper v.t. [conj. 3]. **1.** Puiser, aspirer un fluide au moyen d'une pompe : *Pomper l'eau d'une habitation inondée.* **2.** Absorber un liquide : *La serpillière n'a pas pompé toute l'eau* (**SYN.** boire). **3.** En parlant d'un être vivant, aspirer un liquide : *Le moustique pompe le sang* (**SYN.** sucer). **4.** *Fam.* Fatiguer ; épuiser : *Cette randonnée l'a complètement pompé* (**SYN.** éreinter). **5.** *Arg. scol.* Copier ; tricher en copiant : *Il a pompé les réponses sur son voisin.* ▸ *Fam.* ***Pomper l'air à qqn,*** l'ennuyer, le lasser.

pompette adj. *Fam.* Un peu ivre ; éméché, gris.

pompeusement adv. Avec emphase : *Il s'exprime pompeusement* (**CONTR.** simplement).

pompeux, euse adj. Qui est empreint d'une solennité excessive ou déplacée : *Un style pompeux* (**SYN.** ampoulé ; **CONTR.** simple).

① **pompier** n.m. (de *2. pompe*). Personne faisant partie d'un corps organisé pour combattre les incendies et effectuer des opérations de sauvetage ; sapeur-pompier. ▸ *Fam.* ***Fumer comme un pompier,*** fumer beaucoup.

② **pompier, ère** adj. (de *1. pompe*). D'un académisme emphatique, en parlant d'un style, d'un art ou de qqn qui le pratique : *Un peintre pompier.* ◆ **pompier** n.m. **1.** Art, style, genre pompier. **2.** Artiste pompier.

pompiérisme n.m. Art pompier.

pompiste n. Personne chargée de la distribution du carburant dans une station-service.

pompon n.m. Touffe serrée de fibres textiles formant une houppe arrondie, qui sert d'ornement dans le costume ou l'ameublement : *Le pompon rouge d'un béret de marin.* ▸ (Souvent iron.). *Fam.* ***Avoir*** ou ***tenir le pompon,*** l'emporter sur les autres. *Fam.* ***C'est le pompon !,*** c'est le comble ! ◆ adj. ▸ ***Rose, chrysanthème, dahlia pompon,*** appartenant à des variétés à fleurs petites et aux pétales nombreux.

pomponner v.t. (de *pompon*) [conj. 3]. Arranger avec beaucoup d'attention, de soin la toilette de : *Elle passe beaucoup de temps à pomponner sa sœur* (**SYN.** parer). ◆ **se pomponner** v.pr. S'occuper de sa toilette avec beaucoup de coquetterie, de soin : *Elle s'est longuement pomponnée pour cette fête* (**SYN.** s'apprêter).

ponant n.m. (du lat. pop. [*sol*] *ponens,* [soleil] couchant). **1.** *Région.* ou *Litt.* Ouest ; occident : *Le ponant et le levant* (**SYN.** couchant). **2.** Vent d'ouest, dans le midi de la France.

ponçage n.m. Action de poncer (**SYN.** polissage).

ponce n.f. et adj. (lat. *pomex*). Roche volcanique poreuse, légère, très dure, dont on se sert pour polir (on dit aussi *une pierre ponce*).

① **ponceau** n.m. Petit pont.

② **ponceau** adj. inv. (de *paon*). De la couleur rouge vif du coquelicot : *Des étoffes ponceau.*

poncer v.t. (de *ponce*) [conj. 16]. Polir, décaper avec un abrasif, à la main ou à la machine : *Poncer un meuble.*

ponceuse n.f. Machine à poncer.

poncho [pɔ̃ʃo ou pɔntʃo] n.m. (mot esp.). **1.** Manteau fait d'une pièce rectangulaire de laine, avec une ouverture pour passer la tête, en usage en Amérique latine. **2.** Chausson d'intérieur dont le dessus en tricot forme chaussette.

poncif n.m. (de *poncer*). Lieu commun, idée sans originalité : *Cet écrivain ne fait qu'aligner des poncifs* (**SYN.** banalité, cliché, stéréotype).

ponction n.f. (lat. *punctio, punctionis,* piqûre, de *pungere,* piquer). **1.** Introduction d'une aiguille, d'un trocart, etc., dans un organe ou une cavité pour en retirer un gaz ou un liquide : *Une ponction lombaire.* **2.** Action de prélever une partie importante de qqch, en partic. une somme d'argent : *L'impôt sur le revenu fait une grosse ponction dans nos ressources.*

ponctionner v.t. [conj. 3]. **1.** En médecine, prélever ou vider par une ponction. **2.** Prendre de l'argent à ; prélever de l'argent sur le compte de : *On leur ponctionne une bonne partie de leur revenu.*

ponctualité n.f. Qualité d'une personne ponctuelle, qui arrive à l'heure : *Il est toujours d'une grande ponctualité* (**SYN.** exactitude, régularité).

ponctuation n.f. **1.** Système de signes graphiques servant à marquer des pauses entre les phrases ou éléments de phrase ainsi que les rapports syntaxiques : *Vérifier la ponctuation.* **2.** Action, manière de ponctuer.

ponctuel, elle adj. (lat. médiév. *punctualis,* du lat. class. *punctum,* point). **1.** Qui arrive à l'heure : *Elle n'est jamais très ponctuelle* (**SYN.** exact, régulier). **2.** Qui porte sur un détail ; qui vise un objectif isolé ou limité : *Des remarques ponctuelles* (**SYN.** fragmentaire ; **CONTR.** global).

ponctuellement adv. **1.** Avec ponctualité : *Il arrive ponctuellement à son travail* (= à l'heure). **2.** Dans quelques cas limités : *Elle a été confrontée ponctuellement à ce problème* (**SYN.** épisodiquement ; **CONTR.** régulièrement).

ponctuer v.t. (lat. médiév. *punctuare,* du lat. class. *punctum,* point) [conj. 7]. **1.** Marquer un texte de signes de ponctuation. **2.** Renforcer certains mots par des gestes ou des exclamations : *Cet homme politique ponctue ses phrases de mouvements des mains* (**SYN.** souligner).

pondaison n.f. Époque de la ponte, chez les oiseaux.

pondérable adj. Qui peut être pesé ; qui a une masse mesurable.

pondéral, e, aux adj. (du lat. *pondus, ponderis,* poids). Relatif au poids : *Une surcharge pondérale* (= un surpoids).

pondérateur, trice adj. Qui pondère ; qui maintient l'équilibre : *Il est l'élément pondérateur de ce groupe* (**SYN.** modérateur).

pondération n.f. **1.** Caractère d'une personne pondérée ; calme, prudence : *Elle a réagi avec beaucoup de pondération* (**SYN.** mesure, modération ; **CONTR.** excès, outrance). **2.** Juste équilibre de tendances contraires dans le domaine politique ou social : *La pondération des pouvoirs* (**SYN.** équilibre, harmonie ; **CONTR.** déséquilibre). **3.** Action de pondérer une variable : *La pondération de l'indice des prix.*

pondéré, e adj. **1.** Qui sait se contrôler ; calme, modéré : *La directrice est une femme pondérée* (**SYN.** prudent, réfléchi, sage ; **CONTR.** excessif, irréfléchi). **2.** Dont la valeur a été pondérée : *Une moyenne pondérée.*

pondérer v.t. (lat. *ponderare,* de *pondus, ponderis,* poids) [conj. 18]. **1.** Équilibrer qqch par qqch d'autre qui l'atténue : *Pondérer les pouvoirs de l'exécutif par l'indépendance du législatif* (**SYN.** modérer). **2.** Modifier par des coefficients la valeur de grandeurs variables qui entrent dans le calcul d'un indice, d'une note.

pondeur, euse adj. Qui pond : *Un papillon pondeur.* ▸ ***Poule pondeuse,*** poule élevée pour la production d'œufs destinés à la consommation (on dit aussi *une pondeuse*).

pondoir n.m. Endroit (caisse, panier, etc.) spécial. aménagé pour que les poules y pondent.

pondre v.t. (du lat. *ponere*, poser) [conj. 75]. **1.** Produire, déposer un œuf, des œufs, en parlant de la femelle d'un ovipare : *Les tortues marines pondent leurs œufs dans le sable.* **2.** *Fam.* Produire une œuvre écrite : *Pondre un compte rendu* (**SYN.** écrire, rédiger).

ponette n.f. Jument du poney.

poney [pɔnɛ] n.m. (angl. *pony*). Cheval de petite taille, surtout utilisé pour l'équitation enfantine.

pongé ou **pongée** n.m. (angl. *pongee*). Taffetas de soie léger et souple.

pongiste n. Joueur, joueuse de tennis de table, de ping-pong.

pont n.m. (lat. *pons, pontis*). **1.** Construction permettant de franchir un cours d'eau ou un obstacle quelconque : *Un pont mobile, suspendu, tournant. Le pont de Tancarville.* **2.** Jour ouvrable mais qui, situé entre deux jours fériés ou chômés, est aussi chômé : *Noël tombe un mardi, on fera le pont.* **3.** Figure d'acrobatie au sol dans laquelle le corps, arqué en arrière, repose sur les pieds et sur les mains : *Faire le pont.* **4.** Plancher qui ferme par en haut la coque d'un navire ou le divise horizontalement en compartiments (dits *entreponts*) : *Les passagers prennent l'air sur le pont.* **5.** *Fig.* Ce qui réunit, forme une jonction ou une transition : *Établir un pont entre deux cursus universitaires* (**SYN.** passerelle). **6.** Dans une automobile, ensemble constitué par l'essieu arrière et les organes qu'il contient. ▸ ***Couper les ponts,*** mettre fin à des relations. ***Faire un pont d'or à qqn,*** lui offrir beaucoup d'argent pour le décider à faire qqch. ***Il passera de l'eau sous les ponts avant que...,*** on peut attendre longtemps avant que... ***Pantalon à pont,*** pantalon comportant par-devant un pan d'étoffe qui se rabat. ***Pont aérien,*** liaison aérienne entre deux points séparés par une zone dans laquelle les transports terrestres ou maritimes sont impossibles. ***Pont aux ânes,*** démonstration graphique du théorème de Pythagore ; fig., difficulté qui ne peut arrêter que les ignorants. ***Pont de bateaux,*** pont fait de bateaux reliés entre eux.

pontage n.m. Opération qui consiste à réunir deux artères par une greffe vasculaire ou un tube plastique : *Le malade a subi un triple pontage coronarien.*

① **ponte** n.m. (de *1. ponter*). **1.** Aux jeux de hasard, celui des joueurs qui joue contre le banquier. **2.** *Fam.* Personne ayant une grande autorité dans un domaine quelconque : *Un grand ponte de la médecine.*

② **ponte** n.f. (de *pondre*). **1.** Action de pondre ; saison pendant laquelle les animaux pondent, pondaison. **2.** Quantité d'œufs pondus : *Une ponte abondante.*

ponté, e adj. (de *2. ponter*). Se dit d'une embarcation dont le creux est couvert par un pont : *Un bateau ponté.*

① **ponter** v.i. (de l'anc. fr. *pont*, posé) [conj. 3]. Aux jeux de hasard, miser contre le banquier.

② **ponter** v.t. (de *pont*) [conj. 3]. **1.** Munir une embarcation d'un pont. **2.** En chirurgie, réunir des vaisseaux par pontage.

pontet n.m. (dimin. de *pont*). Pièce métallique protégeant la détente d'une arme à feu portative.

pontife n.m. (lat. *pontifex*). **1.** Titre donné au pape, chef suprême de la chrétienté, appelé *souverain pontife.* **2.** *Fam.* Homme prétentieux qui se donne des airs d'importance.

pontifiant, e adj. *Fam.* Qui pontifie : *Une enseignante pontifiante* (**SYN.** doctoral, pédant).

pontifical, e, aux adj. Qui se rapporte aux dignitaires de l'Église catholique : *Les insignes pontificaux* (**SYN.** épiscopal). *La messe pontificale* (**SYN.** papal).

pontificat n.m. Dignité, fonction de pape ; durée de cette fonction.

pontifier v.i. (de *pontife*) [conj. 9]. *Fam.* Parler avec emphase, avec prétention : *Le conférencier pontifiait sur l'estrade* (**SYN.** pérorer).

pont-l'évêque n.m. inv. Fromage à pâte molle, fabriqué avec du lait de vache en Normandie.

pont-levis [pɔ̃ləvi] n.m. (pl. *ponts-levis*). Pont qui, dans les constructions fortifiées du Moyen Âge, pouvait s'abaisser ou se lever : *Pont-levis d'un château fort.*

ponton n.m. (du lat. *ponto, pontonis*, bateau de transport, bac). **1.** Appontement utilisé comme débarcadère. **2.** Plate-forme flottante : *Un ponton de ski nautique.* **3.** Vieux navire désarmé servant de dépôt de matériel, de prison.

pontonnier n.m. Militaire du génie spécialisé dans la construction des ponts.

pont-promenade n.m. (pl. *ponts-promenades* ou *ponts-promenade*). Sur un paquebot, pont réservé à la promenade des passagers.

pool [pul] n.m. (mot angl. signif. « montant des enjeux »). **1.** Groupement de producteurs, d'entreprises, qui s'entendent momentanément pour maîtriser la production et le prix d'un bien ; cartel, consortium. **2.** Ensemble de personnes effectuant le même travail dans une entreprise : *Un pool de secrétaires.*

pop [pɔp] n.f. ou n.m. (mot anglo-amér., abrév. de *popular*, populaire). Musique populaire d'origine anglo-saxonne, issue du rock and roll et enrichie d'influences diverses : *Un festival de pop.* ◆ **pop** adj. inv. Relatif à cette musique : *Des chanteuses pop.*

popah n.m. En Polynésie, Européen, Blanc ; étranger.

pop art [pɔpart] n.m. (mot angl.) [pl. *pop arts*]. Courant contemporain des arts plastiques dans lequel l'artiste utilise des objets de la vie quotidienne : *Andy Warhol fut un des représentants du pop art.*

pop-corn [pɔpkɔrn] n.m. inv. (mot anglo-amér., de *to pop*, éclater, et *corn*, maïs). Aliment composé de grains de maïs éclatés à la chaleur, puis sucrés ou salés.

pope n.m. (russe *pop*, du gr. *pappas*, père). Prêtre de l'Église orthodoxe slave.

popeline n.f. (angl. *poplin*). Tissu très serré de coton ou de soie, utilisé surtout pour la confection de chemises : *Un chemisier en popeline.*

popinée n.f. En Nouvelle-Calédonie, femme kanak.

poplité, e adj. (du lat. *poples, poplitis*, jarret). Qui se rapporte à la partie postérieure du genou. ▸ ***Creux poplité,*** région postérieure du genou.

popote n.f. *Fam.* **1.** Préparation des repas : *Faire la popote* (**SYN.** cuisine). **2.** Table, lieu où des militaires prennent leurs repas en commun ; cantine, mess. ◆ adj. inv. *Fam.* Très préoccupé par les détails, les soins du ménage : *Ils sont très popote* (**SYN.** prosaïque ; **CONTR.** idéaliste).

popotin n.m. *Fam.* Derrière ; fesses. ▸ *Fam.* ***Se manier le popotin,*** se dépêcher.

populace n.f. (it. *popolaccio*, de *popolo*, peuple). *Péjor.* Classe défavorisée de la population ; bas peuple.

populacier, ère adj. *Péjor.* Propre à la populace.

populaire adj. (lat. *popularis*, de *populus*, peuple). **1.** Qui appartient au peuple ; qui concerne le peuple : *Le bon sens populaire. L'art populaire.* **2.** Qui s'adresse au peuple, au public le plus nombreux : *La littérature populaire.* **3.** Connu et aimé du plus grand nombre : *Un sportif très populaire. Cette loi n'est pas très populaire* (**CONTR.** impopulaire). **4.** Se dit d'un mot ou d'une expression courants dans la langue parlée, mais considérés comme choquants dans un écrit ou dans une communication orale plus formelle. **5.** En linguistique, se dit d'une forme qui résulte d'une évolution phonétique et non d'un emprunt (par opp. à savant) : *« Livrer », qui vient du latin « liberare », est une forme populaire, alors que « libérer » est une forme savante* (= ces deux mots sont des doublets).

populairement adv. D'une manière populaire ; dans le langage populaire.

popularisation n.f. Action de populariser ; fait d'être popularisé.

populariser v.t. [conj. 3]. **1.** Rendre populaire : *Cette série télévisée a popularisé de nombreux acteurs.* **2.** Faire connaître au plus grand nombre : *Cette émission s'est attachée à populariser l'art* (**SYN.** vulgariser).

popularité n.f. Fait d'être connu, aimé du plus grand nombre : *Sa popularité est en baisse* (**SYN.** cote, notoriété ; **CONTR.** impopularité).

population n.f. (mot angl., du lat. *populus*, peuple). **1.** Ensemble des habitants d'un espace déterminé (continent, pays, ville) : *La population mondiale.* **2.** Ensemble des personnes constituant, dans un espace donné, une catégorie particulière : *La population urbaine.* **3.** Ensemble des animaux ou des végétaux vivant sur un territoire déterminé ; peuplement : *La population ovine du Cher.* **4.** Ensemble d'éléments (individus, valeurs) soumis à une étude statistique.

populationniste adj. Qui favorise un accroissement de la population : *Une politique populationniste.*

populeux, euse adj. **1.** Très peuplé : *Des quartiers populeux* (**SYN.** surpeuplé ; **CONTR.** inhabité). **2.** Très fréquenté : *Les rues populeuses du centre-ville* (**SYN.** animé, passant ; **CONTR.** 1. désert, vide).

populiculture n.f. (du lat. *populus*, peuplier). Culture intensive du peuplier.

populisme n.m. **1.** Attitude politique de ceux qui flattent les classes populaires, le peuple. **2.** Mouvement littéraire qui s'attache à la description des milieux populaires.

populiste adj. et n. Relatif, favorable au populisme.

populo n.m. *Fam.* **1.** Peuple ; populace. **2.** Grand nombre de personnes ; foule : *Quel populo !* (**SYN.** monde).

pop-up [pɔpœp] n.m. inv. ou n.m. [pl. *pop-ups*] (de l'angl. *to pop up*, surgir). **1.** Fenêtre publicitaire qui s'ouvre automatiquement sur certains sites Internet (on dit aussi *une pop-up*). **2.** Livre dont l'illustration est rendue mobile grâce à divers éléments (tirettes, volets, pliages, etc.) ; chacun de ces éléments : *Son fils adore lire des pop-up* (**SYN.** livre animé).

porc [pɔr] n.m. (lat. *porcus*). **1.** Mammifère omnivore domestique, au museau terminé par un groin : *Un élevage de porcs* (**SYN.** cochon). **2.** Viande de cet animal : *Des côtes de porc.* **3.** Peau tannée de cet animal : *Un porte-carte en croûte de porc.* **4.** *Fig., fam.* Homme sale, débauché ou glouton : *Il mange comme un porc* (= salement ; **SYN.** cochon). ☞ **REM.** Ne pas confondre avec *pore* ou *port.*

porcelaine n.f. (it. *porcellana*, coquillage, de *porcella*, truie). **1.** Produit céramique à pâte fine, translucide, vitrifiée, recouvert d'une glaçure incolore : *Des assiettes de porcelaine* ou *en porcelaine.* **2.** Objet de porcelaine : *Des porcelaines chinoises.* **3.** Mollusque gastéropode à coquille vernissée et émaillée de couleurs vives, assez commun dans les mers chaudes.

porcelainier, ère adj. Relatif à la porcelaine : *L'industrie porcelainière.* ◆ n. Personne qui fabrique ou qui vend de la porcelaine.

porcelet n.m. Jeune porc ; cochonnet, goret.

porc-épic [pɔrkepik] n.m. (anc. fr. *porc-espin*, de l'it. *porcospino*, porc épineux) [pl. *porcs-épics*]. **1.** Gros mammifère rongeur au dos recouvert de longs piquants. **2.** *Fam.* Personne revêche, irritable. ☞ **REM.** Le pluriel se prononce comme le singulier.

porche n.m. (du lat. *porticus*, galerie couverte, de *porta*, porte). **1.** Espace couvert, en avant de la porte d'entrée d'un édifice : *Il m'attendait sous le porche de l'église.* **2.** Vestibule, entrée d'un immeuble ; hall.

porcher, ère n. (du lat. *porcus*, porc). Personne qui garde et soigne les porcs.

porcherie n.f. **1.** Bâtiment où l'on élève des porcs. **2.** *Fam.* Lieu extrêmement sale : *Leur maison est une vraie porcherie.*

porcin, e adj. **1.** Relatif au porc : *L'élevage porcin.* **2.** Qui évoque un porc : *Des yeux porcins.* ◆ **porcin** n.m. **1.** Mammifère ongulé non ruminant tel que le porc, le sanglier et l'hippopotame. **2.** Animal de l'espèce porcine (verrat, truie, porcelet).

pore n.m. (lat. *porus*, du gr. *poros*, trou). **1.** Très petit orifice à la surface de la peau, par où s'écoule la sueur : *Un pore bouché peut provoquer un bouton.* **2.** Trou, interstice minuscule dans la texture d'une matière solide compacte : *Les pores de la terre cuite* (**SYN.** orifice). ☞ **REM.** Ne pas confondre avec *porc* ou *port.* ▸ ***Par tous ses pores,*** par toute sa personne ; dans tout son comportement : *Il sue la bêtise par tous ses pores.*

poreux, euse adj. Qui présente des pores ; dont la texture comporte de très nombreux petits trous : *Une poterie poreuse* (**SYN.** perméable ; **CONTR.** étanche, imperméable).

porion n.m. (mot picard). Contremaître, dans une exploitation minière.

porno adj. (abrév.). *Fam.* Pornographique : *Des films pornos* (= classés X ; **SYN.** obscène). ◆ n.m. *Fam.* **1.** Genre pornographique : *Des sites Web consacrés au porno.* **2.** Film pornographique.

pornographie n.f. (du gr. *pornê*, prostituée, et *graphein*, décrire). Représentation complaisante de sujets obscènes, dans une œuvre littéraire ou cinématographique.

pornographique adj. Qui relève de la pornographie.

porosité n.f. État de ce qui est poreux : *La porosité*

de la pierre ponce (SYN. perméabilité ; CONTR. imperméabilité).

porphyre n.m. (du gr. *porphura*, pourpre). Roche volcanique contenant de grands cristaux inclus dans une pâte colorée.

porreau n.m. En Suisse, poireau.

porridge [pɔridʒ] n.m. (mot angl.). Bouillie de flocons d'avoine.

① **port** [pɔr] n.m. (lat. *portus*). **1.** Abri naturel ou artificiel, aménagé pour que les navires puissent embarquer ou débarquer des cargaisons et des passagers : *Un port maritime, fluvial. Un port de plaisance.* **2.** Ville qui possède un port : *Marseille est un port de commerce.* **3.** *Litt.* Lieu où l'on est à l'abri : *S'assurer un port dans la tempête* (SYN. havre, refuge). **4.** Interface électronique entre l'unité centrale d'un ordinateur et ses périphériques. ☞ REM. Ne pas confondre avec *porc* ou *pore*. ▸ ***Arriver à bon port,*** arriver à destination sans accident. ***Faire naufrage en arrivant au port,*** échouer au moment même de réussir.

② **port** [pɔr] n.m. (mot occitan). Col de montagne, dans les Pyrénées.

③ **port** [pɔr] n.m. (de *1. porter*). **1.** Action de porter sur soi ; fait d'avoir sur soi : *Le port du chapeau. Le port de la moustache.* **2.** Prix du transport d'une lettre, d'un paquet postal : *Un colis en port dû* (= à la charge du destinataire). *Les frais de port.* **3.** Manière dont une personne marche, se tient : *Avoir un port gracieux* (SYN. allure). ▸ ***Port d'armes,*** fait de porter une arme sur soi : *Il n'a pas de permis de port d'armes.*

portabilité n.f. Caractère d'un appareil, d'un matériel portable : *Améliorer la portabilité des ordinateurs.*

portable adj. **1.** Que l'on peut transporter manuellement : *Une machine à écrire portable* (SYN. portatif). **2.** Se dit d'un vêtement que l'on peut mettre, porter : *Cette veste est encore portable* (SYN. mettable ; CONTR. immettable, 2. importable). **3.** Se dit d'un programme informatique capable de fonctionner, sans grande modification, sur des ordinateurs de types différents. ◆ n.m. Appareil (notamm. ordinateur, téléviseur, radiotéléphone) portable.

portage n.m. **1.** Transport d'une charge à dos d'homme : *Le portage du matériel des randonneurs.* **2.** Au Québec, transport par voie de terre d'une embarcation, lorsque la navigation est impossible ; sentier utilisé pour cette opération : *Le portage le long d'un rapide.* **3.** Distribution d'un journal à domicile.

portail [pɔrtaj] n.m. (de l'anc. fr. *portal*, grande porte). **1.** Porte principale d'un édifice, d'un parc : *Les portails des églises romanes.* **2.** Site conçu pour être le point de départ de la navigation sur Internet et proposant aux utilisateurs des services thématiques et personnalisés.

portal, e, aux adj. Relatif à la veine porte.

portance n.f. **1.** En physique, force perpendiculaire à la direction de la vitesse d'un corps qui se déplace dans un fluide, dirigée vers le haut, et qui le soutient dans ce fluide : *Le coefficient de portance d'une aile d'avion.* **2.** Dans le domaine des travaux publics, aptitude d'un terrain à supporter des charges.

① **portant** n.m. **1.** Tringle à vêtements soutenue par des montants, à laquelle on accroche des cintres. **2.** Montant qui soutient les décors d'un théâtre.

② **portant, e** adj. ▸ ***Être bien, mal portant,*** être en bonne, en mauvaise santé.

③ **portant, e** adj. En aviation, se dit de ce qui assure la sustentation : *L'aile est une surface portante.*

portatif, ive adj. Se dit d'un objet de taille et de poids réduits, conçu pour être facilement emporté avec soi : *Un téléviseur portatif* (SYN. portable).

① **porte** n.f. (lat. *porta*). **1.** Ouverture permettant d'accéder à un lieu fermé et d'en sortir ; panneau mobile qui permet de fermer cette ouverture : *La porte d'entrée. Une porte blindée.* **2.** Battant, vantail fermant autre chose qu'une baie : *La porte d'une armoire.* **3.** *Anc.* Ouverture, accès ménagés dans l'enceinte fortifiée d'une ville. **4.** Emplacement d'une ancienne porte de ville ; quartier qui l'environne : *Ils habitent à Paris, à la porte d'Italie.* **5.** *Fig., sout.* Ce qui est considéré comme moyen d'accès, introduction : *La lecture est la porte de l'expression écrite.* **6.** En ski, espace compris entre deux piquets surmontés de fanions et dont le franchissement est obligatoire dans les épreuves de slalom. ▸ ***À la porte,*** en Belgique, à l'extérieur. ***Aux portes de,*** tout près de : *Les ennemis étaient aux portes de la ville.* *Fam.* ***C'est la porte à côté,*** c'est tout près d'ici. ***C'est la porte ouverte à,*** c'est la possibilité que qqch de négatif se produise : *C'est la porte ouverte à bien des abus.* ***De porte à porte,*** du point de départ au point d'arrivée : *De chez elle à chez moi, il faut compter dix minutes de porte à porte.* ***De porte en porte,*** de maison en maison. ***Entre deux portes,*** très rapidement ; sans prêter beaucoup d'attention à : *Il nous a reçus entre deux portes.* ***Entrer par la grande, la petite porte,*** accéder d'emblée à un poste important dans une carrière ; commencer par un emploi modeste. ***Frapper à la bonne, à la mauvaise porte,*** s'adresser à la personne qui convient ; s'adresser à qqn qui ne peut rien pour vous. ***Mettre à la porte,*** chasser ; renvoyer. ***Opération porte ouverte*** ou ***portes ouvertes,*** possibilité offerte au public de visiter librement une entreprise, un service public. ***Ouvrir, fermer la porte à qqch,*** le permettre ; le refuser, l'exclure. ***Porte de sortie,*** moyen de se tirer d'affaire. ***Prendre*** ou ***gagner la porte,*** sortir. ***Refuser sa porte à qqn,*** lui interdire l'entrée de sa maison. ***Trouver porte de bois,*** en Belgique, trouver porte close.

② **porte** adj. (de *1. porte*). ▸ ***Veine porte,*** qui conduit le sang.

porté, e adj. ▸ ***Être porté à,*** être enclin à : *Elle est portée à la colère* (SYN. prédisposé, sujet). ***Être porté sur,*** éprouver un goût très vif pour : *Ils sont très portés sur les sucreries.*

porte-à-faux n.m. inv. Partie d'une construction qui n'est pas directement soutenue par un appui. ▸ ***En porte-à-faux,*** qui n'est pas à l'aplomb de son point d'appui, qui est en déséquilibre : *Une échelle en porte-à-faux qui risque de tomber* ; fig., qui se trouve dans une situation ambiguë : *Ses hésitations l'ont mis en porte-à-faux.*

porte-aiguille n.m. (pl. *porte-aiguilles*). **1.** Pince chirurgicale servant à tenir l'aiguille lors des sutures. **2.** Pièce, dans une machine à coudre, où se fixe l'aiguille. **3.** Étui pour les aiguilles à coudre.

porte-à-porte n.m. inv. Technique de prospection ou de vente dans laquelle un démarcheur visite systématiquement les particuliers à leur domicile : *Faire du* *porte-à-porte pour une compagnie d'assurances* (**SYN.** démarchage).

porte-avions n.m. inv. Bâtiment de guerre aménagé pour le transport, le décollage et l'appontage des avions.

porte-bagages n.m. inv. **1.** Dispositif accessoire d'un véhicule (bicyclette, motocyclette, voiture de sport) pour arrimer les bagages. **2.** Filet, treillis, casier destiné à recevoir les bagages à main, dans un véhicule de transports en commun.

porte-bébé n.m. (pl. *porte-bébés*). **1.** Nacelle ou petit siège munis de poignées, servant à transporter un bébé. **2.** Sac ou harnais en tissu fort, permettant de transporter un bébé contre soi, sur le ventre ou dans le dos.

porte-billets n.m. inv. Petit portefeuille destiné à contenir des billets de banque.

porte-bonheur n.m. inv. Objet, bijou qui est censé porter chance ; amulette, talisman : *Les trèfles à quatre feuilles sont considérés comme des porte-bonheur* (**CONTR.** porte-malheur).

porte-bouquet n.m. (pl. *porte-bouquets*). Petit vase à fleurs destiné à être accroché.

porte-bouteilles n.m. inv. **1.** Casier pour ranger les bouteilles couchées. **2.** Panier, génér. divisé en cases, pour transporter les bouteilles debout.

porte-cartes n.m. inv. **1.** Petit portefeuille à compartiments transparents pour ranger les pièces d'identité, les cartes de visite, les cartes de crédit. **2.** Étui pliant pour les cartes routières.

porte-cigares n.m. inv. Étui à cigares.

porte-cigarettes n.m. inv. Étui à cigarettes.

porte-clés ou **porte-clefs** n.m. inv. Anneau ou étui pour porter les clefs.

porte-conteneurs n.m. inv. Navire aménagé pour le transport des conteneurs.

porte-couteau n.m. (pl. *porte-couteaux*). Ustensile de table sur lequel on pose l'extrémité du couteau, pour ne pas salir la nappe.

porte-documents n.m. inv. Serviette plate ne comportant génér. qu'une seule poche.

porte-drapeau n.m. (pl. *porte-drapeaux*). **1.** Celui qui porte le drapeau d'un régiment d'une association. **2.** Chef de file : *Elle est devenue le porte-drapeau des sans-papiers.*

portée n.f. **1.** Distance la plus grande à laquelle une arme peut lancer un projectile : *La portée d'une carabine.* **2.** Capacité intellectuelle : *Un esprit d'une faible portée* (**SYN.** envergure). **3.** Capacité que présente une chose à produire un effet ; efficacité, force : *Un incident d'une portée considérable* (**SYN.** importance, retentissement). *Elle ne mesure pas encore la portée de sa décision* (**SYN.** conséquence). **4.** Série de cinq lignes horizontales, équidistantes et parallèles, utilisée pour inscrire les notes de musique. **5.** Ensemble des petits qu'une femelle porte et met bas en une fois : *Une portée de cinq chatons.* **6.** Distance séparant deux points d'appui consécutifs d'une construction, d'un élément long : *Portée d'un pont, d'une poutre.* ▸ ***À portée de,*** qui peut être atteint, touché par : *Être à portée de vue, de voix, de main.* ***Cela est hors de sa portée,*** cela dépasse ses facultés de compréhension. ***Être à la portée de qqn,*** lui être accessible : *Veillez à ne pas laisser ces produits toxiques à la portée des enfants.*

portefaix [pɔrtəfɛ] n.m. (de *1. porter* et *faix*). *Anc.* Homme dont le métier était de porter des fardeaux.

porte-fenêtre n.f. (pl. *portes-fenêtres*). Porte vitrée qui ouvre sur une terrasse, un balcon.

portefeuille n.m. **1.** Petit étui muni de compartiments dans lequel on met ses billets de banque, ses papiers d'identité et autres documents. **2.** Titre, fonction de ministre ; département ministériel : *Le Premier ministre lui a confié le portefeuille de l'Éducation nationale* (**SYN.** ministère). **3.** Ensemble des effets de commerce, des valeurs mobilières appartenant à une personne ou à une entreprise : *Il gère lui-même son portefeuille.*

porte-greffe n.m. (pl. *porte-greffes*). Plante qui reçoit le ou les greffons.

porte-hélicoptères n.m. inv. Navire de guerre équipé pour le transport, le décollage et l'appontage des hélicoptères.

porte-jarretelles n.m. inv. Pièce de lingerie féminine composée d'une ceinture à laquelle sont fixées les jarretelles qui retiennent les bas.

porte-malheur n.m. inv. Être, objet censé porter malheur (**CONTR.** porte-bonheur).

portemanteau n.m. **1.** Support mural ou sur pied pour suspendre les vêtements : *Il décrocha son gilet du portemanteau.* **2.** Support incurvé à crochet permettant de suspendre les vêtements à une tringle : *Des portemanteaux en bois* (**SYN.** cintre).

porte-menu n.m. (pl. *porte-menus*). **1.** Support permettant de présenter le menu sur la table devant chaque convive. **2.** Cadre qui reçoit le menu, à la porte d'un restaurant.

portemine n.m. Instrument pour écrire constitué d'un tube qui renferme une mine de graphite dont la sortie est déclenchée par un poussoir ; stylomine.

porte-monnaie n.m. inv. Petit étui, pochette en matière souple, qui sert à mettre les pièces de monnaie : *Ces porte-monnaie sont en cuir.* ▸ ***Porte-monnaie électronique,*** carte à puce servant à régler des achats et que l'on peut réapprovisionner auprès d'une société spécialisée.

porte-objet n.m. (pl. *porte-objets*). **1.** Lame sur laquelle on place l'objet à examiner au microscope. **2.** Platine sur laquelle on place cette lame.

porte-papier n.m. inv. Dispositif (boîte, support de rouleau) destiné à recevoir du papier hygiénique.

porte-paquet n.m. (pl. *porte-paquets*). En Belgique, porte-bagages d'une bicyclette.

porte-parapluie n.m. (pl. *porte-parapluies*). Ustensile dans lequel on dépose les parapluies.

porte-parole n. inv. Personne qui parle au nom d'autres personnes, d'un groupe : *Elle est la porte-parole de l'association* (**SYN.** représentant). ◆ n.m. inv. Journal qui se fait l'interprète de qqn, d'un groupe : *Ce journal est le porte-parole du gouvernement* (**SYN.** organe).

porte-plume n.m. (pl. *porte-plumes*). Petit instrument sur lequel on fixe les plumes à écrire ou à dessiner.

① **porter** [pɔrte] v.t. (lat. *portare*) [conj. 3]. **1.** Soutenir un poids, une charge ; être chargé de : *L'élève* *porte son cartable sur le dos. Un père qui porte son fils dans ses bras.* **2.** Avoir sur soi comme vêtement, comme ornement, comme marque distinctive : *Elle portait une jupe noire. Depuis l'an dernier, elle porte des lunettes. Il porte la barbe.* **3.** Tenir une partie du corps de telle ou telle manière : *Elle porte la tête bien droite.* **4.** Laisser paraître sur soi ; présenter à la vue : *Il porte une expression de tristesse sur le visage* (**SYN.** afficher, arborer). *Sa lettre porte la date d'hier* (**SYN.** montrer). **5.** Être désigné par tel nom, tel surnom, tel titre : *Cet enfant porte le nom de sa mère. Il porte le titre de « délégué général ».* **6.** Inscrire sur une liste, sur un document : *Porter les corrections dans la marge* (**SYN.** noter). *Porter les résultats dans le tableau* (**SYN.** écrire, entrer). **7.** Faire aller, déplacer d'un endroit à un autre : *Porter un paquet à la poste* (**SYN.** apporter). *Porter un verre à ses lèvres. Elle porta la main à son cœur.* **8.** Transmettre qqch à qqn ; faire parvenir qqch quelque part : *Portez-lui la bonne nouvelle. Il a porté l'affaire devant les tribunaux.* **9.** Avoir dans son corps pendant la grossesse ou la gestation : *Cette femme porte des jumeaux. Une chienne qui porte des petits.* **10.** Produire, en parlant d'un végétal : *Ce pommier porte de beaux fruits.* **11.** Amener à un certain état, à un certain degré, à une certaine valeur : *Le forgeron porte le métal à incandescence. Son décès porte le nombre des victimes à cinq.* **12.** Pousser qqn à qqch, à faire qqch : *Son comportement me porte à croire qu'il était sincère* (**SYN.** inciter, induire). *Son caractère la porte à l'indulgence* (**SYN.** incliner). **13.** Éprouver un sentiment : *Elle porte une affection sans bornes à ses enfants* (**SYN.** vouer). **14.** Transposer une œuvre d'un domaine artistique dans un autre : *Porter un roman à la scène, à l'écran* (**SYN.** adapter). ▸ ***Porter bien son âge,*** paraître vigoureux, alerte, en dépit de l'âge. ***Porter la main sur qqn,*** le frapper. ***Porter les armes,*** être militaire. ***Porter ses fruits,*** donner un bon résultat ; avoir des conséquences heureuses : *Mon travail a porté ses fruits* (= il a été récompensé). ***Porter tort à qqn,*** lui causer un préjudice, un dommage moral. ◆ v.i. **1.** Être efficace, perceptible jusqu'à une certaine distance : *Elle a une voix qui porte.* **2.** Atteindre un objectif ; avoir de l'effet : *Ses conseils ont porté.* ▸ ***Porter beau,*** avoir de la prestance, de l'élégance en dépit de l'âge. ◆ v.t. ind. **1. [sur].** Être soutenu par ; s'appuyer sur : *Les arches du pont portent sur deux piliers* (**SYN.** reposer). *Tout le poids de son corps porte sur la jambe d'appui.* **2. [sur].** Tomber sur : *L'accent porte sur la dernière syllabe.* **3. [sur].** Avoir pour objet ; se rapporter à : *La réunion portera sur ce problème* (**SYN.** traiter de). *Leur désaccord porte sur cette clause du contrat* (**SYN.** concerner, toucher). **4. [contre, sur].** Venir heurter : *Sa tête a porté contre le mur, sur le coin de la table* (**SYN.** cogner, toucher). **5. [à].** Avoir telle direction, en parlant du vent ou du courant : *Le courant porte au large, à la côte.* **6. [à].** Avoir telle portée : *Un fusil qui porte à 500 mètres.* ▸ ***Porter à faux,*** n'être pas à l'aplomb de son point d'appui, en parlant d'une charge, d'une pièce ; être en porte-à-faux. ***Porter à la tête,*** être fort, entêtant, en parlant d'un parfum ; provoquer l'ivresse, en parlant d'un vin. ***Porter sur les nerfs de qqn,*** l'irriter énormément (= agacer, énerver). ◆ **se porter** v.pr. **1.** Avoir tel état de santé : *Il se porte très bien.* **2.** Se présenter en tant que : *Les conseillers se sont portés candidats.* **3.** En parlant d'un vêtement, devoir être mis de telle manière : *Les pantalons se portent larges cette année.* **4.** Aller, se diriger vers : *Elle s'est portée à la rencontre des invités. Les soupçons se portent sur elle.* **5.** *Sout.* Se laisser aller à ; en venir jusqu'à : *Ils se sont portés à des voies de fait* (**SYN.** se livrer à).

② **porter** [pɔrtɛr] n.m. (mot angl., de *porter's ale,* bière blonde de portefaix). Bière anglaise, brune et amère.

porte-revues n.m. inv. Accessoire de mobilier dans lequel on range des revues, des journaux.

porte-savon n.m. (pl. *porte-savons*). Support ou récipient disposé près d'un évier, d'une baignoire, d'un lavabo pour recevoir le savon.

porte-serviette n.m. (pl. *porte-serviettes*). Support pour suspendre les serviettes de toilette : *Des porte-serviettes chauffants.* ◆ n.m. inv. Pochette pour ranger une serviette de table : *Des porte-serviette brodés.*

① **porteur, euse** adj. **1.** Qui porte ou supporte qqch : *Un mur porteur.* **2.** Qui est riche de possibilités (surtout commerciales, techniques) : *Un marché porteur. Une industrie porteuse.* ▸ ***Mère porteuse,*** femme qui porte dans son utérus jusqu'à la naissance de l'enfant l'ovule fécondé d'une autre femme.

② **porteur, euse** n. **1.** Personne dont le métier est de porter des bagages, des colis. **2.** Celui qui est chargé de remettre une lettre, un télégramme. **3.** Personne au profit de laquelle un effet de commerce a été souscrit ou endossé : *Traite payable au porteur.* **4.** Personne qui porte sur soi ; détenteur : *Porteur d'une arme. Bousculer le porteur du ballon.*

porte-voix n.m. inv. Instrument destiné à diriger et à amplifier le son de la voix ; mégaphone : *Mettre ses mains en porte-voix* (= les placer en cornet devant sa bouche).

portfolio [pɔrtfɔljo] n.m. (mot angl. signif. « portefeuille », de l'it.). Ensemble d'estampes ou de photographies, à tirage limité, réunies sous emboîtage.

① **portier, ère** n. (bas lat. *portarius,* du lat. class. *porta,* porte). Employé qui se tient à l'entrée de certains établissements pour accueillir et guider les visiteurs ou les clients.

② **portier** n.m. ▸ ***Portier électronique,*** dispositif électronique placé à l'entrée d'un bâtiment pour en permettre l'accès grâce à un code, que l'on compose sur un clavier.

portière n.f. **1.** Porte d'une automobile ou d'une voiture de chemin de fer : *Les portières arrière de ta voiture sont mal fermées.* **2.** Tenture, tapisserie destinée à masquer une porte.

portillon [pɔrtijɔ̃] n.m. Porte à battant génér. assez bas : *Un portillon sépare le potager du verger.*

portion [pɔrsjɔ̃] n.f. (du lat. *portio, portionis,* part). **1.** Partie d'un tout divisé : *Une portion d'autoroute non payante* (**SYN.** tronçon). **2.** Quantité d'aliments servie à une personne ; part de nourriture : *Une portion de riz* (**SYN.** ration). *Une portion de quatre-quarts* (**SYN.** tranche).

portique n.m. (lat. *porticus,* de *porta,* porte). **1.** Galerie couverte, devant une façade ou sur une cour intérieure, dont la voûte est soutenue par des colonnes ou des arcades. **2.** Poutre horizontale soutenue par des poteaux, et à laquelle on accroche les agrès de gymnastique. ▸ ***Portique électronique*** ou ***de sécurité,*** dispositif de détection des métaux permettant, dans les aéroports notamm., de déceler si les passagers sont porteurs d'armes ou d'objets dangereux.

porto n.m. (de *Porto,* ville du Portugal). Vin de liqueur produit sur les rives du Douro, au Portugal.

portrait n.m. (de l'anc. fr. *pourtraire,* dessiner). **1.** Image donnée d'une personne par la peinture, le dessin, la sculpture ou la photographie ; image de son visage : *Faire le portrait de qqn.* **2.** Représentation, description de qqn, d'une réalité complexe par l'écriture, le cinéma, etc. : *Cet écrivain brosse le portrait de la société du* XX*e siècle, en France* (SYN. fresque, peinture, tableau). **3.** *Fam.* Visage ; figure : *Abîmer le portrait à qqn* (= lui casser la figure, le rosser). **4.** Jeu de société dans lequel un des joueurs doit deviner, d'après les réponses par « oui » ou par « non » qu'on fait à ses questions, le nom de qqn ou de qqch : *Jouer au portrait chinois* (= dans lequel on devine par des analogies). ▸ ***Être le portrait de qqn,*** lui ressembler de manière frappante : *Cet enfant est tout le portrait de sa mère.*

portraitiste n. Peintre qui fait des portraits.

portrait-robot n.m. (pl. *portraits-robots*). Dessin ou photomontage du visage d'un individu recherché par la police, exécuté d'après la description de divers témoins : *La presse a diffusé les portraits-robots des ravisseurs.*

portraiturer v.t. [conj. 3]. Faire le portrait de qqn.

Port-Salut n.m. inv. (nom déposé). Fromage au lait de vache, à pâte pressée.

portuaire adj. Relatif à un port, aux ports : *Les installations portuaires.*

portugais, e adj. et n. Relatif au Portugal, à ses habitants. ◆ **portugais** n.m. Langue romane parlée notamm. au Portugal et au Brésil. ◆ **portugaise** n.f. Variété d'huître. ▸ *Fam.* ***Avoir les portugaises ensablées,*** entendre mal ; être dur d'oreille.

portulan n.m. (de l'it. *portolano,* pilote). Carte marine de la fin du Moyen Âge et de la Renaissance, indiquant la position des ports et le contour des côtes.

pose n.f. **1.** Action de poser, de mettre en place, d'installer qqch : *La pose d'une moquette* (SYN. installation). **2.** Manière de se tenir ; position du corps : *Prendre une pose indolente* (SYN. attitude, posture). **3.** Attitude dans laquelle un modèle se tient pour un artiste, pour un photographe : *Garder la pose.* **4.** *Fig.* Affectation ; manque de naturel : *Son indifférence, c'est de la pose* (SYN. manières). **5.** Durée pendant laquelle le film photographique est exposé aux rayons lumineux à travers l'objectif de l'appareil ; durée pendant laquelle le papier photographique est exposé à la lumière lors du tirage : *Le temps de pose.* **6.** En Afrique, toute photographie. ☞ REM. Ne pas confondre avec *pause.*

posé, e adj. Calme et mesuré dans ses gestes et ses paroles ; qui manifeste ce calme, cette pondération : *Une jeune fille posée* (SYN. réfléchi, sérieux ; CONTR. étourdi, irréfléchi). *Un ton posé* (SYN. grave ; CONTR. fougueux).

posément adv. Sans se presser : *Elle parlait posément* (SYN. calmement ; CONTR. précipitamment).

posemètre n.m. En photographie, appareil servant à déterminer les temps de pose ; cellule photoélectrique.

poser v.t. (du lat. *pausare,* s'arrêter) [conj. 3]. **1.** Cesser de porter, de tenir ; mettre sur ou contre qqch servant de support, d'appui : *Elle a posé le vase sur la table* (SYN. placer ; CONTR. enlever, ôter, retirer). *Il a posé son vélo contre le mur* (SYN. appuyer). *Pose ton sac par terre !* (SYN. déposer ; CONTR. ramasser). **2.** Placer à l'endroit convenable ; installer : *Poser des rideaux aux fenêtres* (SYN. accrocher). *Poser un tapis.* **3.** Appliquer un produit, qqch sur une surface : *Poser de l'enduit, du papier peint sur un mur.* **4.** Écrire conformément aux règles de l'arithmétique, de l'algèbre : *Poser une addition. Sept et cinq font douze, je pose deux et je retiens un.* **5.** Admettre ou avancer une vérité établie, une hypothèse : *Posons ceci comme vrai* (SYN. énoncer). *Je pose comme principe qu'elle est capable de réussir* (SYN. supposer). **6.** Conférer de l'importance à qqn, accroître la considération dont il jouit : *Ses victoires l'ont posé dans le milieu du cyclisme.* **7.** Énoncer ; émettre : *Puis-je poser une question ? Votre question est mal posée* (SYN. formuler). *Il aime poser des devinettes.* ☞ REM. Ne pas confondre avec *pauser.* ▸ ***Poser les armes,*** cesser un combat armé ; faire la paix. ***Poser les yeux sur,*** regarder ; fixer. ***Poser sa candidature,*** la présenter dans les formes requises. ***Poser un acte,*** en Belgique, l'accomplir. ***Poser un avion,*** le faire atterrir. ***Poser un problème,*** être un objet de préoccupation : *La vente de cette maison pose un problème.* ◆ v.i. **1. [sur].** Prendre appui sur ; être soutenu par : *La voûte pose sur ces colonnes* (SYN. reposer). **2.** Prendre une certaine attitude, une pose qu'un artiste va reproduire : *Il pose pour des photos de mode.* **3.** *Fig.* Se tenir, se comporter de façon artificielle, affectée : *Regarde-la poser devant le directeur !* (SYN. parader, se pavaner). **4.** Observer un temps de pose en photographiant. ▸ ***Poser à,*** chercher à se faire passer pour : *Poser au héros* (SYN. jouer à). ◆ **se poser** v.pr. **1.** Cesser de voler et se mettre sur qqch : *Une hirondelle s'est posée sur mon balcon. L'hélicoptère s'est posé en catastrophe* (SYN. atterrir ; CONTR. décoller). **2.** En parlant d'une partie du corps, s'appuyer, s'appliquer sur : *Sa main s'est posée sur la mienne.* **3.** En parlant du regard, s'arrêter, rester fixé : *Tous les yeux se posèrent sur elle.* **4.** Être ou pouvoir être mis en place, installé : *Cette moquette se pose très facilement.* **5.** Être d'actualité ; survenir : *La question se pose de savoir s'il faut intervenir ou non. Le même problème se pose régulièrement.* ▸ ***Se poser en*** ou ***comme,*** se donner pour ; se définir comme : *Il se pose toujours en victime.* *Fam.* ***Se poser là,*** être notable, remarquable dans son genre : *Comme hypocrite, tu te poses là !*

poseur, euse n. et adj. **1.** Personne qui procède à la pose de certains objets : *Un poseur de carrelages.* **2.** *Fig.* Personne qui met de l'affectation dans ses attitudes, ses gestes : *Je n'ai jamais vu une telle poseuse* (SYN. prétentieux, snob). *Il est très poseur* (SYN. maniéré ; CONTR. naturel, simple).

① **positif, ive** adj. (bas lat. *positivus,* du lat. class. *positus,* établi). **1.** Qui affirme, accepte (par opp. à négatif) : *Une réponse positive* (SYN. affirmatif). **2.** Qui relève de l'expérience concrète (par opp. à théorique) : *Les sciences positives. Un fait positif* (SYN. avéré, incontestable, réel). *Des avantages positifs* (SYN. matériel). **3.** Qui montre la présence de l'élément ou de l'effet recherchés : *Un test médical positif* (**CONTR.** négatif). **4.** Qui fait preuve de réalisme ; qui a le sens pratique : *Un esprit positif* (**CONTR.** chimérique). **5.** Qui constitue un progrès ; qui a un effet favorable : *Un changement positif* (**SYN.** bénéfique). ▸ ***Charge électrique positive,*** l'une des deux formes d'électricité statique, de même nature que celle que l'on développe sur un morceau de verre frotté avec de la laine. ***Épreuve positive,*** épreuve photographique tirée d'après un négatif (on dit aussi *un positif*). ***Nombre positif,*** nombre égal ou supérieur à 0.

② **positif** n.m. **1.** Ce qui est incontestable ; ce qui existe réellement : *Une philosophie qui s'appuie sur le positif* (**SYN.** réalité, réel). **2.** Ce qui est vraiment utile ; ce qui repose sur des faits, sur l'expérience (par opp. à imaginaire) : *Il me faut du positif* (**SYN.** concret ; **CONTR.** abstrait). **3.** En photographie, épreuve positive. **4.** En grammaire, degré de l'adjectif qualificatif et de l'adverbe employés sans idée de comparaison (par opp. à comparatif, superlatif).

position n.f. (lat. *positio*, de *ponere*, placer). **1.** Situation dans l'espace ; place occupée par rapport à ce qui est autour : *La position des pions sur un damier* (**SYN.** place). *Déterminer la position des acteurs sur la scène* (**SYN.** emplacement, disposition). *La position d'un avion dans le ciel* (**SYN.** localisation). **2.** Manière dont qqch est placé, posé : *Ranger des bouteilles en position verticale.* **3.** Situation relative de qqn dans un ensemble hiérarchisé : *La position d'un coureur au classement général* (**SYN.** place, rang). **4.** Situation sociale de qqn : *Elle occupe une position importante dans cette entreprise* (**SYN.** charge, emploi, 2. poste). **5.** *Fig.* Circonstances particulières dans lesquelles qqn se trouve placé : *Il est dans une position délicate* (**SYN.** situation). **6.** Emplacement occupé par une troupe, une armée : *Bombarder les positions ennemies.* **7.** Posture du corps ou d'une partie du corps : *S'asseoir dans une position inconfortable* (**SYN.** attitude). **8.** *Fig.* Opinion professée, parti adopté par qqn sur un sujet donné, dans une discussion : *Il n'a pas une position claire sur le sujet* (**SYN.** avis, idée, point de vue). **9.** Situation, positive ou négative, d'un compte bancaire telle qu'elle est indiquée à une date donnée par le solde de celui-ci. ▸ ***Prendre position,*** faire connaître son opinion, prendre parti sur un sujet : *Il ne prend jamais position* (= il reste neutre). ***Rester sur ses positions,*** ne pas céder de terrain ; ne pas changer d'avis.

positionnement n.m. Action de positionner, de se positionner.

positionner v.t. [conj. 3]. **1.** Mettre en position avec une précision imposée : *Positionner le curseur sur l'écran d'un ordinateur.* **2.** Déterminer la situation d'un produit sur un marché, en tenant compte de la concurrence : *Positionner un nouveau modèle de voiture.* **3.** Indiquer ou déterminer les coordonnées géographiques, l'emplacement exact de : *Positionner un navire.* ◆ **se positionner** v.pr. **1.** Se placer en un lieu, à un rang précis : *L'image se positionne à gauche du texte.* **2.** *Fig.* Se situer, se définir par rapport à : *Ce nouveau parti se positionne comme une force d'appoint au gouvernement.*

positivement adv. **1.** Avec certitude, précision : *Il est positivement certain de cela* (**SYN.** réellement, vraiment). **2.** D'une façon heureuse : *La situation évolue positivement* (**SYN.** favorablement ; **CONTR.** défavorablement). **3.** De façon indéniable : *Ce gâteau est positivement immangeable* (**SYN.** absolument).

positiver v.t. et v.i. [conj. 3]. (Emploi critiqué). **1.** Présenter, envisager qqch sous un angle positif, constructif : *Positiver son stress.* **2.** Faire preuve d'optimisme : *Cesse de broyer du noir, il faut positiver !*

positivisme n.m. Système philosophique d'Auguste Comte qui considère l'expérience comme le seul fondement de la connaissance.

positiviste adj. et n. Qui relève du positivisme ; qui en est partisan.

positivité n.f. Caractère de ce qui est positif (par opp., à négativité).

positron ou **positon** n.m. (de *positif* et *électron*). Électron possédant une charge positive.

posologie n.f. (du gr. *posos*, combien grand). **1.** Indications précisant la quantité et le rythme d'administration d'un médicament : *Suivre la posologie.* **2.** Étude du dosage et des modalités d'administration des médicaments.

possédant, e adj. et n. Qui possède des biens, de la fortune : *Les classes possédantes* (**SYN.** aisé, fortuné, riche ; **CONTR.** pauvre).

possédé, e adj. et n. En proie à une possession démoniaque, occulte : *Exorciser un possédé.*

posséder v.t. (lat. *possidere*) [conj. 18]. **1.** Avoir à soi ; disposer de : *Il possède un appartement au bord de la mer.* **2.** Avoir en soi ; contenir : *Ce pays possède des réserves de pétrole* (**SYN.** renfermer). **3.** Avoir en soi une caractéristique, une qualité, un avantage : *Il possède une grande faculté d'adaptation* (**SYN.** bénéficier de, jouir de). **4.** Connaître parfaitement : *Il possède l'informatique* (**SYN.** maîtriser). **5.** *Fam.* Duper ; tromper : *Il nous a bien possédés !* (**SYN.** berner). ▸ ***Posséder une femme,*** avoir des rapports sexuels avec elle. ◆ **se posséder** v.pr. *Sout.* Se maîtriser ; se contrôler : *Lorsqu'elle est très heureuse, elle ne se possède plus* (**SYN.** se contenir, se dominer).

possesseur n.m. Personne qui a qqch en sa possession ; propriétaire : *Nous recherchons le possesseur de la carte numéro 25* (**SYN.** détenteur).

possessif, ive adj. Qui éprouve un besoin de possession, de domination à l'égard de qqn : *Son fiancé est très possessif.* ◆ adj. Se dit des adjectifs déterminatifs et des pronoms qui expriment la possession, l'appartenance : *« Son » dans « c'est son livre » est un adjectif possessif.* ◆ **possessif** n.m. Adjectif ou pronom possessif : *Les possessifs s'accordent avec le nom qu'ils déterminent.*

possession n.f. **1.** Fait de posséder ; chose possédée : *La possession de substances illégales lui a valu la prison* (**SYN.** détention). *Les possessions du mafieux ont été saisies* (**SYN.** bien, propriété). **2.** Territoire possédé par un État : *Ce pays était une possession espagnole* (**SYN.** colonie). **3.** Maîtrise de son comportement, de ses facultés : *Il n'est plus en possession de tous ses moyens.* **4.** État d'une personne possédée par une force démoniaque, occulte : *Nous n'avons jamais entendu parler de cas de possession par ici.* ▸ ***Avoir en sa possession*** ou ***être en possession de,*** posséder. ***Prendre possession de qqch,*** s'en emparer ; en prendre livraison : *Vous pourrez prendre possession de votre ordinateur la* *semaine prochaine.* ***Rentrer en possession de,*** pouvoir de nouveau disposer de ; recouvrer.

possessivité n.f. Fait de se montrer possessif, dominateur : *La possessivité d'un père à l'égard de ses enfants.*

possibilité n.f. **1.** Caractère de ce qui est possible : *Le médiateur croit à la possibilité d'un arrangement* (**SYN.** éventualité ; **CONTR.** impossibilité). **2.** Moyen de faire qqch ; faculté, pouvoir : *Je n'ai pas eu la possibilité de te téléphoner plus tôt* (**SYN.** loisir, occasion). **3.** Ce qui est possible : *Je n'avais pas réfléchi à cette possibilité.* ◆ **possibilités** n.f. pl. Ensemble de ce dont est capable qqn ou qqch : *Cette étudiante a des possibilités* (**SYN.** ressources). *Les possibilités de cette voiture sont considérables.*

possible adj. (lat. *possibilis,* de *posse,* pouvoir). **1.** Qui peut être fait, obtenu : *Toutes ces modifications sont-elles possibles ?* (**SYN.** faisable, réalisable ; **CONTR.** impossible, irréalisable). *Il ne m'est pas possible de vous aider.* **2.** Qui peut exister, se produire : *Un accident est toujours possible* (**SYN.** envisageable). *Il est possible qu'il ne vienne pas. Nous envisageons tous les cas possibles* (**SYN.** éventuel, imaginable ; **CONTR.** invraisemblable). **3.** Sert à renforcer un superlatif relatif : *Faites le moins d'erreurs possible ! Prends les plus petits possible !* **4.** *Fam.* Que l'on peut éventuellement accepter, supporter : *Le nouveau patron est juste possible* (**SYN.** correct, vivable ; **CONTR.** détestable, odieux). *Elle n'est pas possible, cette gamine !* (= elle est insupportable). ▸ ***C'est possible,*** peut-être. ◆ n.m. Ce qui est réalisable, qui peut être : *Le possible et l'impossible.* ▸ ***Au possible,*** extrêmement : *Il est sournois au possible.* ***Faire son possible*** ou ***tout son possible,*** faire ce qu'on peut ; agir au mieux de ses moyens.

possiblement adv. *Litt.* Peut-être ; vraisemblablement.

postage n.m. Action de poster, de mettre à la poste.

postal, e, aux adj. Relatif à la poste : *Un train postal.* ▸ ***Boîte postale*** ou ***B.P.,*** boîte aux lettres d'un bureau de poste, où le destinataire se fait adresser son courrier ; cette adresse : *Beaucoup d'entreprises ont une boîte postale.*

postcommunisme n.m. Situation créée par l'effondrement des pouvoirs communistes.

postcure n.f. Période de repos et de réadaptation qui suit une longue maladie ou une opération.

postdate n.f. Date inscrite sur un document et qui est postérieure à la date réelle.

postdater v.t. [conj. 3]. Apposer sur un document une date postérieure à la date réelle de sa rédaction : *Postdater une lettre* (**CONTR.** antidater).

① **poste** n.f. (it. *posta,* de *porre,* placer, du lat. *ponere,* poser). **1.** Entreprise publique, chargée du ramassage, du transport et de la distribution du courrier et des colis, ainsi que d'opérations financières : *Envoyer une lettre par la poste.* **2.** Bureau, local où s'effectuent les opérations postales : *Je dois aller à la poste pour retirer un pli recommandé.* **3.** *Anc.* Relais de chevaux établi le long d'un trajet, qui permettait de remplacer les attelages fatigués. ▸ ***Poste restante*** → **restant.**

② **poste** n.m. (it. *posto*). **1.** Local affecté à une destination particulière, où qqn remplit une fonction déterminée : *Un poste de douane. Un poste de secours.* **2.** Emploi professionnel ; lieu où s'exerce cette activité ; division de la journée en périodes de travail : *Il occupe le poste d'assistant. L'employé a quitté son poste à peine 5 minutes. Elle a un poste de nuit.* **3.** Installation distributrice ; emplacement aménagé pour recevoir certaines installations techniques : *Un poste d'essence, d'incendie, de ravitaillement.* **4.** Appareil récepteur de radio ou de télévision : *Éteins le poste !* **5.** Chacun des différents appareils d'une installation téléphonique intérieure : *Je te donne le numéro de mon poste, au bureau.* **6.** Locaux d'un commissariat de police ; antenne d'un commissariat (on dit aussi *un poste de police*) : *Ils ont passé la nuit au poste.* **7.** Endroit fixé à un militaire ou à une petite unité pour assurer une mission de surveillance ou de combat : *Abandonner son poste* (= déserter). ▸ ***Être fidèle au poste,*** ne pas manquer à ses obligations : *Un chroniqueur sportif fidèle au poste* ; fam., être vigoureux, résistant, solide : *À quatre-vingts ans, elle est toujours fidèle au poste.* ***Poste de commandement*** ou ***P.C.,*** emplacement où s'établit un chef militaire pour exercer son commandement. ***Poste de pilotage,*** dans un avion, une fusée, lieu où se tiennent le pilote, le commandant de bord (= cabine, habitacle).

posté, e adj. Se dit d'un travail organisé suivant un système d'équipes successives.

① **poster** [pɔste] v.t. (de *1. poste*) [conj. 3]. **1.** Mettre à la poste ou dans une boîte aux lettres publique : *J'ai posté ce paquet hier.* **2.** Publier un article ou un commentaire sur un média Internet.

② **poster** [pɔste] v.t. (de *2. poste*) [conj. 3]. Placer à un poste, dans un endroit déterminé pour guetter, surveiller : *Il a posté deux inspecteurs de police en bas de chez elle.* ◆ **se poster** v.pr. Se placer quelque part pour une action déterminée : *Ils se sont postés derrière un arbre pour l'observer* (**SYN.** se cacher, s'embusquer).

③ **poster** [pɔstɛr] n.m. (mot angl. signif. « affiche »). Affiche illustrée ou photo tirée au format d'une affiche, destinées à la décoration : *Il a punaisé quelques posters d'acteurs sur les murs de sa chambre.*

postérieur, e adj. (lat. *posterior*). **1.** Qui vient après dans le temps : *Elle a remis la réunion à une date postérieure* (**SYN.** ultérieur ; **CONTR.** antérieur). *Cet incident est bien postérieur à ton départ.* **2.** Qui est placé derrière, en arrière dans l'espace : *Les membres postérieurs du chien* (**SYN.** arrière ; **CONTR.** antérieur, avant). ◆ **postérieur** n.m. *Fam.* Fesses.

postérieurement adv. À une date postérieure ; après : *Son contrat a été rédigé postérieurement* (**SYN.** ultérieurement ; **CONTR.** antérieurement).

a **posteriori** [apɔsterjɔri] loc. adv. → **a posteriori.**

postériorité n.f. État d'une chose postérieure à une autre : *L'enquête a permis d'établir la postériorité du testament* (**CONTR.** antériorité).

postérité n.f. (du lat. *posteritas,* le temps qui vient ensuite). **1.** *Litt.* Suite de ceux qui descendent d'une même souche : *Cet homme est mort sans postérité* (**SYN.** descendant, enfant). **2.** Ensemble des générations futures : *Ces chercheurs travaillent pour la postérité* (**SYN.** avenir). ▸ ***Entrer dans la postérité*** ou ***passer à la postérité,*** être conservé dans la mémoire des générations successives.

postface n.f. Commentaire, explication placés à la fin d'un livre (par opp. à préface).

posthume adj. (du lat. *postumus*, dernier). **1.** Qui se produit après la mort : *La célébrité posthume d'un peintre* (SYN. post mortem). **2.** Publié après le décès de l'auteur : *Une œuvre posthume.* **3.** Né après la mort de son père : *Un enfant posthume.*

postiche adj. (it. *posticcio*, de *porre*, placer, du lat. *ponere*, poser). **1.** Fait et ajouté après coup : *Le manoir est flanqué d'une tour postiche.* **2.** Qui sert à modifier l'apparence de qqn : *Une barbe postiche* (SYN. artificiel, factice, faux). ◆ n.m. **1.** Mèche ou touffe de faux cheveux ; perruque. **2.** Fausse barbe ; fausse moustache.

postier, ère n. Employé de la poste.

postillon [pɔstijɔ̃] n.m. (it. *postiglione*, de *posta*, poste). **1.** *Fam.* Gouttelette de salive projetée en parlant : *Envoyer des postillons.* **2.** *Anc.* Homme qui conduisait les chevaux des voitures de poste.

postillonner [pɔstijɔne] v.i. [conj. 3]. *Fam.* Projeter des postillons en parlant.

postimpressionnisme n.m. Ensemble des courants artistiques issus de l'impressionnisme.

postimpressionniste adj. et n. Qui appartient ou se rattache au postimpressionnisme.

Post-it n.m. inv. (nom déposé). Petit papier partiellement enduit d'une colle qui permet de le décoller et de le recoller.

postmoderne adj. et n. Qui appartient, se rattache au postmodernisme.

postmodernisme n.m. Dans le dernier quart du XXe siècle, tendance architecturale à laisser jouer l'invention dans le sens de la liberté formelle et de l'éclectisme.

postmodernité n.f. Perte de confiance dans les valeurs de la modernité (progrès, émancipation, etc.).

post mortem [pɔstmɔrtɛm] loc. adv. (mots lat. signif. « après la mort »). Après la mort : *Faire des analyses post mortem.* ◆ loc. adj. Posthume : *Une gloire post mortem.*

postnatal, e, als ou **aux** adj. Qui suit immédiatement la naissance : *Les soins postnatals* (CONTR. anténatal, prénatal).

postopératoire adj. Qui se produit, se fait à la suite d'une intervention chirurgicale : *Des complications postopératoires.*

post-partum [pɔstpartɔm] n.m. inv. (mots lat. signif. « après l'accouchement »). Période qui suit immédiatement un accouchement.

postposé, e adj. Se dit d'un mot, d'un morphème placé après un autre (par opp. à antéposé) : *Dans la phrase « Va-t-elle chanter ? », le sujet est postposé.*

postposer v.t. [conj. 3]. En Belgique, différer ; remettre à plus tard.

postposition n.f. Mot grammatical invariable ou particule qui se place après l'élément qu'il régit : *Dans le verbe anglais « to put down », « down » est une postposition.*

postprandial, e, aux adj. (du lat. *post*, après, et *prandium*, déjeuner). En médecine, qui suit un repas ; qui se produit après le repas : *Une douleur d'estomac postprandiale.*

postscolaire adj. Se dit d'une formation postérieure à la scolarité : *Suivre des cours postscolaires.*

post-scriptum [pɔstskriptɔm] n.m. inv. (mots lat. signif. « écrit après »). Ajout fait à une lettre après la signature (abrév. P.-S.) : *Elle a ajouté son nouveau numéro de téléphone en post-scriptum. Toutes ses lettres ont des post-scriptum.*

postsynchronisation [pɔstsɛ̃krɔnizasjɔ̃] n.f. Enregistrement des dialogues d'un film en synchronisme avec les images, postérieurement au tournage.

postsynchroniser [pɔstsɛ̃krɔnize] v.t. [conj. 3]. Effectuer la postsynchronisation de : *Il faudra postsynchroniser ces scènes d'extérieur.*

postulant, e n. Personne qui postule une place, un emploi ; candidat.

postulat n.m. (du lat. *postulatum*, demande). **1.** Proposition qui ne peut être démontrée mais que l'on doit admettre comme base de démonstrations ultérieures (par opp. à théorème) ; axiome : *Le postulat d'Euclide.* **2.** En Suisse, vœu qu'un parlementaire transmet au pouvoir exécutif après qu'il a été approuvé par la majorité de l'assemblée.

postuler v.t. (du lat. *postulare*, demander) [conj. 3]. **1.** Être candidat à un emploi ; demander une place : *Il a postulé un poste auprès d'une multinationale* (SYN. solliciter). **2.** Poser comme postulat au départ d'une démonstration : *Postulons que x est supérieur à 5* (SYN. poser, présupposer, supposer). ◆ v.i. Être candidat à un emploi, à une fonction : *Elle postule au* ou *pour le poste d'administratrice.*

posture n.f. (it. *postura*). Position particulière du corps ; maintien de cette position : *Une posture peu gracieuse* (SYN. attitude). ▸ ***Être en bonne, mauvaise posture,*** être dans une situation favorable, défavorable : *Après cette erreur, elle est en mauvaise posture pour le reste de la compétition.*

pot n.m. (bas lat. *potus*). **1.** Récipient de formes et d'usages divers ; son contenu : *Un pot de confiture. Un pot à lait. J'ai fini le pot de moutarde pour cuisiner le lapin.* **2.** Vase en terre dans lequel on fait pousser des plantes (on dit aussi *un pot de fleurs*) : *Préférez-vous les fleurs en pot ou les fleurs coupées ? Des fines herbes cultivées en pot.* **3.** Petit récipient destiné aux besoins naturels, partic. des petits enfants (on disait aussi *un pot de chambre*) : *Mettre un enfant sur le pot.* **4.** *Fam.* Verre d'une boisson quelconque ; réunion où l'on boit : *Payer un pot à un ami* (SYN. consommation, rafraîchissement). *Organiser un pot pour la sortie d'un dictionnaire.* **5.** *Fam.* Chance : *Je n'ai vraiment pas de pot.* **6.** Au poker, montant des enjeux. ▸ ***À la fortune du pot,*** sans cérémonie (= à la bonne franquette). ***Découvrir le pot aux roses*** [potoroz], découvrir le secret d'une affaire. ***Le pot de terre et le pot de fer,*** le danger que le faible court à s'allier avec le fort (allusion à une fable de La Fontaine). *Fam.* ***Payer les pots cassés,*** payer le dommage causé. ***Plein pot,*** à toute vitesse : *Conduire plein pot* ; plein tarif : *Payer plein pot.* ***Pot au noir*** [potonwar], zone des calmes équatoriaux où la navigation est difficile ; fig., situation embrouillée. ***Pot catalytique,*** pot d'échappement antipollution utilisant la catalyse. ***Poule au pot,*** poule bouillie. ***Tourner autour du pot,*** user de détours inutiles ; ne pas aller droit au but.

potable adj. (du lat. *potare*, boire). **1.** Qui peut être bu sans danger : *De l'eau potable* (**SYN.** buvable, consommable). **2.** *Fam.* Qui convient à peu près ; dont on peut se contenter : *Un exposé tout juste potable* (**SYN.** acceptable, passable).

potache n.m. *Fam.* Collégien ; lycéen : *Une farce de potache.*

potage n.m. (de *pot*). Bouillon préparé à partir de viandes, de légumes, de farineux, de pâtes.

potager, ère adj. (de *potage*). Se dit des plantes dont on fait une utilisation culinaire : *Le radis est une plante potagère.* ▸ ***Jardin potager,*** où l'on cultive des plantes potagères (on dit aussi *un potager*). ◆ **potager** n.m. Jardin potager.

potamochère n.m. (du gr. *potamos*, fleuve, et *khoiros*, petit cochon). Porc sauvage d'Afrique et de Madagascar.

potamologie n.f. (du gr. *potamos*, fleuve, et *logos*, science). Hydrologie fluviale.

potasse n.f. (du néerl. *potasch*, cendre de pot, de *pot*, marmite, et *asch*, cendre). Solide blanc tiré du potassium, très soluble dans l'eau, utilisé comme engrais.

potasser v.t. [conj. 3]. *Fam.* Étudier une discipline avec ardeur : *Il potasse son espagnol.*

potassique adj. Qui dérive du potassium, de la potasse.

potassium [pɔtasjɔm] n.m. Métal alcalin extrait de la potasse, léger, mou et très oxydable.

pot-au-feu [pɔtofø] n.m. inv. **1.** Plat composé de viande de bœuf bouillie avec des carottes, des poireaux, des navets, du chou. **2.** Ensemble des morceaux du bœuf servant à confectionner ce plat. **3.** Marmite où on le fait cuire.

pot-de-vin n.m. (pl. *pots-de-vin*). Somme payée en dehors du prix convenu pour obtenir illégalement un avantage, ou pour remercier la personne par l'intermédiaire de laquelle se conclut l'affaire ; dessous-de-table, bakchich.

① **pote** n.m. (de *poteau*, camarade). *Fam.* Camarade ; ami.

② **pote** n.f. ▸ ***Faire la pote,*** en Suisse, bouder.

poteau n.m. (anc. fr. *post*, du lat. *postis*, jambage de porte). **1.** Toute pièce de charpente dressée verticalement et servant à supporter ou à maintenir des câbles, une structure : *Un poteau de bois, de ciment. Des poteaux électriques* (= qui soutiennent les câbles d'électricité). **2.** En sports, chacun des éléments verticaux d'un but ; tir qui rebondit sur l'un de ces éléments : *Il a mis le ballon entre les poteaux.* **3.** *Fam.* Camarade ; ami. ▸ ***Poteau de départ, d'arrivée,*** marquant le départ, l'arrivée d'une course. ***Poteau d'exécution,*** où l'on attache les personnes que l'on va fusiller.

potée n.f. (de *pot*). Plat composé de viande de porc bouillie avec du chou, des pommes de terre : *La potée auvergnate.*

potelé, e adj. (de l'anc. fr. *[main] pote*, [main] enflée). Qui a des formes rondes et pleines : *Un bébé potelé* (**SYN.** replet). *Des bras potelés* (**SYN.** charnu).

potence n.f. (du lat. *potentia*, puissance). **1.** Assemblage de pièces de bois ou de métal formant équerre, pour soutenir ou pour suspendre qqch : *L'infirmière accroche les poches à perfusion à la potence.* **2.** Instrument servant au supplice de la pendaison ; le supplice lui-même : *Être condamné à la potence* (**SYN.** gibet).

potentat n.m. (du lat. *potens, potentis*, puissant). **1.** Souverain absolu d'un État puissant : *Louis XIV fut le plus grand potentat de son époque* (**SYN.** monarque). **2.** Homme qui use de son pouvoir de façon despotique : *Son chef de service est un vrai potentat* (**SYN.** despote, tyran).

potentialisation [pɔtɑ̃sjalizasjɔ̃] n.f. Action, fait de potentialiser.

potentialiser [pɔtɑ̃sjalize] v.t. (angl. *to potentialize*) [conj. 3]. Augmenter les effets sur l'organisme d'une substance active, notamm. d'un médicament, en parlant d'une autre substance.

potentialité [pɔtɑ̃sjalite] n.f. **1.** Caractère de ce qui est potentiel : *La potentialité d'une guerre* (**SYN.** éventualité). **2.** Chose, qualité potentielle : *Ce sportif n'a pas encore exprimé toute sa potentialité* (**SYN.** capacité, possibilités, virtualité).

① **potentiel, elle** [pɔtɑ̃sjɛl] adj. (du lat. *potens, potentis*, puissant). **1.** Qui existe virtuellement, en puissance : *C'est un client potentiel* (**SYN.** éventuel, virtuel). **2.** En grammaire, qui exprime la possibilité conditionnelle d'une action : *La phrase « elle partirait si on le lui disait » est une tournure potentielle.*

② **potentiel** [pɔtɑ̃sjɛl] n.m. **1.** Ensemble des ressources de tous ordres que possède en puissance un groupe humain, une personne : *Le potentiel économique d'une nation* (**SYN.** force). **2.** Tension d'un conducteur électrique par rapport à un autre : *Les différences de potentiel se mesurent en volts.* **3.** En grammaire, forme verbale qui exprime l'action qui se réaliserait dans l'avenir si telle condition était réalisée : *La phrase « si on me le demandait, j'irais » comporte un potentiel.*

potentiellement [pɔtɑ̃sjɛlmɑ̃] adv. De façon potentielle ; virtuellement : *Toute interaction médicamenteuse est potentiellement dangereuse* (**SYN.** éventuellement).

potentille [pɔtɑ̃tij] n.f. (du lat. *potentia*, puissance). Plante des régions arctiques et tempérées, à fleurs jaunes ou blanches.

potentiomètre [pɔtɑ̃sjɔmɛtr] n.m. **1.** Appareil servant à mesurer les différences de potentiel électrique. **2.** Résistance électrique variable ; rhéostat.

poterie n.f. **1.** Fabrication de récipients en terre cuite, façonnés dans une pâte argileuse : *La poterie est l'art du potier. Un atelier de poterie.* **2.** Objet obtenu selon les procédés de cette fabrication : *Les poteries étrusques.*

poterne n.f. (du bas lat. *posterula*, porte de derrière). Porte dérobée percée dans la muraille d'une fortification ancienne et donnant souvent sur le fossé.

potiche n.f. **1.** Grand vase décoratif en porcelaine : *Des potiches en porcelaine de Chine.* **2.** *Fam.* Personne qui a un rôle de représentation, sans pouvoir réel : *Le président du comité n'est qu'une potiche.*

potier, ère n. Personne qui fabrique ou vend de la poterie.

potimarron n.m. Courge au goût de châtaigne.

potin n.m. (mot normand). *Fam.* **1.** (Surtout au pl.).

Petit commérage ; propos répété de bouche en bouche : *Il tient la rubrique des potins de la télévision dans un magazine* (**SYN.** on-dit, rumeur). **2.** Grand bruit : *Les voisins font un potin de tous les diables* (**SYN.** vacarme).

potiner v.i. [conj. 3]. *Fam.* Répéter des potins ; faire des commérages.

potion [posjɔ̃] n.f. (du lat. *potio, potionis,* breuvage, de *potare,* boire). *Anc.* Préparation médicamenteuse liquide et sucrée destinée à être bue : *On lui a fait prendre une potion calmante.*

potiron n.m. Variété de courge, dont on consomme les énormes fruits à chair orangée.

potlatch [pɔtlatʃ] n.m. (mot amérindien). Ensemble de cérémonies marquées par des dons que se font entre eux des groupes sociaux distincts, rivaux.

poto-poto n.m. inv. (du nom d'un quartier de Brazzaville). En Afrique, boue, vase, sol boueux ; boue séchée servant à construire des murs.

pot-pourri n.m. (pl. *pots-pourris*). **1.** Mélange de plusieurs airs, de plusieurs couplets ou refrains de chansons diverses : *Un pot-pourri des plus belles chansons françaises.* **2.** Mélange de fleurs séchées odorantes ; vase au couvercle percé de trous destiné à contenir ce mélange.

potron-minet ou **potron-jacquet** n.m. inv. (de l'anc. fr. *poistron,* derrière, et *minet,* chat). ▸ *Vx* ***Dès potron-minet,*** dès la pointe du jour.

pottock ou **pottok** [pɔtjɔk] n.m. (mot basque). Poney très résistant, originaire du Pays basque.

potu, e adj. En Suisse, boudeur.

pou n.m. (lat. *pediculus*) [pl. *poux*]. Insecte parasite externe des mammifères et de l'homme. ☞ **REM.** Ne pas confondre avec *pouls.* ▸ *Fam.* ***Chercher des poux à qqn,*** lui chercher querelle à tout propos.

pouah interj. (onomat.). Exprime le dégoût : *Pouah ! ce vin a un goût horrible !*

poubelle n.f. (du nom du préfet de la Seine qui en imposa l'usage en 1884). **1.** Récipient destiné à recevoir les ordures ménagères. **2.** Lieu où s'entassent des choses rejetées : *Certaines personnes irrespectueuses prennent la plage pour une poubelle* (**SYN.** dépotoir). **3.** (Employé en appos.). Qui évoque une poubelle ; qui est utilisé comme une poubelle : *La télévision poubelle. Des cargos poubelles.* ▸ ***Les poubelles de l'Histoire,*** l'oubli dans lequel tombent les événements et les personnages dérisoires du passé.

pouce n.m. (lat. *pollex, pollicis*). **1.** Le plus gros et le plus court des doigts de la main, opposable aux autres doigts chez l'homme et les primates : *Le pouce n'a que deux phalanges.* **2.** Le gros orteil du pied. **3.** *Anc.* Mesure de longueur qui valait 27,07 millimètres. **4.** (Calque de l'angl. *inch*). Unité de longueur valant 25,04 millimètres exactement, encore en usage dans certains pays anglo-saxons. **5.** Très petite quantité : *Son travail n'a pas avancé d'un pouce.* ▸ ***Coup de pouce,*** toute action visant à infléchir l'évolution des choses dans le sens souhaité : *Il a donné un petit coup de pouce à la réalité* (= il l'a embellie). *Je vais essayer de donner un coup de pouce à votre nièce* (= de favoriser ses projets). *Fam.* ***Faire du pouce,*** au Québec, faire de l'auto-stop. *Fam.* ***Manger sur le pouce,*** manger à la hâte et sans s'asseoir. *Fam.* ***Mettre les pouces,*** céder après une résistance plus ou moins longue. *Fam.* ***Se tourner les pouces,*** être inoccupé, oisif. ◆ interj. Dans le langage enfantin, se dit en levant le pouce pour arrêter momentanément un jeu : *Pouce ! je dois rattacher mes lacets !*

poucer v.i. [conj. 16]. *Fam.* Au Québec, faire de l'auto-stop.

poucier n.m. (de *pouce*). Doigtier pour le pouce.

pouding [pudiŋ] n.m. → **pudding.**

poudingue [pudɛ̃g] n.m. (abrév. de l'angl. *puddingstone*). Roche formée de cailloux réunis par un ciment naturel.

poudrage n.m. Action, fait de poudrer, de se poudrer.

poudre n.f. (du lat. *pulvis, pulveris,* poussière). **1.** Substance solide broyée très finement ou pulvérisée : *De la lessive en poudre. Du lait, du sucre en poudre.* **2.** Préparation destinée à unifier le teint et à parfaire le maquillage : *Se mettre de la poudre.* **3.** Substance pulvérulente explosive utilisée notamm. pour le lancement des projectiles d'armes à feu et pour la propulsion d'engins. **4.** *Arg.* Drogue (héroïne, cocaïne). ▸ ***Jeter de la poudre aux yeux,*** chercher à faire illusion. ***Mettre le feu aux poudres,*** déclencher, faire éclater un conflit jusqu'alors larvé. ***N'avoir pas inventé la poudre,*** être peu intelligent. ***Se répandre comme une traînée de poudre,*** en parlant d'une rumeur, se répandre très rapidement : *La nouvelle de son remariage s'est répandue comme une traînée de poudre.*

poudrer v.t. [conj. 3]. Couvrir de poudre : *Poudrer son nez.* ◆ **se poudrer** v.pr. Se mettre de la poudre sur le visage.

poudrerie n.f. **1.** Fabrique de poudre, d'explosifs. **2.** Au Québec, neige fraîche que le vent fait tourbillonner.

poudreux, euse adj. Qui a la consistance d'une poudre ; qui est couvert d'une fine poussière : *Une route poudreuse.* ▸ ***Neige poudreuse,*** neige fraîchement tombée ayant la consistance de la poudre (on dit aussi *la poudreuse*). ◆ **poudreuse** n.f. Neige poudreuse : *Skier dans la poudreuse.*

poudrier n.m. **1.** Petit coffret plat, muni d'accessoires (glace, houppette), qui renferme la poudre pour maquillage. **2.** Fabricant de poudre, d'explosifs.

poudrière n.f. **1.** *Anc.* Dépôt de poudre, de munitions. **2.** *Fig.* Endroit, région où règnent des tensions susceptibles de dégénérer à tout instant en un conflit généralisé : *La poudrière du Proche-Orient.*

poudrin n.m. À Terre-Neuve, neige ou pluie très fine.

poudroiement [pudrwamɑ̃] n.m. *Litt.* Aspect de ce qui poudroie : *Le poudroiement de la neige au soleil* (**SYN.** miroitement, scintillement).

poudroyer [pudrwaje] v.i. [conj. 13]. *Litt.* **1.** S'élever en poussière : *Des tourbillons de sable poudroyaient dans le vent.* **2.** Être couvert de poussière que le soleil fait briller : *Le sol poudroie.* **3.** Faire scintiller les grains de poussière en suspension dans l'air, en parlant du soleil : *« Je ne vois rien que le soleil qui poudroie et l'herbe qui verdoie »* [*Barbe-Bleue,* Ch. Perrault].

① **pouf** n.m. Coussin très épais, servant de siège.

② **pouf** interj. (onomat.). Imite le bruit sourd de qqn, de qqch qui tombe.

pouffer v.i. [conj. 3]. Éclater d'un rire involontaire, que l'on essaie de réprimer ou de cacher (on dit aussi *pouffer de rire*) : *Il ne put s'empêcher de pouffer.*

pougner v.i. [conj. 3]. En Suisse, tricher.

pouilles [puj] n.f. pl. (de l'anc. fr. *pouiller*, dire des injures). ▸ *Fam.* ***Chanter pouilles à qqn,*** l'accabler de reproches, d'injures.

pouilleux, euse [pujø, øz] adj. et n. (de l'anc. fr. *pouil*, pou). **1.** Couvert de poux, de vermine : *Un vagabond pouilleux.* **2.** Qui vit dans une pauvreté extrême. ◆ adj. Qui dénote une misère extrême : *Un hôtel pouilleux* (**SYN.** misérable, sordide ; **CONTR.** luxueux).

poujadisme n.m. (de P. *Poujade*, nom de son inspirateur). Attitude politique revendicative et étroitement corporatiste.

poujadiste adj. et n. Relatif, favorable au poujadisme.

poulailler [pulaje] n.m. (de *1. poule*). **1.** Abri, enclos pour les poules, les volailles ; bâtiment fermé pour l'élevage industriel des volailles. **2.** *Fam.* Galerie la plus élevée d'un théâtre, où les places sont les moins chères (**SYN.** paradis).

poulain n.m. (du lat. *pullus*, petit d'un animal). **1.** Jeune cheval âgé de moins de 3 ans. **2.** Peau de cet animal apprêtée en fourrure. **3.** Débutant à la carrière prometteuse, appuyé par une personnalité : *L'entraîneur surveille ses poulains.*

poulaine n.f. (de l'anc. fr. *polain*, polonais). Chaussure à longue pointe relevée, à la mode aux XIVe et XVe siècles.

poularde n.f. Jeune poule engraissée pour la table.

poulbot [pulbo] n.m. (de *Poulbot*, nom du dessinateur qui créa ce type). Enfant des rues de Montmartre.

① **poule** n.f. (du lat. *pullus*, petit d'un animal). **1.** Femelle du coq domestique, élevée pour sa chair et pour ses œufs : *Des poules pondeuses.* **2.** Femelle de divers gallinacés : *Poule faisane* (= faisan femelle). **3.** Viande de poule : *Une poule au pot.* **4.** *Fam.* Terme d'affection à l'adresse d'une femme. **5.** *Fam.* Épouse ; maîtresse. **6.** *Fam., vieilli* Femme légère ; prostituée. ▸ ***Avoir la chair de poule,*** avoir la peau qui prend un aspect grenu sous l'effet du froid ou de la peur. ***Mère poule,*** mère qui entoure ses enfants d'attentions excessives. ***Poule mouillée,*** personne lâche, irrésolue. *Fam.* ***Quand les poules auront des dents,*** jamais. ***Se coucher, se lever avec les poules,*** très tôt. ***Tuer la poule aux œufs d'or,*** détruire une source durable de revenus en cédant à l'appât d'un gain immédiat.

② **poule** n.f. (angl. *pool*). Épreuve sportive dans laquelle chaque concurrent, chaque équipe rencontre successivement chacun de ses adversaires ; ensemble de ces concurrents, de ces équipes.

poulet n.m. **1.** Petit de la poule, âgé de trois à dix mois. **2.** Poule ou coq non encore adultes, destinés à l'alimentation : *Poulet de grain. Du poulet rôti.* **3.** Terme d'affection adressé à un jeune homme, à un garçon. **4.** *Fam.* Policier. **5.** *Vx* Lettre galante ; billet doux : *Il lui a écrit un poulet.*

poulette n.f. **1.** Jeune poule. **2.** *Fam.* Terme d'affection à l'adresse d'une fillette, d'une jeune fille.

pouliche n.f. (mot picard). Jument non adulte.

poulie n.f. (du gr. *polos*, pivot). Roue portée par un axe et dont la jante est conçue pour recevoir un lien flexible destiné à transmettre un effort de levage, de traction.

pouliner v.i. [conj. 3]. En parlant d'une jument, mettre bas.

poulinière adj. f. et n.f. Se dit d'une jument destinée à la reproduction.

poulpe n.m. (lat. *polypus*). Pieuvre : *Un poulpe géant.*

pouls [pu] n.m. (du lat. *pulsus*, impulsion). Battement des artères dû aux contractions cardiaques et perceptible à la palpation. ☞ **REM.** Ne pas confondre avec *pou.* ▸ ***Prendre*** ou ***tâter le pouls de qqch,*** chercher à connaître la façon dont qqch se présente : *Prendre le pouls de la Bourse.* ***Prendre le pouls de qqn,*** compter le nombre de ses pulsations artérielles par minute ; fig., chercher à connaître ses intentions : *Prendre le pouls de l'opinion.*

poumon n.m. (lat. *pulmo, pulmonis*). **1.** Organe pair de la respiration, situé dans le thorax : *Emplir ses poumons d'air avant de plonger.* **2.** *Fig.* Ce qui fournit de l'oxygène ; ce qui fait vivre, anime : *La forêt d'Amazonie est le poumon de la planète. Les dons sont le poumon financier des associations.* ▸ ***Avoir du poumon,*** avoir une voix forte. ***Crier à pleins poumons,*** crier de toutes ses forces.

poupe n.f. (lat. *puppis*). Arrière d'un navire (par opp. à proue). ▸ ***Avoir le vent en poupe,*** en parlant d'une personne, être dans une période favorable pour réussir.

poupée n.f. (du lat. *pupa*, petite fille, fém. de *pupus*, petit garçon). **1.** Figurine représentant une personne et servant de jouet : *Jouer à la poupée. Des poupées russes* (= des matriochkas). **2.** Jeune fille, jeune femme fraîche et jolie. **3.** *Fam.* Pansement entourant un doigt. ▸ ***De poupée,*** très petit : *Des maisons de poupée.*

poupin, e adj. Se dit d'un visage rond, évoquant celui d'une poupée (**SYN.** joufflu, rebondi).

poupon n.m. **1.** Bébé encore au berceau. **2.** Poupée représentant un bébé (**SYN.** baigneur).

pouponner v.i. [conj. 3]. *Fam.* S'occuper d'un bébé ; le dorloter.

pouponnière n.f. Établissement public accueillant de jour et de nuit des enfants de moins de trois ans.

pour prép. (lat. *pro*). **1.** Indique le but : *Ils se réunissent pour parler de ce problème. Enfin une initiative pour la paix.* **2.** Indique la destination de qqch, son usage : *Un tribunal pour enfants. Une crème pour les mains.* **3.** Indique le bénéficiaire d'une action : *Travailler pour une grande entreprise.* **4.** Indique la destination géographique : *Ce train part pour Bruxelles.* **5.** Indique le moment où qqch doit se faire : *Ils viendront pour Noël.* **6.** Indique le terme d'un délai ; la durée : *Les travaux seront finis pour son retour. Elle est sous contrat pour deux mois.* **7.** Indique la circonstance, le moment : *Elle a utilisé Internet pour la première fois. L'indice des prix pour le mois de mai.* **8.** Indique la cause : *Elle est célèbre pour ses engagements politiques* (= en raison de). **9.** Indique le point de vue : *Pour moi, elle a raison* (**SYN.** d'après, selon). **10.** Indique l'équivalence ou la substitution : *Employer un mot pour un autre* (= à la place de). *Pardon, je vous avais prise pour quelqu'un d'autre.* **11.** Indique l'objet ou la personne concernés : *Il ne peut rien faire pour votre voiture. Ceci est valable pour tous.* **12.** Indique l'élément à partir duquel s'établit une comparaison, un rapport : *Elle est cultivée pour son âge* (= par rapport à). *Demander dix pour cent d'augmentation.* **13.** Indique la conséquence : *Pour son malheur, il a cru à ces boniments. Les jurés en ont assez entendu pour prendre une décision.* ▸ ***Être pour qqn, qqch,*** en être partisan. ***Ne pas être pour*** (+ inf.), ne pas être de nature à : *Cela n'est pas pour me déplaire* (= cela me plaît). ◆ adv. ▸ ***Être pour,*** adhérer à. ***Voter pour,*** émettre un vote favorable. ◆ n.m. inv. ▸ ***Le pour et le contre,*** les avantages et les inconvénients : *Peser le pour et le contre.* ◆ **pour que** loc. conj. (Suivi du subj.). **1.** Marque le but : *Il a agrandi l'image pour que tout le monde se reconnaisse* (**SYN.** afin que). **2.** (En corrélation avec *assez, trop,* etc.). Marque la conséquence : *Les preuves sont assez nombreuses pour que la juge le fasse comparaître.*

pourboire n.m. Supplément d'argent donné par un client à titre de gratification : *Donner un pourboire au livreur.*

pourceau n.m. (lat. *porcellus,* de *porcus,* porc). *Litt.* Porc ; porcelet.

pourcentage n.m. (de *pour cent*). **1.** Proportion pour cent unités, cent éléments : *Calculer un pourcentage.* **2.** Quantité correspondant à cette proportion : *Un important pourcentage des habitants a voté* (**SYN.** partie). **3.** Somme qui est fonction d'une autre : *Les représentants de commerce sont en partie payés au pourcentage* (= en fonction des ventes).

pourchasser v.t. [conj. 3]. **1.** Poursuivre sans relâche : *Pourchasser des voleurs* (**SYN.** traquer). **2.** Rechercher partout : *Elle pourchasse les fautes d'orthographe.*

pourfendeur, euse n. *Litt.* ou *iron.* Personne qui pourfend : *Elle se veut la pourfendeuse de l'injustice.*

pourfendre v.t. [conj. 73]. Critiquer vigoureusement ; s'attaquer à : *La ministre a pourfendu les extrémistes.*

Pourim [purim], fête juive commémorant la libération des Juifs de leur captivité dans l'Empire perse.

pourlèche n.f. → **perlèche.**

se **pourlécher** v.pr. [conj. 18]. *Fam.* Passer sa langue sur ses lèvres avec gourmandise.

pourparlers n.m. pl. Entretiens préalables à la conclusion d'une entente : *Engager des pourparlers avec les rebelles* (**SYN.** discussion, négociation, tractation).

pourpier n.m. (du lat. *pulli pes,* pied de poule). Plante à petites feuilles charnues, dont une espèce est cultivée comme salade et une autre pour ses fleurs de couleurs variées.

pourpoint n.m. (de l'anc. fr. *pourpoindre,* piquer). *Anc.* Vêtement ajusté d'homme, qui couvrait le corps du cou à la ceinture.

① **pourpre** n.f. (lat. *purpura*). **1.** Matière colorante rouge foncé. **2.** Étoffe teinte en pourpre : *Une veste de pourpre.* **3.** Robe rouge des cardinaux ; dignité de cardinal (on dit aussi *la pourpre romaine*).

② **pourpre** n.m. **1.** Mollusque à coquille lisse, qui s'attaque aux bancs de moules et d'huîtres. **2.** Couleur rouge sombre : *Le pourpre de cette écharpe.* ◆ adj. Qui est d'une couleur rouge violacé : *Des fleurs pourpres.*

pourpré, e adj. *Litt.* Qui tire sur le pourpre : *« Mignonne, allons voir si la rose / ... / N'a point perdu, cette vesprée, / Les plis de sa robe pourprée »* [Ronsard].

pourquoi adv. interr. Interroge sur la cause ou le but : *Pourquoi Internet a-t-il tant de succès ?* (= pour quelle raison). *Je me demande pourquoi elle est sortie.* ▸ ***C'est pourquoi,*** c'est la raison pour laquelle : *J'étais dans le jardin, c'est pourquoi je n'ai pas entendu le téléphone.* ***Pourquoi pas ?,*** indique que l'on envisage favorablement une hypothèse. ◆ n.m. inv. **1.** Cause, raison : *Trouver le pourquoi de cette panne.* **2.** Question sur la raison des choses : *Comment répondre à tous les pourquoi des enfants ?*

pourri, e adj. **1.** Qui se putréfie ; qui est devenu inconsommable : *Des légumes pourris* (**SYN.** avarié, gâté). **2.** *Fig.* Qui est corrompu moralement : *Un milieu pourri* (**SYN.** perverti). ▸ ***Enfant pourri,*** enfant mal élevé, trop gâté. *Fam.* ***Être pourri de qqch,*** en avoir beaucoup trop : *Elle est pourrie de certitudes, d'argent. Fam.* ***Temps pourri,*** temps humide, pluvieux. ◆ **pourri** n.m. Partie pourrie de qqch : *Enlever le pourri d'une banane.*

pourriel n.m. (de *pou[belle]* et *[cou]rriel*). Au Québec, courrier électronique publicitaire envoyé massivement aux internautes et très souvent détruit par eux.

pourrir v.i. (lat. *putrire,* de *pus, puris,* pus) [conj. 32]. **1.** S'altérer par décomposition lente et continue : *Les planches ont pourri sous la pluie* (**SYN.** se décomposer). *La viande pourrit à la chaleur* (**SYN.** se gâter, se putréfier). **2.** *Fig.* Se détériorer progressivement : *Les dirigeants laissent pourrir la situation* (**SYN.** dégénérer, se dégrader). **3.** Rester longtemps dans une situation pénible ou dégradante : *Pourrir en prison* (**SYN.** croupir). ◆ v.t. **1.** Causer la décomposition, la putréfaction de : *L'humidité pourrit le bois* (**SYN.** détériorer, putréfier). **2.** *Fig.* Altérer la moralité de : *Ne laissons pas l'argent pourrir le sport* (**SYN.** corrompre, pervertir). *Pourrir un enfant* (**SYN.** gâter).

pourrissement n.m. **1.** Dégradation d'une chose qui pourrit : *Conservez ces aliments au frais pour éviter leur pourrissement* (**SYN.** décomposition, putréfaction). **2.** *Fig.* Détérioration progressive d'une situation : *Le pourrissement d'un conflit social* (**SYN.** dégradation, enlisement).

pourrissoir n.m. Lieu où qqch pourrit.

pourriture n.f. **1.** État d'un corps en décomposition : *Une odeur de pourriture* (**SYN.** putréfaction). **2.** *Fig.* Corruption morale de qqn, d'un milieu (**SYN.** avilissement, dépravation).

poursuite n.f. **1.** Action de poursuivre, de chercher à rattraper : *Se lancer à la poursuite d'un voleur. Une poursuite en voiture dans les rues de la ville.* **2.** Recherche assidue de qqch : *La poursuite d'un idéal de justice.* **3.** Course cycliste sur piste. **4.** Dans la langue juridique, action entreprise contre qqn : *Engager des poursuites pénales contre un fraudeur.*

poursuiteur, euse n. Cycliste spécialiste des poursuites.

poursuivant, e n. Personne qui poursuit : *Semer ses poursuivants.*

poursuivre v.t. [conj. 89]. **1.** Courir derrière pour atteindre, rattraper : *Des chasseurs d'autographes ont poursuivi l'actrice jusque chez elle* (**SYN.** pourchasser). **2.** Chercher à obtenir, à réaliser : *Poursuivre un rêve.*

3. Continuer sans relâche ; persévérer : *Le chanteur poursuit sa série de concerts malgré ses déboires.* **4.** Ne pas cesser d'accabler qqn ; harceler : *La malchance le poursuit* (**SYN.** s'acharner contre). *Ce souvenir la poursuit* (**SYN.** obséder). **5.** Dans la langue juridique, engager un procès contre qqn : *Il est poursuivi pour une affaire de blanchiment d'argent.* ◆ **se poursuivre** v.pr. Continuer sans interruption : *Les recherches se poursuivent. Les violences se sont poursuivies toute la nuit.*

pourtant adv. **1.** (Parfois en corrélation avec *et*). Exprime une opposition forte avec ce qui vient d'être dit : *Elle est célèbre, et pourtant elle est restée simple* (= malgré cela ; **SYN.** cependant, néanmoins). **2.** Exprime une opposition entre deux aspects d'une même réalité : *Il avait pourtant l'air honnête* (= cette apparence était trompeuse).

pourtour n.m. Ligne qui fait le tour d'un lieu, d'un objet ; surface qui borde cette ligne : *Des ébréchures sur le pourtour du verre* (**SYN.** bord, contour). *Le pourtour méditerranéen* (= le littoral).

pourvoi n.m. Action par laquelle on demande à une juridiction supérieure d'annuler une décision judiciaire : *Former un pourvoi en cassation, en révision.*

pourvoir v.t. ind. (du lat. *providere*, voir en avant, prévoir) [conj. 64]. **[à].** Fournir ce qui est nécessaire : *Elle pourvoit aux besoins de ses enfants* (**SYN.** répondre, subvenir). *Il pourvoira à la maintenance des équipements* (**SYN.** assurer). ◆ v.t. Mettre en possession de ce qui est nécessaire : *Pourvoir une commune de moyens de transport* (**SYN.** équiper, munir). ◆ **se pourvoir** v.pr. **1.** Faire en sorte d'avoir ce qui est nécessaire : *Elle s'est pourvue d'un parapluie* (**SYN.** se munir). **2.** Former un pourvoi : *Se pourvoir en cassation.*

pourvoirie n.f. Au Québec, établissement qui loue aux chasseurs et aux pêcheurs des installations et des services ; territoire de chasse et de pêche qui l'environne.

pourvoyeur, euse n. Personne ou chose qui fournit qqch ; fournisseur : *L'Internet pourrait être un pourvoyeur d'emplois.*

pourvu que loc. conj. (Suivi du subj.). **1.** Introduit une condition : *Nous arriverons à l'heure pourvu qu'aucun problème ne survienne* (= à condition qu'il n'y ait pas de problème). **2.** Dans une phrase exclamative, sert à exprimer un souhait nuancé d'inquiétude : *Pourvu qu'elle puisse nous aider !*

poussah [pusa] n.m. (du chin. *pu sa*, idole bouddhique). *Litt.* Homme petit et corpulent.

pousse n.f. **1.** Croissance d'un végétal ou d'une de ses parties : *La pousse des tiges.* **2.** Plante à son premier état de développement : *Les pousses apparaissent au printemps* (**SYN.** bourgeon). **3.** Croissance de certaines parties d'un corps vivant : *Cette lotion active la pousse des cheveux.* ▸ ***Jeune pousse,*** pousse nouvelle d'un végétal ; fig., jeune entreprise du secteur des nouvelles technologies (**SYN.** start-up [anglic.]).

poussé, e adj. Qui a atteint un degré élevé de spécialisation, de précision : *Une formation poussée en informatique* (**SYN.** pointu). *Une enquête très poussée.*

pousse-café n.m. inv. *Fam.* Petit verre d'alcool que l'on boit après le café.

poussée n.f. **1.** Action, fait de pousser : *Accentuer la poussée pour déplacer une armoire* (**SYN.** pression). **2.** Pression exercée par le poids d'un corps contre un obstacle ou un autre corps : *La poussée du vent sur les ailes d'un moulin.* **3.** Accès soudain d'un trouble organique : *Une poussée d'urticaire* (**SYN.** crise). **4.** Développement net et soudain d'un mouvement, d'un phénomène : *La poussée de l'antimondialisation* (**SYN.** montée, progression). ▸ ***Poussée d'Archimède,*** en physique, force verticale dirigée de bas en haut, à laquelle est soumis tout corps plongé dans un fluide.

pousse-pousse n.m. inv. **1.** En Extrême-Orient, voiture légère tirée par un homme ; rickshaw. **2.** En Suisse, voiture d'enfant ; poussette.

① **pousser** v.t. (du lat. *pulsare*, heurter, pousser) [conj. 3]. **1.** Exercer une pression sur qqch pour le déplacer, l'écarter sans le soulever : *Pousser une porte* (**CONTR.** tirer). *Aidez-nous à pousser la voiture. La tempête pousse l'embarcation vers les rochers* (**SYN.** drosser, entraîner). **2.** Faire avancer, écarter qqn en imprimant une pression sur lui : *Il pousse les spectateurs pour s'asseoir* (**SYN.** bousculer). **3.** Faire aller devant soi : *Le vigile pousse le gêneur vers la sortie* (**SYN.** diriger, escorter). **4.** Faire fonctionner plus vite, avec davantage de puissance : *Pousser le chauffage* (**SYN.** activer, augmenter ; **CONTR.** baisser). **5.** Engager vivement ; inciter à : *Les protestations ont poussé les dirigeants à négocier* (**SYN.** encourager ; **CONTR.** dissuader). *C'est l'intérêt qui les pousse* (**SYN.** motiver, stimuler). **6.** Porter une situation, un comportement jusqu'à ses extrémités : *Pousser la générosité jusqu'à l'abnégation.* **7.** Faire entendre : *Pousser un cri* (**SYN.** lancer). *Elle poussa un profond soupir* (**SYN.** émettre). ◆ v.i. Poursuivre sa marche, son voyage : *Nous avons poussé jusqu'au sommet* (**SYN.** continuer, prolonger). ▸ *Fam.* ***Il ne faut pas pousser,*** il ne faut pas exagérer. ◆ **se pousser** v.pr. **1.** Se déplacer pour faire place : *Si vous vous poussez, nous pourrons nous asseoir.* **2.** Chercher mutuellement à s'écarter : *Les spectateurs se sont poussés pour accéder aux meilleures places* (**SYN.** se bousculer). **3.** *Fig.* Obtenir une place sociale plus élevée : *Elle a réussi à se pousser à la tête de l'entreprise* (**SYN.** se hisser, s'imposer).

② **pousser** v.i. (de *1. pousser*) [conj. 3]. En parlant d'une partie du corps ou d'un végétal, se développer : *Ses ongles ont beaucoup poussé* (**SYN.** croître). *Les haricots commencent à pousser. Notre fille a poussé de trois centimètres* (**SYN.** grandir).

poussette n.f. **1.** Petite voiture d'enfant que l'on pousse devant soi. **2.** En Suisse, landau. **3.** Châssis métallique à roulettes servant à soutenir un sac à provisions. **4.** *Fam.* Action d'aider un coureur cycliste en le poussant dans une côte.

poussette-canne n.f. (pl. *poussettes-cannes*). Poussette d'enfant repliable.

pousseur n.m. **1.** Bateau à moteur auquel est amarré un convoi de barges pour le transport fluvial. **2.** En astronautique, mot qu'il est recommandé d'employer à la place de *booster.*

poussier n.m. Poussière de charbon.

poussière n.f. (du lat. *pulvis, pulveris*). Poudre très fine et très légère en suspension dans l'air et provenant de matières diverses : *Enlever la poussière qui s'est déposée sur les meubles. Tomber en poussière* (= se désagréger). ▸ ***Avoir une poussière dans l'œil,*** avoir dans l'œil un très petit corps étranger provoquant une gêne.

Fam. ***... et des poussières,*** se dit d'unités qui s'ajoutent à un chiffre rond : *Mille euros et des poussières* (= et un peu plus). ***Mordre la poussière,*** être terrassé dans un combat ; subir un échec.

poussiéreux, euse adj. Qui est couvert, rempli de poussière : *Des archives poussiéreuses.*

poussif, ive adj. **1.** *Fam.* Qui s'essouffle, respire avec peine : *Un vieillard poussif.* **2.** Qui fonctionne avec peine, lentement : *Un moteur de recherche poussif.*

poussin n.m. (lat. *pullicenus,* de *pullus,* petit d'un animal). **1.** Petit de la poule, nouvellement éclos. **2.** Jeune sportif âgé de moins de 10 ans. ☞ **REM.** Dans ce sens, on rencontre le féminin *une poussine.*

poussine n.f. **1.** Jeune sportive âgée de moins de 10 ans. **2.** En Suisse, poulette.

poussinière n.f. Cage dans laquelle on élève des poussins.

poussivement adv. De façon poussive : *Le camion monte poussivement la côte* (**SYN.** péniblement).

poussoir n.m. Bouton que l'on pousse pour agir sur un mécanisme : *Le poussoir d'un réveil.*

poutargue ou **boutargue** n.f. (prov. *boutargo,* de l'ar.). Spécialité culinaire de Martigues, composée d'œufs de poisson salés et pressés en forme de saucisse plate.

poutine n.f. Au Québec, mélange de pommes de terre frites et de fromage arrosé de sauce chaude.

poutou n.m. (onomat.). Dans le midi de la France, baiser, bisou : *De gros poutous.*

poutraison n.f. Assemblage de poutres ; ensemble des poutres d'une construction.

poutre n.f. (du lat. *pullitra,* jument, de *pullus,* petit d'un animal). **1.** Pièce de forme allongée servant de support de plancher, d'élément de charpente : *Des poutres apparentes en chêne.* **2.** Agrès de gymnastique féminine, constitué d'une poutre de bois située à 1,20 mètre du sol.

poutrelle n.f. Petite poutre.

poutser v.t. (all. *putzen*) [conj. 3]. En Suisse, nettoyer.

① **pouvoir** v.t. (lat. *posse*) [conj. 58]. **1.** Être capable de ; avoir la possibilité de : *Ils n'ont pu le sauver. Nous espérons pouvoir le faire* (= être en mesure de). *Cet aliment peut se conserver plusieurs mois.* **2.** Avoir le droit, l'autorisation de : *Vous ne pouvez pas rester là, c'est dangereux. Puis-je m'asseoir ?* (= ai-je la permission de m'asseoir ?). **3.** (Semi-auxiliaire). Indique l'éventualité, la probabilité : *Il peut pleuvoir demain* (**SYN.** risquer de). *Cette méprise aurait pu être fatale.* **4.** (Au subj., avec inversion du sujet). Sert à exprimer un souhait : *Puissiez-vous avoir raison ! Puissé-je arriver à temps !* ▸ ***Je n'en peux rien,*** en Belgique, je n'en suis pas responsable. ***N'en pouvoir plus,*** être épuisé par la fatigue ; être complètement rassasié ; être très usé : *Cet appareil a beaucoup fonctionné, il n'en peut plus.* ***Ne pouvoir mal,*** en Belgique, ne courir ou ne faire courir aucun risque. ***Ne rien pouvoir à qqch,*** ne pas être capable de l'empêcher ni de le modifier : *Je n'y peux rien s'il a décidé de partir.* ***Pouvoir quelque chose pour qqn,*** apporter une aide, un soutien : *Puis-je quelque chose pour vous ?* ou *que puis-je pour vous ? On ne peut plus rien pour lui.* ◆ **se pouvoir** v.pr. impers. ▸ ***Autant que faire se peut,*** dans la mesure où cela est possible. ***Il se peut que*** (+ subj.), il est possible que : *Il se peut qu'ils soient déjà avertis.*

② **pouvoir** n.m. (de *1. pouvoir*). **1.** Possibilité de faire qqch, de produire un effet : *Réparer ce téléphone n'est pas en mon pouvoir* (= je ne suis pas capable de le faire). *Vous avez le pouvoir de dire « non » par votre vote* (**SYN.** capacité, faculté). **2.** Autorité, puissance, détenue sur qqn, sur qqch : *Abuser de son pouvoir. Le pouvoir des médias* (**SYN.** emprise, influence). **3.** Dans la langue juridique, aptitude à agir pour le compte de qqn ; document constatant cette délégation : *Donner un pouvoir à qqn* (**SYN.** mandat, procuration). **4.** Autorité constituée ; gouvernement d'un pays : *Parvenir au pouvoir.* **5.** Fonction de l'État, correspondant à un domaine distinct et exercée par un organe particulier : *Le pouvoir législatif, exécutif. La séparation des pouvoirs.* **6.** Propriété particulière de qqch : *Le pouvoir hydratant d'une crème.* ▸ ***Le quatrième pouvoir,*** la presse. ***Pouvoir d'achat,*** quantité de biens et de services que permet d'obtenir une somme d'argent déterminée : *Enrayer la baisse du pouvoir d'achat.* ◆ **pouvoirs** n.m. pl. Droits d'exercer certaines fonctions : *En vertu des pouvoirs qui me sont conférés, je vous déclare unis par les liens du mariage.* ▸ ***Pouvoirs publics,*** ensemble des autorités qui détiennent la conduite de l'État.

pouzzolane [pudzɔlan ou puzɔlan] n.f. (de *Pouzzoles,* ville d'Italie du Sud). Roche volcanique recherchée en construction pour ses qualités d'isolation thermique et phonique.

poya n.f. En Suisse, montée à l'alpage.

P.P.C.M. ou **PPCM** [pepeseɛm] n.m. (sigle). ▸ ***Plus petit commun multiple*** → **multiple.**

practice [praktis] n.m. (mot angl.). Au golf, installation en salle ou en plein air destinée à l'entraînement.

praesidium ou **présidium** [prezidjɔm] n.m. (mot russe, du lat.). *Anc.* Organe du Soviet suprême de l'ex-U.R.S.S.

pragmatique adj. (du gr. *pragma,* action). Qui est fondé sur l'action, la pratique : *Une politique pragmatique* (**SYN.** efficace, réaliste).

pragmatisme [pragmatism] n.m. Attitude de qqn qui s'adapte à toutes les situations, qui est orienté vers l'efficacité.

praire n.f. (mot prov.). Mollusque bivalve marin comestible, qui vit enfoui dans le sable et dont le nom générique est *une vénus.*

prairial n.m. [pl. *prairials*]. En histoire, neuvième mois du calendrier républicain, du 20 ou 21 mai au 18 ou 19 juin.

prairie n.f. (de *pré*). Terrain couvert d'herbe ou de plantes fourragères (**SYN.** herbage, pâturage).

pralin n.m. Préparation à base d'amandes grillées, caramélisées et broyées, utilisée en pâtisserie et en confiserie.

pralinage n.m. Action de praliner.

praline n.f. (du comte *du Plessis-Praslin,* dont le cuisinier inventa cette confiserie). **1.** Amande ou noisette grillée enrobée de sucre cuit et glacé. **2.** En Belgique, bouchée au chocolat.

praliné, e adj. Se dit d'une pâtisserie, d'une confiserie au pralin. ◆ **praliné** n.m. Mélange de chocolat et de pralines écrasées.

praliner v.t. [conj. 3]. Additionner de pralin : *Praliner une glace.*

prame n.f. (néerl. *praam*). Petite embarcation servant d'annexe à un bateau.

prandial, e, aux adj. (du lat. *prandium*, repas). En médecine, relatif aux repas ; qui survient pendant un repas : *Une douleur prandiale.*

prao n.m. (du malais). **1.** Embarcation de Malaisie. **2.** Voilier multicoque dont la construction est inspirée du bateau malais.

praticable adj. **1.** Où l'on peut circuler, passer : *Un chemin forestier praticable* (**SYN.** carrossable ; **CONTR.** impraticable). **2.** Qui peut être mis en pratique, en application : *Cette méthode est difficilement praticable* (**SYN.** applicable ; **CONTR.** inapplicable). ◆ n.m. **1.** En cinéma, plate-forme mobile servant à déplacer la caméra, les projecteurs et les personnes qui s'en occupent. **2.** Élément d'une scène de théâtre sur lequel les acteurs peuvent évoluer (par opp. à un décor peint).

praticien, enne n. **1.** Personne qui pratique son métier (par opp. à théoricien). **2.** Spécialiste de santé qui exerce sa profession en donnant des soins (par opp. à chercheur).

praticité n.f. Caractère de ce qui est pratique, fonctionnel : *La praticité d'un meuble de rangement* (**SYN.** commodité).

pratiquant, e adj. et n. **1.** Qui observe les pratiques de sa religion : *Des catholiques pratiquants.* **2.** Qui pratique habituellement un sport, une activité : *Les pratiquants du char à voile.*

① **pratique** adj. (lat. *practicus*). **1.** Qui s'attache aux faits, à l'action (par opp. à théorique) : *Un esprit pratique* (**SYN.** concret, positif ; **CONTR.** abstrait). *Cette découverte a des applications pratiques* (**SYN.** utilitaire ; **CONTR.** chimérique, utopique). **2.** Qui est d'application ou d'utilisation facile : *Elle cherche un sac plus pratique* (**SYN.** commode ; **CONTR.** malcommode). *Un dictionnaire pratique* (**SYN.** fonctionnel). ▸ ***Travaux pratiques,*** exercices d'application de cours théoriques, magistraux.

② **pratique** n.f. (gr. *praktikê*). **1.** Fait d'exercer une activité ; habileté qui résulte de l'exercice suivi d'une activité : *La pratique du jardinage. Elle finit ses études et manque encore de pratique* (**SYN.** expérience, savoir-faire). **2.** (Souvent pl.). Comportement habituel ; façon d'agir : *C'est une pratique courante dans ce milieu* (**SYN.** coutume, usage). *Des pratiques condamnables* (**SYN.** agissements). **3.** Observation des prescriptions d'une religion. ▸ ***Dans la pratique,*** dans l'exécution (par opp. à en théorie). ***En pratique,*** en réalité, en fait. ***Mettre en pratique,*** appliquer les règles de.

pratiquement adv. **1.** Dans la pratique, en fait : *Pratiquement, nous aurons besoin de deux ordinateurs en réseau* (par opp. à théoriquement). **2.** (Emploi critiqué mais très cour.). À peu près ; quasiment : *Il ne reste pratiquement plus de pain* (**SYN.** presque).

pratiquer v.t. [conj. 3]. **1.** Mettre en pratique : *Pratiquer la tolérance* (**SYN.** appliquer). **2.** Exécuter suivant une technique : *Pratiquer une ouverture dans un toit* (**SYN.** ménager). **3.** Se livrer à une activité, à un sport : *Pratiquer la médecine* (**SYN.** exercer). *Elle pratique le hockey* (**SYN.** jouer à). **4.** Parler une langue : *Pratiquer l'espagnol.* **5.** (Sans compl.). Observer les prescriptions d'une religion. ◆ **se pratiquer** v.pr. Être en usage : *Cette méthode s'est longtemps pratiquée.*

praxis [praksis] n.f. (mot gr. signif. « action »). En philosophie, action ordonnée vers un certain but (par opp. à connaissance, à théorie).

pré n.m. (lat. *pratum*). Prairie naturelle (**SYN.** pâturage, prairie). ▸ ***Pré carré,*** domaine réservé de qqn, d'un groupe : *Le président veut préserver son pré carré.* ***Pré salé,*** pré de bord de mer, qui donne un goût apprécié à la viande des moutons qui y paissent.

préaccord n.m. Document juridique liant deux parties préalablement à un accord définitif.

préadolescence n.f. Période de la vie qui se situe entre l'enfance et l'adolescence.

préadolescent, e n. Jeune garçon, jeune fille qui va entrer dans l'adolescence.

préalable adj. Qui doit être fait, dit, examiné d'abord : *Il faut faire des études préalables* (**SYN.** préliminaire). ◆ n.m. **1.** Condition fixée par une des parties en présence avant le début d'une discussion : *Les préalables d'un accord de paix.* **2.** Au Québec, cours qui doit en précéder un autre dans le programme d'études d'un élève, d'un étudiant. ▸ ***Au préalable,*** avant toute chose : *Vous pouvez venir, mais téléphonez au préalable* (**SYN.** d'abord, auparavant).

préalablement adv. Au préalable : *Vous devez préalablement faire frire les oignons* (**SYN.** avant).

préalpin, e adj. Relatif aux Préalpes, au massif qui borde au nord et à l'ouest les Alpes centrales.

préambule n.m. (du lat. *prae*, avant, et *ambulare*, marcher). **1.** Introduction à un discours, à un exposé : *Après un court préambule, elle a cédé la parole à son collègue* (**SYN.** avant-propos, présentation). **2.** Partie préliminaire d'une Constitution, d'un traité, énonçant des principes fondamentaux : *Le préambule de la Déclaration des droits de l'homme.* **3.** Ce qui précède, annonce qqch : *Ces licenciements sont le préambule d'une fermeture prochaine de l'entreprise* (**SYN.** prélude, prémices).

préamplificateur n.m. Amplificateur de tension situé avant un amplificateur de puissance (abrév. fam. préampli).

préapprentissage n.m. Formation à l'apprentissage durant laquelle l'élève effectue des stages en entreprise.

préau n.m. **1.** Partie couverte de la cour, dans une école : *Des préaux spacieux.* **2.** Cour intérieure d'une prison, d'un cloître.

préavis n.m. Avertissement préalable à la rupture d'un contrat ; délai qui s'écoule avant qu'il prenne effet : *Le locataire a donné son préavis au propriétaire. Un préavis de trois mois.* ▸ ***Préavis de grève,*** délai légal à observer avant d'entreprendre une grève.

préaviser v.t. [conj. 3]. Donner un préavis à.

prébende n.f. (du lat. *praebendus*, qui doit être fourni). *Litt.* Situation lucrative obtenue par faveur.

prébiotique adj. Se dit des molécules, des réactions chimiques qui ont rendu possible la vie sur la Terre.

précaire adj. (du lat. *precarius*, obtenu par prière). **1.** Qui n'a rien de stable, d'assuré : *Une santé précaire* (**SYN.** chancelant, fragile ; **CONTR.** solide). *Un calme* *précaire* (**SYN.** instable, passager ; **CONTR.** durable). **2.** Qui peut être interrompu à tout moment : *Un emploi précaire* (**CONTR.** fixe, permanent, stable). ◆ n. Travailleur précaire.

précairement adv. De façon précaire ; à titre précaire.

précambrien n.m. Première ère géologique de l'histoire de la Terre, dont on évalue la durée à 4 milliards d'années. ◆ **précambrien, enne** adj. Relatif au précambrien.

précampagne n.f. Période précédant l'ouverture d'une campagne électorale, publicitaire, etc.

précancéreux, euse adj. Se dit d'une lésion bénigne qui peut se transformer en cancer.

précarisation n.f. Action de précariser ; fait d'être précarisé : *La précarisation des emplois.*

précariser v.t. [conj. 3]. Rendre précaire : *La course aux bénéfices précarise le travail.*

précarité n.f. **1.** Caractère, état de ce qui est précaire : *La précarité de la paix dans ce pays* (**SYN.** fragilité, instabilité). **2.** Situation d'une personne qui ne bénéficie d'aucune stabilité d'emploi.

précaution n.f. (lat. *praecautio*, de *cavere*, prendre garde). **1.** Disposition prise par prévoyance pour éviter un mal ou pour en limiter les conséquences : *Elle a pris la précaution de donner des consignes à chacun* (**SYN.** soin). **2.** Fait de prendre garde, d'agir avec circonspection : *Elle déplace le meuble avec précaution* (**SYN.** prudence). ▸ ***Principe de précaution,*** ensemble des mesures prises par les pouvoirs publics pour protéger la population des risques potentiels liés à l'utilisation ou à la consommation d'un produit.

se **précautionner** v.pr. [conj. 3]. **[contre].** *Litt.* Prendre des précautions ; se prémunir contre.

précautionneusement adv. *Sout.* Avec précaution (**SYN.** prudemment).

précautionneux, euse adj. **1.** *Sout.* Qui prend des précautions : *Une employée précautionneuse* (**SYN.** circonspect, prudent ; **CONTR.** imprudent, irréfléchi). **2.** Qui est fait avec précaution : *Des investissements précautionneux.*

précédemment [presedamɑ̃] adv. Auparavant : *L'exemple précédemment cité* (**SYN.** antérieurement, ci-dessus ; **CONTR.** ci-après, ci-dessous).

précédent, e adj. Qui est immédiatement avant ; qui précède : *L'année précédente* (**CONTR.** suivant). *Cette réussite efface les précédents échecs* (**SYN.** antérieur ; **CONTR.** postérieur). ◆ **précédent** n.m. Fait antérieur invoqué comme exemple : *Ce jugement crée un précédent.* ▸ ***Sans précédent,*** unique en son genre : *Des crues sans précédent* (**SYN.** exceptionnel, extraordinaire ; **CONTR.** habituel).

précéder v.t. (lat. *praecedere*, de *cedere*, marcher) [conj. 18]. **1.** Marcher devant : *Je vous précède pour ouvrir la porte* (**SYN.** devancer). **2.** Être situé avant, dans l'espace ou dans le temps : *L'article précède le nom* (**CONTR.** suivre). *La présentation des invités a précédé le débat* (**SYN.** annoncer, préluder à). **3.** Se trouver en un lieu avant qqn : *Elle les a précédées à la gare de quelques minutes* (**SYN.** devancer).

précellence n.f. (du lat. *praecellere*, exceller). *Litt.* Supériorité marquée, échappant à toute comparaison.

précepte [presɛpt] n.m. (lat. *praeceptum*, de *capere*, prendre). Règle, enseignement dans un domaine particulier : *Suivre un précepte moral* (**SYN.** loi, principe).

précepteur, trice [presɛptœr, tris] n. (du lat. *praeceptor*, celui qui enseigne). Personne chargée de l'éducation d'un enfant à domicile.

préceptorat n.m. Fonction de précepteur.

préchauffage n.m. Chauffage préliminaire : *Le préchauffage d'un four.*

préchauffer v.t. [conj. 3]. Procéder au préchauffage de : *Préchauffez le four dix minutes.*

prêche n.m. **1.** Sermon religieux (**SYN.** prédication). **2.** *Fam.* Discours moralisateur et ennuyeux (**SYN.** sermon).

prêcher v.t. (lat. *praedicare*, de *dicere*, dire) [conj. 4]. **1.** Enseigner la parole de Dieu : *Prêcher l'Évangile.* **2.** Recommander avec insistance : *Il nous a prêché la patience* (**SYN.** conseiller ; **CONTR.** déconseiller). ◆ v.i. Prononcer un sermon, des sermons. ▸ ***Prêcher dans le désert,*** ne pas être écouté. ***Prêcher pour sa paroisse*** ou ***pour son saint,*** parler pour soi.

prêcheur, euse adj. et n. *Fam.* Qui aime sermonner, faire la morale (**SYN.** moralisateur, sermonneur).

prêchi-prêcha n.m. inv. *Fam.* Discours moralisateur : *De longs prêchi-prêcha* (**SYN.** sermon).

précieuse n.f. Au XVIIe siècle, femme du monde qui cherchait à se distinguer par l'élégance de ses manières et de son langage.

précieusement adv. Avec grand soin : *Conserver précieusement des lettres* (**SYN.** soigneusement).

précieux, euse adj. (lat. *pretiosus*, de *pretium*, prix). **1.** Qui a une grande valeur marchande : *Du bois précieux.* **2.** Dont on fait grand cas ; qui rend de grands services : *De précieux soutiens* (**SYN.** inappréciable, utile). *Une amie précieuse* (**SYN.** irremplaçable). ◆ adj. et n. Qui est affecté dans son langage, ses manières (**SYN.** maniéré).

préciosité n.f. **1.** Affectation dans les manières, le langage, le style ; afféterie, mièvrerie. **2.** Au XVIIe siècle, comportement maniéré des précieuses.

précipice n.m. (lat. *praecipitium*, de *caput, capitis*, tête). **1.** Lieu très profond et escarpé : *La route longe un précipice* (**SYN.** abîme, gouffre, ravin). **2.** *Fig.* Situation catastrophique : *Ses fréquentations le mènent droit au précipice* (**SYN.** désastre, ruine).

précipitamment adv. Avec précipitation : *Il nous a quittés précipitamment* (**SYN.** brusquement).

précipitation n.f. **1.** Grande hâte excluant la réflexion : *Dans la précipitation du départ, ils ont oublié leurs papiers.* **2.** En chimie, formation dans un liquide d'un corps qui se dépose au fond du récipient. ◆ **précipitations** n.f. pl. Formes variées sous lesquelles l'eau contenue dans l'atmosphère tombe à la surface du globe (pluie, neige, grêle).

précipité, e adj. Qui est accompli à la hâte : *Une décision précipitée* (**SYN.** expéditif, hâtif ; **CONTR.** étudié, réfléchi). ◆ **précipité** n.m. En chimie, dépôt résultant d'une précipitation.

précipiter v.t. (lat. *praecipitare*, de *praeceps*, qui tombe la tête en avant, de *caput, capitis*, tête) [conj. 3]. **1.** Faire tomber d'un lieu élevé : *De rage, il a précipité ses affaires par la fenêtre* (**SYN.** jeter, lancer). **2.** Entraîner dans une situation funeste : *La misère l'a précipité* *dans la délinquance* (**SYN.** conduire à, plonger). **3.** Rendre plus rapide le rythme de : *Cette déclaration a précipité l'effondrement de la Bourse* (**SYN.** accélérer, hâter ; **CONTR.** freiner, ralentir). **4.** Accomplir avec trop de hâte : *Ne précipitons pas notre choix* (**SYN.** brusquer, presser ; **CONTR.** retarder). **5.** En chimie, provoquer la précipitation de. ◆ v.i. En chimie, former un précipité. ◆ **se précipiter** v.pr. **1.** Se jeter du haut de qqch : *Le désespéré s'est précipité par la fenêtre* (**SYN.** sauter). **2.** S'élancer vivement : *Elle s'est précipitée à l'hôpital* (**SYN.** accourir, se ruer). **3.** Agir avec trop de hâte : *Ne nous précipitons pas.* **4.** Prendre un rythme accéléré : *Les événements se précipitent* (**SYN.** s'accélérer).

① **précis, e** adj. (lat. *praecisus,* de *praecidere,* trancher, de *caedere,* frapper). **1.** Qui ne laisse place à aucune incertitude : *Des instructions précises* (**SYN.** explicite, net ; **CONTR.** ambigu, imprécis, vague). *Un instrument de mesure précis* (**SYN.** exact, juste ; **CONTR.** approximatif, inexact). **2.** Qui se situe à un moment, à un endroit rigoureusement déterminé : *Rendez-vous à six heures précises* (**SYN.** sonnant). **3.** Qui fait preuve d'exactitude, de rigueur, de ponctualité : *Cet horloger a des gestes précis. Soyez précis, le train ne vous attendra pas* (**SYN.** exact, ponctuel).

② **précis** n.m. (de *1. précis*). Ouvrage qui expose brièvement l'essentiel d'une matière : *Un précis de géométrie* (**SYN.** abrégé, mémento).

précisément adv. **1.** Avec précision, exactitude : *Elle analyse précisément les besoins de ses clients.* **2.** Marque la coïncidence ou la concordance entre deux séries de faits : *Elle s'est connectée précisément au moment où je lui envoyais un message* (**SYN.** justement).

préciser v.t. [conj. 3]. **1.** Déterminer avec précision : *Nous préciserons plus tard l'heure de la réunion* (**SYN.** établir). **2.** Apporter des précisions : *Préciser sa pensée* (**SYN.** clarifier, expliciter). ◆ **se préciser** v.pr. Prendre forme ; devenir distinct : *Ses intentions se sont précisées. La menace d'un krach se précise* (**SYN.** se dessiner ; **CONTR.** s'éloigner).

précision n.f. **1.** Caractère de ce qui est précis, exact : *La précision d'une mesure* (**SYN.** rigueur ; **CONTR.** imprécision). *Un instrument de précision* (= qui mesure avec exactitude). **2.** Exactitude dans l'action : *La précision des gestes d'un chirurgien* (**SYN.** sûreté). **3.** Rigueur dans la pensée, l'expression : *Le témoin a employé des termes d'une grande précision* (**SYN.** clarté ; **CONTR.** ambiguïté). **4.** Détail précis qui apporte une plus grande information : *Demander des précisions.*

précité, e adj. Qui est cité précédemment : *Les personnes précitées constituent la première équipe.*

précoce adj. (lat. *praecox,* de *coquere,* cuire). **1.** Qui est mûr avant le temps normal ou habituel : *Des cerises précoces* (= des primeurs ; **SYN.** hâtif ; **CONTR.** tardif). **2.** Dont le développement physique ou intellectuel correspond à un âge supérieur : *Des enfants précoces* (**SYN.** avancé ; **CONTR.** immature). **3.** Qui survient plus tôt que d'ordinaire : *Un été précoce. Une usure précoce des articulations* (**SYN.** prématuré).

précocement adv. De façon précoce : *Vieillir précocement* (**SYN.** prématurément ; **CONTR.** tardivement).

précocité n.f. **1.** Caractère d'une chose précoce : *La précocité d'une variété de fraises.* **2.** Fait d'être précoce : *La précocité d'un enfant.*

précolombien, enne adj. Qui est antérieur à la venue de Christophe Colomb en Amérique.

précombustion n.f. Phase du fonctionnement d'un moteur Diesel précédant l'inflammation du combustible.

précompte n.m. Retenue des cotisations sociales opérée par l'employeur.

préconçu, e adj. Qui est élaboré et admis par l'esprit, sans examen critique : *Avoir des idées préconçues sur la vie dans les cités* (= des a priori, des préjugés).

préconisation n.f. Action de préconiser : *Suivez les préconisations de votre assureur* (**SYN.** conseil, recommandation).

préconiser v.t. (du lat. *praeco, praeconis,* crieur public) [conj. 3]. Recommander vivement : *Le médecin lui a préconisé une cure, de faire une cure* (**SYN.** conseiller, prescrire ; **CONTR.** déconseiller).

précontraint, e adj. Se dit d'un béton qui est soumis à la précontrainte.

précontrainte n.f. Technique de mise en œuvre du béton consistant à le soumettre à des compressions destinées à augmenter sa résistance.

précordial, e, aux adj. (du lat. *prae,* avant, et *cor, cordis,* cœur). Relatif à la région du thorax située en avant du cœur.

précuit, e adj. Se dit d'un aliment soumis à une cuisson préalable avant d'être conditionné : *Du riz précuit.*

précurseur n.m. (lat. *praecursor,* de *currere,* courir). Personne qui, par son action, ouvre la voie à une doctrine, à un mouvement : *Cette chercheuse est un précurseur dans le domaine des biotechnologies* (**SYN.** pionnier). ◆ adj. m. Qui vient avant et annonce qqch : *Les signes précurseurs de la reprise économique* (**SYN.** annonciateur, avant-coureur).

prédaté, e adj. Qui comporte déjà les dates inscrites, imprimées : *Des titres de transport prédatés.*

prédateur, trice adj. et n.m. (du lat. *praeda,* butin). Qui vit de proies animales capturées vivantes : *Des espèces prédatrices.* ◆ n. Personne, groupe qui établit sa puissance en profitant de la faiblesse de ses concurrents. ▸ ***Prédateur sexuel,*** agresseur sexuel récidiviste, qui choisit ses victimes selon des critères particuliers (âge et sexe, par ex.).

prédation n.f. Mode de nutrition des animaux prédateurs.

prédécesseur n.m. (lat. *praedecessor,* de *decedere,* s'en aller). Personne qui en a précédé une autre dans une fonction, un emploi : *Elle est le prédécesseur de l'actuelle députée* (**SYN.** devancier ; **CONTR.** successeur).

prédécoupé, e adj. Qui est découpé à l'avance : *Un pain prédécoupé. Des autocollants prédécoupés.*

prédélinquant, e n. Mineur en danger moral, et susceptible de devenir délinquant.

prédestination n.f. *Litt.* Détermination immuable des événements futurs (**SYN.** destin, sort).

prédestiné, e adj. et n. Dont le destin est fixé à l'avance : *Il était prédestiné à jouer un rôle politique.*

prédestiner v.t. [conj. 3]. Fixer d'avance le destin

de : *Ses qualités la prédestinaient à une grande carrière* (**SYN.** prédisposer, vouer).

prédéterminer v.t. [conj. 3]. Déterminer à l'avance : *Cette rencontre le prédétermina à devenir acteur.*

prédicat n.m. (du lat. *praedicare*, proclamer, de *dicere*, dire). Ensemble des éléments d'une proposition constituant ce qu'on dit de l'être ou de la chose dont on parle (par opp. à sujet ou thème) : *Dans les phrases « elle est belle » et « il parle trop », « est belle » et « parle trop » sont les prédicats.*

prédicateur, trice n. Personne qui prêche, qui prononce un sermon devant des fidèles.

prédicatif, ive adj. Relatif au prédicat.

prédication n.f. Action de prêcher devant des fidèles : *La prédication d'un pasteur* (**SYN.** homélie, sermon).

prédictible adj. Qui peut être prévu, prédit ; prévisible : *Les effets nocifs étaient-ils prédictibles ?*

prédictif, ive adj. ▸ ***Médecine prédictive,*** qui détermine, par l'étude des gènes, la probabilité de développer une maladie donnée.

prédiction n.f. **1.** Action de prédire : *La voyante fait des prédictions* (**SYN.** prophétie). **2.** Ce qui est prédit : *Des prédictions optimistes* (**SYN.** prévision).

prédilection n.f. (du lat. *dilectio*, amour). Préférence marquée pour qqn, pour qqch : *Elle a une prédilection pour les séries policières* (**SYN.** faible, penchant ; **CONTR.** aversion, répulsion). ▸ ***De prédilection,*** préféré aux autres ; favori : *Son logiciel de prédilection.*

prédire v.t. [conj. 103]. **1.** Annoncer ce qui doit se produire, par intuition ou par déduction : *Prédire l'avenir* (**SYN.** deviner, prévoir, prophétiser). *Les économistes prédisent une forte croissance* (**SYN.** conjecturer, pronostiquer). **2.** Laisser présager : *Son regard furieux prédit une réunion houleuse* (**SYN.** promettre).

prédisposer v.t. [conj. 3]. Mettre par avance dans certaines dispositions : *Son éducation le prédisposait à la diplomatie* (**SYN.** préparer).

prédisposition n.f. Disposition, aptitude naturelle à qqch : *Elle a des prédispositions pour la musique* (**SYN.** facilité). *Une prédisposition au diabète* (**SYN.** propension).

prédominance n.f. Caractère prédominant : *La prédominance d'un pays sur un autre* (**SYN.** prééminence, primauté). *La prédominance de la poésie dans l'œuvre d'un auteur* (**SYN.** prépondérance).

prédominant, e adj. Qui prédomine : *Le rôle prédominant de la publicité dans la consommation* (**SYN.** majeur, prépondérant, primordial ; **CONTR.** négligeable).

prédominer v.i. [conj. 3]. L'emporter par le nombre, la force ou l'importance : *Les terrains calcaires prédominent dans cette région* (**SYN.** dominer). *Dans les accords grammaticaux, le masculin prédomine sur le féminin* (**SYN.** prévaloir, primer).

préélectoral, e, aux adj. Qui précède des élections.

préélémentaire adj. Se dit de l'enseignement donné dans les écoles maternelles ou les classes enfantines.

préemballé, e adj. Se dit d'un produit alimentaire conditionné sous une forme qui permet au consommateur de l'acheter sans intervention d'un vendeur : *Un rayon de sandwichs préemballés.*

prééminence n.f. Supériorité absolue sur les autres ; primauté : *La prééminence de la langue anglaise dans le monde* (**SYN.** suprématie ; **CONTR.** infériorité).

prééminent, e adj. (du lat. *eminens*, qui s'élève). Qui occupe le premier rang : *La solidarité est la valeur prééminente des humanitaires* (**SYN.** majeur, premier, prépondérant ; **CONTR.** mineur, secondaire).

préempter [preɑ̃pte] v.t. [conj. 3]. Faire jouer un droit de préemption sur : *Le musée du Louvre a préempté ce tableau.*

préemption [preɑ̃psjɔ̃] n.f. (du lat. *emptio*, achat, de *emere*, acheter). Prérogative que détient une personne ou une administration d'acquérir un bien en priorité : *Le droit de préemption du Conservatoire du littoral sur ces terrains.* ☞ **REM.** Ne pas confondre avec *péremption.*

préencollé, e adj. Se dit d'un matériau enduit sur son envers d'un produit permettant de le coller.

préenregistré, e adj. **1.** Qui est enregistré à l'avance (par opp. à en direct) : *Un entretien préenregistré.* **2.** Qui contient déjà un enregistrement (par opp. à vierge) : *Des DVD préenregistrés.*

préétabli, e adj. Établi à l'avance, au préalable.

préétablir v.t. [conj. 32]. Établir à l'avance : *Vous préétablirez la liste des personnes à convoquer.*

préexistant, e adj. Qui préexiste : *Elle a utilisé des fichiers préexistants.*

préexistence n.f. Existence antérieure : *La préexistence d'une culture commune favorise les relations intercommunautaires.*

préexister v.i. [conj. 3]. Exister avant : *Une infrastructure doit préexister à la création d'une entreprise.*

préfabrication n.f. Système de construction par assemblage d'éléments préfabriqués.

préfabriqué, e adj. **1.** Se dit d'un élément de construction fabriqué à l'avance et destiné à être assemblé sur place : *Des cloisons préfabriquées.* **2.** Qui est composé exclusivement par un assemblage d'éléments préfabriqués : *Une maison préfabriquée.* ◆ **préfabriqué** n.m. Bâtiment construit avec des éléments préfabriqués.

préfabriquer v.t. [conj. 3]. Construire avec des éléments préfabriqués.

préface n.f. (du lat. *praefatio*, préambule, de *fari*, parler, dire). Texte de présentation placé en tête d'un livre : *La préface de ce livre a été écrite par un ministre* (**SYN.** avant-propos, introduction ; **CONTR.** postface).

préfacer v.t. [conj. 16]. Écrire la préface de : *Ce magistrat a préfacé l'ouvrage de son ami.*

préfacier, ère n. Auteur d'une préface.

préfectoral, e, aux adj. Relatif au préfet, à son administration : *C'est interdit par arrêté préfectoral.*

préfecture n.f. **1.** En France, circonscription administrative d'un préfet, correspondant à un département. **2.** Ville où siège cette administration : *Périgueux est la préfecture de la Dordogne* (= chef-lieu de département). **3.** Ensemble des services de l'administration préfectorale ; édifice où ils sont installés : *La préfecture reste vigilante. Aller à la préfecture.* **4.** Fonction de préfet ; sa durée : *Il a reçu la préfecture de Bastia.* ▸ ***La préfecture de police,*** l'administration chargée de la police à Paris, à Lyon et à Marseille ; le siège de cette administration. ***Préfecture maritime,*** port de guerre, chef-lieu d'une région maritime, en France.

préférable adj. Qui mérite d'être préféré ; qui convient mieux : *Je pense que cette solution est préférable à l'autre* (**SYN.** meilleur). *Il serait préférable de l'écouter* (= il vaudrait mieux).

préférablement adv. *Litt.* De préférence.

préféré, e adj. et n. Que l'on préfère : *C'est sa série télévisée préférée* (**SYN.** favori). *Son aîné est son préféré.*

préférence n.f. **1.** Fait de préférer : *J'ai une nette préférence pour son dernier album* (**SYN.** faveur, prédilection). **2.** Ce que l'on préfère : *Ses préférences en matière de musique vont au classique.* ▸ ***De préférence,*** plutôt : *Envoyez-lui des fleurs, et de préférence des roses.*

préférentiel, elle [preferɑ̃sjɛl] adj. Qui établit une préférence à l'avantage de qqn : *Appliquer un tarif préférentiel à ses collègues* (= de faveur).

préférentiellement [preferɑ̃sjɛlmɑ̃] adv. De façon préférentielle ; de préférence.

préférer v.t. (du lat. *praeferre,* porter en avant, de *ferre,* porter) [conj. 18]. **1.** Considérer une personne, une chose comme meilleure qu'une autre ; aimer mieux, pencher pour : *Il préférait ses amis à sa famille.Elle préfère l'embrayage automatique* (**SYN.** choisir, opter pour). *J'ai préféré me taire plutôt que de mentir.* **2.** Se développer plus particulièrement dans certains lieux, certaines conditions : *L'oranger préfère les régions chaudes* (**SYN.** aimer, se plaire dans).

préfet n.m. (du lat. *praefectus,* préposé, de *facere,* faire). En France, haut fonctionnaire, qui représente l'État dans le département et la Région. ▸ ***Préfet des études,*** en Belgique, directeur d'un athénée ou d'un lycée.

préfète n.f. **1.** Femme d'un préfet. **2.** Femme préfet. ☞ **REM.** Dans la langue administrative, on dit *Mme X, préfet.*

préfiguration n.f. Fait de préfigurer qqch ; ce qui préfigure, annonce : *Ces actes d'incivilité sont la préfiguration des violences qui risquent de se produire* (**SYN.** prélude, présage).

préfigurer v.t. [conj. 3]. Présenter les caractères de ce qui va arriver ou devenir courant : *Ces découvertes préfigurent les progrès scientifiques futurs* (**SYN.** annoncer, préluder à).

préfixal, e, aux adj. Relatif aux préfixes, à la préfixation (par opp. à suffixal).

préfixation n.f. En linguistique, formation d'un mot nouveau par adjonction d'un préfixe à un mot ou à un radical préexistant (par opp. à suffixation) : *À partir de « faire », on forme « défaire » et « refaire » par préfixation.*

préfixe n.m. (du lat. *praefixus,* fixé devant). **1.** En linguistique, élément qui se place devant un mot pour constituer un mot nouveau (par opp. à suffixe) : *En ajoutant le préfixe « anti- » à « aérien », on obtient le mot « antiaérien ».* **2.** Dans un numéro de téléphone, chiffres placés en tête et qui servent à identifier l'opérateur choisi, le pays ou la zone de destination de la communication.

préfixer v.t. [conj. 3]. **1.** En linguistique, ajouter un préfixe à (par opp. à suffixer). **2.** Dans la langue juridique, fixer d'avance (un délai, un terme).

préfourrière n.f. Endroit où l'on entrepose les véhicules automobiles saisis sur la voie publique avant de les conduire en fourrière.

prégnant, e [preɲɑ̃, ɑ̃t] adj. (lat. *praegnans,* de *premere,* presser). *Litt.* Qui s'impose vivement à l'esprit, aux sens : *La pénurie est prégnante dans ces régions* (**SYN.** marquant). *Le parfum prégnant des lilas en fleur* (**SYN.** entêtant, fort).

préhenseur adj. m. Qui sert à la préhension, à saisir : *Des organes préhenseurs.*

préhensile adj. Qui peut servir à la préhension, à saisir : *Un singe à queue préhensile* (**SYN.** prenant).

préhension n.f. (du lat. *prehendere,* saisir, prendre). Action de prendre, de saisir : *La trompe de l'éléphant est un organe de préhension.*

préhistoire n.f. **1.** Période de la vie de l'humanité avant l'apparition de l'écriture. **2.** Ensemble des disciplines qui étudient cette période.

préhistorien, enne n. Spécialiste de la préhistoire.

préhistorique adj. **1.** Relatif à la préhistoire : *L'homme préhistorique.* **2.** *Fam.* Qui est très vieux ou démodé (souvent par plaisanterie) : *Un logiciel préhistorique* (**SYN.** antédiluvien).

préhominien n.m. En paléontologie, primate fossile présentant des caractères communs à l'homme et aux grands singes.

préimplantatoire adj. Qui se fait sur un embryon obtenu par fécondation in vitro, avant de l'implanter dans l'utérus : *Un diagnostic préimplantatoire.*

préindustriel, elle adj. Qui est antérieur à la révolution industrielle de la fin du XVIIIe siècle.

préinscription n.f. Inscription provisoire, avant une inscription définitive.

préjudice n.m. (lat. *praejudicium,* jugement anticipé, de *prae,* avant, et *judex, judicis,* juge). Atteinte portée aux droits, aux intérêts de qqn : *Causer un préjudice à qqn* (**SYN.** dommage, tort). *Un préjudice moral.* ▸ ***Au préjudice de,*** contre les intérêts de : *Un aménagement des horaires au préjudice des salariés* ; au détriment de : *Le développement industriel se fait parfois au préjudice de l'environnement* (**SYN.** mépris). ***Porter préjudice à qqn,*** lui nuire. ***Sans préjudice de,*** sans compter : *Une condamnation sans préjudice des dommages et intérêts.*

préjudiciable adj. Qui porte préjudice : *Une concurrence entre les associations préjudiciable aux réfugiés* (**SYN.** dommageable ; **CONTR.** bénéfique).

préjudicié, e n. En Belgique, victime d'un préjudice.

préjudiciel, elle adj. ▸ ***Question préjudicielle,*** dans la langue juridique, question qui doit être jugée par la juridiction compétente avant qu'un tribunal puisse statuer.

préjugé n.m. **1.** Jugement provisoire formé par avance à partir d'indices qu'on interprète : *Elle a un préjugé en sa faveur* (**SYN.** a priori). **2.** *Péjor.* Opinion adoptée sans examen ; idée préconçue : *Elle a toujours combattu les préjugés raciaux* (**SYN.** prévention).

préjuger v.t. [conj. 17]. *Litt.* Juger, décider avant d'avoir tous les éléments d'information nécessaires ; conjecturer : *Nous ne pouvons préjuger le résultat des* *négociations* (**SYN.** présager). ◆ v.t. ind. **[de].** Donner une opinion prématurée sur : *Rien ne laisse préjuger de la décision qu'elle prendra* (**SYN.** augurer).

prélart n.m. **1.** Bâche destinée à recouvrir les marchandises chargées sur un navire, un véhicule découvert. **2.** Au Québec, linoléum.

se **prélasser** v.pr. [conj. 3]. Se reposer avec abandon : *Ils se sont prélassés sur la plage.*

prélat n.m. (lat. *praelatus,* de *praeferre,* porter en avant). Dignitaire ecclésiastique : *Les cardinaux, les archevêques et les évêques sont des prélats.*

prélatin, e adj. Qui est antérieur à la civilisation et à la langue latines.

prélavage n.m. Lavage préliminaire dans le cycle d'un lave-linge ou d'un lave-vaisselle.

prêle ou **prèle** n.f. (de l'anc. fr. *aprêle,* du lat. *asper,* rugueux). Plante sans fleurs des lieux humides.

prélèvement n.m. Action de prélever ; ce qui est prélevé : *Le prélèvement des impôts à la source. Les laborantins analysent les prélèvements sanguins.*

prélever v.t. [conj. 19]. **1.** Prendre une certaine portion sur un total, une masse : *Le courtier prélève sa commission sur les bénéfices* (**SYN.** retenir ; **CONTR.** verser). **2.** Extraire de l'organisme en vue d'une analyse : *Prélever un échantillon d'A.D.N.*

préliminaire adj. (du lat. *limen, liminis,* seuil). Qui précède et prépare qqch : *Un rapport préliminaire* (**SYN.** préalable, préparatoire). ◆ **préliminaires** n.m. pl. Ce qui précède et prépare : *Des préliminaires de vente.*

prélude n.m. **1.** Pièce musicale de forme libre servant d'introduction ou se suffisant à elle-même : *Les préludes de Bach.* **2.** Ce qui annonce, précède, fait présager qqch : *Ces gros nuages noirs sont le prélude de l'orage* (= signe avant-coureur ; **SYN.** annonce). *Voici quelques réflexions en prélude au débat de demain* (**SYN.** préambule, prologue).

préluder v.i. (du lat. *prae,* avant, et *ludere,* jouer) [conj. 3]. Essayer sa voix, son instrument avant d'interpréter une œuvre musicale ; interpréter un prélude : *La soliste préluda brièvement.* ◆ v.t. ind. **[à].** Annoncer l'imminence de qqch de plus important : *La localisation de ces sites Internet prélude au démantèlement de leur réseau* (**SYN.** présager).

prématuré, e adj. et n. (lat. *praematurus,* mûr avant). Qui est né avant terme tout en étant viable. ◆ adj. **1.** Qui est fait avant le moment approprié : *La réouverture prématurée d'un local* (**SYN.** hâtif, 1. précipité). **2.** Qui se produit, se manifeste avant le temps normal : *Noter un vieillissement prématuré des tissus* (**SYN.** précoce).

prématurément adv. Avant le moment normal ; trop tôt : *Beaucoup de fumeurs meurent prématurément* (**SYN.** précocement).

prématurité n.f. État d'un enfant prématuré.

prémédication n.f. Ensemble des soins préparant un patient à un acte chirurgical.

préméditation n.f. Dessein réfléchi qui a précédé l'exécution d'un acte, d'un délit : *Il est accusé d'homicide volontaire avec préméditation* (= il est accusé d'assassinat).

préméditer v.t. [conj. 3]. Préparer avec soin et calcul : *Elle avait prémédité cet acte* (**SYN.** mûrir, prévoir).

prémenstruel, elle adj. En médecine, qui a lieu avant les règles : *Des troubles prémenstruels.*

prémices n.f. pl. (lat. *primitiae,* de *primus,* premier). *Litt.* Premières manifestations de qqch : *Les prémices d'un conflit* (**SYN.** commencement, début ; **CONTR.** achèvement, fin). ☞ **REM.** Ne pas confondre avec *prémisse.*

premier, ère adj. (lat. *primarius,* de *primus*). **1.** (En fonction d'adjectif numéral ordinal). De rang numéro un : *Le premier jour de l'année. Les deux premières questions à la ministre.* **2.** Qui est dans l'état de son origine : *Un manuscrit dans sa version première* (**SYN.** initial, originel, primitif). **3.** Qui constitue un élément de base ; fondamental : *La raison première de cette modification* (**SYN.** essentiel, principal). **4.** Qui est classé avant les autres pour son importance, sa valeur : *Ils ne vendent que des produits de première qualité* (**SYN.** excellent, extra). *Une dirigeante de premier ordre.* ▸ ***Art premier,*** art traditionnel des sociétés non occidentales. ***En premier,*** d'abord ; avant tout le reste : *En premier, vous devez lire la notice d'installation.* ***Matière première*** → **matière.** ***Nombre premier,*** en mathématiques, nombre entier qui n'admet pas d'autre diviseur que 1 et lui-même. ***Premier ministre*** → **ministre.** ◆ n. Personne, chose qui occupe le premier rang : *Elle en est la toute première étonnée.* ▸ ***Jeune premier, jeune première,*** comédien, comédienne qui jouent les rôles d'amoureux. ***Le premier venu, la première venue,*** une personne prise au hasard ; n'importe qui. ◆ **premier** n.m. **1.** Étage situé immédiatement au-dessus du rez-de-chaussée : *Ils habitent au premier.* **2.** L'élément qui vient en tête dans une charade : *Mon premier est un bruit, mon second est...*

première n.f. **1.** Classe la plus chère dans certains moyens de transports publics : *Elle voyage en première.* **2.** Première représentation d'une pièce ; première projection d'un film : *Ils ont assisté à la première.* **3.** (Précédé de l'art. indéf.). Événement dont on signale la réalisation pour la première fois : *Cette expérience est une première.* **4.** En alpinisme, premier parcours d'un itinéraire nouveau : *La première de cette paroi.* **5.** En France, classe de l'enseignement secondaire qui précède la terminale. **6.** Première vitesse d'une automobile : *Se mettre en première pour démarrer.* ▸ *Fam.* ***De première,*** de première qualité ; remarquable en son genre : *Elle nous a fait un tiramisu de première* (= excellent). *C'est un menteur de première.*

premièrement adv. En premier lieu ; tout d'abord (**SYN.** primo).

premier-né, première-née adj. et n. (pl. *premiers-nés, premières-nées*). Enfant né le premier dans une famille (par opp. à cadet et à benjamin) : *Ces jumeaux sont leurs premiers-nés* (**SYN.** aîné).

prémisse n.f. (lat. *praemissa,* de *mittere,* envoyer). **1.** Chacune des deux premières propositions d'un syllogisme. **2.** Fait d'où découle une conséquence : *Ces événements étaient les prémisses de la crise actuelle.* ☞ **REM.** Ne pas confondre avec *prémices.*

prémolaire n.f. Dent située entre la canine et les molaires.

prémonition n.f. (du lat. *praemonitio,* avertissement, de *monere,* avertir). Intuition qu'un événement va se produire ; pressentiment : *Elle a eu la prémonition de l'accident.*

prémonitoire adj. Qui relève de la prémonition : *Elle fait des rêves prémonitoires.* ▸ ***Signe prémonitoire,*** qui laisse présager tel événement : *Les signes prémonitoires de la rubéole* (**SYN.** annonciateur, avant-coureur).

prémunir v.t. [conj. 32]. *Litt.* Préserver d'un danger ; mettre en garde contre qqch : *Cette combinaison la prémunit contre les radiations* (**SYN.** garantir, protéger). *Prémunir les jeunes contre l'intolérance* (**SYN.** armer). ◆ **se prémunir** v.pr. **[contre].** Prendre des précautions, des mesures contre qqch : *Ils se sont prémunis contre les risques financiers.*

prenable adj. En parlant d'une ville, d'une place forte, qui peut être prise : *Une citadelle prenable* (**CONTR.** imprenable).

prenant, e adj. **1.** Qui intéresse, charme : *Un film policier prenant* (**SYN.** captivant, passionnant). **2.** Qui occupe beaucoup : *Un métier très prenant* (**SYN.** absorbant). **3.** Préhensile : *Certains singes ont une queue prenante.* ▸ ***Partie prenante,*** personne, organisation, groupe qui sont directement concernés par une affaire, un processus quelconque ou qui y sont impliqués.

prénatal, e, als ou **aux** adj. Qui précède la naissance : *Des examens prénatals.*

prendre v.t. (lat. *prehendere*) [conj. 79]. **1.** Saisir avec les mains ou avec un instrument : *Prendre un crayon sur la table. Prendre qqn par le bras. Prendre des tiges de rosier avec des gants* (**SYN.** attraper). **2.** Se munir de : *Prenez un imperméable. Elle a pris ses papiers d'identité avec elle* (**SYN.** emporter ; **CONTR.** oublier). **3.** Se rendre acquéreur de : *Prends du pain en rentrant* (**SYN.** acheter). *Elle prend ses fruits au marché* (**SYN.** se fournir en). **4.** Fixer son choix sur : *Laquelle prenez-vous ? — Je prends la rouge* (**SYN.** choisir ; **CONTR.** laisser). **5.** Enlever qqch à qqn : *Les cambrioleurs ont pris ce qui avait de la valeur* (**SYN.** dérober, subtiliser, voler). *Il lui a pris sa place* (**SYN.** ravir). **6.** Se rendre maître de : *Les policiers ont pris les trafiquants* (**SYN.** appréhender, arrêter). *Les terroristes ont pris des otages* (**SYN.** capturer). *Les rebelles ont pris la ville* (**SYN.** conquérir, s'emparer de). *Prendre le pouvoir.* **7.** Aller chercher qqn : *Je passerai vous prendre à la gare.* **8.** S'assurer les services de qqn : *Prendre un avocat* (**SYN.** engager). **9.** Ingérer qqch : *Prendre son petit déjeuner. Pour vous soulager, prenez un cachet d'aspirine* (**SYN.** absorber, avaler). *Prendrez-vous un café ?* (**SYN.** boire). **10.** Se procurer ce que l'on a besoin de savoir : *Prendre les mesures de qqn. Prendre des nouvelles de qqn* (**SYN.** demander, s'enquérir de). *Prendre des renseignements sur qqn* (**SYN.** recueillir). **11.** Utiliser un moyen de transport : *Nous prendrons un taxi pour rentrer. Prendrez-vous le train ou l'avion ?* (= voyagerez-vous par le train ou l'avion ?). **12.** S'engager sur une voie de communication, dans une direction ; passer par : *Elle a pris un raccourci* (**SYN.** emprunter). *Nous prendrons la route vers huit heures. Veuillez prendre la porte* (= sortir d'ici). **13.** S'installer dans : *Je prendrai un studio en ville* (**SYN.** louer). *Elle prend ses fonctions en mai* (**SYN.** entrer en, occuper). *Prendre sa retraite.* **14.** Livrer son corps à un élément naturel : *Prendre le soleil. Prendre une douche* (= se doucher). **15.** Opter pour un comportement, une action : *Prendre des mesures pour lutter contre la pollution* (**SYN.** décider). *Prendre les précautions nécessaires* (**SYN.** s'entourer de). *Prendre une initiative. Prendre des risques.* **16.** Se charger de : *Prendre ses responsabilités* (**SYN.** assumer). *Prendre la parole* (= se mettre à parler). **17.** Aborder qqn, qqch de telle manière : *Elle prend les enfants par la douceur* (**SYN.** traiter). *Il faut prendre le problème autrement* (**SYN.** envisager). *Il prend tout de travers* (**SYN.** interpréter). **18.** En parlant d'un sentiment, s'emparer soudain de qqn ; envahir : *L'angoisse nous prend en songeant aux otages* (**SYN.** étreindre, oppresser). **19.** Surprendre qqn en train de commettre une action répréhensible : *Les policiers l'ont pris en flagrant délit de vol. Je l'ai pris à fouiller dans mes affaires.* **20.** Absorber entièrement qqn : *Ses recherches la prennent entièrement* (**SYN.** accaparer). **21.** Recevoir en cadeau, en paiement : *Prenez ces fleurs qui vous sont offertes par notre magasin. La maison ne prend pas les chèques* (**SYN.** accepter). *Il ne prend pas cher.* **22.** Se faire donner : *Prendre un rendez-vous chez le médecin* (**SYN.** obtenir). *Il ne prend ses ordres que d'elle* (**SYN.** admettre, recevoir). **23.** Nécessiter tant de temps, tant de place : *La réparation a pris deux heures. Le dossier prend tout le bureau.* **24.** Accepter de transporter qqn, qqch, de transmettre qqch, de recevoir qqn : *Prendre un auto-stoppeur. Ce train ne prend pas de voyageurs. Prendre un message pour qqn* (**SYN.** se charger de). *Le médecin vous prendra entre deux rendez-vous* (**SYN.** accueillir). **25.** *Fam.* Recevoir un coup, qqch sur le corps : *Prendre une gifle. Il a pris une balle dans le bras.* **26.** Subir une modification de forme, d'aspect : *Elle a pris quelques kilos pendant sa grossesse* (= elle a grossi de). *Les événements prennent une bonne tournure.* **27.** Accrocher, coincer involontairement un vêtement, une partie de son corps : *Elle a pris sa jupe dans les ronces. L'enfant a pris ses doigts dans la porte* (**SYN.** coincer). **28.** En parlant d'un objet, d'un lieu, se laisser pénétrer par : *Les murs prennent l'eau* (**SYN.** absorber, s'imprégner de). **29.** En parlant d'un mot, comporter telle lettre, tel signe : *« Colline » prend deux « l », mais un seul « n ».* **30.** Suivi d'un nom, forme des locutions verbales : *Prendre feu. Prendre racine. Prendre froid* (= s'enrhumer). *Prendre part à. Prendre garde à* (= faire attention à). *Prendre soin de.* (Voir aussi ces mots.) ▸ ***À tout prendre,*** tout bien considéré : *À tout prendre, il vaudrait mieux partir maintenant.* *Fam.* ***Ça me prend la tête,*** cela m'énerve. ***C'est à prendre ou à laisser,*** il n'y a pas d'autre choix qu'accepter ou refuser. ***Il y a à prendre et à laisser,*** il y a du bon et du mauvais. ***Prendre en*** (+ n.), se mettre à éprouver un sentiment à l'égard de : *Prendre qqn en pitié. Prendre qqch en horreur.* ***Prendre pour*** (+ n.), choisir en tant que : *Il l'a prise pour femme* (= il l'a épousée). *Elle m'a prise pour confidente* ; se tromper sur le caractère, l'identité de : *Je l'avais pris pour une personne de confiance* (= j'avais cru qu'il l'était). *Elle a pris votre retard pour un affront* (= considéré comme). ***Prendre qqch sur soi,*** en assumer la responsabilité : *Vous pouvez vous absenter, je le prends sur moi.* ***Prendre son temps,*** ne pas se presser. ◆ v.t. ind. **[à].** En parlant d'une idée, d'un comportement, venir soudain à qqn : *Il lui a pris l'envie de se promener. Qu'est-ce qui leur prend ?* (= d'où vient leur comportement tout à fait inattendu ?). ▸ ***Bien, mal m'en a pris,*** cela m'a été profitable, préjudiciable. ◆ v.i. **1.** Passer de l'état liquide à l'état pâteux ou solide ; épaissir : *Le plâtre commence à prendre* (**SYN.** se figer, se solidifier). *La mayonnaise prend.* **2.** Commencer à se développer : *La bouture a bien pris* (**SYN.** s'enraciner, pousser).

3. Commencer à brûler : *Le feu ne veut pas prendre* (**SYN.** s'allumer, partir). *L'incendie a pris dans la cuisine* (**SYN.** se déclarer). **4.** Produire l'effet recherché : *La mystification n'a pas pris* (**SYN.** réussir). **5.** Suivre une direction ; s'engager dans une voie : *Prenez à gauche* (**SYN.** tourner). *Nous avons pris à travers champs* (**SYN.** couper). ▸ *Fam.* ***Ça ne prend pas,*** je ne vous crois pas. ***Prendre sur soi,*** réprimer un mouvement d'humeur ; s'imposer un choix désagréable et contraignant. ◆ **se prendre** v.pr. **1.** S'accrocher : *Sa manche s'est prise dans la poignée. La mouette s'est pris les ailes dans le filet.* **2. [à].** (Suivi de l'inf.). *Litt.* Se mettre à : *Soudain elle rougit et se prit à pleurer* (**SYN.** commencer à). **3. [de].** *Litt.* Commencer à éprouver : *Elle s'est prise de tendresse pour eux.* **4. [pour].** Se considérer comme : *Il se prend pour un génie* (**SYN.** se croire). ▸ ***S'en prendre à qqn, à qqch,*** s'attaquer à eux, les incriminer. ***S'y prendre,*** agir d'une certaine manière en vue d'un résultat : *Vous vous y êtes mal prise. Nous aurions dû nous y prendre plus tôt.*

preneur, euse n. **1.** Dans la langue juridique, personne qui prend à bail (par opp. à bailleur). **2.** Personne qui offre d'acheter à un certain prix : *J'ai trouvé preneur pour mon ordinateur* (**SYN.** acheteur, acquéreur). ▸ ***Preneur de son,*** à la radio, au cinéma, opérateur chargé de l'enregistrement du son. ◆ adj. Qui sert à prendre : *Une drague à benne preneuse.*

prénom n.m. Nom particulier placé, dans l'usage courant, devant le patronyme et qui distingue chacun des membres d'une même famille : *Raïssa est un prénom féminin, Valentin un prénom masculin.*

prénommé, e adj. et n. Qui a pour prénom : *Madame Chantoiseau, prénommée Laurence.*

prénommer v.t. [conj. 3]. Donner tel prénom à : *Ses parents ont décidé de la prénommer Isée.* ◆ **se prénommer** v.pr. (Suivi d'un attribut). Avoir pour prénom : *Il se prénomme Noé* (**SYN.** s'appeler).

prénuptial, e, aux [prenypsjal, o] adj. Qui précède le mariage : *Une visite médicale prénuptiale.*

préoccupant, e adj. Qui préoccupe : *La situation des réfugiés est préoccupante* (**SYN.** alarmant, inquiétant).

préoccupation n.f. Souci vif et constant qui accapare l'esprit : *L'environnement est au centre de ses préoccupations* (**SYN.** inquiétude, tourment).

préoccupé, e adj. Qui est en proie à un vif souci : *Une personne préoccupée de l'avenir des siens* (**SYN.** inquiet, soucieux ; **CONTR.** indifférent à, insouciant de).

préoccuper v.t. [conj. 3]. Causer du souci à : *Cette situation la préoccupe* (**SYN.** inquiéter, tourmenter ; **CONTR.** indifférer). ◆ **se préoccuper** v.pr. **[de].** Être absorbé par un souci très vif : *Elle se préoccupe de l'avenir de son entreprise* (**SYN.** s'inquiéter, se tourmenter ; **CONTR.** se désintéresser).

préolympique adj. Qui a lieu avant les jeux Olympiques ou en vue de ceux-ci.

préopératoire adj. Qui précède une opération chirurgicale : *Une consultation préopératoire.*

prépa n.f. (abrév.). *Fam.* Classe préparatoire aux grandes écoles.

préparateur, trice n. Collaborateur d'un chercheur, d'un professeur de sciences, qui aide celui-ci à préparer ses expériences. ▸ ***Préparateur en pharmacie,*** personne qui aide le pharmacien à préparer et à délivrer au public les médicaments.

préparatif n.m. (Surtout pl.). Arrangement pris en vue de qqch : *Les préparatifs d'une fête.*

préparation n.f. **1.** Action de préparer, de se préparer : *La préparation d'un itinéraire* (**SYN.** élaboration, étude). *Ils sont en pleine préparation du bac.* **2.** Chose préparée : *Des préparations culinaires nouvelles.* **3.** Médicament élaboré par un pharmacien dans son officine (par opp. à spécialité).

préparatoire adj. Qui prépare : *Une réunion préparatoire à un débat.* ▸ ***Classe préparatoire aux grandes écoles,*** en France, classe de certains lycées destinée à préparer des candidats au concours d'entrée d'une grande école (abrév. fam. prépa). ***Cours préparatoire*** ou ***C.P.,*** première année de l'enseignement primaire.

préparer v.t. (lat. *praeparare*) [conj. 3]. **1.** Mettre en état de servir prochainement : *Préparer une chambre pour les invités* (**SYN.** apprêter, arranger). **2.** Apprêter des produits alimentaires avant de les manger : *Préparer le repas* (**SYN.** cuisiner). *Préparer une blanquette* (**SYN.** accommoder). **3.** Organiser ce qui n'existait pas : *Préparer sa retraite* (**SYN.** élaborer, prévoir). *Préparer une fête* (**CONTR.** improviser). **4.** Réserver pour l'avenir ; annoncer : *Ces mesures préparent une accentuation de la précarité* (**SYN.** présager, promettre). **5. [à].** Rendre capable de faire qqch : *Préparer un chômeur au retour à l'emploi* (**SYN.** aider, entraîner). *Cette formation prépare à la gestion d'entreprise* (**SYN.** former). **6. [à].** Rendre psychologiquement prêt à accepter qqch : *Il faut le préparer à un rejet de sa demande.* ◆ v.i. En Afrique, faire la cuisine. ◆ **se préparer** v.pr. **1. [à].** Se mettre en état de : *Elle se préparait à sortir* (**SYN.** se disposer). *Nous nous sommes préparés au pire* (**SYN.** s'apprêter). **2.** Être imminent : *Une catastrophe se prépare* (**SYN.** s'annoncer, menacer).

prépayer v.t. [conj. 11]. Payer par avance : *Prépayer l'organisation de ses obsèques.*

prépension n.f. En Belgique, préretraite.

prépensionné, e n. En Belgique, préretraité.

prépondérance n.f. Caractère prépondérant ; supériorité ; prédominance : *La prépondérance d'un État sur un autre* (**SYN.** domination, hégémonie, suprématie).

prépondérant, e adj. (du lat. *praeponderare,* peser plus, l'emporter, de *pondus, ponderis,* poids). Qui a plus d'importance, d'autorité que les autres : *Avoir un rôle prépondérant dans une affaire* (**SYN.** capital, fondamental, primordial ; **CONTR.** mineur, négligeable, secondaire). ▸ ***Voix prépondérante,*** voix qui l'emporte en cas de partage des voix : *Le président a une voix prépondérante* (**SYN.** décisif, déterminant).

préposé, e n. **1.** Personne chargée d'une fonction spéciale : *Des préposés au contrôle des sacs.* **2.** En France, dans la langue administrative, agent qui distribue le courrier (**SYN.** facteur).

préposer v.t. [conj. 3]. Charger qqn de la garde, de la surveillance, de la direction de qqch : *Ils sont préposés à l'îlotage* (**SYN.** affecter).

prépositif, ive ou **prépositionnel, elle** adj. Relatif à une préposition. ▸ ***Locution prépositive,*** locution qui équivaut à une préposition : *« Au-delà de », « afin de », « de façon à » sont des locutions prépositives.*

préposition n.f. Mot invariable qui relie un élément d'une phrase à un autre : *« De », « à », « avant », « chez », « pour » sont des prépositions.*

prépositionnel, elle adj. → **prépositif.**

préprogrammé, e adj. En électronique, se dit d'une fonction qui est programmée dans un composant électronique lors de la fabrication de celui-ci.

prépuce n.m. (lat. *praeputium*). Repli de la peau qui recouvre le gland de la verge.

préraphaélite adj. et n. (de *Raphaël*, peintre italien). Se dit d'un groupe de peintres anglais qui se donnèrent comme modèle idéal les œuvres des prédécesseurs de Raphaël.

préréglage n.m. Réglage d'un appareil de radio ou de télévision sur certaines stations ou chaînes, effectué par avance ; présélection.

prérégler v.t. [conj. 18]. Effectuer le préréglage de : *Prérégler un téléviseur.*

prérentrée n.f. Rentrée des personnels enseignants et administratifs, précédant la rentrée des élèves.

prérequis n.m. Condition à remplir pour entreprendre une action, exercer une fonction : *La maîtrise de l'informatique est un prérequis pour ce poste* (**SYN.** préalable).

préretraite n.f. Retraite anticipée ; allocation que touche un préretraité : *Partir, être mis en préretraite.*

préretraité, e n. Personne qui bénéficie d'une préretraite.

prérogative n.f. (lat. *praerogativa*, qui vote la première, de *rogare*, demander). Avantage particulier attaché à certaines fonctions, certains titres : *Le droit de grâce est la prérogative du président de la République* (**SYN.** monopole, privilège).

préroman, e adj. et n.m. Se dit de l'art et des artistes qui précèdent, préparent l'art roman.

préromantique adj. Relatif au préromantisme.

préromantisme n.m. Courant artistique et littéraire, annonciateur du romantisme.

près [prɛ] adv. (lat. *pressus*, de *premere*, presser, serrer). **1.** À une petite distance dans l'espace : *Elle habite tout près* (**CONTR.** loin). **2.** À une petite distance dans le temps : *Noël est près* (= ce sera bientôt Noël). ▸ ***À cela près,*** cela mis à part. ***À peu près,*** environ ; presque : *Il reste à peu près dix minutes. C'est à peu près fini.* ***À... près,*** sauf, à la différence de, à l'exception de : *Le bureau mesure un mètre à quelques centimètres près. C'est vrai à quelques détails près.* ***De près,*** à une faible distance : *Ils nous suivent de près. Sa vue de près est excellente. De près, c'est moins joli* ; à peu de temps d'intervalle : *Une violente explosion a suivi de près la première* ; avec attention, vigilance : *Surveiller qqn de près* ; à ras : *Être rasé de près.* ◆ prép. Dans la langue juridique, auprès de : *Un expert près les tribunaux.* ◆ **près de** loc. prép. **1.** Dans le voisinage de : *Elle habite tout près de son bureau* (**SYN.** auprès, à côté). **2.** À peu de distance de, dans le temps : *Il est près de minuit* (= bientôt minuit). **3.** Indique une quantité légèrement inférieure : *Les gendarmes ont découvert près de cent kilos de drogue* (**SYN.** environ, presque). *Près de deux cents personnes évacuées.* ▸ *Fam.* ***Être près de ses sous,*** être avare. ***Ne pas être près de*** (+ inf.), n'avoir aucune envie de : *Elle n'est pas près de revenir chez eux* ; ne pas risquer de : *Cette digue n'est pas près de lâcher.* ☞ **REM.** Ne pas confondre *ne pas être près de* avec *ne pas être prêt à.*

présage n.m. (lat. *praesagium*, de *sagire*, avoir du flair). **1.** Signe par lequel on pense pouvoir prévoir l'avenir : *La baisse du nombre de chômeurs ce mois-ci est un excellent présage* (**SYN.** augure). **2.** Conjecture tirée d'un tel signe : *Je tire un bon présage de notre rencontre* (**SYN.** prédiction, prévision).

présager v.t. [conj. 17]. *Litt.* **1.** Annoncer par quelque signe : *Ces gros nuages présagent la tempête.* **2.** Prévoir ce qui va arriver : *Je me refuse à présager une hausse des cours de la Bourse* (**SYN.** conjecturer).

pré-salé n.m. (pl. *prés-salés*). Mouton engraissé dans un pâturage proche de la mer (appelé *pré salé*) ; viande de ce mouton.

presbyacousie n.f. (du gr. *presbus*, vieux, et *akouein*, entendre). Diminution progressive de l'ouïe.

presbyte adj. et n. (du gr. *presbutês*, vieillard). Qui est atteint de presbytie.

presbytéral, e, aux adj. Relatif aux prêtres, à la prêtrise.

presbytère n.m. (du gr. *presbuterion*, conseil des anciens). Habitation du curé, dans une paroisse.

presbytérianisme n.m. **1.** Système préconisé par Calvin, dans lequel le gouvernement de l'Église est confié à un corps mixte, le *presbyterium*, formé de laïcs et de pasteurs. **2.** Ensemble des Églises calvinistes de langue anglaise.

presbytérien, enne adj. et n. Qui appartient au presbytérianisme.

presbytie [prɛsbisi] n.f. Trouble de la vision empêchant de voir nettement les objets proches.

prescience [presjɑ̃s] n.f. (lat. *praescientia*, de *scire*, savoir). **1.** Connaissance de l'avenir : *Un don de prescience* (**SYN.** anticipation, prévision). **2.** Intuition : *Elle a eu la prescience de sa chute* (**SYN.** prémonition).

préscolaire adj. Relatif à la période qui précède la scolarité obligatoire : *Les enfants d'âge préscolaire.*

prescripteur, trice [prɛskriptœr, tris] n. Personne qui exerce une influence sur le choix d'un produit ou d'un service : *Les publicitaires considèrent les enfants comme des prescripteurs* (= ceux qui disent à leurs parents ce qu'il faut acheter).

prescriptible [prɛskriptibl] adj. Dans la langue juridique, qui est sujet à la prescription : *Un crime prescriptible* (**CONTR.** imprescriptible).

prescription [prɛskripsjɔ̃] n.f. **1.** Ordre formel qui détaille ce qu'il convient de faire ; ce qui est prescrit : *Observer les prescriptions du testateur* (**SYN.** disposition, instruction). *Les prescriptions religieuses* (**SYN.** commandement, précepte ; **CONTR.** interdiction). **2.** Recommandation précise émanant d'un médecin : *Se conformer à la prescription du généraliste.* **3.** Dans la langue juridique, délai au terme duquel on ne peut plus contester à qqn sa possession de qqch ; délai au terme duquel l'action publique s'éteint en matière de poursuites ou de sanctions pénales : *Ce crime est couvert par la prescription.* ☞ **REM.** Ne pas confondre avec *proscription.*

prescrire v.t. (lat. *praescribere*, de *scribere*, écrire) [conj. 99]. **1.** Donner un ordre formel et précis : *Ils font* *ce que prescrit le règlement dans ce cas* (**SYN.** exiger, imposer ; **CONTR.** interdire, proscrire). **2.** Préconiser un traitement médical, un régime : *Le médecin lui a prescrit des antibiotiques* (**SYN.** ordonner ; **CONTR.** déconseiller). **3.** Dans la langue juridique, acquérir ou libérer par prescription : *Prescrire la propriété d'un bien. Les crimes contre l'humanité ne sont jamais prescrits.* ☞ **REM.** Ne pas confondre avec *proscrire.* ◆ **se prescrire** v.pr. Dans la langue juridique, s'acquérir ou s'éteindre par prescription.

préséance [preseɑ̃s] n.f. Droit consacré par l'usage ou fixé par l'étiquette d'être placé avant les autres, de les précéder dans l'ordre honorifique ; prérogative : *On les a placés par ordre de préséance dans le cortège.*

présélection [preselɛksjɔ̃] n.f. **1.** Choix préalable à une sélection définitive : *Ces critères permettent une présélection des candidats.* **2.** Sélection préliminaire du mode de fonctionnement choisi pour un appareil, une machine ; préréglage.

présélectionner [preselɛksjɔne] v.t. [conj. 3]. Choisir par présélection : *Présélectionner des sportifs pour les jeux Olympiques. Présélectionner une station de radio.*

présence n.f. **1.** Fait de se trouver présent (par opp. à absence) : *Votre présence est indispensable. Signaler la présence de gluten dans un médicament* (**SYN.** existence). **2.** Qualité d'une personne qui s'impose au public par son talent, sa personnalité : *Avoir de la présence sur scène.* ▸ ***En présence,*** face à face : *Cette émission met en présence les candidats à l'élection* (= les fait se confronter) ; fig., en opposition : *Les propositions en présence.* ***En présence de qqn,*** cette personne étant présente : *C'est arrivé en sa présence.* ***Faire acte de présence,*** se montrer brièvement en un lieu par respect des convenances.

① **présent, e** adj. et n. (lat. *praesens, praesentis,* de *esse,* être). Qui est dans le lieu dont on parle (par opp. à absent) : *Des employés présents sur leur lieu de travail. Elle recense les présents.* ◆ adj. **1.** Qui est, qui existe maintenant, dans le moment où l'on parle (par opp. à passé) : *Dans les circonstances présentes, des mesures s'imposent* (**SYN.** actuel). **2.** Dont il est question en ce moment : *Les présentes informations sont confidentielles.* ▸ ***La présente lettre,*** la lettre que l'on a sous les yeux (on dit aussi *la présente*). ◆ **présent** n.m. **1.** Partie du temps qui est actuelle, qui correspond au moment où l'on parle ; la réalité, les événements présents (par opp. à passé, à futur) : *Goûter le présent sans se soucier de l'avenir.* **2.** En grammaire, temps qui indique que l'action marquée par le verbe se passe actuellement : *Le présent de l'indicatif.* ▸ ***À présent,*** maintenant : *À présent, ils sont seuls.* ***Pour le présent,*** pour le moment.

② **présent** n.m. (de *présenter*). *Sout.* Objet que l'on offre pour faire plaisir : *Acceptez ce présent de notre part à tous* (**SYN.** cadeau).

présentable adj. **1.** Que l'on peut montrer sans réticence : *Ce document est maintenant présentable* (**SYN.** correct). **2.** Qui peut paraître dans une société, en public : *Rajustez votre col pour être plus présentable* (**SYN.** convenable).

présentateur, trice n. Personne qui présente au public un spectacle, une émission de radio ou de télévision.

présentatif n.m. En linguistique, mot ou expression permettant la mise en relief d'un élément d'une phrase : *« Voici », « il y a », « c'est » sont des présentatifs.*

présentation n.f. **1.** Action, manière de présenter qqch à qqn, de le faire connaître, en partic. pour le vendre, le promouvoir : *Elle assure la présentation du journal télévisé. La présentation de la dernière collection d'un couturier.* **2.** Action de présenter une personne à une autre, à d'autres : *La présentation d'un nouvel employé à ses collègues. Faire les présentations.* **3.** Manière d'être, de se présenter de qqn : *Les serveurs doivent avoir une bonne présentation* (**SYN.** allure, apparence). **4.** En médecine, manière dont se présente l'enfant lors de l'accouchement : *Présentation par le siège.*

présentement adv. Dans le moment présent ; actuellement, maintenant.

présenter v.t. (du lat. *praesentare,* offrir) [conj. 3]. **1.** Mettre une chose devant qqn pour qu'il la prenne, en fasse usage, l'examine : *Le serveur nous présente la carte* (**SYN.** proposer). *Présenter ses papiers aux policiers* (**SYN.** montrer, produire). **2.** Faire connaître ; mettre en valeur : *Présenter les nouveaux modèles* (**SYN.** exhiber, montrer). **3.** Soumettre au jugement de ; formuler, exprimer de telle façon : *Présenter un projet de loi en Conseil des ministres* (**SYN.** proposer). *Elle présente habilement ses idées* (**SYN.** exposer). **4.** Être l'animateur de : *Présenter une émission.* **5.** Mettre une personne en présence d'une autre afin qu'elles se connaissent ; introduire une personne dans un groupe, une société : *Présenter une collègue à une amie. Je vais vous présenter aux membres de l'association.* **6.** Exposer une partie de son corps dans un geste : *Présenter son bras à une personne âgée pour l'aider à marcher* (**SYN.** donner, tendre). **7.** Faire apparaître sous tel ou tel jour : *La ministre a présenté la réalité telle qu'elle est. Elle l'a présenté comme le nouvel Einstein.* **8.** Laisser apparaître ; avoir telle particularité : *Ce site Internet présente de nombreux liens avec les artisans de la région* (**SYN.** offrir). *Votre solution présente plus d'avantages* (**SYN.** comporter, comprendre). ▸ ***Présenter ses vœux, ses excuses,*** les exprimer. ◆ v.i. ▸ *Fam.* ***Présenter bien, mal,*** faire bonne, mauvaise impression par sa tenue, ses manières. ◆ **se présenter** v.pr. **1.** En parlant d'une circonstance, d'une idée, commencer à se manifester, à être présente : *Une occasion de la rencontrer s'est présentée* (**SYN.** apparaître, se produire, survenir). **2.** Avoir ou prendre telle tournure : *L'affaire se présente bien.* **3.** Paraître en un lieu : *Ils se sont présentés au tribunal* (**SYN.** comparaître). **4.** Paraître devant qqn et se faire connaître : *Il a commencé par se présenter à l'auditoire* (**SYN.** se nommer). **5.** Se mettre sur les rangs ; être candidat : *Se présenter pour un emploi* (**SYN.** se proposer). *Se présenter à un examen* (= le passer).

présentoir n.m. Dans un magasin, petit meuble servant à présenter les marchandises.

préservatif n.m. Dispositif en matière souple utilisé comme contraceptif et comme protection contre les maladies sexuellement transmissibles : *Un préservatif féminin.*

préservation n.f. Action de préserver : *La préservation de l'environnement* (**SYN.** protection, sauvegarde).

préserver v.t. (lat. *praeservare*) [conj. 3]. **1.** Garantir d'un mal ; mettre à l'abri de qqch : *Préserver un site de la pollution.* (**SYN.** prémunir, protéger). **2.** Soustraire à l'altération, la destruction : *Tout faire pour préserver une espèce menacée* (**SYN.** conserver, sauvegarder ; **CONTR.** supprimer).

présidence n.f. **1.** Fonction de président ; temps pendant lequel elle est exercée : *Un candidat à la présidence du parti.* **2.** Résidence ou ensemble des bureaux d'un président : *Cette réunion se tient à la présidence de l'Université.*

président, e n. **1.** Personne qui dirige les délibérations d'une assemblée, d'une réunion, d'un tribunal, qui préside : *La présidente d'une commission.* **2.** Personne qui représente, dirige une collectivité, une société : *Le président du club de football.* ▸ ***Président de commune,*** en Suisse, maire. ***Président de la République,*** chef de l'État, dans une république. ***Président-directeur général*** ou ***P.-D.G.,*** président du conseil d'administration d'une société anonyme assumant également les fonctions de directeur général : *La présidente-directrice générale.*

présidentiable [prezidɑ̃sjabl] adj. et n. Qui est susceptible de devenir président de la République.

présidentialisme [prezidɑ̃sjalism] n.m. Système, régime présidentiel.

présidentiel, elle [prezidɑ̃sjɛl] adj. Qui concerne le président, la présidence : *L'allocution présidentielle sera diffusée à 20 heures.* ▸ ***Élection présidentielle,*** processus électoral permettant la désignation du président de la République (on dit aussi *la présidentielle*). ***Régime présidentiel,*** régime politique dans lequel le président, chef de l'État et chef du gouvernement, jouit de prérogatives importantes. ◆ **présidentielle** n.f. Élection présidentielle.

présider v.t. (lat. *praesidere,* de *sedere,* être assis) [conj. 3]. Diriger une assemblée, ses débats ; exercer les fonctions de président de : *Présider un tribunal. Elle a présidé son pays pendant plusieurs années. Présider une banque.* ◆ v.t. ind. **[à].** Veiller à l'exécution de : *Il a présidé au bon déroulement de la cérémonie* (**SYN.** régler, surveiller).

présidium [prezidjɔm] n.m. → **praesidium.**

présomptif, ive [prezɔ̃ptif, iv] adj. (lat. *praesumptivus,* pris d'avance, de *praesumere*). ▸ ***Héritier présomptif,*** personne désignée d'avance par la parenté ou par l'ordre de naissance pour hériter.

présomption [prezɔ̃psjɔ̃] n.f. **1.** Action de présumer qqch, de tenir pour très vraisemblable ce qui n'est que probable : *Bénéficier de la présomption d'innocence* (**SYN.** hypothèse, supposition). **2.** Dans la langue juridique, jugement fondé non sur des preuves mais sur des indices : *Il a été condamné sur de simples présomptions* (**SYN.** soupçon). **3.** *Litt.* Opinion trop avantageuse qu'on a de soi-même : *N'ayons pas la présomption de nous croire meilleurs que les autres* (**SYN.** arrogance, prétention, suffisance ; **CONTR.** modestie).

présomptueux, euse [prezɔ̃ptɥø, øz] adj. et n. Qui a une trop haute opinion de soi (**SYN.** arrogant, prétentieux, vaniteux ; **CONTR.** modeste).

présonorisation [presɔnɔrizasjɔ̃] n.f. Mot qu'il est recommandé d'employer à la place de *play-back.*

presque [prɛsk] adv. À peu près ; pas tout à fait : *Elles sont presque sourdes. Il n'y a presque personne. Il ne vient presque jamais. Elle a presque rattrapé son retard. Il est presque dix heures.* ▸ ***Ou presque,*** sert à nuancer une affirmation : *Dans tous les cas ou presque* (= dans à peu près tous les cas).

presqu'île n.f. Portion de terre reliée au continent par un isthme étroit : *La presqu'île du Cotentin.*

pressage n.m. En technique, action de presser : *Le pressage d'un fromage.*

pressant, e adj. **1.** Qui doit être fait d'urgence : *Des démarches pressantes* (**SYN.** impérieux, pressé). **2.** Qui exerce une vive pression pour arriver à ses fins : *Les demandes pressantes des journalistes* (**SYN.** 1. instant). *Le juge se fait pressant* (**SYN.** exigeant, tenace).

press-book [prɛsbuk] n.m. (mot angl.) [pl. *press-books*]. Dossier qu'un mannequin, un comédien constitue sur sa carrière (photos, coupures de presse) et utilise pour ses contacts professionnels : *Le réalisateur feuillette les press-books* (abrév. book).

presse n.f. **1.** Machine équipée d'un dispositif permettant de comprimer, d'emboutir ou de fermer ce qu'on y introduit : *Une presse à fourrage.* **2.** Machine à imprimer : *Une presse offset.* **3.** Ensemble des journaux ; activité, monde du journalisme : *Une revue de presse. La presse quotidienne régionale. La presse s'interroge* (= les journalistes). **4.** Nécessité de se hâter : *Dans les moments de presse* (**SYN.** hâte, urgence). ▸ ***Avoir bonne, mauvaise presse,*** avoir bonne, mauvaise réputation. ***Liberté de la presse,*** liberté de créer un journal, de publier ses opinions. ***Presse du cœur,*** ensemble des périodiques spécialisés dans les histoires sentimentales. ***Sous presse,*** en cours d'impression : *Des ouvrages sous presse.*

pressé, e adj. **1.** Qui a été pressé, comprimé : *Un fromage à pâte pressée.* **2.** Qui a hâte ; qui se hâte : *Elle est pressée d'en finir. Je sais que vous êtes pressé, je vous sers immédiatement.* **3.** Qui est urgent : *Ce dossier est pressé* (**SYN.** pressant). ▸ ***Citron, orange pressés,*** jus extrait de ces fruits : *Boire une orange pressée.* ***N'avoir rien de plus pressé que de,*** se dépêcher de (souvent péjor.) : *Il n'a rien eu de plus pressé que d'aller tout répéter au secrétaire.* ***Parer*** ou ***aller au plus pressé,*** s'occuper de ce qui est le plus urgent.

presse-agrumes n.m. inv. Appareil servant à extraire le jus des agrumes.

presse-bouton adj. inv. Qui est entièrement automatisé ; qui se commande simplement en pressant un, des boutons : *On nous promet pour bientôt le vote presse-bouton.*

presse-citron n.m. (pl. *presse-citrons* ou inv.). Ustensile servant à extraire le jus des agrumes (**SYN.** presse-agrumes).

presse-fruits n.m. inv. Ustensile servant à extraire le jus de certains fruits.

pressentiment n.m. Sentiment vague, instinctif, qui fait prévoir ce qui va arriver : *Elle a eu le pressentiment de leur victoire* (**SYN.** intuition, prémonition, prescience).

pressentir v.t. (lat. *praesentire,* de *sentire,* sentir) [conj. 37]. **1.** Prévoir confusément, se douter de : *Elle pressentait qu'il reviendrait* (**SYN.** deviner, flairer).

2. Sonder les dispositions de qqn avant de l'appeler à certaines fonctions : *Pressentir qqn comme ministre.*

presse-papiers n.m. inv. **1.** Objet lourd pour maintenir des papiers sur une table, un bureau. **2.** Zone de la mémoire d'un ordinateur où des données copiées sont stockées temporairement avant d'être insérées dans un document.

presse-purée n.m. inv. Ustensile de cuisine pour réduire les légumes en purée.

presser v.t. (lat. *pressare*, de *premere*, serrer, presser) [conj. 4]. **1.** Comprimer de manière à extraire un liquide : *Presser une orange.* **2.** Soumettre à l'action d'une presse ou d'un pressoir : *Presser de la paille pour la mettre en bottes* (**SYN.** comprimer). *Presser du raisin* (**SYN.** pressurer). **3.** Fabriquer à la presse : *Presser un disque.* **4.** Exercer une pression sur : *Presser une sonnette* (**SYN.** appuyer sur). **5.** Faire survenir plus tôt que prévu ; accélérer le rythme de : *Presser son départ* (**SYN.** hâter, précipiter). *Le cortège a dû presser le pas* (= marcher plus vite). **6.** Obliger à se hâter : *Presser les retardataires* (**SYN.** bousculer, brusquer). *Le juge le presse de se justifier* (**SYN.** engager, inciter). ◆ v.i. Être urgent : *Ce travail presse.* ▸ ***Le temps presse,*** il ne reste plus beaucoup de temps. ◆ **se presser** v.pr. **1.** Se dépêcher : *Elle s'est pressée pour arriver à l'heure* (**SYN.** se hâter). **2.** Venir en grand nombre ; s'entasser : *La foule se pressait sur le parcours du cortège* (**SYN.** affluer, se bousculer).

presse-raquette n.m. (pl. *presse-raquettes* ou inv.). Dispositif empêchant le cadre d'une raquette de tennis de se déformer sous la traction des cordes.

pressing [presiŋ] n.m. (mot angl. signif. « repassage »). Boutique où l'on nettoie les vêtements, le linge et où on les repasse à la vapeur.

pression n.f. **1.** Action de presser ou de pousser avec effort : *Exercer une pression du doigt sur le bouton* (= appuyer). **2.** En physique, force exercée par un corps, par un fluide sur une surface ; mesure de cette force : *Vérifiez la pression des pneus avant de partir.* **3.** Contrainte morale exercée sur qqn : *Il a subi des pressions de la part de sa hiérarchie* (**SYN.** harcèlement, persécution). **4.** Ensemble de deux petites pièces métalliques entrant l'une dans l'autre et servant à fermer un vêtement, une enveloppe de tissu (on dit aussi *un bouton-pression*). ▸ ***Être sous pression,*** être agité, énervé, tendu. ***Groupe de pression,*** groupe de personnes ayant des intérêts ou des convictions semblables et influençant l'opinion publique, l'État (= lobby). ***Pression artérielle,*** force exercée par le sang sur la paroi des artères (= tension ou tension artérielle).

pressoir n.m. **1.** Machine servant à presser certains fruits pour en extraire le jus : *Un pressoir à olives.* **2.** Lieu où se trouve cette machine.

pressurage n.m. Action de pressurer.

pressurer v.t. [conj. 3]. **1.** Soumettre à l'action du pressoir : *Pressurer des pommes, du raisin.* **2.** Accabler en obligeant à payer : *Pressurer les importateurs de droits de douane* (**SYN.** écraser). ◆ **se pressurer** v.pr. ▸ *Fam.* ***Se pressurer le cerveau,*** faire un effort intellectuel intense.

pressurisation n.f. Action de pressuriser : *La pressurisation d'une cabine de pilotage* (**CONTR.** dépressurisation).

pressuriser v.t. (angl. *to pressurize*) [conj. 3]. Maintenir sous une pression atmosphérique normale une enceinte fermée, en partic. un avion volant à haute altitude, un vaisseau spatial (**CONTR.** dépressuriser).

prestance n.f. (lat. *praestantia*, de *praestare*, se tenir en avant). Maintien fier et élégant : *La prestance des patineurs compte beaucoup dans leur note finale* (**SYN.** allure, distinction).

prestataire n. **1.** Bénéficiaire d'une prestation. **2.** Personne qui fournit une prestation. ▸ ***Prestataire de services,*** personne, collectivité qui vend des services à une clientèle.

prestation n.f. (lat. *praestatio*, de *praestare*, se tenir en avant, fournir). **1.** Fourniture d'un objet, d'un service, d'un travail pour s'acquitter d'une obligation ; objet, travail, service fournis : *Des prestations de service. Ce voyagiste offre de bonnes prestations pour un prix abordable.* **2.** (Surtout pl.). Somme versée au titre d'une législation sociale : *Les prestations familiales* (**SYN.** allocation). **3.** (Emploi critiqué). Fait de se produire en public : *L'équipe a fait une belle prestation. La prestation télévisée d'un candidat.* ▸ ***Prestation de serment,*** action de prêter serment.

preste adj. (de l'it. *presto*, prompt). Qui est vif, rapide et précis dans ses mouvements : *Il est encore preste pour son âge* (**SYN.** agile, leste ; **CONTR.** gauche, lent).

prestement adv. De façon preste, rapide (**SYN.** lestement, vivement ; **CONTR.** lentement).

prester v.t. [conj. 3]. En Belgique, fournir un service.

prestesse n.f. *Litt.* Vivacité dans les mouvements (**SYN.** agilité, rapidité ; **CONTR.** lenteur, maladresse).

prestidigitateur, trice n. Personne qui fait de la prestidigitation (**SYN.** illusionniste, magicien).

prestidigitation n.f. (de *preste* et du lat. *digitus*, doigt). Art de produire l'illusion d'opérations de magie par des manipulations et des artifices : *Des tours de prestidigitation* (**SYN.** illusionnisme, magie).

prestige n.m. (du lat. *praestigium*, imposture, illusion). Attrait, éclat pouvant séduire et impressionner ; influence qu'exerce une chose ou une personne : *Son prestige est immense depuis qu'il a battu le record du monde* (**SYN.** gloire, notoriété). *Ce chercheur jouit d'un grand prestige* (**SYN.** ascendant, renom, réputation).

prestigieux, euse adj. Qui a du prestige, de l'éclat : *Des comédiennes prestigieuses* (**SYN.** éblouissant).

prestissimo [prestisimo] adv. (mot it.). Terme de musique indiquant qu'il faut jouer selon un tempo très rapide.

presto adv. (mot it.). **1.** Terme de musique indiquant qu'il faut jouer selon un tempo rapide. **2.** *Fam.* Vite (on dit aussi *illico presto* et *subito presto*). ◆ n.m. Passage d'une œuvre exécuté dans ce tempo : *Les prestos finals des concertos.*

présumé, e adj. Qui est estimé tel par supposition, en présumant : *Le présumé voleur* (**SYN.** hypothétique, supposé). *Une serrure présumée inviolable* (**SYN.** censé, réputé).

présumer v.t. (lat. *praesumere*, de *sumere*, prendre, saisir) [conj. 3]. Croire d'après certains indices : *Je présume qu'elle aura gain de cause* (**SYN.** conjecturer, supposer). ◆ v.t. ind. **[de].** Avoir une trop bonne opinion de : *Il a présumé de ses forces* (**SYN.** surestimer).

présupposé [presypoze] n.m. Ce qui est supposé

vrai, préalablement à une réflexion, un examen : *Cette théorie de reprise économique repose sur des présupposés* (**SYN.** conjecture, hypothèse).

présupposer [presypoze] v.t. [conj. 3]. **1.** Admettre préalablement : *Ces dispositions présupposent que la situation n'évoluera pas* (**SYN.** impliquer). **2.** Nécessiter : *Un travail de ce genre présuppose de la dextérité.*

présure n.f. (lat. *prensura*, ce qui est pris, de *prendere*, prendre). Enzyme sécrétée par l'estomac des jeunes ruminants non sevrés et que l'on utilise dans l'industrie fromagère pour faire cailler le lait.

① **prêt** n.m. (de *prêter*). **1.** Action de prêter : *Ce garage fait des prêts de voitures* (**SYN.** fourniture). **2.** Chose ou somme prêtée : *Rembourser un prêt.* **3.** Contrat par lequel une chose, une somme sont prêtées sous certaines conditions : *Un prêt immobilier à long terme.*

② **prêt, e** adj. (du lat. *praesto*, à portée de main). **1. [à, pour].** Qui est disposé, décidé à ; qui est en état de : *Il est prêt à se sacrifier pour réussir* (**SYN.** déterminé, résolu). *Elle est prête à faire des heures supplémentaires. Des pays prêts pour l'alternance démocratique.* ☞ **REM.** Ne pas confondre *être prêt à* avec *être près de.* **2.** Dont la préparation est terminée ; disponible : *Le repas est prêt.*

prêt-à-coudre [prɛtakudr] n.m. (pl. *prêts-à-coudre*). Vêtement vendu coupé, prêt à l'assemblage.

prêt-à-monter [prɛtamɔ̃te] n.m. (pl. *prêts-à-monter*). Mot qu'il est recommandé d'employer à la place de *kit.*

prétantaine ou **prétentaine** n.f. ▸ *Vieilli* ***Courir la prétantaine,*** chercher des aventures galantes.

prêt-à-porter [prɛtapɔrte] n.m. (pl. *prêts-à-porter*). Ensemble des vêtements exécutés selon des mesures normalisées (par opp. aux vêtements sur mesure ; **SYN.** confection).

prêté n.m. ▸ ***C'est un prêté pour un rendu,*** c'est une juste revanche.

prétendant, e n. Personne qui revendique un pouvoir souverain auquel elle prétend avoir droit : *Les prétendantes au trône.* ◆ **prétendant** n.m. Homme qui veut épouser une femme ; soupirant.

prétendre v.t. (du lat. *praetendere*, mettre en avant, de *tendere*, tendre) [conj. 73]. **1.** Soutenir une opinion : *Elle prétend détenir des preuves* ou *qu'elle détient des preuves* (**SYN.** affirmer, assurer, déclarer). **2.** Avoir la prétention de ; se flatter de : *Je ne prétends pas vous convaincre. Il prétend plaire à tous* (**SYN.** se targuer de, se vanter de). ◆ v.t. ind. **[à].** *Litt.* Aspirer à : *Il prétend aux plus hautes fonctions* (**SYN.** ambitionner, briguer). ◆ **se prétendre** v.pr. **1.** (Suivi d'un attribut). Affirmer que l'on est : *Ils se sont prétendus capables de réussir.* **2.** (Suivi d'un nom). Se faire passer pour : *Elle se prétend l'unique détentrice des manuscrits de l'écrivain.*

prétendu, e adj. Qui n'est pas ce qu'il paraît être : *Cette prétendue malversation n'était qu'un coup monté* (**SYN.** supposé ; **CONTR.** authentique, avéré, réel). *Des prétendus experts* (**SYN.** soi-disant ; **CONTR.** vrai).

prétendument adv. D'après ce qu'on prétend : *Un champion prétendument invincible.*

prête-nom n.m. (pl. *prête-noms*). Personne qui, sous son propre nom, agit en fait pour le compte d'une autre qu'elle protège de certains risques ; homme de paille : *Sa femme lui a servi de prête-nom.*

prétensionneur n.m. En automobile, dispositif qui, en cas de choc, tend la ceinture de sécurité.

prétentaine n.f. → **prétantaine.**

prétentieusement [pretɑ̃sjøzmɑ̃] adv. D'une manière prétentieuse.

prétentieux, euse [pretɑ̃sjø, øz] adj. et n. Qui cherche à en imposer, à se mettre en valeur pour des qualités qu'il n'a pas : *Un adolescent prétentieux* (**SYN.** présomptueux, vaniteux ; **CONTR.** modeste). ◆ adj. Qui est empreint de prétention, de suffisance : *Ce journaliste nous inonde d'éditoriaux prétentieux* (**SYN.** ampoulé ; **CONTR.** simple, sobre).

prétention n.f. (du lat. *praetendere*, mettre en avant). **1.** Complaisance vaniteuse envers soi-même : *Sa prétention nous agace* (**SYN.** arrogance, fatuité, présomption, suffisance ; **CONTR.** modestie, simplicité). **2.** Exigence s'appuyant sur un droit supposé ou réel : *Ses prétentions sont justifiées* (**SYN.** demande, requête, revendication). *Le pays voisin a des prétentions sur cette région* (**SYN.** visées, vues). ▸ ***Avoir la prétention de*** (+ inf.), se flatter de : *J'ai la prétention de bien connaître mon métier* (= j'affirme bien le connaître). ***Sans prétention*** ou ***prétentions,*** simple : *Un petit dîner sans prétentions* ; sans affectation : *Une personne sans prétention* (= modeste). ◆ **prétentions** n.f. pl. Prix demandé pour un travail déterminé ; salaire : *Dans sa lettre de motivation, elle a indiqué ses prétentions* (= quelle rétribution elle souhaitait).

prêter v.t. (du lat. *praestare*, se tenir en avant, fournir) [conj. 4]. **1.** Céder pour un temps, à charge de restitution : *Elle m'a prêté son portable* (**SYN.** passer ; **CONTR.** rendre, restituer). *La banque nous prête de l'argent* (**SYN.** avancer ; **CONTR.** emprunter). **2.** Offrir spontanément : *Prêter assistance à qqn* (= aider ; **SYN.** accorder, donner). *Cet écrivain a prêté sa plume à une association humanitaire.* **3.** Attribuer une parole, un acte, une pensée à qqn qui n'en est pas l'auteur : *On prête des déclarations méprisantes à la ministre. Vous lui prêtez un courage qu'il n'a pas* (**SYN.** supposer). ▸ ***Prêter attention,*** être attentif : *Prêtez attention à cette scène.* ***Prêter l'oreille à,*** écouter favorablement : *Prêter l'oreille aux on-dit.* ***Prêter serment,*** prononcer un serment ; jurer. ◆ v.t. ind. **[à].** *Sout.* Fournir matière à : *Votre intervention prête à discussion* (= donner lieu, être sujet à). ◆ **se prêter** v.pr. **[à]. 1.** Se plier à, consentir à : *Elle s'est prêtée à cette expérience* (**SYN.** accepter, souscrire ; **CONTR.** refuser, s'opposer). **2.** Être propre à : *Cette étoffe se prête bien à la broderie* (**SYN.** convenir).

prétérit [preterit] n.m. (du lat. *praeteritum*, passé). En grammaire, forme verbale exprimant le passé : *Le prétérit de l'anglais correspond à l'imparfait et au passé simple du français.*

prétériter v.t. (du lat. *praeterire*, négliger) [conj. 3]. En Suisse, léser, désavantager.

prétérition n.f. (du lat. *praeterire*, négliger, passer sous silence). Figure de style qui consiste à dire quelque chose que l'on dit vouloir taire : *Dire « Je tairai le manque de soutien qui a freiné notre progression » est une prétérition.*

préteur n.m. (du lat. *praetor*, chef). Dans l'Antiquité, magistrat qui rendait la justice à Rome ou gouvernait une province.

prêteur, euse adj. et n. Qui prête : *« La fourmi n'est pas prêteuse ; / C'est là son moindre défaut »* [La Fontaine]. *Un organisme prêteur* (**CONTR.** emprunteur).

prétexte n.m. (lat. *praetextus*, de *praetexere*, border, pourvoir de, de *texere*, tisser). Raison apparente qu'on met en avant pour cacher le véritable motif d'une manière d'agir : *Cet incident a servi de prétexte à la rupture des négociations* (**SYN.** motif, occasion, raison). ▸ ***Sous aucun prétexte,*** en aucun cas. ***Sous prétexte de, que,*** en prenant pour prétexte : *Sous prétexte de faire des courses, il a rejoint ses camarades. Il se vautre devant la télévision sous prétexte qu'il est fatigué.*

prétexter v.t. [conj. 4]. Alléguer comme prétexte : *Il a prétexté un rendez-vous* ou *qu'il avait un rendez-vous pour quitter la réunion* (**SYN.** avancer, invoquer).

pretium doloris [presjɔmdɔlɔris] n.m. inv. (mots lat. signif. « prix de la douleur »). Dans la langue juridique, ensemble des dommages et intérêts alloués à titre de réparation morale d'un événement dommageable et des souffrances qui en découlent.

prétoire n.m. (du lat. *praetor*, préteur, chef). Salle d'audience d'un tribunal : *Tous ses partisans étaient dans le prétoire.*

prétorien, enne adj. Dans l'Antiquité, à Rome, relatif au préteur. ▸ ***Garde prétorienne,*** dans la Rome antique, troupe commise à la garde de l'empereur ; aujourd'hui, garde personnelle d'un dictateur.

prétraité, e adj. Qui a subi un traitement préalable : *Des panneaux de bois prétraités.*

prêtre n.m. (lat. *presbyter*, du gr. *presbuteros*, vieillard, de *presbus*, vieux). **1.** Ministre d'un culte religieux : *Des prêtres gaulois* (= des druides). **2.** Celui qui a reçu le sacrement de l'ordre dans l'Église catholique et les Églises orientales.

prêtre-ouvrier n.m. (pl. *prêtres-ouvriers*). Prêtre qui partage complètement la vie des ouvriers.

prêtresse n.f. **1.** Femme, jeune fille consacrée au culte d'une divinité. **2.** *Fam.* Femme qui possède une grande connaissance dans un domaine, une grande expérience dans une activité : *La grande prêtresse du roman policier.*

prêtrise n.f. Dignité et fonction de prêtre : *Après quelques années de prêtrise* (**SYN.** sacerdoce).

préture n.f. Dans l'Antiquité, à Rome, charge, fonction de préteur ; durée de son exercice.

preuve n.f. **1.** Ce qui démontre, établit la vérité de qqch : *Ces documents serviront de preuve à son innocence* (= serviront à la prouver). *Accuser sans preuves.* **2.** En mathématiques, procédé permettant de vérifier l'exactitude d'un calcul : *La preuve par neuf.* **3.** Personne ou chose dont l'existence constitue un témoignage : *Cette femme est la preuve vivante que le clonage thérapeutique peut être efficace* (**SYN.** illustration, témoin). *Elle nous a donné maintes preuves de sa compétence* (**SYN.** gage, signe). ▸ *Fam.* ***À preuve que,*** la preuve en est que. ***Faire preuve de,*** manifester : *Elle fait preuve de retenue. Ils ont fait preuve de négligence.* ***Faire ses preuves,*** manifester sa valeur, ses capacités : *Cette athlète a déjà fait ses preuves.* *Fam.* ***La preuve,*** après une affirmation, introduit la preuve qu'on en donne : *Il avait couru : la preuve, il était essoufflé.*

preux adj. m. et n.m. (lat. *prodis*, de *prodesse*, être utile). *Litt.* Brave, vaillant ; courageux : *De preux chevaliers* (= héroïques).

prévaloir v.i. [conj. 61]. *Sout.* Avoir plus d'importance ; valoir plus que : *Son avis prévalait contre tout autre* (= l'emportait sur). *La loi prévaut dans tous les cas* (**SYN.** s'imposer, prédominer). ◆ **se prévaloir** v.pr. **[de].** Mettre qqch en avant pour en tirer avantage : *Elle s'est prévalue de son expérience professionnelle* (= faire valoir).

prévaricateur, trice adj. et n. Qui se rend coupable de prévarication : *Des inspecteurs prévaricateurs* (**CONTR.** intègre).

prévarication n.f. (lat. *praevaricatio*, de *varicare*, écarter les jambes, de *varus*, cagneux). Action d'une personne qui manque aux devoirs de sa charge ; spécial., détournement de fonds publics : *Des fonctionnaires coupables de prévarication* (**SYN.** concussion, malversation).

prévenance n.f. Manière obligeante d'aller au-devant de ce qui peut faire plaisir à qqn : *Elle montre une extrême prévenance à l'égard de ses proches* (**SYN.** attention, sollicitude ; **CONTR.** indifférence).

prévenant, e adj. Qui est plein de sollicitude à l'égard de qqn : *Un professeur prévenant envers les nouveaux étudiants* (**SYN.** attentionné, dévoué, obligeant).

prévenir v.t. (lat. *praevenire*, devancer) [conj. 40]. **1.** Informer par avance : *Prévenez votre médecin en cas de surdosage* (**SYN.** avertir). *Elle a prévenu sa hiérarchie de son absence* ou *qu'elle serait absente* (**SYN.** aviser). **2.** Empêcher qqch de se produire en prenant les précautions, les mesures nécessaires : *Cette crème permet de prévenir le vieillissement de la peau* (**SYN.** parer à, retarder ; **CONTR.** occasionner, provoquer). **3.** Satisfaire par avance : *Prévenir les désirs de qqn* (= aller au-devant de ; **SYN.** anticiper, devancer). ▸ ***Prévenir qqn en faveur de, contre,*** l'influencer dans un sens favorable, défavorable : *La rumeur a prévenu les habitants contre lui* (**SYN.** monter). *Les membres du jury sont prévenus en faveur de cette actrice* (= bien disposés à son égard).

préventif, ive adj. Qui a pour effet d'empêcher un mal prévisible, de le prévenir : *La médecine préventive. Les habitants ont été évacués à titre préventif* (= par mesure de précaution).

prévention n.f. **1.** Ensemble des mesures prises pour prévenir un danger, un risque, un mal, pour l'empêcher de survenir : *Un plan de prévention des risques industriels. Développer la prévention pour éviter de recourir à la répression.* **2.** Ensemble des moyens mis en œuvre pour empêcher l'apparition, l'aggravation ou l'extension des maladies. **3.** Opinion défavorable formée sans examen ; partialité, parti pris : *Il a une prévention à l'égard du rap* (**SYN.** préjugé). **4.** Dans la langue juridique, état d'un individu contre lequel il existe une présomption de délit ou de crime ; détention d'un prévenu. ▸ ***Prévention routière,*** ensemble des mesures visant à réduire le nombre et la gravité des accidents de la route.

préventivement adv. De façon préventive : *Déclencher préventivement une avalanche.*

préventologie n.f. Spécialité médicale consacrée à la prévention des maladies et des accidents.

préventorium [prevɑ̃tɔrjɔm] n.m. (de *préventif,* sur le modèle de *sanatorium*). Établissement où sont traitées les personnes menacées de tuberculose.

prévenu, e n. Personne poursuivie pour une infraction et qui n'a pas encore été jugée.

préverbe n.m. En linguistique, préfixe qui se place devant un verbe.

prévisibilité n.f. Caractère de ce qui est prévisible : *La prévisibilité d'un événement* (**CONTR.** imprévisibilité).

prévisible adj. Qui peut être prévu : *Des conséquences prévisibles* (**CONTR.** imprévisible).

prévision n.f. Action de prévoir ; chose prévue : *Faire une prévision à long terme* (**SYN.** hypothèse, pronostic, supposition). *Voici les prévisions météorologiques.* ▸ ***En prévision de qqch,*** en pensant que cela pourra se produire : *Le maire a demandé des renforts en prévision des inondations* ; en vue de : *Faire des économies en prévision d'un achat.*

prévisionnel, elle adj. Qui comporte des calculs de prévision ; qui se fonde sur des prévisions : *Un budget prévisionnel* (**SYN.** estimatif).

prévisionniste n. Spécialiste de la prévision économique.

prévoir v.t. [conj. 63]. **1.** Se représenter à l'avance ce qui doit arriver, par calcul ou par supposition : *Les économistes prévoient une reprise* (**SYN.** conjecturer, présager, pressentir). *Nous prévoyons des températures élevées pour les jours à venir* (**SYN.** pronostiquer). **2.** Organiser à l'avance ; envisager : *Nous avons prévu de louer une voiture* (**SYN.** programmer). *La fusée a placé le satellite sur orbite comme c'était prévu. La loi ne prévoit pas ce cas.*

prévôt n.m. (du lat. *praepositus,* préposé). **1.** Sous l'Ancien Régime, magistrat royal ou seigneurial. **2.** Dans le langage militaire, officier de gendarmerie exerçant un commandement dans une prévôté.

prévôté n.f. **1.** En histoire, titre, fonction de prévôt ; juridiction, résidence d'un prévôt. **2.** Détachement de gendarmerie chargé de missions de police.

prévoyance [prevwajɑ̃s] n.f. Qualité de qqn qui sait prévoir : *Sa prévoyance lui a permis d'éviter bien des déboires* (**CONTR.** imprévoyance).

prévoyant, e [prevwajɑ̃, ɑ̃t] adj. Qui fait preuve de prévoyance : *Une ministre prévoyante* (**SYN.** avisé, prudent ; **CONTR.** imprévoyant, insouciant).

priant n.m. Statue funéraire figurant un personnage agenouillé ; orant.

priapisme n.m. (de *Priape,* dieu romain et grec de la Fécondité et de la Fertilité). En médecine, érection prolongée et douloureuse du pénis.

prie-Dieu n.m. inv. Meuble en forme de chaise basse, sur lequel on s'agenouille pour prier.

prier v.t. (lat. *precari*) [conj. 10]. **1.** S'adresser par la prière à Dieu, à une divinité : *Il s'agenouille pour prier Dieu* (**SYN.** invoquer). **2.** Demander avec déférence ou humilité à qqn de faire qqch : *Je vous prie de me dire la vérité* (**SYN.** conjurer, implorer). *Je vous prie de me pardonner* (**SYN.** supplier). **3.** Demander de façon impérative : *Elle les a priés de se taire* (**SYN.** inviter à, ordonner à, sommer). ▸ ***Je vous en prie,*** formule de politesse qui sert à répondre à un remerciement, à des excuses : *« Merci. — Je vous en prie »* (= il n'y a pas de quoi). ***Je vous prie, je vous en prie,*** formules accompagnant une demande, une invite polie, ou soulignant au contraire une injonction : *Je vous prie d'agréer, Madame, l'expression de mon meilleur souvenir. Suivez-moi, je vous prie* (= s'il vous plaît). *Ah ! non, je vous en prie, ne recommencez pas.* ***Se faire prier,*** n'accepter de faire qqch qu'après avoir été longuement sollicité : *Elle les a aidés sans se faire prier* (= avec empressement). ◆ v.i. Intercéder auprès de Dieu, des saints : *Priez pour les victimes.*

prière n.f. (du lat. *precarius,* obtenu par la prière). **1.** Acte par lequel on s'adresse à Dieu, à une divinité pour exprimer la vénération, une demande : *Être en prière. Un lieu de prière.* **2.** Ensemble de phrases, de formules par lesquelles on s'adresse à Dieu, à une divinité : *Faire, réciter sa prière. Un livre de prières. L'appel à la prière.* **3.** Demande instante : *Elle a cédé aux prières de ses administrés* (**SYN.** requête, supplication, supplique). ▸ ***Prière de,*** il est demandé de : *Prière de ne pas stationner.*

prieur, e n. (lat. *prior,* le premier de deux). Supérieur de certaines communautés religieuses.

prieuré n.m. Communauté religieuse placée sous l'autorité d'un prieur, d'une prieure ; l'établissement qui l'abrite.

prima donna n.f. inv. (mots it. signif. « première dame »). Cantatrice qui tient le premier rôle dans un opéra.

primaire adj. (du lat. *primarius,* du premier rang). **1.** Qui est premier dans le temps ; primitif : *Le symptôme primaire d'une affection* (par opp. à secondaire). **2.** Qui occupe le premier degré ; fondamental : *Les couleurs primaires sont le rouge, le jaune et le bleu.* **3.** Qui appartient à l'enseignement du premier degré, de la sortie de l'école maternelle à l'entrée au collège ; élémentaire : *Une école primaire.* **4.** *Péjor.* Qui est simpliste et borné : *Une conception primaire des relations sociales* (**SYN.** schématique ; **CONTR.** 1. complexe, subtil). ▸ ***Élection primaire,*** élection servant à désigner les candidats qui se présenteront à l'élection réelle (on dit aussi *une primaire*). ***Ère primaire,*** division des temps géologiques, succédant au précambrien et qui dura environ 400 millions d'années (on dit aussi *le primaire*) ; paléozoïque. ***Secteur primaire,*** ensemble des activités économiques productrices de matières premières, notamm. l'agriculture, l'extraction de minerais, la pêche (on dit aussi *le primaire*). ◆ n.m. **1.** Enseignement primaire. **2.** En géologie, ère primaire (**SYN.** paléozoïque). **3.** En économie, secteur primaire. ◆ n.f. Élection primaire.

primarité n.f. Caractère de ce qui est primaire ou premier.

primat n.m. (du lat. *primas, primatis,* qui est au premier rang). Titre honorifique donné à certains prélats : *L'archevêque de Lyon est le primat des Gaules.*

primate n.m. (du lat. *primas, primatis,* qui est au premier rang). **1.** Mammifère aux mains préhensiles, aux ongles plats, possédant une denture complète et un cerveau très développé : *Les lémuriens, les singes* *et l'homme sont des primates.* **2.** *Fam., péjor.* Homme grossier, inculte.

primatologie n.f. Étude scientifique des primates.

primatologue n. Spécialiste de primatologie.

primauté n.f. (du lat. *primus,* premier). Supériorité de rang, d'importance ; suprématie : *La primauté de l'esprit sur la matière* (**SYN.** prééminence).

① **prime** n.f. (de l'angl. *premium,* récompense, du lat. *praemium*). **1.** Somme que l'assuré doit à l'assureur. **2.** Somme versée à un salarié en plus de son salaire (par opp. à fixe) : *Une prime de risques. Une prime à la productivité.* **3.** Ce qu'on donne en plus ; cadeau offert à un client pour l'attirer ou le retenir : *Un cédérom offert en prime pour toute inscription prise avant la fin du mois.*

② **prime** adj. (du lat. *primus,* premier). **1.** (Employé dans quelques expressions). *Litt.* Premier : *Dans sa prime jeunesse* (= dans le tout jeune âge). *De prime abord* (= tout d'abord). **2.** En mathématiques, se dit d'une lettre portant un petit accent en exposant à sa droite pour la distinguer d'une autre entité désignée par cette même lettre (par opp. à seconde) : *« B' » s'énonce « B prime ».*

① **primer** v.t. ind. (de *2. prime*) [conj. 3]. **[sur].** Être plus important que : *L'économie prime sur tout le reste* (**SYN.** l'emporter, surpasser). ◆ v.t. L'emporter sur : *Chez lui, les sentiments priment le raisonnement* (**SYN.** dominer).

② **primer** v.t. (de *1. prime*) [conj. 3]. Accorder une récompense, un prix à : *Une chanteuse primée aux Victoires de la musique.*

primerose n.f. Rose trémière.

primesautier, ère [primsotje, ɛr] adj. (anc. fr. *prinsaltier,* de *prin saut,* prime abord). *Litt.* Qui décide, parle, agit avec spontanéité : *Une adolescente primesautière* (**SYN.** impulsif, spontané ; **CONTR.** pondéré, réfléchi).

prime time [prajmtajm] n.m. (mots angl. signif. « meilleure heure ») [pl. *prime times*]. À la télévision, tranche horaire correspondant au début de la soirée, qui représente la plus forte écoute ; heure de grande écoute.

primeur n.f. **1.** Caractère de ce qui est nouveau : *Elle a offert la primeur de son livre à cette journaliste.* **2.** Mot qu'il est recommandé d'employer à la place de *scoop.* ▸ ***Avoir la primeur de qqch,*** être le premier ou parmi les premiers à le connaître, à en jouir : *Avoir la primeur d'une information.* ***Vin de primeur*** ou ***vin primeur,*** vin qui peut être commercialisé et consommé dès la fin de la vinification sous l'appellation *primeur* ou *nouveau.* ◆ **primeurs** n.f. pl. Fruits ou légumes commercialisés avant la saison normale, provenant d'une culture forcée ou d'une région plus chaude : *De délicieuses primeurs.* ▸ ***Marchand de primeurs,*** marchand de fruits et légumes en général.

primeuriste n. Horticulteur qui produit des primeurs.

primevère n.f. (du lat. *primum ver,* début du printemps). Plante des prés et des bois, qui fleurit au printemps, dont une espèce est communément appelée *coucou.*

primidi n.m. (du lat. *primus,* premier, et *dies,* jour). Premier jour de la décade, dans le calendrier républicain.

primipare adj. et n.f. (du lat. *primus,* premier, et *parere,* accoucher). Qui accouche ou qui met bas pour la première fois (par opp. à nullipare ou multipare).

primitif, ive adj. (du lat. *primitivus,* qui naît le premier). **1.** Qui appartient au premier état d'une chose : *Les frontières primitives d'un État* (**SYN.** initial, originel, premier). **2.** Qui constitue l'élément premier, fondamental : *Rechercher les traces de la vie primitive.* **3.** Se dit d'un comportement simple, fruste ; se dit d'une chose rudimentaire : *Une réaction primitive* (**SYN.** instinctif, primaire). *Un logiciel assez primitif* (**SYN.** élémentaire, sommaire ; **CONTR.** pointu). **4.** Autrefois, se disait des sociétés humaines restées à l'écart de la civilisation occidentale, industrielle (on dit aujourd'hui les sociétés *traditionnelles*). ◆ **primitif** n.m. Artiste appartenant à la période antérieure à la Renaissance : *Les primitifs flamands.*

primitivement adv. À l'origine : *Ce modèle était primitivement en bois* (**SYN.** initialement, originellement).

primo adv. (mot lat.). En premier lieu : *Primo elle a la formation appropriée, secundo elle a une expérience dans ce domaine* (**SYN.** d'abord, premièrement).

primogéniture n.f. (du lat. *primogenitus,* premier-né). Antériorité de naissance entre frères et sœurs qui donnait autrefois certains droits à l'aîné.

primo-infection n.f. (pl. *primo-infections*). En médecine, première atteinte de l'organisme par un germe.

primordial, e, aux adj. (du lat. *primordium,* commencement). Qui est de première importance : *Une rencontre primordiale pour le retour de la paix* (**SYN.** fondamental, vital ; **CONTR.** mineur, secondaire). *Il est primordial que cette information circule* ou *de faire circuler cette information* (**SYN.** capital, essentiel, indispensable).

prince n.m. (du lat. *princeps,* premier). **1.** Homme qui possède une souveraineté ou qui appartient à une famille souveraine : *Le prince de Monaco. Le prince de Galles.* **2.** En France, titre de noblesse le plus élevé. **3.** *Litt.* Premier par son talent, son mérite : *Le prince des aventuriers.* ▸ *Fam.* ***Être bon prince,*** se montrer accommodant, bienveillant. ***Le fait du prince,*** décision arbitraire d'un pouvoir autoritaire. ***Le prince charmant,*** le personnage des contes de fées, très beau, qui délivre et épouse l'héroïne ; l'homme idéal dont rêvent les jeunes filles romanesques : *Elle attend son prince charmant.*

prince-de-galles n.m. inv. et adj. inv. Tissu présentant des motifs à lignes croisées en plusieurs tons d'une même couleur : *Un costume en prince-de-galles. Des vestes prince-de-galles.*

princeps [prɛ̃sɛps] adj. (mot lat. signif. « premier »). ▸ ***Édition princeps,*** première de toutes les éditions d'un ouvrage.

princesse n.f. **1.** Fille ou femme d'un prince ; fille d'un souverain ou d'une souveraine. **2.** Souveraine d'un pays. ▸ *Fam.* ***Aux frais de la princesse,*** aux frais de l'État ou d'une collectivité : *Il est logé aux frais de la princesse.*

princier, ère adj. **1.** Relatif au prince : *Un mariage princier.* **2.** Qui est digne d'un prince ; somptueux :

Une réception princière (**SYN.** fastueux, luxueux ; **CONTR.** modeste, simple).

princièrement adv. D'une façon princière : *Elle les a traités princièrement* (**SYN.** royalement).

① **principal, e, aux** adj. (lat. *principalis*, de *princeps*, premier). Qui est le plus important : *L'un des principaux acteurs du film* (= l'un des protagonistes ; **SYN.** essentiel ; **CONTR.** secondaire). *La route principale* (**SYN.** grand ; **CONTR.** annexe, petit). *Les principaux événements d'une journée* (**SYN.** majeur ; **CONTR.** accessoire). ▸ ***Proposition principale,*** en grammaire, proposition dont les autres dépendent (par opp. à proposition subordonnée ; on dit aussi *une principale*) : *Dans la phrase « elle sait que nous nous reverrons », « elle sait » est la proposition principale.* ◆ **principal** n.m. **1.** Ce qu'il y a de plus important : *Le principal est que tout se passe bien* (**SYN.** essentiel). **2.** Dans la langue juridique, capital d'une dette : *« Je vous paierai, lui dit-elle, / ... / Intérêt et principal »* [La Fontaine]. ◆ **principale** n.f. En grammaire, proposition principale.

② **principal, e** n. (pl. *principaux, ales*). En France, directeur d'un collège d'enseignement secondaire. ◆ **principal** n.m. Dans la langue juridique, premier clerc d'une étude.

principalement adv. Avant tout ; par-dessus tout : *Nous cherchons principalement à protéger les écosystèmes* (**SYN.** d'abord, surtout ; **CONTR.** accessoirement, secondairement).

principauté n.f. **1.** État indépendant dont le souverain a le titre de prince : *La principauté d'Andorre.* **2.** Terre à laquelle est attaché le titre de prince.

principe n.m. (du lat. *principium*, commencement). **1.** Cause première ; fondement : *Le principe de la pensée humaine* (**SYN.** origine, source). **2.** Proposition admise comme base d'un raisonnement : *Je pars du principe que mes auditeurs ignorent tout de ce problème* (**SYN.** hypothèse, postulat). **3.** Règle générale théorique qui guide la conduite : *Être fidèle, manquer à ses principes* (**SYN.** norme, règle). *Elle a pour principe d'écouter l'avis de chacun* (**SYN.** précepte). **4.** Loi générale régissant un ensemble de phénomènes et vérifiée par l'exactitude de ses conséquences : *Le principe d'Archimède.* **5.** Connaissance, règle élémentaire d'une science, d'un art, d'une technique : *Apprendre les principes de l'électronique* (**SYN.** base, rudiments). **6.** Élément constitutif d'une chose ; élément actif : *Les principes actifs d'un médicament* (par opp. à excipient). ▸ ***De principe,*** qui porte sur l'essentiel mais demande à être complété et confirmé : *Un accord de principe.* ***En principe,*** en théorie : *En principe, personne ne peut entrer* ; selon les prévisions : *Le marché de l'énergie doit en principe s'ouvrir à la concurrence.* ***Par principe,*** en vertu d'une décision a priori : *Par principe, elle refuse d'écouter les rumeurs.* ***Pour le principe,*** pour respecter au moins formellement une règle ; par acquit de conscience : *Elle a consulté ses voisins pour le principe.*

printanier, ère adj. Relatif au printemps : *Des températures printanières.*

printemps n.m. (de l'anc. fr. *prin*, premier, et *temps*). **1.** Saison qui succède à l'hiver et précède l'été et qui, dans l'hémisphère Nord, commence le 20 ou 21 mars et finit le 21 ou 22 juin : *Les fleurs du printemps. Un printemps tardif, précoce.* **2.** *Fig.* Année d'âge, surtout en parlant d'une personne jeune ou, par plaisanterie, d'une personne âgée : *Elle a fêté ses seize printemps.* **3.** *Litt.* Jeunesse, jeune âge : *Il est au printemps de sa vie* (**CONTR.** automne, hiver).

prion n.m. (mot angl.). Particule infectieuse qui serait l'agent des encéphalopathies spongiformes.

priorat n.m. Fonction de prieur ; durée de cette fonction.

a **priori** loc. adv. et loc. adj. inv. → **a priori.**

prioritaire adj. et n. **1.** Qui a la priorité : *Les ambulances sont des véhicules prioritaires.* **2.** Qui a la première place par ordre d'importance ou d'urgence : *Analyser les besoins prioritaires des réfugiés* (**SYN.** primordial, principal).

prioritairement adv. En priorité.

priorité n.f. (du lat. *prior*, premier de deux). **1.** Fait de venir le premier, de passer avant les autres en raison de son importance : *La protection des personnes et des biens est une priorité pour les pouvoirs publics.* **2.** Droit, établi par un règlement, de passer avant les autres : *En France, les véhicules venant de droite ont la priorité aux carrefours.* **3.** Le fait de précéder dans le temps : *L'enquête a établi la priorité de son dépôt de brevet sur celui de son concurrent* (**SYN.** antériorité ; **CONTR.** postériorité). ▸ ***En priorité,*** avant toute autre chose : *Il faut en priorité soulager la douleur* (= d'abord). ***Priorité de droite,*** en Belgique, priorité à droite.

pris, e adj. (p. passé de *prendre*). **1.** Qui est accaparé par une occupation : *Elle est très prise en ce moment.* **2.** Qui est atteint par une maladie : *Avoir le nez pris, la gorge prise* (= enflammé).

prise n.f. **1.** Action de prendre, de tenir serré : *Ma prise n'était pas assez forte, le chien s'est échappé.* **2.** Action, manière de saisir l'adversaire, dans une lutte, un corps-à-corps : *Des prises de judo.* **3.** Ce qui permet de saisir : *Le grimpeur ne trouvait plus de prise pour continuer son ascension* (**SYN.** aspérité, saillie). **4.** Action de s'emparer de qqch, de retenir prisonnier qqn ; ce qui est pris : *La prise du pouvoir par l'opposition* (**SYN.** conquête). *Une prise illégale d'intérêts. Une prise d'otages* (**SYN.** capture, enlèvement ; **CONTR.** libération). *Les douaniers ont fait une prise record.* **5.** Action de recueillir, de capter qqch : *L'infirmier a fait une prise de sang* (**SYN.** prélèvement). **6.** Dispositif de branchement électrique relié à une ligne d'alimentation (on dit aussi *prise de courant* ou *prise électrique*) : *Une prise murale.* **7.** Dispositif servant à capter un fluide : *Une prise d'eau* (= un robinet, une vanne). **8.** Action d'absorber ; quantité administrée en une fois : *La prise d'alcool est déconseillée pendant le traitement* (**SYN.** absorption, ingestion). *Cette dose doit être répartie en trois prises.* **9.** Pincée de tabac en poudre aspirée par le nez. **10.** Action de prendre une attitude, d'adopter un comportement : *Une prise de position. Une prise de décision.* **11.** Fait de se figer, de se durcir : *Un ciment à prise rapide.* ▸ ***Avoir prise sur,*** avoir des moyens d'action sur : *Il n'a aucune prise sur elle.* ***Donner prise à,*** fournir la matière ou l'occasion de s'exercer à : *Donner prise à la critique.* ***Être aux prises avec,*** lutter contre : *Les policiers sont aux prises avec des casseurs* ; être tourmenté par : *Il est aux prises avec des difficultés.* ***Lâcher prise*** → **lâcher.** ***Prise de conscience,*** fait de devenir conscient de qqch, notamm. de son rôle, de sa situation, etc. ***Prise de contact,*** première rencontre : *Ce rendez-vous est une simple prise de contact.* ***Prise de possession,*** acte par lequel on entre en possession d'un bien, d'une fonction, d'un territoire, etc. ***Prise de son,*** ensemble des opérations permettant un enregistrement sonore. ***Prise de terre,*** conducteur électrique servant à établir une liaison avec la terre ; prise de courant comportant un tel conducteur. ***Prise de vue,*** photographie. ***Prise de vues,*** enregistrement des images d'un film ; au pl., ces images elles-mêmes. ***Prise directe,*** dans la boîte de vitesse d'une automobile, dispositif de transmission directe du mouvement ; fig., contact immédiat, étroit : *Cette romancière est en prise directe avec son époque.*

prisé, e adj. *Sout.* Qui est apprécié, recherché : *Cette île est très prisée par les vacanciers.*

prisée n.f. Estimation par un commissaire-priseur du prix d'un objet compris dans un inventaire ou vendu aux enchères.

① **priser** v.t. (du lat. *pretium,* prix) [conj. 3]. *Litt.* Faire cas de : *Elle prise le calme de ce quartier* (**SYN.** apprécier, estimer).

② **priser** v.t. (de *prise*) [conj. 3]. Aspirer du tabac par le nez.

priseur, euse n. Personne qui prise du tabac.

prismatique adj. **1.** Qui a la forme d'un prisme. **2.** Qui est muni de prismes : *Une jumelle marine prismatique.*

prisme n.m. (gr. *prisma,* de *prizein,* scier). **1.** En géométrie, solide dont deux faces sont deux polygones égaux et parallèles (les *bases*), les faces latérales étant des parallélogrammes. **2.** En optique, solide à base triangulaire, en matériau transparent, qui dévie et décompose les rayons lumineux. **3.** *Fig., litt.* Idée, sentiment, souvenir qui pousse à déformer la réalité : *Les amoureux voient le monde à travers le prisme de l'amour.*

prison n.f. (du lat. *prehensio,* action de prendre, de *prehendere,* appréhender). **1.** Établissement pénitentiaire où sont détenues les personnes condamnées : *Mettre un trafiquant en prison. À sa sortie de prison, il devra se soigner.* **2.** Peine d'emprisonnement : *Il est condamné à dix mois de prison, à la prison à perpétuité* (**SYN.** détention, réclusion). **3.** *Fig.* État de contrainte ou d'isolement dans lequel qqn est ou se sent privé de liberté : *Pour lui, le mariage est une prison. La drogue est une prison.*

prisonnier, ère n. et adj. **1.** Personne détenue en prison : *Des prisonniers politiques* (**SYN.** détenu ; **CONTR.** libéré). **2.** Personne privée de liberté : *Elle est prisonnière de cette organisation terroriste.* ▸ ***Prisonnier de guerre,*** militaire pris au combat. ◆ adj. **[de]. 1.** Qui est pris dans, entravé dans ses mouvements par : *Des oiseaux prisonniers d'une nappe de mazout.* **2.** Dont l'indépendance de jugement ou la liberté morale est entravée par : *Un peuple prisonnier de son passé* (**SYN.** esclave, soumis à).

privat-docent [privadɔsɛ̃t] n.m. (lat. *privatim docens,* qui enseigne à titre privé) [pl. *privat-docents*]. **1.** Dans les universités allemandes ou suisses, professeur libre. **2.** Dans une université suisse, enseignant qui, à sa demande et sans rémunération, est autorisé à donner un cours facultatif sur un sujet spécial.

privatif, ive adj. **1.** Qui prive : *Une peine privative de liberté.* **2.** Dont l'usage est réservé à une personne déterminée : *Un jardin privatif* (**SYN.** privé). **3.** En grammaire, qui marque la privation, l'absence, le manque : *Dans « indélicat » et dans « asocial », « in- » et « a- » sont des préfixes privatifs.*

privation n.f. Action de priver, de se priver de qqch ; état de qqn qui est privé de qqch : *Il est condamné à deux ans de privation de ses droits civiques* (**SYN.** interdiction). *Après trois mois, l'absence de tabac n'est plus une privation* (**SYN.** frustration, manque). ◆ **privations** n.f. pl. Fait d'être privé des choses nécessaires et, notamm., de nourriture : *À force de privations, ils ont pu s'offrir une maison* (**SYN.** sacrifice). *Les réfugiés sont affaiblis par les privations* (**SYN.** carence, jeûne).

privatisation n.f. Action de transférer au privé ce qui était du ressort de l'État : *La privatisation des transports aériens* (**CONTR.** étatisation, nationalisation).

privatisée n.f. Société privatisée.

privatiser v.t. [conj. 3]. Procéder à la privatisation de : *Privatiser les télécommunications* (**CONTR.** étatiser, nationaliser).

privatiste n. Juriste spécialiste de droit privé.

privauté n.f. Familiarité malséante à l'égard de qqn dont on ne partage pas l'intimité. ◆ **privautés** n.f. pl. Gestes déplacés qu'un homme se permet à l'égard d'une femme : *Il se permet des privautés avec la serveuse* (**SYN.** familiarités).

privé, e adj. (du lat. *privatus,* particulier). **1.** Qui est strictement personnel : *Vous empiétez sur ma vie privée* (**CONTR.** professionnel). *Une correspondance privée* (**SYN.** intime). **2.** Qui n'est pas ouvert au public : *Une piscine privée. Une soirée privée.* **3.** Qui appartient en propre à un ou à plusieurs individus : *La propriété privée* (**SYN.** individuel ; **CONTR.** collectif). *Ces œuvres proviennent de collections privées* (**SYN.** particulier). **4.** Qui ne dépend pas directement de l'État (par opp. à public ou à étatique) : *Les entreprises du secteur privé. Un détective privé* (= qui ne dépend pas de la police nationale). ◆ **privé** n.m. **1.** (Précédé de l'art. déf.). Secteur privé : *Cette entreprise a basculé dans le privé* (**CONTR.** public). **2.** *Fam.* Détective privé. ▸ ***Dans le privé,*** dans le cadre de la vie personnelle : *Dans le privé, c'est un homme charmant* (**SYN.** intimité). ***En privé,*** hors de la présence de témoins étrangers : *Puis-je vous parler en privé ?* (= en particulier, seul à seul). *Leurs entretiens ont eu lieu en privé* (= à l'écart des autres).

priver v.t. (du lat. *privare,* écarter de) [conj. 3]. **1.** Ôter ou refuser à qqn la possession, la jouissance de qqch : *Ce verdict l'a privé de ses droits civiques. Vous serez privés de dessert.* **2.** Faire perdre l'usage de : *Une maladie l'a privé de son bras. La tempête a privé la région de téléphone.* **3.** Frustrer qqn d'un plaisir, d'une joie : *Ce travail nous a privés de notre sortie hebdomadaire.* **4.** Créer un manque : *Ne plus boire de café me prive énormément.* ◆ **se priver** v.pr. **1. [de].** S'interdire la jouissance, la possession de qqch : *Elle s'est privée de toute distraction jusqu'à la remise de son manuscrit* (**SYN.** s'abstenir). **2.** S'imposer des privations : *Ils se sont privés pour financer leur maison.* ▸ ***Ne pas se priver,*** prendre, consommer sans restriction. ***Ne pas se priver de*** (+ inf.), ne pas se retenir de, ne pas hésiter à : *Elle ne s'est pas privée de lui dire ce qu'elle en pensait.*

privilège n.m. (du lat. *privilegium,* loi exceptionnelle, de *privus,* particulier, et *lex, legis,* loi). **1.** Droit, avantage particulier attaché à qqn ou possédé par qqn : *Obtenir un privilège après négociation* (**SYN.** prérogative). *L'abolition des privilèges.* **2.** Avantage procuré par une situation quelconque : *Il a été élu au privilège de l'âge.* **3.** Ce que l'on considère comme un avantage : *J'ai eu le privilège de les rencontrer* (**SYN.** chance, honneur).

privilégié, e adj. et n. Qui jouit de privilèges.

privilégier v.t. [conj. 9]. **1.** Accorder un avantage, un privilège à : *Nous privilégions les familles défavorisées* (**SYN.** favoriser ; **CONTR.** défavoriser, désavantager). **2.** Attribuer une importance, une valeur particulière à : *Les enquêteurs privilégient la thèse de l'accident.*

prix n.m. (lat. *pretium*). **1.** Équivalence en monnaie, en argent d'une marchandise, d'un service : *Quel est le prix de ce vase ?* (= combien vaut-il ? ; **SYN.** coût). *Votre prix sera le mien* (**SYN.** tarif). *Le prix des actions* (**SYN.** cote, cours, valeur). **2.** Importance attachée à qqch ; ce qu'il en coûte pour obtenir qqch : *Le prix de la liberté* (**SYN.** valeur). *Le succès est le prix de sacrifices* (**SYN.** salaire, tribut). **3.** Récompense décernée à qqn : *Le prix Nobel de la paix.* **4.** Ouvrage qui a été couronné : *Lire le dernier prix Goncourt.* ▸ ***À aucun prix,*** en aucun cas : *Je ne le ferai à aucun prix.* ***À tout prix,*** coûte que coûte : *Il faut à tout prix partir.* ***Hors de prix,*** très cher. ***Objet de prix,*** objet de grande valeur.

pro adj. et n. (abrév.). *Fam.* Professionnel : *Des pros de l'électronique.*

probabilité n.f. **1.** Caractère de ce qui est probable ; événement probable : *Il y a de fortes probabilités pour qu'elle accepte* (**SYN.** chance). *L'échec des discussions fait partie des probabilités à envisager* (**SYN.** éventualité ; **CONTR.** impossibilité, improbabilité). **2.** En mathématiques, grandeur exprimant le nombre de chances qu'a un événement de se produire : *Au jeu de pile ou face, la probabilité de face est de 1 sur 2.* ▸ ***Selon toute probabilité,*** très probablement.

probable adj. (lat. *probabilis,* de *probare,* éprouver, prouver). Qui a beaucoup de chances de se produire : *Un succès est probable* (**SYN.** envisageable, possible ; **CONTR.** improbable, invraisemblable). *Il est probable qu'il pleuvra demain. Il est peu probable qu'il pleuve.*

probablement adv. Vraisemblablement : *Il sera très probablement mis en examen* (**SYN.** certainement).

probant, e adj. (du lat. *probare,* éprouver, prouver). Qui emporte l'approbation, qui convainc : *Une démonstration probante* (**SYN.** concluant, décisif).

probation n.f. Dans la langue juridique, mise à l'épreuve d'un condamné.

probationnaire n. Dans la langue juridique, condamné soumis à la probation.

probatoire adj. Qui permet de vérifier que qqn a bien les capacités requises : *Des tests probatoires.*

probe adj. (lat. *probus*). *Litt.* Qui est d'une honnêteté stricte, scrupuleuse : *« Les jean-foutre et les gens probes / Médisent du vent furibond »* [*Le Vent,* G. Brassens] (**SYN.** intègre ; **CONTR.** malhonnête).

probiotique adj. et n.m. Micro-organisme vivant (bactérie ou levure, notamm. ferment lactique) qui, ingéré en quantité suffisante, a un effet bénéfique sur la santé en améliorant l'équilibre de la flore intestinale.

probité n.f. Caractère d'une personne probe : *Leur probité ne fait aucun doute* (**SYN.** intégrité ; **CONTR.** malhonnêteté).

problématique adj. Dont l'issue, la réalisation est douteuse, hasardeuse : *Le succès de l'entreprise est problématique* (**SYN.** aléatoire, incertain ; **CONTR.** certain, sûr). ◆ n.f. Ensemble de questions qu'une science ou une philosophie se pose relativement à un domaine particulier : *La problématique des droits de l'enfant.*

problème n.m. (lat. *problema,* du gr. *problêma,* ce qu'on a devant soi). **1.** Question à résoudre par des méthodes logiques dans le domaine scientifique ; exercice scolaire qui y est consacré : *Un problème de géométrie. L'énoncé d'un problème de chimie.* **2.** Difficulté d'ordre intellectuel : *Le problème du bien et du mal.* **3.** Situation difficile à laquelle on est confronté : *Il a des problèmes de santé. En cas de problème, téléphonez-nous* (**SYN.** embarras, ennui).

procédé n.m. **1.** Méthode pratique pour faire qqch : *Un procédé de fabrication* (**SYN.** moyen, processus, 2. technique). **2.** Manière d'agir, de se comporter : *Des procédés déloyaux* (**SYN.** agissements, conduite). **3.** Technique artistique utilisée de façon trop systématique : *Avec lui, le flou artistique tourne au procédé* (**SYN.** cliché, recette).

procéder v.i. (du lat. *procedere,* s'avancer) [conj. 18]. Agir d'une certaine façon : *Elle a toujours procédé par intuition* (**SYN.** opérer). *Procédons méthodiquement.* ◆ v.t. ind. **1. [à].** Accomplir une tâche dans ses différentes phases : *Ils procèdent à des essais* (**SYN.** effectuer, exécuter, se livrer à). **2. [de].** *Litt.* Tirer son origine de : *Ce malentendu procède de leur différence d'âge* (**SYN.** découler, provenir, résulter de).

procédural, e, aux adj. Qui concerne la procédure judiciaire.

procédure n.f. **1.** Manière de procéder ; marche à suivre pour obtenir un résultat : *Voici la procédure pour inscrire vos enfants.* **2.** Dans la langue juridique, ensemble des règles qu'il convient d'observer pour agir en justice ; partie du droit qui traite de ces règles : *Engager une procédure de divorce. Le Code de procédure pénale.*

procédurier, ère adj. et n. *Péjor.* Qui aime la procédure ; qui aime intenter des procès ; chicaneur.

procès [prɔsɛ] n.m. (du lat. *processus,* progression). **1.** Instance en justice : *Intenter, perdre, gagner un procès. Être en procès avec qqn* (**SYN.** litige). **2.** En grammaire, action ou état exprimé par le verbe : *Le futur de l'indicatif situe le procès dans l'avenir.* ▸ ***Faire le procès de,*** faire une critique approfondie de ; condamner : *Faire le procès de l'exploitation des enfants.* ***Sans autre forme de procès,*** sans respecter les formes, de manière abrupte : *« Le loup l'emporte, et puis le mange, / Sans autre forme de procès »* [La Fontaine].

processeur n.m. (de l'angl. *processor*). En informatique, organe d'un ordinateur qui assure l'interprétation et l'exécution des informations.

procession n.f. (lat. *processio,* de *procedere,* s'avancer). **1.** Cortège religieux accompagné de chants et de prières. **2.** *Fig.* Longue suite de personnes, de véhicules : *Une procession de patients chez le médecin* (**SYN.** cortège, défilé, file).

processionnaire adj. et n.f. ▸ ***Chenilles procession-***

naires, chenilles très nuisibles qui se déplacent en file indienne.

processus [prɔsesys] n.m. (mot lat. signif. « progression »). **1.** Enchaînement de phénomènes aboutissant à un résultat déterminé : *Le processus de fermentation* (**SYN.** cours, développement, marche). *Enrayer le processus de la baisse des ventes* (**SYN.** dynamique, évolution, mécanisme). **2.** Suite continue d'opérations constituant la manière de fabriquer, de faire qqch : *Un processus de fabrication* (**SYN.** procédé, technique).

procès-verbal n.m. (pl. *procès-verbaux*). **1.** Acte établi par un représentant de l'autorité compétente constatant un délit, une contravention au Code la route : *Dresser un procès-verbal pour stationnement interdit* (**SYN.** contravention ; abrév. fam. P.-V.). **2.** Compte rendu écrit des débats et des travaux d'une réunion, d'une assemblée : *Ces propos sont consignés dans le procès-verbal de l'audience.*

prochain, e adj. (du lat. *propeanus*, proche, de *prope*, près de). **1.** Qui est le moins éloigné dans l'espace : *Je descends au prochain arrêt* (**SYN.** suivant). *Tournez à gauche au prochain carrefour* (**SYN.** premier). **2.** Qui va survenir, arriver dans un laps de temps assez court : *Dans les jours prochains* (**SYN.** immédiat ; **CONTR.** lointain). *Nous examinerons ce point lors d'une prochaine rencontre* (**SYN.** futur). ◆ **prochain** n.m. Tout homme, ou l'ensemble des hommes, par rapport à l'un d'entre eux : *Aimer son prochain* (= aimer autrui ; **SYN.** semblable). ◆ **prochaine** n.f. *Fam.* (Précédé de l'art. déf.). Station suivante : *Je descends à la prochaine.* ▸ ***À la prochaine,*** à une autre fois, à bientôt.

prochainement adv. Dans peu de temps : *Je viendrai prochainement* (**SYN.** bientôt).

proche adj. **1.** Qui n'est pas éloigné, dans l'espace ou dans le temps : *Adressez-vous à un revendeur proche de chez vous* (**SYN.** voisin ; **CONTR.** éloigné). *Dans un avenir proche* (**SYN.** imminent, prochain ; **CONTR.** lointain). **2.** Qui a d'étroites relations de parenté, d'amitié : *Les proches parents de la mariée* (**CONTR.** éloigné). *Des amis très proches.* **3.** Qui est peu différent : *Des températures proches de la normale* (**SYN.** approchant, voisin). ◆ n. Proche parent ; ami intime : *Un proche de la famille nous a raconté leur aventure. Selon ses proches, elle se porte bien* (= selon son entourage). ◆ **proche** n.m. ▸ ***De proche en proche,*** progressivement, par degré : *L'inondation s'étend de proche en proche à toutes les maisons* (= peu à peu).

proche-oriental, e, aux adj. Relatif au Proche-Orient : *Les pays proche-orientaux.*

proclamation n.f. **1.** Action de proclamer : *La proclamation des résultats d'un scrutin* (**SYN.** annonce, notification). **2.** Ce qui est proclamé ; manifeste : *Il a lu sa proclamation devant les journalistes* (**SYN.** communiqué, déclaration).

proclamer v.t. [conj. 3]. **1.** Révéler au plus grand nombre possible : *Il proclame son innocence* ou *qu'il est innocent* (**SYN.** clamer, crier ; **CONTR.** cacher, taire). **2.** Faire connaître officiellement : *Le gouvernement a proclamé l'état d'urgence* (**SYN.** annoncer). *Ses partisans l'ont proclamée présidente.*

proconsul n.m. (mot lat.). Dans la Rome antique, consul sortant qui était reconduit dans ses pouvoirs.

procréateur, trice adj. et n. *Sout.* Qui procrée.

procréation n.f. Action de procréer ; génération : *La procréation médicalement assistée* (= fécondation in vitro, insémination, par ex.).

procréer v.t. [conj. 15]. *Sout.* En parlant de la femme et de l'homme, donner la vie : *La volonté de procréer* (**SYN.** concevoir, engendrer).

proctologie n.f. (du gr. *prôktos*, anus). Discipline médicale qui traite des maladies de l'anus et du rectum.

proctologue n. Spécialiste en proctologie.

procurateur n.m. (du lat. *procurator*, mandataire). Dans la Rome antique, fonctionnaire placé par l'empereur à la tête d'une province impériale. ☞ **REM.** Ne pas confondre avec *procureur.*

procuration n.f. (du lat. *procuratio*, commission). Pouvoir qu'une personne donne à une autre d'agir en son nom : *Donner une procuration à qqn* (**SYN.** délégation, mandat). ▸ ***Par procuration,*** en confiant à un autre le soin d'agir : *Voter par procuration à sa place.*

procurer v.t. (lat. *procurare*, s'occuper de, de *cura*, soin) [conj. 3]. **1.** Faire obtenir ; mettre à la disposition de : *Elle nous a procuré des vêtements de rechange* (**SYN.** fournir, pourvoir en). **2.** Être la cause, l'occasion de : *Cela nous a procuré bien des ennuis* (**SYN.** causer, occasionner, valoir). *L'application de cette crème procure une sensation de bien-être* (**SYN.** apporter, offrir). ◆ **se procurer** v.pr. Faire en sorte d'acquérir, d'obtenir : *Procurez-vous un dictionnaire de français.*

① **procureur, e** n. ▸ ***Procureur de la République,*** en France, magistrat qui représente le ministère public auprès du tribunal de grande instance. ***Procureur général,*** en France, magistrat qui représente le ministère public auprès de la Cour de cassation ; au Canada, ministre chargé de représenter le gouvernement auprès des tribunaux. ☞ **REM.** Au féminin, on rencontre aussi *une procureur.*

② **procureur, e** n. Au Québec, personne chargée de représenter qqn en justice et d'agir à sa place ; avocat délégué par le procureur général pour représenter le ministère public dans une affaire.

③ **procureur** n.m. Religieux chargé des intérêts temporels d'une communauté. ☞ **REM.** Ne pas confondre avec *procurateur.*

prodigalité n.f. **1.** Qualité d'une personne prodigue : *Sa prodigalité a ruiné la famille* (**SYN.** générosité ; **CONTR.** avarice, parcimonie). **2.** (Surtout au pl.). Dépense excessive : *Chacun a pu profiter de ses prodigalités* (**SYN.** largesse).

prodige n.m. (du lat. *prodigium*, chose merveilleuse). **1.** Fait, événement extraordinaire, qui semble de caractère magique ou surnaturel : *Il dit qu'un grand vin est un prodige* (**SYN.** chef-d'œuvre, miracle). **2.** Ce qui surprend, émerveille : *Les prodiges de la médecine* (**SYN.** merveille). **3.** Personne d'un talent ou d'une intelligence remarquable : *Les petits prodiges de l'informatique* (**SYN.** surdoué). **4.** (Employé en appos.). Se dit d'un enfant exceptionnellement précoce et doué. ☞ **REM.** Ne pas confondre avec *prodigue.* ▸ ***Tenir du prodige,*** être prodigieux, incroyable : *Cette réussite tient du prodige.* ***Un prodige de*** (+ n.), ce qui possède une qualité à un point prodigieux : *Ces dialogues sont un prodige de subtilité.*

prodigieusement adv. De façon prodigieuse : *Il m'agace prodigieusement* (**SYN.** extrêmement).

prodigieux, euse adj. Qui est extraordinaire par ses qualités et semble tenir du miracle : *Une tour d'une hauteur prodigieuse* (**SYN.** fabuleux, fou). *Mozart avait un talent prodigieux* (**SYN.** exceptionnel, inimaginable, inouï).

prodigue adj. et n. (du lat. *prodigus*, qui gaspille). **1.** Qui dépense à l'excès, de façon inconsidérée : *Ses parents sont accueillants et prodigues* (**SYN.** dépensier, gaspilleur ; **CONTR.** économe). ☞ **REM.** Ne pas confondre avec *prodige*. **2. [de].** *Litt.* Qui donne sans compter : *La ministre a été prodigue de compliments* (**CONTR.** avare). ▸ ***Enfant, fils prodigue,*** enfant, fils qui revient au domicile paternel après avoir dilapidé son bien.

prodiguer v.t. [conj. 3]. *Sout.* **1.** Dépenser sans compter : *Il a prodigué son argent* (**SYN.** dilapider, gaspiller ; **CONTR.** économiser). **2.** Donner généreusement : *Elle prodigue ses soins aux sans-abri* (**SYN.** distribuer ; **CONTR.** lésiner sur).

pro domo loc. adj. inv. (mots lat. signif. « pour sa maison »). Se dit du plaidoyer d'une personne qui se fait l'avocat de sa propre cause.

prodrome [prɔdrom] n.m. (du gr. *prodromos*, précurseur, de *dromos*, course). **1.** Symptôme du début d'une maladie : *Les prodromes d'une crise de paludisme* (= le syndrome). **2.** *Litt.* Signe avant-coureur : *Les prodromes d'un krach* (**SYN.** prélude, prologue).

producteur, trice n. et adj. **1.** Personne, pays, activité qui produit des biens, des services (par opp. à consommateur) : *Une union de producteurs indépendants. Un terroir producteur de richesses.* **2.** Personne qui finance un spectacle, un film. **3.** Dans la langue des médias, personne qui conçoit une émission et, éventuellement, la réalise.

productif, ive adj. **1.** Qui produit, fournit qqch : *Des industries peu productives* (**SYN.** performant ; **CONTR.** improductif). *Une terre très productive* (**SYN.** fécond, fertile). **2.** Qui rapporte de l'argent : *Des placements productifs* (**SYN.** fructueux, lucratif, rentable).

production n.f. **1.** Action de produire, de faire exister ; fait de se produire, de se former : *La production d'une image numérique* (**SYN.** création). *La production de gaz à effet de serre par les véhicules et les usines* (**SYN.** dégagement, émission, formation). **2.** Action de produire, de créer des biens, des services (par opp. à la distribution, à la consommation) : *Délocaliser la production de chaussures en Chine. Une baisse de la production.* **3.** Bien ainsi produit ; quantité ainsi produite : *Valoriser la production locale* (**SYN.** produit). *Accroître sa production* (**SYN.** rendement). **4.** Ce qui est produit par l'art, l'esprit : *La production d'un artiste* (**SYN.** œuvre). **5.** Dans le domaine du spectacle, activité de producteur ; spectacle envisagé du point de vue économique : *Une maison de production. Ce film est une grosse production franco-belge.* **6.** Action de montrer, de présenter à l'appui de ses dires, de ses prétentions : *La production d'un acte de naissance.*

productique n.f. Ensemble des techniques informatiques et automatiques visant à accroître la productivité.

productivisme n.m. Tendance à rechercher systématiquement l'accroissement de la productivité.

productiviste adj. Relatif au productivisme.

productivité n.f. **1.** Fait d'être productif : *La productivité d'un sol* (**SYN.** fécondité, fertilité ; **CONTR.** improductivité, stérilité). **2.** Rapport mesurable entre une quantité produite et les moyens mis en œuvre pour l'obtenir : *La productivité annuelle d'une entreprise* (**SYN.** rendement).

produire v.t. (du lat. *producere*, faire avancer, de *ducere*, conduire) [conj. 98]. **1.** Assurer la production de richesses économiques, de biens, de services : *Cette entreprise produit des appareils électroménagers* (**SYN.** fabriquer, fournir). *Ce pommier produit d'excellents fruits* (**SYN.** donner). **2.** Procurer comme profit : *Ces placements produisent des intérêts* (**SYN.** rapporter, rendre). **3.** Donner naissance à ; créer, élaborer, concevoir : *Ce peintre a produit des chefs-d'œuvre* (**SYN.** composer, peindre). **4.** Financer un film ou un spectacle : *Les grands studios produisent moins de films.* **5.** Être la source, la cause de ; faire naître une sensation : *Cette technique produit de bons résultats* (**SYN.** donner, engendrer, procurer). *Cette annonce a produit un effet désastreux* (**SYN.** créer, provoquer). **6.** Présenter à l'appui de ses dires, de sa cause : *Elle a produit son ticket de péage* (**SYN.** montrer). *L'avocat a produit des témoins* (**SYN.** citer). ◆ **se produire** v.pr. **1.** Avoir lieu : *Une explosion s'est produite* (**SYN.** arriver, survenir). **2.** Se faire voir, se montrer : *Ce chanteur se produira au palais des Congrès l'hiver prochain* (**SYN.** s'exhiber, paraître).

produit n.m. **1.** Ce qui naît d'une activité quelconque de la nature : *Les produits de la mer* (**SYN.** fruit, production). **2.** Ce qui est obtenu par une activité ; marchandise, production : *Les produits de la terre. Des produits industriels.* **3.** Ensemble de sommes obtenues ; bénéfice, fonds : *Le produit de l'épargne* (**SYN.** gain, profit). *Répartir le produit d'une collecte* (**SYN.** rapport, recette). **4.** Personne ou chose considérée comme résultant d'une situation, d'une activité quelconque : *Ces vedettes sont un pur produit du matraquage médiatique* (**SYN.** résultante). *C'est le produit de votre imagination* (**SYN.** effet, invention). **5.** Chacun des articles, objets, biens, services proposés sur le marché par une entreprise : *Chez eux, on ne trouve que des produits locaux* (**SYN.** marchandise). *Des produits frais.* **6.** Substance que l'on utilise pour l'entretien, les soins ou un usage particulier : *Un produit de nettoyage.* **7.** En mathématiques, résultat de la multiplication de deux nombres : *Le produit de deux multiplié par trois est six.* ▸ ***Produit intérieur brut*** ou ***P.I.B.,*** somme des valeurs réalisées annuellement sur le territoire national par les entreprises d'un pays. ***Produit national brut*** ou ***P.N.B.,*** somme totale du P.I.B. et des revenus créés à l'étranger, qui sert à exprimer la puissance économique d'un pays. ***Produits blancs,*** appareils électroménagers. ***Produits bruns,*** matériel audiovisuel.

proéminence n.f. **1.** Caractère de ce qui est proéminent : *La proéminence de la mâchoire* (**SYN.** saillie). **2.** Partie proéminente : *Les proéminences à la surface du Soleil* (**SYN.** bosse, excroissance, protubérance).

proéminent, e adj. (lat. *proeminens*, de *eminere*, être saillant). Qui est en relief par rapport à ce qui est autour : *Des yeux proéminents* (**SYN.** saillant ; **CONTR.** creux).

prof n. (abrév.). *Fam.* Professeur : *La prof de français.*

profanateur, trice adj. et n. Qui profane : *Un acte profanateur* (**SYN.** impie, sacrilège).

profanation n.f. Action de profaner ; sacrilège : *La profanation d'un cimetière* (SYN. violation).

① **profane** adj. (du lat. *pro,* devant, et *fanum,* temple). Qui ne fait pas partie des choses sacrées, de la religion : *Des œuvres profanes* (SYN. laïque ; CONTR. religieux). ◆ n.m. Ensemble des choses profanes : *Le profane et le sacré.*

② **profane** n. et adj. (de *1. profane*). **1.** Personne étrangère à une religion, non initiée à un culte. **2.** Personne qui ignore les usages, les règles d'une activité : *Je suis profane en matière de bande dessinée* (SYN. ignorant, incompétent ; CONTR. connaisseur, expert).

profaner v.t. [conj. 3]. **1.** Violer le caractère sacré de : *Profaner un temple.* **2.** *Litt.* Dégrader par un mauvais usage ; avilir : *Profaner la justice* (SYN. déshonorer).

proférer v.t. (du lat. *proferre,* porter en avant) [conj. 18]. Prononcer à haute voix : *Proférer des insultes, des menaces* (SYN. crier, lancer).

professer v.t. [conj. 4]. **1.** Déclarer, manifester ouvertement : *Il professe un profond mépris de l'argent* (SYN. afficher). **2.** *Vieilli* Enseigner.

professeur, e n. (lat. *professor,* de *profiteri,* déclarer, enseigner). **1.** Personne qui enseigne une matière, une discipline : *Professeur d'équitation, de guitare, de français. C'est un excellent professeur* (SYN. enseignant). **2.** Membre de l'enseignement (abrév. fam. prof) : *Un professeur des écoles, d'université.* ☞ REM. Au féminin, on rencontre aussi *une professeur.*

profession n.f. (lat. *professio,* de *profiteri,* déclarer, enseigner). **1.** Activité régulière exercée pour gagner sa vie : *Il est sans profession. La profession de plombier* (SYN. carrière, métier). **2.** Ensemble des personnes qui exercent le même métier : *La profession viticole dénonce une baisse des prix. Une récompense pour le meilleur pain, décernée par la profession* (= l'ensemble des boulangers). ▸ ***De profession,*** de métier : *Elle est informaticienne de profession* ; fig., par habitude : *Un médisant de profession.* ***Faire profession de,*** déclarer ouvertement ; professer : *Il fait profession de modestie, de mépriser les honneurs* (= il proclame que). ***Profession de foi,*** affirmation publique de ses opinions religieuses, philosophiques, de ses idées.

professionnalisation n.f. Tendance que présente un secteur d'activité à être exercé uniquement par des spécialistes : *La professionnalisation du sport.*

professionnaliser v.t. [conj. 3]. **1.** Donner le caractère, le statut d'une profession à : *Professionnaliser l'aide à domicile.* **2.** Faire devenir professionnel : *Professionnaliser des sportifs.* ◆ **se professionnaliser** v.pr. Devenir professionnel : *Beaucoup de patineuses se sont professionnalisées.*

professionnalisme n.m. **1.** Fait d'exercer une activité de façon professionnelle (par opp. à amateurisme). **2.** Qualité de qqn qui exerce une profession avec compétence : *Un avocat d'un grand professionnalisme.*

① **professionnel, elle** adj. **1.** Relatif à une profession ; qui est propre à une profession : *L'insertion des jeunes dans la vie professionnelle. Avoir des relations professionnelles avec qqn.* **2.** Se dit d'un sport pratiqué comme une profession : *Le tennis professionnel.*

② **professionnel, elle** n. et adj. **1.** Personne qui exerce régulièrement une profession, un métier (par opp. à amateur) : *Une professionnelle de la santé. Des guides professionnels.* **2.** Sportif de profession, rétribué pour la pratique d'un sport (par opp. à amateur) : *Des footballeurs professionnels.* **3.** Personne qui a une expérience particulière dans un métier, une activité : *Du travail de professionnel* (SYN. expert, spécialiste ; CONTR. amateur, dilettante). ☞ REM. L'abréviation familière de ce mot est *pro* dans les trois sens.

professionnellement adv. Du point de vue de la profession ; à titre professionnel : *Elle utilise Internet professionnellement* (= pour son métier).

professoral, e, aux adj. **1.** Relatif à un professeur, au professorat : *Le corps professoral* (SYN. enseignant). **2.** Qui affecte une gravité solennelle et prétentieuse : *Parler sur un ton professoral* (SYN. doctoral, pédant).

professorat n.m. Fonction de professeur : *Elle s'oriente vers le professorat* (SYN. enseignement).

profil [prɔfil] n.m. (it. *profilo*). **1.** Contour, aspect d'un visage vu de côté : *Elle a un profil de médaille* (= d'une belle régularité). **2.** Aspect, contour général extérieur de qqch vu de côté : *Le profil d'une voiture* (SYN. ligne, silhouette). **3.** *Fig.* Ensemble des caractéristiques professionnelles, psychologiques de qqn : *Elle a le profil idéal pour ce poste. Il offre le profil type du tueur en série.* **4.** Page Web, contenant des renseignements personnels (CV, goûts, photos, etc.), qu'un internaute crée pour devenir membre d'un réseau social et qui n'est accessible qu'aux autres membres du réseau. **5.** Configuration générale d'une situation à un moment donné : *Le profil annuel de l'indice boursier.* ▸ ***Adopter un profil bas,*** adopter une attitude de modération dans ses paroles, ses actions. ***De profil,*** vu de côté (par opp. à de face) : *Dessiner qqn de profil.*

profilage n.m. **1.** En mécanique industrielle, action de profiler : *Le profilage d'une hélice.* **2.** En criminologie, établissement des caractéristiques psychologiques d'un tueur en série en fonction des indices recueillis.

profilé n.m. Produit métallurgique de section constante : *Un rail est un profilé.*

profiler v.t. [conj. 3]. **1.** Laisser voir, présenter ses contours : *L'Église profile son clocher dans le crépuscule.* **2.** Donner un profil déterminé, spécial à un objet : *Profiler des poutrelles.* **3.** En criminologie, établir le profil psychologique d'un individu recherché. ◆ **se profiler** v.pr. **1.** Se présenter, se détacher de profil, en silhouette : *Les tours de la ville se profilent à l'horizon* (SYN. se découper, se dessiner). **2.** *Fig.* Apparaître à l'état d'ébauche : *Un compromis se profile* (SYN. s'esquisser).

profileur, euse n. Criminologue spécialisé dans le profilage.

profit n.m. (lat. *profectus,* de *proficere,* progresser). **1.** Avantage matériel ou moral que l'on retire de qqch : *Ses remarques nous ont été d'un grand profit* (SYN. intérêt, utilité ; CONTR. détriment, préjudice). **2.** En économie, gain réalisé sur une opération ou dans l'exercice d'une activité : *Cette entreprise réalise de gros profits* (SYN. bénéfice ; CONTR. perte). ▸ ***Au profit de,*** au bénéfice de : *Ce gala est organisé au profit de l'aide humanitaire.* *Fam.* ***Faire du profit,*** être d'un emploi économique ; être avantageux : *Ces chaussures m'ont fait du profit.* ***Faire son profit*** ou ***tirer profit de qqch,*** en retirer un bénéfice, un avantage : *Elle a tiré profit des conseils que nous lui avons prodigués.* ***Mettre à profit,***

employer utilement : *Mettre à profit ses loisirs pour faire du bénévolat.*

profitable adj. Qui procure un avantage : *Cet investissement est très profitable* (**SYN.** lucratif, rentable). *Ce repos lui a été profitable* (**SYN.** salutaire ; **CONTR.** dommageable, néfaste).

profiter v.t. ind. [conj. 3]. **1. [de].** Tirer un avantage matériel ou moral de : *Elle profite un peu de la vie* (**SYN.** jouir). *Il cherche toujours à profiter de nous* (**SYN.** exploiter). *Savoir profiter des circonstances* (= en tirer parti). **2. [à].** Être utile ; procurer un avantage à ; aider : *Ses compétences en informatique lui ont profité* (**SYN.** servir). ◆ v.i. *Fam.* **1.** Se fortifier, grandir : *Cet enfant profite bien* (**SYN.** pousser). **2.** Être avantageux en permettant un long usage : *« Bien mal acquis ne profite jamais »* (= proverbe signifiant que l'on ne peut jouir en paix de ce que l'on a obtenu malhonnêtement).

profiterole n.f. Petit chou fourré de glace ou de crème pâtissière, arrosé d'une crème au chocolat chaude.

profiteur, euse n. Personne qui tire profit de toute chose, souvent aux dépens d'autrui.

profond, e adj. (lat. *profundus*). **1.** Dont le fond est à telle distance de la surface, du bord : *Une piscine profonde. Creusez un trou profond de 20 centimètres.* **2.** Qui est situé loin de la surface : *Les couches profondes de la Terre.* **3.** Qui pénètre loin, à une grande distance : *Des racines profondes. Une blessure profonde* (**CONTR.** superficiel). **4.** Qui est d'une grande pénétration, d'une grande portée : *Un esprit profond* (**SYN.** pénétrant, subtil). **5.** Qui est, qui existe à un degré élevé : *Cet événement leur a causé un profond chagrin* (**SYN.** extrême, immense). **6.** Qui évoque quelque chose d'épais, de sombre : *Une profonde nuit* (**SYN.** obscur). *Un bleu profond* (**SYN.** foncé). **7.** Qui semble venir du fond du corps : *Un profond soupir* (**CONTR.** léger). *Une voix profonde* (**SYN.** grave). **8.** Se dit de ce qui, dans les êtres et dans les choses, est difficile à saisir, mais joue un rôle essentiel : *La nature profonde d'une personne* (**SYN.** intime). *Les raisons profondes d'une décision* (**SYN.** fondamental, réel). **9.** Qui relève de la mentalité d'un pays, des tendances sous-jacentes d'un peuple : *La France profonde.* ◆ **profond** adv. À une grande profondeur : *Bêcher profond.* ◆ n.m. ▸ ***Le plus profond de qqch,*** la partie la plus profonde, la plus lointaine, la plus intime : *Chercher au plus profond de soi.*

profondément adv. **1.** À une grande profondeur : *Enfoncer profondément un pieu.* **2.** À un haut degré : *Réformer profondément une institution* (**SYN.** entièrement). *Être profondément attaché à une idée* (**SYN.** fortement). *Souhaiter profondément une chose* (**SYN.** ardemment).

profondeur n.f. **1.** Caractère de ce qui est profond : *La profondeur d'une crevasse.* **2.** Dimension de certaines choses, mesurée de l'entrée, de la surface jusqu'au fond : *Vérifier la hauteur, la largeur et la profondeur d'un placard. Un cratère de plusieurs mètres de profondeur.* **3.** Qualité de ce qui va au fond des choses : *La profondeur d'un philosophe, d'une analyse* (**SYN.** perspicacité, sagacité). ▸ ***En profondeur,*** dans la partie profonde de qqch : *Un sol travaillé en profondeur* ; dans les parties essentielles, fondamentales, au-delà du superficiel : *Réformer en profondeur* (= radicalement). ◆ **profondeurs** n.f. pl. **1.** Endroits situés au-dessous de la surface de qqch ou en contrebas ; parties reculées : *Les profondeurs sous-marines. Pénétrer dans les profondeurs d'un bois.* **2.** Parties secrètes, intimes de l'être, difficiles à atteindre : *Les profondeurs de l'âme* (**SYN.** tréfonds).

pro forma loc. adj. inv. (mots lat. signif. « pour la forme »). ▸ ***Facture pro forma,*** document établi, à titre indicatif, par le vendeur avant la vente.

profus, e adj. *Litt.* Qui est abondant : *Des larmes profuses.*

profusion n.f. (lat. *profusio*, de *fundere*, répandre). Grande abondance : *Donner une profusion de détails* (**SYN.** déluge, foison, surabondance). ▸ ***À profusion,*** abondamment : *Vous trouverez des informations à profusion sur Internet* (= à volonté).

progenèse n.f. En biologie, ensemble des facteurs antérieurs à la fécondation qui déterminent le développement de l'individu.

progéniture n.f. (du lat. *progenitor*, aïeul). *Litt.* Ensemble des enfants, par rapport aux parents ; descendance : *Il est venu avec toute sa progéniture.*

progestatif, ive adj. et n.m. (du lat. *gestare*, porter). Se dit d'une substance qui prépare l'utérus à une éventuelle grossesse, notamm. de la progestérone.

progestérone n.f. Hormone progestative.

progiciel n.m. (de *pro[duit]* et *[lo]giciel*). En informatique, ensemble complet de programmes conçus pour servir à une même application ou à une même fonction.

prognathe [prɔgnat] adj. et n. (du gr. *gnathos*, mâchoire). Qui est caractérisé par le prognathisme.

prognathisme [prɔgnatism] n.m. Saillie en avant des mâchoires.

programmable adj. Que l'on peut programmer : *Une cafetière programmable.*

① **programmateur, trice** n. Personne qui établit un programme de cinéma, de radio. ☞ **REM.** Ne pas confondre avec *programmeur.*

② **programmateur** n.m. Dispositif commandant l'exécution d'une suite d'opérations correspondant à un programme : *Le programmateur d'un four.*

programmation n.f. **1.** Action, fait de programmer qqch : *La programmation des dates de vacances* (**SYN.** planification). **2.** Établissement du programme d'une station de radio, d'une chaîne de télévision, d'un cinéma. **3.** En informatique, ensemble des activités liées à la définition, à l'écriture et à l'exécution de programmes : *Un langage de programmation.* ▸ ***Programmation sociale,*** en Belgique, prime de fin d'année, dans le secteur public.

programmatique adj. *Didact.* Relatif à un programme ; qui constitue un programme : *Le manifeste programmatique d'un parti.*

programme n.m. (du gr. *programma*, inscription). **1.** Ensemble des activités prévues, pour un événement particulier ou pour l'emploi du temps de qqn : *Le programme chargé d'une visite officielle. Changement de programme, nous sortons ce soir.* **2.** Liste des émissions de radio, de télévision prévues pour une période donnée ; périodique fournissant cette liste : *Le programme change souvent sur cette chaîne. Acheter un programme de télévision.* **3.** Imprimé indiquant le titre d'un spectacle, le nom des interprètes ou le thème et le déroulement prévu d'une manifestation, d'une fête. **4.** Énoncé des matières, des sujets sur lesquels doit porter un enseignement, un examen : *Le programme de terminale.* **5.** Exposé, déclaration des intentions, des projets d'une personne, d'un groupe : *Le candidat a dévoilé son programme économique.* **6.** En informatique, séquence d'instructions et de données enregistrée sur un support et susceptible d'être traitée par un ordinateur. **7.** Succession des opérations établies à l'avance dans le fonctionnement d'un appareil ménager : *Le programme économique d'un lave-linge.* ▸ ***C'est tout un programme,*** cela laisse prévoir une suite intéressante, cela sous-entend bien des choses.

programmé, e adj. **1.** Qui est inscrit à un programme : *Un film programmé à 21 heures.* **2.** Qui est commandé par un programme : *Un lecteur de CD programmé.*

programmer v.t. [conj. 3]. **1.** Établir à l'avance les phases d'un projet, le moment de leur réalisation ; prévoir : *Nous avons programmé nos vacances* (**SYN.** organiser, planifier). *J'ai programmé de partir en voyage.* **2.** Inscrire une œuvre, une émission au programme d'une salle de cinéma, d'une chaîne de télévision : *Programmer un documentaire à une heure de grande écoute.* **3.** En informatique, fournir à un ordinateur les données et les instructions concernant un problème à résoudre, une tâche à exécuter.

programmeur, euse n. Spécialiste chargé de la mise au point de programmes d'ordinateur. ☞ **REM.** Ne pas confondre avec *programmateur.*

progrès [prɔgrɛ] n.m. (lat. *progressus,* de *gradi,* marcher). **1.** Amélioration, développement des connaissances, des capacités de qqn : *Elle a fait d'indéniables progrès en maths. Il est en progrès* (= il s'améliore). **2.** Évolution par degrés, en bien ou en mal : *Les progrès notables d'une négociation* (**SYN.** avancement). *Les progrès d'une épidémie* (**SYN.** extension). **3.** Développement de la civilisation : *Croire au progrès. Le progrès scientifique.*

progresser v.i. [conj. 4]. **1.** Avancer de façon continue ; gagner du terrain : *Les secouristes progressent difficilement. L'incendie progresse* (**SYN.** se propager). **2.** Faire des progrès ; se développer : *Elle continue à progresser.*

progressif, ive adj. Qui avance par degrés : *Une accélération progressive* (**SYN.** graduel). ▸ ***Impôt progressif,*** taux d'imposition qui augmente à mesure que les revenus sont plus élevés (par opp. à dégressif, régressif). ***Verres progressifs,*** verres de lunettes permettant une vision nette quelle que soit la distance.

progression n.f. **1.** Mouvement en avant : *La progression des randonneurs* (**SYN.** avancée ; **CONTR.** recul). **2.** Développement régulier ; extension, propagation : *La progression d'une enquête* (**SYN.** avancement, évolution, progrès ; **CONTR.** stagnation). *Le nombre d'inscriptions est en progression* (**SYN.** accroissement, augmentation ; **CONTR.** régression). ▸ ***Progression arithmétique,*** suite de nombres tels que chaque terme est la somme du précédent et d'un nombre constant, appelé *raison* : *« 1, 4, 7, 10... » est une progression arithmétique croissante de raison 3.* ***Progression géométrique,*** suite de nombres tels que chaque terme est le produit du précédent par un nombre constant appelé *raison* : *« 5, 10, 20, 40... » est une progression géométrique de raison 2.*

progressisme n.m. Doctrine des progressistes (par opp. à conservatisme).

progressiste n. et adj. Partisan des réformes, du progrès social (par opp. à conservateur, réactionnaire).

progressivement adv. D'une manière progressive ; graduellement : *La circulation des trains reprend progressivement* (= peu à peu).

progressivité n.f. Caractère de ce qui est progressif : *La progressivité d'un impôt.*

prohibé, e adj. Dans la langue juridique, qui est interdit par la loi : *Être arrêté pour port d'arme prohibée* (**SYN.** illégal, illicite ; **CONTR.** autorisé, légal).

prohiber v.t. (du lat. *prohibere,* écarter) [conj. 3]. Interdire légalement : *Prohiber la contrefaçon* (**SYN.** défendre ; **CONTR.** autoriser, permettre).

prohibitif, ive adj. **1.** Qui prohibe, interdit : *Une loi prohibitive.* **2.** Qui est d'un montant si élevé qu'il interdit l'achat : *Cette voiture est à un prix prohibitif* (**SYN.** exorbitant, inabordable ; **CONTR.** modique, raisonnable).

prohibition n.f. **1.** Défense, interdiction légale : *La prohibition de la vente de stupéfiants.* **2.** Interdiction de la fabrication et de la vente d'alcool aux États-Unis, entre 1919 et 1933.

prohibitionniste adj. et n. Qui est favorable à la prohibition de certains produits.

proie n.f. (du lat. *praeda,* butin). **1.** Être vivant capturé et dévoré par un animal : *Le tigre bondit sur sa proie. Un oiseau de proie* (= un rapace). **2.** *Fig.* Personne qu'on tourmente ou qu'on peut manœuvrer facilement : *Ce naïf est une proie rêvée pour des escrocs* (**SYN.** victime). **3.** Ce dont on s'empare avec rapacité ou par la violence : *« Et pour montrer sa belle voix, / Il ouvre un large bec, laisse tomber sa proie »* [La Fontaine] (**SYN.** butin). ▸ ***Être en proie à qqch,*** être tourmenté par un sentiment : *Ils sont en proie au doute* (= ils doutent). ***Être la proie de qqch,*** être détruit, ravagé par : *Ces entrepôts ont été la proie des flammes.*

projecteur n.m. **1.** Appareil qui envoie un faisceau lumineux d'une grande intensité : *Façade éclairée par des projecteurs.* **2.** Appareil qui sert à projeter sur un écran des vues fixes ou animées : *Un projecteur de diapositives, de films super-huit.* ▸ ***Sous les projecteurs,*** qui est le principal sujet d'intérêt des médias : *Le président est sous les feux des projecteurs. Les O.G.M. sous les projecteurs.*

projectif, ive adj. ▸ ***Test projectif,*** test par lequel un sujet est amené, à partir d'un matériel dépourvu de signification (taches d'encre, par ex.), à exprimer les éléments affectifs de sa personnalité.

projectile n.m. Corps lancé avec force vers un but, une cible ; corps lancé par une arme de jet ou une arme à feu : *Une grêle de projectiles s'abattit sur la pauvre bête* (= pierres, cailloux). *Le projectile s'est logé dans le mur* (= la balle).

projection n.f. (lat. *projectio,* de *jacere,* jeter). **1.** Action de projeter, de lancer qqch dans l'espace : *Un risque de projection de gravillons.* **2.** Ce qui est projeté ; matière projetée : *Des projections volcaniques ont atteint le village.* **3.** Action de projeter un film, des photos sur un écran : *La projection d'un* *documentaire. Une salle de projection.* **4.** En psychanalyse, fait pour une personne d'attribuer à autrui un sentiment qu'elle éprouve mais qu'elle refuse d'accepter. **5.** Prévision fondée sur une extrapolation des données actuelles : *Selon les projections, le nombre de malades doublera dans deux ans.*

projectionniste n. Professionnel chargé de la projection des films.

projet n.m. **1.** Ce qu'on a l'intention de faire : *Ils ont un projet de voyage au Québec* (**SYN.** idée, résolution). *Faire des projets* (**SYN.** plan). **2.** Idée de qqch à faire que l'on présente dans ses grandes lignes : *Présentez-nous votre projet de roman.* **3.** Première rédaction d'un texte : *J'ai rédigé un projet de préface* (**SYN.** ébauche, esquisse). ▸ ***Projet de loi,*** texte de loi élaboré par le gouvernement et soumis au vote du Parlement.

projeter v.t. [conj. 27]. **1.** Jeter, lancer avec force en l'air ou au loin : *Le bus projette de l'eau en roulant dans le caniveau. La violence du choc l'a projeté dans le pare-brise* (**SYN.** propulser). **2.** Faire apparaître sur une surface qui forme écran : *Les arbres projettent leur ombre sur la terrasse.* **3.** Faire passer un film, des diapositives dans un appareil qui en envoie les images sur un écran. **4.** Avoir l'intention de faire qqch : *Il projette un déménagement* (**SYN.** préparer, prévoir). *Elle projette de créer un site Internet* (**SYN.** envisager).

prolapsus [prɔlapsys] n.m. (du lat. *prolabi,* glisser en avant). Descente d'organe ; ptôse.

prolégomènes n.m. pl. (du gr. *prolegomena,* choses dites avant, de *legein,* dire). **1.** Longue introduction. **2.** Notions préliminaires à une science, à l'étude d'une question.

prolepse [prɔlɛps] n.f. (du gr. *prolêpsis,* anticipation). En rhétorique, procédé de style par lequel on prévient une objection en la réfutant d'avance : *« Vous me direz que j'aurais dû refuser » est une prolepse.*

prolétaire n. (lat. *proletarius,* de *proles,* descendance, lignée). **1.** Personne exerçant un métier manuel et ne disposant pour vivre que de son salaire (par opp. à bourgeois, capitaliste). **2.** Salarié aux revenus modestes (abrév. fam. prolo). ◆ adj. Relatif au prolétariat : *Une ville prolétaire.*

prolétariat n.m. Ensemble des prolétaires.

prolétarien, enne adj. Relatif au prolétariat.

prolétarisation n.f. Fait de prolétariser, de se prolétariser.

prolétariser v.t. [conj. 3]. Réduire à la condition de prolétaire. ◆ **se prolétariser** v.pr. Être réduit à la condition de prolétaire.

prolifération n.f. Multiplication rapide : *La prolifération des mauvaises herbes* (**SYN.** foisonnement, pullulement). *Éviter la prolifération de candidats fantaisistes* (**SYN.** pléthore, profusion). ▸ ***Prolifération nucléaire,*** augmentation du nombre des nations disposant de l'arme nucléaire (par opp. à non-prolifération).

proliférer v.i. (du lat. *proles,* descendance, et *ferre,* porter) [conj. 18]. **1.** En parlant d'organismes vivants, se reproduire en grand nombre et rapidement : *Les insectes prolifèrent ici. Les cellules malignes prolifèrent.* **2.** *Fig.* Être de plus en plus nombreux : *Les sites Internet prolifèrent* (**SYN.** foisonner, se multiplier).

prolifique adj. **1.** Qui se multiplie rapidement ; fécond : *Les puces sont prolifiques.* **2.** Se dit d'un artiste, d'un écrivain qui produit beaucoup.

prolixe adj. (lat. *prolixus,* qui se répand abondamment, de *liquere,* être liquide). Qui se perd en détails inutiles, en développements superflus : *Un écrivain prolixe* (**SYN.** bavard, verbeux ; **CONTR.** concis, laconique).

prolixité n.f. Défaut d'une personne, d'un discours prolixe : *La prolixité d'un avocat* (**SYN.** verbiage, verbosité ; **CONTR.** brièveté, concision).

prolo n. (abrév.). *Fam.* Prolétaire.

prologue n.m. (lat. *prologus,* du gr. *logos,* discours). **1.** Première partie d'une œuvre littéraire ou théâtrale relatant des événements antérieurs à ceux qui se déroulent dans l'œuvre elle-même. **2.** Ce qui annonce, prépare qqch : *Un corso fleuri a été le prologue de la fête* (**SYN.** prélude).

prolongateur n.m. Rallonge électrique.

prolongation n.f. **1.** Action de prolonger dans le temps : *La prolongation d'une réunion* (**SYN.** prolongement, rallongement ; **CONTR.** raccourcissement). **2.** Temps ajouté à la durée normale de qqch : *Obtenir la prolongation d'un sursis* (**SYN.** extension). **3.** En sports, chacune des deux périodes accordées à deux équipes à la fin du temps réglementaire pour leur permettre de se départager : *Jouer les prolongations.*

prolongement n.m. **1.** Action d'accroître qqch en longueur : *Des travaux de prolongement d'une ligne de métro* (**SYN.** allongement). **2.** Ce qui prolonge : *Ce bâtiment est dans le prolongement de la rue.* ◆ **prolongements** n.m. pl. Conséquences, suites d'un événement : *Cette faute a eu des prolongements judiciaires* (**SYN.** répercussion, retombée).

prolonger v.t. (du lat. *pro,* avant, et *longus,* long) [conj. 17]. **1.** Augmenter la durée de qqch : *Prolonger les bons moments* (= faire durer ; **SYN.** perpétuer [sout.] ; **CONTR.** abréger). *Prolonger un contrat* (**SYN.** proroger). **2.** Accroître la longueur de qqch : *Prolonger une voie de contournement* (**SYN.** rallonger ; **CONTR.** raccourcir). ◆ **se prolonger** v.pr. S'étendre dans le temps au-delà de ce qui était prévu : *Les pourparlers se prolongeaient* (**SYN.** s'éterniser, traîner).

promenade n.f. **1.** Action de se promener : *Faire une promenade en forêt* (**SYN.** sortie, 2. tour). **2.** Lieu aménagé pour se promener : *L'arrivée de la course se fait sur la promenade des Anglais, à Nice* (**SYN.** cours, mail).

promener v.t. [conj. 19]. **1.** Conduire à l'extérieur pour donner de l'exercice, pour divertir : *Promener son chien.* **2.** Laisser aller, laisser traîner çà et là : *Promener son regard sur le public. Promener ses doigts sur le clavier d'un piano.* ◆ v.i. *Fam.* ▸ ***Envoyer promener qqch,*** le jeter dans un mouvement de colère. ***Envoyer promener qqn,*** éconduire vivement qqn. ◆ **se promener** v.pr. Aller d'un endroit à un autre pour se distraire ou se détendre : *Elle s'est promenée dans le village. Nous irons nous promener.*

promeneur, euse n. Personne qui se promène.

promenoir n.m. **1.** *Anc.* Partie d'une salle de spectacle où l'on pouvait circuler ou se tenir debout. **2.** Lieu couvert destiné à la promenade : *Le promenoir d'un hôpital.*

promesse n.f. (du lat. *promissa,* choses promises). Action de promettre ; engagement formel : *Faire une* *promesse à qqn. Tenir sa promesse* (= la réaliser). *Manquer à sa promesse* (= ne pas la tenir). *Vous avez sa promesse de ne pas intervenir* (= il a promis de).

prométhéen, enne adj. (de *Prométhée,* personnage mythologique qui créa l'homme avec de l'argile et l'anima avec le feu qu'il avait dérobé aux dieux). **1.** Relatif au mythe de Prométhée. **2.** *Litt.* Qui est caractérisé par un idéal d'action et de foi en l'homme.

prometteur, euse adj. Qui fait naître des espérances : *Une découverte prometteuse.*

promettre v.t. (lat. *promittere*) [conj. 84]. **1.** S'engager à faire, à dire qqch : *Ils ont promis une récompense aux personnes qui fourniraient des renseignements* (**SYN.** offrir). *Il a promis aux salariés qu'il n'y aurait pas de licenciements* (= il a donné sa parole ; **SYN.** affirmer, assurer, garantir). **2.** Laisser présager, prévoir qqch : *Ce mépris de l'environnement nous promet des catastrophes* (**SYN.** annoncer). ◆ v.i. Faire naître des espérances : *Ces recherches scientifiques promettent beaucoup* (= permettent d'espérer des découvertes). *Cet athlèle promet.* ▸ *Fam.* ***Ça promet !,*** c'est un mauvais signe pour l'avenir : *Il a déjà commis deux erreurs ! Ça promet !* ◆ **se promettre** v.pr. **1.** Prendre la ferme résolution de faire qqch : *Elles se sont promis de se revoir.* **2.** Être fermement décidé à obtenir : *Il s'est promis d'être un jour président du comité.*

promis, e adj. **1.** Dont on a fait la promesse : *Changements promis à la tête de la fédération.* **2. [à].** Se dit de qqn qui est destiné à : *Une scientifique promise au prix Nobel* (**SYN.** voué). ▸ ***La Terre promise,*** dans la Bible, la terre de Canaan, promise par Dieu aux Hébreux ; fig., lieu ou situation dont on rêve, dans lesquels la vie est heureuse. ◆ n. *Région.* Fiancé.

promiscuité n.f. (du lat. *promiscuus,* commun, mêlé). Situation de voisinage, de proximité, désagréable ou choquante : *Les humanitaires déplorent la promiscuité des camps de réfugiés.*

promo n.f. (abrév.). **1.** *Fam.* Promotion. **2.** Mot qu'il est recommandé d'employer à la place de *2. clip.*

promontoire n.m. (lat. *promuntorium*). Cap élevé s'avançant dans la mer.

promoteur, trice n. (lat. *promotor,* de *promovere,* faire avancer). *Litt.* Personne qui donne la première impulsion à qqch : *Le promoteur d'une technique* (**SYN.** initiateur, instigateur, pionnier). ▸ ***Promoteur immobilier,*** personne qui fait procéder à la construction d'un immeuble et qui en organise le financement.

promotion n.f. (du lat. *promotio,* avancement). **1.** Nomination à un grade plus élevé, à une position hiérarchique plus importante : *Sa promotion au poste de chef de service. Une promotion à l'ancienneté, au mérite* (**SYN.** avancement). **2.** Ensemble des personnes bénéficiant simultanément d'une telle nomination : *Des magistrats de la même promotion.* **3.** Ensemble des élèves entrés la même année dans une grande école : *Une camarade de promotion* (abrév. fam. promo). **4.** Action de favoriser le développement, l'essor de qqch : *Une campagne de promotion de l'artisanat.* **5.** Opération commerciale temporaire effectuée en vue de faire connaître un produit ou d'en accélérer la vente. ▸ ***En promotion,*** se dit d'un article vendu à un prix moins élevé pendant une campagne de promotion. ◆ **promotions** n.f. pl. En Suisse, cérémonie scolaire marquant la remise des diplômes et les passages en classe supérieure.

promotionnel, elle adj. Qui se rapporte à la promotion d'un produit : *Offrir des tarifs promotionnels* (= des prix réduits). *Une bande-vidéo promotionnelle* (= un clip).

promouvoir v.t. (du lat. *promovere,* faire avancer) [conj. 56]. **1.** Élever à une dignité ou à un grade supérieurs : *Des maîtres de conférence ont été promus professeurs.* **2.** Favoriser le développement, l'essor de qqch : *Les mairies de quartier promeuvent le tri des déchets* (**SYN.** encourager). **3.** Mettre en œuvre la promotion d'un article, d'un produit : *Promouvoir un nouveau jouet.*

prompt, e [prɔ̃, prɔ̃t] adj. (du lat. *promptus,* prêt, disponible). *Sout.* **1.** Qui agit rapidement : *Une intelligence prompte* (**SYN.** pénétrant, vif ; **CONTR.** obtus, pesant). **2.** Qui ne tarde pas : *Il est prompt à la colère* ou *à se mettre en colère. Je vous souhaite un prompt rétablissement* (**SYN.** rapide).

promptement [prɔ̃tmɑ̃ ou prɔ̃ptəmɑ̃] adv. *Sout.* De façon prompte ; en peu de temps : *L'affaire a été promptement réglée* (**SYN.** rapidement ; **CONTR.** lentement).

prompteur [prɔ̃ptœr] n.m. (de l'angl. *prompter,* souffleur de théâtre). À la télévision, appareil sur lequel défilent des textes qui sont lus par le présentateur face à la caméra (**SYN.** téléprompteur). ☞ **REM.** Il est recommandé de remplacer cet anglicisme par *télésouffleur.*

promptitude [prɔ̃tityd ou prɔ̃ptityd] n.f. *Sout.* **1.** Rapidité à agir ou à penser ; célérité : *Votre promptitude à intervenir nous a sauvés* (**SYN.** diligence, empressement ; **CONTR.** indolence, mollesse). **2.** Caractère de ce qui est vif, rapide : *La promptitude de la transmission de fichiers par Internet* (**SYN.** vitesse ; **CONTR.** lenteur).

promu, e adj. et n. (p. passé de *promouvoir*). Se dit d'une personne qui a reçu une promotion.

promulgation n.f. Action de promulguer : *Un décret de promulgation* (**CONTR.** abrogation).

promulguer v.t. (du lat. *promulgare,* afficher, publier) [conj. 3]. Publier officiellement une loi adoptée par le Parlement et la rendre applicable.

pronaos [prɔnaɔs] n.m. (mot gr., de *naos,* temple). Vestibule d'un temple antique, donnant accès au naos.

pronation n.f. (du lat. *pronare,* pencher en avant). Mouvement de rotation de l'avant-bras qui amène la paume de la main de l'avant vers l'arrière, la paume en dessous et le pouce en dedans (par opp. à supination).

prône n.m. (du gr. *prothyra,* vestibule). Dans la religion catholique, ensemble des annonces que le prêtre fait à la fin de la messe.

prôner v.t. [conj. 3]. Recommander vivement, en vantant : *Le président prône la négociation* (**SYN.** prêcher, préconiser ; **CONTR.** déconseiller).

pronom n.m. (lat. *pronomen*). En grammaire, mot représentant un autre mot, un nom, un adjectif, une phrase : *Les pronoms personnels, possessifs, démonstratifs, interrogatifs, relatifs, indéfinis.*

pronominal, e, aux adj. Relatif au pronom ; qui a une fonction de pronom : *L'emploi pronominal de « tout » dans « tout est dit ».* ▸ ***Verbe pronominal,***

verbe qui se conjugue avec deux pronoms de la même personne (on dit aussi *un pronominal*) : *« S'énerver » est un verbe pronominal réfléchi et « se parler » est un verbe pronominal réciproque. « S'évanouir » est un verbe essentiellement pronominal* (= qui n'existe que comme verbe pronominal). ◆ **pronominal** n.m. Verbe pronominal.

pronominalement adv. En fonction de pronom ou de verbe pronominal.

prononçable adj. (Surtout en tournure négative). Qui peut être prononcé : *Ce mot est difficilement prononçable* (**CONTR.** imprononçable).

① **prononcé, e** adj. Qui est fortement marqué, immédiatement perceptible : *Un arrière-goût de noisette très prononcé* (**SYN.** accentué, fort ; **CONTR.** faible, imperceptible, léger). *Avoir les traits du visage prononcés* (**SYN.** accusé ; **CONTR.** fin).

② **prononcé** n.m. Dans la langue juridique, lecture par le juge d'une décision du tribunal à l'audience (**SYN.** prononciation).

prononcer v.t. (lat. *pronuntiare*, déclarer, de *nuntiare*, annoncer) [conj. 16]. **1.** Articuler d'une certaine manière : *Il ne sait pas prononcer les mots allemands.* **2.** Dire à voix haute : *Elle prononcera un discours au Sénat. Elle n'a pas prononcé un mot* (= elle s'est tue ; **SYN.** émettre, énoncer, formuler). **3.** Faire connaître une décision, en vertu d'un pouvoir : *Le tribunal a prononcé la relaxe.* ▸ ***Prononcer des vœux,*** entrer en religion. ◆ **se prononcer** v.pr. **1.** Exprimer nettement une opinion sur qqch : *La population s'est prononcée par référendum* (**SYN.** se déterminer). **2.** Choisir tel parti : *Les actionnaires se sont prononcés pour la fusion des deux entreprises* (**SYN.** opter).

prononciation n.f. **1.** Manière de prononcer les sons du langage, les mots : *La prononciation des mots est indiquée entre crochets.* **2.** Dans la langue juridique, prononcé.

pronostic [prɔnɔstik] n.m. (du gr. *prognôstikein*, connaître d'avance). **1.** Supposition que l'on fait sur ce qui doit arriver : *Les résultats du scrutin ont déjoué tous les pronostics* (**SYN.** prévision). **2.** En médecine, prévision sur l'évolution et l'aboutissement d'une maladie : *Les spécialistes ont un pronostic réservé.*

pronostique adj. En médecine, relatif au pronostic.

pronostiquer v.t. [conj. 3]. **1.** Faire un pronostic : *Elle avait pronostiqué l'élection du maire* (**SYN.** prédire, prévoir, prophétiser). **2.** Être le signe qui annonce qqch : *Ces nuages pronostiquent la pluie* (**SYN.** annoncer, promettre).

pronostiqueur, euse n. Personne qui fait des pronostics.

pronunciamiento [prɔnunsjamjɛnto] n.m. (mot esp.). Coup d'État militaire ; putsch.

propagande n.f. (du lat. *[congregatio de] propaganda [fide]*, [congrégation pour la] propagation [de la foi]). Action exercée sur l'opinion pour répandre des idées ou des doctrines : *La télévision est un instrument de propagande.*

propagandiste n. et adj. Personne qui fait de la propagande.

propagateur, trice n. et adj. Personne qui propage des idées, une opinion, une rumeur : *Un ardent propagateur de la fraternité humaine.*

propagation n.f. **1.** Fait de s'étendre de proche en proche : *La propagation d'un incendie, d'une épidémie* (**SYN.** extension, progrès, transmission). **2.** En physique, déplacement progressif d'énergie dans un milieu déterminé : *La propagation des ondes sonores.* **3.** Action de propager une idée, une nouvelle : *La propagation d'une rumeur* (**SYN.** diffusion).

propager v.t. (du lat. *propagare*, perpétuer, faire durer) [conj. 17]. **1.** Transmettre, étendre de proche en proche : *Le vent a propagé le feu* (**SYN.** développer ; **CONTR.** circonscrire, juguler). *Les touristes ont propagé le virus* (**SYN.** disséminer, transmettre ; **CONTR.** endiguer, enrayer). **2.** Répandre dans le public : *Propager une information* (**SYN.** diffuser, divulguer, ébruiter ; **CONTR.** cacher, taire). **3.** Multiplier par voie de reproduction : *Propager une espèce animale, végétale.* ◆ **se propager** v.pr. **1.** S'étendre de proche en proche : *L'onde sismique s'est propagée jusqu'à la côte* (**SYN.** progresser). **2.** Se communiquer, se diffuser : *Cette technique s'est propagée dans les entreprises* (**SYN.** circuler, gagner, se répandre).

propane n.m. (du gr. *pro, proto*, premier, et *piôn*, gras). Gaz inflammable, employé comme combustible.

propédeutique n.f. (du gr. *paideuein*, enseigner, de *païs, paidos*, enfant). *Anc.* En France, première année d'études universitaires, de 1948 à 1966.

propension n.f. (lat. *propensio*, de *propendere*, pencher). Inclination vers qqch, à faire qqch : *Avoir une propension à la paresse* (**SYN.** disposition, penchant, tendance).

propergol n.m. (de *prop[ulsion]* et du gr. *ergon*, travail). Produit utilisé pour fournir l'énergie de propulsion aux moteurs-fusées.

propharmacien, enne n. Médecin autorisé à posséder un dépôt de médicaments et à les délivrer à ses malades.

prophète [prɔfɛt] n.m. (du gr. *prophêtês*). **1.** Dans la Bible, homme qui parle au nom de Dieu. **2.** Personne qui annonce un événement futur : *Un prophète de malheur* (= personne qui ne prédit que des malheurs). *« Nul n'est prophète en son pays »* (= proverbe signifiant que personne n'est apprécié à sa juste valeur par son entourage). ▸ ***Le Prophète,*** Mahomet, pour les musulmans.

prophétesse n.f. Femme qui se dit animée par une inspiration divine.

prophétie [prɔfesi] n.f. **1.** Oracle d'un prophète. **2.** Prédiction d'un événement : *Les prophéties des économistes* (**SYN.** conjecture, prévision, pronostic).

prophétique adj. **1.** Relatif à un prophète, aux prophètes religieux. **2.** Qui tient de la prophétie : *Une vision prophétique.*

prophétiquement adv. De façon prophétique.

prophétiser v.t. [conj. 3]. **1.** Annoncer l'avenir par inspiration surnaturelle. **2.** Prévoir par pressentiment ou conjecture : *Prophétiser la fin du monde* (**SYN.** prédire). *Il prophétise que la crise va s'étendre* (**SYN.** pronostiquer).

prophylactique adj. (du gr. *prophulaktein*, veiller

sur). Relatif à la prophylaxie : *Des mesures prophylactiques* (**SYN.** préventif).

prophylaxie [prɔfilaksi] n.f. Ensemble des mesures prises pour prévenir l'apparition ou la propagation des maladies : *La prophylaxie des maladies infectieuses.*

propice adj. (lat. *propitius*). **1.** Qui convient bien à qqch : *Elle a attendu le moment propice pour partir* (**SYN.** opportun ; **CONTR.** défavorable). **2.** Qui est bien disposé à l'égard de qqn : *La situation nous est propice* (**SYN.** favorable ; **CONTR.** néfaste).

propitiatoire [prɔpisjatwar] adj. En religion, qui a pour but de rendre Dieu favorable : *Des sacrifices propitiatoires.*

proportion n.f. (lat. *proportio*). **1.** Rapport de grandeur entre deux quantités : *La proportion d'internautes dans la population française* (**SYN.** nombre, pourcentage, taux). **2.** Rapport établi entre les parties d'un tout : *Les proportions harmonieuses d'une voiture.* **3.** (Souvent pl.). Importance matérielle ou morale de qqch : *Cet événement a pris des proportions démesurées.* ▸ ***En proportion,*** en rapport : *Elle s'entraîne beaucoup et a des résultats en proportion.* ***En proportion de,*** suivant l'importance de : *Ils seront indemnisés en proportion des dégâts.* ***Hors de proportion,*** beaucoup trop grand ; excessif : *Votre réaction est hors de proportion.* ◆ **proportions** n.f. pl. Dimensions considérées par référence à une mesure : *Cette recette est très simple à condition de respecter les proportions.* ▸ ***Toutes proportions gardées,*** en tenant compte des différences d'importance ou de grandeur : *Un mouvement de baisse qui n'épargne pas, toutes proportions gardées, les Bourses européennes.*

proportionnalité n.f. Relation dans laquelle se trouvent des quantités proportionnelles entre elles : *La proportionnalité des subventions aux besoins exprimés.*

proportionné, e adj. ▸ ***Bien, mal proportionné,*** dont les proportions sont harmonieuses, inharmonieuses : *Une personne bien proportionnée* (= bien faite).

proportionnel, elle adj. Se dit d'une chose qui est dans un rapport de proportion avec une autre : *La somme gagnée est proportionnelle à l'investissement effectué. La sanction est proportionnelle à la faute.* ▸ ***Impôt proportionnel,*** impôt dont le taux est constant quelle que soit l'importance de la matière imposable (par opp. à impôt progressif). ***Représentation proportionnelle,*** système électoral accordant aux diverses listes un nombre de représentants proportionnel au nombre des suffrages obtenus (on dit aussi *la proportionnelle*). ◆ **proportionnelle** n.f. Représentation proportionnelle : *Des élections à la proportionnelle.*

proportionnellement adv. Suivant une certaine proportion ; comparativement : *Est-ce que les salaires augmentent proportionnellement à la hausse des prix ?*

proportionner v.t. [conj. 3]. Établir une juste proportion entre : *Proportionner les dépenses aux recettes.*

propos n.m. **1.** (Souvent pl.). Ensemble de paroles dites dans une conversation : *Nous avons échangé quelques propos* (**SYN.** mot). *De tels propos peuvent choquer* (**SYN.** déclaration). **2.** *Sout.* Ce qu'on se propose de faire ou de dire : *Tel n'est pas mon propos* (**SYN.** intention, volonté). *Le propos de ce livre* (= le sujet ; **SYN.** dessein). ▸ ***À propos,*** de façon opportune, au bon moment : *Elle est arrivée à propos pour nous aider.* ***À propos !,*** au fait : *À propos, quel est le résultat ?* ***À propos de,*** au sujet de : *Avez-vous des informations à ce propos ?* ***À tout propos,*** sans cesse, en n'importe quelle occasion : *Il parle à tout propos de ses enfants.* ***Hors de propos,*** sans rapport avec ce dont il est question : *Cette remarque est hors de propos* (= inopportune). ***Mal à propos,*** de façon inopportune : *Vous avez agi mal à propos.*

proposer v.t. (du lat. *proponere,* poser devant, offrir) [conj. 3]. **1.** Soumettre au choix, à l'appréciation de qqn ; offrir : *Quelle solution proposez-vous ?* (**SYN.** suggérer). *Le vendeur nous propose plusieurs modèles* (**SYN.** montrer, présenter). **2.** Offrir comme prix : *Elle propose mille euros pour cet ordinateur.* **3.** Présenter qqn comme postulant, candidat à un poste, à une fonction. ◆ **se proposer** v.pr. **1. [de].** Avoir l'intention de : *Elle se propose d'annoncer sa candidature dès demain* (**SYN.** envisager, projeter). **2.** Offrir ses services : *Elle s'est proposée pour le poste de caissière.*

proposition n.f. **1.** Action de proposer ; ce qui est proposé : *Le ministre a fait de nouvelles propositions aux syndicats* (**SYN.** suggestion). *Une proposition de réduction d'impôts sur trois ans* (**SYN.** offre, promesse). **2.** En grammaire, structure élémentaire de la phrase autour d'un verbe : *Une proposition indépendante. Une proposition principale et des propositions subordonnées.* ▸ ***Faire des propositions à qqn,*** lui faire des avances amoureuses. ***Proposition de loi,*** texte de loi soumis par un parlementaire au vote du Parlement. ***Sur proposition de*** ou ***sur la proposition de,*** à l'initiative de.

propositionnel, elle adj. Qui concerne, qui formule une proposition.

① **propre** adj. (lat. *proprius*). **1.** Qui est net, sans salissure : *Avoir les cheveux propres* (**CONTR.** malpropre, sale). *Cette nappe n'est pas propre* (**SYN.** immaculé, impeccable ; **CONTR.** maculé). *Une ville propre* (**SYN.** pimpant ; **CONTR.** négligé). **2.** Qui est fait avec soin, application ; correct, convenable : *Une réparation très propre* (**SYN.** méticuleux, soigné). **3.** Se dit d'une personne qui prend soin de son hygiène corporelle et des choses qui l'entourent : *Permettre aux sans-abri de rester propres* (**SYN.** net ; **CONTR.** crasseux). **4.** Se dit d'un enfant, d'un animal domestique qui contrôle ses sphincters. **5.** Qui ne pollue pas : *L'énergie solaire est une énergie propre.* **6.** *Fig.* Qui est d'une probité irréprochable ; honnête : *C'est un homme propre* (**SYN.** intègre, probe ; **CONTR.** malhonnête, véreux). ▸ *Fam.* ***Nous voilà propres !,*** nous sommes dans une situation fâcheuse, désagréable. ◆ n.m. Ce qui est propre, sans saleté : *Une odeur de propre.* ▸ *Fam.* ***C'est du propre !,*** se dit de ce que l'on désapprouve fortement. ***Mettre au propre,*** mettre sous forme définitive ce qui n'était qu'un brouillon.

② **propre** adj. (lat. *proprius*). **1.** Qui appartient spécifiquement à qqn, à qqch : *Avec la fougue propre à la jeunesse* (**SYN.** caractéristique, particulier ; **CONTR.** universel). *Ce logiciel a des fonctionnalités propres* (**SYN.** distinctif, intrinsèque ; **CONTR.** commun). **2.** (Avant le n.). Qui appartient à la personne même dont il est question, ou qui émane d'elle : *Dans votre propre intérêt,* *triez les déchets. Ce sont ses propres mots* (**SYN.** textuel ; **CONTR.** approximatif). **3.** Se dit d'un mot, d'une expression qui convient exactement : *C'est le terme propre pour nommer son attitude* (**SYN.** approprié, exact, juste). **4. [à].** Qui convient pour : *Des mesures propres à endiguer la violence* (**SYN.** capable de, susceptible de). ▸ ***Avoir qqch en propre,*** être le seul à le posséder. ***Bien propre,*** dans la langue juridique, bien qui fait partie du patrimoine personnel de l'un des époux (par opp. à acquêt). ***Nom propre,*** en grammaire, nom qui désigne un être ou un objet considéré comme unique (par opp. à nom commun). ***Remettre qqch en main propre*** ou ***en mains propres,*** à la personne même, et non à un intermédiaire. ***Sens propre,*** sens premier d'un mot, d'une expression, le plus proche du sens étymologique (par opp. à sens figuré). ◆ n.m. ▸ ***En propre,*** en propriété particulière : *Posséder qqch en propre.* ***Le propre de,*** la qualité particulière, spécifique de qqn, de qqch : *« Mieux est de ris que de larmes écrire / Pour ce que rire est le propre de l'homme »* [Rabelais] (**SYN.** apanage, particularité). *Le propre de la loi est d'être applicable à tous* (**SYN.** essence, propriété).

propre-à-rien n. (de *2. propre*) [pl. *propres-à-rien*]. *Fam.* Personne qui ne sait rien faire (= bon à rien ; **SYN.** incapable).

proprement adv. **1.** D'une façon soignée : *Travailler proprement* (**SYN.** convenablement, correctement). **2.** D'une façon morale : *De l'argent proprement gagné* (**SYN.** honnêtement). **3.** Au sens propre : *C'est proprement du harcèlement* (**SYN.** véritablement, vraiment). ▸ ***À proprement parler,*** pour parler en termes exacts : *Il n'est pas, à proprement parler, un expert.* ***Proprement dit,*** au sens exact, restreint : *La conférence proprement dite s'ouvrira demain.*

propret, ette adj. Qui est propre et joli : *Un intérieur propret* (**SYN.** agréable, coquet, pimpant).

propreté n.f. **1.** Qualité de ce qui est propre, nettoyé : *La propreté des eaux de baignade* (**CONTR.** saleté). **2.** Qualité de qqn qui est propre : *Elle est d'une propreté irréprochable* (**SYN.** hygiène ; **CONTR.** malpropreté). **3.** Fait, pour un enfant, un animal domestique, d'être propre : *L'apprentissage de la propreté.*

propriétaire n. **1.** Personne qui possède qqch en propriété : *Devenir propriétaire. La propriétaire d'un chien, d'un véhicule.* **2.** Personne qui possède un immeuble, une maison et les loue (par opp. à locataire) : *Donner un préavis à son propriétaire* (abrév. fam. proprio). ▸ ***Faire le tour du propriétaire,*** faire visiter pour la première fois son logement à qqn.

propriété n.f. (lat. *proprietas,* de *proprius,* propre). **1.** Droit par lequel une chose appartient en propre à qqn : *Accéder à la propriété. Cet immeuble est la propriété de la ville.* **2.** Grande maison, entourée de terres, de dépendances, génér. à la campagne : *Cet arbre se trouve dans les limites de la propriété* (**SYN.** domaine). **3.** Ce qui est le propre, la qualité particulière de qqch : *Les propriétés thérapeutiques d'un médicament* (**SYN.** pouvoir, qualité, vertu). **4.** Adéquation d'un mot, d'une expression à l'idée à exprimer : *Vérifiez dans un dictionnaire la propriété des termes que vous employez* (**SYN.** exactitude, justesse ; **CONTR.** impropriété).

proprio n. (abrév.). *Fam.* Propriétaire.

propulser v.t. [conj. 3]. **1.** Faire avancer au moyen d'un propulseur : *Propulser une fusée dans l'espace.* **2.** Envoyer au loin avec violence : *L'explosion a propulsé des débris à la ronde* (**SYN.** projeter). **3.** *Fam.* Installer qqn à un poste de responsabilité : *On l'a propulsée à la tête des services commerciaux.* ◆ **se propulser** v.pr. *Fam.* Aller quelque part.

propulseur [prɔpylsœr] n.m. **1.** Organe, machine ou moteur destinés à imprimer un mouvement de propulsion à un navire, à une fusée. **2.** En astronautique, moteur-fusée. ▸ ***Propulseur auxiliaire,*** expression qu'il est recommandé d'employer à la place de *booster.*

propulsif, ive adj. Relatif à la propulsion, au mouvement de propulsion : *La force propulsive.*

propulsion n.f. (du lat. *propulsus,* de *propellere,* pousser devant soi). Action de propulser ; fait d'être propulsé : *Une fusée à propulsion nucléaire.*

propylée n.m. (du gr. *propulaion,* de *pulê,* porte). Dans la Grèce antique, entrée monumentale d'un palais, d'un sanctuaire.

prorata n.m. inv. (du lat. *pro rata [parte],* selon la part déterminée). ▸ ***Au prorata de,*** en proportion de ; proportionnellement à : *Des allocations de retraite calculées au prorata des années travaillées.*

prorogatif, ive adj. Dans la langue juridique, qui proroge.

prorogation n.f. Action de proroger : *La prorogation d'un congé, d'un délai* (**SYN.** prolongation).

proroger v.t. (lat. *prorogare*) [conj. 17]. **1.** Reporter à une date ultérieure ; prolonger la durée de : *Proroger l'échéance d'un paiement. Proroger un bail.* **2.** Dans la langue juridique, prolonger la validité d'une convention, d'une assemblée : *Proroger un traité.*

prosaïque adj. (lat. *prosaicus,* écrit en prose). Qui manque de noblesse, d'idéal : *Comme vous êtes prosaïque !* (**SYN.** matérialiste, terre à terre). *Mener une vie prosaïque* (**SYN.** insipide).

prosaïquement adv. De façon prosaïque.

prosaïsme n.m. Caractère de ce qui est prosaïque : *Le prosaïsme de la vie quotidienne* (**SYN.** banalité, platitude).

prosateur n.m. Auteur qui écrit en prose.

proscenium [prɔsenjɔm] n.m. (mot lat., du gr. *skênê,* scène). **1.** Devant de la scène d'un théâtre antique. **2.** Partie d'un plateau de spectacle situé devant l'avant-scène.

proscription n.f. **1.** Action de proscrire qqch : *La proscription des anglicismes dans les textes officiels* (**SYN.** interdiction, prohibition ; **CONTR.** acceptation, tolérance). **2.** Fait de proscrire, d'exclure : *La proscription des contestataires d'un parti* (**SYN.** exclusion, renvoi ; **CONTR.** admission, inscription). ☞ **REM.** Ne pas confondre avec *prescription.*

proscrire v.t. (lat. *proscribere,* annoncer par affiches) [conj. 99]. **1.** Prononcer contre qqch une condamnation absolue : *Proscrire l'usage des portables au volant* (**SYN.** interdire, prohiber ; **CONTR.** autoriser, permettre, tolérer). **2.** Exclure d'un groupe ; bannir d'une communauté : *Proscrire les éléments perturbateurs des écoles* (**SYN.** chasser, rejeter ; **CONTR.** accepter, admettre). ☞ **REM.** Ne pas confondre avec *prescrire.*

proscrit, e adj. et n. Qui est frappé de proscription,

de bannissement : *Le retour des proscrits* (**SYN.** banni, exilé).

prose n.f. (lat. *prosa,* de *prosa oratio,* discours qui va en ligne droite). **1.** Forme ordinaire du discours parlé ou écrit, qui n'est pas assujettie aux règles de la poésie : *« Tout ce qui est prose, n'est point vers ; et tout ce qui n'est point vers est prose »* [Molière]. **2.** *Fam.* Manière d'écrire ou de parler propre à une personne : *Il m'a donné un exemple de sa prose.*

prosélyte n. (du gr. *prosêlutos,* étranger domicilié). **1.** Personne récemment gagnée à une cause, une doctrine et qui la prône : *L'ardeur des prosélytes* (**SYN.** néophyte). **2.** Nouveau converti à une foi religieuse.

prosélytisme n.m. Zèle ardent pour recruter des adeptes : *Ce syndicaliste fait du prosélytisme.*

prosodie n.f. (du lat. *prosodia,* accent tonique). En poésie, ensemble des règles relatives à la quantité des voyelles dans la composition des vers ; métrique, versification.

prosodique adj. Relatif à la prosodie.

prosopopée n.f. (mot gr., de *prosôpon,* personnage). En rhétorique, procédé par lequel l'orateur ou l'écrivain prête la parole à des morts ou à des absents, à des êtres inanimés.

① **prospect** [prɔspɛ] n.m. (du lat. *prospectus,* perspective). Distance minimale autorisée par les règlements de voirie entre deux bâtiments.

② **prospect** [prɔspɛ ou prɔspɛkt] n.m. (mot angl.). Client potentiel d'une entreprise.

prospecter v.t. (angl. *to prospect,* du lat. *prospectus,* vue, perspective) [conj. 4]. **1.** En géologie, étudier un terrain afin d'y découvrir des gisements : *Ils prospectent la région pour trouver du gaz.* **2.** Parcourir méthodiquement un lieu, une région pour y découvrir qqch : *Elle a prospecté toutes les entreprises de la région pour trouver un emploi.* **3.** Rechercher par divers moyens de prospection : *Prospecter l'Internet à la recherche de nouveaux clients* (**SYN.** explorer, sonder).

prospecteur, trice n. et adj. Personne qui prospecte : *Ils proposent des postes de prospectrices et de vendeuses à domicile.* ◆ **prospecteur** n.m. Personne qui effectue une prospection minière.

prospectif, ive adj. Qui est orienté vers l'avenir : *Une analyse prospective* (**SYN.** prévisionnel ; **CONTR.** rétrospectif).

prospection n.f. **1.** En géologie, action de prospecter un terrain : *La prospection minière.* **2.** Exploration méthodique d'un lieu pour y trouver qqn ou qqch : *Elle poursuit la prospection de la ville à la recherche de l'appartement de ses rêves.* **3.** Recherche systématique de la clientèle : *Chiffrer le coût de la prospection commerciale.*

prospective n.f. Science ayant pour objet l'étude de l'évolution du monde moderne et la prévision des situations qui en découlent.

prospectus [prɔspɛktys] n.m. (mot lat. signif. « vue, aspect »). Imprimé diffusé gratuitement à des fins d'information ou de publicité : *Des prospectus électoraux.*

prospère adj. (du lat. *prosperus,* favorable). **1.** Qui est dans un état heureux de succès, de réussite : *Des entreprises prospères* (**SYN.** florissant, opulent). *Des commerçants prospères* (**SYN.** aisé, riche). **2.** Qui est en bonne santé : *Sa mine prospère nous a tous rassurés* (**SYN.** éclatant, resplendissant).

prospérer v.i. [conj. 18]. **1.** Connaître une période de réussite, un accroissement rapide : *Ses affaires prospèrent* (= elles sont florissantes ; **CONTR.** péricliter). *La région prospère* (**SYN.** s'enrichir). **2.** Se développer au mieux ; s'épanouir : *Les artichauts prospèrent en Bretagne.*

prospérité n.f. **1.** État d'une personne dont la situation matérielle et la santé sont bonnes : *Aider les familles défavorisées à retrouver la prospérité* (**SYN.** aisance, bien-être). **2.** Situation économique favorable d'une entreprise : *Un secteur économique en pleine prospérité* (**SYN.** développement ; **CONTR.** récession).

prostaglandine n.f. Hormone qui intervient dans la contraction de l'utérus, dans la coagulation du sang et dans certaines inflammations.

prostate n.f. (du gr. *prostatês,* qui se tient en avant). Glande de l'appareil génital masculin située sous la vessie.

prostatectomie n.f. En médecine, ablation de la prostate.

prostatique adj. et n.m. Relatif à la prostate ; atteint d'une maladie de la prostate.

prostatite n.f. Inflammation de la prostate.

prosternation n.f. ou **prosternement** n.m. Action de se prosterner ; attitude d'une personne prosternée.

se **prosterner** v.pr. (du lat. *prosternere,* coucher en avant) [conj. 3]. S'incliner très bas en signe de respect : *Ils se sont prosternés devant la reine.*

prostitué, e n. Personne qui se prostitue.

prostituer v.t. (du lat. *prostituere,* exposer en public, de *stare,* se tenir debout) [conj. 7]. **1.** Livrer à la prostitution. **2.** *Litt.* Dégrader en utilisant pour des tâches indignes ou à des fins vénales : *Prostituer son talent* (**SYN.** avilir, vendre). ◆ **se prostituer** v.pr. **1.** Se livrer à la prostitution. **2.** Avilir son talent ; s'abaisser, se vendre.

prostitution n.f. Acte par lequel une personne consent à des rapports sexuels contre de l'argent.

prostration n.f. État de profond abattement ; dépression.

prostré, e adj. (lat. *prostratus,* de *prosternere,* coucher en avant, abattre). Qui est en état de prostration : *Ils restent prostrés au fond de la salle* (**SYN.** abattu, anéanti).

protagoniste n. (du gr. *prôtos,* premier, et *agôn,* combat, de *agein,* conduire). **1.** Personne qui joue l'un des rôles principaux dans une affaire : *Les protagonistes d'un trafic* (**SYN.** âme, meneur ; **CONTR.** comparse). **2.** Personnage important d'une pièce de théâtre, d'un film, d'un roman.

prote n.m. (du gr. *prôtos,* premier). *Vieilli* Chef d'atelier d'une imprimerie.

protéagineux, euse adj. et n.m. Se dit d'une plante cultivée pour sa richesse en protéines et en amidon : *Le soja est un protéagineux.*

protecteur, trice adj. et n. Qui protège : *Un protecteur des arts* (= mécène ; **SYN.** défenseur). ◆ adj. Qui marque une attitude de protection condescendante :

Ne prenez pas ce ton protecteur avec eux (**SYN.** dédaigneux, hautain).

protection n.f. **1.** Action de protéger ; assistance, secours : *La protection de l'environnement* (**SYN.** défense, sauvegarde). *Un témoin mis sous la protection de la police.* **2.** Personne qui protège ; protecteur : *Il a bénéficié de protections haut placées* (**SYN.** appui, soutien). **3.** Chose qui protège, assure contre un risque, un danger, un mal : *Ce talus sert de protection contre le vent* (**SYN.** bouclier, rempart). **4.** Ensemble de mesures destinées à protéger certaines personnes ; organisme chargé de l'application de telles mesures : *La protection civile* (= sécurité civile). ▸ ***Par protection,*** par faveur : *Il a obtenu ce travail par protection* (**SYN.** recommandation). ***Protection rapprochée,*** ensemble de moyens mis en œuvre pour empêcher toute action menée à courte distance contre une personnalité.

protectionnisme n.m. Politique de protection de la production nationale contre la concurrence étrangère (par opp. à libre-échange).

protectionniste adj. et n. Qui est propre au protectionnisme ; qui en est partisan.

protectorat n.m. Régime juridique caractérisé par la protection qu'un État fort assure à un État faible ; le pays ainsi dépendant : *Un pays sous protectorat britannique.*

protée n.m. (du lat. *Proteus,* nom d'un dieu marin qui se métamorphosait à volonté). *Litt.* **1.** Personne qui change continuellement de rôle, d'opinions ; girouette : *Ce diplomate est un protée* (**SYN.** caméléon). **2.** Chose qui se présente sous différentes formes : *Ce virus informatique est un véritable protée* (= il est protéiforme).

protégé, e n. Personne qui bénéficie de la protection de qqn : *Ils sont les protégés du directeur.*

protège-cahier n.m. (pl. *protège-cahiers*). Couverture souple servant à protéger un cahier.

protège-dents n.m. inv. Dans certains sports, appareil servant à protéger les dents des chocs.

protéger v.t. (lat. *protegere,* de *tegere,* couvrir) [conj. 22]. **1.** Mettre à l'abri de dangers, d'incidents : *Cette digue protégera les habitations des inondations* (**SYN.** abriter, garantir). *Le casque protège des chocs* ou *contre les chocs* (**SYN.** prémunir, préserver). *Ce logiciel protège les données contre le piratage* (**SYN.** sauvegarder). **2.** Assurer son patronage, son soutien à qqn : *Une personnalité protège ce postulant* (**SYN.** appuyer, favoriser). **3.** Favoriser par une aide le développement d'un domaine d'activité : *Ces taxes douanières visent à protéger l'industrie sidérurgique nationale* (**SYN.** encourager, promouvoir).

protège-slip n.m. (pl. *protège-slips*). Bande absorbante adhésive qui se fixe à l'intérieur d'un slip de femme.

protège-tibia n.m. (pl. *protège-tibias*). En sports, élément rembourré servant à protéger les tibias.

protéiforme adj. *Litt.* Qui est susceptible de se présenter sous des aspects variés : *Cet artiste est un créateur protéiforme* (= il est poète, musicien, sculpteur, c'est un protée).

protéine n.f. (du gr. *prôtos,* premier). Substance organique naturelle, qui est un composant essentiel de la constitution des êtres vivants.

protéiné, e adj. Protéinique ; enrichi de protéines.

protéinique ou **protéique** adj. Relatif aux protéines ; qui en contient.

protéinurie n.f. Présence anormale de protéines dans l'urine.

protestant, e adj. et n. Relatif au protestantisme ; qui le pratique : *Le culte protestant.*

protestantisme n.m. Doctrine des Églises chrétiennes issues de la Réforme ; l'ensemble de ces Églises.

protestataire adj. et n. Qui proteste contre qqn, qqch : *Un vote protestataire* (**SYN.** contestataire).

protestation n.f. **1.** Action de protester : *Une journée de protestation des salariés contre la mondialisation* (**SYN.** contestation, opposition ; **CONTR.** acceptation, approbation, soutien). **2.** *Sout.* Affirmation vigoureuse de ses bons sentiments : *Sa protestation de sincérité les a convaincus* (**SYN.** assurance, démonstration).

protester v.i. (lat. *protestari,* déclarer publiquement, de *testis,* témoin) [conj. 3]. Déclarer avec force son opposition ; s'élever contre qqch : *Les syndicats protestent contre la fermeture de l'entreprise* (**SYN.** s'élever contre, s'opposer à, refuser ; **CONTR.** approuver, soutenir). *Le public sifflait pour protester* (**SYN.** se plaindre, réclamer). ◆ v.t. ind. **[de].** *Sout.* Donner l'assurance formelle de : *L'accusé proteste de son innocence* (**SYN.** affirmer, attester, jurer). ◆ v.t. Dans la langue juridique, faire dresser un protêt.

protêt [prɔtɛ] n.m. (de *protester*). Dans la langue juridique, acte constatant un refus d'acceptation ou de paiement d'une échéance.

prothèse n.f. (du gr. *prothesis,* addition). **1.** Partie de la chirurgie ayant pour objet le remplacement partiel ou total d'un membre. **2.** La pièce ou l'appareil de remplacement : *Une prothèse de la hanche.*

prothésiste n. Fabricant de prothèses.

prothétique adj. Relatif à la prothèse.

prothrombine n.f. Substance contenue dans le sang et qui aide à sa coagulation.

protide n.m. Substance organique telle que les peptides et les protéines.

protidique adj. Relatif aux protides.

protiste n.m. (du gr. *protistos,* le premier de tous). Organisme unicellulaire, animal ou végétal.

protocolaire adj. Qui est conforme au protocole : *Une cérémonie protocolaire de remise des médailles.*

protocole n.m. (du lat. *protocollum,* document notarié, du gr. *prôtokollon,* ce qui est collé en premier). **1.** Ensemble des règles établies en matière d'étiquette et de préséances dans les cérémonies officielles : *Respecter le protocole* (**SYN.** cérémonial). **2.** Procès-verbal consignant les résolutions d'une assemblée ; ensemble de ces résolutions : *Un protocole d'accord signé entre les grévistes et la direction.* **3.** Énoncé des conditions et des règles de déroulement d'une expérience scientifique, d'un traitement médical : *Un protocole thérapeutique.*

protohistoire n.f. Période intermédiaire entre la préhistoire et l'histoire.

protohistorique adj. Relatif à la protohistoire.

proton n.m. (mot angl., du gr. *prôtos,* premier).

Particule fondamentale chargée d'électricité positive, qui, avec le neutron, constitue le noyau de l'atome.

protonique adj. Relatif au proton.

protoplasme ou **protoplasma** n.m. Substance fondamentale de la cellule vivante.

protoplasmique adj. Relatif au protoplasme.

prototype n.m. (du gr. *prototupos*, de création primitive). **1.** Premier exemplaire, modèle original d'un produit industriel : *Le prototype d'un avion.* **2.** *Fig.* Exemple parfait : *Don Juan est le prototype du séducteur* (SYN. archétype, modèle, type).

protoxyde [prɔtɔksid] n.m. Oxyde le moins oxygéné d'un élément chimique : *Le protoxyde d'azote.*

protozoaire n.m. (du gr. *prôtos*, premier, et *zôon*, animal). Être vivant unicellulaire, dépourvu de chlorophylle (par opp. à métazoaire).

protractile adj. En zoologie, se dit d'un organe qui peut être étiré vers l'avant : *La langue protractile d'un caméléon.*

protubérance n.f. Saillie en forme de bosse à la surface d'un corps ; excroissance : *Son pansement forme une protubérance sous sa manche* (SYN. proéminence, relief).

protubérant, e adj. (du lat. *protuberare*, devenir saillant, de *tuber*, excroissance). Qui forme une protubérance ; renflé : *Le nez protubérant de Cyrano* (SYN. proéminent).

prou adv. (de l'anc. fr. *proud*, avantage). ▸ *Litt.* ***Peu ou prou***, plus ou moins : *Tous les partis politiques ont reçu, peu ou prou, des subventions.*

proue n.f. (du prov.). Partie avant d'un navire (par opp. à poupe). ▸ ***Figure de proue***, représentation d'un visage humain ou fantastique que l'on fixait à l'avant des navires ; fig., personnalité marquante d'un groupe, d'un mouvement : *Elle est devenue la figure de proue de la contestation.*

prouesse n.f. (de *preux*). **1.** Action remarquable, exceptionnelle en son genre : *Des prouesses techniques* (SYN. exploit, performance). *Elle a réussi la prouesse de plaire à toutes les générations* (SYN. prodige). **2.** *Litt.* Acte d'héroïsme.

prouvable adj. Qui peut être prouvé : *Son innocence est prouvable* (SYN. démontrable ; CONTR. improuvable).

prouver v.t. (du lat. *probare*, éprouver) [conj. 3]. **1.** Établir par des témoignages incontestables la vérité de qqch : *Ce fait prouve que l'hypothèse était fondée* (SYN. confirmer, vérifier). *Les enquêteurs ont prouvé la responsabilité du suspect* (SYN. démontrer). **2.** Faire apparaître la réalité de qqch : *Elle a su nous prouver son courage* (SYN. montrer, révéler). *Prouver son attachement à certaines valeurs* (SYN. témoigner).

provenance n.f. Lieu d'où provient qqch ; origine : *La provenance de cet argent est douteuse* (SYN. source). *Le train en provenance de Genève entre en gare* (= venant de, par opp. à en partance pour, à destination de).

provençal, e, aux adj. et n. (du lat. *provincia [romana]*, province [romaine]). Relatif à la Provence, à ses habitants. ▸ ***À la provençale***, cuisiné avec de l'ail et du persil haché. ◆ **provençal** n.m. **1.** Groupe de dialectes occitans parlés dans la basse vallée du Rhône et à l'est de celle-ci. **2.** (Par ext.). Occitan.

provenir v.i. [conj. 40]. **1.** Tirer son origine de qqch ; avoir pour cause : *Cette catastrophe est provenue d'une méconnaissance de la montagne* (SYN. découler, résulter). *Ce bruit provient de l'écoulement de l'eau* (SYN. émaner). **2.** Venir d'un lieu : *Ce bois provient d'Asie.*

proverbe n.m. (lat. *proverbium*, de *verbum*, mot). Court énoncé exprimant un conseil de sagesse, une vérité d'expérience, et qui est devenu d'usage commun : *« À chaque jour suffit sa peine » et « l'union fait la force » sont des proverbes.* ▸ *Litt.* ***Passer en proverbe***, devenir un exemple, un modèle.

proverbial, e, aux adj. **1.** Qui tient du proverbe : *Une locution proverbiale* (= formulée comme un proverbe). **2.** Qui est connu de tous et cité comme exemple : *L'hospitalité proverbiale des Belges* (SYN. célèbre, légendaire).

proverbialement adv. D'une manière proverbiale : *On dit proverbialement qu'à l'impossible nul n'est tenu.*

providence n.f. (lat. *providentia*, de *providere*, prévoir). **1.** Personne toujours prête à secourir les autres ; chose qui constitue une chance, un secours exceptionnels : *Ce mécène est la providence des jeunes artistes. L'Internet est la providence des télétravailleurs.* **2.** (Avec une majuscule). Dieu en tant qu'il gouverne le monde.

providentiel, elle [prɔvidɑ̃sjɛl] adj. **1.** Qui se produit d'une manière opportune et inattendue : *Sa présence providentielle a permis d'éviter un incident* (SYN. inespéré, miraculeux ; CONTR. fâcheux, malencontreux). **2.** Relatif à la Providence ; qui est réglé, voulu, provoqué par elle.

providentiellement adv. De façon providentielle : *Elle a été providentiellement mutée en province.*

province n.f. (lat. *provincia*). **1.** Ensemble de toutes les régions de France à l'exception de Paris et sa banlieue : *Les aéroports de province.* **2.** Division administrative de nombreux pays, comme la Belgique, le Canada, la Chine. **3.** Dans l'Antiquité, pays, territoire conquis hors de l'Italie, assujetti à Rome et administré par un magistrat romain. ▸ ***La Belle Province***, le Québec.

provincial, e, aux adj. **1.** Relatif à une province : *Les Parlements provinciaux canadiens.* **2.** Relatif à la province (par opp. à francilien) : *Les déplacements provinciaux d'un candidat.* **3.** *Péjor.* Qui n'a pas l'aisance que l'on prête aux habitants de la capitale : *Des habitudes provinciales.* ◆ n. Personne qui habite la province.

provincialisme n.m. **1.** Mot, tournure, prononciation propres à une province : *Un roman parsemé de provincialismes* (SYN. régionalisme). **2.** *Péjor.* Gaucherie que l'on prête parfois aux gens de la province.

proviseur, e n. (du lat. *provisor*, qui pourvoit à, de *providere*, prévoir). **1.** Fonctionnaire chargé de la direction d'un lycée : *Madame la Proviseure.* ☞ REM. Au féminin, on rencontre aussi *une proviseur.* **2.** En Belgique, fonctionnaire chargé de seconder le préfet dans les athénées et les lycées importants.

provision n.f. (du lat. *provisio*, prévoyance, de *providere*, prévoir). **1.** Accumulation de choses nécessaires en vue d'un usage ultérieur : *Nous avons une provision* *de disquettes* (**SYN.** réserve, stock). **2.** *Fig.* Réserve de ressources morales : *Elle a de grosses provisions de patience. Une provision de souvenirs inoubliables* (**SYN.** collection, multitude). **3.** Somme déposée en banque destinée à couvrir des paiements ultérieurs : *Un chèque sans provision.* **4.** Somme versée à titre d'acompte à un avocat, un notaire ; acompte, avance. ▸ ***Faire provision de qqch,*** en amasser une grande quantité : *Il a fait provision de bandes dessinées avant de partir en vacances. Faire provision de courage* (= s'armer de). ◆ **provisions** n.f. pl. Produits alimentaires ou d'entretien nécessaires à l'usage quotidien : *Un sac à provisions. Faire ses provisions* ou *aller aux provisions* (**SYN.** commissions).

provisionnel, elle adj. Qui se fait en attendant le règlement définitif : *Le tiers provisionnel de l'impôt sur le revenu.*

provisionner v.t. [conj. 3]. Créditer un compte d'un montant suffisant pour assurer son fonctionnement.

provisoire adj. (du lat. *provisus,* prévu, de *providere,* prévoir). Qui a lieu, qui se fait, qui existe en attendant un état définitif : *Le bilan provisoire de la catastrophe* (**SYN.** momentané, temporaire). *Un gouvernement provisoire* (**SYN.** transitoire). ◆ n.m. Ce qui est transitoire, temporaire ; ce qui dure peu de temps : *Cette réparation, c'est du provisoire.*

provisoirement adv. De façon provisoire : *Il est provisoirement suspendu de ses fonctions* (**SYN.** temporairement ; **CONTR.** définitivement).

provitamine n.f. Substance présente dans les aliments, que l'organisme transforme en vitamine.

provoc n.f. (abrév.). *Fam.* Provocation : *Cette déclaration, c'est de la pure provoc.*

provocant, e adj. **1.** Qui cherche à produire des réactions violentes : *Des adolescents provocants* (**SYN.** agressif, arrogant). *Un film provocant* (**SYN.** provocateur). **2.** Qui excite la sensualité, qui incite au désir : *Une tenue provocante* (**SYN.** aguichant).

provocateur, trice adj. et n. **1.** Qui provoque le désordre, la violence : *Des allusions provocatrices* (**SYN.** provocant). *Des provocateurs se sont glissés dans le public* (**SYN.** agitateur). **2.** Se dit d'une personne qui incite à des actes séditieux ou délictueux dans le but de justifier des représailles : *Un agent provocateur.* ◆ adj. Qui cherche à exciter le désir sexuel : *Une œillade provocatrice* (**SYN.** aguichant).

provocation n.f. **1.** Action de provoquer qqn, de l'inciter à commettre des actes répréhensibles : *Les provocations de l'extrême droite* (**SYN.** bravade, défi). *Cette attaque est une provocation à la vengeance* (**SYN.** appel, incitation). **2.** Fait ou geste destiné à provoquer (abrév. fam. provoc) : *Ne répondez pas à cette provocation* (**SYN.** défi).

provoquer v.t. (lat. *provocare,* appeler dehors, de *vocare,* appeler) [conj. 3]. **1.** Exciter par un comportement agressif ; inciter à des réactions violentes : *De jeunes manifestants ont provoqué les forces de l'ordre* (**SYN.** braver, défier). **2.** Exciter le désir érotique par son attitude (**SYN.** aguicher). **3.** Être la cause de qqch : *Ces efforts prolongés provoquent des douleurs* (**SYN.** amener, produire, susciter). *Il a provoqué un accident* (**SYN.** déclencher, occasionner). **4. [à].** Pousser à un geste, à une action : *Ces films provoquent les jeunes à la violence* (**SYN.** entraîner, inciter ; **CONTR.** dissuader).

proxénète n. (du gr. *proxenêtês,* courtier, de *xenos,* étranger). Personne qui se livre au proxénétisme.

proxénétisme n.m. Activité illicite consistant à tirer profit de la prostitution d'autrui ou à la favoriser.

proximité n.f. (lat. *proximitas,* de *proximus,* le plus proche). **1.** Situation d'une chose qui se trouve à courte distance d'une autre ; contiguïté : *La proximité d'un arrêt d'autobus* (**SYN.** voisinage ; **CONTR.** éloignement). **2.** Caractère de ce qui est proche dans le temps : *La proximité des élections* (**SYN.** approche, imminence). ▸ ***À proximité,*** à très peu de distance : *Tous les commerces sont à proximité* (**SYN.** près ; **CONTR.** loin). ***À proximité de,*** tout près de : *Il y a un centre sportif à proximité de l'hôtel.* ***De proximité,*** qui est situé dans le proche voisinage : *La police de proximité* ; fig., qui est proche des préoccupations quotidiennes : *Une radio de proximité.*

pruche n.f. (de *prusse*). Conifère d'Amérique du Nord.

prude adj. et n. (de *preux*). Qui affecte une grande pudeur ; bégueule (**SYN.** pudibond, puritain ; **CONTR.** impudique, indécent).

prudemment [prydamɑ̃] adv. Avec prudence : *Manœuvrer prudemment* (**CONTR.** imprudemment, inconsidérément).

prudence n.f. Attitude d'une personne qui agit de manière à éviter toute erreur, tout risque inutile : *Elle conduit toujours avec prudence* (**SYN.** sagesse, vigilance ; **CONTR.** négligence). *Il a renouvelé ses habituelles consignes de prudence* (**SYN.** circonspection, précaution ; **CONTR.** imprudence).

prudent, e adj. et n. (lat. *prudens,* de *providens,* prévoyant, de *providere,* prévoir). Qui agit avec prudence ; qui dénote de la prudence : *Soyez prudent si vous circulez de nuit sur cette route* (**SYN.** circonspect ; **CONTR.** imprudent). *Il est plus prudent de ne pas bouger* (**SYN.** raisonnable, sage ; **CONTR.** fou, insensé).

pruderie n.f. Caractère d'une personne prude, pudibonde.

prud'homal, e, aux adj. Relatif aux conseils de prud'hommes.

prud'homie n.f. Ensemble de l'organisation prud'homale.

prud'homme n.m. (de *preux* et *homme*). Membre d'un tribunal composé de représentants des salariés et des employeurs, et dont le rôle est de trancher les conflits individuels du travail : *Le conseil de prud'hommes.*

pruine n.f. (du lat. *pruina,* givre). Couche poudreuse qui recouvre certains fruits (**SYN.** efflorescence).

prune n.f. (lat. *prunum*). **1.** Fruit comestible du prunier, à la pulpe molle, juteuse et sucrée. **2.** *Fam.* Contravention. ▸ *Fam.* ***Pour des prunes,*** pour rien : *J'ai tout préparé pour des prunes, c'est annulé.* ◆ adj. inv. Qui est d'une couleur violet foncé : *Des moufles prune.*

pruneau n.m. **1.** Prune séchée en vue de sa conservation : *Des pruneaux d'Agen.* **2.** En Suisse, quetsche. **3.** *Fam.* Balle d'une arme à feu.

① **prunelle** n.f. (de *prune*). **1.** Fruit du prunellier. **2.** Liqueur, eau-de-vie faite avec ce fruit.

② **prunelle** n.f. (de *1. prunelle*). Pupille de l'œil : *Avoir les prunelles dilatées.* ▸ ***Tenir à qqch comme à la prunelle de ses yeux,*** le considérer comme ce qu'on a de plus précieux.

prunellier [prynəlje] n.m. Prunier sauvage épineux aux fruits très acides, les prunelles.

prunier n.m. Arbre aux fleurs blanches cultivé surtout pour ses fruits comestibles, les prunes.

prunus [prynys] n.m. (mot lat. signif. « prunier »). Prunier ou prunellier cultivé comme arbre d'ornement.

prurigineux, euse adj. En médecine, qui provoque un prurit, une démangeaison.

prurigo n.m. (mot lat. signif. « démangeaison »). Affection de la peau caractérisée par des lésions et des démangeaisons.

prurit [pryrit] n.m. (lat. *pruritus,* de *prurire,* démanger). **1.** En médecine, vive démangeaison. **2.** *Fig.* Désir ardent et obsédant de qqch (parfois péjor.) : *Ces émissions de télévision exploitent le prurit de célébrité des jeunes* (**SYN.** appétit, soif).

prusse n.m. (de sapin de *Prusse*). En Acadie, épicéa.

prussique adj. ▸ ***Acide prussique,*** ancien nom de l'*acide cyanhydrique.*

prytanée n.m. (gr. *prutaneion*). Lycée militaire.

P.-S. ou **P-S** [peɛs] n.m. (abrév.). Post-scriptum.

psalliote [psaljɔt] n.f. (du gr. *psalis,* voûte). Champignon comestible à lames rosées dont une variété est cultivée sous le nom de *champignon de couche.*

psalmiste [psalmist] n.m. Auteur de psaumes.

psalmodie [psalmɔdi] n.f. (du gr. *psalmos,* psaume, et *ôdê,* chant). *Litt.* Manière monotone de réciter, de chanter.

psalmodier [psalmɔdje] v.i. [conj. 9]. **1.** Réciter, chanter des psaumes sans inflexion de voix. **2.** *Litt.* Réciter d'une manière monotone. ◆ v.t. *Litt.* Dire sur un ton monotone : *Le présentateur psalmodie les cours de la Bourse.*

psaume [psom] n.m. (du gr. *psalmos,* de *psallein,* faire vibrer une corde). Chant liturgique constitué d'une suite variable de versets.

psautier [psotje] n.m. Recueil des psaumes bibliques.

pschent [pskɛnt] n.m. (mot égyptien). Coiffure des pharaons.

pseudonyme n.m. (du gr. *pseudês,* 2. faux, et *onuma,* nom). Nom d'emprunt choisi par une personne : *Jean Gabin est le pseudonyme de Jean Alexis Moncorgé* (abrév. fam. pseudo).

pseudoscience n.f. En philosophie, savoir organisé qui n'a pas la rigueur d'une science.

psi [psi] n.m. inv. Vingt-troisième lettre de l'alphabet grec (Ψ, ψ), correspondant au son [ps].

psitt [psit] ou **pst** [pst] interj. Sert à appeler, attirer l'attention.

psittacisme [psitasism] n.m. (du lat. *psittacus,* perroquet). En psychologie, répétition mécanique de phrases par une personne qui ne les comprend pas.

psittacose [psitakoz] n.f. Maladie infectieuse des perroquets, transmissible à l'homme.

psoriasis [psɔrjazis] n.m. (mot gr. signif. « éruption galeuse »). Maladie de la peau caractérisée par des plaques rouges recouvertes de lamelles blanches.

pst [pst] interj. → **psitt.**

psy n. (abrév.). *Fam.* Psychanalyste ; psychiatre ; psychologue.

psychanalyse [psikanaliz] n.f. **1.** Méthode d'investigation psychologique reposant sur les théories de Freud. **2.** Cure mettant en œuvre cette méthode : *Faire une psychanalyse* (**SYN.** analyse).

psychanalyser [psikanalize] v.t. [conj. 3]. Soumettre à un traitement psychanalytique ; analyser.

psychanalyste [psikanalist] n. Praticien de la psychanalyse (**SYN.** analyste ; abrév. fam. psy).

psychanalytique [psikanalitik] adj. Relatif à la psychanalyse.

psyché [psiʃe] n.f. (de *Psyché,* nom d'une très belle jeune fille aimée par Éros). Grand miroir inclinable, pivotant sur un châssis reposant sur le sol.

psychédélique [psikedelik] adj. (du gr. *psukhê,* âme, et *delos,* manifeste, visible). **1.** Se dit de l'état résultant de l'absorption d'hallucinogènes. **2.** Qui évoque cet état hallucinatoire : *La musique psychédélique.*

psychiatre [psikjatr] n. Médecin spécialiste de psychiatrie (abrév. fam. psy).

psychiatrie [psikjatri] n.f. Discipline médicale dont l'objet est l'étude et le traitement des maladies mentales.

psychiatrique [psikjatrik] adj. Relatif à la psychiatrie.

psychique [psiʃik] adj. Qui concerne l'esprit, la pensée, la vie mentale (par opp. à 1. physique) : *Des problèmes psychiques* (**SYN.** mental, psychologique).

psychisme [psiʃism] n.m. Ensemble des caractères psychiques d'un individu ; structure mentale.

psychoactif, ive adj. Se dit d'une substance chimique (morphine, cocaïne, par ex.) qui influe sur l'activité mentale.

psychodrame [psikɔdram] n.m. **1.** Méthode de psychothérapie dans laquelle le sujet joue un rôle dans une scène ou regarde d'autres personnes jouer leur rôle. **2.** *Fig.* Situation conflictuelle au sein d'un groupe, évoquant le psychodrame : *La juge doit démêler les fils de ce psychodrame.*

psychogène [psikɔʒɛn] adj. Se dit d'un trouble dont la cause est purement psychique.

psychogenèse [psikoʒənɛz] n.f. Étude de l'origine psychique d'une maladie mentale ou psychosomatique.

psycholinguiste [psikɔlɛ̃gɥist] n. Spécialiste de psycholinguistique.

psycholinguistique [psikɔlɛ̃gɥistik] n.f. Étude psychologique des phénomènes linguistiques. ◆ adj. Relatif à la psycholinguistique.

psychologie [psikɔlɔʒi] n.f. **1.** Étude scientifique des faits psychiques. **2.** Connaissance empirique ou intuitive des sentiments, des idées, des comportements d'autrui : *Il manque totalement de psychologie* (**SYN.** finesse, subtilité). **3.** Ensemble des manières de penser, d'agir qui caractérisent une personne, un groupe : *La psychologie des sportifs* (**SYN.** mentalité).

psychologique [psikɔlɔʒik] adj. **1.** Relatif à la psychologie, aux faits psychiques : *Une expertise psychologique.* **2.** Qui agit sur le psychisme : *Mener une* *guerre psychologique* (**SYN.** moral). **3.** Qui relève de la vie psychique : *Il se sent fatigué, mais c'est psychologique.* ▸ ***Moment psychologique,*** moment le plus favorable pour une action efficace.

psychologiquement [psikɔlɔʒikmɑ̃] adv. Du point de vue psychologique : *Elle les soutient psychologiquement* (**SYN.** mentalement, moralement).

psychologue [psikɔlɔg] n. Spécialiste de psychologie (abrév. fam. psy). ◆ adj. et n. Se dit de qqn qui comprend intuitivement les sentiments d'autrui : *Elle est assez psychologue pour savoir comment lui parler* (**SYN.** 2. fin, perspicace).

psychométricien, enne [psikɔmetrisjɛ̃, ɛn] n. Spécialiste de psychométrie.

psychométrie [psikɔmetri] n.f. Ensemble des méthodes de mesure des phénomènes psychologiques.

psychomoteur, trice [psikɔmɔtœr, tris] adj. Qui concerne à la fois la motricité et l'activité psychique : *Le développement psychomoteur d'un enfant.*

psychomotricien, enne [psikɔmɔtrisjɛ̃, ɛn] n. Spécialiste de la psychomotricité.

psychomotricité [psikɔmɔtrisite] n.f. Ensemble des fonctions motrices qui, liées à l'activité psychique, permettent à un être humain d'accomplir les actes de la vie : *Troubles de la psychomotricité.*

psychopathe [psikɔpat] n. **1.** Malade mental. **2.** En psychiatrie, malade atteint de psychopathie.

psychopathie [psikɔpati] n.f. Trouble de la personnalité se manifestant par des comportements antisociaux.

psychopathologie [psikɔpatɔlɔʒi] n.f. Branche de la psychologie qui a pour objet l'étude des troubles psychiques.

psychorigide [psikɔriʒid] adj. et n. Qui fait preuve de psychorigidité.

psychorigidité [psikɔriʒidite] n.f. Trait de caractère d'une personne incapable de s'adapter à des situations nouvelles.

psychose [psikoz] n.f. **1.** Affection mentale caractérisée par une altération profonde de la personnalité dont le malade n'a pas conscience. **2.** Angoisse collective pouvant conduire à la panique : *Une psychose des attentats* (**SYN.** peur, phobie).

psychosensoriel, elle [psikɔsɑ̃sɔrjɛl] adj. Qui concerne à la fois les fonctions psychiques et les fonctions sensorielles : *Des phénomènes psychosensoriels* (= des hallucinations).

psychosocial, e, aux [psikɔsɔsjal, o] adj. Relatif à la fois à la psychologie individuelle et à la vie sociale.

psychosociologie [psikɔsɔsjɔlɔʒi] n.f. Étude psychologique des faits sociaux.

psychosociologue [psikɔsɔsjɔlɔg] n. Spécialiste de psychosociologie.

psychosomatique [psikɔsɔmatik] adj. **1.** Se dit d'un trouble organique ou fonctionnel d'origine psychique : *Sa migraine est psychosomatique.* **2.** Qui concerne à la fois le corps et l'esprit : *Médecine psychosomatique.*

psychotechnicien, enne [psikɔtɛknisjɛ̃, ɛn] n. Spécialiste de psychotechnique.

psychotechnique [psikɔtɛknik] adj. Se dit des tests permettant de mesurer les aptitudes d'un individu, utilisés pour l'orientation et la sélection professionnelles. ◆ n.f. Mise en œuvre de tests psychotechniques.

psychothérapeute [psikɔterapøt] n. Spécialiste de psychothérapie (**SYN.** thérapeute).

psychothérapie [psikɔterapi] n.f. Thérapie par des moyens psychologiques (**SYN.** thérapie).

psychothérapique [psikɔterapik] adj. Relatif à la psychothérapie.

psychotique [psikɔtik] adj. et n. Relatif à la psychose ; qui est atteint de psychose.

psychotrope [psikɔtrɔp] adj. et n.m. Se dit d'une substance chimique qui agit sur le psychisme (antidépresseurs, alcool, stupéfiants).

ptéranodon n.m. (du gr. *ptêron,* aile, et *anodous,* édenté). Reptile fossile volant du secondaire.

ptérodactyle n.m. (du gr. *ptêron,* aile, et *daktulos,* doigt). Reptile fossile volant du secondaire, à queue courte, à mâchoires munies de fortes dents.

ptôse n.f. (gr. *ptôsis,* chute). Descente d'un organe, due au relâchement des muscles ou des ligaments qui le maintiennent ; prolapsus.

puant, e adj. **1.** Qui sent mauvais : *Une poubelle puante* (**SYN.** malodorant, nauséabond, pestilentiel ; **CONTR.** embaumé, odoriférant, parfumé). **2.** *Fam.* Se dit d'une personne qui se rend odieuse par sa vanité : *Tout le monde le trouve puant* (**SYN.** fat, prétentieux).

puanteur n.f. Odeur forte et nauséabonde : *La puanteur des eaux stagnantes* (**SYN.** fétidité).

① **pub** [pœb] n.m. (mot angl., de *public-house*). En Grande-Bretagne, établissement où l'on sert des boissons alcoolisées.

② **pub** [pyb] n.f. (abrév.). *Fam.* Publicité : *Une page de pub.*

pubalgie n.f. Douleur dans la région pubienne.

pubère adj. (du lat. *puber,* adulte). Qui a atteint l'âge de la puberté.

pubertaire adj. Qui se rapporte à la puberté.

puberté n.f. Période de la vie d'un être humain, entre l'enfance et l'adolescence ; ensemble des modifications physiologiques et psychiques qui marquent cette période.

pubescence n.f. En botanique, état des tiges, des feuilles pubescentes.

pubescent, e adj. (lat. *pubescens,* de *pubes,* poil). En botanique, se dit d'une feuille, d'une tige qui est couverte de poils fins et courts.

pubien, enne adj. Relatif au pubis.

pubis [pybis] n.m. (mot lat., de *pubes,* poil). Partie inférieure et médiane du bas-ventre, qui se couvre de poils au moment de la puberté.

publiable adj. Qui peut être publié : *Une information publiable* (**CONTR.** impubliable).

① **public, ique** adj. (lat. *publicus,* qui concerne le peuple, de *populus,* peuple). **1.** Qui concerne la collectivité dans son ensemble ou qui en émane (par opp. à privé) : *La défense de l'intérêt public* (**SYN.** collectif, commun ; **CONTR.** personnel). *Une association reconnue d'utilité publique* (**SYN.** général ; **CONTR.** individuel). *Faire une déclaration publique* (**SYN.** officiel). **2.** Qui est à l'usage de tous, accessible à tous : *Les transports* *publics* (**CONTR.** particulier). *Une réunion publique* (**CONTR.** clandestin, secret). **3.** Qui est connu de tout le monde : *Un personnage public. Il est de notoriété publique que...* (= tout le monde sait que...). **4.** Qui est géré par l'État, l'administration d'un pays (par opp. à privé) : *École publique. Entrer dans la fonction publique* (= devenir fonctionnaire). *Les entreprises du secteur public.*

② **public** n.m. (de *1. public*). **1.** L'ensemble des gens indistinctement : *Sensibiliser le public au tri des déchets* (**SYN.** population). *Chantier interdit au public.* **2.** Ensemble des personnes visées ou atteintes par un média, à qui s'adresse un écrit, qui assistent à un spectacle : *Ce journal intéresse un public de professionnels* (= des lecteurs). *Les films fantastiques ont un public* (**SYN.** audience). *L'équipe joue devant son public* (= ses supporteurs). **3.** (Précédé de l'art. déf.). Secteur public : *Les entreprises du public.* ▸ ***En public,*** en présence de nombreuses personnes : *L'émission se déroule en public.* *Fam.* ***Être bon public,*** réagir d'emblée, apprécier sans façon une histoire drôle, un spectacle. ***Grand public,*** qui s'adresse à tous : *Des films grand public.* ***Le grand public,*** l'ensemble du public (par opp. aux initiés, aux connaisseurs ou aux spécialistes).

publication n.f. **1.** Action de faire paraître un écrit : *La publication d'un roman* (**SYN.** parution). **2.** Ouvrage imprimé, et en partic. ouvrage périodique : *Reportez-vous aux publications sur ce sujet* (**SYN.** journal, revue). **3.** Action de rendre public : *La publication des chiffres du chômage* (**SYN.** divulgation, révélation). ▸ ***Publication assistée par ordinateur*** ou ***P.A.O.,*** ensemble des techniques qui utilisent la micro-informatique pour la saisie des textes, l'intégration des illustrations et la mise en pages (= édition électronique, microédition).

publiciel n.m. Au Québec, logiciel libre.

publiciste n. **1.** Juriste spécialiste du droit public. **2.** (Emploi critiqué). Publicitaire.

publicitaire adj. et n. Qui travaille dans la publicité : *Une dessinatrice publicitaire. Des publicitaires inventifs.* ◆ adj. Qui concerne la publicité : *Des panneaux publicitaires.*

publicité n.f. **1.** Activité ayant pour objet de faire connaître une marque, d'inciter le public à acheter un produit ; ensemble des moyens employés à cet effet : *Des agences de publicité. Cette entreprise fait beaucoup de publicité* (abrév. fam. pub). **2.** Annonce, encart, film, conçus pour faire connaître et vanter un produit, un service : *Le film commencera après les publicités* (abrév. fam. pub). **3.** Caractère de ce qui est public : *La publicité d'un débat parlementaire.*

publier v.t. (lat. *publicare,* de *publicus,* public) [conj. 10]. **1.** Faire paraître un ouvrage, le mettre en vente : *Un album publié chez un éditeur provincial* (**SYN.** éditer). *Cette exploratrice a publié le récit de ses voyages.* **2.** Faire connaître légalement : *Une loi publiée au Journal officiel* (**SYN.** promulguer). **3.** Rendre public : *L'entreprise publie ses comptes* (**SYN.** révéler).

publi-information n.f. (pl. *publi-informations*) ou **publireportage** n.m. Publicité insérée dans un journal, une revue, et présentée sous forme d'article, de reportage.

Publiphone n.m. (nom déposé). Cabine téléphonique publique utilisable avec des cartes de paiement.

publipostage n.m. Message publicitaire adressé par voie postale et sous pli fermé (**SYN.** mailing [anglic.]).

publiquement adv. En public ; officiellement : *Il a publiquement condamné les terroristes* (**CONTR.** officieusement).

publireportage n.m. → **publi-information.**

puce n.f. (lat. *pulex, pulicis*). **1.** Insecte sauteur sans ailes, parasite de l'homme et des mammifères, dont il puise le sang par piqûre. **2.** En électronique, petite surface de silicium sur laquelle est fixé un circuit intégré, et notamm. un microprocesseur : *Lire une carte à puce.* ▸ *Fam.* ***Être excité comme une puce,*** être très excité. ***Marché aux puces,*** endroit où l'on vend des objets d'occasion (on dit aussi *les puces*). *Fam.* ***Mettre la puce à l'oreille,*** éveiller les doutes ou les soupçons de qqn. ***Puce à A.D.N.,*** biopuce. ***Puce d'eau,*** daphnie. ***Puce de mer,*** talitre. *Fam.* ***Secouer les puces à qqn,*** le réprimander fortement. ◆ adj. inv. Qui est d'une couleur brun-rouge : *Des cuirs puce.*

puceau n.m. et adj. m. (de *pucelle*). *Fam.* Garçon vierge.

pucelage n.m. *Fam.* Virginité.

pucelle n.f. et adj. f. (du lat. *pullicella,* de *pullus,* petit d'animal). *Fam.* Fille vierge. ▸ ***La Pucelle*** ou ***la pucelle d'Orléans,*** Jeanne d'Arc.

puceron n.m. Petit insecte qui vit souvent en colonies sur les végétaux dont il puise la sève.

pudding ou **pouding** [pudiŋ] n.m. (mot angl.). Entremets sucré anglais : *Le pudding de Noël s'appelle le plum-pudding.*

pudeur n.f. (lat. *pudor,* de *pudere,* avoir honte). **1.** Sentiment de gêne, de réserve devant ce qui touche à la sexualité ; décence : *Ces émissions ne respectent pas la pudeur des enfants* (**CONTR.** indécence). **2.** Réserve de qqn qui évite de choquer les autres, de les gêner : *Elle lui a confié sans pudeur tous ses secrets* (**SYN.** honte, scrupule ; **CONTR.** impudeur). *Il a eu la pudeur de ne pas se montrer* (**SYN.** bienséance, délicatesse ; **CONTR.** cynisme, effronterie).

pudibond, e adj. Qui fait preuve d'une pudeur excessive ; prude (**CONTR.** égrillard, impudique).

pudibonderie n.f. Caractère pudibond ; pruderie.

pudique adj. **1.** Qui fait preuve de pudeur : *Une attitude pudique* (**SYN.** décent ; **CONTR.** indécent). *Une personne pudique* (**SYN.** chaste ; **CONTR.** inconvenant). **2.** Qui manifeste de la réserve, de la délicatesse : *Elle a fait quelques allusions pudiques à ses difficultés financières* (**SYN.** discret, réservé ; **CONTR.** impudique).

pudiquement adv. D'une manière pudique : *Il a baissé pudiquement les yeux.*

puer v.i. (lat. *putere,* de *pus, puris,* pus) [conj. 7]. **1.** (Suivi d'un compl. de qualité). Exhaler l'odeur désagréable de : *Ce chiffon pue l'essence* (**SYN.** empester). **2.** (Sans compl.). Répandre une odeur désagréable : *Les égouts puent* (= sentent mauvais). **3.** Porter l'empreinte évidente et désagréable de : *Ces affaires puent l'escroquerie.*

puériculteur, trice n. Auxiliaire médical spécialiste de puériculture.

puériculture n.f. (du lat. *puer,* enfant). Ensemble des connaissances et des techniques nécessaires aux soins des tout-petits.

puéril, e adj. (lat. *puerilis*, de *puer*, enfant). **1.** Qui appartient à l'enfance : *Un visage puéril* (**SYN.** enfantin, poupin). **2.** *Péjor.* Qui paraît déplacé chez un adulte : *Une remarque puérile* (**SYN.** immature, infantile).

puérilement adv. De façon puérile : *Réagir puérilement.*

puérilité n.f. **1.** Caractère de ce qui est puéril, enfantin : *La puérilité d'un jugement* (**SYN.** infantilisme, naïveté ; **CONTR.** maturité). **2.** Action ou chose peu sérieuse : *Ces dialogues sont un ramassis de puérilités* (**SYN.** enfantillage).

puerpéral, e, aux adj. (du lat. *puerpera*, accouchée, de *puer*, enfant, et *parere*, enfanter). Relatif aux suites de l'accouchement : *Une fièvre puerpérale.*

pugilat n.m. (lat. *pugilatus*). Rixe à coups de poing : *La dispute tourne au pugilat* (**SYN.** bagarre).

pugiliste n.m. *Litt.* Boxeur.

pugilistique adj. Relatif à la boxe.

pugnace [pygnas] adj. (lat. *pugnax, pugnacis*, belliqueux, de *pugnus*, poing). *Litt.* Combatif ; qui aime la discussion, la polémique : *Une jeune députée pugnace.*

pugnacité [pygnasite] n.f. *Litt.* Goût pour la lutte, pour la polémique : *C'est à la pugnacité du maire que l'on doit la construction du métro* (**SYN.** acharnement, combativité, ténacité).

puîné, e adj. et n. (de *puis* et *né*). *Vieilli* Qui est né après un de ses frères ou une de ses sœurs ; cadet.

puis [pɥi] adv. (du lat. *post*, après). **1.** Indique la succession dans le temps : *Elle raconta ce qui s'était passé, puis se mit à pleurer* (**SYN.** et). **2.** Indique un échelonnement dans l'espace : *En tête venaient les ministres, puis leurs chefs de cabinet* (**SYN.** après, ensuite). **3.** Introduit un nouveau terme dans une énumération : *Nous examinerons les chiffres de vente, puis les coûts de production, enfin les prévisions* (**SYN.** deuxièmement). ▸ *Fam.* ***Et puis,*** d'ailleurs, au reste, de plus : *Je ne l'ai pas encore utilisé, et puis d'abord il faut le régler.*

puisage n.m. Action de puiser.

puisard n.m. Égout vertical fermé dans lequel les eaux usées et les eaux de pluie s'écoulent peu à peu par infiltration.

puisatier n.m. Terrassier spécialisé dans le forage des puits de faible diamètre : *« La Fille du puisatier », comédie dramatique de Marcel Pagnol.*

puiser v.t. (de *puits*) [conj. 3]. **1.** Prendre un liquide avec un récipient : *Puiser de l'eau à la rivière.* **2.** Se procurer dans une réserve : *Les avocats ont puisé leurs arguments dans la jurisprudence* (**SYN.** emprunter, extraire de, tirer de). *Elle puise son courage dans l'amour de ses enfants* (**SYN.** trouver). **3.** (Sans compl.). Se procurer de l'argent : *Un fonds où l'on peut puiser pour financer des projets* (**SYN.** prélever). ▸ ***Puiser aux sources,*** consulter, utiliser les auteurs originaux.

puisette n.f. En Afrique, récipient pour puiser de l'eau.

puisque [pɥisk(ə)] conj. (de *puis* et *que*). **1.** Marque une relation de cause lorsque la raison est connue ou évidente : *Puisqu'il y a des travaux sur l'autoroute, nous prendrons la nationale* (**SYN.** attendu que, étant donné que, vu que). **2.** Dans une phrase exclamative, introduit une justification impatiente : *Mais puisque je vous dis que je n'en sais rien !*

puissamment [pɥisamɑ̃] adv. **1.** D'une manière puissante : *Un navire puissamment armé* (**SYN.** fortement). **2.** À un haut degré : *Un médicament puissamment efficace* (**SYN.** extrêmement, prodigieusement).

puissance n.f. **1.** Pouvoir de commander, de dominer, d'imposer son autorité : *Il se dégage de lui une impression de puissance* (**SYN.** force). *Elle a usé de sa puissance pour leur faire signer cet accord* (**SYN.** ascendant, crédit, influence). **2.** Force pouvant produire un effet ; énergie : *La puissance d'un moteur est exprimée en chevaux-vapeur. La puissance du vent.* **3.** Personne ou chose qui exerce une grande influence : *Lutter contre la puissance de l'argent* (**SYN.** despotisme, domination). **4.** Qualité de qqn qui agit avec force : *La puissance d'un athlète* (**SYN.** vigueur). *Elle a une puissance de travail exceptionnelle* (**SYN.** capacité, faculté). **5.** État souverain : *Les grandes puissances* (**SYN.** nation). *La vente de secrets de fabrication à une puissance étrangère.* **6.** En mathématiques, produit a^n (a puissance n) d'un nombre *a* multiplié n fois par lui-même. ▸ ***En puissance,*** de manière virtuelle : *Un délinquant en puissance* (= potentiel). ◆ **puissances** n.f. pl. ▸ *Litt.* ***Les puissances des ténèbres*** ou ***de l'enfer,*** les démons.

puissant, e adj. (anc. p. présent de *pouvoir*). **1.** Qui a beaucoup de pouvoir, d'autorité, d'influence : *Un chef religieux puissant.* **2.** Qui a un grand potentiel économique, militaire : *De puissants groupes financiers. Une nation puissante.* **3.** Qui a de la force physique ; qui la manifeste : *Une puissante cycliste* (**SYN.** vigoureux). *Des coups puissants* (**SYN.** violent). **4.** Qui agit avec force, intensité : *Un puissant antidouleur* (**SYN.** efficace, énergique). *La plus puissante des consoles de jeux.* ◆ **puissants** n.m. pl. Personnes qui détiennent le pouvoir, la richesse : *Le monde est entre les mains des puissants.*

puits [pɥi] n.m. (lat. *puteus*). **1.** Trou vertical creusé dans le sol pour atteindre la nappe d'eau souterraine la plus proche : *S'asseoir sur la margelle d'un puits.* **2.** Trou creusé dans le sol en vue d'extraire un minerai, ou destiné à toute autre fin industrielle : *Un puits de pétrole. Un puits de mine.* ▸ ***Puits de science,*** personne très érudite.

pullman [pulman] n.m. (de *Pullman*, inventeur de ce véhicule). **1.** Autocar très confortable. **2.** *Anc.* Voiture de luxe dans certains trains.

pull-over [pylɔvɛr] ou **pull** [pyl] n.m. (de l'angl. *to pull over*, tirer par-dessus) [pl. *pull-overs, pulls*]. Vêtement en tricot qui s'arrête à la taille et qu'on enfile par la tête (**SYN.** chandail).

pullulation n.f. **1.** Fait de pulluler. **2.** En sciences de la vie, augmentation très rapide du nombre des individus d'une même espèce (**SYN.** pullulement).

pullulement n.m. **1.** En sciences de la vie, pullulation ; prolifération. **2.** Multitude de choses ou de personnes réunies en un même lieu : *Un pullulement de mouches autour du fromage* (**SYN.** fourmillement, grouillement). *Le pullulement des clients le samedi dans les hypermarchés* (**SYN.** affluence). **3.** Grande quantité ; profusion, surabondance : *Le pullulement des sectes* (**SYN.** foisonnement).

pulluler v.i. (lat. *pullulare*, de *pullus*, jeune animal) [conj. 3]. **1.** Se reproduire vite en très grand nombre ; proliférer : *Avec cette chaleur, les insectes pullulent.* **2.** Être en très grand nombre : *Les expressions* *empruntées au sport pullulent dans la langue parlée* (**SYN.** abonder, foisonner). **3. [de].** Être plein de : *Internet pullule de sites consacrés aux jeux* (**SYN.** fourmiller, grouiller).

pulmonaire adj. (du lat. *pulmo, pulmonis,* poumon). Relatif au poumon : *L'asthme est une maladie pulmonaire.*

pulpaire adj. Relatif à la pulpe des dents.

pulpe n.f. (du lat. *pulpa,* chair). **1.** Partie tendre et charnue des fruits, de certains légumes : *La pulpe sucrée d'une prune* (**SYN.** chair). **2.** Extrémité charnue des doigts. **3.** Tissu conjonctif de la cavité dentaire.

pulpeux, euse adj. **1.** Qui contient de la pulpe ; qui en a la consistance : *Un fruit pulpeux* (**SYN.** charnu). **2.** *Fig.* Se dit d'une femme aux formes pleines et sensuelles.

pulpite n.f. Inflammation de la pulpe dentaire.

pulsar [pylsar] n.m. (mot angl., de *pulsating star,* étoile à pulsations). Étoile émettant un rayonnement lumineux dont les impulsions sont très brèves et extrêmement régulières.

pulsation n.f. (lat. *pulsatio,* de *pulsare,* heurter, pousser). Battement du cœur, des artères : *Son cœur bat à cent pulsations par minute.*

pulser v.t. (angl. *to pulse*) [conj. 3]. En technique, faire circuler un fluide par pression : *Un chauffage à air pulsé* (= soufflé par un mécanisme de ventilation).

pulsion n.f. (lat. *pulsio,* de *pellere,* mouvoir, remuer). Force psychique qui pousse l'être humain à certaines actions : *Des pulsions meurtrières.*

pulsionnel, elle adj. Relatif aux pulsions.

pulvérisateur n.m. Instrument ou machine servant à projeter un liquide en fines gouttelettes.

pulvérisation n.f. Action de pulvériser ; fait d'être pulvérisé : *Effectuez une pulvérisation de ce produit dans votre gorge trois fois par jour* (**SYN.** vaporisation).

pulvériser v.t. (lat. *pulverizare,* de *pulvis, pulveris,* poussière) [conj. 3]. **1.** Réduire en poudre, en fines parcelles : *Pulvériser des grains de poivre* (**SYN.** broyer, écraser, moudre). **2.** Projeter un liquide en fines gouttelettes : *Pulvériser un désodorisant* (**SYN.** vaporiser). **3.** Détruire complètement : *L'explosion a pulvérisé le magasin* (**SYN.** anéantir). ▸ ***Pulvériser un record,*** le dépasser très largement.

pulvériseur n.m. Appareil agricole utilisé pour briser les mottes de terre.

pulvérulence n.f. État d'un corps pulvérulent.

pulvérulent, e adj. Qui est réduit en poudre : *De la chaux pulvérulente.*

puma n.m. (mot quechua). Mammifère carnivore d'Amérique (**SYN.** cougouar).

punaise n.f. (du lat. *putere,* puer, et *nasus,* nez). **1.** Insecte à corps aplati dégageant une odeur nauséabonde. **2.** Petit clou à tête large, à pointe courte, qui s'enfonce par simple pression du pouce.

punaiser [pyneze] v.t. [conj. 4]. Fixer à l'aide de punaises : *Punaiser une affiche sur une porte.*

① **punch** [pɔ̃ʃ] n.m. (mot angl., du hindi) [pl. *punchs*]. Boisson aromatisée, à base de rhum, de sirop de canne et de divers jus de fruits.

② **punch** [pœnʃ] n.m. inv. (mot angl. signif. « coup »). **1.** Qualité d'un boxeur dont les coups sont décisifs. **2.** *Fam.* Efficacité, dynamisme : *Elle a beaucoup de punch.*

puncheur [pœnʃœr] n.m. Boxeur dont le punch est la principale qualité.

punching-ball [pœnʃiŋbol] n.m. (de l'angl. *punching,* en frappant, et *ball,* ballon) [pl. *punching-balls*]. Ballon maintenu à hauteur d'homme par des liens élastiques et servant à s'entraîner à la boxe.

puncture [pɔ̃ktyr] n.f. Piqûre de la peau à l'aide d'un instrument, pratiquée dans l'acupuncture, la mésothérapie ou la vaccination par bague.

puni, e adj. et n. Qui subit une punition (**CONTR.** impuni).

punique adj. (lat. *punicus,* de Carthage). Relatif à Carthage, aux Carthaginois.

punir v.t. (lat. *punire, poenire,* de *poena,* peine) [conj. 32]. **1.** Châtier pour un acte délictueux, pour une faute ; infliger une peine à : *Il faut punir les coupables* (**SYN.** condamner). **2. [de].** Frapper d'une sanction : *La loi punit les récidivistes d'une peine d'emprisonnement* (**SYN.** sanctionner). **3.** Faire subir un mal, un désagrément à qqn pour sa conduite : *Une crise de foie a puni sa gourmandise* (**CONTR.** récompenser).

punissable adj. Qui mérite une punition : *Une infraction punissable d'une amende* (**SYN.** passible).

punitif, ive adj. Qui a pour objet de punir : *Organiser une expédition punitive* (= des représailles).

punition n.f. **1.** Action de punir : *La punition des fauteurs de troubles incombe au juge* (**SYN.** répression). **2.** Peine infligée pour un manquement au règlement ; condamnation : *Recevoir une punition. Infliger une punition* (**SYN.** châtiment, sanction).

punk [pœnk ou pœ̃k] adj. inv. (mot anglo-amér. signif. « voyou »). Se dit d'un mouvement musical et culturel de contestation de l'ordre social, alliant provocation et dérision : *Des musiciens punk. La mode punk.* ◆ n. Adepte de ce mouvement : *Les coiffures des punks.*

① **pupillaire** [pypilɛr] adj. Dans la langue juridique, relatif à un, à une pupille : *Le tuteur défend les intérêts pupillaires.*

② **pupillaire** [pypilɛr] adj. En médecine, relatif à la pupille de l'œil : *Les réflexes pupillaires.*

① **pupille** [pypij] n. (lat. *pupillus,* mineur, de *pupus,* petit garçon). Orphelin mineur ou incapable majeur placé en tutelle. ▸ ***Pupille de la nation,*** orphelin de guerre bénéficiant d'une tutelle particulière de l'État. ***Pupille de l'État,*** dont la tutelle est déférée à l'État (pour les enfants, on disait *pupille de l'Assistance publique*).

② **pupille** [pypij] n.f. (lat. *pupilla,* mineure, de *pupa,* petite fille). Orifice au centre de l'iris de l'œil (**SYN.** prunelle).

pupitre n.m. (lat. *pulpitum,* estrade). **1.** Petit meuble à plan incliné utilisé pour lire, écrire, à une hauteur commode : *Un pupitre d'écolier. Un chef d'orchestre italien est au pupitre* (= dirige l'orchestre). **2.** Tableau de commande et de contrôle d'une machine, d'une installation informatique.

pupitreur, euse n. Technicien chargé de la mise en route et de la surveillance d'une installation informatique.

pur, e adj. (lat. *purus*). **1.** Qui est sans mélange : *Un produit utilisé pur ou dilué. Un foulard en pure soie* (**SYN.** naturel). *Du pur jus de fruits.* **2.** Qui n'est ni altéré, ni vicié, ni pollué : *Respirer l'air pur* (**SYN.** sain ; **CONTR.** impur, irrespirable). *L'eau pure d'un torrent* (**SYN.** clair, limpide ; **CONTR.** trouble). *Cet instrument rend un son pur* (**SYN.** cristallin). **3.** Qui est sans corruption, sans défaut moral : *De jeunes députés purs et généreux* (**SYN.** candide, désintéressé, innocent ; **CONTR.** corrompu, malhonnête). *Avoir des intentions pures* (**SYN.** honnête ; **CONTR.** douteux, inavouable). **4.** Qui est absolument, exclusivement tel : *Un pur génie* (**SYN.** authentique, véritable). *Une pure coïncidence* (**SYN.** parfait, simple, total). **5.** Se dit d'une activité intellectuelle considérée hors de toute préoccupation pratique : *La recherche pure* (**SYN.** fondamental, théorique ; **CONTR.** appliqué). **6.** Qui présente une harmonie dépouillée et sans défaut : *La ligne pure d'une église romane* (**SYN.** parfait). *Il parle un français très pur* (**SYN.** châtié, élégant). ▸ ***Corps pur,*** en chimie, composé dans lequel aucun élément étranger ne peut être décelé expérimentalement. ***Pur et dur,*** qui défend une théorie, un dogme, sous tous leurs aspects : *Des écologistes purs et durs.* ***Pur et simple,*** qui n'est rien d'autre que cela : *C'est de la provocation pure et simple* ; sans aucune condition ni restriction : *Nous vous demandons une reconnaissance pure et simple de votre erreur.* ◆ n. Personne qui s'est donnée tout entière à une cause, à une doctrine, à un parti et les défend en toute occasion.

purée n.f. (de l'anc. fr. *purer,* nettoyer, du lat. *purare,* purifier). **1.** Préparation culinaire faite avec des légumes cuits à l'eau et écrasés ; spécial., cette préparation faite avec des pommes de terre : *Une purée de carottes. Du jambon avec de la purée.* **2.** *Fam.* Grande gêne, misère : *Être dans la purée.* ▸ *Fam.* ***Purée de pois,*** brouillard épais. ◆ interj. *Fam.* Exprime l'étonnement, l'admiration ou le dépit.

purement adv. Exclusivement et totalement : *Un cas purement théorique* (**SYN.** uniquement). ▸ ***Purement et simplement,*** sans réserve ni condition : *Elle a purement et simplement démissionné.*

pureté n.f. **1.** Qualité de ce qui est pur, sans mélange ni défaut : *La pureté du ciel. La pureté d'un diamant* (**SYN.** limpidité ; **CONTR.** imperfection). **2.** Qualité d'une personne, d'un sentiment qui n'a rien de vil, de mesquin : *La pureté des enfants* (**SYN.** candeur, ingénuité, innocence ; **CONTR.** abjection, bassesse). *La pureté d'un sentiment* (**SYN.** fraîcheur, honnêteté ; **CONTR.** mesquinerie, vilenie).

purgatif, ive adj. et n.m. Se dit d'une substance qui a une action laxative, qui sert à purger.

purgatoire n.m. **1.** Dans la religion catholique, lieu où les âmes des défunts achèvent de se racheter de leurs fautes avant d'accéder au paradis. **2.** *Fig.* Période d'épreuve transitoire : *Cette erreur lui a valu six mois de purgatoire.*

purge n.f. **1.** Action de purger, de vidanger, d'éliminer des résidus : *Faire la purge d'une citerne. La purge d'un incinérateur.* **2.** Évacuation du contenu intestinal ; fam., substance qui la provoque : *Prendre une purge* (**SYN.** purgatif). **3.** Élimination des personnes jugées indésirables dans un groupe : *Procéder à une purge chez les extrémistes* (**SYN.** épuration).

purger v.t. (lat. *purgare,* de *purus,* pur) [conj. 17]. **1.** Éliminer d'un récipient ou d'une enceinte fermée les gaz, les liquides ou les résidus indésirables : *Purger un radiateur.* **2.** *Vieilli* Provoquer l'évacuation du contenu intestinal ; traiter par un purgatif : *« On purge bébé » de Feydeau.* **3.** Éliminer d'un groupe les éléments jugés indésirables : *Purger un parti des extrémistes* (**SYN.** épurer). **4.** Demeurer détenu pendant le temps d'une peine : *Purger dix ans de prison.*

purgeur n.m. Appareil, dispositif pour purger une tuyauterie, une installation.

purificateur, trice adj. Qui sert à purifier : *Une confession purificatrice* (**SYN.** purificatoire). ◆ **purificateur** n.m. Appareil électrique qui aspire l'air et le restitue après l'avoir purifié à travers des filtres.

purification n.f. **1.** Action de purifier : *La purification de l'eau par ébullition* (**SYN.** assainissement, épuration ; **CONTR.** pollution). **2.** Rites religieux qui délivrent des impuretés physiques ou morales. ▸ ***Purification ethnique*** → **ethnique.**

purificatoire adj. Qui purifie, redonne une pureté religieuse : *Une cérémonie purificatoire.*

purifier v.t. (lat. *purificare,* de *purus,* pur) [conj. 9]. **1.** Rendre un liquide, une matière plus sains en les débarrassant des impuretés : *Purifier de l'eau* (**SYN.** clarifier, épurer, filtrer). *Purifier l'air* (**SYN.** assainir). **2.** *Litt.* Débarrasser de ce qui obsède, angoisse ou culpabilise : *Son aveu l'a purifié* (**SYN.** laver).

purin n.m. (de l'anc. fr. *purer,* nettoyer). Liquide qui s'écoule du fumier et qui est utilisé comme engrais.

purisme n.m. **1.** Souci extrême de la pureté du langage poussant à refuser toute évolution. **2.** Souci de la perfection dans l'exercice d'un art, d'un métier ; perfectionnisme.

puriste n. et adj. Personne qui manifeste du purisme ; perfectionnisme : *Les puristes condamnent cette tournure familière. Les puristes du jazz.*

puritain, e n. et adj. (angl. *puritan*). Personne qui fait preuve d'une grande rigidité de principes (**SYN.** rigoriste). ◆ adj. Qui est marqué par une grande rigueur morale : *Une éducation puritaine* (**SYN.** austère, sévère, strict ; **CONTR.** laxiste).

puritanisme n.m. Grande austérité de principes ; attitude puritaine : *Son puritanisme le rend intolérant* (**SYN.** rigorisme, sévérité ; **CONTR.** laxisme).

purpura [pyrpyra] n.m. (mot lat. signif. « pourpre »). En médecine, éruption de taches rouges dues à de petites hémorragies sous la peau.

purpurin, e adj. *Litt.* Qui est d'une couleur proche du pourpre : *Des fleurs purpurines.*

pur-sang [pyrsɑ̃] n.m. inv. Cheval d'une race française élevée pour la course : *Vente des pur-sang d'un haras.*

purulence n.f. État de ce qui contient ou produit du pus : *La purulence d'une plaie.*

purulent, e adj. Qui contient du pus ; qui produit du pus : *Des cloques purulentes. Une otite purulente.*

pus [py] n.m. (lat. *pus, puris*). Liquide jaunâtre qui se forme à la suite d'une inflammation, d'une plaie.

pusillanime [pyzilanim] adj. et n. (lat. *pusillanimus,* de *pusillus animus,* esprit mesquin). *Litt.* Se dit de qqn, de son comportement, qui manque d'audace, de courage : *Un ministre pusillanime* (**SYN.** frileux, timoré ;

CONTR. déterminé, résolu). *Une conduite pusillanime* (**SYN.** lâche ; **CONTR.** audacieux, hardi).

pusillanimité [pyzilanimite] n.f. *Litt.* Caractère d'une personne pusillanime (**SYN.** timidité ; **CONTR.** audace, hardiesse).

pustule n.f. (lat. *pustula,* de *pus, puris,* pus). **1.** Petite cloque contenant du pus : *Les pustules de la variole.* **2.** Petite vésicule sur la peau des crapauds.

pustuleux, euse adj. En médecine, relatif aux pustules ; qui est caractérisé par des pustules.

putain ou **pute** n.f. (de l'anc. fr. *pute,* du lat. *putere,* puer). (Terme d'injure). *Vulg.* Prostituée ; femme débauchée.

putatif, ive adj. (lat. *putativus,* de *putare,* penser, estimer). Dans la langue juridique, qui est supposé avoir une existence légale : *Le père putatif de qqn* (= qui passe pour le père mais ne l'est pas).

putois n.m. (de l'anc. fr. *put,* puant). **1.** Mammifère carnivore, s'attaquant aux animaux de basse-cour, et dont la fourrure, brun foncé, est recherchée. **2.** Fourrure de cet animal. ▸ ***Crier comme un putois,*** crier très fort ; protester en poussant des cris perçants.

putréfaction n.f. Décomposition d'un organisme mort ; pourriture : *Un corps en état de putréfaction avancée.*

putréfier v.t. (du lat. *putrefacere,* pourrir, de *pus, puris,* pus) [conj. 9]. Provoquer la putréfaction de : *L'humidité a putréfié les fruits* (**SYN.** avarier, gâter, pourrir ; **CONTR.** conserver, préserver). ◆ **se putréfier** v.pr. Être en putréfaction : *Les déchets se sont putréfiés* (**SYN.** se décomposer).

putrescible adj. Qui est susceptible de pourrir : *Du bois putrescible* (**CONTR.** imputrescible).

putride adj. **1.** Qui est en état de putréfaction : *La dépouille putride d'un sanglier* (= en décomposition). **2.** Qui est produit par la putréfaction : *Des relents putrides.*

putsch [putʃ] n.m. (mot all. signif. « échauffourée »). Coup d'État ou soulèvement organisé par un groupe de militaires en vue de s'emparer du pouvoir.

putschiste [putʃist] adj. et n. Relatif à un putsch ; qui y participe : *Les rebelles putschistes.*

putt [pœt] ou **putting** [pœtiŋ] n.m. (mot angl., de *to put,* placer, mettre). Au golf, coup joué sur le green, pour faire rouler doucement la balle vers le trou.

① **putter** [pœtœr] n.m. (mot angl.). Au golf, club utilisé pour jouer un putt.

② **putter** [pœte] v.i. [conj. 3]. Au golf, jouer un putt.

puy n.m. (du lat. *podium,* tertre). En Auvergne, montagne volcanique.

puzzle [pœzl] n.m. (mot angl.). **1.** Jeu de patience fait de fragments découpés qu'il faut rassembler pour reconstituer une image. **2.** *Fig.* Problème très compliqué dont la résolution exige que soient rassemblés de nombreux éléments épars : *Ce témoignage permet de reconstituer le puzzle de sa journée* (**SYN.** énigme, mystère).

P.-V. ou **P-V** [peve] n.m. inv. (sigle de *procès-verbal*). *Fam.* Contravention pour infraction au Code de la route.

PVC [pevese] n.m. inv. (abrév. de l'angl. *polyvinylchloride*). Polychlorure de vinyle, matière plastique très utilisée.

P.V.D. ou **PVD** [pevede] n.m. inv. (sigle). ▸ ***Pays en voie de développement*** → **développement.**

pygargue n.m. (du gr. *pugê,* croupion, et *argos,* blanc). Aigle de grande taille, au plumage noir et blanc.

pygmée adj. (du gr. *pugmaios,* haut d'une coudée). Relatif aux Pygmées, populations nomades de petite taille vivant dans la forêt équatoriale africaine.

pyjama n.m. (mot angl., du persan). Vêtement de nuit ou d'intérieur composé d'une veste et d'un pantalon.

pylône n.m. (du gr. *pulôn,* porche, de *pulê,* porte). Support, métallique ou en béton, d'une ligne électrique aérienne, de câbles.

pylore n.m. (du gr. *pulôros,* qui garde la porte, de *pulê,* porte). En anatomie, orifice inférieur de l'estomac.

pyogène adj. et n.m. (du gr. *puon,* pus). En médecine, qui provoque la formation de pus.

pyorrhée n.f. (gr. *puorroia,* de *puon,* pus). En médecine, écoulement de pus.

pyralène n.m. Huile synthétique utilisée pour l'isolation, et dont la décomposition accidentelle provoque des dégagements toxiques de dioxine.

pyramidal, e, aux adj. Qui a la forme d'une pyramide : *Une structure pyramidale.* ▸ ***Vente pyramidale, emprunt pyramidal,*** pratique, illégale en France, dans laquelle les gains proviennent du parrainage d'autres personnes dans le système ou de la vente de produits à de nouveaux venus, qui à leur tour les vendent à d'autres (on dit aussi *une pyramide financière*).

pyramide n.f. (lat. *pyramis, pyramidis*). **1.** Grand monument à base rectangulaire et à quatre faces triangulaires, dans l'Égypte ancienne et le Mexique précolombien. **2.** En géométrie, solide qui a pour base un polygone et pour faces des triangles ayant un sommet commun. **3.** Entassement d'objets, s'élevant en forme de pyramide : *Une pyramide de chaussures, de canettes.* ▸ ***Pyramide des âges,*** représentation graphique donnant, à une date déterminée, la répartition par âge et par sexe d'un groupe d'individus. ***Pyramide financière,*** vente pyramidale, emprunt pyramidal.

pyramidion n.m. Petite pyramide qui couronne un obélisque.

Pyrex [pirɛks] n.m. (nom déposé). Verre très résistant à la chaleur : *Un plat en Pyrex.*

pyroclastique adj. (du gr. *pûr, puros,* feu, et *klastos,* brisé). Se dit d'une roche formée de projections volcaniques.

pyrogène adj. et n.m. En médecine, se dit d'une substance qui provoque la fièvre (par opp. à antipyrétique et à fébrifuge).

pyrogravure n.f. Procédé de décoration du bois, du cuir, au moyen d'une pointe métallique incandescente.

pyrolyse n.f. (du gr. *pûr, puros,* feu). Décomposition chimique obtenue par chauffage : *Un four à pyrolyse* (= qui se nettoie par ce procédé).

pyromane n. Personne atteinte de pyromanie ; incendiaire.

pyromanie n.f. Impulsion maladive qui entraîne certaines personnes à allumer des incendies.

pyromètre n.m. Instrument pour la mesure des hautes températures.

pyrométrie n.f. Mesure des hautes températures.

pyrotechnicien, enne n. Spécialiste de pyrotechnie.

pyrotechnie n.f. Science et technique des explosifs, de leur emploi et des mélanges servant dans les feux d'artifice.

pyrotechnique adj. Relatif à la pyrotechnie.

pythagoricien, enne adj. et n. (de *Pythagore,* mathématicien et philosophe grec). Relatif à la doctrine de Pythagore ; qui en est partisan.

pythie [piti] n.f. (du gr. *Puthia,* la Pythienne, de *Puthô,* région de Delphes). **1.** Dans l'Antiquité grecque, prophétesse de l'oracle d'Apollon à Delphes ; pythonisse, sibylle. **2.** *Litt.* Femme qui prétend prédire l'avenir ; devineresse : *Les pythies de la mode.*

python n.m. (du gr. *Puthôn,* nom d'un serpent fabuleux tué par Apollon). Serpent non venimeux, qui étouffe ses proies dans ses anneaux. ☞ **REM.** Ne pas confondre avec *piton.*

pythonisse n.f. **1.** Dans l'Antiquité grecque, femme douée du don de prophétie ; pythie, sibylle. **2.** *Litt.* Voyante.

pyxide n.f. (du gr. *puxis,* boîte, de *puxos,* buis). Fruit sec de certaines plantes dont la partie supérieure s'ouvre comme un couvercle.

Q q

q [ky] n.m. inv. Dix-septième lettre (consonne) de l'alphabet français. ▸ ***Q.s.p.,*** sigle de « quantité suffisante pour », qui désigne, à la fin d'une formule pharmaceutique, le poids ou le volume d'excipient entrant dans la composition du médicament (on peut aussi écrire *qsp* ou *qs*).

qat ou **khat** [kat] n.m. (mot ar.). Substance hallucinogène extraite des feuilles d'un arbuste ; arbuste portant ces feuilles.

Q.C.M. ou **QCM** [kyseɛm] n.m. inv. (sigle). ▸ ***Questionnaire à choix multiple*** → **questionnaire.**

Q.G. ou **QG** [kyʒe] n.m. inv. (sigle). ▸ ***Quartier général*** → **quartier.**

Q.H.S. ou **QHS** [kyaʃɛs] n.m. inv. (sigle). ▸ ***Quartier de haute sécurité*** → **quartier.**

Q.I. ou **QI** [kyi] n.m. inv. (sigle). ▸ ***Quotient intellectuel*** → **quotient.**

qibla n.f. inv. (mot ar.). Dans la religion islamique, direction de La Mecque.

① **quad** [kwad] n.m. (mot angl., abrév. de *quadrangle,* parallélépipède). Roller dont les roues ne sont pas en ligne.

② **quad** [kwad] n.m. (mot angl., abrév. de *quadricycle*). Sorte de moto à quatre roues, tout-terrain, à usage sportif ou utilitaire.

quadra [kadra ou kwadra] n. (abrév.). *Fam.* Personne quadragénaire : *Les quadras du parti.* ◆ adj. inv. *Fam.* Qui est quadragénaire : *Les chanteuses quadra.*

quadragénaire [kadraʒenɛr ou kwadraʒenɛr] adj. et n. Qui est âgé de quarante à quarante-neuf ans (abrév. fam. quadra).

quadrangulaire [kwadrɑ̃gylɛr ou kadrɑ̃gylɛr] adj. Qui a quatre angles.

quadrant [kadrɑ̃] n.m. (du lat. *quadrere,* rendre carré). En géométrie, quart d'une circonférence : *Un quadrant vaut 90°.*

quadrature [kwadratyr ou kadratyr] n.f. (du lat. *quadratus,* carré). En géométrie, réduction d'une figure au carré de surface équivalente. ▸ ***C'est la quadrature du cercle,*** se dit d'un problème impossible à résoudre (parce que le carré de surface équivalente au cercle ne peut être trouvé).

quadri [kwadri ou kadri] n.f. (abrév.). **1.** Quadrichromie. **2.** Quadriphonie.

quadriceps [kwadrisɛps] n.m. (mot lat.). Muscle antérieur de la cuisse permettant l'extension de la jambe.

quadrichromie [kwadrikrɔmi ou kadrikrɔmi] n.f. Impression d'un livre en quatre couleurs, le jaune, le magenta, le cyan et le noir (abrév. quadri).

quadriennal, e, aux [kwadrijenal ou kadrijenal, o] adj. Qui dure quatre ans ; qui revient tous les quatre ans : *Les jeux Olympiques sont quadriennaux.*

quadrige [kadriʒ ou kwadriʒ] n.m. (lat. *quadrigae,* de *jugum,* joug). Dans l'Antiquité, char à deux roues, attelé de quatre chevaux de front.

quadrilatère [kwadrilatɛr ou kadrilatɛr] n.m. En géométrie, figure à quatre côtés : *Le trapèze et le carré sont des quadrilatères.*

quadrillage [kadrijaʒ] n.m. **1.** Ensemble de lignes qui divisent une surface en carrés : *Reproduire un dessin sur un quadrillage.* **2.** Opération militaire ou policière destinée à s'assurer le contrôle d'une zone : *La police a immédiatement procédé au quadrillage du quartier.*

quadrille [kadrij] n.m. (esp. *cuadrilla*). **1.** Troupe de cavaliers dans un carrousel. **2.** Danse, en vogue au XIXe siècle, exécutée par quatre couples de danseurs.

quadriller [kadrije] v.t. [conj. 3]. **1.** Diviser au moyen d'un quadrillage : *Quadriller un plan pour le reproduire. Du papier quadrillé.* **2.** Procéder à un quadrillage militaire ou policier : *L'armée quadrille ce secteur.*

quadrillion [kwadriljɔ̃] n.m. → **quatrillion.**

quadrimoteur [kwadrimɔtœr ou kadrimɔtœr] n.m. et adj. m. Avion qui possède quatre moteurs.

quadripartite [kwadripartit ou kadripartit] adj. Qui est composé de quatre parties ou éléments : *Une négociation quadripartite.*

quadriphonie [kwadrifɔni ou kadrifɔni] n.f. Procédé d'enregistrement et de reproduction des sons faisant appel à quatre canaux (abrév. quadri).

quadriplégie [kwadripleʒi] n.f. Tétraplégie.

quadriréacteur [kwadrireaktœr ou kadrireaktœr] n.m. et adj. m. Avion muni de quatre réacteurs.

quadrumane [kwadryman ou kadryman] adj. et n.m. *Vx* Qui a quatre mains : *Les singes sont quadrumanes.*

quadrupède [kwadrypɛd ou kadrypɛd] adj. et n.m. Se dit d'un animal qui marche sur quatre pattes.

quadruple [kadrypl ou kwadrypl] adj. et n.m. (lat. *quadruplex,* de *plicare,* plier). **1.** Qui vaut quatre fois autant : *Des ventes quadruples de celles de l'an dernier.* **2.** Qui est au nombre de quatre : *Un quadruple étiquetage sur les articles soldés.*

quadrupler [kadryple ou kwadryple] v.t. [conj. 3]. Multiplier par quatre : *Quadruplez votre capital grâce à ce placement.* ◆ v.i. Être multiplié par quatre : *Le nombre des faillites a quadruplé en un an.*

quadruplés, ées [kadryple ou kwadryple] n. pl. Les quatre enfants nés d'une même grossesse.

quai [ke] n.m. (du gaul.). **1.** Terre-plein aménagé au bord de l'eau pour l'accostage des bateaux ; voie de circulation aménagée le long d'un cours d'eau. **2.** Dans les gares, plate-forme ou trottoir qui s'étend le long des voies : *Les voyageurs attendent sur le quai.*

quaker, eresse [kwekœr, kwekres] n. (de l'angl. *to quake,* trembler). Membre d'un mouvement religieux protestant.

qualifiable adj. **1.** (Surtout en tournure négative). Se dit d'un acte qu'on peut qualifier : *Sa conduite est difficilement qualifiable* (CONTR. inqualifiable). **2.** Se dit d'un sportif qui peut se qualifier : *Une équipe qualifiable pour la finale.*

qualifiant, e adj. Qui donne une qualification, une compétence : *Des stages qualifiants.*

qualificatif, ive adj. **1.** En grammaire, qui exprime la qualité, la manière d'être : *Des adjectifs qualificatifs.* **2.** Qui permet de se qualifier pour une compétition : *Des essais qualificatifs.* ◆ **qualificatif** n.m. **1.** Terme indiquant la manière d'être : *Un qualificatif louangeur* (SYN. épithète). **2.** En grammaire, adjectif qualificatif.

qualification n.f. **1.** Attribution d'une valeur, d'un titre : *Ce musicien mérite la qualification de génie* (SYN. appellation, dénomination). **2.** Niveau de compétence reconnu à un travailleur suivant sa formation, son expérience : *Ce poste correspond à sa qualification* (CONTR. déqualification). **3.** Fait de satisfaire à un ensemble de conditions pour pouvoir participer à la phase ultérieure d'une compétition : *Elle a obtenu sa qualification pour la finale* (CONTR. disqualification). **4.** Détermination de la nature juridique d'un acte et du texte qui en détermine la sanction.

qualifié, e adj. **1.** Qui a la compétence nécessaire : *Elle est qualifiée pour ce poste. Je ne suis pas qualifié pour vous répondre.* **2.** Qui est considéré comme : *Une explosion qualifiée d'accidentelle. Des entretiens qualifiés de positifs.* **3.** Qui peut participer à la phase suivante d'une épreuve : *Les relayeuses sont qualifiées pour la finale.* **4.** Dans la langue juridique, se dit d'un délit transformé en crime en raison de circonstances aggravantes : *Un vol qualifié.*

qualifier v.t. (lat. *qualificare,* de *qualis,* quel) [conj. 9]. **1.** Attribuer une qualité, un titre à : *La loi qualifie d'assassinat l'homicide volontaire avec préméditation* (SYN. appeler, désigner). *L'adjectif qualifie le nom auquel il se rapporte.* **2.** Donner à un concurrent, une équipe le droit de participer à une autre épreuve : *Cette performance les a qualifiés pour les jeux Olympiques* (CONTR. disqualifier). **3.** Donner à qqn la qualité, la compétence : *Son expérience la qualifie pour exercer cette fonction* (CONTR. déqualifier). ◆ **se qualifier** v.pr. Obtenir sa qualification dans une épreuve sportive.

qualitatif, ive adj. Relatif à la qualité, à la nature des objets (par opp. à quantitatif) : *Une évolution qualitative des produits.*

qualitativement adv. Du point de vue de la qualité : *Analyser qualitativement des résultats.*

qualité n.f. (lat. *qualitas,* de *qualis,* quel). **1.** Manière d'être, bonne ou mauvaise, de qqch : *Comparer la qualité des services* (SYN. caractère, performance). *Un vin de qualité médiocre* (SYN. nature). **2.** Supériorité, excellence en qqch : *Il préfère la qualité à la quantité. Le label est un gage de qualité* (SYN. valeur). **3.** Chacun des aspects positifs d'un objet, d'un produit : *Ce modèle n'a pas les qualités du précédent* (SYN. mérite, vertu ; CONTR. défaut). **4.** Ce qui fait le mérite de qqn : *Les postulantes ont de nombreuses qualités* (SYN. aptitude, capacité ; CONTR. faiblesse). **5.** Ce qui caractérise une personne du point de vue civil, social, juridique : *Sa qualité de maire l'autorise à prendre des mesures.* ▸ ***En qualité de,*** comme, à titre de : *Il a rejoint l'équipe en qualité d'assistant.* ***Ès qualités,*** dans la langue juridique, en agissant au titre de sa charge, de sa fonction : *La ministre a parlé ès qualités.* ***Haute Qualité Environnementale*** (nom déposé) ou ***HQE,*** démarche volontaire qui vise à maîtriser l'impact d'une construction neuve sur l'environnement et sur le confort et la santé de ses occupants. ***Qualité de la vie,*** tout ce qui contribue à créer des conditions de vie plus harmonieuses ; ensemble de ces conditions.

qualiticien, enne n. Dans une entreprise, personne chargée de veiller à la qualité des produits fabriqués.

quand [kɑ̃] adv. interr. (lat. *quando*). Sert à interroger sur le moment d'une action, d'un événement : *Quand arriverez-vous ?* (= à quelle heure ou à quelle date). *À quand remonte le décès ? Elle ne sait pas quand ce sera réparé. Depuis quand est-il directeur ? Jusqu'à quand restera-t-elle ?* ◆ conj. **1.** Marque une relation temporelle de simultanéité ou de postériorité : *Quand la sonnette a retenti, elle travaillait* (= au moment où ; SYN. lorsque). *Quand un mél arrive, un message s'affiche* (= chaque fois que). *Je partirai quand je voudrai.* **2.** Marque l'opposition : *Il regarde la télévision quand il devrait travailler* (SYN. alors que). ▸ ***Quand même,*** marque une opposition : *C'est interdit, mais ils l'ont quand même fait* (= malgré tout) ; sous la forme exclamative, exprime l'impatience, la réprobation : *Ah ! quand même ! le bruit a cessé* (= enfin).

quanta [kɑ̃ta ou kwɑ̃ta] n.m. pl. → **quantum.**

quant à [kɑ̃ta] loc. prép. (du lat. *quantum,* combien, et *ad,* vers). Sert à isoler qqn, qqch qui se distingue du reste, des autres : *Quant à moi, je pars ce soir* (= en ce qui me concerne, pour ma part). *Quant à changer de sujet, il n'en est pas question* (= pour ce qui est de).

quant-à-soi [kɑ̃taswa] n.m. inv. Attitude distante : *Il reste sur son quant-à-soi* (SYN. réserve).

quantième [kɑ̃tjɛm] n.m. (de l'anc. fr. *quant,* combien, du lat. *quantus*). ▸ ***Quantième du mois,*** numéro d'ordre du jour dans le mois : *Quel quantième ou à quel quantième du mois sommes-nous ?* (= quel jour).

quantifiable adj. Qui peut être mesuré, chiffré : *Des bénéfices quantifiables.*

quantification n.f. Action de quantifier : *La quantification des besoins énergétiques.*

quantifier v.t. (du lat. *quantus,* combien grand) [conj. 9]. Déterminer avec précision et exprimer en chiffres ; chiffrer : *La juge a quantifié le préjudice sur la base d'une expertise médicale* (SYN. évaluer, mesurer).

quantique [kɑ̃tik ou kwɑ̃tik] adj. En physique, relatif aux quanta, à la théorie des quanta : *La mécanique quantique.*

quantitatif, ive adj. Relatif à la quantité (par opp. à qualitatif) : *Des données quantitatives.*

quantitativement adv. Du point de vue de la quantité.

quantité n.f. **1.** Propriété de ce qui peut être mesuré, compté : *« Assez, beaucoup, combien, moins » sont des adverbes qui servent à exprimer la quantité.* **2.** Poids, volume, nombre déterminant une portion d'un tout, une collection de choses : *Calculer la quantité de farine nécessaire pour faire un gâteau* (SYN. dose). *Une grande quantité de films ne sont pas des chefs-d'œuvre.* **3.** Un grand nombre : *Quantité de personnes espèrent que cette réunion débouchera sur un accord* (SYN. beaucoup, nombre). *Une quantité de contrats sont à revoir* (SYN. infinité, montagne, multitude). *L'entreprise a des ordinateurs en quantité* (= elle en a beaucoup). ▸ ***Quantité négligeable*** → **négligeable.**

quantum [kwãtɔm ou kãtɔm] n.m. (mot lat. signif. « quelle quantité ») [pl. *quanta*]. **1.** Quantité déterminée : *Fixer le quantum de subventions.* **2.** En physique, quantité minimale d'énergie pouvant être émise ou propagée : *La théorie des quanta est à la base de la physique moderne.*

quarantaine n.f. **1.** Nombre de quarante ou d'environ quarante : *Un bourg à une quarantaine de kilomètres. Une quarantaine de pianistes y participent.* **2.** Âge d'à peu près quarante ans : *Il a la quarantaine.* **3.** Isolement, originellement de quarante jours, imposé à des personnes, des animaux ou des marchandises en provenance d'un pays où règne une maladie contagieuse. ▸ ***Mettre qqn en quarantaine,*** l'exclure temporairement d'un groupe.

quarante adj. num. card. inv. (lat. *quadraginta*). **1.** Quatre fois dix : *Une assemblée de quarante femmes. En quarante-huit heures* (= en deux jours). **2.** (En fonction d'ordinal). De rang numéro quarante ; quarantième : *Reportez-vous à la page quarante.* ▸ ***Les Quarante,*** les membres de l'Académie française. ***Se moquer*** ou ***se soucier de qqch comme de l'an quarante,*** n'en tenir aucun compte. ◆ n.m. inv. **1.** Le nombre qui suit trente-neuf dans la série des entiers naturels : *Trente plus dix égale quarante.* **2.** Désigne selon les cas le numéro d'une chambre, d'une habitation : *Rendez-vous devant le quarante de cette rue.*

quarantenaire adj. **1.** Qui dure quarante ans. **2.** Relatif à une quarantaine sanitaire : *Une maladie quarantenaire* (= qui nécessite une quarantaine).

quarantième adj. num. ord. De rang numéro quarante : *C'est la quarantième entreprise à s'installer ici.* ◆ n. Personne, chose qui occupe le quarantième rang : *Elle est la quarantième à entrer.* ◆ adj. et n.m. Qui correspond à la division d'un tout en quarante parties égales : *La quarantième partie d'un terrain. Vous avez droit au quarantième des bénéfices.* ▸ ***Les quarantièmes rugissants,*** zone des mers australes située entre le quarantième et le cinquantième degré de latitude sud, où les marins sont confrontés à des vents très violents.

quark [kwark] n.m. (mot angl. tiré d'un roman de James Joyce). En physique, particule fondamentale se présentant par triplets.

quart [kar] n.m. (du lat. *quartus,* quatrième). **1.** Partie correspondant à l'une des quatre divisions égales d'un tout : *Deux est le quart de huit. Les trois quarts de la population. Trois heures et quart* ou *trois heures un quart* (= et quinze minutes). **2.** Bouteille d'un quart de litre ; son contenu : *Boire un quart d'eau minérale.* **3.** Petit gobelet métallique ayant une contenance d'un quart de litre. **4.** Service de veille de quatre heures, sur un bateau : *Être de quart.* ▸ ***Au quart de tour,*** immédiatement, avec une grande précision : *Ce moteur démarre au quart de tour* ; fig., très rapidement : *Il réagit au quart de tour.* ***Aux trois quarts,*** en grande partie : *Un travail aux trois quarts terminé.* ***De trois quarts,*** se dit de qqn qui se tient dans une position intermédiaire entre la position de face et la position de profil : *Un portrait de trois quarts.* *Fam.* ***Les trois quarts du temps,*** la plupart du temps. *Fam.* ***Passer un mauvais quart d'heure,*** vivre un moment pénible. ***Quart de finale,*** en sports, phase éliminatoire d'une compétition opposant deux à deux huit concurrents. ***Quart d'heure,*** quatrième partie d'une heure, soit quinze minutes : *Je serai là dans trois quarts d'heure* (= 45 minutes) ; bref espace de temps : *Elle revient dans un petit quart d'heure.* ◆ adj. m. *Vx* Quatrième : *Le « Quart Livre » de Rabelais.*

① **quarte** adj. f. (du lat. *quartus,* quatrième). ▸ ***Fièvre quarte*** → **fièvre.**

② **quarte** n.f. (it. *quarta*). Dans les jeux de cartes, série de quatre cartes qui se suivent dans une même couleur.

quarté [karte] n.m. Pari dans lequel il faut déterminer les quatre premiers arrivants d'une course.

① **quarteron** n.m. (de *quartier*). *Péjor.* Petit nombre : *« Un quarteron de généraux en retraite »* [C. de Gaulle].

② **quarteron, onne** n. (esp. *cuarterón,* de *cuarto,* quart). Métis ayant un quart d'ascendance de couleur et trois quarts d'ascendance blanche.

quartette [kwartɛt] n.m. (angl. *quartet*). Formation de jazz composée de quatre musiciens.

quartidi [kwartidi] n.m. (lat. *quartus,* quatrième, et *dies,* jour). Quatrième jour de la décade du calendrier républicain.

quartier n.m. **1.** Portion de qqch divisé en quatre parties : *Découper une pomme en quartiers* (SYN. quart). **2.** Portion de qqch divisé en parties inégales : *Un quartier de fromage.* **3.** Division naturelle de certains fruits : *Des quartiers de pamplemousse* (SYN. tranche). **4.** Masse importante détachée d'un ensemble : *Un quartier de bœuf* (SYN. morceau). **5.** Phase de la Lune dans laquelle la moitié du disque lunaire est visible : *La Lune est dans son premier quartier.* **6.** Division administrative d'une ville : *La mairie de quartier* (SYN. arrondissement). **7.** Partie d'une ville ayant certaines caractéristiques ou une certaine unité : *Un quartier résidentiel. Les quartiers défavorisés.* **8.** Espace qui environne immédiatement, dans une ville, le lieu où l'on se trouve et, en partic., le lieu d'habitation : *Nous aimons notre quartier. Les commerçants du quartier.* **9.** Partie d'une prison affectée à une catégorie particulière de détenus : *Le quartier des prisonniers libérables.* **10.** Ensemble de bâtiments où une troupe militaire est cantonnée ; caserne. ▸ ***Avoir quartier libre,*** être autorisé à sortir ou à faire ce qu'on veut. ***Ne pas faire de quartier,*** massacrer tout le monde ; n'avoir aucune pitié. ***Quartier de haute sécurité*** ou ***Q.H.S.,***

quartier dans l'enceinte d'une prison où étaient affectés les prisonniers jugés dangereux. ***Quartier général*** ou ***Q.G.***, poste de commandement d'un officier général et de son état-major. ***Quartiers de noblesse,*** ascendants nobles d'un individu, pris à la même génération. ***Quartiers d'hiver,*** lieux qu'occupent les troupes, une personne pendant la mauvaise saison.

quartier-maître n.m. (all. *Quartiermeister*) [pl. *quartiers-maîtres*]. Grade le moins élevé dans la marine militaire.

quart-monde n.m. (pl. *quarts-mondes*). **1.** Ensemble formé par les pays en développement les plus défavorisés. **2.** Dans un pays développé, partie la plus défavorisée de la population.

quarto [kwarto] adv. (mot lat.). En quatrième lieu ; quatrièmement.

quartz [kwarts] n.m. (mot all.). Silice cristallisée présente dans de nombreuses roches ; cristal de quartz utilisé en horlogerie : *Une montre à quartz.*

quasar [kwazar ou kazar] n.m. (de l'anglo-amér. *quasi stellar astronomical radiosource*). Astre de très grande luminosité et ayant l'apparence d'une étoile.

① **quasi** [kazi] adv. (mot lat. signif. « comme si, pour ainsi dire »). **1.** Presque ; à peu près : *Un silence quasi religieux.* **2.** (En composition avec un trait d'union devant un nom). Marque une très légère restriction : *Dans la quasi-totalité des cas.*

② **quasi** [kazi] n.m. Morceau du cuisseau du veau.

quasiment [kazimɑ̃] adv. *Fam.* Presque ; à peu près : *J'ai quasiment fini.*

Quasimodo [kazimɔdo] n.f. (des mots lat. *quasi* et *modo* commençant la messe de ce jour). Premier dimanche après Pâques.

quater [kwatɛr] adv. (mot lat.). **1.** Pour la quatrième fois : *Son immeuble est au trente quater de la rue Pontet.* **2.** Quatrièmement.

quaternaire [kwatɛrnɛr] adj. et n.m. (du lat. *quaterni*, quatre à la fois). Quatrième période géologique de l'histoire de la Terre, commencée il y a environ deux millions d'années et qui continue aujourd'hui.

quatorze adj. num. card. inv. **1.** Treize plus un : *Il y a quatorze concurrentes.* **2.** (En fonction d'ordinal). De rang numéro quatorze ; quatorzième : *Louis XIV.* ◆ n.m. inv. **1.** Le nombre qui suit treize dans la série des entiers naturels : *Douze et deux font quatorze.* **2.** Désigne selon les cas le jour, le numéro d'une chambre, etc. : *La réunion est reportée au quatorze.*

quatorzième adj. num. ord. De rang numéro quatorze : *Le quatorzième siècle. La quatorzième visiteuse.* ◆ n. Personne, chose qui occupe le quatorzième rang : *Elle est la quatorzième du marathon.* ◆ adj. et n.m. Qui correspond à la division d'un tout en quatorze parties égales : *Vous disposez des deux quatorzièmes de cette somme.*

quatorzièmement adv. En quatorzième lieu.

quatrain n.m. Strophe ou poème de quatre vers.

quatre adj. num. card. inv. (lat. *quatuor*). **1.** Trois plus un : *Les quatre membres. Les quatre saisons. Un hôtel quatre étoiles* (= de luxe). *Les quatre invitées.* **2.** (En fonction d'ordinal). De rang numéro quatre ; quatrième : *Philippe IV le Bel. Les pages quatre et cinq.* ▸ ***Comme quatre,*** autant que quatre personnes : *Il mange comme quatre* (= beaucoup). ***Monter, descendre l'escalier quatre à quatre,*** très vite, comme si l'on franchissait quatre marches à chaque enjambée. ***Ne pas y aller par quatre chemins,*** aller droit au but. *Fam.* ***Se mettre*** ou ***se couper en quatre,*** faire tout son possible pour rendre service. *Fam.* ***Un de ces quatre matins*** ou ***un de ces quatre,*** un de ces jours. ◆ n.m. inv. **1.** Le nombre qui suit trois dans la série des entiers naturels ; le chiffre représentant ce nombre : *Quatre est divisible par deux. Le quatre romain s'écrit IV.* **2.** Face d'un dé, carte à jouer marquée de quatre points : *Le quatre de cœur.* **3.** Désigne selon les cas le jour, le numéro d'une chambre, etc. : *Nous partons le quatre.*

quatre-épices n.m. inv. Plante des Antilles rappelant à la fois le poivre, la cannelle, la muscade et le girofle.

quatre-heures n.m. inv. *Fam.* Goûter : *Venez prendre votre quatre-heures.*

quatre-mâts [katrəmɑ] n.m. inv. Voilier à quatre mâts.

quatre-quarts [katrəkar] n.m. inv. Gâteau dans lequel la farine, le beurre, le sucre, les œufs sont à poids égal.

quatre-quatre [katrəkatr] n.m. inv. Automobile à quatre roues motrices.

quatre-saisons [katrəsezɔ̃] n.f. inv. ▸ ***Marchand, marchande des quatre-saisons,*** qui vend des fruits et des légumes, dans une voiture à bras, sur la voie publique.

quatre-vingt adj. num. → **quatre-vingts.**

quatre-vingt-dix [katrəvɛ̃dis] adj. num. card. inv. **1.** Neuf fois dix : *Les quatre-vingt-dix personnes présentes.* **2.** (En fonction d'ordinal). De rang numéro quatre-vingt-dix ; quatre-vingt-dixième : *Le chapitre quatre-vingt-dix.* ◆ n.m. inv. **1.** Le nombre qui suit quatre-vingt-neuf dans la série des entiers naturels : *Quatre-vingts plus dix font quatre-vingt-dix.* **2.** Désigne selon les cas le numéro d'une chambre, d'un concurrent, etc. : *Le quatre-vingt-dix a gagné.*

quatre-vingt-dixième [katrəvɛ̃dizjɛm] adj. num. ord. De rang numéro quatre-vingt-dix : *La quatre-vingt-dixième candidate.* ◆ n. Personne, chose qui occupe le quatre-vingt-dixième rang : *Le quatre-vingt-dixième a réussi.* ◆ adj. et n.m. Qui correspond à la division d'un tout en quatre-vingt-dix parties égales : *La quatre-vingt-dixième partie d'un lot.*

quatre-vingtième [katrəvɛ̃tjɛm] adj. ord. De rang numéro quatre-vingt : *La quatre-vingtième fois.* ◆ n. Personne, chose qui occupe le quatre-vingtième rang : *La quatre-vingtième de la liste.* ◆ adj. et n.m. Qui correspond à la division d'un tout en quatre-vingts parties égales : *Les trois quatre-vingtièmes de la copropriété.*

quatre-vingts [katrəvɛ̃] adj. num. card. Quatre fois vingt : *Quatre-vingts hommes. Versez quatre-vingts euros.* ◆ **quatre-vingts** n.m. inv. **1.** Le nombre qui suit soixante-dix-neuf dans la série des entiers naturels : *Quatre-vingts est divisible par cinq.* **2.** Désigne selon les cas le numéro d'une chambre, d'un concurrent, etc. : *Servez le quatre-vingts.* ◆ **quatre-vingt** adj. num. ord. De rang numéro quatre-vingt ; quatre-vingtième : *Les pages dix et quatre-vingt. « Femmes* *des années quatre-vingt »* [Michel Sardou]. ◆ **quatre-vingt** adj. num. card. (Suivi d'un autre num.). Quatre fois vingt : *Quatre-vingt-un.*

quatrième adj. num. ord. De rang numéro quatre : *Elle est quatrième du concours.* ▸ ***En quatrième vitesse,*** très vite (= à toute vitesse). ◆ n. Personne, chose qui occupe le quatrième rang : *Elle fait la quatrième à la belote. Elle habite au quatrième* (= au quatrième étage). ◆ n.f. **1.** En France, classe constituant la troisième année du premier cycle de l'enseignement secondaire : *Passer en quatrième.* **2.** Quatrième vitesse d'un véhicule : *Passer la quatrième.*

quatrièmement adv. En quatrième lieu.

quatrillion [katriljɔ̃] ou **quadrillion** [kwadriljɔ̃] n.m. Un million de trillions.

quattrocento [kwatrɔtʃɛnto] n.m. sing. (mot it., de *quattro,* quatre, et *cento,* cent). (Précédé de l'art. déf.). Le XVe siècle italien.

quatuor [kwatɥɔr] n.m. (mot lat. signif. « quatre »). **1.** Composition musicale à quatre parties : *Quatuor à cordes.* **2.** Ensemble vocal ou instrumental de quatre exécutants : *Faire partie d'un quatuor.*

① **que** [kə] conj. sub. (du lat. *quia,* parce que). **1.** Introduit une proposition complétive : *Il demande que nous l'aidions. Elle a prouvé qu'elle avait raison. J'aimerais qu'il soit là.* **2.** (Suivi du subj.). Dans une proposition principale ou indépendante, introduit un ordre à la 3e personne, un souhait, une imprécation : *Mais qu'elle se décide ! Qu'il aille au diable !* **3.** Dans une proposition subordonnée, reprend la conjonction qui introduit la première subordonnée : *Puisque tout le monde est arrivé et qu'il est l'heure, nous pouvons commencer. S'il le veut et que vous le pouvez, faites-le.* **4.** Introduit le second terme d'une comparaison : *Ces ordinateurs sont plus performants que les précédents. Elle est telle que je l'imaginais. Ce sont les mêmes que les autres.* **5.** Sert à former des locutions conjonctives : *Elle fait en sorte que tous se sentent bien. Ils sont sortis après que la séance a été levée.* ▸ ***Ne... que,*** marque l'exception, la restriction : *Cette affaire ne fait que commencer* (= elle commence seulement).

② **que** [kə] pron. relat. (lat. *quem,* accusatif de *qui*). Assure, dans une proposition relative, la fonction de complément d'objet direct : *Les films que nous avons vus. Les personnes qu'elle a invitées arrivent. Les émissions que je veux voir passent la semaine prochaine.*

③ **que** [kə] pron. interr. (du lat. *quid,* quoi). **1.** Sert à interroger sur une chose : *Que puis-je faire pour vous ? Que devient cette réforme ? Que se passe-t-il ?* **2.** Introduit une interrogative indirecte à l'infinitif : *Je ne sais que dire* (**SYN.** quoi). ☞ **REM.** Dans la langue parlée, on entend souvent les formules renforcées *qu'est-ce que ?, qu'est-ce qui ?*

④ **que** [kə] adv. interr. (de *3. que*). *Sout.* Interroge sur la cause : *Que ne le disiez-vous plus tôt ?* (**SYN.** pourquoi). ◆ adv. exclam. **1. [de].** Indique une grande quantité : *Que de questions sans réponses !* (**SYN.** combien). *Que de personnalités dans cette assemblée !* **2.** Indique une forte intensité : *Que cette femme est gentille !* (**SYN.** comme). *Que ce film est long !* ▸ *Fam.* ***Ce que,*** indique une intensité : *Ce que la circulation est difficile en ville !*

québécisme [kebesism] n.m. Fait de langue propre au français parlé au Québec.

québécois, e [kebekwa, az] adj. et n. De la province du Québec ; de la ville de Québec.

quechua [ketʃwa] ou **quichua** [kitʃwa] n.m. Langue amérindienne du Pérou et de la Bolivie, qui fut la langue de l'Empire inca.

quel, quelle [kɛl] adj. interr. (lat. *qualis*). Interroge sur l'identité, la qualité : *De quelle personne s'agit-il ?* (= de qui s'agit-il ?). *Quelle heure est-il ? Quel temps fait-il ? Quelles en sont les conséquences ? À quel endroit vous trouvez-vous ?* ◆ adj. exclam. Marque l'admiration, la compassion, l'indignation : *Quelle superbe performance ! Quelle énergie déployée ! Quel pauvre homme ! Quel saccage !*

quelconque adj. indéf. (lat. *qualiscumque*). N'importe quel : *Elle s'est absentée pour une raison quelconque. Utilisez un quelconque objet pointu.* ◆ adj. *Fam.* Qui est médiocre, sans valeur : *C'est une personne parfaitement quelconque* (**SYN.** banal, insignifiant ; **CONTR.** original, remarquable).

quel que, quelle que adj. relat. indéf. (Suivi du subj.). Exprime la concession, l'indétermination : *La prochaine directrice quelle qu'elle soit devra se charger de cela. Quels qu'aient été les moyens employés, il est parvenu à ses fins.* ☞ **REM.** Ne pas confondre *quel que* : *quel que soit son avis* et *quelque... que* : *quelque brave qu'il soit.*

① **quelque** adj. indéf. **1.** (Au sing.). Indique une quantité, une durée, une valeur, un degré indéterminés, génér. faibles : *À quelque distance* (= à une certaine distance). *Pendant quelque temps. Cela n'ira pas sans susciter quelque étonnement.* **2.** (Au pl.). Indique un petit nombre : *Un café fréquenté par quelques habitués. À quelques heures d'intervalle.* ▸ ***Et quelques,*** après un nom de nombre, indique une addition peu importante : *À dix kilomètres et quelques* (= à un peu plus de). *Litt.* ***Quelque*** (+ n.) ***que*** (+ subj.), indique une concession ou une opposition : *Quelques théories qu'elle soutienne, chacun l'approuve* (= quelles que soient les théories).

② **quelque** adv. Indique une approximation : *Il y a quelque trente ans* (= à peu près ; **SYN.** environ). *Elle a investi quelque deux mille euros.* ▸ *Litt.* ***Quelque*** (+ adj. ou adv.) ***que*** (+ subj.), indique une concession ou une opposition : *Quelque irrecevables que soient ces demandes, elles soulèvent un problème fondamental* (**SYN.** pour).

quelque chose pron. indéf. m. **1.** Désigne une chose indéterminée : *Avez-vous quelque chose à répondre ? Vous boirez bien quelque chose de chaud* (= n'importe quelle boisson). *« Quelque chose » est abrégé en « qqch » dans ce dictionnaire.* **2.** Indique un événement dont on n'ose pas dire ou dont on ignore la nature : *Les revoir m'a fait quelque chose* (= m'a touché). *Il est certainement arrivé quelque chose de grave. J'y suis un peu pour quelque chose* (= j'y ai contribué).

quelquefois adv. Dans certaines circonstances ; de temps à autre : *Il m'arrive quelquefois de penser que tout va s'arranger. Elle nous en parle quelquefois* (**SYN.** parfois).

quelque part adv. **1.** Indique un lieu quelconque :

Posez-le quelque part (= n'importe où, où vous voulez). **2.** Indique un lieu, un point abstrait, qu'on a du mal à définir : *Je l'ai déjà vu quelque part. Il existe quelque part dans les menus du logiciel une solution à notre problème.* **3.** *Fam.* S'emploie par euphémisme pour désigner les fesses ou les toilettes : *Je vais lui mettre mon pied quelque part* (= dans le derrière). *Il a besoin d'aller quelque part.*

quelques-uns, quelques-unes [kɛlkəzœ̃, kɛlkəzyn] pron. indéf. pl. Indique un nombre indéterminé mais limité de personnes ou de choses : *Ce qui est valable pour quelques-uns ne l'est pas nécessairement pour tous* (**SYN.** certains). *Elle a rencontré quelques-unes de ses collègues* (**SYN.** plusieurs). *De nouveaux sites se sont créés sur Internet ; quelques-uns rendent de grands services. Quelques-unes des innovations du Salon sont commercialisées.*

quelqu'un, e [kɛlkœ̃, kɛlkyn] pron. indéf. *Litt.* Indique une personne quelconque entre plusieurs : *Quelqu'un de ses proches l'a accueillie* (= l'un). *Il s'adressera à quelqu'une des avocates.* ◆ **quelqu'un** pron. indéf. m. **1.** Désigne une personne indéterminée : *Quelqu'un a téléphoné* (**SYN.** on). *J'irai voir quelqu'un d'autre* (= n'importe qui d'autre). **2.** (Suivi d'un adj. introduit par *de* ou d'une relative). Désigne la personne dont il est question ou une personne que l'on ne nomme pas : *C'est quelqu'un de bien. Voilà quelqu'un en qui j'ai toute confiance.* ▸ ***Se croire quelqu'un,*** être, se croire une personne d'importance, de valeur : *Depuis sa promotion, il se croit quelqu'un.*

quémander v.t. (de l'anc. fr. *caymant,* mendiant) [conj. 3]. Solliciter humblement et avec insistance : *Il en a été réduit à quémander quelques avances sur son salaire* (**SYN.** demander, implorer).

quémandeur, euse n. Personne qui quémande : *Le ministre ne reçoit pas les quémandeurs* (**SYN.** solliciteur).

qu'en-dira-t-on n.m. inv. *Fam.* Ce que disent les autres ; l'opinion d'autrui : « ... *contemplaient un puissant gorille, / Sans souci du qu'en-dira-t-on* » [*le Gorille,* G. Brassens]. *Ignorer les qu'en-dira-t-on* (**SYN.** on-dit).

quenelle n.f. (de l'all. *Knödel,* boule de pâte). Rouleau composé d'une farce de poisson ou de viande hachés, liée à l'œuf.

quenotte n.f. (de l'anc. fr. *cane,* dent). *Fam.* Dent de petit enfant.

quenouille n.f. (du lat. *conocula*). **1.** Tige de bois ou d'osier utilisée autref. pour maintenir le textile à filer. **2.** Au Québec et dans l'ouest de la France, grande plante du bord des étangs, dont les fleurs forment un épi compact. ▸ ***Tomber en quenouille,*** être abandonné ; échouer.

querelle [kərɛl] n.f. (du lat. *querela,* plainte en justice, de *queri,* se plaindre). **1.** Contestation amenant des échanges de mots violents : *Des querelles de voisinage ont éclaté* (**SYN.** altercation, scène). **2.** Débat dans lequel des thèses s'opposent vivement : *La querelle des partisans et des adversaires de la mondialisation* (**SYN.** controverse, polémique). ▸ ***Chercher querelle à qqn,*** le provoquer.

quereller [kərɛle] v.t. [conj. 4]. *Litt.* Faire des reproches à : *Il les a querellés sur leur conduite* (**SYN.** gronder, houspiller). ◆ **se quereller** v.pr. S'adresser mutuellement des reproches : *Ils se sont querellés au sujet des invitations* (**SYN.** se disputer).

querelleur, euse [kərɛlœr, øz] adj. et n. Qui aime les querelles et les provoque (**SYN.** batailleur ; **CONTR.** accommodant, conciliant).

quérir v.t. (du lat. *quaerere,* chercher). *Litt.* Chercher avec l'intention d'amener, d'apporter : *Je vais quérir des secours.*

quèsaco adv. interr. (mot prov. signif. « qu'est-ce que c'est ? »). *Fam.* Qu'est-ce ? : *Tiens, goûte ça ! — Quèsaco ?*

qu'est-ce que pron. interr. → **3. que.**

questeur [kɛstœr] n.m. (lat. *quaestor,* de *quaerere,* chercher). **1.** Dans l'Antiquité, magistrat romain chargé de fonctions financières. **2.** Membre élu du bureau d'une assemblée parlementaire, chargé de la gestion financière et de l'administration intérieure.

question n.f. (lat. *quaestio,* de *quaerere,* chercher). **1.** Demande faite pour obtenir une information, vérifier des connaissances : *Le juge lui a posé beaucoup de questions.Posez vos questions sur notre site* (= interrogez-nous). *À l'oral, les étudiants tirent leur question au sort* (**SYN.** interrogation). **2.** Domaine, matière à examiner ou à discuter : *Cette question sera au centre des débats* (**SYN.** point, sujet). *Rédiger un rapport sur la question des quotas* (**SYN.** affaire). **3.** Difficulté portant sur un sujet particulier : *Ils font grève pour des questions de salaire* (**SYN.** problème). **4.** Technique de contrôle parlementaire qui permet d'interroger le gouvernement : *Question écrite, orale.* **5.** Autref., torture appliquée aux accusés pour les faire avouer : *Soumettre qqn à la question.* ▸ ***En question,*** dont il s'agit, dont on parle : *Le logiciel en question offre des possibilités nouvelles.* ***Être en question,*** poser un problème ; être en cause : *La sécurité dans les transports est maintenant en question.* ***Faire question,*** être douteux, discutable : *Ses capacités d'adaptation font question.* ***Il est question de,*** il s'agit de : *Une émission où il est question de la pollution.* ***Il n'en est pas question*** ou ***c'est hors de question,*** exprime un refus catégorique. ***Mettre qqch en question,*** faire naître des doutes à ce sujet : *Sa gestion a été mise en question.* *Fam.* ***Question*** ou ***question de*** (+ n.), en ce qui concerne... : *Question organisation, tout est prévu.* ***Question de confiance,*** dans un régime parlementaire, procédure par laquelle le chef du gouvernement invite une assemblée à approuver sa politique par un vote. ***Question de principe,*** règle à observer en toutes circonstances : *Elle veut payer sa part, pour elle c'est une question de principe.* ***Remettre qqch en question,*** cesser de le considérer comme acquis, rouvrir le débat à ce sujet.

questionnaire n.m. **1.** Série de questions auxquelles on doit répondre : *Vous devez remplir un questionnaire.* **2.** Dans une enquête par sondage, série de questions posées à un échantillon de population. ▸ ***Questionnaire à choix multiple*** ou ***Q.C.M.,*** série de questions proposant pour chacune d'elles plusieurs réponses entre lesquelles il faut choisir.

questionnement n.m. Fait de s'interroger sur qqch.

questionner v.t. [conj. 3]. Poser des questions à :

Les enfants ont pu questionner les experts sur l'Europe (**SYN.** interroger).

questionneur, euse n. Personne qui pose sans cesse des questions.

questure [kɛstyr] n.f. **1.** Bureau des questeurs d'une assemblée délibérante. **2.** Dans l'Antiquité, charge de questeur.

quête n.f. (du lat. *quaerere,* chercher). **1.** Action de recueillir de l'argent pour des œuvres charitables ; somme recueillie : *Organiser une quête pour les sans-abri* (**SYN.** collecte). **2.** *Litt.* Action de chercher : *Une quête éperdue d'amour* (**SYN.** recherche). ▸ ***En quête de,*** à la recherche de : *La police fouille la maison en quête de preuves.*

quêter v.t. [conj. 4]. Rechercher comme une faveur : *Il quêtait un peu de réconfort* (**SYN.** demander, solliciter). ◆ v.i. Recueillir des aumônes : *Quêter pour une grande cause.*

quêteur, euse n. Personne qui quête.

quetsche [kwɛtʃ] n.f. (mot alsacien). **1.** Grosse prune oblongue, de couleur violette. **2.** Eau-de-vie faite avec ce fruit.

quette n.f. En Suisse, petite tresse de cheveux.

① **queue** [kø] n.f. (lat. *cauda*). **1.** Prolongement flexible de la colonne vertébrale de nombreux vertébrés ; plumes du croupion d'un oiseau : *Le chien remue la queue. La queue en tire-bouchon d'un cochon. La queue d'un paon.* **2.** Extrémité du corps opposée à la tête, chez diverses espèces animales : *La queue d'une langouste.* **3.** Trait plus ou moins vertical dans le dessin de certains signes graphiques : *La queue d'un q, d'une note de musique.* **4.** Partie rétrécie d'une feuille, d'une fleur, etc., leur servant de support ; pétiole : *La queue d'une prune.* **5.** Partie d'un objet, de forme allongée, servant à le saisir : *La queue d'une casserole* (**SYN.** manche). **6.** En astronomie, traînée lumineuse d'une comète. **7.** Dernière partie, derniers rangs d'un groupe qui avance : *Cette délégation est en queue de cortège* (**SYN.** arrière ; **CONTR.** avant, tête). **8.** File de personnes qui attendent leur tour : *Faire la queue au guichet. La queue s'allonge devant le distributeur.* **9.** Ensemble des dernières voitures d'un train, d'une rame de métro : *Monter dans le compartiment de queue.* **10.** Position commune aux derniers rangs d'un classement : *Les équipes en queue de championnat.* **11.** Ce qui est à la fin, au bout de qqch : *La queue d'un orage.* **12.** Au billard, tige de bois avec laquelle on pousse les billes. ▸ ***À la queue leu leu*** → **1. leu.** ***Faire une queue de poisson,*** se rabattre brusquement après avoir dépassé un véhicule. ***Finir en queue de poisson,*** se terminer brusquement, sans conclusion satisfaisante. *Fam.* ***Sans queue ni tête,*** incohérent : *Une conversation sans queue ni tête.*

② **queue** n.f. → **2. queux.**

queue-d'aronde n.f. (pl. *queues-d'aronde*). Tenon qui s'élargit en forme de queue d'hirondelle.

queue-de-cheval n.f. (pl. *queues-de-cheval*). Coiffure aux cheveux resserrés sur le sommet de la tête par un nœud ou une barrette, et retombant sur la nuque.

queue-de-pie n.f. (pl. *queues-de-pie*). *Fam.* Habit de cérémonie masculin à longues basques en pointe.

queue-de-rat n.f. (pl. *queues-de-rat*). Lime ronde et pointue pour limer dans les creux.

queue-de-renard n.f. (pl. *queues-de-renard*). Autre nom de l'*amarante.*

queuter [køte] v.i. [conj. 3]. Au billard, faire une faute en gardant la queue en contact avec la bille après avoir tiré.

① **queux** [kø] n.m. (lat. *coquus,* de *coquere,* cuire). ▸ *Litt.* ***Maître queux,*** cuisinier.

② **queux** ou **queue** [kø] n.f. (lat. *cos, cotis*). Pierre à aiguiser : *Une queux à faux.*

① **qui** [ki] pron. relat. (mot lat.). **1.** Dans une proposition relative, assure la fonction de sujet représentant une personne ou une chose : *C'est elle qui a gagné. Une expérience qui sera une première.* **2.** Dans une proposition relative, assure la fonction de complément prépositif désignant une personne : *Les amies à qui j'ai posé la question. La femme avec qui vous parliez* (**SYN.** lequel). **3.** Sans antécédent, assure la fonction de sujet ou de complément indéterminé représentant toute personne : *« Rira bien qui rira le dernier »* [proverbe] (= celui qui rira le dernier). *« Qui s'y frotte s'y pique »* (**SYN.** quiconque). *Votez pour qui vous voulez.* ▸ *Litt.* ***Qui... qui...,*** l'un..., l'autre... ; les uns..., les autres... : *Ils ont tous participé, qui avec son matériel, qui avec sa compétence.* ◆ **qui que** loc. relat. indéf. (Suivi du subj.). Introduit une proposition relative à nuance concessive : *Qui que vous invitiez, il sera le bienvenu* (= quelle que soit la personne que).

② **qui** [ki] pron. interr. (lat. *quis*). (Dans l'interrogation directe et indirecte). Quelle personne : *Qui est là ? Qui fabrique ces produits ? Je sais qui a fait cela. Par qui l'a-t-elle su ? Je me demande qui les a prévenus. On m'a dit qui vous êtes.*

à **quia** [akɥija] loc. adv. (du lat. *quia,* parce que). ▸ *Litt.* ***Être à quia,*** ne plus savoir que répondre, être embarrassé.

quicageon ou **quiquageon** n.m. (de l'hébreu *kikajon,* ricin, arbre sous lequel s'abrita le prophète Jonas). En Suisse, abri à claire-voie dans un jardin.

quiche n.f. (de l'alsacien *küchen,* gâteau). Dans la cuisine lorraine, tarte salée en pâte brisée garnie de lardons et recouverte d'un mélange d'œufs battus et de crème.

quichua [kitʃwa] n.m. → **quechua.**

quiconque [kikɔ̃k] pron. relat. indéf. (lat. *quicumque*). Dans une proposition relative, représente une personne indéterminée dans la fonction de sujet : *Quiconque sort sans autorisation sera puni. Il en parle à quiconque demande des informations* (= toute personne qui ; **SYN.** qui). ◆ pron. indéf. À l'intérieur d'une proposition, surtout après un comparatif, représente une personne indéterminée : *Je sais mieux que quiconque combien c'est difficile* (**SYN.** personne).

quidam [kidam ou kɥidam] n.m. (mot lat. signif. « un certain »). *Fam.* Homme dont on ignore ou dont on ne veut pas dire le nom : *Un quidam est passé voir si tu étais là.*

quid de [kwiddə] loc. adv. interr. (mot lat. signif. « quoi »). *Fam.* Qu'en est-il de : *Quid de votre nouvel emploi ?*

quiet, quiète [kjɛ, kjɛt] adj. *Litt.* Qui est tranquille, calme : *Vivre dans une atmosphère quiète* (**SYN.** paisible, serein ; **CONTR.** tourmenté, troublé).

quiétude [kjetyd] n.f. (du lat. *quies, quietis,* repos). *Sout.* Tranquillité d'esprit ; atmosphère calme : *Vous pouvez investir en toute quiétude* (**SYN.** sérénité ; **CONTR.** inquiétude). *La quiétude des grands espaces* (**SYN.** paix ; **CONTR.** agitation).

quignon n.m. (de *coin*). Morceau de gros pain ou extrémité d'un pain long, contenant beaucoup de croûte.

① **quille** [kij] n.f. (de l'anc. scand. *kilir*). Pièce longitudinale placée sous la charpente d'un navire pour l'équilibrer.

② **quille** [kij] n.f. (de l'anc. haut all. *kegil*). **1.** Pièce de bois posée verticalement sur le sol, qu'un joueur doit renverser en lançant une boule, dans le jeu dit *jeu de quilles.* **2.** *Fam.* Jambe. ▸ *Arg.* ***La quille,*** la fin du service militaire.

quilleur, euse [kijœr, øz] n. Au Québec et dans l'ouest de la France, joueur de quilles.

quimboiseur [kɛ̃bwazœr] n.m. (mot du créole antillais). Aux Antilles, sorcier ; jeteur de sorts.

quincaillerie [kɛ̃kajri] n.f. (de *clinquaille*). **1.** Ensemble d'objets, d'ustensiles en métal servant au ménage, à l'outillage. **2.** Magasin où l'on vend ces objets.

quincaillier, ère [kɛ̃kaje, ɛr] n. Marchand ou fabricant de quincaillerie.

quinconce n.m. (du lat. *quincunx,* pièce valant cinq onces). ▸ ***En quinconce,*** selon un assemblage par cinq dont quatre à chacun des angles d'un carré et le cinquième au milieu : *Des arbres plantés en quinconce.*

quinine n.f. (de l'esp. *quina,* du quechua). Substance contenue dans l'écorce de quinquina, employée contre le paludisme.

quinqua [kɛ̃ka] adj. inv. (abrév.). *Fam.* Qui est quinquagénaire : *Des dirigeantes quinqua.* ◆ n. *Fam.* Quinquagénaire : *Des quinquas à la tribune.*

quinquagénaire [kɛ̃kaʒenɛr ou kɥɛ̃kwaʒenɛr] adj. et n. Qui est âgé de cinquante à cinquante-neuf ans : *Des femmes quinquagénaires* (abrév. fam. quinqua).

quinquennal, e, aux [kɛ̃kenal, o] adj. (lat. *quinquennalis*). **1.** Qui se fait, se célèbre tous les cinq ans : *Une élection quinquennale.* **2.** Qui s'étend sur cinq ans : *Des plans, des mandats quinquennaux.*

quinquennat [kɛ̃kena] n.m. Durée d'un plan ou d'un mandat quinquennal.

quinquet n.m. (de Antoine *Quinquet,* fabricant de cette lampe). **1.** *Anc.* Lampe à huile. **2.** *Fam.* Œil.

quinquina [kɛ̃kina] n.m. (mot quechua). **1.** Arbre cultivé pour son écorce, riche en quinine ; écorce de cet arbre. **2.** Vin apéritif au quinquina.

quintal n.m. (d'un mot ar.) [pl. *quintaux*]. Unité de mesure de masse, valant 100 kilogrammes (abrév. q).

quinte n.f. (du lat. *quintus,* cinquième). **1.** Accès de toux. **2.** Série de cinq cartes qui se suivent. **3.** En musique, intervalle de cinq degrés dans l'échelle diatonique.

quinté n.m. Pari dans lequel il faut déterminer les cinq premiers chevaux d'une course.

quintessence n.f. (de l'anc. fr. *quinte essence,* la cinquième essence, désignant l'éther, le plus subtil des cinq éléments de l'Univers). *Litt.* Ce qu'il y a de principal, de meilleur dans qqch : *Ce poème représente la quintessence de l'âme russe.*

quintet [kɛ̃tɛt] n.m. (mot angl.). Formation de jazz composée de cinq musiciens.

quintette [kɛ̃tɛt ou kɥɛ̃tɛt] n.m. (it. *quintetto*). Ensemble vocal ou instrumental de cinq exécutants.

quinteux, euse adj. **1.** En médecine, qui se produit par quintes. **2.** *Litt.* Qui a des accès de mauvaise humeur.

quintidi [kɛ̃tidi ou kɥɛ̃tidi] n.m. (du lat. *quintus,* cinquième, et *dies,* jour). Cinquième jour de la décade du calendrier républicain.

quintillion [kɥɛ̃tiljɔ̃ ou kɛ̃tiljɔ̃] n.m. Un million de quatrillions.

quinto [kɥɛ̃to ou kɛ̃to] adv. (mot lat.). (Dans une énumération commençant par *primo*). En cinquième lieu ; cinquièmement.

quintuple [kɛ̃typl] adj. et n.m. (lat. *quintuplex*). **1.** Qui vaut cinq fois autant : *On leur a offert le quintuple du prix qu'ils avaient payé.* **2.** Qui est au nombre de cinq : *Ils ont obtenu une quintuple garantie.*

quintupler [kɛ̃typle] v.t. [conj. 3]. Multiplier par cinq : *L'entreprise a quintuplé ses bénéfices.* ◆ v.i. Être multiplié par cinq : *Le nombre d'habitants a quintuplé en dix ans.*

quintuplés, ées [kɛ̃typle] n. pl. Les cinq enfants nés d'une même grossesse.

quinzaine n.f. **1.** Groupe d'environ quinze unités : *Elle a invité une quinzaine de personnes.* **2.** Période de deux semaines : *Nous partons dans une quinzaine* (= quinze jours). *L'opération se déroule pendant la première quinzaine d'août* (= les deux premières semaines).

quinze adj. num. card. inv. (lat. *quindecim*). **1.** Quatorze plus un : *Les quinze joueuses de l'équipe de rugby.* **2.** (En fonction d'ordinal). De rang numéro quinze ; quinzième : *Louis XV* (= le quinzième roi à s'appeler Louis). *Le tome quinze* (= le quinzième tome). ◆ n.m. inv. **1.** Le nombre qui suit quatorze dans la suite des entiers naturels ; le chiffre représentant ce nombre : *Douze et trois font quinze.* **2.** Désigne selon les cas le jour, le numéro d'une chambre, etc. : *Nous sommes le quinze.* **3.** (Précédé de l'art. déf. et suivi d'un adj. ou d'un compl.). Équipe de rugby : *Le quinze* ou *le XV de France.*

quinzième [kɛ̃zjɛm] adj. num. ord. De rang numéro quinze : *La quinzième édition.* ◆ n. Personne, chose qui occupe le quinzième rang : *Elle est la quinzième de la liste.* ◆ adj. et n.m. Qui correspond à la division d'un tout en quinze parties égales : *La quinzième partie d'une somme. Les deux quinzièmes des marchandises.*

quinzièmement adv. En quinzième lieu.

quinziste n. Joueur de rugby à quinze.

quiproquo [kiprɔko] n.m. (du lat. *quid pro quod,* une chose pour une autre) [pl. *quiproquos*]. Erreur qui fait prendre une chose, une personne pour une autre : *Les pièces de Feydeau sont riches en quiproquos* (**SYN.** malentendu, méprise).

quiquageon n.m. → **quicageon.**

quittance n.f. Attestation écrite par laquelle un

créancier déclare que la somme due a été versée : *Une quittance de loyer.*

quitte adj. (du lat. *quietus,* tranquille). Qui est libéré d'une dette pécuniaire, d'une obligation : *Après ce versement, elle est quitte envers la banque. Il m'a invité, je l'ai invité, maintenant nous sommes quittes.* ▸ ***En être quitte pour,*** n'avoir à subir que l'inconvénient de : *Ils sont arrivés à temps, ils en ont été quittes pour une bonne course.* ***Jouer à quitte ou double,*** risquer le tout pour le tout. ***Tenir quitte,*** dispenser : *Je vous tiens quitte du reste.* ◆ **quitte à** loc. prép. (Suivi de l'inf. ou de *ce que* avec le subj.). Sans s'interdire de ; au risque de : *Il faut l'en informer, quitte à le mettre en colère* ou *quitte à ce qu'il se mette en colère.*

quitter v.t. (de *quitte*) [conj. 3]. **1.** Laisser provisoirement une personne ; se séparer d'elle définitivement : *Je dois vous quitter, car j'ai un rendez-vous. Elle a quitté son mari* (**SYN.** abandonner). **2.** Abandonner un lieu, une activité : *Ils quittent le pays* (= ils s'en vont, émigrent). *Elle quitte son domicile à sept heures* (= elle en sort). *Il a quitté son poste, ses fonctions* (= il a démissionné). **3.** Ôter un vêtement ; se déshabiller : *Elle ne quitte jamais son chapeau* (**SYN.** retirer). **4.** *Litt.* Mourir : *Il nous a quittés.* ▸ ***Ne pas quitter des yeux,*** avoir toujours les regards fixés sur. ***Ne quitte pas, ne quittez pas,*** reste, restez en ligne, au téléphone. ◆ v.i. En Afrique, s'en aller.

quitus [kitys] n.m. inv. (mot lat.). Reconnaissance par un groupe de personnes (associés, copropriétaires) que la gestion de ses affaires est correcte : *Donner quitus à un trésorier.*

qui vive loc. interj. Cri poussé par les sentinelles pour que la personne aperçue ou entendue donne son identité : *« Qui vive là ? cria la sentinelle / Qui vive là ? Vous ne passerez pas »* [*La Chanson du roi Albert*].

qui-vive n.m. inv. ▸ ***Sur le qui-vive,*** sur ses gardes pour parer à tout danger : *Les pompiers restent sur le qui-vive en raison du vent* (= en alerte, aux aguets).

quiz [kwiz] n.m. (mot angl.). Jeu ou concours par questions et réponses.

① **quoi** [kwa] pron. relat. (lat. *quid,* de *quis,* quel). **1.** (Après une prép.). Représente un pronom de sens indéterminé (*ce, rien, quelque chose*) : *Voici ce à quoi j'ai pensé.* **2.** Représente un énoncé déjà exprimé : *Elle avait pris ses précautions, grâce à quoi tout s'est bien passé.* ▸ ***Avoir de quoi*** (+ inf.), avoir ce qui est suffisant, ce qui est nécessaire pour : *J'ai de quoi acheter ce CD. Avoir de quoi vivre.* ***Il n'y a pas de quoi,*** il n'y a pas de raison pour : *Il n'y a pas de quoi s'inquiéter* ; formule de politesse qui répond à un remerciement : *« Je vous remercie. — Il n'y a pas de quoi »* (= cela n'en vaut pas la peine). ◆ **quoi que** loc. relat. indéf. (Suivi du subj.). Introduit une proposition relative marquant une nuance concessive : *Quoi que vous pensiez, c'est elle qui a raison* (= quelle que soit la chose que). *Quoi qu'il advienne, il faut continuer. S'il se produit quoi que ce soit d'anormal, prévenez-moi.* ☞ **REM.** Ne pas confondre avec *quoique.* ▸ ***Quoi qu'il en soit,*** en tout état de cause, en tout cas.

② **quoi** [kwa] pron. interr. (lat. *quid,* de *quis,* quel). (Dans l'interrogation directe ou indirecte). Quelle chose : *Il s'est trompé, mais quoi dire ?* (**SYN.** que). *À quoi pensez-vous ? Je me demande de quoi ils ont parlé.* ◆ **quoi** adv. exclam. **1.** Exprime la surprise, l'indignation, l'impatience : *Quoi, à cette heure-ci rien n'est prêt ! Répondez-moi, quoi !* **2.** Sert à souligner une affirmation : *Il m'a raconté sa journée, comme d'habitude quoi !* ◆ adv. interr. Demande la répétition de ce qui vient d'être dit : *« Il m'a préparé une poutine. — Quoi ? »* ▸ *Fam.* ***Ou quoi,*** ou non : *Vous venez, ou quoi ?* ***Quoi de,*** qu'y a-t-il de : *Quoi de neuf dans l'entreprise ?*

quoique [kwak(ə)] conj. sub. **1.** (Suivi du subj. ou du p. présent). Marque l'opposition, la concession : *Quoiqu'il fasse beaucoup de sport, il n'est pas en pleine forme* (**SYN.** bien que). **2.** (Suivi de l'ind. ou du cond.). Marque ou introduit une restriction : *C'est une innovation, quoique, si je me souviens bien, ce procédé a déjà été employé* (**SYN.** cependant, mais). ☞ **REM.** Ne pas confondre avec *quoi que.*

quolibet n.m. (du lat. *quod libet,* ce qui plaît). Plaisanterie ironique ou injurieuse lancée à qqn ; raillerie malveillante : *Ils ont été accueillis par des quolibets* (**SYN.** moquerie, sarcasme).

quorum [kɔrɔm ou kwɔrɔm] n.m. (mot lat. signif. « desquels »). **1.** Nombre de membres qu'une assemblée doit réunir pour pouvoir valablement délibérer. **2.** Nombre de votants nécessaire pour qu'une élection soit valable : *Le quorum est atteint.*

quota [kɔta ou kwɔta] n.m. (mot lat., de *quotus,* en quel nombre). Pourcentage, contingent fixé : *Établir des quotas de pêche en mer. La loi fixe les quotas pour les élections* (= la proportion de femmes et d'hommes sur les listes).

quote-part [kɔtpar] n.f. (du lat. *quota pars,* part qui revient à chacun) [pl. *quotes-parts*]. Part que chacun doit payer ou recevoir dans la répartition d'une somme : *Chacun a payé sa quote-part de la soirée* (**SYN.** contribution, écot). *Chaque pays membre reçoit sa quote-part des crédits.*

quotidien, enne adj. (lat. *quotidianus,* de *quot,* combien, et *dies,* jour). Qui se fait ou revient chaque jour : *La pratique quotidienne d'un sport* (**SYN.** journalier). *Améliorer la vie quotidienne* (**SYN.** habituel). ◆ **quotidien** n.m. **1.** Journal qui paraît tous les jours : *Les quotidiens régionaux.* **2.** Vie de tous les jours : *Ces heures de trajet sont le quotidien des banlieusards.*

quotidiennement adv. Tous les jours.

quotidienneté n.f. *Sout.* Caractère de ce qui est quotidien : *La quotidienneté des attentats dans un pays en guerre.*

quotient [kɔsjɑ̃] n.m. (du lat. *quoties,* combien de fois). En mathématiques, résultat d'une division : *Le quotient de six divisé par deux est trois.* ▸ ***Quotient intellectuel*** ou ***Q.I.,*** rapport entre l'âge mental mesuré par des tests et l'âge réel d'une personne, multiplié par 100.

quotité n.f. (du lat. *quot,* combien). Somme représentant le montant d'une quote-part.

R *r*

r [ɛr] n.m. inv. Dix-huitième lettre (consonne) de l'alphabet français : *Rouler les « r ».* ▸ ***Les mois en « r »,*** les mois dont le nom comporte la lettre *r* et pendant lesquels on pensait pouvoir consommer des huîtres sans danger.

ra n.m. inv. (onomat.). Série de coups de baguettes donnés sur le tambour, de façon à former un roulement très bref.

rab [rab] n.m. → **rabiot.**

rabab [rabab] n.m. → **rebab.**

rabâchage n.m. *Fam.* Action de rabâcher ; paroles d'une personne qui rabâche : *Nous écoutions ses rabâchages d'une oreille distraite* (**SYN.** radotage, rengaine).

rabâcher v.t. [conj. 3]. *Fam.* Redire sans cesse et de manière lassante : *Il rabâche toujours les mêmes anecdotes* (**SYN.** répéter, ressasser). ◆ v.i. Répéter cent fois les mêmes choses : *Cet animateur rabâche* (**SYN.** radoter).

rabâcheur, euse adj. et n. *Fam.* Qui redit sans cesse la même chose : *Ce journaliste est un rabâcheur* (**SYN.** radoteur).

rabais n.m. Diminution faite sur le prix d'une marchandise : *Il fait un rabais de 10 % à ses meilleurs clients* (**SYN.** réduction, remise, ristourne ; **CONTR.** majoration). ▸ ***Au rabais,*** avec une réduction : *Ils ont écoulé leur stock au rabais* ; par ext., à bon marché : *Ils ne veulent plus travailler au rabais* ; fig., fam., sans valeur : *On leur propose une formation au rabais.*

rabaissement n.m. Action de rabaisser, de dévaloriser : *Le rabaissement de la performance d'un sportif* (**SYN.** dépréciation, dévalorisation ; **CONTR.** valorisation).

rabaisser v.t. [conj. 4]. **1.** Mettre plus bas, ramener à un degré inférieur ; réduire l'autorité, l'influence de : *Vous devrez rabaisser vos prétentions* (**SYN.** baisser, modérer ; **CONTR.** amplifier). *Cette réforme rabaisse le rôle du Parlement* (**SYN.** amoindrir, diminuer, restreindre). **2.** Mettre qqn, qqch au-dessous de leur valeur : *Elle a essayé de nous rabaisser aux yeux de nos amis* (**SYN.** déprécier, dévaluer, discréditer ; **CONTR.** valoriser). ◆ **se rabaisser** v.pr. Déprécier son propre mérite ; s'humilier : *Apprenez à ne pas vous rabaisser.*

rabane n.f. (malgache *rebana*). Tissu de fibre de raphia avec lequel on fabrique des nattes, des tapis de plage, des sandales.

rabat [raba] n.m. **1.** Partie d'un objet conçue pour pouvoir se rabattre, se replier : *Un sac avec des poches à rabat.* **2.** Rabattage. **3.** Revers de col faisant office de cravate, porté par les magistrats et les avocats en robe.

rabat-joie [rabaʒwa] n.m. inv. et adj. inv. Personne qui trouble la joie des autres par son humeur chagrine : *Ne les invitez pas, elles sont trop rabat-joie !* (**SYN.** trouble-fête).

rabattable adj. Que l'on peut rabattre, replier : *Les sièges de la voiture sont rabattables.*

rabattage n.m. Action de rabattre le gibier (**SYN.** rabat).

rabattement n.m. Action de rabattre : *Le rabattement d'un prix* (**SYN.** diminution, minoration ; **CONTR.** augmentation, majoration).

rabatteur, euse n. **1.** Personne chargée de rabattre le gibier. **2.** Personne chargée de trouver de la clientèle pour qqn.

rabattre v.t. [conj. 83]. **1.** Ramener qqch vers le bas, l'appliquer sur autre chose : *Elle rabat le col de son imperméable* (**SYN.** baisser ; **CONTR.** relever). *Rabattre le couvercle des toilettes. Rabats le drap de dessus sur les couvertures* (**SYN.** replier, retourner). **2.** Amener dans une direction, dans une position plus basse : *Le vent rabat la fumée vers le jardin.* **3.** Consentir un rabais : *Le commerçant rabat dix euros sur le prix de départ* (**SYN.** diminuer, minorer, réduire ; **CONTR.** majorer). **4.** À la chasse, pousser le gibier vers les chasseurs. ☞ **REM.** Ne pas confondre avec *rebattre.* ▸ ***En rabattre,*** réduire ses prétentions : *En voyant le niveau des autres candidats, il en a rabattu.* ◆ v.i. ou **se rabattre** v.pr. Quitter soudain une direction pour en prendre une autre : *Ils rabattirent à travers bois. La moto s'est rabattue devant la voiture.* ◆ **se rabattre** v.pr. **[sur].** Accepter, choisir qqch, qqn, faute de mieux : *Comme il n'y avait plus de tarte, nous nous sommes rabattus sur la crème caramel.*

rabbin n.m. (de l'araméen *rabbi,* mon maître). Chef religieux, guide spirituel et ministre du culte d'une communauté juive. ▸ ***Grand rabbin,*** chef d'un consistoire israélite.

rabbinat n.m. **1.** Fonction de rabbin. **2.** Ensemble du corps des rabbins, dans un pays donné.

rabbinique adj. Relatif aux rabbins : *Une école rabbinique* (= où se forment les rabbins).

rabe n.m. → **rabiot.**

rabelaisien, enne adj. **1.** Relatif à Rabelais, à son œuvre. **2.** Qui évoque le style truculent de Rabelais.

rabibocher v.t. (mot dial.) [conj. 3]. *Fam.* **1.** Réparer sommairement qqch : *J'ai rabiboché le fermoir de ton collier.* **2.** Remettre d'accord : *Elle a réussi à rabibocher ses enfants* (**SYN.** réconcilier ; **CONTR.** brouiller). ◆ **se**

rabibocher v.pr. *Fam.* Se réconcilier : *Les deux sœurs se sont enfin rabibochées.*

rabiot n.m. (mot gascon signif. « fretin »). *Fam.* **1.** Ensemble des vivres qui restent après une distribution (abrév. fam. rab ou rabe) : *Certains enfants demandent du rabiot au cuisinier* (**SYN.** supplément). **2.** Temps supplémentaire : *Aujourd'hui, je ne ferai pas de rabiot.*

rabioter v.t. [conj. 3]. *Fam.* Prendre en plus de la part convenue ; obtenir en supplément : *Elle a rabioté quelques minutes de sommeil. Rabioter quelques frites* (**SYN.** grappiller).

rabique adj. (du lat. *rabies,* rage). Relatif à la rage : *Le virus rabique* (**CONTR.** antirabique).

râble n.m. (du lat. *rutabulum,* spatule, de *ruere,* se précipiter). Partie du lièvre et du lapin, qui s'étend depuis le bas des épaules jusqu'à la queue.

râblé, e adj. **1.** Qui a le râble épais : *Un lièvre bien râblé.* **2.** Se dit d'une personne plutôt petite et de forte carrure : *Un jeune homme râblé* (**SYN.** trapu).

rabot n.m. (du mot dial. *rabotte,* lapin). Outil de menuisier servant à aplanir le bois.

rabotage n.m. Action de raboter.

raboter v.t. [conj. 3]. **1.** Aplanir avec un rabot : *Raboter un parquet.* **2.** *Fam.* Frotter rudement ; racler : *Le canoë a raboté les rochers.*

raboteur n.m. Personne qui rabote.

raboteuse n.f. Machine servant à raboter le bois.

raboteux, euse adj. Qui est couvert d'aspérités ; inégal : *Une planche raboteuse* (**SYN.** rugueux). *Un sentier raboteux* (**SYN.** rocailleux ; **CONTR.** plat, uni).

rabougri, e adj. Qui n'a pas atteint son développement normal : *Des cerisiers rabougris* (**SYN.** chétif, rachitique).

rabougrir v.t. (de l'anc. fr. *abougrir,* de *bougre,* faible) [conj. 32]. Retarder la croissance de : *La sécheresse rabougrit la végétation* (**SYN.** atrophier, étioler). ◆ **se rabougrir** v.pr. Se recroqueviller sous l'effet de la sécheresse, de l'âge : *Son corps s'est rabougri* (**SYN.** se ratatiner).

rabouillère n.f. (du mot dial. *rabotte,* lapin). *Région.* Terrier peu profond, où les lapins déposent leurs petits.

rabouilleur, euse n. (de *rabouiller,* mot du Berry, de *bouille,* marais). *Région.* Personne qui trouble l'eau avec une branche pour prendre du poisson.

rabouter v.t. [conj. 3]. Assembler bout à bout des pièces de bois, de métal, de tissu : *Rabouter des tuyaux* (**SYN.** aboucher, abouter, raccorder ; **CONTR.** disjoindre).

rabrouer v.t. (de l'anc. fr. *brouer,* gronder) [conj. 3]. Accueillir, traiter avec rudesse une personne envers laquelle on est mal disposé : *Ce malade rabroue sans cesse les infirmières.*

racahout [rakaut] n.m. (de l'ar.). Dans la cuisine arabe et turque, poudre à base de cacao, de glands doux et de riz, servant à préparer des bouillies.

racaille n.f. (de l'anc. fr. *rasquer,* du lat. *radere,* racler, tondre). *Péjor.* Ensemble de personnes jugées viles et méprisables : *Un bar fréquenté par la racaille* (**SYN.** canaille).

raccard n.m. En Suisse, grange à blé traditionnelle du Valais.

raccommodable adj. Qui peut être raccommodé.

raccommodage n.m. Action de raccommoder ; réparation : *Le raccommodage d'un drap troué* (**SYN.** rapiéçage, reprisage).

raccommodement n.m. *Fam.* Action de réconcilier, de se réconcilier ; réconciliation.

raccommoder v.t. [conj. 3]. **1.** Remettre en bon état ; réparer, ravauder : *Raccommoder une veste* (**SYN.** rapiécer, repriser). *Raccommoder un filet de pêche* (**SYN.** ramender, remailler). **2.** *Fam.* Remettre d'accord après une brouille : *Leur chef de service les a raccommodés* (**SYN.** réconcilier ; **CONTR.** brouiller). ◆ **se raccommoder** v.pr. *Fam.* Se réconcilier : *Ses parents se sont raccommodés.*

raccommodeur, euse n. Personne qui raccommode des objets, spécial. du linge.

raccompagner v.t. [conj. 3]. Reconduire qqn qui s'en va : *Il les a raccompagnés jusqu'à la porte. Elle nous a raccompagnés chez nous en voiture* (**SYN.** ramener).

raccord n.m. **1.** Liaison entre deux parties séparées ou différentes : *Faire un raccord de papier peint.* **2.** Pièce destinée à assurer le raccordement de deux éléments : *Un raccord de tuyau.* **3.** Au cinéma, ajustement harmonieux de deux plans d'un film ; plan tourné pour assurer cet ajustement.

raccordement n.m. Action de raccorder ; la jonction elle-même : *Le raccordement d'une console de jeux à un téléviseur* (**SYN.** branchement, connexion). *Le raccordement ferroviaire d'une ville à un aéroport.*

raccorder v.t. [conj. 3]. **1.** Réunir deux choses distinctes, séparées : *Raccorder deux tuyaux* (**SYN.** joindre, rabouter ; **CONTR.** disjoindre). *Raccorder le scanner à l'ordinateur* (**SYN.** connecter ; **CONTR.** déconnecter). **2.** Constituer une communication, une jonction entre : *Une passerelle raccorde les deux bâtiments* (**SYN.** relier).

raccourci n.m. **1.** Chemin plus court : *En prenant ce raccourci, nous serons plus vite à la gare* (**CONTR.** crochet, détour). **2.** Manière de s'exprimer en termes concis ; concision, laconisme : *Il utilise des raccourcis saisissants* (**SYN.** ellipse). **3.** Combinaison particulière de touches d'un clavier d'ordinateur qui active directement une commande (on dit aussi *raccourci clavier*).

raccourcir v.t. [conj. 32]. Rendre plus court : *Il faudrait raccourcir cette jupe* (**CONTR.** allonger). *Le rédacteur en chef lui a demandé de raccourcir sa chronique* (**SYN.** abréger, écourter, réduire). ◆ v.i. Devenir plus court : *Les jours raccourcissent déjà* (**SYN.** diminuer, rapetisser ; **CONTR.** rallonger).

raccourcissement n.m. Action, fait de raccourcir ; son résultat : *Le raccourcissement d'un texte* (**SYN.** abrègement, réduction ; **CONTR.** allongement).

raccroc [rakro] n.m. ▸ ***Par raccroc,*** par chance, par un heureux hasard.

raccrochage n.m. Action de raccrocher.

raccrocher v.t. [conj. 3]. **1.** Accrocher de nouveau ; remettre à sa place ce qui avait été décroché : *Raccrocher une pendule après lui avoir mis des piles neuves* (**CONTR.** décrocher). **2.** *Fam.* Ressaisir, rattraper ce que l'on croyait perdu ou très compromis : *Il a pu raccrocher le marché.* ◆ v.i. **1.** Remettre sur son support le combiné du téléphone ; interrompre la communication : *Refusant d'écouter mes explications, elle raccrocha* (**CONTR.** décrocher). **2.** *Fam.* Abandonner définitivement une activité : *L'athlète compte raccrocher après les jeux Olympiques.* ◆ **se raccrocher** v.pr. **1.** Se cramponner à qqch pour ne pas tomber : *Il réussit à se raccrocher à une branche* (**SYN.** s'agripper). **2.** Trouver dans qqch ou auprès de qqn un réconfort : *Il s'est raccroché à son travail depuis qu'il a perdu sa femme.*

raccuser v.i. [conj. 3]. *Fam.* En Belgique, répéter qqch que l'on aurait dû garder secret ; rapporter.

race n.f. (it. *razza*). **1.** Subdivision de l'espèce humaine en Jaunes, Noirs et Blancs selon le critère apparent de la couleur de la peau. **2.** Subdivision d'une espèce animale : *Ce chien résulte d'un croisement de plusieurs races.* **3.** *Litt.* Ensemble des ascendants ou des descendants d'une famille : *Être le dernier de sa race* (**SYN.** branche, lignée, maison, souche). **4.** *Fig.* Ensemble de personnes présentant des caractères communs : *Elle appartient à la race des anxieux* (**SYN.** espèce). *Il est de la race des grincheux* (**SYN.** engeance). ▸ ***De race,*** se dit d'un animal de bonne lignée, non métissé : *Présenter un chat de race à un concours.*

racé, e adj. **1.** Se dit d'un animal possédant les qualités propres à une race : *Un chien racé* (**CONTR.** bâtard). **2.** Qui a de la classe, de l'élégance : *Une jeune femme racée* (**SYN.** chic, distingué ; **CONTR.** vulgaire).

rachat n.m. **1.** Action de racheter qqch, d'acheter de nouveau : *Le rachat d'une encyclopédie* (**CONTR.** revente). **2.** Action de racheter une faute, de se racheter ; rédemption.

rachetable adj. Qui peut être racheté.

racheter v.t. [conj. 28]. **1.** Acheter ce que l'on a vendu : *Grâce à cet héritage, je vais pouvoir racheter les meubles dont j'avais dû me défaire* (**CONTR.** revendre). **2.** Acheter de nouveau, en plus : *Il faudrait racheter du papier pour l'imprimante.* **3.** Acheter d'occasion : *Des amis lui ont racheté son ordinateur.* **4.** Compenser ; faire oublier : *Sa gentillesse rachète son manque de finesse.* **5.** Se libérer d'une obligation en versant de l'argent : *Ils ont pu racheter leur crédit.* ▸ ***Racheter ses péchés,*** en obtenir le pardon ; expier. ◆ **se racheter** v.pr. Réparer ses fautes passées par une conduite méritoire : *Cette ancienne délinquante s'est rachetée en aidant les gens dans le besoin.*

rachialgie [raʃjalʒi] n.f. Douleur à la colonne vertébrale, au rachis.

rachianesthésie [raʃjanɛstezi] n.f. Anesthésie de la partie inférieure du corps par injection d'un produit dans le canal rachidien.

rachidien, enne [raʃidjɛ̃, ɛn] adj. Relatif au rachis : *Le canal rachidien.*

rachis [raʃi ou raʃis] n.m. (gr. *rhakhis*). Colonne vertébrale ou épine dorsale.

rachitique [raʃitik] adj. et n. Atteint de rachitisme ; chétif, malingre. ◆ adj. Se dit d'un être vivant, d'un végétal mal développé : *Un cerisier rachitique* (**SYN.** rabougri).

rachitisme [raʃitism] n.m. Maladie de la croissance, caractérisée par une insuffisance de calcification des os et une déformation du squelette.

racial, e, aux adj. Relatif à la race : *La discrimination raciale.*

racine n.f. (lat. *radix, radicis*). **1.** Partie des végétaux qui leur sert à se fixer au sol et à se nourrir : *Ne cueille pas le muguet avec la racine si tu veux qu'il repousse.* **2.** Portion d'un organe par laquelle il est implanté dans une partie du corps : *La racine des poils, des dents. La racine du nez* (**SYN.** base, naissance). **3.** Ce qui est à la base, à l'origine de qqch : *Il faut attaquer le mal à la racine* (**SYN.** source). **4.** Lien solide, attache profonde à un lieu, à un milieu, à un groupe : *J'ai des racines dans cette région.* **5.** En linguistique, élément commun aux mots d'une même famille obtenu après élimination des affixes et des désinences : *La racine de chanter, de chanteur et de chantre est « chant- ».* ▸ ***Prendre racine,*** en parlant d'une plante, commencer à se nourrir par les racines ; fig., s'attarder quelque part : *Il a pris racine chez nous toute la soirée.* ***Racine carrée (d'un nombre x),*** tout nombre dont le carré est égal à x : *Racine carrée de x se note $\sqrt{x}$. 2 est la racine carrée de 4.*

racinien, enne adj. Qui évoque le caractère des œuvres, des personnages de Racine : *Un héros racinien.*

racisme n.m. **1.** Idéologie fondée sur la croyance qu'il existe une hiérarchie entre les groupes humains, les « races » ; comportement inspiré par cette idéologie : *Une association de lutte contre le racisme.* **2.** Attitude d'hostilité systématique à l'égard d'une catégorie déterminée de personnes ; préjugé : *Le racisme envers les jeunes.*

raciste adj. et n. Qui concerne le racisme ; qui fait preuve de racisme : *Les thèses racistes d'un parti.*

rack n.m. (mot angl.). Meuble de rangement pour appareils électroacoustiques, à dimensions normalisées.

racket [rakɛt] n.m. (mot anglo-amér.). Extorsion d'argent ou d'objets par intimidation et violence : *Cet enfant a été victime d'un racket.*

racketter v.t. [conj. 4]. Soumettre à un racket : *Cet élève de troisième a racketté des élèves de sixième* (**SYN.** rançonner).

racketteur, euse n. Malfaiteur exerçant un racket.

raclage ou **raclement** n.m. Action de racler ; bruit qui en résulte.

raclée n.f. *Fam.* **1.** Volée de coups ; correction : *Des voyous lui ont infligé une raclée.* **2.** Défaite écrasante : *Cette équipe a pris une raclée au championnat.*

racler v.t. (lat. *radere*) [conj. 3]. **1.** Enlever les aspérités d'une surface en grattant pour nettoyer, égaliser : *Racler la semelle de ses chaussures pour enlever la boue* (**SYN.** curer, frotter). **2.** Heurter en frottant : *En se garant, il a raclé les pneus contre le trottoir.* ▸ *Fam.* ***Racler les fonds de tiroirs,*** rassembler ses dernières économies. ◆ **se racler** v.pr. ▸ ***Se racler la gorge,*** s'éclaircir la voix.

raclette n.f. **1.** Mets préparé en présentant à la flamme un fromage coupé en deux dont on racle la partie ramollie pour la manger au fur et à mesure qu'elle fond ; fromage au lait de vache qui sert à cette préparation. **2.** Outil servant à racler : *Enlever des taches de peinture à l'aide d'une raclette.* ▸ *Fam.* ***À la raclette,*** en Suisse, de justesse.

racloir n.m. Lame d'acier utilisée pour gratter et lisser des surfaces planes.

raclure n.f. Petite partie que l'on enlève d'un corps en le raclant : *Des raclures de métal* (**SYN.** déchet, rognure).

racolage n.m. Action de racoler.

racoler v.t. (de *cou*) [conj. 3]. **1.** Attirer, recruter par des moyens publicitaires ou autres : *Racoler des clients. Ce candidat essaie de racoler des électeurs sur le marché.* **2.** Accoster des passants, en parlant de qqn qui se livre à la prostitution.

racoleur, euse adj. et n. Qui racole : *Une publicité racoleuse.*

racontable adj. (Surtout en tournure négative). Qui peut être raconté : *Les atrocités dont elle a été témoin ne sont pas racontables* (**CONTR.** inracontable).

racontar n.m. *Fam.* (Souvent au pl.). Propos médisant et souvent mensonger ; rumeur : *Comment ce journal peut-il publier de tels racontars ?* (**SYN.** commérage, médisance).

raconter v.t. (de l'anc. fr. *aconter*, conter) [conj. 3]. **1.** Faire le récit de ; rapporter : *Chaque soir, il raconte une histoire à sa fille* (**SYN.** conter). *Racontez-moi comment cela s'est passé* (**SYN.** dire, relater). **2.** Tenir des propos peu crédibles : *Elle nous a raconté qu'elle connaissait les plus grandes stars.*

raconteur, euse n. *Litt.* Personne qui raconte, aime raconter : *Cette bibliothécaire est une bonne raconteuse* (**SYN.** conteur).

racornir v.t. [conj. 32]. Rendre dur comme de la corne ; dessécher : *La sécheresse a racorni les feuilles* (**SYN.** durcir ; **CONTR.** ramollir). ◆ **se racornir** v.pr. Devenir dur et sec : *Sous l'effet de la chaleur, le cuir s'est racorni.*

racornissement n.m. Fait de se racornir ; dessèchement : *Le racornissement d'une viande trop cuite* (**SYN.** durcissement ; **CONTR.** ramollissement).

radar n.m. (sigle de l'angl. *Radio Detection And Ranging*, détection et télémétrie par radio). **1.** Appareil qui permet de détecter des objets éloignés par l'émission d'ondes radioélectriques : *Les radars ont détecté un avion.* **2.** (Employé en appos., avec ou sans trait d'union). Qui fonctionne au moyen d'un radar : *Les gendarmes effectuent des contrôles radars sur la nationale.*

radariste n. Spécialiste des radars.

rade n.f. (moyen angl. *rade*). Grand bassin naturel ou artificiel ayant une issue vers la mer, et où les navires peuvent mouiller : *La rade de Brest.* ▸ *Fam.* ***Laisser en rade***, ne plus s'occuper de ; abandonner : *Ils ont laissé leur projet en rade.* *Fam.* ***Tomber*** ou ***être en rade***, être en panne : *Le distributeur de boissons est en rade.*

radeau n.m. (anc. prov. *radel*). Assemblage de planches et de poutres formant une sorte de plancher flottant : *Les naufragés construisirent un radeau.*

radiaire adj. Qui est disposé en rayons autour d'un point central : *Les pétales radiaires de la marguerite.*

radial, e, aux adj. (du lat. *radius*, rayon). **1.** Relatif au rayon d'un cercle. **2.** En médecine, relatif au radius : *Les muscles radiaux.*

radiale n.f. Voie routière reliant un centre urbain à sa périphérie (par opp. à pénétrante).

radian n.m. (mot angl., du lat. *radius*, rayon). Unité de mesure d'angle équivalant à l'angle qui, ayant son sommet au centre d'un cercle, intercepte sur la circonférence de ce cercle un arc d'une longueur égale à celle du rayon (abrév. rad).

radiant, e adj. (lat. *radians*, de *radius*, rayon). Qui se propage par radiations ; qui émet des radiations : *Un système de chauffage radiant.*

radiateur n.m. **1.** Élément de chauffage assurant le rayonnement de la chaleur : *Il allume le radiateur de la salle de bains.* **2.** Organe de refroidissement du moteur d'une automobile.

① **radiation** n.f. (lat. *radiatio*, de *radiare*, irradier, de *radius*, rayon). En physique, émission de particules ou de rayons ; rayonnement : *Au moment de l'accident, des personnes ont été exposées à des radiations.*

② **radiation** n.f. **1.** Action de radier d'une liste ; fait d'être radié : *La radiation d'un candidat.* **2.** Sanction à l'égard de qqn que l'on radie d'une liste de professionnels habilités : *La radiation d'un avocat.*

① **radical, e, aux** adj. (lat. *radicalis*, de *radix, radicis*, racine). **1.** Qui appartient à la nature profonde de qqn, de qqch ou qui vise à l'atteindre : *Elle propose un changement radical dans la façon de traiter ce problème* (**SYN.** absolu, complet, total ; **CONTR.** partiel). **2.** Se dit d'un mode d'action très énergique : *Il a pris des mesures radicales contre le blanchiment d'argent* (**SYN.** draconien, strict). *Une pommade radicale contre les irritations* (**SYN.** infaillible, souverain ; **CONTR.** inefficace, inopérant). **3.** En botanique, qui appartient à la racine d'une plante.

② **radical, e, aux** adj. et n. (angl. *radical*). Qui est partisan du radicalisme, du parti radical-socialiste : *Le rôle politique du Parti radical.* ◆ adj. Se dit d'une organisation, d'une attitude visant à des réformes profondes de la société : *Un journal très radical.*

③ **radical** n.m. (de *1. radical*) [pl. *radicaux*]. **1.** En grammaire, une des formes prises par la racine à travers ses réalisations dans des mots : *La racine « chant- » peut être réalisée en français par deux radicaux « chant- » (chanter, chanteur, chantre) et « cant- » (cantatrice, cantique, incantation).* **2.** En chimie, groupement d'atomes au sein d'une molécule : *Les radicaux libres, contenus dans les cellules humaines, provoqueraient le vieillissement.* **3.** Signe de l'opération arithmétique consistant à extraire une racine : *Le radical est utilisé pour la racine carrée.*

radicalement adv. De façon radicale ; totalement : *Leurs caractères sont radicalement opposés* (**SYN.** entièrement, fondamentalement).

radicalisation n.f. Action de radicaliser ; fait de se radicaliser : *La radicalisation d'un mouvement de protestation.*

radicaliser v.t. [conj. 3]. Rendre plus intransigeant, plus dur : *Les représentants de l'association ont décidé de radicaliser leur action* (**SYN.** durcir, renforcer ; **CONTR.** assouplir). ◆ **se radicaliser** v.pr. Devenir plus dur, plus intransigeant : *Le mouvement des chômeurs s'est radicalisé.*

radicalisme n.m. **1.** Doctrine de ceux qui veulent une rupture complète avec le passé institutionnel et politique. **2.** En France, ensemble des positions du Parti radical-socialiste. **3.** Attitude d'esprit d'une grande intransigeance : *Son radicalisme apparaît dans ses articles.*

radicalité n.f. Qualité de ce qui est radical, catégorique, sans concession : *Déplorer la radicalité des antimondialistes.*

radical-socialisme n.m. sing. Doctrine politique apparentée au radicalisme, apparue en France à la fin du XIXe siècle.

radical-socialiste, radicale-socialiste adj. et n. (pl. *radicaux-socialistes, radicales-socialistes*). Relatif au radical-socialisme ; qui en est partisan.

radicelle n.f. (du lat. *radicula,* petite racine). Racine secondaire d'une plante.

radiculaire adj. (du lat. *radicula,* petite racine). **1.** En botanique, relatif aux racines, aux radicules. **2.** En médecine, relatif à la racine de certains nerfs, à la racine d'une dent.

radicule n.f. (du lat. *radicula,* petite racine). En botanique, partie de l'embryon d'une plante qui fournit la racine.

① **radier** n.m. Dalle épaisse qui constitue la fondation d'un ouvrage, le plancher d'une fosse, d'un canal.

② **radier** v.t. (du bas lat. *radiare,* rayer) [conj. 9]. **1.** Rayer le nom de qqn sur une liste, sur un registre : *On l'a radié des listes électorales* (**CONTR.** inscrire). **2.** Interdire à qqn d'exercer une activité : *Radier un médecin.*

radiesthésie n.f. (du lat. *radius,* rayon, et du gr. *aisthêsis,* sensation). **1.** Faculté que posséderaient certaines personnes de capter les radiations émises par différents corps. **2.** Méthode de détection fondée sur cette faculté : *La radiesthésie s'exerce à l'aide d'une baguette ou d'un pendule.*

radiesthésiste n. Personne qui pratique la radiesthésie.

radieux, euse adj. (lat. *radiosus,* de *radius,* rayon). **1.** D'une luminosité éclatante ; qui est très ensoleillé : *Un soleil radieux brillera demain sur tout le pays* (**SYN.** éblouissant ; **CONTR.** voilé). *Un après-midi radieux* (**SYN.** lumineux ; **CONTR.** couvert). **2.** Qui rayonne de joie, de bonheur : *La mariée avait un visage radieux* (**SYN.** épanoui, rayonnant ; **CONTR.** morose, sombre).

radin, e adj. et n. *Fam.* Qui fait preuve d'avarice : *En vieillissant, il devient radin* (**SYN.** avare ; **CONTR.** généreux).

radiner v.i. ou **se radiner** v.pr. (de l'anc. fr. *rade,* rapide) [conj. 3]. *Fam.* Arriver ; venir : *Quand vont-ils radiner* ou *se radiner ?*

radinerie n.f. *Fam.* Défaut d'une personne avare : *Sa radinerie est choquante* (**SYN.** avarice, pingrerie ; **CONTR.** générosité).

① **radio** n.f. (abrév.). **1.** Radiodiffusion ; station de radiodiffusion : *Cette radio n'émet que dans la région.* **2.** Radiographie : *Elle doit passer plusieurs radios du genou.* **3.** Radiotéléphonie. **4.** Poste récepteur de radiodiffusion sonore : *Changer les piles de la radio.* ◆ adj. inv. Produit par radiocommunication : *J'ai reçu plusieurs messages radio.*

② **radio** n. (abrév.). **1.** Radiotélégraphiste. **2.** Radiotéléphoniste.

radioactif, ive adj. Doué de radioactivité : *Des déchets radioactifs.*

radioactivation n.f. Méthode utilisée pour rendre radioactif un élément non radioactif.

radioactivité n.f. Propriété que possèdent certains noyaux atomiques de se désintégrer en émettant des rayonnements : *Pierre et Marie Curie ont découvert la radioactivité.*

radioalignement n.m. Dispositif permettant de guider un avion ou un navire par radiophonie.

radioamateur, trice n. Personne titulaire d'une licence l'autorisant à effectuer des radiocommunications à usage privé sans intérêt pécuniaire.

radioastronome n. Spécialiste de radioastronomie.

radioastronomie n.f. Branche de l'astronomie qui a pour objet l'étude du rayonnement radioélectrique des astres.

radiobalisage n.m. Signalement au moyen de radiobalises.

radiobalise n.f. Émetteur de faible puissance qui sert à guider les navires ou les avions.

radiobaliser v.t. [conj. 3]. Munir d'une signalisation par radiobalisage.

radiocarbone n.m. Autre nom du carbone 14 : *Faire une datation au radiocarbone.*

radiocassette n.f. Appareil constitué d'un poste de radio associé à un lecteur-enregistreur de cassettes.

radiochronologie n.f. Détermination de l'âge des minéraux ou des roches par des éléments chimiques radioactifs.

radiocommande n.f. Commande d'un appareil à distance, grâce à des ondes radioélectriques.

radiocommunication n.f. Télécommunication réalisée à l'aide d'ondes radioélectriques.

radiodiagnostic n.m. Application de la radiologie au diagnostic médical.

radiodiffuser v.t. [conj. 3]. Diffuser par la radio : *Radiodiffuser le discours du président de la République.*

radiodiffusion n.f. **1.** Transmission par radiocommunication de programmes de radio ou de télévision. **2.** Organisme spécialisé dans cette activité. **3.** Radiodiffusion sonore (par opp. à télévision) [abrév. 1. radio].

radioélectricien, enne n. Spécialiste de radioélectricité.

radioélectricité n.f. Transmission de messages et de sons à l'aide des ondes électromagnétiques.

radioélectrique adj. Qui concerne la radioélectricité (**SYN.** hertzien).

radioélément ou **radio-isotope** (pl. *radio-isotopes*) n.m. Élément chimique radioactif.

radiofréquence n.f. Fréquence d'une onde hertzienne utilisée en radiocommunication.

radiographie n.f. **1.** Enregistrement de l'image d'une partie du corps sur un film photographique, au moyen des rayons X : *Une radiographie du thorax* (abrév. 1. radio). **2.** Description objective et en profondeur d'un phénomène, d'une personnalité : *Une radiographie de la délinquance.*

radiographier v.t. [conj. 9]. **1.** Photographier à l'aide de rayons X : *Radiographier le pied gauche d'un patient.* **2.** Analyser avec précision et objectivité : *Radiographier l'électorat populaire.*

radiographique adj. Qui concerne la radiographie.

radioguidage n.m. **1.** Guidage d'un engin mobile

par ondes radioélectriques : *Le radioguidage d'un navire.* **2.** Informations concernant la circulation routière diffusées par radio.

radioguider v.t. [conj. 3]. Procéder au radioguidage de : *Radioguider un avion.*

radio-immunologie n.f. (pl. *radio-immunologies*). Technique de recherche et de dosage de substances chimiques, à l'aide d'un antigène ou d'un anticorps sur lequel on a fixé un marqueur radioactif.

radio-isotope n.m. → **radioélément.**

radiolocalisation n.f. Technique de positionnement de véhicules, au moyen d'ondes radioélectriques : *Un système de radiolocalisation par satellite pour les bus des grandes villes.*

radiologie n.f. Partie de la médecine qui utilise les rayons X à des fins diagnostiques ou thérapeutiques.

radiologique adj. Relatif à la radiologie ; obtenu par la radiologie : *Un examen, un traitement radiologique.*

radiologue ou **radiologiste** n. Médecin spécialiste de radiologie.

radiolyse n.f. Décomposition de substances chimiques par action de rayonnements ionisants.

radiomessagerie n.f. Service de radiocommunication qui transmet des messages vers des terminaux mobiles.

radionavigant, e n. Opérateur de radio faisant partie de l'équipage d'un navire ou d'un avion.

radionavigation n.f. Technique de navigation faisant appel à des procédés radioélectriques : *La radionavigation par satellite.*

radiophare n.m. Station émettrice d'ondes radioélectriques, permettant à un navire ou à un avion de déterminer sa position et de suivre la route prévue.

radiophonie n.f. Transmission des sons par des ondes radioélectriques.

radiophonique adj. Relatif à la radiophonie, à la radiodiffusion : *Une émission radiophonique.*

radiorécepteur n.m. Poste récepteur de radiocommunication (abrév. 1. radio).

radiorepérage n.m. Détermination de la position, de la vitesse d'un objet au moyen d'ondes radioélectriques.

radioreportage n.m. Reportage diffusé par le moyen de la radiodiffusion.

radiorésistance n.f. En médecine, état de cellules ou de tissus cancéreux insensibles à la radiothérapie.

radioréveil ou **radio-réveil** (pl. *radios-réveils*) n.m. Appareil de radio associé à un réveil électronique.

radioscopie n.f. Technique de radiologie dans laquelle l'image de la partie du corps observée est portée sur un écran de télévision.

radiosensibilité [radjosɑ̃sibilite] n.f. En biologie, sensibilité des tissus vivants à l'action des rayons X.

radiosonde [radjosɔ̃d] n.f. Appareil de mesure et de transmission radioélectrique de renseignements météorologiques, porté par un ballon-sonde.

radiosource [radjosurs] n.f. En astronomie, astre émetteur de rayonnement radioélectrique.

radio-taxi n.m. (pl. *radio-taxis*). Taxi relié à sa compagnie par un équipement radiophonique.

radiotechnique n.f. Ensemble des techniques d'utilisation des rayonnements radioélectriques. ◆ adj. Relatif à la radiotechnique.

radiotélégraphie n.f. Télégraphie par ondes radioélectriques.

radiotélégraphiste n. Spécialiste de radiotélégraphie (abrév. 2. radio).

radiotéléphone n.m. Téléphone utilisant un réseau de radiotéléphonie ; téléphone mobile.

radiotéléphonie n.f. Téléphonie par voie radioélectrique avec des postes mobiles (abrév. 1. radio) ; téléphonie sans fil.

radiotéléphoniste n. Spécialiste de radiotéléphonie (abrév. 2. radio).

radiotélescope n.m. Instrument destiné à capter les ondes radioélectriques émises par les astres.

radiotélévisé, e adj. Transmis à la fois par la radio et par la télévision : *Un match de coupe du monde radiotélévisé.*

radiotélévision n.f. Ensemble des installations et des programmes de radio et de télévision.

radiothérapeute n. Spécialiste de radiothérapie.

radiothérapie n.f. Traitement d'une maladie, notamm. le cancer, par les rayonnements ionisants, par les rayons X.

radiotrottoir n.m. ou n.f. *Fam.* En Afrique, rumeur publique, circulation de nouvelles officieuses.

radis [radi] n.m. (it. *radice*, du lat. *radix, radicis*, racine). Plante potagère, à racine charnue comestible ; cette racine : *Manger des radis roses. Éplucher un radis noir.* ▸ *Fam.* ***Ne pas avoir un radis,*** ne pas avoir d'argent.

radium [radjɔm] n.m. (du lat. *radius*, rayon). Élément chimique extrêmement radioactif : *Le radium a été découvert par Pierre et Marie Curie.*

radius [radjys] n.m. (mot lat. signif. « rayon »). Le plus externe des deux os de l'avant-bras, articulé avec le cubitus.

radjah [radʒa] n.m. → **raja.**

radôme n.m. (angl. *radome*, de *ra*[*dar*] et *dome*, dôme). Dôme, coupole destinés à protéger une antenne de télécommunication contre les intempéries.

radon n.m. Élément chimique gazeux radioactif.

radotage n.m. Action de radoter ; paroles dénuées de sens : *Cesse de répéter la même chose, c'est du radotage* (**SYN.** délire, divagation).

radoter v.i. (du moyen néerl. *doten*, être fou) [conj. 3]. **1.** Tenir des propos peu cohérents ou peu sensés : *« Comme le bedeau et comme Son Éminence / L'archiprêtre qui radote au couvent »* [*les Flamandes*, J. Brel] (**SYN.** déraisonner, divaguer). **2.** Se répéter de façon lassante : *Tu radotes, tu nous l'as déjà dit hier !* ◆ v.t. Répéter sans cesse : *Il radote toujours les mêmes plaisanteries* (**SYN.** rabâcher, ressasser).

radoteur, euse n. Personne qui radote.

radoub [radu] n.m. Dans la marine, réparation, entretien de la coque d'un navire : *Bassin de radoub* (= cale sèche).

radouber v.t. (de *adouber*) [conj. 3]. Réparer un navire.

radoucir v.t. [conj. 32]. **1.** Rendre plus doux : *La pluie* *a radouci la température* (**SYN.** réchauffer ; **CONTR.** rafraîchir, refroidir). **2.** Rendre plus conciliant : *Mon explication l'a radouci* (**SYN.** adoucir, apaiser ; **CONTR.** énerver, exciter). ◆ **se radoucir** v.pr. **1.** Devenir plus doux : *Le temps s'est radouci.* **2.** Devenir plus conciliant : *Les clients mécontents se sont radoucis quand on leur a proposé un rabais* (**SYN.** s'apaiser, se calmer ; **CONTR.** s'emporter, s'énerver).

radoucissement n.m. Action de radoucir ; fait de se radoucir : *On constate un radoucissement des températures* (**SYN.** réchauffement ; **CONTR.** refroidissement).

rafale n.f. (it. *raffica*). **1.** Coup de vent violent et momentané : *Cette nuit, le vent a soufflé par rafales* (**SYN.** bourrasque). **2.** Ensemble de coups tirés sans interruption par une arme automatique : *Des rafales de mitrailleuses* (**SYN.** salve). **3.** *Fig.* Manifestation soudaine, violente : *Une rafale d'applaudissements accueillit* ou *accueillirent le chanteur* (**SYN.** salve).

raffermir v.t. [conj. 32]. **1.** Rendre plus ferme : *Cet exercice raffermit les abdominaux* (**SYN.** durcir, raidir ; **CONTR.** ramollir). **2.** Rendre plus assuré, plus fort : *Ce contrat a permis à notre entreprise de raffermir sa place de chef de file du secteur* (**SYN.** affermir, consolider ; **CONTR.** affaiblir, ébranler). ◆ **se raffermir** v.pr. **1.** Devenir plus ferme : *Grâce à cette crème, ma peau s'est raffermie* (**CONTR.** se ramollir). **2.** Devenir plus stable, plus fort : *La situation financière du groupe s'est raffermie.*

raffermissement n.m. Action de raffermir ; fait de se raffermir : *Le raffermissement des muscles* (**SYN.** durcissement, raidissement ; **CONTR.** ramollissement).

raffinage n.m. Ensemble des procédés permettant de purifier, d'améliorer certains produits : *Le raffinage du sucre, du pétrole.*

raffiné, e adj. **1.** Débarrassé de ses impuretés : *De l'huile raffinée* (= purifiée ; **CONTR.** brut). **2.** Qui témoigne d'une grande délicatesse : *Il a des goûts raffinés* (**SYN.** délicat, distingué ; **CONTR.** 1. commun, fruste). ◆ adj. et n. Se dit d'une personne qui a des goûts très délicats : *Une jeune femme raffinée* (**SYN.** distingué, élégant ; **CONTR.** vulgaire).

raffinement n.m. **1.** Caractère d'une personne ou d'une chose raffinée, délicate : *Il s'habille avec beaucoup de raffinement* (**SYN.** classe, distinction, élégance ; **CONTR.** simplicité). **2.** Degré extrême auquel sont poussés certains sentiments, certaines tendances : *Un raffinement de cruauté.*

raffiner v.t. [conj. 3]. **1.** Soumettre un produit industriel au raffinage : *Raffiner du sucre* (**SYN.** purifier). **2.** *Litt.* Rendre plus subtil, plus délicat : *Ce manuel l'a aidé à raffiner son langage* (**SYN.** châtier, épurer). ◆ v.t. ind. **[sur]. 1.** Pousser très loin la recherche de la délicatesse, du détail subtil : *Il raffine sur son apparence.* **2.** (Sans compl.). Faire preuve d'un excès d'exigence : *Ne raffinez pas tant, c'est très bien ainsi.*

raffinerie n.f. Usine où l'on raffine certaines substances, notamm. du sucre, du pétrole.

raffineur, euse n. Personne qui travaille dans une raffinerie, qui exploite une raffinerie.

raffle n.f. → **2. rafle.**

raffoler v.t. ind. [conj. 3]. **[de].** *Fam.* Aimer à l'excès : *Elle raffole de bandes dessinées* (**SYN.** adorer ; **CONTR.** exécrer). *Les jeunes raffolent de ce groupe* (**SYN.** idolâtrer ; **CONTR.** détester, haïr).

raffut n.m. (du mot dial. *raffûter*, faire du bruit). *Fam.* **1.** Bruit violent : *Les voisins font du raffut tous les soirs* (**SYN.** tapage, vacarme). **2.** Tapage provoqué par un scandale : *L'annonce de leur licenciement a fait du raffut* (**SYN.** esclandre).

raffûter v.t. [conj. 3]. Au rugby, pour le possesseur du ballon, écarter énergiquement un adversaire avec la main libre ouverte.

rafiot n.m. *Fam.* Mauvais ou vieux bateau.

rafistolage n.m. *Fam.* Action de rafistoler ; son résultat : *C'est du rafistolage* (= c'est une réparation de fortune).

rafistoler v.t. (de l'anc. fr. *afistoler*, enchanter, séduire) [conj. 3]. *Fam.* Réparer grossièrement : *J'ai rafistolé la poignée de la valise.*

① **rafle** n.f. (all. *Raffel*, de *raffen*, emporter vivement). **1.** Action de rafler : *Il y a eu une rafle du magazine dont elle faisait la couverture.* **2.** Arrestation massive de personnes faite à l'improviste par la police : *Des trafiquants ont été pris dans une rafle.*

② **rafle** ou **raffle** n.f. Axe central d'une grappe de raisin, de groseilles ; partie centrale de l'épi de maïs, supportant les grains (**SYN.** râpe).

rafler v.t. (de *1. rafle*) [conj. 3]. *Fam.* **1.** Acheter ou obtenir des choses recherchées : *Ce metteur en scène a raflé cinq césars* (**SYN.** gagner, remporter). **2.** Saisir avec rapidité ; voler : *Rafler un portefeuille* (**SYN.** dérober, subtiliser).

rafraîchir v.t. [conj. 32]. **1.** Rendre frais ou plus frais : *Rafraîchir une bouteille de limonade* (**SYN.** réfrigérer, refroidir ; **CONTR.** réchauffer). **2.** Remettre en meilleur état ; redonner de l'éclat à : *Rafraîchir des fresques* (**SYN.** rénover, restaurer). ▸ *Fam.* ***Rafraîchir la mémoire,*** rappeler à qqn le souvenir d'une chose. ***Rafraîchir les cheveux,*** les couper légèrement. ◆ v.i. Devenir frais : *Mettre une crème anglaise à rafraîchir.* ◆ **se rafraîchir** v.pr. **1.** Devenir plus frais : *En cette saison, le temps se rafraîchit* (**CONTR.** se radoucir, se réchauffer). **2.** Se désaltérer : *Ils se sont rafraîchis au bar.* **3.** Faire un brin de toilette, se remaquiller, se recoiffer.

rafraîchissant, e adj. **1.** Qui donne de la fraîcheur : *Ce petit vent rafraîchissant est bien agréable.* **2.** Qui calme la soif : *Le citron pressé est une boisson rafraîchissante* (**SYN.** désaltérant). **3.** *Fig.* Qui séduit par sa simplicité et sa sincérité : *Voilà un film rafraîchissant.*

rafraîchissement n.m. **1.** Action de rendre ou fait de devenir plus frais : *Ce système de climatisation permet un rafraîchissement rapide de la pièce* (**CONTR.** réchauffement). **2.** Action de rénover, de redonner l'éclat du neuf : *Le rafraîchissement d'un site Internet.* **3.** Boisson fraîche que l'on prend en dehors des repas : *Voulez-vous un rafraîchissement ?*

raft ou **rafting** n.m. (mot angl. signif. « radeau »). Radeau pneumatique utilisé pour le rafting : *Des rafts descendent cette rivière.*

rafting [raftiŋ] n.m. **1.** Raft. **2.** Sport consistant à descendre en raft des cours d'eau coupés de rapides.

ragaillardir v.t. [conj. 32]. *Fam.* Redonner de l'entrain, des forces à : *Cet en-cas les a ragaillardis* (**SYN.** remonter, revigorer ; **CONTR.** épuiser).

rage n.f. (lat. *rabies*). **1.** Maladie due à un virus, transmissible à l'homme par la morsure de certains animaux : *Le vaccin contre la rage.* **2.** Mouvement violent de dépit, de colère : *Il est entré dans une rage folle quand il a appris qu'ils lui avaient menti* (**SYN.** fureur). ▸ ***Faire rage,*** se déchaîner, atteindre une grande violence : *L'ouragan a fait rage toute la nuit.* ***Rage de dents,*** mal de dents provoquant une violente douleur.

rageant, e adj. *Fam.* Qui fait rager : *C'est rageant, j'ai raté mon train à deux minutes près* (**SYN.** enrageant, exaspérant, irritant).

rager v.i. [conj. 17]. *Fam.* Être très irrité, être en rage : *Il rageait de les entendre dire de telles inepties* (**SYN.** enrager ; **CONTR.** jubiler).

rageur, euse adj. **1.** Sujet à des colères violentes : *Une adolescente rageuse* (**SYN.** colérique, irascible ; **CONTR.** calme, paisible). **2.** Qui dénote la mauvaise humeur : *Elle répondit non d'une voix rageuse* (**SYN.** hargneux).

rageusement adv. D'une manière rageuse : *Il jeta rageusement les prospectus à la poubelle*

raggamuffin [ragamœfin] n.m. (de *reggae*). Style musical chanté associant rap et reggae.

raglan adj. inv. (de lord *Raglan,* général angl.). Se dit des manches de vêtement coupées en biais et se prolongeant jusqu'au col : *La mode des manches raglan.* ◆ n.m. Manteau à manches raglan : *Des raglans en loden.*

ragondin n.m. Mammifère rongeur originaire de l'Amérique du Sud, de mœurs aquatiques, à fourrure estimée.

ragot n.m. (du moyen fr. *ragoter,* grogner). *Fam.* Bavardage malveillant : *Il a fait circuler toutes sortes de ragots sur nous* (**SYN.** commérage, médisance).

ragoût n.m. Plat de viande et de légumes, coupés en morceaux et cuits dans une sauce : *Préparer un ragoût de mouton.*

ragoûtant, e adj. (de *goût*). (En tournure négative). Qui excite l'appétit : *La viande vendue dans ce supermarché n'est pas très ragoûtante* (**SYN.** appétissant).

ragtime [ragtajm] n.m. (mot anglo-amér., de *rag,* chiffon, et *time,* temps). Style musical très syncopé en vogue vers la fin du XIXe siècle, et qui fut une des sources du jazz.

rahat-loukoum [raatlukum] n.m. (de l'ar.) [pl. *rahat-loukoums*]. Loukoum : *Des rahat-loukoums de Turquie.*

rai [rɛ] n.m. (du lat. *radius,* rayon). *Litt.* Faisceau lumineux ; rayon : *Les stores laissaient passer des rais de soleil.* ☞ **REM.** Ne pas confondre avec *une raie.*

raï [raj] n.m. inv. (mot ar. signif. « opinion »). Genre musical chanté algérien qui mêle des thèmes traditionnels au rock et au blues.

raid [rɛd] n.m. (forme écossaise de l'anc. angl. *râd,* route). **1.** Opération militaire rapide, menée en territoire ennemi par un petit groupe très mobile : *Des unités entraînées aux raids* (= coup de main ; **SYN.** razzia). **2.** Épreuve sportive d'endurance : *Le raid Paris-Dakar* (**SYN.** rallye). **3.** Opération boursière destinée à prendre le contrôle d'une entreprise.

raide adj. (lat. *rigidus*). **1.** Très tendu, difficile à plier : *Depuis l'accident, il a une jambe raide* (**SYN.** rigide ; **CONTR.** flexible, souple). *Elle a des cheveux raides* (**CONTR.** bouclé, frisé). *Une corde raide* (= bien tendue ; **CONTR.** élastique, 1. lâche, mou). **2.** Que la pente, l'inclinaison rend difficile à monter : *Le chemin qui mène au refuge est raide* (**SYN.** abrupt, escarpé ; **CONTR.** plat). **3.** Qui manque de souplesse, de grâce : *Il est trop raide pour faire un bon danseur* (**CONTR.** agile, souple). **4.** *Fam.* Qui est difficile à croire, à accepter : *Il n'a rien fait et il reçoit les félicitations, c'est un peu raide !* (**SYN.** abusif, exagéré ; **CONTR.** naturel, normal). **5.** *Fam.* Se dit d'une boisson alcoolisée forte et âpre : *Une eau-de-vie plutôt raide* (**CONTR.** doux, moelleux). **6.** *Fam.* Qui choque la bienséance ; indécent : *Ses plaisanteries sont assez raides* (**SYN.** cru, grivois, licencieux, osé). ◆ adv. **1.** Tout d'un coup ; brutalement : *Son adversaire l'a étendu raide, d'un seul coup de poing.* ☞ **REM.** Dans ce cas, *raide* s'accorde comme un adjectif : *elles sont tombées raides mortes.* **2.** De façon abrupte ou brusque : *Ces sentiers montent raide. La route tourne raide.*

raider [rɛdœr] n.m. (mot angl.). Personne ou entreprise qui se livre à des raids boursiers.

raideur n.f. **1.** État de ce qui est raide ou raidi : *Le malade présente une raideur de la nuque* (**SYN.** rigidité ; **CONTR.** flexibilité, mollesse). **2.** Manque de grâce dans les gestes : *L'acrobate exécute ses mouvements avec raideur* (**CONTR.** agilité, souplesse). **3.** Manque d'abandon dans les rapports avec autrui ; gravité : *La raideur du présentateur du journal télévisé* (**SYN.** componction, solennité ; **CONTR.** naturel, spontanéité).

raidillon n.m. Court chemin en pente raide.

raidir v.t. [conj. 32]. **1.** Rendre raide ; tendre avec force : *Raidir les jambes, les muscles* (**SYN.** contracter ; **CONTR.** assouplir). *Raidir une corde* (**CONTR.** détendre, relâcher). **2.** Rendre intransigeant, inflexible : *Votre réponse n'a fait que le raidir dans son refus* (**SYN.** conforter). ◆ **se raidir** v.pr. **1.** Devenir raide : *Ses bras se sont raidis* (**SYN.** se bander, se contracter). **2.** Résister à une menace, à un danger en rassemblant son courage, sa volonté : *Elle s'est raidie contre la douleur.*

raidissement n.m. **1.** Action de raidir ; fait de se raidir : *Le raidissement des muscles* (**SYN.** contraction, tension). **2.** Augmentation de la tension entre personnes, groupes : *Le raidissement des syndicats après la proposition du ministre* (**SYN.** durcissement ; **CONTR.** assouplissement).

raidisseur n.m. Dispositif servant à tendre les câbles, les fils de fer d'une clôture.

① **raie** n.f. (du bas lat. *riga,* ligne, sillon, du gaul.). **1.** Ligne tracée sur une surface avec une substance colorante ou un instrument : *Les enfants tracent des raies à la craie pour faire une marelle* (**SYN.** trait). **2.** Ligne ou bande étroite sur le pelage de certains animaux, sur du tissu, du papier : *Les raies noires du pelage d'un zèbre* (**SYN.** rayure). *Les raies bleues et blanches d'un pull marin.* **3.** Séparation des cheveux : *Elle se fait une raie au milieu.* ☞ **REM.** Ne pas confondre avec *un rai.*

② **raie** n.f. (lat. *raia*). Poisson cartilagineux à corps aplati, dont la chair est estimée.

raifort [rɛfɔr] n.m. (de l'anc. fr. *raiz,* racine, du lat. *radix,* et de *fort*). Plante cultivée pour sa racine charnue à saveur poivrée, utilisée comme condiment.

rail [raj] n.m. (mot angl., de l'anc. fr. *reille,* du lat. *regula,* règle, barre). **1.** Bande d'acier, constituant le chemin de roulement et de guidage des roues des véhicules ferroviaires : *Les rails d'un tramway.* **2.** Voie ferrée, chemin de fer : *Cette région souhaiterait développer le transport par rail.* ▸ ***Remettre sur les rails,*** donner de nouveau les moyens de fonctionner normalement : *Remettre une entreprise sur les rails.*

railler v.t. (du lat. *ragere,* rugir) [conj. 3]. Tourner en ridicule ; se moquer de ; persifler : *Cet humoriste raille les travers des hommes politiques* (**SYN.** brocarder [litt.], ridiculiser).

raillerie n.f. Action de railler ; propos railleur : *Ces railleries l'ont vexé* (**SYN.** moquerie, quolibet, sarcasme).

railleur, euse adj. et n. Qui raille : *Elle lui répondit d'une voix railleuse* (**SYN.** ironique, moqueur, narquois).

rail-route [rajrut] adj. inv. ▸ ***Transport rail-route,*** moyen de transport des marchandises utilisant la route et le chemin de fer (= le ferroutage).

rainer v.t. [conj. 4]. Creuser une rainure dans une pièce de bois ou de cuir : *Rainer une planche.*

rainette n.f. (du lat. *rana,* grenouille). Petite grenouille arboricole, à doigts adhésifs, génér. verte. ☞ **REM.** Ne pas confondre avec *reinette.*

rainurage n.m. Ensemble de rainures creusées sur certaines chaussées en béton pour augmenter l'adhérence des véhicules.

rainure n.f. (de l'anc. fr. *roisner,* entailler). **1.** Entaille longue et étroite, dans une pièce de bois, de métal : *La poussière se glisse dans les rainures du parquet.* **2.** Entaille faite à la surface d'une chaussée en béton pour la rendre moins glissante.

rainurer v.t. [conj. 3]. Creuser une rainure : *Rainurer une chaussée.*

raiponce n.f. (it. *raponzo,* de *rapa,* rave). Campanule qui se mange en salade.

raire [conj. 112] ou **réer** [conj. 15] v.i. (du lat. *ragere,* rugir). Crier, en parlant du cerf, du chevreuil ; bramer.

raïs [rais] n.m. (d'un mot ar. signif. « chef »). Dans les pays arabes, et notamm. en Égypte, chef de l'État ; président.

raisin n.m. (du lat. *racemus,* grappe de raisin). Fruit de la vigne, ensemble de baies *(grains de raisin)* formant une grappe : *Du raisin blanc, noir.* ▸ ***Raisins de Corinthe,*** raisins à petits grains, venant des îles Ioniennes et utilisés secs en cuisine.

raisiné n.m. Confiture à base de moût de raisin. ☞ **REM.** Ne pas confondre avec *résiné.*

raisinet n.m. En Suisse, groseille rouge.

raison n.f. (du lat. *ratio, rationis,* calcul, compte). **1.** Faculté propre à l'homme et par laquelle il peut connaître, juger et agir selon des principes (par opp. à instinct) : *On dit souvent que l'homme est un animal doué de raison* (**SYN.** entendement, intelligence). **2.** Manières de penser, ensemble des principes permettant de bien juger et de bien agir : *Votre décision est contraire à la raison* (**SYN.** discernement). *Il faudrait que quelqu'un le ramène à la raison* (= bon sens). **3.** Ensemble des facultés intellectuelles considérées dans leur fonctionnement normal : *Elle n'a plus toute sa raison* (**SYN.** lucidité). *Vous perdez la raison !* (= vous devenez fou). **4.** Ce qui explique, justifie un acte, un fait : *Elle a dû être rapatriée pour raison de santé* (**SYN.** mobile, motif). *Ils se sont disputés sans raison* (**SYN.** cause, sujet). ▸ ***Âge de raison,*** âge auquel les enfants sont censés être conscients de leurs actes et des conséquences de ceux-ci, fixé à 7 ans. ***À plus forte raison,*** pour un motif d'autant plus fort : *Je ne viendrai pas, à plus forte raison s'il ne fait pas beau.* ***À raison de,*** sur la base de ; à proportion de : *Les secours progressent à raison de six kilomètres par heure.* ***Avec raison,*** en ayant une justification valable, fondée ; à juste titre : *Il leur a dit avec raison que leur projet n'était pas viable.* ***Avoir raison,*** être dans le vrai (par opp. à avoir tort) : *Tu as raison, il faut que cela cesse.* ***Avoir raison de*** (+ inf.), être fondé à agir de telle manière : *Vous avez raison de demander des précisions.* ***Avoir raison de*** (+ n.), vaincre la résistance de, venir à bout de : *Elle a eu raison de son concurrent.* ***Donner raison à,*** approuver qqn : *Le comité a donné raison à l'arbitre* ; être conforme à ce qui a été prédit : *La suite des événements lui a donné raison.* ***En raison de,*** en considération de, à cause de : *Le train est bloqué en raison d'un incident technique.* ***Mariage de raison,*** mariage fondé sur des considérations matérielles (par opp. à mariage d'amour). ***Plus que de raison,*** d'une façon excessive : *Elle a bu plus que de raison.* ***Raison de plus,*** c'est un motif, un argument supplémentaire pour continuer dans la même voie. ***Raison d'État*** → **2. État.** ***Raison de vivre*** ou ***raison d'être,*** ce qui justifie l'existence de qqn à ses propres yeux : *La musique était sa seule raison de vivre.* ***Raison directe,*** rapport entre deux grandeurs qui augmentent ou diminuent dans la même proportion. ***Raison inverse,*** rapport entre deux grandeurs dont l'une diminue dans la proportion où l'autre augmente. ***Raison sociale,*** nom sous lequel une société ou une entreprise exerce son activité. ***Se faire une raison,*** se résigner, accepter à contrecœur : *Le projet de nos concurrents a été retenu, il faut nous faire une raison.*

raisonnable adj. **1.** Doué de raison ; qui agit d'une manière réfléchie : *« L'homme est un animal raisonnable »* [Oscar Wilde] (**SYN.** rationnel ; **CONTR.** fantasque, inconséquent). **2.** Qui est conforme au bon sens, à la sagesse, à l'équité ; réfléchi, sensé : *Il serait plus raisonnable que vous alliez voir un médecin* (**SYN.** judicieux, sage ; **CONTR.** imprudent, inconséquent). *Votre proposition n'est pas raisonnable* (**SYN.** sensé ; **CONTR.** déraisonnable, inconsidéré, irréfléchi). **3.** Qui est conforme à la moyenne : *Les tarifs que pratique ce coiffeur sont raisonnables* (**SYN.** acceptable, convenable ; **CONTR.** exorbitant, inabordable, onéreux).

raisonnablement adv. D'une manière raisonnable : *Elle se conduit raisonnablement* (**SYN.** rationnellement ; **CONTR.** déraisonnablement). *Il mange raisonnablement* (**SYN.** modérément ; **CONTR.** excessivement).

raisonné, e adj. **1.** Fondé sur le raisonnement : *Je fais le pari raisonné que nous pouvons gagner* (**SYN.** logique, rationnel ; **CONTR.** irraisonné). **2.** Classé, organisé, et éventuellement accompagné d'explications, de références : *Un choix raisonné de logiciels.*

raisonnement n.m. **1.** Faculté, action ou manière de raisonner : *À cet âge, on acquiert l'aptitude à tenir un raisonnement.* **2.** Enchaînement de propositions déduites les unes des autres et menant à une conclusion : *Son raisonnement est fondé sur l'hypothèse d'une reprise économique* (**SYN.** argumentation, démonstration).

raisonner v.i. [conj. 3]. **1.** Se servir de sa raison pour connaître, pour juger : *Pris de panique, il n'arrivait plus à raisonner* (**SYN.** penser, réfléchir). **2.** Passer d'un jugement à un autre pour aboutir à une conclusion : *Les mathématiques apprennent à raisonner* (= être logique). ◆ v.t. Chercher par des raisonnements, des conseils à amener qqn à une attitude raisonnable : *Son projet est trop périlleux, quelqu'un doit la raisonner.* ☞ **REM.** Ne pas confondre avec *résonner.* ◆ **se raisonner** v.pr. Faire appel à sa raison pour dominer ses impulsions : *Ils sont très inquiets, mais ils se raisonnent.*

raisonneur, euse adj. et n. Qui veut raisonner sur tout : *Je n'écoute plus les propos de cet insupportable raisonneur* (**SYN.** chicaneur, ergoteur).

raja ou **rajah** [raʒa] ou **radjah** [radʒa] n.m. (mot hindi). Dans les pays hindous, roi.

rajeunir v.t. [conj. 32]. **1.** Donner la vigueur, l'apparence de la jeunesse à ; faire paraître plus jeune : *Une semaine en thalassothérapie nous a rajeunis. Cette coupe de cheveux te rajeunit* (**CONTR.** vieillir). **2.** Attribuer à une personne un âge moindre que son âge véritable : *Vous le rajeunissez, il est plus âgé que ça.* **3.** Donner une apparence, une fraîcheur nouvelle à qqch : *Rajeunir le mobilier d'un cabinet médical* (**SYN.** moderniser, rénover). **4.** Abaisser l'âge moyen d'un groupe en y incluant des éléments jeunes : *Les nouvelles ministres rajeunissent le gouvernement.* ◆ v.i. Recouvrer la vigueur de la jeunesse : *On dirait qu'il a rajeuni depuis qu'il la fréquente* (**CONTR.** vieillir). ◆ **se rajeunir** v.pr. **1.** Se redonner la jeunesse : *Ils prennent des pilules pour se rajeunir.* **2.** Se dire plus jeune qu'on ne l'est : *Elle s'est rajeunie d'un an pour bénéficier d'une place à tarif réduit.*

rajeunissement n.m. Action, fait de rajeunir : *Un traitement au laser pour le rajeunissement de la peau* (**CONTR.** vieillissement). *Le rajeunissement d'une gamme de produits* (**SYN.** modernisation).

rajout n.m. Action de rajouter ; chose rajoutée : *Les ajouts sont en rouge et les rajouts en bleu.*

rajouter v.t. [conj. 3]. Ajouter de nouveau ; mettre en plus : *Elle rajoute toujours du sucre dans son thé* (**SYN.** remettre). *Il faudrait rajouter quelques citations dans votre copie* (**CONTR.** enlever, supprimer). ▸ *Fam.* ***En rajouter,*** forcer la vérité, la réalité ; exagérer : *Le gouvernement en rajoute pour faire accepter ces mesures par l'opinion.*

rajustement ou **réajustement** n.m. Action de rajuster : *Le rajustement des subventions.*

rajuster ou **réajuster** v.t. [conj. 3]. **1.** Remettre en bonne place, en ordre : *Rajuster les bretelles de son maillot de bain.* **2.** Modifier un prix, une quantité pour l'adapter à de nouvelles conditions : *Le commerçant a dû rajuster tous ses prix lors du passage à l'euro.*

raki n.m. (mot turc). En Turquie, eau-de-vie de raisin ou de prune parfumée à l'anis.

râlant, e adj. *Fam.* Qui provoque du dépit ; fâcheux : *Je suis arrivée deux minutes trop tard, c'est râlant !* (**SYN.** contrariant, enrageant).

① **râle** n.m. (de *râler*). Oiseau échassier, très estimé comme gibier.

② **râle** n.m. (de *râler*). **1.** Bruit anormal, caractéristique de certaines affections pulmonaires, perçu à l'auscultation. **2.** Respiration d'une personne qui agonise ; râlement.

râlement n.m. *Litt.* Bruit, son produit par une personne qui râle : *Les râlements d'un agonisant* (**SYN.** 2. râle).

ralenti n.m. **1.** Le régime le plus bas du moteur d'un véhicule : *Il faudrait régler le ralenti.* **2.** Procédé de filmage qui donne l'illusion de mouvements plus lents que dans la réalité (par opp. à accéléré) : *Un ralenti nous a permis de voir que l'athlète avait mis le pied sur la ligne.* ▸ ***Au ralenti,*** à une vitesse inférieure à la normale : *Son cœur bat au ralenti* ; en diminuant la vitesse, l'énergie, le rythme : *Depuis son infarctus, il vit au ralenti.*

ralentir v.t. (de l'anc. fr. *alentir*) [conj. 32]. **1.** Rendre plus lent : *La neige ralentit notre marche* (**SYN.** entraver ; **CONTR.** hâter, précipiter). *Ce médicament ralentit le rythme cardiaque* (**SYN.** modérer ; **CONTR.** accélérer, stimuler). **2.** Rendre moins intense : *En signe de protestation, les ouvriers ont décidé de ralentir la cadence* (**SYN.** diminuer, freiner ; **CONTR.** activer, presser). ◆ v.i. Aller plus lentement : *Les ronds-points obligent les véhicules à ralentir* (**SYN.** décélérer ; **CONTR.** accélérer). ◆ **se ralentir** v.pr. Diminuer d'intensité ; décroître : *La vente d'automobiles s'est ralentie au second semestre.*

ralentissement n.m. Diminution de vitesse, d'énergie, d'intensité : *Le ralentissement des exportations* (**SYN.** baisse, recul, régression).

ralentisseur n.m. **1.** Dispositif monté sur la transmission d'un véhicule lourd, et ayant pour fonction de réduire sa vitesse. **2.** Petit dos-d'âne en travers d'une chaussée, destiné à contraindre les véhicules à ralentir.

râler v.i. (var. de *racler*) [conj. 3]. **1.** Faire entendre des râles en respirant, en partic. au moment de l'agonie : *Le blessé commence à râler.* **2.** *Fam.* Manifester son mécontentement par des récriminations : *Elle a râlé pendant tout le voyage.*

râleur, euse adj. et n. *Fam.* Qui a l'habitude de manifester son mécontentement : *C'est une râleuse, mais elle a bon cœur* (**SYN.** grincheux).

ralingue n.f. (de l'anc. scand.). Dans la marine, cordage auquel sont cousus les bords d'une voile pour les renforcer.

ralliement n.m. **1.** Action de rallier, de regrouper des éléments dispersés : *Le ralliement des randonneurs aura lieu au refuge de la Ventine* (**SYN.** rassemblement, regroupement ; **CONTR.** dispersion, éparpillement). **2. [à].** Action de se rallier à une cause, à un chef : *Son ralliement à ce syndicat est surprenant* (**SYN.** adhésion). ▸ ***Mot, signe de ralliement,*** formule, signe caractéristiques permettant aux membres d'un groupe de se reconnaître. ***Point de ralliement,*** endroit où des troupes, des groupes de personnes sont convenus de se réunir.

rallier v.t. (de *allier*) [conj. 9]. **1.** Rassembler des gens dispersés : *Le guide rallie les touristes avant la visite.* (**SYN.** regrouper, réunir ; **CONTR.** disperser). **2.** Se rendre en un endroit ; rejoindre un groupe : *Le Premier ministre a dû rallier la capitale* (**SYN.** regagner). *L'ancien maire a rallié l'opposition* (**SYN.** adhérer à ; **CONTR.** quitter, rompre avec). **3.** Constituer l'élément qui rassemble un groupe, qui fait son unité : *Ce projet a rallié tous les* *suffrages* (**SYN.** emporter, gagner). **4. [à].** Convaincre d'adhérer à une idée, à un groupe : *Elle a rallié ses parents à sa cause. Le ministre a rallié ses collègues à son projet.* ◆ **se rallier** v.pr. **[à].** Donner son adhésion à : *Ils se sont ralliés à notre programme* (**SYN.** adopter ; **CONTR.** s'opposer à).

rallonge n.f. **1.** Pièce que l'on ajoute à un objet pour en augmenter la longueur : *Une table à trois rallonges.* **2.** Câble électrique souple permettant le raccordement d'un appareil à une prise de courant trop éloignée (**SYN.** prolongateur). **3.** *Fam.* Supplément qui augmente ce qui était prévu : *Le ministère demande une rallonge budgétaire* (**SYN.** augmentation). ▸ *Fam.* ***À rallonge*** ou ***à rallonges,*** se dit d'un nom de famille comportant plusieurs éléments réunis par des particules.

rallongement n.m. Action de rallonger ; fait d'être rallongé : *Les travaux de rallongement des quais d'une gare* (**CONTR.** raccourcissement).

rallonger v.t. [conj. 17]. Rendre qqch plus long : *Il grandit vite, il faut rallonger son pantalon* (= l'allonger à nouveau). ◆ v.i. Devenir à nouveau plus long dans le temps : *En cette saison, les jours commencent à rallonger* (**SYN.** allonger ; **CONTR.** diminuer, raccourcir).

rallumer v.t. [conj. 3]. **1.** Allumer de nouveau : *Rallume les bougies, le vent les a éteintes.* **2.** Faire renaître : *Cet incident a rallumé son désir de vengeance* (**SYN.** ranimer, raviver, réveiller ; **CONTR.** apaiser, modérer). ◆ **se rallumer** v.pr. Être allumé de nouveau ; reprendre de l'intensité : *L'aquarium est programmé pour se rallumer à neuf heures. Les conflits entre les deux nations se sont rallumés* (**SYN.** renaître, reprendre).

rallye [rali] n.m. (de l'angl. *to rally,* rassembler). **1.** Compétition automobile dans laquelle les concurrents doivent rallier un lieu après avoir satisfait à diverses épreuves. **2.** Suite de réunions dansantes organisées dans les familles aisées.

RAM [ram] n.f. inv. (acronyme de l'angl. *random access memory,* mémoire à accès aléatoire). En informatique, mémoire vive.

ramadan [ramadɑ̃] n.m. (mot ar.). **1.** Neuvième mois du calendrier islamique, période d'abstinence totale, du lever au coucher du soleil. **2.** Ensemble des prescriptions concernant ce mois : *Ils observent, ils font le ramadan.*

ramage n.m. (du lat. *ramus,* rameau). Chant des oiseaux dans les arbres : *Le ramage des merles m'a réveillé* (**SYN.** gazouillement). ◆ **ramages** n.m. pl. Dessins représentant des rameaux fleuris sur une étoffe : *Des rideaux à ramages.*

ramager v.i. [conj. 17]. Faire entendre son ramage, en parlant d'un oiseau.

ramassage n.m. **1.** Action de ramasser : *Le ramassage des ordures ménagères* (**SYN.** enlèvement). **2.** Transport par autocar des écoliers, des travailleurs, entre leur domicile et leur école ou leur lieu de travail.

ramassé, e adj. **1.** Qui est exprimé en peu de mots : *Un discours ramassé et virulent* (**SYN.** bref, concis, lapidaire ; **CONTR.** prolixe). **2.** Se dit d'une personne, d'un animal qui a des formes épaisses, courtes et larges : *Un homme ramassé* (**SYN.** courtaud, râblé, trapu).

ramasse-miettes n.m. inv. Ustensile qui sert à ramasser les miettes sur la table.

ramasser v.t. [conj. 3]. **1.** Rassembler des choses plus ou moins éparses : *Ces bénévoles ramassent des vêtements pour une association* (**SYN.** collecter, recueillir). *La documentaliste ramasse les livres à la fin de l'année scolaire* (**SYN.** récupérer ; **CONTR.** distribuer). **2.** Prendre, relever ce qui est à terre : *Ramasser un papier* (**CONTR.** jeter). *Ramasser du muguet dans les bois* (**SYN.** cueillir). **3.** *Fam.* Recevoir, attraper qqch de fâcheux : *L'enfant a ramassé une fessée* (**SYN.** prendre). ▸ ***Ramasser ses forces,*** rassembler toute son énergie pour fournir un grand effort. *Fam.* ***Se faire ramasser,*** se faire réprimander brutalement ; subir une déconvenue, un échec. ◆ **se ramasser** v.pr. **1.** Se replier sur soi pour se défendre ou attaquer : *Le hérisson se ramasse dès qu'on le touche* (**SYN.** se recroqueviller). *La lionne s'est ramassée avant de bondir.* **2.** *Fam.* Faire une chute ; tomber : *Elle s'est ramassée à cause du verglas.* **3.** *Fam.* Subir un échec : *Il s'est ramassé deux fois avant d'obtenir son permis de conduire* (**SYN.** échouer ; **CONTR.** réussir).

ramassette n.f. En Belgique, petite pelle pour recueillir les balayures.

① **ramasseur, euse** n. Personne qui ramasse qqch par terre : *Des ramasseurs de balles, au tennis.*

② **ramasseur** n.m. Organe de ramassage intégré à de nombreuses machines de récolte.

ramassis n.m. *Péjor.* Réunion de choses de peu de valeur, de personnes jugées peu estimables : *Elle garde un ramassis de vieux journaux* (**SYN.** amas, tas). *Les policiers ont arrêté un ramassis de trafiquants* (**SYN.** bande, clique).

ramassoire n.f. En Suisse, petite pelle pour recueillir les balayures.

rambarde n.f. (anc. it. *rambata*). Rampe légère formant garde-corps, notamm. sur un navire : *Le passager était accoudé à la rambarde* (**SYN.** bastingage).

ramdam [ramdam] n.m. (de *ramadan*). *Fam.* Vacarme, tapage : *Qu'est-ce que c'est que ce ramdam ?* (**SYN.** tintamarre).

① **rame** n.f. (fém. de l'anc. fr. *raim,* du lat. *ramus,* rameau, branche). Branche ou perche de bois servant de tuteur à certaines plantes grimpantes cultivées : *Soutenir des pois, des haricots avec des rames.*

② **rame** n.f. (de *2. ramer*). Longue pièce de bois élargie à une extrémité, dont on se sert pour faire avancer une embarcation (**SYN.** aviron, pagaie).

③ **rame** n.f. (catalan *raima,* d'un mot ar. signif. « ballot »). **1.** Ensemble de cinq cents feuilles de papier : *Acheter une rame de papier pour l'imprimante.* **2.** Ensemble de véhicules ferroviaires attelés ensemble : *La prochaine rame de métro sera à quai dans deux minutes.*

rameau n.m. (lat. *ramus*). **1.** Petite branche d'arbre ; branchette : *Le rameau d'olivier est un symbole de paix.* **2.** Subdivision d'un ensemble (linguistique, généalogique) représenté sous forme d'arbre : *Le portugais est un rameau de la branche des langues romanes.* ◆ **Rameaux** n.m. pl. ▸ ***Les Rameaux,*** fête chrétienne célébrée le dernier dimanche avant Pâques.

ramée n.f. (du lat. *ramus,* rameau). *Litt.* Ensemble des branches feuillues d'un arbre (**SYN.** feuillage, frondaison, ramure).

ramender v.t. [conj. 3]. **1.** Réparer un filet de pêche (**SYN.** raccommoder, remailler). **2.** Réparer la dorure d'un objet doré à la feuille.

ramener v.t. [conj. 19]. **1.** Amener de nouveau dans un endroit : *Sa fièvre ne baisse pas, je vais le ramener chez le médecin.* **2.** Faire revenir une personne dans le lieu d'où elle était partie : *Elle n'est pas en état de conduire, quelqu'un doit la ramener chez elle* (**SYN.** raccompagner, reconduire). **3.** Remettre en place : *Il ramena la couette sur ses jambes* (**SYN.** tirer). **4.** Faire revenir à un état antérieur : *Les sauveteurs ont ramené le noyé à la vie* (**SYN.** rappeler). **5.** Faire renaître ; rétablir : *Le nouveau directeur a réussi à ramener l'ordre dans l'établissement* (**SYN.** restaurer). **6.** Porter à un point plus simple ou moins grave : *Le président a ramené l'incident à de justes proportions* (**SYN.** limiter, restreindre). *Ramener les prix à un niveau acceptable* (**SYN.** réduire ; **CONTR.** augmenter). **7.** Faire converger vers le même point : *Elle ramène toujours tout à elle.* **8.** Être la cause du retour de : *Le mois d'août ramène les touristes. Le vent ramène le froid.* ▸ *Fam.* ***La ramener*** ou ***ramener sa fraise,*** intervenir dans une discussion en faisant l'important. ◆ **se ramener** v.pr. **1. [à].** Être réductible à qqch : *Finalement, toutes ces questions se ramènent à une idée principale* (**SYN.** se limiter à, se réduire à). **2.** *Fam.* Venir : *Les gendarmes se sont ramenés trop tard* (**SYN.** arriver ; **CONTR.** partir).

ramequin n.m. (néerl. *rammeken*). Petit récipient en terre ou en porcelaine utilisé pour la cuisson au four : *Servir la crème brûlée dans des ramequins.*

① **ramer** v.t. (de *1. rame*) [conj. 3]. En horticulture, soutenir des plantes grimpantes avec des rames : *Ramer des haricots.*

② **ramer** v.i. (du lat. *remus*, rame, aviron) [conj. 3]. **1.** Faire avancer une embarcation à la rame : *Ramer à contre-courant* (**SYN.** pagayer, souquer). **2.** *Fam.* Avoir beaucoup de peine à faire qqch : *Elle rame pour payer son loyer* (**SYN.** se démener, peiner).

ramette n.f. (de *3. rame*). **1.** Petite rame de papier. (= 125 feuilles). **2.** Rame de papier de petit format.

① **rameur, euse** n. (de *2. ramer*). Personne qui rame : *Ces rameurs s'entraînent pour une course d'aviron.*

② **rameur** n.m. Appareil de gymnastique qui permet d'effectuer les mouvements d'une personne qui fait de l'aviron.

rameuter v.t. [conj. 3]. Rassembler en vue d'une action : *Le parti a rameuté tous ses militants pour le deuxième tour* (= il les a mis sur le pied de guerre ; **SYN.** mobiliser).

rameux, euse adj. (lat. *ramosus*). Qui présente des ramifications, des rameaux nombreux : *Un arbuste rameux.*

rami n.m. (angl. *rummy*). Jeu de cartes qui se pratique génér. avec 52 cartes et un joker, entre deux, trois, quatre ou cinq joueurs.

ramie n.f. (mot malais). Plante d'Asie orientale dont les tiges fournissent une fibre textile et dont les feuilles sont fourragères ; fibre textile qu'on en tire : *Une veste en ramie.*

ramier adj.m. (de l'anc. fr. *raim*, rameau). Se dit d'un gros pigeon très commun dans les villes d'Europe : *Un pigeon ramier.* ◆ n.m. Pigeon ramier : *Donner des graines aux ramiers* (**SYN.** palombe).

ramification n.f. **1.** En botanique, division d'un végétal arborescent : *Les ramifications d'une tige.* **2.** En anatomie, division d'un vaisseau sanguin, d'un nerf en rameaux ; chacun de ces rameaux. **3.** Subdivision d'une organisation, d'un centre d'activités ; prolongement : *Ce groupuscule a des ramifications à l'étranger.*

se **ramifier** v.pr. (du lat. *ramus*, rameau) [conj. 9]. **1.** Se partager en plusieurs branches : *Arbre qui se ramifie près du sol.* **2.** S'étendre par des prolongements : *Cette association criminelle s'est ramifiée dans toute l'Europe* (**SYN.** se subdiviser).

ramille n.f. (Surtout au pl.). Dernière division des rameaux : *Allumer un feu avec des ramilles* (**SYN.** brindille, ramule).

ramolli, e adj. et n. *Fam.* Dont les facultés intellectuelles sont faibles ou amoindries.

ramollir v.t. [conj. 32]. **1.** Rendre mou : *La pluie a ramolli la terre* (**SYN.** ameublir). **2.** Diminuer l'énergie, la fermeté, la combativité de : *Toutes ces années de pouvoir les ont ramollis* (**SYN.** amollir). ◆ **se ramollir** v.pr. **1.** Devenir mou : *Les biscuits se sont ramollis* (**CONTR.** se durcir, se solidifier). **2.** *Fam.* Perdre peu à peu ses facultés mentales : *Elle s'est ramollie en vieillissant* (**SYN.** baisser, décliner).

ramollissement n.m. Fait de se ramollir, d'être ramolli : *Le ramollissement du beurre sous l'effet de la chaleur* (**CONTR.** durcissement).

ramonage n.m. Action de ramoner : *Le ramonage n'a pas été fait depuis longtemps.*

ramoner v.t. (de l'anc. fr. *ramon*, balai, de *raim*, rameau) [conj. 3]. Débarrasser un conduit, un appareil de la suie qui s'y est déposée : *Ramoner une cheminée.*

ramoneur n.m. Personne qui ramone les cheminées.

① **rampant, e** adj. **1.** Qui rampe : *La chenille est un animal rampant.* **2.** Dont l'évolution est peu sensible ; qui se dévoile peu : *Une inflation rampante* (**CONTR.** galopant). **3.** En botanique, se dit d'une plante qui se développe en s'étalant sur le sol. **4.** *Fig.* Bassement soumis devant ses supérieurs : *Un employé rampant* (**SYN.** obséquieux, servile).

② **rampant** n.m. *Fam.* Dans l'aviation, membre du personnel au sol (par opp. à volant).

rampe n.f. **1.** Partie inclinée d'une rue, d'une route, d'une voie de chemin de fer, d'un immeuble ; pente : *Gravir la rampe d'accès d'un garage* (= plan incliné). **2.** Balustrade bordant un escalier du côté du vide et sur laquelle on peut poser la main : *Elle se tient à la rampe pour descendre l'escalier.* **3.** Rangée de lumières sur le devant de la scène d'un théâtre : *Les feux de la rampe.* ▸ ***Passer la rampe,*** au théâtre, toucher le public, produire l'effet désiré : *Jeune actrice qui passe la rampe.* ***Rampe de lancement,*** plan incliné pour le lancement des avions catapultés ou des projectiles autopropulsés.

ramper v.i. (du germ.) [conj. 3]. **1.** En parlant de certains animaux, progresser sur le ventre grâce à des mouvements divers du corps : *Les serpents, les vers, les escargots rampent.* **2.** En parlant de qqn, avancer le ventre au contact du sol et en s'aidant des quatre membres : *L'enfant rampe sous le lit pour récupérer ses billes.* **3.** En botanique, s'accrocher à un support, ou se développer au sol : *Une magnifique passiflore rampait sur le mur.* **4.** *Fig.* Se montrer soumis, servile, devant qqn : *Il rampe devant le directeur.*

rampon n.m. (du lat. *rapum,* 1. rave). En Suisse, mâche, doucette.

ramponneau n.m. (de J. *Ramponneaux,* nom d'un cabaretier du XIIIe siècle). *Arg., vieilli* Coup violent ; bourrade.

ramule n.m. Petit rameau ; ramille : *Un ramule sec.*

ramure n.f. **1.** Ensemble des branches et des rameaux d'un arbre ; feuillage : *La ramure touffue de l'érable* (**SYN.** branchage, frondaison, ramée). **2.** Bois du cerf, du daim, du renne, du chevreuil, de l'élan.

rancard ou **rencard** n.m. **1.** *Arg.* Renseignement. **2.** *Fam.* Rendez-vous.

rancarder ou **rencarder** v.t. [conj. 3]. **1.** *Arg.* Renseigner : *Un truand qui rancarde la police.* **2.** *Fam.* Donner rendez-vous à qqn.

rancart n.m. (du normand *récarter,* éparpiller). ▸ *Fam.* ***Mettre*** ou ***jeter au rancart,*** se débarrasser de ; mettre au rebut : *Mettre de vieux outils au rancart.*

rance adj. (lat. *rancidus*). Se dit d'un corps gras qui a pris une odeur forte et une saveur âcre : *De l'huile rance.* ◆ n.m. Odeur ou saveur rance ; ranci : *Cette graisse sent le rance.*

ranch [rɑ̃tʃ ou rɑ̃ʃ] n.m. (mot anglo-amér., de l'esp. *rancho*) [pl. *ranchs* ou *ranches*]. Aux États-Unis, grande ferme d'élevage extensif : *Elle a travaillé dans plusieurs ranchs.*

ranche n.f. (du frq.). Chacun des échelons d'une échelle à un seul montant central.

rancher n.m. *Région.* Échelier.

ranci n.m. Odeur, goût de rance.

rancir v.i. [conj. 32]. Devenir rance : *Cette margarine rancit.* ◆ v.t. Rendre rance : *L'air rancit le beurre.*

rancissement n.m. Altération des aliments qui sont devenus rances.

rancœur n.f. (du bas lat. *rancor,* état de ce qui est rance). Amertume profonde que l'on garde à la suite d'une déception, d'une injustice : *J'ai de la rancœur contre lui depuis qu'il m'a menti* (**SYN.** dépit, rancune, ressentiment).

rançon n.f. (du lat. *redemptio,* rachat, de *redimere,* racheter). **1.** Somme d'argent exigée pour la délivrance d'une personne retenue prisonnière : *Les ravisseurs réclament une rançon de 100 000 euros.* **2.** *Fig.* Inconvénient accompagnant inévitablement un avantage, un plaisir ; conséquence : *On la reconnaît partout où elle va, c'est la rançon du succès* (**SYN.** contrepartie, prix, tribut).

rançonnement n.m. Action de rançonner qqn : *Les réfugiés dénoncent le rançonnement dont ils sont victimes* (= extorsion de fonds ; **SYN.** racket).

rançonner v.t. [conj. 3]. Exiger de qqn, par la contrainte, la remise d'argent : *Les brigands rançonnent les villageois* (**SYN.** racketter).

rançonneur, euse n. Personne qui rançonne ; brigand.

rancune n.f. (du bas lat. *rancor,* état de ce qui est rance, et *cura,* soin). Ressentiment que l'on garde d'une offense, d'une injustice, et qui s'accompagne d'un désir de vengeance : *Je lui garde rancune de ne pas m'avoir convié à cette soirée* (**SYN.** animosité, rancœur). ▸ ***Sans rancune,*** formule qui confirme une réconciliation après une brouille passagère.

rancunier, ère adj. et n. Qui garde facilement rancune (**SYN.** vindicatif ; **CONTR.** indulgent).

randomiser v.t. (de l'angl. *random,* fortuit) [conj. 3]. En statistiques, introduire un élément aléatoire dans un calcul ou dans un raisonnement.

randonnée n.f. (de l'anc. fr. *randir,* courir rapidement). Promenade de longue durée : *Ils font une randonnée à pied dans le Massif central* (**SYN.** excursion, marche, 2. tour). *Une randonnée à bicyclette, à cheval* (**SYN.** promenade). ▸ ***Sentier de grande randonnée*** ou ***G.R.,*** sentier spécialement balisé qui permet des randonnées sur des itinéraires très longs : *Les sentiers de grande randonnée sont indiqués par des bandes rouges et blanches.*

randonner v.i. [conj. 3]. Pratiquer la randonnée : *Nous avons randonné dans les Alpes* (**SYN.** excursionner, marcher, se promener).

randonneur, euse n. Personne qui fait une randonnée ou qui pratique la randonnée de loisir.

rang [rɑ̃] n.m. (du frq.). **1.** Suite de personnes ou de choses disposées les unes à côté des autres, sur une même ligne : *Les enfants se mettent en rangs avant d'entrer dans la classe* (**SYN.** file). *Il faut laisser libre le premier rang de fauteuils* (**SYN.** rangée). **2.** Catégorie de personnes ayant les mêmes opinions, les mêmes intérêts : *Ils sont venus grossir les rangs des déçus de la mondialisation* (**SYN.** camp, nombre, parti). *Vous devrez faire vos preuves avant d'entrer dans nos rangs* (**SYN.** groupe, organisation, société). **3.** Situation de qqn dans une classification ; ordre : *Ils sont classés par rang d'âge.* **4.** Place occupée par qqn dans la hiérarchie sociale : *Elle a désormais rang de ministre d'État* (**SYN.** grade). *Il ne veut fréquenter que des personnes de son rang* (**SYN.** condition, qualité). **5.** Degré d'importance, de valeur, attribué à qqn, à qqch : *Un dramaturge de second rang* (**SYN.** ordre). *Le cinéma est au premier rang de ses centres d'intérêt* (**SYN.** niveau). **6.** Série de mailles sur une même ligne, dans un ouvrage au tricot, au crochet. **7.** Au Canada, portion de territoire rural constituée d'une série de parcelles étroites et parallèles délimitées par un cours d'eau ou un chemin ; ce chemin. ▸ ***Au rang de,*** dans la catégorie de, des : *La lutte contre l'exclusion a été placée au rang de priorité nationale* ; au nombre de, parmi : *Elle l'a mis au rang de ses amis* ; au grade de : *Il a été élevé au rang de directeur général.* ***Se mettre sur les rangs,*** se mettre au nombre des personnes qui postulent ou sollicitent qqch. ***Militaire du rang,*** militaire qui n'est ni officier ni sous-officier. ***Prendre rang parmi*** ou ***dans,*** figurer parmi, être au nombre de : *Elle a pris rang parmi les grands écrivains contemporains.* ***Rentrer dans le rang,*** renoncer à ses prérogatives ; abandonner ses ambitions ou ses volontés d'indépendance. ***Serrer les rangs,*** se rapprocher les uns des autres pour tenir moins de place ; fig., se soutenir mutuellement.

rangé, e adj. Qui mène une vie régulière, sérieuse : *Une jeune fille rangée* (**SYN.** sage ; **CONTR.** dévergondé). ▸ ***Bataille rangée,*** bataille que se livrent deux armées régulièrement disposées l'une en face de l'autre ; rixe générale.

rangée n.f. Suite de personnes ou d'objets disposés sur une même ligne : *Le préfet a fait mettre une rangée de policiers devant le ministère* (**SYN.** cordon, file, haie). *Il a planté une rangée de groseillers dans le jardin* (**SYN.** rang).

rangement n.m. **1.** Action ou manière de ranger : *Le rangement des photos dans les albums a pris du temps* (**SYN.** classement). **2.** Endroit où l'on peut ranger des objets : *Ils ont des rangements dans la plupart des pièces de l'appartement* (**SYN.** placard).

① **ranger** [rɑ̃ʒe] v.t. [conj. 17]. **1.** Mettre en rang : *Ranger des troupes pour la parade* (**SYN.** aligner). *Les randonneurs ont rangé leurs chaussures à l'entrée du refuge* (**SYN.** disposer). **2.** Arranger selon un ordre déterminé : *Elle range ses CD par styles de musique* (**SYN.** classer ; **CONTR.** déclasser, déranger). **3.** Mettre à une certaine place : *Où as-tu rangé la calculatrice ?* **4.** Mettre de l'ordre dans un lieu : *Range ta chambre avant que les invités arrivent.* **5.** Mettre de côté un véhicule pour laisser la voie libre : *Ranger sa voiture pour laisser passer un cortège* (**SYN.** garer, parquer). **6.** Mettre au nombre de : *Elle range ce cinéaste parmi les plus talentueux* (**SYN.** compter, placer). ◆ **se ranger** v.pr. **1.** Se placer dans un certain ordre : *Les policiers se sont rangés de part et d'autre de la voiture du président* (**SYN.** s'aligner). **2.** S'écarter pour faire de la place : *Le tracteur s'est rangé pour laisser passer les voitures* (**SYN.** se garer). **3.** Revenir à une conduite régulière, moins désordonnée : *Depuis qu'il est père, il s'est rangé* (**SYN.** s'assagir ; **CONTR.** se dévergonder). ▸ ***Se ranger à l'avis de,*** adopter le point de vue de : *Elle s'est rangée à l'avis de son médecin.* ***Se ranger du côté de qqn,*** se rallier à son camp : *Ils se sont rangés du côté des sans-papiers.*

② **ranger** [randʒœr] n.m. (mot anglo-amér.). **1.** Soldat d'une unité de choc de l'armée américaine. **2.** Chaussure de marche en cuir, à tige montante : *Il ne porte que des rangers.* **3.** Scout âgé de plus de seize ans.

rani n.f. (du hindi). Femme d'un raja.

ranidé n.m. (du lat. *rana,* grenouille). Amphibien tel que la grenouille.

ranimation n.f. Ensemble des moyens et des soins mis en œuvre par un secouriste en cas d'urgence grave ; réanimation.

ranimer v.t. [conj. 3]. **1.** Faire revenir à soi ; réanimer : *Le pompier a dû lui faire du bouche-à-bouche pour la ranimer.* **2.** Redonner de la force, de l'activité à : *Ranimer un feu à l'aide d'un soufflet* (**SYN.** attiser, réactiver ; **CONTR.** éteindre, étouffer). **3.** Redonner de la vigueur à ; faire renaître : *Le capitaine a ranimé l'ardeur de ses joueurs* (**SYN.** aiguillonner, stimuler ; **CONTR.** endormir, tempérer). *Ce documentaire a ranimé de vieux souvenirs* (**SYN.** réveiller). ◆ **se ranimer** v.pr. **1.** Revenir à soi : *Elle s'est vite ranimée après son évanouissement* (**SYN.** se réveiller). **2.** Reprendre une activité ou une intensité nouvelle : *L'incendie s'est ranimé. Sa haine s'est ranimée.*

rantanplan ou **rataplan** interj. (onomat.). Imite le bruit, le roulement du tambour.

ranz [rɑ̃ ou rɑ̃z] n.m. (mot alémanique signif. « rang »). En Suisse, chant populaire des cantons de Fribourg et de Vaud (on dit aussi *ranz des vaches*).

raout [raut] n.m. (de l'angl. *rout,* désordre). *Vx* Grande réception mondaine ; garden-party.

rap n.m. (de l'anglo-amér. *to rap,* bavarder). Style de musique soutenant un chant aux paroles scandées sur un rythme très martelé : *Il compose du rap* (= c'est un rappeur).

rapace adj. (lat. *rapax, rapacis,* de *rapere,* emporter violemment). **1.** Se dit d'un animal qui poursuit ses proies avec voracité : *Les aigles, les buses et les condors sont des oiseaux rapaces.* **2.** *Litt.* Qui est avide d'argent : *Un investisseur rapace* (**SYN.** cupide ; **CONTR.** désintéressé). ◆ n.m. Oiseau carnivore, à bec crochu et à griffes fortes et recourbées : *Rapaces diurnes, nocturnes.*

rapacité n.f. **1.** Caractère rapace, vorace d'un animal : *La rapacité d'une lionne* (**SYN.** férocité, voracité). **2.** *Litt.* Caractère d'une personne rapace : *La rapacité de certains capitalistes* (**SYN.** avidité, cupidité).

râpage n.m. Action de râper, de réduire en poudre.

rapailler v.t. [conj. 3]. *Fam.* Au Québec, rassembler des objets éparpillés : *Commence à rapailler tes affaires.*

rapatrié, e n. **1.** Personne ramenée dans son pays d'origine par les soins des autorités officielles : *Les rapatriés sont à bord de l'avion sanitaire.* **2.** Français d'Algérie installé en métropole après l'indépendance de ce pays (1962).

rapatriement n.m. Action de rapatrier : *Cette assurance s'occupe du rapatriement des blessés.*

rapatrier v.t. [conj. 10]. Faire revenir dans son pays d'origine : *L'ambassade rapatriera les ressortissants blessés.*

râpe n.f. **1.** Ustensile de ménage utilisé pour râper : *Une râpe à fromage, à muscade.* **2.** Lime à grosses dents espacées utilisée pour user la surface des matières tendres : *Une râpe de menuisier.* **3.** En botanique, partie centrale d'un épi de maïs ; rafle. **4.** *Fam.* En Suisse, avare.

râpé, e adj. **1.** Réduit en menus morceaux, avec une râpe : *Du gruyère râpé. Des carottes râpées.* **2.** Usagé au point que l'étoffe montre la trame : *Les manches de cette veste sont râpées* (= usées jusqu'à la corde ; **SYN.** élimé). ▸ *Fam.* ***C'est râpé,*** c'est raté, cela a échoué. ◆ **râpé** n.m. Fromage râpé : *Mettre du râpé sur ses pâtes.*

râper v.t. (du germ. *raspôn,* rafler) [conj. 3]. **1.** Réduire en menus morceaux, avec une râpe : *Râper du parmesan.* **2.** User la surface d'un corps avec une râpe : *L'ébéniste râpe les tenons avant de les assembler.* **3.** Avoir un goût âpre et rude : *Ce vin râpe le gosier.*

rapercher v.t. [conj. 3]. En Suisse, rattraper et ramener qqn ; récupérer qqch.

rapetassage n.m. Action de rapetasser.

rapetasser v.t. (de l'anc. prov. *petasar,* rapiécer) [conj. 3]. *Fam.* Réparer sommairement : *Je voudrais rapetasser ces torchons* (**SYN.** raccommoder, repriser).

rapetissement n.m. Action ou fait de rapetisser : *Cette panne provoque un rapetissement de l'image du téléviseur.*

rapetisser v.t. [conj. 3]. **1.** Rendre plus petit ; faire paraître plus petit : *Cette glace déformante rapetisse les gens qui se regardent dedans* (**SYN.** réduire ; **CONTR.** grandir). **2.** Diminuer le mérite de : *Beaucoup de journalistes sportifs ont rapetissé la victoire de l'équipe* (**SYN.** déprécier, rabaisser ; **CONTR.** magnifier). ◆ v.i. Devenir plus petit, plus court : *Les jours ont rapetissé* (**SYN.** diminuer, raccourcir ; **CONTR.** rallonger).

râpeux, euse adj. **1.** Rude au toucher : *Le chat a la langue râpeuse. Une étoffe râpeuse* (**SYN.** rêche, rugueux ; **CONTR.** doux). **2.** Qui a une saveur âpre : *Un alcool râpeux* (**SYN.** aigre, raide).

raphia n.m. (mot malgache). Palmier d'Afrique et d'Amérique, fournissant une fibre très solide ; cette fibre : *Attacher un bouquet de fleurs avec du raphia.*

rapiat, e adj. (du lat. *rapere,* emporter violemment, voler). *Fam.* Qui dépense avec parcimonie : *Ils sont très rapiats* (**SYN.** avare, chiche, pingre ; **CONTR.** dépensier, prodigue).

rapicoler v.t. [conj. 3]. En Suisse, redonner de la force, de la vigueur à qqn.

rapide adj. (lat. *rapidus,* de *rapere,* emporter violemment). **1.** Qui parcourt beaucoup d'espace en peu de temps : *Elle est la plus rapide au cent mètres* (**SYN.** véloce [sout.] ; **CONTR.** lent). **2.** Qui s'accomplit très vite ou trop vite : *Sa montée en grade fut rapide* (**SYN.** fulgurant, prompt ; **CONTR.** interminable, long). **3.** Où l'on circule rapidement : *Mets-toi sur la voie rapide pour doubler.* **4.** Qui présente une forte inclinaison : *Ils descendent par un chemin à pente rapide* (**SYN.** abrupt, pentu, raide). **5.** Qui agit vite ; qui comprend facilement : *Le facteur est rapide dans la distribution du courrier. Cet enfant a l'esprit rapide* (**SYN.** 1. vif). **6.** Qui fait effet très vite : *Un anesthésique rapide.* ◆ n.m. **1.** Section d'un cours d'eau où le courant est accéléré : *Ils ont descendu ces rapides en raft.* **2.** Train effectuant un parcours à vitesse élevée, et ne s'arrêtant qu'à des gares très importantes : *J'ai pris le rapide de 8 heures.*

rapidement adv. Avec rapidité : *Il a écrit cet essai rapidement* (**SYN.** vite ; **CONTR.** lentement).

rapidité n.f. Caractère de ce qui est rapide : *La rapidité du guépard* (**SYN.** vélocité [sout.] ; **CONTR.** lenteur). *La rapidité avec laquelle elle a rédigé son rapport m'impressionne* (**SYN.** diligence, vitesse).

rapiéçage ou **rapiècement** n.m. Action de rapiécer : *Le rapiéçage d'un sac à dos* (**SYN.** raccommodage).

rapiécer v.t. [conj. 20]. Réparer un vêtement en y posant une ou plusieurs pièces : *Il rapièce son jean* (**SYN.** raccommoder).

rapière n.f. (de *râpe*). Épée à lame fine et longue, dont on se servait dans les duels : *Le mousquetaire tira sa rapière.*

rapin n.m. (mot d'arg.). *Vieilli* **1.** Jeune élève dans un atelier d'artiste peintre. **2.** Peintre sans talent.

rapine n.f. (lat. *rapina,* de *rapere,* emporter violemment). *Litt.* **1.** Action de s'emparer de qqch par la violence ; brigandage, vol : *Cette troupe de mercenaires s'est livrée à la rapine* (**SYN.** maraudage, pillage). **2.** Ce qui est volé par rapine : *Les rapines d'un administrateur* (**SYN.** extorsion, malversation).

raplapla adj. (de *1. plat*). *Fam.* **1.** Qui est fatigué, sans énergie ; déprimé : *Elle est complètement raplapla* (**SYN.** épuisé, fourbu, las). **2.** Très plat ou aplati : *Avec la pluie, ses cheveux sont raplaplas.*

raplatir v.t. [conj. 32]. Rendre plat ou plus plat ; aplatir de nouveau : *Raplatir un oreiller* (**CONTR.** regonfler).

rappareiller v.t. [conj. 4]. Assortir, appareiller de nouveau des choses pareilles qui forment un ensemble : *Rappareiller les livres d'une collection* (**CONTR.** dépareiller).

rapparier v.t. [conj. 9]. Réunir deux choses qui vont par paire ; apparier de nouveau : *Rapparier des boucles d'oreilles* (**CONTR.** déparier).

rappel n.m. **1.** Action par laquelle on rappelle, on fait revenir qqn : *Le rappel d'un ministre dans la capitale. L'humoriste a eu deux rappels.* **2.** Action de rappeler, de faire se souvenir : *Le rappel de son enfance l'émeut toujours* (**SYN.** évocation, mention). **3.** Paiement d'une portion d'appointements, d'une somme qui était due : *Comme on a oublié de lui rembourser ses frais de transport, elle devrait toucher un rappel le mois prochain.* **4.** Nouvelle injection d'un vaccin : *Ils ont fait faire les rappels avant de partir en vacances.* **5.** En alpinisme, en spéléologie, procédé de descente d'une paroi verticale à l'aide d'une corde double : *Descendre en rappel.* **6.** Système de retour en arrière d'un mécanisme : *Un ressort de rappel ramène la manette à sa position initiale.* ▸ ***Battre le rappel,*** s'employer à rassembler, à réunir toutes les personnes ou toutes les choses exigées par les circonstances : *Ils ont dû battre le rappel pour remplir la salle.* ***Piqûre de rappel,*** événement, publication, etc., qui servent à rappeler à chacun ses droits et ses devoirs : *Cette lourde amende est une piqûre de rappel pour les fraudeurs.* ***Rappel à l'ordre,*** réprimande, semonce.

rappeler v.t. [conj. 24]. **1.** Appeler de nouveau, spécial. au téléphone : *Je suis occupé, peux-tu me rappeler dans une heure ?* **2.** Appeler qqn pour le faire revenir ; faire revenir une personne absente : *Le malade a dû rappeler l'infirmière. Le public rappelle le chanteur* (**SYN.** bisser). **3.** Faire revenir qqn d'un lieu éloigné où il exerçait des fonctions : *Devant la menace de conflit, le Président a rappelé l'ambassadeur.* **4.** Faire revenir à la mémoire ; faire penser à : *Cette chanson me rappelle une berceuse que ma mère me chantait* (**SYN.** évoquer). *Peux-tu me rappeler les règles de ce jeu ?* **5.** Présenter une ressemblance avec : *Elle me rappelle sa mère à son âge. Leur situation rappelle celle que nous avons connue* (**CONTR.** différer de). ▸ ***Rappeler qqn à la vie,*** lui faire reprendre connaissance ; le ranimer. ◆ **se rappeler** v.pr. Garder le souvenir de qqn, de qqch ; se souvenir de : *Te rappelles-tu ta nourrice ? Oui, je me la rappelle* (**CONTR.** oublier). *Je me rappelle le jour où nous avons fait connaissance* (**SYN.** se remémorer). *Quand elles se sont rencontrées, elles se sont rappelé leurs souvenirs de lycée.*

rapper v.i. [conj. 3]. Chanter, composer du rap : *Ces jeunes aiment rapper.*

rappeur, euse n. Personne qui interprète, compose du rap.

rappliquer v.i. [conj. 3]. *Fam.* Venir ou revenir en un lieu : *Toute la famille a rappliqué* (**SYN.** arriver).

rapport n.m. **1.** Lien ou relation entre deux ou plusieurs choses : *Quels sont les rapports entre ces deux événements ?* (**SYN.** corrélation). *Cet exemple n'a aucun rapport avec la définition* (**SYN.** concordance). **2.** Élément commun à certaines choses et que l'esprit peut percevoir ; similitude : *Le conférencier explique les rapports entre ces deux tableaux* (**SYN.** analogie, correspondance). **3.** Profit tiré de l'exploitation d'un bien : *Ces champs sont d'un bon rapport* (**SYN.** rendement). *Une* *boutique d'un bon rapport* (**SYN.** bénéfice, revenu). **4.** Exposé dans lequel on relate ce que l'on a vu ou entendu : *Consulter le rapport d'un expert* (**SYN.** compte rendu, procès-verbal). **5.** Réunion au cours de laquelle un chef militaire expose ses intentions et donne ses ordres : *Tous les officiers doivent être au rapport.* **6.** Relation sexuelle ; coït (on dit aussi *rapport sexuel*) : *Avez-vous déjà eu un rapport non protégé ?* ▸ ***De rapport,*** dont la location procure des revenus au propriétaire : *Un immeuble de rapport.* ***En rapport avec,*** proportionné à : *Le poste qu'elle occupe n'est pas en rapport avec ses capacités.* ***Mettre en rapport,*** mettre plusieurs personnes en relation : *Il a mis son fils en rapport avec le directeur des ressources humaines.* ***Par rapport à,*** relativement à ; en comparaison de : *Elle gagne peu par rapport au travail qu'elle fournit.* *Fam.* ***Rapport à,*** à cause de ; au sujet de : *Le syndic a fait une note rapport aux nuisances sonores.* ***Sous le rapport de,*** du point de vue de ; eu égard à : *Ce jeu vidéo est intéressant sous le rapport du graphisme.* ◆ **rapports** n.m. pl. Relations entre des personnes ou des groupes : *Il a de bons rapports avec ses collègues* (**SYN.** contact, fréquentation). ▸ ***Sous tous rapports*** ou ***sous tous les rapports,*** à tous égards : *Une employée bien sous tous rapports.*

rapporté, e adj. Qui a été ajouté pour compléter : *Une nappe avec de la dentelle rapportée.* ▸ ***Pièce rapportée,*** élément ajouté à un ensemble pour le compléter ; fam., personne unie par alliance à une famille : *Ils disent que leur belle-fille est une pièce rapportée.*

rapporter v.t. [conj. 3]. **1.** Remettre une chose à l'endroit où elle était ; rendre à qqn : *Rapporte le tournevis à sa place* (**SYN.** replacer, reporter). *Je te rapporte les cédéroms que tu m'avais prêtés* (**SYN.** restituer ; **CONTR.** conserver, garder). **2.** Apporter de nouveau ou en plus : *Pourriez-vous nous rapporter une carafe d'eau ?* **3.** Apporter avec soi en revenant d'un lieu : *Elle a rapporté des statuettes de son voyage au Sénégal.* **4.** Procurer un gain, un bénéfice à : *Cette terre rapporte beaucoup de blé* (**SYN.** donner, produire). *Ce capital lui a rapporté mille euros en trois ans.* **5.** Faire le récit de ce que l'on a vu et entendu : *Rapportez-moi ce qu'ils ont fait dans les moindres détails* (**SYN.** raconter, relater, retracer). **6.** Répéter qqch à qqn de façon indiscrète ou malicieuse : *Méfie-toi d'elle, elle rapporte tout à notre supérieur hiérarchique.* **7.** Établir un rapport exclusif avec : *Cet égoïste rapporte tout à lui* (**SYN.** concentrer, ramener). **8.** Faire un rapport relatif à un projet, à une proposition de loi : *La députée rapportera les décisions de la commission* (= elle en sera le rapporteur ; **SYN.** exposer). **9.** Mettre qqch en relation avec qqch d'autre pour permettre une comparaison : *Rapporter l'histoire de la Terre à l'échelle humaine.* **10.** En couture, appliquer une pièce de tissu sur qqch : *Rapporter des poches sur un veston.* **11.** Dans le langage juridique, déclarer nulle une décision administrative : *Rapporter un décret* (**SYN.** abroger, annuler). ◆ **se rapporter** v.pr. **[à].** Avoir un rapport avec qqch ; être relatif à qqn : *Tout ce qui se rapporte à l'environnement m'intéresse* (**SYN.** se rattacher à, regarder, toucher à). *Elle collectionne tout ce qui se rapporte à ce chanteur* (**SYN.** concerner). ▸ ***S'en rapporter à,*** s'en remettre à ; faire confiance à : *La prévenue s'en rapporte à son avocat.*

① **rapporteur, euse** adj. et n. Qui rapporte, par indiscrétion ou par malice, ce qu'il a vu ou entendu : *Un petit garçon rapporteur.* ◆ n. Personne chargée de faire le rapport des propositions d'une commission parlementaire : *Elle est la rapporteuse de la commission des finances.* ☞ **REM.** On rencontre aussi le féminin *une rapporteure.*

② **rapporteur** n.m. Instrument en forme de demi-cercle gradué, servant à mesurer des angles : *À l'aide du rapporteur, vérifiez si ces angles sont égaux.*

rapprendre v.t. [conj. 79] → **réapprendre.**

rapprochement n.m. **1.** Action de rapprocher, de se rapprocher : *Le rapprochement des lèvres d'une plaie* (**CONTR.** éloignement). **2.** Rétablissement de bonnes relations : *Le Président veut favoriser le rapprochement entre ces deux pays* (**SYN.** réconciliation). **3.** Action de mettre en parallèle des faits, des idées, pour les comparer et établir une relation entre eux : *Le journaliste a procédé à des rapprochements douteux* (**SYN.** association, comparaison, lien). ▸ ***Faire le rapprochement,*** établir une relation entre des faits qui paraissent n'avoir aucun rapport entre eux : *Le commissaire a immédiatement fait le rapprochement entre ces deux incidents.*

rapprocher v.t. [conj. 3]. **1.** Mettre, faire venir plus près en déplaçant : *Rapprochez le micro de votre bouche* (**SYN.** avancer ; **CONTR.** éloigner). *Rapprocher deux chaises* (**SYN.** approcher). **2.** Rendre plus proche dans l'espace ou dans le temps : *L'avion rapproche l'Europe de l'Afrique. Le chirurgien a décidé de rapprocher la date de l'opération* (**CONTR.** repousser). **3.** Mettre en évidence les rapports entre des choses : *Rapprocher deux pièces d'un même auteur* (= les mettre en parallèle ; **SYN.** comparer). **4.** Établir ou rétablir de bonnes relations entre des personnes ou des groupes : *Leur passion du cinéma a rapproché les deux collègues* (**SYN.** réunir ; **CONTR.** séparer). *Elle a tout fait pour rapprocher ses deux fils* (**SYN.** réconcilier ; **CONTR.** brouiller). ◆ **se rapprocher** v.pr. **[de].** **1.** Venir plus près ; devenir plus proche : *Ils se sont rapprochés de la scène pour mieux entendre* (**CONTR.** s'éloigner). *Cette enseignante demande sa mutation pour se rapprocher de son domicile.* **2.** Avoir des relations plus étroites : *Leur famille s'est enfin rapprochée de la nôtre* (**CONTR.** rompre). **3.** Avoir certaines ressemblances avec qqn, qqch : *Cet instrument se rapproche de l'accordéon* (**SYN.** s'apparenter à ; **CONTR.** différer).

rapsode n.m. → **rhapsode.**

rapsodie n.f. → **rhapsodie.**

rapt [rapt] n.m. (du lat. *raptus,* enlèvement, de *rapere,* emporter violemment). Fait de s'emparer illégalement d'une personne ; kidnapping : *Les rapts d'industriels se multiplient* (**SYN.** enlèvement).

raptus [raptys] n.m. (mot lat. signif. « enlèvement »). En psychiatrie, comportement anormal soudain et violent, dû à un trouble psychique : *Un raptus suicidaire.*

râpure n.f. **1.** Ce que l'on enlève en râpant : *Des râpures de bois* (**SYN.** copeau). **2.** Dans la cuisine acadienne, plat traditionnel fait de pommes de terre râpées et de viande.

raquer v.t. et v.i. [conj. 3]. *Fam.* Payer : *Aujourd'hui, c'est lui qui raque.*

raquette n.f. (lat. médiév. *rasceta* [*manus*], de l'ar. *râhat,* paume de la main). **1.** Instrument formé d'un cadre ovale garni d'un réseau de fils et terminé par un manche, qui sert à renvoyer la balle dans certains sports : *La joueuse tient sa raquette à deux mains. Une raquette de badminton, de squash.* **2.** Lame de bois, recouverte génér. de caoutchouc et munie d'un manche, pour jouer au tennis de table. **3.** Large semelle que l'on adapte à des chaussures pour marcher sur la neige molle : *Ils ont fait une randonnée en ou à raquettes.*

raquetteur, euse n. Personne qui se déplace sur la neige avec des raquettes.

rare adj. (du lat. *rarus,* peu serré, clairsemé). **1.** Qui n'est pas commun ; que l'on ne voit pas souvent : *Les fauteuils de cette forme sont très rares* (**SYN.** introuvable, recherché ; **CONTR.** banal, ordinaire). *Un mot rare* (= peu employé ; **CONTR.** usité, usuel). **2.** Qui ne se produit pas souvent ; peu fréquent : *Il veut profiter de ses enfants pendant ses rares moments de détente* (**CONTR.** continuel, répété). *Une maladie rare* (**CONTR.** 1. commun). **3.** Qui existe en petit nombre : *La journaliste interroge les rares femmes qui siègent au Sénat* (**CONTR.** nombreux). **4.** Qui surprend par son caractère inhabituel : *C'est assez rare de te voir en jupe* (**SYN.** étonnant, extraordinaire, inaccoutumé ; **CONTR.** commun, habituel). **5.** Peu dense : *Le vent court sur l'herbe rare de la dune* (**SYN.** clairsemé ; **CONTR.** dru, épais, touffu). ▸ ***Se faire rare,*** espacer ses visites : *Ses enfants se font rares depuis qu'ils ont déménagé.*

raréfaction n.f. Fait de se raréfier, de devenir rare.

raréfier v.t. [conj. 9]. **1.** Rendre rare : *La sécheresse a raréfié les vers de terre* (= les a fait disparaître). **2.** En physique, diminuer la densité, la pression d'un gaz : *L'altitude raréfie l'air.* ◆ **se raréfier** v.pr. Devenir plus rare, moins dense, moins fréquent : *Le gibier se raréfie dans notre région. Ses coups de fil se sont raréfiés* (**SYN.** s'espacer).

rarement adv. Peu souvent : *Ils regardent rarement la télévision* (**CONTR.** fréquemment). *J'ai rarement vu quelqu'un d'aussi aimable* (**CONTR.** couramment).

rareté n.f. **1.** Caractère de ce qui est rare : *La rareté des logements pour étudiants* (**SYN.** manque, pénurie). **2.** Chose rare, précieuse : *Cette horloge astronomique est une rareté* (**SYN.** curiosité).

rarissime adj. Très rare : *Le musée possède un manuscrit rarissime* (**SYN.** unique). *Les cas de méningite sont rarissimes* (**CONTR.** courant, fréquent).

① **ras, e** [ra, raz] adj. (du lat. *rasus,* rasé). **1.** Se dit de poils, de cheveux coupés au niveau de la peau : *Une barbe rase* (**CONTR.** long). *Ce militaire a la tête rase* (= dont les cheveux ont été rasés ; **SYN.** tondu). **2.** Très court : *Le labrador est un chien à poil ras. L'herbe rase d'un terrain de football* (**CONTR.** luxuriant, touffu). **3.** Jusqu'au niveau du bord : *Une mesure rase de lait en poudre. Une chope remplie à ras bord.* ▸ ***Faire table rase,*** rejeter, considérer comme nul ce qui a été dit ou fait antérieurement : *Oser faire table rase des systèmes existants pour en reconstruire de nouveaux.* ***Rase campagne,*** pays plat et découvert, sans habitation : *On ne peut pas construire ce type d'usine en rase campagne. Tomber en panne en rase campagne* (= loin de toute agglomération). ◆ **ras** adv. De très près : *Une herbe coupée ras.* ◆ **ras** n.m. ▸ ***À ras,*** très court : *Elle a fait couper les poils de son caniche à ras.* ***À ras de*** ou ***au ras de,*** au niveau de, au plus près de : *L'eau est montée à ras de la première marche. Il fait voler son cerf-volant au ras du sable.* ***À ras de terre*** ou, fam., ***au ras des pâquerettes,*** qui n'est pas d'un niveau intellectuel très élevé : *Des préoccupations à ras de terre.*

② **ras** [ras] n.m. (mot ar.). Chef éthiopien.

R.A.S. ou **RAS** [ɛraɛs] adv. (sigle). ▸ *Fam.* ***Rien à signaler*** → **signaler.**

rasade n.f. (de *1. ras*). Quantité de boisson contenue dans un verre rempli à ras bord : *Après sa course, il a bu deux rasades de thé glacé.*

rasage n.m. Action de raser ou de se raser : *Son coiffeur lui a fait un rasage.*

rasant, e adj. **1.** Qui passe au plus près d'une surface, en partic. du sol : *La lumière rasante du soleil couchant* (**SYN.** frisant). **2.** *Fam.* Qui ennuie, lasse : *Ses conférences sont particulièrement rasantes* (**SYN.** ennuyeux, fastidieux ; **CONTR.** captivant, passionnant).

rascasse n.f. (prov. *rascasso*). Poisson à chair très estimée, à la tête couverte d'épines, appelé aussi *crapaud de mer.*

ras-du-cou n.m. inv. **1.** (Parfois employé en appos.). Pull dont l'encolure épouse la base du cou : *Elle met sa chaîne par-dessus son ras-du-cou. Des pulls ras-du-cou.* **2.** Collier enserrant la base du cou.

rase-mottes n.m. inv. Vol effectué par un avion au plus près du sol : *L'avion a fait du rase-mottes pour échapper aux radars.*

raser v.t. (du lat. *radere,* tondre, racler) [conj. 3]. **1.** Couper les cheveux, le poil au ras de la peau : *Le coiffeur lui rase la nuque* (**SYN.** tondre). *Les nageurs rasent leurs jambes.* **2.** Abattre à ras de terre : *Le maire a fait raser cet immeuble vétuste* (**SYN.** démolir). **3.** Passer tout près de ; effleurer : *Elle marchait en rasant les murs* (**SYN.** frôler, serrer). **4.** *Fam.* Importuner, ennuyer : *Tu nous rases avec tes conseils* (**SYN.** fatiguer, lasser). ◆ **se raser** v.pr. **1.** Se couper la barbe, les poils : *Il se rase avec un rasoir électrique. Elle s'est rasé les aisselles.* **2.** *Fam.* S'ennuyer : *Nous nous sommes rasés pendant son exposé.*

raseur, euse n. *Fam.* Personne qui ennuie, importune : *Ce raseur va encore nous raconter sa vie* (**SYN.** importun).

rasibus [razibys] adv. *Fam.* Tout près : *Le ballon est passé rasibus.*

ras-le-bol n.m. inv. *Fam.* Fait d'être excédé : *Le ras-le-bol des usagers pendant la grève des transports* (**SYN.** exaspération, irritation).

① **rasoir** n.m. Instrument servant à raser, à se raser : *Un rasoir électrique, mécanique, jetable.*

② **rasoir** adj. inv. *Fam.* Qui ennuie : *Cette fille est rasoir ! Des documentaires rasoir* (**SYN.** ennuyeux, fastidieux ; **CONTR.** intéressant).

rassasiement n.m. État d'une personne rassasiée.

rassasier v.t. (lat. *satiare,* de *satis,* assez) [conj. 9]. **1.** Apaiser la faim de : *Cette choucroute nous a rassasiés* (**CONTR.** affamer). **2.** Satisfaire pleinement les désirs de : *Je ne suis jamais rassasié de ce paysage* (**SYN.** blaser).

rassemblement n.m. **1.** Action de rassembler, de se rassembler : *Nous commencerons par le rassemblement de tous les témoignages* (**SYN.** collecte, réunion ;

CONTR. éparpillement). *Le rassemblement des agriculteurs devant la préfecture* (SYN. ralliement, regroupement ; CONTR. dispersion). **2.** Grande réunion de personnes : *Un rassemblement de mille personnes selon la police* (SYN. attroupement). **3.** Nom que se donnent certains partis politiques.

rassembler v.t. [conj. 3]. **1.** Faire venir dans le même lieu : *Pour son anniversaire, il a voulu rassembler tous ses amis* (SYN. réunir). *Le syndicaliste a rassemblé l'ensemble du personnel dans la cour* (SYN. masser, regrouper ; CONTR. disloquer, disperser). **2.** Mettre ensemble ce qui est épars : *Rassembler les œuvres d'un artiste pour une rétrospective* (SYN. amasser, collecter ; CONTR. éparpiller). **3.** Remettre en ordre, concentrer pour entreprendre qqch : *Elle a du mal à rassembler ses idées.* ◆ **se rassembler** v.pr. Se réunir en un lieu ; se regrouper : *La famille s'est rassemblée pour Noël. Les badauds se sont rassemblés autour du cracheur de feu* (SYN. se masser ; CONTR. se disperser, s'égailler).

rassembleur, euse adj. et n. Qui rassemble, réunit des personnes ; fédérateur : *Le Premier ministre se veut le rassembleur de la population.*

rasseoir [raswar] v.t. [conj. 65]. Asseoir de nouveau : *Il rassied* ou *rassoit* ou *rasseoit l'enfant dans son siège.* ◆ **se rasseoir** v.pr. S'asseoir de nouveau, après s'être levé : *Elle s'est rassise après avoir exposé l'ordre du jour.*

rasséréner v.t. (de *serein*) [conj. 18]. Rendre la sérénité, le calme à : *Les résultats de sa prise de sang le rassérènent* (SYN. rassurer, tranquilliser ; CONTR. affoler, inquiéter). ◆ **se rasséréner** v.pr. Retrouver son calme, redevenir serein : *Elle s'est rassérénée en les voyant arriver.*

rassir v.i. (de *rassis*) [conj. 32]. Devenir rassis, en parlant d'un aliment : *Le gâteau a fini par rassir. La brioche a rassi* ou *rassis* (= elle est rassie ou rassise).

rassis, e adj. (p. passé de *rasseoir*). Qui n'est plus frais, en parlant du pain, d'une pâtisserie : *Donner du pain rassis aux canards.* ▸ *Litt.* ***Esprit rassis,*** personne calme, réfléchie : *C'est un esprit rassis* (SYN. pondéré, posé ; CONTR. fougueux, impétueux).

rassissement n.m. Fait de rassir, de se dessécher : *Le rassissement d'un pain.*

rassortiment n.m. → **réassortiment.**

rassortir v.t. → **réassortir.**

rassurant, e adj. Propre à rendre confiance, à rassurer : *Ses prévisions sont loin d'être rassurantes* (SYN. tranquillisant ; CONTR. alarmant, inquiétant, préoccupant).

rassurer v.t. [conj. 3]. Rendre sa confiance, son assurance à qqn ; dissiper ses craintes : *Le médecin nous a rassurés sur leur santé* (SYN. rasséréner, tranquilliser ; CONTR. affoler, inquiéter). *La voix de sa mère rassure le bébé* (SYN. sécuriser ; CONTR. angoisser, effrayer). ◆ **se rassurer** v.pr. Se libérer de la crainte, de l'inquiétude : *Rassurez-vous, ils sont arrivés à bon port* (SYN. se tranquilliser ; CONTR. s'inquiéter).

rasta ou **rastafari** adj. et n. (de *ras Tafari*, nom porté par Hailé Sélassié). Se dit d'un mouvement mystique, politique et culturel né à la Jamaïque, et de ses partisans : *Le reggae est la musique des rastas.*

rastaquouère ou **rasta** n.m. (de l'esp. *rastracuero*, traîne-cuir). *Fam., péjor.* Étranger étalant un luxe suspect.

rastel n.m. Dans le midi de la France, réunion de gens que l'on invite à boire.

rat n.m. **1.** Mammifère rongeur très nuisible : *Un rat d'égout* (= un surmulot). *Des rats de laboratoire.* **2.** Jeune élève de la classe de danse, à l'Opéra (on dit aussi *petit rat*) : *Enfant, elle a été petit rat.* ▸ *Fam.* ***Être fait comme un rat,*** être pris, arrêté : *Les voleurs sont faits comme des rats.* *Fam.* ***Rat de bibliothèque,*** personne qui passe son temps à consulter des livres dans les bibliothèques. *Fam.* ***Rat d'hôtel,*** personne qui dévalise les hôtels. ◆ adj. inv. en genre et n.m. *Fam.* Se dit de qqn qui est très avare : *Elle est si rat qu'elle ne nous a même pas offert un rafraîchissement* (SYN. chiche, pingre).

rata n.m. (abrév. de *ratatouille*). *Fam.* Mauvais ragoût ; nourriture quelconque.

ratafia n.m. (mot créole). Liqueur faite d'eau-de-vie, de sucre et de quelques fruits.

ratage n.m. Action de rater, de ne pas réussir : *Cette émission a été l'un des ratages de la chaîne* (SYN. échec, insuccès ; CONTR. réussite, succès).

rataplan interj. → **rantanplan.**

ratatiné, e adj. **1.** Rapetissé et déformé : *Des fruits ratatinés* (SYN. flétri, ridé). **2.** *Fam.* Qui est endommagé, démoli : *Après cette chute, ma bicyclette était ratatinée.*

ratatiner v.t. (de l'anc. fr. *tatin*, petite quantité) [conj. 3]. **1.** Rapetisser en déformant : *L'âge l'a ratatiné.* **2.** *Fam.* Endommager gravement : *En tombant, l'arbre a ratatiné la caravane* (SYN. démolir, détruire). **3.** *Fam.* Infliger une défaite complète : *La judoka a ratatiné sa concurrente* (SYN. écraser, vaincre). ◆ **se ratatiner** v.pr. **1.** Se tasser ; se recroqueviller : *La vieille dame s'est ratatinée* (SYN. se rabougrir, rapetisser). **2.** Se flétrir : *Les pommes se sont ratatinées.*

ratatouille n.f. (de *touiller*). **1.** Mélange d'aubergines, de courgettes, de poivrons, d'oignons et de tomates cuits à l'huile d'olive (on dit aussi *ratatouille niçoise*). **2.** *Fam.* Ragoût grossier, mal préparé.

rat-de-cave n.m. (pl. *rats-de-cave*). Bougie longue et mince qui servait à s'éclairer dans un escalier, une cave.

① **rate** n.f. (de *rat*). Femelle du rat. ☞ REM. Ne pas confondre avec *ratte.* ▸ ***Faire la rate,*** en Suisse, diriger un rayon de soleil sur qqn au moyen d'un miroir, par jeu.

② **rate** n.f. (du moyen néerl. *rate*, rayon de miel). Organe situé dans l'abdomen, sous la partie gauche du diaphragme. ☞ REM. Ne pas confondre avec *ratte.* ▸ *Fam.* ***Se dilater la rate,*** rire beaucoup.

① **raté** n.m. **1.** Fait de rater : *Sa carrière a connu quelques ratés* (SYN. déboires, revers). **2.** Légère détonation produite par un moteur à explosion lorsque l'allumage est défectueux : *Le moteur a eu quelques ratés avant de caler.*

② **raté, e** n. et adj. *Fam.* Personne qui n'a pas réussi : *Ils considèrent leur frère comme un raté. Une chanteuse ratée.*

râteau n.m. (du lat. *rastellus*, petite houe, de *raster, rastri*, râteau). **1.** Outil formé d'une traverse portant des dents et munie d'un manche : *Rassembler des feuilles mortes avec un râteau.* **2.** Instrument en forme de râteau sans dents avec lequel le croupier ramasse les mises et les jetons sur les tables de jeu.

râtelage n.m. Action de râteler ; ratissage.

râtelée n.f. Quantité amassée d'un coup de râteau : *Une râtelée de paille.*

râteler v.t. [conj. 24]. Nettoyer, amasser avec un râteau ; ratisser : *Il a râtelé les allées du parc. Elle râtelle du foin.*

râteleur, euse n. Personne qui râtelle, notamm. les foins.

râtelier n.m. (de *râteau*). **1.** Assemblage à claire-voie de barres de bois, dans lequel on place le fourrage du bétail. **2.** Support de rangement pour des outils, des armes : *Un râtelier à pipes, à pipettes.* **3.** *Fam.* Dentier. ▸ *Fam.* ***Manger à tous les râteliers,*** servir indifféremment plusieurs causes dans le seul but d'en tirer profit.

rater v.i. (de *rat*) [conj. 3]. **1.** Ne pas partir, en parlant du coup d'une arme à feu : *Le chasseur a tiré sur le sanglier, mais le coup a raté.* **2.** *Fam.* Ne pas réussir : *Sa tentative de battre le record a raté* (**SYN.** échouer ; **CONTR.** aboutir). ◆ v.t. **1.** Ne pas atteindre une cible, un but : *La basketteuse a raté un panier* (**SYN.** manquer). **2.** Ne pas mener à bien une action ; ne pas réussir ce que l'on entreprend : *Il a raté son soufflé au fromage. Elle a raté l'épreuve orale.* **3.** Ne pas rencontrer qqn ; ne pas atteindre à temps un véhicule : *Vous avez raté la directrice à deux minutes près* (**SYN.** manquer). *Il a raté son train.* **4.** Ne pas profiter de qqch : *J'ai raté le premier épisode du feuilleton.* ▸ *Fam.* ***Ne pas en rater une,*** commettre toutes les bêtises possibles. *Fam.* ***Ne pas rater qqn,*** lui répondre de façon cinglante ; le réprimander sévèrement au moment opportun.

ratiboiser v.t. (de *ratisser*, et d'*emboiser*, tromper) [conj. 3]. *Fam.* **1.** S'emparer de : *On lui a ratiboisé sa collection de tableaux* (**SYN.** voler). **2.** Ruiner qqn au jeu : *Ratiboiser des joueurs de poker* (**SYN.** dépouiller). **3.** Couper ras les cheveux de qqn.

raticide adj. et n.m. Qui est utilisé pour tuer les rats.

ratier n.m. Chien qui chasse les rats.

ratière n.f. Piège à rats.

ratification n.f. Action de ratifier : *La ratification d'un traité* (**SYN.** confirmation ; **CONTR.** annulation).

ratifier v.t. (du lat. *ratus*, confirmé, valable) [conj. 9]. **1.** Approuver ce qui a été fait ou dit : *Le Sénat a ratifié ce projet de loi* (**SYN.** entériner, homologuer ; **CONTR.** refuser, rejeter). **2.** Reconnaître comme vrai : *Le maire ratifie la promesse qu'il a faite* (**SYN.** confirmer ; **CONTR.** démentir, infirmer).

ratine n.f. (de l'anc. fr. *rater*, racler). Étoffe de laine dont le poil est tiré en dehors et frisé : *Un manteau en ratine.*

ratio [rasjo] n.m. (mot lat. signif. « calcul, compte »). Rapport entre deux grandeurs économiques ou financières, exprimé en pourcentage : *Les ratios de frais de gestion.*

ratiocination [rasjɔsinasjɔ̃] n.f. *Litt.* Abus de raisonnement ; raisonnement trop subtil ; argutie.

ratiociner [rasjɔsine] v.i. (lat. *ratiocinari*, de *ratio*, calcul, raison) [conj. 3]. *Litt.* Raisonner d'une façon trop subtile ou interminable : *Cessons de ratiociner et commençons* (**SYN.** chicaner, ergoter).

ration [rasjɔ̃] n.f. (du lat. *ratio*, calcul, compte). **1.** Quantité d'un aliment attribuée à une personne ou à un animal pour une durée déterminée ; mesure : *Il a dû diminuer sa ration de pain. Donner à un âne sa ration d'avoine.* **2.** Ce qui est apporté par le sort à qqn : *Elle a eu sa ration d'événements malheureux cette année* (**SYN.** dose, lot, part).

rationalisation [rasjɔnalizasjɔ̃] n.f. **1.** Action de rationaliser : *Ce comité travaille à la rationalisation de la pêche en mer.* **2.** Perfectionnement en vue d'un meilleur fonctionnement : *La rationalisation d'une chaîne de montage* (**SYN.** normalisation).

rationaliser [rasjɔnalize] v.t. (de *rationnel*) [conj. 3]. **1.** Organiser suivant des calculs ou des raisonnements : *Rationaliser les échanges boursiers.* **2.** Rendre plus efficace et moins coûteux un processus de production : *Rationaliser le téléchargement de fichiers informatiques* (**SYN.** normaliser).

rationalisme [rasjɔnalism] n.m. **1.** Doctrine selon laquelle toute connaissance de l'esprit humain vient de la raison : *Diderot et Voltaire furent des tenants du rationalisme.* **2.** Disposition d'esprit qui n'accorde de valeur qu'à la raison, au raisonnement.

rationaliste [rasjɔnalist] adj. et n. Relatif au rationalisme ; qui en est partisan.

rationalité [rasjɔnalite] n.f. Caractère de ce qui est rationnel : *La rationalité d'une réforme économique.*

rationnaire [rasjɔnɛr] n. Personne qui a droit à une ration : *Les rationnaires d'une cantine scolaire.*

rationnel, elle [rasjɔnɛl] adj. (lat. *rationalis*, de *ratio*, raison, calcul). **1.** Qui est fondé sur la raison, le raisonnement : *Une méthode d'analyse rationnelle* (**CONTR.** irrationnel). *Des conclusions rationnelles* (**CONTR.** empirique, expérimental). **2.** Qui est conforme au bon sens ; logique : *Votre idée n'est pas rationnelle* (**SYN.** judicieux, raisonnable, sensé ; **CONTR.** insensé).

rationnellement [rasjɔnɛlmɑ̃] adv. De façon rationnelle : *Le proviseur organise rationnellement l'emploi du temps des professeurs* (**SYN.** logiquement).

rationnement [rasjɔnmɑ̃] n.m. Action de rationner ; fait d'être rationné : *Décider le rationnement de l'eau en période de sécheresse.*

rationner [rasjɔne] v.t. [conj. 3]. **1.** Réduire la consommation de : *Pendant une crise pétrolière, il faut rationner l'essence.* **2.** Limiter dans sa consommation d'un produit donné : *La municipalité a dû rationner les habitants en eau.*

ratissage n.m. Action de ratisser : *Le ratissage d'une allée* (**SYN.** râtelage). *Le ratissage d'un aéroport* (**SYN.** fouille).

ratisser v.t. (du moyen fr. *rater*, racler) [conj. 3]. **1.** Nettoyer ou égaliser avec un râteau : *Le jardinier ratisse les allées du parc* (**SYN.** râteler). **2.** Fouiller méthodiquement un lieu pour rechercher qqn ; quadriller : *Les policiers ont ratissé le quartier pour retrouver les trafiquants* (**SYN.** fouiller, inspecter). **3.** *Fam.* Ruiner qqn : *Ratisser un joueur au casino.* ◆ v.i. ▸ *Fam.* ***Ratisser large,*** tenter, sans trop se soucier des principes, de rassembler le plus grand nombre de personnes ou de choses : *Un candidat qui ratisse large.*

ratite n.m. (du lat. *ratis*, radeau). Oiseau coureur à ailes réduites : *L'autruche, l'émeu et l'aptéryx sont des ratites.*

raton n.m. Petit rat. ▸ ***Raton laveur,*** mammifère carnivore d'Amérique, qui trempe ses aliments dans l'eau avant de les manger.

ratonnade n.f. (d'un sens injurieux et raciste de *raton*). *Fam., péjor.* Expédition punitive ou brutalités exercées contre des Maghrébins.

rattachement n.m. Action de rattacher : *Ils luttent pour le rattachement de la Loire-Atlantique à la Bretagne.*

rattacher v.t. [conj. 3]. **1.** Attacher de nouveau : *Les passagers ont dû rattacher leur ceinture* (**CONTR.** détacher). **2.** Faire dépendre qqch d'une chose principale ; établir un rapport entre des choses ou des personnes : *Rattacher un service au ministère de la Justice* (**SYN.** annexer ; **CONTR.** séparer). *Beaucoup de critiques rattachent ce peintre au mouvement surréaliste* (**SYN.** relier). ◆ **se rattacher** v.pr. **[à].** Être lié à : *Ce film ne se rattache à aucun de ceux qui ont traité de la vie en banlieue.*

rattachiste adj. et n. En Belgique, se dit d'un partisan du rattachement à la France de tout ou partie des régions francophones de Belgique.

ratte n.f. Petite pomme de terre d'une variété de forme allongée, à peau et à chair jaunes. ☞ **REM.** Ne pas confondre avec *rate.*

rattrapable adj. Qui peut être rattrapé : *Cet écart de 5 % est rattrapable* (**SYN.** réparable ; **CONTR.** irrattrapable, irréparable).

rattrapage n.m. **1.** Action de rattraper ou de se rattraper : *Le rattrapage d'une erreur.* **2.** Action de compenser un manque, de combler un retard : *Le rattrapage des salaires* (= une compensation). *Cette élève a dû suivre des cours de rattrapage.*

rattraper v.t. [conj. 3]. **1.** Attraper, saisir de nouveau : *Ils ont fini par rattraper l'oiseau qui s'était enfui de sa cage* (**SYN.** reprendre). **2.** Saisir qqch, qqn afin de les empêcher de tomber : *Elle a rattrapé le bébé à temps* (**SYN.** retenir ; **CONTR.** lâcher). **3.** Rejoindre qqn, qqch qui a de l'avance : *Le peloton ne pourra jamais rattraper les échappés* (**SYN.** atteindre). **4.** Atténuer un défaut, une erreur : *Comment rattraper cette maladresse ?* (**SYN.** racheter, réparer). *Rattraper une sauce qui avait tourné.* ◆ **se rattraper** v.pr. **1. [à].** Se retenir à qqch pour ne pas tomber ; s'agripper à : *Elle s'est rattrapée à la rampe de l'escalier* (**SYN.** se raccrocher). **2.** Regagner l'argent ou le temps que l'on a perdu : *Elle s'est rattrapée en travaillant ce week-end.* **3.** Atténuer une erreur que l'on était en train de commettre : *J'ai commis une bévue, mais je me suis rattrapé en lui faisant un compliment* (**SYN.** se reprendre, se ressaisir).

raturage n.m. Action de raturer.

rature n.f. (du lat. *radere,* racler, tondre). Trait tracé sur ce que l'on a écrit pour l'annuler : *Un manuscrit plein de ratures* (**SYN.** biffure).

raturer v.t. [conj. 3]. Annuler ce qui est écrit en traçant un trait dessus : *Raturer la dernière ligne d'une lettre* (**SYN.** barrer, biffer, rayer).

raucité n.f. *Litt.* Rudesse, âpreté d'un son ; qualité d'une voix rauque.

rauque adj. (lat. *raucus*). Se dit d'une voix rude et comme enrouée : *Un acteur à la voix rauque* (**SYN.** éraillé).

rauquer v.i. [conj. 3]. Crier, en parlant du tigre : *Les tigres rauquèrent en arrivant sur la piste* (**SYN.** feuler).

ravage n.m. (de *ravir*). **1.** Dommage ou dégât matériel important, causé par l'action des hommes, par des agents naturels : *Les ravages de la guerre* (**SYN.** dévastation). *Le séisme a causé des ravages* (**SYN.** destruction). **2.** Effet désastreux de qqch sur qqn, sur l'organisme, dans la société : *Les ravages du sida. Le chômage continue son ravage.* ▸ *Fam.* ***Faire des ravages,*** susciter des passions amoureuses.

ravager v.t. [conj. 17]. **1.** Causer des dommages considérables par l'effet d'une action violente : *La tempête a ravagé les forêts* (**SYN.** dévaster, saccager). *Cet insecte ravage les cultures* (**SYN.** détruire). **2.** *Fig.* Causer à qqn de graves troubles physiques ou moraux : *La perte de leur enfant les a ravagés* (**SYN.** anéantir). ▸ *Fam.* ***Être ravagé,*** être fou.

ravageur, euse adj. et n. Qui ravage ; destructeur : *Un ouragan ravageur* (**SYN.** dévastateur).

ravalement n.m. Nettoyage d'une façade et application d'un enduit : *Le ravalement d'un immeuble.*

ravaler v.t. (de l'anc. fr. *avaler,* descendre) [conj. 3]. **1.** Procéder au ravalement de ; nettoyer : *Ravaler un monument.* **2.** Avaler de nouveau : *Ravaler sa salive.* **3.** Garder pour soi ce que l'on s'apprêtait à manifester ; réfréner : *Elle ravala sa colère* (**SYN.** contenir, réprimer). **4.** Dénigrer la valeur de qqn : *Ne ravalez pas vos collaborateurs* (**SYN.** rabaisser ; **CONTR.** valoriser). ▸ *Fam.* ***Faire ravaler ses paroles à qqn,*** l'obliger à se rétracter. ◆ **se ravaler** v.pr. *Litt.* S'abaisser, s'avilir : *Elle s'est ravalée en acceptant cette tâche* (**SYN.** déchoir, se déshonorer).

ravaleur n.m. Personne qui effectue des ravalements.

ravaudage n.m. *Vieilli* Raccommodage.

ravauder v.t. (de l'anc. fr. *ravaut,* sottise, dépréciation, de *ravaler*) [conj. 3]. *Vieilli* Raccommoder à l'aiguille : *Ravauder des chaussettes* (**SYN.** repriser).

① **rave** [rav] n.f. (anc. fr. *reve,* du lat. *rapa,* navet). Plante potagère à racine comestible, voisine du navet.

② **rave** [rɛv] n.f. (de l'angl. *to rave,* délirer, s'extasier). Rassemblement festif dansant et plus ou moins clandestin des amateurs de house ou de techno, génér. dans un bâtiment désaffecté ou en plein air : *Il a organisé plusieurs raves.*

ravenelle n.f. (du lat. *rafanus,* raifort). Moutarde des champs, appelée aussi *sénevé.*

raveur, euse [rɛvœr, øz] n. Personne qui participe à une rave-party.

ravi, e adj. Très content, heureux : *Les enfants étaient ravis de voir le clown de près. Ravi de faire votre connaissance* (**SYN.** enchanté). ◆ n. En Provence, personne naïve, crédule, un peu simple d'esprit.

ravier n.m. (de *1. rave*). Petit plat oblong, dans lequel on sert des hors-d'œuvre ; son contenu : *Un ravier de carottes râpées.*

ravigotant, e adj. *Fam.* Qui revigore : *Une boisson chaude ravigotante* (**SYN.** remontant ; **CONTR.** fatigant). *Son optimisme est ravigotant* (**SYN.** réconfortant ; **CONTR.** déprimant).

ravigote n.f. Vinaigrette additionnée de fines herbes, de câpres et d'échalotes : *Du colin à la ravigote.*

ravigoter v.t. (altér. de *revigorer*) [conj. 3]. *Fam.* Redonner de la vigueur, de la force à qqn : *Cette* *douche froide m'a ravigoté* (**SYN.** revigorer ; **CONTR.** épuiser, fatiguer). *Ce premier succès l'a ravigoté* (**SYN.** remonter).

ravin n.m. (de *ravine*). **1.** Excavation, faille profonde creusée par un torrent : *Le véhicule est tombé dans le ravin.* **2.** Vallée sauvage et encaissée.

ravine n.f. (de l'anc. fr. *raviner,* couler avec force). Petit ravin ; lit creusé par un torrent.

ravinement n.m. Formation de ravines par les eaux.

raviner v.t. [conj. 3]. Creuser le sol de ravines : *L'orage a raviné le chemin.*

raviole n.f. Dans la cuisine dauphinoise, petit carré de pâte alimentaire fourré de fromage.

ravioli n.m. (mot it.). Petit carré de pâte à nouille farci de viande, d'herbes hachées et poché : *Une soupe aux raviolis.*

ravir v.t. (du lat. *rapere,* saisir, emporter violemment) [conj. 32]. **1.** Plaire vivement à qqn : *Cette visite a ravi les touristes* (**SYN.** charmer, enchanter ; **CONTR.** déplaire, mécontenter). **2.** *Litt.* Prendre, soustraire par ruse ou par surprise : *Il espère ravir plusieurs nouveaux marchés à la concurrence* (**SYN.** arracher). **3.** *Litt.* Arracher qqn à son entourage, à l'affection de ses proches : *La guerre a ravi des êtres chers à toutes les familles* (**SYN.** enlever, prendre). *Ravir un enfant à ses parents* (**SYN.** kidnapper). ▸ ***À ravir,*** admirablement : *Cette coiffure te va à ravir. Vous avez interprété ce morceau à ravir.*

se **raviser** v.pr. [conj. 3]. Revenir sur une résolution ; changer d'avis : *Elle avait prévu de passer ce concours, mais elle s'est ravisée.*

ravissant, e adj. Qui est extrêmement joli : *Votre bracelet est ravissant* (**SYN.** magnifique ; **CONTR.** horrible). *Une jeune femme ravissante* (**SYN.** charmant, séduisant ; **CONTR.** laid).

ravissement n.m. État de l'esprit transporté de joie, d'admiration : *Le concert les a plongés dans le ravissement* (**SYN.** enchantement, extase).

① **ravisseur, euse** n. Personne qui enlève qqn par la force ou la ruse : *Les otages ont été bien traités par leurs ravisseurs* (**SYN.** kidnappeur).

② **ravisseur, euse** adj. ▸ ***Patte ravisseuse,*** patte antérieure de certains insectes, comme la mante religieuse, qui se replie autour de la proie à la manière d'un couteau pliant.

ravitaillement n.m. **1.** Action de ravitailler : *Le ravitaillement des personnes sinistrées* (**SYN.** approvisionnement). **2.** Denrées nécessaires à la consommation : *Nous avons trouvé du ravitaillement au chalet* (**SYN.** provisions, vivres).

ravitailler v.t. (anc. fr. *avitailler,* de *vitaille,* victuailles) [conj. 3]. **1.** Fournir des vivres à qqn : *Une association caritative a ravitaillé les réfugiés* (**SYN.** approvisionner). **2.** Fournir du carburant à un véhicule, des munitions à une armée : *Ravitailler un avion en vol.* ◆ **se ravitailler** v.pr. S'approvisionner : *Ils se ravitaillent au village voisin.*

ravitailleur n.m. Navire ou avion chargé du ravitaillement en vivres, en munitions, en carburant au cours d'opérations.

ravivage n.m. Action de raviver.

raviver v.t. [conj. 3]. **1.** Rendre plus vif : *Le vent a ravivé l'incendie* (**SYN.** attiser, ranimer ; **CONTR.** éteindre, étouffer). **2.** Redonner de l'éclat, de la fraîcheur à : *Ce shampooing colorant ravivera votre teinture* (**SYN.** aviver, rafraîchir). **3.** *Litt.* Faire revivre ; ranimer : *Leur confrontation n'a fait que raviver sa haine* (**SYN.** réveiller ; **CONTR.** apaiser, modérer).

ravoir v.t. (Seult à l'inf.). **1.** Avoir de nouveau ; reprendre possession de qqch : *J'aimerais enfin ravoir le téléviseur que je vous ai laissé en réparation* (**SYN.** récupérer). **2.** *Fam.* Redonner l'aspect du neuf à qqch : *Elle a réussi à ravoir la nappe.* ◆ **se ravoir** v.pr. En Belgique, reprendre haleine ; recouvrer ses esprits.

rayage [rɛjaʒ] n.m. Action de rayer : *Le rayage d'une vitre.*

rayé, e [rɛje] adj. Qui a des raies ou des rayures : *Une jupe rayée* (**CONTR.** uni).

rayer [rɛje] v.t. (anc. fr. *royer,* de *roie,* raie) [conj. 11]. **1.** Faire des rayures, des éraflures sur : *Les branches ont rayé le capot de leur voiture* (**SYN.** érafler). **2.** Annuler au moyen d'un trait : *Il a rayé plusieurs phrases de son discours* (**SYN.** barrer, biffer, raturer). **3.** Exclure ; éliminer : *Ce client a annulé sa réservation, il faut le rayer de la liste* (**SYN.** radier).

① **rayon** [rɛjɔ̃] n.m. (du frq. *hrata,* rayon de miel). **1.** Chaque tablette d'une bibliothèque, d'une armoire, d'un meuble : *Je n'arrive pas à atteindre le rayon du haut* (**SYN.** étagère). **2.** Ensemble des comptoirs d'un magasin affectés à un même type de marchandises : *Réapprovisionner le rayon des parfums.* **3.** Gâteau de cire fait par les abeilles et constitué d'une juxtaposition d'alvéoles contenant du miel : *Les rayons d'une ruche.* ▸ *Fam.* ***Ce n'est pas mon, ton, son rayon,*** cela ne me, te, le regarde pas. *Fam.* ***En connaître un rayon,*** être très compétent dans un domaine : *Elle en connaît un rayon sur la musique techno.*

② **rayon** [rɛjɔ̃] n.m. (de *rai,* du lat. *radius*). **1.** Trait, ligne qui part d'un centre lumineux : *Un rayon de soleil réussit à percer les nuages.* **2.** Ce qui réjouit ou éclaire le cœur : *Cette découverte est un rayon d'espoir pour ceux qui souffrent de cette maladie* (**SYN.** lueur). **3.** En géométrie, segment qui relie le centre d'un cercle à un point quelconque de la circonférence : *Le rayon est égal à la moitié du diamètre.* **4.** Pièce de bois ou de métal qui relie le moyeu à la jante d'une roue : *Les rayons d'une roue de bicyclette.* ▸ ***Dans un rayon de,*** à telle distance à la ronde : *La police a fouillé la région dans un rayon de vingt kilomètres.* ***Rayon d'action,*** distance maximale que peut franchir un navire, un avion, sans ravitaillement en combustible ; fig., zone d'influence, d'activité : *Cette entreprise cherche à étendre son rayon d'action.* ◆ **rayons** n.m. pl. Nom donné à certains rayonnements : *La radiologie utilise les rayons X.*

rayonnage [rɛjɔnaʒ] n.m. Assemblage d'étagères constituant un meuble : *Ranger des livres sur les rayonnages de sa bibliothèque.*

rayonnant, e [rɛjɔnɑ̃, ɑ̃t] adj. **1.** Qui produit des rayonnements ou des radiations : *Ce panneau solaire dégage une chaleur rayonnante.* **2.** Qui est disposé en forme de rayons traçant des lignes droites à partir d'un centre : *Les pédicules rayonnants d'une ombelle.* **3.** Qui dénote la joie ; radieux : *Un visage rayonnant de bonheur* (**SYN.** resplendissant ; **CONTR.** sombre).

rayonne [rɛjɔn] n.f. (anglo-amér. *rayon*). Fil textile réalisé en viscose.

rayonné, e [rɛjɔne] adj. Disposé en rayons ou orné de rayons : *Une auréole rayonnée.*

rayonnement [rɛjɔnmɑ̃] n.m. **1.** Mode de propagation de l'énergie sous forme d'ondes ou de particules : *Un rayonnement électromagnétique.* **2.** Ensemble des radiations émises par un corps : *Le rayonnement solaire.* **3.** Action, influence qui se propage ; prestige : *Le rayonnement d'une œuvre sur de nombreux artistes* (SYN. ascendant, impact). **4.** *Fig.* Vive expression de satisfaction, de bonheur : *Un rayonnement de joie illuminait le visage des lauréats* (SYN. éclat).

① **rayonner** [rɛjɔne] v.i. [conj. 3]. **1.** Être disposé comme les rayons d'un cercle : *Un rond-point d'où rayonnent plusieurs rues.* **2.** Se déplacer dans un certain rayon, autour d'un lieu : *Pendant leur séjour, ils ont rayonné autour de Rome.* **3.** Faire sentir son influence sur une certaine étendue : *Les civilisations grecque et latine ont rayonné sur tout l'Occident* (SYN. se propager). **4.** Manifester avec force un sentiment, un état : *Le visage des enfants rayonnait de joie* (SYN. s'éclairer, éclater). **5.** *Litt.* Émettre des rayons lumineux, des rayonnements : *Le soleil rayonne sur tout le pays* (SYN. briller, irradier).

② **rayonner** [rɛjɔne] v.t. [conj. 3]. Garnir de rayonnages : *Rayonner un mur.*

rayure [rɛjyr] n.f. **1.** Trace laissée sur un objet par un corps pointu, coupant ou rugueux : *Les griffes du chat ont fait des rayures sur le cuir du fauteuil* (SYN. strie). **2.** Bande ou ligne qui se détache sur un fond : *Un papier peint à rayures* (SYN. raie). *Les rayures du zèbre* (SYN. zébrure).

raz [ra] n.m. (mot normand). Courant maritime très violent dans un passage étroit ; ce passage : *Le raz de Sein.*

raz de marée [radmare] n.m. inv. **1.** Énorme vague provoquée par un tremblement de terre, une éruption volcanique sous-marine ou une tempête et qui pénètre sur les terres. **2.** *Fig.* Phénomène brutal et massif qui bouleverse une situation : *Ce raz de marée intégriste inquiète le gouvernement.* ☞ REM. On rencontre parfois la graphie *raz-de-marée.*

razzia [razja ou radzja] n.f. (mot ar.). Incursion en territoire ennemi menée afin d'enlever les troupeaux, les récoltes : *De petites unités qui font des razzias* (SYN. raid). ▸ *Fam.* ***Faire une razzia sur qqch,*** l'emporter par surprise ou par violence : *Les clients ont fait une razzia sur les portables en promotion.*

razzier [razje ou radzje] v.t. [conj. 9]. Exécuter une razzia sur ; piller : *Des soldats ont razzié la région* (SYN. écumer).

ré n.m. inv. (première syllabe de *resonare,* dans l'hymne de saint Jean-Baptiste). Note de musique, deuxième degré de la gamme de *do.*

réa n.m. (de *rouat,* altér. de *rouet*). Roue à gorge d'une poulie qui peut recevoir un câble ou une chaîne : *Un réa cannelé.*

réabonnement n.m. Nouvel abonnement : *J'ai droit à un réabonnement à un tarif préférentiel.*

réabonner v.t. [conj. 3]. Abonner de nouveau : *Elle a réabonné son enfant à ce mensuel* (CONTR. désabonner). ◆ **se réabonner** v.pr. S'abonner de nouveau.

réac adj. et n. (abrév.). *Fam.* Réactionnaire.

réaccoutumer v.t. [conj. 3]. Accoutumer de nouveau ; réhabituer : *Il faut réaccoutumer votre enfant à se coucher tôt* (CONTR. désaccoutumer). ◆ **se réaccoutumer** v.pr. Reprendre une habitude : *Elle s'est réaccoutumée à prendre une tisane le soir* (CONTR. se désaccoutumer).

réacteur n.m. Moteur fonctionnant par éjection d'un flux gazeux sous pression et à grande vitesse, qui crée du mouvement. ▸ ***Réacteur nucléaire,*** appareil dans lequel il est possible de produire et de diriger une réaction nucléaire de fission ou de fusion qui dégage de l'énergie.

réactif, ive adj. Qui réagit : *Un service après-vente réactif.* ◆ **réactif** n.m. En chimie, substance qui, ajoutée à une ou plusieurs autres, provoque une réaction : *L'acide sulfurique est un réactif.*

réaction n.f. **1.** Manière dont qqn, un groupe réagit face à un événement ou à l'action de qqn d'autre : *Sa première réaction a été de fondre en larmes* (SYN. réflexe). *Cette proposition a provoqué de vives réactions de la part de l'opposition* (SYN. riposte). **2.** Manière dont une machine, un organe mécanique répond à certaines commandes : *La réaction d'une voiture à l'accélérateur.* **3.** Mouvement d'opinion opposé à un mouvement antérieur : *L'antimondialisation est une réaction aux effets nocifs de la mondialisation.* **4.** Tendance politique qui s'oppose au progrès social : *Combattre la réaction.* **5.** Ensemble des phénomènes, pathologiques ou de défense, déclenchés dans l'organisme par un agent extérieur : *La piqûre de ces insectes provoque une réaction allergique.* **6.** Transformation qui se produit lorsque plusieurs corps chimiques sont mis en présence. ▸ ***Avion à réaction,*** avion propulsé par un réacteur.

réactionnaire adj. et n. Relatif à la réaction politique ; qui en est partisan (abrév. fam. réac) : *Un parti réactionnaire* (SYN. conservateur ; CONTR. progressiste).

réactionnel, elle adj. Relatif à une réaction chimique, physiologique : *Le pouvoir réactionnel d'un vaccin.*

réactivation n.f. Action de réactiver.

réactiver v.t. [conj. 3]. **1.** Activer de nouveau : *Réactiver le feu* (SYN. attiser, ranimer, raviver ; CONTR. éteindre, étouffer). **2.** Redonner une nouvelle vigueur à : *Réactiver les échanges avec un pays* (SYN. relancer ; CONTR. interrompre, suspendre).

réactivité n.f. Aptitude à réagir, notamm. d'un être vivant, d'une substance chimique.

réactualisation n.f. Action, fait de réactualiser : *La réactualisation d'un site Internet* (SYN. modernisation).

réactualiser v.t. [conj. 3]. Remettre à jour : *Réactualiser un règlement intérieur* (SYN. dépoussiérer, moderniser).

réadaptation n.f. Action de réadapter ; fait de se réadapter : *Après des années de prison, sa réadaptation a été longue* (SYN. réinsertion). *La réadaptation des handicapés.*

réadapter v.t. [conj. 3]. **1.** Adapter de nouveau : *Nous avons dû réadapter le système de couverture sociale.* **2.** Faire bénéficier une personne d'une réadaptation ; rééduquer. ◆ **se réadapter** v.pr. S'adapter de nouveau : *Elle s'est vite réadaptée à la vie à la campagne.*

réadmettre v.t. [conj. 84]. Admettre de nouveau : *Il va falloir réadmettre ce patient à l'hôpital.*

réadmission n.f. Nouvelle admission : *La réadmission d'un joueur après plusieurs semaines de suspension.*

ready-made [redimɛd] n.m. (mot angl., de *ready,* prêt, et *made,* fait)[pl. *ready-mades* ou inv.]. Objet manufacturé promu au rang d'objet d'art par le seul choix de l'artiste : *Les ready-mades de Marcel Duchamp.*

réaffirmer v.t. [conj. 3]. Affirmer de nouveau et avec force : *La ministre a réaffirmé sa volonté de faire rouvrir ce dossier.*

réagir v.i. [conj. 32]. **1. [à].** Présenter une modification qui est un effet direct de l'action exercée par un agent extérieur : *Un muscle qui réagit à une excitation* (**SYN.** répondre). *Le malade réagit bien à ce médicament* (= son état s'améliore). **2.** Répondre d'une certaine manière à une action, à un événement : *Elle n'a pas réagi lorsqu'ils l'ont insultée* (**SYN.** broncher). *Les salariés ont bien réagi pendant l'alerte au feu* (**SYN.** se comporter). **3. [contre].** S'opposer activement à l'action de qqch ; résister à : *Les syndicats ont réagi vivement contre le plan de licenciements* (**SYN.** s'élever contre, lutter). *Son organisme ne réagit plus contre le virus* (**SYN.** se défendre). **4. [sur].** Avoir des répercussions, une influence sur qqch : *L'ambiance conflictuelle qui règne dans l'équipe réagit sur la qualité du travail* (**SYN.** se répercuter sur). **5.** En chimie, entrer en réaction : *Le tournesol réagit en présence d'un acide.*

réajustement n.m. → **rajustement.**

réajuster v.t. → **rajuster.**

réal, e, aux adj. (esp. *real,* de *rex, regis,* roi). ▸ ***Galère réale,*** galère à bord de laquelle embarquait le roi ou le général des galères (on disait aussi *la réale*).

réalignement n.m. Nouvelle définition du taux de change d'une monnaie par rapport à une autre.

réaligner v.t. [conj. 3]. Procéder à un réalignement.

réalisable adj. **1.** Qui peut être réalisé, accompli : *Ce qu'il propose dans son programme électoral n'est pas réalisable* (**SYN.** faisable ; **CONTR.** infaisable, irréalisable). **2.** Qui peut être vendu, transformé en argent : *Des valeurs réalisables.*

réalisateur, trice n. **1.** Personne qui réalise ce qu'elle a conçu : *Je voudrais féliciter le réalisateur de ce projet.* **2.** Personne responsable de la réalisation d'un film, d'une émission de télévision ou de radio : *La réalisatrice a reçu un prix* (= metteur en scène ; **SYN.** cinéaste).

réalisation n.f. **1.** Action de réaliser, d'accomplir qqch : *La réalisation d'un travail* (**SYN.** accomplissement, exécution). **2.** Ce qui a été réalisé : *Cet immeuble est une réalisation magnifique* (**SYN.** création, œuvre). **3.** Direction d'un film ou d'une émission de télévision ou de radio ; mise en scène ou en ondes ; le film ou l'émission ainsi réalisés. **4.** En économie, vente de biens en vue de leur transformation en argent (**SYN.** liquidation).

réaliser v.t. (de *réel*) [conj. 3]. **1.** Rendre réel et effectif : *Grâce à l'argent qu'ils ont gagné au Loto, ils vont enfin pouvoir réaliser leur rêve* (**SYN.** concrétiser). *Sans le parrainage de cette entreprise, elle n'aurait pas pu réaliser son projet* (= mener à bien ; **SYN.** accomplir, exécuter). **2.** Procéder à la réalisation d'un film, d'une émission de télévision ou de radio : *Il a réalisé plusieurs courts-métrages.* **3.** (Calque de l'angl.). Prendre une conscience nette de la réalité d'un fait : *La sportive a encore du mal à réaliser qu'elle a battu la championne olympique* (**SYN.** comprendre, saisir). **4.** Convertir un bien en argent liquide : *Réaliser un portefeuille d'actions* (**SYN.** liquider, vendre). ◆ **se réaliser** v.pr. **1.** Devenir réel : *J'espère que ton souhait se réalisera* (**SYN.** s'accomplir, se concrétiser). **2.** Accomplir pleinement son rêve, son idéal : *La sculptrice s'est réalisée dans son œuvre* (**SYN.** s'épanouir).

réalisme n.m. **1.** Disposition à voir la réalité telle qu'elle est et à agir en conséquence : *Vous avez manqué de réalisme en achetant une voiture que vous ne pourrez pas payer* (**CONTR.** irréalisme). **2.** Tendance littéraire et artistique qui privilégie la représentation exacte, non idéalisée, de la nature et des hommes. **3.** Caractère de ce qui est une description objective de la réalité : *Le réalisme de ce reportage est effrayant.*

réaliste adj. **1.** Qui témoigne du sens des réalités : *Un article réaliste* (**CONTR.** utopique). **2.** Qui dépeint les aspects prosaïques du réel : *Certaines scènes du film sont très réalistes* (**SYN.** 1. cru). ◆ adj. et n. **1.** Qui a le sens des réalités, qui a l'esprit pratique : *Un chef d'entreprise réaliste* (**SYN.** pragmatique ; **CONTR.** utopiste). **2.** Relatif au réalisme en art ; qui le pratique : *Un tableau réaliste. Le chef de file des réalistes.*

réalité n.f. **1.** Caractère de ce qui est réel, de ce qui existe véritablement : *La réalité de la menace bioterroriste* (**SYN.** existence, matérialité ; **CONTR.** irréalité). **2.** Ce qui est réel, par opp. à ce qui est rêvé, fictif : *J'ai essayé de le ramener à la réalité* (= au réel, aux faits). *Dans la réalité, cela ne se passe jamais ainsi* (**CONTR.** fiction, rêve, utopie). **3.** Chose réelle ; fait réel : *Nos rêves sont devenus réalité.* ▸ ***En réalité,*** en fait ; réellement : *Il paraît sympathique, en réalité il est détestable.*

reality-show [realitiʃo] n.m. (de l'anglo-amér. *reality,* réalité, et *show,* spectacle) [pl. *reality-shows*]. Émission télévisée mettant en scène la vie quotidienne des gens : *La grande vogue des reality-shows.* ☞ **REM.** Il est recommandé de remplacer cet anglicisme par *télé-vérité.*

realpolitik [realpɔlitik] n.f. (mot all.). Politique visant à l'efficacité, sans considération de doctrine ni de principes.

réaménagement n.m. Action de réaménager.

réaménager v.t. [conj. 17]. Aménager de nouveau, sur de nouvelles bases : *Avec la réduction du temps de travail, il a dû réaménager son emploi du temps. Réaménager le remboursement d'une dette.*

réanimateur, trice n. Médecin spécialiste de réanimation.

réanimation n.f. Ensemble des moyens propres à rétablir et à maintenir un équilibre des fonctions vitales normales (respiration, circulation, rythme cardiaque) ; spécialité médicale correspondante ; ranimation : *Ce patient est en réanimation depuis plusieurs heures.*

réanimer v.t. [conj. 3]. Soumettre à la réanimation ; ranimer : *Réanimer un malade après une opération.*

réapparaître v.i. [conj. 91]. Apparaître de nouveau après une absence : *Cette publicité a réapparu lorsque je me suis connecté à Internet* (**CONTR.** disparaître).

réapparition n.f. Fait de réapparaître : *La réapparition du soleil après une averse* (**SYN.** retour ; **CONTR.** disparition).

réapprendre ou **rapprendre** v.t. [conj. 79]. Apprendre de nouveau : *Après l'accident, elle a dû réapprendre à marcher.*

réapprovisionnement n.m. Action de réapprovisionner.

réapprovisionner v.t. [conj. 3]. Approvisionner de nouveau : *Il faut réapprovisionner le rayon des légumes.*

réargenter v.t. [conj. 3]. Recouvrir de nouveau d'argent : *Réargenter des couverts.*

réarmement n.m. Action de réarmer : *Ce dirigeant mène une politique de réarmement* (**CONTR.** désarmement).

réarmer v.t. [conj. 3]. Armer de nouveau : *Réarmer un navire. Réarmer un fusil, un appareil photo* (**CONTR.** désarmer). ◆ v.i. ou **se réarmer** v.pr. Reconstituer ses forces armées, sa puissance militaire.

réarrangement n.m. Action d'arranger une nouvelle fois ; fait d'être réarrangé.

réarranger v.t. [conj. 17]. Arranger de nouveau ; remettre en ordre : *Réarranger sa coiffure. Il faut réarranger les fichiers avant de les crypter.*

réassortiment ou **rassortiment** n.m. Action de réassortir ; ensemble de marchandises fournies pour réassortir (abrév. réassort).

réassortir ou **rassortir** v.t. [conj. 32]. Réapprovisionner en marchandises : *Ils ont des difficultés à réassortir certains modèles.*

réassurance n.f. Opération par laquelle une compagnie d'assurances se fait assurer à son tour par une ou plusieurs autres compagnies.

réassurer v.t. [conj. 3]. Garantir par une réassurance.

rebab [rəbab] ou **rabab** [rabab] n.m. (de l'ar.). Violon à une ou deux cordes frottées du Maghreb et de l'Asie du Sud-Est.

rebaisser v.i. et v.t. [conj. 4]. Baisser de nouveau : *Le CAC 40 rebaisse* (**CONTR.** remonter). *Peux-tu rebaisser la vitre ?* (**CONTR.** relever).

rebaptiser v.t. [conj. 3]. Donner un autre nom à : *Le maire veut rebaptiser certaines rues.*

rébarbatif, ive adj. (de l'anc. fr. *rebarber*, faire face). **1.** Qui a un aspect rebutant : *Ce commerçant a une mine rébarbative* (**SYN.** revêche ; **CONTR.** engageant). **2.** Qui manque d'attrait ; ennuyeux : *Le travail qu'elle nous a confié est rébarbatif* (**SYN.** fastidieux ; **CONTR.** plaisant).

rebâtir v.t. [conj. 32]. Bâtir de nouveau ce qui a été détruit : *Ils ont dû rebâtir leur maison après la coulée de boue* (**SYN.** reconstruire ; **CONTR.** démolir).

rebattre v.t. [conj. 83]. Battre de nouveau : *Rebats les cartes, tous les trèfles sont ensemble.* ▸ ***Rebattre les oreilles à qqn de qqch,*** lui répéter sans cesse la même chose ; ressasser : *Il nous rebat les oreilles de sa nouvelle moto.* ☞ **REM.** Ne pas confondre avec *rabattre.*

rebattu, e adj. Qui est souvent répété ; sans originalité : *Une plaisanterie rebattue* (**SYN.** éculé, usé ; **CONTR.** original).

rebec [rəbɛk] n.m. (de l'ar.). Instrument de musique à trois ou quatre cordes frottées et à caisse en forme de poire, utilisé par les ménestrels au Moyen Âge.

rebelle adj. et n. (lat. *rebellis*, de *bellum*, guerre). Qui est en révolte ouverte contre une autorité constituée : *Des troupes rebelles ont tenté de renverser le gouvernement* (**SYN.** insoumis). *L'armée a réussi à mater les rebelles* (**SYN.** insurgé, révolté). ◆ adj. **1. [à].** Qui est fortement opposé, hostile à qqch : *Ce député est rebelle à toute proposition émanant de l'opposition* (**SYN.** récalcitrant, rétif). **2. [à].** Qui manque de dispositions pour qqch : *Elle est rebelle à la danse contemporaine* (**SYN.** fermé, réfractaire à ; **CONTR.** ouvert, réceptif). **3.** Qui est difficile à guérir : *Une toux rebelle* (**SYN.** opiniâtre, tenace). **4.** Qui se prête difficilement à l'action à laquelle on le soumet : *Une mèche rebelle.*

se **rebeller** v.pr. [conj. 4]. **1.** Refuser de se soumettre à l'autorité établie : *La population s'est rebellée contre le dictateur* (**SYN.** se révolter, se soulever ; **CONTR.** obéir). **2.** Protester contre qqch qui irrite ou qui indigne : *Les familles se sont rebellées contre les publicités pour la vitesse* (**SYN.** regimber).

rébellion n.f. **1.** Action de se rebeller : *Une rébellion sanglante a éclaté dans le pays* (**SYN.** révolte, sédition). *Certains militaires vont être punis pour rébellion* (**SYN.** insoumission, insubordination ; **CONTR.** obéissance, soumission). **2.** Ensemble des rebelles : *Le gouvernement va négocier avec la rébellion.*

rebelote interj. **1.** À la belote, dans l'expression *belote et rebelote*, annonce, après la pose de la dame d'atout, celle du roi d'atout ou vice versa. **2.** *Fig., fam.* Indique la répétition d'une action, d'un fait : *Et rebelote, il s'est encore trompé de réplique.*

rebibe n.f. En Suisse, raclure de fromage.

se **rebiffer** v.pr. [conj. 3]. *Fam.* Se refuser à qqch avec brusquerie : *Les employés se sont rebiffés contre cette mesure* (**SYN.** se cabrer, s'insurger, regimber).

rebiquer v.i. [conj. 3]. *Fam.* Se dresser ; se retrousser : *Elle a toujours une mèche de cheveux qui rebique.*

reblochon n.m. (mot savoyard, de *reblocher*, traire une nouvelle fois). Fromage au lait de vache, à pâte molle non cuite, fabriqué en Savoie.

reboisement n.m. Plantation d'arbres sur un terrain déboisé : *Le reboisement d'un parc* (**SYN.** reforestation, repeuplement ; **CONTR.** déboisement, déforestation).

reboiser v.t. [conj. 3]. Pratiquer le reboisement : *Reboiser une région de montagne* (**SYN.** repeupler ; **CONTR.** déboiser).

rebond n.m. Fait de rebondir : *Compter les rebonds d'un ballon* (**SYN.** rebondissement).

rebondi, e adj. Se dit d'une partie du corps bien ronde : *Un bébé au ventre rebondi* (**SYN.** potelé ; **CONTR.** plat).

rebondir v.i. [conj. 32]. **1.** Faire un ou plusieurs bonds après avoir touché un obstacle : *La balle de ping-pong a rebondi deux fois sur la table* (**SYN.** ricocher). **2.** Rétablir sa position, après une période de difficultés : *Après deux ans au chômage, elle a finalement rebondi* (= elle a retrouvé du travail). **3.** *Fig.* Avoir des conséquences imprévues, des développements nouveaux : *Ce témoignage a fait rebondir l'affaire* (**SYN.** reprendre). *L'action de la pièce rebondit au dernier acte* (**SYN.** renaître, repartir).

rebondissement n.m. **1.** Mouvement de ce qui rebondit : *Le rebondissement d'une balle* (**SYN.** rebond). **2.** Développement nouveau et imprévu d'une affaire : *Ce procès a connu de nombreux rebondissements.*

rebord n.m. (de *reborder*, border de nouveau). **1.** Partie en saillie qui forme le bord de qqch ; bordure : *Le chat est assis sur le rebord de la fenêtre.* **2.** Bord le long d'une excavation, d'une dénivellation : *Le rebord du fossé.*

rebouchage n.m. Action de reboucher : *Le rebouchage d'une bouteille.*

reboucher v.t. [conj. 3]. Boucher de nouveau : *Reboucher un trou. Tu as mal rebouché le tube* (**CONTR.** déboucher).

à **rebours** [rəbur] loc. adv. (du lat. *reburrus*, qui a les cheveux rebroussés). Dans le sens inverse ; à contresens : *Lire une liste à rebours. Attention, vous faites tout à rebours !* (**SYN.** à l'envers). ▸ *Litt.* ***À rebours de*** ou ***au rebours de,*** au contraire de ; à l'inverse de : *Elle a agi à rebours de ce que nous lui avions conseillé.* ***Compte à rebours,*** séquence des opérations de lancement qui précèdent la mise à feu d'un véhicule spatial ; fig., comptage des opérations ou des moments qui précèdent une action : *Le compte à rebours de la présidentielle a commencé.*

rebouteux, euse ou **rebouteur, euse** n. (de *rebouter*, remettre en place). Personne qui guérit les fractures, les luxations et les douleurs sans avoir fait d'études médicales.

reboutonner v.t. [conj. 3]. Boutonner de nouveau : *Il reboutonna sa veste* (**CONTR.** déboutonner).

rebroder v.t. [conj. 3]. Garnir une étoffe, un vêtement d'une broderie après sa fabrication : *Des robes en satin rebrodé.*

rebroussement n.m. Action de rebrousser des cheveux, des poils.

à **rebrousse-poil** loc. adv. Dans le sens opposé à la direction des poils : *Caresser un chien à rebrousse-poil* (**SYN.** à contre-poil). ▸ *Fam.* ***Prendre qqn à rebrousse-poil,*** agir avec lui si maladroitement qu'il se vexe ou se met en colère : *La journaliste a pris le maire à rebrousse-poil.*

rebrousser v.t. (de *à rebours*) [conj. 3]. Relever les cheveux, le poil en sens contraire du sens naturel : *L'enfant rebrousse les poils du chat en le caressant.* ▸ ***Rebrousser chemin,*** retourner en arrière ; revenir sur ses pas : *Nous avons dû rebrousser chemin, car un tas de pierres barrait le sentier.*

rebrûler v.t. [conj. 3]. Dans l'industrie de la verrerie, ramollir à la flamme les bords d'un objet en verre pour les arrondir.

rebuffade n.f. (it. *rebuffo*). Refus brutal ou accueil désagréable : *La délégation a essuyé une rebuffade du ministre* (**SYN.** affront, camouflet [litt.]).

rébus [rebys] n.m. (du lat. *de rebus quae geruntur*, au sujet des choses qui se passent). Jeu d'esprit qui consiste à exprimer des mots ou des phrases par des dessins ou des signes dont la lecture phonétique révèle ce que l'on veut faire entendre : *Déchiffrer des rébus.*

rebuse n.f. En Suisse, retour du froid.

rebut [rəby] n.m. (de *rebuter*). **1.** Ce qui est rejeté, considéré comme sans valeur : *Ce commerçant a réussi à vendre ses rebuts pendant le vide-greniers.* **2.** *Litt.* Ensemble de personnes extrêmement méprisables : *Le rebut de la société* (**SYN.** lie). ▸ ***De rebut,*** sans valeur : *Des marchandises de rebut.* ***Jeter*** ou ***mettre au rebut,*** se débarrasser d'une chose sans valeur ou inutilisable : *Elle a mis ses vieux jouets au rebut.*

rebutant, e adj. Qui rebute, ennuie : *Ce logiciel est rebutant à cause de ses nombreux paramètres* (**SYN.** fastidieux, rébarbatif ; **CONTR.** agréable, plaisant).

rebuter v.t. (de *buter*, repousser du but) [conj. 3]. **1.** Susciter le découragement, le dégoût ; lasser : *Elle a refusé ce poste, car faire les trois-huit la rebute* (**SYN.** décourager, démoraliser ; **CONTR.** enchanter, enthousiasmer). **2.** Inspirer de l'antipathie, de l'aversion à : *Sa façon de parler me rebute* (**SYN.** déplaire ; **CONTR.** convenir, plaire à).

recadrage n.m. Action de recadrer ; son résultat : *Un recadrage budgétaire.*

recadrer v.t. [conj. 3]. **1.** Procéder à un nouveau cadrage photographique ou cinématographique : *Le numérique permet de recadrer les photos.* **2.** *Fig.* Redéfinir le cadre, le contexte d'une action, d'un projet : *Suite aux restrictions budgétaires, il a fallu recadrer le projet.*

récalcitrant, e adj. et n. (du lat. *recalcitrans, recalcitrantis*, qui regimbe, de *calx, calcis*, talon). Qui résiste avec entêtement ; rebelle : *Le lion récalcitrant refusait d'entrer dans sa cage* (**SYN.** rétif ; **CONTR.** docile, obéissant).

recalculer v.t. [conj. 3]. Calculer de nouveau : *Je vais recalculer, je n'ai pas le même résultat que toi.*

recalé, e adj. et n. *Fam.* Se dit d'une personne qui n'a pas été admise à un examen : *Les lycéens recalés. La liste des recalés* (**SYN.** refusé ; **CONTR.** reçu).

recaler v.t. [conj. 3]. *Fam.* Refuser qqn à un examen : *Recaler un candidat* (**CONTR.** admettre, recevoir).

recapitaliser v.t. [conj. 3]. Procéder à l'augmentation ou à la reconstitution de capital d'une entreprise.

récapitulatif, ive adj. Qui récapitule ; qui contient une récapitulation : *Un tableau récapitulatif.* ◆ **récapitulatif** n.m. Exposé, tableau récapitulatif ; récapitulation : *Nous vous proposons un récapitulatif de tous les articles parus à ce sujet* (**SYN.** résumé).

récapitulation n.f. Action de récapituler ; rappel sommaire de ce que l'on a déjà dit ou écrit : *La récapitulation des principaux points d'un discours* (**SYN.** récapitulatif).

récapituler v.t. (lat. *recapitulare*, de *capitulum*, chapitre, de *caput*, tête) [conj. 3]. **1.** Rappeler en résumant ce qu'on a déjà dit : *Récapituler les consignes à respecter en cas d'incendie* (**SYN.** reprendre). **2.** Énumérer les points essentiels de : *Récapituler les événements de la dernière décennie* (= passer en revue).

recaser v.t. [conj. 3]. *Fam.* Procurer un nouvel emploi à qqn : *On l'a recasé à la comptabilité.*

recauser v.t. ind. [conj. 3]. **[de].** Parler de nouveau avec qqn de qqch : *Nous avons recausé de nos intentions avec lui.*

recéder v.t. [conj. 18]. Céder à qqn ce que l'on a acheté : *Elle m'a recédé quelques-unes de ses parts* (**SYN.** revendre).

recel [rəsɛl] n.m. Infraction consistant à détenir des choses que l'on sait volées ou à soustraire qqn aux recherches de la justice.

receler [rəsəle] v.t. (de *celer*, cacher) [conj. 25]. **1.** Garder et cacher une chose volée par qqn d'autre : *La police sait qu'il recèle des bijoux volés.* **2.** Soustraire qqn aux recherches de la justice : *Elle recèle un dangereux criminel* (**SYN.** cacher). **3.** Contenir en soi ; renfermer : *Le musée régional recèle de nombreuses richesses.*

receleur, euse [rəsəlœr, øz] n. Personne coupable de recel.

récemment [resamɑ̃] adv. Dans un passé proche : *Ils ont fait un voyage en Crète récemment* (**SYN.** dernièrement).

recensement n.m. Action de recenser : *Le recensement de la population* (**SYN.** dénombrement). *Faire le recensement des pièces d'un musée* (**SYN.** inventaire).

recenser v.t. (lat. *recensere*, passer en revue, de *censere*, estimer, juger) [conj. 3]. **1.** Faire le dénombrement officiel d'une population : *Nous avons recensé toutes les personnes vivant sur le territoire national.* **2.** Dénombrer, inventorier des personnes, des choses : *Il est difficile de recenser les membres de ce groupuscule. Vous pouvez recenser tous les sites Internet qui proposent des voyages* (**SYN.** compter).

recenseur, euse n. et adj. Personne qui recense.

recension n.f. **1.** Analyse et compte rendu critique d'un ouvrage dans une revue. **2.** Vérification d'un texte d'après les manuscrits.

récent, e adj. (du lat. *recens, recentis*, nouveau). Qui appartient à un passé proche ; qui existe depuis peu : *J'ai trouvé cette information dans un ouvrage récent* (**CONTR.** vieux). *Une construction récente* (**SYN.** moderne ; **CONTR.** ancien).

recentrage n.m. Action de recentrer ; fait d'être recentré.

recentrer v.t. [conj. 3]. **1.** Revenir à l'essentiel : *Le présentateur tenta de recentrer le débat.* **2.** Déterminer une politique par rapport à un nouvel objectif : *Le gouvernement recentre son action sur les problèmes sociaux.*

récépissé n.m. (du lat. *recepisse*, avoir reçu, de *recipere*, recevoir). Écrit par lequel on reconnaît avoir reçu un colis, une somme, un envoi : *Signer le récépissé d'un envoi en recommandé* (= accusé de réception ; **SYN.** reçu).

réceptacle n.m. (du lat. *receptaculum*, magasin, réservoir, de *recipere*, recevoir). **1.** Emplacement, objet qui reçoit des choses diverses : *Cette rivière est devenue le réceptacle des égouts* (**SYN.** réservoir). **2.** Extrémité du pédoncule d'une fleur, sur laquelle s'insèrent les pétales.

récepteur, trice adj. (lat. *receptor*, de *recipere*, recevoir). Qui reçoit un courant, un signal, une onde : *Un poste récepteur* (**CONTR.** émetteur). ◆ **récepteur** n.m. **1.** Appareil recevant un signal de télécommunication et le transformant en sons, en images : *Un récepteur téléphonique* (**SYN.** appareil). *Un récepteur de télévision* (**SYN.** poste). **2.** Partie d'un organe sensoriel (rétine, oreille, peau) qui reçoit un stimulus et le renvoie au cerveau. **3.** En linguistique, personne qui reçoit et décode un message (par opp. à émetteur).

réceptif, ive adj. **1.** Susceptible d'accueillir facilement des impressions, des suggestions : *Un public très réceptif* (**CONTR.** fermé). *Elle devrait être réceptive à nos idées* (**SYN.** perméable, sensible à ; **CONTR.** rebelle, réfractaire à). **2.** Se dit d'un organisme particulièrement sensible à l'action de certains agents pathogènes : *Rien n'indique que les femmes soient plus réceptives à cette maladie* (**CONTR.** résistant).

réception n.f. (lat. *receptio*). **1.** Action de recevoir : *La réception d'une chaîne du câble* (**CONTR.** diffusion). **2.** Action, manière de recevoir qqn : *Une réception chaleureuse* (**SYN.** accueil). **3.** Réunion mondaine : *L'ambassadeur donne une réception.* **4.** Cérémonie qui marque l'entrée officielle de qqn dans une société, une assemblée : *Discours de réception à l'Académie.* **5.** Service d'une entreprise, d'un hôtel où l'on accueille les visiteurs ; personnel affecté à ce service : *Adressez-vous à la réception* (**SYN.** accueil). **6.** Manière de se recevoir, de retomber au sol après un saut : *Cette mauvaise réception va faire perdre des points à la gymnaste.* **7.** En sports, manière dont un joueur contrôle un ballon après une passe.

réceptionnaire n. **1.** Personne chargée de la réception de marchandises. **2.** Chef de la réception, dans un hôtel.

réceptionner v.t. [conj. 3]. **1.** Prendre livraison de marchandises et vérifier leur état : *Réceptionner des colis.* **2.** Recevoir la balle, le ballon, dans un sport : *Le gardien a réceptionné le ballon.*

réceptionniste n. Personne chargée d'accueillir les visiteurs, les clients d'un hôtel, d'un magasin, d'un organisme public.

réceptivité n.f. **1.** Aptitude à recevoir des impressions, des informations, à répondre à certaines stimulations : *La réceptivité des enfants à l'enseignement musical* (**SYN.** sensibilité). **2.** Aptitude à contracter une maladie : *La fatigue accroît la réceptivité à certaines contaminations* (**CONTR.** résistance).

récessif, ive adj. En génétique, se dit d'un caractère héréditaire ou d'un gène qui ne se manifeste qu'en l'absence du gène contraire, dit *dominant.* ☞ **REM.** Ne pas confondre avec *régressif.*

récession n.f. (lat. *recessio*, de *cedere*, marcher, aller). Ralentissement ou fléchissement de l'activité économique : *Ce conflit a plongé le pays dans une période de récession* (**SYN.** crise, marasme ; **CONTR.** expansion).

récessivité n.f. En génétique, caractère d'un gène récessif.

recette n.f. (lat. *recepta*, de *recipere*, recevoir). **1.** Montant total des sommes qui sont entrées en caisse à un moment donné : *Le commerçant compte la recette du week-end* (**SYN.** gain). **2.** Description détaillée de la façon de cuisiner un mets : *Un livre de recettes. Avez-vous la recette du clafoutis ?* **3.** Méthode, procédé pour atteindre un but, pour réussir dans telle circonstance : *Quelle est votre recette pour être toujours en forme ?* (**SYN.** secret). **4.** Bureau d'un receveur des impôts : *La recette est ouverte du lundi au vendredi de 9 heures à 16 heures.* ▸ ***Faire recette,*** rapporter beaucoup d'argent : *Son nouveau film n'a pas fait recette* ; fig., avoir du succès : *Cette nouvelle mode fait recette auprès des adolescents.*

recevabilité n.f. Qualité de ce qui est juridiquement recevable : *La recevabilité d'une plainte* (**CONTR.** irrecevabilité).

recevable adj. **1.** Qui peut être reçu, admis : *L'excuse de cet élève n'est pas recevable* (**SYN.** acceptable, admissible ; **CONTR.** inacceptable, inadmissible). **2.** Dans le langage juridique, se dit d'une demande en justice à laquelle rien ne s'oppose : *Votre plainte n'est pas recevable.*

receveur, euse n. **1.** Personne chargée du recouvrement des impôts : *Le receveur des contributions directes.* **2.** Chef d'établissement d'un bureau de poste. **3.** Malade qui reçoit du sang, un tissu ou un organe (par opp. à donneur). ▸ ***Receveur universel,*** personne de groupe sanguin AB, qui peut recevoir le sang de tous les autres groupes.

recevoir v.t. (lat. *recipere*) [conj. 52]. **1.** Entrer en possession de ce qui est offert, transmis, envoyé : *Qu'as-tu reçu pour ton anniversaire ? Les personnes licenciées recevront des indemnités* (**SYN.** percevoir, toucher). **2.** Être le destinataire d'une communication, d'une proposition : *Si vous passez une annonce dans ce journal, vous recevrez beaucoup de réponses.* **3.** Être l'objet d'une action ; subir, éprouver : *Il a reçu une correction* (**SYN.** prendre ; **CONTR.** donner). *Son scénario a reçu des modifications.* **4.** Laisser entrer ; recueillir : *La cave reçoit la lumière du soleil par cette lucarne. Ce conteneur reçoit les vieux papiers.* **5.** Inviter chez soi ; accueillir : *Ils reçoivent souvent leurs amis.* **6.** Admettre à un examen : *À ce concours, on reçoit environ un candidat sur dix* (**CONTR.** refuser). ◆ **se recevoir** v.pr. Reprendre contact avec le sol après un saut : *La parachutiste s'est mal reçue.*

rechange n.m. Change : *Prendre du rechange en vêtements.* ◆ **de rechange** loc. adj. **1.** Qui sert à remplacer les objets non disponibles ou hors d'usage : *J'ai des piles de rechange pour mon baladeur.* **2.** Qui peut se substituer à ce qui s'est révélé inadéquat : *Avez-vous une solution de rechange à nous proposer ?* (= une alternative).

rechanger v.t. [conj. 17]. Changer de nouveau : *J'ai dû rechanger de carte bancaire, car la puce ne fonctionnait pas.*

rechapage n.m. Action de rechaper.

rechaper v.t. (de *chape*) [conj. 3]. Remplacer ou rénover la bande de roulement d'un pneu usagé.

réchapper v.t. ind. [conj. 3]. **1. [à].** Échapper par chance à un danger : *Ils ont tous réchappé à l'incendie* (= ils sont rescapés). **2. [de].** Sortir vivant d'une grave maladie : *Elle a réchappé d'un cancer* (**SYN.** guérir).

recharge n.f. **1.** Remise en état de fonctionnement : *La recharge d'une batterie d'accumulateurs.* **2.** Ce qui permet de recharger : *Une recharge d'encre pour imprimante. Une recharge pour une carte de téléphone.*

rechargeable adj. Que l'on peut recharger : *Des piles rechargeables.*

rechargement n.m. Action de recharger : *Le rechargement de la batterie d'un ordinateur portable.*

recharger v.t. [conj. 17]. **1.** Placer de nouveau une charge sur un véhicule : *Recharger les bagages sur la voiture après un arrêt* (**CONTR.** décharger). **2.** Approvisionner de nouveau qqch pour le remettre en état de fonctionner : *Recharger une carte de téléphone, une caméra.*

réchaud n.m. Appareil de cuisson portatif : *Les campeurs utilisent un réchaud à gaz.*

réchauffage n.m. Action de réchauffer : *Le réchauffage d'une tarte.*

réchauffé n.m. **1.** Nourriture réchauffée : *Je n'ai pas eu le temps de cuisiner, nous mangerons du réchauffé.* **2.** *Fam.* Ce qui est vieux, trop connu et que l'on donne comme neuf : *Son émission littéraire n'est que du réchauffé !*

réchauffement n.m. Fait de se réchauffer : *Le réchauffement de la planète* (**CONTR.** refroidissement).

réchauffer v.t. [conj. 3]. **1.** Chauffer, rendre chaud ou plus chaud ce qui s'est refroidi : *Réchauffer du café au micro-ondes. Réchauffer ses mains au-dessus d'un brasero* (**CONTR.** rafraîchir, refroidir). **2.** Ranimer un sentiment, lui redonner de la force : *Par ce discours, il a réussi à réchauffer l'ardeur des militants* (**SYN.** ranimer, réveiller ; **CONTR.** endormir, tempérer). ◆ **se réchauffer** v.pr. **1.** Redonner de la chaleur à son corps : *Manger une soupe pour se réchauffer.* **2.** Devenir plus chaud : *La pièce s'est réchauffée* (**CONTR.** se rafraîchir, se refroidir).

rechausser v.t. [conj. 3]. Chausser de nouveau : *Rechausser les enfants après la piscine. Rechausser ses skis.*

rêche adj. (du frq. *rubisk*). **1.** Qui est rude au toucher : *Une serviette de bain rêche* (**SYN.** rugueux ; **CONTR.** doux). **2.** *Litt.* D'un abord désagréable : *Ne soyez pas aussi rêche avec les clients* (**SYN.** bourru, revêche ; **CONTR.** agréable, aimable).

recherche n.f. **1.** Action de rechercher : *La recherche d'un trésor* (**SYN.** prospection). *La police poursuit ses recherches* (**SYN.** investigation). *Ils sont à la recherche d'un emploi.* **2.** Ensemble des activités, des travaux scientifiques auxquels se livrent les chercheurs : *Cet argent ira à la recherche sur les myopathies.* **3.** Souci de se distinguer du commun ; raffinement : *Cette comédienne s'habille avec recherche* (**CONTR.** simplicité).

recherché, e adj. **1.** Auquel on attache du prix ; difficile à trouver : *Son premier disque est très recherché* (**SYN.** introuvable, rare ; **CONTR.** banal, commun). **2.** Que l'on cherche à voir, à entendre, à fréquenter : *Un architecte recherché* (**SYN.** prisé [sout.]). **3.** Qui manque de naturel : *Un langage trop recherché* (**SYN.** affecté, maniéré, précieux ; **CONTR.** simple).

recherche-développement n.f. (pl. *recherches-développements*). Ensemble des procédures qui permettent la conception, la mise au point et la fabrication d'un nouveau produit industriel.

rechercher v.t. [conj. 3]. **1.** Chercher, reprendre qqn, qqch à l'endroit où ils sont : *Je viendrai vous rechercher ce soir.* **2.** Tâcher de retrouver avec soin, persévérance : *Je recherche le manuscrit de ce roman* (**SYN.** chercher). **3.** Chercher à définir ce qui est peu ou mal connu : *Les experts recherchent la cause de l'accident*

(**SYN.** étudier). **4.** Tenter de retrouver par une enquête policière ou judiciaire : *Les policiers recherchent l'auteur de ce meurtre* (**SYN.** poursuivre). **5.** Tâcher d'obtenir : *Elle recherche avant tout la sécurité dans son travail.* **6.** S'efforcer de faire la connaissance de qqn et d'établir avec lui des relations : *Il recherche les gens connus* (**CONTR.** éviter).

recherchiste n. Au Québec, personne qui effectue des recherches à des fins particulières, génér. pour des médias électroniques.

rechigner v.i. (du frq. *kinan*, tordre la bouche) [conj. 3]. Montrer sa mauvaise humeur par un visage renfrogné : *Il a tout fait sans rechigner* (**SYN.** bouder). ◆ v.t. ind. **[à].** Montrer de la mauvaise volonté à faire qqch : *Elle rechigne à nous rendre ce service* (**SYN.** renâcler).

rechute n.f. **1.** Action de retomber dans une mauvaise habitude ; récidive : *Il ne fumait plus, mais il a fait une rechute au cours de cette soirée.* **2.** Reprise évolutive d'une maladie qui était en voie de guérison : *Elle a eu des rémissions et des rechutes.*

rechuter v.i. [conj. 3]. Faire une rechute : *Si tu ne te couvres pas, tu vas rechuter.*

récidivant, e adj. En médecine, qui récidive : *Un herpès labial récidivant.*

récidive n.f. (du lat. *recidivus*, qui revient). **1.** Dans le langage juridique, action de commettre une nouvelle infraction après une première condamnation pour des faits de même nature (par opp. à réitération) : *En cas de récidive, la peine sera doublée.* **2.** Réapparition d'une maladie, d'un mal dont un sujet déjà atteint avait complètement guéri : *Une récidive de son zona.*

récidiver v.i. [conj. 3]. **1.** Retomber dans la même erreur ; reprendre une mauvaise habitude : *Elle a essayé d'arrêter de fumer, mais à chaque fois elle a récidivé* (**SYN.** rechuter). **2.** Dans le langage juridique, commettre de nouveau la même infraction : *Cet ancien escroc a récidivé.* **3.** En parlant d'une maladie, réapparaître après une guérison : *Son arthrite a récidivé* (**SYN.** reprendre).

récidiviste n. et adj. Dans le langage juridique, personne qui commet une récidive : *Ce récidiviste risque la prison à vie.*

récif n.m. (esp. *arrecife*, d'un mot ar. signif. « chaussée, digue »). Rocher ou groupe de rochers à fleur d'eau, génér. au voisinage des côtes.

récifal, e, aux adj. Relatif aux récifs.

récipiendaire n. (du lat. *recipiendus*, qui doit être reçu, de *recipere*, recevoir). **1.** Personne que l'on reçoit dans une compagnie, dans un corps savant, avec un certain cérémonial : *À l'Académie française, le récipiendaire prononce un discours.* **2.** Personne qui reçoit un diplôme universitaire, une médaille : *Le président donne l'accolade aux récipiendaires. La récipiendaire de l'insigne de la bravoure.*

récipient n.m. (du lat. *recipiens*, qui reçoit). Tout ustensile creux capable de contenir des substances liquides, solides ou gazeuses : *Rangez le sucre dans un récipient hermétique.*

réciprocité n.f. Caractère de ce qui est réciproque : *La réciprocité de leur amitié.*

réciproque adj. (du lat. *reciprocus*, qui revient au point de départ). Qui marque un échange équivalent entre deux personnes, deux groupes, deux choses : *Une estime réciproque* (**SYN.** mutuel). ▸ ***Verbe pronominal réciproque,*** verbe qui exprime l'action exercée par deux ou plusieurs sujets les uns sur les autres : *Dans « ils s'embrassent », le verbe exprime une action réciproque.* ◆ n.f. L'action inverse : *Je l'ai toujours soutenu, mais la réciproque n'est pas vraie* (= il ne m'a pas rendu la pareille).

réciproquement adv. De façon réciproque : *Ils se sont donné réciproquement des renseignements importants* (**SYN.** mutuellement). ▸ ***Et réciproquement,*** et vice versa ; et inversement : *Le dessinateur donne des suggestions au scénariste et réciproquement.*

réciproquer v.t. et v.i. (lat. *reciprocare*) [conj. 3]. En Belgique, rendre la pareille, en parlant de vœux, de souhaits.

récit n.m. Relation écrite ou orale de faits réels ou imaginaires : *Elle nous a fait le récit de son voyage* (**SYN.** narration, relation). *Il écrit des récits pour les enfants* (**SYN.** conte).

récital n.m. (angl. *recital*, du fr. *réciter*) [pl. *récitals*]. **1.** Concert où se fait entendre un seul exécutant : *Elle a donné des récitals de violon dans toute la France.* **2.** Spectacle artistique donné par un seul interprète ou consacré à un seul genre : *Un récital de danse.* **3.** Série exceptionnelle d'actes remarquables : *C'était un récital de bons mots* (= un feu d'artifice).

récitant, e n. **1.** Personne qui récite un texte : *Les enfants étaient captivés par le récitant* (**SYN.** conteur). **2.** Narrateur qui, dans une œuvre musicale, déclame un texte : *Le récitant de « Pierre et le Loup ».*

récitatif n.m. (it. *recitativo*). Dans un opéra, fragment narratif, dont la déclamation chantée se rapproche du langage parlé.

récitation n.f. **1.** Action, manière de réciter : *La récitation d'une poésie.* **2.** Texte littéraire que les élèves doivent apprendre par cœur et réciter : *Cet enfant connaît sa récitation.*

réciter v.t. (lat. *recitare*, de *citare*, appeler, convoquer) [conj. 3]. Dire à haute voix un texte que l'on sait par cœur : *Elle récite sur scène des poèmes de Victor Hugo* (**SYN.** déclamer).

réclamant, e n. Dans le langage juridique, personne qui présente une réclamation en justice.

réclamation n.f. **1.** Action de réclamer, de demander la reconnaissance d'un droit : *Il a formulé une réclamation auprès de l'inspecteur des impôts* (**SYN.** demande, requête). **2.** Document, lettre par lesquels on réclame : *Notre service est submergé de réclamations* (**SYN.** doléance, plainte).

réclame n.f. *Vieilli* Publicité. ▸ ***En réclame,*** à prix réduit pour attirer la clientèle : *Cette lessive est en réclame* (= en promotion). ***Faire de la réclame à qqn, qqch,*** attirer l'attention sur eux, en parler de façon flatteuse.

réclamer v.t. (du lat. *reclamare*, protester, de *clamare*, crier) [conj. 3]. **1.** Demander ce dont on a besoin, souvent avec insistance : *Le malade réclame un somnifère à l'infirmière. « Sois sage, ô ma Douleur, et tiens-toi plus tranquille. / Tu réclamais le Soir ; il descend ; le voici* [*Recueillement*, Baudelaire]. **2.** Demander une chose due ou juste : *La comédienne a dû* *réclamer son cachet* (**SYN.** exiger, revendiquer). *Les salariés ont réclamé qu'on les tienne au courant des négociations.* **3.** Avoir besoin de ; nécessiter : *Cette plante réclame beaucoup de lumière* (**SYN.** demander, requérir). ◆ v.i. *Litt.* Faire une réclamation : *La hausse soudaine de ce prix est illégale, vous devriez réclamer* (**SYN.** se plaindre, protester, récriminer). ◆ **se réclamer** v.pr. **[de].** Déclarer que l'on est connu ou protégé par qqn ; invoquer la caution de : *Elle s'est réclamée de son oncle député pour obtenir un entretien* (**SYN.** se recommander de). *Il se réclame du droit de réponse* (**SYN.** se prévaloir de).

reclassement n.m. **1.** Action de reclasser : *Le reclassement des photos dans un album.* **2.** Action de placer dans une activité nouvelle : *Le plan social prévoit le reclassement des ouvriers licenciés.*

reclasser v.t. [conj. 3]. **1.** Classer de nouveau : *La bibliothécaire reclasse les livres* (**CONTR.** déclasser). **2.** Procéder au reclassement de personnes : *Reclasser les employés dont le poste a été supprimé.* **3.** Rajuster les traitements, les salaires d'une catégorie de fonctionnaires, d'employés.

reclus, e adj. et n. (du lat. *reclusus,* enfermé, de *claudere,* fermer). Qui vit retiré du monde : *Depuis le drame, elle est recluse dans son appartement* (= elle s'est claquemurée ; **SYN.** cloîtré). *Mener une existence recluse* (**SYN.** isolé, solitaire).

réclusion n.f. (bas lat. *reclusio,* de *recludere,* enfermer). État de qqn qui vit retiré du monde : *La réclusion d'un ermite* (**SYN.** isolement, solitude). ▸ ***Réclusion criminelle,*** peine criminelle de droit commun consistant en une privation de liberté : *Il a été condamné à la réclusion criminelle à perpétuité.*

recoiffer v.t. [conj. 3]. Coiffer de nouveau : *Recoiffer un mannequin avant un défilé* (**CONTR.** décoiffer). ◆ **se recoiffer** v.pr. **1.** Remettre ses cheveux en ordre : *Elle s'est recoiffée avant de sortir* (**SYN.** se repeigner). **2.** Remettre son chapeau.

recoin n.m. **1.** Endroit caché, le moins en vue : *Nous avons cherché ses clefs dans tous les recoins de la pièce.* **2.** *Fig.* Partie la plus cachée, la plus secrète : *Elle a gardé ce souvenir dans un recoin de sa mémoire* (**SYN.** repli, tréfonds).

récolement n.m. Dans le langage juridique, vérification des objets ayant été inventoriés lors d'une saisie.

récoler v.t. (lat. *recolere,* passer en revue) [conj. 3]. Procéder au récolement de : *L'huissier récole les biens de la famille.*

recollage ou **recollement** n.m. Action de recoller : *Le recollage d'une affiche.*

recoller v.t. [conj. 3]. Coller de nouveau ce qui est décollé ; réparer en collant : *Recoller une étiquette.* ◆ v.t. ind. **[à].** En sports, rattraper : *Le coureur recolle au groupe de tête.*

récoltable adj. Que l'on peut récolter : *Les pommes ne sont pas encore récoltables.*

récoltant, e adj. et n. Qui récolte ; qui procède lui-même à la récolte : *Des viticulteurs récoltants.*

récolte n.f. (it. *ricolta,* du lat. *recolligere,* recueillir). **1.** Action de recueillir les produits de la terre ; ces produits eux-mêmes : *La récolte du blé* (= la moisson). *La récolte des bananes* (= cueillette). *Cette année, la récolte a été assez maigre.* **2.** Ce que l'on rassemble à la suite de recherches : *Une récolte de témoignages écrits* (**SYN.** collecte).

récolter v.t. [conj. 3]. **1.** Faire la récolte de : *Récolter des poires* (**SYN.** cueillir). *Récolter des pommes de terre* (= arracher). **2.** *Fam.* Obtenir qqch comme conséquence de son action : *Si tu te mêles de leurs affaires, tu ne récolteras que des ennuis* (**SYN.** recueillir).

recombinaison n.f. Formation d'une entité chimique (molécule, atome, etc.) à partir des fragments d'un élément précédemment décomposé.

recommandable adj. Qui mérite d'être recommandé ; digne d'égard : *Ce bar n'est pas recommandable* (**SYN.** fréquentable). *Leur ami est peu recommandable* (**SYN.** estimable).

recommandation n.f. **1.** Exhortation pressante sur la conduite à tenir : *Les enfants n'ont pas écouté les recommandations de la monitrice* (**SYN.** avertissement, consigne, directive). *Vous auriez dû tenir compte de ses recommandations* (**SYN.** avis, conseil). **2.** Action de recommander qqn : *La postulante a une lettre de recommandation de son ancien employeur* (**SYN.** appui). *L'étudiante nous a écrit sur la recommandation de son professeur.* **3.** Opération par laquelle La Poste assure la remise en main propre d'une lettre, d'un paquet, moyennant une taxe spéciale pour l'expéditeur.

recommandé, e adj. Se dit d'un envoi ayant fait l'objet d'une recommandation postale : *Un paquet recommandé.* ◆ **recommandé** n.m. Objet postal recommandé : *Envoyer une lettre en recommandé. Le guichet des recommandés.*

recommander v.t. [conj. 3]. **1.** Conseiller vivement qqch à qqn : *Le serveur nous a recommandé le plat du jour* (**SYN.** vanter ; **CONTR.** déconseiller). *Les médecins recommandent la vaccination immédiate* (**SYN.** préconiser, prescrire ; **CONTR.** interdire). *Je vous recommande d'enregistrer régulièrement votre fichier* (**SYN.** inviter ; **CONTR.** dissuader). **2.** Signaler une personne à l'attention, à la bienveillance de qqn : *Son ami l'a recommandé auprès du directeur* (**SYN.** appuyer). **3.** Envoyer une lettre, un paquet sous recommandation postale. ◆ **se recommander** v.pr. **1. [de].** Invoquer en sa faveur l'appui de qqn pour obtenir qqch : *Elle s'est recommandée du maire pour faire sa demande de logement* (**SYN.** se réclamer de). **2. [par].** Se distinguer par une qualité : *Cette émission se recommande par son ton décalé* (**SYN.** briller, se signaler).

recommencement n.m. Action de recommencer ; fait d'être recommencé : *L'histoire est un éternel recommencement* (**SYN.** répétition, retour).

recommencer v.t. [conj. 16]. **1.** Faire de nouveau ; reprendre depuis le début : *Comme quelqu'un a effacé mon fichier, je vais devoir tout recommencer.* **2.** Reprendre une action interrompue : *Les employés recommencent à travailler à 14 heures* (**SYN.** se remettre à ; **CONTR.** arrêter). **3.** Refaire la même chose : *Il ne recommencera pas les mêmes erreurs* (**SYN.** réitérer, renouveler, répéter). ◆ v.i. Reprendre après une interruption : *Les conflits recommencent dans cette région* (**SYN.** renaître, revenir ; **CONTR.** s'arrêter, cesser).

récompense n.f. Don que l'on fait à qqn en reconnaissance d'un service rendu, d'un mérite particulier : *Ils offrent une récompense à la personne qui* *retrouvera leur chien* (**SYN.** gratification, prime). *Ce musicien a reçu de nombreuses récompenses au cours de sa carrière* (**SYN.** prix).

récompenser v.t. (lat. *recompensare*, de *compensare*, compenser) [conj. 3]. **1.** Accorder une récompense à ; reconnaître la valeur de : *Récompenser un cinéaste pour son film* (**SYN.** couronner, primer). *Récompenser un acte de bravoure.* **2.** Constituer un dédommagement : *Cette distinction la récompense de tous les efforts qu'elle a fournis.*

recomposé, e adj. ▸ ***Famille recomposée,*** famille comprenant des enfants nés d'unions antérieures de chacun des conjoints.

recomposer v.t. [conj. 3]. Composer de nouveau ; organiser de nouveau : *Cette touche recompose automatiquement le dernier numéro de téléphone. Recomposer un groupe de rock* (**SYN.** refonder ; **CONTR.** dissocier, séparer). ◆ **se recomposer** v.pr. Se reformer ; se reconstituer.

recomposition n.f. Action de recomposer : *La recomposition d'un corps chimique* (**SYN.** décomposition). *La recomposition du conseil municipal* (**SYN.** réorganisation, restructuration).

recompter v.t. [conj. 3]. Compter de nouveau : *Elle a recompté les bulletins de vote après lui.*

réconciliation n.f. Action de réconcilier des personnes brouillées ; fait de se réconcilier : *J'ai tout fait pour favoriser leur réconciliation. La réconciliation de deux grandes puissances* (**SYN.** rapprochement).

réconcilier v.t. (lat. *reconciliare*, de *conciliare*, unir) [conj. 9]. **1.** Rétablir des relations amicales entre des personnes brouillées : *Il a réussi à réconcilier ses deux enfants* (**SYN.** réunir ; **CONTR.** brouiller, désunir). **2.** Inspirer à qqn une opinion plus favorable de qqn, de qqch : *Ce film m'a réconcilié avec la science-fiction.* ◆ **se réconcilier** v.pr. Reprendre de bonnes relations avec qqn : *Les deux amies se sont réconciliées* (**SYN.** renouer ; **CONTR.** se brouiller, se fâcher).

reconductible adj. Dans le langage juridique, qui peut être reconduit, renouvelé : *Le bail est reconductible.*

reconduction n.f. (lat. *reconductio*). **1.** Action de reconduire, de poursuivre : *La reconduction de cette politique nous mènerait à la catastrophe* (**SYN.** continuation ; **CONTR.** arrêt, suspension). **2.** Renouvellement d'un bail, d'une location, d'un crédit : *Un bail renouvelable par tacite reconduction.*

reconduire v.t. [conj. 98]. **1.** Accompagner une personne qui s'en va ; ramener qqn : *Le médecin reconduit le patient jusqu'à la porte* (**SYN.** raccompagner). *Il nous a reconduits à notre hôtel.* **2.** Continuer selon les mêmes modalités : *Reconduire une mesure politique* (**SYN.** proroger). **3.** Renouveler par reconduction : *Reconduire une subvention.*

reconduite n.f. ▸ ***Reconduite à la frontière,*** expulsion d'un étranger à qui l'on a interdit le territoire français.

réconfort n.m. Ce qui ranime le courage, réconforte ; secours, consolation : *Votre présence aura été un grand réconfort* (**SYN.** encouragement, soutien).

réconfortant, e adj. Qui réconforte, console : *Il est réconfortant de savoir que tous mes amis sont prêts à m'aider* (**SYN.** encourageant, stimulant ; **CONTR.** décourageant, désespérant).

réconforter v.t. (anc. fr. *conforter*, du lat. *fortis*, fort) [conj. 3]. **1.** Redonner des forces physiques, de la vigueur à : *Ce verre de vin chaud m'a réconforté* (**SYN.** remonter, revigorer ; **CONTR.** épuiser, exténuer, fatiguer). **2.** Aider à supporter une épreuve : *Les paroles amicales de ses frères l'ont réconfortée* (**SYN.** consoler, soutenir ; **CONTR.** démoraliser, désespérer).

reconnaissable adj. Facile à reconnaître : *Sa voix est aisément reconnaissable* (**SYN.** identifiable).

reconnaissance n.f. **1.** Action de reconnaître comme sien, comme vrai, comme légitime : *La reconnaissance d'un délit* (**SYN.** aveu). *La reconnaissance du talent d'un musicien. La reconnaissance du nouveau gouvernement d'un pays.* **2.** Action de reconnaître, d'identifier en fonction de certains signes : *Ils portent un foulard en signe de reconnaissance. Un logiciel de reconnaissance vocale.* **3.** Sentiment qui incite à se considérer comme redevable envers la personne de qui on a reçu un bienfait : *Il ne sait comment témoigner sa reconnaissance à la personne qui l'a sauvé* (**SYN.** gratitude ; **CONTR.** ingratitude). **4.** Examen détaillé d'un lieu : *Les cyclistes sont allés en reconnaissance* (**SYN.** exploration, observation). **5.** Opération militaire consistant à explorer un lieu : *La troupe est partie en reconnaissance. Avion, satellite de reconnaissance* (= chargé de recueillir des informations ; **SYN.** espion). **6.** Dans le langage juridique, acte par lequel on admet l'existence d'une obligation : *Il leur a fait signer une reconnaissance de dettes.*

reconnaissant, e adj. Qui a de la reconnaissance, de la gratitude : *Ils se sont montrés reconnaissants envers ceux qui les ont aidés* (**SYN.** obligé [sout.] ; **CONTR.** ingrat, oublieux [litt.]). *Je vous serais reconnaissante de me faire parvenir un extrait d'acte de naissance.*

reconnaître v.t. (lat. *recognoscere*) [conj. 91]. **1.** Juger, déterminer comme déjà connu : *Elle n'a pas reconnu son ancien élève* (**SYN.** remettre, se souvenir de). *J'ai reconnu votre voix au téléphone* (**SYN.** identifier). *Je te reconnais bien là, tu es toujours aussi prévenante* (**SYN.** retrouver). **2. [à].** Identifier en fonction d'un caractère donné : *On le reconnaît à sa casquette* (**SYN.** différencier). *Il reconnaît les oiseaux à leur chant* (**SYN.** discerner, distinguer). **3.** Admettre comme vrai, réel, légitime : *Elle a fini par reconnaître que notre projet était le meilleur* (**SYN.** concéder). *Je reconnais vous avoir menti* (**SYN.** avouer, confesser). *L'Union européenne refuse de reconnaître cet État.* **4.** Chercher à déterminer la situation, la disposition d'un lieu : *Les organisateurs du cross sont allés reconnaître le terrain* (**SYN.** explorer). ▸ ***Reconnaître un enfant,*** se déclarer le père ou la mère d'un enfant naturel. ◆ **se reconnaître** v.pr. **1.** Retrouver ses traits, ses manières dans une autre personne : *Elle se reconnaît dans sa fille.* **2.** Localiser sa position et être capable de retrouver son chemin : *Depuis que des immeubles ont été détruits, j'ai du mal à me reconnaître dans ce quartier* (**SYN.** se situer). **3.** S'avouer comme étant tel : *Elle s'est reconnue responsable de cette erreur.*

reconnu, e adj. **1.** Admis pour vrai, pour incontestable : *Son innocence est un fait reconnu* (**SYN.** avéré, notoire ; **CONTR.** contestable, discutable, douteux).

2. Admis comme ayant une vraie valeur : *Un écrivain reconnu* (**CONTR.** ignoré, méconnu).

reconquérir v.t. [conj. 39]. Conquérir de nouveau ; recouvrer par une lutte : *Cet industriel souhaite reconquérir le marché* (**SYN.** regagner ; **CONTR.** reperdre). *Elle cherche à reconquérir la confiance des actionnaires* (**SYN.** retrouver).

reconquête n.f. Action de reconquérir.

reconsidérer v.t. [conj. 18]. Reprendre l'examen d'une question en vue d'une nouvelle décision : *Les membres de cette association ont demandé au maire de reconsidérer le problème* (**SYN.** réétudier, réexaminer).

reconstituant, e adj. Se dit d'une substance qui ramène l'organisme fatigué à l'état normal : *Une nourriture reconstituante.* ◆ **reconstituant** n.m. Substance reconstituante : *Pendant la période d'examens, elle a pris des reconstituants* (**SYN.** fortifiant, remontant).

reconstituer v.t. [conj. 7]. **1.** Constituer, former de nouveau : *Ils ont décidé de reconstituer une fanfare* (**SYN.** reformer). **2.** Rétablir dans sa forme primitive : *Les spécialistes ont pu reconstituer le plan de l'abbaye d'après les vestiges.* **3.** Déterminer, après une enquête aussi minutieuse que possible, la façon dont un événement s'est produit : *Reconstituer un crime.*

reconstitution n.f. Action de reconstituer : *La reconstitution d'un syndicat. Ce spectacle est une bonne reconstitution historique. Procéder à la reconstitution d'un crime.*

reconstructeur, trice adj. ▸ ***Chirurgie reconstructrice,*** autre nom de la chirurgie réparatrice.

reconstruction n.f. Action de reconstruire : *La reconstruction des quartiers sinistrés.*

reconstruire v.t. [conj. 98]. **1.** Construire de nouveau ce qui a été détruit : *Il a fallu reconstruire le garage après la tempête* (**SYN.** rebâtir ; **CONTR.** démolir, détruire). **2.** Rétablir dans son état originel : *Après le krach boursier, il a essayé de reconstruire sa fortune* (**SYN.** reconstituer). *Reconstruire un parti après une défaite électorale* (**SYN.** refonder). **3.** Imaginer qqch autrement : *À son âge, il est normal de vouloir reconstruire le monde* (**SYN.** recréer, refaire).

reconvention n.f. Dans le langage juridique, demande reconventionnelle.

reconventionnel, elle adj. ▸ ***Demande reconventionnelle,*** dans le langage juridique, demande que forme le défendeur contre le demandeur et devant la même juridiction (**SYN.** reconvention).

reconversion n.f. Action de reconvertir, de se reconvertir : *La reconversion d'une usine désaffectée en musée.*

reconvertir v.t. [conj. 32]. **1. [en].** Adapter une activité économique à de nouveaux besoins, à une production nouvelle : *Reconvertir une manufacture en laboratoire.* **2. [à, dans].** Affecter à un nouvel emploi ; donner une nouvelle formation à qqn : *On les a reconvertis dans le multimédia, à l'animation culturelle.* ◆ **se reconvertir** v.pr. **[à, dans].** Changer de profession, d'activité : *Cette ancienne enseignante s'est reconvertie dans l'artisanat d'art* (**SYN.** se recycler).

recopier v.t. [conj. 9]. **1.** Copier un texte déjà écrit : *Recopier une recette de soupe sur un cahier* (**SYN.** transcrire). **2.** Mettre au net, au propre : *Recopier un brouillon.*

record n.m. (mot angl., de *to record,* enregistrer, de l'anc. fr. *recorder,* rappeler). **1.** Performance sportive surpassant tous les résultats obtenus jusqu'alors dans la même discipline : *Il vient de battre le record. Le record du monde de triple saut.* **2.** Résultat, niveau supérieur à tous ceux obtenus antérieurement dans un domaine quelconque : *Un record d'affluence à un concert. Des records de chaleur.* ◆ adj. inv. Qui constitue un maximum jamais atteint ou exceptionnel : *L'entreprise a réalisé des bénéfices record.*

recorder [rəkɔrde] v.t. [conj. 3]. Mettre de nouvelles cordes à : *Recorder une raquette.*

recordman, recordwoman [rəkɔrdman, rəkɔrdwuman] n. (de *record* et de l'angl. *man,* homme, *woman,* femme)[pl. *recordmans* ou *recordmen, recordwomans* ou *recordwomen*]. Détenteur d'un record ou de plusieurs records : *Le recordman du saut en hauteur.*

recoucher v.t. [conj. 3]. Coucher de nouveau : *Recoucher un enfant qui n'a pas assez dormi* (**CONTR.** relever). ◆ **se recoucher** v.pr. Se coucher de nouveau : *Elle s'est levée pour boire un verre d'eau puis s'est recouchée* (**CONTR.** se relever).

recoudre v.t. [conj. 86]. Coudre ce qui est décousu, mal cousu ou déchiré : *Recoudre un ourlet, un bouton* (**CONTR.** découdre).

recoupage n.m. Action de recouper : *Le recoupage des parts d'un gâteau.*

recoupe n.f. Résidu provenant de la transformation de semoules en farine ; remoulage.

recoupement n.m. Vérification d'un fait au moyen de renseignements issus de sources différentes : *Son innocence a pu être établie par recoupements.*

recouper v.t. [conj. 3]. **1.** Couper de nouveau : *Ma frange me gêne, pourriez-vous la recouper ?* **2.** Donner une coupe différente à un vêtement ; retoucher : *Recouper une jupe.* **3.** Apporter une confirmation à ; coïncider avec : *Ce témoignage recoupe la version du suspect.*

recourant n.m. En Suisse, dans le langage juridique, auteur d'un recours.

recourber v.t. [conj. 3]. Courber par le bout : *Une pince pour recourber les cils.*

recourir v.t. [conj. 45]. Courir de nouveau : *Depuis quelques semaines, il recourt le 100 mètres.* ◆ v.i. Courir de nouveau ; recommencer à courir : *Elle ne sait pas si elle recourra la saison prochaine.* ◆ v.t. ind. **[à].** **1.** S'adresser à qqn pour obtenir de l'aide : *Ils ont décidé de recourir à un conseiller juridique.* **2.** Se servir de qqch dans une circonstance donnée : *Tu dois recourir à la ruse et non à la force* (**SYN.** employer, user de).

recours n.m. (du lat. *recursus,* retour en courant, de *currere,* courir). **1.** Action de recourir à qqn ou à qqch : *Le recours à un psychanalyste lui a été bénéfique. Refusons le recours à la violence* (**SYN.** emploi, usage). **2.** Personne ou chose à laquelle on recourt : *Cette avocate est son seul recours* (**SYN.** ressource, secours). **3.** Dans le langage juridique, procédure permettant d'obtenir un nouvel examen d'une décision judiciaire. ▸ ***Avoir recours à qqn, qqch,*** faire appel à ; user de :

Ils ont eu recours à une nourrice pour garder leur bébé. Elle a eu recours à la chirurgie esthétique. ***Avoir un recours contre qqn, qqch,*** avoir les moyens légaux de réclamer la réparation d'un dommage : *Vous avez un recours contre le promoteur.* ***En dernier recours,*** comme ultime ressource : *Il fera appel aux forces de l'ordre en dernier recours.* ***Recours en grâce,*** demande adressée au chef de l'État en vue de la remise ou de la modification d'une peine.

recouvrable adj. Qui peut être recouvré : *Une créance recouvrable* (**CONTR.** irrécouvrable).

recouvrage n.m. Action de recouvrir un siège.

① **recouvrement** n.m. (de *recouvrer*). **1.** Action de percevoir une somme due : *Le recouvrement des impôts* (**SYN.** perception). **2.** Action de recouvrer, de rentrer en possession de ce qui était perdu : *Le recouvrement de la vue.*

② **recouvrement** n.m. (de *recouvrir*). Action de recouvrir : *Le recouvrement des terres par la rivière en crue.*

recouvrer v.t. (lat. *recuperare,* de *recipere,* recevoir) [conj. 3]. **1.** Recevoir le paiement de ce qui est dû : *Recouvrer une taxe* (**SYN.** percevoir). **2.** *Sout.* Rentrer en possession de ce que l'on avait perdu : *Grâce à cette opération, elle a recouvré la vue* (**SYN.** retrouver ; **CONTR.** perdre). ☞ **REM.** Ne pas confondre avec *recouvrir.*

recouvrir v.t. [conj. 34]. **1.** Pourvoir d'une couverture, d'un élément protecteur : *Recouvrir un livre de classe.* **2.** Couvrir de nouveau : *Recouvrir un fauteuil.* **3.** Couvrir entièrement : *Les feuilles mortes recouvrent la pelouse* (**SYN.** joncher). *Des affiches recouvraient le mur* (**SYN.** tapisser). **4.** Correspondre à ; se superposer, s'appliquer à : *Son étude recouvre le Siècle des lumières* (**SYN.** embrasser). **5.** Masquer sous de fausses apparences : *Sa bonne humeur permanente recouvre une grande nervosité* (**SYN.** cacher, dissimuler ; **CONTR.** montrer, révéler). ☞ **REM.** Ne pas confondre avec *recouvrer.*

recracher v.t. et v.i. [conj. 3]. Cracher ce que l'on a pris dans la bouche : *Se gargariser puis recracher le médicament.*

récré n.f. (abrév.). *Fam.* Récréation.

récréatif, ive adj. Qui divertit, récrée : *Trouver des lectures récréatives pour les enfants* (**SYN.** amusant, distrayant ; **CONTR.** ennuyeux, rébarbatif).

recréation n.f. Action de créer de nouveau ; ce qui est recréé : *La recréation d'un alliage ancien.* ☞ **REM.** Ne pas confondre avec *récréation.*

récréation n.f. **1.** Ce qui permet de se récréer : *La seule récréation que lui permet son alitement est la lecture* (**SYN.** délassement, détente). **2.** Dans un établissement scolaire, temps accordé aux élèves pour se détendre : *Ils jouent aux billes pendant la récréation* (abrév. fam. récré). ☞ **REM.** Ne pas confondre avec *recréation.*

recréer v.t. (de *créer*) [conj. 15]. **1.** Créer de nouveau : *Ces jeunes voudraient recréer le monde* (**SYN.** reconstruire, refaire). **2.** Restituer l'aspect de qqch qui a disparu : *Le patron de ce restaurant voudrait recréer l'atmosphère des guinguettes* (= la faire revivre). ☞ **REM.** Ne pas confondre avec *récréer.*

récréer v.t. (lat. *recreare*) [conj. 15]. *Litt.* Divertir par un amusement quelconque : *Faire des efforts pour récréer les enfants un jour de pluie* (**SYN.** amuser, distraire ; **CONTR.** ennuyer, lasser). ☞ **REM.** Ne pas confondre avec *recréer.* ◆ **se récréer** v.pr. Se délasser ; se divertir.

se **récrier** v.pr. (de *s'écrier*) [conj. 10]. **1. [contre, devant, sur].** Manifester avec véhémence son désaccord : *Les médias se sont récriés contre cette mesure liberticide* (**SYN.** s'élever contre, protester ; **CONTR.** approuver). **2.** *Litt.* Pousser une exclamation de surprise ou d'enthousiasme : *La petite fille s'est récriée d'admiration à la vue de son cadeau.*

récriminateur, trice adj. et n. Qui récrimine : *De jeunes romanciers récriminateurs* (**SYN.** critique ; **CONTR.** élogieux).

récrimination n.f. Action de récriminer ; reproche : *Vos récriminations ne sont pas justifiées* (**SYN.** protestation).

récriminer v.i. (lat. *recriminari,* de *crimen,* accusation) [conj. 3]. **[contre].** Trouver à redire ; critiquer avec virulence : *Les députés récriminent contre cette décision* (**SYN.** protester).

récrire v.t. → **réécrire.**

recroître v.i. [conj. 93]. Se remettre à croître, à grandir : *La plante a recrû.*

recroquevillé, e adj. **1.** Racorni, rétracté : *Des feuilles toutes recroquevillées.* **2.** Ramassé, replié sur soi : *Il dort tout recroquevillé* (**SYN.** pelotonné).

se **recroqueviller** v.pr. (de *croc* et *vrille*) [conj. 3]. **1.** Se rétracter, se tordre sous l'action de la sécheresse, du froid : *Les feuilles se sont recroquevillées sous l'effet du gel* (**SYN.** se racornir). **2.** Se ramasser, se replier sur soi : *Elle s'est recroquevillée sous les draps* (**SYN.** se pelotonner).

recru, e adj. (de l'anc. fr. *se recroire,* se rendre, s'avouer vaincu, du lat. *credere,* croire). ▸ *Litt.* ***Recru de fatigue,*** harassé, épuisé : *Après cette longue marche, elles étaient recrues de fatigue.*

recrû n.m. (de *recroître*). Ensemble des pousses qui se forment après l'exploitation d'une coupe de bois.

recrudescence n.f. (du lat. *recrudescere,* saigner davantage, de *crudus,* saignant). **1.** Reprise d'une maladie, d'une épidémie, après une rémission : *On constate une recrudescence du sida.* **2.** Brusque réapparition de qqch avec redoublement d'intensité : *Il y a une recrudescence du racisme depuis l'attentat* (**SYN.** regain).

recrudescent, e adj. Qui reprend de l'intensité : *Une épidémie recrudescente.*

recrue n.f. (de *croître*). **1.** Jeune militaire qui vient d'être incorporé. **2.** Nouveau membre d'une société, d'un groupe : *Ce garçon est une bonne recrue.* ▸ ***École de recrues,*** en Suisse, première partie du service militaire.

recrutement n.m. Action de recruter : *Le recrutement des membres d'une chorale.*

recruter v.t. (de *recrue*) [conj. 3]. **1.** Appeler des recrues ; lever des troupes (**SYN.** enrôler, mobiliser). **2.** Engager du personnel : *Cette grande surface recrute des caissiers* (**SYN.** embaucher ; **CONTR.** débaucher, licencier). **3.** Amener à faire partie d'une société, d'un parti : *Ils essaient de recruter des adhérents pour leur club sportif* (**SYN.** enrôler). ◆ **se recruter** v.pr. **1.** Être recruté, embauché : *Les nouveaux collaborateurs se recrutent sur titres.* **2.** Provenir d'un groupe, d'un milieu : *Les* *militants de ce parti se recrutent dans les quartiers populaires.*

recruteur, euse n. **1.** Personne qui recrute des adhérents, des clients, du personnel. **2.** (Employé en appos.). Qui recrute pour le compte d'un parti, d'un groupe : *Des agents recruteurs.*

recta adv. (mot lat. signif. « en droite ligne »). *Fam., vieilli* Ponctuellement : *Ils paient leurs cotisations recta.*

rectal, e, aux adj. Relatif au rectum : *Température rectale.*

rectangle n.m. (lat. *rectangulus,* de *rectus,* droit, et *angulus,* angle). Quadrilatère qui a quatre angles droits : *Calculer le périmètre d'un rectangle.* ◆ adj. Qui a au moins deux côtés perpendiculaires : *Trapèze rectangle* (= qui a deux angles droits consécutifs).

rectangulaire adj. Qui a la forme d'un rectangle : *Une nappe rectangulaire.*

recteur, trice n. (lat. *rector,* de *regere,* diriger). **1.** Haut fonctionnaire de l'Éducation nationale française, placé à la tête d'une académie. **2.** Au Québec, dirigeant d'une université. ◆ **recteur** n.m. **1.** Dans la religion catholique, prêtre desservant une église non paroissiale. **2.** Supérieur d'un collège de jésuites. **3.** En Bretagne, curé d'une petite paroisse.

rectifiable adj. Qui peut être rectifié : *Cette erreur est facilement rectifiable.*

rectificatif, ive adj. Qui rectifie, qui sert à rectifier : *Le présentateur a lu une note rectificative.* ◆ **rectificatif** n.m. Texte, document rectifiant une information précédemment annoncée : *Le journal a publié un rectificatif* (**SYN.** correctif).

rectification n.f. Action de rectifier ; texte, paroles qui rectifient : *La rectification du tracé d'une route. Je voudrais apporter une rectification à ce que vous venez de dire.*

rectifier v.t. (du lat. *rectus,* droit, et *facere,* faire) [conj. 9]. **1.** Modifier pour rendre adéquat : *La municipalité veut rectifier l'alignement de notre rue.* **2.** Rendre exact en corrigeant : *Il va falloir rectifier la liste, car il y a eu des désistements.*

rectiligne adj. (du lat. *rectus,* droit, et *linea,* ligne). **1.** Qui est ou qui se fait en ligne droite : *Cette rangée d'arbustes est parfaitement rectiligne* (**CONTR.** courbe). **2.** En géométrie, qui a la forme d'une droite ou d'une partie de droite.

rectilinéaire adj. ▸ ***Objectif rectilinéaire,*** en photographie, objectif qui ne déforme pas l'image.

rection n.f. Propriété qu'ont un verbe, une préposition, une conjonction d'entraîner la présence de telle ou telle forme grammaticale : *La rection d'un complément d'objet par le verbe transitif. La rection du subjonctif par « avant que ».*

rectitude n.f. (du lat. *rectus,* droit). **1.** Conformité à la raison, au devoir ; droiture, fermeté : *Une grande rectitude de pensée* (**SYN.** justesse, rigueur). **2.** *Litt.* Caractère de ce qui est rectiligne.

recto n.m. (de la loc. lat. *folio recto,* sur le feuillet qui est à l'endroit). Première page d'un feuillet (par opp. à verso) : *Le recto correspond à la page de droite d'un livre ouvert. Tous les rectos sont illustrés.*

rectoral, e, aux adj. Relatif au recteur d'une académie : *Une circulaire rectorale.*

rectorat n.m. **1.** Charge de recteur d'académie. **2.** Bureau de l'administration rectorale : *Le principal envoie une lettre au rectorat.*

recto verso loc. adv. Sur les deux côtés d'un feuillet : *Photocopier une pièce d'identité recto verso.*

rectrice n.f. Plume de la queue des oiseaux qui leur permet de diriger leur vol.

rectum [rɛktɔm] n.m. (du lat. *rectum intestinum,* intestin droit). Dernière partie du tube digestif, entre le côlon et l'anus.

① **reçu, e** n. (p. passé de *recevoir*). Personne admise à un examen, à un concours : *Consulter la liste des reçus* (**CONTR.** refusé).

② **reçu** n.m. Écrit dans lequel on reconnaît avoir reçu qqch : *Le banquier lui a délivré un reçu* (**SYN.** récépissé).

recueil [rəkœj] n.m. (de *recueillir*). Ouvrage où sont réunis des écrits, des documents : *Un recueil de poésies* (**SYN.** anthologie, florilège).

recueillement n.m. Fait de se recueillir : *Je ne voudrais pas perturber son recueillement* (**SYN.** méditation). *Ses élèves l'écoutent avec recueillement* (**SYN.** ferveur, vénération).

recueilli, e adj. Qui est plongé dans le recueillement : *La foule recueillie au passage du cortège.*

recueillir [rəkœjir] v.t. [conj. 41]. **1.** Réunir en cueillant, en collectant, en ramassant : *Les abeilles recueillent le pollen sur les fleurs. Cette association se charge de recueillir les dons pour les sinistrés* (**SYN.** rassembler). **2.** Prendre, retenir, ramasser pour garder, conserver : *L'apiculteur recueille le miel* (**SYN.** récolter). *Cette citerne recueille les eaux de pluie* (**SYN.** recevoir). *J'ai recueilli de précieuses informations* (**SYN.** glaner, grappiller). **3.** Obtenir : *Ce candidat a recueilli plus de voix que les sondages ne l'avaient prédit* (**SYN.** gagner, remporter ; **CONTR.** perdre). **4.** Retirer un avantage, un profit : *Elle a enfin recueilli le fruit de ses efforts.* **5.** Dans le langage juridique, recevoir par héritage : *Il a recueilli la fortune de son père.* **6.** Accueillir chez soi ; donner l'hospitalité à : *Ils ont recueilli un exilé politique. Elle a recueilli plusieurs chats errants.* ◆ **se recueillir** v.pr. **1.** Se concentrer sur ses pensées ; réfléchir : *Elle s'est recueillie un instant avant de prendre la parole* (**SYN.** méditer, songer). **2.** Se plonger dans une méditation religieuse : *Il se recueille sur la tombe de sa femme.*

recuire v.t. [conj. 98]. Soumettre à une seconde cuisson : *Recuire des confitures.* ◆ v.i. Subir une nouvelle cuisson : *Les poteries recuisent.*

recuit n.m. Chauffage d'un produit métallurgique, d'un verre, pour améliorer ses qualités.

recul [rəkyl] n.m. **1.** Action de reculer ; mouvement en arrière : *Le recul d'une armée* (**SYN.** repli, retraite). *Ils ont eu un mouvement de recul en le voyant.* **2.** Espace libre pour reculer : *Les visiteurs n'ont pas assez de recul pour admirer le tableau.* **3.** Éloignement dans l'espace et le temps pour juger d'un événement : *Avec le recul, je me rends compte que je n'aurais pas dû agir ainsi.* **4.** Évolution dans le sens contraire à celui du progrès : *La pollution entraîne un recul de la biodiversité* (**SYN.** régression ; **CONTR.** amélioration). **5.** Mouvement vers l'arrière d'une arme à feu, au départ du coup.

reculade n.f. Action de reculer, de céder : *Le journaliste déplore la reculade du gouvernement* (**SYN.** dérobade).

reculé, e adj. **1.** Qui est isolé, à l'écart : *Ils habitent dans un village reculé* (**SYN.** perdu, retiré). **2.** Éloigné dans le temps : *Cela se pratiquait dans les temps les plus reculés* (**SYN.** ancien, lointain ; **CONTR.** proche).

reculée n.f. Longue vallée profonde aux parois verticales, et se terminant au pied d'un escarpement en cul-de-sac, dit *bout du monde.*

reculer v.t. (de *cul*) [conj. 3]. **1.** Déplacer vers l'arrière : *Votre voiture gêne le passage, il faudrait la reculer* (**CONTR.** avancer). **2.** Reporter plus loin, à une certaine distance : *Reculer les limites d'un champ* (**SYN.** repousser). **3.** Reporter à un moment ultérieur : *Pourrions-nous reculer la date de notre rendez-vous ?* (**SYN.** ajourner, différer, retarder). ◆ v.i. **1.** Aller en arrière : *Reculez, vous êtes trop près du téléviseur* (**SYN.** s'éloigner ; **CONTR.** s'approcher, s'avancer). **2.** Perdre du terrain ; rétrograder : *Le Premier ministre recule dans les sondages* (**SYN.** régresser ; **CONTR.** avancer, progresser). *L'euro recule par rapport au dollar* (**SYN.** baisser ; **CONTR.** se maintenir). **3.** Céder devant une difficulté ; renoncer : *Il recule facilement devant le danger* (**SYN.** se dérober ; **CONTR.** résister, tenir). ▸ ***Reculer pour mieux sauter,*** retarder inutilement une décision que l'on doit prendre. ◆ **se reculer** v.pr. Se porter en arrière : *Elle se recula pour les laisser passer.*

à **reculons** loc. adv. **1.** En reculant : *S'éloigner à reculons.* **2.** *Fig.* Sans en avoir envie.

reculotter v.t. [conj. 3]. Remettre sa culotte, son pantalon à : *Reculotter un petit enfant.* ◆ **se reculotter** v.pr. Remettre sa culotte, son pantalon.

récup n.f. (abrév.). *Fam.* Récupération d'objets, génér. en vue de les réutiliser ou de les recycler.

récupérable adj. Qui peut être récupéré : *Le véhicule accidenté est récupérable* (**CONTR.** irrécupérable). *Des heures récupérables.*

récupérateur, trice adj. **1.** Qui permet de récupérer, de reprendre des forces : *Une sieste récupératrice* (**SYN.** réparateur). **2.** Qui relève de la récupération politique : *Des manœuvres récupératrices.* ◆ adj. et n. Qui récupère des matériaux usagés : *Un récupérateur de vieux métaux.* ◆ **récupérateur** n.m. Appareil destiné à la récupération de la chaleur ou de l'énergie.

récupération n.f. **1.** Action de récupérer : *La récupération des emballages en plastique.* **2.** Fait de reprendre à son profit une action collective : *La récupération d'une manifestation par un parti.*

récupérer v.t. (lat. *recuperare,* de *recipere,* recevoir) [conj. 18]. **1.** Rentrer en possession de qqch qui avait été perdu ou confié pour un temps : *Avez-vous récupéré votre argent ?* (**SYN.** recouvrer ; **CONTR.** perdre). **2.** Recueillir pour utiliser ce qui, autrement, serait perdu : *Il récupère tous les morceaux de céramique pour faire des mosaïques.* **3.** Reprendre des idées, un mouvement social, en les détournant de leur but premier : *L'opposition a essayé de récupérer cette grève.* **4.** Fournir un temps de travail compensant celui qui a été perdu ; prendre un congé compensant un temps de travail supplémentaire : *Je prends mon après-midi, mais je récupérerai ces heures.* ◆ v.i. Reprendre ses forces après un effort, après une maladie : *Elle a eu du mal à récupérer après cette grippe* (**SYN.** se rétablir).

récurage n.m. Action de récurer : *Le récurage d'un évier.*

récurer v.t. (du lat. *curare,* prendre soin, de *cura,* soin) [conj. 3]. Nettoyer en frottant : *Récurer un plat à gratin.*

récurrence n.f. Caractère de ce qui est récurrent : *La récurrence d'une phrase dans les discours d'un politicien.* (**SYN.** réapparition, retour).

récurrent, e adj. (lat. *recurrens, recurrentis,* de *recurrere,* courir en arrière). Qui revient, réapparaît, se produit à nouveau : *Un personnage récurrent dans une série télévisée. Un rêve récurrent.* ◆ adj. et n. Se dit d'un personnage de fiction qui réapparaît d'œuvre en œuvre : *Le héros récurrent d'une série policière.*

récursif, ive adj. (angl. *recursive,* du lat. *recurrere,* courir, revenir en arrière). *Didact.* Qui peut être répété de façon indéfinie : *Une procédure informatique récursive.*

récursivité n.f. *Didact.* Propriété de ce qui est récursif.

récusable adj. Qui peut être récusé : *Un témoignage récusable* (**SYN.** contestable ; **CONTR.** inattaquable). *Un juge récusable* (**CONTR.** irrécusable).

récusation n.f. Action de récuser un juge, un juré, un arbitre, un expert.

récuser v.t. (lat. *recusare,* refuser, de *causa,* cause) [conj. 3]. **1.** Ne pas admettre l'autorité de qqn, la valeur de qqch dans une décision : *Récuser un auteur, un témoignage* (**SYN.** contester ; **CONTR.** approuver). **2.** Dans le langage juridique, refuser d'accepter pour juge, pour expert ou pour témoin : *Récuser un arbitre, un juré.* ◆ **se récuser** v.pr. **1.** Se déclarer incompétent pour juger une cause : *Il a préféré se récuser dans cette affaire.* **2.** Refuser une charge, une mission, un poste : *L'avocate s'est récusée.*

recyclable adj. Que l'on peut recycler : *Un emballage recyclable.*

recyclage n.m. **1.** Formation complémentaire donnée à un professionnel : *Le recyclage d'un ingénieur.* **2.** Action de récupérer et de traiter des déchets industriels ou ménagers : *Le recyclage du papier.*

recycler v.t. [conj. 3]. Soumettre à un recyclage : *Recycler des cadres en informatique. Recycler du verre.* ◆ **se recycler** v.pr. Acquérir une formation nouvelle par recyclage : *Elle s'est recyclée dans l'agrochimie* (**SYN.** se reconvertir).

rédacteur, trice n. (du lat. *redactus,* p. passé de *redigere,* réduire à). Personne qui rédige un texte, un livre : *La rédactrice de cet article s'est bien documentée. Le rédacteur en chef d'un journal.*

rédaction n.f. **1.** Action de rédiger un texte : *La rédaction d'un dictionnaire. La rédaction de ce rapport lui pose un problème.* **2.** Exercice scolaire destiné à apprendre aux élèves à rédiger : *Un sujet de rédaction* (**SYN.** narration). **3.** Ensemble des rédacteurs d'un journal, d'une maison d'édition ; locaux où ils travaillent : *Le directeur du journal a envoyé un message à la rédaction.*

rédactionnel, elle adj. Relatif à la rédaction : *L'équipe rédactionnelle d'une revue.*

redan ou **redent** n.m. Dans l'architecture médiévale,

découpure en forme de dent dont la répétition constitue un ornement.

reddition n.f. (lat. *redditio*, de *reddere*, rendre). Action de se rendre, de s'avouer vaincu : *La reddition de l'ennemi* (**SYN.** capitulation ; **CONTR.** résistance).

redécouvrir v.t. [conj. 34]. Découvrir de nouveau : *On a redécouvert ce musicien un peu oublié.*

redéfaire v.t. [conj. 109]. Défaire de nouveau : *Ils ont redéfait le lit* (= l'ont remis en désordre).

redéfinir v.t. [conj. 32]. Définir de nouveau ou autrement : *Redéfinir le rôle des syndicats.*

redéfinition n.f. Action de redéfinir ; nouvelle définition : *La redéfinition d'une politique.*

redemander v.t. [conj. 3]. **1.** Demander de nouveau, davantage : *Redemande du pain au serveur* (**SYN.** réclamer). **2.** Demander à qqn ce qu'on lui a prêté : *Je vais devoir lui redemander mes clefs* (**SYN.** exiger).

redémarrage n.m. Action de redémarrer : *Le redémarrage d'un ordinateur* (**CONTR.** arrêt). *Le redémarrage des ventes de voitures* (**SYN.** reprise).

redémarrer v.i. [conj. 3]. Démarrer de nouveau : *La rame s'est arrêtée brusquement puis elle a redémarré* (**SYN.** repartir). *Les échanges redémarrent entre les deux pays* (**SYN.** reprendre).

rédempteur, trice adj. et n. *Litt.* Qui rachète, réhabilite : *Une action rédemptrice.* ◆ **rédempteur** n.m. ▸ ***Le Rédempteur,*** Jésus-Christ, qui a racheté les péchés du genre humain (**SYN.** le Sauveur).

rédemption n.f. (du lat. *redemptio*, rachat, de *redimere*, racheter). *Litt.* Action de ramener qqn au bien, de se racheter : *La rédemption d'un criminel* (**SYN.** rachat). ▸ ***La Rédemption,*** le salut apporté par Jésus-Christ à l'humanité pécheresse.

redent n.m. → **redan.**

redéploiement n.m. **1.** Réorganisation d'une activité économique, notamm. par l'accroissement des échanges avec l'extérieur. **2.** Réorganisation d'un dispositif militaire.

redéployer v.t. [conj. 13]. Procéder au redéploiement de : *L'O.N.U. redéploie les Casques bleus.*

redescendre v.i. [conj. 73]. Descendre de nouveau ; descendre après s'être élevé : *Les températures redescendent* (**CONTR.** remonter). *L'ascenseur est vite redescendu.* ◆ v.t. Porter de nouveau en bas : *Je redescends la malle à la cave.*

redevable adj. **1.** Qui doit encore qqch après un paiement : *Nous lui sommes redevables de mille euros.* **2.** Qui a une obligation envers qqn : *Vous lui êtes redevable de votre promotion* (= vous l'avez obtenue grâce à lui). ◆ n. Personne tenue de verser une redevance ou soumise à un impôt.

redevance n.f. **1.** Taxe qui doit être acquittée à termes fixes : *Ils n'ont pas payé la redevance de la télévision.* **2.** Somme due au détenteur d'un brevet, au propriétaire d'un sol où sont assurées certaines exploitations, etc.

redevenir v.i. [conj. 40]. Recommencer à être ce que l'on était auparavant : *Ils veulent redevenir jeunes.*

redevoir v.t. [conj. 53]. Devoir encore de l'argent après un paiement : *Voici cinquante euros, je vous en redois vingt.*

rédhibitoire adj. (du lat. *redhibere*, reprendre une chose vendue). Qui constitue un obstacle radical : *Les tarifs proposés sont rédhibitoires* (**SYN.** inabordable). ▸ ***Vice rédhibitoire,*** défaut qui peut motiver l'annulation d'une vente.

rediffuser v.t. [conj. 3]. Diffuser une nouvelle fois : *Chaque année, la chaîne rediffuse ce film à Noël.*

rediffusion n.f. **1.** Action, fait de rediffuser : *La rediffusion d'une émission plusieurs fois dans la semaine* (= multidiffusion). **2.** Émission rediffusée : *Il y a beaucoup de rediffusions pendant les vacances.*

rédiger v.t. (du lat. *redigere*, réduire à) [conj. 17]. Exprimer par écrit, dans l'ordre voulu et selon une forme donnée : *Rédiger un contrat* (**SYN.** libeller). *Rédiger une lettre de motivation* (**SYN.** écrire).

redimensionner v.t. [conj. 3]. En Suisse, restructurer une industrie, une entreprise.

rédimer v.t. (du lat. *redimere*, racheter) [conj. 3]. Dans la religion, racheter, sauver : *Rédimer un pécheur.*

redingote n.f. (de l'angl. *riding-coat*, vêtement pour aller à cheval). **1.** Manteau de femme ajusté à la taille. **2.** *Anc.* Ample veste d'homme croisée, à longues basques.

redire v.t. [conj. 102]. **1.** Répéter ce que l'on a déjà dit : *Il a redit qu'il n'était pas d'accord* (**SYN.** revenir sur). **2.** Répéter, rapporter par indiscrétion : *Ne lui redites pas ce que je vous ai confié* (**SYN.** raconter, révéler). ▸ ***Avoir*** ou ***trouver à redire à,*** critiquer : *Ils n'ont rien à redire à cette mesure. Elle trouve toujours à redire à tout* (= à dénigrer).

rediscuter v.t. [conj. 3]. Discuter de nouveau : *Je n'ai pas envie de rediscuter de cela* (**SYN.** reparler).

redistribuer v.t. [conj. 7]. **1.** Distribuer de nouveau : *Il faut redistribuer les cartes.* **2.** Distribuer selon des principes nouveaux, plus équitables : *Le nouveau maire propose de redistribuer les subventions* (**SYN.** repartager).

redistributif, ive adj. Qui vise à une meilleure répartition des revenus : *Fiscalité redistributive.*

redistribution n.f. Action de redistribuer : *La redistribution des richesses.*

redite n.f. Action de redire ; répétition : *Il y a des redites dans son discours* (**SYN.** redondance).

redondance n.f. Abondance excessive de termes dans un discours ; répétition de qqch qui a déjà été dit : *Cet auteur sait éviter la redondance* (**SYN.** verbiage ; **CONTR.** concision, laconisme). *Un article plein de redondances* (**SYN.** redite).

redondant, e adj. (du lat. *redundans, redundantis*, superflu, de *unda*, onde, flot). **1.** Qui est superflu dans un texte ; pléonastique : *Cette phrase est redondante.* **2.** Qui présente des redondances : *Un texte redondant* (**SYN.** prolixe, verbeux ; **CONTR.** concis, laconique).

redonner v.t. [conj. 3]. **1.** Donner de nouveau la même chose : *Peux-tu me redonner un verre d'eau ?* **2.** Rendre ce qui avait été perdu ou retiré : *Cette barre de céréales m'a redonné des forces. Ces paroles lui ont redonné espoir.*

redorer v.t. [conj. 3]. Dorer de nouveau : *Redorer le cadre d'un tableau.* ▸ ***Redorer son blason,*** recouvrer son prestige : *Cet athlète compte sur les jeux Olympiques pour redorer son blason.*

redoublant, e n. Élève qui redouble sa classe.

redoublé, e adj. Qui est répété plusieurs fois : *Leurs efforts redoublés les ont conduits au succès.* ▸ ***À coups redoublés,*** violents et précipités : *Le forgeron frappe sur l'enclume à coups redoublés.*

redoublement n.m. **1.** Fait de redoubler, de croître en force, en intensité : *Le redoublement de la grêle. Un redoublement de fureur* (**SYN.** recrudescence). **2.** Fait de redoubler une classe.

redoubler v.t. [conj. 3]. **1.** Rendre double : *Dans « raplapla », on redouble la syllabe « pla »* (**SYN.** répéter). **2.** Augmenter la force, l'intensité de : *Vous devez redoubler vos efforts si vous voulez finir ce soir* (**SYN.** intensifier, multiplier ; **CONTR.** diminuer). **3.** Recommencer une année d'études : *Il a redoublé la sixième.* ◆ v.t. ind. **[de].** Faire preuve d'encore plus de : *Depuis les attentats, les forces de l'ordre redoublent d'attention.* ◆ v.i. Augmenter en intensité : *Les bombardements ont redoublé. Ses sanglots redoublaient.*

redoutable adj. Qui est à redouter, à craindre : *La maladie dont elle souffre est redoutable* (**SYN.** grave, sérieux ; **CONTR.** anodin, bénin).

redoutablement adv. De façon redoutable ; terriblement : *Un virus informatique redoutablement efficace.*

redoute n.f. (de l'it. *ridotto,* réduit). *Anc.* Petit ouvrage de fortification isolé, de forme carrée.

redouter v.t. [conj. 3]. Craindre vivement : *Il redoute la réaction de ses parents* (**SYN.** appréhender). *Les médecins redoutent que sa tumeur soit* ou *ne soit cancéreuse.*

redoux n.m. Radoucissement de la température au cours de la saison froide.

à la **redresse** loc. adj. *Arg.* Se dit de qqn qui sait se faire respecter, au besoin par la force : *Il joue toujours des rôles de caïds à la redresse.*

redressement n.m. **1.** Action de redresser ; fait de se redresser : *Le redressement d'un poteau. Le redressement d'une entreprise après une crise financière* (**SYN.** redémarrage, relèvement). **2.** En électricité, transformation d'un courant alternatif en un courant circulant toujours dans le même sens. **3.** Dans le langage juridique, correction conduisant à une majoration des sommes dues au titre de l'impôt : *Un redressement fiscal.*

redresser v.t. [conj. 4]. **1.** Remettre à la verticale : *Redresser un panneau en bois* (**SYN.** relever ; **CONTR.** baisser). *Redressez la tête !* (**SYN.** lever). **2.** Remettre droit ce qui est déformé, courbé, tordu : *Redresser un piquet de tente* (**SYN.** dégauchir, détordre). **3.** Rétablir dans son état primitif ; remettre en ordre : *Le gouvernement veut redresser la situation économique.* **4.** En électricité, effectuer le redressement d'un courant alternatif. ◆ v.i. **1.** Remettre en ligne droite les roues d'un véhicule automobile après un virage ou lors d'une manœuvre : *Redresse pour que ta roue ne touche pas le trottoir* (**CONTR.** braquer). **2.** Faire reprendre de la hauteur à un avion après une perte de vitesse. ◆ **se redresser** v.pr. **1.** Se remettre droit ou vertical : *La fleur s'est redressée. La danseuse se redressa.* **2.** Reprendre sa progression après un fléchissement : *Le pays s'est bien redressé après cette crise économique* (**SYN.** redémarrer, se relever).

① **redresseur** n.m. ▸ ***Redresseur de torts,*** personne qui prétend corriger les abus, faire régner la justice : *Ce candidat veut jouer les redresseurs de tort* (= justicier).

② **redresseur, euse** adj. Qui sert à redresser un courant électrique alternatif. ◆ **redresseur** n.m. Convertisseur d'énergie qui transforme un courant électrique alternatif en un courant de sens constant.

réducteur, trice adj. Qui réduit, qui diminue la valeur, l'importance de : *Votre critique de ce roman est un peu trop réductrice* (**SYN.** schématique, simpliste).

réductible adj. Qui peut être réduit, diminué : *Les dépenses de santé sont-elles réductibles ?*

réduction n.f. **1.** Action de réduire, de diminuer la valeur, le nombre, l'importance de : *La réduction des dépenses* (**SYN.** compression). **2.** Diminution de prix : *Grâce à ma carte de fidélité, j'ai eu droit à une réduction supplémentaire sur cet article* (**SYN.** rabais, remise, ristourne). **3.** Action de reproduire à une échelle plus petite ; copie ainsi exécutée : *La réduction d'une photo* (**CONTR.** agrandissement). *Elle possède une réduction du T.G.V. Atlantique* (**SYN.** maquette, miniature). **4.** En médecine, action de remettre en place un os luxé ou fracturé. ▸ ***En réduction,*** en plus petit ; en miniature. ***Réduction du temps de travail*** ou ***R.T.T.,*** abaissement de la durée légale du temps de travail à 35 heures, en France.

réduire v.t. (du lat. *reducere,* ramener à, de *ducere,* conduire) [conj. 98]. **1.** Ramener à une dimension, à une quantité moindres ; diminuer la valeur de : *Réduire le format d'un quotidien. Réduire un exposé* (**SYN.** abréger, raccourcir ; **CONTR.** rallonger). *Pendant la sécheresse, chacun a dû réduire sa consommation d'eau* (**SYN.** rationner). *Aujourd'hui, ce commerçant réduit tous ses prix de 10 %* (**SYN.** baisser, minorer ; **CONTR.** augmenter, majorer). **2.** Reproduire en plus petit, avec les mêmes proportions : *Le titre prend trop de place, il faudrait le réduire* (**SYN.** rapetisser ; **CONTR.** agrandir). **3.** Ramener à une forme équivalente plus simple : *Le professeur réduit cette question à l'essentiel.* **4.** Transformer, mettre sous une autre forme : *Réduire de la muscade en poudre* (= râper). **5. [à].** Amener à une situation pénible par force, par nécessité ; contraindre, obliger : *Sa situation financière l'a réduit à emprunter beaucoup d'argent* (**SYN.** acculer). **6.** Amener à se soumettre ; vaincre : *L'armée a réduit l'opposition* (**SYN.** mater, terrasser). **7.** Rendre plus concentré par évaporation sur le feu : *Réduisez la sauce à feu doux* (**SYN.** épaissir). **8.** En médecine, remettre en place un os fracturé, luxé : *Le chirurgien a réduit ma fracture.* **9.** En Suisse, ranger qqch, le remettre à sa place. ▸ ***Réduire en cendres*** ou ***en miettes,*** mettre en pièces ; détruire : *Ce bâtiment a été réduit en miettes pendant le séisme.* ◆ v.i. Diminuer en quantité, par évaporation, et devenir plus concentré : *Le bouillon a réduit.* ◆ **se réduire** v.pr. **1. [en].** Se transformer en : *La neige s'est réduite en eau.* **2. [à].** Consister essentiellement en ; se ramener à : *Avec lui, tout se réduit à des questions d'argent* (**SYN.** se limiter à).

① **réduit, e** adj. Qui a subi une réduction : *Il y a un tarif réduit pour les personnes de moins de 18 ans. Ils sont passionnés de modèles réduits.*

② **réduit** n.m. (du lat. *reductus,* qui est à l'écart).

Petite pièce retirée ; recoin : *Il range l'aspirateur dans le réduit* (**SYN.** cagibi, débarras).

réduplication n.f. En linguistique, répétition d'un mot dans une même phrase : *Dans « ce spectacle est très très bien », il y a une réduplication de « très ».*

rééchelonnement n.m. Allongement de la durée de remboursement d'une dette.

rééchelonner v.t. [conj. 3]. Procéder à un rééchelonnement : *Rééchelonner la dette d'un pays en développement.*

réécouter v.t. [conj. 3]. Écouter de nouveau : *J'aimerais réécouter cette chanson.*

réécrire ou **récrire** v.t. [conj. 99]. **1.** Écrire de nouveau : *Elle n'a peut-être pas reçu mon message, je vais lui réécrire. Elle a réécrit plusieurs chapitres de son roman.* **2.** Assurer la réécriture d'un texte : *Réécrire les discours d'un homme politique.*

réécriture n.f. Remaniement d'un texte pour l'améliorer : *La réécriture d'une définition de dictionnaire.*

rééditer v.t. [conj. 3]. **1.** Faire une nouvelle édition de ; réimprimer : *Rééditer un livre épuisé.* **2.** Accomplir de nouveau : *Il a réédité son exploit des derniers jeux Olympiques* (**SYN.** réitérer, renouveler).

réédition n.f. **1.** Nouvelle édition ; réimpression : *La réédition du premier roman d'un auteur célèbre.* **2.** Répétition du même fait, du même comportement : *La réédition d'actes de violence aux abords d'un stade.*

rééducation n.f. **1.** Action de rééduquer un membre, une fonction : *La rééducation des jambes après une opération. L'orthophoniste s'occupe de la rééducation du langage.* **2.** Ensemble des mesures d'assistance ou d'éducation ordonnées par le juge à l'égard de l'enfance délinquante ou des mineurs en danger.

rééduquer v.t. [conj. 3]. **1.** Soumettre qqn à un traitement afin de rétablir chez lui l'usage d'un membre, d'une fonction : *Rééduquer un blessé.* **2.** Corriger, amender par une éducation nouvelle ; réadapter socialement : *Rééduquer un délinquant.*

réel, elle adj. (lat. *realis*, de *res*, chose). **1.** Qui existe ou a existé véritablement : *Dans la vie réelle, rien ne se passe ainsi* (**SYN.** concret ; **CONTR.** apparent, illusoire, irréel). *Le héros du téléfilm est un personnage réel* (**SYN.** historique ; **CONTR.** fictif, imaginaire). **2.** Qui est conforme à ce qu'il doit être ou prétend être : *Sa compassion est réelle* (**SYN.** authentique, sincère, véritable ; **CONTR.** simulé). *C'est un réel plaisir de vous voir* (**SYN.** vrai). ◆ **réel** n.m. Ce qui existe effectivement : *Dans cet endroit, on n'a pas l'impression d'être dans le réel* (**SYN.** réalité ; **CONTR.** imaginaire).

réélection n.f. Action de réélire ; fait d'être réélu.

rééligible adj. Qui peut être réélu.

réélire v.t. [conj. 106]. Élire de nouveau : *Les membres du conseil d'administration ont réélu le président sortant.*

réellement adv. Effectivement ; véritablement : *Est-ce que cela s'est réellement passé ainsi ?* (**SYN.** vraiment). *Cette méthode est réellement la plus efficace.*

réembaucher ou **rembaucher** v.t. [conj. 3]. Embaucher de nouveau : *Elle a souhaité réembaucher cet intérimaire* (**SYN.** rengager).

réémetteur n.m. Émetteur de radio ou de télévision servant à retransmettre les signaux provenant d'un émetteur principal (**SYN.** relais).

réemploi ou **remploi** n.m. Mise en œuvre, dans une construction, d'éléments, de matériaux provenant d'une construction antérieure : *Le réemploi de poutres anciennes.*

réemployer ou **remployer** v.t. [conj. 13]. Employer de nouveau : *Réemployer un étudiant pendant les vacances* (**SYN.** rengager).

réemprunter v.t. → **remprunter.**

réengagement n.m. → **rengagement.**

réengager v.t. → **rengager.**

réenregistrable adj. Que l'on peut réenregistrer : *Un cédérom réenregistrable.*

réenregistrement n.m. Action de réenregistrer.

réenregistrer v.t. [conj. 3]. Enregistrer de nouveau : *Réenregistrer un film.*

rééquilibrage n.m. Action de rééquilibrer : *Le rééquilibrage du budget.*

rééquilibrer v.t. [conj. 3]. Rétablir l'équilibre de : *Rééquilibrer les dépenses.*

réer v.i. [conj. 15]→ **raire.**

réessayage ou **ressayage** n.m. Action de réessayer : *Le réessayage d'un pantalon.*

réessayer ou **ressayer** v.t. [conj. 11]. Essayer de nouveau : *Elle réessaie sa robe. J'ai réessayé de l'appeler.*

réétudier v.t. [conj. 9]. Étudier de nouveau ; reconsidérer : *Le conseil municipal réétudie le projet de construction d'une patinoire* (**SYN.** réexaminer).

réévaluation n.f. **1.** Action de réévaluer, de faire une nouvelle évaluation : *La réévaluation d'un tableau.* **2.** Augmentation de la valeur d'une monnaie par rapport aux devises étrangères (**CONTR.** dépréciation, dévaluation).

réévaluer v.t. [conj. 7]. **1.** Évaluer de nouveau : *Vous devriez faire réévaluer votre appartement.* **2.** Effectuer la réévaluation d'une monnaie (**CONTR.** déprécier, dévaluer).

réexamen n.m. Nouvel examen : *Le réexamen d'un dossier.*

réexaminer v.t. [conj. 3]. Examiner de nouveau : *Ils souhaitent que l'expert réexamine leur problème* (**SYN.** reconsidérer, réétudier).

réexpédier v.t. [conj. 9]. Expédier de nouveau ; renvoyer : *La concierge m'a réexpédié mon courrier* (= faire suivre).

réexpédition n.f. Nouvelle expédition : *La réexpédition d'une lettre.*

réexportation n.f. Action de réexporter ; fait de réexporter (**CONTR.** réimportation).

réexporter v.t. [conj. 3]. Exporter d'un pays des marchandises qui y avaient été importées (**CONTR.** réimporter).

refaçonner v.t. [conj. 3]. Façonner de nouveau : *L'ébéniste refaçonne les pieds de la table.*

refaire v.t. [conj. 109]. **1.** Faire de nouveau ce qui a déjà été fait : *Ton plan est illisible, tu devrais le refaire* (**SYN.** recommencer). **2.** Remettre en état ce qui a subi un dommage : *Refaire une clôture* (**SYN.** réparer). *Ils ont* *dû tout refaire avant de pouvoir emménager* (**SYN.** restaurer). **3.** Rendre qqn différent ; modifier qqch : *Il faut la prendre comme elle est, on ne la refera pas ! Ces adolescents veulent refaire le monde* (**SYN.** reconstruire). **4.** *Fam.* Abuser de la confiance de qqn ; tromper : *Cet escroc a essayé de nous refaire* (**SYN.** berner, mystifier). ◆ **se refaire** v.pr. **1.** (Suivi d'un n.). Rétablir un état antérieur : *Ils sont à la montagne pour se refaire une santé.* **2.** *Fam.* Rétablir sa situation financière, partic. après des pertes au jeu : *Ce joueur de poker n'arrive pas à se refaire.*

réfection n.f. (lat. *refectio*, de *reficere*, refaire). Action de refaire, de remettre à neuf : *La réfection des locaux devrait prendre du temps.*

réfectoire n.m. (du lat. *refectorius*, réconfortant, de *reficere*, refaire). Salle où les membres d'une collectivité prennent leurs repas : *Le réfectoire d'un lycée* (**SYN.** cantine).

refend n.m. ▸ ***Bois de refend,*** bois scié en long. ***Mur de refend,*** mur porteur intérieur.

refendre v.t. [conj. 73]. Fendre ou scier du bois en long : *Il a refendu un madrier.*

référé n.m. Procédure d'urgence qui permet d'obtenir du juge une mesure provisoire : *Elle a été condamnée en référé. Il a assigné son assureur en référé.*

référence n.f. **1. [à].** Action de se référer, de se rapporter à qqch : *Dans cette chanson, l'auteur fait référence à ses jeunes années.* **2.** Ce à quoi on se réfère ; texte auquel on renvoie : *N'oubliez pas de fournir les références de vos citations.* **3.** Base d'une comparaison, personne ou chose à partir de laquelle on définit, estime, calcule qqch : *On prendra les résultats des dernières élections comme référence.* **4.** Indication précise permettant d'identifier un produit commercial ; ce produit lui-même : *N'oubliez pas d'indiquer sur le bon de commande la référence de l'article que vous souhaitez échanger. Notre magasin présente de nouvelles références chaque mois* (**SYN.** article). **5.** Indication placée en tête d'une lettre administrative ou commerciale et qui doit être rappelée dans la réponse. ▸ ***Ouvrage de référence,*** ouvrage qui est destiné à la consultation et non à la lecture : *Les dictionnaires sont des ouvrages de référence.* ◆ **références** n.f. pl. Attestations servant de recommandation : *Ce candidat a de bonnes références.*

référencement n.m. Recensement des points de vente dans lesquels un produit est présent.

référencer v.t. [conj. 16]. Donner une référence à qqch : *Il faut référencer toutes les citations.*

référendaire [referɑ̃dɛr] adj. Relatif à un référendum.

référendum [referɛ̃dɔm] n.m. (du lat. *referendum*, pour rapporter). **1.** Vote par lequel les citoyens d'un pays approuvent ou rejettent une mesure proposée par les pouvoirs publics : *Soumettre un projet de loi au référendum.* **2.** Consultation des membres d'une collectivité : *Le syndic a organisé plusieurs référendums auprès des copropriétaires.* **3.** En Suisse, institution de droit public en vertu de laquelle les citoyens se prononcent sur une loi ou un arrêté. ☞ **REM.** Dans ce sens, on écrit *referendum.*

référent n.m. Être, objet auquel renvoie un signe linguistique : *« Minotaure » a pour référent un être mythologique. « Marteau » a pour référent un outil* (= désigne).

référentiel, elle adj. Qui concerne le référent : *La fonction référentielle du langage.* ◆ **référentiel** n.m. Ensemble d'éléments formant un système de référence.

référer v.t. ind. (du lat. *referre*, rapporter, de *ferre*, porter) [conj. 18]. **[à]. 1.** Faire référence à ; se rapporter à : *Cet article réfère à un événement déjà ancien.* **2.** En linguistique, avoir pour référent : *Ce nom propre réfère à une femme.* ▸ ***En référer à,*** s'en remettre à ; en appeler à : *J'en référerai à mon supérieur hiérarchique.* ◆ **se référer** v.pr. **[à].** Se rapporter à qqch, à qqn : *Elle s'est référée au discours du Premier ministre pour répondre* (**SYN.** se prévaloir de). *Je m'en réfère à l'expert* (**SYN.** s'en remettre à).

refermer v.t. [conj. 3]. Fermer de nouveau : *Referme bien le couvercle* (**CONTR.** rouvrir).

refiler v.t. [conj. 3]. *Fam.* **1.** Donner, vendre, écouler qqch dont on veut se débarrasser : *J'ai refilé toute ma vieille vaisselle à la brocante.* **2.** Transmettre : *Tu m'as refilé ton rhume.*

réfléchi, e adj. **1.** Qui est dit, fait avec réflexion : *Il a fait une réponse réfléchie* (**SYN.** mesuré, raisonné ; **CONTR.** irraisonné, irréfléchi). **2.** Qui agit avec réflexion : *Cette jeune fille est réfléchie pour son âge* (**SYN.** pondéré, posé ; **CONTR.** écervelé, impulsif). ▸ ***Pronom réfléchi,*** pronom personnel complément représentant la même personne que le sujet du verbe : *Dans « je me suis dit que je pouvais y aller seule », « me » est un pronom réfléchi.* ***Verbe pronominal réfléchi,*** verbe qui indique que le sujet exerce l'action sur lui-même : *Dans « l'enfant s'habille », le verbe « s'habiller » est un verbe pronominal réfléchi.*

réfléchir v.t. (du lat. *reflectere*, faire tourner) [conj. 32]. **1.** En parlant d'une surface, renvoyer dans une autre direction les rayonnements qui viennent la frapper : *Les miroirs réfléchissent la lumière* (**SYN.** refléter, réverbérer). *La voûte réfléchit les sons* (**SYN.** répercuter). **2.** Prendre conscience, s'apercevoir de : *Avez-vous réfléchi que votre présence est indispensable ?* (**SYN.** penser). **3.** (Sans compl.). Penser longuement : *Je dois réfléchir avant de vous donner ma réponse* (**SYN.** méditer). ◆ v.t. ind. **[à, sur].** Concentrer son attention sur : *As-tu réfléchi à ma proposition ?* (**SYN.** considérer, envisager). *Les membres du comité réfléchissent sur un cas difficile* (**SYN.** étudier, examiner). ▸ ***Cela invite à réfléchir,*** cela incite à la prudence. ◆ **se réfléchir** v.pr. Être renvoyé par réflexion : *Mon visage se réfléchit dans tes lunettes de soleil* (**SYN.** se refléter).

réfléchissant, e adj. Qui réfléchit, renvoie la lumière, le son : *Une surface réfléchissante.*

réflecteur n.m. **1.** Dispositif servant à réfléchir la lumière, la chaleur, les ondes : *Ce panneau solaire est un bon réflecteur.* **2.** Télescope (par opp. à réfracteur). ◆ adj. m. Qui renvoie par réflexion : *Installer un miroir réflecteur.*

réflectorisé, e adj. Se dit d'objets munis de réflecteurs : *Les catadioptres sont des dispositifs réflectorisés.*

reflet n.m. (it. *riflesso*, du lat. *reflectere*, faire tourner). **1.** Image réfléchie par la surface d'un corps : *Le reflet du chalet dans l'eau du lac.* **2.** Nuance colorée variant selon l'éclairage : *La mer a des reflets changeants* (**SYN.**

chatoiement). **3.** Ce qui reproduit les traits dominants de qqch : *Cette émission prétend être le reflet de notre époque* (**SYN.** écho, miroir).

refléter v.t. [conj. 18]. **1.** Renvoyer la lumière, l'image : *La neige reflète les rayons du soleil* (**SYN.** réfléchir, réverbérer). **2.** Être le reflet de ; reproduire : *Son geste reflète un profond désespoir* (**SYN.** exprimer, traduire). ◆ **se refléter** v.pr. **1.** Se réfléchir : *Les arbres se reflètent dans l'eau* (**SYN.** se mirer [litt.]). **2.** Être perceptible ; transparaître : *Sa déception se reflétait dans ses yeux.*

refleurir v.i. et v.t. [conj. 32]. Fleurir de nouveau : *L'hortensia commence à refleurir.*

reflex [rəflɛks] adj. inv. (mot angl.). Se dit d'un appareil photographique muni d'un dispositif de viseur qui, grâce à un miroir, donne l'image exacte du sujet. ◆ n.m. inv. Appareil photographique muni d'un système reflex : *Ce photographe vend surtout des reflex.*

réflexe n.m. (du lat. *reflexus,* réfléchi, de *reflectere,* faire tourner). **1.** Réaction automatique et involontaire, en présence d'un événement : *Elle a eu le réflexe de couper le courant électrique.* **2.** En physiologie, réponse motrice inconsciente ou involontaire provoquée par une stimulation : *Le réflexe de succion d'un bébé.* ▸ ***Réflexe conditionné*** → **conditionné.** ◆ adj. Relatif au réflexe ; qui se fait par réflexe : *Des mouvements réflexes.*

réflexible adj. Qui peut être renvoyé par réflexion : *Une onde réflexible.*

réflexif, ive adj. En philosophie, qui concerne la réflexion, le retour sur soi de la pensée, la conscience.

réflexion n.f. (bas lat. *reflexio,* de *reflectere,* ramener en arrière). **1.** Changement de direction d'ondes, de particules ou de vibrations lorsqu'elles rencontrent une surface : *La réflexion des rayons du soleil sur la neige* (**SYN.** réverbération). **2.** Action de réfléchir, d'arrêter sa pensée sur qqch pour l'examiner en détail : *Après un moment de réflexion, elle donna la bonne réponse* (**SYN.** délibération, méditation). **3.** Capacité de réfléchir : *Vous avez manqué de réflexion* (**SYN.** discernement ; **CONTR.** irréflexion). **4.** Pensée, conclusion auxquelles conduit le fait de réfléchir : *Quelles réflexions ces résultats vous inspirent-ils ?* (**SYN.** considération). **5.** Observation critique adressée à qqn : *Je n'ai pas apprécié la réflexion qu'il m'a faite* (**SYN.** remarque). ▸ ***Réflexion faite,*** après avoir bien réfléchi : *Réflexion faite, il est préférable que nous agissions seuls.*

réflexogène adj. En physiologie, qui provoque un réflexe.

refluer v.i. (du lat. *refluere,* couler en arrière, de *fluere,* couler) [conj. 3]. **1.** Retourner vers le lieu d'où il a coulé, en parlant d'un liquide : *L'eau reflue dans le lavabo* (**SYN.** remonter). **2.** Revenir vers le lieu d'où elles sont parties, en parlant de personnes : *Les manifestants refluent vers la gare.*

reflux [rəfly] n.m. **1.** Mouvement de la mer descendante (par opp. à flux) : *La balise a été emportée par le reflux* (**SYN.** jusant). **2.** Mouvement de personnes qui reviennent en arrière : *Le reflux de la foule devant les forces de l'ordre* (**SYN.** recul).

refondation n.f. Action de refonder un parti politique, un syndicat (**SYN.** recomposition).

refonder v.t. [conj. 3]. Reconstruire sur des bases, des valeurs nouvelles ; recomposer : *Ils ont refondé leur parti après leur déroute aux élections.*

refondre v.t. [conj. 75]. **1.** Fondre de nouveau : *Ils ont refondu toutes les pièces de monnaie.* **2.** Refaire entièrement ; modifier : *Refondre une brochure* (**SYN.** remanier, retoucher).

refonte n.f. Action de refondre : *La refonte d'un métal. La refonte d'un dictionnaire* (**SYN.** remaniement).

reforestation n.f. Action de reconstituer une forêt : *Un programme de reforestation* (**SYN.** reboisement, repeuplement).

réformable adj. Qui peut être réformé : *Ce système économique est-il réformable ?* (**CONTR.** irréformable).

réformateur, trice n. (lat. *reformator*). Promoteur de la Réforme protestante du XVIe siècle. ◆ adj. et n. Qui réforme ; qui propose de réformer : *C'est l'un des principaux réformateurs au sein du gouvernement. Des idées réformatrices* (**SYN.** rénovateur ; **CONTR.** conservateur).

réformation n.f. Modification d'une décision juridictionnelle par la juridiction supérieure.

réforme n.f. **1.** Changement apporté à qqch en vue d'une amélioration : *La ministre propose une réforme de la politique du logement. La réforme de l'orthographe.* **2.** Classement comme inapte au service dans les armées. ▸ ***La Réforme,*** mouvement religieux qui, au XVIe siècle, a donné naissance au protestantisme.

① **réformé, e** adj. Né de la Réforme : *La religion réformée* (= le protestantisme). ◆ adj. et n. Se dit d'un protestant de confession calviniste (par opp. à luthérien et à anglican).

② **réformé, e** n. Militaire qui a été mis à la réforme.

reformer v.t. [conj. 3]. Former de nouveau ; refaire ce qui était défait : *Elle aimerait reformer la chorale du quartier* (**SYN.** reconstituer). ◆ **se reformer** v.pr. **1.** Se former de nouveau : *Avec le froid, une couche de gel s'est reformée.* **2.** Se regrouper après avoir été dispersé ou détruit : *Leur bande s'est reformée* (**SYN.** se recomposer).

réformer v.t. (lat. *reformare*) [conj. 3]. **1.** Changer en améliorant : *Réformer le calendrier scolaire* (**SYN.** amender, remanier). **2.** Prononcer la réforme d'un militaire. **3.** Modifier une décision de justice d'une juridiction inférieure.

réformette n.f. *Fam., péjor.* Réforme de détail, sans portée.

réformisme n.m. Doctrine politique qui préconise la voie des réformes pour transformer la société.

réformiste adj. et n. Relatif au réformisme ; partisan de réformes politiques progressives.

reformuler v.t. [conj. 3]. Formuler de nouveau et de manière plus claire : *Pourriez-vous reformuler votre question ?*

refoulé, e adj. et n. Qui empêche ses désirs, spécial. ses pulsions sexuelles, de se manifester, de se réaliser. ◆ **refoulé** n.m. En psychanalyse, ce qui a subi le refoulement dans l'inconscient.

refoulement n.m. **1.** Action de refouler, de repousser qqn : *Le refoulement des gens qui n'ont pas de carton d'invitation.* **2.** Action, fait d'empêcher une réaction d'ordre affectif de s'extérioriser : *Le refoulement de la colère.* **3.** En psychanalyse, mécanisme par lequel certaines idées, certains désirs sont rejetés dans l'inconscient.

refouler v.t. (de *fouler*) [conj. 3]. **1.** Faire reculer : *La police a refoulé les hooligans* (**SYN.** chasser, repousser). **2.** Faire refluer un liquide en s'opposant à son écoulement : *La marée refoule les eaux du fleuve dans son estuaire.* **3.** Empêcher une réaction, un sentiment de s'extérioriser : *La cliente refoula son indignation* (**SYN.** contenir, réprimer, retenir ; **CONTR.** exprimer, manifester). **4.** En psychanalyse, soumettre au refoulement : *Refouler une pulsion* (**CONTR.** assouvir, satisfaire).

① **réfractaire** adj. (du lat. *refractarius*, querelleur, de *refringere*, de *frangere*, briser). **1.** Qui refuse de se soumettre : *Un élève réfractaire* (**SYN.** rebelle ; **CONTR.** docile). **2.** Se dit d'un matériau qui résiste à de très hautes températures : *Tapisser une cheminée de briques réfractaires.* **3. [à].** Qui est insensible, inaccessible à qqch, à un sentiment : *Elle est réfractaire à la musique techno* (**SYN.** fermé ; **CONTR.** ouvert, réceptif). ◆ n.m. Matériau résistant à de très hautes températures.

② **réfractaire** adj. et n.m. Se dit d'un prêtre qui, sous la Révolution française, avait refusé de prêter serment à la Constitution civile du clergé.

réfracter v.t. [conj. 3]. Produire la réfraction de : *Le prisme réfracte la lumière* (= il la fait dévier).

réfracteur, trice adj. Qui réfracte ; réfringent : *Un instrument d'optique réfracteur.* ◆ **réfracteur** n.m. Lunette astronomique (par opp. à réflecteur).

réfraction n.f. (lat. *refractio*, de *refringere*, de *frangere*, briser). En physique, changement de direction d'une onde passant d'un milieu dans un autre : *Un bâton, plongé en partie dans l'eau, paraît brisé à cause de la réfraction.*

réfractomètre n.m. Instrument de mesure des indices de réfraction.

refrain n.m. (de l'anc. fr. *refraindre*, moduler). **1.** Suite de mots ou phrases identiques qui se répètent à la fin de chaque couplet d'une chanson ou d'un poème : *Les spectateurs reprirent en chœur le refrain.* **2.** *Fig.* Paroles sans cesse répétées : *Avec lui, c'est toujours le même refrain* (**SYN.** antienne [litt.], leitmotiv).

réfrènement ou **refrènement** n.m. Action de réfréner.

réfréner ou **refréner** v.t. (du lat. *refrenare*, retenir par le frein, de *frenum*, frein) [conj. 18]. Mettre un frein à ; retenir : *J'ai eu du mal à réfréner ma colère* (**SYN.** contenir, modérer, réprimer).

réfrigérant, e adj. **1.** Propre à abaisser la température : *Un appareil réfrigérant.* **2.** *Fig.* Qui refroidit, coupe tout élan : *Une remarque réfrigérante* (**SYN.** glacial ; **CONTR.** chaleureux). ◆ **réfrigérant** n.m. Échangeur de chaleur utilisé pour refroidir un liquide ou un gaz à l'aide d'un fluide plus froid (**SYN.** refroidisseur).

réfrigérateur n.m. Appareil permettant de conserver les aliments par le froid : *Ranger du lait dans le réfrigérateur.*

réfrigération n.f. Refroidissement d'un produit alimentaire, par un moyen artificiel, sans que soit atteint son point de congélation.

réfrigéré, e adj. **1.** Qui a subi la réfrigération : *Des entremets réfrigérés.* **2.** *Fam.* Qui a très froid : *En arrivant au chalet, nous étions réfrigérés* (**SYN.** transi).

réfrigérer v.t. (du lat. *refrigerare*, refroidir, de *frigus, frigoris*, froid) [conj. 18]. **1.** Soumettre à la réfrigération : *Réfrigérer des yaourts* (**SYN.** frigorifier, refroidir ; **CONTR.** chauffer). **2.** *Fig.* Mettre mal à l'aise par un comportement désagréable : *Son accueil m'a réfrigéré* (**SYN.** glacer, refroidir).

réfringence n.f. Propriété de certains corps de réfracter la lumière.

réfringent, e adj. (lat. *refringens, refringentis*, de *refringere*, de *frangere*, briser). Se dit d'un corps qui réfracte un rayon lumineux ; réfracteur : *Le verre est réfringent.*

refroidir v.t. [conj. 32]. **1.** Rendre froid ou plus froid ; abaisser la température de : *Refroidir une crème anglaise en la mettant au réfrigérateur* (**SYN.** réfrigérer ; **CONTR.** réchauffer). *L'orage a refroidi l'atmosphère* (**SYN.** rafraîchir). **2.** *Fig.* Diminuer l'ardeur de : *Tout ce que vous m'avez dit me refroidit un peu* (**SYN.** décourager ; **CONTR.** encourager, stimuler). *Son regard sévère nous a refroidis* (**SYN.** glacer, réfrigérer). ◆ v.i. Devenir froid : *Ne laissez pas refroidir la soupe.* ◆ **se refroidir** v.pr. **1.** Devenir plus froid : *L'eau du lac s'est refroidie* (**SYN.** se rafraîchir ; **CONTR.** se réchauffer). **2.** Prendre froid : *Marchez un peu pour ne pas vous refroidir.* **3.** Devenir moins vif : *Son intérêt pour la politique s'est refroidi* (**SYN.** s'émousser).

refroidissement n.m. **1.** Abaissement de la température : *Les météorologues prévoient un refroidissement du temps* (**SYN.** rafraîchissement ; **CONTR.** réchauffement). **2.** Indisposition causée par un froid subit : *Couvre-toi, je ne voudrais pas que tu prennes un refroidissement.* **3.** Évacuation de l'excédent de chaleur produit dans un moteur, une machine. **4.** *Fig.* Diminution de l'intensité d'un lien affectif, de l'enthousiasme de qqn : *Cet incident a provoqué un refroidissement entre les deux pays.*

refroidisseur n.m. Réfrigérant.

refuge n.m. (lat. *refugium*, de *fugere*, fuir). **1.** Lieu où l'on se retire pour échapper à un danger : *Cette cave leur a servi de refuge* (**SYN.** abri). *Les sans-papiers ont trouvé refuge dans ce bâtiment* (**SYN.** asile). **2.** Abri de haute montagne : *Les randonneurs ont dormi dans un refuge.* **3.** Emplacement aménagé au milieu d'une voie large et passante, permettant aux piétons de se mettre à l'abri de la circulation. **4.** (Employé en appos.). Qui constitue un moyen de se préserver contre tel ou tel danger : *Les œuvres d'art sont des valeurs refuges.*

réfugié, e adj. et n. Se dit d'une personne qui a dû fuir son pays : *L'O.N.U. vient en aide aux réfugiés.*

se **réfugier** v.pr. [conj. 9]. **1.** Se retirer en un lieu pour y trouver la sécurité : *Pendant l'averse, ils se sont réfugiés dans la voiture* (**SYN.** s'abriter). *Elle s'est réfugiée en Europe pour échapper à la guerre* (**SYN.** émigrer, s'exiler, s'expatrier). **2.** *Fig.* Trouver un moyen d'échapper à une situation pénible : *Se réfugier dans son travail. Les rescapés se réfugient dans le sommeil* (**SYN.** s'évader).

refus n.m. Action de refuser : *Son refus de participer au débat a étonné les journalistes* (**CONTR.** acceptation, approbation). *Elle a essuyé plusieurs refus avant qu'un* *éditeur accepte de publier son roman* (**SYN.** rejet). ▸ *Fam.* ***Ce n'est pas de refus,*** j'accepte volontiers.

refusé, e adj. et n. Qui n'a pas été admis à un examen, à un concours : *La plupart des refusés se représentent au concours* (**CONTR.** reçu).

refuser v.t. (du lat. *recusare,* refuser, et *refutare,* réfuter) [conj. 3]. **1.** Ne pas accepter ce qui est proposé, ce qui n'a pas les qualités voulues : *Il a refusé ma proposition* (**SYN.** décliner, écarter, rejeter ; **CONTR.** adopter, retenir). *Elle a refusé leur dernière livraison* (**SYN.** renvoyer ; **CONTR.** prendre). **2.** Ne pas accorder ce qui est demandé ; ne pas consentir à : *L'actrice refuse toute interview. Le président refuse de négocier avec les rebelles.* **3.** Ne pas laisser entrer en surnombre : *Ce restaurant refuse du monde tous les soirs.* **4.** Ne pas recevoir à un examen : *Refuser la moitié des candidats* (**SYN.** ajourner). ◆ **se refuser** v.pr. **1.** Se priver volontairement de : *Elle se refuse tout repos tant qu'elle n'a pas terminé son travail* (**SYN.** s'interdire). **2. [à].** Ne pas consentir à : *Je me refuse à cautionner ses idées.* **3.** (En tournure négative). En parlant de qqch, être écarté, repoussé : *Une invitation pareille ne se refuse pas.*

réfutable adj. Qui peut être réfuté : *Une hypothèse facilement réfutable* (**CONTR.** irréfutable).

réfutation n.f. Action, fait de réfuter : *Son discours est une réfutation de la thèse du Premier ministre* (**SYN.** infirmation, négation ; **CONTR.** confirmation, validation).

réfuter v.t. (du lat. *refutare,* repousser) [conj. 3]. Démontrer la fausseté d'une affirmation par des preuves contraires : *Les scientifiques réfutent cette thèse raciste* (**SYN.** infirmer ; **CONTR.** confirmer, corroborer, valider).

refuznik [rəfyznik] n. (mot russe). Citoyen soviétique, d'origine juive, auquel les autorités refusaient le droit d'émigrer.

reg [rɛg] n.m. (de l'ar.). Sol des régions désertiques, formé de cailloux.

regagner v.t. [conj. 3]. **1.** Retrouver, reprendre, recouvrer ce que l'on avait perdu : *La joueuse a regagné sa mise* (**SYN.** récupérer ; **CONTR.** perdre). *Le président a regagné quatre points dans les sondages* (**CONTR.** reperdre). *Comment regagner son estime ?* (**SYN.** reconquérir). **2.** Revenir vers ; rejoindre un lieu : *Les militaires ont regagné leur garnison* (**SYN.** rallier, réintégrer). ▸ ***Regagner du terrain,*** dans une course, réduire la distance avec ceux qui vous ont distancé ; fig., reprendre l'avantage : *L'opposition regagne du terrain.*

① **regain** n.m. (de l'anc. fr. *gaïn,* pâturage, du frq.). Herbe qui repousse dans un pré après le fauchage.

② **regain** n.m. (de *regagner*). Recrudescence ; renouveau : *Ce genre de livres connaît un regain d'intérêt.*

régal n.m. (de *rigoler* et de l'anc. fr. *gale,* réjouissance, de *galer,* s'amuser) [pl. *régals*]. **1.** Mets particulièrement apprécié : *Le flan est son régal* (**SYN.** délice). **2.** Vif plaisir pris à qqch ; délectation : *Ce spectacle de danse est un régal pour les yeux* (**SYN.** joie).

régalade n.f. ▸ ***Boire à la régalade,*** boire en faisant couler la boisson dans la bouche sans que le récipient qui la contient touche les lèvres.

① **régale** n.f. (du lat. *regalia,* droit du roi). En Suisse, monopole de l'État.

② **régale** adj. f. (du lat. *regalis,* royal). ▸ ***Eau régale,*** mélange d'acide nitrique et d'acide chlorhydrique qui dissout l'or et le platine.

régaler v.t. (de *régal*) [conj. 3]. **1.** Offrir des boissons, des mets savoureux à : *Pour Noël, il a régalé ses convives d'un chapon.* **2.** *Fam.* (Sans compl.). Offrir à boire et à manger : *Profitez-en, c'est moi qui régale !* (**SYN.** inviter). ◆ **se régaler** v.pr. **1.** Prendre un vif plaisir à boire ou à manger qqch : *Ils se sont régalés avec ce vin.* **2.** Éprouver un grand plaisir : *Le public se régale à écouter les bons mots de l'humoriste* (**SYN.** se délecter de [sout.], savourer).

régalien, enne adj. (du lat. *regalis,* royal, de *rex, regis,* roi). **1.** Se dit d'un droit qui est attaché au roi. **2.** Qui est du ressort exclusif de l'État ou du président de la République : *Le droit de grâce est un droit régalien.*

regard n.m. **1.** Action de regarder : *Il désigna le coupable du regard* (= des yeux). *Leur fille attire tous les regards.* **2.** Manière de regarder ; expression des yeux : *Un regard complice* (**SYN.** œillade). *Le regard de cet homme est inquiétant.* **3.** Ouverture destinée à faciliter la visite d'un conduit (canalisation, égout, fosse). ▸ ***Au regard de,*** par rapport à : *Au regard de la loi, vous êtes coupable.* ***Droit de regard,*** droit de surveillance que peut se réserver l'une des parties dans un contrat : *Elle a souhaité avoir un droit de regard sur les comptes.* ***En regard,*** vis-à-vis, en face : *Mettons la copie et l'original en regard.*

regardant, e adj. *Fam.* **1.** Qui regarde de trop près à la dépense : *Le directeur du théâtre est un peu trop regardant* (**SYN.** chiche, parcimonieux, pingre ; **CONTR.** dépensier, prodigue). **2.** (Souvent en tournure nég.). Qui fait preuve de minutie, de vigilance : *Dans cette usine, on n'est pas très regardant sur la sécurité.*

regarder v.t. (de *garder,* veiller) [conj. 3]. **1.** Porter la vue sur : *Il pourrait regarder ce paysage pendant des heures* (**SYN.** contempler). *Ces enfants regardent trop la télévision. Je n'aime pas quand tu me regardes comme cela* (**SYN.** dévisager, fixer). **2.** Avoir en vue ; considérer, envisager : *Quelles que soient les circonstances, elle ne regarde que son intérêt* (**SYN.** rechercher). **3.** Concerner, intéresser : *Ma vie privée ne te regarde pas. La suite de l'affaire regarde maintenant le juge.* **4.** Être placé, tourné dans telle direction : *La maison regarde le sud* (= est orientée). ▸ ***Regarder qqn, qqch d'un bon œil,*** les considérer avec bienveillance : *Les résidents regardent la réfection du parc d'un bon œil.* ◆ v.i. **1.** Diriger son regard vers ; observer : *Regarde où tu mets les pieds !* **2. [à, vers].** Être orienté dans telle direction : *Leur appartement regarde à l'est.* ◆ v.t. ind. **[à].** Être très attentif à qqch : *Ils ont regardé au confort avant d'acheter leur canapé* (**SYN.** penser à). *Regardez bien à ne rien oublier* (**SYN.** veiller à). ▸ ***Regarder à la dépense,*** être excessivement économe. ***Regarder de près à qqch*** ou ***y regarder de près,*** y prêter grande attention : *J'ai fait rapidement le ménage, il ne faut pas y regarder de trop près.* ***Y regarder à deux fois,*** bien réfléchir avant d'agir : *La prochaine fois, tu y regarderas à deux fois avant de prêter de l'argent sans garantie.* ◆ **se regarder** v.pr. **1.** Contempler sa propre image : *Elle se regarde dans son miroir de poche.* **2.** S'observer l'un l'autre : *Les deux chats se sont regardés avec méfiance.* **3.** Être situé l'un en face de l'autre : *Les deux grands restaurants de la ville se regardent.*

regarnir v.t. [conj. 32]. Garnir de nouveau : *Il faut regarnir les caisses de l'association.*

régate n.f. (du vénitien *regata,* défi). Course de bateaux à voiles.

régater v.i. [conj. 3]. **1.** Participer à une régate. **2.** *Fam.* En Suisse, être à la hauteur de ; tenir tête à.

régatier, ère n. Personne qui participe à une régate.

regel n.m. Retour du gel.

regeler v.t., v.i. et v. impers. [conj. 25]. Geler de nouveau : *L'eau du bassin regèle.*

régence n.f. Fonction de régent ; durée de cette fonction. ◆ adj. inv. Qui rappelle le style de la Régence (1715-1723) : *Des meubles Régence.*

régendat n.m. En Belgique, cycle d'études conduisant au diplôme de régent.

régénérateur, trice adj. Qui régénère : *Mettre une crème régénératrice sur le visage.*

régénération n.f. **1.** Reconstitution naturelle d'un organe détruit ou supprimé : *La régénération de la queue du lézard.* **2.** *Fig., litt.* Fait de se régénérer ; renouvellement moral : *La régénération de la société* (**SYN.** amendement, purification).

régénérer v.t. (lat. *regenerare,* de *genus, generis,* origine, race) [conj. 18]. **1.** Reconstituer des tissus organiques après destruction : *L'organisme régénère les tissus lésés.* **2.** *Fig., litt.* Réformer en ramenant à un état antérieur jugé meilleur : *Régénérer une association* (**SYN.** amender, assainir). ◆ **se régénérer** v.pr. *Litt.* Recouvrer ses qualités perdues, sa valeur.

régent, e n. (lat. *regens, regentis,* de *regere,* diriger). **1.** Personne qui gouverne pendant la minorité, l'absence ou la maladie du souverain : *Marie de Médicis fut régente pendant la minorité de Louis XIII.* **2.** En Belgique, professeur diplômé qui exerce dans le premier cycle de l'enseignement secondaire. **3.** En Suisse, instituteur.

régenter v.t. [conj. 3]. Diriger de manière trop autoritaire : *Elle veut régenter tout le monde* (**SYN.** diriger, mener). *L'homme ne peut régenter la nature* (**SYN.** dominer, régir).

reggae [rege] n.m. (mot angl. de la Jamaïque). Musique populaire jamaïquaine caractérisée par un rythme binaire syncopé. ◆ adj. inv. Relatif au reggae : *Des groupes reggae.*

① **régicide** n.m. (lat. médiév. *regicidium,* de *rex, regis,* roi). Attentat contre la vie d'un roi ; assassinat d'un roi.

② **régicide** n. et adj. (lat. médiév. *regicida,* de *rex, regis,* roi). Assassin d'un roi : *Ravaillac est un célèbre régicide.*

régie n.f. (de *régir*). **1.** Gestion d'un service public par des agents nommés par l'État ou par une collectivité publique. **2.** Nom de certaines entreprises publiques : *La Régie autonome des transports parisiens.* **3.** Organisation matérielle d'un spectacle, d'une émission ; activité du régisseur. **4.** Local attenant à un studio de radio ou de télévision d'où l'on contrôle et dirige une émission.

regimber v.i. ou **se regimber** v.pr. (de l'anc. fr. *regiber,* ruer) [conj. 3]. **1.** Refuser d'avancer en ruant, en parlant d'un cheval. **2.** Se montrer récalcitrant ; résister : *Beaucoup de lycéens regimbent* ou *se regimbent contre cette réforme* (**SYN.** se cabrer, s'insurger ; **CONTR.** se soumettre).

① **régime** n.m. (du lat. *regimen,* direction, de *regere,* diriger). **1.** Mode de fonctionnement d'un État : *Un régime démocratique.* **2.** Ensemble des dispositions légales qui régissent la façon dont fonctionne une institution : *Ils sont mariés sous le régime de la séparation de biens. Le régime pénitentiaire.* **3.** Ensemble de prescriptions concernant l'alimentation et destinées à maintenir ou à rétablir la santé : *Il doit suivre un régime sans sel. Son médecin l'a mis au régime* (**SYN.** diète). **4.** En grammaire, mot, groupe de mots régi par un autre, dépendant d'un autre : *Dans « sa mère conduit une décapotable », « une décapotable » est le régime de « conduit »* (= complément d'objet). **5.** Ensemble des variations que subissent les températures, les précipitations, le débit d'un cours d'eau : *Le régime pluvial d'une région. Un fleuve qui a un régime régulier.* **6.** Mode de fonctionnement d'une machine à l'état normal ; vitesse de rotation d'un moteur : *Tourner à plein régime.* ▸ ***Régime de croisière*** → **croisière.**

② **régime** n.m. (calque de l'esp. des Antilles *racimo,* raisin, avec l'infl. de *1. régime*). Grappe des fruits du bananier, du palmier dattier : *Un régime de bananes.*

régiment n.m. (du bas lat. *regimentum,* direction, de *regere,* diriger). **1.** Unité militaire de l'armée de terre, commandée par un colonel et groupant plusieurs formations : *Un régiment d'infanterie.* **2.** *Fam.* Grand nombre : *Un régiment de pucerons a envahi le rosier* (**SYN.** armée, multitude). ▸ *Fam.* ***Il y a de quoi nourrir un régiment,*** il y a énormément de choses à manger.

régimentaire adj. Relatif à un régiment militaire.

région n.f. (lat. *regio, regionis,* de *regere,* diriger). **1.** Étendue de pays qui doit son unité à des caractéristiques physiques ou humaines : *Une région désertique* (**SYN.** contrée [sout.]). *Une grande région industrielle.* **2.** (Avec une majuscule). En France, collectivité territoriale, composée de plusieurs départements, dont l'organe exécutif est le président du conseil régional. **3.** Partie déterminée du corps : *La région thoracique* (**SYN.** zone).

régional, e, aux adj. Qui concerne une région : *Ils essaient de préserver le parler régional.* ◆ **régionales** n.f. pl. Élections des conseillers régionaux (on dit aussi *les élections régionales*) : *Elle se présente aux régionales.*

régionalisation n.f. Transfert aux Régions de compétences qui appartenaient au pouvoir central : *La régionalisation du budget* (**SYN.** décentralisation).

régionaliser v.t. [conj. 3]. Procéder à la régionalisation de : *Régionaliser l'entretien des routes* (**SYN.** décentraliser).

régionalisme n.m. **1.** Mouvement ou doctrine affirmant l'existence d'entités régionales et prônant leur autonomie. **2.** En linguistique, mot, tournure propres à une région : *Les régionalismes enrichissent notre langue* (**SYN.** provincialisme).

régionaliste adj. et n. Qui concerne le régionalisme ; qui en est partisan : *Un écrivain régionaliste* (= qui privilégie l'évocation de sa région).

régir v.t. (du lat. *regere,* diriger) [conj. 32].

1. Déterminer l'organisation, le déroulement, la nature de : *Les règles qui régissent le fonctionnement des institutions européennes* (**SYN.** régler). **2.** Soumettre à une direction, à une autorité : *Le président veut régir les décisions du comité* (**SYN.** régenter). **3.** En grammaire, être suivi de telle catégorie grammaticale, tel cas, tel mode, en parlant d'un verbe ou d'une préposition : *La conjonction « après que » régit l'indicatif* (**SYN.** gouverner).

régisseur n.m. (de *régir*). **1.** Personne chargée d'administrer un domaine agricole pour le compte d'un propriétaire (**SYN.** intendant). **2.** Au théâtre, au cinéma, à la télévision, personne responsable de la régie. **3.** En Suisse, directeur ou gérant d'une agence immobilière.

registraire n. Au Québec, dans un établissement d'enseignement, personne chargée de l'inscription des élèves et de la tenue des dossiers ; fonctionnaire chargé de tenir les registres.

registre n.m. (de l'anc. fr. *regeste*, récit). **1.** Gros cahier sur lequel on inscrit les faits, les actes dont on veut garder la trace : *Les mariés doivent signer un registre à la mairie. Consulter le registre comptable d'un commerçant* (**SYN.** livre). **2.** Ton, caractère particulier d'une œuvre artistique : *Son dernier ouvrage est dans le registre catastrophiste* (**SYN.** tonalité). **3.** Niveau de langue : *Ce texte est écrit dans un registre assez soutenu.* **4.** Étendue des moyens dont dispose qqn dans un domaine : *Cet écrivain a un registre très étendu* (**SYN.** éventail, palette). *Ce cuisinier présente tout le registre de la cuisine régionale* (**SYN.** gamme). **5.** En musique, chacune des trois parties (le *grave*, le *médium*, l'*aigu*) qui composent l'échelle sonore ou la tessiture d'une voix.

réglable adj. Qui peut être réglé : *Le dossier de ce fauteuil est réglable.*

réglage n.m. Action, manière de régler un mécanisme : *Le réglage de l'objectif d'un appareil photo.*

règle n.f. (lat. *regula*, de *regere*, diriger). **1.** Instrument long et rectiligne qui sert à tracer des lignes ou à mesurer des longueurs : *Prenez vos règles et dessinez un triangle, et mesurez les côtés du rectangle.* **2.** Prescription qui s'impose à qqn dans un cas donné ; principe de conduite : *Les membres de ce club doivent accepter certaines règles* (**SYN.** loi, usage). *Elle a pour règle de dire toujours ce qu'elle pense* (**SYN.** précepte, principe). **3.** Principe qui dirige l'enseignement d'une science, d'une technique : *Les règles de grammaire* (**SYN.** norme). *Le peintre tient compte des règles de la perspective.* **4.** Ensemble des statuts imposés par son fondateur à un ordre religieux : *La règle de saint François d'Assise* (**SYN.** observance). **5.** Ce qui se produit ordinairement dans une situation donnée : *La campagne électorale n'a pas échappé à la règle* (= elle s'est déroulée selon le schéma prévu ; **SYN.** norme). ▸ ***En règle*** ou ***dans les règles,*** conforme aux prescriptions légales : *J'ai fait une demande de vote par procuration dans les règles.* ***En règle générale,*** dans la plupart des cas ; généralement : *En règle générale, nous ne prenons plus d'inscriptions après cette date.* ***Être de règle,*** être requis par l'usage ; s'imposer : *La cravate est de règle dans ce genre de soirées.* ***Être en règle,*** être dans une situation régulière au regard de la loi : *Tous nos pensionnaires sont en règle.* ***Règle de trois,*** calcul d'un nombre inconnu à partir de trois autres connus, dont deux varient soit en proportion directe, soit en proportion inverse. ***Règles du jeu,*** ensemble des conventions propres à un jeu, à un sport ; fig., ensemble de conventions implicites. ◆ **règles** n.f. pl. Écoulement sanguin qui se produit chaque mois, lors de la menstruation, chez la femme.

réglé, e adj. **1.** *Litt.* Soumis à des règles, à des principes : *Ce couple a une vie bien réglée* (**SYN.** régulier). **2.** Dont on a trouvé la solution ; résolu : *Un problème réglé.* **3.** Rayé de lignes droites : *Du papier réglé.* ◆ **réglée** adj. f. Se dit d'une jeune fille, d'une femme qui a ses règles.

règlement [rɛgləmɑ̃] n.m. **1.** Action de régler, de fixer de manière définitive : *Le règlement d'une affaire* (**SYN.** conclusion). *Le règlement des différends par un médiateur* (**SYN.** arrangement, solution). **2.** Action de régler, d'acquitter une somme due : *Le règlement se fait à la livraison* (**SYN.** acquittement, paiement). **3.** Ensemble des prescriptions auxquelles sont soumis les membres d'un groupe : *Toute transgression du règlement est passible d'un renvoi.* **4.** Action de fixer ce qui doit être dans le domaine légal : *Les règlements municipaux* (**SYN.** arrêt, ordonnance, prescription). ▸ ***Règlement de compte*** ou ***de comptes,*** action de régler un différend par la violence ; vengeance.

réglementaire [rɛgləmɑ̃tɛr] adj. **1.** Qui concerne le règlement : *Le comité a pris des décisions réglementaires.* **2.** Conforme au règlement : *Ce militaire ne porte pas la tenue réglementaire.*

réglementairement [rɛgləmɑ̃tɛrmɑ̃] adv. De manière réglementaire : *Cette décision a été prise réglementairement* (**SYN.** régulièrement ; **CONTR.** irrégulièrement).

réglementation [rɛgləmɑ̃tasjɔ̃] n.f. **1.** Action de réglementer : *La réglementation des prix* (**SYN.** fixation ; **CONTR.** déréglementation). **2.** Ensemble des mesures régissant une question : *La réglementation de la circulation les jours de pollution.*

réglementer [rɛgləmɑ̃te] v.t. [conj. 3]. Soumettre à un règlement : *Réglementer la chasse* (**CONTR.** déréglementer). *Réglementer le stationnement les jours de marché.*

régler v.t. [conj. 18]. **1.** Tracer à la règle des lignes droites sur du papier : *Régler une feuille de papier blanc.* **2.** Assujettir à certaines règles ; conformer : *Elle a dû régler les dates de ses vacances sur celles de ses collègues* (**SYN.** adapter). **3.** Soumettre à un certain ordre : *Le conseil municipal a réglé le déroulement de la cérémonie* (**SYN.** arrêter, fixer). **4.** Donner une solution complète, définitive : *Cette affaire n'est pas encore réglée* (**SYN.** arranger, conclure). *L'arbitre a vite réglé ce litige* (**SYN.** trancher). **5.** Payer : *Vous devez régler le tiers provisionnel avant le quinze de ce mois* (**SYN.** acquitter). **6.** Rendre exact un instrument de mesure : *Régler une horloge.* **7.** Mettre au point un mécanisme, une machine : *Régler l'alarme d'une maison* (**CONTR.** dérégler, détraquer). ▸ *Fam.* ***Régler son compte à qqn,*** le punir, le tuer par vengeance. ◆ **se régler** v.pr. **1.** Être mis en état de marche : *Cet appareil se règle facilement.* **2.** Recevoir une solution : *L'affaire s'est réglée à l'amiable.*

réglet n.m. Ruban en acier gradué à ressort, servant pour la mesure des longueurs.

réglette n.f. Petite règle : *Souligner un mot à l'aide d'une réglette.*

régleur, euse n. Spécialiste chargé du réglage de certains appareils ou instruments.

réglisse n.f. (du gr. *glukurrhiza,* de *glukus,* doux, et *rhiza,* racine). **1.** Arbrisseau dont la racine est comestible : *Un bâton de réglisse.* **2.** Jus de cette plante, à saveur sucrée : *Un bonbon à la réglisse.* ☞ **REM.** Dans la langue courante, on dit *un réglisse* pour désigner un bonbon *à la réglisse* : *un délicieux réglisse.*

réglo adj. inv. *Fam.* Qui est régulier ; correct, loyal : *Tu peux leur faire confiance, elles sont réglo.*

réglure n.f. Manière dont le papier est réglé, rayé.

régnant, e adj. **1.** Qui règne : *Le prince régnant.* **2.** Qui domine, exerce une suprématie : *Ce discours va à l'encontre des idées régnantes* (**SYN.** dominant, prédominant).

règne n.m. (lat. *regnum,* de *rex, regis,* roi). **1.** Gouvernement d'un souverain ; durée de ce gouvernement : *Sous le règne de Saint Louis. Un long règne.* **2.** Pouvoir absolu exercé par qqn, qqch : *Le règne d'une mère sur son fils* (**SYN.** emprise). *Le règne de l'argent dans notre société* (**SYN.** empire, prédominance). **3.** Chacune des grandes divisions du monde vivant, divisée elle-même en embranchements : *Le règne animal, végétal.*

régner v.i. (lat. *regnare*) [conj. 18]. **1.** Gouverner un État en tant que souverain : *François Ier régna de 1515 à 1547.* **2. [sur].** Exercer une domination d'ordre moral, intellectuel : *Il règne sur la haute couture parisienne* (**SYN.** dominer). **3.** Se manifester ; s'établir : *Un climat de tension règne dans le comité* (**SYN.** prédominer, prévaloir). *Le silence règne.*

regonflement ou **regonflage** n.m. Action de regonfler.

regonfler v.t. [conj. 3]. **1.** Gonfler de nouveau : *Regonfler les pneus d'un vélo* (**CONTR.** dégonfler). **2.** *Fam.* Redonner du courage à : *Les acclamations des supporteurs ont regonflé les joueurs* (**SYN.** réconforter, remonter ; **CONTR.** démoraliser, déprimer, désespérer).

regorger v.i. (de *gorge*) [conj. 17]. **[de].** Être plein à l'excès de choses ou de personnes : *Cette région regorge de grottes* (**SYN.** abonder en, foisonner ; **CONTR.** manquer). *Sa boutique regorge de clients* (**SYN.** déborder).

régresser v.i. [conj. 4]. Subir une régression : *Le taux de mortalité infantile régresse dans ce pays* (**SYN.** décliner, reculer ; **CONTR.** augmenter, progresser).

régressif, ive adj. Qui constitue une régression : *Depuis la naissance de son frère, elle a un comportement régressif.* ☞ **REM.** Ne pas confondre avec *récessif.* ▸ ***Impôt régressif,*** impôt dégressif (**CONTR.** progressif).

régression n.f. (lat. *regressio,* de *gradi,* marcher). **1.** Retour à un état antérieur ; recul : *Le chômage est en régression* (**SYN.** baisse ; **CONTR.** hausse, progression). *La régression d'une épidémie* (**SYN.** déclin ; **CONTR.** expansion). **2.** En psychanalyse, retour d'un sujet à des modes de comportement ou de conduite caractéristiques d'un stade antérieur de développement.

regret n.m. **1.** Chagrin causé par la perte de qqch ou par la mort de qqn : *Je n'ai aucun regret de ces jours-là* (**SYN.** nostalgie). *Elle n'a laissé que des regrets* (**SYN.** affliction [sout.], peine). **2.** Contrariété causée par la non-réalisation d'un désir, d'un souhait : *Elle a quitté cet établissement avec beaucoup de regrets. À mon grand regret, je ne pourrai pas assister à votre réception* (**SYN.** déception). **3.** Repentir d'avoir fait ou de ne pas avoir fait qqch : *L'accusé a exprimé ses regrets à la famille de la victime* (**SYN.** remords). ▸ ***À regret,*** à contrecœur, malgré soi : *Il les a suivis à regret.* ***Avoir le regret de*** ou ***être au regret de,*** éprouver un déplaisir d'avoir à faire qqch : *Nous sommes au regret de ne pouvoir renouveler votre contrat.*

regrettable adj. Qui mérite d'être regretté ; que l'on déplore : *Ceci a eu des conséquences regrettables sur l'environnement* (**SYN.** déplorable, fâcheux ; **CONTR.** souhaitable).

regretter v.t. (de l'anc. scand. *grâta,* gémir) [conj. 4]. **1.** Ressentir comme un manque douloureux l'absence, la perte de ; déplorer : *« Ce nom qui chante clair, je te parie cent sous... que / Tu le regretteras »* [*Tu le regretteras,* P. Delanoë, G. Bécaud] (**SYN.** pleurer). **2.** Se reprocher ce que l'on a fait : *Elle regrette son choix. Je regrette de m'être emporté* (**SYN.** se repentir de, s'en vouloir ; **CONTR.** se féliciter de).

regrimper v.i. et v.t. [conj. 3]. Grimper de nouveau.

regros n.m. Grosse écorce de chêne, dont on fait le tan.

regrossir v.i. [conj. 32]. Grossir de nouveau : *Surveille ton alimentation, tu as regrossi.*

regroupement n.m. Action de regrouper : *Le regroupement de plusieurs partis lors d'une élection* (**SYN.** rassemblement, réunion).

regrouper v.t. [conj. 3]. Rassembler des êtres, des choses dispersés : *Regrouper les défenseurs de l'environnement pour créer une association* (**SYN.** rallier, réunir ; **CONTR.** disperser).

régularisation n.f. Action, fait de régulariser.

régulariser v.t. (du lat. *regula,* règle) [conj. 3]. **1.** Rendre conforme aux règlements, à la loi : *En déclarant leur employée de maison, ils ont enfin régularisé sa situation.* **2.** Rendre régulier : *Ce barrage permet de régulariser le cours d'eau.*

régularité n.f. **1.** Caractère de ce qui est conforme aux règles, de ce qui est régulier : *La régularité d'un scrutin* (**SYN.** légalité ; **CONTR.** illégalité, irrégularité). **2.** Caractère de ce qui est proportionné, équilibré : *La régularité des motifs d'une frise* (**SYN.** symétrie ; **CONTR.** asymétrie). **3.** Caractère de ce qui se produit de manière régulière ; ponctualité : *Son chef de service l'a félicité pour sa régularité* (**SYN.** assiduité, exactitude).

① **régulateur, trice** adj. Qui régule ; qui permet la régulation de : *Un système régulateur.* ◆ **régulateur** n.m. Appareil qui sert à réguler la pression, le débit, la température, etc.

② **régulateur** n.m. Agent chargé de la régulation des trains sur une portion de réseau.

régulation n.f. Action de régler un appareil ; fait d'assurer un bon fonctionnement, un rythme régulier : *La régulation du trafic aérien. La régulation des naissances* (**SYN.** contrôle).

réguler v.t. (du bas lat. *regulare,* régler, de *regula,* règle) [conj. 3]. Assurer la régulation de : *Ces feux tricolores ont permis de réguler la circulation.*

① **régulier, ère** adj. (lat. *regularis,* de *regula,* règle).

1. Qui est conforme aux dispositions légales, constitutionnelles : *Cette procédure n'est pas régulière* (**SYN.** réglementaire, statutaire ; **CONTR.** illégal, irrégulier). **2.** Qui répond aux règles, aux conventions sociales : *Ils mènent une vie régulière* (**SYN.** rangé ; **CONTR.** dévergondé). **3.** Qui respecte les usages ; loyal : *Un chef d'entreprise régulier en affaires* (**SYN.** correct, honnête ; **CONTR.** déloyal, malhonnête). **4.** Conforme à un modèle : *Un verbe régulier.* **5.** Qui est soumis à un rythme constant : *Le T.G.V. roule à une vitesse régulière pendant une bonne partie du trajet* (**SYN.** égal, 1. uniforme ; **CONTR.** discontinu, intermittent). *Cet élève fournit un travail régulier* (**SYN.** soutenu ; **CONTR.** inégal). **6.** Qui se produit à moments fixes : *Les inspections des services vétérinaires sont régulières* (**SYN.** périodique ; **CONTR.** sporadique). **7.** Qui a un caractère permanent : *Un service régulier de livraison à domicile* (**SYN.** habituel ; **CONTR.** exceptionnel). **8.** Qui est exact, ponctuel : *Une stagiaire régulière* (**SYN.** assidu). **9.** Dont la forme présente des proportions harmonieuses, équilibrées : *Un jeune homme au visage régulier* (**SYN.** symétrique ; **CONTR.** asymétrique). ▸ ***Clergé régulier,*** appartenant à un ordre (par opp. à clergé séculier).

② **régulier** n.m. **1.** Qui appartient au clergé régulier ; moine, religieux. **2.** Soldat des troupes régulières.

régulièrement adv. **1.** Conformément à la règle, à la loi : *Le président de ce pays a été élu régulièrement* (**SYN.** légalement ; **CONTR.** illégalement, irrégulièrement). **2.** De façon régulière : *Elle assiste régulièrement aux matchs* (**SYN.** assidûment).

régurgitation n.f. Retour dans la bouche, sans effort de vomissement, de matières contenues dans l'estomac.

régurgiter v.t. (du lat. *gurges, gurgitis,* gouffre, gorge) [conj. 3]. Avoir dans la bouche par régurgitation : *Le bébé vient de régurgiter du lait.*

réhabilitation n.f. Action de réhabiliter : *La réhabilitation d'un condamné. La réhabilitation du vieux port* (**SYN.** rénovation, restauration).

réhabiliter v.t. [conj. 3]. **1.** Rétablir une personne dans des droits, une capacité, une situation juridique qu'elle avait perdus : *Le capitaine Dreyfus fut réhabilité en 1906.* **2.** Aider à la réinsertion sociale de : *Réhabiliter des toxicomanes* (**SYN.** réinsérer). **3.** Rétablir qqn, qqch dans l'estime d'autrui : *Sa prise de position l'a réhabilité aux yeux de ses proches* (**SYN.** revaloriser ; **CONTR.** dévaloriser, rabaisser). *Le succès de ce roman réhabilite le genre policier* (**SYN.** rehausser, relever ; **CONTR.** discréditer). **4.** Remettre en état, rénover un immeuble, un quartier ancien : *Réhabiliter une ferme* (**SYN.** restaurer).

réhabituer v.t. [conj. 7]. Faire reprendre une habitude à (**SYN.** réaccoutumer ; **CONTR.** désaccoutumer, déshabituer).

rehaussement [rəosmɑ̃] n.m. Action de rehausser : *Le rehaussement du mur d'un jardin.*

rehausser [rəose] v.t. [conj. 3]. **1.** Placer plus haut ; augmenter la hauteur de : *Il a fallu rehausser le plancher du couloir* (**SYN.** relever ; **CONTR.** baisser). *Rehausser le mur d'une digue* (**SYN.** surélever). **2.** Faire ressortir ; donner plus de valeur à : *Rehausser les verts d'un tableau de touches claires* (**SYN.** relever, souligner). *Cet engagement humanitaire rehausse l'image de l'entreprise* (**SYN.** revaloriser ; **CONTR.** déprécier, dévaloriser, rabaisser).

rehausseur [rəosœr] adj.m. et n.m. Se dit d'un siège destiné à rehausser un enfant assis dans un véhicule, afin qu'il soit correctement protégé par une ceinture de sécurité.

rehaut [rəo] n.m. Action de rehausser une couleur ; retouche avec un ton clair.

réhoboam [reobɔam] n.m. (angl. *Rehoboam,* de *Jéroboam,* nom d'un fils de Salomon). Grosse bouteille de champagne d'une contenance de six bouteilles champenoises ordinaires, soit plus de 4,5 litres.

réhydrater v.t. [conj. 3]. Hydrater ce qui a été desséché : *Il faut réhydrater votre peau* (**CONTR.** déshydrater).

réimplantation n.f. **1.** Implantation d'un établissement, d'une activité dans un autre lieu : *La réimplantation d'une usine textile dans un nouveau site.* **2.** Remise en place chirurgicale d'un organe : *La réimplantation d'une dent.*

réimplanter v.t. [conj. 3]. Procéder à la réimplantation de : *Ils vont réimplanter la faculté de droit au sud du campus.*

réimportation n.f. Action de réimporter ; fait de réimporter (**CONTR.** réexportation).

réimporter v.t. [conj. 3]. Importer de nouveau des marchandises qui avaient été exportées (**CONTR.** réexporter).

réimpression n.f. Impression nouvelle d'un livre ; réédition : *La réimpression d'un manuel scolaire.*

réimprimer v.t. [conj. 3]. Imprimer de nouveau ; rééditer.

rein n.m. (lat. *ren*). Viscère pair qui forme l'urine, placé de chaque côté de la colonne vertébrale dans les fosses lombaires, et chargé de filtrer certains déchets (urée, acide urique, etc.). ▸ ***Rein artificiel,*** appareillage utilisé pour effectuer une hémodialyse. ◆ n.m. pl. Partie inférieure de l'épine dorsale ; lombes : *J'ai une douleur dans les reins.* ▸ *Fam.* ***Avoir les reins solides,*** être assez riche et puissant pour faire face à une épreuve. *Fam.* ***Casser les reins à qqn,*** le ruiner, briser sa carrière.

réincarcération n.f. Nouvelle incarcération.

réincarcérer v.t. [conj. 18]. Incarcérer de nouveau ; remettre en prison.

réincarnation n.f. Dans certaines religions, migration de l'âme dans un autre corps au moment de la mort : *Les bouddhistes croient en la réincarnation* (**SYN.** métempsycose, transmigration [litt.]).

se **réincarner** v.pr. [conj. 3]. En parlant d'une âme, passer dans un autre corps.

reine n.f. (lat. *regina*). **1.** Souveraine d'un royaume : *La reine d'Angleterre.* **2.** Femme d'un roi : *La reine d'Espagne.* **3.** Femme qui domine, dirige, l'emporte en qqch : *Elle a été la reine de la fête* (**SYN.** vedette). **4.** Ce qui domine, s'impose : *Dans ce journal, la dérision est reine.* **5.** (Employé en appos.). Qui occupe la première place : *L'épreuve reine de l'athlétisme.* **6.** Femelle reproductrice, chez les insectes sociaux (abeilles, fourmis, termites). **7.** Pièce du jeu d'échecs ou carte représentant une dame. ☞ **REM.** Ne pas confondre avec *rêne* ou *renne.* ▸ *Fam.* ***La petite reine,*** la bicyclette.

reine-claude n.f. (abrév. de [*prune de la*] *reine*

Claude, femme de François Ier) [pl. *reines-claudes*]. Prune de couleur dorée ou verte : *De la confiture de reines-claudes.*

reine-marguerite n.f. (pl. *reines-marguerites*). Plante voisine de la marguerite, cultivée pour ses fleurs blanches, rouges, bleues.

reinette n.f. (de *reine*). Pomme de l'ouest de la France dont il existe plusieurs variétés : *« Pomme de reinette et pomme d'api ».* ☞ **REM.** Ne pas confondre avec *rainette.* ▸ ***Reine des reinettes,*** pomme à chair parfumée, de couleur jaune striée de rouge.

réinscriptible adj. Se dit d'un support d'enregistrement dont le contenu peut être modifié par l'utilisateur : *Un cédérom réinscriptible.*

réinscription n.f. Action de se réinscrire : *Ce papier confirme votre réinscription à l'université.*

réinscrire v.t. [conj. 99]. Inscrire de nouveau : *Elle les a réinscrits au club de théâtre.* ◆ **se réinscrire** v.pr. S'inscrire de nouveau : *Elle s'est réinscrite à l'université par télématique.*

réinsérer v.t. [conj. 18]. Insérer, introduire de nouveau dans un groupe ; réadapter, réhabiliter : *Réinsérer un ancien délinquant dans la société.* ◆ **se réinsérer** v.pr. Retrouver sa place dans un groupe social : *Aider les anciens prisonniers à se réinsérer.*

réinsertion n.f. Action de réinsérer ; fait de se réinsérer (**SYN.** réadaptation).

réinstallation n.f. Action de réinstaller.

réinstaller v.t. [conj. 3]. Installer de nouveau : *Réinstaller un malade dans son ancienne chambre.*

réintégration n.f. Action, fait de réintégrer : *Le tribunal a demandé la réintégration de l'employé licencié.*

réintégrer v.t. (du lat. *reintegrare,* rétablir, de *integer,* intact) [conj. 18]. **1.** Revenir dans un lieu que l'on avait quitté : *La jeune fille a réintégré le domicile de ses parents* (**SYN.** regagner). **2.** Dans le langage juridique, rendre la possession intégrale de ses droits à : *Réintégrer un fonctionnaire.*

réintroduction n.f. Nouvelle introduction : *La réintroduction de l'ours dans les Pyrénées.*

réintroduire v.t. [conj. 98]. Introduire de nouveau.

réinventer v.t. [conj. 3]. Donner une nouvelle dimension à qqch qui existe déjà : *Elle a réinventé l'autobiographie.*

réinvestir v.t. et v.i. [conj. 32]. Investir de nouveau : *Il a réinvesti ses bénéfices dans l'agroalimentaire.*

réinviter v.t. [conj. 3]. Inviter de nouveau : *J'aimerais les réinviter à dîner.*

reis [reis] n.m. (mot turc). Titre décerné à certains dignitaires de l'Empire ottoman.

réitératif, ive adj. Qui réitère ; qui se répète.

réitération n.f. **1.** Action de réitérer : *La réitération des mêmes gestes dans le travail à la chaîne* (**SYN.** répétition). **2.** Dans le langage juridique, action de commettre une infraction, après une première condamnation pour des faits de nature différente (par opp. à récidive).

réitérer v.t. (bas lat. *reiterare,* recommencer) [conj. 18]. Faire de nouveau ce que l'on a déjà fait : *La caissière réitéra son annonce au micro* (**SYN.** refaire, renouveler, répéter).

reître [rɛtr] n.m. (de l'all. *Reiter,* cavalier). *Litt.* Soldat, guerrier brutal (**SYN.** soudard).

rejaillir v.i. [conj. 32]. **1.** Jaillir avec force, en parlant des liquides : *La boue rejaillit sur les jambes des cyclistes* (**SYN.** éclabousser, gicler). **2.** *Fig.* Atteindre qqn en retour : *Le scandale a rejailli sur lui* (**SYN.** retomber).

rejaillissement n.m. **1.** Mouvement de ce qui rejaillit : *Le rejaillissement de l'eau d'une cascade.* **2.** *Fig.* Fait de rejaillir sur : *Le rejaillissement de son succès sur toute sa famille* (**SYN.** retombée).

rejet n.m. **1.** Action de rejeter, de renvoyer hors de soi ; ce qui est rejeté : *Le rejet d'une épave par la mer. Les rejets chimiques d'une usine.* **2.** Action de rejeter, de ne pas agréer : *Le rejet d'une demande de révision d'un procès* (**SYN.** refus). **3.** Réaction de défense par laquelle le système immunitaire tend à détruire un tissu, un organe greffé. **4.** Pousse qui se développe à partir d'une tige ou à partir d'une souche d'arbre coupé. **5.** En versification, action de rejeter au début du vers suivant un ou plusieurs mots nécessaires au sens ; le ou les mots ainsi rejetés : *« Le berger » est un rejet dans « Même il m'est arrivé quelquefois de manger / Le berger »* [La Fontaine].

rejetable adj. Qui peut ou doit être rejeté : *Un pourvoi en cassation rejetable.*

rejeter v.t. (lat. *rejectare,* de *jacere,* jeter) [conj. 27]. **1.** Renvoyer vers son point de départ : *Rejeter à l'eau des têtards* (**SYN.** relancer). **2.** Faire reculer ; repousser : *Le garde du corps rejeta les admirateurs de la star* (**SYN.** chasser, refouler). *Se sentir rejeté par sa famille.* **3.** Envoyer hors de soi ; faire sortir de son corps : *La mer a rejeté les corps des victimes* (**SYN.** rendre, restituer). *Cette usine rejette des déchets toxiques* (**SYN.** évacuer). **4.** Ne pas admettre ; refuser : *Le conseil d'administration a rejeté cette proposition* (**SYN.** décliner, écarter ; **CONTR.** accepter, retenir). **5. [sur].** Faire retomber sur un autre : *Elle a rejeté la responsabilité de son échec sur ses conseillers.* **6.** Déplacer plus loin ; éloigner dans l'espace : *Ils ont rejeté les notes à la fin de l'ouvrage.* ◆ v.i. En parlant d'une plante, donner des rejets. ◆ **se rejeter** v.pr. **1.** Se reculer brusquement : *Elle s'est rejetée en arrière pour éviter d'être éclaboussée.* **2. [sur].** Se reporter faute de mieux sur : *Il n'y avait plus de pain, nous avons dû nous rejeter sur des biscottes* (**SYN.** se rabattre sur).

rejeton n.m. **1.** Nouvelle pousse qui apparaît au pied de la tige d'une plante. **2.** *Fam.* Descendant ; enfant : *Ses rejetons lui ressemblent.*

rejoindre v.t. [conj. 82]. **1.** Aller retrouver : *Partez sans moi, je vous rejoindrai au restaurant.* **2.** Atteindre qqn qui a pris de l'avance : *Il a rejoint le groupe de tête* (**SYN.** rattraper). **3.** En parlant de qqn, arriver dans un lieu ; en parlant d'une voie, y conduire : *Nous rejoindrons l'autoroute à Poitiers. Ce chemin rejoint la nationale* (**SYN.** aboutir à). **4.** Devenir membre d'un groupe ; regagner son poste, sa garnison : *L'actrice a rejoint ce parti* (**SYN.** rallier). **5.** Partager les idées, l'opinion de qqn : *Sur ce point, je vous rejoins* (= je suis d'accord avec vous).

rejointoyer v.t. [conj. 13]. Refaire des joints de maçonnerie.

rejouer v.t. et v.i. [conj. 6]. Jouer de nouveau : *Rejouer un match. Elle pourra rejouer dans une semaine.*

réjoui, e adj. Qui exprime la joie, la gaieté : *En voyant sa mine réjouie, je sus qu'elle avait réussi* (**SYN.** joyeux, radieux ; **CONTR.** sombre, triste).

réjouir v.t. (de l'anc. fr. *esjouir*) [conj. 32]. Donner de la joie à : *L'idée de partir en vacances le réjouit* (**SYN.** enchanter, ravir ; **CONTR.** attrister, chagriner). ◆ **se réjouir** v.pr. Éprouver de la joie, de la satisfaction : *Le ministre se réjouit de l'adoption de la loi* (**SYN.** se féliciter de ; **CONTR.** se désoler). *Je me réjouis que vous veniez avec nous.*

réjouissance n.f. Joie collective : *La victoire de l'équipe fut une occasion de réjouissance* (**SYN.** liesse [litt.]). ◆ **réjouissances** n.f. pl. Fêtes destinées à célébrer un événement heureux : *Je n'ai pas pu prendre part aux réjouissances* (**SYN.** festivités).

réjouissant, e adj. Qui réjouit : *Son arrivée fut une surprise réjouissante* (**SYN.** gai ; **CONTR.** affligeant, désolant).

rejuger v.t. [conj. 17]. Juger de nouveau : *Rejuger une affaire.*

① **relâche** n.f. **1.** Suspension momentanée des représentations d'un théâtre : *Le lundi est le jour de relâche.* **2.** *Litt.* Interruption dans un travail, un exercice : *Vous devriez vous accorder un moment de relâche* (**SYN.** détente, pause, répit). ☞ **REM.** Ce nom était autrefois masculin. ▸ ***Sans relâche,*** sans interruption ; continuellement : *Le jeune gymnaste s'entraîne sans relâche* (= constamment).

② **relâche** n.f. En parlant d'un navire, action de s'arrêter en un lieu pour s'approvisionner ou se faire réparer ; lieu où l'on s'arrête : *Ce navire fait relâche à Chypre* (**SYN.** escale).

relâché, e adj. Qui manque de fermeté, de rigueur : *Un style relâché* (**SYN.** négligé ; **CONTR.** soigné).

relâchement n.m. **1.** Diminution de la tension ; état de ce qui est distendu : *Le relâchement d'un câble.* **2.** Ralentissement d'activité, d'ardeur, de sévérité : *J'ai constaté un certain relâchement dans son travail* (**SYN.** laisser-aller, négligence ; **CONTR.** rigueur).

relâcher v.t. [conj. 3]. **1.** Remettre en liberté : *Les otages ont été relâchés* (**SYN.** libérer). **2.** Rendre plus lâche ; diminuer la tension de : *Ils ont relâché le bâillon du prisonnier* (**SYN.** desserrer, détendre ; **CONTR.** resserrer, tendre). **3.** Rendre moins sévère, moins intense : *En fin d'année, le professeur a relâché la discipline* (**SYN.** assouplir ; **CONTR.** durcir). *L'auditoire a relâché son attention* (**SYN.** diminuer ; **CONTR.** intensifier, redoubler). ◆ v.i. Faire relâche, en parlant d'un navire : *Le bateau doit relâcher à Brest* (**SYN.** s'arrêter). ◆ **se relâcher** v.pr. **1.** Devenir moins tendu : *Les cordes de ma guitare se sont relâchées* (**SYN.** se détendre ; **CONTR.** se raidir). **2.** Perdre de son ardeur ; devenir moins rigoureux : *La discipline se relâche* (**SYN.** s'assouplir ; **CONTR.** se durcir).

relais n.m. (de *relayer*). **1.** Personne, chose qui sert de lien entre deux autres : *Ma secrétaire leur a servi de relais* (**SYN.** intermédiaire, médiateur). **2.** Dans les télécommunications, réémetteur. **3.** (Employé en appos., avec ou sans trait d'union). Qui sert d'intermédiaire, d'étape : *Une antenne relais. Un financement relais.* **4.** *Anc.* Chevaux de poste frais et placés de distance en distance sur une route pour remplacer les chevaux fatigués ; lieu où ces chevaux étaient placés. ▸ ***Course de relais,*** épreuve dans laquelle les membres d'une même équipe se succèdent (on dit aussi *un relais*) : *Le relais quatre fois cent mètres.* ***Prendre le relais de,*** succéder à ; poursuivre l'action de : *Elle a pris le relais de son père dans la défense de l'environnement.*

relance n.f. **1.** Action de donner un nouvel élan, un nouvel essor : *La relance d'un projet culturel.* **2.** Action de relancer qqn : *La relance d'un vépéciste à ses clientes.* **3.** À certains jeux de cartes, action de surenchérir ; somme ainsi engagée : *Une relance de 100 euros.*

relancer v.t. [conj. 16]. **1.** Lancer de nouveau : *Relancer un ballon* (**SYN.** rejeter, renvoyer). **2.** Solliciter de nouveau pour tenter d'obtenir qqch : *Elle a dû le relancer pour obtenir un rendez-vous.* **3.** Donner un nouvel essor à : *Relancer l'artisanat d'art dans une région* (**SYN.** réactiver). ◆ v.i. Au jeu, faire une relance.

relaps, e [rəlaps] adj. et n. (lat. *relapsus*, de *labi*, tomber). Se disait d'un chrétien retombé dans l'hérésie : *Jeanne d'Arc fut condamnée comme relapse.*

relater v.t. (du lat. *relatus*, narration, de *referre*, raconter, rapporter, de *ferre*, porter) [conj. 3]. Raconter en détail : *Dans ce chapitre, l'auteur relate un épisode de sa jeunesse* (**SYN.** rapporter, retracer).

relatif, ive adj. (lat. *relatum*, de *referre*, rapporter). **1.** Qui se rapporte à ; qui concerne : *Les articles relatifs à un sujet d'actualité.* **2.** Qui n'a de valeur que par rapport à qqch d'autre : *La baisse de nos actions en Bourse est relative* (= il faut la comparer aux autres taux ; **CONTR.** absolu). **3.** Qui n'est pas complet ; imparfait : *Un calme relatif* (**SYN.** partiel ; **CONTR.** parfait, total). **4.** Qui dépend de l'état d'une personne : *La sensation de chaud et de froid est relative selon chaque individu* (**SYN.** subjectif ; **CONTR.** objectif). **5.** En grammaire, se dit des mots qui servent à établir une relation entre un nom ou un pronom qu'ils représentent (l'antécédent) et une proposition dite *subordonnée relative* : *Dans « les personnes qui ont un billet peuvent entrer », « qui » est un pronom relatif.* ▸ ***Proposition relative,*** proposition subordonnée introduite par un mot relatif (on dit aussi *une relative*). ◆ **relatif** n.m. En grammaire, mot relatif : *Les pronoms « qui, que, quoi, lequel, dont », l'adjectif « lequel » et l'adverbe « où » sont des relatifs.*

relation n.f. **1.** Action de relater, de raconter ; compte rendu : *Faites la relation de ce que vous avez vu et entendu* (**SYN.** narration, récit). **2.** Lien existant entre des choses, des personnes : *Y a-t-il une relation entre ces deux affaires ?* (**SYN.** corrélation, rapport). *Leurs relations sont strictement professionnelles.* **3.** Personne avec laquelle on est en rapport : *Ils ont beaucoup de relations dans le milieu du journalisme* (**SYN.** connaissance, fréquentation). ▸ ***Avoir des relations,*** connaître des personnes influentes. ***Relations publiques,*** activités professionnelles visant à informer l'opinion sur les réalisations d'une entreprise, d'une collectivité et à les promouvoir.

relationnel, elle adj. Relatif aux relations entre les individus : *Elle a des problèmes relationnels avec ses collègues.*

relationniste n. Au Québec, spécialiste des relations publiques.

relative n.f. En grammaire, proposition relative.

relativement adv. **1.** Jusqu'à un certain point ; assez : *Le chemin est relativement facile à trouver.* **2. [à].** Par comparaison avec ; par rapport à : *Les places ne sont pas chères relativement à la qualité du spectacle.*

relativiser v.t. [conj. 3]. Rendre relatif ; faire perdre son caractère absolu à : *Il faut relativiser la baisse des ventes au premier trimestre.*

relativisme n.m. Doctrine philosophique selon laquelle la connaissance humaine, les valeurs morales ou esthétiques sont relatives.

relativiste adj. **1.** Relatif au relativisme : *Une position relativiste.* **2.** En physique, qui concerne la théorie de la relativité. ◆ n. Partisan du relativisme.

relativité n.f. Caractère de ce qui est relatif : *La relativité de la sensation de chaud et de froid.* ▸ ***Théories de la relativité,*** principe de la relativité du temps énoncé par Einstein, entraînant celle des longueurs et faisant de la réalité un amalgame de durées et de longueurs, l'espace-temps.

relaver v.t. [conj. 3]. **1.** Laver de nouveau : *Il faut relaver les verres.* **2.** En Suisse, laver la vaisselle après le repas.

relax ou **relaxe** adj. inv. (de l'angl. *to relax*, se détendre). *Fam.* **1.** Qui repose, délasse ; calme : *Deux semaines relax à la campagne* (**SYN.** tranquille ; **CONTR.** agité, mouvementé). **2.** À l'aise, détendu : *Son collègue est très relax* (**SYN.** décontracté ; **CONTR.** tendu). ◆ n.m. inv. Fauteuil de repos à inclinaison variable : *Les relax sont au bord de la piscine.*

relaxant, e adj. Qui relaxe, repose : *Une musique relaxante* (**SYN.** délassant, reposant ; **CONTR.** stressant).

relaxation n.f. Détente à la fois physique et psychique ; décontraction : *Une séance de relaxation.*

① **relaxe** n.f. (de *2. relaxer*). Dans le langage juridique, décision d'un tribunal correctionnel déclarant un prévenu non coupable.

② **relaxe** adj. → **relax.**

① **relaxer** v.t. (du lat. *relaxare*, relâcher) [conj. 3]. Mettre en état de décontraction ; reposer : *Ce massage des pieds l'a relaxé* (**SYN.** délasser, détendre ; **CONTR.** énerver, stresser). ◆ **se relaxer** v.pr. Détendre ses muscles, son esprit : *Elle s'est relaxée dans le Jacuzzi* (**SYN.** se délasser, se détendre).

② **relaxer** v.t. [conj. 3]. Dans le langage juridique, accorder la relaxe à : *Relaxer un inculpé* (**SYN.** libérer).

relayer [rəleje] v.t. (de l'anc. fr. *laier*, laisser) [conj. 11]. **1.** Remplacer qqn dans un travail, une action, pour éviter toute interruption : *L'infirmière de garde attend qu'on la relaye* (**SYN.** relever). **2.** Succéder à un équipier dans une course de relais. **3.** Substituer qqch à qqch d'autre : *Les conversations diplomatiques relaient* ou *relayent les actions militaires* (**SYN.** remplacer). **4.** Retransmettre un programme par émetteur, par satellite. ◆ **se relayer** v.pr. Se remplacer, alterner pour assurer la continuité d'une tâche : *Ils se sont relayés toute la nuit au volant.*

relayeur, euse [rəlejœr, øz] n. Sportif qui participe à une course de relais.

relecture n.f. Nouvelle lecture : *La relecture d'un mémoire de thèse.*

relégation n.f. **1.** En sports, descente d'une équipe dans une catégorie inférieure. **2.** Peine qui, avant 1970, frappait en France les récidivistes et consistait à les éloigner du territoire métropolitain.

reléguer v.t. (du lat. *relegare*, bannir) [conj. 18]. **1.** Mettre à l'écart : *Il a relégué son vieil ordinateur au grenier* (**SYN.** remiser). *Le jeune journaliste a été relégué aux chiens écrasés* (**SYN.** cantonner, confiner). **2.** En sports, faire subir une relégation : *Ces mauvais résultats relèguent l'équipe en deuxième division.*

relent n.m. (du lat. *lentus*, visqueux). **1.** Mauvaise odeur qui persiste ; remugle : *Un relent d'égout. Il y a des relents de moisi dans la salle de bains.* **2.** *Litt.* Ce qui reste de qqch ; trace : *Il y a un relent de critique dans ses paroles.*

relevable adj. Que l'on peut relever : *Des sièges relevables* (**CONTR.** rabattable).

relevailles n.f. pl. *Anc.* Bénédiction religieuse que l'on donnait à une femme après son accouchement.

relève n.f. Action de remplacer une équipe par une autre ; équipe qui assure ce remplacement : *La relève se fait à 8 heures. La relève est en retard.* ▸ ***Prendre la relève,*** relayer ; remplacer : *Lorsqu'il partira, c'est son adjoint qui prendra la relève.*

① **relevé, e** adj. **1.** Épicé : *Cette sauce est relevée* (**SYN.** fort ; **CONTR.** doux). **2.** *Litt.* Qui se distingue par sa qualité : *Un style relevé* (**SYN.** noble, soutenu).

② **relevé** n.m. **1.** Action de relever, de noter par écrit ; son résultat : *Le relevé des compteurs. Le relevé des communications téléphoniques* (**SYN.** liste). **2.** Représentation en plan, en coupe ou en élévation d'un bâtiment existant. ▸ ***Relevé d'identité bancaire*** ou ***R.I.B., relevé d'identité postal*** ou ***R.I.P.,*** pièce délivrée par une banque ou par La Poste à ses clients, et permettant d'identifier leur compte courant.

relèvement n.m. **1.** Action de relever : *Le relèvement de poteaux abattus par le vent. Le relèvement du salaire minimum de croissance* (**SYN.** augmentation, majoration ; **CONTR.** diminution, réduction). **2.** Action de rétablir la situation de qqch, de se relever ; redressement : *Le relèvement d'une industrie* (**CONTR.** effondrement, récession).

relever v.t. [conj. 19]. **1.** Remettre debout ; remettre dans sa position naturelle : *Les pompiers relevèrent la personne accidentée* (**CONTR.** recoucher). *Relever une clôture renversée* (**SYN.** redresser ; **CONTR.** abattre). **2.** Ramasser ; collecter : *Quand vous aurez rempli les questionnaires, je les relèverai* (**CONTR.** distribuer). **3.** Rendre la prospérité à : *Relever une entreprise en difficulté* (**SYN.** redresser, renflouer). **4.** Mettre en valeur : *Ce maquillage relève la couleur de ses yeux* (**SYN.** rehausser, souligner). **5.** Mettre en évidence ; faire remarquer : *J'ai relevé plusieurs anachronismes dans cette reconstitution historique* (**SYN.** noter, observer). *Relever une erreur dans une facture* (**SYN.** découvrir). **6.** Noter par écrit ; prendre une image de : *J'ai relevé le numéro de sa plaque d'immatriculation* (**SYN.** copier, inscrire). *L'inspecteur relève les empreintes digitales.* **7.** Faire comprendre que l'on entend, que l'on voit qqch : *La ministre a préféré ne pas relever la réflexion du journaliste.* **8.** Diriger vers le haut ; remettre plus haut : *Il releva la tête et la regarda droit dans les yeux* (**SYN.** lever, redresser ; **CONTR.** baisser). *Relever un store* (**SYN.**

remonter ; **CONTR.** descendre). **9.** Accroître le niveau, la valeur de : *L'État a décidé de relever cette taxe* (**SYN.** augmenter, majorer ; **CONTR.** diminuer, réduire). **10.** Donner un goût plus prononcé à : *Relever une viande avec du curry* (**SYN.** assaisonner, épicer). **11.** Remplacer dans un travail, une fonction : *Le chauffeur a relevé son collègue* (**SYN.** relayer). **12.** Libérer d'une obligation, d'un engagement : *Je vous relève de votre promesse* (**SYN.** dégager, délier [sout.]). **13.** Priver de sa charge, de son poste : *Seul le Parlement a le pouvoir de le relever de ses fonctions* (**SYN.** destituer, révoquer). ▸ ***Relever le gant*** → **gant.** ◆ v.t. ind. **[de]. 1.** Se remettre ; se rétablir : *Elle relève de maladie.* **2.** Dépendre de l'autorité de ; être du ressort de : *Cet employé ne relève pas de notre service. Votre affaire relève du pénal* (**SYN.** ressortir à). ◆ **se relever** v.pr. **1.** Se remettre debout : *La coureuse s'est relevée immédiatement après sa chute* (**SYN.** se redresser). **2.** *Fig.* Sortir d'une situation pénible : *Je pensais qu'il ne se relèverait jamais de la mort de sa femme* (**SYN.** se consoler, se remettre). *Il faut aider ce pays à se relever de la crise* (**SYN.** renaître).

① **releveur, euse** adj. Qui relève, est destiné à relever : *Les muscles releveurs des paupières.*

② **releveur, euse** n. Personne qui relève les compteurs d'eau, de gaz, d'électricité.

reliage n.m. Action de relier, d'entourer un tonneau d'un cercle ; cerclage.

relief n.m. (de *relever*). **1.** Ce qui fait saillie sur une surface : *Le relief d'une médaille. Des lettres en relief.* **2.** Ensemble des bosses et des creux que présente le sol, la surface de la Terre : *Le relief des fonds océaniques, d'une région montagneuse.* **3.** Sculpture dans laquelle le motif se détache en saillie plus ou moins forte sur un fond (par opp. à la ronde-bosse). **4.** Éclat qui naît de l'opposition, du contraste avec autre chose : *Les personnages de ce film ont beaucoup de relief* (**SYN.** caractère, force). ▸ ***Mettre en relief,*** faire ressortir ; mettre en évidence : *Ce fait a mis en relief sa modestie* (**SYN.** souligner). ◆ **reliefs** n.m. pl. *Litt.* Restes d'un repas.

relier v.t. [conj. 9]. **1.** Lier ensemble ; réunir : *Vous relierez les points de la figure par un trait* (**SYN.** joindre). *Relier deux tubes* (**SYN.** raccorder ; **CONTR.** disjoindre). **2.** Établir un lien entre ; unir : *Les enquêteurs relient les deux événements* (**SYN.** associer, rapprocher ; **CONTR.** séparer). **3.** Faire communiquer : *Ce couloir relie les deux chambres* (**SYN.** réunir). **4.** Assembler ensemble les feuillets d'un livre et les revêtir d'une couverture, en faire la reliure. **5.** Mettre des cercles à un tonneau, en faire le reliage.

relieur, euse n. Personne qui relie les livres, qui en effectue la reliure.

religieuse n.f. **1.** Gâteau composé de deux choux superposés fourrés de crème pâtissière et glacés au fondant : *Une religieuse au chocolat, au café.* **2.** En Suisse, croûte qui se forme au fond d'un caquelon à fondue.

religieusement adv. **1.** D'une manière conforme à la religion : *Ils se sont mariés religieusement* (**CONTR.** civilement). **2.** Avec une exactitude scrupuleuse : *J'ai suivi religieusement toutes vos consignes* (**SYN.** exactement, rigoureusement). **3.** Avec recueillement : *Tout le monde écoutait religieusement le président.*

religieux, euse adj. (lat. *religiosus*). **1.** Qui appartient à une religion ; qui se fait selon les rites d'une religion : *Une fête religieuse. Un disque de chants religieux* (**SYN.** sacré ; **CONTR.** profane). *Un enterrement religieux* (**CONTR.** civil). **2.** Qui concerne des gens dont la vie est vouée à la religion : *L'habit religieux. Une congrégation religieuse.* **3.** Qui pratique sa religion avec piété : *Une famille très religieuse* (**SYN.** croyant, pieux ; **CONTR.** athée, incroyant, irréligieux). **4.** Qui est empreint de gravité et invite au recueillement : *Un silence religieux régnait dans la pièce.* ◆ n. Personne qui a prononcé des vœux dans un institut religieux : *Une communauté de religieux* (**SYN.** moine). *Un couvent de religieuses* (**SYN.** nonne).

religion n.f. (du lat. *religio*, attachement scrupuleux aux rites). **1.** Ensemble de croyances et de dogmes définissant le rapport de l'homme avec le divin, le sacré : *Il prône la tolérance en matière de religion.* **2.** Ensemble de pratiques et de rites propres à chacune de ces croyances : *Les religions chrétienne, juive, musulmane* (**SYN.** confession, culte). **3.** Adhésion à une doctrine religieuse : *Des gens sans religion* (**SYN.** croyance, foi ; **CONTR.** athéisme, irréligion). ▸ ***Entrer en religion,*** se consacrer à Dieu par des vœux. ***Ma religion est faite,*** je me suis fait une opinion, ma conviction est établie.

religiosité n.f. Tendance de la sensibilité conduisant à une vague religion, sans dogme précis.

reliquaire n.m. Boîte, coffret, étui, souvent en orfèvrerie, destinés à contenir des reliques.

reliquat n.m. (du lat. *reliqua*, choses restantes). **1.** En comptabilité, ce qui reste à percevoir : *Ils devraient toucher un reliquat.* **2.** Ce qui subsiste de qqch : *Un reliquat de rancœur* (**SYN.** résidu, reste, vestige).

relique n.f. (du lat. *reliquiae*, restes). **1.** Ce qui reste du corps d'un martyr, d'un saint et qui fait l'objet d'un culte : *Les reliques de saint Pierre.* **2.** Objet auquel on attache une valeur sentimentale : *Elle a conservé des reliques de son enfance. Elle garde ce bijou comme une relique.*

relire v.t. [conj. 106]. Lire de nouveau ce que l'on a déjà lu ou ce que l'on vient d'écrire : *Il a eu du plaisir à relire ce roman. Elle relit sa lettre avant de l'envoyer.* ◆ **se relire** v.pr. Lire ce que l'on a soi-même écrit : *Elles se sont mal relues, leur texte est plein de fautes.*

reliure n.f. **1.** Activité industrielle ou artisanale consistant à relier les livres : *Elle apprend la reliure.* **2.** Couverture cartonnée, recouverte de cuir, de toile, etc., dont on habille un livre pour le protéger ou le décorer : *Une reliure en maroquin.*

relogement n.m. Action de reloger ; fait d'être relogé.

reloger v.t. [conj. 17]. Trouver un logement de remplacement à qqn : *La mairie a relogé les sinistrés dans des caravanes.*

relooker [rəluke] v.t. (de l'angl. *look*, air, allure) [conj. 3]. *Fam.* Modifier l'aspect de qqn ou de qqch ; adapter, moderniser : *Une agence de communication a relooké cet homme politique. Relooker l'emballage d'un produit.*

relou adj. (verlan de *lourd*). *Fam.* Qui manque de finesse ; balourd : *Ses films sont relous.*

relouer v.t. [conj. 6]. Louer de nouveau : *Ils ont*

décidé de relouer le même gîte rural que l'année dernière.

reluire v.i. [conj. 97]. Être lumineux ; briller, luire : *L'escalier ciré reluit* (**SYN.** étinceler, miroiter). ▸ *Fam.* ***Passer*** ou ***manier la brosse à reluire,*** flatter ostensiblement une personne.

reluisant, e adj. Qui reluit : *Des chaussures reluisantes* (**SYN.** brillant, miroitant ; **CONTR.** terne). ▸ ***Peu reluisant,*** médiocre : *Cet individu est peu reluisant* (**SYN.** brillant).

reluquer v.t. (du moyen fr. *luquer,* regarder, néerl. *locken,* regarder) [conj. 3]. *Fam.* Regarder avec curiosité ou convoitise : *Arrête de reluquer les filles* (**SYN.** lorgner). *Elle reluque mon nouveau baladeur* (**SYN.** guigner).

rem [rɛm] n.m. (acronyme de l'angl. *Röntgen Equivalent Man*). Unité de mesure de dose de radiation absorbée par une matière vivante ou inanimée.

remâcher v.t. [conj. 3]. **1.** Mâcher une seconde fois, en parlant des ruminants. **2.** *Fig.* Retourner dans son esprit : *Remâcher un événement douloureux* (**SYN.** ressasser, ruminer).

remaillage [rəmajaʒ] ou **remmaillage** [rɑ̃majaʒ] n.m. Action ou manière de remailler.

remailler [rəmaje] ou **remmailler** [rɑ̃maje] v.t. [conj. 3]. Reconstituer les mailles d'un tricot, d'un filet : *Ils remaillent un filet de pêche* (**SYN.** raccommoder, ramender).

remake [rimɛk] n.m. (mot angl., de *to remake,* refaire). Nouvelle version d'un film, d'une œuvre littéraire, théâtrale : *Il y a eu plusieurs remakes de ce film.*

rémanence n.f. (du lat. *remanere,* s'arrêter, de *manere,* rester). Persistance d'un état après la disparition de sa cause : *La rémanence de la douleur.*

rémanent, e adj. Qui subsiste : *Une douleur rémanente* (**SYN.** durable, persistant).

remanger v.t. et v.i. [conj. 17]. Manger de nouveau : *Ce soir, nous allons remanger du poulet. Le malade remange enfin.*

remaniement n.m. Action de remanier ; résultat de cette action : *Le remaniement d'un projet de loi. Un remaniement ministériel* (**SYN.** changement, modification).

remanier v.t. [conj. 9]. **1.** Apporter des modifications à : *Elle a remanié son curriculum vitae* (**SYN.** corriger, retoucher, transformer). **2.** Modifier la composition de : *L'entraîneur a remanié l'équipe avant la Coupe du monde* (**SYN.** réorganiser).

remaquiller v.t. [conj. 3]. Maquiller de nouveau. ◆ **se remaquiller** v.pr. Refaire son maquillage.

remarcher v.i. [conj. 3]. *Fam.* Fonctionner de nouveau : *Le magnétoscope remarche.*

remariage n.m. Nouveau mariage.

se **remarier** v.pr. [conj. 9]. Se marier de nouveau.

remarquable adj. Qui se distingue par ses hautes qualités : *Son dernier livre est remarquable* (**SYN.** extraordinaire ; **CONTR.** insignifiant). *Son père est un chirurgien remarquable* (**SYN.** émérite, éminent ; **CONTR.** médiocre).

remarquablement adv. De façon remarquable : *Un homme remarquablement fort* (**SYN.** étonnamment, très ; **CONTR.** peu). *Elle dessine remarquablement* (**SYN.** admirablement ; **CONTR.** lamentablement).

remarque n.f. **1.** Observation sur un point particulier : *C'est une remarque pertinente* (**SYN.** réflexion). *Il m'a fait une remarque sur mon style vestimentaire* (**SYN.** 2. critique ; **CONTR.** compliment). **2.** Note, observation écrite : *Un texte accompagné de remarques dans la marge* (**SYN.** annotation, commentaire).

remarqué, e adj. Qui a retenu particulièrement l'attention : *Elle a fait une entrée remarquée* (**CONTR.** discret).

remarquer v.t. [conj. 3]. **1.** S'apercevoir de : *Il n'a rien remarqué d'inhabituel* (**SYN.** constater, observer). *Je n'ai pas remarqué qu'il était déjà parti.* **2.** Distinguer parmi d'autres : *Il l'a remarqué dans le public* (**SYN.** apercevoir, discerner). ▸ *Péjor.* ***Se faire remarquer,*** se singulariser : *Se faire remarquer par ses tenues extravagantes* (= se signaler). ◆ **se remarquer** v.pr. Être apparent ; se voir : *Son émotion se remarquait.*

remastériser v.t. (de l'angl. *master,* original) [conj. 3]. Opérer la numérisation d'un document sonore ou vidéo initialement enregistré sous forme analogique.

remballage n.m. Action de remballer.

remballer v.t. [conj. 3]. Emballer de nouveau : *Elle remballe les invendus* (**SYN.** rempaqueter).

rembarquement n.m. Action de rembarquer ou de se rembarquer (**CONTR.** débarquement).

rembarquer v.t. [conj. 3]. Embarquer de nouveau : *Rembarquer des conteneurs* (**CONTR.** débarquer). ◆ v.i. ou **se rembarquer** v.pr. S'embarquer de nouveau : *Des troupes qui rembarquent après une mission.*

rembarrer v.t. [conj. 3]. *Fam.* Faire de vifs reproches à : *Elle voulait revenir sur ces racontars, mais je l'ai vite rembarrée* (**SYN.** rabrouer).

rembaucher v.t. → **réembaucher.**

remblai n.m. Masse de terre rapportée pour élever un terrain ou combler un creux.

remblaiement n.m. Action d'une eau courante qui dépose des matériaux qu'elle charrie.

remblayage [rɑ̃blɛjaʒ] n.m. Action de remblayer.

remblayer [rɑ̃blɛje] v.t. (de l'anc. fr. *emblaer,* remplir de blé) [conj. 11]. Apporter des matériaux pour hausser un sol ou combler un creux : *Remblayer un chemin.*

rembobiner v.t. [conj. 3]. Enrouler, embobiner de nouveau : *Rembobiner du fil, une cassette vidéo.*

remboîtage ou **remboîtement** n.m. Action de remboîter (**CONTR.** déboîtement).

remboîter v.t. [conj. 3]. Remettre en place ce qui est déboîté : *Remboîter les planches d'un lit* (**CONTR.** déboîter).

rembourrage n.m. **1.** Action de rembourrer : *Le rembourrage d'un canapé* (**SYN.** capitonnage). **2.** Matière avec laquelle on rembourre : *Ce fauteuil perd son rembourrage* (**SYN.** bourre, rembourrure).

rembourrer v.t. [conj. 3]. Garnir, remplir de crin, de bourre, de laine : *Rembourrer un pouf* (**SYN.** bourrer, capitonner).

rembourrure n.f. Rembourrage ; bourre.

remboursable adj. Qui peut ou qui doit être remboursé : *Un prêt remboursable en quinze ans. Ce médicament est remboursable*

remboursement n.m. Action de rembourser : *Le*

remboursement des frais de transport. ▸ ***Envoi contre remboursement,*** envoi d'une marchandise délivrable contre paiement de sa valeur et, éventuellement, des frais de port, à la livraison.

rembourser v.t. [conj. 3]. **1.** Rendre à qqn l'argent emprunté : *Elle m'a remboursé les 15 euros que je lui avais prêtés.* **2.** Rendre à qqn l'argent qu'il a déboursé : *On ne l'a pas encore remboursé de ses frais d'hébergement* (SYN. défrayer).

rembranesque adj. Qui rappelle la manière, les thèmes de Rembrandt : *Une peinture rembranesque.*

se **rembrunir** v.pr. [conj. 32]. Devenir sombre, triste : *À cette évocation, son visage s'est rembruni* (SYN. s'assombrir ; CONTR. s'éclairer, s'épanouir).

remède n.m. (lat. *remedium,* de *mederi,* soigner). **1.** Substance employée pour prévenir ou combattre une maladie : *Un remède contre le rhume* (SYN. médicament). **2.** *Fig.* Ce qui sert à prévenir ou à combattre une souffrance morale, à résoudre une difficulté : *Il n'y a pas de remède à son désespoir* (SYN. antidote, recours). *Ils n'ont pas encore trouvé de remède à cette pollution* (SYN. expédient, solution).

remédiable adj. À quoi l'on peut remédier : *Une erreur remédiable* (SYN. réparable ; CONTR. irrémédiable, irréparable).

remédier v.t. ind. [conj. 9]. **[à].** Apporter un remède à : *Remédier à un mal de tête* (SYN. calmer, soulager). *Remédier à la pollution automobile par la circulation alternée* (SYN. obvier à [litt.], pallier).

remembrement n.m. Regroupement de parcelles de terre trop morcelées.

remembrer v.t. [conj. 3]. Effectuer le remembrement de : *Remembrer les cantons ruraux* (CONTR. morceler).

remémoration n.f. *Litt.* Action de se remémorer, de se remettre qqch en mémoire.

remémorer v.t. (bas lat. *rememorari,* de *memor,* qui se souvient) [conj. 3]. *Litt.* Remettre en mémoire ; rappeler : *Cette visite a remémoré leur jeunesse aux anciens* (SYN. évoquer). ◆ **se remémorer** v.pr. Se rappeler : *Il se remémore leur rencontre* (SYN. se souvenir de).

remerciement n.m. Action de remercier ; paroles par lesquelles on remercie : *J'ai reçu une carte de remerciement. Se confondre en remerciements.*

remercier v.t. [conj. 9]. **1.** Exprimer sa gratitude à qqn pour qqch : *Je te remercie de ton aide* (= je te dis merci). *Il m'a remercié de l'avoir raccompagné.* **2.** Congédier : *Il a remercié son assistante* (SYN. licencier, renvoyer).

réméré n.m. (du lat. *redimere,* racheter). Clause par laquelle un vendeur se réserve un droit de rachat : *Une vente à réméré.*

remettre v.t. [conj. 84]. **1.** Replacer qqn, qqch à l'endroit où il était, dans l'état ancien : *Remettre un enfant dans son lit. J'ai remis le CD à sa place* (SYN. reposer). *Remettre une pendule à l'heure.* **2.** Reconnaître après avoir cherché dans ses souvenirs : *Excusez-moi, mais je ne vous remets toujours pas.* **3.** Remboîter une articulation, un membre démis : *Remettre une épaule* (CONTR. déboîter, démettre, luxer). **4.** Mettre de nouveau, notamm. un vêtement : *Il ne fait pas chaud, je vais remettre ma veste* (CONTR. enlever, retirer). **5.** Mettre en remplacement ou en supplément de qqch : *Remettre un lacet à une chaussure. Remettre du sel dans la sauce* (SYN. ajouter). **6.** Rétablir la santé de qqn : *Son séjour à la montagne l'a remis* (SYN. revigorer, remonter ; CONTR. affaiblir, épuiser). **7.** Mettre entre les mains, en la possession, au pouvoir de qqn : *Elle a remis sa démission au directeur* (SYN. donner, présenter). *Il a remis les clefs de sa maison au voisin* (SYN. confier, laisser). *Remettre un criminel à la justice* (SYN. livrer). **8.** Faire grâce, en partie ou en totalité, de ; gracier : *Remettre la peine d'un condamné.* **9.** Reporter à plus tard ; différer : *Remettre un rendez-vous au lendemain* (SYN. ajourner, retarder). **10.** En Belgique, en Suisse, céder une entreprise, un commerce. ▸ *Fam.* ***En remettre,*** exagérer. *Fam.* ***Remettre ça,*** recommencer : *Le voisin remet ça avec sa musique.* ***Remettre qqn au pas,*** le contraindre à faire son devoir. ◆ v.t. ind. **[sur].** En Belgique, rendre la monnaie sur une somme : *Remettre sur 10 euros.* ◆ **se remettre** v.pr. **1.** Se mettre de nouveau dans une position, un endroit : *Se remettre au lit.* **2.** Se rappeler après avoir cherché : *Je me remets très bien votre visage.* **3.** Reprendre une action, une activité : *Elle s'est remise au piano* (SYN. recommencer). **4.** Revenir à un meilleur état de santé ; retrouver le calme : *Elle se repose et se remet peu à peu* (SYN. guérir, se rétablir). *Se remettre de sa frayeur* (= récupérer). ▸ ***S'en remettre à qqn,*** s'en rapporter à lui : *Il s'en est remis à un notaire pour la rédaction du contrat* (SYN. se reposer sur).

remeubler v.t. [conj. 5]. Remettre des meubles ; mettre de nouveaux meubles.

rémige n.f. (du lat. *remex, remigis,* rameur). Chacune des grandes plumes rigides de l'aile d'un oiseau ; penne.

remilitarisation n.f. Action de remilitariser.

remilitariser v.t. [conj. 3]. Réinstaller un dispositif militaire dans une région.

réminiscence [reminisɑ̃s] n.f. (du lat. *reminisci,* se souvenir). Souvenir vague et imprécis : *Elle a quelques réminiscences de cette époque.*

remisage n.m. Action de remiser.

remise n.f. **1.** Action de remettre dans un lieu : *La remise en place des chaises après la réunion.* **2.** Action de remettre dans la position, l'état antérieurs : *Remise à neuf. Des clubs de remise en forme.* **3.** Action de remettre, de livrer : *La remise d'un colis à son destinataire* (SYN. délivrance, livraison). **4.** Rabais consenti sur un achat : *Il a obtenu une remise de 10 % sur ce pantalon* (SYN. réduction, ristourne). **5.** Local servant d'abri à des véhicules ou à du matériel : *La boîte à outils est dans la remise* (SYN. hangar, resserre). ▸ ***Remise de peine,*** grâce que l'on accorde à un condamné de tout ou partie de sa peine.

remiser v.t. [conj. 3]. **1.** Placer dans une remise, un garage : *Remiser un tracteur* (SYN. garer). **2.** Remettre un objet dont on ne fait plus usage à sa place habituelle : *Remiser les vêtements d'été* (SYN. ranger).

rémissible adj. Digne de pardon : *Une faute rémissible* (SYN. pardonnable ; CONTR. impardonnable, irrémissible).

rémission n.f. (lat. ecclés. *remissio,* de *remittere,* renvoyer). **1.** Action de pardonner une faute : *La rémission des péchés.* **2.** Atténuation momentanée d'un mal : *Le malade a quelques moments de rémission* (SYN. accalmie, répit, trêve).

rémittent, e adj. (du lat. *remittere,* relâcher). Qui évolue par accès rapprochés, séparés par des rémissions : *Une fièvre rémittente.*

remix [rəmiks] n.m. (mot angl.). En musique, technique consistant à retravailler un disque déjà enregistré afin d'en produire une autre version ; cette version.

remmaillage [rɑ̃majaʒ] n.m. → **remaillage.**

remmailler [rɑ̃maje] v.t. → **remailler.**

remmailleuse [rɑ̃majøz] adj. **1.** Ouvrière qui effectue le remaillage des bas, des collants. **2.** Machine à remailler.

remmailloter [rɑ̃majɔte] v.t. [conj. 3]. Emmailloter de nouveau.

remmancher [rɑ̃mɑ̃ʃe] v.t. [conj. 3]. Remettre un manche à un objet, un outil.

remmener [rɑ̃mne] v.t. [conj. 19]. Emmener de nouveau à l'endroit d'où l'on a amené : *Je vais la remmener chez elle* (SYN. reconduire).

remodelage n.m. **1.** Action de remodeler. **2.** Remaniement, rénovation effectués sur de nouvelles bases : *Le remodelage d'une entreprise* (SYN. réorganisation, restructuration).

remodeler v.t. [conj. 25]. **1.** Modifier qqch pour le rendre conforme à un modèle ou améliorer son esthétique : *Remodeler un nez.* **2.** Donner à qqch une structure nouvelle : *Remodeler le réseau des transports urbains* (SYN. réorganiser, restructurer).

remontage n.m. **1.** Action d'assembler de nouveau les diverses pièces d'un objet : *Le remontage d'une armoire.* **2.** Action de tendre le ressort d'un mécanisme : *Le remontage d'un réveil.*

① **remontant, e** adj. **1.** Qui va vers le haut : *La marée remontante.* **2.** Se dit d'une plante qui fleurit une seconde fois dans l'année : *Des framboisiers remontants.*

② **remontant** n.m. Boisson ou médicament qui redonne des forces : *Je prendrais bien un petit remontant* (SYN. 2. cordial, fortifiant, reconstituant).

remonte n.f. **1.** Action de remonter un cours d'eau. **2.** (Par ext.). Ensemble des poissons qui remontent un cours d'eau pour frayer.

remontée n.f. Action de remonter : *La remontée des plongeurs.* ▸ ***Remontée mécanique,*** toute installation utilisée par les skieurs pour remonter les pentes.

remonte-pente n.m. (pl. *remonte-pentes*). Autre nom du *téléski.*

remonter v.i. [conj. 3]. **1.** Monter de nouveau quelque part : *Remonter au grenier. Le spéléologue remonte d'un gouffre. Le chien ne veut pas remonter dans la voiture.* **2.** Atteindre un niveau supérieur après avoir baissé : *Cette monnaie remonte.* **3.** Suivre une pente, une courbe ascendante : *Le sentier remonte après cette dune.* **4.** Aller vers la source d'un cours d'eau ; retourner dans un endroit situé plus au nord : *Remonter la Dordogne sur une gabare. Nous descendons d'abord à Marseille et nous remonterons à Rennes ensuite.* **5.** Se reporter à une époque ou à un fait antérieurs : *Cet accident remonte à une dizaine d'années. Remonter à la source d'un problème.* ◆ v.t. **1.** Parcourir de bas en haut ce qu'on a descendu : *Remonter les marches deux à deux* (CONTR. redescendre). **2.** Rattraper un concurrent : *Ce cycliste remonte le peloton de tête* (SYN. rejoindre). **3.** Parcourir un cours d'eau ou le longer d'aval en amont : *Remonter le Nil.* **4.** (Par ext.). Aller dans le sens inverse du mouvement général : *Remonter le flot des voyageurs.* **5.** Mettre, placer qqch à un niveau plus élevé ; en augmenter la hauteur : *Remonter une digue* (SYN. surélever, exhausser ; CONTR. baisser). *Remonter les manches de son pull* (SYN. retrousser). **6.** Redonner à un ressort l'énergie nécessaire à son fonctionnement : *Remonter une montre.* **7.** Redonner à qqn de la vigueur, de l'énergie : *Elle est découragée et elle a besoin qu'on la remonte* (SYN. réconforter, soutenir ; CONTR. déprimer). *Ce café bien chaud l'a remonté* (SYN. revigorer, tonifier). **8.** Pourvoir de nouveau de ce qui est nécessaire : *Remonter sa garde-robe* (SYN. reconstituer, regarnir). **9.** Réajuster les parties d'un objet démonté : *Remonter un meuble, un moteur* (CONTR. démonter). ▸ *Fam.* ***Être remonté contre qqn,*** être en colère contre lui ; lui en vouloir. ◆ **se remonter** v.pr. Se redonner des forces, du dynamisme.

remontoir n.m. Organe au moyen duquel on peut remonter un mécanisme : *Une pendule à remontoir.*

remontrance n.f. Reproche adressé à qqn ; avertissement : *Faire des remontrances à un élève indiscipliné* (SYN. observation, réprimande ; CONTR. compliment).

remontrer v.t. [conj. 3]. Montrer de nouveau qqch à qqn : *Je te remontrerai ma collection de timbres une autre fois.* ▸ ***En remontrer à qqn,*** lui prouver qu'on lui est supérieur ; lui faire la leçon : *Pour la politesse et le tact, il peut en remontrer à tous.*

rémora n.m. (du lat. *remora,* retard). Poisson marin, ayant sur la tête un disque formant ventouse, qui lui permet de se fixer à de gros poissons.

remords [rəmɔr] n.m. Douleur morale causée par la conscience d'avoir mal agi : *Il est en proie aux remords.*

remorquage n.m. Action de remorquer ; fait d'être remorqué : *Faire le remorquage d'une voiture en panne* (SYN. tractage).

remorque n.f. **1.** Traction exercée par un véhicule sur un autre véhicule : *Prendre un planeur en remorque.* **2.** Véhicule sans moteur remorqué par un autre. **3.** Câble servant au remorquage. ▸ ***Être à la remorque de qqn,*** le suivre aveuglément ; se laisser diriger par lui.

remorquer v.t. (it. *rimorchiare,* du lat. class. *remulcum,* corde pour haler) [conj. 3]. Tirer un véhicule derrière soi : *Remorquer une caravane* (SYN. tracter).

remorqueur, euse adj. Qui remorque. ◆ **remorqueur** n.m. Navire conçu pour remorquer d'autres navires : *Le remorqueur tire le paquebot hors de la rade.*

rémoulade n.f. (du lat. *armoracia,* raifort). Mayonnaise additionnée de moutarde et de fines herbes : *Faire une rémoulade. Du céleri rémoulade.*

remoulage n.m. Résidu laissé par la transformation des semoules en farine ; recoupe.

rémouleur n.m. (de l'anc. fr. *rémoudre,* aiguiser de nouveau). Personne qui aiguise les couteaux et les instruments tranchants.

remous n.m. (du moyen fr. *remoudre,* de *moudre*). **1.** Tourbillon d'eau qui se forme derrière un navire en marche ou lorsque de l'eau qui s'écoule rencontre un obstacle. **2.** Mouvement en sens divers : *Le remous de la foule* (**SYN.** agitation). **3.** *Fig.* Mouvements divers qui divisent et agitent l'opinion : *Ce scandale politique va provoquer des remous* (= il va faire des vagues).

rempaillage [rɑ̃pajaʒ] n.m. Action de rempailler ; garniture du siège rempaillé.

rempailler [rɑ̃paje] v.t. [conj. 3]. Refaire la garniture de paille d'un siège : *Rempailler des chaises.*

rempailleur, euse [rɑ̃pajœr, øz] n. Personne qui rempaille des sièges ; empailleur.

rempaqueter v.t. [conj. 27]. Empaqueter de nouveau : *Rempaqueter une commande* (= la remettre dans son emballage ; **SYN.** remballer).

rempart n.m. (de l'anc. fr. *emparer*, fortifier). **1.** Forte muraille entourant une place de guerre ou un château fort : *La ville de Saint-Malo a conservé ses remparts* (**SYN.** enceinte, fortifications). **2.** *Litt.* Ce qui sert de défense : *Faire à qqn un rempart de son corps* (**SYN.** bouclier). **3.** À la Réunion, falaise ; précipice.

rempiler v.t. [conj. 3]. Empiler de nouveau : *Rempiler des revues.* ◆ v.i. *Arg. mil.* Se rengager dans l'armée.

remplaçable adj. Qui peut être remplacé : *Une assistante remplaçable* (**CONTR.** indispensable, irremplaçable).

remplaçant, e n. Personne qui en remplace une autre ; intérimaire : *La remplaçante d'un médecin* (**SYN.** suppléant).

remplacement n.m. **1.** Action de remplacer : *Le remplacement de freins usés.* **2.** Action de suppléer temporairement qqn : *Cet enseignant fait souvent des remplacements* (**SYN.** intérim, suppléance).

remplacer v.t. [conj. 16]. **1.** Mettre à la place de ; renouveler : *Il faut remplacer tous les radiateurs* (**SYN.** changer). **2.** Prendre la place de qqn, de qqch d'autre, de manière temporaire ou définitive : *Je remplacerai le dentiste du quartier pendant ses vacances* (**SYN.** relayer, suppléer). *L'énergie nucléaire va-t-elle remplacer le pétrole ?*

remplir v.t. [conj. 32]. **1.** Mettre qqch en assez grande quantité dans un contenant, le rendre plein : *Remplir un verre* (**SYN.** emplir ; **CONTR.** vider). **2.** Occuper entièrement un espace libre : *Des manifestants remplissaient les rues* (**SYN.** envahir, inonder). **3.** Pénétrer qqn d'un sentiment : *Sa victoire l'a rempli d'orgueil* (**SYN.** gonfler). **4.** Accomplir ce qui est exigé : *Il n'a pas rempli ses engagements* (**SYN.** respecter, tenir). **5.** Compléter un imprimé en portant les indications demandées dans les espaces prévus à cet effet : *Remplir un chèque. Après avoir rempli le questionnaire, signez-le* (**SYN.** répondre). **6.** Avoir les capacités pour ; satisfaire à : *Vous ne remplissez pas les conditions pour vous inscrire.* ◆ **se remplir** v.pr. Recevoir qqch comme contenu : *La baignoire se remplit d'eau chaude.*

remplissage n.m. **1.** Action de remplir : *Le remplissage d'une bouteille.* **2.** Développement inutile ou étranger au sujet : *Il y a beaucoup de remplissage dans ce film* (**SYN.** longueurs).

remploi n.m. → **réemploi.**

remployer [rɑ̃plwaje] v.t. → **réemployer.**

se **remplumer** v.pr. [conj. 3]. **1.** Se recouvrir de nouveau de plumes, en parlant des oiseaux. **2.** *Fam.* Rétablir sa situation financière : *Ses excellents placements lui ont permis de se remplumer.* **3.** *Fam.* Reprendre des forces, du poids ; se rétablir.

rempocher v.t. [conj. 3]. *Fam.* Remettre dans sa poche.

rempoissonnement n.m. Action de rempoissonner.

rempoissonner v.t. [conj. 3]. Repeupler de poissons : *Rempoissonner un étang.*

remporter v.t. [conj. 3]. **1.** Emporter ce qu'on avait apporté : *Elle a oublié de remporter son CD* (**SYN.** reprendre ; **CONTR.** laisser). **2.** Obtenir à la suite d'une lutte, d'une compétition : *Ils ont remporté la coupe* (**SYN.** gagner ; **CONTR.** perdre). **3.** Obtenir qqch de gratifiant : *Ce film a remporté un vif succès.*

rempotage n.m. Action de rempoter.

rempoter v.t. [conj. 3]. Changer une plante de pot.

remprunter ou **réemprunter** v.t. [conj. 3]. Emprunter de nouveau : *Remprunter 10 000 euros, un livre à la bibliothèque.*

remuage n.m. Action de remuer qqch, partic. les bouteilles de champagne.

remuant, e adj. **1.** Qui est sans cesse en mouvement : *Une élève remuante* (**SYN.** agité, turbulent ; **CONTR.** 1. calme). **2.** Qui se plaît dans l'activité, le changement : *Un jeune homme remuant* (**SYN.** dynamique ; **CONTR.** apathique).

remue n.f. **1.** Dans les Alpes, migration saisonnière des troupeaux. **2.** Lieu de séjour temporaire du bétail dans un haut pâturage.

remue-ménage n.m. inv. **1.** Dérangement de meubles, d'objets qui sont changés de place : *Leur installation a entraîné un grand remue-ménage* (**SYN.** branle-bas, tohu-bohu). **2.** Agitation bruyante de gens qui vont en tous sens : *Quel remue-ménage dans les magasins à la veille de Noël !* (**SYN.** confusion, grouillement ; **CONTR.** 2. calme).

remue-méninges n.m. inv. Mot qu'il est recommandé d'employer à la place de *brainstorming.*

remuement n.m. *Litt.* Action, mouvement de ce qui remue : *Le remuement des lèvres.*

remuer v.t. [conj. 7]. **1.** Changer de place : *Une armoire difficile à remuer* (**SYN.** bouger, déplacer). **2.** Mouvoir une partie du corps : *Remuer les bras* (**SYN.** agiter ; **CONTR.** immobiliser). *Le chien remue la queue.* **3.** Émouvoir profondément : *Ce discours a remué l'assistance* (**SYN.** bouleverser, toucher). **4.** Imprimer un mouvement à qqch : *Il faut remuer la sauce pour qu'elle n'attache pas* (**SYN.** tourner). ◆ v.i. Changer de place ; faire des mouvements : *Elle remue beaucoup lorsqu'elle dort* (**SYN.** s'agiter, bouger). ◆ **se remuer** v.pr. **1.** Se déplacer ; se mouvoir : *Après deux heures de cours, les enfants ont besoin de se remuer* (**SYN.** bouger). **2.** *Fig.* Se donner de la peine pour réussir : *Il ne se remue pas beaucoup pour trouver un emploi* (**SYN.** se démener, se dépenser).

remueur, euse n. ▸ *Litt.* ***Remueur d'idées,*** personne qui émet des idées nombreuses et les fait connaître.

remugle n.m. (de l'anc. scand. *mygla*, moisi). *Litt.* Odeur de renfermé.

rémunérateur, trice adj. Qui est avantageux ; qui procure des bénéfices : *Elle a trouvé un emploi rémunérateur* (**SYN.** lucratif, rentable).

rémunération n.f. Prix d'un travail, d'un service rendu : *Il ne reçoit pas de rémunération pour son travail au sein de l'association* (**SYN.** paiement, rétribution).

rémunérer v.t. (lat. *remunerare*, de *munus, muneris*, charge, obligation) [conj. 18]. Payer pour un travail, un service : *Ce patron rémunère bien ses ouvriers* (**SYN.** rétribuer).

renâcler v.i. (du moyen fr. *renaquer*, reculer, avec l'infl. de *renifler*) [conj. 3]. **1.** Faire du bruit en reniflant, en parlant d'un animal : *Le cheval renâcle.* **2.** *Fam.* Témoigner de la répugnance pour qqch : *Elle a tout fait sans renâcler* (**SYN.** rechigner).

renaissance n.f. **1.** Action de renaître : *La renaissance du Phénix* (**SYN.** résurrection). **2.** Action de connaître un nouvel essor, de réapparaître : *La renaissance de la chanson française* (**SYN.** renouveau, réveil ; **CONTR.** agonie, déclin). ◆ adj. inv. (Avec une majuscule). Se dit du style artistique de la Renaissance : *Des meubles Renaissance.*

renaissant, e adj. **1.** Qui renaît : *Une crise sans cesse renaissante.* **2.** Relatif à la Renaissance : *Le style renaissant.*

renaître v.i. [conj. 92]. **1.** Naître de nouveau ; revenir à la vie : *On dit que le Phénix renaissait de ses cendres* (**SYN.** ressusciter). **2.** Croître de nouveau, en parlant des végétaux : *La végétation renaît au printemps* (**SYN.** repousser, reverdir ; **CONTR.** mourir). **3.** Reparaître, recommencer à exister ; recouvrer sa vigueur, sa vitalité : *Un amour qui renaît* (**SYN.** resurgir ; **CONTR.** disparaître). *Après avoir traversé de dures épreuves, il se sent enfin renaître* (**SYN.** revivre). ◆ v.t. ind. **[à].** *Litt.* Retrouver un certain état, tel sentiment : *Cette bonne nouvelle les fait renaître à la vie, à l'espoir.*

rénal, e, aux adj. (du lat. *ren, renis*, rein). Relatif au rein : *Des calculs rénaux.*

renard n.m. (du frq. *Reginhart*, nom du héros du *Roman de Renart*). **1.** Mammifère carnivore à queue touffue et à museau pointu : *Un renard bleu* ou *polaire* (= un isatis). **2.** Fourrure de cet animal. **3.** *Fig.* Homme rusé et parfois fourbe : *Méfie-toi de lui, c'est un vieux renard.*

renarde n.f. Renard femelle.

renardeau n.m. Jeune renard.

renardière n.f. Tanière du renard.

rencaisser v.t. [conj. 4]. Remettre en caisse : *Rencaisser une somme d'argent.*

rencard n.m. → **rancard.**

rencarder v.t. → **rancarder.**

renchérir v.i. [conj. 32]. **1.** Devenir plus cher : *Les loyers renchérissent* (**SYN.** augmenter ; **CONTR.** baisser, diminuer). **2.** Faire une enchère supérieure (**SYN.** enchérir, surenchérir). ◆ v.t. ind. **[sur].** Dire ou faire plus qu'un autre : *Elle renchérit sur tout ce que je raconte.*

renchérissement n.m. Augmentation de prix ; hausse du coût de la vie (**CONTR.** baisse).

renchérisseur, euse n. [conj. 3]. Personne qui renchérit.

rencogner v.t. [conj. 3]. *Fam., vx* Pousser, serrer dans un coin : *Rencogner qqn dans l'angle d'une pièce* (**SYN.** acculer, coincer). ◆ **se rencogner** v.pr. Se blottir dans un coin : *Elle se rencogna dans son fauteuil.*

rencontre n.f. **1.** Fait de rencontrer fortuitement qqn : *Faire une mauvaise rencontre.* **2.** Fait pour des choses de se trouver en contact : *La rencontre de deux voitures à un carrefour* (**SYN.** collision, télescopage). **3.** Entrevue, conversation organisée entre des personnes : *La rencontre des deux dirigeants dura plusieurs heures. Une rencontre au sommet* (**SYN.** conférence, réunion). **4.** Compétition sportive : *Une rencontre de football* (**SYN.** match). *Une rencontre de boxe* (**SYN.** combat). ▸ ***Aller à la rencontre de,*** aller au-devant de : *Les enfants sont venus à notre rencontre.* ***De rencontre,*** qui arrive, survient par hasard : *Un amour de rencontre.*

rencontrer v.t. (anc. fr. *encontrer*) [conj. 3]. **1.** Se trouver en présence de qqn sans l'avoir voulu ; faire la connaissance de qqn : *Il a rencontré un ancien camarade de classe à cette soirée* (**SYN.** croiser ; **CONTR.** manquer). *Lors de cette conférence, il a rencontré de nombreux chercheurs.* **2.** Affronter un adversaire, une équipe dans un match, une compétition : *La France rencontrera la Grèce lors du prochain tournoi de basket.* **3.** Trouver qqch sur son chemin : *Elle a rencontré beaucoup d'obstacles* (**SYN.** se heurter à). ◆ **se rencontrer** v.pr. **1.** Se trouver en même temps au même endroit : *Ils se rencontrent souvent à la boulangerie* (**SYN.** se croiser). **2.** Faire connaissance : *Nous nous sommes rencontrés au lycée.* **3.** Se trouver ; pouvoir être constaté : *Une telle générosité ne se rencontre pas souvent* (**SYN.** exister).

rendement n.m. **1.** Production évaluée par rapport à une norme, à une unité de mesure : *Le rendement d'une terre* (**SYN.** rapport). **2.** Rentabilité d'une somme placée ou investie : *Le rendement de ce placement est inintéressant* (**SYN.** profit). **3.** Efficacité de qqn dans le travail : *Il a un bon rendement* (**SYN.** productivité).

rendez-vous n.m. **1.** Rencontre prévue entre des personnes ; lieu où l'on doit se rencontrer : *Ils se sont donné rendez-vous au restaurant. Je ne veux pas arriver le dernier au rendez-vous.* **2.** Lieu où l'on a l'habitude de se réunir : *Ce jardin public est le rendez-vous des amoureux.* ▸ ***Être au rendez-vous,*** en parlant de qqch, survenir, génér. de manière opportune : *La fête sera réussie si le soleil est au rendez-vous.*

rendormir v.t. [conj. 36]. Endormir de nouveau : *L'anesthésiste a dû rendormir le patient.* ◆ **se rendormir** v.pr. Recommencer à dormir : *Le bébé s'est rendormi.*

rendosser v.t. [conj. 3]. Endosser de nouveau : *Rendosser sa veste* (**SYN.** remettre, renfiler).

rendre v.t. (du lat. *reddere*, donner en retour, altéré par *prehendere*, saisir) [conj. 73]. **1.** Restituer à qqn ce qu'il a prêté : *Il ne m'a pas rendu mon stylo* (**SYN.** redonner ; **CONTR.** garder). *Je te rendrai tes 5 euros jeudi* (**SYN.** rembourser). **2.** Renvoyer, rapporter à qqn ce que l'on a reçu de lui et que l'on ne veut ou ne peut garder : *Elle lui a rendu la bague qu'il lui avait offerte. Cette jupe est abîmée, je vais la rendre à la commerçante* (**SYN.** rapporter, retourner). **3.** Faire revenir qqn à un état antérieur ; ramener qqch à sa destination première : *Cette nouvelle lui a rendu le sourire. Rendre une église désaffectée au culte.* **4.** Donner en retour, en échange : *Rendre une invitation* (= inviter ceux qui vous ont invité ; **SYN.** retourner). *Rendre la monnaie.* **5.** Formuler un avis, un jugement, oralement ou par écrit : *Rendre une* *sentence* (**SYN.** émettre, prononcer). **6.** *Fam.* Expulser par la bouche ce qui est contenu dans l'estomac : *Rendre son petit déjeuner* (**SYN.** vomir). **7.** Émettre tel ou tel son : *Cet instrument de musique rend des sons graves* (**SYN.** produire). **8.** Faire passer qqn, qqch à un nouvel état, les faire devenir tels : *Ton départ l'a rendu furieux. Rendre un cours d'eau navigable.* ▸ ***Bien le rendre à qqn,*** avoir en retour le même sentiment à son égard : *Elle me déteste, mais je le lui rends bien.* ***Rendre les armes,*** s'avouer vaincu. ◆ **rendre** v.i. Avoir un certain rendement : *Cette année, les pommiers ont bien rendu* (**SYN.** produire). ◆ **se rendre** v.pr. **1.** Aller quelque part : *Se rendre à Lyon.* **2.** Cesser le combat : *Se rendre à l'ennemi* (**SYN.** capituler). *Se rendre à la police* (**SYN.** se livrer). **3.** Agir de façon à être, à devenir, à apparaître tel : *Elle fait tout pour se rendre indispensable.* ▸ ***Se rendre à l'évidence,*** admettre ce qui est incontestable. ***Se rendre maître de,*** s'emparer de.

① **rendu, e** adj. **1.** Parvenu à destination : *Me voilà enfin rendue !* **2.** *Vieilli* Extrêmement fatigué : *Après la randonnée, ils étaient rendus* (**SYN.** épuisé, harassé).

② **rendu** n.m. **1.** Qualité d'expression, de véracité dans l'exécution d'une œuvre d'art : *Le rendu des arbres dans un tableau.* **2.** Objet que l'on vient d'acheter et que l'on rend au commerçant pour échange ou remboursement. ▸ ***C'est un prêté pour un rendu*** → **prêté.**

rêne n.f. (du lat. *retinere,* retenir). Courroie fixée de chaque côté du mors du cheval et que tient le cavalier pour guider sa monture : *Ces rênes sont trop longues.* ☞ **REM.** Ne pas confondre avec *reine* ou *renne.* ▸ ***Tenir les rênes de qqch,*** en avoir la direction.

renégat, e n. (it. *rinnegato,* du lat. pop. *renegare,* renier). **1.** Personne qui renie sa religion ; apostat. **2.** Personne qui trahit sa patrie, son idéal : *On l'a traité de renégat* (**SYN.** parjure, traître).

renégociation n.f. Nouvelle négociation des termes d'un accord.

renégocier v.t. [conj. 9]. Négocier à nouveau.

reneiger v. impers. [conj. 23]. Neiger de nouveau.

① **renfermé, e** adj. *Fam.* Peu communicatif : *Une enfant très renfermée* (**SYN.** 1. secret ; **CONTR.** communicatif, expansif).

② **renfermé** n.m. Mauvaise odeur qu'exhale une pièce qui a été longtemps fermée : *La chambre d'amis sent le renfermé* (= il y flotte un remugle).

renfermement n.m. Action de renfermer qqn.

renfermer v.t. [conj. 3]. **1.** Enfermer de nouveau : *Renfermer un patient dans un hôpital psychiatrique.* **2.** Avoir en soi : *Le sous-sol renferme des minerais* (**SYN.** receler). *Sa bibliothèque renferme des trésors* (**SYN.** comprendre, contenir). ◆ **se renfermer** v.pr. Se replier sur soi ; taire ses sentiments : *L'accusé se renferme dans le silence.*

renfiler v.t. [conj. 3]. Enfiler de nouveau.

renflé, e adj. Plus épais, plus gros en certains endroits : *La carafe est renflée à sa base* (**SYN.** bombé ; **CONTR.** 1. creux).

renflement n.m. État de ce qui est renflé ; partie renflée : *Le renflement d'une bonbonne* (**SYN.** panse ; **CONTR.** 2. creux).

renfler v.t. [conj. 3]. Donner une forme convexe à : *L'oiseau renfle ses plumes* (**SYN.** gonfler).

renflouage ou **renflouement** n.m. Action de renflouer : *Le renflouage d'un navire échoué. Aider au renflouage d'une entreprise* (**SYN.** redressement).

renflouer v.t. (du normand *flouée,* marée) [conj. 3]. **1.** Remettre à flot : *Renflouer un bateau échoué.* **2.** *Fig.* Fournir à qqn, à une entreprise les fonds nécessaires pour rétablir sa situation : *Renflouer un commerçant.*

renfoncement n.m. Ce qui est en creux, en retrait ; recoin : *Se cacher dans le renfoncement d'une cage d'escalier.*

renfoncer v.t. [conj. 16]. Enfoncer de nouveau ou plus avant : *Renfoncer un clou.*

renforçateur n.m. Substance qui renforce le goût d'un produit alimentaire ; exhausteur de goût.

renforcement n.m. Action de renforcer : *Le renforcement d'un plancher* (**SYN.** consolidation, étaiement). *Le renforcement des pouvoirs de l'État* (**SYN.** augmentation ; **CONTR.** diminution).

renforcer v.t. [conj. 16]. **1.** Rendre plus fort, plus solide, plus vif : *Renforcer un mur* (**SYN.** consolider, étayer, soutenir). *Renforcer une couleur* (**SYN.** aviver, intensifier ; **CONTR.** estomper). **2.** Rendre plus puissant, plus nombreux : *Renforcer le service d'ordre* (**SYN.** grossir ; **CONTR.** réduire). **3.** Rendre qqch plus intense : *Cette nouvelle n'a fait que renforcer mes craintes* (**SYN.** accroître, aggraver ; **CONTR.** atténuer, diminuer). **4.** Confirmer qqn dans ce qu'il pense : *Cet incident me renforce dans mon opinion* (**SYN.** conforter).

renfort n.m. (de *renforcer*). **1.** Accroissement du nombre des personnes ou des moyens matériels permettant de renforcer un groupe : *Les sauveteurs ont reçu le renfort de bénévoles.* **2.** (Souvent au pl.). Effectifs ou matériels supplémentaires : *Les policiers demandent qu'on leur envoie des renforts.* **3.** Pièce qui sert à augmenter la résistance d'une autre : *Des renforts de cuir aux genoux d'un pantalon.* ▸ ***À grand renfort de,*** en employant une grande quantité de : *Justifier ses propos à grand renfort de citations.*

se **renfrogner** v.pr. (du gaul. *frogna,* nez) [conj. 3]. Manifester son mécontentement, sa mauvaise humeur en contractant le visage.

rengagé, e n. Militaire qui, son temps achevé, reprend volontairement du service.

rengagement ou **réengagement** n.m. **1.** Action de mettre à nouveau en gage. **2.** Acte par lequel un militaire libérable contracte un nouvel engagement.

rengager ou **réengager** v.t. [conj. 17]. Engager de nouveau : *Il veut rengager son ancien assistant* (**SYN.** réembaucher, réemployer). ◆ v.i. ou **se rengager** ou **se réengager** v.pr. Contracter un nouvel engagement militaire.

rengaine n.f. *Fam.* **1.** Suite de paroles répétées à satiété : *Avec lui, c'est toujours la même rengaine* (**SYN.** antienne [litt.], refrain). **2.** Refrain populaire ; chanson à succès.

rengainer v.t. [conj. 4]. **1.** Remettre dans la gaine, dans le fourreau : *Rengainer son revolver* (**CONTR.** dégainer). **2.** *Fam.* Garder pour soi ou ne pas achever ce que l'on voulait dire : *En voyant le regard du président, le journaliste rengaina son commentaire* (**SYN.** ravaler).

se **rengorger** v.pr. [conj. 17]. **1.** Faire avancer la gorge en ramenant la tête en arrière, en parlant d'un oiseau : *Le paon se rengorge.* **2.** *Fig.* Faire l'important : *Depuis qu'elle a eu une promotion, elle se rengorge* (= elle fait la fière ; **SYN.** poser).

rengréner [conj. 18] ou **rengrener** [conj. 19] v.t. En mécanique, engager de nouveau dans un engrenage : *Rengréner un pignon.*

reniement n.m. Action de renier (**SYN.** abjuration, désaveu).

renier v.t. [conj. 9]. **1.** Déclarer, contre la vérité, qu'on ne connaît pas qqn, qqch : *Saint Pierre renia Jésus.* **2.** Refuser de reconnaître comme sien : *Sa famille l'a renié* (**SYN.** désavouer, rejeter). **3.** Ne pas rester fidèle à une idée : *Renier ses engagements de jeunesse* (**SYN.** abandonner, abjurer). ◆ **se renier** v.pr. Revenir sur ses engagements ou ses déclarations : *La ministre ne s'est jamais reniée.*

reniflement n.m. Action de renifler ; bruit fait en reniflant.

renifler v.i. (de l'anc. fr. *nifler*, aspirer par le nez) [conj. 3]. Aspirer fortement par le nez en faisant du bruit : *Cet enfant ne cesse de renifler.* ◆ v.t. **1.** Aspirer par le nez : *Le chien renifle l'odeur du sanglier* (**SYN.** humer, sentir). **2.** *Fam.* Flairer ; avoir l'intuition de : *Elle a immédiatement reniflé un danger* (**SYN.** pressentir, subodorer).

renifleur, euse adj. et n. Qui renifle.

réniforme adj. (du lat. *ren, renis*, rein). En forme de rein : *Les grains de haricot sont réniformes.*

rénitent, e adj. (du lat. *renitens, renitentis*, qui résiste). En médecine, qui est ferme et un peu élastique à la palpation : *Des abcès rénitents.*

renne n.m. (norvég. *ren*). Mammifère ruminant, voisin du cerf, vivant dans les régions froides de l'hémisphère Nord et appelé *caribou* au Canada. ☞ **REM.** Ne pas confondre avec *reine* ou *rêne.*

renom n.m. Opinion favorable, largement répandue dans le public : *Un chirurgien qui doit son renom au grand succès de ses opérations* (**SYN.** célébrité, notoriété, renommée). *Un vin de grand renom* (**SYN.** réputation).

renommé, e adj. De grande réputation : *Une région renommée pour son foie gras* (**SYN.** célèbre, réputé ; **CONTR.** inconnu). *Un peintre renommé* (**SYN.** illustre ; **CONTR.** méconnu, obscur).

renommée n.f. Considération favorable largement répandue dans le public sur qqn, qqch : *Une actrice dont la renommée est internationale* (**SYN.** célébrité, renom). *La renommée de la cuisine italienne* (**SYN.** réputation).

renommer v.t. [conj. 3]. **1.** Nommer, élire de nouveau : *Elle a été renommée au comité.* **2.** Donner un autre nom à ; rebaptiser : *Renommer un fichier informatique.*

renon n.m. (de l'anc. fr. *renonc*, réponse négative). En Belgique, résiliation d'un bail.

renonce n.f. À certains jeux de cartes, fait de ne pas fournir la couleur demandée.

renoncement n.m. **1.** Action de renoncer : *Le renoncement d'un candidat aux élections* (**SYN.** renonciation, retrait). **2.** Sacrifice complet de soi-même ; abnégation : *Mener une vie de renoncement* (**SYN.** sacrifice).

renoncer v.t. ind. (du lat. *renuntiare*, annoncer en retour, de *nuntius*, messager) [conj. 16]. **[à]. 1.** Se désister du droit que l'on a sur qqch : *Renoncer à un héritage. Renoncer au pouvoir* (= abdiquer ; **CONTR.** conserver, garder). **2.** Décider de ne plus faire qqch : *Une sportive qui renonce à la compétition* (= qui dit adieu à ; **SYN.** abandonner). **3.** Cesser de s'attacher à qqch, à qqn : *Elle ne veut pas renoncer à ses idées* (**SYN.** abjurer, renier ; **CONTR.** persévérer). *Renoncer à un ami.* **4.** Cesser d'envisager : *Il doit renoncer à ses vacances* (**SYN.** se priver de). *Je renonce à venir te voir* (**CONTR.** espérer). ◆ v.t. En Belgique, résilier un bail, un contrat ; donner son congé à qqn. ◆ v.i. Aux cartes, ne pas fournir la couleur demandée.

renonciataire n. Personne en faveur de qui l'on fait une renonciation.

renonciateur, trice n. Personne qui fait une renonciation.

renonciation n.f. Acte par lequel on renonce à un droit, à une fonction : *La renonciation à un héritage* (**SYN.** abandon, renoncement).

renonculacée n.f. Plante à pétales séparés, telle que la renoncule, la clématite, l'anémone.

renoncule n.f. (du lat. *ranunculus*, petite grenouille, de *rana*, grenouille). Petite plante aux fleurs jaunes abondante dans les prairies au printemps, et aussi appelée *bouton-d'or.*

renouer v.t. [conj. 6]. **1.** Nouer une chose dénouée : *Renouer son foulard. Renouer ses lacets* (**SYN.** rattacher). **2.** Rétablir après une interruption : *Renouer la discussion* (**SYN.** reprendre). ◆ v.t. ind. **[avec]. 1.** Rétablir une relation avec qqn : *Il a fini par renouer avec son ami* (**SYN.** se réconcilier). **2.** *Fig.* Reprendre ou continuer qqch d'antérieur : *Ce sportif renoue depuis peu avec la victoire.*

renouveau n.m. **1.** Retour à un état précédent après un déclin : *Ces vieilles chansons connaissent un renouveau de succès* (**SYN.** regain). **2.** Apparition de formes nouvelles et plus riches : *Le renouveau du cinéma français* (**SYN.** renaissance). **3.** *Litt.* Retour du printemps.

renouvelable adj. **1.** Qui peut être renouvelé ou prolongé : *Un contrat renouvelable* (**SYN.** reconductible). **2.** Qui peut être répété : *Une expérience renouvelable.* ▸ ***Énergie renouvelable***, qui fait appel à des éléments qui se recréent naturellement (la biomasse, l'énergie solaire).

renouveler v.t. [conj. 24]. **1.** Remplacer une personne ou une chose par une nouvelle : *Renouveler le personnel d'une entreprise* (**SYN.** changer ; **CONTR.** conserver, garder). *Renouveler sa garde-robe* (**SYN.** remonter). **2.** Remplacer une chose endommagée, usée : *Il ouvre la fenêtre pour renouveler l'air de son bureau* (**SYN.** régénérer). **3.** Rendre nouveau en transformant : *Renouveler la pédagogie scolaire* (**SYN.** rénover ; **CONTR.** maintenir). **4.** Recommencer ; donner de nouveau : *Un cycliste qui n'a pas renouvelé sa performance* (**SYN.** réitérer, répéter). *Le Parlement a renouvelé sa confiance au Premier ministre.* **5.** Conclure un nouveau contrat du même type que celui qui expire : *Renouveler un abonnement* (**SYN.** prolonger, proroger). ◆ **se renouveler** v.pr. **1.** Être remplacé ; changer : *Les générations se renouvellent.* **2.** Prendre une forme nouvelle : *Un acteur qui a su se renouveler* (**SYN.** évoluer). *Le secteur* *de l'informatique se renouvelle constamment* (**SYN.** changer). **3.** Se produire de nouveau : *Je ne veux pas qu'une chose pareille se renouvelle !* (**SYN.** se répéter, se reproduire).

renouvellement n.m. **1.** Action de renouveler ; fait de se renouveler : *Le renouvellement des marchandises* (**SYN.** réapprovisionnement). *Le renouvellement d'un bail* (**SYN.** prorogation, reconduction). **2.** Changement complet de la structure, des formes : *Les élections ont amené un renouvellement politique* (**SYN.** renouveau, rénovation).

rénovateur, trice adj. et n. Qui rénove : *Une politique rénovatrice* (**SYN.** réformateur).

rénovation n.f. Remise à neuf ; renouvellement : *La rénovation de l'enseignement des langues étrangères* (**SYN.** modernisation, rajeunissement). *La rénovation d'une vieille maison* (**SYN.** 1. restauration).

rénové, e adj. Qui est remis à neuf : *Un appartement entièrement rénové.* ▸ ***Enseignement rénové,*** en Belgique, structure de l'enseignement secondaire mise en place à partir des années 1960 (on dit aussi *le rénové*).

rénover v.t. (lat. *renovare,* renouveler, de *novus,* nouveau) [conj. 3]. **1.** Remettre à neuf : *Rénover un immeuble* (**SYN.** moderniser, 1. restaurer). **2.** Donner une nouvelle forme à : *Rénover les bases de l'enseignement supérieur* (**SYN.** rajeunir, réformer).

renseignement n.m. **1.** Parole ou écrit qui fait connaître qqch à qqn : *Vous pourrez obtenir de plus amples renseignements à la mairie* (**SYN.** précision, information). **2.** (Souvent au pl.). Ensemble d'informations concernant les domaines politique ou militaire qu'un gouvernement doit connaître sur un adversaire potentiel : *Le service de renseignements* (on dit aussi *les services secrets*). ▸ ***Aller aux renseignements,*** aller s'informer. ◆ **renseignements** n.m. pl. Bureau, service chargé d'informer le public : *Veuillez vous adresser aux renseignements.*

renseigner v.t. [conj. 4]. **1.** Donner des indications, des éclaircissements à qqn : *Renseigner des touristes* (**SYN.** éclairer, informer). **2.** Constituer pour qqn une source d'informations : *Ces documents nous renseignent sur la personnalité du suspect.* **3.** En Belgique, indiquer, signaler qqch. ◆ **se renseigner** v.pr. Prendre des renseignements : *Tu devrais te renseigner à l'accueil* (**SYN.** s'informer). *La juge se renseigne sur l'enfance de l'accusé* (**SYN.** enquêter).

rentabilisable adj. Que l'on peut rentabiliser : *Un achat rentabilisable.*

rentabilisation n.f. Action de rentabiliser.

rentabiliser v.t. [conj. 3]. Rendre rentable : *Rentabiliser la production, un investissement.*

rentabilité n.f. Caractère de ce qui est rentable.

rentable adj. **1.** Qui donne un bénéfice satisfaisant : *Un commerce rentable* (**SYN.** lucratif). **2.** Qui vaut la peine que l'on se donne : *Il serait rentable d'acheter un ordinateur supplémentaire* (**SYN.** fructueux, profitable).

rente n.f. (du lat. *reddita,* choses rendues, de *reddere,* rendre, donner en retour). **1.** Revenu régulier que l'on tire d'un capital ou d'un bien : *Vivre de ses rentes.* **2.** Emprunt de l'État sur lequel on touche des intérêts. **3.** Somme d'argent versée régulièrement à qqn : *Servir une rente à des personnes âgées* (**SYN.** pension, retraite). ▸ ***Rente de situation,*** avantage tiré du seul fait que l'on a une situation protégée ou bien placée.

rentier, ère n. Personne qui vit de ses rentes.

rentoilage n.m. Action de rentoiler.

rentoiler v.t. [conj. 3]. Renforcer la toile usée d'une peinture en la collant sur une toile neuve : *Elle a rentoilé des tableaux de Vermeer.*

rentraire v.t. → **rentrayer.**

rentraiture n.f. Action de rentrayer ; couture ainsi faite.

rentrant, e adj. ▸ ***Angle*** ou ***secteur angulaire rentrant,*** angle dont la mesure en degrés est comprise entre 180 et 360 (**CONTR.** saillant).

rentrayer [rɑ̃trɛje] [conj. 11] ou **rentraire** [conj. 112] v.t. (de l'anc. fr. *entraire,* entraîner). Réparer une tapisserie à l'aiguille.

① **rentré, e** adj. Qui ne se manifeste pas extérieurement : *Une rage rentrée* (**SYN.** contenu, refoulé).

② **rentré** n.m. Partie du tissu que l'on rentre à l'intérieur d'un ourlet.

rentre-dedans n.m. inv. ▸ *Fam.* ***Faire du rentre-dedans à qqn,*** le flatter ostensiblement, le plus souvent pour le séduire ou en obtenir qqch.

rentrée n.f. **1.** Action de mettre qqch à l'intérieur : *La rentrée des récoltes.* **2.** Action de revenir dans un lieu que l'on avait quitté : *La rentrée des voitures vers la capitale.* **3.** Action de reprendre ses activités après les vacances ; période à laquelle a lieu cette reprise : *La rentrée scolaire. Rendez-vous à la rentrée.* **4.** Retour d'un engin spatial dans l'atmosphère terrestre. **5.** Recouvrement de fonds ; somme recouvrée : *Nous avons eu des rentrées inespérées* (**CONTR.** dépense).

rentrer v.i. [conj. 3]. (Auxil. *être*). **1.** Entrer de nouveau quelque part : *Il est rentré dans son bureau* (**SYN.** revenir ; **CONTR.** 1. ressortir de, sortir de). **2.** Revenir dans une situation, un état que l'on avait quittés : *Rentrer dans le droit chemin.* **3.** Revenir chez soi ou dans un lieu où l'on est souvent : *Il rentre de vacances bientôt. Il rentrera demain.* **4.** Reprendre ses activités après une interruption : *Les écoles rentrent au début du mois de septembre. Les tribunaux sont rentrés.* **5.** Être encaissé, perçu : *Des créances qui ne rentrent pas.* **6.** S'introduire à l'intérieur de ; entrer : *L'air rentre par ce trou* (**SYN.** pénétrer, s'infiltrer). **7.** S'insérer en s'encastrant : *Les caisses rentrent les unes dans les autres* (**SYN.** s'emboîter). **8.** Être contenu, inclus dans : *Cela ne rentre pas dans mes attributions.* **9.** Se jeter violemment sur ; percuter : *La moto est rentrée dans un arbre* (**SYN.** télescoper ; **CONTR.** éviter). ▸ *Fam.* ***Rentrer dans qqn*** ou ***rentrer dans le chou*** ou ***dans le lard de qqn,*** se jeter sur lui pour le battre, le mettre à mal ; fig., se livrer à une violente attaque verbale contre lui. ***Rentrer dans son argent*** ou ***dans ses frais,*** récupérer l'argent que l'on a dépensé (**SYN.** recouvrer). *Litt.* ***Rentrer en soi-même,*** faire un retour sur soi-même ; réfléchir sur sa conduite. ◆ v.t. (Auxil. *avoir*). **1.** Mettre ou remettre à l'abri, à l'intérieur : *J'ai rentré la voiture au garage. Rentrer les moutons à la bergerie.* **2.** Faire pénétrer : *Rentrer la clé dans la serrure* (**SYN.** introduire). **3.** Ramener en arrière certaines parties du corps : *Rentrer son ventre. Le chat a rentré ses griffes* (**SYN.**

rétracter). **4.** Retenir en soi ; refouler, cacher : *Rentrer sa colère* (**SYN.** contenir, ravaler ; **CONTR.** manifester).

renversant, e adj. *Fam.* Qui étonne au plus haut point : *Une histoire renversante* (**SYN.** inouï, stupéfiant).

renverse n.f. ▸ ***À la renverse,*** sur le dos ; en arrière : *Tomber à la renverse.*

renversé, e adj. **1.** Qui est dans une position contraire à la position normale : *Un bol renversé* (= à l'envers). **2.** *Fam.* Étonné au plus haut point : *Je suis renversée d'apprendre qu'ils se séparent* (**SYN.** abasourdi, stupéfait). ▸ ***C'est le monde renversé,*** cela va contre la raison, contre le bon sens.

renversement n.m. Action de renverser ; fait de se renverser : *Le renversement d'un régime politique* (**CONTR.** rétablissement). *On vient d'assister à un renversement de la situation* (**SYN.** retournement).

renverser v.t. (de l'anc. fr. *enverser,* de *envers,* sur le dos) [conj. 3]. **1.** Mettre à l'envers, sens dessus dessous : *Renverser un sablier* (**SYN.** retournser). **2.** Pencher, incliner en arrière une partie du corps : *Elle renversa la tête en riant* (**CONTR.** redresser). **3.** Faire tomber qqn, qqch ou lui faire quitter sa position d'équilibre : *La voiture folle a renversé deux piétons* (**SYN.** faucher ; **CONTR.** relever). *Renverser un verre* (**SYN.** culbuter). *Renverser de l'eau* (**SYN.** répandre). **4.** Éliminer qqch ; le réduire à néant : *Renverser une dictature* (**SYN.** abattre ; **CONTR.** instaurer). **5.** *Fam.* Plonger dans l'étonnement : *La nouvelle de son départ nous a renversés* (**SYN.** ébahir, stupéfier). ▸ ***Renverser la vapeur,*** changer totalement sa façon d'agir : *Si tu veux que l'on te fasse confiance, il faut renverser la vapeur.* ◆ **se renverser** v.pr. **1.** Incliner le corps en arrière : *Il se renversa sur sa chaise et se mit à réfléchir.* **2.** Se coucher sur le côté ; basculer : *Le camion s'est renversé* (**SYN.** capoter).

renvoi n.m. **1.** Action de renvoyer : *Le renvoi du matériel défectueux est à nos frais* (**SYN.** retour). *Le renvoi d'un employé* (**SYN.** licenciement ; **CONTR.** embauche). **2.** Action d'ajourner ou de renvoyer devant une autre juridiction : *Le renvoi d'une audience à huitaine* (**SYN.** report). **3.** Indication par laquelle le lecteur d'un livre est invité à se reporter à un autre endroit du texte. **4.** Émission, par la bouche, de gaz provenant de l'estomac (**SYN.** éructation).

renvoyer v.t. [conj. 30]. **1.** Envoyer qqn, qqch une nouvelle fois : *Elle nous a renvoyés en stage. Si je n'ai aucune nouvelle avant la fin de la semaine, je renverrai un mél.* **2.** Faire retourner qqn à l'endroit d'où il vient : *L'hôpital l'a renvoyée chez elle.* **3.** Retourner ce que l'on a reçu : *Renvoyer un colis à l'expéditeur* (**SYN.** réexpédier). **4.** Lancer qqch en sens contraire ; envoyer en retour : *Renvoie-moi la balle ! Renvoyer un compliment* (**SYN.** retourner). **5.** Réfléchir la lumière, le son, en parlant d'une surface : *Le miroir renvoyait l'image des convives* (**SYN.** refléter). *L'écho renvoie nos cris* (**SYN.** réverbérer). **6.** Congédier ; mettre à la porte : *Renvoyer un élève du collège* (**SYN.** exclure, expulser). *Renvoyer un ouvrier* (**SYN.** licencier ; **CONTR.** embaucher, recruter). **7.** Inviter qqn à s'adresser à qqn d'autre, à se rendre à un autre endroit : *On nous a renvoyés de guichet en guichet. Renvoyer le lecteur à des notes en fin d'ouvrage.* **8.** Remettre à plus tard : *Renvoyer un rendez-vous* (**SYN.** ajourner, différer, reporter). **9.** Adresser à la juridiction compétente : *Renvoyer un inculpé devant la cour d'assises.*

réoccupation n.f. Action de réoccuper.

réoccuper v.t. [conj. 3]. Occuper de nouveau : *Réoccuper des locaux, un poste.*

réopérer v.t. [conj. 18]. Faire subir une nouvelle intervention chirurgicale à.

réorchestration [reɔrkɛstrasjɔ̃] n.f. Action de réorchestrer ; nouvelle orchestration.

réorchestrer [reɔrkɛstre] v.t. [conj. 3]. Orchestrer de nouveau : *Réorchestrer une œuvre musicale.*

réorganisation n.f. Action de réorganiser : *La réorganisation d'une entreprise* (**SYN.** restructuration).

réorganiser v.t. [conj. 3]. Organiser de nouveau, sur de nouvelles bases : *Ils ont décidé de réorganiser le service après-vente* (**SYN.** restructurer).

réorientation n.f. Action de réorienter : *La réorientation de la politique sociale d'un pays.*

réorienter v.t. [conj. 3]. Orienter dans une nouvelle direction : *Réorienter un élève vers des études littéraires.*

réouverture n.f. Action de rouvrir : *La réouverture d'un restaurant après des travaux.*

repaire n.m. **1.** Lieu de refuge d'une bête sauvage : *Le repaire d'un loup* (**SYN.** antre [litt.], tanière). **2.** Endroit qui sert de refuge à des malfaiteurs : *La police assiège les terroristes dans leur repaire.* ☞ **REM.** Ne pas confondre avec *repère.*

repairer v.i. (du lat. *repatriare,* rentrer dans sa patrie, de *patria,* patrie) [conj. 4]. Être au repaire, au gîte, en parlant d'un animal sauvage. ☞ **REM.** Ne pas confondre avec *repérer.*

repaître v.t. [conj. 91]. *Litt.* Fournir à qqn ce qui peut satisfaire son esprit, ses aspirations : *Repaître son esprit de savoirs nouveaux* (**SYN.** nourrir, rassasier). ◆ **se repaître** v.pr. **[de]. 1.** En parlant d'animaux, prendre comme nourriture : *Les pigeons se sont repus des grains de maïs.* **2.** *Litt.* Assouvir ses aspirations, ses désirs : *Se repaître de musique classique.*

répandre v.t. [conj. 74]. **1.** Laisser tomber en dispersant : *Il a répandu de l'eau sur la table* (**SYN.** renverser). **2.** Laisser échapper de soi ; être la source de : *Répandre des pleurs* (**SYN.** verser). *Ces fleurs répandent une odeur agréable* (**SYN.** dégager, exhaler). **3.** Faire connaître ; diffuser, propager : *Répandre une rumeur* (**SYN.** colporter). **4.** Distribuer largement : *Répandre des bienfaits* (**SYN.** dispenser, prodiguer). ◆ **se répandre** v.pr. **1.** Envahir l'espace en s'étalant : *L'eau se répand dans la cave* (**SYN.** emplir, envahir). **2.** Devenir plus courant ; se propager : *La nouvelle s'est répandue très vite* (**SYN.** circuler). ▸ ***Se répandre en invectives, en compliments,*** dire beaucoup d'injures, faire beaucoup de compliments.

répandu, e adj. Communément admis : *Ces idées sont très répandues* (**SYN.** 1. commun, 2. courant ; **CONTR.** rare).

réparable adj. Qui peut être réparé : *Votre téléviseur est réparable* (**CONTR.** irréparable).

reparaître v.i. [conj. 91]. (Auxil. *avoir* ou *être*). Paraître, se manifester de nouveau : *Après la pluie, le soleil a reparu* (**SYN.** réapparaître). *Ne reparaissez plus jamais dans mon magasin* (**SYN.** revenir). *Ces problèmes reparaissent de temps à autre* (**SYN.** renaître, resurgir).

réparateur, trice n. Personne qui répare : *Un réparateur de téléviseurs.* ◆ adj. Qui redonne des forces :

Un sommeil réparateur. ▸ ***Chirurgie réparatrice,*** partie de la chirurgie plastique qui répare ou corrige des malformations ou des lésions (on dit aussi *la chirurgie reconstructrice*) ; chirurgie plastique.

réparation n.f. **1.** Action de réparer une chose endommagée : *La réparation de votre lave-vaisselle prendra plusieurs jours.* **2.** Action de réparer une faute commise, un préjudice moral : *Obtenir la réparation d'un outrage.* **3.** Dédommagement d'un préjudice par la personne qui en est responsable ; dommages-intérêts, indemnité. ▸ ***Coup de pied de réparation,*** mot qu'il est recommandé d'employer à la place de *penalty.* ◆ **réparations** n.f. pl. Travaux effectués en vue de la conservation ou de l'entretien de locaux : *Vous n'aurez pas de grosses réparations à faire.*

réparer v.t. (lat. *reparare,* de *parare,* préparer) [conj. 3]. **1.** Remettre en état ce qui a subi un dommage, une détérioration : *Réparer un bracelet* (**SYN.** arranger ; **CONTR.** abîmer, casser). **2.** Faire disparaître un mal ou en atténuer les conséquences : *Réparer une erreur commise* (**SYN.** corriger, remédier à). **3.** Agir de façon à effacer une action blâmable : *L'agresseur a manifesté le désir de réparer ses fautes* (**SYN.** expier, racheter).

reparler v.t. ind. [conj. 3]. **[de, à].** Parler de nouveau : *Nous reparlerons de ce problème lors de la prochaine réunion. Il n'a pas reparlé à sa collègue depuis leur dispute.* ◆ v.i. Recommencer à parler : *L'enfant n'a pas reparlé depuis l'accident.* ◆ **se reparler** v.pr. Se réconcilier.

repartager v.t. [conj. 17]. Partager de nouveau ; redistribuer.

repartie [rəparti ou reparti] n.f. Réponse vive et spirituelle : *Sa repartie a fusé* (**SYN.** réplique, riposte). *Avoir de la repartie* (= le sens de l'à-propos).

① **repartir** [rəpartir ou repartir] v.t. (de *partir,* se séparer de) [conj. 43]. (Auxil. *avoir*). *Litt.* Répliquer promptement : *Elle lui a reparti de ne pas se mêler de cette affaire.*

② **repartir** [rəpartir] v.i. [conj. 43]. (Auxil. *être*). Partir de nouveau ; retourner : *Le bus est reparti avant que j'aie pu monter* (**SYN.** redémarrer). *Vous repartez déjà ?*

répartir v.t. (de l'anc. fr. *partir,* partager) [conj. 32]. Partager, distribuer d'après certaines règles : *Répartir les gains entre plusieurs personnes* (**SYN.** diviser). *Répartir les étudiants en deux groupes* (**SYN.** séparer).

répartiteur, trice n. Personne qui fait une répartition.

répartition n.f. **1.** Action de répartir ou de classer des choses : *La répartition du travail* (**SYN.** attribution). *La répartition des bénéfices* (**SYN.** distribution, partage). **2.** Manière dont sont distribués, répartis des êtres ou des choses : *La répartition de la population dans un pays. La répartition des bureaux dans une entreprise* (**SYN.** agencement, distribution). **3.** Mot qu'il est recommandé d'employer à la place de *dispatching.*

reparution n.f. Fait de reparaître : *Espérer la reparution d'un journal.*

repas n.m. (de l'anc. fr. *past,* nourriture). Nourriture que l'on prend chaque jour à certaines heures : *Le repas du matin* (= le petit déjeuner). *Le repas de midi* (= le déjeuner). *Le repas du soir* (= le dîner).

repassage n.m. **1.** Action de repasser du linge ; linge à repasser : *J'ai encore beaucoup de repassage.* **2.** Action d'aiguiser un instrument tranchant (**SYN.** affûtage, aiguisage).

repasser v.i. [conj. 3]. **1.** Passer de nouveau dans un endroit : *Je repasserai à la maison avant 18 heures* (**SYN.** revenir). **2.** Vérifier que qqch a été bien fait : *Je dois toujours repasser derrière lui.* ◆ v.t. **1.** Passer, franchir de nouveau un obstacle : *Au retour, nous devrons repasser cette rivière* (**SYN.** retraverser). **2.** Affûter : *Repasser un canif* (**SYN.** aiguiser). **3.** Défriper au moyen d'un fer chaud : *Repasser une chemise* (**CONTR.** chiffonner, froisser). **4.** *Vieilli* Relire pour s'assurer que l'on sait (**SYN.** réviser, revoir).

repasseur n.m. Personne qui aiguise les couteaux, les ciseaux.

repasseuse n.f. **1.** Femme dont le métier est de repasser le linge. **2.** Machine électrique qui sert à repasser le linge.

repavage n.m. Action de repaver.

repaver v.t. [conj. 3]. Paver de nouveau ; remplacer les pavés de : *Repaver une rue.*

repayer v.t. [conj. 11]. Payer de nouveau.

repêchage n.m. **1.** Action de repêcher, de ressortir de l'eau qqn, qqch qui y était tombé : *Le repêchage d'un noyé.* **2.** Épreuve supplémentaire donnant une nouvelle chance à un candidat éliminé. **3.** En sports, épreuve permettant de qualifier des concurrents pour la suite de la compétition.

repêcher v.t. [conj. 4]. **1.** Retirer de l'eau : *On a repêché le corps ainsi que le sac dans ce fleuve.* **2.** *Fam.* Admettre un candidat après une épreuve de repêchage : *On ne l'a pas repêché, car il lui manquait trop de points.* **3.** En sports, qualifier un concurrent par repêchage.

repeindre v.t. [conj. 81]. Peindre de nouveau : *Repeindre une salle de bains, un mur.*

rependre v.t. [conj. 73]. Pendre de nouveau ce qui est décroché : *Rependre une veste tombée par terre.*

repenser v.t. ind. [conj. 3]. **[à].** Penser de nouveau à : *J'ai repensé à ce que tu m'as dit.* ◆ v.t. Examiner d'un point de vue différent : *Ils devraient repenser leur stratégie commerciale* (**SYN.** reconsidérer, revoir).

repentance n.f. *Litt.* Regret douloureux de ses erreurs, de ses péchés ; remords, repentir.

repentant, e adj. Qui se repent : *Un pécheur repentant* (**CONTR.** impénitent).

repenti, e adj. et n. Qui s'est repenti : *Un menteur repenti* (**CONTR.** impénitent). ◆ n. Ancien membre d'une organisation terroriste ou mafieuse acceptant de collaborer avec les autorités en échange de mesures d'indulgence.

repentir n.m. Vif regret d'avoir fait ou de n'avoir pas fait qqch : *Elle a manifesté un repentir sincère* (**SYN.** contrition, remords, repentance [litt.]).

se **repentir** v.pr. (lat. médiév. *repœnitere,* du lat. class. *pœnitere,* être mécontent, se repentir) [conj. 37]. **1.** Manifester du remords d'avoir commis une faute : *Le prêtre leur demande de se repentir.* **2.** Subir avec amertume les conséquences d'une action : *Il se repent de ne pas l'avoir écoutée* (**SYN.** regretter, s'en vouloir).

repérable adj. Qui peut être repéré : *Des troupes difficilement repérables.*

repérage n.m. **1.** Action de repérer, de déterminer la place de qqch dans un espace : *Ce pilote est chargé du repérage des installations ennemies* (**SYN.** localisation). **2.** Recherche, effectuée pendant la préparation d'un film, des lieux où se déroulera le tournage : *Le metteur en scène est en repérage.*

répercussion n.f. **1.** Action de répercuter ; fait de se répercuter : *La répercussion de l'écho* (**SYN.** réflexion, réverbération). **2.** Conséquence indirecte : *Cet incident diplomatique aura de graves répercussions* (**SYN.** retentissement, retombée).

répercuter v.t. (du lat. *repercutere,* repousser, de *quatere,* secouer) [conj. 3]. **1.** Renvoyer un son en le prolongeant : *Une surface qui répercute les moindres bruits* (**SYN.** réfléchir, réverbérer). **2.** Faire en sorte que qqch soit transmis : *Répercuter les ordres de la hiérarchie* (**SYN.** transmettre). **3.** Faire supporter une charge, une taxe par d'autres : *Répercuter la hausse du cacao sur le prix du chocolat.* ◆ **se répercuter** v.pr. **1.** Être renvoyé : *Les coups de tonnerre se sont répercutés dans la vallée.* **2. [sur].** Avoir des conséquences directes sur : *L'augmentation des matières premières se répercute sur le prix des produits finis* (**SYN.** influer sur, peser sur).

reperdre v.t. [conj. 77]. Perdre de nouveau : *Elle a reperdu tout son argent* (**CONTR.** regagner).

repère n.m. (var. de *repaire,* sous l'infl. du lat. *reperire,* trouver). **1.** Marque ou objet permettant de s'orienter dans l'espace, de localiser qqch, d'évaluer une distance : *Ces panneaux vous serviront de repères.* **2.** *Fig.* Chacun des éléments stables à partir desquels s'organise un système de valeurs : *Un adolescent qui n'a plus de repères.* ☞ **REM.** Ne pas confondre avec *repaire.* ▸ ***Point de repère,*** toute marque employée pour reconnaître un lieu, pour s'orienter ; indice qui permet de situer un événement dans le temps : *La mort de sa mère sert de point de repère dans l'œuvre de cet écrivain* (**SYN.** jalon).

repérer v.t. [conj. 18]. **1.** Marquer au moyen de repères : *Repérer le parcours d'une course* (**SYN.** baliser, jalonner). **2.** Déterminer la position exacte de : *Repérer un avion ennemi* (**SYN.** localiser). **3.** Apercevoir, trouver parmi d'autres : *Il a repéré un de ses amis dans la file d'attente* (**SYN.** distinguer). ☞ **REM.** Ne pas confondre avec *repairer.* ◆ **se repérer** v.pr. Déterminer sa position exacte grâce à des repères : *Il est difficile de se repérer dans ce nouveau centre commercial* (**SYN.** s'orienter).

répertoire n.m. (du lat. *repertum,* trouvé, de *reperire,* trouver). **1.** Table, recueil où les matières sont rangées dans un ordre qui les rend faciles à trouver : *Un répertoire alphabétique. Un répertoire des entreprises* (**SYN.** catalogue, fichier). **2.** Cahier dont les pages sont munies d'onglets pour permettre une consultation rapide : *Un répertoire d'adresses* (**SYN.** carnet). **3.** Ensemble des œuvres qui constituent le fonds d'un théâtre, d'une compagnie de ballet. **4.** Ensemble des œuvres interprétées habituellement par un comédien, un chanteur : *Chanteuse qui inscrit une nouvelle chanson à son répertoire.* **5.** Ensemble de termes, d'expressions qu'une personne utilise habituellement : *Il a un répertoire inépuisable d'histoires drôles.* **6.** En informatique, élément de la structure d'organisation des fichiers dans un disque ; ensemble des instructions de commande d'un ordinateur.

répertorier v.t. [conj. 9]. Consigner dans une liste ; dénombrer en classant : *Répertorier les archives d'une entreprise.*

répéter v.t. (lat. *repetere,* aller chercher de nouveau, de *petere,* demander) [conj. 18]. **1.** Dire qqch une nouvelle fois : *Il a répété cette histoire à tout le monde* (**SYN.** raconter, rapporter). *Elle répète dix fois la même chose* (**SYN.** redire). **2.** Refaire ce qu'on a déjà fait : *Le chercheur n'a pas pu répéter l'expérience* (**SYN.** recommencer, renouveler). **3.** Reproduire plusieurs fois : *L'artiste a répété le motif tout autour de la coupole* (**SYN.** reprendre). **4.** S'exercer à dire, à exécuter ce que l'on devra faire en public : *Répéter une pièce de théâtre.* ◆ **se répéter** v.pr. **1.** Redire les mêmes choses sans nécessité : *Un vieillard qui se répète* (**SYN.** radoter). **2.** Se produire à nouveau, en parlant d'un événement : *On dit que l'histoire ne se répète pas.*

répéteur n.m. Dans le domaine des télécommunications, amplificateur utilisé sur les câbles ou à bord des satellites.

répétiteur, trice n. *Vieilli* Personne qui donne des leçons particulières à des élèves.

répétitif, ive adj. Qui se reproduit de façon monotone ; qui se répète sans cesse : *Des gestes répétitifs.*

répétition n.f. **1.** Retour de la même idée, du même mot : *Il y a trop de répétitions dans ton exposé* (**SYN.** redite). **2.** Séance de travail au cours de laquelle des artistes mettent au point ce qu'ils présenteront au public : *La répétition d'une scène.* **3.** Fait de recommencer une action : *La répétition d'un geste* (**SYN.** réitération). **4.** *Vieilli* Leçon particulière. ▸ ***Cours de répétition,*** en Suisse, chacune des périodes annuelles de service militaire accomplies après l'école de recrues.

répétitivité n.f. Caractère de ce qui est répétitif : *La répétitivité d'une tâche.*

repeuplement n.m. Action de repeupler un lieu ; fait d'être repeuplé.

repeupler v.t. [conj. 5]. **1.** Peupler une région dépeuplée ; s'installer dans un lieu : *Des immigrants ont repeuplé cette région.* **2.** Regarnir un lieu d'espèces animales ou végétales : *Repeupler un étang* (= aleviner). *Repeupler un bois de nouvelles espèces d'arbres* (= reboiser). ◆ **se repeupler** v.pr. Recouvrer une population humaine, animale ou végétale.

repiquage n.m. **1.** Action de mettre en terre une jeune plante provenant de semis : *Le repiquage du riz.* **2.** Opération consistant à copier un disque, une bande magnétique ; enregistrement ainsi obtenu : *C'est le repiquage d'une cassette audio.*

repiquer v.t. [conj. 3]. **1.** Faire le repiquage d'un jeune plant : *Repiquer des betteraves* (**SYN.** transplanter). **2.** Copier un enregistrement. ◆ v.t. ind. *Fam.* **[à].** Reprendre de ; recommencer la même chose : *Il a repiqué à la tarte* (= il s'est resservi).

répit n.m. (du lat. *respectus,* regard en arrière, de *respicere,* regarder en arrière). **1.** Arrêt momentané de qqch de pénible : *Ses douleurs ne lui accordent aucun répit* (**SYN.** rémission, trêve). **2.** Interruption dans une occupation absorbante ou contraignante : *Laisse-moi quelques instants de répit !* (**SYN.** 1. relâche [litt.], repos).

▸ ***Sans répit,*** sans arrêt ; sans cesse : *La pluie tombe sans répit* (**SYN.** continuellement).

replacement n.m. Action de replacer.

replacer v.t. [conj. 16]. **1.** Remettre à sa place, dans la bonne position : *Replacer un dictionnaire sur une étagère* (**SYN.** ranger). **2.** Placer, situer dans telles circonstances : *Il faut replacer les faits dans le contexte de l'époque* (**SYN.** resituer). ◆ **se replacer** v.pr. Se remettre dans une situation déterminée : *Le témoin s'est replacé dans les circonstances de l'accident.*

replantation n.f. Action de replanter.

replanter v.t. [conj. 3]. **1.** Planter ailleurs : *Replanter un arbre.* **2.** Regarnir de plantes : *Replanter une vallée* (**SYN.** reboiser).

replat n.m. Sur un versant, partie en pente plus douce, presque plate.

replâtrage n.m. **1.** Réparation faite avec du plâtre : *Le replâtrage d'un plafond.* **2.** Remaniement sommaire et imparfait ; réconciliation fragile : *Le replâtrage du gouvernement.*

replâtrer v.t. [conj. 3]. **1.** Recouvrir de plâtre : *Replâtrer un mur.* **2.** Modifier superficiellement ; arranger sommairement : *Replâtrer un programme politique.* **3.** *Fig.* Tenter de recréer une certaine cohésion au sein d'un groupe : *Ils font un remaniement pour tenter de replâtrer le gouvernement.*

replet, ète [rəplɛ, ɛt] adj. (du lat. *repletus,* rempli, de *replere,* remplir). Qui a de l'embonpoint (**SYN.** dodu, plantureux, potelé ; **CONTR.** maigre, svelte).

réplétion [replesjɔ̃] n.f. (bas lat. *repletio,* de *replere,* remplir). État d'un organe rempli : *La réplétion de l'estomac* (par opp. à la vacuité).

repleuvoir v. impers. [conj. 68]. Pleuvoir de nouveau.

repli n.m. **1.** Pli double, rabattu ; ourlet : *Elle fait un repli aux manches de son pull* (**SYN.** revers). **2.** Mouvement en arrière ; régression : *On peut noter un repli des importations* (**SYN.** baisse, diminution, recul ; **CONTR.** augmentation, hausse). **3.** Retraite volontaire d'une armée. ◆ **replis** n.m. pl. **1.** Ondulations d'une surface ou d'une matière ; sinuosités : *Les replis d'une tenture* (**SYN.** pli). **2.** *Fig., litt.* Ce qu'il y a de plus caché, de plus intime : *Les replis de l'âme* (**SYN.** recoin).

repliable adj. Qui peut être replié : *Des chaises de jardin repliables* (= pliantes).

réplication n.f. Reproduction de la totalité du matériel génétique d'une cellule, avant que celle-ci ne se divise (**SYN.** duplication).

repliement n.m. **1.** Action de replier : *Le repliement des ailes d'un oiseau* (**CONTR.** déploiement). **2.** *Fig.* Action de se replier sur soi-même, de s'isoler ; introversion.

replier v.t. [conj. 10]. **1.** Plier une chose qui avait été dépliée : *Aide-moi à replier les draps.* **2.** Ramener en pliant : *Après s'être posé, le pigeon a replié ses ailes.* ◆ **se replier** v.pr. **1.** Se plier, se rabattre en se fermant : *La lame de ce couteau se replie.* **2.** Opérer un repli, une retraite, en parlant d'une troupe (**SYN.** reculer, refluer ; **CONTR.** avancer). ▸ ***Se replier sur soi-même,*** s'isoler du monde extérieur ; intérioriser ses émotions : *Cet adolescent se replie sur lui-même* (**SYN.** se renfermer ; **CONTR.** s'épanouir, s'ouvrir).

réplique n.f. **1.** Réponse vive à ce qui a été dit ou écrit : *Il a la réplique rapide* (= il a de la repartie ; **SYN.** riposte). *Un argument sans réplique* (= décisif). **2.** Partie d'un dialogue dite par un acteur : *Ce comédien a oublié une réplique.* **3.** Personne qui semble être l'image d'une autre : *Elle est la réplique de sa sœur* (**SYN.** portrait, sosie). **4.** Copie ancienne d'une œuvre d'art : *La réplique romaine d'une statue grecque* (**SYN.** reproduction).

répliquer v.t. et v.i. (du lat. *replicare,* replier) [conj. 3]. Répondre avec vicacité : *Elle répliqua qu'il avait tort* (**SYN.** objecter, riposter). *Fais ce que je te demande et ne réplique pas !* (**SYN.** protester ; **CONTR.** obéir). ◆ **se répliquer** v.t. En génétique, se dupliquer.

replonger v.i. [conj. 17]. **1.** Plonger de nouveau : *Les enfants replongent dans la mer.* **2.** *Fam.* Retomber dans un désespoir, un mal : *Il a replongé dans la dépression.* **3.** *Arg.* Retourner en prison. ◆ v.t. **1.** Plonger à nouveau qqch dans : *Replonge les goujons dans la friture !* **2.** Mettre de nouveau qqch dans tel ou tel état : *Cet incident a replongé le pays dans la guerre civile.* ◆ **se replonger** v.pr. Se consacrer à nouveau à : *Elle s'est replongée dans la rédaction de sa thèse.*

répondant, e n. Personne qui se porte garante de qqn : *Servir de répondant à qqn* (**SYN.** caution). ◆ **répondant** n.m. ▸ *Fam.* ***Avoir du répondant,*** présenter de sérieuses garanties financières ; avoir le sens de la repartie.

répondeur n.m. Appareil relié à un poste téléphonique, permettant d'enregistrer les messages des correspondants (on dit aussi *un répondeur téléphonique*).

répondre v.t. (lat. *respondere,* de *spondere,* promettre, garantir) [conj. 75]. Dire qqch en retour à qqn qui a posé une question : *Répondez « oui » ou « non ». Il m'a répondu qu'il viendrait* (**CONTR.** demander, interroger, questionner). ◆ v.i. **1.** Faire une réponse : *Je lui ai posé la question, mais elle n'a pas encore répondu.* **2.** Discuter au lieu d'obéir : *Les élèves ne doivent pas répondre* (**SYN.** protester, riposter). ◆ v.t. ind. **1. [à].** Fournir la réponse demandée : *Répondre à un sondage.* **2. [à].** Être conforme à ce qui est attendu : *Cela répond à notre attente* (**SYN.** convenir, correspondre). **3. [à].** Envoyer une lettre à qqn faisant suite à celle qu'il a adressée : *Cet artiste répond toujours personnellement aux lettres de ses admirateurs.* **4. [à].** Apporter des raisons contre : *Que réponds-tu à cela ?* (**SYN.** objecter, répliquer). *Répondre à une critique* (**SYN.** riposter). **5. [à].** Avoir tel comportement, tel sentiment en retour : *Elle a toujours répondu à mon affection* (**SYN.** rendre). *Répondre à la force par la force.* **6.** (Sans compl.). Produire une réaction à une action : *Les freins ne répondent plus* (**SYN.** obéir, réagir). **7. [de].** Se porter garant pour qqn ; cautionner ses actes : *Je réponds de son honnêteté* (**SYN.** garantir). ▸ ***Ne plus répondre de rien,*** s'avouer incapable de maîtriser une situation dangereuse. ◆ **se répondre** v.pr. Faire entendre un son alternativement : *La flûte et les guitares se répondent.*

répons [repɔ̃] n.m. (lat. *responsum*). Chant religieux exécuté alternativement par le chœur et par un soliste.

réponse n.f. (fém. de *répons*). **1.** Parole ou écrit adressés pour répondre : *J'ai reçu une réponse négative* (**CONTR.** demande, question). **2.** Solution apportée à une question : *Personne n'a encore trouvé la réponse à ce mystère* (**SYN.** explication). **3.** Réaction d'un organe, d'un appareil sous l'effet d'un agent extérieur : *Une réponse* *musculaire. La réponse d'un accélérateur.* ▸ ***Avoir réponse à tout,*** écarter toutes les objections pour se donner raison. ***Droit de réponse,*** droit accordé à toute personne mise en cause par un média de répondre par l'intermédiaire de ce même média.

repopulation n.f. Accroissement d'une population après un dépeuplement.

report n.m. (de *2. reporter*). **1.** Action de reporter un total d'une colonne ou d'une page sur une autre : *Faire le report d'une somme.* **2.** Action de reporter sur qqn ou qqch d'autre : *Le report des voix sur le candidat le mieux placé.* **3.** Action de remettre à un autre moment : *Le report d'une réunion à une date ultérieure* (SYN. ajournement).

reportage n.m. (de *1. reporter*). **1.** Ensemble des informations recueillies par un journaliste sur le lieu même de l'événement : *Un reportage de notre envoyé spécial aux États-Unis.* **2.** Enquête publiée dans la presse, à la radio, à la télévision : *Cette chaîne diffuse un reportage sur les dégâts provoqués par El Niño.*

① **reporter** [rəpɔrtɛr] n.m. (mot angl., de *to report*, rapporter). (Anglic.). Reporteur.

② **reporter** [rəpɔrte] v.t. [conj. 3]. **1.** Porter une chose au lieu où elle était auparavant : *Reporter un plat à la cuisine* (SYN. rapporter, remporter). **2.** Placer à un autre endroit ; réinscrire ailleurs : *Reporter un paragraphe à la fin d'un chapitre* (SYN. déplacer). *Reporter des nombres dans un tableau.* **3.** Orienter son choix autrement : *Reporter ses voix sur un autre candidat.* **4.** Remettre à un autre moment : *Reporter un rendez-vous de deux jours, à une date ultérieure* (SYN. différer, repousser). ◆ **se reporter** v.pr. **[à]. 1.** Se transporter en pensée : *Se reporter aux années de son adolescence.* **2.** Se référer à : *Pour plus d'informations, veuillez vous reporter à notre brochure.*

reporter-photographe n.m. (pl. *reporters-photographes*). Photojournaliste.

reporteur, trice n. Journaliste qui fait des reportages.

repos n.m. **1.** Absence de mouvement : *Vous devez laisser votre jambe au repos pendant une semaine* (SYN. immobilité, inaction). **2.** Fait pour qqn de se reposer, de cesser son activité ; temps correspondant : *Elle a besoin de repos* (SYN. délassement, détente, répit). *Deux semaines de repos vous feront du bien* (SYN. vacances). **3.** *Sout.* État de qqn qui se repose ou dort : *Être respectueux du repos des autres* (SYN. sommeil). **4.** Période, jour pendant lesquels qqn cesse son travail : *Ils ont droit à une demi-heure de repos en fin de matinée* (SYN. pause). *Le mercredi est son jour de repos* (SYN. congé). **5.** *Litt.* État de qqn qui est sans inquiétude ni préoccupation : *Ses soucis lui ôtent tout repos* (SYN. sérénité, tranquillité ; CONTR. angoisse, tourment). **6.** Position d'un soldat qui abandonne le garde-à-vous. ▸ ***De tout repos,*** qui procure une complète tranquillité : *Un investissement de tout repos.*

reposant, e adj. Qui repose : *Des vacances peu reposantes* (SYN. délassant, relaxant ; CONTR. fatigant).

repose n.f. Action de remettre en place ce qui avait été enlevé ou déposé : *La repose d'un système de ventilation.*

reposé, e adj. Qui ne présente plus de traces de fatigue : *Un visage reposé* (SYN. détendu ; CONTR. fatigué). ▸ ***À tête reposée,*** en prenant le temps de réfléchir : *Je veux y repenser à tête reposée.*

repose-pieds n.m. inv. ou **repose-pied** n.m. (pl. *repose-pieds*). **1.** Appui pour les pieds, partic. attenant à un fauteuil. **2.** Appui fixé au cadre d'une motocyclette, sur lequel on peut poser le pied.

① **reposer** v.t. [conj. 3]. **1.** Poser un objet que l'on a soulevé : *Reposer son verre sur la table.* **2.** Remettre en place ce qui a été enlevé, déposé : *Reposer un radiateur.* **3.** Formuler, présenter qqch de nouveau : *Reposer sa question autrement* (= la reformuler). ◆ **se reposer** v.pr. Se poser de nouveau : *Le problème se reposera chaque fois.*

② **reposer** v.t. (du lat. *pausare*, s'arrêter) [conj. 3]. Mettre le corps, l'esprit dans des conditions propres à les délasser : *Repose ta jambe sur le pouf* (SYN. appuyer, poser). *Fais un tour au jardin, cela reposera ton esprit* (SYN. détendre). ◆ v.i. **1.** Être au repos : *Pas de bruit, il repose* (= il sommeille, il dort). **2.** *Sout.* En parlant d'un défunt, être étendu ou enseveli en tel endroit : *Reposer sur son lit de mort. Ici repose Édith Piaf* (= ci-gît Édith Piaf). **3.** En parlant d'un liquide, d'un mélange, rester au repos, sans être remué : *Laisser reposer du vin.* (SYN. décanter). *Laisser reposer la pâte à crêpes pendant une heure.* ◆ v.t. ind. **[sur]. 1.** Être posé sur qqch qui sert de support : *Cet édifice repose sur des piliers* (SYN. s'appuyer). **2.** *Fig.* Être établi, fondé sur : *Sa théorie ne repose sur rien de certain.* ◆ **se reposer** v.pr. Cesser de travailler pour éliminer la fatigue : *Tu devrais te reposer un peu* (SYN. se délasser, se détendre). ▸ ***Se reposer sur qqn,*** lui faire confiance ; s'en remettre à lui : *Elle se repose entièrement sur son adjointe* (SYN. compter sur, se fier à). ***Se reposer sur ses lauriers,*** vivre sur une gloire, un succès passés sans chercher à se renouveler.

repose-tête n.m. inv. Appui-tête.

repositionnable adj. Se dit d'un adhésif pouvant être décollé et recollé : *Des affichettes repositionnables.*

repositionner v.t. [conj. 3]. Positionner de nouveau.

reposoir n.m. **1.** Autel provisoire dressé sur le parcours d'une procession. **2.** Dans un hôpital, salle où le corps du défunt est exposé avant les funérailles.

repourvoir v.t. [conj. 64]. En Suisse, confier un poste, une charge vacante à un nouveau titulaire.

repoussage n.m. Modelage des métaux à l'aide d'un marteau.

repoussant, e adj. Qui inspire du dégoût, de la répulsion : *Leur maison est d'une saleté repoussante* (SYN. dégoûtant, répugnant). *L'ogre a un physique repoussant* (SYN. hideux ; CONTR. attirant).

repousse n.f. Fait de repousser, en parlant des cheveux, des plantes.

① **repousser** v.t. [conj. 3]. **1.** Pousser en arrière, faire reculer : *Les forces de l'ordre repoussent les manifestants* (SYN. refouler). **2.** Ne pas se laisser aller à : *Repousser une envie* (SYN. résister à ; CONTR. céder à). **3.** Ne pas admettre ; ne pas accepter : *Repousser une proposition* (SYN. écarter, rejeter ; CONTR. approuver, souscrire à). **4.** Remettre à plus tard qqch qui était prévu : *Ils ont repoussé la date du baptême* (SYN. ajourner, retarder ; CONTR. avancer).

② **repousser** v.i. [conj. 3]. Pousser, croître de nouveau : *Il laisse repousser sa moustache.*

repoussoir n.m. **1.** Chose ou personne qui met une autre en valeur par opposition, par contraste : *Sa voisine lui sert de repoussoir* (**SYN.** faire-valoir). **2.** Personne très laide.

répréhensible adj. (du lat. *reprehendere*, critiquer, reprendre). Qui mérite un blâme : *Un acte répréhensible* (**SYN.** condamnable ; **CONTR.** irrépréhensible [sout.]). *Je ne vois rien de répréhensible dans son comportement* (**SYN.** critiquable ; **CONTR.** louable).

reprendre v.t. (lat. *reprendere*, var. de *reprehendere*) [conj. 79]. **1.** Prendre de nouveau ; prendre une autre fois, en plus : *Veuillez reprendre votre place !* (**SYN.** regagner, rejoindre). *Je reprendrais bien un peu de gâteau.* **2.** Rentrer en possession de ce que l'on a donné, déposé : *Il ne faut pas que j'oublie de reprendre mon parapluie au vestiaire* (**SYN.** récupérer, retirer ; **CONTR.** laisser). **3.** Prendre la suite de qqn dans une activité : *Il veut reprendre une librairie. Elle reprendra la direction de l'entreprise familiale.* **4.** Aller chercher qqn à l'endroit où on l'a déposé : *Je passerai vous reprendre dans deux heures.* **5.** Admettre de nouveau qqn près de soi, dans un groupe : *Elle a repris son ancienne assistante.* **6.** Prendre, arrêter de nouveau qqn qui s'est enfui : *La police a repris le fugitif* (**SYN.** rattraper). **7.** Accepter le retour d'une marchandise et en rembourser le prix : *La boutique ne reprend aucun article.* **8.** Retrouver un état, une disposition, une faculté ; recouvrer : *Il commence à reprendre confiance en lui* (**CONTR.** reperdre). *Elle a repris des forces.* **9.** En parlant d'une maladie, affecter qqn de nouveau : *Elle ne va pas bien, les nausées l'ont reprise.* **10.** Continuer une chose interrompue : *Reprendre son travail après une longue maladie* (**SYN.** se remettre à ; **CONTR.** cesser, quitter). *Elle a repris la danse* (**SYN.** recommencer). **11.** Jouer, donner de nouveau une pièce, un spectacle : *Reprendre une comédie de Shakespeare.* **12.** Redire des paroles, des idées : *Le public a repris en chœur le refrain.* **13.** (Souvent en incise). Parler de nouveau, après un silence : *« Je n'en suis vraiment pas sûr », reprit-il en souriant.* **14.** Apporter des corrections : *Il faut reprendre tout ce paragraphe* (**SYN.** modifier, retoucher). **15.** Rétrécir un vêtement : *Reprendre une jupe à la taille.* **16.** Critiquer qqn sur ce qu'il dit ou fait : *Reprendre un élève sur son attitude en classe* (**SYN.** blâmer, réprimander ; **CONTR.** complimenter, féliciter). ▸ ***On ne m'y reprendra plus,*** c'est la dernière fois que je fais cela ; je ne me laisserai plus duper. ◆ v.i. **1.** Se développer normalement après avoir été transplanté : *Le cerisier a repris difficilement.* **2.** Se manifester de nouveau : *Les orages ont repris* (**SYN.** recommencer ; **CONTR.** cesser). **3.** Avoir lieu de nouveau après une interruption : *L'école reprend au mois de septembre* (**SYN.** recommencer ; **CONTR.** se terminer). **4.** En parlant du commerce, des affaires, redevenir actifs après une période de marasme : *L'économie reprend* (**SYN.** redémarrer ; **CONTR.** stagner). ◆ **se reprendre** v.pr. **1.** Retrouver la maîtrise de soi : *Tu ne peux pas te laisser aller comme ça, il faut que tu te reprennes !* (**SYN.** réagir, se ressaisir). **2.** Se corriger ; rectifier un propos : *Il s'est trompé de prénom, mais il s'est tout de suite repris.* ▸ ***Se reprendre à*** (+ inf.), se remettre à : *Elle se reprend à espérer* (**SYN.** recommencer à). ***S'y reprendre à plusieurs fois pour,*** faire plusieurs tentatives infructueuses avant de réussir à : *Il a dû s'y reprendre à deux fois pour imposer le silence à l'assemblée.*

repreneur, euse n. Personne qui reprend, rachète une entreprise en difficulté.

représailles n.f. pl. (de l'it. *ripresaglia*, de *riprendere*, reprendre). Violences que l'on fait subir à un ennemi à titre de vengeance : *Leur chef promet de lourdes représailles contre les villageois* (= des mesures de rétorsion).

représentable adj. Qui peut être représenté.

représentant, e n. **1.** Personne qui représente une autre personne ou un groupe : *Le maire a reçu le représentant de notre association* (**SYN.** porte-parole). *Les représentants du personnel dans une entreprise.* **2.** Intermédiaire chargé de prospecter une clientèle et de prendre des commandes pour une entreprise (on dit aussi *un représentant de commerce*) ; V.R.P.

représentatif, ive adj. **1.** Qui représente une collectivité et peut parler en son nom : *Un syndicat représentatif.* **2.** Considéré comme le modèle, le type d'une catégorie ; caractéristique, typique : *Un échantillon représentatif de la population.*

représentation n.f. **1.** Action de représenter qqch au moyen d'une figure, d'un symbole, d'un signe : *L'écriture est la représentation de la langue parlée.* **2.** Image, figure, symbole, signe qui représentent un phénomène, une idée : *Une représentation graphique de l'évolution des naissances en France* (**SYN.** diagramme, schéma). *La colombe est la représentation de la paix* (**SYN.** emblème). **3.** Spectacle donné devant un public : *La représentation de demain est annulée* (**SYN.** séance). **4.** Action de représenter qqn, une collectivité ; les personnes qui en sont chargées : *La représentation de notre pays aux obsèques du roi sera assurée par le Premier ministre.* **5.** Activité d'un représentant de commerce : *Faire de la représentation pour une maison d'édition.*

représentativité n.f. Qualité de qqn, d'un groupe représentatif : *La représentativité d'un délégué syndical. La représentativité d'un échantillon de population.*

① **représenter** v.t. [conj. 3]. Présenter de nouveau : *Il a dû représenter sa carte d'identité.* ◆ **se représenter** v.pr. Se présenter de nouveau : *Elle se représente aux législatives.*

② **représenter** v.t. (du lat. *repraesentare*, rendre présent) [conj. 3]. **1.** Rendre perceptible, sensible par une figure, un signe : *Représenter l'évolution des prix par un diagramme* (**SYN.** figurer). **2.** Évoquer par un moyen artistique ; dépeindre, évoquer : *Ce tableau représente un champ de coquelicots.* **3.** Jouer ou faire jouer un spectacle devant un public : *Cette troupe représente « Phèdre »* (**SYN.** donner, interpréter). **4.** *Litt.* Faire observer à qqn ; mettre en garde qqn contre qqch : *Représenter à un collègue les conséquences de son choix* (**SYN.** avertir). **5.** Avoir reçu mandat pour agir au nom de qqn, d'un groupe : *Cette athlète représentera la France aux prochains jeux Olympiques.* **6.** Être le représentant d'une entreprise commerciale : *Il représente un laboratoire pharmaceutique.* **7.** Être le symbole, l'incarnation, le type de qqch : *La nouvelle présidente représente le progrès* (**SYN.** personnifier). **8.** Correspondre à qqch ; apparaître comme son équivalent : *Son travail représente toute sa vie* (**SYN.** constituer). *Cette réparation représente un mois de salaire* (**SYN.** équivaloir à). ◆ **se représenter** v.pr. Imaginer qqch, qqn qui n'est pas actuellement présent : *Je ne me représentais pas ton appartement comme ça !* (**SYN.** se figurer, s'imaginer).

répresseur n.m. Protéine qui, dans les cellules vivantes, empêche la production d'une enzyme lorsque celle-ci n'est pas utile.

répressif, ive adj. Qui réprime ; qui a pour but de réprimer : *Prendre des mesures répressives.*

répression n.f. (du lat. *repressum*). Action de réprimer, de punir : *La répression de la délinquance* (**SYN.** châtiment, punition). *La répression d'une révolte* (**SYN.** écrasement).

réprimande n.f. (du lat. *reprimenda [culpa]*, [faute] qui doit être réprimée). Reproche, blâme que l'on adresse à qqn pour une faute : *Le président a fait des réprimandes aux ministres* (**SYN.** remontrance, semonce ; **CONTR.** compliment).

réprimander v.t. [conj. 3]. Faire une réprimande à : *Réprimander un enfant désobéissant* (**SYN.** gronder, sermonner).

réprimer v.t. (lat. *reprimere*, de *premere*, presser) [conj. 3]. **1.** Arrêter la manifestation d'un sentiment ; dominer : *Réprimer ses larmes* (**SYN.** contenir, refouler). **2.** Empêcher le développement d'une action jugée dangereuse : *Réprimer un soulèvement* (**SYN.** écraser, étouffer).

reprint [rəprint] n.m. (mot angl.). Réimpression en fac-similé d'un ouvrage épuisé ou tombé dans le domaine public.

repris n.m. ▸ ***Repris de justice,*** personne qui a déjà subi une condamnation pénale.

reprisage n.m. Action de repriser (**SYN.** raccommodage).

reprise n.f. **1.** Action de reprendre, de s'emparer de nouveau de : *La reprise du pouvoir* (**SYN.** reconquête). **2.** Continuation d'une chose interrompue : *La reprise des cours après les vacances* (**SYN.** recommencement ; **CONTR.** arrêt, interruption). **3.** Nouvel essor après une récession : *Les économistes annoncent une reprise* (**SYN.** redémarrage ; **CONTR.** fléchissement, ralentissement). **4.** Fait de jouer de nouveau une pièce, un film : *La reprise d'une comédie musicale.* **5.** Partie d'un morceau de musique que l'on doit jouer deux fois de suite. **6.** Chacune des parties d'un combat de boxe (**SYN.** round). **7.** Le début de la seconde mi-temps d'un match : *Ils ont marqué un but à la reprise.* **8.** Somme d'argent versée par un nouveau locataire à son prédécesseur pour entrer dans un local : *Une reprise justifiée.* **9.** Réparation faite à une étoffe déchirée : *La reprise de ton pantalon est presque invisible* (**SYN.** raccommodage, stoppage). **10.** Passage d'un bas régime de moteur à un régime supérieur sans utilisation du changement de vitesse : *Ce véhicule a de bonnes reprises* (**SYN.** accélération). ▸ ***À plusieurs reprises,*** plusieurs fois successivement : *Je l'ai rencontré à plusieurs reprises.*

repriser v.t. [conj. 3]. Réparer en faisant des reprises (**SYN.** raccommoder).

réprobateur, trice adj. Qui exprime la réprobation : *Un regard réprobateur* (**SYN.** désapprobateur ; **CONTR.** approbateur).

réprobation n.f. (lat. *reprobatio*). Jugement par lequel qqn blâme, réprouve la conduite de qqn d'autre : *Le directeur lui a vivement exprimé sa réprobation* (**SYN.** désapprobation ; **CONTR.** approbation).

reproche n.m. Ce que l'on dit à qqn pour lui exprimer son mécontentement ou le blâmer ; grief, observation : *Il n'a pas cessé de me faire des reproches* (**SYN.** critique, remontrance, réprimande ; **CONTR.** compliment). ▸ ***Sans reproche,*** à qui l'on ne peut rien reprocher.

reprocher v.t. (du lat. pop. *repropriare*, rapprocher) [conj. 3]. **1.** Adresser des reproches à qqn : *Elle lui reproche son manque de tact* (= elle condamne, elle critique). *Il m'a reproché de n'être pas venu plus tôt* (**SYN.** accuser ; **CONTR.** féliciter). **2.** Trouver un défaut à ; critiquer : *Je reproche à ce ballon de ne pas assez rebondir.* **3.** En Afrique, blâmer qqn. ◆ **se reprocher** v.pr. Se considérer comme responsable de qqch ; se blâmer : *Je me reproche de ne pas avoir fait assez attention* (**CONTR.** se féliciter de).

reproducteur, trice adj. Qui sert à la reproduction des êtres vivants : *Les organes reproducteurs.* ◆ n. Animal d'élevage employé à la reproduction.

reproductible adj. Qui peut être reproduit : *Un phénomène reproductible* (**SYN.** renouvelable).

reproductif, ive adj. Relatif à la reproduction d'une espèce.

reproduction n.f. **1.** Fonction par laquelle les êtres vivants perpétuent leur espèce : *La reproduction des animaux, des végétaux.* **2.** Image obtenue à partir d'un original : *Une reproduction d'un tableau de Modigliani* (**SYN.** copie, imitation). **3.** Action de reproduire un texte, une illustration, des sons : *Interdire la reproduction d'un poème dans un ouvrage.*

reproduire v.t. [conj. 98]. **1.** Produire, engendrer un nouvel être vivant : *Produire une variété de cerise par hybridation.* **2.** Donner un équivalent aussi fidèle que possible de : *Reproduire les sons avec un magnétophone. Un artiste qui reproduit un dessin* (**SYN.** copier, imiter). **3.** Faire paraître un texte, une œuvre ayant déjà fait l'objet d'une publication : *Accorder l'autorisation de reproduire des passages d'un roman.* ◆ **se reproduire** v.pr. **1.** Donner naissance à des individus de son espèce : *Les lapins se reproduisent rapidement* (**SYN.** se multiplier). **2.** Se produire de nouveau : *Je veillerai à ce que cela ne se reproduise plus jamais* (**SYN.** recommencer, se renouveler).

reprogrammer v.t. [conj. 3]. **1.** Mettre de nouveau au programme : *Reprogrammer un film.* **2.** En informatique, reprendre un programme pour le corriger ou le modifier.

reprographie n.f. Ensemble des techniques permettant de reproduire un document : *La photocopie est une technique de reprographie.*

reprographier v.t. [conj. 9]. Reproduire un document par reprographie.

réprouvé adj. et n. **1.** Qui est rejeté par la société ; paria. **2.** Qui est exclu du salut éternel : *Les justes et les réprouvés* (**SYN.** damné).

réprouver v.t. (du lat. *reprobare*, condamner, de *probare*, prouver, éprouver) [conj. 3]. **1.** Rejeter un acte en le désapprouvant : *Des actes que la conscience réprouve* (**SYN.** condamner ; **CONTR.** accepter, admettre). **2.** En parlant de Dieu, exclure un pécheur du salut éternel (**SYN.** damner, maudire).

reps [rɛps] n.m. (de l'angl. *rib,* côte). Étoffe d'ameublement, à côtes perpendiculaires aux lisières : *Le reps est un dérivé de la toile.*

reptation n.f. (lat. *reptatio*). **1.** Mode de locomotion des animaux qui rampent : *La reptation d'un lombric.* **2.** Progression d'une personne à plat ventre : *La reptation d'un groupe de soldats à l'exercice.*

reptile n.m. (bas lat. *reptilis,* de *repere,* ramper). Vertébré à la peau recouverte d'écailles et se déplaçant avec ou sans pattes, comme les serpents, les tortues, les lézards, les crocodiles.

reptilien, enne adj. Relatif aux reptiles ; qui ressemble aux reptiles.

repu, e adj. (de *repaître*). **1.** Qui a satisfait sa faim : *Les invités, repus, passèrent au salon* (**SYN.** rassasié ; **CONTR.** affamé). **2.** Qui a satisfait son envie de qqch : *Il est repu de musique.*

républicain, e adj. Qui concerne la république : *Une constitution républicaine.* ◆ adj. et n. **1.** Qui est partisan de la république : *Un journal républicain. Un républicain convaincu.* **2.** Qui appartient au Parti républicain des États-Unis (par opp. à démocrate).

républicanisme n.m. Doctrine, opinions des républicains.

république n.f. (du lat. *res publica,* chose publique). **1.** Régime politique dans lequel les citoyens exercent la souveraineté par l'intermédiaire des représentants qu'ils élisent : *Une république parlementaire, fédérale.* **2.** État, pays ayant cette forme d'organisation : *La République française. La république de Bulgarie.* ▸ ***La République française,*** régime politique proclamé cinq fois en France : *La Ve République a été établie en 1958.*

répudiation n.f. Action de répudier : *La répudiation d'une épouse.*

répudier v.t. (du lat. *repudiare,* repousser) [conj. 9]. **1.** Dans certaines sociétés, renvoyer sa femme par la voie légale : *Répudier une épouse.* **2.** *Litt.* Rejeter ce que l'on avait adopté, accepté : *Répudier ses idées politiques* (**SYN.** renier).

répugnance n.f. Vif sentiment de dégoût, de mépris : *Elle éprouve de la répugnance pour les rats* (**SYN.** aversion, répulsion ; **CONTR.** attirance).

répugnant, e adj. Qui inspire de la répugnance : *Cette mixture a une odeur répugnante* (**SYN.** infâme, infect ; **CONTR.** alléchant). *Un être répugnant* (**SYN.** abject, ignoble ; **CONTR.** charmant).

répugner v.t. ind. (du lat. *repugnare,* s'opposer à, de *pugnus,* poing) [conj. 3]. **[à]. 1.** Inspirer de la répugnance à : *Cette odeur, cette littérature me répugnent* (**SYN.** dégoûter, écœurer ; **CONTR.** attirer). **2.** Éprouver de l'aversion à faire qqch : *Il répugne à lui annoncer la mauvaise nouvelle* (**SYN.** rechigner, renâcler).

répulsif, ive adj. (du lat. *repulsus,* repoussé, de *repellere,* repousser). Qui provoque de la répulsion : *Une saleté répulsive* (**SYN.** repoussant, répugnant ; **CONTR.** attirant).

répulsion n.f. (lat. *repulsio*). Répugnance instinctive et violente à l'égard de : *Il a de la répulsion pour le poisson cru* (**SYN.** dégoût, écœurement ; **CONTR.** penchant). *Elle éprouve de la répulsion pour* ou *envers l'hypocrisie* (**SYN.** aversion, horreur ; **CONTR.** attirance, inclination).

réputation n.f. (du lat. *reputatio,* examen, de *putare,* évaluer). **1.** Manière dont qqn, qqch est considéré : *Elle a la réputation d'être franche.* **2.** Opinion favorable ou défavorable qu'autrui a de qqn, de qqch : *Il a mauvaise réputation.* **3.** Fait d'être connu, célèbre : *Un vin de réputation internationale* (**SYN.** renommée). ▸ ***De réputation,*** seulement par ce que l'on en a entendu dire : *Je le connais de réputation.*

réputé, e adj. **1.** Qui est considéré comme ; dont la réputation est telle : *Une femme réputée avare.* **2.** Qui jouit d'un grand renom : *C'est un des hôtels les plus réputés de la région* (**SYN.** célèbre).

requalification n.f. Action de requalifier qqch, qqn.

requalifier v.t. [conj. 9]. **1.** Dans le langage juridique, procéder à la nouvelle qualification d'un acte : *Requalifier un délit en crime.* **2.** Donner une nouvelle qualification à qqn : *Des stages pour requalifier des salariés.*

requérant, e adj. et n. Dans le langage juridique, qui requiert, qui demande en justice ; demandeur.

requérir v.t. (lat. *requirere,* de *quaerere,* chercher) [conj. 39]. **1.** Demander impérativement : *Ce travail requiert une attention constante* (**SYN.** exiger, nécessiter, réclamer). **2.** Demander en justice : *Le procureur a requis une peine de vingt ans d'emprisonnement pour l'accusé.* **3.** Réclamer en vertu de la loi ; enjoindre : *Le préfet a requis des civils pour loger les sinistrés* (**SYN.** solliciter).

requête n.f. (anc. fr. *requeste,* p. passé de *requerre,* requérir). **1.** Demande instante : *Il a présenté une requête au président de l'université* (**SYN.** supplique). **2.** Demande effectuée auprès d'un juge, dans le dessein d'obtenir une décision provisoire : *Adresser une requête à un magistrat* (**SYN.** pétition).

requiem [rekɥijɛm] n.m. inv. (mot lat. signif. « repos »). Prière, messe pour les morts ; musique composée sur cette prière : *Ce musicien a composé de nombreux requiem.*

requin n.m. **1.** Poisson au corps fuselé terminé par un museau pointu et aux mâchoires puissantes. **2.** *Fig.* Homme, femme d'affaires impitoyable, sans scrupule ; forban : *Les requins de la finance.*

requin-marteau n.m. (pl. *requins-marteaux*). Requin des mers chaudes, à la tête aplatie (**SYN.** marteau).

requinquer v.t. (mot picard) [conj. 3]. *Fam.* Redonner des forces, de l'entrain à : *Un thé bien chaud va te requinquer* (**SYN.** remonter, revigorer). ◆ **se requinquer** v.pr. *Fam.* Se rétablir après une maladie (**SYN.** récupérer, se remettre).

requis, e adj. (p. passé de *requérir*). Conforme à ce qui est demandé : *Elle n'a pas les qualités requises pour le poste* (**SYN.** nécessaire). ◆ **requis** n.m. Personne à laquelle les pouvoirs publics assignent un travail déterminé.

réquisition n.f. (bas lat. *requisitio,* de *quaerere,* chercher). Procédure qui autorise l'Administration à contraindre un particulier à lui céder un bien ou à effectuer une prestation : *Le préfet a ordonné la réquisition des grévistes.* ◆ **réquisitions** n.f. pl. Réquisitoire prononcé à l'audience.

réquisitionner v.t. [conj. 3]. **1.** Se procurer des biens, utiliser les services de qqn par un acte de réquisition : *Réquisitionner les bâtiments publics, les agents de santé* (= requérir leur mise à disposition). **2.** *Fam.* Faire appel à qqn pour un service quelconque : *Réquisitionner des amis pour un déménagement.*

réquisitoire n.m. (lat. *requisitum*, de *requirere*, réclamer). **1.** Plaidoirie par laquelle le ministère public requiert l'application de la loi à l'accusé. **2.** Discours dans lequel on accumule les accusations contre qqn, une institution : *Dresser un réquisitoire contre les pollueurs* (**CONTR.** panégyrique, plaidoyer).

réquisitorial, e, aux adj. Relatif à un réquisitoire.

R.E.R. ou **RER** [ɛrøɛr] n.m. (sigle de *réseau express régional*). Métro régional constitué de lignes de chemins de fer électrifiées, desservant Paris et sa banlieue : *Le R.E.R.*

resaler [rəsale] v.t. [conj. 3]. Saler de nouveau.

resalir [rəsalir] v.t. [conj. 32]. Salir de nouveau ce qui a été nettoyé.

rescapé, e adj. et n. (du picard *reccaper*, réchapper). Qui est sorti vivant d'un accident ou d'une catastrophe : *Les personnes rescapées ont été prises en charge par des psychologues* (**SYN.** indemne). *Les rescapés de l'attentat* (**SYN.** survivant ; **CONTR.** victime).

rescousse [rɛskus] n.f. (de l'anc. fr. *escorre*, secouer). ▸ ***À la rescousse,*** en renfort ; pour porter assistance : *Il m'a appelé à la rescousse* (= à l'aide).

rescrit [rɛskri] n.m. (du lat. *rescribere*, récrire). Réponse du pape à une requête, une consultation.

réseau n.m. (dimin. de *rets*). **1.** Ensemble de lignes entrecroisées : *Les nerfs du corps humain forment un réseau* (**SYN.** lacis). **2.** Ensemble de voies ferrées, de lignes électriques, de canalisations : *Le réseau téléphonique aérien.* **3.** Répartition des éléments d'un ensemble en différents points : *Le réseau des agences d'une compagnie d'assurances. Un réseau de distribution commerciale* (**SYN.** circuit). **4.** Ensemble de personnes qui sont en liaison, qui travaillent ensemble : *Un réseau d'amis. Un réseau de résistance.* **5.** Système d'ordinateurs géographiquement éloignés les uns des autres, interconnectés par des télécommunications : *Une équipe qui travaille en réseau.* ▸ ***Réseau express régional*** → **R.E.R.** ***Réseau social,*** site Web sur lequel des internautes échangent des informations personnelles (textes et images), créant ainsi une communauté d'amis virtuelle et interactive.

résection [resɛksjɔ̃] n.f. Ablation chirurgicale d'une partie d'organe.

réséda [rezeda] n.m. (lat. *reseda*, de *sedare*, calmer). Plante herbacée dont on cultive une espèce pour ses fleurs odorantes.

réséquer [reseke] v.t. (lat. *resecare*, de *secare*, couper) [conj. 18]. Pratiquer une résection.

réservataire adj. et n. Se dit d'un héritier auquel la loi attribue une réserve dans un héritage.

réservation n.f. Action de retenir une place, une table, une chambre : *Annuler une réservation.*

réserve n.f. **1.** Chose mise de côté pour un usage ultérieur : *Une réserve d'argent. Faire des réserves de bois pour l'hiver* (**SYN.** stock). **2.** Local où l'on entrepose les marchandises : *Je vais voir dans la réserve s'il m'en reste* (**SYN.** arrière-boutique). **3.** Fraction d'un héritage dont une personne ne peut disposer au détriment de certains héritiers (dits *réservataires*). **4.** Ensemble de militaires qui ne sont plus en service actif mais qui peuvent être mobilisés en cas de besoin. **5.** Attitude de qqn qui agit avec prudence, qui évite tout excès : *Elle manque de dignité et de réserve* (**SYN.** discrétion, retenue ; **CONTR.** audace, impudence). *Montrer de la réserve dans ses propos* (**SYN.** modération, pondération ; **CONTR.** démesure). **6.** Territoire réservé aux populations aborigènes dans certains pays : *Les réserves amérindiennes.* **7.** Portion de territoire soumise à une réglementation spéciale pour la protection d'espèces animales ou végétales : *Une réserve naturelle* (**SYN.** parc). *Une réserve de chasse, de pêche.* ▸ ***De réserve,*** destiné à être utilisé en temps opportun : *Du matériel de réserve.* ***En réserve,*** de côté : *J'ai toujours une bonne bouteille en réserve.* ***Sans réserve,*** sans limite ; sans restriction : *Je te soutiendrai sans réserve.* ***Sous réserve,*** en se réservant la possibilité de revenir sur ce que l'on a dit : *La ministre a donné son accord sous réserve.* ***Sous réserve de,*** à condition de : *Je donne mon accord sous réserve d'obtenir un devis détaillé.* ◆ **réserves** n.f. pl. **1.** Limitation apportée à ce que l'on dit : *Un consentement assorti de réserves* (**SYN.** restriction). **2.** Quantités de ressources naturelles : *Réserves de pétrole.* ▸ ***Faire*** ou ***émettre des réserves,*** ne pas donner son entière approbation : *J'émets des réserves sur ce point.* ***Sous toutes réserves,*** sans garantie, sans certitude absolue : *Nous vous donnons cette information sous toutes réserves.*

réservé, e adj. **1.** Qui extériorise peu ses sentiments ; prudent dans ses jugements : *Il est timide et réservé* (**SYN.** discret ; **CONTR.** expansif, exubérant). **2.** Destiné exclusivement à une personne, à un usage : *Une place réservée* (**CONTR.** libre). *Salle réservée aux conférences.*

réserver v.t. (lat. *reservare*) [conj. 3]. **1.** Mettre de côté en vue d'un usage particulier : *Réserver une bouteille de champagne pour une fête* (**SYN.** garder). **2.** Préparer pour qqn à son insu : *Je lui réserve une surprise. On ignore ce que la vie nous réserve* (**SYN.** destiner). **3.** Faire la réservation de : *Réserver une table au restaurant* (**SYN.** retenir). **4.** Affecter spécialement à un usage : *On réserve cette chambre aux invités.* ◆ **se réserver** v.pr. **1.** S'accorder qqch à soi-même : *Elle se réserve deux semaines de congé à Noël.* **2.** Manger modérément afin de conserver de l'appétit pour un autre plat : *Je ne veux plus de crudités, je me réserve pour le gigot.* ▸ ***Se réserver de*** (+ inf.), envisager la possibilité de faire qqch au moment convenable : *Je me réserve d'intervenir au besoin.*

réserviste n. Personne qui appartient à la réserve des forces armées.

réservoir n.m. **1.** Lieu aménagé pour accumuler et conserver certaines choses : *Un réservoir à eau* (= une citerne). **2.** (Par ext.). Lieu où sont concentrées diverses réserves : *Ce pays est un réservoir de main-d'œuvre.*

résidanat n.m. Période de fin d'études, en médecine.

résidant, e ou **résident, e** adj. et n. Se dit de qqn qui réside dans un lieu : *Faire une enquête auprès des résidants d'une maison de retraite* (**SYN.** pensionnaire).

résidence n.f. (lat. *residentia*). **1.** Fait de résider dans un lieu ; demeure habituelle : *Établir sa résidence à Nice* (**SYN.** domicile). **2.** Ensemble d'habitations destinées à une catégorie donnée de personnes : *Une résidence universitaire. Une résidence pour personnes âgées.*

3. Groupe d'habitations d'un certain confort : *Une magnifique résidence avec piscine* (**SYN.** demeure, maison). ▸ ***Résidence de la famille,*** dans le langage juridique, domicile choisi d'un commun accord par les époux. ***Résidence mobile,*** expression qu'il est recommandé d'utiliser à la place de *mobil-home*. ***Résidence secondaire,*** maison, située à la campagne, à la mer ou à la montagne, où l'on séjourne pendant les vacances et les week-ends.

① **résident, e** adj. et n. → **résidant.**

② **résident, e** n. **1.** Personne qui réside dans un autre endroit que son pays d'origine : *Les résidents français en Angleterre.* **2.** Étudiant en médecine pendant son résidanat.

résidentiel, elle adj. Qui est réservé à l'habitation, en parlant d'une ville, d'un quartier : *Une zone résidentielle.*

résider v.i. (lat. *residere,* séjourner, de *sedere,* être assis) [conj. 3]. **1.** Avoir sa résidence à tel endroit : *Le reste de l'année, ils résident à Londres* (**SYN.** demeurer, habiter). **2.** Avoir son origine, son fondement, son principe dans : *Sa puissance réside dans son autorité.* **3.** Être ; consister en qqch : *Toute la difficulté réside dans le choix du sujet* (**SYN.** se situer).

résidu n.m. (lat. *residuum,* de *residere,* rester). Matière qui subsiste après un traitement chimique, industriel ; déchet : *Les résidus de la fabrication du sucre.*

résiduaire adj. Qui forme un résidu : *Le traitement des eaux résiduaires industrielles.*

résiduel, elle adj. **1.** Qui est de la nature des résidus : *Des matières résiduelles.* **2.** *Fig.* Qui persiste en dépit de tentatives faites pour l'éliminer : *Une fatigue résiduelle.*

résignation n.f. Fait de se résigner ; renoncement : *Il accepte sa défaite avec résignation* (**SYN.** fatalisme ; **CONTR.** révolte).

résigné, e adj. et n. Qui a renoncé à lutter : *Résignée, elle accepte l'idée de ne plus jamais le revoir* (**CONTR.** révolté).

résigner v.t. (du lat. *resignare,* décacheter, de *signum,* signe) [conj. 3]. *Litt.* Renoncer volontairement à : *Résigner sa charge d'huissier* (**SYN.** démissionner de, quitter). ◆ **se résigner** v.pr. **[à].** Se soumettre sans protestation à qqch : *Elle s'est résignée à vivre loin de sa famille* (**SYN.** se résoudre ; **CONTR.** s'insurger contre, se révolter contre). *Ils refusent de se résigner à la fatalité de la guerre* (**SYN.** s'incliner, se soumettre).

résiliable adj. Qui peut être résilié : *Un contrat résiliable.*

résiliation n.f. Annulation d'un contrat : *La résiliation d'un bail* (**CONTR.** reconduction).

résilience n.f. (angl. *resilience*). **1.** Caractéristique mécanique qui définit la résistance d'un matériau aux chocs. **2.** Capacité d'un être humain à surmonter les traumatismes ; ressort psychologique et moral.

résilier v.t. (du lat. *resilire,* se retirer, de *salire,* sauter) [conj. 9]. Mettre fin à une convention, à un contrat : *Résilier une vente* (**SYN.** annuler).

résille [rezij] n.f. (de *réseau*). **1.** Filet à larges mailles qui sert à maintenir la chevelure. **2.** (Employé en appos.). Qui est formé d'un réseau de larges mailles : *Des bas résille.*

résine n.f. (lat. *resina*). **1.** Substance visqueuse que sécrètent certaines espèces végétales, notamm. les conifères : *La résine d'un pin* (= la gemme). **2.** En chimie, composé utilisé dans la fabrication de matières plastiques.

résiné n.m. Vin légèrement additionné de résine (on dit aussi *un vin résiné*) : *Le résiné est une spécialité grecque.* ☞ **REM.** Ne pas confondre avec *raisiné.*

résiner v.t. [conj. 3]. **1.** Extraire la résine d'un conifère. **2.** Enduire de résine : *Résiner des allumettes.*

résineux, euse adj. Qui produit de la résine : *Un arbre résineux.* ◆ **résineux** n.m. Arbre riche en matières résineuses : *Le pin, le sapin ou l'épicéa sont des résineux.*

résinier, ère n. Professionnel qui récolte la résine qui s'écoule des pins. ◆ adj. Qui a trait aux produits résineux.

résipiscence [resipisɑ̃s] n.f. (du lat. *resipiscere,* revenir à la raison, de *sapere,* avoir du goût, du jugement). *Litt.* Reconnaissance de ses fautes, accompagnée de la volonté de s'amender : *Venir à résipiscence. Amener qqn à résipiscence.*

résistance n.f. **1.** Action de résister, de faire obstacle à qqn, à une autorité : *Le prévenu n'a opposé aucune résistance lors de son interpellation* (**SYN.** défense, réaction). **2.** Capacité à résister à une épreuve physique ou morale : *Elle a une grande résistance à la fatigue* (**SYN.** endurance). **3.** Propriété que possède un corps de résister aux effets d'un agent extérieur : *Ce tissu a été utilisé pour sa résistance* (**SYN.** solidité ; **CONTR.** fragilité). **4.** Force qui s'oppose au mouvement d'un corps dans un fluide : *La résistance de l'air.* **5.** En électricité, rapport entre la tension appliquée aux extrémités d'un conducteur et l'intensité du courant qui le traverse (mesuré en ohms) ; ensemble de conducteurs qui servent à transformer l'énergie électrique en chaleur : *Changer la résistance d'un four électrique.* ▸ ***La Résistance,*** action clandestine menée pendant la Seconde Guerre mondiale contre l'occupation allemande par des organisations civiles et militaires de plusieurs pays d'Europe. ***Plat de résistance,*** plat principal d'un repas.

résistant, e adj. **1.** Qui supporte bien les épreuves physiques : *Une femme résistante* (**SYN.** endurant, robuste ; **CONTR.** faible). **2.** Qui résiste à une force extérieure, à l'usure : *Des matériaux résistants* (**SYN.** solide ; **CONTR.** fragile). ◆ n. **1.** Personne qui s'oppose à une occupation ennemie. **2.** Membre de la Résistance pendant la Seconde Guerre mondiale.

résister v.t. ind. (lat. *resistere,* se tenir ferme, de *sistere,* s'arrêter) [conj. 3]. **[à]. 1.** S'opposer par la force à celui ou à ceux qui emploient des moyens violents : *Ils résistèrent longtemps à l'ennemi* (**SYN.** se défendre ; **CONTR.** capituler, se rendre). **2.** Ne pas céder sous l'action d'un choc, d'une force : *La porte ne résistera pas à de tels coups* (**SYN.** supporter). **3.** S'opposer à la volonté de qqn : *Elle déteste qu'on lui résiste* (= qu'on lui tienne tête ; **SYN.** contrarier). **4.** Lutter contre ce qui attire, ce qui est dangereux : *Il est difficile de résister à une telle tentation* (**SYN.** repousser ; **CONTR.** céder, succomber). **5.** Supporter victorieusement des épreuves physiques ou morales : *Résister à la souffrance* (**SYN.** endurer).

résistible adj. À qui ou à quoi on peut résister : « *La*

Résistible Ascension d'Arturo Ui » de Bertolt Brecht (**CONTR.** irrésistible).

résistivité n.f. En physique, résistance spécifique d'un corps à la chaleur, à l'électricité.

resituer [rəsitɥe] v.t. [conj. 7]. Replacer par la pensée des propos, une action dans leur contexte : *Il faut resituer ces faits dans leur cadre historique.*

resocialisation [rəsɔsjalizasjɔ̃] n.f. Action de resocialiser : *La resocialisation d'un ancien détenu* (**SYN.** réinsertion).

resocialiser [rəsɔsjalize] v.t. [conj. 3]. Réinsérer dans la vie sociale.

résolu, e adj. (p. passé de *résoudre*). Ferme dans ses projets ; hardi, déterminé : *Elle est résolue à ne pas se laisser faire* (**SYN.** décidé ; **CONTR.** incertain, irrésolu). *Parler sur un ton résolu* (**SYN.** énergique ; **CONTR.** hésitant).

résoluble adj. **1.** Dont la solution est possible : *Un problème difficilement résoluble* (**SYN.** soluble ; **CONTR.** insoluble). **2.** Qui peut être annulé : *Un bail résoluble* (**SYN.** annulable, résiliable).

résolument adv. De manière résolue, décidée ; sans hésitation : *Je suis résolument contre ce projet* (**SYN.** fermement, franchement). *Elle se jeta résolument à l'eau pour rattraper l'enfant* (**SYN.** courageusement, hardiment).

résolutif, ive adj. et n.m. *Vx* En médecine, qui calme une inflammation ; anti-inflammatoire.

résolution n.f. (lat. *resolutio*, action de relâcher, de *resolvere*, résoudre). **1.** Action de résoudre, de trouver la solution de : *La résolution d'une difficulté, d'un problème.* **2.** Décision prise avec la volonté de s'y tenir : *Elle a agi avec résolution* (**SYN.** détermination, fermeté ; **CONTR.** incertitude). **3.** Fait de se transformer, de se résoudre ; décomposition : *La résolution d'un liquide par la distillation.* **4.** En médecine, retour à l'état normal d'un tissu atteint par une inflammation. **5.** Motion adoptée par une assemblée, une organisation : *La résolution a été votée à l'unanimité.* **6.** En algèbre, action de résoudre une équation, un système d'équations.

résolutoire adj. Qui entraîne la résolution d'un contrat : *Une condition résolutoire.*

résonance n.f. (du lat. *resonantia*, écho). **1.** Propriété qu'ont certaines choses d'accroître la durée ou l'intensité du son : *La résonance d'une cave* (**SYN.** sonorité). *La caisse de résonance d'un violon.* **2.** *Fig.* Effet, écho produit dans l'esprit, le cœur : *Les propos du Premier ministre ont eu une forte résonance dans la population* (**SYN.** retentissement). **3.** En physique, augmentation de l'amplitude d'une oscillation, sous l'influence d'impulsions régulières. ▸ ***Imagerie par résonance magnétique*** ou ***I.R.M.,*** technique de radiologie utilisant la R.M.N. ***Résonance magnétique nucléaire*** ou ***R.M.N.,*** méthode d'analyse spectroscopique, utilisée notamm. en imagerie médicale.

résonant, e ou **résonnant, e** adj. En physique, qui est susceptible d'entrer en résonance.

résonateur n.m. En physique, appareil, système qui vibre par résonance.

résonner v.i. (lat. *resonare*, de *sonus*, son) [conj. 3]. **1.** Renvoyer le son en augmentant sa durée ou son intensité : *L'amphithéâtre résonne trop* (**SYN.** retentir, vibrer). **2.** Produire un son : *Ses pas résonnaient sur le trottoir.* ☞ **REM.** Ne pas confondre avec *raisonner.*

résorbable adj. Se dit d'un matériel chirurgical qui peut se résorber : *Un fil de suture résorbable.*

résorber v.t. (du lat. *resorbere*, absorber, de *sorbere*, avaler) [conj. 3]. **1.** Faire disparaître peu à peu : *Résorber le chômage* (**SYN.** éliminer, supprimer). **2.** Opérer la résorption d'une tumeur, d'un abcès. ◆ **se résorber** v.pr. Disparaître progressivement : *Son abcès commence à se résorber.*

résorption [rezɔrpsjɔ̃] n.f. **1.** Disparition progressive d'une tumeur qui se résorbe. **2.** Suppression progressive : *La résorption de l'inflation* (**SYN.** élimination).

résoudre v.t. (du lat. *resolvere*, éclaircir, de *solvere*, dénouer, dissoudre) [conj. 88]. **1.** Trouver une solution à ; dénouer : *Résoudre une affaire criminelle* (**SYN.** éclaircir, élucider ; **CONTR.** embrouiller, obscurcir). **2.** Prendre la détermination de faire qqch : *Elle a résolu de chercher un nouveau travail* (**SYN.** décider). *J'ai résolu qu'elle viendrait avec nous.* **3.** Annuler un contrat : *Résoudre un bail* (**SYN.** résilier ; **CONTR.** reconduire). **4.** *Litt.* Décomposer un corps en ses éléments constituants : *La distillation permet de résoudre les liquides* (**SYN.** transformer). ◆ **se résoudre** v.pr. **[à]. 1.** Consentir finalement à : *Elle s'est résolue à dire la vérité* (**SYN.** se décider). **2.** Se ramener finalement à, consister en : *Tous ses grands discours se résolvent à peu de chose* (**SYN.** aboutir à).

respect [rɛspɛ] n.m. (lat. *respectus*, égard, de *respicere*, regarder en arrière). Sentiment qui porte à traiter qqn, qqch, avec de grands égards, à ne pas porter atteinte à qqch : *Il témoigne du respect à ses professeurs* (**SYN.** déférence ; **CONTR.** irrespect). *Le respect des traditions* (**SYN.** culte ; **CONTR.** dédain, mépris). ▸ ***Respect humain*** [rɛspɛkymɛ̃], crainte que l'on a du jugement d'autrui. ***Sauf votre respect*** ou ***avec le respect que je vous dois,*** sans vouloir vous offenser : *Je dois vous dire, sauf votre respect, que votre attitude est dangereuse.* ***Tenir qqn en respect,*** le menacer avec une arme. ◆ **respects** n.m. pl. Témoignages, marques de déférence ; hommages : *Je vous présente mes respects.*

respectabiliser v.t. [conj. 3]. Rendre respectable.

respectabilité n.f. Qualité d'une personne respectable ; honorabilité, probité (**SYN.** dignité).

respectable adj. **1.** Digne de respect ; qui a droit à la considération d'autrui : *Une femme respectable* (**SYN.** estimable, honorable ; **CONTR.** méprisable). **2.** D'une importance dont on doit tenir compte ; assez grand : *Ce logiciel permet d'automatiser un nombre respectable de tâches* (**SYN.** appréciable, remarquable ; **CONTR.** insignifiant, négligeable).

respecter v.t. [conj. 4]. **1.** Traiter, considérer avec respect : *Tout le monde le respecte* (**SYN.** estimer, révérer ; **CONTR.** dédaigner, mépriser). *Respecter les convictions de qqn.* **2.** Ne pas porter atteinte à qqch ; ne pas troubler : *Respecter la loi* (**SYN.** obéir à ; **CONTR.** enfreindre, violer). *Veuillez respecter le silence dans cette salle !* ◆ **se respecter** v.pr. Avoir le souci de préserver sa dignité, l'estime de soi : *Une personne qui se respecte n'aurait pas agi ainsi.*

respectif, ive adj. (du lat. *respectus*, égard). Qui concerne chaque personne, chaque chose, par rapport aux autres : *Les blessés sont couverts par leurs* *assurances respectives* (**SYN.** particulier, personnel). *Déterminer les positions respectives des étoiles dans le ciel.*

respectivement adv. Chacun en ce qui le concerne : *Les apnéistes ont atteint respectivement 38 et 42 mètres.*

respectueusement adv. Avec respect : *Il m'a répondu respectueusement* (**SYN.** poliment ; **CONTR.** irrespectueusement).

respectueux, euse adj. **1.** Se dit de qqn qui témoigne du respect : *Elle est respectueuse envers ses professeurs* (**SYN.** révérencieux [sout.] ; **CONTR.** désinvolte, irrespectueux). **2.** Qui cherche à ne pas porter atteinte à : *Il est très respectueux de la liberté d'autrui* (**SYN.** soucieux de ; **CONTR.** dédaigneux). **3.** Se dit de ce qui marque le respect : *Un silence respectueux* (**SYN.** déférent ; **CONTR.** désinvolte, impertinent). *Présenter ses respectueuses salutations.* ▸ ***À une distance respectueuse,*** à une distance assez grande, imposée par le respect ou la crainte.

respirable adj. Que l'on peut respirer (**CONTR.** irrespirable).

respirateur n.m. **1.** Masque qui filtre l'air. **2.** Appareil destiné à assurer une respiration artificielle.

respiration n.f. **1.** Action de respirer : *Retenir sa respiration* (**SYN.** souffle). **2.** Fonction qui permet l'absorption de l'oxygène et le rejet du gaz carbonique, chez un être vivant. ▸ ***Respiration artificielle,*** ensemble des manœuvres destinées à suppléer la respiration naturelle quand elle ne s'effectue plus normalement.

respiratoire adj. **1.** Qui sert à respirer : *Les voies respiratoires.* **2.** Relatif à la respiration : *Des troubles respiratoires.*

respirer v.i. (lat. *respirare,* de *spirare,* souffler) [conj. 3]. **1.** Absorber l'air et le rejeter : *Respirer par le nez, par la bouche. Il a cessé de respirer* (= il est mort). **2.** Absorber l'oxygène dans l'air et rejeter du gaz carbonique, en parlant des êtres vivants : *La forêt respire.* **3.** *Fam.* Avoir un moment de répit : *Je suis épuisée, laisse-moi respirer cinq minutes* (**SYN.** souffler). ◆ v.t. **1.** Absorber dans les poumons : *Respirer un air pur* (**SYN.** inhaler). *Respirer le parfum d'un œillet* (**SYN.** humer, sentir). **2.** *Fig.* Donner une impression de ; marquer, manifester : *Cette femme respire la joie de vivre* (**SYN.** exprimer). *Cette ville respire la tranquillité* (**SYN.** exhaler).

resplendir v.i. (du lat. *resplendere,* reluire, de *splendere,* briller) [conj. 32]. *Sout.* Briller d'un vif éclat : *La surface de la mer resplendissait sous le soleil* (**SYN.** étinceler, scintiller). *Son visage resplendit de bonheur* (**SYN.** rayonner).

resplendissant, e adj. Qui resplendit : *Tu es resplendissante dans cette robe* (**SYN.** radieux, rayonnant).

resplendissement n.m. *Litt.* Éclat de ce qui resplendit.

responsabilisation n.f. Action de responsabiliser ; fait d'être responsabilisé.

responsabiliser v.t. [conj. 3]. Rendre responsable, conscient de ses responsabilités : *Responsabiliser les jeunes, les automobilistes* (**CONTR.** déresponsabiliser).

responsabilité n.f. **1.** Capacité de prendre une décision sans en référer préalablement à une autorité supérieure : *Faire preuve de responsabilité* (**SYN.** initiative ; **CONTR.** irresponsabilité). *Un poste à responsabilité.* **2.** Fait d'être à l'origine d'un dommage : *J'assume la responsabilité de cet échec.* **3.** Obligation de répondre de ses actes : *Cet incident l'a amené à prendre conscience de ses responsabilités.*

responsable adj. (lat. *responsum,* de *respondere,* répondre, de *spondere,* garantir). **1.** Qui doit répondre de ses actes ou de ceux des personnes dont il a la charge : *Un enseignant est responsable de ses élèves pendant les cours.* **2.** Qui est l'auteur de qqch ; coupable : *Elle est responsable de la perte de ces documents.* **3.** Qui pèse les conséquences de ses actes : *Se conduire en personne responsable* (**SYN.** prudent, raisonnable, sérieux ; **CONTR.** imprudent, irresponsable). ◆ adj. et n. Qui est à l'origine d'un mal, d'une erreur ; coupable : *Il est responsable de cet échec. Je suis la principale responsable de cette triste affaire* (**SYN.** fautif). ◆ n. Personne qui exerce un pouvoir de décision : *Un responsable politique* (**SYN.** dirigeant).

resquille [rɛskij] n.f. ou **resquillage** n.m. *Fam.* Action de resquiller ; fraude.

resquiller [rɛskije] v.t. (du prov. *resquilha,* glisser) [conj. 3]. *Fam.* Se procurer qqch sans y avoir droit et sans payer : *Resquiller une place de concert.* ◆ v.i. *Fam.* Se faufiler dans une salle de spectacle, un moyen de transport sans attendre son tour, sans payer sa place.

resquilleur, euse [rɛskijœr, øz] n. *Fam.* Personne qui resquille ; fraudeur.

ressac [rəsak] n.m. (esp. *resaca,* de *resacar,* tirer en arrière). Retour violent des vagues sur elles-mêmes, lorsqu'elles se brisent contre un obstacle.

ressaigner [rəseɲe] v.i. [conj. 4]. Saigner de nouveau.

ressaisir [rəsɛzir] v.t. [conj. 32]. Saisir de nouveau : *Le chat lâche et ressaisit la souris.* ◆ **se ressaisir** v.pr. Reprendre son calme ; redevenir maître de soi : *Elle a pâli, mais s'est rapidement ressaisie.*

ressaisissement [rəsɛzismɑ̃] n.m. Action de se ressaisir.

ressasser [rəsase] v.t. (de *sas,* tamis) [conj. 3]. **1.** Répéter sans cesse : *Elle ressasse toujours les mêmes propos* (= elle radote). **2.** Repenser sans cesse à : *Ressasser son chagrin* (**SYN.** remâcher, ruminer).

ressat [rəsa] n.m. En Suisse, autref., repas qui marquait la fin des vendanges ; aujourd'hui, banquet organisé par une confrérie de vendangeurs.

ressaut [rəso] n.m. (it. *risalto*). Saillie d'un bâtiment située en dehors du plan de la façade ; encorbellement, redan.

ressauter [rəsote] v.i. et v.t. [conj. 3]. Sauter de nouveau ; franchir de nouveau en sautant.

ressayage [resejaʒ] n.m. → **réessayage.**

ressayer [reseje] v.t. [conj. 11]→ **réessayer.**

ressemblance [rəsɑ̃blɑ̃s] n.f. **1.** Ensemble de traits physiques ou psychologiques communs à des personnes : *Il y a une ressemblance frappante entre la mère et la fille.* **2.** Rapport entre deux choses ayant certains éléments communs : *Il n'y a aucune ressemblance entre ces deux affaires* (**SYN.** analogie, similitude ; **CONTR.** différence, dissemblance). **3.** Conformité entre une œuvre d'art, une représentation et son modèle : *La ressemblance parfaite d'un autoportrait.*

ressemblant, e [rəsɑ̃blɑ̃, ɑ̃t] adj. Qui a de la

ressemblance avec un modèle : *Un portrait-robot très ressemblant.*

ressembler [rəsɑ̃ble] v.t. ind. [conj. 3]. **[à].** Avoir une ressemblance avec qqn, qqch : *Il ressemble à son grand-père* (**SYN.** tenir de). *L'anguille ressemble à un serpent* (**SYN.** évoquer, rappeler ; **CONTR.** différer de). ◆ **se ressembler** v.pr. Offrir une ressemblance mutuelle : *Elles se sont toujours ressemblé.*

ressemelage [rəsəmlaʒ] n.m. Action de ressemeler.

ressemeler [rəsəmle] v.t. [conj. 24]. Mettre une semelle neuve à une chaussure.

ressemer [rəsəme] v.t. [conj. 19]. Semer de nouveau.

ressentiment [rəsɑ̃timɑ̃] n.m. Souvenir que l'on garde d'une injustice que l'on a subie, accompagné du désir latent de s'en venger : *Il éprouve un profond ressentiment envers nous* (**SYN.** amertume, rancune, rancœur).

ressentir [rəsɑ̃tir] v.t. [conj. 37]. **1.** Éprouver une sensation, un sentiment : *J'ai ressenti une vive douleur* (**SYN.** éprouver, sentir). *Elle ressent un bonheur immense* (**SYN.** connaître, goûter). **2.** Subir les effets de : *Ce pays ressent les conséquences de la crise économique.* ◆ **se ressentir** v.pr. **[de].** Éprouver les conséquences fâcheuses de : *Elle se ressent de sa chute.*

resserre [rəsɛr] n.f. (de *resserrer*). Endroit où l'on met qqch à l'abri : *Il range son matériel dans la resserre* (**SYN.** réserve, remise).

resserré, e [rəsere] adj. Contenu dans des limites étroites : *Une vallée resserrée* (**SYN.** encaissé ; **CONTR.** large).

resserrement [rəsɛrmɑ̃] n.m. Action de resserrer ; fait d'être resserré : *Le resserrement de la route* (**SYN.** rétrécissement ; **CONTR.** élargissement). *Le resserrement d'une alliance* (**SYN.** renforcement).

resserrer [rəsere] v.t. [conj. 4]. **1.** Serrer de nouveau ou davantage : *Resserrer sa ceinture.* **2.** Rendre qqch plus serré, plus étroit, ou plus compact : *Cette lotion resserre les pores de la peau* (**SYN.** contracter ; **CONTR.** dilater). **3.** Renforcer, raffermir des relations : *Cet événement a resserré les liens familiaux* (**SYN.** cimenter, consolider ; **CONTR.** distendre). ◆ **se resserrer** v.pr. **1.** Devenir plus étroit : *Le chemin se resserre ici* (**SYN.** se rétrécir ; **CONTR.** s'élargir). **2.** Devenir plus intime, plus proche : *Nos relations se sont resserrées* (**SYN.** se raffermir).

resservir [rəsɛrvir] v.t. [conj. 38]. Servir qqch de nouveau ou en plus : *Je te ressers du vin ?* ◆ v.i. Être encore utilisable : *Cela peut toujours resservir !*

① **ressort** [rəsɔr] n.m. (de *1. ressortir*). **1.** Organe élastique pouvant reprendre sa forme initiale après avoir été comprimé ou tendu : *Un matelas à ressorts.* **2.** *Litt.* Ce qui détermine les actions, le comportement de qqn : *La curiosité est le ressort de nombreuses découvertes* (**SYN.** cause). **3.** Force morale, énergie qui permet de faire face : *Avoir du ressort* (**SYN.** caractère, courage).

② **ressort** [rəsɔr] n.m. (de *2. ressortir*). Limite de la compétence matérielle et territoriale d'une juridiction : *Le ressort d'un tribunal.* ▸ ***En dernier ressort,*** en fin de compte : *Il a protesté, mais, en dernier ressort, il a cédé.* ***Être du ressort de qqn,*** être de sa compétence : *Cette affaire n'est pas de mon ressort.*

① **ressortir** [rəsɔrtir] v.i. (de *sortir*) [conj. 43]. (Auxil. *être*). **1.** Sortir après être entré : *Elle est ressortie poster une lettre.* **2.** Reparaître à l'extérieur après avoir pénétré dans qqch : *La balle a traversé la cloison et est ressortie.* **3.** Se distinguer clairement par contraste : *Ce tableau ressort bien sur le mur blanc* (**SYN.** trancher). **4.** Être mis en relief, en valeur : *Le rapport fait ressortir la bonne santé financière de l'entreprise* (= il la met en évidence ; **SYN.** souligner). **5.** Être de nouveau publié, joué, représenté : *Ce film ressortira à la rentrée.* ◆ v. impers. Résulter ; découler : *Il ressort du sondage que les agriculteurs sont très partagés sur ce point.* ◆ v.t. (Auxil. *avoir*). **1.** Sortir une nouvelle fois : *Ressortir le chien.* **2.** Publier une nouvelle fois un livre ; donner de nouveau un film. **3.** Se mettre à utiliser de nouveau qqch que l'on avait rangé : *J'ai ressorti mon parapluie.* **4.** *Fam.* Répéter qqch, en reparler : *Il nous a ressorti l'histoire de sa cousine.*

② **ressortir** [rəsɔrtir] v.t. ind. (de *1. ressortir*) [conj. 32]. (Auxil. *avoir*). **[à].** **1.** Être du ressort d'une juridiction, de sa compétence : *Cette affaire ressortissait à la cour d'assises.* **2.** *Litt.* Se rapporter à ; concerner ; dépendre de : *Un problème qui ressortit à l'écologie* (**SYN.** relever de).

ressortissant, e [rəsɔrtisɑ̃, ɑ̃t] n. Personne protégée par les représentants diplomatiques ou consulaires de son pays, lorsqu'elle réside à l'étranger : *Les ressortissants canadiens en Italie.*

ressouder [rəsude] v.t. [conj. 3]. **1.** Souder de nouveau : *Ressouder des pièces en fer.* **2.** Recréer une union, une cohésion : *Ressouder une famille.*

ressource [rəsurs] n.f. (de l'anc. fr. *resurdre,* ressusciter). Ce que l'on emploie dans une situation fâcheuse pour se tirer d'embarras : *Pour les prévenir à temps, votre seule ressource est l'Internet* (**SYN.** arme, atout). *Aide-moi, tu es ma dernière ressource !* (**SYN.** recours, secours). ▸ ***Avoir de la ressource,*** avoir des réserves d'énergie et d'endurance pour venir à bout des difficultés. ◆ **ressources** n.f. pl. **1.** Moyens d'existence d'une personne : *Il est sans ressources* (**SYN.** argent, revenu). **2.** Éléments de la richesse ou de la puissance d'une nation : *Les ressources pétrolières d'un pays.* **3.** Moyens dont dispose une personne ; possibilités qu'offre qqch : *Employer toutes les ressources de son imagination. La mise en réseau permet de cumuler les ressources des ordinateurs.* ▸ ***Direction des ressources humaines, directeur des ressources humaines*** ou ***D.R.H.,*** service d'une entreprise, personne qui le dirige, qui gère l'ensemble du personnel (on disait *service, chef du personnel*) : *La directrice des ressources humaines.*

ressourcement n.m. Fait de se ressourcer.

se **ressourcer** [rəsurse] v.pr. [conj. 16]. Revenir à ses racines profondes : *Elle est très souvent venue se ressourcer dans la maison familiale.*

se **ressouvenir** [rəsuvnir] v.pr. [conj. 40]. *Litt.* Se souvenir de nouveau : *Je me suis ressouvenu de son injustice* (**SYN.** se rappeler).

ressurgir [rəsyrʒir] v.i. → **resurgir.**

ressusciter [resysite] v.i. (du lat. *ressuscitare,* réveiller) [conj. 3]. **1.** Revenir de la mort à la vie, d'une grave maladie à la santé (**SYN.** renaître, revivre). **2.** *Litt.* Réapparaître ; manifester une vie nouvelle : *Avec l'arrivée des* *néoruraux, ce village a ressuscité. Depuis la dernière campagne publicitaire, cette marque est ressuscitée.* ◆ v.t. **1.** Ramener de la mort à la vie, d'une grave maladie à la santé : *Ce traitement l'a ressuscité* (**SYN.** sauver). **2.** *Litt.* Renouveler ; faire réapparaître : *Ils ont ressuscité une tradition ancienne* (**SYN.** ranimer, rétablir).

ressuyer [resɥije] v.t. [conj. 14]. Essuyer de nouveau ; faire sécher.

restanque n.f. (prov. *restanco*, barrage). En Provence, muret en pierres sèches soutenant une culture en terrasse.

restant, e adj. Qui reste : *Voici le seul membre restant de la famille.* ▸ ***Poste restante,*** système qui permet à une personne de recevoir son courrier au bureau de poste et non à son domicile : *Tu n'as qu'à me l'envoyer poste restante.* ◆ **restant** n.m. Ce qui reste : *Ils se partagent le restant de la somme* (**SYN.** reliquat, reste).

restaurant n.m. Établissement public où l'on sert des repas moyennant paiement (abrév. fam. restau ou resto) ; partie d'un établissement où l'on sert des repas : *Nous prenons le dîner au restaurant de l'hôtel.*

① **restaurateur, trice** n. Personne qui restaure, rénove : *Une restauratrice de tableaux.*

② **restaurateur, trice** n. Personne qui tient un restaurant.

① **restauration** n.f. (de *1. restaurer*). **1.** Remise en état d'une chose abîmée ; réparation, réfection : *La restauration d'une sculpture* (**SYN.** rénovation ; **CONTR.** dégradation, détérioration). **2.** Rétablissement d'un système, d'un état, d'une dynastie : *La restauration de la paix. La restauration des Stuarts.* **3.** Opération consistant à rétablir un édifice dans son état primitif : *Procéder à la restauration d'un bâtiment* (**SYN.** réhabilitation, rénovation). **4.** En informatique, rétablissement de la forme originale d'un fichier à partir d'un enregistrement de sauvegarde.

② **restauration** n.f. (de *1. restauration*, d'apr. *restaurant*). Métier de ceux qui tiennent un restaurant ; ensemble des restaurants et de leur administration : *Elle est dans la restauration.* ▸ ***Restauration rapide,*** expression qu'il est recommandé d'employer à la place de *fast-food.*

① **restaurer** v.t. (du lat. *restaurare*, rétablir, refaire) [conj. 3]. **1.** Réparer ; remettre en bon état : *Restaurer une cathédrale* (**SYN.** rénover ; **CONTR.** détériorer). **2.** *Litt.* Remettre en vigueur, en honneur : *Restaurer le respect* (**SYN.** ramener, rétablir ; **CONTR.** renverser). **3.** En informatique, procéder à la restauration d'un fichier.

② **restaurer** v.t. (de *1. restaurer*) [conj. 3]. *Litt.* Faire manger qqn : *On nous a restaurés avec des produits locaux.* ◆ **se restaurer** v.pr. Reprendre des forces en mangeant : *Ils se sont arrêtés dans une brasserie pour se restaurer* (**SYN.** se nourrir).

reste n.m. **1.** Ce qui reste d'un ensemble dont on a retranché une ou plusieurs parties : *Le reste de son salaire est mis de côté pour les vacances* (**SYN.** excédent, surplus). *Le reste du bâtiment n'est pas occupé. Le reste de l'année, il vit à Londres.* **2.** Ce qui reste ou resterait à dire, à faire : *Vous paierez le reste à la livraison* (**SYN.** complément, solde). *Je te raconterai le reste de l'histoire un autre jour* (**SYN.** restant, reliquat). **3.** En mathématiques, résultat d'une soustraction ; dans une division, différence entre le dividende et le produit du diviseur par le quotient. ▸ ***Au reste*** ou ***du reste,*** au surplus ; d'ailleurs : *Elle est très serviable, comme mes autres collègues, du reste.* ***Demeurer*** ou ***être en reste avec qqn,*** être son débiteur, lui être redevable d'une somme. ***De reste,*** plus qu'il ne faut : *Avoir du temps, de l'argent de reste.* ***Ne pas demander son reste,*** se retirer promptement de crainte d'avoir à subir d'autres désagréments. ***Un reste de,*** ce qui persiste, subsiste : *Un reste de lumière au couchant. Un reste de tendresse.* ◆ **restes** n.m. pl. **1.** Ce qui n'a pas été consommé au cours d'un repas : *Je garde les restes pour faire un ragoût.* **2.** Cadavre, ossements, cendres d'un être humain. ▸ *Fam.* ***Avoir de beaux restes,*** conserver des signes de sa beauté, de sa séduction d'autrefois.

rester v.i. (du lat. *restare*, s'arrêter, de *stare*, se tenir debout) [conj. 3]. (Auxil. *être*). **1.** Subsister après la disparition de qqch, de qqn, d'un groupe : *Après l'explosion, il n'est resté qu'une maison debout* (**SYN.** demeurer). *Reste la question de la hausse des salaires. « Et s'il n'en reste qu'un, je serai celui-là »* [Victor Hugo]. **2.** Continuer à séjourner dans un lieu ou auprès de qqn : *Je reste à Lyon pendant toutes les vacances* (**CONTR.** quitter). *Reste là, j'arrive* (**SYN.** attendre). *Voulez-vous rester dîner ?* **3.** Demeurer en un endroit : *Son vélo est resté dehors toute la nuit.* **4.** *Région.* Habiter ; résider : *Elle reste dans cette rue.* ☞ **REM.** Dans ce sens, *rester* s'emploie aussi en Afrique et aux Antilles. **5.** Continuer à être dans la même position, le même état : *Elle est restée dans le coma une semaine.* **6.** En mathématiques, résulter d'une soustraction : *Deux ôté de huit, reste six.* ▸ ***En rester là,*** ne pas poursuivre une action, des relations. ***Il reste que*** ou ***il n'en reste pas moins que,*** on ne peut cependant nier que : *Il n'en reste pas moins qu'il faut lui avancer de l'argent.* *Fam.* ***Y rester,*** perdre la vie dans une action dangereuse.

restituable adj. Qui peut ou qui doit être restitué.

restituer v.t. (lat. *restituere*, de *statuere*, établir) [conj. 7]. **1.** Rendre ce qui a été pris ou ce qui est possédé indûment : *Il a restitué ce qu'il avait volé* (**SYN.** remettre ; **CONTR.** garder). **2.** Rétablir, remettre en son premier état : *Restituer le texte d'une inscription ancienne* (**SYN.** reconstituer). **3.** Reproduire un son enregistré : *Ce magnétophone restitue parfaitement les graves.* **4.** Donner une représentation fidèle de qqch : *Un film qui restitue bien la société d'une époque.*

restitution n.f. Action de restituer ; son résultat : *La restitution d'une somme dérobée.*

resto ou **restau** n.m. (abrév.) [pl. *restos, restaus*]. *Fam.* Restaurant.

restoroute n.m. Restaurant aménagé au bord d'une grande route, d'une autoroute.

restreindre v.t. (du lat. *restringere*, de *stringere*, serrer) [conj. 81]. Réduire à des limites plus étroites : *Les gendarmes ont restreint le périmètre des recherches* (**SYN.** limiter, resserrer ; **CONTR.** étendre). ◆ **se restreindre** v.pr. **1.** Devenir moins étendu : *Les espaces verts se restreignent* (**SYN.** s'amenuiser, diminuer). **2.** Réduire ses dépenses ; se rationner.

restrictif, ive adj. Qui restreint ; qui limite : *Une mesure restrictive* (**SYN.** limitatif).

restriction n.f. **1.** Condition, modification qui restreint qqch : *Il a accepté sans restriction* (**SYN.** réserve).

2. Action de limiter, de réduire la quantité, l'importance de qqch : *La restriction des crédits* (**SYN.** diminution, réduction ; **CONTR.** accroissement, augmentation). ◆ **restrictions** n.f. pl. Mesures de rationnement en période de pénurie économique : *Le gouvernement a imposé des restrictions* (**SYN.** privations).

restructuration n.f. Action de réorganiser, selon de nouveaux principes, un ensemble devenu inadapté : *La restructuration d'une entreprise* (**SYN.** réorganisation).

restructurer v.t. [conj. 3]. Effectuer la restructuration de : *Restructurer un service administratif* (**SYN.** réorganiser).

resucée [rəsyse] n.f. *Fam.* Chose déjà faite, vue, entendue plusieurs fois : *La énième resucée de la scène de la douche dans « Psychose » de Hitchcock.*

résultant, e adj. Qui résulte de qqch ; consécutif à.

résultante n.f. Résultat de l'action conjuguée de plusieurs facteurs : *Ce conflit est la résultante des erreurs passées* (**SYN.** conséquence).

résultat n.m. **1.** Ce qui résulte d'une action, d'un fait, d'un calcul : *Quel est le résultat des tractations ?* (**SYN.** conclusion). *Le résultat d'une addition* (= 1. somme). *Le résultat d'une multiplication* (= produit). *Le résultat d'une soustraction* (= reste). **2.** Réussite ou échec à un examen ou à un concours. ◆ **résultats** n.m. pl. **1.** Réalisations concrètes : *Le directeur exige des résultats.* **2.** Bénéfices ou pertes d'une entreprise au cours d'un exercice. **3.** Informations fournies par l'examen attentif de qqch : *Commenter les résultats d'une analyse de sang.* **4.** Numéros gagnants d'un jeu, d'une loterie : *Les résultats du Loto.*

résulter v.i. et v. impers. (lat. *resultare,* rebondir, de *saltare,* danser, sauter) [conj. 3]. (Auxil. *être* ou *avoir*). **[de].** Être la conséquence, l'effet de ; s'ensuivre : *Cette crise a résulté d'une mauvaise gestion financière* (**SYN.** découler). *Que résulte-t-il de tes recherches ? De toutes ces complications, il est résulté un retard irrattrapable* (**SYN.** découler).

résumé n.m. Exposé donnant en peu de mots l'essentiel de ce qui a été dit ou écrit : *Voici un résumé du discours du président* (**SYN.** extrait, récapitulation). *Vous apprendrez le résumé de la leçon pour demain* (**SYN.** abrégé). ▸ ***En résumé,*** en peu de mots : *En résumé, je ne suis pas d'accord.*

résumer v.t. (du lat. *resumere,* recommencer, de *sumere,* prendre, saisir) [conj. 3]. Exprimer en moins de mots ce qui a été dit, écrit : *Résumer un texte* (**SYN.** abréger, condenser ; **CONTR.** développer). ◆ **se résumer** v.pr. **1.** Reprendre sommairement ce que l'on a dit : *Pour me résumer, je dirais que...* **2. [à].** Consister essentiellement en : *Leur relation se résume à des rapports amicaux* (**SYN.** se limiter).

résurgence [rezyrʒɑ̃s] n.f. (du lat. *resurgere,* se relever, de *surgere,* lever, dresser). **1.** Réapparition à l'air libre d'une nappe d'eau souterraine. **2.** *Fig.* Fait de réapparaître, de resurgir : *La résurgence de la tuberculose* (**SYN.** réapparition).

résurgent, e [rezyrʒɑ̃, ɑ̃t] adj. Se dit des eaux qui réapparaissent à l'air libre après un trajet souterrain.

resurgir ou **ressurgir** [rəsyrʒir] v.i. [conj. 32]. **1.** Surgir de nouveau : *La rivière resurgit plus loin.* **2.** Réapparaître ; revenir à la conscience : *Des souvenirs qui ressurgissent.*

résurrection [rezyrɛksjɔ̃] n.f. (du lat. *resurgere,* se relever, de *surgere,* lever, dresser). **1.** Retour de la mort à la vie : *La résurrection de Lazare.* **2.** Réapparition, nouvel essor d'un phénomène artistique, littéraire : *La résurrection de la poésie* (**SYN.** renaissance, résurgence, renouveau ; **CONTR.** disparition). **3.** (Avec une majuscule). Fête catholique célébrant la résurrection du Christ ; œuvre qui la représente.

retable n.m. (de *table*). Dans une église, panneau vertical portant un décor peint ou sculpté, placé derrière un autel.

rétablir v.t. [conj. 32]. **1.** Remettre en son premier état ou en meilleur état : *Une stratégie destinée à rétablir la situation financière de l'entreprise* (**SYN.** redresser, relever). *Rétablir les communications* (**SYN.** 1. restaurer). **2.** Faire exister de nouveau ; remettre en vigueur : *Rétablir la paix* (**SYN.** ramener). **3.** Redonner des forces à : *Ce traitement médical l'a rétabli rapidement* (**SYN.** guérir, remettre). ▸ ***Rétablir les faits, la vérité,*** les présenter objectivement en vue de rectifier une orientation tendancieuse. ◆ **se rétablir** v.pr. Recouvrer la santé (**SYN.** récupérer, se remettre).

rétablissement n.m. **1.** Action de rétablir : *Le rétablissement de l'ordre.* **2.** Retour à la santé : *Je vous souhaite un prompt rétablissement* (**SYN.** guérison).

retaille n.f. Opération qui consiste à tailler de nouveau une pierre, un brillant.

retailler v.t. [conj. 3]. Tailler de nouveau : *Retailler son crayon.*

rétamage n.m. Action de rétamer.

rétamer v.t. [conj. 3]. **1.** Étamer de nouveau une surface métallique : *Rétamer une cuvette.* **2.** *Fam.* Fatiguer ; épuiser : *Cette promenade m'a complètement rétamé.* ▸ *Fam.* ***Se faire rétamer,*** se faire battre au jeu ; échouer à un examen. ◆ **se rétamer** v.pr. *Fam.* **1.** S'enivrer. **2.** Tomber de tout son long.

rétameur n.m. Ouvrier qui procède au rétamage des objets métalliques.

retapage n.m. *Fam.* Action de retaper.

retape n.f. **1.** *Arg.* Racolage. **2.** *Fam.* Publicité tapageuse.

① **retaper** v.t. [conj. 3]. *Fam.* **1.** Remettre sommairement en état : *Ils retapent une vieille ferme* (**SYN.** rénover, réparer). **2.** Remettre en forme ; redonner des forces : *Son séjour à la campagne l'a retapé* (**SYN.** guérir, remettre, rétablir). **3.** Refaire sommairement un lit en tirant draps et couvertures. ◆ **se retaper** v.pr. *Fam.* Recouvrer la forme, la santé ; récupérer, se rétablir.

② **retaper** v.t. [conj. 3]. Taper de nouveau un texte à la machine à écrire.

retard n.m. **1.** Action d'arriver, d'agir trop tard : *Veuillez m'excuser de mon retard. Le train aura du retard. Elle est venue en retard. J'ai du travail en retard.* **2.** Différence en moins entre l'heure marquée par une montre, une horloge et l'heure réelle : *Ton réveil a cinq minutes de retard* (**CONTR.** avance). **3.** État de qqn, de qqch qui n'est pas aussi développé, avancé qu'il devrait l'être : *Un enfant en retard pour son âge. Le retard technologique d'un pays.* ▸ ***Sans retard,*** sans délai. ◆ adj. inv. Se dit d'un médicament conçu pour se diffuser progressivement dans l'organisme : *Une forme retard de pénicilline.*

retardataire adj. et n. Qui est en retard : *Des méthodes retardataires* (**SYN.** archaïque, désuet ; **CONTR.** avant-gardiste). *Les retardataires n'ont pas pu entrer dans la salle.*

retardateur, trice adj. Qui ralentit un processus : *L'action retardatrice d'un antioxydant* (**CONTR.** 1. accélérateur).

retardé, e adj. et n. *Fam.* Qui est en retard dans son développement intellectuel.

retardement n.m. Action de retarder ; fait d'être retardé. ▸ ***À retardement,*** se dit d'un engin muni d'un dispositif qui en retarde l'explosion jusqu'à un moment déterminé : *Une bombe à retardement* ; fig., après coup ; quand il est trop tard : *Comprendre à retardement.*

retarder v.t. (du lat. *tardare,* tarder) [conj. 3]. **1.** Être une cause de retard ; faire arriver plus tard que prévu : *Allez-y, je ne voudrais pas vous retarder ! Les embouteillages m'ont retardé* (**SYN.** ralentir). **2.** Remettre à un moment ultérieur : *Retarder ses vacances* (**SYN.** reculer, repousser ; **CONTR.** avancer). **3.** Régler une montre, une horloge sur une heure moins avancée : *Retarder son réveil d'une heure.* ◆ v.i. **1.** Indiquer une heure antérieure à l'heure légale, en parlant d'une montre ou de celui qui la possède : *Ta pendule retarde. Je retarde de dix minutes* (**CONTR.** avancer). **2.** *Fam.* Ignorer une nouvelle que tout le monde connaît : *Tu retardes, cela fait bien un an qu'il s'est remarié.* **3. [sur].** *Fam.* Avoir des idées, des goûts dépassés par rapport à : *Elle retarde sur son époque.* ◆ **se retarder** v.pr. Se mettre en retard.

retendre v.t. [conj. 73]. Tendre de nouveau ce qui était détendu : *Retendre une chaîne* (**CONTR.** détendre).

retenir v.t. (lat. *retinere*) [conj. 40]. **1.** Garder en sa possession ce qui est à un autre : *Retenir des bagages à la douane* (**SYN.** conserver). **2.** Prélever une partie d'une somme : *Retenir la cotisation de la Sécurité sociale sur les salaires* (**SYN.** déduire, retrancher, soustraire). **3.** Déterminer une retenue lors d'une opération arithmétique : *Je pose 5 et je retiens 1.* **4.** Se faire réserver qqch : *Retenir une table dans un restaurant* **5.** Considérer une idée, une proposition comme digne d'intérêt : *Retenir un projet. Votre article a retenu toute mon attention.* **6.** Empêcher de se déplacer, de tomber : *Il m'a retenu alors que je glissais* (**SYN.** rattraper ; **CONTR.** 1. lâcher). **7.** Empêcher de partir ; inviter à rester : *Ils ont été retenus prisonniers. Retenir qqn à déjeuner* (**SYN.** garder). **8.** Maintenir en place ; contenir : *Un barrage construit pour retenir les eaux* (**SYN.** endiguer). **9.** Empêcher un sentiment, une réaction de se manifester : *Retenir sa colère* (**SYN.** ravaler, réprimer ; **CONTR.** libérer). *Elle a retenu un cri.* **10.** Fixer dans sa mémoire : *Retenir une adresse électronique* (**SYN.** se souvenir de ; **CONTR.** oublier). ▸ *Fam.* ***Je te, vous, le retiens,*** se dit à qqn ou de qqn qui a mal agi, mal accompli une tâche. ◆ **se retenir** v.pr. **1.** Se rattraper à qqch pour éviter une chute : *Je me suis retenue à la rampe de l'escalier* (**SYN.** agripper, se raccrocher). **2.** Résister à une envie : *Je n'ai pas pu me retenir de pleurer* (**SYN.** s'empêcher). **3.** *Fam.* Différer de satisfaire un besoin naturel.

retenter v.t. [conj. 3]. Tenter de nouveau, après un échec.

rétention n.f. **1.** Action de conserver, de retenir : *La rétention de marchandises, d'informations.* **2.** Accumulation dans l'organisme de substances à éliminer : *Faire de la rétention d'eau.*

retentir v.i. (du lat. *tinnire,* tinter) [conj. 32]. **1.** Produire un son puissant ; être rempli d'un bruit : *Des applaudissements retentirent dans la salle* (**SYN.** éclater). *La maison retentissait de leurs éclats de rire* (**SYN.** résonner). **2.** Avoir des effets, des répercussions sur qqch d'autre : *Cette maladie peut retentir sur la croissance des enfants* (**SYN.** se répercuter).

retentissant, e adj. **1.** Qui rend un son puissant : *Un cri retentissant* (**SYN.** tonitruant ; **CONTR.** étouffé, sourd). **2.** Qui attire l'attention du public : *Ce film a connu un succès retentissant* (**SYN.** éclatant, fracassant ; **CONTR.** modeste).

retentissement n.m. Ensemble de conséquences ; réactions suscitées dans le public : *Ce choix aura des retentissements politiques* (**SYN.** contrecoup, répercussion).

retenue n.f. **1.** Action de retenir, de garder : *La retenue de marchandises à la douane.* **2.** Ce qui est prélevé sur une somme due : *Une retenue sur salaire* (**SYN.** prélèvement). **3.** Privation de sortie, dans les établissements scolaires ; consigne : *Il est en retenue.* **4.** Qualité d'une personne qui garde une réserve discrète : *Il a parlé avec beaucoup de retenue* (**SYN.** mesure, modération ; **CONTR.** démesure, outrance). **5.** Ralentissement de la circulation routière : *Une retenue de dix kilomètres* (**SYN.** bouchon, embouteillage). **6.** Dans une opération mathématique, chiffre reporté pour être ajouté au chiffre de la colonne suivante.

rétiaire [retjɛr ou resjɛr] n.m. (lat. *retiarius,* de *rete,* filet). Chez les Romains, gladiateur armé d'un trident et d'un filet, qui était génér. opposé à un mirmillon.

réticence n.f. (lat. *reticentia,* de *tacere,* taire). **1.** Omission volontaire de qqch que l'on devrait dire : *Elle a tout raconté sans réticence* (**SYN.** dissimulation, sous-entendu). **2.** Attitude de qqn qui hésite à dire sa pensée, à donner son accord : *Les propositions du gouvernement suscitent des réticences chez les députés* (**SYN.** hésitation, réserve).

réticent, e adj. Qui manifeste de la réticence : *Je la sentais réticente à m'en parler* (**SYN.** hésitant, réservé).

réticulaire adj. Qui a la forme d'un réseau ; relatif à un réseau.

réticule n.m. (du lat. *reticulum,* réseau, filet). **1.** Petit sac à main : *Un réticule brodé.* **2.** En optique, système qui sert à faire des visées dans une lunette.

réticulé, e adj. Marqué d'un dessin en forme de réseau : *Les feuilles réticulées d'une plante.*

rétif, ive adj. (du lat. *restare,* s'arrêter). **1.** Qui s'arrête ou recule au lieu d'avancer : *Une jument rétive* (**SYN.** récalcitrant ; **CONTR.** docile). **2.** Qui s'oppose à toute discipline : *Un adolescent rétif* (**SYN.** rebelle).

rétine n.f. (du lat. *rete,* filet). Membrane qui tapisse le fond de l'œil et est sensible à la lumière.

rétinien, enne adj. Relatif à la rétine : *Une maladie rétinienne.*

rétinite n.f. Inflammation de la rétine.

rétique adj. et n.m. → **rhétique.**

retirage n.m. Nouveau tirage d'un livre, d'une photo.

retiré, e adj. **1.** Situé à l'écart et peu fréquenté : *Une* *auberge retirée* (**SYN.** écarté, isolé). **2.** Qui a cessé toute activité professionnelle : *Un médecin retiré* (**SYN.** retraité).

retirer v.t. [conj. 3]. **1.** Tirer à soi ; ramener en arrière : *J'ai retiré l'écharde qu'il avait au doigt* (**SYN.** extraire, sortir). **2.** Faire sortir qqn, qqch de l'endroit où ils étaient : *Ils ont retiré leur enfant de cette école* (**SYN.** enlever). *Retirer le bouchon d'une bouteille* (**SYN.** ôter). **3.** Enlever qqch que l'on porte sur soi : *J'ai retiré ma bague* (**SYN.** ôter ; **CONTR.** mettre). **4.** Reprendre ce que l'on a donné, confié : *On lui a retiré son permis de conduire* (**SYN.** confisquer). *Il m'a retiré sa confiance.* **5.** Revenir sur une déclaration, un engagement ; renoncer à : *Retirer sa plainte* (**SYN.** annuler, supprimer ; **CONTR.** déposer). *Retirer sa candidature* (**CONTR.** poser). **6.** Tirer un bien matériel ou moral de qqch : *Elle n'a retiré que des avantages de cette situation* (**SYN.** recueillir, obtenir). **7.** Prendre possession de ce qui est préparé, réservé pour soi : *Retirer son chéquier à l'agence. Retirer de l'argent.* **8.** Tirer de nouveau ; effectuer un nouveau tirage de : *Retirer des photos.* ◆ **se retirer** v.pr. **1.** Quitter un endroit ; prendre congé : *Il se retira sur la pointe des pieds* (**SYN.** s'éloigner, partir ; **CONTR.** arriver, entrer). **2.** Aller dans un lieu pour y trouver refuge : *Se retirer dans son bureau, à la campagne* (**SYN.** se réfugier). **3.** Prendre sa retraite. **4.** Cesser de participer à qqch : *Il se retire du jeu* (= il abandonne). **5.** Descendre, en parlant de la mer (**SYN.** refluer ; **CONTR.** monter).

retombée n.f. **1.** Action de retomber après s'être élevé : *La retombée d'une fusée* (**CONTR.** montée). **2.** (Surtout au pl.). *Fam.* Conséquence fâcheuse : *Les retombées économiques d'un conflit* (**SYN.** répercussion).

retomber v.i. [conj. 3]. (Auxil. *être*). **1.** Tomber de nouveau ; tomber après s'être élevé : *La neige retombe. La balle est retombée près de cet arbre.* **2.** Revenir à un état, à un comportement négatifs : *Retomber malade* (= rechuter). *Retomber dans les excès.* **3.** Disparaître ou faiblir : *Sa joie est retombée.* **4.** Atteindre qqn, lui revenir par contrecoup : *Le scandale retombera sur elle* (**SYN.** rejaillir).

retoquer v.t. [conj. 3]. *Fam.* Repousser ; refuser : *Retoquer une proposition de loi* (**SYN.** rejeter ; **CONTR.** accepter).

retordage ou **retordement** n.m. Action de retordre des fils textiles.

retordre v.t. (du lat. *retorquere*, tourner en arrière) [conj. 76]. **1.** Tordre de nouveau : *Retordre la serpillière.* **2.** Tordre ensemble deux ou plusieurs fils textiles. ▸ ***Donner du fil à retordre*** → **fil.**

rétorquer v.t. (du lat. *retorquere*, tourner en arrière) [conj. 3]. Répondre vivement : *Elle m'a rétorqué qu'elle n'était pas d'accord* (**SYN.** répliquer).

retors, e [rətɔr, ɔrs] adj. (anc. p. passé de *retordre*). **1.** Qui a été tordu plusieurs fois : *Du fil retors.* **2.** Qui manifeste de la ruse, une finesse tortueuse : *Un homme d'affaires retors* (**SYN.** machiavélique, roué ; **CONTR.** franc, sincère).

rétorsion n.f. (de *rétorquer*, avec l'infl. de *torsion*). Action de répliquer par des procédés analogues à ceux dont qqn s'est servi contre soi : *Des mesures de rétorsion* (= des représailles).

retouche n.f. **1.** Action de retoucher un texte, une photo : *Il apporte les dernières retouches à son article* (**SYN.** correction). **2.** Rectification d'un vêtement de prêt-à-porter ; mise aux mesures de qqn : *Faire une retouche.*

retoucher v.t. [conj. 3]. Apporter des modifications à ; perfectionner, corriger : *Retoucher un dessin, une jupe* (**SYN.** reprendre). ◆ v.t. ind. **[à].** S'adonner de nouveau à : *Elle n'a plus jamais retouché à l'alcool.*

retoucheur, euse n. Personne qui effectue des retouches sur des photos, des vêtements.

retour n.m. **1.** Action de revenir vers l'endroit d'où l'on est venu : *Son retour est prévu pour la semaine prochaine* (**SYN.** rentrée). *Au retour, elle a été malade dans l'avion* (**CONTR.** 1. aller). **2.** Titre de transport permettant de faire à l'inverse le voyage fait à l'aller : *Je n'ai pas encore acheté le retour* (= le billet). **3.** Fait d'être de nouveau quelque part après un congé, une absence : *Il n'est plus le même depuis son retour* (**CONTR.** 1. départ). **4.** Action ou fait de revenir à un état antérieur : *Le retour au calme.* **5.** Fait pour qqch d'être rendu, réexpédié : *Pour tout retour, veuillez joindre votre facture* (**SYN.** renvoi). **6.** Renvoi à un éditeur des volumes invendus ; ces volumes eux-mêmes : *Il y a beaucoup de retours de ce roman.* **7.** Fait de se répéter, de se reproduire : *On annonce le retour de la pluie* (**SYN.** reprise). **8.** Mouvement imprévu ou brutal en sens opposé : *Par un juste retour des choses, son talent a été reconnu.* **9.** Mouvement de va-et-vient, de réciprocité : *Un amour payé de retour.* **10.** Table que l'on installe perpendiculairement à un bureau : *L'ordinateur est installé sur le retour.* ▸ ***En retour,*** en échange, par réciprocité. ***Être de retour,*** être revenu. ***Être sur le retour,*** commencer à vieillir, à décliner. ***Par retour du courrier,*** dès la réception d'une correspondance ; sans délai. ***Retour d'âge,*** moment de l'existence où l'on commence à vieillir ; spécial., ménopause. ***Retour de flamme,*** renouveau d'activité, de passion. *Fam.* ***Retour de manivelle*** ou ***de bâton,*** conséquence néfaste ou dangereuse ; choc en retour, contrecoup subi. ***Retour en arrière,*** évocation de faits du passé ; expression qu'il est recommandé d'employer à la place de *flash-back*. ***Sans retour,*** pour toujours ; à jamais : *Elle est partie sans retour.*

retourne n.f. Carte que le donneur retourne après avoir servi les joueurs, et qui détermine l'atout.

retournement n.m. **1.** Action de retourner, de se retourner : *Le retournement d'un voilier* (**SYN.** chavirement). **2.** Changement brusque et complet de direction, d'orientation ; renversement : *Il avait toujours refusé, son retournement m'a surpris* (**SYN.** revirement, volte-face).

retourner v.t. [conj. 3]. (Auxil. *avoir*). **1.** Mettre qqch à l'envers : *Retourner une carte, une crêpe. J'ai retourné mes poches, mais je ne l'ai pas trouvé.* **2.** Tourner qqch en tous sens : *Retourner des braises* (**SYN.** remuer). *Il ne cesse de retourner le problème dans sa tête* (**SYN.** ruminer). **3.** Renvoyer à l'expéditeur son envoi : *Retourner un colis. Retourner les invendus à l'éditeur* (**SYN.** réexpédier). **4.** *Fam.* Faire changer qqn, un groupe, d'opinion, de camp : *Son discours a retourné le corps électoral.* **5.** Causer une violente émotion : *L'annonce de sa maladie m'a retourné* (**SYN.** bouleverser, renverser). **6.** Refaire un vêtement de façon à mettre l'envers du tissu à la place de l'endroit, déjà usé. ◆ v.i.

(Auxil. *être*). **1.** Se rendre de nouveau dans un lieu où l'on est déjà allé : *Il retourne régulièrement à Londres* (**SYN.** revenir). **2.** Revenir à l'endroit d'où l'on est parti : *Je suis retourné au bureau chercher le dossier* (**SYN.** repasser). **3.** Revenir à un état antérieur ; reprendre une activité que l'on avait abandonnée : *Avec la guerre, ce pays est retourné cinquante ans en arrière* (**SYN.** retomber). *Elle est retournée à son premier métier.* **4.** Être restitué à qqn, à un groupe : *La ferme familiale retournera à son frère* (**SYN.** revenir). ◆ **se retourner** v.pr. **1.** Se tourner dans un autre sens, sur un autre côté : *Il s'est retourné dans son lit toute la nuit.* **2.** Tourner la tête ou le corps tout entier : *Il se retourna pour regarder si quelqu'un le suivait* (= il fit volte-face). **3.** Se renverser en tombant : *La voiture s'est retournée sur l'autoroute* (**SYN.** capoter). **4.** *Fam.* Prendre ses dispositions dans une circonstance donnée : *Laisse-moi au moins le temps de me retourner !* **5. [contre].** En parlant d'une action, retomber sur son auteur, être reporté sur qqn d'autre : *Sa franchise s'est retournée contre lui. Se retourner contre l'État.* ▸ ***S'en retourner (quelque part),*** partir pour regagner le lieu d'où l'on est venu. ◆ **retourner** v. impers. ▸ ***Savoir de quoi il retourne,*** savoir ce qui se passe, ce dont il s'agit.

retracer v.t. [conj. 16]. **1.** Tracer de nouveau ou autrement : *Retracer un trait.* **2.** Raconter, exposer : *Ce film retrace la vie de Mozart* (**SYN.** relater).

rétractable adj. Qui peut être rétracté, se rétracter : *Un film d'emballage rétractable.*

rétractation n.f. Action de se rétracter, de se dédire : *Une rétractation de l'accusé* (**SYN.** désaveu ; **CONTR.** confirmation).

① **rétracter** v.t. (du lat. *retractare*, retirer) [conj. 3]. *Sout.* Désavouer ce que l'on a dit ou fait : *Il a rétracté ses aveux* (**SYN.** revenir sur ; **CONTR.** confirmer). ◆ **se rétracter** v.pr. Revenir sur ce que l'on a dit : *Il s'est rétracté devant le juge* (**SYN.** se dédire [litt.]).

② **rétracter** v.t. (du lat. *retrahere*, tirer en arrière) [conj. 3]. Tirer, contracter en arrière : *Le chat rétracte ses griffes* (**SYN.** rentrer ; **CONTR.** 1. sortir). ◆ **se rétracter** v.pr. Se rétrécir ; se crisper : *Son visage s'est rétracté sous la douleur* (**SYN.** se contracter ; **CONTR.** se détendre).

rétractile adj. Qui a la possibilité de se rétracter : *Les cornes de l'escargot sont rétractiles.*

rétractilité n.f. Qualité de ce qui est rétractile.

rétraction n.f. Raccourcissement, contraction de certains tissus ou organes : *Une rétraction tendineuse.*

retraduire v.t. [conj. 98]. Traduire de nouveau.

retrait n.m. (de l'anc. fr. *retraire*, retirer). **1.** Action de retirer : *Le retrait d'un document administratif à la mairie* (**CONTR.** dépôt). *Le retrait du permis de conduire* (**SYN.** suppression). **2.** Action de se retirer : *Le retrait des manifestants* (**SYN.** évacuation, reflux ; **CONTR.** invasion). *Elle a annoncé son retrait de la compétition* (**SYN.** défection). ▸ ***En retrait,*** en arrière d'un alignement : *Le porche de l'église est en retrait* ; fig., se dit d'une position moins audacieuse qu'une autre : *Sur ce point, il est en retrait sur vous.*

retraitant, e n. Personne qui fait une retraite religieuse.

retraite n.f. (de l'anc. fr. *retraire*, retirer). **1.** Action de se retirer de la vie active, de cesser ses activités professionnelles : *Il va bientôt prendre sa retraite. Elle veut passer sa retraite à la campagne.* **2.** Pension versée à qqn qui a pris sa retraite : *Leur retraite n'est pas très élevée.* **3.** Éloignement momentané de la vie active, pour se livrer à la méditation, au recueillement ; lieu où l'on se retire : *Faire une retraite dans un couvent. Ils gardent leur retraite secrète.* **4.** Marche en arrière d'une armée (**SYN.** repli). ▸ ***Battre en retraite*** → **battre.** ***Retraite aux flambeaux,*** défilé nocturne à la lueur des lampions, organisé à l'occasion d'une fête publique.

retraité, e n. et adj. Personne qui a pris sa retraite et qui perçoit une retraite : *C'est une retraitée active. Un policier retraité.*

retraitement n.m. Traitement ou destruction des déchets chimiques ou nucléaires : *Une usine de retraitement du combustible irradié.*

① **retraiter** v.t. [conj. 4]. Pratiquer le retraitement de : *Retraiter les eaux usées.*

② **retraiter** v.t. [conj. 4]. En Afrique, mettre à la retraite ou renvoyer un employé.

retranchement n.m. **1.** Obstacle fortifié, naturel ou artificiel, organisé pour défendre une position ; fortification. **2.** *Vx* Action de retrancher, de supprimer : *Le retranchement d'un passage dans un texte* (**SYN.** coupure ; **CONTR.** ajout, insertion). ▸ ***Attaquer qqn dans ses derniers retranchements,*** d'une manière telle qu'il se trouve à bout d'arguments, de répliques.

retrancher v.t. [conj. 3]. Ôter d'un tout : *Quand je retranche 4 de 10, j'obtiens 6* (**SYN.** enlever, retirer, soustraire ; **CONTR.** additionner, ajouter à). *On retranche une partie des salaires pour les cotisations sociales* (**SYN.** prélever). *Il faut retrancher sur le total 50 euros de frais de transport* (**SYN.** décompter, déduire, défalquer). *Retrancher une scène d'un film* (**SYN.** couper ; **CONTR.** insérer). ◆ **se retrancher** v.pr. **1.** Se mettre à l'abri : *Les gangsters se sont retranchés dans la banque.* **2.** Invoquer qqch comme moyen de défense : *Il s'est retranché derrière le secret professionnel.*

retranscription n.f. Nouvelle transcription.

retranscrire v.t. [conj. 99]. Transcrire de nouveau ; recopier.

retransmettre v.t. [conj. 84]. **1.** Transmettre de nouveau ou à d'autres : *Retransmettre une information.* **2.** Diffuser une émission radiophonique ou télévisée : *La course sera retransmise en différé.*

retransmission n.f. Action de retransmettre ; émission retransmise.

retravailler v.t. [conj. 3]. Apporter des améliorations à : *Il retravaille son article.* ◆ v.i. Travailler de nouveau : *Elle retravaille depuis peu.*

retraverser v.t. [conj. 3]. Traverser de nouveau ou en revenant : *J'ai retraversé à la nage.*

rétrécir v.t. (du lat. *strictus*, étroit, de *stringere*, serrer) [conj. 32]. **1.** Rendre plus étroit : *Rétrécir un bracelet* (**SYN.** ajuster, resserrer ; **CONTR.** agrandir). **2.** Diminuer l'ampleur, la capacité de : *L'absence de financement a rétréci le champ de ses recherches* (**SYN.** limiter, restreindre ; **CONTR.** élargir). ◆ v.i. ou **se rétrécir** v.pr. Devenir plus étroit : *Ce tee-shirt n'a pas rétréci au lavage* (**SYN.** rapetisser ; **CONTR.** s'agrandir). *La route se rétrécit à cet endroit* (**SYN.** se resserrer ; **CONTR.** s'élargir).

rétrécissement n.m. Action de rétrécir qqch ; fait

de se rétrécir : *Le rétrécissement d'une rue* (**SYN.** resserrement ; **CONTR.** élargissement).

retremper v.t. [conj. 3]. Tremper de nouveau : *Retremper ses pieds dans l'eau* (**SYN.** replonger). ◆ **se retremper** v.pr. **[dans].** Reprendre contact avec : *Il a décidé de se retremper dans la politique.*

rétribuer v.t. (du lat. *tribuere,* répartir entre les tribus, de *tribus,* tribu) [conj. 7]. Payer pour un travail : *Rétribuer un ouvrier* (**SYN.** rémunérer). *Rétribuer un service* (**SYN.** défrayer).

rétribution n.f. Somme d'argent donnée en échange d'un travail, d'un service : *Verser une rétribution à un employé.*

retriever [retrivœr] n.m. (mot angl., de *to retrieve,* rapporter). Chien de chasse dressé à rapporter le gibier.

① **rétro** adj. inv. (de *rétrospectif*). *Fam.* Se dit d'une mode, d'une œuvre inspirées par un passé récent (notamm. celui des années 1920 à 1960) : *Des jupes, des films rétro.* ◆ n.m. inv. *Fam.* Mode, style rétro.

② **rétro** n.m. (abrév.). *Fam.* Rétroviseur.

rétroactes n.m. pl. En Belgique, antécédents d'une affaire.

rétroactif, ive adj. Se dit d'une mesure qui exerce une influence sur ce qui existait antérieurement : *Une augmentation de salaire avec effet rétroactif.*

rétroaction n.f. **1.** Effet rétroactif. **2.** En technologie, processus correcteur déclenché automatiquement après une perturbation (**SYN.** feed-back [anglic.]).

rétroactivement adv. De façon rétroactive.

rétroactivité n.f. Caractère rétroactif.

rétroagir v.t. ind. [conj. 32]. **[sur].** *Sout.* Agir rétroactivement sur qqch : *Cet ensemble de mesures a rétroagi sur les résultats de l'entreprise.*

rétrocéder v.t. [conj. 18]. Céder à qqn ce qu'il nous avait cédé auparavant ou ce qu'on avait acheté pour soi-même : *Rétrocéder un droit de chasse* (**SYN.** rendre, restituer). *Elle a rétrocédé sa voiture à sa fille* (**SYN.** revendre).

rétrocession n.f. Acte par lequel on rétrocède qqch à qqn.

rétrocontrôle n.m. Régulation automatique et permanente du système endocrinien (**SYN.** feed-back).

rétrofusée n.f. Fusée utilisée pour freiner un engin spatial.

rétrogradation n.f. **1.** Action de rétrograder : *La rétrogradation d'une équipe de football.* **2.** Mesure disciplinaire qui fait descendre qqn à un échelon inférieur d'une hiérarchie.

rétrograde adj. **1.** Qui va, qui se fait en arrière : *Un mouvement rétrograde* (= de recul). **2.** Opposé au progrès : *Avoir des idées rétrogrades* (**SYN.** réactionnaire ; **CONTR.** progressiste).

rétrograder v.i. (lat. *retrogradi,* de *gradi,* marcher) [conj. 3]. **1.** Revenir en arrière : *L'armée fut contrainte de rétrograder* (**SYN.** reculer ; **CONTR.** avancer). **2.** Revenir à une situation antérieure, inférieure : *Le taux de natalité du pays a rétrogradé* (**SYN.** diminuer, régresser ; **CONTR.** augmenter, progresser). **3.** Dans une automobile, passer à la vitesse inférieure : *Rétrograder de troisième en seconde.* ◆ v.t. Faire descendre à un rang, à un niveau inférieur : *Rétrograder un concurrent, un fonctionnaire.*

rétropédalage n.m. Pédalage en sens contraire du sens normal ; dispositif de freinage sur certaines bicyclettes.

rétroprojecteur n.m. Appareil permettant de projeter des textes imprimés sur un support transparent.

rétrospectif, ive adj. (du lat. *retro,* en arrière, et *spectare,* regarder). **1.** Qui concerne le passé : *L'analyse rétrospective d'un cas* (**CONTR.** prospectif). **2.** Qui se manifeste après coup : *Une peur rétrospective.*

rétrospective n.f. **1.** Exposition présentant l'ensemble des œuvres d'un artiste, d'une époque : *Une rétrospective de Van Gogh.* **2.** Récapitulation chronologique des faits appartenant à un domaine précis : *Une rétrospective des succès cinématographiques de l'année.*

rétrospectivement adv. De façon rétrospective : *J'ai eu peur rétrospectivement* (= après coup).

retroussé, e adj. ▸ ***Nez retroussé,*** dont le bout est un peu relevé.

retroussement n.m. Action de retrousser ; fait d'être retroussé.

retrousser v.t. [conj. 3]. **1.** Replier le bas, les manches d'un vêtement vers le haut : *Elle retroussa sa longue jupe pour monter l'escalier.* **2.** Ramener vers le haut : *Le chien retrousse ses babines.*

retroussis [rətrusi] n.m. Partie d'un vêtement qui est repliée vers le haut.

retrouvailles n.f. pl. Fait de retrouver des personnes dont on était séparé : *D'émouvantes retrouvailles* (**CONTR.** adieu).

retrouver v.t. [conj. 3]. **1.** Trouver qqch qui avait disparu, qui était égaré ou oublié : *J'ai retrouvé mon sac* (**SYN.** récupérer ; **CONTR.** perdre). **2.** Revoir une personne après une séparation ; reprendre qqn qui était en fuite : *Un prisonnier qui retrouve sa famille après des années. La police a retrouvé les malfaiteurs* (**SYN.** rattraper). **3.** Revenir à un état antérieur ; récupérer une faculté : *Elle a retrouvé la vue* (**SYN.** recouvrer). **4.** Rejoindre qqn à un rendez-vous : *Je dois la retrouver à 13 heures au restaurant.* ◆ **se retrouver** v.pr. **1.** Être de nouveau réunis : *On se retrouvera l'hiver prochain sur les pistes de ski* (**SYN.** se rencontrer, se revoir). **2.** Être soudainement ou finalement dans telle situation : *Elle s'est retrouvée seule avec deux enfants.* **3.** S'orienter dans un lieu, dans une situation complexe : *Je ne me retrouvais pas dans ce quartier où toutes les maisons se ressemblent* (**SYN.** se reconnaître). *Je ne me retrouve pas dans mes comptes.* ▸ *Fam.* ***S'y retrouver,*** équilibrer les recettes et les dépenses ; faire un léger profit, tirer un avantage de qqch.

rétroversion n.f. Position d'un organe, en partic. l'utérus, basculé en arrière.

rétrovirus n.m. Virus à A.R.N. dont la famille comprend, notamm., le virus V.I.H., responsable du sida (par opp. à adénovirus).

rétroviseur n.m. Miroir qui permet au conducteur d'un véhicule de surveiller la route derrière lui (abrév. fam. rétro).

rets [rɛ] n.m. (lat. *retis,* var. de *rete,* filet). *Litt.* **1.** Filet pour la chasse. **2.** Piège que l'on tend à qqn : *Tomber dans les rets de qqn* (= être pris au piège).

réunification n.f. Action de réunifier : *La réunification de l'Allemagne.*

réunifier v.t. [conj. 9]. Rétablir l'unité de ce qui a été divisé.

réunion n.f. **1.** Action de réunir des personnes ; fait de se rassembler ; groupe de personnes rassemblées ; temps pendant lequel on se réunit : *Elle a organisé une réunion pour demain* (**SYN.** rencontre). *Une réunion de médecins* (**SYN.** assemblée, congrès). *La réunion a duré toute la matinée* (**SYN.** séance). **2.** Action de réunir des choses : *La réunion de différents documents administratifs* (**SYN.** rassemblement ; **CONTR.** dispersion).

réunionnais, e adj. et n. De l'île de la Réunion, de ses habitants.

réunionnite n.f. *Fam.* Dans une entreprise, tendance à faire beaucoup de réunions, souvent inutiles.

réunir v.t. [conj. 32]. **1.** Rassembler des individus ; regrouper des éléments épars : *Il veut réunir toute la famille* (**SYN.** assembler, inviter ; **CONTR.** disperser). *Ils ont réuni des preuves contre elle* (**SYN.** collecter, recueillir). **2.** Rapprocher, rejoindre ce qui était séparé : *Une conjonction sert à réunir deux mots ou deux groupes de mots* (**SYN.** joindre). **3.** Faire communiquer : *Ce pont réunit l'île au continent* (**SYN.** raccorder, relier ; **CONTR.** séparer de). **4.** Rassembler en soi des éléments différents : *Cet écrivain réunissait en lui le génie et la folie* (**SYN.** allier, conjuguer, cumuler). ◆ **se réunir** v.pr. Se retrouver ensemble en un lieu ; se rassembler : *Le conseil municipal se réunit ce soir* (**SYN.** se rencontrer, se retrouver).

réussi, e adj. **1.** Exécuté avec succès : *Une coiffure parfaitement réussie* (**CONTR.** 2. raté). **2.** Parfait en son genre : *Une fête réussie.*

réussir v.i. (it. *riuscire*, ressortir, de *uscire*, du lat. *exire*, sortir) [conj. 32]. **1.** Avoir un résultat heureux ; se terminer par un succès : *Les négociations ont réussi* (**SYN.** aboutir ; **CONTR.** avorter). **2.** Obtenir un succès ; aboutir au résultat souhaité : *Il réussit dans les affaires* (**SYN.** briller ; **CONTR.** échouer). **3.** S'acclimater ; se développer favorablement : *L'olivier réussit dans cette région ensoleillée* (**SYN.** croître, prospérer). ◆ v.t. ind. **[à]. 1.** Parvenir à faire qqch ; obtenir un succès : *Il a réussi à me faire changer d'avis* (**SYN.** arriver à, finir par). *Elle a réussi à son examen* (**SYN.** triompher ; **CONTR.** échouer à). **2.** Être bénéfique à qqn : *La solitude lui réussit.* ◆ v.t. Faire avec succès : *Il a parfaitement réussi ses œufs à la neige* (**CONTR.** rater).

réussite n.f. **1.** Fait de réussir, d'obtenir un succès : *La réussite d'un projet* (**SYN.** réalisation ; **CONTR.** échec). **2.** Entreprise, action, œuvre qui connaît le succès : *Ce film n'a pas été une réussite* (**SYN.** triomphe). **3.** Jeu de cartes au cours duquel un joueur solitaire s'efforce de placer ou d'employer toutes les cartes (**SYN.** patience).

réutilisable adj. Que l'on peut utiliser de nouveau : *Un emballage réutilisable.*

réutilisation n.f. Fait de réutiliser ; nouvelle utilisation.

réutiliser v.t. [conj. 3]. Utiliser de nouveau : *Recycler et réutiliser le papier.*

revacciner [rəvaksine] v.t. [conj. 3]. Vacciner de nouveau.

revaloir v.t. [conj. 60]. **[à].** Rendre la pareille à qqn, en bien ou en mal : *Je lui revaudrai cela.*

revalorisation n.f. Action de revaloriser.

revaloriser v.t. [conj. 3]. **1.** Rendre son ancienne valeur ou une valeur plus grande à : *Revaloriser une monnaie, les revenus* (**SYN.** majorer, relever). **2.** Rendre du prestige à : *Revaloriser la fonction politique* (**SYN.** réhabiliter).

revanchard, e adj. et n. *Fam.* Qui cherche à prendre sa revanche, en partic. après une défaite militaire.

revanche n.f. **1.** Action de rendre la pareille pour un mal que l'on a reçu : *Il finira par avoir sa revanche un jour ou l'autre* (**SYN.** vengeance). **2.** Seconde partie que l'on joue pour donner au perdant la possibilité de gagner à son tour : *Il ne veut pas me donner ma revanche.* ▸ ***En revanche,*** en retour : *L'insertion d'une petite annonce est payante, en revanche la consultation est gratuite* (= en compensation, en contrepartie).

se **revancher** v.pr. (de l'anc. fr. *revenchier*, venger) [conj. 3]. *Litt., vx* Prendre sa revanche ; se venger.

revanchisme n.m. Attitude politique inspirée par le désir de revanche.

revascularisation n.f. Intervention chirurgicale qui rétablit ou améliore la circulation sanguine dans un organe, des tissus.

revasculariser v.t. [conj. 3]. Pratiquer une revascularisation.

rêvasser v.i. [conj. 3]. Se laisser aller à la rêverie : *Elle n'a cessé de rêvasser durant toute la réunion* (**SYN.** rêver, songer).

rêvasserie n.f. Fait de rêvasser (**SYN.** rêverie, songerie).

rêve n.m. **1.** Suite d'images qui se forment dans l'esprit pendant le sommeil ; songe : *J'ai fait un rêve angoissant* (= un cauchemar). **2.** Représentation, plus ou moins idéale ou chimérique, de ce que l'on veut réaliser, de ce que l'on désire : *Il poursuit le même rêve depuis des années : partir au bout du monde. C'est la voiture de mes rêves.* ▸ ***De rêve,*** qui présente des qualités telles que l'on a peine à le croire réel ; irréel : *Des vacances de rêve.*

rêvé, e adj. Qui convient tout à fait : *C'est le moment rêvé pour lui en parler* (**SYN.** idéal).

revêche adj. (du frq. *hreubisk*, âpre). Peu accommodant ; rébarbatif ; bourru : *Une vendeuse revêche* (**SYN.** acariâtre ; **CONTR.** aimable). *Il a un air revêche* (**SYN.** rude ; **CONTR.** doux).

① **réveil** n.m. **1.** Action de se réveiller ; passage de l'état de sommeil à l'état de veille : *L'infirmière a attendu son réveil complet* (**CONTR.** endormissement). **2.** Retour à l'activité ; renouveau : *Le réveil de la nature au printemps* (**SYN.** renaissance). **3.** Action de sortir de l'engourdissement moral : *Le réveil de l'opposition démocratique* (**SYN.** résurrection).

② **réveil** n.m. ou **réveille-matin** n.m. inv. Petite pendule à sonnerie, pour réveiller à une heure déterminée à l'avance.

réveiller v.t. [conj. 4]. **1.** Tirer du sommeil ; éveiller : *N'allume pas la lumière, tu vas réveiller ton frère* (**CONTR.** endormir). **2.** Faire sortir qqn de son apathie, de son inactivité : *Un élève qu'il faut réveiller de temps à autre.* **3.** Susciter de nouveau ; faire renaître : *Réveiller de vieilles rancunes* (**SYN.** raviver, ranimer ; **CONTR.** apaiser, éteindre). ◆ **se réveiller** v.pr. **1.** Cesser de dormir ; s'éveiller. **2.** Se ranimer : *Ses douleurs se sont réveillées* (**SYN.** réapparaître, revenir ; **CONTR.** disparaître).

3. Sortir de son apathie, de sa torpeur : *Il faut que tu te réveilles, sinon tu n'auras jamais ton examen* (SYN. se remuer). **4.** Sortir d'un état d'inconscience, d'un coma, d'une anesthésie : *Le malade se réveille.*

réveillon n.m. Repas de fête que l'on fait la nuit qui précède Noël et le jour de l'An.

réveillonner v.i. [conj. 3]. Prendre part à un réveillon : *Je réveillonne chez des amis.*

révélateur, trice adj. Qui indique, révèle : *Une attitude révélatrice d'un mal-être* (SYN. caractéristique, significatif). ◆ **révélateur** n.m. **1.** Ce qui révèle, indique, manifeste : *Cette violence est le révélateur d'un malaise profond.* **2.** En photographie, bain transformant l'image latente en image visible.

révélation n.f. **1.** Action de révéler ; ce qui est révélé ; divulgation : *Cet homme politique a fait des révélations à un journaliste* (SYN. aveu, confidence). **2.** Personne ou chose dont le public découvre brusquement les qualités exceptionnelles : *Cet écrivain a été la révélation de ces dix dernières années.* **3.** Découverte soudaine d'une réalité, qui conduit à une prise de conscience : *Participer à cette action humanitaire a été la révélation de ma vie.* **4.** Acte par lequel Dieu fait connaître aux hommes sa volonté.

révélé, e adj. Communiqué par révélation divine : *Les religions révélées.*

révéler v.t. (bas lat. *revelare*, du lat. class. *velare*, voiler) [conj. 18]. **1.** Faire connaître ce qui était inconnu et secret : *Révéler ses intentions* (SYN. dévoiler, divulguer ; CONTR. dissimuler, taire). **2.** Laisser voir ; être l'indice, la marque de : *Ses propos révèlent son immaturité* (SYN. indiquer, montrer ; CONTR. masquer). **3.** Faire connaître qqn : *Ce film a révélé une grande actrice.* **4.** Rendre visible l'image latente d'un film photo à l'aide d'un révélateur. ◆ **se révéler** v.pr. **1.** Se faire connaître ; se manifester : *Son talent se révéla rapidement* (SYN. apparaître). **2.** Apparaître sous tel ou tel aspect : *Ce travail s'est révélé plus difficile que prévu* (SYN. s'avérer). *Elle s'est révélée une excellente tacticienne.*

revenant, e n. **1.** Âme d'un mort qui se manifesterait à un vivant sous une forme physique (SYN. apparition, esprit, fantôme). **2.** *Fam.* Personne que l'on n'a pas vue depuis longtemps : *Tiens, voilà un revenant !*

revendeur, euse n. Personne qui achète pour revendre.

revendicateur, trice adj. et n. Qui revendique : *Un syndicat revendicateur.*

revendicatif, ive adj. Qui exprime une revendication : *Des mouvements revendicatifs.*

revendication n.f. Action de revendiquer ; son résultat : *La direction examine actuellement vos revendications* (SYN. demande, exigence, réclamation).

revendiquer v.t. (du lat. *rei vindicare*, réclamer des choses) [conj. 3]. **1.** Réclamer ce qui nous appartient, ce qui nous est dû : *Il est normal qu'il revendique sa part des bénéfices* (SYN. prétendre à, requérir). *Les salariés revendiquent une meilleure rémunération* (SYN. exiger). **2.** Assumer la responsabilité de : *Le groupe terroriste revendique l'attentat. Revendiquer la responsabilité d'une décision* (SYN. endosser).

revendre v.t. [conj. 73]. **1.** Vendre ce que l'on a acheté : *Ils revendent leur maison.* **2.** Vendre de nouveau : *Il a réussi à revendre les articles qui lui avaient été retournés.* ▸ *Fam.* ***Avoir de qqch à revendre,*** en avoir en abondance : *Il a de l'humour à revendre.*

revenez-y [rəvənezi] n.m. inv. *Litt.* Retour vers le passé ; chose sur laquelle on revient avec plaisir. ▸ *Fam.* ***Un goût de revenez-y,*** un goût agréable, qui incite à recommencer : *Ce gâteau a un goût de revenez-y.*

revenir v.i. [conj. 40]. (Auxil. *être*). **1.** Venir à nouveau, une autre fois quelque part : *Nous revenons dans ce village tous les étés.* **2.** Regagner le lieu où l'on était, où l'on est habituellement : *Je reviens à Lyon la semaine prochaine* (SYN. rentrer). **3. [à].** Se livrer, s'adonner de nouveau à qqch : *Revenir à son ancien métier* (SYN. retourner à). *Elle est finalement revenue au violon* (SYN. se remettre à). **4. [à].** Retrouver son état physique ou moral antérieur : *Elle revient à la vie* (= elle est en voie de guérison). *Revenir à de meilleurs sentiments.* **5.** Reconsidérer ce que l'on a dit ou fait ; changer d'avis : *Je ne reviendrai pas sur mon choix* (SYN. reconsidérer, réexaminer). **6. [de].** Abandonner une manière de sentir, de penser, la désavouer : *Il est revenu de son erreur* (= il a compris qu'il avait tort). **7.** Se présenter, se manifester de nouveau : *Le brouillard est revenu* (SYN. réapparaître). **8. [à].** Se présenter de nouveau à l'esprit, à la conscience de qqn : *Son prénom ne me revient pas* (= je l'ai oublié). *Des souvenirs reviennent à ma mémoire.* **9. [à].** Être recouvré, récupéré par qqn : *Les forces lui reviennent doucement.* **10. [à].** Être dévolu à qqn ; appartenir à qqn : *La part d'héritage qui lui revient* (SYN. échoir [litt.]). *C'est à moi qu'il revient de décider* (SYN. incomber). **11. [à].** S'élever au total, à la somme de : *L'abonnement au club de remise en forme lui revient à 15 euros par mois* (SYN. coûter). **12. [à].** Être équivalent à qqch d'autre, s'y ramener : *Cela revient en fait à un refus* (SYN. équivaloir). **13.** *Fam.* Plaire ; inspirer confiance : *Ce garçon a des manières qui ne me reviennent pas.* **14.** Dans une épreuve sportive, rattraper un concurrent : *Il revient dans la dernière ligne droite.* ▸ ***Être revenu de tout,*** être complètement désabusé. ***Faire revenir un aliment,*** le faire dorer dans un corps gras chaud. *Fam.* ***Ne pas en revenir,*** être extrêmement surpris. ***Ne pas revenir sur qqch,*** en Belgique, ne pas s'en souvenir. ***Revenir à qqn*** ou ***aux oreilles de qqn,*** lui être répété. ***Revenir à soi,*** reprendre conscience après un évanouissement. ***Revenir de loin,*** avoir échappé à un grand danger ; être guéri d'une maladie grave. ◆ **s'en revenir** v.pr. Rentrer du lieu où l'on s'était rendu : *« Trois jeunes tambours s'en revenaient de guerre »* [chanson enfantine].

revente n.f. Action de revendre qqch : *La revente d'un vélo.*

revenu n.m. (du p. passé de *revenir*). Somme annuelle perçue à titre de rente ou à titre de rémunération d'une activité : *Avoir de gros revenus* (SYN. gain). *L'impôt sur le revenu.* ▸ ***Revenu minimum d'insertion*** ou ***R.M.I.,*** en France, revenu garanti par la loi aux personnes les plus démunies, et destiné à faciliter leur insertion sociale : *En 2009, le R.M.I. a été remplacé par le RSA.* ***Revenu de solidarité active*** ou ***RSA,*** en France, allocation attribuée aux personnes sans emploi et aux travailleurs pauvres : *Le RSA a remplacé le R.M.I. en 2009.*

rêver v.i. (du lat. pop. *exvagus*, vagabond, de *vagus*, qui erre) [conj. 3]. **1.** Faire des rêves pendant son sommeil : *Je ne me souviens pas d'avoir rêvé.* **2.** Laisser aller sa pensée, son imagination : *Cesse de rêver, nous avons encore du travail !* (**SYN.** rêvasser). **3.** Concevoir, exprimer des choses déraisonnables, chimériques : *S'il pense que je vais renoncer à mes vacances, il rêve !* (**SYN.** divaguer). ▸ ***Rêver en couleurs,*** au Québec, faire des projets chimériques. ◆ v.t. ind. **1. [de].** Voir en rêve en dormant : *J'ai rêvé d'elle.* **2. [à].** Revenir par la pensée sur qqch qui nous intéresse : *Elle rêve à ce voyage depuis qu'elle est petite* (**SYN.** songer à). **3. [de].** Désirer vivement : *Il rêve de gloire, de devenir célèbre* (**SYN.** espérer, souhaiter). ◆ v.t. **1.** Voir en rêve : *J'ai rêvé que je volais.* **2.** Imaginer de toutes pièces : *Il a dû rêver ce qu'il m'a raconté* (**SYN.** inventer). ▸ ***Ne rêver que plaies et bosses,*** être batailleur, querelleur.

réverbération n.f. Réflexion, renvoi de la lumière, du son, de la chaleur par une surface : *La réverbération du soleil sur la mer nous éblouit.*

réverbère n.m. *Anc.* Appareil qui servait à l'éclairage des lieux publics ; lampadaire : « *Il y avait là juste assez de place pour loger un réverbère et un allumeur de réverbères* » [*le Petit Prince,* Antoine de Saint-Exupéry].

réverbérer v.t. (du lat. *reverberare,* repousser, refouler) [conj. 18]. Renvoyer la lumière, la chaleur, le son, en parlant d'une surface : *Les murs des maisons réverbèrent la chaleur du soleil* (**SYN.** réfléchir).

reverdir v.t. [conj. 32]. Rendre de nouveau vert. ◆ v.i. Redevenir vert : *La campagne reverdit.*

révérence n.f. **1.** *Sout.* Action de révérer ; respect profond : *Il m'a parlé avec révérence* (**SYN.** déférence ; **CONTR.** irrespect). **2.** Mouvement que l'on fait pour saluer, en inclinant le buste et en pliant les genoux : *Faire la révérence.* ▸ ***Tirer sa révérence,*** s'en aller, quitter qqn avec désinvolture.

révérencieux, euse adj. *Sout.* Qui manifeste de la révérence, du respect : *Une attitude révérencieuse* (**SYN.** déférent, respectueux ; **CONTR.** irrespectueux).

révérend, e n. et adj. (du lat. *reverendus,* digne de vénération). **1.** Titre d'honneur donné aux religieux et aux religieuses : *La révérende mère supérieure.* **2.** Titre donné aux membres du clergé anglican.

révérer v.t. (lat. *revereri*) [conj. 18]. Traiter avec un profond respect : *Révérer la mémoire d'un mort* (**SYN.** honorer, vénérer).

rêverie n.f. État de l'esprit qui s'abandonne à des images vagues : *Elle est plongée dans ses rêveries* (**SYN.** rêve, pensée, songerie).

revers [rəvɛr] n.m. (lat. *reversus,* de *vertere,* tourner). **1.** Côté d'une chose opposé au côté principal ; envers : *Le revers de la feuille n'est pas quadrillé* (**SYN.** dos, verso ; **CONTR.** endroit, recto). **2.** Côté d'une médaille, d'une monnaie, opposé à celui qui porte la figure (**SYN.** 1. pile ; **CONTR.** avers, face). **3.** Partie d'un vêtement repliée à l'extérieur (**SYN.** parement, rabat). **4.** Au tennis et au tennis de table, coup de raquette porté en tenant le dos de la main en avant. **5.** Événement malheureux qui transforme une situation : *Il a connu une série de revers* (**SYN.** échec, insuccès). ▸ ***À revers,*** par-derrière : *Nous allons les prendre à revers.* ***Revers de la main,*** dos de la main, surface opposée à la paume. ***Revers de la médaille,*** mauvais côté d'une chose ; inconvénient d'une situation.

reversement n.m. En comptabilité, transfert de fonds d'une caisse à une autre.

reverser v.t. [conj. 3]. **1.** Verser de nouveau : *Il reverse du champagne aux invités.* **2.** En comptabilité, transférer, reporter sur : *Reverser 200 euros d'un compte sur un autre.*

réversibilité n.f. Qualité de ce qui est réversible (**CONTR.** irréversibilité).

réversible [reversibl] adj. (lat. *reversibilis,* de *vertere,* tourner). **1.** Qui peut revenir en arrière ; qui peut se produire en sens inverse : *Le temps n'est pas réversible* (**CONTR.** irréversible). **2.** Se dit d'un vêtement qui peut être mis à l'envers comme à l'endroit : *Une veste réversible.*

réversion n.f. (lat. *reversio*). Droit de retour en vertu duquel les biens qu'une personne a légués à une autre lui reviennent quand celle-ci meurt sans enfants. ▸ ***Pension de réversion,*** retraite versée au conjoint survivant d'une personne.

revêtement n.m. Tout ce qui sert à recouvrir pour protéger, consolider ou orner : *Un revêtement de sol. Le revêtement de la route se fissure par endroits.*

revêtir v.t. [conj. 44]. **1.** Mettre sur soi un vêtement : *Il a revêtu sa veste* (**SYN.** endosser ; **CONTR.** enlever). **2.** Recouvrir, enduire, garnir d'un revêtement : *Revêtir un sol de linoléum* (**SYN.** couvrir). **3.** Pourvoir un acte, un document de ce qui est nécessaire pour qu'il soit valide : *Revêtir un chèque de sa signature.* **4.** *Fig.* Prendre tel ou tel aspect : *Une affaire qui revêt une importance majeure.*

rêveur, euse adj. et n. Qui se laisse aller à la rêverie ; qui se complaît dans des pensées vagues ou chimériques. ◆ adj. Qui indique la rêverie : *Un air rêveur* (**SYN.** pensif, songeur). ▸ ***Ça laisse rêveur,*** on ne sait ce qu'il faut en penser ; cela rend perplexe.

rêveusement adv. De manière rêveuse ; en rêvassant : *Elle regardait rêveusement par la fenêtre.*

revient n.m. (de *revenir*). ▸ ***Prix de revient,*** total des dépenses nécessaires pour élaborer et distribuer un produit.

revigorant, e adj. Qui revigore ; stimulant, tonique.

revigorer v.t. (du lat. *vigor,* vigueur) [conj. 3]. Redonner des forces, de la vigueur à : *Cette promenade au bord de la mer m'a revigoré* (**SYN.** remonter, revivifier ; **CONTR.** affaiblir, épuiser).

revirement n.m. Changement brusque et complet : *Ses revirements politiques m'agacent* (**SYN.** retournement, volte-face).

révisable adj. Qui peut être révisé : *Un jugement révisable.*

réviser v.t. (lat. *revisere,* de *videre,* voir) [conj. 3]. **1.** Revoir, examiner de nouveau, pour modifier s'il y a lieu : *Réviser un procès* (**SYN.** rouvrir). *Réviser le budget à la baisse* (**SYN.** reconsidérer). **2.** Examiner en vue de réparer : *Le garagiste a révisé leur voiture* (**SYN.** contrôler, vérifier). **3.** Étudier de nouveau une matière pour se la remettre en mémoire : *Il révise ses cours d'espagnol* (**SYN.** relire, revoir).

réviseur, euse n. Personne qui revoit après une autre pour corriger, vérifier ; correcteur.

révision n.f. **1.** Action d'examiner de nouveau, de mettre à jour, de modifier : *La révision d'une loi, de* *la Constitution* (**SYN.** modification, réforme, remaniement). **2.** Opération périodique de vérification et de remise en état d'un moteur : *Il a fait faire la révision de son véhicule* (**SYN.** contrôle). **3.** Action d'étudier de nouveau un sujet, un programme : *Des révisions de mathématiques.* **4.** Voie de recours extraordinaire destinée à faire retirer ou annuler une décision de justice : *L'avocat demande la révision du procès.*

révisionnel, elle adj. Relatif à la révision de la Constitution.

révisionnisme n.m. **1.** Remise en question de l'histoire de la Seconde Guerre mondiale, tendant à nier ou à minimiser le génocide des Juifs par les nazis ; négationnisme. **2.** Position politique remettant en cause la doctrine d'un parti.

révisionniste adj. et n. Qui relève du révisionnisme ; qui en est partisan : *Les thèses révisionnistes.*

revisiter v.t. [conj. 3]. **1.** Visiter de nouveau. **2.** *Fig.* Donner un éclairage nouveau à une œuvre, à un artiste : *Un metteur en scène qui revisite « Dom Juan » de Molière.*

revisser v.t. [conj. 3]. Visser de nouveau ce qui est dévissé.

revitalisation n.f. Action de revitaliser.

revitaliser v.t. [conj. 3]. Donner une vitalité, une vigueur nouvelle à : *Un shampooing qui revitalise les cheveux. Revitaliser le tourisme* (**SYN.** réveiller, revivifier).

revival [rəvival ou rivajvœl] n.m. (mot angl. signif. « retour à la vie ») [pl. *revivals*]. Résurgence d'une idée, d'un mouvement, d'une mode, d'un style : *Le XXe siècle a connu des revivals divers.*

revivification n.f. Action de revivifier.

revivifier v.t. [conj. 9]. Redonner force et vitalité à : *Ce week-end à la campagne m'a revivifié* (**SYN.** remonter, revigorer ; **CONTR.** affaiblir, épuiser).

reviviscence [rəvivisɑ̃s] n.f. (bas lat. *reviviscentia*, de *reviviscere*, revenir à la vie, de *vivere*, vivre). Aptitude de certains animaux ou végétaux (vers, mousses, etc.) à reprendre vie, après une période de dessiccation.

reviviscent, e [rəvivisɑ̃, ɑ̃t] adj. Doué de reviviscence.

revivre v.i. [conj. 90]. **1.** Revenir à la vie (**SYN.** ressusciter). **2.** Reprendre des forces, de l'énergie : *Depuis que je suis en vacances, je revis* (**SYN.** renaître). **3.** Être à nouveau en usage : *Faire revivre certaines coutumes tombées dans l'oubli* (**SYN.** rétablir). **4.** Apparaître une nouvelle fois ; se produire de nouveau : *L'espoir revit dans les cœurs* (**SYN.** réapparaître). **5.** Être évoqué par un moyen artistique : *Un film qui fait revivre les événements de mai 1968.* ◆ v.t. Vivre de nouveau qqch ; se remémorer des événements passés de sa vie : *Il voudrait ne jamais revivre ces épreuves difficiles. Des rêveries où l'on revit son enfance.*

révocabilité n.f. État d'un acte, d'une personne révocables : *La révocabilité d'un fonctionnaire* (**CONTR.** irrévocabilité).

révocable adj. Qui peut être révoqué : *Cette décision est révocable* (**SYN.** annulable ; **CONTR.** irrévocable).

révocation n.f. Action de révoquer : *La révocation d'un contrat* (**SYN.** annulation, invalidation). *La révocation d'un fonctionnaire* (**SYN.** destitution, limogeage, renvoi).

revoici prép. Voici de nouveau : *Me revoici à la maison.*

revoilà prép. Voilà de nouveau : *Revoilà la pluie.*

① **revoir** v.t. [conj. 62]. **1.** Voir qqn de nouveau : *Je le revois dimanche prochain* (**SYN.** retrouver). **2.** Revenir dans un lieu, s'y retrouver après un temps assez long : *Il voudrait revoir son pays.* **3.** Regarder de nouveau ce à quoi on porte de l'intérêt ; assister une nouvelle fois à un événement : *J'aimerais revoir ce film. J'espère ne plus jamais revoir de telles horreurs.* **4.** Examiner qqch pour le corriger ou le vérifier : *Il revoit sa dissertation avant de la rendre* (**SYN.** relire). **5.** Étudier de nouveau une matière, un texte, pour se les remettre en mémoire : *Je n'ai pas revu ce chapitre* (**SYN.** réviser). ▸ ***À revoir,*** indique qu'un point est insatisfaisant et qu'il doit être réexaminé. ◆ **se revoir** v.pr. **1.** Se rencontrer de nouveau : *Ils se sont revus à Noël* (**SYN.** se retrouver). **2.** Se voir de nouveau soi-même, par la pensée, dans telle situation passée : *Je me revois encore l'avertir.*

② **revoir** n.m. *Litt.* Fait de se rencontrer de nouveau : *Goûter la joie du revoir* (**SYN.** retrouvailles). ◆ **au revoir** n.m. invar. Formule pour prendre congé : *Des au revoir qui n'en finissent plus* (**SYN.** adieu).

① **revoler** v.i. [conj. 3]. **1.** Voler de nouveau, ou revenir en volant : *Un oiseau qui revole à son nid.* **2.** Piloter de nouveau un avion après une période d'arrêt.

② **revoler** v.t. [conj. 3]. Dérober de nouveau : *Il a revolé la voiture des voisins.*

révoltant, e adj. Qui révolte, indigne : *Des paroles révoltantes* (**SYN.** choquant, scandaleux).

révolte n.f. **1.** Soulèvement contre l'autorité établie : *Pousser le peuple à la révolte* (**SYN.** insoumission, insurrection ; **CONTR.** soumission). **2.** Refus d'obéissance ; opposition à une autorité quelconque : *Un adolescent en révolte contre ses parents* (**SYN.** rébellion). **3.** Sentiment violent d'indignation, de réprobation : *Exprimer sa révolte contre l'injustice.*

révolté, e adj. et n. En état de révolte : *Une jeune fille révoltée* (**SYN.** contestataire, insoumis ; **CONTR.** soumis).

révolter v.t. (it. *rivoltare*, retourner, du lat. *revolvere*, rouler en arrière) [conj. 3]. Choquer violemment ; susciter l'indignation, la réprobation : *Son attitude révolte ses collègues* (**SYN.** indigner, scandaliser ; **CONTR.** plaire à). ◆ **se révolter** v.pr. **1.** Se soulever contre une autorité : *Le peuple s'est révolté contre la dictature* (**SYN.** se rebeller, se mutiner ; **CONTR.** se soumettre). **2.** Exprimer son indignation, sa colère : *Se révolter contre la destruction de l'environnement* (**SYN.** s'élever, s'indigner, s'insurger).

révolu, e adj. (lat. *revolutus*, de *revolvere*, rouler en arrière). **1.** Complètement achevé : *Avoir 25 ans révolus* (**SYN.** accompli). **2.** Qui est passé ; qui n'existe plus : *Des temps révolus* (**SYN.** disparu).

révolution n.f. (lat. *revolutio*, de *revolvere*, retourner). **1.** Mouvement circulaire par lequel un astre parcourt son orbite et revient à son point de départ ; temps mis pour accomplir ce mouvement : *La révolution de la Terre autour du Soleil.* **2.** Changement brusque et violent dans la structure politique et sociale d'un État, souvent d'origine populaire : *La révolution russe de 1917.* **3.** (Précédé d'un art. déf., avec une majuscule). La Révolution française de 1789 : *Le bicentenaire de la Révolution.* **4.** Changement brusque, d'ordre économique, moral, culturel, qui se produit dans une société : *Une révolution technologique* (**SYN.** bouleversement). **5.** *Fam.* Agitation soudaine et passagère, provoquée par un fait inhabituel : *Tout le quartier est en révolution depuis le hold-up* (**SYN.** ébullition). ▸ ***Révolution culturelle,*** bouleversement profond des valeurs fondamentales d'un groupe, d'une société : *L'opposition doit faire sa révolution culturelle.* ***Révolution de palais,*** action qui porte au pouvoir de nouveaux responsables, à la suite d'intrigues ; changement limité de dirigeants politiques.

révolutionnaire adj. **1.** Relatif à une révolution politique ; issu d'une révolution : *Une action révolutionnaire.* **2.** Qui apporte de grands changements ; qui est radicalement nouveau : *Une technique révolutionnaire* (**SYN.** innovant, novateur). ◆ adj. et n. Qui est partisan d'une transformation radicale des structures d'un pays : *Un parti révolutionnaire* (**CONTR.** conservateur).

révolutionner v.t. [conj. 3]. **1.** Apporter des innovations importantes dans un domaine : *L'informatique a révolutionné l'entreprise* (**SYN.** bouleverser, métamorphoser). **2.** *Fam.* Troubler violemment qqn, un groupe : *Ce drame a révolutionné la ville* (**SYN.** agiter, émouvoir).

revolver [revɔlvɛr] n.m. (mot angl., de *to revolve,* tourner). Arme à feu à répétition, approvisionnée par un magasin qui tourne sur lui-même, le *barillet.* ▸ ***Poche revolver,*** poche fendue ou plaquée située à l'arrière d'un pantalon.

révoquer v.t. (du lat. *revocare,* rappeler, de *vocare,* appeler) [conj. 3]. **1.** Ôter à qqn les fonctions, le pouvoir qu'on lui avait donnés : *Révoquer un juge* (**SYN.** destituer). **2.** Déclarer nul : *Révoquer un testament* (**SYN.** annuler, invalider).

revoter v.t. et v.i. [conj. 3]. Voter une nouvelle fois.

revouloir v.t. [conj. 57]. *Fam.* Vouloir de nouveau, davantage : *Tu reveux des pâtes ?*

revoyure [rəvwajyr] n.f. ▸ *Fam.* ***À la revoyure,*** au revoir, à bientôt.

revue n.f. **1.** Examen méthodique : *Faire la revue de ses vêtements d'hiver* (**SYN.** inventaire). **2.** Inspection détaillée des effectifs ou du matériel d'un corps de troupes. **3.** Parade militaire : *La revue du 14-Juillet* (**SYN.** défilé). **4.** Publication périodique spécialisée dans un domaine donné : *S'abonner à une revue littéraire* (**SYN.** magazine). **5.** Spectacle de music-hall mis en scène avec beaucoup d'effets ; spectacle satirique : *La revue des Folies-Bergère. Une revue de chansonniers.* ▸ ***Passer en revue,*** examiner tour à tour ou successivement. ***Revue de presse,*** compte rendu des principaux articles de journaux, permettant de donner un panorama de ce qu'écrivent les journalistes sur l'actualité.

revuiste n. Auteur dramatique qui écrit des dialogues pour une revue de music-hall.

révulsé, e adj. Retourné, bouleversé sous l'effet d'une vive émotion ou douleur : *Avoir le visage révulsé.*

révulser v.t. (du lat. *revulsus,* de *revellere,* arracher) [conj. 3]. **1.** *Litt.* Bouleverser le visage de : *La colère révulsait ses traits.* **2.** *Fam.* Provoquer chez qqn une vive réaction de dégoût, de rejet : *Cette odeur me révulse* (**SYN.** dégoûter, répugner ; **CONTR.** plaire à).

révulsif, ive adj. et n.m. *Anc.* Se disait d'un procédé médical provoquant une révulsion.

révulsion n.f. (lat. *revulsio,* action d'arracher). **1.** *Anc.* Afflux sanguin que l'on provoquait par différents procédés (application de ventouses, par ex.), pour faire cesser une inflammation. **2.** *Fam.* Violent dégoût, rejet (**SYN.** répulsion).

① **rewriter** [rərajtœr] n.m. (mot angl., de *to rewrite,* réécrire). Personne chargée par un éditeur de réécrire des textes destinés à la publication.

② **rewriter** [rərajte] v.t. [conj. 3]. Réécrire un texte, le remanier pour une publication.

rewriting [rərajtiŋ] n.m. Action de rewriter ; réécriture.

rez-de-chaussée [redʃose] n.m. inv. Partie d'un bâtiment située au niveau du sol ; appartement qui y est situé : *J'habite au rez-de-chaussée. Les rez-de-chaussée sont parfois un peu sombres.*

rez-de-jardin [redʒardɛ̃] n.m. inv. Partie d'un bâtiment de plain-pied avec un jardin ; pièces occupant cette partie.

RFID [ɛrɛfide] n.f. (sigle de l'angl. *radio frequency identification*). Technique d'identification et de suivi à distance par ondes hertziennes d'objets munis d'une étiquette électronique.

rhabdomancie n.f. (du gr. *rhabdos,* baguette). Radiesthésie pratiquée avec une baguette.

rhabdomancien, enne n. Personne qui pratique la rhabdomancie (**SYN.** radiesthésiste, sourcier).

rhabillage n.m. Action de rhabiller, de se rhabiller.

rhabiller v.t. [conj. 3]. **1.** Habiller de nouveau qqn ou lui racheter des vêtements : *Rhabiller une poupée.* **2.** Remettre en état : *Rhabiller une montre* (**SYN.** réparer). ◆ **se rhabiller** v.pr. Remettre ses habits.

rhapsode ou **rapsode** n.m. (gr. *rhapsôdos,* de *rhaptein,* coudre, et *ôdê,* chant). Dans l'Antiquité grecque, chanteur qui récitait des poèmes épiques.

rhapsodie ou **rapsodie** n.f. (gr. *rhapsôdia*). **1.** Dans l'Antiquité grecque, poème épique. **2.** Composition musicale de caractère improvisé.

rhénan, e adj. Relatif au Rhin, à la Rhénanie : *Un recueil de légendes rhénanes.*

rhéologie n.f. (du gr. *rheîn,* couler). Branche de la physique qui étudie l'élasticité, la plasticité, la viscosité et l'écoulement de la matière en général.

rhéostat [reɔsta] n.m. (angl. *rheostat*). Résistance électrique réglable qui permet de modifier l'intensité du courant dans un circuit électrique.

rhésus [rezys] n.m. (lat. *Rhesus,* du gr. *Rhêsos,* roi légendaire de Thrace). Macaque à queue courte, dont le nom reste attaché à la découverte du facteur sanguin Rhésus. ◆ **Rhésus** adj. et n.m. Se dit d'un antigène (appelé *facteur Rhésus*), porté par les globules rouges, et du système de groupes sanguins correspondant : *Le facteur Rhésus A positif.*

rhéteur n.m. (lat. *rhetor,* du gr. *rhêtôr*). **1.** Dans l'Antiquité grecque, professeur d'art oratoire. **2.** *Litt.* Personne qui s'exprime d'une manière emphatique.

rhétique adj. (lat. *rhaeticus,* de *Rhaetia,* la Rhétie). Relatif à la Rhétie, région des Alpes centrales. ◆ adj. et n.m. Rhéto-roman.

rhétoricien, enne adj. et n. Qui use des procédés de la rhétorique. ◆ n. **1.** Spécialiste de rhétorique. **2.** En Belgique, élève de la classe de rhétorique.

rhétorique n.f. (lat. *rhetorica,* du gr.). **1.** Art de bien parler, de l'éloquence ; ensemble de procédés et de techniques qui règlent cet art : *La litote est une figure de rhétorique.* **2.** *Péjor.* Affectation, déploiement d'éloquence : *Cette habile rhétorique ne masque pas son absence d'idées* (**SYN.** emphase, grandiloquence). **3.** En Belgique, classe de terminale des lycées. ◆ adj. Qui relève de la rhétorique : *Des procédés rhétoriques.*

rhéto-roman, e adj. et n.m. (pl. *rhéto-romans, es*). Se dit des dialectes romans parlés en Suisse orientale (anciennement la Rhétie) et dans le nord de l'Italie (**SYN.** rhétique).

rhinite n.f. Inflammation de la muqueuse nasale ; rhume.

rhinocéros [rinɔserɔs] n.m. (du gr. *rhis, rhinos,* nez, et *keras,* corne). Grand mammifère des régions chaudes : *Le rhinocéros d'Asie a une corne sur le museau, alors que le rhinocéros d'Afrique en a deux.*

rhino-pharyngé, e ou **rhino-pharyngien, enne** adj. (pl. *rhino-pharyngés, es, rhino-pharyngiens, ennes*). Relatif au rhino-pharynx : *Une inflammation rhino-pharyngée.*

rhino-pharyngite n.f. (pl. *rhino-pharyngites*). Inflammation du rhino-pharynx ; rhume.

rhino-pharynx [rinofarɛ̃ks] n.m. inv. Partie du pharynx située en arrière des fosses nasales.

rhinoplastie n.f. Opération chirurgicale consistant à remodeler le nez.

rhizome n.m. (du gr. *rhiza,* racine). En botanique, tige souterraine vivace, souvent horizontale, émettant chaque année des racines et des tiges aériennes : *Des rhizomes d'iris.*

rhô [ro] n.m. inv. Dix-septième lettre de l'alphabet grec (Ρ, ρ), correspondant au *r* français.

rhodanien, enne adj. Relatif au Rhône : *Le sillon rhodanien* (= la région drainée par le Rhône de Lyon jusqu'à la Méditerranée).

rhododendron [rɔdɔdɛ̃drɔ̃] n.m. (du gr. *rhodon,* rose, et *dendron,* arbre). Arbrisseau de montagne, dont certaines espèces sont cultivées pour leurs grandes fleurs ornementales.

Rhodoïd [rɔdɔid] n.m. (nom déposé). Matière plastique à base de cellulose, analogue au Celluloïd.

rhombe n.m. (du gr. *rhombos,* losange). **1.** *Vx* Losange. **2.** Instrument de musique rituel d'Océanie, d'Amérique du Sud et d'Afrique noire, que le joueur fait tournoyer au-dessus de sa tête.

rhombique adj. Qui a la forme d'un losange : *Un cristal rhombique.*

rhomboèdre n.m. Parallélépipède dont les six faces sont des losanges égaux.

rhomboïdal, e, aux adj. Se dit de certains polyèdres ou solides dont les faces sont des parallélogrammes.

Rhovyl n.m. (nom déposé). Fibre synthétique obtenue par filage du PVC.

rhubarbe n.f. (du bas lat. *rheubarbarum,* racine barbare). Plante vivace aux larges feuilles, dont les pétioles sont comestibles après cuisson : *Une tarte à la rhubarbe.*

rhum [rɔm] n.m. (angl. *rum*). Eau-de-vie obtenue par la fermentation et la distillation des jus de canne à sucre : *Les rhums antillais. Un baba au rhum.*

rhumatisant, e adj. et n. Qui est atteint de rhumatisme.

rhumatismal, e, aux adj. Qui a les caractères du rhumatisme : *Des douleurs rhumatismales.*

rhumatisme n.m. (du gr. *rheumatismos,* écoulement d'humeurs, de *rheîn,* couler). Affection douloureuse, aiguë ou chronique, des articulations.

rhumatoïde adj. Se dit d'une douleur analogue à celle provoquée par les rhumatismes.

rhumatologie n.f. Spécialité médicale qui étudie et traite les rhumatismes.

rhumatologique adj. Relatif à la rhumatologie.

rhumatologue n. Médecin spécialiste de rhumatologie.

rhume [rym] n.m. (du gr. *rheûma,* écoulement, de *rheîn,* couler). Inflammation de la muqueuse des voies respiratoires, en partic. des fosses nasales : *Elle a un rhume* (**SYN.** rhinite). ▸ ***Rhume de cerveau,*** coryza. ***Rhume des foins,*** irritation de la muqueuse des yeux et du nez, d'origine allergique (pollen, poussière, etc.).

rhumer [rɔme] v.t. [conj. 3]. Additionner de rhum.

rhumerie [rɔmri] n.f. Usine où l'on fabrique le rhum.

ria [rija] n.f. (mot esp.). Vallée fluviale encaissée, envahie par la mer : *Les rias des côtes bretonnes* (**SYN.** aber).

riant, e adj. **1.** Qui montre de la gaieté, de la bonne humeur : *Des adolescents riants* (**SYN.** joyeux, rieur ; **CONTR.** sombre, triste). **2.** Se dit d'un cadre naturel agréable à la vue : *La campagne riante* (**SYN.** plaisant ; **CONTR.** lugubre).

R.I.B. ou **RIB** [rib ou ɛribe] n.m. (sigle). ▸ ***Relevé d'identité bancaire*** → **relevé.**

ribambelle n.f. (mot dialect., de *riban,* ruban, et *bambiller,* osciller). *Fam.* Longue suite de personnes ; grande quantité de choses : *L'enseignant était suivi d'une ribambelle d'élèves* (**SYN.** défilé, kyrielle, procession). *J'ai une ribambelle de documents à classer* (**SYN.** foule, quantité).

ribonucléique adj. ▸ ***Acide ribonucléique*** → **A.R.N.**

ribosome n.m. Constituant de la partie interne des cellules vivantes, assurant la synthèse des protéines.

ribosomique ou **ribosomal, e, aux** adj. Relatif au ribosome.

ricanant, e adj. Qui ricane : *Des badauds ricanants.*

ricanement n.m. Action de ricaner : *Il eut un ricanement nerveux.*

ricaner v.i. (de l'anc. fr. *recaner,* braire) [conj. 3]. **1.** Rire d'une manière méprisante, sarcastique ou stupide : *Il les a regardés et s'est mis à ricaner.* **2.** Pousser son cri, en parlant de l'hyène.

ricaneur, euse adj. et n. Qui ricane ou se moque.

richard, e n. *Fam., péjor.* Personne très riche ; nabab.

riche n. (du frq. *riki,* puissant). Personne qui possède de la fortune, des biens importants : *Un club fréquenté par les riches* (**SYN.** nanti ; **CONTR.** miséreux, pauvre). ◆ adj. **1.** Dont la situation financière ou économique est prospère, florissante : *Une riche propriétaire* (**SYN.** fortuné ; **CONTR.** indigent, nécessiteux). *Les pays riches* (**CONTR.** pauvre). *Les nouveaux riches.* **2.** Qui se distingue par l'abondance et l'excellence des éléments qu'il renferme : *Des régions au sol riche* (**SYN.** fécond, fertile ; **CONTR.** stérile). *Un vocabulaire riche* (**SYN.** étendu ;

CONTR. réduit). **3. [en].** Qui contient tel élément en forte proportion ou quantité : *Un aliment riche en fer* (**SYN.** abondant en). **4. [de].** Qui présente de nombreuses possibilités : *Une œuvre riche d'enseignements* (**SYN.** débordant de, foisonnant de). ▸ ***Riche comme Crésus,*** riche à millions ; extrêmement riche. ***Rimes riches,*** rimes qui comportent trois éléments communs : *« Ardemment » et « violemment » forment une rime riche.*

richelieu n.m. (de *Richelieu,* n.pr.) [pl. *richelieus*]. Chaussure basse à lacets.

richement adv. **1.** De manière coûteuse : *Il est richement vêtu* (**SYN.** luxueusement, magnifiquement ; **CONTR.** pauvrement). **2.** Avec richesse, profusion : *Un livre d'art richement illustré* (**SYN.** abondamment ; **CONTR.** médiocrement).

richesse n.f. **1.** Abondance de biens : *Il vit dans la richesse* (**SYN.** opulence ; **CONTR.** pauvreté). *Le tourisme a fait la richesse du pays* (**SYN.** enrichissement, fortune, prospérité). **2.** Caractère de ce qui renferme ou produit qqch en abondance : *Aliment recherché pour sa richesse en protéines. La richesse d'une terre* (**SYN.** fécondité, fertilité ; **CONTR.** aridité). *La richesse d'une langue.* **3.** Qualité de ce qui est précieux, luxueux : *La richesse du mobilier d'un palais* (**SYN.** magnificence, somptuosité ; **CONTR.** simplicité, sobriété). ◆ **richesses** n.f. pl. **1.** Ressources naturelles d'un pays, d'une région, exploitées ou non : *Les richesses du sous-sol.* **2.** Produits de l'activité économique d'une collectivité ; biens : *La répartition des richesses* (**SYN.** ressources). **3.** Objets de grande valeur, de grand prix : *Les richesses d'un musée.*

richissime adj. *Fam.* Extrêmement riche.

Richter (échelle de) [riʃtɛr], échelle numérotée de 1 à 9, et servant à mesurer l'importance des tremblements de terre.

ricin n.m. (lat. *ricinus*). Plante dont les graines fournissent une huile utilisée comme lubrifiant, comme laxatif ou comme purgatif.

ricocher v.i. [conj. 3]. Faire ricochet : *Les balles ricochent sur le blindage* (**SYN.** rebondir).

ricochet n.m. Rebond que fait un objet plat lancé obliquement sur la surface de l'eau ou un projectile frappant obliquement un obstacle : *Il aime faire des ricochets sur l'étang.* ▸ ***Par ricochet,*** indirectement ; par contrecoup : *Cette rumeur l'a blessé et, par ricochet, sa famille aussi.*

ric-rac adv. (onomat.). *Fam.* **1.** Avec une exactitude rigoureuse : *Il m'a payé ric-rac.* **2.** De justesse : *Notre équipe a gagné ric-rac.*

rictus [riktys] n.m. (mot lat. signif. « ouverture de la bouche »). Contraction des muscles de la face, donnant au visage l'expression d'un rire crispé ; grimace : *Un rictus de haine.*

ride n.f. **1.** Pli de la peau, plus marqué avec l'âge : *Son front est couvert de rides.* **2.** Légère ondulation sur une surface : *Le vent forme des rides sur l'eau.* ▸ ***Ne pas avoir pris une ride,*** être toujours d'actualité ; être d'une grande modernité, en parlant d'une œuvre, d'un artiste.

ridé, e adj. Couvert de rides : *Un visage ridé* (**SYN.** parcheminé ; **CONTR.** 1. lisse).

rideau n.m. (de *rider*). **1.** Pièce d'étoffe que l'on tend devant une ouverture pour tamiser ou intercepter la lumière ou protéger des regards : *Ferme le rideau, le soleil me gêne !* **2.** Grande toile peinte ou draperie qu'on lève et abaisse devant la scène d'un théâtre. **3.** Ensemble de choses qui forment un obstacle ou une protection : *Un rideau d'arbres masque la villa* (**SYN.** écran). ▸ *Fam.* ***En rideau,*** en panne : *Son lecteur de DVD est en rideau.* ***Rideau de fer,*** fermeture métallique qui sert à protéger la devanture d'un magasin ; fig., frontière qui séparait l'Europe de l'Est de l'Europe occidentale, abolie en 1989.

ridelle n.f. (du moyen haut all. *reidel,* rondin). Montant fixé de chaque côté d'une remorque, d'un camion découvert, pour maintenir la charge.

rider v.t. (de l'anc. haut all. *rîdan,* tordre) [conj. 3]. Marquer de rides : *Les soucis ont ridé son front* (**SYN.** plisser). *Un vent léger ride la surface du lac* (**SYN.** onduler). ◆ **se rider** v.pr. Se couvrir de rides : *Ses joues se sont ridées* (**SYN.** se flétrir, se friper).

ridicule adj. (lat. *ridiculus,* de *ridere,* rire). **1.** Propre à exciter le rire, la moquerie : *Un accoutrement ridicule* (**SYN.** grotesque, risible). **2.** Qui n'est pas raisonnable : *Ce serait ridicule de refuser* (**SYN.** absurde ; **CONTR.** sage, sensé). **3.** Qui est insignifiant ; qui est de peu d'importance : *On nous a offert un dédommagement ridicule* (**SYN.** dérisoire, infime). ◆ n.m. Caractère ridicule de qqn, de qqch ; ce qui suscite le rire, la moquerie : *Il ne craint pas le ridicule. Cette pièce de théâtre montre les ridicules des hommes* (**SYN.** défaut, travers ; **CONTR.** qualité). ▸ ***Tourner qqn, qqch en ridicule,*** se moquer d'eux, en les présentant sous des aspects qui prêtent à rire : *Un humoriste qui tourne tout en ridicule.*

ridiculement adv. **1.** D'une manière qui prête à rire : *Il est vêtu ridiculement* (**SYN.** grotesquement). **2.** De façon dérisoire : *Une somme ridiculement basse* (**SYN.** honteusement).

ridiculiser v.t. [conj. 3]. Tourner en ridicule ; rendre ridicule : *Un comique qui ridiculise les gens célèbres* (**SYN.** se moquer de, railler). ◆ **se ridiculiser** v.pr. Se couvrir de ridicule : *Elle s'est ridiculisée en ne voulant pas reconnaître ses torts.*

ridule n.f. Petite ride.

① **rien** pron. indéf. (lat. *rem,* de *res,* chose). **1.** (En corrélation avec *ne* ou précédé de *sans,* ou bien dans une phrase nominale). Aucune chose : *Je n'entends rien. Rien ne le retient ici. Il a tout fait sans rien demander. Rien à l'horizon. Rien de cassé ?* **2.** (Sans *ne*). Quelque chose : *Est-il rien de plus important que ta santé ? Elle a refusé de rien prendre.* ▸ ***Ça ne fait rien,*** cela importe peu. ***Ça*** ou ***ce n'est rien,*** ce n'est pas grave ; c'est sans importance. *Fam.* ***Cela ne me dit rien,*** je n'en ai aucune envie ; cela n'évoque rien pour moi. *Fam.* ***Ce n'est pas rien,*** c'est très important. ***Comme si de rien n'était,*** comme s'il ne s'était rien passé : *Elle a agi comme si de rien n'était.* *Fam.* ***De rien,*** se dit par politesse après avoir reçu des remerciements : *« Merci beaucoup ! — De rien. »* ***De rien du tout,*** sans importance ; insignifiant : *Une cicatrice de rien du tout.* ***En moins que rien,*** en très peu de temps : *Elle a rédigé son rapport en moins que rien.* ***En rien,*** en quoi que ce soit : *Cette chanson ne ressemble en rien aux précédentes* (= nullement). ***Il n'en est rien,*** c'est faux. ***N'avoir rien de,*** n'être nullement : *Ce roman n'a rien d'original. Il n'a rien d'un homme* *d'action.* ***N'être rien à*** ou ***pour qqn,*** n'être nullement lié à lui par parenté ou amitié. ***Pour rien,*** sans utilité : *J'ai fait toutes ces démarches pour rien* ; gratuitement ou pour très peu d'argent : *Elle a eu une voiture pour rien.* Fam. ***Rien que,*** seulement : *Ce n'est rien qu'un petit coup de fatigue.*

② **rien** n.m. (de *1. rien*). Chose sans importance : *Il s'inquiète pour des riens* (**SYN.** broutille, vétille). ▸ *Fam.* ***Comme un rien,*** très facilement : *Cet énorme roman se lit comme un rien.* ***En un rien de temps,*** en très peu de temps : *Il a tout nettoyé en un rien de temps* (= en un tour de main). ◆ n. ▸ ***Un, une rien du tout*** ou ***un, une moins que rien,*** une personne tout à fait méprisable.

riesling [rislıŋ] n.m. Vin blanc d'Alsace et de Rhénanie.

rieur, euse adj. et n. Qui rit volontiers ; qui aime à rire, à plaisanter : *Une enfant rieuse* (**SYN.** enjoué, gai ; **CONTR.** sombre, triste). ▸ ***Avoir*** ou ***mettre les rieurs de son côté,*** faire rire aux dépens de son adversaire. ◆ adj. Qui exprime la joie, la gaieté : *Un visage rieur* (**SYN.** riant ; **CONTR.** sombre, triste).

rieuse n.f. Mouette à tête brun foncé en été, blanche en hiver, et aux pattes rouges (on dit aussi *une mouette rieuse*).

riff n.m. (mot angl.). En jazz, puis dans la pop, court fragment mélodique utilisé de façon répétitive.

rififi n.m. (de l'arg. *rif,* combat). *Arg.* Bagarre ; échauffourée.

rifle [rifl] n.m. (mot angl. signif. « fusil »). Carabine à long canon.

rift [rift] n.m. (mot angl. signif. « fissure »). En géologie, fossé d'effondrement.

rigaudon ou **rigodon** n.m. Danse des XVIIe et XVIIIe siècles ; air sur lequel on l'exécutait.

rigide adj. (lat. *rigidus,* de *rigere,* être durci). **1.** Qui résiste aux efforts de torsion : *Une tige rigide* (= qui ne plie pas ; **SYN.** dur, raide, résistant ; **CONTR.** flexible, souple). **2.** D'une grande sévérité, rigueur : *Un directeur rigide* (**SYN.** inflexible, intraitable ; **CONTR.** indulgent). *Des principes rigides* (**SYN.** austère, puritain ; **CONTR.** laxiste).

rigidement adv. Avec rigidité ; sans souplesse.

se **rigidifier** v.t. [conj. 9]. Devenir rigide : *Ses membres se sont rigidifiés* (**SYN.** se durcir, se raidir).

rigidité n.f. **1.** Caractère d'une chose rigide, solide : *La rigidité d'une plaque de métal* (**CONTR.** souplesse). **2.** Rigueur intransigeante ; manque de souplesse : *La rigidité d'un juge* (**SYN.** sévérité ; **CONTR.** indulgence). *La rigidité d'une éducation* (**SYN.** puritanisme ; **CONTR.** laxisme). ▸ ***Rigidité cadavérique,*** durcissement des muscles qui apparaît de une heure à six heures après la mort.

rigodon n.m. → **rigaudon.**

rigolade n.f. *Fam.* **1.** Action de rire, de se divertir sans contrainte ; plaisanterie : *Quelle partie de rigolade !* **2.** Chose faite sans effort, comme par jeu : *Classer ces documents, c'est de la rigolade* (= un jeu d'enfant).

rigolard, e adj. et n. *Fam.* Qui aime à rire : *Son frère est un rigolard.* ◆ adj. *Fam.* Qui exprime l'amusement : *Un air rigolard* (**SYN.** rieur ; **CONTR.** sérieux).

rigole n.f. (du moyen néerl. *regel,* ligne droite, du lat. *regula,* règle). Canal étroit et en pente pour l'écoulement des eaux.

rigoler v.i. (de *rire,* et de l'anc. fr. *galer,* s'amuser) [conj. 3]. *Fam.* **1.** S'amuser beaucoup : *Son histoire m'a bien fait rigoler* (**SYN.** rire). **2.** Ne pas parler sérieusement : *Ne te vexe pas, je rigole !* (**SYN.** plaisanter).

rigolo, ote adj. *Fam.* **1.** Qui fait rire ; amusant : *Une anecdote rigolote* (**SYN.** comique, drôle). **2.** Qui est étrange : *C'est rigolo qu'on ait eu la même idée* (**SYN.** cocasse, curieux). ◆ n. *Fam.* **1.** Personne qui fait rire : *Sa sœur est une rigolote* (**SYN.** farceur). **2.** Personne que l'on ne peut pas prendre au sérieux ; fumiste : *Cet employé est un rigolo* (**SYN.** plaisantin).

rigorisme n.m. (de *rigueur*). Attachement rigoureux aux règles morales ou religieuses (**SYN.** austérité, rigidité ; **CONTR.** laxisme).

rigoriste adj. et n. Qui manifeste du rigorisme : *Une morale rigoriste* (**SYN.** austère, puritain).

rigoureusement adv. **1.** Avec rigueur : *Il a été rigoureusement puni* (**SYN.** durement, sévèrement ; **CONTR.** légèrement). **2.** Avec une grande précision : *Il a rigoureusement examiné chacune des candidatures* (**SYN.** minutieusement, scrupuleusement ; **CONTR.** approximativement). **3.** D'une manière incontestable : *C'est rigoureusement exact* (**SYN.** absolument, totalement).

rigoureux, euse adj. **1.** Qui fait preuve de rigueur, de sévérité : *Une éducation rigoureuse* (**SYN.** rigide, sévère, strict). **2.** Pénible, difficile à supporter : *Un hiver rigoureux* (**SYN.** rude ; **CONTR.** clément). **3.** Qui est fait avec exactitude, précision : *L'étude rigoureuse d'un cas* (**SYN.** minutieux, précis ; **CONTR.** approximatif).

rigueur n.f. (lat. *rigor,* dureté, de *rigere,* être durci). **1.** Caractère d'une personne inflexible, rigide : *Ce professeur se montre d'une extrême rigueur avec ses élèves* (**SYN.** dureté, sévérité ; **CONTR.** indulgence). **2.** Caractère incontournable d'une règle : *La rigueur de la loi.* **3.** Caractère de ce qui est dur à supporter : *La rigueur du climat* (**SYN.** âpreté, rudesse ; **CONTR.** clémence). **4.** Grande exactitude ; exigence intellectuelle : *La rigueur d'une démonstration mathématique* (**SYN.** justesse, précision ; **CONTR.** approximation). **5.** Refus de tout laxisme dans le respect des impératifs économiques et budgétaires : *Une politique de rigueur.* ▸ ***À la rigueur,*** au pis aller ; en cas de nécessité absolue. ***De rigueur,*** imposé par les usages, les règlements ; indispensable : *Dans ces soirées, le costume est de rigueur* (= obligatoire). ***Tenir rigueur à qqn de qqch,*** lui en garder du ressentiment.

rikiki adj. inv. → **riquiqui.**

rillettes [rijɛt] n.f. pl. (du moyen fr. *rille,* bande de lard). Viande de porc, de volaille, hachée et cuite dans la graisse.

rillons [rijɔ̃] n.m. pl. Dés de poitrine de porc confits dans leur graisse de cuisson.

Rilsan n.m. (nom déposé). Fibre textile synthétique de la famille des polyamides.

rimailler [rimaje] v.i. (de *rimer*) [conj. 3]. *Fam., vieilli* Faire de mauvais vers, de la poésie médiocre.

rimailleur, euse [rimajœr, øz] n. *Fam., vieilli* Personne qui rimaille.

rime n.f. (du frq. *rîm,* rang). Retour du même son à la fin de deux ou plusieurs vers : *Rimes féminines,* *masculines.* ▸ ***N'avoir ni rime ni raison,*** être absurde, incohérent ; n'avoir pas de sens.

rimer v.i. [conj. 3]. En parlant de plusieurs mots, de plusieurs vers, se terminer par le même son : *« Crucial » rime avec « cérémonial ».* ▸ ***Ne rimer à rien,*** être dépourvu de sens et d'utilité : *Cette réunion ne rime à rien.* ◆ v.t. Mettre sous forme de vers qui riment : *Rimer le texte d'une chanson.*

rimeur, euse n. Poète sans inspiration ; versificateur.

Rimmel n.m. (nom déposé). Fard pour les cils.

rinçage n.m. Action de rincer.

rinceau n.m. (du bas lat. *ramusculus,* petit rameau). Ornement architectural fait de branchages enroulés : *Des rinceaux gothiques.*

rince-bouteille n.m. (pl. *rince-bouteilles*). Appareil pour rincer les bouteilles (**SYN.** rinceuse).

rince-doigts n.m. inv. Bol contenant de l'eau tiède et servant à se rincer les doigts à table.

rincée n.f. *Fam.* Pluie torrentielle ; averse.

rincer v.t. (anc. fr. *recincier,* du lat. *recens,* frais, nouveau) [conj. 16]. **1.** Nettoyer un objet à l'eau : *Rincer une cuvette* (**SYN.** laver). **2.** Passer à l'eau claire pour retirer toute trace des produits de lavage : *Rincer le linge.* ◆ **se rincer** v.pr. Se passer le corps, une partie du corps à l'eau claire : *Se rincer sous la douche.* ▸ ***Se rincer la bouche,*** se laver la bouche avec un liquide que l'on recrache. *Fam.* ***Se rincer l'œil,*** regarder avec plaisir une personne attrayante, un spectacle érotique.

rincette n.f. *Fam.* Petite quantité d'eau-de-vie que l'on verse dans sa tasse à café après l'avoir vidée.

rinceuse n.f. Rince-bouteille.

rinçure n.f. Eau qui a servi à rincer.

rinforzando [rinfɔrzɑ̃do] adv. (de l'it. *rinforzare,* renforcer). Terme de musique indiquant qu'il faut augmenter l'intensité sonore (abrév. écrite rinf.).

① **ring** [riŋ] n.m. (mot angl. signif. « cercle »). **1.** Estrade entourée de cordes et utilisée pour des combats de boxe, de catch : *Monter sur le ring.* **2.** La boxe elle-même : *Les champions du ring.*

② **ring** [riŋ] n.m. (mot all. signif. « cercle »). En Belgique, rocade.

ringard, e n. *Fam.* **1.** Acteur, comédien médiocre et tombé dans l'oubli. **2.** Bon à rien ; minable. ◆ adj. *Fam.* Qui est médiocre, dépassé, démodé : *Il s'habille d'une façon ringarde.*

ringardiser v.t. [conj. 3]. Rendre ringard, démodé : *Tenter de ringardiser un programme politique.*

ringuette n.f. Au Québec, sport apparenté au hockey sur glace, qui se joue avec un bâton droit et un anneau en caoutchouc.

rink-hockey [rinkɔkɛ] n.m. (de l'anglo-amér.) [pl. *rink-hockeys*]. Hockey qui se joue avec des patins à roulettes.

R.I.P. ou **RIP** [rip ou ɛripe] n.m. (sigle). ▸ ***Relevé d'identité postal*** → **relevé.**

ripage ou **ripement** n.m. Action de riper : *Le ripage d'une caisse sur le sol* (**SYN.** glissement).

ripaille n.f. (du moyen néerl. *rippen,* racler). *Fam., vieilli* Excès de table. ▸ ***Faire ripaille,*** se livrer à des excès de nourriture et de boisson (= faire bombance).

ripailler v.i. [conj. 3]. *Fam., vieilli* Faire ripaille (**SYN.** banqueter, festoyer).

ripe n.f. (de *riper*). Outil qui sert à polir la pierre.

ripement n.m. → **ripage.**

riper v.t. (du néerl. *rippen,* palper) [conj. 3]. **1.** Gratter avec une ripe. **2.** Faire glisser, déplacer sans soulever : *Riper des cartons trop lourds à porter.* ◆ v.i. Glisser sur le côté ; déraper : *Le pneu avant de son vélo a ripé sur la bordure du trottoir.*

Ripolin n.m. (nom déposé). Peinture laquée très brillante.

ripoliner v.t. (de *Ripolin*) [conj. 3]. Peindre au Ripolin : *Ils ont ripoliné le plafond.*

riposte n.f. (de l'it. *risposta,* réponse). **1.** Réponse vive et immédiate à une attaque verbale : *Sa riposte nous a interloqués* (**SYN.** repartie, réplique). **2.** Action qui répond sur-le-champ à une attaque : *La riposte d'un pays à un acte terroriste* (**SYN.** contre-attaque, représailles).

riposter v.t. ind. [conj. 3]. **[à]. 1.** Répondre vivement à : *Riposter à une critique* (**SYN.** 1. repartir, répliquer). **2.** Rendre immédiatement à un adversaire la contrepartie de ce qu'on a subi : *Le Parlement a riposté en rejetant le projet de loi* (**SYN.** contre-attaquer). ◆ v.t. Répondre qqch à qqn avec vivacité : *Elle m'a riposté que ça lui était bien égal* (**SYN.** rétorquer).

ripou adj. et n. (verlan, de *pourri*) [pl. *ripoux* ou *ripous*]. Se dit d'un policier corrompu.

riquiqui ou **rikiki** adj. inv. *Fam.* Qui est petit et d'aspect mesquin ; étriqué : *Des parts de gâteau riquiqui* (**SYN.** minuscule ; **CONTR.** énorme).

① **rire** v.i. (lat. *ridere*) [conj. 95]. **1.** Manifester un sentiment de gaieté par un mouvement de la bouche, accompagné de sons saccadés : *Cette histoire drôle me fait toujours autant rire* (**SYN.** s'esclaffer ; **CONTR.** pleurer). *Elle s'est mise à rire* (= elle a pouffé). **2.** Prendre une expression de gaieté : *Ses yeux riaient.* **3.** S'amuser ; prendre du bon temps : *J'ai bien ri à cette soirée* (**SYN.** se divertir ; **CONTR.** s'ennuyer). **4.** Agir, parler par jeu, sans intention sérieuse : *Ne le prends pas mal, je voulais rire* (**SYN.** plaisanter). ▸ ***Avoir le mot pour rire,*** savoir dire des choses plaisantes. ***Pour rire,*** pour faire semblant : *Il a dit ça pour rire.* ***Prêter à rire,*** donner une raison de rire, de se moquer : *Une tenue qui prête à rire.* ***Rire au nez*** ou ***à la barbe de qqn,*** se moquer de lui en face. ***Sans rire,*** sérieusement. ***Vous me faites rire,*** ce que vous dites est absurde. ***Vous voulez rire,*** vous ne parlez pas sérieusement. ◆ v.t. ind. **[de].** Se moquer de : *Il rit de mon ignorance* (**SYN.** railler). ◆ **se rire** v.pr. **[de].** Se moquer de ; ne pas tenir compte de : *Elle s'est ri de mes conseils* (**SYN.** ignorer).

② **rire** n.m. Action de rire : *Éclater de rire. Les grimaces du clown provoquaient le rire des spectateurs* (**SYN.** hilarité ; **CONTR.** larme, pleur). ▸ ***Fou rire,*** rire que l'on ne maîtrise pas, que l'on ne peut arrêter : *Les fous rires des adolescents.*

① **ris** [ri] n.m. pl. (lat. *risus,* de *ridere,* rire). *Litt.* Plaisirs : *Il aime les jeux et les ris.* ☞ **REM.** Ne pas confondre avec *riz.*

② **ris** [ri] n.m. (anc. scand. *rif*). Partie d'une voile que l'on peut serrer pour réduire l'action du vent. ☞ **REM.** Ne pas confondre avec *riz.*

③ **ris** [ri] n.m. Glande comestible du cou du veau et de l'agneau, qui constitue un plat délicat.

① **risée** n.f. (de *1. ris*). Moquerie collective : *En faisant cette déclaration, il s'est exposé à la risée du public* (**SYN.** dérision, raillerie). ▸ ***Être la risée de,*** être un objet de moquerie pour : *Cet employé est la risée de ses collègues.*

② **risée** n.f. (de *2. ris*). En mer, rafale de vent soudaine.

① **risette** n.f. (de *1. ris*). *Fam.* Sourire d'un jeune enfant à l'adresse de qqn : *Fais risette à papa !*

② **risette** n.f. → **rizette.**

risible adj. Qui provoque le rire ou la moquerie : *Une situation risible* (**SYN.** burlesque, cocasse, ridicule).

risotto [rizɔto] n.m. (mot it.). Plat de la cuisine italienne fait de riz mouillé avec du bouillon, et diversement assaisonné : *Des risottos aux fruits de mer.*

risque n.m. (it. *risco*). **1.** Danger, inconvénient plus ou moins prévisible auquel on est exposé : *Si vous partez maintenant, vous courez le risque d'être pris dans l'orage* (**SYN.** péril). *Un investisseur qui prend des risques* (= qui agit audacieusement). **2.** Préjudice, sinistre éventuel que les compagnies d'assurances garantissent moyennant le paiement d'une prime : *Une assurance tous risques pour une voiture.* ▸ ***À risque*** ou ***à risques,*** qui expose à un danger, à une perte, à un échec : *Une grossesse à risque. Des placements à risques.* ***À ses risques et périls,*** en assumant toute la responsabilité de qqch : *Vous y allez à vos risques et périls.* ***Au risque de,*** en s'exposant au danger de : *Il a avoué la vérité au risque de se faire renvoyer du lycée.*

risqué, e adj. **1.** Qui comporte un risque : *Une stratégie risquée* (**SYN.** dangereux, hasardeux ; **CONTR.** sûr). **2.** Se dit d'un propos, d'une œuvre d'un caractère osé, licencieux : *Une plaisanterie risquée* (**SYN.** scabreux).

risquer v.t. [conj. 3]. **1.** Exposer à un risque, à un danger : *Il a risqué tout ce qu'il avait dans cette entreprise* (**SYN.** engager). *Les pompiers ont risqué leur vie pour la sauver* (**SYN.** hasarder). **2.** S'exposer à subir une chose désagréable : *Il risque d'être licencié s'il fait cela.* ▸ *Fam.* ***Risquer le coup,*** tenter une entreprise malgré son issue incertaine. ◆ v.t. ind. **[de].** Être exposé à : *Cette étagère risque de tomber. Il risque d'avoir froid habillé ainsi.* ◆ **se risquer** v.pr. **1.** Aller dans un lieu où l'on court un risque, un danger : *Ne te risque pas dans les bois toute seule !* (**SYN.** s'aventurer). **2. [à].** Se hasarder à : *Je ne me risquerai pas à la critiquer.*

risque-tout n. inv. et adj. inv. Personne très audacieuse, imprudente : *Ces enfants sont des risque-tout* (**SYN.** casse-cou).

riss n.m. (de *Riss,* nom d'un affluent du Danube). Glaciation quaternaire alpine, datant de 200 000 ans environ.

rissole n.f. (lat. pop. *russeola,* de *russeus,* rouge). Chausson de pâte feuilletée contenant un hachis de viande ou de poisson, frit et servi chaud.

rissoler v.t. et v.i. [conj. 3]. Rôtir de manière à faire prendre une couleur dorée : *Rissoler des lardons dans une poêle.*

ristourne n.f. (it. *ristorno*). Réduction accordée à un client : *Le vendeur m'a fait une ristourne sur le prix de ce lave-vaisselle* (**SYN.** rabais, remise).

ristourner v.t. [conj. 3]. Faire à qqn une ristourne de tant : *Elle m'a ristourné 20 euros.*

ristrette n.m. (de l'it. *ristretto,* serré). En Suisse, café fort servi dans une petite tasse.

ritardando [ritardɑ̃do] adv. (mot it. signif. « en retardant »). Terme de musique indiquant qu'il faut ralentir progressivement le tempo (abrév. écrite rit. ou ritard.).

rite n.m. (lat. *ritus*). **1.** Ensemble des règles qui se pratiquent dans une Église : *Les rites protestants* (**SYN.** liturgie). **2.** Ensemble des règles fixant le déroulement d'un cérémonial ; rituel : *Les rites maçonniques.* **3.** Manière d'agir propre à qqn ou à un groupe social et revêtant un caractère immuable : *On n'échappe pas au rite du déjeuner familial de Noël* (**SYN.** coutume, tradition).

ritournelle n.f. (it. *ritornella,* de *ritorno,* retour). **1.** Courte phrase musicale qui sépare les strophes d'une chanson ; chanson comportant des couplets identiques : *Elle nous chante les ritournelles de sa jeunesse.* **2.** *Fam.* Propos que qqn répète continuellement ; rengaine : *C'est toujours la même ritournelle* (**SYN.** chanson, refrain).

ritualiser v.t. [conj. 3]. Régler, codifier qqch à la manière d'un rite : *L'homme ritualise les moments importants de sa vie.*

ritualisme n.m. Strict respect des rites.

ritualiste adj. et n. Qui a trait au ritualisme ; qui insiste sur l'importance des rites.

① **rituel, elle** adj. (lat. *ritualis,* de *ritus,* rite). **1.** Conforme aux rites religieux ; réglé par un rite : *Une cérémonie rituelle.* **2.** Qui est comme réglé par une coutume immuable : *Notre promenade rituelle du dimanche après-midi* (**SYN.** habituel, traditionnel).

② **rituel** n.m. (de *1. rituel*). **1.** Ensemble des rites d'une religion : *Le rituel catholique.* **2.** Livre liturgique contenant l'ordre des rites accomplis par le prêtre. **3.** Ensemble des règles et des habitudes fixées par la tradition : *Le rituel de la rentrée scolaire* (**SYN.** étiquette, protocole).

rituellement adv. **1.** En se conformant aux rites religieux. **2.** Selon une habitude immuable : *Elle rentre rituellement chez elle à 18 heures* (**SYN.** invariablement).

rivage n.m. Bande de terre qui borde une étendue d'eau marine : *Ne vous éloignez pas trop du rivage !* (**SYN.** bord).

rival, e, aux n. (lat. *rivalis,* de *rivus,* ruisseau). **1.** Personne, groupe en compétition avec d'autres pour obtenir un avantage ne pouvant revenir qu'à un seul : *Il a peu à peu éliminé tous ses rivaux* (**SYN.** adversaire, compétiteur, concurrent ; **CONTR.** associé, partenaire). **2.** Personne qui dispute à une autre l'amour de qqn : *Sa fiancée ignorait qu'elle avait une rivale.* ▸ ***Sans rival,*** sans équivalent ; inégalable : *Un boxeur sans rival.* ◆ adj. Opposé à d'autres pour l'obtention d'un avantage : *Des entreprises rivales qui se disputent un contrat.*

rivaliser v.i. [conj. 3]. **1. [de].** Chercher à égaler ou à surpasser qqn ; lutter : *Les deux sœurs rivalisent d'ingéniosité* (= faire assaut de). **2. [avec].** Être comparable à qqch sur le plan de la valeur, de l'importance : *Son film rivalise avec les plus grandes productions hollywoodiennes.*

rivalité n.f. Concurrence entre des personnes, des groupes qui prétendent à la même chose ; antagonisme : *La rivalité entre deux jeunes entreprises* (**SYN.** compétition, émulation).

rive n.f. (lat. *ripa*). Bande de terre qui borde une étendue d'eau : *Les rives d'un fleuve* (**SYN.** berge, bord). ▸ ***Rive droite, rive gauche,*** bord d'un cours d'eau que l'on a à sa droite, à sa gauche quand on regarde vers l'aval ; partie d'une ville qui borde un cours d'eau sur sa droite, sur sa gauche : *Elle habite la rive droite de la Seine.*

river v.t. (de *rive*) [conj. 3]. **1.** Rabattre et aplatir à coups de marteau la pointe d'un clou, d'une goupille, d'un rivet sur la surface d'où elle pointe. **2.** Assujettir au moyen de rivets ; riveter : *River deux tôles ensemble.* ▸ ***Être rivé à qqch,*** ne pas pouvoir le quitter : *Elle est rivée à son manuscrit toute la journée.* Fam. ***River son clou à qqn,*** le faire taire par un argument sans réplique.

riverain, e adj. et n. **1.** Qui est situé ou qui habite le long d'une rivière : *Les habitations riveraines. La population riveraine.* **2.** Qui est situé ou qui habite le long d'une rue, à proximité d'un centre de communication : *Le bruit des avions gêne les riverains de l'aéroport.*

rivet n.m. Courte tige métallique qui sert à river des pièces par aplatissement d'une de ses extrémités.

rivetage n.m. Action de riveter.

riveter v.t. [conj. 27]. Assembler, fixer au moyen de rivets : *Il rivette deux plaques métalliques* (**SYN.** river).

riveteuse n.f. Machine à poser les rivets.

rivière n.f. (du lat. *riparius*, qui se trouve sur la rive). **1.** Cours d'eau qui se jette dans un autre cours d'eau : *La Saône est une rivière.* **2.** Obstacle de steeple-chase constitué d'un fossé rempli d'eau. ▸ ***Rivière de diamants,*** collier sur lequel sont sertis des diamants.

rixe n.f. (lat. *rixa*). Querelle violente accompagnée de coups : *Une rixe a éclaté entre supporteurs* (**SYN.** altercation, bagarre, échauffourée).

riz [ri] n.m. (it. *riso*, du lat. *oryza*). **1.** Céréale des régions chaudes, dont le grain est très utilisé dans l'alimentation humaine. **2.** Grain de cette plante, préparé pour la consommation : *Un bol de riz pilaf. Du riz au lait.* ☞ **REM.** Ne pas confondre avec *ris*. ▸ ***Paille de riz,*** paille fournie par la partie fibreuse du riz, utilisée pour la confection de chapeaux. *Vx* ***Poudre de riz,*** cosmétique composé de fécule de riz réduite en poudre et parfumée.

rizerie n.f. Usine où l'on traite le riz.

rizette ou **risette** n.f. ▸ ***Brosse à rizette,*** en Suisse, brosse à poils durs.

rizicole adj. Relatif à la riziculture.

riziculteur, trice n. Personne qui cultive le riz.

riziculture n.f. Culture du riz.

rizière n.f. Terrain où l'on cultive le riz.

R.M.I. ou **RMI** [ɛrɛmi] n.m. (sigle). ▸ ***Revenu minimum d'insertion*** → **revenu.**

RMiste ou **RMIste** ou **érémiste** [ɛrɛmist] n. Personne bénéficiaire du R.M.I.

R.M.N. ou **RMN** [ɛrɛmɛn] (sigle). ▸ ***Résonance magnétique nucléaire*** → **résonance.**

R.N. ou **RN** [ɛrɛn] n.f. (sigle). ▸ ***Route nationale*** → **national.**

road-movie [rodmuvi] n.m. (de l'angl. *road*, route, et *movie*, film) [pl. *road-movies*]. Film qui dépeint l'errance de personnes qui parcourent une région par la route : *Le film « Easy Rider » de Dennis Hopper est un road-movie.*

robage n.m. Action de rober.

robe n.f. (du germ. *rauba*, butin). **1.** Vêtement féminin composé d'un corsage et d'une jupe d'un seul tenant : *Une robe chasuble. Une robe du soir* (**SYN.** tenue, toilette). **2.** Vêtement long et ample, que portent les juges, les avocats dans l'exercice de leurs fonctions (**SYN.** toge). **3.** Feuille de tabac constituant l'enveloppe d'un cigare (**SYN.** cape). **4.** Pelage du cheval, des bovins : *Un cheval à robe alezane.* **5.** Couleur d'un vin. **6.** Enveloppe de certains fruits ou légumes : *La robe d'une fève, d'un oignon* (**SYN.** peau, pelure). ▸ ***Homme de robe,*** magistrat. ***Pommes de terre en robe de chambre*** ou ***en robe des champs,*** cuites et servies dans leur peau. ***Robe de chambre,*** vêtement d'intérieur descendant le plus souvent au-dessous du genou.

rober v.t. [conj. 3]. Entourer les cigares d'une robe.

robinet n.m. (de *Robin*, surnom donné au mouton au Moyen Âge). Appareil servant à interrompre ou à rétablir la circulation d'un fluide dans une canalisation ; clé commandant cet appareil : *Tu as mal fermé le robinet de l'évier. Le robinet du gaz.*

robinetier [rɔbintje] n.m. Personne qui fabrique des robinets.

robinetterie n.f. **1.** Industrie, fabrication, commerce des robinets. **2.** Ensemble des robinets d'un bâtiment.

robinier n.m. (de *Robin*, jardinier du roi [1550-1629]). Arbre épineux aux grappes de fleurs blanches et parfumées, souvent appelé à tort *acacia*.

robinson n.m. (de *Robinson* Crusoé). Personne qui vit dans la nature, à l'écart du monde moderne : *Ils ont tout quitté et sont devenus des robinsons sur une île du Pacifique.*

roboratif, ive adj. (du lat. *roborare*, consolider). *Sout.* Qui redonne des forces ; fortifiant.

robot n.m. (du tchèque *robota*, travail forcé, corvée). **1.** Dans les œuvres de science-fiction, machine à l'aspect humain, capable de se mouvoir, d'exécuter des opérations, de parler. **2.** Appareil automatique capable de remplacer l'homme pour effectuer certaines tâches répétitives : *Des robots pour le travail à la chaîne.* **3.** Appareil ménager électrique combinable avec divers accessoires : *Le mixeur est un robot très répandu.* **4.** *Fig.* Personne qui agit comme un automate.

roboticien, enne n. Spécialiste de robotique.

robotique n.f. Science et technique de la conception et de la construction des robots. ◆ adj. Relatif à la robotique.

robotisation n.f. Action de robotiser : *La robotisation d'une usine.*

robotiser v.t. [conj. 3]. **1.** Introduire l'emploi de robots industriels : *Robotiser une chaîne de fabrication.* **2.** Enlever à qqn toute initiative, le transformer en robot : *Le travail à la chaîne robotise les ouvriers.*

robusta n.m. Variété de caféier ; café à forte teneur en caféine qu'il produit.

robuste adj. (lat. *robustus*, de *robur*, chêne, force). **1.** Capable de supporter la fatigue ; solidement constitué : *Un homme robuste* (**SYN.** fort, vigoureux ; **CONTR.** chétif, faible). **2.** Dont les qualités principales sont la résistance et la solidité, en parlant de qqch : *Une machine robuste* (**CONTR.** fragile).

robustesse n.f. Caractère de qqn, de qqch de robuste : *La robustesse d'un meuble* (**SYN.** solidité ; **CONTR.** fragilité).

roc [rɔk] n.m. (forme masc. de *roche*). **1.** Masse de pierre très dure qui émerge du sol : *Les ouvriers creusent dans le roc afin d'élargir cette route de montagne* (**SYN.** roche, rocher). **2.** Symbole de fermeté ou d'insensibilité : *Cette femme est un roc, elle atteindra son objectif.*

rocade n.f. (de *roquer*, terme d'échecs, à cause du va-et-vient qui s'opère sur une rocade). Voie de circulation qui contourne la partie centrale d'une ville.

rocaille n.f. (de *roc*). **1.** Amas de petites pierres sur le sol ; terrain rempli de cailloux : *Les mouflons courent dans la rocaille* (**SYN.** pierraille). **2.** Ouvrage ornemental imitant les rochers et les pierres naturelles. ◆ adj. inv. Se dit d'un style ornemental évoquant des coquillages, des végétaux, en vogue sous Louis XV.

rocailleux, euse adj. Couvert de rocaille, de cailloux : *Le lit rocailleux d'un torrent* (**SYN.** pierreux). ▸ ***Voix rocailleuse,*** voix rauque, râpeuse.

rocambolesque adj. (de *Rocambole*, héros des romans-feuilletons de Ponson du Terrail). Rempli de péripéties invraisemblables, extraordinaires : *Des aventures rocambolesques* (**SYN.** extravagant, fantastique).

roche n.f. (bas lat. *rocca*). **1.** Matière constitutive de l'écorce terrestre, formée d'un agrégat de minéraux et présentant une homogénéité : *Le grès est une roche sédimentaire* (**SYN.** roc, rocher). **2.** Morceau de cette matière : *Des roches sont susceptibles de se détacher de la falaise* (**SYN.** caillou, pierre, rocher). ▸ ***Clair comme de l'eau de roche,*** limpide, évident.

rocher n.m. **1.** Grande masse de pierre dure, génér. escarpée ; éminence rocheuse : *Plonger d'un rocher. Le rocher de Gibraltar. Il a fallu creuser dans le rocher.* **2.** Gâteau ou bouchée au chocolat ayant l'aspect rugueux de certains rochers. **3.** Partie de l'os temporal.

rocheux, euse adj. Couvert, formé de roches, de rochers : *Des côtes rocheuses.*

① **rock** [rɔk] n.m. (ar. *rukh*). Oiseau gigantesque et fabuleux des contes orientaux.

② **rock** [rɔk] n.m. ou **rock and roll** [rɔkɛndrɔl] n.m. inv. (mot angl., de *to rock*, balancer). **1.** Musique très populaire, à rythme très marqué, née aux États-Unis vers 1954 : *Un groupe de rock.* **2.** Morceau de rock joué et chanté : *J'ai écouté tous ses rocks.* **3.** Danse sur cette musique : *Le rock acrobatique.*

③ **rock** [rɔk] adj. inv. (de *2. rock*). Relatif au rock, au rock and roll : *Des chanteuses rock.*

rockeur, euse [rɔkœr, øz] n. **1.** Chanteur de rock. **2.** *Fam.* Adepte de la musique rock, qui dans son comportement imite les chanteurs de rock. ☞ **REM.** Au masculin, on rencontre aussi *un rocker.*

rocking-chair [rɔkiŋʃɛr ou rɔkiŋtʃɛr] n.m. (mot angl., de *to rock*, balancer, et *chair*, siège) [pl. *rocking-chairs*]. Fauteuil à bascule.

rococo n.m. (de *rocaille*). Style artistique en vogue au XVIIIe siècle, inspiré à la fois du baroque italien et du décor rocaille français. ◆ adj. inv. **1.** Qui appartient au rococo : *Des meubles rococo.* **2.** Ridiculement compliqué et passé de mode : *Elle aime porter des robes rococo* (**SYN.** démodé, vieillot).

rodage n.m. **1.** Fonctionnement d'un moteur neuf temporairement limité au-dessous des performances annoncées, pour permettre un ajustage parfait ; période correspondant à cette mise en route : *Sa voiture est encore en rodage.* **2.** *Fig.* Action de roder qqch, de le mettre peu à peu au point ; durée de cette adaptation : *Le rodage d'un nouveau service administratif.*

rodéo n.m. (de l'esp. *rodeo*, encerclement du bétail). **1.** Dans la pampa argentine, rassemblement des troupeaux pour marquer les jeunes animaux. **2.** Aux États-Unis et au Mexique, jeu sportif comportant plusieurs épreuves avec des animaux qu'il faut maîtriser. **3.** *Fam.* Course bruyante de voitures, de motos.

roder v.t. (du lat. *rodere*, ronger) [conj. 3]. **1.** Utiliser un moteur dans les conditions voulues par le rodage. **2.** *Fig.* Mettre progressivement au point ; rendre efficace, par des essais répétés : *Roder une équipe, un spectacle.* ☞ **REM.** Ne pas confondre avec *rôder.*

rôder v.i. (anc. prov. *rodar*, aller en rond, du lat. *rotare*, tourner) [conj. 3]. Traîner çà et là, parfois avec de mauvaises intentions : *On a surpris quelqu'un en train de rôder autour de la villa* (**SYN.** errer, vagabonder). ☞ **REM.** Ne pas confondre avec *roder.*

rôdeur, euse n. Personne qui rôde ; individu louche aux intentions douteuses (**SYN.** vagabond).

rodomontade n.f. (de *Rodomont*, nom d'un roi d'Alger, brave mais altier et insolent, personnage du *Roland furieux* de l'Arioste). *Litt.* Fanfaronnade, forfanterie, vantardise : *Malgré les rodomontades du maire, aucune action n'a été entreprise.*

rœntgen [rœntgɛn]. → **röntgen.**

rœsti ou **rösti** [røʃti] n.m. pl. (de l'all. *rösten*, griller, rôtir). En Suisse, plat fait de pommes de terre émincées dorées à la poêle.

rogations n.f. pl. (du lat. *rogatio*, demande). Dans la religion catholique, prières et processions destinées à attirer la bénédiction divine sur les animaux et les récoltes.

rogatoire adj. (du lat. *rogare*, demander). ▸ ***Commission rogatoire,*** délégation donnée par un juge à un autre juge ou à un officier de police pour procéder à certaines opérations de l'instruction.

rogaton n.m. (du lat. médiév. *rogatum*, demande, de *rogare*, demander). **1.** *Fam., vx* Rebut, reste de peu de valeur ; vieillerie. **2.** (Souvent au pl.). *Fam.* Bribe d'aliment ; reste d'un repas.

rognage n.m. Action de rogner, de couper ; son résultat.

rogne n.f. *Fam.* Mécontentement ; mauvaise humeur : *Être en rogne* (**SYN.** colère).

rogner v.t. (du lat. pop. *rotundiare*, couper en rond, de *rotundus*, rond) [conj. 3]. **1.** Couper qqch sur son pourtour, sur les bords : *Rogner les pages d'un livre* (**SYN.** massicoter). **2.** Diminuer faiblement ce qui doit revenir à qqn pour en tirer un petit profit : *Le patron* *rogne les bénéfices.* ▸ ***Rogner les ailes à qqn,*** limiter ses moyens d'action, l'empêcher d'agir. ◆ v.t. ind. **[sur].** Faire de petites économies sur qqch : *Rogner sur la nourriture.*

rogneux, euse adj. *Fam.* En Suisse, qui se met facilement en rogne ; coléreux.

rognon n.m. (du lat. *ren,* rein). Rein de certains animaux, utilisé en cuisine : *Des rognons de veau.*

rognonnade n.f. Longe de veau roulée et fourrée avec le rognon.

rognure n.f. (Souvent au pl.). **1.** Ce qui tombe, se détache de qqch que l'on rogne : *Des rognures d'ongles.* **2.** Restes ; débris : *Des rognures de tissu* (**SYN.** déchet).

rogomme n.m. *Fam., vx* Eau-de-vie. ▸ *Fam.* ***Voix de rogomme,*** voix rauque, enrouée par l'abus d'alcool.

rogue adj. (de l'anc. scand. *hrôkr,* arrogant). D'une raideur hautaine et déplaisante : *Un air rogue* (**SYN.** arrogant ; **CONTR.** aimable).

roi n.m. (lat. *rex, regis,* de *regere,* diriger). **1.** Homme qui, par voie héréditaire, exerce le pouvoir dans une monarchie : *Le roi de Suède* (**SYN.** monarque, souverain). **2.** Personne, être, chose qui dominent, qui sont supérieurs, dans un domaine particulier : *Le roi du poker. Le roi du pétrole* (**SYN.** magnat). *Le roi des fromages.* **3.** (Employé en appos.). Qui semble disposer d'un pouvoir absolu, remporter l'adhésion de tous : *Les enfants rois. C'est le logiciel roi.* **4.** Aux échecs, pièce la plus importante. **5.** Chacune des quatre figures d'un jeu de cartes représentant un roi : *Le roi de pique.* ▸ ***Le jour*** ou ***la fête des Rois,*** l'Épiphanie. ***Le roi des,*** le plus grand des : *Le roi des idiots.* ***Le roi des animaux,*** le lion. ***Le roi est nu,*** se dit quand un pouvoir, soudain dépossédé de ses attributs, révèle sa fragilité, son isolement. ***Tirer les Rois,*** partager la galette des Rois, dans laquelle est placée une fève qui désignera le roi. ***Travailler pour le roi de Prusse,*** travailler sans être payé. ***Un morceau de roi,*** un plat exquis.

roide [rwad] adj. *Vx* Raide.

roideur [rwadœr] n.f. *Vx* Raideur.

roidir [rwadir] v.t. [conj. 32]. *Vx* Raidir.

roille [rɔj] n.f. En Suisse, forte pluie.

roiller [rɔje] v. impers. (du lat. *roticulare,* rouler) [conj. 3]. En Suisse, pleuvoir à verse. ◆ v.t. En Suisse, frapper ; battre.

roitelet n.m. (de l'anc. fr. *roitel,* roi d'un petit État). **1.** Roi d'un tout petit État ou roi peu puissant (parfois iron.). **2.** Très petit oiseau passereau insectivore et chanteur.

rôle n.m. (du lat. *rota,* roue, rouleau). **1.** Ce que doit dire ou faire un acteur dans un film, une pièce de théâtre ; le personnage ainsi représenté : *Apprendre son rôle. Elle joue le rôle d'Antigone.* **2.** Emploi, fonction, influence exercés par qqn : *Le rôle d'un enseignant* (**SYN.** mission). *Il a joué un rôle important dans ma vie.* **3.** Fonction d'un élément (dans un ensemble) : *Le rôle du foie dans le corps humain.* **4.** Dans la langue administrative, feuillet sur lequel sont transcrits certains actes notariés ou juridiques ; registre contenant la liste des contribuables d'une commune : *Inscription au rôle.* ▸ ***À tour de rôle,*** chacun à son tour, au rang qui est le sien. ***Avoir le beau rôle,*** agir, être dans une position où l'on paraît à son avantage. ***Jeu de rôle,*** jeu de stratégie où chaque joueur incarne un personnage qui devra réagir aux événements du jeu.

rôle-titre n.m. (pl. *rôles-titres*). Rôle du personnage qui donne son nom à l'œuvre interprétée : *« Knock » de Jules Romains avec Fabrice Luchini dans le rôle-titre.*

① **roller** [rɔlœr] n.m. (de l'angl. *roller skate,* patin à roulettes). **1.** Patin à roulettes : *Des rollers en ligne* (= aux quatre roulettes alignées, par opp. à quad). **2.** Sport pratiqué avec ces patins.

② **roller** [rɔlœr] n.m. (de l'anglo-amér.). Feutre à bille dont le réservoir, rempli d'encre, peut être changé.

rolleur, euse n. Personne qui pratique le roller, le patin à roulettes.

rollmops [rɔlmɔps] n.m. (all. *Rollmops*). Filet de hareng roulé et mariné dans du vinaigre aigre-doux.

rom [rɔm] adj. inv. et n. inv. (du tsigane *rôm,* fils, homme). Relatif aux Roms, aux Tsiganes.

ROM [rɔm] n.f. inv. (acronyme de l'angl. *read only memory,* mémoire que l'on peut uniquement lire). En informatique, mémoire morte.

romain, e adj. et n. (lat. *romanus*). **1.** Qui appartient à l'ancienne Rome, à l'Empire romain : *L'Antiquité romaine.* **2.** Qui appartient à la Rome moderne, actuelle ; qui y habite : *Les restaurants romains. La population romaine.* ▸ ***Chiffres romains,*** lettres I, V, X, L, C, D, M servant de symboles pour la numération romaine et représentant respectivement 1, 5, 10, 50, 100, 500 et 1 000 (par opp. aux chiffres arabes). ***Un travail de Romain,*** un travail long et pénible, nécessitant des efforts gigantesques. ◆ **romain** adj.m. et n.m. Se dit d'un caractère d'imprimerie droit, dont le dessin est perpendiculaire à sa ligne de base (par opp. à italique) : *Dans ce dictionnaire, les définitions sont écrites en romain et les exemples en italique.*

① **romaine** adj.f. et n.f. (anc. prov. *romana,* d'un mot ar. signif. « grenade », les grenades ayant servi de poids en Orient). ▸ ***Balance romaine,*** balance à levier, formée d'une tige horizontale à bras inégaux, dont le plus long est muni d'un poids coulissant et l'autre d'un crochet ou d'un plateau qui reçoit l'objet à peser (on dit aussi *une romaine*).

② **romaine** n.f. (de *romain*). Laitue d'une variété à feuilles allongées et croquantes. ▸ *Fam.* ***Être bon comme la romaine,*** être dans une situation fatale.

① **roman, e** adj. (anc. fr. *romanz,* du lat. pop. *romanice,* à la façon des Romains). **1.** Se dit des langues dérivées du latin populaire (catalan, espagnol, français, italien, portugais, occitan, roumain, etc.). **2.** Se dit de l'art qui s'est épanoui en Europe aux XIe et XIIe siècles : *Une église romane.* ◆ **roman** n.m. **1.** Langue populaire dérivée du latin, parlée entre le Ve et le Xe siècle, et qui se différenciait, selon les régions, en *gallo-roman, hispano-roman, italo-roman,* etc. **2.** Art, style roman.

② **roman** n.m. (de *1. roman*). **1.** Récit en prose génér. assez long, présentant des aventures imaginées : *Un roman policier. Des romans de science-fiction. Ces romans historiques ont un grand succès.* **2.** Œuvre narrative, en prose ou en vers, écrite en langue romane : *Le « Roman de la Rose ».* **3.** *Fig.* Longue histoire compliquée, riche en épisodes imprévus : *Sa vie est un* *roman.* **4.** *Fam.* Récit mensonger ; aventure invraisemblable : *Ton histoire, c'est du roman !* (**SYN.** fable, fabulation).

① **romance** n.m. (mot esp. signif. « petit poème »). Chanson espagnole épique ou narrative, composée en octosyllabes.

② **romance** n.f. (de *1. romance*). Chanson sentimentale : *Les romances populaires de l'entre-deux-guerres* (**SYN.** refrain).

romancer v.t. [conj. 16]. Donner la forme ou le caractère d'un roman : *Un écrivain qui a romancé la vie de Beethoven.*

romancero [rɔmɑ̃sero] n.m. (mot esp.) [pl. *romanceros*]. Recueil de romances espagnols contenant les plus anciennes légendes nationales : *Le « Romancero gitan » de García Lorca.*

romanche adj. et n. (rhéto-roman *rumantsch,* du lat. pop. *romanice,* en langue latine). Relatif aux Romanches, à ce peuple. ◆ n.m. Dialecte rhéto-roman parlé par les Romanches : *Le romanche est, depuis 1937, la quatrième langue officielle de la Suisse.*

romancier, ère n. Auteur de romans.

romand, e adj. et n. (var. de *1. roman,* avec l'infl. de *allemand*). Se dit de la partie de la Suisse où l'on parle le français, de ses habitants.

romanesque adj. **1.** Propre au genre du roman : *Une œuvre romanesque.* **2.** Qui présente les caractères attribués traditionnellement au roman : *Une vie romanesque* (**SYN.** extraordinaire, fabuleux ; **CONTR.** ordinaire, prosaïque). **3.** Qui voit la vie comme un roman : *Un jeune homme romanesque* (**SYN.** rêveur, sentimental ; **CONTR.** réaliste, terre à terre). ◆ n.m. Ce qui est romanesque : *Il aime le romanesque.*

roman-feuilleton n.m. (pl. *romans-feuilletons*). Roman aux rebondissements multiples publié en épisodes dans un journal (**SYN.** feuilleton).

roman-fleuve n.m. (pl. *romans-fleuves*). Roman très long mettant en scène de nombreux personnages que l'on suit à travers la succession des générations et la multiplicité des lieux ; saga : *« Les Hommes de bonne volonté » de Jules Romains est un roman-fleuve.*

romani n.m. Langue des Roms ; tsigane.

romanichel, elle n. (de *rom*). *Péjor.* **1.** Personne appartenant à un groupe tsigane (**SYN.** bohémien, rom). **2.** Individu sans domicile fixe.

romanisation n.f. Action de romaniser.

romaniser v.t. (de *romain*) [conj. 3]. **1.** Imposer la civilisation des Romains, la langue latine à : *César a romanisé la Gaule.* **2.** Transcrire une langue en utilisant l'alphabet latin.

romanisme n.m. Doctrine de l'Église catholique de Rome, pour les fidèles des autres confessions.

romaniste n. Spécialiste des langues romanes.

romanité n.f. **1.** Civilisation romaine. **2.** Ensemble des pays romanisés.

roman-photo n.m. (pl. *romans-photos*). Récit romanesque présenté sous forme de photos accompagnées de textes succincts intégrés aux images (**SYN.** photo-roman).

romantique adj. (de l'angl. *romantic,* romanesque). **1.** Propre au romantisme (par opp. à classique) ; relatif au romantisme : *La poésie romantique.* **2.** Qui touche la sensibilité, invite à l'émotion : *Un paysage romantique.* ◆ adj. et n. **1.** Se dit des écrivains et des artistes qui se réclament du romantisme, au XIXe siècle. **2.** Se dit d'une personne sentimentale, imaginative et passionnée : *Une adolescente romantique* (**SYN.** exalté, romanesque **CONTR.** raisonnable, réaliste).

romantisme n.m. **1.** Mouvement littéraire et artistique du début du XIXe siècle, qui faisait prévaloir le sentiment sur la raison (par opp. à classicisme) : *Le romantisme pictural.* **2.** Caractère, comportement d'une personne romantique, dominée par sa sensibilité : *Le romantisme d'une jeune fille.*

romarin n.m. (du lat. *rosmarinus,* rosée de la mer). Arbuste aromatique du littoral méditerranéen, à feuilles persistantes et à fleurs bleues.

rombière n.f. *Fam.* Femme, génér. d'âge mûr, un peu ridicule et prétentieuse.

rompre v.t. (lat. *rumpere*) [conj. 78]. **1.** *Litt.* Casser qqch d'un coup, en deux ou plusieurs morceaux : *D'un coup sec, il a rompu le bâton* (**SYN.** briser). **2.** *Litt.* Briser de fatigue : *Tous ces va-et-vient m'ont rompu* (**SYN.** anéantir, éreinter). **3.** Faire céder sous l'effet d'une forte pression : *Le flot a rompu les digues* (**SYN.** emporter, enfoncer). **4.** Faire cesser ; mettre fin à : *Rompre un contrat* (**SYN.** annuler, dénoncer, résilier ; **CONTR.** contracter). *Rompre des fiançailles.* ▸ ***Applaudir à tout rompre,*** applaudir très fort, avec enthousiasme. ◆ v.i. **1.** *Litt.* Céder brusquement : *Le câble n'a pas rompu* (**SYN.** casser, 1. lâcher ; **CONTR.** tenir). **2.** Interrompre des relations amoureuses : *Ils ont rompu.* **3.** En escrime, reculer. ◆ v.t. ind. **[avec]. 1.** Mettre fin à ses relations avec qqn, à un mode de vie : *Il a rompu avec sa fiancée* (= il l'a quittée). *Elle s'est décidée à rompre avec son milieu.* **2.** Renoncer à qqch : *Rompre avec une habitude* (**SYN.** se libérer de). ◆ **se rompre** v.pr. Se casser brusquement : *La chaîne du chien s'est rompue* (**SYN.** céder, 1. lâcher). ▸ ***Se rompre le cou*** ou ***les os,*** se tuer ou se blesser grièvement en faisant une chute.

rompu, e adj. **1.** Que l'on a fait cesser : *Une amitié rompue.* **2.** Qui est brisé de fatigue : *Je suis rompue, je vais dormir* (**SYN.** épuisé, exténué, fourbu). **3. [à].** Qui est très exercé, très habile à qqch : *Un comédien rompu au métier.* ▸ ***Parler à bâtons rompus*** → **bâton.**

romsteck ou **rumsteck** [rɔmstɛk] n.m. (angl. *rumpsteak,* de *rump,* croupe, et *steak,* tranche de viande à griller). Partie du bœuf fournissant des morceaux à rôtir ou à griller.

ronce n.f. (lat. *rumex, rumicis*). **1.** Arbuste épineux, très envahissant, aux baies noires *(mûres)* comestibles. **2.** Bois d'ébénisterie aux dessins irrégulièrement enchevêtrés : *Une commode en ronce de noyer.*

ronceraie n.f. Terrain envahi par les ronces.

ronceux, euse adj. **1.** Madré : *Un secrétaire en bois ronceux.* **2.** *Litt.* Couvert de ronces.

ronchon, onne adj. et n. *Fam.* Qui ronchonne (**SYN.** bougon, grincheux).

ronchonnement n.m. *Fam.* Action de ronchonner (**SYN.** grognement, grommellement).

ronchonner v.i. (de l'anc. fr. *ronchier,* ronfler) [conj. 3]. *Fam.* Manifester sa mauvaise humeur en bougonnant ; maugréer : *Cesse de ronchonner !* (**SYN.** grommeler).

ronchonneur, euse n. et adj. *Fam.* Qui ronchonne (**SYN.** grincheux).

ronchopathie [rɔ̃kopati] n.f. (du lat. *rhonchus*, ronflement). Ronflement pathologique pouvant entraîner un syndrome des apnées du sommeil.

roncier n.m. ou **roncière** n.f. Buisson de ronces.

① **rond, e** adj. (lat. *rotundus*, de *rota*, roue). **1.** Qui a la forme d'un cercle, d'une sphère, d'un cylindre : *Une table ronde* (**SYN.** circulaire). *La Terre est ronde* (**SYN.** sphérique). **2.** Dont la forme est arrondie : *Un livre à dos rond* (**CONTR.** 1. plat). *Des chapeaux ronds* (par opp. à aplati ou pointu). **3.** *Fam.* Qui est petit et assez corpulent : *Un homme assez rond* (**SYN.** replet ; **CONTR.** maigre, 1. mince). **4.** Charnu et bien rempli : *Des joues rondes* (**SYN.** 1. plein, potelé, rebondi). **5.** *Fam.* Qui a trop bu : *Il était complètement rond* (**SYN.** ivre ; **CONTR.** sobre). **6.** Qui agit avec franchise, va droit au but ; direct : *Elle est ronde en affaires* (**SYN.** carré). **7.** Se dit d'un nombre sans décimales ou, selon la grandeur du nombre, sans dizaines, centaines : *Cela fera 1 000 euros, pour faire un compte rond* (= pour arrondir). ▸ ***Le ballon rond,*** le football (par opp. au ballon ovale, le rugby). ◆ **rond** adv. ▸ ***Avaler tout rond,*** avaler sans mâcher. *Fam.* ***Ne pas tourner rond,*** ne pas être dans son état normal, ne pas aller bien. *Fam.* ***Tourner rond,*** fonctionner bien ; fig., se dérouler d'une façon satisfaisante.

② **rond** n.m. (de *1. rond*). **1.** Figure, tracé en forme de circonférence : *Tracer des ronds au compas* (**SYN.** cercle). **2.** *Fam.* Sou ; argent : *Je n'ai plus un rond.* ▸ ***En rond,*** en cercle : *Ils étaient assis en rond autour du feu de camp.* ***Faire des ronds de jambe,*** faire des politesses exagérées. ***Tourner en rond,*** ne pas progresser ; en revenir toujours au point de départ : *Des négociations qui tournent en rond.*

rond-de-cuir [rɔ̃dkɥir] n.m. (par allusion à la forme du coussin de cuir posé sur le siège) [pl. *ronds-de-cuir*]. *Vieilli* Employé de bureau.

① **ronde** n.f. **1.** Tournée de surveillance effectuée par des policiers, des gardiens : *Le vigile fait une ronde toutes les deux heures.* **2.** Groupe de personnes chargé de cette mission (**SYN.** patrouille). ▸ ***Chemin de ronde*** → **chemin.**

② **ronde** n.f. **1.** Danse où les danseurs se tiennent par la main et tournent en rond ; chanson sur laquelle s'exécute cette danse : *Les élèves font une ronde dans la cour de récréation.* **2.** Écriture à jambages courbes, à panses et à boucles circulaires. **3.** Note de musique valant deux noires, ou quatre blanches. ▸ ***À la ronde,*** dans l'espace qui s'étend tout autour d'un lieu ; alentour : *Il n'y a aucune habitation à dix lieues à la ronde* ; tour à tour : *Boire à la ronde.* ◆ **rondes** n.f. pl. En Suisse, pommes de terre en robe de chambre.

rondeau n.m. (de *1. rond*). **1.** Poème lyrique à forme fixe sur deux rimes et un refrain. **2.** Autre nom du *rondo.*

ronde-bosse n.f. (pl. *rondes-bosses*). Ouvrage de sculpture représentant le sujet dans ses trois dimensions (par opp. à relief).

rondelet, ette adj. *Fam.* **1.** Qui présente un certain embonpoint : *Un enfant rondelet* (**SYN.** potelé, replet ; **CONTR.** maigre, svelte). **2.** Se dit d'une somme d'argent assez importante : *Elle a touché une somme rondelette* (**SYN.** coquet ; **CONTR.** dérisoire, insignifiant).

rondelle n.f. (de *1. rond*). **1.** Petite tranche ronde : *Une rondelle de citron.* **2.** Petit disque métallique percé que l'on place entre un écrou et la pièce à serrer. **3.** Au Québec, palet de hockey sur glace, en caoutchouc dur.

rondement adv. **1.** Avec décision et rapidité : *Des négociations rondement menées* (**SYN.** prestement, vivement). **2.** De façon franche et directe ; sans façon : *Parler rondement* (**SYN.** nettement).

rondeur n.f. **1.** État de ce qui est rond, sphérique : *La rondeur de notre planète* (**SYN.** rotondité). **2.** État d'une partie du corps qui a une forme ronde : *Ses hanches ont pris de la rondeur* (**SYN.** embonpoint ; **CONTR.** minceur). **3.** Caractère de ce qui est franc : *Il est connu pour sa rondeur en affaires* (**SYN.** franchise, loyauté, sincérité ; **CONTR.** hypocrisie).

rondin n.m. **1.** Bois de chauffage rond et court. **2.** Bille de bois non équarrie : *Une cabane en rondins.*

rondo [rɔ̃do] n.m. (mot it., du fr. *rondeau*). Forme musicale, instrumentale ou vocale, caractérisée par l'alternance d'un refrain et de couplets (**SYN.** rondeau).

rondouillard, e adj. *Fam.* Qui a de l'embonpoint : *Un petit bonhomme rondouillard* (**SYN.** corpulent, replet ; **CONTR.** maigre).

rond-point n.m. (pl. *ronds-points*). Carrefour, place circulaire où aboutissent plusieurs voies.

Ronéo n.f. (nom déposé). Machine servant à reproduire des textes au stencil.

ronéoter ou **ronéotyper** v.t. [conj. 3]. Reproduire à la Ronéo.

ronflant, e adj. **1.** Qui produit un son sourd et continu : *Un poêle ronflant.* **2.** Plein d'emphase et creux : *Un homme politique au style ronflant* (**SYN.** ampoulé, pompeux ; **CONTR.** simple). ▸ ***Promesses ronflantes,*** magnifiques, mais qui resteront sans effet.

ronflement n.m. **1.** Bruit que fait un dormeur en ronflant : *Ses ronflements m'ont réveillé.* **2.** Sonorité sourde et prolongée : *Le ronflement des moteurs avant le départ d'une course* (**SYN.** vrombissement).

ronfler v.i. [conj. 3]. **1.** Produire, en respirant pendant le sommeil, un bruit sonore venant de la gorge : *Tu as ronflé toute la nuit.* **2.** Produire un bruit sourd, régulier : *Un moteur qui ronfle* (**SYN.** ronronner, vrombir).

ronfleur, euse n. Personne qui ronfle.

ronger v.t. (du lat. *rumigare*, ruminer) [conj. 17]. **1.** Entamer, déchiqueter avec les dents : *Une souris qui ronge un bout de fromage* (**SYN.** grignoter). *Cesse de ronger tes ongles !* (**SYN.** mordiller). **2.** En parlant des vers, des insectes, attaquer, détruire : *Les termites rongent le bois* (**SYN.** dévorer, manger). **3.** Attaquer, user par une action lente, progressive : *Attention que l'acide ne ronge pas tes vêtements !* (**SYN.** brûler, entamer). **4.** *Fig.* Causer du tourment : *L'inquiétude le ronge* (**SYN.** miner). *Le remords la ronge* (**SYN.** dévorer). ◆ **se ronger** v.pr. ▸ ***Se ronger les ongles,*** les couper avec ses dents. ***Se ronger les sangs,*** se tourmenter, être très inquiet.

rongeur, euse adj. Qui ronge : *Les écureuils sont des mammifères rongeurs.* ◆ **rongeur** n.m. Mammifère, végétarien ou omnivore, possédant de longues incisives tranchantes, tel que le rat, le lapin ou le porc-épic.

ronron n.m. **1.** Ronflement sourd par lequel le chat

manifeste son contentement ; ronronnement. **2.** Bruit sourd et continu : *Le ronron du train nous berçait* (**SYN.** ronflement). **3.** *Fig.* Monotonie ; routine : *Le ronron de la vie quotidienne.*

ronronnement n.m. **1.** Fait de ronronner ; bruit que fait le chat en ronronnant (**SYN.** ronron). **2.** Bruit continu que fait un appareil, un moteur qui ronronne (**SYN.** bourdonnement, ronflement, vrombissement).

ronronner v.i. [conj. 3]. **1.** Faire entendre des ronrons, en parlant du chat. **2.** Émettre, en fonctionnant, un bruit sourd et régulier : « ... *la pendule d'argent / Qui ronronne au salon, qui dit oui qui dit non...* » [*les Vieux*, Jacques Brel].

röntgen ou **roentgen** [rœntgɛn] n.m. (de W.C. *Röntgen*, physicien allemand). Unité d'exposition à un rayonnement X.

roof [ruf] n.m. → **rouf.**

rookerie [rukri] n.f. (angl. *rookery*, de *rook*, 2. manchot). Grand rassemblement saisonnier de certains animaux marins (manchots, otaries).

roque n.m. (de *roquer*). Aux échecs, coup qui consiste à déplacer simultanément une tour et le roi.

roquefort n.m. Fromage à moisissures internes, fabriqué avec du lait de brebis.

roquer v.i. (de *roc*, ancien nom de la tour aux échecs) [conj. 3]. Aux échecs, faire un roque.

roquet n.m. (de *roquer*, croquer, mot dialect.). **1.** Petit chien hargneux qui aboie sans cesse. **2.** *Fam., péjor.* Individu hargneux, mais peu redoutable.

① **roquette** ou **rouquette** n.f. (it. *rochetta*). Plante annuelle dont les feuilles à saveur piquante sont consommées en salade.

② **roquette** ou **rocket** [rɔkɛt] n.f. (angl. *rocket*). Projectile autopropulsé employé dans les tirs d'artillerie et les tirs antichars.

rorqual [rɔrkwal] n.m. (de l'anc. norvég. *raudh-hwalr*, baleine rouge) [pl. *rorquals*]. Balénoptère.

Rorschach (test de) [rɔrʃa ou rɔrʃax], test psychologique consistant à interpréter des taches d'encre symétriques obtenues par pliage (on dit aussi *un rorschach*).

rosace n.f. **1.** Ornement d'architecture en forme de rose épanouie. **2.** Grand vitrail d'église de forme circulaire (**SYN.** 1. rose).

rosacé, e adj. De couleur rose.

rosacée n.f. (lat. *rosaceus*, de *rosa*, rose). Plante aux fleurs à pétales séparés, aux feuilles dentées, telle que le rosier, l'aubépine, le fraisier et de nombreux arbres fruitiers.

rosaire n.m. (du lat. *rosarium*, guirlande de roses). Dans la religion catholique, grand chapelet composé de quinze dizaines de petits grains, que séparent des grains plus gros ; prière récitée en égrenant le rosaire : *Dire son rosaire.*

rosat [roza] adj. inv. (du lat. *rosatus*, rosé). Se dit des préparations pharmaceutiques où il entre des roses, et en partic. des roses rouges : *Des pommades rosat.*

rosâtre adj. Qui a une teinte rose peu vive.

rosbif [rɔzbif] n.m. (de l'angl. *roast*, rôti, et *beef*, bœuf). Pièce de bœuf ou de cheval destinée à être rôtie.

① **rose** n.f. (lat. *rosa*). **1.** Fleur du rosier : *Des roses blanches.* « *Mignonne, allons voir si la rose / Qui ce matin avait déclose / Sa robe de pourpre au soleil* » [Ronsard]. **2.** Baie circulaire garnie de vitraux ; rosace. ▸ *Fam.* ***À l'eau de rose,*** mièvre et sentimental : *Un film à l'eau de rose.* ***Bois de rose,*** palissandre d'Amérique tropicale utilisé en ébénisterie. ***De rose,*** qui a les caractéristiques de la rose : *Un teint de rose.* « *L'aurore aux doigts de rose* » [Homère]. *Fam.* ***Envoyer qqn sur les roses,*** le repousser avec rudesse ; s'en débarrasser vivement. ***Être frais comme une rose,*** avoir le teint éclatant, l'air reposé. *Fam.* ***Ne pas sentir la rose,*** sentir mauvais. ***Rose des sables,*** concrétion de gypse qui se forme dans les régions désertiques. ***Rose des vents,*** étoile à trente-deux branches, correspondant aux trente-deux aires du vent sur la boussole. ***Rose trémière*** → **trémière.**

② **rose** adj. **1.** Qui a la couleur pourpre pâle de la rose commune : *Des foulards roses.* **2.** *Fam.* Dont les idées politiques sont socialistes ou progressistes. **3.** Qui a rapport au sexe, au commerce charnel, notamm. tarifé, vénal : *Le téléphone rose.* ▸ ***Ce n'est pas rose*** ou ***ce n'est pas tout rose,*** ce n'est pas agréable, pas gai : *Ce n'est pas rose la vie avec elle.* ***Rose bonbon,*** rose vif : *Des jupes rose bonbon.* ***Rose thé,*** d'un jaune rosé, comme la fleur du même nom. ***Vieux rose,*** d'une couleur évoquant la rose fanée. ♦ n.m. Couleur rose : *Le rose la rajeunit.* ▸ ***Voir tout en rose*** ou ***voir la vie en rose,*** voir le bon côté des choses ; être optimiste : « *Quand il me prend dans ses bras /.../ Je vois la vie en rose* » [*la Vie en rose*, É. *Piaf*].

rosé, e adj. Faiblement teinté de rose, de rouge : *Les lueurs rosées du couchant.* ▸ ***Vin rosé,*** vin de couleur rosée obtenu avec des raisins rouges par une vinification spéciale (on dit aussi *du rosé*).

roseau n.m. (de l'anc. fr. *ros*, *raus*, roseau). Plante du bord des étangs, à tige droite, et pourvue d'un épi terminal.

rosée n.f. (lat. *ros*, *roris*). Ensemble de fines gouttelettes d'eau qui se dépose le matin et le soir dans la nature.

roselière n.f. Lieu couvert de roseaux.

roséole n.f. (de *2. rose*, d'apr. *rougeole*). Éruption cutanée de taches rosées, d'origine infectieuse ou allergique.

roser v.t. [conj. 3]. *Litt.* Donner une teinte rose à : *L'air vif a rosé mes joues* (**SYN.** colorer, rosir).

roseraie n.f. Terrain planté de rosiers.

rosette n.f. (de *1. rose*). **1.** Nœud formé d'une ou deux boucles que l'on peut détacher en tirant les bouts : *Faire des rosettes à ses lacets de chaussures.* **2.** Insigne de certains ordres civils ou militaires : *La rosette de la Légion d'honneur.* **3.** Saucisson cru de Lyon.

roseur n.f. *Litt.* Couleur rose, rosée : *La roseur d'un visage.*

roseval n.f. (pl. *rosevals*). Pomme de terre à chair rose.

Rosh ha-Shana [rɔʃaʃana] n.m. inv. (mot hébr.). Nouvel An juif.

rosier n.m. Arbuste épineux, cultivé pour ses fleurs odorantes, les roses.

rosière n.f. (de *1. rose*). *Anc.* Jeune fille vertueuse à laquelle on décernait solennellement une récompense.

rosiériste n. Horticulteur qui cultive des rosiers.

rosir v.t. [conj. 32]. Donner une teinte rose à ; roser : *Le grand air m'a rosi le visage* (**SYN.** colorer). ◆ v.i. Devenir rose : *L'horizon rosissait.*

rosse n.f. (de l'all. *Ross,* cheval). *Fam., vieilli* Mauvais cheval, sans vigueur ; haridelle. ◆ adj. et n.f. *Fam.* D'une sévérité impitoyable : *Une remarque très rosse* (**SYN.** dur, méchant ; **CONTR.** bienveillant). *Cet examinateur est une rosse.*

rossée n.f. *Fam.* Volée de coups : *Il a reçu une rossée.*

rosser v.t. (bas lat. *rustiare,* de *rustia,* gaule) [conj. 3]. *Fam.* Battre qqn violemment, le rouer de coups.

rosserie n.f. *Fam.* Caractère, comportement d'une personne rosse : *Il a fait preuve de rosserie* (**SYN.** dureté ; **CONTR.** gentillesse). *Dire des rosseries* (**SYN.** méchanceté).

rossignol n.m. (lat. *luscinia*). **1.** Oiseau passereau au plumage brun, renommé pour son chant crépusculaire. **2.** *Fam.* Instrument servant à crocheter les serrures. **3.** *Fam.* Marchandise défraîchie ; objet démodé, sans valeur.

rossinante n.f. (de l'esp. *Rocinante,* nom du cheval de Don Quichotte). *Litt.* Cheval maigre.

rösti [røʃti] n.m. pl. → **rœsti.**

rostre n.m. (du lat. *rostrum,* bec, éperon). **1.** Dans l'Antiquité romaine, éperon d'un navire de guerre. **2.** Ensemble des pièces buccales saillantes et piqueuses de certains insectes (punaises, pucerons) ; prolongement de la carapace thoracique de certains crustacés (crevettes, notamm.).

rot [ro] n.m. (de *roter*). Bruit dû à l'émission par la bouche de gaz provenant de l'estomac (**SYN.** éructation, renvoi). ☞ **REM.** Ne pas confondre avec *rôt.*

rôt [ro] n.m. *Vx* Rôti. ☞ **REM.** Ne pas confondre avec *rot.*

rotang [rɔtɑ̃g] n.m. (d'un mot malais). Palmier d'Inde et de Malaisie à tige longue et fine, qui fournit le rotin.

rotateur, trice adj. (lat. *rotator*). Qui tourne ou fait tourner : *L'encre du stylo est répartie par une bille rotatrice.*

rotatif, ive adj. Qui agit en tournant ; rotatoire : *Un axe rotatif.*

rotation n.f. (lat. *rotatio,* de *rotare,* tourner). **1.** Mouvement d'un corps autour d'un point, d'un axe fixe, matériel ou non : *La rotation de la Terre sur elle-même.* **2.** Alternance périodique de matériel, d'activités, de fonctions : *La rotation des stocks, du personnel* (**SYN.** roulement). **3.** Fréquence de voyages effectués par les véhicules de transport d'une ligne régulière : *La rotation des autobus.*

rotative n.f. Presse à imprimer cylindrique, animée d'un mouvement rotatif continu : *Des journaux qui sortent juste des rotatives.*

rotativiste n. Personne qui conduit une rotative.

rotatoire adj. Relatif à une rotation ; caractérisé par la rotation : *Un mouvement rotatoire* (**SYN.** rotatif).

rote n.f. (du lat. *rota,* roue). Tribunal du Saint-Siège, qui instruit les causes matrimoniales.

roter v.i. (bas lat. *ruptare,* de *ructare*) [conj. 3]. *Fam.* Faire un, des rots (**SYN.** éructer).

rôti n.m. Morceau de viande rôtie.

rôtie n.f. Tranche de pain rôtie ou grillée (**SYN.** toast).

rotin n.m. (de *rotang*). Partie de la tige du rotang, dont on fait des cannes, des sièges, des meubles.

rôtir v.t. (du frq.) [conj. 32]. **1.** Faire cuire de la viande à la broche ou au four : *Rôtir un poulet.* **2.** *Fam.* Produire un effet comparable à une brûlure : *Le soleil a rôti le gazon* (**SYN.** brûler, griller). ◆ v.i. ou **se rôtir** v.pr. *Fam.* Être exposé à une chaleur, à un soleil très vifs : *Des touristes qui rôtissent sous le soleil de la Tunisie.*

rôtissage n.m. Action de rôtir : *Le rôtissage d'un gigot.*

rôtisserie n.f. **1.** Boutique du rôtisseur. **2.** Restaurant où l'on mange des grillades.

rôtisseur, euse n. Personne qui prépare et vend des viandes rôties.

rôtissoire n.f. Ustensile de cuisine qui sert à rôtir la viande ; four.

rotonde n.f. (it. *rotonda,* du lat. *rotundus,* rond). **1.** Bâtiment circulaire : *La rotonde du Panthéon de Rome.* **2.** Dans certains autobus, banquette en demi-cercle se trouvant à l'arrière.

rotondité n.f. (lat. *rotunditas*). **1.** État de ce qui est rond : *La rotondité de la Terre* (**SYN.** rondeur, sphéricité). **2.** (Souvent au pl.). *Fam.* Rondeur ; embonpoint : *Ses rotondités remplissent le fauteuil.*

rotor n.m. (mot angl., du bas lat. *rotator,* qui fait tourner). **1.** Partie en rotation assurant l'équilibre et la propulsion des hélicoptères. **2.** Partie tournante d'un moteur électrique (par opp. à la partie fixe, le stator).

rottweiller ou **rottweiler** [rɔtvajlœr] n.m. (all. *Rottweiler*). Chien de garde allemand issu du croisement du molosse et du chien de berger.

rotule n.f. (du lat. *rotula,* petite roue, de *rota,* roue). **1.** Petit os plat et rond du genou. **2.** Pièce de forme sphérique, utilisée comme articulation : *La rotule d'une lampe de bureau.* ▸ *Fam.* ***Être sur les rotules,*** être fourbu, épuisé.

rotulien, enne adj. Relatif à la rotule : *Les réflexes rotuliens.*

roture n.f. (du lat. *ruptura,* fracture). Ensemble des roturiers (par opp. à la noblesse) ; masse, peuple.

roturier, ère adj. et n. Qui n'est pas noble (par opp. à aristocrate).

rouage n.m. **1.** Chacune des roues d'un mécanisme : *Les rouages d'une horloge.* **2.** *Fig.* Chaque élément nécessaire au fonctionnement d'un ensemble : *Les rouages d'une entreprise.*

rouan, anne adj. (esp. *roano,* du lat. *ravus,* gris). Se dit d'un cheval, d'une vache dont la robe est composée d'un mélange de poils blancs, roux et noirs. ◆ **rouan** n.m. Cheval rouan.

roublard, e adj. et n. (de l'it. *robbio,* rouge, du lat. *ruber,* rouge). *Fam.* Habile et peu honnête (**SYN.** retors, roué, rusé).

roublardise n.f. *Fam.* **1.** Caractère de qqn qui est roublard ; rouerie. **2.** Action d'une personne roublarde : *Ses roublardises ont fini par le mener devant les tribunaux* (**SYN.** fourberie, stratagème).

rouble [rubl] n.m. Unité monétaire principale de la Russie et de la Biélorussie.

roucoulade n.f. **1.** Bruit que font entendre les pigeons, les tourterelles (**SYN.** roucoulement, roucoulis). **2.** *Fam.* Échange de propos tendres entre amoureux.

roucoulement n.m. Roucoulade (**SYN.** roucoulis).

roucouler v.i. (onomat.) [conj. 3]. **1.** Émettre son chant, en parlant du pigeon, de la tourterelle. **2.** *Fam.* Tenir des propos tendres et langoureux : *Des amoureux qui roucoulent.* ◆ v.t. Dire ou chanter langoureusement : *Roucouler une chanson d'amour.*

roucoulis [rukuli] n.m. Roucoulade (**SYN.** roucoulement).

roudoudou n.m. *Fam.* Caramel coloré coulé dans un coquillage : *« Et les vrais roudoudous qui nous coupaient les lèvres » [Mistral gagnant,* Renaud].

roue n.f. (lat. *rota*). **1.** Pièce circulaire, tournant autour d'un axe passant par son centre, et qui permet à un véhicule de rouler : *Les roues d'une voiture, d'un train.* **2.** Dispositif circulaire servant à transmettre le mouvement dans une machine ; rouage. **3.** Objet circulaire que l'on fait tourner : *Une roue de loterie.* **4.** Supplice qui consistait à laisser mourir sur une roue un condamné dont on avait rompu les membres. ▸ ***Être en roue libre,*** agir librement, sans contrainte et sans effort. ***Faire la roue,*** tourner latéralement sur soi-même en s'appuyant successivement sur les mains et sur les pieds ; déployer en éventail les plumes de sa queue, en parlant de certains oiseaux comme le paon ; fig., faire l'avantageux, se pavaner. ***Grande roue,*** attraction foraine en forme de roue dressée. ***Pousser à la roue,*** aider à la réussite d'une affaire.

roué, e adj. et n. (de *rouer*). Sans scrupule ; habile, rusé : *Prends garde, c'est une rouée* (**SYN.** malin).

rouelle n.f. (du bas lat. *rotella,* petite roue, de *rota,* roue). Tranche épaisse tirée du cuisseau de veau.

rouer v.t. (de *roue*) [conj. 6]. Faire mourir par le supplice de la roue. ▸ ***Rouer qqn de coups,*** le frapper violemment, à coups répétés.

rouerie [ruri] n.f. (de *roué*). *Litt.* Ruse ; fourberie.

rouet n.m. (de *roue*). *Anc.* Instrument à roue actionné par une pédale, et servant à filer la laine, le chanvre et le lin.

rouf ou **roof** [ruf] n.m. (néerl. *roof*). Petite construction élevée sur le pont d'un navire.

rouflaquette n.f. (Surtout au pl.). *Fam.* Chez un homme, patte de cheveux descendant sur la joue (**SYN.** favoris).

rougail [rugaj] n.m. À la Réunion, préparation culinaire accompagnant les currys et autres plats locaux : *Des rougails pimentés.*

① **rouge** adj. (du lat. *rubeus,* roux, de *ruber,* rouge). **1.** De la couleur du sang, du coquelicot, etc. : *Des tulipes rouges. Des soies rouge foncé. Du vin rouge.* **2.** Qui a le visage coloré par l'émotion, l'effort, le froid : *Elle était rouge de honte* (**SYN.** cramoisi, écarlate). **3.** Qui a été chauffé et porté à l'incandescence : *Le poêle était rouge.* ◆ adj. et n. Se dit de ce qui a trait aux communistes ou à l'extrême gauche : *Les banlieues rouges.* ◆ adv. ▸ ***Se fâcher tout rouge,*** manifester violemment sa colère : *Elles se sont fâchées tout rouge.* ***Voir rouge,*** avoir un vif accès de colère : *Ils ont vu rouge.*

② **rouge** n.m. **1.** Couleur rouge : *Elle porte souvent du rouge.* **2.** Matière colorante rouge : *Un tube de rouge.* **3.** Couleur que prend un métal porté à l'incandescence : *Un fer chauffé au rouge.* **4.** Fard pour les lèvres (on dit aussi *du rouge à lèvres*) : *Elle s'est remis un peu de rouge.* **5.** Couleur caractéristique des signaux d'arrêt ou de danger : *Les feux viennent de passer au rouge.* **6.** Coloration vive de la peau du visage sous l'effet du froid, d'une émotion : *Le rouge de la honte.* **7.** Vin rouge : *Il a commandé une bouteille de rouge.* **8.** Situation déficitaire ; solde débiteur : *La balance commerciale est à nouveau en rouge. Compte en rouge à la banque.* ▸ ***Être dans le rouge,*** se trouver dans une situation présentant un caractère de difficulté ou de risque, et d'urgence ; spécial., se trouver dans une situation déficitaire ; présenter un solde débiteur : *Je ne peux pas te prêter de l'argent, je suis dans le rouge en ce moment.* *Fam.* ***Gros rouge,*** vin rouge de qualité médiocre. ***Sortir du rouge,*** cesser d'être en déficit : *Une entreprise qui sort du rouge.*

rougeâtre adj. D'une couleur qui tire sur le rouge : *Un orange rougeâtre.*

rougeaud, e adj. et n. Qui a le visage rouge : *Un homme rougeaud* (**SYN.** rubicond, sanguin ; **CONTR.** pâle).

rouge-gorge n.m. (pl. *rouges-gorges*). Oiseau passereau brun, à gorge et poitrine rouge vif.

rougeoiement [ruʒwamɑ̃] n.m. *Litt.* Lueur, reflet rouge : *Les rougeoiements du soleil couchant.*

rougeole n.f. (du lat. pop. *rubeola,* de *rubeus,* roux). Maladie infectieuse contagieuse, caractérisée par une éruption de taches rouges sur la peau.

rougeoleux, euse adj. Relatif à la rougeole. ◆ adj. et n. Qui est atteint de la rougeole.

rougeoyant, e [ruʒwajɑ̃, ɑ̃t] adj. Qui rougeoie : *Des braises rougeoyantes.*

rougeoyer [ruʒwaje] v.i. [conj. 13]. Prendre une teinte rougeâtre : *Le ciel rougeoyait sous les lueurs de l'incendie.*

rouget n.m. (de *1. rouge*). Poisson marin de couleur rouge, à chair recherchée.

rougeur n.f. **1.** Couleur rouge : *La rougeur d'une tomate mûre.* **2.** Tache rouge sur la peau ; érythème : *Il a des rougeurs sur le visage.* **3.** Teinte rouge qui apparaît sur le visage et qui révèle une émotion : *Sa rougeur trahissait sa gêne.*

rough [rœf] n.m. (mot angl. signif. « brut ») [pl. *roughs*]. Maquette, plus ou moins élaborée, d'une illustration servant d'avant-projet à une campagne publicitaire (**SYN.** esquisse).

rougir v.i. [conj. 32]. **1.** Devenir rouge : *Les feuilles rougissent à l'automne.* **2.** Devenir rouge sous l'effet d'une émotion, en parlant du visage : *Elle rougit de confusion* (**CONTR.** blêmir, pâlir). ◆ v.t. Rendre rouge : *Rougir une barre de fer au feu.*

rougissant, e adj. **1.** Qui devient rouge : *Des arbres rougissants.* **2.** Qui rougit d'émotion : *Une jeune fille rougissante.*

rougissement n.m. Action de rendre rouge ; fait de devenir rouge : *Le rougissement d'un métal en fusion, d'une personne embarrassée.*

rouille n.f. (lat. *robigo, robiginis*). **1.** Oxyde de fer, d'un brun roux, qui altère les métaux exposés à l'air humide : *Des tiges de fer rongées par la rouille.* **2.** Maladie cryptogamique des céréales. **3.** Aïoli relevé de piment rouge, accompagnant la bouillabaisse. ◆ adj. inv. De la couleur de la rouille ; brun-roux : *Des pantalons rouille.*

rouillé, e adj. **1.** Couvert de rouille ; rubigineux. **2.** *Fig.*

Qui a perdu ses capacités par manque d'activité : *Il a les jambes complètement rouillées. Ma mémoire est rouillée.*

rouiller v.t. [conj. 3]. **1.** Produire de la rouille sur un corps ferreux : *L'humidité a rouillé mes outils* (**SYN.** oxyder ; **CONTR.** dérouiller). **2.** *Fig.* Faire perdre une partie de ses capacités à qqn : *L'oisiveté a fini par rouiller son esprit* (**SYN.** engourdir, paralyser). ◆ v.i. ou **se rouiller** v.pr. **1.** Se couvrir de rouille : *Les gonds de la porte commencent à rouiller.* **2.** *Fig.* Perdre de ses facultés, par manque d'activité ; s'ankyloser : *Il s'est rouillé faute d'exercice physique.*

rouillure n.f. État d'un objet rouillé.

rouir v.t. (du frq.) [conj. 32]. Faire tremper certaines plantes textiles afin de séparer les fibres des parties ligneuses : *Rouir du chanvre, du lin.*

rouissage n.m. Action de rouir.

roulade n.f. **1.** Roulé-boulé. **2.** Effet de voix qui alterne deux ou plusieurs notes sur un même son ; vocalise : *Faire des roulades.* **3.** Tranche de viande roulée autour d'une farce.

roulage n.m. **1.** Action de rouler qqch. **2.** Transport de marchandises par des engins roulants.

roulant, e adj. **1.** Qui peut être déplacé grâce à des roues : *Un fauteuil roulant.* **2.** *Fam.* Très plaisant ; comique : *Ses sketchs sont roulants* (**SYN.** désopilant, drôle, hilarant ; **CONTR.** triste). ▸ ***C'est roulant,*** en Belgique, on roule bien, la circulation est fluide. ***Escalier, trottoir roulant,*** escalier, plate-forme mobiles actionnés mécaniquement, pour le déplacement des piétons ou des marchandises. ***Feu roulant,*** tir d'une troupe dont les hommes font feu à volonté ; fig., suite ininterrompue de paroles : *Un feu roulant de compliments.* ***Personnel roulant,*** personnel employé à bord de véhicules de transport en commun.

roulé, e adj. Qui est enroulé ; qui est disposé en rond, en rouleau, en boule : *Un col roulé.* ▸ *Fam.* ***Bien roulé,*** bien proportionné, surtout en parlant d'une femme. ◆ **roulé** n.m. Gâteau dont la pâte, enduite de confiture, est mise en rouleau.

rouleau n.m. (dimin. de *rôle,* du lat. *rota,* roue). **1.** Objet de forme cylindrique : *Un rouleau à pâtisserie. Utiliser des rouleaux pour déplacer des rochers.* **2.** Bande de papier, de tissu, etc., enroulée : *Un rouleau de papier peint. Un rouleau de pellicule photo* (= une bobine). **3.** Instrument composé de cylindres utilisé pour aplanir le sol : *Passer le rouleau sur un terrain de football.* **4.** Manchon en peau de mouton ou en synthétique pour étaler la peinture. **5.** Gros bigoudi. **6.** Vague déferlante dont la crête est enroulée : *Les surfeurs chevauchent les rouleaux.* **7.** Style de saut en hauteur où l'athlète passe la barre sur le ventre, son corps s'enroulant autour de celle-ci (on dit aussi *un rouleau ventral*). ▸ *Fam.* ***Être au bout du rouleau,*** être sans ressources ; être à bout de forces ; être sur le point de mourir. ***Rouleau compresseur,*** engin composé d'un cylindre, utilisé pour le compactage des sols ; fig., phénomène massif, irrésistible : *Le rouleau compresseur de la mondialisation.* ***Rouleau de printemps,*** hachis de crustacés, de poulet, d'oignons, de soja, de salade, etc., enveloppé dans une galette de riz : *Le rouleau de printemps est une spécialité vietnamienne.*

roulé-boulé n.m. (pl. *roulés-boulés*). Action de se rouler en boule au cours d'une chute, pour amortir le choc (**SYN.** roulade).

roulement n.m. **1.** Action de rouler ; mouvement de ce qui roule : *Le roulement d'une boule de billard.* **2.** Bruit, son sourd et continu évoquant un objet, un véhicule qui roule : *Le roulement du tonnerre nous a empêchés de dormir.* **3.** Organe destiné à réduire les frottements, dans un système mécanique en rotation : *Un roulement à billes.* **4.** Circulation et utilisation de l'argent pour les transactions, pour les paiements : *Le roulement des capitaux.* **5.** Succession de personnes, d'équipes, dans un travail : *Le roulement du personnel* (**SYN.** rotation). ▸ ***Par roulement,*** à tour de rôle : *Ils tiennent la caisse par roulement.*

rouler v.t. (de l'anc. fr. *ruele,* petite roue) [conj. 3]. **1.** Déplacer qqch en le faisant tourner sur lui-même : *Rouler de grosses pierres.* **2.** Pousser qqch qui est muni de roues : *Rouler un landau.* **3.** Mettre en rouleau : *Rouler une affiche* (**CONTR.** dérouler). **4.** Enrouler ; envelopper : *Roule le vase dans du papier journal pour qu'il ne se casse pas.* **5.** Tourner et retourner sur toute la surface : *Rouler des escalopes dans de la farine* (**SYN.** enrober de). **6.** *Litt.* Tourner et retourner dans sa tête : *Rouler de tristes souvenirs* (**SYN.** ressasser, ruminer). **7.** Imprimer un balancement à : *Rouler les hanches.* **8.** *Fam.* Duper ; tromper : *Il nous a roulés* (**SYN.** berner). **9.** Faire passer un rouleau sur un sol pour l'aplanir : *Rouler un terrain de sports.* ▸ *Fam.* ***Rouler les mécaniques,*** marcher en balançant les épaules, pour faire valoir sa carrure ; fig., faire le fanfaron, le fier-à-bras. ***Rouler les « r »,*** les faire vibrer fortement. ***Rouler les yeux,*** les porter vivement de côté et d'autre par émotion, par surprise. ◆ v.i. **1.** Avancer, tomber en tournant sur soi-même : *La pièce de monnaie a roulé jusque dans l'égout. Il trébucha et roula dans l'escalier* (**SYN.** dégringoler). **2.** Se déplacer, en parlant d'un véhicule, de ses passagers : *Un automobiliste qui roule prudemment.* **3.** En parlant d'un navire, être affecté par le roulis. **4.** Faire entendre des roulements : *Un coup de tonnerre qui roule dans la montagne* (**SYN.** gronder). ▸ *Fam.* ***Ça roule,*** tout va bien. *Fam.* ***Rouler pour,*** agir pour le compte, dans l'intérêt de qqn, d'un groupe : *Rouler pour un parti politique.* ***Rouler sur,*** avoir pour objet principal : *Une discussion qui roule sur la religion.* ***Rouler sur l'or,*** être très riche. ◆ **se rouler** v.pr. **1.** Se tourner et se retourner en roulant sur soi-même : *Les enfants se sont roulés dans l'herbe* (**SYN.** se vautrer). **2.** S'envelopper : *Il se roula dans sa couette* (**SYN.** s'enrouler). ▸ ***Se rouler en boule,*** s'enrouler sur soi-même. *Fam.* ***Se rouler les pouces,*** ne rien faire : *Ils se sont roulé les pouces toute la journée.* *Fam.* ***Se rouler par terre,*** se tordre de rire ; rire aux éclats : *C'était drôle à se rouler par terre.*

roulette n.f. (de *roue*). **1.** Petite roue fixée sur un objet, sous le pied d'un meuble : *Une table à roulettes.* **2.** *Fam.* Fraise utilisée par le dentiste. **3.** Petite roue dentée montée sur un manche, servant à imprimer des marques sur une surface, en couture, en cuisine. **4.** Jeu de casino dans lequel le gagnant est désigné par une boule que l'on fait rouler dans un plateau creux divisé en cases marquées de chiffres. ▸ *Fam.* ***Aller*** ou ***marcher comme sur des roulettes,*** ne rencontrer aucun obstacle, en parlant d'une affaire, d'un travail.

rouleur n.m. Coureur cycliste spécialiste du plat.

roulis [ruli] n.m. Mouvement d'oscillation d'un bord sur l'autre que prend un bateau (par opp. à tangage).

roulotte n.f. **1.** Grande voiture aménagée où logent les forains, les nomades. **2.** Au Québec, caravane de camping. ▸ *Fam.* ***Vol à la roulotte,*** vol commis dans une voiture en stationnement.

roulotté, e adj. et n.m. Se dit d'un ourlet fait dans un tissu très fin, en roulant le bord du tissu.

roumain, e adj. et n. Relatif à la Roumanie, à ses habitants. ◆ **roumain** n.m. Langue romane parlée en Roumanie.

roumi n.m. (d'un mot ar. signif. « romain »). Nom par lequel les musulmans désignent un chrétien.

round [rawnd ou rund] n.m. (mot angl. signif. « tour »). **1.** Chacune des reprises d'un combat de boxe. **2.** Phase d'un débat, d'une discussion qui en comporte plusieurs : *Le premier round des négociations.*

① **roupie** n.f. ▸ *Fam.* ***C'est de la roupie de sansonnet,*** c'est une chose insignifiante, sans valeur.

② **roupie** n.f. (d'un mot hindi signif. « argent »). Unité monétaire principale de l'Inde et de quelques autres pays.

roupiller [rupije] v.i. [conj. 3]. *Fam.* Dormir.

roupillon [rupijɔ̃] n.m. *Fam.* Petit somme ; sieste.

rouquette n.f. → **1. roquette.**

rouquin, e adj. et n. *Fam.* Qui a les cheveux roux : *Une petite rouquine.*

rouscailler [ruskaje] v.i. [conj. 3]. *Fam.* Rouspéter ; protester.

rouspétance n.f. *Fam.* Action de rouspéter ; protestation.

rouspéter v.i. (du moyen fr. *rousser,* gronder, et *péter*) [conj. 18]. *Fam.* Manifester son mécontentement : *Elle rouspète souvent* (**SYN.** protester, se plaindre).

rouspéteur, euse adj. et n. *Fam.* Qui rouspète ; grincheux.

roussâtre adj. Qui tire sur le roux : *Une moustache roussâtre.*

roussette n.f. (de l'anc. fr. *roset,* roux). **1.** Petit requin dont la chair est commercialisée sous le nom de *saumonette.* **2.** Grande chauve-souris d'Afrique et d'Asie.

rousseur n.f. Couleur rousse de qqch : *Des cheveux d'une rousseur éclatante.* ▸ ***Tache de rousseur,*** éphélide.

roussi n.m. Odeur d'une chose que le feu a brûlée superficiellement. ▸ *Fam.* ***Ça sent le roussi,*** les choses prennent une mauvaise tournure.

roussir v.t. [conj. 32]. **1.** Rendre roux : *L'automne roussit les feuilles des arbres.* **2.** Brûler superficiellement : *Il a roussi la nappe avec le fer à repasser.* ◆ v.i. Devenir roux.

roussissement n.m. ou **roussissure** n.f. Action de roussir ; état de ce qui est roussi.

rouste n.f. (de *rouster,* rosser, mot dialect. de l'Ouest). *Fam.* Volée de coups ; défaite.

routage n.m. **1.** Triage, par lieux de destination, de journaux, de prospectus à diffuser. **2.** Action de router un navire.

routard, e n. *Fam.* Personne qui prend la route et voyage à pied ou en auto-stop.

route n.f. (du lat. [*via*] *rupta,* [voie] frayée). **1.** Voie carrossable, aménagée hors agglomération : *Elle aime conduire sur les petites routes de campagne. La route de Reims* (= qui mène à Reims). **2.** Moyen de communication utilisant ce genre de voie : *Nous viendrons par la route* (= en voiture). *Les accidents de la route.* **3.** Espace à parcourir, itinéraire à suivre pour aller d'un endroit à un autre : *Une longue route nous attend demain* (**SYN.** parcours, trajet). *Souhaiter bonne route à qqn* (**SYN.** voyage). *Il cherche sa route* (**SYN.** chemin). **4.** Ligne ou voie de communication qui relie divers points du globe : *Les routes aériennes, maritimes.* **5.** Direction dans laquelle progresse un bateau : *Le paquebot fait route sur Marseille.* **6.** Ligne de conduite suivie par qqn : *Elle est sur la route de la réussite* (**SYN.** voie). *Maintenant ta route est toute tracée.* ▸ ***En cours de route*** ou ***en route,*** pendant le trajet : *On l'a perdu en cours de route* ; pendant le temps que dure qqch : *J'ai commencé ce roman, mais je me suis arrêté en route.* ***Faire fausse route,*** s'écarter de sa route, s'égarer ; fig., se tromper. ***Faire route avec qqn,*** l'avoir pour compagnon de voyage. ***Feuille de route,*** dans l'armée, consignes précises et circonstanciées données à un subordonné ; fig., programme détaillé que l'on établit en vue d'un objectif précis. ***Mettre en route,*** mettre en marche, faire fonctionner ; commencer à réaliser.

router v.t. [conj. 3]. **1.** Effectuer le routage de journaux, de prospectus. **2.** Fixer à un navire la route qu'il doit suivre.

routeur n.m. **1.** Professionnel du routage. **2.** Personne qui effectue le routage d'un navire.

① **routier, ère** adj. Relatif aux routes ; qui se fait sur route : *Une carte routière. Les transports routiers.* ◆ **routier** n.m. *Fam.* Restaurant simple situé en bordure d'une route à grande circulation : *Il a déjeuné dans un routier.*

② **routier, ère** n. (de *1. routier*). Chauffeur de poids lourds.

③ **routier** n.m. (de l'anc. fr. *rote,* bande). ▸ *Fam.* ***Vieux routier,*** homme expérimenté, habile, et parfois même retors.

routière n.f. Automobile permettant de réaliser de longues étapes dans d'excellentes conditions.

① **routine** n.f. (de *route*). Manière d'agir ou de penser qui ne varie pas, répétitive : *Ils sont prisonniers de la routine.* ▸ ***De routine,*** se dit d'une action, d'une opération de caractère habituel : *Un contrôle de routine.*

② **routine** n.f. (angl. *routin*). Sous-programme informatique.

routinier, ère adj. et n. Qui agit par routine : *Des personnes routinières.*

rouvre n.m. (lat. pop. *roborem,* de *robur,* chêne). Chêne au feuillage dense.

rouvrir v.t. [conj. 34]. Ouvrir de nouveau ce qui a été fermé : *Rouvrir une fenêtre, un livre* (**CONTR.** refermer). ▸ ***Rouvrir une blessure, une plaie,*** ranimer, raviver une peine, un chagrin. ◆ v.i. ou **se rouvrir** v.pr. Être de nouveau ouvert : *Sa blessure s'est rouverte.*

roux, rousse adj. (lat. *russus*). D'une couleur orangée tirant sur le marron ou sur le rouge. ◆ adj. et n. Qui a les cheveux roux : *Une belle rousse.* ◆ **roux** n.m.

1. Couleur rousse : *Des feuilles d'automne d'un roux ardent.* **2.** Mélange de farine roussie dans du beurre, qui sert à lier les sauces.

royal, e, aux [rwajal, o] adj. (lat. *regalis,* de *rex, regis,* roi). **1.** Qui est propre au roi, à sa fonction : *Le pouvoir royal* (**SYN.** régalien). **2.** Qui appartient, se rapporte à un roi : *Le palais royal* (**SYN.** princier). **3.** Qui relève de l'autorité du roi : *Une ordonnance royale.* **4.** Digne d'un roi : *Une demeure royale* (**SYN.** magnifique, somptueux ; **CONTR.** modeste, simple). **5.** Dont l'allure est particulièrement majestueuse (surtout pour qualifier certaines espèces animales ou végétales) : *Un aigle royal. La fougère royale.* ▸ ***Prince royal, princesse royale,*** héritier, héritière présomptifs de la couronne. ***Voie royale,*** moyen le plus sûr, le plus glorieux pour parvenir à qqch. ◆ **royale** n.f. Petite touffe de barbe que des hommes laissent pousser sous la lèvre inférieure. ▸ *Fam.* ***La Royale,*** la Marine nationale, en France.

royalement adv. **1.** De manière royale, somptueuse : *Leurs invités ont été reçus royalement* (**SYN.** magnifiquement ; **CONTR.** simplement). **2.** *Fam.* Indique un degré extrême ; totalement : *Je m'en moque royalement* (**SYN.** complètement).

royalisme n.m. Attachement à la royauté, à la monarchie (**SYN.** monarchisme).

royaliste adj. et n. Qui est partisan du roi, de la monarchie (**SYN.** monarchiste). ▸ ***Être plus royaliste que le roi,*** défendre qqn avec plus d'ardeur qu'il ne le fait lui-même ; soutenir une doctrine avec outrance.

royalties [rwajalti ou rwajaltiz] n.f. pl. (mot angl. signif. « royautés »). Redevance due au titulaire d'un droit de propriété industrielle (**SYN.** royautés).

royaume n.m. (du lat. *regimen,* gouvernement, altéré par *royal*). **1.** État à régime monarchique (**SYN.** monarchie). **2.** *Litt.* Lieu, domaine où qqn règne en maître : *Ici, c'est le royaume des curistes.* ▸ ***Le royaume des cieux,*** dans la religion chrétienne, le paradis. ***Le royaume des morts,*** dans la mythologie, les Enfers.

se **royaumer** v.pr. [conj. 3]. *Fam.* En Suisse, se prélasser.

royauté n.f. **1.** Dignité de roi : *Il dut renoncer à la royauté* (**SYN.** couronne, trône [litt.]). **2.** Régime monarchique : *Ils veulent rétablir la royauté* (**SYN.** monarchie). ◆ **royautés** n.f. pl. Somme reversée au détenteur d'un droit, d'un brevet : *Cette jeune romancière a touché de grosses royautés* (**SYN.** redevance, royalties [anglic.]).

RSA [ɛrɛsa] n.m. (sigle). ▸ ***Revenu de solidarité active*** → **revenu.**

RSS [ɛrɛsɛs] n.m. ou n.f. (sigle de l'angl. *really simple syndication*). Format de description synthétique du contenu d'un site Web qui permet aux internautes d'être avertis de la mise en ligne d'un contenu sur l'un de leurs sites préférés.

R.T.T. ou **RTT** [ɛrtete] n.f. (sigle). ▸ ***Réduction du temps de travail*** → **réduction.**

ru n.m. (lat. *rivus*). *Région.* ou *litt.* Petit ruisseau ; ruisselet.

ruade n.f. Action de ruer ; mouvement d'un animal qui rue : *Un cheval qui lance une ruade.*

ruban n.m. (du moyen néerl. *ringhband,* collier). **1.** Ornement de tissu plat et étroit : *Elle retient ses cheveux avec un ruban de velours noir* (**SYN.** faveur [vieilli]). **2.** Marque de décoration portée à la boutonnière : *Le ruban rouge* (= la Légion d'honneur). **3.** Bande mince et étroite de matière souple et flexible : *Du ruban adhésif.* **4.** *Litt.* Ce qui est long et étroit comme un ruban : *La rivière déroule son long ruban.* ▸ ***Ruban bleu,*** trophée symbolique accordé autref. au paquebot qui traversait le plus rapidement l'Atlantique ; fig., reconnaissance symbolique d'une réussite, d'un mérite.

rubanerie n.f. Industrie, commerce des rubans.

rubanier, ère adj. Relatif à la fabrication, à la vente des rubans.

rubato [rubato] adv. (mot it., de *rubare,* voler). Terme de musique indiquant que l'on doit exécuter un passage avec une grande liberté de rythme.

rubéfaction n.f. Rougeur de la peau due à des substances irritantes.

rubéfier v.t. (du lat. *ruber,* rouge) [conj. 9]. Rendre rouge par l'effet d'un agent irritant.

rubénien, enne adj. Qui rappelle la manière ou les types humains de Rubens.

rubéole n.f. (du lat. *rubeus,* roux, de *ruber,* rouge). Maladie à éruption cutanée, contagieuse et ressemblant à la rougeole.

rubéoleux, euse adj. Relatif à la rubéole. ◆ adj. et n. Qui est atteint de la rubéole.

rubescent, e adj. (lat. *rubescens,* de *ruber,* rouge). *Litt.* Qui devient rouge : *Une peau rubescente.*

rubican adj. m. (it. *rabicano,* de *rabo,* queue, et *cano,* blanc). ▸ ***Cheval rubican,*** cheval noir, bai ou alezan, à robe semée de poils blancs.

rubicond, e adj. (lat. *rubicundus,* de *ruber,* rouge). Qui a le visage très rouge (**SYN.** rougeaud ; **CONTR.** blême, pâle).

rubigineux, euse adj. (du lat. *rubiginosus,* rouillé). *Litt.* **1.** Couvert de rouille ; rouillé. **2.** Qui a la couleur de la rouille.

rubis [rybi] n.m. (du lat. *rubeus,* rougeâtre). Pierre précieuse d'un rouge vif. ▸ ***Payer rubis sur l'ongle,*** payer immédiatement et intégralement ce que l'on doit. ◆ adj. inv. De couleur rouge évoquant le rubis : *Des tentures rubis.*

rubrique n.f. (du lat. *rubrica,* titre en rouge, de *ruber,* rouge). **1.** Indication de la matière traitée dans un article, dans un ouvrage : *Les rubriques d'une encyclopédie.* **2.** Catégorie d'articles sur un sujet déterminé paraissant régulièrement dans un journal : *Elle tient la rubrique sportive* (**SYN.** chronique). **3.** Catégorie dans laquelle on classe qqch : *Ces dépenses sont à regrouper sous la rubrique « loisirs »* (**SYN.** chapitre).

rubriquer v.t. [conj. 3]. Mettre sous une rubrique ; donner une rubrique à.

ruche n.f. (du bas lat. *rusca,* écorce, du gaul.). **1.** Habitation d'une colonie d'abeilles ; colonie qui la peuple : *Une ruche de bois. Dans une ruche, il y a des dizaines de milliers d'ouvrières* (**SYN.** essaim). **2.** *Fig.* Endroit où s'activent de nombreuses personnes : *Cette entreprise est une véritable ruche* (**SYN.** fourmilière). **3.** Ruché.

ruché n.m. Bande d'étoffe légère plissée et servant d'ornement sur un vêtement féminin.

ruchée n.f. Population d'une ruche.

① **rucher** n.m. **1.** Endroit où sont placées des ruches. **2.** Ensemble de ruches.

② **rucher** v.t. [conj. 3]. Garnir un vêtement d'un ruché.

ruclon n.m. En Suisse, dépotoir de jardin.

rude adj. (du lat. *rudis,* brut). **1.** Dur, rugueux au toucher : *Sa peau est rude* (**SYN.** rêche ; **CONTR.** doux). **2.** Désagréable à voir, à entendre : *Un vieillard au visage rude* (**SYN.** sec, sévère). *Parler sur un ton rude* (**SYN.** âpre, brutal). **3.** Difficile à supporter : *Un hiver rude* (**SYN.** dur, rigoureux ; **CONTR.** clément, doux). **4.** Qui mène une vie simple, dure ; qui est dépourvu de raffinement : *Un rude campagnard* (**SYN.** fruste). *Des manières rudes* (**SYN.** grossier ; **CONTR.** délicat). **5.** Difficile à vaincre : *Un rude concurrent* (**SYN.** redoutable). **6.** *Fam.* Remarquable en son genre : *Un rude appétit.*

rudement adv. **1.** De façon rude, brutale : *Ne lui parle pas si rudement !* (**SYN.** sèchement ; **CONTR.** aimablement, gentiment). **2.** *Fam.* À un très haut degré : *Les enfants ont rudement faim* (**SYN.** extrêmement).

rudesse n.f. **1.** Caractère de ce qui est dur à supporter : *La rudesse du climat* (**SYN.** rigueur ; **CONTR.** douceur). **2.** *Litt.* Caractère de ce qui manque de délicatesse : *La rudesse de son langage* (**SYN.** grossièreté ; **CONTR.** raffinement). **3.** Caractère de qqn qui est dur, insensible : *Il lui a répondu avec rudesse* (**SYN.** brusquerie, brutalité ; **CONTR.** amabilité, gentillesse).

rudiment n.m. (lat. *rudimentum,* apprentissage, de *rudis,* brut, grossier). *Sout.* Élément encore grossier ; ébauche de qqch : *Un rudiment de théorie.* ◆ **rudiments** n.m. pl. Notions élémentaires d'une science, d'un art : *J'ai appris les rudiments de la chimie* (**SYN.** b.a.-ba, base).

rudimentaire adj. Peu développé ; élémentaire : *Ses connaissances en latin sont rudimentaires* (**SYN.** 1. sommaire). *Une calculette rudimentaire* (**SYN.** primitif).

rudoiement [rydwamɑ̃] n.m. *Litt.* Action de rudoyer.

rudoyer [rydwaje] v.t. [conj. 13]. Traiter rudement, sans ménagement ; maltraiter : *Je ne supporte plus de le voir les rudoyer ainsi* (**SYN.** brutaliser, malmener).

① **rue** n.f. (du lat. *ruga,* ride du visage). **1.** Voie publique aménagée dans une agglomération entre les maisons ; artère : *Une rue piétonne.* **2.** Ensemble des habitants des maisons qui bordent une rue : *Toute la rue a assisté à leur scène de ménage.* ▸ ***À rue,*** en Belgique, qui donne sur la rue. ***À tous les coins de rue,*** partout. ***Être à la rue,*** être sans abri. ***La rue,*** les milieux populaires ; le peuple susceptible de s'insurger : *Céder à la pression de la rue.* ***L'homme de la rue,*** le citoyen moyen ; n'importe qui. ***Sport de rue,*** variante d'un sport dont les règles, les équipements, voire les installations, ont été adaptés à une pratique dans différents espaces urbains : *Le football de rue.*

② **rue** n.f. (lat. *ruta*). Plante à fleurs jaunes malodorantes.

ruée n.f. Action de se ruer quelque part, sur qqch ; mouvement impétueux d'une foule : *La ruée des clients sur les soldes* (**SYN.** rush). *La ruée vers l'or.*

ruelle n.f. **1.** Petite rue étroite ; venelle. **2.** Aux XVIe et XVIIe siècles, espace libre entre le lit et le mur, et où les dames de haut rang recevaient leurs visiteurs.

ruer v.i. (du lat. *ruere,* se précipiter, faire tomber) [conj. 7]. Jeter en l'air avec force les pieds de derrière, en parlant d'un cheval, d'un âne. ▸ ***Ruer dans les brancards*** → **brancard.** ◆ **se ruer** v.pr. **[sur].** Se jeter avec violence ; se précipiter en masse sur qqn, qqch : *Le journaliste se rua sur la vedette* (**SYN.** s'élancer). *Les supporteurs se ruent sur le terrain à la fin du match.*

ruffian ou **rufian** n.m. (de l'it. *ruffiano,* entremetteur). Homme hardi et sans scrupule qui vit d'expédients ; aventurier.

Rufflette n.f. (nom déposé). Galon épais que l'on coud en haut des rideaux afin de les froncer et d'y poser les crochets de fixation.

rugby [rygbi] n.m. (de *Rugby,* nom d'une ville anglaise). Sport qui oppose deux équipes de 15 *(rugby à XV),* 13 *(rugby à XIII)* ou 7 joueurs *(rugby à VII),* qui se joue avec un ballon ovale qu'il faut faire passer, à la main ou au pied, derrière le but adverse : *Les plus beaux essais du rugby contemporain.*

rugbyman [rygbiman] n.m. [pl. *rugbymans* ou *rugbymen*]. Joueur de rugby.

rugir v.i. (lat. *rugire*) [conj. 32]. **1.** Pousser son cri, en parlant des grands félins : *Le lion rugit.* **2.** Pousser des cris : *Les supporteurs rugissaient de colère* (**SYN.** hurler, vociférer).

rugissant, e adj. Qui rugit. ▸ ***Les quarantièmes rugissants*** → **quarantième.**

rugissement n.m. **1.** Cri des grands félins : *Le rugissement de la panthère.* **2.** Cri, bruit violent : *Pousser des rugissements de fureur* (**SYN.** hurlement).

rugosité n.f. **1.** État d'une surface rugueuse : *La rugosité de la langue du chat* (**SYN.** rudesse ; **CONTR.** douceur). **2.** Point dur et rêche au toucher, sur une surface, sur la peau : *Les rugosités d'un rocher* (**SYN.** aspérité).

rugueux, euse adj. (lat. *rugosus,* de *ruga,* ride). Dont la surface présente des aspérités ; rude au toucher : *Ses mains étaient rugueuses* (**SYN.** rêche ; **CONTR.** doux).

ruine n.f. (du lat. *ruina,* chute, de *ruere,* se précipiter, faire tomber). **1.** Dégradation d'une construction pouvant aboutir à sa destruction : *Une église qui tombe en ruine* (**SYN.** délabrement). **2.** Bâtiment délabré : *Ce château n'est plus qu'une ruine.* **3.** Destruction progressive de qqch, de qqn ; chute, écroulement : *L'entreprise va à sa ruine* (**SYN.** déconfiture). *C'est la ruine de ses illusions* (**SYN.** anéantissement, 1. fin). **4.** Perte de ses biens, de sa fortune : *Il est au bord de la ruine* (**SYN.** naufrage). **5.** Ce qui entraîne des dépenses importantes : *L'entretien de cette maison est une ruine* (**SYN.** gouffre). **6.** *Fam.* Personne usée physiquement ou intellectuellement ; épave, loque. ◆ **ruines** n.f. pl. Restes, décombres de construction partiellement écroulée : *Les ruines d'une ville bombardée* (**SYN.** vestiges).

ruiner v.t. [conj. 3]. **1.** Causer la ruine, la perte de la fortune de : *Le krach boursier a ruiné cette famille* (**CONTR.** enrichir). **2.** Réduire à néant ; détruire : *Il a ruiné mes espérances* (**SYN.** anéantir, briser ; **CONTR.** nourrir). **3.** *Litt.* Ravager ; endommager gravement : *Le tabac a ruiné sa santé* (**SYN.** miner, user). ◆ **se ruiner** v.pr. Perdre sa fortune ; dépenser trop : *Elle s'est ruinée au jeu.*

ruineux, euse adj. Qui provoque des dépenses excessives ; dispendieux : *Des vacances ruineuses* (**SYN.** coûteux, onéreux ; **CONTR.** économique).

ruisseau n.m. (lat. *rivuscellus,* de *rivus*). **1.** Petit cours d'eau peu profond ; son lit : *Un ruisseau coule au bas de leur jardin.* **2.** *Litt.* Liquide coulant en abondance : *Un ruisseau de larmes* (**SYN.** flot, torrent). **3.** *Anc.* Caniveau. **4.** *Litt.* Situation dégradante : *Tirer qqn du* *ruisseau* (= de la misère). ▸ ***Les petits ruisseaux font les grandes rivières,*** les petits profits accumulés finissent par faire de gros bénéfices (proverbe).

ruisselant, e adj. **1.** Qui ruisselle, coule : *Des eaux ruisselantes.* **2.** Qui est couvert d'un liquide qui coule : *Leurs fronts étaient ruisselants de sueur.*

ruisseler v.i. [conj. 24]. **1.** Couler sans arrêt et en abondance : *L'eau ruisselle du toit.* **2.** Être couvert d'un liquide qui coule : *Nous ruisselions de sueur.*

ruisselet n.m. *Litt.* Petit ruisseau ; ru.

ruissellement n.m. Fait de ruisseler : *Le ruissellement de la pluie sur le toit.*

rumba [rumba] n.f. (mot esp. des Antilles). Danse cubaine exécutée en couple et basée sur le déhanchement.

rumen [rymɛn] n.m. (mot lat. signif. « œsophage »). Première poche de l'estomac des ruminants (**SYN.** panse).

rumeur n.f. (lat. *rumor, rumoris*). **1.** Bruit confus de voix ; bourdonnement, brouhaha : *Une rumeur nous parvenait du lointain* (**SYN.** murmure). **2.** Nouvelle qui se répand dans le public : *Internet véhicule parfois des rumeurs extravagantes* (**SYN.** bruit, on-dit). ▸ ***La rumeur publique,*** l'opinion du grand nombre ; les bruits qui circulent dans le public.

ruminant, e adj. Dont le mode de digestion est la rumination. ◆ **ruminant** n.m. Mammifère ongulé pourvu d'un estomac propre à la rumination.

rumination n.f. **1.** Action de ruminer ; mode de digestion des ruminants. **2.** *Fig.* Action de repasser sans fin une idée, un sentiment dans son esprit.

ruminer v.t. (lat. *ruminare,* de *rumen, ruminis,* œsophage) [conj. 3]. **1.** En parlant d'un ruminant, mâcher les aliments ramenés de la panse dans la bouche. **2.** *Fig.* Tourner et retourner qqch dans son esprit ; remâcher, ressasser : *Ruminer sa vengeance.*

rumsteck [rɔmstɛk] n.m. → **romsteck.**

rune n.f. (mot norvég.). Caractère de l'ancien alphabet utilisé par les peuples germaniques et scandinaves.

runique adj. Relatif aux runes ; qui est formé de runes : *Des inscriptions runiques.*

rupestre adj. (du lat. *rupes,* rocher). **1.** Se dit d'une plante qui croît dans les rochers. **2.** Qui est réalisé sur les parois des cavernes : *Des gravures rupestres* (**SYN.** pariétal).

rupin, e adj. et n. (de l'arg. anc. *rupe,* dame). *Arg.* Qui est riche ou luxueux.

rupteur [ryptœr] n.m. Dispositif servant à interrompre le courant électrique.

rupture [ryptyr] n.f. (lat. *ruptura,* de *rumpere,* rompre). **1.** Fait de se rompre sous l'effet d'un choc : *La rupture d'une corde* (**SYN.** cassure). *La rupture d'un ligament* (**SYN.** déchirure). **2.** Fait d'interrompre des relations : *Une scène de rupture* (**SYN.** séparation). *On annonce la rupture des négociations* (**SYN.** interruption ; **CONTR.** continuation). **3.** Action de considérer comme nul un engagement : *Le non-respect des clauses entraîne la rupture du contrat* (**SYN.** annulation, invalidation). **4.** Absence de continuité ; opposition entre des choses : *Il y a une rupture de ton entre les deux parties du film* (**SYN.** changement, décalage). ▸ ***Rupture de stock,*** niveau d'un stock de marchandises devenu insuffisant pour satisfaire la demande.

① **rural, e, aux** adj. (lat. *ruralis,* de *rus, ruris,* campagne). Qui concerne les paysans, la campagne : *Les activités rurales* (**SYN.** agricole, champêtre [litt.] ; **CONTR.** citadin, urbain). ◆ n. Habitant de la campagne (**CONTR.** citadin).

② **rural** n.m. En Suisse, bâtiment d'exploitation agricole.

ruralisme n.m. Tendance à idéaliser la vie à la campagne.

ruralité n.f. Ensemble des caractéristiques, des valeurs du monde rural.

rurbain, e adj. Relatif à la rurbanisation. ◆ n. Habitant d'une zone rurbaine.

rurbanisation n.f. Développement des villages proches des grandes villes, dont ils deviennent les banlieues.

ruse n.f. **1.** Procédé habile dont on se sert pour parvenir à ses fins : *Elle a déjoué les ruses de ses adversaires* (**SYN.** manœuvre, stratagème). **2.** Habileté de qqn à agir de façon trompeuse, déloyale : *Il a obtenu ces informations par la ruse* (**SYN.** fourberie, roublardise).

rusé, e adj. et n. Qui fait preuve de ruse : *Rusé comme un renard* (**SYN.** matois [litt.], retors ; **CONTR.** droit, honnête).

ruser v.i. (lat. *recusare,* refuser, repousser) [conj. 3]. Se servir de ruses ; agir avec ruse : *Il a dû ruser pour ne pas répondre aux questions* (**SYN.** louvoyer, manœuvrer).

rush [rœʃ] n.m. (mot angl. signif. « ruée ») [pl. *rushs* ou *rushes*]. **1.** Effort final impétueux ; assaut. **2.** Afflux d'une foule : *Le rush des clients sur les soldes* (**SYN.** ruée).

rushes [rœʃ] n.m. pl. (mot angl.). Dans le vocabulaire du cinéma, prises de vues telles qu'elles sont avant le montage.

russe adj. et n. Relatif à la Russie, à ses habitants. ◆ n.m. Langue slave parlée en Russie, s'écrivant à l'aide de l'alphabet cyrillique.

russification n.f. Action de russifier ; fait d'être russifié.

russifier [conj. 9] ou **russiser** [conj. 3] v.t. Faire adopter les institutions ou la langue russe à.

russophone adj. et n. Qui parle le russe.

russule n.f. (du lat. *russulus,* rougeâtre). Champignon des bois, voisin des lactaires.

rustaud, e adj. et n. (de *rustre*). *Fam.* Qui manque de délicatesse ou de raffinement : *Des manières rustaudes* (**SYN.** gauche, grossier). *Quel rustaud !* (**SYN.** balourd).

rusticité n.f. **1.** Caractère de ce qui est rustique : *Les touristes apprécient la rusticité de ces auberges.* **2.** Caractère d'une plante ou d'un animal rustiques.

Rustine n.f. (nom déposé ; de *Rustin,* nom d'un industriel). Petite rondelle de caoutchouc servant à réparer une chambre à air de bicyclette.

rustique adj. (lat. *rusticus,* de *rus, ruris,* campagne). **1.** Qui est fabriqué sur un modèle artisanal traditionnel : *Des meubles rustiques.* **2.** *Litt.* Qui a le caractère, la simplicité de la campagne : *Des gens rustiques* (= des campagnards). **3.** Se dit d'une plante, d'un animal qui est apte à supporter des conditions climatiques difficiles : *Une céréale rustique* (**SYN.** résistant, robuste).

rustre adj. et n. (du lat. *rusticus*, rustique). Qui manque d'éducation ; grossier : *Ce rustre a bousculé tout le monde* (**SYN.** goujat, malappris, malotru).

rut [ryt] n.m. (du lat. *rugitus*, rugissement). Période d'activité sexuelle des mammifères.

rutabaga n.m. (du suéd. *rotabaggar*). Plante voisine du navet, cultivée pour la partie renflée de sa tige, à chair jaunâtre.

rutilance n.f. ou **rutilement** n.m. *Litt.* Caractère de ce qui est rutilant.

rutilant, e adj. **1.** Qui brille d'un vif éclat : *Une vaisselle rutilante* (**SYN.** étincelant, resplendissant ; **CONTR.** terne). **2.** Qui est d'un rouge vif, éclatant.

rutiler [rytile] v.i. (lat. *rutilare*, teindre en rouge, briller) [conj. 3]. *Litt.* **1.** Briller d'un vif éclat : *Ces chromes rutilent* (**SYN.** étinceler, resplendir). **2.** Briller d'un rouge éclatant.

ruz [ry] n.m. (mot jurassien signif. « ruisseau »). Vallée creusée sur le flanc d'un mont par les eaux qui ruissellent.

rye [raj] n.m. (mot anglo-amér.). Whisky canadien à base de seigle.

rythme [ritm] n.m. (du gr. *rhuthmos*, mesure, cadence). **1.** En musique et en poésie, effet obtenu par la combinaison des temps forts et des temps faibles : *La samba se joue sur un rythme syncopé* (**SYN.** cadence, mesure, tempo). **2.** Retour à intervalles réguliers d'un fait, d'un phénomène : *Le rythme des réunions restera le même* (**SYN.** fréquence). *Le rythme des saisons* (**SYN.** alternance). *Le rythme biologique* (= biorythme). **3.** Allure à laquelle s'effectue une action, un processus : *La course a commencé sur un rythme soutenu* (**SYN.** vitesse). *Le contremaître exige une accélération du rythme de production.* **4.** Succession de temps forts et de temps faibles dans une œuvre : *J'aime les films au rythme soutenu* (= avec peu de temps faibles).

rythmer [ritme] v.t. [conj. 3]. Donner du rythme à ; régler selon un rythme, une cadence : *Les saisons rythment la vie des paysans* (**SYN.** organiser, structurer).

rythmique [ritmik] adj. Relatif au rythme ; qui est soumis à un certain rythme : *Des battements rythmiques.* ◆ n.f. Méthode d'éducation physique, musicale et respiratoire visant l'harmonisation des mouvements du corps.

S s

s [ɛs] n.m. inv. **1.** Dix-neuvième lettre (consonne) de l'alphabet français. **2.** Succession de deux courbes de sens contraire : *Des virages en S.* ▸ ***S.,*** abrév. de *sud.*

sa adj. poss. (fém. de *1. son*) [pl. *ses*]. **1.** Désigne la personne dont on parle comme le possesseur d'un objet représenté par un nom féminin, comme auteur d'une action, comme membre d'un groupe : *Il nous fera visiter sa maison. Je ne doute pas de sa bonne foi. Elle gagne sa vie. Elle présente ses créations. Sa collègue est charmante. Il a le soutien de sa famille.* **2.** Qui est relatif à la chose dont on parle ou qui lui est spécifique : *Ses qualités sont celles d'un appareil haut de gamme. Ce produit a trouvé sa place sur le marché. Un portable et sa mallette de transport.*

S.A. ou **SA** [ɛsa] n.f. (sigle). ▸ ***Société anonyme*** → **société.**

sabayon [sabajɔ̃] n.m. (it. *zabaione*). Crème composée d'œufs, de vin et de sucre, et que l'on consomme en dessert.

sabbat [saba] n.m. (lat. *sabbatum,* d'un mot hébr. signif. « repos »). **1.** Dans la religion juive, jour de repos hebdomadaire consacré à Dieu, du vendredi soir au samedi soir (**SYN.** shabbat). **2.** Assemblée nocturne de sorciers et de sorcières qui, selon la tradition populaire, se tenait le samedi à minuit sous le patronage de Satan.

sabbatique adj. Dans la religion juive, relatif au sabbat : *Le repos sabbatique.* ▸ ***Année sabbatique,*** année de congé non rémunéré, accordée à certains employés ou cadres dans les entreprises, à des professeurs d'université de certains pays : *Prendre une année sabbatique.*

sabir n.m. (de l'esp. *saber,* savoir). **1.** Parler composite comprenant des termes empruntés à plusieurs langues et utilisé comme langage de communication entre des communautés linguistiques différentes. **2.** *Péjor.* Langage difficilement compréhensible : *Le sabir administratif* (**SYN.** charabia, jargon).

sablage n.m. Action de sabler ; résultat de cette action : *Le sablage des routes.*

① **sable** n.m. (lat. *sabulum*). Roche sédimentaire meuble, formée de grains : *Du sable de rivière. Une plage de sable fin.* ▸ ***Bâtir sur le sable,*** fonder une entreprise sur qqch de peu solide. *Fam.* ***Être sur le sable,*** être sans argent, sans travail. ◆ adj. inv. Qui est d'une couleur beige très clair : *Des uniformes sable.* ◆ **sables** n.m. pl. Vaste étendue de sable : *Un rallye dans les sables du désert.* ▸ ***Sables mouvants,*** sable humide, peu consistant et où l'on risque de s'enliser.

② **sable** n.m. (du polon. *sabol,* martre zibeline). En héraldique, la couleur noire.

sablé, e adj. **1.** Qui est couvert de sable : *Des chemins sablés.* **2.** En cuisine, se dit d'une pâte friable comportant une forte proportion de beurre et de sucre. ▸ ***Papier sablé,*** aux Antilles et au Québec, papier de verre ; papier d'émeri. ◆ **sablé** n.m. Petite galette en pâte sablée.

sabler v.t. [conj. 3]. **1.** Couvrir de sable : *Sabler une chaussée en hiver.* **2.** Nettoyer par projection d'un jet de sable : *Sabler des tôles rouillées* (**SYN.** décaper). ▸ ***Sabler le champagne,*** boire du champagne à l'occasion d'une réjouissance.

sablerie n.f. Partie d'une fonderie où l'on prépare les sables afin de les rendre aptes au moulage.

sableur n.m. **1.** Ouvrier qui nettoie des surfaces par projection de sable. **2.** Ouvrier qui travaille dans une sablerie.

sableuse n.f. **1.** Appareil tracté pour le sablage des chaussées. **2.** Machine qui projette un jet de sable pour décaper.

sableux, euse adj. Qui contient du sable : *Ici, les eaux sont sableuses.*

① **sablier, ère** adj. Relatif à l'extraction, au commerce du sable.

② **sablier** n.m. Petit appareil en verre, constitué de deux récipients communiquant par un étroit conduit par lequel s'écoule du sable fin et qui sert à mesurer le temps.

sablière n.f. Carrière de sable.

sablon n.m. Sable à grains très fins.

sablonner v.t. [conj. 3]. Couvrir une surface de sable : *Sablonner les allées d'un parc.*

sablonneux, euse adj. Où il y a beaucoup de sable : *Des plages sablonneuses.*

sablonnière n.f. Lieu d'où l'on extrait le sablon.

sabord n.m. Ouverture carrée pratiquée dans la coque d'un navire et munie d'un dispositif de fermeture étanche.

sabordage ou **sabordement** n.m. Action de saborder, de se saborder : *Le sabordage d'un groupuscule extrémiste* (**SYN.** démembrement, dissolution).

saborder v.t. [conj. 3]. **1.** Couler volontairement un navire. **2.** Détruire volontairement une entreprise, un projet ; ruiner, torpiller : *Il a sabordé ses recherches pour éviter un emploi détourné des résultats.* ◆ **se saborder** v.pr. En parlant d'une entreprise, d'une organisation, mettre volontairement fin à ses activités : *L'association s'est sabordée.*

sabot n.m. (anc. picard *çabot,* probabl. de l'anc. fr. *bot, botte,* chaussure grossière). **1.** Chaussure faite d'une pièce de bois creusée ; par ext., chaussure utilitaire en caoutchouc, faite d'une seule pièce. **2.** Ongle développé entourant l'extrémité des doigts des mammifères ongulés et sur lequel ils marchent : *Les sabots d'un cheval.* ▸ ***Baignoire sabot,*** baignoire de longueur réduite conçue pour être utilisée en position assise. ***Sabot de Denver,*** dispositif utilisé par la police afin d'immobiliser les voitures en stationnement illicite par le blocage d'une roue. ***Sabot de frein,*** pièce mobile du frein, qui vient frotter sur une roue. *Fam.* ***Voir venir qqn avec ses gros sabots,*** deviner clairement ses intentions.

sabotage n.m. **1.** Action de saboter un travail, de le faire mal. **2.** Acte qui a pour but de détériorer ou de détruire du matériel, des installations ou de faire échouer un projet : *Le sabotage d'un barrage, d'une négociation.*

sabot-de-Vénus [sabodvenys] n.m. (pl. *sabots-de-Vénus*). Plante aux fleurs en forme de sabot, qui, devenue rare, est protégée.

saboter v.t. [conj. 3]. **1.** Exécuter vite et sans soin : *Il a saboté son projet.* **2.** Détériorer ou détruire volontairement qqch : *Les rebelles ont saboté les relais.* **3.** Chercher à faire échouer : *Cet attentat a saboté la mission de paix* (**SYN.** torpiller). **4.** En Afrique, mépriser, dédaigner qqn.

saboterie n.f. Fabrique de sabots.

saboteur, euse n. Personne qui sabote qqch : *Des saboteurs s'attaquent à leur système informatique.*

sabotier, ère n. Artisan qui fabrique et vend des sabots.

sabra n. (mot hébr.). Juif né en Israël.

sabre n.m. (de l'all. *Säbel,* du hongr.). **1.** Arme blanche, droite ou recourbée, qui ne tranche que d'un côté : *Un sabre japonais.* **2.** En escrime, arme légère de ce type ; discipline utilisant cette arme : *Une championne de sabre.* **3.** *Fam.* Symbole de la force militaire, de l'armée (souvent péjor.) : *Le sabre et le goupillon* (= l'armée et l'Église). **4.** *Fam., vieilli* Rasoir à manche et à longue lame ; coupe-chou. ▸ ***Sabre d'abattis,*** sabre assez court, à large lame, utilisé pour se frayer un chemin à travers la brousse ; coupe-coupe.

sabrer v.t. [conj. 3]. **1.** Frapper à coups de sabre : *Les pirates sabraient les équipages des navires qu'ils abordaient.* **2.** Faire de larges coupures dans un texte : *Le producteur a sabré les dialogues du film* (**SYN.** caviarder, raccourcir). **3.** *Fam.* Noter sévèrement ; refuser à un examen ; renvoyer d'un poste : *Les responsables se sont fait sabrer* (**SYN.** congédier, licencier). **4.** *Fam.* Exécuter vite et mal ; bâcler. ▸ ***Sabrer le champagne,*** ouvrir une bouteille de champagne à l'aide d'un sabre, d'un long couteau.

sabreur, euse n. Escrimeur spécialiste du sabre. ◆ **sabreur** n.m. Soldat qui se bat au sabre ou qui donne des coups de sabre.

① **sac** [sak] n.m. (lat. *saccus,* du gr. *sakkos,* manteau grossier, sac). **1.** Contenant ouvert seulement par le haut, fait de diverses matières souples : *Sac à pommes de terre. Des sacs en plastique. Un sac à provisions* (= cabas). *Un sac de sport.* **2.** Contenu d'un sac : *Distribuer des sacs de riz.* **3.** Accessoire féminin servant à ranger et transporter des objets personnels (on dit aussi *sac à main*) : *Elle sort son chéquier de son sac.* **4.** En médecine, cavité de l'organisme tapissée d'une membrane : *Sac lacrymal.* **5.** *Arg., anc.* Somme de dix francs. **6.** *Fam.* En Suisse, imbécile. ▸ *Fam.* ***Avoir plus d'un tour dans son sac,*** être rusé, habile. *Fam.* ***L'affaire est dans le sac,*** l'affaire est réglée ; le succès est assuré. *Fam.* ***Mettre dans le même sac,*** confondre dans le même mépris, la même réprobation. *Fam.* ***Prendre qqn la main dans le sac,*** prendre qqn sur le fait, en flagrant délit de malhonnêteté. ***Sac à dos,*** sac de toile muni de sangles permettant de le porter derrière le dos. *Fam.* ***Sac à viande,*** enveloppe de tissu fin isolant le campeur de son sac de couchage. ***Sac de couchage,*** grand sac de toile ou de Nylon garni de duvet ou de fibres synthétiques, dans lequel un campeur se glisse pour dormir (**SYN.** duvet). *Fam.* ***Sac d'embrouilles*** ou ***de nœuds,*** affaire très compliquée. *Fam.* ***Vider son sac,*** dire tout ce qu'on a sur le cœur.

② **sac** [sak] n.m. (it. *sacco,* de l'all. *Sakman,* pillard). *Sout.* Pillage d'une ville ; massacre de ses habitants. ▸ ***Mettre à sac,*** piller, dévaster.

saccade n.f. (de l'anc. fr. *saquer,* tirer). Mouvement brusque : *Le moteur eut quelques saccades, puis cala* (**SYN.** à-coup, secousse). ▸ ***Par saccades,*** d'un mouvement irrégulier et violent : *Le sang jaillit par saccades, il faut faire un garrot.*

saccadé, e adj. Qui se fait par saccades : *Des mouvements saccadés* (**SYN.** convulsif, heurté). *Une musique au rythme saccadé* (**SYN.** marqué, syncopé).

saccage n.m. Action de saccager ; pillage : *Le saccage de la permanence d'un parti* (**SYN.** dévastation).

saccager v.t. (it. *saccheggiare,* de *sacco,* pillage) [conj. 17]. **1.** Mettre à sac ; livrer au pillage : *Des voyous ont saccagé le centre commercial* (**SYN.** dévaster, piller). **2.** Causer d'importants dégâts à : *La tempête a saccagé la forêt* (**SYN.** détruire, endommager).

saccageur, euse n. Personne qui saccage.

saccharifère [sakarifɛr] adj. Qui produit du sucre ou qui en contient.

saccharine [sakarin] n.f. (du lat. *saccharum,* sucre). Substance blanche, sans valeur nutritive, utilisée comme succédané du sucre.

saccharose [sakaroz] n.m. Sucre alimentaire de canne, de betterave.

saccule n.m. (du lat. *sacculus,* petit sac). Petite vésicule membraneuse située dans l'oreille interne.

sacerdoce n.m. (du lat. *sacerdos,* prêtre). **1.** Dans diverses religions, dignité et fonction du prêtre : *Le pastorat et la prêtrise sont des sacerdoces.* **2.** *Fig.* Fonction qui présente un caractère presque sacré en raison du dévouement qu'elle exige : *La profession d'éducateur est un sacerdoce.*

sacerdotal, e, aux adj. Relatif aux prêtres, au sacerdoce.

sachem [saʃɛm] n.m. (mot algonquien). Chef élu d'une famille ou d'une lignée, chez les Indiens d'Amérique du Nord.

sacherie n.f. Industrie des sacs d'emballage.

sachet n.m. **1.** Petit sac : *Un sachet de bonbons.*

2. Conditionnement équivalent à une dose : *Du thé en sachets.*

sacoche n.f. (it. *saccoccia*). **1.** Sac de toile ou de cuir muni d'une courroie : *La sacoche d'un préposé.* **2.** En Belgique et au Québec, sac à main.

sac-poubelle n.m. (pl. *sacs-poubelle*). Sac de plastique destiné à contenir les ordures ménagères.

sacquer ou **saquer** v.t. (de *2. sac*) [conj. 3]. *Fam.* **1.** Chasser ; renvoyer : *Ils ont sacqué toute l'équipe* (**SYN.** congédier, licencier). **2.** Noter, punir sévèrement ; se montrer sévère : *Ce correcteur a sacqué les candidats.* ▸ ***Ne pas pouvoir sacquer qqn,*** le détester.

sacral, e, aux adj. Relatif au sacré ; qui a un caractère sacré (**CONTR.** profane).

sacralisation n.f. Action d'attribuer un caractère sacré à ; fait d'être sacralisé : *La sacralisation de la famille* (**CONTR.** désacralisation).

sacraliser v.t. [conj. 3]. **1.** Attribuer un caractère sacré à : *Les animistes sacralisent les phénomènes naturels.* **2.** Considérer comme digne d'un respect absolu : *Sacraliser la dignité des enfants* (**CONTR.** désacraliser).

sacramentaire n.m. Au Moyen Âge, livre contenant les prières liturgiques.

sacramental n.m. (pl. *sacramentaux*). Dans la religion catholique, rite de sanctification.

sacramentel, elle adj. Relatif à un sacrement : *Les rites sacramentels.*

① **sacre** n.m. (de *sacrer*). **1.** Cérémonie religieuse pour le couronnement d'un souverain. **2.** Au Québec, juron ou formule de juron formés de mots empruntés au vocabulaire religieux.

② **sacre** n.m. (de l'ar.). Grand faucon élevé pour la chasse.

① **sacré, e** adj. (de *sacrer*). **1.** Relatif au religieux, au divin (par opp. à profane) ; sacral : *Les livres sacrés* (= la Bible, pour les chrétiens). *Les vases sacrés* (**SYN.** liturgique). **2.** Qui mérite un respect absolu : *Les valeurs sacrées de la démocratie* (**SYN.** intangible, vénérable). **3.** *Fam.* Renforce un terme injurieux ou admiratif : *Quel sacré tricheur ! C'est une sacrée championne* (**SYN.** fameux, remarquable). ▸ ***Le Sacré Collège,*** collège des cardinaux formant le conseil du pape. ◆ **sacré** n.m. Ce qui a un caractère sacré (par opp. à profane).

② **sacré, e** adj. (de *sacrum*). Relatif au sacrum : *Les vertèbres sacrées.*

sacrebleu ou **sacredieu** interj. *Fam., vieilli* Juron marquant l'impatience.

sacrement n.m. (du lat. *sacramentum,* serment). Acte rituel ayant pour but la sanctification de la personne qui en est l'objet : *Le sacrement du baptême.* ▸ ***Le saint sacrement,*** l'eucharistie, l'hostie consacrée.

sacrément adv. *Fam.* À un très haut degré ; extrêmement : *Il est sacrément en retard.*

sacrer v.t. (lat. *sacrare,* de *sacer,* sacré, saint) [conj. 3]. **1.** Célébrer le sacre de : *Napoléon fut sacré empereur en 1804* (**SYN.** consacrer, couronner, introniser). **2.** (Suivi d'un attribut). Attribuer solennellement un titre : *On l'a sacrée meilleure joueuse de l'année.* ◆ v.i. Au Québec, proférer des sacres ; blasphémer (**SYN.** jurer).

sacrificateur, trice n. Dans l'Antiquité, prêtre qui offrait les sacrifices.

sacrifice n.m. (lat. *sacrificium*). **1.** Offrande faite à une divinité en sacrifiant une victime. **2.** Renoncement volontaire à qqch : *Faire le sacrifice de ses loisirs* (**SYN.** abandon, don). *Ce monument commémore le sacrifice des résistants* (**SYN.** abnégation, dévouement). ◆ **sacrifices** n.m. pl. Perte qu'on accepte ; privations que l'on s'impose : *Ils font des sacrifices pour que leurs enfants fassent des études* (= ils se saignent).

sacrificiel, elle adj. Relatif à un sacrifice religieux : *Une cérémonie sacrificielle.*

sacrifié, e adj. et n. Se dit de qqn qui est sacrifié ou qui se sacrifie : *Une génération sacrifiée.* ◆ adj. ▸ ***Prix sacrifiés,*** prix très bas auxquels on vend des marchandises que l'on veut absolument écouler.

sacrifier v.t. (lat. *sacrificare,* de *sacrum facere,* faire un acte sacré) [conj. 9]. **1.** Offrir comme victime en sacrifice : *Sacrifier des agneaux à une divinité* (**SYN.** immoler). **2.** Renoncer à qqch au profit de qqn, de qqch qu'on fait passer avant : *Elle a sacrifié sa carrière à sa famille.* **3.** Négliger qqn ; le réduire à un rôle mineur : *Il a sacrifié ses amis à son ambition. Le traité sacrifie la population rurale.* **4.** Se défaire avec peine de qqch : *Sacrifier des marchandises* (= s'en débarrasser à bas prix). ◆ v.t. ind. **[à].** *Sout.* Se conformer à qqch : *Sacrifier à la tradition.* ◆ **se sacrifier** v.pr. Faire le sacrifice de sa vie, de ses intérêts : *Elle s'est sacrifiée pour eux.*

① **sacrilège** n.m. (du lat. *sacrilegium,* profanation). **1.** Acte impie commis contre des personnes, des lieux ou des choses sacrés (**SYN.** profanation). **2.** Action qui porte atteinte à qqn ou à qqch digne de : *Jeter de la nourriture est un sacrilège* (**SYN.** crime, hérésie). ◆ adj. Qui a le caractère d'un sacrilège : *Des actes sacrilèges* (**SYN.** impie).

② **sacrilège** adj. et n. (du lat. *sacrilegus,* qui dérobe des objets sacrés). Qui se rend coupable d'un sacrilège : *Des sacrilèges ont saccagé la chapelle* (**SYN.** profanateur).

sacripant n.m. (de *Sacripante,* nom d'un fanfaron dans une œuvre italienne du XVᵉ siècle). Mauvais sujet capable de faire des mauvais coups, de se livrer à des violences (**SYN.** chenapan, vaurien).

sacristain n.m. Employé chargé de l'entretien d'une église et des objets du culte.

sacristi interj. → **sapristi.**

sacristie n.f. (lat. *sacristia,* de *sacer,* sacré). Annexe d'une église où l'on conserve les objets du culte.

sacristine n.f. Femme qui s'occupe d'une église et de la sacristie.

sacro-iliaque adj. (pl. *sacro-iliaques*). Relatif au sacrum et à l'os iliaque : *Les articulations sacro-iliaques.*

sacro-saint, e adj. (pl. *sacro-saints, es*). *Fam.* Qui est l'objet d'un respect quasi religieux : *Sa sacro-sainte voiture* (**SYN.** cher, précieux).

sacrum [sakrɔm] n.m. (du lat. [*os*] *sacrum,* [os] sacré). Os qui forme le bas de la colonne vertébrale.

sadique adj. et n. **1.** Qui prend plaisir à faire souffrir ou à voir souffrir : *Un criminel sadique* (**SYN.** diabolique, pervers). *C'est une sadique.* **2.** En psychanalyse, qui fait preuve de sadisme.

sadiquement adv. De façon sadique.

sadisme n.m. (de *Sade,* marquis et écrivain français,

auteur d'œuvres d'un érotisme cruel). **1.** Plaisir à faire souffrir les autres ; cruauté. **2.** En psychanalyse, perversion dans laquelle la satisfaction sexuelle ne peut être obtenue qu'en infligeant des souffrances physiques ou morales au partenaire.

sadomasochisme n.m. En psychanalyse, perversion sexuelle qui associe des pulsions sadiques et masochistes.

sadomasochiste adj. et n. Relatif au sadomasochisme ; qui en fait preuve.

safari n.m. (mot swahili, de l'ar. *safara,* voyager). Expédition de chasse aux gros animaux sauvages, en Afrique noire.

safari-photo n.m. (pl. *safaris-photos*). Excursion dans une réserve naturelle, destinée à photographier ou à filmer des animaux sauvages.

① **safran** n.m. (lat. *safranum,* de l'ar.). **1.** Crocus cultivé pour ses fleurs, qui fournissent une teinture jaune et une poudre servant d'assaisonnement ; cette teinture ; cette poudre : *Mettre du safran dans une paella.* **2.** Couleur jaune-orangé : *Des safrans éclatants.* ◆ adj. inv. Qui est d'une couleur jaune-orangé : *Des chemises safran.*

② **safran** n.m. (esp. *azafrán,* de l'ar.). Pièce plate verticale du gouvernail d'un navire.

safrané, e adj. **1.** Qui est aromatisé au safran : *Une sauce safranée.* **2.** Qui a la couleur jaune-orangé du safran : *Une étoffe safranée.*

saga n.f. (mot scand. signif. « conte »). **1.** Épopée familiale se déroulant sur plusieurs générations ; roman-fleuve : *« Jalna » est une saga de la romancière canadienne Mazo De La Roche.* **2.** Ensemble de récits et de légendes, caractéristiques des littératures scandinaves médiévales.

sagace adj. (du lat. *sagax, sagacis,* qui a l'odorat subtil, de *sagire,* avoir du flair). Qui est doué de sagacité ; qui dénote la sagacité : *Un esprit sagace* (**SYN.** clairvoyant, perspicace). *Elle a fait quelques remarques sagaces* (**SYN.** fin, subtil).

sagacité n.f. Finesse d'esprit ; perspicacité, pénétration : *La sagacité des économistes a permis de prévoir ce phénomène* (**SYN.** clairvoyance, discernement).

sagaie [sagɛ] n.f. (du berbère). Javelot utilisé comme arme par certains peuples.

sage adj. et n. (du lat. *sapidus,* qui a du goût, de la saveur, de *sapere,* avoir du goût). **1.** Qui fait preuve de sûreté dans ses jugements et sa conduite : *Les automobilistes ont été sages et ont échelonné leurs départs* (**SYN.** prudent, réfléchi, sérieux). **2.** Qui manifeste du bon sens : *De sages précautions* (**SYN.** avisé, judicieux, raisonnable ; **CONTR.** fou, imprudent). ◆ adj. **1.** Qui n'est pas turbulent : *Une enfant sage comme une image* (**SYN.** gentil, obéissant, tranquille ; **CONTR.** désobéissant, insupportable). **2.** Qui se conduit avec pudeur et chasteté : *Un jeune homme sage* (**SYN.** vertueux ; **CONTR.** dévergondé). **3.** Qui est conforme aux règles de la morale et évite les excès : *Un chemisier très sage* (**CONTR.** provocant). ◆ n.m. **1.** Personne qui est parvenue à la maîtrise de soi et tend à réaliser un modèle idéal de vie. **2.** Personne compétente et indépendante, chargée par les pouvoirs publics d'étudier une question délicate : *Le gouvernement a formé un comité de sages.*

sage-femme n.f. (de *sage,* instruit) [pl. *sages-femmes*]. Praticienne médicale qui assiste les femmes qui accouchent.

sagement adv. **1.** Avec sûreté et bon sens : *Elle les a sagement mis à l'abri* (**SYN.** prudemment). **2.** Avec calme et docilité : *Les enfants, restez sagement ici.*

sagesse n.f. **1.** Qualité de qqn qui fait preuve d'un jugement droit, sûr, équilibré : *Avec sagesse, elle lui a conseillé de partir* (**SYN.** discernement, réflexion). **2.** Qualité de qqn qui agit avec prudence et modération : *Il a eu la sagesse de se taire* (**SYN.** circonspection ; **CONTR.** folie, inconséquence). **3.** Comportement d'un enfant tranquille, obéissant : *Elle est d'une sagesse exemplaire* (**SYN.** docilité ; **CONTR.** indiscipline). **4.** Caractère de ce qui demeure traditionnel, classique, éloigné des audaces ou des outrances : *Les dernières créations des couturiers sont d'une grande sagesse* (**SYN.** sobriété ; **CONTR.** excès, hardiesse). **5.** Idéal supérieur de vie proposé par une doctrine morale ou philosophique : *La sagesse orientale.*

① **sagittaire** n.m. (du lat. *sagittarius,* archer, de *sagitta,* flèche). Archer. ◆ **Sagittaire** n. inv. et adj. inv. Personne née sous le signe du Sagittaire, entre le 22 novembre et le 20 décembre : *Mes sœurs sont Sagittaire.*

② **sagittaire** n.f. (du lat. *sagitta,* flèche). Plante des eaux douces, à feuilles aériennes en forme de fer de flèche.

sagittal, e, aux adj. **1.** Qui a la forme d'une flèche. **2.** Qui suit le plan de symétrie : *La coupe sagittale d'un édifice.*

① **sagouin** n.m. (port. *saguim,* du tupi). *Vx* Petit singe d'Amérique du Sud.

② **sagouin, e** n. *Fam.* Personne malpropre, grossière.

saharienne n.f. Veste de toile, à ceinture et à nombreuses poches, inspirée de l'uniforme militaire.

sahib [saib] n.m. (mot indien, de l'ar.). En Inde, titre de respect employé en s'adressant à un homme ; monsieur.

saï [sai] n.m. (mot tupi). Petit singe d'Amérique centrale.

① **saie** n.f. (du lat. *sagum,* du gaul.). Manteau court en laine, vêtement militaire des Romains et des Gaulois.

② **saie** n.f. (de *soie*). Petite brosse en soies de porc, utilisée par les orfèvres.

saignant, e adj. **1.** Se dit d'une viande passée rapidement au feu des deux côtés et peu cuite : *Un steak saignant.* **2.** Qui saigne, dégoutte de sang : *Une coupure saignante* (**SYN.** sanguinolent).

saignée n.f. **1.** Acte médical qui consiste à évacuer une certaine quantité de sang du corps. **2.** Pli formé par le bras et l'avant-bras. **3.** Prélèvement d'argent qui affecte sensiblement un budget : *L'achat de la voiture a fait une saignée dans son pécule* (**SYN.** ponction). **4.** *Litt.* Nombre important de morts au cours d'une guerre. **5.** Entaille faite le long d'une surface ; entaille pratiquée dans un arbre pour en recueillir la sève : *Les gemmeurs pratiquent des saignées sur les pins.*

saignement n.m. Écoulement de sang : *Un saignement du nez* (= épistaxis).

saigner v.t. (lat. *sanguinare,* de *sanguis, sanguinis,* sang) [conj. 4]. **1.** Faire une saignée à qqn. **2.** Tuer un animal en le vidant de son sang : *Saigner un mouton.* **3.** *Fig.* Soutirer de l'argent à qqn : *Le remboursement des intérêts les a saignés.* **4.** Pratiquer une entaille dans : *Saigner un érable pour en récolter la sève.* ◆ v.i. **1.** Laisser du sang s'échapper ; perdre du sang : *La gencive saigne encore. Vous saignez du nez.* **2.** *Litt.* Ressentir une grande douleur morale : *Son cœur saignait à cette pensée.* ◆ **se saigner** v.pr. S'imposer de gros sacrifices financiers : *Elle s'est saignée pour faire vivre sa famille.* ▸ *Fam.* ***Se saigner aux quatre veines,*** se priver de tout au profit de qqn.

saigneur n.m. Personne qui tue les porcs en les saignant.

saillant, e [sajɑ̃, ɑ̃t] adj. (de *1. saillir*). **1.** Qui avance, dépasse : *Des os saillants* (**SYN.** proéminent). **2.** Qui attire l'attention ; remarquable, frappant : *Les faits saillants de la journée* (**SYN.** marquant). ▸ ***Angle*** ou ***secteur angulaire saillant,*** dont la mesure est comprise entre 0 et 180 degrés (**CONTR.** rentrant). ◆ **saillant** n.m. Partie d'une surface, d'une construction qui fait saillie.

① **saillie** [saji] n.f. (de *1. saillir*). **1.** Partie qui dépasse à la surface de certains objets : *Un toit en saillie* (**SYN.** avancée ; **CONTR.** retrait). **2.** *Litt.* Trait d'esprit brillant et imprévu (**SYN.** repartie).

② **saillie** [saji] n.f. (de *2. saillir*). Accouplement des animaux domestiques.

① **saillir** [sajir] v.i. (du lat. *salire,* sauter) [conj. 50]. S'avancer en saillie ; dépasser l'alignement : *La terrasse saillait sur la façade* (**SYN.** déborder). *Ses veines saillent* (**SYN.** ressortir).

② **saillir** [sajir] v.t. (du lat. *salire,* couvrir une femelle) [conj. 32]. En parlant d'un animal mâle, s'accoupler à : *Un étalon saillissait la jument* (**SYN.** couvrir).

sain, e adj. (lat. *sanus*). **1.** Qui ne présente aucune atteinte pathologique (par opp. à malade) : *Des dents saines* (= qui ne sont pas cariées). *La population est saine* (= bien portante). **2.** Qui est en bon état, sans altération : *Des denrées saines* (**CONTR.** gâté, pourri). **3.** Qui repose sur des bases solides ; où tout est correct : *Des finances saines* (**SYN.** régulier). **4.** Qui n'est pas corrompu, perverti : *Un esprit sain* (**SYN.** équilibré). *Un jugement sain.* **5.** Qui est conforme à la raison ; sensé : *Elle a de saines réactions* (**SYN.** judicieux ; **CONTR.** aberrant, absurde). **6.** Qui est favorable à la santé des individus : *Une atmosphère saine* (**SYN.** salubre ; **CONTR.** insalubre, malsain). *Ils ont une alimentation saine et équilibrée.* ☞ **REM.** Ne pas confondre avec *saint.* ▸ ***Sain et sauf,*** qui est sorti indemne d'un péril, d'un danger : *Elles sont saines et sauves en dépit de la violence du choc.*

saindoux n.m. (du lat. *sagina,* graisse, et de *doux*). Graisse de porc fondue.

sainement adv. **1.** D'une façon favorable à la santé : *Pratiquer sainement un sport.* **2.** D'une façon raisonnable : *Réagir sainement* (**SYN.** judicieusement, sagement).

sainfoin n.m. Plante fourragère à fleurs rouges.

saint, e adj. (du lat. *sanctus,* vénéré). **1.** Qui a mené, selon l'Église, une vie exemplaire et a été canonisé : *L'Évangile selon saint Luc* (abrév. S^t, S^{te}). **2.** (Avec deux majuscules et un trait d'union). Jour de la fête d'un chrétien canonisé (abrév. S^t, S^{te}) : *Les feux de la Saint-Jean. La Sainte-Léa est le 22 mars* (= jour où l'on fête les femmes prénommées Léa). **3.** Qui mène une vie exemplaire sur le plan moral ou religieux : *C'est une sainte femme* (**SYN.** dévoué, pieux). **4.** Qui appartient à la religion et a un caractère sacré : *L'histoire sainte. Les Lieux saints.* **5.** Se dit de chacun des jours de la semaine qui précèdent le dimanche de Pâques : *Le Jeudi saint. La Semaine sainte.* **6.** Qui a un caractère vénérable et intangible : *La sainte autorité de la loi* (**SYN.** respectable, sacré). **7.** Qui atteint un degré extrême ; profond : *Elle a une sainte horreur de l'injustice.* ☞ **REM.** Ne pas confondre avec *sain.* ▸ *Fam.* ***Toute la sainte journée,*** la journée tout entière ; sans arrêt. ◆ n. **1.** Chrétien qui a été canonisé : *La vie des saints* (**SYN.** élu). **2.** Se dit d'une personne d'une piété et d'une vie exemplaires : *Cette femme est une sainte* (**SYN.** pieux). ▸ ***Les saints de glace,*** saint Mamert, saint Pancrace et saint Servais, dont les fêtes, autrefois placées les 11, 12 et 13 mai, passent pour être souvent accompagnées de gelées tardives. ◆ **saint** n.m. ▸ ***Le saint des saints,*** la partie du Temple de Jérusalem où se trouvait l'arche d'alliance ; fig., l'endroit le plus protégé dans une demeure, le plus important, le plus secret d'un organisme : *Être admis dans le saint des saints.*

saint-bernard n.m. inv. (de *Grand-Saint-Bernard,* col des Alpes). Chien de très forte taille, à la robe rouge et blanc, dressé pour le sauvetage en montagne.

saint-cyrien, enne n. (pl. *saint-cyriens, ennes*). Élève ou ancien élève de l'École militaire de Saint-Cyr.

saintement adv. D'une manière sainte ; comme un saint : *Vouer saintement sa vie aux déshérités.*

sainte-nitouche n.f. (de *n'y touche pas*) [pl. *saintes-nitouches*]. Personne qui se donne une apparence de sagesse, qui affecte la pruderie.

Saint-Esprit [sɛ̃tɛspri] n.m. sing. Dans la religion chrétienne, troisième personne de la Trinité, nommée après le Père et le Fils.

sainteté n.f. Qualité d'une personne, d'une chose sainte : *La sainteté de ces lieux.* ▸ ***Sa Sainteté,*** titre d'honneur et de respect donné au pape.

saint-frusquin n.m. inv. (de l'arg. *frusquin,* habit). *Fam.* Ensemble d'affaires personnelles et de vêtements sans grande valeur que possède une personne. ▸ ***Et tout le saint-frusquin,*** et tout le reste : *Ils ont emporté des cordes, des pitons et tout le saint-frusquin.*

à la **saint-glinglin** loc. adv. *Fam.* À une date indéterminée ; à un moment qui n'arrivera jamais : *La réforme est renvoyée à la saint-glinglin.*

Saint-Guy (danse de), chorée.

saint-honoré [sɛ̃tɔnɔre] n.m. inv. (de *saint Honoré,* patron des boulangers). Gâteau garni de crème Chantilly et bordé d'une couronne de petits choux à la crème.

saint-jacques n.f. inv. Dans le vocabulaire culinaire, coquille Saint-Jacques.

saint-nectaire n.m. inv. Fromage fabriqué en Auvergne avec du lait de vache.

Saint-Nicolas n.f. inv. Fête de saint Nicolas, patron des petits enfants, célébrée le 6 décembre.

saint-père n.m. (pl. *saints-pères*). Nom par lequel on désigne le pape : *Notre saint-père le pape. Ils ont vu le Saint-Père.*

saint-pierre n.m. inv. Poisson aplati, de forme ovale, dont la chair est estimée (**SYN.** zée).

Saint-Siège n.m. sing. Ensemble des organismes qui secondent le pape dans l'exercice de ses fonctions de chef d'État : *L'ambassadeur auprès du Saint-Siège.*

saint-simonien, enne adj. et n. (pl. *saint-simoniens, ennes*). Relatif au saint-simonisme ; qui en est partisan.

saint-simonisme n.m. sing. Doctrine de Saint-Simon et de ses disciples, qui a inspiré le socialisme.

saisi, e n. Dans la langue juridique, personne dont on a saisi les biens (par opp. à saisissant). ◆ adj. Se dit du bien ayant fait l'objet d'une saisie.

saisie n.f. **1.** Prise de possession, par le fisc ou la justice, des produits d'une infraction : *Une importante saisie de drogue.* **2.** Acte juridique par lequel un créancier s'assure des biens de son débiteur en vue de garantir le paiement d'une dette : *Procéder à une vente après saisie.* **3.** En informatique, enregistrement d'une information en vue de son traitement ou de sa mémorisation.

saisine n.f. Fait de porter un litige devant une juridiction.

saisir v.t. (du lat. *sacire*, assigner, du frq. *satjan*, établir) [conj. 32]. **1.** Prendre qqch ou qqn fermement et rapidement de la main, pour le tenir ou s'y retenir : *Elle saisit son sac et se mit à courir* (**SYN.** empoigner ; **CONTR.** lâcher). *Il a saisi la branche pour ne pas tomber* (**SYN.** s'accrocher à, agripper, se cramponner à). **2.** Prendre qqch en main ou avec un instrument : *Saisir une tasse par l'anse* (**SYN.** tenir). *Le forgeron saisit la barre rougie avec une pince* (**SYN.** attraper, s'emparer de). **3.** Prendre qqch ou qqn de vive force pour l'arrêter dans sa trajectoire ou son mouvement : *Il a saisi le ballon et a fait une passe. Elle a saisi le chien par le collier.* **4.** Mettre à profit un événement au moment où il se présente : *J'ai enfin pu saisir ma chance. Saisir les instants de bonheur* (**SYN.** savourer). **5.** Percevoir le sens de qqch ; comprendre : *Avez-vous bien saisi de quoi il s'agit ?* (**SYN.** discerner, voir). *Elle a saisi l'astuce.* **6.** Faire une impression vive et forte sur les sens, sur l'esprit : *La bise nous a saisis quand nous sommes sortis. L'indignation l'a saisi* (**SYN.** s'emparer de). *Ils ont été saisis de peur.* **7.** (Au passif, sans compl.). Être frappé d'étonnement : *Ces résultats étaient si imprévisibles que j'ai été saisi en les entendant* (**SYN.** sidérer). **8.** Exposer un aliment à un feu vif : *Saisir une viande.* **9.** Dans la langue juridique, opérer une saisie ; porter un litige devant une juridiction : *La juge a saisi les documents. Saisir la Commission de Bruxelles.* **10.** En informatique, effectuer une saisie. ◆ **se saisir** v.pr. **[de].** S'emparer de : *Elle s'est saisie du micro. Les jeunes se sont saisis du perturbateur.*

saisissable adj. **1.** Qui peut être saisi, compris : *Une démonstration facilement saisissable* (**SYN.** compréhensible ; **CONTR.** inintelligible). **2.** Qui peut faire l'objet d'une saisie, d'une saisine : *Des meubles saisissables.*

① **saisissant, e** adj. **1.** Qui surprend tout d'un coup : *Un froid saisissant* (**SYN.** intense, vif). *Un contraste saisissant* (**SYN.** criant, frappant). **2.** Qui fait une vive impression : *L'éclairage de l'aquarium par-dessous donne un résultat saisissant* (**SYN.** stupéfiant, surprenant).

② **saisissant** n.m. Dans la langue juridique, personne qui fait exécuter une saisie (par opp. à saisi).

saisissement n.m. Impression subite et violente qui affecte l'organisme ou frappe l'esprit : *La douche glacée leur causa un saisissement* (**SYN.** choc). *Ils étaient muets de saisissement* (**SYN.** bouleversement).

saison n.f. (du lat. *satio, sationis*, semailles). **1.** Chacune des quatre parties en lesquelles l'année se trouve divisée par les équinoxes et les solstices : *Le cycle des saisons. Quelle est votre saison préférée ?* **2.** Période de l'année correspondant à des conditions atmosphériques ou à une activité de la nature particulières : *La saison des pluies. La belle saison* (= la fin du printemps et l'été). *La mauvaise saison* (= la fin de l'automne et l'hiver). *La saison des amours* (= période où les animaux s'accouplent). **3.** Époque de l'année correspondant à la récolte de certains produits ou à des travaux agricoles : *C'est la saison des tomates.* **4.** Époque de l'année correspondant au maximum d'activité d'un secteur donné : *La saison théâtrale. Elle jouera la saison prochaine dans cette équipe.* **5.** Période de l'année où, dans certains lieux touristiques, affluent les vacanciers : *L'hôtel affiche complet, alors que la saison commence à peine. Ce train ne circule qu'en saison. Venez hors saison.* **6.** Cure que l'on fait dans une station balnéaire, thermale : *Faire une saison à Vittel.* ▸ ***Être de saison,*** être opportun, approprié : *Ces dissensions ne sont plus de saison.* ***Hors de saison,*** qui est fait ou dit mal à propos ; déplacé, incongru.

saisonnalité n.f. Caractère d'une chose saisonnière : *La saisonnalité des ventes de livres scolaires.*

saisonnier, ère adj. **1.** Qui est propre à une saison : *Les températures saisonnières.* **2.** Se dit d'une activité qui ne s'exerce que pendant une saison ; se dit de la personne qui exerce cette activité : *Des emplois saisonniers. Un travailleur saisonnier.* ▸ ***Propriété saisonnière,*** multipropriété. ◆ n. Personne qui fait des travaux saisonniers.

sajou n.m. (mot tupi). Sapajou : *Les sajous et les ouistitis.*

saké n.m. (mot jap.). Boisson japonaise alcoolisée, à base de riz fermenté.

sal n.m. (pl. *sals*). Grand arbre de l'Inde au bois précieux.

salace adj. (lat. *salax, salacis*, lubrique, de *salire*, sauter, saillir une femelle). *Litt.* Qui est porté, de façon exagérée, aux plaisirs sexuels ; lubrique : *Des histoires salaces* (**SYN.** grivois, licencieux).

salacité n.f. *Litt.* Caractère salace.

① **salade** n.f. (it. *insalata*, du prov. *salada*, mets salé). **1.** Plante potagère feuillue telle que la laitue, la chicorée ou le cresson : *Repiquer des salades.* **2.** Plat composé de feuilles de ces plantes, crues et assaisonnées : *Une salade de mâche. Préparer la sauce de salade.* **3.** Mets composé de légumes crus ou cuits, de viande ou de poisson, d'œufs, assaisonnés avec une vinaigrette : *Des haricots verts en salade. Une salade composée.* **4.** *Fam.* Mélange confus, hétéroclite : *Il a fait une de ces salades avec ses fichiers informatiques !* ▸ ***Salade de blé,*** en Belgique, mâche. ***Salade de fruits,*** assortiment de fruits coupés, accommodés au sirop. ***Salade russe,*** macédoine de légumes assaisonnés de mayonnaise. *Fam.* ***Vendre sa salade,*** essayer de convaincre. ◆ **salades** n.f. pl. *Fam.* Mensonges ; histoires : *Raconter des salades* (**SYN.** sornette).

② **salade** n.f. (de l'it. *celata,* pourvue d'une voûte). Casque en usage du XVe au XVIIe siècle.

saladerie n.f. Établissement de restauration rapide où l'on sert des salades variées.

saladier n.m. Récipient où l'on prépare et sert la salade ; contenu de ce récipient.

salage n.m. Action de saler ; son résultat : *Le salage des harengs. Le salage des routes en hiver.*

salaire n.m. (lat. *salarium,* de *sal,* sel, argent pour acheter du sel). **1.** Rémunération du travail effectué par une personne pour le compte d'une autre, en vertu d'un contrat de travail : *Salaire mensuel, horaire* (**SYN.** paie, rétribution). **2.** *Fig.* Récompense légitime : *Toute peine mérite salaire* [proverbe]. **3.** Châtiment juste ou injuste : *C'est le salaire de la trahison* (**SYN.** punition, sanction). ▸ ***Salaire minimum interprofessionnel de croissance*** ou ***S.M.I.C.,*** salaire minimum au-dessous duquel, en France, aucun salarié ne peut en principe être rémunéré.

salaison n.f. **1.** Opération consistant à saler une denrée alimentaire pour faciliter sa conservation. **2.** (Souvent pl.). Produit de charcuterie traité au sel.

salaisonnerie n.f. Industrie de la salaison.

salamalecs [salamalɛk] n.m. pl. (d'un mot ar. signif. « paix sur toi », formule de salut des musulmans). *Fam.* Marques de politesse exagérées et hypocrites : *Arrêtez vos salamalecs.*

① **salamandre** n.f. (lat. *salamandra,* du gr.). Amphibien ayant la forme d'un lézard, dont une espèce a la peau noire à taches jaunes.

② **Salamandre** n.f. (nom déposé). Appareil de chauffage, poêle à combustion lente.

salami n.m. (pl. de l'it. *salame,* chose salée). Gros saucisson sec à viande finement hachée : *Des salamis de Milan.*

salant adj.m. Qui produit ou qui contient du sel : *Des marais salants.*

salarial, e, aux adj. Relatif au salaire : *Des négociations salariales.* ▸ ***Masse salariale,*** montant total des salaires versés dans une entreprise, un pays.

salariat n.m. **1.** Mode de rémunération du travail par le salaire ; statut de salarié. **2.** Ensemble des salariés (par opp. au patronat) : *Le mécontentement du salariat.*

salarié, e n. et adj. Personne qui reçoit un salaire : *Les salariés de cette entreprise* (= le personnel ; **SYN.** travailleur). *Une infirmière salariée* (par opp. à libéral).

salarier v.t. [conj. 9]. Rétribuer qqn en lui versant un salaire.

salaud n.m. (Terme d'injure). *Vulg.* Homme méprisable, qui agit de manière déloyale. ◆ adj.m. *Très fam.* Qui est moralement répugnant ; méprisable, ignoble.

sale adj. (du frq. *salo,* trouble, terne). **1.** Qui est couvert de crasse, de poussière, de taches : *Avoir les mains sales* (**SYN.** crasseux, poisseux ; **CONTR.** net, propre). *Après leur match sous la pluie, ils sont tout sales* (**SYN.** crotté). *Ces draps sont sales* (= ils sont souillés ; **CONTR.** immaculé). **2.** Qui est mal entretenu, insuffisamment nettoyé : *Une rivière sale. Des trottoirs sales.* **3.** Se dit d'une personne qui néglige les soins de propreté élémentaires : *Faute d'eau dans le camp, ils sont sales* (**SYN.** malpropre ; **CONTR.** soigné). **4.** Qui manque de soin dans ce qu'il fait : *Cet horloger est sale dans son travail* (**CONTR.** soigneux). **5.** Qui est susceptible de salir : *Faire un travail sale* (**SYN.** salissant). **6.** Se dit d'une couleur qui manque d'éclat : *Un blanc sale* (**SYN.** terne ; **CONTR.** franc). **7.** Qui blesse la pudeur : *Des histoires sales* (**SYN.** inconvenant, obscène, ordurier). **8.** (Avant le n.). *Fam.* Qui cause du désagrément : *Un sale temps* (**SYN.** détestable, mauvais). *Une sale histoire* (**SYN.** embarrassant, ennuyeux, fâcheux). **9.** (Avant le n.). *Fam.* Qui est méprisable : *Un sale type* (**SYN.** abject, ignoble, infâme ; **CONTR.** brave). *Il m'a joué un sale tour* (**SYN.** méchant, vilain). *Se charger de la sale besogne* (**SYN.** bas, vil). ▸ ***L'argent sale,*** les revenus illicites provenant de la corruption, de trafics, de la prostitution. ◆ n.m. ▸ ***Au sale,*** à l'endroit où l'on met le linge à laver : *Mets ta chemise au sale.*

salé, e adj. **1.** Qui contient du sel ; qui en a le goût : *Un pré salé. Des crêpes salées* (par opp. à sucré). *Des légumes trop salés.* **2.** Qui est conservé dans du sel, de la saumure : *Du lard salé.* **3.** *Fam.* Qui est très libre ; grivois : *Une plaisanterie salée* (**SYN.** cru, leste, licencieux). **4.** *Fam.* Qui dépasse la mesure ; exagéré, excessif : *La facture est salée !* (**SYN.** exorbitant). ◆ **salé** adv. ▸ ***Manger salé,*** manger des aliments contenant du sel ou en contenant trop. ◆ **salé** n.m. **1.** Nourriture salée : *J'aime le salé* (par opp. au sucré). **2.** Chair de porc salée. ▸ ***Petit salé,*** chair de porc conservée par salaison, qui se consomme cuite à l'eau.

salée n.f. En Suisse, petite galette.

salement adv. **1.** De façon sale : *Il mange salement* (**SYN.** malproprement). **2.** *Fam.* À un haut degré : *Ils ont salement abîmé la porte* (**SYN.** beaucoup, extrêmement).

saler v.t. (du lat. *sal,* sel) [conj. 3]. **1.** Assaisonner avec du sel : *Saler une sauce.* **2.** Imprégner une denrée de sel pour la conserver : *Saler de la morue.* **3.** Répandre du sel pour faire fondre la neige, le verglas : *Saler les grands axes de circulation.* **4.** *Fam.* Faire payer un prix excessif : *Saler l'addition* (**SYN.** majorer).

saleron n.m. **1.** Partie creuse d'une salière. **2.** Petite salière individuelle.

saleté n.f. **1.** État de ce qui est sale : *Il est d'une saleté repoussante* (**SYN.** malpropreté ; **CONTR.** netteté). *Vivre dans la saleté* (**SYN.** crasse). *La saleté des rues* (**CONTR.** propreté). **2.** Chose malpropre ; ordure : *La table est pleine de saletés* (**SYN.** impureté, poussière, tache). *Le chat a fait des saletés dans le salon* (**SYN.** excréments). **3.** *Fam.* Chose sans valeur : *N'achetez pas ces saletés* (**SYN.** pacotille). **4.** Action vile, procédé peu délicat : *Il m'a fait une saleté* (**SYN.** méchanceté, vilenie [litt.]). **5.** Propos, acte obscène : *Dire des saletés.*

salicole adj. Relatif à la saliculture.

salicorne n.f. Plante des rivages et des lieux salés, à tige charnue sans feuilles, dont on extrayait la soude.

saliculture n.f. Exploitation du sel dans un marais salant, une saline.

salicylique adj. (du lat. *salix,* saule). Se dit d'un acide doué de propriétés antiseptiques et dont les dérivés, comme l'aspirine, ont une action anti-inflammatoire.

salière n.f. **1.** Petit récipient pour présenter le sel sur la table. **2.** *Fam.* Creux en arrière de la clavicule, chez les personnes maigres.

salifère adj. Qui contient du sel : *Un terrain salifère.*

saligaud, e n. (du frq. *salik,* sale). *Très fam.* Personne qui agit d'une façon ignoble ou méprisable. ☞ **REM.** Le féminin est rarement utilisé.

salin, e adj. (lat. *salinus*, de *sal*, sel). **1.** Qui contient du sel : *De l'eau saline.* **2.** En chimie, qui a les caractères d'un sel. ◆ **salin** n.m. Marais salant.

saline n.f. Établissement industriel dans lequel on produit du sel en extrayant le sel gemme ou en faisant évaporer des eaux fortement salées.

salinier n.m. Producteur de sel.

salinité n.f. Teneur en sel de l'eau de mer ; salure : *Les données de salinité et de température.*

salique adj. (lat. *salicus*, de *Salii*, les Francs Saliens, tribu franque établie sur les bords de la rivière Sala, auj. l'Yssel). ▸ ***Loi salique***, recueil de lois des Francs Saliens, qui contient une disposition excluant les femmes de la succession (à la terre, à la couronne).

salir v.t. [conj. 32]. **1.** Rendre sale : *Il a sali sa chemise avec de la sauce* (**SYN.** maculer, tacher). **2.** Porter atteinte à ; déshonorer : *Salir la réputation, la mémoire de qqn* (**SYN.** entacher, souiller, ternir ; **CONTR.** réhabiliter). *Cette révélation visait à le salir* (**SYN.** calomnier, diffamer, discréditer). ◆ **se salir** v.pr. **1.** Devenir sale : *Tissu qui se salit facilement.* **2.** Souiller ses vêtements, son corps : *Elle s'est sali les mains.*

salissant, e adj. **1.** Qui se salit aisément : *Une veste blanche salissante.* **2.** Qui salit : *Un travail salissant* (**SYN.** sale).

salissure n.f. **1.** Ce qui rend une chose sale : *Elle a fait disparaître les salissures de l'écran* (**SYN.** saleté, souillure, tache). **2.** Ce qui salit moralement, déshonore : *Laver la salissure d'une calomnie.*

salivaire adj. Relatif à la salive : *Les glandes salivaires* (= qui sécrètent la salive).

salivation n.f. Sécrétion de la salive.

salive n.f. (lat. *saliva*). Liquide clair produit dans la bouche pour faciliter la déglutition des aliments. ▸ *Fam.* ***Dépenser beaucoup de salive***, parler beaucoup et, souvent, en vain.

saliver v.i. [conj. 3]. **1.** Sécréter de la salive. **2.** *Fig.* Avoir très envie de qqch : *Elle salive devant le matériel informatique.*

salle n.f. (du frq. *sal*). **1.** Pièce d'une habitation destinée à un usage particulier : *Une salle de bains. Ils nous reçoivent dans la salle à manger* (= où l'on prend ses repas). **2.** Lieu vaste et couvert, aménagé en fonction de sa destination : *Une salle d'attente. La salle d'audience d'un tribunal. Le malade est en salle d'opération. Une salle de conférences. Ce film est toujours dans les salles* (= à l'affiche, dans les cinémas). **3.** Public qui remplit une salle : *La salle riait aux éclats* (**SYN.** assistance, auditoire). **4.** *Anc.* Dortoir dans un hôpital : *Salle commune.* ▸ ***Les salles obscures***, les salles de cinéma. ***Salle de marché***, lieu où, dans les banques, sont regroupés les spécialistes réalisant des opérations boursières. ***Salle des pas perdus***, hall d'un palais de justice ou d'une gare.

salmanazar n.m. (de *Salmanasar*, nom de cinq rois de l'Orient antique). Bouteille de champagne contenant l'équivalent de douze bouteilles classiques de 77,5 cl, soit 9,3 l.

salmigondis [salmigɔ̃di] n.m. (de *sel* et de l'anc. fr. *condir*, assaisonner). *Fam.* Mélange confus et disparate : *Ce texte est un salmigondis de banalités.*

salmis [salmi] n.m. (de *salmigondis*). Ragoût fait de pièces de gibier partiellement rôties au préalable.

salmonelle n.f. (de D. E. *Salmon*, médecin américain). Bactérie responsable des salmonelloses.

salmonellose n.f. Infection due à des salmonelles, telle que certaines toxi-infections alimentaires et la fièvre typhoïde.

salmoniculture n.f. Élevage du saumon.

salmonidé n.m. (du lat. *salmo, salmonis*, saumon). Poisson osseux à deux nageoires dorsales, tel que le saumon, la truite et l'omble.

saloir n.m. Récipient dans lequel on place les viandes, les poissons à saler.

salomé n.m. Chaussure basse pour femme, à bride en forme de T sur le cou-de-pied.

salon n.m. (it. *salone*, de *sala*, salle). **1.** Pièce d'un appartement, d'une maison, destinée à recevoir les visiteurs : *Passons au salon pour boire le café.* **2.** Mobilier propre à cette pièce : *Un salon de style moderne.* **3.** Salle de certains établissements commerciaux : *Un salon de thé* (= pâtisserie aménagée pour la consommation sur place). *Un salon de coiffure.* **4.** (Avec une majuscule). Manifestation commerciale permettant aux entreprises de présenter leurs nouveautés : *Le Salon de l'automobile.* **5.** (Avec une majuscule). Exposition collective périodique d'artistes vivants : *Le Salon d'automne.* **6.** *Litt.* Société mondaine : *Une conversation de salon.* ▸ ***Salon funéraire***, au Québec, funérarium.

salonnard, e n. *Fam., péjor.* Habitué des salons, des réunions mondaines.

saloon [salun] n.m. (mot anglo-amér., du fr. *salon*). Bar du Far West américain.

salopard n.m. *Vulg.* Individu sans scrupule, qui agit d'une façon ignoble.

salope n.f. (de *sale* et de *hoppe*, huppe). (Terme d'injure). *Vulg.* Femme dévergondée, de mauvaise vie ; femme méprisable, qui agit de manière déloyale.

saloper v.t. [conj. 3]. *Fam.* **1.** Exécuter un travail sans soin : *Saloper une réparation* (**SYN.** gâcher, saboter). **2.** Couvrir de taches ; salir : *Il a salopé le parquet avec sa peinture.*

saloperie n.f. *Fam.* **1.** Chose sale, malpropre ; saleté : *Ils jettent leurs saloperies en pleine nature.* **2.** Chose de très mauvaise qualité, sans valeur ; camelote : *Quelle saloperie cet appareil qui tombe régulièrement en panne !* (**SYN.** pacotille). **3.** Action, propos bas et vils : *Faire une saloperie à qqn. Dire des saloperies sur qqn.*

salopette n.f. Vêtement fait d'un pantalon prolongé par une bavette à bretelles : *Une salopette de peintre* (**SYN.** cotte).

salpêtre n.m. (du lat. *sal*, sel, et *petrae*, de pierre). Matière se formant sur les murs humides et utilisée pour fabriquer de la poudre explosive.

salpêtrer v.t. [conj. 4]. **1.** Couvrir de salpêtre : *L'humidité salpêtre les murs.* **2.** Mêler de salpêtre.

salpicon n.m. (mot esp.). Préparation d'aliments (poisson, viande, champignons) coupés en dés et liés avec une sauce, qui sert de garniture ou de farce.

salpingite n.f. (du gr. *salpigx, salpiggos*, trompe). Inflammation d'une trompe utérine.

salsa n.f. (mot esp. signif. « sauce »). Musique de danse afro-cubaine au tempo vif.

salsepareille n.f. (de l'esp. *zarzaparrilla,* de *zarza,* ronce, et de *parra,* treille). Arbuste tropical, dont les racines sont utilisées pour leurs propriétés dépuratives et diurétiques.

salsifis [salsifi] n.m. (it. *salsefica*). Plante potagère cultivée pour sa longue racine charnue comestible. ▸ ***Salsifis noir*** ou ***d'Espagne,*** scorsonère.

saltatoire adj. (du lat. *saltatorius,* de *saltare,* sauter). Qui sert à sauter : *L'appareil saltatoire d'un insecte.*

saltimbanque n.m. (de l'it. *saltimbanco,* qui saute sur l'estrade). Personne qui fait des tours d'adresse, des acrobaties sur les places publiques, dans les foires ; bateleur.

salto n.m. (mot it. signif. « saut »). En sports, saut périlleux : *Des saltos arrière.*

salubre adj. (lat. *salubris,* de *salus,* santé). Qui contribue au maintien de la santé : *Des locaux salubres* (**SYN.** sain ; **CONTR.** insalubre, malsain). *L'air salubre de la montagne* (**SYN.** stimulant, tonique ; **CONTR.** nocif, pernicieux).

salubrité n.f. Caractère de ce qui est salubre : *Vérification de la salubrité des aliments* (**CONTR.** insalubrité, nocivité, toxicité). ▸ ***Salubrité publique,*** ensemble des mesures édictées en matière d'hygiène publique.

saluer v.t. (lat. *salutare,* souhaiter la santé, de *salus,* santé) [conj. 7]. **1.** Donner à qqn une marque d'attention, de civilité, de respect : *Elle les a salués d'un signe de la tête. Sur le tatami, on salue son adversaire* (**SYN.** s'incliner). **2.** En parlant d'un artiste, revenir en scène pour s'incliner devant le public à la fin d'un spectacle : *La troupe saluait la salle en délire.* **3.** Honorer du salut militaire ou d'une marque de respect précisée par un règlement : *Saluer un supérieur. Saluer le drapeau.* **4. [par].** Accueillir par des manifestations d'approbation ou d'hostilité : *L'annonce de la victoire fut saluée par des acclamations* (**SYN.** ovationner). *La foule salue par des sifflets l'entrée de l'accusé* (**SYN.** conspuer, huer). **5.** Rendre hommage à : *Nous saluons le courage des sauveteurs.* **6.** Reconnaître en tant que tel : *Les journalistes la saluent comme la première spationaute.* ◆ **se saluer** v.pr. Échanger des salutations : *Ils se sont fâchés et ne se sont plus salués depuis.*

salure n.f. Caractère de ce qui est salé ; teneur en sel ; salinité : *La salure d'une eau.*

① **salut** [saly] n.m. (du lat. *salus, salutis,* santé, action de saluer, de *salvus,* bien conservé). **1.** Fait d'échapper à un danger, à un malheur : *Elle doit son salut à sa présence d'esprit. Cette opération est sa seule chance de salut.* **2.** En religion, état de félicité éternelle (**CONTR.** damnation).

② **salut** [saly] n.m. (de *1. salut*). **1.** Action ou manière de saluer : *Adresser un salut de la main. Elle lui a rendu son salut* (**SYN.** salutation). **2.** Acte réglementaire par lequel on exprime son respect à qqn : *Le salut militaire.* ◆ interj. *Fam.* S'emploie pour aborder des amis ou les quitter : *Salut, comment allez-vous ?* (**SYN.** bonjour). *Salut, à demain !* (**SYN.** au revoir).

salutaire adj. **1.** Qui est propre à conserver ou à rétablir la santé ; sain, salubre : *Un repos salutaire* (**SYN.** bienfaisant, profitable ; **CONTR.** nocif). **2.** Qui peut avoir un effet bienfaisant sur la conduite de qqn : *Vos conseils lui ont été salutaires* (**SYN.** fructueux, utile ; **CONTR.** inutile, vain).

salutation n.f. Action de saluer ; salut : *Le président adressa une salutation cordiale aux militants.* ◆ **salutations** n.f. pl. Terme employé dans des formules de politesse en fin de lettre : *Veuillez agréer, Madame, mes salutations distinguées.*

salutiste adj. et n. Relatif à l'Armée du salut.

salvagnin n.m. En Suisse, vin rouge du canton de Vaud.

salvateur, trice adj. *Sout.* Qui sauve : *Les paysans attendent la pluie salvatrice. Un geste salvateur.*

salve n.f. (du lat. *salve,* salut !, de *salvere,* bien se porter). Décharge simultanée d'armes à feu, au combat ou en l'honneur de qqn : *Des salves d'artillerie.* ▸ ***Salve d'applaudissements,*** applaudissements qui éclatent tous en même temps (**SYN.** tonnerre).

samara n.m. (mot persan). En Afrique, sandale constituée d'une semelle plate et d'une lanière qui se glisse entre les deux premiers orteils.

samaritain, e adj. et n. Relatif à la ville ou à la région de Samarie, en Palestine. ▸ ***Le Bon Samaritain,*** personnage d'une parabole de l'Évangile, proposé comme un modèle de la véritable charité : *Cette association caritative fonctionne grâce à de bons Samaritains.* ◆ n. En Suisse, secouriste.

samba [sãba ou sãmba] n.f. (mot port. du Brésil). **1.** Danse brésilienne à deux temps. **2.** Air syncopé sur lequel elle se danse.

same n.m. Nom que les Lapons donnent à leur langue.

samedi n.m. (du lat. *sabbati dies,* jour du sabbat). Sixième jour de la semaine : *Je le vois tous les samedis.*

samizdat [samizdat] n.m. (mot russe signif. « édition par [l'auteur] lui-même »). Dans l'ex-U.R.S.S., diffusion clandestine d'ouvrages interdits par la censure ; ouvrage ainsi diffusé.

samouraï [samuraj] n.m. (mot jap., de *samurau,* servir). Membre de la classe des guerriers, dans le Japon d'avant 1868 : *Les samouraïs vaincus se faisaient seppuku.*

samovar n.m. (mot russe signif. « qui bout par soi-même »). Bouilloire russe munie d'un robinet et permettant de maintenir en permanence l'eau chaude pour le thé.

samoyède [samɔjɛd] adj. et n.m. Se dit d'un chien à fourrure épaisse, utilisé pour la traction des traîneaux. ◆ n.m. Langue ouralienne parlée par les Samoyèdes.

sampan [sãpã] n.m. (du chin. *sanpan,* trois planches). Embarcation asiatique à fond plat, qui comporte, au centre, un dôme en bambou tressé pour abriter les passagers.

sample [sãpəl] n.m. (mot angl. signif. « échantillon »). En musique, échantillon.

① **sampler** [sãplœr] n.m. (mot angl.). En musique, échantillonneur.

② **sampler** [sãple] v.t. [conj. 3]. En musique, échantillonner.

sampling [sãpliŋ] n.m. (mot angl.). En musique, échantillonnage.

S.A.M.U. ou **SAMU** [samy] n.m. (acronyme de *service d'aide médicale d'urgence*). En France, service hospitalier chargé d'assurer les premiers soins aux victimes d'accidents et de les transporter vers un centre hospitalier. ▸ ***S.A.M.U. social,*** structure mobile d'aide aux sans-abri.

sanatorium [sanatɔrjɔm] n.m. (mot angl., du lat. *sanator,* celui qui guérit, de *sanus,* sain) [pl. *sanatoriums*]. Établissement de cure destiné au traitement des différentes formes de tuberculose (abrév. fam. sana).

sanctifiant, e adj. Qui sanctifie, rend saint : *La grâce sanctifiante.*

sanctificateur, trice adj. et n. Qui procure la sanctification : *Un rite sanctificateur.*

sanctification n.f. **1.** Action de sanctifier, de mettre en état de grâce, sur la voie du salut : *La sanctification des âmes.* **2.** Célébration selon les rites religieux : *La sanctification d'un mariage.*

sanctifier v.t. (du lat. *sanctus,* saint) [conj. 9]. **1.** Rendre saint ; mettre en état de grâce : *La prière nous sanctifie.* **2.** Révérer comme saint : *« Que ton nom soit sanctifié » [le Notre Père].* **3.** Célébrer selon les rites religieux : *Sanctifier le dimanche.*

sanction n.f. (lat. *sanctio,* de *sancire,* rendre irrévocable, inviolable). **1.** Mesure répressive infligée par une autorité pour l'inobservation d'un règlement, de la loi : *Prendre des sanctions contre les retardataires. Encourir, infliger une sanction financière.* **2.** Peine prévue par la loi et appliquée aux personnes ayant commis une infraction : *Une sanction pénale.* **3.** Conséquence naturelle, d'un acte : *Le verdict des urnes est la sanction de la politique menée* (**SYN.** rançon, tribut). **4.** Entérinement d'une pratique, d'une action qui lui donne une sorte de validité : *L'utilisation de « ministre » au féminin a reçu la sanction de l'usage* (**SYN.** confirmation, consécration).

sanctionner v.t. [conj. 3]. **1.** Réprimer une infraction ; punir une faute : *La loi sanctionne le harcèlement moral. La baisse des cours de l'action a sanctionné les erreurs de gestion* (**SYN.** condamner ; **CONTR.** récompenser). **2.** Apporter une consécration officielle ou quasi officielle à : *Ce diplôme sanctionne la fin des études* (**SYN.** entériner, ratifier, valider).

sanctuaire n.m. (lat. *sanctuarium,* de *sanctus,* saint). **1.** Partie de l'église, située autour de l'autel, où s'accomplissent les cérémonies liturgiques. **2.** Édifice religieux, lieu saint en général. **3.** *Fig.* Lieu protégé contre toute agression ; asile : *Cette île est un sanctuaire pour les oiseaux. Ce pays doit cesser d'être un sanctuaire pour les terroristes* (**SYN.** refuge).

sanctuarisation n.f. Action de sanctuariser.

sanctuariser v.t. [conj. 3]. Transformer en sanctuaire, en lieu protégé et vital : *Ils veulent sanctuariser le littoral de l'île.*

sandale n.f. (lat *sandalium,* du gr.). Chaussure formée d'une simple semelle retenue au pied par des lanières.

sandalette n.f. Sandale légère.

Sandow [sɑ̃do] n.m. (nom déposé). Câble extensible, utilisé en gymnastique ou pour fixer des objets sur un porte-bagages, une galerie de voiture (**SYN.** tendeur).

sandre n.m. (all. *Zander*). Poisson osseux voisin de la perche, à chair estimée.

sandwich [sɑ̃dwitʃ] n.m. (de *lord Sandwich,* comte qui se faisait servir ce mets à sa table de jeu) [pl. *sandwichs* ou *sandwiches*]. Pain coupé en tranches entre lesquelles on met des aliments froids : *Des sandwichs au jambon et aux crudités.* ▸ *Fam.* ***Prendre qqn en sandwich,*** l'attaquer de deux côtés à la fois.

sang [sɑ̃] n.m. (lat. *sanguis, sanguinis*). **1.** Liquide rouge qui circule dans le corps en coulant dans les artères et les veines : *Le médecin a demandé une analyse de sang. Une collecte de sang. Il a le visage en sang* (= ensanglanté). **2.** *Fig.* Vie, existence : *Elle a payé son engagement de son sang.* **3.** *Litt.* Élément considéré comme facteur d'hérédité ; parenté, famille : *Il a du sang russe dans les veines* (**SYN.** ascendance). *Nous sommes du même sang* (**SYN.** extraction [sout.], origine). **4.** (Employé en appos.). Qui est de la couleur rouge vif du sang : *Des affiches rouge sang.* ▸ ***Apport de sang frais,*** arrivée d'éléments nouveaux, plus jeunes ; apport de capitaux. *Fam.* ***Avoir du sang dans les veines,*** être énergique, audacieux. ***Avoir du sang sur les mains,*** avoir tué quelqu'un. ***Avoir le sang chaud,*** être impétueux, ardent, irascible. ***Avoir le sang qui monte à la tête,*** être frappé d'une émotion violente ; être sur le point d'éclater de colère. *Fam.* ***Avoir qqch dans le sang,*** y être porté instinctivement, en être passionné : *Elle a le rythme dans le sang.* ***Bain de sang,*** sang répandu au cours d'une bagarre, d'une bataille ; massacre : *La révolte s'est terminée dans un bain de sang.* ***Droit du sang,*** détermination de la nationalité d'après la filiation de la personne (par opp. à droit du sol). ***Liens du sang,*** relation de parenté ; liens affectifs entre personnes de la même famille. ***Mettre un pays à feu et à sang,*** le saccager. *Fam.* ***Se faire du mauvais sang*** ou ***un sang d'encre,*** être extrêmement inquiet ; être tourmenté par l'inquiétude. ***Un être de chair et de sang,*** un être bien vivant, avec ses passions, ses appétits.

sang-froid [sɑ̃frwa] n.m. inv. Maîtrise de soi : *Gardez votre sang-froid et évacuez la salle* (**SYN.** calme). ▸ ***De sang-froid,*** volontairement ; en ayant conscience de ce que l'on fait : *Il a abattu les otages de sang-froid* (= de façon délibérée, avec une froide résolution).

sanglant, e adj. **1.** Qui est couvert ou taché de sang : *Un pansement sanglant.* **2.** Qui s'accompagne d'une grande effusion de sang ; meurtrier : *Des hold-up sanglants.* **3.** *Fig.* Qui blesse, outrage : *S'exposer à de sanglantes critiques* (**SYN.** cruel, dur). **4.** *Litt.* Qui a la couleur rouge du sang : *Les lueurs sanglantes du soleil couchant.*

sangle n.f. (lat. *cingula,* de *cingere,* ceindre). Bande de cuir ou de toile large et plate, qui sert à entourer, à serrer : *La sangle d'une selle de cheval.* ▸ ***Sangle abdominale,*** ensemble des muscles de la paroi abdominale.

sangler v.t. [conj. 3]. **1.** Serrer avec une sangle : *Sangler un cheval* (= lui mettre sa selle ou un bât). **2.** Serrer fortement la taille ; brider, mouler : *Il est sanglé dans sa veste.*

sanglier n.m. (du lat. *singularis* [*porcus*], [porc] solitaire). **1.** Porc sauvage, à énorme tête, ou hure, armée de canines proéminentes : *Le sanglier fouit le sol.* **2.** Chair de cet animal : *Un cuissot de sanglier.*

sanglot [sɑ̃glo] n.m. (du lat. *singultus,* hoquet, de *gluttire,* avaler). (Souvent pl.). Spasme bruyant produit chez une personne par une crise de larmes : *Éclater en sanglots.*

sanglotement n.m. *Litt.* Action de sangloter.

sangloter v.i. [conj. 3]. Être secoué de sanglots : *Il se met à sangloter au moindre reproche* (**SYN.** pleurer).

sang-mêlé [sɑ̃mele] n. inv. *Vx* Métis, métisse.

sangria n.f. (mot esp., de *sangre,* sang). Boisson d'origine espagnole faite de vin rouge sucré où l'on a fait macérer des morceaux de fruits.

sangsue [sɑ̃sy] n.f. (du lat. *sanguisuga,* suceuse de sang). **1.** Ver d'eau douce dont le corps est terminé par une ventouse à chaque extrémité et qui se nourrit du sang des vertébrés. **2.** *Litt.* Personne avide, qui s'enrichit ou vit aux dépens d'autrui ; profiteur, vampire. **3.** *Fam.* Personne importune, dont on ne peut se défaire.

sanguin, e [sɑ̃gɛ̃, in] adj. **1.** Relatif au sang : *Un prélèvement sanguin. Les vaisseaux sanguins.* **2.** Se dit d'une personne généralement corpulente, qui a le visage couperosé, rougeaud, et que l'on dit coléreuse. ◆ n. Personne au tempérament sanguin.

sanguinaire [sɑ̃ginɛr] adj. Qui n'hésite pas à répandre le sang : *Un despote sanguinaire* (**SYN.** cruel, féroce ; **CONTR.** compatissant, humain).

sanguine [sɑ̃gin] n.f. **1.** Orange à chair plus ou moins rouge. **2.** Crayon fait avec un minerai rouge ; dessin fait avec ce crayon : *Un paysage à la sanguine. Une sanguine de Watteau.*

sanguinolent, e [sɑ̃ginɔlɑ̃, ɑ̃t] adj. Se dit d'une matière organique mêlée de sang : *Des crachats sanguinolents.*

sanhédrin [sanedrɛ̃] n.m. (mot araméen, du gr. *sunedrion,* assemblée, conseil). Ancien conseil suprême du judaïsme, qui siégeait à Jérusalem et était présidé par le grand prêtre.

sanie n.f. (lat. *sanies*). *Litt.* Matière purulente contenant du sang qui s'écoule d'une plaie.

Sanisette n.f. (nom déposé). Petite construction abritant des toilettes publiques, dont l'accès, payant, et le nettoyage sont automatisés.

sanitaire adj. (du lat. *sanitas,* santé, de *sanus,* sain). **1.** Relatif à la conservation de la santé publique : *Les autorités sanitaires. Un rapatriement sanitaire* (= pour raison de santé). **2.** Relatif aux installations et appareils destinés aux soins de propreté, d'hygiène : *Les équipements sanitaires.* ◆ **sanitaires** n.m. pl. Ensemble des installations de propreté d'un lieu, comprenant les éviers, les lavabos, les baignoires, les douches et les toilettes.

sans [sɑ̃] prép. (lat. *sine*). **1.** Indique la privation, l'absence, l'exclusion : *Être sans travail et sans logement* ou *sans travail ni logement. Des questions sans réponse. Une histoire sans paroles. Un chèque sans provision. Un produit garanti sans colorants. Il est parti sans rien dire.* **2.** Indique une condition négative : *Sans leur aide, nous n'y serions pas arrivés* (= s'ils ne nous avaient pas aidés). ▸ *Fam.* ***Être sans un,*** ne pas avoir d'argent. ***Non sans,*** avec assez de : *Il s'y est risqué, non sans une certaine appréhension* (= avec appréhension). ***Sans cela,*** sinon : *J'ai oublié, sans cela je le lui aurais demandé.* ***Sans quoi,*** sinon, autrement : *Acceptez, sans quoi vous le regretterez.* ◆ adv. *Fam.* Indique l'absence : *Elle a posé son portable sur la table et est partie sans.* ▸ ***Un jour sans,*** où l'on est fatigué, où l'esprit est vide. ◆ **sans que** loc. conj. (Suivi du subj.). Indique une circonstance non réalisée : *Il me l'a dit sans que je le lui aie demandé* (= spontanément).

sans-abri [sɑ̃zabri] n. inv. Personne qui n'a pas de logement (**SYN.** sans-logis).

sans-cœur adj. inv. et n. inv. *Fam.* Qui est sans pitié, insensible : *Ils sont sans-cœur* (**SYN.** impitoyable).

sanscrit, e adj. et n.m. → **sanskrit.**

sans-culotte n.m. (pl. *sans-culottes*). Sous la Convention, nom donné aux révolutionnaires qui avaient remplacé la culotte par le pantalon.

sans-emploi [sɑ̃zɑ̃plwa] n. inv. Chômeur.

sans-façon n.m. inv. *Litt.* Mépris volontaire des convenances ; désinvolture, sans-gêne.

sans-faute n.m. inv. Prestation accomplie sans faute, parfaite : *Elle fait toujours des sans-faute.*

sans-fil adj. inv. et n.m. inv. Se dit des télécommunications sans liaison matérielle, ainsi que des technologies ou des appareils qui les autorisent : *Réseau, alarme sans-fil.* ◆ n.m. inv. Téléphone dont le combiné est utilisable sans fil grâce à une liaison radioélectrique à courte portée avec son socle.

sans-gêne n.m. inv. Manière d'agir d'une personne qui ne tient pas compte des autres ; désinvolture, sans-façon. ◆ n. inv. Personne qui agit de cette manière : *Vous et vos amis êtes de véritables sans-gêne.*

sans-grade n. inv. *Fam.* Subordonné sans pouvoir de décision ; subalterne : *Défendre les sans-grade.*

sanskrit ou **sanscrit** [sɑ̃skri] n.m. (du sanskrit *samskrita,* parfait). Langue qui fut la langue sacrée et la langue littéraire de l'Inde ancienne. ◆ **sanskrit, e** ou **sanscrit, e** adj. Relatif au sanskrit : *Une grammaire sanskrite.*

sanskritiste n. Spécialiste du sanskrit.

sans-le-sou n. inv. *Fam.* Personne sans argent.

sans-logis n. Sans-abri.

sansonnet n.m. (du prénom *Samson*). Étourneau (oiseau).

sans-papiers n. Personne, partic. immigré clandestin, dépourvue des documents lui permettant de justifier de son identité et de la régularité de sa situation.

sans-parti n. inv. Personne qui n'est inscrite à aucun parti politique.

sans-plomb n.m. inv. Essence où l'on a remplacé le plomb par d'autres additifs.

sans-souci n. inv. *Litt.* Personne insouciante.

santal n.m. (gr. *santalon,* de l'ar.) [pl. *santals*]. **1.** Arbuste dont le bois est utilisé en parfumerie et en ébénisterie. **2.** Bois de cet arbre : *Un écrin en santal.* **3.** Essence qui en est extraite : *Un parfum au santal.*

santé n.f. (lat. *sanitas, sanitatis,* de *sanus,* sain). **1.** État de qqn dont l'organisme fonctionne bien : *Elle est pleine de santé* (**SYN.** énergie, vie, vivacité). *L'abus d'alcool est dangereux pour la santé.* **2.** État de l'organisme, bon ou mauvais : *Être en parfaite santé. Avoir une santé délicate. Prendre un congé pour raison de santé* (= pour cause de maladie). **3.** État sanitaire des membres d'une collectivité : *Des enquêtes sur la santé du pays. La santé publique.* **4.** *Fig.* État d'un système, d'une branche d'activité : *La santé financière d'une entreprise.* **5.** Formule de vœux exprimée lorsqu'on lève son verre en l'honneur de qqn : *Santé !* ou *À votre santé !*

▸ ***Boire à la santé de qqn,*** former des vœux relatifs à sa santé, considérée comme condition de son bonheur. *Fam.* ***Tant qu'on a la santé,*** s'emploie pour exprimer que tous les désagréments de l'existence qui ne touchent pas la santé sont secondaires.

santiag [sɑ̃tjag] n.f. *Fam.* Botte courte à talon oblique.

santon n.m. (du prov. *santoun,* petit saint). Petite figurine en terre cuite peinte servant, en Provence, à décorer les crèches de Noël.

santonnier n.m. Fabricant de santons.

sanza [sanza] n.f. (mot africain). En Afrique, instrument de musique constitué d'une caisse sur laquelle sont fixées des languettes.

saoul, e [su, sul] adj. → **soûl.**

saouler [sule] v.t. → **soûler.**

sapajou n.m. (tupi *sapaiou*). Petit singe à longue queue prenante ; sajou : *Les sapajous vivent en troupe.*

① **sape** n.f. (de *1. saper*). Dans le langage militaire, tranchée creusée sous un mur, un ouvrage, pour le renverser. ▸ ***Travail de sape,*** menées plus ou moins secrètes pour nuire à qqn, détruire qqch.

② **sape** n.f. (de *se saper*). (Surtout au pl.). *Fam.* Vêtement, habit.

sapement n.m. Action de saper, de creuser une sape.

① **saper** v.t. (de l'it. *zappare,* de *zappa,* pioche) [conj. 3]. **1.** Creuser une sape sous une construction pour provoquer son écroulement : *Saper une tour.* **2.** En parlant des eaux, user à la base en causant des éboulements : *La mer sape les falaises* (**SYN.** creuser, éroder). **3.** Détruire par une action progressive et secrète : *L'échec des négociations de paix sape le moral de la population* (**SYN.** ébranler, miner).

② **saper** v.t. [conj. 3]. *Fam.* Habiller. ◆ **se saper** v.pr. S'habiller ; se vêtir.

saperlipopette interj. Juron plaisant ou vieilli marquant le dépit, l'étonnement.

① **sapeur** n.m. (de *1. saper*). Soldat du génie : *« Le Sapeur Camember » de Christophe.*

② **sapeur** n.m. (de *sape,* acronyme de *société des ambianceurs et des personnes élégantes,* avec jeu de mots sur *se saper*). En Afrique, homme qui s'habille avec élégance ; dandy.

sapeur-pompier n.m. (pl. *sapeurs-pompiers*). Pompier.

saphique adj. Relatif à Sappho, au saphisme.

saphir n.m. (gr. *sappheiros*). **1.** Pierre précieuse transparente, le plus souvent bleue. **2.** Pointe de la tête de lecture d'un électrophone, d'un tourne-disque. ◆ adj. inv. Qui est d'un bleu lumineux : *Des montures de lunettes saphir.*

saphisme n.m. (de *Sappho,* poétesse grecque). *Litt.* Homosexualité féminine (**SYN.** lesbianisme).

sapide adj. (lat. *sapidus,* de *sapere,* avoir du goût). Qui a de la saveur (**CONTR.** fade, insipide).

sapidité n.f. Caractère de ce qui est sapide : *Des agents de sapidité* (= additifs alimentaires qui accentuent la saveur ; **SYN.** goût ; **CONTR.** insipidité).

sapience [sapjɑ̃s] n.f. (du lat. *sapiens,* raisonnable, de *sapere,* avoir du goût, du jugement). *Vx* Sagesse.

sapin n.m. (du gaul.). Arbre résineux dont les aiguilles persistantes sont insérées régulièrement sur les tiges et qui est planté pour son bois et l'ornement des parcs : *Décorer le sapin de Noël.* ▸ *Fam.* ***Passer un sapin à qqn,*** au Québec, berner, duper qqn. *Fam.* ***Sentir le sapin,*** être proche de la mort.

sapine n.f. Grue de faible puissance utilisée sur les chantiers de travaux publics.

sapinette n.f. **1.** Épicéa ornemental de l'Amérique du Nord. **2.** *Région.* Dans le Midi, cèdre.

sapinière n.f. Terrain planté de sapins.

sapiteur n.m. (du lat. *sapere,* avoir du goût, du jugement). Expert en droit maritime, chargé d'évaluer des marchandises en cas d'avarie.

saponacé, e adj. (du lat. *sapo, saponis,* savon). Qui a les caractères du savon.

saponaire n.f. (lat. *saponaria,* de *sapo, saponis,* savon). Plante à fleurs roses, dont la tige et les racines contiennent une substance, la *saponine,* qui fait mousser l'eau, comme du savon.

saponification n.f. En chimie, transformation des matières grasses en savon par hydrolyse.

saponifier [sapɔnifje] v.t. (du lat. *sapo, saponis,* savon) [conj. 9]. En chimie, transformer en savon : *Saponifier des huiles.*

saponine n.f. Substance présente dans la saponaire et d'autres végétaux, comme *le savonnier.*

sapotille [sapɔtij] ou **sapote** n.f. (esp. *zapote, zapotillo,* du nahuatl). Fruit comestible du sapotillier, à pulpe brune très sucrée.

sapotillier [sapɔtije] ou **sapotier** n.m. Arbre fruitier tropical, dont le latex, appelé *chicle,* entre dans la fabrication du chewing-gum.

sapristi ou **sacristi** interj. *Fam.* Juron marquant l'étonnement, l'impatience.

saprophage adj. et n.m. (du gr. *sapros,* pourri, et *phagein,* manger). Se dit d'un organisme animal qui se nourrit de matières organiques en décomposition.

saprophyte adj. et n.m. (du gr. *sapros,* putride, et de *phuton,* plante). **1.** Se dit d'un végétal qui tire sa nourriture de substances organiques en décomposition. **2.** Se dit d'un micro-organisme qui se développe sur un être vivant sans provoquer de maladie (**CONTR.** pathogène).

saquer v.t. → **sacquer.**

sar n.m. (mot prov.). Poisson comestible, voisin de la daurade, au corps rayé verticalement.

sarabande n.f. (esp. *zarabanda,* du persan *serbend,* turban de danse). **1.** Danse à trois temps en vogue aux XVIIe et XVIIIe siècles. **2.** *Fam.* Vacarme provoqué par des jeux : *Les enfants font la sarabande au grenier.*

sarbacane n.f. (d'un mot ar.). Long tuyau dans lequel on souffle pour lancer de petits projectiles.

sarcasme n.m. (du gr. *sarkasmos,* de *sarkazein,* mordre la chair). Raillerie insultante ; ironie mordante : *Dispensez-nous de vos sarcasmes* (**SYN.** moquerie, persiflage).

sarcastique adj. **1.** Qui tient du sarcasme ; ironique, sardonique : *Il a répondu par quelques mots sarcastiques* (**SYN.** caustique ; **CONTR.** bienveillant). **2.** Qui emploie le sarcasme : *Un journaliste sarcastique* (**SYN.** acerbe, railleur).

sarcelle n.f. (lat. *cercedula*). Canard sauvage migrateur de petite taille.

sarclage n.m. Action de sarcler : *Le sarclage des carottes* (**SYN.** désherbage).

sarcler v.t. (lat. *sarculare*, de *sarculum*, houe) [conj. 3]. Arracher les mauvaises herbes à l'aide d'un sarcloir : *Sarcler un carré de poireaux* (**SYN.** désherber).

sarclette n.f. Petit sarcloir.

sarcloir n.m. Outil constitué d'un fer large et tranchant fixé à un manche, qui est utilisé pour sarcler.

sarcomateux, euse adj. Relatif au sarcome.

sarcome [sarkom] n.m. (du gr. *sarkôma*, excroissance de chair). Tumeur maligne du tissu conjonctif, osseux ou musculaire. ▸ ***Sarcome de Kaposi*** → **Kaposi (sarcome de).**

sarcophage n.m. (du gr. *sarkophagos*, qui mange de la chair). **1.** Cercueil de pierre de l'Antiquité et du haut Moyen Âge. **2.** Enceinte de béton isolant le réacteur accidenté de la centrale nucléaire de Tchernobyl, en Ukraine.

sarcopte [sarkɔpt] n.m. (du gr. *sarx*, *sarkos*, chair, et de *koptein*, couper). Acarien parasite de certains vertébrés, dont une espèce provoque la gale chez l'homme.

sardane n.f. (d'un mot catalan). Danse catalane exécutée sous la forme d'une ronde ; air sur lequel on la danse.

sarde adj. et n. (du gr. *Sardô*, Sardaigne). Relatif à la Sardaigne, à ses habitants. ◆ n.m. Langue romane parlée en Sardaigne.

sardine n.f. (du lat. *sardina*, poisson de Sardaigne). **1.** Poisson voisin du hareng, pêché pour être consommé frais ou mis en conserve dans l'huile : *Des bancs de sardines. Des sardines à l'huile.* **2.** *Fam.* Galon de sous-officier.

sardinerie n.f. Établissement où l'on met les sardines en conserve.

sardinier, ère n. **1.** Pêcheur de sardines. **2.** Personne travaillant dans une sardinerie. ◆ **sardinier** n.m. Bateau pour la pêche à la sardine.

sardonique adj. (du lat. *sardonia* [*herba*], [herbe] de Sardaigne [dont l'ingestion provoque un rictus]). Qui exprime une moquerie méchante : *Un rire sardonique* (**SYN.** sarcastique).

sardoniquement adv. De façon sardonique.

sargasse n.f. (port. *sargaço*, du lat. *salix*, *salicis*, saule). Algue brune marine.

sari n.m. (mot hindi). En Inde, costume féminin composé d'une pièce de coton ou de soie, drapée et ajustée sans coutures ni épingles.

sarigue n.f. (du tupi). Mammifère marsupial d'Amérique, dont la femelle possède une longue queue préhensile.

sarin n.m. Gaz hautement toxique, qui bloque la transmission du message nerveux aux muscles.

S.A.R.L. ou **SARL** [ɛsaɛrɛl] n.f. (sigle). ▸ ***Société à responsabilité limitée*** → **société.**

sarment n.m. (lat. *sarmentum*). **1.** Branche de vigne de l'année, que l'on coupe au moment de la taille : *Un fagot de sarments. Des grillades au feu de sarments.* **2.** Tige de plante grimpante. **3.** En Suisse, cep.

sarmenter v.t. [conj. 3]. Ramasser les sarments provenant de la taille de la vigne.

sarmenteux, euse adj. **1.** Se dit d'une vigne qui produit beaucoup de sarments. **2.** Se dit d'une plante dont la tige est longue, flexible et grimpante.

sarong [sarɔ̃g] n.m. (mot malais). Long pagne traditionnel, porté dans certaines régions de l'Asie du Sud-Est.

saroual ou **sarouel** n.m. (d'un mot ar.) [pl. *sarouals*, *sarouels*]. Pantalon traditionnel d'Afrique du Nord, à jambes bouffantes et à entrejambe bas.

① **sarrasin, e** adj. et n. (lat. *Sarracenus*, d'un mot ar. signif. « oriental »). Musulman, pour les Occidentaux du Moyen Âge.

② **sarrasin** n.m. (de *1. sarrasin*, à cause de la couleur noire du grain). Céréale très rustique (aussi appelée *blé noir*), dont les graines fournissent une farine.

sarrau n.m. (moyen haut all. *sarrok*) [pl. *sarraus*]. **1.** Tablier d'enfant boutonné derrière. **2.** Blouse de travail ample.

sarriette n.f. (lat. *satureia*). Plante dont les feuilles sont utilisées comme condiment.

sas [sas ou sa] n.m. (lat. *setacium*, de *seta*, soie de porc, crin). **1.** Partie d'un canal comprise entre les deux portes d'une écluse. **2.** Petite chambre munie de deux portes étanches, permettant de mettre en communication deux milieux dans lesquels les pressions sont différentes : *Le sas de décompression d'un sous-marin.* **3.** Tamis de crin, de soie, entouré d'un cercle de bois : *Passer du plâtre au sas.* ▸ ***Sas de sécurité***, petit local servant de passage, pour contrôler les entrées : *Le sas de sécurité d'une banque.*

sashimi [saʃimi] n.m. (mot jap.). Spécialité de la cuisine japonaise, composée de poissons crus coupés en lamelles.

sassafras [sasafra] n.m. (esp. *sasafras*, d'un mot amérindien). Arbre de l'Amérique du Nord, dont le bois est utilisé en ébénisterie et dont les feuilles sont employées comme condiment.

sasser v.t. [conj. 3]. **1.** Passer au sas : *Sasser de la farine.* **2.** Faire passer par le sas d'une écluse : *Sasser une péniche* (**SYN.** écluser).

satané, e adj. (de *Satan*). (Avant le nom). *Fam.* **1.** (Sert à donner une nuance péjorative). Abominable, maudit : *Cette satanée machine n'a pas démarré* (**SYN.** détestable, exécrable). **2.** Qui a des qualités au-dessus du commun : *Un satané boute-en-train* (**SYN.** exceptionnel, remarquable).

satanique adj. **1.** Qui est propre à Satan, au satanisme : *Un rite satanique.* **2.** Qui est ou semble inspiré par Satan : *Tramer une machination satanique* (**SYN.** démoniaque, diabolique, infernal).

satanisme n.m. Culte voué à Satan et au mal.

sataniste adj. et n. Relatif au satanisme ; adepte du satanisme.

satellisable adj. Qui peut être satellisé, mis en orbite.

satellisation n.f. Action de satelliser, de mettre en orbite ; fait d'être satellisé : *La satellisation d'une station spatiale.*

satelliser v.t. [conj. 3]. **1.** Placer un engin en orbite autour d'un astre. **2.** *Fig.* Rendre un pays dépendant d'un autre sur le plan économique ou politique.

satellitaire adj. Relatif aux satellites artificiels ; transmis par satellite : *Une antenne satellitaire. Analyser des images satellitaires.*

satellite n.m. (du lat. *satelles, satellitis,* escorte). **1.** Astre qui gravite autour d'une planète de masse plus importante : *La Lune est le satellite de la Terre. Les satellites de Neptune.* **2.** Engin placé en orbite autour d'une planète par une fusée, une navette (on dit aussi *satellite artificiel*) : *Un satellite géostationnaire de télécommunications. Un système de guidage par satellite.* **3.** Bâtiment annexe d'une aérogare, généralement relié au bâtiment principal par un couloir souterrain. ◆ adj. et n.m. Se dit d'un pays qui dépend d'un autre sur le plan politique ou économique : *Une réunion des pays satellites d'une grande puissance.*

sati n.m. inv. (mot sanskrit). Coutume hindoue qui obligeait une veuve à se faire brûler sur le bûcher funéraire de son mari. ◆ n.f. inv. Veuve qui suivait cette coutume.

satiété [sasjete] n.f. (lat. *satietas,* de *satis,* assez). État d'une personne complètement rassasiée : *Les populations réfugiées qui ne connaissent plus la satiété.* ▸ ***À satiété,*** jusqu'à être rassasié : *Boire à satiété* ; jusqu'à la lassitude : *Il nous le répète à satiété.*

satin n.m. (du nom ar. d'une ville chinoise où l'on fabriquait cette étoffe). Étoffe de soie, de laine ou de coton, fine, lisse et brillante : *Des foulards de satin.* ▸ ***Peau de satin,*** très douce.

satiné, e adj. Qui a les reflets du satin : *Une peinture de couleur blanc satiné.* ▸ ***Peau satinée,*** peau douce comme du satin. ◆ **satiné** n.m. Reflet brillant comme du satin : *Le satiné d'une peinture acrylique.*

satiner v.t. [conj. 3]. Donner un caractère satiné à : *Satiner une étoffe, du papier, un métal.*

satinette n.f. Étoffe de coton et de soie, ou de coton seul, offrant l'aspect du satin.

satire n.f. (lat. *satira,* de *satura,* farce). **1.** Pièce de vers dans laquelle l'auteur attaque les vices et les ridicules de son temps : *Les satires de Boileau.* **2.** Œuvre qui s'attaque aux mœurs, ou qui tourne qqn ou qqch en ridicule : *Ce film est une satire des milieux de la télévision* (**SYN.** critique, diatribe). ☞ **REM.** Ne pas confondre avec *satyre.*

satirique adj. **1.** Qui tient de la satire ; qui pratique la raillerie : *Des dessins satiriques. Un journaliste satirique* (**SYN.** caustique, incisif, mordant). **2.** En littérature, qui écrit des satires : *Un poète satirique.* ☞ **REM.** Ne pas confondre avec *satyrique.*

satiriquement adv. De façon satirique.

satiriste n. Auteur de satires, de dessins satiriques.

satisfaction n.f. **1.** Action de satisfaire un besoin, un désir ; fait d'accorder ce qui est demandé : *La satisfaction d'un besoin naturel* (**SYN.** assouvissement). *Le demandeur a obtenu satisfaction* (= gain de cause). **2.** Plaisir qui résulte de l'accomplissement de ce qu'on attend, de ce qu'on désire : *La satisfaction du devoir accompli.* (**SYN.** contentement, joie ; **CONTR.** insatisfaction). *Elle nous donne entière satisfaction.*

satisfaire v.t. (lat. *satisfacere,* de *satis,* assez, et *facere,* faire) [conj. 109]. **1.** Accorder à qqn ce qu'il désire : *Ces propositions nous satisfont* (**SYN.** combler, contenter, convenir ; **CONTR.** décevoir, mécontenter). **2.** Agir de façon à contenter un désir, à assouvir un besoin : *Avons-nous satisfait votre curiosité ?* (**SYN.** apaiser, calmer ; **CONTR.** exacerber). ◆ v.t. ind. **[à].** Répondre à ce qui est exigé ; remplir les conditions requises : *Satisfaire à ses obligations* (**SYN.** accomplir, s'acquitter de ; **CONTR.** manquer à). *Vous satisfaites aux qualifications exigées.* ◆ **se satisfaire** v.pr. **[de].** Considérer qqch comme acceptable : *Elle s'est satisfaite de ce compromis* (**SYN.** s'accommoder de, se contenter de).

satisfaisant, e [satisfəzɑ̃, ɑ̃t] adj. **1.** Qui satisfait, répond à une attente : *Le règlement de la question est satisfaisant pour tous* (**SYN.** acceptable ; **CONTR.** décevant, insatisfaisant). **2.** Qui peut être accepté comme tel : *Des résultats satisfaisants* (**SYN.** correct, honnête, suffisant ; **CONTR.** insuffisant, mauvais).

satisfait, e adj. **1.** Qui est content de ce qu'il a, de la situation : *Elle est très satisfaite de son nouvel ordinateur* (**SYN.** comblé ; **CONTR.** insatisfait, mécontent). *Êtes-vous satisfait que nous en ayons parlé ?* **2.** Se dit d'un désir assouvi, comblé : *Tous mes vœux sont satisfaits* (**CONTR.** inassouvi). *Une demande satisfaite* (= qui a reçu satisfaction).

satisfecit [satisfesit] n.m. inv. (mot lat. signif. « il a satisfait »). *Sout.* Témoignage d'approbation : *L'Union européenne a décerné un satisfecit au gouvernement de ce pays.*

satrape n.m. (mot gr., du persan). *Litt.* Personnage qui mène une vie fastueuse et qui exerce une autorité despotique.

saturateur n.m. Récipient que l'on remplit d'eau et qui sert à humidifier l'air d'un logement par évaporation.

saturation n.f. **1.** Action de saturer ; fait d'être saturé : *La saturation d'un réseau télématique* (**SYN.** encombrement). *La saturation du marché des mobiles.* **2.** État d'une personne saturée de qqch : *À force d'entendre cette chanson, les auditeurs arrivent à saturation.*

saturé, e adj. **1.** Qui est rempli, imprégné à l'excès de qqch : *Un sol saturé de sel.* **2.** Qui est encombré à l'excès : *Les ventes diminuent parce que le marché est saturé. Des voies de circulation saturées* (**SYN.** bouché ; **CONTR.** dégagé). **3.** Qui a atteint le degré au-delà duquel qqch n'est plus supportable : *Ils sont saturés de jeux vidéo* (**SYN.** dégoûté ; **CONTR.** avide). **4.** En chimie, se dit d'une solution qui contient la quantité maximale de la substance dissoute.

saturer v.t. (lat. *saturare,* rassasier, de *satis,* assez) [conj. 3]. **1.** Remplir à l'excès : *Le nombre de connexions a saturé le site Internet* (**SYN.** encombrer). **2.** Fournir en quantité excessive : *La télévision nous sature de publicités* (**SYN.** écœurer ; **CONTR.** priver). **3.** En chimie, dissoudre dans un liquide la quantité maximale de substance. ◆ v.i. *Fam.* Arriver à saturation, au maximum supportable : *Avec toutes ces réunions, je sature* (**SYN.** fatiguer).

saturnales [satyrnal] n.f. pl. (lat. *Saturnalia,* de *Saturnus,* Saturne, dieu romain des Vignerons et des Paysans). Dans la Rome antique, fêtes célébrées en l'honneur de Saturne, durant lesquelles régnaient la débauche et le désordre.

saturnien, enne adj. (lat. *Saturnius,* de la planète Saturne). **1.** Relatif à la planète Saturne : *Les anneaux* *saturniens.* **2.** *Litt.* Qui est triste, mélancolique : *Les « Poèmes saturniens » de Paul Verlaine.*

saturnin, e adj. (de *saturne*, plomb, pour les alchimistes). En médecine, relatif au plomb ; qui est produit par le plomb : *Une intoxication saturnine.*

saturnisme n.m. Intoxication par le plomb : *Le dépistage du saturnisme infantile.*

satyre n.m. (lat. *satyrus*, du gr. *saturos*). **1.** Individu qui se livre à des attentats à la pudeur ; pervers sexuel, exhibitionniste. **2.** Dans la mythologie grecque, demi-dieu champêtre à jambes de bouc. ☞ **REM.** Ne pas confondre avec *satire*.

satyrique adj. Dans la mythologie grecque, qui a rapport aux satyres. ☞ **REM.** Ne pas confondre avec *satirique*.

sauce n.f. (du lat. *salsus*, salé, de *sal*, sel). **1.** Préparation plus ou moins liquide servie avec certains aliments : *Une viande accompagnée d'une sauce au madère. Des spaghettis à la sauce tomate.* **2.** En Afrique, ragoût de viande, de poisson ou de légumes qui accompagne les féculents. **3.** *Fam.* Accompagnement souvent inutile, accessoire : *Allonger la sauce* (= délayer ce que l'on a à dire ou à écrire). ▸ ***En sauce,*** se dit d'un mets accompagné d'une sauce. *Fam.* ***Mettre qqn, qqch à toutes les sauces,*** l'utiliser de toutes sortes de façons.

saucée n.f. *Fam.* Averse de pluie.

saucer v.t. [conj. 16]. Débarrasser de la sauce avec un morceau de pain : *Saucer le plat.* ▸ *Fam.* ***Être saucé, se faire saucer,*** être mouillé, se faire mouiller par une pluie abondante.

saucier n.m. **1.** Cuisinier chargé des sauces. **2.** Appareil électroménager pour faire les sauces.

saucière n.f. Récipient dans lequel on sert une sauce à table.

saucisse n.f. (du lat. *salsicius*, de *salsus*, salé). Produit de charcuterie composé d'un boyau rempli de viande hachée et assaisonnée : *Des saucisses de Strasbourg.* ▸ *Fam.* ***Ne pas attacher son chien avec des saucisses,*** être avare.

saucisson n.m. (it. *salsiccione*). Grosse saucisse que l'on consomme crue ou cuite : *Des saucissons secs. Un saucisson à l'ail.*

saucissonnage n.m. *Fam.* **1.** Action de saucissonner, de diviser en menues parties. **2.** Action de saucissonner qqn.

saucissonner v.i. [conj. 3]. *Fam.* Prendre un repas froid sur le pouce : *Ils ont saucissonné dans le train.* ◆ v.t. *Fam.* **1.** Diviser en tranches ; tronçonner : *Cette chaîne saucissonne les films pour passer encore plus de publicités* (**SYN.** découper). **2.** Attacher étroitement : *Ils ont saucissonné les otages* (**SYN.** ficeler, ligoter).

saudade [sodad ou sawdad] n.f. (mot port., du lat. *solitas, solitatis*, solitude). Sentiment de nostalgie mêlée de joie, né du souvenir d'un bonheur perdu et chanté dans le fado et la morna.

① **sauf, sauve** adj. (du lat. *salvus*, bien conservé, intact). **1.** Qui est sauvé d'un péril de mort : *Elles sont saines et sauves* (**SYN.** indemne, rescapé). **2.** Qui n'est point atteint : *L'honneur est sauf* (**SYN.** intact). ▸ ***Avoir la vie sauve,*** échapper à la mort. ***Laisser la vie sauve à qqn,*** ne pas le tuer.

② **sauf** prép. (de *1. sauf*). **1.** Marque l'exception : *Le magasin est ouvert tous les jours sauf le dimanche* (**SYN.** excepté, hormis). *Elle s'occupe de tout, sauf des réservations.* **2.** Sous la réserve de ; excepté si : *Sauf erreur ou omission, tous les documents sont remplis. Sauf avis contraire, nous arriverons demain.* ▸ *Litt.* ***Sauf à*** (+ inf.), sans s'interdire de : *Nous arrêtons notre décision, sauf à la réviser à la lumière de nouveaux éléments.* ***Sauf votre respect*** ou ***sauf le respect que je vous dois,*** expressions utilisées pour s'excuser d'une formule que l'on trouve choquante, irrévérencieuse. ◆ **sauf que** loc. conj. (Suivi de l'ind.). *Fam.* Excepté que : *Tout se passe bien, sauf qu'il manque des disquettes* (**SYN.** sinon que).

sauf-conduit n.m. (pl. *sauf-conduits*). Permis donné par une autorité d'aller en quelque endroit, d'y séjourner librement : *Délivrer des sauf-conduits* (**SYN.** laissez-passer).

sauge n.f. (lat. *salvia*, de *salvus*, sauf). Plante à fleurs, dont certaines variétés sont aromatiques ou médicinales.

saugrenu, e adj. (du lat. *sal*, sel, et de *grenu*). Qui est d'une bizarrerie ridicule ; aberrant : *Une idée saugrenue* (**SYN.** absurde, déconcertant, inattendu).

saulaie ou **saussaie** n.f. Lieu planté de saules.

saule n.m. (du frq. *sahla*, du lat. *salix*). Arbre poussant près de l'eau : *Des saules pleureurs.*

saulée n.f. Rangée de saules.

saumâtre adj. (lat. *salmaster*, de *sal*, sel). **1.** Qui a un goût salé ; qui est mélangé d'eau de mer : *Les eaux saumâtres de la lagune.* **2.** *Fam.* Qui est fâcheux, difficile à accepter : *Une plaisanterie saumâtre.* ▸ *Fam.* ***La trouver saumâtre,*** trouver la situation très désagréable.

saumon n.m. (lat. *salmo, salmonis*). Poisson voisin de la truite, à chair rose-orangé comestible. ▸ ***Saumon blanc,*** en poissonnerie, merlu. ◆ adj. inv. Qui est d'une couleur rose-orangé : *Des rayures saumon.*

saumoné, e adj. Se dit de poissons à la chair rose-orangé, comme celle du saumon : *Une truite saumonée.*

saumoneau n.m. Jeune saumon.

saumonette n.f. Nom sous lequel la roussette est vendue en poissonnerie.

saumurage n.m. Action de placer un aliment dans de la saumure.

saumure n.f. (lat. *salmuria*, de *sal*, sel, et *muria*, eau salée, saumure). **1.** Préparation liquide salée, dans laquelle on conserve des viandes, des poissons ou des légumes. **2.** Dans une saline, eau salée concentrée qu'on fait évaporer pour en retirer le sel.

saumurer v.t. [conj. 3]. Conserver dans la saumure : *Saumurer du porc, des olives.*

sauna n.m. (mot finnois). **1.** Bain de vapeur. **2.** Établissement où l'on prend ce bain. **3.** Appareil permettant de prendre ce bain : *Il installe des saunas chez les particuliers.*

saunage n.m. ou **saunaison** n.f. Dans une saline, action de sauner ; fabrication et vente du sel.

sauner v.i. (lat. *salinare*, de *sal*, sel) [conj. 3]. Dans une saline, extraire le sel de la saumure.

saunier n.m. Personne qui travaille à la production du sel.

saupiquet n.m. (de *sau,* var. dialect. de sel, et *piquer*). Jambon poêlé servi avec une sauce piquante.

saupoudrage n.m. **1.** Action de saupoudrer : *Le saupoudrage d'un bifteck avec du poivre.* **2.** Répartition en divers endroits, entre de nombreuses personnes ; fractionnement : *Le saupoudrage des crédits.*

saupoudrer v.t. (du lat. *sal,* sel, et *poudrer*) [conj. 3]. **1.** Répandre une poudre, une substance en grains sur : *Saupoudrer un café de cacao ou avec du cacao. Saupoudrer des cultures d'insecticide.* **2.** Mettre qqch en divers endroits : *Saupoudrer un récit de jeux de mots* (**SYN.** émailler [litt.], parsemer). **3.** Répartir des crédits entre une multitude de bénéficiaires : *Saupoudrer les associations de subventions.*

saupoudreuse n.f. Flacon à bouchon percé de trous, servant à saupoudrer.

saur adj.m. (moyen néerl. *soor,* séché). ▸ ***Hareng saur,*** hareng salé puis séché à la fumée.

saurage n.m. → **saurissage.**

saurer v.t. [conj. 3]. Traiter par salage, séchage, fumage : *Saurer des harengs.*

saurien n.m. (du gr. *saura,* lézard). En zoologie, lacertilien.

saurissage ou **saurage** n.m. Action de saurer ; résultat de cette action : *Le saurissage d'un poisson.*

saurisserie n.f. Établissement où l'on saure les harengs.

saussaie n.f. → **saulaie.**

saut [so] n.m. (lat. *saltus*). **1.** Mouvement brusque avec détente musculaire, par lequel le corps s'enlève du sol et se projette en l'air : *Faire des sauts sur un trampoline. Elle a franchi le fossé d'un saut* (**SYN.** bond). *Le saut à la corde.* **2.** Épreuve d'athlétisme exigeant que l'athlète décolle du sol : *Saut en hauteur. Saut en longueur* (= dans le sens horizontal). *Triple saut* (= enchaînement de trois sauts en longueur). *Saut à la perche* (= dans le sens vertical, au-dessus d'une barre, en s'aidant d'une perche en fibre de verre). **3.** Mode de déplacement de certains animaux, comme la sauterelle, le lapin, le kangourou ou la grenouille ; sautillement. **4.** Action de sauter d'un lieu élevé à un lieu plus bas ; discipline sportive consistant à sauter dans le vide : *Un saut en parachute. Le saut à l'élastique.* **5.** *Fig.* Passage sans transition à une situation, à un état, à un degré différents : *En acceptant cette nomination, elle fait un saut dans l'inconnu* (**SYN.** plongeon). ☞ **REM.** Ne pas confondre avec *sot.* ▸ ***Au saut du lit,*** dès le lever. ***Faire le saut,*** se décider à faire qqch qui présente des risques ; franchir le pas. *Fam.* ***Faire un saut quelque part,*** y passer rapidement. ***Le grand saut,*** la mort. ***Saut périlleux,*** saut acrobatique sans appui consistant en une rotation du corps dans l'espace (**SYN.** salto).

saut-de-lit n.m. (pl. *sauts-de-lit*). *Vx* Peignoir léger porté par les femmes au sortir du lit.

saut-de-mouton n.m. (pl. *sauts-de-mouton*). Dans les travaux publics, passage d'une voie par-dessus une autre voie, pour éviter les carrefours.

saute n.f. Changement brusque : *Des sautes de température. Une saute de vent* (= changement de direction du vent). *Il a de fréquentes sautes d'humeur.*

sauté n.m. Mets composé d'un aliment coupé en morceaux et cuit à feu vif : *Un sauté de porc, de poisson.*

saute-mouton n.m. inv. Jeu dans lequel un participant saute par-dessus un autre, qui se tient courbé : *Jouer à saute-mouton.*

sauter v.i. (du lat. *saltare,* danser, de *salire,* sauter) [conj. 3]. **1.** Quitter le sol par une forte détente musculaire ou s'élancer d'un lieu dans un autre : *Elle saute de plus en plus haut. Le chat saute sur la table* (**SYN.** bondir). *Elle a sauté à l'eau pour le secourir* (= elle a plongé ; **SYN.** se jeter). **2.** S'élancer d'un lieu élevé vers le bas : *Sauter en parachute. Elle a sauté du train en marche* (**SYN.** descendre). **3.** S'élancer pour saisir avec vivacité : *Le molosse lui a sauté dessus* (**SYN.** se ruer sur). *Sauter au collet de qqn.* **4.** Passer d'une chose à une autre sans transition : *Sauter d'un sujet à l'autre. Elle a sauté de CE1 en CM1* (= elle n'a pas suivi la classe de CE2). **5.** Être projeté ou déplacé soudainement : *Le bouton de sa chemise a sauté. La bande vidéo a sauté.* **6.** *Fam.* Perdre sa place, son poste : *Il a sauté lors de la dernière restructuration.* **7.** Être détruit par une explosion ; voler en éclats : *L'immeuble a sauté à cause d'une fuite de gaz.* **8.** Être affecté de brusques variations : *L'image de télévision saute.* **9.** En parlant de fusibles, fondre : *Les plombs ont sauté.* **10.** Être oublié, effacé, annulé : *Son rendez-vous a sauté à cause d'une urgence. Faire sauter une contravention.* ▸ *Fam.* ***Et que ça saute !*** dépêchez-vous ! ***Faire sauter un aliment,*** le faire revenir à feu vif, avec un corps gras : *Faire sauter des côtelettes. Des pommes de terre sautées.* *Fam.* ***Se faire sauter la cervelle,*** se tuer d'une balle de pistolet dans la tête. ◆ v.t. **1.** Franchir en faisant un saut : *Sauter une clôture.* **2.** Omettre : *Sauter un repas.* **3.** Passer un degré, un élément dans une série continue : *Elle a sauté le CE2* (= elle est passée de CE1 en CM1). *Sauter les longues descriptions* (**SYN.** escamoter). ▸ ***Sauter le pas,*** se décider à faire une chose pénible ou une chose qu'on n'a jamais faite et que l'on redoute un peu.

sauterelle n.f. **1.** Insecte sauteur de couleur jaune ou verte, aux longues pattes postérieures. **2.** *Fam.* Personne maigre.

sauterie n.f. *Fam., vieilli* Petite réunion dansante.

sauternes n.m. Vin blanc liquoreux du pays de Sauternes, en Gironde.

saute-ruisseau n.m. inv. *Fam., vx* Jeune clerc d'avoué, de notaire, qui fait des courses.

① **sauteur, euse** n. Athlète spécialisé dans les épreuves de saut : *Une sauteuse en longueur.*

② **sauteur, euse** adj. Se dit d'un insecte dont les pattes postérieures sont adaptées au saut (criquet, sauterelle). ◆ **sauteur** n.m. Cheval dressé pour le saut d'obstacles.

sauteuse n.f. Casserole à bords bas, pour faire sauter les aliments (**SYN.** sautoir).

sautier, ère n. (du lat. *saltus,* lieu boisé). En Suisse, secrétaire administratif du Parlement du canton de Genève.

sautillant, e [sotijɑ̃, ɑ̃t] adj. Qui sautille : *Aller d'un pas sautillant.*

sautillement [sotijmɑ̃] n.m. Action de sautiller : *Le sautillement d'un oiseau qui picore.*

sautiller [sotije] v.i. [conj. 3]. **1.** Faire de petits sauts :

L'athlète sautille pour s'échauffer. **2.** Avoir un mouvement de bas en haut qui évoque un sautillement : *L'image sautille, on ne peut regarder le film ainsi.*

sautoir n.m. **1.** Collier féminin très long. **2.** En sports, aire sur laquelle un sauteur prend son élan et se reçoit. **3.** Sauteuse. ▸ ***Porter qqch en sautoir,*** le porter à la façon d'un collier tombant en pointe sur la poitrine : *Son fils porte la clef de la maison en sautoir.*

sauvage adj. (lat. *salvaticus,* de *silva,* forêt). **1.** Qui vit en liberté, n'est pas apprivoisé : *Des oies sauvages* (**CONTR.** domestique). **2.** Qui pousse naturellement, sans culture : *De l'ail sauvage* (**CONTR.** cultivé). **3.** Se dit d'un lieu désert et inculte : *Une région sauvage* (**SYN.** inhabité, inhospitalier ; **CONTR.** habité, peuplé). **4.** Qui a quelque chose de féroce, de violent : *Une répression sauvage* (**SYN.** barbare, inhumain ; **CONTR.** délicat, doux, raffiné). **5.** Qui s'organise spontanément, en dehors des lois, des règlements : *Une grève sauvage* (**SYN.** illicite ; **CONTR.** régulier). ◆ adj. et n. **1.** Qui fuit la société des hommes, qui vit seul : *Il ne parle à personne, il est un peu sauvage* (**SYN.** farouche, insociable, solitaire ; **CONTR.** aimable, avenant, sociable). **2.** *Vieilli* Qui n'est pas civilisé, qui vit en dehors de la civilisation : *Des peuplades sauvages* (**SYN.** primitif).

sauvagement adv. Avec sauvagerie : *Une personne sauvagement agressée* (**SYN.** brutalement, violemment).

① **sauvageon** n.m. Jeune arbre qui a poussé sans avoir été cultivé.

② **sauvageon, onne** n. Enfant farouche, sauvage, qui n'a pas reçu d'éducation.

sauvagerie n.f. **1.** Caractère, comportement d'une personne qui agit avec violence et cruauté : *Un crime d'une extrême sauvagerie* (**SYN.** barbarie, brutalité, férocité). **2.** Caractère d'une personne qui fuit la société, les contacts humains : *Il reste chez lui par sauvagerie* (**SYN.** insociabilité, misanthropie ; **CONTR.** sociabilité).

sauvagine n.f. Gibier d'eau, caractérisé par un goût, une odeur particuliers.

sauvaginier n.m. Chasseur de sauvagine.

sauvegarde n.f. (de *1. sauf* et *1. garde*). **1.** Garantie, protection accordées par une autorité : *Les lois sont la sauvegarde de la liberté* (**SYN.** bouclier, rempart). **2.** Moyen de préserver ; protection, défense : *Voter pour la sauvegarde de la démocratie.* **3.** En informatique, copie de sécurité destinée à éviter la perte de données : *Avant d'aller à la réunion, faites une sauvegarde de vos fichiers.*

sauvegarder v.t. [conj. 3]. **1.** Préserver contre toute atteinte : *Sauvegarder les acquis sociaux* (**SYN.** défendre ; **CONTR.** abandonner, brader). *Sauvegarder le patrimoine, la nature* (**SYN.** protéger ; **CONTR.** dégrader, détériorer). **2.** En informatique, effectuer une sauvegarde : *Sauvegarder un fichier sur une disquette* (**SYN.** enregistrer).

sauve-qui-peut n.m. inv. Fuite désordonnée, débandade générale due à une panique : *Plusieurs personnes ont été blessées dans le sauve-qui-peut qui a suivi l'explosion.*

sauver v.t. (lat. *salvare,* de *salvus,* sauf) [conj. 3]. **1.** Tirer qqn du danger, de la mort, du malheur : *Les pompiers ont sauvé deux personnes de la noyade. Ce médicament a sauvé de nombreuses vies. Ce prêt a sauvé la famille de l'expulsion* (**SYN.** arracher à, soustraire, tirer). **2.** Préserver de la perte, de la destruction : *Sauver les monuments historiques* (**SYN.** sauvegarder). *Sauver une espèce en voie de disparition* (**SYN.** protéger). **3.** Contrebalancer les défauts de qqch : *Le jeu des acteurs sauve ce scénario médiocre* (**SYN.** pallier). **4.** En religion, procurer le salut éternel. ▸ *Fam.* ***Sauver les meubles,*** réussir à tirer d'un désastre l'essentiel, ce qui permet de survivre. ◆ **se sauver** v.pr. **1.** Fuir, s'échapper : *Les malfaiteurs se sont sauvés par les souterrains.* **2.** *Fam.* S'en aller vivement ; prendre congé rapidement : *Je me sauve, sinon je vais rater mon train.* **3.** En religion, assurer son salut éternel.

sauvetage n.m. Action de soustraire qqn, qqch à ce qui le menace : *Le sauvetage des spéléologues bloqués. Le sauvetage d'un voilier en perdition.* ▸ ***Ceinture*** ou ***brassière*** ou ***gilet de sauvetage,*** accessoires qui permettent à une personne de se maintenir à la surface de l'eau.

sauveteur n.m. Personne qui prend part à un sauvetage : *Les sauveteurs commencent à rechercher les survivants.*

à la **sauvette** loc. adv. En toute hâte pour essayer de passer inaperçu : *Il est parti à la sauvette* (**SYN.** précipitamment). ▸ ***Vente à la sauvette,*** vente sur la voie publique sans autorisation. ***Vendeur à la sauvette,*** personne qui pratique ce genre de vente : *Des vendeurs à la sauvette.*

sauveur n.m. (lat. *salvator, salvatoris*). **1.** Personne qui sauve, qui tire d'une grave difficulté : *Ce financier est le sauveur de l'entreprise.* **2.** (Précédé de l'art. déf., avec une majuscule). Jésus-Christ.

savamment adv. **1.** De façon savante : *Commenter savamment des découvertes scientifiques* (**SYN.** doctement [litt.]). **2.** Avec habileté : *Un équilibre savamment maintenu* (**SYN.** habilement, ingénieusement ; **CONTR.** malhabilement). **3.** En sachant qqch par expérience : *Il en parle savamment, puisqu'il l'a déjà subi.*

savane n.f. (esp. *sabana,* d'une langue d'Haïti). **1.** Vaste prairie à hautes herbes caractéristique des régions tropicales à longue saison sèche. **2.** Au Québec, terrain marécageux. **3.** Aux Antilles, place principale d'une ville.

savant, e adj. et n. (anc. part. prés. de *savoir*). Qui a des connaissances étendues : *Elle est très savante en génétique* (**SYN.** compétent, instruit ; **CONTR.** ignorant, inculte). *Un savant renommé* (**SYN.** érudit). ◆ adj. **1.** Qui porte la marque de connaissances approfondies : *Une savante explication* (**SYN.** pointu, spécialisé). **2.** Qui dénote du savoir-faire, de l'habileté : *Un savant dosage de fermeté et d'indulgence* (**SYN.** subtil ; **CONTR.** maladroit). **3.** Qui est difficile à comprendre : *Cet article sur les O.G.M. est trop savant pour le grand public* (**SYN.** ardu, compliqué ; **CONTR.** accessible, simple). **4.** Se dit d'un animal dressé à exécuter certains tours ou exercices : *Des chiens savants.* **5.** En linguistique, se dit d'une forme tirée directement d'un mot latin, grec ou étranger (par opp. à populaire) : *« Natal », qui vient du latin « natalis », est une forme savante, alors que « Noël » est une forme populaire* (= ces deux mots sont des doublets). ◆ **savant** n.m. Personne qui a une compétence exceptionnelle dans une discipline scientifique : *Marie Curie a été un grand savant* (**SYN.** chercheur).

savarin n.m. (du nom de *Brillat-Savarin,* gastronome

et écrivain). Gâteau ayant la forme d'une couronne, imbibé de rhum ou de kirsch et souvent garni de crème.

savate n.f. (peut-être d'un mot ar.). **1.** Pantoufle ou chaussure extrêmement vieille et usée. **2.** Sport de combat proche de la boxe française.

savetier n.m. *Vx* Cordonnier : *« Le Savetier et le Financier » de La Fontaine.*

saveur n.f. (du lat. *sapor, saporis,* de *sapere,* avoir du goût). **1.** Sensation produite par certains corps sur l'organe du goût ; sensation gustative agréable : *Distinguer les saveurs acide, amère, salée et sucrée. Des fraises pleines de saveur* (**SYN.** goût ; **CONTR.** fadeur, insipidité). **2.** *Fig.* Ce qui est susceptible de plaire par son originalité : *Un dialogue de film plein de saveur* (**SYN.** charme, piquant, sel ; **CONTR.** banalité, platitude).

① **savoir** v.t. (du lat. *sapere,* avoir du goût, du jugement) [conj. 59]. **1.** Être instruit dans ; être capable d'exercer une activité dont on a la pratique : *Savoir bricoler. Savoir plusieurs langues* (**SYN.** pratiquer). *Savent-ils lire ? Elle sait réciter l'alphabet à l'envers. Nous n'avons pas su le faire.* **2.** (Sans compl.). Avoir des connaissances : *Fions-nous à ceux qui savent.* **3.** Avoir le talent de ; être capable de : *Elle sait nous écouter et nous comprendre.* **4.** Avoir en mémoire, de manière à pouvoir réciter : *Cet acteur ne sait pas son rôle* (**SYN.** connaître). **5.** Être informé de : *Personne ne doit savoir qu'il a démissionné. Elle ne sait s'il viendra ou non* (**CONTR.** ignorer). *Nous tentons de savoir ce qui s'est passé.* **6.** Connaître à l'avance ; prévoir : *Qui sait ce qui nous attend ?* **7.** En Belgique, pouvoir : *J'étais tellement fatiguée que je ne savais plus tenir debout.* **8.** (Au conditionnel et à la forme négative). Être en mesure de : *Nous ne saurions admettre un tel comportement* (= nous ne pouvons l'admettre). ▸ ***À savoir,*** introduit une énumération, une explication : *Il a plusieurs sources de revenu, à savoir son salaire, ses fermages, ses actions* (= c'est-à-dire). ***Faire savoir,*** informer : *Le conseil a fait savoir au public que cette pratique était illégale.* ***Ne pas être sans savoir,*** ne pas ignorer ; être au courant de qqch, le savoir : *Vous n'êtes pas sans savoir que cela coûte cher* (= vous savez que). ***Que je sache, je ne sache pas que,*** à ma connaissance, il n'est pas vrai que : *Il n'est pas médecin, que je sache, pour donner ce genre de conseil. Je ne sache pas qu'elle ait décidé de soutenir votre candidature.* ***Qui sait ?,*** ce n'est pas impossible ; peut-être. ***Savoir vivre,*** connaître la manière de se conduire en société. ◆ **se savoir** v.pr. **1.** Avoir conscience d'être dans telle situation : *Elle se sait capable de le faire.* **2.** Être su, connu : *Cela se saura* (**SYN.** s'ébruiter, filtrer, se répandre).

② **savoir** n.m. (de *1. savoir*). Ensemble des connaissances acquises par l'étude ; bagage : *Avoir un savoir limité, dans un domaine* (**SYN.** culture, érudition, instruction).

savoir-faire n.m. inv. Habileté à réussir ce qu'on entreprend ; compétence professionnelle : *Cet artisan est renommé pour son savoir-faire* (**SYN.** art, maestria, talent).

savoir-vivre n.m. inv. Connaissance et pratique des usages du monde : *Ils n'ont aucun savoir-vivre* (**SYN.** correction, éducation, tact ; **CONTR.** impolitesse, inconvenance, incorrection).

savon n.m. (lat. *sapo, saponis*). **1.** Produit à base de corps gras servant au nettoyage ainsi qu'au blanchissage ; morceau moulé de ce produit : *Du savon en paillettes. Du savon liquide. Des bulles de savon. Un savon de Marseille.* **2.** *Fam.* Sévère réprimande ; remontrance : *Il a passé un savon à ceux qui étaient en retard* (= il les a grondés).

savonnage n.m. Lavage au savon.

savonnée n.f. En Belgique, eau savonneuse.

savonner v.t. [conj. 3]. Laver au savon : *Savonnez bien vos mains.* ▸ *Fam.* ***Savonner la planche à qqn,*** chercher à lui nuire, lui créer des difficultés.

savonnerie n.f. Établissement industriel où l'on fabrique le savon.

savonnette n.f. Petit savon pour la toilette.

savonneux, euse adj. Qui contient du savon : *De l'eau savonneuse.*

① **savonnier, ère** adj. Relatif au savon, à sa fabrication, à son commerce : *L'industrie savonnière.* ◆ **savonnier** n.m. Fabricant de savon ; personne qui travaille dans une savonnerie ; personne qui vend du savon.

② **savonnier** n.m. Arbre dont l'écorce et les graines contiennent de la saponine.

savourer v.t. (de *saveur*) [conj. 3]. **1.** Manger, boire lentement pour apprécier la saveur de : *Un plat à savourer entre amis* (**SYN.** déguster). **2.** *Fig.* Jouir sans réserve de : *Savourer sa revanche* (**SYN.** se délecter de, se repaître de).

savoureusement adv. De façon savoureuse : *Une omelette savoureusement rehaussée de fines herbes* (**SYN.** délicieusement). *Une anecdote savoureusement racontée.*

savoureux, euse adj. **1.** Qui a une saveur très agréable : *Des champignons savoureux* (**SYN.** délicieux, succulent ; **CONTR.** insipide). **2.** Qu'on entend ou qu'on voit avec grand plaisir : *Des dialogues savoureux* (**SYN.** délectable, fin, piquant ; **CONTR.** fade, plat).

saxatile adj. → **saxicole.**

saxe [saks] n.m. Porcelaine de Saxe ; objet fait de cette porcelaine : *Une exposition de saxes.*

saxhorn [saksɔrn] n.m. (de Adolphe *Sax,* inventeur de cet instrument, et de l'all. *Horn,* cor). Instrument de musique à vent, en cuivre, à embouchure et à pistons : *La famille des saxhorns comprend les bugles et le tuba.*

saxicole ou **saxatile** adj. (du lat. *saxum,* rocher). En botanique, se dit d'une plante qui vit sur les rochers, dans les terrains pierreux.

saxifrage n.f. (lat. *saxifraga,* de *saxum,* roc, et de *frangere,* briser). Plante herbacée qui pousse au milieu des pierres et dont on cultive certaines espèces ornementales.

saxophone n.m. (de Adolphe *Sax,* inventeur de cet instrument). Instrument de musique à vent à anche simple, muni d'un bec semblable à celui de la clarinette et de clés (abrév. saxo).

saxophoniste n. Musicien qui joue du saxophone (abrév. saxo).

saynète [sɛnɛt] n.f. (esp. *sainete,* morceau délicat, du lat. *sagina,* graisse). Petite pièce comique du théâtre espagnol.

sbire n.m. (it. *sbirro*). Individu chargé d'exécuter certaines basses besognes : *Il a fait enlever son concurrent par ses sbires* (= ses hommes de main).

scabieux, euse adj. (du lat. *scabies*, gale). En médecine, relatif à la gale.

scabreux, euse adj. (lat. *scabrosus*, de *scaber*, rude, rugueux). **1.** Qui est de nature à choquer la décence : *N'abordez pas ce sujet scabreux* (**SYN.** inconvenant, indécent). **2.** *Litt.* Qui présente des difficultés, des risques : *Elle ne voit pas ce que ce projet a de scabreux* (**SYN.** dangereux, périlleux).

scaferlati n.m. Tabac coupé en fines lanières.

scalaire adj. (du lat. *scalaris*, d'escalier). En physique, se dit d'une grandeur dont la mesure dans un système d'unités est un seul nombre : *La masse, le volume, l'énergie sont des grandeurs scalaires.*

scalde n.m. (du scand. *skald*, poète). Poète scandinave de la période médiévale.

scaldien, enne adj. Relatif à la région de l'Escaut.

scaldique adj. Relatif aux scaldes.

scalène adj. (du gr. *skalênos*, oblique). En mathématiques, se dit d'un triangle dont les trois côtés sont de longueurs inégales (par opp. à équilatéral).

scalp [skalp] n.m. (mot angl. signif. « cuir chevelu »). Chevelure détachée du crâne avec la peau et que certains Indiens d'Amérique conservaient comme trophée.

scalpel n.m. (lat. *scalpellum*, de *scalpere*, inciser). Instrument en forme de petit couteau, qui sert à inciser et à disséquer (**SYN.** bistouri).

scalper v.t. [conj. 3]. **1.** Détacher la peau du crâne avec un instrument tranchant. **2.** Arracher violemment et accidentellement la peau du crâne : *Les deux passagers de la voiture ont été scalpés dans l'accident.*

scampi n.m. pl. (de l'it. *scampi [fritti]*, langoustines [frites]). Dans la cuisine italienne, langoustines frites.

scandale n.m. (du gr. *skandalon*, piège, obstacle). **1.** Effet fâcheux, indignation produits dans l'opinion publique par un fait, un acte contraire à la morale : *Cette nomination est un scandale.* **2.** Affaire malhonnête qui émeut l'opinion publique : *Tout le monde parle des scandales financiers qui viennent d'éclater.* **3.** Querelle bruyante ; tapage : *Faire du scandale* (**SYN.** esclandre). **4.** Fait qui heurte la conscience, la morale : *Le scandale de la faim dans le monde* (**SYN.** honte, infamie). ▸ ***Faire scandale,*** choquer vivement par sa tenue, ses idées, ses mœurs.

scandaleusement adv. De façon scandaleuse : *Profiter scandaleusement de son pouvoir* (**SYN.** honteusement).

scandaleux, euse adj. **1.** Qui cause ou est capable de causer du scandale : *Cette parodie de procès est vraiment scandaleuse* (**SYN.** choquant, déshonorant ; **CONTR.** honorable). **2.** Qui choque par son excès : *Ils pratiquent des prix scandaleux* (**SYN.** honteux, révoltant).

scandaliser v.t. [conj. 3]. Susciter l'indignation de : *La dénonciation de cet accord a scandalisé les autres signataires* (**SYN.** offusquer, révolter). *L'impunité assurée aux coupables a scandalisé l'opinion* (**SYN.** choquer, horrifier, outrer). ◆ **se scandaliser** v.pr. **[de].** Ressentir de l'indignation à propos de qqch : *Ils se sont scandalisés de voir tous ces arbres abattus pour faire un parking* (**SYN.** s'indigner, s'offusquer).

scander v.t. (du lat. *scandere*, monter, escalader) [conj. 3]. **1.** Prononcer une phrase en détachant les groupes de mots ou de syllabes : *Les manifestants scandent des mots d'ordre.* **2.** Prononcer un vers en marquant la mesure.

scandinave adj. et n. Relatif à la Scandinavie, à ses habitants. ◆ adj. Se dit des langues nordiques (le suédois, le norvégien, le danois et l'islandais).

① **scanner** [skanɛr] n.m. (de l'angl. *to scan*, examiner). **1.** Appareil d'exploration du corps humain à des fins médicales, qui associe la technique des rayons X et l'informatique (**SYN.** scanneur, tomodensitomètre). **2.** Appareil servant à numériser un document : *Passer une photo au scanner pour la transmettre par Internet.*

② **scanner** [skane] ou **scannériser** v.t. [conj. 3]. En industrie graphique, numériser un document à l'aide d'un scanneur.

scanneur n.m. Mot qu'il est recommandé d'employer à la place d'*un scanner.*

scanographe n.m. Mot qu'il est recommandé d'employer à la place d'*un scanner* en médecine.

scanographie n.f. **1.** Procédé de radiologie médicale utilisant le scanneur (**SYN.** tomodensitométrie). **2.** Image obtenue par ce procédé.

scansion n.f. Action ou façon de scander des vers.

scaphandre n.m. (du gr. *skaphê*, barque, et *anêr, andros*, homme). Équipement isolant et étanche, utilisé par les plongeurs pour travailler sous l'eau et par les spationautes.

scaphandrier n.m. Plongeur utilisant un scaphandre.

① **scapulaire** adj. (du lat. *scapula*, épaule). En médecine, relatif à l'omoplate ou à l'épaule.

② **scapulaire** n.m. (lat. médiév. *scapularium*). Pièce d'étoffe recouvrant les épaules et retombant sur la poitrine que portent certains religieux.

scarabée n.m. (lat. *scarabeus*, du gr. *karabos*). Insecte coléoptère au corps massif, se nourrissant d'excréments et de débris végétaux.

scarificateur n.m. En médecine, instrument pour faire de petites incisions sur la peau.

scarification n.f. **1.** En médecine, petite incision superficielle de la peau. **2.** (Souvent pl.). En Afrique, incision superficielle de la peau pratiquée de manière à laisser une cicatrice, afin de marquer l'appartenance à une lignée, à une société ; cicatrice laissée par une telle incision.

scarifier v.t. (du lat. *scarificare*, inciser légèrement, du gr. *skariphastai*, de *skariphos*, stylet) [conj. 9]. En médecine, faire des scarifications sur : *Scarifier la peau* (**SYN.** inciser).

scarlatine n.f. (lat. *scarlatinum*, de *scarlatum*, écarlate). Maladie infectieuse caractérisée par l'apparition de plaques écarlates sur la peau et les muqueuses.

scarole n.f. (du lat. *escariola*, endive). Chicorée à larges feuilles, que l'on consomme en salade.

scat [skat] n.m. (mot anglo-amér.). En jazz, style d'improvisation vocale dans lequel les paroles sont remplacées par des onomatopées.

scatologie n.f. (du gr. *skôr, skatos,* excrément). Propos ou écrits grossiers où il est question d'excréments.

scatologique adj. Relatif à la scatologie.

sceau [so] n.m. (lat. *sigillum,* de *signum,* marque, signe). **1.** Cachet officiel sur lequel sont gravées des armes, une devise ou une effigie et qui authentifie un acte ; empreinte de ce cachet : *Le sceau de la préfecture. Apposer son sceau sur un traité.* **2.** *Litt.* Caractère distinctif et éminent : *Ces techniques portent le sceau de la modernité* (**SYN.** cachet, empreinte, marque). *Des témoignages effectués sous le sceau du serment.* ☞ **REM.** Ne pas confondre avec *seau.* ▸ ***Le garde des Sceaux,*** en France, le ministre de la Justice. ***Sous le sceau du secret,*** sous la condition que le secret sera bien gardé.

scélérat, e n. (du lat. *scelus, sceleris,* crime). Personne qui a commis ou qui est capable de commettre des crimes : *Les scélérats se sont enfuis en emmenant un otage* (**SYN.** bandit, criminel). ◆ adj. *Litt.* Qui manifeste des sentiments criminels ou perfides : *Des menées scélérates* (**SYN.** ignoble, infâme, vil).

scélératesse n.f. *Litt.* **1.** Caractère, manière d'agir d'un scélérat : *Il a eu la scélératesse de venir la narguer au cours du procès* (**SYN.** noirceur, perfidie). **2.** Action scélérate : *Il est capable des pires scélératesses* (**SYN.** infamie, vilenie).

scellement [sɛlmɑ̃] n.m. Action de fixer une pièce dans un trou ou sur un support, à l'aide d'une substance qui durcit : *Le scellement d'un évier.*

sceller [sɛle] v.t. (du lat. *sigillare*) [conj. 4]. **1.** Appliquer un sceau sur : *Sceller un acte à la cire rouge.* **2.** Apposer les scellés sur : *Sceller la porte du lieu du crime* (**SYN.** plomber). **3.** Fermer hermétiquement : *Sceller des conteneurs de matières toxiques.* **4.** Fixer par scellement : *Sceller des barreaux dans un mur* (**SYN.** cimenter). **5.** Confirmer solennellement : *Sceller un pacte* (**SYN.** entériner, ratifier). ☞ **REM.** Ne pas confondre avec *seller.*

scellés n.m. pl. Bande de papier et cachets de cire revêtus d'un sceau officiel, apposé par autorité de justice pour empêcher l'ouverture d'un meuble, d'un local : *Les scellés de la porte ont été brisés.*

scénarimage n.m. Dans le vocabulaire du cinéma, mot qu'il est recommandé d'employer à la place de *story-board.*

scénario n.m. (it. *scenario,* du lat. *scena,* scène). **1.** Document décrivant scène par scène l'histoire d'un film, d'un téléfilm, d'une bande dessinée : *Le jeu des acteurs sauve un scénario un peu pauvre* (**SYN.** script). **2.** *Fig.* Déroulement programmé ou prévu d'une action : *Le scénario de la fusion de deux entreprises* (**SYN.** schéma). *Mettre au point le scénario d'un hold-up* (**SYN.** plan).

scénariser v.t. [conj. 3]. Donner la forme d'un scénario à : *Scénariser des faits divers.*

scénariste n. Auteur de scénarios pour le cinéma, la télévision, la bande dessinée.

scène n.f. (lat. *scena,* du gr. *skênê,* baraque). **1.** Partie du théâtre où jouent les acteurs : *Une scène circulaire* (**SYN.** plateau). *Tous les comédiens sont sur la scène.* **2.** Lieu où se passe l'action théâtrale : *La scène représente un commissariat* (**SYN.** décor). **3.** Lieu où se passe une action quelconque : *Fouiller la scène d'un meurtre.* **4.** Lieu où s'exerce une activité humaine : *Ce pays prend de l'importance sur la scène internationale.* **5.** Le théâtre, l'art dramatique : *Les vedettes de la scène et de l'écran.* **6.** Subdivision d'un acte ou action dans une pièce de théâtre : *La première scène du deuxième acte. La scène se passe en 2080.* **7.** Dans un film, suite de plans formant un tout : *Ce reportage comporte des scènes pouvant choquer* (**SYN.** séquence). **8.** Action à laquelle on assiste en simple spectateur : *La scène des retrouvailles était très émouvante* (**SYN.** spectacle, tableau). **9.** Emportement auquel on se livre ; querelle violente : *Faire une scène à qqn. Des scènes de ménage continuelles.* ☞ **REM.** Ne pas confondre avec *cène.* ▸ ***Entrer en scène,*** passer des coulisses à la scène ; fig., commencer à agir : *Le Premier ministre a fini par entrer en scène.* ***Mettre en scène,*** assurer la réalisation d'une œuvre théâtrale, cinématographique. ***Mettre*** ou ***porter à la scène,*** faire d'un événement, d'un personnage le sujet d'une pièce. ***Occuper le devant de la scène,*** être au centre de l'actualité. ***Quitter la scène,*** en parlant d'un acteur, abandonner le théâtre ; fig., disparaître du milieu où l'on avait sa place : *Le président sortant a quitté la scène politique.*

scénique adj. Relatif à la scène, au théâtre : *Des indications scéniques.*

scéniquement adv. Du point de vue scénique.

scénographe n. Spécialiste de scénographie.

scénographie n.f. Art de l'organisation de la scène et de l'espace théâtral.

scénographique adj. Relatif à la scénographie.

scepticisme [sɛptisism] n.m. **1.** État d'esprit d'une personne qui est sceptique, qui doute de la véracité d'un fait, de la réussite d'un projet : *Accueillir une nouvelle avec scepticisme* (**SYN.** incrédulité, méfiance). **2.** Doctrine philosophique qui repose sur le doute.

sceptique [sɛptik] adj. et n. (gr. *skeptikos,* de *skeptesthai,* examiner). **1.** Qui manifeste du scepticisme : *Il se montre sceptique sur votre capacité à mener cette négociation* (**SYN.** défiant, incrédule, méfiant ; **CONTR.** confiant, enthousiaste). **2.** En philosophie, relatif au scepticisme ; qui en est partisan. ☞ **REM.** Ne pas confondre avec *septique.*

sceptre [sɛptr] n.m. (lat. *sceptrum,* du gr. *skêptron,* bâton). **1.** Bâton de commandement, qui est un des insignes du pouvoir suprême d'un roi, d'un empereur. **2.** *Fig.* Le pouvoir royal lui-même : *S'emparer du sceptre.*

schader v.i. [conj. 3]. *Fam.* En Suisse, aller très vite.

schako n.m. → **shako.**

schapska n.m. → **chapska.**

schelem n.m. → **chelem.**

schéma [ʃema] n.m. (lat. *schema,* du gr. *skhêma,* forme, figure). **1.** Dessin simplifié d'un objet, d'un ensemble complexe, d'un processus, destiné à faire comprendre sa conformation ou son fonctionnement : *Présenter le schéma d'un satellite* (**SYN.** croquis, écorché, plan). *Faire un schéma de la nouvelle direction d'une entreprise* (**SYN.** diagramme, graphique, représentation). **2.** Plan d'ensemble d'un projet, d'un ouvrage : *Voici le schéma de la réforme que nous proposons* (**SYN.** canevas, processus, scénario).

schématique [ʃematik] adj. **1.** Qui donne une

représentation simplifiée d'un objet, d'un processus : *La coupe schématique d'un moteur* (**SYN.** élémentaire, succinct ; **CONTR.** détaillé, exhaustif). **2.** Qui schématise à l'excès : *Ce journal donne une analyse schématique de la situation* (**SYN.** réducteur, simpliste ; **CONTR.** fin, subtil, nuancé).

schématiquement [ʃematikmɑ̃] adv. **1.** Sous la forme d'un schéma : *Présenter schématiquement le réseau autoroutier européen.* **2.** D'une façon très simplifiée : *Schématiquement, nous avons deux possibilités* (**SYN.** grosso modo).

schématisation [ʃematizasjɔ̃] n.f. **1.** Action de schématiser : *La schématisation d'une réaction chimique.* **2.** Action de simplifier à l'excès : *Elle a su présenter la question sans tomber dans la schématisation.*

schématiser [ʃematize] v.t. [conj. 3]. **1.** Représenter au moyen d'un schéma : *Schématiser le système solaire.* **2.** Simplifier à l'excès : *Vous schématisez leurs motivations* (**SYN.** caricaturer, réduire).

schématisme [ʃematism] n.m. Caractère schématique, simplificateur de qqch : *Le schématisme d'une analyse* (**SYN.** simplisme ; **CONTR.** finesse, subtilité).

schème [ʃɛm] n.m. *Didact.* Structure d'ensemble d'un objet, d'un processus, telle qu'elle est reconstruite par la raison à partir des éléments de l'expérience.

schéol ou **shéol** [ʃeɔl] n.m. (mot hébr.). Dans la Bible et dans la littérature juive, séjour des morts.

scherzo [skɛrdzo] n.m. (mot it. signif. « badinage »). Morceau de musique d'un style léger et brillant : *Des scherzos.*

schilling [ʃiliŋ] n.m. (mot all.). Unité monétaire principale de l'Autriche, jusqu'à l'introduction de l'euro. ☞ **REM.** Ne pas confondre avec *shilling.*

schinder ou **chinder** v.i. [conj. 3]. En Suisse, tricher aux cartes.

schismatique [ʃismatik] adj. et n. Qui provoque un schisme ; qui adhère à un schisme : *Une attitude schismatique. Ramener les schismatiques dans le sein de l'Église.*

schisme [ʃism] n.m. (du gr. *skhisma,* séparation, de *skhizein,* fendre). **1.** Rupture de l'union dans l'Église chrétienne : *Le schisme d'Orient.* **2.** Division dans un parti, un groupement : *Provoquer un schisme dans un mouvement politique* (**SYN.** scission ; **CONTR.** unification).

schiste [ʃist] n.m. (du gr. *skhistos,* fendu, de *skhizein,* fendre). Roche que l'on peut facilement débiter en feuilles.

schisteux, euse [ʃistø, øz] adj. Qui est de la nature du schiste ; qui en contient.

schizophrène [skizɔfrɛn] n. et adj. Malade atteint de schizophrénie.

schizophrénie [skizɔfreni] n.f. (du gr. *skhizein,* fendre, et *phrên, phrenos,* pensée). Psychose caractérisée par la désagrégation de la personnalité, et par une perte de contact avec la réalité et un repli sur soi-même.

schizophrénique [skizɔfrenik] adj. Qui se rapporte à la schizophrénie.

schlague [ʃlag] n.f. (de l'all. *Schlag,* coup). *Fam.* Manière brutale de se faire obéir : *Il traite ses employés à la schlague.*

schlittage [ʃlitaʒ] n.m. Transport du bois au moyen de la schlitte.

schlitte [ʃlit] n.f. (de l'all. *Schlitten,* traîneau). Dans les Vosges, traîneau servant à descendre le bois des montagnes.

schlitter [ʃlite] v.t. [conj. 3]. Transporter du bois à l'aide de la schlitte.

schlitteur [ʃlitœr] n.m. et adj.m. Ouvrier qui transporte le bois avec la schlitte.

schnaps [ʃnaps] n.m. (mot all., de *schnappen,* aspirer). *Fam.* Dans les pays germaniques, eau-de-vie.

schnock ou **schnoque** ou **chnoque** [ʃnɔk] n.m. *Fam.* ▸ ***Du schnock,*** appellatif méprisant pour une personne dont on ignore le nom. ***Un vieux schnock,*** un vieil imbécile. ◆ adj. *Fam.* Fou ; imbécile.

scholiaste [skɔljast] n.m. → **scoliaste.**

scholie [skɔli] n.f. → **scolie.**

schuss [ʃus] n.m. (mot all. signif. « élan »). Descente directe à skis suivant la ligne de la plus grande pente. ◆ adv. ▸ *Fam.* ***Tout schuss,*** très vite, à tombeau ouvert : *Descendre la piste tout schuss.*

sciage [sjaʒ] n.m. Action de scier : *Le sciage d'un arbre, d'un bloc de marbre.*

Scialytique [sjalitik] n.m. (nom déposé ; du gr. *skia,* ombre, et *luein,* dissoudre). Dispositif d'éclairage qui ne projette pas d'ombre, utilisé en chirurgie.

sciant, e [sjɑ̃, ɑ̃t] adj. *Fam.* Qui provoque un grand étonnement ; stupéfiant.

sciatique [sjatik] adj. (du gr. *iskhion,* hanche). Qui a rapport à la hanche. ▸ ***Nerf sciatique,*** nerf qui innerve les muscles de la cuisse et de la jambe (on dit aussi *le sciatique*). ◆ n.f. Irritation très douloureuse du nerf sciatique.

scie [si] n.f. **1.** Outil formé d'une lame munie d'une suite de dents tranchantes et servant à débiter des matériaux : *Une scie à métaux. Une scie circulaire* (= constituée par un disque d'acier à bord denté). **2.** *Fam.* Personne ennuyeuse ; chose trop souvent répétée et qui devient lassante : *Encore lui ! Quelle scie ! Ses vacances au Mexique commencent à devenir une scie* (**SYN.** rengaine). ▸ ***Scie musicale,*** instrument de musique constitué par une lame d'acier que l'on fait vibrer.

sciemment [sjamɑ̃] adv. (du lat. *sciens,* qui sait, de *scire,* savoir). En pleine connaissance de cause : *Elle en a parlé sciemment* (**SYN.** exprès, volontairement ; **CONTR.** involontairement).

science [sjɑ̃s] n.f. (lat. *scientia,* de *scire,* savoir). **1.** Ensemble cohérent de connaissances relatives à certaines catégories de faits ou de phénomènes obéissant à des lois et vérifiées par les méthodes expérimentales : *La génétique est une science. Les progrès de la science.* **2.** Manière habile de mettre en œuvre des connaissances, de faire qqch : *Ils maîtrisent la science de la manipulation de l'opinion* (**SYN.** art). ▸ ***Science pure,*** recherche fondamentale (par opp. à science appliquée). ◆ **sciences** n.f. pl. **1.** Disciplines ayant pour objet l'étude des faits, des relations vérifiables : *Les sciences physiques. Elle est diplômée en sciences économiques.* **2.** Disciplines scolaires et universitaires comprenant la physique, la chimie, les mathématiques, la biologie, les sciences de la Terre (par opp. aux lettres et aux sciences humaines) : *Étudiant en sciences.* ▸ ***Sciences de la vie,***

qui étudient les êtres vivants (biologie, médecine, agronomie, etc.). ***Sciences dures,*** disciplines utilisant le calcul et l'expérimentation (par opp. à sciences molles). ***Sciences humaines,*** ensemble des disciplines ayant pour objet l'homme et son comportement : *La psychologie, la sociologie et la linguistique sont des sciences humaines.* ***Sciences molles,*** sciences humaines en général (par opp. à sciences dures).

science-fiction n.f. (pl. *sciences-fictions*). Genre littéraire et cinématographique présentant un état futur du monde et de l'humanité ou une civilisation extraterrestre techniquement plus avancée que la nôtre (abrév. S.F.).

scientificité n.f. Caractère scientifique de qqch : *La scientificité de la recherche historique.*

scientifique adj. **1.** Relatif à la science, à une science : *Une découverte scientifique.* **2.** Qui, dans le domaine de la connaissance, présente les caractères de rigueur, d'exigence, d'objectivité caractéristiques des sciences : *La police scientifique.* ▸ ***Nom scientifique,*** dénomination internationale d'une espèce animale ou végétale (par opp. à nom usuel, nom vernaculaire) [= nom latin]. ◆ adj. et n. Qui étudie les sciences ; qui est spécialiste d'une science : *Un comité scientifique. Une journaliste scientifique.*

scientifiquement adv. D'une manière, d'un point de vue scientifiques : *Des résultats scientifiquement prouvés.*

scientisme n.m. Opinion philosophique de la fin du XIXe siècle, qui affirme que seule la science peut nous conduire à la connaissance.

scientiste adj. et n. Relatif au scientisme ; qui en est adepte.

scier [sje] v.t. (du lat. *secare,* couper) [conj. 9]. **1.** Couper avec une scie : *Scier du bois, une branche. Scier une tige de métal. Scier du marbre.* **2.** *Fam.* Étonner vivement : *Son assurance m'a scié* (**SYN.** abasourdir, stupéfier).

scierie [siri] n.f. Usine où l'on débite le bois à l'aide de scies mécaniques.

scieur [sjœr] n.m. **1.** Ouvrier qui scie le bois, la pierre, le marbre. **2.** Entrepreneur qui tient une scierie.

scieuse [sjøz] n.f. Scie mécanique.

scinder [sɛ̃de] v.t. (du lat. *scindere,* fendre) [conj. 3]. Diviser une chose abstraite ou un groupe en parties séparées et indépendantes : *Scinder un problème en plusieurs points* (**SYN.** décomposer, fragmenter, morceler). *Scinder une assemblée en deux* (**SYN.** fractionner, séparer ; **CONTR.** fusionner, réunir). ◆ **se scinder** v.pr. **[en].** Se séparer en plusieurs parties : *L'association s'est scindée en deux courants* (**SYN.** se diviser).

scintigraphie [sɛ̃tigrafi] n.f. (de *scintiller*). Procédé d'exploration médicale du corps par l'injection d'une substance radioactive.

scintillant, e [sɛ̃tijɑ̃, ɑ̃t] adj. Qui scintille : *Des yeux scintillants* (**SYN.** brillant, pétillant).

scintillation [sɛ̃tijasjɔ̃] n.f. En astronomie, fluctuation rapide de l'éclat lumineux : *La scintillation d'une étoile.*

scintillement [sɛ̃tijmɑ̃] n.m. Éclat de ce qui scintille : *Le scintillement des bijoux sous les lumières.*

scintiller [sɛ̃tije] v.i. (du lat. *scintilla,* étincelle) [conj. 3]. **1.** Émettre des reflets à l'éclat variable : *Les étoiles scintillent dans le ciel.* **2.** Briller en jetant des éclats par intermittence : *Les bijoux scintillent* (**SYN.** chatoyer, étinceler, flamboyer).

scion [sjɔ̃] n.m. (d'un mot frq. signif. « rejeton »). **1.** Sur une plante, pousse de l'année. **2.** Jeune branche destinée à être greffée.

scission [sisjɔ̃] n.f. Fait de se scinder, de se diviser en parlant d'un parti, d'une association : *Cette nomination a provoqué la scission de l'organisation* (**SYN.** division, fractionnement ; **CONTR.** fusion, union). ▸ ***Faire scission,*** se séparer, rompre définitivement (**SYN.** sécession).

scissionniste adj. et n. Qui tend à provoquer une scission ; sécessionniste : *Des militants scissionnistes* (**SYN.** dissident).

scissipare [sisipar] adj. (du lat. *scissum,* de *scindere,* fendre). Se dit des êtres qui se multiplient par scissiparité.

scissiparité [sisiparite] n.f. Mode de multiplication des êtres vivants par fragmentation en deux cellules identiques.

scissure [sisyr] n.f. (lat. *scissura,* de *scindere,* fendre). En anatomie, fente naturelle à la surface du poumon, du foie, du cerveau.

sciure [sjyr] n.f. Déchet en poussière qui tombe d'une matière qu'on scie : *De la sciure de bois.*

scléral, e, aux adj. Relatif à la sclérotique.

sclérose n.f. (du gr. *sklêros,* dur). **1.** En médecine, durcissement anormal du tissu conjonctif dans un organe : *Sclérose des artères* (= artériosclérose). **2.** Sclérothérapie. **3.** *Fig.* Incapacité à évoluer, à s'adapter à une nouvelle situation : *La sclérose d'un parti politique* (**SYN.** immobilisme ; **CONTR.** dynamisme). ▸ ***Sclérose en plaques,*** affection de la myéline du système nerveux.

sclérosé, e adj. **1.** En médecine, se dit d'un organe, d'un tissu atteint de sclérose ; qui est traité par sclérothérapie. **2.** *Fig.* Qui est incapable d'évolution, d'adaptation : *Des institutions sclérosées* (**SYN.** figé ; **CONTR.** dynamique).

scléroser v.t. [conj. 3]. **1.** En médecine, provoquer la sclérose de : *Scléroser des varices.* **2.** *Fig.* Empêcher d'évoluer : *Son conservatisme a sclérosé l'entreprise* (**SYN.** paralyser ; **CONTR.** dynamiser). ◆ **se scléroser** v.pr. **1.** En médecine, s'altérer sous l'effet de la sclérose : *Les tissus se sont sclérosés* (**SYN.** se durcir). **2.** *Fig.* Perdre toute capacité de réagir à des situations nouvelles : *Les gouvernants se sont sclérosés* (**SYN.** s'encroûter ; **CONTR.** évoluer).

sclérothérapie n.f. Traitement des varices, des hémorroïdes, consistant à y injecter un produit qui en provoque l'oblitération (**SYN.** sclérose).

sclérotique n.f. (du gr. *sklêros,* dur). Membrane externe du globe oculaire formant le blanc de l'œil.

scolaire adj. (du lat. *schola,* école). **1.** Relatif à l'école, à l'enseignement : *La rentrée scolaire. Lutter contre l'échec scolaire.* **2.** *Péjor.* Qui a un caractère laborieux et peu original : *Un compte rendu très scolaire* (**SYN.** académique, livresque ; **CONTR.** inventif, original). ▸ ***Âge scolaire,*** période de la vie durant laquelle les enfants sont légalement soumis à l'obligation d'aller à l'école. ◆ n.m.

Enfant d'âge scolaire : *Ce site Internet s'adresse aux scolaires.*

scolarisable adj. Qui est susceptible d'être scolarisé.

scolarisation n.f. **1.** Action de scolariser : *La scolarisation des enfants de moins de trois ans.* **2.** Fait d'être scolarisé : *Le taux de scolarisation dans ces pays est en hausse.*

scolarisé, e adj. Qui suit l'enseignement dispensé dans un établissement scolaire : *Les adolescents scolarisés dans ce lycée.*

scolariser v.t. [conj. 3]. **1.** Soumettre à l'obligation de fréquenter l'école : *Scolariser les jeunes jusqu'à l'âge de seize ans.* **2.** Doter des établissements nécessaires à l'enseignement : *Scolariser une région.*

scolarité n.f. **1.** Fait de suivre régulièrement les cours dans un établissement d'enseignement : *En France, la scolarité est obligatoire de six à seize ans.* **2.** Ensemble des études ainsi suivies : *Toute sa scolarité s'est effectuée dans le même établissement.*

scolastique n.f. (du gr. *skholastikos*, relatif à l'école). Enseignement philosophique et théologique propre au Moyen Âge, qui conciliait la foi chrétienne et la raison. ◆ adj. **1.** Relatif à la scolastique : *La philosophie scolastique.* **2.** *Litt.* Qui est formaliste et verbeux : *Un discours scolastique* (**SYN.** conventionnel ; **CONTR.** original).

scoliaste ou **scholiaste** n.m. Auteur de scolies.

scolie ou **scholie** n.f. (du gr. *skholion*, explication, de *skholê*, école). Remarque grammaticale, critique ou historique faite dans l'Antiquité sur un texte.

scoliose n.f. (du gr. *skolios*, tortueux). Déviation latérale de la colonne vertébrale.

scoliotique adj. Relatif à la scoliose. ◆ adj. et n. Qui est atteint de scoliose.

scolopendre n.f. **1.** Fougère à feuilles allongées en rubans. **2.** Mille-pattes venimeux dont la morsure est douloureuse.

sconse [skɔ̃s] n.m. (angl. *skunk*, de l'algonquien). **1.** Moufette. **2.** Fourrure provenant des carnassiers du genre moufette. ☞ **REM.** On écrit aussi *skons*, *skuns* ou *skunks* [skɔ̃s].

scoop [skup] n.m. (mot angl.). **1.** Information importante ou sensationnelle donnée en exclusivité par une agence de presse ou par un journaliste. ☞ **REM.** Ce mot est un anglicisme qu'il est recommandé de remplacer par *exclusivité* ou *primeur*. **2.** (Par ext.). *Fam.* Nouvelle sensationnelle : *Il va se présenter à la présidentielle ? Ce n'est pas un scoop* (= tout le monde le sait).

scooter [skutœr ou skutɛr] n.m. (mot angl.). Véhicule à moteur, à deux roues de petit diamètre, dont le conducteur a les pieds posés sur un plancher plat : *Se déplacer à scooter.* ▸ ***Scooter des mers***, moto montée sur des skis, qui permet de se déplacer sur l'eau. ***Scooter des neiges***, motoneige.

scootériste n. Personne qui conduit un scooter.

scorbut [skɔrbyt] n.m. (lat. *scorbutus*, du néerl.). Maladie due à une carence en vitamine C.

scorbutique adj. Relatif au scorbut. ◆ adj. et n. Qui est atteint de scorbut.

score n.m. (mot angl.). **1.** En sports, nombre de points acquis par chaque équipe ou par chaque adversaire dans un match : *Ouvrir le score* (**SYN.** marque). *Un score final de deux buts à zéro* (= résultat). **2.** Nombre de points obtenus lors d'un test ; résultat chiffré atteint dans un classement, lors d'une élection : *Le parti a réalisé un score de 30 % des voix.*

scorie n.f. (du gr. *skôria*, écume du fer). (Surtout pl.). Résidu solide de la fusion de minerais, du travail des métaux : *Des amas de scories* (**SYN.** mâchefer).

scorpion n.m. (lat. *scorpio*, du gr.). Arthropode portant en avant une paire de pinces, et dont l'abdomen mobile se termine par un aiguillon venimeux. ◆ **Scorpion** n. inv. et adj. inv. Personne née sous le signe du Scorpion, entre le 23 octobre et le 21 novembre : *Elles sont Scorpion.*

scorsonère n.f. (it. *scorzonera*, de *scorzone*, vipère noire). Plante potagère cultivée pour sa racine noire semblable à celle du salsifis.

① **scotch** [skɔtʃ] n.m. (mot angl. signif. « écossais ») [pl. *scotchs* ou *scotches*]. Whisky écossais.

② **Scotch** [skɔtʃ] n.m. (nom déposé). Ruban adhésif transparent.

scotché, e adj. **1.** Qui est collé avec du Scotch. **2.** *Fam.* Qui est accaparé par qqch au point de ne pouvoir s'en détacher : *Il est scotché au téléphone.*

scotcher v.t. [conj. 3]. Coller avec du Scotch : *Elle scotche une affiche au mur.*

scoumoune [skumun] n.f. (de l'it. *scomunica*, excommunication). *Arg.* Malchance : *Avoir la scoumoune* (= être malchanceux).

scout, e [skut] n. (mot angl. signif. « éclaireur »). Jeune faisant partie d'une association de scoutisme. ◆ adj. **1.** Relatif aux scouts, au scoutisme : *Un camp scout. Une veillée scoute.* **2.** Qui rappelle le comportement des scouts : *Elle a un petit côté scout.*

scoutisme n.m. Organisation mondiale ayant pour but de développer les qualités morales et physiques des enfants et des adolescents.

Scrabble [skrabl ou skrabəl] n.m. (nom déposé). Jeu de lettres consistant à former des mots et à les placer sur une grille spéciale.

scrabbler [skrable] v.i. [conj. 3]. Jouer au Scrabble.

scrabbleur, euse [skrablœr, øz] n. Joueur de Scrabble.

① **scratch** adj. inv. (mot angl.). Au golf, se dit d'un joueur qui ne bénéficie d'aucun point dans une compétition à handicap.

② **scratch** ou **scratching** [skratʃiŋ] n.m. (pl. *scratchs* ou *scratches*, *scratchings*). Dans le rap, mouvement d'aller et retour imprimé à un disque en vinyle pour produire un effet rythmique.

scratcher [skratʃe] v.t. (de l'angl. *to scratch*, rayer) [conj. 3]. En sports, éliminer un concurrent pour absence ou retard. ◆ v.i. En musique, faire un scratch. ◆ **se scratcher** v.pr. *Fam.* S'écraser contre un obstacle.

scribanne n.f. ou **scriban** n.m. (du néerl.). Meuble composé d'un secrétaire surmonté d'un corps d'armoire.

scribe n.m. (lat. *scriba*, de *scribere*, écrire). **1.** Dans l'Égypte ancienne, fonctionnaire chargé de la rédaction des actes administratifs, religieux ou juridiques. **2.** *Péjor.* Employé de bureau.

scribouillard, e n. *Fam., péjor.* Employé aux écritures.

scribouilleur, euse n. *Fam.* Écrivain médiocre.

script [skript] n.m. (mot angl., du lat. *scriptum,* écrit, de *scribere,* écrire). **1.** Dans le vocabulaire du cinéma, scénario. **2.** Type d'écriture manuscrite simplifiée dans lequel les lettres se rapprochent des capitales d'imprimerie.

scripte [skript] n. (de l'angl. *script-girl*). Auxiliaire du réalisateur d'un film ou d'une émission de télévision chargé de noter tous les détails techniques de chaque prise de vues, afin d'assurer la continuité des plans (= secrétaire de plateau).

scripteur [skriptœr] n.m. (du lat. *scriptor,* celui qui écrit). En linguistique, émetteur d'un message écrit (par opp. à locuteur).

scripturaire [skriptyrɛr] adj. (du lat. *scriptura,* texte). Relatif à l'Écriture sainte.

scriptural, e, aux [skriptyral, o] adj. (du lat. *scriptura,* écriture). Relatif à l'écriture (par opp. à oral) : *Le code scriptural d'une langue.* ▸ ***Monnaie scripturale,*** ensemble de moyens de paiement fondés sur des écritures, comme les chèques ou les virements (par opp. à fiduciaire).

scrofule n.f. (lat. *scrofulae*). Maladie des écrouelles.

scrogneugneu [skrɔɲøɲø] interj. *Fam.* Exprime le mécontentement, l'énervement.

scrotal, e, aux adj. Relatif au scrotum.

scrotum [skrɔtɔm] n.m. (mot lat.). En anatomie, peau enveloppant les testicules ; bourses.

scrupule n.m. (du lat. *scrupulum,* petit caillou). **1.** Inquiétude morale qui fait hésiter au moment d'agir : *Les paparazzi fouillent sans scrupule dans la vie privée des stars. J'ai un scrupule au moment de publier ces lettres* (**SYN.** doute, pudeur). **2.** Souci extrême du devoir ; droiture rigoureuse : *Elle a accompli sa mission avec scrupule* (**SYN.** conscience, rigueur). ▸ ***Avoir scrupule à*** ou ***se faire un scrupule de,*** hésiter à faire qqch par délicatesse de conscience : *J'ai scrupule à vous déranger* (= je suis gêné de). ***Vos scrupules vous honorent,*** formule de politesse par laquelle on invite une personne à agir malgré ses hésitations morales.

scrupuleusement adv. De façon scrupuleuse : *Elle a scrupuleusement remboursé tout ce qu'elle devait* (**SYN.** consciencieusement). *J'ai scrupuleusement suivi vos conseils* (**SYN.** rigoureusement ; **CONTR.** vaguement).

scrupuleux, euse adj. **1.** Qui est d'une grande exigence concernant la moralité, l'honnêteté : *Un comptable scrupuleux* (**SYN.** probe ; **CONTR.** indélicat, malhonnête). **2.** Qui met un soin minutieux à exécuter ce qu'il a à faire : *Une employée scrupuleuse* (**SYN.** consciencieux, méticuleux ; **CONTR.** insouciant, léger).

scrutateur, trice adj. *Litt.* Qui vise à découvrir qqch en observant attentivement : *Un coup d'œil scrutateur.* ◆ n. Personne qui veille au bon déroulement et au dépouillement d'un scrutin.

scruter v.t. (du lat. *scrutari,* fouiller) [conj. 3]. **1.** Examiner attentivement en parcourant du regard : *Scruter le ciel pour savoir s'il va pleuvoir* (**SYN.** inspecter, observer). **2.** Chercher à pénétrer à fond, à comprendre : *Scruter les intentions de qqn* (**SYN.** analyser, sonder).

scrutin n.m. (du lat. *scrutinium,* examen, de *scrutari,* fouiller). **1.** Vote effectué en déposant un bulletin dans une urne : *Participer au scrutin* (= voter). **2.** Mode selon lequel sont désignés les représentants élus : *Un scrutin majoritaire à deux tours.*

sculpter [skylte] v.t. (lat. *sculpere*) [conj. 3]. **1.** Tailler un matériau dur avec divers outils en vue de dégager des formes, des volumes d'un effet artistique : *Sculpter de la pierre, du marbre, du bois.* **2.** Créer une œuvre d'art par taille directe dans la matière : *Ils sculptaient leurs pharaons dans le flanc des montagnes* (**SYN.** ciseler). ◆ v.i. Pratiquer la sculpture : *Elle a sculpté toute sa vie.*

sculpteur, trice [skyltœr, tris] n. Artiste qui sculpte : *Un sculpteur sur bois.*

sculptural, e, aux [skyltyral, o] adj. **1.** Relatif à la sculpture : *La technique sculpturale. L'art sculptural de l'Antiquité.* **2.** Qui évoque la beauté formelle d'une sculpture classique : *Cette femme a une silhouette sculpturale.*

sculpture [skyltyr] n.f. **1.** Art de sculpter : *Pratiquer la sculpture sur marbre.* **2.** Ensemble d'œuvres sculptées : *La sculpture gothique.* **3.** Œuvre sculptée : *L'exposition des sculptures d'un artiste.*

Scylla n.pr. → **Charybde.**

S.D.F. ou **SDF** [ɛsdeɛf] n. (sigle). ▸ ***Sans domicile fixe*** → **domicile.**

se [sə] pron. pers. (lat. *se*). **1.** Dans les formes verbales pronominales, désigne la 3e personne du singulier ou du pluriel, aux deux genres, avec les fonctions de complément d'objet direct, de complément d'objet indirect ou de complément d'attribution : *Ils se sont battus. Ils se sont réunis en assemblée. Elle s'est regardée dans la glace. Elles se sont succédé. Elle s'est dit qu'elle le ferait. Elle s'est posé la question. Ils se sont offert plusieurs jours de repos.* **2.** Reprend le sujet pour former des verbes essentiellement pronominaux ou des verbes pronominaux passifs : *Elle s'est évanouie. Ce vin se boit très frais* (= doit être bu). **3.** Reprend le sujet dans des formes où le pronom ne représente aucun complément particulier : *Il s'agit d'une nouveauté. Il ne s'est rien passé depuis.*

sea-line [silajn] n.m. (mot angl.) [pl. *sea-lines*]. Canalisation immergée en mer servant au transport des hydrocarbures.

séance n.f. (de *seoir*). **1.** Réunion d'une assemblée constituée ; durée de cette réunion : *Une séance de l'Assemblée nationale. Ouvrir, suspendre, lever la séance. La séance s'est prolongée toute la nuit.* **2.** Temps consacré à une occupation ininterrompue, à un travail avec d'autres personnes : *Des séances de rééducation oculaire.* **3.** Moment pendant lequel on donne un spectacle, un concert, une conférence : *Nous irons au cinéma à la séance de 14 heures* (**SYN.** projection, représentation).

① **séant, e** adj. (de *seoir*). *Sout.* Qui convient à telle situation ; décent : *Il serait plus séant d'aller l'accueillir à l'aéroport* (**SYN.** bienséant, correct, poli ; **CONTR.** impoli, inconvenant, malséant).

② **séant** n.m. (de *seoir*). ▸ *Litt.* ***Se mettre, être sur son séant,*** s'asseoir, être assis. ☞ **REM.** Ne pas confondre avec *céans.*

seau n.m. (du lat. *sitella,* urne [de scrutin]). **1.** Récipient cylindrique muni d'une anse, qui sert à transporter des liquides ; contenu de ce récipient : *Deux seaux en plastique. Aller chercher un seau d'eau à la source.*

2. Récipient de même forme, servant à divers usages ; son contenu : *Un seau à glace, à peinture.* ▸ *Fam.* ***Il pleut à seaux,*** il pleut très fort. ☞ **REM.** Ne pas confondre avec *sceau.*

sébacé, e adj. (du lat. *sebum,* suif). Relatif au sébum : *Les glandes sébacées* (= qui produisent le sébum). *Un kyste sébacé.*

sébile n.f. *Litt.* Récipient en forme de coupe peu profonde où les mendiants recueillaient les aumônes.

séborrhée n.f. Augmentation de la sécrétion de sébum, qui est à l'origine de diverses affections cutanées.

sébum [sebɔm] n.m. (du lat. *sebum,* suif). Sécrétion grasse, constituée principalement de lipides, produite par les glandes sébacées et qui assouplit la peau.

sec, sèche adj. (lat. *siccus*). **1.** Qui ne renferme pas d'eau ; qui n'est pas ou plus mouillé ; qui a perdu son élément liquide : *Un sol sec* (**SYN.** aride ; **CONTR.** boueux). *Le linge est enfin sec* (**CONTR.** humide). *Attendez que la peinture soit sèche* (**CONTR.** frais). **2.** Qui est sans humidité ambiante ; qui reçoit peu de pluies : *À conserver dans un endroit frais et sec* (**CONTR.** humide). *Un climat sec* (**CONTR.** pluvieux). *La saison sèche.* **3.** Qui a perdu son humidité naturelle, sa fraîcheur ; se dit d'aliments qu'on a laissés se déshydrater ou qu'on a soumis à un traitement spécial pour les conserver : *Du bois sec* (**CONTR.** vert). *Les légumes et les fruits secs* (**CONTR.** frais). *Du saucisson sec.* **4.** Qui n'est pas additionné d'eau : *Un whisky sec* (**CONTR.** étendu). **5.** Se dit d'une partie de l'organisme qui manque des sécrétions appropriées : *Avoir la bouche sèche. Des cheveux secs* (**CONTR.** gras). **6.** Qui n'est accompagné d'aucun complément : *Du pain sec. Un vol aller et retour sec* (= un trajet en avion qui ne comprend que le transport, sans autre prestation annexe). **7.** Se dit d'un son bref, mais vif, sans ampleur ni résonance : *Un claquement, un bruit secs.* **8.** Se dit d'une manière de parler brusque, rude : *Il a refusé d'un ton sec* (**SYN.** brutal, cassant). *Il nous a adressé un bonjour tout sec* (**SYN.** indifférent ; **CONTR.** aimable, chaleureux). **9.** Qui manque de douceur, d'ampleur et d'ornements : *Une présentation un peu sèche des conclusions* (**SYN.** austère, rébarbatif, rebutant). **10.** Qui est maigre, dépourvu de graisse : *Un homme grand et sec* (**SYN.** émacié, étique ; **CONTR.** dodu, replet). **11.** Qui est dépourvu de chaleur, de générosité, de sensibilité : *Un cœur sec* (**SYN.** dur, insensible ; **CONTR.** avenant, cordial). ▸ ***À pied sec,*** sans se mouiller les pieds : *Traverser un cours d'eau à pied sec.* ***Coup sec,*** coup donné vivement en retirant aussitôt la main ou l'instrument. ***Être au pain sec,*** n'avoir que du pain comme aliment. ***Guitare sèche,*** guitare dont le son n'est pas amplifié électriquement. ***Perte sèche,*** perte qui n'est atténuée par aucune compensation. ***Regarder d'un œil sec,*** sans être ému, sans ressentir de pitié. *Fam.* ***Régime sec,*** régime sans alcool. ***Toux sèche,*** toux sans expectorations (par opp. à toux grasse). ◆ **sec** adv. D'une manière rude, brusque : *Freiner sec* (**SYN.** brutalement ; **CONTR.** doucement). ▸ *Fam.* ***Aussi sec,*** immédiatement et sans la moindre hésitation : *Elle a téléphoné aussi sec aux pompiers.* ***Boire sec,*** boire abondamment des boissons alcoolisées. ***En cinq sec,*** rapidement. *Fam.* ***Rester sec,*** être incapable de répondre à une question. ◆ **sec** n.m. Lieu qui n'est pas humide : *Il pleut trop, restons au sec* (= à l'abri). ▸ ***À sec,*** sans eau : *Un ruisseau à sec* (= tari). *Un nettoyage à sec* ; fam., sans argent : *Je n'irai pas avec vous, je suis à sec* ; à court d'idées : *Ce sujet ne m'inspire pas, je suis à sec.* ***Se mettre au sec,*** en marine, échouer son bateau.

sécable adj. (du lat. *secare,* couper). Qui peut être coupé : *Des comprimés sécables* (**CONTR.** insécable).

secam (système), procédé français de télévision en couleurs (ce mot est l'acronyme de *séquentiel à mémoire*).

sécant, e adj. (du lat. *secare,* couper). En géométrie, qui coupe une ligne, une surface, un volume : *Des droites sécantes.* ◆ **sécante** n.f. Droite sécante.

sécateur n.m. (du lat. *secare,* couper). Outil en forme de gros ciseaux pour tailler les rameaux, les branches.

secco n.m. (du port.). En Afrique, panneau fait de tiges entrelacées ; palissade constituée par de tels panneaux ; enclos délimité par cette palissade.

sécession n.f. (lat. *secessio,* de *secedere,* se retirer). Action menée par une fraction de la population d'un État pour se séparer de la collectivité nationale et former un État distinct ou se réunir à un autre ; dissidence : *Aux États-Unis, la guerre de Sécession opposait les nordistes aux sudistes.* ▸ ***Faire sécession,*** se séparer d'un groupe.

sécessionniste adj. et n. Qui fait sécession : *Des États sécessionnistes* (**SYN.** séparatiste ; **CONTR.** unioniste). *Les sécessionnistes ont formé un mouvement* (**SYN.** dissident).

séchage n.m. **1.** Action de sécher ou de faire sécher : *Le temps de séchage de la vaisselle.* **2.** Opération qui a pour but d'éliminer d'un corps, en totalité ou en partie, l'eau qui s'y trouve incorporée : *Le séchage des peaux tannées.* **3.** Solidification d'une couche de peinture, de vernis.

sèche n.f. *Fam.* Cigarette.

sèche-cheveux n.m. inv. Appareil électrique qui permet de sécher les cheveux (**SYN.** séchoir).

sèche-linge n.m. inv. Appareil électroménager permettant de sécher le linge.

sèche-mains n.m. inv. Dispositif soufflant de l'air chaud qui permet de se sécher les mains.

sèchement adv. **1.** D'une façon forte, brusque : *Frapper sèchement à la porte* (**SYN.** brutalement, violemment ; **CONTR.** doucement). **2.** D'une façon brève et brutale : *Répondre sèchement* (**SYN.** abruptement, rudement ; **CONTR.** gentiment).

sécher v.t. (lat. *siccare,* de *siccus,* sec) [conj. 18]. **1.** Débarrasser de son humidité : *Sécher ses vêtements devant la soufflerie. Sécher le sol avec une serpillière* (**CONTR.** humecter, mouiller). **2.** Faire disparaître par absorption, évaporation : *Sécher la sueur sur le front d'un malade* (**SYN.** éponger, essuyer). **3.** Consoler : *Sécher les larmes de qqn.* **4.** *Fam.* Ne pas assister à un cours, à une réunion : *Sécher la gymnastique* (**SYN.** manquer). ◆ v.i. **1.** Devenir sec : *Ces fleurs ont séché* (**SYN.** se dessécher, se faner, se flétrir). *La route a séché* (**SYN.** s'assécher). *Le vernis séchera dans la journée* (**SYN.** durcir, se solidifier). **2.** En parlant de certaines substances, durcir par évaporation de l'élément liquide : *La peinture qui restait dans le fond du pot a séché.* **3.** *Fam.* Ne pouvoir répondre à une question : *Là, je sèche.* **4. [sur].** *Fam.*

En Suisse, travailler, réfléchir sur. ◆ **se sécher** v.pr. Faire disparaître l'humidité : *Venez vous sécher près du feu.*

sécheresse [seʃrɛs ou sɛʃrɛs] n.f. **1.** État de ce qui est sec : *La sécheresse du terrain empêche toute culture* (**SYN.** aridité ; **CONTR.** humidité). *Ce médicament provoque une sécheresse de la gorge* (**SYN.** déshydratation, dessèchement). **2.** Absence de pluie : *Un département touché par la sécheresse.* **3.** Manque de sensibilité, de douceur, de générosité : *Répondre avec sécheresse* (**SYN.** brusquerie, dureté, froideur ; **CONTR.** amabilité, chaleur, gentillesse).

sécherie [seʃri ou sɛʃri] n.f. Établissement industriel spécialisé dans le séchage des produits alimentaires à conserver : *Une sécherie de poissons.*

sécheur n.m. ou **sécheuse** n.f. Appareil de séchage.

séchoir n.m. **1.** Support pour faire sécher le linge. **2.** Sèche-cheveux. **3.** Local servant au séchage de matières humides : *Un séchoir à bois.*

① **second, e** [səgɔ̃, ɔ̃d] adj. (du lat. *secundus,* suivant, de *sequi,* suivre). **1.** Qui vient après le premier ; qui vient après une chose de même nature : *Le second tour des élections* (**SYN.** deuxième). *Pendant la Seconde Guerre mondiale. Étudier le second Empire.* **2.** Qui vient après le premier dans l'ordre de la valeur, du rang, de la hiérarchie : *Obtenir la seconde place. Passer au second plan. Voyager en seconde classe.* **3.** (Après le n.). Se dit de la deuxième division d'un ouvrage : *Le tome second.* **4.** Qui s'ajoute à qqch de nature identique : *La France est sa seconde patrie* (**SYN.** nouveau). ▸ ***De seconde main,*** qui a appartenu ou a servi à un autre : *Un appareil de seconde main* ; indirectement : *Ce sont des renseignements obtenus de seconde main.* ***État second,*** état anormal, où l'on cesse d'avoir la pleine conscience de ses actes : *Après ce choc, elle était dans un état second.* ◆ n. **1.** Personne ou chose qui vient à la deuxième place dans un ensemble : *La seconde de ses filles est brune. Nous avons voyagé en seconde classe.* **2.** Personne qui n'est pas la plus importante, qui n'a pas la primauté : *César disait qu'il préférait être le premier dans son village que le second à Rome.* ◆ **seconde** adj.f. En sciences, se dit d'une lettre affectée de deux petits accents placés en exposant à sa droite pour la distinguer d'une autre entité désignée par la même lettre : *« A" » s'énonce « A seconde »* (par opp. à 2. prime).

② **second** [səgɔ̃] n.m. (de *1. second*). **1.** Personne qui en aide une autre dans une affaire, dans un emploi : *Un second très efficace* (**SYN.** adjoint, assistant, auxiliaire). **2.** En marine, officier venant immédiatement après le commandant. ▸ ***En second,*** au second rang : *Arriver en second dans l'ordre des priorités.* ***Mon second...,*** formule par laquelle on présente la définition du deuxième élément d'une charade.

secondaire [səgɔ̃dɛr] adj. **1.** Qui n'occupe pas le premier rang, qui n'a qu'une importance de second ordre : *Une affaire tout à fait secondaire* (**SYN.** accessoire, mineur ; **CONTR.** capital, primordial). *Un personnage secondaire* (**CONTR.** principal). **2.** Qui se produit dans un deuxième temps, comme conséquence de qqch (par opp. à primaire) : *Les effets secondaires d'un traitement* (**SYN.** indirect). **3.** Qui appartient, en France, à l'enseignement du second degré allant de la sixième à la terminale. ▸ ***Ère secondaire,*** troisième division des temps géologiques, succédant à l'ère primaire, caractérisée par l'apparition des oiseaux et des mammifères (on dit aussi *le secondaire*). ***Secteur secondaire,*** ensemble des activités économiques correspondant à la transformation des matières premières en biens de consommation (on dit aussi *le secondaire*). ◆ n.m. **1.** Enseignement secondaire. **2.** En géologie, ère secondaire (**SYN.** mésozoïque). **3.** En économie, secteur secondaire (par opp. au primaire et au tertiaire).

secondairement [səgɔ̃dɛrmɑ̃] adv. De façon secondaire, accessoire (**SYN.** accessoirement).

seconde [səgɔ̃d] n.f. **1.** Unité de mesure du temps correspondant à la soixantième partie de la minute : *À quelques secondes d'intervalle. De seconde en seconde, les images se font plus précises.* **2.** Temps très court : *Accordez-moi une seconde* (**SYN.** instant, moment). **3.** En France, classe constituant la cinquième année de l'enseignement secondaire : *La seconde est la première année du second cycle.* **4.** Unité de mesure des angles équivalant à la soixantième partie d'une minute.

secondement [səgɔ̃dmɑ̃] adv. *Sout.* En second lieu (**SYN.** deuxièmement, secundo).

seconder [səgɔ̃de] v.t. [conj. 3]. Aider qqn dans un travail : *Ses collaborateurs la secondent parfaitement* (**SYN.** assister).

secouement n.m. *Litt.* Action de secouer.

secouer v.t. (du lat. *succutere,* ébranler, de *quatere,* agiter) [conj. 6]. **1.** Agiter fortement et à plusieurs reprises : *Pensez à secouer le flacon avant usage. Secouer un prunier.* **2.** Agiter une partie du corps à plusieurs reprises : *Secouer la tête pour dire oui* (**SYN.** branler, hocher, remuer). *Elle secouait la main en refusant.* **3.** Se débarrasser de qqch par des mouvements brusques : *Secouer la poussière du tapis.* **4.** Réprimander qqn pour l'inciter à l'effort : *Si personne ne le secoue, il ne fait rien de la journée* (**SYN.** bousculer, harceler). **5.** Causer un choc physique ou moral : *Cette nouvelle nous a tous secoués* (**SYN.** bouleverser, ébranler). ◆ **se secouer** v.pr. **1.** S'agiter vivement pour se débarrasser de qqch qui incommode : *Les chiens mouillés se sont secoués sur le palier* (**SYN.** s'ébrouer). **2.** *Fam.* Réagir contre le découragement, l'inertie : *Secouez-vous, il reste beaucoup à faire.*

secourable adj. Qui porte secours aux autres : *Je cherche une personne secourable* (**SYN.** bon, charitable, obligeant). *Tendre une main secourable* (= apporter son aide).

secourir v.t. (du lat. *succurrere,* de *currere,* courir) [conj. 45]. Venir en aide à une personne en danger ou dans le besoin : *Les pompiers ont secouru les personnes accidentées* (= sont venus porter assistance à). *Le S.A.M.U. social secourt les sans-abri* (**SYN.** assister, réconforter, soutenir).

secourisme n.m. Méthode permettant de secourir un blessé en lui donnant les premiers soins : *Certains salariés ont fait un stage de secourisme.*

secouriste n. Personne capable de pratiquer le secourisme : *Elle a un brevet de secouriste.*

secours [səkur] n.m. **1.** Action de secourir qqn ; aide apportée à qqn qui est en danger : *Porter secours à qqn* (**SYN.** assistance). *Un appel au secours.* **2.** Aide financière, matérielle : *Les familles sinistrées ont reçu un secours de la mairie* (**SYN.** subside, subvention).

3. Ensemble des moyens utilisés pour porter assistance à qqn en danger : *Le secours en mer, en montagne* (**SYN.** sauvetage). *Une trousse de premiers secours.* **4.** Renfort en hommes, en matériel : *Les secours seront bientôt sur place.* **5.** Moyen qui permet de résoudre un problème : *Sans le secours d'un ordinateur, je n'y arriverai pas* (**SYN.** aide). *Cet appareil ne m'est d'aucun secours* (= ne me sert à rien ; **SYN.** service, utilité). ▸ ***De secours,*** destiné à servir en cas de nécessité, en remplacement de qqch : *Une roue de secours* (**SYN.** rechange). *Empruntez la sortie de secours.* ◆ n.m. pl. Choses qui servent à secourir : *Des secours en espèces et en matériel* (**SYN.** appui, ressource).

secousse n.f. (du lat. *succussus,* secoué). **1.** Mouvement d'un corps qui est secoué : *La secousse du démarrage projeta l'enfant en avant* (**SYN.** choc, ébranlement). *Les passagers subissent les secousses de la camionnette* (**SYN.** à-coup, saccade, soubresaut). **2.** Oscillation du sol, lors d'un tremblement de terre : *La première secousse a été ressentie dans tout le pays* (on dit aussi *secousse sismique* ou *tellurique*). **3.** Choc psychologique : *La perte d'un enfant est une effroyable secousse* (**SYN.** bouleversement, commotion, traumatisme).

① **secret, ète** adj. (lat. *secretus,* de *secernere,* séparer, de *cernere,* distinguer). **1.** Qui est peu connu ; que l'on tient caché : *Des dossiers secrets* (**SYN.** confidentiel ; **CONTR.** public). *Des recherches secrètes sur les armes chimiques* (**SYN.** clandestin). *Un code secret* (**SYN.** chiffré). *Les services secrets d'un pays* (= chargés de l'espionnage ; on dit aussi *les services de renseignements*). **2.** Qui est placé de façon à être dissimulé : *S'enfuir par une porte secrète* (**SYN.** dérobé). **3.** Qui n'est pas apparent ; qui ne se laisse pas deviner : *Avoir le secret espoir de réaliser son rêve* (**SYN.** intérieur, profond). *Vie secrète* (**SYN.** caché, intime, privé). **4.** *Litt.* Qui ne fait pas de confidences : *Une personne très secrète* (**SYN.** discret, réservé ; **CONTR.** communicatif, démonstratif, expansif).

② **secret** n.m. (du lat. *secretum,* chose secrète). **1.** Ce qui doit être tenu caché : *Confier un secret à ses proches. Ce n'est un secret pour personne* (**SYN.** mystère). **2.** Silence qui entoure qqch : *Promettre le secret absolu sur une affaire* (**SYN.** discrétion). *Garantir le secret d'un vote, des correspondances.* **3.** Moyen caché, peu connu ou difficile à acquérir, pour réussir qqch : *Le secret du bonheur* (**SYN.** clef, recette). *Un secret de fabrication* (**SYN.** procédé). **4.** Partie la plus intime, la plus cachée : *Dans le secret de sa conscience* (**SYN.** tréfonds). **5.** Mécanisme caché dont la connaissance est nécessaire pour faire fonctionner qqch : *Un tiroir à secret.* ▸ ***En secret,*** de façon secrète, cachée, clandestine : *Ils continuent à correspondre en secret* (= secrètement) ; sans témoins : *Ils se voient en secret.* ***Être, mettre dans le secret,*** dans la confidence. ***Mettre qqn au secret,*** l'emprisonner en le privant de toute communication avec l'extérieur. ***Ne pas avoir de secret pour qqn,*** ne rien lui cacher : *Elle n'a pas de secret pour sa sœur* ; être connu parfaitement de lui : *L'informatique n'a pas de secret pour lui.* ***Secret d'État,*** chose dont la divulgation nuirait aux intérêts de la nation : *Livrer des secrets d'État.* ***Secret professionnel,*** silence auquel sont tenus ceux qui exercent certaines professions, sur l'état ou la vie privée de leurs clients.

secrétage n.m. En chapellerie, traitement des peaux de lapin pour les feutrer.

① **secrétaire** n. **1.** Personne chargée de rédiger le courrier de qqn, d'organiser son emploi du temps, de classer ses documents : *Une secrétaire de direction.* **2.** Personne chargée de tâches concernant la gestion, l'organisation de qqch : *Secrétaire de rédaction* (= qui coordonne les activités rédactionnelles d'un journal). *Secrétaire de plateau* (= scripte). *Le secrétaire général de l'O.N.U.* **3.** Personne qui met par écrit les délibérations d'une assemblée, qui est chargée de son organisation, de son fonctionnement : *Vous serez le secrétaire de séance.* ▸ ***Secrétaire d'État,*** en France, membre du gouvernement, placé sous l'autorité d'un ministre.

② **secrétaire** n.m. **1.** Meuble à tiroirs et à casiers comportant une surface pour écrire, escamotable ou non (**SYN.** bureau). **2.** En zoologie, serpentaire.

secrétariat n.m. **1.** Emploi, fonction de secrétaire ; métier de secrétaire : *Un diplôme de secrétariat.* **2.** Bureau où un ou plusieurs secrétaires travaillent : *Adressez-vous au secrétariat de l'université.* **3.** Ensemble des tâches concernant la gestion, l'organisation de qqch : *Assurer le secrétariat d'une association.* ▸ ***Secrétariat d'État,*** ensemble des services dirigés par un secrétaire d'État.

secrétariat-greffe n.m. (pl. *secrétariats-greffes*). Greffe d'une juridiction.

secret-défense ou **secret défense** adj. inv. Se dit d'informations intéressant la défense nationale et réservées aux personnes autorisées ; très confidentiel. ◆ n.m. inv. Information classée secret-défense.

secrètement adv. En secret : *Travailler secrètement à un projet* (**SYN.** clandestinement ; **CONTR.** ouvertement). *Avertir secrètement les personnes concernées* (**SYN.** confidentiellement, discrètement ; **CONTR.** ostensiblement).

secréter v.t. [conj. 18]. Soumettre au secrétage.

sécréter v.t. [conj. 18]. **1.** Produire par sécrétion : *Le pancréas sécrète l'insuline.* **2.** *Litt.* Produire naturellement qqch : *Il sécrète l'ennui* (**SYN.** distiller, répandre).

sécréteur, euse ou **trice** adj. Se dit d'un organe, d'une cellule qui produit une sécrétion : *Les glandes sébacées sont des glandes sécrétrices.*

sécrétion n.f. (lat. *secretio,* dissolution, de *secernere,* éliminer, séparer, de *cernere,* distinguer). **1.** Opération par laquelle une cellule d'un organisme vivant élabore une substance qui est évacuée vers un autre organe ou vers l'extérieur ou encore déversée dans le sang : *La sécrétion externe* ou *exocrine. La sécrétion interne* ou *endocrine.* **2.** Substance ainsi élaborée.

sécrétoire adj. Relatif à la sécrétion.

sectaire adj. et n. Qui fait preuve d'intolérance en refusant d'admettre les opinions différentes des siennes : *Un militant sectaire* (**SYN.** fanatique, intolérant ; **CONTR.** ouvert, tolérant). ◆ adj. Relatif aux sectes religieuses : *Les ramifications d'un groupement sectaire.*

sectarisme n.m. Caractère d'une personne sectaire (**SYN.** fanatisme, intolérance).

sectateur, trice n. Membre d'une secte.

secte n.f. (lat. *secta,* de *sequi,* suivre). **1.** Groupe de personnes qui ont les mêmes opinions religieuses ou philosophiques. **2.** *Péjor.* Groupe animé par une idéologie doctrinaire et dirigé par un gourou (**SYN.** clan, coterie).

secteur n.m. (lat. *sector,* de *secare,* couper).

1. Domaine défini d'activité économique dans un État, une institution : *Le secteur du tourisme* (**SYN.** filière). *Un secteur de pointe.* **2.** Division des activités économiques selon la nature de l'activité ou des biens produits : *Les secteurs primaire, secondaire et tertiaire.* **3.** Division de l'activité économique nationale sur la base de la propriété des entreprises : *Secteurs privé, public, semi-public.* **4.** Division d'un espace en fonction de sa particularité : *Les V.R.P. ont chacun leur secteur* (**SYN.** région, territoire, zone). **5.** *Fam.* Endroit quelconque : *Que faites-vous dans le secteur ?* (**SYN.** environs, parages). **6.** Subdivision d'une zone d'urbanisme soumise à un régime particulier : *Un secteur sauvegardé* (**SYN.** quartier). **7.** Subdivision d'un réseau de distribution électrique : *Une panne de secteur.*

section n.f. (lat. *sectio*, division, de *secare*, couper). **1.** Action de couper ; fait d'être coupé : *La section d'un fil est à l'origine de la coupure d'électricité. La section accidentelle des tendons* (**SYN.** sectionnement). **2.** Manière dont une chose est coupée ; dimension de la coupe transversale d'un objet : *Faire une section nette* (**SYN.** coupure). *Un tube de 5 centimètres de section* (**SYN.** diamètre). **3.** Dessin en coupe mettant en évidence certaines particularités d'une construction, d'une machine : *La section transversale d'un édifice.* **4.** Partie d'une voie de communication : *Une section d'autoroute fermée à la circulation.* **5.** Division du parcours d'une ligne d'autobus, servant de base au calcul du prix d'un trajet : *Un arrêt en fin de section.* **6.** Groupe local d'adhérents d'un parti, d'un syndicat, constituant une subdivision de celui-ci ; cellule : *Une réunion de la section syndicale.* **7.** Dans la langue juridique, subdivision d'une chambre d'une juridiction : *Le chef de la section antiterroriste du parquet de Paris.* **8.** Dans un lycée, ensemble d'élèves suivant des filières communes ou apparentées ; chacune des divisions de l'école maternelle : *Les sections scientifiques. Elle rentre en grande section* (par opp. à petite et moyenne).

sectionnement n.m. Fait de sectionner ou d'être sectionné : *Le sectionnement d'un doigt* (**SYN.** section).

sectionner v.t. [conj. 3]. **1.** Couper net : *La lame a sectionné le câble* (**SYN.** trancher). **2.** Diviser par sections : *Sectionner une ville en arrondissements* (**SYN.** fractionner, morceler).

sectoriel, elle adj. Relatif à un secteur d'activité, à une catégorie professionnelle ; effectué par secteurs : *Des avantages sectoriels* (**SYN.** catégoriel).

sectorisation n.f. Répartition en plusieurs secteurs géographiques : *La sectorisation scolaire.*

sectoriser v.t. [conj. 3]. Procéder à la sectorisation de : *Sectoriser les universités.*

séculaire adj. (du lat. *saeculum*, siècle). **1.** Qui existe depuis plusieurs siècles : *Un arbre séculaire* (**SYN.** centenaire). *Une coutume séculaire* (**SYN.** ancestral). **2.** Qui a lieu tous les cent ans : *Une fête séculaire.* ▸ ***Année séculaire,*** qui termine un siècle.

sécularisation n.f. Action de séculariser.

séculariser v.t. [conj. 3]. **1.** Rendre un religieux à la vie laïque : *Séculariser des moniales.* **2.** Affecter des biens religieux à un usage profane ; laïciser : *Séculariser un couvent. Séculariser l'enseignement.*

séculier, ère adj. (du lat. *saecularis*, du siècle). **1.** Se dit d'un membre du clergé qui n'appartient à aucun ordre ou institut religieux (par opp. à régulier). **2.** Qui appartient au domaine laïque, temporel (par opp. à ecclésiastique). ▸ ***Bras séculier,*** puissance de la justice laïque temporelle. ◆ **séculier** n.m. Laïque ; prêtre séculier.

secundo [səgɔ̃do] adv. (mot lat.). (Après un élément introduit par *primo*). En second lieu : *Primo, nous n'avons pas le temps ; secundo, ce serait superflu* (**SYN.** deuxièmement).

sécurisant, e adj. Qui sécurise : *Une présence policière sécurisante* (**SYN.** rassurant, tranquillisant ; **CONTR.** angoissant, inquiétant).

sécurisation n.f. Action de sécuriser ; protection : *La sécurisation des abords d'une école.*

sécuriser v.t. [conj. 3]. **1.** Donner un sentiment de sécurité à : *Les caméras sécurisent les locataires* (**SYN.** rassurer, tranquilliser ; **CONTR.** angoisser, inquiéter). **2.** Rendre plus sûr : *Sécuriser le paiement numérique sur Internet* (**SYN.** assurer, garantir, protéger).

Securit [sekyrit] n.m. (nom déposé). Verre de sécurité obtenu par trempe.

sécuritaire adj. **1.** Relatif à la sécurité publique : *Des mesures sécuritaires* (= visant à assurer la sécurité publique). **2.** Au Québec, se dit d'un lieu, d'un véhicule qui offre des garanties de sécurité : *Des installations sécuritaires* (**SYN.** sûr ; **CONTR.** dangereux).

sécurité n.f. (du lat. *securus*, sûr, de *cura*, soin, souci). **1.** Situation dans laquelle aucun danger, aucun risque d'accident n'est à redouter : *Ces contrôles sont effectués pour assurer la sécurité des personnes transportées. Mettre ses biens en sécurité* (**SYN.** sûreté). **2.** Situation d'une personne qui se sent à l'abri du danger, qui est rassurée : *Avec vous, je me sens en sécurité. Vous pouvez éteindre votre ordinateur en toute sécurité* (**SYN.** sérénité, tranquillité ; **CONTR.** insécurité). ▸ ***De sécurité,*** destiné à prévenir un accident ou un événement dommageable ou à en limiter les effets : *Mettre sa ceinture de sécurité. La conformité d'un matériel aux normes de sécurité. Respecter les consignes de sécurité* (**SYN.** protection). *Ils se sont réservé une marge de sécurité.* ***La Sécurité sociale,*** ensemble des mesures qui ont pour objet de garantir les individus et les familles contre les risques sociaux ; ensemble des organismes chargés d'appliquer ces mesures (abrév. fam. la Sécu). ***Sécurité publique,*** ensemble des conditions que l'État doit assurer pour permettre à ses citoyens de vivre en paix. ***Sécurité routière,*** ensemble des règles et des services visant à la protection des usagers de la route.

sédatif, ive adj. et n.m. (du lat. *sedare*, calmer). En pharmacie, se dit d'une substance qui agit contre la douleur, l'anxiété, l'insomnie ; analgésique, antalgique, tranquillisant.

sédentaire adj. et n. (du lat. *sedere*, être assis). **1.** Qui sort peu, qui reste ordinairement chez soi : *Des personnes sédentaires* (**SYN.** casanier). **2.** Qui comporte peu d'activités physiques : *Une vie trop sédentaire accroît les risques cardio-vasculaires.* **3.** Qui reste dans une région déterminée (par opp. à nomade) : *Des peuplades sédentaires.* ◆ adj. Qui ne comporte ou n'exige pas de déplacements : *Ils ont un travail sédentaire* (**CONTR.** itinérant).

sédentarisation n.f. Passage de l'état de nomade à l'état sédentaire.

sédentariser v.t. [conj. 3]. Rendre sédentaire : *Sédentariser les populations nomades.*

sédentarité n.f. **1.** État d'une personne qui a peu d'activités physiques. **2.** État d'une société sédentaire (par opp. à nomadisme).

sédiment n.m. (du lat. *sedimentum,* dépôt, de *sedere,* être assis). Dépôt naturel laissé par les eaux, le vent, les autres agents d'érosion : *Des sédiments marins, glaciaires.*

sédimentaire adj. Se dit d'une roche formée par le dépôt de sédiments.

sédimentation n.f. Ensemble des phénomènes qui conduisent à la formation et au dépôt d'un sédiment. ▸ ***Vitesse de sédimentation,*** mesure de la vitesse de chute des globules rouges dans un tube de sang rendu incoagulable, et qui permet de déterminer l'existence d'une inflammation.

sédimenter v.i. ou **se sédimenter** v.pr. [conj. 3]. Se déposer par sédimentation ; être formé par sédimentation.

séditieux, euse [sedisjø, øz] adj. et n. *Litt.* Qui prend part à une sédition ; qui fomente une sédition ; contestataire : *Un groupe de militaires séditieux* (**SYN.** agitateur, rebelle). ◆ adj. *Litt.* Qui incite à la sédition : *Des propos séditieux* (**SYN.** subversif).

sédition n.f. (du lat. *seditio,* désunion). *Litt.* Soulèvement concerté et préparé contre l'autorité établie : *Fomenter, réprimer une sédition* (**SYN.** insurrection, rébellion, révolte).

séducteur, trice adj. et n. Qui séduit, fait des conquêtes amoureuses : *Une grande séductrice* (**SYN.** charmeur, ensorceleur). ◆ adj. Qui exerce un attrait irrésistible : *Le pouvoir séducteur de l'argent* (**SYN.** envoûtant, irrésistible ; **CONTR.** repoussant).

séduction n.f. **1.** Action de séduire ; fait d'attirer par un charme irrésistible : *La séduction du pouvoir* (**SYN.** attraction, tentation). *Elle exerce une forte séduction sur son entourage* (**SYN.** fascination). **2.** Moyen, pouvoir de séduire : *Une femme pleine de séduction* (**SYN.** attrait, charme).

séduire v.t. (lat. *seducere,* emmener à l'écart, de *ducere,* conduire) [conj. 98]. **1.** Attirer fortement, s'imposer à qqn par telle qualité : *Les candidats ont quelques jours pour séduire les électeurs* (**SYN.** conquérir, convaincre). *Ce film vous séduira par son esthétisme* (**SYN.** captiver, charmer, fasciner ; **CONTR.** déplaire, rebuter). **2.** Plaire à qqn et en obtenir l'amour ou les faveurs : *Il a tenté de la séduire* (**SYN.** débaucher).

séduisant, e adj. **1.** Qui exerce un vif attrait sur autrui par son charme, ses qualités : *Une femme très séduisante* (**SYN.** charmeur, envoûtant ; **CONTR.** repoussant, répugnant). **2.** Qui est propre à tenter qqn : *Un programme séduisant* (**SYN.** alléchant, attrayant).

séfarade n. et adj. (de l'hébr. *Sefarad,* Espagne). Juif originaire des pays méditerranéens (par opp. à ashkénaze).

segment n.m. (lat. *segmentum,* de *secare,* couper). **1.** Portion bien délimitée, détachée d'un ensemble : *La circulation est à double sens sur ce segment d'autoroute* (**SYN.** section, tronçon). **2.** En géométrie, portion de droite limitée par deux points.

segmentaire adj. **1.** Relatif à un segment. **2.** Qui est divisé en segments.

segmentation n.f. **1.** Division en segments ; fractionnement, morcellement. **2.** En biologie, premières divisions de l'œuf après la fécondation.

segmenter v.t. [conj. 3]. Partager en segments : *Segmenter un fichier pour le transmettre par Internet* (**SYN.** diviser, fractionner, sectionner).

ségrégatif, ive adj. Relatif à la ségrégation ; qui la pratique ou la favorise : *Une méthode ségrégative de recrutement* (**SYN.** discriminatoire). *Appliquer une politique ségrégative* (**SYN.** ségrégationniste).

ségrégation n.f. (du lat. *segregare,* séparer du troupeau, de *grex, gregis,* troupeau). Action de séparer les personnes d'origines ou de religions différentes, à l'intérieur d'une collectivité ; mise à l'écart ainsi imposée : *La ségrégation raciale, sociale* (**SYN.** discrimination). *L'apartheid était un régime de ségrégation.*

ségrégationnisme n.m. Politique de ségrégation, en particulier raciale.

ségrégationniste adj. et n. Relatif au ségrégationnisme ; qui est partisan de la ségrégation raciale.

séguedille [segədij] ou **seguidilla** [segidija] n.f. (esp. *seguidilla,* de *seguida,* suite, du lat. *sequi,* suivre). Danse espagnole exécutée sur un rythme rapide.

seiche [sɛʃ] n.f. (lat. *sepia*). Mollusque marin voisin du calmar, à coquille interne appelée *os,* qui projette un liquide noir, la *sepia,* lorsqu'il est menacé.

séide [seid] n.m. (de l'ar. *Zayd,* nom d'un affranchi de Mahomet). *Litt.* Homme qui manifeste un dévouement aveugle et fanatique à son chef : *Un terroriste et ses séides* (**SYN.** nervi, partisan).

seigle [sɛgl] n.m. (lat. *secale,* de *secare,* couper). Céréale cultivée sur les terres pauvres et froides pour son grain et comme fourrage.

seigneur [sɛɲœr] n.m. (du lat. *seniorem,* de *senior,* plus âgé). **1.** Sous la féodalité, celui qui possédait un fief. **2.** Sous l'Ancien Régime, personne noble de haut rang. ▸ ***À tout seigneur tout honneur,*** il faut rendre hommage à celui qui le mérite. ***En grand seigneur,*** avec luxe, magnificence ; avec noblesse. ***Être grand seigneur,*** dépenser sans compter et de manière ostentatoire. ***Le Seigneur,*** Dieu. ***Seigneur de la guerre,*** dirigeant d'un mouvement insurrectionnel ou d'une organisation criminelle.

seigneurial, e, aux adj. **1.** Avant la Révolution, qui dépendait d'un seigneur, qui appartenait à un seigneur : *Un domaine seigneurial.* **2.** *Litt.* Qui est digne d'un seigneur : *Un train de vie seigneurial* (**SYN.** princier, somptueux).

① **seigneurie** n.f. **1.** Sous la féodalité, autorité d'un seigneur ; terre sur laquelle s'exerce cette autorité. **2.** (Précédé d'un adj. poss.). Titre honorifique des membres de la Chambre des lords en Angleterre : *Sa Seigneurie daignera-t-elle nous recevoir ?*

② **seigneurie** n.f. En Belgique, séniorie.

sein [sɛ̃] n.m. (du lat. *sinus,* pli, courbe). **1.** Chacune des mamelles de la femme : *Ce soutien-gorge met les seins en valeur* (= la poitrine). *Un cancer du sein.* **2.** Cet organe, atrophié chez l'homme. **3.** *Litt.* Partie antérieure du thorax ; buste : *Serrer qqn contre son sein.* **4.** *Litt.* Siège de la conception : *L'enfant est encore dans le sein de sa mère* (**SYN.** entrailles, ventre). **5.** *Litt.* Partie interne qui renferme qqch : *Se réfugier dans le sein de la famille* (**SYN.** giron). ▸ ***Au sein de,*** au milieu de, dans le cadre de : *Des voix s'élèvent au sein du groupe pour protester.* ***Donner le sein à un enfant,*** l'allaiter.

seine n.f. → **senne.**

seing [sɛ̃] n.m. (du lat. *signum,* signe). Dans la langue juridique, signature d'une personne sur un acte, pour en attester l'authenticité. ▸ ***Sous seing privé,*** se dit d'un acte qui n'a pas été établi devant un officier public.

séismal, e, aux adj. → **sismal.**

séisme [seism] n.m. (du gr. *seismos,* ébranlement, commotion). **1.** Mouvement brusque de l'écorce terrestre, prenant naissance à une certaine profondeur, et qui ébranle plus ou moins violemment le sol (= tremblement de terre). **2.** *Fig.* Bouleversement de l'ordre des choses : *Cette décision a provoqué un séisme dans l'entreprise* (**SYN.** cataclysme).

séismicité n.f. → **sismicité.**

séismique adj. → **sismique.**

séismographe n.m. → **sismographe.**

séismologie n.f. → **sismologie.**

seize [sɛz] adj. num. card. inv. (lat. *sedecim*). **1.** Quinze plus un : *Les seize participantes. Il est seize heures dix. Seize ans après.* **2.** (En fonction d'ordinal). De rang numéro seize ; seizième : *La page seize. Louis XVI.* ◆ n.m. inv. **1.** Le nombre qui suit quinze dans la série des entiers naturels : *Quatorze et deux font seize.* **2.** Désigne, selon les cas, le jour, le numéro d'une chambre, etc. : *Nous sommes le seize.*

seizième [sɛzjɛm] adj. num. ord. De rang numéro seize : *Le seizième épisode.* ◆ n. Personne, chose qui occupe le seizième rang : *C'est la seizième à téléphoner.* ◆ adj. et n.m. Qui correspond à la division d'un tout en seize parties égales : *Verser la seizième partie du prix comme acompte. Elle possède un seizième de la propriété.*

seizièmement [sɛzjɛmmɑ̃] adv. En seizième lieu.

séjour n.m. **1.** Fait de séjourner dans un lieu, dans un pays, pendant un certain temps ; durée pendant laquelle on y séjourne : *Faire un séjour à la campagne. Elle a fait un long séjour en Chine.* **2.** *Litt.* Lieu où l'on séjourne : *Le séjour d'été préféré des amoureux de la nature* (**SYN.** résidence). ▸ ***Salle de séjour,*** pièce d'un appartement servant à la fois de salle à manger et de salon (on dit aussi *le séjour*).

séjourner v.i. (lat. *subdiurnare,* de *diurnare,* durer, de *diurnus,* de chaque jour, de *dies,* jour) [conj. 3]. **1.** Rester quelque temps dans un endroit : *Elles ont séjourné à Montréal pendant deux ans* (**SYN.** demeurer, résider). **2.** En parlant de qqch, rester longtemps quelque part : *Cette bouteille de lait ouverte a séjourné trop longtemps au réfrigérateur.*

sel n.m. (lat. *sal*). **1.** Substance blanchâtre, soluble dans l'eau, employée pour l'assaisonnement ou la conservation des aliments : *Du sel fin* ou *sel de table.* **2.** *Fig.* Ce qu'il y a de piquant, de savoureux dans un propos, une situation : *Cette anecdote ne manque pas de sel* (**SYN.** humour, piment, piquant, saveur). ▸ ***Gros sel,*** sel marin en gros cristaux. *Litt.* ***Le sel de la terre,*** l'élément actif, généreux, l'élite d'un groupe. ***Sel gemme*** → **gemme.** ***Sel marin,*** sel tiré de l'eau de mer. ◆ **sels** n.m. pl. *Anc.* Substances que l'on faisait respirer aux personnes évanouies pour les ranimer. ▸ ***Sels de bain,*** sels minéraux parfumés servant à parfumer et à adoucir l'eau du bain.

sélect, e [selɛkt] adj. (angl. *select*). *Fam.* Se dit d'un groupe, d'un lieu où ne sont admises que des personnes choisies, élégantes : *Une cérémonie très sélecte* (**SYN.** chic, distingué).

sélecteur n.m. **1.** Commutateur ou dispositif permettant de sélectionner un canal de fréquences, une fonction parmi un certain nombre de possibilités : *Appareil équipé d'un sélecteur de programmes.* **2.** Pédale actionnant le changement de vitesse sur une motocyclette.

sélectif, ive adj. Qui vise à opérer une sélection ou qui repose sur une sélection : *Ce concours est très sélectif.* ▸ ***Collecte sélective,*** ramassage des déchets ménagers triés selon leur nature et déposés par les consommateurs dans des poubelles ou des conteneurs différents, à des fins de recyclage.

sélection n.f. (lat. *selectio, selectionis,* tri, de *legere,* ramasser). **1.** Action de sélectionner, de choisir les personnes ou les choses qui conviennent le mieux : *La sélection professionnelle. Opérer une sélection des produits sur leur qualité* (**SYN.** choix). **2.** Ensemble des éléments choisis : *Proposer une sélection de films comiques* (**SYN.** assortiment, liste). **3.** Sur un matériel, un appareil, choix de ce qui correspond à une demande ponctuelle : *Bouton de sélection des programmes sur un lave-linge.* **4.** Choix des individus reproducteurs dont les qualités permettront d'améliorer une espèce animale ou végétale. ▸ ***Sélection naturelle,*** survivance des variétés animales ou végétales les mieux adaptées à leur environnement, aux dépens des moins aptes.

sélectionné, e adj. et n. Qui est choisi parmi d'autres, en vue d'une épreuve, d'un concours : *Les joueuses sélectionnées pour le match.* ◆ adj. Qui a fait l'objet d'un choix répondant à un critère de qualité : *Ce boulanger utilise des farines sélectionnées.*

sélectionner v.t. [conj. 3]. **1.** Choisir, dans un ensemble, les éléments qui répondent le mieux à un critère donné : *La rédactrice en chef sélectionne les meilleures photos.* **2.** Verbe qu'il est recommandé d'employer à la place de *nominer.*

sélectionneur, euse n. Personne chargée de procéder à une sélection.

sélectivement adv. De façon sélective ; par sélection : *La part d'ordures ménagères collectées sélectivement augmente.*

sélène adj. (du gr. *selênê,* la Lune). Relatif à la Lune.

sélénite n. Habitant imaginaire de la Lune.

sélénium [selenjɔm] n.m. (du gr. *selênê,* Lune). Corps simple, analogue au soufre, qui est utilisé dans les cellules photoélectriques.

sélénologie n.f. Étude de la Lune.

self n.m. (abrév.). Self-service : *Les selfs d'une ville.*

self-control [sɛlfkɔ̃trol] n.m. (mot angl.) [pl. *self-controls*]. Maîtrise, contrôle de soi.

self-made-man [sɛlfmɛdman] n.m. (mot angl. signif. « homme qui s'est fait lui-même ») [pl.

self-made-mans ou *self-made-men*]. Personne qui ne doit sa réussite qu'à elle-même.

self-service [sɛlfsɛrvis] n.m. (mot angl.) [pl. *self-services*]. **1.** Restaurant dans lequel le client se sert lui-même (abrév. self). **2.** Établissement commercial dans lequel le client se sert lui-même : *Les pompes à essence sont en self-service* (**SYN.** libre-service).

selle n.f. (du lat. *sella*, siège). **1.** Siège incurvé en cuir que l'on place sur le dos d'un cheval : *Une selle d'amazone. Se mettre en selle.* **2.** Petit siège sur lequel s'assied un cycliste, un motocycliste ou un tractoriste. **3.** *Anc.* Chaise percée. ▸ ***Aller à la selle,*** déféquer. ***Cheval de selle,*** cheval propre à servir de monture. ***Être bien en selle,*** bien affermi dans sa situation, dans son emploi. ***Remettre qqn en selle,*** l'aider à rétablir ses affaires. ***Selle d'agneau, de mouton, de chevreuil,*** partie de l'animal qui s'étend des côtes au gigot ou au cuissot : *Une selle d'agneau rôtie.* ***Se remettre en selle,*** rétablir sa propre situation. ◆ **selles** n.f. pl. Matières fécales.

seller v.t. [conj. 4]. Munir d'une selle : *Le lad selle les chevaux.* ☞ **REM.** Ne pas confondre avec *sceller.*

sellerie [sɛlri] n.f. **1.** Ensemble des selles et des harnais des chevaux d'une écurie ; lieu où on les range. **2.** Activité et commerce du sellier.

sellette n.f. **1.** *Anc.* Petit siège de bois sur lequel on faisait asseoir un accusé au tribunal. **2.** Petit siège suspendu à une corde, utilisé par les ouvriers du bâtiment. ▸ ***Être sur la sellette,*** être accusé, mis en cause. ***Mettre qqn sur la sellette,*** le presser de questions, chercher à le faire parler.

sellier n.m. Personne qui fabrique, répare et vend des selles et des articles de harnachement.

selon prép. (de l'anc. fr. *seon*, suivant, du lat. *secundum*, en suivant). **1.** Conformément à : *Tout sera fait selon vos désirs. Selon la loi, il doit être relaxé.* **2.** Proportionnellement à : *Dépenser selon ses moyens.* **3.** Du point de vue de ; d'après tel critère, tel principe : *Selon le fabricant, ce logiciel peut être installé sur tous les ordinateurs. Selon vous, que faut-il faire ? Selon nos informations, elle sera nommée ministre.* **4.** En fonction de : *Elle varie ses activités selon les saisons. Agir selon les circonstances* (**SYN.** suivant). ▸ *Fam.* ***C'est selon,*** cela dépend des circonstances. ◆ **selon que** loc. conj. (Suivi de l'ind. et de deux éléments coordonnés avec *ou*). Indique une alternative : *Selon que la situation sera propice ou que les événements nous en empêcheront* (**SYN.** suivant que). *« Selon que vous serez puissant ou misérable, / Les jugements de cour vous rendront blanc ou noir »* [La Fontaine].

Seltz (eau de), eau gazeuse et acidulée ou eau artificiellement gazéifiée.

selve ou **selva** n.f. (port. *selva*, du lat. *silva*, forêt). Forêt vierge des pays équatoriaux, notamm. d'Amazonie.

semailles [səmaj] n.f. pl. (lat. *seminalia*, de *semen*, graine, semence). **1.** Action de semer : *Les semailles se font au printemps ou en automne.* **2.** Époque où l'on sème.

semaine n.f. (lat. *septimana*, de *septem*, sept). **1.** Période de sept jours consécutifs du lundi au dimanche inclus : *Elle partira au début de la semaine prochaine. Les éboueurs passent trois fois par semaine.* **2.** Cette période, consacrée aux activités professionnelles ; ensemble des jours ouvrables : *Elle a une semaine très chargée. En semaine, ils se lèvent tôt. La semaine de 35 heures.* **3.** Suite de sept jours consécutifs sans considération du jour de départ : *Le record du tour du monde est battu d'une semaine. Je l'avais rencontrée deux semaines avant.* **4.** Salaire hebdomadaire : *Recevoir sa semaine.* **5.** Période de sept jours consacrée à une activité humanitaire, commerciale, etc. : *La semaine de la sécurité routière.* ▸ *Fam.* ***À la petite semaine,*** sans plan d'ensemble, au jour le jour : *Une politique économique à la petite semaine.* ***Être de semaine,*** être de service pendant la semaine en cours. ***Fin de semaine,*** au Québec, week-end.

semainier n.m. **1.** Agenda de bureau qui indique les jours en les groupant par semaines. **2.** Petit meuble à sept tiroirs.

sémanticien, enne n. Spécialiste de sémantique.

sémantique n.f. (du gr. *sêmantikos*, qui signifie, de *sêma*, signe). Étude scientifique du sens des mots et des groupes de mots (par opp. à morphologie et à syntaxe). ◆ adj. **1.** Relatif au sens, à la signification des mots : *L'évolution sémantique d'un nom.* **2.** Relatif à la sémantique : *Une analyse sémantique.* ▸ ***Champ sémantique,*** ensemble des sens d'un mot ou d'un groupe de mots : *Le champ sémantique de « pain » va du « pain de seigle » au « pain de savon ».*

sémaphore n.m. (du gr. *sêma*, signe). Dispositif permettant de transmettre des informations par signaux optiques, utilisé pour la navigation ou le trafic ferroviaire.

semblable adj. **1.** Qui ressemble à qqn, à qqch d'autre ; qui est de même nature, de même qualité : *Un ordinateur semblable au vôtre* (**SYN.** identique, pareil). *Nous dénombrons quatre cas de guérison semblables* (**SYN.** analogue ; **CONTR.** différent, dissemblable). *Dans des circonstances semblables, il avait procédé autrement* (**SYN.** comparable, équivalent, similaire). **2.** De cette nature, de cette sorte : *Qui a osé porter de semblables accusations ?* (**SYN.** pareil, tel). ◆ n. (Avec un poss.). **1.** Personne qui possède les mêmes qualités qu'une autre : *Elle n'a pas sa semblable pour nous motiver* (**SYN.** égal, équivalent, pareil). **2.** Être animé, personne considérés par rapport à ceux de son espèce : *Partager le sort de ses semblables* (**SYN.** congénère, prochain).

semblablement adv. D'une façon semblable : *Des mots semblablement accentués* (**SYN.** identiquement, pareillement ; **CONTR.** différemment).

semblant n.m. ▸ ***Faire semblant de*** (+ inf.), donner l'apparence de : *Elle fait semblant de ne pas entendre* (= feindre de). *Ils ne dorment pas, ils font semblant* (= simuler). ***Ne faire semblant de rien,*** feindre l'indifférence, l'ignorance ou l'inattention. ***Un semblant de,*** une apparence de : *J'ai décelé un semblant d'ironie dans ses paroles* (**SYN.** soupçon).

sembler v.i. (lat. *similare*, de *similis*, semblable) [conj. 3]. **1.** (Suivi d'un attribut). Présenter l'apparence d'être tel ou tel : *Ce bâtiment me semble solide. Vous semblez préoccupée* (= vous avez l'air ; **SYN.** paraître). **2.** (Suivi d'un inf.). Donner l'impression de : *Il semble vouloir le faire. Vous semblez oublier que vous devez partir. Les négociations semblent progresser.* ◆ v. impers. Introduit une opinion, un jugement non péremptoire : *Il semble nécessaire d'intervenir* (= on peut penser qu'il faut). *Il me semble dérisoire d'insister* (= je crois que c'est). *C'est bien ce qu'il me semblait* (= ce que je pensais). *Il semble que vous avez* ou *que vous ayez raison* (= l'évolution de la situation semble prouver). ▸ ***Ce me semble*** ou ***me semble-t-il*** ou ***à ce qu'il me semble,*** à mon avis, selon moi : *Personne, me semble-t-il, n'avait jamais émis une telle critique.* *Litt.* ***Que vous en semble ?,*** qu'en pensez-vous ? ***Si, comme, quand bon me semble,*** si, comme, quand cela me plaît : *Je le ferai quand bon me semblera.*

sème n.m. En linguistique, unité minimale de signification entrant, comme composant, dans le sens d'un mot.

séméiologie ou **sémiologie** n.f. (du gr. *sêmion,* marque distinctive, de *sêma,* signe). Partie de la médecine qui traite des signes cliniques et des symptômes des maladies.

séméiologique ou **sémiologique** adj. Relatif à la séméiologie.

séméiologue ou **sémiologue** n. Spécialiste de séméiologie.

semelle n.f. (du picard *lemelle,* du lat. *lamella,* lamelle). **1.** Pièce résistante qui forme le dessous de la chaussure : *Des semelles en cuir. « L'homme aux semelles de vent »* (= Arthur Rimbaud). **2.** Pièce de garniture que l'on place à l'intérieur d'une chaussure : *Des semelles orthopédiques.* **3.** *Fam.* Viande très dure : *Il est impossible de couper ce bifteck, c'est de la semelle.* **4.** Pièce plate servant d'appui : *Semelle d'un fer à repasser. La semelle d'un ski.* ▸ ***Battre la semelle,*** frapper le sol de ses pieds, pour les réchauffer. ***Ne pas avancer d'une semelle,*** ne faire aucun progrès ; piétiner. ***Ne pas quitter*** ou ***ne pas lâcher qqn d'une semelle,*** l'accompagner, le suivre partout. ***Ne pas reculer d'une semelle,*** rester ferme sur ses positions.

semence n.f. (lat. *sementia,* de *semen,* graine, semence). **1.** Organe, ou partie d'un organe végétal, apte à donner une plante analogue après semis ou enfouissement : *Des semences de maïs* (**SYN.** graine). *Les agriculteurs exigent la traçabilité des semences* (**SYN.** grain). **2.** Sperme. **3.** Clou à tige courte et tête plate, utilisé par les tapissiers.

semencier, ère adj. Relatif aux semences végétales. ♦ **semencier** n.m. Personne ou entreprise qui produit et vend des semences de plantes.

semer v.t. (lat. *seminare,* de *semen, seminis,* graine, semence) [conj. 19]. **1.** Mettre des graines en terre : *Semer du blé.* **2.** Répandre çà et là : *Semer des cailloux derrière soi pour retrouver son chemin* (**SYN.** disperser, disséminer, jeter). *Elle sème des documents sur son passage* (= elle les oublie ; **SYN.** perdre). **3.** *Sout.* Provoquer en de nombreux endroits : *Cet attentat a semé la terreur* (**SYN.** propager, répandre). **4.** *Fam.* Fausser compagnie à qqn ; fuir loin de lui : *Semer un importun* (**SYN.** se délivrer de). *Semer ses concurrents* (**SYN.** distancer).

semestre n.m. (lat. *semestris,* de *sex,* six, et *mensis,* mois). Période de six mois consécutifs, à partir du début de l'année civile ou scolaire ; chacune des deux moitiés de l'année.

semestriel, elle adj. Qui a lieu tous les six mois : *Une parution semestrielle.*

semestriellement adv. Tous les six mois : *Le groupe se réunit semestriellement.*

semeur, euse n. Personne qui sème du grain : *La Semeuse figure au dos des pièces françaises de 10, 20 et 50 centimes d'euro.*

semi-aride adj. (pl. *semi-arides*). Se dit d'une zone climatique dont l'alimentation en eau est insuffisante.

semi-automatique adj. (pl. *semi-automatiques*). Se dit d'un appareil, d'une installation dont le fonctionnement comprend des phases automatiques complétées par des interventions manuelles : *Des lave-linge semi-automatiques.*

semi-auxiliaire adj. et n.m. (pl. *semi-auxiliaires*). Verbe qui joue un rôle d'auxiliaire devant un infinitif : *Dans « je vais partir », ou « je viens d'arriver », « aller », « venir » sont des semi-auxiliaires.*

semi-circulaire adj. (pl. *semi-circulaires*). Qui est en forme de demi-cercle.

semi-conducteur, trice adj. et n.m. (pl. *semi-conducteurs, trices*). Se dit d'un corps non métallique qui conduit imparfaitement l'électricité.

semi-conserve n.f. (pl. *semi-conserves*). Conserve alimentaire dont la durée de conservation est courte et qui doit être gardée au frais.

semi-consonne n.f. (pl. *semi-consonnes*). Semi-voyelle.

semi-fini adj.m. (pl. *semi-finis*). ▸ ***Produit semi-fini,*** produit de l'industrie, intermédiaire entre la matière première et le produit fini.

semi-grossiste n. (pl. *semi-grossistes*). Commerçant qui vend du demi-gros.

semi-liberté n.f. (pl. *semi-libertés*). Régime permettant à un condamné de quitter l'établissement pénitentiaire pour le temps nécessaire à l'exercice d'une activité professionnelle ou à un traitement médical.

sémillant, e [semijɑ̃, ɑ̃t] adj. (de l'anc. fr. *semilleus,* rusé). *Litt.* Qui est d'une vivacité pétillante et gaie : *Jeune fille sémillante.*

semi-marathon (pl. *semi-marathons*). n.m. Course à pied de fond sur route de 21,1 km.

séminaire n.m. (lat. *seminarium,* pépinière, de *semen,* graine, semence). **1.** Établissement religieux où l'on instruit les jeunes hommes qui se destinent à l'état ecclésiastique : *Le petit séminaire, le grand séminaire.* **2.** Réunion de professionnels désirant étudier des questions précises sous la direction d'un animateur : *Un séminaire sur les nouvelles technologies* (**SYN.** colloque, symposium). *Des cadres réunis en séminaire.* **3.** Groupe d'étudiants et de chercheurs travaillant sous la direction d'un enseignant : *Diriger un séminaire de génétique expérimentale* (**SYN.** cours).

séminal, e, aux adj. (du lat. *semen,* graine, semence). **1.** Relatif au sperme : *Le liquide séminal.* **2.** Relatif à la semence des végétaux.

séminariste n.m. Élève d'un séminaire.

séminifère adj. (du lat. *semen,* graine, semence). En anatomie, qui conduit le sperme : *Le canal séminifère.*

semi-nomade adj. et n. (pl. *semi-nomades*). Qui pratique le semi-nomadisme.

semi-nomadisme n.m. (pl. *semi-nomadismes*). Genre de vie combinant une agriculture occasionnelle et un élevage nomade.

semi-officiel, elle adj. (pl. *semi-officiels, elles*). Qui est inspiré par le gouvernement sans avoir un caractère entièrement officiel.

sémiologie n.f. **1.** Science générale des signes et des lois qui les régissent au sein de la vie sociale ; sémiotique. **2.** En médecine, séméiologie.

sémiologique adj. **1.** Relatif à la sémiologie, à la sémiotique. **2.** En médecine, séméiologique.

sémiologiste n. → **séméiologue.**

sémiologue n. → **séméiologue.**

sémioticien, enne n. Spécialiste de sémiotique.

sémiotique n.f. (du gr. *sêmeion*, marque distinctive, de *sêma*, signe). **1.** Science qui étudie les différents systèmes de signes de communication entre individus ou collectivités, qu'ils soient linguistiques ou non (**SYN.** sémiologie). **2.** Cette science, appliquée à un domaine particulier de la communication : *La sémiotique du cinéma.* ◆ adj. Relatif à la sémiotique (**SYN.** sémiologique).

semi-public, ique adj. (pl. *semi-publics, iques*). Se dit d'un organisme relevant du droit privé et du droit public ; se dit d'un secteur de l'économie régi par le droit privé mais contrôlé par l'État.

sémique adj. En linguistique, relatif au sème.

semi-remorque n.f. (pl. *semi-remorques*). Remorque utilisée dans le transport routier dont l'avant, dépourvu de roues, repose sur l'engin tracteur. ◆ n.m. Ensemble formé par cette remorque et son engin de traction.

semis [səmi] n.m. **1.** Action de semer ; opération d'ensemencement : *Semis à la volée* (**SYN.** semailles). **2.** Terrain ensemencé : *Les semis sont au fond du jardin.* **3.** Ensemble des plants commençant à sortir de terre : *Les lapins dévorent les semis.* **4.** Ensemble de choses menues, de petits motifs décoratifs parsemant une surface : *Une étoffe brodée d'un semis de fleurs de lis.*

sémite adj. et n. (de *Sem*, un des fils de Noé). Relatif aux peuples du Proche-Orient parlant ou ayant parlé dans l'Antiquité des langues sémitiques, comme les Arabes, les Éthiopiens, les Hébreux, les Phéniciens.

sémitique [semitik] adj. **1.** Relatif aux Sémites. **2.** Se dit du groupe de langues parlées en Asie occidentale et dans le nord de l'Afrique (on dit aussi *le sémitique*).

semi-voyelle n.f. (pl. *semi-voyelles*). Son du langage intermédiaire entre les voyelles et les consonnes : *Les sons* [j] dans « yeux », [w] dans « oui » et [ɥ] dans « huit » sont des semi-voyelles (**SYN.** semi-consonne).

semoir n.m. Sac où le semeur puise le grain ; machine servant à semer le grain.

semonce n.f. (du lat. *submonere*, avertir en secret, de *monere*, avertir). **1.** Avertissement mêlé de reproches ; admonestation, remontrance, réprimande. **2.** Ordre donné à un navire de montrer ses couleurs, de stopper. ▸ ***Coup de semonce,*** coup de canon appuyant la semonce à un navire ; fig., avertissement brutal adressé à qqn : *Le vote extrémiste est un coup de semonce des électeurs.*

semoncer v.t. [conj. 16]. **1.** *Litt.* Faire une semonce, une réprimande à : *Son chef l'a longuement semoncé* (**SYN.** admonester [litt.]). **2.** Donner à un navire un ordre de semonce.

semoule n.f. (it. *semola*, du lat. *simila*, fleur de farine). **1.** Aliment composé de fragments de grains de céréales : *De la semoule de blé dur, de maïs, de riz. Un gâteau de semoule.* **2.** (Employé en appos.). Se dit d'un sucre en poudre dont les grains sont très fins.

semoulerie n.f. **1.** Usine où l'on fabrique des semoules. **2.** Fabrication des semoules.

semoulier n.m. Fabricant de semoule.

sempervirent, e [sɛ̃pɛrvirɑ̃, ɑ̃t] adj. (du lat. *semper virens*, toujours vert). **1.** Se dit d'une forêt dont le feuillage ne se renouvelle pas selon les saisons et qui reste toujours verte (**CONTR.** caducifolié). **2.** Se dit d'une plante qui porte des feuilles vertes toute l'année, d'un feuillage persistant.

sempiternel, elle [sɑ̃pitɛrnɛl] adj. (du lat. *semper*, toujours, et *aeternus*, éternel). Qui est répété indéfiniment au point de fatiguer : *Ses sempiternels jeux de mots* (**SYN.** continuel, éternel, perpétuel).

sempiternellement [sɑ̃pitɛrnɛlmɑ̃] adv. D'une manière sempiternelle ; sans arrêt, sans cesse : *Renouveler sempiternellement les conseils de prudence* (**SYN.** perpétuellement). *La corvée tombe sempiternellement sur moi* (**SYN.** immanquablement, invariablement).

sénat [sena] n.m. (lat. *senatus*, de *senex*, vieux). **1.** (Avec une majuscule). Seconde chambre, chambre haute dans les régimes parlementaires : *Le Sénat des États-Unis d'Amérique.* **2.** (Avec une majuscule). Assemblée qui, avec l'Assemblée nationale, constitue le Parlement français : *Le président du Sénat.* **3.** Lieu où se réunissent les sénateurs : *Il y a des gardes à chaque entrée du Sénat.* **4.** Assemblée qui détenait l'essentiel du pouvoir dans la Rome antique.

sénateur, trice n. Membre du Sénat, d'un sénat.

sénatorial, e, aux adj. Relatif au Sénat, à un sénat, aux sénateurs. ▸ ***Élections sénatoriales,*** élections des sénateurs, au suffrage universel indirect en France. ◆ **sénatoriales** n.f. pl. Élections sénatoriales.

sénatus-consulte [senatyskɔ̃sylt] n.m. (lat. *senatus consultum*) [pl. *sénatus-consultes*]. **1.** Dans l'Antiquité, texte formulant l'avis du sénat romain. **2.** Sous le Consulat, le premier et le second Empire, acte voté par le Sénat et ayant la valeur d'une loi.

séné n.m. (lat. *sene*, de l'ar.). **1.** Cassier. **2.** Laxatif extrait de la gousse du cassier.

sénéchal n.m. (frq. *siniskalk*, serviteur le plus âgé) (pl. *sénéchaux*). Grand officier qui commandait l'armée et rendait la justice au nom du roi de France.

sénéchaussée n.f. Tribunal du sénéchal.

séneçon [sɛnsɔ̃] n.m. (lat. *senecio*, de *senex*, vieillard). Plante à fleurs en capitules généralement jaunes.

senellier [sənɛlje] n.m. → **cenellier.**

sénescence [senesɑ̃s] n.f. (du lat. *senescere*, vieillir, de *senex*, vieux). **1.** Vieillissement naturel des tissus et de l'organisme. **2.** Baisse des activités, des performances propres à la période de vie qui suit la maturité (**SYN.** vieillesse).

sénescent, e [senesɑ̃, ɑ̃t] adj. Se dit d'une personne atteinte par la sénescence.

senestre [sənɛstr] ou **sénestre** adj. (du lat. *sinister*, gauche). En héraldique, qui est sur le côté gauche de l'écu pour celui qui le portait (par opp. à dextre).

sénevé [sɛnve] n.m. (lat. *sinapi*). Moutarde des champs ; ravenelle.

sénile adj. (du lat. *senex*, vieillard). **1.** Qui est propre à la vieillesse : *La démence sénile.* **2.** Dont les facultés intellectuelles sont dégradées par l'âge : *Des vieillards séniles.*

sénilisme n.m. Vieillissement très précoce.

sénilité n.f. Affaiblissement physique et intellectuel dû à la vieillesse.

senior [senjɔr] adj. (mot lat. signif. « plus âgé », comparatif de *senex*, vieux). **1.** Qui concerne les personnes de plus de cinquante ans : *Des clubs seniors.* **2.** Qui a de l'expérience professionnelle : *Des informaticiennes seniors.* **3.** En sports, se dit d'un senior : *C'est sa dernière saison senior.* ◆ n. **1.** Personne de plus de cinquante ans : *Les seniors utilisent de plus en plus l'Internet.* **2.** Sportif de 20 à 45 ans environ, entre junior et vétéran.

séniorie ou **seigneurie** n.f. En Belgique, résidence pour personnes âgées (**SYN.** 2. seigneurie).

senne ou **seine** n.f. (du gr.). Filet de pêche qu'on traîne sur les fonds sableux.

senneur n.m. Bateau de pêche équipé de sennes.

sénologie n.f. (de *sein*). Mastologie.

sens [sɑ̃s] n.m. (lat. *sensus*, de *sentire*, percevoir, comprendre). **1.** Fonction par laquelle un être reçoit des informations sur certains éléments de son environnement : *La vue, l'ouïe, le toucher, le goût et l'odorat sont les cinq sens. Elle a perdu le sens de l'odorat* (= elle est atteinte d'anosmie). *Les organes des sens.* **2.** Aptitude à comprendre, à apprécier qqch de façon intuitive et immédiate : *Elle a le sens de l'esthétique* (**SYN.** don, instinct). *Son incomparable sens de l'humour* (= son esprit). **3.** Manière de comprendre, de juger : *Abonder dans le sens de qqn* (**SYN.** opinion, point de vue). *À mon sens, il s'agit d'une bonne réforme* (**SYN.** avis). **4.** Raison d'être de qqch ; ce qui justifie et explique qqch : *Donner un sens à sa vie* (**SYN.** valeur). *Le sens d'une politique* (**SYN.** finalité). *Cette célébration revêt un sens particulier étant donné les circonstances.* **5.** Ensemble des représentations que suggère un mot, un énoncé : *Chercher le sens d'un mot dans un dictionnaire* (**SYN.** acception, signification). *L'expression prend tout son sens dans ce contexte* (**SYN.** portée). *Ce qu'il dit n'a aucun sens* (= ses paroles ne signifient rien). **6.** Direction dans laquelle se fait un mouvement : *Partez tous dans le même sens* (**SYN.** orientation). *Courir dans tous les sens* ou *en tous sens. Tourner dans le sens des aiguilles d'une montre* (= vers la droite). **7.** Côté d'un corps, d'une chose : *Nous avons examiné cette boîte dans tous les sens, mais ne savons pas comment l'ouvrir. Couper dans le sens de la longueur. La photo est dans le mauvais sens* (= à l'envers ; **SYN.** position). ▸ ***En dépit du bon sens,*** contrairement à la raison, à ce qui est sensé. ***Le bon sens,*** la capacité de distinguer le vrai du faux, d'agir raisonnablement. ***Le sens commun,*** le bon sens de la majorité des gens ; l'ensemble des opinions dominantes dans une société donnée. ***Sens dessus dessous*** [sɑ̃dəsydəsu], de telle sorte que ce qui devait être dessus ou en haut se trouve dessous ou en bas : *Vous avez mis la malle sens dessus dessous* (= à l'envers) ; dans un grand désordre, un grand trouble : *Il a mis la maison sens dessus dessous pour retrouver ses clefs.* ***Sens devant derrière*** [sɑ̃dəvɑ̃dɛrjɛr], de telle sorte que ce qui devait être devant se trouve derrière : *Tu as mis ton pull sens devant derrière* (= à l'envers). ***Sens interdit,*** sens dans lequel la circulation des véhicules n'est pas permise dans une rue. ***Sens unique,*** voie sur laquelle la circulation ne s'effectue que dans une seule direction. ***Sixième sens,*** intuition. ***Tomber sous le sens,*** être évident. ◆ n.m. pl. Ensemble des fonctions de la vie organique qui procurent les plaisirs physiques : *L'éveil des sens* (**SYN.** sensualité).

sensation n.f. (du lat. *sentire*, percevoir). **1.** Phénomène perçu par un individu et qui est dû à la stimulation des organes des sens : *Des sensations visuelles et auditives. Une sensation de tiraillement de la peau.* **2.** Perception qu'une personne a de son état physique ou moral ; intuition d'une réalité imminente qu'on ne peut justifier : *Éprouver une sensation de fatigue* (= ressentir de la fatigue). *J'ai la sensation qu'il va se passer quelque chose* (**SYN.** impression, sentiment). **3.** Impression vive qui est source de plaisir : *Il est amateur de sensations fortes* (**SYN.** émotion). ▸ ***À sensation,*** de nature à causer de l'émotion, à attirer l'attention : *Feuilleter les journaux à sensation. Un spectacle à sensation.* ***Avoir la sensation que*** (+ ind.), ***de*** (+ inf.), avoir l'impression que, de : *Il a la sensation qu'ils lui mentent* (**SYN.** sentiment). *Elle avait la sensation d'avoir fait beaucoup de concessions.* ***Faire sensation,*** produire une vive impression d'intérêt, de surprise, d'admiration : *Ce jeune a fait sensation en accomplissant cet exploit. La nouvelle de sa démission fait sensation.*

sensationnalisme n.m. Recherche du sensationnel, notamm. dans le domaine journalistique.

sensationnel, elle adj. **1.** Qui produit une impression de surprise, d'intérêt, d'admiration : *Cette découverte sensationnelle défraie la chronique* (**SYN.** saisissant, stupéfiant). **2.** *Fam.* Qui est remarquable, d'une valeur exceptionnelle : *Elle nous a donné une idée sensationnelle* (**SYN.** excellent, fabuleux, merveilleux). ◆ **sensationnel** n.m. Tout ce qui peut produire une forte impression de surprise, d'intérêt ou d'émotion : *Des paparazzi en quête de sensationnel.*

sensé, e adj. Qui a du bon sens : *Entre personnes sensées, un compromis est possible* (**SYN.** raisonnable, sage ; **CONTR.** déraisonnable). *Des propositions sensées* (**SYN.** judicieux, pertinent ; **CONTR.** extravagant, insensé). ☞ **REM.** Ne pas confondre avec *censé.*

sensément adv. *Sout.* De façon sensée : *Agir sensément* (**SYN.** raisonnablement, rationnellement ; **CONTR.** stupidement). ☞ **REM.** Ne pas confondre avec *censément.*

senseur n.m. (anglo-amér. *sensor*, de *sense*, sens, sensation). Dispositif technique permettant de détecter un phénomène, d'analyser une grandeur physique ; capteur, détecteur.

sensibilisateur, trice adj. Qui sensibilise une personne, l'opinion à qqch : *Les Verts ont lancé des actions sensibilisatrices à ce phénomène.*

sensibilisation n.f. **1.** Action de sensibiliser ; fait d'être sensibilisé : *Une campagne de sensibilisation au problème de la discrimination.* **2.** En médecine, introduction dans un organisme intact d'une substance étrangère, un antigène, entraînant le développement d'anticorps.

sensibiliser v.t. [conj. 3]. **1.** Rendre qqn, un groupe sensible, réceptif à qqch : *Sensibiliser les agriculteurs aux effets des nitrates sur l'environnement.* **2.** Rendre sensible à une action physique, chimique : *L'usure de l'émail sensibilise les dents au froid.* **3.** En médecine, provoquer une sensibilisation.

sensibilité n.f. **1.** Aptitude à réagir à des excitations externes ou internes : *La sensibilité de la peau au soleil* (**CONTR.** insensibilité). **2.** Aptitude à s'émouvoir, à éprouver un sentiment esthétique ; manifestation de cette aptitude : *Cet enfant est d'une grande sensibilité* (**SYN.** émotivité ; **CONTR.** froideur, indifférence). *Des scènes susceptibles de heurter la sensibilité des spectateurs. Faire appel à la sensibilité de qqn* (**SYN.** compassion, humanité ; **CONTR.** dureté). *Ce film est fait avec beaucoup de sensibilité* (**SYN.** délicatesse). **3.** Opinion, courant politique : *Les débats permettent aux différentes sensibilités de s'exprimer* (**SYN.** tendance). **4.** Aptitude d'un instrument de mesure à déceler de très petites variations : *La sensibilité d'une balance.*

sensible adj. (lat. *sensibilis*, de *sentire*, percevoir). **1.** Qui est perçu par les sens : *Le monde sensible* (**SYN.** concret, matériel). *Aujourd'hui, le refroidissement est sensible* (**SYN.** perceptible ; **CONTR.** imperceptible). **2.** Qui est susceptible d'éprouver des perceptions, des sensations : *Avoir l'oreille sensible* (**SYN.** exercé, fin). **3.** Qui est facilement affecté par la moindre action ou agression extérieure : *Un dentifrice pour dents sensibles* (**SYN.** délicat, fragile ; **CONTR.** insensible). **4.** Qui est facilement ému, touché : *Âmes sensibles s'abstenir* (= personnes émotives ; **SYN.** impressionnable ; **CONTR.** indifférent). **5. [à].** Qui est réceptif à certains sentiments, certaines impressions : *Elle est sensible à la détresse des sans-abri* (**SYN.** compatissant, ouvert ; **CONTR.** insensible). *Il est sensible à la flatterie. La ministre a été sensible à leurs arguments* (**SYN.** accessible, attentif ; **CONTR.** réfractaire, sourd). **6.** Se dit d'un endroit du corps où l'on ressent une douleur plus ou moins vive : *Appliquer un gel apaisant sur les zones sensibles* (**SYN.** douloureux). **7.** Que l'on doit traiter avec une attention, une vigilance particulière : *La réforme de l'enseignement est un sujet sensible* (**SYN.** délicat, difficile). **8.** Qu'on remarque aisément : *Une amélioration sensible des conditions de travail* (**SYN.** net, notable, tangible ; **CONTR.** indécelable, insaisissable). **9.** Qui indique les plus légères variations : *Un thermomètre sensible* (**SYN.** précis). ▸ ***Le point*** ou ***le côté sensible de qqn,*** ce qui lui tient à cœur, le touche particulièrement et ne le laisse jamais indifférent. ***Quartier sensible,*** espace urbain où règnent la précarité sociale, la délinquance et l'insécurité qui en résulte.

sensiblement adv. **1.** D'une manière très perceptible : *Les températures ont sensiblement augmenté* (**SYN.** nettement, notablement ; **CONTR.** insensiblement). **2.** À peu de chose près ; presque : *Elles ont sensiblement le même âge* (**SYN.** approximativement).

sensiblerie n.f. *Péjor.* Sensibilité affectée et outrée, frisant le ridicule : *Essayons d'analyser cette question sans aucune sensiblerie.*

sensitif, ive adj. Qui conduit l'influx nerveux d'un organe sensoriel à un centre : *Les nerfs sensitifs.* ◆ adj. et n. Qui est d'une sensibilité excessive (**SYN.** hypersensible).

sensitive n.f. Autre nom de certaines espèces de mimosa.

sensoriel, elle adj. Relatif aux sens, aux organes des sens : *Les perceptions sensorielles.*

sensualisme n.m. (du lat. *sensualis*, qui concerne les sens). En philosophie, doctrine selon laquelle nos connaissances ne proviennent que de nos sensations.

sensualiste adj. et n. Relatif au sensualisme ; qui en est partisan.

sensualité n.f. **1.** Aptitude à goûter les plaisirs des sens, à être réceptif aux sensations physiques, en partic. sexuelles : *Une personne d'une grande sensualité* (**SYN.** volupté ; **CONTR.** austérité). **2.** Caractère d'une personne, d'une chose sensuelle ; érotisme : *La sensualité des tableaux de Renoir.*

sensuel, elle adj. et n. **1.** Qui est porté vers les plaisirs des sens, notamm. vers les plaisirs érotiques : *Une personne très sensuelle* (**SYN.** lascif, voluptueux). **2.** Dont l'aspect, le comportement, l'œuvre évoquent les plaisirs des sens : *Un artiste sensuel.* ◆ adj. Qui évoque le goût des plaisirs des sens ; érotique : *Une bouche sensuelle* (**SYN.** voluptueux).

sent-bon n.m. inv. *Fam.* Dans le langage enfantin, parfum.

sente n.f. (lat. *semita*). *Litt.* Petit sentier.

sentence n.f. (lat. *sententia*, de *sentire*, percevoir). **1.** Décision rendue par un arbitre, un juge, un tribunal : *Prononcer, rendre une sentence* (**SYN.** arrêt, jugement, verdict). **2.** Courte phrase de portée générale ; précepte de morale, adage, maxime : *Parler par sentences.*

sentencieusement adv. D'une façon sentencieuse et solennelle : *Il a déclaré sentencieusement que cela ne nous regardait pas* (**SYN.** pompeusement).

sentencieux, euse adj. Se dit d'une personne qui s'exprime souvent par sentences ou avec solennité ; se dit de ses propos : *Ce ministre est extrêmement sentencieux* (**SYN.** doctoral, dogmatique). *Prendre un ton sentencieux* (**SYN.** emphatique, pompeux).

senteur n.f. *Litt.* Odeur agréable : *Ces fleurs exhalent des senteurs suaves* (**SYN.** effluve, parfum).

senti, e adj. ▸ ***Bien senti,*** exprimé avec vigueur et sans nuance : *Des critiques bien senties.*

sentier n.m. (de *sente*). **1.** Chemin étroit : *Un sentier forestier* (= un layon). *Des sentiers de randonnée balisés.* **2.** *Litt.* Voie que l'on suit pour atteindre un but : *Les sentiers de la gloire* (**SYN.** chemin, route).

sentiment n.m. (de *sentir*). **1.** Connaissance plus ou moins claire que l'on a de soi, de la réalité de qqch : *Elle a le sentiment de sa force* (**SYN.** conscience). *J'ai le sentiment que j'ai oublié quelque chose* ou *d'avoir oublié quelque chose* (**SYN.** impression). **2.** État affectif lié à certaines émotions ou à certains événements : *Ses parents ont éprouvé un immense sentiment de fierté* (**SYN.** élan). *Un sentiment d'insécurité se répand dans le quartier* (**SYN.** sensation). **3.** Manifestation d'une tendance, d'un penchant : *Être animé de bons sentiments* (**SYN.** disposition). **4.** Tendance à être facilement ému, touché ; émotivité, sensibilité : *Elle se laisse trop guider par ses sentiments* (**SYN.** émotion). **5.** *Litt.* Manière de penser, d'apprécier : *Elle nous a donné son sentiment sur cette question* (**SYN.** avis, opinion, point de vue).

sentimental, e, aux adj. Relatif aux sentiments tendres, à l'amour : *Une série télévisée sentimentale* (**SYN.** romanesque, romantique). *« L'Éducation sentimentale » de Gustave Flaubert.* ◆ adj. et n. Qui fait preuve d'une sensibilité un peu romanesque : *C'est un grand sentimental* (**SYN.** tendre).

sentimentalement adv. De façon sentimentale : *Être sentimentalement attaché à une région.*

sentimentalisme n.m. Place excessive faite aux sentiments, à l'affectivité : *L'auteur a réussi à éviter le sentimentalisme* (**SYN.** pathos).

sentimentalité n.f. Caractère, inclination, attitude d'une personne sentimentale, parfois excessivement ; caractère de ce qui est sentimental : *Un feuilleton à la sentimentalité mièvre.*

sentine n.f. (lat. *sentina*). *Litt.* Lieu malpropre et humide ; cloaque.

sentinelle n.f. (it. *sentinella*, du lat. *sentire*, percevoir). **1.** Soldat en armes placé en faction : *Relever une sentinelle* (**SYN.** factionnaire, 2. garde). **2.** Personne qui surveille pour éviter toute surprise : *Les cambrioleurs ont posté l'un des leurs en sentinelle* (**SYN.** guetteur).

sentir v.t. (du lat. *sentire*, percevoir, comprendre) [conj. 37]. **1.** Percevoir une impression physique : *Sentir le froid, la faim, une piqûre* (**SYN.** ressentir). *La bosse que j'ai sentie en passant ma main sur sa tête. Elle a bien senti l'arrière-goût de safran* (**SYN.** goûter). **2.** Percevoir par l'odorat : *Sentez-vous le parfum de la glycine ?* (**SYN.** flairer, humer). **3.** Avoir conscience de ; connaître par intuition : *Nous avons senti qu'il ne plaisantait pas* (**SYN.** deviner, discerner). *J'ai senti qu'il se passerait quelque chose* (**SYN.** pressentir, prévoir, subodorer). ▸ ***Faire sentir,*** faire éprouver ; faire reconnaître : *Elle leur a fait sentir son hostilité à ce projet.* ***Ne pas pouvoir sentir qqn,*** avoir pour lui de l'antipathie, le détester. ***Se faire sentir,*** se manifester : *La reprise se fait sentir progressivement. Allongez-vous, si le besoin s'en fait sentir.* ◆ v.i. **1.** (Suivi d'un compl. de qualité ou d'un adv.). Répandre une odeur de : *Cette cire sent bon* (**SYN.** fleurer). *Ce vin sent le bouchon.* **2.** (Sans compl.). Dégager une mauvaise odeur : *Cette poubelle sent* (**SYN.** puer). **3.** Avoir telle saveur : *Cette crème sent la vanille.* **4.** Avoir l'apparence de ; avoir tel caractère : *Il sent le débutant* (**SYN.** respirer, révéler). *Ce ciel gris sent l'automne* (**SYN.** indiquer). ◆ **se sentir** v.pr. **1.** Apprécier dans quelle disposition physique ou morale on se trouve : *Je ne me sens pas bien. Nous nous sentons seuls.* **2.** Avoir l'impression d'être : *Ils se sont sentis déconsidérés. Elle se sent assez forte pour le faire* (**SYN.** s'estimer, se juger). **3.** Être perceptible, appréciable : *Les effets du chauffage commencent à se faire sentir* (**SYN.** se manifester). ▸ *Fam.* ***Ne plus se sentir,*** ne plus pouvoir se contrôler ; être grisé par le succès.

seoir [swar] v.t. ind. (du lat. *sedere*, être assis) [conj. 67]. **[à].** *Litt.* Aller bien, convenir à : *Cette couleur sied à votre sœur.* ◆ v. impers. *Litt.* **1.** Être convenable, souhaitable : *Il sied de répondre poliment* ou *que vous répondiez poliment* (**SYN.** convenir ; **CONTR.** messeoir [litt.]). **2. [de].** Être du ressort, du devoir de qqn de : *Il vous siéra de décider* (**SYN.** appartenir à).

sep [sɛp] n.m. (du lat. *cippus*, pieu). Pièce de la charrue glissant sur le fond du sillon pendant le labour.

sépale n.m. (du gr. *skepê*, enveloppe). Chacune des pièces du calice d'une fleur qui entourent le bouton.

séparable adj. Qui peut être séparé : *Ce cas n'est pas séparable des autres* (**SYN.** dissociable, isolable ; **CONTR.** indissociable, inséparable).

séparateur, trice adj. Qui sépare : *Installer une cloison séparatrice dans un bureau.*

séparation n.f. **1.** Action de séparer, d'isoler ; fait d'être séparé : *La séparation du blanc et du jaune d'un œuf* (**SYN.** dissociation). **2.** Fait de distinguer, de mettre à part : *La séparation des pouvoirs* (**SYN.** distinction ; **CONTR.** confusion). **3.** Fait de se séparer, de se quitter ; fait d'être séparé, d'être éloigné : *La séparation d'un couple* (**SYN.** rupture ; **CONTR.** réunion). *Une longue séparation d'avec ses amis* (**SYN.** éloignement). **4.** Objet ou espace qui sépare les diverses parties d'un tout : *Le cours d'eau forme la séparation entre les deux propriétés* (**SYN.** démarcation, division). ▸ ***Séparation de biens,*** régime matrimonial qui permet à chaque époux d'administrer lui-même ses biens. ***Séparation de corps,*** suppression, par décision d'un juge, du devoir de cohabitation entre époux. ***Séparation des Églises et de l'État,*** système législatif dans lequel les Églises sont considérées par l'État comme des groupements de droit privé.

séparatisme n.m. Aspiration des habitants d'un territoire désireux de se séparer de l'État dont ils font partie (**SYN.** indépendantisme).

séparatiste adj. et n. Relatif au séparatisme ; qui en est partisan (**SYN.** autonomiste, indépendantiste).

séparé, e adj. **1.** Qui est isolé d'un ensemble : *Un envoi par pli séparé. Faire des comptes séparés* (**SYN.** distinct). **2.** Dans la langue juridique, qui est sous un régime de séparation : *Les époux vivent séparés.*

séparément adv. À part l'un de l'autre : *Recevoir séparément des candidats* (**SYN.** isolément ; **CONTR.** ensemble).

séparer v.t. (lat. *separare*, disposer à part, de *parare*, préparer) [conj. 3]. **1.** Mettre à part des choses, des personnes qui étaient ensemble : *Séparer des adversaires* (**SYN.** écarter, éloigner). *Séparer le blanc du linge de couleur* ou *d'avec le linge de couleur* (**SYN.** isoler). **2.** Classer à part : *Séparer le papier et le verre pour le recyclage* (**SYN.** trier). **3.** Partager un espace, un lieu : *Un chemin sépare la propriété en deux parcelles* (**SYN.** diviser). **4.** Former une limite, une séparation entre : *Une cour sépare l'atelier de la maison* (**SYN.** isoler). *Ils sont séparés par une grande différence d'âge.* **5.** *Fig.* Être source d'éloignement, cause de désunion : *Leurs obligations professionnelles les séparent trop souvent. Leur intransigeance les a séparés* (**SYN.** brouiller, désunir). **6.** Considérer chaque chose pour elle-même, en elle-même : *Séparer les problèmes* (**SYN.** disjoindre, distinguer ; **CONTR.** relier). ◆ **se séparer** v.pr. **1.** Cesser de vivre ensemble ; cesser de vivre avec : *Ses parents se sont séparés* (**SYN.** se quitter, rompre). *Elle s'est séparée de son mari* (**SYN.** quitter). **2.** Cesser d'être en relations avec : *Elle s'est séparée de son collaborateur* (**SYN.** congédier, remercier). **3.** Ne plus conserver avec soi : *Elle ne se serait jamais séparée de ce bijou* (**SYN.** abandonner). **4.** Se diviser en plusieurs éléments : *Le chemin se sépare en deux* (**SYN.** se scinder). **5.** En parlant d'un groupe, se disperser : *Les négociateurs se sont séparés sur un accord.*

sépia n.f. (it. *seppia*, du lat. *sepia*, seiche, encre). **1.** Liquide sécrété par la seiche. **2.** Matière colorante brune utilisée pour le dessin au lavis ; dessin exécuté avec cette matière : *Passer un dessin à la sépia. De* *belles sépias.* ◆ adj. inv. Qui est de la couleur brune de la sépia : *Des affiches sépia.*

seppuku [sepuku] n.m. (mot jap.). Suicide par incision du ventre, propre au Japon.

sept [sɛt] adj. num. card. inv. (lat. *septem*). **1.** Six plus un : *Un groupe de sept musiciennes. Magasin ouvert sept jours sur sept.* **2.** (En fonction d'ordinal). De rang numéro sept ; septième : *La page sept de ce document. Charles VII.* ◆ n.m. inv. **1.** Le nombre qui suit six dans la série des entiers naturels ; le chiffre représentant ce nombre : *Trois plus quatre font sept. Le sept arabe.* **2.** Carte à jouer comportant sept figures, et marquée par le numéro sept : *Il a les quatre sept.* **3.** Désigne selon les cas le jour, le numéro d'une chambre, etc. : *J'habite au sept de cette rue.*

septantaine [sɛptɑ̃tɛn] n.f. En Belgique et en Suisse, groupe de soixante-dix ou d'environ soixante-dix unités.

septante [sɛptɑ̃t] adj. num. card. inv. En Belgique et en Suisse, soixante-dix.

septantième [sɛptɑ̃tjɛm] adj. num. ord. et n. En Belgique et en Suisse, soixante-dixième.

septembre [sɛptɑ̃br] n.m. (du lat. *september*, septième mois, l'année romaine commençant en mars). Neuvième mois de l'année : *Des septembres pluvieux.*

septénaire [sɛptenɛr] n.m. Durée de sept jours dans l'évolution d'une maladie.

septennal, e, aux [sɛptenal, o] adj. (du lat. *septum*, sept, et *annus*, année). **1.** Qui dure sept ans : *Un mandat électif septennal.* **2.** Qui arrive tous les sept ans : *Une fête septennale.*

septennat [sɛptena] n.m. **1.** Période de sept ans. **2.** (Spécial.). En France, durée du mandat du président de la République, de 1873 à 2002.

septentrion [sɛptɑ̃trijɔ̃] n.m. (du lat. *septemtriones*, les sept étoiles de la Petite Ourse, à laquelle appartient l'étoile Polaire). *Litt.* Nord : *Un vent venant du septentrion.*

septentrional, e, aux [sɛptɑ̃trijɔnal, o] adj. *Litt.* Qui est situé au nord (par opp. à sud) ; qui appartient aux régions du Nord : *La zone septentrionale du pays* (**SYN.** nordique ; **CONTR.** méridional).

septicémie [sɛptisemi] n.f. Infection générale due à la dissémination de bactéries dans le sang.

septicémique [sɛptisemik] adj. Relatif à la septicémie.

septidi [sɛptidi] n.m. (du lat. *septum*, sept, et *dies*, jour). Dans le calendrier républicain, septième jour de la décade.

septième [sɛtjɛm] adj. num. ord. De rang numéro sept : *La septième gagnante.* ▸ ***Être au septième ciel,*** être dans le ravissement le plus complet ; atteindre les sommets du plaisir, du bonheur. ***Le septième art,*** le cinéma. ◆ n. Personne, chose qui occupe le septième rang : *Elle est la septième au concours. Le septième est le plus réussi de ses romans.* ◆ adj. et n.m. Qui correspond à la division d'un tout en sept parties égales : *La septième partie d'un terrain. Le septième des bénéfices est consacré à ce poste.*

septièmement [sɛtjɛmmɑ̃] adv. En septième lieu.

septillion [sɛptiljɔ̃] n.m. Un million de sextillions.

septimo [sɛptimo] adv. (mot lat.). (Après un élément introduit par *sexto*). En septième lieu (**SYN.** septièmement).

septique [sɛptik] adj. (gr. *sêptikos*, de *sêpein*, pourrir). **1.** Qui est porteur de germes (par opp. à aseptique) : *Un abcès est un foyer septique.* **2.** Qui résulte de la contamination par des micro-organismes : *Une fièvre septique.* ☞ **REM.** Ne pas confondre avec *sceptique.* ▸ ***Fosse septique,*** fosse d'aisances où les matières organiques sont détruites par fermentation.

septuagénaire [sɛptɥaʒenɛr] adj. et n. (du lat. *septuageni*, soixante-dix). Qui a entre soixante-dix et soixante-dix-neuf ans.

septuor [sɛptɥɔr] n.m. (de *sept* et de *quatuor*). Ensemble vocal ou instrumental de sept exécutants.

septuple [sɛptypl] adj. et n.m. Qui vaut sept fois autant : *Le septuple de 3 est 21.*

septupler [sɛptyple] v.t. [conj. 3]. Multiplier par sept : *Septupler un chiffre.* ◆ v.i. Être multiplié par sept : *Les ventes ont septuplé.*

sépulcral, e, aux adj. *Litt.* **1.** Relatif à un sépulcre : *Une pierre sépulcrale* (**SYN.** funéraire, tombal). **2.** Qui évoque les tombeaux, la mort : *Une lueur sépulcrale tombait de la voûte.* ▸ ***Voix sépulcrale,*** voix sourde, qui semble sortir d'un tombeau (**SYN.** caverneux).

sépulcre n.m. (lat. *sepulcrum*, de *sepelire*, ensevelir). *Litt.* Tombeau (**SYN.** caveau, tombe). ▸ ***Le Saint-Sépulcre,*** le tombeau du Christ.

sépulture n.f. (lat. *sepultura*, de *sepelire*, ensevelir). **1.** Lieu où l'on inhume un corps : *La basilique de Saint-Denis est la sépulture des rois de France* (**SYN.** caveau, sépulcre [litt.], tombeau). *Ils ont été condamnés pour violation de sépulture.* **2.** *Litt.* Action de mettre un mort en terre ; fait d'être inhumé : *Transport et sépulture des victimes* (**SYN.** enterrement, inhumation).

séquelle n.f. (lat. *sequela*, conséquence, de *sequi*, suivre). **1.** Trouble qui persiste après une maladie, une blessure : *Sa surdité est une séquelle de l'explosion.* **2.** (Surtout au pl.). Conséquence qui est le contrecoup d'un événement, d'une situation : *Les séquelles de l'inondation* (**SYN.** effet, répercussion, retombée).

séquençage n.m. En génétique, détermination de l'ordre et de la fonction des constituants d'un A.D.N. ▸ ***Séquençage du génome humain,*** programme de recherche visant à déterminer la localisation et la fonction des constituants de tous les gènes humains.

séquence n.f. (lat. *sequentia*, de *sequi*, suivre). **1.** Suite ordonnée d'éléments, d'objets, d'opérations : *Cette touche déclenche une séquence d'opérations* (**SYN.** série). **2.** En cinéma, suite de plans formant une scène d'un film : *Les séquences de cascades.* **3.** Dans un jeu de cartes, série d'au moins trois cartes de même couleur qui se suivent.

séquencer v.t. [conj. 16]. En biologie, déterminer l'ordre dans lequel se succèdent les éléments constituant une macromolécule.

séquenceur n.m. Organe de commande d'un ordinateur qui déclenche les différentes phases de l'exécution des instructions.

séquentiel, elle [sekɑ̃sjɛl] adj. Relatif à une séquence, à une suite ordonnée d'opérations : *Le traitement séquentiel d'une série de données informatiques* (= l'une après l'autre).

séquestration n.f. Action de séquestrer ; fait d'être séquestré : *La séquestration du gardien de nuit.*

séquestre n.m. (du lat. *sequestrum*, dépôt). Dans la langue juridique, remise à un tiers d'un bien dont la possession est discutée, jusqu'au règlement du litige : *Les contrefaçons saisies ont été mises sous séquestre.*

séquestrer v.t. [conj. 3]. **1.** Maintenir illégalement qqn enfermé : *Ils l'ont séquestré pendant un mois* (**SYN.** détenir, retenir). **2.** Dans la langue juridique, mettre sous séquestre : *Séquestrer des marchandises.*

sequin [səkɛ̃] n.m. (de l'ar.). **1.** Pièce d'or créée à Venise, qui fut la monnaie du commerce méditerranéen jusqu'au XIXe siècle. **2.** Petite rondelle de métal brillant, percée d'un trou, que l'on coud sur des costumes, des déguisements.

séquoia [sekɔja] n.m. (du nom d'un chef indien). Conifère géant qui peut vivre près de 2 000 ans.

sérac n.m. (mot savoyard, du lat. *serum*, petit-lait). **1.** Bloc de glace provenant de la fragmentation d'un glacier : *Faire attention aux crevasses et aux séracs.* **2.** Caillé provenant de la fabrication des fromages à pâte cuite.

sérail [seraj] n.m. (it. *serraglio*, du persan). Dans l'Empire ottoman, palais royal ; harem de ce palais : *« L'Enlèvement au sérail » de Mozart.* ▸ ***Dans le sérail,*** dans un milieu fermé et influent dont on connaît tous les rouages : *Fils d'acteur, ce jeune comédien a été élevé dans le sérail.*

① **séraphin** n.m. (hébr. *seraphim*, de *saraph*, brûler). Dans la religion chrétienne, ange supérieur.

② **séraphin, e** adj. et n. *Fam.* Au Québec, avare.

séraphique adj. **1.** Relatif aux séraphins, aux anges. **2.** *Litt.* Qui est digne des anges ; éthéré : *Une douceur séraphique* (**SYN.** angélique, pur, suave).

serbe adj. et n. Relatif à la Serbie, à ses habitants. ◆ n.m. Langue slave.

serbo-croate adj. (pl. *serbo-croates*). Relatif à la fois à la Serbie et à la Croatie. ◆ n.m. Langue slave méridionale.

séré n.m. (du lat. *serum*, petit-lait). En Suisse, fromage blanc.

serein, e adj. (du lat. *serenus*, sans nuages, calme). **1.** Qui fait preuve de calme, de tranquillité d'esprit : *Rester serein* (**SYN.** olympien, placide ; **CONTR.** inquiet). *Un visage serein* (**SYN.** détendu ; **CONTR.** tourmenté). **2.** Qui n'est troublé par aucune perturbation météorologique : *Un ciel serein* (**SYN.** clair, limpide, pur ; **CONTR.** nuageux, sombre). ☞ **REM.** Ne pas confondre avec *serin.*

sereinement adv. De façon sereine : *Attendre sereinement les résultats* (**SYN.** paisiblement, tranquillement).

sérénade n.f. (it. *serenata*, nuit sereine, du lat. *serenus*, calme). **1.** Concert donné la nuit sous les fenêtres de qqn, pour lui rendre hommage : *Donner la sérénade à qqn.* **2.** Pièce de musique instrumentale ou vocale. **3.** *Fam.* Vifs reproches faits en élevant la voix ; tapage, vacarme : *Il a eu droit à une sérénade* (**SYN.** remontrance, réprimande).

sérénissime adj. (it. *serenissimo*). Qualificatif donné à quelques princes ou hauts personnages : *Son Altesse sérénissime.*

sérénité n.f. **1.** État de calme, de tranquillité : *Travailler dans la sérénité* (**SYN.** paix, quiétude ; **CONTR.** agitation, tension). **2.** État d'un ciel, d'un temps serein : *La sérénité d'un ciel d'été* (**SYN.** clarté, limpidité, pureté).

séreux, euse adj. (du lat. *serum*, petit-lait). **1.** Relatif au sérum sanguin, sérique ; relatif à une sérosité. **2.** Se dit d'une membrane qui tapisse un certain nombre d'organes et de cavités du corps (on dit aussi *une séreuse*) : *Le péritoine et la plèvre sont des membranes séreuses.* ◆ **séreuse** n.f. Membrane séreuse.

serf, serve [sɛr ou sɛrf, sɛrv] n. et adj. (du lat. *servus*, esclave). Sous la féodalité, paysan attaché à une terre et dépendant d'un seigneur. ☞ **REM.** Ne pas confondre avec *cerf.* ◆ adj. Relatif au servage : *La condition serve.*

serfouage n.m. → **serfouissage.**

serfouette n.f. Outil de jardinage constitué d'un manche terminé par un fer en forme de lame d'un côté et de fourche de l'autre.

serfouir v.t. (lat. *circumfodere*, de *fodere*, creuser) [conj. 32]. Sarcler, biner avec une serfouette.

serfouissage ou **serfouage** n.m. Action de serfouir ; binage, sarclage.

serge n.f. (du lat. *serica*, étoffes de soie). **1.** Tissu léger de laine aux fils entrecroisés comme ceux du sergé : **2.** Étoffe de soie travaillée comme la serge.

sergé n.m. Mode d'entrecroisement des fils utilisé pour le tissage d'étoffes à côtes obliques.

sergent n.m. (du lat. *serviens*, qui sert, de *servus*, esclave, de *servire*, être au service de). Sous-officier titulaire du grade le moins élevé de la hiérarchie dans l'infanterie, le génie et l'armée de l'air. ◆ **sergent-chef, sergente-chef** n. (pl. *sergents-chefs*, *sergentes-chefs*). Sous-officier dont le grade est compris entre celui de sergent et celui d'adjudant. ◆ **sergent** n.m. *Anc.* ***Sergent de ville,*** gardien de la paix.

sériation n.f. *Didact.* Action de sérier, de disposer en séries.

séricicole adj. (du lat. *sericus*, de soie). Qui concerne la sériciculture.

sériciculteur, trice n. Éleveur de vers à soie.

sériciculture n.f. Élevage des vers à soie pour récolter les cocons qu'ils produisent.

série n.f. (du lat. *series*, file, suite, rangée). **1.** Suite, ensemble de choses de même nature ou présentant des caractères communs : *Une série d'entretiens* (**SYN.** succession). *Une série de casseroles* (**SYN.** batterie). *Une série de poupées* (**SYN.** collection). **2.** Groupe d'objets ou de personnes partageant la même caractéristique : *Le numéro de série d'une voiture. Sur ce modèle, vous avez la climatisation de série* (par opp. à en option). *On peut la classer dans la série des perfectionnistes* (**SYN.** catégorie, classe). **3.** À la télévision, ensemble d'épisodes présentant chacun une aventure complète et diffusés à intervalles réguliers (on dit aussi *série télévisée*) : *Une série policière.* **4.** En sports, classification ; ensemble des épreuves éliminatoires : *Être éliminé en série.* ▸ ***En série,*** se dit du couplage de dispositifs électriques, parcourus par le même courant (par opp. à en parallèle, à en dérivation) ; d'une façon répétitive, en cascade : *L'enquête a abouti à des interpellations en série* ; en grand nombre et selon une norme unique : *Fabrication en série.* ***Film de série B, de série Z,*** film médiocre ou à petit budget, film commercial très médiocre. ***Hors série,*** qui n'est pas de fabrication courante : *Un modèle hors série* ; fig., qui est inhabituel, remarquable ; hors pair : *Une informaticienne hors série* (**SYN.** exceptionnel). ***Série noire,*** suite d'accidents, de malheurs. ***Tueur en série,*** criminel qui tue plusieurs personnes successivement et selon la même méthode.

sériel, elle adj. *Didact.* Relatif à une série : *Ordre sériel.* ▸ ***Musique sérielle,*** musique inspirée des principes du dodécaphonisme.

sérier v.t. [conj. 9]. Classer par séries, par nature, par importance : *Sérier les problèmes* (**SYN.** hiérarchiser).

sérieusement adv. **1.** D'une façon sérieuse : *Je ne pensais pas qu'elle parlait sérieusement* (= sans plaisanter ; **CONTR.** facétieusement, plaisamment). **2.** Pour de bon : *Elle envisage sérieusement de créer son entreprise* (**SYN.** réellement, vraiment). **3.** D'une façon importante, dangereuse : *Des personnes sérieusement blessées* (**SYN.** grièvement). **4.** Avec application, ardeur : *Je m'en occuperai sérieusement demain* (**SYN.** activement, consciencieusement).

sérieux, euse adj. (lat. *serius*). **1.** Qui agit avec réflexion, avec application : *Une employée sérieuse* (**SYN.** appliqué, consciencieux, soigneux). **2.** Sur quoi on peut se fonder : *Il a des arguments sérieux pour refuser* (**SYN.** solide, valable). *Des études sérieuses faites par des scientifiques* (**SYN.** fiable, sûr). **3.** Qui ne plaisante pas ; dont le comportement est grave, austère : *Essayez d'être un peu sérieux. Prendre un ton sérieux* (**SYN.** posé, sévère, solennel ; **CONTR.** badin, enjoué, léger). **4.** (Avant ou après le n.). Qui peut avoir des suites fâcheuses ; préoccupant : *De sérieux troubles de la vision* (**SYN.** dangereux, grave, inquiétant). **5.** (Avant le n.). Qui est important en qualité ou en quantité : *Vous devez faire de sérieux efforts* (**SYN.** considérable ; **CONTR.** dérisoire). *Ils en ont retiré une sérieuse plus-value* (**SYN.** colossal, fabuleux ; **CONTR.** négligeable). **6.** Qui ne fait pas d'écart de conduite : *Une fille sérieuse* (**SYN.** sage, vertueux ; **CONTR.** frivole, inconséquent). ◆ **sérieux** n.m. **1.** Air, expression grave : *Garder son sérieux* (**SYN.** gravité, sévérité). **2.** Qualité de qqn de posé, de réfléchi : *Traiter une affaire avec sérieux* (**SYN.** application, conscience ; **CONTR.** légèreté). **3.** Caractère de ce qui est important et mérite attention : *Le sérieux d'une accusation* (**SYN.** gravité). ▸ ***Prendre au sérieux,*** regarder comme réel, important, digne de considération : *Vous devriez prendre ces menaces au sérieux. On ne le prend plus au sérieux* (= on ne lui fait plus confiance). ***Se prendre au sérieux,*** se croire très important.

sérigraphie n.f. (du lat. *sericus,* de soie). Procédé d'impression à travers un écran de tissu, dérivé du pochoir.

serin, e n. (du gr. *seirên,* sirène). **1.** Petit oiseau à plumage jaune ou vert, dont une espèce est le canari. **2.** *Fam.* Personne niaise, étourdie, naïve. ◆ **serin** adj.m. inv. Qui est d'une couleur jaune pâle : *Des façades serin.* ☞ **REM.** Ne pas confondre avec *serein.*

seriner v.t. [conj. 3]. **1.** *Fam.* Répéter sans cesse qqch à qqn : *Il serine à tout le monde qu'il avait prévu ce qui arriverait* (**SYN.** ressasser). **2.** Instruire avec une serinette : *Seriner un oiseau.*

serinette n.f. Boîte à musique utilisée pour apprendre à chanter aux oiseaux.

seringa ou **seringat** n.m. (du lat. *syringa,* seringue). Arbuste cultivé pour ses fleurs blanches odorantes.

seringue n.f. (lat. *syringa,* du gr. *surigga,* flûte champêtre). Petite pompe munie d'un embout où l'on adapte une aiguille et qui permet d'injecter un médicament ou de prélever un liquide organique.

sérique adj. Relatif au sérum sanguin ; séreux.

serment n.m. (lat. *sacramentum,* de *sacrare,* rendre sacré, de *sacer,* sacré). **1.** Affirmation solennelle, faite pour attester la vérité d'un fait, la sincérité d'une promesse : *Elle a témoigné sous serment.* **2.** Promesse personnelle : *J'ai fait le serment de ne rien dire* (= je m'y suis engagé ; **SYN.** vœu). ▸ ***Faire serment de*** (+ inf.), s'engager solennellement à faire qqch. ***Prêter serment,*** dans la langue juridique, lever la main droite en jurant de dire la vérité en réponse aux questions d'un juge. ***Serment d'Hippocrate,*** ensemble des règles morales de l'art de guérir que tout médecin doit prononcer lors de la soutenance de sa thèse. *Fam.* ***Serment d'ivrogne,*** sur lequel il ne faut pas compter.

sermon n.m. (du lat. *sermo, sermonis,* discours). **1.** Prédication faite au cours d'une cérémonie religieuse : *Prononcer un sermon* (**SYN.** homélie, prêche). **2.** Discours moralisateur et ennuyeux : *Il nous a gratifiés de son sermon sur le savoir-vivre.*

sermonnaire n.m. Dans la religion chrétienne, auteur de sermons ; recueil de sermons.

sermonner v.t. [conj. 3]. Faire des remontrances à : *Le Premier ministre a sermonné son ministre de l'Intérieur* (**SYN.** chapitrer, réprimander).

sermonneur, euse n. Personne qui aime à sermonner. ◆ adj. Qui contient des remontrances.

séroconversion n.f. Fait de passer de l'état séronégatif à la séropositivité.

sérodiagnostic [serodjagnɔstik] n.m. Diagnostic des maladies infectieuses établi en faisant l'analyse du sérum des malades.

sérologie n.f. Étude des sérums, de leurs propriétés, de leurs applications.

sérologique adj. Relatif à la sérologie.

séronégatif, ive adj. et n. Qui ne présente pas, dans son sérum, de trace de l'agent infectieux recherché, notamm. du virus du sida.

séropositif, ive adj. et n. Qui présente, dans son sérum, une trace de l'agent infectieux recherché, en partic. du virus du sida.

séropositivité n.f. Caractère séropositif.

sérosité n.f. Liquide contenu et sécrété dans les cavités séreuses.

sérothérapie n.f. Méthode de traitement de certaines maladies infectieuses par les sérums.

serpe n.f. (du lat. *sarpere,* tailler). Outil tranchant à manche court, à fer plat et large, servant à couper les branches. ▸ ***Visage taillé à coups de serpe,*** visage anguleux, aux traits accusés.

serpent n.m. (lat. *serpens,* de *serpere,* ramper). **1.** Reptile sans membres, qui se déplace en rampant : *Un serpent à lunettes* (= un naja). *Un serpent à sonnette* (= un crotale). *Se faire mordre par un serpent.* **2.** Personne perfide et méchante. ▸ ***Serpent de mer,*** très grand animal marin d'existence hypothétique ; fig., fam., sujet qui revient dans l'actualité aux moments où celle-ci est peu fournie (= marronnier).

serpentaire n.m. Grand oiseau à la tête huppée, qui se nourrit surtout de serpents et de petits vertébrés (**SYN.** 2. secrétaire).

serpenteau n.m. Jeune serpent.

serpenter v.i. [conj. 3]. Décrire des sinuosités : *Le sentier serpente dans la montagne* (**SYN.** zigzaguer).

serpentin n.m. Accessoire de cotillon fait d'une longue et étroite bande de papier coloré enroulée sur elle-même, et qui se déroule quand on la lance.

serpentine n.f. En minéralogie, roche vert sombre.

serpette n.f. Petite serpe.

serpillière [sɛrpijɛr] n.f. (du lat. *scirpiculus,* fait de jonc). Carré de tissage gaufré, utilisé pour laver les sols.

serpolet n.m. (moyen fr. *serpol,* du lat. *serpullum*). Plante aromatique voisine du thym, utilisée comme condiment.

serrage n.m. Action de serrer : *Le serrage d'une vis.*

① **serre** n.f. (de *serrer*). (Surtout au pl.). Griffe des oiseaux de proie : *Les serres d'un faucon.*

② **serre** n.f. (de *serrer*). Construction à parois translucides permettant de protéger des végétaux du froid : *Faire pousser des salades en serre. Des plantes cultivées sous serre.* ▸ ***Effet de serre,*** phénomène de réchauffement de l'atmosphère terrestre provoqué par l'émission de certains gaz.

serré, e adj. **1.** Se dit d'un vêtement trop ajusté, collé au corps : *Une veste serrée* (**SYN.** étroit, moulant ; **CONTR.** ample, flottant, large). **2.** Se dit de ce qui est constitué d'éléments très rapprochés : *Une écriture serrée* (**SYN.** compact, dense ; **CONTR.** aéré). *Partir en rangs serrés. Un score très serré* (= avec un faible écart). **3.** *Fig.* Qui est fondé sur la rigueur, la précision et la tolérance : *Une négociation serrée* (**SYN.** âpre, difficile, méthodique). **4.** Qui offre peu de latitude, de choix, de possibilités : *Un emploi du temps serré* (**SYN.** plein ; **CONTR.** libre). *Un budget serré* (**SYN.** juste, limité). **5.** Qui a des difficultés financières : *Nous sommes serrés en ce moment* (**SYN.** gêné). ▸ ***Café serré,*** café express très fort, tassé (par opp. à allongé). ◆ adv. Avec prudence et application : *Jouer serré* (= en calculant soigneusement).

serre-file n.m. (pl. *serre-files*). Personne placée à l'arrière d'un groupe en marche pour s'assurer que chacun suit : *En cas d'incendie, les serre-files vérifient que tout le monde a évacué le bâtiment.*

serre-fils [sɛrfil] n.m. inv. Pièce reliant, par serrage, deux ou plusieurs conducteurs électriques.

serre-joint n.m. (pl. *serre-joints*). Instrument utilisé pour effectuer le serrage des différents éléments d'un ensemble mécanique.

serre-livres n.m. inv. Objet servant à maintenir des livres serrés debout, les uns contre les autres.

serrement n.m. ▸ ***Serrement de cœur,*** oppression causée par une émotion douloureuse : *Il a eu un serrement de cœur en la quittant* (**SYN.** pincement). ***Serrement de main,*** action de serrer la main de qqn (= poignée de main).

serrer v.t. (lat. *serare,* de *sera,* verrou, barre) [conj. 4]. **1.** Exercer une double pression sur qqch pour le tenir, le maintenir en place : *Quand il est fâché, il serre sa pipe entre ses dents* (**SYN.** coincer). *Serrer une pièce de métal dans un étau* (**SYN.** pincer). **2.** Maintenir fermement : *Serrer l'appui-bras pour se tenir dans les tournants* (**SYN.** s'agripper à, se cramponner à, presser). *Serrer un ami dans ses bras* (**SYN.** embrasser, enlacer, étreindre). **3.** En parlant d'un vêtement, comprimer le corps, une partie du corps, coller, mouler : *Ces chaussures me serrent* (**SYN.** brider). **4.** Rapprocher les uns des autres les éléments d'un tout, les membres d'un groupe : *Serrer les livres sur une étagère* (**SYN.** tasser). *Nous avons dû serrer les invités autour de la table.* **5.** Tirer sur les extrémités d'un lien et le tendre : *Serrer un nœud, des lacets. Serre ta ceinture, ton pantalon descend.* **6.** Agir sur un dispositif de fixation, de fermeture, de façon à l'assujettir plus solidement : *Serrer un écrou* (**SYN.** bloquer). **7.** Approcher au plus près de qqch, qqn : *La voie est étroite, il faut serrer le trottoir* (**SYN.** frôler, raser). *Attention, vous serrez le cycliste contre le bas-côté.* **8.** Pousser qqn contre un obstacle pour l'empêcher de se dégager : *Je l'ai serré dans une encoignure et il a dû m'écouter* (**SYN.** coincer). **9.** *Arg.* Appréhender qqn ; arrêter. **10.** Aux Antilles et au Québec, mettre en lieu sûr : *Serrer ses économies dans un coffre* (**SYN.** enfermer, ranger). ▸ ***Serrer la main à qqn,*** saisir sa main droite pour le saluer. ***Serrer le cœur, la gorge,*** causer de la tristesse, de l'angoisse. ***Serrer les dents,*** rapprocher fortement ses mâchoires ; fig., supporter avec courage la douleur, les difficultés. ***Serrer qqn de près,*** le poursuivre à très peu de distance. ◆ v.i. Se rapprocher de tel côté d'une voie de circulation : *Les camions serrent à droite, à gauche.* ◆ **se serrer** v.pr. Se placer tout près de ; se rapprocher de : *Ils se sont serrés l'un contre l'autre* (**SYN.** se blottir). *Serrez-vous un peu pour les laisser passer.*

serre-tête n.m. inv. Bandeau ou demi-cercle rigide qui maintient la chevelure en place.

serriculture n.f. En agriculture, culture sous serre.

serriste n. Exploitant de cultures sous serres.

serrure n.f. Dispositif servant à maintenir une porte en position fermée, grâce à une clef ou une combinaison : *La clef est dans* ou *sur la serrure.*

serrurerie n.f. Métier, ouvrage de serrurier.

serrurier n.m. Personne qui fabrique, vend, pose ou répare les clefs, les serrures.

sertão [sɛrtao ou sɛrtɑ̃] n.m. (mot port.). Zone semi-aride et peu peuplée située au nord-est du Brésil.

sertir v.t. (anc. fr. *sartir,* du lat. *sarcire,* réparer) [conj. 32]. En joaillerie, fixer une pierre dans une monture : *Sertir un saphir* (**SYN.** enchâsser, monter).

sertissage n.m. Action, manière de sertir.

sertisseur, euse n. Personne, joaillier qui sertit des pierres précieuses.

sertissure n.f. Manière dont une pierre précieuse est sertie.

sérum [serɔm] n.m. (du lat. *serum,* petit-lait). **1.** Liquide se séparant du caillot après coagulation du sang et correspondant au plasma (on dit aussi *sérum sanguin*). **2.** Préparation extraite du sérum d'un animal vacciné et utilisée en sérothérapie : *Une réserve de sérums antitétaniques.* **3.** Lactosérum. ▸ ***Sérum physiologique,*** solution de chlorure de sodium analogue au plasma sanguin.

servage n.m. (de *serf*). **1.** Sous la féodalité et dans la Russie tsariste, état de serf. **2.** *Fig.* État de dépendance :

Des clandestins soumis au servage pour dettes (SYN. esclavage, servitude).

serval n.m. (port. *cerval,* cervier) [pl. *servals*]. Grand chat sauvage d'Afrique, au pelage fauve tacheté de noir.

servant n.m. Militaire affecté au service d'une arme : *Le servant d'une mitrailleuse.* ◆ adj.m. ▸ ***Chevalier servant*** → **chevalier.**

servante n.f. *Anc.* Femme ou jeune fille employée aux travaux domestiques.

① **serveur, euse** n. **1.** Personne qui sert les clients dans un café, un restaurant : *Demander la carte au serveur* (SYN. garçon). **2.** Aux cartes, joueur qui donne les cartes. **3.** Dans certains sports comme le tennis ou le volley-ball, joueur qui met la balle en jeu.

② **serveur** n.m. Organisme qui gère des banques de données informatiques et en autorise l'accès, la consultation, sous certaines conditions.

serviabilité n.f. Caractère d'une personne serviable.

serviable adj. Qui rend volontiers service : *Adressez-vous à elle, elle est très serviable* (SYN. obligeant, prévenant).

service n.m. (du lat. *servitium,* esclavage, de *servus,* esclave). **1.** Action de servir ; ensemble des obligations qu'ont les citoyens envers l'État, une communauté ; travail déterminé effectué ainsi : *Le service de l'État. Faire son service militaire. Assurer un service de surveillance.* **2.** Célébration de l'office divin : *Un service religieux célébré à la mémoire des victimes.* **3.** Action ou manière de servir un maître, un client : *Un service de livraison efficace. La qualité du service est irréprochable dans cet hôtel.* **4.** Pourcentage de la note d'hôtel, de restaurant affecté au personnel : *Le service est compris dans l'addition.* **5.** Ensemble des repas servis à des heures échelonnées dans une cantine, une voiture-restaurant : *Il mange au premier service.* **6.** Assortiment de vaisselle ou de linge pour la table : *Un service à café.* **7.** Dans certains sports, mise en jeu de la balle : *Noah est au service. Manquer son service.* **8.** Usage que l'on peut faire de qqch : *Le système économique doit être au service de l'homme. Ce logiciel me rend de grands services.* **9.** Fonctionnement d'une machine, d'un appareil, d'un moyen de transport : *La mise en service d'un nouveau T.G.V.* **10.** Ce que l'on fait pour être utile à qqn : *Je vous demande cela comme un service* (SYN. faveur). *Rendre service à qqn* (= l'aider). *Je reste à votre service pour tout renseignement* (SYN. disposition). **11.** Activité professionnelle exercée dans une entreprise, une administration : *Je suis de service ce jour-là* (= je travaille). *Elle prend son service à 8 heures* (= elle commence à travailler). **12.** En Afrique, lieu de travail ; spécial., bureau. **13.** Organisme qui fait partie d'un ensemble administratif ou économique ; organe d'une entreprise chargé d'une fonction précise ; ensemble des bureaux, des personnes assurant cette fonction : *La coopération des services de police européens. Une réorganisation du service du personnel.* **14.** Distribution régulière d'une publication périodique : *Le service des abonnés à une revue.* ▸ ***Hors service,*** hors d'usage : *Un ascenseur hors service.* ***Porte, escalier de service,*** réservés au personnel de la maison, aux fournisseurs. ***Service de presse,*** service d'une entreprise chargé des relations avec la presse. ***Service national,*** ensemble des obligations militaires ou civiles qui étaient imposées à tout citoyen français : *Aujourd'hui, le service national est volontaire.* ***Service public,*** activité d'intérêt général, assurée par un organisme ; organisme assurant cette activité. ◆ **services** n.m. pl. **1.** Travaux effectués pour qqn : *Nous ne pouvons nous passer de ses services.* **2.** Activité économique destinée à satisfaire un besoin mais qui n'est pas un bien matériel : *La recherche, les consultations médicales, les émissions télévisées sont des services.* **3.** En Suisse, couverts pour la table. ▸ ***Services spéciaux,*** services militaires nationaux de recherche et d'exploitation des renseignements.

serviette n.f. **1.** Pièce de tissu utilisée pour se sécher la peau : *Une serviette de toilette, de bain.* **2.** Pièce de linge de table servant à s'essuyer la bouche pendant le repas : *Des serviettes en papier.* **3.** Sac rectangulaire à compartiments, qui sert à porter des documents, des livres : *Le dossier doit se trouver dans ma serviette* (SYN. attaché-case, cartable, porte-document). ▸ ***Serviette hygiénique,*** bande absorbante utilisée comme protection externe au moment des règles ; serviette périodique.

serviette-éponge n.f. (pl. *serviettes-éponges*). Serviette de toilette en tissu-éponge.

servile adj. (du lat. *servus,* esclave). **1.** Qui fait preuve d'une soumission excessive : *Un employé servile* (SYN. obséquieux, 1. plat). **2.** Qui suit trop étroitement le modèle : *L'adaptation cinématographique de ce roman est trop servile* (CONTR. original, personnel). **3.** Relatif à l'état de serf, au servage.

servilement adv. De façon servile ; sans originalité : *Obéir servilement. Un texte traduit servilement* (SYN. littéralement).

servilité n.f. Caractère, comportement servile ; soumission (SYN. obséquiosité).

servir v.t. (du lat. *servire,* être au service de, être esclave, de *servus,* esclave) [conj. 38]. **1.** S'acquitter de certains devoirs, de certaines obligations envers qqn, une collectivité : *Les ministres servent la République.* **2.** Présenter un mets, une boisson à : *Servir les invités. Servez cette sauce très chaude. Avec cette viande, vous nous servirez du bordeaux.* **3.** Placer sur la table qqch à consommer : *Nous allons servir le dîner.* **4.** Vendre des marchandises à : *Ce commerçant me sert toujours aimablement.* **5.** *Fam.* Raconter, débiter : *Il nous sert toujours les mêmes plaisanteries.* **6.** Donner ses soins à qqch, s'y consacrer : *Zola voulait servir la vérité. Servir les intérêts de qqn.* **7.** Être utile à : *Les circonstances l'ont bien servi* (SYN. aider, favoriser ; CONTR. défavoriser, 2. desservir). **8.** Mettre qqch à la disposition de qqn : *C'est à toi de servir les cartes* (SYN. distribuer, donner). *Servir une rente, des intérêts* (SYN. payer). ▸ ***Servir Dieu,*** lui rendre le culte qui lui est dû. ***Servir la messe,*** assister le prêtre pendant sa célébration. ◆ v.t. ind. **1. [à].** Être utile, profitable à : *Sa carte bancaire lui sert beaucoup. Son sens pratique lui a servi* (SYN. favoriser ; CONTR. nuire). **2. [à].** Être bon, propre à qqch : *Ces schémas servent à mieux comprendre* (SYN. aider à, permettre de ; CONTR. empêcher de). *Il ne sert à rien de se lamenter.* **3. [de].** Être utilisé en tant que, tenir lieu de : *Les otages servent de bouclier humain. Elle servait d'interprète.* ◆ v.i. **1.** Être militaire : *Servir dans l'aviation.* **2.** Dans certains sports, mettre la balle, le ballon en jeu. ◆ **se servir** v.pr. **1. [de].** Prendre d'un mets : *Elles se sont servies de purée.* **2.** Se fournir habituellement en marchandises : *Nous nous servons chez cet épicier* (**SYN.** s'approvisionner). **3.** Faire usage de ; user de : *Elle s'est servie de sa voiture ce matin* (**SYN.** utiliser).

serviteur n.m. **1.** Personne qui est au service de qqn, d'une collectivité : *Les serviteurs de l'État.* **2.** *Vieilli* Domestique. ▸ *Litt.* ***Votre serviteur,*** formule que l'on utilise ironiquement pour se désigner soi-même : *Votre serviteur se réjouit de cet excellent résultat* (= je me réjouis).

servitude n.f. **1.** État de qqn, d'un pays privé de son indépendance ; assujettissement : *La servitude dans laquelle sont tenues des immigrées clandestines* (**SYN.** esclavage ; **CONTR.** affranchissement, liberté). *Les Gaulois furent réduits en servitude par les Romains* (**SYN.** joug, sujétion). **2.** Assujettissement à des obligations : *Les servitudes de la copropriété* (**SYN.** contrainte). **3.** Dans la langue juridique, charge liée à un immeuble, à un terrain : *Le Code civil impose une servitude de passage.*

servocommande n.f. Mécanisme destiné à suppléer automatiquement la force musculaire de l'homme.

servofrein n.m. Servocommande destinée à assurer le freinage.

servomécanisme n.m. Mécanisme de régulation automatique d'un système.

servomoteur n.m. Organe de commande utilisé pour mettre en œuvre ou faciliter le mouvement d'un système, d'un moteur.

ses adj. poss. pl. (pl. de *1. son* et de *sa*). **1.** Désigne la personne dont on parle comme le possesseur d'objets représentés par un nom pluriel, comme auteur de qqch, d'une action, comme membre d'un groupe : *Il a ses crayons. Ses intentions sont louables. Elle raconte ses voyages. Le père et ses enfants.* **2.** Relatifs ou propres à une chose : *L'arbre a perdu ses feuilles. La recherche a porté ses fruits.*

① **sésame** n.m. (gr. *sêsamon*). Plante annuelle cultivée pour ses graines comestibles riches en huile.

② **sésame** n.m. (de *Sésame ouvre-toi,* formule par laquelle Ali Baba obtenait l'ouverture de la caverne des voleurs). Formule ou action infaillible qui permet, comme par magie, de se faire ouvrir toutes les portes, de surmonter tous les obstacles : *Une mention au baccalauréat est le sésame pour entrer dans cette grande école.*

sesquicentenaire [sɛskɥisɑ̃tnɛr] n.m. (du lat. *sesqui,* une fois et demie). Commémoration d'un événement qui a eu lieu cent cinquante ans auparavant.

sessile adj. (lat. *sessilis,* de *sedere,* être assis). ▸ ***Faune sessile,*** ensemble des animaux aquatiques vivant fixés sur le fond (par opp. à vagile).

session n.f. (du lat. *sessio,* de *sedere,* être assis). **1.** Période de l'année pendant laquelle une assemblée, un tribunal siègent : *La session de printemps de l'Assemblée nationale.* **2.** Période pendant laquelle des examens ont lieu : *Il a eu son examen à la session de rattrapage.* **3.** Au Québec, trimestre au cégep, à l'université. ☞ **REM.** Ne pas confondre avec *cession.*

sesterce n.m. (lat. *sestertius*). Monnaie romaine antique d'argent, puis de laiton.

set [sɛt] n.m. (mot angl.). **1.** Napperon que l'on place sous les assiettes à table (on dit aussi *set de table*). **2.** Manche d'un match de tennis, de tennis de table, de volley-ball.

sétacé, e adj. (du lat. *seta,* soie). En biologie, qui a la forme d'une soie de porc : *Les poils sétacés de certains cactus.*

setier [sətje] n.m. (du lat. *sextarius,* sixième). *Anc.* Mesure de capacité qui variait selon les régions et la matière mesurée (environ 156 litres pour les grains).

séton n.m. (anc. prov. *sedon,* du lat. *seta,* soie). ▸ ***Plaie en séton,*** plaie superficielle faite par une arme qui entre sous la peau et en sort sans provoquer de lésion.

setter [setɛr] n.m. (mot angl., de *to set,* s'arrêter). Chien d'arrêt d'une race à poil long.

seuil [sœj] n.m. (du lat. *solea,* sandale, de *solum,* plante du pied, sol). **1.** Partie inférieure de l'ouverture d'une porte : *Elle m'attendait sur le seuil* (= le pas de la porte). **2.** Endroit par où l'on pénètre dans une maison, une pièce : *Franchir le seuil d'une maison* (**SYN.** entrée). **3.** Frontière au-delà de laquelle s'ouvre un espace : *La ville se situe au seuil du désert.* **4.** *Litt.* Limite marquant le passage à un état différent : *Au seuil de cette nouvelle année* (**SYN.** aube). *Être au seuil de la vieillesse* (**SYN.** commencement). **5.** Limite au-delà de laquelle des conditions sont changées : *Un seuil a été franchi dans l'horreur* (**SYN.** degré, niveau, palier). *L'entreprise a atteint son seuil de rentabilité* (= elle est devenue rentable).

seul, e adj. (lat. *solus*). **1.** Qui est sans compagnie ; isolé : *Vivre seul* (**SYN.** célibataire, solitaire). *Beaucoup de gens sont seuls* (**SYN.** esseulé). *Elle élève seule son enfant* (= sans compagnon). **2.** (Précédé d'un déterminant). Qui exclut toute autre personne ou chose de la même espèce ; unique : *Ce serait le seul moyen de débloquer la situation. Elle est sa seule amie. Vous n'êtes pas le seul à vous présenter.* **3.** (Employé en appos., avant ou après le nom). Par lui-même ; exclusivement : *La seule pensée de ne plus le voir la mettait au bord des larmes. Seul le résultat compte. Elle seule en est capable.* ▸ ***Être seul au monde,*** ne plus avoir aucune famille. ***Seul à seul,*** en tête à tête : *Elles en parleront seule à seule* ou *seul à seul. Madame, je voudrais vous parler seul à seule* (c'est un homme qui parle). ***Tout seul,*** sans aide, sans secours : *Elle a tout organisé toute seule.*

seulement adv. **1.** Sans rien ou personne de plus : *Tout cela pour seulement dix euros. Nous serons deux seulement* (= pas davantage). **2.** À l'exclusion de toute autre chose : *Parler seulement de ce qui est à l'ordre du jour* (**SYN.** exclusivement). *Je voulais seulement gagner un peu de temps* (**SYN.** simplement, uniquement). **3.** Pas plus tôt que : *Pourquoi arrivez-vous seulement maintenant ?* (= si tard). *Je viens seulement d'apprendre la nouvelle* (= à l'instant même). **4.** (En tête de proposition). Exprime une restriction : *Nous voudrions bien le faire, seulement nous manquons de moyens* (**SYN.** mais, toutefois). ▸ ***Non seulement... mais...,*** introduit deux termes d'une opposition dont le second marque une insistance, une addition : *C'est non seulement souhaitable, mais indispensable.* ***Pas seulement,*** pas même : *Il n'a pas seulement pris la peine de nous écouter.* ***Si seulement,*** exprime un regret ou un souhait : *Si seulement tous les chanteurs avaient son talent !* (= si au moins).

seulet, ette adj. *Litt.* Qui est seul ; esseulé.

sève n.f. (du lat. *sapa,* vin cuit). **1.** Liquide nourricier circulant dans les diverses parties des végétaux : *Au printemps, la sève monte.* **2.** *Litt.* Force, vigueur : *Des jeunes gens pleins de sève* (**SYN.** énergie, vitalité).

sévère adj. (du lat. *severus,* grave). **1.** Qui sanctionne sans indulgence : *Des éducateurs sévères* (**SYN.** autoritaire ; **CONTR.** laxiste, permissif, tolérant). *Un verdict sévère* (**CONTR.** clément). **2.** Qui donne des directives rigoureuses : *Un règlement sévère* (**SYN.** draconien, strict). *Être sévère pour soi-même* (**SYN.** exigeant ; **CONTR.** indulgent). **3.** Qui est d'aspect austère : *Un visage sévère* (**SYN.** 1. froid ; **CONTR.** gai, rieur). *Une architecture sévère* (**SYN.** dépouillé, sobre ; **CONTR.** rococo, tarabiscoté). **4.** Qui est grave par son importance, son ampleur : *Une bronchite sévère* (**SYN.** sérieux ; **CONTR.** léger). *Une sévère défaite* (**SYN.** lourd ; **CONTR.** infime, négligeable).

sévèrement adv. **1.** Avec sévérité, rigueur : *Des débordements sévèrement réprimés* (**SYN.** durement). **2.** D'une manière sérieuse, inquiétante ; gravement : *Des blessés sévèrement atteints* (**SYN.** grièvement).

sévérité n.f. **1.** Manière d'agir d'une personne sévère ; caractère de ce qui exprime le manque d'indulgence : *Traiter qqn avec sévérité* (**SYN.** intransigeance ; **CONTR.** indulgence). *La sévérité des sentences prononcées* (**SYN.** dureté ; **CONTR.** clémence). **2.** Caractère de ce qui est sans fioritures, sans ornement : *La sévérité d'une façade classique* (**SYN.** austérité, sobriété ; **CONTR.** fantaisie).

sévices n.m. pl. (du lat. *saevitia,* violence). Mauvais traitements exercés sur qqn qu'on a sous sa responsabilité ou son autorité : *Exercer des sévices sur un enfant* (**SYN.** brutalité, torture, violence).

sévir v.i. (du lat. *saevire,* être furieux) [conj. 32]. **1.** Punir avec rigueur : *Sévir contre un coupable* (= le châtier). *Si de telles incivilités se reproduisent, les autorités devront sévir.* **2.** Se faire sentir vivement ; exercer des ravages : *Le mauvais temps sévit sur ces régions.* **3.** Être en usage avec des effets nuisibles : *Ces théories pseudo-scientifiques sévissent encore dans certains milieux.*

sevrage n.m. **1.** Action de sevrer un enfant, un animal ; fait d'être sevré. **2.** Privation progressive d'alcool ou de drogue lors d'une cure de désintoxication.

sevrer v.t. (du lat. *separare,* séparer, de *parare,* préparer) [conj. 19]. **1.** Cesser l'allaitement d'un enfant ou d'un petit animal pour lui donner une alimentation plus solide. **2.** Désaccoutumer qqn de l'alcool, de la drogue. **3.** Priver qqn d'un plaisir : *Il est sevré de jeux vidéo pendant les révisions.*

sèvres n.m. (de *Sèvres,* ville des environs de Paris). Objet de porcelaine fabriqué à la manufacture de Sèvres.

sexage [sɛksaʒ] n.m. Détermination du sexe des poussins dès leur naissance.

sexagénaire [sɛksaʒenɛr] adj. et n. (du lat. *sexaginta,* soixante). Qui a entre soixante et soixante-neuf ans.

sexagésimal, e, aux [sɛksaʒezimal, o] adj. Qui a pour base le nombre soixante.

sex-appeal [sɛksapil] n.m. (mot anglo-amér.) [pl. *sex-appeals*]. Charme sensuel qui émane de qqn : *Avoir du sex-appeal* (= être désirable).

sexe [sɛks] n.m. (lat. *sexus*). **1.** Ensemble des caractères physiques qui permettent de distinguer dans chaque espèce animale ou végétale des mâles et des femelles : *Une personne du sexe féminin* (= une fille ou une femme). *Une personne du sexe masculin* (= un garçon ou un homme). **2.** Ensemble des organes génitaux externes de l'homme ou de la femme. **3.** Ensemble des personnes du même sexe : *Militer pour l'égalité des sexes.* **4.** Sexualité : *Le sexe envahit la publicité.* ▸ *Fam.* ***Le beau sexe*** ou ***le sexe faible,*** l'ensemble des femmes (par opp. au sexe fort). *Fam.* ***Le sexe fort,*** l'ensemble des hommes (par opp. au sexe faible).

sexisme [sɛksism] n.m. Attitude discriminatoire fondée sur le sexe.

sexiste adj. et n. Relatif au sexisme ; qui fait preuve de sexisme.

sexologie [sɛksɔlɔʒi] n.f. Étude de la sexualité, de ses troubles.

sexologue [sɛksɔlɔg] n. Spécialiste de sexologie.

sex-shop [sɛksʃɔp] n.m. (mot angl.) [pl. *sex-shops*]. Magasin spécialisé dans la vente de revues, de livres, de films, d'objets érotiques ou pornographiques.

sex-symbol [sɛkssɛ̃bɔl] n.m. (mot angl.) [pl. *sex-symbols*]. Vedette symbolisant l'idéal féminin ou masculin sur le plan de la sensualité et de la sexualité.

sextant [sɛkstɑ̃] n.m. (du lat. *sextans,* sixième partie, l'instrument comportant un sixième de cercle gradué). Instrument qui permet de mesurer la hauteur des astres à partir d'un navire et de déterminer la latitude.

sextidi [sɛkstidi] n.m. (du lat. *sextus,* sixième, et *dies,* jour). Dans le calendrier républicain, sixième jour de la décade.

sextillion [sɛkstiljɔ̃] n.m. Un million de quintillions.

sexto [sɛksto] adv. (du lat. *sexto [loco],* en sixième [lieu]). (Après un élément introduit par *quinto*). En sixième lieu ; sixièmement.

sextuor [sɛkstɥɔr] n.m. (du lat. *sex,* six, et de *quatuor*). Ensemble vocal ou instrumental de six exécutants.

sextuple [sɛkstypl] adj. et n.m. Qui vaut six fois autant : *Trente est le sextuple de cinq.*

sextupler [sɛkstyple] v.t. [conj. 3]. Multiplier par six : *Sextupler la surface constructible.* ◆ v.i. Être multiplié par six : *Le nombre d'habitants a sextuplé dans ce village.*

sextuplés, ées [sɛkstyple] n. pl. Groupe de six enfants nés d'une même grossesse.

sexualisation [sɛksɥalizasjɔ̃] n.f. Action de sexualiser ; fait d'être sexualisé.

sexualiser [sɛksɥalize] v.t. [conj. 3]. **1.** Introduire la sexualité dans un domaine ; donner un caractère sexuel à qqch : *Sexualiser la publicité.* **2.** Attribuer tel ou tel comportement ou tel ou tel rôle dans la vie à l'un ou l'autre sexe : *Sexualiser l'éducation, l'enseignement.*

sexualité [sɛksɥalite] n.f. **1.** Ensemble des phénomènes sexuels ou liés au sexe observables chez les êtres vivants : *La sexualité des plantes, des animaux.* **2.** Ensemble des comportements liés à la manifestation de l'instinct sexuel : *Il parle ouvertement de sa sexualité.*

sexué, e [sɛksɥe] adj. Qui possède l'un des deux sexes et ne peut se reproduire sans le concours de l'autre sexe (**CONTR.** asexué).

sexuel, elle [sɛksɥɛl] adj. **1.** Qui caractérise le sexe des êtres vivants : *Les différences sexuelles.* **2.** Qui concerne les rapports physiologiques entre les sexes, la reproduction : *Les organes sexuels* (**SYN.** génital). *Avoir des rapports sexuels avec qqn.* **3.** Relatif à la sexualité : *L'éducation sexuelle.* ▸ ***Acte sexuel,*** copulation, coït.

sexuellement [sɛksɥɛlmɑ̃] adv. En ce qui concerne le sexe ou la sexualité. ▸ ***Maladie sexuellement transmissible*** ou ***M.S.T.,*** maladie pouvant être transmise au cours d'un rapport sexuel.

sexy [sɛksi] adj. inv. (mot angl.). *Fam.* Qui inspire le désir sexuel : *Une jupe moulante très sexy* (**SYN.** affriolant, aguichant). *Des filles sexy* (**SYN.** attirant, désirable, excitant).

seyant, e [sɛjɑ̃, ɑ̃t] adj. (de *seoir*). Qui sied, va bien : *Une tenue très seyante.*

S.F. ou **SF** [ɛsɛf] n.f. (sigle). Science-fiction.

sforzando [sfɔrzɑ̃do] adv. (mot it.). Terme de musique indiquant qu'il faut ralentir progressivement le tempo sur une note ou un accord.

S.G.B.D. ou **SGBD** [ɛsʒebede] n.m. (sigle). ▸ ***Système de gestion de base de données*** → **gestion.**

SGML [ɛsʒeɛmɛl] n.m. (sigle de l'angl. *standard generalized mark-up language*). En informatique, langage normalisé de définition et d'échange de documents structurés.

shabbat [ʃabat] n.m. (mot hébr. signif. « repos »). Dans la religion juive, sabbat.

shah n.m. → **chah.**

shaker [ʃɛkœr] n.m. (mot angl., de *to shake,* secouer). Double gobelet fermé dans lequel on agite, avec de la glace, les éléments d'un cocktail.

shakespearien, enne [ʃɛkspirjɛ̃, ɛn] adj. Relatif à Shakespeare ; qui évoque son œuvre : *Une tragédie shakespearienne.*

shako ou **schako** n.m. (du hongr.). Coiffure militaire tronconique à visière.

shampooing ou **shampoing** [ʃɑ̃pwɛ̃] n.m. (mot angl. signif. « massage », du hindi). **1.** Produit servant à laver les cheveux : *Un shampooing fortifiant, adoucissant.* **2.** Lavage des cheveux avec ce produit : *Se faire un shampooing.* **3.** Produit liquide et moussant destiné au nettoyage, au lavage : *Un shampooing pour la moquette.*

shampouiner v.t. [conj. 3]. Laver avec un shampooing : *Shampouiner la moquette.*

① **shampouineur, euse** n. Personne qui fait les shampooings, dans un salon de coiffure.

② **shampouineur** n.m. ou **shampouineuse** n.f. Appareil servant à nettoyer à l'aide d'un détergent les tapis, les moquettes.

shantung ou **shantoung** ou **chantoung** [ʃɑ̃tuŋ] n.m. (du nom d'une province chinoise). Tissu de soie présentant un aspect irrégulier.

shéol [ʃeɔl] n.m. → **schéol.**

shérif n.m. (angl. *sheriff,* de *shire,* comté). **1.** Aux États-Unis, officier d'administration élu, ayant un pouvoir judiciaire limité. **2.** Officier d'administration qui représente la Couronne dans chaque comté d'Angleterre.

sherpa n.m. (du nom d'un peuple du Népal). **1.** Guide ou porteur des expéditions d'alpinisme dans l'Himalaya. **2.** *Fam.* Conseiller d'un chef d'État, d'une personnalité, chargé de la préparation de sommets internationaux.

sherry n.m. (mot angl.) [pl. *sherrys* ou *sherries*]. En Angleterre, vin de Xérès.

shetland [ʃɛtlɑ̃d] n.m. (de *Shetland,* îles d'Écosse). **1.** Laine des moutons des îles Shetland. **2.** Pull-over fait avec cette laine. **3.** Race de poneys de petite taille.

shilling [ʃiliŋ] n.m. Ancienne unité monétaire divisionnaire anglaise qui valait 1/20 de livre. ☞ **REM.** Ne pas confondre avec *schilling.*

shilom [ʃilɔm] n.m. → **chilom.**

shinto [ʃinto] ou **shintoïsme** [ʃintɔism] n.m. (d'un mot jap. signif. « voie des dieux »). Religion nationale du Japon.

shintoïste [ʃintɔist] adj. et n. Relatif au shinto ; qui en est un adepte.

shipchandler [ʃipʃɑ̃dlœr] n.m. (mot angl., de *ship,* bateau, et *chandler,* droguiste). Marchand d'articles de marine.

shivaïsme ou **sivaïsme** ou **çivaïsme** [ʃivaism] n.m. Courant religieux issu de l'hindouisme, qui fait de Shiva le dieu le plus important.

shivaïte ou **sivaïte** ou **çivaïte** [ʃivait] adj. et n. Relatif au shivaïsme ; qui en est un adepte.

shogun [ʃɔgun] ou **shogoun** n.m. (d'un mot jap. signif. « général »). Au Japon, chef militaire et civil, du XIIe au XIXe siècle.

shogunal, e, aux [ʃɔgunal, o] ou **shogounal, e, aux** adj. Relatif aux shoguns.

shoot [ʃut] n.m. (de l'angl. *to shoot,* tirer). Au football, tir.

shooter [ʃute] v.i. [conj. 3]. Au football, tirer.

se **shooter** [ʃute] v.pr. [conj. 3]. *Fam.* Se faire une injection de drogue.

shopping [ʃɔpiŋ] n.m. (mot angl., de *shop,* boutique). Action d'aller dans les magasins pour regarder les étalages et faire des achats ; lèche-vitrines : *Faire du shopping.* ☞ **REM.** Au Québec, on dit *magasinage* et *magasiner* pour « faire du shopping ».

short [ʃɔrt] n.m. (angl. *shorts,* de *short,* court). Culotte courte portée pour le sport ou les loisirs.

show [ʃo] n.m. (mot angl., de *to show,* montrer). **1.** Spectacle de variétés centré sur une vedette : *Il donnera un show au Stade de France.* **2.** Prestation d'un homme politique, d'un chef d'État : *Un show électoral télévisé.*

show-business [ʃobiznɛs] n.m. inv. (mot angl.). Industrie, métier du spectacle (abrév. fam. show-biz) : *Les vedettes du show-business.*

shunt [ʃœ̃t] n.m. (mot angl., de *to shunt,* dériver). Dérivation placée sur un circuit électrique de façon à n'y laisser passer qu'une partie du courant.

shunter [ʃœ̃te] v.t. [conj. 3]. Munir d'un shunt : *Shunter un circuit.*

① **si** [si] conj. sub. (lat. *si*). **1.** Introduit une hypothèse, une condition réalisable ou non : *Si vous écoutiez les gens, vous comprendriez. S'il suit ces conseils, il réussira* (= à condition qu'il les suive). *Si nous avions le temps, nous le ferions.* **2.** Marque la répétition : *Si les* *clients désiraient quelque chose de particulier, le personnel le leur fournissait aussitôt* (= toutes les fois que, chaque fois que). **3.** Dans une phrase exclamative, exprime le souhait ou le regret : *S'il voulait écouter nos recommandations ! Si seulement j'avais pu lui parler !* ▸ ***Si ce n'est,*** sinon, sauf : *Ça ne sert à rien, si ce n'est à se faire plaisir.* ***Si ce n'est que,*** avec cette réserve que : *Je trouve cette idée merveilleuse, si ce n'est qu'elle coûtera trop cher* (= excepté que). ***Si... ne...,*** à moins que : *Elle est généticienne, si je ne me trompe.* ***Si tant est que*** (+ subj.), s'il est vrai que ; pour autant que : *Je vous soutiens si tant est que vous ayez besoin de mon appui.* ◆ n.m. inv. Hypothèse ; condition restrictive : *Avec des si, on mettrait Paris en bouteille* (= avec des suppositions, tout devient possible).

② **si** [si] adv. interr. (lat. *si*). Introduit une proposition interrogative indirecte correspondant à « est-ce que » dans l'interrogation directe : *Je ne sais pas si elle viendra. Elle lui demandera s'il est d'accord. Nous ignorons s'il y a des survivants.*

③ **si** [si] adv. de quantité (du lat. *sic*, ainsi). **1.** Marque une intensité : *Il y a des routes si abîmées qu'il est dangereux d'y rouler* (= au point que). *Tout s'est passé si vite* (**SYN.** tellement). *En si peu de temps.* **2.** Dans une phrase négative ou interrogative, marque une comparaison d'égalité : *Le résultat est-il si bon que cela ?* (= tellement bon). *Ne roulez pas si vite* (**SYN.** aussi). ◆ **si... que** loc. conj. (Suivi du subj.). Introduit une concession, une restriction : *Si performant qu'il soit, ce logiciel ne peut effectuer ce type de travail* (= quelque performant qu'il soit, quoiqu'il soit performant).

④ **si** adv. d'affirmation (du lat. *sic*, ainsi). **1.** En réponse à une phrase interro-négative, s'emploie pour affirmer le contraire ; oui : *« Ne l'utilisez-vous jamais ? – Si »* (= je l'utilise). **2.** Dans une complétive, indique le contraire d'une négation antérieurement énoncée : *« Il ne viendra pas. – J'espère bien que si. »*

⑤ **si** [si] n.m. inv. (initiales du lat. *Sancte Iohannes*, saint Jean). Note de musique, septième degré de la gamme de *do* : *Des si bémol.*

sialagogue adj. et n.m. (du gr. *sialon*, salive, et *agogos*, qui conduit, de *agein*, mener). Se dit d'une substance pharmaceutique qui augmente la production de salive.

siamois, e adj. et n. Relatif au Siam (auj. la Thaïlande), à ses habitants. ▸ ***Chat siamois,*** chat à la robe crème, aux yeux bleus (on dit aussi *un siamois*). ***Frères siamois, sœurs siamoises,*** jumeaux rattachés l'un à l'autre par deux parties homologues de leurs corps. ◆ **siamois** n.m. **1.** Langue thaïe. **2.** Chat siamois.

sibérien, enne adj. et n. De Sibérie. ▸ ***Un froid sibérien,*** très rigoureux ; glacial, polaire.

sibilant, e adj. (du lat. *sibilare*, siffler). En médecine, qui a le caractère d'un sifflement : *Un râle sibilant.*

sibylle [sibil] n.f. (lat. *sibylla*). Dans l'Antiquité, femme inspirée, qui transmettait les oracles des dieux ; prophétesse, pythie, pythonisse.

sibyllin, e [sibilɛ̃, in] adj. **1.** Relatif aux sibylles : *Les oracles sibyllins.* **2.** *Litt.* Dont le sens est difficile à saisir : *Des propos sibyllins* (**SYN.** énigmatique, hermétique, obscur ; **CONTR.** clair, limpide).

sic [sik] adv. (mot lat. signif. « ainsi »). Se met entre parenthèses après un mot, une phrase, pour indiquer que l'on fait une citation textuelle, même si c'est incorrect ou étrange : *Il s'est acheté un survêtement de sport (sic).*

sicaire n.m. (du lat. *sica*, poignard). *Litt.* Tueur à gages.

sicav [sikav] n.f. inv. (acronyme de *société d'investissement à capital variable*). Société de gestion d'un portefeuille de valeurs mobilières dont le capital fluctue selon le nombre d'actionnaires ; part détenue par chaque actionnaire : *Acheter des sicav* (**SYN.** 2. action).

siccatif, ive [sikatif, iv] adj. et n.m. (du lat. *siccare*, sécher). Se dit d'une matière qui accélère le séchage des peintures, des vernis, des encres.

siccité [siksite] n.f. (du lat. *siccus*, sec). *Didact.* Qualité, état de ce qui est sec.

siclée ou **ciclée** n.f. *Fam.* En Suisse, cri strident.

sicler ou **cicler** v.i. [conj. 3]. *Fam.* En Suisse, pousser des cris stridents.

sida n.m. (acronyme de *syndrome d'immunodéficience acquise*). Maladie infectieuse, transmissible par voie sexuelle ou sanguine, et caractérisée par l'effondrement ou la disparition des réactions de défense de l'organisme.

side-car [sidkar ou sajdkar] n.m. (mot angl., de *side*, côté, et *car*, voiture) [pl. *side-cars*]. Véhicule à une seule roue, accouplé latéralement à une motocyclette.

sidéen, enne adj. et n. Qui est atteint du sida.

sidéral, e, aux adj. (du lat. *sidus, sideris*, astre). Relatif aux astres : *Les distances sidérales.*

sidérant, e adj. Qui sidère : *Une découverte sidérante* (**SYN.** époustouflant, stupéfiant).

sidéré, e adj. Qui est stupéfait, abasourdi : *J'étais tellement sidéré que je n'ai rien pu répondre* (**SYN.** éberlué, interloqué, médusé).

sidérer v.t. (du lat. *siderari*, subir l'influence néfaste des astres) [conj. 18]. Frapper de stupeur : *La violence de ses critiques nous a sidérés* (**SYN.** abasourdir, effarer, stupéfier).

sidérurgie n.f. (du gr. *sidêrourgos*, forgeron, de *sidêros*, fer). Ensemble des techniques permettant d'élaborer et de mettre en forme le fer, la fonte et l'acier.

sidérurgique adj. Relatif à la sidérurgie : *Les entreprises sidérurgiques.*

sidérurgiste n. Personne qui travaille dans la sidérurgie.

sidi-brahim n.m. Vin rouge au bouquet développé élaboré à partir de cépages d'Algérie.

sidologue n. Spécialiste du sida.

siècle n.m. (lat. *saeculum*). **1.** Durée de cent années : *Une cathédrale vieille de cinq siècles.* **2.** Période de cent années comptée à partir d'une origine chronologique appelée ère : *Le XXe siècle a commencé le 1er janvier 1901 et s'est terminé le 31 décembre 2000. L'Empire romain s'est effondré au Ve siècle de notre ère.* **3.** Époque où l'on vit : *Elle est bien de son siècle* (**SYN.** temps). *Des procédés d'un autre siècle* (= des procédés révolus). **4.** Époque marquée par un grand homme, un grand événement : *Le siècle de Périclès* (= le Vᵉ siècle avant J.-C. en Grèce). *Le siècle de l'atome* (= le XXᵉ siècle). **5.** *Fam.* Temps très long ou qui paraît long : *Il y a un siècle que cet outil n'a pas servi* (**SYN.** éternité). *J'ai l'impression d'avoir attendu un siècle.*

il **sied** → **seoir.**

siège n.m. (lat. *sedicum*, de *sedere*, être assis). **1.** Meuble ou objet fait pour s'asseoir ; partie horizontale de ce meuble, de cet objet, sur laquelle on s'assied : *Un siège pliant. Les sièges avant d'une voiture. Le siège de ces chaises est canné.* **2.** Ensemble des deux fesses ; postérieur : *Un bain de siège. L'enfant s'est présenté par le siège lors de l'accouchement.* **3.** Place occupée par un membre d'une assemblée délibérante ; mandat de ce membre : *Ce parti a gagné des sièges. Il a sauvé son siège de député.* **4.** Endroit où réside une autorité, où se réunit une assemblée : *Le siège d'un tribunal. Le palais du Luxembourg à Paris est le siège du Sénat.* **5.** Point où naît, se développe un phénomène : *Le siège d'une douleur. La frontière est le siège d'une vive agitation* (SYN. centre, cœur, foyer). **6.** Opération menée contre une place forte, en vue de s'en emparer : *Faire le siège d'une ville* (= l'assiéger). ▸ ***État de siège*** → **1. état.** ***Lever le siège,*** replier l'armée qui assiégeait sans s'être emparé de la place ; fig., s'en aller. ***Magistrature du siège,*** magistrature assise. *Litt.* ***Mon siège est fait,*** mon parti est pris. ***Siège social,*** lieu où siège la direction d'une entreprise.

siéger v.i. [conj. 22]. **1.** Faire partie d'une assemblée, d'une institution : *Ce pays siège à l'O.N.U. Siéger au Sénat* (= y avoir été élu). **2.** Tenir ses séances ; exercer son activité ; être en séance : *Le Parlement européen siège à Strasbourg. Elle siège au conseil d'administration. Le tribunal siégera demain.* **3.** Avoir son origine en un certain point ; y être localisé : *La douleur siège au-dessus de l'œil gauche. C'est là que siège la difficulté* (SYN. se situer).

sien, enne [sjɛ̃, ɛn] pron. poss. (lat. *suum*). Précédé de *le, la* ou *les,* désigne ce qui appartient ou se rapporte à un possesseur de la 3e pers. du sing. : *Cet enfant est aussi le sien. Vos meubles sont plus beaux que les siens* (= que ceux qu'il ou qu'elle possède ou fabrique). *Notre décision est prise, la sienne également.* ▸ *Fam.* ***Faire des siennes,*** faire des bêtises, des folies. ***Les siens,*** ses parents, ses proches ; ses amis : *Il a besoin de l'approbation des siens* (= de sa famille). ◆ adj. poss. (En fonction d'épithète). *Litt.* Qui est à lui, à elle : *Un sien cousin. La générosité qui est sienne. Il a fait sienne cette théorie* (= il l'a adoptée).

sierra n.f. (mot esp. signif. « scie », du lat. *serra*). Dans les pays de langue espagnole, chaîne de montagnes.

sieste n.f. (esp. *siesta*, du lat. *sexta* [*hora*], sixième [heure], midi). Repos, temps de sommeil pris après le repas de midi ; méridienne : *Faire la sieste.*

sieur [sjœr] n.m. (du lat. *senior*, plus vieux). **1.** Dans la langue juridique, qualification dont on fait précéder un nom propre d'homme : *Le sieur Dabot s'est porté partie civile.* **2.** *Péjor.* Appellation donnée à un individu que l'on désapprouve ou dont on veut se moquer : *Voici le sieur Untel qui prétend cloner un être humain.*

sievert [sivœrt] n.m. (de *Sievert*, physicien suédois). Unité de mesure des radiations ionisantes.

sifflant, e adj. Qui produit un sifflement : *Une respiration sifflante* (SYN. sibilant).

sifflement n.m. Bruit fait en sifflant ou produit par le vent, par un projectile : *Le sifflement d'un serpent, d'un merle. Le sifflement des balles.*

siffler v.i. (du lat. *sibilare*) [conj. 3]. **1.** Produire un son aigu soit avec la bouche, soit avec un instrument : *Le maçon siffle en travaillant. L'arbitre a sifflé.* **2.** Pousser le cri propre à l'espèce, en parlant de certains animaux : *« Quand nous chanterons le temps des cerises / Sifflera bien mieux le merle moqueur »* [J.-B. Clément]. **3.** Produire un son aigu, en parlant de l'air, de certaines choses : *Le vent siffle dans les branches.* ◆ v.t. **1.** Reproduire en sifflant : *Siffler une chanson.* **2.** Appeler en sifflant : *Siffler un chien.* **3.** Signaler en soufflant dans un sifflet : *L'arbitre siffle la fin du match.* **4.** Huer en sifflant : *Les spectateurs ont sifflé certaines scènes* (SYN. conspuer ; CONTR. acclamer, ovationner). **5.** *Fam.* Boire rapidement : *Siffler une canette* (SYN. vider).

sifflet n.m. **1.** Petit instrument avec lequel on siffle : *Un sifflet à roulette* (= dans lequel est placée une petite bille qui modifie le son). *Le coup de sifflet final de l'arbitre.* **2.** Appareil de signalisation sonore actionné par la vapeur ou l'air comprimé : *Le sifflet à vapeur d'une locomotive.* ▸ *Fam.* ***Couper le sifflet à qqn,*** lui couper la parole ; l'interloquer. ◆ **sifflets** n.m. pl. Sifflements marquant la désapprobation : *Sortir sous les sifflets du public* (SYN. huées).

siffleur, euse adj. et n. Qui siffle : *Le merle est un oiseau siffleur.*

siffleux n.m. *Fam.* Au Québec, marmotte.

sifflotement n.m. Action de siffloter.

siffloter v.i. Siffler doucement, négligemment un air : *Siffloter en travaillant.* ◆ v.t. Siffler doucement et négligemment : *Siffloter une musique.*

sigillaire [siʒilɛr] adj. (du lat. *sigillum*, sceau). Relatif aux sceaux : *Un anneau sigillaire* (= une bague portant une empreinte en creux, pouvant servir de sceau).

sigillé, e [siʒile] adj. Qui est marqué d'un sceau : *Une céramique gallo-romaine sigillée.*

sigillographie [siʒilɔgrafi] n.f. Science auxiliaire de l'histoire qui a pour objet l'étude des sceaux.

sigillographique adj. Relatif à la sigillographie.

sigisbée [siʒisbe] n.m. (it. *cicisbeo*). *Litt.* ou *iron.* Chevalier servant d'une dame.

siglaison n.f. Formation d'un sigle, de sigles.

sigle n.m. (du lat. *sigla*, abréviations). Suite de lettres initiales constituant l'abréviation d'un groupe de mots : *« P.A.O. », « O.N.U. » et « H.L.M. » sont des sigles.*

siglé, e adj. Se dit d'un objet commercial portant un sigle en ornement : *Des stylos siglés.*

sigma [sigma] n.m. inv. Dix-huitième lettre de l'alphabet grec (Σ, Σ, ς), correspondant au « s » français.

signal [siɲal] n.m. (lat. *signalis*, de *signum*, signe). **1.** Signe convenu pour avertir, donner un ordre, communiquer : *Attendre le signal sonore pour laisser son message. Lancer un signal de détresse.* **2.** Appareil qui produit ce signe : *Tirer le signal d'alarme.* **3.** Appareil, panneau disposé sur le bord d'une voie pour régler la marche des véhicules : *Un signal d'arrêt* (= un stop). *Des signaux lumineux.* **4.** Fait, événement qui annonce ou marque le début de qqch ; indice : *La chute du mur de Berlin fut le signal de la réunification de l'Allemagne* (SYN. présage, prodrome [litt.]). ▸ ***Donner le signal de qqch,*** être le premier à faire une action qui sert d'exemple ; provoquer : *Donner le signal du départ en se levant.*

signalé, e adj. (it. *segnalato*, de *segnalare*, rendre illustre). **1.** Qui est annoncé, indiqué par un signal : *Ce passage à niveau est très mal signalé.* **2.** *Litt.* Qui attire l'attention, l'estime par son caractère remarquable : *Pasteur a rendu un signalé service à l'humanité* (**SYN.** éminent, marquant).

signalement n.m. **1.** Description physique de qqn destinée à le faire reconnaître : *Il a fourni le signalement de son agresseur.* **2.** Action de signaler aux autorités que qqch menace un enfant, un mineur : *Un signalement de maltraitance auprès du juge pour enfants.*

signaler v.t. [conj. 3]. **1.** Indiquer par un signal : *Le feu clignotant signale un danger* (**SYN.** annoncer). **2.** Appeler l'attention sur : *Le pilote a signalé un problème de moteur* (**SYN.** avertir de, mentionner). *Nous vous signalons qu'il existe des sites Internet sur ce thème* (**SYN.** informer). *Rien à signaler* (= R.A.S.). *Signaler qqn à la police* (**SYN.** dénoncer). ◆ **se signaler** v.pr. Acquérir une certaine réputation par tel trait remarquable, tel événement : *Elle s'est toujours signalée par ses excentricités* (**SYN.** se distinguer, s'illustrer).

signalétique adj. Qui donne un signalement : *La fiche signalétique d'une personne.* ◆ n.f. Ensemble des moyens de signalisation d'un lieu, d'un réseau de transport.

signaleur n.m. Soldat ou marin chargé des signaux.

signalisation n.f. **1.** Installation de signaux sur une voie de circulation ; ensemble de ces signaux : *Des panneaux de signalisation. La signalisation est mal faite.* **2.** Utilisation de signaux pour donner des renseignements à distance : *La signalisation d'un incident sur le réseau ferré.*

signaliser v.t. [conj. 3]. Munir d'une signalisation : *Signaliser une intersection.*

signataire adj. et n. Qui a signé un acte, une pièce quelconque : *Les pays signataires d'un traité. Les signataires d'une pétition.*

signature [siɲatyr] n.f. **1.** Action de signer un texte, un document : *Le jour choisi pour la signature de l'accord.* **2.** Nom ou marque personnelle qu'on met en bas d'une œuvre, d'un document, pour attester qu'on en est l'auteur ou qu'on en approuve le contenu : *Apposez votre signature au bas de chaque page.* **3.** Particularité qui permet de reconnaître l'auteur d'un acte : *Ce meurtre porte la signature du tueur en série* (**SYN.** griffe, marque). **4.** Journaliste ou écrivain de renom : *Cet hebdomadaire réunit trois prestigieuses signatures* (**SYN.** plume). ▸ ***Avoir la signature,*** posséder une délégation de pouvoir, en partic. pour recevoir ou allouer des fonds. ***Signature électronique,*** information codée permettant d'authentifier l'émetteur d'un message électronique.

signe n.m. (lat. *signum*). **1.** Ce qui permet de connaître, de deviner, de prévoir : *Il n'y a aucun signe d'amélioration dans la situation boursière* (**SYN.** indication, indice). *Le moteur donne des signes de fatigue* (**SYN.** marque). **2.** Mot, geste, mimique permettant de faire connaître, de communiquer : *Du coin de l'œil, elle me fit un signe d'encouragement. Tendre la main à qqn en signe de réconciliation.* **3.** Marque distinctive faite sur qqch : *Elle a coché d'un signe les ouvrages à commander.* **4.** Représentation matérielle de qqch, ayant un caractère conventionnel : *Les signes de ponctuation.* **5.** En mathématiques, symbole servant à noter des opérations ou les nombres positifs ou négatifs : *Le signe de l'addition, de la division.* **6.** Manifestation élémentaire d'une maladie : *Des signes cliniques* (**SYN.** symptôme). ▸ ***C'est bon signe, c'est mauvais signe,*** cela annonce quelque chose de bon, de mauvais. ***Donner, ne pas donner signe de vie,*** donner, ne pas donner de ses nouvelles. ***Faire signe à qqn,*** entrer en contact avec lui : *Quand il sera rentré de Bruxelles, faites-moi signe* (= prévenez-moi). ***Faire signe à qqn de*** (+ inf.), ***que*** (+ ind.), lui indiquer par un geste ce qu'il doit ou peut faire : *Il m'a fait signe de partir* ou *que je devais partir.* ***Signe de croix*** ou ***de la croix,*** geste de piété chrétienne consistant à tracer une croix par un mouvement de la main. ***Signe du zodiaque,*** chacune des douze divisions du zodiaque. ***Signe particulier,*** marque ou trait physique caractéristique d'une personne et qui permet de la reconnaître. ***Sous le signe de,*** sous l'influence de. ◆ **signes** n.m. pl. Ensemble de gestes conventionnels ou symboliques qui constituent la base d'une communication non verbale : *Le langage des signes utilisé par les sourds-muets.*

signer v.t. (lat. *signare*, de *signum*, signe) [conj. 3]. **1.** Marquer de sa signature : *Signer une feuille de présence. Signer un contrat par-devant notaire.* **2.** (Sans compl.). Apposer sa signature ; tracer comme signature : *Elle a signé au bas de la lettre. Il a signé d'un pseudonyme, d'une croix.* **3.** Attester par sa marque ou sa signature qu'on est l'auteur de qqch : *Le maître a signé cette toile.* **4.** Laisser un indice constituant une signature : *Il a signé son crime en utilisant ce nœud.* **5.** Être la marque de : *La vente de cette usine signe la fin de l'entreprise familiale.* ▸ ***C'est signé,*** se dit d'une action dont on devine facilement l'auteur : *La vaisselle sale dans l'évier, c'est signé !* ◆ v.i. Utiliser le langage des signes : *des sourds communiquent en signant.* ◆ **se signer** v.pr. Faire le signe de la croix : *Ils se sont signés en entrant.*

signet n.m. **1.** Ruban fixé en haut du dos d'un volume relié et servant à marquer la page que l'on désire retrouver. **2.** En informatique, mode d'accès rapide à l'adresse électronique d'un site Internet stockée dans la mémoire de l'ordinateur.

signifiant, e adj. Qui signifie, est porteur de sens : *Pour eux, c'est une pratique signifiante.* ◆ **signifiant** n.m. En linguistique, forme concrète du signe linguistique (par opp. à signifié).

significatif, ive adj. **1.** Qui exprime qqch de manière claire et précise : *Choisir des exemples significatifs pour illustrer le sens d'un mot* (**SYN.** parlant). **2.** Qui renseigne sur qqch : *Les résultats du premier tour sont significatifs* (**SYN.** révélateur).

signification n.f. **1.** Ce que signifie, représente un signe, un geste, un fait : *La signification d'un vote* (**SYN.** portée, sens). **2.** Sens et valeur d'un mot : *Les dictionnaires de langue donnent les différentes significations des mots* (**SYN.** acception). **3.** Dans la langue juridique, notification d'un acte, d'un jugement, faite par un huissier de justice.

significativement adv. De façon significative, révélatrice.

signifié n.m. En linguistique, contenu sémantique du signe linguistique (par opp. à signifiant) ; sens.

signifier v.t. (lat. *significare,* de *signum,* signe) [conj. 9]. **1.** Avoir un sens déterminé : *Le mot grec « logos » signifie « science » ou « étude »* (= veut dire). *Ce geste signifiait que nous devions nous taire* (**SYN.** indiquer). **2.** Faire connaître d'une manière expresse : *Il nous a signifié sa décision par écrit.* **3.** Dans la langue juridique, notifier par huissier : *Signifier son congé à un locataire* (**SYN.** sommer).

sikh [sik] adj. et n. (d'un mot sanskrit signif. « disciple »). Relatif au sikhisme ; qui est adepte de cette religion.

sikhisme n.m. L'une des quatre grandes religions de l'Inde.

sil [sil] n.m. (mot lat.). Argile rouge ou jaune, dont on faisait des poteries.

silence n.m. (lat. *silentium,* de *silere,* se taire). **1.** Absence de bruit : *Le silence qui règne dans ce lieu isolé* (**SYN.** calme, paix, tranquillité ; **CONTR.** tapage, vacarme). **2.** Action, fait de se taire : *La foule a observé une minute de silence. Le ministre lui a demandé le silence absolu sur cette affaire* (**SYN.** secret). **3.** Fait de cesser de donner de ses nouvelles, notamm. par lettre : *Je commence à m'inquiéter de leur silence.* **4.** Absence de mention de qqch dans un écrit : *Le silence de la loi sur ce délit* (**SYN.** omission). **5.** En musique, interruption plus ou moins longue du son ; signe qui sert à l'indiquer. ▸ ***En silence,*** sans faire de bruit ; sans prononcer un mot. ***Passer qqch sous silence,*** ne pas vouloir en parler, l'omettre sciemment. ***Silence radio,*** absence d'informations, de nouvelles ; fig., refus de commenter, de communiquer : *Depuis sa démission, silence radio.*

silencieusement adv. En silence : *Ils ont manifesté silencieusement devant la mairie* (**CONTR.** bruyamment).

silencieux, euse adj. **1.** Qui garde le silence ; qui est peu communicatif : *Les enfants sont restés silencieux pendant le film* (**SYN.** muet ; **CONTR.** bavard). *Leur collègue est assez silencieuse* (**SYN.** taciturne ; **CONTR.** loquace). **2.** Qui se fait, qui fonctionne sans bruit : *Une manifestation silencieuse. Un lave-linge silencieux* (**CONTR.** bruyant). **3.** Se dit d'un endroit où l'on n'entend aucun bruit : *Un appartement silencieux* (**SYN.** paisible ; **CONTR.** sonore). ◆ **silencieux** n.m. Dispositif conçu pour amortir le bruit de la détonation d'une arme à feu ou d'un moteur à explosion.

silène n.m. (de *Silène,* lat. *Silenus,* nom du père nourricier de Bacchus). Plante à fleurs blanches ou roses, au calice en forme d'outre.

siler v.i. [conj. 3]. *Fam.* Au Québec, produire un son aigu, un sifflement. ▸ ***Avoir les oreilles qui silent,*** éprouver une sensation de sifflement, en l'absence de tout son extérieur.

silex [silɛks] n.m. (mot lat.). Roche siliceuse très dure : *Pendant la préhistoire, les silex servaient d'outils.*

silhouette n.f. (de Étienne de *Silhouette,* contrôleur des finances impopulaire du XVIIIe siècle). **1.** Contour, lignes générales du corps humain ou d'un objet : *Cette robe moulante met sa silhouette en valeur. Il apprécie la silhouette de cette moto* (**SYN.** ligne, profil). **2.** Forme générale d'un être, d'un objet, dont les contours se profilent sur un fond : *Il lui sembla distinguer des silhouettes dans le brouillard. La silhouette de l'église se découpe sur le ciel bleu.*

silhouetter v.t. [conj. 4]. *Litt.* Dessiner en silhouette ; tracer les contours de : *Il silhouette les gens assis à la terrasse.* ◆ **se silhouetter** v.pr. *Litt.* Apparaître en silhouette : *La tour se silhouette sur le ciel étoilé* (**SYN.** se découper, se profiler).

silicate n.m. Minéral qui est un constituant essentiel des roches magmatiques et métamorphiques : *Le quartz est un silicate.*

silice n.f. (du lat. *silex, silicis,* silex). Substance minérale très dure : *Le quartz, la calcédoine et l'opale sont des variétés naturelles de silice.*

siliceux, euse adj. Qui contient de la silice : *Des roches siliceuses.*

silicium [silisjɔm] n.m. Corps simple non métallique utilisé dans les circuits intégrés.

① **silicone** n.f. Dérivé du silicium.

② **silicone** n.m. Polymère composé d'oxygène et de silicium : *Les silicones liquides sont utilisés en cosmétologie ; les silicones solides sont employés pour la réalisation de prothèses.*

silicose n.f. Maladie, en génér. professionnelle, due à l'inhalation prolongée de poussière de silice.

sillage [sijaʒ] n.m. (de *sillon*). Zone de perturbations que laisse derrière lui un navire en mouvement : *Les dauphins s'ébattent dans le sillage du bateau.* ▸ ***Marcher dans le sillage de qqn,*** suivre sa trace, son exemple : *De jeunes chercheurs marchent dans le sillage de ce grand scientifique.*

sillet [sijɛ] n.m. (it. *ciglietto,* de *ciglio,* bord). Fine baguette de bois ou d'ivoire sur laquelle reposent les cordes des instruments de musique à cordes.

sillon [sijɔ̃] n.m. (du gaul.). **1.** Trace laissée à la surface du champ par un instrument de labour : *La charrue creuse de profonds sillons.* **2.** Piste gravée à la surface d'un disque phonographique et contenant l'enregistrement. **3.** Trace longitudinale : *L'âge a creusé des sillons sur son front* (**SYN.** ride). ▸ ***Creuser*** ou ***tracer son sillon,*** poursuivre avec persévérance la réalisation du projet que l'on s'est fixé.

sillonner [sijɔne] v.t. [conj. 3]. Parcourir un lieu, le traverser en tous sens : *Pendant leurs vacances, ils ont sillonné toute l'île.*

silo n.m. (mot esp., du gr. *siros,* fosse à blé). **1.** Réservoir de grande capacité dans lequel on stocke des produits agricoles : *Des silos à grains.* **2.** Cavité creusée dans le sol dans laquelle on stocke des missiles stratégiques.

silotage n.m. Conservation en silo : *Le silotage du blé.*

silure n.m. (lat. *silurus,* du gr.). Poisson d'eau douce, porteur de plusieurs paires de larges barbillons.

silurien, enne adj. et n.m. (du lat. *Silures,* anc. peuple du pays de Galles). En géologie, se dit de la troisième période de l'ère primaire.

simagrée n.f. (Surtout au pl.). Manières affectées ou hypocrites destinées à attirer l'attention ou à tromper : *Arrêtez vos simagrées, vous n'êtes pas du tout content de la voir* (**SYN.** minauderies).

simien, enne adj. (du lat. *simius,* singe). Relatif au singe : *Les espèces simiennes.*

simiesque adj. Qui rappelle le singe : *Cet homme a un visage simiesque.*

similaire adj. (du lat. *similis,* semblable). Se dit de choses qui sont plus ou moins semblables : *Ces virus sont similaires* (**SYN.** analogue, comparable ; **CONTR.** différent, dissemblable).

similarité n.f. Caractère de ce qui est similaire : *Il y a une similarité entre ces deux logiciels* (**SYN.** ressemblance ; **CONTR.** différence, dissemblance).

simili n.m. (du lat. *similis,* semblable). *Fam.* Toute matière qui est une imitation d'une autre ; toc, pacotille : *Ces boucles d'oreilles ne sont pas en or, c'est du simili.*

similicuir n.m. Toile enduite d'un produit plastique qui imite le cuir ; Skaï : *Un sac en similicuir.*

similigravure n.f. Photogravure à partir d'originaux en demi-teintes.

similitude n.f. Grande ressemblance entre deux ou plusieurs choses : *On a relevé de nombreuses similitudes entre ces deux espèces animales* (**SYN.** analogie ; **CONTR.** différence).

simonie n.f. (lat. ecclés. *simonia,* du nom de *Simon le Magicien*). Au Moyen Âge, trafic de choses saintes, de biens spirituels (sacrements) ou de charges ecclésiastiques.

simoun [simun] n.m. (de l'ar.). Vent chaud et violent du désert, soufflant sur les côtes orientales de la Méditerranée.

① **simple** adj. (lat. *simplex*). **1.** Qui n'est formé que d'un seul élément : *Faites le résumé sur une feuille simple* (**CONTR.** double). *L'hydrogène, l'oxygène sont des corps simples* (**SYN.** indivisible ; **CONTR.** composé). **2.** (Avant le n.). Qui n'a besoin de rien d'autre pour produire l'effet attendu : *Une simple goutte de cet acide ferait un trou dans la table* (**SYN.** unique ; **CONTR.** multiple, nombreux). *D'un simple geste, il leur fit comprendre qu'ils devaient s'asseoir.* **3.** Qui est aisé à comprendre, à exécuter (par opp. à compliqué) : *Les explications de ce chercheur sont simples* (**SYN.** clair, limpide ; **CONTR.** confus, embrouillé, obscur). *Ces mots croisés sont trop simples* (**SYN.** facile ; **CONTR.** ardu, difficile, dur). **4.** Qui est constitué d'un petit nombre d'éléments qui s'organisent de manière claire (par opp. à complexe) : *L'intrigue de ce roman policier est très simple* (**SYN.** élémentaire ; **CONTR.** dense, touffu). **5.** Qui est sans recherche ni apprêt ; qui se comporte avec simplicité et franchise : *Ils veulent une cérémonie toute simple* (= sans façon ; **CONTR.** fastueux). *Ce texte est écrit dans une langue très simple* (**SYN.** accessible ; **CONTR.** nébuleux, sibyllin). *Elle a su rester très simple* (**SYN.** naturel ; **CONTR.** arrogant, prétentieux). **6.** (Avant le n.). Se dit de qqn qui est seulement ce que son titre indique : *Je ne peux pas prendre ce genre de décision, je ne suis qu'une simple employée.* **7.** Qui manque de finesse ; qui est par trop naïf : *Ce garçon est charmant mais un peu simple* (**SYN.** crédule, innocent, simplet). ▸ ***Mot simple,*** mot constitué par une forme que l'on ne peut pas décomposer (par opp. à mot composé ou dérivé) : *Le nom « chant » est un mot simple. Fam.* ***Simple comme bonjour,*** extrêmement simple. ***Temps simple,*** en grammaire, forme verbale qui ne compte pas d'auxiliaire de conjugaison (par opp. à temps composé). ***Un simple particulier,*** une personne quelconque, qui n'exerce aucune fonction officielle.

② **simple** n.m. Partie de tennis ou de tennis de table entre deux joueurs (par opp. à double) : *La finale du simple dames.* ▸ ***Passer du simple au double,*** être multiplié par deux : *En quelques mois, les prix sont passés du simple au double.* ◆ n. Personne crédule et naïve ; personne de condition modeste. ▸ ***Simple d'esprit,*** personne atteinte d'une déficience mentale. ◆ **simples** n.m. pl. Plantes médicinales : *Des simples odorants.*

simplement adv. **1.** Avec simplicité : *Il nous a dit simplement les choses* (**SYN.** directement, franchement). *Cette romancière s'exprime simplement* (**SYN.** sobrement). **2.** À l'exclusion de toute autre chose ; uniquement : *Raconte-moi simplement le début* (**SYN.** seulement).

simplet, ette adj. **1.** Qui manque de finesse, d'ouverture d'esprit ; niais : *Un jeune homme simplet.* **2.** Un peu simpliste ; primaire : *Une analyse un peu simplette* (**CONTR.** fin, subtil).

simplicité n.f. Caractère de ce qui est simple : *La simplicité d'un calcul* (**SYN.** facilité ; **CONTR.** complexité, difficulté). *La simplicité d'une église romane* (**SYN.** dépouillement, sobriété ; **CONTR.** faste, magnificence). ▸ ***En toute simplicité,*** sans faire de manières ; à la bonne franquette : *Nous les avons reçus en toute simplicité.*

simplifiable adj. Qui peut être simplifié : *Une méthode simplifiable.*

simplificateur, trice adj. et n. Qui cherche à simplifier : *Un esprit simplificateur* (**SYN.** schématique).

simplification n.f. Action de simplifier : *La simplification de certaines formalités administratives* (**CONTR.** complication).

simplifier v.t. [conj. 9]. Rendre plus simple : *Ils ont simplifié les règles du jeu* (**CONTR.** compliquer). *Vous simplifiez un peu trop la situation* (**SYN.** schématiser).

simplisme n.m. Tendance à simplifier d'une manière excessive.

simpliste adj. et n. D'une simplicité exagérée ; qui ne considère qu'un aspect des choses ; réducteur : *Votre proposition est vraiment simpliste* (**SYN.** rudimentaire, sommaire). *Il est gentil mais un peu simpliste* (**SYN.** primaire).

simulacre n.m. (du lat. *simulacrum,* représentation figurée, de *similis,* semblable). Ce qui n'a que l'apparence de ce qu'il prétend être : *Un simulacre de procès* (**SYN.** caricature, parodie).

① **simulateur, trice** n. Personne qui simule un trouble, un symptôme, une maladie pour en tirer avantage : *Le médecin a démasqué le simulateur.*

② **simulateur** n.m. Dispositif technique capable de reproduire un phénomène, un processus réel afin d'en faciliter l'étude : *Un simulateur de vol.*

simulation n.f. **1.** Action de simuler un état physique, un sentiment : *Une simulation d'évanouissement* (**SYN.** comédie). *Son amitié, c'est de la simulation* (**SYN.** artifice, hypocrisie). **2.** Reproduction artificielle d'un système ; représentation simulée d'un phénomène : *La simulation d'un raz de marée.*

simulé, e adj. Qui n'est pas réel ; qui est feint : *Une* *compassion simulée* (= de commande ; **SYN.** factice, faux ; **CONTR.** sincère, véritable).

simuler v.t. (du lat. *simulare,* feindre, de *similis,* semblable) [conj. 3]. **1.** Faire paraître comme réelle une chose qui ne l'est pas : *Elle a simulé un malaise pour ne pas assister à la réunion* (**SYN.** contrefaire, feindre). **2.** Offrir l'apparence de ; ressembler à : *Les mâts des voiliers dans le port simulent une forêt* (**SYN.** imiter, représenter).

simultané, e adj. (du lat. *simul,* en même temps, ensemble). Qui se produit, existe en même temps : *Il y a eu deux naissances simultanées dans la famille* (**SYN.** concomitant). *Une traduction simultanée.* ◆ **simultanée** n.f. Épreuve au cours de laquelle un joueur d'échecs affronte plusieurs adversaires en même temps.

simultanéité n.f. Fait que deux événements, deux actions se produisent au même moment : *La simultanéité de leurs réactions* (**SYN.** coïncidence, concomitance).

simultanément adv. En même temps : *Les deux téléphones ont sonné simultanément.*

sinanthrope n.m. (du lat. *Sina,* Chine, et du gr. *anthrôpos,* homme). Nom donné à des fossiles humains découverts près de Pékin.

sinapisme n.m. (du lat. *sinapi,* moutarde). *Anc.* Cataplasme à base de farine de moutarde.

sincère adj. (du lat. *sincerus,* pur). **1.** Qui s'exprime sans déguiser sa pensée : *Soyez sincère, dites-moi ce que vous en pensez* (**SYN.** franc ; **CONTR.** hypocrite). **2.** Qui est éprouvé, dit ou fait d'une manière franche : *Une amitié sincère* (**SYN.** authentique, réel, vrai ; **CONTR.** faux, factice). *Des excuses sincères.*

sincèrement adv. De façon sincère : *Répondez-nous sincèrement* (**SYN.** franchement). *Sincèrement, ce genre de livres ne m'intéresse pas* (= à vrai dire ; **SYN.** réellement, vraiment).

sincérité n.f. **1.** Qualité d'une personne sincère : *Certains administrés doutent de la sincérité du maire* (**SYN.** loyauté ; **CONTR.** fausseté, fourberie). **2.** Qualité de ce qui est sincère : *Nul ne peut douter de la sincérité de ses opinions* (**SYN.** authenticité ; **CONTR.** hypocrisie, imposture).

sinécure n.f. (du lat. *sine cura,* sans souci). Situation de tout repos : *Le poste qu'elle vient d'obtenir est une vraie sinécure.* ▸ *Fam.* ***Ce n'est pas une sinécure,*** c'est pénible ; cela donne beaucoup de soucis : *Travailler si loin de son domicile, ce n'est pas une sinécure.*

sine die [sinedje] loc. adv. (mots lat. signif. « sans [fixer] le jour »). Dans le langage juridique, indique qu'aucune date n'a été fixée : *L'audience a été renvoyée sine die.*

sine qua non [sinekwanɔn] loc. adj. inv. (mots lat. signif. « [condition] sans laquelle il n'y a rien à faire »). ▸ ***Condition*** ou ***clause sine qua non,*** condition, clause indispensable pour que qqch existe, se fasse : *Avoir dix-huit ans est une des conditions sine qua non pour pouvoir passer le permis de conduire.*

singalette n.f. (de *Saint-Gall,* nom d'une ville suisse). Toile de coton très simple utilisée pour la préparation de la gaze.

singe n.m. (lat. *simius*). **1.** Mammifère primate à face nue, à mains et pieds terminés par des doigts : *Le chimpanzé, l'orang-outan, l'atèle sont des singes.* **2.** Personne qui contrefait, imite les autres : *Ce n'est qu'un singe de ce grand acteur comique.* **3.** *Arg.* Patron ; contremaître. ▸ ***Être adroit, agile, malin comme un singe,*** être très adroit, très agile, très malin. ***Faire le singe,*** faire des grimaces ou des pitreries : *Cet enfant fait le singe en classe.* *Fam.* ***Payer en monnaie de singe,*** par de belles paroles ou des singeries.

singe-araignée n.m. (pl. *singes-araignées*). Autre nom de l'*atèle.*

singer v.t. [conj. 17]. Imiter qqn de façon caricaturale : *Singer un animateur de télévision* (**SYN.** contrefaire, parodier).

singerie n.f. **1.** Imitation, grimace, geste comique : *Ses singeries ne m'amusent guère* (**SYN.** clownerie, pitrerie). **2.** Section d'un zoo ou d'une ménagerie où sont gardés les singes. ◆ **singeries** n.f. pl. Manières affectées, hypocrites : *Nous ne nous sommes pas laissé prendre à ses singeries* (**SYN.** minauderie, simagrée).

single [singœl] n.m. (mot angl. signif. « seul »). **1.** Compartiment de voiture-lit à une seule place. **2.** Disque de variétés ne comportant qu'un ou deux morceaux (par opp. à album) : *Elle a plusieurs singles de ce chanteur.*

singlet n.m. En Belgique, maillot de corps.

singleton [sɛ̃glətɔ̃] n.m. (mot angl., de *single,* seul). Carte qui est seule de sa couleur dans la main d'un joueur après la donne.

singulariser v.t. [conj. 3]. Rendre singulier, marquant : *Sa voix grave la singularise* (**SYN.** distinguer, particulariser). ◆ **se singulariser** v.pr. Attirer l'attention sur soi par qqch d'étrange ou d'extravagant : *C'est pour se singulariser qu'il dit qu'il n'utilisera jamais Internet* (= se faire remarquer).

singularité n.f. **1.** Caractère singulier de qqch ; originalité : *La singularité des titres de ses œuvres amuse les critiques* (**SYN.** bizarrerie, étrangeté). **2.** Manière extraordinaire, bizarre de parler, d'agir : *Ses singularités amusent ses collègues* (**SYN.** excentricité, extravagance).

① **singulier, ère** adj. (du lat. *singularis,* unique, de *singuli,* un par un). Qui se distingue par qqch d'inusité, d'extraordinaire : *Il a eu un parcours professionnel singulier* (**SYN.** atypique, particulier, unique ; **CONTR.** banal, ordinaire). *Elle a une singulière façon de jouer de cet instrument* (**SYN.** bizarre, spécial ; **CONTR.** normal). ▸ ***Combat singulier,*** combat qu'organisent deux adversaires qui décident de s'affronter seul à seul ; duel.

② **singulier** n.m. En grammaire, catégorie qui exprime l'unité (par opp. à pluriel) : *Les mots sont au singulier dans « une recette originale » et dans « du pain brioché ». Certains noms, comme « fiançailles » et « obsèques », n'ont pas de singulier.*

singulièrement adv. **1.** Beaucoup ; fortement : *Les critères de la beauté ont singulièrement changé en quelques décennies* (**SYN.** énormément). **2.** Principalement ; notamment : *Elle collectionne les cartes postales anciennes et singulièrement celles de sa ville* (**SYN.** particulièrement ; spécialement). **3.** *Sout.* D'une manière bizarre : *Il a réagi singulièrement* (**SYN.** curieusement, étrangement).

sinisant, e n. **1.** Personne qui a appris le chinois, qui le lit ou le parle. **2.** Sinologue.

sinisation n.f. Action de siniser ; fait d'être sinisé.

siniser v.t. (du lat. *Sina,* Chine) [conj. 3]. Diffuser la civilisation, la culture, la langue chinoises dans un pays.

sinistralité n.f. Dans le langage juridique, taux de sinistres : *Les assureurs notent une forte augmentation de la sinistralité.*

① **sinistre** adj. (du lat. *sinister,* qui est du côté gauche). **1.** De mauvais augure ; qui fait craindre un malheur : *Ils entendirent un craquement sinistre* (**SYN.** alarmant, funeste ; **CONTR.** réconfortant). **2.** Qui évoque le malheur et fait naître l'effroi : *Il avait un air sinistre* (**SYN.** inquiétant, patibulaire ; **CONTR.** rassurant). **3.** Triste et ennuyeux ; lugubre : *La soirée a été sinistre* (**SYN.** funèbre ; **CONTR.** gai). *Ils vivent dans un endroit sinistre* (**SYN.** désolé, morne).

② **sinistre** n.m. (de l'it. *sinistro,* malheur, du lat. *sinister,* qui est du côté gauche). **1.** Catastrophe qui entraîne de grandes pertes matérielles et humaines : *Les spécialistes ne pouvaient pas prévoir un tel sinistre* (**SYN.** désastre). *Les pompiers ont fini par maîtriser le sinistre* (= l'incendie). **2.** En termes d'assurance, tout dommage qui oblige à mettre en jeu la garantie : *Déclarer un sinistre à son assureur.*

sinistré, e adj. et n. Qui a été victime d'un sinistre : *Évacuer les populations sinistrées. Recueillir des vivres pour les sinistrés.* ◆ adj. **1.** Qui a subi un sinistre : *Des maisons sinistrées.* **2.** Qui subit de grandes difficultés : *Le gouvernement a promis d'aider ce secteur d'activité sinistré.*

sinistrement adv. De façon sinistre : *Il nous regarda sinistrement* (**SYN.** lugubrement).

sinistrose n.f. *Fam.* Pessimisme systématique.

sinité n.f. Ensemble des caractères et des manières de penser propres à la civilisation chinoise.

sinologie n.f. Étude de l'histoire, de la langue et de la civilisation chinoises.

sinologue n. Spécialiste de sinologie (**SYN.** sinisant).

sinon adv. (de *1. si* et *non*). **1.** Exprime une hypothèse négative ; dans le cas contraire : *Dépêche-toi, sinon tu vas rater ton train* (= sans quoi ; **SYN.** autrement, ou). **2.** Marque un surenchérissement : *Cette chaîne est une des rares, sinon la seule, à diffuser de l'opéra aux heures de grande écoute* (= peut-être même ; **SYN.** voire). **3.** (Souvent employé avec *du moins*). Marque une concession : *Je pensais que vous m'enverriez sinon une lettre, du moins un courriel.* **4.** Marque une exception, une restriction : *Que faire sinon attendre ?* (**SYN.** excepté). ◆ **sinon que** loc. conj. (Suivi de l'ind.). Si ce n'est que ; sauf que : *Je ne peux rien vous dire, sinon qu'il faudra être patient.*

sinople n.m. En héraldique, la couleur verte.

sinuer v.i. [conj. 7]. *Litt.* Faire des sinuosités : *Le chemin sinue à travers la forêt.*

sinueux, euse adj. (lat. *sinuosus,* de *sinus,* pli). **1.** Qui fait des replis, des détours : *Les routes sinueuses de montagne* (= en lacets ; **CONTR.** droit, rectiligne). **2.** *Fig.* Qui ne va pas droit au but ; qui manque de franchise : *La pensée sinueuse d'un homme politique* (**SYN.** tortueux ; **CONTR.** direct).

sinuosité n.f. Détour de qqch de sinueux ; courbe : *Les sinuosités d'un fleuve* (**SYN.** boucle, méandre).

sinus [sinys] n.m. (mot lat. signif. « pli »). **1.** En anatomie, cavité de certains os de la face : *Le sinus frontal. Le sinus maxillaire supérieur.* **2.** En mathématiques, valeur d'un angle d'un triangle rectangle, définie par le rapport entre le côté opposé à cet angle et l'hypoténuse (abrév. sin).

sinusite n.f. En médecine, inflammation des sinus.

sinusoïdal, e, aux adj. Qui a la forme d'une sinusoïde.

sinusoïde n.f. En géométrie, courbe plane présentant une alternance régulière de sommets et de creux et représentant graphiquement les variations du sinus ou du cosinus d'un angle.

sionisme n.m. (de *Sion,* montagne de Jérusalem). Mouvement dont l'objet est l'établissement, puis l'affermissement, d'un État juif en Palestine.

sioniste adj. et n. Relatif au sionisme ; qui en est partisan.

sioux [sju] adj. et n. Qui concerne les Sioux : *Une légende sioux. Une prudence de Sioux.* ◆ adj. *Fam.* Se dit de qqn, de qqch qui est astucieux : *C'était très sioux cette réponse* (**SYN.** rusé). ☞ **REM.** Dans ce sens, on prononce aussi [sjuks].

siphoïde adj. Qui a la forme d'un siphon.

siphon n.m. (du lat. *sipho,* petit tube). **1.** Tube recourbé à deux branches inégales utilisé pour transvaser un liquide d'un certain niveau à un niveau inférieur. **2.** Tube recourbé deux fois et servant à évacuer les eaux usées d'un appareil sanitaire : *Le siphon d'un lavabo.* **3.** Carafe en verre épais, fermée par une soupape commandée par un levier, permettant de faire couler de l'eau gazeuse sous pression : *Ce siphon contient de l'eau de Seltz.*

siphonné, e adj. *Fam.* Fou : *Elle est complètement siphonnée !*

siphonner v.t. [conj. 3]. Transvaser un liquide à l'aide d'un siphon : *On a siphonné le réservoir d'essence de son scooter.*

sir [sœr] n.m. Titre d'honneur chez les Anglais, précédant le prénom suivi ou non du nom de famille.

sire n.m. (du lat. *senior,* plus vieux). Titre porté par les seigneurs à partir du XIIIe siècle ; employé seul, titre donné aux rois, aux empereurs. ▸ *Fam.* ***Un triste sire,*** un individu peu recommandable.

sirène n.f. (bas lat. *sirena,* du gr.). **1.** Dans la mythologie grecque et romaine, démon marin femelle représenté sous forme d'oiseau ou de poisson avec une tête et une poitrine de femme : *Le chant mélodieux des sirènes.* **2.** Appareil qui produit un son puissant servant de signal d'alerte : *La sirène de la caserne des pompiers.* ◆ **sirènes** n.f. pl. Propositions alléchantes mais qui masquent de grands risques : *Écouter les sirènes de la spéculation.*

sirénien n.m. Mammifère herbivore marin ou fluvial, à nageoires : *Le lamantin et le dugong sont des siréniens.*

sirocco n.m. (it. *scirocco,* d'un mot ar. signif. « vent oriental »). Vent très sec et très chaud qui souffle du Sahara vers le sud de la Méditerranée occidentale.

sirop [siro] n.m. (lat. médiév. *sirupus,* d'un mot ar. signif. « boisson »). **1.** Liquide formé de sucre en solution concentrée et de substances médicamenteuses : *Prendre une cuillère de sirop contre la toux.*

2. Solution concentrée de sucre et d'eau ou de jus de fruits, utilisée en cuisine et en pâtisserie, ou consommée en boisson, étendue d'eau : *Des poires au sirop.* 3. En Belgique, pâte épaisse obtenue par la cuisson du jus de pomme et de poire. ▸ ***Sirop d'érable,*** produit obtenu par l'évaporation de la sève de l'érable à sucre.

siroperie n.f. En Belgique, fabrique de sirop.

siroter v.t. [conj. 3]. *Fam.* Boire à petits coups, en savourant : *Ils sirotèrent une bière à la terrasse du café* (SYN. déguster). ◆ v.i. *Fam.* Boire beaucoup de boissons alcoolisées.

sirupeux, euse adj. 1. Qui est de la nature, de la consistance du sirop : *Une liqueur sirupeuse* (SYN. épais, visqueux). 2. Qui est trop banal ; mièvre : *La musique du générique de cette série est sirupeuse.*

sis, e [si, siz] adj. (p. passé de *seoir*). Dans le langage juridique, situé : *Une propriété sise à Rennes.*

sisal n.m. (de *Sisal,* nom d'un port du Yucatán) [pl. *sisals*]. Agave du Mexique dont les feuilles fournissent une fibre textile ; cette fibre : *Un sac en sisal.*

sismal, e, aux ou **séismal, e, aux** adj. Se dit de la ligne qui suit l'ordre d'ébranlement, dans un tremblement de terre.

sismicité ou **séismicité** n.f. Degré de fréquence et d'intensité des tremblements de terre qui affectent telle région du globe.

sismique ou **séismique** adj. (du gr. *seismos,* tremblement de terre, de *seiein,* agiter). Relatif aux tremblements de terre : *Évaluer les risques sismiques.*

sismogramme n.m. Tracé d'un sismographe.

sismographe ou **séismographe** n.m. Appareil destiné à enregistrer l'heure, la durée et l'amplitude des tremblements de terre.

sismologie ou **séismologie** n.f. Science qui étudie les tremblements de terre.

sismologique adj. Relatif à la sismologie.

sismologue n. Spécialiste de sismologie.

sistre n.m. (du gr. *seîstron,* de *seiein,* agiter). Instrument de musique constitué d'un cadre auquel sont fixées des tiges sur lesquelles sont enfilées des coques de fruits, des coquilles et que l'on secoue.

sitar n.m. (mot hindi). Instrument de musique de l'Inde, à cordes pincées.

sitariste n. Joueur de sitar.

sitcom [sitkɔm] n.f. ou n.m. (abrév. de l'angl. *sit[uation] com[edy]*). Comédie destinée à la télévision, et dont l'intérêt dramatique est essentiellement fondé sur les situations.

site n.m. (it. *sito,* du lat. *situs,* situation). 1. Paysage considéré du point de vue de son aspect pittoresque : *Je ne me lasse pas de contempler ce site* (SYN. panorama, point de vue). 2. Lieu géographique considéré du point de vue de ses activités : *Un important site industriel* (SYN. zone). 3. Ensemble de pages Web accessibles via Internet sur un serveur identifié par une adresse (on dit aussi *site Web*) : *Consulter le site d'un chanteur.*

sit-in [sitin] n.m. inv. (mot angl., de *to sit,* s'asseoir). Manifestation non violente consistant à s'asseoir sur la voie publique : *Ils ont fait plusieurs sit-in devant l'entreprise.*

sitologue n. Spécialiste de l'étude et de la conservation des sites, des paysages naturels.

sitôt adv. *Litt.* Marque la postériorité immédiate de l'action principale ; aussitôt : *Sitôt assis, il s'endormit.* ▸ ***De sitôt,*** avant longtemps, dans un délai très rapproché (dans une phrase négative au futur) : *Je ne les réinviterai pas de sitôt.* ***Sitôt dit, sitôt fait,*** indique que la seconde action suit immédiatement la première. ◆ **sitôt que** loc. conj. Marque la postériorité temporelle immédiate ; aussitôt que : *Il remettra les chaises en place sitôt que le carrelage sera sec* (SYN. dès que).

situation n.f. 1. Position géographique d'une localité, d'un emplacement, d'un édifice : *La situation d'un hôtel près d'une gare.* 2. Localisation d'une ville, d'un territoire par rapport à un ensemble géographique plus large : *La situation de la Ruhr en Allemagne.* 3. État, fonction de qqn, de qqch dans un groupe : *La situation de la Chine au sein de l'O.N.U.* (SYN. place, rang). 4. Emploi rémunéré et stable : *Elle a maintenant une belle situation* (SYN. poste). *Il risque de perdre sa situation* (SYN. place, travail). 5. Ensemble des conditions matérielles ou morales dans lesquelles se trouvent une personne, un groupe : *Cette famille se trouve dans une situation catastrophique* (SYN. position). *La situation économique d'un pays* (SYN. conjoncture). 6. Moment spécial de l'action dans une œuvre littéraire : *Situation comique, dramatique.* ▸ ***En situation,*** dans des conditions aussi proches que possible de la réalité : *Mettre des candidats en situation.*

situationnisme n.m. Mouvement contestataire des années 1960, qui critiquait la société de consommation.

situationniste adj. et n. Qui concerne le situationnisme ; qui en est partisan.

situé, e adj. Qui est placé à tel endroit, disposé de telle façon : *Une entreprise située trop loin de la zone industrielle. Un appartement bien situé* (= bien orienté ou dans un bel environnement).

situer v.t. (du lat. *situs,* situation) [conj. 7]. 1. Déterminer la place, la situation de qqn, de qqch dans l'espace ou dans le temps : *Situer une ville sur une carte* (SYN. placer). *Quand situe-t-on cette découverte ?* 2. Considérer qqch, qqn comme un élément d'un groupe : *On situe ce poète parmi les surréalistes* (SYN. classer). 3. Déterminer le milieu de qqn, ses opinions, ses goûts : *Politiquement, je la situerais plutôt à gauche.* ◆ **se situer** v.pr. Avoir sa place dans l'espace ou dans le temps ; avoir lieu : *Où votre boutique se situe-t-elle ? L'action se situe au XXe siècle.*

sivaïsme [ʃivaism] n.m. → **shivaïsme.**

sivaïte [ʃivait] adj. et n. → **shivaïte.**

six [sis] adj. num. card. inv. (lat. *sex*). 1. Cinq plus un : *Il sera de retour dans six mois.* 2. (En fonction d'ordinal). De rang numéro six, sixième : *Ce film est projeté dans la salle six. Charles VI* (= le sixième roi à s'appeler Charles). ☞ REM. On prononce [siz] devant une voyelle ou un « h muet », [si] devant une consonne ou un « h aspiré ». ◆ n.m. inv. 1. Le nombre qui suit cinq dans la série des entiers naturels ; le chiffre représentant ce nombre : *Trois fois deux égale six. Le six arabe.* 2. Face d'un dé ou carte à jouer marquées de six points ou figures : *Il faut faire un six pour pouvoir commencer. Le six de trèfle.* 3. Désigne selon les cas le jour, le numéro d'une chambre, etc. : *Il sera de retour le six.*

sixain [sizɛ̃] n.m. → **sizain.**

sixième [sizjɛm] adj. num. ord. De rang numéro six : *C'est la sixième porte à gauche.* ◆ n. Personne, chose qui occupe le sixième rang : *Vous êtes le sixième à m'appeler.* ◆ adj. et n.m. Qui correspond à la division d'un tout en six parties égales : *Ceci représente un sixième de notre budget.* ◆ n.f. En France, classe constituant la première année du premier cycle de l'enseignement secondaire : *Elle a redoublé la sixième.*

sixièmement [sizjɛmmɑ̃] adv. En sixième lieu.

à la **six-quatre-deux** [siskatdø] loc. adv. *Fam.* Sans soin ; n'importe comment : *Ce roman a été écrit à la six-quatre-deux.*

sixte [sikst] n.f. En musique, intervalle de six degrés dans l'échelle diatonique.

sixtus [sikstys] n.m. En Suisse, épingle à cheveux formant ressort.

sizain ou **sixain** [sizɛ̃] n.m. Strophe ou poème de six vers.

ska n.m. (mot angl.). Musique chantée d'origine jamaïquaine, apparue au début des années 1960.

Skaï [skaj] n.m. (nom déposé). Matériau synthétique imitant le cuir ; similicuir : *Un blouson en Skaï.*

skateboard [skɛtbɔrd] ou **skate** [skɛt] n.m. (de l'angl. *to skate,* patiner, et *board,* planche). Planche à roulettes : *Il a vendu beaucoup de skateboards.*

skeleton [skələtɔn] n.m. (mot angl., du gr. *skeletos,* squelette). Engin de glisse que l'on utilise en étant allongé sur le ventre ; sport pratiqué avec cet engin.

sketch [skɛtʃ] n.m. (mot angl. signif. « esquisse ») [pl. *sketchs* ou *sketches*]. Courte scène parlée, monologue ou dialogue, génér. comique : *Les sketchs de Coluche.*

ski n.m. (mot norvég.). **1.** Long patin de bois, de métal ou de matière synthétique utilisé pour glisser sur la neige ou sur l'eau : *Elle a laissé ses skis à la porte du chalet. Chausser ses skis.* **2.** Sport pratiqué sur la neige sur ces patins : *Un champion de ski.* **3.** Sports d'hiver : *Ils iront au ski en février.* ▸ ***Ski nautique,*** sport dans lequel l'exécutant, tracté par un bateau à moteur, glisse sur l'eau en se maintenant sur un ou deux skis.

skiable adj. Où l'on peut skier : *Étendre le domaine skiable d'une station.*

skicross n.m. Discipline sportive dans laquelle plusieurs skieurs s'élancent en même temps sur un parcours bosselé et très incliné comportant des virages et des tremplins.

skier v.i. [conj. 10]. Pratiquer le ski : *Il a bien skié.*

skieur, euse n. Personne qui pratique le ski.

skiff n.m. (mot angl., du fr. *esquif*). Bateau de sport très étroit et très long, à un seul rameur.

skinhead [skinɛd] ou **skin** n. (mot angl. signif. « tondu », de *skin,* peau, et *head,* tête). Jeune marginal au crâne rasé, adoptant un comportement de groupe agressif, souvent xénophobe.

skippeur , euse n. (angl. *skipper*). **1.** Commandant de bord d'un yacht. **2.** Barreur d'un bateau à voiles de régate.

skons [skɔ̃s] ou **skunks** ou **skuns** n.m. → **sconse.**

Skydome [skajdom] n.m. (nom déposé, de l'angl. *sky,* ciel, et *dome,* coupole). Hublot de plafond permettant à la lumière naturelle d'entrer dans une pièce : *Ils ont mis des Skydomes dans chaque bureau.*

slalom [slalɔm] n.m. (mot norvég.). **1.** Descente à skis sur un parcours sinueux jalonné de portes à franchir. **2.** Parcours très sinueux, comprenant de nombreux virages : *Le motard fait du slalom entre les voitures.*

slalomer v.i. [conj. 3]. **1.** À skis, descendre en slalom. **2.** Faire du slalom entre des obstacles : *Le coursier slalome entre les voitures.*

slalomeur, euse n. Personne qui pratique le slalom.

slam [slam] n.m. (de l'angl. *to slam,* claquer). Poésie urbaine, orale, déclamée dans un lieu public, sur un rythme scandé.

slameur, euse n. Personne qui interprète, compose du slam.

slash n.m. (mot anglo-amér.) [pl. *slashs* ou *slashes*]. Caractère typographique (/) utilisé comme élément de séparation en informatique (on dit aussi *barre oblique* ou *barre de fraction*).

slave adj. et n. (du lat. médiév. *sclavus,* esclave). Relatif au groupe ethnique qui comprend les Russes, les Biélorusses, les Ukrainiens, les Polonais, les Serbes, les Croates, les Tchèques, les Slovaques, etc. : *Les langues slaves.* ◆ n.m. Groupe de langues indo-européennes parlées par les Slaves. ▸ ***Vieux slave,*** slavon.

slavisant, e n. Spécialiste des langues slaves.

slaviser v.t. [conj. 3]. Donner le caractère slave à ; diffuser la culture, la langue slaves.

slavon n.m. Langue liturgique des Slaves orthodoxes (on dit aussi *vieux slave*).

sleeping [slipiŋ] n.m. (de l'angl. *sleeping [car],* de *to sleep,* dormir, et *car,* voiture). *Vx* Dans les chemins de fer, voiture-lit : *Des sleepings.*

slice [slajs] n.m. (mot angl.). Effet latéral donné à une balle, au tennis, au golf.

slip [slip] n.m. (mot angl., de *to slip,* glisser). Culotte moulante à taille basse, servant de sous-vêtement ou de maillot de bain : *Des slips en coton.*

slogan n.m. (mot angl.). **1.** Formule brève et frappante lancée pour propager une opinion, soutenir une action : *Les manifestants scandaient des slogans.* **2.** Phrase publicitaire concise et originale, qui vante un produit, une marque.

sloop [slup] n.m. (néerl. *sloep,* du fr. *chaloupe*). Navire à voiles à un mât, n'ayant qu'un seul foc à l'avant.

slovaque adj. et n. De la Slovaquie. ◆ n.m. Langue slave parlée en Slovaquie.

slovène adj. et n. De la Slovénie. ◆ n.m. Langue slave parlée en Slovénie.

slow [slo] n.m. (mot angl. signif. « lent »). Danse lente sur des musiques sentimentales ; cette musique : *Les slows les plus connus.*

smala ou **smalah** n.f. (de l'ar. *zamala,* famille). **1.** Ensemble de la maison d'un chef arabe, avec ses serviteurs, ses tentes, ses troupeaux et ses équipages. **2.** *Fam.* Famille ou suite nombreuse et encombrante : *Ils partent en vacances avec leur smala* (**SYN.** tribu).

smash [smaʃ ou smatʃ] n.m. (mot angl., de *to smash,* écraser) [pl. *smashs* ou *smashes*]. Au tennis, au tennis de table, au volley-ball, coup qui rabat violemment une balle haute.

smasher [smaʃe ou smatʃe] v.i. [conj. 3]. Faire un smash : *Elle sait bien smasher.* ◆ v.t. Rabattre vivement : *Smasher une balle.*

S.M.I.C. ou **SMIC** [smik] n.m. (sigle). ▸ ***Salaire minimum interprofessionnel de croissance*** → **salaire.**

smicard, e n. *Fam.* Personne dont le salaire est égal au S.M.I.C.

smiley [smajlɛ] n.m. (de l'angl. *to smile,* sourire). Dans un message électronique, association de caractères typographiques évoquant un visage expressif : *Son message contient plusieurs smileys.* ☞ **REM.** Il est recommandé de remplacer cet anglicisme par *frimousse* ; au Québec, on dit *binette.*

smocks [smɔk] n.m. pl. (de l'angl. *smock[-frock],* blouse [de paysan]). Fronces rebrodées sur l'endroit, servant de garniture à certains vêtements : *Un chemisier à smocks.*

smog [smɔg] n.m. (mot angl., de *sm[oke],* fumée, et *[f]og,* brouillard). Mélange de fumée et de brouillard, qui s'accumule parfois au-dessus des grandes villes industrielles.

smoking [smɔkiŋ] n.m. (de l'angl. *smoking-jacket,* veste pour fumer). Tenue de soirée masculine.

smorzando [smɔrtsɑ̃do] adv. (mot it.). Terme de musique indiquant qu'il faut diminuer l'intensité des sons jusqu'au silence. ◆ n.m. Passage d'une œuvre exécuté de cette manière : *Des smorzandos.*

SMS [ɛsɛmɛs] n.m. (sigle de l'angl. *short message service*). Minimessage.

snack-bar ou **snack** n.m. (mot anglo-amér., de *snack,* portion) [pl. *snack-bars, snacks*]. Restaurant où l'on sert des plats simples, rapidement et à toute heure : *Ils ont mangé un croque-monsieur dans un snack-bar.*

sniff ou **snif** interj. Évoque un bruit de reniflement.

sniffer v.t. (de l'angl. *to sniff,* renifler) [conj. 3]. *Fam.* Absorber une drogue en l'aspirant par le nez.

snob adj. et n. (mot angl.). Qui fait preuve de snobisme : *Des goûts snobs. Elles sont devenues snobs.*

snober v.t. [conj. 3]. Traiter avec mépris, en rejetant d'un air supérieur : *Elle nous a snobés. Ils snobent notre chorale d'amateurs.*

snobinard, e adj. et n. *Fam.* Qui tente d'imiter les snobs : *Cette snobinarde n'achète que des vêtements de marque.*

snobisme n.m. Admiration aveugle pour tout ce qui est en vogue dans les milieux tenus pour distingués : *C'est par snobisme qu'il emploie beaucoup d'anglicismes.*

snowboard [snobɔrd] n.m. (mot angl. signif. « planche à neige »). Surf des neiges.

snow-boot [snobut] n.m. (mot angl., de *snow,* neige, et *boot,* bottine) [pl. *snow-boots*]. *Vieilli* Chaussure de caoutchouc que l'on porte par-dessus les chaussures ordinaires.

soap opera [sopɔpera] ou **soap** n.m. (mots angl. signif. « opéra pour le savon ») [pl. *soap operas, soaps*]. Feuilleton télévisé à épisodes multiples, mettant en scène des personnages à la psychologie stéréotypée : *Des soap operas célèbres.*

sobre adj. (du lat. *sobrius,* qui n'a pas bu, de *ebrius,* ivre). **1.** Qui mange ou boit avec modération : *Depuis qu'elle a été malade, elle est devenue sobre* (**SYN.** tempérant [sout.]). **2.** Se dit d'un animal qui mange peu et qui peut rester longtemps sans boire : *Le dromadaire est sobre.* **3.** Qui montre de la mesure, de la réserve : *Les paroles qu'il a prononcées pour son départ en retraite étaient très sobres* (**SYN.** modéré, réservé ; **CONTR.** exalté, outrancier). **4.** Qui n'est pas chargé d'ornements inutiles : *Le style de cette maison est sobre* (**SYN.** dépouillé, simple ; **CONTR.** rococo, tarabiscoté).

sobrement adv. **1.** Avec sobriété, tempérance : *Il a bu sobrement pour pouvoir reprendre le volant* (**SYN.** modérément, peu ; **CONTR.** excessivement). **2.** Avec simplicité et discrétion : *Elle s'est habillée sobrement* (**SYN.** simplement).

sobriété n.f. **1.** Comportement d'une personne, d'un animal sobre : *Je l'admire pour sa sobriété* (**SYN.** frugalité, tempérance ; **CONTR.** intempérance). **2.** Qualité de ce qui se caractérise par une absence d'ornements superflus : *La sobriété d'une façade* (**SYN.** dépouillement, simplicité ; **CONTR.** démesure). **3.** *Litt.* Qualité de qqn qui se comporte avec retenue : *Utiliser son autorité avec sobriété* (**SYN.** mesure, modération ; **CONTR.** outrance).

sobriquet n.m. Surnom familier, donné par dérision, moquerie ou affectueusement : *« Le boulanger, la boulangère et le petit mitron » étaient les sobriquets donnés à Louis XVI, à Marie-Antoinette et au Dauphin, au début de la Révolution.*

soc n.m. (du gaul.). Partie de la charrue qui s'enfonce dans la terre et y creuse des sillons.

soccer [sɔkœr] n.m. (mot anglo-amér.). Au Québec, football (par opp. à football américain).

sociabiliser v.t. [conj. 3]. Rendre sociable ; intégrer dans la vie sociale : *La crèche sociabilise les jeunes enfants.*

sociabilité n.f. Qualité d'une personne sociable : *Tout le monde apprécie la sociabilité du nouveau directeur* (**SYN.** amabilité, civilité ; **CONTR.** misanthropie).

sociable adj. (du lat. *sociare,* associer, de *socius,* allié, associé). **1.** Qui recherche la compagnie de ses semblables : *Cet enfant est très sociable* (**SYN.** liant ; **CONTR.** asocial, solitaire). **2.** Avec qui il est facile de vivre : *Son mari devient de moins en moins sociable* (**SYN.** aimable, courtois ; **CONTR.** bourru, insociable, sauvage).

social, e, aux adj. (du lat. *socius,* allié, associé). **1.** Relatif à une société, à une collectivité humaine : *La famille est la cellule sociale de base. Le corps social* (= l'ensemble des citoyens). **2.** Qui concerne les rapports entre un individu et les autres membres de la collectivité : *La vie sociale. Les classes sociales.* **3.** Qui vit en société : *L'homme est un être social. Le loup est un animal social.* **4.** Qui concerne les rapports entre les groupes qui constituent la société : *Combattre les inégalités sociales. Les conflits sociaux. Les risques sociaux* (maladie, maternité, accidents, chômage, veuvage, etc.). **5.** Qui vise à l'amélioration des conditions de vie des moins favorisés : *Mener une politique sociale. Des logements sociaux. Les syndicats demandent un train de mesures sociales. Des avantages sociaux.* **6.** Relatif aux sociétés civiles et commerciales : *Raison sociale. Le siège social de cette entreprise se trouve à Lyon.* ▸ ***Sciences sociales,*** ensemble des sciences (sociologie, droit, économie) qui étudient les groupes humains, leur comportement, leur évolution. ***Sécurité sociale*** → **sécurité.** ***Travailleur social,*** personne dont la fonction consiste à venir en aide aux membres d'une collectivité, d'un établissement : *Les* *aides maternelles, les travailleuses familiales, les assistants sociaux sont des travailleurs sociaux.* ◆ **social** n.m. ▸ ***Le social,*** l'ensemble des actions concernant l'amélioration des conditions de vie et de travail des membres de la société.

social-chrétien, sociale-chrétienne adj. et n. [pl. *sociaux-chrétiens, sociales-chrétiennes*]. En Belgique, relatif au Parti social-chrétien ; qui en est partisan.

social-démocrate, sociale-démocrate adj. et n. (pl. *sociaux-démocrates, sociales-démocrates*). Se dit d'un partisan de la social-démocratie.

social-démocratie n.f. (pl. *social-démocraties*). Ensemble des organisations et des hommes politiques qui se rattachent au socialisme parlementaire et réformiste.

socialement adv. Dans l'ordre social ; relativement à la société : *Une famille socialement défavorisée.*

socialisant, e adj. Qui est favorable au socialisme, sans y adhérer totalement.

socialisation n.f. **1.** Apprentissage de la vie en société ; adaptation d'un enfant à un groupe social. **2.** Collectivisation des moyens de production et d'échange, des sources d'énergie, du crédit.

socialiser v.t. [conj. 3]. **1.** Adapter un individu, partic. un enfant, aux exigences de la vie sociale. **2.** Procéder à la socialisation des moyens de production ou d'échange.

socialisme n.m. Dénomination de diverses doctrines économiques, sociales et politiques, liées par une commune condamnation de la propriété privée des moyens de production et d'échange : *Ce courant dérive du socialisme.*

socialiste adj. et n. Qui est partisan du socialisme ; membre d'un parti socialiste : *Le Parti socialiste français. Le maire de cette commune est un socialiste.* ◆ adj. Relatif au socialisme, à ses partisans.

sociétaire adj. et n. Qui fait partie de certaines sociétés ou associations : *Tous nos sociétaires bénéficient de cette prestation* (**SYN.** adhérent, membre).

sociétal, e, aux adj. Qui se rapporte aux divers aspects de la vie sociale des individus : *Les enjeux économiques et sociétaux d'Internet.*

société n.f. (du lat. *societas,* association, de *socius,* allié, associé). **1.** Mode de vie propre à l'homme et à certains animaux, qui vivent en groupes organisés : *Certains insectes vivent en société.* **2.** Ensemble d'individus vivant en groupe organisé ; milieu humain caractérisé par ses institutions, ses lois, ses règles : *Il ne s'est jamais vraiment intégré dans la société* (**SYN.** collectivité, communauté). *Cette sociologue s'intéresse aux sociétés traditionnelles.* **3.** Groupe social formé de personnes qui se fréquentent, se réunissent pour une activité commune ou en fonction d'intérêts communs : *Une société choisie* (**SYN.** cercle, compagnie). *La haute société* (= les gens riches). *Une société sportive* (**SYN.** club). **4.** Dans le langage juridique, contrat par lequel deux ou plusieurs personnes mettent en commun soit des biens, soit leur activité en vue de réaliser des bénéfices, qui seront ensuite partagés entre elles (abrév. S^{té}) : *Ils ont des parts dans cette grande société. Elle a décidé de créer sa propre société* (= de se lancer seule). **5.** *Litt.* Fait d'avoir des relations suivies, des contacts avec d'autres individus : *Il fuit la société des autres hommes* (**SYN.** compagnie, fréquentation). **6.** *Fam., vieilli* Ensemble des personnes réunies dans un même lieu : *Elle salua la société et sortit* (**SYN.** assemblée, assistance). ▸ ***Jeu de société,*** jeu propre à divertir dans les réunions familiales, amicales. ***La société civile,*** la société dans son fonctionnement concret, le corps social (par opp. à la classe politique). ***Société anonyme*** ou ***S.A.,*** société dont le capital est divisé en actions négociables. ***Société à responsabilité limitée*** ou ***S.A.R.L.,*** société dont les parts ne peuvent être cédées librement à des personnes étrangères à la société.

société-écran n.f. (pl. *sociétés-écrans*). Société commerciale à l'activité fictive, créée pour masquer les opérations financières d'autres sociétés.

socioculturel, elle adj. Relatif aux structures sociales et à la culture qui en est issue : *Elle est responsable de l'animation socioculturelle de la ville.*

socio-économique adj. (pl. *socio-économiques*). Relatif aux phénomènes sociaux et économiques : *Les licenciements ont un impact socio-économique.*

socio-éducatif, ive adj. (pl. *socio-éducatifs, ives*). Relatif aux phénomènes sociaux dans leurs relations avec l'éducation, l'enseignement : *Un foyer socio-éducatif.*

sociolinguiste [sɔsjolɛ̃gɥist] n. Spécialiste de sociolinguistique.

sociolinguistique [sɔsjolɛ̃gɥistik] n.f. Discipline qui étudie les relations entre la langue et les facteurs sociaux. ◆ adj. Relatif à la sociolinguistique : *Une enquête sociolinguistique.*

sociologie n.f. Étude scientifique des sociétés humaines et des faits sociaux.

sociologique adj. Relatif à la sociologie, aux faits qu'elle étudie : *Les aspects sociologiques de l'allongement de la durée de la vie.*

sociologue n. Spécialiste de sociologie.

sociométrie n.f. Étude des relations entre les membres d'un groupe social, à partir d'analyses quantitatives.

sociopolitique adj. Qui concerne l'organisation politique de la société.

socioprofessionnel, elle adj. Qui concerne un groupe social défini par la profession de ses membres : *À quelle catégorie socioprofessionnelle appartenez-vous ?* ◆ n. Personne qui participe à la vie politique en tant que représentant d'une catégorie socioprofessionnelle.

socket [sɔkɛ] n.m. En Belgique, douille ou culot de lampe.

socle n.m. (de l'it. *zoccolo,* sabot, du lat. *soccus,* socque). **1.** Soubassement servant de support à une colonne, à une sculpture : *Le socle de cette statue est en marbre* (**SYN.** piédestal). **2.** *Fig.* Base stable ; assise solide : *Ce résultat électoral est un socle solide pour refonder le parti.*

socque n.m. (lat. *soccus*). **1.** Chaussure à semelle de bois ; sabot. **2.** Dans l'Antiquité, chaussure basse que portaient les acteurs comiques.

socquette [sɔkɛt] n.f. Chaussette basse s'arrêtant à la cheville.

socratique adj. Relatif à Socrate et à sa philosophie : *L'ironie socratique.*

soda n.m. (de l'angl. *soda [water]*, [eau de] soude). Boisson gazeuse additionnée de sirop de fruit : *Des sodas frais.*

sodé, e adj. Qui contient de la soude.

sodique adj. Qui contient du sodium.

sodium [sɔdjɔm] n.m. (mot angl., de *soda*, soude). Métal alcalin blanc et mou très répandu dans la nature à l'état de chlorure (sel marin et sel gemme) et de nitrate.

sodomie n.f. (de *Sodome*, nom d'une ville de l'Antiquité). Pratique du coït anal.

sodomiser v.t. [conj. 3]. Pratiquer la sodomie sur qqn.

sœur n.f. (lat. *soror*). **1.** Fille née du même père et de la même mère qu'une autre personne : *Il vient d'avoir une petite sœur.* **2.** Femme appartenant à une congrégation religieuse ; titre qu'on lui donne : *Les sœurs de la Charité. Ma sœur.* **3.** Chose de genre féminin qui ressemble beaucoup à une autre : *La jalousie est la sœur de la calomnie.* **4.** *Litt.* Celle avec qui on partage le même sort : *Elle était ma sœur d'infortune.* ▸ ***Âme sœur*** → **âme.** *Fam.* ***Bonne sœur,*** religieuse.

sœurette n.f. *Fam.* Petite sœur.

sofa n.m. (d'un mot ar. signif. « estrade couverte d'un tapis »). Canapé rembourré, muni d'appuis sur trois côtés : *Il y a trois sofas dans leur salon.*

soft [sɔft] adj. inv. (mot angl. signif. « doux »). **1.** Se dit d'un film érotique où les relations sexuelles sont simulées (par opp. à hard). **2.** *Fam.* Qui est relativement édulcoré, qui ne peut choquer : *Les histoires qu'elle écrit sont soft.* ◆ n.m. inv. **1.** Cinéma érotique. **2.** *Vieilli* En informatique, abrév. de *software.*

software [sɔftwɛr] n.m. (mot anglo-amér., de *soft*, mou, et *ware*, marchandise). *Vieilli* En informatique, logiciel (par opp. à hardware, matériel).

soi pron. pers. (lat. *se*). **1.** Pronom singulier des deux genres s'employant dans des phrases qui ont un sujet indéterminé : *Si chacun joue pour soi, ça ne va plus. Trop parler de soi importune les autres. Rester chez soi pendant les vacances. Ne porter rien d'autre sur soi qu'un maillot de bain.* **2.** Peut être renforcé par « même » : *Le repliement sur soi-même peut conduire à la dépression.* ▸ ***Cela va de soi,*** c'est évident, naturel. ***De soi-même,*** de sa propre initiative, spontanément. ***En soi,*** par lui-même, par sa nature : *En soi, ce projet est intéressant mais il est irréalisable.*

soi-disant adj. inv. **1.** Qui prétend être tel : *Deux soi-disant journalistes demandent à vous voir.* **2.** (Emploi critiqué). Que l'on prétend tel : *Il vend de soi-disant vêtements de marque* (**SYN.** prétendu). ◆ adv. Sous le prétexte de : *Ils nous ont quittés très tôt soi-disant pour éviter les embouteillages* (**SYN.** prétendument). ◆ **soi-disant que** loc. conj. *Fam.* À ce qu'il paraît : *On ne retrouve ce chèque nulle part, soi-disant qu'il aurait été volé* (= il paraît, il paraîtrait que).

soie n.f. (du lat. *seta*, soie de porc, crin). **1.** Fil fin et brillant sécrété par certaines chenilles et diverses araignées. **2.** Étoffe faite avec la soie produite par la chenille du ver à soie : *Un foulard en soie.* **3.** Poil dur et raide du porc, du sanglier : *Une brosse en soies de sanglier.* **4.** *Fig., litt.* Ce qui est fin, brillant, doux comme les fils de soie : *La soie de ses cheveux.* ▸ ***Papier de soie,*** papier très fin et translucide : *Envelopper des bibelots dans du papier de soie.*

soierie [swari] n.f. **1.** Étoffe de soie : *Des soieries de toutes les couleurs.* **2.** Fabrication, commerce de la soie.

soif n.f. (lat. *sitis*). **1.** Besoin de boire ; sensation que produit ce besoin : *Cette fontaine nous a permis d'étancher notre soif. Je meurs de soif.* **2.** *Fig.* Désir ardent, avide de qqch ; appétit : *Ils ont soif de liberté. Cet élève a soif d'apprendre* (**SYN.** faim). ▸ *Fam.* ***Jusqu'à plus soif,*** sans fin ; à satiété : *Ils ont joué du djembé jusqu'à plus soif.*

soiffard, e n. *Fam.* Personne qui boit trop de boissons alcoolisées : *C'est une soiffarde* (**SYN.** alcoolique, ivrogne).

soignant, e adj. et n. Qui donne des soins : *Le personnel soignant d'une maison de retraite.*

① **soigné, e** adj. **1.** Qui manifeste le soin de sa personne, de sa mise : *Une jeune femme très soignée* (**SYN.** coquet, élégant ; **CONTR.** négligé, sale). **2.** Exécuté avec soin : *Un exposé particulièrement soigné* (**SYN.** minutieux ; **CONTR.** hâtif).

② **soigné, e** n. Personne qui reçoit des soins.

soigner v.t. (du frq.) [conj. 3]. **1.** Procurer les soins nécessaires à la guérison de qqn : *Ils n'ont pas assez de médicaments pour soigner les enfants atteints de ce virus* (**SYN.** traiter). **2.** Prendre grand soin de qqn, de qqch : *Elle aime soigner ses hôtes* (**SYN.** choyer, gâter). *Cette adolescente soigne sa peau* (**SYN.** entretenir). **3.** Apporter de l'application à qqch : *Vous devriez soigner votre écriture* (**SYN.** parfaire, peaufiner). ◆ **se soigner** v.pr. **1.** Prendre les moyens nécessaires pour rétablir sa santé : *Elle se soigne régulièrement.* **2.** Pouvoir être traité, guéri : *Une maladie qui se soigne aisément.*

soigneur n.m. Personne qui prend soin de l'état physique d'un sportif : *Son soigneur lui masse les jambes avant la course.*

soigneusement adv. Avec soin : *Elle a ouvert le paquet soigneusement* (**SYN.** minutieusement). *Il lit soigneusement tous les manuscrits qu'on lui envoie* (**SYN.** attentivement).

soigneux, euse adj. **1.** Qui apporte du soin, de l'application à ce qu'il fait : *Un graveur particulièrement soigneux* (**SYN.** appliqué, méticuleux). **2.** Qui prend soin des objets, ne les abîme pas : *Elle n'est pas soigneuse avec ses disques.* **3.** Qui est fait, exécuté de façon sérieuse, méthodique : *Malgré un examen soigneux, elle n'a pas réussi à trouver la cause de la panne* (**SYN.** minutieux ; **CONTR.** hâtif, négligé).

soin n.m. (du frq.). **1.** Attention, application à qqch : *Il a appliqué l'enduit avec soin* (**SYN.** minutie). **2.** Charge, devoir de faire qqch ou de veiller à qqch : *Je vous laisse le soin de rédiger cette lettre* (**SYN.** responsabilité). **3.** Produit cosmétique : *Un soin hydratant.* ▸ ***Avoir*** ou ***prendre soin de qqn, qqch,*** y être attentif, veiller sur eux : *Ayez soin des enfants. Tu aurais pu prendre soin du livre que je t'avais prêté.* ***Avoir*** ou ***prendre soin de*** (+ inf.), faire en sorte de ; penser à : *Quand tu rentres, prends soin de fermer la porte à clef* (**SYN.** veiller à). ◆ **soins** n.m. pl. **1.** Moyens par lesquels on s'efforce de rendre la santé à un malade : *Faute de soins, son état risque d'empirer* (**SYN.** traitement). *Les soins dentaires.* **2.** Moyens hygiéniques qui visent à conserver ou à améliorer l'état de la peau, des ongles, des cheveux : *Les soins du visage.* ▸ ***Aux bons soins de,*** formule inscrite sur une lettre pour demander à un intermédiaire de la faire parvenir au vrai destinataire. *Fam.* ***Être aux petits soins pour qqn,*** avoir pour lui des attentions délicates. ***Soins intensifs,*** ensemble de soins médicaux nécessitant du matériel et du personnel spécialisés ; réanimation.

soir n.m. (du lat. *sero,* tard, de *serus,* tardif). Moment du déclin, de la fin du jour (par opp. à matin) : *Le soir tombe. Ils couchent leur enfant à huit heures du soir. Je t'appellerai ce soir* (= dans la soirée). ♦ adv. Dans la soirée : *Elles sont allées au restaurant samedi soir. Il va au cinéma tous les mercredis soir.*

soirée n.f. **1.** Espace de temps depuis le déclin du jour jusqu'au moment où l'on se couche : *Il a lu toute la soirée* (**SYN.** soir, veillée). **2.** Fête, réunion qui a lieu le soir : *Elle organise une soirée pour son anniversaire* (**SYN.** réception). **3.** Spectacle donné dans la soirée (par opp. à matinée) : *Ils sont allés au théâtre en soirée.* ▸ ***De soirée,*** se dit d'une tenue, d'un vêtement très habillés que l'on porte à une soirée.

① **soit** [swa] conj. coord. (3e pers. du subj. prés. du verbe *être*). Introduit une explication, une précision : *Ils possèdent un terrain de deux hectares, soit 20 000 m^2* (**SYN.** c'est-à-dire). ☞ **REM.** On prononce [swat] devant une voyelle. ▸ ***Soit*** (+ n. sing. ou pl.), ***soient*** (+ n. pl.), introduit les données d'un problème : *Soit* ou *soient deux droites perpendiculaires* (= étant donné). ***Soit..., soit...,*** marque une alternative : *Elle portera soit sa jupe noire, soit sa robe bleue* (**SYN.** ou). *Soit vous lui dites la vérité, soit vous vous taisez pour toujours.* ♦ **soit que** loc. conj. (Suivi du subj.). Indique une alternative : *Nous nous verrons demain, soit que j'aille chez vous, soit que vous veniez à la maison.*

② **soit** [swat] adv. Marque l'approbation : *Soit, nous allons t'accompagner* (**SYN.** d'accord, entendu). *Tout ceci est un peu précipité, soit* (= admettons).

soixantaine [swasɑ̃tɛn] n.f. **1.** Groupe de soixante ou d'environ soixante unités : *Elle lit une soixantaine de livres par an. Une soixantaine d'élèves ont participé au cross.* **2.** Âge d'à peu près soixante ans : *Il doit avoir la soixantaine.*

soixante [swasɑ̃t] adj. num. card. inv. (lat. *sexaginta*). **1.** Six fois dix : *Elle pèse soixante kilos.* **2.** (En fonction d'ordinal). De rang numéro soixante ; soixantième : *J'en suis à la page soixante.* ♦ n.m. inv. **1.** Le nombre qui suit cinquante-neuf dans la série des entiers naturels : *Trente fois deux égale soixante.* **2.** Désigne selon les cas le numéro d'une chambre, d'un immeuble, etc. : *Il habite au soixante de cette rue.*

soixante-dix [swasɑ̃tdis] adj. num. card. inv. **1.** Soixante plus dix : *Un troupeau de soixante-dix têtes.* **2.** (En fonction d'ordinal). De rang numéro soixante-dix ; soixante-dixième : *On lui a attribué le casier soixante-dix.* ♦ n.m. inv. **1.** Le nombre qui suit soixante-neuf dans la série des entiers naturels : *Sept fois dix égale soixante-dix.* **2.** Désigne selon les cas le numéro d'une chambre, d'un immeuble, etc. : *Il faudrait nettoyer la soixante-dix.*

soixante-dixième [swasɑ̃tdizjɛm] adj. num. ord. De rang numéro soixante-dix : *Elle entre dans sa soixante-dixième année.* ♦ n. Personne, chose qui occupe le soixante-dixième rang : *Il est le soixante-dixième sur la liste électorale.* ♦ adj. et n.m. Qui correspond à la division d'un tout en soixante-dix parties égales : *Un soixante-dixième des dépenses de l'État.*

soixante-huitard, e [swasɑ̃tɥitar, ard] adj. et n. (pl. *soixante-huitards, es*). *Fam.* Se dit des personnes qui ont participé aux événements de mai 1968, de ce qui concerne ces événements.

soixantième [swasɑ̃tjɛm] adj. num. ord. De rang numéro soixante : *Le soixantième étage d'une tour.* ♦ n. Personne, chose qui occupe le soixantième rang : *C'est le soixantième de la liste.* ♦ adj. et n.m. Qui correspond à la division d'un tout en soixante parties égales : *Une échelle au un soixantième.*

soja [sɔʒa] n.m. (mot mandchou). Plante grimpante, voisine du haricot, cultivée pour ses graines, qui fournissent une huile alimentaire. ▸ ***Germe de soja,*** jeune pousse issue de la graine du mungo, et que l'on consomme crue en salade ou cuite.

① **sol** n.m. (du lat. *solum,* base). **1.** Partie superficielle de l'écorce terrestre : *La fusée est retombée sur le sol. Le sol est recouvert de neige.* **2.** Terre considérée quant à sa nature ou à ses qualités productives : *Un sol argileux* (**SYN.** terrain). *Un sol peu fertile.* **3.** Surface formant le plancher d'un local, d'une habitation : *Le sol d'un garage. Passer la serpillière sur le sol de la cuisine.* **4.** *Litt.* Contrée, région, territoire : *Regagner le sol natal* (= la patrie ; **SYN.** pays, terre). ▸ ***Droit du sol,*** détermination de la nationalité d'après le lieu de naissance de l'individu (par opp. à droit du sang).

② **sol** n.m. inv. (première syllabe de *solve,* dans l'hymne de saint Jean-Baptiste). Note de musique, cinquième degré de la gamme de *do.*

solaire adj. (du lat. *sol, solis,* soleil). **1.** Relatif au Soleil : *L'énergie solaire. Les rayons solaires.* **2.** Relatif à l'énergie fournie par le Soleil : *Installer un capteur solaire sur le toit d'une maison. Une calculatrice solaire* (= qui s'allume à la lumière). **3.** Qui protège du soleil : *Crème, huile solaire.* ▸ ***Système solaire,*** ensemble du Soleil et des astres qui gravitent autour de lui. ♦ n.m. Ensemble des techniques, des industries qui mettent en œuvre l'énergie solaire : *Développer le solaire.*

solarium [sɔlarjɔm] n.m. (mot lat. signif. « lieu exposé au soleil »). **1.** Établissement où l'on traite certaines affections de la peau par la lumière solaire. **2.** Emplacement aménagé pour les bains de soleil : *Cet hôtel est équipé de plusieurs solariums.*

soldat n.m. (it. *soldato,* de *soldare,* prendre à sa solde). **1.** Homme équipé et instruit par un État pour la défense de son territoire ; homme faisant partie d'une armée : *Des soldats surveillent la frontière* (**SYN.** militaire). **2.** Dans les sociétés de fourmis et de termites, individu adulte stérile, chargé de la défense de la communauté. ▸ *Fam.* ***Jouer au petit soldat,*** adopter une attitude téméraire.

soldate n.f. Femme soldat.

soldatesque n.f. Troupe de soldats indisciplinés et brutaux : *Des villages attaqués par la soldatesque.*

① **solde** n.f. (de l'it. *soldo,* paie, du lat. *solidus* ou *soldus,* pièce d'or). **1.** Traitement des militaires et de certains fonctionnaires assimilés : *Il vient de toucher sa solde.* **2.** En Afrique, salaire, paie. ▸ *Péjor.* ***Être à la solde de qqn,*** être payé pour défendre ses intérêts : *La presse est à la solde du dictateur* (= au service de).

Sans solde, sans toucher d'argent, de salaire : *Elle a pris un congé sans solde.*

② **solde** n.m. (de *solder*). **1.** Différence entre le débit et le crédit d'un compte : *Un solde positif.* **2.** Ce qui reste à payer d'une somme : *Vous paierez le solde un mois avant le départ* (**SYN.** complément, reliquat). **3.** (Souvent au pl.). Vente de marchandises à prix réduit ; ces marchandises elles-mêmes : *La période des soldes. Dans cette boutique, les soldes sont très intéressants.* ▸ ***En solde,*** se dit d'un article vendu au rabais, soldé : *Tous les vêtements d'hiver sont en solde à partir d'aujourd'hui.* ***Pour solde de tout compte,*** formule marquant qu'un paiement solde un compte, et destinée à prévenir toute contestation ultérieure.

solder v.t. (de l'it. *saldare,* arrêter un compte) [conj. 3]. **1.** Vendre des marchandises au rabais : *Solder les robes de soirée après la période des fêtes* (**SYN.** liquider). **2.** En Afrique, donner un salaire à. ▸ ***Solder un compte,*** achever de le régler. ◆ **se solder** v.pr. **[par].** Avoir pour résultat : *Sa tentative de battre le record s'est soldée par un échec* (**SYN.** aboutir à).

solderie n.f. Magasin spécialisé dans la vente de marchandises soldées.

soldeur, euse n. Commerçant qui vend des marchandises soldées.

① **sole** n.f. (anc. prov. *sola,* du lat. *solea,* sandale). Poisson marin plat, à chair ferme et délicate.

② **sole** n.f. (du lat. *solea,* sandale, de *solum,* base). **1.** Plaque cornée formant le dessous du sabot d'un animal. **2.** Partie horizontale d'un four, sur laquelle on place les produits à traiter. **3.** Étendue de terre labourable d'une exploitation pratiquant l'assolement.

solécisme n.m. (lat. *solaecismus,* du gr. *soloikismos,* de *Soloi,* ville de Cilicie où l'on parlait un grec incorrect). Construction syntaxique s'écartant de la forme grammaticale admise : *« Bien qu'il a répondu à toutes les questions » est un solécisme ; on doit dire « bien qu'il ait répondu à toutes les questions ».*

soleil n.m. (lat. *sol, solis*). **1.** (Avec une majuscule). Étoile autour de laquelle gravite la Terre : *Mercure est la planète la plus proche du Soleil.* **2.** Étoile quelconque : *Examiner les soleils au télescope* (**SYN.** astre). **3.** Lumière, chaleur, rayonnement du Soleil ; temps ensoleillé : *Laisser entrer le soleil dans une pièce. Se protéger du soleil. Il fait soleil aujourd'hui.* **4.** En botanique, autre nom du *tournesol.* **5.** En gymnastique, tour complet exécuté en arrière autour d'une barre fixe. **6.** Pièce d'artifice tournante, qui jette des feux évoquant les rayons du Soleil. ▸ ***Avoir du bien, des biens au soleil,*** avoir une, des propriétés immobilières. ***Sous le soleil,*** sur la Terre, dans notre monde : *Rien de nouveau sous le soleil.*

solen [sɔlɛn] n.m. (du gr. *sôlên,* canal). Autre nom du mollusque appelé *couteau.*

solennel, elle [sɔlanɛl] adj. (du lat. *sollennis,* qui revient tous les ans, de *annus,* an). **1.** Qui est célébré avec éclat et en public : *L'inauguration solennelle d'un musée.* **2.** Qui présente une gravité, une importance particulières : *Le président a fait une déclaration solennelle à la télévision* (**SYN.** officiel). **3.** Qui prend un air important et grave, frisant le ridicule : *Il prit un ton solennel pour annoncer son départ du gouvernement* (**SYN.** pompeux, sentencieux ; **CONTR.** naturel, simple).

solennellement [sɔlanɛlmɑ̃] adv. De façon solennelle, publique, officielle : *Nous proclamons solennellement notre attachement aux droits de l'homme.*

solennité [sɔlanite] n.f. **1.** Caractère de ce qui est solennel ; pompe : *La solennité de la réception d'un chef d'État étranger* (**SYN.** apparat, cérémonial). **2.** Fête solennelle ; cérémonie de caractère officiel : *La solennité du défilé du 14-Juillet.* **3.** *Litt.* Caractère de ce qui est empreint d'une gravité majestueuse : *La solennité d'un spectacle à la Comédie-Française.*

solfatare n.f. (de l'it. *solfatara,* soufrière). Dans un volcan, lieu de dégagement d'une fumerolle avec dépôt de soufre.

solfège n.m. (it. *solfeggio,* de *solfa,* gamme, de *sol* et *fa,* notes de musique). **1.** Discipline qui permet d'apprendre les signes de la notation musicale et de reconnaître les sons qu'ils représentent : *Un exercice de solfège.* **2.** Recueil d'exercices musicaux : *Prenez vos solfèges.*

solfier v.t. [conj. 9]. Chanter un morceau de musique en nommant les notes.

solidaire adj. (du lat. *in solidum,* pour le tout, de *solidus,* solide, compact). **1.** Qui est lié à qqn d'autre, à un groupe par une responsabilité commune, des intérêts communs : *Nous sommes solidaires des personnes menacées d'expulsion.* **2.** Se dit de choses qui dépendent l'une de l'autre : *L'imprimante est solidaire de l'ordinateur* (**SYN.** interdépendant). *Ces deux affaires sont solidaires* (**CONTR.** distinct, indépendant).

solidairement adv. D'une façon solidaire : *Les locataires ont agi solidairement.*

solidariser v.t. [conj. 3]. **1.** Constituer la réunion, la jonction entre des pièces d'un mécanisme : *En embrayant on solidarise le moteur avec les roues d'un véhicule* (**CONTR.** désolidariser, dissocier). **2.** Rendre solidaires des personnes : *Les derniers événements ont solidarisé les citoyens* (**SYN.** rapprocher, unir ; **CONTR.** désunir, diviser). ◆ **se solidariser** v.pr. **[avec].** Se déclarer solidaire de : *Les membres de l'équipe se sont solidarisés avec le joueur suspendu* (**SYN.** s'unir ; **CONTR.** se désolidariser, se désunir).

solidarité n.f. **1.** Dépendance mutuelle entre des personnes : *Il existe une solidarité entre les magistrats.* **2.** Sentiment qui pousse les hommes à s'accorder une aide mutuelle : *Par solidarité, ils ont recueilli de l'argent pour les sinistrés* (**SYN.** fraternité ; **CONTR.** égoïsme, individualisme).

① **solide** adj. (du lat. *solidus,* compact). **1.** Qui présente une consistance relativement ferme (par opp. à liquide, à fluide) : *La grêle est de l'eau à l'état solide. Le malade ne peut avaler aucune nourriture solide* (**SYN.** consistant). **2.** Capable de durer, de résister : *La chaîne avec laquelle elle attache son vélo est solide* (**SYN.** résistant ; **CONTR.** fragile). **3.** Qui ne peut être détruit ; stable : *Les liens entre ces deux familles sont solides* (**SYN.** durable, indestructible ; **CONTR.** éphémère, précaire). **4.** Qui est bien établi ; sur lequel on peut se fonder : *Elle a une solide réputation de bavarde. L'avocat a des arguments solides pour défendre son client* (**SYN.** fondé, sérieux, sûr ; **CONTR.** boiteux, faible). **5.** Qui est vigoureux ; qui a de la résistance : *Un solide jeune homme* (**SYN.** robuste ; **CONTR.** malingre). *Dans son métier, il faut avoir les nerfs solides* (**CONTR.** fragile).

② **solide** n.m. **1.** Nourriture à base d'aliments solides :

Vous devez manger un peu de solide. **2.** En physique, corps qui se trouve à l'état solide, en partic. à la température et à la pression ordinaires (par opp. à un liquide, à un gaz) : *Le fer et le nickel sont des solides.* **3.** En géométrie, portion d'espace limitée par une surface mesurable : *Un cône, une pyramide, un polyèdre sont des solides.* ▸ *Fam.* ***C'est du solide,*** il s'agit d'une chose sérieuse, importante, digne de considération : *Cette piste, c'est du solide.*

solidement adv. De façon solide : *Les valises sont solidement attachées sur la galerie. La démocratie est solidement ancrée dans ce pays.*

solidification n.f. Passage d'un corps de l'état liquide ou gazeux à l'état solide : *La solidification de l'eau par le froid.*

solidifier v.t. [conj. 9]. Faire passer à l'état solide : *La cuisson a solidifié la poterie* (**SYN.** durcir ; **CONTR.** fluidifier, ramollir). ◆ **se solidifier** v.pr. Devenir solide : *L'eau se solidifie à 0 °C* (**CONTR.** se liquéfier).

solidité n.f. Qualité de ce qui est solide : *Vérifier la solidité d'une étagère* (**SYN.** résistance, robustesse ; **CONTR.** fragilité). *La solidité d'un programme électoral* (**SYN.** sérieux ; **CONTR.** inconsistance).

soliflore n.m. (du lat. *solus,* seul, et *flos, floris,* fleur). Vase destiné à ne contenir qu'une seule fleur.

soliloque n.m. (du lat. *solus,* seul, et *loqui,* parler). **1.** Discours de qqn qui se parle à lui-même ; monologue intérieur. **2.** Discours de qqn qui, en compagnie, est seul à parler, comme pour lui-même : *La scène 3 de l'acte II est un long soliloque du héros* (**SYN.** monologue ; **CONTR.** dialogue).

soliloquer v.i. [conj. 3]. Se parler à soi-même : *Il soliloque en conduisant* (**SYN.** monologuer).

solipsisme n.m. (du lat. *solus,* seul, et *ipse,* soi-même). Doctrine, attitude philosophique selon laquelle le moi constitue la seule réalité existante.

soliste n. Artiste qui exécute un solo.

① **solitaire** adj. et n. (lat. *solitarius,* de *solus,* seul). Qui est seul ; qui aime à être seul : *Elle se sent solitaire depuis leur départ* (**SYN.** esseulé, isolé). *C'est un solitaire qui fuit la compagnie des autres* (**SYN.** ermite, misanthrope). ◆ adj. **1.** Qui est placé dans un lieu écarté : *Il s'est installé dans un endroit solitaire pour écrire son livre* (**SYN.** isolé, perdu, retiré ; **CONTR.** fréquenté). **2.** Qui se fait, qui se passe dans la solitude ; que l'on fait seul : *Elle mène une existence solitaire. Il aime les promenades solitaires* ou *en solitaire* (= en solo).

② **solitaire** n.m. **1.** Diamant taillé en brillant et monté seul. **2.** Jeu de combinaisons, auquel on joue seul. **3.** Vieux sanglier qui vit isolé.

solitairement adv. De façon solitaire ; en solitaire : *Il vit solitairement.*

solitude n.f. (lat. *solitudo,* de *solus,* seul). **1.** État d'une personne seule : *Il supporte mal la solitude* (**SYN.** isolement ; **CONTR.** compagnie). **2.** État d'un lieu inhabité ou situé à l'écart : *Pour écrire, elle se réfugie dans la solitude de son chalet.*

solive n.f. (de *2. sole*). Pièce de charpente horizontale supportant un plancher.

soliveau n.m. Petite solive.

sollicitation n.f. (Surtout au pl.). **1.** Prière, démarche instante en faveur de qqn : *Depuis son élection, elle est assaillie de sollicitations* (**SYN.** requête, supplique). **2.** Ce qui sollicite qqn, attire son intérêt, son attention : *Les touristes sont soumis à de multiples sollicitations* (**SYN.** appel, incitation).

solliciter v.t. (du lat. *sollicitare,* agiter) [conj. 3]. **1.** Demander avec déférence : *Je suis venu solliciter une entrevue* (**SYN.** réclamer, requérir). **2.** Faire appel à qqn ; quémander : *Depuis qu'il a gagné au Loto, on le sollicite beaucoup.* **3.** Éveiller l'intérêt ; provoquer : *Dans cette ville, tout sollicite la curiosité* (**SYN.** attirer).

solliciteur, euse n. Personne qui sollicite une place, une faveur : *Le ministre reçoit chaque jour des lettres de solliciteurs* (**SYN.** quémandeur).

sollicitude n.f. (du lat. *sollicitudo,* inquiétude). Soins attentifs, affectueux : *Elle est pleine de sollicitude pour* ou *envers ses parents* (**SYN.** attention, prévenance).

solo n.m. (mot it. signif. « seul ») [pl. *solos* ou *soli*]. **1.** Morceau joué ou chanté par un seul artiste, accompagné ou non : *Des solos de guitare.* **2.** Partie d'un ballet dansée par un seul artiste. **3.** Spectacle solo. ▸ ***En solo,*** exécuté par une personne seule : *Escalade en solo* (= en solitaire). ◆ adj. Qui joue seul : *Une batterie solo.* ▸ ***Spectacle solo,*** où l'artiste est seul sur scène (**SYN.** one-man-show [anglic.] ; on dit aussi *un solo*).

solstice [sɔlstis] n.m. (lat. *solstitium,* de *sol,* soleil, et *stare,* s'arrêter). Chacun des deux jours de l'année où le Soleil est le plus éloigné de l'équateur : *Dans l'hémisphère Nord, le solstice d'hiver (le 21 ou 22 décembre) est le jour le plus court de l'année, et le solstice d'été (le 21 ou le 22 juin) le jour le plus long, et inversement dans l'hémisphère Sud.*

solubilisé, e adj. Que l'on a rendu soluble : *Du chocolat solubilisé.*

solubilité n.f. Qualité de ce qui est soluble : *La solubilité d'un café en poudre* (**CONTR.** insolubilité).

soluble adj. (bas lat. *solubilis,* de *solvere,* dénouer, dissoudre). **1.** Qui peut se dissoudre dans un solvant : *Les sels de bain sont solubles dans l'eau* (**CONTR.** insoluble). **2.** Qui peut être résolu : *Un exercice de logique soluble* (**SYN.** résoluble ; **CONTR.** insoluble).

soluté n.m. (lat. *solutus,* de *solvere,* dissoudre). Préparation médicamenteuse liquide : *Un soluté buvable.*

solution n.f. (lat. *solutio,* de *solvere,* dénouer, dissoudre). **1.** Dénouement d'une difficulté ; réponse à une question, à un problème : *Quelle est la solution de cette charade ?* (**SYN.** clef, résultat). **2.** Actions qui peuvent résoudre une difficulté : *À ta place, j'aurais opté pour une solution plus radicale* (**SYN.** moyen). **3.** Manière dont une affaire complexe se termine : *La solution de ce problème social n'est malheureusement pas pour demain* (**SYN.** conclusion, dénouement, issue). **4.** En chimie et en physique, liquide contenant un corps dissous : *Une solution d'iode.* ▸ ***Solution de continuité,*** interruption dans la continuité de quelque chose, dans le déroulement d'un processus ; séparation d'éléments auparavant liés : *Grâce à notre réseau mondial, il n'y a aucune solution de continuité dans vos livraisons* (= interruption, hiatus). ***Solution finale,*** dans la terminologie nazie, plan d'extermination des Juifs.

solutionner v.t. [conj. 3]. (Emploi critiqué). Donner une solution à : *Réussir à solutionner un problème* (**SYN.** résoudre).

solvabilité n.f. Fait d'être solvable : *La solvabilité d'un débiteur* (**CONTR.** insolvabilité).

solvable adj. (du lat. *solvere,* dénouer, payer). Qui a les moyens de payer ses créanciers : *Leur locataire n'est plus solvable* (**CONTR.** insolvable).

solvant n.m. (du lat. *solvere,* dissoudre). Substance capable de dissoudre d'autres substances ; dissolvant : *Le white-spirit est un solvant très efficace.*

somali, e adj. et n. Qui se rapporte aux Somali, appartient à ce peuple. ◆ **somali** n.m. Langue parlée en Somalie.

somatique adj. (du gr. *sôma, sômatos,* corps). Qui concerne le corps (par opp. à psychique) : *Une affection somatique* (**SYN.** organique, physiologique).

somatisation n.f. Traduction d'un conflit psychique en affection somatique.

somatiser v.t. [conj. 3]. Opérer une somatisation : *Elle somatise souvent ses contrariétés.*

sombre adj. (du lat. *subumbrare,* faire de l'ombre, de *umbra,* ombre). **1.** Peu éclairé : *Cette boutique est assez sombre* (**SYN.** obscur ; **CONTR.** lumineux). **2.** Se dit d'une couleur mêlée de noir ou de brun : *Il ne porte que des vêtements sombres* (**SYN.** foncé ; **CONTR.** clair). **3.** Qui manifeste de la tristesse, de l'inquiétude : *Je sentis à son air sombre qu'il s'était produit une chose grave* (**SYN.** morne, morose ; **CONTR.** enjoué, gai, joyeux). **4.** Qui ne laisse place à aucun espoir : *L'avenir est sombre pour les jeunes* (**SYN.** angoissant, menaçant). ◆ adv. ▸ ***Il fait sombre,*** il y a peu de lumière, on y voit peu.

sombrer v.i. [conj. 3]. **1.** Être englouti dans l'eau : *Le pétrolier a sombré au large de nos côtes* (= a fait naufrage ; **SYN.** couler). **2.** Se laisser aller sans pouvoir réagir : *Elle a sombré dans la dépression* (**SYN.** plonger). *Il a sombré dans la toxicomanie* (**SYN.** s'enfoncer, glisser).

sombrero [sɔ̃brero] n.m. (mot esp., de *sombra,* ombre). Chapeau à larges bords porté dans les pays hispaniques : *Beaucoup de touristes achètent des sombreros.*

① **sommaire** adj. (du lat. *summarium,* abrégé, de *summa,* somme). **1.** Qui est traité, exposé en peu de mots : *Faire un compte rendu sommaire d'une réunion* (**SYN.** bref, concis, succinct ; **CONTR.** détaillé, exhaustif). **2.** Qui est réduit à la forme la plus simple : *Ces enfants ont reçu une éducation sommaire* (**SYN.** rudimentaire). **3.** Qui est exécuté rapidement : *Le garagiste a fait une révision sommaire de la voiture* (**SYN.** rapide, superficiel ; **CONTR.** complet). **4.** Qui est fait sans respecter les formalités ou la légalité : *Une exécution sommaire* (= sans jugement préalable).

② **sommaire** n.m. **1.** Analyse abrégée, sommaire d'un ouvrage : *Le sommaire d'un livre* (**SYN.** résumé). **2.** Liste des chapitres d'un ouvrage ; table des matières.

sommairement adv. **1.** De façon sommaire ou rudimentaire. **2.** En peu de mots ; brièvement.

sommation n.f. (de *1. sommer*). **1.** Appel lancé par un représentant qualifié de la force publique, enjoignant à une ou plusieurs personnes de s'arrêter : *Le policier a ouvert le feu après les sommations réglementaires* (**SYN.** semonce). **2.** Acte d'huissier mettant qqn en demeure de payer ou de faire qqch.

① **somme** n.f. (lat. *summa,* de *summus,* qui est le plus haut). **1.** Résultat d'une addition : *Faites la somme de ces deux nombres* (**SYN.** total). **2.** Ensemble de choses qui s'ajoutent : *La somme des besoins en médicaments ne cesse de croître* (**SYN.** quantité). **3.** Quantité déterminée d'argent : *Elle a parié une somme importante sur ce cheval.* **4.** Œuvre, ouvrage important qui fait la synthèse des connaissances dans un domaine : *Une somme historique.* ▸ ***Somme toute*** ou ***en somme,*** enfin ; en résumé : *Somme toute, nous n'étions pas si loin de la vérité* (= finalement). *En somme, cela ouvre de nouvelles perspectives* (= au fond).

② **somme** n.f. (du lat. *sagma,* bât, charge). ▸ ***Bête de somme,*** animal employé à porter des fardeaux (par opp. à bête de trait).

③ **somme** n.m. (du lat. *somnus,* sommeil). Action de dormir pour un temps assez court : *Elle a fait un somme après le déjeuner* (= une sieste).

sommeil n.m. (du lat. *somnus*). **1.** État naturel et périodique de l'organisme pendant lequel la vie consciente est suspendue ; état d'une personne qui dort : *L'enfant est plongé dans un profond sommeil.* **2.** Envie, besoin de dormir : *J'ai sommeil. Nous tombons de sommeil.* **3.** État momentané d'inertie, d'inactivité : *Faute de moyens, nous avons dû mettre ce projet en sommeil* (= l'interrompre ; **SYN.** en suspens). ▸ *Litt.* ***Le sommeil éternel,*** la mort. ***Maladie du sommeil,*** maladie contagieuse transmise par la mouche tsé-tsé.

sommeiller v.i. [conj. 4]. **1.** Dormir d'un sommeil léger : *Il lui arrive de sommeiller dans le train* (**SYN.** somnoler). **2.** Exister à l'état latent : *Cet événement a réveillé les passions qui sommeillaient en lui.*

sommelier, ère n. (de l'anc. prov. *saumalier,* conducteur de bêtes de somme). Personne chargée du service des vins et liqueurs dans un restaurant.

sommelière n.f. En Suisse, serveuse dans un café, un restaurant.

① **sommer** v.t. (de *1. somme*) [conj. 3]. Signifier à qqn, dans les formes requises, qu'il a à faire qqch ; lui faire une sommation : *Sommer un locataire de payer son loyer* (= mettre en demeure de). *Je vous somme de me dire la vérité* (**SYN.** enjoindre [sout.], ordonner).

② **sommer** v.t. (de *1. somme*) [conj. 3]. En mathématiques, faire la somme de : *Sommer des nombres décimaux* (**SYN.** additionner, totaliser).

sommet n.m. (de l'anc. fr. *som,* du lat. *summus,* qui est le plus haut). **1.** La partie la plus élevée ; le haut : *Nous avons couru jusqu'au sommet de la falaise* (**SYN.** crête). *L'oiseau a fait son nid au sommet de l'arbre* (**SYN.** cime). **2.** Degré suprême d'une hiérarchie, point culminant : *Une cantatrice au sommet de la gloire* (= à l'apogée de ; **SYN.** faîte [litt.], summum). ▸ ***Conférence au sommet,*** conférence internationale à laquelle ne participent que des chefs d'État ou de gouvernement (on dit aussi *un sommet*). ***Sommet d'un angle,*** point où se croisent les deux côtés de l'angle.

sommier n.m. (du lat. *sagma,* bât). **1.** Châssis plus ou moins souple qui, dans un lit, supporte le matelas : *Un sommier à ressorts.* **2.** Registre utilisé par certains comptables ou économes. ▸ ***Sommier de police,*** fichier centralisant le relevé des condamnations prononcées par les tribunaux (on dit aussi *le sommier*) : *Maigret envoya les empreintes au sommier.*

sommital, e, aux adj. Relatif au sommet de qqch : *Le cratère sommital d'un volcan.*

sommité n.f. Personne éminente dans un domaine quelconque ; personne qui est au sommet de son art ; personnalité : *Les étudiants ont rencontré une des sommités de la physique* (**SYN.** lumière, phare).

somnambule n. et adj. (du lat. *somnus*, sommeil, et *ambulare*, marcher). Personne qui marche, parle et agit pendant son sommeil : *Cet enfant est somnambule.*

somnambulique adj. Relatif au somnambulisme : *Des crises somnambuliques.*

somnambulisme n.m. État d'une personne somnambule.

somnifère adj. et n.m. (du lat. *somnus*, sommeil, et *ferre*, porter). Se dit d'une substance qui provoque le sommeil : *Le médecin lui a prescrit des somnifères* (**SYN.** soporifique).

somniloquie n.f. (du lat. *somnus*, sommeil, et *loqui*, parler). Émission de sons plus ou moins bien articulés durant le sommeil.

somnolence n.f. **1.** Sommeil léger ; assoupissement : *Se sentir glisser dans la somnolence.* **2.** Manque d'activité : *Depuis la fermeture de la mine, la région a sombré dans la somnolence* (**SYN.** léthargie, marasme ; **CONTR.** dynamisme).

somnolent, e adj. (du lat. *somnolentus*, assoupi, de *somnus*, sommeil). **1.** Relatif à la somnolence : *La chaleur rend somnolent.* **2.** Qui semble engourdi ; qui manque d'animation : *Un village somnolent* (**CONTR.** actif, dynamique).

somnoler v.i. [conj. 3]. Être en état de somnolence : *Ce médicament la fait somnoler* (**SYN.** s'assoupir, sommeiller).

somptuaire adj. (du lat. *sumptuarius*, qui concerne la dépense, de *sumere*, se saisir de, prendre). Se dit d'une dépense excessive faite par goût du luxe. ☞ **REM.** Ne pas confondre avec *somptueux.*

somptueusement adv. De façon somptueuse : *Leur appartement est somptueusement décoré* (**SYN.** fastueusement, luxueusement ; **CONTR.** modestement).

somptueux, euse adj. (du lat. *sumptuosus*, coûteux, de *sumere*, se saisir de, prendre). **1.** Dont la magnificence suppose une grande dépense : *Ils possèdent une somptueuse villa au bord de la mer* (**SYN.** luxueux, princier ; **CONTR.** humble, modeste). **2.** Qui est d'une beauté éclatante : *Les illustrations de ce livre sont somptueuses* (**SYN.** splendide ; **CONTR.** sobre). ☞ **REM.** Ne pas confondre avec *somptuaire.*

somptuosité n.f. Caractère de ce qui est somptueux : *La somptuosité d'un décor de théâtre* (**SYN.** splendeur).

① **son, sa** adj. poss. (du lat. *suus*) [pl. *ses*]. **1.** (Indique un possesseur de la 3ᵉ pers. du sing.). Qui est à lui, à elle ; qui le, la concerne ; qui lui est propre : *Son sac est sur la table. Sa chaussure lui fait mal. Ses jambes mesurent plus d'un mètre. Son oncle, sa tante et ses cousins étaient présents.* **2.** Précède un titre honorifique pour désigner des personnes : *Son Éminence.*

② **son** n.m. (lat. *sonus*). **1.** Sensation auditive engendrée par une vibration acoustique : *La vitesse du son.* **2.** Toute vibration acoustique considérée du point de vue des sensations auditives ainsi créées : *Cet instrument a un son mélodieux. Le son des pas sur le carrelage* (**SYN.** bruit). **3.** Intensité sonore d'un appareil : *Pourrais-tu monter le son du téléviseur ?* (**SYN.** volume). **4.** Ensemble des techniques d'enregistrement et de reproduction des sons, au cinéma, à la radio, à la télévision : *L'ingénieur du son.* ▸ ***Au son*** ou ***aux sons de qqch***, en suivant la musique, les rythmes de : *Ils dansent au son du biniou.* ***Spectacle son et lumière***, spectacle nocturne, ayant pour cadre un site ancien, et qui retrace son histoire à l'aide d'illuminations et d'évocations sonores, musicales.

③ **son** n.m. (du lat. *secundus*, qui suit, de *sequi*, suivre). Fragments d'enveloppes de grains de céréales qui résultent de la mouture : *Dans le pain complet, il y a du son.* ▸ ***Tache de son***, tache de rousseur ; éphélide.

sonal n.m. (pl. *sonals*). Bref thème musical qui introduit une émission ou un message publicitaire.

sonar n.m. (acronyme de l'angl. *so[und] na[vigation] r[anging]*). Appareil de détection sous-marine, utilisant la réflexion des ondes sonores.

sonate n.f. (it. *sonata*, de *sonare*, jouer sur un instrument). Composition musicale en un ou en plusieurs mouvements, pour soliste ou ensemble instrumental : *Une sonate de Bach.*

sonatine n.f. (it. *sonatina*). Petite sonate.

sondage n.m. **1.** Action de sonder une cavité, une étendue d'eau, un sol ; creusement d'un trou pour introduire une sonde : *Le sondage des fonds sous-marins.* **2.** En médecine, introduction dans un conduit naturel d'une sonde destinée à évacuer le contenu d'une cavité ou à y introduire un médicament. **3.** Enquête menée auprès d'un échantillon de la population jugé représentatif d'un groupe social, en vue d'établir des caractéristiques statistiques que l'on peut rapporter à la totalité de la population (on dit aussi *sondage d'opinion*) : *Faire un sondage pour connaître les intentions de vote des Français.*

sonde n.f. (de l'anglo-saxon *sund*, mer). **1.** Appareil servant à déterminer la profondeur de l'eau et la nature des fonds marins ou du sol. **2.** En médecine, instrument cylindrique qui sert à pratiquer un sondage : *Une sonde gastrique.* **3.** Appareil servant à forer un puits de pétrole. ▸ ***Sonde spatiale***, véhicule spatial non habité, destiné à étudier un astre du système solaire ou l'espace interplanétaire.

sondé, e n. Personne interrogée lors d'un sondage d'opinion ; enquêté : *60 % des sondés approuvent la décision du Premier ministre.*

sonder v.t. [conj. 3]. **1.** Mesurer, au moyen d'une sonde ou d'un sondeur, la profondeur de : *Sonder un port.* **2.** Explorer un sol pour en déterminer la nature ou pour y déceler un minerai, de l'eau : *La compagnie pétrolière fait sonder plusieurs terrains* (**SYN.** forer, prospecter). **3.** En médecine, procéder au sondage d'une plaie, d'un conduit. **4.** En statistique, soumettre un ensemble de personnes à un sondage d'opinion. **5.** *Fig.* Interroger qqn de manière insidieuse pour connaître sa pensée : *J'ai essayé de le sonder pour savoir à qui il allait confier cette mission* (**SYN.** tâter).

① **sondeur, euse** n. **1.** Personne qui effectue des sondages du sol. **2.** Personne qui fait des sondages d'opinion : *Le sondeur s'est placé à l'entrée du magasin* (SYN. enquêteur).

② **sondeur** n.m. Appareil à sonder : *Un sondeur à ultrasons.*

sondeuse n.f. Machine automotrice ou remorquée utilisée pour le forage des puits de pétrole à faible profondeur.

songe n.m. (du lat. *somnium*, rêve, de *somnus*, sommeil). **1.** *Litt.* Rêve : *Faire un songe* (= rêver). **2.** Vues de l'esprit ; vaines imaginations : *Il nourrit le songe d'être un poète* (SYN. chimère, illusion, mirage).

songe-creux n.m. inv. *Litt.* Homme qui nourrit son esprit de chimères ; utopiste.

songer v.t. ind. [conj. 17]. **[à]. 1.** Avoir présent à l'esprit ; avoir l'intention de : *Elle songe à prendre une assurance-vie* (SYN. envisager de, projeter de). **2.** Penser à qqn, à qqch qui mérite attention ; tenir compte de : *En faisant ce choix, il a d'abord songé à ses enfants* (SYN. se préoccuper de). *Elle n'a pas songé à la peine qu'elle me ferait en ne venant pas* (SYN. réfléchir). ▸ ***Sans songer à mal,*** sans avoir de mauvaises intentions ; innocemment : *Je vous ai dit cela sans songer à mal.* ◆ v.i. *Litt.* S'abandonner à des rêveries : *Il a passé sa matinée à songer* (SYN. rêvasser).

songerie n.f. Pensée vague ; rêverie.

songeur, euse adj. Qui est perdu dans une rêverie ; qui est absorbé dans une réflexion : *Elle est songeuse et ne nous a pas vus entrer* (SYN. rêveur). *Ce que vous venez de dire me laisse songeur* (SYN. pensif, préoccupé).

sonique adj. **1.** Qui concerne la vitesse du son. **2.** Qui se déplace à la vitesse du son (par opp. à subsonique, à supersonique) : *Un avion sonique.*

sonnaille n.f. (de *sonner*). Clochette attachée au cou des bestiaux ; clarine.

① **sonnailler** n.m. Animal qui, dans un troupeau, porte la sonnaille et marche le premier.

② **sonnailler** v.i. [conj. 3]. Faire tinter sa sonnaille.

sonnant, e adj. **1.** Qui sonne ; qui peut sonner : *Une horloge comtoise sonnante.* **2.** Précis, en parlant de l'heure ; tapant : *Je dois partir à midi sonnant. Chaque jour, son mari l'appelle à dix heures sonnantes.*

sonné, e adj. **1.** Annoncé par une cloche, une sonnerie : *Les vêpres sont sonnées.* **2.** *Fam.* Se dit d'une période révolue ; accompli : *Elle a soixante ans sonnés* (= elle a dépassé soixante ans). **3.** *Fam.* Qui vient de recevoir un coup violent : *Une boxeuse sonnée* (SYN. groggy). **4.** *Fam.* Qui a perdu la raison : *Il est un peu sonné* (SYN. fou).

sonner v.i. (lat. *sonare*, de *sonus*, son) [conj. 3]. **1.** Produire un son : *Le four à micro-ondes vient de sonner. Les cloches de l'église sonnent* (SYN. retentir, tinter). **2.** Faire fonctionner une sonnerie, une sonnette : *Qui a sonné à la porte ?* **3.** Être annoncé par une sonnerie : *Neuf heures viennent de sonner à l'horloge. Minuit a sonné.* ▸ ***Sonner bien, mal,*** faire bon, mauvais effet, en parlant d'une expression : *Ces mots sonnent mal dans la bouche d'une petite fille.* ***Sonner faux, juste,*** donner une impression de fausseté, de vérité : *Ses excuses sonnent faux.* ◆ v.t. **1.** Faire résonner : *Sonner les cloches* (SYN. tinter). **2.** Annoncer par une sonnerie : *Sonner la fin de la récréation. Sonner le tocsin.* **3.** Appeler au moyen d'une sonnette : *Les clients ont sonné le réceptionniste de l'hôtel.* **4.** *Fam.* Assommer, étourdir : *Le policier a sonné le malfaiteur.* **5.** *Fam.* Causer un violent ébranlement moral à qqn : *Cette nouvelle nous a tous sonnés* (SYN. abattre, anéantir). ▸ *Fam.* ***Se faire sonner les cloches,*** se faire réprimander vivement. ◆ v.t. ind. **[de].** Jouer de certains instruments de musique : *Sonner du clairon, de la cornemuse.*

sonnerie n.f. **1.** Son de cloches, d'un réveil, d'un téléphone : *La sonnerie m'a réveillée.* **2.** Mécanisme servant à faire sonner une pendule, un appareil : *Remonter la sonnerie d'un réveil.* **3.** Air sonné par un clairon, un cor de chasse, une trompette, ou par des cloches : *La sonnerie de l'hallali.*

sonnet n.m. (it. *sonetto*, de l'anc. prov. *sonet*, chansonnette). Pièce de poésie de quatorze vers, composée de deux quatrains et de deux tercets : *Un sonnet de Ronsard.*

sonnette n.f. **1.** Clochette ou timbre qui sert à appeler ou à avertir : *Il agita la sonnette pour faire taire l'assemblée. La sonnette d'un vélo.* **2.** Appareil avertisseur actionné par le courant électrique : *Le facteur appuya sur le bouton de la sonnette. Plusieurs coups de sonnette.* ▸ ***Serpent à sonnette,*** autre nom du crotale.

sonneur n.m. Personne qui sonne les cloches, qui joue du cor, du clairon.

sono n.f. (abrév.). *Fam.* Sonorisation.

sonomètre n.m. Instrument destiné à mesurer les niveaux d'intensité sonore.

sonore adj. (lat. *sonorus*, de *sonus*, son). **1.** Propre à rendre des sons : *Un signal sonore.* **2.** Qui a un son puissant : *L'animateur a une voix sonore* (SYN. retentissant, tonitruant ; CONTR. doux, sourd). **3.** Qui renvoie bien le son : *Une salle de conférences sonore.* **4.** Qui concerne les sons : *Régler le volume sonore d'un autoradio.*

sonorisation n.f. **1.** Action de sonoriser ; son résultat : *La sonorisation d'un dessin animé. La sonorisation d'un amphithéâtre.* **2.** Ensemble des équipements permettant une amplification électrique des sons émis en un lieu donné : *Les techniciens installent la sonorisation* (abrév. fam. sono).

sonoriser v.t. [conj. 3]. **1.** Adjoindre le son à un film cinématographique. **2.** Équiper d'une installation de sonorisation : *Sonoriser une salle des fêtes.*

sonorité n.f. **1.** Qualité de ce qui est sonore : *La sonorité d'un rire. La sonorité d'un auditorium* (SYN. acoustique). **2.** Qualité de ce qui rend un son agréable : *La sonorité de la flûte traversière.*

sonothèque n.f. Archives où l'on conserve les enregistrements de bruits, d'effets sonores.

sophisme n.m. (lat. *sophisma*, du gr. *sophos*, sage, habile). Raisonnement correct en apparence, mais qui est conçu avec l'intention d'induire en erreur.

sophiste n.m. Chez les anciens Grecs, maître de philosophie et de rhétorique. ◆ n. Personne qui use de sophismes.

sophistication n.f. **1.** Caractère sophistiqué, artificiel : *La sophistication d'une mise en scène.* **2.** Complexité technique : *Un matériel photographique d'une grande sophistication.*

sophistique adj. Qui est de la nature du sophisme ;

spécieux. ◆ n.f. Utilisation de sophismes dans l'argumentation.

sophistiqué, e adj. **1.** Très raffiné ; étudié : *Elle s'est fait faire une coiffure sophistiquée* (**CONTR.** simple). **2.** Qui est d'une grande complexité technique : *Ce vidéaste utilise un matériel très sophistiqué.*

sophistiquer v.t. [conj. 3]. Perfectionner à l'extrême un appareil, une étude : *Sophistiquer des téléphones portables.*

sophrologie n.f. (du gr. *sôphrôn,* sage). Méthode visant à maîtriser les sensations douloureuses par des techniques de relaxation.

sophrologue n. Spécialiste de sophrologie.

soporifique adj. et n.m. (du lat. *sopor,* sommeil profond). Se dit d'une substance qui provoque le sommeil : *Prendre un soporifique* (**SYN.** narcotique, somnifère). ◆ adj. Qui provoque l'ennui, au point de donner envie de dormir : *Un film soporifique* (**SYN.** endormant ; **CONTR.** captivant, passionnant).

sopraniste n.m. Chanteur adulte qui a une voix de soprano.

soprano n.m. (mot it.) [pl. *sopranos* ou *soprani*]. Voix de femme ou de jeune garçon, la plus élevée des voix. ◆ n. Personne qui a cette voix : *De célèbres sopranos.*

soquet n.m. → **socket.**

sorbe n.f. (lat. *sorbum*). Fruit comestible du sorbier.

sorbet n.m. (d'un mot ar. signif. « boisson »). Glace sans crème, à base de jus de fruits : *Un sorbet au citron.*

sorbetière n.f. Appareil qui sert à préparer les glaces et les sorbets.

sorbier n.m. (de *sorbe*). Arbre dont certaines espèces (alisier, cormier) produisent des fruits comestibles.

sorcellerie n.f. **1.** Opérations, pratiques du sorcier (**SYN.** diablerie). **2.** *Fam.* Ce qui paraît incroyable, inexplicable : *Comment a-t-elle pu sortir de cette malle verrouillée, c'est de la sorcellerie !* (**SYN.** magie).

sorcier, ère n. (de *sort*). Personne que l'on croit en liaison avec le diable et qui peut opérer des maléfices. ▸ ***Chasse aux sorcières,*** poursuite et élimination systématiques, par un pouvoir en place, des opposants politiques. *Fam.* ***Il ne faut pas être sorcier*** ou ***grand sorcier pour,*** il n'est pas nécessaire d'avoir des dons spéciaux pour comprendre, deviner : *Il ne faut pas être sorcier pour savoir que ce candidat va remporter les élections.* ◆ adj.m. ▸ *Fam.* ***Ce n'est pas sorcier,*** ce n'est pas difficile, ce n'est pas compliqué.

sordide adj. (du lat. *sordidus,* crasseux, de *sordes,* saleté). **1.** D'une saleté repoussante ; misérable : *Ils vivent dans un immeuble sordide* (**SYN.** dégoûtant, malpropre ; **CONTR.** impeccable, propre). **2.** Qui fait preuve de bassesse morale, de mesquinerie : *Le député a-t-il participé à cette sordide affaire ?* (**SYN.** abject, déshonorant). *Une avarice sordide* (**SYN.** infâme, innommable).

sordidement adv. De façon sordide : *On l'a évincé sordidement.*

sorgho [sɔrgo] n.m. (it. *sorgo*). Plante herbacée des pays chauds, cultivée pour ses grains comestibles.

sornette n.f. (du moyen fr. *sorne,* morgue). (Surtout au pl.). Propos frivole, extravagant : *Vous dites des sornettes !* (**SYN.** baliverne, billevesée [litt.], fadaise).

sororal, e, aux adj. Qui concerne la sœur, les sœurs : *Un héritage sororal.*

sort n.m. (du lat. *sors, sortis,* tirage au sort, de *serere,* entrelacer). **1.** Décision par le hasard : *Vous passerez le dernier, le sort en a décidé ainsi.* **2.** Effet malfaisant, attribué à des pratiques de sorcellerie : *Elle voulait jeter un sort à ses ennemis* (**SYN.** envoûtement, maléfice, sortilège). **3.** Condition matérielle et morale de qqn ; destinée : *Comment améliorer le sort réservé aux femmes ?* (**SYN.** lot). *Être content de son sort* (**SYN.** position, situation). **4.** *Litt.* Puissance surnaturelle qui semble gouverner la vie humaine : *Les coups du sort* (**SYN.** destin, fortune, hasard). ▸ *Fam.* ***Faire un sort à qqch,*** consommer entièrement : *Ils ont fait un sort à ma tarte.* ***Le sort en est jeté,*** la décision est prise ; advienne que pourra. ***Tirer au sort,*** s'en remettre au hasard pour décider du choix de qqch, de qqn : *Nous avons tiré les places au sort.*

sortable adj. *Fam.* (Surtout en tournure nég.). Que l'on peut présenter en société ; bien élevé : *Tu n'es vraiment pas sortable !* (**SYN.** convenable, correct).

sortant, e adj. Qui sort à une loterie, à une tombola : *Quels sont les numéros sortants ?* (**SYN.** gagnant). ◆ adj. et n. Qui cesse, par extinction de son mandat, de faire partie d'une assemblée : *La députée sortante a de grandes chances d'être réélue.* ◆ n. Personne qui sort d'un lieu : *À l'hôpital, il n'y a pas de sortants le dimanche* (**CONTR.** entrant).

sorte n.f. (du lat. *sors, sortis,* sort, tirage au sort). Espèce, catégorie d'êtres ou de choses : *Il collectionne toutes sortes d'insectes* (**SYN.** type, variété). *Ils ont fait des commentaires de toutes sortes* ou *de toute sorte* (**SYN.** genre). ▸ ***De la sorte,*** de cette façon ; ainsi : *Vous n'aviez pas à lui répondre de la sorte.* ***En quelque sorte,*** pour ainsi dire ; presque : *Si vous ne dites rien, c'est en quelque sorte que vous approuvez ce qu'il dit.* ***Faire en sorte de*** (+ inf.) ou ***que*** (+ subj.), tâcher d'arriver à ce que ; agir de manière à : *Faites en sorte d'arriver avant lui. Ils ont fait en sorte qu'elle ne se rende compte de rien.* ***Une sorte de*** (+ n.), une chose ou une personne qui ressemble à ; une espèce de : *Ils jouent avec une sorte de bilboquet* (= un genre de). ◆ **de sorte que** loc. conj. (Suivi de l'ind.). Indique la conséquence réalisée (on peut aussi dire *de telle sorte que*) : *Il a l'habitude de mentir, de sorte que cette fois-ci personne n'a voulu le croire* (**SYN.** si bien que).

sortie n.f. **1.** Action de sortir, d'aller se promener : *C'est la première sortie du bébé depuis sa naissance* (**SYN.** promenade, tour). **2.** Spectacle, dîner, réception, pour lesquels on sort de chez soi : *Cette semaine, nous avons trois sorties.* **3.** Au théâtre, action de quitter la scène : *Sa sortie a été accompagnée d'applaudissements* (**CONTR.** entrée). **4.** Action de sortir d'un lieu, d'un établissement ; moment où l'on sort : *Il a eu du mal à se réinsérer après sa sortie de prison. La sortie des écoles.* **5.** Action de s'échapper, de s'écouler : *La sortie des gaz* (**SYN.** échappement). *La sortie des eaux usées* (**SYN.** écoulement, évacuation). **6.** Endroit par où l'on sort : *Ils sont passés par la sortie de secours* (**SYN.** issue, porte). **7.** Mise en vente, présentation au public d'un produit nouveau : *La sortie de son dernier roman a été très médiatisée* (**SYN.** parution, publication). **8.** En comptabilité, somme déboursée : *Nous avons eu de fortes sorties d'argent* (**SYN.** dépense ; **CONTR.** rentrée). **9.** Opération militaire menée par une troupe pour rompre un blocus, sortir d'un lieu. **10.** En informatique, transfert d'une information traitée dans un ordinateur, de l'unité centrale vers l'extérieur : *Faire une sortie papier* (= imprimer un fichier). **11.** *Fig.* Emportement soudain contre qqn : *En apprenant la nouvelle, il nous a fait une violente sortie* (**SYN.** algarade, invective, scène). ▸ ***À la sortie de,*** au moment où l'on sort de : *À la sortie du travail, elle va chercher les enfants à l'école* (= au sortir de). ***Se ménager une sortie*** ou ***une porte de sortie,*** se réserver un moyen habile de se tirer d'embarras.

sortie-de-bain n.f. (pl. *sorties-de-bain*). Peignoir que l'on revêt après le bain.

sortilège n.m. (du lat. *sors, sortis,* sort, et *legere,* choisir, ramasser). **1.** Maléfice de sorcier : *Il prétend réussir à faire pleuvoir par ses sortilèges* (**SYN.** diablerie, ensorcellement, sort). **2.** Effets comparables à ceux de la magie : *Elle s'est enfin délivrée des sortilèges de ce garçon* (**SYN.** enchantement, envoûtement, fascination).

① **sortir** v.i. (du lat. *sortiri,* tirer au sort, de *sors, sortis,* sort) [conj. 43]. **1.** Quitter un lieu pour aller dehors ou pour aller dans un autre lieu : *Il est sorti prendre l'air sur le balcon* (**CONTR.** rentrer). *Ils sont sortis discrètement de la pièce* (**SYN.** partir, se retirer ; **CONTR.** entrer, s'introduire). **2.** Aller hors de chez soi pour une distraction, un spectacle, un dîner : *Elle sort tous les samedis soir.* **3.** Commencer à paraître ; pousser au-dehors : *Les crocus sortent de terre* (**SYN.** percer). **4.** Être visible ; faire saillie : *Sa chemise sort de son pantalon. Un clou sort de la planche* (**SYN.** dépasser, saillir). **5.** Se répandre au-dehors : *L'odeur de fumée sort de la pièce* (**SYN.** s'échapper, s'exhaler). *Du pus sort de sa plaie.* **6.** Quitter une période, un état, une situation ; ne plus s'y trouver : *Ce pays sort de plusieurs années de guerre. Elle est enfin sortie de cette dépression* (= guérir, relever de). **7.** Franchir une limite ; s'éloigner de : *La balle est sortie du terrain. Attention, ne sortez pas de votre sujet !* (**SYN.** s'écarter de). **8.** Être mis en vente ; être distribué : *Cette revue sort en fin de mois* (**SYN.** paraître). *Ce dessin animé devrait sortir pour Noël.* **9.** Être tiré au sort : *Trois des numéros qu'il avait choisis sont sortis.* **10.** Être tel après un événement, une modification : *Elle est sortie indemne de son accident.* **11.** Avoir comme résultat : *On ignore pour l'instant ce qui sortira de ses recherches* (**SYN.** résulter). **12.** Être issu, venir de : *Il sort d'un milieu aisé* (**SYN.** provenir). ▸ *Fam.* ***Sortir avec qqn,*** le fréquenter ; avoir une relation amoureuse avec lui : *Il sort avec une fille plus jeune que lui.* ***Sortir de la mémoire*** ou ***de l'esprit*** ou ***de la tête,*** être oublié : *Son prénom m'est sorti de la tête.* *Fam.* ***Sortir du bois,*** prendre position ; dévoiler ses intentions ; intervenir. ***Sortir d'une école,*** y avoir été élève : *Elle sort de l'E.N.A.* ◆ v.t. **1.** Mener dehors ; faire sortir : *Sortir les vaches de l'étable. As-tu sorti le chien ? Vous devriez sortir l'appareil photo du tiroir pour ne pas l'oublier* (**SYN.** enlever, ôter, retirer). **2.** Emmener pour la promenade, pour une visite : *Ils sortent les convalescents chaque jour* (**SYN.** promener). **3.** Mettre en vente un produit : *Le laboratoire a eu l'autorisation de sortir ce médicament* (**SYN.** commercialiser). *Sortir un dictionnaire pour la rentrée des classes* (**SYN.** éditer, publier). **4.** *Fig.* Aider qqn à se dégager d'un état, d'une situation : *Il faut le sortir de cette affaire* (**SYN.** tirer). **5.** *Fam.* Tirer un numéro, une carte dans un jeu de hasard : *Il faudrait qu'elle sorte un as pour avoir un carré.* **6.** *Fam.* Éliminer un concurrent, un adversaire : *La jeune judoka a sorti la championne en titre.* **7.** *Fam.* Dire : *Sortir des bêtises* (**SYN.** débiter, raconter). ◆ **se sortir** v.pr. **[de].** S'acquitter d'une tâche difficile ; parvenir à sortir sans dommage d'une situation périlleuse, d'une maladie : *Il ne se sortira pas tout seul de la rédaction de ce rapport* (**SYN.** se tirer de). *Elle s'est bien sortie de cette affaire.*

② **sortir** n.m. (de *1. sortir*). ▸ *Sout.* ***Au sortir de,*** au moment où l'on sort de : *Au sortir du travail, il va directement chercher ses enfants à l'école* (= à la sortie de). *Au sortir de l'adolescence, elle est devenue charmante* (= à la fin de).

S.O.S. ou **SOS** [ɛsoɛs] n.m. (suite de trois lettres de l'alphabet Morse [trois points, trois traits, trois points]). **1.** Signal de détresse émis par les navires ou les avions en danger : *Le commandant du navire lança plusieurs S.O.S.* ☞ **REM.** Son emploi international, adopté en 1912 après le drame du *Titanic,* a pris fin en 1999. **2.** *Fam.* Demande pressante d'aide, d'argent : *Il a lancé un S.O.S. à ses parents.*

sosie n.m. (de *Sosie,* nom du valet d'Amphitryon, dans l'*Amphitryon* de Molière). Personne qui ressemble parfaitement à une autre : *Sa sœur est le sosie d'une chanteuse.*

sostenuto [sɔstenuto] adv. (mot it.). Terme de musique indiquant qu'il faut soutenir le son pendant toute la durée de la note ou du passage.

sot, sotte adj. et n. Dénué d'esprit, de jugement : *Il faut être sot pour tomber dans un piège aussi évident* (**SYN.** bête, idiot, stupide). ◆ adj. Qui dénote un manque d'intelligence : *Cette réflexion est vraiment très sotte* (**SYN.** absurde, inepte ; **CONTR.** intelligent, sensé). ☞ **REM.** Ne pas confondre avec *saut.*

sotie n.f. → **sottie.**

sot-l'y-laisse [solilɛs] n.m. inv. Morceau délicat qui se trouve au-dessus du croupion d'une volaille.

sottement adv. De façon sotte : *Elle leur a sottement fait confiance* (**SYN.** bêtement, stupidement).

sottie ou **sotie** n.f. (de *sot*). Genre dramatique médiéval (XIVe-XVIe siècle) dans lequel on se livrait à une attaque du pouvoir en place sous couvert de bouffonnerie.

sottise n.f. **1.** Manque de jugement, d'intelligence : *Sa sottise m'étonnera toujours* (**SYN.** bêtise, imbécillité, stupidité ; **CONTR.** perspicacité, sagacité). **2.** Propos ou acte irréfléchi : *Ne dites pas de sottises !* (**SYN.** absurdité, ineptie). *J'ai commis une sottise en essayant de les réunir* (**SYN.** bévue, idiotie, maladresse).

sottisier n.m. Recueil d'erreurs comiques, de phrases ridicules relevées dans la presse, dans les livres (**SYN.** bêtisier).

sou n.m. (du lat. *solidus* ou *soldus,* pièce d'or, de *solidus,* compact). **1.** Dans les anciens systèmes monétaires, pièce de cuivre ou de bronze qui valait en France 1/20 de livre. **2.** Pièce de 5 centimes, à partir de 1793. ▸ *Fam.* ***N'avoir pas le sou*** ou ***être sans le sou,*** être dépourvu d'argent. *Fam.* ***N'avoir pas un sou de*** ou ***pas pour un sou de,*** ne pas avoir de : *Elle n'a pas un sou d'intuition.* ***Propre comme un sou neuf,*** très propre. ***Sou à sou,*** par petites sommes : *Ils se sont constitué un capital sou à sou.* ◆ **sous** n.m. pl. Argent : *Il n'a plus beaucoup de sous pour finir le mois.* ▸ *Fam.* ***Cent sous,*** en Suisse, cinq francs. ***De quatre sous,*** sans importance, sans valeur : *Un meuble de quatre sous.*

Fam. ***Question de gros sous,*** question d'argent, d'intérêt : *Ils se sont disputés pour une question de gros sous. Fam.* ***S'ennuyer à cent sous de l'heure,*** s'ennuyer énormément.

souahéli, e [swaeli] adj. et n.m. → **swahili.**

soubassement n.m. (de *sous* et *1. bas*). **1.** Partie inférieure d'une construction, qui repose sur les fondations : *Le soubassement d'une église.* **2.** *Fig.* Base, fondement de qqch : *Les soubassements de notre société.*

soubresaut [subrəso] n.m. (esp. *sobresalto*). Mouvement brusque et involontaire du corps : *En entendant la sonnerie, elle eut un soubresaut* (**SYN.** haut-le-corps, tressaillement).

soubrette n.f. (prov. *soubreto,* de *soubret,* maniéré, du lat. *superare,* être supérieur). Suivante, femme de chambre de comédie ; servante : *À ses débuts, elle avait surtout des rôles de soubrettes.*

souche n.f. (du gaul.). **1.** Partie du tronc de l'arbre qui reste dans la terre après que l'arbre a été coupé : *Arracher les souches d'un terrain* (= l'essoucher). **2.** Personne, animal à l'origine d'une suite de descendants : *Hugues Capet est la souche des Capétiens.* **3.** Ce qui est à l'origine de qqch ; source, principe : *« Jupe » est un mot de souche arabe.* **4.** Partie reliée des feuilles d'un registre, dont l'autre partie se détache : *Elle oublie toujours de remplir les souches de ses chèques* (**SYN.** talon). **5.** En Belgique, ticket de caisse. ▸ *Fam.* ***Dormir comme une souche,*** profondément. ***Faire souche,*** donner naissance à une lignée de descendants.

① **souci** n.m. (du bas lat. *solsequia,* qui suit le soleil). Plante dont une espèce est cultivée pour ses fleurs jaunes ornementales et d'autres pour leurs vertus médicinales.

② **souci** n.m. (de *se soucier*). **1.** Préoccupation qui trouble la tranquillité d'esprit : *Ce concours me donne bien du souci* (**SYN.** anxiété, tracas). *Nous nous sommes fait du souci pour vous* (= nous nous sommes inquiétés). **2.** Personne ou chose qui est l'objet des préoccupations de qqn : *Sa fille aînée est son principal souci* (**SYN.** inquiétude). *Depuis qu'elle a perdu son travail, elle a des soucis financiers* (**SYN.** ennui, problème). ▸ ***Avoir le souci de*** (+ n. ou + inf.), attacher de l'importance à : *Avoir le souci de la vérité* (**SYN.** obsession). *Elle a le souci de se faire comprendre de tous les publics* (= elle s'applique à).

se **soucier** v.pr. (du lat. *sollicitare,* agiter, inquiéter) [conj. 9]. **[de].** S'inquiéter ; se préoccuper de : *Elle ne s'est pas souciée de savoir si nous avions soif. Il ne se soucie pas des horaires* (**SYN.** s'embarrasser). ▸ *Fam.* ***Se soucier de qqch, de qqn comme de l'an quarante*** ou ***comme de sa première chemise,*** s'en désintéresser, n'y attacher aucune importance.

soucieux, euse adj. **1.** Qui a des soucis ; dont le comportement manifeste de l'inquiétude : *Depuis leur départ, elle est soucieuse* (**SYN.** anxieux, préoccupé ; **CONTR.** serein, tranquille). *Vous avez un air soucieux* (**SYN.** 2. chagrin, sombre). **2.** Qui se préoccupe de qqch : *Il n'est pas soucieux des bonnes manières. Elle est soucieuse de bien faire* (**SYN.** attentif à).

soucoupe n.f. (calque de l'it. *sottocoppa*). Petite assiette qui se place sous une tasse : *Il posa sa cuillère sur la soucoupe* (**SYN.** sous-tasse). ▸ *Vieilli* ***Soucoupe volante,*** objet mystérieux que certaines personnes prétendent avoir vu se déplacer dans l'atmosphère ou se poser sur la Terre ; ovni.

soudage n.m. Opération consistant à réunir deux ou plusieurs pièces de manière à assurer une continuité entre elles : *Le soudage de deux tuyaux.*

soudain, e adj. (lat. *subitaneus,* de *subitus,* subit). Qui se produit, arrive tout à coup : *La soudaine montée des eaux a surpris les spéléologues* (**SYN.** brusque, imprévu, inattendu ; **CONTR.** prévisible). ◆ **soudain** adv. Brusquement et de façon inattendue : *Soudain, le cheval se mit à galoper* (**SYN.** soudainement, subitement).

soudainement adv. De façon soudaine ; subitement : *Une alarme se déclencha soudainement* (**SYN.** brusquement).

soudaineté n.f. Caractère de ce qui est soudain : *La soudaineté de sa mort a causé un choc dans la population* (**SYN.** brusquerie, brutalité).

soudard n.m. (de l'anc. fr. *soudoier,* homme d'armes). *Litt.* Soldat grossier et brutal ; par ext., homme aux manières grossières : *Se conduire comme un soudard.*

soude n.f. (lat. médiév. *soda,* de l'ar.). **1.** Carbonate de sodium que l'on prépare à partir du chlorure de sodium : *La soude est utilisée en verrerie et dans la préparation d'émaux.* **2.** Plante des terrains salés du littoral, dont on tirait autrefois la soude.

souder v.t. (du lat. *solidare,* affermir, de *solidus,* compact) [conj. 3]. **1.** Effectuer un soudage : *Souder deux plaques de métal, deux pièces de plastique.* **2.** *Fig.* Unir, lier étroitement : *Cet événement a soudé les membres de sa famille* (**SYN.** réunir ; **CONTR.** désunir, séparer). ◆ **se souder** v.pr. En parlant de deux parties distinctes, se réunir pour former un tout : *Ces deux vertèbres se sont soudées.*

soudeur, euse n. Personne qui effectue un soudage.

soudoyer [sudwaje] v.t. (de *1. solde*) [conj. 13]. *Péjor.* Payer qqn pour s'assurer sa complicité, son aide : *Des amis de l'accusé ont tenté de soudoyer un témoin* (**SYN.** acheter).

soudure n.f. Résultat de l'opération de soudage ; manière dont le soudage est fait : *Le tuyau fuit à la soudure. Une soudure nette, solide.* ▸ ***Faire la soudure,*** assurer l'approvisionnement entre deux récoltes, deux livraisons ; assurer la continuité d'une fonction.

soue n.f. (bas lat. *sutis*). *Vx* Étable à porcs ; porcherie.

soufflage n.m. Procédé traditionnel de fabrication de la verrerie creuse.

soufflant, e adj. **1.** Se dit d'un appareil qui envoie de l'air, souvent chaud : *Une brosse à cheveux soufflante.* **2.** *Fam.* Qui stupéfie, étonne fortement : *L'annonce qu'elle a faite à la télévision est soufflante* (**SYN.** ahurissant, effarant, sidérant).

souffle n.m. **1.** Agitation de l'air ; courant d'air : *Elle a ouvert la fenêtre et un souffle d'air frais est entré* (**SYN.** bouffée). **2.** Air exhalé par la bouche ou par les narines en respirant ; bruit ainsi produit : *Combien de temps peux-tu retenir ton souffle ?* (**SYN.** respiration). *Le souffle régulier d'un dormeur.* **3.** Capacité à emmagasiner de l'air dans ses poumons : *Il faut avoir du souffle pour jouer du saxo.* **4.** Bruit de fond continu émis par un haut-parleur. **5.** En médecine, bruit anormal perçu à l'auscultation de certaines parties du corps : *Avoir un souffle au cœur.* **6.** Déplacement d'air extrêmement brutal, provoqué par une explosion : *La maison a été ébranlée par le souffle.* ▸ ***Couper le souffle,*** étonner vivement ; stupéfier. ***Être à bout de souffle,*** être épuisé ; fig., ne plus pouvoir poursuivre un effort. ***Manquer de souffle,*** s'essouffler rapidement ; fig., manquer d'inspiration. *Fam.* ***Ne pas manquer de souffle*** ou ***avoir du souffle,*** avoir de l'aplomb, du culot. ***Second souffle,*** en sports, regain de vitalité après une défaillance momentanée ; fig., nouvelle période d'activité : *Ce magazine est à la recherche d'un second souffle.*

soufflé n.m. Préparation culinaire salée ou sucrée faite d'une pâte à base de blancs d'œufs et qui gonfle à la cuisson : *Un soufflé au fromage. Le soufflé est retombé.*

soufflement n.m. Action de souffler ; bruit ainsi fait.

souffler v.i. (lat. *sufflare,* souffler sur, de *flare,* souffler) [conj. 3]. **1.** Agiter, déplacer l'air : *Un fort vent souffle sur les côtes.* **2.** Chasser de l'air par la bouche ou par le nez : *Le policier demanda au conducteur de souffler dans le ballon* (**SYN.** expirer ; **CONTR.** inspirer). **3.** Respirer avec difficulté, en expirant l'air bruyamment : *Elle soufflait tellement après sa course qu'elle ne put répondre à nos questions* (**SYN.** haleter). **4.** S'arrêter pour reprendre haleine, après un effort physique : *Il attend la mi-temps avec impatience pour pouvoir souffler.* **5.** Observer un temps d'arrêt au cours d'une action : *Vous allez pouvoir souffler entre les deux exposés* (**SYN.** se reposer). **6.** Crier, en parlant du buffle. ◆ v.t. **1.** Diriger son souffle ou un courant d'air sur : *Souffler une bougie* (= l'éteindre). **2.** Déplacer qqch, le projeter au moyen du souffle, de l'air : *Elle souffle des bulles de savon sur ses camarades.* **3.** Détruire par un souffle violent : *L'explosion a soufflé plusieurs habitations.* **4.** Dire discrètement à qqn ; rappeler tout bas : *Quelqu'un a soufflé la réponse au candidat.* **5.** Suggérer qqch à qqn : *La productrice lui a soufflé une idée de scénario* (**SYN.** conseiller, inspirer). **6.** *Fam.* Causer à qqn une vive stupéfaction : *La nouvelle de son départ nous a soufflés* (**SYN.** abasourdir, ahurir). **7.** *Fam.* Enlever à qqn par ruse, de façon plus ou moins déloyale : *Leur concurrent leur a soufflé cette affaire* (**SYN.** prendre). *Il lui a soufflé sa petite amie.* ▸ ***Ne pas souffler mot,*** ne rien dire, se taire sur qqch. ***Souffler le chaud et le froid,*** approuver puis critiquer une même chose, une même personne, selon l'intérêt du moment. ***Souffler le verre,*** façonner le verre en fusion en y insufflant de l'air à l'aide d'un tube. ***Souffler un pion,*** au jeu de dames, l'enlever à son adversaire qui a omis de s'en servir pour prendre.

soufflerie n.f. **1.** Machine destinée à produire le vent nécessaire à la marche d'une installation métallurgique, à l'aération d'une mine, à l'étude des mouvements de l'air pour tester des avions. **2.** Ensemble des soufflets d'un orgue.

soufflet n.m. **1.** Instrument qui sert à souffler de l'air pour ranimer le feu. **2.** Partie pliante d'une chambre photographique, d'un accordéon. **3.** Dans un train, couloir flexible de communication entre deux voitures de voyageurs. **4.** *Litt.* Coup appliqué sur la joue : *Il lui donna un soufflet* (**SYN.** gifle).

souffleter v.t. [conj. 27]. *Litt.* Donner un soufflet, une claque à qqn : *La bagarre commence quand le mousquetaire soufflette le garde* (**SYN.** gifler).

souffleur, euse n. Personne qui, au théâtre, est chargée de souffler leur texte aux acteurs en cas de défaillance. ◆ **souffleur** n.m. Ouvrier soufflant le verre en fusion pour lui donner sa forme définitive.

souffleuse n.f. Au Québec, chasse-neige muni d'un dispositif qui projette la neige à distance.

soufflure n.f. Cavité remplie de gaz, formée au cours de la solidification d'une masse de verre fondu.

souffrance n.f. Fait de souffrir ; tourment moral ou physique : *Comment l'aider à oublier sa souffrance ?* (**SYN.** chagrin, peine). *Il est mort dans de terribles souffrances* (**SYN.** douleur). ▸ ***Affaires en souffrance,*** affaires en suspens. ***Colis en souffrance,*** colis qui n'a pas été délivré ou réclamé.

souffrant, e adj. Qui est légèrement malade : *Elle est venue sans son mari, qui est souffrant* (**SYN.** indisposé).

souffre-douleur n. inv. Personne qui est victime de mauvais traitements, de railleries, de tracasseries : *Il était le souffre-douleur de ses camarades de chambrée* (= tête de turc).

souffreteux, euse adj. (de l'anc. fr. *suffraite,* disette). Qui a une mauvaise santé : *Une jeune fille souffreteuse* (**SYN.** chétif, débile, malingre ; **CONTR.** robuste, vigoureux).

souffrir v.t. (lat. *sufferre,* de *ferre,* porter) [conj. 34]. **1.** Supporter qqch de pénible : *Il a souffert bien des brimades de la part des autres* (**SYN.** endurer, subir). **2.** *Litt.* Permettre : *Je ne souffre pas que l'on tienne de tels propos devant moi* (**SYN.** tolérer ; **CONTR.** refuser). *Souffrez que je me justifie* (**SYN.** accepter). **3.** *Litt.* Admettre ; être susceptible de : *Cette affaire ne souffre aucun retard* (**SYN.** supporter). ▸ ***Ne pas pouvoir souffrir qqn, qqch,*** éprouver de l'antipathie, de l'aversion pour eux : *Elle ne peut pas te souffrir* (= elle te déteste). ***Souffrir le martyre*** ou ***mille morts,*** éprouver de grandes douleurs. ◆ v.i. et v.t. ind. **[de]. 1.** Éprouver de la souffrance ; avoir mal à : *Il a souffert après son opération. Pendant la course, ils ont souffert de la soif. Elle souffre du genou.* **2.** Subir un dommage : *Ces arbres ont souffert de la tempête. Les petits commerces souffrent de la proximité du centre commercial* (**SYN.** pâtir). ◆ **se souffrir** v.pr. (Surtout en tournure nég.). Se supporter mutuellement : *Ses deux apprentis ne peuvent pas se souffrir.*

soufi, e adj. et n. (d'un mot ar. signif. « vêtu de laine »). Relatif au soufisme ; adepte du soufisme.

soufisme n.m. Courant mystique de l'islam, né au VIIIe siècle.

soufrage n.m. Action de soufrer ; son résultat.

soufre n.m. (lat. *sulfur* ou *sulphur*). Corps simple, d'une couleur jaune clair, très répandu dans la nature : *En brûlant, le soufre dégage une odeur forte.* ▸ ***Odeur de soufre,*** odeur qui passe pour accompagner le diable. ***Sentir le soufre,*** présenter un caractère d'hérésie. ◆ adj. inv. De la couleur du soufre : *Des murs soufre.*

soufrer v.t. [conj. 3]. **1.** Enduire de soufre : *Soufrer une allumette.* **2.** Répandre du soufre en poudre sur des végétaux pour lutter contre certaines maladies.

soufreuse n.f. Appareil utilisé pour répandre du soufre en poudre sur les végétaux.

soufrière n.f. Lieu d'où l'on extrait le soufre.

souhait n.m. (du frq.). Désir que qqch s'accomplisse : *Recevez tous mes souhaits de réussite* (SYN. vœu). *Un souhait difficilement réalisable* (SYN. aspiration, rêve). ▸ *Litt.* ***À souhait,*** aussi bien ou autant qu'on peut le souhaiter : *Une boisson fraîche à souhait.* ***À vos souhaits !,*** formule de politesse adressée à une personne qui éternue.

souhaitable adj. Que l'on peut souhaiter : *Elle a l'expérience souhaitable pour ce travail* (SYN. désirable).

souhaiter v.t. [conj. 4]. **1.** Désirer pour soi ou pour autrui l'accomplissement de qqch : *Elle souhaite obtenir un poste à l'étranger* (SYN. escompter, espérer). *Je souhaite qu'ils soient heureux.* **2.** Exprimer sous forme de vœu, de compliment : *Souhaiter la bonne année à ses voisins. Je te souhaite un joyeux anniversaire.*

souillarde n.f. Dans le Midi, arrière-cuisine.

souille n.f. (de l'anc. fr. *soil,* du lat. *solium,* siège, cuve). Lieu bourbeux où se vautre le sanglier.

souiller v.t. (de *souille*) [conj. 3]. *Sout.* **1.** Couvrir de qqch qui salit : *Le chien a souillé la moquette* (SYN. maculer, tacher). **2.** Déshonorer ; avilir : *Vous souillez la mémoire de votre grand-père* (SYN. dégrader, ternir ; CONTR. glorifier, honorer).

souillon n. Personne malpropre et mal habillée : *Leur fille est une souillon. Le souillon se cacha à notre arrivée.*

souillure n.f. *Litt.* **1.** Ce qui souille ; tache : *Un canapé couvert de souillures* (SYN. saleté, salissure). **2.** Tache morale ; déshonneur : *La souillure de la trahison* (SYN. flétrissure).

souk n.m. (de l'ar.). **1.** Dans les pays arabes, marché couvert : *Les touristes aiment visiter les souks.* **2.** *Fam.* Désordre : *Quel souk dans cette maison !* (SYN. capharnaüm).

soul [sɔl] n.f. et adj. inv. (mot angl. signif. « âme »). Musique des Noirs américains issue du rhythm and blues ; relatif à cette musique : *Des groupes soul.* ☞ REM. On peut aussi dire *la soul music* [sɔlmjuzik].

soûl, e ou **saoul, e** [su, sul] adj. (du lat. *satullus,* rassasié, de *satis,* assez). *Fam.* Qui a trop bu ; ivre : *À la fin de la soirée, ils étaient complètement soûls.* ▸ ***Être soûl de qqch,*** en être rassasié jusqu'au dégoût : *Elle est soûle de ce genre d'émissions.* ◆ **soûl** n.m. ▸ ***Tout son soûl,*** autant que l'on peut désirer : *Dormez tout votre soûl* (= à satiété).

soulagement n.m. **1.** Diminution d'une douleur physique ou morale : *La morphine a procuré un soulagement au malade* (SYN. apaisement). *Ses visites chez le psychanalyste lui procurent du soulagement* (SYN. aide, secours). **2.** Ce qui soulage, atténue une peine : *Quel soulagement de la savoir en bonne santé !* (SYN. délivrance).

soulager v.t. (lat. *subleviare,* de *alleviare,* alléger, de *levis,* léger) [conj. 17]. **1.** Débarrasser qqn d'une partie d'un fardeau : *Cela me soulagerait si tu prenais ce sac* (SYN. décharger ; CONTR. charger). **2.** Diminuer, adoucir une souffrance physique ou morale : *Cette pommade soulage les douleurs musculaires* (SYN. apaiser, atténuer, calmer ; CONTR. aviver). *Cela les a soulagés de s'être confiés à vous* (SYN. consoler, réconforter). **3.** Aider, diminuer la peine, l'effort : *Le fait d'avoir une employée de maison la soulage un peu.* **4.** Diminuer l'effort subi par qqch : *Soulager une poutre en l'étayant* ◆ **se soulager** v.pr. **1.** Se procurer du soulagement : *Elle s'est soulagée en nous disant la vérité.* **2.** *Fam.* Satisfaire un besoin naturel.

soûlant, e adj. *Fam.* Se dit de qqn qui fatigue, ennuie à force de paroles ; se dit de ses paroles : *Il est soûlant avec ses questions. Son exposé est soûlant* (SYN. ennuyeux, fastidieux ; CONTR. captivant, passionnant).

soûlard, e ou **soûlaud, e** n. *Fam.* Ivrogne.

soûler ou **saouler** [sule] v.t. [conj. 3]. **1.** *Fam.* Faire trop boire qqn : *Ses ravisseurs l'ont soûlé pour l'obliger à parler* (SYN. enivrer). **2.** Provoquer une sorte d'euphorie chez qqn ; monter à la tête de qqn : *Tous ces éloges ont soûlé le jeune auteur* (SYN. étourdir, griser). ◆ **se soûler** ou **se saouler** v.pr. *Fam.* S'enivrer.

soûlerie n.f. *Fam.* Ivresse ; beuverie.

soulèvement n.m. **1.** Fait de soulever, d'être soulevé : *Le soulèvement des flots.* **2.** Mouvement de révolte collective : *Cette mesure a entraîné un soulèvement de la population* (SYN. émeute, insurrection).

soulever v.t. [conj. 19]. **1.** Lever à une faible hauteur ; porter vers le haut : *Le garagiste soulève le capot de la voiture* (CONTR. baisser). **2.** Faire naître telle ou telle réaction affective : *Son discours a soulevé l'enthousiasme de ses partisans* (SYN. provoquer, susciter). *Cette chanson soulève toujours une grande émotion dans le public* (SYN. allumer, éveiller). **3.** Pousser à la révolte : *Cette mesure injuste a soulevé la population* (SYN. ameuter). **4.** Donner naissance à ; engendrer : *Son refus a soulevé de gros problèmes* (SYN. déclencher, déterminer). ▸ ***Soulever le voile*** ou ***un coin du voile,*** découvrir en partie, faire connaître ce qui était jusqu'alors tenu secret. ◆ **se soulever** v.pr. **1.** Se lever légèrement : *Elle a réussi à se soulever à moitié de son siège.* **2.** Se révolter ; s'insurger : *Les ouvriers de l'usine se sont soulevés contre la direction* (SYN. se rebeller).

soulier n.m. (du bas lat. *subtelare,* de *subtel,* creux sous la plante du pied). Chaussure à semelle rigide, qui couvre le pied partiellement ou entièrement : *Des souliers à talons hauts.* ▸ *Fam.* ***Être dans ses petits souliers,*** être dans une situation embarrassante.

soulignage ou **soulignement** n.m. Action de souligner ; trait qui souligne.

souligner v.t. [conj. 3]. **1.** Tirer un trait, une ligne sous : *Souligner un titre en rouge.* **2.** Attirer l'attention sur qqch ; faire remarquer : *La ministre a souligné l'importance de la réforme* (= a mis l'accent sur ; SYN. insister sur, signaler). *Je tiens à souligner que cette remarque n'engage que moi* (SYN. préciser).

soul music [sɔlmjuzik] n.f. → **soul.**

soûlon n.m. *Fam.* En Suisse, ivrogne.

soulte n.f. (anc. fr. *solte,* du lat. *solvere,* dénouer, payer). Somme d'argent qui compense une inégalité dans un partage ou un échange.

soumettre v.t. (lat. *submittere*) [conj. 84]. **1.** Ranger sous sa puissance, sous son autorité : *L'armée a réussi à soumettre les rebelles* (SYN. asservir, mater). *Le dictateur a soumis ce territoire* (SYN. conquérir). **2.** Astreindre à une loi, à un règlement : *Soumettre un produit à une taxe. Un revenu soumis à l'impôt* (SYN. assujettir). **3.** Proposer au jugement, au contrôle, à l'approbation de qqn : *Sa collaboratrice lui a soumis un projet intéressant* (SYN. présenter). **4.** Exposer à l'action de, aux effets de : *Soumettre un produit à la chaleur. Les prisonniers étaient soumis à la torture.* ◆ **se soumettre** v.pr. **[à]. 1.** Cesser de résister ; accepter l'autorité de qqn : *Les mutins se sont soumis aux troupes gouvernementales* (**SYN.** céder, s'incliner ; **CONTR.** s'insurger, se rebeller, se révolter). **2.** Accepter une décision, un règlement ; obéir à une injonction : *Ils ont dû se soumettre aux ordres de leur supérieur* (**SYN.** obtempérer [sout.] ; **CONTR.** enfreindre, transgresser). **3.** Accepter de subir, de passer : *La conductrice a dû se soumettre à un contrôle d'alcoolémie* (**SYN.** consentir à, se plier à).

soumis, e adj. **1.** Qui se soumet ; qui est disposé à l'obéissance : *Des troupes soumises* (**CONTR.** insoumis, rebelle). *Cette éducation en fait des enfants soumis* (**SYN.** docile, obéissant ; **CONTR.** indiscipliné, récalcitrant). **2.** Qui manifeste la soumission : *Un air soumis* (**SYN.** humble ; **CONTR.** dominateur, impérieux).

soumission n.f. (du lat. *submissio,* action d'abaisser). **1.** Fait de se soumettre ; disposition à obéir : *La soumission de militaires révoltés* (**CONTR.** insoumission, insubordination). *On leur demande une totale soumission* (**SYN.** docilité, obéissance ; **CONTR.** désobéissance, indiscipline, indocilité). **2.** Déclaration écrite par laquelle une entreprise s'engage à respecter le cahier des charges d'une adjudication au prix fixé par elle-même.

soumissionnaire adj. et n. Personne qui fait une soumission pour une entreprise, la fourniture de qqch.

soumissionner v.t. [conj. 3]. Faire une soumission pour un marché de fournitures ou de travaux.

soupape n.f. (de l'anc. fr. *souspape,* coup sous le menton). Petite pièce qui se soulève et s'abaisse pour arrêter ou régler le mouvement d'un fluide : *Les soupapes d'un moteur d'automobile. La soupape d'un autocuiseur.* ▸ ***Soupape de sécurité*** ou ***de sûreté,*** ce qui permet d'empêcher, d'éviter un bouleversement ; exutoire : *La musique est, pour lui, une soupape de sécurité* (= un dérivatif).

soupçon n.m. (du lat. *suspicere,* regarder de bas en haut, de *specere,* regarder). **1.** Opinion défavorable que l'on conçoit à l'égard de qqn, et qui est plus ou moins fondée : *Les soupçons se sont portés sur le mari de la victime* (= on a des doutes sur son innocence). *Une employée au-dessus de tout soupçon* (**SYN.** défiance, suspicion). **2.** Simple supposition ; idée vague : *J'ai quelques soupçons sur l'origine de cette rumeur.* **3.** Très faible quantité de : *Ajouter un soupçon de cannelle* (= un peu de ; **SYN.** pointe). *Il y avait un soupçon d'ironie dans sa remarque* (**SYN.** ombre).

soupçonnable adj. Que l'on peut soupçonner, suspecter (**CONTR.** insoupçonnable).

soupçonner v.t. [conj. 3]. **1.** Avoir des soupçons sur qqn ; suspecter : *On le soupçonne d'avoir détourné de l'argent.* **2.** Supposer l'existence ou la présence de : *Ils soupçonnent un piège de la part de leurs concurrents* (**SYN.** pressentir, subodorer).

soupçonneux, euse adj. Enclin à soupçonner ; qui dénote le soupçon : *Un chef de service soupçonneux* (**SYN.** défiant, méfiant ; **CONTR.** confiant, crédule). *Un regard soupçonneux* (**SYN.** suspicieux).

soupe n.f. (du lat. *suppa,* tranche de pain trempée dans le bouillon). **1.** Potage ou bouillon épaissi avec des tranches de pain, des légumes non passés. **2.** *Fam.* Nourriture, repas : *Les soldats vont à la soupe.* **3.** *Fam.* Neige fondante : *Nous ne pouvons pas skier sur cette soupe.* ▸ *Fam.* ***Gros plein de soupe,*** homme très gros. *Fam.* ***Soupe au lait,*** se dit de qqn qui se met facilement en colère : *Ses parents sont assez soupe au lait.* ***Soupe populaire,*** institution de bienfaisance qui distribue des repas aux indigents. ***La soupe primitive,*** en biologie, milieu liquide complexe au sein duquel la vie serait apparue sur la Terre, il y a environ 3,8 milliards d'années. *Fam.* ***Trempé comme une soupe,*** très mouillé.

soupente n.f. (du lat. *suspendere,* suspendre). Réduit aménagé dans la partie haute d'une pièce ou sous un escalier.

① **souper** n.m. **1.** Repas que l'on fait dans la nuit, à la sortie d'un spectacle, au cours d'une soirée. **2.** Dans certaines régions de France, en Belgique, au Québec et en Suisse, repas du soir ; dîner : *Ils regardent la télévision pendant leur souper.*

② **souper** v.i. [conj. 3]. Prendre le souper : *Ils soupent généralement vers vingt heures* (**SYN.** dîner). *Elle soupe de salade et de fromage.* ▸ *Fam.* ***En avoir soupé,*** en avoir assez : *J'en ai soupé de vos critiques.*

soupeser v.t. [conj. 19]. **1.** Soulever qqch avec la main pour en estimer le poids : *Soupeser une valise.* **2.** *Fig.* Déterminer la valeur, l'importance de ; évaluer : *Les jurés doivent soupeser les arguments de chacune des parties.*

soupière n.f. Récipient creux et large avec couvercle dans lequel on sert la soupe, le potage.

soupir n.m. **1.** Expiration ou inspiration forte et profonde occasionnée par la douleur, une émotion : *Son soupir dénote sa déception, son soulagement.* **2.** En musique, silence dont la durée correspond à celle d'une noire ; signe qui note ce silence. ▸ *Litt.* ***Rendre le dernier soupir,*** mourir.

soupirail [supiraj] n.m. (de *soupirer*) [pl. *soupiraux*]. Ouverture donnant un peu d'air et de lumière à un sous-sol : *Fermer les soupiraux de la cave.*

soupirant n.m. *Iron.* Celui qui fait la cour à une femme : *Elle a éconduit tous ses soupirants* (**SYN.** prétendant).

soupirer v.i. (lat. *suspirare,* de *spirare,* souffler) [conj. 3]. **1.** Pousser des soupirs exprimant la satisfaction ou le déplaisir : *Les familles des rescapés soupirent de soulagement. Elle a soupiré d'ennui pendant tout le film.* **2.** *Litt.* Être amoureux : *Il soupire pour sa voisine.* ◆ v.t. Dire qqch avec des soupirs, dans un soupir : *« C'est trop tard », soupira-t-elle.* ◆ v.t. ind. **[après].** *Litt.* Désirer vivement ; attendre avec impatience : *Il soupire après un avancement* (**SYN.** rêver de).

souple adj. (lat. *supplex, supplicis,* qui plie les genoux pour supplier). **1.** Qui se plie facilement : *Une cravache très souple* (**SYN.** flexible ; **CONTR.** rigide). *Une brosse à dents à poils souples* (**CONTR.** dur). **2.** Qui donne une impression de légèreté, d'agilité : *La démarche souple du chat* (**SYN.** élastique). **3.** Qui a le corps flexible : *Cette patineuse est très souple* (**SYN.** agile ; **CONTR.** raide). **4.** Capable de s'adapter ; accommodant, complaisant : *Un chef de service assez souple* (**SYN.** arrangeant, conciliant ; **CONTR.** inflexible, intraitable).

souplement adv. De manière souple ; avec souplesse : *Elle se releva souplement* (**SYN.** agilement).

souplesse n.f. **1.** Qualité de qqn ou qqch qui est souple : *La souplesse d'une danseuse* (**SYN.** agilité ;

CONTR. raideur). *La souplesse de l'osier* (**SYN.** flexibilité ; **CONTR.** rigidité). **2.** Capacité, facilité à se plier aux circonstances, à s'adapter : *La souplesse du caractère d'un enfant* (**SYN.** malléabilité, plasticité).

souquer v.t. (du prov. *souca,* serrer un nœud) [conj. 3]. Dans la marine, raidir, serrer fortement : *Souquer un nœud, une amarre.* ◆ v.i. Tirer sur les avirons : *Ils souquent ferme.*

sourate n.f. → **surate.**

source n.f. (de *sours,* anc. p. passé de *sourdre*). **1.** Point par lequel de l'eau souterraine s'écoule à la surface du sol ; endroit où naît un cours d'eau : *Exploiter une source thermale. Boire de l'eau de source. La Seine prend sa source sur le plateau de Langres.* **2.** Principe, cause, origine de qqch : *Sa nomination au poste de directeur a été la source de bien des jalousies* (**SYN.** germe). *La source d'une rumeur* (= son point de départ ; **SYN.** racine). *Le cinéma est pour elle une source de plaisir.* **3.** Origine d'une information, d'un renseignement : *La journaliste refuse de révéler ses sources.* **4.** Système qui peut fournir de façon permanente une énergie, des particules : *Une source de chaleur, de lumière.* ▸ ***Langue source,*** langue du texte que l'on traduit dans une autre langue (par opp. à langue cible). ***Remonter à la source,*** retrouver l'origine d'une affaire. ***Retenue à la source,*** système dans lequel l'impôt est prélevé sur le revenu avant le paiement de celui-ci. ***Retour aux sources,*** action de revenir aux débuts, jugés plus purs, d'une doctrine.

sourcer v.t. (de *source*) [conj. 16]. **1.** Indiquer les sources précises d'une citation. **2.** Pour un journaliste, vérifier l'origine et l'authenticité d'une information.

sourcier, ère n. Personne qui possède le don de découvrir les sources souterraines à l'aide d'une baguette, d'un pendule.

sourcil [sursi] n.m. (lat. *supercilium*). Saillie arquée, revêtue de poils, qui s'étend au-dessus de l'orbite de l'œil : *Il a des sourcils fournis.* ▸ ***Froncer les sourcils,*** témoigner du mécontentement, de la mauvaise humeur.

sourcilier, ère [sursilje, ɛr] adj. Qui concerne les sourcils : *Elle s'est ouvert l'arcade sourcilière.*

sourciller [sursije] v.i. [conj. 3]. Manifester un sentiment, une émotion par un mouvement des sourcils : *L'accusé n'a même pas sourcillé lorsqu'il a entendu le verdict.*

sourcilleux, euse [sursijø, øz] adj. *Sout.* Qui fait preuve d'une exactitude, d'une minutie extrême, d'une exigence maniaque : *Ne soyez pas aussi sourcilleux, ce sont des débutants* (**SYN.** pointilleux, vétilleux [litt.]).

sourd, e adj. et n. (lat. *surdus*). Qui est privé du sens de l'ouïe ou chez qui la perception des sons est perturbée ; malentendant : *Elle est sourde de naissance. Il devient sourd en vieillissant.* ▸ ***Crier, frapper comme un sourd,*** crier, frapper de toutes ses forces. *Fam.* ***Sourd comme un pot,*** extrêmement sourd. ◆ adj. **1.** Qui ne se laisse pas fléchir ; insensible : *Elle a été sourde à notre demande d'indulgence* (**SYN.** fermé, inaccessible ; **CONTR.** ouvert, sensible). **2.** Dont le son est étouffé, peu sonore : *Un bruit sourd* (= qui est amorti, assourdi). *Une voix sourde* (**SYN.** étouffé, voilé ; **CONTR.** sonore, tonitruant). **3.** Qui ne se manifeste pas nettement : *Une douleur sourde à la jambe* (**SYN.** diffus ; **CONTR.** aigu, vif). *Une sourde colère courait dans le village* (**SYN.** caché, souterrain ; **CONTR.** patent, public). ▸ ***Faire la sourde oreille,*** faire semblant de ne pas entendre.

sourdement adv. *Litt.* **1.** Avec un bruit ou un son étouffé. **2.** D'une manière secrète, cachée.

sourdine n.f. (it. *sordina,* du lat. *surdus,* sourd). Dispositif permettant d'assourdir le son de certains instruments de musique : *La sourdine d'une trompette, d'une guitare.* ▸ ***En sourdine,*** sans bruit ; en modérant l'intensité des sons : *Elle a mis la radio en sourdine* ; secrètement, de façon détournée : *Mener une action diplomatique en sourdine.* ***Mettre une sourdine à,*** atténuer, modérer : *Ils ont mis une sourdine à leurs exigences.*

sourd-muet, sourde-muette n. (pl. *sourds-muets, sourdes-muettes*). Personne privée de l'ouïe et de la parole : *Les sourds-muets se comprennent en signant.*

sourdre v.i. (lat. *surgere,* de *regere,* diriger) [conj. 73]. *Litt.* **1.** Sortir de terre, jaillir, en parlant d'un liquide : *Du pétrole sourd de ce sol.* **2.** Se manifester peu à peu ; s'élever : *Les protestations commencent à sourdre* (**SYN.** fuser, jaillir).

souriant, e adj. Qui sourit ; qui témoigne d'un caractère affable : *Une commerçante souriante* (**SYN.** aimable, avenant ; **CONTR.** revêche). *Il a un visage souriant* (**SYN.** enjoué, gai, jovial ; **CONTR.** morose, triste).

souriceau n.m. Petit de la souris.

souricière [surisjɛr] n.f. **1.** Piège à souris (**SYN.** tapette). **2.** Piège mis en place par la police : *Tendre une souricière à des trafiquants* (**SYN.** traquenard).

① **sourire** v.i. (lat. *subridere,* de *ridere,* rire) [conj. 95]. Avoir un sourire, le sourire : *Cet homme austère sourit rarement.* ◆ v.t. ind. **[à]. 1.** Adresser un sourire : *En l'apercevant, elle lui sourit.* **2.** Être agréable à qqn, lui convenir : *Votre proposition sourit à toute la famille* (**SYN.** enchanter, plaire à ; **CONTR.** déplaire). **3.** Être favorable à qqn : *La fortune sourit aux audacieux* (**SYN.** favoriser).

② **sourire** n.m. Expression rieuse, marquée par de légers mouvements du visage et, en partic., des lèvres, qui indique le plaisir, la joie : *Le photographe lui demanda de faire son plus joli sourire.* ▸ ***Avoir le sourire,*** laisser paraître sa satisfaction ; être content de qqch : *Maintenant qu'elle a été embauchée, elle a le sourire.* ***Garder le sourire,*** rester de bonne humeur en dépit d'une situation malheureuse.

souris [suri] n.f. (lat. *sorex, soricis*). **1.** Petit mammifère rongeur dont l'espèce la plus commune a un pelage gris : *Les souris ont fait des dégâts dans la cave.* **2.** Partie du gigot de mouton constituée par les muscles de la jambe. **3.** En informatique, commande manuelle mobile permettant de désigner un point sur un écran de visualisation et d'agir sans passer par le clavier : *Cliquer sur le bouton droit de la souris.* **4.** *Fam.* Jeune femme. ◆ adj. inv. Qui est d'une couleur gris argenté (on dit aussi *gris souris*) : *Des vestes souris.*

sournois, e adj. et n. (de l'anc. prov. *sorn,* sombre). Qui cache ce qu'il pense ; qui agit en dessous : *Ne te fie pas à lui, c'est un être sournois* (**SYN.** hypocrite ; **CONTR.** franc, sincère). ◆ adj. Qui dénote de la dissimulation, de l'hypocrisie : *Une question sournoise* (**SYN.** insidieux, perfide ; **CONTR.** loyal).

sournoisement adv. De façon sournoise ; insidieusement.

sournoiserie n.f. **1.** *Litt.* Caractère sournois : *Révéler la sournoiserie de qqn* (**SYN.** hypocrisie, tartufferie ; **CONTR.** franchise, sincérité). **2.** Action sournoise : *Je ne lui ai pas pardonné ses sournoiseries* (**SYN.** fourberie, perfidie).

sous prép. (du lat. *subtus*, dessous). **1.** Marque la position par rapport à ce qui est plus haut (par opp. à sur) : *Ils ont mis un bon isolant sous le parquet. Rester sous un parasol* (= en dessous de). **2.** Marque une situation d'ordre géographique : *Sous quelle latitude le bateau se trouve-t-il ?* (= à quelle latitude). *Ils vivent sous les tropiques* (= dans la zone tropicale). **3.** Marque l'inclusion dans un contenant : *Il a mis sa carte sous enveloppe* (= dans une enveloppe). **4.** Marque la situation par rapport à une période historique donnée : *Ce château a été construit sous François Ier. Ce journal est apparu sous la IVe République* (**SYN.** pendant). **5.** Marque une relation de subordination : *Elle a une vingtaine de personnes sous ses ordres.* **6.** Marque une relation de dépendance : *Parler sous hypnose, sous la torture. Elle a agi sous l'emprise de la colère.* **7.** Marque la soumission à un contrôle extérieur : *Il s'est rendu au tribunal sous escorte.* **8.** Marque une manière, une condition : *Signer sous un pseudonyme. Un accouchement sous X. Elle a été libérée sous caution. Sous cet angle, ce projet paraît intéressant.* **9.** Marque un délai proche : *Sous peu, nous serons à l'aéroport. Je vous enverrai ma réponse sous huitaine.* ▸ ***Sous eau,*** en Belgique, submergé.

sous-alimentation n.f. (pl. *sous-alimentations*). Insuffisance de l'apport alimentaire, qui peut provoquer des troubles organiques ou fonctionnels : *Ces enfants souffrent de sous-alimentation* (**CONTR.** suralimentation).

sous-alimenté, e adj. (pl. *sous-alimenté, es*). Qui souffre de sous-alimentation (**CONTR.** suralimenté).

sous-alimenter v.t. [conj. 3]. Alimenter insuffisamment : *Sous-alimenter des otages* (**CONTR.** suralimenter).

sous-bois n.m. Végétation qui pousse sous les arbres d'une forêt : *La biche s'est enfuie dans le sous-bois.*

sous-chef n.m. (pl. *sous-chefs*). Personne qui seconde le chef, qui dirige en son absence : *Il s'est toujours bien entendu avec ses sous-chefs.*

sous-chemise n.f. (pl. *sous-chemises*). Dossier de papier souple et léger destiné à classer des documents à l'intérieur d'une chemise.

sous-classe n.f. (pl. *sous-classes*). En biologie, subdivision d'une classe.

sous-consommation n.f. (pl. *sous-consommations*). Insuffisance de la consommation alimentaire (**CONTR.** surconsommation).

sous-continent n.m. (pl. *sous-continents*). Partie vaste et relativement homogène d'un continent : *Le sous-continent indien* (= partie de l'Asie située au sud de l'Himalaya).

sous-couche n.f. (pl. *sous-couches*). Première couche de peinture, de vernis, sur une surface.

souscripteur n.m. Celui qui prend part à une souscription.

souscription n.f. **1.** Engagement pris de s'associer financièrement à une entreprise, d'acheter un ouvrage en cours de publication ; somme versée : *Un dictionnaire vendu par souscription. Ouvrages en souscription. Envoyer une souscription de 500 euros.* **2.** Dans le langage juridique, signature mise au bas d'un acte pour l'approuver.

souscrire v.t. (lat. *subscribere*, de *scribere*, écrire) [conj. 99]. **1.** S'engager à verser une certaine somme en contrepartie de qqch : *Elle a souscrit un abonnement à ce magazine* (= elle s'est abonnée). **2.** Dans le langage juridique, revêtir un écrit de sa signature, pour l'approuver : *Souscrire un contrat.* ◆ v.t. ind. **[à].** **1.** Donner son adhésion, son approbation à qqch : *Le conseil d'administration a souscrit à ce projet* (**SYN.** approuver ; **CONTR.** rejeter). **2.** S'engager à contribuer financièrement à qqch, à acheter qqch : *Souscrire à un emprunt. Ils ont souscrit à une encyclopédie.*

sous-cutané, e adj. (pl. *sous-cutanés, es*). **1.** Situé sous la peau : *Une tumeur sous-cutanée.* **2.** Qui se fait sous la peau ; hypodermique : *Une piqûre sous-cutanée.*

sous-développé, e adj. (pl. *sous-développés, es*). Se dit d'un pays dont le développement industriel et économique est insuffisant (on dit aussi *pays en développement* ou *pays moins avancé*).

sous-développement n.m. (pl. *sous-développements*). Ensemble des caractères d'un pays sous-développé.

sous-directeur, trice n. (pl. *sous-directeurs, trices*). Personne qui dirige en second ; adjoint.

sous-effectif n.m. (pl. *sous-effectifs*). Effectif, personnel insuffisant (par opp. à sureffectif) : *L'équipe est en sous-effectif.*

sous-embranchement n.m. (pl. *sous-embranchements*). En biologie, subdivision d'un embranchement.

sous-emploi n.m. (pl. *sous-emplois*). Emploi d'une partie seulement de la main-d'œuvre disponible (par opp. à plein-emploi) : *Le sous-emploi est une des conséquences de la crise économique.*

sous-employer v.t. [conj. 13]. N'employer qu'en partie les capacités, le temps d'une personne, d'un groupe, ou d'une machine, d'un équipement ; sous-utiliser : *Sous-employer des salariés, des ordinateurs.*

sous-ensemble n.m. (pl. *sous-ensembles*). En mathématiques, partie d'un ensemble.

sous-entendre v.t. [conj. 73]. Faire comprendre qqch sans le dire explicitement : *Qu'est-ce que vous sous-entendez par là ?* (**SYN.** insinuer). ▸ ***Être sous-entendu,*** être implicite ; ne pas être exprimé mais pouvoir être facilement supposé, rétabli : *« Par ici » est une phrase où le verbe « venir » est sous-entendu.*

sous-entendu, e adj. (pl. *sous-entendus, es*). Se dit d'un mot, d'une idée qui ne sont pas énoncés mais peuvent être aisément compris : *Une menace sous-entendue.* ◆ **sous-entendu** n.m. (pl. *sous-entendus*). Ce que l'on fait comprendre sans le dire ; allusion : *Un discours politique plein de sous-entendus* (**SYN.** insinuation).

sous-équipé, e adj. (pl. *sous-équipés, es*). Se dit d'une nation, d'une région dont l'équipement est insuffisant.

sous-équipement n.m. (pl. *sous-équipements*). État

d'une nation, d'une région sous-équipée : *Le sous-équipement autoroutier d'une région.*

sous-espèce n.f. (pl. *sous-espèces*). En biologie, niveau de la classification immédiatement inférieur à l'espèce.

sous-estimation n.f. (pl. *sous-estimations*). Action de sous-estimer ; fait d'être sous-estimé : *La sous-estimation de l'impact d'une émission sur les adolescents* (**SYN.** sous-évaluation ; **CONTR.** surestimation).

sous-estimer v.t. [conj. 3]. Apprécier au-dessous de sa valeur réelle : *Il sous-estime les chanteurs de la jeune génération* (**SYN.** minimiser, sous-évaluer ; **CONTR.** surestimer). *J'avais sous-estimé vos compétences en informatique* (**SYN.** déprécier, rabaisser).

sous-évaluation n.f. (pl. *sous-évaluations*). Action de sous-évaluer ; fait d'être sous-évalué : *La sous-évaluation d'une maison* (**SYN.** dévalorisation, sous-estimation ; **CONTR.** surestimation, surévaluation).

sous-évaluer v.t. [conj. 7]. Évaluer qqch au-dessous de sa valeur : *Ils ont sous-évalué son patrimoine* (**SYN.** dévaloriser, sous-estimer ; **CONTR.** surestimer, surévaluer).

sous-exploitation n.f. (pl. *sous-exploitations*). Exploitation insuffisante : *La sous-exploitation de l'énergie solaire* (**CONTR.** surexploitation).

sous-exploiter v.t. [conj. 3]. Exploiter insuffisamment : *Sous-exploiter un gisement* (**CONTR.** surexploiter).

sous-exposer v.t. [conj. 3]. En photographie, exposer une surface sensible à un rayonnement trop faible (par opp. à surexposer) : *Cette photographie est sous-exposée.*

sous-exposition n.f. (pl. *sous-expositions*). En photographie, exposition insuffisante.

sous-famille n.f. (pl. *sous-familles*). En biologie, niveau de la classification immédiatement inférieur à la famille.

sous-fifre n.m. (de *fifrelin*, chose sans valeur) [pl. *sous-fifres*]. *Fam.* Personne qui occupe un emploi secondaire : *Il a envoyé un sous-fifre affronter les journalistes* (**SYN.** subalterne).

sous-homme n.m. (pl. *sous-hommes*). *Péjor.* Homme considéré comme inférieur (**CONTR.** surhomme).

sous-jacent, e adj. (du lat. *jacens, jacentis*, qui est étendu) [pl. *sous-jacents, es*]. **1.** Qui est placé dessous : *L'eau n'atteint pas les couches de terrain sous-jacentes.* **2.** Qui ne se manifeste pas clairement ; caché : *L'idée sous-jacente d'un film* (**SYN.** latent, occulte).

sous-lieutenant n.m. (pl. *sous-lieutenants*). Officier titulaire du premier grade de la hiérarchie dans les armées de terre et de l'air.

sous-locataire n. (pl. *sous-locataires*). Personne qui occupe un local en sous-location.

sous-location n.f. (pl. *sous-locations*). Action de sous-louer.

sous-louer v.t. [conj. 6]. **1.** Donner à loyer la totalité ou une partie d'un logement dont on est le locataire principal : *Ils sous-louent le premier étage à un étudiant étranger.* **2.** Prendre à loyer du locataire principal : *Nous sous-louons leur garage.*

sous-main n.m. inv. Accessoire de bureau sur lequel on place la feuille de papier où l'on écrit : *Des sous-main en cuir.* ▸ ***En sous-main,*** en cachette ; secrètement : *Ils ont passé un accord en sous-main.*

① **sous-marin, e** adj. (pl. *sous-marins, es*). **1.** Qui est sous la mer : *Un canyon sous-marin. La faune sous-marine.* **2.** Qui s'effectue sous la mer ; subaquatique : *La plongée sous-marine.*

② **sous-marin** n.m. (pl. *sous-marins*). **1.** Bâtiment conçu pour naviguer en plongée ; submersible : *Le sous-marin fut détruit par une torpille.* **2.** *Fam.* Personne qui s'introduit dans une organisation pour espionner : *Infiltrer des sous-marins dans un groupuscule.* **3.** Au Québec, sandwich long.

sous-marinier, ère n. (pl. *sous-mariniers, ères*). Membre de l'équipage d'un sous-marin.

sous-marque n.f. (pl. *sous-marques*). Marque utilisée par un fabricant qui exploite par ailleurs une marque plus connue.

sous-médicalisé, e adj. (pl. *sous-médicalisés, es*). Se dit d'un pays où les moyens médicaux sont trop faibles.

sous-ministre n. (pl. *sous-ministres*). Au Canada, haut fonctionnaire qui seconde un ministre.

sous-multiple adj. et n.m. (pl. *sous-multiples*). Se dit d'un nombre contenu un nombre entier de fois dans un autre nombre : *3 et 4 sont des sous-multiples de 12.*

sous-nappe n.f. (pl. *sous-nappes*). Tissu épais que l'on place sous la nappe pour protéger une table.

sous-œuvre n.m. sing. ▸ ***En sous-œuvre,*** se dit d'un travail effectué sur les fondations d'un bâtiment, tout en soutenant la construction par des étais.

sous-officier n.m. (pl. *sous-officiers*). Militaire d'un grade intermédiaire entre celui des officiers et de la troupe (abrév. sous-off [arg.]).

sous-ordre n.m. (pl. *sous-ordres*). En biologie, niveau de la classification immédiatement inférieur à l'ordre.

sous-payer [supeje] v.t. [conj. 11]. Payer au-dessous du taux légal ; payer insuffisamment : *Il sous-paie les intérimaires.*

sous-peuplé, e adj. (pl. *sous-peuplés, es*). Se dit d'une région dont le peuplement est insuffisant, eu égard aux ressources présentes (**CONTR.** surpeuplé).

sous-peuplement n.m. (pl. *sous-peuplements*). État d'un pays sous-peuplé (**CONTR.** surpeuplement, surpopulation).

sous-pied n.m. (pl. *sous-pieds*). Bande de tissu extensible qui passe sous le pied et s'attache au bas du pantalon pour le maintenir tendu : *Les sous-pieds d'un fuseau de ski.*

sous-plat n.m. (pl. *sous-plats*). En Belgique, dessous-de-plat.

sous-préfectoral, e, aux adj. Relatif à une sous-préfecture, à un sous-préfet.

sous-préfecture n.f. (pl. *sous-préfectures*). **1.** Subdivision de département administrée par un sous-préfet. **2.** Ville où réside le sous-préfet. **3.** Ensemble des services de l'administration sous-préfectorale.

sous-préfet n.m. (pl. *sous-préfets*). Fonctionnaire, représentant de l'État dans un arrondissement.

sous-préfète n.f. (pl. *sous-préfètes*). **1.** Femme d'un sous-préfet. **2.** Femme sous-préfet.

sous-production n.f. (pl. *sous-productions*). Production insuffisante de biens de consommation par rapport aux besoins (**CONTR.** surproduction).

sous-produit n.m. (pl. *sous-produits*). **1.** Produit dérivé d'un autre : *Les sous-produits du pétrole.* **2.** Mauvaise imitation ; produit de qualité médiocre : *Ses films sont des sous-produits des grandes œuvres hollywoodiennes.*

sous-programme n.m. (pl. *sous-programmes*). En informatique, séquence d'instructions réalisant une fonction particulière, conçue pour être utilisée dans différents programmes (**SYN.** procédure, 2. routine).

sous-prolétariat n.m. (pl. *sous-prolétariats*). Partie la plus défavorisée du prolétariat.

sous-pull n.m. (pl. *sous-pulls*). Pull à mailles très fines et à col roulé, destiné à être porté sous un autre, plus épais.

soussigné, e adj. et n. (du lat. *subsignare*, inscrire au bas, à la suite, de *signum*, signe). Qui a mis son nom au bas d'un acte : *La soussignée. Les témoins soussignés.*

sous-sol n.m. (pl. *sous-sols*). **1.** Couche immédiatement au-dessous de la terre végétale : *Un sous-sol sablonneux. Exploiter les richesses du sous-sol.* **2.** Étage d'un bâtiment situé au-dessous du rez-de-chaussée : *Mettre les vélos au sous-sol. Il a installé son atelier au sous-sol.*

sous-tasse n.f. (pl. *sous-tasses*). Soucoupe.

sous-tendre v.t. [conj. 73]. Être à l'origine, à la base de qqch : *Ce postulat sous-tend notre théorie.*

sous-tension n.f. (pl. *sous-tensions*). Tension électrique qui est inférieure à ce qu'elle devrait être (**CONTR.** surtension).

sous-titrage n.m. (pl. *sous-titrages*). Action de sous-titrer ; ensemble des sous-titres d'un film.

sous-titre n.m. (pl. *sous-titres*). **1.** Titre placé après le titre principal d'un livre, d'une publication : *« Le Festin de pierre » est le sous-titre de « Dom Juan » de Molière.* **2.** Traduction des dialogues d'un film en version originale, qui paraît au bas de l'image sur l'écran : *Les sous-titres sont écrits en blanc.*

sous-titrer v.t. [conj. 3]. Mettre un sous-titre, des sous-titres à : *Sous-titrer un téléfilm.*

soustractif, ive adj. En arithmétique, relatif à la soustraction : *Le signe soustractif* (= le signe moins).

soustraction n.f. **1.** En arithmétique, une des quatre opérations fondamentales, symbolisée par le signe « – » (moins), qui consiste à retrancher un nombre d'un autre : *Quel est le résultat de cette soustraction ?* (**CONTR.** addition). **2.** Dans le langage juridique, action de dérober qqch ; vol.

soustraire v.t. (du lat. *subtrahere*, retirer, de *trahere*, tirer, traîner) [conj. 112]. **1.** Retrancher une quantité d'une autre, en faire la soustraction : *Si l'on soustrait 30 de 50, on obtient 20* (**SYN.** déduire, ôter, retirer ; **CONTR.** additionner, ajouter). **2.** Prendre qqch à qqn, l'enlever de qqch, génér. par des moyens irréguliers ; dérober : *Quelqu'un a soustrait des documents dans son dossier* (**SYN.** subtiliser, voler). **3.** Permettre à qqn d'échapper à qqch de néfaste ; le mettre à l'abri de : *Elle a soustrait ses élèves à l'influence de ce voyou* (**SYN.** protéger, sauver). ▸ *Litt.* ***Soustraire qqn, qqch aux regards*** ou ***à la vue,*** les cacher, les placer de sorte qu'ils ne soient pas vus : *Une épaisse haie soustrait la villa aux regards des passants* (= la dissimule). ◆ **se soustraire** v.pr. **[à].** Refuser de se soumettre à : *Il a réussi à se soustraire à sa punition* (**SYN.** se dérober à, échapper à).

sous-traitance n.f. (pl. *sous-traitances*). Exécution d'un travail pour le compte d'une entreprise qui en avait reçu la commande : *Cette usine travaille en sous-traitance.*

sous-traitant, e n. (pl. *sous-traitants, es*). Personne chargée de sous-traitance.

sous-traiter v.t. [conj. 4]. Confier un travail à un sous-traitant ; prendre un travail en sous-traitance : *Sous-traiter le câblage d'un immeuble.*

sous-utiliser v.t. [conj. 3]. Utiliser de façon insuffisante : *Sous-utiliser un gymnase* (**SYN.** sous-employer). *Vous sous-utilisez les possibilités de ce logiciel.*

sous-ventrière n.f. (pl. *sous-ventrières*). Courroie attachée aux deux limons d'une charrette, et qui passe sous le ventre du cheval. ▸ *Fam.* ***Manger à s'en faire péter la sous-ventrière,*** manger d'une façon excessive.

sous-verre n.m. inv. **1.** Gravure, dessin, photographie placés entre une plaque de verre et un carton : *Ils ont accroché plusieurs sous-verre dans le couloir.* **2.** En Belgique, soucoupe en carton sur laquelle on pose un verre.

sous-vêtement n.m. (pl. *sous-vêtements*). Pièce de lingerie ou de bonneterie que l'on porte sous les vêtements (slip, maillot de corps, soutien-gorge, etc.) : *Elle ne porte que des sous-vêtements en coton* (**SYN.** dessous).

soutache n.f. (du hongrois). Tresse de galon qui sert d'ornement sur des vêtements.

soutane n.f. (de l'it. *sottana*, vêtement de dessous). Vêtement long en forme de robe, porté par les ecclésiastiques : *La soutane blanche du pape.*

soute n.f. (anc. prov. *sota*). **1.** Compartiment des cales d'un navire, servant à contenir du matériel, du combustible, des munitions ou des vivres. **2.** Compartiment réservé au fret ou aux bagages, aménagé dans le fuselage d'un avion : *Les animaux doivent voyager dans la soute.* ◆ **soutes** n.f. pl. Combustibles liquides pour les navires.

soutenable adj. **1.** Qui peut être supporté, enduré : *Des images de guerre difficilement soutenables* (**CONTR.** insoutenable). **2.** Qui peut être appuyé, être soutenu par de bonnes raisons : *Les scientifiques ont montré que ces thèses n'étaient pas soutenables* (**SYN.** défendable, justifiable ; **CONTR.** indéfendable, injustifiable).

soutenance n.f. Action de soutenir une thèse, un mémoire : *Assister à une soutenance de D.E.A.*

soutènement n.m. Action de soutenir les parois d'une excavation ; dispositif de soutien (**SYN.** appui, contrefort). ▸ ***Mur de soutènement,*** ouvrage résistant à la poussée des terres ou des eaux ; épaulement.

souteneur n.m. Individu qui vit de la prostitution de femmes qu'il prétend protéger (**SYN.** proxénète).

soutenir v.t. (lat. *sustinere*, de *tenere*, tenir) [conj. 40]. **1.** Maintenir dans une position grâce à un support ; servir de support, d'appui à : *Plusieurs tuteurs soutiennent la plante grimpante* (**SYN.** supporter). **2.** Maintenir qqn debout, l'empêcher de s'affaisser : *L'infirmier soutient la vieille dame jusqu'à son fauteuil* (**SYN.** porter, tenir). **3.** Empêcher qqn, un organe de défaillir : *Faire une injection pour soutenir le cœur* (**SYN.** remonter, stimuler). **4.** Agir pour maintenir qqch à un certain niveau ; empêcher de faiblir : *Soutenir l'économie* (**SYN.** stimuler). *La chaîne tente de soutenir l'intérêt des téléspectateurs* (**SYN.** attiser, ranimer). **5.** Apporter son soutien, son appui à ; défendre : *Ses amis l'ont soutenu dans cette épreuve* (**SYN.** aider, assister, épauler ; **CONTR.** abandonner, délaisser). *De nombreux artistes soutiennent ce candidat* (**SYN.** appuyer). **6.** Affirmer une opinion : *Elle soutient que tu ne lui as jamais envoyé ce paquet* (**SYN.** prétendre). **7.** Résister sans faiblir à : *La ville de Troie a soutenu un siège très long.* ▸ ***Soutenir la comparaison avec qqn, qqch,*** ne pas leur être inférieur : *Ce charcutier soutient la comparaison avec son prédécesseur.* ***Soutenir le regard de qqn,*** le regarder dans les yeux sans se laisser intimider. ***Soutenir une thèse, un mémoire,*** les exposer devant un jury. ◆ **se soutenir** v.pr. **1.** Se maintenir en position d'équilibre dans l'air, dans l'eau : *Elle doit se soutenir avec des béquilles. Les enfants se soutiennent dans l'eau grâce à leur bouée.* **2.** Être affirmé valablement : *Une telle opinion ne peut se soutenir* (**SYN.** se défendre). **3.** Se prêter une mutuelle assistance : *Les deux sœurs se sont toujours soutenues* (**SYN.** s'entraider). **4.** *Fig.* Se maintenir au même degré ; conserver son intensité : *L'intérêt de ce roman se soutient jusqu'à la fin.*

soutenu, e adj. **1.** Qui ne se relâche pas ; continu : *Cet élève a fourni un travail soutenu* (**SYN.** constant, régulier ; **CONTR.** irrégulier). **2.** Se dit d'une couleur qui présente une certaine intensité : *Ce jaune soutenu attire l'œil* (**SYN.** éclatant, intense, vif ; **CONTR.** pâle, terne). ▸ ***Langue soutenue,*** niveau de langue caractérisé par une certaine recherche dans le choix des mots et la syntaxe (par opp. à familier).

souterrain, e adj. **1.** Qui est sous terre : *Le métro souterrain* (**CONTR.** aérien). **2.** Qui se prépare secrètement : *Des négociations souterraines* (**SYN.** clandestin, secret). ◆ **souterrain** n.m. Couloir, galerie qui s'enfonce sous terre : *Visiter les souterrains d'un château. Pour éviter le carrefour, les voitures empruntent le souterrain* (**SYN.** tunnel).

soutien n.m. **1.** Action de soutenir, d'aider qqn, qqch : *Elle aura besoin de soutien pendant sa convalescence* (**SYN.** aide, appui, assistance). *Ils ont monté leur pièce avec le soutien de la municipalité* (**SYN.** patronage, protection). *Le soutien scolaire.* **2.** Personne, groupe qui soutient qqn, qqch : *Ce chanteur est l'un des plus sûrs soutiens des sans-papiers* (**SYN.** défenseur, pilier). **3.** Ce qui soutient, supporte qqch : *Ces colonnes assurent le soutien de la mezzanine* (**SYN.** support). ▸ ***Soutien de famille,*** dans le langage juridique, personne qui assure la subsistance matérielle de sa famille.

soutien-gorge n.m. (pl. *soutiens-gorge*). Pièce de lingerie féminine servant à maintenir la poitrine : *Des soutiens-gorge sans armatures.*

soutier n.m. **1.** *Anc.* Matelot qui alimentait en charbon les chaufferies d'un navire. **2.** *Fig.* Personne qui occupe une fonction subalterne et ingrate, génér. indispensable : *Les soutiers du développement économique.*

soutirage n.m. Action de soutirer ; son résultat : *Le soutirage du cidre.*

soutirer v.t. [conj. 3]. **1.** Transvaser doucement un liquide d'un récipient dans un autre : *Soutirer du vin.* **2.** Obtenir par ruse ou par adresse : *Ils ont soutiré de l'argent à des personnes âgées* (**SYN.** escroquer, extorquer).

soutra n.m. → **sutra.**

souvenance n.f. *Litt.* ▸ ***Avoir souvenance de qqch,*** en avoir le souvenir : *Il n'a pas souvenance de cet incident.*

souvenir n.m. **1.** Survivance dans la mémoire d'une sensation, d'une idée, d'un événement passés : *J'ai un vague souvenir de ma première année à l'école* (**SYN.** réminiscence). *Quel souvenir avez-vous de lui ?* (**SYN.** image). **2.** Objet qui rappelle la mémoire de qqn ou d'un événement : *Garde ce foulard comme souvenir* ou *en souvenir.* **3.** Petit objet vendu aux touristes dans les lieux particulièrement visités : *Des boutiques de souvenirs.* ▸ ***Au bon souvenir de qqn,*** formule de politesse par laquelle on prie son interlocuteur de transmettre à qqn l'expression de sa sympathie : *Veuillez me rappeler à son bon souvenir.*

se **souvenir** v.pr. (du lat. *subvenire,* se présenter à l'esprit, de *venire,* venir) [conj. 40]. **[de].** Avoir présente à l'esprit une image liée au passé : *Souviens-toi de ce que tu leur as promis* (**SYN.** se rappeler ; **CONTR.** oublier). *Je me souviens du premier film dans lequel elle a joué* (**SYN.** se remémorer). *Elle a senti le choc, après, elle ne se souvient plus de rien.* ▸ ***Je m'en souviendrai,*** je me vengerai. ◆ v. impers. *Litt.* Revenir à la mémoire : *Te souvient-il de notre première rencontre ? Du plus loin qu'il m'en souvienne* (= aussi loin dans le temps que remontent mes souvenirs).

souvent adv. (du lat. *subinde,* aussitôt). **1.** Plusieurs fois en peu de temps ; de manière répétée : *Le bébé a pleuré souvent cette nuit. Il va souvent au travail à vélo* (**SYN.** fréquemment ; **CONTR.** rarement). **2.** Dans de nombreux cas ; d'ordinaire : *C'est souvent la remarque que l'on nous fait* (**SYN.** généralement).

souventes fois adv. *Litt.* Plusieurs fois.

① **souverain, e** adj. (du lat. *super,* au-dessus). **1.** Qui exerce un pouvoir suprême : *Dans une démocratie, le peuple est souverain.* **2.** Dans le langage juridique, qui n'est susceptible d'aucun recours : *La décision de la Cour est souveraine* (**SYN.** absolu). **3.** *Sout.* Qui atteint le plus haut degré : *Il nous considère avec un souverain mépris* (**SYN.** extrême). ▸ ***Remède souverain,*** dont l'efficacité est certaine, infaillible.

② **souverain, e** n. Personne qui exerce le pouvoir suprême ; monarque, roi, empereur : *Ils respectent leur souveraine.*

③ **souverain** n.m. (angl. *sovereign*). Ancienne monnaie d'or anglaise.

souverainement adv. **1.** Au plus haut point : *Un film souverainement ennuyeux* (**SYN.** extrêmement, suprêmement, terriblement). **2.** Sans appel : *Juger souverainement.*

souveraineté n.f. **1.** Autorité suprême : *La souveraineté du peuple.* **2.** Qualité du pouvoir d'un État qui n'est soumis au contrôle d'aucun autre : *La souveraineté de ce pays est en danger* (**SYN.** autonomie, indépendance).

souverainisme n.m. Doctrine des défenseurs d'une Europe constituée de nations souveraines.

souverainiste adj. et n. **1.** Qui est partisan du souverainisme. **2.** Au Québec, qui est partisan de l'accession de la province au statut d'État souverain.

souvlaki n.m. (mot gr.). Dans la cuisine grecque, brochette de viande : *Des souvlakis.*

soviet [sɔvjɛt] n.m. (mot russe signif. « conseil »). Assemblée des délégués élus, en Russie, puis en U.R.S.S.

soviétique adj. et n. Relatif aux soviets, à l'U.R.S.S.

sovkhoze ou **sovkhoz** [sɔvkoz] n.m. (abrév. des mots russes *sov[ietskoïé] khoz[iaïastvo]*, économie soviétique). Grande exploitation agricole d'État, en U.R.S.S.

soyeux, euse [swajø, øz] adj. Qui est fin et doux au toucher comme de la soie : *Une chevelure soyeuse* (CONTR. rêche, rugueux). ◆ **soyeux** n.m. À Lyon, industriel travaillant la soie ou négociant en soieries.

spa [spa] n.m. (de *Spa,* ville thermale belge). **1.** Bain bouillonnant à remous. **2.** Centre d'hydrothérapie.

space opera [spɛsɔpera] n.m. (de l'angl. *space,* espace, et *opera,* opéra) [pl. *space operas*]. Ouvrage de science-fiction (roman, film) qui évoque les voyages et les aventures dans l'espace.

spacieusement adv. De façon spacieuse : *Il est spacieusement logé* (CONTR. étroitement, petitement).

spacieux, euse adj. (lat. *spatiosus,* de *spatium,* étendue, espace). Où l'on dispose de beaucoup d'espace ; vaste : *Ces œuvres sont exposées dans une salle spacieuse* (SYN. grand, immense ; CONTR. exigu, minuscule). ☞ REM. Ne pas confondre avec *spatial.*

spadassin n.m. (it. *spadaccino,* de *spada,* épée). *Litt.* Tueur à gages.

spaetzli [ʃpetzli] n.m. (mot all.). Dans certaines régions de l'est de la France et en Suisse, petites pâtes en lanières que l'on sert souvent avec du gibier : *Des spaetzlis.*

spaghetti [spageti] n.m. (mot it., du bas lat. *spacus,* corde) [pl. *spaghettis* ou inv.]. Pâte alimentaire de semoule de blé dur, présentée sous forme de longs bâtonnets pleins : *Des spaghettis à la bolognaise.*

spahi n.m. (d'un mot turc signif. « soldat à cheval »). Cavalier autochtone d'Afrique du Nord, servant dans l'armée française avant 1962 : *Une troupe de spahis.*

spam n.m. (mot angl.). Courriel publicitaire non sollicité, envoyé massivement aux internautes.

sparadrap n.m. (lat. médiév. *sparadrapum*). Tissu adhésif en forme de ruban, destiné à maintenir en place de petits pansements : *Des sparadraps couleur chair.*

spart [spart] ou **sparte** n.m. (gr. *sparton*). Graminée telle que l'alfa, dont les feuilles sont utilisées en sparterie.

spartakisme n.m. (de l'all. *Spartakusbund,* groupe Spartacus). Mouvement révolutionnaire allemand (1914-1919).

spartakiste adj. et n. Relatif au spartakisme ; qui en est partisan.

sparterie n.f. Ouvrage (corde, natte, tapis, panier) tressé en spart ; fabrication de ces objets.

① **spartiate** [sparsjat] adj. et n. De Sparte, de ses habitants. ▸ ***À la spartiate,*** sévèrement ; durement : *Ses parents l'ont élevé à la spartiate.* ◆ adj. Qui rappelle la rigueur, l'austérité des coutumes de Sparte : *Elle a reçu une éducation spartiate* (SYN. ascétique, dur).

② **spartiate** n.f. Sandale à lanières croisées.

spasme n.m. (gr. *spasmos,* de *spân,* tirer). Contraction brusque des muscles des viscères.

spasmodique adj. Relatif au spasme ; qui a les caractères du spasme : *Un rire spasmodique* (SYN. convulsif).

spasmophile adj. et n. Atteint de spasmophilie.

spasmophilie n.f. Extrême excitabilité nerveuse et musculaire se manifestant par des crampes, des fourmillements ; tétanie.

spatial, e, aux [spasjal, o] adj. (du lat. *spatium,* espace). **1.** Qui se rapporte à l'espace, à l'étendue (par opp. à temporel) : *La perception spatiale chez l'enfant.* **2.** Qui se rapporte à l'espace interplanétaire : *La recherche spatiale. Une navette spatiale.* ☞ REM. Ne pas confondre avec *spacieux.*

spatialiser [spasjalize] v.t. [conj. 3]. Envoyer dans l'espace : *Spatialiser un satellite.*

spatialité n.f. Caractère de ce qui s'organise dans l'espace (par opp. à temporalité).

spationaute [spasjonot] n. Pilote ou passager d'un engin spatial français. ☞ REM. On dit plutôt *astronaute* pour un Américain, *cosmonaute* pour un Russe et *taïkonaute* pour un Chinois.

spatio-temporel, elle [spasjotɑ̃pɔrɛl] adj. (pl. *spatio-temporels, elles*). Relatif à la fois à l'espace et au temps : *Des repères spatio-temporels.*

spatule n.f. (lat. *spathula*). **1.** Instrument de métal, de bois, etc., en forme de petite pelle : *Étaler une pâte à l'aide d'une spatule.* **2.** Partie antérieure et recourbée du ski. **3.** Oiseau échassier à bec élargi, qui niche sur les côtes ou dans les roseaux.

speaker, speakerine [spikœr, spikrin] n. (mot angl.). Annonceur, annonceuse à la radio, à la télévision (SYN. présentateur).

spécial, e, aux adj. (lat. *specialis,* de *species,* espèce, apparence, aspect). **1.** Particulier à une espèce de personnes ou de choses ; approprié à un but : *Il y a des aménagements spéciaux pour les handicapés. Le président a un train spécial* (SYN. 1. personnel, propre). *Il y a un numéro spécial pour joindre ce service.* **2.** Qui constitue une exception : *Il faut une autorisation spéciale pour visiter cette centrale nucléaire* (SYN. exceptionnel, extraordinaire). *Une édition spéciale a été consacrée à l'accident.* **3.** Qui n'est pas commun ; bizarre : *Vous avez une façon un peu spéciale de voir les choses* (SYN. particulier, singulier ; CONTR. banal, normal, ordinaire). *Elle a des goûts spéciaux* (SYN. étrange). ◆ **spéciale** n.f. **1.** Huître plus grasse qu'une fine de claire. **2.** Dans un rallye automobile, épreuve sur parcours imposé.

spécialement adv. De façon spéciale : *Ils sont venus spécialement pour vous* (SYN. exprès). *Il aime les voitures anciennes et spécialement les anglaises* (SYN. notamment).

spécialisation n.f. Action de spécialiser ; fait de se spécialiser : *Sa spécialisation en biochimie l'avantage pour ce poste.*

spécialisé, e adj. Limité à une spécialité ; affecté à un travail déterminé : *Un dictionnaire spécialisé. Un libraire spécialisé dans les livres en langue allemande.* ▸ ***Centre hospitalier spécialisé*** ou ***C.H.S.,*** en France, désignation officielle de l'hôpital psychiatrique.

spécialiser v.t. [conj. 3]. Rendre compétent dans une

spécialité : *Spécialiser des étudiants dans une certaine branche.* ◆ **se spécialiser** v.pr. Se consacrer à une branche déterminée, à un domaine particulier : *Elle s'est spécialisée dans la psychologie de l'enfant.*

spécialiste n. **1.** Personne qui a une compétence particulière dans un domaine précis : *Faire appel à un spécialiste* (**SYN.** expert, professionnel ; **CONTR.** amateur, dilettante). **2.** Médecin qui s'est spécialisé (par opp. à généraliste) : *Le gynécologue, le diabétologue sont des spécialistes.* **3.** Personne qui est coutumière de qqch : *Voici le spécialiste de la malchance* (**SYN.** habitué).

spécialité n.f. **1.** Domaine, branche d'activité dans lesquels on a acquis une compétence particulière : *Sa spécialité offre peu de débouchés* (**SYN.** discipline, partie). **2.** Produit caractéristique d'une région, d'un restaurant : *La pizza est une spécialité napolitaine.* **3.** *Fam.* Manie particulière de qqn, jugée agaçante : *Il a la spécialité de nous prévenir au dernier moment* (**SYN.** caractéristique, particularité).

spéciation n.f. En biologie, apparition d'une nouvelle espèce par différenciation entre deux populations d'une même espèce.

spécieusement adv. *Sout.* D'une manière spécieuse.

spécieux, euse adj. (lat. *speciosus*, de *species*, aspect). *Sout.* Qui induit en erreur par une apparence de vérité : *Elle a invoqué des raisons spécieuses* (**SYN.** captieux [litt.], fallacieux, trompeur ; **CONTR.** fondé, juste, vrai).

spécification n.f. **1.** Action de spécifier qqch : *Sans spécification d'heure ni de date* (**SYN.** détermination, indication, précision). **2.** Définition des caractéristiques essentielles (qualité, dimensions) que doivent avoir une marchandise, une construction, un matériel.

spécificité n.f. Caractère spécifique : *Quelle est la spécificité de ce sport de combat ?* (**SYN.** caractéristique, particularité).

spécifier v.t. (bas lat. *specificare*, de *species*, espèce, type) [conj. 9]. Exprimer, déterminer de manière précise : *Vous n'avez pas spécifié la date* (**SYN.** indiquer).

spécifique adj. Qui appartient en propre à une espèce, à une chose (par opp. à générique) : *Les symptômes spécifiques d'une maladie* (**SYN.** particulier, propre à, typique). *Ce logiciel a une fonction spécifique* (**SYN.** caractéristique).

spécifiquement adv. De façon spécifique : *Ces voitures sont spécifiquement conçues pour l'énergie électrique* (**SYN.** particulièrement).

spécimen [spesimɛn] n.m. (lat. *specimen*). **1.** Être ou objet qui donne une idée de l'espèce, de la catégorie dont il fait partie : *Ce chien est un beau spécimen de boxer* (**SYN.** type). *Ce meuble est un spécimen du style Louis XV* (**SYN.** échantillon, exemple, modèle). **2.** Exemplaire d'un livre, d'une revue offert gratuitement : *La documentaliste donne des spécimens aux professeurs.*

spectacle n.m. (lat. *spectaculum*, de *spectare*, observer, regarder, de *specere*, regarder). **1.** Représentation théâtrale, cinématographique, lyrique : *Assister à un spectacle de marionnettes.* **2.** Ensemble des activités du théâtre, du cinéma, du music-hall : *L'industrie, le monde du spectacle.* **3.** Ce qui se présente au regard, à l'attention, et qui est capable d'éveiller un sentiment : *La découverte de leur appartement saccagé fut un triste spectacle* (**SYN.** tableau). **4.** *Péjor.* (Employé en appos., avec ou sans trait d'union). Se dit de ce qui est organisé pour privilégier l'impact médiatique : *La politique spectacle.* ▸ ***À grand spectacle,*** se dit d'un film, d'une pièce, d'une revue dont la mise en scène est fastueuse. ***Se donner*** ou ***s'offrir en spectacle,*** se faire remarquer ; attirer l'attention sur soi : *En parlant si fort, tu te donnes en spectacle.* ***Spectacle vivant,*** spectacle qui se déroule en direct devant un public : *Les pièces de théâtre, les opéras, les ballets, les spectacles de cirque et de cabaret sont des spectacles vivants.*

spectaculaire adj. Qui frappe l'imagination ; qui fait sensation : *L'alpiniste a fait une chute spectaculaire* (**SYN.** impressionnant). *Le joueur de tennis a réussi une remontée spectaculaire* (**SYN.** étonnant, prodigieux, remarquable).

spectateur, trice n. (du lat. *spectator*, qui regarde). **1.** Personne qui assiste à un spectacle artistique, à une manifestation sportive : *Les spectateurs étaient debout pendant le concert* (**SYN.** assistance, auditoire, public). **2.** Témoin oculaire d'un événement, d'une action quelconque : *Les spectateurs d'une agression.*

spectral, e, aux adj. **1.** Qui a le caractère d'un spectre, d'un fantôme : *Un visage d'une pâleur spectrale* (**SYN.** fantomatique). **2.** En optique, qui concerne un spectre lumineux.

spectre n.m. (lat. *spectrum*, de *spectare*, regarder). **1.** Apparition fantastique et effrayante d'un mort : *Il prétend qu'il y a des spectres dans ce manoir* (**SYN.** fantôme, revenant). **2.** Représentation effrayante d'une idée, d'un événement menaçants : *Le spectre du fascisme* (**SYN.** épouvantail). **3.** En physique, ensemble des rayons colorés résultant de la décomposition d'une lumière complexe ; variation d'un rayonnement complexe suivant la longueur d'onde : *Le spectre solaire est composé des couleurs de l'arc-en-ciel.* **4.** Ensemble des bactéries sensibles à un antibiotique : *Un médicament à large spectre* (= champ d'action). **5.** Personne d'une pâleur et d'une maigreur maladives : *Après sa maladie, elle n'était plus qu'un spectre.*

spectrogramme n.m. Photographie d'un spectre lumineux.

spectrographe n.m. Appareil servant à enregistrer les spectres lumineux sur une plaque photographique.

spectrographie n.f. Étude des spectres lumineux à l'aide de spectrographes.

spectrographique adj. Relatif à la spectrographie.

spectromètre n.m. En physique, appareil servant à l'étude des spectres.

spectroscope n.m. Appareil destiné à observer les spectres, les radiations.

spectroscopie n.f. Étude des spectres, des radiations.

spectroscopique adj. Relatif à la spectroscopie.

spéculaire adj. (lat. *specularis*, de *speculum*, miroir). Relatif au miroir : *Une image spéculaire.* ▸ ***Écriture spéculaire,*** manière d'écrire résultant d'un trouble psychologique, dans laquelle les lettres et les mots sont tracés de droite à gauche, comme si l'écriture ordinaire était reflétée dans un miroir (on dit aussi *écriture en miroir*).

spéculateur, trice n. (du lat. *speculator*, observateur). Personne qui fait des spéculations financières ; boursicoteur.

spéculatif, ive adj. **1.** Relatif à une spéculation financière : *Un fonds spéculatif.* **2.** En philosophie, qui a pour objet la théorie, sans égard à la pratique : *Une étude spéculative* (**SYN.** abstrait, théorique ; **CONTR.** appliqué, pratique).

spéculation n.f. **1.** Opération aléatoire fondée sur la prévision de l'évolution des cours boursiers ; boursicotage : *Ses spéculations l'ont enrichi.* **2.** *Péjor.* Construction de l'esprit, idée arbitraire et invérifiable : *Les spéculations des journalistes sur les agissements du président* (**SYN.** supputation). **3.** En philosophie, étude abstraite ; théorie (par opp. à pratique).

spéculer v.i. (du lat. *speculari,* observer) [conj. 3]. **1.** Faire des opérations financières sur des choses négociables, afin de tirer profit des variations de leurs cours : *Spéculer à la* ou *en Bourse* (**SYN.** boursicoter). *Spéculer sur le pétrole.* **2.** Compter sur qqch pour parvenir à ses fins : *Le vendeur spécule sur la naïveté de ses clients* (**SYN.** tabler sur). **3.** Réfléchir sur une question, l'étudier : *Spéculer sur la nature humaine* (**SYN.** méditer sur).

spéculoos ou **spéculaus** [spekylos] n.m. En Belgique, biscuit sec très sucré de diverses formes. ☞ **REM.** En France, on écrit aussi *spéculos.*

spéculum [spekylɔm] n.m. (du lat. *speculum,* miroir). En médecine, instrument servant à élargir certaines cavités du corps (vagin, conduit auditif) pour en faciliter l'examen.

speech [spitʃ] n.m. (mot angl.) [pl. *speechs* ou *speeches*]. *Fam.* Petit discours de circonstance : *Tout le monde bâillait pendant son speech* (**SYN.** allocution).

spéléologie n.f. (du gr. *spêlaion,* caverne, et *logos,* science). Science et sport qui ont pour objet l'exploration des cavités naturelles du sous-sol, telles que les grottes ou gouffres.

spéléologique adj. Relatif à la spéléologie.

spéléologue n. **1.** Spécialiste de spéléologie. **2.** Personne qui pratique la spéléologie.

spencer [spɛnsœr] n.m. (mot angl., du nom de lord John Charles *Spencer,* qui mit ce vêtement à la mode). Veste de tailleur courte.

spermaceti n.m. (du gr. *sperma,* semence, et *kêtos,* cétacé). Nom scientifique du blanc de baleine.

spermatique adj. Relatif au sperme.

spermatozoïde n.m. (du gr. *sperma, spermatos,* semence, et *zôoeidês,* semblable à un animal). Cellule reproductrice mâle des animaux ; gamète mâle.

sperme n.m. (du gr. *sperma,* semence). Liquide émis par les glandes reproductrices mâles, et contenant les spermatozoïdes.

spermicide adj. et n.m. Se dit d'une substance contraceptive qui détruit les spermatozoïdes.

spermogramme n.m. Examen en laboratoire du sperme ; résultat de cet examen.

sphénoïde adj. et n.m. (du gr. *sphên,* coin, et *eidos,* aspect). Se dit d'un os situé à la partie moyenne de la base du crâne.

sphère n.f. (du gr. *sphaira,* boule). **1.** Surface fermée dont tous les points sont à la même distance d'un point intérieur appelé *centre* ; solide limité par une telle surface : *La Terre a la forme d'une sphère* (**SYN.** boule, globe). **2.** Domaine, milieu dans lequel s'exerce une activité, ou l'influence de qqn, de qqch : *Cet écrivain ne sort guère de la sphère de la vie mondaine* (**SYN.** cadre, champ). *Les hautes sphères de la politique* (**SYN.** cercle, monde, univers).

sphéricité n.f. État de ce qui est sphérique : *La sphéricité d'un ballon* (**SYN.** rondeur, rotondité).

sphérique adj. Qui a la forme d'une sphère ; relatif à une sphère : *Une planète sphérique* (**SYN.** rond).

sphéroïde n.m. En géométrie, solide dont la forme est proche de celle de la sphère.

sphincter [sfɛ̃ktɛr] n.m. (du gr. *sphigtêr,* lien, de *sphiggein,* serrer). Muscle qui ferme ou resserre un orifice ou un canal naturel : *Le sphincter de l'anus.*

sphinge n.f. Sphinx femelle.

sphinx [sfɛ̃ks] n.m. (mot lat., du gr. *sphiggein,* serrer). **1.** Monstre mythique à corps de lion et à tête humaine : *Le sphinx de Gizeh garde toujours la pyramide de Khephren.* **2.** Grand papillon nocturne. **3.** *Litt.* Personne énigmatique : *Je n'ai pas réussi à connaître les pensées de ce sphinx.*

sphygmomanomètre n.m. (du gr. *sphugmos,* pouls). Appareil constitué d'un brassard relié à un manomètre et permettant la mesure de la pression artérielle (**SYN.** tensiomètre).

spi n.m. → **spinnaker.**

spin [spin] n.m. (mot angl.). Grandeur physique caractéristique d'une particule élémentaire en rotation sur elle-même.

spinal, e, aux adj. (du lat. *spina,* épine). En anatomie, relatif à la colonne vertébrale ou à la moelle épinière.

spinnaker [spinɛkœr] ou **spi** n.m. (mot angl.). Grande voile triangulaire, légère et creuse, utilisée dans la marche au vent arrière.

spiral, e, aux adj. (du lat. *spira,* spirale). Qui a la forme d'une spirale : *La coquille spirale d'une ammonite.* ◆ **spiral** n.m. Petit ressort en spirale qui assure le mouvement constant du balancier d'une montre.

spirale n.f. **1.** En géométrie, courbe plane tournant autour d'un point fixe en s'en éloignant de plus en plus. **2.** Suite de circonvolutions : *Des spirales de fumée s'échappent de la cheminée* (**SYN.** volute). **3.** Fil métallique hélicoïdal reliant les feuillets d'un cahier : *Un répertoire à spirale.* **4.** Montée rapide et irrésistible de phénomènes interactifs : *La spirale des prix et des salaires.* ▸ ***En spirale,*** en forme de spirale : *Un escalier en spirale* (**SYN.** en colimaçon, en hélice).

spire n.f. (du gr. *speira,* enroulement). **1.** Tour complet d'une spirale, d'une hélice : *Les spires d'un ressort.* **2.** Ensemble des tours d'une coquille enroulée, comme celle de l'escargot ; chacun de ces tours.

spirille [spirij] n.m. Bactérie en forme de filament en spirale.

spirite adj. et n. (de l'angl. *spirit[-rapper],* esprit [frappeur]). Relatif au spiritisme ; qui le pratique.

spiritisme n.m. Science occulte qui a pour objet de faire entrer les vivants en communication avec les esprits des morts par l'intervention d'un médium.

spiritual [spiritwol] n.m. → **negro spiritual.**

spiritualisme n.m. Philosophie qui affirme que l'esprit est distinct du corps et lui est supérieur (par opp. à matérialisme).

spiritualiste adj. et n. Qui concerne le spiritualisme ; qui en est partisan (**CONTR.** matérialiste).

spiritualité n.f. **1.** Qualité de ce qui est esprit, de ce qui est dégagé de toute matérialité : *La spiritualité de l'âme* (**SYN.** immatérialité). **2.** Ce qui concerne la vie spirituelle (**SYN.** mysticisme, piété).

spirituel, elle adj. (lat. *spiritualis*, de *spiritus*, esprit). **1.** Qui est de l'ordre de l'esprit, de l'âme : *Vie spirituelle* (**CONTR.** matériel). **2.** Relatif au domaine de l'intelligence, de l'esprit, de la morale : *Valeurs spirituelles* (**SYN.** intellectuel). *Ce grand homme est leur chef spirituel.* **3.** Relatif à la religion, à l'Église : *Le pouvoir spirituel du pape* (**SYN.** religieux ; **CONTR.** temporel). **4.** Qui a de la vivacité d'esprit, de la finesse : *Une remarque spirituelle* (**SYN.** plaisant ; **CONTR.** 1. banal, lourd). *Cet homme politique est très spirituel* (**SYN.** brillant ; **CONTR.** balourd).

spirituellement adv. **1.** Par l'esprit, par la pensée (**CONTR.** charnellement, physiquement). **2.** Avec esprit, humour : *Elle a répondu spirituellement à cette critique* (**SYN.** finement).

spiritueux, euse adj. (du lat. *spiritus*, esprit). Se dit d'une boisson qui contient un fort pourcentage d'alcool : *L'armagnac, le cognac et le whisky sont des boissons spiritueuses.* ◆ **spiritueux** n.m. Boisson spiritueuse : *Commerce de vins et spiritueux.*

spiroïdal, e, aux adj. En forme de spirale.

spiromètre n.m. (du lat. *spirare*, souffler, respirer). Appareil servant à mesurer la capacité d'inspiration et d'expiration des poumons.

spitant, e adj. (du flamand). En Belgique, bon vivant ; vif, enjoué. ▸ ***Eau spitante,*** en Belgique, eau pétillante.

spleen [splin] n.m. (mot angl. signif. « rate, mélancolie »). *Litt.* État passager de dégoût de la vie sans raison définie ; vague à l'âme : *Ces jours-ci, il a le spleen* (**SYN.** mélancolie).

splendeur n.f. (lat. *splendor*, de *splendere*, briller, étinceler). **1.** Qualité de ce qui est magnifique ; éclat, luxe : *Le ravalement a mis en valeur la splendeur de cette cathédrale* (**SYN.** magnificence, somptuosité). **2.** Chose splendide : *Ces splendeurs mériteraient d'être exposées* (**SYN.** merveille).

splendide adj. **1.** Qui provoque l'admiration par son éclat, sa beauté, sa splendeur ; superbe : *La nouvelle collection de ce couturier est splendide* (**SYN.** magnifique ; **CONTR.** médiocre). **2.** D'un éclat lumineux : *Ils ont eu un temps splendide pour leur mariage* (**SYN.** éblouissant, radieux ; **CONTR.** couvert).

splendidement adv. Avec splendeur ; magnifiquement : *Un livre splendidement illustré* (**SYN.** superbement ; **CONTR.** médiocrement).

splénectomie n.f. Ablation chirurgicale de la rate.

splénique adj. (du gr. *splên*, rate). En médecine, qui concerne la rate.

spoiler [spɔjlœr] n.m. (mot angl. signif. « aérofrein »). Élément de carrosserie fixé sous le pare-chocs avant d'une automobile pour en améliorer l'aérodynamisme.

spoliateur, trice adj. et n. *Sout.* Qui spolie ; voleur.

spoliation n.f. *Sout.* Action de spolier : *La spoliation des petits actionnaires* (**SYN.** dépossession, dépouillement).

spolier v.t. (lat. *spoliare*, de *spolium*, dépouille, butin) [conj. 9]. *Sout.* Dépouiller qqn de qqch par force ou par ruse : *Ils ont tenté de le spolier de son héritage* (**SYN.** déposséder, frustrer). *On les a spoliés* (**SYN.** gruger).

spondée n.m. (lat. *spondeus*, du gr.). Dans la poésie grecque et latine, pied de vers composé de deux syllabes longues.

spondylarthrite n.f. (du gr. *spondulos*, vertèbre). Inflammation d'un disque articulaire entre deux vertèbres.

spongieux, euse adj. (du lat. *spongia*, éponge). **1.** Qui s'imbibe de liquide comme une éponge : *Ici, le sol est spongieux.* **2.** De la nature de l'éponge ; poreux : *Le poumon est une masse spongieuse.*

spongiforme adj. Se dit d'une maladie au cours de laquelle les tissus, vus au microscope, évoquent une éponge : *Une encéphalopathie spongiforme.*

sponsor [spɔ̃sɔr] n.m. (mot angl.). Parraineur ; commanditaire.

sponsoring [spɔ̃sɔriŋ] n.m. Parrainage.

sponsoriser [spɔ̃sɔrize] v.t. [conj. 3]. Parrainer ; commanditer.

spontané, e adj. (du lat. *sponte* [*sua*], de [son] plein gré). **1.** Qui agit, qui se produit de soi-même, sans intervention extérieure : *Inflammation spontanée d'un combustible. Un mouvement spontané de solidarité en faveur des sinistrés* (**SYN.** volontaire ; **CONTR.** forcé, imposé). *Envoyer une candidature spontanée* (= qui ne répond à aucune annonce). **2.** Qui agit, qui se produit sans calcul, sans détour : *Une jeune fille spontanée* (**SYN.** direct, franc ; **CONTR.** calculateur). *Une réponse spontanée* (**SYN.** instinctif, irréfléchi ; **CONTR.** réfléchi). **3.** En botanique, qui pousse naturellement, sans intervention de l'homme. ▸ ***Génération spontanée,*** théorie ancienne selon laquelle un être vivant aurait pu se former à partir de matière non vivante.

spontanéisme n.m. *Vieilli* Doctrine qui privilégie la spontanéité dans l'action politique.

spontanéiste adj. et n. Relatif, favorable au spontanéisme.

spontanéité n.f. Caractère spontané : *La spontanéité des jeunes enfants* (**SYN.** franchise, naturel). *Sa lettre manque de spontanéité* (**SYN.** sincérité ; **CONTR.** affectation, calcul).

spontanément adv. De façon spontanée ; instinctivement : *Ils ont fait spontanément une minute de silence.*

sporadique adj. (du gr. *sporadikos*, dispersé, de *speirein*, semer). Qui existe çà et là, de temps à autre : *Des pluies sporadiques* (**SYN.** intermittent, irrégulier ; **CONTR.** périodique, régulier). *Une maladie sporadique* (**CONTR.** endémique).

sporadiquement adv. De façon sporadique : *Ils reçoivent sporadiquement des virus informatiques* (**CONTR.** constamment, continuellement).

sporange n.m. (de *spore* et du gr. *aggos*, vase). Sorte de petit sac contenant les spores chez les fougères, les mousses, les moisissures, les algues.

spore n.f. (du gr. *spora*, semence). Élément reproducteur de certains végétaux : *Le grain de pollen est une spore mâle.*

sport n.m. (mot angl., de l'anc. fr. *desport*, amusement). Ensemble des exercices physiques, individuels ou collectifs, pouvant donner lieu à compétition et pratiqués en observant certaines règles ; chacune des formes particulières de ces exercices : *Il fait du sport pour entretenir sa ligne. Elle excelle dans tous les sports.* ▸ *Fam.* ***C'est du sport,*** c'est difficile : *Lui faire une piqûre, c'est du sport.* ***De sport,*** destiné à la pratique d'un sport : *Terrain de sport. Vêtements de sport.* *Fam.* ***Il va y avoir du sport,*** les choses vont mal tourner ; on risque d'en venir aux mains. ***Sports de combat,*** où l'élimination de l'adversaire est recherchée par des coups ou des prises (boxe, judo, karaté, lutte, etc.). ***Sports d'hiver,*** sports de neige (ski, luge) ou de glace (patinage, hockey). ◆ adj. inv. **1.** Se dit de chaussures, de vêtements, d'accessoires d'un style confortable (par opp. à *habillé* ou *de ville*) : *Des pantalons sport.* **2.** Se dit de qqn qui se comporte avec loyauté, qui est beau joueur : *Les deux équipes ont été très sport* (**SYN.** fair-play, loyal).

sportif, ive adj. **1.** Qui concerne un sport, le sport : *Ce club propose de nombreuses activités sportives. Un journal sportif.* **2.** Qui manifeste de la sportivité ; loyal : *Sa réaction n'est pas très sportive* (**SYN.** fair-play, sport). ◆ n. et adj. Personne qui pratique un ou plusieurs sports : *Une sportive de haut niveau.*

sportivement adv. Avec les qualités morales d'un sportif ; loyalement : *Ils ont admis sportivement la décision de l'arbitre.*

sportivité n.f. Caractère sportif ; loyauté : *Il est apprécié pour sa sportivité* (**SYN.** fair-play).

sportswear [spɔrtswɛr] n.m. (mot angl.). Ensemble des vêtements, des chaussures de style sport.

sporulation n.f. En biologie, reproduction par spores ; émission de spores.

spot [spɔt] n.m. (mot angl. signif. « tache »). **1.** Petit projecteur orientable assurant un éclairage localisé : *Braquer un spot sur le danseur étoile.* **2.** Tache lumineuse formée par un faisceau d'électrons sur l'écran d'un tube cathodique. **3.** Message publicitaire : *Il y a eu de nombreux spots avant l'émission.*

sprat [sprat] n.m. (mot angl.). Petit poisson voisin du hareng.

spray [sprɛ] n.m. (mot angl. signif. « brouillard »). Jet de liquide (médicament, cosmétique, détergent) en fines gouttelettes, envoyé par un atomiseur ; l'atomiseur lui-même.

springbok [spriŋbɔk] n.m. (mot néerl. signif. « bouc sauteur »). Antilope commune en Afrique du Sud.

sprint [sprint] n.m. (mot angl.). **1.** Accélération d'un coureur à l'approche du but ; partie de la course où se produit cette accélération : *Son challengeur l'a doublé au sprint.* **2.** Épreuve de vitesse sur une courte distance (par opp. à course de fond) : *En athlétisme, le 100 mètres est une course de sprint.*

sprinter [sprinte] v.i. [conj. 3]. Dans une course, augmenter sa vitesse en arrivant près du but.

sprinteur, euse [sprintœr, øz] n. Spécialiste du sprint ou des courses de vitesse. ☞ **REM.** Au masculin, on écrit aussi *sprinter* [sprintœr].

S.P.R.L. ou **SPRL** n.f. (sigle de *société de personnes à responsabilité limitée*). En Belgique, S.A.R.L.

spumeux, euse adj. (du lat. *spumosus,* écumant, de *spuma,* écume). Qui a l'apparence de l'écume.

squale [skwal] n.m. (lat. *squalus*). Requin.

squame [skwam] n.f. (du lat. *squama,* écaille). Lamelle épidermique qui se détache de la peau et provoque une desquamation.

squameux, euse [skwamø, øz] adj. Couvert de squames ; caractérisé par des squames : *Éruption squameuse.*

square [skwar] n.m. (mot angl. signif. « place carrée », de l'anc. fr. *esquare,* carré). Jardin public, génér. clôturé : *Les enfants jouent dans le square.*

squash [skwaʃ] n.m. (mot angl., de *to squash,* écraser). Sport, pratiqué en salle, opposant deux joueurs qui font rebondir la balle sur les quatre murs avec une raquette.

squat [skwat] n.m. (mot angl.). Action de squatter un logement ; logement ainsi occupé.

squatter [skwate] ou **squattériser** [skwaterize] v.t. [conj. 3]. **1.** Occuper un logement vide, sans droit ni titre : *Des sans-papiers squattent cet appartement.* **2.** *Fam.* Monopoliser : *Les affiches de son film squattent tous les panneaux publicitaires.*

squatteur, euse [skwatœr, øz] n. (de l'angl.). Personne sans abri qui occupe illégalement un logement vacant ou destiné à la destruction : *La police a fait partir les squatteurs.* ☞ **REM.** Au masculin, on écrit aussi *squatter* [skwatœr].

squaw [skwo] n.f. (de l'algonquien). Chez les Amérindiens du Nord, femme, mariée ou non.

squeezer [skwize] v.t. (de l'angl. *to squeeze,* presser) [conj. 3]. **1.** Au bridge, obliger un adversaire à se défausser. **2.** *Fam.* Placer qqn dans une situation dont il ne pourra se sortir ; remporter un avantage sur lui : *Cette astuce vous permet de squeezer les publicitaires qui envahissent l'Internet.*

squelette n.m. (du gr. *skeleton,* momie, de *skeletos,* desséché). **1.** Ensemble des os qui constituent la charpente du corps des vertébrés : *Les paléontologues ont reconstitué le squelette d'un australopithèque. Les élèves étudient le squelette du chat.* **2.** Structure qui soutient un bâtiment ; charpente : *Le squelette de fer d'une gare* (**SYN.** carcasse, ossature). **3.** Grandes lignes, schéma d'un discours, d'un texte : *Le squelette d'une plaidoirie* (**SYN.** canevas, plan). **4.** *Fam.* Personne très maigre.

squelettique adj. **1.** Relatif au squelette. **2.** D'une extrême maigreur : *Ces pauvres enfants ont des bras squelettiques* (**SYN.** décharné ; **CONTR.** charnu, potelé). **3.** Très réduit ; trop concis : *Des indications squelettiques* (**SYN.** schématique).

sras [sras] n.m. (acronyme de *syndrome respiratoire aigu sévère*). Infection pulmonaire grave et contagieuse, due à un coronavirus.

stabat mater [stabatmatɛr] n.m. inv. (mots lat. signif. « la Mère était debout »). **1.** Prose de la liturgie catholique chantée dans les églises le Vendredi saint. **2.** Œuvre musicale composée sur cette prose.

stabilisant, e adj. et n.m. Se dit d'une substance incorporée à une matière pour en améliorer la stabilité chimique.

stabilisateur, trice adj. Qui stabilise : *L'arrivée du nouveau directeur a eu un effet stabilisateur.* ◆ **stabilisateur** n.m. Mécanisme, dispositif destiné à éviter ou à amortir des oscillations, notamm. sur un véhicule.

stabilisation n.f. Action de stabiliser ; son résultat : *La stabilisation du pouvoir* (**SYN.** affermissement, consolidation). *La stabilisation du poids après un régime.*

stabiliser v.t. [conj. 3]. Rendre stable : *Stabiliser un vélo avec de petites roues.*

stabilité n.f. **1.** Caractère de ce qui est stable, de ce qui tend à conserver son équilibre : *La stabilité d'un échafaudage* (**SYN.** aplomb, solidité ; **CONTR.** déséquilibre, instabilité). **2.** Caractère de ce qui se maintient sans profondes variations : *La stabilité d'une monnaie* (**SYN.** fermeté ; **CONTR.** fluctuation). *La stabilité d'une institution* (**SYN.** continuité, permanence).

stable adj. (lat. *stabilis*, de *stare*, être debout). **1.** Qui est dans un état, une situation fermes, solides, qui ne risque pas de tomber ; d'aplomb : *Le piédestal de la statue est stable* (**CONTR.** bancal, branlant, instable). **2.** Qui se maintient, reste dans le même état : *Un gouvernement stable* (**SYN.** durable ; **CONTR.** fragile, précaire). *Le Cac 40 est stable en ce moment* (**SYN.** constant ; **CONTR.** fluctuant). **3.** Dont la conduite est marquée par la constance, la permanence : *Un jeune homme stable* (**SYN.** équilibré). *Elle a un caractère stable* (**SYN.** constant ; **CONTR.** changeant, versatile).

stabulation n.f. (du lat. *stabulum*, étable). Séjour des animaux à l'étable.

staccato adv. (mot it. signif. « détaché »). Terme de musique indiquant qu'il faut détacher nettement les notes. ◆ n.m. Passage d'une œuvre exécuté dans ce tempo : *Des staccatos.*

stade n.m. (lat. *stadium*, du gr. *stadion*, mesure de longueur variant entre 180 et 200 mètres). **1.** Terrain aménagé pour la pratique du sport, pouvant accueillir des spectateurs : *La piste d'athlétisme d'un stade. Certains supporteurs ont dû quitter le stade.* **2.** Période, degré d'un développement ; niveau, palier : *Dans un premier stade, vous devrez apprendre à respirer sous l'eau* (**SYN.** étape, phase).

stadier, ère n. Personne chargée de l'accueil, du placement et de la sécurité du public dans les stades.

① **staff** n.m. (mot angl. signif. « état-major »). **1.** Ensemble des dirigeants d'une entreprise, d'une organisation. **2.** Groupe de personnes travaillant ensemble ; équipe, service.

② **staff** n.m. (de l'all. *staffieren*, orner). Matériau constitué de plâtre armé de fibres végétales, utilisé en décoration intérieure.

staffeur, euse n. Ouvrier qui moule ou pose le staff.

stage n.m. (de l'anc. fr. *estage*, séjour, du bas lat. *stagium*). **1.** Période d'études pratiques exigée des candidats à l'exercice de certaines professions : *Un stage en entreprise. Avant de soutenir son mémoire, elle a dû faire un stage dans un hôpital.* **2.** Période pendant laquelle une personne suit des cours de formation ou de perfectionnement : *Ils suivent un stage en informatique.*

stagflation n.f. Situation économique d'un pays qui souffre à la fois de la stagnation et de l'inflation.

stagiaire adj. et n. Qui fait un stage : *Un ingénieur stagiaire. Les stagiaires sont mal rémunérés.*

stagnant, e [stagnɑ̃, ɑ̃t] adj. **1.** Se dit d'un fluide qui stagne : *L'eau stagnante d'une mare* (**SYN.** dormant, immobile ; **CONTR.** courant). **2.** *Fig.* Qui ne fait aucun progrès : *Un secteur commercial stagnant* (**CONTR.** dynamique).

stagnation [stagnasjɔ̃] n.f. **1.** État d'un fluide stagnant : *La stagnation de la brume dans la vallée* (**SYN.** immobilité). **2.** *Fig.* Absence de progrès, d'activité ; marasme : *La stagnation des échanges commerciaux* (**SYN.** immobilisme, inertie).

stagner [stagne] v.i. (lat. *stagnare*, de *stagnum*, étang) [conj. 3]. **1.** Ne pas couler, être immobile, en parlant d'un fluide : *De l'eau stagne sur le balcon* (**SYN.** croupir ; **CONTR.** s'écouler). **2.** *Fig.* Fonctionner au ralenti, en parlant d'une activité : *Cette industrie stagne depuis un moment* (**SYN.** languir, végéter).

stakhanovisme n.m. (de *Stakhanov*, nom d'un mineur russe qui établit des records de production). Dans les pays socialistes, méthode d'incitation au rendement dans le travail, qui fut appliquée de 1930 à 1950.

stakhanoviste adj. et n. Qui concerne le stakhanovisme ; qui le pratique.

stalactite [stalaktit] n.f. (du gr. *stalaktos*, qui coule goutte à goutte). Colonne formée par des concrétions calcaires, qui descend de la voûte d'une grotte.

stalag [stalag] n.m. (abrév. de l'all. *Stammlager*, camp de base). Camp de prisonniers de guerre en Allemagne, pendant la Seconde Guerre mondiale.

stalagmite n.f. (du gr. *stalagmos*, écoulement goutte à goutte). Colonne formée par des concrétions calcaires, à partir du sol d'une grotte.

stalinien, enne adj. et n. Relatif à Staline, au stalinisme ; qui en est partisan.

stalinisme n.m. Méthode de gouvernement totalitaire pratiquée par Staline et ceux qui l'approuvaient.

stalle n.f. (lat. *stallum*). **1.** Dans une écurie, une étable, emplacement occupé par un animal et délimité par des cloisons : *Sortir un cheval de sa stalle* (**SYN.** box). **2.** Chacun des sièges de bois, disposés des deux côtés du chœur de certaines églises.

staminal, e, aux adj. (du lat. *stamen, staminis*, fil). En botanique, relatif aux étamines ; propre aux étamines.

stamm [ʃtam] n.m. (mot all. signif. « souche, famille »). En Suisse, lieu où se retrouvent régulièrement un groupe d'amis, les membres d'une société.

stance n.f. (de l'it. *stanza*, strophe). En littérature, groupe de vers offrant un sens complet et suivi d'un repos (**SYN.** strophe). ◆ n.f. pl. Poème formé d'une série de ces groupes de vers : *Les stances du « Cid », de Corneille.*

stand [stɑ̃d] n.m. (de l'angl., *to stand*, se dresser). **1.** Espace réservé aux participants d'une exposition : *On propose une dégustation gratuite dans plusieurs stands.* **2.** Endroit où l'on s'entraîne au tir de précision à la cible avec des armes à feu. **3.** Poste de ravitaillement d'un véhicule sur piste (auto, moto) : *La moto s'arrêta à son stand pour changer une roue.*

① **standard** [stɑ̃dar] adj. (mot angl.). **1.** Conforme à une norme de fabrication, à un modèle : *Une taille standard* (**SYN.** normalisé). *Des stores standards.* **2.** Qui correspond à un type courant, habituel : *Des meubles de salon standards* (**SYN.** banal, commun, ordinaire ; **CONTR.** insolite, original). **3.** Se dit de la langue la plus couramment employée dans une communauté linguistique (par opp. à familier, à soutenu, à littéraire) : *L'italien standard* (**SYN.** courant, usuel). ▸ ***Échange standard*** → **échange.** ☞ **REM.** Cet adjectif peut aussi être invariable : *des formats standard.*

② **standard** [stɑ̃dar] n.m. **1.** Règle fixée à l'intérieur d'une entreprise pour caractériser un produit, une méthode de travail, une quantité à produire : *Les prises de courant sont du même standard.* **2.** Dispositif permettant de recevoir et d'orienter les communications téléphoniques d'une entreprise : *Il y a eu tellement d'appels que le standard a été bloqué.* **3.** Thème classique de jazz, sur lequel on peut improviser.

standardisation n.f. Action de standardiser : *La standardisation du format des cartes bancaires* (**SYN.** normalisation).

standardiser v.t. [conj. 3]. Rendre conforme à une norme commune, à un standard : *Standardiser le format des fichiers informatiques* (**SYN.** normaliser, rationaliser).

standardiste n. Personne affectée au service d'un standard téléphonique.

stand-by [stɑ̃dbaj] adj. inv. et n. inv. (de l'angl. *to stand by,* se tenir prêt). Se dit d'un passager qui n'a pas de réservation ferme sur un avion de ligne et qui n'y est admis que s'il y a des places disponibles : *Des voyageurs stand-by.* ◆ n.m. inv. ▸ ***Être, mettre en stand-by,*** en attente.

standing [stɑ̃diŋ] n.m. (mot angl. signif. « situation »). **1.** Position sociale, niveau de vie d'une personne : *Elle a un appartement qui correspond à son standing.* **2.** Niveau de confort d'un immeuble : *Un logement de grand standing* (**SYN.** classe).

stannifère adj. (du lat. *stannum,* étain). Qui contient de l'étain : *De la faïence stannifère.*

staphylocoque n.m. (du gr. *staphulê,* grappe de raisin, et *kokkos,* graine). Bactérie de forme sphérique dont les individus sont groupés par grappes : *Le staphylocoque peut provoquer des furoncles ou des abcès.*

star n.f. (mot angl. signif. « étoile »). **1.** Vedette de cinéma : *Cannes est le rendez-vous des stars.* **2.** Vedette dans un autre domaine que le cinéma : *Une star de l'athlétisme.* **3.** Chose supérieure aux autres dans un domaine quelconque : *Le stradivarius est la star des violons.*

starlette n.f. Jeune actrice de cinéma cherchant à devenir une star.

star-system ou **star-système** n.m. (pl. *star-systems, star-systèmes*). Dans le monde du spectacle, système centré sur le prestige d'une vedette.

starter [startɛr] n.m. (de l'angl. *to start,* faire partir). **1.** Personne qui, dans certaines courses, donne le signal du départ. **2.** Dispositif qui facilite le démarrage d'un moteur.

starting-block [startiŋblɔk] n.m. (mot angl.) [pl. *starting-blocks*]. En athlétisme, cale-pied facilitant le départ des coureurs : *Les coureurs sont dans les starting-blocks.*

start-up [startœp] n.f. inv. (mot anglo-amér., de *start,* démarrage, et *up,* vers le haut). Jeune entreprise innovante, dans le secteur des nouvelles technologies ; jeune pousse : *Elle a travaillé dans plusieurs start-up.*

stase n.f. (du gr. *stasis,* arrêt). En médecine, arrêt ou ralentissement de la circulation d'un liquide organique : *Une stase sanguine.*

station n.f. (lat. *statio,* de *stare,* se tenir debout). **1.** Façon de se tenir ; posture : *Depuis son accident, la station debout lui est pénible* (**SYN.** position). **2.** Arrêt, de durée variable, au cours d'un déplacement : *Les randonneurs font une courte station pour boire* (**SYN.** halte, pause). **3.** Lieu où s'arrêtent les véhicules de transport en commun pour prendre ou laisser des voyageurs : *Une station de métro* (**SYN.** arrêt). **4.** Établissement de recherche scientifique : *Visiter une station météorologique.* **5.** Installation, fixe ou mobile, remplissant une ou plusieurs missions déterminées : *Une station d'épuration des eaux usées. Une station de radiodiffusion.* **6.** Lieu de séjour temporaire permettant certains traitements ou certaines activités : *Il a passé un mois dans une station thermale. Deauville est une station balnéaire.* **7.** Dans le christianisme, chacune des quatorze pauses du chemin de croix ; leur représentation en tableaux, sculptures. **8.** En Nouvelle-Calédonie, vaste domaine d'élevage extensif. ▸ ***Station orbitale*** ou ***spatiale,*** vaste structure satellisée autour de la Terre, capable d'abriter des astronautes pour de longs séjours et à laquelle peuvent venir s'amarrer des vaisseaux spatiaux.

stationnaire adj. (du lat. *stationarius,* qui est de garde). Qui ne subit aucune évolution ; qui reste dans le même état : *L'état du blessé est stationnaire.*

stationnement n.m. **1.** Fait de stationner, de s'arrêter en un lieu : *Le stationnement est payant.* **2.** Au Québec, parc de stationnement.

stationner v.i. [conj. 3]. En parlant d'un véhicule, s'arrêter momentanément en un lieu : *Cette voiture ne devrait pas stationner sur le passage pour piétons* (**SYN.** se garer).

station-service n.f. (pl. *stations-service*). Poste de distribution d'essence offrant également des possibilités de travaux d'entretien ou de dépannage.

statique adj. (du gr. *statikos,* relatif à l'équilibre). **1.** Qui n'évolue pas, ne progresse pas (par opp. à dynamique) : *Une politique statique.* **2.** Qui est sans mouvement, sans action : *Un jeu vidéo statique.* ▸ ***Électricité statique,*** électricité en équilibre dans un corps. ◆ n.f. Branche de la mécanique qui a pour objet l'équilibre des forces : *Statique des fluides.*

statisticien, enne n. Spécialiste de statistique.

statistique n.f. (all. *Statistik,* du lat. *status,* état). **1.** Ensemble de données d'observation relative à un groupe d'individus, de choses ; méthode mathématique qui permet d'interpréter ces données : *La statistique linguistique, économique.* **2.** (Souvent au pl.). Ensemble des données numériques concernant un phénomène et dont on tire certaines conclusions : *Les statistiques montrent l'ampleur et la gravité de l'épidémie.* ◆ adj. Relatif à la statistique : *Mener une enquête statistique.*

statistiquement adv. Sur le plan statistique : *Avec ce diplôme, vous avez statistiquement plus de chances de trouver un emploi.*

stator n.m. (du lat. *status*, fixé). Partie fixe d'une machine tournante (par opp. à rotor).

statuaire adj. Relatif aux statues : *L'art statuaire de l'Antiquité.* ◆ n. Sculpteur qui fait des statues : *Camille Claudel fut une grande statuaire.* ◆ n.f. Art de faire des statues : *La statuaire égyptienne.*

statue n.f. (lat. *statua*, de *statuere*, placer, de *status*, état). Ouvrage de sculpture représentant une figure entière et isolée : *Une statue de marbre, de bronze. Une statue équestre de Simon Bolivar.* ☞ **REM.** Ne pas confondre avec *statut.* ▸ ***Changer qqn en statue de sel,*** le figer dans une attitude immobile, sous l'effet de la stupeur (par allusion à la femme de Loth, qui, selon la Bible, fut changée en statue de sel pour avoir désobéi à Dieu). ***La statue du Commandeur,*** l'instrument de la vengeance, celui qui fait justice d'un crime (par allusion à l'apparition de la statue du père d'une victime de Dom Juan, dans la pièce de Molière).

statuer v.i. (du lat. *statuere*, placer, établir, de *status*, état) [conj. 7]. Régler avec l'autorité que confère la loi : *Le tribunal n'a pas encore statué sur ce litige* (**SYN.** décider, trancher).

statuette n.f. Petite statue.

statufier v.t. [conj. 9]. Élever une statue à qqn, le représenter en statue : *Statufier un héros national.*

statu quo [statykwo] n.m. inv. (du lat. [*in*] *statu quo* [*ante*], [dans] l'état où [se trouvaient les choses] auparavant). État des choses à un moment donné : *Plusieurs pays sont pour le maintien du statu quo. Rétablir le statu quo.*

stature n.f. (lat. *statura*, de *stare*, se tenir debout). **1.** Hauteur d'une personne : *Ses parents sont d'une stature moyenne* (**SYN.** taille). **2.** Importance de qqn sur le plan humain : *Cet homme n'a pas la stature d'un dirigeant* (**SYN.** envergure, valeur).

statut n.m. (du lat. *statuere*, fixer, établir, de *status*, état). **1.** Texte ou ensemble de textes fixant les garanties fondamentales accordées à une collectivité, à un corps : *Le statut des cadres.* **2.** Situation de fait, position, par rapport à la société : *Le statut de la femme a changé en quelques décennies* (**SYN.** condition). ☞ **REM.** Ne pas confondre avec *statue.* ◆ **statuts** n.m. pl. Acte constitutif d'une société ou d'une association, qui en fixe légalement les règles de fonctionnement : *Rédiger les statuts d'un club sportif* (**SYN.** règlement).

statutaire adj. **1.** Conforme aux statuts : *Votre façon d'agir n'est pas statutaire.* **2.** Désigné par les statuts : *Le gérant statutaire d'une société.*

statutairement adv. Conformément aux statuts : *Ce droit vous est statutairement reconnu.*

steak [stɛk] n.m. (mot angl.). Bifteck : *Manger un steak avec des frites.*

stéarine n.f. (du gr. *stear*, graisse). Corps gras, principal constituant des graisses animales.

stéarique adj. Se dit d'un acide contenu dans les graisses animales et servant à fabriquer des bougies.

steeple-chase [stipəltʃɛz] ou **steeple** [stipl] n.m. (mot angl., de *steeple*, clocher, et *chase*, chasse) [pl. *steeple-chases, steeples*]. Course de chevaux qui comporte des obstacles naturels ou artificiels.

stéganographie n.f. (du gr. *steganos*, qui sert à couvrir, de *stegein*, couvrir). Système de cryptage consistant à cacher des informations (textes, images, sons) dans d'autres textes, d'autres images, d'autres sons.

stégomyie [stegɔmii] n.f. (du gr. *stegos*, abri, et *muia*, mouche). Moustique des pays chauds, qui propage la fièvre jaune par ses piqûres.

stèle n.f. (lat. *stela*, du gr.). Pierre verticale, colonne, ornée d'une inscription, le plus souvent funéraire.

stellaire adj. (du lat. *stella*, étoile). **1.** Relatif aux étoiles : *La lumière stellaire.* **2.** Dont la forme évoque une étoile ; étoilé : *Un angiome stellaire.*

stem ou **stemm** [stɛm] n.m. (du norvég.). En ski, virage qui utilise le transfert du poids du corps d'un ski sur l'autre.

stencil [stɛnsil ou stɛ̃sil] n.m. (mot angl.). Papier imprégné de paraffine utilisé pour polycopier.

① **sténo** n. (abrév.). Sténographe.

② **sténo** n.f. (abrév.). Sténographie.

sténodactylo n. Dactylo pratiquant la sténographie.

sténodactylographie n.f. Emploi de la sténographie et de la dactylographie combinées.

sténographe n. Personne capable de prendre en dictée, à la vitesse de la conversation, un texte en sténographie (abrév. sténo).

sténographie n.f. (du gr. *stenos*, serré, et *graphein*, écrire). Procédé d'écriture formé de signes abréviatifs conventionnels, qui sert à transcrire la parole aussi rapidement qu'elle est prononcée (abrév. sténo).

sténographier v.t. [conj. 9]. Noter en sténographie.

sténographique adj. Relatif à la sténographie.

sténose n.f. (du gr. *stenos*, serré). En médecine, rétrécissement d'un conduit ou d'un orifice : *Une sténose artérielle.*

sténotype n.f. Machine qui permet de transcrire à la vitesse de la parole la plus rapide des textes sous une forme phonétique simplifiée.

sténotypie n.f. Technique d'écriture de la parole à l'aide d'une sténotype.

sténotypiste n. Personne pratiquant la sténotypie : *La sténotypiste a saisi tout le déroulement du procès.*

stentor [stɑ̃tɔr] n.m. (de *Stentor*, nom d'un héros troyen à la voix puissante). ▸ ***Voix de stentor,*** voix extrêmement puissante et sonore.

step [stɛp] n.m. (mot angl. signif. « marche »). Discipline de l'aérobic se pratiquant avec une sorte de parallélépipède, utilisé comme une marche d'escalier.

steppe n.f. (russe *step*). Vaste étendue de terrain recouverte d'un tapis discontinu de plantes de petite taille : *« Dans les steppes de l'Asie centrale »* de *Borodine.*

steppique adj. Formé de steppes : *Les étendues steppiques du sud du Sahara.*

stercoraire n.m. (du lat. *stercus, stercoris*, fumier). Oiseau palmipède des mers arctiques.

stère n.m. (du gr. *stereos*, solide). Unité de mesure du bois coupé correspondant à un 1 m ^{3} : *Un stère de bois scié.*

① **stéréo** n.f. (abrév.). Stéréophonie.

② **stéréo** adj. inv. (abrév.). Stéréophonique.

stéréométrie n.f. Partie de la géométrie qui traite de la mesure des solides.

stéréométrique adj. Relatif à la stéréométrie.

stéréophonie n.f. Technique de la reproduction des sons donnant une sensation de répartition spatiale, de relief sonore (par opp. à monophonie) : *Concert retransmis en stéréophonie* (abrév. stéréo).

stéréophonique adj. Relatif à la stéréophonie (par opp. à monophonique) : *Diffusion stéréophonique* (abrév. stéréo).

stéréoscope n.m. Instrument d'optique qui restitue l'impression d'une seule image en relief en fusionnant deux images.

stéréoscopie n.f. Procédé qui restitue l'impression de relief à l'aide d'un stéréoscope.

stéréoscopique adj. Relatif à la stéréoscopie : *Vision stéréoscopique.*

stéréotomie n.f. Art traditionnel de la coupe des pierres et des matériaux de construction.

stéréotype n.m. Formule figée et banale, opinion dépourvue d'originalité ; lieu commun : *Un article de journal plein de stéréotypes* (**SYN.** banalité, cliché, poncif).

stéréotypé, e adj. Qui se présente toujours sous la même forme ; banal, sans originalité : *Elle n'a employé que des phrases stéréotypées* (= toutes faites ; **SYN.** conventionnel, formel).

stérer v.t. [conj. 18]. **1.** Disposer du bois en stères. **2.** Évaluer le volume d'une quantité de bois.

stérile adj. (lat. *sterilis*). **1.** Qui est inapte à la génération ; infécond : *Son mari est stérile* (**CONTR.** fécond). **2.** Qui ne porte pas de fruits ; qui ne produit pas : *Un poirier devenu stérile* (**SYN.** improductif ; **CONTR.** productif). *Un sol stérile* (**SYN.** infertile [litt.], pauvre ; **CONTR.** fertile, riche). **3.** En médecine, qui est exempt de tout germe microbien : *Le dentiste utilise des gants stériles* (**SYN.** aseptique ; **CONTR.** septique). **4.** *Fig.* Qui ne produit rien de fructueux ; inutile : *Une polémique stérile* (**SYN.** oiseux, vain ; **CONTR.** constructif, efficace, utile).

stérilement adv. De façon stérile, vaine.

stérilet n.m. Dispositif contraceptif en matière plastique ou en cuivre, placé dans la cavité utérine (appelé aussi *dispositif intra-utérin*).

stérilisant, e adj. Qui stérilise, détruit les germes microbiens : *Un produit stérilisant.*

stérilisateur n.m. Appareil de stérilisation.

stérilisation n.f. **1.** Action de détruire les germes et les micro-organismes : *La stérilisation d'une chambre d'hôpital, d'un bistouri* (**SYN.** aseptisation, désinfection). **2.** Opération chirurgicale ayant pour résultat de rendre un être vivant inapte à la reproduction.

stérilisé, e adj. Qui a été rendu stérile, exempt de tout germe : *Des pinces stérilisées* (**SYN.** aseptisé). ▸ ***Lait stérilisé,*** lait qui a été porté à haute température, et qui peut être conservé plusieurs mois.

stériliser v.t. [conj. 3]. **1.** Rendre stérile, inapte à la reproduction : *Stériliser un chien* (**SYN.** castrer, châtrer, couper). **2.** Opérer la stérilisation de : *Stériliser des instruments chirurgicaux* (**SYN.** aseptiser, désinfecter). *Stériliser un biberon.* **3.** *Litt.* Inhiber l'imagination, la créativité : *Ces dessins animés stupides stérilisent l'imagination des enfants* (**SYN.** appauvrir, tarir).

stérilité n.f. **1.** État de ce qui est stérile : *La stérilité d'un sol* (**SYN.** improductivité, infertilité ; **CONTR.** fertilité, richesse). **2.** État d'un être vivant impropre à la reproduction : *La stérilité d'une femme* (**SYN.** infécondité ; **CONTR.** fécondité).

sterling [stɛrliŋ] n.m. inv. et adj. inv. (mot angl.). Livre sterling : *Changer des euros contre des sterling.*

sternal, e, aux adj. Relatif au sternum.

sterne n.f. (anc. angl. *stern*). Oiseau palmipède voisin de la mouette, appelé usuellement *hirondelle de mer.*

sternum [stɛrnɔm] n.m. (mot lat., du gr.). Os plat du thorax de l'homme auquel sont reliées les côtes et les clavicules.

sternutatoire adj. et n.m. (du lat. *sternutare*, éternuer). Se dit d'une substance qui provoque l'éternuement : *Une poudre sternutatoire.*

stéroïde [sterɔid] adj. et n.m. Se dit d'une hormone sécrétée par les glandes endocrines.

stéthoscope n.m. (du gr. *stêthos*, poitrine, et *skopein*, examiner). Instrument dont se sert le médecin pour l'auscultation du thorax : *Le stéthoscope fut inventé par Laennec.*

steward [stiwart ou stjuward] n.m. (mot angl.). Maître d'hôtel, serveur à bord des paquebots, des avions.

stick n.m. (mot angl.). **1.** Conditionnement d'un produit (rouge à lèvres, déodorant, colle) solidifié sous forme de bâtonnet : *Un stick de cirage.* **2.** Canne flexible utilisée par les cavaliers (**SYN.** cravache).

stigmate n.m. (du lat. *stigma, stigmatis*, marque faite au fer rouge). **1.** (Souvent au pl.). Marque durable que laisse une plaie, une maladie : *De profonds stigmates de varicelle* (**SYN.** cicatrice). **2.** En botanique, partie supérieure du pistil (organe femelle), qui reçoit le pollen. **3.** En zoologie, orifice respiratoire des trachées chez les insectes, les araignées. **4.** (Souvent au pl.). *Litt.* Trace, marque qui révèle une dégradation : *Les stigmates de la débauche.* ◆ **stigmates** n.m. pl. Marques des cinq plaies de Jésus crucifié, apparaissant sur le corps de certains saints ou mystiques chrétiens.

stigmatisation n.f. Action de stigmatiser : *La stigmatisation du travail des enfants* (**SYN.** condamnation).

stigmatiser v.t. [conj. 3]. Condamner avec dureté et publiquement ; flétrir : *Stigmatiser la discrimination raciale* (**SYN.** blâmer, réprouver ; **CONTR.** louer).

stilligoutte [stiligut] n.m. (du lat. *stillare*, tomber goutte à goutte). Flacon conçu pour servir de compte-gouttes.

stimulant, e adj. **1.** Propre à stimuler l'activité physique, intellectuelle : *L'air de la mer est stimulant* (**SYN.** tonifiant, vivifiant ; **CONTR.** lénifiant). *Une boisson stimulante* (**SYN.** tonique). **2.** Qui augmente l'ardeur, le zèle de qqn : *Ces résultats sont stimulants* (**SYN.** encourageant, réconfortant ; **CONTR.** accablant, décourageant). ◆ **stimulant** n.m. **1.** Substance qui active les fonctions psychiques ou physiques : *Le thé et le café sont des stimulants* (**SYN.** excitant ; **CONTR.** tranquillisant). **2.** Ce qui est de nature à redonner du courage à qqn : *L'accueil du film à l'étranger est un stimulant pour le réalisateur* (**SYN.** encouragement, soutien).

stimulateur n.m. ▸ ***Stimulateur cardiaque,*** appareil électrique provoquant la contraction cardiaque quand celle-ci ne s'effectue plus normalement (**SYN.** pacemaker [anglic.]).

stimulation n.f. **1.** Action de stimuler les fonctions organiques : *La stimulation de l'appétit.* **2.** Action de stimuler l'ardeur, l'énergie de qqn : *Les enfants ont besoin de stimulation pour apprendre à lire et à écrire* (**SYN.** encouragement).

stimuler v.t. (lat. *stimulare*, de *stimulus*, aiguillon) [conj. 3]. **1.** Pousser à agir, à poursuivre son action ; inciter : *L'accueil du public a stimulé les vendeurs* (**SYN.** aiguillonner [litt.], encourager ; **CONTR.** décourager). **2.** Intensifier un sentiment, une activité, une fonction organique : *Le nouveau président veut stimuler l'industrie* (**SYN.** doper, réveiller). *Cette substance stimule l'appétit* (**SYN.** aiguiser, exciter).

stimulus [stimylys] n.m. (mot lat. signif. « aiguillon ») [pl. inv. ou *stimuli*]. Agent physique ou chimique capable de déclencher une réaction physiologique ou psychologique chez un organisme vivant : *La température, la lumière, les bruits, les odeurs sont des stimulus.*

stipe n.m. (du lat. *stipes*, souche). Tige ligneuse des fougères ; tronc non ramifié des palmiers ; pied des champignons à chapeau.

stipendié, e adj. (du lat. *stipendiari*, toucher une solde). *Litt.* Qui est payé pour accomplir une action méprisable : *Des provocateurs stipendiés.*

stipulation n.f. Clause, mention dans un contrat ; action de stipuler : *Ce devis est valable un an sauf stipulation contraire.*

stipule n.f. (du lat. *stipula*, paille). Petit appendice qui se rencontre au point d'insertion des feuilles de certaines plantes.

stipuler v.t. (du lat. *stipulari*, exiger un engagement formel) [conj. 3]. **1.** Faire savoir expressément : *La circulaire stipule qu'il faut répondre sous huitaine* (**SYN.** mentionner, préciser). **2.** Dans le langage juridique, énoncer une clause, une condition dans un contrat : *Ce papier stipule qu'une caution de cent euros vous sera demandée* (**SYN.** spécifier).

stochastique [stɔkastik] adj. (gr. *stokhastikos*, de *stokhazein*, viser). Qui dépend du hasard : *Un phénomène stochastique* (**SYN.** aléatoire). ◆ n.f. Emploi du calcul des probabilités pour l'analyse de données statistiques.

stock n.m. (mot angl.). **1.** Ensemble des marchandises disponibles sur un marché, dans un magasin : *La commerçante n'a plus de pellicules photographiques en stock* (**SYN.** réserve). *Il a renouvelé son stock de pantalons en début de saison* (**SYN.** assortiment). **2.** Ensemble de choses que l'on tient en réserve : *Elle a un bon stock de citations* (**SYN.** provision).

stockage n.m. Action de stocker ; fait d'être stocké : *Le stockage de céréales dans des silos.*

stock-car n.m. (mot angl. signif. « voiture de série ») [pl. *stock-cars*]. Voiture automobile engagée dans une course où les collisions et les carambolages sont de règle ; la course elle-même.

stocker v.t. [conj. 3]. **1.** Mettre en stock ; faire des réserves de qqch : *Stocker des bouteilles de vin dans une cave.* **2.** Conserver un produit, une énergie en attente pour une utilisation ultérieure : *Les panneaux solaires stockent la chaleur* (**SYN.** emmagasiner). **3.** Recueillir, enregistrer pour une utilisation ultérieure : *Stocker des informations sur une disquette.*

stockfisch [stɔkfiʃ] n.m. (du moyen néerl. *stocvisch*, poisson séché sur un bâton). **1.** Morue séchée à l'air libre : *Acheter des stockfischs.* **2.** Tout poisson séché.

stock-option n.f. (mot anglo-amér. signif. « droit de souscription ») [pl. *stock-options*]. Action qu'une société propose à prix réduit à ses cadres afin d'améliorer leur rémunération et de les fidéliser : *Elle a pris des stock-options.* ☞ **REM.** Il est recommandé de remplacer cet anglicisme par *option sur titres.*

stoïcien, enne adj. et n. (lat. *stoicus*, du gr. *stoa*, portique, parce que les philosophes stoïciens se rassemblaient sous un portique, à Athènes). **1.** Qui témoigne d'une impassibilité courageuse devant le malheur, la douleur : *Il a accueilli cette mauvaise nouvelle en stoïcien.* **2.** Qui appartient au stoïcisme, doctrine philosophique ; qui en est adepte.

stoïcisme n.m. **1.** Fermeté morale, impassibilité vis-à-vis de la douleur physique ou morale : *Il lui a fallu beaucoup de stoïcisme pour supporter ce malheur* (**SYN.** courage). **2.** Doctrine philosophique des stoïciens, qui disaient que le bonheur est dans l'effort fait pour atteindre la vertu.

stoïque adj. Se dit de qqn qui supporte la douleur, le malheur avec courage, qui fait preuve de stoïcisme : *Ce malade est stoïque* (**SYN.** courageux, héroïque ; **CONTR.** délicat, sensible).

stoïquement adv. De façon stoïque (**SYN.** courageusement, héroïquement).

stolon n.m. (du lat. *stolo, stolonis*, rejeton). Tige aérienne rampante qui, de place en place, produit de nouveaux pieds : *Le fraisier produit des stolons.*

stomacal, e, aux adj. (du lat. *stomachus*, estomac, du gr. *stoma*, bouche). Qui concerne l'estomac ; gastrique : *Des douleurs stomacales.*

stomachique [stɔmaʃik] adj. Qui favorise le fonctionnement de l'estomac. ◆ n.m. Médicament stomachique.

stomate n.m. Petit orifice de l'épiderme des végétaux, par lequel s'effectuent les échanges gazeux.

stomatite n.f. Inflammation de la muqueuse buccale.

stomatologie n.f. Spécialité médicale dont l'objet est l'étude et le traitement des affections de la bouche.

stomatologiste ou **stomatologue** n. Médecin spécialiste de stomatologie.

① **stop** [stɔp] interj. (mot angl.). Exprime l'ordre d'arrêter, d'interrompre son action : *Stop ! n'avancez plus !*

② **stop** [stɔp] n.m. **1.** Panneau de signalisation routière exigeant impérativement un arrêt : *Tourner à droite après le stop.* **2.** Signal lumineux placé à l'arrière d'un véhicule, et qui s'allume quand on freine (on dit aussi *feu stop*). **3.** Mot employé dans les messages télégraphiés pour séparer les phrases. **4.** *Fam.* Auto-stop : *Elle a fait du stop jusqu'à la station-service.*

stoppage n.m. (de *1. stopper*). Réfection de la trame et de la chaîne d'un tissu pour réparer une déchirure.

① **stopper** v.t. (du néerl. *stoppen*, étouper) [conj. 3]. Faire un stoppage à : *Stopper un collant, un pantalon.*

② **stopper** v.t. (de *stop*) [conj. 3]. **1.** Arrêter la marche d'un navire, d'une machine : *Le conducteur a dû stopper la rame entre deux stations.* **2.** Empêcher d'avancer, de progresser ; arrêter définitivement : *Des éboulis ont stoppé les randonneurs* (**SYN.** immobiliser).

Ce médicament a stoppé son mal de tête. ◆ v.i. S'arrêter : *L'autobus stoppe au feu rouge.*

① **stoppeur, euse** n. et adj. (de *1. stopper*). Personne qui fait le stoppage : *Une stoppeuse sur soie.*

② **stoppeur, euse** n. (de *2. stopper*). **1.** Au football, joueur placé au centre de la défense. **2.** *Fam.* Auto-stoppeur.

store n.m. (it. dialect. *stora*, du lat. *storea*, natte de jonc). Rideau de tissu ou panneau souple qui se lève et se baisse devant une fenêtre, une devanture : *Des stores à lamelles orientables.*

story-board [stɔribɔrd] n.m. (pl. *story-boards*). Au cinéma, suite de dessins correspondant chacun à un plan et permettant, lors de la préparation d'un film, de visualiser le découpage. ☞ **REM.** Il est recommandé de remplacer cet anglicisme par *scénarimage.*

stoupa n.m. → **stupa.**

strabique adj. et n. Affecté de strabisme.

strabisme n.m. (du gr. *strabos*, tordu, qui louche). Défaut de parallélisme des axes optiques des yeux, entraînant un trouble de la vision : *Un strabisme convergent, divergent.*

stradivarius [stradivarjys] n.m. Violon, violoncelle ou alto fabriqué par Antonio Stradivari.

strangulation n.f. (du lat. *strangulare*, étrangler). Action d'étrangler ; fait d'être étranglé : *La victime est morte par strangulation* (**SYN.** étranglement).

strapontin n.m. (it. *strapuntino*, de *strapunto*, matelas). **1.** Siège d'appoint repliable, dans une salle de spectacle, un véhicule. **2.** *Fig.* Fonction, place de peu d'importance dans une assemblée, une organisation : *Il a dû se contenter d'un strapontin au sein de l'association.*

strapping [strapiŋ] n.m. (de l'angl. *to strap*, attacher). Mode de maintien souple d'une lésion articulaire : *On lui a fait un strapping au poignet.*

strass ou **stras** [stras] n.m. (de *Strass*, nom du joaillier strasbourgeois qui mit cet ornement à la mode). Verre coloré à l'aide d'oxydes métalliques, qui imite diverses pierres précieuses : *Un collier en strass.*

stratagème n.m. (du gr. *stratêgêma*, ruse de guerre, de *stratêgos*, stratège). Moyen habile : *Il avait conçu un stratagème pour vendre les voitures sans les avoir payées* (**SYN.** manœuvre, ruse, subterfuge).

strate n.f. (du lat. *stratum*, lit, couche). **1.** Chacune des couches géologiques qui constituent un terrain : *Les strates d'une falaise.* **2.** *Fig.* Chacun des niveaux constitutifs de qqch : *Les strates de la mémoire.*

stratège n.m. (gr. *stratêgos*, de *stratos*, armée, et *agein*, conduire). **1.** Spécialiste ou praticien de la stratégie ; chef militaire : *Ce général était un grand stratège.* **2.** Personne qui dirige avec compétence un certain nombre d'opérations : *Les stratèges de la politique.* **3.** Dans l'Antiquité grecque, magistrat qui commandait l'armée.

stratégie n.f. (lat. *strategia*, du gr.). **1.** Art de coordonner l'action de forces militaires pour la défense d'une nation. **2.** Art de manœuvrer habilement pour atteindre un but : *Il a adopté une bonne stratégie pour se faire élire.*

stratégique adj. Qui concerne la stratégie : *Ce fort est un endroit stratégique.*

stratégiquement adv. Selon les règles de la stratégie : *Stratégiquement, cette déclaration est une erreur.*

stratification n.f. (lat. *stratificatio*, de *stratum*, lit, couche). **1.** Disposition des matériaux qui constituent un terrain en strates superposées. **2.** *Fig.* Disposition en couches superposées de ce qui s'accumule : *La stratification des souvenirs.*

stratifié, e adj. Qui se présente en couches superposées ; lamifié : *Des dépôts marins stratifiés.* ◆ n.m. Matériau fabriqué par agglomération de supports divers (papier, toile) et d'un vernis qui se durcit en refroidissant : *Un sol en stratifié.*

stratigraphie n.f. Partie de la géologie qui étudie les strates, les couches de l'écorce terrestre.

stratigraphique adj. Relatif à la stratigraphie : *Des recherches stratigraphiques.*

strato-cumulus [stratokymylys] n.m. inv. Couche de nuages minces et d'épaisseur régulière.

stratosphère n.f. Couche atmosphérique qui s'étend entre la troposphère et la mésosphère (entre 12 et 50 km d'altitude).

stratosphérique adj. Relatif à la stratosphère.

stratus [stratys] n.m. (mot lat. signif. « étendu »). Nuage bas qui se présente en couche uniforme grise : *Des stratus voilent le soleil.*

streptocoque n.m. (du gr. *streptos*, arrondi, et *kokkos*, graine). Bactérie de forme sphérique dont les individus sont disposés en chaînettes : *L'impétigo, la scarlatine et la méningite sont dus à des streptocoques.*

stress [strɛs] n.m. (mot angl.). Réaction de l'organisme à une agression physique ou psychique ; toute situation ayant un caractère éprouvant ou traumatisant pour un individu : *Le médecin cherche à définir les causes de son stress. Les restructurations d'entreprises sont sources de stress* (= tension nerveuse).

stressant, e adj. Qui stresse ; traumatisant : *Des conditions de vie stressantes pour un enfant.*

stresser v.t. [conj. 4]. Provoquer un stress ; perturber : *Le fait de passer un scanner la stresse.*

Stretch n.m. et adj. inv. (nom déposé). Procédé de traitement des tissus les rendant élastiques dans le sens de la largeur ; tissu ainsi traité : *Du velours Stretch.*

stretching [strɛtʃiŋ] n.m. (mot angl., de *to stretch*, étendre). Mise en condition physique fondée essentiellement sur l'étirement musculaire : *Une séance de stretching.*

strette n.f. (de l'it. *stretta*, étreinte, resserrement, du lat. *strictus*, étroit, de *stringere*, serrer). En musique, partie d'une fugue, précédant la conclusion, où les entrées du thème se multiplient et se chevauchent.

striation n.m. Action de strier ; ensemble de stries.

strict, e [strikt] adj. (du lat. *strictus*, serré, de *stringere*, serrer). **1.** Qui ne laisse aucune liberté : *Un règlement strict* (**SYN.** rigoureux). *Elle doit suivre un régime strict* (**SYN.** astreignant). **2.** Qui ne tolère aucune négligence : *Le contremaître est très strict* (**SYN.** dur, sévère). *Ils sont très stricts avec leurs enfants* (**SYN.** exigeant, inflexible ; **CONTR.** souple). **3.** Dépourvu d'ornements ; austère : *Les hôtesses d'accueil portent un tailleur strict* (**SYN.** classique, sobre). **4.** Qui constitue un minimum ; qui est réduit à la plus petite valeur : *La cérémonie a eu lieu* *dans la plus stricte intimité. Ils ont pris le strict nécessaire pour camper.* ▸ ***Sens strict,*** celui qui est le plus proche du sens primitif du mot (par opp. à sens large).

strictement adv. De façon stricte : *Il est strictement interdit de marcher sur les pelouses* (**SYN.** formellement).

striction n.f. (bas lat. *strictio,* de *stringere,* serrer). Resserrement pathologique d'un organe : *La striction d'un vaisseau sanguin.*

stricto sensu [striktosɛ̃sy] loc. adv. (mots lat.). Au sens étroit, strict (**SYN.** littéralement ; **CONTR.** lato sensu).

stridence n.f. *Litt.* Caractère d'un son strident.

strident, e adj. (du lat. *stridere,* grincer). Se dit d'un son aigu, perçant : *La sonnerie de cet Interphone est stridente* (**CONTR.** doux). *Elle a une voix stridente* (**SYN.** aigre, criard).

stridulation n.f. (du lat. *stridulus,* sifflant, de *stridere,* grincer). Crissement aigu que produisent certains insectes (criquets, grillons, cigales).

striduler v.i. [conj. 3]. Produire une stridulation : *La cigale stridule.*

strie n.f. (du lat. *stria,* sillon). Chacun des sillons peu profonds, parallèles entre eux, qui marquent une surface : *Les stries d'un coquillage.*

strié, e adj. Dont la surface présente des stries : *Des ongles striés.* ▸ ***Muscle strié,*** muscle dont la contraction est volontaire (par opp. à muscle lisse).

strier v.t. [conj. 10]. Marquer de stries ou de raies plus ou moins parallèles : *Les patins strient la glace.*

string [striŋ] n.m. (mot angl. signif. « corde »). Cache-sexe qui laisse les fesses nues : *Des strings.*

stripping [stripiŋ] n.m. (mot angl., de *to strip,* dépouiller). Anglicisme qu'il est recommandé de remplacer par *éveinage.*

strip-tease [striptiz] n.m. (mot angl., de *to strip,* déshabiller, et *to tease,* agacer) [pl. *strip-teases*]. Spectacle de cabaret au cours duquel une personne se déshabille lentement et de manière suggestive.

strip-teaseur, euse [striptizœr, øz] n. (pl. *strip-teaseurs, euses*). Personne qui exécute un numéro de strip-tease.

striure n.f. État de ce qui est strié ; manière dont qqch est strié : *La striure d'une colonne* (**SYN.** cannelure).

stroboscope n.m. (du gr. *strobos,* tourbillon, et de *skopein,* examiner). Appareil permettant de faire apparaître immobiles ou très lents des objets animés d'un mouvement périodique très rapide.

stroboscopie n.f. Mode d'observation fondé sur le principe du stroboscope.

stroboscopique adj. Relatif à la stroboscopie.

stroma n.m. (du gr. *strôma,* couverture, tapis). Tissu cellulaire formant l'enveloppe d'un organe du corps humain (par opp. à parenchyme).

strontium [strɔ̃sjɔm] n.m. (de *Strontian,* nom d'un village d'Écosse où ce métal fut découvert). Métal jaune analogue au calcium.

strophe n.f. (lat. *stropha,* du gr. *strophê,* évolution du chœur, de *strephein,* tourner). Dans un poème, groupe de vers formant une unité.

structural, e, aux adj. **1.** Relatif à une structure : *Un changement structural s'est produit.* **2.** Relatif au structuralisme.

structuralisme n.m. Méthode commune à plusieurs sciences humaines, qui privilégie les relations entre les éléments à l'intérieur d'une structure (psychologique, sociologique, etc.).

structuraliste adj. et n. Relatif au structuralisme ; qui en est partisan.

structurant, e adj. Qui permet la structuration, qui la favorise, la détermine : *Un projet structurant.*

structuration n.f. Action de structurer ; fait d'être structuré : *La structuration d'une équipe.*

structure n.f. (lat. *structura,* de *struere,* assembler). **1.** Manière dont les parties d'un ensemble sont arrangées entre elles : *La structure d'une roche* (**SYN.** contexture, disposition). *La structure d'un exposé* (**SYN.** canevas, plan). **2.** Organisation des parties d'un système, qui lui donne sa cohérence et en est la caractéristique permanente : *La structure d'un gouvernement, d'une entreprise* (**SYN.** constitution). *Les structures sociales.* **3.** Disposition et assemblage des éléments qui constituent l'ossature de qqch et lui donnent forme et rigidité : *La structure d'un navire* (**SYN.** armature, charpente). **4.** Ensemble des caractères relativement stables d'un système économique à une période donnée (par opp. à conjoncture).

structuré, e adj. Se dit de ce qui a une structure, une organisation : *Une association caritative très structurée* (**SYN.** organisé).

structurel, elle adj. Relatif aux structures, à une structure : *Une politique d'ajustement structurel* (**CONTR.** conjoncturel).

structurellement adv. D'une manière structurelle.

structurer v.t. [conj. 3]. **1.** Doter d'une structure : *Structurer un service* (**SYN.** organiser ; **CONTR.** déstructurer). **2.** Organiser selon un plan précis : *Structurer un article de dictionnaire.*

strudel [strydɛl ou ʃtrudəl] n.m. (mot all.). Pâtisserie faite d'une fine pâte roulée, fourrée de pommes à la cannelle et de raisins secs.

strychnine [striknin] n.f. (du lat. scientif. *strychnus,* vomiquier). Alcaloïde très toxique extrait de la noix vomique.

stuc n.m. (it. *stucco*). Enduit imitant le marbre, composé ordinairement de plâtre fin et de colle ; ouvrage en stuc : *Des moulures en stuc.*

stucage n.m. Application de stuc ; revêtement de stuc.

stucateur n.m. Ouvrier qui travaille ou applique le stuc.

stud-book [stœdbuk] n.m. (mot angl. signif. « livre de haras ») [pl. *stud-books*]. Registre où sont inscrites la généalogie et les performances des chevaux de race.

studette n.f. Petit studio d'habitation.

studieusement adv. Avec application ; de façon studieuse.

studieux, euse adj. (du lat. *studium,* zèle). **1.** Qui se consacre avec application à l'étude : *Une élève studieuse* (**SYN.** appliqué, travailleur ; **CONTR.** paresseux). **2.** Consacré à l'étude : *Ce lycéen a passé des vacances studieuses.*

studio n.m. (mot it. signif. « atelier d'artiste », du lat.

studium, étude, zèle). **1.** Petit appartement comprenant une seule pièce principale : *Les studios sont chers dans ce quartier.* **2.** Local où opère un photographe (**SYN.** atelier). **3.** Local où se font les prises de vues ou de son pour le cinéma, la télévision, la radio : *Ce disque a été enregistré en studio.* **4.** Bâtiment ou groupe de bâtiments aménagés pour le tournage des films : *Les grands studios hollywoodiens.*

stupa [stupa] ou **stoupa** n.m. (du sanskrit). Monument funéraire bouddhique.

stupéfaction n.f. Étonnement profond qui empêche toute réaction : *Quelle ne fut pas sa stupéfaction quand elle apprit qu'elle était élue !* (**SYN.** ébahissement, saisissement).

stupéfaire v.t. (du lat. *stupefacere,* paralyser, de *stupere,* être engourdi) [conj. 109]. Frapper de stupeur : *Son effronterie a stupéfait ses parents* (**SYN.** méduser, stupéfier).

stupéfait, e adj. Frappé de stupéfaction : *Je suis stupéfaite qu'on ne m'ait même pas prévenue* (**SYN.** ébahi, sidéré).

① **stupéfiant, e** adj. Qui stupéfie, qui frappe de stupeur : *Les révélations du témoin sont stupéfiantes* (**SYN.** ahurissant, effarant, sidérant).

② **stupéfiant** n.m. Substance psychotrope qui entraîne l'accoutumance et peut provoquer des troubles graves : *Il est condamné pour trafic de stupéfiants* (**SYN.** drogue).

stupéfier v.t. [conj. 9]. Causer un étonnement extrême à ; stupéfaire : *L'annonce de son départ nous a stupéfiés* (**SYN.** interloquer, sidérer).

stupeur n.f. (du lat. *stupor,* paralysie, de *stupere,* être engourdi). **1.** Étonnement profond qui laisse sans réactions : *La mort de la princesse les a frappés de stupeur* (**SYN.** effarement, saisissement). **2.** En psychiatrie, engourdissement de la sensibilité, des facultés intellectuelles (**SYN.** hébétude).

stupide adj. (du lat. *stupidus,* frappé de stupeur, de *stupere,* être engourdi). **1.** Qui manque d'intelligence, de finesse, de jugement : *Ils ne sont pas assez stupides pour prendre de tels risques* (**SYN.** bête, sot ; **CONTR.** perspicace, sagace). **2.** Qui révèle la lourdeur d'esprit, la bêtise ; absurde : *Votre façon d'agir est stupide* (**SYN.** idiot, inepte ; **CONTR.** judicieux, sensé).

stupidement adv. De façon stupide : *Elle les a stupidement laissés entrer* (**SYN.** bêtement, sottement).

stupidité n.f. **1.** Caractère d'une personne stupide : *Sa stupidité est sans bornes* (**SYN.** bêtise, imbécillité ; **CONTR.** intelligence, sagacité). **2.** Parole, action stupide : *Comment peux-tu écrire de telles stupidités ?* (**SYN.** ânerie, idiotie, ineptie).

stupre n.m. (du lat. *stuprum,* déshonneur). *Sout.* Débauche honteuse ; luxure : *Vivre dans le stupre.*

style n.m. (du lat. *stilus,* poinçon servant à écrire). **1.** Manière particulière d'exprimer sa pensée, ses émotions, ses sentiments par le langage : *Cet orateur a un style ampoulé. Elle a beaucoup travaillé son style* (**SYN.** écriture). **2.** Forme de langue propre à une activité, à un milieu ou à un groupe social : *Le style administratif, publicitaire* (**SYN.** langage). *Style populaire* (**SYN.** 2. parler). **3.** Manière personnelle de pratiquer un art, un sport : *Le style de Van Gogh est facilement reconnaissable* (**SYN.** patte, touche). *Ce sprinteur a un style particulier.* **4.** Ensemble de caractères généraux propres à une époque, notamm. en matière d'art : *Le style Empire.* **5.** Ensemble des goûts, des manières d'être de qqn : *Il essaie de garder un style jeune* (**SYN.** allure). *Ils ont adopté un nouveau style de vie* (**SYN.** 2. mode). **6.** Tige dont l'ombre marque l'heure sur un cadran solaire. **7.** En botanique, partie du pistil surmontant l'ovaire et portant les stigmates. **8.** Dans l'Antiquité, poinçon de métal qui servait à écrire sur des tablettes enduites de cire. ▸ ***De style,*** se dit de meubles, d'objets fabriqués conformément à un style de décoration ancien : *Une table de style.*

stylé, e adj. Se dit d'un employé qui exécute son service dans les règles : *Le personnel est stylé dans cet établissement.*

stylet n.m. (it. *stiletto,* de *stilo,* poignard, du lat. *stilus,* poinçon). **1.** Petit poignard à lame très effilée. **2.** Petite tige métallique fine utilisée en chirurgie pour explorer une fistule, une plaie. **3.** Chez certains insectes, organe fin et pointu, comme l'organe piqueur du moustique.

stylicien, enne n. Mot qu'il est recommandé d'employer à la place de l'anglicisme *un designer.*

stylique n.f. Mot qu'il est recommandé d'employer à la place de l'anglicisme *le design.*

stylisation n.f. Action de styliser ; fait d'être stylisé : *La stylisation d'un motif décoratif.*

styliser v.t. [conj. 3]. Représenter sous une forme simplifiée, symbolique : *Styliser des fleurs pour orner un papier peint.*

stylisme n.m. **1.** Activité, profession de styliste. **2.** En littérature, tendance à apporter un soin extrême à son style.

styliste n. **1.** Personne qui conçoit des formes nouvelles dans le domaine de l'habillement, de l'ameublement, de la carrosserie automobile. **2.** Écrivain qui brille surtout par le style.

stylisticien, enne n. Spécialiste de stylistique.

stylistique n.f. En linguistique, étude des procédés de style que permet une langue : *Stylistique comparée de l'italien et de l'espagnol.* ◆ adj. Relatif à la stylistique, au style : *Une étude stylistique.*

stylo n.m. (de *stylographe,* du lat. *stilus,* poinçon servant à écrire). Instrument pour écrire, dont le manche contient un réservoir d'encre : *Des stylos à plume* ou *des stylos plume. Elle n'écrit qu'avec des stylos à bille* ou *des stylos bille.*

stylobate n.m. (gr. *stulobatês*). En architecture, soubassement portant une colonnade.

stylo-feutre n.m. (pl. *stylos-feutres*). Feutre servant à l'écriture, utilisant une encre à l'eau.

stylomine n.m. Portemine.

styrax n.m. (mot lat.). Arbuste d'Asie méridionale qui fournit le benjoin.

su n.m. → **1. vu.**

suaire n.m. (du lat. *sudarium,* linge pour essuyer la sueur, de *sudare,* transpirer). *Litt.* Linceul. ▸ ***Le saint suaire,*** le linceul qui servit à ensevelir Jésus-Christ.

suave adj. (lat. *suavis*). D'une douceur agréable : *Le parfum suave de la lavande* (**SYN.** délicieux, exquis ; **CONTR.** fort). *Un chanteur à la voix suave* (**SYN.** doux, mélodieux ; **CONTR.** rude, strident).

suavement adv. De façon suave.

suavité n.f. Qualité de ce qui est suave : *La suavité de la voix d'un chanteur de charme* (**SYN.** charme, douceur).

subaigu, uë [sybegy] adj. Se dit d'un état pathologique moins fort que l'état aigu : *Une douleur subaiguë.*

subalpin, e adj. Se dit des régions situées en bordure des Alpes.

subalterne adj. et n. (du lat. *sub*, sous, et *alter*, autre). Qui est subordonné à qqn dans une hiérarchie : *Un employé subalterne nous a reçus. Elle traite ses subalternes avec dédain* (**SYN.** subordonné ; **CONTR.** supérieur). *Un rôle subalterne* (**SYN.** secondaire ; **CONTR.** principal).

subaquatique adj. Qui se trouve sous la mer, sous l'eau ; sous-marin.

subconscient, e adj. Se dit d'un état psychique dont le sujet n'a pas conscience. ◆ **subconscient** n.m. Ensemble des états psychiques subconscients.

subdéléguer v.t. [conj. 18]. Déléguer qqn dans une fonction ou une mission pour laquelle on a été soi-même délégué.

subdésertique adj. Se dit d'une région dont le climat est proche de celui des déserts.

subdiviser v.t. [conj. 3]. Diviser une partie d'un tout déjà divisé : *Subdiviser les paragraphes en alinéas.*

subdivision n.f. Division d'une des parties d'un tout déjà divisé : *Les subdivisions d'un chapitre.*

subéquatorial, e, aux [sybekwatɔrjal, o] adj. Proche de l'équateur, du climat équatorial.

subéreux, euse adj. (du lat. *suber*, liège). Constitué de liège : *Une écorce subéreuse.*

subir v.t. (du lat. *subire*, aller sous, se présenter) [conj. 32]. **1.** Être soumis à ce qui est ordonné, imposé ; supporter : *Ils ont subi une fouille à la douane. Les étudiants de première année ont subi des brimades* (**SYN.** endurer). **2.** Supporter à contrecœur la présence de qqn qui déplaît : *J'ai dû subir son mari toute la soirée.* **3.** Être soumis à ; être l'objet de : *Cette monnaie a subi une dévaluation* (**SYN.** connaître). *Cette voiture doit subir de nouveaux tests avant sa mise en vente.*

subit, e [sybi, it] adj. (lat. *subitus*, de *subire*, se présenter). Qui arrive tout à coup : *La mort subite du nourrisson* (**SYN.** brutal ; **CONTR.** lent, progressif). *Elle a eu une subite envie de partir* (**SYN.** soudain). *Un silence subit* (**SYN.** brusque).

subitement adv. De façon subite ; soudainement : *La lumière s'est éteinte subitement* (**SYN.** brusquement).

subito [sybito] adv. (mot lat.). *Fam.* Subitement ; immédiatement : *Après mon coup de fil, il est arrivé subito* (**SYN.** sur-le-champ).

subjectif, ive adj. (du lat. *subjectus*, placé dessous). **1.** Se dit de ce qui dépend de la personnalité et des goûts de chacun : *L'analyse de ce journaliste est trop subjective* (**SYN.** partial ; **CONTR.** impartial, objectif). **2.** Qui concerne le sujet qui pense, et non le monde physique (par opp. à objectif).

subjectivement adv. De façon subjective : *Vous réagissez subjectivement* (**CONTR.** objectivement).

subjectivisme n.m. Attitude d'une personne qui ne tient compte que de ses opinions personnelles.

subjectiviste adj. et n. Relatif au subjectivisme.

subjectivité n.f. **1.** Manière propre à un individu de considérer la réalité à travers ses états de conscience : *Il y a inévitablement une part de subjectivité dans une critique littéraire.* **2.** Caractère de ce qui est subjectif (par opp. à objectivité).

subjonctif n.m. (du lat. *subjunctivus*, subordonné, de *jungere*, lier, joindre). En grammaire, mode du verbe employé dans des propositions subordonnées, pour exprimer un ordre, un souhait : *Dans « il faut que tu ailles te coucher », « aller » est au subjonctif présent.* ◆ **subjonctif, ive** adj. En grammaire, qui concerne le subjonctif : *Une forme subjonctive.*

subjuguer v.t. (du lat. *sub*, sous, et *jugum*, joug) [conj. 3]. Exercer un puissant ascendant sur : *L'orateur a subjugué son auditoire* (**SYN.** charmer, fasciner).

subler v.i. [conj. 3]. En Acadie, siffler.

sublimation n.f. **1.** Passage d'un corps de l'état solide à l'état gazeux : *La sublimation du camphre.* **2.** *Litt.* Transformation de certains instincts en des sentiments moraux ou esthétiques élevés.

sublime adj. (du lat. *sublimis*, haut). **1.** Parfait en son genre ; merveilleux : *Une exposition sublime* (**SYN.** magnifique, splendide ; **CONTR.** médiocre). **2.** Qui est le plus élevé, en parlant de sentiments, d'idées : *Il a fait preuve d'une sublime clémence* (**SYN.** noble ; **CONTR.** vil). **3.** Dont la conduite témoigne d'une grande valeur morale : *Elle a été sublime dans cette circonstance difficile* (**SYN.** admirable). ◆ n.m. Ce qu'il y a de plus élevé dans le style, les sentiments : *Cette symphonie touche au sublime.*

sublimé n.m. En chimie, produit obtenu en sublimant une substance : *Un sublimé toxique.*

sublimer v.t. (du lat. *sublimare*, élever, distiller les éléments volatils, de *sublimis*, haut) [conj. 3]. **1.** En chimie, faire passer directement de l'état solide à l'état gazeux. **2.** *Litt.* Purifier une tendance, une passion en l'idéalisant : *Sublimer ses pulsions* (**SYN.** transcender). *Sublimer l'amour que l'on porte à qqn* (**SYN.** magnifier).

subliminal, e, aux adj. (du lat. *sub*, sous, et *limen*, seuil). Se dit d'une image, d'un message destinés à être enregistrés par le destinataire, sans franchir le seuil de sa conscience : *Le générique de cette émission contient des images subliminales.*

sublimité n.f. *Litt.* Caractère de ce qui est sublime : *La sublimité d'une musique* (**SYN.** perfection).

sublingual, e, aux [syblɛ̃gwal, o] adj. (du lat. *sub*, sous, et *lingua*, langue). **1.** Qui se trouve sous la langue : *Glande sublinguale.* **2.** Se dit de la voie d'administration d'un médicament que l'on laisse fondre sous la langue.

submerger v.t. (du lat. *sub*, sous, et *mergere*, plonger) [conj. 17]. **1.** Recouvrir complètement d'eau : *Le fleuve en crue a submergé les champs* (**SYN.** inonder, noyer). **2.** Envahir d'une façon irrésistible : *Son patron la submerge de travail* (**SYN.** accabler). *Le service après-vente est submergé de réclamations.*

submersible adj. Qui peut être submergé, recouvert d'eau : *Un immeuble construit sur un terrain submersible* (**SYN.** inondable). ◆ n.m. Véhicule autonome destiné à l'observation des fonds marins ; sous-marin.

submersion n.f. *Litt.* Action de submerger, de recouvrir d'eau.

subodorer v.t. (du lat. *odorari*, sentir, de *odor*, odeur) [conj. 3]. Pressentir ; se douter de : *La police subodore que ce groupuscule prépare un attentat* (**SYN.** flairer, soupçonner).

subordination n.f. **1.** Ordre établi entre des personnes ou des choses, et qui rend les unes dépendantes des autres : *La subordination des ouvriers à l'agent de maîtrise* (**SYN.** dépendance, sujétion). *La subordination de la politique à la morale.* **2.** En grammaire, mode de rattachement d'une proposition à une autre (par opp. à coordination ou juxtaposition).

subordonnant n.m. En grammaire, mot ou locution qui institue un rapport de subordination : *Les conjonctions de subordination, les pronoms relatifs et interrogatifs sont des subordonnants.*

subordonné, e adj. et n. Qui est soumis à un supérieur : *Ses subordonnés souhaiteraient plus de reconnaissance* (**SYN.** subalterne). ◆ adj. Qui dépend de qqn, de qqch : *Son salaire est subordonné au nombre d'affaires qu'elle traite* (**SYN.** dépendant, tributaire ; **CONTR.** indépendant). ▸ ***Proposition subordonnée,*** en grammaire, proposition qui complète le sens d'une autre, à laquelle elle est rattachée par un subordonnant (on dit aussi *une subordonnée*) : *Une proposition subordonnée conjonctive, relative.*

subordonner v.t. (du lat. *sub*, sous, et *ordinare*, mettre en ordre, de *ordo, ordinis*, ordre) [conj. 3]. **1.** Mettre sous l'autorité de qqn d'autre : *Le règlement nous subordonne à un chef d'équipe* (**SYN.** soumettre). **2.** Faire dépendre de : *Subordonner l'allocation chômage à l'âge d'une personne.*

subornation n.f. ▸ ***Subornation de témoins,*** délit consistant à faire pression sur un témoin pour le déterminer à déposer en justice contrairement à la vérité.

suborner v.t. (du lat. *subornare*, équiper, de *ornare*, orner) [conj. 3]. **1.** Inciter un témoin à faire un faux témoignage : *Des mafieux ont tenté de suborner des témoins* (**SYN.** corrompre, soudoyer). **2.** *Litt.* Séduire une femme.

suborneur, euse n. Personne qui suborne un témoin. ◆ **suborneur** n.m. *Litt.* Homme qui séduit une femme, abuse de sa naïveté.

subreptice adj. (du lat. *subrepticius*, clandestin, de *repere*, ramper). *Sout.* Qui se fait furtivement, d'une façon déloyale : *Il lui fit un clin d'œil subreptice* (**SYN.** furtif ; **CONTR.** visible). *Une vente subreptice de cédéroms piratés* (**SYN.** illégal, illicite ; **CONTR.** légal, licite).

subrepticement adv. *Sout.* D'une façon subreptice ; en se cachant : *Ce paparazzi les a pris subrepticement en photo* (= à la dérobée ; **SYN.** furtivement).

subrogation n.f. Dans le langage juridique, substitution d'une personne ou d'une chose à une autre.

subrogatoire adj. Qui subroge : *Un acte subrogatoire.*

subrogé, e adj. ▸ ***Subrogé tuteur, subrogée tutrice,*** personne choisie pour surveiller le tuteur ou le suppléer.

subroger v.t. (du lat. *subrogare*, faire venir à la place de, de *rogare*, demander) [conj. 17]. Substituer une personne, une chose à une autre en leur conférant le même statut juridique.

subsaharien, enne adj. Relatif à l'Afrique située au sud du Sahara.

subséquemment [sypsekamɑ̃] adv. Dans le langage juridique, en conséquence de quoi.

subséquent, e [sypsekɑ̃, ɑ̃t] adj. (lat. *subsequens*, de *sequi*, suivre). *Sout.* Qui vient à la suite, après : *Aucun des présidents subséquents ne pourra être aussi populaire que lui* (**SYN.** suivant ; **CONTR.** antérieur, précédent).

subside [sypsid ou sybzid] n.m. (du lat. *subsidium*, réserve, soutien, de *sedere*, asseoir). (Souvent au pl.). Somme d'argent versée à titre de secours : *Le conseil général a accordé des subsides aux sinistrés* (**SYN.** don, subvention).

subsidiaire [sypsidjɛr ou sybzidjɛr] adj. (du lat. *subsidium*, réserve). Donné accessoirement pour venir à l'appui de qqch de principal : *Ces raisons subsidiaires ont fini par la convaincre* (**SYN.** complémentaire). ▸ ***Question subsidiaire,*** question supplémentaire, qui sert à départager les concurrents ex aequo.

subsidiarité [sypsidjarite ou sybzidjarite] n.f. ▸ ***Principe de subsidiarité,*** principe de délégation verticale des pouvoirs, notamm. dans les fédérations ou dans l'Union européenne.

subsidier [sybzidje] v.t. [conj. 9]. En Belgique, subventionner.

subsistance [sybzistɑ̃s] n.f. Nourriture et entretien de qqn : *Leur fille aînée a contribué à assurer la subsistance de la famille.*

subsister [sybziste] v.i. (du lat. *subsistere*, s'arrêter, de *sistere*, poser, placer) [conj. 3]. **1.** Exister encore, continuer d'être : *Un bruit anormal subsiste au démarrage* (**SYN.** demeurer, persister ; **CONTR.** cesser, disparaître). *Le doute subsiste* (**SYN.** rester). **2.** Pourvoir à ses besoins, à son entretien : *« La priant de lui prêter / Quelque grain pour subsister / Jusqu'à la saison nouvelle »* [La Fontaine] (**SYN.** vivre).

subsonique [sypsɔnik] adj. Dont la vitesse est inférieure à celle du son (par opp. à sonique ou supersonique).

substance [sypstɑ̃s] n.f. (lat. *substantia*, de *substare*, être dessous). **1.** Matière dont qqch est formé : *Tous ces cosmétiques sont exclusivement à base de substances végétales.* **2.** Ce qu'il y a d'essentiel dans un ouvrage, dans un acte : *Résumez-moi la substance de ce livre* (**SYN.** essence, fond, sujet). ▸ ***En substance,*** en ne retenant que l'essentiel ; en résumé : *Voici en substance ce qui va changer.*

substantiel, elle [sypstɑ̃sjɛl] adj. **1.** Se dit d'un repas, d'un aliment nourrissant : *Avant le sport, il prend un petit déjeuner substantiel* (**SYN.** consistant, copieux, riche). **2.** Qui n'est pas négligeable ; important : *Ils ont eu une prime d'intéressement assez substantielle* (**SYN.** appréciable, considérable ; **CONTR.** dérisoire, minime). **3.** Qui est essentiel, capital : *Surligner les phrases substantielles d'un texte* (**SYN.** fondamental, primordial).

substantiellement [sypstɑ̃sjɛlmɑ̃] adv. De façon substantielle.

substantif n.m. (lat. *substantivum*). En grammaire, nom commun : *« Ballon », « éléphant » et « paresse » sont des substantifs.*

substantifique adj. (mot créé par Rabelais). ▸ *Litt.* ***La substantifique moelle,*** ce qu'il y a d'essentiel dans un ouvrage de l'esprit.

substantivation n.f. Action de substantiver : *La substantivation des verbes « boire » et « manger » dans « le boire et le manger ».*

substantivement adv. Avec la valeur d'un substantif : *Dans « j'aimerais connaître le pourquoi de cette affaire », « pourquoi » est employé substantivement.*

substantiver v.t. [conj. 3]. En grammaire, donner à un mot la valeur, la fonction d'un substantif : *Substantiver un adverbe.*

substituable adj. Qui peut être substitué à autre chose : *Un médicament générique est substituable à un médicament de marque.*

substituer v.t. (du lat. *substituere,* placer sous) [conj. 7]. Mettre en lieu et place de qqn, de qqch d'autre : *Substituer la copie d'un tableau à l'original* (**SYN.** remplacer). ◆ **se substituer** v.pr. **[à].** Prendre la place d'un autre : *Cette émission s'est substituée au téléfilm prévu.*

substitut n.m. **1.** Ce qui peut remplacer qqch en jouant le même rôle : *Un substitut de sucre* (**SYN.** ersatz, succédané). **2.** Magistrat du parquet chargé de suppléer le procureur général ou le procureur de la République.

substitutif, ive adj. Se dit de qqch qui sert de substitut à autre chose : *Un médicament substitutif* (= de remplacement).

substitution n.f. Action de substituer ; fait de se substituer : *La substitution de deux radiographies* (**SYN.** échange). *Ces patchs diffusent des produits de substitution à la nicotine* (= de remplacement).

substrat n.m. (lat. *substratum,* de *substernere,* subordonner). **1.** Ce qui sert de base, de fondement à qqch : *Il y a un substrat mystique dans toute son œuvre.* **2.** Survivance dans une langue d'un parler antérieur ; traces laissées ainsi : *Le substrat celtique dans le gallo-roman.*

subterfuge n.m. (bas lat. *subterfugium,* de *fugere,* fuir). Moyen détourné pour se tirer d'embarras ; échappatoire, ruse : *De quel subterfuge va-t-il user pour nous faire croire qu'il n'y est pour rien ?* (**SYN.** faux-fuyant).

subtil, e [syptil] adj. (du lat. *subtilis,* délié, de *tela,* toile, de *texere,* tisser). **1.** Qui a beaucoup de finesse d'esprit : *C'est un magistrat subtil* (**SYN.** perspicace, sagace). **2.** Qui exige beaucoup de finesse, de sagacité ou des facultés sensitives développées : *Ton raisonnement est trop subtil pour nous* (**SYN.** alambiqué, sophistiqué). *Cette fleur a un parfum subtil* (**SYN.** délicat).

subtilement adv. De façon subtile : *Elle a décliné l'invitation subtilement* (**SYN.** adroitement, habilement, ingénieusement).

subtilisation n.f. Action de subtiliser : *Des sites Internet vulnérables à la subtilisation de données* (**SYN.** 2. vol).

subtiliser v.t. [conj. 3]. Dérober adroitement, sans se faire remarquer : *On lui a subtilisé son téléphone portable* (**SYN.** escamoter, 2. voler).

subtilité n.f. **1.** Caractère d'une personne, d'une chose subtiles : *J'admire la subtilité de ces adolescents* (**SYN.** perspicacité, sagacité). *La subtilité d'un raisonnement* (**SYN.** finesse). **2.** Raffinement excessif de la pensée, de l'expression : *Des subtilités de style* (**SYN.** maniérisme, préciosité).

subtropical, e, aux adj. Qui est proche des tropiques, du climat tropical.

suburbain, e adj. (lat. *suburbanus,* de *urbs, urbis,* ville). Qui est à la périphérie immédiate d'une ville : *Les communes suburbaines* (= de banlieue).

subvenir v.t. ind. (du lat. *subvenire,* secourir) [conj. 40]. **[à].** Procurer à qqn ce qui lui est nécessaire : *Elle a subvenu aux besoins de son frère quand il était étudiant* (**SYN.** pourvoir).

subvention n.f. (lat. *subventio,* de *subvenire,* secourir). Aide financière versée par l'État à une personne, un groupe chargés d'entreprendre une activité d'intérêt général : *La mairie a versé une subvention pour la construction d'une crèche* (**SYN.** allocation, don, subside).

subventionner v.t. [conj. 3]. Accorder une subvention à un organisme, à une personne : *Le conseil régional subventionne ce festival* (**SYN.** doter, soutenir).

subversif, ive adj. (du lat. *subvertere,* renverser). Qui est de nature à troubler ou à renverser l'ordre social ou politique : *Des écrits subversifs* (**SYN.** séditieux [litt.]).

subversion n.f. Action visant à saper l'ordre politique établi : *Sa tentative de subversion a échoué.*

subvertir v.t. (lat. *subvertere,* renverser, de *vertere,* tourner) [conj. 32]. *Litt.* Renverser l'ordre établi (**SYN.** bouleverser).

suc [syk] n.m. (du lat. *sucus,* sève). **1.** Liquide organique susceptible d'être extrait des tissus animaux et végétaux (**SYN.** jus). **2.** Sécrétion, contenant des enzymes, d'un organe de l'appareil digestif : *Le suc gastrique, pancréatique.*

succédané [syksedane] n.m. (du lat. *succedere,* remplacer). **1.** Produit de remplacement : *Un succédané de farine* (**SYN.** ersatz, substitut). **2.** *Fig.* Ce qui peut remplacer quelque chose, mais qui est de moindre valeur : *Un succédané d'émission littéraire.*

succéder [syksede] v.t. ind. (du lat. *succedere,* venir à la place de, remplacer) [conj. 18]. **[à]. 1.** Venir après dans le temps ; prendre la place de : *L'automne succède à l'été* (**SYN.** suivre ; **CONTR.** précéder). **2.** Parvenir après un autre à un emploi, à une dignité, à une charge : *Il a succédé au directeur* (**SYN.** relever, remplacer). ◆ **se succéder** v.pr. Venir l'un après l'autre ; former une série : *Les voitures se sont succédé toute la journée* (**SYN.** se suivre). ☞ **REM.** Le participe passé est invariable.

succès [syksɛ] n.m. (lat. *successus,* de *succedere,* succéder). **1.** Résultat heureux obtenu dans une tentative, un travail : *Ils fêtent leur succès aux élections* (**SYN.** réussite, victoire ; **CONTR.** échec). **2.** Approbation du public : *Ce jeu a du succès auprès des enfants. Le succès des cybercafés* (**SYN.** vogue). ▸ ***À succès,*** qui plaît au plus grand nombre : *Une romancière à succès.*

successeur [syksesœr] n.m. Personne qui prend la suite d'une autre dans une profession, ou qui hérite de qqn : *Le successeur du ministre a promis de réétudier cette question* (**SYN.** continuateur, remplaçant ; **CONTR.** prédécesseur). *Il a pensé à ses successeurs* (**SYN.** héritier).

successif, ive [syksesif, iv] adj. Se dit de choses, de personnes qui se succèdent : *Les pannes successives* *d'un téléviseur* (**SYN.** continuel). *Les propriétaires successifs d'une villa.*

succession [syksesjɔ̃] n.f. **1.** Suite, série de personnes ou de choses qui se succèdent sans interruption ou à peu d'intervalle : *La succession des visiteurs n'a pas cessé de la journée* (**SYN.** chapelet, kyrielle). *La succession des averses et des éclaircies* (**SYN.** alternance). **2.** Transmission légale à des personnes vivantes des biens d'une personne décédée ; biens qu'une personne laisse en mourant : *Régler les formalités d'une succession. Ils se disputent la succession* (**SYN.** héritage).

successivement [syksesivmɑ̃] adv. L'un après l'autre ; par degrés successifs ; tour à tour : *Le juge a interrogé successivement les différents témoins.*

successoral, e, aux [syksesɔral, o] adj. Dans le langage juridique, relatif à une succession : *Le notaire s'occupe des formalités successorales.*

succinct, e [syksɛ̃, ɛ̃t] adj. (du lat. *succinctus*, dont le vêtement est retroussé, de *cingere*, ceindre). **1.** Qui est dit en peu de mots : *Le guide fit une présentation succincte du tableau* (**SYN.** bref, concis, sommaire ; **CONTR.** verbeux). *Soyez succinct dans vos réponses* (**SYN.** bref, laconique ; **CONTR.** prolixe). **2.** Qui est peu abondant : *Un dîner succinct* (**SYN.** frugal ; **CONTR.** copieux).

succinctement [syksɛ̃tmɑ̃] adv. De façon succincte : *Relatez-moi succinctement les faits* (**SYN.** brièvement ; **CONTR.** longuement).

succion [sysjɔ̃ ou syksjɔ̃] n.f. (lat. *suctio*, de *sugere*, sucer). Action de sucer, d'aspirer un liquide en le prenant entre ses lèvres : *Les bruits de succion pendant la tétée.*

succomber v.i. (du lat. *succumbere*, tomber sous, de *cubare*, être couché) [conj. 3]. **1.** Mourir : *Il a succombé à la suite d'un traumatisme crânien* (**SYN.** décéder, disparaître). **2.** Perdre un combat, être vaincu : *Les guérilleros ont succombé sous le nombre* (**SYN.** céder). ◆ v.t. ind. **[à].** Ne pas résister à : *Elle a succombé à l'envie de fumer une cigarette* (**SYN.** s'abandonner à, céder à).

succube n.m. (du lat. *succuba*, concubine, de *cubare*, être couché). Démon femelle qui, dans la tradition médiévale, séduit les hommes pendant leur sommeil (par opp. à incube).

succulence n.f. *Litt.* Qualité de ce qui est succulent : *Des mets dont la succulence a ravi les invités* (**SYN.** délicatesse, saveur).

succulent, e adj. (lat. *succulentus*, de *sucus*, sève). Qui a une saveur délicieuse : *Cette omelette aux truffes est succulente* (**SYN.** délicieux, exquis, savoureux ; **CONTR.** mauvais).

succursale n.f. (du lat. *succurrere*, secourir). Établissement commercial ou financier dépendant d'un autre : *Elle va diriger notre succursale de Lyon.*

succursalisme n.m. Type de commerce organisé en succursales multiples.

sucement n.m. Action de sucer : *Le sucement du pouce.*

sucer v.t. (lat. *sugere*, de *sucus*, suc) [conj. 16]. **1.** Aspirer en prenant entre ses lèvres un liquide, une substance : *Sucer le jus d'une orange.* **2.** En parlant de certains animaux, aspirer un liquide avec un organe spécial : *La tique suce le sang.* **3.** Porter, garder un objet à la bouche et y exercer une succion : *Il réfléchissait en suçant une branche de ses lunettes* (**SYN.** suçoter). *La petite fille suçait son pouce.* **4.** Faire fondre dans sa bouche : *Sucer une pastille pour la gorge.* ▸ *Litt.* ***Avoir sucé des idées, des principes avec le lait,*** y avoir été initié dès la plus tendre enfance.

sucette n.f. **1.** Bonbon en sucre cuit aromatisé, fixé à l'extrémité d'un bâtonnet. **2.** Petite tétine de caoutchouc que l'on donne à sucer aux jeunes enfants.

suceur, euse adj. Se dit des animaux qui aspirent leur nourriture par succion : *Un insecte suceur.*

suçoir n.m. **1.** Trompe buccale des insectes suceurs. **2.** Organe fixant une plante parasite à son hôte et y prélevant la sève.

suçon n.m. *Fam.* Marque que l'on fait sur la peau en la suçant fortement.

suçoter v.t. [conj. 3]. Sucer négligemment, du bout des lèvres : *L'élève suçote le bout de son stylo.*

sucrage n.m. Action de sucrer : *Le sucrage d'une compote.*

sucrant, e adj. Qui sucre, donne un goût sucré ; édulcorant : *Le pouvoir sucrant du miel.*

sucre n.m. (it. *zucchero*, de l'ar. *sukkar*). **1.** Aliment de saveur douce, extrait de la canne à sucre ou de la betterave à sucre : *Mélanger le sucre en poudre et la farine. Une boîte de sucre en poudre, en morceaux.* **2.** Morceau de cet aliment : *Elle met deux sucres dans son bol de thé.* **3.** *Cour.* Glucide. **4.** Au Québec, sucre doré produit par l'évaporation de la sève d'érable (on dit aussi *sucre d'érable*). ▸ *Fam.* ***Casser du sucre sur le dos de qqn,*** dire du mal de lui. ***Le temps*** ou ***la saison des sucres,*** période du printemps où l'on fabrique le sirop d'érable (on dit aussi *les sucres*). *Fam.* ***Pur sucre,*** authentique, orthodoxe, ferme dans ses opinions : *Un socialiste pur sucre.* ***Sucre glace,*** sucre en poudre extrêmement fin, employé en pâtisserie (en Belgique, on dit *sucre impalpable*).

sucré, e adj. Qui contient du sucre, qui a le goût du sucre : *J'aime le café bien sucré. Cette glace est trop sucrée.* ◆ adj. et n. Qui affecte des manières doucereuses : *Il prend une voix sucrée lorsqu'il s'adresse à ses clientes* (**SYN.** mielleux, sirupeux ; **CONTR.** brutal, rude). *Ne fais pas ta sucrée !* (**SYN.** mijaurée). ◆ **sucré** adv. ▸ ***Manger, boire sucré,*** manger des aliments, boire des liquides additionnés de sucre. ◆ **sucré** n.m. Nourriture sucrée : *Beaucoup d'enfants préfèrent le sucré au salé.*

sucrer v.t. [conj. 3]. **1.** Ajouter du sucre à : *Sucrer un yaourt nature. Sucrer une préparation médicamenteuse* (**SYN.** édulcorer). **2.** *Fam.* Supprimer : *On lui a sucré une prime* (**SYN.** enlever, retirer). ◆ **se sucrer** v.pr. *Fam.* S'attribuer la plus grosse part dans une affaire, un partage : *Son associée s'est sucrée.*

sucrerie n.f. **1.** Usine où l'on fabrique le sucre. **2.** (Souvent au pl.). Friandise préparée avec du sucre : *Cet enfant mange trop de sucreries* (**SYN.** confiserie, douceurs). **3.** Au Québec, lieu où l'on fabrique le sirop d'érable et ses dérivés. **4.** En Afrique, boisson sucrée non alcoolisée.

Sucrette n.f. (nom déposé). Petit comprimé de sucre de synthèse.

① **sucrier, ère** adj. Relatif à la production du sucre : *L'industrie sucrière.* ◆ n. Personne qui fabrique du sucre.

② **sucrier** n.m. Récipient où l'on met le sucre.

sud [syd] n.m. inv. (anc. angl. *suth*). **1.** L'un des quatre points cardinaux, situé à l'opposé du nord (abrév. S.) : *La Crète est au sud de la Grèce. Leur salon est exposé au sud* (**SYN.** midi). **2.** (Employé en appos.). Qui est situé au sud : *La partie sud de l'île est la plus sauvage* (**SYN.** méridional). **3.** (Avec une majuscule). Partie d'un territoire ou du globe terrestre située vers ce point : *Ils ont visité le Sud tunisien. Habiter dans le Sud.* ☞ **REM.** Ce mot s'écrit avec une minuscule s'il y a un complément : *Habiter dans le sud du Québec.* **4.** (Avec une majuscule). Ensemble des pays en développement (par opp. au Nord, désignant les pays industrialisés).

sudation n.f. (lat. *sudatio*). Production de sueur : *La sudation provoquée au sauna* (**SYN.** transpiration).

sudatoire adj. Accompagné de sueur : *Une fièvre sudatoire.*

sud-est [sydɛst] n.m. inv. et adj. inv. **1.** Point de l'horizon situé entre le sud et l'est : *Soissons est au sud-est d'Amiens.* **2.** Partie d'un territoire située vers ce point : *Ils habitent dans le sud-est de la France. L'Asie du Sud-Est.*

sudiste n. et adj. Partisan des États du Sud, dans la guerre de Sécession, aux États-Unis (par opp. à nordiste).

sudorifique adj. et n.m. Se dit d'un médicament qui provoque ou augmente la sécrétion de la sueur : *Une substance sudorifique.*

sudoripare ou **sudorifère** adj. Qui sécrète la sueur : *Glandes sudoripares.*

sud-ouest [sydwɛst] n.m. inv. et adj. inv. **1.** Point de l'horizon situé entre le sud et l'ouest : *Se diriger vers le sud-ouest.* **2.** Partie d'un territoire située vers ce point : *Visiter le sud-ouest des États-Unis.*

suède n.m. (du nom de la *Suède*). Peausserie ou cuir utilisés avec le côté chair à l'extérieur : *Des gants en suède blanc.*

suédine n.f. Tissu de coton qui rappelle le suède : *Une veste en suédine.*

suédois, e adj. et n. De la Suède ; de ses habitants. ◆ **suédois** n.m. Langue scandinave parlée principalement en Suède et en Finlande.

suée n.f. *Fam.* Production abondante de sueur : *J'ai pris une suée en transportant tous ces cartons* (**SYN.** transpiration).

suer v.i. (lat. *sudare*) [conj. 7]. **1.** Sécréter de la sueur par les pores de la peau : *Après sa course, elle suait énormément* (**SYN.** transpirer). **2.** Se couvrir d'humidité : *Les murs du sous-sol suent* (**SYN.** suinter). **3.** *Fam.* Se donner beaucoup de peine, de fatigue : *Il a sué pour trouver la solution* (**SYN.** s'échiner, peiner). ▸ *Fam.* ***Faire suer qqn,*** l'ennuyer, le lasser. *Fam.* ***Se faire suer,*** s'ennuyer : *Elle s'est fait suer pendant la projection de ce film.* ◆ v.t. *Litt.* Exprimer, laisser transparaître par des signes extérieurs : *Ce quartier sue la tristesse* (**SYN.** dégager, exhaler [litt.]). *Son visage sue la méchanceté* (**SYN.** respirer, suinter). ▸ ***Suer sang et eau,*** se donner une peine extrême, faire des efforts considérables.

sueur n.f. (lat. *sudor*, de *sudare*, transpirer). Liquide salé qui suinte par les pores de la peau : *La sueur perle sur son front* (**SYN.** transpiration). ▸ ***À la sueur de son front,*** par un travail pénible et persévérant : *Elle gagne sa vie à la sueur de son front.* ***Sueurs froides,*** vive inquiétude : *J'ai eu des sueurs froides quand je l'ai vu sortir son arme.*

suffire v.t. ind. (du lat. *sufficere*, être suffisant) [conj. 100]. **[à]. 1.** Être capable de fournir le nécessaire ; pouvoir satisfaire à : *Elle ne va jamais au cinéma, les DVD lui suffisent. Cette petite tente nous suffira pour une semaine* (**SYN.** aller, convenir). **2.** Être en assez grande quantité pour : *200 grammes de farine suffisent pour cette recette.* **3.** Être l'élément essentiel pour obtenir tel résultat ; être la personne capable de fournir ce qui est nécessaire : *Un simple clic suffit pour démarrer le jeu. Un mécanicien suffira pour effectuer cette réparation.* ▸ ***Cela suffit*** ou ***ça suffit !,*** c'est assez ! ***Il suffit de*** (+ ind.) ou ***que*** (+ subj.), il faut seulement, il est seulement nécessaire que : *Il suffit d'appuyer* ou *que vous appuyiez sur ce bouton pour que l'ordinateur se mette en veille.* ◆ **se suffire** v.pr. Ne pas avoir besoin du secours des autres : *Depuis son accident, il ne peut plus se suffire. Ces agriculteurs se suffisent à eux-mêmes* (= subviennent eux-mêmes à leurs besoins). ☞ **REM.** Le participe passé est invariable.

suffisamment adv. De manière suffisante : *Nous avons suffisamment de chaises pour recevoir dix personnes* (**SYN.** assez).

suffisance n.f. Caractère d'une personne qui affiche un sentiment de supériorité, de satisfaction de soi : *Une femme d'affaires pleine de suffisance* (**SYN.** fatuité, prétention, vanité). ▸ *Litt.* ***En suffisance,*** en quantité assez grande ; suffisamment : *Je ne sais si les réfugiés auront des vivres en suffisance.*

suffisant, e adj. **1.** Qui est en quantité assez grande : *Nous n'avons pas la somme suffisante pour acheter cette maison* (**CONTR.** insuffisant). **2.** Qui est de nature à produire un certain résultat : *Cela est suffisant pour porter plainte contre lui.* ◆ adj. et n. Qui est excessivement satisfait de soi-même : *Un haut fonctionnaire suffisant et antipathique* (**SYN.** fat [litt.], prétentieux). *Ne prenez pas ce ton suffisant !* (**SYN.** pédant, vaniteux ; **CONTR.** humble, modeste).

suffixal, e, aux adj. Relatif aux suffixes, à la suffixation (par opp. à préfixal).

suffixation n.f. Dérivation à l'aide d'un suffixe (par opp. à préfixation) : *De « cher », on obtient « cherté » par suffixation.*

suffixe n.m. (du lat. *suffixus*, fixé sous). Élément qui s'adjoint à la fin d'un mot ou d'un radical pour constituer un mot nouveau (par opp. à préfixe) : *« Bénévolement » est formé de l'adjectif « bénévole » et du suffixe « -ment ».*

suffixer v.t. [conj. 3]. Pourvoir un mot d'un suffixe (par opp. à préfixer).

suffocant, e adj. Qui produit une suffocation : *Près du cratère, les émanations de soufre sont suffocantes* (**SYN.** asphyxiant, étouffant).

suffocation n.f. Fait de suffoquer : *Cette maladie provoque des crises de suffocation* (**SYN.** étouffement).

suffoquer v.t. (du lat. *suffocare*, étouffer, étrangler) [conj. 3]. **1.** Rendre la respiration très difficile à : *La fumée nous suffoquait* (**SYN.** asphyxier, étouffer). **2.** Causer à qqn une surprise très vive : *Sa réponse nous a suffoqués* (**SYN.** interloquer, sidérer, stupéfier). ◆ v.i. **1.** Avoir du mal à respirer : *Il suffoque pendant ses* *crises d'asthme* (**SYN.** étouffer). **2.** Avoir le souffle coupé sous l'effet d'une violente émotion : *En apprenant la nouvelle, elle suffoqua de colère.*

suffrage n.m. (lat. *suffragium,* de *suffragari,* voter pour). **1.** Vote, voix donnés en matière d'élection : *Ce candidat a obtenu la majorité des suffrages.* **2.** *Litt.* Opinion favorable à l'égard d'une œuvre, d'une cause : *Son spectacle a remporté tous les suffrages* (**SYN.** adhésion, approbation). ▸ ***Suffrage universel,*** système dans lequel le corps électoral est constitué par tous les citoyens qui ont la capacité électorale.

suffragette n.f. (mot angl., du fr.). En Grande-Bretagne, au début du XXe siècle, militante qui réclamait le droit de vote pour les femmes.

suggérer [sygʒere] v.t. (du lat. *suggerere,* procurer) [conj. 18]. **1.** Proposer une idée à qqn : *Je vous suggère de prendre le plat du jour* (**SYN.** conseiller, recommander ; **CONTR.** déconseiller). **2.** Amener qqn à imaginer ; susciter une idée : *Que vous suggère ce dessin ?* (**SYN.** évoquer, inspirer).

suggestif, ive [sygʒɛstif, iv] adj. (angl. *suggestive*). **1.** Qui suggère des idées, des sentiments, des images : *Le pouvoir suggestif d'une allitération, d'une assonance* (**SYN.** évocateur). **2.** Qui inspire des idées érotiques : *Elle porte une robe suggestive* (**SYN.** aguichant, provocant).

suggestion [sygʒɛstjɔ̃] n.f. Action de suggérer ; chose suggérée : *Ses mots ont eu une grande force de suggestion* (**SYN.** évocation). *Il n'a même pas écouté ma suggestion* (**SYN.** conseil, proposition). ☞ **REM.** Ne pas confondre avec *sujétion.*

suggestionner [sygʒɛstjɔne] v.t. [conj. 3]. Faire penser ou agir par suggestion.

suggestivité [sygʒɛstivite] n.f. Caractère de ce qui est suggestif : *La suggestivité d'une peinture.*

suicidaire adj. et n. Qui semble prédisposé au suicide : *Une unité hospitalière réservée aux jeunes suicidaires.* ◆ adj. Qui mène infailliblement à l'échec : *Le projet de cet industriel est suicidaire.*

suicidant, e adj. et n. Se dit d'une personne qui vient de faire une tentative de suicide.

suicide n.m. (du lat. *sui,* de soi, et *caedere,* tuer). **1.** Action de se donner volontairement la mort : *Cette adolescente a fait une tentative de suicide.* **2.** Action de se détruire ou de se nuire gravement : *Fumer dans son état, c'est du suicide ! Se maintenir au second tour de l'élection est un véritable suicide.* **3.** (Employé en appos., avec ou sans trait d'union). Que l'on accomplit en sachant que l'on risque sa vie : *Des expéditions suicides. Un attentat-suicide.*

suicidé, e adj. et n. Qui s'est donné la mort.

se **suicider** v.pr. [conj. 3]. **1.** Se donner la mort : *La prisonnière s'est suicidée dans sa cellule* (**SYN.** se supprimer, se tuer). **2.** *Fig.* Détruire soi-même son influence, son autorité : *Par toutes ces querelles intestines, ce syndicat s'est suicidé.*

suidé n.m. (du lat. *sus, suis,* porc). Mammifère de la famille du porc.

suie n.f. (du gaul.). Matière noire et épaisse qui se dépose dans les conduits de cheminée, les tuyaux de poêle : *Le ramoneur a les mains noires de suie.*

suif n.m. (lat. *sebum*). Graisse de ruminants, qui était utilisée dans la fabrication des chandelles et la préparation des cuirs.

sui generis [sɥiʒeneris] loc. adj. inv. (mots lat. signif. « de son espèce »). Qui caractérise exclusivement qqn ou qqch : *L'odeur sui generis d'un fumeur de pipe* (**SYN.** caractéristique, spécifique). *Le piège sui generis des ventes pyramidales* (**SYN.** particulier, spécial).

suint [sɥɛ̃] n.m. (de *suer*). Graisse qui imprègne la toison des moutons.

suintant, e adj. Qui suinte : *Une muraille suintante.*

suintement n.m. Fait de suinter : *Le suintement de la plaie s'est arrêté.*

suinter v.i. [conj. 3]. **1.** S'écouler, sortir goutte à goutte en parlant des liquides : *De l'eau suinte le long du réservoir* (**SYN.** couler, dégoutter). **2.** Laisser s'écouler un liquide : *La roche suinte* (**SYN.** suer). ◆ v.t. Laisser transparaître ; manifester : *Cet endroit suinte la tristesse* (**SYN.** dégager, exhaler, suer).

suisse adj. et n. (de l'all. *Schweiz*). De la Suisse ; de ses habitants : *Des skieuses suisses.* ☞ **REM.** Le féminin du nom est parfois *Suissesse.* ◆ n.m. *Anc.* Employé d'église en uniforme qui veillait au bon ordre des offices. ▸ *Fam.* ***Manger, boire en suisse,*** tout seul, sans inviter personne.

suite n.f. (du lat. *secutus,* ayant suivi, de *sequi,* suivre). **1.** Enchaînement de faits qui se suivent : *Ses vacances n'ont été qu'une suite de catastrophes* (**SYN.** série, succession). **2.** Ce qui vient après une chose déjà connue : *Je ne pourrai pas vous donner mon avis tant que je n'aurai pas entendu la suite de votre exposé.* **3.** Ce qui résulte de qqch : *Sa mise en examen est la suite logique de ses trafics* (**SYN.** conséquence, répercussion, retombée). **4.** Continuation d'une œuvre écrite ; nouvel épisode : *La suite de ce roman paraîtra l'année prochaine.* **5.** Ordre, liaison logique entre des choses, des actes : *Votre raisonnement manque de suite* (**SYN.** cohérence). **6.** Ensemble de personnes qui accompagnent un haut personnage : *Le roi du Maroc et sa suite* (**SYN.** escorte). **7.** Appartement dans un hôtel de luxe : *L'acteur a réservé une suite dans un palace.* **8.** Série de choses, ensemble d'objets de même nature : *Une suite d'aquarelles orne le mur du salon* (**SYN.** collection). **9.** En musique, série de pièces instrumentales écrites dans le même ton : *Les suites de Couperin.* ▸ ***À la suite,*** derrière : *Le guide est entré le premier et les visiteurs à la suite.* ***À la suite de,*** après : *À la suite de leur dispute, elle n'a plus voulu les voir.* ***Avoir de la suite dans les idées,*** être persévérant, opiniâtre. ***De suite,*** sans interruption : *La nageuse a fait dix longueurs de suite* ; fam., tout de suite : *Nous arrivons de suite.* ***Donner suite à qqch,*** le prendre en considération : *Nous ne pouvons donner suite à votre demande* (= la satisfaire). ***Esprit de suite,*** disposition d'esprit qui pousse à poursuivre méthodiquement ce que l'on a entrepris. ***Et ainsi de suite,*** et de même en continuant : *Il a joué une fois, deux fois, trois fois, et ainsi de suite, jusqu'à ce qu'il gagne.* ***Faire suite à,*** venir après, dans le temps ou dans l'espace : *L'achat de leur maison fait suite à la naissance de leur fils.* ***Par la suite,*** plus tard : *Par la suite, nous comptons aménager le grenier.* ***Par suite de,*** en raison de : *Par suite d'un incident sur la ligne, le train a eu une heure de retard.* ***Sans suite,*** se dit d'un article de magasin dont l'approvisionnement n'est plus renouvelé : *Brader des meubles sans suite* ; incohérent : *La malade tient des propos sans suite.* ***Suite à,*** dans le langage administratif, en réponse à : *Suite à votre annonce, je vous adresse ma candidature.* ***Tout de suite,*** immédiatement ; sans délai : *Venez tout de suite.*

suitée adj.f. Se dit d'une femelle suivie de son petit : *Une jument suitée.*

① **suivant, e** adj. Qui est après : *Pourriez-vous servir le client suivant ? Ce personnage apparaît dans la scène suivante* (**CONTR.** précédent). ◆ n. Personne qui en suit une autre dans une file, une énumération : *Au suivant, s'il vous plaît !* ◆ **suivante** n.f. Femme qui accompagne, escorte, notamm. dans les pièces de théâtre : *La suivante de Phèdre.*

② **suivant** prép. **1.** Indique la conformité à une direction : *Découper suivant les pointillés.* **2.** Indique le rapport, la proportion, la correspondance : *Traiter les gens suivant leur mérite. Suivant l'heure à laquelle je quitterai le bureau, je vous appellerai* (= en fonction de). **3.** Indique l'origine d'un propos, d'une information : *Suivant les sondages, ce candidat devrait remporter les élections* (= d'après ; **SYN.** selon). ◆ **suivant que** loc. conj. (Employé avec *ou*). Indique une alternative : *Suivant qu'ils partiront le matin ou l'après-midi, ils prendront la nationale ou l'autoroute* (**SYN.** selon que).

suiveur, euse adj. ▸ ***Voiture suiveuse,*** qui accompagne une course cycliste sur route. ◆ n. **1.** Personne qui suit une course cycliste : *Les suiveurs du Tour de France.* **2.** Personne qui suit au lieu de diriger, d'innover ; suiviste (**CONTR.** créateur, novateur, original).

suivi, e adj. **1.** Qui a lieu de manière continue : *Ils entretiennent une correspondance suivie* (**SYN.** assidu, régulier ; **CONTR.** épisodique, irrégulier). **2.** Qui s'enchaîne de manière rigoureuse : *Elle a fait un compte rendu suivi des derniers événements* (**SYN.** cohérent ; **CONTR.** décousu, incohérent). **3.** Qui a la faveur du public : *Une émission toujours très suivie. Des conférences bien suivies.* **4.** Se dit d'un article commercial qui continue à être vendu : *Il semble que ce parfum ne soit plus suivi.* ◆ **suivi** n.m. **1.** Contrôle permanent sur une période prolongée : *Le suivi médical des salariés.* **2.** Ensemble d'opérations consistant à suivre et à surveiller un processus : *Une association de défense des consommateurs assure le suivi de cette affaire.*

suivisme n.m. Tendance de ceux qui suivent les événements sans esprit critique : *La presse dénonce le suivisme de certains députés.*

suiviste adj. et n. Qui fait preuve de suivisme ; suiveur : *Un artiste et sa cour de suivistes.*

suivre v.t. (lat. *sequi*) [conj. 89]. **1.** Aller, venir, être après qqn, qqch en mouvement : *Les randonneurs suivent le guide de montagne. Il essaie de suivre le canoë à la nage.* **2.** Marcher derrière pour surveiller : *Les policiers ont suivi les trafiquants* (**SYN.** filer). **3.** Aller dans une direction déterminée : *Le sentier suit le canal* (**SYN.** côtoyer, longer). **4.** Venir après dans le temps : *Son anniversaire suit Noël* (**CONTR.** précéder). **5.** Être attentif à ; s'intéresser à : *Il suit les cours de la Bourse* (**SYN.** surveiller). *Nous suivons l'actualité. Suivre une affaire* (= en observer le déroulement). **6.** Comprendre : *J'ai du mal à suivre votre raisonnement.* **7.** Approuver qqn ; agir dans le même sens : *Ce projet est trop risqué, les actionnaires ne vous suivront pas* (**SYN.** soutenir). **8.** Conformer sa pensée, son comportement à qqch : *Je n'aurais pas dû suivre ses ordres.* (**SYN.** obéir à, respecter ; **CONTR.** enfreindre, transgresser). *Suivre un régime.* **9.** Continuer à fabriquer un produit ou se réapprovisionner régulièrement : *Notre maison suit ce modèle depuis vingt ans.* **10.** *Fig.* Se conformer à des principes, des normes : *Les adolescents suivent la mode du piercing* (**SYN.** adopter). *Il devrait suivre l'exemple de sa sœur* (**SYN.** imiter). ▸ ***À suivre,*** formule indiquant que le récit n'est pas terminé et que sa publication continuera dans d'autres épisodes. ***Faire suivre,*** formule mise sur les lettres pour indiquer qu'elles doivent être réexpédiées à la nouvelle adresse du destinataire. ***Suivre le cours, la classe,*** assimiler un enseignement ; rester au niveau : *Cet élève ne suit pas. Elle a du mal à suivre en anglais.* ***Suivre une activité, un enseignement,*** y assister assidûment : *Ils suivent un cours de claquettes. Suivre un stage.* ***Suivre un traitement,*** se soumettre avec régularité à une prescription médicale. ◆ v. impers. *Litt.* Avoir pour conséquence ; résulter : *Il suit de ce rapport que les comptes ont été truqués.* ◆ v.i. Au poker, miser afin de pouvoir rester dans le jeu. ◆ **se suivre** v.pr. **1.** Être placé l'un après l'autre dans un ordre régulier : *A, B, C, D se suivent dans l'alphabet.* **2.** Venir les uns à la suite des autres ; se succéder : *Depuis un mois, les catastrophes se suivent.* **3.** Présenter une certaine cohérence ; s'enchaîner : *Ce scénario est bien construit, tout se suit.*

① **sujet** n.m. (du lat. *subjectum,* ce qui est subordonné, de *jacere,* jeter). **1.** Matière sur laquelle on parle, on écrit, on compose : *Le sujet de cette émission m'intéresse* (**SYN.** objet, thème). *Le sujet de l'épreuve de philosophie l'a inspiré* (**SYN.** question). **2.** Cause, fondement d'une action, d'un sentiment : *Je ne sais pas quel est leur sujet de discorde* (**SYN.** motif, raison). **3.** Être vivant que l'on soumet à des observations ; spécimen : *Tous les sujets n'ont pas réagi de la même façon au traitement.* **4.** En grammaire, fonction grammaticale exercée par un groupe nominal, un pronom, un verbe à l'infinitif, et qui confère au verbe ses catégories de personne et de nombre : *Dans « son dernier disque est sorti en mars », « son dernier disque » est le sujet du verbe « sortir ».* **5.** En philosophie, être pensant, siège de la connaissance (par opp. à objet). ▸ ***Au sujet de,*** à propos de ; relativement à : *Elle lui a demandé des explications au sujet de cette lettre.* ***Avoir sujet de,*** avoir un motif légitime de : *J'ai sujet de me plaindre.* ***Bon*** ou ***brillant sujet,*** personne digne d'éloges. ***Mauvais sujet,*** personne dont on désapprouve la conduite.

② **sujet, ette** adj. (du lat. *subjectus,* soumis, de *jacere,* jeter). **1.** Exposé à éprouver certaines maladies, certains inconvénients : *Elle est sujette au mal de mer.* **2.** Porté naturellement à : *Cet homme est sujet à des accès de fureur* (**SYN.** enclin à, prédisposé à). ◆ n. **1.** Membre d'un État soumis à l'autorité d'un souverain : *Les sujets de Sa Gracieuse Majesté* (= les citoyens britanniques). **2.** Ressortissant d'un pays : *Examiner les dossiers des sujets chinois.*

sujétion n.f. (du lat. *subjectio,* soumission). **1.** État d'une personne qui est soumise à un pouvoir, à une domination : *Ce peuple vit dans la sujétion* (**SYN.** asservissement, dépendance). **2.** Assujettissement à une contrainte, à une nécessité : *La sujétion aux lois du* *marché* (**SYN.** assujettissement). ☞ **REM.** Ne pas confondre avec *suggestion.*

sulfamide n.m. Nom générique de médicaments prescrits contre les infections.

sulfatage n.m. Action de sulfater.

sulfate n.m. (du lat. *sulfur,* soufre). Sel de l'acide sulfurique : *Certains sulfates sont utilisés comme engrais.*

sulfater v.t. [conj. 3]. Vaporiser une solution de sulfate de cuivre sur des cultures : *Sulfater des vignes.*

sulfateuse n.f. Machine servant à sulfater.

sulfurage n.m. En agriculture, action de sulfurer.

sulfure n.m. (lat. *sulfur,* soufre). En chimie, combinaison du soufre et d'un autre élément : *Sulfure de carbone.*

sulfuré, e adj. En chimie, qui est à l'état de sulfure.

sulfurer v.t. [conj. 3]. En agriculture, introduire dans le sol du sulfure de carbone pour détruire les insectes nuisibles.

sulfureux, euse adj. **1.** Relatif au soufre ; qui en contient : *Les vapeurs sulfureuses d'un volcan.* **2.** *Fig.* Qui évoque l'enfer, l'hérésie : *Des écrits sulfureux* (**SYN.** démoniaque, diabolique).

sulfurique adj. ▸ ***Acide sulfurique,*** acide oxygéné dérivé du soufre, corrosif violent et très utilisé dans l'industrie.

sulfurisé, e adj. Se dit d'un papier rendu imperméable par traitement à l'acide sulfurique, utilisé dans l'alimentaire.

sulky [sylki] n.m. (mot angl.) [pl. *sulkys* ou *sulkies*]. Voiture très légère, sans caisse, à deux roues, utilisée dans les courses de trot attelé.

sultan n.m. (d'un mot ar.). Titre des souverains de divers États musulmans.

sultanat n.m. Dignité, règne d'un sultan ; État placé sous l'autorité d'un sultan : *Le sultanat d'Oman.*

sultane n.f. Épouse d'un sultan.

sumac [symak] n.m. (d'un mot ar.). Arbre des régions chaudes, fournissant des vernis, des laques et des tanins.

sumérien, enne adj. Relatif à Sumer, aux Sumériens. ◆ **sumérien** n.m. La plus ancienne langue écrite (en caractères cunéiformes), qui fut parlée dans le sud de la Mésopotamie pendant le IIIe millénaire avant J.-C.

summum [sɔmmɔm] n.m. (mot lat.). Plus haut degré : *Cette émission a atteint le summum de la vulgarité* (**SYN.** apogée, comble, sommet).

sumo [symo ou sumo] n.m. (d'un mot jap.). **1.** Lutte traditionnelle, liée au culte shintoïste, pratiquée au Japon. **2.** Sumotori.

sumotori [symotori] ou **sumo** n.m. Lutteur de sumo : *Les sumotoris sont corpulents.*

sunlight [sœnlajt] n.m. (mot angl. signif. « lumière du soleil »). Projecteur de forte puissance utilisé pour les prises de vues cinématographiques.

sunna [suna ou syna] n.f. (d'un mot ar. signif. « coutume, précepte »). Ensemble des paroles et actions de Mahomet et de la tradition *(hadith)* qui les rapporte.

sunnisme [synism] n.m. Courant majoritaire de l'islam, qui s'appuie sur la sunna.

sunnite [synit] adj. et n. Relatif au sunnisme ; adepte du sunnisme.

① **super** adj. inv. *Fam.* Qui est au-dessus de l'ordinaire : *Ses chansons sont super* (**SYN.** extraordinaire, formidable).

② **super** n.m. (abrév.). Supercarburant : *Faire un plein de super.* ☞ **REM.** En Belgique, on dit *de la super.*

① **superbe** adj. (du lat. *superbus,* orgueilleux). **1.** D'une beauté éclatante : *Leur fille est superbe* (**SYN.** splendide ; **CONTR.** affreux, laid). *Ils ont un superbe chêne dans leur jardin.* **2.** Très agréable : *Nous avons eu un temps superbe pour le pique-nique* (**SYN.** magnifique, radieux ; **CONTR.** mauvais).

② **superbe** n.f. (du lat. *superbia,* orgueil). *Sout.* Attitude hautaine ; maintien altier : *Le lendemain de cet échec, il avait retrouvé sa superbe* (**SYN.** fierté, orgueil ; **CONTR.** humilité, modestie).

superbement adv. De façon superbe ; magnifiquement : *Les vitrines de ce magasin sont superbement décorées* (**SYN.** splendidement).

supercalculateur n.m. Superordinateur.

supercarburant n.m. Essence de qualité supérieure (abrév. super).

supercherie n.f. (de l'it. *soperchieria,* excès). Tromperie consistant à faire passer le faux pour le vrai ; imposture : *Cette histoire de médicament miracle n'était qu'une supercherie* (**SYN.** fraude, mystification).

supérette n.f. (de l'anglo-amér. *superette*). Magasin d'alimentation en libre-service d'une superficie comprise, en France, entre 120 et 400 m^2.

superfamille n.f. En biologie, niveau de classification des êtres vivants inférieur au sous-ordre et qui regroupe plusieurs familles.

superfétatoire adj. (du lat. *superfetare,* concevoir de nouveau, de *fetare,* pondre). *Sout.* Qui s'ajoute inutilement : *N'encombrez pas votre dissertation de citations superfétatoires* (**SYN.** superflu ; **CONTR.** indispensable).

superficie n.f. (du lat. *superficies,* surface, de *facies,* forme extérieure). **1.** Mesure de la surface d'un corps, d'un terrain déterminé : *La superficie d'un parc* (**SYN.** aire). **2.** *Litt.* Aspect superficiel, apparent : *Vous ne devriez pas vous en tenir à la superficie des choses* (**SYN.** dehors, extérieur).

superficiel, elle adj. **1.** Qui est limité à la surface, à la partie extérieure de qqch : *Une rayure superficielle. Ne vous inquiétez pas, ses blessures sont superficielles* (**SYN.** léger ; **CONTR.** profond). **2.** Qui ne va pas au fond des choses ; futile : *Il est gentil mais un peu superficiel* (**SYN.** frivole ; **CONTR.** pénétrant, sagace).

superficiellement adv. De façon superficielle : *Elle est blessée superficiellement à la jambe* (**SYN.** légèrement). *Traiter superficiellement un problème* (**SYN.** sommairement).

superflu, e adj. (du lat. *superfluere,* déborder). Qui est de trop : *Le sapin est assez décoré, cette guirlande est superflue* (**SYN.** inutile ; **CONTR.** indispensable, nécessaire). *Cette partie du récit me paraît superflue* (**SYN.** redondant, superfétatoire [sout.]). ◆ **superflu** n.m. Ce qui est au-delà du nécessaire : *Ils ont appris à se passer du superflu.*

superfluité n.f. *Litt.* **1.** Caractère de ce qui est superflu ; inutilité : *La superfluité de ses propos.* **2.** Chose superflue, inutile ; frivolité : *Ils s'encombrent de superfluités* (**SYN.** bagatelle, futilité).

super-géant n.m. (pl. *super-géants*) ou **super-G** n.m. inv. Épreuve de ski alpin, intermédiaire entre la descente et le slalom géant.

super-huit adj. inv. et n.m. inv. Se dit d'un format de film amateur, supérieur au modèle courant de huit millimètres : *Des caméras super-huit.* ☞ **REM.** On écrit aussi *super-8.*

supérieur, e adj. (du lat. *superior,* plus haut, plus élevé). **1.** Situé en haut, plus haut, au-dessus (par opp. à inférieur) : *Leurs enfants habitent à l'étage supérieur. La mâchoire supérieure.* **2. [à].** Plus grand que ; qui atteint un degré plus élevé : *Son chiffre d'affaires est supérieur à celui de son concurrent* (**CONTR.** moindre). *Son taux de glucose dans le sang est supérieur à la normale.* **3.** Qui surpasse les autres en mérite, en force : *Son palmarès est supérieur au vôtre* (**SYN.** meilleur). *Boire un vin de qualité supérieure* (**SYN.** excellent ; **CONTR.** médiocre). **4.** Qui témoigne d'un sentiment de supériorité : *Ne prenez pas cet air supérieur avec moi !* (**SYN.** condescendant, hautain ; **CONTR.** effacé, modeste). **5.** Se dit de la partie d'un cours d'eau la plus rapprochée de la source (par opp. à inférieur) : *Le cours supérieur de la Seine.* **6.** En sciences de la vie, se dit d'espèces animales ou végétales plus évoluées que d'autres : *Les mammifères sont des animaux supérieurs.* ◆ n. **1.** Personne qui commande à d'autres en vertu d'une hiérarchie : *Il a manqué de respect à son supérieur* (**SYN.** chef ; **CONTR.** subalterne, subordonné). **2.** Personne qui dirige une communauté religieuse.

supérieurement adv. De façon supérieure : *Ces enfants sont supérieurement intelligents* (**SYN.** incomparablement).

supériorité n.f. **1.** Caractère de ce qui est supérieur en qualité, en valeur : *La supériorité d'un logiciel sur un autre* (**CONTR.** infériorité). **2.** Situation avantageuse, dominante : *La supériorité militaire, numérique* (**SYN.** suprématie). **3.** Attitude de qqn qui se croit supérieur aux autres : *Je n'aime pas ses airs de supériorité* (**SYN.** arrogance, suffisance ; **CONTR.** humilité, modestie).

superlatif, ive adj. (lat. *superlativus,* de *superferre,* porter au-dessus). En grammaire, qui exprime le superlatif : *« Très, tout à fait, extrêmement » sont des adverbes superlatifs.* ◆ **superlatif** n.m. En grammaire, degré de comparaison des adjectifs ou des adverbes qui exprime une qualité portée à un point très élevé *(superlatif absolu),* ou au point le plus ou le moins élevé *(superlatif relatif de supériorité, d'infériorité) : « Très beau », « le plus beau », « le moins beau » sont les trois formes de « beau » au superlatif. Les adjectifs « infime » et « extrême » sont des superlatifs absolus.*

super-léger n.m. (pl. *super-légers*). Dans certains sports (boxe, judo), catégorie de poids ; sportif appartenant à cette catégorie : *Un combat de super-légers.*

super-lourd n.m. (pl. *super-lourds*). Dans certains sports (boxe, haltérophilie), catégorie de poids ; sportif appartenant à cette catégorie : *Ces boxeurs sont des super-lourds.*

supermarché n.m. Magasin de grande surface (400 à 2 500 m^2) offrant des produits vendus en libre-service : *Les caissières d'un supermarché.*

supernova [sypɛrnɔva] n.f. (pl. *supernovae* [sypɛrnɔve]). Étoile qui se manifeste lors de son explosion en devenant momentanément très lumineuse : *Il a observé plusieurs supernovae.*

superordinateur n.m. Ordinateur de grande puissance destiné au calcul scientifique ; supercalculateur.

superordre n.m. En biologie, niveau de classification des êtres vivants, qui se situe entre la classe et l'ordre.

superposable adj. Qui peut être superposé à un autre : *Ces cartons de rangement sont superposables.*

superposer v.t. (lat. *superponere*) [conj. 3]. Poser l'un sur l'autre : *Superposer des cartons pour gagner de la place* (**SYN.** empiler, entasser). *Superposer des lits.* ◆ **se superposer** v.pr. **[à].** Venir s'ajouter à : *Selon les époques, des styles différents se sont superposés.*

superposition n.f. Action de superposer, de se superposer ; ensemble de choses superposées : *La superposition des strates de terrain est observable sur le flanc de la falaise* (**SYN.** empilage, étagement).

superproduction n.f. Film réalisé avec des moyens financiers très importants : *Une superproduction hollywoodienne.*

superpuissance n.f. État dont le pouvoir et la zone d'influence, sur le plan mondial, dépassent ceux des autres puissances : *Les États-Unis sont une superpuissance.*

supersonique adj. et n.m. Se dit d'un avion dont la vitesse est supérieure à celle du son (par opp. à sonique, subsonique) ; relatif à cette vitesse.

superstitieusement [sypɛrstisjøzmɑ̃] adv. De façon superstitieuse : *Il garde superstitieusement un trèfle à quatre feuilles dans son portefeuille.*

superstitieux, euse [sypɛrstisjø, øz] adj. et n. Qui manifeste de la superstition ou est influencé par la superstition : *Comme elle est superstitieuse, elle refuse de passer sous l'échelle.*

superstition n.f. (lat. *superstitio,* de *superstare,* se tenir au-dessus de). Croyance au pouvoir surnaturel de forces occultes ou à divers présages tirés d'événements ou de signes fortuits (comme d'une salière renversée, du nombre treize).

superstructure n.f. **1.** Partie d'une construction située au-dessus du sol (par opp. à infrastructure). **2.** Partie d'un navire placée sur le pont supérieur et s'étendant sur toute la largeur du bâtiment.

supertanker [sypɛrtɑ̃kɛr] n.m. Navire-citerne d'une capacité égale ou supérieure à 100 000 tonnes.

superviser v.t. (angl. *to supervise,* du lat. *videre,* voir) [conj. 3]. Contrôler la réalisation d'un travail accompli par d'autres : *Le chef supervise la préparation des plats.*

superviseur n.m. **1.** Personne qui supervise. **2.** En informatique, programme chargé, dans un système d'exploitation, de contrôler l'enchaînement et la gestion des processus.

supervision n.f. Contrôle exercé par la personne qui supervise : *La supervision de la mise en page d'un magazine.*

supin n.m. (du lat. *supinus,* tourné en arrière). En grammaire, forme nominale du verbe latin.

supination n.f. (lat. *supinatio,* de *supinare,* renverser sur le dos). Mouvement de rotation de l'avant-bras plaçant la paume de la main en avant et le pouce à l'extérieur ; position de la main résultant de ce mouvement (par opp. à pronation).

supion n.m. (du lat. *sepia*, seiche). Petite seiche, petit calmar que l'on cuisine.

supplanter v.t. (du lat. *supplantare*, renverser par un croc-en-jambe, de *planta*, plante du pied) [conj. 3]. **1.** Écarter qqn de la place qu'il occupe pour se substituer à lui : *Sa collègue l'a supplantée au secrétariat* (**SYN.** détrôner, évincer). **2.** Prendre la place de qqch dans l'usage qui en est fait : *Le lecteur de DVD est en train de supplanter le magnétoscope* (**SYN.** remplacer).

suppléance n.f. Fait d'être suppléant : *Assurer la suppléance d'un délégué du personnel* (**SYN.** remplacement).

suppléant, e adj. et n. Qui supplée qqn dans ses fonctions sans être titulaire : *La députée suppléante. Ce professeur est un suppléant* (**SYN.** remplaçant).

suppléer v.t. (du lat. *supplere*, remplir, compléter) [conj. 15]. **1.** Remplacer dans ses fonctions : *Son adjoint la supplée quand elle est en vacances.* **2.** *Litt.* Ajouter ce qui manque : *Comme il n'a pas recueilli la somme nécessaire, ses parents suppléent la différence* (**SYN.** compléter). ◆ v.t. ind. **[à].** Remédier au manque de qqch : *Elle supplée à son manque de charme par l'humour* (**SYN.** compenser, contrebalancer, pallier).

supplément n.m. (lat. *supplementum*, de *supplere*, suppléer). **1.** Ce qui s'ajoute à qqch pour le compléter, l'améliorer ; surplus : *Le juge a demandé un supplément d'information* (**SYN.** complément). **2.** Somme payée en plus pour obtenir qqch qui n'était pas compris dans le prix initial : *Dans ce train, il faut payer un supplément* (**SYN.** appoint, complément). ▸ ***En supplément,*** en plus, en sus de ce qui est normal, prescrit, indiqué : *Si vous commandez avant huit jours, vous recevrez cette montre en supplément.*

supplémentaire adj. **1.** Qui constitue un supplément ; qui est fait en supplément : *Ils m'ont accordé un délai supplémentaire. Faire des heures supplémentaires.* **2.** Se dit d'un moyen de transport qui en double un autre en période de trafic intense : *Un train supplémentaire.*

supplémentation n.f. Apport nutritionnel supplémentaire en oligoéléments, vitamines, etc.

supplétif, ive adj. et n.m. (lat. *suppletum*, de *supplere*, suppléer). Se dit de militaires autochtones engagés temporairement en complément de troupes régulières.

suppliant, e adj. et n. Qui supplie, implore.

supplication n.f. Prière faite avec instance et soumission : *Elle ne changea pas d'avis malgré mes supplications* (**SYN.** adjuration, imploration [sout.]).

supplice n.m. (du lat. *supplicium*, action de ployer les genoux, de supplier, de *plicare*, plier). **1.** Peine corporelle ordonnée par arrêt de justice : *Le supplice de la roue.* **2.** Sévices corporels graves : *Même les supplices n'ont pu la faire avouer* (**SYN.** torture). **3.** Douleur physique violente et insupportable ; calvaire : *Cette migraine est un véritable supplice* (**SYN.** martyre, tourment). ▸ ***Être au supplice,*** souffrir terriblement ; fig., se trouver dans une situation fort désagréable : *Il m'accablait de questions, j'étais au supplice.* *Litt.* ***Le dernier supplice,*** la peine de mort. ***Supplice de Tantale,*** souffrance qu'éprouve qqn qui ne peut satisfaire un désir dont l'objet reste cependant à sa portée.

supplicié, e n. Personne qui subit ou qui a subi un supplice : *Les suppliciés et les bourreaux.*

supplicier v.t. [conj. 9]. *Litt.* **1.** Livrer qqn au supplice ou l'exécuter : *Supplicier un prisonnier* (**SYN.** martyriser, torturer). **2.** Faire subir une vive souffrance morale : *La culpabilité le suppliciait.*

supplier v.t. (du lat. *supplicare*, se prosterner, de *plicare*, plier) [conj. 10]. Demander avec insistance et humilité, de manière pressante : *Je vous supplie de me faire confiance* (**SYN.** implorer [sout.]). *Rends-la moi, je t'en supplie* (**SYN.** adjurer [sout.], conjurer, prier).

supplique n.f. (it. *supplica*, du lat. *supplicare*). Requête écrite pour demander une grâce, une faveur : *Il a adressé une supplique au juge d'instruction.*

support n.m. **1.** Ce sur quoi repose ou appuie qqch : *Poser un vase sur son support* (**SYN.** piédestal, socle). **2.** Élément matériel sur lequel sont présentés ou stockés des contenus éditoriaux, des informations : *Un dictionnaire présenté sur support papier. La disquette, le disque dur, la bande magnétique ou le disque optique sont des supports électroniques.* ▸ ***Support publicitaire,*** média, quel qu'il soit (presse, télévision, affichage), considéré dans son utilisation pour la publicité.

supportable adj. Que l'on peut endurer, excuser : *Une chaleur supportable* (**SYN.** tolérable ; **CONTR.** insupportable). *Son attitude n'est plus supportable* (**SYN.** acceptable, admissible ; **CONTR.** inacceptable, inadmissible).

supporter v.t. (du lat. *supportare*, porter) [conj. 3]. **1.** Maintenir par-dessous pour empêcher de tomber : *Des poutres qui supportent un plancher* (**SYN.** 1. porter, soutenir). **2.** Subir avec patience, courage ce qui est pénible : *Supporter une épreuve* (**SYN.** endurer). **3.** Tolérer la présence, l'attitude de qqn : *Elle ment tout le temps, personne ne peut plus la supporter* (**SYN.** accepter). **4.** Prendre en charge : *Supporter les frais d'une intervention chirurgicale* (**SYN.** endosser). **5.** Résister à une épreuve, à une action physique : *Elle supporte mal le froid* (**SYN.** tolérer). **6.** (Emploi critiqué). Soutenir, encourager un concurrent, une équipe. **7.** En Afrique, subvenir aux besoins de qqn, l'avoir à sa charge. ◆ **se supporter** v.pr. **1.** S'accepter soi-même : *Il ne se supporte plus avec sa moustache.* **2.** Se tolérer mutuellement : *Ils se sont séparés parce qu'ils ne se supportaient plus.*

supporteur, trice n. (angl. *supporter*, de *to support*, soutenir). Personne qui soutient et encourage un concurrent ou une équipe. ☞ **REM.** Au masculin, on écrit aussi *supporter* [sypɔrtœr ou sypɔrtɛr].

supposable adj. Que l'on peut supposer ; imaginable.

supposé, e adj. **1.** Admis, posé comme hypothèse : *Cette supposée dérive du comité appelle des mesures radicales.* **2.** Présumé : *L'auteur supposé du crime a été interpellé.* ◆ **supposé que** loc. conj. Dans l'hypothèse où : *Supposé qu'elle vienne maintenant.*

supposer v.t. (du lat. *supponere*, mettre sous) [conj. 3]. **1.** Poser par hypothèse une chose comme établie : *Supposons qu'il soit d'accord* (**SYN.** imaginer, présumer). *Son comportement laisse supposer qu'elle l'apprécie peu* (= dénote, indique). **2.** Exiger logiquement, nécessairement l'existence de : *Accepter ce poste suppose de déménager* (**SYN.** impliquer). **3.** Juger probable, vraisemblable que : *Je suppose qu'elle ne va plus tarder à arriver* (**SYN.** conjecturer [sout.], croire). ▸ ***À supposer que*** (+ subj.), en admettant que ; si l'on envisage que : *À supposer que cette expérience réussisse, qu'aurez-vous démontré ?*

supposition n.f. Action d'admettre par hypothèse ; ce qui est ainsi supposé : *Ce n'était qu'une simple supposition* (**SYN.** conjecture, hypothèse, supputation [sout.]).

suppositoire n.m. (du lat. *suppositorius*, placé dessous, de *supponere*, mettre sous). Médicament solide, génér. de forme conique ou ovoïde, qui s'utilise par voie rectale.

suppôt n.m. (du lat. *suppositus*, placé dessous, de *supponere*, mettre sous). *Litt.* Complice des mauvaises intentions de qqn : *Les suppôts d'un dictateur* (**SYN.** agent, partisan, séide [litt.], serviteur). ▸ ***Suppôt de Satan,*** personne malfaisante, nuisible.

suppresseur adj. m. ▸ ***Gène suppresseur,*** chacun des gènes, normalement présents dans les cellules, dont l'altération peut provoquer un cancer.

suppression n.f. **1.** Action de supprimer ; partie supprimée : *Ils ont annoncé la suppression de plusieurs postes dans ce service* (**CONTR.** création, maintien). *Ils ont fait des suppressions dans mon texte* (**SYN.** coupure ; **CONTR.** ajout). **2.** Action de supprimer, de tuer qqn : *La suppression d'un témoin gênant* (**SYN.** assassinat).

supprimer v.t. (lat. *supprimere*, de *premere*, presser, enfoncer) [conj. 3]. **1.** Mettre fin à ; faire disparaître : *Supprimer des emplois* (**SYN.** résilier, suspendre ; **CONTR.** créer, maintenir). *Supprimer un paragraphe* (**SYN.** couper, enlever ; **CONTR.** ajouter). **2.** Faire cesser : *Ce médicament supprime la douleur* (**SYN.** arrêter). **3.** Se débarrasser de qqn en le tuant : *Il a supprimé ses complices* (**SYN.** abattre). ◆ **se supprimer** v.pr. Se donner la mort (**SYN.** se suicider).

suppurant, e adj. Qui suppure : *Une blessure suppurante* (**SYN.** purulent).

suppuration n.f. (lat. *suppuratio*). Production ou écoulement de pus ; pyorrhée.

suppurer v.i. (lat. *suppurare*, de *pus, puris*, pus) [conj. 3]. Produire du pus : *Sa plaie suppure.*

supputation n.f. *Sout.* Action de supputer ; évaluation plus ou moins exacte ; spéculation : *La supputation du montant des frais occasionnés* (**SYN.** calcul, estimation). *Faire des supputations à propos des prochaines élections* (**SYN.** hypothèse, supposition).

supputer v.t. (du lat. *supputare*, calculer, de *putare*, évaluer) [conj. 3]. *Sout.* Évaluer à partir de certaines données : *Supputer le coût des travaux de rénovation* (**SYN.** calculer, estimer). *Supputer les chances d'aboutir à un accord* (**SYN.** examiner, peser).

supra adv. (mot lat. signif. « ci-dessus »). S'emploie dans un texte pour renvoyer à un passage situé avant (par opp. à infra).

supraconducteur, trice adj. et n.m. Se dit d'un matériau qui présente le phénomène de supraconduction.

supraconduction ou **supraconductivité** n.f. Résistivité presque nulle de certains métaux, au-dessous d'une certaine température.

supranational, e, aux adj. Qui se situe au-dessus de l'autorité d'un gouvernement national : *L'Union européenne est une organisation supranationale.*

supranationalité n.f. Caractère supranational de qqch.

supraterrestre adj. Relatif à l'au-delà.

suprématie [sypremasi] n.f. (angl. *supremacy*, du fr. *suprême*). **1.** Situation dominante conférant une autorité incontestée : *La suprématie militaire d'un État* (**SYN.** domination, hégémonie). **2.** Supériorité de qqn, de qqch sur les autres : *La suprématie d'un écrivain dans le domaine du roman* (**SYN.** prédominance, prééminence).

suprême adj. (lat. *supremus*, superlatif de *superus*, supérieur). **1.** Qui est au-dessus de tout : *Il détient le pouvoir suprême* (**SYN.** souverain). **2.** Qui ne saurait être dépassé : *Une habileté suprême* (**SYN.** magistral, parfait ; **CONTR.** dérisoire). **3.** Qui vient en dernier : *Un suprême effort* (**SYN.** désespéré, ultime). ▸ *Litt.* ***Le moment, l'heure suprême,*** le moment, l'heure de la mort. ◆ n.m. Plat composé de filets de volaille, servis avec un coulis.

suprêmement adv. Au plus haut degré ; extrêmement : *Il est suprêmement riche* (**SYN.** prodigieusement).

① **sur** prép. (lat. *super*). **1.** Indique une position supérieure avec ou sans contact, la situation à la surface de qqch : *Le chat est monté sur la table* (**CONTR.** sous). *Les nuages sont bas sur l'horizon. Repérer une ville sur la carte.* **2.** Indique le point d'application ou de destination : *L'arbre est tombé sur la route. Baisser l'impôt sur le revenu.* **3.** Indique la direction : *Les manifestants marchent sur la Bourse* (**SYN.** 2. vers). **4.** Indique la proximité, l'approximation temporelle : *Être sur le départ. Sur le soir, la pluie se mit à tomber.* **5.** Indique la supériorité : *Elle l'a emporté sur son adversaire. Avoir de l'influence sur qqn.* **6.** Indique un des deux nombres dans une proportion, une dimension, une évaluation : *Sur trente élèves dix sont absents. Une salle de cinq mètres sur huit.* **7.** Indique le thème considéré : *Je ne suis pas de ton avis sur ce sujet.* **8.** Indique le critère : *Tu n'as pas à juger les gens sur leur apparence physique* (= d'après). ▸ ***Sur la rue,*** en Belgique, dans la rue.

② **sur, e** adj. (du frq.). D'un goût acide et aigre : *Des fruits surs* (**SYN.** aigrelet, suret). ☞ **REM.** Ne pas confondre avec *sûr*.

sûr, e adj. (du lat. *securus*, exempt de souci). **1.** En qui l'on peut avoir confiance : *Un ami sûr* (**SYN.** dévoué, fidèle ; **CONTR.** déloyal, perfide). **2.** Qui n'offre aucun danger : *Ces rues ne sont pas sûres le soir* (**SYN.** tranquille ; **CONTR.** dangereux). **3.** Dont on ne peut douter ; qui est vrai, exact : *Des informations sûres* (**SYN.** avéré, indubitable ; **CONTR.** contestable, douteux, inexact). **4.** Qui sait d'une manière certaine : *Je suis sûr de ce que je dis* (**SYN.** assuré, certain). **5.** Qui n'est marqué par aucune hésitation : *Un coiffeur qui a la main sûre* (**SYN.** stable ; **CONTR.** hésitant, tremblant). ☞ **REM.** Ne pas confondre avec *sur*. ▸ ***À coup sûr,*** ou, fam., ***pour sûr,*** infailliblement ; certainement. ***Avoir le goût sûr,*** être apte à discerner la valeur esthétique de qqch. ***Bien sûr,*** c'est évident ; certainement. ***Bien sûr que,*** sert à appuyer une réponse : *Bien sûr que je viendrai.* ***En lieu sûr,*** dans un lieu où il n'y a rien à craindre : *La police a placé les témoins en lieu sûr.* ***Le temps n'est pas sûr,*** il peut changer, se gâter. ***Rien n'est moins sûr,*** c'est très douteux.

surabondamment adv. Bien au-delà du nécessaire : *Un footballeur surabondamment médiatisé* (**SYN.** excessivement ; **CONTR.** insuffisamment).

surabondance n.f. Grande abondance : *Il y a eu surabondance de céréales* (**SYN.** pléthore, surproduction ; **CONTR.** insuffisance, pénurie).

surabondant, e adj. Abondant jusqu'à l'excès : *Une production surabondante* (**SYN.** pléthorique ; **CONTR.** insuffisant). *Des détails surabondants* (**SYN.** superflu ; **CONTR.** essentiel, indispensable).

surabonder v.i. [conj. 3]. Exister en quantité très ou trop abondante : *Le poisson surabonde dans cette rivière* (**SYN.** foisonner, grouiller, pulluler ; **CONTR.** manquer).

suractivé, e adj. Dont l'activité est accrue par un traitement approprié : *Un durcisseur de vernis suractivé.*

suractivité n.f. Activité intense, au-delà de la normale : *La suractivité du personnel soignant.*

suraigu, ë adj. **1.** Très aigu : *Une voix suraiguë.* **2.** D'une acuité extrême : *Une douleur suraiguë* (**SYN.** paroxystique).

surajouter v.t. [conj. 3]. Ajouter qqch à ce qui forme déjà un ensemble complet : *L'auteur a surajouté un chapitre superflu à son livre.* ◆ **se surajouter** v.pr. Venir s'ajouter, en excès, à qqch : *Une panne de métro est venue se surajouter à mon retard* (**SYN.** se greffer sur).

sural, e, aux adj. (du lat. *sura,* mollet). Relatif au mollet.

suralimentation n.f. Ingestion régulière d'une quantité de nourriture supérieure à la ration d'entretien : *La suralimentation est responsable de maladies cardio-vasculaires* (**CONTR.** sous-alimentation).

suralimenté, e adj. Qui se nourrit trop ; qui est trop nourri : *Dans les pays riches, il y a de plus en plus de personnes suralimentées* (**CONTR.** sous-alimenté).

suralimenter v.t. [conj. 3]. Donner une nourriture plus abondante que la ration d'entretien : *Suralimenter un animal* (**CONTR.** sous-alimenter).

suramplificateur n.m. Mot qu'il est recommandé d'employer à la place de *booster.*

suranné, e adj. (de *1. sur* et *an*). *Sout.* Qui n'est plus en usage : *Elle s'habille d'une manière surannée* (**SYN.** démodé ; **CONTR.** moderne). *Des théories surannées* (**SYN.** archaïque, désuet, périmé ; **CONTR.** actuel, nouveau, révolutionnaire).

surarmement n.m. Armement excédant les besoins de la défense d'un État.

surate [surat] ou **sourate** n.f. (d'un mot ar. signif. « chapitre »). Chacun des chapitres du Coran.

surbaissé, e adj. Se dit d'une automobile dont on a notablement abaissé le centre de gravité afin d'améliorer sa tenue de route.

surbrillance n.f. Luminosité particulière qui met en valeur un texte, certains de ses éléments ou des liens hypertextes, sur l'écran d'un ordinateur.

surcharge n.f. **1.** Excès de charge ; poids supplémentaire excessif : *L'ascenseur n'a pas démarré parce que nous étions en surcharge.* **2.** Poids de bagages excédant celui qui est alloué à chaque voyageur : *Il doit payer une taxe pour une surcharge de bagages* (**SYN.** excédent). **3.** Surcroît de peine, de dépense ; excès : *Une surcharge de travail* (**SYN.** surplus). **4.** Mot écrit sur un autre mot : *Les surcharges sont interdites sur les chèques* (**SYN.** correction, rajout). ▸ ***Surcharge pondérale,*** excès modéré ou important de poids ; surpoids.

surcharger v.t. [conj. 17]. **1.** Imposer une charge excessive à : *Surcharger une voiture. Cette loi surcharge certaines entreprises de taxes* (**SYN.** accabler, écraser, grever). **2.** Faire une surcharge sur un texte.

surchauffe n.f. **1.** État d'un moteur, d'un appareil qui chauffe au-delà de la normale. **2.** État d'une économie en expansion menacée d'inflation.

surchauffer v.t. [conj. 3]. **1.** Chauffer de manière excessive : *Surchauffer une salle de bains.* **2.** Rendre exalté ou très agité : *Des discours qui surchauffent l'opinion* (**SYN.** surexciter).

surchemise n.f. Chemise large que l'on porte sur un pull, un tee-shirt ou une chemise.

surchoix adj. et n.m. Qui est de toute première qualité, de premier choix : *Un fromage surchoix. Des fruits de surchoix.*

surclasser v.t. [conj. 3]. Montrer une indiscutable supériorité sur : *Cet athlète a surclassé tous ses adversaires* (**SYN.** dépasser, surpasser). *Ce téléviseur surclasse les autres pour la qualité de l'image.*

surcomposé, e adj. Se dit d'un temps composé où l'auxiliaire est lui-même à un temps composé : *Dans « je suis sorti quand j'ai eu terminé mon travail », le verbe de la subordonnée est à un temps surcomposé.*

surconsommation n.f. Consommation supérieure aux besoins : *La surconsommation de médicaments.*

surcontre n.m. Action de surcontrer.

surcontrer v.t. [conj. 3]. À certains jeux de cartes, confirmer une annonce contrée par un adversaire.

surcoupe n.f. Action de surcouper.

surcouper v.t. [conj. 3]. Aux cartes, couper avec un atout supérieur à celui qui vient d'être posé.

surcoût [syrku] n.m. Somme qui vient en excédent du coût normal de qqch.

surcroît n.m. (du moyen fr. *surcroître,* croître au-delà de la mesure ordinaire). Ce qui s'ajoute à ce que l'on a ; augmentation, accroissement : *Un surcroît de travail* (**SYN.** supplément, surplus). ▸ *Sout.* ***Par surcroît*** ou ***de surcroît,*** en plus : *Ces chaussures sont très jolies et confortables de surcroît.*

surdéveloppé, e adj. Dont le développement économique est extrême ou excessif : *Un pays surdéveloppé* (**CONTR.** sous-développé).

surdimensionné, e adj. Doté de dimensions supérieures aux besoins réels : *Un incinérateur d'ordures surdimensionné* (**SYN.** démesuré).

surdimutité ou **surdi-mutité** n.f. (pl. *surdimutités, surdi-mutités*). État d'une personne sourde-muette.

surdité n.f. (du lat. *surdus,* sourd). Perte ou grande diminution du sens de l'ouïe.

surdosage n.m. Dosage excessif ; administration d'un médicament à une dose excessive : *En cas de surdosage, avertir immédiatement le médecin.*

surdose n.f. Dose excessive d'un stupéfiant ou d'un médicament psychotrope, susceptible d'entraîner la mort (**SYN.** overdose).

surdoué, e adj. et n. Se dit d'un enfant dont les capacités intellectuelles sont très supérieures à la moyenne : *Une école réservée aux surdoués.*

sureau n.m. (lat. *sambucus*). Arbuste à fleurs blanches et dont le bois, très léger, renferme de la moelle.

sureffectif n.m. Effectif considéré comme trop important : *Ils travaillent en sureffectif.*

surélévation n.f. Action de surélever ; augmentation de la hauteur de qqch : *La surélévation d'une construction* (**SYN.** surhaussement).

surélever v.t. [conj. 19]. Donner un surcroît de hauteur à : *Surélever un bâtiment de deux étages* (**SYN.** surhausser).

surelle n.f. (de *2. sur*). *Région.* Plante de goût acide, comme l'oseille.

sûrement adv. **1.** De façon certaine, évidente : *Elle est sûrement rentrée à cette heure-ci* (**SYN.** assurément, certainement). **2.** Sert à renforcer une affirmation ou une négation : *« Seras-tu là ce soir ? – Non, sûrement pas. »* **3.** D'une manière infaillible, inéluctable : *Cette chanson sera sûrement le succès de l'été* (**SYN.** forcément, immanquablement, inévitablement).

suremploi n.m. Situation du marché du travail caractérisée par une pénurie de main-d'œuvre (**CONTR.** chômage).

surenchère n.f. **1.** Enchère faite au-dessus de la mise à prix ou au-dessus d'une autre enchère. **2.** Promesse dépassant celle de qqn d'autre ; action d'aller encore plus loin en paroles ou en actes : *Une surenchère d'insultes* (**SYN.** escalade).

surenchérir v.i. [conj. 32]. **1.** Effectuer une surenchère : *Un acheteur a surenchéri par téléphone.* **2.** *Fig.* Promettre, faire plus qu'un rival : *Surenchérir sur un concurrent. Les candidats surenchérissent d'autosatisfaction les uns sur les autres.*

surenchérissement n.m. Nouveau renchérissement.

surenchérisseur, euse n. Personne qui fait une surenchère dans une vente.

surendetté, e adj. et n. Qui a contracté des dettes excessives qu'il ne peut rembourser.

surendettement n.m. État de qqn, d'un pays qui est endetté à l'excès : *Le surendettement des familles.*

surentraîné, e adj. Qui a subi un entraînement excessif.

surentraînement n.m. Entraînement sportif trop poussé.

surentraîner v.t. [conj. 4]. Entraîner de façon excessive : *Surentraîner un athlète, un cheval de course.*

suréquipé, e adj. Doté d'un équipement supérieur à ses besoins.

suréquipement n.m. Action de suréquiper ; fait d'être suréquipé (**CONTR.** sous-équipement).

suréquiper v.t. [conj. 3]. Équiper au-delà de ses besoins : *Ne suréquipez pas vos enfants d'accessoires inutiles.*

surestimation n.f. Estimation exagérée : *La surestimation d'une œuvre d'art par un expert* (**SYN.** surévaluation ; **CONTR.** sous-estimation, sous-évaluation).

surestimer v.t. [conj. 3]. Estimer au-delà de sa valeur, de son importance réelle : *Il a surestimé les capacités de son équipe* (**SYN.** surévaluer ; **CONTR.** sous-estimer, sous-évaluer).

suret, ette adj. (de *2. sur*). Un peu acide : *Des pommes surettes* (**SYN.** aigrelet, 2. sur).

sûreté n.f. (de *sûr*, d'apr. le lat. *securitas*, sécurité). **1.** Qualité d'un endroit ou d'un objet qui offre des garanties, une protection : *La sûreté de la banque est assurée par son système d'alarmes. Faire vérifier la sûreté des freins de sa voiture.* **2.** Situation d'un individu, d'une collectivité garantis contre les risques de tout genre : *La sûreté publique* (**SYN.** sécurité). **3.** Caractère efficace de qqn ou de qqch : *La sûreté des gestes d'un chirurgien* (**SYN.** justesse). *Vous pouvez vous fier à la sûreté de sa mémoire* (**SYN.** infaillibilité). ▸ ***Atteintes à la sûreté de l'État,*** crimes et délits qui mettent en péril la sécurité intérieure ou extérieure de l'État. ***De sûreté,*** se dit d'objets, de dispositifs conçus pour occasionner le moins de danger possible : *Un verrou, une épingle de sûreté.* ***En sûreté,*** à l'abri de toute atteinte, de tout péril.

surévaluation n.f. Action de surévaluer ; fait d'être surévalué (**SYN.** surestimation ; **CONTR.** sous-estimation, sous-évaluation).

surévaluer v.t. [conj. 7]. Attribuer à une chose une valeur supérieure à celle qu'elle a réellement : *Surévaluer une propriété* (**SYN.** surestimer ; **CONTR.** sous-estimer, sous-évaluer).

surexcitation n.f. Très vive excitation : *La surexcitation des spectateurs augmentait avec l'attente* (**SYN.** énervement, frénésie ; **CONTR.** apaisement, 2. calme). *Il est dans un état de surexcitation lorsqu'il parle de ce sujet* (**SYN.** exaltation, fièvre).

surexciter v.t. [conj. 3]. **1.** Mettre qqn dans un état de grande excitation : *La récréation a surexcité les élèves* (**SYN.** énerver, exalter ; **CONTR.** calmer). **2.** Porter un sentiment à un degré extrême d'intensité : *Surexciter les passions* (**SYN.** déchaîner, exacerber ; **CONTR.** apaiser).

surexploitation n.f. Action de surexploiter : *La surexploitation d'un sol* (**CONTR.** sous-exploitation).

surexploiter v.t. [conj. 3]. Exploiter de façon excessive : *Surexploiter une terre* (**CONTR.** sous-exploiter). *Un pays où l'on surexploite la main-d'œuvre.*

surexposer v.t. [conj. 3]. Soumettre une surface photographique à une exposition trop longue à la lumière (**CONTR.** sous-exposer).

surexposition n.f. Action de surexposer (**CONTR.** sous-exposition).

surf [sœrf] n.m. (abrév. de l'angl. *surf-riding*, de *surf*, ressac, et *to ride*, chevaucher). **1.** Sport consistant à se maintenir en équilibre sur une planche portée par une vague déferlante. **2.** Planche permettant de pratiquer le surf ou le surf des neiges. ▸ ***Surf des neiges,*** descente d'une pente enneigée sur une planche spéciale (**SYN.** snowboard).

surfaçage n.m. Action de surfacer ; polissage, ponçage.

surface n.f. (de *1. sur* et *face*, d'apr. le lat. *superficies*). **1.** Partie extérieure d'un corps qui limite le volume qu'il occupe ; face extérieure d'un corps, d'un liquide : *La surface de la Terre. La surface du lac miroite au soleil.* **2.** Toute étendue, plane ou non, d'une certaine importance : *Calculer la surface d'un terrain* (**SYN.** aire, superficie). **3.** *Fig.* Aspect extérieur de qqch ; dehors : *Rester à la surface des choses* (**SYN.** apparence, façade). *Une gentillesse de surface* (= qui n'a aucune réalité). ▸ ***En surface,*** au niveau de l'eau ou juste en dessous : *Un dauphin qui nage en surface* ; fig., sans aller au fond des choses : *Ils ont étudié mon cas en surface* (= superficiellement). ***Faire surface,*** émerger, en parlant d'un sous-marin. ***Grande surface,*** magasin en libre-service, et présentant une superficie consacrée à la vente supérieure à 400 m^2. ***Refaire surface,*** connaître de nouveau la renommée après une période d'oubli ; recouvrer ses forces, sa santé après une maladie.

surfacer v.t. [conj. 16]. Donner une surface régulière à un objet : *Surfacer un bloc de marbre* (**SYN.** polir, poncer).

surfacturation n.f. Facturation d'un bien ou d'un service à un prix supérieur à son coût réel, génér. effectuée dans une intention frauduleuse.

surfacturer v.t. [conj. 3]. Faire une surfacturation.

surfait, e adj. **1.** Qui n'a pas toutes les qualités qu'on lui prête : *Une réputation surfaite.* **2.** Estimé au-dessus de sa valeur : *Un peintre, un tableau surfait.*

surfaix [syrfɛ] n.m. (de *1. sur* et *faix*). Sangle qui sert à maintenir une charge sur le dos d'une bête de somme.

surfer [sœrfe] v.i. [conj. 3]. **1.** Pratiquer le surf. **2. [sur].** Se laisser porter par une conjoncture favorable ; adapter son comportement aux circonstances : *Surfer sur les sondages, sur la mode.* **3. [sur].** En informatique, naviguer : *Surfer sur Internet.*

surfeur, euse [sœrfœr, øz] n. Personne qui pratique le surf.

surfil n.m. Surjet lâche, exécuté sur le bord d'un tissu pour éviter qu'il ne s'effiloche.

surfilage n.m. Action de surfiler.

surfiler v.t. [conj. 3]. Exécuter un surfil.

surfin, e adj. De qualité supérieure : *Des vins surfins.*

surfréquentation n.f. Fréquentation excessive d'un lieu : *La surfréquentation d'un site touristique.*

surgélateur n.m. Appareil de surgélation.

surgélation n.f. Opération consistant à congeler rapidement un produit alimentaire ; congélation.

surgelé, e adj. Se dit d'un produit alimentaire conservé par surgélation : *Des poissons surgelés.* ◆ **surgelé** n.m. Produit surgelé : *On trouve une grande variété de surgelés.*

surgeler v.t. [conj. 25]. Pratiquer la surgélation de : *Surgeler des légumes* (**SYN.** congeler).

surgénérateur, trice adj. et n.m. Se dit d'un réacteur nucléaire dans lequel se produit la surgénération.

surgénération n.f. Processus par lequel certains réacteurs nucléaires produisent plus de substance fissile qu'ils n'en consomment.

surgeon n.m. (de l'anc. fr. *sourgon,* source, de *sourdre,* avec l'infl. du lat. *surgere,* surgir). Drageon.

surgir v.i. (du lat. *surgere,* s'élever) [conj. 32]. **1.** Apparaître brusquement : *Au coin de la rue, un individu a surgi devant moi. De la lave a surgi du volcan* (**SYN.** jaillir). **2.** Se manifester soudainement : *De nouveaux problèmes surgissent chaque jour* (**SYN.** naître, se présenter).

surgissement n.m. Fait de surgir : *Le surgissement d'une moto à la sortie d'un virage.*

surhaussement n.m. Action de surhausser : *Le surhaussement d'un mur* (**SYN.** surélévation).

surhausser v.t. [conj. 3]. Augmenter la hauteur de : *Surhausser un immeuble d'un étage* (**SYN.** exhausser, surélever).

surhomme n.m. Être humain pourvu de dons intellectuels ou physiques exceptionnels : *Je ne peux pas faire tout ce travail seul, je ne suis pas un surhomme.*

surhumain, e adj. Qui est au-dessus des forces ou des qualités habituelles de l'homme : *Une volonté surhumaine.*

surimi [syrimi] n.m. (mot jap.). Pâte de chair de poisson aromatisée au crabe : *Des bâtonnets de surimi.*

surimposer v.t. [conj. 3]. Frapper d'un surcroît d'impôt ou d'un impôt trop lourd : *Surimposer les plus-values boursières* (**SYN.** surtaxer).

surimposition n.f. Surcroît d'impôt ; imposition excessive (**SYN.** surtaxe).

surimpression n.f. En photographie, impression de deux ou plusieurs images sur la même surface sensible.

surin n.m. (du tsigane *chouri,* couteau). *Arg.* Couteau.

suriner v.t. [conj. 3]. *Arg.* Donner un coup de couteau à (**SYN.** poignarder).

surinfection n.f. Infection survenant chez un sujet déjà atteint d'une maladie infectieuse ou se développant sur une plaie infectée.

surinformation n.f. Action de surinformer ; fait d'être surinformé.

surinformer v.t. [conj. 3]. Fournir au public une quantité excessive d'informations, au risque de masquer l'essentiel : *Surinformer les téléspectateurs.*

surintendance n.f. Charge de surintendant.

surintendant n.m. Dans la France de l'Ancien Régime, chef de certaines administrations : *Sully, surintendant général des Finances.*

surir v.i. (de *2. sur*) [conj. 32]. Devenir sur, aigre : *Le lait a suri* (**SYN.** aigrir).

surjet n.m. Point de couture exécuté à cheval sur deux bords de tissu à assembler.

surjeter v.t. (de l'anc. fr. *sourgeter,* jeter par-dessus) [conj. 27]. Coudre en surjet.

surjouer v.t. [conj. 6]. Interpréter un rôle, une œuvre avec outrance : *Les acteurs surjouent le bonheur.* ◆ v.i. En faire trop : *La ministre surjoue constamment.*

sur-le-champ adv. Sans délai ; aussitôt : *Elle m'a ordonné de partir sur-le-champ* (**SYN.** immédiatement).

surlendemain n.m. Jour qui suit le lendemain : *Nous sommes arrivés lundi, le surlendemain de samedi.*

surligner v.t. [conj. 3]. Recouvrir une partie d'un texte à l'aide d'un surligneur : *J'ai surligné les phrases intéressantes de cet article.*

surligneur n.m. Feutre dont l'encre transparente et lumineuse sert à mettre en valeur une partie d'un texte.

surlouer v.t. [conj. 6]. Prendre ou donner en location au-dessus de la valeur réelle.

surloyer n.m. Somme venant en plus du montant fixé par le contrat de location : *Ceux qui gagnent plus payent un surloyer de solidarité.*

surmédicaliser v.t. [conj. 3]. Faire un usage excessif des techniques médicales : *Ne pas surmédicaliser la grossesse.*

surmenage n.m. Fait de se surmener ; état de fatigue excessive qui en résulte : *Un surmenage dû à un excès de travail* (**SYN.** épuisement).

surmener v.t. [conj. 19]. Imposer à qqn, à son organisme un effort physique ou intellectuel excessif : *Ce professeur surmène ses étudiants* (**SYN.** épuiser, fatiguer). ◆ **se surmener** v.pr. Se fatiguer à l'excès : *Elle devrait prendre garde à ne pas se surmener ainsi* (**SYN.** s'épuiser, s'éreinter).

sur-mesure n.m. inv. Ce qui est fait sur mesure : *Les tarifs du sur-mesure sont supérieurs à ceux du prêt-à-porter.*

surmoi n.m. inv. (calque de l'all. *Über-Ich*). Selon Freud, élément du psychisme qui permet de contrôler le moi et de le censurer par des interdits.

surmontable adj. Que l'on peut surmonter : *Des problèmes surmontables* (**CONTR.** insurmontable).

surmonter v.t. [conj. 3]. **1.** Être placé au-dessus de qqch : *Une enseigne surmonte la porte du magasin.* **2.** Venir à bout de ; avoir le dessus sur : *Ils ont surmonté de nombreuses difficultés* (**SYN.** triompher de, vaincre). *Elle essaie de surmonter sa peur* (**SYN.** dominer, dompter, maîtriser).

surmontoir n.m. Élément de publicité placé au-dessus d'un produit pour le mettre en vedette.

surmortalité n.f. Excès d'un taux de mortalité par rapport à un autre pris comme terme de comparaison.

surmulot n.m. Gros rat, appelé aussi *rat d'égout.*

surmultiplié, e adj. et n.f. Se dit du dispositif d'une boîte de vitesses d'automobile où la vitesse de rotation de l'arbre de transmission est supérieure à celle de l'arbre moteur.

surnager v.i. [conj. 17]. **1.** Se maintenir à la surface d'un liquide : *Quelques bouts de bois surnageaient à la surface de l'eau* (**SYN.** flotter ; **CONTR.** couler). **2.** Subsister au milieu de choses qui tombent dans l'oubli : *De toute son œuvre, un seul film surnage* (**SYN.** se maintenir, survivre).

surnatalité n.f. Taux de natalité qui dépasse le taux d'accroissement des biens de consommation.

surnaturel, elle adj. **1.** Qui semble échapper aux lois de la nature, ne pas appartenir au monde naturel : *Il croit que certaines personnes ont des pouvoirs surnaturels* (**SYN.** magique, paranormal). **2.** Qui est accordé par la grâce de Dieu ; divin. **3.** *Litt.* Qui est trop extraordinaire pour être simplement naturel : *Sous la lune, le paysage avait une beauté surnaturelle* (**SYN.** fabuleux, féerique). ◆ **surnaturel** n.m. Domaine de ce qui est surnaturel, de ce qui ne relève pas de l'ordre naturel des choses : *Croire au surnaturel* (**SYN.** merveilleux).

surnom n.m. Appellation ajoutée ou substituée au nom ou au prénom de qqn : *Comme il est chauve, ses collègues lui ont donné le surnom de « Boule de billard »* (**SYN.** sobriquet).

surnombre n.m. Nombre supérieur au nombre prévu et permis : *Il y a un surnombre de réservations pour ce voyage* (**SYN.** excédent). ▸ ***En surnombre,*** en excédent ; en trop : *Des passagers étaient en surnombre sur le ferry.*

surnommer v.t. [conj. 3]. Donner un surnom à qqn : *On surnommait Louis XIII « le Juste ».*

surnuméraire adj. et n. Qui est en surnombre : *Un chromosome surnuméraire. Des employés surnuméraires.*

suroffre n.f. En économie, offre plus avantageuse qu'une offre déjà faite ; offre dépassant les capacités de la demande.

suroît [syrwa] n.m. (forme normande de *sud-ouest*). **1.** Vent soufflant du sud-ouest (par opp. à noroît). **2.** Chapeau de marin imperméable qui se prolonge bas sur la nuque.

surpaie [syrpɛ] n.f. → **surpaye.**

surpassement n.m. Action de surpasser, de se surpasser : *Être animé par un esprit de surpassement* (**SYN.** dépassement).

surpasser v.t. [conj. 3]. **1.** Faire mieux que : *Il a surpassé tous ses adversaires* (**SYN.** devancer, distancer, surclasser). **2.** *Litt.* Excéder les forces, les ressources de : *Cela surpasse mes compétences* (**SYN.** dépasser, excéder). ◆ **se surpasser** v.pr. Faire encore mieux qu'à l'ordinaire : *Pour son dernier roman, elle s'est surpassée* (**SYN.** se dépasser).

surpaye [syrpɛj] ou **surpaie** [syrpɛ] n.f. Action de surpayer.

surpayer [syrpeje] v.t. [conj. 11]. Payer au-delà de ce qui est habituel, en plus ; acheter trop cher : *Cette entreprise surpaie ses employés* (**CONTR.** sous-payer). *Surpayer un terrain.*

surpeuplé, e adj. Peuplé à l'excès : *Une ville surpeuplée* (**CONTR.** sous-peuplé). *Des prisons surpeuplées* (**CONTR.** 1. vide).

surpeuplement n.m. État d'un pays, d'une ville surpeuplés (**SYN.** surpopulation ; **CONTR.** sous-peuplement).

surpiquer v.t. [conj. 3]. Faire une surpiqûre à un vêtement : *Surpiquer un jean.*

surpiqûre n.f. Piqûre apparente faite sur un vêtement dans un but décoratif.

surplace n.m. ▸ ***Faire du surplace,*** dans une épreuve de vitesse cycliste, se tenir en équilibre, sans avancer ni reculer ; ne pas avancer : *Une voiture qui fait du surplace dans un embouteillage* ; fig., ne pas évoluer : *Les pourparlers de paix font du surplace.*

surplis [syrpli] n.m. (lat. médiév. *superpellicium,* qui est sur la pelisse, de *pellis,* peau). Vêtement liturgique de toile blanche, qui se porte sur la soutane.

surplomb [syrplɔ̃] n.m. État de ce qui est en saillie au-dessus du vide : *L'escalade est difficile en raison des surplombs.* ▸ ***En surplomb,*** en avant de l'aplomb : *Une terrasse en surplomb.*

surplombement n.m. Fait de surplomber.

surplomber v.t. [conj. 3]. Faire saillie au-dessus de qqch : *La falaise surplombe la mer* (**SYN.** dominer).

surplus [syrply] n.m. **1.** Ce qui est en plus : *Le surplus de marchandises sera soldé* (**SYN.** excédent). **2.** Magasin qui vendait des surplus militaires (équipements, vêtements) et qui, aujourd'hui, vend des vêtements d'importation américaine. ▸ ***Au surplus,*** en outre ; d'ailleurs : *La rénovation de ce bâtiment est coûteuse, au surplus, elle est inutile.*

surpoids n.m. Poids excessif ; surcharge pondérale.

surpopulation n.f. Surpeuplement.

surprenant, e adj. Qui cause de la surprise ; étonnant : *Ils ont fait une rencontre surprenante* (**SYN.** déconcertant ; **CONTR.** habituel). *C'est une femme surprenante* (**SYN.** curieux, singulier ; **CONTR.** ordinaire). *Sa santé s'est améliorée de façon surprenante* (**SYN.** remarquable, stupéfiant).

surprendre v.t. [conj. 79]. **1.** Prendre sur le fait : *Je l'ai surpris à fouiller dans mon sac.* **2.** Prendre à l'improviste, au dépourvu, par surprise : *Ils m'ont surpris au saut du lit.* **3.** Causer un grand étonnement : *Sa décision m'a surpris* (**SYN.** déconcerter, étonner, stupéfier). *J'ai été surpris de son retard. Il est surpris qu'elle ait refusé. Nous sommes surpris de vous voir ici.* **4.** Être le témoin involontaire de : *J'ai surpris leur conversation.* **5.** *Litt.* Tromper ; abuser : *Surprendre la confiance de qqn.* ▸ ***Surprendre un secret,*** le découvrir.

surprime n.f. Prime supplémentaire demandée par un assureur pour couvrir un risque exceptionnel.

surprise n.f. (du p. passé de *surprendre*). **1.** État de qqn qui est frappé par qqch d'inattendu : *L'annonce de sa démission a causé une grande surprise* (**SYN.** étonnement, stupéfaction, stupeur). **2.** Événement inattendu ; coup de théâtre : *Tout s'est déroulé sans surprise* (= comme prévu). **3.** Cadeau ou plaisir inattendu fait à qqn : *J'ai une surprise pour toi !* **4.** (Employé en appos., avec ou sans trait d'union). Se dit d'une chose inattendue et soudaine : *Un cadeau surprise. Une visite-surprise.* ▸ ***Par surprise,*** à l'improviste ; en prenant au dépourvu : *Attaquer l'ennemi par surprise.*

surprise-partie n.f. (angl. *surprise party*) [pl. *surprises-parties*]. *Vieilli* Réunion de jeunes gens où l'on danse.

surproduction n.f. Production excessive d'un produit par rapport aux besoins (**CONTR.** sous-production).

surproduire v.t. [conj. 98]. Produire en excès, au-delà de la demande.

surprotection n.f. Action de surprotéger qqn.

surprotéger v.t. [conj. 22]. Protéger qqn à l'excès : *Des parents qui surprotègent leur enfant.*

surréalisme n.m. Mouvement littéraire et artistique né en France au lendemain de la Première Guerre mondiale, qui se dresse contre toutes les conventions morales, sociales et qui leur oppose les valeurs du rêve, du désir et de la révolte.

surréaliste adj. et n. Qui appartient au surréalisme : *Dali était un peintre surréaliste.* ◆ adj. Qui, par son étrangeté, évoque les œuvres surréalistes ; bizarre : *Sa veste à quatre manches est complètement surréaliste.*

surrénal, e, aux adj. et n.f. Se dit d'une glande endocrine paire située au-dessus du rein.

surréservation n.f. Fait, pour une agence de voyages, d'accepter plusieurs réservations pour une même place (moyens de transport, séjour hôtelier).

sursaturation n.f. Action, fait de sursaturer.

sursaturer v.t. [conj. 3]. Rassasier jusqu'au dégoût : *Nous sommes sursaturés de films violents.*

sursaut n.m. **1.** Mouvement brusque, occasionné par une émotion subite ou violente : *Il eut un sursaut de peur* (**SYN.** soubresaut, tressaillement). **2.** Reprise de vitalité, d'énergie : *Nous avons assisté à un sursaut de dynamisme sur les marchés boursiers* (**SYN.** regain). ▸ ***En sursaut,*** brusquement : *Il m'a réveillé en sursaut.*

sursauter v.i. [conj. 3]. Avoir un sursaut, sous l'effet d'une émotion : *La sonnerie de la porte d'entrée la fit sursauter* (**SYN.** tressaillir).

surseoir [syrswar] v.t. ind. [conj. 66]. **[à].** Dans le langage juridique, remettre à plus tard ; différer : *Surseoir à des poursuites.*

sursis [syrsi] n.m. (du p. passé de *surseoir*). **1.** Remise de qqch à une date ultérieure ; délai pendant lequel l'exécution d'une décision est suspendue : *Avoir un sursis pour trouver un acquéreur.* **2.** Dispense d'exécution de tout ou partie d'une peine : *Il a été condamné à un an de prison avec sursis.* ▸ ***En sursis,*** qui bénéficie d'un répit avant qqch d'inéluctable.

sursitaire n. Personne qui bénéficie d'un sursis.

surtaxe n.f. Taxe supplémentaire ; majoration d'une taxe.

surtaxer v.t. [conj. 3]. Faire payer une surtaxe : *Surtaxer une lettre insuffisamment affranchie.*

surtension n.f. Tension électrique supérieure à la tension assignée.

surtitrage n.m. **1.** Action de surtitrer. **2.** Traduction simultanée des paroles d'un opéra, d'une pièce de théâtre apparaissant au-dessus de la scène.

surtitre n.m. Titre complémentaire placé au-dessus du titre principal d'un article de journal.

surtitrer v.t. [conj. 3]. **1.** Mettre un surtitre à un article. **2.** Afficher des surtitres à l'opéra, au théâtre.

① **surtout** adv. **1.** Principalement ; par-dessus tout : *Il aime surtout le cinéma français.* **2.** Sert à renforcer un conseil, un ordre : *Ne t'inquiète surtout pas pour nous !* ◆ **surtout que** loc. conj. *Fam.* D'autant plus que : *Cela ne sert à rien que tu viennes, surtout que je ne serai pas très disponible.*

② **surtout** n.m. **1.** *Anc.* Vêtement ample porté par-dessus les autres vêtements. **2.** Grande pièce de vaisselle ou d'orfèvrerie décorative.

surveillance n.f. **1.** Action de surveiller ; fait d'être surveillé : *La surveillance des travaux* (**SYN.** contrôle, inspection). *Déjouer la surveillance de ses gardiens* (**SYN.** vigilance). **2.** Contrôle suivi auquel on est soumis ; observation : *Un malade en surveillance à l'hôpital.* ▸ ***Sous la surveillance de,*** surveillé par : *Être sous la surveillance de la police.*

surveillant, e n. **1.** Personne chargée de surveiller : *Un surveillant de prison* (**SYN.** gardien). *La surveillante d'une salle d'hôpital* (**SYN.** 3. garde). **2.** Personne chargée de la discipline dans un établissement d'enseignement : *Un surveillant d'internat.*

surveiller v.t. [conj. 4]. **1.** Observer attentivement pour contrôler : *Depuis cet incident, le ministre a appris à surveiller ses paroles* (**SYN.** modérer, peser). *Surveiller son poids.* **2.** Être attentif à ; prendre soin de : *Peux-tu surveiller mon sac une minute, s'il te plaît ?* (**SYN.** garder).

survendre v.t. [conj. 73]. Vendre au-dessus du prix normal.

survenir v.i. [conj. 40]. (Auxil. *être*). Arriver inopinément ou accidentellement : *Si jamais le chef survenait, donnez un petit coup sur la cloison* (**SYN.** surgir). *Des problèmes sont survenus* (**SYN.** apparaître, se produire).

survenue n.f. *Sout.* Arrivée soudaine et inopinée.

survêtement n.m. Vêtement chaud et souple, composé d'un pantalon et d'un blouson, que les sportifs mettent par-dessus leur tenue (abrév. fam. survêt [syr↓vɛt]) ; jogging.

survie n.f. **1.** Fait de survivre ; rémission : *Quelles sont les chances de survie de ce blessé ?* **2.** Prolongement de l'existence au-delà de la mort ; vie future. **3.** Prolongation d'une activité : *La survie d'une entreprise.*

survirage n.m. Fait de survirer.

survirer v.i. [conj. 3]. En parlant du train arrière d'un véhicule automobile, avoir tendance à déraper vers l'extérieur dans un virage.

survitrage n.m. Vitrage supplémentaire qui se pose sur le châssis d'une fenêtre pour une meilleure isolation.

survivance n.f. Ce qui subsiste d'un ancien état, d'une chose disparue : *Ces rites sont des survivances du passé.*

survivant, e adj. et n. **1.** Qui survit à qqn : *Le conjoint survivant.* **2.** Qui est resté en vie après un événement ayant fait des victimes : *Les survivants d'un incendie* (**SYN.** rescapé). **3.** (Souvent péjor.). Qui a vécu à une époque considérée comme révolue et reste attaché à ses habitudes d'alors : *Un survivant de l'époque hippie.*

survivre v.t. ind. [conj. 90]. **[à]. 1.** Demeurer en vie après la mort d'une autre personne : *Il a survécu dix ans à son épouse.* **2.** Échapper à la mort : *Il a survécu à ce naufrage* (**SYN.** réchapper). **3.** Vivre encore après un événement : *Cette entreprise n'a pas survécu à son rachat.* **4.** (Sans compl.). En parlant de qqn, continuer à vivre ; en parlant de qqch, être une survivance du passé : *Ils ont réussi à survivre jusqu'à l'arrivée des secours. Cette tradition survit dans le Nord.* ◆ **se survivre** v.pr. Laisser après soi qqch qui perpétue le souvenir de ce qu'on a été : *Se survivre dans son œuvre.*

survol n.m. **1.** Action de survoler : *Le survol d'une région.* **2.** *Fig.* Examen rapide et superficiel : *Le survol d'un dossier, d'une question.*

survoler v.t. [conj. 3]. **1.** Voler au-dessus de : *Nous survolons actuellement la Sardaigne.* **2.** *Fig.* Lire, examiner très rapidement, de manière superficielle : *Survoler un rapport* (= le lire en diagonale).

survoltage n.m. **1.** (Employé abusivement). Surtension. **2.** *Fig.* Fait d'être survolté.

survolté, e adj. **1.** Soumis à une tension électrique supérieure à la valeur assignée. **2.** *Fig.* Très excité : *Une foule survoltée* (**SYN.** exalté, surexcité ; **CONTR.** paisible, serein).

survolter v.t. [conj. 3]. **1.** Soumettre à une tension électrique supérieure à la tension assignée. **2.** *Fig.* Mettre au paroxysme de l'excitation ; galvaniser : *Une chanson qui a survolté le public* (**SYN.** exalter, surexciter ; **CONTR.** calmer).

sus [sys ou sy] adv. (du lat. *sursum*, en haut). ▸ *Litt.* ***Courir sus à qqn,*** le poursuivre avec des intentions hostiles. *Vieilli* ***En sus, en sus de,*** en plus, en plus de : *Toucher une prime en sus de son salaire.* *Litt.* ***Sus à...,*** appel à poursuivre qqn, à l'attaquer : *Sus à l'ennemi !*

susceptibilité n.f. Disposition à se vexer trop facilement : *Sa susceptibilité m'oblige à mesurer mes paroles.*

susceptible adj. (bas lat. *susceptibilis*, de *suscipere*, soulever, de *capere*, prendre). **1.** Qui se vexe, s'offense facilement : *Surveille tes propos, elle est susceptible* (**SYN.** chatouilleux, ombrageux). **2.** Qui est en mesure d'acquérir certaines qualités, de subir certaines modifications : *Ce candidat est susceptible de remporter le concours* (**SYN.** apte à). *Un texte susceptible de plusieurs interprétations* (**SYN.** sujet à). *Cette porcelaine est susceptible de l'intéresser* (**SYN.** propre à).

susciter v.t. (du lat. *suscitare*, exciter) [conj. 3]. Faire naître ; provoquer l'apparition de : *Cette tempête a suscité de nombreux dégâts* (**SYN.** 1. causer, occasionner). *Cette remarque a suscité notre curiosité* (**SYN.** éveiller, exciter).

suscription n.f. (du bas lat. *superscriptio*, inscription sur, du lat. class. *scribere*, écrire). Inscription de l'adresse sur l'enveloppe qui contient une lettre.

sus-dénommé, e [sysdenɔme] adj. et n. (pl. *sus-dénommés, es*). Qui a été nommé précédemment ou plus haut dans le texte (**SYN.** susnommé).

susdit, e [sysdi, it] adj. et n. Qui a été nommé ci-dessus : *Les propriétaires susdits* (**SYN.** susmentionné).

sushi [suʃi] n.m. (mot jap.). Dans la cuisine japonaise, boulette de riz couronnée de lamelles de poisson cru et enroulée dans une feuille d'algue : *Commander des sushis.*

susmentionné, e [sysmɑ̃sjɔne] adj. Qui a été mentionné précédemment ou plus haut (**SYN.** susdit).

susnommé, e [sysnɔme] adj. et n. Qui a été nommé précédemment ou plus haut : *La coupable susnommée* (**SYN.** sus-dénommé).

suspect, e [syspɛ, ɛkt] adj. (lat. *suspectus*, de *suspicere*, regarder de bas en haut). **1.** Qui inspire de la méfiance, des soupçons : *Un colis suspect* (**SYN.** équivoque, 1. louche). **2.** Dont la qualité est douteuse : *Une viande suspecte.* ▸ ***Suspect de,*** qui est soupçonné de : *Il est suspect de partialité.* ◆ adj. et n. Que la police considère comme l'auteur possible d'une infraction : *L'inspecteur a interrogé les suspects.*

suspecter v.t. [conj. 4]. **1.** Tenir pour suspect : *La police le suspecte d'avoir commis ce vol* (**SYN.** soupçonner). **2.** Mettre en doute : *Elle suspecte la fidélité de son époux.* **3.** Présumer fortement : *Je suspecte qu'il y a un piège là-dessous* (**SYN.** deviner, pressentir).

suspendre v.t. (lat. *suspendere*, de *pendere*, peser) [conj. 73]. **1.** Fixer en haut et laisser pendre : *Suspendre sa veste à un portemanteau* (**SYN.** accrocher ; **CONTR.** décrocher, 1. dépendre). **2.** Interrompre pour quelque temps ; remettre à plus tard : *Suspendre la vente d'un produit* (**SYN.** cesser, stopper ; **CONTR.** continuer). *Le médiateur a suspendu sa décision* (**SYN.** différer, 1. repousser ; **CONTR.** anticiper, avancer). **3.** Interdire pour un temps : *Suspendre une émission* (**SYN.** supprimer). **4.** Retirer temporairement ses fonctions à qqn : *Suspendre un magistrat* (**SYN.** 2. démettre, destituer, révoquer).

suspendu, e adj. **1.** Maintenu par le haut, la partie basse restant libre : *Une lampe suspendue au plafond*

(**SYN.** pendu). *Un pont suspendu* (= qui est soutenu par des câbles ou des chaînes). **2.** Se dit de ce qui est placé à une certaine hauteur : *Les jardins suspendus de Babylone* (= en terrasse). **3.** Rattaché à ; dépendant de : *La réalisation de ce projet est suspendue à sa décision* (**SYN.** tributaire de). ▸ ***Être suspendu aux lèvres de qqn,*** écouter qqn avec une extrême attention. ***Véhicule bien, mal suspendu,*** dont la suspension amortit bien, mal les chocs dus aux inégalités de la route.

en **suspens** [syspɑ̃] loc. adv. et loc. adj. inv. (du lat. *suspensus,* suspendu). Dans un état d'inachèvement ; non terminé : *Ce problème est resté en suspens.*

suspense [syspɛns] n.m. (mot angl., du fr. *suspens*). Moment d'un film, d'une œuvre littéraire, provoquant l'attente angoissée de ce qui va se produire : *Hitchcock est le maître du suspense. Un roman à suspense* (= un thriller).

suspensif, ive adj. Qui suspend l'exécution d'un jugement, d'un contrat : *Une mesure suspensive.*

suspension n.f. **1.** Action de suspendre ; état de ce qui est suspendu : *Vérifier la suspension d'une cloche.* **2.** Cessation momentanée ; arrêt : *Une suspension de séance* (**SYN.** interruption). *La suspension des poursuites judiciaires* (**SYN.** abandon). **3.** Interdiction temporaire, par mesure disciplinaire, d'exercer une activité ou une profession. **4.** Luminaire suspendu au plafond (**SYN.** lustre). **5.** Ensemble des organes qui assurent la liaison entre un véhicule et ses roues, et servent à amortir les chocs dus aux inégalités de la route. **6.** État d'un solide en fines particules réparties dans la masse d'un fluide : *Des grains de poussière en suspension dans l'air.* ▸ ***Points de suspension,*** signe de ponctuation (...) servant à indiquer une interruption, une lacune, un passage omis délibérément.

suspensoir n.m. Bandage destiné à soutenir un organe, en partic. les bourses, en cas d'inflammation, de traumatisme.

suspente n.f. (altér. de *soupente,* avec l'infl. de *suspendre*). **1.** Chacun des câbles qui relient le harnais d'un parachute à la voilure. **2.** Chacune des cordes rattachant la nacelle au filet d'un ballon. **3.** Chacun des câbles qui relient les sièges d'un téléphérique au câble porteur. **4.** En Suisse, cordonnet cousu à un vêtement pour le suspendre.

suspicieux, euse adj. *Sout.* Empreint de suspicion : *Des regards suspicieux* (**SYN.** méfiant, soupçonneux ; **CONTR.** confiant).

suspicion n.f. (du lat. *suspicio,* soupçon). Fait de tenir pour suspect : *Éprouver de la suspicion à l'égard de qqn* (**SYN.** défiance, méfiance ; **CONTR.** confiance). *Une gestion financière frappée de suspicion* (**SYN.** soupçon).

sustentation n.f. État d'équilibre d'un aéronef. ▸ ***Plan de sustentation,*** aile d'un avion.

sustenter v.t. (du lat. *sustentare,* soutenir, alimenter) [conj. 3]. Nourrir, entretenir les forces de qqn par des aliments (**SYN.** alimenter). ◆ **se sustenter** v.pr. *Vieilli* Se nourrir.

susurrement [sysyrmɑ̃] n.m. *Litt.* Action de susurrer ; murmure.

susurrer [sysyre] v.i. et v.t. (du lat. *susurrare,* bourdonner) [conj. 3]. Murmurer doucement : *Il lui susurrait des mots d'amour* (**SYN.** chuchoter).

susvisé, e [sysvize] adj. Qui a été visé, indiqué ci-dessus : *L'arrêté du 17 décembre susvisé est modifié comme suit.*

sutra [sutra] ou **soutra** n.m. (mot sanskrit signif. « fil »). Chacun des textes qui, dans le brahmanisme et le bouddhisme, réunissent les règles du rituel, de la morale, de la vie quotidienne.

suture n.f. (lat. *sutura,* de *suere,* coudre). Opération chirurgicale consistant à rapprocher les bords d'une plaie par une couture ou par une agrafe : *Des points de suture.*

suturer v.t. [conj. 3]. En chirurgie, faire une suture.

suzerain, e n. et adj. (de *sus,* d'apr. *souverain*). Au Moyen Âge, seigneur dont dépendait un vassal. ◆ adj. Qui appartenait au suzerain : *La puissance suzeraine.*

suzeraineté n.f. **1.** Qualité, pouvoir de suzerain. **2.** Suprématie d'un État sur un autre.

svastika ou **swastika** [svastika] n.m. (mot sanskrit signif. « de bon augure »). Symbole religieux hindou en forme de croix aux branches coudées : *La croix gammée des nazis était un svastika aux branches coudées vers la droite.*

svelte adj. (de l'it. *svelto,* vif). D'une forme légère et élancée : *Un jeune homme svelte* (**SYN.** 1. mince ; **CONTR.** 1. gros). *Une taille svelte* (**SYN.** 2. fin ; **CONTR.** épais).

sveltesse n.f. *Litt.* Qualité de qqn qui est svelte : *La sveltesse d'un corps* (**SYN.** minceur).

S.V.P. [silvuplɛ ou ɛsvepe] (abrév.). S'il vous plaît.

swahili, e [swaili] ou **souahéli, e** adj. Qui se rapporte aux Swahili ; qui fait partie de ce peuple. ◆ **swahili** n.m. Langue bantoue parlée dans l'est de l'Afrique, et qui s'écrit au moyen de l'alphabet latin.

swastika [svastika] n.m. → **svastika.**

sweater [switœr ou swɛtœr] n.m. (mot angl., de *to sweat,* suer). Gilet en maille tricotée, à manches longues.

sweat-shirt [switʃœrt ou swɛtʃœrt] n.m. (mots angl., de *to sweat,* suer, et *shirt,* chemise) [pl. *sweat-shirts*]. Pull-over en coton molletonné, ras du cou.

swing [swiŋ] n.m. (mot angl., de *to swing,* se balancer). **1.** Balancement rythmique vivant et souple, caractéristique de la musique de jazz. **2.** En boxe, coup porté latéralement en balançant le bras. **3.** Au golf, mouvement du joueur pour frapper sa balle.

swinguer [swiŋge] v.i. [conj. 3]. Chanter ou jouer avec swing ; avoir le swing : *Ça swingue !*

sybarite n. et adj. (de *Sybarite,* nom d'une ville grecque de l'Italie). *Litt.* Personne qui mène une vie facile et voluptueuse.

sycomore n.m. (lat. *sycomorus,* du gr. *sukon,* figue, et *moron,* mûre). Érable d'une variété appelée aussi *faux platane.*

sycophante n.m. (lat. *sycophanta,* du gr. *sukophantês,* celui qui dénonce les voleurs de figues). **1.** Dans l'Antiquité grecque, personne qui dénonçait les atteintes au bien public. **2.** *Litt.* Calomniateur ; délateur.

syllabaire n.m. **1.** Livre pour apprendre à lire aux enfants, où les mots sont décomposés en syllabes. **2.** Système d'écriture dans lequel chaque signe représente une syllabe.

syllabation n.f. Décomposition des mots en syllabes.

syllabe n.f. (lat. *syllaba,* du gr. *sullabê,* réunion). Unité phonétique se composant d'une voyelle seule, ou accompagnée de une ou plusieurs consonnes et qui se prononce d'une seule émission de voix : *Le verbe « agiter » a trois syllabes.*

syllabique adj. Relatif aux syllabes. ▸ ***Écriture syllabique,*** écriture où chaque syllabe est représentée par un seul caractère.

syllabus [silabys] n.m. (mot lat. signif. « sommaire »). En Belgique, texte photocopié ou imprimé reprenant l'essentiel d'un cours d'université.

syllepse n.f. (du gr. *sullêpsis,* compréhension). Accord des mots dans la phrase selon le sens, et non selon les règles grammaticales : *La phrase « Une personne me disait qu'un jour il avait eu une grande joie » comporte une syllepse.*

syllogisme n.m. (gr. *sullogismos,* de *sun,* avec, et *logos,* discours). Raisonnement qui contient deux prémisses (la majeure, la mineure), et une conclusion : « *Tous les hommes sont mortels* [majeure] ; *or Socrate est un homme* [mineure] ; *donc Socrate est mortel* [conclusion] » est un syllogisme.

syllogistique n.f. Science des syllogismes. ◆ adj. Qui appartient au syllogisme : *Un raisonnement syllogistique.*

sylphe n.m. (du lat. *sylphus,* génie). Génie de l'air des mythologies celte et germanique.

sylphide n.f. **1.** Sylphe femelle. **2.** *Litt.* Femme mince, gracieuse et légère.

sylve n.f. (du lat. *silva,* forêt). Forêt tropicale dense et humide : *La sylve amazonienne.*

sylvestre adj. (du lat. *silva,* forêt). *Sout.* Relatif aux forêts ; forestier.

sylvicole adj. Relatif à la sylviculture ; forestier : *Développer l'industrie sylvicole.*

sylviculteur, trice n. Personne qui pratique la sylviculture ; forestier.

sylviculture n.f. Entretien et exploitation des forêts.

symbiose n.f. (gr. *sumbiôsis,* de *sun,* avec, et *bios,* vie). **1.** En biologie, association étroite de deux ou de plusieurs organismes différents, mutuellement bénéfique, voire indispensable à leur survie ; mutualisme. **2.** *Fig.* Union étroite entre des personnes, des choses : *Un petit enfant qui vit en symbiose avec sa mère.*

symbiote n.m. En biologie, chacun des êtres associés en symbiose.

symbiotique adj. En biologie, relatif à la symbiose.

symbole n.m. (lat. *symbolum,* du gr. *sumbolon,* signe). **1.** Signe figuratif, être animé ou chose, qui représente quelque chose d'abstrait, qui en est l'image ; personnification : *La colombe est le symbole de la paix* (**SYN.** emblème). **2.** Tout signe conventionnel abréviatif ; pictogramme : *Les panneaux du Code de la route utilisent des symboles.* **3.** Lettre ou groupe de lettres servant à désigner un élément chimique : *« O » est le symbole chimique de l'oxygène.* **4.** Signe graphique figurant un objet mathématique ou une opération logique : *« ÷ » est le symbole mathématique de la division.*

symbolique adj. **1.** Qui a le caractère d'un symbole ; qui recourt à des symboles : *Le drapeau est la figure symbolique de la patrie* (**SYN.** allégorique, emblématique). *Une écriture symbolique.* **2.** Qui n'a pas de valeur en soi, mais qui est significatif d'une intention : *Le franc symbolique* (= somme minime par laquelle un tribunal reconnaissait le bien-fondé de la demande d'un plaignant ou par laquelle l'acquéreur d'un bien indiquait qu'il jugeait nulle la valeur de ce bien, aujourd'hui remplacé par *l'euro symbolique*). ◆ n.m. Ce qui est symbolique : *Le symbolique et le sacré.* ◆ n.f. **1.** Ensemble des symboles propres à un domaine, à une période : *La symbolique médiévale.* **2.** Interprétation, explication des symboles.

symboliquement adv. De façon symbolique : *Les O.N.G. ont quitté symboliquement le sommet mondial.*

symbolisation n.f. Action, fait de symboliser : *La symbolisation de la justice* (**SYN.** représentation).

symboliser v.t. [conj. 3]. Exprimer par un symbole ; être le symbole de : *On symbolise la victoire par la palme et le laurier* (**SYN.** représenter). *La balance symbolise la justice* (**SYN.** figurer).

symbolisme n.m. **1.** Système de symboles destinés à interpréter des faits ou à exprimer des croyances : *Le symbolisme religieux.* **2.** Mouvement littéraire et pictural né à la fin du XIXe siècle, et faisant appel au symbole.

symboliste adj. et n. Qui appartient au symbolisme littéraire et pictural ; qui s'y rattache : *Un poète symboliste.*

symétrie n.f. (lat. *symmetria,* du gr. *sun,* avec, et *metron,* mesure). **1.** Correspondance de position de deux ou de plusieurs éléments par rapport à un point, à un plan médian ; aspect harmonieux qui en résulte ; équilibre : *Accrocher des tableaux sur un mur avec une parfaite symétrie. Un visage qui manque de symétrie.* **2.** En géométrie, correspondance point par point de deux figures entre elles ou d'une seule figure avec elle-même de part et d'autre d'un point, d'un axe ou d'un plan.

symétrique adj. **1.** Qui a de la symétrie, de la régularité : *Une façade symétrique* (**SYN.** harmonieux ; **CONTR.** asymétrique, dissymétrique). *Des strophes symétriques* (**SYN.** équilibré, régulier ; **CONTR.** irrégulier). **2.** Se dit de deux choses semblables et opposées : *Les ailes du papillon sont symétriques.* **3.** En géométrie, se dit de deux points ou de deux figures images l'un de l'autre par une symétrie.

symétriquement adv. Avec symétrie : *Deux vases disposés symétriquement.*

sympathie n.f. (lat. *sympathia,* du gr. *sun,* avec, et *pathein,* ressentir). **1.** Penchant naturel, spontané qui porte deux personnes l'une vers l'autre ; affinité : *Je ressens une vive sympathie pour elle* (**SYN.** attirance, inclination ; **CONTR.** animosité, antipathie). **2.** Participation à la joie ou à la douleur d'autrui : *J'ai reçu de nombreux témoignages de sympathie* (**SYN.** compassion, compréhension ; **CONTR.** indifférence).

① **sympathique** adj. Qui inspire de la sympathie ; agréable (abrév. fam. sympa) : *Je trouve notre voisine très sympathique* (**SYN.** aimable, gentil ; **CONTR.** antipathique, désagréable). *Une soirée sympathique* (**SYN.** chaleureux, plaisant ; **CONTR.** déplaisant, exécrable).

② **sympathique** adj. et n.m. Se dit de l'un des deux systèmes nerveux végétatifs (l'autre étant le système *parasympathique*), dont le rôle est de préparer l'organisme à l'activité.

sympathiquement adv. Avec sympathie.

sympathisant, e adj. et n. Qui approuve les idées d'un parti mais sans en être membre.

sympathiser v.i. [conj. 3]. **[avec].** Avoir de la sympathie pour qqn ; s'entendre avec lui : *Sympathiser avec un collègue. Nous avons vite sympathisé.*

symphonie n.f. (lat. *symphonia,* du gr. *sun,* avec, et *phônê,* son). **1.** Grande composition musicale pour orchestre : *Les symphonies de Beethoven, de Chostakovitch.* **2.** *Fig.* Ensemble de choses qui vont parfaitement ensemble : *Une symphonie de couleurs* (**SYN.** harmonie).

symphonique adj. Relatif à la symphonie : *Un orchestre symphonique* (**SYN.** philharmonique).

symphoniste n. Personne qui compose ou exécute des symphonies.

symphyse n.f. (du gr. *sumphusis,* union naturelle). Articulation fixe ou peu mobile, où les os sont reliés par du cartilage : *La symphyse pubienne.*

symposium [sɛ̃pozjɔm] n.m. (mot lat., du gr. *symposion,* banquet, par allusion au *Banquet* de Platon). Réunion ou congrès de spécialistes, sur un thème scientifique particulier : *Il a participé à plusieurs symposiums cette année* (**SYN.** colloque, séminaire).

symptomatique adj. **1.** Qui est le symptôme d'une maladie : *Des maux de tête symptomatiques du stress.* **2.** *Fig.* Qui révèle un certain état de choses : *Un incident symptomatique de la tension actuelle* (**SYN.** caractéristique, significatif).

symptomatologie n.f. Étude des symptômes des maladies.

symptôme n.m. (du gr. *sumptôma,* coïncidence). **1.** Phénomène lié à un trouble fonctionnel ou à une lésion et qui révèle une maladie : *Il a tous les symptômes de la grippe* (= le syndrome). **2.** Ce qui permet de deviner qqch à venir ; présage : *Les symptômes d'un conflit international* (**SYN.** prodrome [litt.]).

synagogue n.f. (du gr. *sunagôgê,* réunion). Édifice où est célébré le culte israélite.

synapse n.f. (du gr. *sun,* avec, et *aptein,* joindre). Région de contact entre deux neurones, assurant la transmission des messages de l'un à l'autre.

synaptique adj. Relatif aux synapses.

synchrone [sɛ̃kron] adj. (gr. *sunkhronos,* de *sun,* avec, et *khronos,* temps). Se dit des mouvements qui se font dans un même temps ; simultané : *Les gestes des danseurs sont synchrones* (**CONTR.** asynchrone).

synchronie [sɛ̃krɔni] n.f. **1.** Caractère des phénomènes linguistiques étudiés à un moment déterminé, indépendamment de leur évolution (par opp. à diachronie). **2.** Simultanéité d'événements, de faits.

synchronique [sɛ̃krɔnik] adj. **1.** Qui se passe dans le même temps ; synchrone. **2.** Qui représente ou étudie des faits arrivés en même temps en différents lieux : *Un tableau synchronique de l'histoire du XXe siècle.* **3.** Relatif à la synchronie en linguistique (par opp. à diachronique).

synchroniquement [sɛ̃krɔnikmɑ̃] adv. De manière synchronique ; dans le même temps : *Des balanciers qui oscillent synchroniquement.*

synchronisation [sɛ̃krɔnizasjɔ̃] n.f. **1.** Action de synchroniser ; fait d'être synchronisé. **2.** Mise en concordance des images et des sons dans un film.

synchroniser [sɛ̃krɔnize] v.t. [conj. 3]. **1.** Rendre synchrone : *Des patineurs qui synchronisent leurs mouvements* (**SYN.** coordonner). **2.** Assurer la synchronisation des images et des sons d'un film.

synchronisme [sɛ̃krɔnism] n.m. **1.** État de ce qui est synchrone : *Ils se levèrent avec un synchronisme parfait* (**SYN.** concordance). **2.** Coïncidence de date ; simultanéité de plusieurs événements : *Le synchronisme des effondrements boursiers* (**SYN.** concomitance).

synchrotron [sɛ̃krɔtrɔ̃] n.m. Accélérateur de particules.

synclinal, e, aux adj. et n.m. (angl. *synclinal,* du gr. *sun,* ensemble, et *klinein,* incliner). Se dit de la partie creuse d'un pli de terrain (par opp. à anticlinal).

syncopal, e, aux adj. En médecine, relatif à la syncope ; qui provoque une syncope : *Des douleurs syncopales.*

syncope n.f. (gr. *sunkopê,* de *koptein,* briser). **1.** Perte de connaissance brutale et de brève durée, due à la diminution momentanée du débit sanguin cérébral : *Il a eu une syncope* (**SYN.** défaillance, évanouissement, malaise). **2.** En musique, prolongation sur un temps fort d'un élément d'un temps faible. **3.** Retranchement d'une lettre ou d'une syllabe à l'intérieur d'un mot : *Le latin « eremitum » a donné le français « ermite » par syncope.*

syncopé, e adj. Se dit d'un rythme musical qui comporte des syncopes.

syncrétique adj. Relatif au syncrétisme.

syncrétisme n.m. (du gr. *sugkrêtismos,* union des Crétois). Système philosophique ou religieux qui tend à faire fusionner plusieurs doctrines différentes.

syncrétiste adj. et n. Relatif au syncrétisme ; qui en est partisan.

syndic [sɛ̃dik] n.m. (du gr. *sundikos,* qui assiste qqn en justice). **1.** Personne mandatée par les copropriétaires d'un immeuble pour administrer l'immeuble. **2.** En Suisse, titre porté par le président d'une commune, dans les cantons de Vaud et de Fribourg.

syndical, e, aux adj. **1.** Relatif à un syndicat : *Une représentante syndicale.* **2.** Relatif au syndicalisme : *Des réunions syndicales.*

syndicalisation n.f. Action de syndicaliser ; fait d'adhérer à un syndicat.

syndicaliser v.t. [conj. 3]. Faire entrer dans une organisation syndicale : *Syndicaliser les employés.*

syndicalisme n.m. **1.** Activité exercée dans un syndicat. **2.** Ensemble des syndicats, de leur action, de leur histoire : *La diversité du syndicalisme français.*

syndicaliste adj. Relatif au syndicalisme, aux syndicats : *Un dirigeant syndicaliste* (**SYN.** syndical). ◆ n. Personne qui milite dans un syndicat.

syndicat n.m. (de *syndic*). **1.** Groupement de personnes constitué pour la défense de leurs intérêts professionnels communs : *Un syndicat ouvrier, patronal.* **2.** Organisme gérant des intérêts communs : *Un syndicat de copropriétaires.* ▸ ***Syndicat d'initiative,*** organisme dont le but est de favoriser le tourisme dans une localité ou une région : *Les syndicats d'initiative fournissent des cartes et des plans.*

syndicataire n. et adj. Personne qui fait partie d'un syndicat de copropriétaires.

syndication n.f. Regroupement temporaire de banques pour la réalisation d'une opération financière d'un montant très élevé.

syndiqué, e n. et adj. Membre d'un syndicat : *Des fonctionnaires syndiqués.*

syndiquer v.t. [conj. 3]. Organiser en syndicat : *Syndiquer une profession.* ◆ **se syndiquer** v.pr. S'affilier, adhérer à un syndicat.

syndrome n.m. (du gr. *sundromê*, concours). **1.** Ensemble de signes, de symptômes qui caractérisent une maladie : *Le syndrome de la grippe.* **2.** *Fig.* Ensemble de comportements particuliers à un groupe humain ayant subi ou subissant une même situation traumatisante ; ensemble d'indices signalant une situation préoccupante : *Le syndrome abandonnique. Le syndrome de la violence enfantine.*

synecdoque n.f. (du gr. *sunekdokhê*, compréhension simultanée). Figure de style qui consiste à prendre la partie pour le tout (*une voile* pour *un navire*), le tout pour la partie (*acheter un vison*), le genre pour l'espèce, l'espèce pour le genre.

synérèse n.f. (du gr. *sunairesis*, rapprochement). En phonétique, fusion de deux voyelles contiguës en une seule syllabe (par opp. à diérèse) : *Quand « hier »* [ijɛr] *est prononcé* [jɛr], *il s'agit d'une synérèse.*

synergie n.f. (du gr. *sunergia*, coopération). Mise en commun de plusieurs actions concourant à un effet unique avec une économie de moyens : *Faire jouer les synergies entre deux entreprises.*

synergique adj. Relatif à la synergie ; qui résulte d'une synergie.

synodal, e, aux adj. Relatif à un synode : *Une assemblée synodale.*

synode n.m. (lat. *synodus*, du gr. *sunodos*, réunion). **1.** Assemblée d'ecclésiastiques ou d'évêques, convoquée par un évêque ou par le pape : *Un synode épiscopal.* **2.** Dans l'Église réformée, assemblée des délégués (pasteurs et laïcs) des conseils paroissiaux ou régionaux.

synonyme adj. (bas lat. *synonymus*, du gr. *sun*, avec, et *onoma*, nom). Se dit de deux ou plusieurs mots ou expressions qui ont un sens analogue ou très voisin : *Les adjectifs « bête », « idiot » et « stupide » sont synonymes.* ◆ n.m. Mot, expression synonyme : *Les verbes « briser » et « casser » sont des synonymes* (CONTR. antonyme).

synonymie n.f. Relation entre des termes synonymes (CONTR. antonymie).

synonymique adj. Qui concerne la synonymie : *Une relation synonymique* (CONTR. antonymique).

synopsis [sinɔpsis] n.m. (du gr. *sunopsis*, vue d'ensemble). Bref exposé écrit constituant l'ébauche du scénario d'un film.

synoptique adj. Qui offre une vue d'ensemble : *Un tableau synoptique des genres du règne végétal* (= qui permet de le voir dans sa totalité d'un seul coup d'œil).

synovial, e, aux adj. Qui renferme la synovie : *La gaine, la membrane synoviale.*

synovie n.f. (lat. scientif. *synovia*). Liquide organique qui facilite le jeu des articulations.

synovite n.f. Inflammation d'une membrane synoviale.

syntacticien, enne n. Linguiste spécialisé dans l'étude de la syntaxe.

syntagmatique adj. Relatif à un syntagme.

syntagme n.m. (du gr. *suntagma*, constitution). En linguistique, groupe d'éléments constituant une unité dans l'organisation d'une phrase : *Dans « le chat des voisins miaule », on trouve un syntagme nominal, « le chat des voisins », et un syntagme verbal, « miaule ».*

syntaxe n.f. (bas lat. *syntaxis*, du gr. *suntaksis*, ordre, arrangement). **1.** Partie de la grammaire qui décrit les règles par lesquelles les syntagmes se combinent en phrases ; ensemble de ces règles, caractéristiques de telle ou telle langue. **2.** Ensemble des règles d'écriture d'un programme informatique permises dans un langage de programmation et formant la grammaire de ce langage : *La syntaxe HTML.*

syntaxique adj. **1.** Relatif à la syntaxe des phrases. **2.** Qui se rapporte à l'aspect formel d'un langage, d'un système (par opp. à sémantique).

synthé n.m. (abrév.). *Fam.* Synthétiseur.

synthèse n.f. (du gr. *sunthesis*, réunion). **1.** Opération intellectuelle par laquelle on construit un système, on établit des lois générales en partant de l'étude des faits établis : *La synthèse est l'opération inverse de l'analyse.* **2.** Exposé présentant une vue d'ensemble d'un domaine de connaissance : *Rédiger une synthèse sur l'histoire de l'enseignement en France.* **3.** En philosophie, troisième terme d'une contradiction de type dialectique : *La thèse, l'antithèse et la synthèse.* **4.** En chimie, préparation d'un corps composé à partir de matières premières plus simples : *La synthèse de la chlorophylle. Des hormones de synthèse* (= artificiel ; CONTR. naturel). ▸ ***Images, sons de synthèse,*** images, sons artificiels produits par des moyens optiques, électroniques ou informatiques.

synthétique adj. (gr. *sunthetikos*). **1.** Qui se rapporte à une synthèse, procède par voie de synthèse : *Un raisonnement synthétique* (CONTR. analytique). **2.** Qui présente une synthèse, une vue d'ensemble : *Un exposé synthétique.* **3.** En chimie, obtenu par synthèse : *Du caoutchouc synthétique* (SYN. artificiel). *Des fibres synthétiques* (CONTR. naturel). ◆ n.m. Textile synthétique.

synthétiquement adv. D'une manière synthétique ; par synthèse.

synthétisable adj. Qui peut être synthétisé : *Une molécule synthétisable.*

synthétiser v.t. [conj. 3]. **1.** Réunir par synthèse ; présenter sous forme synthétique : *Un tableau qui synthétise des informations.* **2.** Obtenir par synthèse chimique : *Synthétiser un principe médicamenteux* (SYN. élaborer).

synthétiseur n.m. Appareil électronique réalisant des sons de synthèse (abrév. fam. synthé).

syntoniseur n.m. Mot qu'il est recommandé d'employer à la place de *tuner.*

syphilis [sifilis] n.f. (mot lat. scientif.). Maladie

infectieuse, sexuellement transmissible, due à un tréponème.

syphilitique adj. Relatif à la syphilis. ◆ adj. et n. Qui est atteint de syphilis.

syriaque n.m. (du lat. *syriacus*, de Syrie). Langue sémitique dérivée de l'araméen, qui reste la langue littéraire et liturgique de nombreuses communautés chrétiennes du Moyen-Orient.

syrinx [sirɛ̃ks] n.f. (lat. *syrinx, syringis*, du gr. *surigks*, tuyau, flûte). Organe du chant, chez les oiseaux, situé à la bifurcation de la trachée.

systématique adj. **1.** Relatif à un système ; combiné d'après un système : *Un raisonnement systématique* (**SYN.** rationnel ; **CONTR.** empirique). **2.** Qui est fait avec méthode, selon un ordre cohérent : *Un classement systématique* (**SYN.** logique, méthodique ; **CONTR.** illogique, incohérent). **3.** Qui pense et agit selon un système : *Nous nous sommes heurtés aux adversaires systématiques de tout changement* (**SYN.** automatique). **4.** Se dit de ce qui se fait de manière invariable, habituelle : *Dès que je suis d'accord, il ne l'est pas, c'est systématique.* ◆ n.f. **1.** Ensemble de données, de méthodes organisées en système. **2.** En biologie, méthode de classification des êtres vivants.

systématiquement adv. De façon systématique : *Elle s'oppose systématiquement à tout ce que je dis* (= par principe ; **SYN.** automatiquement).

systématisation n.f. Action, fait de systématiser.

systématiser v.t. [conj. 3]. **1.** Organiser en système : *Systématiser des données scientifiques.* **2.** (Sans compl.). Juger à partir d'idées préconçues, de parti pris : *Ne systématisez pas, ils ne sont pas tous violents.*

système n.m. (bas lat. *systema*, du gr. *sustêma*, ensemble). **1.** Ensemble ordonné d'idées scientifiques ou philosophiques : *Le système philosophique de Sartre* (**SYN.** doctrine, théorie). **2.** Combinaison d'éléments réunis de façon à former un ensemble autour d'un centre : *Le système solaire.* **3.** Ensemble d'organes ou de tissus de même nature, et destinés à des fonctions analogues : *Le système endocrinien. Le système pileux.* **4.** Ensemble d'éléments définis par les relations qu'ils entretiennent entre eux : *Le système phonologique. La langue est un système de signes.* **5.** Mode d'organisation ; structure : *Le système éducatif. Le système de parenté.* **6.** En biologie, méthode de classification dans laquelle on s'efforce de discerner les parentés entre les espèces : *Le système de Linné en histoire naturelle.* **7.** Moyen habile pour obtenir, réussir qqch : *J'ai un système pour arrêter de fumer* (**SYN.** astuce, recette). *L'avocat a changé de système de défense.* **8.** Mode de gouvernement, d'administration, d'organisation sociale : *Le système capitaliste* (**SYN.** 1. régime). *Le système électoral.* **9.** Appareil ou dispositif formé d'éléments agencés, et assurant une fonction déterminée : *Le système d'arrosage est en panne. Un système d'exploitation* (= logiciel, programme gérant un ordinateur et ses périphériques). ▸ *Fam.* ***Courir*** ou ***taper sur le système,*** exaspérer ; énerver. ***Esprit de système,*** tendance à tout réduire en système, à penser en partant d'idées préconçues. ***Système informatique,*** ensemble de moyens matériels et logiciels mis en œuvre en vue d'une application spécifiée ou d'un ensemble d'applications (par ex. dans une entreprise).

systémique adj. *Didact.* Relatif à un système considéré dans son ensemble : *Une approche systémique de la pédagogie.*

systole n.f. (lat. *systole*, du gr. *sustolê*, contraction, abrègement d'une voyelle longue). Période de contraction du cœur ; la contraction elle-même (par opp. à diastole).

syzygie n.f. (du gr. *suzugia*, union). En astronomie, nouvelle lune ou pleine lune.

T t

t [te] n.m. inv. Vingtième lettre (consonne) de l'alphabet français. ▸ ***En T,*** en forme de T : *Les tables ont été disposées en T.*

ta, tes adj. poss. fém. (fém. de *1. ton*). Désigne une relation (possession, création, appartenance) avec une chose ou un être désignés par un nom fém. : *Ta clef. Ta première chanson. Tes cousines.*

① **tabac** [taba] n.m. (esp. *tabaco,* de l'arawak). **1.** Plante dont la principale espèce a de larges feuilles contenant de la nicotine. **2.** Produit à base de feuilles de tabac séchées et préparées pour fumer, priser, chiquer ou pour fabriquer des cigares, des cigarettes : *Du tabac brun.* **3.** Débit de tabac : *Ce tabac est fermé le dimanche.* ▸ *Fam.* ***Le même tabac,*** la même chose. ◆ adj. inv. De couleur brun-roux rappelant celle du tabac séché : *Des vestes tabac.*

② **tabac** [taba] n.m. (rad. onomat. *tabb-* évoquant des coups violents). ▸ ***Coup de tabac,*** dans la marine, tempête violente mais brève. *Fam.* ***Faire un tabac,*** avoir un grand succès. *Fam.* ***Passer à tabac,*** frapper ; rouer de coups.

tabacologie n.f. Spécialité médicale qui étudie les effets du tabagisme.

tabacologue n. Spécialiste de tabacologie.

tabagie n.f. **1.** Endroit rempli de fumée. **2.** Au Québec, bureau de tabac.

tabagique adj. Relatif au tabagisme. ◆ adj. et n. Se dit d'une personne qui fume trop.

tabagisme n.m. Usage prolongé du tabac ; intoxication chronique par le tabac.

Tabaski n.f. (mot ar.). En Afrique, Aïd-el-Kébir.

tabassage n.m. Action de tabasser.

tabasser v.t. (de *2. tabac*) [conj. 3]. *Fam.* Rouer de coups.

tabatière n.f. Petite boîte pour le tabac à priser. ▸ ***Fenêtre à tabatière,*** petite fenêtre à charnière sur un toit (on dit aussi *une tabatière*).

tabelle n.f. En Suisse, tableau ; liste.

tabellion n.m. (bas lat. *tabellio,* notaire, du lat. class. *tabella,* tablette). *Litt.* Notaire : *« Trempe, trempe ta plume, ô mon vieux tabellion... »* [*Supplique pour être enterré sur la plage de Sète,* G. Brassens].

tabernacle n.m. (lat. *tabernaculum,* tente, dimin. de *taberna,* échoppe, cabane). Petite armoire placée sur l'autel d'une église, destinée à conserver les hosties consacrées.

tabla n.m. (mot hindi). Instrument de musique à percussion de l'Inde, fait d'un tambour et d'une petite timbale.

tablar ou **tablard** n.m. (du lat. *tabula,* planche). En Suisse, rayon d'une étagère.

tablature n.f. (du lat. *tabula,* table). Notation musicale dont le principe repose sur l'utilisation de chiffres et de lettres indiquant l'emplacement des doigts sur l'instrument.

table n.f. (lat. *tabula*). **1.** Meuble composé d'un plateau horizontal posé sur un ou plusieurs pieds, et servant à divers usages : *Une table ovale. Une table à langer. Une table de ping-pong.* **2.** Meuble de ce type sur lequel on prend les repas ; table dressée pour le repas : *Réserver une table au restaurant. Desservir la table.* **3.** Le fait d'être assis autour d'une table pour y prendre son repas ; le repas lui-même : *Nous allons passer à table. Les plaisirs de la table.* **4.** Ensemble de personnes assises autour d'une table : *Il présidait la table* (**SYN.** tablée). **5.** Restaurant : *C'est la meilleure table de la ville.* **6.** Plateau, plaque en matière quelconque et de forme plane : *Une table de cuisson* (= plaque chauffante servant à cuire la nourriture). *Une table de lecture* (= platine d'un lecteur de disques ou de bandes magnétiques). **7.** Inventaire, recueil de données présenté sous forme de tableau ou de liste et récapitulant un ensemble de renseignements : *Les tables de multiplication. Une table des matières.* ▸ ***La sainte table,*** l'autel. ***Les Tables de la Loi,*** plaques de pierre que Dieu, selon la Bible, remit à Moïse et sur lesquelles était gravé le Décalogue. ***Mettre*** ou ***dresser la table,*** placer sur la table ce qui est nécessaire pour le repas. ***Se mettre à table,*** s'asseoir autour d'une table pour prendre un repas ; fam., avouer ; dénoncer. ***Table de nuit*** ou ***de chevet,*** petit meuble qui se place près de la tête du lit. ***Table d'harmonie,*** partie d'un instrument de musique sur laquelle passent les cordes. ***Table d'hôte,*** table où l'on sert à heure et prix fixes des repas pris en commun ; au Québec, choix de menus à prix fixes proposés dans un restaurant. ***Table d'opération,*** table articulée sur laquelle on place le patient pour les interventions chirurgicales. ***Table d'orientation,*** table circulaire sur laquelle sont indiqués les détails d'un panorama, d'un point de vue. ***Table ronde,*** réunion de négociation, sur un pied d'égalité. ***Table roulante,*** petite table à plusieurs plateaux, montée sur roulettes.

tableau n.m. (de *table*). **1.** Œuvre picturale exécutée sur un panneau de bois, une toile tendue sur un châssis, génér. présentée dans un cadre : *Ce tableau de Monet a été vendu très cher* (**SYN.** peinture). *Un mauvais* *tableau* (= une croûte). **2.** Ce qui s'offre à la vue et provoque une certaine impression : *Un tableau poignant* (**SYN.** scène, spectacle). **3.** Description orale ou écrite évoquant une situation ; récit : *Un écrivain qui a fait un tableau très sombre de son époque* (**SYN.** fresque, peinture). **4.** Subdivision d'une pièce de théâtre, marquée par un changement de décor : *Le premier acte de cette pièce est divisé en quatre tableaux.* **5.** Panneau mural sur lequel on écrit à la craie ou au feutre, partic. dans les écoles : *Aller au tableau* (= être interrogé par le professeur). **6.** Panneau destiné à recevoir des renseignements, des annonces, etc. : *Un tableau d'affichage.* **7.** Support mural plan destiné à recevoir des objets : *Le réceptionniste de l'hôtel accroche les clés des chambres au tableau.* **8.** Panneau où sont regroupés des appareils de contrôle, l'appareillage de commande de dispositifs électriques : *Le tableau de bord d'une automobile, d'un avion.* **9.** Liste méthodique d'informations, de renseignements : *Un tableau chronologique. Un tableau des verbes irréguliers en anglais.* ▸ ***Jouer*** ou ***miser sur les deux tableaux,*** se ménager des avantages de deux parties adverses, quel que soit le vainqueur. ***Tableau de chasse,*** exposition des animaux abattus par des chasseurs ; fam., ensemble des conquêtes amoureuses de qqn. ***Tableau d'honneur,*** liste des meilleurs élèves d'une classe.

tableautin n.m. En peinture, petit tableau.

tablée n.f. Ensemble des personnes prenant un repas à la même table : *Toute la tablée riait* (**SYN.** table).

tabler v.t. ind. [conj. 3]. **[sur].** Se fonder sur qqch ou qqn que l'on estime sûr : *Le directeur table sur ma participation* (**SYN.** compter sur).

tabletier, ère n. Fabricant de tabletterie.

tablette n.f. **1.** Petite planche, petit plateau, disposés pour recevoir divers objets : *Les tablettes d'une armoire* (**SYN.** étagère, 1. rayon). **2.** Plaque de matière solide servant de support, d'ornement : *Une tablette de radiateur.* **3.** Présentation sous forme plate d'une substance alimentaire : *Une tablette de chocolat* (**SYN.** plaque, plaquette). **4.** Dans l'Antiquité, plaquette d'argile ou de bois sur laquelle on écrivait. ◆ **tablettes** n.f. pl. Double feuillet d'ivoire, d'argent dans lequel on insérait des pages de parchemin, de papier. ▸ ***Noter qqch sur ses tablettes,*** l'écrire pour s'en souvenir. ***Rayer qqn, qqch de ses tablettes,*** ne plus compter sur eux ; les effacer de son souvenir.

tabletter v.t. [conj. 3]. Au Québec, classer une affaire sans suite ; affecter qqn à des tâches mineures, le placardiser.

tabletterie [tablɛtri] n.f. **1.** Fabrication de petits objets en bois, ivoire, os, nacre. **2.** Ensemble des objets ainsi fabriqués (échiquiers, jeux, coffrets).

tableur n.m. Programme informatique de création et d'utilisation de tableaux.

tablier n.m. (de *table*). **1.** Vêtement de protection que l'on attache devant soi pour préserver ses vêtements ; blouse : *Elle met un tablier pour cuisiner. Un tablier d'écolier.* **2.** Dans un pont, plate-forme horizontale supportant la chaussée ou la voie ferrée. **3.** En Afrique, petit commerçant, vendant de menus objets à l'éventaire. ▸ *Fam.* ***Rendre son tablier,*** se démettre de ses fonctions.

tabloïd [tablɔid] ou **tabloïde** adj. et n.m. (mot anglo-amér.). Se dit d'une publication dont le format est la moitié du format habituel des journaux : *Ces tabloïds se vendent bien.*

① **tabou** n.m. (angl. *taboo,* du polynésien *tabu,* sacré). **1.** Interdit d'origine sociale qui frappe un être, un objet, un acte considérés comme sacrés ou impurs. **2.** Interdit de nature sociale et morale : *Les tabous sexuels* (**SYN.** 2. interdit).

② **tabou, e** adj. **1.** Qui est l'objet d'un tabou, d'une interdiction religieuse : *Une pratique taboue.* **2.** Qu'il serait inconvenant d'évoquer : *Des sujets tabous.* **3.** Que l'on ne peut critiquer, mettre en cause : *Une institution taboue.*

taboulé n.m. (d'un mot ar. signif. « mélange »). Mélange de semoule de blé crue et d'un fin hachis de légumes et de feuilles de menthe : *Le taboulé est un plat qui vient du Liban.*

tabouret n.m. (de l'anc. fr. *tabour,* tambour, d'apr. sa forme). Siège à pieds sans dossier ni bras : *Un tabouret de bar* (= à pieds très hauts). *Un tabouret de piano* (= à hauteur réglable).

tabulaire adj. (du lat. *tabula,* table). En forme de table ; plat : *Le relief tabulaire d'une plaine.*

tabulateur n.m. Dispositif d'une machine à écrire ou à traitement de textes, permettant d'aligner des données en colonnes ou de se déplacer au sein d'un tableau.

tabulation n.f. Positionnement d'un curseur sur une machine à écrire, une imprimante ou un écran d'ordinateur, dans des colonnes définies au préalable.

tac n.m. (onomat.). Suggère un bruit sec : *Tac ! le couvercle est retombé.* ▸ ***Répondre*** ou ***riposter du tac au tac,*** répondre immédiatement à une attaque.

tache n.f. (lat. pop. *tacca,* du gotique *taikko,* signe). **1.** Marque naturelle sur la peau de l'homme ou le poil des animaux : *Des taches de rousseur. Les taches du léopard* (**SYN.** moucheture). **2.** Marque de couleur, de lumière, d'ombre : *Le bateau forme une tache blanche au milieu de l'océan.* **3.** Marque laissée par qqch de salissant ; salissure : *Des taches de café* (**SYN.** éclaboussure). **4.** Tout ce qui atteint l'honneur, la réputation : *Une vie sans tache* (**SYN.** 2. flétrissure [sout.], souillure [litt.]). ☞ **REM.** Ne pas confondre avec *tâche.* ▸ ***Faire tache,*** causer un contraste choquant, une impression fâcheuse. ***Tache de vin,*** angiome.

tâche n.f. (lat. médiév. *taxa,* du lat. class. *taxare,* taxer). **1.** Travail à accomplir dans un temps fixé : *J'ai rempli ma tâche. Tu ne me facilites pas la tâche.* **2.** Ce qu'on a à faire par devoir ou par nécessité : *La tâche des enseignants est d'instruire et d'éduquer* (**SYN.** fonction, rôle). ☞ **REM.** Ne pas confondre avec *tache.* ▸ ***À la tâche,*** en étant payé selon l'ouvrage exécuté : *Travailler à la tâche.* ◆ **tâches** n.f. pl. En Suisse, devoirs qu'un écolier doit faire chez lui.

tachéomètre [takeɔmɛtr] n.m. (du gr. *takhus,* rapide, et *metron,* mesure). Instrument permettant de lever un plan par la mesure des altitudes.

tacher v.t. (de *tache*) [conj. 3]. Salir en faisant une tache : *J'ai taché ma chemise en mangeant.* ◆ v.i. Être susceptible de laisser des marques, des taches difficiles à faire disparaître : *Le sang, ça tache.* ☞ **REM.** Ne pas confondre avec *tâcher.* ◆ **se tacher** v.pr. Faire des taches sur ses vêtements, sur soi : *Elle s'est taché les doigts.*

tâcher v.t. (de *tâche*) [conj. 3]. Faire des efforts pour parvenir à qqch : *Je vais tâcher de m'en souvenir* (**SYN.** s'efforcer de, essayer de, tenter de). *Tâche qu'il n'en sache rien !* ☞ **REM.** Ne pas confondre avec *tacher.*

tâcheron, onne n. (de *tâche*). **1.** Petit entrepreneur, ouvrier qui travaille à la tâche. **2.** *Péjor.* Personne qui exécute une tâche ingrate et sans éclat.

tacheté, e adj. Qui est marqué de nombreuses petites taches : *La panthère a un pelage jaune tacheté de noir* (**SYN.** moucheté).

tacheter v.t. [conj. 27]. Marquer de nombreuses petites taches : *L'humidité a tacheté les murs.*

tacheture n.f. Petite tache sur une surface.

tachycardie [takikardi] n.f. (du gr. *takhus,* rapide, et *kardia,* cœur). Accélération du rythme cardiaque (par opp. à bradycardie).

tacite adj. (lat. *tacitus,* de *tacere,* se taire). Qui n'est pas formellement exprimé ; sous-entendu : *Un aveu tacite* (**SYN.** implicite ; **CONTR.** explicite, formel). *Tacite reconduction* (= sans qu'il soit besoin d'accomplir une formalité).

tacitement adv. De façon tacite : *Elle a accepté tacitement* (**SYN.** implicitement ; **CONTR.** explicitement).

taciturne adj. (lat. *taciturnus,* de *tacere,* se taire). Qui parle peu ; silencieux : *Ses soucis la rendent taciturne* (**CONTR.** bavard, loquace, volubile).

tacle n.m. (angl. *tackle,* de *to tackle,* empoigner). Au football, fait de bloquer avec le pied l'action de l'adversaire pour le déposséder du ballon ; le geste lui-même.

tacler v.i. et v.t. [conj. 3]. Faire un tacle.

taco n.m. (du nahuatl). Crêpe de farine de maïs, génér. garnie de viande, de fromage et de sauce piquante : *Les tacos sont une spécialité du Mexique.*

tacon n.m. (du lat. médiév. *taco,* morceau de cuir). En Suisse, pièce servant à raccommoder une étoffe, du cuir.

tacot n.m. (d'un rad. onomat. *takk-,* évoquant un bruit sec). *Fam.* Vieille voiture défectueuse.

tact [takt] n.m. (lat. *tactus,* de *tangere,* toucher). **1.** En physiologie, sens du toucher. **2.** Sentiment délicat de la mesure, des nuances dans les relations avec autrui : *Il manque de tact* (**SYN.** délicatesse, doigté).

tacticien, enne n. **1.** Spécialiste de la tactique militaire. **2.** Personne qui use de moyens habiles pour obtenir le résultat voulu : *Elle a agi en fine tacticienne.*

tactile adj. (lat. *tactilis,* de *tactus,* tact). **1.** Relatif au toucher. **2.** Se dit d'un écran de visualisation qui réagit au simple contact du doigt.

tactique n.f. (du gr. *taktikê,* art de ranger). **1.** Art de diriger une bataille, une opération militaire, en suivant une certaine stratégie. **2.** Ensemble de moyens habiles employés pour obtenir le résultat voulu : *Il n'a pas la bonne tactique* (**SYN.** méthode, système). ◆ adj. Relatif à une tactique : *Effectuer un repli tactique.*

tactiquement adv. Conformément à une tactique.

tadjik, e [tadʒik] adj. et n. Relatif au Tadjikistan, à ses habitants. ◆ **tadjik** n.m. Forme du persan parlée au Tadjikistan : *Le tadjik s'écrit au moyen de l'alphabet cyrillique.*

taekwondo [tekwɔ̃do] n.m. (mot coréen, de *tae,* pied, *kwon,* poing, et *do,* voie). Sport de combat voisin du karaté, d'origine coréenne.

tænia [tenja] n.m. → **ténia.**

taffe n.f. (de l'arg. *taf,* ration). *Fam.* Bouffée de cigarette.

taffetas [tafta] n.m. (it. *taffeta,* d'un mot persan signif. « tissé »). Tissu de soie léger.

tafia n.m. (mot créole, abrév. de *ratafia*). Eau-de-vie fabriquée avec des débris de canne à sucre : *Le tafia est un rhum de seconde qualité.*

tag [tag] n.m. (mot anglo-amér. signif. « label »). Graffiti tracé ou peint, constituant un signe de reconnaissance : *Des tags colorés* (**SYN.** graff).

tagal ou **tagalog** n.m. (du malais *taga,* indigène) [pl. *tagals, tagalogs*]. Langue officielle des Philippines (**SYN.** pilipino).

tagine [taʒin] n.m. → **tajine.**

tagliatelle [taljatɛl] n.f. (mot it., de *tagliare,* découper) [pl. *tagliatelles* ou inv.]. Pâte alimentaire, en forme de ruban plat.

taguer v.t. [conj. 3]. Tracer des tags sur : *Taguer un mur.*

tagueur, euse n. Personne qui trace des tags ; graffeur.

tahitien, enne [taisjɛ̃, ɛn] adj. et n. Relatif à Tahiti, à ses habitants. ◆ **tahitien** n.m. Langue polynésienne parlée dans toute la Polynésie française.

taïaut [tajo] interj. (onomat.). Dans la chasse à courre, cri du veneur pour signaler l'animal.

tai-chi-chuan [tajʃiʃwan] ou **tai-chi** n.m. inv. (mot chinois). Gymnastique chinoise caractérisée par un enchaînement lent de mouvements.

taie n.f. (lat. *theca,* du gr. *thêkê,* boîte). **1.** Enveloppe de tissu dans laquelle on glisse un oreiller ou un traversin. **2.** Tache permanente de la cornée.

taïga n.f. (d'une langue turque). Forêt de conifères qui longe le sud de la toundra.

taiji [tajtʃi ou tajʃi] n.m. Dans la pensée traditionnelle chinoise, symbole représentant l'union du yang et du yin.

taïkonaute n. (du chin. *taïkong,* espace). Occupant d'un vaisseau spatial chinois. ☞ **REM.** On dit *astronaute* pour un Américain, *cosmonaute* pour un Russe et *spationaute* pour un Français.

taillable adj. Sous l'Ancien Régime, qui est assujetti à l'impôt de la taille. ▸ ***Être taillable et corvéable à merci,*** être soumis à des travaux pénibles, être exploité sans fin.

taillade n.f. Entaille dans les chairs provoquée par un instrument tranchant : *Il s'est fait une belle taillade en se rasant* (**SYN.** balafre, coupure, estafilade).

taillader v.t. [conj. 3]. Faire des entailles dans : *Il a tailladé les barreaux de la chaise avec son canif* (**SYN.** entailler). ◆ **se taillader** v.pr. En parlant d'une partie du corps, l'entailler : *Il s'est tailladé la joue avec son rasoir* (**SYN.** balafrer, couper).

taillanderie n.f. Fabrication, commerce des outils propres à tailler, couper ; ces outils eux-mêmes (cisailles, sécateurs).

taillandier n.m. (de *tailler*). Fabricant d'articles de taillanderie.

taillaule n.f. En Suisse, sorte de pain au lait.

① **taille** n.f. (de *tailler*). **1.** Action de tailler, de couper : *La taille des rosiers. La taille des pierres.* **2.** Manière de tailler ; forme donnée à l'objet taillé : *La taille en rose d'un diamant.* **3.** En gravure, incision de la planche qui servira à tirer une estampe. **4.** Tranchant d'une épée : *Frapper de taille et d'estoc.*

② **taille** n.f. (de *1. taille*). Impôt direct levé sur les roturiers, sous l'Ancien Régime.

③ **taille** n.f. (de *1. taille*). **1.** Hauteur du corps humain : *Une femme de petite taille* (**SYN.** stature). **2.** Grandeur et grosseur des animaux : *Un porc de belle taille.* **3.** Dimension, grandeur de qqch : *Le chirurgien lui a retiré un calcul de la taille d'une noix* (**SYN.** grosseur). *Des boîtes de toutes tailles* (**SYN.** gabarit). **4.** Ensemble des dimensions du corps servant de modèle pour les vêtements ; dimension standard : *Cette jupe est à ma taille. Ces bottes sont trop grandes, il me faudrait la taille en dessous* (**SYN.** pointure). **5.** Partie du corps située à la jonction du thorax et de l'abdomen ; partie ajustée du vêtement qui marque la taille de la personne : *Elle a la taille mince. Le tour de taille* (**SYN.** ceinture). ▸ ***De taille,*** d'importance ; considérable : *Une erreur de taille.* ***Être de taille à,*** être capable de : *Il est de taille à affronter ses concurrents.*

taillé, e adj. Qui a telle taille, telle carrure ; qui est bâti de telle façon : *Il est taillé en hercule* (**SYN.** charpenté). ▸ ***Être taillé pour,*** être fait pour ; apte à : *Elle est taillée pour ce métier.* ◆ **taillé** n.m. En Suisse, sorte de galette épaisse souvent découpée en bandes.

taille-crayon n.m. (pl. *taille-crayons*). Petit instrument, garni d'une lame tranchante, qui sert à tailler les crayons.

taille-douce n.f. (pl. *tailles-douces*). **1.** Gravure en creux sur métal (burin, eau-forte). **2.** Estampe ainsi obtenue.

taille-haie n.m. (pl. *taille-haies*). Appareil électrique de jardinage pour tailler les arbres et les arbustes, notamm. ceux disposés en haie.

tailler v.t. (lat. pop. *taliare,* de *talea,* rejeton) [conj. 3]. **1.** Couper, retrancher ce qu'il y a de superflu pour donner une certaine forme : *Il a taillé sa barbe en pointe. Tailler un diamant. Le jardinier taillait les cerisiers* (**SYN.** élaguer, émonder). **2.** Couper dans un tissu les pièces nécessaires à la confection d'un vêtement : *Tailler une jupe dans du jean.* ▸ *Fam.* ***Tailler une veste*** ou ***un costard à qqn,*** le critiquer violemment. ◆ v.i. **1.** Faire une coupure, une incision dans qqch : *Le chirurgien taille dans les chairs avec son scalpel* (**SYN.** couper). **2.** (Suivi d'un compl. de qualité ou d'un adv.). S'ajuster au corps de telle manière, en parlant de vêtements : *Un pantalon qui taille petit.* ◆ **se tailler** v.pr. **1.** S'attribuer qqch, l'obtenir par son action : *Il s'est taillé un empire. Elle s'est taillé un beau succès* (**SYN.** remporter). **2.** *Fam.* S'en aller ; s'enfuir.

taillerie n.f. **1.** Art de tailler, de façonner les pierres fines, les cristaux. **2.** Atelier où s'exécute ce travail.

① **tailleur** n.m. (de *tailler*). **1.** Artisan qui fait des vêtements sur mesure. **2.** Artisan spécialisé dans la taille de certains matériaux : *Un tailleur de pierre, de diamants.* ▸ ***S'asseoir en tailleur,*** s'asseoir par terre, les jambes repliées et croisées et les genoux écartés.

② **tailleur** n.m. (de *1. tailleur*). Tenue féminine composée d'une jupe et d'une veste assortie.

tailleur-pantalon n.m. (pl. *tailleurs-pantalons*). Costume féminin composé d'un pantalon et d'une veste assortie.

taillis [taji] n.m. (de *tailler*). Partie d'une forêt que l'on coupe à des intervalles rapprochés et où il n'y a que des arbres de petite dimension.

tain n.m. (altér. de *étain*). Amalgame d'étain, qui sert à l'étamage des glaces : *Une glace sans tain.* ☞ **REM.** Ne pas confondre avec *teint, thym* ou *tin.*

taire v.t. (anc. fr. *taisir,* du lat. *tacere,* se taire) [conj. 111]. **1.** Ne pas dire ; passer sous silence : *Je préfère taire le nom de cette personne* (**SYN.** cacher ; **CONTR.** révéler). **2.** *Litt.* Ne pas laisser apparaître un sentiment ; dissimuler : *Il a tu son amour pendant toutes ces années* (**CONTR.** afficher, étaler). ▸ ***Faire taire,*** imposer silence à : *Faire taire l'opposition* ; empêcher de se manifester : *Faire taire son chagrin.* ◆ **se taire** v.pr. **1.** Garder le silence ; s'abstenir de parler : *Tais-toi, j'écoute ce qu'il dit !* **2.** Ne pas divulguer un secret : *Ne lui confie rien, elle ne sait pas se taire.* **3.** Ne plus faire de bruit : *Les oiseaux se sont tus.*

taiseux, euse adj. et n. En Belgique, se dit de qqn qui parle peu ; taciturne.

tajine ou **tagine** n.m. (de l'ar.). **1.** Dans la cuisine marocaine, plat fait de morceaux de viande ou de poisson cuits à l'étouffée avec des légumes. **2.** Récipient en terre à couvercle conique, dans lequel on cuit ce ragoût.

talc n.m. (d'un mot ar.). Poudre blanche, fine et onctueuse, tirée d'un minéral et que l'on utilise pour la toilette.

talé, e adj. (de *taler*). Se dit d'un fruit abîmé, meurtri : *Des poires talées.*

① **talent** n.m. (lat. *talentum,* du gr. *talanton,* plateau de balance). Dans l'Antiquité grecque, unité de poids et de monnaie : *Un talent d'or.*

② **talent** n.m. (de *1. talent*). **1.** Aptitude, habileté naturelle ou acquise à réussir dans une activité intellectuelle ou artistique : *Elle a un réel talent pour la danse* (**SYN.** dispositions, don). *Un musicien de grand talent.* **2.** Personne douée dans un domaine particulier : *Un concours organisé pour les jeunes talents.*

talentueux, euse adj. Qui a du talent : *Une comédienne talentueuse* (**SYN.** doué ; **CONTR.** médiocre).

taler v.t. (du germ.) [conj. 3]. Faire des meurtrissures à des fruits en les heurtant.

talet [talɛt] n.m. → **tallith.**

taliban [talibɑ̃] n.m. (d'un mot ar.). Étudiant en théologie islamique, membre d'une armée qui avait pris le pouvoir en Afghanistan (1996-2001).

talibé n.m. (d'un mot ar.). En Afrique, élève d'une école coranique ; disciple d'un marabout.

talion n.m. (lat. *talio,* de *talis,* tel). Punition identique à l'offense, qui inspira la législation hébraïque. ▸ ***Loi du talion,*** loi qui exige que le châtiment infligé soit identique au tort subi : *La loi du talion est résumée par la célèbre formule biblique « œil pour œil, dent pour dent »* ; fig., façon de se venger en rendant la pareille.

talisman [talismɑ̃] n.m. (d'un mot ar., du bas gr. *telesma*, rite religieux). Objet, image préparés rituellement pour leur conférer une action magique ou protectrice (**SYN.** amulette, fétiche, porte-bonheur).

talismanique adj. Relatif aux talismans.

talitre n.m. (du lat. *talitrum*, chiquenaude). Petit crustacé sauteur, dit *puce de mer*, qui vit dans le sable des plages.

talkie-walkie [tokiwoki] n.m. (mot angl., de *to talk*, parler, et *to walk*, marcher) [pl. *talkies-walkies*]. Petit appareil de radio émetteur et récepteur, de faible portée.

talk-show [tokʃo] n.m. (mot angl., de *to talk*, parler, et *show*, spectacle) [pl. *talk-shows*]. Émission de télévision consistant en une conversation entre un animateur et un ou plusieurs invités sur un thème déterminé.

talle n.f. (lat. *thallus*). **1.** Pousse d'une plante qui sort au pied de la tige principale. **2.** Au Québec, touffe, bouquet de plantes d'une même espèce.

tallith [talit] ou **talet** [talɛt] n.m. (mot hébr.). Châle rituel dont se couvrent les juifs pour la prière.

talmudique [talmydik] adj. Relatif au Talmud.

talmudiste [talmydist] n. Savant juif qui a une longue expérience de l'étude du Talmud.

① **taloche** n.f. (de *taler*). *Fam.* Coup donné avec le plat de la main (**SYN.** claque, gifle).

② **taloche** n.f. (de l'anc. fr. *talevaz*, bouclier, du gaul.). Planchette munie d'une poignée, servant à étendre le plâtre ou le ciment.

talon n.m. (lat. pop. *talo, talonis*, du lat. class. *talus*). **1.** Partie postérieure du pied de l'homme. **2.** Partie d'une chaussure, d'un bas, d'une chaussette sur laquelle repose le talon : *Des chaussures à talons plats.* **3.** Croûton d'un pain ; extrémité d'un jambon. **4.** Partie non détachable d'une feuille de carnet à souches, d'un chéquier (**SYN.** souche). **5.** Ce qui reste des cartes après distribution à chaque joueur. ▸ ***Marcher sur les talons de qqn,*** marcher immédiatement derrière lui. ***Talon d'Achille,*** point faible, côté vulnérable de qqn. ***Tourner les talons,*** pivoter sur soi-même pour s'éloigner ; partir.

talonnade n.f. En sports, coup de pied donné avec le talon.

talonnage n.m. Au rugby, action de talonner le ballon.

talonner v.t. [conj. 3]. **1.** Poursuivre de près : *Le peloton talonne le leader de la course.* **2.** Presser vivement ; tourmenter sans répit : *Ses créanciers le talonnent* (**SYN.** harceler, pourchasser, poursuivre). *La faim les talonne.* **3.** Au rugby, faire sortir le ballon de la mêlée, en le poussant vers son camp du talon.

talonnette n.f. **1.** Lamelle placée à l'intérieur de la chaussure, sous le talon du pied, dans un but orthopédique ou esthétique. **2.** Morceau d'extrafort cousu intérieurement au bas d'un pantalon pour en éviter l'usure.

talonneur, euse n. Au rugby, joueur qui talonne le ballon.

talquer v.t. [conj. 3]. Saupoudrer, enduire de talc : *Talquer les fesses d'un bébé.*

talqueux, euse adj. Qui est de la nature du talc.

talure n.f. (de *taler*). Meurtrissure sur un fruit.

talus [taly] n.m. (d'un mot gaul. signif. « pente »). Terrain en pente ; partie de terrain pentue formant le versant d'un fossé.

talweg ou **thalweg** [talvɛg] n.m. (de l'all. *Tal*, vallée, et *Weg*, chemin). En géographie, ligne joignant les points les plus bas du fond d'une vallée.

tamanoir n.m. (du tupi-guarani). Mammifère qui se nourrit d'insectes capturés avec sa longue langue visqueuse, communément appelé *grand fourmilier.*

① **tamarin** n.m. (de mots ar. signif. « datte de l'Inde »). **1.** Tamarinier. **2.** Fruit laxatif de cet arbre.

② **tamarin** n.m. (d'une langue amérindienne). Très petit singe des forêts de l'Amérique du Sud, voisin du ouistiti ; marmouset.

tamarinier n.m. (de *1. tamarin*). Arbre cultivé dans les régions chaudes pour son fruit à pulpe acidulée (**SYN.** tamarin).

tamaris [tamaris] n.m. (lat. *tamariscus*). Arbuste ornemental à très petites feuilles et à grappes de fleurs roses.

tamazight [tamazig] n.m. (mot berbère signif. « langue de l'homme libre »). Nom que les Berbères de Kabylie donnent à leur langue, et qui tend désormais à désigner la langue berbère en général.

tambouille n.f. (de l'it. *tampone*, bombance). *Fam.* Cuisine médiocre. ▸ *Fam.* ***Faire la tambouille,*** faire la cuisine.

tambour n.m. (du persan *tabir*). **1.** Instrument de musique à percussion constitué d'une caisse cylindrique aux fonds garnis de peaux tendues, et que l'on frappe pour en tirer des sons : *Des baguettes de tambour. Un roulement de tambour.* **2.** Personne qui bat du tambour : « *Trois jeunes tambours s'en revenaient de guerre* » [chanson enfantine]. **3.** Nom donné à diverses pièces en forme de cylindre : *Le tambour d'une machine à laver.* **4.** Ensemble de portes vitrées tournant autour d'un axe et servant à isoler du froid l'entrée d'un bâtiment. ▸ *Fam.* ***Sans tambour ni trompette,*** sans bruit ; en secret. *Fam.* ***Tambour battant,*** vivement ; avec énergie : *Mener une affaire tambour battant.* ***Tambour de frein,*** pièce circulaire sur laquelle s'exerce le frottement du segment de frein.

tambourin n.m. **1.** Tambour provençal à deux peaux, à caisse longue et étroite, que l'on bat avec une seule baguette. **2.** Petit tambour plat muni de grelots.

tambourinaire n. **1.** En Provence, joueur de tambourin. **2.** En Afrique noire, joueur de tambour.

tambourinement ou **tambourinage** n.m. Action de tambouriner sur une surface ; bruit fait en tambourinant.

tambouriner v.i. [conj. 3]. **1.** *Vx* Battre du tambour ; jouer du tambourin. **2.** Frapper à coups répétés sur qqch en produisant un bruit rythmé : *Elle tambourinait du bout des doigts contre* ou *sur la table* (**SYN.** pianoter). *On tambourine sur la porte* (**SYN.** marteler). ◆ v.t. **1.** Jouer un air au tambour. **2.** *Litt., vieilli* Faire connaître à grand bruit : *Il n'a pu s'empêcher de tambouriner la nouvelle* (**SYN.** claironner).

tambourineur, euse n. Personne qui joue du tambourin ou du tambour.

tambour-major n.m. (pl. *tambours-majors*). Sous-officier qui est le chef des tambours d'un régiment.

tamil [tamil] n.m. → **tamoul.**

tamis [tami] n.m. (du gaul.). **1.** Cadre sur lequel est tendu un réseau plus ou moins serré de métal, textile, crin ou vannerie, pour trier des matières en grain ou en poudre, ou des liquides : *Il passait la farine au tamis* (**SYN.** blutoir, sas). **2.** Surface de cordage d'une raquette de tennis.

tamisage n.m. Action de tamiser : *Le tamisage du sable.*

tamiser v.t. [conj. 3]. **1.** Passer une substance au tamis pour en séparer certains éléments : *Tamiser des minerais* (**SYN.** cribler, sasser). **2.** Laisser passer la lumière en en diminuant l'intensité : *Des doubles-rideaux qui tamisent le jour. Une lumière tamisée* (**SYN.** doux ; **CONTR.** 1. cru).

tamoul ou **tamil** n.m. Langue dravidienne parlée princ. au sud de l'Inde et au Sri Lanka.

tamouré n.m. (polynésien *tamuré*). Danse traditionnelle polynésienne.

tampico n.m. (de *Tampico,* nom d'un port du Mexique). Fibre végétale tirée des feuilles d'un agave du Mexique et employée pour la fabrication des matelas et des brosses.

tampon n.m. (anc. fr. *tapon,* du frq.). **1.** Gros bouchon de matière dure servant à obturer un orifice : *Il a bouché le trou avec un tampon de papier* (**SYN.** bouchon). **2.** Petite masse, génér. souple, faite de tissu roulé ou pressé, ou d'une autre matière : *Un tampon périodique* (= utilisé par les femmes pendant leurs règles). *Un tampon de ouate imbibé d'eau oxygénée.* **3.** Petite plaque de métal ou de caoutchouc, gravée en relief, que l'on imprègne d'encre pour imprimer le timbre d'une administration, d'une société ; timbre ainsi imprimé (**SYN.** cachet). **4.** (Employé en appos.). Qui se trouve entre deux forces hostiles et sert à atténuer les heurts : *Un État tampon.* **5.** Cheville que l'on encastre dans un trou fait dans un mur pour y enfoncer une vis, un clou. **6.** Disque métallique fixé sur des ressorts, placé à l'avant et à l'arrière d'une voiture de chemin de fer pour amortir les chocs. **7.** En informatique, circuit, système, mémoire s'insérant entre deux unités et assurant l'adaptation des niveaux électriques ou des vitesses d'échange entre elles. ▸ ***Faire tampon*** ou ***servir de tampon,*** essayer d'éviter les affrontements entre des adversaires.

tamponnade n.f. Accident aigu de compression du cœur par un épanchement péricardique.

tamponnage n.m. Action de passer sur une partie du corps un tampon imprégné d'un liquide approprié ; tamponnement.

tamponnement n.m. **1.** Action de tamponner ; tamponnage. **2.** Rencontre brutale de deux véhicules, de deux trains (**SYN.** collision, heurt, télescopage).

tamponner v.t. [conj. 3]. **1.** Frotter une surface à l'aide d'un tampon imprégné d'une substance liquide : *Tamponner une table avec du vernis.* **2.** Essuyer, étancher avec un tampon : *Tamponner une plaie, son front avec un mouchoir.* **3.** Marquer un document d'un tampon, d'un cachet : *Faire tamponner un passeport.* **4.** Heurter, rencontrer avec violence, en parlant de véhicules : *Une voiture qui en tamponne une autre* (**SYN.** emboutir, télescoper). **5.** Préparer un mur en le perçant et en y plaçant un tampon, une cheville. ◆ **se tamponner** v.pr. Se heurter : *Deux trains se sont tamponnés* (**SYN.** se télescoper). ▸ *Fam.* ***S'en tamponner l'œil*** ou ***le coquillard,*** s'en moquer complètement.

tamponneur, euse adj. ▸ ***Autos tamponneuses,*** petites voitures électriques à deux places qui s'entrechoquent sur une piste, dans les fêtes foraines.

tamponnoir n.m. Outil servant à percer des trous destinés à recevoir des tampons, des chevilles.

tam-tam [tamtam] n.m. (onomat. créole) [pl. *tam-tams*]. **1.** En Afrique, tambour à membrane : *Les tam-tams résonnent au loin.* **2.** Gong chinois en bronze martelé, aux bords légèrement relevés. **3.** *Fam.* Publicité tapageuse ; vacarme.

tan [tɑ̃] n.m. (du rad. gaul. *tann-,* chêne). Écorce de chêne moulue servant au tannage des peaux.

tanagra n.m. ou n.f. (de *Tanagra,* nom d'un village de Grèce). **1.** Figurine de terre cuite, simple et gracieuse, de la Grèce antique. **2.** Jeune fille, jeune femme aux formes fines et gracieuses.

tancer v.t. (lat. pop. *tentiare,* de *tendere,* tendre) [conj. 16]. *Sout.* Faire une remontrance à qqn ; réprimander : *Elle les tança vertement* (**SYN.** admonester [litt.], sermonner).

tanche n.f. (bas lat. *tinca,* du gaul.). Poisson d'eau douce dont la chair est estimée.

tandem [tɑ̃dɛm] n.m. (mot angl., du lat. *tandem,* à la longue). **1.** Bicyclette conçue pour deux personnes placées l'une derrière l'autre. **2.** *Fig.* Association de deux personnes, de deux groupes travaillant à une œuvre commune ; binôme : *Travailler en tandem.*

tandis que [tɑ̃dikə ou tɑ̃diskə] conj. sub. (du lat. *tamdiu,* aussi longtemps, et *que*). **1.** Marque la simultanéité de deux actions : *Je travaillais tandis qu'elle s'amusait* (**SYN.** pendant que). **2.** Marque l'opposition, le contraire : *Vous insistez tandis qu'il faudrait se taire* (= au lieu de vous taire). *Il adore la montagne tandis qu'elle préfère la mer* (**SYN.** alors que).

tandoori [tɑ̃dɔri ou tɑ̃duri] n.m. (mot hindi, de *tandoor,* four en terre). (S'emploie aussi en appos.). Plat indien composé de morceaux de viande marinés, épicés et cuits dans un four en terre : *Des tandooris. Un poulet tandoori.*

tangage n.m. (de *tanguer*). Mouvement d'oscillation d'un navire dans le sens de sa longueur (par opp. à roulis).

tangence n.f. État ou propriété de ce qui est tangent.

tangent, e adj. (lat. *tangens, tangentis,* de *tangere,* toucher). **1.** En géométrie, qui a un seul point commun avec une courbe ou une surface, sans la couper : *Une droite tangente à un cercle.* **2.** *Fam.* Qui est à la limite, très près du niveau nécessaire pour obtenir un résultat : *Elle a gagné, mais c'était tangent* (**SYN.** juste). ◆ **tangente** n.f. En géométrie, droite tangente. ▸ *Fam.* ***Prendre la tangente,*** s'esquiver ; dégager habilement sa responsabilité.

tangentiel, elle [tɑ̃ʒɑ̃sjɛl] adj. En géométrie, relatif à la tangente.

tangerine n.f. (de *Tanger,* nom d'une ville du Maroc). Mandarine d'une variété à peau rouge.

tangibilité n.f. *Didact.* Caractère, état de ce qui est tangible.

tangible adj. (bas lat. *tangibilis,* du lat. class. *tangere,* toucher). **1.** Que l'on peut percevoir par le toucher : *Une tumeur tangible* (**SYN.** palpable, sensible). **2.** Que l'on peut constater ; réel : *Une preuve tangible* (**SYN.** concret, matériel).

tangiblement adv. *Litt.* De façon tangible.

① **tango** n.m. (mot hispano-amér.). Danse à deux temps, originaire d'Argentine ; air sur lequel on la danse : *Des tangos célèbres.*

② **tango** adj. inv. (de *1. tango*). D'une couleur orange foncé : *Des foulards tango.*

③ **tango** n.m. (de *1. tango*). Demi de bière additionné de grenadine.

tanguer v.i. (de l'anc. scand. *tangi*, pointe) [conj. 3]. **1.** Être soumis au tangage, en parlant d'un navire. **2.** *Fam.* Osciller dans sa marche : *Un ivrogne qui tangue* (**SYN.** tituber, zigzaguer). **3.** *Fam.* Vaciller ; chanceler : *Elle fut prise d'un malaise, tout tanguait autour d'elle.*

tanière n.f. (anc. fr. *tainiere*, du gaul. *taxo*, blaireau). **1.** Cavité souterraine servant de repaire aux bêtes sauvages (**SYN.** antre [litt.], terrier). **2.** Habitation, lieu où l'on s'isole : *Quand elle écrit, elle sort rarement de sa tanière.*

tanin ou **tannin** n.m. (de *tan*). Substance contenue dans de nombreux végétaux (écorce de chêne, de châtaignier, noix de galle), utilisée pour transformer les peaux en cuir.

tanisage ou **tannisage** n.m. Action de taniser.

taniser ou **tanniser** v.t. [conj. 3]. Ajouter du tan à une poudre, à un liquide.

tank [tɑ̃k] n.m. (mot angl. signif. « citerne »). **1.** Réservoir de stockage : *Un tank à pétrole* (**SYN.** citerne). **2.** Char de combat. **3.** *Fam.* Très grosse automobile.

tanka [tɑ̃ka] n.m. inv. (du tibétain *thang-ka*, objet plat). Bannière peinte constituant une image religieuse, au Népal et au Tibet.

tanker [tɑ̃kœr] n.m. (mot angl.). Navire-citerne.

tankiste n.m. Militaire d'une unité de chars de combat.

tannage n.m. Action de tanner les peaux.

tannant, e adj. *Fam.* Qui agace, importune (**SYN.** ennuyeux, fatigant, lassant).

tanné, e adj. **1.** Préparé par tannage. **2.** Qui a pris l'aspect, la couleur du cuir : *Un corps tanné par le soleil* (**SYN.** basané, bronzé, hâlé).

tannée n.f. **1.** Tan qui n'a plus de tanin, après la préparation des cuirs. **2.** *Fam.* Volée de coups ; défaite humiliante.

tanner v.t. [conj. 3]. **1.** Préparer les peaux avec du tanin pour en faire du cuir. **2.** Donner un aspect brun hâlé à la peau : *L'air marin avait tanné sa peau* (**SYN.** bronzer, brunir, hâler). **3.** *Fam.* Harceler de demandes importunes : *Mes enfants me tannent pour avoir cette console de jeux.* ▸ *Fam.* ***Tanner le cuir à qqn,*** lui administrer une correction.

tannerie n.f. **1.** Établissement où l'on tanne les peaux. **2.** Industrie du tannage.

tanneur, euse n. **1.** Ouvrier qui tanne les peaux. **2.** Fabricant, marchand de cuirs.

tannin n.m. → **tanin.**

tannique adj. Qui contient du tanin.

tannisage n.m. → **tanisage.**

tanniser v.t. → **taniser.**

tan-sad [tɑ̃sad] n.m. (de l'angl. *tandem*, et *saddle*, selle) [pl. *tan-sads*]. Siège supplémentaire placé derrière la selle d'une motocyclette.

tant adv. (lat. *tantum*). **1.** Indique une grande quantité, un grand nombre, l'intensité : *Il a tant de qualités. Elle souffre tant !* (**SYN.** tellement). **2.** Dans une phrase négative ou interrogative, marque l'égalité : *Il n'a pas eu tant de chance. Elle ne travaille pas tant que moi* (**SYN.** autant). **3.** Indique une quantité indéterminée, dans une mesure, une distribution : *Supposons que tu dépenses tant par mois... En réponse à votre lettre du tant* (= quantième du mois). ▸ ***En tant que,*** en qualité de, comme : *Je te conseille ceci non pas en tant que médecin, mais en tant qu'ami.* ***Faire tant et si bien que,*** agir avec une telle persévérance que : *Elle a fait tant et si bien qu'il a fini par accepter.* ***Si tant est que*** (+ subj.), à supposer que : *Si tant est qu'il s'en souvienne.* ***Tant bien que mal,*** péniblement : *Elle a fini tant bien que mal.* ***Tant de,*** un si grand nombre, une si grande quantité de : *Tant de malheurs ont frappé cette famille !* ***Tant et plus,*** beaucoup ; énormément : *Des histoires de ce genre, j'en ai entendu tant et plus.* ***Tant mieux,*** c'est très bien ainsi. ***Tant pis,*** c'est dommage. ***Tant s'en faut,*** loin de là ; bien au contraire : *« Est-elle aimable ? – Non, tant s'en faut ».* ***Tant soit peu*** ou ***un tant soit peu,*** si peu que ce soit : *Si tu écoutes tant soit peu, tu comprendras.* ♦ **tant que** loc. conj. Indique une coïncidence dans la durée : *Tant que je vivrai, je me souviendrai de ça* (= aussi longtemps que je vivrai). *Allons-y tant qu'il n'y a pas trop de monde* (= pendant que). ▸ ***Tant qu'à*** (+ inf.), annonce ce qui est, ou ce qui serait, préférable : *Tant qu'à relire ces chapitres, autant tout relire.* *Fam.* ***Tant qu'à faire,*** au point où l'on en est ; puisqu'il faut le faire : *Tant qu'à faire, on pourrait aussi repeindre le salon.*

tante n.f. (de *ta*, et de l'anc. fr. *ante*, du lat. *amita*, tante). Sœur du père ou de la mère ; par ext., femme de l'oncle. ▸ *Fam.* ***Ma tante,*** le crédit municipal : *Mettre sa montre chez ma tante* (= au mont-de-piété).

tantième [tɑ̃tjɛm] n.m. (de *tant*). Part proportionnelle d'une quantité déterminée : *Posséder 20 000 tantièmes d'une copropriété.*

tantine n.f. Dans le langage enfantin, tante.

un **tantinet** loc. adv. (de *tant*). *Fam.* Un peu : *Elle est un tantinet moqueuse.*

tantôt adv. (de *tant* et *tôt*). **1.** Cet après-midi : *Je repasserai tantôt.* **2.** En Belgique et au Québec, plus tard ; plus tôt ; il y a peu de temps : *À tantôt ! Je l'ai vu tantôt.* ▸ ***Tantôt..., tantôt...,*** exprime l'alternance, la succession : *Des lumières tantôt blanches, tantôt bleues. Tantôt elle l'aime, tantôt elle le déteste.*

tantra n.m. pl. (mot sanskrit signif. « doctrine »). Culte relevant du bouddhisme et de l'hindouisme ; livre dispensant l'enseignement de ce culte : *La tradition des tantra.*

tantrique adj. Relatif au tantrisme.

tantrisme n.m. (de *tantra*). Doctrine religieuse exprimée dans les tantras.

tao n.m. (mot chin. signif. « la voie »). Dans la pensée chinoise ancienne, principe d'ordre qui fonde l'unité du cosmos.

taoïsme n.m. Religion populaire chinoise.

taoïste adj. et n. Relatif au taoïsme ; adepte du taoïsme.

taon [tɑ̃] n.m. (lat. *tabanus*). Grosse mouche dont la femelle pique l'homme et le bétail, et suce leur sang.

tapa n.m. (mot polynésien). En Nouvelle-Calédonie et en Polynésie, étoffe fabriquée à partir de l'écorce interne de certaines plantes, martelée, encollée et peinte.

tapage n.m. (de *taper*). **1.** Bruit confus génér. accompagné de cris, de querelles : *Une plainte a été déposée pour tapage nocturne* (**SYN.** vacarme ; **CONTR.** silence). **2.** Publicité énorme, grand bruit fait autour de qqch ; battage : *On a fait beaucoup de tapage autour de ce film.*

tapageur, euse adj. **1.** Qui fait du tapage : *Des voisins tapageurs* (**SYN.** bruyant ; **CONTR.** silencieux). **2.** Qui cherche à attirer l'attention ; outrancier : *Des couleurs tapageuses* (**SYN.** criard ; **CONTR.** sobre). **3.** Qui suscite des commentaires : *Une liaison tapageuse* (**SYN.** scandaleux ; **CONTR.** 1. secret).

tapageusement adv. De façon tapageuse, scandaleuse.

tapant, e adj. ▸ *Fam.* ***À une heure tapante, deux heures tapantes,*** au moment où sonnent une heure, deux heures (**SYN.** 1. précis, sonnant).

tapas [tapas] n.f. pl. (de l'esp. *tapa*, couvercle). Dans la cuisine espagnole, assortiment de petites entrées variées, servies à l'apéritif.

① **tape** n.f. (de *taper*). Coup donné avec la main ; gifle.

② **tape** n.m. (du moyen fr. *taper*, boucher). Panneau en tôle ou en bois qui, sur un bateau, sert à obturer une ouverture.

tapé, e adj. *Fam.* Qui a l'esprit dérangé ; qui est un peu fou. ▸ *Fam.* ***Bien tapé,*** exprimé vigoureusement et avec justesse : *Une réponse bien tapée.*

tape-à-l'œil adj. inv. *Fam.* Se dit de ce qui est très voyant : *Des voitures tape-à-l'œil* (**SYN.** 2. clinquant ; **CONTR.** sobre). ◆ n.m. inv. Apparence éblouissante mais trompeuse : *Toutes ces promesses, ce n'est que du tape-à-l'œil !*

tapecul ou **tape-cul** [tapky] n.m. (pl. *tape-culs*). **1.** *Fam.* Voiture inconfortable, mal suspendue. **2.** Brimade consistant à taper par terre le postérieur d'une personne que l'on tient par les pieds et les mains.

tapée n.f. *Fam.* Grande quantité : *Il a une tapée de DVD* (**SYN.** multitude).

tapement n.m. Action de taper ; bruit fait en tapant.

tapenade n.f. (du prov. *tapeno*, câpre). Préparation provençale à base d'olives broyées avec des câpres au vinaigre, des anchois et des aromates.

taper v.t. (d'un rad. onomat.) [conj. 3]. **1.** Donner une tape à : *Il a tapé sa petite sœur dans le dos* (**SYN.** frapper). **2.** Donner des coups sur qqch : *Taper la table avec ses poings* (**SYN.** marteler). **3.** Écrire à la machine ; dactylographier : *J'ai tapé ma lettre sur ordinateur* (= je l'ai saisie). **4.** *Fam.* Chercher à obtenir de qqn de l'argent : *Elle m'a tapée de 30 euros.* ◆ v.i. **1.** Donner des coups à ; frapper : *Taper sur un clou pour l'enfoncer. On tape à la fenêtre* (**SYN.** cogner). *Taper dans un ballon. Taper du pied sur le sol. Taper dans ses mains.* **2.** (Sans compl.). En Afrique, aller à pied. ▸ *Fam.* ***Le soleil tape*** ou ***tape dur*** ou ***ça tape,*** le soleil est très chaud. *Fam.* ***Taper dans l'œil de qqn,*** lui plaire. *Fam.* ***Taper dans qqch,*** y puiser largement : *Elle a tapé dans ses économies.* *Fam.* ***Taper sur qqn,*** dire du mal de qqn ; critiquer. ◆ **se taper** v.pr. *Fam.* **1.** S'offrir qqch d'agréable : *Se taper un bon repas.* **2.** Faire malgré soi une corvée ; devoir supporter qqn : *C'est toujours moi qui me tape le ménage. J'ai dû me taper sa famille tout le week-end.* ▸ *Très fam.* ***S'en taper,*** se moquer complètement de qqch.

tapette n.f. **1.** Petite tape : *« Le premier de nous deux qui rira aura une tapette »* [comptine]. **2.** Petit objet servant à taper : *Une tapette pour battre les tapis. Une tapette à mouches.* **3.** Piège à souris, qui assomme ou tue l'animal par la détente d'un ressort ; souricière. ▸ *Fam.* ***Avoir une bonne tapette,*** être très bavard.

tapeur, euse n. *Fam.* Personne qui emprunte souvent de l'argent.

tapin n.m. (de *taper*). ▸ *Très fam.* ***Faire le tapin,*** se prostituer en racolant sur la voie publique.

en **tapinois** loc. adv. (de l'anc. fr. *tapin*, sournois, de *se tapir*). De façon à échapper aux regards ; en cachette : *S'approcher en tapinois* (**SYN.** en catimini).

tapioca n.m. (mot port., du tupi-guarani). Fécule tirée de la racine de manioc, dont on fait des potages, des entremets.

tapir n.m. (du tupi-guarani). Mammifère d'Asie du Sud-Est et d'Amérique tropicale, portant une courte trompe.

se **tapir** v.pr. (du frq. *tappjan*, fermer) [conj. 32]. **1.** Se cacher en se blottissant : *Le chien, effrayé, se tapit sous la table.* **2.** Se retirer, s'enfermer dans un lieu pour fuir la société : *La star s'est tapie dans sa villa* (**SYN.** se cacher, se terrer).

tapis n.m. (gr. *tapêtion*, dimin. de *tapês, tapêtos*). **1.** Ouvrage textile dont on recouvre le sol : *Un tapis d'Orient tissé. Des tapis de laine.* **2.** Pièce de tissu ou d'un autre matériau : *Un tapis de bain, de gymnastique. Un tapis de table.* **3.** Ce qui recouvre une surface à la manière d'un tapis : *Un tapis de neige, de feuilles.* ▸ ***Aller, envoyer au tapis,*** en boxe, être envoyé, envoyer au sol. ***Dérouler le tapis rouge,*** recevoir qqn avec tous les honneurs. ***Être, revenir sur le tapis,*** être le sujet de la conversation ; être à nouveau discuté. *Fam., péjor.* ***Marchand de tapis,*** personne qui marchande mesquinement. ***Mettre qqch sur le tapis,*** le proposer à la discussion. *Fam.* ***Se prendre les pieds dans le tapis,*** commettre une maladresse ; s'embrouiller dans ses explications. ***Tapis de sol,*** toile qui isole l'intérieur d'une tente de l'humidité du sol. ***Tapis de souris,*** support antidérapant dont la surface plane facilite les déplacements de la souris d'un ordinateur. ***Tapis plain,*** en Belgique, moquette. ***Tapis roulant,*** dispositif à mouvement continu qui transporte des personnes, des marchandises. ***Tapis vert,*** tapis qui recouvre une table de jeu ; par ext., table de jeu.

tapis-brosse n.m. (pl. *tapis-brosses*). Paillasson ; essuie-pieds.

tapisser v.t. [conj. 3]. **1.** Recouvrir de tapisserie, de papier peint : *Tapisser un salon.* **2.** Recouvrir presque totalement : *Un sentier que tapissent les feuilles* *mortes* (**SYN.** joncher). *La vigne vierge tapisse la muraille* (**SYN.** couvrir).

tapisserie n.f. **1.** Ouvrage textile décoratif, tissé à la main, dont le décor est produit par les fils teintés (laine, soie) : *Une tapisserie de Lurçat.* **2.** Papier peint, tissu tendu sur les murs. **3.** Art, métier du lissier, du tapissier. ▸ ***Faire tapisserie,*** en parlant d'une femme, ne pas être invitée à danser, dans un bal ; rester à sa place en étant réduit à un rôle décoratif.

tapissier, ère n. **1.** Personne qui vend et pose les tissus d'ameublement, les rideaux ou tentures. **2.** Personne qui exécute manuellement des tapisseries ou des tapis.

tapotement n.m. Action de tapoter ; bruit fait en tapotant.

tapoter v.t. [conj. 3]. **1.** Donner de petites tapes légères : *Il m'a tapoté la joue.* **2.** Frapper à petits coups répétés avec les doigts ou avec un objet ; pianoter.

tapuscrit [tapyskri] n.m. (de *tap*[*er*] et [*man*]*uscrit*). Texte dactylographié ; en imprimerie, document dactylographié servant de copie pour la composition (par opp. au manuscrit).

taquet n.m. (onomat.). **1.** Petit morceau de bois taillé servant à tenir en place un objet, à caler un meuble. **2.** Dans la marine, pièce de bois ou de métal pour amarrer les cordages.

taquin, e adj. et n. (de l'anc. fr. *taquehain,* émeute). Qui aime à taquiner : *Une enfant taquine.*

taquiner v.t. [conj. 3]. S'amuser, sans méchanceté, à faire enrager, à contrarier : *Elle ne cesse de taquiner son frère* (**SYN.** agacer). ▸ ***Taquiner la muse,*** faire des vers en amateur.

taquinerie n.f. **1.** Caractère d'une personne taquine. **2.** Action de taquiner ; agacerie.

tara n.m. (mot africain). En Afrique, lit, siège bas fait de branches entrecroisées.

tarabiscoté, e adj. *Fam.* **1.** Chargé d'ornements excessifs, compliqués : *Une façade tarabiscotée* (**CONTR.** simple, sobre). **2.** Qui est exagérément embrouillé, compliqué : *Un exposé tarabiscoté* (**SYN.** foisonnant ; **CONTR.** précis).

tarabuster v.t. (de l'anc. prov. *tabustar,* faire du bruit) [conj. 3]. *Fam.* **1.** Harceler qqn en lui adressant toujours la même demande : *Il me tarabuste depuis des semaines pour que j'accepte son invitation* (**SYN.** importuner, tourmenter [sout.]). **2.** Préoccuper vivement : *Ce problème m'a tarabusté toute la nuit* (**SYN.** obséder, tracasser, travailler).

taraf n.m. Petit ensemble de musiciens tsiganes jouant surtout des instruments à cordes.

tarage n.m. Action de tarer.

tarama n.m. (du gr. mod. *taramás,* œufs de poisson salés). Spécialité grecque consistant en une pâte à base d'œufs de poisson pilés avec de l'huile d'olive, servie arrosée de jus de citron.

tararage n.m. Action de nettoyer les grains avec un tarare.

tarare n.m. Appareil servant à nettoyer les grains après le battage.

tarasque n.f. (prov. *tarasco,* de *Tarascon*). Monstre légendaire, dragon des légendes provençales.

taratata interj. (onomat.). *Fam.* Marque le dédain, le doute : *Taratata ! Si tu t'imagines que je vais croire ça...*

taraud n.m. (de l'anc. fr. *tarel,* tarière). Outil pour fileter.

taraudage n.m. Action d'exécuter un filetage à l'aide d'un taraud.

tarauder v.t. [conj. 3]. **1.** Exécuter un filetage à l'intérieur d'un trou à l'aide d'un taraud (**SYN.** vriller). **2.** *Litt.* Tourmenter moralement : *Le souvenir de cet accident la taraude jour et nuit* (**SYN.** obséder, ronger, torturer).

tarbouch [tarbuʃ] ou **tarbouche** n.m. (mot ar.). Bonnet rond, rouge, orné d'un gland de soie, faisant partie du costume traditionnel turc et égyptien.

tard adv. (du lat. *tarde,* lentement). **1.** Relativement longtemps après l'heure fixée : *Tu arrives un peu tard. Elle est arrivée plus tard que nous.* **2.** À une heure très avancée de la journée, de la nuit : *Elle est rentrée tard* (**CONTR.** tôt). ▸ ***Au plus tard,*** dans l'hypothèse de temps la plus éloignée : *Les résultats seront affichés vendredi au plus tard.* ◆ n.m. ▸ ***Sur le tard,*** à une heure avancée de la soirée ; à un âge relativement avancé : *Ils ont eu des enfants sur le tard.*

tarder v.i. (lat. *tardare*) [conj. 3]. Être lent à faire qqch : *Vous avez trop tardé, la date de remise des dossiers est passée* (**SYN.** traîner ; **CONTR.** se hâter). ▸ ***Sans tarder,*** immédiatement. ◆ v.t. ind. **[à].** Être lent à faire qqch, à se produire : *Il a trop tardé à signer les papiers* (**CONTR.** se dépêcher). *La réponse tardait à venir* (= se faisait attendre). ▸ ***Ne pas tarder à,*** être sur le point de faire qqch ; être sur le point de se produire : *Il ne va pas tarder à s'endormir. La sortie du film ne devrait plus tarder.* ◆ v. impers. ▸ ***Il me, te, lui... tarde de*** (+ inf.), ***que*** (+ subj.), je suis impatient de, que : *Il me tarde de venir. Il lui tarde que sa sœur revienne.*

tardif, ive adj. **1.** Qui vient tard, trop tard : *Des excuses tardives.* **2.** Qui a lieu après le moment convenable, le temps normal : *Un rendez-vous tardif. Une amitié tardive* (**CONTR.** précoce). **3.** Se dit des variétés de végétaux qui fleurissent ou mûrissent tard : *Des roses, des fraises tardives* (**CONTR.** hâtif).

tardillon, onne [tardijɔ̃, ɔn] n. *Fam., vieilli* Dernier-né tardivement venu dans une famille.

tardivement adv. De façon tardive : *Il s'est décidé tardivement* (**SYN.** tard).

tardiveté n.f. Croissance, maturation tardive d'un végétal.

① **tare** n.f. (d'un mot ar. signif. « déduction »). **1.** Poids propre de l'emballage d'une marchandise : *La tare est ce qu'on déduit pour obtenir le poids net.* **2.** Poids que l'on met sur l'un des plateaux d'une balance pour l'équilibrer.

② **tare** n.f. (de *1. tare*). **1.** Défectuosité physique ou psychique, génér. héréditaire, chez l'être humain ou l'animal (**SYN.** malformation). **2.** *Litt.* Grave défaut nuisible à un groupe, à la société : *Il considère la course à l'argent comme la tare du monde contemporain* (**SYN.** tache, vice).

taré, e adj. et n. (de *2. tare*). **1.** Atteint d'une tare physique ou psychique ; débile, dégénéré. **2.** *Fam.* Imbécile.

tarente n.f. (de *Tarente,* nom français d'une ville d'Italie). *Région.* Dans le midi de la France, gecko.

tarentelle n.f. (it. *tarantella,* de *Taranto,* Tarente). Danse folklorique du sud de l'Italie, exécutée sur un rythme vif ; air sur lequel on la danse.

tarentule n.f. (it. *tarantola,* de *Taranto,* Tarente). Grosse araignée venimeuse répandue dans l'Europe méridionale.

tarer v.t. (de *1. tare*) [conj. 3]. Peser l'emballage d'une marchandise.

targette n.f. Petit verrou plat, que l'on fait coulisser avec un bouton pour fermer une porte, une fenêtre de l'intérieur.

se **targuer** v.pr. (de l'it. *si targuar,* se vanter) [conj. 3]. **[de].** *Sout.* Se glorifier de qqch avec arrogance : *Ce magazine se targue de nous donner la recette du bonheur* (**SYN.** s'enorgueillir de, se prévaloir de). *Elle se targue d'avoir battu le champion d'échecs* (**SYN.** se piquer de, se vanter de).

targui, e adj. sing. et n. sing. → **touareg.**

tarière n.f. (bas lat. *taratrum,* du gaul.). **1.** Grande vrille pour faire des trous dans le bois. **2.** Organe allongé, situé à l'extrémité de l'abdomen des femelles de certains insectes et leur permettant de déposer leurs œufs dans le sol, dans les végétaux.

tarif n.m. (it. *tariffa,* d'un mot ar. signif. « notification »). **1.** Tableau indiquant le coût de certains produits ou services : *Afficher le tarif des consommations dans un café* (**SYN.** barème). **2.** Montant du prix d'un service, d'un travail : *Acheter une place de cinéma à tarif réduit, à plein tarif.* **3.** *Fam.* Sanction, peine, punition correspondant à un acte répréhensible : *Le tarif, c'est 6 mois de prison.*

tarifaire adj. Relatif à un tarif : *Une grille tarifaire.*

tarifer v.t. [conj. 3]. Établir le tarif de : *Tarifer un service.*

tarification n.f. Action de tarifer ; fait d'être tarifé : *La tarification des communications téléphoniques.*

tarin n.m. *Fam.* Nez.

tarir v.t. (du frq.) [conj. 32]. **1.** Mettre à sec une réserve d'eau, de liquide : *La sécheresse a tari les cours d'eau* (**SYN.** assécher, épuiser). **2.** Épuiser ce qui constitue une réserve : *La maladie a tari ses forces* (**SYN.** consumer, éteindre). *Ces dépenses ont tari mes économies* (**SYN.** dissiper, engloutir). ◆ v.i. ou **se tarir** v.pr. **1.** Être mis à sec ; cesser de couler : *La fontaine a tari tout à coup* (**SYN.** s'épuiser). *La source s'est tarie. Ses larmes se sont taries.* **2.** *Litt.* S'épuiser progressivement : *Son imagination s'est tarie.* ◆ v.i. ▸ ***Ne pas tarir d'éloges sur qqn,*** en dire beaucoup de bien. ***Ne pas tarir sur qqch, sur qqn,*** ne pas cesser d'en parler : *Il ne tarit pas sur ce sujet.*

tarissable adj. Qui peut se tarir : *Un puits tarissable* (**CONTR.** inépuisable, intarissable).

tarissement n.m. Fait de tarir ; état de ce qui s'est tari : *Le tarissement d'un gisement pétrolier* (**SYN.** épuisement).

tarlatane n.f. (port. *tarlatana*). Mousseline de coton fine et très apprêtée, servant à faire des patrons ou de la gaze pour bandages.

tarmac n.m. (de l'angl. *tar,* goudron, et *mac[adam]*). Partie d'un aérodrome réservée à la circulation et au stationnement des avions.

taro n.m. (mot polynésien). Plante cultivée dans les régions tropicales pour ses tubercules comestibles.

tarot n.m. ou **tarots** n.m. pl. (it. *tarocco*). Ensemble de soixante-dix-huit cartes, plus longues que les cartes ordinaires et comportant des figures différentes, servant au jeu et à la cartomancie ; jeu que l'on joue avec ces cartes.

tarpan n.m. (mot kirghiz). Cheval des steppes d'Ukraine et d'Asie occidentale, qui est retourné à l'état sauvage.

tarpon n.m. (mot angl.). Poisson de la Floride, apprécié dans la pêche sportive pour sa combativité.

tarse n.m. (du gr. *tarsos,* claie). **1.** Région postérieure du squelette du pied, formée, chez l'homme, de sept os. **2.** Dernière partie de la patte des insectes.

tarsien, enne adj. Relatif au tarse : *Les os tarsiens.*

① **tartan** n.m. (mot angl.). **1.** Étoffe de laine, à larges carreaux de diverses couleurs, fabriquée en Écosse : *Chaque clan écossais a son propre tartan.* **2.** Vêtement fait avec cette étoffe.

② **Tartan** n.m. (nom déposé). Revêtement employé pour certaines pistes d'athlétisme.

tartare adj. (déformation de *Tatar,* n.pr.). ▸ ***Sauce tartare,*** mayonnaise fortement relevée. ***Steak tartare,*** viande hachée que l'on mange crue et diversement assaisonnée. ◆ n.m. Préparation de viande ou de poisson hachés et servis crus avec un assaisonnement : *Un tartare de thon.*

tartarin n.m. (de *Tartarin* [de Tarascon], personnage d'Alphonse Daudet). *Fam.* Fanfaron ; vantard.

tarte n.f. (var. de *tourte*). **1.** Préparation faite d'une pâte amincie au rouleau, garnie de crème, de fruits ou de légumes et cuite au four : *Une tarte aux pommes. Une tarte aux poireaux* (**SYN.** tourte). **2.** *Fam.* Gifle. ▸ *Fam.* ***C'est de la tarte, c'est pas de la tarte,*** c'est facile, c'est difficile. *Fam.* ***Tarte à la crème,*** idée toute faite ; point de vue d'une grande banalité. ***Tarte Tatin,*** tarte aux pommes caramélisées, cuite à l'envers. ◆ adj. *Fam.* Se dit d'une personne sotte et ridicule, d'une chose sans intérêt : *Ses films sont vraiment tartes* (**SYN.** inintéressant, insignifiant).

tartelette n.f. Petite tarte.

tartempion n.m. *Fam., péjor.* Personne que l'on ne connaît pas ou que l'on ne veut pas nommer.

tartiflette n.f. Plat de Savoie à base de pommes de terre et de reblochon fondu.

tartine n.f. (de *tarte*). **1.** Tranche de pain recouverte d'une substance alimentaire : *Une tartine de beurre, de confiture.* **2.** *Fam.* Long développement oral ou écrit ; laïus : *Les journaux ont fait toute une tartine sur cet incident.*

tartiner v.t. [conj. 3]. **1.** Mettre une substance alimentaire sur une tranche de pain. **2.** *Fam.* Écrire beaucoup sur qqch : *Il tartine des articles sur n'importe quel sujet.*

tartre n.m. (bas lat. *tartarum*). **1.** Croûte calcaire qui se dépose sur les parois des chaudières, des canalisations d'eau. **2.** Sédiment jaunâtre qui se dépose autour des dents. **3.** Dépôt que laisse le vin sur les parois des tonneaux, des cuves.

tartreux, euse adj. Qui est de la nature du tartre.

tartrique adj. (de *tartre*). ▸ ***Acide tartrique,*** acide présent dans la lie du vin.

tartufe ou **tartuffe** n.m. (it. *Tartufo*, nom d'un personnage de comédie). **1.** *Vx* Faux dévot. **2.** Personne fourbe, hypocrite.

tartuferie ou **tartufferie** n.f. Caractère, manière d'agir d'un tartufe ; hypocrisie, fourberie.

tas [ta] n.m. (du frq.). Accumulation, amoncellement de choses en hauteur : *Un tas de pierres. Des tas de papiers sur un bureau* (**SYN.** entassement, monceau). ▸ *Fam.* ***Dans le tas,*** au sein d'un grand nombre de personnes ou de choses : *Dans le tas, il y a bien quelqu'un qui la connaît* ; au hasard : *Les miliciens ont tiré dans le tas* ; sans se gêner : *Il a vu mes disques et il a tapé dans le tas.* *Fam.* ***Sur le tas,*** sur le lieu même du travail : *J'ai été formé sur le tas.* *Fam.* ***Un tas*** ou ***des tas de,*** une grande quantité, beaucoup de : *Il a un tas d'amis* (**SYN.** foule, multitude).

tasse n.f. (d'un mot ar. signif. « écuelle »). Petit récipient à anse dont on se sert pour boire ; son contenu : *Une tasse à café. Boire une tasse de thé.* ▸ *Fam.* ***Boire la tasse,*** avaler involontairement de l'eau en se baignant. *Fam.* ***Ce n'est pas ma tasse de thé,*** ce n'est pas à mon goût ; ça n'est pas mon genre.

tassé, e adj. ▸ *Fam.* ***Bien tassé,*** qui est servi avec peu d'eau ; très fort : *Un café tassé* ; qui est servi avec abondance, en remplissant bien le verre : *Un whisky bien tassé* ; qui est largement dépassé, en parlant d'un âge : *Elle a 60 ans bien tassés.*

tasseau n.m. (du lat. *taxillus*, petit dé à jouer, de *talus*, talon). Pièce de bois de petite section, servant à soutenir, à fixer, à caler une autre pièce (tablette, tiroir).

tassement n.m. **1.** Action de tasser, de se tasser : *Un tassement de vertèbres. Le tassement d'un terrain* (**SYN.** affaissement). **2.** Baisse lente ; perte de vitesse : *Le tassement des cours de la Bourse* (**SYN.** récession).

tasser v.t. (de *tas*) [conj. 3]. **1.** Réduire de volume par pression ; compacter, damer : *Tasser la terre dans une jardinière. Tasser des vêtements dans une valise.* **2.** Resserrer dans un petit espace : *Tasser des voyageurs dans un compartiment* (**SYN.** entasser). ◆ **se tasser** v.pr. **1.** S'affaisser sur soi-même par son propre poids : *L'immeuble se tasse.* **2.** Perdre de sa taille sous l'effet de l'âge : *Elle commence à se tasser* (**SYN.** se voûter). **3.** Se serrer les uns contre les autres : *Essayez de vous tasser dans la voiture.* **4.** *Fam.* Perdre son caractère de gravité, en parlant d'une situation : *Cette affaire de délit d'initié se tassera sans doute.*

taste-vin [tastəvɛ̃] ou **tâte-vin** [tatvɛ̃] n.m. inv. (de *tâter*, goûter, et *vin*). **1.** Tube pour aspirer, par le trou du tonneau, le vin que l'on veut goûter. **2.** Petite tasse plate de métal dans laquelle on examine le vin que l'on va goûter.

tata n.f. Dans le langage enfantin, tante.

tatami n.m. (mot jap.). Tapis, à l'origine en paille de riz, servant à la pratique des arts martiaux.

tatar, e adj. Relatifs aux Tatars. ◆ **tatar** n.m. Langue du groupe turc parlée par les Tatars.

tâter v.t. (du lat. *taxare*, toucher, évaluer) [conj. 3]. **1.** Toucher, explorer de la main : *Elle tâte les abricots pour voir s'ils sont mûrs* (**SYN.** palper). **2.** Mettre la main, le pied au contact de qqch pour en éprouver la chaleur, la consistance : *Tâter l'eau du pied pour voir si elle n'est pas trop chaude.* **3.** Sonder qqn pour connaître ses intentions : *Il faut la tâter pour être sûr qu'elle nous soutiendra.* ▸ *Fam.* ***Tâter le terrain,*** s'informer par avance de l'état des choses, des esprits. ◆ v.t. ind. **[de].** *Fam.* Avoir une première expérience de qqch ; essayer : *Après avoir tâté de plusieurs métiers, il est devenu webmestre.* ◆ **se tâter** v.pr. *Fam.* S'interroger sur ses propres sentiments ; être indécis : *« Tu viendras ? – Je ne sais pas, je me tâte »* (**SYN.** hésiter).

tâte-vin n.m. inv. → **taste-vin.**

tatillon, onne adj. et n. (de *tâter*). Qui est trop minutieux : *Un esprit tatillon* (**SYN.** pointilleux, vétilleux [litt.]).

tâtonnant, e adj. Qui tâtonne, hésite : *Des pas tâtonnants. L'élaboration tâtonnante d'une nouvelle théorie.*

tâtonnement n.m. **1.** Fait de tâtonner : *Les tâtonnements d'une personne qui avance dans l'obscurité.* **2.** Mode de recherche empirique, par essais renouvelés : *Nous avons procédé par tâtonnements pour établir le diagnostic.*

tâtonner v.i. [conj. 3]. **1.** Avancer, chercher à trouver en tâtant pour reconnaître : *Il tâtonnait dans le noir pour retrouver l'interrupteur.* **2.** Chercher en procédant par tâtonnements.

à **tâtons** loc. adv. **1.** En tâtonnant : *Elle avançait à tâtons dans l'obscurité* (**SYN.** à l'aveuglette). **2.** *Fig.* Sans vraie méthode, en hésitant : *Essayer à tâtons de construire un dialogue avec les jeunes.*

tatou n.m. (du tupi-guarani). Mammifère d'Amérique tropicale, couvert de plaques cornées et pouvant se rouler en boule.

tatouage n.m. Dessin pratiqué sur le corps au moyen de piqûres introduisant sous la peau des colorants indélébiles.

tatouer v.t. (angl. *to tattoo*, du polynésien *tatau*) [conj. 6]. Imprimer un tatouage sur le corps de qqn, sur un animal.

tatoueur n. Personne dont le métier est de tatouer.

tau [to] n.m. inv. Dix-neuvième lettre de l'alphabet grec (Τ, τ) correspondant au *t* français.

taud [to] n.m. ou **taude** n.f. (de l'anc. scand. *tjald*, tente). Tente de toile destinée à protéger des intempéries tout ou partie d'un navire.

taudis [todi] n.m. (de l'anc. fr. *se tauder*, s'abriter). Logement misérable et malpropre.

taulard, e n. → **tôlard.**

taule n.f. → **2. tôle.**

taulier, ère n. → **2. tôlier.**

taupe n.f. (lat. *talpa*). **1.** Petit mammifère presque aveugle, qui vit sous terre où il creuse des galeries. **2.** Peau, fourrure de cet animal. **3.** Engin de génie civil servant à creuser des tunnels. **4.** *Fam.* Espion placé dans un organisme pour y recueillir des renseignements. **5.** *Arg. scol.* Classe de mathématiques spéciales. ▸ ***Myope comme une taupe,*** très myope.

taupé, e adj. et n.m. Se dit d'une variété de feutre utilisant des poils de lièvre et de lapin.

taupe-grillon n.m. (pl. *taupes-grillons*). Courtilière.

tauper v.t. [conj. 3]. *Fam.* En Suisse, emprunter de l'argent à qqn ; soustraire indûment de l'argent à qqn.

taupier n.m. Personne chargée de détruire les taupes.

taupière n.f. Piège à taupes.

taupin n.m. (de *taupe*). **1.** Insecte coléoptère capable de sauter en se détendant comme un ressort quand il a été mis sur le dos. **2.** *Arg. scol.* Élève d'une taupe.

taupinière n.f. **1.** Monticule de terre qu'une taupe construit en creusant ses galeries souterraines. **2.** Ensemble des galeries creusées par une taupe.

taure n.f. (lat. *taura*). *Région.* Génisse.

taureau n.m. (lat. *taurus*). Mâle reproducteur de l'espèce bovine. ▸ ***Cou de taureau,*** cou très fort, très puissant. ***Prendre le taureau par les cornes,*** affronter résolument une difficulté. ◆ **Taureau** n. inv. et adj. inv. Personne née sous le signe du Taureau, entre le 20 avril et le 20 mai : *Ils sont tous les deux Taureau.*

taurillon n.m. Jeune taureau.

taurin, e adj. Relatif aux taureaux, aux courses de taureaux.

tauromachie [toromaʃi] n.f. (du gr. *tauros,* taureau, et *makhê,* combat). Art de combattre les taureaux dans l'arène.

tauromachique [toromaʃik] adj. Relatif à la tauromachie.

tautologie n.f. (du gr. *tautos,* le même, et *logos,* discours). Figure de style consistant en la répétition d'une même idée en termes différents ; redondance.

tautologique adj. Qui a le caractère de la tautologie ; redondant.

taux n.m. (de l'anc. fr. *tauxer,* var. de *taxer*). **1.** Prix fixé par une convention, par la loi ou l'usage : *Le taux de change* (**SYN.** barème). *Le taux des loyers* (**SYN.** montant). **2.** Grandeur exprimée en pourcentage ; proportion : *Le taux de natalité est en hausse.* ▸ ***Taux d'intérêt,*** pourcentage du capital d'une somme prêtée, qui en détermine le revenu annuel.

tauzin n.m. Chêne à feuilles cotonneuses, de l'ouest et du sud-ouest de la France.

taveler v.t. (de l'anc. fr. *taveler,* parsemer de taches, du lat. *tabella,* tablette) [conj. 24]. Marquer un fruit, une surface de taches, de crevasses : *La moisissure tavelle les fruits.*

tavelure n.f. **1.** *Litt.* État d'une surface couverte de taches ; chacune de ces taches : *Des tavelures dues à l'humidité.* **2.** Maladie de certains arbres fruitiers, caractérisée par des taches noires sur les fruits.

taverne n.f. (du lat. *taberna,* échoppe). **1.** *Anc.* Lieu où l'on servait à boire ; cabaret. **2.** Restaurant de style rustique.

tavernier, ère n. *Anc.* Personne qui tenait une taverne.

tavillon n.m. (lat. *tabella*). En Suisse, planchette en forme de tuile ; bardeau.

taxable adj. Qui peut être taxé : *Des produits taxables* (**SYN.** imposable).

taxage n.m. Au Québec, action de taxer, d'extorquer.

taxation n.f. Action de taxer ; fait d'être taxé : *La taxation des spiritueux* (**CONTR.** détaxation).

taxe n.f. Prélèvement fiscal, impôt perçu par l'État : *La taxe sur les alcools. La taxe d'habitation.* ▸ ***Prix hors taxes,*** sans les taxes (par opp. à toutes taxes comprises). ***Taxe professionnelle,*** impôt local dû par une profession non salariée (on disait autrefois *la patente*). ***Taxe sur la valeur ajoutée*** → **T.V.A.** ***Toutes taxes comprises*** ou ***T.T.C.,*** se dit d'un prix de vente net de toute taxe ou impôt.

taxer v.t. (du lat. *taxare,* toucher, évaluer) [conj. 3]. **1.** Soumettre à une taxe, à un impôt : *En France, l'État taxe les carburants* (**SYN.** imposer ; **CONTR.** détaxer). **2.** *Fam.* Extorquer qqch à qqn par intimidation ou violence ; voler : *Il m'a taxé 20 euros. Ils ont taxé son blouson.* **3. [de].** Présenter qqn comme ayant tel défaut : *Il m'a taxé d'hypocrisie* (**SYN.** accuser).

taxi n.m. (abrév. de *taximètre*). **1.** Automobile de location, munie d'un taximètre et conduite par un chauffeur professionnel. **2.** *Fam.* Chauffeur de taxi.

taxi-brousse n.m. (pl. *taxis-brousse*). En Afrique, taxi collectif sans compteur qui s'arrête à la demande et peut prendre jusqu'à dix passagers.

taxidermie n.f. (du gr. *taxis,* arrangement, et *derma,* peau). Naturalisation ; empaillage.

taxidermiste n. Personne qui pratique la taxidermie (**SYN.** empailleur, naturaliste).

taximan [taksiman] n.m. (de *taxi,* et de l'angl. *man,* homme). En Afrique et en Belgique, chauffeur de taxi.

taximètre n.m. (du gr. *taxis,* arrangement, et *metron,* mesure). Compteur qui établit le prix d'une course en taxi, en fonction de la distance parcourue et du temps passé.

taxinomie ou **taxonomie** n.f. (du gr. *taxis,* ordre, et *nomos,* loi). **1.** Science des lois de la classification. **2.** Classification d'éléments concernant un domaine, une science ; systématique : *La taxinomie des plantes, des animaux.*

taxinomique ou **taxonomique** adj. Relatif à la taxinomie.

taxinomiste ou **taxonomiste** n.m. Spécialiste de taxinomie.

Taxiphone n.m. (nom déposé). *Vieilli* Téléphone public à pièces ou à jetons.

taxiway [taksiwɛ] n.m. (mot angl., de *to taxi,* rouler au sol, et *way,* chemin). Voie cimentée ou goudronnée sur laquelle peuvent rouler les avions dans un aéroport.

taxol n.m. (du lat. *taxus,* if). Substance extraite de l'écorce des ifs et utilisée dans le traitement de certains cancers (sein, ovaires, prostate).

taxon ou **taxum** [taksɔm] n.m. (du gr. *taxis,* ordre) [pl. *taxons, taxa*]. En biologie, unité systématique, dans une classification : *La famille, le genre, l'espèce sont des taxons.*

taxonomie n.f. → **taxinomie.**

taxonomique adj. → **taxinomique.**

taxonomiste n. → **taxinomiste.**

tayaut [tajo] interj. → **taïaut.**

taylorisation [tɛlɔrizasjɔ̃] n.f. Application du taylorisme.

tayloriser [tɛlɔrize] v.t. [conj. 3]. Organiser le travail selon le taylorisme.

taylorisme [tɛlɔrism] n.m. (anglo-amér. *taylorism,* du nom de Frederick Winslow *Taylor,* ingénieur américain). Système d'organisation du travail et de contrôle des temps d'exécution.

tchadien, enne adj. et n. Relatif au Tchad, à ses

habitants. ◆ **tchadien** n.m. Groupe de langues de la famille chamito-sémitique parlées au Nigeria, au Tchad, au Cameroun.

tchador n.m. (mot persan). Voile couvrant la tête et le corps des femmes musulmanes, en partic. en Iran.

tchadri n.m. (mot persan). Voile dissimulant les femmes musulmanes de la tête aux pieds et pourvu, devant les yeux, d'une grille de tissu brodé, en partic. en Inde, au Pakistan et en Afghanistan.

tchao [tʃao] interj. → **ciao.**

tchapalo n.m. En Afrique, bière de petit mil ou de sorgho.

tchatche n.f. (de l'esp. *chacharear,* bavarder). *Fam.* Grande volubilité ; bagout.

tchatcher v.i. [conj. 3]. *Fam.* Parler abondamment ; bavarder.

tchatcheur, euse n. *Fam.* Personne qui tchatche, qui a de la tchatche ; bonimenteur.

tchatter v.i. → **chatter.**

tchèque adj. et n. Relatif à la République tchèque, à ses habitants. ◆ n.m. Langue slave occidentale parlée en République tchèque.

tchernozem [tʃɛrnɔzɛm] ou **tchernoziom** [tʃɛrnɔzjɔm] n.m. (d'un mot russe signif. « terre noire »). Sol extrêmement fertile des steppes continentales de l'Est européen.

tchétchène adj. et n. Relatif à la Tchétchénie, à ses habitants. ◆ n.m. Langue caucasienne parlée en Tchétchénie.

tchin-tchin [tʃintʃin] ou **tchin** interj. (du pidgin de Canton *tsing-tsing,* salut). *Fam.* Formule utilisée pour trinquer, porter un toast : *Tchin-tchin !* (= à votre santé).

te pron. pers. (lat. *te*). **1.** Désigne la deuxième personne du singulier, représentant la personne à qui on parle, et ayant la fonction de complément : *Elle t'apprécie beaucoup. Il te téléphonera demain. Je te le donne.* **2.** Reprise du sujet *tu* dans les formes verbales pronominales : *Vas-tu enfin te taire ?*

té n.m. (de la lettre *T*). **1.** Règle formant un T. **2.** Ferrure en forme de T, employée pour consolider les assemblages de menuiserie dans les croisées.

① **technicien, enne** [tɛknisjɛ̃, ɛn] n. **1.** Professionnel qualifié dans une technique : *Une technicienne en génie civil* (**SYN.** spécialiste). **2.** Personne qui travaille sous les ordres d'un ingénieur, d'un directeur de laboratoire. **3.** Personne qui connaît et pratique une technique : *Ce footballeur est un bon technicien.* ▸ ***Technicien de surface,*** dans le langage administratif, employé chargé du ménage dans des bureaux.

② **technicien, enne** [tɛknisjɛ̃, ɛn] ou **techniciste** [tɛknisist] adj. Qui relève de la technique, de la technicité.

techniciser [tɛknisize] v.t. [conj. 3]. Pourvoir, doter de moyens, de structures techniques.

technicité [tɛknisite] n.f. Caractère de ce qui est technique : *La technicité d'une revue médicale. Du matériel d'une haute technicité.*

technico-commercial, e, aux [tɛknikokɔmɛrsjal, o] adj. et n. Se dit d'un vendeur qui possède des connaissances techniques sur ce qu'il vend.

Technicolor [tɛknikɔlɔr] n.m. (nom déposé). Procédé de films en couleurs.

① **technique** [tɛknik] adj. (du gr. *tekhnê,* art). **1.** Qui appartient en propre à une discipline et à ses applications : *Des termes techniques* (**SYN.** scientifique). **2.** Relatif au fonctionnement d'une machine : *Un incident technique* (**SYN.** mécanique). **3.** Qui concerne les applications pratiques d'une science : *Les progrès techniques.* ▸ ***Enseignement technique*** → **enseignement.**

② **technique** [tɛknik] n.f. **1.** Ensemble des procédés et des méthodes d'un art, d'un métier : *La technique de la peinture sur soie* (**SYN.** art). *Les techniques de pointe.* **2.** (S'emploie au sing.). Ensemble des applications de la science dans le domaine de la production : *L'évolution de la technique.* **3.** Savoir-faire de qqn dans la pratique d'une activité : *Un sculpteur qui a une très bonne technique* (**SYN.** habileté). **4.** Manière de faire pour obtenir un résultat : *Déstabiliser les autres concurrents, c'est sa technique* (**SYN.** méthode).

techniquement [tɛknikmɑ̃] adv. D'un point de vue technique : *C'est techniquement impossible.*

techno [tɛkno] adj. et n.f. Se dit d'un style de musique utilisant les nouvelles technologies pour créer des morceaux au tempo très rapide, au rythme répétitif : *La musique techno.*

technocrate [tɛknɔkrat] n. (Souvent péjor.). Homme d'État ou haut fonctionnaire qui fait prévaloir les considérations techniques ou économiques sur les facteurs humains.

technocratie [tɛknɔkrasi] n.f. (Souvent péjor.). Système politique dans lequel les techniciens et les fonctionnaires exercent une grande influence.

technocratique [tɛknɔkratik] adj. Relatif à la technocratie.

technocratiser [tɛknɔkratize] v.t. [conj. 3]. Donner un caractère technocratique à qqch : *Ne pas technocratiser l'enseignement.*

technologie [tɛknɔlɔʒi] n.f. Étude des outils, des machines et des techniques utilisés dans l'industrie. ▸ ***Nouvelles technologies,*** moyens matériels et organisations structurelles qui mettent en œuvre les découvertes et les applications scientifiques les plus récentes.

technologique [tɛknɔlɔʒik] adj. Relatif à la technologie. ▸ ***Enseignement technologique*** → **enseignement.**

technologue [tɛknɔlɔg] ou **technologiste** [tɛknɔlɔʒist] n. Spécialiste de technologie.

technopole [tɛknɔpɔl] n.f. (du gr. *tekhnê,* art, et *polis,* ville). Grand centre urbain regroupant des centres d'enseignement et de recherche et des industries de pointe.

technopôle [tɛknɔpol] n.m. (du gr. *tekhnê,* art, et *pôle*). Site spécialement aménagé pour accueillir les entreprises de haute technologie ou pour en favoriser l'implantation.

technoscience [tɛknɔsjɑ̃s] n.f. Sphère d'activité, domaine constitués par l'association entre la recherche scientifique et la production technique.

technostructure [tɛknɔstryktyr] n.f. Groupe de techniciens qui exercent le pouvoir dans les grandes administrations, les grandes firmes.

teck ou **tek** n.m. (port. *teca,* du tamoul). Arbre de l'Asie tropicale, fournissant un bois très dur et imputrescible.

teckel n.m. (all. *Teckel*). Basset musclé, à poil ras ou long.

tectonique n.f. (all. *Tektonik*, du gr. *tektôn*, charpentier). Partie de la géologie qui étudie la structure et les déformations de l'écorce terrestre : *Une région à la tectonique complexe.* ▸ ***Tectonique des plaques,*** théorie des mouvements de la lithosphère. ◆ adj. Relatif à la tectonique.

tectrice n.f. (du lat. *tectus*, couvert, de *tegere*, couvrir). Plume qui couvre les ailes des oiseaux.

Te Deum [tedeɔm] n.m. inv. (mots lat. signif. « toi Dieu »). Hymne de louange et d'action de grâces de l'Église catholique ; musique composée sur cette hymne ; cérémonie religieuse où l'on chante cette hymne : *Les Te Deum de Charpentier et de Berlioz.*

tee [ti] n.m. (mot angl.). **1.** Au golf, cheville fixée en terre et servant à surélever la balle. **2.** Au rugby, petit support creux sur lequel le joueur peut poser le ballon avant un coup de pied.

teen-ager [tinɛdʒœr] n. (mot anglo-amér., de *-teen*, finale des nombres de *thirteen*, treize, à *nineteen*, dix-neuf, et *age*, âge) [pl. *teen-agers*]. *Fam.* Adolescent.

tee-shirt ou **T-shirt** [tiʃœrt] n.m. (mot angl., de *tee*, prononciation de « t », et *shirt*, chemise)[pl. *tee-shirts*, *T-shirts*]. Maillot en coton, à manches courtes ou longues, en forme de T.

tefillin ou **tephillin** [tefilin] n.m. pl. (mot hébr.). Phylactère.

Teflon [teflɔ̃] n.m. (nom déposé). Matière plastique fluorée, résistant à la chaleur et à la corrosion.

tégénaire n.f. (lat. scientif. *tegenerius*, de *teges, tegetis*, couverture, de *tegere*, couvrir). Grande araignée des greniers et des caves.

tégument n.m. (lat. *tegumentum*, de *tegere*, couvrir). **1.** Ensemble des productions anatomiques qui couvrent le corps de l'homme et des animaux (peau, poil, plumes, écailles). **2.** En botanique, enveloppe de la graine.

tégumentaire adj. Relatif au tégument.

teigne n.f. (lat. *tinea*). **1.** Petit papillon, extrêmement nuisible, comme *la mite.* **2.** Maladie parasitaire du cuir chevelu de l'homme et de la peau de certains animaux. **3.** *Fam.* Personne méchante.

teigneux, euse adj. et n. **1.** Qui est atteint de la teigne. **2.** *Fam.* Hargneux et tenace.

teillage [tɛjaʒ] ou **tillage** [tijaʒ] n.m. Action de teiller.

teille [tɛj] ou **tille** [tij] n.f. (du lat. *tilia*, chanvre). Écorce de la tige du chanvre.

teiller [tɛje] [conj. 4] ou **tiller** [tije] [conj. 3] v.t. Battre ou broyer une plante textile (chanvre, lin) pour en briser les parties ligneuses.

teindre v.t. (lat. *tingere*) [conj. 81]. **1.** Imprégner, imbiber d'une substance colorante ; colorer : *Elle a teint sa veste en noir.* **2.** *Litt.* Imprégner qqch de telle couleur, le colorer ; teinter : *La lumière du soleil teignait la mer en vert émeraude.* ◆ **se teindre** v.pr. **1.** Donner à ses cheveux une couleur artificielle. **2.** *Litt.* Prendre telle teinte ou telle coloration nouvelle : *Les feuilles se teignent de roux.*

① **teint** n.m. (du lat. *tinctus*, teinture, de *tingere*, teindre). **1.** Coloris et aspect de la peau du visage : *Elle a le teint mat* (**SYN.** carnation). **2.** Couleur donnée à une étoffe par la teinture. ☞ **REM.** Ne pas confondre avec *tain, thym* ou *tin.* ▸ ***Bon teint*** ou ***grand teint,*** se dit d'un tissu dont la couleur ne s'altère pas au lavage : *Des draps grand teint.* ***Bon teint,*** se dit d'une personne dont les convictions sont bien établies, et de ces convictions elles-mêmes : *Un monarchiste bon teint. Des idées réformistes bon teint.*

② **teint, e** adj. (de *teindre*). Qui a reçu une teinture : *Des cheveux teints. Des laines teintes.*

teintant, e adj. Se dit d'un produit qui teinte : *Une crème teintante* (**SYN.** colorant).

teinte n.f. **1.** Couleur nuancée obtenue par mélange : *Il a rendu le ciel d'hiver par des teintes grises* (**SYN.** coloris, nuance). **2.** Apparence légère ; petite dose : *Il y avait dans sa remarque une légère teinte de jalousie* (**SYN.** soupçon).

teinter v.t. [conj. 3]. **1.** Donner une teinte artificielle à : *Teinter un meuble de brun* (**SYN.** colorer). **2.** *Litt.* Donner à qqch une coloration, légère ou accentuée ; teindre : *Le soleil couchant teinte le lac de rose.* **3.** *Fig.* Donner un caractère plus ou moins nuancé à ; colorer : *Un sourire teinté de moquerie.* ☞ **REM.** Ne pas confondre avec *tinter.* ◆ **se teinter** v.pr. **1.** Prendre telle couleur : *Le ciel se teintait de rouge.* **2.** Prendre tel caractère : *Sa voix se teinta d'ironie.*

teinture n.f. (lat. *tinctura*, de *tingere*, teindre). **1.** Action de teindre : *La teinture d'un vêtement.* **2.** Matière colorante liquide, dont on imprègne les tissus, les cheveux (**SYN.** colorant). **3.** Préparation médicamenteuse liquide obtenue par l'action de l'alcool sur les principes actifs de certaines substances : *De la teinture d'iode.* **4.** *Fig.* Connaissance superficielle : *Il a une teinture de philosophie* (**SYN.** vernis).

teinturerie n.f. Établissement où l'on se charge de nettoyer ou de teindre des vêtements, des tissus d'ameublement.

teinturier, ère n. Personne qui tient une teinturerie.

tek n.m. → **teck.**

tel, telle adj. (lat. *talis*). **1.** (Précédé de l'art. indéf.). De cette sorte ; du même genre : *Elle a dû beaucoup réfléchir avant de prendre une telle décision. Il ne finira jamais ce travail, avec de tels collaborateurs* (**SYN.** pareil, semblable). **2.** (Suivi d'un nom). Semblable à : *Elle a filé tel l'éclair. Il s'occupe de nous telle une mère.* **3.** (Le plus souvent en tête de proposition, en fonction d'attribut). Reprend ce qui précède ou annonce ce qui suit : *Telle est ma décision. Tel fut son commentaire.* **4.** (Devant un nom sans déterminant). Désigne une chose, une personne sans la définir précisément : *Tel disque est en rupture de stock, tel autre épuisé. Telle employée est malade, telle autre est en vacances* (= une certaine). **5.** Marque l'intensité : *Un tel désordre est insupportable !* (= un si grand désordre). **6.** (En corrélation avec *que*). Introduit une comparaison : *« Tel qu'en lui-même enfin l'éternité le change »* [*le Tombeau d'Edgar Poe*, Mallarmé] ; indique la conséquence : *Elle a eu une peur telle qu'elle n'y retournera plus.* ▸ ***Comme tel*** ou ***en tant que tel,*** à ce titre ; en cette qualité : *Des personnalités considérées comme des invités d'honneur et traitées* *comme tels.* ***Rien de tel que,*** rien de plus efficace que : *Rien de tel qu'un bon café pour bien commencer une journée.* ***Tel que,*** indique une comparaison ; comme : *Des chocolats tels que je les aime* ; introduit une énumération : *Des œuvres telles que celles de Picasso, de Braque.* ***Tel quel,*** sans changement : *J'ai acheté cette maison telle quelle.* ***Tel..., tel...,*** exprime la similitude : *Telle mère, telle fille.* ◆ pron. indéf. *Litt.* Quelqu'un ; celui : *Tel est pris qui croyait prendre.* ▸ ***Un tel, Une telle,*** remplace un nom propre d'une façon vague : *J'ai revu Un tel.*

télamon n.m. (gr. *telamôn*). Atlante.

télé n.f. (abrév.). *Fam.* Télévision ; téléviseur.

téléachat n.m. Achat à distance de produits divers par le biais de la télévision, d'Internet.

téléacheteur, euse n. Personne qui pratique le téléachat.

téléacteur, trice n. Personne réalisant des enquêtes, des prospections commerciales par téléphone.

téléaffichage n.m. Affichage, commandé à distance, d'informations d'actualité dans les gares, les aéroports.

téléalarme n.f. Service qui permet de transmettre un appel de détresse par l'intermédiaire d'un poste téléphonique.

téléavertisseur n.m. Au Québec, bip (appareil).

télécabine ou **télébenne** n.f. Téléphérique à un seul câble fait de nombreuses petites cabines accrochées au câble.

Télécarte n.f. (nom déposé). Carte à mémoire utilisable dans les Publiphones.

téléchargement n.m. Transfert de données d'un ordinateur à un autre ou d'un serveur à un ordinateur au moyen d'un réseau télématique.

télécharger v.t. [conj. 17]. Effectuer un téléchargement : *Télécharger la dernière version d'un logiciel* (= la copier dans la mémoire de son ordinateur).

télécinéma n.m. Appareil permettant de voir sur un écran de télévision un film cinématographique.

télécommande n.f. Commande à distance d'une manœuvre quelconque ; appareil permettant de réaliser cette action : *La télécommande d'un lecteur de DVD.*

télécommander v.t. [conj. 3]. **1.** Commander à l'aide d'une télécommande. **2.** *Fig.* Ordonner et diriger une action de loin, en demeurant dans l'ombre : *Cette opération militaire a été télécommandée de l'étranger.*

télécommunication n.f. Transfert d'informations (textes, images, sons) par fil, radioélectricité, système optique ou tout système électromagnétique. ◆ **télécommunications** n.f. pl. Ensemble des moyens de communication à distance, comme le téléphone, la télévision (abrév. télécoms).

télécoms [telekɔm] n.f. pl. (abrév.). Télécommunications.

téléconférence n.f. Conférence dans laquelle plus de deux interlocuteurs, se trouvant dans des endroits éloignés, sont reliés entre eux par des moyens de télécommunication.

téléconseiller, ère n. Personne qui traite les appels téléphoniques du public ; personne qui fournit une assistance téléphonique à la clientèle d'une entreprise.

télécopie n.f. Procédé de reproduction d'un document à distance par un système de télécommunication (**SYN.** fax).

télécopier v.t. [conj. 9]. Envoyer un document par télécopie (**SYN.** faxer).

télécopieur n.m. Appareil de télécopie (**SYN.** fax).

télécran n.m. Écran de télévision de grandes dimensions.

télédétection n.f. Technique d'étude de la surface terrestre par analyse d'images provenant d'avions, de satellites : *Les applications industrielles de la télédétection.*

télédiagnostic n.m. Partie de la télémédecine qui s'occupe des diagnostics.

télédiffuser v.t. [conj. 3]. Diffuser par la télévision ; téléviser.

télédiffusion n.f. Action de télédiffuser.

télédistribution n.f. Diffusion de programmes de télévision par un réseau de câbles (on dit aussi *le câble, la câblodistribution* ou *la télévision par câble*).

téléécriture ou **télé-écriture** n.f. (pl. *télé-écritures*). Système permettant la transmission d'informations écrites au fur et à mesure que la main les trace, et leur reproduction sur un écran.

téléenseignement ou **télé-enseignement** n.m. (pl. *télé-enseignements*). Enseignement à distance (par correspondance, radio, télévision, Minitel, Internet).

Téléfax n.m. (nom déposé). Système de télécopie de la marque de ce nom.

téléférique n.m. → **téléphérique.**

téléfilm n.m. Film réalisé spécialement pour la télévision.

téléga n.f. → **télègue.**

télégénique adj. (d'apr. *photogénique*). Qui passe bien, qui produit un effet agréable à la télévision, en parlant d'une personne, de son visage.

télégestion n.f. Gestion à distance, grâce au télétraitement.

télégramme n.m. Communication, message transmis par télégraphie.

télégraphe n.m. Appareil ou organisme de télégraphie.

télégraphie n.f. Système de télécommunication dans lequel les informations transmises sont enregistrées à l'arrivée sous forme de document graphique. ▸ *Vieilli* ***Télégraphie sans fil*** ou ***T.S.F.,*** radiodiffusion ; radio.

télégraphier v.t. et v.i. [conj. 9]. Transmettre au moyen du télégraphe.

télégraphique adj. Relatif au télégraphe ; qui est envoyé par le télégraphe. ▸ ***Style télégraphique,*** se dit d'un texte réduit à l'essentiel, sans termes grammaticaux ni mots de liaison.

télégraphiste n. et adj. *anc.* Personne qui transmet des messages télégraphiques.

télègue ou **téléga** n.f. (russe *telega*). Voiture à quatre roues, tirée par des chevaux, utilisée autrefois en Russie.

téléguidage n.m. Action de téléguider.

téléguider v.t. [conj. 3]. **1.** Conduire ou piloter un engin à distance. **2.** *Fig.* Inspirer la conduite de qqn par une influence occulte, lointaine ; manipuler : *Téléguider un acte terroriste.*

téléimpression n.f. Impression de messages transmis sous forme numérisée par des systèmes télématiques.

téléimprimeur n.m. Appareil émetteur et récepteur de télégraphie, comportant un clavier alphanumérique pour l'émission et restituant les documents reçus sous une forme imprimée ; Télétype.

téléinformatique n.f. Exploitation à distance de systèmes informatiques ; télématique. ◆ adj. Relatif à la téléinformatique ; télématique.

téléjournal n.m. Au Québec, journal télévisé.

télékinésie n.f. (du gr. *kinesis*, mouvement). En parapsychologie, mouvement d'objets qui se ferait par l'intervention d'une force ou d'une énergie invisible.

télémaintenance n.f. Maintenance à distance d'un réseau télématique, d'un processus de production.

télémanipulateur n.m. Appareil de manipulation à distance, utilisé génér. pour des matières dangereuses.

télémarketing n.m. Marketing téléphonique ; télémercatique.

télématique n.f. (du gr. *têle*, au loin, et [*infor*]*matique*). Ensemble des services informatiques fournis au moyen d'un réseau de télécommunication ; téléinformatique. ◆ adj. Relatif à la télématique ; téléinformatique.

télémédecine n.f. Partie de la médecine qui utilise la télématique pour donner à distance un diagnostic ou un avis spécialisé, d'effectuer la surveillance continue d'un malade, de prendre une décision thérapeutique.

télémercatique n.f. Mot qu'il est recommandé d'employer à la place de *télémarketing.*

télémessage n.m. Minimessage, SMS.

télémessagerie n.f. Messagerie électronique.

télémesure n.f. Transmission à distance d'un signal porteur d'informations résultant d'une mesure.

télémètre n.m. Appareil de télémétrie.

télémétrie n.f. Mesure des distances par des procédés acoustiques, optiques, radioélectriques, ou par réflexion d'un faisceau laser.

téléobjectif n.m. Objectif photographique à longue distance focale, utilisé pour la photo éloignée.

téléologie n.f. (du gr. *teleos*, achèvement, fin, et *logos*, étude). Étude philosophique de la finalité du monde.

téléopérateur, trice n. Personne assurant une activité commerciale ou de marketing par téléphone.

téléostéen n.m. (du gr. *teleos*, achèvement, et *osteon*, os). Poisson osseux, à écailles plates et fines.

télépaiement n.m. Paiement à distance par l'envoi sécurisé du code d'une carte bancaire.

télépathe adj. et n. Qui pratique la télépathie.

télépathie n.f. Communication par l'esprit entre des personnes que leur éloignement empêche de communiquer par les voies sensorielles connues.

télépathique adj. Relatif à la télépathie.

télépéage n.m. Système de péage autoroutier automatique par repérage à distance d'un badge électronique.

téléphérique ou **téléférique** n.m. Moyen de transport de personnes ou de marchandises, constitué de cabines, de bennes suspendues à un câble.

téléphone n.m. **1.** Installation de téléphonie ; réseau téléphonique. **2.** *Cour.* Téléphonie ; appareil téléphonique : *Un téléphone portable.* **3.** *Fam.* Numéro de téléphone. ▸ *Fam.* ***Téléphone arabe,*** transmission rapide d'une information de bouche à oreille.

téléphoné, e adj. **1.** Qui est transmis par téléphone : *Un message téléphoné.* **2.** En sports, se dit d'un coup, d'une passe trop prévisibles ou exécutés trop lentement pour surprendre l'adversaire. **3.** *Fam.* Se dit de ce qui était tellement prévisible que cela ne crée pas l'effet attendu : *Des gags téléphonés.*

téléphoner v.i. et v.t. [conj. 3]. Communiquer, transmettre par le téléphone : *Il téléphone à son frère. Je te téléphone demain* (**SYN.** appeler). *Je lui ai téléphoné les résultats.*

téléphonie n.f. Système de télécommunication établi en vue de la transmission de la parole (abrév. phonie) : *Une avancée considérable de la téléphonie* (**SYN.** téléphone). ▸ ***Téléphonie sans fil,*** radiotéléphonie.

téléphonique adj. Qui se rapporte au téléphone ; qui se fait par téléphone : *Une ligne, une communication téléphonique.*

téléphoniquement adv. Par téléphone.

téléphoniste n. Personne chargée d'assurer des liaisons téléphoniques (**SYN.** standardiste).

téléport n.m. Ensemble structuré d'équipements de télécommunication mis à la disposition des entreprises qui viennent s'installer sur un site.

téléportation n.f. Action de téléporter.

téléporter v.t. [conj. 3]. En physique, transporter d'un point à un autre sans passer par des points intermédiaires.

téléprompteur n.m. Prompteur.

télé-réalité (pl. *télé-réalités*) ou **téléréalité** n.f. (angl. *real TV*). **1.** Genre télévisuel consistant à filmer des anonymes dans des situations dites de la vie quotidienne, mais qui sont de plus en plus scénarisées. **2.** Émission ainsi tournée : *Une déferlante de télé-réalités.*

téléroman n.m. Au Québec, feuilleton télévisé.

télescopage n.m. Action de télescoper ; fait de se télescoper : *Le télescopage de deux voitures* (**SYN.** collision, heurt, tamponnement).

télescope n.m. (lat. scientif. *telescopium*, du gr. *têle*, au loin, et *skopeîn*, observer). Instrument d'observation astronomique dont l'objectif est un miroir concave (**SYN.** réflecteur).

télescoper v.t. (de l'angl. *to telescope*, replier par emboîtement) [conj. 3]. Heurter avec violence, en défonçant : *Un camion a télescopé une voiture en stationnement* (**SYN.** emboutir, percuter, tamponner). ◆ **se télescoper** v.pr. **1.** Entrer en collision : *Deux trains se sont télescopés.* **2.** *Fig.* Empiéter l'un sur l'autre ; s'interpénétrer : *Des souvenirs qui se télescopent.*

télescopique adj. **1.** Se dit d'une observation effectuée à l'aide d'un télescope. **2.** Se dit d'un objet dont les éléments coulissent et s'emboîtent les uns dans les autres : *Une antenne télescopique.*

téléscripteur n.m. Appareil permettant d'écrire à distance par un procédé quelconque.

télésiège n.m. Sorte de téléphérique à câble unique, le long duquel sont répartis des sièges accrochés par des suspentes.

télésignalisation n.f. Signalisation à distance.

téléski n.m. Appareil à câble permettant de tracter des skieurs glissant sur leurs propres skis, pour remonter une pente (SYN. remonte-pente).

télésouffleur n.m. Mot qu'il est recommandé d'employer à la place de *prompteur.*

téléspectateur, trice n. Personne qui regarde la télévision.

télésurveillance n.f. Surveillance à distance par un procédé de télécommunication.

Télétel n.m. (nom déposé). Système français de vidéotex.

Télétex n.m. (nom déposé). Service télématique permettant de faire communiquer entre elles des machines de traitement de textes.

télétexte n.m. Procédé de télécommunication qui permet l'affichage de textes ou de graphismes sur l'écran d'un téléviseur : *Le sous-titrage d'une émission par télétexte.*

télétraitement n.m. Mode de traitement informatique dans lequel les données sont émises ou reçues par des terminaux éloignés de l'ordinateur.

télétransmission n.f. Action de transmettre à distance une information.

télétravail n.m. (pl. *télétravaux*). Travail à distance effectué par l'intermédiaire d'un réseau télématique.

télétravailleur, euse n. Personne qui fait du télétravail.

Télétype n.m. (nom déposé). Téléimprimeur de la marque de ce nom.

télévangéliste n. Aux États-Unis, prédicateur qui utilise la télévision pour des émissions religieuses.

télévendeur, euse n. Professionnel de la télévente.

télévente n.f. Vente utilisant les techniques du marketing téléphonique.

télévérité n.f. Mot qu'il est recommandé d'employer à la place de *reality-show.*

téléviser v.t. [conj. 3]. Transmettre par télévision : *Téléviser un concert* (SYN. télédiffuser).

téléviseur n.m. Récepteur de télévision.

télévision n.f. **1.** Transmission d'images, par câble ou par ondes radioélectriques : *Un récepteur de télévision* (= un téléviseur). *Des chaînes de télévision.* **2.** Ensemble des services assurant la transmission d'émissions, de reportages par télévision : *Un présentateur, une animatrice de télévision.* **3.** *Fam.* Téléviseur (abrév. fam. télé). ▸ ***Télévision par câble,*** télédistribution.

télévisuel, elle adj. Relatif à la télévision comme moyen d'expression.

télex n.m. (de l'anglo-amér. *tel*[*egraph*] et *ex*[*change*]). Réseau et service de transmission de données au moyen de téléimprimeurs.

télexer v.t. [conj. 4]. Transmettre un message par télex.

télexiste n. Personne chargée d'assurer les liaisons par télex.

tell n.m. (de l'ar. *tall,* colline). Colline artificielle formée par les ruines superposées d'une ville ancienne, au Proche-Orient.

tellement adv. (de *tel*). À un tel point ; à un tel degré d'intensité : *Elle est tellement drôle* (SYN. si). *Nous avons tellement ri* (SYN. tant). *Il était tellement absorbé par son travail qu'il n'a pas vu la journée passer.* ▸ ***Pas tellement,*** assez peu ; modérément : *Je n'ai pas tellement envie de sortir.*

tellurique ou **tellurien, enne** adj. (du lat. *tellus, telluris,* terre). Qui concerne la Terre : *Une secousse tellurique* (= un séisme).

télomère n.m. Extrémité d'un chromosome.

téméraire adj. et n. (lat. *temerarius,* inconsidéré, de *temere,* à la légère). **1.** Qui est hardi jusqu'à friser l'imprudence : *Un homme téméraire* (SYN. audacieux, intrépide ; CONTR. craintif, peureux). **2.** Inspiré par une audace extrême : *Une tentative téméraire* (SYN. périlleux, risqué ; CONTR. raisonnable). ▸ ***Jugement téméraire,*** porté à la légère et sans preuves.

témérairement adv. Avec témérité.

témérité n.f. Hardiesse imprudente et présomptueuse : *« Tu seras châtié de ta témérité »* [La Fontaine] (SYN. audace, intrépidité ; CONTR. prudence).

témoignage n.m. **1.** Action de témoigner ; récit fait par une personne de ce qu'elle a vu ou entendu : *Recueillir des témoignages.* **2.** Déclaration d'un témoin en justice : *Il est revenu sur son témoignage* (SYN. déposition). **3.** Ce qui témoigne d'un sentiment ; marque extérieure ; preuve de : *Elle a reçu de nombreux témoignages de sympathie* (SYN. démonstration, signe). ▸ ***Faux témoignage,*** déposition mensongère.

témoigner v.t. (de *témoin*) [conj. 3]. **1.** Faire connaître ses sentiments par ses paroles, ses actions : *Témoigner sa reconnaissance* (SYN. exprimer, manifester). *Ils ne nous témoignent aucune amitié* (SYN. porter). **2.** Déclarer qqch comme réel, devant la justice, pour en avoir été le témoin : *Je peux témoigner qu'il n'était pas seul au moment des faits* (SYN. attester, certifier). **3.** Être le signe, la preuve de : *Son expression témoignait la déception* (SYN. prouver, révéler). ◆ v.i. Révéler, rapporter ce que l'on sait ; faire une déposition en justice : *Il a témoigné dans cette affaire. Témoigner en faveur de, contre l'accusé.* ◆ v.t. ind. **[de]. 1.** Se porter garant de : *Je suis prêt à témoigner de son honnêteté* (SYN. certifier). **2.** En parlant de qqch, servir de preuve à qqch d'autre : *Ces paroles témoignent d'une grande maîtrise de soi* (SYN. attester, démontrer).

témoin n.m. (lat. *testimonium,* témoignage, de *testis,* témoin). **1.** Personne qui a vu ou entendu qqch, et qui peut éventuellement le rapporter, le certifier : *J'ai été témoin d'un vol. Un témoin oculaire, auriculaire.* **2.** Personne appelée à témoigner sous serment en justice pour rapporter ce qu'elle sait : *Un témoin à charge.* **3.** Personne qui assiste à l'accomplissement d'un acte officiel pour en attester l'exactitude ; garant : *La loi requiert deux témoins pour un mariage.* **4.** Petit bâton que se passent les coureurs dans une course de relais. **5.** Œuvre ou artiste exprimant tel ou tel trait caractéristique de son époque : *Les cathédrales, témoins de l'art médiéval* (SYN. témoignage). ▸ ***Prendre***

qqn à témoin, lui demander l'appui de son témoignage : *Je vous prends tous à témoin.* ◆ adj. Se dit de qqch qui sert de repère, de référence : *Une lampe témoin. Des appartements témoins.*

tempe n.f. (lat. pop. *tempula*, du lat. class. *tempora*, tempes). Partie latérale de la tête, comprise entre l'œil, le front, l'oreille et la joue.

tempera [tɑ̃pera] n.f. (mot it. signif. « détrempe », du lat. *temperare*, adoucir, modérer). Technique picturale dans laquelle l'œuf est utilisé pour lier les couleurs : *Peindre à la tempera.* ☞ **REM.** On peut aussi dire, à l'italienne : *peindre a tempera.*

tempérament n.m. (lat. *temperamentum*, juste proportion, de *temperare*, disposer convenablement, combiner). Ensemble des dispositions physiques innées d'un individu ; constitution : *Un tempérament fougueux* (**SYN.** nature). ▸ *Fam.* ***Avoir du tempérament,*** avoir une forte personnalité ; être porté aux plaisirs sexuels. ***Vente à tempérament,*** vente où l'acheteur s'acquitte par versements échelonnés.

tempérance n.f. (lat. *temperantia*, de *temperare*, adoucir, modérer). Sobriété dans l'usage des aliments, des boissons alcoolisées (**SYN.** frugalité, modération ; **CONTR.** gourmandise, intempérance).

tempérant, e adj. et n. *Sout.* Qui fait preuve de tempérance (**SYN.** frugal, sobre ; **CONTR.** gourmand, intempérant).

température n.f. (lat. *temperatura*, de *temperare*, disposer convenablement, combiner). **1.** Degré de chaleur d'un lieu, d'une substance, d'un corps : *La température de l'eau est de 21 °C.* **2.** Degré de chaleur interne du corps humain ou animal : *Il a pris sa température.* ▸ ***Avoir de la température,*** avoir de la fièvre.

tempéré, e adj. Se dit d'un climat ni trop chaud ni trop froid : *Le climat océanique est tempéré.*

tempérer v.t. (du lat. *temperare*, adoucir, modérer) [conj. 18]. Diminuer, atténuer l'excès de qqch : *L'épaisseur du feuillage tempérait l'ardeur du soleil* (**SYN.** adoucir, tamiser). *Tempérez votre enthousiasme, les résultats ne sont pas définitifs* (**SYN.** calmer, modérer).

tempête n.f. (lat. pop. *tempesta*, temps, bon ou mauvais, de *tempus*, temps). **1.** Violente perturbation atmosphérique, accompagnée de vent et de pluie (**SYN.** ouragan, tornade). **2.** *Fig.* Explosion subite et violente de qqch : *Une tempête d'applaudissements* (**SYN.** salve, tonnerre). **3.** Violente agitation dans un groupe, un pays : *Cette réforme va déchaîner la tempête* (**SYN.** mécontentement, protestation).

tempêter v.i. [conj. 4]. Manifester bruyamment son mécontentement : *Il tempête contre les embouteillages* (**SYN.** fulminer).

tempétueux, euse adj. *Litt.* Agité par la tempête ; tumultueux : *Une mer tempétueuse.*

temple n.m. (lat. *templum*). **1.** Édifice consacré au culte d'une divinité : *Un temple romain.* **2.** Édifice dans lequel les protestants célèbrent leur culte. **3.** (Par ext.). Lieu privilégié fréquenté par des connaisseurs : *Ce restaurant est un temple de la gastronomie.*

templier n.m. Chevalier de l'ordre du Temple, ancien ordre militaire et religieux.

tempo [tɛmpo ou tɛ̃po] n.m. (mot it. signif. « temps »). **1.** Mouvement dans lequel est écrit ou exécuté un morceau de musique. **2.** Vitesse d'exécution d'une œuvre musicale : *Des tempos lents.* **3.** *Fig.* Rythme de déroulement d'une action : *L'intrigue de ce roman débute sur un tempo rapide.*

a **tempo** [atɛmpo] loc. adv. → **a tempo.**

temporaire adj. (du lat. *tempus, temporis*, temps). **1.** Qui ne dure que peu de temps ; momentané : *Il a été nommé administrateur à titre temporaire* (**SYN.** provisoire ; **CONTR.** définitif). *Du travail temporaire.* **2.** Qui n'exerce une activité que pendant un certain temps : *Un personnel temporaire* (**SYN.** intérimaire).

temporairement adv. Pour un temps limité (**SYN.** provisoirement ; **CONTR.** définitivement).

temporal, e, aux adj. (bas lat. *temporalis*). Relatif aux tempes. ◆ **temporal** n.m. Os du crâne situé dans la région de la tempe (on dit aussi *l'os temporal*).

temporalité n.f. Caractère de ce qui se déroule dans le temps (par opp. à spatialité) : *La temporalité de l'existence humaine.*

temporel, elle adj. (lat. *temporalis*, de *tempus, temporis*, temps). **1.** Qui se rapporte au temps, se situe dans le temps (par opp. à spatial) : *La représentation des événements dans leur ordre temporel.* **2.** Qui, étant situé dans le temps, a une durée limitée (par opp. à éternel) : *L'existence temporelle de l'homme* (**SYN.** éphémère). **3.** Qui concerne les choses matérielles (par opp. à spirituel) : *Les biens temporels* (**SYN.** terrestre). **4.** En grammaire, qui concerne ou indique le temps : *Une subordonnée temporelle.*

temporisateur, trice adj. et n. Qui temporise : *Une politique temporisatrice.*

temporisation n.f. Action, fait de temporiser.

temporiser v.i. (du lat. *tempus, temporis*, temps) [conj. 3]. Différer, remettre à plus tard une décision, une action dans l'attente d'un moment plus favorable : *Il vaudrait mieux temporiser* (**SYN.** atermoyer, attendre, surseoir).

① **temps** n.m. (lat. *tempus*). **1.** Notion fondamentale conçue comme une durée infinie pendant laquelle se succèdent les événements : *Le temps et l'espace. Le temps est irréversible.* **2.** Cette notion, conçue comme une dimension de l'Univers susceptible de repérages et de mesures : *Dans la théorie de la relativité, le temps représente la quatrième dimension.* **3.** Durée considérée comme une quantité mesurable : *Il ne nous reste plus beaucoup de temps pour terminer ce travail* (**SYN.** délai, marge). **4.** Chacune des phases successives d'une action : *Le carrelage de cette pièce a été réalisé en deux temps* (**SYN.** étape, stade). *Un moteur à quatre temps.* **5.** Moment, époque occupant une place déterminée dans la suite des événements ou caractérisée par qqch : *Le temps des dinosaures.* **6.** Moment favorable à telle ou telle action : *Le temps est venu de s'en aller.* **7.** Catégorie grammaticale indiquant la localisation dans le passé, le présent ou le futur de l'action, de l'état exprimés par les formes verbales : *Le futur et le passé composé sont des temps du mode indicatif.* **8.** En musique, division de la mesure : *Une mesure à 2, 3, 4 ou 5 temps.* **9.** Durée chronométrée d'une course, d'un match : *Elle a réalisé le second temps.* ▸ ***À temps,*** au moment approprié ; pas trop tard. ***Avoir fait son temps,*** être dépassé, périmé ou démodé. ***Avoir le temps de,*** disposer du délai nécessaire pour faire qqch : *J'ai le temps d'aller boire un café.* ***Bon temps,*** moments heureux, de plaisir : *Prendre du bon temps.* ***Dans le temps,*** autrefois : *Dans le temps, on mangeait moins de viande.* ***De temps en temps*** ou ***de temps à autre,*** par intervalles ; quelquefois. ***De tout temps,*** toujours : *De tout temps, il y a eu des injustices.* ***En même temps,*** dans le même instant, simultanément ; à la fois. ***En temps et lieu,*** au moment et à l'endroit convenables. ***Être de son temps,*** en conformité avec les idées, les usages de son époque : *Avec son lecteur de cassettes, elle n'est vraiment plus de son temps.* ***Gagner du temps,*** retarder la suite des événements ; temporiser. ***Il est temps*** ou ***grand temps,*** le moment est venu de faire telle chose ; cela devient urgent : *Il est grand temps de rentrer. Il était temps que nous arrivions.* *Litt.* ***Il y a beau temps que,*** il y a longtemps que. ***N'avoir qu'un temps,*** être de courte durée : *Ce style de musique n'aura qu'un temps.* ***Passer le temps à*** ou ***son temps à,*** l'employer à : *Elle passe son temps à dormir.* ***Perdre du temps*** ou ***son temps,*** le gaspiller inutilement, en partic. à ne rien faire. ***Temps choisi,*** travail à horaire variable (temps partiel, horaires à la carte). ***Temps d'antenne,*** durée déterminée d'émissions de radio ou de télévision diffusées dans le cadre de la programmation : *Respecter le même temps d'antenne pour chaque candidat aux élections.* ***Temps fort,*** en musique, temps de la mesure où l'on renforce le son ; fig., moment le plus important, point culminant d'un événement. ***Temps partiel,*** temps de travail inférieur à la durée légale hebdomadaire (par opp. à temps plein). ***Temps réel,*** mode de traitement informatique qui permet l'admission des données à un instant quelconque et l'élaboration immédiate des résultats. ***Temps universel,*** temps du méridien de Greenwich, considéré comme une référence universelle. ***Tout un temps,*** en Belgique, pendant un certain temps. ◆ n.m. pl. **1.** Moment d'une suite chronologique sans indication de date ni de durée : *Cela se passait dans les temps reculés.* **2.** Époque dans laquelle on vit : *Les temps sont durs.*

② **temps** n.m. (de *1. temps*). État de l'atmosphère, en un lieu et un moment donnés : *Quel temps aurons-nous demain ? Le temps est chaud. Nous avons un temps de saison* (= des températures et un état du ciel). ▸ ***Gros temps,*** tempête.

tenable adj. (En tournure négative). **1.** Qu'on peut endurer, supporter : *Cette situation n'est plus tenable !* (**SYN.** supportable, tolérable). **2.** Que l'on peut faire tenir en place, rester tranquille : *Les enfants ne sont pas tenables.*

tenace adj. (lat. *tenax, tenacis,* de *tenere,* tenir). **1.** Qui adhère fortement ; qui est difficile à enlever : *Une colle tenace* (**SYN.** adhésif). *Une tache tenace* (**SYN.** indélébile, ineffaçable). **2.** Se dit d'une odeur qui ne se dissipe pas facilement : *Un parfum tenace* (**SYN.** durable ; **CONTR.** fugace). **3.** Se dit de qqn qui poursuit avec opiniâtreté le but qu'il s'est fixé : *Un adversaire tenace* (**SYN.** acharné, déterminé ; **CONTR.** velléitaire).

tenacement adv. *Litt.* Avec ténacité.

ténacité n.f. Caractère tenace : *Faire preuve de ténacité* (**SYN.** obstination, persévérance). *La ténacité d'un préjugé.*

tenaille n.f. ou **tenailles** n.f. pl. (du lat. *tenaculum,* attache, de *tenere,* tenir). Outil composé de deux pièces croisées, mobiles autour d'un axe et que l'on peut rapprocher pour saisir ou serrer certains objets : *Tordre un fil métallique avec une tenaille.* ▸ ***Prendre qqn, un groupe en tenaille,*** l'attaquer sur deux fronts ; le prendre entre deux forces qui l'étreignent.

tenaillement n.m. *Litt.* Action de tenailler.

tenailler v.t. [conj. 3]. **1.** Faire souffrir : *La faim le tenaillait* (**SYN.** torturer, tourmenter). **2.** *Litt.* Tourmenter moralement : *Un coupable que les remords tenaillent* (**SYN.** miner, ronger).

tenancier, ère n. Personne qui dirige une maison de jeu, un hôtel.

① **tenant, e** adj. ▸ ***Séance tenante,*** sur-le-champ ; immédiatement : *Nous avons conclu l'accord séance tenante.*

② **tenant, e** n. ▸ ***Tenant, tenante du titre,*** sportif, sportive ou équipe qui détient un titre. ◆ **tenant** n.m. Celui qui se fait le défenseur d'une opinion : *C'est un tenant du libéralisme* (**SYN.** partisan ; **CONTR.** adversaire). ▸ ***D'un seul tenant,*** d'un seul morceau : *Un domaine de 15 hectares d'un seul tenant.* ◆ **tenants** n.m. pl. ▸ ***Les tenants et les aboutissants d'une affaire,*** son origine et ses conséquences ; tout ce qui s'y rattache.

tendance n.f. (de *2. tendre*). **1.** Disposition particulière à avoir tel type de comportement ; penchant : *Il a une certaine tendance à mentir* (**SYN.** propension). *Elle a une tendance à l'exagération* (**SYN.** inclination, prédisposition). **2.** Orientation d'un mouvement politique, artistique : *Les grandes tendances de la mode. La tendance est à la reprise économique.* **3.** Fraction organisée d'un mouvement syndical ou politique : *La tendance conservatrice du parti.* ▸ ***Avoir tendance à,*** être enclin à ; être porté vers : *Elle a tendance à vouloir tout régir.* ◆ adj. inv. *Fam.* À la mode : *Des couleurs tendance.*

tendanciel, elle adj. Qui marque une tendance dans une évolution : *Une baisse tendancielle des prix.*

tendancieusement adv. De façon tendancieuse.

tendancieux, euse adj. Qui n'est pas objectif ; qui manifeste un parti pris : *Ce journaliste a écrit un article tendancieux* (**SYN.** orienté, partial).

tender [tɑ̃dɛr] n.m. (mot angl., de *to tend,* prendre soin de). Wagon attelé à une locomotive à vapeur, qui contient l'eau et le combustible nécessaire à son fonctionnement.

tendeur n.m. **1.** Courroie élastique servant à maintenir qqch en place ; Sandow. **2.** Appareil servant à tendre une courroie, une corde, une chaîne.

tendineux, euse adj. Relatif aux tendons ; de la nature des tendons.

tendinite n.f. Inflammation d'un tendon.

tendon n.m. (de *2. tendre*). Partie amincie d'un muscle, constituée de fibres, par laquelle il s'insère sur un os. ▸ ***Tendon d'Achille,*** gros tendon du talon permettant l'extension du pied sur la jambe.

① **tendre** adj. (lat. *tener, teneri*). **1.** Qui peut être facilement coupé, divisé, entamé, mâché : *La craie est une roche tendre* (**SYN.** mou ; **CONTR.** dur). *Un steak tendre* (**CONTR.** coriace). **2.** Qui manifeste de l'amour, de l'amitié ; affectueux : *Elle se montre très tendre avec ses enfants* (**SYN.** câlin ; **CONTR.** dur, sec). *Des gestes tendres* (**SYN.** caressant). **3.** Se dit d'une couleur peu marquée, de teinte délicate : *Un vert tendre* (**SYN.** pâle, pastel). ▸ ***Âge tendre*** ou ***tendre enfance,*** première jeunesse ; petite enfance. ***Ne pas être tendre,*** être sévère. ◆ n. Personne affectueuse, facile à émouvoir : *Sous ses airs revêches, c'est une tendre.*

② **tendre** v.t. (lat. *tendere*) [conj. 73]. **1.** Tirer et tenir dans un état d'allongement, d'étirement : *Tendre un filin* (**SYN.** raidir ; **CONTR.** détendre). *Tendre un arc* (**SYN.** bander). **2.** Avancer une partie du corps, la porter en avant : *Il tendit les bras vers moi.* **3.** Présenter un objet à qqn pour qu'il le prenne avec la main : *Il m'a tendu son assiette* (**SYN.** donner). **4.** Déployer et installer qqch en l'étirant et en le rigidifiant : *Tendre un auvent* (**SYN.** dresser, monter ; **CONTR.** démonter). **5.** Couvrir un mur, une pièce d'une tapisserie, d'une étoffe : *Tendre une chambre de papier peint* (= tapisser). ▸ ***Tendre son esprit,*** faire un effort pour comprendre, analyser qqch ; se concentrer. ***Tendre un piège,*** le disposer pour prendre du gibier ; fig., chercher à tromper qqn. ◆ v.t. ind. **[à, vers].** Avoir pour but ; évoluer, se diriger vers : *Des mesures qui tendent vers plus d'égalité sociale* (**SYN.** viser à). *Tendre à la perfection* (**SYN.** approcher). ◆ **se tendre** v.pr. Devenir tendu ; se détériorer : *Les rapports se tendent entre les deux pays.*

③ **Tendre** n.m. ▸ ***Carte du Tendre,*** carte d'un pays allégorique, le pays du Tendre, où les divers chemins de l'amour avaient été imaginés, au XVIIe siècle, par Mlle de Scudéry et les écrivains de son entourage.

tendrement adv. Avec tendresse.

tendresse n.f. Sentiment tendre qui se manifeste par des paroles, des gestes doux : *J'éprouve beaucoup de tendresse pour lui* (**SYN.** affection). ◆ **tendresses** n.f. pl. Témoignages d'affection.

tendreté n.f. Qualité d'une viande tendre.

tendron n.m. **1.** En boucherie, partie du bœuf et du veau comprenant les cartilages qui prolongent les côtes flottantes. **2.** *Fam.* Très jeune fille.

tendu, e adj. (de *2. tendre*). Soumis à une tension nerveuse : *Le jour de son examen, il était très tendu* (**SYN.** contracté ; **CONTR.** décontracté, détendu). ▸ ***Rapports tendus,*** rendus difficiles par suite d'un état de tension. ***Situation tendue,*** qui peut se transformer en conflit.

ténèbres n.f. pl. (lat. *tenebrae*). *Litt.* **1.** Obscurité profonde : *La maison fut soudain plongée dans les ténèbres* (**SYN.** 3. noir, nuit ; **CONTR.** lumière). **2.** Ce qui est difficile à comprendre, obscur, inconnu : *Les ténèbres de la folie* (**SYN.** mystère). ▸ ***L'empire des ténèbres,*** l'enfer. ***Le prince des ténèbres,*** le démon.

ténébreux, euse adj. *Litt.* **1.** Plongé dans les ténèbres : *Des ruelles ténébreuses* (**SYN.** obscur, sombre ; **CONTR.** éclairé). **2.** Qui se fait secrètement et avec une intention malveillante : *Prêter à quelqu'un de ténébreux projets* (**SYN.** sinistre). **3.** Malaisé à comprendre ; obscur : *Une ténébreuse affaire* (**SYN.** mystérieux). ◆ adj. et n. *Litt.* Qui est d'humeur sombre et s'entoure de mystère. ▸ *Iron.* ***Un beau ténébreux,*** un bel homme, à l'expression sombre et romantique.

① **teneur** n.f. (lat. juridique *tenor,* de *tenere,* tenir). **1.** Contenu essentiel d'un propos, d'un écrit quelconque : *La teneur d'une lettre.* **2.** Ce qu'un mélange contient d'un corps particulier : *La teneur en magnésium d'une eau minérale.*

② **teneur, euse** n. (de *tenir*). ▸ ***Teneur de livres,*** personne qui tient la comptabilité.

ténia ou **tænia** [tenja] n.m. (du lat. *taenia,* ruban, du gr.). Ver long et plat, parasite de l'intestin grêle des mammifères, communément appelé *ver solitaire.*

ténicide adj. et n.m. Se dit d'un médicament qui détruit les ténias.

tenir v.t. (lat. *tenere*) [conj. 40]. **1.** Avoir qqch dans les mains, avec soi : *Tiens bien le plat afin qu'il ne tombe pas !* (**CONTR.** 1. lâcher). *Il tenait ses dossiers sous le bras* (**SYN.** 1. porter). **2.** Garder qqn, un animal près de soi ; le maintenir : *Elle tenait son fils par la main. Tenir un chien en laisse.* **3.** Avoir prise sur ; avoir qqn, qqch sous sa domination, sous son autorité : *Quand la jalousie le tient, il devient méconnaissable* (**CONTR.** abandonner, quitter). *Ces voyous tiennent le quartier* (**SYN.** dominer). *La police tient les voleurs* (= elle les a attrapés). *Avec cette preuve-là, tu le tiens* (= tu peux faire pression sur lui). *Un enseignant qui sait tenir ses élèves* (= s'en faire obéir et respecter). **4.** Détenir ; posséder : *Il tient là la chance de sa vie. Je tiens les preuves de sa culpabilité.* **5.** Exercer un emploi, une profession, certaines fonctions ; avoir la charge de : *Il tient une librairie dans ce quartier. Je tiens la caisse du magasin. Elle tient le rôle principal dans cette pièce. Il tient la rubrique de la mode dans un journal.* **6.** S'occuper, prendre soin de : *Elle tient bien sa maison.* **7.** Garder, maintenir dans un certain état ; conserver : *Tenir une note* (= en prolonger le son). *Tenir des boissons au frais. Je tiens ces documents en lieu sûr.* **8.** Retenir : *L'amarre qui tenait le bateau s'est rompue.* **9.** Respecter fidèlement ce à quoi l'on s'est engagé : *Tenir ses promesses, ses engagements. Tenir sa parole* ou *tenir parole* (= n'y pas faillir). **10.** Avoir une certaine capacité : *Ce pichet tient un demi-litre* (**SYN.** contenir). ▸ ***Être tenu à,*** obligé de : *Un médecin est tenu au secret professionnel.* ***Tenir conseil,*** se réunir afin de délibérer. ***Tenir des propos, des discours,*** parler, discourir : *Il a tenu des propos incohérents.* ***Tenir la mer,*** pouvoir naviguer par gros temps, en parlant d'un navire. ***Tenir la route,*** bien adhérer au sol, en parlant d'un véhicule automobile ; fig., fam., être cohérent, valable : *Ses arguments tiennent la route.* ***Tenir qqch pour,*** regarder, considérer qqch comme (suivi d'un attribut) : *Il tient l'affaire pour réglée.* ***Tenir qqch de qqn,*** l'avoir reçu ou obtenu de lui. ◆ v.i. **1.** Être fixé solidement ; être difficile à déplacer : *Ne pose rien sur cette étagère, elle ne tient pas.* **2.** Se maintenir, rester dans une position donnée : *Il ne tient pas debout. Ses lunettes ne tiennent pas sur son nez.* **3.** Pouvoir être contenu dans un certain espace : *Son C.V. tient sur une page* (**SYN.** occuper). *On tient à quatre sur ce canapé.* **4.** Demeurer sans aucune altération ; ne pas céder : *Cet appareil n'a tenu qu'un an* (**SYN.** durer). *Il faut tenir jusqu'à l'arrivée des secours* (**SYN.** résister). ▸ *Fam.* ***En tenir pour,*** être amoureux de : *Il en tient pour la fille des voisins* ; être passionné de : *Elle en tient pour la tolérance et la justice.* ***N'y plus tenir,*** ne plus pouvoir supporter une situation ; retenir sa colère : *Je n'y tiens plus : faites-les taire !* ***Tiens ! Tenez !,*** expression marquant l'étonnement ou l'ironie ; ça par exemple !, voyez-vous cela ! : *Tiens ! il est déjà rentré.* ◆ v.t. ind. **1. [à].** Être attaché à : *Il tient beaucoup à cette fille. Je tiens à mon indépendance.* **2. [à].** Provenir de qqch, en être le résultat, l'avoir pour cause : *Sa démission tient à plusieurs raisons* (**SYN.** découler de, résulter de). **3. [à].** Avoir la ferme volonté de faire qqch, que qqch soit fait : *Il tient à se faire pardonner* (**SYN.** souhaiter, vouloir). **4. [de].** Avoir des points communs avec qqn, qqch : *Il tient de sa mère* (**SYN.** ressembler à). *Une telle amélioration tient du prodige* (**SYN.** procéder de, relever de). ▸ ***Être tenu de,*** obligé de : *Vous êtes tenu d'assister à toutes les réunions.* ***Il ne tient qu'à qqn de,*** il dépend uniquement de lui de. ***Qu'à cela ne tienne,*** cela n'a pas d'importance ; que cela ne soit pas un empêchement. ◆ **se tenir** v.pr. **1.** Être, se trouver à telle place ; avoir lieu à tel endroit, à tel moment : *Il se tenait près de l'ascenseur* (**SYN.** rester). *La conférence se tiendra à Rome.* **2.** Prendre et garder telle position, telle attitude du corps : *Il se tenait debout. Les enfants se tiennent sur un pied.* **3.** Saisir qqch avec la ou les mains, pour garder son équilibre : *Se tenir à la rampe de l'escalier* (**SYN.** s'accrocher, s'agripper). **4.** Être uni l'un à l'autre par la main, le bras : *Les amoureux se tenaient par la main.* **5.** Être lié, dépendre l'un de l'autre ; présenter une certaine cohérence : *Toutes ces décisions se tiennent. Son argumentation se tient.* **6.** Avoir un comportement conforme à la bienséance, aux règles morales : *Il sait se tenir en public.* **7.** Se considérer comme : *Je ne me tiens pas pour vaincu.* ▸ ***Ça se tient,*** c'est un raisonnement valable, une opinion défendable. ***Savoir à quoi s'en tenir,*** être très bien renseigné sur qqn, sur qqch. ***S'en tenir à qqch,*** ne rien faire de plus ; ne pas aller au-delà : *Je m'en tiens à la loi.* ***Se tenir pour*** (+ adj.), se considérer comme : *Je me tiens pour satisfait.*

① **tennis** [tenis] n.m. (mot angl., du fr. *tenez,* exclamation du joueur lançant la balle au jeu de paume). Sport qui consiste, pour deux ou quatre joueurs munis de raquettes, à envoyer une balle par-dessus un filet dans les limites du terrain ; le terrain lui-même. ▸ ***Tennis de table,*** sport voisin du tennis qui se joue sur une table sur laquelle on fait rebondir la balle (on dit aussi *le ping-pong*).

② **tennis** [tenis] n.f. pl. (de *1. tennis*). Chaussures de sport en toile et à semelles de caoutchouc.

tennisman [tenisman] n.m. (faux anglic., de *tennis* et de l'angl. *man,* homme) [pl. *tennismans* ou *tennismen*]. Joueur de tennis.

tennistique adj. Relatif au tennis.

tenon n.m. (de *tenir*). Partie saillante d'une pièce destinée à entrer dans la partie creuse d'une autre (la *mortaise*) pour assembler les deux pièces.

ténor n.m. (it. *tenore,* du lat. *tenor,* accent de la voix, de *tenere,* tenir). **1.** Voix d'homme la plus élevée ; chanteur qui possède ce genre de voix. **2.** *Fam.* Celui qui tient un rôle de vedette dans l'activité qu'il exerce : *C'est un ténor du barreau* (= un très grand avocat). ◆ adj. et n.m. Dans une famille d'instruments, se dit de celui qui a la tessiture qui correspond à celle d'une voix de ténor : *Un trombone ténor.*

ténorino n.m. (de l'it. *tenorino,* petit ténor). Ténor très léger, chantant en fausset.

ténoriser v.i. [conj. 3]. Chanter dans le registre d'un ténor.

tenseur adj. m. et n.m. Se dit d'un organe anatomique qui sert à tendre : *Un muscle tenseur.*

tensioactif, ive adj. Doué de tensioactivité.

tensioactivité n.f. Aptitude des corps que l'on a dissous à modifier la tension superficielle du solvant.

tensiomètre n.m. Sphygmomanomètre.

tension [tɑ̃sjɔ̃] n.f. (lat. *tensio,* de *tendere,* tendre). **1.** Traction exercée sur une substance souple ou élastique ; état qui en résulte : *La tension d'un ressort.* **2.** État d'un organe, d'un tissu anatomique qui est tendu, raidi, étiré : *La tension du biceps* (**SYN.** contraction ; **CONTR.** décontraction). **3.** État de qqn qui est tendu, contracté, nerveux (on dit aussi *la tension nerveuse*). **4.** Situation tendue pouvant dégénérer en conflit entre des groupes, des personnes : *La tension est montée entre les deux communautés.* **5.** En électricité, différence de potentiel : *Une ligne à haute tension.* **6.** Pression artérielle (on dit aussi *la tension artérielle*). ▸ *Fam.* ***Avoir*** ou ***faire de la tension,*** être atteint d'hypertension artérielle. ***Tension superficielle,*** ensemble des forces qui s'exercent à la surface d'un liquide, cette surface étant assimilée à une membrane tendue.

tentaculaire adj. **1.** Relatif aux tentacules : *Un organe tentaculaire.* **2.** *Fig.* Qui tend à se développer dans toutes les directions : *Une ville tentaculaire.*

tentacule n.m. (lat. scientif. *tentaculum,* de *tentare,* toucher, tâter). Appendice allongé, souple et mobile de certains mollusques : *Un tentacule géant.*

tentant, e adj. Qui fait naître un désir, une envie : *Une proposition tentante* (**SYN.** alléchant, attirant ; **CONTR.** rebutant).

tentateur, trice adj. et n. (lat. *temptator,* de *temptare,* tenter). Qui tente, cherche à séduire : *Des paroles tentatrices.*

tentation n.f. **1.** Attrait vers qqch de défendu ; incitation au péché : *Essayer d'éviter les tentations.* **2.** Tout ce qui tente, attire, incite à qqch : *Il a du mal à résister à la tentation de manger des sucreries* (**SYN.** désir, envie).

tentative n.f. (lat. *tentativa,* de *tentare,* tâter, tenter). **1.** Action par laquelle on s'efforce d'obtenir un certain résultat ; essai : *Il a essayé d'arrêter de fumer, mais toutes ses tentatives ont échoué.* **2.** Commencement d'exécution d'une infraction : *Il est poursuivi pour tentative de meurtre.* ▸ ***Faire une tentative,*** essayer.

tente n.f. (de *2. tendre*). Abri portatif démontable, en toile, que l'on dresse en plein air. ▸ ***Se retirer sous sa tente,*** abandonner par dépit un parti, une cause (par allusion à la colère d'Achille contre Agamemnon dans *l'Iliade*).

tenter v.t. (lat. *tentare*) [conj. 3]. **1.** Entreprendre qqch avec l'intention de le mener à bien : *Les pompiers ont tout tenté pour le ranimer. Ce sportif va tenter de battre le record du monde* (**SYN.** essayer). **2.** Inciter qqn à faire le mal, en éveillant son désir, son envie : *Le serpent tenta Ève.* **3.** Provoquer chez qqn le désir, l'envie d'agir dans le sens voulu : *Ta proposition est intéressante, tu me tentes* (**SYN.** allécher). **4.** Plaire à ; intéresser : *Ce week-end à la campagne ne me tente pas du tout* (**SYN.** attirer, enthousiasmer). ▸ ***Se laisser tenter,*** céder à la tentation, à un désir. ***Tenter le diable,*** se mettre dans une situation où l'on court des risques considérables. ***Tenter sa chance*** ou ***la chance,*** s'engager dans une entreprise dont le succès est improbable.

tenture n.f. **1.** Ensemble de pièces de tissu décorant les murs, les fenêtres d'une pièce d'habitation : *Une* *tenture de velours.* **2.** Étoffe noire dont on tend une maison, une église, pour une cérémonie funèbre. **3.** En Belgique, rideau opaque.

tenu, e adj. Maintenu dans un certain état de propreté : *Une maison bien tenue* (**SYN.** entretenu). ◆ **tenu** n.m. Faute commise par un joueur qui garde trop longtemps le ballon, dans certains sports d'équipe.

ténu, e adj. (lat. *tenuis*). **1.** Très fin ; très mince : *Un fil ténu* (**SYN.** frêle ; **CONTR.** épais). **2.** Qui est à peine perceptible : *Une nuance très ténue* (**SYN.** subtil ; **CONTR.** notable).

tenue n.f. (de *tenir*). **1.** Action de tenir une assemblée ; fait de se réunir, de siéger : *La tenue d'une conférence à Bruxelles. Pendant la tenue du congrès* (**SYN.** séance, session). **2.** Action, manière de diriger, d'administrer une maison, une collectivité : *La tenue d'une maison de retraite.* **3.** Attitude corporelle de qqn ; manière de se conduire : *Cet enfant a une mauvaise tenue quand il écrit* (**SYN.** maintien, posture). *Nous exigeons une excellente tenue de tous les participants.* **4.** Ensemble de vêtements propres à une profession, à une activité, à une circonstance : *Le treillis est la tenue de combat des militaires. Une tenue de soirée, de cérémonie* (**SYN.** habit, toilette). **5.** Qualité de ce qui obéit à un souci de rigueur dans le domaine intellectuel, esthétique, moral : *Un film d'une haute tenue.* ▸ ***En petite tenue*** ou ***en tenue légère,*** peu vêtu. ***En tenue,*** en uniforme. ***Tenue de route,*** aptitude d'un véhicule à tenir la route.

ténuité n.f. *Litt.* État d'une chose ténue.

tenuto [tenuto] adv. (mot it. signif. « tenu »). Terme de musique indiquant qu'il faut soutenir le son pendant la durée de la note (abrév. ten).

tephillin [tefilin] n.m. pl. → **tefillin.**

tepidarium [tepidarjɔm] n.m. (mot lat., de *tepidus,* tiède). Pièce des thermes de la Rome antique, où était maintenue une température tiède.

tequila [tekila] n.f. (de *Tequila,* nom d'un district du Mexique). Eau-de-vie d'agave, fabriquée au Mexique.

ter [tɛr] adv. (mot lat. signif. « trois »). **1.** Désigne, après *bis*, dans une numérotation, le troisième élément d'une suite portant le même numéro. **2.** Indique qu'on doit jouer, chanter trois fois un passage.

tératogène adj. Qui produit des malformations chez l'embryon : *Un médicament tératogène.*

tératogenèse ou **tératogénie** n.f. Apparition et développement d'une malformation pendant la gestation.

tératologie n.f. (du gr. *teras, teratos,* monstre). Science qui étudie les malformations congénitales.

tercet [tɛrsɛ] n.m. (it. *terzetto,* de *terzo,* tiers). Strophe de trois vers : *Des quatrains et des tercets.*

térébenthine [terebɑ̃tin] n.f. (du lat. *terebinthina [resina]*, [résine de] térébinthe). **1.** Résine semi-liquide, tirée du térébinthe, du mélèze, du sapin. **2.** Essence fournie par la distillation des térébenthines, utilisée pour fabriquer les vernis, délayer les couleurs (on dit aussi *l'essence de térébenthine*).

térébinthe [terebɛ̃t] n.m. (lat. *terebinthus,* du gr. *terebinthos*). Pistachier dont une espèce fournit une térébenthine.

térébrant, e adj. (du lat. *terebrare,* percer avec une tarière, de *terebra,* tarière). **1.** Se dit d'un animal qui creuse des trous, notamm. d'un insecte muni d'une tarière. **2.** Se dit d'une douleur profonde qui donne l'impression d'un clou perforant les chairs.

Tergal n.m. (nom déposé). Fibre synthétique de fabrication française.

tergiversation n.f. Action de tergiverser : *Plus de tergiversations, des décisions !* (**SYN.** dérobade, louvoiement).

tergiverser v.i. (du lat. *tergiversari,* tourner le dos, de *tergum,* dos, et *vertere,* tourner) [conj. 3]. Recourir à des détours, à des faux-fuyants, pour éviter d'agir ou de prendre une décision ; temporiser : *Dis-moi tout sans tergiverser !* (**SYN.** atermoyer, louvoyer).

① **terme** n.m. (du lat. *terminus,* borne, limite). **1.** Lieu, point où se termine un déplacement dans l'espace ; moment où prend fin dans le temps une action, un état : *Nous arrivons au terme de notre voyage* (**CONTR.** départ). *Arriver au terme de sa vie* (**SYN.** bout, 1. fin ; **CONTR.** commencement, début). **2.** Limite fixée dans le temps ; délai limité : *Passé ce terme, vous n'aurez plus le choix* (**SYN.** échéance). **3.** Date à laquelle doit être acquitté un loyer ; période à laquelle il correspond ; montant de ce loyer : *Payer à terme échu. Payer son terme.* **4.** Date présumée de l'accouchement ; temps écoulé depuis le début de la grossesse : *Accoucher à terme, avant terme.* ▸ ***À court, à long, à moyen terme,*** dans la perspective d'une échéance rapprochée, éloignée, intermédiaire. ***À terme,*** dans un délai plus ou moins long, mais à coup sûr : *À terme, cette politique est condamnée.* ***Conduire*** ou ***mener à son terme,*** achever : *Mener un projet à son terme.* ***Mettre un terme à,*** faire cesser. ***Toucher à son terme,*** venir à expiration ; finir : *Notre séjour touche à son terme* (= il se termine).

② **terme** n.m. (de *1. terme*). **1.** Unité lexicale désignant une chose bien définie ; mot d'un vocabulaire spécialisé : *Rechercher le terme juste* (**SYN.** expression). *Introduire de nouveaux termes dans le dictionnaire* (**SYN.** vocable). *Un terme médical.* **2.** Élément entrant en relation avec d'autres : *Analyser les termes d'une proposition.* **3.** En mathématiques, chacun des éléments d'une suite, d'une série, d'une somme, d'un polynôme, d'un couple : *Les termes d'une fraction.* ◆ **termes** n.m. pl. **1.** Ensemble des mots employés pour exprimer sa pensée ; manière de s'exprimer : *Parler en termes clairs.* **2.** Sens exact, littéral d'un texte écrit : *Les termes d'un contrat.* ☞ **REM.** Ne pas confondre avec *thermes.* ▸ ***Aux termes de,*** en se conformant strictement à : *Aux termes du Code pénal, cette infraction est un délit.* ***En d'autres termes,*** autrement dit. ***Être en bons, en mauvais termes avec qqn,*** entretenir de bons, de mauvais rapports avec lui.

terminaison n.f. **1.** Partie finale d'un mot (par opp. au radical) ; désinence : *La terminaison en « -er » du verbe « chanter ».* **2.** *Sout.* État d'une chose qui finit : *La terminaison d'un procès* (**SYN.** conclusion ; **CONTR.** commencement, début).

① **terminal, e, aux** adj. (bas lat. *terminalis*). **1.** Qui constitue l'extrémité, le dernier élément de qqch : *La partie terminale du corps d'un insecte est l'abdomen* (**CONTR.** premier). **2.** Qui précède de peu la mort : *La phase terminale d'un cancer* (**SYN.** 1. final). **3.** Qui marque la fin : *La phase terminale des négociations*

(**CONTR.** initial). ▸ ***Classe terminale,*** en France, classe terminant l'enseignement secondaire, où l'on prépare le baccalauréat (on dit aussi *la terminale*). ◆ **terminale** n.f. Classe de terminale.

② **terminal** n.m. (mot angl. signif. « terminus »). **1.** Aérogare où arrivent et d'où partent les voyageurs. **2.** Appareil permettant l'accès à distance à un système informatique.

terminer v.t. (lat. *terminare,* de *terminus,* borne) [conj. 3]. **1.** Mener à son terme : *J'ai terminé la rédaction de mon compte rendu* (**SYN.** achever ; **CONTR.** commencer). **2.** Passer la fin de : *Ils ont terminé la soirée dans ce bar* (**SYN.** finir). **3.** Faire qqch pour finir ; placer à la fin : *Terminer son entraînement par des séries d'abdominaux* (**SYN.** clore, clôturer). ▸ ***En terminer avec qqch,*** l'achever : *Il en a enfin terminé avec ces réparations.* ◆ **se terminer** v.pr. **1.** Arriver à sa fin ; finir de telle ou telle façon : *Les vacances se terminent bientôt* (**SYN.** s'achever ; **CONTR.** commencer, débuter). *Cette histoire se termine mal.* **2.** Avoir pour extrémité : *Le corps du scorpion se termine par un aiguillon venimeux.* **3.** Avoir pour terminaison : *Ces verbes se terminent en « -ir ».*

terminologie n.f. (de *2. terme*). **1.** Ensemble des termes particuliers à une science, à un art, à un domaine, à un auteur : *La terminologie juridique.* **2.** Étude des dénominations et des notions utilisées dans tel ou tel domaine du savoir.

terminologique adj. Relatif à la terminologie.

terminologue n. Spécialiste de terminologie.

terminus [terminys] n.m. (mot angl. signif. « gare d'arrivée », du lat.). Dernière station d'une ligne de transports en commun.

termite n.m. (du bas lat. *termes, termitis,* ver rongeur). Insecte extrêmement nuisible, qui creuse des galeries dans le bois des charpentes : *Un termite blanc.*

termitière n.f. Nid que les termites fabriquent dans les pays tropicaux.

ternaire adj. (lat. *ternarius,* de *terni,* par trois). Composé de trois éléments : *Un composé chimique ternaire.*

terne adj. **1.** Qui a peu ou pas d'éclat ; qui s'est terni : *Une couleur terne* (**SYN.** fade ; **CONTR.** éclatant, 1. vif). **2.** Qui manque de brillant, d'intérêt : *Une vie terne* (**SYN.** monotone, 1. plat ; **CONTR.** passionnant). **3.** Se dit d'un regard sans expression : *Un œil terne* (**SYN.** inexpressif ; **CONTR.** expressif).

ternir v.t. (du germ.) [conj. 32]. **1.** Ôter la fraîcheur, l'éclat, la couleur de : *La lumière a terni le papier peint* (**SYN.** décolorer). **2.** Rendre moins pur, moins honorable : *Ternir la mémoire de qqn* (**SYN.** 2. flétrir [sout.], salir, souiller ; **CONTR.** honorer). ◆ **se ternir** v.pr. Devenir terne ; perdre son éclat : *Des pièces de monnaie qui se ternissent* (**SYN.** pâlir, passer ; **CONTR.** briller).

ternissement n.m. Fait de ternir, de se ternir.

ternissure n.f. État de ce qui est terni ; endroit terni : *La ternissure d'un bracelet en argent.*

terpène n.m. (all. *Terpene,* de *Terpentin,* térébenthine). Hydrocarbure d'origine végétale : *L'essence de térébenthine est riche en terpènes.*

terpénique adj. Relatif aux terpènes et à leurs dérivés.

terrain n.m. (lat. *terrenum,* de *terrenus,* formé de terre, de *terra,* terre). **1.** Espace de terre considéré du point de vue de sa nature, de sa structure, de son relief : *Un terrain calcaire, aride* (**SYN.** sol). *Un terrain plat.* **2.** Étendue de terre considérée du point de vue de sa surface, de son affectation ; parcelle de terre : *Un terrain à bâtir. Acheter un terrain.* **3.** Espace, emplacement aménagé en vue de certaines activités : *Un terrain de football. Un terrain de camping.* **4.** Domaine où s'exerce une activité : *Nous situerons le débat sur le terrain politique, juridique.* **5.** Situation, état des choses et des esprits, ensemble des conditions, des circonstances pouvant présider à un comportement, à une action : *Tâter le terrain avant d'agir. Trouver un terrain d'entente.* **6.** Ensemble des facteurs génétiques, physiologiques qui assurent ou non la résistance de l'organisme à certaines infections : *Un terrain diabétique.* ▸ ***Aller sur le terrain,*** sur place ; sur le lieu même de l'action. ***Céder du terrain,*** reculer ; fig., faire des concessions. ***Connaître le terrain,*** connaître les gens auxquels on a affaire. ***Être sur son terrain,*** être dans un domaine que l'on connaît bien. ***Homme de terrain,*** personne en contact direct avec les gens concernés, les situations concrètes. ***Se placer sur un bon, un mauvais terrain,*** être dans une situation avantageuse, désavantageuse. ***Terrain glissant*** ou ***brûlant,*** affaire délicate et pleine de risques.

terra incognita [terainkɔɲita] n.f. sing. (mots lat. signif. « terre inconnue »). *Sout.* Domaine encore inexploré : *Cette maladie reste une terra incognita.*

terrarium [terarjɔm] n.m. (du lat. *terra,* terre, sur le modèle d'*aquarium*). Emplacement préparé pour l'élevage et l'entretien de reptiles, d'amphibiens ; vivarium.

terrasse n.f. **1.** Plate-forme à l'air libre aménagée au rez-de-chaussée ou sur le toit d'une habitation : *Un appartement avec terrasse.* **2.** Terre-plein horizontal sur un terrain en pente, génér. maintenu par un mur de soutènement : *Des cultures en terrasse.* **3.** Partie du trottoir longeant un café, un restaurant, où sont disposées des tables pour les consommateurs.

terrassement n.m. Action de creuser et de déplacer des terres ; travaux destinés à modifier le relief d'un sol.

terrasser v.t. [conj. 3]. **1.** Jeter à terre avec violence au cours d'une lutte : *Son adversaire le terrassa d'un seul coup de poing* (**SYN.** renverser). **2.** Abattre physiquement ou moralement : *Être terrassé par une crise cardiaque* (**SYN.** foudroyer). *Cette triste nouvelle l'a terrassé* (**SYN.** anéantir).

terrassier n.m. Ouvrier employé au terrassement.

terre n.f. (lat. *terra*). **1.** (Avec une majuscule). Planète du système solaire, habitée par l'homme : *La Terre tourne autour du Soleil.* **2.** Surface de cette planète ; ensemble des lieux habités : *Ces images ont fait le tour de la terre* (**SYN.** globe, monde). **3.** Ensemble des hommes, de l'humanité : *Être connu de la terre entière* (**SYN.** univers). **4.** Lieu où l'homme passe sa vie (par opp. à l'au-delà, au ciel ou à la mort) : *Cet écrivain pensait qu'il était impossible de trouver le bonheur sur la terre* (= ici-bas). **5.** Surface solide où l'homme marche, se déplace, vit, construit, etc. : *Tomber par terre. S'asseoir par terre* (= sur le sol). **6.** Partie solide et émergée du globe (par opp. aux étendues d'eau, à l'air) : *Nous voici sur la terre ferme. Être en vue de la terre. L'armée de terre.* **7.** Étendue de terrain appartenant à qqn, à une commune ; (souvent au pl.) propriété, domaine rural souvent considérable : *Vendre une terre. Vivre sur ses terres.* **8.** Étendue de pays considérée d'un point de vue géographique, national, régional ; pays : *Les terres australes. Il veut revoir sa terre natale* (**SYN.** sol). **9.** Matière constituant la couche supérieure du globe où croissent les végétaux : *Une terre grasse et fertile.* **10.** Sol cultivable : *Une terre à blé.* **11.** Sol considéré comme l'élément de base de la vie et des activités rurales ; ces activités : *Cultiver la terre. Les produits de la terre.* ▸ *Fam.* ***Avoir les pieds*** ou ***les deux pieds sur terre,*** avoir le sens des réalités. ***Être sur terre,*** exister. ***La Terre sainte,*** les lieux où vécut le Christ. ***Par terre*** ou ***à terre,*** sur le sol : *Il a jeté son livre par terre.* ***Politique de la terre brûlée,*** destruction systématique des récoltes et des biens par une armée qui se retire devant l'envahisseur ; fig., fait de ne rien laisser à un éventuel successeur. ***Quitter cette terre,*** mourir. ***Revenir sur terre,*** sortir d'une rêverie ; revenir à la réalité. ***Sciences de la Terre,*** sciences qui ont pour objet l'origine, la nature et l'évolution du globe terrestre (géochimie, géophysique, géologie, etc.) ; géosciences. ***Terre cuite,*** argile façonnée et mise au four ; objet obtenu de cette façon. ***Terre de Sienne,*** ocre brune utilisée en peinture.

terre à terre loc. adj. inv. Qui est très proche des préoccupations de la vie courante : *Des esprits terre à terre* (**SYN.** matériel, prosaïque).

terreau n.m. **1.** Terre mélangée à des matières animales ou végétales décomposées. **2.** *Fig.* Milieu favorable au développement de qqch : *Le terreau de la corruption.*

terreautage n.m. Action de terreauter.

terreauter v.t. [conj. 3]. Entourer un plant ou recouvrir un semis de terreau.

terre-neuvas [tɛrnœva] n.m. inv. ou **terre-neuvier** n.m. (de *Terre-Neuve,* n.pr.) [pl. *terre-neuviers*]. Bateau équipé pour la pêche sur les bancs de Terre-Neuve ; marin pêcheur sur ce bateau.

terre-neuve n.m. inv. (de *Terre-Neuve,* nom de l'île d'où ce chien est originaire). Chien de sauvetage de forte taille, au poil long, de couleur noir de jais.

terre-plein n.m. (de l'it. *terrapieno,* terrassement) [pl. *terre-pleins*]. Terrain rapporté soutenu par des murs. ▸ ***Terre-plein central,*** partie de la plate-forme séparant les deux chaussées sur une voie à deux sens de circulation séparés.

terrer v.t. [conj. 4]. Mettre de la terre au pied d'une plante ; couvrir de terre. ◆ **se terrer** v.pr. **1.** Se cacher dans un terrier, en parlant d'un animal ; gîter. **2.** Éviter de se montrer en s'isolant : *Elle s'est terrée dans sa maison de campagne* (**SYN.** se claquemurer).

terrestre adj. **1.** Relatif à la Terre : *Le globe terrestre.* **2.** Qui vit sur la partie solide du globe (par opp. à aquatique, marin) : *Les animaux terrestres.* **3.** Qui est sur le sol ; qui s'y déplace (par opp. à aérien, maritime) : *Les transports terrestres.* **4.** Qui concerne la vie matérielle (par opp. à spirituel) : *Les plaisirs terrestres.*

terreur n.f. (lat. *terror,* de *terrere,* épouvanter). **1.** Peur violente qui paralyse : *Cet attentat a semé la terreur* (**SYN.** effroi, épouvante, frayeur). **2.** Pratique systématique de violences, de répression, en vue d'imposer un pouvoir autoritaire : *Un peuple opprimé par la terreur.* **3.** Personne ou chose qui inspire une grande peur, que l'on redoute : *Cet examinateur est une vraie terreur pour les étudiants. Les interviews sont la terreur de cet acteur.*

terreux, euse adj. **1.** Propre à la terre : *Un goût terreux.* **2.** Qui est mêlé, souillé de terre : *Des chaussures terreuses.* **3.** Qui a la couleur de la terre ; pâle, grisâtre : *Un teint terreux* (**SYN.** blafard, blême, livide ; **CONTR.** coloré).

terri n.m. → **terril.**

terrible adj. (lat. *terribilis,* de *terrere,* épouvanter). **1.** Qui cause, inspire de la terreur ; qui a des effets funestes, tragiques : *L'animal poussa un rugissement terrible* (**SYN.** effrayant). *Un terrible accident* (**SYN.** effroyable, épouvantable). **2.** Très désagréable : *Il est d'une humeur terrible* (**SYN.** affreux, détestable ; **CONTR.** charmant). **3.** Qui atteint une violence, une force considérables : *Un orage terrible* (**SYN.** violent). **4.** *Fam.* Indique un haut degré, une grande quantité : *Ce garçon est terrible* (**SYN.** fantastique, formidable). *Ce film n'est pas terrible* (**SYN.** remarquable ; **CONTR.** insignifiant, médiocre). *J'ai un travail terrible à faire* (**SYN.** énorme, lourd). ▸ ***Enfant terrible,*** enfant turbulent, insupportable, mal élevé ; fig., personne qui, au sein d'un groupe, se fait remarquer par ses incartades : *L'enfant terrible du football.*

terriblement adv. Indique un très haut degré : *Un hiver terriblement froid* (**SYN.** extrêmement, très).

terricole adj. Se dit d'une espèce animale qui vit dans la terre.

terrien, enne adj. Qui relève de la vie rurale, du travail de la terre (par opp. à citadin) : *Des origines terriennes* (**SYN.** campagnard). *Un propriétaire terrien* (**SYN.** foncier). ◆ n. Personne qui habite la Terre (par opp. à extraterrestre).

terrier n.m. **1.** Trou creusé dans la terre par certains animaux comme le lapin ou le renard. **2.** Chien dressé pour la chasse des animaux qui habitent des terriers.

terrifiant, e adj. **1.** Qui terrifie : *Une histoire terrifiante* (**SYN.** effrayant, horrifiant). **2.** Indique un très haut degré : *Elle a un appétit terrifiant* (**SYN.** terrible).

terrifier v.t. (lat. *terrificare,* de *terrere,* épouvanter) [conj. 9]. Frapper de terreur : *Ces bruits bizarres m'ont terrifié* (**SYN.** épouvanter, terroriser ; **CONTR.** rassurer, tranquilliser).

terril [teril] ou **terri** n.m. (mot dialect.). Entassement de déblais stériles au voisinage d'une mine.

terrine n.f. (fém. de l'anc. fr. *terrin,* de terre). **1.** Récipient en terre vernissée et muni d'un couvercle, qui sert à cuire et à conserver les pâtés. **2.** Préparation de viande, de poisson, de légumes, cuite dans une terrine et consommée froide. **3.** Aux Antilles, bassine.

territoire n.m. (lat. *territorium*). **1.** Étendue de terre dépendant d'un État, d'une ville, d'une juridiction : *Le territoire national. Le territoire d'une commune* (**SYN.** circonscription, district). **2.** Zone occupée par un animal, qu'il marque et défend contre ses congénères. **3.** *Fig.* Espace bien délimité ou domaine d'activité sur lequel une personne entend maintenir son autorité, ses prérogatives : *La jeune ministre est décidée à défendre son territoire.* ▸ ***Territoire d'outre-mer*** ou ***T.O.M.,*** collectivité territoriale de la République française, créée en 1946 et supprimée en 2003 : *Il existait trois territoires* *d'outre-mer : Wallis-et-Futuna, la Polynésie française, les Terres australes et antarctiques françaises.*

territorial, e, aux adj. Propre à un territoire ; qui relève d'un territoire : *Les eaux territoriales* (= zone maritime qui borde un État).

territorialement adv. Du point de vue territorial.

territorialité n.f. Caractère de ce qui fait proprement partie du territoire d'un État : *La territorialité des lois* (= le fait qu'elles s'appliquent à tous ceux qui sont sur le territoire national).

terroir n.m. (de *terre*). **1.** Ensemble de terres d'une région, considérées du point de vue de leurs productions agricoles : *Ces vins ont un goût de terroir.* **2.** Province, campagne, considérées sous le rapport de certaines habitudes spécifiques : *Elle a gardé l'accent du terroir. Les mots du terroir. Un écrivain du terroir.*

terrorisant, e adj. Qui terrorise : *Des images terrorisantes* (**SYN.** terrible, terrifiant ; **CONTR.** rassurant).

terroriser v.t. [conj. 3]. **1.** Frapper de terreur, d'épouvante : *Les araignées le terrorisent* (**SYN.** épouvanter, terrifier). **2.** Tenir sous un régime de terreur : *L'envahisseur terrorise la population locale.*

terrorisme n.m. Emploi systématique de la violence à des fins politiques ou par haine d'une communauté humaine, d'un système ; ensemble des actes de violence ainsi commis.

terroriste adj. et n. Qui relève du terrorisme ; qui participe à un acte de terrorisme.

tertiaire [tɛrsjɛr] adj. (lat. *tertiarus*, de *tertius*, troisième). ▸ ***Ère tertiaire,*** ère géologique marquée par le plissement alpin et la diversification des mammifères. ***Secteur tertiaire,*** secteur économique comprenant notamm. le commerce, les services. ◆ n.m. **1.** Ère tertiaire. **2.** Secteur tertiaire.

tertiairisation [tɛrsjɛrizasjɔ̃] ou **tertiarisation** [tɛrsjarizasjɔ̃] n.f. Développement du secteur tertiaire.

tertio [tɛrsjo] adv. (mot lat., de *tertius*, troisième). Troisièmement, en troisième lieu, dans une énumération commençant par *primo*.

tertre n.m. (du lat. *termen, terminis*, borne). Petite élévation de terre (**SYN.** butte, monticule).

tes adj. poss. Pluriel de *1. ton* et *ta* : *Tes souliers sont crottés. Tes sœurs sont gentilles.*

tessère n.f. (du lat. *tessera*, dé à jouer). Plaquette ou jeton d'ivoire, de métal, de terre cuite, aux usages multiples dans l'Antiquité romaine (entrée au spectacle, vote, etc.).

tessiture n.f. (it. *tessitura*, trame, de *tessere*, tisser). Ensemble des sons qu'une voix peut produire sans difficulté (**SYN.** registre).

tesson n.m. (de *1. têt*). Débris d'un objet en verre, en céramique : *Des tessons de bouteilles, de poteries.*

① **test** [tɛst] n.m. (du lat. *testum*, vase d'argile). Enveloppe dure des oursins, de divers mollusques ou crustacés.

② **test** [tɛst] n.m. (mot angl. signif. « épreuve »). **1.** Épreuve permettant d'évaluer les aptitudes de qqn : *Des tests de niveau.* **2.** Toute épreuve qui permet de juger qqch ou qqn : *C'était un test pour voir si je peux te faire confiance.* **3.** Contrôle biologique ou médical fournissant une indication déterminante pour le diagnostic ; matériel utilisé pour cet essai, cette épreuve : *Acheter un test de grossesse.*

testable adj. (de *2. tester*). Qui peut être soumis à un test.

testage n.m. (de *2. test*). Méthode de sélection des animaux reproducteurs.

testament n.m. (lat. *testamentum*, de *testis*, témoin). **1.** Acte par lequel une personne déclare ses dernières volontés et dispose des biens qu'elle laissera à sa mort. **2.** Message ultime qu'un artiste tient à transmettre à la postérité : *Ce ballet fut le testament de Noureïev.* ▸ ***L'Ancien Testament et le Nouveau Testament,*** l'ensemble des textes qui constituent la Bible.

testamentaire adj. Qui concerne le testament.

testateur, trice n. Personne qui fait ou qui a fait son testament.

① **tester** v.i. (lat. *testari*, témoigner, de *testis*, témoin) [conj. 3]. Faire son testament.

② **tester** v.t. (de *2. test*) [conj. 3]. **1.** Soumettre à un test : *Tester un nouveau médicament* (**SYN.** essayer, expérimenter). **2.** Soumettre à une épreuve quelconque : *Tester la motivation d'un candidat à un poste* (**SYN.** éprouver).

① **testeur, euse** n. Personne qui fait passer un test.

② **testeur** n.m. Appareil servant à tester les composants électroniques, les microprocesseurs.

testiculaire adj. Relatif aux testicules.

testicule n.m. (lat. *testiculus*, de *testis*, témoin). Glande génitale mâle qui élabore les spermatozoïdes et sécrète les hormones mâles.

testimonial, e, aux adj. (lat. *testimonialis*, de *testimonium*, témoignage). Dans le langage juridique, qui résulte d'un témoignage : *Une preuve testimoniale.*

testostérone [tɛstɔsterɔn] n.f. Hormone produite par les testicules.

tet [tɛt] n.m. (du lat. *tectum*, abri). ▸ ***Tet à cochons, à brebis, à poules,*** en Acadie, porcherie, bergerie, poulailler.

① **têt** [tɛ] n.m. (du lat. *testum*, vase en terre). Coupelle en terre réfractaire, utilisée dans les laboratoires de chimie.

② **têt** [tɛt] n.m. (mot vietnamien signif. « fête »). Premier jour de l'année du calendrier lunaire vietnamien, qui donne lieu à des festivités (*fête du Têt*) entre le 20 janvier et le 19 février.

tétanie n.f. (de *tétanos*). **1.** Crise de contractions musculaires spasmodiques. **2.** *Cour.* Spasmophilie.

tétanique adj. Relatif au tétanos ou à la tétanie. ◆ adj. et n. Qui est atteint de tétanos ou de tétanie.

tétanisation n.f. Action de tétaniser ; fait d'être tétanisé.

tétaniser v.t. [conj. 3]. **1.** Provoquer des contractures tétaniques. **2.** *Fig.* Pétrifier sous l'effet de l'étonnement, de l'indignation, de la peur ; abasourdir : *L'annonce de cet accident l'a tétanisé* (**SYN.** paralyser, stupéfier).

tétanos [tetanos] n.m. (mot gr. signif. « rigidité »). Maladie infectieuse grave qui se caractérise par des contractures douloureuses se généralisant à tous les muscles du corps.

têtard n.m. (de *tête*). Larve aquatique des amphibiens, à tête fusionnée au tronc.

tête n.f. (du bas lat. *testa,* crâne, de *testa,* pot en terre cuite, carapace). **1.** Extrémité supérieure du corps de l'homme, formée du crâne contenant le cerveau et du visage ; partie antérieure du corps d'un animal : *Avoir une petite tête. Hocher la tête. Le chien avait la tête basse.* **2.** Boîte crânienne de l'homme, en partic. le cerveau ; le crâne : *Avoir mal à la tête.* **3.** Partie supérieure du crâne où poussent les cheveux : *Sortir tête nue.* **4.** Visage dont les traits traduisent les sentiments, les tendances, l'état ; expression : *Avoir une bonne tête* (= inspirer confiance). *Il a fait une drôle de tête quand il nous a vus ensemble.* **5.** Ensemble des facultés mentales : *Elle a toujours des idées plein la tête. Il n'a rien dans la tête* (= il est stupide). **6.** Présence d'esprit ; sang-froid : *Perdre la tête* (SYN. raison). *Garder la tête froide.* **7.** Comportement volontaire ; tempérament obstiné : *Une femme de tête. Avoir la tête dure* (= être buté). **8.** Personne intelligente et volontaire : *La nouvelle ministre est une tête.* **9.** Personne ou groupe qui conçoit, qui dirige intellectuellement : *Frapper une organisation à la tête.* **10.** Personne ; individu : *Le repas coûte 20 euros par tête.* **11.** Animal compté dans un troupeau : *Trente têtes de bétail.* **12.** Vie de qqn : *Je le jure sur la tête de mes enfants.* **13.** Extrémité renflée d'un objet : *La tête d'un clou.* **14.** Partie supérieure de qqch : *La tête d'un arbre* (SYN. cime, sommet). **15.** Partie antérieure ou initiale de qqch, notamm. dans une chose orientée ou en mouvement ; commencement : *La tête du train* (SYN. 2. devant ; CONTR. 2. arrière, queue). *Un produit rangé en tête de gondole. Un mot placé en tête de phrase* (SYN. début ; CONTR. 1. fin). **16.** Hauteur de la tête, prise comme unité de mesure pour les personnes : *Elle a une tête de plus que lui.* **17.** Longueur de la tête, prise comme unité de distance séparant des chevaux de course à l'arrivée : *Ce cheval a gagné d'une courte tête* (= à peine d'une tête). **18.** Au football, action de frapper le ballon avec le front pour dévier sa trajectoire : *Le joueur a fait une tête.* ▸ ***À la tête de,*** au premier rang de ; à la direction de : *À la tête d'une entreprise.* *Fam.* ***Avoir ses têtes,*** montrer du parti pris dans ses sympathies ou ses antipathies à l'égard des autres. ***Avoir toute sa tête,*** jouir de toute sa raison : *Un vieillard qui a encore toute sa tête.* ***Baisser la tête,*** avoir honte. ***De tête,*** mentalement ; sans avoir recours à l'écriture : *Calculer de tête.* *Fam.* ***En avoir par-dessus la tête,*** être excédé par qqch, qqn. ***En tête à tête,*** seul à seul : *Nous avons dîné en tête à tête.* *Fam.* ***Être tombé sur la tête,*** avoir perdu la raison ; avoir l'esprit dérangé. *Fam.* ***Faire la tête,*** bouder ; être de mauvaise humeur. *Fam.* ***Il en fait une tête !,*** son visage exprime un sentiment de malaise, de tristesse, de colère. ***La tête haute,*** sans honte ; avec fierté. ***Monter à la tête,*** étourdir, griser ; troubler la raison : *Ce parfum me monte à la tête. Le succès lui monte à la tête.* ***Ne pas avoir de tête,*** être très étourdi. ***Sa tête est mise à prix,*** on le recherche activement, en parlant d'un criminel. ***Se mettre dans la tête*** ou ***en tête de,*** prendre la résolution de faire qqch : *Elle s'est mise en tête de déménager* (= elle l'a décidé) ; se persuader, se convaincre que : *Il s'est mis en tête que je lui mentais.* ***Se monter la tête,*** se faire des illusions. ***Tenir tête,*** résister : *Il tient tête à son chef* (= il s'oppose à ses volontés). ***Tête baissée,*** sans réfléchir ; sans se préoccuper du danger. *Fam.* ***Tête blonde,*** enfant : *Un film pour nos chères têtes blondes.* ***Tête chercheuse*** → **chercheur.** ***Tête de lecture*** → **lecture.** ***Tête de ligne,*** endroit d'où part une ligne de transport (par opp. à terminus) : *L'incident s'est produit en tête de ligne.*

tête-à-queue n.m. inv. Demi-tour complet que fait un véhicule à la suite d'un dérapage.

tête-à-tête n.m. inv. Situation ou entretien de deux personnes qui se trouvent seule à seule.

tête-bêche adv. Parallèlement l'un à l'autre, mais en sens inverse : *Les enfants se sont allongés tête-bêche sur le canapé. Les bouteilles sont rangées tête-bêche.*

tête-de-loup n.f. (pl. *têtes-de-loup*). Balai à très long manche et à brosse ronde, qui permet de nettoyer les plafonds.

tête-de-Maure adj. inv. D'une couleur brun foncé : *Des costumes tête-de-Maure.*

tête-de-nègre n.m. inv. et adj. inv. Couleur brun foncé : *Des tête-de-nègre obtenus avec des pigments de synthèse. Des vestes tête-de-nègre.*

tétée n.f. **1.** Action de téter. **2.** Quantité de lait qu'un nouveau-né, un nourrisson tète en une fois.

téter v.t. et v.i. (de *tette,* bout du sein) [conj. 18]. **1.** Aspirer le lait du sein de la femme, de la mamelle d'un animal ou d'un biberon par succion. **2.** Sucer un objet ; suçoter : *Le bébé tète son pouce. Le journaliste écoutait en tétant son stylo.*

téterelle n.f. Petit appareil en verre qui se place sur le bout du sein, et avec lequel on aspire le lait.

têtière n.f. (de *tête*). **1.** Partie de la bride d'un cheval qui passe derrière les oreilles et qui soutient le mors. **2.** Garniture en tissu placée sur le dossier d'un fauteuil et qui sert d'ornement et de protection.

tétine n.f. **1.** Mamelle d'un mammifère. **2.** Embouchure en caoutchouc, percée d'un trou, que l'on adapte sur un biberon pour faire téter un nourrisson. **3.** Embout de caoutchouc que l'on donne à téter à un nourrisson (SYN. sucette).

téton n.m. *Fam.* Mamelle ; sein.

tétraèdre n.m. (du gr. *tetra,* quatre, et *hedra,* base). Polyèdre qui a quatre faces, six côtés et quatre sommets ; pyramide à base triangulaire.

tétraédrique adj. Qui a la forme d'un tétraèdre.

tétralogie n.f. Ensemble de quatre œuvres, littéraires ou musicales, liées par une même inspiration : *La « Tétralogie » de Richard Wagner.*

tétraplégie n.f. (du gr. *tetra,* quatre, et *plêgê,* coup). Paralysie des quatre membres (SYN. quadriplégie).

tétraplégique adj. et n. Qui est atteint de tétraplégie.

tétrapode n.m. et adj. Vertébré terrestre ou marin dont le squelette comporte deux paires de membres.

tétraptère adj. Se dit des insectes qui possèdent deux paires d'ailes.

tétras [tetra] n.m. (lat. *tetrax,* du gr. *tetrax,* faisan). Coq de bruyère.

① **têtu, e** adj. et n. (de *tête*). Très attaché à ses idées ; insensible aux arguments : *J'essaie de la convaincre du contraire, mais elle est têtue* (SYN. buté, entêté, obstiné ; CONTR. souple). *Être têtu comme une mule* (= très têtu).

② **têtu** n.m. Marteau de carrier, utilisé pour dégrossir les pierres.

teuf n.f. (verlan de *fête*). Fête : *Il est de toutes les teufs du quartier.*

teuf-teuf n.f. ou n.m. (pl. *teufs-teufs*). *Fam.* Vieille voiture.

teuton, onne adj. et n. (lat. *Teutonus*). **1.** Relatif aux Teutons. **2.** *Péjor.* Allemand.

teutonique adj. Relatif à l'ordre Teutonique, ancien ordre militaire et religieux.

tex mex adj. inv. (abrév. de l'angl. *texan* et *mexican*). Se dit de la cuisine mexicaine adaptée au goût américain : *Des spécialités tex mex.*

texte n.m. (lat. *textus,* tissu, de *texere,* tisser). **1.** Ensemble des termes, des phrases constituant un écrit, une œuvre : *Traduire un texte. Elle a écrit un court texte d'introduction.* **2.** Œuvre ou partie d'œuvre littéraire : *Des textes choisis* (**SYN.** morceau, page). **3.** Partie de la page composée de caractères imprimés (par opp. aux marges, aux illustrations) : *Supprime du texte et ajoute ce tableau.* **4.** Sujet d'un devoir : *Le texte d'une dissertation* (**SYN.** énoncé). *Un cahier de textes.* **5.** Libellé exact d'un acte officiel : *Le texte d'une loi, d'un contrat* (**SYN.** teneur). ▸ ***Dans le texte,*** dans la langue d'origine : *Lire Shakespeare dans le texte.*

textile adj. (lat. *textilis,* de *texere,* tisser). **1.** Qui peut fournir des fibres propres à être tissées : *Le coton est une matière textile.* **2.** Qui se rapporte à la fabrication des tissus : *Des usines textiles.* ◆ n.m. **1.** Matière propre à être tissée après avoir été filée. **2.** Ensemble des industries textiles : *Le secteur du textile est en crise.* **3.** Matière textile ; étoffe. ▸ ***Textile artificiel,*** fibre textile fabriquée à partir de produits naturels, comme la rayonne, la fibranne. ***Textile synthétique,*** fibre textile fabriquée par synthèse à partir du charbon, du pétrole, comme le Nylon, l'Orlon.

texto adv. (abrév.). *Fam.* Textuellement : *Je te répète texto ce que j'ai entendu.*

textuel, elle adj. **1.** Qui concerne le texte écrit : *La production textuelle* (= l'écriture). **2.** Qui est exactement conforme au texte : *Une traduction textuelle* (= mot à mot ; **SYN.** littéral). **3.** Qui est exactement conforme à ce qui a été dit : *Voici la remarque textuelle qu'il m'a faite* (= mot pour mot).

textuellement adv. De façon textuelle ; mot pour mot.

texturant n.m. Dans l'industrie alimentaire, produit destiné à donner une texture particulière à un aliment.

texturation n.f. Opération ayant pour objet de modifier les propriétés physiques des textiles synthétiques.

texture n.f. (du lat. *textura,* tissu, de *texere,* tisser). **1.** Mode d'entrecroisement des fils dans un tissu (**SYN.** tissage). **2.** Composition, consistance d'une substance : *La texture d'une crème solaire.* **3.** Constitution générale d'un matériau solide : *La texture de l'acier* (**SYN.** structure). **4.** Arrangement, disposition des parties d'une œuvre : *La texture d'un récit* (**SYN.** trame).

texturer v.t. [conj. 3]. Opérer la texturation des fibres synthétiques.

T.G.V. ou **TGV** [teʒeve] n.m. (sigle). ▸ ***Train à grande vitesse*** → **train.**

thaï, e [taj] adj. Relatif aux Thaïs : *La cuisine thaïe.* ◆ **thaï** n.m. **1.** Ensemble des langues parlées par les Thaïs. **2.** La plus importante de ces langues, parlée en Thaïlande (**SYN.** siamois).

thaïlandais, e [tajlɑ̃dɛ, ɛz] adj. et n. De la Thaïlande, de ses habitants.

thalamique adj. Relatif au thalamus.

thalamus [talamys] n.m. (mot lat., du gr. *thalamos,* lit nuptial). Partie de l'encéphale située à la base du cerveau.

thalassothérapie n.f. (du gr. *thalassa,* mer, et de *thérapie*). Traitement, cure par les bains d'eau de mer : *Un centre de thalassothérapie.*

thalidomide n.f. Médicament tératogène, parfois employé dans le traitement de certaines maladies graves.

thalle n.m. (du gr. *thallos,* jeune pousse). Appareil végétatif des plantes, où l'on ne peut distinguer ni racine, ni tige, ni feuilles : *Le thalle des algues, des champignons.*

thalweg [talvɛg] n.m. → **talweg.**

thanatologie n.f. Étude médicale et scientifique de la mort.

thanatopraxie n.f. Ensemble des moyens techniques mis en œuvre pour la conservation des corps après la mort (**SYN.** embaumement).

thanatos [tanatɔs] n.m. (mot gr. signif. « mort »). En psychanalyse, ensemble des pulsions de mort (par opp. à éros).

thaumaturge n. (du gr. *thauma, thaumatos,* prodige, et *ergon,* œuvre). *Litt.* Personne qui fait ou prétend faire des miracles.

thaumaturgie n.f. Pouvoir du thaumaturge.

thé n.m. (du chin.). **1.** Feuilles torréfiées du théier : *Du thé vert, noir. Du thé de Ceylan.* **2.** Infusion que l'on en fait : *Boire du thé. Un thé au citron.* **3.** Repas léger où l'on sert du thé et des pâtisseries, l'après-midi : *Aller à un thé.* **4.** Aux Antilles, en Belgique et en Suisse, tisane.

théâtral, e, aux adj. **1.** Qui concerne le théâtre : *Des œuvres théâtrales* (**SYN.** dramatique). **2.** Qui donne dans l'exagération, qui vise à l'effet ; artificiel, forcé : *Quelle sortie théâtrale !* (**SYN.** spectaculaire ; **CONTR.** discret, humble). *Un ton théâtral* (**SYN.** grandiloquent ; **CONTR.** naturel).

théâtralement adv. De façon théâtrale, affectée.

théâtraliser v.t. [conj. 3]. Donner un caractère théâtral, spectaculaire à : *Elle théâtralise tous ses gestes.*

théâtralisme n.m. Tendance à adopter un ton grandiloquent, une attitude manquant de naturel.

théâtralité n.f. Conformité d'une œuvre aux exigences du théâtre : *La théâtralité d'un opéra.*

théâtre n.m. (lat. *theatrum,* du gr. *theatron,* de *theasthai,* contempler). **1.** Édifice destiné à la représentation de pièces, de spectacles dramatiques ; le spectacle lui-même : *Le Théâtre-Français, à Paris. Il préfère le théâtre au cinéma.* **2.** Art de représenter devant un public une action dramatique : *Elle fait du théâtre depuis plusieurs années.* **3.** La littérature dramatique ; ensemble des pièces d'un auteur, d'un pays ou d'une époque : *Le théâtre de Molière. Le théâtre japonais.* **4.** Attitude artificielle, outrée : *Tout ça, c'est du théâtre* (= des simagrées). **5.** Lieu où se passent certains faits, le plus souvent dramatiques : *Ce carrefour a été le théâtre d'un grave accident.* **6.** En Afrique, représentation théâtrale : *Elle a vu un théâtre.* ▸ ***Coup de théâtre,*** événement inattendu qui modifie radicalement la situation, dans une pièce dramatique ou dans la vie ordinaire ; retournement : *Sa démission a été un coup de théâtre.* ***Théâtre d'opérations,*** zone dans laquelle se déroulent ou peuvent se dérouler des opérations militaires.

théâtreux, euse n. *Fam.* **1.** Comédien, comédienne de théâtre sans talent. **2.** Personne qui fait du théâtre en amateur.

thébaïde n.f. (de *Thébaïde,* partie de l'ancienne Égypte, où vécurent nombre d'ascètes chrétiens). *Litt.* Lieu isolé et désert, propre à la méditation : *Cet endroit est une véritable thébaïde.*

théier n.m. Arbuste originaire de la Chine méridionale et cultivé pour ses feuilles, qui donnent le thé.

théière n.f. Récipient utilisé pour infuser et servir le thé.

théine n.f. Principal alcaloïde de la feuille de thé, identique à la caféine.

théisme n.m. (du gr. *theos,* dieu). Doctrine qui affirme l'existence d'un Dieu unique, créateur du monde (par opp. à l'athéisme).

théiste adj. et n. Relatif au théisme ; qui en est partisan (par opp. à athée).

thématique adj. Relatif à un thème ; qui s'organise autour de thèmes : *Une encyclopédie thématique.* ▸ ***Chaîne thématique,*** chaîne de télévision dont les programmes sont centrés sur un thème comme le sport, l'art, le cinéma (par opp. à chaîne généraliste). ◆ n.f. Ensemble des thèmes développés par un écrivain, une école.

thème n.m. (du gr. *thema,* ce qui est proposé, sujet). **1.** Sujet, idée sur lesquels portent une réflexion, un discours, une œuvre : *Le thème de cette émission télévisée est l'insécurité.* **2.** En grammaire, élément d'une proposition désignant l'être ou la chose dont on parle (par opp. à prédicat) : *Dans les phrases « elle chante » et « ils dansent », « elle » et « ils » sont les thèmes.* **3.** Fragment mélodique sur lequel est construite une œuvre musicale. **4.** Exercice scolaire consistant à traduire un texte dans la langue qu'on étudie (par opp. à version) ; le texte ainsi traduit : *Un thème allemand.* ▸ ***Fort en thème,*** élève brillant ; péjor., élève à la culture livresque. ***Thème astral,*** en astrologie, représentation symbolique de l'état du ciel (*aspect*) au moment de la naissance de qqn.

théocratie [teɔkrasi] n.f. (du gr. *theos,* dieu, et *kratos,* puissance). Régime politique dans lequel le pouvoir est exercé par ceux qui sont investis de l'autorité religieuse.

théocratique [teɔkratik] adj. Relatif à la théocratie.

théodolite n.m. (lat. scientif. *theodolitus*). Instrument de topographie servant à mesurer des angles.

théogonie n.f. (du gr. *theos,* dieu, et *gonos,* génération). Dans les religions polythéistes, mythes relatant la généalogie des dieux ; ensemble des divinités d'une mythologie donnée : *La théogonie romaine.*

théogonique adj. Relatif à une théogonie.

théologal, e, aux adj. (de *théologie*). Dans la religion chrétienne, qui a Dieu pour objet. ▸ ***Vertus théologales,*** la foi, l'espérance et la charité.

théologie n.f. (du gr. *theos,* dieu). **1.** Étude de la religion, des textes sacrés : *La théologie chrétienne.* **2.** Doctrine religieuse d'un auteur ou d'une école : *La théologie de saint Augustin.*

théologien, enne n. Spécialiste de théologie.

théologique adj. Relatif à la théologie.

théorème n.m. (du gr. *theôrêma,* objet d'étude, de *theôreîn,* examiner). Proposition scientifique qui peut être démontrée (par opp. à postulat) : *Le théorème de Pythagore en géométrie.*

théoricien, enne n. **1.** Personne qui étudie la théorie, les idées, les concepts d'un domaine scientifique (par opp. à praticien). **2.** Personne qui étudie, élabore et défend la théorie, les principes d'une doctrine : *Un théoricien du libéralisme.*

① **théorie** n.f. (du gr. *theôria,* action d'observer). **1.** Connaissance spéculative, idéale, indépendante des applications : *Il y a loin de la théorie à la pratique* (**SYN.** spéculation). **2.** Ensemble de règles et de lois systématiquement organisées, qui servent de base à une science et donnent l'explication de nombreux phénomènes : *La théorie de la gravitation, de la relativité.* **3.** Idées, explications d'allure plus ou moins scientifique : *La théorie d'un gourou sur la création de l'humanité* (**SYN.** doctrine, thèse). ▸ ***En théorie,*** en spéculant, de manière abstraite (par opp. à en pratique) ; en principe : *En théorie, c'est possible.*

② **théorie** n.f. (du gr. *theôria,* procession). *Litt.* Long défilé de personnes, de véhicules : *Une théorie de fidèles, de voitures* (**SYN.** cortège, file, procession).

théorique adj. **1.** Qui appartient à la théorie : *La recherche théorique* (**SYN.** spéculatif ; **CONTR.** appliqué). *Un enseignement théorique* (**CONTR.** empirique, expérimental). **2.** Qui est du domaine de la spéculation, sans rapport avec la réalité ou la pratique : *D'un point de vue théorique, cela ne peut pas arriver* (**SYN.** abstrait ; **CONTR.** concret, 1. matériel).

théoriquement adv. De façon théorique (par opp. à pratiquement) ; en principe : *Théoriquement, cela devrait fonctionner.*

théoriser v.t. [conj. 3]. Formuler comme théorie : *Un chercheur qui a théorisé les résultats de ses expériences.* ◆ v.i. (Souvent péjor.). Élaborer, énoncer des théories : *Elle ne cesse de théoriser sur tout.*

théosophe n. Partisan de la théosophie.

théosophie n.f. Doctrine fondée sur la théorie d'une sagesse divine, omniprésente dans l'univers et dans l'homme.

théosophique adj. Relatif à la théosophie.

thérapeute n. (du gr. *therapeuein,* soigner). **1.** Médecin qui applique ou étudie la thérapeutique. **2.** *Litt.* Médecin. **3.** Psychothérapeute.

thérapeutique adj. Relatif au traitement des maladies : *De nouvelles méthodes thérapeutiques.* ◆ n.f. **1.** Partie de la médecine qui étudie et pratique le traitement des maladies : *L'emploi des antibiotiques a transformé la thérapeutique moderne.* **2.** Traitement médical : *Une thérapeutique adaptée permettra une guérison rapide* (**SYN.** thérapie).

thérapie n.f. (du gr. *therapeia,* soin). **1.** Thérapeutique ;

traitement médical. **2.** Psychothérapie. ▸ ***Thérapie génique,*** technique thérapeutique qui consiste à intégrer de nouveaux gènes dans les cellules humaines pour traiter des maladies génétiques, des cancers, des infections.

thermal, e, aux adj. Se dit des eaux de source, chaudes ou non, utilisées comme moyen de traitement, ainsi que des installations permettant leur emploi : *Une station thermale.*

thermalisme n.m. Utilisation thérapeutique des eaux de source.

thermalité n.f. Nature, qualité des eaux thermales.

thermes n.m. pl. (du gr. *thermos,* chaud). **1.** *Vieilli* Nom donné à certains établissements de stations thermales. **2.** Bains publics, dans l'Antiquité gréco-romaine. ☞ **REM.** Ne pas confondre avec *terme.*

thermicien, enne n. Spécialiste de la thermique.

thermidor n.m. (du gr. *thermos,* chaud, et *dôron,* don). Onzième mois du calendrier républicain, commençant le 19 ou 20 juillet et finissant le 17 ou 18 août.

thermie n.f. Unité de quantité de chaleur.

thermique adj. Relatif à la chaleur. ▸ ***Centrale thermique,*** produisant de l'électricité par combustion. ◆ n.f. Partie de la physique qui traite de la production, de la transmission ainsi que de l'utilisation de la chaleur.

thermiquement adv. Par la chaleur.

thermocautère n.m. Instrument servant à cautériser grâce à une tige de platine portée à incandescence.

thermochimie n.f. Partie de la chimie qui étudie les quantités de chaleur mises en jeu par les réactions chimiques.

thermochimique adj. Relatif à la thermochimie.

thermocollage n.m. Procédé technique d'assemblage sous l'action de la chaleur.

thermodurcissable adj. Se dit d'un matériau qui possède la propriété de durcir au-dessus d'une température donnée.

thermodynamicien, enne n. Spécialiste de thermodynamique.

thermodynamique n.f. Partie de la physique qui étudie les relations entre les phénomènes thermiques et les phénomènes mécaniques. ◆ adj. Relatif à la thermodynamique.

thermoélectricité n.f. Électricité produite dans une centrale thermique

thermoélectrique adj. Relatif à la thermoélectricité : *Un générateur thermoélectrique.*

thermoformage n.m. Mise en forme des matières plastiques sous l'action de la chaleur.

thermogène adj. Qui produit de la chaleur.

thermomètre n.m. **1.** Instrument destiné à mesurer la température : *Le thermomètre monte, descend. Le thermomètre indique 23 °C.* **2.** *Fig.* Ce qui permet d'évaluer l'intensité, l'importance de qqch : *La Bourse, thermomètre de l'activité économique et financière.* ▸ ***Thermomètre médical,*** qui sert à mesurer la température du corps humain.

thermométrie n.f. Mesure de la température.

thermométrique adj. Relatif au thermomètre, à la thermométrie : *Une sonde thermométrique.*

thermonucléaire adj. Se dit d'une réaction de fusion nucléaire entre noyaux d'atomes légers portés à très haute température, et de l'énergie qu'elle produit. ▸ ***Arme*** ou ***bombe thermonucléaire,*** arme qui, par la fusion de noyaux d'atomes légers, produit un dégagement considérable d'énergie (on dit aussi *la bombe à hydrogène* ou *la bombe H*).

thermoplastique adj. Se dit d'un matériau qui se ramollit suffisamment pour pouvoir être mis en forme sous l'action de la chaleur : *Les résines thermoplastiques.*

thermorégulateur, trice adj. Qui concerne la thermorégulation.

thermorégulation n.f. Fonction assurant la constance de la température interne du corps des mammifères et des oiseaux.

thermorésistant, e adj. Se dit d'une substance qui résiste à la chaleur.

Thermos [tɛrmos] n.f. ou n.m. (nom déposé). Bouteille isolante permettant à un liquide de conserver sa température pendant plusieurs heures : *Des Thermos remplies de café.*

thermosphère n.f. Couche de l'atmosphère située entre 85 et 500 kilomètres d'altitude, au sein de laquelle la température augmente au fur et à mesure que l'on s'élève.

thermosphérique adj. Relatif à la thermosphère.

thermostat [tɛrmɔsta] n.m. (du gr. *thermos,* chaud, et *statos,* stationnaire). Appareil servant à maintenir la température constante : *Un four à thermostat.*

thermostatique adj. Se dit d'un dispositif capable de maintenir la température constante.

thermotactisme n.m. Sensibilité de certains animaux aux différences de température, qui les entraîne généralement à se déplacer.

thésard, e n. *Fam.* Personne qui prépare une thèse.

thésaurisation n.f. Action de thésauriser, d'amasser des richesses.

thésauriser v.t. (lat. *thesaurizare,* de *thesaurus,* trésor) [conj. 3]. Mettre de l'argent de côté sans le dépenser ni le faire fructifier ; économiser, épargner : *Elle thésaurise les revenus de ses terres* (**SYN.** accumuler ; **CONTR.** dilapider, gaspiller).

thésauriseur, euse n. Personne qui thésaurise (**SYN.** avare ; **CONTR.** dépensier).

thésaurus ou **thesaurus** [tezorys] n.m. (du lat. *thesaurus,* trésor, du gr.). **1.** Répertoire alphabétique de termes normalisés utilisés pour le classement documentaire. **2.** Répertoire raisonné du vocabulaire d'une langue.

thèse n.f. (du gr. *thesis,* action de poser). **1.** Proposition, opinion dont on s'attache à démontrer la véracité : *Défendre une thèse* (**SYN.** allégation, assertion). *Je ne crois pas à la thèse de l'accident* (**SYN.** théorie). **2.** Ensemble de travaux de recherche présentés sous forme d'ouvrage, en vue de l'obtention du grade de docteur ; exposé public de cet ouvrage : *Il prépare une thèse de chimie. Une soutenance de thèse.* **3.** En philosophie, premier terme d'une contradiction de type dialectique : *La thèse, l'antithèse et la synthèse.* ▸ ***Pièce, roman, à thèse,*** œuvre visant à démontrer une théorie politique, morale ou philosophique.

thêta n.m. inv. (mot gr.). Huitième lettre de l'alphabet grec (Θ, θ), correspondant au *th* français.

thibaude n.f. (de *Thibaud,* nom donné aux bergers). Tissu grossier servant à doubler les tapis cloués au sol.

thomisme n.m. Ensemble des doctrines théologiques et philosophiques de saint Thomas d'Aquin et de ses disciples.

thomiste adj. et n. Relatif, favorable au thomisme.

thon n.m. (lat. *thunnus,* du gr.). Grand poisson marin qui est pêché pour sa chair estimée : *Le thon blanc* (= le germon). *Une boîte de thon à l'huile.*

thonaire n.m. Grand filet employé pour la pêche du thon.

thonier n.m. Bateau équipé pour la pêche du thon ; pêcheur de thon.

thoracique adj. Relatif au thorax, à la poitrine : *La cage thoracique.*

thorax n.m. (mot lat., du gr. *thôrax,* cuirasse). **1.** Partie du corps de l'homme et des animaux vertébrés limitée par les vertèbres, les côtes, le sternum et le diaphragme, et contenant les poumons et le cœur. **2.** Deuxième partie du corps des insectes, formée de trois segments et sur laquelle sont fixées les pattes et les ailes.

thriller [srilœr ou trilœr] n.m. (mot angl., de *to thrill,* faire tressaillir). Film ou roman (policier ou fantastique) à suspense, qui procure des sensations fortes : *Plusieurs thrillers sont à l'affiche actuellement.*

thrombine n.f. (du gr. *thrombos,* caillot). Enzyme provoquant la coagulation du sang.

thrombolyse n.f. Dissolution d'un caillot dans un vaisseau sanguin.

thrombose n.f. (du gr. *thrombôsis,* coagulation, de *thrombos,* caillot). Formation d'un caillot dans un vaisseau sanguin.

thrombotique adj. Relatif à la thrombose ; qui est dû à une thrombose.

thune ou **tune** n.f. *Arg., vx* Pièce d'argent de cinq francs. ▸ *Fam.* ***De la thune,*** de l'argent : *Il m'a prêté de la thune. Fam.* ***Ne pas avoir une thune,*** être démuni d'argent ; être sans le sou.

thuriféraire n.m. (du lat. *thus, thuris,* encens, et *ferre,* porter). *Litt.* Personne qui loue, vante qqn, qqch avec excès : *Les thuriféraires du gouvernement* (**SYN.** flagorneur [sout.]).

thuya [tyja] n.m. (gr. *thuia*). Conifère ornemental originaire d'Asie ou d'Amérique.

thym [tɛ̃] n.m. (lat. *thymum,* du gr.). Plante à très petites feuilles odorantes, utilisée comme aromate. ☞ **REM.** Ne pas confondre avec *tain, teint* ou *tin.*

thymique adj. Qui appartient au thymus.

thymus [timys] n.m. (mot lat., du gr. *thumos,* excroissance charnue). **1.** Glande située devant la trachée, présente seulement chez l'enfant et les jeunes animaux. **2.** Cette glande, comestible chez le veau, et communément appelée *ris de veau.*

thyroïde adj. (gr. *thuroeidês,* qui a la forme d'un bouclier). Glande endocrine située devant la trachée, intervenant dans la croissance et le métabolisme général (on dit aussi *la glande thyroïde*). ▸ ***Cartilage thyroïde,*** pomme d'Adam.

thyroïdien, enne adj. Relatif à la thyroïde : *Une maladie thyroïdienne.*

thyrse n.m. (du gr. *thursos,* bâton de Dionysos). **1.** Emblème de Dionysos, fait d'un bâton entouré de feuilles de lierre ou de vigne et surmonté d'une pomme de pin. **2.** Grappe de fleurs de forme pyramidale comme celle du lilas.

tiaffe n.f. *Fam.* En Suisse, très forte chaleur ; neige fondante se transformant en boue.

tian [tjɑ̃] n.m. (du gr. *teganon*). En Provence, grand plat en terre large et peu profond ; gratin de légumes cuit dans ce plat.

tiare n.f. (lat. *tiara,* du persan). Coiffure d'apparat à trois couronnes du pape, utilisée autref. pour les cérémonies non liturgiques ; dignité papale.

tiaré n.m. (mot polynésien). Plante de Polynésie dont les grandes fleurs parfumées sont utilisées pour la confection de colliers ornementaux et pour la fabrication du monoï.

tibétain, e adj. et n. Relatif au Tibet, à ses habitants. ◆ **tibétain** n.m. Langue parlée au Tibet, s'écrivant avec un alphabet d'origine indienne.

tibia n.m. (mot lat. signif. « flûte »). Os long de la jambe, situé en avant du péroné.

tibial, e, aux adj. Relatif au tibia.

tic n.m. (onomat.). **1.** Contraction brusque et involontaire de certains muscles, surtout de ceux du visage : *Il est plein de tics.* **2.** Habitude inconsciente, manie dans le langage, les gestes : *Il avait le tic de se gratter la tête.* ☞ **REM.** Ne pas confondre avec *tique.*

TIC [tik] n.f. pl. (sigle de *technologies de l'information et de la communication*). Ensemble des techniques et des équipements informatiques permettant de communiquer à distance par voie électronique.

ticket [tikɛ] n.m. (mot angl., du fr. *étiquette*). Billet donnant droit à l'admission dans un véhicule de transport public, dans un établissement, attestant un paiement : *Un ticket d'autobus. Un ticket de caisse.* ▸ ***Avoir un*** ou ***le ticket avec qqn,*** lui plaire énormément. ***Ticket modérateur*** → **modérateur.**

tic-tac n.m. inv. (onomat.). Bruit sec et régulier d'un mouvement d'horlogerie : *Les tic-tac des horloges.*

tie-break [tajbrɛk] n.m. (mot angl. signif. « rupture d'égalité ») [pl. *tie-breaks*]. Au tennis, jeu supplémentaire permettant de départager deux joueurs à six jeux partout à la fin d'un set. ☞ **REM.** Il est recommandé de remplacer cet anglicisme par *jeu décisif.*

tiédasse adj. D'une tiédeur désagréable : *Café tiédasse.*

① **tiède** adj. (lat. *tepidus*). D'une chaleur très atténuée : *La soupe est tiède* (= insuffisamment chaude). *L'air est tiède* (**SYN.** doux). ◆ adj. Qui manque d'ardeur, de zèle, de ferveur : *Des bravos un peu tièdes* (**CONTR.** chaleureux). *Des supporteurs tièdes* (**SYN.** mou ; **CONTR.** fervent). ◆ n. Personne qui manque d'ardeur, d'enthousiasme : *Les tièdes et les hésitants* (**CONTR.** enthousiaste). ◆ adv. ▸ ***Boire tiède,*** prendre des boissons tièdes.

② **tiède** n.f. En Suisse, forte chaleur.

tièdement adv. Avec indifférence ; sans conviction : *Le public a applaudi tièdement* (**SYN.** mollement ; **CONTR.** chaleureusement).

tiédeur n.f. **1.** Température tiède : *La tiédeur de l'eau.* **2.** *Fig.* Manque de ferveur, d'ardeur : *La tiédeur des protestations* (**SYN.** mollesse).

tiédir v.i. [conj. 32]. Devenir tiède : *Mettre du lait à tiédir.* ◆ v.t. Rendre tiède ; réchauffer légèrement : *Tiédir de l'eau.*

tiédissement n.m. Fait de tiédir.

tien, tienne adj. poss. (lat. *tuum*). Qui est à toi : *Tu as fait tienne cette idée. Un tien ami m'a averti.* ◆ pron. poss. (Précédé des art. déf. *le, la, les*). Désigne ce qui appartient ou se rapporte à un possesseur de la 2e personne du singulier : *Ce sont mes stylos et voici les tiens. Ces bagues sont les tiennes.* ▸ *Fam.* ***À la tienne !,*** à ta santé ! ***Les tiens,*** ta famille, tes proches.

① **tierce** adj. f. → **fièvre.**

② **tierce** n.f. (de *2. tiers*). **1.** En musique, intervalle de trois degrés : *Tierce majeure* (= de deux tons). *Tierce mineure* (= d'un ton et d'un demi-ton). **2.** Série de trois cartes qui se suivent dans la même couleur.

tiercé n.m. et adj. m. (de *2. tiers*). Pari dans lequel il faut désigner les trois chevaux arrivant les premiers dans une course (on dit aussi *le pari tiercé*) : *Il a le tiercé dans l'ordre.*

tiercelet n.m. Mâle de plusieurs oiseaux de proie (plus petit d'un tiers que la femelle).

① **tiers** [tjɛr] n.m. (de *2. tiers*). **1.** Chaque partie d'un tout divisé en trois parties égales : *Il a déjà dépensé les deux tiers de son salaire.* **2.** Personne étrangère à un groupe : *Je n'ai pas voulu lui faire de reproches devant des tiers* (**SYN.** 1. étranger, inconnu). **3.** Personne étrangère à une affaire, à un acte juridique, à un jugement : *Ce contrat ne s'applique pas aux tiers. Assurance au tiers* (= qui garantit la personne à qui l'assuré cause un dommage). ▸ *Fam.* ***Se moquer du tiers comme du quart,*** être indifférent à tout et à tous. ***Tiers payant,*** système qui permet, en France, à l'assuré social de ne payer, le cas échéant, que le ticket modérateur.

② **tiers, tierce** [tjɛr, tjɛrs] adj. (du lat. *tertius,* troisième). Qui vient au troisième rang ; qui s'ajoute à deux autres : *Une tierce personne.* ▸ ***Le tiers état,*** ensemble des personnes qui, sous l'Ancien Régime, n'appartenaient ni à la noblesse ni au clergé et formaient le troisième ordre du royaume.

tiers-monde [tjɛrmɔ̃d] n.m. (pl. *tiers-mondes*). Ensemble des pays en développement, génér. issus de la décolonisation.

tiers-mondisme [tjɛrmɔ̃dism] n.m. (pl. *tiers-mondismes*). Tendance, opinion, doctrine des tiers-mondistes.

tiers-mondiste [tjɛrmɔ̃dist] adj. et n. (pl. *tiers-mondistes*). Relatif au tiers-monde ; qui est solidaire du tiers-monde : *Des mouvements tiers-mondistes.*

tif n.m. *Fam.* Cheveu.

tifosi n.m. pl. (mot it.). En Italie, supporteurs (pour le football, le cyclisme, en partic.).

tige n.f. (du lat. *tibia,* flûte). **1.** Axe d'une plante, qui porte des feuilles et se termine par un bourgeon : *Retirer les épines de la tige d'une rose* (**SYN.** hampe). **2.** Objet ou partie d'objet mince, droit et de forme allongée : *Une tige de fer* (**SYN.** barre, tringle). *La tige horizontale d'une balance* (= le fléau). **3.** Partie supérieure de la chaussure, qui habille le dessus du pied et la cheville, éventuellement la jambe : *Des chaussures à tiges hautes* ou *montantes, à tiges basses.*

tiglon n.m. → **tigron.**

tignasse n.f. (de *teigne*). *Fam.* Chevelure abondante et mal peignée.

tigre n.m. (lat. *tigris*). **1.** Mammifère carnivore des forêts de l'Asie du Sud-Est et de la Sibérie, au pelage jaune orangé plus ou moins sombre, marqué de rayures noires : *Le tigre est le plus grand félin.* **2.** *Litt.* Homme très cruel, sanguinaire. **3.** Pays en développement dont l'économie est caractérisée par une croissance récente (Indonésie, Philippines, Malaisie, Thaïlande). ▸ ***Jaloux comme un tigre,*** extrêmement jaloux. ***Tigre de papier,*** adversaire dont la puissance apparente dissimule une faiblesse qui le fait juger peu dangereux en réalité.

tigré, e adj. **1.** Rayé de bandes foncées, comme le pelage du tigre : *Un chat noir tigré.* **2.** Marqué de bandes foncées ; moucheté : *Des bananes tigrées.*

tigresse n.f. **1.** Tigre femelle. **2.** Femme d'une extrême jalousie.

tigron ou **tiglon** n.m. (de *tigre* et *lion*). Hybride stérile du tigre et de la lionne, ou du lion et de la tigresse.

tiki n.m. (de *Tiki,* divinité océanienne). En Polynésie, statue représentant un dieu polynésien.

tilbury [tilbyri] n.m. (mot angl., de *Tilbury,* nom de l'inventeur). Cabriolet léger à deux places, tiré par un cheval ou deux.

tilde [tild ou tilde] n.m. (mot esp., du lat. *titulus,* titre). **1.** Accent qui se trouve sur la lettre *n* de l'alphabet espagnol (*ñ*), notant un son équivalant au *n* mouillé [ɲ] en français. **2.** Signe placé au-dessus d'un symbole phonétique pour indiquer la nasalisation : *Le « on » de « ceinturon » est transcrit phonétiquement par* [ɔ̃], *soit* [ɔ] *surmonté d'un tilde.*

tillac [tijak] n.m. (de l'anc. scand. *thilja,* planche). Pont supérieur d'un navire en bois.

tillage [tijaʒ] n.m. → **teillage.**

tille [tij] n.f. → **teille.**

tiller [tije] v.t. → **teiller.**

tilleul [tijœl] n.m. (lat. *tilia*). **1.** Grand arbre qui fournit un bois blanc, facile à travailler, et dont les fleurs odorantes sont utilisées en infusion. **2.** Infusion de fleurs de tilleul : *Une tasse de tilleul.*

tilt [tilt] n.m. (mot angl. signif. « coup »). Au billard électrique, déclic qui marque l'interruption d'une partie lorsqu'un joueur a manœuvré trop violemment l'appareil. ▸ *Fam.* ***Faire tilt,*** déclencher soudainement dans l'esprit les mécanismes de compréhension, de mémoire, d'inspiration : *Ce mot a fait tilt dans mon esprit.*

tilter v.i. [conj. 3]. *Fam.* Réaliser brusquement ; comprendre : *Je viens de tilter.*

timbale n.f. (de l'esp. *atabal*). **1.** Gobelet en métal : *Une timbale en argent.* **2.** Instrument de musique à percussion, formé d'un bassin hémisphérique en cuivre, recouvert d'une peau tendue. **3.** En cuisine, moule rond et haut ; préparation cuite servie dans ce moule ou dans une croûte de pâte : *Une timbale de fruits de mer.* ▸ *Fam.* ***Décrocher la timbale,*** remporter le prix, réussir ; iron., s'attirer des désagréments par sa maladresse.

timbalier n.m. Musicien qui joue des timbales.

timbrage n.m. Action de timbrer une lettre, un document.

① **timbre** n.m. (du gr. *tumpanon,* tambour). **1.** Petite cloche métallique demi-sphérique frappée par un marteau : *Le timbre d'une horloge* (**SYN.** sonnerie). *Le timbre d'une bicyclette* (**SYN.** sonnette). **2.** Qualité sonore particulière d'une voix, d'un instrument de musique : *Il préfère le timbre du saxophone* (**SYN.** sonorité). **3.** Vignette vendue au profit d'une œuvre ou attestant le paiement d'une cotisation : *Voici le timbre à coller sur votre carte d'adhérent.* **4.** Instrument qui sert à imprimer une marque, un cachet sur un document : *Un timbre de caoutchouc* (**SYN.** tampon). **5.** Marque qui garantit l'authenticité d'un document : *Apposer un timbre sur un diplôme* (**SYN.** cachet). **6.** Marque imprimée ou vignette apposée sur certains actes, et qui représente le paiement d'une taxe au Trésor : *Un timbre fiscal.* **7.** Pastille adhésive à coller sur la peau, qui contient un médicament ; patch : *Le timbre transdermique à la nicotine.*

② **timbre** ou **timbre-poste** n.m. (de *1. timbre*) [pl. *timbres-poste*]. Vignette adhésive, de valeur conventionnelle, émise par une administration postale et destinée à affranchir les envois confiés à la poste : *Coller un timbre sur une enveloppe. Un collectionneur de timbres* (= un philatéliste).

① **timbré, e** adj. *Fam.* Un peu fou : *Cette fille est timbrée.*

② **timbré, e** adj. Qui est muni d'un timbre : *Joindre une enveloppe timbrée pour la réponse.* ▸ ***Papier timbré,*** papier marqué d'un timbre fiscal. ***Voix timbrée,*** voix qui résonne bien.

timbre-amende n.m. (pl. *timbres-amendes*). Timbre destiné au paiement d'une amende forfaitaire pour contravention à la réglementation de la circulation.

timbre-poste n.m. → **2. timbre.**

timbrer v.t. [conj. 3]. Marquer, affranchir avec un timbre ou un cachet : *Timbrer une carte postale* (**SYN.** affranchir). *Timbrer un document administratif* (**SYN.** tamponner). ◆ v.i. En Suisse, enregistrer son heure d'entrée et de sortie sur une pointeuse ; pointer au chômage.

timide adj. et n. (lat. *timidus,* de *timere,* craindre). Qui manque de hardiesse, d'assurance ; timoré : *Elle est très timide* (**SYN.** effarouché ; **CONTR.** audacieux). *Un grand timide* (**SYN.** pusillanime [litt.] ; **CONTR.** intrépide).

timidement adv. Avec timidité (**SYN.** craintivement ; **CONTR.** hardiment).

timidité n.f. **1.** Manque d'assurance, de hardiesse : *Son entretien d'embauche s'est mal passé à cause de sa timidité* (**SYN.** embarras, gaucherie ; **CONTR.** audace, confiance). **2.** Manque d'audace dans une action, une réalisation : *Un projet architectural d'une décevante timidité* (**SYN.** conformisme, prudence ; **CONTR.** hardiesse).

timing [tajmiŋ] n.m. (mot angl., de *to time,* régler, mesurer [le temps]). Chronologie détaillée d'un processus quelconque (**SYN.** minutage).

timon n.m. (lat. pop. *timo, timonis,* de *temo, temonis,* flèche). Longue pièce de bois d'une voiture, d'une machine agricole, de chaque côté de laquelle on attelle une bête de trait.

timonerie n.f. **1.** Abri qui protège l'appareil à gouverner et l'homme de barre sur les bateaux de petit tonnage. **2.** Service assuré par les timoniers d'un navire.

timonier n.m. Matelot chargé de la barre, de gouverner un bateau.

timoré, e adj. et n. (du lat. *timor, timoris,* crainte, de *timere,* craindre). Qui n'ose pas agir par crainte du risque ou des responsabilités ; timide : *Il est trop timoré pour prendre la direction de ce mouvement* (**SYN.** craintif, pusillanime [litt.] ; **CONTR.** audacieux, hardi, intrépide).

tin [tɛ̃] n.m. Chacune des pièces de bois qui soutiennent la quille d'un navire en construction ou en radoub. ☞ **REM.** Ne pas confondre avec *tain, teint* ou *thym.*

tinctorial, e, aux adj. (lat. *tinctorius,* de *tingere,* teindre). Qui sert à teindre : *Une plante tinctoriale.*

tinette n.f. (du lat. *tina,* carafe). **1.** *Anc.* Récipient servant au transport des matières fécales, que l'on employait comme fosse d'aisances mobile. **2.** Aux Antilles, pot de chambre.

tintamarre n.m. (de *tinter*). **1.** Bruit assourdissant fait de sons discordants (**SYN.** tapage, vacarme). **2.** En Acadie, défilé populaire dans les rues, lors de la fête nationale des Acadiens, le 15 août.

tintement n.m. **1.** Bruit que fait une cloche, une clochette qui tinte. **2.** Succession de sons légers et clairs : *Le tintement d'un trousseau de clés que l'on agite* (**SYN.** cliquetis). ▸ ***Tintement d'oreilles,*** bourdonnement d'oreilles ; acouphène.

tinter v.t. (bas lat. *tinnitare,* du lat. class. *tinnire,* tinter) [conj. 3]. Faire sonner lentement une cloche, de manière que le battant frappe d'un seul côté. ◆ v.i. **1.** Résonner lentement par coups espacés : *La cloche tinte* (**SYN.** sonner). **2.** Produire des sons aigus : *Les bracelets tintent à son poignet* (**SYN.** cliqueter). ☞ **REM.** Ne pas confondre avec *teinter.*

tintin n.m. (de *tinter*). *Fam.* ▸ ***Faire tintin,*** être privé de qqch. ***Tintin !,*** vous pouvez toujours attendre ! ; n'y comptez pas !

tintinnabuler [tɛ̃tinabyle] v.i. (du lat. *tintinnabulum,* clochette, de *tinnire,* tinter) [conj. 3]. *Litt.* Produire une série de sons aigus et légers : *« Tout est calme, reposé, / Entends-tu les clochettes tintinnabuler ? »* [*Petit Garçon,* Graeme Allwright] (**SYN.** sonner).

tintouin n.m. (de *tinter*). **1.** *Fam.* Embarras ; souci : *Ce déménagement lui a causé bien du tintouin* (**SYN.** tracas). **2.** Grand bruit : *Ils ont fait du tintouin tout le week-end* (**SYN.** tapage, vacarme). ▸ *Fam.* ***Et tout le tintouin,*** et tout le reste.

T.I.P. ou **TIP** [tip] n.m. (acronyme). ▸ ***Titre interbancaire de paiement*** → **titre.**

tiper ou **tipper** v.t. [conj. 3]. En Suisse, taper sur le clavier d'une caisse enregistreuse.

tipi n.m. (anglo-amér. *tepee,* d'un mot sioux). Habitation traditionnelle des Indiens d'Amérique du Nord, constituée par une hutte conique.

tipule n.f. (du lat. *tippula,* araignée d'eau). Moustique aux très longues pattes grêles et fragiles, inoffensif pour l'homme.

tique n.f. (angl. *tick*). Acarien vivant sur la peau des ruminants, du chien, parfois de l'homme, dont il suce le sang (**SYN.** ixode). ☞ **REM.** Ne pas confondre avec *tic.*

tiquer v.i. (de *tic*) [conj. 3]. *Fam.* Marquer par un jeu de physionomie le mécontentement, le dépit, l'étonnement : *Elle a tiqué quand je lui ai dit que je ne pourrai pas assister à la réunion. Il a tiqué sur le prix.*

tiqueur, euse adj. et n. Qui est atteint d'un tic nerveux.

tir n.m. **1.** Action, manière de tirer avec une arme, de lancer un projectile : *Le tir à la carabine. Le tir à l'arc. Un tir intense. À tir tendu.* **2.** Ensemble de projectiles envoyés par une ou plusieurs armes : *Un tir par rafales.* **3.** Local ou lieu spécialement aménagé pour l'exercice du tir : *Il va au tir deux soirs par semaine.* **4.** Action de lancer une balle, une flèche ou une boule vers le but : *L'épreuve des tirs au but, au football.* ▸ ***Rectifier le tir,*** corriger une erreur d'appréciation d'une situation donnée en changeant sa manière d'agir.

tirade n.f. (de *tirer*). **1.** Suite continue, ininterrompue de paroles, de phrases plus ou moins emphatiques : *Elle m'a fait toute une tirade sur l'honnêteté* (**SYN.** discours). **2.** Ce qu'un personnage dit d'un trait sans être interrompu, au théâtre : *La tirade des nez dans « Cyrano de Bergerac ».*

tirage n.m. **1.** Circulation de l'air dans un appareil de chauffage, assurant une bonne combustion : *Le tirage d'une cheminée.* **2.** Action de tirer les billets, les numéros d'une loterie : *Le tirage d'une tombola. Un tirage au sort désignera le nom des vainqueurs.* **3.** Action de tirer, de déplacer dans tel ou tel sens, le plus souvent vers soi : *Le tirage d'un bateau* (= halage). **4.** Passage des feuilles de papier sur les formes d'une presse pour les imprimer ; ensemble d'exemplaires imprimés en une seule fois : *Le journal est en cours de tirage* (**SYN.** impression). *Son roman a eu un tirage de dix mille exemplaires.* **5.** Opération permettant de réaliser une épreuve photographique ; l'épreuve ainsi obtenue : *Le développement et le tirage d'une photo.* ▸ *Fam.* ***Il y a du tirage,*** il y a des difficultés, des résistances à vaincre.

tiraillement [tirajmɑ̃] n.m. **1.** Sensation de contraction douloureuse de certaines parties intérieures du corps : *Des tiraillements d'estomac* (**SYN.** contracture, crampe, spasme). **2.** Tension née d'une opposition entre des opinions ou des désirs contradictoires : *Des tiraillements apparaissent dans le groupe* (**SYN.** conflit, déchirement, désaccord).

tirailler [tiraje] v.t. [conj. 3]. **1.** Tirer fréquemment et par petits coups, dans diverses directions : *Le chien tiraille sur sa laisse.* **2.** Solliciter de divers côtés d'une manière contradictoire : *Elle est tiraillée entre son devoir et ses aspirations* (**SYN.** déchirer, écarteler). ◆ v.i. Tirer des coups de feu fréquents et dans toutes les directions : *Les voleurs tiraillent pour couvrir leur fuite.*

tirailleur [tirajœr] n.m. **1.** Soldat détaché en avant comme éclaireur. **2.** *Anc.* Fantassin recruté hors de la France métropolitaine : *Un régiment de tirailleurs sénégalais.* ▸ ***En tirailleur,*** en ordre dispersé.

tiramisu [tiramisu] n.m. (de l'it. *tira mi su,* remonte-moi). Entremets italien fait de couches alternées de fromage crémeux et de biscuits imbibés de café.

tirant n.m. Lanière de cuir fixée à la tige d'une botte pour aider à l'enfiler. ▸ ***Tirant d'eau,*** distance verticale entre la flottaison d'un navire et le dessous de la quille.

① **tire** n.f. *Fam.* Automobile. ▸ ***Vol à la tire,*** vol d'objets tirés d'une poche, d'un sac.

② **tire** n.f. Au Québec, confiserie à base de sirop cuit : *Tire d'érable* (= obtenue par évaporation du sirop d'érable).

① **tiré, e** adj. Se dit des traits d'un visage qui reflètent la fatigue ou la maladie : *Il a les traits tirés ce matin.* ▸ ***Tiré à quatre épingles***→ **épingle.** *Fam.* ***Tiré par les cheveux***→ **cheveu.**

② **tiré** n.m. Personne à qui un ordre est donné de payer une lettre de change ou un chèque (par opp. à tireur). ▸ ***Tiré à part,*** extrait d'un article de revue : *Deux tirés à part.*

tire-au-flanc n. inv. *Fam.* Personne qui s'arrange pour échapper aux corvées (**SYN.** paresseux).

tire-botte n.m. (pl. *tire-bottes*). **1.** Planchette permettant de coincer le talon de la botte que l'on veut enlever. **2.** Crochet de fer que l'on passe dans le tirant d'une botte pour la chausser.

tire-bouchon n.m. (pl. *tire-bouchons*). Instrument formé d'une hélice en métal pourvue d'un manche, servant à retirer le bouchon d'une bouteille. ▸ ***En tire-bouchon,*** en forme de spirale : *La queue en tire-bouchon d'un cochon.*

tire-bouchonner v.t. [conj. 3]. Enrouler en spirale : *Ils tire-bouchonnent les rubans pour décorer les paquets.* ◆ v.i. ou **se tire-bouchonner** v.pr. S'enrouler en spirale : *Ses cheveux tire-bouchonnent* ou *se sont tire-bouchonnés sous la pluie.*

tire-clou n.m. (pl. *tire-clous*). Tige métallique, plate dont une extrémité se termine par des dents et qui sert à l'extraction des clous.

à **tire-d'aile** loc. adv. (de l'anc. fr. *voler à tire,* voler sans s'arrêter). Avec des battements d'ailes vigoureux et rapides : *Le merle s'est enfui à tire-d'aile.*

tire-fesses n.m. inv. *Fam.* Téléski.

tire-fond n.m. inv. **1.** Longue vis à tête en forme d'anneau, pour suspendre les lustres. **2.** Grosse vis à bois à tête carrée.

tire-laine n.m. inv. *Litt.* Voleur qui attaquait les gens pour voler leurs manteaux.

tire-lait n.m. inv. Appareil pour recueillir par aspiration le lait du sein de la mère ; téterelle.

à **tire-larigot** loc. adv. (de *tirer,* aspirer, et *larigot,* mot d'un anc. refrain de chanson). *Fam.* En grande quantité : *Il dépense à tire-larigot* (= beaucoup).

tire-ligne n.m. (pl. *tire-lignes*). Instrument de dessinateur servant à tracer des lignes d'épaisseur calibrée.

tirelire n.f. (onomat.). Boîte, objet creux muni d'une fente par laquelle on glisse l'argent qu'on veut économiser.

tire-nerf [tirnɛr] n.m. (pl. *tire-nerfs*). Broche dont se sert le chirurgien-dentiste pour extirper la pulpe de la racine des dents.

tirer v.t. [conj. 3]. **1.** Appliquer un effort sur qqch de manière à l'allonger, à augmenter sa surface : *Tirer le drap pour le border* (**SYN.** étirer, lisser, tendre). **2.** Ramener vers soi ; déplacer en entraînant derrière soi : *Tirez la porte en sortant* (**SYN.** fermer ; **CONTR.** ouvrir, pousser). *Le quatre-quatre tire une caravane* (**SYN.** remorquer, traîner). **3.** Faire aller dans une certaine direction : *Tirer des traits* (**SYN.** tracer). *Tirer des allées au cordeau.* **4.** *Fam.* Passer un temps qui paraît long : *Encore deux heures à tirer avant la fête.* **5.** Lancer un projectile au moyen d'une arme ; faire partir le coup d'une arme à feu : *Il a tiré la première flèche* (**SYN.** envoyer). *Le truand a tiré deux balles.* **6.** Faire sortir qqch, qqn de l'endroit où il est : *Elle a tiré une chemise de la pile* (**SYN.** extraire). *Tirer l'eau du puits. Le chien tire la langue.* **7.** Faire sortir qqn, qqch d'un état, d'une situation : *La sonnerie l'a tiré du sommeil* (= l'a réveillé). *Elle l'a tiré de la misère.* **8.** Obtenir un avantage quelconque : *Tirer de l'argent de qqn* (**SYN.** extorquer, soutirer). *Tirer profit d'une situation* (= profiter de ; **SYN.** retirer). **9.** Extraire par une technique particulière, un savoir-faire : *Tirer un alcaloïde d'une plante. Tirer un son d'un instrument. Tirer un film d'une histoire vraie.* **10.** Déduire logiquement qqch de qqch : *Tirer la leçon d'une expérience. Il faut tirer les conséquences de ses échecs.* **11.** Prendre au hasard dans un ensemble un billet, un numéro : *Tirer au sort un ordre de passage. Tirer une carte.* **12.** Exécuter l'impression de : *Tirer un roman à dix mille exemplaires* (**SYN.** imprimer). **13.** Réaliser une épreuve photographique. **14.** En parlant d'un navire, déplacer, en s'enfonçant, une certaine quantité d'eau. ▸ ***Tirer les cartes,*** prédire l'avenir à partir des cartes prélevées au hasard dans un jeu. ***Tirer un chèque,*** l'émettre. ◆ v.t. ind. **1. [sur].** Exercer une traction : *Tirer sur ses chaussettes* (**SYN.** relever, remonter). *Le chien tire sur sa laisse.* **2. [sur].** Aspirer : *L'enfant tire sur la paille pour boire.* **3. [sur, vers].** (Suivi d'un nom de couleur). En parlant d'une teinte, se rapprocher de : *Ce bleu tire sur le gris.* ▸ *Fam.* ***Tirer sur la ficelle,*** profiter sans retenue d'une situation favorable, d'un avantage, des bonnes dispositions de qqn. ◆ v.i. **1.** En parlant d'un conduit de fumée, avoir du tirage : *Cette cheminée tire bien.* **2.** Faire usage d'une arme : *Tirer à l'arc. L'armée a tiré à balles réelles.* **3.** En parlant d'une arme, lancer un projectile : *Cette carabine tire juste.* **4.** Dans les jeux de ballon, effectuer un tir ; à la pétanque, lancer directement sa boule sur une autre (par opp. à pointer). **5.** En Suisse, infuser : *Le thé a assez tiré.* ▸ ***Ça tire,*** en Belgique et en Suisse, il y a un courant d'air. *Fam.* ***Tirer au flanc,*** se soustraire à une corvée, un travail. ◆ **se tirer** v.pr. **1.** *Fam.* S'en aller : *Elle s'est tirée avant la fin.* **2. [de].** Se sortir d'une situation difficile : *Elle s'est magistralement tirée de ce mauvais pas.* ▸ *Fam.* ***Ça se tire,*** cette période va prendre fin.

tiret n.m. Petit trait horizontal (—) qui indique le changement d'interlocuteur dans un dialogue ou qui sert de parenthèse, dans un texte.

tirette n.f. **1.** Tablette coulissante d'un meuble. **2.** Dispositif de commande d'un appareil, que l'on tire : *Tirette d'aération.* **3.** En Belgique, fermeture à glissière.

tireur, euse n. **1.** Personne qui tire avec une arme à feu : *Des tireurs embusqués.* **2.** Sportif qui expédie le ballon vers le but adverse ; à la pétanque, personne qui tire ; en escrime, personne qui dispute un assaut. **3.** Personne qui émet une lettre de change ou un chèque (par opp. à tiré). ▸ ***Tireur de cartes,*** cartomancien.

tireuse n.f. Appareil servant au tirage des épreuves photographiques ou des copies de films.

tire-veine n.m. (pl. *tire-veines*). Instrument chirurgical utilisé pour l'ablation des veines.

tiroir n.m. Compartiment coulissant qui s'emboîte dans un meuble : *Ouvrir, fermer un tiroir. Les tiroirs d'une commode.* ▸ ***À tiroirs,*** se dit d'une histoire donnant lieu à des épisodes multiples ayant chacun une certaine autonomie : *Un roman à tiroirs.* *Fam.* ***Fond de tiroir,*** chose de peu de valeur qui n'a pas été utilisée. *Fam.* ***Les fonds de tiroir,*** les dernières ressources disponibles : *Gratter les fonds de tiroir.*

tiroir-caisse n.m. (pl. *tiroirs-caisses*). Tiroir contenant la caisse d'un commerçant.

tisane n.f. (du lat. *ptisana,* tisane d'orge). Boisson obtenue à partir de certaines plantes que l'on fait macérer dans de l'eau : *Une tisane de camomille.*

tisanière n.f. Récipient servant à faire infuser une tisane.

tison n.m. (lat. *titio, titionis*). Morceau de bois brûlé en partie et encore incandescent : *Souffler sur les tisons* (**SYN.** braise).

tisonner v.t. [conj. 3]. Remuer, retourner les tisons d'un feu pour le ranimer.

tisonnier n.m. Tige métallique servant à attiser le feu (**SYN.** pique-feu).

tissage n.m. Ensemble des opérations consistant à fabriquer des tissus : *Le tissage de la soie.*

tisser v.t. (lat. *texere*) [conj. 3]. **1.** Entrelacer les fils en longueur et en largeur, pour faire un tissu : *Tisser de la laine, du coton. Tisser une tapisserie.* **2.** Construire en réseau : *L'araignée tisse sa toile.* **3.** *Fig.* Élaborer à partir d'éléments mis en relation : *Toutes ces années ont tissé des liens entre nous.*

tisserand, e n. Personne qui tisse sur un métier.

tisserin n.m. Oiseau passereau qui construit un nid en tissant des fibres de palmiers.

tisseur, euse n. Personne qui fait du tissage.

tissu n.m. **1.** Matériau obtenu par l'assemblage de fils entrelacés : *Un tissu de coton* (**SYN.** étoffe, toile). *Des tissus d'ameublement.* **2.** *Fig.* Suite enchevêtrée de choses : *Ce témoignage est un tissu de mensonges.* **3.** Ensemble d'éléments constituant un tout homogène : *Le tissu industriel, le tissu urbain de la région.* **4.** En anatomie, ensemble de cellules ayant même structure et même fonction : *Le tissu osseux, cardiaque.*

tissu-éponge n.m. (pl. *tissus-éponges*). Tissu bouclé sur ses deux faces et absorbant.

tissulaire adj. Relatif à un tissu cellulaire.

tissu-pagne n.m. (pl. *tissus-pagnes*). En Afrique, tissu de coton employé pour confectionner les pagnes.

tissure n.f. Entrecroisement de fils tissés.

titan n.m. (de *Titan,* nom mythologique grec). *Litt.* Personne d'une puissance extraordinaire. ▸ ***De titan,*** qui est démesuré : *Un travail de titan* (= colossal, gigantesque, monstrueux).

titane n.m. (du gr. *titanos,* chaux). Métal blanc, dur et brillant.

titanesque adj. *Litt.* Qui est digne d'un titan : *Un projet titanesque* (**SYN.** démesuré, gigantesque, surhumain).

titi n.m. *Fam.* Gamin de Paris, effronté et gouailleur (**SYN.** gavroche).

titillation [titijasjɔ̃] n.f. ou **titillement** [titijmɑ̃] n.m. Chatouillement léger, agréable.

titiller [titije] v.t. (lat. *titillare*) [conj. 3]. **1.** Chatouiller légèrement et agréablement : *Cette douce senteur titille les narines.* **2.** Énerver ; exciter : *Il la titille sans cesse* (**SYN.** taquiner). *Sa proposition titille les actionnaires* (**SYN.** allécher).

titrage n.m. **1.** Action de donner un titre à un film, un article, un ouvrage. **2.** Détermination de la quantité de substance dissoute dans une solution.

titre n.m. (du lat. *titulus*, inscription, titre d'honneur). **1.** Expression servant à nommer un écrit, une de ses parties, une œuvre ; œuvre désignée par cette expression : *Le titre d'un film. Les plus grands titres du répertoire. Cette affaire fait les gros titres des journaux. La reprise d'un titre de cette vedette* (**SYN.** chanson). **2.** Dénomination d'une dignité, d'une charge ou d'une fonction souvent élevée : *Un titre de noblesse. Le titre d'ambassadeur* (**SYN.** qualité). *Le titre de professeur émérite* (**SYN.** grade). **3.** Qualification exprimant une relation sociale, un statut, un mérite : *Il mérite bien le titre de père. Le titre de bienfaitrice de l'humanité.* **4.** En sports, qualité de vainqueur, de champion dans une compétition sportive : *Remettre son titre en jeu. Défendre, conserver son titre.* **5.** Écrit constatant un acte juridique ou établissant un droit : *Détenir un titre de propriété* (**SYN.** certificat). **6.** Valeur mobilière : *Les titres de la société sont en hausse à la Bourse* (**SYN.** action, obligation). **7.** Proportion de métal précieux contenu dans un alliage ; quantité de substance dissoute dans une solution. **8.** Qualité qui donne un droit moral, un motif légitime : *À quel titre me donnez-vous des ordres ?* (= de quel droit). *Je vous préviens à titre amical.* **9.** Raison qu'on peut invoquer : *Ils protestent à juste titre* (= avec raison). ▸ ***À titre de,*** en qualité de ; en guise de : *Je vous cite son cas à titre d'exemple.* ***En titre,*** en tant que titulaire de la fonction exercée : *La conservatrice en titre* ; en tant que vainqueur de la dernière compétition : *La championne du monde en titre.* ***Titre de transport,*** toute pièce donnant droit à utiliser un moyen de transport régulier de voyageurs : *Composter un titre de transport* (= billet, ticket). ***Titre interbancaire de paiement*** ou ***T.I.P.,*** ordre de prélèvement sur un compte bancaire ou postal.

titré, e adj. Qui possède un titre nobiliaire ou honorifique : *La championne la plus titrée.*

titrer v.t. [conj. 3]. **1.** Mettre pour titre : *Le journal titre : « Phénoménal ! ». Francis Ponge a titré son premier recueil « le Parti pris des choses »* (**SYN.** intituler). **2.** Déterminer le titre d'un alliage, d'une solution.

titubant, e adj. Qui avance en vacillant (**SYN.** chancelant).

tituber v.i. (lat. *titubare*) [conj. 3]. Chanceler sur ses jambes : *Il tituba puis s'effondra* (**SYN.** flageoler, vaciller).

titulaire adj. et n. (du lat. *titulus*, titre, inscription). **1.** Qui occupe un poste pour lequel il a été choisi ou nommé : *Un professeur titulaire* (par opp. à auxiliaire, stagiaire). **2.** Qui possède juridiquement qqch : *Les titulaires du permis de conduire.*

titularisation n.f. Action de titulariser ; fait d'être titularisé : *Demander sa titularisation* (**SYN.** intégration).

titulariser v.t. [conj. 3]. Rendre titulaire d'un emploi, d'un poste, d'une charge : *Titulariser les intérimaires* (**SYN.** intégrer).

titulature n.f. Ensemble des titres que portent un souverain, une famille.

tmèse n.f. (du gr. *tmêsis*, action de couper). Séparation de deux éléments d'un mot par un ou deux autres mots intercalés : *« Puis... que » dans « Puis donc qu'on nous permet de prendre / Haleine »* [Racine] *est une tmèse.*

T.M.S. ou **TMS** [teɛmɛs] n.m. (sigle). ▸ ***Trouble musculo-squelettique*** → **musculo-squelettique.**

① **T.N.T.** ou **TNT** [teɛnte] n.m. (abrév.). Trinitrotoluène.

② **T.N.T.** ou **TNT** [teɛnte] n.f. (sigle). Télévision numérique terrestre.

toast [tost] n.m. (mot angl. signif. « pain grillé », de l'anc. fr. *toster*, griller). **1.** Tranche de pain grillée : *Beurrer des toasts* (**SYN.** rôtie). **2.** Brève allocution invitant à boire à la santé de qqn, au succès d'une entreprise : *Nous allons porter un toast aux jeunes mariés.*

toasteur [tostœr] n.m. (angl. *toaster*). Grille-pain.

① **toboggan** [tɔbɔgɑ̃] n.m. (mot angl., de l'algonquien). **1.** Piste glissante à pente plus ou moins forte, utilisée comme jeu : *Faire du toboggan.* **2.** Glissière rectiligne ou hélicoïdale servant à la manutention des marchandises.

② **Toboggan** [tɔbɔgɑ̃] n.m. (nom déposé). Viaduc routier, souvent provisoire, destiné à établir une circulation à deux niveaux.

① **toc** n.m. (onomat.). *Fam.* **1.** Imitation de métaux ou d'objets précieux ; camelote (**SYN.** pacotille). **2.** *Fig.* Chose fausse, superficielle : *Ses larmes, c'est du toc.*

② **T.O.C.** ou **TOC** [tɔk] n.m. (sigle). ▸ ***Trouble obsessionnel compulsif*** → **2. trouble.**

tocade n.f. → **toquade.**

tocante n.f. → **toquante.**

① **tocard, e** adj. (de *toc*). *Fam.* Qui est sans valeur et inesthétique : *Des bibelots tocards* (**SYN.** laid, mauvais).

② **tocard** ou **toquard** n.m. (du normand *toquart*, têtu). *Fam.* **1.** Cheval de course médiocre. **2.** Personne sans capacités, sans valeur (**SYN.** incapable).

toccata n.f. (mot it., de *toccare*, toucher). En musique, pièce composée pour piano, orgue ou clavecin : *Il jouera des toccatas de Bach.*

tocsin [tɔksɛ̃] n.m. (anc. prov. *tocassen*, de *tocar*, sonner, et *senh*, cloche, du lat. *signum*, signe). Battement de cloche produit pour donner l'alarme.

tofu [tɔfu] n.m. (mot jap.). Pâte japonaise de suc de soja.

toge n.f. (lat. *toga*, de *tegere*, couvrir). **1.** Dans l'Antiquité, vêtement d'apparat des Romains. **2.** Robe de magistrat, d'avocat, de professeur.

tohu-bohu [tɔybɔy] n.m. inv. (d'un mot hébr. signif. « chaos antérieur à la création du monde »). *Fam.* Grand désordre bruyant : *Dans ce tohu-bohu, nous l'avons perdu* (**SYN.** confusion, remue-ménage, tumulte).

toi [twa] pron. pers. (lat. *te*). **1.** Désigne la 2e pers. du sing., aux deux genres, dans les fonctions de sujet et de complément prépositif, comme attribut ou comme complément d'objet direct : *Elle et toi pouvez vous y rendre. Toi éliminée, il était tranquille. Il s'adresse à* toi. *J'ai une surprise pour toi. Il ne voit que toi.* **2.** S'emploie comme complément d'un verbe à l'impératif positif : *Promène-toi un peu. Fais-toi des relations.* **3.** S'emploie comme forme de renforcement du pronom « tu » : *Toi, tu en es capable. Toi, je ne t'oublierai jamais.* ▸ ***Toi-même,*** annonce ou reprend le sujet : *Tu le dis toi-même* ; comme attribut : *Essaie d'être toi-même.*

toilage n.m. Fond sur lequel se détache le dessin d'une dentelle.

toile n.f. (lat. *tela,* de *texere,* tisser). **1.** Tissu à fils simplement entrecroisés : *Une toile de coton.* **2.** Pièce de tissu serré, très résistant, ayant un usage déterminé : *Mettre une toile cirée pour protéger la table.* **3.** Toile tendue et préparée sur laquelle on peint ; tableau peint sur toile : *Le peintre place sa toile sur un châssis. Une toile de Dali.* **4.** *Fam.* Film, au cinéma : *Se faire une toile.* **5.** Réseau de fils de soie sécrétés par les araignées : *Des toiles d'araignées.* ▸ ***La Toile,*** le Web : *Surfer sur la Toile.* ***Toile de fond,*** toile sur laquelle est peint le décor d'une scène de théâtre ; fig., cadre dans lequel se situent des événements : *Une réorganisation des services avec en toile de fond une meilleure coordination.*

toilé, e adj. Qui est garni de toile.

toilerie n.f. Fabrique de toiles ; commerce de toiles.

toilettage n.m. Action de toiletter.

toilette n.f. **1.** Ensemble des soins de propreté du corps : *Faire sa toilette* (= se laver). *Un lait de toilette.* **2.** Action de nettoyer qqch, d'en rafraîchir l'aspect : *La toilette des monuments de la ville.* **3.** Ensemble des vêtements et des accessoires utilisés par une femme pour s'habiller, pour se parer : *Elle a choisi une toilette adaptée à la circonstance* (**SYN.** mise, tenue). **4.** En Belgique, cabinet d'aisances. ◆ **toilettes** n.f. pl. Lieux aménagés pour la satisfaction des besoins naturels : *Aller aux toilettes* (**SYN.** W.-C.).

toiletter v.t. [conj. 4]. **1.** Apporter les soins nécessaires à l'entretien du pelage d'un animal : *Toiletter un caniche.* **2.** *Fig., fam.* Modifier légèrement : *Il va toiletter la page d'accueil de son site* (**SYN.** retoucher).

toise n.f. (du lat. *tensa,* étendue, de *tendere,* tendre). **1.** Règle verticale graduée, servant à mesurer la taille des personnes. **2.** *Anc.* Mesure française de longueur, qui valait 1,949 mètre.

toiser v.t. [conj. 3]. Regarder avec dédain ou avec défi : *Ils m'ont toisé un long moment* (**SYN.** dévisager).

toison n.f. (lat. *tonsio,* de *tondere,* tondre). **1.** Pelage laineux d'un mouton, d'un lama, d'une vigogne. **2.** Chevelure épaisse, abondante.

toit n.m. (lat. *tectum,* de *tegere,* couvrir). **1.** Couverture d'un bâtiment : *Toit d'ardoises, de chaume* (**SYN.** couverture, toiture). *Un toit en terrasse.* **2.** Partie supérieure de la carrosserie d'un véhicule. **3.** *Fig.* Maison, habitation : *Trouver un toit pour la nuit* (**SYN.** abri, logement). ▸ ***Crier qqch sur les toits,*** l'annoncer partout : *Il ne faut pas le crier sur les toits, ce n'est pas officiel.*

toiture n.f. Ensemble des toits d'un édifice : *Il faut refaire la toiture* (**SYN.** couverture).

toiture-terrasse n.f. (pl. *toitures-terrasses*). Couverture horizontale d'un bâtiment, accessible de l'intérieur.

tôlard, e ou **taulard, e** n. *Arg.* Détenu ; prisonnier.

① **tôle** n.f. (forme dialect. de *table*). Produit sidérurgique plat, laminé : *Une plaque de tôle. Les usines avaient des toits en tôle ondulée.*

② **tôle** ou **taule** n.f. (de *1. tôle*). *Arg.* Prison : *Faire de la tôle.*

tôlée adj. f. Se dit de la neige qui a fondu puis regelé, dangereuse pour les skieurs.

tolérable adj. **1.** Que l'on peut supporter : *Une douleur tolérable* (**SYN.** supportable ; **CONTR.** insoutenable, insupportable). **2.** Que l'on peut permettre : *Des incartades tolérables* (**SYN.** acceptable, admissible ; **CONTR.** inacceptable, inadmissible).

tolérance n.f. **1.** Respect des manières de penser, d'agir d'autrui, même si on ne les partage pas : *Faire preuve de tolérance à l'égard de qqn* (**SYN.** compréhension, libéralisme ; **CONTR.** intolérance, intransigeance, sectarisme). **2.** Liberté limitée au regard d'une règle, d'une norme : *Les tolérances grammaticales et orthographiques se trouvent en annexe dans cet ouvrage.* **3.** Aptitude d'un organisme à supporter les effets d'un agent extérieur : *La tolérance aux nuisances sonores* (**SYN.** résistance). *La tolérance à un traitement, à un aliment.* ▸ *Anc.* ***Maison de tolérance,*** établissement de prostitution qui était toléré par la loi.

tolérant, e adj. Qui fait preuve de tolérance : *Des éducatrices tolérantes* (**SYN.** indulgent ; **CONTR.** sévère). *Des croyants tolérants* (**SYN.** compréhensif ; **CONTR.** fanatique, intolérant).

tolérer v.t. (du lat. *tolerare,* supporter) [conj. 18]. **1.** Admettre à contrecœur la présence de qqn ; supporter qqch de désagréable : *On se demande comment ses collègues peuvent le tolérer* (**SYN.** supporter). *Elle tolère encore son insolence* (**SYN.** accepter, admettre ; **CONTR.** sanctionner). **2.** Ne pas empêcher par indulgence : *Il tolère que les raves aient lieu sur son terrain* (**SYN.** autoriser, permettre ; **CONTR.** défendre, interdire). **3.** Supporter sans réaction pathologique : *Tolérer un médicament.*

tôlerie n.f. **1.** Fabrication de la tôle ; atelier où l'on travaille la tôle. **2.** Ensemble des objets en tôle.

① **tôlier** n.m. (de *1. tôle*). Personne qui exécute des travaux de tôlerie.

② **tôlier, ère** ou **taulier, ère** n. (de *2. tôle*). *Fam.* **1.** Patron d'un hôtel, d'un restaurant. **2.** Patron d'une entreprise.

tollé n.m. (de l'anc. fr. *tolez,* de *toldre,* ôter). Clameur d'indignation ; vive protestation collective : *Ce refus de négocier a déclenché un tollé général.*

toluène n.m. (de *tolu,* baume produit par un arbre d'Amérique du Sud). Hydrocarbure analogue au benzène, employé comme solvant et comme détachant, ainsi que dans la préparation du T.N.T.

T.O.M. ou **TOM** [tɔm] n.m. inv. (acronyme). ▸ ***Territoire d'outre-mer*** → **territoire.**

tomahawk [tɔmaok] n.m. (de l'algonquien). Hache de guerre des Indiens d'Amérique du Nord.

tomaison n.f. Indication du numéro du tome d'un ouvrage qui en compte plusieurs.

tomate n.f. (esp. *tomata,* du nahuatl). **1.** Plante annuelle dont le fruit charnu est consommé sous des formes très variées. **2.** Fruit de cette plante : *Des tomates farcies.* **3.** (Employé en appos.). Se dit d'un rouge vif : *Des casquettes rouge tomate.* **4.** *Fam.* Pastis additionné de sirop de grenadine.

tombal, e, als ou **aux** adj. Relatif à la tombe : *Déchiffrer une inscription sur une pierre tombale.*

tombant, e adj. **1.** Qui s'affaisse : *Des épaules, des paupières tombantes.* **2.** Qui pend : *Des cheveux tombants.* ▸ ***À la nuit tombante,*** au crépuscule.

tombe n.f. (du gr. *tumbos,* tumulus). Endroit où un mort est enterré ; fosse recouverte d'une dalle : *Déposer des fleurs sur la tombe de qqn* (**SYN.** sépulture). ▸ ***Avoir un pied dans la tombe,*** être près de mourir. ***Être muet comme une tombe,*** garder scrupuleusement les secrets. *Fam.* ***Il, elle se retournerait dans sa tombe,*** en parlant d'une personne décédée, elle serait bouleversée par ce qui vient d'être dit ou fait.

tombé n.m. Façon dont une draperie, un vêtement tombent.

tombeau n.m. **1.** Monument funéraire élevé sur la tombe d'un ou de plusieurs morts : *Le tombeau des rois à Saint-Denis* (**SYN.** mausolée, sépulcre [litt.]). **2.** *Litt.* Lieu ou circonstance où qqn, qqch a péri, disparu : *Les décombres de l'immeuble ont été leur tombeau. Cet échec fut le tombeau de leurs espoirs* (**SYN.** anéantissement, disparition). ▸ ***À tombeau ouvert,*** à toute allure, en risquant un accident : *Rouler à tombeau ouvert.*

tombée n.f. **1.** *Litt.* Chute de quelques gouttes de pluie ou de quelques flocons de neige. **2.** En Suisse, petite quantité de liquide versé : *Une tombée de lait dans le café.* ▸ ***À la tombée de la nuit*** ou ***à la tombée du jour,*** au moment où la nuit arrive (**SYN.** 2. tomber).

① **tomber** v.i. (lat. pop. *tumbare*) [conj. 3]. (Auxil. *être*). **1.** Perdre l'équilibre et faire une chute : *Elle a trébuché et est tombée de tout son long* (**SYN.** s'affaler ; **CONTR.** se relever). **2.** S'affaisser sous son propre poids : *La cloison est tombée* (**SYN.** s'abattre). *Le monument tombe en ruine* (**SYN.** s'écrouler, s'effondrer). **3.** Être entraîné par son propre poids, d'un lieu haut vers un lieu bas : *Elle est tombée du toit* (**CONTR.** monter sur). *L'avion tombe en chute libre.* **4.** Se détacher d'un organe, d'un support : *Les feuilles tombent en automne. Ses cheveux tombent par poignées.* **5.** En parlant des précipitations atmosphériques, descendre vers le sol : *La neige tombe à gros flocons. Il est tombé de la grêle* (= il a grêlé). **6.** Être attaché, fixé par une extrémité et pendre librement : *Son abondante chevelure tombe sur ses épaules. Des guirlandes tombent du plafond.* **7.** Ne plus avoir la force de se tenir debout : *Tomber de fatigue, de sommeil.* **8.** Être tué dans un combat, une guerre : *Tomber au champ d'honneur* (**SYN.** mourir, périr). **9.** Perdre le pouvoir ; être renversé : *Le gouvernement est tombé.* **10.** *Fam.* En parlant d'un malfaiteur, être arrêté. **11.** Perdre de sa force, de son intensité : *Le vent est tombé* (**SYN.** faiblir). *La fièvre est tombée* (**SYN.** baisser). *L'enthousiasme est tombé* (**SYN.** se calmer, retomber). **12.** Être sur le point de finir : *La conversation tombe* (**SYN.** décliner). **13.** Cesser de faire obstacle : *Les dernières réticences sont tombées* (**SYN.** disparaître). **14.** Passer d'un état neutre ou valorisant à un état dévalorisant : *Ce film est tombé dans l'oubli* (**SYN.** sombrer). *Tomber en désuétude. Tomber dans la misère. Il est tombé de haut* (= il a été déçu). **15.** Passer brusquement d'un état physique normal à un état déficient : *Tomber en syncope* (= s'évanouir). **16.** Se laisser entraîner dans une situation fâcheuse : *Tomber dans un piège. Tomber dans certains excès.* **17.** Arriver à l'improviste ; survenir à telle date : *Vous risquez de tomber au mauvais moment. Le sort est tombé sur nous* (= il nous a désignés). *Cette année, le 1er novembre tombe un lundi.* **18. [sur].** Trouver par hasard ou de façon inattendue : *Elle est tombée sur lui en sortant* (= elle l'a rencontré). *Je suis tombé sur ma carte en cherchant autre chose* (= je l'ai retrouvée). **19.** (Suivi d'un attribut). Devenir soudainement : *Tomber malade. Tomber amoureux.* ▸ *Fam.* ***Laisser tomber qqn, qqch,*** ne plus s'en occuper ; ne plus s'y intéresser. ***Tomber aux pieds de qqn,*** le supplier. ***Tomber bien, mal,*** arriver à propos, mal à propos : *Vous tombez bien, je vous cherchais* ; pour un vêtement, s'adapter harmonieusement, ou non, aux lignes du corps : *Ce manteau tombe bien.* ***Tomber sous la main, les yeux de qqn,*** venir par hasard à sa portée : *Ces documents me sont tombés sous les yeux.* ***Tomber sur qqn,*** l'attaquer soudainement ; le critiquer violemment. ◆ v.t. (Auxil. *avoir*). *Fam.* **1.** Jeter à terre : *Tomber un adversaire* (**SYN.** renverser). **2.** *Fig.* Triompher de : *Elle a tombé toutes les favorites* (**SYN.** battre, vaincre). ▸ ***Tomber la veste,*** la retirer. ***Tomber une femme,*** faire sa conquête.

② **tomber** n.m. *Litt.* Tombée.

tombereau n.m. Caisse basculante montée sur deux roues et servant à transporter des matériaux ; son contenu : *Un tombereau de fumier.*

tombeur, euse n. *Fam.* Personne qui l'emporte sur un adversaire, sur le tenant du titre : *La tombeuse des Françaises dans ce tournoi.* ◆ **tombeur** n.m. *Fam.* Séducteur.

tombola n.f. (mot it. signif. « culbute »). Loterie où chaque gagnant reçoit un lot en nature.

① **tome** n.m. (gr. *tomos,* de *temnein,* couper). Division d'un ouvrage, qui correspond le plus souvent à un volume complet : *J'en suis au tome un* ou *au premier tome.*

② **tome** n.f. → **tomme.**

tomenteux, euse adj. (du lat. *tomentum,* bourre). En botanique, qui a l'aspect du duvet.

tomien, enne adj. et n. Des territoires d'outre-mer.

tomme ou **tome** n.f. (anc. dial. du Dauphiné *toma*). Fromage à pâte molle ou pressée non cuite : *De la tomme d'Auvergne. De la tomme de Savoie.*

tommette ou **tomette** n.f. Petit carreau de terre cuite, souvent rouge et hexagonal, pour le dallage des sols.

tomodensitomètre n.m. (du gr. *tomê,* section, de *temnein,* couper). En imagerie médicale, scanner.

tomodensitométrie n.f. Procédé de radiographie utilisant le scanner (**SYN.** scanographie).

tomographie n.f. Procédé d'imagerie médicale qui permet d'obtenir des vues d'un organe en coupe.

① **ton, ta, tes** adj. poss. (du lat. *tuus*). Correspond à un possesseur de la 2e pers. du sing., pour indiquer un rapport de possession ou un rapport d'ordre, de hiérarchie, de filiation : *Comment s'intitule ton jeu vidéo ? Pose tes questions. Tes paysages préférés. Où se trouve ton amie ? Je connais ta directrice. Ta fille et ton hôte pourront t'accompagner.*

② **ton** n.m. (du gr. *tonos,* tension). **1.** Qualité sonore d'une voix liée à sa hauteur, à son timbre, à son intensité : *Il lit sur un ton monocorde* (**SYN.** intonation). **2.** Manière de parler significative d'un état d'esprit : *Elle a pris un ton gentil* (**SYN.** inflexion). *Il nous l'a annoncé sur un ton désinvolte* ou *d'un ton désinvolte.* **3.** Manière particulière de s'exprimer par écrit : *Le ton sec d'un courriel* (**SYN.** style). **4.** Couleur considérée du point de vue de son intensité lumineuse : *Des motifs ton sur ton* (= faits de nuances d'une même couleur ; **SYN.** nuance). *Un bleu d'un ton soutenu* (**SYN.** teinte). **5.** En musique, tonalité ; rapport des hauteurs entre deux notes conjointes : *Le ton de ce concerto est le « mi » majeur. Deux tons séparent le « si » et le « ré ».* ▸ ***De bon ton,*** en conformité avec les convenances, la bienséance. ***Donner le ton,*** servir de modèle : *Le préambule du ministre a donné le ton de la réunion.* ***Être dans le ton,*** se comporter, s'habiller comme il faut selon le milieu où l'on est. ***Être de bon ton,*** être convenable, bienséant.

tonal, e, als adj. En musique, relatif à un ton, à une tonalité : *Des systèmes tonals.*

tonalité n.f. **1.** Signal que l'on entend lorsqu'on décroche un téléphone : *La ligne est coupée, il n'y a plus de tonalité.* **2.** Impression produite par la couleur dominante d'une peinture, d'un tableau : *La tonalité vive d'un paysage* (**SYN.** coloris, nuance). **3.** Impression d'ensemble qui se dégage de qqch : *La tonalité optimiste du journal télévisé. Ses lettres ont changé de tonalité.* **4.** En musique, ensemble des relations entre les degrés d'une échelle de sons ou d'une gamme : *La tonalité principale de ce concerto est en « fa » majeur* (**SYN.** 2. ton).

tondaison n.f. Époque de la tonte.

tondeur, euse n. Personne qui tond un animal, une étoffe.

tondeuse n.f. **1.** Appareil servant à la coupe mécanique du gazon. **2.** Appareil servant à tondre les animaux ; instrument permettant de couper les cheveux à ras. **3.** Machine servant à tondre les étoffes.

tondre v.t. (lat. *tondere*) [conj. 75]. **1.** Couper à ras la laine ou le poil d'un animal, les poils d'une étoffe : *Tondre un mouton, un caniche, du drap* (**SYN.** raser). **2.** Couper les cheveux de qqn à ras avec une tondeuse : *Le coiffeur lui a tondu la nuque.* **3.** Couper l'herbe très près du sol : *Tondre le gazon.* **4.** *Fam.* Dépouiller de son argent : *Dans cette boutique, on tond le client.*

tondu, e adj. et n. Dont on a coupé le poil, les cheveux : *Des crânes tondus.* ▸ ***Quatre pelés et un tondu*** → **pelé.**

toner [tɔnœr] n.m. (mot angl.). Encre en poudre utilisée dans les photocopieurs.

tong [tɔ̃g] n.f. Sandale composée d'une semelle et d'une bride en V que l'on passe entre les deux premiers orteils.

tonicardiaque adj. et n.m. Cardiotonique.

tonicité n.f. **1.** Qualité de ce qui a du tonus : *L'athlète a retrouvé sa tonicité musculaire.* **2.** Caractère d'une chose tonique, tonifiante.

tonifiant, e adj. Qui tonifie : *Un vent marin tonifiant* (**SYN.** vivifiant). *Les vertus tonifiantes du ginseng* (**SYN.** stimulant).

tonifier v.t. [conj. 9]. **1.** Donner de la vigueur physique : *Le grand air nous tonifie* (**SYN.** stimuler, vivifier). **2.** Rendre plus ferme, plus élastique : *Cette crème tonifie la peau* (**SYN.** dynamiser, fortifier, raffermir).

① **tonique** adj. (de *2. ton*). En phonétique, qui reçoit l'accent : *Une syllabe tonique.* ◆ n.f. En musique, première note de la gamme qui donne son nom au ton d'un morceau : *« Fa » est la tonique des gammes de « fa » majeur et de « fa » mineur.*

② **tonique** adj. (de *tonus*). **1.** Qui a du tonus, de la vigueur : *Une personne très tonique* (**SYN.** dynamique, énergique ; **CONTR.** apathique, atone). **2.** Qui a un effet stimulant : *Une lecture tonique* (**SYN.** revigorant, tonifiant ; **CONTR.** déprimant). ◆ adj. et n.m. **1.** Se dit d'un remède qui fortifie ou stimule l'activité de l'organisme : *Une boisson tonique aux extraits végétaux* (**SYN.** reconstituant). *Prendre un tonique* (**SYN.** fortifiant, remontant). **2.** Se dit d'une lotion légèrement astringente destinée à raffermir la peau : *Un tonique démaquillant.*

tonitruant, e adj. (du lat. *tonitrus,* tonnerre). Qui est retentissant comme le tonnerre : *Une voix tonitruante* (**SYN.** sonore, tonnant).

tonitruer v.i. [conj. 3]. S'exprimer d'une voix retentissante ; faire un bruit énorme : *« Nous devons refuser ! » tonitrua l'orateur* (**SYN.** crier, tonner).

tonnage n.m. **1.** Quantité de marchandises exprimée en tonnes. **2.** Pour un navire de commerce, jauge.

tonnant, e adj. Se dit d'une voix éclatante (**SYN.** retentissant, tonitruant).

tonne n.f. (du gaul.). **1.** Unité de mesure de masse valant 1 000 kilogrammes (abrév. t) : *Un transport de plusieurs tonnes de matières dangereuses.* **2.** *Fam.* Énorme quantité : *J'ai des tonnes de papiers à trier.* **3.** Tonneau de grandes dimensions.

tonneau n.m. **1.** Récipient en bois formé de longues lattes assemblées retenues par des cercles, et ayant deux fonds plats ; son contenu : *Mettre du vin en tonneau* (**SYN.** barrique, fût, futaille). **2.** Culbute d'un véhicule qui fait un tour complet sur lui-même : *La voiture a fait trois tonneaux avant de percuter le pylône.* **3.** Figure de voltige aérienne. **4.** *Anc.* Unité internationale de volume employée autref. pour le jaugeage des navires. ▸ *Fam., péjor.* ***Du même tonneau,*** de même valeur, de même acabit. ***Tonneau des Danaïdes,*** dépense sans fin ; travail interminable.

tonnelet n.m. Petit tonneau.

tonnelier n.m. Personne qui fabrique les tonneaux ou les répare.

tonnelle n.f. Petite construction de treillage en forme de voûte, couverte de végétation et qui sert d'abri.

tonnellerie n.f. **1.** Métier, commerce du tonnelier. **2.** Objets fabriqués par le tonnelier.

tonner v. impers. (lat. *tonare*) [conj. 3]. En parlant du tonnerre, faire du bruit : *Il tonne au loin.* ◆ v.i. **1.** Produire un bruit semblable à celui du tonnerre : *Le canon tonne* (**SYN.** gronder). **2.** Protester vivement contre ; parler d'une voix retentissante ; tonitruer : *Le syndicaliste tonne contre les licenciements* (**SYN.** fulminer, tempêter).

tonnerre n.m. (lat. *tonitrus*). **1.** Bruit sec ou roulement sourd que produit la foudre, et dont l'éclair est la manifestation lumineuse : *Le tonnerre gronde* (= il tonne). **2.** Grand bruit qui éclate d'un coup : *Un tonnerre d'applaudissements* (**SYN.** tempête). ▸ ***Coup de tonnerre,*** bruit causé par la foudre ; événement imprévu et brutal : *Sa démission a été un coup de tonnerre. Fam.* ***Du tonnerre,*** formidable, extraordinaire : *Un jeu vidéo du tonnerre.* ◆ interj. Juron exprimant la fureur, la menace : *Tonnerre de Brest !*

tonsure n.f. (du lat. *tonsura,* tonte, de *tondere,* tondre). Petit espace circulaire rasé au sommet du crâne des ecclésiastiques ; cérémonie liturgique marquant l'entrée dans le clergé.

tonsurer v.t. [conj. 3]. Conférer la tonsure à.

tonte n.f. **1.** Action de tondre les moutons ; époque où on le fait. **2.** Laine qu'on retire en tondant : *Une tonte abondante.* **3.** Action de tondre le gazon.

tontine n.f. (de Lorenzo *Tonti,* banquier italien qui l'inventa). Association d'épargnants constituée pour un certain délai au bout duquel l'avoir est distribué entre les survivants ou entre les ayants droit des membres décédés.

tonton n.m. Dans le langage enfantin, oncle.

tonture n.f. Action de tondre le drap.

tonus [tɔnys] n.m. (mot lat., du gr. *tonos,* tension). **1.** En médecine, contraction légère et permanente des muscles (on dit aussi *tonus musculaire*). **2.** Vigueur physique ou morale : *Avoir du tonus. Manquer de tonus* (**SYN.** dynamisme, énergie, ressort).

① **top** [tɔp] n.m. (de *stop*). Bref signal sonore destiné à indiquer un instant précis : *Au quatrième top, il sera exactement dix heures. Donner le top de départ.*

② **top** [tɔp] n.m. (mot angl. signif. « sommet »). *Fam.* Ce qui existe de mieux dans un domaine : *Dans ce magasin, vous trouverez le top de la qualité.*

③ **top** [tɔp] n.m. (abrév.). *Fam.* Top model.

topaze n.f. (lat. *topazus,* du gr. *Topazos,* île de la mer Rouge). **1.** Minéral dont une variété jaune-orangé, transparente, est utilisée comme pierre fine. **2.** (Employé en appos.). Se dit d'un jaune vif : *Des jupes jaune topaze.*

top-case [tɔpkɛz] n.m. (angl. *top case,* boîte de dessus) [pl. *top-cases*]. Mallette placée sur le porte-bagages d'un deux-roues motorisé.

toper v.i. [conj. 3]. Se taper mutuellement dans la main, en signe d'accord. ▸ ***Tope !*** ou ***tope là !,*** marché conclu.

topiaire adj. et n.f. (du lat. *topiarius,* jardinier). Se dit de l'art de tailler les arbres et les arbustes selon des formes variées.

topinambour n.m. (de *Topinambous,* peuple du Brésil). Plante cultivée pour ses tubercules comestibles.

topique adj. et n.m. (du gr. *topos,* lieu). Se dit d'un médicament qui agit à l'endroit où il est introduit ou appliqué.

topless [tɔplɛs] adj. (mot anglo-amér. signif. « sans haut »). Qui a les seins nus : *Une estivante topless.* ◆ n.m. Pour une femme, fait d'avoir les seins nus en public : *Faire du topless.*

top model ou **top-modèle** n.m. [pl. *top models, top-modèles*]. Mannequin de haute couture de notoriété internationale (abrév. fam. top).

top niveau n.m. (pl. *top niveaux*). *Fam.* Niveau le plus élevé : *Elle a atteint le top niveau dans sa spécialité* (**SYN.** excellence, sommet).

topo n.m. (abrév. de *topographie*). *Fam.* Discours ; laïus : *Il nous a fait un topo sur le sujet* (**SYN.** exposé).

topographe n. Spécialiste de topographie.

topographie n.f. **1.** Représentation des formes d'un terrain avec les détails naturels ou artificiels qu'il porte ; plan, carte ainsi établis : *La topographie d'une ville.* **2.** Disposition, relief d'un lieu ; configuration : *La topographie d'une région.*

topographique adj. Relatif à la topographie : *Un relevé topographique.*

topo-guide n.m. (pl. *topo-guides*). Guide topographique destiné aux randonneurs.

topologie n.f. Branche des mathématiques qui étudie les propriétés des figures géométriques.

topologique adj. Relatif à la topologie.

topométrie n.f. Ensemble des opérations de mesure effectuées sur le terrain pour établir une carte.

toponyme n.m. En linguistique, nom de lieu.

toponymie n.f. (du gr. *topos,* lieu, endroit, et *onuma,* nom). Étude linguistique des noms de lieux : *La toponymie de la Bourgogne.*

toponymique adj. Relatif à la toponymie.

top secret [tɔpsəkrɛ] adj. inv. (mot angl., de *top,* le plus haut). Qui est absolument confidentiel : *Des procédés de fabrication top secret.*

toquade ou **tocade** n.f. *Fam.* Goût vif et passager pour : *C'est une toquade, il l'abandonnera vite* (**SYN.** caprice, engouement, lubie).

toquante ou **tocante** n.f. *Arg.* Montre.

toquard n.m. → **2. tocard.**

toque n.f. (esp. *toca*). **1.** Coiffure cylindrique sans bords : *Une toque de magistrat. Une toque de fourrure.* **2.** Dans un restaurant, chef cuisinier : *Une grande toque lyonnaise.*

toqué, e adj. et n. *Fam.* **1.** Qui est un peu fou ; excentrique. **2. [de].** Qui éprouve une passion pour : *Une toquée d'Internet* (**SYN.** fanatique).

se **toquer** v.pr. [conj. 3]. **[de].** *Fam.* Avoir un engouement très vif et soudain pour : *Elle s'est toquée de son voisin* (**SYN.** s'amouracher, s'enticher).

torailler v.i. → **torrailler.**

torball [tɔrbal] n.m. (de l'all. *Tor,* but, et *Ball,* ballon). Jeu pour non-voyants qui se joue avec un ballon rempli de grenaille.

torche n.f. (du lat. *torques,* guirlande, de *torquere,* tordre). Flambeau formé d'un bâton résineux enduit de cire. ▸ ***Parachute en torche,*** parachute qui ne s'est pas déployé complètement et ne peut, de ce fait, ralentir la chute. ***Torche électrique,*** lampe de poche cylindrique, de forte puissance.

torcher v.t. [conj. 3]. *Fam.* **1.** Essuyer pour nettoyer : *Torcher un enfant.* **2.** Exécuter à la hâte et mal ; bâcler : *Il a torché son compte rendu* (**SYN.** expédier).

torchère n.f. **1.** Grand candélabre montant du sol et portant des flambeaux. **2.** Tuyauterie qui s'élève haut et à l'air libre et qui sert à brûler les résidus gazeux du pétrole.

torchis [tɔrʃi] n.m. Matériau de construction utilisé comme remplissage d'une structure en bois : *Un mur de torchis.*

torchon n.m. **1.** Rectangle de toile qu'on utilise pour essuyer la vaisselle. **2.** En Belgique et au Québec, serpillière. **3.** *Fam.* Texte écrit sans soin, mal présenté. **4.** *Fam.* Journal méprisable. ▸ *Fam.* ***Coup de torchon,*** bagarre ; épuration radicale. ***Le torchon brûle,*** le couple, les amis se disputent.

torchonner v.t. [conj. 3]. *Fam.* Exécuter rapidement et sans soin : *Torchonner un rapport.*

tordage n.m. Action de tordre des fils textiles ; torsion.

tordant, e adj. *Fam.* Qui fait rire aux éclats : *Une histoire tordante* (**SYN.** désopilant, hilarant).

tord-boyaux [tɔrbwajo] n.m. inv. *Fam.* Eau-de-vie très forte ou de mauvaise qualité.

tordoir n.m. Bâton servant à tordre, à serrer une corde.

tordre v.t. (du lat. *torquere,* tourner, tourmenter) [conj. 76]. **1.** Déformer en pliant, en courbant, en tournant sur soi-même : *Il a tordu le clou en l'enfonçant. Tordre du linge pour l'essorer.* **2.** Tourner plus ou moins violemment un membre, une partie du corps : *Elle a tordu le bras à son agresseur pour le désarmer.* **3.** Donner à qqn la sensation d'une crispation au niveau d'un organe : *Ces brûlures lui tordent l'estomac.* ▸ *Fam.* ***Tordre le cou,*** tuer qqn, un animal ; réduire à néant : *Tordre le cou aux idées reçues.* ◆ **se tordre** v.pr. **1.** Imprimer à son corps des mouvements de contorsion sous l'effet de la douleur : *Ils se sont longtemps tordus de douleur.* **2.** Faire un faux mouvement qui plie violemment une articulation : *Elle s'est tordu la cheville.* **3.** Se déformer : *La tige s'est tordue sous le poids.* **4.** *Fam.* Rire sans retenue : *Elle s'est tordue de rire* ou *s'est tordue en les voyant.*

tordu, e adj. et n. *Fam.* Qui est un peu fou ; extravagant : *C'est un tordu.* ▸ *Fam.* ***Coup tordu,*** acte malveillant.

tore n.m. (du lat. *torus,* renflement). En architecture, grosse moulure pleine, de profil arrondi.

toréador n.m. *Vieilli* Torero : « *Toréador, en garde !* » [*Carmen,* H. Meilhac et L. Halévy].

toréer v.i. (esp. *torear*) [conj. 15]. Pratiquer la tauromachie ; combattre un taureau dans l'arène.

torero, ra [tɔrero, ra] n. (mot esp., de *toro,* taureau). Personne qui combat les taureaux dans l'arène.

torgnole n.f. (anc. fr. *tourniole,* de *tourner*). *Fam.* Coup violent ; gifle.

tories n.m. pl. → **tory.**

toril [tɔril] n.m. (de l'esp. *toro,* taureau). Local attenant à l'arène, où l'on tient les taureaux enfermés avant la corrida.

tornade n.f. (esp. *tornado,* de *tornar,* tourner). Coup de vent très violent et tourbillonnant, mais localisé : *Une tornade s'est abattue sur le camping* (**SYN.** bourrasque, ouragan).

toron n.m. Assemblage de plusieurs gros fils tordus ensemble : *Un câble formé de torons.*

torpédo n.f. (angl. *torpedo,* mot lat. signif. « torpille »). *Anc.* Automobile découverte, à profil allongé.

torpeur n.f. (lat. *torpor,* de *torpere,* être engourdi). **1.** État d'une personne chez qui l'activité psychique et physique, la sensibilité sont réduites : *La sonnerie l'a tiré de sa torpeur* (**SYN.** engourdissement, léthargie). **2.** *Fig.* Ralentissement général des activités : *La torpeur d'une ville sous la canicule* (**SYN.** inactivité, somnolence).

torpide adj. Qui provoque la torpeur ; qui est dans un état de torpeur : *Une chaleur torpide* (**SYN.** accablant).

torpillage [tɔrpijaʒ] n.m. **1.** Action de torpiller ; fait d'être torpillé : *Le torpillage d'un navire.* **2.** *Fig.* Manœuvre provoquant l'échec d'une entreprise : *Le torpillage des négociations* (**SYN.** sabotage).

torpille [tɔrpij] n.f. (lat. *torpedo*). **1.** Poisson marin voisin de la raie, qui possède un organe pouvant produire des décharges électriques. **2.** Engin automoteur sous-marin chargé d'explosif.

torpiller [tɔrpije] v.t. [conj. 3]. **1.** Attaquer avec des torpilles : *Le sous-marin a torpillé un navire* (**SYN.** couler). **2.** *Fig.* Faire échouer : *Torpiller un projet* (**SYN.** saboter, saper).

torpilleur [tɔrpijœr] n.m. **1.** Bâtiment de guerre rapide, dont l'arme principale était la torpille. **2.** Marin spécialisé chargé des torpilles.

torque n.m. (du lat. *torques,* collier). Collier porté par les Celtes, qui était fait d'une tige de métal tordue.

torrailler ou **torailler** v.i. [conj. 3]. En Suisse, fumer beaucoup.

torrée n.f. (du lat. *torrere,* rôtir). En Suisse, repas en plein air où l'on mange des mets préparés sur la braise.

torréfacteur n.m. **1.** Appareil de torréfaction. **2.** Commerçant qui vend du café qu'il torréfie.

torréfaction n.f. Action de torréfier : *La torréfaction du cacao, du thé.*

torréfier v.t. (du lat. *torrere,* dessécher) [conj. 9]. Soumettre à l'action du feu : *Torréfier du café.*

torrent n.m. (lat. *torrens, torrentis,* de *torrere,* dessécher, brûler). **1.** Cours d'eau de montagne, rapide et irrégulier. **2.** *Fig.* Abondance de qqch qui se déverse, se répand : *Verser des torrents de larmes* (**SYN.** flot, ruisseau). ▸ ***Il pleut à torrents,*** très fort (= il pleut à verse).

torrentiel, elle [tɔrɑ̃sjɛl] adj. **1.** Relatif aux torrents : *Des eaux torrentielles.* **2.** Qui est abondant et violent comme un torrent : *Les pluies torrentielles de la mousson* (**SYN.** diluvien).

torrentiellement [tɔrɑ̃sjɛlmɑ̃] adv. De façon torrentielle.

torrentueux, euse adj. *Litt.* Qui a l'impétuosité d'un torrent : *Un amour torrentueux.*

torride adj. (lat. *torridus,* de *torrere,* dessécher, brûler). **1.** Excessivement chaud : *Une plage torride* (**SYN.** brûlant). *Un été torride* (**SYN.** caniculaire). **2.** *Fam.* Qui est d'un érotisme intense : *Une passion torride* (**SYN.** ardent).

tors, e [tɔr, tɔrs] adj. (anc. p. passé de *tordre*). **1.** Qui a été soumis à une torsion ; qui est contourné en hélice : *Une colonne torse.* **2.** Qui est anormalement courbé, déformé : *Des jambes torses* (**SYN.** arqué).

torsade n.f. **1.** Frange tordue en spirale, dont on orne des tentures. **2.** Objet, motif présentant une torsion en hélice : *Une torsade de cheveux. Une torsade de perles. Un pull irlandais à torsades.*

torsader v.t. [conj. 3]. Mettre en torsade : *Torsader des tiges d'ail pour les faire sécher.*

torse n.m. (it. *torso,* du lat. *thyrsus,* tige des plantes). Partie du corps comprenant les épaules et la poitrine : *Être torse nu* (**SYN.** buste).

torsion n.f. **1.** Action de tordre qqch ; déformation produite en tordant : *La torsion des fils textiles* (= le tordage). *La torsion d'un tuyau* (**SYN.** courbure). **2.** Mouvement tournant imposé à une partie du corps : *Effectuer une torsion du buste* (**SYN.** rotation).

tort [tɔr] n.m. (du lat. *tortus,* contraire au droit, de *torquere,* tordre). **1.** Responsabilité d'un acte blâmable, d'un comportement fâcheux ou néfaste : *Reconnaître ses torts* (**SYN.** erreur, travers). *Mon seul tort a été de le croire* (**SYN.** défaut, faute). **2.** Préjudice matériel ou moral causé à qqn : *Il devra réparer les torts qu'il a causés* (**SYN.** dommage, injustice, 1. mal). *Faire du tort à qqn* (= le léser, lui nuire). ▸ ***À tort,*** injustement, faussement : *Être accusé à tort.* ***À tort et à travers,*** sans discernement : *Elle dépense son argent à tort et à travers* (= inconsidérément). ***À tort ou à raison,*** avec ou sans motif valable : *Il y croit, à tort ou à raison.* ***Avoir tort,*** être dans l'erreur : *J'ai tort, le prix n'a pas augmenté* ; faire qqch d'injuste ou d'arbitraire : *Il a tort en se disant prioritaire.* ***Donner tort à qqn,*** déclarer qu'il se trompe, qu'il a mal agi ; le prouver. ***Être en tort*** ou ***dans son tort,*** dans la situation d'une personne qui a commis une infraction, une faute, une erreur : *Il roulait trop vite, il est en tort.*

torticolis [tɔrtikɔli] n.m. (du lat. *tortus,* tordu, et *collum,* cou). Raideur douloureuse des muscles d'un côté du cou.

tortil [tɔrtil] n.m. (de l'anc. fr. *tort,* tordu). Couronne de baron formée d'un cercle d'or autour duquel est passé en spirale un collier de perles.

tortilla [tɔrtilja] n.f. (mot esp.). **1.** Dans la cuisine mexicaine, petite crêpe de farine de maïs salée. **2.** Dans la cuisine espagnole, omelette fourrée.

tortillage [tɔrtijaʒ] n.m. Action de tortiller.

tortillard [tɔrtijar] n.m. *Fam.* Petit train lent, au trajet tortueux.

tortille [tɔrtij] ou **tortillère** [tɔrtijɛr] n.f. Allée étroite et tortueuse dans un parc.

tortillement [tɔrtijmɑ̃] n.m. Action de tortiller, de se tortiller : *Le tortillement d'un ver de terre.*

tortiller [tɔrtije] v.t. (de *entortiller*) [conj. 3]. Tordre plusieurs fois : *Elle tortille ses cheveux, c'est un tic* (**SYN.** entortiller). ◆ v.i. Remuer en ondulant : *Tortiller des hanches* (**SYN.** balancer). ▸ *Fam.* ***Il n'y a pas à tortiller,*** il n'y a pas à tergiverser, à hésiter. ◆ **se tortiller** v.pr. Se tourner sur soi-même de différentes façons : *Elle se tortille d'impatience sur sa chaise.*

tortillère [tɔrtijɛr] n.f. → **tortille.**

tortillon [tɔrtijɔ̃] n.m. **1.** Chose tortillée : *Des tortillons de papier pour allumer le feu.* **2.** Bourrelet de linge enroulé et posé sur la tête pour porter un fardeau.

tortionnaire [tɔrsjɔnɛr] n. (du lat. *tortionarius,* injuste, de *torquere,* tordre). Personne qui torture : *Au procès, il s'est retrouvé face à son tortionnaire* (**SYN.** bourreau).

tortu, e adj. (de l'anc. fr. *tort,* tordu). *Litt.* **1.** Qui n'est pas droit : *Des arbres tortus* (**SYN.** tordu). **2.** Qui est dépourvu de franchise : *Un esprit tortu* (**SYN.** retors, tortueux).

tortue n.f. (du lat. *tartaruca,* bête infernale du Tartare, des Enfers). **1.** Reptile à pattes courtes, amphibie ou terrestre, au corps enfermé dans une carapace osseuse et écailleuse. **2.** *Fam.* Personne très lente. ▸ ***À pas de tortue,*** très lentement.

tortueusement adv. D'une manière tortueuse.

tortueux, euse adj. (lat. *tortuosus,* de *torquere,* tordre). **1.** Qui fait plusieurs tours et détours : *Un chemin de montagne tortueux* (**SYN.** sinueux ; **CONTR.** 2. droit, rectiligne). **2.** *Fig.* Qui manque de loyauté, de franchise : *Des agissements tortueux* (**SYN.** hypocrite, retors ; **CONTR.** 1. direct).

torturant, e adj. Qui torture, tourmente : *Des souvenirs torturants* (**SYN.** cruel, douloureux, pénible).

torture n.f. (lat. *tortura,* action de tordre, de *torquere,* tordre). **1.** Supplice physique que l'on fait subir à qqn : *Des aveux obtenus sous la torture.* **2.** Souffrance physique ou morale très vive : *Les tortures subies par les parents dont l'enfant a été enlevé* (**SYN.** calvaire, douleur, martyre, tourment).

torturer v.t. [conj. 3]. **1.** Soumettre à la torture : *Les soldats torturent les opposants au régime* (**SYN.** supplicier). **2.** Faire souffrir moralement ou physiquement : *Le remords les torture* (**SYN.** tourmenter). *Ils torturent des animaux* (**SYN.** martyriser). *La faim la torture* (**SYN.** tenailler). ◆ **se torturer** v.pr. Se creuser l'esprit pour trouver une solution à un problème : *Elle s'est torturé le cerveau.*

torve adj. (lat. *torvus*). Se dit d'un regard qui laisse transparaître une intention malveillante.

tory n.m. (mot angl.) [pl. *torys* ou *tories*]. Membre du parti conservateur en Grande-Bretagne. ◆ adj. Relatif à ce parti.

toscan, e adj. et n. Relatif à la Toscane, à ses habitants. ◆ **toscan** n.m. Dialecte italien parlé par les Toscans.

tosser v.i. [conj. 3]. En parlant d'un navire, frapper contre le quai auquel il est amarré.

tôt [to] adv. (du lat. *tostum,* chaudement, de *torrere,* dessécher, brûler). **1.** De bonne heure : *Se coucher tôt* (**CONTR.** tard). **2.** Avant le moment habituel : *Vous auriez dû m'en faire part plus tôt* (= avant). *Ce n'est pas trop tôt !* (= enfin !). *Nous ne le reverrons pas de si tôt* (= pas avant longtemps). ▸ ***Au plus tôt,*** le plus rapidement possible : *Rendez-moi ce travail au plus tôt* ; sûrement pas avant : *Nous partirons au plus tôt demain.* ***Tôt ou tard,*** à un moment qu'on ne peut fixer mais qui arrivera : *Les chercheurs trouveront un remède, tôt ou tard.*

① **total, e, aux** adj. (du lat. *totus,* tout entier). **1.** À quoi il ne manque rien : *Un silence total* (**SYN.** complet). *Une grève totale* (**SYN.** général ; **CONTR.** partiel). **2.** Qui est tel sans restriction : *J'ai une totale confiance en lui* (**SYN.** absolu, entier, parfait). **3.** Qui est considéré dans son entier : *La somme totale* (= tout compris ; **SYN.** global). *Les dimensions totales de l'objet.*

② **total** n.m. (pl. *totaux*). **1.** Somme de tous les éléments de qqch : *Cela fait un total de cent amendements.* **2.** Somme obtenue en additionnant : *Faire le total* (**SYN.** addition). **3.** (En tête de phrase). *Fam.* En fin de compte : *Total, nous sommes en retard* (**SYN.** finalement). ▸ ***Au total,*** addition faite de tous les éléments : *Quinze candidates au total* ; tout bien pesé, considéré : *Au total, je trouve que nous avons bien fait* (= en définitive).

totale n.f. *Fam.* **1.** Ablation complète de l'utérus.

2. (Précédé de l'art. déf.). Série de déboires, de contrariétés en cascade : *Et maintenant l'ordinateur est en panne, c'est la totale !* (**SYN.** summum).

totalement adv. Entièrement ; tout à fait : *Elle est totalement guérie* (**SYN.** complètement, parfaitement, pleinement).

totalisateur ou **totaliseur** n.m. Appareil enregistreur qui donne le total d'une série d'opérations.

totalisation n.f. Action de totaliser : *La totalisation du kilométrage.*

totaliser v.t. [conj. 3]. **1.** Faire le total de : *Il totalise les recettes* (**SYN.** additionner). **2.** Atteindre le total de : *Elle totalise un grand nombre de victoires.*

totalitaire adj. Se dit d'un régime politique dans lequel tous les pouvoirs sont concentrés entre les mains d'un parti unique qui ne tolère aucune oppostion.

totalitarisme n.m. Système politique des régimes totalitaires; dictacture.

totalité n.f. Réunion de tous les éléments de qqch : *Nous avons utilisé la totalité des fruits pour la tarte* (**SYN.** intégralité, 2. total ; **CONTR.** fraction). *La totalité des demandes sera examinée* (**SYN.** ensemble ; **CONTR.** partie). ▸ ***En totalité,*** dans son entier : *La maison a été en totalité détruite par l'explosion* (**SYN.** intégralement, totalement).

totem [tɔtɛm] n.m. (mot angl., de l'algonquien). **1.** Animal, végétal ou objet considéré comme l'ancêtre mythique et le protecteur d'un groupe social ou d'un individu. **2.** Représentation de cet animal, de ce végétal ou de cet objet.

totémique adj. **1.** Relatif au totem : *Un poteau totémique.* **2.** Relatif au totémisme : *Un code totémique.*

totémisme n.m. Organisation sociale fondée sur le totem.

tôt-fait n.m. (pl. *tôt-faits*). Pâtisserie d'une préparation simple et rapide : *Un tôt-fait à la mirabelle.*

totipotent, e adj. Se dit d'une cellule embryonnaire indifférenciée apte à se développer en un organisme entier.

toton n.m. (lat. *totum,* tout, mot marqué sur l'une des faces des anciens totons). Petite toupie à facettes.

touage n.m. Remorquage de bateaux à l'aide d'un toueur.

① **touareg** [twarɛg] adj. inv. et n. inv. ou **targui, e** adj. et n. inv. en nombre (du berbère). Relatif aux Touareg, peuple nomade du Sahara : *Les mœurs touareg.* ☞ **REM.** La forme *touareg* est parfois réservée pour le pluriel, le singulier étant alors *targui.*

② **touareg** [twarɛg] n.m. Langue berbère parlée par les Touareg.

toubab [tubab] n.m. (mot ar.). En Afrique, Européen, Blanc ; Africain ayant adopté le mode de vie européen.

toubib [tubib] n. (de l'ar.). *Fam.* Médecin.

toucan n.m. (du tupi). Oiseau grimpeur, à gros bec vivement coloré.

① **touchant** prép. *Litt.* Au sujet de : *Des révélations touchant cette enquête* (**SYN.** concernant).

② **touchant, e** adj. Qui attendrit, émeut : *Une touchante attention* (**SYN.** émouvant, gentil).

touche n.f. **1.** Organe d'une machine, d'un appareil sur lequel on agit par pression d'un doigt pour commander une action : *Un téléphone à touches* (par opp. à cadran). *Appuyez sur la touche « menu » de la télécommande. Les touches d'un clavier, d'un piano.* **2.** Manière personnelle de peindre ; couleur appliquée à chaque coup de pinceau : *Ce peintre a une touche légère. Une large touche de bleu.* **3.** Manière personnelle d'un écrivain, d'un créateur, d'un artiste : *On reconnaît bien la touche de Sacha Guitry* (**SYN.** patte, style). **4.** Élément qui contraste dans un ensemble et donne une valeur particulière : *Apporter une touche d'originalité à un projet* (**SYN.** brin, note). **5.** *Fam.* Allure générale d'une personne : *Il a une drôle de touche avec ce chapeau* (**SYN.** 2. air, apparence). **6.** Dans divers sports d'équipe, chacune des deux lignes qui délimitent la largeur du terrain. **7.** En escrime, fait d'atteindre son adversaire suivant les règles. **8.** Secousse exercée par le poisson dont la bouche entre en contact avec un hameçon : *Avoir une touche.* ▸ *Fam.* ***Avoir une touche avec qqn,*** lui plaire. ***Botter*** ou ***dégager en touche,*** faire sortir le ballon du terrain ; fam., se libérer d'un problème en l'éludant. *Fam.* ***Être*** ou ***être mis*** ou ***rester sur la touche,*** être tenu à l'écart d'une activité, d'une affaire. ***Faire une touche,*** faire une conquête galante. ***Pierre de touche,*** en orfèvrerie, variété de jaspe noir qui sert à déterminer le titre de l'or et de l'argent ; fig., ce qui permet de connaître la valeur de qqn, de qqch : *Le texte final du sommet mondial sera la pierre de touche de l'engagement des États.*

touche-à-tout n. inv. *Fam.* **1.** Enfant qui touche à tout ce qu'il voit. **2.** Personne qui se disperse en toutes sortes d'activités : *Sa sœur est une touche-à-tout.*

① **toucher** v.t. (du lat. pop. *toccare,* faire toc) [conj. 3]. **1.** Mettre la main au contact de : *Toucher un papier pour apprécier son épaisseur* (**SYN.** palper, tâter). *J'ai touché son front pour savoir s'il avait de la fièvre.* **2.** Entrer, être en contact physique avec : *Son genou touche le pied de la table* (**SYN.** cogner, frôler). *Il a réussi à toucher le ballon* (**SYN.** frapper, taper). **3.** Être contigu à qqch : *Le presbytère touche l'église* (**SYN.** jouxter [sout.]). **4.** Atteindre par un coup porté ou un projectile : *Le boxeur a touché son adversaire à l'arcade sourcilière. La flèche a touché le centre de la cible.* **5.** Recevoir son dû : *Ils ne peuvent pas toucher leurs allocations* (**SYN.** encaisser, percevoir). *Toucher mille euros par mois* (**SYN.** gagner). **6.** Entrer en relation ; communiquer avec qqn : *Je l'ai touché par téléphone* (**SYN.** contacter, joindre). **7.** Atteindre la sensibilité de qqn : *Votre sollicitude m'a touché* (**SYN.** émouvoir, remuer). *Nous avons été très touchés de vos marques d'amitié, par votre message, que vous soyez venus.* **8.** S'étendre à ; atteindre : *La pollution a touché plusieurs régions* (**SYN.** affecter). *La crise touche notre secteur* (**SYN.** altérer, ébranler). ▸ ***Toucher le point sensible,*** atteindre chez qqn ce qui est le plus vulnérable. ***Toucher un mot, quelques mots de qqch à qqn,*** lui en parler incidemment ou brièvement. ◆ v.t. ind. **[à].** **1.** Porter la main sur : *Ne touchez pas à ces aquarelles, elles ne sont pas sèches* (**SYN.** prendre). *Il n'aurait pas dû toucher à mon frère* (**SYN.** s'attaquer à, maltraiter, s'en prendre à). **2.** Apporter des modifications à qqch : *Ce travail est excellent, je n'ai touché qu'à la présentation.* **3.** Prendre une partie de qqch pour l'employer, le consommer : *Elle n'a pas touché à ses économies* (**SYN.** entamer). *Il a à peine touché à son repas* (**SYN.**

goûter). **4.** Aborder un sujet : *Vous touchez là à un point crucial.* **5.** Aborder un lieu : *Toucher au port.* **6.** Être relatif à : *Ces questions touchent aux fondements de la société. Tout ce qui touche à l'informatique la passionne.* (**SYN.** concerner). **7.** Être en contact avec qqch ; être attenant, contigu : *Leur propriété touche à la forêt* (**SYN.** avoisiner, jouxter [sout.]). **8.** Être très voisin de : *Ces propositions touchent à la provocation* (**SYN.** confiner). ▸ *Fam.* ***Ne pas avoir l'air d'y toucher,*** dissimuler par un air innocent des intentions malveillantes ; cacher son jeu. ***Toucher à sa fin,*** être près de se terminer. ***Toucher au but,*** atteindre le résultat qu'on s'est fixé. ◆ **se toucher** v.pr. Être en contact ou très près l'un de l'autre : *Leurs villas se touchent.*

② **toucher** n.m. **1.** Sens par lequel l'être humain perçoit, par contact ou palpation, la présence des objets et leur nature ; tact : *Reconnaître une étoffe au toucher.* **2.** Impression produite par un corps que l'on touche : *Le toucher doux d'une peluche* (**SYN.** contact). **3.** Examen médical d'une cavité naturelle par l'introduction d'un ou de plusieurs doigts revêtus d'un doigtier : *Un toucher buccal, vésical* (**SYN.** palpation).

à **touche-touche** loc. adv. *Fam.* Se dit d'individus, de véhicules très proches les uns des autres.

touer v.t. (du frq.) [conj. 6]. Remorquer un bateau à l'aide d'un toueur.

toueur n.m. Remorqueur se déplaçant par traction sur une chaîne ou un câble qui repose sur le fond d'un chenal.

touffe n.f. (du germ.). Assemblage serré et naturel de brins, de petits végétaux, de poils : *Une touffe d'herbe. Une touffe de cheveux* (**SYN.** houppe, mèche, toupet).

touffeur n.f. (mot dialect., de *touffer*, étouffer). *Litt.* Atmosphère chaude, lourde et humide (**SYN.** moiteur).

touffu, e adj. **1.** Qui est formé de nombreux éléments rapprochés : *Une végétation touffue* (**SYN.** dense ; **CONTR.** clairsemé, épars). *Une barbe touffue* (**SYN.** épais, fourni ; **CONTR.** rare). **2.** *Fig.* Qui est chargé à l'excès de détails : *Une histoire touffue* (**SYN.** compliqué, embrouillé ; **CONTR.** clair, concis).

touiller [tuje] v.t. (du lat. *tudiculare*, broyer) [conj. 3]. *Fam.* Agiter, remuer : *Touiller la salade* (**SYN.** brasser, retourner). *Touiller une sauce* (**SYN.** mélanger).

toujours [tuʒur] adv. (de *tous les jours*). **1.** Pendant la totalité du temps ou d'une période déterminée : *Ces maladies ont toujours existé* (= de tout temps). *Là où elle a toujours voulu vivre* (**CONTR.** ne... jamais). **2.** En toute occasion : *Elle a toujours le dernier mot* (**SYN.** constamment, invariablement ; **CONTR.** parfois, quelquefois). *Il faut toujours qu'il soit en retard* (**SYN.** immanquablement). **3.** Encore maintenant ; aujourd'hui encore : *Il l'aime toujours* (**CONTR.** ne... plus). *Elle croit toujours la victoire possible. Ce n'est toujours pas fini* (= cela dure encore). **4.** Peut-être ; éventuellement : *Il vaut mieux le conserver, cela peut toujours servir. On peut toujours essayer* (= en tout cas). *Venez toujours, nous nous arrangerons* (= en attendant ce qui va suivre). ▸ ***Depuis toujours,*** depuis un temps très éloigné ; d'aussi longtemps qu'on se souvienne. ***Pour toujours,*** sans retour, d'une façon définitive : *Il est parti pour toujours.* ***Toujours est-il que,*** marque une opposition : *C'est sûrement vrai, toujours est-il que je n'y peux rien* (= néanmoins, cependant).

touladi n.m. (d'une langue amérindienne). Grand poisson d'eau douce de l'Amérique du Nord.

toundra [tundra] n.f. (du russe). Formation végétale éparse des régions de climat froid, qui comprend des graminées, des lichens et quelques arbres nains.

toungouse ou **toungouze** [tunguz] adj. et n.m. Se dit d'un groupe de langues de la famille altaïque.

toupet n.m. (du frq.). **1.** Touffe de cheveux sur le sommet du front (**SYN.** houppe). **2.** *Fam.* Hardiesse irrespectueuse : *Il s'est servi dans mon sac, quel toupet !* (**SYN.** effronterie, sans-gêne).

toupie n.f. (de l'angl. *top*, pointe, sommet, du frq.). **1.** Jouet de forme arrondie, que l'on fait tourner sur la pointe. **2.** Machine avec laquelle on exécute les moulures en bois.

toupiller v.t. [conj. 3]. Travailler le bois à la toupie.

toupillon n.m. *Litt.* Petite touffe de poils, de plumes.

toupin n.m. En Suisse, grosse cloche de vache.

toupine n.f. En Provence, dans le Sud-Ouest et en Suisse, jarre de grès.

touque n.f. Grand récipient de fer-blanc.

① **tour** n.f. (lat. *turris*). **1.** Bâtiment ou corps de bâtiment nettement plus haut que large (par opp. à barre) : *Je demeure dans une tour de banlieue* (**SYN.** gratte-ciel). **2.** Toute construction en hauteur : *La tour du donjon. La tour Eiffel.* **3.** Pièce du jeu d'échecs évoquant un donjon. ▸ ***La tour de Babel,*** tour que les descendants de Noé, selon la Bible, tentèrent d'élever jusqu'au ciel ; fig., lieu où l'on parle un grand nombre de langues différentes ; réunion où règne une grande confusion. ***S'enfermer dans sa tour d'ivoire,*** s'isoler et refuser de s'engager, de se compromettre. ***Tour de contrôle,*** bâtiment dominant l'aire d'un aérodrome, dans lequel est situé le service chargé de réguler la circulation aérienne. ***Tour de forage,*** expression qu'il est recommandé d'employer à la place de *derrick*.

② **tour** n.m. (de *tourner*). **1.** Action de parcourir entièrement un lieu ; parcours ainsi accompli : *Faire le tour de la ville.* **2.** Trajet sur un circuit fermé qui ramène au point de départ : *Elle l'a dépassée au troisième tour. Les pilotes bouclent le soixantième tour.* **3.** Périple effectué dans un lieu pour le découvrir, le visiter : *Faire le tour de l'Europe* (**SYN.** voyage). **4.** Petite promenade : *Allons faire un tour en forêt* (**SYN.** balade). *Faire un tour en voiture* (**SYN.** promenade). **5.** Dimension de la ligne fermée qui constitue la limite extérieure de qqch : *Mesurer son tour de tête* (**SYN.** contour). **6.** Bord de qqch, d'un lieu : *Le tour du pré est planté d'arbres* (**SYN.** circonférence, périphérie, pourtour). **7.** Mouvement de rotation d'un corps autour de son axe, qui le ramène à sa position première : *Un tour de roue.* **8.** Action de tourner un objet sur lui-même : *Donner deux tours de clé.* **9.** Exercice qui exige de la force, de l'adresse : *Un tour de cartes.* **10.** Action habile, plaisante ou perfide destinée à mystifier qqn : *Jouer un bon tour à qqn* (= lui faire une farce). **11.** Manière dont qqch évolue : *Cette affaire prend un mauvais tour* (**SYN.** tournure). *Le tour que prennent les événements.* **12.** Moment où qqn fait qqch, après ou avant d'autres : *Attendre, passer son tour. C'est à votre tour de parler.* **13.** Chaque phase d'une opération qui en comporte plusieurs : *Un scrutin majoritaire à deux tours. Elle a passé le premier tour de la compétition.*

▸ ***Cela vous jouera un tour, des tours,*** cela vous fera du tort. ***Donner le tour,*** en Suisse, en parlant d'une maladie, évoluer favorablement ; parvenir à achever un travail. ***En un tour de main,*** en un tournemain, en un instant. ***Faire le tour d'un lieu, d'un groupe,*** en parlant d'une nouvelle, d'un fait, être répandu, divulgué : *Cette nouvelle a fait le tour de l'entreprise.* ***Faire le tour d'une question,*** en examiner tous les points. ***Faire un tour de table,*** donner la parole successivement à tous ceux qui sont assis autour d'une table pour connaître leur avis. ***Faire un tour d'horizon,*** soumettre successivement à la discussion tous les aspects d'un sujet. ***Tour à tour,*** l'un après l'autre : *Utiliser tour à tour le téléphone et Internet* (= alternativement). *Elle a été tour à tour maire, conseillère générale et ministre* (= successivement). ***Tour de chant,*** interprétation sur scène, par un artiste, d'une suite de chansons. ***Tour de force,*** action qui suppose une habileté, un doigté exceptionnels ; exploit. ***Tour de main,*** grande habileté manuelle due à l'expérience. ***Tour de phrase,*** construction propre à un écrivain, un orateur (on dit aussi *un tour*) : *C'est un tour qu'il affectionne* (**SYN.** expression). ***Tour de reins,*** lumbago aigu. ***Tour d'esprit,*** manière propre à qqn de comprendre, d'exprimer les choses (= disposition, tournure). ***Tour de table,*** réunion d'actionnaires, d'investisseurs en vue de mener à bien une opération financière. ***Tour d'honneur,*** tour de piste ou de terrain effectué par le gagnant d'une compétition.

③ **tour** n.m. (du lat. *tornus,* tour de potier). **1.** Dispositif rotatif sur lequel le potier dispose la motte de terre à façonner (on dit aussi *un tour de potier*). **2.** Machine-outil utilisée pour usiner une pièce métallique.

① **tourbe** n.f. (du frq.). Charbon de qualité médiocre.

② **tourbe** n.f. (du lat. *turba,* foule). *Litt.* Foule confuse de personnes que l'on juge méprisables.

tourbeux, euse adj. Qui contient de la tourbe.

tourbière n.f. Marécage où se forme la tourbe.

tourbillon [turbijɔ̃] n.m. (du lat. *turbo, turbinis*). **1.** Masse d'air, de gaz, etc., qui se déplace en tournoyant : *Un tourbillon de poussière.* **2.** Masse d'eau qui tournoie rapidement en formant une sorte d'entonnoir ; maelström, remous. **3.** Ce qui entraîne dans un mouvement rapide et tumultueux : *Ce film nous entraîne dans le tourbillon de la vie.*

tourbillonnaire [turbijɔnɛr] adj. Qui tourne comme un tourbillon.

tourbillonnant, e [turbijɔnɑ̃, ɑ̃t] adj. Qui tourbillonne : *Un vent tourbillonnant.*

tourbillonnement [turbijɔnmɑ̃] n.m. Mouvement en tourbillon : *Le tourbillonnement des flocons de neige* (**SYN.** tournoiement).

tourbillonner [turbijɔne] v.i. [conj. 3]. **1.** Former un tourbillon, des tourbillons : *Le torrent tourbillonne.* **2.** Tournoyer rapidement : *Les danseurs tourbillonnent sur la piste.*

tourelle n.f. **1.** Petite tour, attenante à un bâtiment. **2.** Abri orientable d'un engin blindé.

touret n.m. Petit tour de bijoutier-graveur.

tourie n.f. Récipient en grès de faible contenance.

tourier, ère adj. et n. Dans une communauté religieuse, celui, celle qui s'occupe des relations avec l'extérieur.

tourillon [turijɔ̃] n.m. Pivot cylindrique permettant à une pièce mécanique de tourner.

tourin n.m. (mot béarnais). Dans la cuisine du Sud-Ouest, soupe à l'ail, liée au jaune d'œuf.

tourisme n.m. (angl. *tourism*). **1.** Action de voyager pour son plaisir : *Faire du tourisme culturel. Le tourisme fluvial.* **2.** Ensemble des services, des techniques mis en œuvre pour cette activité : *S'adresser à l'office de tourisme.* ▸ ***Avion, voiture de tourisme,*** à usage privé. ***Tourisme vert,*** agritourisme.

tourista n.f. → **turista.**

touriste n. Personne qui fait du tourisme : *Un car de touristes japonais* (**SYN.** estivant, vacancier, visiteur). ▸ ***Classe touriste,*** classe à tarif réduit sur les services de transports aériens.

touristique adj. **1.** Relatif au tourisme : *Un guide touristique.* **2.** Se dit d'un lieu qui attire les touristes : *Un quartier touristique* (**SYN.** pittoresque).

tourmaline n.f. (du cinghalais). Pierre fine, de coloration variée.

tourment n.m. (du lat. *tormentum,* instrument de torture, de *torquere,* tordre). *Sout.* Vive douleur physique ou morale : *Son fils lui donne bien des tourments* (**SYN.** peine, tracas ; **CONTR.** contentement, satisfaction). *Les tourments de la faim* (**SYN.** supplice, torture).

tourmente n.f. *Sout.* **1.** Violente tempête : *Un voilier pris dans la tourmente* (**SYN.** bourrasque, tornade). **2.** Série de troubles sociaux ou politiques : *La tourmente révolutionnaire* (**SYN.** agitation, tumulte).

tourmenté, e adj. **1.** Qui est en proie aux tourments : *Un écrivain tourmenté* (**SYN.** angoissé, anxieux, inquiet ; **CONTR.** serein). **2.** Se dit d'une période marquée par des troubles : *Nous vivons une époque tourmentée* (**SYN.** agité, tumultueux). **3.** Qui a des irrégularités nombreuses et brusques : *Un relief tourmenté* (**SYN.** accidenté). **4.** Qui manque de simplicité : *Un style tourmenté* (**SYN.** tarabiscoté).

tourmenter v.t. [conj. 3]. *Sout.* **1.** Faire endurer des tourments physiques ou moraux à : *Cessez de tourmenter cette personne* (**SYN.** harceler, martyriser, persécuter). *Sa conscience le tourmente* (**SYN.** ronger, tenailler, torturer). **2.** Causer une inquiétude, du souci à : *Cette question la tourmente* (**SYN.** préoccuper, tracasser). ◆ **se tourmenter** v.pr. *Sout.* Se faire beaucoup de souci : *Elle s'est beaucoup tourmentée pour cet entretien* (**SYN.** s'inquiéter, se tracasser).

tournage n.m. **1.** Action d'usiner au tour : *Le tournage du bois.* **2.** Action de tourner un film.

tournailler v.i. [conj. 3]. *Fam.* Aller et venir sans but ; tourner en rond.

tournant, e adj. **1.** Qui est conçu pour pivoter sur soi-même : *Un four à plateau tournant.* **2.** Qui prend à revers : *Un mouvement tournant.* ▸ ***Grève tournante,*** grève qui paralyse successivement divers secteurs, divers services. ◆ **tournant** n.m. **1.** Endroit où une route tourne : *Ralentir avant le tournant* (**SYN.** virage). **2.** Moment où la situation prend une orientation nouvelle : *Elle est à un tournant de sa carrière.* ▸ *Fam.* ***Attendre, avoir, rattraper qqn au tournant,***

prendre sa revanche sur lui dès que l'occasion se présente.

tournante n.f. **1.** Alternance de personnes se relayant dans une activité : *Organiser la tournante des parents pour le covoiturage scolaire* (**SYN.** rotation). **2.** *Arg.* Viol collectif.

tourne n.f. Suite d'un texte renvoyé d'une page à son verso.

tourné, e adj. **1.** Qui est aigri, altéré, fermenté : *Une crème tournée* (**SYN.** aigre, 2. sur). **2.** (Précédé d'un adv.). Qui est rédigé, dit d'une certaine façon : *Sa demande était bien tournée.* ▸ ***Avoir l'esprit mal tourné,*** être porté à interpréter les choses d'une manière désagréable ou scabreuse.

tournebouler v.t. (de l'anc. fr. *torneboele,* culbute) [conj. 3]. *Fam.* Affoler, bouleverser qqn : *Ces événements m'ont tourneboulé* (**SYN.** perturber, retourner).

tournebroche n.m. Appareil servant à faire tourner une broche à rôtir.

tourne-disque n.m. (pl. *tourne-disques*). Appareil permettant la lecture d'un disque microsillon (**SYN.** électrophone).

tournedos n.m. Tranche ronde de filet de bœuf, assez épaisse.

tournée n.f. **1.** Déplacement à caractère professionnel effectué selon un itinéraire déterminé : *La tournée du facteur. La tournée d'un groupe musical.* **2.** Ensemble de consommations offertes par qqn : *C'est la tournée du patron.*

tournemain n.m. ▸ *Litt.* ***En un tournemain,*** avec rapidité et aisance : *Elle a réussi en un tournemain* (= en un tour de main).

tourner v.t. (du lat. *tornare,* façonner au tour) [conj. 3]. **1.** Changer d'orientation par un mouvement de rotation partielle : *Elle a tourné son ordinateur perpendiculairement à la fenêtre* (= elle l'a fait pivoter). *En entendant crier, il a tourné la tête.* **2.** Mettre qqch sur l'autre face : *Tourner une page.* **3.** Imprimer à qqch un mouvement de rotation autour de son axe : *Tourner la clef dans la serrure.* **4.** Façonner une poterie sur un tour, une pièce mécanique au tour. **5.** Remuer un aliment, un liquide par un mouvement circulaire pour les mélanger : *Tourner la salade, une sauce.* **6.** Procéder aux prises de vues d'un film ; interpréter un rôle dans un film : *Elle a tourné ce documentaire en Espagne* (**SYN.** filmer). *En ce moment, il tourne un film fantastique* (= il joue dans). **7.** Éviter un obstacle par un mouvement qui permet de le prendre à revers : *L'attaquant a tourné la défense* (**SYN.** contourner). **8.** Éluder une difficulté, une loi : *Ils ont réussi à tourner le règlement.* **9.** Examiner une question, une idée sous tous les angles : *J'ai beau tourner et retourner le problème, je ne trouve pas de solution.* **10.** Faire apparaître qqch, qqn sous un aspect qui en modifie la nature, le caractère : *Il a tourné ses défauts en qualités* (**SYN.** changer). *Tourner qqn en ridicule* (= le ridiculiser). **11.** Formuler un énoncé de telle façon : *Elle a bien tourné sa lettre.* ▸ ***Tourner la tête à qqn,*** l'enivrer ou lui inspirer une passion violente. ***Tourner le dos à qqch,*** aller dans le sens opposé à qqch ; fig., y renoncer : *Tourner le dos à ses ambitions.* ***Tourner le dos à qqn,*** être placé de manière à lui présenter son dos ; s'éloigner brusquement de lui pour montrer son mécontentement ; fig., cesser toutes relations avec lui. *Litt.* ***Tourner le sang*** ou ***les sangs à qqn,*** lui causer une vive émotion. ◆ v.i. **1.** Se déplacer circulairement autour de qqch, de qqn pris pour centre : *La Lune tourne autour de la Terre* (**SYN.** graviter). *La buse tourne au-dessus de sa proie* (**SYN.** planer, tournoyer [sout.]). **2.** Être animé d'un mouvement de rotation ; exécuter un mouvement en rond sur soi-même : *La girouette tourne au gré du vent* (**SYN.** pivoter). *Le gymnaste a tourné deux fois sur lui-même* (**SYN.** pirouetter, virevolter). **3. [autour de].** Avoir pour centre d'intérêt : *Tout tourne autour du problème de la mondialisation* (**SYN.** se rapporter à). **4. [autour de].** Valoir approximativement : *Les bénéfices tournent autour de deux millions d'euros* (= ils avoisinent cette somme). **5. [autour de].** Avoir des intentions à l'égard de qqn, lui manifester de l'intérêt ; chercher à le séduire. **6.** Changer de direction ; prendre une nouvelle orientation : *La route tourne. Aux feux, tournez à droite* (**SYN.** obliquer, virer). *Le vent a tourné au nord.* **7.** *Fam.* Faire une tournée, des déplacements successifs : *Le chansonnier tourne dans toute la Belgique.* **8.** Se succéder à tour de rôle dans une fonction pour assurer un service : *Les infirmières tournent pour assurer les gardes* (**SYN.** alterner). **9.** Être en fonctionnement, en activité : *Laissez le moteur tourner* (**SYN.** fonctionner). *L'économie tourne au ralenti.* **10.** Évoluer vers tel état, de telle façon : *Le temps tournera à l'orage. Le cambriolage a mal tourné* (= il y a eu des victimes). **11.** En parlant du lait, cailler spontanément ; en parlant d'un liquide alimentaire, se décomposer, fermenter. **12.** Faire partie de la distribution d'un film : *Elle a tourné avec les plus grands réalisateurs* (**SYN.** jouer). ▸ ***Avoir la tête qui tourne,*** avoir le vertige ; fig., se laisser griser par les honneurs, le succès. ***La chance tourne,*** la chance en favorise d'autres. *Fam.* ***Tourner de l'œil,*** s'évanouir. ◆ **se tourner** v.pr. **1.** Changer de position pour se présenter face à : *Elle s'est tournée vers l'assistance, vers la lumière.* **2.** En parlant des regards, s'orienter dans telle direction : *Tous les yeux se sont tournés vers l'écran.* **3. [vers].** Faire appel à : *Ils se sont tournés vers un avocat.* **4. [vers].** Porter son attention, son intérêt sur : *Elle s'est tournée vers l'écologie* (**SYN.** s'engager dans).

tournerie n.f. Fabrication d'objets tournés en bois.

tournesol [turnəsɔl] n.m. (it. *tornasole*). Variété d'hélianthe (**SYN.** soleil).

tourneur, euse n. Personne qui travaille sur un tour : *Une tourneuse sur bois, sur métaux.* ◆ adj. ▸ ***Derviche tourneur,*** derviche qui tourne sur lui-même en dansant.

tourne-vent n.m. inv. Tuyau coudé mobile au sommet d'une cheminée, empêchant que la fumée soit refoulée.

tournevis [turnəvis] n.m. Outil en acier, dont l'une des extrémités peut s'engager dans une tête de vis pour visser ou dévisser : *Un tournevis cruciforme.*

tournicoter v.i. [conj. 3]. *Fam.* Tourner dans tous les sens, dans un lieu ou autour de qqn.

tourniquer v.i. [conj. 3]. *Fam.* Aller et venir sans but précis.

tourniquet n.m. **1.** Dispositif pivotant qui ne laisse entrer qu'une personne à la fois. **2.** Dispositif d'arrosage pivotant en son centre. **3.** Lame métallique tournant autour d'un pivot scellé dans un mur, qui sert à maintenir ouvert un volet, une persienne. **4.** Petit présentoir rotatif à plusieurs faces, dans un magasin. **5.** En Suisse, jouet d'enfant fait d'une petite hélice fixée au bout d'un bâton.

tournis [turni] n.m. Maladie des ruminants se manifestant par le tournoiement. ▸ *Fam.* ***Avoir, donner le tournis,*** avoir, donner le vertige.

tournoi n.m. **1.** Compétition sportive comprenant plusieurs séries d'épreuves : *Un tournoi de golf.* **2.** Compétition amicale et sans enjeu important : *Un tournoi de belote.* **3.** Sous la féodalité, combat entre chevaliers. ▸ ***Tournoi ouvert,*** expression qu'il est recommandé d'employer à la place de *open.*

tournoiement n.m. Action de tournoyer ; mouvement de ce qui tournoie : *Le tournoiement des flocons de neige.*

tournoyant, e adj. Qui tournoie : *Des flocons de neige tournoyants* (**SYN.** tourbillonnant).

tournoyer [turnwaje] v.i. [conj. 13]. *Sout.* Tourner sur soi-même ou en spirale : *La fumée tournoyait dans le ciel* (**SYN.** tourbillonner).

tournure n.f. **1.** Aspect que présente qqn, qqch : *Il a une tournure gauche* (**SYN.** allure, maintien). *Après ce rangement, la pièce a une tout autre tournure* (**SYN.** apparence). **2.** Orientation que prend une situation : *L'enquête a pris une tournure inattendue* (**SYN.** cours, développement, évolution). **3.** Manière dont les mots sont agencés dans une phrase : *Une tournure familière* (**SYN.** expression, locution, tour). ▸ ***Prendre tournure,*** laisser entrevoir son état définitif : *L'expérience commence à prendre tournure.* ***Tournure d'esprit,*** manière propre à qqn d'envisager les choses, de les juger, d'y réagir.

tournus [turnys] n.m. (d'un mot all.). En Suisse, rotation des postes, des fonctions.

touron [turɔ̃ ou turɔn] n.m. (de l'esp. *turrón*). Sorte de nougat fait avec des amandes entières ou pilées.

tour-opérateur n.m. (angl. *tour operator,* organisateur de voyages) [pl. *tour-opérateurs*]. Voyagiste.

tourte n.f. (du lat. *torta,* gâteau rond, de *tortus,* tordu, de *torquere,* tordre). **1.** Tarte ronde garnie de viande, de poissons, de légumes ou de fruits, et recouverte de pâte. **2.** En Suisse, gros gâteau ; gâteau d'anniversaire.

① **tourteau** n.m. (de *tourte*). **1.** Résidu des oléagineux, qui est utilisé pour l'alimentation animale : *Des tourteaux de soja.* **2.** Gros pain de forme ronde.

② **tourteau** n.m. (de l'anc. fr. *tort,* tordu). Gros crabe comestible à large carapace, aussi appelé *dormeur.*

tourtereau n.m. Jeune tourterelle encore au nid. ◆ **tourtereaux** n.m. pl. *Fam.* Jeunes amoureux.

tourterelle n.f. (lat. *turturilla,* de *turtur,* tourterelle). Petit pigeon dont on élève une variété à collier noir.

tourtière n.f. **1.** Ustensile pour faire cuire des tourtes ou des tartes. **2.** Au Québec, tourte à la viande.

Toussaint n.f. (de *tous les saints*). Fête catholique en l'honneur de tous les saints, célébrée le 1er novembre.

tousser v.i. (du lat. *tussis,* toux) [conj. 3]. **1.** Avoir un accès de toux : *Il a beaucoup toussé cette nuit.* **2.** Se racler la gorge pour s'éclaircir la voix ou attirer l'attention : *Vous tousserez deux fois quand il arrivera.*

toussotement n.m. Action de toussoter.

toussoter v.i. [conj. 3]. Tousser à petits coups répétés.

① **tout, toute, tous, toutes** [tu, tut, tu, tut] adj. indéf. (lat. *totus,* tout entier). **1.** (Au sing. et sans autre déterminant). Indique chacun des éléments d'un ensemble : *Toute vérité n'est pas bonne à dire* (**SYN.** n'importe quel). *Tout citoyen a des droits et des devoirs* (**SYN.** chaque). *Consultez ce site pour tout renseignement complémentaire. À toute heure.* ☞ **REM.** Le masculin singulier *tout* se prononce [tu] devant une consonne ou un « h aspiré » et [tut] devant une voyelle ou un « h muet ». Le masculin pluriel se prononce [tu] devant une consonne ou un « h aspiré » et [tuz] devant une voyelle ou un « h muet ». **2.** Forme des locutions adjectives : *Une émission tous publics.* ▸ ***De toute façon, en tout cas,*** quoi qu'il en soit, quelle que soit la situation : *De toute façon, la location du matériel est à votre charge. J'espère en tout cas que personne n'est déçu.* ◆ **tous, toutes** adj. indéf. pl. **1.** Indique l'ensemble des choses, des personnes sans exception : *Tous les côtés d'un carré sont égaux. C'est écrit en toutes lettres. Une championne toutes catégories. Un appareil livré avec tous ses accessoires. Ces laissez-passer sont valables en toutes circonstances. Créé de toutes pièces.* **2.** Indique la périodicité : *Elle vient tous les quinze jours* (= à quinze jours d'intervalle). **3.** (Sans autre déterminant). *Litt.* Souligne une apposition récapitulative : *Elle parle l'anglais, l'espagnol, le chinois, le russe, toutes langues utiles dans les professions commerciales.*

② **tout, toute, tous, toutes** [tu, tut, tu, tut] adj. qualificatif **1.** (Au sing.). Indique l'intégralité, la totalité de qqch : *Veiller toute la nuit* (**SYN.** 1. entier). *Il a mangé tout un rôti. Toute la ville en parle. De toute éternité. Lire tout Marguerite Duras et tout La Fontaine* (= l'œuvre complète). **2.** Indique une intensité : *C'est toute une histoire pour sortir du garage* (**SYN.** véritable, vrai). *C'est tout le contraire* (**SYN.** tout à fait). *C'est tout le portrait de sa mère* (**SYN.** exact). **3.** (Sans autre déterminant). Indique un degré absolu : *En toute liberté* (**SYN.** intégral, total). *À toute vitesse.* **4.** Indique la restriction : *C'est tout l'effet que cela vous fait ? Sur cette fiche figurent tous les renseignements dont nous disposons* (**SYN.** seul, unique). ▸ ***Tout le monde,*** l'ensemble des hommes : *Tout le monde a des sentiments* ; l'ensemble des personnes d'un groupe : *Il n'y a pas assez de place pour tout le monde dans cette salle* ; n'importe qui : *Il l'espérait, comme tout le monde.*

③ **tout** [tu] pron. indéf. sing. Désigne l'ensemble des choses en général ou les plus importantes ; l'essentiel : *Tout va bien. Elle s'intéresse à tout. Les rivières, les bassins, les réservoirs, tout était pollué. Arrêtez tout. Elle a tout prévu. Elle est tout pour ses parents.* ▸ ***Avoir tout de,*** ressembler strictement à : *Il a tout d'une vedette.* ***En tout,*** en comprenant l'ensemble, sans rien exclure ; au total : *Cela fait deux mille euros en tout.* ***En tout et pour tout,*** uniquement : *Elle avait en tout et pour tout deux sacs.* ***Tout compris,*** sans dépense supplémentaire : *Une formule de voyage tout compris.* ***Tout qui,*** en Belgique, quiconque. ◆ **tous, toutes** [tus, tut] pron. indéf. pl. Désigne la totalité des personnes, des choses : *Bonjour à tous ! Tous sont venus. La politique est l'affaire de tous. J'ai vérifié les machines, toutes fonctionnent. Une fois pour toutes, taisez-vous* (= je ne me répéterai pas).

④ **tout** [tu] adv. **1.** (Devant un adj., un participe passé ou un adv.). Marque l'intensité ou le degré absolu : *Elle était tout étonnée* (**SYN.** extrêmement). *Ils sont tout petits. Elle est restée toute seule* (**SYN.** absolument). **2.** (Devant un gérondif). Exprime la simultanéité ou l'opposition : *Tout en appelant, il tentait de se dégager* (= en même temps que). *Le candidat promettait monts et merveilles tout en sachant qu'il ne tiendrait pas parole* (= alors que). ▸ ***Tout autre,*** très différent : *C'est une tout autre affaire. Je vous parle de tout autre chose.* *Sout.* ***Tout... que*** (+ ind. ou subj.), indique une concession, une opposition : *Toute habile qu'elle ait pu être, elle n'a pu empêcher le conflit.*

⑤ **tout** [tu] n.m. (pl. *touts*). **1.** Totalité : *Le tout et la partie. Créer des touts cohérents.* **2.** Essentiel : *Le tout est de ne pas s'énerver* (**SYN.** principal). **3.** (Précédé de l'art. déf., suivi d'un nom, avec ou sans trait d'union). Indique l'emploi exclusif de qqch : *Le tout électrique. Le tout-solaire.* **4.** (Avec une majuscule et suivi d'un nom de ville, avec trait d'union). Ensemble des personnalités de : *Le Tout-Bruxelles était présent.* ▸ ***Du tout*** ou ***pas du tout,*** nullement. ***Du tout au tout,*** complètement, entièrement : *Elle a refait son site Internet du tout au tout.* ***Rien du tout,*** absolument rien. ***Risquer le tout pour le tout,*** hasarder de tout perdre pour tout gagner.

tout à fait [tutafɛ] adv. Complètement, entièrement : *Vous êtes tout à fait charmante* (**SYN.** absolument). *C'est tout à fait ce que je voulais dire.*

tout-à-l'égout [tutalegu] n.m. inv. Système de canalisations envoyant directement dans les égouts les eaux usées des habitations.

tout de go [tudgo] adv. (de *gober*). *Fam.* Sans préparation, sans préliminaire : *Elle a annoncé sa candidature tout de go* (**SYN.** directement).

toutefois [tutfwa] adv. (Marquant une articulation logique). Exprime la concession, l'opposition, la restriction : *Son opinion semble arrêtée, il a toutefois promis d'y repenser* (**SYN.** cependant, néanmoins). *Nous sommes nombreux, il y a toutefois moins de monde qu'hier* (**SYN.** pourtant).

toute-puissance n.f. sing. Puissance sans bornes : *La toute-puissance des marchés financiers.*

toutes-boîtes n.m. En Belgique, hebdomadaire, au contenu essentiellement publicitaire, distribué gratuitement.

toutim [tutim] ou **toutime** n.m. ▸ *Fam.* ***Et tout le toutim,*** et tout le reste : *Ils ont acheté l'aquarium, le sable, les rochers, les plantes et tout le toutim.*

Tout-le-Monde n. sing. Désigne une personne quelconque, comme les autres : *Il prend les transports en commun, comme monsieur Tout-le-Monde.*

toutou n.m. (pl. *toutous*). *Fam.* Dans le langage enfantin, chien.

Tout-Paris [tupari] n.m. sing. (Précédé de l'art. déf.). Ensemble des personnalités qui figurent dans les manifestations mondaines de Paris : *Le Tout-Paris a boudé l'inauguration du musée.*

tout-petit n.m. (pl. *tout-petits*). Très jeune enfant : *Des livres en tissu pour les tout-petits* (**SYN.** bébé).

tout-puissant, toute-puissante adj. (pl. *tout-puissants, toutes-puissantes*). Qui a un pouvoir sans bornes ou très grand : *Un dictateur tout-puissant* (**SYN.** omnipotent). *Des investisseurs tout-puissants.* ◆ **tout-puissant** adj. m. et n.m. ▸ (Avec deux majuscules). ***Le Tout-Puissant,*** Dieu.

tout-terrain adj. inv. et n.m. inv. Se dit d'un véhicule conçu pour circuler hors des routes et des autoroutes : *Des tout-terrain confortables.*

à **tout-va** ou **à tout va** loc. adv. D'une façon excessive ; sans retenue.

tout-venant n.m. inv. Ensemble de choses, de personnes ordinaires : *Dans les vide-greniers, on trouve le tout-venant des vieilleries.*

toux n.f. (lat. *tussis*). Expiration brusque et sonore de l'air contenu dans les poumons : *Des quintes de toux.*

township [tawnʃip] n.f. (mot angl. signif. « commune »). Ghetto noir des villes d'Afrique du Sud.

toxémie [tɔksemi] n.f. (du gr. *toxikon,* poison, et *haima, haimatos,* sang). Accident produit par l'accumulation de toxines dans le sang.

toxicité [tɔksisite] n.f. Caractère de ce qui est toxique : *La toxicité de la dioxine* (**SYN.** dangerosité, nocivité).

toxicologie [tɔksikɔlɔʒi] n.f. Science qui étudie les poisons.

toxicologue [tɔksikɔlɔg] n. Spécialiste de toxicologie.

toxicomane [tɔksikɔman] n. Personne qui souffre de toxicomanie (abrév. fam. toxico).

toxicomaniaque [tɔksikɔmanjak] adj. Relatif à la toxicomanie.

toxicomanie [tɔksikɔmani] n.f. Habitude de consommer une ou des substances (drogues) susceptibles d'engendrer un état de dépendance psychique ou physique.

toxicose [tɔksikoz] n.f. Maladie très grave du nourrisson caractérisée par des troubles digestifs et une déshydratation.

toxi-infection [tɔksiɛ̃fɛksjɔ̃] n.f. (pl. *toxi-infections*). Infection due à des germes sécrétant des toxines. ▸ ***Toxi-infection alimentaire,*** intoxication due à l'ingestion d'aliments contaminés (= intoxication alimentaire).

toxine [tɔksin] n.f. Substance toxique élaborée par un organisme vivant.

toxique [tɔksik] adj. et n.m. (du gr. *toxikon,* poison, de *toxon,* arc [à cause des poisons dont on imprègne les flèches]). Se dit d'une substance nocive pour les organismes vivants : *Un nuage de gaz toxique* (**SYN.** délétère ; **CONTR.** inoffensif). *Des toxiques animaux, végétaux* (**SYN.** poison).

toxoplasmose [tɔksoplasmoz] n.f. Maladie provoquée par un parasite, dangereuse pour le fœtus humain.

trabendiste n.m. En Algérie, vendeur à la sauvette ; trafiquant.

trabendo n.m. (de l'esp. *contrabando,* contrebande). En Algérie, marché noir ; contrebande.

traboule n.f. (du lat. *transambulare,* aller à travers). À Lyon, passage étroit qui fait communiquer deux rues à travers un pâté de maisons.

trac n.m. *Fam.* Peur éprouvée au moment de paraître en public : *Il a le trac avant d'entrer en scène.*

tout à **trac** [tutatrak] loc. adv. *Vieilli* Avec brusquerie et sans réfléchir : *Il m'a dit tout à trac qu'il m'aimait.*

traçabilité n.f. **1.** Possibilité de suivre un produit aux différents stades de sa production, de sa transformation et de sa commercialisation : *Le système de traçabilité a permis de déterminer quel lot de boîtes avait été contaminé.* **2.** Possibilité de suivre un objet aux différentes étapes de son acheminement.

traçage ou **tracement** n.m. Action de tracer.

traçant, e adj. Se dit d'un projectile qui laisse un sillage derrière lui : *Des balles traçantes.*

tracas [traka] n.m. (Surtout pl.). Souci momentané, dû surtout à des ennuis matériels : *Les petits tracas de la vie quotidienne* (**SYN.** difficulté).

tracasser v.t. (de *traquer*) [conj. 3]. Causer du tracas à : *Son avenir nous tracasse* (**SYN.** inquiéter, préoccuper). ◆ **se tracasser** v.pr. Se faire du souci : *Elle s'est tracassée toute la journée à ce sujet* (**SYN.** s'inquiéter, se tourmenter).

tracasserie n.f. Ennui causé à une personne pour des motifs futiles : *Réduire les tracasseries administratives* (**SYN.** chicane).

tracassier, ère adj. et n. Qui suscite des difficultés pour des riens : *Des gardiens tracassiers.*

tracassin n.m. *Fam., vx* Agitation d'une personne tracassée.

trace n.f. **1.** Empreinte sur le sol marquant le passage de qqn, d'un animal, de qqch : *Il nettoie les traces de pas sur le plancher* (**SYN.** tache). *Des traces de pneus dans la boue.* **2.** Marque laissée par un coup, un événement : *Des traces de morsure* (**SYN.** cicatrice, stigmate). *Cet échec a laissé des traces profondes en lui* (**SYN.** impression, marque). *Il n'y a pas de trace d'effraction* (**SYN.** indice). **3.** (Surtout pl.). Ce qui subsiste du passé : *Découvrir les traces d'un habitat préhistorique* (**SYN.** reste, vestige). **4.** Quantité très faible d'une substance : *Déceler des traces d'herbicide dans les œufs* (**SYN.** particule). **5.** Dans les Antilles, sentier en montagne. ▸ ***Suivre qqn, un animal à la trace,*** le suivre grâce aux indices, aux empreintes qu'il a laissés.

tracé n.m. **1.** Représentation par des lignes : *Le tracé d'une future voie de chemin de fer* (**SYN.** itinéraire, parcours). **2.** Ligne continue formant un contour : *Le tracé découpé d'une côte.*

tracement n.m. → **traçage.**

tracer v.t. (du lat. pop. *tractiare,* suivre à la trace, de *trahere,* tirer) [conj. 16]. **1.** Représenter par des lignes et des points : *Tracer un carré de deux centimètres de côté* (**SYN.** dessiner). **2.** Marquer par des lignes, des jalons l'emplacement de : *Tracer une autoroute.* **3.** Faire la description de : *Tracer un portrait flatteur de la société* (**SYN.** brosser, décrire, dépeindre). **4.** Indiquer une voie, une direction : *Cet échec lui trace sa ligne de conduite.* ◆ v.i. *Arg.* Aller très vite. ◆ v.t. ind. **[après].** *Fam.* En Suisse, poursuivre.

traceur, euse adj. Qui trace, laisse une traînée. ◆ **traceur** n.m. En médecine, marqueur.

trachéal, e, aux [trakeal, o] adj. Relatif à la trachée.

trachée [traʃe] n.f. (du gr. *trakheia* [*artêria*], [artère] raboteuse). Chez l'homme et chez certains vertébrés, canal qui fait communiquer le larynx avec les bronches et sert au passage de l'air (on dit aussi *la trachée-artère*).

trachée-artère [traʃeartɛr] n.f. (pl. *trachées-artères*). *Vx* Trachée.

trachéite [trakeit] n.f. Inflammation de la trachée.

trachéo-bronchite [trakeobrɔ̃ʃit] n.f. (pl. *trachéo-bronchites*). Inflammation simultanée de la trachée et des bronches.

trachéotomie [trakeotɔmi] n.f. Ouverture chirurgicale de la trachée au niveau du cou pour permettre une respiration assistée.

trachome [trakom] n.m. (du gr. *trakhôma,* rudesse). Conjonctivite contagieuse, endémique dans certains pays chauds.

traclet ou **traquelet** n.m. *Fam.* En Suisse, petit train ; tortillard.

tract [trakt] n.m. (abrév. de l'angl. *tractate,* traité). Feuille ou brochure distribuée à des fins de propagande.

tractable adj. Qui peut être tracté, remorqué.

tractage n.m. Action de tracter qqch ; son résultat : *Le tractage d'une remorque.*

tractation n.f. (lat. *tractatio,* de *tractare,* traiter). (Surtout pl.). Négociation plus ou moins secrète, souvent laborieuse : *La formation du gouvernement a donné lieu à d'interminables tractations* (**SYN.** marchandage, pourparlers).

① **tracter** v.t. (de *tracteur*) [conj. 3]. Tirer au moyen d'un véhicule ou d'un procédé mécanique : *La camionnette tracte une caravane* (**SYN.** remorquer).

② **tracter** v.i. (de *tract*) [conj. 3]. *Fam.* Distribuer des tracts.

tracteur, trice adj. (du lat. *tractum,* de *trahere,* tirer). Qui est capable de tracter, de remorquer : *Une machine tractrice.* ◆ **tracteur** n.m. **1.** Véhicule motorisé destiné à tracter des remorques sans moteur. **2.** (Spécial.). Engin automoteur tout-terrain, à roues ou à chenilles, utilisé pour tirer les machines agricoles.

traction n.f. (lat. *tractio,* de *trahere,* tirer). **1.** Action de tirer pour faire avancer : *La traction d'un wagon* (**SYN.** remorquage). **2.** Action de tirer en tendant, en allongeant un corps : *La résistance d'un matériau à la traction.* **3.** Mouvement de gymnastique consistant à soulever son corps suspendu à une barre ou à des anneaux.

tractopelle n.f. Engin de travaux publics muni d'une pelle mécanique.

tractoriste n. Conducteur de tracteur.

trade-union [trɛdjunjɔn ou trɛdjynjɔn] n.f. (mot angl., de *trade,* métier, et *union,* union) [pl. *trade-unions*]. Dans les pays anglo-saxons, syndicat ouvrier.

tradition n.f. (lat. *traditio,* de *tradere,* transmettre, de *dare,* donner). **1.** Transmission de doctrines religieuses ou morales, de légendes, de coutumes de génération en génération ; ensemble de ces doctrines et récits. **2.** Manière d'agir ou de penser transmise par les générations passées : *La tradition a été respectée. Une tradition régionale* (**SYN.** coutume, usage). **3.** Usage propre à qqn, en telle circonstance : *La promenade dominicale est une tradition* ou *est de tradition chez eux* (**SYN.** habitude).

traditionalisme n.m. Attachement aux traditions.

traditionaliste adj. et n. Relatif au traditionalisme ; qui en est partisan.

traditionnel, elle adj. **1.** Qui est fondé sur la tradition : *L'assemblée traditionnelle des anciens* (**SYN.** rituel). **2.** Qui est passé dans les habitudes, dans l'usage : *Les embouteillages traditionnels de fin de semaine* (**SYN.** courant, coutumier, habituel ; **CONTR.** exceptionnel, insolite).

traditionnellement adv. Conformément à la tradition : *On lui donne traditionnellement un coup sur l'épaule* (**SYN.** rituellement).

① **traducteur, trice** n. Personne qui traduit ; auteur d'une traduction.

② **traducteur** n.m. Programme informatique qui traduit un programme d'un langage dans un autre.

traduction n.f. **1.** Action de traduire : *Une traduction littérale, fidèle d'un texte.* **2.** Texte traduit : *Elle cherche une traduction annotée des poèmes d'Edgar Allan Poe.* **3.** *Fig.* Manière d'exprimer, de manifester qqch : *Est-ce la traduction exacte de votre pensée ?* (**SYN.** expression, reflet). **4.** Dans la langue juridique, fait de traduire qqn en justice.

traduire v.t. (lat. *traducere,* faire passer, de *ducere,* conduire) [conj. 98]. **1.** Faire passer un texte, un discours d'une langue dans une autre : *Traduire un texte chinois en français* (**SYN.** transposer). *Traduire un auteur danois.* **2.** Exprimer de façon transposée : *Le ton de sa voix traduisait son étonnement* (**SYN.** refléter, révéler, trahir). ▸ ***Traduire qqn en justice,*** le citer, l'appeler devant un tribunal. ◆ **se traduire** v.pr. **1.** Être exprimé : *Sa tendresse se traduisait dans ses gestes* (**SYN.** apparaître, se manifester, se refléter). **2.** Avoir pour conséquence : *Ces élections se sont traduites par l'émergence de deux partis* (**SYN.** aboutir à, se solder).

traduisible adj. Qui peut être traduit (**CONTR.** intraduisible).

① **trafic** n.m. (it. *traffico*). **1.** Commerce illégal et clandestin : *Un trafic de stupéfiants.* **2.** *Fam.* Activité mystérieuse et plus ou moins condamnable : *Ils font un drôle de trafic avec les bons de réduction.* ▸ ***Trafic d'influence,*** infraction pénale commise par une personne qui se fait payer pour obtenir ou tenter de faire obtenir un avantage de l'autorité publique.

② **trafic** n.m. (angl. *traffic*). Circulation et fréquence des trains, des voitures, des avions : *Le trafic ferroviaire est perturbé. Un contrôleur du trafic aérien.*

traficoter v.i. [conj. 3]. *Fam.* Se livrer à de petits trafics : *Il traficote avec une bande de voyous.* ◆ v.t. *Fam.* Faire en cachette ; manigancer : *Qu'est-ce que vous traficotez tous les deux ?*

trafiquant, e n. Personne qui trafique, se livre à un commerce frauduleux : *Des trafiquants d'armes.*

trafiquer v.i. [conj. 3]. Effectuer des opérations commerciales illégales et clandestines : *Ils gagnent leur vie en trafiquant avec la mafia locale.* ◆ v.t. *Fam.* **1.** Falsifier un produit : *Trafiquer un vin* (**SYN.** dénaturer, frelater). **2.** Faire qqch de mystérieux : *Je me demande ce qu'ils sont en train de trafiquer* (**SYN.** manigancer).

tragédie n.f. (lat. *tragoedia,* du gr.). **1.** Pièce de théâtre qui met en scène des personnages illustres en proie à des conflits passionnels et souvent victimes de catastrophes ; genre littéraire que constitue l'ensemble de ces pièces : *« Cinna ou la Clémence d'Auguste » est une tragédie de Corneille.* **2.** *Fig.* Événement funeste : *Les parents des otages vivent une tragédie* (**SYN.** drame).

tragédien, enne n. Acteur qui se consacre à l'interprétation de la tragédie.

tragi-comédie n.f. (pl. *tragi-comédies*). **1.** Œuvre dramatique mêlant le tragique et le comique ou qui a un dénouement heureux. **2.** *Fig.* Situation à la fois grave et comique : *Certaines campagnes électorales sont des tragi-comédies.*

tragi-comique adj. (pl. *tragi-comiques*). **1.** Qui tient de la tragi-comédie. **2.** À la fois tragique et comique.

① **tragique** adj. **1.** Relatif à la tragédie : *Des rôles tragiques* (**CONTR.** comique). *Un auteur tragique.* **2.** Qui provoque l'angoisse ou la pitié ; effrayant, funeste : *Cette affaire a connu une issue tragique* (**SYN.** dramatique ; **CONTR.** amusant). **3.** Qui a des conséquences catastrophiques : *Une tragique erreur d'appréciation* (**SYN.** effroyable, terrible ; **CONTR.** cocasse). ◆ n.m. **1.** Caractère de ce qui est tragique, terrible : *La dispute a tourné au tragique.* **2.** Le genre artistique de la tragédie.

② **tragique** n.m. Auteur de tragédies : *Les tragiques grecs.*

tragiquement [traʒikmɑ̃] adv. De façon tragique ; dans des circonstances tragiques : *Ils sont morts tragiquement.*

trahir [trair] v.t. (du lat. *tradere,* transmettre, de *dare,* donner) [conj. 32]. **1.** Cesser de soutenir, d'être fidèle à : *Trahir ses frères. Trahir une cause* (**SYN.** abandonner ; **CONTR.** rallier). **2.** Révéler ce qui devait rester caché : *Trahir un secret* (**SYN.** divulguer ; **CONTR.** taire). *Trahir ses complices* (**SYN.** dénoncer, livrer, vendre). *Son regard trahissait sa peur* (**SYN.** manifester, traduire). **3.** Donner une fausse idée de : *Trahir la pensée de qqn* (**SYN.** dénaturer, fausser). **4.** Abandonner brusquement : *Ses forces l'ont trahi* (**SYN.** lâcher). ◆ **se trahir** v.pr. Laisser voir ce qu'on voulait cacher : *Elle s'est trahie en souriant.*

trahison [traizɔ̃] n.f. **1.** Action de trahir : *Commettre une trahison* (**SYN.** déloyauté, traîtrise, tromperie). **2.** Crime portant atteinte aux intérêts fondamentaux de la nation.

train n.m. (de *traîner*). **1.** Ensemble de wagons de chemin de fer tiré par une locomotive et utilisé comme moyen de transport : *Un train de voyageurs, de marchandises. Voyager en train* ou *par le train. J'arriverai par le train de 18 h 22. Le train de Lyon* (= en provenance ou à destination de Lyon). **2.** File de véhicules remorqués ou motorisés : *Un train de péniches.* **3.** Ensemble organisé d'éléments : *Sortir le train d'atterrissage d'un avion.* **4.** Ensemble de mesures législatives ou administratives : *Un train de réformes* (**SYN.** série). **5.** Vitesse de progression d'une personne, d'un animal, d'un véhicule : *Certains coureurs avaient du mal à suivre le train* (**SYN.** allure). **6.** Partie antérieure, postérieure d'un quadrupède : *Le chien a le train arrière paralysé.* **7.** Partie portante d'un véhicule automobile : *Le train avant d'une voiture.* **8.** *Fam.* Fesses ; postérieur. ▸ ***À fond de train,*** à toute vitesse. ***Aller bon train,*** avoir un rythme rapide : *Le travail va bon train.* ***Être en train,*** être en forme : *Je ne suis pas en train aujourd'hui.* ***Être en train de,*** être occupé à : *Ils sont en train de fêter l'événement.* ***Mener grand***

train, avoir un genre de vie coûteux, luxueux. ***Mettre en train,*** commencer à exécuter : *Elle a mis en train la réforme.* ***Mise en train,*** début d'exécution : *La mise en train de la rédaction d'un rapport.* *Fam.* ***Prendre le train en marche,*** se joindre à une action déjà en cours. ***Train à grande vitesse*** ou ***T.G.V.,*** train pouvant atteindre des vitesses de 270 à 300 km/h. ***Un train de sénateur,*** une allure lente et grave. ***Train de vie,*** manière de vivre d'une personne par rapport aux ressources dont elle dispose.

traînage n.m. Transport au moyen de traîneaux.

traînailler v.i. → **traînasser.**

traînant, e adj. **1.** Se dit d'une élocution très lente : *Une voix traînante.* **2.** Qui traîne à terre : *Une robe traînante.*

traînard, e n. *Fam.* **1.** Personne qui reste en arrière d'un groupe en marche. **2.** Personne lente dans son travail.

traînasser ou **traînailler** v.i. [conj. 3]. *Fam.* **1.** Errer paresseusement : *Traînasser en ville* (**SYN.** flâner, traîner). **2.** S'attarder sur un travail ; lambiner.

traîne n.f. Partie d'un vêtement long qui traîne à terre : *La traîne d'une robe de mariée.* ▸ *Fam.* ***À la traîne,*** en arrière d'un groupe de personnes : *Ce cycliste est à la traîne* ; en retard : *Cette entreprise reste à la traîne.*

traîneau n.m. Véhicule muni de patins, et que l'on fait glisser sur la glace et la neige.

traînée n.f. **1.** Trace laissée sur une surface par une substance répandue ou dans l'espace par un corps en mouvement : *Il y a des traînées de boue sur le plancher. La traînée lumineuse d'une comète* (**SYN.** sillage). **2.** (Terme d'injure). *Fam.* Femme de mauvaise vie.

traîner v.t. (du lat. *trahere,* tirer) [conj. 4]. **1.** Déplacer en tirant derrière soi : *Deux chevaux traînent le carrosse royal. La locomotive traîne dix wagons* (**SYN.** tracter). *J'ai traîné les sacs de sable jusque dans le garage.* **2.** Emporter, emmener partout avec soi : *Elle traîne ses dossiers dans son sac depuis trois jours. Il traîne avec lui toute sa famille.* **3.** Emmener qqn de force : *Il l'a traîné devant les tribunaux* (= il l'a attaqué en justice). **4.** Avoir à supporter une chose pénible qui dure : *Traîner une bronchite.* ▸ ***Traîner la jambe,*** marcher avec difficulté. ***Traîner les pieds,*** marcher sans soulever suffisamment les pieds ; fig., agir, obéir avec réticence. ◆ v.i. **1.** Pendre à terre : *La nappe est trop grande, elle traîne sur le carrelage.* **2.** N'être pas à sa place : *Le courrier traîne sur la table.* **3.** En parlant d'un sujet, être rebattu : *Cette rumeur traîne sur tous les sites Internet.* **4.** Durer trop longtemps : *Sa grippe traîne* (**SYN.** s'éterniser, se prolonger). **5.** Aller sans but : *Il traîne un peu dans les rues en attendant l'autobus* (**SYN.** errer, flâner). **6.** S'attarder inutilement : *Traîner en chemin* (**SYN.** musarder). ◆ **se traîner** v.pr. **1.** Se déplacer en rampant : *Les bébés se sont traînés jusqu'à la pataugeoire.* **2.** Se déplacer avec difficulté : *La malade s'est traînée jusqu'à son fauteuil.* **3.** Se passer lentement ; être languissant : *L'histoire se traîne.*

traîne-savates n. inv. *Fam.* Personne qui passe son temps à traîner ; oisif, fainéant.

traîneur, euse n. Personne qui traîne, qui traînasse.

training [treniŋ] n.m. (mot angl. signif. « entraînement »). Chaussure de sport à semelle de caoutchouc.

train-train ou **traintrain** n.m. inv. *Fam.* Répétition monotone des actes de la vie quotidienne : *Reprendre le train-train habituel après les vacances* (**SYN.** routine).

traire v.t. (du lat. *trahere,* tirer) [conj. 112]. Tirer le lait des mamelles des femelles de mammifères : *Traire une chèvre. Une machine à traire* (= une trayeuse).

trait n.m. (lat. *tractus,* de *trahere,* tirer). **1.** Ligne tracée sur une surface quelconque : *Barrer d'un trait de crayon* (**SYN.** barre, ligne). **2.** Marque distinctive : *C'est l'un des traits saillants de notre époque* (**SYN.** caractéristique, signe). **3.** Indice d'un caractère, d'une qualité, d'un sentiment : *Elle a ce trait commun avec vous de ne jamais se décourager* (**SYN.** disposition). **4.** Quantité d'un liquide absorbée d'un coup : *Boire à longs traits* (**SYN.** gorgée). **5.** *Litt.* Projectile à pointe acérée ; flèche : *Les archers et arbalétriers lancèrent leurs traits.* **6.** *Litt.* Propos blessant : *Ses traits sont toujours dirigés contre les égoïstes* (**SYN.** flèche, sarcasme). ▸ ***À grands traits,*** rapidement, en se limitant à l'essentiel : *Décrire à grands traits la situation.* ***Avoir trait à qqch,*** s'y rapporter : *Des questions ayant trait à la défense de l'environnement.* ***Bête*** ou ***animal de trait,*** animal attelé pour tirer des charges (par opp. à bête de somme). ***D'un trait,*** sans s'arrêter : *Elle a donné ses arguments d'un trait.* ***Partir comme un trait,*** partir très vite. ***Tirer un trait sur qqch,*** y renoncer définitivement : *Elle a tiré un trait sur son passé.* ***Trait d'esprit,*** expression, remarque spirituelle : *Faire un trait d'esprit.* ***Trait pour trait,*** avec une ressemblance totale : *C'est sa mère trait pour trait.* ◆ **traits** n.m. pl. Lignes caractéristiques du visage humain : *Avoir les traits fins, réguliers. Il a les traits tirés.* ▸ ***Sous les traits de,*** sous l'aspect de : *Il a dépeint son rival sous les traits d'un déséquilibré.*

traitable adj. Que l'on peut traiter : *Des informations traitables par ordinateur. Une maladie traitable.*

traitant, e adj. Qui traite, soigne : *Une crème traitante.* ▸ ***Médecin traitant,*** médecin qui suit régulièrement un malade (= médecin de famille).

trait d'union n.m. (pl. *traits d'union*). **1.** Petit tiret que l'on met entre les éléments d'un mot composé ou entre le verbe et un pronom postposé : *« Bucco-dentaire » s'écrit avec un trait d'union. Un trait d'union relie « dit » et « il » dans « dit-il ».* **2.** *Fig.* Personne ou chose qui sert de lien, d'intermédiaire : *Ces jeunes seront les traits d'union entre l'Administration et vous.*

traite n.f. **1.** Action de traire : *La traite des vaches* (**SYN.** mulsion). **2.** Distance qu'on parcourt sans s'arrêter : *Nous avons fait une longue traite* (**SYN.** chemin, parcours). **3.** Dans la langue juridique, effet de commerce ; lettre de change. ▸ ***D'une traite*** ou ***d'une seule traite,*** sans s'arrêter en chemin : *Faire le trajet d'une traite* ; fig., sans interruption : *Il a débité sa tirade d'une seule traite.* ***Traite des Blanches,*** forme d'esclavage consistant à détourner des femmes pour les prostituer. ***Traite des Noirs,*** trafic des esclaves sur les côtes de l'Afrique, pratiqué par les Européens du XVIe au XIXe s.

traité n.m. **1.** Ouvrage qui traite d'une matière particulière : *Un traité de physique atomique* (**SYN.** manuel). **2.** Convention écrite entre deux ou plusieurs États : *Signer un traité de paix* (**SYN.** accord, pacte).

traitement n.m. **1.** Manière d'agir envers qqn :

Infliger de mauvais traitements à un enfant (= des sévices). **2.** Action et manière de soigner une maladie : *Le traitement d'un cancer. Prescrire un traitement contre la diarrhée* (**SYN.** médication, thérapeutique). **3.** Action d'examiner et de régler une question, un problème : *Le traitement social du chômage.* **4.** Ensemble des opérations destinées à entretenir un matériau, à transformer une substance : *Un traitement des montants métalliques à l'antirouille. Une station de traitement des eaux usées.* **5.** Rémunération d'un fonctionnaire ; émoluments. ▸ ***Traitement de texte*** ou ***de textes,*** ensemble des techniques informatiques qui permettent la saisie, la mémorisation, la correction, l'actualisation, la mise en pages et la diffusion de textes.

traiter v.t. (du lat. *tractare,* manier, s'occuper de) [conj. 4]. **1.** Agir de telle manière envers qqn : *Elle nous a traités en amis.* **2.** Soigner, par une médication appropriée : *Traiter une maladie par les antibiotiques. Ce service hospitalier traite les malades du sida.* **3. [de].** Donner un qualificatif péjoratif à qqn : *Il a traité son adversaire de menteur* (**SYN.** qualifier). *Il l'a traité de tous les noms* (= il l'a injurié). **4.** Exposer oralement ou par écrit : *Le Premier ministre traitera cette question devant l'Assemblée* (**SYN.** aborder, examiner, parler de). **5.** Soumettre qqch à un traitement, à des manipulations appropriées : *Traiter des données informatiques. Traiter des verres pour les rendre antireflet.* **6.** Régler les conditions d'un marché, d'une affaire : *Traiter la vente d'une usine clefs en mains* (**SYN.** négocier). **7.** Aux Antilles, insulter qqn. ◆ v.t. ind. **1. [avec].** Négocier un accord : *Ils ont traité avec nos concurrents.* **2. [de].** Prendre pour objet d'étude : *Ce reportage traite des maladies génétiques* (**SYN.** parler de).

traiteur n.m. Professionnel qui prépare des plats cuisinés.

traître, traîtresse adj. et n. (lat. *traditor,* de *tradere,* transmettre, de *dare,* donner). Qui trahit : *Être traître à sa patrie* (**SYN.** félon). ▸ ***En traître,*** d'une manière perfide : *Ils m'ont attaqué en traître* (**SYN.** traîtreusement). ◆ adj. Qui est plus dangereux qu'il ne paraît : *Un vin traître* (= qui enivre facilement). *Cette route est traître.* ▸ ***Pas un traître mot,*** pas un seul mot : *Je n'ai pas compris un traître mot de son explication.*

traîtreusement adv. Avec traîtrise : *Ils l'ont traîtreusement désavoué* (**SYN.** perfidement, sournoisement).

traîtrise n.f. **1.** Comportement de traître : *Avoir des preuves de la traîtrise d'un collaborateur* (**SYN.** fourberie, perfidie ; **CONTR.** fidélité, loyauté). **2.** Acte perfide, déloyal : *Ses traîtrises ont tout fait échouer* (**SYN.** trahison, tromperie).

trajectoire n.f. (lat. *trajectum,* de *jacere,* jeter). **1.** Ligne décrite par un objet en mouvement, par un projectile : *La trajectoire d'un avion* (**SYN.** cheminement, route). **2.** Carrière professionnelle : *Elle a changé de trajectoire après une formation* (**SYN.** orientation).

trajet n.m. (it. *tragetto,* traversée, du lat. *trajectum*). **1.** Fait de parcourir l'espace pour aller d'un point à un autre : *Elle a fait le trajet en avion* (**SYN.** voyage). *Le trajet nous a pris deux heures* (**SYN.** parcours). **2.** Chemin à parcourir entre deux points : *Je vous indiquerai quel trajet emprunter pour y aller* (**SYN.** itinéraire).

tralala n.m. (onomat.). *Fam.* Luxe voyant, affecté : *Ne faites pas tant de tralalas et venez* (**SYN.** façons). *En grand tralala* (= en grande cérémonie). ▸ ***Et tout le tralala,*** et tout ce qui s'ensuit.

trâlée n.f. (de l'anc. v. *trôler,* vagabonder). Aux Antilles, au Québec et en Suisse, longue suite, grand nombre de personnes ou de choses.

traluire v.i. [conj. 97]. En Suisse, en parlant du raisin qui mûrit, devenir translucide.

tram [tram] n.m. (abrév.). Tramway.

tramage n.m. Succession des trames dans un tissu, différant par la matière ou le coloris.

tramail ou **trémail** n.m. (du lat. *tres,* trois, et *macula,* maille). Filet de pêche formé de trois couches superposées.

trame n.f. (du lat. *trama,* chaîne d'un tissu). **1.** Ensemble des fils passant transversalement entre les fils de chaîne tendus sur le métier à tisser. **2.** *Fig.* Fond sur lequel se détachent les événements marquants : *La trame d'une intrigue policière* (**SYN.** canevas, ossature).

tramelot n.m. En Suisse, traminot.

tramer v.t. [conj. 3]. **1.** Tisser en entrelaçant la trame avec les fils de chaîne. **2.** *Fig.* Préparer secrètement : *Tramer un complot* (**SYN.** machiner, ourdir). ◆ **se tramer** v.pr. Être préparé en secret : *Des attentats se sont tramés dans ce milieu.*

traminot n.m. Employé de tramway.

tramontane n.f. (de l'it. *tramontana [stella],* [étoile] qui est au-delà des monts). Vent du nord-ouest, soufflant sur le Languedoc et le Roussillon.

trampoline n.m. (de l'it. *trampolino,* tremplin). Grande toile tendue sur des ressorts d'acier, sur laquelle on effectue des sauts ; sport ainsi pratiqué.

tramway [tramwɛ] n.m. (mot angl., de *tram,* rail plat, et *way,* voie). Chemin de fer électrique urbain ; voiture qui circule sur ces rails (abrév. tram).

tranchage n.m. Action de trancher.

tranchant, e adj. **1.** Se dit d'un instrument qui coupe net : *Des ciseaux tranchants* (**SYN.** acéré, coupant). **2.** Qui décide de façon péremptoire ; qui dénote cette attitude : *Elle est parfois tranchante* (**SYN.** autoritaire, cassant ; **CONTR.** conciliant). *Il me l'a rappelé sur un ton tranchant* (**SYN.** incisif, sec). ◆ **tranchant** n.m. Côté effilé d'un instrument coupant : *Affûter le tranchant des couteaux* (**SYN.** fil). ▸ ***À double tranchant,*** qui peut se retourner contre celui qui l'utilise : *Attention, la bouderie est une arme à double tranchant !*

tranche n.f. **1.** Morceau mince d'une matière comestible : *Une tranche de saumon fumé. Un rôti coupé en tranches.* **2.** Bord mince d'un objet de faible épaisseur : *La pièce est tombée sur la tranche* (**SYN.** pourtour). **3.** Chacune des trois surfaces visibles, constituées par l'ensemble des feuillets d'un livre (par opp. à dos) : *Un livre doré sur tranches.* **4.** En boucherie, morceau de la cuisse du bœuf. **5.** Chacune des parties successives d'une opération de longue durée : *Achever la première tranche des travaux* (**SYN.** partie, phase). **6.** Chacune des plages de temps, des groupes successifs, des portions dans un ensemble donné : *La tranche horaire du journal télévisé. L'opinion varie selon la tranche d'âge dans laquelle se situe la personne interrogée* (**SYN.** classe). *Les tranches de l'impôt sur le revenu.* ▸ *Fam.* ***S'en payer une tranche,*** s'amuser beaucoup. ***Tranche de vie,*** description réaliste de la vie quotidienne, à un moment donné.

tranché, e adj. **1.** Qui est coupé en tranches : *Un pain de mie tranché.* **2.** Qui est nettement marqué : *Deux couleurs bien tranchées* (**SYN.** 2. franc ; **CONTR.** nuancé). *Des catégories bien tranchées* (**SYN.** séparé ; **CONTR.** indistinct). **3.** Qui est affirmé catégoriquement : *Des avis bien tranchés* (**SYN.** clair, péremptoire ; **CONTR.** évasif).

tranchée n.f. **1.** Excavation longitudinale pratiquée à ciel ouvert dans le sol : *Les ouvriers creusent une tranchée pour couler des fondations.* **2.** Dans une guerre, fossé permettant aux soldats de circuler et de tirer à l'abri.

trancher v.t. (du lat. pop. *trinicare,* couper en trois, de *tres,* trois) [conj. 3]. **1.** Couper en séparant d'un seul coup : *Trancher la tête d'un poulet* (**SYN.** sectionner). **2.** Résoudre en prenant une décision rapide : *Trancher un différend* (**SYN.** régler). ◆ v.i. **1.** Former un contraste : *La couleur sombre des meubles tranche sur le fond clair* (**SYN.** se détacher de, ressortir). **2.** Mettre fin à une controverse : *Le préfet tranchera.* **3.** En Suisse, en parlant du lait, d'une sauce, d'une fondue, devenir aigre. ▸ ***Trancher dans le vif*** → **2. vif.**

trancheuse n.f. Machine servant à couper des aliments en tranches fines.

tranchoir n.m. **1.** Couteau pour trancher. **2.** Planche à découper la viande.

tranquille [trɑ̃kil] adj. (lat. *tranquillus*). **1.** Qui est sans agitation, sans bruit : *Des enfants tranquilles* (**SYN.** sage ; **CONTR.** remuant, turbulent). *Mener une vie tranquille* (**CONTR.** trépidant, tumultueux). *Un quartier tranquille* (**SYN.** 2. calme, paisible ; **CONTR.** animé, bruyant). **2.** Qui ne manifeste pas d'inquiétude, de trouble : *Soyez tranquille, je pense à vous* (**CONTR.** angoissé, anxieux, inquiet). *Avoir l'esprit, la conscience tranquille* (**SYN.** serein ; **CONTR.** tourmenté).

tranquillement [trɑ̃kilmɑ̃] adv. **1.** De façon tranquille : *Nous attendons tranquillement* (**SYN.** calmement). **2.** Sans inquiétude, sans trouble : *Il a répondu tranquillement que cela ne le concernait pas* (**SYN.** sereinement ; **CONTR.** anxieusement).

tranquillisant, e [trɑ̃kilizɑ̃, ɑ̃t] adj. Qui tranquillise : *Des résultats tranquillisants* (**SYN.** rassurant ; **CONTR.** alarmant, inquiétant). ◆ **tranquillisant** n.m. Médicament qui apaise l'angoisse ou qui calme (**SYN.** calmant, neuroleptique).

tranquilliser [trɑ̃kilize] v.t. [conj. 3]. Délivrer d'un souci : *Ce système de sécurité les tranquillise* (**SYN.** rasséréner, rassurer ; **CONTR.** angoisser, inquiéter). ◆ **se tranquilliser** v.pr. Cesser d'être inquiet : *Tranquillisez-vous, tout s'est bien passé.*

tranquillité [trɑ̃kilite] n.f. **1.** État de ce qui est tranquille, sans agitation : *La tranquillité d'un quartier* (**SYN.** 1. calme, paix). **2.** État de qqn qui est sans inquiétude : *L'encadrement des enfants assure la tranquillité des parents* (**SYN.** quiétude, sérénité ; **CONTR.** angoisse, anxiété).

transaction [trɑ̃zaksjɔ̃] n.f. (du lat. *transigere,* accommoder). **1.** Opération commerciale ou boursière : *Des transactions financières.* **2.** Accord conclu sur la base de concessions réciproques : *Notre adversaire propose une transaction* (**SYN.** arrangement, compromis).

transactionnel, elle [trɑ̃zaksjɔnɛl] adj. Qui a le caractère d'une transaction : *Des règlements transactionnels.*

transalpin, e [trɑ̃zalpɛ̃, in] adj. Qui est au-delà des Alpes (par opp. à cisalpin). ▸ ***La Gaule Transalpine,*** la Gaule proprement dite, qui, pour les Romains, se situait au-delà des Alpes.

transaminase [trɑ̃saminaz] n.f. Enzyme dont le taux élevé dans le sang peut révéler un infarctus ou une hépatite.

transandin, e [trɑ̃sɑ̃dɛ̃, in] adj. Qui traverse les Andes.

① **transat** [trɑ̃zat] n.m. (abrév. de *transatlantique*). *Fam.* Chaise longue pliante recouverte de toile : *J'ai installé un transat à l'ombre.*

② **transat** [trɑ̃zat] n.f. (abrév.). Course transatlantique : *Elle a gagné la transat.*

transatlantique [trɑ̃zatlɑ̃tik] adj. Qui traverse l'océan Atlantique : *De grands paquebots transatlantiques.* ▸ ***Course transatlantique,*** course de voiliers traversant l'océan Atlantique (on dit aussi *la transatlantique*). ◆ n.m. Paquebot transatlantique. ◆ n.f. Course transatlantique (abrév. transat).

transbahuter v.t. [conj. 3]. *Fam.* Transporter d'un lieu dans un autre : *Transbahuter des cartons d'une pièce à une autre* (**SYN.** déplacer, emporter).

transbordement n.m. Action de transborder.

transborder v.t. [conj. 3]. Transférer d'un bateau, d'un train, d'un véhicule dans un autre : *Transborder des voyageurs. Transborder des marchandises.*

transbordeur adj. m. ▸ ***Navire transbordeur,*** expression qu'il est recommandé d'employer à la place de *car-ferry* et de *ferry-boat* (on dit aussi *un transbordeur*). ◆ n.m. Navire transbordeur.

transcendance [trɑ̃sɑ̃dɑ̃s] n.f. **1.** Supériorité marquée : *La transcendance de la pensée de qqn* (**SYN.** éminence, perfection). **2.** En philosophie, caractère de ce qui est transcendant.

transcendant, e [trɑ̃sɑ̃dɑ̃, ɑ̃t] adj. (du lat. *transcendere,* surpasser). **1.** Qui est supérieur aux autres : *Une intelligence transcendante* (**SYN.** exceptionnel). **2.** En philosophie, qui est au-delà du monde sensible, hors de portée de la connaissance.

transcendantal, e, aux adj. En philosophie, se dit des principes de la connaissance qui se trouvent dans l'esprit antérieurement à toute expérience.

transcender v.t. [conj. 3]. **1.** *Sout.* Dépasser par sa valeur, sa qualité : *Elle transcende les autres par son intelligence* (**SYN.** surpasser). **2.** En philosophie, dépasser le domaine de la connaissance rationnelle.

transcodage n.m. En informatique, traduction d'une information dans un code différent.

transcoder v.t. [conj. 3]. Effectuer le transcodage de : *Transcoder des données.*

transcontinental, e, aux adj. Qui traverse un continent : *Une route transcontinentale.*

transcripteur n.m. Personne ou appareil qui transcrit.

transcription [trɑ̃skripsjɔ̃] n.f. Action de transcrire ;

état de ce qui est transcrit : *La transcription d'un entretien en sténo* (**SYN.** enregistrement, notation).

transcrire v.t. (lat. *transcribere,* de *scribere,* écrire) [conj. 99]. **1.** Reproduire exactement par l'écriture : *Transcrire ses notes sur un cahier* (**SYN.** recopier, reporter). **2.** Reproduire un mot, un texte grâce à un système d'écriture différent : *Transcrire des mots russes en caractères latins.* **3.** Mettre sur le papier ce que l'on a dans l'esprit : *Transcrire ses souvenirs.* **4.** En musique, adapter une composition musicale à d'autres instruments que ceux pour lesquels elle a été écrite.

transculturel, elle adj. Relatif aux relations entre plusieurs cultures.

transcutané, e adj. Se dit d'une substance pouvant traverser la peau (**SYN.** transdermique).

transdermique adj. Transcutané.

transe [trɑ̃s] n.f. (de *transir*). **1.** (Souvent pl.). Inquiétude très vive : *Cette épreuve le met dans des transes indescriptibles* (**SYN.** affres [litt.], angoisse, anxiété). **2.** État d'exaltation de qqn qui est transporté hors de lui-même et du monde réel : *Entrer en transe.*

transept [trɑ̃sɛpt] n.m. (mot angl., du lat. *trans,* au-delà de, et *saeptum,* enclos). Nef transversale d'une église, perpendiculaire à la nef principale avec laquelle elle forme une croix.

transfèrement n.m. Action de transférer un prévenu, un prisonnier (**SYN.** transfert).

transférer v.t. (du lat. *transferre,* porter au-delà) [conj. 18]. **1.** Faire passer d'un lieu dans un autre : *Transférer un prisonnier. L'entreprise transfère une partie de sa production sur un autre site* (= elle délocalise). **2.** Faire un transfert d'appel : *Transférer ses appels sur son mobile.* **3.** Faire passer des capitaux d'un compte à un autre. **4.** Transmettre officiellement qqch à qqn : *Transférer ses pouvoirs à sa suppléante.*

transfert n.m. **1.** Action de transférer, de déplacer : *Le transfert des cendres de Jean Moulin au Panthéon* (**SYN.** translation). *Le transfert d'un prisonnier* (**SYN.** transfèrement). *Le transfert de l'aéroport à l'hôtel* (**SYN.** transport). *Le transfert d'un footballeur* (**SYN.** mutation). **2.** (Spécial.). Décalcomanie collée sur un vêtement. **3.** Dans la langue juridique, acte par lequel une personne acquiert un droit d'une autre qui le lui transmet : *Opérer un transfert de propriété.* **4.** En psychanalyse, report de sentiments effectué sur l'analyste par la personne en analyse. ▸ ***Transfert d'appel,*** service de télécommunication permettant de renvoyer les appels téléphoniques parvenant à un poste d'abonné sur un autre poste. ***Transfert de technologie,*** opération consistant, pour les pays industrialisés, à exporter leur technique et leur savoir dans les pays en développement.

transfiguration n.f. Changement complet de l'expression du visage, de l'apparence de qqn : *La transfiguration que son mariage a provoquée chez lui* (**SYN.** métamorphose).

transfigurer v.t. (du lat. *transfigurare,* transformer) [conj. 3]. Donner un éclat, une beauté inaccoutumés à : *Le bonheur l'a transfigurée* (**SYN.** transformer). *La pleine lune transfigurait le vallon.*

transfo n.m. (abrév.). *Fam.* Transformateur.

transformable adj. Qui peut être transformé : *Les rayons du soleil sont transformables en énergie.*

transformateur, trice adj. Qui transforme : *Les industries transformatrices.* ◆ **transformateur** n.m. Appareil qui sert à transformer l'intensité et la tension d'un courant électrique alternatif). (abrév. fam. transfo

transformation n.f. **1.** Action de transformer, de se transformer : *La transformation des matières premières* (**SYN.** conversion). *Faire des transformations dans un logement* (**SYN.** modification). *La transformation d'une chenille en papillon* (= métamorphose). **2.** Au rugby, après un essai, envoi du ballon d'un coup de pied au-dessus de la barre transversale et entre les poteaux de but : *Tenter la transformation d'un essai.*

transformer v.t. [conj. 3]. **1.** Rendre qqch différent, modifier ses caractères généraux : *Transformer un logement* (**SYN.** arranger, moderniser, rénover). **2. [en].** Faire changer d'état, de nature : *Transformer les C.D.D. en C.D.I.* (**SYN.** convertir). **3.** Modifier l'état physique, moral, psychologique de qqn : *Les circonstances ont transformé cette femme en héroïne* (**SYN.** changer, métamorphoser). *Ses vacances l'ont transformé.* **4.** Au rugby, réussir la transformation d'un essai. ◆ **se transformer** v.pr. **1.** Changer de forme, d'aspect, de caractère : *La société s'est transformée en quelques années* (**SYN.** évoluer, se modifier). **2.** Changer de nature, passer à un nouvel état : *Les fleurs se sont transformées en fruits* (**SYN.** devenir).

transformisme n.m. Théorie explicative de l'évolution des êtres vivants par transformations successives.

transformiste adj. et n. Relatif au transformisme ; qui est partisan de cette théorie.

transfrontalier, ère adj. Relatif à deux pays limitrophes : *Les travailleurs transfrontaliers.*

transfuge n.m. (du lat. *transfuga,* déserteur, de *fugere,* fuir). Soldat qui déserte et passe à l'ennemi. ◆ n. Personne qui abandonne un parti, une doctrine, un groupe pour se rallier à un autre.

transfusé, e adj. et n. Qui a reçu une transfusion sanguine.

transfuser v.t. (du lat. *transfundere,* transvaser, de *fundere,* répandre) [conj. 3]. Opérer une transfusion : *Transfuser du sang à un blessé. Transfuser un malade.*

transfusion n.f. Acte médical consistant à injecter du sang à un malade (on dit aussi *une transfusion sanguine*).

transfusionnel, elle adj. Relatif à une transfusion.

transgène n.m. Gène qui a été introduit dans un organisme transgénique.

transgénérationnel, elle adj. Qui concerne toutes les générations : *Une mode transgénérationnelle.*

transgenèse ou **transgénose** n.f. Modification du patrimoine génétique d'un être vivant par introduction d'un fragment d'ADN.

transgénique adj. Se dit d'un être vivant sur lequel on a pratiqué une transgenèse : *Les O.G.M. sont des organismes transgéniques.*

transgresser v.t. (du lat. *transgredi,* traverser, de *gradi,* marcher) [conj. 4]. Ne pas obéir à qqch : *Transgresser un règlement* (**SYN.** enfreindre, violer ; **CONTR.** observer, respecter).

transgression n.f. Action de transgresser : *La transgression d'une loi* (**SYN.** violation).

transhumance [trɑ̃zymɑ̃s] n.f. Déplacement d'un troupeau qui rejoint l'été une zone où il pourra se nourrir puis qui revient à l'endroit d'où il est parti.

transhumant, e [trɑ̃zymɑ̃, ɑ̃t] adj. Qui effectue une transhumance.

transhumer [trɑ̃zyme] v.i. (du lat. *humus,* terre) [conj. 3]. Effectuer la transhumance. ◆ v.t. Mener un troupeau à l'alpage et le faire redescendre après l'été.

transi, e [trɑ̃zi] adj. Qui est pénétré par une sensation de froid : *Nous sommes transis* (**SYN.** gelé, glacé). ▸ ***Amoureux transi,*** amoureux tremblant, timide et comme paralysé.

transiger [trɑ̃ziʒe] v.i. (du lat. *trans,* au-delà de, et *agere,* agir, faire avancer) [conj. 17]. **1.** Conclure un arrangement par des concessions réciproques : *Transiger avec la partie adverse* (**SYN.** s'arranger, composer). **2. [avec, sur].** Ne plus se conformer aux exigences de qqch : *Transiger avec sa conscience* (**SYN.** manquer à). *Des points sur lesquels je ne transige pas* (**SYN.** céder).

transir [trɑ̃zir] v.t. (du lat. *transire,* aller au-delà) [conj. 32]. *Litt.* En parlant du froid, pénétrer et engourdir : *Ce vent du nord me transit* (**SYN.** geler, glacer).

transistor [trɑ̃zistɔr] n.m. (mot anglais, de *trans*[*fer*] [*res*]*istor,* résistance de transfert). **1.** Dispositif électronique qui peut amplifier des signaux. **2.** Récepteur radiophonique portatif, équipé de transistors.

transistoriser [trɑ̃zistɔrize] v.t. [conj. 3]. Équiper un appareil de transistors ; par ext., équiper un appareil de circuits intégrés.

transit [trɑ̃zit] n.m. (it. *transito,* du lat. *transire,* aller au-delà). **1.** Franchise des droits de douane pour les marchandises qui traversent un territoire sans s'y arrêter. **2.** Situation d'un voyageur qui, lors d'une escale aérienne, demeure dans l'enceinte de l'aéroport : *Des passagers en transit.* ▸ ***Transit intestinal,*** déplacement du contenu du tube digestif, sous l'influence des contractions de l'intestin.

transitaire [trɑ̃zitɛr] adj. Relatif au transit : *Le commerce transitaire.* ◆ n.m. Commissionnaire chargé du transit de marchandises.

transiter [trɑ̃zite] v.t. [conj. 3]. Faire passer en transit : *Transiter des marchandises.* ◆ v.i. Être en transit dans un lieu : *La délégation transite par Amsterdam.*

transitif, ive [trɑ̃zitif, iv] adj. (lat. *transitivus,* de *transire,* aller au-delà). Se dit d'un verbe suivi d'un complément d'objet direct (par opp. à intransitif) : *« Aimer » est un verbe transitif. Verbe transitif indirect* (= dont le complément est précédé d'une préposition).

transition [trɑ̃zisjɔ̃] n.f. (lat. *transitio,* passage, de *transire,* aller au-delà). **1.** Action de passer d'un état à un autre : *Une transition du totalitarisme à la démocratie* (**SYN.** évolution, passage). *La transition entre l'enfance et l'adolescence* (= le stade intermédiaire). **2.** Manière de lier les parties d'un discours : *Elle a fait une habile transition entre les deux idées* (**SYN.** enchaînement, liaison). ▸ ***De transition,*** provisoire, transitoire : *Un gouvernement de transition.* ***Sans transition,*** brusquement : *Nous sommes passés sans transition de l'été à l'hiver.*

transitionnel, elle [trɑ̃zisjɔnɛl] adj. Qui a le caractère d'une transition ; qui marque une transition.

transitivement [trɑ̃zitivmɑ̃] adv. Comme un verbe transitif ; avec un complément d'objet : *Ce verbe se construit transitivement.*

transitivité [trɑ̃zitivite] n.f. Caractère des verbes transitifs.

transitoire [trɑ̃zitwar] adj. **1.** Qui dure peu de temps : *Un état transitoire* (**SYN.** 1. éphémère, temporaire ; **CONTR.** durable, permanent). **2.** Qui sert de transition : *Un gouvernement transitoire* (**SYN.** provisoire ; **CONTR.** définitif).

translation n.f. (lat. *translatio,* de *transferre,* porter au-delà). Action de transférer qqch d'un lieu dans un autre selon certaines règles : *La translation de la dépouille d'un homme célèbre* (**SYN.** transfert).

translittération n.f. (du lat. *littera,* lettre). Transcription lettre pour lettre des mots d'une langue étrangère dans un alphabet préalablement choisi : *La translittération de caractères cyrilliques en caractères latins.*

translucide adj. (lat. *translucidus,* de *lux, lucis,* lumière). Qui laisse passer la lumière, sans permettre toutefois une vision nette : *Un emballage plastique translucide* (**SYN.** diaphane ; **CONTR.** opaque).

transmanche adj. inv. Qui traverse la Manche : *Les T.G.V. transmanche.*

transmettre v.t. [conj. 84]. **1.** Faire parvenir ce qu'on a reçu ou acquis ; faire connaître : *Transmettre sa maison à ses enfants* (**SYN.** donner, léguer). *Transmettre le pouvoir* (**SYN.** céder, passer). **2.** Faire passer une maladie d'un organisme à un autre : *Le moustique transmet ce parasite* (**SYN.** propager). **3.** Permettre le passage ; agir comme intermédiaire : *Les métaux transmettent le courant électrique* (**SYN.** conduire, véhiculer). *Ce dispositif transmet les images* (**SYN.** relayer, retransmettre). ◆ **se transmettre** v.pr. **1.** Passer d'une personne à une autre : *La tradition s'est transmise de génération en génération.* **2.** Passer d'un lieu à un autre : *Les vibrations se sont transmises à tout le bâtiment* (**SYN.** se propager).

transmigration n.f. Réincarnation de l'âme dans un autre corps : *La transmigration des âmes* (= la métempsycose).

transmigrer v.i. (du lat. *transmigrare,* changer de demeure, de *migrare,* partir) [conj. 3]. Dans le langage religieux, en parlant d'une âme, passer d'un corps dans un autre.

transmissibilité n.f. Caractère de ce qui est transmissible : *La transmissibilité d'une maladie.*

transmissible adj. Qui peut être transmis : *Une rente transmissible à ses héritiers. Les maladies transmissibles* (**SYN.** contagieux).

transmission n.f. **1.** Action de transmettre qqch à qqn : *La transmission d'un message à son destinataire* (**SYN.** communication, diffusion). *La transmission d'un droit à un héritier* (**SYN.** cession). *La transmission du pouvoir à son successeur* (= passation). *La transmission d'une maladie par transfusion sanguine* (**SYN.** propagation). **2.** Communication du mouvement d'un organe mécanique à un autre ; organe servant à transmettre le mouvement : *Une courroie de transmission.* ▸ ***Transmission de pensée,*** télépathie. ◆ **transmissions** n.f. pl. Service chargé de la mise en œuvre des moyens de liaison et de communication à l'intérieur des forces armées.

transmuable adj. → **transmutable.**

transmuer v.t. [conj. 7] → **transmuter.**

transmutabilité n.f. Propriété d'une chose transmutable.

transmutable ou **transmuable** adj. Qui peut être transmuté.

transmutation n.f. **1.** Changement des métaux vulgaires en métaux nobles par les procédés de l'alchimie. **2.** *Litt.* Transformation totale d'une chose en une autre : *La transmutation du monde par la poésie.*

transmuter [conj. 3] ou **transmuer** [conj. 7] v.t. (lat. *transmutare,* de *mutare,* changer). Effectuer une transmutation.

transnational, e, aux adj. Qui concerne plusieurs nations.

transocéanique [trɑ̃sɔseanik] adj. Qui traverse l'océan.

transparaître v.i. [conj. 91]. (Auxil. *avoir*). **1.** Se montrer à travers qqch : *Les illustrations transparaissent à travers ce papier trop mince.* **2.** Apparaître ; se manifester : *Son indignation transparaît* (**SYN.** se révéler).

transparence n.f. **1.** Propriété de ce qui est transparent : *La transparence du verre.* **2.** *Fig.* Qualité de ce qui peut être vu et connu de tous : *Un manque de transparence dans la gestion des entreprises* (**SYN.** clarté, netteté ;). (**CONTR.** opacité).

transparent, e adj. (du lat. *parere,* apparaître). **1.** Qui laisse passer la lumière et permet de distinguer nettement les objets à travers son épaisseur : *Une housse transparente* (**CONTR.** opaque). **2.** *Fig.* Dont le sens se laisse deviner, saisir aisément : *Une allusion transparente* (**SYN.** clair, évident ; **CONTR.** hermétique, obscur). **3.** Que l'on ne cherche pas à dissimuler à l'opinion : *Des comptes transparents.* ◆ **transparent** n.m. Document sur support transparent, destiné à la projection.

transpercer v.t. [conj. 16]. **1.** Percer de part en part : *Le clou a transpercé la cloison* (**SYN.** perforer). **2.** Passer au travers : *La pluie transperçait nos vêtements* (**SYN.** traverser).

transpiration n.f. Élimination de la sueur par la peau : *La chaleur provoque une abondante transpiration* (**SYN.** sudation).

transpirer v.i. (du lat. *spirare,* souffler) [conj. 3]. **1.** Éliminer de la sueur par les pores de la peau : *Transpirer à grosses gouttes* (**SYN.** suer). **2.** *Fig.* Être divulgué, commencer à être connu : *Rien n'a transpiré de leur réunion* (**SYN.** filtrer).

transplant [trɑ̃splɑ̃] n.m. En chirurgie, organe qui doit être transplanté.

transplantation n.f. **1.** Action de transplanter : *La transplantation d'un arbuste.* **2.** Greffe d'un organe avec rétablissement de la continuité des vaisseaux : *Une transplantation rénale.*

transplanter v.t. [conj. 3]. **1.** Sortir un végétal d'un endroit et le planter dans un autre : *Transplanter un pommier.* **2.** Faire passer d'un lieu à un autre : *Transplanter des populations* (**SYN.** déplacer, transférer). **3.** Greffer dans un organisme vivant un organe prélevé sur un autre individu : *Transplanter un cœur.*

transport n.m. **1.** Action ou manière de transporter, de porter d'un lieu dans un autre : *Trouver un moyen de transport* (**SYN.** déplacement). *Le blessé est décédé pendant son transport à l'hôpital* (**SYN.** transfert). *Le transport des matières dangereuses par le train* (**SYN.** acheminement). **2.** *Litt.* (Souvent pl.). Émotion vive : *Des transports de joie* (**SYN.** accès, élan). ◆ **transports** n.m. pl. Ensemble des divers modes d'acheminement des personnes ou des marchandises : *Améliorer le réseau des transports en commun. Une société de transports.*

transportable adj. Qui peut être transporté : *Ces blessés ne sont pas transportables* (**CONTR.** intransportable).

transporter v.t. [conj. 3]. **1.** Porter d'un lieu dans un autre ; déplacer : *La S.N.C.F. a transporté des millions de voyageurs sur cette ligne* (**SYN.** véhiculer). *Des marchandises transportées par route* (**SYN.** acheminer, camionner). **2.** Faire passer d'un milieu à un autre : *Transporter un conflit sur un territoire étranger* (**SYN.** introduire). *Transporter un fait divers dans un film* (**SYN.** adapter, transposer). **3.** *Litt.* Mettre hors de soi : *Une telle hypocrisie le transportait d'indignation.* **4.** Porter qqn en imagination dans un autre lieu, une autre époque : *Ce film transporte le spectateur au siècle prochain* (**SYN.** conduire, entraîner). ◆ **se transporter** v.pr. Se rendre en un lieu : *Le juge s'est transporté dans la maison du crime.*

transporteur, euse adj. Qui transporte : *Une benne transporteuse.* ◆ **transporteur** n.m. Personne qui assure le déplacement de personnes ou de marchandises : *Un transporteur routier.*

transposable adj. Qui peut être transposé : *Un événement transposable à l'époque contemporaine* (**SYN.** adaptable).

transposer v.t. [conj. 3]. **1.** Placer des choses dans un ordre différent : *Transposer les compléments d'une proposition* (**SYN.** intervertir, permuter). **2.** Placer qqch dans un autre décor, une autre époque, dans un autre contexte : *Jean Cocteau a transposé le mythe d'Orphée* (**SYN.** adapter). **3.** Transcrire ou exécuter une pièce musicale dans un ton différent de celui dans lequel elle a été composée.

transposition n.f. **1.** Action de transposer, d'intervertir les places : *La transposition de ces mots rend la phrase absurde* (**SYN.** interversion, permutation). **2.** Action de transformer qqch, de l'adapter : *La transposition d'une erreur judiciaire en roman policier.*

transsaharien, enne [trɑ̃ssaarjɛ̃, ɛn] adj. Qui traverse le Sahara.

transsexualisme [trɑ̃ssɛksɥalism] n.m. Conviction qu'a un sujet d'appartenir à l'autre sexe, qui le conduit à tout mettre en œuvre pour que son anatomie et son mode de vie soient le plus possible conformes à sa conviction.

transsexuel, elle [trɑ̃ssɛksɥɛl] adj. et n. Qui présente un transsexualisme ; qui a changé de sexe.

transsibérien, enne [trɑ̃ssiberjɛ̃, ɛn] adj. Qui traverse la Sibérie : *La voie ferrée transsibérienne.*

transsubstantiation [trɑ̃ssypstɑ̃sjasjɔ̃] n.f. Dans la religion catholique, transformation de la substance du pain et du vin en celle du corps et du sang du Christ.

transsuder [trɑ̃syde] v.i. (du lat. *sudare*, suer) [conj. 3]. En parlant d'un liquide, passer à travers la paroi du récipient qui le contient ; suinter.

transvasement n.m. Action de transvaser.

transvaser v.t. (du lat. *vas*, 2. vase) [conj. 3]. Verser un liquide d'un récipient dans un autre : *Transvaser de l'eau d'une citerne dans une autre.*

transversal, e, aux adj. (du lat. *vertere*, tourner). **1.** Qui est disposé en travers, perpendiculairement ou presque : *La barre transversale de la cage d'un footballeur.* **2.** *Fig.* Qui recoupe plusieurs disciplines ou secteurs : *Les services transversaux d'une grande entreprise.*

transversale n.f. **1.** Ligne horizontale qui coupe perpendiculairement une autre ligne. **2.** Itinéraire routier, voie ferrée qui joignent directement deux villes, deux régions, sans passer par le centre du réseau : *La transversale entre Metz et Nice.*

transversalement adv. Selon une direction transversale ; dans une position transversale.

transversalité n.f. Caractère de ce qui est transversal.

transverse adj. En anatomie, se dit d'un organe qui a une direction transversale.

transvestisme n.m. → **travestisme.**

transvider v.t. [conj. 3]. Verser d'un récipient dans un autre : *Transvider un paquet de bonbons dans une bonbonnière.*

trapèze n.m. (du gr. *trapezion*, petite table). **1.** Figure géométrique plane à quatre côtés, dont deux côtés sont parallèles et inégaux. **2.** Appareil de gymnastique formé d'une barre cylindrique suspendue à deux cordes verticales : *Les acrobates font du trapèze.* **3.** Muscle du dos, qui rapproche l'omoplate de la colonne vertébrale.

trapéziste n. Gymnaste ou acrobate qui fait du trapèze.

trapézoïdal, e, aux adj. Qui a la forme d'un trapèze : *Un écrou trapézoïdal.*

① **trappe** n.f. (du frq.). **1.** Panneau mobile qui ferme une ouverture pratiquée au niveau du sol ou d'un plancher ; ouverture fermée par ce panneau : *La trappe d'un souterrain, d'un grenier.* **2.** Piège formé d'une fosse creusée dans le sol et recouverte de branchages : *Le sanglier est tombé dans la trappe.* ▸ *Fam.* ***Passer à la trappe***, être écarté, mis de côté : *Tous les présentateurs qui sont passés à la trappe.*

② **trappe** n.f. (de *Notre-Dame de la Trappe*, abbaye cistercienne fondée à Soligny). **1.** (Avec une majuscule). Ordre religieux des trappistes. **2.** Communauté de trappistes.

trappeur n.m. (de l'anglo-amér. *trapper*, qui chasse à la trappe). Chasseur d'animaux à fourrure, en Amérique du Nord.

trappiste, trappistine n. Religieux cistercien qui observe la règle de la Trappe.

trapu, e adj. (de l'anc. fr. *trape*, court et gros). **1.** Qui est court et large et qui donne une impression de force : *Une personne trapue* (**SYN.** courtaud, râblé ; **CONTR.** élancé, longiligne). **2.** *Fam.* Qui a de solides connaissances : *Elle est trapue en informatique* (**SYN.** fort, savant ; **CONTR.** ignare, ignorant). **3.** *Fam.* Qui est très difficile : *Une question trapue* (**SYN.** ardu ; **CONTR.** simple).

traque n.f. *Fam.* Action de traquer, de poursuivre.

traquelet n.m. → **traclet.**

traquenard n.m. (du gascon *tracanart*, trot défectueux d'un cheval). **1.** Piège pour prendre les animaux nuisibles. **2.** Piège tendu à une personne : *Le malfaiteur est tombé dans un traquenard* (**SYN.** guet-apens, souricière). *Un entretien émaillé de traquenards* (**SYN.** embûche).

traquer v.t. (de l'anc. fr. *trac*, piste des bêtes) [conj. 3]. **1.** Rabattre le gibier vers la ligne des chasseurs. **2.** Poursuivre sans relâche : *Les policiers traquent les mafieux. Les informaticiens traquent les virus sur Internet* (**SYN.** chasser).

① **traqueur, euse** n. (de *traquer*). Personne qui traque : *Un traqueur de renards.*

② **traqueur, euse** adj. et n. (de *trac*). *Fam.* Qui est sujet au trac : *Une comédienne traqueuse.*

trash [traʃ] adj. inv. (mot anglo-amér. signif. « déchets, ordures »). *Fam.* Qui se plaît à dépeindre des scènes triviales ou de mauvais goût : *Chaîne de télévision abonnée aux émissions trash.*

trattoria n.f. (mot it.). En Italie, petit restaurant.

trauma n.m. (mot gr. signif. « blessure »). Traumatisme psychique : *Les traumas des petits réfugiés.*

traumatique adj. Relatif à un traumatisme : *Elle souffre d'un choc traumatique.*

traumatisant, e adj. Qui provoque un choc moral : *Une séparation traumatisante.*

traumatiser v.t. [conj. 3]. **1.** Provoquer un traumatisme : *Son accident l'a traumatisé* (**SYN.** choquer, commotionner). **2.** Frapper d'un choc émotionnel violent : *Ces images l'ont traumatisé* (**SYN.** perturber).

traumatisme n.m. **1.** Ensemble des lésions locales occasionnées par un agent extérieur ; ensemble des troubles qui en résultent : *Souffrir d'un traumatisme crânien, cervical.* **2.** Violent choc émotionnel provoquant un ébranlement psychique durable : *Le traumatisme de la guerre.*

traumatologie n.f. Partie de la chirurgie et de la médecine consacrée au traitement des traumatismes.

traumatologique adj. Relatif à la traumatologie, aux traumatismes.

traumatologiste ou **traumatologue** n. Spécialiste de traumatologie.

① **travail** [travaj] n.m. (de *travailler*) [pl. *travaux*]. **1.** Activité de l'homme appliquée à la production, à la création, à l'entretien de qqch : *Le travail manuel, physique, intellectuel* (**CONTR.** inaction, oisiveté, repos). **2.** Activité professionnelle, régulière et rémunérée : *Trouver un travail* (**SYN.** emploi, métier ; **CONTR.** chômage, inactivité). *Un contrat, un permis de travail. Un inspecteur du travail* (= qui vérifie que la législation du travail est respectée). **3.** Exercice d'une activité professionnelle ; lieu où elle s'exerce : *Le travail en usine* (**CONTR.** loisirs, vacances). *Se rendre à son travail.* **4.** Activité déployée pour accomplir une tâche, parvenir à un résultat : *La réparation des dégâts nécessitera plusieurs mois de travail. Un gros travail de tri s'impose* (**SYN.** effort). **5.** Toute occupation, toute activité considérée comme une charge : *Être surchargé de travail* (SYN. besogne). **6.** Ouvrage réalisé ou qui est à faire : *Distribuer le travail à ses collaborateurs* (SYN. tâche). *Un travail de longue haleine* (SYN. œuvre). **7.** Manière dont un ouvrage est exécuté : *Admirez le travail de ce panneau de marqueterie* (SYN. façon, facture). **8.** Technique permettant de travailler une matière, d'utiliser un outil ou un instrument : *Apprendre le travail du bois, des métaux.* **9.** Activité laborieuse de l'homme considérée comme un facteur essentiel de la production et de l'activité économiques : *Une nouvelle organisation du travail.* **10.** Ensemble des travailleurs qui participent à la vie économique d'un pays : *Le monde du travail* (= la population active). **11.** Action continue produite par un phénomène naturel : *Le travail de l'érosion. Le temps fera son travail et il oubliera.* **12.** Effet, résultat produit par le fonctionnement, l'activité de qqch : *Le travail du cœur. Le travail musculaire.* **13.** Ensemble des phénomènes physiologiques qui conduisent à l'accouchement : *Le travail est commencé.* ▸ ***Travail d'intérêt général,*** activité non rémunérée imposée à un délinquant à titre de peine de substitution. ◆ **travaux** n.m. pl. **1.** Ensemble d'opérations, de tâches propres à un domaine déterminé : *Les travaux agricoles. Les travaux ménagers.* **2.** Ensemble des opérations de construction, d'aménagement ou de remise en état d'édifices, de voies, de terrains : *Faire des travaux dans sa maison. Le périphérique est fermé pour cause de travaux.* **3.** Ensemble des recherches entreprises dans un domaine de la connaissance : *Publier ses travaux.* **4.** Ensemble de débats d'une assemblée ou d'un groupe : *L'Assemblée nationale a repris ses travaux.* ▸ *Fam.* ***Inspecteur des travaux finis,*** personne qui arrive quand le travail est achevé. ***Travaux forcés,*** ancienne peine que les condamnés effectuaient dans les bagnes de Guyane ou de Nouvelle-Calédonie. ***Travaux publics,*** construction, réparation de bâtiments, de voies de communication pour le compte de l'État.

② **travail** [travaj] n.m. (du lat. *trepalium,* instrument de torture, de *tres,* trois, et *palus,* 1. pieu) [pl. *travails*]. Appareil servant à maintenir les grands animaux domestiques pendant qu'on les ferre ou qu'on les soigne : *Les travails des maréchaux-ferrants.*

travaillé, e [travaje] adj. Où l'on remarque le soin, le travail : *Des bijoux travaillés* (SYN. élaboré, ouvragé). *Un style très travaillé* (SYN. étudié, soigné).

travailler [travaje] v.i. (du lat. pop. *trepaliare,* torturer, de *trepalium,* instrument de torture) [conj. 3]. **1.** Effectuer un travail ; soutenir un effort en vue d'obtenir un résultat : *Travailler sur* ou *à un projet* (SYN. œuvrer). *Pour réussir, il a beaucoup travaillé.* **2.** Exercer un métier, une activité professionnelle : *Elle travaille depuis deux ans. Dans quelle branche travaillez-vous ? Personne ne travaillera ce jour-là* (CONTR. chômer). **3.** Fonctionner activement : *Dans cet exercice, tous les muscles du corps travaillent. Son esprit travaille* (SYN. s'activer). **4.** Agir de manière à produire un effet, un résultat : *Travailler à perdre qqn. Le temps travaille pour nous.* **5.** Produire un revenu : *Placées ainsi, ses économies travaillent* (SYN. rapporter ; CONTR. dormir). **6.** Subir un effet qui entraîne certaines modifications : *Le vin nouveau travaille* (SYN. fermenter). **7.** Se déformer sous l'effet de la chaleur, de l'humidité : *La porte a travaillé* (SYN. gauchir). ◆ v.t. **1.** Soumettre qqch à une action : *Travailler le bois, le fer.* **2.** Chercher à perfectionner : *Travailler son anglais* (SYN. étudier). *Ce chanteur travaille sa voix* (SYN. cultiver, exercer). **3.** S'efforcer d'influencer qqn : *Il travaille les investisseurs pour obtenir des crédits.* **4.** Préoccuper vivement : *Cette question travaille tous les spécialistes* (SYN. hanter, inquiéter, poursuivre).

travailleur, euse n. et adj. **1.** Personne qui exerce un travail rémunéré, salarié : *Les travailleuses de l'industrie. Des travailleurs à domicile.* **2.** Personne qui aime le travail : *Une travailleuse acharnée* (CONTR. fainéant, paresseux). ▸ ***Travailleur social*** → **social.**

travailleuse n.f. Petit meuble à compartiments pour ranger les accessoires de couture.

travaillisme n.m. Mouvement politique anglais inspiré des doctrines socialistes.

travailliste adj. et n. Relatif au travaillisme, au parti qui en est issu ; qui est membre ou sympathisant de ce parti.

travée n.f. (de l'anc. fr. *trev,* poutre). **1.** Rangée de bancs : *Ils circulent entre les travées de l'assemblée.* **2.** Espace compris entre deux points d'appui principaux d'une construction : *Une travée de pont* (= comprise entre deux piles).

traveller's cheque ou **traveller's check** [travlœrstʃɛk] n.m. (mot angl.) [pl. *traveller's cheques, traveller's checks*]. Chèque de voyage.

travelling [travliŋ] n.m. (mot angl. signif. « fait de voyager »). Déplacement d'une caméra de cinéma sur un chariot roulant sur des rails ; dispositif permettant ce mouvement.

travers [travɛr] n.m. (du lat. *transversus,* oblique, de *vertere,* tourner). Bizarrerie de l'esprit ou du caractère ; petit défaut : *Il a tous les travers du présentateur célèbre* (SYN. imperfection, manie ; CONTR. qualité). ▸ ***À travers qqch,*** en traversant qqch dans son étendue ou son épaisseur : *Voyager à travers le pays. Couper à travers champs* ; au cours de : *L'histoire de l'humanité à travers les siècles.* ***De travers,*** dans une position ou une direction anormale, inhabituelle : *Le tableau est de travers* (= il penche). *Avaler de travers* (= s'étrangler) ; de manière fausse, inexacte, incorrecte : *Il prend tout de travers* (= il s'irrite ou se choque). *Tout va de travers* (= mal). ***En travers de qqch,*** suivant la largeur : *Scier une planche en travers* ; dans une position transversale : *Un camion couché en travers de la route* (= perpendiculairement à). ***Passer à travers qqch, au travers de qqch,*** se frayer un passage entre des obstacles : *Les poissons sont passés à travers les mailles du filet* ; fig., éviter de subir qqch de fâcheux, de pénible : *Il est passé au travers de toutes les corvées.* ***Regarder de travers,*** regarder avec antipathie, hostilité. ***Se mettre en travers de qqch, de la route*** ou ***du chemin de qqn,*** s'y opposer, y faire obstacle. ***Travers de porc,*** extrémités des côtes du porc.

traversable adj. Qu'on peut traverser.

traversant, e adj. et n.m. En Suisse, se dit d'un appartement qui donne sur les deux faces opposées d'un bâtiment.

traverse n.f. **1.** Pièce d'appui posée perpendiculairement aux rails d'une voie ferrée, qu'elle soutient et dont elle maintient l'écartement. **2.** Pièce perpendiculaire aux éléments principaux d'une construction, et destinée à maintenir leur écartement : *La traverse* *d'une fenêtre.* **3.** Chemin étroit, plus direct que la route (on dit aussi *chemin de traverse*). **4.** Au Québec, action de traverser une étendue d'eau, un espace ; lieu où s'effectue cette traversée ; passage traversant une route, une voie ferrée.

traversée n.f. **1.** Action de traverser de bout en bout : *Prenez la rocade afin d'éviter la traversée de l'agglomération.* **2.** Action de traverser la mer, un cours d'eau : *Ils ont retenu une cabine pour la traversée.* ▸ ***Traversée du désert,*** éclipse dans la vie d'une personne célèbre : *Il a vécu une longue traversée du désert.*

traverser v.t. [conj. 3]. **1.** Passer d'un côté à l'autre : *Traverser la rue. Traverser la rivière sur le pont* (**SYN.** franchir). **2.** Passer à travers ; pénétrer : *La pluie a traversé mon manteau* (**SYN.** transpercer). **3.** Passer par ; vivre dans : *Nous avons traversé des moments difficiles.* ▸ ***Traverser l'esprit,*** se présenter à la pensée d'une façon inopinée ou fugitive.

traversier, ère adj. **1.** Qui constitue une traverse : *Une rue traversière.* **2.** Se dit d'une barque qui fait le va-et-vient entre deux points éloignés. ▸ ***Flûte traversière,*** que l'on tient parallèle à la bouche. ◆ **traversier** n.m. Au Québec, bac, ferry-boat.

traversin n.m. Coussin cylindrique qui occupe toute la largeur du lit.

travertin n.m. (it. *travertino*). Roche calcaire employée en construction.

travesti n.m. **1.** Costume pour se déguiser ; déguisement. **2.** Homosexuel travesti en femme.

travestir v.t. (it. *travestire,* de *vestire,* vêtir) [conj. 32]. **1.** Déguiser avec les vêtements d'un autre sexe, d'une autre condition ; costumer : *Travestir un homme en femme.* **2.** *Fig.* Transformer la nature ou le caractère de qqch en le rendant méconnaissable : *Travestir la pensée de qqn* (**SYN.** déformer, dénaturer). ◆ **se travestir** v.pr. Revêtir un déguisement : *Elle s'est travestie en reine* (**SYN.** se costumer, se déguiser).

travestisme ou **transvestisme** n.m. Adoption des vêtements et des habitudes sociales du sexe opposé ; éonisme.

travestissement n.m. **1.** Action ou manière de travestir qqn, de se travestir (**SYN.** déguisement). **2.** *Fig.* Action de transformer la nature de qqch : *Le travestissement de la vérité* (**SYN.** altération, déformation).

de **traviole** loc. adv. *Fam.* De travers.

trax n.m. En Suisse, pelle mécanique.

trayeuse [trɛjøz] n.f. Machine à traire.

trayon [trɛjɔ̃] n.m. Extrémité du pis des femelles laitières.

trébuchant, e adj. Qui hésite, est irrégulier : *Une démarche trébuchante* (**SYN.** chancelant). ▸ ***Espèces sonnantes et trébuchantes,*** argent liquide.

trébucher v.i. (de l'anc. fr. *tres,* au-delà, et *buc,* tronc [du corps]) [conj. 3]. **1.** Perdre l'équilibre en butant sur qqch : *Trébucher contre la bordure d'un trottoir* (**SYN.** buter). **2.** Être arrêté par une difficulté : *Il est si intimidé qu'il trébuche sur chaque mot de son discours* (**SYN.** achopper, buter).

trébuchet n.m. **1.** Piège pour les petits oiseaux. **2.** *Anc.* Petite balance de précision pour les pesées délicates.

tréfilage n.m. Opération destinée à diminuer le diamètre d'un fil métallique par traction.

tréfiler v.t. (du lat. *trans,* au-delà de, et de *fil*) [conj. 3]. Opérer le tréfilage de.

tréfilerie n.f. Usine de tréfilage.

tréfileur, euse n. Ouvrier d'une tréfilerie ; propriétaire d'une tréfilerie.

trèfle n.m. (gr. *triphullon,* de *treîs,* trois, et *phullon,* feuille). **1.** Plante herbacée, à feuilles composées de trois folioles et dont plusieurs espèces cultivées constituent d'excellents fourrages. **2.** Ornement architectural ayant la forme de la feuille de cette plante : *Des trèfles gothiques.* **3.** Une des couleurs noires du jeu de cartes : *La dame de trèfle.* ▸ ***Trèfle à quatre feuilles,*** feuille de trèfle présentant anormalement quatre folioles et qui est considérée, pour cette raison, comme un porte-bonheur.

tréflé, e adj. Qui a la forme d'un trèfle (**SYN.** trilobé).

tréflière n.f. Champ de trèfle.

tréfonds n.m. *Litt.* Ce qu'il y a de plus secret, de plus intime : *La peur s'infiltra jusqu'au tréfonds de son être.*

treillage [trɛjaʒ] n.m. Assemblage de lattes en treillis ; clôture à claire-voie : *Le treillage d'un court de tennis.*

treillager [trɛjaʒe] v.t. [conj. 17]. Garnir d'un treillage : *Treillager un jardin.*

treille [trɛj] n.f. (du lat. *trichila,* tonnelle). Vigne qui grimpe contre un mur, un treillage, un arbre : *Une treille de muscat.* ▸ *Litt.* ***Le jus de la treille,*** le vin.

① **treillis** [trɛji] n.m. (de *treille*). Ouvrage de métal ou de bois, imitant les mailles d'un filet, et qui sert de clôture : *Un treillis ferme le jardin.*

② **treillis** [trɛji] n.m. (lat. *trilicius,* de *trilix, trilicis,* tissé de trois fils). **1.** Grosse toile de chanvre : *Une veste en treillis.* **2.** Tenue de combat des militaires : *Des soldats en treillis patrouillent dans la ville.*

treillisser [trɛjise] v.t. [conj. 3]. Garnir de treillis : *Treillisser un potager.*

treize [trɛz] adj. num. card. inv. (lat. *tredecim*). **1.** Douze plus un : *Les treize joueuses de l'équipe. Les deux cent treize noms de la liste. Il est treize heures dix.* **2.** (En fonction d'ordinal). De rang numéro treize ; treizième : *Il n'y a pas de chambre treize dans cet hôtel. Louis* XIII (= le treizième roi à s'appeler Louis). ▸ ***Treize à la douzaine,*** treize objets donnés pour douze payés ; fig., fam., en grande quantité. ◆ n.m. inv. **1.** Le nombre qui suit douze dans la série des entiers naturels ; le chiffre représentant ce nombre : *Huit et cinq font treize.* **2.** Désigne selon les cas le jour, le numéro d'une chambre, etc. : *Elle reviendra le treize.*

treizième [trɛzjɛm] adj. num. ord. De rang numéro treize : *Le treizième site Internet consulté.* ◆ n. Personne, chose qui occupe le treizième rang : *Elle est la treizième de la file.* ◆ adj. et n.m. Qui correspond à la division d'un tout en treize parties égales : *La treizième partie de la distance est couverte. Acheter les deux treizièmes des actions.*

treizièmement [trɛzjɛmmɑ̃] adv. En treizième lieu.

treiziste n. Joueur de rugby à treize.

trekkeur, euse n. (angl. *trekker*). Personne qui pratique le trekking.

trekking [trɛkiŋ] ou **trek** n.m. (mot angl., de *to trek,* cheminer). Randonnée pédestre en haute montagne.

tréma n.m. (du gr. *trêma,* point). Signe constitué de deux points juxtaposés, que l'on met sur les voyelles **e, i, u** pour indiquer que la voyelle qui précède doit être prononcée séparément : *« Naïf » s'écrit avec un tréma sur l'i.*

trémail [tremaj] n.m. → **tramail.**

tremblaie n.f. Lieu planté de trembles.

tremblant, e adj. **1.** Qui tremble : *Il parlait d'une voix tremblante* (**SYN.** chevrotant ; **CONTR.** assuré, ferme). **2.** Saisi de frayeur : *Les rescapés tremblants apparurent à la porte* (**SYN.** épouvanté, terrifié).

tremblante n.f. ▸ ***Tremblante du mouton,*** encéphalopathie spongiforme ovine.

tremble n.m. (lat. *tremulus,* de *tremere,* trembler). Peuplier aux feuilles agitées par le moindre vent.

tremblé, e adj. **1.** Se dit d'une écriture tracée par une main tremblante : *Les dernières lignes sont tremblées.* **2.** Se dit de sons qui varient rapidement d'intensité.

tremblement n.m. **1.** Agitation de ce qui tremble : *Le tremblement des feuilles sous la brise* (**SYN.** frémissement). **2.** Agitation du corps par de petites secousses involontaires : *Il a été pris de tremblements* (**SYN.** frisson, frissonnement). ▸ *Fam.* ***Et tout le tremblement,*** et une quantité d'autres personnes, d'autres choses : *Il y avait le ministre, le député et tout le tremblement.* ***Tremblement de terre,*** séisme.

trembler v.i. (lat. *tremulare,* de *tremere,* trembler) [conj. 3]. **1.** Être agité de mouvements répétés de faible amplitude : *Les vitres tremblent au passage du train* (**SYN.** bouger, vibrer). *Ses jambes tremblent* (**SYN.** flageoler, vaciller). **2.** Avoir le corps agité de petits mouvements involontaires : *Trembler de froid, de fièvre* (**SYN.** frissonner, grelotter). *Il tremble comme une feuille* (= beaucoup). **3.** Être l'objet d'un séisme : *La terre a tremblé en Iran.* **4.** Éprouver une grande crainte, une vive émotion : *Je tremble pour elle, de la savoir seule* (= j'ai peur pour elle). *Il tremble de la voir partir* ou *qu'elle ne parte* (**SYN.** appréhender, redouter).

tremblotant, e adj. Qui tremblote : *L'image tremblotante d'un vieux téléviseur* (**SYN.** vacillant).

tremblote n.f. ▸ *Fam.* ***Avoir la tremblote,*** trembler de froid ou de peur.

tremblotement n.m. Léger tremblement : *Le tremblotement de la flamme de la bougie* (**SYN.** vacillement).

trembloter v.i. [conj. 3]. **1.** En parlant de qqn, trembler un peu : *Ses lèvres tremblotent, elle va pleurer.* **2.** Être soumis à de légères vibrations : *Les flammes tremblotent* (**SYN.** osciller, vaciller).

trémie n.f. (du lat. *trimodia,* vase contenant trois boisseaux, de *modius,* mesure, boisseau). Sorte de grand entonnoir à base carrée, qui sert au transvasement des produits en vrac que l'on veut stocker : *Une trémie à blé.*

trémière adj. f. (de *rose d'outre-mer*). ▸ ***Rose trémière,*** plante ornementale à grandes fleurs de couleurs variées (appelée aussi *une passerose* ou *une primerose*).

trémolo n.m. (de l'it. *tremolo,* tremblement de la voix, du lat. *tremere,* trembler). **1.** Répétition très rapide d'un même son avec un instrument à cordes frottées : *Les trémolos d'un violon.* **2.** Tremblement de la voix : *Il commentait les funérailles avec des trémolos dans la voix.*

trémoussement n.m. Action de se trémousser : *Le trémoussement des danseurs de disco.*

se **trémousser** v.pr. (de l'anc. fr. *tres,* au-delà, et de *3. mousse*) [conj. 3]. Bouger son corps en tous sens : *Ils se sont trémoussés pendant tout le concert* (**SYN.** se dandiner, remuer, se tortiller).

trempage n.m. Action de tremper qqch dans un liquide ; fait de tremper : *Le temps de trempage du linge sale.*

trempe n.f. **1.** Refroidissement rapide d'un produit qui permet d'obtenir une grande dureté : *La trempe de l'acier, du verre.* **2.** *Fig.* Fermeté morale, intellectuelle : *Une personne de cette trempe sera seule capable de redresser l'entreprise* (**SYN.** envergure, qualité, valeur). **3.** *Fam.* Volée de coups ; vigoureuse correction.

trempé, e adj. **1.** Qui est abondamment mouillé : *Une chemise trempée de sueur* (**SYN.** humide). *Elle est trempée comme une soupe* ou *jusqu'aux os* (= très mouillée). **2.** Se dit d'un produit qui a subi l'opération de la trempe : *De l'acier, du verre trempé.* ▸ ***Bien trempé,*** se dit d'un caractère ferme et énergique.

tremper v.t. (du lat. *temperare,* modérer, de *tempus, temporis,* temps, conjoncture) [conj. 3]. **1.** Plonger dans un liquide ; imbiber d'un liquide : *Tremper son doigt dans un désinfectant* (**SYN.** baigner, immerger). *Elle a trempé son mouchoir de larmes* (**SYN.** imprégner). **2.** Soumettre un produit à la trempe : *Tremper du fer.* **3.** Donner de la force d'âme, du caractère à : *Traverser de telles épreuves les a trempés* (**SYN.** affermir, aguerrir, endurcir). ◆ v.i. **1.** Demeurer quelque temps dans un liquide : *La vaisselle trempe dans l'évier.* **2.** Participer à une action condamnable : *Il a trempé dans un détournement de fonds.*

trempette n.f. Au Québec, sauce assaisonnée dans laquelle on trempe des crudités. ▸ *Fam.* ***Faire trempette,*** prendre un bain très court, ou dans une eau peu profonde.

tremplin n.m. (it. *trampolino,* de *trampolo,* échasse). **1.** Planche élastique sur laquelle un sauteur ou un plongeur prend son appel. **2.** Plan incliné servant à prendre son élan, au ski et au ski nautique. **3.** *Fig.* Ce dont on se sert pour arriver à un résultat : *Son passage à cette émission télévisée lui a servi de tremplin pour sa carrière littéraire.*

trémulation n.f. (du lat. *tremulare,* trembloter). En médecine, tremblement.

trémuler v.i. [conj. 3]. *Litt.* Être agité d'un tremblement.

trench-coat [trɛnʃkot] ou **trench** n.m. (mot angl. signif. « manteau de tranchée ») [pl. *trench-coats, trenchs*]. Imperméable croisé et ceinturé.

trentaine n.f. **1.** Groupe de trente ou d'environ trente unités : *Revenez dans une trentaine de minutes* (= dans environ une demi-heure). *Une trentaine de familles ont quitté leurs appartements.* **2.** Âge d'à peu près trente ans : *Elle a atteint la trentaine.*

trente adj. num. card. inv. (lat. *trinta,* de *triginta*). **1.** Trois fois dix : *Les trente invitées. Un délai de trente jours* (= un mois). **2.** (En fonction d'ordinal). De rang numéro trente ; trentième : *La page trente.* ◆ n.m. inv.

1. Le nombre qui suit vingt-neuf dans la série des entiers naturels : *Dix-sept plus treize égale trente.* **2.** Désigne selon les cas le jour, le numéro d'une chambre, d'un immeuble : *Nous habitons au trente.* ▸ *Fam.* ***Se mettre sur son trente et un,*** revêtir ses plus beaux vêtements.

trentenaire adj. Qui existe depuis trente ans : *Un tournoi trentenaire.* ◆ adj. et n. Qui a atteint trente ans.

trente-six [trɑ̃tsis] adj. num. card. inv. **1.** Trente plus six : *Cela vaut trente-six euros. Les trente-six journalistes présentes.* **2.** *Fam.* Indique une grande quantité : *Elle fait trente-six choses à la fois.* **3.** (En fonction d'ordinal). De rang numéro trente-six ; trente-sixième : *Au cours de l'été trente-six.* ◆ n.m. inv. **1.** Le nombre qui suit trente-cinq dans la série des entiers naturels : *Dix-huit fois deux égale trente-six.* **2.** Désigne selon les cas le numéro d'un immeuble, d'une chambre, d'une table : *Elle chausse du 36.* ▸ *Fam.* ***Tous les trente-six du mois,*** très rarement : *Nous nous voyons tous les trente-six du mois.*

trentième adj. num. ord. De rang numéro trente : *La trentième joueuse du monde.* ◆ n. Personne, chose qui occupe le trentième rang : *La trentième gagne un bon de réduction.* ◆ adj. et n.m. Qui correspond à la division d'un tout en trente parties égales : *La trentième partie d'un terrain. Un trentième des marchandises n'a pas été vendu.*

trépan n.m. (du gr. *trupanon,* tarière). **1.** Instrument chirurgical avec lequel on perce les os, la boîte crânienne. **2.** Outil servant au forage.

trépanation n.f. Opération chirurgicale consistant à pratiquer une ouverture dans la boîte crânienne, à l'aide du trépan, pour traiter une tumeur, un abcès.

trépaner v.t. [conj. 3]. Pratiquer la trépanation de.

trépas [trepa] n.m. *Litt.* Mort d'une personne (**SYN.** décès). ▸ ***Passer de vie à trépas,*** mourir.

trépassé, e n. *Litt.* Personne décédée.

trépasser v.i. (de l'anc. fr. *tres,* au-delà, et de *passer*) [conj. 3]. *Litt.* En parlant d'une personne, mourir : *Il a trépassé dans son lit* (**SYN.** décéder, s'éteindre). *Elle est trépassée la nuit dernière.*

trépidant, e adj. **1.** Qui est agité de trépidations, de secousses : *Une machine trépidante.* **2.** Qui se déroule à un rythme accéléré : *Une vie trépidante* (**SYN.** agité, fébrile).

trépidation n.f. Fait de trépider : *La trépidation d'une voiture sur les pavés* (**SYN.** vibration).

trépider v.i. (du lat. *trepidare,* s'agiter) [conj. 3]. Être agité de petites secousses rapides : *La maison trépide au passage des camions* (**SYN.** trembler, vibrer).

trépied n.m. (du lat. *tripes,* à trois pieds). Support ou siège à trois pieds : *Un séchoir sur trépied.*

trépignement n.m. Action de trépigner : *Des trépignements de colère.*

trépigner v.i. (de l'anc. fr. *treper,* frapper du pied, du germ.) [conj. 3]. Frapper vivement et nerveusement des pieds contre terre : *Elle trépigne de joie. Ils trépignaient d'impatience* (**SYN.** piaffer).

trépointe n.f. Bande de cuir souple servant de renfort dans une chaussure.

tréponème n.m. (du gr. *trepein,* tourner, et *nêma,* fil). Bactérie en forme de spirale, comme l'agent de la syphilis.

très [trɛ] adv. (du lat. *trans,* au-delà). Indique une intensité absolue : *Ils sont très prudents* (**SYN.** extrêmement, infiniment). *Une intervention très attendue. Cela arrive très souvent. Être très en avance. Avoir très froid* (**SYN.** intensément, terriblement). *Avoir très envie de dormir* (= avoir extrêmement sommeil). *Avoir très soif* (= une soif intense).

trésor n.m. (lat. *thesaurus,* du gr.). **1.** Amas d'or, d'argent, de choses précieuses mis en réserve : *Cette famille a amassé un trésor au fil des siècles* (**SYN.** richesse). **2.** Ensemble de biens, d'œuvres, de produits considérés comme des richesses : *Les trésors du musée municipal. Préservons les trésors de la mer.* **3.** Objet précieux, caché ou enfoui, découvert par hasard : *Des chercheurs de trésors.* **4.** (Avec une majuscule et précédé de l'art. déf.). Ensemble des services financiers de l'État (on dit aussi *le Trésor public*). **5.** Personne ou chose extrêmement utile, précieuse : *Cette employée est un trésor. La liberté est un trésor.* ▸ ***Un trésor de,*** une abondance précieuse de : *Il vous faudra un trésor de patience, d'indulgence.*

trésorerie n.f. **1.** Bureau, fonction d'un trésorier-payeur général. **2.** Ensemble des actifs liquides d'une entreprise. **3.** Argent dont une personne dispose : *Des difficultés de trésorerie* (= des ennuis financiers).

trésorier, ère n. Personne qui détient, comptabilise et gère les fonds d'une collectivité : *La trésorière de l'association.*

trésorier-payeur n.m. (pl. *trésoriers-payeurs*). ▸ ***Trésorier-payeur général,*** en France, chef des services comptables de l'État pour un département : *Des trésoriers-payeurs généraux.*

tressage n.m. Action, manière de tresser : *Le tressage de la paille. Un tressage serré.*

tressaillement [tresajmɑ̃] n.m. Fait de tressaillir : *Un tressaillement de surprise* (**SYN.** haut-le-corps, sursaut).

tressaillir [tresajir] v.i. [conj. 47]. Avoir un brusque mouvement du corps sous le coup d'une émotion : *Le moindre bruit le fait tressaillir* (**SYN.** sursauter, tressauter [litt.]). *Elle tressaille de joie.*

tressautement n.m. Fait de tressauter.

tressauter v.i. [conj. 3]. *Litt.* **1.** Avoir le corps secoué d'un mouvement violent sous l'effet d'une vive émotion : *La sonnerie du téléphone la fit tressauter* (**SYN.** sursauter, tressaillir). **2.** Être agité de secousses : *Les cahots de la route faisaient tressauter les bagages* (**SYN.** remuer, sauter).

tresse n.f. (du gr. *thrix, thrikhos,* poil). **1.** Longue mèche de cheveux divisée en trois et entrelacée (**SYN.** natte). **2.** Forme obtenue par entrelacement de brins, de fils, de rubans : *Faire une tresse avec de la laine.* **3.** En Suisse, pain blanc légèrement sucré, formé en tressant des cordons de pâte.

tresser v.t. [conj. 4]. **1.** Arranger en tresse : *Tresser de la paille pour faire des chapeaux.* **2.** Fabriquer en entrelaçant : *Tresser une corbeille.*

tréteau n.m. (du lat. *transtillum,* petite poutre). Pièce de bois fixée sur des pieds formant des V renversés et servant à soutenir une table, une estrade : *Une planche posée sur des tréteaux fait office de bureau.*

treuil [trœj] n.m. (du lat. *torculum*, pressoir, de *torquere*, tordre). Appareil formé d'un cylindre horizontal, sur lequel s'enroule une corde ou un câble, et qui sert à lever des fardeaux.

treuillage [trœjaʒ] n.m. Utilisation d'un treuil pour soulever des charges.

treuiller [trœje] v.t. [conj. 5]. Lever ou déplacer au moyen d'un treuil : *Treuiller une voiture tombée dans un canal.*

trêve n.f. (du frq.). **1.** Cessation temporaire de tout acte d'hostilité : *Les deux pays négocient une trêve* (**SYN.** cessez-le-feu). **2.** Temps d'arrêt dans qqch de difficile, de pénible : *Son travail ne lui laisse pas de trêve* (**SYN.** pause, répit). ▸ ***Sans trêve,*** sans s'arrêter : *Elle poursuit sans trêve ses recherches* (= sans répit). ***Trêve de,*** assez de, cessons cela : *Trêve de discussions, agissons !* ***Trêve des confiseurs,*** période de calme social et politique correspondant aux fêtes de fin d'année.

trévise n.f. (de *Trévise*, ville d'Italie). Chicorée rouge d'origine italienne, consommée comme salade.

tri n.m. Action de trier : *Le tri des déchets* (**SYN.** sélection). *Un centre de tri postal.*

triade n.f. (lat. *trias, triadis*). **1.** Groupe de trois personnes ou trois choses étroitement associées. **2.** Organisation mafieuse chinoise.

triage n.m. Action de trier, de répartir en choisissant : *Une gare de triage.*

trial [trijal] n.m. (mot angl.) [pl. *trials*]. Sport motocycliste sur tous terrains. ◆ n.f. Moto conçue pour le trial.

triandine n.f. En Suisse, fourche.

triangle n.m. (du lat. *tres*, trois, et *angulum*, angle). **1.** En géométrie, figure plane à trois côtés : *Des triangles équilatéraux.* **2.** Instrument de musique formé d'une tige d'acier recourbée en triangle, que l'on frappe avec une baguette d'acier.

triangulaire adj. **1.** Qui a la forme d'un triangle : *Un panneau triangulaire.* **2.** Dont la base ou la section a la forme d'un triangle : *Un prisme triangulaire.* **3.** Qui se fait entre trois personnes, trois groupes : *Une élection triangulaire* (= qui oppose trois candidats).

triangulation n.f. Partage d'une surface terrestre en un réseau de triangles, pour en dresser la carte.

trianguler v.t. [conj. 3]. Effectuer la triangulation de.

trias [trijas] n.m. (mot gr. signif. « groupe de trois »). En géologie, première période de l'ère secondaire.

triathlète [triatlɛt] n. Athlète spécialiste du triathlon.

triathlon [triatlɔ̃] n.m. Compétition sportive enchaînant des épreuves de natation, de course cycliste sur route et de course à pied.

tribal, e, aux ou **als** adj. Relatif à la tribu : *Une société tribale. Des guerres tribales.*

tribalisme n.m. Organisation sociale de type tribal.

triboélectricité n.f. (du gr. *tribein*, frotter). Électricité statique produite par frottement.

triboélectrique adj. Relatif à la triboélectricité.

tribord n.m. (de l'anc. néerl. *stierboord*, bord du gouvernail). Côté droit d'un navire, quand on regarde vers l'avant (par opp. à bâbord).

triboulet n.m. (de l'anc. fr. *triboler*, agiter). Tige de forme tronconique qui sert au bijoutier pour mesurer le diamètre des bagues.

tribu n.f. (du lat. *tribus*, division [du peuple romain]). **1.** Groupement de familles de même origine, vivant dans la même région ou se déplaçant ensemble, et ayant une même organisation sociale, les mêmes croyances religieuses et, souvent, une même langue (**SYN.** clan, ethnie, peuplade). **2.** *Fig., fam.* Groupe de personnes uni par des règles, des traditions, ou famille nombreuse : *Il a amené toute sa tribu.* ☞ **REM.** Ne pas confondre avec *tribut.*

tribulations n.f. pl. (lat. *tribulatio*, de *tribulare*, tourmenter). Suite d'aventures plus ou moins désagréables : *« Les Tribulations d'un Chinois en Chine », de Jules Verne* (**SYN.** difficulté, mésaventure).

tribun [tribœ̃] n.m. (lat. *tribunus*). Orateur populaire, à l'éloquence puissante et directe : *Jean Jaurès était un grand tribun.*

tribunal n.m. (mot lat. signif. « tribune », de *tribunus*, tribun) [pl. *tribunaux*]. **1.** Juridiction formée d'un ou de plusieurs magistrats : *Comparaître devant le tribunal. Le tribunal administratif.* **2.** Ensemble des magistrats qui composent une telle juridiction : *Le tribunal se prononcera demain* (**SYN.** cour, parquet). **3.** Lieu où siègent les magistrats : *Ils attendent devant le tribunal.* **4.** *Fig., litt.* Ce que l'on considère comme jouant le rôle d'un juge : *Le tribunal de l'histoire.*

tribune n.f. (lat. *tribunal*). **1.** Emplacement surélevé d'où un orateur s'adresse à une assemblée : *Tous les élus de la région sont sur la tribune* (**SYN.** estrade). **2.** (Souvent pl.). Gradins, d'où l'on regarde une course de chevaux, une manifestation sportive : *Le journaliste se trouve dans les tribunes du stade.* **3.** Galerie surélevée réservée à certaines personnes dans une grande salle, un édifice cultuel : *Une tribune permet aux invités d'assister aux débats.* ▸ ***Tribune libre,*** rubrique de journal, émission de radio ou de télévision où une personnalité expose son opinion en n'engageant que sa responsabilité.

tribunitien, enne adj. ▸ ***Fonction tribunitienne,*** en sociologie, rôle de certains partis ou syndicats qui se donnent comme objectif la défense des catégories défavorisées.

tribut n.m. (du lat. *tributum*, impôt, de *tribuere*, répartir entre les tribus). **1.** Redevance imposée jadis par un État vainqueur au vaincu. **2.** *Sout.* Dommage, sacrifice, perte subie du fait de qqch ou pour qqch : *La faune et la flore paient un lourd tribut à la pollution.* ☞ **REM.** Ne pas confondre avec *tribu.*

tributaire adj. Qui est dépendant de : *Les recettes publicitaires sont tributaires du nombre de lecteurs.*

tricennal, e, aux adj. *Didact.* Qui dure trente ans.

tricentenaire adj. Qui a atteint trois cents ans : *Des édifices tricentenaires.* ◆ n.m. Anniversaire d'un événement qui a eu lieu trois cents ans auparavant.

tricéphale adj. (du gr. *kephalê*, tête). Qui a trois têtes : *Un monstre tricéphale.*

triceps [trisɛps] n.m. et adj. (mot lat. signif. « qui a trois têtes, triple »). Muscle qui se divise en trois à l'une de ses extrémités.

triche n.f. *Fam.* Fait de tricher : *Vous avez regardé mon jeu, c'est de la triche* (**SYN.** tricherie).

tricher v.i. (du lat. *tricari*, chicaner) [conj. 3]. **1.** Enfreindre les règles d'un jeu pour gagner : *Tricher au poker.* **2.** Enfreindre certaines conventions : *Tricher à un examen.* ◆ v.t. ind. **[sur]. 1.** Mentir sur la valeur, la qualité de qqch : *Tricher sur son âge* (**SYN.** tromper). *Tricher sur la composition d'un produit* (**SYN.** frauder). **2.** Dissimuler un défaut par un artifice : *En trichant sur les chiffres, ils ont obtenu la subvention.*

tricherie n.f. **1.** Action de tricher dans un jeu. **2.** Tromperie quelconque ; abus de confiance : *La tricherie réside dans l'emploi de contrefaçons* (**SYN.** fraude, supercherie).

tricheur, euse adj. et n. Qui triche au jeu.

trichine [trikin] n.f. (du gr. *thrix, trikhos*, poil, cheveu). Ver parasite, vivant à l'état adulte dans l'intestin de l'homme et du porc, et à l'état larvaire dans leurs muscles.

trichinose [trikinoz] n.f. Infection grave provoquée par la trichine.

trichloréthylène [triklɔretilɛn] n.m. Liquide ininflammable employé comme solvant.

trichomonas [trikomɔnas] n.m. (du gr. *thrix, trikhos*, cheveu, et *monas*, seul). Parasite vaginal et intestinal de l'espèce humaine et de divers animaux.

trichrome [trikrom] adj. Se dit d'une image obtenue par trichromie.

trichromie [trikromi] n.f. (du gr. *khrôma*, couleur). Impression d'un livre en couleurs, à l'aide des trois couleurs primaires, le bleu, le jaune et le rouge.

tricolore adj. **1.** Qui a trois couleurs : *Une affiche tricolore.* **2.** Qui comporte les trois couleurs bleu, blanc et rouge, emblème de la nation française : *La voiture du ministre a une cocarde tricolore.* ▸ ***Feu tricolore*** → **1. feu.** ◆ adj. et n. Qui porte les couleurs de la France : *Le maillot tricolore* (= celui de l'équipe de France). *Les tricolores ont marqué deux buts.*

tricorne n.m. (du lat. *tricornis*, à trois cornes). Chapeau à bords repliés en trois cornes.

tricot n.m. **1.** Étoffe à mailles tricotées : *Des gants en tricot.* **2.** Article vestimentaire fait avec cette étoffe : *Mettez un tricot, il fait froid* (**SYN.** chandail, gilet, pull). **3.** Action de tricoter ; ouvrage ainsi réalisé : *Faire du tricot.*

tricotage n.m. Action, manière de tricoter : *Du tricotage industriel. Un tricotage serré.*

tricoter v.t. (de l'anc. v. *tricoter*, danser, sauter, de *tricot*, gourdin, dimin. de *trique*) [conj. 3]. **1.** Entrelacer un fil textile pour faire des mailles qui forment un tissu : *Tricoter une écharpe.* **2.** *Fig., fam.* Préparer minutieusement et en mettant en forme : *Le ministre tricote sa réforme dans le plus grand secret* (**SYN.** élaborer). ◆ v.i. **1.** Réaliser des ouvrages au tricot : *Tricoter aux aiguilles, au crochet.* **2.** *Fam.* Remuer vivement les jambes pour courir, danser, pédaler. ▸ ***Machine à tricoter***, machine permettant d'exécuter un tricot ; tricoteuse.

tricoteur, euse n. Personne qui tricote.

tricoteuse n.f. Machine à tricoter.

trictrac n.m. (onomat.). Jeu qui se joue sur un tableau à deux compartiments et qui est l'ancêtre du jacquet.

tricycle n.m. Vélo d'enfant ou petit véhicule à moteur à trois roues, dont deux à l'arrière.

trident n.m. (du lat. *tridens, tridentis*, à trois dents). Fourche à trois pointes servant à harponner les poissons : *Le trident était l'attribut du dieu romain Neptune.*

tridi n.m. (du lat. *tres*, trois, et *dies*, jour). Dans le calendrier républicain, troisième jour de la décade.

tridimensionnel, elle adj. Qui comporte trois dimensions : *La représentation tridimensionnelle d'un objet* (= sa représentation en 3D).

trièdre adj. et n.m. En géométrie, qui a trois faces : *Un prisme trièdre.*

triennal, e, aux [trijenal, o] adj. (bas lat. *triennalis*, de *annus*, année). Qui dure trois ans ; qui revient tous les trois ans ; trisannuel : *Le mandat du secrétaire est triennal. Une cérémonie triennale.*

trier v.t. (du lat. *tritare*, broyer) [conj. 10]. **1.** Choisir parmi plusieurs certains éléments, en ne gardant que ce qui convient : *Nous avons trié des photos pour les faire agrandir* (**SYN.** sélectionner). **2.** Répartir des objets suivant certains critères ; classer : *Trier des fruits selon leur grosseur. Trier le linge sale, les emballages.*

trière ou **trirème** n.f. (gr. *triêrês*). Dans l'Antiquité grecque, navire de guerre à trois rangs de rameurs superposés.

trieur, euse n. Personne affectée à des opérations de tri, de triage.

trifoliolé, e ou **trifolié, e** adj. En botanique, se dit d'une feuille composée de trois folioles ; tréflé : *La feuille trifoliolée du trèfle.*

triforium [trifɔrjɔm] n.m. (mot angl., du lat.). Dans une église, étroite galerie ouverte par une suite de baies sur la nef ou le chœur.

trifouiller v.i. [conj. 3]. *Fam.* Fouiller en créant du désordre : *Les enfants ont trifouillé dans l'armoire.*

triglycéride n.m. Lipide présent dans la cellule adipeuse et dans le sang.

trigone [trigon] adj. et n.m. (du gr. *trigônos*, à trois angles). Qui présente trois angles.

trigonométrie n.f. (du gr. *trigônon*, triangle). Branche des mathématiques qui permet de calculer les mesures des côtés ou des angles des triangles.

trigonométrique adj. Relatif à la trigonométrie.

trigramme n.m. **1.** Mot de trois lettres. **2.** Sigle constitué de trois caractères réunis.

trijumeau n.m. Nerf crânien qui se divise en trois branches (le nerf ophtalmique et les nerfs maxillaires).

trilatéral, e, aux adj. Qui a trois côtés.

trilingue adj. et n. (du lat. *lingua*, langue). Qui parle trois langues : *Une traductrice trilingue.* ◆ adj. Qui est écrit en trois langues : *Des panneaux routiers trilingues.*

trille [trij] n.m. (it. *trillo*, tremblement). En musique, battement rapide d'une note avec la note conjointe supérieure : *Un trille harmonieux.*

triller [trije] v.i. [conj. 3]. Exécuter un trille.

trillion [triljɔ̃] n.m. Un million de billions.

trilobé, e adj. Qui a trois lobes ; qui est en forme de trèfle : *Une feuille trilobée* (**SYN.** tréflé, trifoliolé).

trilogie n.f. (du gr. *logos*, discours). Série de trois œuvres dont les sujets sont liés : *La trilogie cinématographique « Trois Couleurs » de Krzysztof Kieślowski.*

trimaran n.m. (d'après *catamaran*). Voilier comportant trois coques parallèles.

trimardeur n.m. (de *trimard*, route, de *trimer*). *Arg., vx* Ouvrier qui allait de ville en ville pour chercher du travail.

trimbaler ou **trimballer** v.t. (de l'anc. fr. *tribaler*, remuer, du lat. *tribulare*, tourmenter) [conj. 3]. *Fam.* Traîner partout avec soi : *J'ai trimbalé toute cette documentation pour rien.* ◆ **se trimbaler** v.pr. *Fam.* Se déplacer, aller et venir : *Elle s'est trimbalée à vélo dans toute la ville.*

trimer v.i. [conj. 3]. *Fam.* Travailler dur ; se donner beaucoup de peine.

trimestre n.m. (lat. *trimestris*). **1.** Période de trois mois : *Le voyage se fera au cours du deuxième trimestre de l'année prochaine.* **2.** Somme payée ou reçue à la fin d'une telle période : *Toucher son trimestre de pension.* **3.** Chacune des trois divisions de l'année scolaire française, de septembre à juillet, délimitée par des vacances : *Le deuxième trimestre s'achève aux vacances de Pâques.*

trimestriel, elle adj. **1.** Qui dure trois mois : *Des conférences trimestrielles.* **2.** Qui revient, se produit tous les trois mois : *Des réunions trimestrielles.* ◆ **trimestriel** n.m. Périodique qui paraît tous les trimestres.

trimestriellement adv. Par trimestre ; tous les trois mois : *Des intérêts versés trimestriellement.*

trimoteur adj. m. et n.m. Se dit d'un avion qui possède trois moteurs.

tringle n.f. (du moyen néerl. *tingel*, cale de bois). Barre métallique servant à suspendre un rideau, une draperie.

trinitaire adj. Dans la religion chrétienne, relatif à la Trinité.

trinité n.f. (du lat. *trinitas*, de *trinus*, triple). **1.** (Avec une majuscule et précédé de l'art. déf.). Dans la religion chrétienne, union de trois personnes (le Père, le Fils et le Saint-Esprit) ne formant qu'un seul Dieu ; fête commémorant ce mystère. **2.** *Litt.* Réunion de trois éléments formant un tout : *La trinité des pouvoirs exécutif, législatif et judiciaire.*

trinitrine n.f. Solution médicale contenant de la nitroglycérine, utilisée dans le traitement de l'angine de poitrine.

trinitrotoluène n.m. Explosif particulièrement puissant, tiré du toluène (abrév. T.N.T.).

trinôme n.m. (du gr. *nomos*, part, division). En algèbre, somme formée de trois termes.

trinquer v.i. (de l'all. *trinken*, boire) [conj. 3]. **1.** Choquer légèrement son verre contre celui d'une personne avant de boire : *Trinquons à sa santé ! Trinquer avec ses collaborateurs.* **2.** *Fam.* Subir un dommage, un désagrément : *J'ai trinqué quand on m'a arraché cette dent* (= j'ai souffert).

trinquet n.m. (mot dialect.). Salle aménagée pour jouer à la pelote basque.

trio [trijo] n.m. (mot it., de *tre*, trois). **1.** Composition musicale à trois parties : *Un trio pour piano, violon et violoncelle.* **2.** Ensemble vocal ou instrumental de trois exécutants. **3.** Groupe de trois personnes : *Le trio qui mène la course.*

triode [trijɔd] n.f. (d'apr. *diode*). Tube électronique à trois électrodes.

triolet n.m. Groupe de trois notes de musique à exécuter dans le même temps que deux notes de même figure.

triomphal, e, aux adj. **1.** Qui constitue une réussite éclatante : *Une réélection triomphale* (**SYN.** brillant). **2.** Qui se fait avec éclat : *Réserver un accueil triomphal à un chanteur* (**SYN.** chaleureux, enthousiaste ; **CONTR.** 1. froid, glacial).

triomphalement adv. **1.** Avec les acclamations qui marquent un triomphe : *Les habitants les ont accueillies triomphalement.* **2.** Avec un air triomphant : *Il nous a montré triomphalement son nouvel ordinateur* (**SYN.** fièrement ; **CONTR.** modestement).

triomphalisme n.m. Attitude de confiance absolue ou excessive en sa propre réussite : *Leur découverte est importante, mais ces chercheurs se gardent de tout triomphalisme* (**SYN.** orgueil, ostentation).

triomphaliste adj. et n. Qui fait preuve de triomphalisme.

triomphant, e adj. **1.** Qui a vaincu tous les obstacles : *Des investisseurs triomphants* (**SYN.** victorieux ; **CONTR.** perdant). **2.** Qui marque la joie et la fierté : *Son adversaire triomphant a commenté les résultats* (**SYN.** radieux, rayonnant ; **CONTR.** déconfit, défait).

triomphateur, trice n. et adj. Personne qui triomphe, qui a obtenu un succès complet : *L'équipe est revenue en triomphatrice* (**SYN.** vainqueur).

triomphe n.m. (du lat. *triumphus*, victoire). **1.** Victoire éclatante : *Ce parti a remporté un triomphe aux élections* (**CONTR.** défaite, échec). **2.** Succès décisif ou éclatant : *Le triomphe d'Internet comme outil de communication* (**SYN.** consécration, réussite). **3.** Joie extrême de celui qui a gagné : *Une lueur de triomphe dans les yeux. Son triomphe a été de courte durée* (**SYN.** exaltation). ▸ ***Faire un triomphe à qqn,*** lui faire une ovation. ***Porter qqn en triomphe,*** le porter en le hissant au-dessus des autres pour lui faire honneur.

triompher v.i. [conj. 3]. **1.** Remporter une victoire, un succès : *Cette équipe a triomphé dans le tournoi* (**SYN.** gagner, vaincre ; **CONTR.** perdre). **2.** Manifester sa joie, sa fierté d'avoir obtenu un succès : *La députée triomphait en lisant les résultats* (**SYN.** exulter, jubiler). **3.** S'imposer de façon définitive ou éclatante : *Notre cause a triomphé* (**SYN.** prévaloir, 2. primer). ◆ v.t. ind. **[de].** Remporter un avantage, l'emporter sur : *Elle a triomphé de ses concurrents* (**SYN.** battre, vaincre). *Triompher des pires difficultés, de son handicap* (**SYN.** surmonter).

trip [trip] n.m. (mot anglo-amér. signif. « voyage »). Dans le langage des toxicomanes, état hallucinatoire dû à la prise d'une drogue.

triparti, e ou **tripartite** adj. Qui est divisé en trois parties : *Les feuilles de cet arbre sont triparties.*

tripartisme n.m. Système de gouvernement tripartite.

tripartite adj. **1.** Qui est divisé en trois parties (**SYN.** triparti). **2.** Qui est constitué par l'association de trois partis : *Un gouvernement tripartite.* **3.** Qui est réalisé entre trois partenaires : *Un accord tripartite.* ◆ n.f. En Belgique, coalition gouvernementale formée de trois partis.

tripartition n.f. Action de diviser une quantité en trois parties égales.

tripatouillage [tripatujaʒ] n.m. *Fam.* **1.** Action de tripoter. **2.** Action de falsifier, de trafiquer : *Des tripatouillages financiers* (**SYN.** fraude, manœuvre).

tripatouiller [tripatuje] v.t. (de *tripoter* et *patouiller,* patauger) [conj. 3]. *Fam.* **1.** Tripoter avec insistance ou maladresse : *Il n'arrête pas de tripatouiller la télécommande* (**SYN.** manipuler). **2.** Modifier dans une intention malhonnête, frauduleuse : *Tripatouiller les listes électorales* (**SYN.** falsifier, trafiquer, truquer).

tripe n.f. (it. *trippa*). **1.** Boyau d'un animal de boucherie. **2.** (Souvent pl.). *Fig., fam.* Le siège des sentiments, des convictions : *Ces images l'ont pris aux tripes* (= l'ont bouleversé). *Elle chante avec ses tripes.* ◆ **tripes** n.f. pl. Mets constitué par l'estomac et les entrailles d'animaux de boucherie, diversement accommodés.

triperie n.f. Commerce du tripier.

tripette n.f. ▸ *Fam.* ***Ça ne vaut pas tripette,*** cela ne vaut rien.

triphasé, e adj. Se dit d'un système de trois courants électriques alternatifs décalés entre eux.

tripier, ère n. Personne qui vend des tripes, des abats.

triplace adj. Qui a trois places.

triple adj. (lat. *triplus,* de *tres,* trois). **1.** Qui comporte trois éléments identiques ou analogues : *Un triple saut. Une triple fracture. Un formulaire à remplir en triple exemplaire.* **2.** Qui est trois fois plus grand : *Pour ce gâteau, il vous faudra une triple quantité de farine.* **3.** *Fam.* Indique un degré élevé : *Triple idiot !* ◆ n.m. Valeur, quantité triple : *Douze est le triple de quatre. Sa voiture vaut le triple de la nôtre.*

triplé n.m. Triple succès d'un sportif, d'une équipe.

① **triplement** adv. De trois manières ; à un triple titre : *Je suis triplement concernée.*

② **triplement** n.m. Action, fait de tripler : *Le triplement des patrouilles.*

tripler v.t. [conj. 3]. Multiplier par trois : *Tripler les effectifs.* ◆ v.i. Être multiplié par trois : *Le nombre d'abonnés a triplé en un an.*

triplés, ées n. pl. Trois enfants nés d'une même grossesse.

triplet [triplɛ] n.m. Ensemble ordonné de trois éléments : *Un triplet de nombres entiers.*

triplette n.f. **1.** À la pétanque, équipe de trois joueurs. **2.** Bicyclette à trois selles, trois guidons et trois pédaliers, pour trois personnes.

① **Triplex** [triplɛks] n.m. (nom déposé). Verre de sécurité.

② **triplex** [triplɛks] n.m. (mot lat. signif. « triple »). Appartement sur trois niveaux.

triplicata n.m. (mot lat.) [pl. *triplicatas* ou inv.]. Troisième exemplaire d'un manuscrit.

triporteur n.m. Cycle à trois roues, muni d'une caisse à l'avant pour porter des marchandises.

tripot n.m. (de l'anc. fr. *triper,* sauter). *Péjor.* Maison de jeu : *Un tripot clandestin.*

tripotage n.m. *Fam.* **1.** Action de tripoter, de toucher sans cesse. **2.** Opération plus ou moins louche ou malhonnête : *Des tripotages dans les statistiques* (**SYN.** manipulation).

tripotée n.f. *Fam.* **1.** Volée de coups (**SYN.** correction). **2.** Grande quantité : *J'ai une tripotée de questions à vous poser.*

tripoter v.t. (de *tripot*) [conj. 3]. *Fam.* **1.** Toucher sans cesse, avec peu de soin : *Tripoter son stylo en parlant.* **2.** Caresser qqn indiscrètement, avec insistance. ◆ v.i. *Fam.* Faire des opérations malhonnêtes : *Il a tripoté avec des gens assez louches* (**SYN.** manigancer, trafiquer).

tripous ou **tripoux** n.m. pl. (mot dialect.). Plat auvergnat composé de tripes de mouton roulées en petits paquets et mijotées en sauce.

triptyque [triptik] n.m. (du gr. *ptuks, ptukhos,* pli). **1.** Œuvre peinte ou sculptée en trois panneaux, dont les deux extérieurs se replient sur celui du milieu. **2.** Œuvre littéraire, musicale en trois parties.

trique n.f. (du frq.). *Fam.* Gros bâton utilisé pour frapper (**SYN.** gourdin, matraque).

trirème n.f. → **trière.**

trisaïeul, e [trizajœl] n. (pl. *trisaïeuls, trisaïeules*). Le père, la mère d'un des arrière-grands-parents.

trisannuel, elle [trizanɥɛl] adj. Qui a lieu tous les trois ans ; qui dure trois ans ; triennal : *Des fêtes trisannuelles. Une plante trisannuelle.*

trisection [trisɛksjɔ̃] n.f. Division en trois parties égales.

triskèle n.m. (du gr. *triskelês,* à trois jambes). Motif décoratif celtique fait de trois branches recourbées.

trisomie [trizɔmi] n.f. (du gr. *sôma,* corps). Anomalie génétique caractérisée par la présence d'un chromosome en surnombre dans une paire. ▸ ***Trisomie 21,*** mongolisme [vieilli].

trisomique [trizɔmik] adj. et n. Qui est atteint de trisomie 21 (**SYN.** mongolien [vieilli]).

① **trisser** v.t. (d'après *bisser*) [conj. 3]. Faire dire, jouer une troisième fois de suite : *Trisser un morceau de musique.*

② **trisser** v.i. (lat. *trissare*) [conj. 3]. En parlant de l'hirondelle, pousser son cri.

triste adj. (du lat. *tristis,* funeste, sombre). **1.** Qui éprouve du chagrin : *Il est triste de les voir partir* (**SYN.** affligé, malheureux ; **CONTR.** heureux, joyeux). **2.** Qui est enclin à la mélancolie ; qui dénote la tristesse : *Des gens tristes* (**SYN.** maussade, morose ; **CONTR.** radieux). *Ces enfants ont un regard triste* (**SYN.** lugubre ; **CONTR.** enjoué). **3.** Qui afflige, chagrine : *Une triste nouvelle* (**SYN.** attristant, consternant ; **CONTR.** réconfortant, réjouissant). *Un film triste* (**SYN.** dramatique, tragique). **4.** Qui est obscur, sombre, sans éclat : *Des couleurs tristes* (**SYN.** austère ; **CONTR.** chaud, lumineux). **5.** (Avant le nom). Qui, par sa médiocrité ou sa bassesse, suscite le mépris : *C'est un triste personnage* (**SYN.** misérable, vil ; **CONTR.** honorable). **6.** (Avant le nom). Dont la mauvaise qualité a qqch d'affligeant : *Sa voiture est dans un triste état* (**SYN.** lamentable, pitoyable). *Une triste période de notre histoire* (**SYN.** affligeant, déplorable).

tristement adv. **1.** Avec tristesse : *Elle se souvenait tristement de ces jours heureux* (**SYN.** mélancoliquement). **2.** D'une façon qui incite à la tristesse : *Leur histoire a fini tristement.* **3.** De façon affligeante, lamentable : *Des atrocités tristement authentiques.*

tristesse n.f. **1.** État de chagrin, de mélancolie : *La tristesse se lisait sur son visage* (**SYN.** abattement, affliction [sout.] ; **CONTR.** gaieté, joie). *Elle le regarde avec tristesse* (**CONTR.** allégresse). **2.** Caractère d'une chose qui rend triste, mélancolique : *La tristesse de ces villages dévastés par la guerre.*

tristounet, ette adj. *Fam.* Qui est un peu triste.

trisyllabe [trisilab] adj. et n.m. ou **trisyllabique** [trisilabik] adj. Se dit d'un mot, d'un vers de trois syllabes.

trithérapie n.f. Emploi simultané de trois médicaments ou de trois techniques thérapeutiques, partic. dans le traitement du sida.

triton n.m. (de *Triton,* dieu marin, fils de Neptune). Petit amphibien vivant dans les mares et les étangs.

trituration n.f. Action de triturer.

triturer v.t. (du lat. *triturare,* broyer) [conj. 3]. **1.** Réduire qqch en parties très menues : *Les dents triturent les aliments* (**SYN.** broyer). **2.** Manier en tordant dans tous les sens : *Elle triture son collier par nervosité* (**SYN.** tortiller). ◆ **se triturer** v.pr. ▸ *Fam.* ***Se triturer la cervelle,*** se creuser la tête, mais sans succès, pour trouver la solution à une difficulté.

triumvirat [trijɔmvira] n.m. (du lat. *tres,* trois, et *vir,* homme). Association de trois hommes qui exercent ensemble un pouvoir, une influence : *Un triumvirat d'investisseurs* (**SYN.** triade, trio, troïka).

trivial, e, aux adj. (lat. *trivialis,* de *trivium,* carrefour, de *tres,* trois, et *via,* voie). **1.** Qui est d'un caractère grossier et malséant : *Une expression triviale* (**SYN.** vulgaire ; **CONTR.** soigné, soutenu). **2.** *Litt.* Qui, à force d'être vu ou entendu, est devenu extrêmement commun, banal : *Il faut pourtant soulever cette question triviale* (**SYN.** rebattu, usé ; **CONTR.** original, surprenant).

trivialement adv. De façon triviale : *Plaisanter trivialement* (**SYN.** grossièrement, vulgairement).

trivialité n.f. **1.** Caractère de ce qui est malséant, choquant ; grossièreté : *Un langage d'une trivialité gênante* (**SYN.** obscénité, vulgarité). **2.** Caractère de ce qui est trop connu, sans intérêt : *La trivialité d'un commentaire politique* (**SYN.** banalité, platitude ; **CONTR.** nouveauté, originalité).

troc [trɔk] n.m. **1.** Échange direct d'un objet contre un autre : *À l'école, les enfants font beaucoup de troc.* **2.** Système économique n'employant pas la monnaie : *Une économie de troc* (= où l'on échange une marchandise contre une autre).

trocart n.m. (de *trois-quarts*). Instrument chirurgical en forme de poinçon et servant à faire des ponctions.

trochanter [trɔkɑ̃tɛr] n.m. (du gr. *trokhân,* courir). Chacun des deux renflements que présente le fémur.

trochiter [trɔkitɛr] n.m. (de *trochanter*). Renflement de l'extrémité supérieure de l'humérus.

troène [trɔɛn] n.m. (du frq. *trugil* et de *frêne*). Arbuste à fleurs blanches, à baies noires toxiques, cultivé pour former des haies : *Tailler les troènes.*

troglodyte n.m. (du gr. *trôglodutês,* qui habite dans les trous). **1.** Personne qui habite une grotte ou une demeure creusée dans la roche. **2.** Passereau insectivore, nichant dans les trous des murs et des arbres, dans les buissons.

troglodytique adj. Relatif aux troglodytes : *Des maisons troglodytiques.*

trogne n.f. (du gaul.). *Fam.* Visage rougeaud et rond.

① **trognon** n.m. (de l'anc. fr. *estroigner,* élaguer). Cœur d'un fruit ou d'un légume, dépouillé de la partie comestible : *Un trognon de pomme, de chou.* ▸ *Fam.* ***Jusqu'au trognon,*** totalement ; jusqu'au bout : *Il s'est fait avoir jusqu'au trognon* (= il a été complètement abusé).

② **trognon** adj. inv. en genre. *Fam.* Qui est petit et charmant : *Elles sont vraiment trognons dans leurs costumes* (**SYN.** joli, mignon).

troïka [trɔika] n.f. (mot russe). **1.** En Russie, traîneau tiré par trois chevaux attelés de front. **2.** Groupe de trois dirigeants, de trois leaders : *La troïka qui dirige le conseil d'administration* (**SYN.** triade, triumvirat). ▸ ***La troïka européenne,*** le président en exercice du Conseil des ministres de l'Union européenne, celui qui l'a précédé et celui qui lui succédera.

trois [trwa] adj. num. card. inv. (lat. *tres*). **1.** Deux plus un : *« Les Trois Mousquetaires », roman d'Alexandre Dumas père. Une image en trois dimensions.* **2.** (En fonction d'ordinal). De rang numéro trois ; troisième : *Philippe III le Hardi. C'est indiqué dans l'article trois du règlement.* ▸ *Fam.* ***Trois francs six sous,*** très peu d'argent ; presque rien. ◆ n.m. inv. **1.** Le nombre qui suit deux dans la série des entiers naturels ; le chiffre représentant ce nombre : *Trois et deux font cinq. Le trois arabe.* **2.** Face d'un dé, carte à jouer marquée de trois points : *Le trois de cœur.* **3.** Désigne selon les cas le jour, le numéro d'une chambre, etc. : *Nous avons rendez-vous le trois* (= le trois de tel mois).

trois-étoiles [trwazetwal] loc. adj. et n.m. Sert à qualifier un hôtel ou un restaurant de qualité : *Descendre dans un hôtel trois-étoiles* ou *un trois-étoiles.*

trois-huit [trwaɥit] n.m. pl. Système de travail en continu que pratiquent trois équipes effectuant chacune huit heures : *Faire les trois-huit.*

troisième [trwazjɛm] adj. num. ord. De rang numéro trois : *La troisième République.* ◆ n. Personne, chose qui occupe le troisième rang : *Il est le troisième à poser cette question. Leur maison est la troisième après le carrefour.* ◆ n.f. **1.** En France, classe qui termine le premier cycle secondaire : *Elle était en troisième, elle passe en seconde.* **2.** Troisième vitesse d'un véhicule : *La troisième passe mal.*

troisièmement adv. En troisième lieu.

trois-mâts n.m. Navire à voiles à trois mâts.

trois-quarts n.m. **1.** Manteau court arrivant à mi-cuisse. **2.** Au rugby, joueur de la ligne d'attaque : *La ligne de trois-quarts. Un trois-quarts centre.*

troll [trɔl] n.m. (mot suéd.). Lutin du folklore scandinave, habitant les montagnes ou les forêts.

trolley [trɔlɛ] n.m. (mot angl., de *to troll,* rouler). **1.** Perche qui assure, par un contact roulant ou glissant, la liaison électrique entre un conducteur aérien et un récepteur mobile : *Les trolleys des chemins de fer électriques.* **2.** *Fam.* Trolleybus.

trolleybus [trɔlɛbys] n.m. Véhicule de transport en commun, à traction électrique, assurée par un trolley (abrév. trolley).

trombe n.f. (it. *tromba,* trompette). Masse d'eau soulevée en colonne tourbillonnante par un vent violent (SYN. tornade). ▸ ***En trombe,*** de façon brusque : *Elle est entrée en trombe dans la salle* ; très rapidement : *La moto est passée en trombe* (= à toute vitesse). ***Trombe d'eau,*** pluie très violente et abondante (= cataracte, déluge).

trombidion n.m. (lat. scientif. *trombidium*). Petit acarien dont la larve, appelée *aoûtat,* pique l'homme.

trombine n.f. (it. *trombina,* petite trompette). *Fam.* Visage.

trombinoscope n.m. *Fam.* Document contenant le portrait des membres d'une assemblée, d'un comité.

tromblon n.m. (de l'it. *trombone,* grande trompette). *Anc.* Fusil court à canon évasé.

trombone n.m. (mot it. signif. « grande trompette », de *tromba,* trompette). **1.** Instrument à vent à embouchure, de la catégorie des cuivres : *Un trombone à pistons, à coulisse.* **2.** Tromboniste. **3.** Attache pour papiers formée d'un fil métallique replié sur lui-même.

tromboniste n. ou **trombone** n.m. Personne qui joue du trombone.

trompe n.f. (du frq.). **1.** Long prolongement du nez de l'éléphant ; partie buccale ou nasale en forme de tube chez d'autres mammifères ou chez certains insectes : *La trompe d'un tapir, d'un papillon.* **2.** *Anc.* Instrument de musique à vent, en cuivre, à l'origine de la trompette et du cor de chasse. ▸ ***Trompe de Fallope,*** conduit qui va de chaque ovaire à l'utérus chez la femme et chez les mammifères femelles. ***Trompe d'Eustache,*** canal de communication entre le pharynx et l'oreille.

trompe-la-mort n. inv. *Fam.* Personne qui a échappé à la mort comme par miracle.

trompe-l'œil n.m. inv. **1.** Peinture, motif qui donne à distance l'illusion de la réalité, du relief : *Des murs peints en trompe-l'œil.* **2.** *Fig.* Apparence flatteuse mais trompeuse ; façade : *Une démocratie en trompe-l'œil, sans liberté pour les citoyens.*

tromper v.t. [conj. 3]. **1.** Abuser de la confiance de qqn en usant de mensonge, de dissimulation : *Tromper les clients sur la qualité d'un produit* (SYN. escroquer, flouer). *Ils vous ont trompé, vous n'avez rien gagné* (SYN. berner, duper [litt.]). **2.** Être infidèle en amour : *Il la trompait depuis longtemps* (SYN. trahir). **3.** Échapper à qqn, à son attention : *Les enfants ont trompé l'aide-éducateur* (= ils lui ont donné le change). *Le prisonnier a trompé la vigilance de ses gardiens* (SYN. déjouer). **4.** Faire faire une erreur d'appréciation, de jugement : *Le tir a trompé le gardien de but* (SYN. égarer, leurrer). **5.** Ne pas répondre à un sentiment, à un espoir : *Tromper la confiance des électeurs* (SYN. décevoir). **6.** Calmer momentanément un besoin, une sensation : *Tromper la faim* (SYN. apaiser). *Ils essaient de tromper leur ennui.* ◆ **se tromper** v.pr. **1.** Commettre une erreur : *Ils se sont trompés dans leurs prévisions. Elle s'est trompée sur vous* (SYN. se méprendre). **2. [de].** Prendre une chose, une personne pour une autre : *Je me suis trompé de date* (SYN. confondre).

tromperie n.f. Action faite pour tromper : *La tromperie consistait à faire passer les copies pour des originaux* (SYN. escroquerie, fraude, supercherie).

trompeter [trɔ̃pete] v.i. [conj. 27]. En parlant de l'aigle, du cygne, pousser son cri. ◆ v.t. *Litt.* Faire connaître partout, à grand bruit : *Trompeter une nouvelle* (SYN. claironner, clamer).

trompette n.f. Instrument de musique à vent et à embouchure de la catégorie des cuivres : *Une trompette à pistons.* ▸ ***Nez en trompette,*** nez retroussé. ◆ n.m. Trompettiste : *L'un des trompettes de la fanfare.*

trompette-de-la-mort (pl. *trompettes-de-la-mort*) ou **trompette-des-morts** (pl. *trompettes-des-morts*) n.f. Champignon comestible en forme d'entonnoir, noir violacé.

trompettiste n. ou **trompette** n.m. Personne qui joue de la trompette : *Une trompettiste de jazz.*

trompeur, euse adj. et n. Qui trompe, qui induit en erreur : *Des promesses trompeuses* (SYN. fallacieux, mensonger ; CONTR. sincère). *Un calme trompeur* (SYN. apparent, illusoire ; CONTR. réel).

trompeusement adv. D'une façon trompeuse, qui induit en erreur.

tronc [trɔ̃] n.m. (lat. *truncus*). **1.** Partie d'un arbre depuis la naissance des racines jusqu'à celle des branches : *Les gros troncs des baobabs* (SYN. fût). **2.** Partie centrale du corps à laquelle se rattachent la tête et les membres : *Un nageur au tronc développé* (SYN. buste, torse). **3.** Boîte percée d'une fente, destinée à recueillir des aumônes ou des collectes : *Verser son obole dans le tronc d'un quêteur.* ▸ ***Tronc commun,*** cycle d'études suivi par tous les élèves avant leur répartition en diverses sections. ***Tronc de cône, tronc de pyramide,*** portion de leur volume comprise entre la base et un plan parallèle à la base.

troncation n.f. Abrègement d'un mot par suppression d'une ou de plusieurs syllabes à l'initiale ou à la finale : *« Bus » est la troncation de « autobus »* (= aphérèse). *« Ciné » vient de « cinéma » par troncation* (= apocope).

troncature n.f. Partie tronquée de qqch : *La troncature d'un nombre décimal* (= l'arrondi).

tronche n.f. (de *tronc*). *Fam.* Tête ; visage.

tronçon [trɔ̃sɔ̃] n.m. (du lat. *truncus,* tronqué, coupé). **1.** Morceau coupé d'un objet long : *Débiter un poteau en tronçons.* **2.** Portion d'une ligne, d'une voie : *Un nouveau tronçon d'autoroute a été mis en service* (SYN. fraction, segment).

tronconique adj. Qui est en forme de tronc de cône : *Un vase tronconique.*

tronçonnage ou **tronçonnement** n.m. Action, fait de tronçonner : *Le tronçonnage d'une barre métallique.*

tronçonner v.t. [conj. 3]. Couper en tronçons : *Tronçonner les arbres abattus* (SYN. débiter, scier).

tronçonneuse n.f. Scie portative à chaîne, utilisée pour couper ou élaguer les arbres.

trône n.m. (du gr. *thronos,* siège). **1.** Siège de cérémonie des souverains et des dignitaires ecclésiastiques : *Le trône royal, pontifical.* **2.** *Litt.* Pouvoir suprême : *Les prétendants au trône* (SYN. couronne, souveraineté).

trôner v.i. [conj. 3]. **1.** Occuper la place d'honneur avec une certaine solennité : *La directrice trône en bout de table* (SYN. présider). **2.** Être placé bien en vue : *Ses trophées trônent sur le buffet.*

tronquer v.t. (lat. *truncare*, de *truncus*, coupé, mutilé) [conj. 3]. Retrancher une partie importante de : *Vous avez tronqué ses commentaires* (SYN. abréger, amputer, couper). *Tronquer les événements dans un reportage* (SYN. dénaturer, mutiler). ▸ ***Pyramide tronquée,*** tronc de pyramide.

trop [tro] adv. (du frq. *thorp*, troupeau). **1.** Indique une quantité excessive, un degré excessif : *Nous sommes trop nombreux dans cette salle. Vous avez mis trop de farine. J'ai trop de travail. Tu as trop de choses dans ton sac. Les places sont trop chères. Une technologie trop ancienne. C'est trop compliqué pour moi. Elle est trop fine pour tomber dans un piège comme ça* (= elle n'y tombera pas). *Il est trop sourd pour avoir entendu la sonnette* (= il ne l'a pas entendue). **2.** Indique un degré élevé : *Vous êtes trop aimable* (SYN. très). *Il serait trop horrible de voir une telle chose.* **3.** Atténue l'expression d'une négation : *Il ne sait trop comment faire* (= pas très bien ; SYN. guère). *Ce n'est pas trop pratique* (= absolument pas). ▸ ***C'en est trop,*** marque l'impatience : *À présent c'en est trop, je m'en vais.* ***De trop,*** en excès, superflu : *Le fil a un mètre de trop* ; importun, déplacé : *Vous avez dit là une phrase de trop. Ils se sentent de trop.* ***En trop,*** en plus de ce qui est attendu ou prévu : *Il y a 20 lignes en trop dans votre article.* Litt. ***Par trop,*** réellement trop : *Elle est par trop curieuse.* ***Trop peu de,*** un nombre insuffisant, une quantité insuffisante de : *Trop peu de gens sont venus. J'ai trop peu d'espace* (= je n'en ai pas assez).

trope n.m. (du gr. *tropos*, 2. tour, manière, de *trepein*, tourner). Figure de style dans laquelle on emploie les mots avec un sens différent de leur sens habituel : *La métonymie et la métaphore sont des tropes.*

trophée n.m. (lat. *trophaeum*, du gr. *tropaion*, monument de victoire, de *trepein*, tourner). **1.** Objet qui témoigne d'une victoire au cours d'une épreuve (= 1. coupe, médaille, récompense). **2.** Partie d'un animal tué à la chasse ou, parfois, à la pêche.

tropical, e, aux adj. **1.** Relatif aux régions avoisinant les tropiques : *La forêt tropicale. L'Afrique tropicale.* **2.** Relatif aux régions situées entre les tropiques : *Le climat tropical* (SYN. intertropical).

tropicalisation n.f. Préparation technique d'un matériau destinée à le protéger de l'action corrosive du climat tropical.

tropicaliser v.t. [conj. 3]. Effectuer la tropicalisation de : *Tropicaliser des carrosseries d'automobiles.*

tropique n.m. (du gr. *tropikos*, de *tropos*, 1. tour, de *trepein*, tourner). Chacune des deux lignes imaginaires de la sphère terrestre parallèles à l'équateur : *Le tropique du Cancer se situe dans l'hémisphère Nord et le tropique du Capricorne dans l'hémisphère Sud.* ◆ **tropiques** n.m. pl. Régions situées de part et d'autre de l'équateur, au climat très chaud ; zone intertropicale.

tropisme n.m. (du gr. *tropos*, 1. tour, de *trepein*, tourner). Mouvement par lequel un végétal répond à une stimulation extérieure en orientant vers elle ses organes en croissance : *Le phototropisme est une forme particulière de tropisme.*

troposphère n.f. (du gr. *tropos*, 1. tour, et de *atmosphère*). Couche de l'atmosphère la plus voisine de la Terre, où se produisent la plupart des phénomènes météorologiques.

troposphérique adj. Relatif à la troposphère.

trop-perçu n.m. (pl. *trop-perçus*). Somme perçue en trop : *Rembourser le trop-perçu.*

trop-plein n.m. (pl. *trop-pleins*). **1.** Ce qui excède la capacité d'un récipient : *Le trop-plein de la citerne se déverse dans un réservoir.* **2.** Système servant à évacuer un excédent de liquide : *Le trop-plein d'une baignoire.* **3.** Ce qui est en excès, en surabondance, et ne demande qu'à être employé : *Un trop-plein de vitalité* (SYN. excédent, surplus).

troquer v.t. [conj. 3]. **1.** Donner un bien en échange d'un ou de plusieurs autres : *Troquer des machines contre des denrées alimentaires* (SYN. échanger). **2.** Abandonner une chose pour en prendre une autre : *Troquer son jean contre un short* (SYN. remplacer).

troquet [trɔkɛ] n.m. (de *mastroquet*, marchand de vin). *Fam.* Café, bar ; bistrot.

trot n.m. Allure du cheval et de certains quadrupèdes, intermédiaire entre le pas et le galop : *Prendre le trot.* ▸ *Fam.* ***Au trot,*** sans traîner : *Éteignez votre ordinateur, et au trot !* (= vivement).

trotskisme [trɔtskism] n.m. Doctrine des partisans de Trotski.

trotskiste [trɔtskist] adj. et n. Relatif au trotskisme ; qui en est partisan.

trotte n.f. *Fam.* Distance assez longue à parcourir à pied : *Il y a une trotte du bureau à chez moi !*

trotte-menu adj. inv. ▸ *Litt.* ***La gent trotte-menu,*** nom donné par La Fontaine aux souris.

trotter v.i. (du frq. *trottôn*, courir) [conj. 3]. **1.** *Fam.* Marcher vite et beaucoup : *Elle a trotté dans tout le quartier pour trouver une boulangerie ouverte.* **2.** En équitation, aller au trot : *Le cheval trotte dans le pré.* ▸ ***Trotter dans la tête de qqn,*** le préoccuper, l'obséder : *Cette musique me trotte dans la tête.*

① **trotteur, euse** adj. Se dit d'une race de chevaux de selle spécialisés dans la course au trot. ◆ **trotteur** n.m. Cheval trotteur : *Un élevage de trotteurs.*

② **trotteur** n.m. Chaussure féminine de ville, à talon plat et assez large.

trotteuse n.f. Aiguille des secondes dans une montre, dans une pendule.

trottinement n.m. Action de trottiner : *Elle commence son échauffement par un trottinement.*

trottiner v.i. [conj. 3]. Marcher vite et à petits pas : *Ils trottinent sur la piste.*

trottinette n.f. Jouet d'enfant ou moyen de transport urbain individuel, consistant en une planchette montée sur deux petites roues et un guidon qui permet d'orienter la roue avant (SYN. patinette).

trottoir n.m. Partie latérale d'une rue, surélevée par rapport à la chaussée et réservée à la circulation des piétons. ▸ *Fam.* ***Faire le trottoir,*** se livrer à la prostitution.

trou n.m. (lat. *traucum*). **1.** Ouverture, cavité naturelle ou artificielle dans une surface : *Tomber dans un trou. Un trou de souris dans le mur. La route est pleine de trous* (SYN. creux, crevasse, ornière). *Les trous d'un parcours de golf.* **2.** *Fam.* Localité isolée ; village éloigné de tout : *Il est parti s'installer dans un trou.* **3.** *Fam.* Prison : *Mettre qqn au trou.* **4.** Espace qui traverse qqch de part en part : *Le trou d'une aiguille* (SYN. chas).

Elle a bouché le trou par lequel s'échappait l'eau (**SYN.** perforation). *Regarder par le trou de la serrure. Il y a des trous à tes chaussettes* (**SYN.** déchirure). **5.** Ouverture ou cavité anatomique : *Les trous du nez* (= les narines). **6.** Élément qui manque dans un ensemble, une continuité : *Il y a des trous dans son éducation* (**SYN.** lacune). *Avoir un trou dans son emploi du temps* (= un moment libre). *Avoir un trou de mémoire* (= une défaillance de la mémoire). **7.** Déficit financier ; somme qui manque : *Sa gestion se solde par un trou de plusieurs millions* (**SYN.** déficit). ▸ *Fam.* ***Faire son trou,*** se créer une situation sociale, réussir dans la vie. ***Trou d'air,*** courant atmosphérique descendant, qui fait subitement perdre de l'altitude à un avion. ***Trou d'homme,*** petite ouverture ménagée dans un mur, une paroi pour permettre le passage d'un homme. ***Trou noir,*** en astronomie, région de l'espace dotée d'une force d'attraction si intense que rien, pas même la lumière, ne peut sortir. ***Trou normand,*** verre d'alcool que l'on boit au milieu d'un repas copieux.

troubadour n.m. (anc. prov. *trobador,* trouveur, de *trobar,* inventer, faire des vers). Poète lyrique des XIIe et XIIIe siècles, qui composait ses œuvres dans une des langues d'oc (par opp. à trouvère).

troublant, e adj. **1.** Qui rend perplexe : *Des faits troublants* (**SYN.** déconcertant, déroutant). **2.** Qui suscite le désir : *Une femme troublante* (**SYN.** excitant, fascinant).

① **trouble** adj. (du lat. *turbidus,* agité). **1.** Qui n'est pas limpide, pas transparent : *Les eaux troubles d'une rivière en crue* (**SYN.** boueux, vaseux). **2.** Qui contient des éléments cachés ou inquiétants : *Une joie trouble devant l'échec d'autrui* (**SYN.** équivoque). *L'une des périodes les plus troubles de l'histoire* (**SYN.** inavouable). **3.** Qui n'est pas net : *Avoir la vue trouble après un malaise* (**SYN.** confus, indistinct). ◆ adv. ▸ ***Voir trouble,*** d'une manière indistincte.

② **trouble** n.m. (de *troubler*). **1.** Agitation confuse, tumultueuse : *Cette annonce jeta un trouble* (**SYN.** effervescence, perturbation, remous). **2.** Altération des rapports entre les personnes : *Semer le trouble* (**SYN.** discorde, zizanie ; **CONTR.** concorde, entente). **3.** État d'agitation ou d'émotion de qqn (**SYN.** bouleversement, confusion, désarroi ; **CONTR.** sérénité). **4.** Anomalie de fonctionnement d'un organe, d'un système : *Trouble respiratoire* (**SYN.** dérèglement). *Trouble de la personnalité* (= perturbation psychique). ▸ ***Trouble du comportement alimentaire*** ou ***TCA,*** affection d'origine psychique conduisant à s'alimenter de façon anormale : *L'anorexie mentale et la boulimie sont des troubles du comportement alimentaire.* ***Trouble obsessionnel compulsif*** ou ***T.O.C.,*** trouble névrotique caractérisé par des idées récurrentes et des actes répétitifs. ◆ **troubles** n.m. pl. Agitation sociale grave (**SYN.** désordre, révolte).

trouble-fête n. (pl. *trouble-fêtes* ou inv.). Personne qui vient troubler la joie d'une réunion (**SYN.** importun).

troubler v.t. (du lat. pop. *turbulare,* de *turbulus,* troublé) [conj. 3]. **1.** Altérer la limpidité, la transparence de : *En avançant, nous troublions l'eau du ruisseau* (**SYN.** brouiller ; **CONTR.** clarifier). **2.** Altérer l'acuité d'une fonction, la netteté de : *Troubler la vue* (**SYN.** obscurcir). **3.** Causer de l'agitation, du désordre dans : *Troubler l'ordre public* (**SYN.** déranger ; **CONTR.** rétablir). *Troubler la sérénité du quartier* (**SYN.** perturber). **4.** Faire perdre sa lucidité, son sang-froid, le fil de ses idées à : *Les questions du juge ont troublé le témoin* (**SYN.** déconcerter, désorienter ; **CONTR.** rassurer). *Ce reportage l'a profondément troublée* (**SYN.** bouleverser, ébranler). **5.** Interrompre le cours de : *Un incident a troublé la réunion* (**SYN.** désorganiser). ◆ **se troubler** v.pr. **1.** Devenir trouble ; perdre de sa clarté : *Sa voix s'est troublée.* **2.** Perdre son assurance, ses moyens : *Elle s'est troublée devant le jury* (**SYN.** se décontenancer).

trouée n.f. Large ouverture qui offre un passage ou dégage la vue : *Une trouée dans la forêt* (**SYN.** brèche). *Une trouée de ciel bleu entre les nuages* (**SYN.** échappée).

trouer v.t. [conj. 3]. **1.** Faire un trou qui traverse de part en part : *Le clou a troué son pantalon* (**SYN.** déchirer, percer). **2.** Faire une trouée dans : *Les phares de la voiture trouaient l'obscurité* (**SYN.** traverser).

troufion n.m. (de *troupier*). *Fam.* Simple soldat.

trouillard, e [trujar, ard] adj. et n. *Fam.* Peureux ; poltron.

trouille [truj] n.f. *Fam.* Peur : *Avoir la trouille. Il m'a fait une de ces trouilles* (**SYN.** angoisse, frayeur).

trouillomètre n.m. ▸ *Fam.* ***Avoir le trouillomètre à zéro,*** avoir très peur.

troupe n.f. (du frq. *thorp,* troupeau). **1.** Groupe de personnes, d'animaux se déplaçant ensemble : *La troupe des journalistes s'est ruée sur le porte-parole* (**SYN.** armada, cohorte). *Une troupe de girafes traversa la piste.* **2.** Groupe de comédiens, d'artistes qui jouent ensemble : *Une troupe de musiciens. Une troupe de théâtre* (**SYN.** compagnie). **3.** Groupement organisé de militaires : *Un corps de troupes* (= une armée). *La troupe* (= les soldats, par opp. aux officiers).

troupeau n.m. **1.** Ensemble d'animaux ruminants vivant ensemble : *Un troupeau de vaches, d'éléphants.* **2.** Ensemble d'animaux domestiques qu'on élève ensemble : *Mener paître un troupeau de moutons.* **3.** *Péjor.* Groupe d'êtres humains rassemblés passivement : *Arrêter un misérable troupeau de clandestins.*

troupier n.m. *Fam.* Soldat. ◆ adj. m. ▸ ***Comique troupier,*** chanteur du début du XXe siècle, dont le répertoire était fondé sur la vie de caserne.

troussage n.m. Action de trousser une volaille.

trousse n.f. Étui à compartiments, dans lequel on range des instruments, des outils : *Une trousse de toilette* (**SYN.** 2. nécessaire). *Une trousse à crayons.* ◆ **trousses** n.f. pl. ▸ ***Aux trousses de qqn,*** à sa poursuite : *Des policiers sont à ses trousses.*

trousseau n.m. Linge, vêtements que l'on donne à une jeune fille qui se marie ou qui entre en religion, ou à un enfant qui entre à l'internat ou part en colonie de vacances. ▸ ***Trousseau de clefs,*** ensemble de clefs réunies par un anneau.

trousser v.t. (lat. pop. *torsare,* de *torquere,* tordre) [conj. 3]. **1.** *Vieilli* Relever un vêtement : *Trousser ses manches* (**SYN.** retrousser). **2.** Préparer une volaille en ficelant au corps les membres et le cou, pour la faire cuire. **3.** *Litt.* Faire avec rapidité et élégance : *Trousser un compliment.*

trou-trou n.m. (pl. *trou-trous*). Ornement de lingerie composé d'une rangée de petits trous brodés dans lesquels on passe un ruban.

trouvaille [truvaj] n.f. **1.** Découverte heureuse : *J'ai fait une trouvaille à la brocante.* **2.** Idée, image ou expression originales : *Ce poète a des trouvailles* (**SYN.** création, invention).

trouvé, e adj. ▸ ***Bien trouvé,*** original, heureusement imaginé : *Une astuce bien trouvée.* ***Enfant trouvé,*** né de parents inconnus. ***Objet trouvé,*** objet que qqn a perdu et qui a été rapporté à un service de dépôt. ***Tout trouvé,*** qui s'offre naturellement à l'esprit : *La solution est toute trouvée.*

trouver v.t. (du lat. *tropare,* composer, inventer, de *tropus,* figure de rhétorique, du gr. *trepein,* tourner) [conj. 3]. **1.** Apercevoir, découvrir par hasard : *Trouver une pièce de monnaie par terre* (**SYN.** tomber sur). *Trouver des traces de produit dans le fond d'un verre. J'ai trouvé son frère qui attendait le bus* (**SYN.** rencontrer). *Elle a trouvé un chien errant.* **2.** Découvrir l'être ou la chose que l'on cherchait : *La police n'a pu trouver le complice* (= arrêter, mettre la main sur). *Trouver un emploi. Trouver un accord, un compromis. Trouver une place de parking* (**SYN.** dénicher). *J'ai trouvé ce qui vous convient. Veuillez trouver ci-joint un descriptif.* **3.** *Fig.* Éprouver un sentiment ; faire en sorte de disposer de : *J'ai trouvé du plaisir à écrire ce dictionnaire* (**SYN.** ressentir). *Trouver le courage de se lever. Trouver le temps de faire qqch.* **4.** Voir qqn, qqch dans tel état en arrivant quelque part : *Elle l'a trouvé en train de dormir. Les secouristes l'ont trouvé inanimé.* **5.** Penser, juger que qqn, qqch a telle caractéristique : *Je lui trouve mauvaise mine. J'ai trouvé les bergamotes moins bonnes que d'habitude.* **6.** Être d'avis que : *Je trouve que tu exagères* (**SYN.** croire). *Trouvez-vous que ce soit ou que ce serait une bonne solution ?* (**SYN.** estimer, penser). **7.** Être le créateur de : *Trouver un nouveau vaccin* (**SYN.** concevoir, imaginer, inventer). ▸ ***Aller trouver qqn,*** se rendre auprès de lui pour lui parler. ***Trouver à redire,*** découvrir ou inventer des raisons de critiquer, de blâmer : *Il trouve à redire à tout ce qu'on fait.* ***Trouver bon, mauvais,*** approuver, désapprouver ou déplorer : *Trouvez-vous bon de partir si tard ?* ***Trouver le temps long,*** s'ennuyer ; s'impatienter ; s'inquiéter. ◆ **se trouver** v.pr. **1.** Être disponible quelque part : *Ce produit se trouve chez les revendeurs* (**SYN.** exister). **2.** Être à tel endroit : *Bruxelles se trouve en Belgique* (**SYN.** se situer). *Ce mot se trouve dans le dictionnaire* (**SYN.** figurer). **3.** Être en tel état, en telle situation : *Ils se sont trouvés bien embarrassés lorsque la porte a claqué.* ▸ ***Se trouver mal,*** avoir un malaise ; s'évanouir. ◆ **se trouver** v.pr. impers. Exister : *Il se trouve toujours des personnes pour contester les conclusions* (= il y a). ▸ ***Il se trouve que*** (+ ind.), il s'avère que, il se fait que : *Il se trouve que ce personnage est réel. Fam.* ***Si ça se trouve,*** il est bien possible que : *Si ça se trouve, nous les verrons là-bas.*

trouvère n.m. (de *trouver*). Poète lyrique de langue d'oïl (par opp. à troubadour).

trouveur, euse n. *Litt.* Personne qui trouve : *Une trouveuse d'astuces ingénieuses.*

troyen, enne [trwajɛ̃, ɛn] adj. et n. **1.** Relatif à l'antique ville de Troie, à ses habitants. **2.** Relatif à Troyes en Champagne, à ses habitants.

truand, e n. (du gaul.). *Vx* Vagabond, mendiant. ◆ **truand** n.m. Malfaiteur ; gangster.

truander v.i. [conj. 3]. *Fam.* Ne pas respecter les conventions établies, les règles : *Il a truandé en se mettant en tête de la file* (**SYN.** frauder, tricher). ◆ v.t. *Fam.* Voler, escroquer qqn : *Cet escroc a truandé les personnes âgées du quartier.*

trublion [tryblijɔ̃] n.m. (du lat. *trublium,* écuelle, gamelle, et de *troubler*). Individu qui sème le trouble, le désordre : *Des trublions ont empêché le ministre de parler* (**SYN.** agitateur, perturbateur).

truc [tryk] n.m. (de l'anc. prov. *trucar,* cogner, battre, du lat. *trudere,* pousser). *Fam.* **1.** Moyen ingénieux pour réussir : *Je vais vous donner un truc pour empêcher la sauce de tourner* (**SYN.** astuce, recette, système). **2.** Procédé habile : *Il connaît tous les trucs du prestidigitateur* (**SYN.** secret). **3.** Désigne qqch ou qqn dont on ne sait plus le nom : *Où se trouve mon truc pour lire les CD ? C'est Truc qui m'en a parlé* (**SYN.** Untel).

trucage n.m. → **truquage.**

truchement n.m. (de l'ar.). ▸ ***Par le truchement de,*** par l'intermédiaire de : *Obtenir des places de concert par le truchement d'un ami* (**SYN.** entremise). *Communiquer par le truchement d'un ordinateur* (= au moyen de).

trucider v.t. (du lat. *trucidare,* massacrer, de *trux, trucis,* farouche) [conj. 3]. *Fam.* Faire périr de mort violente ; abattre, assassiner.

truck [trœk] n.m. (mot angl. signif. « chariot »). **1.** Wagonnet à plate-forme pour le transport des objets encombrants. **2.** En Polynésie, autobus.

Trucmuche n. *Fam.* (Avec une majuscule). Sert à désigner une personne sans la nommer : *C'est Trucmuche qui doit nous prévenir* (**SYN.** Untel).

truculence n.f. Caractère de ce qui est truculent : *La truculence des dialogues d'un film* (**SYN.** saveur, verdeur).

truculent, e adj. (du lat. *truculentus,* cruel, de *trux, trucis,* farouche). Qui est haut en couleur, plein de relief et de fantaisie : *Une comédienne truculente* (**SYN.** original, pittoresque). *Un langage truculent* (**SYN.** coloré, imagé, savoureux).

truelle n.f. (du lat. *trulla,* petite écumoire, de *trua,* cuillère à pot). Outil de maçon pour étendre le mortier ou le plâtre.

truffe n.f. (anc. prov. *trufa,* du lat. *tuber,* excroissance). **1.** Champignon comestible souterrain, très recherché : *La truffe du Périgord est brun sombre.* **2.** Nez du chien et du chat. **3.** Friandise en forme de boule, à base de chocolat et saupoudrée de cacao.

truffer v.t. [conj. 3]. **1.** Garnir de truffes : *Truffer un pâté, une volaille.* **2.** *Fig.* Garnir abondamment de : *Un centre commercial truffé de caméras* (**SYN.** bourrer). *Truffer un article de jeux de mots* (**SYN.** émailler, parsemer).

trufficulture n.f. Culture de la truffe.

truffier, ère adj. Relatif aux truffes : *Un chêne truffier* (= auprès duquel poussent les truffes). *Un chien truffier* (= dressé à la recherche des truffes).

truffière n.f. Terrain où poussent des truffes.

truie n.f. (lat. *troja,* de *porcus trojanus,* porc farci, par allusion au cheval de Troie rempli de soldats). Femelle du porc.

truisme n.m. (angl. *truism,* de *true,* vrai). Vérité

d'évidence, banale, sans portée : *C'est un truisme de dire que le fossé entre les pays riches et les pays pauvres s'aggrave* (**SYN.** lapalissade, tautologie).

truite n.f. (lat. *tructa*). Poisson voisin du saumon, à chair fine et estimée.

trumeau n.m. (du frq.). Panneau de glace ou de lambris occupant le dessus d'une cheminée ou l'espace entre deux fenêtres.

truquage ou **trucage** n.m. **1.** Ensemble des moyens électroniques, optiques, etc., utilisés au cinéma pour créer ou modifier des images ; effets spéciaux : *Grâce aux truquages, on se croirait revenu à la préhistoire.* **2.** Emploi de moyens frauduleux pour arriver à ses fins : *Le truquage d'une expérimentation* (**SYN.** falsification).

truquer v.t. [conj. 3]. Modifier de manière occulte et frauduleuse certains éléments d'une opération : *Ils ont truqué les bandes de vidéosurveillance* (**SYN.** maquiller, trafiquer). *Truquer une comptabilité* (**SYN.** falsifier, fausser).

truqueur, euse n. Personne qui truque, falsifie ; tricheurs.

truquiste n. Personne chargée des truquages au cinéma.

trust [trœst] n.m. (mot angl., de *to trust*, avoir confiance). Groupement d'entreprises exerçant son influence sur tout un secteur de l'économie.

truster [trœste] v.t. [conj. 3]. **1.** Contrôler à la manière d'un trust : *Truster le marché des lecteurs DVD* (**SYN.** monopoliser). **2.** *Fam.* S'approprier un certain nombre d'avantages : *Truster les invitations dans les émissions télévisées* (**SYN.** accaparer).

trutticulture n.f. Élevage des truites.

trypanosome [tripanozom] n.m. (du gr. *trupanon*, tarière). Parasite du sang des vertébrés, génér. transmis par des insectes.

trypanosomiase [tripanɔzɔmjaz] n.f. Affection parasitaire due à un trypanosome, comme la maladie du sommeil.

tsar ou **tzar** ou **czar** [tsar] n.m. (mot russe, du lat. *caesar*). Titre que portaient les souverains de Russie et de Bulgarie.

tsarévitch ou **tzarévitch** [tsarevitʃ] n.m. Fils d'un tsar.

tsarine ou **tzarine** [tsarin] n.f. **1.** Femme d'un tsar. **2.** Impératrice de Russie.

tsarisme [tsarism] n.m. Régime politique de la Russie jusqu'en 1917.

tsariste [tsarist] adj. et n. Relatif, favorable au tsarisme.

tsé-tsé [tsetse] n.f. inv. (mot d'un dialecte bantou). Mouche africaine dont certaines espèces propagent la maladie du sommeil (on dit aussi *mouche tsé-tsé*).

T.S.F. ou **TSF** [teɛsɛf] n.f. (sigle de *télégraphie* ou *téléphonie sans fil*). ▸ *Vieilli* ***Télégraphie sans fil*** → **télégraphie.**

T-shirt [tiʃœrt] n.m. → **tee-shirt.**

tsigane ou **tzigane** [tsigan] adj. (mot hongr.). Relatif aux Tsiganes : *La musique tsigane.* ◆ n.m. Langue parlée par les Tsiganes (**SYN.** romani).

tsunami [tsynami] n.m. (mot jap.). Grosse vague d'un raz de marée engendrée par un séisme, une éruption sous-marine, un glissement de terrain ; raz de marée.

T.T.C. ou **TTC** [tetese] loc. adv. (sigle). ▸ ***Toutes taxes comprises*** → **taxe.**

tu [ty] pron. pers. (lat. *tu*). Désigne la deuxième personne du singulier, aux deux genres, dans la fonction de sujet : *Tu t'amuses. Tu l'embrasseras de ma part. Me reconnais-tu ? As-tu eu peur ? Dites-moi tu* (= tutoyez-moi). *Toi, tu es mon ami.* ▸ *Fam.* ***Être à tu et à toi avec qqn,*** être intime avec lui.

tuant, e adj. *Fam.* Qui est pénible, fatigant : *Un travail tuant* (**SYN.** épuisant, harassant). *Ils sont tuants avec leurs cris* (**SYN.** assommant, énervant).

tuba n.m. (mot it. signif. « trompette »). **1.** Instrument de musique à vent, en métal et à pistons. **2.** Tube permettant à un nageur de respirer la tête sous l'eau.

tubage n.m. Introduction d'un tube souple dans le larynx pour empêcher l'asphyxie ou dans l'estomac pour faire une exploration ou des prélèvements.

tube n.m. (lat. *tubus*). **1.** Tuyau ou appareil cylindrique : *Un tube de plastique d'un diamètre de 30 centimètres. Un tube au néon* (= une lampe en forme de tube). **2.** Emballage cylindrique : *Un tube de colle, de dentifrice. Un tube de comprimés d'aspirine.* **3.** En anatomie, canal ou conduit naturel : *Le tube digestif.* **4.** *Fam.* Chanson ou musique qui connaît un grand succès : *Une compilation de tubes des années 90.* ▸ *Fam.* ***À plein tube*** ou ***à pleins tubes,*** au plus fort de sa puissance sonore : *Mettre la radio à plein tube* ; à toute vitesse : *Rouler à pleins tubes.* ***Tube à essai,*** tube en verre pour faire des expériences de chimie. ***Tube cathodique*** → **cathodique.**

tubeless [tyblɛs] adj. inv. (mot angl. signif. « sans chambre à air »). Se dit d'un pneu dans lequel la chambre à air est remplacée par une couche synthétique à l'intérieur de l'enveloppe.

tubercule n.m. (lat. *tuberculum*, de *tuber*, excroissance). **1.** Renflement de la racine d'une plante, riche en substances de réserve : *La pomme de terre est un tubercule.* **2.** En médecine, petite lésion arrondie des tissus, observée notamm. dans la tuberculose.

① **tuberculeux, euse** adj. En botanique, qui est de la nature du tubercule : *Une racine tuberculeuse.*

② **tuberculeux, euse** adj. Relatif à la tuberculose. ◆ adj. et n. Qui est atteint de tuberculose.

tuberculine n.f. Liquide permettant le diagnostic de la tuberculose.

tuberculinique adj. Relatif à la tuberculine : *Des tests tuberculiniques.*

tuberculose n.f. Maladie infectieuse et contagieuse, due au bacille de Koch.

tubéreuse n.f. Plante cultivée pour ses grappes de fleurs blanches très parfumées.

tubéreux, euse adj. (du lat. *tuberosus*, plein de bosses, de *tuber*, excroissance). Se dit d'un végétal qui a des tubercules : *Une racine tubéreuse.*

tubérisé, e adj. Se dit d'une racine qui s'est transformée en tubercule.

tubing [tybiŋ] n.m. (mot angl.). Descente de rivière sur de grosses chambres à air ; chambre à air que l'on utilise pour cette descente.

tubiste n. Personne qui joue du tuba.

tubulaire adj. (lat. *tubulus,* de *tubus,* tube). **1.** Qui a la forme d'un tube : *Une canalisation tubulaire.* **2.** Qui est constitué de tubes : *Un échafaudage tubulaire.*

tubulé, e adj. Qui est muni d'une ou de plusieurs tubulures.

tubuleux, euse adj. Qui est en forme de tube.

tubulure n.f. (du lat. *tubulus,* petit tube). **1.** Ouverture en forme de court cylindre sur laquelle on peut raccorder un tuyau. **2.** Ensemble des tubes d'une installation : *La tubulure d'une chaudière.*

tudesque adj. (du frq. *theudisk,* teuton). *Vx* Relatif aux Allemands.

tué, e n. Personne décédée de mort violente : *Deux tués sur la route* (**SYN.** 3. mort, victime).

tue-mouches adj. inv. ▸ ***Papier tue-mouches,*** papier imprégné d'une substance vénéneuse et gluante, dont on se sert pour attraper les mouches.

tuer v.t. (du lat. *tutare,* éteindre [la soif], de *tutari,* protéger, de *tueri,* observer, veiller sur) [conj. 7]. **1.** Causer la mort de qqn de manière violente : *Il l'a tué de plusieurs coups de couteau* (**SYN.** assassiner, exécuter). *Une crise cardiaque l'a tuée* (**SYN.** emporter). **2.** (Sans compl.). Ôter volontairement et violemment la vie à un être vivant : *Tu ne tueras point* (= l'un des dix commandements de Dieu selon la Bible). **3.** Faire mourir un animal volontairement : *Tuer un cerf* (**SYN.** abattre). **4.** Causer la destruction de : *Cette maladie tue la vigne* (**SYN.** attaquer, détruire). **5.** *Fam.* Épuiser physiquement ou moralement : *Cette marche l'a tué* (**SYN.** éreinter, exténuer). *Ce vacarme me tue* (**SYN.** assommer). **6.** Faire cesser ou disparaître qqch : *Cette mesure risque de tuer l'initiative locale* (**SYN.** étouffer). ▸ *Fam.* ***Être à tuer,*** être assommant, insupportable. ***Tuer le temps,*** faire n'importe quoi pour éviter de s'ennuyer. ◆ **se tuer** v.pr. **1.** Mourir accidentellement : *Elle s'est tuée en tombant d'une échelle.* **2.** Se donner la mort : *Elle s'est tuée par pendaison* (**SYN.** se suicider). **3.** S'épuiser de fatigue : *Nous nous sommes tués à la tâche* (**SYN.** s'user). **4.** **[à].** Se donner beaucoup de mal pour : *Je me tue à vous le répéter* (**SYN.** s'escrimer, s'évertuer).

tuerie n.f. Massacre atroce et sans pitié : *Les tueries de la guerre* (**SYN.** boucherie, carnage).

à **tue-tête** [atytɛt] loc. adv. De toute la puissance de la voix : *Chanter à tue-tête.*

tueur, euse n. **1.** Personne qui tue : *Le tueur n'a pas laissé d'empreintes* (**SYN.** assassin, criminel, meurtrier). **2.** Homme de main chargé d'exécuter un crime pour le compte d'autrui (on dit aussi *tueur à gages*) : *Engager un tueur.* **3.** Personne qui tue les animaux de boucherie. ◆ adj. Qui détruit ; meurtrier : *Algue, bactérie tueuse.*

tuf [tyf] n.m. (it. *tufo,* du lat. *tofus,* pierre spongieuse). Roche poreuse légère.

tuffeau ou **tufeau** n.m. (de *tuf*). Calcaire renfermant des grains de quartz et de mica, utilisé en construction.

tuile n.f. (lat. *tegula,* de *tegere,* couvrir). **1.** Plaquette de terre cuite qui sert à faire le toit des maisons : *Un toit en tuiles plates.* **2.** *Fam.* Événement imprévu et fâcheux ; pépin : *Une fuite d'eau, c'est la tuile !* **3.** Petit-four sec, mince et incurvé.

tuiler v.t. [conj. 3]. Recouvrir de tuiles.

tuilerie n.f. Fabrique de tuiles.

tuilier, ère adj. Relatif à la fabrication des tuiles : *L'industrie tuilière.* ◆ n. Personne travaillant dans une tuilerie.

tularémie n.f. (de *Tulare,* comté de Californie où la maladie fut découverte). Maladie infectieuse du lièvre, transmissible à l'homme.

tulipe n.f. (du turc *tülbent,* turban). **1.** Plante bulbeuse ornementale, à grande fleur évasée et vivement colorée : *Un bouquet de tulipes.* **2.** Abat-jour en pâte de verre qui a la forme d'une tulipe.

tulipier n.m. Arbre ornemental, dont la fleur ressemble à une tulipe.

tulle n.m. (de *Tulle,* ville de Corrèze où l'on fabriquait ce tissu). Tissu léger et transparent à mailles rondes ou polygonales : *Un voile de tulle.*

tumbling [tœmbliŋ] n.m. (mot angl. signif. « cabriole »). Sport acrobatique pratiqué sur une piste élastique.

tuméfaction n.f. (du lat. *tumefacere,* gonfler, de *tumere,* être renflé). Gonflement pathologique d'une partie du corps : *Cette maladie provoque des tuméfactions sur les articulations* (**SYN.** boursouflure, grosseur).

tuméfié, e adj. Qui porte des tuméfactions : *Un visage tuméfié par des coups.*

tuméfier v.t. [conj. 9]. Causer le gonflement de : *Le choc a tuméfié sa paupière.*

tumescence [tymesɑ̃s] n.f. En physiologie, gonflement d'un organe (**SYN.** turgescence).

tumescent, e [tymesɑ̃, ɑ̃t] adj. (du lat. *tumescere,* gonfler). Se dit d'un organe en état de tumescence ; turgescent.

tumeur n.f. (lat. *tumor,* de *tumere,* être enflé). Prolifération anormale de cellules formant un nouveau tissu : *Une tumeur bénigne, maligne.*

tumoral, e, aux adj. Relatif à une tumeur.

tumulaire adj. (du lat. *tumulus,* tombeau). Relatif aux tombeaux : *Une pierre tumulaire* (**SYN.** tombal).

tumulte n.m. (lat. *tumultus,* de *tumere,* être enflé). **1.** Grand désordre bruyant : *Le juge n'a pas réussi à faire cesser le tumulte* (**SYN.** brouhaha, tapage ; **CONTR.** ordre, silence). **2.** Grande agitation désordonnée : *Le tumulte de la vie moderne* (**SYN.** bouillonnement, effervescence ; **CONTR.** tranquillité).

tumultueusement adv. D'une façon tumultueuse : *Les eaux de la cascade tombent tumultueusement dans le lac.*

tumultueux, euse adj. Qui est plein de tumulte : *Une réunion tumultueuse* (**SYN.** houleux, orageux ; **CONTR.** 2. calme, paisible). *Des torrents tumultueux* (**SYN.** bouillonnant).

tumulus [tymylys] n.m. (mot lat. signif. « tertre, tombeau », de *tumere,* être enflé) [pl. *tumulus* ou *tumuli*]. Dans l'Antiquité, grand amas de terre ou de pierres qu'on élevait au-dessus d'une sépulture.

tune n.f. → **thune.**

tuner [tynœr ou tynɛr] n.m. (mot angl., de *to tune,* accorder). Récepteur radio à modulation de fréquence, constituant l'un des éléments d'une chaîne haute-fidélité ; syntoniseur.

tungstène [tœkstɛn] n.m. (du suéd. *tungsten*, pierre lourde). Métal de couleur gris-noir, utilisé pour les filaments pour lampes à incandescence.

tunique n.f. (lat. *tunica*). **1.** Vêtement droit porté sur une jupe ou un pantalon. **2.** Veste d'uniforme militaire. **3.** Dans l'Antiquité, vêtement de dessous, cousu, court ou mi-long, génér. resserré à la taille.

tunnel n.m. (mot angl. signif. « galerie, tuyau », du fr. *tonnelle*). **1.** Galerie souterraine de grande section, donnant passage à une voie de communication : *Emprunter le tunnel sous la Manche.* **2.** *Fig.* Longue période difficile : *Voir le bout du tunnel.* **3.** Abri en matière plastique ayant la forme d'un demi-cylindre, utilisé pour protéger les cultures : *Cultiver des salades sous tunnel.*

tunnelier n.m. Engin de travaux publics servant à forer des tunnels.

tupi-guarani [typigwarani] n.m. inv. Famille de langues indiennes d'Amérique du Sud comprenant la langue des Tupi (le *tupi*) et celle des Guarani (le *guarani*).

tuque n.f. Au Québec, bonnet de laine.

turban n.m. (turc *tülbent*). **1.** Coiffure orientale portée par les hommes, faite d'une longue pièce d'étoffe enroulée autour de la tête. **2.** Coiffure de femme rappelant le turban oriental.

turbide adj. (du lat. *turbidus*, agité). Qui n'est pas limpide ; vaseux : *Les eaux turbides des grands lacs* (**SYN.** 1. trouble).

turbidité n.f. État d'un liquide trouble.

turbin n.m. *Fam.* Travail rémunéré : *Aller au turbin.*

turbine n.f. (du lat. *turbo, turbinis*, tourbillon, toupie). Moteur composé d'une roue mobile entraînée par un fluide.

turbiner v.i. [conj. 3]. *Fam.* Travailler dur ; trimer.

turbo adj. inv. (abrév.). Se dit d'un moteur suralimenté par un turbocompresseur, d'un véhicule équipé d'un tel moteur : *Des voitures turbo.* ◆ n.m. Turbocompresseur. ▸ ***Mettre le turbo,*** donner toute la puissance ; fam., se donner entièrement à une activité. ◆ n.f. Voiture munie d'un moteur turbo.

turbocompresseur n.m. Organe annexe d'un moteur, qui permet d'en augmenter la puissance grâce à une turbine (abrév. turbo).

turbopropulseur n.m. Moteur d'avion à réaction composé d'une turbine à gaz entraînant une ou plusieurs hélices.

turboréacteur n.m. Moteur à réaction dans lequel une turbine à gaz engendre la propulsion.

turbot n.m. (anc. scand. *thornbutr*, de *thorn*, épine). Poisson plat à chair très estimée.

turbotière n.f. Plat en forme de losange qui sert à faire cuire les turbots.

turbotrain n.m. Train dont l'énergie est fournie par une ou plusieurs turbines à gaz.

turbulence n.f. **1.** Caractère d'une personne turbulente : *La turbulence des jeunes en groupe* (**SYN.** pétulance, vivacité ; **CONTR.** sagesse). **2.** (Surtout pl.). Tourmente affectant un secteur d'activité, un domaine : *L'entreprise a vécu quelques mois de turbulences* (**SYN.** remous, 2. trouble). **3.** Mouvement d'un fluide qui s'écoule en formant des tourbillons : *L'avion traverse une zone de turbulence atmosphérique.*

turbulent, e adj. (lat. *turbulentus*, de *turba*, trouble, confusion). Qui parle et s'agite beaucoup : *Des enfants turbulents* (**SYN.** dissipé, remuant ; **CONTR.** 2. calme, sage).

turc, turque adj. et n. (du persan *tourk*, qui a la peau blanche et l'œil noir). Relatif à la Turquie, à ses habitants. ▸ ***À la turque,*** se dit de cabinets d'aisances sans siège. ***Café turc,*** café très fort, préparé par décoction du marc. ***Fort comme un Turc,*** très fort. ***Langues turques,*** groupe de langues parlées en Asie centrale, dans le Caucase et en Turquie. *Fam.* ***Tête de Turc,*** personne qui est sans cesse en butte aux critiques, aux railleries. ◆ **turc** n.m. Principale des langues turques, parlée en Turquie, où elle est langue officielle.

turcique adj. (du lat. médical *turcicus*, turc). ▸ ***Selle turque,*** cavité osseuse du crâne, où est logée l'hypophyse.

turcophone adj. et n. Qui parle une langue turque.

turf [tœrf ou tyrf] n.m. (mot angl. signif. « motte de gazon, pelouse »). Ensemble des activités qui se rattachent aux courses de chevaux.

turfiste [tœrfist ou tyrfist] n. Personne qui assiste souvent aux courses de chevaux et qui parie.

turgescence [tyrʒesɑ̃s] n.f. (du lat. *turgescentia*, de *turgescere*, se gonfler). Augmentation de volume d'un organe, d'un tissu anatomique : *La turgescence des veines* (**SYN.** gonflement, tumescence).

turgescent, e [tyrʒesɑ̃, ɑ̃t] adj. Qui est en état de turgescence (**SYN.** tumescent).

turgide adj. *Litt.* Qui est enflé, boursouflé : *Des paupières turgides* (**SYN.** gonflé).

turista [turista] ou **tourista** n.f. (mot esp.). *Fam.* Trouble intestinal fréquent chez les touristes visitant des pays chauds.

turkmène adj. et n. Relatif au Turkménistan, à ses habitants. ◆ n.m. Langue turque parlée par les Turkmènes.

turlupiner v.t. (de *Turlupin*, surnom d'un auteur de farces) [conj. 3]. *Fam.* Tracasser, tourmenter : *Cette question me turlupine* (**SYN.** obséder).

turne n.f. (de l'alsacien *türn*, prison). *Fam.* Chambre d'étudiant ; chambre meublée.

turnover [tœrnɔvœr] n.m. (mot angl. signif. « roulement »). Rotation du personnel.

turpide adj. (du lat. *turpis*, honteux). *Litt.* Qui fait preuve de laideur morale (**SYN.** indigne).

turpitude n.f. (lat. *turpitudo*, de *turpis*, honteux). *Sout.* **1.** Conduite ignominieuse d'une personne : *La turpitude des corrompus* (**SYN.** ignominie, infamie). **2.** Action immorale et honteuse : *Commettre des turpitudes* (**SYN.** bassesse, horreur).

turque adj. f. et n.f. → **turc.**

turquerie n. f. Œuvre artistique ou littéraire représentant des scènes turques ou d'inspiration orientale.

turquin adj. m. et n.m. Se dit d'un marbre bleu veiné de blanc. ◆ adj. m. *Litt.* Se dit d'un bleu foncé et mat : *Des yeux turquins.*

turquoise n.f. (fém. de l'anc. fr. *turcois*, turc, parce que cette pierre, provenant de Perse, transitait par la

Turquie). Pierre fine opaque, de couleur bleu ciel à bleu-vert. ◆ adj. inv. Qui est de la couleur de la turquoise : *Des yeux turquoise.*

tussilage n.m. (lat. *tussilago*, de *tussis*, toux). Plante à fleurs jaunes, utilisée en infusion contre la toux.

tussor ou **tussah** ou **tussau** n.m. (angl. *tussore*). Étoffe de soie légère.

tutélaire adj. **1.** *Sout.* Qui tient sous sa protection : *Une puissance tutélaire* (**SYN.** protecteur). **2.** Dans la langue juridique, qui concerne la tutelle.

tutelle n.f. (lat. *tutela*, de *tueri*, observer, veiller sur). **1.** Surveillance contraignante : *Se libérer de la tutelle de qqn* (**SYN.** emprise, influence). **2.** Dans la langue juridique, ensemble des mesures légales destinées à protéger la personne et les biens des enfants mineurs : *Des orphelins sous tutelle.* **3.** *Litt.* Protection de qqn : *La tutelle des lois. L'autorité de tutelle* (= l'administration qui contrôle une collectivité publique).

① **tuteur, trice** n. (lat. *tutor*, de *tueri*, observer, veiller sur). Personne chargée de surveiller les intérêts d'un mineur placé sous tutelle.

② **tuteur** n.m. (de *1. tuteur*). Pieu, armature qui soutient une jeune plante.

tuteurage n.m. Action de tuteurer : *Le tuteurage d'un rosier.*

tuteurer v.t. [conj. 3]. Munir une plante d'un tuteur : *Tuteurer des tomates.*

tutoiement [tytwamɑ̃] n.m. Action, habitude de tutoyer (par opp. à vouvoiement) : *Le tutoiement entre collègues.*

tutorat n.m. Fonction de tuteur d'un mineur, d'un jeune travailleur.

tutoyer [tytwaje] v.t. [conj. 13]. **1.** User de la deuxième personne du singulier en parlant à qqn (par opp. à vouvoyer), lui dire « tu » : *Je tutoie mes collègues.* **2.** *Fig.* Être tout près de ; se hisser au niveau de : *Tutoyer la mort* (**SYN.** côtoyer, frôler). *Cet exploit lui a permis de tutoyer la gloire.*

tutti quanti [tutikwɑ̃ti] loc. adv. (mots it. signif. « tous tant qu'ils sont »). ▸ ***Et tutti quanti,*** et tous les gens, toutes les choses de même espèce : *Elle emporte son mobile, son portable, ses CD et tutti quanti.*

tutu n.m. (de *cucu*, petit cul). Tenue de scène d'une danseuse de ballet, faite de courtes jupes de tulle superposées.

tuyau [tɥijo] n.m. (du frq. *thûta*, cor). **1.** Conduit cylindrique utilisé pour la circulation d'un fluide ou d'un produit pulvérulent : *Un tuyau d'arrosage. Le tuyau en caoutchouc d'une cuisinière à gaz.* **2.** *Fam.* Renseignement confidentiel ; information précieuse : *Je te donnerai un bon tuyau pour avoir des logiciels gratuits* (**SYN.** 2. secret). **3.** Tige creuse du blé et de certaines autres plantes ; chaume. ▸ *Fam.* ***Dans les tuyaux,*** en préparation ou en cours de réalisation : *Un remaniement ministériel est dans les tuyaux* ; sur les ondes, dans un système de communication : *Sa thèse sera bientôt dans les tuyaux* (= sur Internet). *Fam.* ***Dire qqch dans le tuyau de l'oreille,*** le dire à voix basse et en secret.

tuyauter [tɥijote] v.t. [conj. 3]. *Fam.* Donner des renseignements confidentiels, des conseils utiles à : *Je l'ai tuyauté sur ce concert* (**SYN.** informer).

tuyauterie [tɥijotri] n.f. Ensemble de tuyaux d'une installation : *Vidanger la tuyauterie* (**SYN.** canalisation).

tuyère [tɥijɛr ou tyjɛr] n.f. Conduit terminal d'un moteur à réaction, qui renvoie les gaz de combustion dans l'atmosphère et permet la propulsion.

T.V. ou **TV** [teve] n.f. (abrév.). Télévision.

T.V.A. ou **TVA** [tevea] n.f. (sigle de *taxe sur la valeur ajoutée*). Taxe à la consommation, payée par chaque consommateur à chaque étape du circuit de distribution d'un bien ou d'un service.

T.V.H.D. ou **TVHD** [teveaʃde] n.f. (sigle). Télévision à haute définition.

tweed [twid] n.m. (mot angl.). Tissu de laine peignée.

tweeter [twitœr] n.m. (mot angl.). Haut-parleur d'aigus.

twin-set [twinsɛt] n.m. (mot angl.) [pl. *twin-sets*]. Ensemble composé d'un chandail et d'un cardigan de tricot assortis.

twist [twist] n.m. (mot angl., de *to twist*, tordre). Danse d'origine américaine, exécutée en ondulant des hanches.

tympan n.m. (du gr. *tumpanon*, tambour). **1.** Membrane qui sépare l'oreille moyenne du conduit auditif externe et qui transmet aux osselets les vibrations de l'air : *Les otites finissent par abîmer le tympan.* **2.** Dans un édifice, surface comprise entre le linteau et l'arc d'un fronton : *Le tympan du portail d'une église.*

tympanique adj. En anatomie, relatif au tympan.

tympanon n.m. (mot gr. signif. « tambourin »). Cymbalum.

type n.m. (lat. *typus*, du gr. *tupos*, empreinte, modèle). **1.** Modèle abstrait réunissant à un haut degré les traits essentiels de tous les êtres ou de tous les objets de même nature : *Harpagon est le type de l'avare* (**SYN.** archétype). *Le type de la beauté grecque* (**SYN.** canon). **2.** Ensemble de traits caractéristiques d'un groupe de gens, d'une famille de choses : *Avoir le type méditerranéen. Les types d'architecture* (**SYN.** catégorie, style). *Ce type de logiciels est très performant* (**SYN.** genre, sorte). **3.** (Employé en appos., avec ou sans trait d'union). Indique qu'il s'agit d'un modèle : *Des contrats types. Des écarts-types.* **4.** *Fam.* Homme ; garçon : *Un type vraiment sympa.* ▸ ***Du troisième type,*** qui ne ressemble à rien de connu : *Cette entreprise du troisième type n'a pas de locaux, les salariés travaillent chez eux* ; qui est issu des dernières technologies : *Un matériau du troisième type* (= ultramoderne).

typé, e adj. Qui présente à un haut degré les caractéristiques du type dans lequel on le range : *Une méditerranéenne très typée.*

typer v.t. [conj. 3]. Représenter de façon caractéristique : *Dans son dernier roman, elle type l'animateur de télévision ambitieux* (**SYN.** camper, peindre).

typhique adj. Relatif au typhus ou à la fièvre typhoïde. ◆ adj. et n. Qui est atteint du typhus.

typhoïde [tifɔid] adj. et n.f. (du gr. *tuphos*, torpeur, stupeur). ▸ ***Fièvre typhoïde,*** maladie infectieuse et contagieuse, caractérisée par une forte fièvre et des troubles digestifs (on dit aussi *la typhoïde*).

typhoïdique adj. Relatif à la fièvre typhoïde.

typhon n.m. (du gr. *tuphôn*, tourbillon). En Extrême-Orient, cyclone tropical très violent.

typhus [tifys] n.m. (mot lat., du gr. *tuphos*, torpeur, stupeur). Maladie infectieuse transmise par le pou ou la puce, caractérisée par une forte fièvre et des taches rouges sur la peau.

typicité n.f. Ensemble des caractéristiques qui font la particularité d'un aliment : *La typicité d'un fromage.*

typique adj. **1.** Qui est caractéristique de : *Un cas typique de varicelle* (**SYN.** caractérisé ; **CONTR.** atypique, particulier, rare). **2.** Qui est fortement original et peut servir d'exemple : *Une Bretonne typique* (**SYN.** remarquable).

typiquement adv. De façon typique : *Un humour typiquement anglais* (**SYN.** spécifiquement).

typographe n. Personne qui compose, à l'aide de caractères mobiles pris à la main dans la casse, les textes à imprimer (abrév. fam. typo).

typographie n.f. Procédé d'impression à partir de caractères en relief ; manière dont un texte est imprimé (abrév. fam. typo).

typographique adj. Relatif à la typographie : *Des caractères typographiques.*

typologie n.f. Étude des traits caractéristiques dans un ensemble de données, en vue d'y déterminer des types, des systèmes ; ensemble des types ainsi déterminés : *Établir une typologie des logiciels, des néologismes* (**SYN.** classification).

typologique adj. Relatif à une typologie : *Des critères typologiques* (= de classification).

typtologie n.f. (du gr. *tuptein*, frapper). Dans le spiritisme, communication des esprits au moyen de coups frappés par les tables tournantes.

tyran n.m. (lat. *tyrannus*, du gr. *turannos*, maître). **1.** Souverain despotique, injuste, cruel : *Le père Ubu est un tyran* (**SYN.** despote, dictateur). **2.** *Fig.* Personne qui abuse de son autorité : *Leur chef de service est un tyran.*

tyranneau n.m. Petit tyran.

① **tyrannicide** n. (lat. *tyrannicida*). Personne qui tue un tyran.

② **tyrannicide** n.m. (lat. *tyrannicidium*). Assassinat d'un tyran.

tyrannie n.f. **1.** Pouvoir autoritaire et répressif : *Lutter contre la tyrannie* (**SYN.** despotisme, dictature). **2.** *Fig.* Pouvoir de certaines choses sur les hommes : *La tyrannie du profit* (**SYN.** carcan, joug).

tyrannique adj. **1.** Qui a le caractère de la tyrannie : *Un pouvoir tyrannique* (**SYN.** autocratique, despotique). **2.** *Fig.* Qui exerce un pouvoir impérieux : *Le pouvoir tyrannique du jeunisme* (**SYN.** coercitif, oppressif).

tyranniser v.t. [conj. 3]. **1.** Exercer une autorité excessive sur : *Tyranniser son personnel* (**SYN.** opprimer, persécuter). **2.** *Fig.* Exercer une contrainte impérieuse sur : *La mondialisation tyrannise les entreprises* (**SYN.** enchaîner).

tyrien, enne adj. Se dit d'un rose vif un peu mauve.

tyrolienne n.f. Chant caractérisé par de fréquents passages de la voix de tête à la voix de poitrine : *Pour chanter la tyrolienne, il faut savoir iouler.*

tzar [tsar] n.m. → **tsar.**

tzarévitch [tsarevitʃ] n.m. → **tsarévitch.**

tzarine [tsarin] n.f. → **tsarine.**

tzatziki n.m. Dans la cuisine grecque, salade de concombre au yaourt et à l'ail, diversement assaisonnée.

tzigane [tsigan] adj. et n. → **tsigane.**

U *u*

u [y] n.m. inv. Vingt et unième lettre (voyelle) de l'alphabet français.

ubac [ybak] n.m. (mot de l'anc. prov., du lat. *opacus*, ombragé, sombre). Dans la montagne, versant à l'ombre (par opp. à adret).

ubiquiste [ybikɥist] adj. et n. Qui a le don d'ubiquité. ◆ adj. En biologie, cosmopolite.

ubiquité [ybikɥite] n.f. (du lat. *ubique*, partout). Faculté d'être présent partout à la fois ; omniprésence.

ubuesque adj. (de *Ubu*, personnage de tyran grotesque créé par Alfred Jarry). Qui est cruellement grotesque : *Une situation ubuesque.*

uchronie [ykrɔni] n.f. (du gr. *ou*, non, et *chronos*, 1. temps, sur le modèle de *utopie*). Fiction littéraire dans laquelle l'auteur imagine ce qui aurait pu se passer si tel événement historique n'avait pas eu lieu : *Elle écrit une uchronie sur la victoire des Allemands en 1945.*

U.E. ou **UE** [yə] n.f. (sigle). ▸ ***Unité d'enseignement*** → **unité.**

ufologie n.f. (de *UFO*, acronyme de l'angl. *unidentified flying object*, objet volant non identifié). Étude des ovnis.

U.F.R. ou **UFR** [yɛfɛr] n.f. (sigle). ▸ ***Unité de formation et de recherche*** → **unité.**

uhlan [ylɑ̃] n.m. (mot all., d'un mot turc signif. « garçon, valet »). *Anc.* Lancier des armées allemande, autrichienne, polonaise et russe.

U.H.T. ou **UHT** [yaʃte] n.f. (sigle de *ultra-haute température*). ▸ ***Lait U.H.T.***, lait stérilisé sous vide (= lait upérisé).

ukase [ukaz] n.m. → **oukase.**

ukrainien, enne adj. et n. Relatif à l'Ukraine, à ses habitants. ◆ **ukrainien** n.m. Langue slave parlée par les Ukrainiens.

ukulélé [ukulele] n.m. (mot polynésien). Guitare hawaiienne à quatre cordes pincées.

ulcération n.f. Formation d'un ulcère ; lésion ulcéreuse : *Une ulcération de la peau.*

ulcère n.m. (lat. *ulcus, ulceris*). Lésion de la peau ou d'une muqueuse, provoquant une plaie qui se cicatrise mal : *Un ulcère de l'estomac.*

ulcéré, e adj. **1.** Qui est le siège d'un ulcère. **2.** *Fig.* Qui est vexé et éprouve du ressentiment.

ulcérer v.t. (du lat. *ulcerare*, blesser) [conj. 18]. Causer un profond et durable ressentiment : *Ces mesures ont ulcéré les salariés* (**SYN.** révolter).

ulcéreux, euse adj. Relatif à l'ulcère ; qui est de la nature de l'ulcère. ◆ adj. et n. Qui est atteint d'un ulcère.

uléma [ulema] ou **ouléma** n.m. (d'un mot ar. signif. « savant »). Docteur de la loi musulmane, juriste et théologien.

U.L.M. ou **ULM** [yɛlɛm] n.m. (sigle de *ultraléger motorisé*). Petit avion de conception simplifiée, monoplace ou biplace.

ulmiste [ylmist] n. Pilote ou passager d'un U.L.M.

ultérieur, e adj. (du lat. *ulterior*, qui est au-delà, de l'autre côté, de *ultra*, au-delà). Qui arrive après, qui succède à une autre chose (par opp. à antérieur) : *La réunion est reportée à une date ultérieure* (**SYN.** postérieur). *Nous aborderons ce point lors de négociations ultérieures* (**SYN.** futur).

ultérieurement adv. Plus tard : *Réessayez ultérieurement* (**SYN.** après, ensuite, postérieurement).

ultimatum [yltimatɔm] n.m. (mot lat. signif. « dernière chose »). **1.** Ensemble de conditions posées à un État par un autre, et dont la non-acceptation peut entraîner la guerre : *Lancer un ultimatum. L'ultimatum expire à midi.* **2.** Proposition péremptoire qui n'admet aucune contestation ; sommation : *Se trouver placé devant un ultimatum* (= une mise en demeure).

ultime adj. (du lat. *ultimus*, le plus éloigné). Qui est le dernier dans le temps : *Ce sont mes ultimes concessions* (**SYN.** 1. final, suprême ; **CONTR.** initial, premier).

ultra n. et adj. (mot lat. signif. « au-delà »). Personne qui professe des opinions extrêmes : *Les ultras du parti* (**SYN.** extrémiste).

ultraléger, ère adj. Qui est extrêmement léger : *Un alliage ultraléger* (**CONTR.** lourd).

ultramoderne adj. Qui est très moderne : *Une technique ultramoderne* (= de pointe ; **CONTR.** dépassé).

ultramontain, e adj. et n. Relatif à l'ultramontanisme ; qui en est partisan (par opp. à gallican).

ultramontanisme n.m. Ensemble des doctrines religieuses favorables au pouvoir absolu du Saint-Siège, situé au-delà des monts (par opp. à gallicanisme).

ultrasensible [yltrasɑ̃sibl] adj. Qui est extrêmement sensible : *Un radar ultrasensible.*

ultrason [yltrasɔ̃] n.m. Vibration de fréquence trop élevée pour qu'une oreille humaine puisse la percevoir : *On utilise les ultrasons en échographie.*

ultrasonore [yltrasɔnɔr] ou **ultrasonique** [yltrasɔnik] adj. Relatif aux ultrasons.

ultraviolet, ette adj. et n.m. Se dit des radiations invisibles à l'œil humain situées au-delà du violet dans le spectre (abrév. U.V.) : *Les rayons ultraviolets du Soleil.*

ululement ou ***hululement** n.m. ou **ululation** n.f. Cri des oiseaux rapaces nocturnes : *On entendait l'ululement du hibou.*

ululer ou ***hululer** v.i. (du lat. *ululare,* hurler, en parlant du chien, du loup) [conj. 3]. En parlant des oiseaux rapaces nocturnes, émettre un ululement.

ulve n.f. (du lat. *ulva,* herbe des marais). Algue verte marine, comestible ; laitue de mer.

UMTS [yɛmteɛs] n.m. (sigle de l'angl. *universal mobile telecommunications system,* système de télécommunications mobiles universelles). Norme européenne de transmission à haut débit pour la troisième génération de téléphones mobiles.

① **un, une** [œ̃, yn] adj. num. card. inv. (lat. *unus*). **1.** Qui désigne une quantité égale à l'unité et sert de base à la numération : *Des pièces de un euro. Il faut une personne de plus.* **2.** (En fonction d'ordinal). De rang numéro un ; premier : *Le tome un. La page un* ou *une.* ▸ ***Ne faire qu'un avec,*** être tout à fait semblable ou parfaitement uni à : *La cathédrale ne fait qu'un avec le site.* ***Pas un,*** aucun, nul : *Pas une d'entre elles n'a abandonné. Pas un ordinateur qui soit tombé en panne.* ***Un à un*** ou ***un par un,*** pas plus d'un à la fois : *Les questions sont reprises une à une* ; une personne, une chose succédant à une autre : *Distribuez les feuilles une par une.* ◆ adj. Qui ne peut être divisé : *La vérité est une.* ◆ **un** n.m. inv. **1.** Le nombre qui suit zéro dans la série des entiers naturels et qui exprime l'unité ; le chiffre représentant ce nombre : *Un et un font deux. Le un s'écrit « I » en chiffres romains.* **2.** Désigne selon les cas le numéro d'un dossard, d'une chambre, etc. : *Le un l'a emporté. L'entreprise a son siège dans cette rue, au un* ou *au 1.* ▸ ***C'est tout un, ce n'est qu'un,*** c'est la même chose. ◆ **une** n.f. inv. ▸ *Fam.* ***Ne faire ni une ni deux,*** ne pas hésiter. (Voir aussi à son ordre alphabétique.)

② **un, une** [œ̃, yn] art. indéf. (lat. *unus*) [pl. *des*]. Détermine de façon indéfinie un groupe nominal dont il indique le genre et le nombre : *Êtes-vous abonné à un journal ? Ils ont eu une petite fille. Nous avons des cerises et des gâteaux au dessert.* ▸ *Fam.* ***Un de ces*** (+ n. pl.), indique une grande intensité : *Elle a eu une de ces peurs.* ◆ pron. indéf. (pl. *uns, unes*). **1.** (Suivi d'un compl. introduit par *de*). Personne, chose qui fait partie de : *L'un de vous pourrait-il m'aider ? C'est une des principales raisons de sa venue. L'une de celles qui ont marqué le siècle.* **2.** (En corrélation avec *en* ; toujours au sing.). Représente un élément de l'ensemble d'êtres dont il est question : *J'en connais une qui réussira sûrement. On demanda un médecin, il y en avait un parmi les passagers.* ▸ *Fam.* ***C'est tout l'un ou tout l'autre,*** on va d'un excès à l'excès opposé, il n'y a pas de milieu : *Il adule ou il déteste, c'est tout l'un ou tout l'autre.* *Fam.* ***L'un dans l'autre,*** en moyenne : *L'un dans l'autre, ces discussions nous ont fait progresser.* ***L'un et l'autre,*** tous deux : *L'une et l'autre sont douées.* ***L'un... l'autre,*** exprime la diversité : *Les unes aiment la lecture, les autres préfèrent les jeux vidéo. Ils partent l'un à la montagne, l'autre à la mer.* ***L'un l'autre,*** exprime la réciprocité : *Aimez-vous les uns les autres. Elles se sont remerciées l'une l'autre.* ***L'un ou l'autre,*** indique un choix entre deux choses, deux personnes : *Prenez l'une ou l'autre, peu importe.* ***Ni l'un ni l'autre,*** aucun des deux : *Ils n'y croient ni l'un ni l'autre. Ni l'une ni l'autre ne viendra* ou *ne viendront.*

unanime adj. (lat. *unanimus,* qui a les mêmes sentiments, de *unus,* un, et *animus,* âme, esprit). **1.** Qui exprime un avis commun à tous : *Une protestation unanime* (**SYN.** collectif, 1. général). **2.** (Au pl.). Se dit de personnes qui sont du même avis : *Ils ont été unanimes à approuver cette idée.*

unanimement adv. **1.** À l'unanimité : *Une proposition unanimement approuvée.* **2.** De l'avis général : *Une personne unanimement respectée* (= par tous).

unanimisme n.m. **1.** Comportement unanime. **2.** Doctrine littéraire selon laquelle l'écrivain doit dépeindre la vie collective.

unanimiste adj. et n. Relatif, favorable à l'unanimisme.

unanimité n.f. Accord complet des opinions, des suffrages : *Ce rapport fait l'unanimité contre lui. Une proposition adoptée à l'unanimité* (= par la totalité des votants).

unau [yno] n.m. (mot tupi) [pl. *unaux* ou *unaus*]. Mammifère arboricole d'Amérique tropicale, aussi appelé *paresseux.*

underground [œndœrgrawnd] adj. inv. (mot anglo-amér. signif. « souterrain »). Se dit d'un spectacle, d'une œuvre d'avant-garde réalisés en dehors des circuits commerciaux ordinaires : *La presse underground.* ◆ n.m. inv. Mouvement underground.

une [yn] n.f. (de *1. un*). Première page d'un journal : *Cette photographie fait la une des journaux. Des unes célèbres.*

unetelle n.f. → **untel.**

unguéal, e, aux [ɔ̃gɥeal, o ou ɔ̃geal, o] adj. (du lat. *unguis,* ongle). Relatif à l'ongle.

uni, e adj. **1.** Où règne l'unité, l'entente : *Une famille unie* (**SYN.** solidaire ; **CONTR.** désuni). *L'Organisation des Nations unies.* **2.** Qui est sans inégalités, sans aspérités ; plat : *Étaler un enduit sur une surface unie* (**SYN.** lisse ; **CONTR.** inégal, irrégulier). **3.** Qui est d'une seule couleur : *Une chemise unie.* ◆ **uni** n.m. Étoffe, papier, peinture d'une seule couleur : *Mettre de l'uni avec une veste à carreaux.*

unicellulaire adj. Se dit d'un organisme vivant qui est constitué par une seule cellule.

unicité n.f. Caractère d'une personne, d'une chose qui est unique dans sa catégorie : *Le courage qui fait l'unicité de Victor Hugo.*

unicolore adj. Qui est d'une seule couleur : *Un papier unicolore* (**SYN.** uni ; **CONTR.** multicolore).

unidimensionnel, elle adj. Qui a une seule dimension (par opp. à multidimensionnel).

unidirectionnel, elle [ynidirɛksjɔnɛl] adj. Qui a une seule direction ; qui s'exerce dans une seule direction (par opp. à omnidirectionnel) : *Une antenne unidirectionnelle.*

unième [ynjɛm] adj. num. ord. (Précédé de *cent,* de *mille* ou d'un numéral de dizaine à l'exception de *dix*). De rang un dans la dizaine, après *cent* ou après *mille* :

La vingt et unième personne. Le trente et unième jour. La cent unième fiche. Le mille unième client.

unièmement adv. (Après un élément introduit par un adverbe de dizaine, à l'exception de *dixièmement*). En unième lieu dans la dizaine : *Quarante et unièmement.*

unif n.f. (abrév.). *Fam.* En Belgique, université.

unifamilial, e, aux adj. ▸ ***Maison unifamiliale,*** en Belgique et au Québec, maison individuelle (on dit aussi *une unifamiliale*). ◆ **unifamiliale** n.f. Maison unifamiliale.

unificateur, trice adj. et n. Qui unifie : *Signer un traité unificateur.*

unification n.f. Action d'unifier : *L'unification de l'Allemagne* (**CONTR.** division, partage, scission).

unifier v.t. (lat. *unificare*, de *unus*, un seul) [conj. 9]. **1.** Amener ou ramener à l'unité : *Unifier un pays* (**SYN.** unir ; **CONTR.** diviser, partager). **2.** Rendre homogène, cohérent : *Unifier les taxes européennes* (**SYN.** normaliser, standardiser, uniformiser). ◆ **s'unifier** v.pr. Être amené à se fondre en un tout : *Les associations se sont unifiées.*

unifolié n.m. Nom du drapeau canadien.

① **uniforme** adj. **1.** Qui a la même forme, le même aspect : *Les maisons uniformes des cités minières* (**SYN.** identique, pareil). **2.** Qui ne présente aucune variété : *Une vie uniforme* (**SYN.** monotone ; **CONTR.** mouvementé). *Une teinte uniforme* (**SYN.** uni).

② **uniforme** n.m. **1.** Vêtement de coupe et de couleur réglementaires porté par divers corps de l'État et diverses catégories de personnel : *Un uniforme de postier. Un uniforme de détenu.* **2.** Habit militaire : *Quitter l'uniforme* (= reprendre la vie civile).

uniformément adv. De façon uniforme ; uniment : *Du vernis appliqué uniformément* (**SYN.** régulièrement).

uniformisation n.f. Action d'uniformiser ; fait d'être uniformisé : *L'uniformisation de la culture dans les pays occidentaux* (**SYN.** standardisation ; **CONTR.** diversification).

uniformiser v.t. [conj. 3]. Rendre uniforme : *La mondialisation uniformise les goûts des consommateurs* (**SYN.** standardiser ; **CONTR.** diversifier).

uniformité n.f. **1.** État de ce qui est uniforme, de même forme, de même nature : *L'uniformité des avis formulés par les ministres* (**SYN.** identité, similarité ; **CONTR.** diversité). **2.** Caractère de ce qui ne présente aucune variété : *L'uniformité des plaines enneigées* (**SYN.** monotonie).

unijambiste adj. et n. Qui a subi l'amputation d'une jambe.

unilatéral, e, aux adj. **1.** Qui ne concerne qu'un seul côté (par opp. à bilatéral) : *Le stationnement unilatéral.* **2.** Qui est pris par une seule des parties en présence : *Une décision unilatérale de baisse de la production* (**CONTR.** conjoint, réciproque).

unilatéralement adv. De façon unilatérale : *Rompre unilatéralement les relations diplomatiques.*

unilatéralisme n.m. Politique d'un État qui ne prend en considération que ses seuls intérêts économiques, stratégiques, etc.

unilingue adj. Monolingue.

uniment adv. *Litt.* De façon égale, uniforme : *Une humeur uniment joyeuse* (**SYN.** invariablement, régulièrement). ▸ ***Tout uniment,*** simplement, sans détour : *Elle a tout uniment annoncé sa candidature.*

uninominal, e, aux adj. Qui ne contient qu'un nom. ▸ ***Scrutin uninominal,*** scrutin dans lequel on ne peut indiquer qu'un seul nom.

union n.f. (lat. *unio*, de *unus*, un). **1.** Combinaison de choses de manière à ce qu'elles n'en forment qu'une : *Une union des compétences* (**SYN.** conjonction, conjugaison). *L'union des nouvelles technologies et de l'art traditionnel* (**SYN.** alliance). **2.** Lien conjugal ; mariage : *Ils ont officialisé leur union. Une union heureuse.* **3.** Conformité des sentiments, des pensées : *Vivre en parfaite union avec qqn* (**SYN.** entente, harmonie). **4.** Association de personnes ou de collectivités : *Une union de consommateurs, de victimes de la route* (**SYN.** fédération, groupement, ligue). **5.** (Avec une majuscule). Ensemble d'États qui se groupent sous un même gouvernement ou pour défendre des intérêts communs : *L'Union européenne.* ▸ ***Union libre*** ou ***civile,*** concubinage.

unionisme n.m. Position politique des unionistes.

unioniste n. et adj. Partisan du maintien de l'union dans un État confédéré (par opp. à séparatiste) : *Les unionistes irlandais* (= partisans du maintien de l'union de l'Irlande du Nord et de la Grande-Bretagne).

unipare adj. Se dit d'un mammifère dont la femelle n'a qu'un seul petit à chaque portée (par opp. à multipare).

unipersonnel, elle adj. ▸ ***Verbe unipersonnel,*** verbe impersonnel.

unipolaire adj. Qui n'a qu'un pôle : *Un appareil électrique unipolaire.*

unique adj. **1.** Qui est seul en son genre : *Sa fille unique. Un unique concert* (**SYN.** exclusif ; **CONTR.** multiple, nombreux). **2.** Qui est infiniment au-dessus des autres : *Un talent unique* (**SYN.** exceptionnel, incomparable, inégalable). **3.** *Fam.* Qui est singulier, extravagant : *Dire cela avec un tel naturel, vous êtes unique* (**SYN.** inouï, stupéfiant). **4.** Qui est le même pour plusieurs choses : *Une date unique de départ en vacances pour toutes les régions* (**SYN.** commun, identique ; **CONTR.** différent, divers).

uniquement adv. **1.** De façon unique, exclusive : *Une offre valable uniquement en Belgique* (**SYN.** exclusivement, seulement). **2.** Sans autre motif ou raison : *Elle a fait cela uniquement pour vous être agréable* (**SYN.** strictement).

unir v.t. (lat. *unire*, de *unus*, un) [conj. 32]. **1.** Joindre de manière à former un tout : *Unir des populations en une seule nation* (**SYN.** associer, unifier ; **CONTR.** démembrer, disloquer). **2.** Établir un lien entre : *Une voie ferrée unit les deux communes* (**SYN.** raccorder, relier, réunir ; **CONTR.** séparer). **3.** Établir des liens affectifs entre : *Un même idéal les unit* (**SYN.** lier, rassembler ; **CONTR.** diviser, opposer). *La solidarité contre cette maladie unit les êtres humains* (**SYN.** rapprocher ; **CONTR.** désunir). ◆ **s'unir** v.pr. **1.** S'allier avec : *Les syndicats se sont unis pour négocier* (**SYN.** s'associer, se coaliser). **2.** Se rapprocher par des liens affectifs : *Les époux s'unissent pour le meilleur et pour le pire* (**SYN.** se lier).

unisexe [ynisɛks] adj. Qui convient aussi bien aux

hommes qu'aux femmes : *Une coiffure, un pull unisexe.*

unisexué, e [yniseksɥe] ou **unisexuel, elle** [yniseksɥel] adj. Se dit d'une plante, d'un animal qui ne possède qu'un seul sexe (par opp. à bisexué ou hermaphrodite).

unisson n.m. (du lat. *unisonus,* qui a le même son). Ensemble de voix ou d'instruments de musique exécutant ensemble des sons de même hauteur : *Un unisson parfait.* ▸ ***À l'unisson,*** d'une manière unanime : *Les députés ont applaudi à l'unisson.* ***À l'unisson de,*** en parfaite concordance avec : *Tout le pays vibre à l'unisson de son équipe de football.*

unitaire adj. **1.** Relatif à l'unité, à ce qui est pris comme base : *Le prix unitaire des chaises.* **2.** Qui recherche ou manifeste l'unité sur le plan politique ou syndical : *Organiser un défilé unitaire.*

unité n.f. (lat. *unitas,* de *unus,* un). **1.** Caractère de ce qui est un, qui forme un tout (par opp. à pluralité) : *L'unité d'une doctrine. L'unité d'un pays.* **2.** Harmonie d'ensemble d'une œuvre artistique ou littéraire : *Son dernier roman manque vraiment d'unité* (**SYN.** cohérence, cohésion, homogénéité ; **CONTR.** hétérogénéité, variété). **3.** Caractère de ce qui est commun à plusieurs : *Une unité de points de vue* (**SYN.** communauté, identité ; **CONTR.** diversité). **4.** Grandeur servant de base à la mesure des grandeurs de même espèce : *Le mètre est l'unité de longueur.* **5.** Élément arithmétique pris comme base pour la formation des nombres et de la numération : *Le chiffre des unités.* **6.** Quantité correspondant au nombre un : *Des tickets vendus à l'unité ou en carnet* (**SYN.** pièce). **7.** Groupe militaire permanent : *Une unité du génie* (**SYN.** formation). **8.** Structure organisée au sein d'un ensemble plus vaste : *Une unité de production, de recherche.* **9.** Partie d'un ordinateur effectuant une tâche donnée : *L'unité centrale* (= qui exécute le programme). *Les unités périphériques* (= écran, imprimante, etc.). ▸ ***La règle des trois unités,*** dans le théâtre classique français, règle selon laquelle une pièce doit se dérouler avec une seule action *(unité d'action),* dans un lieu unique *(unité de lieu)* et dans l'espace d'une journée *(unité de temps).* ***Unité de formation et de recherche*** ou ***U. F. R.,*** structure de base de l'enseignement universitaire en France. ***Unité d'enseignement*** ou ***U.E.,*** dans une université, enseignement correspondant à une discipline et sanctionné par un contrôle des connaissances.

univers [ynivɛr] n.m. (du lat. *universus,* tourné de manière à former un tout, de *vertere,* tourner). **1.** (Avec une majuscule). En astronomie, ensemble de ce qui existe, des planètes et des étoiles : *Nous ne sommes peut-être pas seuls dans l'Univers* (**SYN.** cosmos). **2.** Monde habité ; ensemble des hommes : *Voyager aux quatre coins de l'univers* (**SYN.** globe, monde, planète). **3.** Milieu dans lequel on vit ; champ d'activité : *Son entreprise est son seul univers. L'univers de la génétique* (**SYN.** domaine, sphère).

universalisation n.f. Action d'universaliser ; fait de s'universaliser : *Redouter l'universalisation de la guerre.*

universaliser v.t. [conj. 3]. Rendre universel, commun à tous les hommes : *Universaliser l'Internet* (**SYN.** généraliser, répandre). ◆ **s'universaliser** v.pr. Devenir universel ; se généraliser.

universalité n.f. Caractère de ce qui est universel : *L'universalité des sciences.*

universaux n.m. pl. Ensemble de concepts, d'éléments, de relations existant dans toutes les langues du monde (on dit aussi *les universaux du langage*).

universel, elle adj. **1.** Qui concerne l'Univers, le cosmos : *La gravitation universelle.* **2.** Qui s'étend sur toute la surface de la Terre : *La paix universelle* (**SYN.** mondial, planétaire). **3.** Qui embrasse la totalité des êtres et des choses : *La valeur universelle d'une découverte* (**CONTR.** individuel, particulier). **4.** Qui s'applique à tous les cas : *Un remède universel* (**CONTR.** spécifique). **5.** Qui a des connaissances en tout : *Un esprit universel* (**SYN.** encyclopédique ; **CONTR.** spécialisé). **6.** Se dit d'un instrument, d'un appareil à usages multiples : *Un robot universel. Une pince universelle.* ▸ ***Donneur universel***→ **donneur.** ***Receveur universel***→ **receveur.**

universellement adv. De façon universelle : *Un talent universellement reconnu* (**SYN.** mondialement).

universitaire adj. **1.** Relatif à l'université ; relatif à l'enseignement supérieur : *La cité universitaire. Un diplôme universitaire.* **2.** Qui possède une université : *Une ville universitaire.* ◆ n. **1.** Enseignant dans une université. **2.** En Belgique, personne pourvue d'un diplôme de fin d'études à l'université.

université n.f. (du lat. *universitas,* communauté, corporation). **1.** Ensemble d'établissements scolaires relevant de l'enseignement supérieur regroupés dans une circonscription administrative : *L'université de Lille-III.* **2.** Ensemble des bâtiments, du personnel d'une université : *Toute l'université s'est mobilisée pour la rentrée.* ▸ ***Université d'été,*** session de conférences, de débats, de formation qu'organisent certains partis politiques pendant les vacances d'été.

univitellin, e adj. Monozygote.

univocité n.f. *Didact.* Caractère de ce qui est univoque.

univoque adj. (du lat. *univocus,* qui n'a qu'un son). Se dit d'un mot, d'une proposition qui garde le même sens dans des emplois différents (par opp. à équivoque).

untel, unetelle [œ̃tɛl, yntɛl] n. (Souvent avec une majuscule, et parfois en deux mots). Désigne une personne qu'on ne veut pas nommer : *Déjeuner chez les Untels. M. Untel applaudit et tu l'imites* (= quelqu'un).

upérisation n.f. (de *Uper,* inventeur suisse de ce procédé). Procédé de stérilisation des liquides, en partic. du lait, qui consiste à les porter pendant quelques secondes à une très haute température.

upériser v.t. [conj. 3]. Soumettre à l'upérisation : *Une usine où l'on upérise le lait.*

uppercut [ypɛrkyt] n.m. (mot angl., de *upper,* supérieur, et *cut,* coup). En boxe, coup de poing porté bras fléchi et de bas en haut.

upsilon [ypsilɔn] n.m. inv. (mot gr.). Vingtième lettre de l'alphabet grec (Υ, υ), correspondant au « u » français.

uraète n.m. (du gr. *oura,* queue, et *aetos,* aigle). Grand aigle d'Australie.

uranifère adj. Qui renferme de l'uranium.

uranique adj. Relatif à l'uranium.

uranisme n.m. (du gr. *Ourania*, surnom de la déesse Aphrodite). *Litt.* Homosexualité masculine.

uranium [yranjɔm] n.m. (de l'all. *Uran*, de *Uranus*, planète découverte en même temps que l'oxyde d'uranium). Métal ayant l'aspect du fer, faiblement radioactif.

urbain, e adj. (lat. *urbanus*, de *urbs, urbis*, ville). **1.** Relatif à la ville, à ses habitants (par opp. à rural) : *Les populations urbaines* (**SYN.** citadin). *Les transports urbains* (= assurés par la municipalité ; **SYN.** municipal). **2.** *Litt.* Qui fait preuve d'urbanité ; courtois, poli. ◆ n. Personne qui habite dans une ville ; citadin.

urbanisation n.f. Action d'urbaniser ; son résultat : *L'urbanisation de la campagne environnant cette grande ville.*

urbaniser v.t. [conj. 3]. Transformer en agglomération urbaine : *Urbaniser des secteurs de plus en plus vastes.* ◆ **s'urbaniser** v.pr. Se transformer en zone urbaine : *La région s'est urbanisée.*

urbanisme n.m. Science et technique de la construction et de l'aménagement des villes, des agglomérations.

① **urbaniste** n. Spécialiste d'urbanisme et d'aménagement des territoires.

② **urbaniste** ou **urbanistique** adj. Relatif à l'urbanisme : *Les aménagements urbanistes.*

urbanité n.f. *Litt.* Politesse raffinée : *Elle les a remerciés avec urbanité* (**SYN.** affabilité, courtoisie ; **CONTR.** impolitesse).

urbi et orbi [yrbiɛtɔrbi] loc. adv. (mots lat. signif. « à la ville [Rome] et à l'univers »). Se dit des bénédictions solennelles adressées par le pape à Rome et au monde entier. ▸ *Litt.* ***Clamer urbi et orbi,*** clamer partout, à tout le monde.

urdu [urdu] n.m. → **ourdou.**

urée n.f. Substance non toxique formée dans le foie et éliminée par les reins dans l'urine.

urémie n.f. Augmentation anormale du taux d'urée dans le sang.

urétéral, e, aux adj. Relatif à l'uretère.

uretère n.m. Chacun des deux canaux qui conduisent l'urine du rein à la vessie.

urétral, e, aux adj. Relatif à l'urètre.

urètre [yrɛtr] n.m. (du gr. *ourein*, uriner, de *oûron*, urine). Canal partant de la vessie et servant à l'évacuation de l'urine et, chez l'homme, au passage du sperme.

urgemment [yrʒamɑ̃] adv. D'urgence ; immédiatement, sur-le-champ.

urgence n.f. **1.** Caractère de ce qui est urgent : *L'urgence du courriel est signalée sur l'écran.* **2.** Nécessité d'agir vite : *La bande d'arrêt d'urgence d'une autoroute. Un montage financier établi dans l'urgence.* **3.** Situation nécessitant une intervention médicale ou chirurgicale rapide ; cas urgent : *L'interne de garde a été appelé pour une urgence.* ▸ ***D'urgence*** ou ***de toute urgence,*** sans délai : *L'ambassadeur a été convoqué d'urgence* (= immédiatement). ***État d'urgence,*** régime exceptionnel qui, en cas de troubles graves ou de calamité publique, renforce les pouvoirs de police des autorités civiles. ◆ **urgences** n.f. pl. Service d'un hôpital où sont dirigées les personnes dont l'état nécessite un traitement immédiat (on dit aussi *service des urgences*).

urgent, e adj. (lat. *urgens, urgentis*, de *urgere*, presser). Qui ne peut être différé ; qui doit être fait, décidé sans délai : *Elle a un besoin urgent de ce logiciel* (**SYN.** impératif, pressant). *Venez vite, c'est urgent. Un dossier extrêmement urgent* (**SYN.** pressé).

urgentiste adj. et n. Se dit d'un médecin spécialiste des urgences.

urger v. impers. [conj. 17]. ▸ *Fam.* ***Ça urge,*** c'est urgent.

urinaire adj. Relatif à l'urine, aux organes qui la produisent : *Une infection urinaire.*

urinal n.m. (pl. *urinaux*). Récipient à col incliné permettant de faire uriner les hommes alités.

urine n.f. (lat. *urina*). Liquide sécrété par les reins et collecté dans la vessie avant son évacuation hors de l'organisme.

uriner v.i. [conj. 3]. Évacuer son urine. ◆ v.t. Évacuer dans son urine : *Uriner du sang.*

urinoir n.m. Petite construction aménagée pour permettre aux hommes d'uriner.

urique adj. ▸ ***Acide urique,*** acide organique présent dans le sang et dans l'urine.

URL [yɛrɛl] n.f. (sigle de l'angl. *uniform resource locator*, localisateur universel de ressources). Adresse qui précise la localisation d'une ressource Internet.

urne n.f. (lat. *urna*). **1.** Vase servant à conserver les cendres des morts. **2.** Boîte servant à recueillir les bulletins de vote : *Mettre son bulletin dans l'urne.* ▸ ***Aller aux urnes,*** voter.

uro-génital, e, aux adj. Génito-urinaire.

urographie n.f. Radiographie des voies urinaires.

urologie n.f. Étude des maladies des voies urinaires et de l'appareil génito-urinaire masculin.

urologue n. Spécialiste d'urologie.

urticaire n.f. (du lat. *urtica*, ortie). Éruption cutanée passagère, ressemblant à des piqûres d'ortie, souvent due à une réaction allergique : *Une forte urticaire.*

urticant, e adj. Dont le contact produit une piqûre analogue à celle de l'ortie : *Des chenilles urticantes.*

urtication n.f. Réaction inflammatoire de la peau accompagnée d'une sensation de brûlure.

urubu [urubu] n.m. (mot tupi). Vautour d'Amérique tropicale.

us [ys] n.m. pl. (du lat. *usus*, usage). ▸ ***Les us et coutumes,*** les traditions d'un pays, d'un peuple.

usage n.m. **1.** Action, fait de se servir de qqch : *L'usage de l'Internet continue à se développer* (**SYN.** emploi, utilisation). *Perdre l'usage de la vue* (**SYN.** faculté, jouissance). **2.** Fonction, destination de qqch : *Du matériel à usage professionnel.* **3.** Pratique habituellement observée dans un groupe, une société : *Aller contre l'usage établi* (**SYN.** coutume). *Il est d'usage de souhaiter la bienvenue aux nouveaux arrivants* (**SYN.** habitude, tradition). **4.** Ensemble des règles et des interdits qui caractérisent la langue utilisée par le plus grand nombre de locuteurs à un moment donné et dans un milieu social donné : *Les mots consacrés par l'usage entrent dans le dictionnaire. Le bon usage* (= l'utilisation correcte de la langue). ▸ ***À l'usage,*** lorsqu'on l'utilise ; quand on s'en sert : *Cette machine est rentable à l'usage.* ***À***

l'usage de, destiné à servir à : *Un site Internet à l'usage des entrepreneurs.* ***Faire de l'usage,*** durer longtemps, être solide : *Ce sac vous fera de l'usage.* ***Faire usage de,*** employer, utiliser : *Les policiers ont dû faire usage de leurs armes.* ***Orthographe d'usage,*** orthographe des mots eux-mêmes, indépendamment des règles d'accord et de la fonction. ***Valeur d'usage,*** en économie, valeur découlant de la propriété de biens qui permettent de satisfaire les besoins (par opp. à valeur d'échange) : *Tout ce qui se porte, se mange, se consomme a une valeur d'usage.*

usagé, e adj. Qui a déjà servi : *Une veste usagée* (**SYN.** vieux). *La collecte des piles usagées* (**SYN.** usé ; **CONTR.** 2. neuf).

usager, ère n. **1.** Personne qui utilise habituellement un service public : *Une association des usagers des trains* (**SYN.** client). *Les usagers des transports aériens* (**SYN.** utilisateur). **2.** Personne utilisant une langue : *Les usagers du français* (= les locuteurs).

usant, e adj. *Fam.* Qui use les forces physiques ou morales : *Un travail usant* (**SYN.** épuisant, exténuant). *Ce bruit est usant* (**SYN.** abrutissant).

USB n.m. (sigle de l'angl. *universal serial bus,* bus de série universel). En informatique, bus rapide qui permet de connecter de nombreux périphériques à un micro-ordinateur.

usé, e adj. **1.** Qui a subi une certaine détérioration due à l'usure ; usagé : *Les poignets usés d'une chemise* (**SYN.** élimé, râpé). **2.** Qui est affaibli par l'âge : *Un homme usé.* **3.** Qui est devenu banal pour avoir été trop répété : *Des plaisanteries usées* (**SYN.** éculé, rebattu). ▸ ***Eaux usées*** → **eau.**

user v.t. ind. (lat. *usare,* de *uti,* se servir de) [conj. 3]. **[de].** Faire usage de qqch : *User de ses relations* (**SYN.** profiter, utiliser). *User de moyens détournés* (**SYN.** recourir à, se servir de). ◆ v.t. **1.** Détériorer par l'usage : *Il use vite ses chemises* (**SYN.** abîmer, élimer). **2.** Dépenser une matière, un produit en l'utilisant : *Ces ampoules usent peu d'électricité* (**SYN.** consommer). **3.** Affaiblir progressivement : *User sa santé* (**SYN.** miner). *Les efforts l'ont usé* (**SYN.** épuiser). ◆ **s'user** v.pr. **1.** Se détériorer par l'usage, par l'effet du temps : *Ses pantalons s'usent d'abord aux genoux* (**SYN.** s'abîmer). **2.** Perdre ses forces : *Elle s'est usée à la tâche* (**SYN.** s'épuiser).

usinage n.m. Action d'usiner : *L'usinage de pièces métalliques.*

usine n.f. (du lat. *officina,* atelier). **1.** Établissement industriel où l'on transforme des matières premières en produits finis : *Une usine métallurgique.* **2.** *Fam.* Organisme qui produit un type de personnes ou de choses en grand nombre : *Une usine à champions.* ▸ *Fam.* ***Usine à gaz,*** construction hétéroclite ; système trop complexe pour un usage ergonomique.

usiner v.t. [conj. 3]. Façonner une pièce avec une machine-outil.

usité, e adj. (lat. *usitatus,* de *usus,* usage). Se dit d'une forme de la langue qui est en usage : *Un mot très usité* (**SYN.** 1. courant, usuel ; **CONTR.** obsolète, rare).

usnée [ysne] n.f. (d'un mot ar. signif. « 2. mousse »). Lichen filamenteux gris poussant sur les vieux arbres.

ustensile n.m. (lat. *utensilia,* objets usuels, de *uti,* utiliser). Objet servant aux usages de la vie courante.

usuel, elle adj. (lat. *usualis,* de *usus,* usage). Dont on se sert fréquemment : *Des objets usuels* (**SYN.** familier). *Des mots usuels* (**SYN.** 1. courant, usité). ▸ ***Nom usuel,*** dénomination courante d'une espèce animale ou végétale (par opp. à nom scientifique) : *L'étoile de mer est le nom usuel de l'astérie* (**SYN.** vernaculaire). ◆ **usuel** n.m. Ouvrage d'un usage courant qui, dans les bibliothèques, est à la libre disposition du public : *Les dictionnaires sont des usuels.*

usuellement adv. De façon usuelle : *Une abréviation usuellement employée* (**SYN.** couramment).

usufructuaire adj. Relatif à l'usufruit.

usufruit n.m. (du lat. *usus fructus,* droit d'usage et jouissance d'un bien). Dans la langue juridique, droit d'utiliser un bien dont on n'a pas la propriété : *Ses parents ont l'usufruit d'une maison.*

usufruitier, ère adj. Relatif à l'usufruit : *La jouissance usufruitière.* ◆ n. Personne qui a l'usufruit d'un bien.

usuraire adj. Qui est supérieur au taux légal d'intérêt.

① **usure** n.f. (du lat. *usura,* intérêt de l'argent, de *usus,* usage, de *uti,* se servir de). Taux d'intérêt abusif demandé pour un prêt d'argent ; délit commis par ceux qui pratiquent ce taux. ▸ *Litt.* ***Avec usure,*** au-delà de ce qu'on a reçu, subi : *Il leur a rendu leurs moqueries avec usure.*

② **usure** n.f. (de *user*). **1.** Détérioration que produit l'usage : *L'usure des pneus* (**SYN.** dégradation). **2.** Amoindrissement des forces, de la santé ; affaiblissement. ▸ *Fam.* ***Avoir qqn à l'usure,*** persévérer jusqu'à ce qu'il cède. ***Guerre d'usure,*** conflit dans lequel on cherche à épuiser les forces, la patience de l'adversaire.

usurier, ère n. Personne qui prête à usure.

usurpateur, trice n. Personne qui s'empare, par des moyens illégitimes, d'un pouvoir, d'un bien.

usurpation n.f. Action d'usurper ; fait d'être usurpé : *Une usurpation d'identité.*

usurpatoire adj. Qui a le caractère d'une usurpation ; illégitime : *L'occupation usurpatoire d'un logement de fonction* (**SYN.** abusif, illégal).

usurper v.t. (lat. *usurpare,* de *usus,* usage, et *rapere,* emporter avec violence) [conj. 3]. **1.** S'approprier indûment un droit, un pouvoir, un bien : *Usurper le titre de docteur en médecine* (**SYN.** s'arroger, s'attribuer). **2.** Recevoir une chose à laquelle on n'a pas droit : *Il a usurpé sa réputation de grand créatif* (**CONTR.** mériter).

ut [yt] n.m. inv. (de *Ut queant laxis,* premiers mots de l'hymne latine à saint Jean-Baptiste). *Anc.* En musique, do.

utérin, e adj. Relatif à l'utérus. ◆ adj. et n. Se dit des frères et sœurs nés de la même mère, mais non du même père (par opp. à consanguin).

utérus [yterys] n.m. (lat. *uterus*). Organe de la gestation de la femme et des mammifères femelles : *Les contractions de l'utérus au moment de l'accouchement.*

utile adj. (lat. *utilis,* de *uti,* se servir de). Qui rend service ; qui est profitable : *Ce plan sera utile à ceux qui viennent pour la première fois* (**CONTR.** inutile). *Elle a su se rendre utile* (**SYN.** secourable ; **CONTR.** inefficace). *Il serait utile de téléphoner avant d'y aller* (**SYN.** judicieux, prudent ; **CONTR.** superflu). ▸ ***En temps utile,*** au moment opportun : *Vous le saurez en temps utile.*

◆ adv. ▸ ***Voter utile,*** voter pour un candidat susceptible de l'emporter. ◆ n.m. (Précédé de l'art. déf.). Chose nécessaire, propre à satisfaire un besoin : *Joindre l'utile à l'agréable.*

utilement adv. De façon utile, profitable : *Il nous a utilement renseignés* (SYN. efficacement).

utilisable adj. Qui peut être utilisé : *Des renseignements qui ne sont pas utilisables* (SYN. exploitable ; CONTR. inutilisable).

utilisateur, trice n. Personne, groupe qui fait usage de qqch : *Les utilisateurs d'Internet* (SYN. usager).

utilisation n.f. Action, manière d'utiliser : *L'utilisation d'un insecticide* (SYN. emploi, usage). *La notice d'utilisation d'un appareil* (= le mode d'emploi).

utiliser v.t. (de *utile*) [conj. 3]. **1.** Recourir pour un usage précis à : *Il utilise ce logiciel pour tenir à jour ses comptes* (SYN. se servir de). **2.** Tirer profit ou parti de : *Elle a su utiliser ses relations pour obtenir le poste* (SYN. exploiter).

utilitaire adj. **1.** Qui a pour but, pour principe essentiel l'utilité : *Le rôle utilitaire d'un appareil* (SYN. 1. pratique). **2.** Qui ne vise que des buts matériels : *Ils n'ont que des préoccupations utilitaires* (SYN. matérialiste, prosaïque). ▸ ***Véhicule utilitaire,*** véhicule destiné au transport des marchandises ou des personnes (on dit aussi *un utilitaire*).

utilitarisme n.m. Doctrine philosophique qui fait de l'utilité le principe et la norme de toute action.

utilitariste adj. et n. Relatif, favorable à l'utilitarisme.

utilité n.f. (lat. *utilitas*). Fait de servir à qqch, d'être utile : *L'utilité d'une calculatrice pour faire ses comptes* (SYN. usage). *L'ordinateur est d'une grande utilité* (SYN. efficacité ; CONTR. inefficacité). *Elle ne m'a été d'aucune utilité pour ce travail* (SYN. secours ; CONTR. inutilité). *Une association reconnue d'utilité publique* (= œuvrant pour l'intérêt général). ◆ **utilités** n.f. pl. ▸ ***Jouer les utilités,*** au théâtre, n'avoir qu'un rôle accessoire et subalterne.

utopie n.f. (lat. mod. *Utopia,* titre d'une œuvre de Th. More, du gr. *ou,* non, et *topos,* lieu). **1.** Société idéale mais imaginaire et irréaliste : *Platon, Fourier et Saint-Simon ont conçu des utopies* (= sont des utopistes). **2.** Projet dont la réalisation est impossible : *Un monde sans violence est une utopie* (SYN. chimère, illusion, rêve).

utopique adj. Qui tient de l'utopie : *Un projet utopique* (SYN. chimérique, imaginaire, irréalisable).

utopisme n.m. Attitude de celui qui se berce d'utopies, de rêveries.

utopiste adj. et n. Qui est attaché à des vues utopiques : *C'est une utopiste qui vit dans son monde* (SYN. rêveur). ◆ n. Concepteur d'un système utopiste.

utricule n.m. (du bas lat. *utriculus,* petite outre, de *uter, utris,* outre). En anatomie, petite cavité de l'oreille interne.

U.V. ou **UV** [yve] n.m. pl. (abrév. de *ultraviolet*). Rayons ultraviolets : *Des lunettes de soleil qui protègent bien des U.V.*

uval, e, aux adj. (du lat. *uva,* raisin, grappe). Relatif au raisin : *Faire une cure uvale* (= à base de raisin).

uvée n.f. (lat. médiév. *uvea,* de *uva,* raisin, grappe). Enveloppe de l'œil, constituée par l'iris et par la choroïde.

uvulaire adj. Qui a rapport à la luette.

uvule n.f. (du lat. *uvula,* petite grappe). Nom scientifique de la *luette.*

uzbek, e [uzbɛk] adj. et n. → **ouzbek.**

V *v*

v [ve] n.m. inv. Vingt-deuxième lettre (consonne) de l'alphabet français. ▸ ***À la vitesse grand V,*** aussi rapidement que possible. ***En V,*** qui a la forme de cette lettre majuscule : *Un décolleté en V.* ***Le V de la victoire,*** geste fait avec l'index et le majeur dressés, les autres doigts étant repliés. ***V,*** chiffre romain valant cinq.

va interj. (impér. du verbe *aller*). Sert à exprimer l'affection, l'encouragement, la menace : *Ne pleure plus, va ! Tu y passeras aussi, va !* ▸ *Fam.* ***Va donc !,*** précède une injure : *Va donc ! eh ! charlatan !* *Fam.* ***Va pour,*** c'est d'accord pour : *Va pour la piscine.*

vacance n.f. **1.** Situation d'une charge, d'un poste momentanément dépourvus de titulaire : *La vacance d'une chaire à l'université.* **2.** Temps pendant lequel un poste est sans titulaire. ◆ **vacances** n.f. pl. **1.** Période de congé dans les écoles, les universités : *Les vacances scolaires.* **2.** Période légale de congé des travailleurs : *Vacances d'été, d'hiver.* ▸ ***Les grandes vacances,*** les vacances scolaires d'été.

vacancier, ère n. Personne qui est en vacances hors de sa résidence habituelle : *« Voilà l'été, les vacanciers vont arriver »* [*les Vacanciers,* Ricet Barrier] (**SYN.** estivant, touriste).

vacant, e adj. (du lat. *vacans, vacantis,* qui est vide, de *vacare,* être vide). **1.** Que personne n'occupe : *Un logement vacant* (**SYN.** inoccupé ; **CONTR.** occupé). *Des places vacantes* (**SYN.** disponible, libre ; **CONTR.** 1. pris). **2.** Se dit d'une charge, d'un poste momentanément sans titulaire : *Un emploi d'ingénieur qui est actuellement vacant.*

vacarme n.m. (du moyen néerl. *wacharme !,* pauvre de moi !). Bruit assourdissant : *Être assourdi par le vacarme des machines* (**SYN.** tapage ; **CONTR.** silence).

vacataire n. et adj. Personne qui est rémunérée pour le temps consacré à l'accomplissement d'un travail déterminé.

vacation n.f. (lat. *vacatio,* de *vacare,* être vide). Temps consacré à l'examen d'une affaire ou à l'accomplissement d'une tâche déterminée ; rémunération de ce temps : *La vacation d'un expert.*

vaccin [vaksɛ̃] n.m. (de *vaccine*). **1.** Substance que l'on inocule à une personne ou à un animal pour l'immuniser contre une maladie ; inoculation de cette substance : *Avant de partir, faites le vaccin contre la fièvre jaune* (**SYN.** vaccination). **2.** *Fig.* Ce qui immunise contre un mal, un danger : *Il n'existe aucun vaccin contre l'amour.*

vaccinable [vaksinabl] adj. Qui peut être vacciné.

vaccinal, e, aux [vaksinal] adj. Relatif au vaccin, à la vaccination.

vaccination [vaksinasjɔ̃] n.f. Action de vacciner : *La première vaccination a été réalisée en 1796 par Jenner, contre la variole.*

vaccine [vaksin] n.f. (du lat. [*variola*] *vaccina,* [variole] de la vache). Maladie de la vache ou du cheval, qui peut se transmettre à l'homme et lui assure l'immunité antivariolique.

vacciner [vaksine] v.t. [conj. 3]. **1.** Administrer un vaccin à : *Vacciner un enfant contre la poliomyélite.* **2.** *Fam.* Mettre à l'abri d'un désagrément ; guérir d'une habitude : *Cette expérience malheureuse l'a vaccinée contre la vitesse au volant* (**SYN.** immuniser).

① **vache** n.f. (lat. *vacca*). **1.** Femelle reproductrice de l'espèce bovine : *Une vache laitière* (= élevée pour le lait qu'elle produit). **2.** Peau de bovin ; vachette : *Un portefeuille en vache.* **3.** *Fam.* Personne méchante (on dit aussi *une peau de vache*) : *Son frère est une vache.* ▸ *Fam.* ***Coup en vache,*** coup donné par traîtrise. *Fam.* ***La vache !,*** expression de dépit ou d'admiration. ***Maladie de la vache folle,*** encéphalopathie spongiforme bovine. *Fam.* ***Manger de la vache enragée,*** mener une vie de privations. ***Montagne à vaches*** → **montagne.** ***Vache à eau,*** récipient en toile ou en plastique utilisé par les campeurs pour mettre de l'eau. *Fam.* ***Vache à lait,*** personne que l'on exploite, dont on profite. ***Vaches grasses, vaches maigres,*** périodes de prospérité, de pénurie.

② **vache** adj. *Fam.* Très strict ; méchant : *Je t'ai trouvé vache avec elle* (**SYN.** dur, sévère ; **CONTR.** 2. gentil, indulgent).

vachement adv. *Fam.* Beaucoup ; très : *Un film vachement ennuyeux* (**SYN.** extrêmement).

vacher, ère n. Personne qui s'occupe des vaches.

vacherie n.f. **1.** *Fam.* Caractère dur de qqn : *La vacherie d'un directeur* (**SYN.** sévérité ; **CONTR.** indulgence). **2.** *Fam.* Parole, action méchante : *Il m'a dit des vacheries* (**SYN.** méchanceté ; **CONTR.** gentillesse).

vacherin n.m. (de *1. vache*). **1.** Fromage fait avec du lait de vache, à pâte molle et onctueuse. **2.** Gâteau meringué garni de crème glacée.

vachette n.f. **1.** Petite vache ; jeune vache ; génisse. **2.** Cuir léger provenant d'un jeune bovin : *Un sac en vachette.*

vacillant, e [vasijɑ̃, ɑ̃t] adj. **1.** Qui tremble ; qui n'est pas stable : *Une flamme vacillante* (**SYN.** tremblotant). *La démarche vacillante d'un ivrogne* (**SYN.** chancelant, titubant ; **CONTR.** 1. assuré). **2.** Qui est incertain ; instable : *Une mémoire vacillante* (**SYN.** défaillant ; **CONTR.** sûr).

vacillement [vasijmɑ̃] n.m. ou **vacillation** [vasijasjɔ̃] n.f. Fait de vaciller : *Le vacillement de la lumière* (**SYN.** oscillation, tremblement).

vaciller [vasije] v.i. (lat. *vacillare*) [conj. 3]. **1.** N'être pas bien stable ; chanceler : *Un poteau qui vacille et risque de tomber* (**SYN.** branler). *Vaciller sur ses jambes* (**SYN.** tituber). **2.** Scintiller faiblement ; trembler : *La flamme vacilla et s'éteignit* (**SYN.** trembloter). **3.** Être incertain ; manquer d'assurance : *Une mémoire qui vacille* (**SYN.** défaillir [sout.]).

vacuité n.f. (lat. *vacuitas*, de *vacuus*, vide). **1.** État de ce qui est vide : *La vacuité de l'estomac d'un malade* (par opp. à réplétion). **2.** *Litt.* Vide intellectuel ; absence de valeur, de signification, d'intérêt : *La vacuité d'un discours, d'une existence.*

vacuolaire adj. Relatif aux vacuoles.

vacuole n.f. (du lat. *vacuus*, vide). Petite cavité à l'intérieur d'un corps, d'une cellule : *Les vacuoles du cytoplasme. Les vacuoles d'une roche.*

vade-mecum [vademekɔm] n.m. inv. (mots lat. signif. « va avec moi »). *Sout.* Guide, manuel, répertoire que l'on garde sur soi pour le consulter : *Les vade-mecum des générations précédentes.*

① **vadrouille** n.f. *Fam.* **1.** Promenade sans but défini ; balade : *Il est parti en vadrouille.* **2.** Voyage, déplacement quelconque : *« La Grande Vadrouille », film de Gérard Oury.*

② **vadrouille** n.f. Au Québec, balai à franges.

vadrouiller v.i. [conj. 3]. *Fam.* Se promener sans but précis : *Il vadrouillait dans le parc* (**SYN.** flâner, traîner).

vadrouilleur, euse n. *Fam.* Personne qui aime vadrouiller.

va-et-vient [vaevjɛ̃] n.m. inv. **1.** Mouvement alternatif d'un point à un autre : *Le va-et-vient d'un pendule* (**SYN.** oscillation). **2.** Mouvement confus de personnes, de véhicules : *Il y a des va-et-vient continuels dans les couloirs de cette entreprise* (= des allées et venues incessantes ; **SYN.** passage). **3.** Charnière à ressort permettant l'ouverture d'une porte dans les deux sens. **4.** Dispositif électrique permettant de commander une lampe de deux ou plusieurs endroits différents.

vagabond, e adj. (bas lat. *vagabundus*, du lat. class. *vagari*, errer). **1.** Qui se déplace sans arrêt, change de lieu : *Mener une vie vagabonde* (**SYN.** errant, itinérant ; **CONTR.** sédentaire). **2.** Qui change constamment, au gré de sa fantaisie : *Une imagination vagabonde* (**SYN.** débridé). ◆ n. Personne qui n'a ni domicile, ni profession, ni moyens de subsistance ; S.D.F.

vagabondage n.m. **1.** Fait de vagabonder ; errance. **2.** *Fig.* Divagation de l'esprit ; rêverie.

vagabonder v.i. [conj. 3]. **1.** Errer çà et là : *Il a vagabondé à travers tout le pays* (**SYN.** déambuler, traîner). **2.** *Fig.* Passer sans cesse d'une chose à une autre : *Elle laissait son imagination vagabonder* (**SYN.** errer, vaguer [litt.]).

vagal, e, aux adj. Relatif au nerf vague.

vagile adj. (du lat. *vagari*, errer). ▸ ***Faune vagile***, ensemble des animaux aquatiques qui se déplacent en rampant sur le fond (par opp. à faune sessile).

vagin n.m. (du lat. *vagina*, étui, fourreau). Organe génital interne de la femme, qui va de l'utérus à la vulve.

vaginal, e, aux adj. Du vagin : *La muqueuse vaginale.*

vaginisme n.m. Spasme douloureux des muscles vaginaux.

vaginite n.f. Inflammation de la muqueuse du vagin.

vagir v.i. (lat. *vagire*) [conj. 32]. **1.** Pousser des cris, en parlant du nouveau-né : *Le bébé vagissait dans son berceau.* **2.** Émettre un vagissement, en parlant du lièvre ou du crocodile.

vagissant, e adj. Qui vagit.

vagissement n.m. **1.** Cri de l'enfant nouveau-né. **2.** Cri faible et plaintif du lièvre et du crocodile.

① **vague** adj. (du lat. *vagus*, qui erre). **1.** Qui manque de netteté ; que l'on identifie mal : *Je ne distinguais qu'une forme vague dans l'obscurité* (**SYN.** confus ; **CONTR.** distinct, 1. net). *Il ressent des douleurs vagues dans la jambe* (**SYN.** indéfinissable). **2.** Dont la signification est floue ; qui laisse place au doute : *Je ne me contenterai pas d'une réponse vague* (**SYN.** évasif ; **CONTR.** 1. précis). *Une vague promesse* (**SYN.** ambigu ; **CONTR.** explicite, formel). **3.** Dont la qualité, la nature, la valeur n'est pas clairement établie : *Cette fille est une vague connaissance. Il a un vague diplôme commercial* (**SYN.** obscur, quelconque). **4.** Se dit d'un vêtement qui a une certaine ampleur : *Une robe vague* (**CONTR.** ajusté). ▸ ***Nerf vague***, chacun des deux nerfs crâniens qui descendent jusqu'à l'estomac et innervent des organes comme le cœur et le foie. ◆ n.m. Ce qui est imprécis, mal défini : *Il m'a laissé volontairement dans le vague* (**SYN.** flou, imprécision). ▸ ***Regarder*** ou ***avoir les yeux dans le vague***, ne fixer aucun objet précis. ***Vague à l'âme***, sentiment de tristesse sans cause apparente ; mélancolie.

② **vague** adj. (du lat. *vacuus*, vide). ▸ ***Terrain vague***, terrain situé dans une agglomération, qui n'a aucun usage précis et n'est pas entretenu.

③ **vague** n.f. (anc. scand. *vâgr*). **1.** Soulèvement de la surface de l'eau par le vent ou le courant : *De grosses vagues faisaient tanguer le bateau* (**SYN.** flot, lame). **2.** *Fig.* Phénomène subit qui apparaît en masse et se propage : *Une vague de froid touche la France* (**SYN.** déferlement). **3.** Masse importante de personnes, de choses : *L'arrivée d'une nouvelle vague de migrants* (**SYN.** afflux, flot). *Une vague d'arrestations a eu lieu* (**SYN.** série). ▸ ***Faire des vagues***, provoquer des troubles, susciter des réactions d'hostilité. ***La nouvelle vague***, la nouvelle génération d'avant-garde ; spécial., groupe de jeunes cinéastes français de la fin des années 50 et du début des années 60.

vaguelette n.f. Petite vague : *Des vaguelettes à la surface d'un étang* (**SYN.** ondulation, ride).

vaguement adv. **1.** De façon imprécise : *On distinguait vaguement quelques panneaux de signalisation* (**SYN.** indistinctement ; **CONTR.** nettement). **2.** D'une manière faible : *Il a vaguement protesté* (**SYN.** faiblement ; **CONTR.** énergiquement). **3.** En restant dans le vague : *Elle m'a vaguement expliqué en quoi cela consiste* (**CONTR.** précisément).

vaguemestre [vagmɛstr] n.m. (de l'all. *Wagenmeister*, maître des équipages). **1.** Sous-officier chargé du service postal d'une unité. **2.** En Afrique, garçon de bureau ; planton.

vaguer v.i. (du lat. *vagari,* errer) [conj. 3]. *Litt.* Errer çà et là, au hasard : *Laisser vaguer son esprit* (**SYN.** vagabonder).

vahiné [vaine] n.f. (mot tahitien). Femme de Tahiti.

vaillamment adv. Avec vaillance (**SYN.** bravement, valeureusement ; **CONTR.** lâchement).

vaillance n.f. Qualité d'une personne brave ; énergie morale ; courage : *La vaillance de nos soldats* (**SYN.** bravoure ; **CONTR.** lâcheté).

vaillant, e adj. (anc. p. présent de *valoir*). **1.** Qui fait preuve de courage : *De vaillants défenseurs* (**SYN.** brave, valeureux ; **CONTR.** 2. lâche). **2.** Qui a une santé robuste : *Elle n'est plus très vaillante depuis son malaise* (**SYN.** vigoureux ; **CONTR.** faible). ▸ *Litt.* ***N'avoir plus un sou vaillant,*** n'avoir plus du tout d'argent.

vain, e adj. (du lat. *vanus,* vide). **1.** Qui ne repose sur rien de sérieux : *De vains espoirs* (**SYN.** chimérique, illusoire ; **CONTR.** réel). **2.** Qui est sans efficacité : *Élever de vaines protestations* (**SYN.** infructueux, inutile ; **CONTR.** efficace, utile). ▸ ***En vain,*** sans résultat : *Il a cherché en vain un moyen de la retenir* (= vainement). ***Un vain mot,*** un mot vide de sens, qui ne signifie rien.

vaincre v.t. (lat. *vincere*) [conj. 114]. **1.** Remporter une victoire ; être vainqueur : *Les troupes ont vaincu l'ennemi* (**SYN.** défaire [litt.], écraser). *Cette équipe de rugby nous a difficilement vaincus* (**SYN.** battre). **2.** Venir à bout de ; triompher de : *Il a réussi à vaincre sa timidité* (**SYN.** dominer, surmonter).

vaincu, e adj. et n. Qui a subi une défaite, un échec : *Les vaincus ont quitté le terrain* (**SYN.** perdant ; **CONTR.** gagnant, vainqueur).

vainement adv. En vain ; sans succès : *Nous vous avons vainement attendu hier soir* (**SYN.** inutilement).

vainqueur adj.m. et n.m. Qui a remporté la victoire ; qui a vaincu : *Le vainqueur du match* (**SYN.** gagnant ; **CONTR.** perdant). *L'athlète vainqueur* (**SYN.** victorieux). ◆ adj.m. Qui marque la victoire : *Un air vainqueur* (**SYN.** triomphant).

vair n.m. (du lat. *varius,* tacheté, varié). Fourrure de l'écureuil de Russie. ☞ **REM.** Ne pas confondre avec *ver* ou *verre.*

① **vairon** adj.m. (de *vair*). ▸ ***Yeux vairons,*** qui sont de couleurs différentes.

② **vairon** n.m. Petit poisson d'eau douce.

vaisseau n.m. (du lat. *vasculum,* petit vase, de *vas,* 2. vase, pot). **1.** Canal organique servant à la circulation du sang ou de la lymphe : *Les vaisseaux sanguins.* **2.** *Litt.* Navire de grandes dimensions ; bâtiment de guerre. **3.** Espace intérieur, génér. allongé, d'un édifice, notamm. d'une église (**SYN.** nef). ▸ *Litt.* ***Brûler ses vaisseaux,*** accomplir un acte qui interdit de changer d'avis, de revenir en arrière. ***Vaisseau spatial,*** véhicule destiné aux vols humains dans l'espace.

vaisselier [vesəlje] n.m. Buffet où l'on range la vaisselle.

vaisselle n.f. (du lat. *vasculum,* petit vase, de *vas,* 2. vase, pot). **1.** Ensemble des récipients que l'on utilise pour servir la nourriture à table : *De la vaisselle en grès. Elle a cassé de la vaisselle.* **2.** Action de laver les pièces de vaisselle qui ont servi au repas : *C'est toujours lui qui fait la vaisselle. Après la vaisselle, on regardera la télévision.*

vaissellerie n.f. Industrie, commerce de la vaisselle.

val n.m. (du lat. *vallis,* vallée) [pl. *vaux* ou *vals*]. *Litt.* Petite vallée ; vallon : *« Le Dormeur du val », de Rimbaud.* ▸ ***Par monts et par vaux,*** de tous côtés ; à travers tout le pays : *Il est toujours par monts et par vaux* (= en voyage).

valable adj. **1.** Qui remplit les conditions requises : *Ma carte d'identité est encore valable* (**SYN.** valide ; **CONTR.** périmé). **2.** Qui peut être accepté, admis : *Ce n'est pas une raison valable* (**SYN.** recevable ; **CONTR.** inadmissible). **3.** Qui a les qualités requises pour qqch : *Une interlocutrice valable* (**SYN.** autorisé, qualifié). **4.** À qui l'on reconnaît une certaine valeur : *Enfin un interprète valable de ce concerto* (**SYN.** capable).

valablement adv. De façon valable.

valaisan, anne adj. et n. Du canton du Valais, de ses habitants.

valdinguer v.i. [conj. 3]. *Fam.* Tomber, s'étaler bruyamment : *J'ai valdingué dans l'escalier* (**SYN.** rouler). ▸ *Fam.* ***Envoyer valdinguer qqn,*** le faire tomber brutalement ; fig., l'éconduire (= l'envoyer promener).

valdôtain, e adj. et n. Du Val d'Aoste, de ses habitants.

① **valence** n.f. (du lat. *valere,* avoir de la valeur). En chimie, nombre d'atomes qui peuvent se lier à un atome déterminé.

② **valence** ou **valencia** n.f. (de *Valence,* nom d'une ville d'Espagne). Orange d'une variété à maturité tardive.

valentin, e n. Personne à qui l'on témoigne son amour le jour de la Saint-Valentin. ◆ **valentin** n.m. Au Québec, carte de vœux de la Saint-Valentin.

valériane n.f. (lat. médiév. *valeriana,* de *Valeria,* province romaine, dans la Hongrie actuelle, d'où venait la plante). Plante possédant des propriétés antispasmodiques et sédatives et aussi appelée *herbe-aux-chats.*

valet n.m. (lat. pop. *vassellitus,* de *vassus,* serviteur, du gaul.). **1.** Domestique masculin ; serviteur. **2.** *Péjor.* Homme d'une complaisance servile et intéressée : *Les valets du pouvoir* (**SYN.** laquais [litt.]). **3.** Carte à jouer qui porte la figure d'un valet. ▸ ***Valet de nuit,*** cintre monté sur pieds, sur lequel on dispose ses vêtements avant de se coucher.

valetaille [valtaj] n.f. *Vx* Ensemble des valets, des domestiques d'une maison.

valétudinaire adj. et n. (lat. *valetudinarius,* de *valetudo,* état de santé, de *valere,* avoir de la valeur, être fort). *Litt.* Qui a une santé chancelante : *Un vieillard valétudinaire* (**SYN.** maladif ; **CONTR.** robuste, vigoureux).

valeur n.f. (lat. *valor,* de *valere,* avoir de la valeur, être fort). **1.** Somme d'argent que vaut un objet, un bien : *Cette maison a été achetée au-dessus de sa valeur réelle* (**SYN.** prix). *On leur a dérobé des objets de valeur* (= coûteux). **2.** Quantité approximative d'un produit : *Ajoutez la valeur d'une cuillerée à soupe d'huile* (**SYN.** équivalent). **3.** Aspect économique d'une chose lié à son utilité, au travail qu'elle demande, au rapport de l'offre et de la demande : *La valeur d'une monnaie étrangère* (**SYN.** cours). *La valeur d'une action en Bourse* (**SYN.** cotation, cote). **4.** Mesure conventionnelle attachée à qqch : *La valeur des cartes à jouer.* **5.** En musique, la durée d'une note : *La valeur d'une ronde est deux blanches.* **6.** Ce par quoi une personne est digne d'estime : *Un employé de grande valeur* (**SYN.** mérite, qualité ; **CONTR.** médiocrité). **7.** Importance, prix attachés à qqch : *Un bijou qui a une valeur sentimentale. Un jugement de valeur* (= qui énonce une appréciation). **8.** Caractère de ce qui produit l'effet voulu, a les qualités requises : *Sans cachet, cet acte n'a aucune valeur* (**SYN.** validité). *Un film sans valeur.* **9.** Principe considéré comme un idéal à atteindre et qui sert de référence à un groupe humain : *Les systèmes de valeurs changent d'une époque à l'autre. La famille est toujours une valeur. Nous ne partageons pas les mêmes valeurs.* **10.** En peinture, degré de clarté d'un ton, du sombre au clair. ▸ *Fam.* ***C'est de valeur,*** au Québec, c'est regrettable, malheureux. ***Mettre en valeur,*** donner de l'importance à, faire ressortir : *Cette jupe courte met ses jambes en valeur* ; faire fructifier : *Il a su mettre ses terres en valeur.* ***Valeur ajoutée,*** différence entre la valeur des produits à traiter et leur valeur après transformation. ***Valeur d'échange, d'usage*** → **échange, usage.**

valeureusement adv. Avec courage ; bravement.

valeureux, euse adj. *Litt.* Qui a de la vaillance, du courage (**SYN.** brave, héroïque, vaillant ; **CONTR.** couard [litt.], 2. lâche).

valgus, valga [valgys, valga] adj. (mot lat. signif. « bancal »). En médecine, se dit d'un membre ou d'un segment de membre qui est dévié vers l'extérieur (par opp. à varus) : *Une main valga.*

validation n.f. Action de valider : *La validation d'une élection* (**CONTR.** invalidation).

valide adj. (lat. *validus,* de *valere,* être fort). **1.** En bonne santé : *Les personnes valides ont porté secours aux blessés* (**CONTR.** invalide, malade). **2.** Qui n'est entaché d'aucune cause de nullité : *Votre passeport n'est plus valide* (**SYN.** 1. bon, valable ; **CONTR.** périmé).

validement adv. *Litt.* De façon valide, valable.

valider v.t. [conj. 3]. Rendre ou déclarer valide : *Ils ont validé la vente devant un notaire* (**SYN.** confirmer, entériner, ratifier ; **CONTR.** annuler, invalider). *Valider la copie d'un document* (**SYN.** homologuer).

validité n.f. Caractère de ce qui est valide, valable : *Vous devrez présenter une carte d'identité en cours de validité* (**CONTR.** invalidité, nullité).

valise n.f. (it. *valigia*). Bagage à main de forme rectangulaire : *Défaire sa valise* (= la vider des vêtements et objets qu'elle contient). ▸ ***Faire sa valise*** ou ***ses valises,*** y ranger ses affaires pour partir en voyage ; fig., partir : *Après cette défaite, on lui a demandé de faire ses valises.* ***Valise diplomatique,*** ensemble du courrier et des objets transportés par voie diplomatique et dispensés de contrôles douaniers.

valkyrie n.f. → **walkyrie.**

vallée n.f. (de *val*). Dépression allongée, plus ou moins large, creusée par un cours d'eau ou un glacier : *La vallée du Rhin.*

vallon n.m. (de l'it. *vallone,* grande vallée). Petite vallée.

vallonné, e adj. Qui présente des successions de vallons : *Une région vallonnée* (**CONTR.** 1. plat).

vallonnement n.m. État de ce qui est vallonné : *Le vallonnement de la Toscane.*

valoche n.f. *Fam.* Valise.

valoir v.i. (du lat. *valere,* avoir de la valeur, être fort) [conj. 60]. **1.** Avoir tel prix, telle valeur : *Cette jupe vaut 50 euros* (**SYN.** coûter). *Celle-ci vaut plus cher.* **2.** Avoir telle qualité, tel intérêt, telle valeur : *Son avis ne vaut pas grand-chose. Que vaut ce chanteur sur scène ?* **3.** Être applicable à : *Ce que je viens de dire vaut pour chacun d'entre vous* (**SYN.** concerner, intéresser). ▸ ***À valoir,*** se dit d'une somme d'argent dont on tiendra compte ultérieurement : *Une réduction à valoir sur le prochain achat.* ***Ça ne vous vaut rien,*** c'est nuisible à votre santé. ***Faire valoir,*** faire fructifier : *Faire valoir un capital* ; mettre en avant : *Il ne cesse de faire valoir ses enfants.* ***Faire valoir un droit,*** l'exercer. ***Ne rien faire qui vaille,*** qui ait de la valeur. ***Se faire valoir,*** faire ressortir ses qualités, parfois avec excès. ***Vaille que vaille,*** tant bien que mal. ***Valoir bien,*** être digne de ; mériter : *Cela vaut bien un peu de repos.* ◆ v.t. **1.** Équivaloir à : *À ce jeu, cette carte vaut 10 points* (**SYN.** égaler). **2.** Justifier la peine que l'on se donne : *Ce spectacle vaut le déplacement* (**SYN.** mériter). **3.** Être la cause de ; faire obtenir : *Ses protestations lui ont valu des ennuis* (**SYN.** attirer). ◆ v. impers. ▸ ***Il vaut mieux*** ou ***mieux vaut,*** il est préférable, plus avantageux : *Il vaut mieux que tu partes. Il vaut mieux en rire. Mieux vaut se taire quand on ne sait pas.* ◆ **se valoir** v.pr. Avoir la même valeur : *Ces deux méthodes se valent.* ▸ *Fam.* ***Ça se vaut,*** c'est à peu près pareil.

valorisant, e adj. Qui valorise, donne de la valeur, du prestige : *Un métier valorisant.*

valorisation n.f. **1.** Action de donner de la valeur, plus de valeur : *Des mesures pour la valorisation de la région* (= la mise en valeur). **2.** Action d'accorder plus d'importance à : *La valorisation d'un élève en difficulté.*

valoriser v.t. [conj. 3]. **1.** Donner une plus grande valeur à : *Ce parc valorise le quartier* (**CONTR.** dévaloriser). **2.** Augmenter l'importance, le mérite de : *Sa réussite professionnelle l'a valorisé aux yeux de ses amis* (**CONTR.** déprécier). ◆ **se valoriser** v.pr. Augmenter sa propre valeur : *Il dit ça pour se valoriser.*

valse n.f. (all. *Walzer*). **1.** Danse tournante à trois temps ; morceau musical composé sur ce rythme : *Une valse de Strauss.* **2.** *Fam.* Changement fréquent ; remplacements continuels : *La valse des directeurs. La valse des étiquettes, des prix.*

valse-hésitation n.f. (pl. *valses-hésitations*). *Fam.* Comportement hésitant devant une décision à prendre.

valser v.i. [conj. 3]. **1.** Danser la valse. **2.** *Fam.* Être projeté, lancé violemment : *Les oreillers ont valsé à l'autre bout de la chambre.* ▸ *Fam.* ***Envoyer qqn, qqch valser,*** renvoyer sans égards qqn ; se débarrasser brutalement de qqch : *Elle a envoyé valser son assistant. Parfois, il me prend l'envie de tout envoyer valser* (= envoyer promener). *Fam.* ***Faire valser l'argent,*** le dépenser sans compter (= jongler avec).

valseur, euse n. Personne qui valse ou qui sait valser.

valvaire adj. Relatif aux valves.

valve n.f. (du lat. *valva,* battant de porte). **1.** Appareil destiné à régler le mouvement d'un fluide dans une canalisation : *Resserrer la valve d'un pneu.* **2.** En zoologie, chacune des deux parties d'une coquille bivalve : *Les valves d'une coquille Saint-Jacques.* ◆ **valves** n.f. pl. En Belgique, tableau d'affichage.

valvulaire adj. Relatif aux valvules.

valvule n.f. (lat. *valvula,* dimin. de *valva*). Repli de la paroi du cœur et des vaisseaux, qui dirige les liquides (sang, lymphe) en les empêchant de refluer.

vamp [vɑ̃p] n.f. (mot anglo-amér., abrév. de *vampire*). Femme fatale.

vamper v.t. [conj. 3]. *Fam.* Essayer de séduire par des allures de vamp.

vampire n.m. (all. *Vampir,* du slave). **1.** Mort qui, selon une superstition populaire, sortirait du tombeau pour sucer le sang des vivants : *Dracula, le vampire.* **2.** Chauve-souris d'Amérique tropicale, qui se nourrit exclusivement du sang des mammifères. **3.** *Fig.* Personne qui s'enrichit du travail d'autrui : *Cet agent artistique est un vampire* (**SYN.** exploiteur, profiteur, sangsue).

vampiriser v.t. [conj. 3]. *Fam.* Mettre qqn sous sa totale dépendance.

vampirisme n.m. **1.** Croyance aux vampires. **2.** *Fig.* Avidité de ceux qui s'enrichissent du travail d'autrui : *Le vampirisme d'un usurier.*

① **van** [vɑ̃] n.m. (lat. *vannus*). Grand panier plat en osier, muni de deux anses, utilisé pour le vannage du grain.

② **van** [vɑ̃] n.m. (abrév. de l'angl. *caravan*). **1.** Véhicule fermé pour le transport des chevaux de course. **2.** Fourgon ou minibus aménagé pour le transport des personnes.

vanadium [vanadjɔm] n.m. (mot lat.). Métal blanc très dur.

vandale n.m. (de *Vandales,* nom d'un peuple). Personne qui commet des actes de vandalisme : *Des vandales ont détérioré les Abribus* (**SYN.** casseur).

vandaliser v.t. [conj. 3]. *Fam.* Commettre des déprédations sur : *Vandaliser les fauteuils d'un cinéma* (**SYN.** saccager).

vandalisme n.m. Attitude d'une personne qui, par ignorance ou inconscience, détruit ou mutile des œuvres, des édifices publics : *Des actes de vandalisme* (**SYN.** déprédation).

vangeron n.m. → **vengeron.**

vanille [vanij] n.f. (esp. *vainilla,* dimin. de *vaina,* gaine, du lat. *vagina,* étui, fourreau). **1.** Fruit en gousse du vanillier. **2.** Substance extraite de ce fruit et utilisée en confiserie et en pâtisserie : *Elle aime la glace à la vanille.*

vanillé, e [vanije] adj. Qui est parfumé à la vanille : *Du sucre vanillé.*

vanillier [vanije] n.m. Orchidée grimpante des régions tropicales, cultivée pour son fruit, la vanille.

vanilline [vanilin] n.f. Principe odorant de la vanille, que l'on prépare aussi par synthèse.

vanisage n.m. Mode de tricotage dans lequel deux fils différents sont tricotés l'un sur l'autre.

vanisé, e adj. Se dit du fil et des tricots ou articles obtenus par le vanisage.

vanité n.f. (lat. *vanitas,* de *vanus,* vide). **1.** Sentiment d'autosatisfaction ; défaut de celui qui étale ce sentiment : *Elle est d'une immense vanité* (**SYN.** fatuité, prétention, suffisance ; **CONTR.** humilité, modestie). **2.** *Litt.* Caractère de ce qui est sans valeur ou sans utilité : *Il est convaincu de la vanité des honneurs* (**SYN.** frivolité, futilité ; **CONTR.** importance). *La vanité de nos efforts* (**SYN.** inutilité ; **CONTR.** efficacité). ▸ ***Tirer vanité de,*** se glorifier de ; s'enorgueillir à tort ou à l'excès de.

vaniteusement adv. Avec vanité ; prétentieusement.

vaniteux, euse adj. et n. Qui fait preuve de vanité : *Une actrice vaniteuse* (**SYN.** prétentieux, suffisant ; **CONTR.** humble, modeste).

vanity-case [vanitikez] n.m. (angl. *vanity case,* de *vanity,* chose futile, et *case,* mallette) [pl. *vanity-cases*]. Mallette de voyage rigide destinée à contenir divers produits et accessoires de toilette.

vannage n.m. (de *2. vanner*). Action de vanner le grain.

① **vanne** n.f. (du bas lat. *venna,* treillage). Panneau mobile permettant de régler la circulation et le débit d'un fluide : *Ouvrir les vannes d'un barrage, d'une écluse.*

② **vanne** n.f. (de l'anc. fr. *vanner,* railler). *Fam.* Remarque, plaisanterie désobligeante : *Il lui a lancé des vannes durant tout le repas.*

vanné, e adj. *Fam.* Extrêmement fatigué.

vanneau n.m. (de *1. van*). Oiseau échassier, à huppe noire.

① **vanner** v.t. (de *1. vanne*) [conj. 3]. Installer des vannes.

② **vanner** v.t. (de *1. van*) [conj. 3]. **1.** Secouer les grains dans un van, de façon à les trier, à les nettoyer : *Vanner le blé.* **2.** *Fam.* Fatiguer excessivement : *Cette randonnée m'a vanné* (**SYN.** exténuer).

③ **vanner** v.t. (de *2. vanne*) [conj. 3]. *Fam.* Envoyer des vannes à qqn ; se moquer de lui.

vannerie n.f. (de *1. van*). **1.** Art, industrie du vannier. **2.** Ensemble des objets en osier, en rotin, en jonc.

vanneur, euse n. Personne qui vanne le grain.

vannier n.m. (de *1. van*). Personne qui confectionne divers objets (paniers, corbeilles, sièges) au moyen de brins d'osier, de rotin, de jonc, etc.

vantail n.m. (de *vent*) [pl. *vantaux*]. Battant de porte, de fenêtre : *Pousser les lourds vantaux d'un portail.*

vantard, e adj. et n. Qui a l'habitude de se vanter ; fanfaron, prétentieux.

vantardise n.f. **1.** Caractère d'une personne qui se vante (**SYN.** forfanterie [litt.], prétention ; **CONTR.** humilité, modestie). **2.** Acte, propos du vantard : *Cesse donc ces vantardises !* (**SYN.** fanfaronnade).

vanter v.t. (bas lat. *vanitare,* de *vanus,* vide) [conj. 3]. Présenter de façon élogieuse : *Il n'a pas cessé de vanter ton talent* (**SYN.** célébrer, 1. louer ; **CONTR.** dénigrer, déprécier). ◆ **se vanter** v.pr. S'attribuer des qualités, des mérites que l'on n'a pas : *Elle m'a dit qu'elle nageait très bien, mais je suis sûr qu'elle se vante.* ▸ ***Se vanter de,*** tirer vanité de, s'enorgueillir de : *Il se vante de sa beauté* ; se déclarer capable de : *Elle se vante de parvenir à terminer ce travail seule* (**SYN.** se targuer de).

va-nu-pieds n. inv. Personne qui vit très misérablement (**SYN.** gueux [litt.], miséreux).

vapes n.f. pl. (de *vapeurs*). *Fam.* ▸ ***Être dans les vapes,*** être un peu abruti, hébété ; être en état d'ivresse. ***Tomber dans les vapes,*** s'évanouir.

① **vapeur** n.f. (lat. *vapor*). **1.** Gaz résultant de la vaporisation d'un liquide ou de la sublimation d'un solide : *De la vapeur d'eau. De la vapeur d'iode.* **2.** Fines gouttelettes d'eau en suspension dans l'air, produites par de l'eau en ébullition : *Le repassage à la vapeur.* **3.** Vapeur d'eau employée comme force motrice : *L'invention de la machine à vapeur.* ▸ ***À la vapeur,*** se dit d'aliments cuits au-dessus d'une eau en ébullition : *Des haricots verts à la vapeur. Fam.* ***À toute vapeur,*** à toute vitesse. ◆ **vapeurs** n.f. pl. **1.** *Fam.* Troubles et malaises divers : *Avoir des vapeurs.* **2.** *Litt.* Ce qui monte à la tête et étourdit ; exhalaisons : *Les vapeurs du vin, de l'alcool.*

② **vapeur** n.m. *Anc.* Bateau à vapeur.

vaporeux, euse adj. **1.** Qui est léger et transparent et évoque la vapeur : *La mousseline est un tissu vaporeux.* **2.** Dont l'éclat est voilé, comme par de la vapeur ; brumeux, nébuleux : *Un clair de lune vaporeux.*

vaporisateur n.m. Instrument employé pour projeter un liquide, un parfum sous forme de fines gouttelettes (**SYN.** atomiseur, pulvérisateur).

vaporisation n.f. Action de vaporiser : *Faire deux vaporisations dans le nez* (**SYN.** pulvérisation).

vaporiser v.t. [conj. 3]. **1.** Faire passer un liquide ou un solide à l'état gazeux, à l'état de vapeur : *La chaleur vaporise l'eau* (**SYN.** volatiliser). **2.** Disperser, projeter en gouttelettes fines : *Vaporiser un antiseptique sur une plaie* (**SYN.** pulvériser).

vaquer v.i. (du lat. *vacare,* être vide) [conj. 3]. Cesser pour un temps ses fonctions : *Les écoles de la commune vaqueront deux jours.* ◆ v.t. ind. **[à].** Consacrer son temps à ; s'appliquer à, s'occuper de : *Il vaque à ses affaires.*

varan n.m. (de l'ar. *waran*). Grand lézard carnivore d'Afrique et d'Asie.

varappe n.f. (de *Varappe,* nom d'un couloir rocheux près de Genève). Escalade de parois rocheuses : *Faire de la varappe.*

varapper v.i. [conj. 3]. Faire de la varappe.

varappeur, euse n. Personne qui pratique la varappe.

varech [varɛk] n.m. (de l'anc. scand. *vágrek,* épave). Ensemble des algues rejetées par la mer et utilisées comme engrais, que l'on trouve à marée basse sur les rivages : *Le varech est appelé goémon en Normandie et en Bretagne.*

vareuse n.f. (de *varer,* forme dialect. de *garer,* protéger). **1.** Veste courte et assez ample. **2.** Veste de certains uniformes.

varia n.m. pl. (mot lat. signif. « choses diverses », de *varius,* tacheté, varié). **1.** *Litt.* Collection, recueil de choses diverses. **2.** Article de presse portant sur des sujets variés, anecdotiques.

variabilité n.f. **1.** Caractère de ce qui est variable, changeant : *La variabilité du cours d'une monnaie* (**SYN.** fluctuation, évolution). **2.** Propriété que présentent certains mots de changer de terminaison selon leur emploi : *La variabilité d'un nom commun* (**CONTR.** invariabilité).

variable adj. **1.** Qui varie, peut varier : *Il est d'humeur variable* (**SYN.** changeant, instable ; **CONTR.** égal). *Un temps variable* (**SYN.** capricieux, incertain). **2.** Qui est différent selon les cas ; divers : *Des résultats variables d'un mois à l'autre* (**SYN.** inégal ; **CONTR.** constant). **3.** Se dit d'un mot dont la forme varie selon le genre, le nombre ou la fonction (**CONTR.** invariable). ◆ n.f. En mathématiques, grandeur qui peut prendre des valeurs différentes (par opp. à constante).

variant n.m. En biochimie, substance qui résulte d'une mutation : *Un variant de la maladie de Creutzfeldt-Jakob.*

variante n.f. **1.** Chose qui diffère légèrement d'une autre de la même espèce : *C'est une variante de l'ancien modèle. Le nom « aquaculture » est une variante d'« aquiculture ».* **2.** Texte ou fragment de texte qui diffère de celui qui est communément admis : *Publier les variantes d'un conte* (**SYN.** version).

variateur n.m. Dispositif permettant de faire varier l'intensité d'un appareil d'éclairage : *Le variateur d'une lampe à halogène.*

variation n.f. (lat. *variatio*). **1.** Fait de varier ; changement, transformation : *Des variations de prix* (**SYN.** écart). *Je ne supporte plus ses variations d'humeur* (**SYN.** fluctuation, saute). *Sa doctrine a connu de nombreuses variations* (**SYN.** évolution, mutation). **2.** En musique, composition qui utilise un même thème en le transformant, en l'ornant : *« Variations sur un thème de Paganini » pour piano de Brahms.*

varice n.f. (lat. *varix, varicis*). Dilatation permanente d'une veine, souvent une veine des jambes.

varicelle n.f. (de *variole*). Maladie infectieuse, contagieuse et épidémique, caractérisée par une éruption de vésicules.

varié, e adj. (lat. *varius*). **1.** Qui présente de la diversité : *Un travail varié* (**CONTR.** routinier). *Un paysage varié* (**CONTR.** monotone). **2.** (Au pl.). Se dit de choses qui diffèrent les unes des autres : *Un assortiment de desserts variés* (**SYN.** divers ; **CONTR.** identique).

varier v.t. (lat. *variare,* de *varius,* tacheté, varié) [conj. 9]. Rendre différent en transformant, en modifiant : *Varier la décoration* (**SYN.** changer). *Varier ses repas* (**SYN.** diversifier). ◆ v.i. **1.** Présenter des différences, des aspects divers : *Leurs témoignages varient sur ce point* (**SYN.** diverger). *Ses revenus varient en fonction des primes qu'elle perçoit* (**SYN.** fluctuer, osciller). *Cet adjectif varie en genre et en nombre* (= il prend la forme du féminin et celle du pluriel). **2.** En mathématiques, changer de valeur : *Une grandeur qui varie de zéro à l'infini.*

variétal, e, aux adj. Relatif à une variété de plante agricole : *Le choix variétal s'élargit* (= on crée de nouvelles variétés).

variété n.f. (lat. *varietas,* de *varius,* tacheté, varié). **1.** Caractère de ce qui est varié : *Cette ville offre une grande variété de distractions* (**SYN.** diversité). *Des opinions d'une grande variété* (**SYN.** disparité). **2.** En biologie, unité plus petite que l'espèce : *La golden est une variété de pomme.* **3.** Ensemble de chansons populaires : *La variété française.* ◆ **variétés** n.f. pl. Spectacle ou émission de télévision présentant divers numéros (chansons, danses) : *Le samedi soir, ils regardent les variétés à la télévision.*

variole n.f. (bas lat. *variola,* [maladie] tachetée, de *varius,* tacheté, varié). Maladie infectieuse grave, très contagieuse et caractérisée par une éruption de taches rouges devenant des pustules (on disait autref. *la petite vérole*) : *En 1978, l'O.M.S. a déclaré que la variole était éradiquée dans le monde entier.*

varioleux, euse adj. Variolique. ◆ adj. et n. Qui est atteint de la variole.

variolique adj. Relatif à la variole ; varioleux.

variqueux, euse adj. Relatif aux varices ; de la nature des varices : *Un ulcère variqueux.*

varlope n.f. (du néerl. *voorloper,* qui court devant). Grand rabot muni d'une poignée utilisé pour aplanir une pièce de bois.

varus, vara [varys, vara] adj. (mot lat. signif. « cagneux »). En médecine, se dit d'un membre ou d'un segment de membre dévié vers l'intérieur (par opp. à valgus) : *Une cuisse vara.*

vasculaire adj. (du lat. *vasculum,* petit vase, de *vas,* 2. vase, pot). Relatif aux vaisseaux sanguins : *Des maladies vasculaires.*

vascularisation n.f. Disposition des vaisseaux dans une région du corps, un organe.

vascularisé, e adj. Se dit d'un organe, d'une partie du corps irrigués par des vaisseaux : *Le foie est très richement vascularisé.*

① **vase** n.f. (du germ.). Boue qui se dépose au fond des eaux : *Une mare remplie de vase.*

② **vase** n.m. (lat. *vas*). **1.** Récipient de matière, de grandeur et de forme variables : *Il a mis les roses dans un vase.* **2.** Pot de chambre (on dit aussi *un vase de nuit*). ▸ ***En vase clos,*** à l'abri de tout contact ; fig., à l'abri de toute influence extérieure. ◆ **vases** n.m. pl. ▸ ***Vases communicants,*** récipients qui communiquent entre eux par un tube, et dans lesquels un liquide s'élève au même niveau, quelle que soit la forme de chacun des récipients. ***Vases sacrés,*** ceux qui sont destinés à la célébration de la messe.

vasectomie ou **vasotomie** n.f. (du lat. *vas,* 2. vase, vaisseau). Section chirurgicale des canaux déférents, pratiquée comme moyen de stérilisation masculine.

vaseline n.f. (mot angl., de l'all. *Wasser,* eau, et du gr. *elaion,* huile). Graisse minérale, translucide, utilisée en pharmacie et en parfumerie.

vaseux, euse adj. **1.** Qui contient de la vase : *Le fond de l'étang est vaseux* (**SYN.** boueux). **2.** *Fam.* Se dit de qqn qui ressent un malaise, qui se sent faible. **3.** *Fam.* Qui manque de clarté, de précision : *Des explications vaseuses* (**SYN.** confus, obscur ; **CONTR.** 1. clair).

vasistas [vazistas] n.m. (altér. de l'all. *was ist das ?,* qu'est-ce que c'est ?). Ouverture faite d'un petit vantail vitré pivotant sur un de ses côtés dans une cloison, une porte ou une fenêtre.

vasoconstricteur, trice adj. et n.m. Se dit d'un médicament ou d'un nerf qui provoque la vasoconstriction.

vasoconstriction n.f. Diminution du calibre des vaisseaux sanguins.

vasodilatateur, trice adj. et n.m. Se dit d'un médicament ou d'un nerf qui provoque la vasodilatation.

vasodilatation n.f. Augmentation du calibre des vaisseaux sanguins.

vasomoteur, trice adj. Qui se rapporte à la vasomotricité.

vasomotricité n.f. Ensemble des phénomènes de vasoconstriction et de vasodilatation, commandés par le système nerveux végétatif.

vasotomie n.f. → **vasectomie.**

vasouillard, e adj. *Fam.* Qui vasouille ; qui est confus.

vasouiller v.i. (de *vaseux*) [conj. 3]. *Fam.* S'empêtrer dans ses actes ou ses propos : *J'ai réussi à terminer mon exposé sans vasouiller* (**SYN.** s'embrouiller).

vasque n.f. (it. *vasca,* du lat. *vasculum,* petit vase, de *vas,* 2. vase, pot). **1.** Bassin large et peu profond où se déverse l'eau d'une fontaine. **2.** Coupe large et peu profonde servant à la décoration d'une table.

vassal, e, aux n. (du lat. *vassus,* serviteur). Au temps de la féodalité, personne liée à un seigneur, un suzerain par l'obligation de foi et hommage et lui devant des services personnels. ◆ adj. et n. Qui est en situation de dépendance par rapport à un autre : *Des États vassaux* (**CONTR.** autonome, indépendant).

vassalisation n.f. Action de vassaliser.

vassaliser v.t. [conj. 3]. Réduire à la condition de vassal ; asservir : *Une puissance économique qui vassalise un petit pays* (**SYN.** inféoder).

vassalité n.f. **1.** Vasselage. **2.** *Fig.* État de servilité, de sujétion.

vasselage n.m. Condition de vassal.

vaste adj. (du lat. *vastus,* 1. vide, 1. désert). **1.** D'une grande étendue ; qui s'étend au loin : *De vastes territoires* (**SYN.** immense ; **CONTR.** minuscule, 1. petit). **2.** Qui présente de grandes dimensions, un grand volume : *Un bureau très vaste* (**SYN.** 1. large, spacieux ; **CONTR.** exigu). **3.** De grande envergure ; ample : *Une vaste opération de contrôle routier a été réalisée ce week-end. Il a des connaissances très vastes sur ce sujet* (**SYN.** étendu ; **CONTR.** limité, succinct).

vastement adv. *Litt.* Largement ; grandement : *Ils sont vastement logés.*

va-t-en-guerre adj. inv. et n. inv. *Fam., péjor.* Belliciste.

vaticane adj. f. (du lat. *Vaticanus,* le Vatican). Qui concerne le Vatican : *La politique vaticane.*

vaticinateur, trice [vatisinatœr, tris] n. *Litt., péjor.* Personne qui prétend prédire l'avenir sous l'effet d'une inspiration surnaturelle (**SYN.** devin, prophète).

vaticination [vatisinasjɔ̃] n.f. *Litt.* Prophétie rabâchée et pompeuse : *Les vaticinations d'un politicien démagogue* (**SYN.** élucubration).

vaticiner [vatisine] v.i. (du lat. *vaticinari,* prophétiser, de *vates,* devin) [conj. 3]. *Litt.* S'exprimer dans une sorte de délire prophétique : *Il a vaticiné pendant tout le dîner.*

va-tout n.m. inv. Aux cartes, aux dés, mise sur un seul coup de tout l'argent que l'on a devant soi. ▸ ***Jouer son va-tout,*** risquer sa dernière chance.

vaudeville n.m. (de *Vau-de-Vire,* nom d'une région du Calvados). Comédie légère, fondée sur les quiproquos et les bons mots : *Un vaudeville de Labiche.*

vaudevillesque adj. Qui convient à un vaudeville ;

qui évoque un vaudeville : *Une situation vaudevillesque.*

① **vaudou** n.m. (mot du Bénin). Culte religieux pratiqué aux Antilles, qui mêle l'animisme, la magie et le rituel catholique.

② **vaudou, e** adj. Relatif au vaudou : *Des rites vaudous. Des cérémonies vaudoues.*

à **vau-l'eau** loc. adv. (de *avau*, var. de *aval*, et *eau*). Au fil de l'eau ; au gré du courant : *Une barque qui part à vau-l'eau.* ▸ ***Aller*** ou ***s'en aller à vau-l'eau,*** se détériorer peu à peu : *Ses affaires s'en vont à vau-l'eau* (= elles périclitent).

① **vaurien, enne** n. (de *valoir* et *rien*). **1.** *Vieilli* Brigand ; fripouille, gredin. **2.** Enfant malicieux et indiscipliné : *Quelle petite vaurienne !* (**SYN.** coquin, polisson).

② **Vaurien** n.m. (nom déposé). Voilier, de type dériveur, destiné à la régate et à la promenade.

vautour n.m. (lat. *vultur*). **1.** Oiseau rapace diurne, à tête et à cou nus, se nourrissant de charognes. **2.** *Fig.* Homme dur, avide et rusé (**SYN.** rapace [litt.], requin).

se **vautrer** v.pr. (du lat. *volvere*, rouler) [conj. 3]. **1.** S'étendre, se rouler sur le sol, sur qqch : *Il se vautrait sur le canapé.* **2.** *Litt.* Se laisser aller à de mauvais penchants, à des vices : *Elle se vautre dans le mensonge* (**SYN.** se complaire dans).

vaux n.m. pl. → **val.**

à la **va-vite** loc. adv. Avec une grande hâte : *Un discours écrit à la va-vite* (**SYN.** hâtivement).

veau n.m. (lat. *vitellus*). **1.** Petit de la vache, jusqu'à un an. **2.** Viande de cet animal : *Une escalope de veau.* **3.** Peau tannée de cet animal : *Un sac en veau.* **4.** *Fam., péjor.* Personne lourde de corps ou d'esprit. **5.** *Fam.* Véhicule lent et sans reprises : *Sa voiture est un veau.* ▸ ***Le veau d'or,*** symbole de la richesse (par allusion à l'idole que les Hébreux adorèrent au pied du Sinaï). ***Tuer le veau gras,*** faire de grandes réjouissances de table (par allusion à la parabole de l'Enfant prodigue).

vécés n.m. pl. *Fam.* W.-C.

vecteur, trice adj. et n.m. (lat. *vector*, de *vehere*, porter, transporter). Se dit d'un insecte susceptible de transmettre à l'homme, aux animaux ou aux plantes une maladie bactérienne ou virale : *L'anophèle femelle est le vecteur du paludisme.* ◆ **vecteur** n.m. **1.** En mathématiques, segment de droite orienté et sur lequel on distingue une origine et une extrémité. **2.** *Fig.* Ce qui véhicule qqch : *Des journaux qui sont les grands vecteurs de l'information.*

vectoriel, elle adj. En mathématiques, relatif aux vecteurs.

vécu, e adj. (p. passé de *1. vivre*). Qui s'est passé ou qui semble s'être passé réellement : *Une histoire vécue* (**SYN.** vrai). ◆ **vécu** n.m. Expérience réellement vécue ; événements de la vie réelle : *Ce film, c'est du vécu.*

vedettariat n.m. **1.** Fait d'être une vedette, de le devenir : *Elle a accédé au vedettariat grâce à ce rôle.* **2.** Système fondé sur la promotion des vedettes : *Le vedettariat joue un rôle important dans la vie politique.*

vedette n.f. (de l'it. *vedetta*, lieu élevé où l'on place une sentinelle). **1.** Acteur, comédien, chanteur très connu : *Des paparazzis traquent les vedettes présentes au Festival de Cannes* (**SYN.** étoile, star). **2.** (Aussi en appos.). Personnalité en vue : *Le présentateur-vedette du J.T. Les vedettes de l'athlétisme* (**SYN.** célébrité). **3.** Petite embarcation à moteur : *Une vedette de la douane.* ▸ ***Avoir*** ou ***tenir la vedette*** ou ***être en vedette,*** occuper une position prééminente dans l'actualité. ***Mettre en vedette,*** mettre en valeur : *Un débat destiné à mettre en vedette un jeune politicien.*

védique n.m. Forme archaïque du sanskrit.

① **végétal, e, aux** adj. (lat. médiév. *vegetalis*, de *vegetare*, croître). **1.** Relatif aux végétaux, aux plantes : *Des espèces végétales.* **2.** Qui est extrait des plantes ou fabriqué à partir de plantes : *Des graisses végétales.*

② **végétal** n.m. (pl. *végétaux*). Plante, arbre en général : *La botanique est la science qui étudie les végétaux.*

végétalien, enne ou **végétaliste** adj. et n. Relatif au végétalisme ; qui le pratique.

végétalisation n.f. Action de planter des végétaux dans un lieu public.

végétalisé, e adj. ▸ ***Toiture végétalisée,*** toiture qui a été recouverte d'un tapis végétal pour obtenir son intégration dans un site.

végétalisme n.m. Régime alimentaire composé uniquement de végétaux.

végétaliste adj. et n. → **végétalien.**

végétarien, enne adj. et n. Relatif au végétarisme ; qui le pratique : *Un régime végétarien.*

végétarisme n.m. Régime alimentaire supprimant les viandes, dans un but curatif ou philosophique.

végétatif, ive adj. **1.** Qui assure la vie et la croissance des plantes : *Les racines, les tiges et les feuilles sont des organes végétatifs.* **2.** Se dit des fonctions biologiques assurant le fonctionnement des viscères, la circulation du sang, la respiration. **3.** *Fig.* Qui se limite à l'entretien des fonctions vitales sans faire intervenir les facultés intellectuelles : *Mener une vie végétative.* ▸ ***Système nerveux végétatif*** → **neurovégétatif.**

végétation n.f. Ensemble des végétaux d'un lieu ou d'une région : *La végétation de la forêt amazonienne* (**SYN.** flore). ◆ **végétations** n.f. pl. Excroissances qui apparaissent sur la muqueuse du rhino-pharynx et obstruent les fosses nasales, spécial. chez les enfants.

végéter v.i. (bas lat. *vegetare*, croître, de *vegetus*, vivant) [conj. 18]. **1.** En parlant des plantes, pousser difficilement : *Les fleurs rempotées végètent* (**SYN.** dépérir, s'étioler). **2.** Vivre difficilement ; ne pas progresser : *Des jeunes qui végètent en attendant de trouver un emploi* (**SYN.** vivoter). *L'économie végète* (**SYN.** stagner).

véhémence n.f. Force impétueuse et passionnée avec laquelle se manifeste un sentiment ; emportement, exaltation : *Elle s'est opposée à cette décision avec véhémence* (**SYN.** ardeur, fougue ; **CONTR.** indifférence, mollesse).

véhément, e adj. (du lat. *vehemens, vehementis*, passionné). Qui manifeste de la fougue : *Un orateur véhément* (**SYN.** impétueux, passionné).

véhémentement adv. *Litt.* Avec véhémence ; vivement.

véhiculaire adj. (de *véhicule*). ▸ ***Langue véhiculaire,*** langue de communication entre des communautés d'une même région ayant des langues maternelles différentes (par opp. à langue vernaculaire).

véhicule n.m. (lat. *vehiculum*, de *vehere*, porter). **1.** Moyen de transport terrestre ou aérien : *Leur véhicule a été conduit à la fourrière* (**SYN.** automobile, voiture). *Un véhicule spatial.* **2.** Ce qui sert à transmettre qqch : *L'image est devenue un véhicule privilégié de la publicité* (**SYN.** média, support). *Le sang est le véhicule de l'oxygène* (**SYN.** vecteur).

véhiculer v.t. [conj. 3]. **1.** Transporter au moyen d'un véhicule : *Véhiculer des marchandises* (**SYN.** acheminer, voiturer). **2.** Être le moyen de diffusion de qqch : *Voici les valeurs morales que véhicule ce film* (**SYN.** transmettre).

veille n.f. (lat. *vigilia*). **1.** État de qqn qui ne dort pas : *Des heures de veille passées à écrire.* **2.** Action de monter la garde, en partic. de nuit : *C'est son tour de veille.* **3.** État d'un matériel électrique ou électronique dont tout ou partie des fonctions est suspendu afin de réduire sa consommation (on dit aussi *mode veille*). **4.** Journée qui précède celle dont on parle ou un événement particulier : *Il est arrivé la veille. Je rentre la veille de Noël.* ▸ ***À la veille de,*** juste avant ; sur le point de : *Être à la veille d'une nouvelle ère. Ils sont à la veille de se marier.* *Fam.* ***Ce n'est pas demain la veille,*** cela ne se produira pas de sitôt. ***Veille technologique,*** dans une entreprise, activité consistant à se tenir informé des innovations dans son secteur.

veillée n.f. **1.** Temps qui s'écoule depuis le repas du soir jusqu'au coucher ; réunion amicale ayant lieu pendant ce temps : *Passer la veillée à lire* (**SYN.** soirée). *On a fait une veillée.* **2.** Action de veiller un mort avant les obsèques : *Une veillée funèbre.* ▸ ***Veillée d'armes,*** soirée qui précède un jour important : *La veillée d'armes d'un athlète avant une course.*

veiller v.i. (lat. *vigilare*) [conj. 4]. **1.** Rester éveillé pendant le temps destiné au sommeil : *Nous avons veillé jusqu'au lever du jour* (**CONTR.** dormir). **2.** Exercer une garde, une surveillance : *Les gardiens veillent.* ◆ v.t. ind. **1. [sur].** Exercer une surveillance vigilante sur : *Veiller sur un prisonnier* (**SYN.** garder, surveiller). *Elle m'a demandé de veiller sur ses affaires.* **2. [à].** Prendre soin de ; s'occuper de : *Veiller à la bonne marche d'une opération. Veillez à ce qu'il ne rentre pas trop tard. Veille à ne pas faire d'erreurs* (= fais en sorte de). ◆ v.t. ▸ ***Veiller un malade, un mort,*** rester à son chevet pendant la nuit. ◆ **se veiller** v.pr. *Fam.* En Suisse, faire attention.

veilleur n.m. ▸ ***Veilleur de nuit,*** garde chargé de surveiller un établissement public ou privé pendant la nuit.

veilleuse n.f. **1.** Petite lampe donnant une faible lumière qui ne gêne pas le sommeil : *Des enfants qui ne peuvent pas dormir sans veilleuse.* **2.** Petite flamme d'un appareil à gaz ou à mazout qu'on laisse brûler en permanence : *La veilleuse d'un chauffe-eau.* ▸ ***En veilleuse,*** en attente : *Cette affaire restera en veilleuse jusqu'à mon retour.* *Fam.* ***La mettre en veilleuse,*** baisser la voix ; se taire. ◆ **veilleuses** n.f. pl. Feux de position d'un véhicule automobile.

veinard, e adj. et n. *Fam.* Qui a de la chance : *Quelle veinarde, elle a gagné 200 euros à ce jeu !* (**SYN.** chanceux ; **CONTR.** malchanceux).

veine n.f. (lat. *vena*). **1.** Vaisseau sanguin ramenant le sang des organes vers le cœur : *Le sang des veines aboutit aux oreillettes.* **2.** Filon d'une roche ou d'un minéral qui peut être exploité : *Une veine de charbon.* **3.** Trace sinueuse visible sur une pièce de bois, un bloc de marbre (**SYN.** veinure). **4.** En botanique, nervure saillante de certaines feuilles. **5.** Inspiration d'un artiste : *La veine poétique* (**SYN.** souffle). *Ces livres sont de la même veine.* **6.** *Fam.* Chance : *Je n'ai vraiment pas de veine aujourd'hui* (**CONTR.** malchance). ▸ ***Être en veine de,*** être disposé à tel comportement : *Il était en veine de compliments* (= il en faisait beaucoup).

veiné, e adj. Qui a des veines apparentes : *Un marbre veiné de rouge.*

veiner v.t. [conj. 4]. Orner en imitant par des couleurs les veines du marbre ou du bois : *Veiner un plafond* (**SYN.** jasper, marbrer).

veineux, euse adj. Relatif aux veines : *Des maladies veineuses.*

veinosité n.f. Petite veine superficielle visible sous la peau.

veinule n.f. En anatomie, petite veine.

veinure n.f. Aspect veiné de la pierre, du marbre, du bois.

vêlage ou **vêlement** n.m. Action de mettre bas, de vêler, en parlant des vaches.

vélaire adj. et n.f. (du lat. *velum*, voile [du palais]). Se dit d'une voyelle ou d'une consonne articulée près du voile du palais : *Le* [o] est une voyelle vélaire et le [k] une consonne vélaire.

Velcro n.m. (nom déposé). Système de fermeture constitué par deux rubans qui s'accrochent l'un à l'autre par leurs fibres bouclées.

veld [vɛld] n.m. (mot néerl. signif. « champ »). Plateau herbeux, en Afrique du Sud.

vêlement n.m. → **vêlage.**

vêler v.i. (de l'anc. fr. *veel*, veau) [conj. 4]. Mettre bas, en parlant d'une vache.

vélideltiste n. En Suisse, personne qui pratique le vol libre sur une aile delta.

vélin n.m. (de l'anc. fr. *veel*, veau). **1.** Parchemin très fin préparé avec de la peau de veau : *Des vélins enluminés.* **2.** Papier de luxe qui imite la blancheur et l'uni du vélin (on dit aussi *le papier vélin*).

véliplanchiste n. Sportif qui fait de la planche à voile ; planchiste.

vélivole ou **vélivoliste** n. (du lat. *velivolus*, qui marche à la voile). Personne qui pratique le vol à voile. ◆ adj. Relatif au vol à voile.

velléitaire adj. et n. Qui est incapable de s'en tenir à une décision prise : *Un dirigeant velléitaire* (**SYN.** hésitant, instable ; **CONTR.** déterminé). *C'est une velléitaire.*

velléité n.f. (du lat. *velle*, vouloir). Volonté faible, hésitante et non suivie d'action : *Elle a eu des velléités de terminer son rapport.*

vélo n.m. (abrév. de *vélocipède*). **1.** Bicyclette : *Un vélo de ville. J'y vais à vélo.* **2.** Sport, pratique de la bicyclette : *Faire du vélo* (**SYN.** cyclisme). ▸ ***Vélo tout-terrain,*** V.T.T. (Au Québec, on dit *vélo de montagne.*)

véloce adj. (lat. *velox*, *velocis*). *Sout.* Qui se déplace avec rapidité ; agile : *Un serpent véloce* (**SYN.** rapide ; **CONTR.** lent).

vélocipède n.m. (du lat. *velox*, rapide). Ancêtre de la bicyclette, actionné grâce à des pédales fixées sur le moyeu de la roue avant.

vélociste n. Spécialiste de la vente et de la réparation des bicyclettes.

vélocité n.f. *Sout.* Grande rapidité dans le mouvement : *La vélocité du léopard* (**SYN.** célérité [litt.] ; **CONTR.** lenteur).

vélocross n.m. Vélo tout-terrain sans suspension ni garde-boue.

vélodrome n.m. Ensemble formé par une piste (couverte ou non) réservée à la compétition cycliste et les installations attenantes (tribunes, vestiaires).

vélomoteur n.m. Motocyclette légère, d'une cylindrée comprise entre 50 et 125 cm^3.

velours n.m. (anc. fr. *velous,* du lat. *villosus,* velu, de *villus,* poil). **1.** Étoffe rase d'un côté et couverte de l'autre de poils très serrés : *Une veste en velours.* **2.** *Litt.* Ce qui est doux au toucher ou produit un effet de douceur : *Une peau de velours. Ce potage est un vrai velours.* **3.** Liaison incorrecte faite entre des mots en parlant : *Dire « il a cinq-z-enfants est un velours.* ▸ ***De velours,*** qui se déroule sans violence apparente ; en douceur : *Une révolution de velours.* ***Faire patte de velours,*** présenter sa patte en rentrant ses griffes, en parlant d'un chat ; fig., cacher de mauvaises intentions sous des dehors bienveillants. ***Jouer sur du velours,*** tenter qqch en sachant qu'il n'y a aucun risque.

velouté, e adj. **1.** Qui est de la nature du velours : *Un tissu velouté.* **2.** Qui a l'aspect du velours : *Un papier velouté.* **3.** Doux au toucher, au goût : *Une peau veloutée* (**SYN.** satiné ; **CONTR.** rêche). *Un vin velouté* (**SYN.** moelleux). ◆ **velouté** n.m. **1.** Qualité de ce qui est velouté, doux : *Le velouté d'un chocolat chaud* (**SYN.** onctuosité). *Le velouté de la voix* (**SYN.** suavité ; **CONTR.** rudesse). **2.** Potage onctueux : *Un velouté de poireaux.*

velouter v.t. [conj. 3]. Donner l'apparence du velours à : *Velouter du papier.*

velouteux, euse adj. Qui a le toucher du velours : *Un abricot velouteux* (**SYN.** duveteux, velouté).

veloutier n.m. Personne qui tisse des articles de velours.

veloutine n.f. Tissu de coton gratté des deux côtés et ayant l'aspect du velours.

velu, e adj. (lat. *villosus*). Couvert de poils : *Des jambes velues* (**SYN.** poilu ; **CONTR.** glabre).

vélum ou **velum** [velɔm] n.m. (du lat. *velum,* voile). Grande pièce de tissu simulant un plafond bas ou protégeant un lieu du soleil.

Velux [velyks] n.m. (nom déposé). Fenêtre de toit de la marque de ce nom.

velvet [vɛlvɛt] n.m. (mot angl. signif. « velours »). Velours de coton à côtes.

venaison n.f. (du lat. *venatio,* chasse, de *venari,* chasser). Chair comestible de gros gibier, comme le sanglier ou le cerf.

vénal, e, aux adj. (lat. *venalis,* de *venum,* vente). **1.** Prêt à se vendre pour de l'argent ; mercantile : *Un administrateur vénal* (**SYN.** corruptible ; **CONTR.** incorruptible, intègre). **2.** Qui peut s'obtenir à prix d'argent : *Sous l'Ancien Régime, les charges de notaire étaient vénales* (= il fallait les acheter pour les exercer). ▸ ***Valeur vénale,*** prix auquel est estimé un bien.

vénalité n.f. **1.** Caractère d'une personne vénale : *La vénalité d'un élu* (**SYN.** mercantilisme ; **CONTR.** intégrité). **2.** Caractère de ce qui peut s'obtenir à prix d'argent : *La vénalité des charges.*

venant n.m. (du p. présent de *venir*). ▸ ***À tout venant,*** au premier venu ; à toute occasion ; à tout le monde : *Elle ne donne pas son numéro de téléphone à tout venant. Il clame à tout venant qu'il a gagné. Un immeuble ouvert à tous venants.*

vendable adj. Qui peut être vendu (**CONTR.** invendable).

vendange n.f. (lat. *vindemia,* de *vinum,* vin, et *demere,* ôter, enlever). **1.** Récolte du raisin destiné à produire du vin ; le raisin récolté : *Faire la vendange. Des hottes permettent de transporter la vendange.* **2.** (Surtout au pl.). Époque de la récolte du raisin : *Pendant les vendanges.*

vendangeoir n.m. Hotte ou panier de vendangeur.

vendanger v.t. [conj. 17]. Récolter le raisin de : *Vendanger une vigne.* ◆ v.i. Faire la vendange.

vendangeur, euse n. Personne qui fait la vendange.

vendangeuse n.f. Machine utilisée pour la récolte mécanique du raisin.

vendémiaire n.m. (du lat. *vindemia,* vendange). Premier mois du calendrier républicain, commençant le 22, 23 ou 24 septembre et finissant le 21, 22 ou 23 octobre.

vendetta [vɑ̃dɛta] n.f. (mot it. signif. « vengeance »). Coutume corse selon laquelle le devoir de vengeance d'une offense ou d'un meurtre se transmet à tous les parents de la victime.

vendeur, euse n. **1.** Employé de magasin dont la profession est de vendre : *La vendeuse de cette boutique m'a montré de nouveaux modèles.* **2.** Petit marchand de certains produits : *Une vendeuse de poissons.* **3.** Dans la langue juridique, personne qui fait un acte de vente : *Les acheteurs et les vendeurs négocient.* ☞ **REM.** Dans ce sens, le féminin est *venderesse.* ◆ adj. **1.** Qui veut vendre : *Ils voudraient mon appartement, mais je ne suis pas vendeur.* **2.** Qui fait vendre : *Un argument vendeur.*

vendre v.t. (lat. *vendere,* de *venum,* vente) [conj. 73]. **1.** Céder moyennant une certaine somme, à un prix convenu : *Il vend sa voiture* (**CONTR.** acheter, acquérir). **2.** Faire le commerce de qqch : *Elle vend des légumes sur les marchés.* **3.** Accorder contre de l'argent ou un avantage : *Il a vendu son témoignage à la presse* (**SYN.** monnayer). **4.** *Fam.* Trahir, dénoncer par intérêt : *Un cambrioleur qui a vendu ses complices à la police* (**SYN.** livrer). ▸ ***Vendre la peau de l'ours avant de l'avoir tué,*** disposer d'une chose alors qu'on ne la possède pas encore ; se flatter trop tôt du succès. ◆ **se vendre** v.pr. **1.** Être l'objet d'un commerce : *Ces huîtres se vendent à la douzaine.* **2.** Trouver un acquéreur : *Ces ordinateurs se vendent mal actuellement.* **3.** Renoncer à son honnêteté en échange d'avantages matériels : *Se vendre à l'ennemi.*

vendredi n.m. (du lat. *Veneris dies,* jour de Vénus). Cinquième jour de la semaine : *Je me lève tôt tous les vendredis.* ▸ ***Le Vendredi saint,*** celui qui précède le dimanche de Pâques.

vendu, e adj. et n. (Injurieux). Qui s'est laissé acheter, corrompre : *Un politicien vendu* (**SYN.** corrompu, vénal ; **CONTR.** incorruptible, intègre).

venelle n.f. (dimin. de *veine*). *Litt.* ou *région.* Petite rue étroite : *Une venelle peu éclairée* (**SYN.** ruelle).

vénéneux, euse adj. (bas lat. *venenosus*, de *venenum*, poison). Se dit d'une plante qui contient une substance toxique, un poison : *Des champignons vénéneux* (**CONTR.** comestible). ☞ **REM.** Ne pas confondre avec *venimeux*.

vénérable adj. Digne de vénération : *Tout le monde écoutait cet homme vénérable* (**SYN.** respectable). ▸ ***D'âge vénérable,*** très vieux. ◆ n.m. Président d'une loge de francs-maçons.

vénération n.f. **1.** Respect et admiration que l'on a pour qqn : *Ce philosophe leur inspire une grande vénération* (**SYN.** considération, déférence ; **CONTR.** mépris). **2.** Respect pour les choses saintes ; adoration, dévotion, piété.

vénérer v.t. (lat. *venerari*) [conj. 18]. **1.** Éprouver un attachement profond pour : *Il vénère son père* (**SYN.** respecter, révérer). **2.** Rendre à un saint le culte qui lui est dû : *Des pèlerins qui vénèrent sainte Thérèse de Lisieux* (**SYN.** adorer).

vénerie n.f. (du lat. *venari*, chasser). Chasse à courre.

vénérien, enne adj. (du lat. *venerius*, relatif à Vénus). Relatif aux rapports sexuels. ▸ ***Maladie vénérienne,*** maladie sexuellement transmissible ; M.S.T.

veneur n.m. (du lat. *venator*, chasseur, de *venari*, chasser). Celui qui, à la chasse à courre, dirige les chiens courants.

vengeance n.f. Action de se venger ; mal que l'on fait à qqn pour se venger : *Il demande vengeance pour l'injustice qu'il a subie* (**SYN.** réparation). *Je ne crains pas sa vengeance* (**SYN.** représailles).

venger v.t. (du lat. *vindicare*, revendiquer) [conj. 17]. **1.** Constituer le dédommagement d'un préjudice subi : *Cela me venge de toutes les humiliations que j'ai endurées* (**SYN.** laver de). **2.** Réparer le mal fait à qqn en en punissant l'auteur : *Il veut ruiner cet homme afin de venger son frère.* ◆ **se venger** v.pr. **1. [de].** Obtenir pour soi réparation d'un acte jugé offensant : *Se venger d'une insulte.* **2.** Agir de façon à punir l'auteur d'une offense reçue : *Elle s'est vengée d'un partenaire déloyal. Il a juré de se venger.* **3.** Compenser un dommage subi en se procurant quelque autre satisfaction : *Ils se sont vengés en votant contre ma proposition.* **4.** Calmer sa colère par un comportement violent : *Il se venge sur le premier objet venu, sur les plus faibles.*

vengeron ou **vangeron** n.m. En Suisse, gardon.

vengeur, eresse [vɑ̃ʒœr, vɑ̃ʒrɛs] adj. et n. Qui est animé par l'esprit de vengeance : *Une satire vengeresse.*

véniel, elle adj. (du lat. *venia*, pardon). Se dit de qqch qui est sans gravité : *Un oubli véniel* (**SYN.** anodin, insignifiant). ▸ ***Péché véniel,*** péché qui ne condamne pas à la damnation éternelle (par opp. à un péché mortel).

venimeux, euse adj. **1.** Se dit d'un animal à venin : *Une araignée venimeuse.* **2.** *Litt.* Plein de malveillance et de méchanceté : *Une remarque venimeuse* (**SYN.** fielleux [litt.], haineux ; **CONTR.** bienveillant). ☞ **REM.** Ne pas confondre avec *vénéneux*.

venin n.m. (du lat. *venenum*, poison). **1.** Liquide toxique sécrété par certains animaux et qu'ils injectent généralement par une piqûre ou une morsure : *Le venin de la guêpe, du cobra.* **2.** *Litt.* Attitude malveillante, haineuse : *Un site Internet qui répand du venin sur les déshérités* (**SYN.** fiel [litt.] ; **CONTR.** bienveillance, gentillesse).

venir v.i. (lat. *venire*) [conj. 40]. (Auxil. *être*). **1.** Se déplacer en direction de celui qui parle ou à qui l'on parle ; se diriger vers : *Quand viens-tu à Lyon ? Je suis venue te rendre visite* (**SYN.** passer). *La voiture vient vers nous.* **2.** S'étendre jusqu'à tel endroit ; s'élever jusqu'à tel niveau : *L'eau vient habituellement jusqu'à ces rochers.* **3.** Avoir tel lieu comme point de départ : *Elle vient de Rome, de chez ses parents. Le train venant de Paris entre en gare* (= en provenance de). **4.** Avoir pour origine, pour source : *Ce whisky vient d'Écosse* (**SYN.** provenir). *Le mot « ventre » vient du latin « venter, ventris ». Cette montre lui vient de son grand-père.* **5.** Croître ; pousser ; se développer : *Un sol où les légumes viennent bien, mal. Des boutons lui sont venus sur la peau* (**SYN.** apparaître). **6.** Avoir pour cause : *Ton erreur vient d'un manque d'attention* (**SYN.** découler, résulter). **7.** Avoir lieu ; se produire : *Cette panne de métro vient bien mal à propos* (**SYN.** survenir). *Quand vient le moment des adieux* (**SYN.** arriver). **8.** Apparaître, jaillir, en parlant d'un fluide : *Ouvrez la vanne, l'eau va venir.* ▸ ***À venir,*** qui va arriver : *Il y aura de grands changements dans les années à venir* (= futures). ***En venir à*** (+ n.), aborder le point essentiel d'une analyse, d'une action : *Venons-en aux faits* (**SYN.** en arriver à) ; aboutir à tel point de vue : *J'en viens à souhaiter qu'il s'en aille.* ***En venir aux mains,*** en arriver à se battre. ***Faire venir qqch,*** le faire apporter, le commander : *Faire venir un dîner d'un restaurant chinois.* ***Faire venir qqn,*** l'appeler, le mander : *Faites venir le directeur de l'hôtel.* ***Laisser*** ou ***voir venir,*** ne pas agir avant de savoir de quoi il retourne exactement. ***Ne faire qu'aller et venir,*** se déplacer sans cesse, être toujours en mouvement ; ne pas s'attarder, ne rester que peu de temps. ***Savoir où qqn veut en venir,*** deviner son but, ses objectifs. ***Venir de*** (+ inf.), semi-auxiliaire servant à exprimer le passé proche : *Elle vient de terminer ce rapport.* ***Y venir,*** en arriver à admettre qqch, à se rallier à qqch ; se résigner à accepter qqch.

vénitien, enne [venisjɛ̃, ɛn] adj. et n. Relatif à Venise, à ses habitants. ◆ adj. ▸ ***Blond vénitien,*** blond qui tire sur le roux. ***Store vénitien,*** store à lamelles horizontales et orientables.

vent n.m. (lat. *ventus*). **1.** Mouvement de l'air qui se déplace : *Il y a du vent. Un moulin à vent* (= dont les ailes tournent quand le vent souffle). *Un vent glacial* (= la bise). **2.** Souffle, mouvement de l'air produit par un moyen quelconque : *Faire du vent avec un éventail* (**SYN.** brise). **3.** *Fam.* Gaz intestinal ; flatulence. **4.** Tendance générale des influences qui se manifestent à un moment donné : *Un vent de panique soufflait sur le pays. Le vent est au pessimisme.* ▸ ***Aux quatre vents,*** dans toutes les directions : *Une vieille bâtisse ouverte aux quatre vents.* ***Avoir vent de qqch,*** en entendre parler ; en être plus ou moins informé. ***Bon vent !,*** bonne chance ! ; iron., bon débarras ! ***Contre vents et marées*** → **marée.** ***Dans le vent,*** à la mode. ***Du vent,*** chose, en partic., promesse sans valeur, sans fondement : *Ses paroles, c'est du vent !* ***En plein vent,*** à découvert ; en plein air. ***Instrument à vent,*** instrument de musique dans lequel on souffle : *La trompette est un instrument à vent.* ***Prendre le vent,*** voir la tournure que prennent les événements pour régler sa conduite. ***Sentir le vent du boulet,*** comprendre que l'on a échappé à un danger, évité une catastrophe. ◆ **vents** n.m. pl. Instruments à vent.

ventail n.m. (pl. *ventaux*) ou **ventaille** n.f. (de *vent*). Partie de la visière d'un casque clos par laquelle le combattant pouvait respirer.

vente n.f. (du lat. *venditus*, vendu, de *vendere*, vendre). **1.** Action de vendre qqch : *La vente d'un terrain* (**SYN.** cession ; **CONTR.** achat, acquisition). **2.** Écoulement des marchandises : *Battre tous les records de vente. Il touche un pourcentage sur les ventes* (**SYN.** 1. débit). **3.** Réunion, occasionnelle ou non, où se rencontrent vendeurs et acheteurs : *Une vente aux enchères.* ▸ ***En vente,*** disponible dans le commerce : *Ce livre est en vente depuis le début de la semaine.* ***Point de vente,*** endroit où se vend un produit : *Une usine qui a de nombreux points de vente.* ***Salle*** ou ***hôtel des ventes,*** local où se tiennent des ventes publiques aux enchères. ***Vente en ligne,*** commerce électronique. ***Vente par correspondance*** ou ***V.P.C.,*** vente réalisée par l'envoi d'un catalogue au client éventuel et l'envoi par courrier des choses commandées.

venté, e adj. Où le vent n'est pas freiné : *Une plaine ventée* (**SYN.** venteux).

venter v. impers. [conj. 3]. Faire du vent : *Il vente depuis hier* (= le vent souffle).

venteux, euse adj. Où le vent souffle souvent : *Une colline venteuse* (**SYN.** venté). *Une saison venteuse.*

ventilateur n.m. **1.** Appareil servant à mettre l'air en mouvement pour rafraîchir ou aérer un local clos. **2.** Mécanisme qui sert à refroidir le moteur d'une automobile : *Changer la courroie du ventilateur.*

① **ventilation** n.f. Action de ventiler, d'aérer ; installation permettant de le faire : *Il faut permettre une bonne ventilation de la cuisine* (**SYN.** aération).

② **ventilation** n.f. Action de ventiler, de répartir : *Il doit assurer la ventilation des tâches entre les différents employés* (**SYN.** distribution, répartition).

① **ventiler** v.t. (du lat. *ventilare*, aérer, de *ventus*, vent) [conj. 3]. Renouveler l'air de : *Ventiler un parking souterrain* (**SYN.** aérer).

② **ventiler** v.t. (du lat. *ventilare*, discuter) [conj. 3]. **1.** Répartir une somme globale : *Ventiler des crédits.* **2.** Répartir des choses ou des personnes : *Ils ont ventilé les étudiants en fonction des résultats à ce test.*

ventôse n.m. (du lat. *ventosus*, venteux). Sixième mois du calendrier républicain, commençant le 19, 20 ou 21 février et finissant le 20 ou 21 mars.

ventouse n.f. (du lat. *ventosa* [*cucurbita*], [courge] pleine de vent). **1.** Petite calotte de caoutchouc qui peut s'appliquer par pression sur une surface plane : *Un dispositif à ventouses pour accrocher des gants de toilette.* **2.** Organe utilisé par certains animaux pour se fixer ou sucer leur nourriture : *Le gecko a des ventouses aux pattes. Les sangsues ont deux ventouses.* **3.** Petit pot de verre que l'on appliquait sur la peau après y avoir créé le vide, pour faire cesser une congestion.

ventral, e, aux adj. Relatif au ventre, à l'abdomen (par opp. à dorsal) : *Un porte-bébé ventral* (= qui se porte sur le ventre).

ventre n.m. (lat. *venter, ventris*). **1.** Grande cavité qui contient les intestins ; région du corps où est située cette cavité : *Il dort sur le ventre* (**SYN.** abdomen). **2.** Ensemble des viscères du tube digestif, et, en partic. l'estomac : *Elle a mal au ventre. Avoir le ventre creux* (= avoir faim). **3.** Siège de la gestation chez la femme : *Dans le ventre de sa mère.* **4.** Partie renflée d'un objet creux : *Le ventre d'une bonbonne* (**SYN.** panse). ▸ ***À plat ventre,*** complètement allongé sur le ventre. *Fam.* ***Avoir les yeux plus gros que le ventre,*** prendre plus que l'on ne peut manger ; entreprendre plus que l'on ne peut mener à bien. ***Avoir, prendre du ventre,*** avoir, prendre de l'embonpoint. ***Avoir quelque chose, n'avoir rien dans le ventre,*** avoir, ne pas avoir de courage, de personnalité. ***Se mettre à plat ventre,*** s'humilier ; adopter une attitude soumise. *Fam.* ***Taper sur le ventre à qqn,*** le traiter trop familièrement. ***Ventre à terre,*** avec une extrême vitesse. *Fam.* ***Ventre mou,*** personne sans réelles convictions ; point faible de qqch, par où on peut l'attaquer : *Le ventre mou de la démocratie.*

ventrèche n.f. *Région.* Lard maigre.

ventrée n.f. *Fam.* Grande quantité de nourriture : *Une ventrée de pâtes.*

ventriculaire adj. Relatif aux ventricules.

ventricule n.m. (du lat. *ventriculus* [*cordis*], petit ventre [du cœur]). **1.** Chacune des deux cavités du cœur dont les contractions envoient le sang dans les artères. **2.** Chacune des quatre cavités de l'encéphale.

ventrière n.f. Sangle que l'on passe sous le ventre d'un cheval pour le soulever.

ventriloque n. et adj. (du lat. *venter, ventris*, ventre, et *loqui*, parler). Personne qui réussit à parler sans remuer les lèvres : *Le premier numéro du spectacle était un ventriloque et sa marionnette.*

ventripotent, e adj. *Fam.* Qui a un ventre imposant (**SYN.** bedonnant, ventru).

ventru, e adj. **1.** Qui a un gros ventre : *Un aubergiste ventru.* **2.** Qui présente un renflement : *Un vase ventru* (**SYN.** bombé, pansu, renflé).

venu, e adj. (p. passé de *venir*). ▸ ***Être bien, mal venu,*** être bien, mal développé ; être bien, mal reçu : *Votre explication était bien venue. Ces reproches sont très mal venus* (= inopportuns). ***Être mal venu à, de,*** être peu qualifié pour : *Tu es mal venu de le lui reprocher.* ***Le premier... venu,*** la première chose, la première personne qui vient, qui se présente : *Elle entra dans la première pizzeria venue.* ◆ n. ▸ ***Le dernier venu,*** la personne arrivée la dernière. ***Le premier venu,*** une personne quelconque ; n'importe qui : *Je n'adresse pas la parole au premier venu.* ***Nouveau venu,*** personne récemment arrivée : *Je compte sur vous pour accueillir chaleureusement les nouvelles venues.*

venue n.f. **1.** Action, fait de venir, d'arriver : *Il aurait pu préciser l'heure de sa venue* (**SYN.** arrivée ; **CONTR.** 1. départ). *La venue des premières brumes d'automne* (**SYN.** apparition ; **CONTR.** disparition). *La venue d'un enfant* (= naissance). **2.** Manière dont une plante pousse ; manière dont une action se déroule : *Des plantes d'une belle* ou *d'une bonne venue* (= croissance). *L'auteur a écrit cette nouvelle d'une seule venue* (= d'un trait).

vénus [venys] n.f. (de *Vénus*, déesse romaine de la

Beauté et de l'Amour). **1.** Femme très belle. **2.** Nom générique d'un mollusque marin, appelé *praire.*

vénusien, enne adj. et n. Relatif à la planète Vénus.

vénusté n.f. *Litt.* Beauté gracieuse et élégante.

vépéciste n. (de *V.P.C.*). Spécialiste de la vente par correspondance.

vêpres n.f. pl. (du lat. *vespera,* soir). Office catholique que l'on célèbre le soir, au coucher du soleil.

ver n.m. (lat. *vermis*). **1.** Animal de forme allongée, au corps mou, complètement ou presque complètement dépourvu de pattes. **2.** Parasite intestinal de l'homme et de certains animaux. **3.** Larve d'insecte qui a l'aspect d'un ver : *Des poutres rongées par les vers* (= vermoulues). ☞ **REM.** Ne pas confondre avec *vair* ou *verre.* **4.** Type de virus informatique apte à se reproduire via un réseau sans se greffer sur un programme. ▸ *Fam.* ***Tirer les vers du nez à qqn,*** le faire parler en le questionnant habilement. ***Ver à soie,*** chenille du bombyx du mûrier. ***Ver blanc,*** larve du hanneton. ***Ver de terre,*** lombric. ***Ver luisant,*** femelle du lampyre ; luciole. ***Ver solitaire,*** nom donné à certains ténias.

véracité n.f. (du lat. *verax, veracis,* sincère, de *verus,* vrai). Qualité de ce qui est conforme à la vérité : *La véracité de son témoignage est prouvée* (**SYN.** authenticité, exactitude, vérité ; **CONTR.** fausseté).

véraison n.f. (mot dialect., du moyen fr. *vérir,* mûrir). Changement de couleur du raisin, à l'approche de la maturation.

véranda n.f. (angl. *veranda,* du port.). **1.** Pièce ou espace vitrés attenant à une maison. **2.** En Afrique, toit en pente sur le côté ou la façade d'une maison.

verbal, e, aux adj. **1.** Qui est fait de vive voix (par opp. à écrit) : *Un engagement verbal* (**SYN.** oral). **2.** Qui a rapport aux mots, à la parole : *Évitez toute violence verbale.* **3.** Propre au verbe : *Le groupe verbal d'une phrase.* ▸ ***Adjectif verbal*** → **adjectif.** ***Locution verbale,*** groupe de mots qui se comporte comme un verbe : *« Faire grâce » est une locution verbale.*

verbalement adv. De vive voix, et non par écrit : *Répondre verbalement à des questions* (**SYN.** oralement).

verbalisateur, trice adj. et n. Se dit de tout agent de l'Administration qui verbalise.

verbalisation n.f. Action de verbaliser.

verbaliser v.i. [conj. 3]. Dresser un procès-verbal pour constater une infraction : *Verbaliser contre un pêcheur sans permis.* ◆ v.t. Formuler de vive voix ce qui était intériorisé : *Verbaliser son angoisse* (**SYN.** oraliser).

verbalisme n.m. Défaut de qqn qui masque sous un flot de paroles un manque d'idées ; verbiage.

verbatim [vɛrbatim] n.m. inv. (du lat. *verbum,* mot). Compte rendu fidèle, mot pour mot : *Présenter le verbatim d'une réunion.*

verbe n.m. (du lat. *verbum,* parole). **1.** *Litt.* Expression de la pensée par les mots, oralement ou par écrit : *La magie du verbe* (**SYN.** parole). **2.** Mot qui, dans une proposition, exprime l'action ou l'état du sujet, et porte les désinences de temps et de mode : *Dans « il ne viendra pas ce soir », le verbe « venir »* est au futur de l'indicatif. *Un verbe intransitif, transitif.* ▸ ***Avoir le verbe haut,*** parler fort.

verbeusement adv. De façon verbeuse ; avec un flot de paroles (**CONTR.** laconiquement).

verbeux, euse adj. (lat. *verbosus,* de *verbum,* parole). Qui expose les choses en trop de paroles, de mots : *Son père, d'habitude si verbeux, se taisait* (**SYN.** loquace, volubile ; **CONTR.** laconique). *Des explications verbeuses* (**SYN.** redondant ; **CONTR.** concis).

verbiage n.m. (de l'anc. fr. *verbier,* parler). Abondance de paroles inutiles ; verbalisme : *Cet exposé n'est que du verbiage* (**SYN.** bavardage, délayage).

verbicruciste n. Auteur de grilles de mots croisés ; mots-croisiste.

verbosité n.f. Fait d'être verbeux : *La verbosité d'un avocat, d'une plaidoirie* (**SYN.** prolixité ; **CONTR.** brièveté, concision).

verdâtre adj. D'une couleur qui tire sur le vert : *Un teint verdâtre* (**SYN.** olivâtre).

verdelet, ette adj. ▸ ***Vin verdelet,*** vin très jeune, un peu acide.

verdeur n.f. **1.** Acidité d'un fruit encore vert, d'un vin trop jeune ; état du bois non encore sec. **2.** Vigueur physique : *La verdeur des seniors d'aujourd'hui* (**SYN.** énergie, jeunesse). **3.** Caractère osé ; crudité de langage : *La verdeur d'une histoire* (**SYN.** gaillardise, truculence).

verdict [vɛrdikt] n.m. (mot angl., du lat. *vere dictum,* véritablement dit). **1.** Déclaration par laquelle un jury d'assises répond aux questions posées par le tribunal sur la culpabilité d'un accusé : *Le jury rendra son verdict ce soir. Prononcer un verdict de culpabilité* (**SYN.** sentence). **2.** Jugement rendu en une matière quelconque : *Le verdict des électeurs* (**SYN.** décision).

verdir v.i. (de l'anc. fr. *verd,* vert) [conj. 32]. **1.** Devenir vert : *Les prés verdissent au printemps.* **2.** Pâlir extrêmement sous l'effet d'une émotion : *Verdir de peur.* ◆ v.t. Rendre vert : *La lumière verdit les feuilles.*

verdissage n.m. *Litt.* Action de verdir.

verdissement n.m. Fait de devenir vert.

verdoiement [vɛrdwamɑ̃] n.m. Fait de verdoyer : *Le verdoiement de la campagne.*

verdoyant, e [vɛrdwajɑ̃, ɑ̃t] adj. Qui verdoie : *Des prairies verdoyantes.*

verdoyer [vɛrdwaje] v.i. (de l'anc. fr. *verd,* vert) [conj. 13]. *Litt.* Devenir vert ; se couvrir de verdure : *Les arbres verdoient.*

verdure n.f. (de l'anc. fr. *verd,* vert). **1.** Couleur verte de la végétation : *La verdure des champs.* **2.** Herbe, feuillage verts, qui forment la végétation d'un lieu : *Un tapis de verdure.* **3.** *Fam.* Légumes verts, salades, que l'on mange crus.

verdurier, ère n. (de *verdure*). *Vx* Marchand de légumes ; légumier.

véreux, euse adj. (de *ver*). **1.** Qui est gâté par des vers : *Une pomme véreuse.* **2.** Qui est malhonnête, louche : *Une affaire véreuse* (**SYN.** douteux, suspect). *Un juge véreux* (**SYN.** corrompu, indélicat ; **CONTR.** intègre).

verge n.f. (lat. *virga*). **1.** (Souvent au pl.). *Anc.* Instrument de punition corporelle formé d'une baguette longue et flexible. **2.** Pénis. ▸ ***Donner des verges pour se faire battre,*** fournir à autrui des arguments contre soi-même.

vergé, e adj. (du lat. *virgatus,* tressé, rayé). ▸ ***Papier vergé,*** fabriqué à l'aide d'une vergeure.

vergeoise n.f. (de *verge*). Sucre roux obtenu en mélangeant un colorant à du sucre blanc.

verger n.m. (lat. *viridiarium*, de *viridis*, vert). Terrain planté d'arbres fruitiers.

vergeté, e adj. Marqué de petites raies : *La peau de ses cuisses est vergetée.*

vergeture n.f. Fine raie cutanée, qui provient de la distension et de la perte d'élasticité de la peau.

vergeure [vɛrʒyr] n.m. (de *verge*). Armature de fils de laiton servant à fabriquer du papier à la main (*le papier vergé*) ; filigrane laissé par cette armature dans le papier.

verglaçant, e adj. Qui provoque le verglas : *Une pluie verglaçante.*

verglacé, e adj. Couvert de verglas : *Une route verglacée.*

verglacer v. impers. [conj. 16]. Faire du verglas : *Il verglacera cette nuit.* ◆ v.t. Recouvrir de verglas : *Le froid a verglacé les routes enneigées.*

verglas [vɛrgla] n.m. (de *verre* et *glas*, anc. var. de *glace*). Mince couche de glace sur le sol, due à la congélation de l'eau, du brouillard, de la neige fondue : *Le verglas a causé de nombreux accidents de voiture. Une plaque de verglas.*

vergne ou **verne** n.m. (du gaul.). Aulne d'une espèce commune.

vergogne n.f. (du lat. *verecundia*, discrétion). ▸ ***Sans vergogne,*** sans pudeur ; sans scrupule : *Elle étale ses richesses sans vergogne. Tricher sans vergogne* (= effrontément ; **SYN.** honte).

vergue n.f. (forme dialect. de *verge*). Sur un bateau, longue pièce de bois placée en travers d'un mât, pour soutenir et orienter la voile.

véridicité n.f. *Litt.* Caractère véridique : *La véridicité d'une anecdote* (**SYN.** authenticité, véracité ; **CONTR.** inexactitude).

véridique adj. (lat. *veredicus*, de *verus*, vrai, et *dicere*, dire). **1.** *Litt.* Qui dit la vérité : *Un historien véridique.* **2.** Qui est conforme à la vérité, au réel : *Un récit véridique* (**SYN.** exact, fidèle ; **CONTR.** fallacieux, mensonger).

véridiquement adv. De façon véridique ; avec le souci de dire la vérité.

vérifiable adj. Qui peut être vérifié, contrôlé : *Des informations vérifiables.*

vérificateur, trice adj. Qui a pour objet de vérifier, de contrôler : *Des mesures vérificatrices.* ◆ n. Personne chargée de vérifier, de contrôler : *Une préparatrice et vérificatrice de commandes* (**SYN.** contrôleur, vérifieur). ◆ **vérificateur** n.m. ▸ ***Vérificateur orthographique,*** correcteur orthographique.

vérificatif, ive adj. Qui sert de vérification : *Une enquête vérificative.*

vérification n.f. Action de vérifier : *Procéder à la vérification d'un alibi* (= faire des recoupements). *La vérification de la comptabilité d'une entreprise* (**SYN.** contrôle, examen). *La vérification d'un ascenseur dans un immeuble.*

vérifier v.t. (bas lat. *verificare*, de *verus*, vrai) [conj. 9]. **1.** S'assurer que qqch est exact, vrai : *Vérifier l'orthographe d'un mot dans un dictionnaire* (**SYN.** contrôler). *Les résultats ont vérifié nos prévisions* (**SYN.** confirmer, corroborer ; **CONTR.** infirmer). **2.** Soumettre à un contrôle : *Vérifier les freins d'une voiture* (**SYN.** essayer, 2. tester).

vérifieur, euse n. Personne chargée d'une vérification ; vérificateur.

vérin n.m. (lat. *veruina*, dimin. de *veru*, broche, dard, pique). Appareil utilisé pour soulever des charges très lourdes.

vérisme n.m. (it. *verismo*, de *vero*, vrai). École littéraire et artistique italienne de la fin du XIXe siècle : *Le vérisme fut inspiré par le naturalisme français.*

vériste adj. et n. Relatif au vérisme : *Un roman vériste.*

véritable adj. **1.** Qui est authentique, conforme à la réalité : *Il a publié ce livre sous son véritable nom* (**SYN.** vrai ; **CONTR.** 2. faux). **2.** Qui n'est ni mélangé ni imité : *De l'or véritable.* **3.** Qui mérite vraiment d'être qualifié de : *C'est un véritable ami. Un amour véritable.* **4.** Souligne la justesse de l'image choisie : *C'est une véritable folie de sortir par un temps pareil !*

véritablement adv. D'une manière effective : *Il est véritablement attristé de ton départ* (**SYN.** réellement, vraiment).

vérité n.f. (lat. *veritas*, de *verus*, vrai). **1.** Caractère de ce qui est vrai : *La vérité d'un témoignage* (**SYN.** véracité ; **CONTR.** fausseté). **2.** Idée, proposition que l'esprit reconnaît comme vraie ou à laquelle on attache la plus haute valeur morale : *Les vérités scientifiques* (**SYN.** axiome, loi). *Il ne connaît qu'une vérité : la justice* (**SYN.** conviction, principe). **3.** Conformité de ce qui est dit, représenté, avec la réalité : *Il ne me dit pas la vérité* (= il ment). *Un tableau plein de vérité* (**SYN.** naturel). **4.** Sincérité ; bonne foi : *Un accent de vérité* (**SYN.** franchise). **5.** (Employé en appos., avec ou sans trait d'union). Qui vise à établir la réalité des faits : *Le portrait-vérité d'un ministre. Des opérations vérité dans les entreprises publiques.* ▸ ***À la vérité,*** j'en conviens, il est vrai : *À la vérité, je ne l'apprécie guère.* *Fam.* ***Dire à qqn ses vérités*** ou ***ses quatre vérités,*** lui dire avec franchise ce que l'on pense de lui. ***En vérité,*** certainement ; assurément.

verjus [vɛrʒy] n.m. (de *vert* et *jus*). Suc acide que l'on extrait du raisin cueilli vert : *Un poulet sauté au verjus.*

verjuté, e adj. Acide comme du verjus : *Un vin verjuté.*

verlan n.m. (inversion de *[à] l'envers*). Argot codé dans lequel on inverse les syllabes des mots : *En verlan, « bizarre » se dit « zarbi ».*

vermeil, eille adj. (du lat. *vermiculus*, cochenille, de *vermis*, ver). *Litt.* D'un rouge vif un peu plus foncé que l'incarnat : *Un teint vermeil* (**SYN.** rougeaud, rubicond ; **CONTR.** blafard, blême). ◆ **vermeil** n.m. Argent recouvert d'or : *Un plat en vermeil.*

vermicelle n.m. (it. *vermicelli*, pl. de *vermicello*, vermisseau, du lat. *vermis*, ver). **1.** Pâte à potage en forme de filament plus ou moins long. **2.** En Suisse, pâte de marrons sucrée en forme de filaments.

vermicide adj. et n.m. Se dit d'un remède propre à détruire les vers parasites.

vermiculaire adj. (du lat. *vermiculus*, vermisseau). Qui ressemble à un ver. ▸ ***Appendice vermiculaire*** → **appendice.**

vermiforme adj. Qui a l'aspect ou la forme d'un ver.

vermifuge adj. et n.m. (du lat. *vermis*, ver). Se dit d'un remède qui déclenche l'expulsion des vers intestinaux.

vermillon [vɛrmijɔ̃] adj. inv. et n.m. (de *vermeil*). D'une couleur rouge vif tirant sur l'orangé : *Des robes vermillon.*

vermine n.f. (du lat. *vermis*, ver). **1.** Ensemble des parasites externes de l'homme et des vertébrés (puces, poux) : *Des miséreux couverts de vermine.* **2.** Groupe d'individus jugés vils, nuisibles, néfastes (**SYN.** canaille, crapule, racaille).

vermineux, euse adj. **1.** Qui est couvert de vermine. **2.** Qui est atteint d'une verminose.

verminose n.f. Affection parasitaire, en partic. digestive, due à des vers.

vermis [vɛrmis] n.m. (mot lat. signif. « ver »). Région médiane du cervelet.

vermisseau n.m. (du lat. *vermis*, ver). Petit ver de terre.

vermoulu, e adj. (de *ver* et *moulu*, p. passé de *moudre*). **1.** Qui est rongé par les larves d'insectes : *Une armoire vermoulue.* **2.** *Fig.* Qui est vétuste et suranné : *Des institutions vermoulues.*

vermoulure n.f. Trace que laissent les vers dans ce qu'ils ont rongé.

vermouth [vɛrmut] n.m. (de l'all. *Wermut*, absinthe). Apéritif à base de vin blanc aromatisé avec des plantes amères.

vernaculaire adj. (du lat. *vernaculus*, indigène, de *verna*, esclave né dans la maison du maître). ▸ ***Langue vernaculaire,*** langue parlée seulement à l'intérieur d'une communauté (par opp. à langue véhiculaire). ***Nom vernaculaire,*** nom d'une espèce animale ou végétale dans la langue courante ; nom usuel (par opp. à nom scientifique).

vernal, e, aux adj. (lat. *vernalis*, de *ver, veris*, printemps). *Litt.* Qui se rapporte au printemps.

verne n.m. → **vergne.**

verni, e adj. Qui est enduit de vernis : *Des ongles vernis.* ◆ adj. et n. *Fam.* Qui a de la chance : *Elle est vernie, elle a gagné le gros lot !* (**SYN.** chanceux ; **CONTR.** malchanceux).

vernir v.t. [conj. 32]. Recouvrir de vernis ; vitrifier : *Vernir un parquet, une table.*

vernis [vɛrni] n.m. (it. *vernice*, du bas lat. *veronix*, sorte de résine odorante). **1.** Enduit fait d'une sorte de résine mélangée à un solvant, que l'on applique sur certains objets pour les préserver ou les décorer : *Protégez ce bois avec un vernis* (**SYN.** enduit, 1. laque). *Un vernis à ongles rose.* **2.** *Fig.* Apparence brillante mais superficielle : *Un vernis de savoir-vivre* (**SYN.** simulacre, teinture).

vernissage n.m. **1.** Action de vernir, de vernisser : *Le vernissage d'un bateau, d'une poterie.* **2.** Réception qui marque l'ouverture d'une exposition d'art et où ne sont admis que les invités.

vernissé, e adj. Qui est enduit de vernis : *Des tuiles vernissées* (**SYN.** verni).

vernisser v.t. [conj. 3]. Recouvrir d'une glaçure : *Vernisser des poteries.*

vernisseur, euse n. Personne qui applique des vernis.

vernix caseosa [vɛrnikskazeoza] n.m. inv. (mots lat.). Enduit gras blanchâtre qui recouvre souvent le corps d'un enfant à sa naissance.

vérole n.f. (du bas lat. *variola*, variole). *Fam.* Syphilis. ▸ *Vx* ***Petite vérole,*** variole.

① **véronique** n.f. (lat. scientif. *veronica*, du nom de sainte Véronique). Plante herbacée à fleurs mauves, dont une variété est utilisée en infusion.

② **véronique** n.f. (esp. *verónica*, de *Verónica*, sainte Véronique). Figure de tauromachie au cours de laquelle le matador fait passer le taureau le long de son corps.

verrat [vera] n.m. (du lat. *verres*, porc). Mâle reproducteur de l'espèce porcine.

verre n.m. (lat. *vitrum*). **1.** Substance dure, transparente et cassante, obtenue par la fusion de sable avec de la soude ou de la potasse : *Du verre coloré. Un souffleur de verre.* **2.** Récipient pour boire ; son contenu : *Un verre à vin. Je lève mon verre à votre succès* (= je porte un toast). *Il boit un verre d'eau.* **3.** Consommation, boisson génér. alcoolisée : *Prendre un verre.* **4.** Lentille ou plaque de verre, de plastique taillée spécialement pour corriger la vue : *Des lunettes à verres teintés. Des verres de contact.* **5.** Plaque, lame de verre : *Le verre d'une montre.* ☞ **REM.** Ne pas confondre avec *vair* ou *ver.* ▸ ***Maison de verre,*** maison, entreprise où il n'y a rien de secret, où tout se sait. ***Se casser comme du verre,*** être très fragile. ***Verre blanc,*** verre de qualité courante non teinté. ***Verre de lampe,*** manchon de verre qui entoure la mèche des lampes à pétrole.

verrée n.f. En Suisse, réunion où l'on offre à boire.

verrerie [vɛrri] n.f. **1.** Fabrication, commerce du verre ; usine où on le fabrique. **2.** Objets en verre : *La verrerie de table.*

verrier, ère adj. Qui se rapporte au verre, à l'industrie du verre : *Les techniques verrières.* ◆ **verrier** n.m. **1.** Industriel de la verrerie. **2.** Artisan qui fait du verre, des ouvrages de verre : *Un maître verrier* (= qui fait des vitraux).

verrière n.f. **1.** Toit formé d'une charpente de fer vitrée : *La verrière d'un centre commercial.* **2.** Grande ouverture vitrée ménagée dans le mur d'un édifice.

verrine n.f. Petit récipient de verre dans lequel on sert certaines préparations culinaires ; son contenu.

verroterie n.f. Petits objets, notamm. bijoux, en verre coloré : *Des bracelets de verroterie.*

verrou n.m. (du lat. *veruculum*, petite broche, de *veru*, broche, dard, pique). **1.** Serrure constituée d'une pièce métallique allongée que l'on fait coulisser pour l'engager dans une gâche : *Un verrou de sûreté. Mettre tous les verrous.* **2.** *Fig.* Obstacle qui empêche le déroulement d'une action : *Il cherche à faire sauter les verrous qui entravent ses projets.* ▸ ***Être, mettre sous les verrous,*** en prison.

verrouillage n.m. Action de verrouiller ; fait d'être verrouillé : *Le verrouillage automatique des portières.*

verrouillé, e adj. **1.** Fermé au verrou : *Portes verrouillées.* **2.** Où tout passage est interdit : *Un quartier verrouillé.*

verrouiller v.t. [conj. 3]. **1.** Fermer avec un verrou :

Ils avaient verrouillé portes et fenêtres (**SYN.** barricader, cadenasser ; **CONTR.** déverrouiller). **2.** Bloquer l'accès de : *La police a verrouillé le quartier* (**SYN.** boucler, encercler). **3.** Empêcher qqch, un groupe de changer, d'évoluer : *Verrouiller une équipe de direction, un dossier d'instruction judiciaire.* **4.** Restreindre l'utilisation d'un système informatique aux seules personnes habilitées : *Verrouiller un fichier.* ◆ **se verrouiller** v.pr. S'enfermer à double tour ; se barricader.

verrucosité n.f. Excroissance de la peau ressemblant à une verrue.

verrue n.f. (lat. *verruca*). Tumeur bénigne de l'épiderme due à un virus : *Une verrue plantaire.*

verruqueux, euse adj. Relatif aux verrues.

① **vers** [vɛr] n.m. (lat. *versus*). Groupe de mots assemblés selon certaines règles d'harmonie, de rythme, de longueur, de rime et qui constitue l'élément de base de la poésie : *Un vers de douze syllabes est un alexandrin.* ▸ ***Vers blancs,*** vers qui ne riment pas entre eux. ***Vers libres,*** vers composés sans tenir compte des règles de la prosodie.

② **vers** [vɛr] prép. (lat. *versus*, de *vertere*, tourner). **1.** Indique la direction prise, l'orientation : *Il se dirigea vers la voiture noire. Une maison tournée vers le nord.* **2.** Indique le sens de l'évolution de qqch, d'un processus : *Il est porté vers l'action. Aller vers sa fin. Le temps évolue vers le beau.* **3.** Indique l'approximation temporelle : *Vers la fin de la Seconde Guerre mondiale. On se retrouve vers 13 heures à l'hôtel.* **4.** Indique le voisinage approximatif : *Leur maison se trouve vers la gare* (= dans les environs de, du côté de).

versaillais, e adj. et n. Relatif à Versailles, à ses habitants. ◆ **versaillais** adj.m. et n.m. Se dit du gouvernement de Thiers et de l'armée qu'il organisa pour combattre la Commune de Paris en 1871.

versant n.m. **1.** Chacun des deux flancs d'une montagne ; chacune des deux pentes qui encadrent une vallée : *Le versant italien des Alpes.* **2.** Chacun des aspects opposés de qqch : *Les deux versants de la vie d'une femme qui travaille.*

versatile adj. (lat. *versatilis*, de *versare*, tourner souvent). Qui change facilement d'opinion : *Un esprit versatile* (**SYN.** changeant, inconstant, lunatique ; **CONTR.** obstiné, opiniâtre).

versatilité n.f. Caractère versatile : *La versatilité de l'opinion publique* (**SYN.** inconstance, instabilité ; **CONTR.** constance, fidélité, stabilité).

à **verse** loc. adv. Abondamment, en parlant de la pluie : *Il pleut à verse.*

versé, e adj. (du lat. *versatus*, habitué). *Sout.* **[dans, en].** Qui a une connaissance approfondie, une grande expérience de : *Elle est très versée dans la géographie économique, en histoire de l'art* (**SYN.** expert).

Verseau n. inv. et adj. inv. (de *verser* et *eau*). (Avec une majuscule). Personne née sous le signe du Verseau, entre le 21 janvier et le 18 février : *Mes frères sont Verseau.*

versement n.m. Action de verser de l'argent ; somme versée : *Le versement d'une pension alimentaire* (**SYN.** paiement). *Un versement de cent euros.*

verser v.t. (du lat. *versare*, tourner souvent, de *vertere*, tourner) [conj. 3]. **1.** Répandre, faire couler un liquide : *Verse de l'eau sur leurs mains.* **2.** Faire passer d'un récipient dans un autre ; transvaser : *Verser de la farine dans un pot.* **3.** Remettre de l'argent à : *Il n'a pas encore versé le montant du loyer* (**SYN.** payer, régler). *Verser un acompte* (**SYN.** régler). **4.** Déposer, joindre un document à qqch : *Verser une pièce au dossier* (**SYN.** adjoindre, ajouter). **5.** Affecter qqn à tel poste, telle fonction : *Il a demandé à être versé dans les services administratifs* (**SYN.** muter, nommer). ▸ ***Verser des larmes,*** pleurer. *Litt.* ***Verser son sang,*** donner sa vie. ◆ v.i. Tomber sur le côté : *Le camion a versé sur la chaussée* (**SYN.** basculer, se renverser). ▸ ***Verser dans,*** évoluer vers : *Elle verse dans le pessimisme* (**SYN.** tomber dans).

verset n.m. (de *1. vers*). Chacune des divisions numérotées d'un chapitre de la Bible, du Coran, d'un livre sacré : *Le dernier verset d'un psaume.*

verseur, euse adj. Qui sert à verser : *Un bec verseur. Une boîte verseuse pour le sucre en poudre.*

verseuse n.f. Récipient utilisé pour préparer ou servir le café ; cafetière.

versicolore adj. (lat. *versicolor*). *Didact.* Dont la couleur est changeante ; qui a plusieurs couleurs : *Un oiseau au plumage versicolore* (**SYN.** bigarré, multicolore ; **CONTR.** uni, unicolore).

versificateur, trice n. **1.** Auteur qui écrit des vers ; poète. **2.** Mauvais poète.

versification n.f. Art d'écrire des vers : *Les règles de la versification.*

versifier v.i. (lat. *versificare*) [conj. 9]. Écrire des vers. ◆ v.t. Mettre en vers : *Versifier une pièce de théâtre.*

version n.f. (lat. *versio*, de *vertere*, tourner). **1.** Chacun des états successifs d'un texte : *Elle connaît les différentes versions de ce conte* (**SYN.** variante). **2.** Manière de raconter, d'interpréter un fait : *Le témoin m'a donné sa version de l'accident* (**SYN.** interprétation). **3.** Traduction d'un texte en langue étrangère dans la langue de celui qui traduit (par opp. à thème) : *Une version allemande.* ▸ ***Version originale*** ou ***V.O.,*** celle qui présente un film dans la langue d'origine, avec des sous-titres (par opp. à version doublée) : *Je préfère la version originale, les films en V.O.*

vers-libriste adj. et n. (pl. *vers-libristes*). Qui compose des vers libres.

verso n.m. (du lat. [*folio*] *verso*, [sur le feuillet] tourné). Revers d'un feuillet (par opp. à recto) : *Écrire son numéro de compte au verso d'un chèque* (**SYN.** dos).

versoir n.m. Partie de la charrue qui retourne la bande de terre que le soc détache.

verste n.f. (russe *versta*). *Anc.* Mesure itinéraire en usage en Russie et qui valait 1 067 mètres.

versus [vɛrsys] prép. (mot lat. signif. « du côté de »). Par opposition à (abrév. vs) : *Masculin vs féminin.*

① **vert, e** adj. (lat. *viridis*). **1.** Se dit de la couleur située entre le bleu et le jaune dans le spectre solaire : *L'émeraude est une pierre précieuse verte. Des vestes vert foncé.* **2.** Se dit de la couleur des plantes à chlorophylle, d'un végétal qui n'est pas encore mûr ou sec : *Les feuilles des arbres sont vertes. Cet abricot est vert. Du bois vert. Du café vert* (= non torréfié). **3.** Relatif à l'agriculture, au monde agricole : *L'Europe verte.* **4.** Relatif au mouvement écologiste ; qui en fait partie :

Les députés verts. **5.** Qui contribue au respect de l'environnement : *Un produit vert.* **6.** Qui est resté énergique malgré son âge avancé : *Un vieillard encore vert* (SYN. fringant, vigoureux). **7.** Se dit de paroles volontairement dures, sévères : *Recevoir une verte réprimande* (SYN. cinglant). ▸ ***Avoir la main verte,*** avoir des talents innés de jardinier. ***La langue verte,*** l'argot. ***Le billet vert,*** le dollar. ◆ **vertes** n.f. pl. ▸ *Fam.* ***Des vertes et des pas mûres,*** des choses renversantes, choquantes ou pénibles : *Elle m'en a dit des vertes et des pas mûres. Son fils lui en a fait voir des vertes et des pas mûres.*

② **vert** n.m. (de *1. vert*). **1.** Couleur verte : *Elle a teint sa robe en vert. Un vert pistache.* **2.** Matière colorante verte : *Un tube de vert.* **3.** Couleur des signaux de voie libre, dans la signalisation ferroviaire ou routière : *Attendre que le feu passe au vert.* **4.** Au Québec, green de golf. ▸ *Fam.* ***Se mettre au vert,*** aller se reposer à la campagne. ◆ **verts** n.m. pl. Militants écologistes constitués en mouvement ou en parti politique.

vert-de-gris n.m. inv. Couche verdâtre dont le cuivre se couvre au contact de l'air. ◆ adj. inv. D'un vert grisâtre : *Des pantalons vert-de-gris.*

vert-de-grisé, e adj. (pl. *vert-de-grisés, es*). Couvert de vert-de-gris : *Des appliques vert-de-grisées.*

vertébral, e, aux adj. Relatif aux vertèbres, à la colonne vertébrale : *Des douleurs vertébrales.*

vertèbre n.f. (lat. *vertebra,* de *vertere,* tourner). Chacun des os courts constituant la colonne vertébrale : *Il s'est déplacé une vertèbre. Les vertèbres cervicales, dorsales, lombaires.*

vertébré, e adj. et n.m. Se dit des animaux qui ont des vertèbres (par opp. à invertébré) : *Les poissons, les amphibiens, les reptiles, les oiseaux et les mammifères sont des vertébrés.*

vertement adv. Sans ménagement ; brutalement : *Elle lui a répliqué vertement que cela ne le regardait pas* (SYN. rudement, vivement).

vertical, e, aux adj. (du lat. *vertex, verticis,* sommet). Qui suit la direction du fil à plomb ; perpendiculaire à la ligne de l'horizon (par opp. à horizontal ou oblique) : *Le mur n'est pas très vertical* (= d'aplomb). ◆ **verticale** n.f. Ligne verticale : *Les corps tombent suivant la verticale.* ▸ ***À la verticale,*** dans la direction de la verticale : *Un hélicoptère qui décolle à la verticale.*

verticalement adv. Selon la verticale.

verticalité n.f. État de ce qui est vertical : *La verticalité d'un mur* (SYN. aplomb).

vertige n.m. (du lat. *vertigo,* tournoiement, de *vertere,* tourner). **1.** Angoisse liée à la peur de tomber, ressentie au-dessus du vide : *En arrivant en haut de l'échelle, elle a eu le vertige.* **2.** Malaise donnant l'illusion que les objets tournent autour de soi : *J'ai eu des vertiges en me levant ce matin* (SYN. éblouissement, étourdissement). **3.** Trouble, égarement dû à qqch d'intense : *Tout cet argent gagné si vite lui a donné le vertige* (= l'a grisé).

vertigineusement adv. Très fortement : *Les prix ont augmenté vertigineusement.*

vertigineux, euse adj. **1.** Qui donne le vertige : *Le ballon est monté à une hauteur vertigineuse.* **2.** Très grand ; très rapide : *Une hausse des prix vertigineuse. La chute vertigineuse de la Bourse* (SYN. fulgurant).

vertu n.f. (du lat. *virtus,* mérite, courage, de *vir,* homme [par opp. à femme]). **1.** *Sout.* Disposition à faire le bien et à éviter le mal : *Une personne de grande vertu* (SYN. moralité). **2.** Qualité morale particulière : *Savoir pardonner est pour elle la plus grande des vertus* (CONTR. défaut, vice). **3.** *Vieilli* Chasteté féminine. **4.** Qualité qui rend propre à produire certains effets : *Les vertus calmantes de la verveine* (SYN. pouvoir, propriété). ▸ ***En vertu de,*** conformément à ; au nom de : *En vertu d'une loi. En vertu des pouvoirs qui me sont conférés.*

vertueusement adv. De façon vertueuse, morale.

vertueux, euse adj. Qui manifeste des qualités morales ; qui est inspiré par la vertu : *Ils ont mené une vie vertueuse* (SYN. sage ; CONTR. dissolu). ▸ ***Cercle vertueux*** → **cercle.**

vertugadin n.m. (esp. *verdugado*). *Anc.* Bourrelet qui servait à faire bouffer une jupe de femme ; robe ainsi rendue bouffante.

verve n.f. (du lat. *verbum,* parole). Qualité de qqn qui parle avec enthousiasme et brio : *La verve d'un conférencier* (SYN. éloquence, faconde [litt.]).

verveine n.f. (lat. *verbena*). **1.** Plante dont une espèce a des propriétés médicinales ; infusion faite avec cette plante. **2.** Liqueur de verveine.

verveux, euse adj. *Litt.* Plein de verve.

vesce [vɛs] n.f. (lat. *vicia*). Plante fourragère ; sa graine.

vésical, e, aux adj. (du lat. *vesica,* vessie, ampoule). Relatif à la vessie : *Une sonde vésicale.*

vésicant, e adj. (du lat. *vesica,* vessie, ampoule). Qui fait naître des vésicules sur la peau : *Une plante vésicante.*

vésiculaire adj. Relatif à une vésicule.

vésicule n.f. (du lat. *vesicula,* petite ampoule, dimin. de *vesica,* vessie, ampoule). **1.** Organe creux ayant la forme d'un sac : *La vésicule biliaire.* **2.** Petite boursouflure de la peau, contenant un liquide clair ; pustule : *La varicelle provoque des vésicules.*

vésiculeux, euse adj. Caractérisé par des vésicules : *Une dermatose vésiculeuse.*

vesou [vəzu] n.m. (mot créole). Jus obtenu par broyage de la canne à sucre, dont on tire le sucre.

Vespa n.f. (nom déposé). Scooter de la marque de ce nom.

vespasienne n.f. (de *Vespasien,* nom de l'empereur romain qui fit installer des urinoirs à Rome). *Vx* Urinoir public à l'usage des hommes.

vespéral, e, aux adj. (du lat. *vesper,* soir). *Litt.* Relatif au soir, au couchant : *La clarté vespérale.*

vesse n.f. *Fam., vieilli* Expulsion silencieuse de gaz intestinaux malodorants.

vessie n.f. (lat. *vesica*). **1.** Poche abdominale où s'accumule l'urine avant d'être évacuée. **2.** Poche étanche gonflée d'air, à l'intérieur d'un ballon. ▸ *Fam.* ***Prendre des vessies pour des lanternes,*** se tromper grossièrement.

vestale n.f. (lat. *vestalis,* de *Vesta,* déesse romaine du Feu). **1.** Dans l'Antiquité romaine, prêtresse de Vesta. **2.** *Litt.* Fille, femme chaste.

veste n.f. (mot it., du lat. *vestis,* vêtement). **1.** Vêtement à manches, boutonné devant, qui couvre le buste jusqu'aux hanches : *Une veste de pyjama.* **2.** *Fam.* Échec ; insuccès : *Ramasser* ou *prendre une veste.* ▸ *Fam.* ***Retourner sa veste,*** changer de parti, d'opinion.

vestiaire n.m. (du lat. *vestiarium,* armoire à vêtements, de *vestis,* vêtement). **1.** Lieu où l'on dépose les manteaux, parapluies, sacs à main, dans certains établissements : *Le vestiaire d'un théâtre.* **2.** (Surtout au pl.). Local où l'on peut se changer pour pratiquer un sport : *À la mi-temps, les joueurs retournent dans les vestiaires.* **3.** Ensemble des objets, vêtements déposés au vestiaire : *Prendre son vestiaire.* **4.** Mot qu'il est recommandé d'employer à la place de *dressing.*

vestibulaire adj. Relatif à un vestibule anatomique.

vestibule n.m. (lat. *vestibulum*). **1.** Pièce ou couloir d'entrée d'un logement, d'un édifice ; antichambre, hall. **2.** En anatomie, cavité ou dépression s'ouvrant sur une autre cavité : *Le vestibule de l'oreille interne.*

vestige n.m. (du lat. *vestigium,* trace). (Surtout au pl.). Marque laissée par qqch qui a été détruit : *Des vestiges de la civilisation maya* (**SYN.** reste, trace). *Les vestiges d'une ville* (**SYN.** ruines).

vestimentaire adj. (du lat. *vestimentum,* vêtement). Relatif aux vêtements : *Nous n'avons pas du tout les mêmes goûts vestimentaires.*

veston n.m. Veste faisant partie du costume masculin.

vétéciste n. Personne qui se déplace en V.T.C.

vêtement n.m. (lat. *vestimentum*). **1.** Tout ce qui sert à couvrir le corps humain pour le protéger, le parer : *Il a toujours des vêtements neufs* (**SYN.** habits). **2.** Pièce de l'habillement : *La jupe est un vêtement de femme. Un vêtement d'été.*

vétéran n.m. (lat. *veteranus,* de *vetus, veteris,* vieux). **1.** Personne qui a une longue pratique dans une profession, une activité : *Un vétéran des prétoires.* **2.** Sportif ayant dépassé l'âge senior. ☞ **REM.** Dans ce sens, on rencontre parfois le féminin *vétérane.* **3.** Soldat ayant accompli un long service : *Un vétéran des armées napoléoniennes.*

vétérinaire adj. (lat. *veterinarius,* de *veterinus,* relatif aux bêtes de somme). Relatif à la médecine des animaux : *Une clinique vétérinaire.* ◆ n. Spécialiste de la médecine des animaux.

vététiste n. Personne qui se déplace en V.T.T. ; sportif qui pratique le V.T.T.

vétille [vetij] n.f. (de l'anc. fr. *vette,* ruban). Chose insignifiante, qui ne mérite pas que l'on s'y arrête : *Cessez de me déranger pour des vétilles* (**SYN.** bagatelle, broutille).

vétilleux, euse [vetijø, øz] adj. *Litt.* Qui s'attache à des détails sans importance : *Une personne vétilleuse* (**SYN.** maniaque, tatillon).

vêtir v.t. (lat. *vestire*) [conj. 44]. *Litt.* Mettre des vêtements à : *Vêtir un malade* (**SYN.** habiller ; **CONTR.** déshabiller, dévêtir). ◆ **se vêtir** v.pr. Passer des vêtements ; s'habiller.

vétiver [vetiver] n.m. (du tamoul). Plante cultivée en Inde et aux Antilles pour ses racines, dont on retire un parfum ; ce parfum.

veto [veto] n.m. inv. (mot lat. signif. « je m'oppose »). **1.** Acte par lequel une autorité peut s'opposer à l'entrée en vigueur d'une loi : *Chaque pays a un droit de veto au Conseil de sécurité des Nations unies.* **2.** Opposition ; refus formel : *Un copropriétaire a mis son veto au projet de ravalement* (**CONTR.** accord, assentiment, consentement).

vêtu, e adj. Qui est habillé : *Elle était vêtue légèrement.*

vêture n.f. (de *vêtir*). Cérémonie de la prise d'habit d'un religieux, d'une religieuse.

vétuste adj. (lat. *vetustus,* de *vetus,* vieux). Détérioré par le temps ; vieux : *Un bâtiment vétuste* (**SYN.** délabré ; **CONTR.** récent).

vétusté n.f. État de ce qui est vétuste : *La vétusté de leurs machines* (**SYN.** ancienneté, délabrement ; **CONTR.** modernité).

veuf, veuve adj. et n. (lat. *viduus, vidua*). Dont le conjoint est décédé : *On ne la voit plus depuis qu'elle est veuve. Un veuf inconsolable.* ▸ ***Défendre la veuve et l'orphelin,*** protéger les malheureux, les opprimés.

veule adj. (du lat. pop. *volus,* léger, de *volare,* voler). *Sout.* Qui manque d'énergie, de volonté, de courage : *Un homme veule* (**SYN.** faible, 2. lâche, 1. mou).

veulerie n.f. *Sout.* Caractère d'une personne veule (**SYN.** lâcheté ; **CONTR.** hardiesse).

veuvage n.m. État d'une personne veuve : *Depuis son veuvage, elle a déménagé en province.*

① **veuve** n.f. → **veuf.**

② **veuve** n.f. Oiseau passereau d'Afrique, à plumage sombre. ▸ ***Veuve noire,*** araignée venimeuse du Brésil.

vexant, e adj. Qui vexe : *Une remarque vexante* (**SYN.** blessant, désobligeant, humiliant ; **CONTR.** flatteur).

vexation n.f. Action, parole qui vexe : *Il a dû supporter de nombreuses vexations parce qu'il bégayait* (**SYN.** humiliation, sarcasme).

vexatoire adj. Qui a le caractère d'une vexation : *Des méthodes vexatoires à l'égard des prisonniers* (**SYN.** humiliant).

vexer v.t. (du lat. *vexare,* tourmenter, de *vehere,* porter) [conj. 4]. Blesser qqn dans son amour-propre : *Votre refus les a vexés* (**SYN.** froisser, humilier ; **CONTR.** flatter). *Il est vexé d'avoir fini dernier.* ◆ **se vexer** v.pr. Être contrarié, blessé : *Fais attention à ce que tu dis, elle se vexe facilement* (**SYN.** se fâcher, se froisser).

V.F. ou **VF** n.f. (sigle). ▸ ***Version française*** → **version.**

VHS n.m. (nom déposé ; sigle de l'angl. *video home system*). Norme de matériel vidéo grand public d'origine japonaise.

via prép. (mot lat. signif. « chemin, voie »). **1.** En passant par : *Aller de Lille à Rennes via Paris.* **2.** Par l'intermédiaire de : *Je vous ferai parvenir ce document via votre secrétaire.*

viabiliser v.t. [conj. 3]. Réaliser les travaux de viabilité sur : *Viabiliser un lotissement.*

① **viabilité** n.f. (de *1. viable*). **1.** Aptitude à vivre d'un organisme : *La viabilité d'un fœtus.* **2.** Caractère d'un projet, d'une entreprise viables.

② **viabilité** n.f. (du lat. *via,* chemin, voie). **1.** Bon état d'une route, permettant d'y circuler. **2.** Ensemble des travaux d'aménagement (voirie, réseaux d'eau, de téléphone) à réaliser sur un terrain avant toute construction.

① **viable** adj. (de *vie*). **1.** Qui peut vivre : *Un enfant viable.* **2.** Organisé pour aboutir, pour durer : *Ce modèle économique n'est pas viable.*

② **viable** adj. (du lat. *via,* chemin, voie). Apte à la circulation des véhicules : *Une route viable* (**SYN.** carrossable, praticable ; **CONTR.** impraticable).

viaduc n.m. (du lat. *via,* chemin, voie, et *ducere,* conduire). Pont de grande longueur, permettant le franchissement d'une vallée par une route ou une voie ferrée.

via ferrata [vjaferata] n.f. (mots it. signif. « voie ferrée »). Itinéraire aménagé sur des parois rocheuses pour faire de l'alpinisme ; escalade ainsi pratiquée, ferratisme.

viager, ère adj. (de l'anc. fr. *viage,* durée de la vie). ▸ ***Rente viagère,*** que l'on perçoit sa vie durant. ◆ **viager** n.m. Rente viagère : *Son viager lui permet de vivre convenablement.* ▸ ***En viager,*** en échange d'une rente viagère : *Acheter une maison en viager. Mettre sa maison en viager.*

viande n.f. (du lat. *vivanda,* ce qui sert à la vie). Aliment tiré de la chair des animaux : *De la viande grillée, bouillie.* ▸ ***Viande blanche,*** viande de veau, de porc, de lapin, de volaille. ***Viande noire,*** viande du gibier. ***Viande rouge,*** viande de bœuf, de mouton, de cheval.

se **viander** v.pr. [conj. 3]. *Fam.* Avoir un grave accident de voiture, de moto, d'alpinisme.

viatique n.m. (lat. *viaticum,* de *via,* chemin, route). **1.** *Litt.* Ce qui apporte une aide, un soutien : *Son expérience est un viatique* (**SYN.** atout). **2.** Sacrement de l'eucharistie administré à un chrétien en danger de mort.

vibrant, e adj. **1.** Qui vibre : *Une corde vibrante.* **2.** Qui émet de fortes vibrations sonores : *Elle a une voix vibrante* (**SYN.** retentissant ; **CONTR.** faible). **3.** Qui dénote l'émotion : *Ils lui ont rendu un vibrant hommage* (**SYN.** poignant, touchant).

vibraphone n.m. Instrument de musique composé d'une série de lames d'acier que l'exécutant frappe à l'aide de baguettes.

vibraphoniste n. Musicien qui joue du vibraphone.

vibratile adj. (de *vibrer*). Qui vibre spontanément : *Des cellules vibratiles. Les cils vibratiles d'un protozoaire.*

vibration n.f. **1.** Mouvement d'oscillation rapide : *Les vibrations du sol pendant un séisme* (**SYN.** trépidation). **2.** Chaque oscillation d'un mouvement périodique : *Des vibrations sonores.* **3.** Impression de frémissement provoquée par une vive chaleur ; tremblement : *La vibration de l'air, de la lumière.* **4.** Modulation d'un timbre sonore traduisant une émotion : *La vibration de la voix* (**SYN.** tremblement).

vibrato n.m. (mot it.). Léger tremblement donné à un son musical (instrument ou voix) pour en renforcer l'expressivité.

vibratoire adj. Relatif aux vibrations ; qui se compose de vibrations : *Un phénomène vibratoire.*

vibrer v.i. (du lat. *vibrare,* agiter) [conj. 3]. **1.** Être soumis à des vibrations : *La voiture vibre au-dessus d'une certaine vitesse* (**SYN.** trépider). **2.** Traduire une certaine intensité d'émotion : *Sa voix vibrait d'indignation* (**SYN.** frémir, trembler). **3.** Être touché, ému : *Elle vibrait dès qu'elle entendait cette chanson.*

vibreur n.m. Dispositif comportant une lame qui vibre sous l'effet d'un courant : *Le vibreur d'un téléphone mobile.*

vibrion n.m. **1.** Bactérie en forme de bâtonnet recourbé et muni de cils vibratiles qui lui confèrent sa mobilité. **2.** *Fig., fam.* Personne qui s'agite sans cesse.

vibrionner v.i. [conj. 3]. *Fam.* S'activer en tous sens ; s'agiter continuellement.

vibrisse n.f. (du lat. *vibrissae,* poils du nez). **1.** Poil situé à l'intérieur des narines de l'homme. **2.** Chacun des longs poils qui forment la moustache de certains mammifères : *Les vibrisses du chat, du rat.*

vibromasseur n.m. Appareil de massage dans lequel des pièces en caoutchouc sont mises en vibration par un moteur électrique.

vicaire n.m. (du lat. *vicarius,* remplaçant, de *vicis,* 2. tour, succession). Prêtre qui assiste le curé d'une paroisse. ▸ ***Le vicaire de Jésus-Christ,*** le pape.

vicariat n.m. Fonction, charge d'un vicaire.

vice n.m. (lat. *vitium*). **1.** *Litt.* Disposition naturelle à faire le mal, à agir contre la morale : *Cet homme a tous les vices* (**SYN.** dépravation, perversion ; **CONTR.** vertu [sout.]). **2.** Défaut, habitude fâcheuse dont on ne peut se débarrasser : *Son vice, c'est le poker* (**SYN.** tare, travers). **3.** Imperfection, défaut rendant qqch inutilisable : *Un vice de fabrication* (**SYN.** défectuosité, malfaçon). ☞ **REM.** Ne pas confondre avec *vis.* ▸ ***Vice de forme,*** défaut qui rend nul un acte juridique lorsqu'une des formalités légales a été omise.

vice-amiral n.m. (pl. *vice-amiraux*). Officier général de la marine.

vice-consul n.m. (pl. *vice-consuls*). Personne qui tient lieu de consul.

vicelard, e adj. et n. *Fam.* Vicieux.

vicennal, e, aux adj. (lat. *vicennalis*). Qui dure vingt ans ; qui a lieu tous les vingt ans : *Un engagement vicennal. Des bilans vicennaux.*

vice-présidence n.f. (pl. *vice-présidences*). Fonction, dignité de vice-président.

vice-président, e n. (pl. *vice-présidents, es*). Personne chargée de seconder et, éventuellement, de remplacer le président : *La vice-présidente d'une association.*

vice-roi n.m. (pl. *vice-rois*). Gouverneur d'un royaume ou d'une grande province dépendant d'un État monarchique.

vicésimal, e, aux adj. (du lat. *vicesimus,* vingtième). Qui a pour base le nombre vingt : *La numération vicésimale.*

vice versa [visversa ou viseversa] loc. adv. (mots lat. signif. « le tour étant inversé »). Réciproquement ; inversement : *Cette machine convertit les euros en francs et vice versa.*

vichy n.m. (de *Vichy,* ville de l'Allier). **1.** Étoffe de coton tissée avec des fils de deux couleurs formant des carreaux : *Une chemise en vichy noir et blanc.* **2.** Eau minérale de Vichy.

vichyssois, e adj. et n. De Vichy, de ses habitants.

vichyste adj. et n. Relatif au gouvernement de Vichy (1940-1944) ; partisan du gouvernement de Vichy.

viciation n.f. *Litt.* Action de vicier : *La viciation de l'air* (**SYN.** altération, pollution ; **CONTR.** purification).

vicié, e [visje] adj. Qui est pollué : *L'air vicié d'une ville* (**SYN.** impur ; **CONTR.** pur).

vicier v.t. (lat. *vitiare,* de *vitium,* vice) [conj. 9]. **1.** *Litt.* Corrompre ; gâter la pureté de : *Les fumées de ces usines vicient l'atmosphère* (**SYN.** altérer, polluer ; **CONTR.** purifier). **2.** Dans le langage juridique, entacher d'un défaut qui rend nul : *Une rature qui vicie un contrat* (**SYN.** annuler).

vicieusement adv. De façon vicieuse.

vicieux, euse adj. et n. **1.** Qui a des goûts dépravés, pervers, en partic. sur le plan sexuel (**SYN.** débauché, dévergondé). **2.** *Fam.* Qui a des goûts bizarres, étranges : *Pour aimer cette musique, il faut être vicieux* (**SYN.** extravagant, insensé). ◆ adj. **1.** Marqué par le vice, en partic. sur le plan sexuel : *Un regard vicieux* (**SYN.** lubrique ; **CONTR.** vertueux). **2.** Qui est exécuté avec ruse, pour tromper : *Envoyer une balle vicieuse.* **3.** Qui comporte une défectuosité, une imperfection : *Une prononciation vicieuse* (**SYN.** fautif, incorrect ; **CONTR.** correct). **4.** Se dit d'un animal ombrageux : *Une jument vicieuse* (**SYN.** rétif). ▸ ***Cercle vicieux*** → **cercle.**

vicinal, e, aux adj. (lat. *vicinalis,* de *vicinus,* qui est à proximité, voisin). Se dit d'un chemin qui relie des villages, des hameaux entre eux. ◆ **vicinal** n.m. En Belgique, tramway qui dessert la campagne ou la banlieue.

vicinalité n.f. **1.** Qualité de chemin vicinal. **2.** Ensemble des chemins vicinaux.

vicissitude n.f. (lat. *vicissitūdo,* alternative, de *vicis,* 2. tour, succession). (Surtout au pl.). *Litt.* Événements heureux ou, plus souvent, malheureux qui se succèdent dans la vie de qqn : *Après bien des vicissitudes, ils ont pu adopter un bébé* (**SYN.** aléa, tribulation).

vicomtal, e, aux adj. Relatif à un vicomte, à une vicomtesse ou à une vicomté.

vicomte n.m. (bas lat. *vicecomes, vicecomitis,* de *vice,* à la place de, et *comes, comitis,* compagnon). Noble dont le titre est situé entre ceux de baron et de comte.

vicomté n.f. **1.** Titre de noblesse porté par un vicomte. **2.** Terre possédée par un vicomte : *Une vicomté puissante.*

vicomtesse n.f. Femme d'un vicomte ; femme possédant une vicomté.

victimation n.f. Dans la langue juridique, fait d'être victime d'une agression, d'un acte de violence : *Une enquête de victimation.*

victime n.f. (lat. *victima*). **1.** Personne qui a péri dans un accident, une guerre : *L'incendie a fait plusieurs victimes* (**CONTR.** rescapé). **2.** Personne qui souffre de l'hostilité des autres ; souffre-douleur : *Son frère est une éternelle victime.* **3.** Être vivant offert en sacrifice à un dieu. ◆ adj. et n.f. **[de]. 1.** Qui a subi un tort ; qui est atteint d'un mal : *Ils ont été victimes d'un cambriolage. Sa mère a été victime d'un malaise cardiaque.* **2.** Qui souffre d'une situation, des événements : *Elle a été victime de son inexpérience. Cette entreprise est la principale victime du krach.*

victimisation n.f. Action de victimiser.

victimiser v.t. (angl. *to victimize*) [conj. 3]. Présenter, considérer, traiter comme une victime : *Cette analyse victimise les adhérents des sectes.*

victimologie n.f. Branche de la criminologie qui s'intéresse aux victimes de crimes ou de délits.

victoire n.f. (lat. *victoria,* de *vincere,* vaincre). **1.** Issue favorable d'une bataille, d'une guerre : *Le pays fête la victoire* (**SYN.** succès ; **CONTR.** défaite). **2.** Succès remporté dans une lutte, une compétition : *La victoire d'une équipe de volley-ball* (**SYN.** réussite ; **CONTR.** échec). ▸ ***Chanter*** ou ***crier victoire,*** annoncer triomphalement un succès, s'en glorifier. ***Victoire à la Pyrrhus,*** si chèrement acquise que le bilan en paraît négatif.

victorien, enne adj. Relatif à la reine Victoria de Grande-Bretagne, à son époque.

victorieusement adv. De façon victorieuse ; jusqu'à la victoire.

victorieux, euse adj. **1.** Qui a remporté la victoire : *Les troupes victorieuses* (**SYN.** triomphateur, vainqueur ; **CONTR.** vaincu). *L'équipe victorieuse* (**SYN.** gagnant ; **CONTR.** perdant). **2.** Qui manifeste l'orgueil du succès obtenu : *Il arborait un air victorieux* (**SYN.** triomphant).

victuailles n.f. pl. (lat. *victualia,* de *victus,* nourriture, de *vivere,* vivre). Provisions, denrées alimentaires : *Des vitrines remplies de victuailles* (**SYN.** aliment, 2. vivres).

vidage n.m. Action de vider (**CONTR.** remplissage).

vidame n.m. (du lat. *vicedominus,* de *vice,* à la place de, et *dominus,* maître). Au Moyen Âge, représentant d'une abbaye ou d'un évêché pour la défense des affaires temporelles.

vidange n.f. (de *vider*). **1.** Action de vider pour nettoyer ou rendre de nouveau utilisable : *La vidange d'un réservoir.* **2.** Dispositif servant à vidanger, à l'écoulement d'un liquide : *La vidange d'une baignoire.* **3.** En Belgique, verre consigné ; bouteille vide. ◆ **vidanges** n.f. pl. Matières retirées d'une fosse d'aisances.

vidanger v.t. [conj. 17]. Vider un récipient de son contenu par vidange : *Vidanger un bassin* (**SYN.** assécher). *Vidanger l'huile d'un moteur.*

vidangeur n.m. Ouvrier qui assure la vidange des fosses d'aisances.

① **vide** adj. (lat. pop. *vocitus,* du lat. class. *vacuus*). **1.** Qui ne contient rien : *Une bouteille vide* (**CONTR.** 1. plein). **2.** Qui n'a pas ou a très peu d'occupants : *Jouer devant une salle vide* (**SYN.** 1. désert ; **CONTR.** 1. comble, 1. plein). *Cette maison est vide* (**SYN.** inhabité, inoccupé). **3.** Qui manque d'intérêt, d'attrait : *Sa vie est vide* (**SYN.** 1. morne, terne ; **CONTR.** animé, mouvementé). **4.** Où l'on ressent l'absence de qqn : *Sans elle, la maison est vide.* ▸ ***Vide de,*** privé, dépourvu de : *Un mot vide de sens.*

② **vide** n.m. (de *1. vide*). **1.** Espace assez vaste qui ne contient rien : *Certains itinéraires de via ferrata passent au-dessus du vide.* **2.** Solution de continuité ; espace où il manque qqch : *Il y a des vides sur cette étagère.* **3.** Laps de temps inoccupé : *Dès que je trouve un vide dans mon emploi du temps, je t'appelle* (**SYN.** trou). **4.** Sentiment pénible d'absence, de privation : *Sa mort a laissé un grand vide.* **5.** Caractère de ce qui manque d'intérêt, de valeur : *Le vide de ses propos* (**SYN.** futilité, vacuité [litt.]). ▸ ***À vide,*** sans rien contenir : *Le train est parti à vide* ; sans produire d'effet : *Tourner à vide.* ***Faire le vide autour de soi, de qqn,*** éloigner les amis et relations, créer l'isolement. ***Parler***

dans le vide, sans que personne écoute ou entende. ***Vide juridique,*** absence de dispositions légales concernant un sujet donné.

vidéaste n. Réalisateur de films en vidéo.

vide-greniers n.m. inv. Manifestation commerciale, génér. organisée par une municipalité, au cours de laquelle des particuliers vendent de vieux objets ; braderie.

vidéo adj. inv. (du lat. *video,* je vois). Qui concerne l'enregistrement, le traitement ou la transmission d'images et de sons de type télévisuel : *Des caméras vidéo.* ▸ ***Bande vidéo promotionnelle,*** locution qu'il est recommandé d'employer à la place de *clip.* ***Jeu vidéo,*** jeu utilisant un écran de visualisation et une commande électronique : *Les nouveaux jeux vidéo.* ◆ n.f. **1.** Ensemble des techniques vidéo. **2.** Film, émission tournés en vidéo : *Regarder des vidéos.*

vidéocassette n.f. Cassette contenant une bande magnétique qui permet l'enregistrement et la reproduction d'un programme de télévision ou d'un film vidéo.

vidéo-clip n.m. (pl. *vidéo-clips*). Clip.

vidéoclub n.m. Boutique qui vend ou loue des vidéocassettes enregistrées.

vidéoconférence n.f. → **visioconférence.**

vidéodisque n.m. Disque sur lequel sont enregistrés des programmes audiovisuels restituables sur un téléviseur.

vidéogramme n.m. Tout support permettant l'enregistrement, la conservation et la reproduction d'un programme audiovisuel ; ce programme lui-même.

vidéographie n.f. Transmission d'images alphanumériques et graphiques que l'on peut visualiser sur un écran cathodique.

vidéographique adj. Relatif à la vidéographie.

vidéolecteur n.m. Appareil de lecture de vidéodisques.

vidéoprojecteur n.m. Appareil permettant la vidéoprojection.

vidéoprojection n.f. Projection d'images vidéo sur grand écran.

vide-ordures [vidɔrdyr] n.m. inv. Conduit vertical par lequel sont évacuées les ordures ménagères dans certains immeubles ; orifice de ce conduit : *Le vide-ordures est sur le palier.*

vidéosphère n.f. Sphère de la communication qui privilégie l'immédiateté de l'image : *La vidéosphère inclut les vidéos amateurs diffusées sur Internet.*

vidéosurveillance n.f. Procédé de surveillance à distance par caméras vidéo.

vidéotex n.m. (de *vidéo* et *télex*). Vidéographie dans laquelle la transmission des informations est assurée par un réseau de télécommunications. ◆ adj. Relatif au vidéotex : *Le Minitel est un terminal vidéotex.*

vidéothèque n.f. **1.** Collection de documents vidéo. **2.** Organisme qui met des documents vidéo à la disposition du public.

vidéotransmission n.f. Diffusion de programmes vidéo sur grand écran dans des salles de spectacle ou de conférences.

vide-poche n.m. (pl. *vide-poches*) ou **vide-poches** n.m. inv. **1.** Petite coupe, corbeille où l'on dépose les petits objets que l'on porte dans ses poches. **2.** Dans une automobile, petit compartiment pour déposer divers objets.

vide-pomme n.m. (pl. *vide-pommes*). Petit couteau servant à ôter le cœur des pommes sans les couper.

vider v.t. (lat. pop. *vocitare,* du lat. class. *vacuus,* vide) [conj. 3]. **1.** Retirer tout le contenu de : *Vider une armoire, un évier* (CONTR. remplir). **2.** Boire, manger tout le contenu de : *Elle vida sa tasse d'un trait.* **3.** Retirer les entrailles d'un animal pour le préparer à la cuisson : *Vider une daurade, une poule.* **4.** Faire évacuer : *Les policiers ont vidé le bâtiment.* **5.** Enlever qqch d'un contenant : *Vider l'eau d'une baignoire.* **6.** *Fam.* Chasser qqn d'un lieu, d'un groupe ; faire sortir de force : *Ils ont vidé trois employés* (SYN. congédier). *Il s'est fait vider du lycée* (SYN. expulser, renvoyer). **7.** *Fam.* Épuiser physiquement ou nerveusement : *Cette randonnée l'a vidée !* (SYN. exténuer, harasser). **8.** *Litt.* Terminer ; régler : *Vider un différend* (SYN. liquider). ▸ ***Vider les lieux,*** s'en aller, partir sous la contrainte. ◆ **se vider** v.pr. **1.** Se déverser : *Le trop-plein se vide dans un bassin.* **2.** Avoir de moins en moins d'occupants : *Dès 20 heures, les rues se vident.*

videur, euse n. Personne qui vide qqch : *Une videuse de poissons.* ◆ **videur** n.m. Dans un lieu public, homme chargé d'expulser les personnes jugées indésirables.

vidoir n.m. Orifice par lequel on introduit les ordures dans un vide-ordures.

viduité n.f. (du lat. *viduus,* veuf). *Vx* État d'une personne veuve ; veuvage.

vidure n.f. Ce que l'on retire en vidant un animal.

vie n.f. (lat. *vita,* de *vivere,* vivre). **1.** Ensemble des phénomènes (nutrition, croissance, reproduction) communs aux êtres organisés et qui constituent leur mode d'activité propre, de la naissance à la mort : *La vie animale, végétale. Les origines de la vie.* **2.** Fait de vivre ; existence humaine (par opp. à la mort) : *Être en vie. Il a perdu la vie dans un accident de voiture* (= il est mort). **3.** Grande activité manifestée dans tous les actes : *C'est une femme pleine de vie* (SYN. dynamisme, énergie, vitalité ; CONTR. léthargie). **4.** Existence humaine considérée dans sa durée : *Une courte vie. Elle m'a raconté sa vie. Il a consacré toute sa vie à la recherche.* **5.** Manière de vivre propre à qqn ou à un groupe : *Il mène une vie austère.* **6.** Ensemble des moyens matériels nécessaires pour assurer l'existence de qqn : *Il ignore tout du coût de la vie. Elle gagne bien sa vie.* **7.** Condition humaine ; monde des humains : *Ils sont si jeunes, ils ne connaissent rien de la vie. Affronter la vie.* **8.** Ouvrage relatant l'histoire de qqn, les événements qui ont marqué son existence : *Lire une vie de Mozart* (SYN. biographie). **9.** Mouvement, dynamisme, vitalité qui caractérisent une œuvre, qui animent un lieu : *Il y a de la vie dans ce tableau* (SYN. chaleur, pittoresque). *Rendre la vie à un village* (SYN. animation). **10.** Genre d'activité d'une personne, d'une société : *Il ne parle jamais de sa vie privée. La vie artistique d'un pays.* **11.** Existence des choses soumises à une évolution : *La vie d'une langue. La vie des étoiles.* **12.** Fait pour un appareil, un dispositif, un organisme de fonctionner : *La durée de vie d'un téléviseur.*

▸ ***À la vie, à la mort,*** pour toujours, jusqu'à la mort. ***À vie,*** pour tout le temps qui reste à vivre. ***Ce n'est pas une vie,*** c'est intenable, c'est insupportable. ***De ma vie,*** jamais : *De ma vie, je n'ai ressenti une telle peur.* ***Devoir la vie à,*** avoir été sauvé par : *Ils doivent la vie au sang-froid du conducteur.* ***Donner la vie,*** mettre au monde. *Fam.* ***Faire la vie,*** s'adonner à tous les plaisirs ; être insupportable. ***Redonner*** ou ***rendre la vie à qqn,*** le ranimer ; le rassurer, lui rendre l'espoir. ***Refaire sa vie,*** se remarier.

vieil [vjɛj] adj.m. → **vieux.**

vieillard n.m. Homme très âgé (**SYN.** vieux ; **CONTR.** jeune). ◆ **vieillards** n.m. pl. Ensemble des personnes âgées.

vieille [vjɛj] adj.f. → **vieux.**

vieillerie n.f. **1.** Objet ancien, usé et démodé : *Il vendra ces vieilleries à un brocanteur.* **2.** Idée rebattue ; œuvre démodée : *Sur cette chaîne de télévision, ils ne diffusent que des vieilleries* (**CONTR.** nouveauté).

vieillesse n.f. **1.** Dernière période de la vie ; fait d'être vieux : *Mourir de vieillesse* (= du seul fait de son grand âge). **2.** *Litt.* Grand âge de qqch : *La vieillesse d'un vin. La vieillesse d'une construction* (**SYN.** ancienneté, vétusté). **3.** Ensemble des personnes âgées : *Si jeunesse savait, si vieillesse pouvait* (= les jeunes manquent d'expérience, les vieillards de force).

vieilli, e adj. **1.** Qui porte les marques de la vieillesse ; qui a perdu sa force, sa jeunesse : *Je l'ai trouvée vieillie.* **2.** Qui a perdu son caractère d'actualité : *Une théorie vieillie* (**SYN.** désuet, périmé ; **CONTR.** actuel). **3.** Qui tend à sortir de l'usage courant mais qui est encore compris de la plupart des locuteurs d'une langue (à la différence de *vieux*) : *Une expression vieillie* (**SYN.** obsolète [sout.]).

vieillir v.i. [conj. 32]. **1.** Avancer en âge : *À peine né, on commence à vieillir.* **2.** Perdre sa force, sa vitalité en prenant de l'âge : *Son visage a beaucoup vieilli* (**SYN.** se faner, se flétrir ; **CONTR.** rajeunir). *En dix ans, elle n'a pas vieilli.* **3.** Perdre de son actualité, de sa modernité : *Des idées qui ont vieilli.* **4.** Acquérir des qualités particulières par la conservation : *Laisser vieillir un vin, des alcools. Un fromage en train de vieillir* (**SYN.** s'affiner, mûrir). ◆ v.t. **1.** Faire paraître plus vieux : *Ces lunettes te vieillissent* (**CONTR.** rajeunir). **2.** Fatiguer, affaiblir comme le fait la vieillesse : *Les problèmes l'ont vieilli.* **3.** Attribuer à qqn un âge plus avancé que son âge réel : *Vous me vieillissez de deux ans, je n'ai que 38 ans.* ◆ **se vieillir** v.pr. Se faire paraître ou se dire plus vieux qu'on ne l'est réellement : *Une adolescente qui se vieillit en se maquillant* (**CONTR.** se rajeunir).

vieillissant, e adj. Qui vieillit : *Des acteurs vieillissants.*

vieillissement n.m. **1.** Fait de vieillir, d'aller vers la vieillesse : *Elle reste active pour lutter contre les effets du vieillissement.* **2.** Fait pour un groupe de voir sa moyenne d'âge s'élever progressivement : *Le vieillissement de la population.* **3.** Modification que subit une denrée avec le temps : *Le vieillissement d'un vin.* **4.** Action de vieillir qqch : *Le vieillissement d'un meuble.* **5.** Fait de se démoder : *Le vieillissement d'un ordinateur, d'un logiciel.*

vieillot, otte adj. Se dit de choses dépassées ; démodé : *Ces téléphones sont bien vieillots aujourd'hui* (**SYN.** désuet, périmé ; **CONTR.** moderne).

vièle n.f. (anc. fr. *viele*, var. de *viole*). Type d'instrument de musique aux cordes frottées par un archet ou par une roue : *Le rebab et la vielle sont des vièles.*

vielle n.f. (anc. prov. *viola*). Vièle à clavier dont les cordes sont frottées par une roue mise en rotation par une manivelle.

vielleur, euse ou **vielleux, euse** n. Personne qui joue de la vielle.

viennoiserie n.f. Produit de boulangerie fabriqué avec de la pâte, du sucre, du lait, des œufs : *Les pains au lait, les brioches, les croissants sont des viennoiseries.*

① **vierge** adj. (lat. *virgo, virginis*). **1.** Se dit d'une personne qui n'a jamais eu de relations sexuelles ; chaste, virginal : *Rester vierge* (**SYN.** intact, pur). **2.** Se dit d'un lieu où l'on n'a pas pénétré, de qqch qui n'a pas encore servi : *Une île vierge* (**SYN.** inexploré). *Une feuille de papier vierge* (**SYN.** 1. blanc). *Une cassette vidéo vierge.* **3.** Pur de tout mélange ; exempt de traitement chimique : *De la laine vierge. De l'huile vierge* (= obtenue par simple pression à froid). ▸ *Litt.* ***Vierge de,*** qui n'a subi aucune atteinte de : *Une réputation vierge de toute critique.*

② **vierge** n.f. (de *1. vierge*). Jeune fille vierge. ▸ ***La Sainte Vierge*** ou ***la Vierge*** ou ***la Vierge Marie,*** la mère de Jésus. ◆ **Vierge** n. inv. et adj. inv. Personne née sous le signe de la Vierge, entre le 24 août et le 23 septembre : *Mes parents sont Vierge.*

vietnamien, enne adj. et n. Relatif au Viêt Nam, à ses habitants : *La cuisine vietnamienne.* ◆ **vietnamien** n.m. Langue parlée principalement au Viêt Nam, qui s'écrit avec un alphabet latin.

vieux ou **vieil** (devant voyelle ou « h muet »), **vieille** adj. et n. (lat. *vetus*). Avancé en âge : *Un vieil homme* (**SYN.** âgé ; **CONTR.** jeune). *Une petite vieille.* ▸ ***Se faire vieux,*** prendre de l'âge et n'être plus très agile (= vieillir). ◆ adj. **1.** Qui a les caractères de la vieillesse : *Il commence à devenir vieux* (**CONTR.** jeune). **2.** (Surtout au comparatif). Âgé ; plus âgé de : *Elle est plus vieille que sa cousine, plus vieille de trois ans.* **3.** Qui a une certaine ancienneté ; qui date d'autrefois : *Un vieil immeuble* (**SYN.** ancien ; **CONTR.** moderne, nouveau, récent). *Un vieux manoir. Le vieil Annecy. Une amitié vieille de dix ans* (= qui dure depuis dix ans). **4.** Qui est depuis longtemps dans tel état, tel métier : *Un vieux célibataire. Une vieille habituée des jeux télévisés.* **5.** Qui a beaucoup servi ; usé : *Un vieux pantalon* (**SYN.** usagé ; **CONTR.** 2. neuf). ◆ n. *Fam.* Père ou mère. ▸ *Fam.* ***Mon vieux, ma vieille,*** termes d'amitié, d'affection : *Assieds-toi donc ici, ma vieille, et n'y pense plus.* *Fam.* ***Un vieux de la vieille,*** une personne expérimentée. ◆ **vieux** n.m. Ce qui a été fabriqué, construit il y a longtemps : *En immobilier, elle préfère le vieux* (**SYN.** ancien ; **CONTR.** 2. neuf). ▸ *Fam.* ***Prendre un coup de vieux,*** vieillir brusquement.

vieux-lille [vjølil] n.m. inv. Fromage au goût très prononcé.

① **vif, vive** adj. (lat. *vivus*). **1.** Qui a de la vitalité, de la vigueur : *Un regard vif* (**SYN.** brillant ; **CONTR.** éteint). *C'est une fillette très vive* (**SYN.** pétulant, remuant ; **CONTR.** 1. mou, nonchalant). **2.** Vivant : *Les passagers ont été brûlés vifs.* **3.** Qui réagit, comprend rapidement : *Une intelligence vive* (**SYN.** aigu, pénétrant ; **CONTR.** lent).

Un élève vif (**SYN.** éveillé ; **CONTR.** apathique). **4.** Très net ; prononcé : *Éprouver un vif plaisir. Il a une préférence très vive pour le cinéma français* (**SYN.** marqué ; **CONTR.** léger). **5.** Rapide à s'emporter : *Un tempérament un peu vif* (**SYN.** bouillant, explosif ; **CONTR.** doux, 1. patient). **6.** Qui est exprimé avec violence ou mordant : *De vives critiques* (**SYN.** acerbe, caustique, dur). **7.** Éclatant ; intense : *Un rouge vif* (**CONTR.** pâle). *La lumière est vive* (**SYN.** criard ; **CONTR.** doux, tamisé). **8.** Qui saisit : *Un froid vif* (**SYN.** piquant). ▸ ***De vive voix,*** directement et oralement. ***Eau vive,*** qui coule d'une source. ***Haie vive,*** formée d'arbustes en pleine végétation.

② **vif** n.m. (de *1. vif*). **1.** Dans la langue juridique, personne vivante : *Donation entre vifs* (= entre époux vivants). **2.** Chair vive : *Le chirurgien tranche dans le vif.* **3.** *Fig.* Ce qu'il y a de plus important, de plus intéressant : *Entrer dans le vif du sujet* (**SYN.** cœur). **4.** Petit poisson vivant qui sert d'appât : *Pêcher au vif.* ▸ ***À vif,*** avec la chair à nu : *Une plaie à vif* ; fig., poussé à un haut degré d'irritation : *Avoir les nerfs à vif.* ***Piquer au vif*** → **piquer.** ***Prendre*** ou ***saisir sur le vif,*** imiter d'après nature avec beaucoup de vie. ***Trancher*** ou ***couper dans le vif,*** prendre des mesures énergiques.

vif-argent n.m. (du lat. *argentum vivum,* mercure) [pl. *vifs-argents*]. **1.** *Vx* Mercure. **2.** *Fig.* Ce qui met de l'animation, donne de la vivacité : *Ce journaliste est du vif-argent pour notre station.*

vigie n.f. (port. *vigia,* du lat. *vigilare,* veiller). Surveillance exercée par un matelot sur un navire ; matelot qui en est chargé : *La vigie a repéré une chaloupe au loin.*

vigil, e adj. (mot lat. signif. « éveillé »). En médecine, qui a lieu pendant que l'on ne dort pas : *En état vigil* (= en état de veille).

vigilance n.f. (du lat. *vigilantia,* habitude de veiller, de *vigilare,* veiller). Surveillance attentive et soutenue : *Il a trompé la vigilance du gardien* (**SYN.** attention).

vigilant, e adj. Qui exerce sa vigilance : *Un garde vigilant* (**SYN.** attentif ; **CONTR.** distrait). *Être l'objet de soins vigilants* (**SYN.** assidu, empressé ; **CONTR.** négligent).

① **vigile** n.f. (du lat. *vigilia,* veille). Jour qui précède et prépare une fête catholique importante : *La vigile de Pâques.*

② **vigile** n.m. (du lat. *vigil,* veilleur). Personne chargée de la surveillance de locaux administratifs, industriels, résidentiels : *Le vigile de l'hôpital fait sa ronde toutes les heures* (**SYN.** veilleur).

vigne n.f. (lat. *vinea,* de *vinum,* vin). **1.** Arbrisseau grimpant, cultivé pour son fruit, le raisin, dont on tire le vin : *Un pied de vigne* (= un cep). **2.** Terrain planté de vigne cultivée : *Les vignes du Bordelais* (**SYN.** vignoble). ▸ *Litt.* ***Être dans les vignes du Seigneur,*** être ivre. ***Vigne vierge,*** nom usuel de l'*ampélopsis.*

vigneron, onne n. Personne qui cultive la vigne, fait du vin.

vignette n.f. (de *vigne*). **1.** Petit motif ornemental, petite illustration d'un texte, d'un livre : *Un livre dont chaque fin de chapitre s'orne d'une vignette.* **2.** Petite étiquette attestant le paiement de certains droits ou permettant le remboursement de certains médicaments.

vignettiste n. Personne qui dessine ou grave des vignettes pour les livres.

vignoble n.m. (anc. prov. *vinhobre,* du lat. *vinea,* vigne, et du gr. *ampelophoros,* qui porte des vignes). **1.** Terrain planté de vignes ; ces vignes elles-mêmes : *Un pays de vignobles.* **2.** Ensemble des vignes d'une région : *Le vignoble champenois.*

vigogne n.f. (esp. *vicuña,* du quechua). **1.** Petit lama sauvage des Andes, au pelage laineux. **2.** Tissu léger et chaud fait avec la laine tirée du poil de cet animal.

vigoureusement adv. Avec vigueur ; fermement, énergiquement.

vigoureux, euse adj. **1.** Qui est plein de santé ; qui manifeste de la vigueur : *Un vieillard encore vigoureux* (**SYN.** 1. fort, robuste ; **CONTR.** faible, fragile). *Un corps vigoureux* (**SYN.** puissant ; **CONTR.** frêle). *Une poignée de main vigoureuse* (**SYN.** énergique ; **CONTR.** 1. mou). **2.** Qui manifeste de la détermination, de la fermeté : *Un style vigoureux. Des mesures vigoureuses contre l'insécurité* (**SYN.** hardi, résolu ; **CONTR.** falot, timoré).

vigousse adj. *Fam.* En Suisse, vigoureux ; vif ; alerte.

vigueur n.f. (lat. *vigor,* de *vigere,* être plein de force). **1.** Force physique : *La vigueur d'un jeune homme* (**SYN.** énergie, vitalité). **2.** Énergie physique ou morale dans l'action, la pensée : *Elle protesta avec vigueur* (**SYN.** force, véhémence ; **CONTR.** mollesse). **3.** Aptitude à agir, à s'exprimer avec fermeté et puissance : *La vigueur du trait* (**CONTR.** légèreté). *La vigueur de l'expression* (**SYN.** crudité ; **CONTR.** délicatesse). ▸ ***En vigueur,*** en usage ; en application : *Les tarifs en vigueur.*

viguier n.m. (mot d'anc. prov., du lat. *vicarius,* remplaçant). Magistrat et chef militaire d'Andorre.

V.I.H. ou **VIH** [veiaʃ] n.m. (sigle de *virus de l'immunodéficience humaine*). Dénomination française officielle du virus responsable du sida.

viking [vikiŋ] adj. Relatif aux Vikings : *Des barques vikings.*

vil, e adj. (du lat. *vilis,* bon marché, à bas prix). *Sout.* Qui inspire le plus profond mépris : *Un homme vil* (**SYN.** abject, ignoble, méprisable ; **CONTR.** estimable, honorable). *De viles combinaisons* (**SYN.** sordide ; **CONTR.** noble). ▸ ***À vil prix,*** très bon marché.

① **vilain** n.m. (du bas lat. *villanus,* paysan, de *villa,* 2. ferme). Au Moyen Âge, paysan libre (par opp. à serf), villageois (par opp. à bourgeois), roturier (par opp. à noble).

② **vilain, e** adj. (de *1. vilain*). **1.** Qui est laid, désagréable à voir : *Elle a de vilaines jambes* (**CONTR.** joli). **2.** Qui est moralement laid, méprisable : *De vilaines idées* (**SYN.** malsain ; **CONTR.** noble). **3.** Qui laisse présager un danger, qqch de grave : *Une vilaine blessure* (**SYN.** inquiétant). **4.** Se dit d'un temps désagréable : *Quel vilain temps !* (**SYN.** mauvais ; **CONTR.** magnifique). ◆ adj. et n. Se dit d'un enfant désagréable et désobéissant : *Elle a été très vilaine aujourd'hui* (**SYN.** insupportable ; **CONTR.** 2. gentil). ◆ **vilain** adv. ▸ *Fam.* ***Il fait vilain,*** il fait mauvais temps. ◆ **vilain** n.m. ▸ *Fam.* ***Du vilain,*** des choses fâcheuses, de la dispute, du scandale : *Je sens qu'il va y avoir du vilain.*

vilainement adv. De façon vilaine, physiquement ou moralement : *Le torero a été vilainement encorné. Ce financier a vilainement trafiqué ses comptes.*

vilebrequin [vilbrəkɛ̃] n.m. (moyen fr. *wimbelkin*). Outil au moyen duquel on imprime un mouvement de rotation à une mèche pour percer des trous, ou à une clef de serrage pour vis ou écrou.

vilement adv. *Litt.* De façon vile : *Se venger vilement* (**SYN.** bassement ; **CONTR.** noblement).

vilenie [vileni ou vilni] n.f. (de *2. vilain*). *Litt.* **1.** Action ou parole basse et vile : *Commettre des vilenies* (**SYN.** bassesse, infamie, scélératesse [litt.]). **2.** Caractère vil de qqn (**CONTR.** noblesse).

vilipender v.t. (bas lat. *vilipendere*, de *vilis*, vil, bon marché, et *pendere*, estimer, peser) [conj. 3]. *Litt.* Traiter avec beaucoup de mépris : *Le gouvernement vilipende l'opposition* (**SYN.** dénigrer ; **CONTR.** encenser, vanter).

villa n.f. (mot it., du lat. signif. « maison de campagne, 2. ferme »). **1.** Maison de villégiature avec jardin : *Il y a plusieurs villas avec piscine dans notre village.* **2.** Voie privée bordée de maisons individuelles ; impasse, ruelle.

village n.m. (lat. médiév. *villagium*, de *villa*, 2. ferme). **1.** Petite agglomération rurale dont beaucoup d'habitants sont agriculteurs (par opp. à ville) : *Un village de cinq cents habitants* (**SYN.** bourg, bourgade). **2.** Ensemble des habitants d'une telle localité : *Tout le village se moquait de lui* (**SYN.** population). ▸ ***Village de toile,*** terrain de camping.

villageois, e n. Habitant d'un village. ◆ adj. Relatif au village, aux villageois : *Une fête villageoise* (**SYN.** campagnard).

ville [vil] n.f. (du lat. *villa*, maison de campagne, 2. ferme). **1.** Agglomération relativement importante et dont les habitants ont des activités professionnelles diversifiées (par opp. à village) : *Une ville industrielle, universitaire. Une petite ville* (**SYN.** cité [sout.]). **2.** Ensemble des habitants d'une ville : *Toute la ville est en émoi* (**SYN.** population). **3.** Vie que l'on mène en ville : *Préférer la ville à la campagne.* ▸ ***À la ville,*** dans la vie quotidienne, dans la vie privée (par opp. à à l'écran, à la scène) : *À la ville, cette actrice est l'épouse d'un philosophe.* ***En ville,*** dans une ville : *Vivre en ville* ; dans la partie commerçante de l'agglomération : *Faire ses courses en ville* ; hors de chez soi : *Ce soir, ils dîneront en ville.* ***Ville nouvelle,*** ville créée à proximité d'une agglomération urbaine importante et où est prévu le développement simultané des fonctions économiques et de résidence. ***Ville ouverte,*** ville qui n'est pas défendue en temps de guerre.

ville-champignon [vilʃɑ̃piɲɔ̃] n.f. (pl. *villes-champignons*). Ville dont la population s'accroît très rapidement.

ville-dortoir [vildɔrtwar] n.f. → **cité-dortoir.**

villégiature n.f. (de l'it. *villeggiare*, aller à la campagne). **1.** Séjour de vacances à la campagne, à la mer : *Aller en villégiature à Collioure.* **2.** Lieu d'un tel séjour : *Il cherche une villégiature pour le mois de juillet.*

ville-satellite n.f. (pl. *villes-satellites*). Ville administrativement autonome, mais qui a des relations étroites avec un centre urbain proche.

villosité [vilozite] n.f. (du lat. *villosus*, velu, de *villus*, poil). **1.** *Didact.* État d'une surface velue ; ensemble des poils qui recouvrent cette surface. **2.** Rugosité à l'intérieur de certaines cavités naturelles : *Les villosités de l'intestin grêle.*

vin n.m. (lat. *vinum*). **1.** Boisson alcoolisée obtenue par la fermentation du jus de raisin frais : *Un vin blanc, rouge, rosé. Un pichet de vin. Voulez-vous du vin ?* **2.** Liqueur alcoolisée obtenue par la fermentation d'un produit végétal : *Vin de noix. Vin de palme.* ▸ ***Être entre deux vins,*** être un peu ivre. *Cour.* ***Tache de vin,*** angiome. ***Vin cuit,*** vin provenant d'un moût concentré à chaud. ***Vin de table,*** vin de consommation courante. ***Vin d'honneur,*** petite cérémonie au cours de laquelle on boit du vin en l'honneur de qqn ou pour fêter qqch. ***Vin nouveau,*** vin de l'année.

vinaigre n.m. (de *vin* et *aigre*). Produit résultant d'une fermentation du vin ou d'un autre liquide alcoolisé, utilisé comme condiment et comme agent de conservation : *Du vinaigre de framboise. Conserver des câpres dans du vinaigre.* ▸ *Fam.* ***Faire vinaigre,*** se dépêcher. *Fam.* ***Tourner au vinaigre,*** prendre une fâcheuse tournure.

vinaigrer v.t. [conj. 4]. Assaisonner avec du vinaigre : *La sauce n'est pas assez vinaigrée.*

vinaigrerie n.f. **1.** Usine où l'on fabrique le vinaigre. **2.** Industrie du vinaigre.

vinaigrette n.f. Sauce froide préparée avec du vinaigre, de l'huile et des condiments, servant à accompagner les salades, les crudités : *Des poireaux à la vinaigrette.*

① **vinaigrier** n.m. Fabricant ou marchand de vinaigre.

② **vinaigrier** n.m. **1.** Récipient servant à la fabrication domestique de vinaigre. **2.** Flacon à vinaigre.

vinaire adj. (lat. *vinarius*). Relatif au vin : *Une région de tourisme vinaire et culinaire.*

vinasse n.f. *Fam.* Vin médiocre et fade.

vindicatif, ive adj. et n. (du lat. *vindicare*, réclamer en justice). Qui aime à se venger : *Un caractère vindicatif* (**SYN.** rancunier). ◆ adj. Qui est inspiré par le désir de vengeance : *Des paroles vindicatives.*

vindicte n.f. (du lat. *vindicta*, vengeance, punition, de *vindicare*, réclamer en justice). ▸ *Litt.* ***La vindicte publique*** ou ***populaire,*** la poursuite et la punition d'un crime au nom de la société : *Désigner qqn à la vindicte publique* (= le déclarer coupable et méritant un châtiment).

vineux, euse adj. (lat. *vinosus*). **1.** Se dit d'un vin riche en alcool. **2.** Qui a le goût ou l'odeur du vin : *Un fruit vineux.* **3.** Qui rappelle la couleur du vin rouge : *Des teintes vineuses.*

vingt [vɛ̃] adj. num. card. (lat. *viginti*). **1.** Deux fois dix : *Il me reste vingt euros. « Ils étaient vingt et cent, ils étaient des milliers, / Nus et maigres, tremblants, dans ces wagons plombés »* [*Nuit et Brouillard*, Jean Ferrat]. **2.** (En fonction d'ordinal). De rang numéro vingt ; vingtième : *Il faut se reporter au paragraphe vingt.* ☞ **REM.** On prononce [vɛ̃t] devant une voyelle ou un « h muet » : *vingt ans* [vɛ̃tɑ̃], vingt heures [vɛ̃tœr]. ◆ n.m. inv. **1.** Le nombre qui suit dix-neuf dans la série des entiers naturels : *Vingt et trois font vingt-trois.* **2.** Désigne selon les cas le jour, le numéro d'une chambre : *Elle reçoit ce magazine aux alentours du vingt de chaque mois. Ils habitent au vingt de la rue Alot.*

vingtaine [vɛ̃tɛn] n.f. Groupe de vingt ou d'environ vingt unités : *Une vingtaine d'étudiants étaient présents.*

vingt-deux [vɛ̃tdø] interj. Sert à avertir d'un danger imminent, de l'arrivée inopportune de qqn.

vingt-et-un [vɛ̃teœ̃] n.m. inv. Jeu de hasard dans lequel on reçoit deux cartes devant totaliser vingt et un points, ou s'en approcher.

vingtième [vɛ̃tjɛm] adj. num. ord. De rang numéro vingt : *C'est le vingtième appel de la journée.* ◆ n. Personne, chose qui occupe le vingtième rang : *La vingtième a aussi droit à un cadeau.* ◆ adj. et n.m. Qui correspond à la division d'un tout en vingt parties égales : *La vingtième part d'un revenu. Cela représente environ un vingtième des dépenses.*

vingtièmement [vɛ̃tjɛmmɑ̃] adv. En vingtième lieu.

vingt-quatre [vɛ̃tkatr] adj. ▸ ***Vingt-quatre heures,*** un jour entier.

vinicole adj. Relatif à la production du vin : *Un domaine vinicole.*

vinificateur, trice n. Personne qui réalise la vinification.

vinification n.f. Ensemble des procédés permettant de transformer le jus de raisin en vin.

vinifier v.t. [conj. 9]. Procéder à la vinification de : *Vinifier les moûts.*

vinosité n.f. Qualité d'un vin vineux, qui a une forte teneur en alcool.

① **vintage** [vɛ̃taʒ] n.m. (mot angl. signif. « grand cru, millésimé »). Porto millésimé qui a vieilli au moins dix ans.

② **vintage** [vɛ̃taʒ ou vintɛdʒ] adj. inv. (de *1. vintage*). Se dit d'un vêtement, d'un accessoire de mode des décennies précédentes qui connaît un regain d'intérêt. ◆ n.m. Tendance de la mode fondée sur ce retour à des succès vestimentaires passés.

vinyle n.m. (de *vin,* d'apr. *éthyle*). **1.** Composé chimique utilisé dans l'industrie des matières plastiques. **2.** Microsillon en vinylite (par opp. à disque compact) : *Les amateurs de vinyles.*

vinylique adj. Se dit des résines dérivées du vinyle.

vinylite n.f. Polymère utilisé pour la fabrication des microsillons.

viol n.m. **1.** Rapport sexuel imposé par la contrainte ou la violence et qui constitue un crime. **2.** Action de transgresser une loi, une règle : *Le viol du secret professionnel* (**SYN.** inobservation, manquement à). **3.** Action de pénétrer dans un lieu interdit : *Un viol de sépulture* (**SYN.** profanation, violation).

violacé, e adj. (du lat. *viola,* violette). D'une couleur tirant sur le violet : *Une peau violacée par le froid.*

se **violacer** v.pr. [conj. 16]. Devenir violet ou violacé : *Ses lèvres se violaçaient de froid.*

violateur, trice n. *Litt.* **1.** Personne qui viole un lieu : *Un violateur de sanctuaire* (**SYN.** profanateur). **2.** Personne qui viole les lois ; contrevenant.

violation n.f. (du lat. *violatio,* profanation). **1.** Action de violer, d'enfreindre une loi : *La violation de la Constitution* (**SYN.** trahison, transgression). **2.** Action de pénétrer de force dans un lieu : *Une violation de domicile.* **3.** Profanation d'un lieu sacré : *Une violation de sépulture.*

viole n.f. (anc. prov. *viola*). Instrument de musique à cordes et à archet, utilisé en Europe du XVe au XVIIIe siècle. ▸ ***Viole de gambe,*** viole que l'on tient entre les genoux.

violemment [vjɔlamɑ̃] adv. **1.** Avec violence : *Il le poussa violemment contre le mur* (**SYN.** brutalement ; **CONTR.** doucement). **2.** Avec une grande vigueur : *Elle protesta violemment* (**SYN.** énergiquement ; **CONTR.** mollement).

violence n.f. (lat. *violentia*). **1.** Comportement agressif, force brutale exercée par une personne : *Certains adolescents peuvent être d'une grande violence* (**SYN.** brutalité ; **CONTR.** douceur). **2.** Emploi de la force pour contraindre qqn ; généralisation de l'abus de la force physique : *L'expulsion des squatteurs a eu lieu sans violence. Un climat de violence règne dans le pays.* **3.** Caractère de ce qui se manifeste avec force ou même fureur : *Un orage, des vents d'une violence extrême* (**SYN.** déchaînement, furie [litt.]). **4.** Intensité extrême d'un sentiment : *La violence d'une passion* (**SYN.** ardeur, frénésie ; **CONTR.** tiédeur). **5.** Caractère outré d'une parole, d'un écrit : *La violence d'un discours politique* (**SYN.** démesure, outrance ; **CONTR.** modération). ▸ ***Faire violence à qqn,*** le contraindre à faire qqch par la force. *Fam.* ***Se faire une douce violence,*** accepter qqch d'agréable après avoir fait semblant de le refuser. ***Se faire violence,*** s'imposer de faire qqch qui va à l'encontre de son désir profond, de sa nature : *Elle a dû se faire violence pour les revoir après qu'ils avaient été aussi odieux.* ◆ **violences** n.f. pl. Actes violents : *Ils ont été condamnés pour violences graves* (= voies de fait). *Violences verbales.*

violent, e adj. et n. (lat. *violentus*). Qui use avec brutalité de sa force physique : *C'est un violent* (**SYN.** brutal ; **CONTR.** doux, non-violent). ◆ adj. **1.** Qui a une grande intensité : *Un vent violent* (**SYN.** effroyable, furieux, terrible ; **CONTR.** léger). *Un désir violent* (**SYN.** ardent, frénétique ; **CONTR.** modéré, tiède). **2.** Qui exige de la force, de l'énergie : *Un effort violent.* ▸ ***Mort violente,*** mort causée par un accident, un suicide, un meurtre (par opp. à mort naturelle).

violenter v.t. [conj. 3]. Faire subir des violences sexuelles à qqn (**SYN.** violer).

violer v.t. (du lat. *violare,* faire violence) [conj. 3]. **1.** Commettre un viol sur qqn (**SYN.** violenter). **2.** Agir en opposition à une loi, à une règle : *Violer un ordre* (**SYN.** enfreindre, transgresser ; **CONTR.** respecter). **3.** Pénétrer dans un lieu, malgré une interdiction : *Violer un tombeau* (**SYN.** profaner). *Violer un domicile* (= y entrer par effraction).

violet, ette adj. (de *violette*). De la couleur de la violette, mélange de bleu et de rouge : *Une écharpe violette. Ses lèvres sont violettes de froid* (**SYN.** violacé). ◆ **violet** n.m. Couleur violette ; mauve : *Elle s'habille souvent en violet.*

violette n.f. (anc. fr. *viole,* du lat. *viola*). **1.** Plante à fleurs violettes souvent très odorantes. **2.** Fleur de cette plante : *Un bouquet de violettes.*

violeur, euse n. Personne qui a commis un viol sur qqn.

violine adj. et n.m. D'une couleur violet pourpre : *Un pull violine.*

violiste n. Personne qui joue de la viole.

violon n.m. (de *viole*). **1.** Instrument de musique à quatre cordes, que l'on frotte avec un archet, et qui se tient entre l'épaule et le menton. **2.** Musicien qui joue du violon dans un orchestre : *Second violon.* **3.** *Fam.* Prison d'un poste de police : *Passer la nuit au violon.* ▸ ***Accorder ses violons,*** se mettre d'accord. ***Violon d'Ingres,*** activité artistique que l'on pratique à côté de son activité professionnelle (comme Ingres, qui était peintre, pratiquait le violon) : *La poterie est son violon d'Ingres.*

violoncelle n.m. (it. *violoncello*). Instrument de musique à quatre cordes, que l'on frotte avec un archet et dont on joue assis, en le faisant reposer au sol sur une pique : *Un violoncelle est plus gros et plus grave qu'un violon.*

violoncelliste n. Personne qui joue du violoncelle.

violoneux n.m. **1.** *Anc.* Musicien de village ; ménétrier. **2.** *Fam.* Violoniste médiocre. **3.** *Fam.* Au Québec, violoniste populaire, amateur.

violoniste n. Personne qui joue du violon.

viorne n.f. (lat. *viburnum*). Arbuste à fleurs blanches, dont les espèces principales sont l'obier et le laurier-tin.

V.I.P. ou **VIP** [veipe] n. (sigle de l'angl. *very important person,* personne très importante). *Fam.* Personnalité de marque.

vipère n.f. (lat. *vipera*). **1.** Serpent venimeux, à tête triangulaire et à queue très courte : *La morsure de la vipère inocule un venin qui peut être mortel.* **2.** *Fig.* Personne médisante ou malfaisante : *Cette vipère a réussi à nous brouiller avec tous nos collègues.* ▸ ***Langue de vipère,*** personne qui se plaît à médire, à calomnier. ***Vipère à cornes,*** céraste.

vipéreau ou **vipereau** n.m. Jeune vipère.

vipérin, e adj. (lat. *viperinus*). Relatif à la vipère ; qui ressemble à la vipère : *Une couleuvre vipérine.*

virage n.m. (de *virer*). **1.** Changement de direction d'un véhicule, de qqn en ski, en luge : *Un scooter des mers qui a fait un virage à gauche. Prendre un virage trop vite.* **2.** Partie courbe d'une route, d'une piste : *Une route pleine de virages* (**SYN.** tournant). **3.** Changement d'orientation, notamm. politique : *Le virage à droite d'un centriste* (**SYN.** retournement).

virago n.f. (mot lat. signif. « femme robuste », de *vir,* homme). *Péjor.* Femme d'allure masculine, autoritaire et criarde ; mégère.

viral, e, aux adj. **1.** Relatif aux virus. **2.** Provoqué par un virus : *Une maladie virale.*

vire n.f. (de *virer*). Terrasse étroite sur la paroi verticale d'une montagne.

virée n.f. (de *virer*). *Fam.* **1.** Promenade : *Samedi soir, on fait une virée en ville entre copains* (**SYN.** 2. tour). **2.** Tournée des bars, des lieux où l'on se distrait : *Une virée dans les boîtes de nuit du centre-ville.*

virelai n.m. (anc. fr. *vireli,* de *virer*). Poème médiéval sur deux rimes et comptant quatre strophes.

virelangue n.m. Mots, expression ou phrase difficiles à articuler : *« Les chaussettes de l'archiduchesse sont-elles sèches, archisèches ? » est un virelangue.*

virement n.m. Opération consistant à faire passer de l'argent d'un compte à un autre : *Faire un virement bancaire* (**SYN.** transfert).

virer v.i. (lat. pop. *virare,* du lat. class. *vibrare,* balancer) [conj. 3]. **1.** Tourner sur soi ; changer complètement de direction : *Un oiseau qui vire dans le ciel. Le voilier vira de bord* (= fit demi-tour). **2.** Prendre un virage ; tourner pour se diriger dans telle direction : *La voiture vira brusquement à gauche.* ◆ v.t. ind. **[à]. 1.** Changer de couleur, d'aspect, de caractère, de goût : *Un blanc qui vire au beige. Un lait qui vire à l'aigre* (**SYN.** tourner). **2.** Changer d'opinion, de comportement : *Ce grand revendicateur a viré au suivisme.* ◆ v.t. **1.** Transférer d'un compte à un autre ; faire un virement : *Ils doivent virer mon salaire sur ce compte* (**SYN.** verser). **2.** *Fam.* Enlever qqch d'un lieu ; chasser, mettre à la porte : *On va virer ce fauteuil qui prend trop de place. On l'a viré de l'association* (**SYN.** expulser). ▸ ***Virer sa cuti,*** avoir un test tuberculinique qui devient positif ; fam., changer radicalement d'opinion, de comportement.

vireux, euse adj. (lat. *virosus,* d'odeur fétide, de *virus,* poison). Se dit d'un produit végétal toxique (ciguë, opium, etc.), qui a une odeur ou une saveur nauséabonde.

virevolte n.f. **1.** Tour rapide que fait un être animé sur lui-même : *Les virevoltes d'un couple de danseurs.* **2.** *Fig.* Changement complet de direction, d'opinion : *La virevolte subite d'un syndicat* (**SYN.** revirement, volte-face).

virevolter v.i. (de l'anc. fr. *virevouster,* tourner en rond) [conj. 3]. Faire une virevolte : *Elle fit deux pas vers la porte, puis virevolta* (**SYN.** pivoter).

virginal, e, aux adj. (du lat. *virgo, virginis,* vierge). **1.** Qui appartient ou convient à une vierge : *L'innocence virginale* (**SYN.** chaste, pur). **2.** *Litt.* D'une pureté, d'une blancheur éclatante ; qui n'a jamais été souillé : *Neige virginale* (**SYN.** immaculé).

virginité n.f. (du lat. *virgo, virginis,* vierge). État d'une personne vierge. ▸ ***Refaire une virginité à qqn,*** lui rendre l'innocence, la réputation, l'honneur qu'il avait perdus.

virgule n.f. (lat. *virgula*). **1.** Signe de ponctuation (,) servant à séparer les divers membres d'une phrase. **2.** Signe qui sépare la partie entière et la partie décimale d'un nombre.

viril, e adj. (lat. *virilis,* de *vir,* homme). **1.** Propre à un adulte de sexe masculin : *Une voix virile* (**SYN.** mâle ; **CONTR.** féminin). **2.** Qui témoigne de l'énergie, de la fermeté que la tradition prête au sexe masculin : *Une attitude virile* (**SYN.** courageux, résolu ; **CONTR.** hésitant, veule).

virilement adv. D'une manière virile.

viriliser v.t. [conj. 3]. Donner un caractère viril à (**CONTR.** efféminer, féminiser).

virilisme n.m. Présence de caractères physiques masculins chez une femme (développement des poils, par ex.).

virilité n.f. **1.** Ensemble des caractéristiques physiques d'un adulte de sexe masculin : *La virilité d'un torse musclé* (**SYN.** masculinité ; **CONTR.** féminité). **2.** Vigueur sexuelle. **3.** *Litt.* Mâle énergie ; fermeté, audace.

virole n.f. (lat. *viriola,* de *viria,* bracelet, avec l'infl. de *virer*). Petit anneau de métal que l'on met sur certains manches d'outils pour les empêcher de se fendre, ou sur certains couteaux pour bloquer la lame en position ouverte.

virolet n.m. En Suisse, petit virage.

virologie n.f. Partie de la microbiologie et de la médecine qui étudie les virus.

virologique adj. Relatif à la virologie.

virologiste ou **virologue** n. Spécialiste de virologie.

virose n.f. Infection due à un virus.

virtualité n.f. Caractère de ce qui est virtuel ; chose virtuelle : *Il ne s'agit là que de virtualités* (SYN. possibilité, potentialité).

virtuel, elle adj. (lat. médiév. *virtualis,* de *virtus,* mérite, force). **1.** Qui n'existe qu'en puissance et reste sans effet réel : *Les capacités virtuelles d'un athlète* (SYN. latent, potentiel). **2.** Qui concerne la simulation d'un environnement réel par des images de synthèse tridimensionnelles : *Un monde virtuel* (CONTR. réel). *Des images virtuelles.*

virtuellement adv. En théorie ; en principe : *Cette équipe est virtuellement qualifiée.*

virtuose n. (it. *virtuoso,* du lat. *virtus,* force, courage). **1.** Instrumentiste, musicien extrêmement brillant : *Liszt fut un grand virtuose.* **2.** Personne extrêmement habile et douée dans un domaine quelconque : *Une virtuose du calcul mental.*

virtuosité n.f. **1.** Talent et habileté du virtuose musical : *Une violoncelliste d'une grande virtuosité* (SYN. brio). **2.** Grande habileté technique : *La virtuosité d'un jongleur* (SYN. maestria).

virulence n.f. Caractère de ce qui est virulent : *Elle le critiqua avec virulence* (SYN. dureté, véhémence).

virulent, e adj. (bas lat. *virulentus,* venimeux, de *virus,* poison). **1.** Se dit d'une bactérie, d'un germe très nocifs. **2.** D'un caractère agressif très violent et mordant : *Des paroles virulentes* (SYN. acerbe, caustique).

virus [virys] n.m. (mot lat. signif. « poison »). **1.** Micro-organisme qui parasite la cellule qu'il infecte : *Le virus du sida* (= V.I.H.). **2.** *Fig.* Tendance irrésistible considérée comme pernicieuse : *Elle a le virus de la contestation.* **3.** Instruction ou suite d'instructions parasites, introduite dans un programme et susceptible d'infecter tous les fichiers d'un ordinateur, tous les ordinateurs d'un réseau.

vis [vis] n.f. (du lat. *vitis,* vrille de la vigne). Tige cylindrique, le long de laquelle est creusée une rainure en hélice, ce qui permet de l'enfoncer ou de la retirer en tournant : *Desserrer une vis. Une vis à tête plate. Des vis à bois, à béton.* ☞ REM. Ne pas confondre avec *vice.* ▸ *Fam.* ***Donner un tour de vis*** ou ***serrer la vis,*** adopter une attitude plus sévère. ***Escalier à vis*** ou ***en vis,*** escalier en colimaçon.

visa n.m. (mot lat. signif. « choses vues », de *videre,* voir). **1.** Sceau, signature ou paraphe apposés sur un document pour le valider : *Attendez le visa du service comptable.* **2.** Cachet, valant autorisation de séjour, apposé sur un passeport : *Obtenir un visa pour la Thaïlande.*

visage n.m. (anc. fr. *vis,* du lat. *visus,* aspect). **1.** Face humaine ; partie antérieure de la tête : *Elle a un beau visage* (SYN. figure, minois). **2.** Personne identifiée par sa figure : *Je n'arrive pas à mettre un nom sur ce visage* (SYN. tête). **3.** Expression des traits de la face : *Un visage sévère* (SYN. 1. mine, traits). **4.** *Litt.* Aspect d'une chose : *Les deux visages d'une politique* (SYN. image, physionomie). ▸ ***À visage découvert,*** franchement. ***Faire bon, mauvais visage à qqn,*** l'accueillir aimablement, hostilement.

visagisme n.m. Ensemble des techniques destinées à mettre en valeur la beauté d'un visage.

visagiste n. Coiffeur, esthéticien spécialiste du visagisme.

① **vis-à-vis** [vizavi] adv. (anc. fr. *vis,* visage, du lat. *visus,* aspect). *Litt.* Face à face ; en face : *Nous avons mangé vis-à-vis* (= l'un en face de l'autre). ◆ **vis-à-vis de** loc. prép. **1.** En face de : *J'étais placé vis-à-vis de la mère de la mariée.* **2.** À l'égard de : *Il est injuste vis-à-vis de cet étudiant* (SYN. 2. envers).

② **vis-à-vis** [vizavi] n.m. (de *1. vis-à-vis*). **1.** Personne, chose qui se trouve en face d'une autre : *Mon vis-à-vis m'a offert un bonbon. Un immeuble sans vis-à-vis.* **2.** Petit canapé en forme de S pour deux personnes.

viscéral, e, aux [viseral, o] adj. **1.** Relatif aux viscères : *Des douleurs viscérales.* **2.** Qui vient des profondeurs de l'être : *Une peur, une haine viscérale.*

viscéralement [viseralmɑ̃] adv. De façon viscérale, profonde : *Il est viscéralement attaché à son village natal.*

viscère [visɛr] n.m. (lat. *viscus, visceris*). Tout organe contenu dans les grandes cavités du corps : *Le cœur, le foie, l'estomac, le cerveau, les intestins, les poumons, l'utérus sont des viscères.*

viscose n.f. (de *visqu[eux]* et *[cellul]ose*). Cellulose employée pour la fabrication de fibres (rayonne) et de pellicules transparentes (Cellophane).

viscosité n.f. (du bas lat. *viscosus,* gluant). **1.** Caractère visqueux, gluant : *La viscosité de la peau d'une grenouille.* **2.** Résistance d'un fluide à l'écoulement uniforme : *La viscosité de l'huile* (CONTR. fluidité).

visée n.f. Action de diriger le regard, une arme, un appareil photo vers qqch : *Le collimateur est un appareil de visée.* ◆ **visées** n.f. pl. But que l'on cherche à atteindre : *Un homme politique qui a de grandes visées* (SYN. dessein [sout.], 2. objectif).

① **viser** v.i. (du lat. *videre,* voir) [conj. 3]. Fixer avec attention son regard sur l'objectif à atteindre : *Tu as visé trop à gauche. Il a tiré sans viser.* ▸ ***Viser haut,*** avoir des projets ambitieux. ◆ v.t. **1.** Diriger son tir vers ce que l'on veut atteindre : *À la pétanque, il faut viser le cochonnet.* **2.** Avoir un objectif en vue ; chercher à obtenir : *Elle vise le poste d'assistante* (SYN. ambitionner, briguer). *Il vise les honneurs* (SYN. convoiter, rechercher). **3.** Concerner qqn, qqch : *Cette réforme ne vise pas les fonctionnaires* (SYN. s'appliquer à, intéresser). ◆ v.t. ind. **[à].** Chercher à obtenir : *Cette mesure vise à mieux protéger le citoyen.*

② **viser** v.t. (de *visa*) [conj. 3]. Marquer d'un visa : *Viser un document, un passeport.*

viseur n.m. **1.** Dispositif optique servant à viser : *Le viseur d'un fusil.* **2.** Dispositif d'un appareil de prise de vues permettant de cadrer l'image à enregistrer.

vishnouisme [viʃnuism] n.m. Nom de l'une des principales formes de l'hindouisme.

visibilité n.f. **1.** Qualité de ce qui est visible : *La visibilité d'un panneau routier.* **2.** Possibilité de voir à une certaine distance : *La mauvaise visibilité est due à la pluie.*

visible adj. (lat. *visibilis*, de *videre*, voir). **1.** Qui peut être vu : *Les acariens sont visibles au microscope* (**SYN.** observable ; **CONTR.** invisible). **2.** Qui peut être constaté : *Avec un plaisir visible, il ouvrit ses cadeaux* (**SYN.** 1. manifeste ; **CONTR.** dissimulé). **3.** *Fam.* Disposé, prêt à recevoir des visites : *Revenez plus tard, pour l'instant je ne suis pas visible.* ◆ n.m. Ensemble de ce qui est perceptible par l'œil : *Le visible et l'invisible.*

visiblement adv. De façon visible : *Elle était visiblement très gênée* (**SYN.** manifestement).

visière n.f. (de l'anc. fr. *vis*, visage). **1.** Pièce de casque qui se hausse et se baisse devant le visage. **2.** Partie d'une casquette, d'un képi qui abrite le front et les yeux. ▸ ***Mettre sa main en visière,*** la mettre au-dessus des yeux pour les protéger.

visiocasque n.m. Appareil en forme de casque, muni d'écouteurs et de deux petits écrans vidéo s'adaptant sur les yeux utilisé pour accéder à un environnement virtuel.

visioconférence ou **vidéoconférence** n.f. Téléconférence permettant la transmission d'images animées des participants.

vision n.f. (lat. *visio*, de *videre*, voir). **1.** Perception du monde environnant par l'organe de la vue : *Des troubles de la vision* (**SYN.** vue). **2.** Fait, action de voir, de regarder qqch : *La vision de ce spectacle l'effraya.* **3.** *Fig.* Manière de concevoir, de comprendre qqch : *Ils n'ont pas la même vision du monde* (**SYN.** conception). **4.** Perception imaginaire ; représentation d'un être d'origine surnaturelle : *Les visions d'un mystique* (**SYN.** apparition, révélation). *Des cauchemars peuplés de visions* (**SYN.** fantôme, revenant).

visionique n.f. Technique de réalisation et de mise en œuvre des systèmes de vision artificielle.

visionnage n.m. Action de visionner.

visionnaire adj. et n. **1.** Qui a ou croit avoir des visions surnaturelles ; illuminé, mage, prophète. **2.** Qui a l'intuition de l'avenir : *Jules Verne était un grand visionnaire.*

visionner v.t. [conj. 3]. **1.** Examiner un film, des diapositives à la visionneuse. **2.** Regarder un film, une émission à titre professionnel avant leur passage en public ou leur mise en forme définitive.

visionneuse n.f. Appareil assurant la vision, directe ou par projection, de diapositives ou de films de cinéma.

visiophone n.m. (de *visio[n]* et *[télé]phone*). **1.** Terminal de communication téléphonique permettant de voir l'image animée du correspondant. **2.** Visiophonie.

visiophonie n.f. Service de communication par visiophones ; visiophone.

visitandine n.f. Gâteau à base de blancs d'œufs battus, de beurre et d'amandes pilées.

visitation n.f. **1.** (Avec une majuscule). Fête commémorant la visite de la Vierge Marie à sainte Élisabeth, mère de saint Jean-Baptiste. **2.** Tableau représentant cette scène.

visite n.f. **1.** Fait d'aller voir qqn chez lui : *Elle nous a fait une visite de politesse.* **2.** Personne qui se rend chez une autre et y est reçue : *Nous attendons une visite* (**SYN.** visiteur). *Avoir de la visite* (= un ou plusieurs visiteurs). **3.** Déplacement d'un praticien, d'un soignant auprès d'un patient : *Un médecin qui fait des visites à domicile.* **4.** Action de visiter un lieu, un édifice : *Une visite guidée de Notre-Dame de Paris.* **5.** Action de visiter pour examiner, vérifier, expertiser : *La visite des bureaux d'une entreprise* (**SYN.** inspection). **6.** Examen médical assuré dans le cadre d'une institution comme la médecine du travail, la médecine scolaire (on dit aussi *une visite médicale*). ▸ ***Droit de visite,*** autorisation légale accordée à l'un des parents divorcés de voir un enfant dont l'autre a la garde. ***Rendre visite à qqn,*** aller auprès de lui, chez lui.

visiter v.t. (lat. *visitare*, de *visere*, aller voir, de *videre*, voir) [conj. 3]. **1.** Parcourir un lieu pour en découvrir les curiosités, les sites ou les particularités : *Il a visité l'Espagne. Elle a visité plusieurs appartements avant de se décider.* **2.** Se rendre auprès de qqn par obligation sociale ou professionnelle : *Visiter des prisonniers. Un délégué médical qui visite les médecins.* **3.** *Vieilli* Examiner soigneusement le contenu de : *Les douaniers ont visité tous les bagages* (**SYN.** fouiller, inspecter). **4.** En Afrique, rendre visite à qqn.

visiteur, euse n. **1.** Personne qui rend visite à qqn : *Il attend des visiteurs.* **2.** Personne qui visite un site, un musée, un château : *Le Mont-Saint-Michel accueille de nombreux visiteurs chaque jour* (**SYN.** touriste). ▸ ***Visiteur de prison,*** personne qui rencontre bénévolement des personnes incarcérées. ***Visiteur médical*** → **médical.**

vison n.m. (du lat. pop. *vissio*, puanteur). **1.** Mammifère carnassier voisin du putois, très recherché pour sa fourrure. **2.** Fourrure de cet animal : *Un manteau de vison.* **3.** Manteau ou veste de vison : *Elle ne met plus son vison.*

visonnière n.f. Établissement où l'on élève des visons.

visqueux, euse adj. (bas lat. *viscosus*, de *viscum*, glu). **1.** De consistance pâteuse, ni liquide ni solide : *Ce miel est visqueux* (**SYN.** sirupeux ; **CONTR.** fluide). **2.** Qui possède une viscosité élevée : *L'huile de moteur est visqueuse.* **3.** Qui est recouvert d'un enduit gluant : *La peau visqueuse d'un poisson* (**SYN.** poisseux).

vissage n.m. Action de visser.

visser v.t. [conj. 3]. **1.** Fixer avec des vis : *Visser une plaque sur une porte* (**CONTR.** dévisser). **2.** Serrer qqch, le fermer en le faisant tourner sur un pas de vis : *Visser un robinet. Visser un couvercle.* **3.** *Fam.* Soumettre qqn à une surveillance très sévère : *Un foyer d'accueil où les jeunes sont vissés.*

visserie n.f. **1.** Ensemble des articles tels que vis, écrous, boulons. **2.** Usine où l'on fabrique ces articles.

visseuse n.f. Appareil, machine servant à visser.

de **visu** loc. adv. → **de visu.**

visualisation n.f. Fait de visualiser : *Des procédures de visualisation de la trajectoire d'un missile.*

visualiser v.t. (angl. *to visualize*) [conj. 3]. **1.** Rendre visible : *L'injection de ce liquide dans le corps du malade permet de mieux visualiser l'état de ses organes.* **2.** En informatique, présenter des données, des résultats sur un écran. **3.** Se représenter mentalement qqch, qqn : *Un coureur automobile qui visualise la piste avant le départ.*

visuel, elle adj. (bas lat. *visualis*, de *videre*, voir). Qui a rapport à la vue : *L'acuité visuelle. Les yeux sont les* *organes visuels.* ▸ ***Champ visuel*** → **champ.** ***Mémoire visuelle,*** plus fidèle avec des éléments perçus par la vue. ◆ **visuel** n.m. **1.** Thème en images d'une publicité : *La mairie a choisi un visuel choc.* **2.** En informatique, dispositif d'affichage de données.

visuellement adv. Par la vue : *L'expert a constaté les dégâts visuellement* (SYN. de visu).

vital, e, aux adj. (lat. *vitalis,* de *vita,* vie). **1.** Qui est relatif à la vie ; qui concerne la vie : *Des organes vitaux.* **2.** Essentiel à la vie : *Se nourrir est vital pour l'homme.* **3.** Indispensable à qqn, à son existence matérielle : *L'obtention de ce poste est vitale pour lui* (SYN. essentiel, primordial). *On leur garantit le minimum vital* (= revenu nécessaire pour subsister). **4.** Qui est absolument nécessaire pour maintenir l'existence, le développement d'un groupe : *Le tourisme est vital pour la région.*

vitalité n.f. Intensité de la vie, de l'énergie de qqn ; capacité de qqch à se développer : *Un vieillard encore plein de vitalité* (SYN. entrain ; CONTR. apathie, léthargie). *La vitalité d'une entreprise* (SYN. dynamisme).

vitamine n.f. (mot angl., du lat. *vita,* vie). Substance organique indispensable à l'organisme : *L'orange est riche en vitamine C.*

vitaminé, e adj. Qui contient des vitamines naturellement ou après incorporation : *Une boisson vitaminée.*

vitaminique adj. Relatif aux vitamines : *Une carence vitaminique. Un apport vitaminique.*

vite adv. (anc. fr. *viste*). **1.** À vive allure : *Elle marche vite* (SYN. rapidement ; CONTR. lentement). **2.** En peu de temps ; sous peu : *Il sera vite sur pied. J'arrive le plus vite possible* (SYN. tôt ; CONTR. tard). **3.** Sans délai ; tout de suite : *Viens vite !* ▸ ***C'est vite dit,*** indique que qqch est beaucoup plus facile à dire qu'à faire. ***Faire vite,*** se hâter. ◆ adj. Se dit d'un sportif qui se déplace avec rapidité : *Les deux nageuses les plus vites du monde* (SYN. rapide ; CONTR. lent).

vitellin, e adj. Relatif au vitellus.

vitellus [vitɛlys] n.m. (mot lat. signif. « jaune d'œuf »). Ensemble des substances de réserve contenues dans l'ovocyte des animaux, correspondant au jaune des œufs de reptiles et d'oiseaux.

vitesse n.f. **1.** Action ou capacité de parcourir une grande distance en peu de temps ; célérité, vélocité : *La vitesse d'un cycliste* (CONTR. lenteur). **2.** Promptitude à agir : *Elle a écrit son premier roman à une vitesse incroyable* (SYN. 1. diligence, rapidité ; CONTR. nonchalance). **3.** Rapport de la distance parcourue au temps mis à la parcourir : *Une moto qui roule à une vitesse de 150 km/h. Vitesse moyenne* (SYN. allure). **4.** Chacune des combinaisons d'engrenages d'un moteur à explosion ; régime : *Une boîte de vitesses. Une voiture à cinq vitesses.* ▸ ***À deux, à plusieurs vitesses,*** qui varie selon les personnes concernées ; inégalitaire : *Un système scolaire à deux vitesses.* ***À toute vitesse,*** très vite. ***Course de vitesse,*** course sportive disputée sur une courte distance. ***En vitesse*** ou, fam., ***en quatrième vitesse,*** rapidement ; au plus vite. ***Prendre de la vitesse,*** accélérer. ***Prendre qqn de vitesse,*** le devancer.

viticole adj. (du lat. *vitis,* vigne). Relatif à la viticulture : *Une propriété viticole.*

viticulteur, trice n. Personne qui fait de la viticulture.

viticulture n.f. Culture de la vigne en vue de produire du vin.

vitivinicole adj. Relatif à la vitiviniculture : *Le secteur vitivinicole.*

vitiviniculture n.f. Ensemble des activités de la viticulture et de la viniculture.

vitoulet n.m. En Belgique, boulette de hachis de viande.

vitrage n.m. **1.** Ensemble des vitres d'une fenêtre ou d'un bâtiment : *Refaire le vitrage d'un immeuble.* **2.** Petit rideau transparent qui se fixe directement au vantail de la fenêtre.

vitrail n.m. (pl. *vitraux*). Panneau vitré décoratif fait de pièces de verre colorées maintenues par un réseau de plomb : *Les vitraux d'une église.*

vitre n.f. (du lat. *vitrum,* verre). **1.** Chacune des plaques de verre placées dans un châssis, par ex. de fenêtre : *Laver les vitres* (SYN. carreau). **2.** Glace d'une voiture : *Baisser les vitres arrière.*

vitré, e adj. Garni de vitres : *Une porte vitrée.* ▸ ***Corps vitré,*** substance transparente qui remplit le globe de l'œil.

vitrer v.t. [conj. 3]. Garnir de vitres : *Vitrer une serre.*

vitrerie n.f. **1.** Fabrication, pose ou commerce des vitres. **2.** Ensemble de vitraux, de vitrages d'un édifice.

vitreux, euse adj. **1.** Qui a l'aspect du verre : *Une roche vitreuse.* **2.** Se dit de l'œil, du regard qui ne brille plus : *Les yeux vitreux d'un mourant* (SYN. terne ; CONTR. brillant).

vitrier n.m. Personne qui fabrique, vend ou pose les vitres.

vitrifiable adj. Qui peut être vitrifié.

vitrificateur n.m. Substance utilisée pour vitrifier un sol.

vitrification n.f. **1.** Transformation en verre : *La vitrification du sable.* **2.** Action de vitrifier une surface : *La vitrification d'un sol.*

vitrifier v.t. [conj. 9]. **1.** Transformer en verre. **2.** Revêtir une surface d'un enduit plastique transparent et dur pour la protéger : *Vitrifier un parquet.*

vitrine n.f. **1.** Partie de magasin séparée de la rue par une vitre et où l'on expose des objets à vendre : *Je voudrais essayer une robe que j'ai vue en vitrine* (SYN. devanture, étalage). **2.** Le vitrage lui-même : *Le souffle de l'explosion a brisé les vitrines du quartier.* **3.** Ensemble des objets mis en vitrine : *Une belle vitrine.* **4.** Petite armoire vitrée : *Une vitrine pleine de soldats de plomb.* **5.** *Fig.* Ce qui représente favorablement un ensemble plus vaste : *Ce pays est la vitrine de l'Orient.*

vitriol n.m. (bas lat. *vitriolum,* de *vitrum,* verre). *Vx* Acide sulfurique concentré. ▸ *Litt.* ***Au vitriol,*** d'un ton très caustique, très violent : *Une critique au vitriol.*

vitriolage n.m. Action de vitrioler.

vitrioler v.t. [conj. 3]. Lancer du vitriol sur une personne pour la défigurer.

vitrioleur, euse n. Personne qui lance du vitriol sur qqn.

in **vitro** loc. adj. inv. → **in vitro.**

vitrocéramique n.f. Matériau combinant les propriétés du verre et des produits céramiques.

vitrophanie n.f. Étiquette autocollante qui s'applique sur une vitre et qui peut être lue par transparence.

vitupération n.f. (Surtout au pl.). Récrimination proférée avec violence : *Sa déclaration fut entrecoupée par les vitupérations des députés de l'opposition.*

vitupérer v.t. (lat. *vituperare*, de *vitium*, vice, défaut) [conj. 18]. *Litt.* Blâmer avec force : *Les grévistes vitupéraient la direction* (**SYN.** critiquer, stigmatiser ; **CONTR.** approuver, féliciter). ◆ v.i. Proférer des injures, des récriminations : *Les Français vitupèrent contre cette réforme* (**SYN.** fulminer, pester).

vivable adj. **1.** Où l'on peut vivre commodément : *Une fois restaurée, la maison sera tout à fait vivable* (**SYN.** confortable, habitable ; **CONTR.** inconfortable). **2.** Qui a bon caractère : *Quand il est malade, il n'est pas vivable* (**SYN.** accommodant, facile ; **CONTR.** invivable). **3.** Supportable, en parlant d'une situation : *Cette situation n'est plus vivable.*

① **vivace** [vivas] adj. (lat. *vivax, vivacis*, de *vivere*, vivre). **1.** Qui peut vivre longtemps : *Un arbre vivace. Des plantes vivaces* (= qui fructifient plusieurs fois dans leur existence). **2.** Dont il est difficile de se défaire : *Une rancune vivace* (**SYN.** persistant, tenace ; **CONTR.** 1. passager).

② **vivace** [vivatʃe] adv. (mot it. signif. « vif »). Terme de musique indiquant que le mouvement doit être vif, rapide, animé : *Un allegro vivace.* ◆ n.m. inv. Passage d'une œuvre exécutée dans ce tempo : *Des vivace.*

vivacité n.f. (du lat. *vivax*, vivace). **1.** Qualité d'une personne qui a de la vie, de l'entrain : *La vivacité de la jeunesse* (**SYN.** pétulance, vitalité ; **CONTR.** apathie, nonchalance). **2.** Rapidité à comprendre, à agir : *Un esprit d'une grande vivacité* (**SYN.** acuité ; **CONTR.** lourdeur). **3.** Disposition à se mettre en colère : *Sa vivacité a failli faire capoter la négociation* (**SYN.** emportement ; **CONTR.** gentillesse, souplesse). **4.** Qualité de ce qui est vif, intense : *La vivacité d'un coloris* (**SYN.** éclat).

vivandier, ère n. (de l'anc. fr. *vivendier*, hospitalier). Personne qui accompagnait les armées et vendait aux soldats de la nourriture et des boissons.

vivant, e adj. **1.** Qui est en vie (par opp. à mort) : *Elle respire, elle est toujours vivante.* **2.** Qui présente les caractères spécifiques de la vie (par opp. à ce qui est inanimé, inerte) : *Un organisme vivant* (**SYN.** animé). **3.** Qui reflète bien la vie : *Un film aux dialogues très vivants.* **4.** Qui est plein de vie, d'énergie, d'activité : *Un enfant très vivant* (**CONTR.** amorphe, nonchalant). **5.** Où il y a de l'animation, du mouvement : *C'est une rue vivante* (**SYN.** 2. passant). **6.** Qui existe ou est en usage : *Une coutume encore bien vivante.* ▸ ***Langue vivante,*** qui est actuellement parlée (par oppos. à langue morte). ◆ n. Personne qui est en vie : *Cette malade est une vivante en sursis.* ▸ ***Bon vivant,*** personne gaie, qui aime les plaisirs, partic. ceux de la table : *Sa grand-mère est une bonne vivante.* ◆ **vivant** n.m. **1.** (Au pl.). L'ensemble des gens en vie : *Les vivants et les morts.* **2.** Ce qui vit : *Les biologistes étudient le vivant.* ▸ ***Du vivant de qqn,*** pendant sa vie : *Elle ne se serait jamais comportée ainsi du vivant de sa mère.*

vivarium [vivarjɔm] n.m. (mot lat. signif. « vivier »). Établissement aménagé en vue de la conservation dans leur milieu naturel de petits animaux ; terrarium : *Des vivariums pleins de reptiles.*

vivat [viva] interj. (mot lat. signif. « qu'il vive ! »). Marque une vive approbation, une grande satisfaction (**SYN.** bravo). ◆ n.m. (Surtout au pl.). Acclamation, ovation en l'honneur de qqn, de qqch : *Il entra sous les vivats des spectateurs* (**CONTR.** huée).

① **vive** n.f. (du lat. *vipera*, vipère). Poisson de mer comestible, mais redouté pour ses épines venimeuses.

② **vive** interj. (de *1. vivre*). Sert à acclamer ; marque l'enthousiasme, le souhait, l'approbation : *Vive la République ! Vive* ou *vivent les logiciels libres !*

vive-eau [vivo] n.f. (pl. *vives-eaux*). Marée de très forte amplitude (par opp. à morte-eau).

vivement adv. **1.** Avec rapidité ; promptement : *Elle se leva vivement* (**SYN.** prestement ; **CONTR.** lentement). **2.** De façon très intense ; beaucoup : *J'ai été vivement affectée par cet échec* (**SYN.** profondément ; **CONTR.** légèrement). **3.** *Litt.* Avec brusquerie ou emportement : *Elle m'a répondu un peu vivement* (**SYN.** sèchement ; **CONTR.** aimablement). **4.** *Litt.* D'une manière vive ; avec éclat : *Des étoffes vivement colorées.* ◆ interj. Marque un vif désir de voir un événement arriver, se produire au plus tôt : *Sortez d'ici, et vivement ! Vivement Noël !*

viveur, euse n. Personne qui mène une vie de fêtes et de plaisirs ; fêtard, noceur.

vivier n.m. (lat. *vivarium*, de *vivus*, vivant). **1.** Bassin où l'on garde des poissons et des crustacés. **2.** *Fig.* Lieu où est formée en grand nombre une catégorie particulière de personnes : *Cette école est un vivier de journalistes* (**SYN.** pépinière).

vivifiant, e adj. Qui vivifie : *Le grand air est vivifiant* (**SYN.** stimulant).

vivification n.f. Action de vivifier.

vivifier v.t. (du lat. *vivus*, vivant, et *facere*, faire) [conj. 9]. Redonner de la vitalité, de la santé, de la vigueur à : *L'air de la mer va vous vivifier* (**SYN.** fortifier, stimuler, tonifier ; **CONTR.** affaiblir).

vivipare adj. et n. (du lat. *vivus*, vivant, et *parere*, mettre au monde). Se dit d'un animal dont les petits naissent déjà développés et vivants (par opp. à ovipare) : *Les mammifères sont vivipares.*

viviparité n.f. Mode de reproduction des animaux vivipares (par opp. à oviparité).

vivisection [viviseksjɔ̃] n.f. (du lat. *vivus*, vivant, et de *section*). Opération effectuée sur un animal vivant dans un but expérimental.

in **vivo** loc. adj. inv. → **in vivo.**

vivoir n.m. Au Québec, salle de séjour ; living-room.

vivoter v.i. [conj. 3]. *Fam.* **1.** Vivre difficilement faute de moyens : *Sa pension lui permet tout juste de vivoter* (**SYN.** subsister, survivre). **2.** Fonctionner au ralenti : *Une entreprise qui vivote* (**SYN.** somnoler, stagner).

① **vivre** v.i. (lat. *vivere*) [conj. 90]. **1.** Être vivant, en vie : *Sa grand-mère a vécu jusqu'à 90 ans. Le blessé vit encore* (**SYN.** respirer). *La joie de vivre* (**SYN.** exister). **2.** Passer sa vie d'une certaine façon : *Ils vivent maritalement.* **3.** Habiter : *Je vis à Lyon* (**SYN.** résider). **4.** Subsister, rester en vie de telle façon : *Il vit de ses rentes. Pendant leur errance, ils ont vécu de pain et d'eau* (= se nourrir). **5.** Profiter, jouir de la vie : *Vivez tant que vous êtes jeunes !* **6.** Avoir telles conditions d'existence ; se conformer aux usages de la société : *Elle vit misérablement. Ce jeune homme a besoin d'apprendre à vivre* (= bien se conduire). **7.** Exister durablement, en parlant de qqch : *Des croyances qui vivent encore. Son souvenir vit dans nos mémoires* (**SYN.** demeurer, se perpétuer, subsister). *Une entreprise qui vit grâce à l'aide de l'État.* **8.** Être quelque part en pensée de manière relativement permanente : *Un idéaliste qui vit dans un autre monde.* **9.** Éprouver un sentiment en permanence : *Il vit dans la peur.* **10.** Exploiter le bénéfice d'un acquis passé, sans rien accomplir de nouveau : *Elle vit sur sa réputation.* ▸ ***Avoir vécu,*** avoir eu une vie riche en expériences ; être dépassé, désuet : *Cette idée a vécu* (= elle a fait son temps). ***Facile, difficile à vivre,*** d'un caractère accommodant ou non. ***Ne pas*** ou ***ne plus vivre,*** être dévoré par l'inquiétude. ***Savoir vivre,*** avoir le sens des convenances, de la bienséance. ***Se laisser vivre,*** ne pas faire d'effort ; être insouciant, indolent. ***Vivre au jour le jour,*** sans s'inquiéter de l'avenir. ***Vivre pour,*** faire de qqn, de qqch le but de sa vie : *Elle vit pour ses enfants. Il ne vit que pour son travail.* ◆ v.t. Mener telle vie ; traverser tels événements : *Un écrivain qui a vécu une vie de bohème. Nous avons vécu des moments difficiles* (**SYN.** connaître). *J'ai très bien vécu notre séparation* (= supporter). ▸ ***Vivre sa vie,*** jouir de l'existence à sa guise.

② **vivre** n.m. (de *1. vivre*). ▸ ***Le vivre et le couvert,*** la nourriture et le logement. ◆ **vivres** n.m. pl. Ensemble des aliments qui assurent la subsistance : *Des randonneurs qui ont emporté des vivres* (**SYN.** victuailles).

vivrier, ère adj. (de *2. vivre*). ▸ ***Cultures vivrières,*** cultures qui fournissent des produits alimentaires.

vizir n.m. (d'un mot ar. signif. « ministre »). Ministre d'un souverain musulman, dans l'Empire ottoman : *Le grand vizir* (= le Premier ministre).

vizirat n.m. Dignité, fonction de vizir ; exercice, durée de cette fonction.

vlan [vlɑ̃] interj. (onomat.). Exprime un coup, un bruit violent : *Et vlan ! Il a claqué la porte.*

V.O. ou **VO** [veo] n.f. (sigle). ▸ ***Version originale*** → **version.**

vocable n.m. (lat. *vocabulum*). Mot, terme considéré sous le rapport de sa signification : *Des vocables scientifiques. Créer de nouveaux vocables.*

vocabulaire n.m. (lat. médiév. *vocabularium,* de *vocabulum,* mot, de *vocare,* appeler, de *vox, vocis,* voix). **1.** Ensemble des mots d'une langue : *Le vocabulaire anglais.* **2.** Ensemble des termes propres à une activité humaine, à un auteur ; ensemble des mots que qqn utilise effectivement : *Le vocabulaire de l'informatique* (**SYN.** terminologie). *Le vocabulaire de Marguerite Duras. Il a un vocabulaire riche* (**SYN.** langue). **3.** Ouvrage comportant les termes spécifiques d'une discipline : *Un vocabulaire français-grec* (**SYN.** glossaire, lexique).

vocal, e, aux adj. (lat. *vocalis,* de *vox, vocis,* voix). Relatif à la voix : *Les cordes vocales.* ▸ ***Boîte vocale,*** dispositif de télécommunication permettant l'enregistrement de messages ; répondeur. ***Musique vocale,*** destinée à être chantée (par opp. à musique instrumentale).

vocalement adv. Au moyen de la voix ; oralement.

vocalique adj. Relatif aux voyelles : *Le système vocalique d'une langue.*

vocalisation n.f. Action de faire des vocalises.

vocalise n.f. Exercice de chant consistant à parcourir une échelle de sons, en disant une voyelle ou des voyelles : *Faire des vocalises.*

vocaliser v.i. [conj. 3]. Faire des vocalises ; chanter de la musique sans prononcer les paroles ni nommer les notes. ◆ v.t. Exécuter un air en vocalisant : *Vocaliser un arpège.*

vocalisme n.m. Ensemble des voyelles d'une langue, de leurs caractéristiques (par opp. à consonantisme).

vocatif n.m. (du lat. *vocare,* appeler). Cas exprimant l'interpellation, dans les langues à déclinaison.

vocation n.f. (lat. *vocatio,* de *vocare,* appeler). **1.** Impulsion ou penchant qui porte vers un genre de vie, une activité : *Il a manqué sa vocation. Avoir une vocation artistique* (**SYN.** dispositions). *Suivre sa vocation* (**SYN.** inclination, passion). **2.** Rôle qu'une personne, une communauté semble appelée à jouer : *Quelle est la vocation de l'homme sur la terre ?* (**SYN.** mission). *La vocation touristique d'une île.* **3.** Mouvement intérieur ressenti comme un appel de Dieu : *Ne pas avoir la vocation.* ▸ *Sout.* ***Avoir vocation à,*** être qualifié pour : *Ce service administratif n'a pas vocation à trancher un tel litige.*

voceratrice [vɔtʃeratritʃe] n.f. (mot corse). Femme qui, en Corse, chante un vocero.

vocero [vɔtʃero] n.m. (mot corse) [pl. *voceros* ou *voceri*]. Chant funèbre corse, appelant à la vengeance : *Des voceros.*

vociférateur, trice n. *Litt.* Personne qui vocifère.

vocifération n.f. (Surtout au pl.). Parole dite en criant et avec colère : *Les vociférations d'une foule en colère* (**SYN.** beuglement, clameur, hurlement).

vociférer v.i. (lat. *vociferare,* de *vox,* voix, et *ferre,* porter) [conj. 18]. Parler en criant et avec colère : *Les supporters vociféraient contre l'arbitre* (**SYN.** pester, vitupérer). ◆ v.t. Proférer en criant et avec colère : *L'ivrogne vociférait des menaces* (**SYN.** beugler, hurler).

vocodeur n.m. (angl. *voice coder*). Dans un système informatique, organe d'analyse des sons, permettant la synthèse de réponses vocales.

vodka n.f. (mot russe, de *voda,* eau). Eau-de-vie de grain russe ou polonaise.

vœu n.m. (lat. *votum*). **1.** Promesse faite à Dieu ; engagement religieux : *Ils ont fait le vœu d'aller en pèlerinage si leur fille guérissait* (**SYN.** serment). *Prononcer ses vœux* (= s'engager dans un ordre religieux). **2.** Promesse faite à soi-même : *Je fais vœu de ne plus fumer.* **3.** Souhait, désir ardent de voir se réaliser qqch : *Que tu sois heureux est mon vœu le plus cher. Souffle les bougies sur le gâteau et fais un vœu. Envoyer ses vœux pour la nouvelle année.* **4.** Demande, requête d'une assemblée consultative (par opp. à décision) : *L'assemblée n'a pas d'autre rôle que d'émettre des vœux.* ▸ ***Faire vœu de*** (+ n.), s'engager solennellement à qqch : *Faire vœu de chasteté, de pauvreté, d'obéissance.* ***Vœu pieux,*** qui n'a aucune chance de se réaliser.

vogelpik [vogəlpik] n.m. (mot néerl. signif. « bec d'oiseau »). En Belgique, jeu de fléchettes.

vogue n.f. (de *voguer*). **1.** Célébrité, faveur dont

bénéficie qqn, qqch : *La vogue de cette chanteuse ne cesse de s'étendre* (**SYN.** cote, popularité). *Les rollers connaissent une vogue extraordinaire* (**SYN.** succès ; **CONTR.** échec). **2.** Dans le sud-est de la France et en Suisse, fête du village ; kermesse annuelle. ▸ ***En vogue,*** à la mode : *Un acteur très en vogue. Ces consoles de jeu sont très en vogue.*

voguer v.i. (de l'anc. bas all. *wogon,* balancer) [conj. 3]. *Litt.* En parlant d'un bateau, avancer sur l'eau : *Le paquebot vogue vers les Antilles* (**SYN.** naviguer). ▸ *Litt.* ***Vogue la galère !,*** advienne que pourra !

voici prép. (de *vois,* impér. de *voir,* et *ci*). **1.** Désigne une personne ou une chose relativement proche (par opp. à voilà) : *Voici mes amis. Voici les premiers coureurs. As-tu mon stylo ? Le voici.* **2.** Annonce ce qui arrive, approche, va avoir lieu : *Voici la pluie. Voici venu le moment de partir. Voici ce que nous allons faire.* **3.** (Parfois en corrélation avec *que*). Indique une durée écoulée : *J'y suis allé voici trois jours* (**SYN.** il y a). *Voici une semaine qu'elle est partie.* ◆ adv. **1.** S'emploie en réponse à une demande : *Avez-vous la monnaie de dix euros ? Voici.* **2.** (Dans une relative introduite par *que*). Attire l'attention sur la personne ou la chose désignée : *La journaliste que voici voudrait vous poser quelques questions. Le livre que voici est une édition originale.*

voie n.f. (lat. *via*). **1.** Parcours suivi pour aller d'un point à un autre : *Se frayer une voie dans la jungle* (**SYN.** chemin, passage). *Ne prenez pas la voie de droite, elle est plus longue* (**SYN.** itinéraire, trajet). **2.** Moyen emprunté pour aller d'un point à un autre : *Les voies de communication terrestres. La voie maritime, aérienne. Une voie ferrée.* **3.** Partie d'une route permettant la circulation d'une file de voitures : *Une route à deux voies.* **4.** Direction suivie, moyen employé pour atteindre un but ; ligne de conduite : *Il est sur la voie du succès* (**SYN.** chemin, route). *Agir par des voies détournées. Il a choisi la voie de l'intimidation. Elle cherche sa voie. Suivre la voie hiérarchique.* **5.** Organe, canal anatomique : *Les voies digestives, respiratoires. Un traitement par voie intraveineuse, par voie buccale.* ☞ **REM.** Ne pas confondre avec *voix.* ▸ ***Être en bonne voie,*** être en passe de réussir. ***Être en voie de,*** être sur le point de : *Un malade qui est en voie de guérison.* ***Mettre qqn sur la voie,*** le diriger, lui donner des indications pour atteindre ce qu'il cherche. ***Par voie de conséquence,*** en conséquence. ***Voie d'eau,*** trou fait accidentellement dans la coque d'un navire. ***Voie de desserte,*** permettant l'accès direct à un bâtiment. ***Voie de fait,*** dans le langage juridique, acte de violence à l'égard de qqn : *Se livrer à des voies de fait contre un passant.* ◆ **voies** n.f. pl. *Litt.* Desseins selon lesquels Dieu guide la conduite des hommes : *Les voies du Seigneur sont impénétrables.*

voïévode [vɔjevɔd] n.m. → **voïvode.**

voilà prép. (de *vois,* impér. de *voir,* et *là*). **1.** Désigne une personne ou une chose relativement éloignée (par opp. à voici) : *Voilà Paul, allons à sa rencontre. Ton dictionnaire n'est pas perdu, le voilà, sur l'étagère du haut.* **2.** Attire l'attention sur ce qui vient de se produire, sur un événement passé : *Voilà les arguments qu'elle a avancés. Voilà comment l'accident est arrivé. Voilà ce que j'ai fait.* **3.** (Parfois en corrélation avec *que*). Indique une durée écoulée : *Ils ont acheté leur maison voilà cinq ans* (**SYN.** il y a). *Voilà plusieurs mois qu'il n'a pas donné de ses nouvelles.* **4.** Indique une constatation, une conclusion : *Voilà, quand on boit trop, on a des ennuis. Et voilà, c'est ainsi que l'affaire s'est terminée.* ◆ adv. **1.** S'emploie en réponse à une demande, un ordre : *Garçon, un café ! Voilà, madame !* **2.** (Dans une relative introduite par *que*). Attire l'attention sur la personne ou la chose désignée : *Le jeune homme que voilà postule au poste de rédacteur. La maison que voilà a été habitée par Aragon.* ▸ ***En veux-tu, en voilà,*** en grande quantité : *Il y avait du champagne en veux-tu, en voilà.* ***En voilà assez !,*** cela suffit ! ***Me, te... voilà bien !,*** je suis (tu es...) en mauvaise posture ! *Sout.* ***Ne voilà-t-il pas que,*** souligne le propos ou marque une distance de celui qui parle par rapport à ce qu'il dit : *Ne voilà-t-il pas qu'il s'assied alors à notre table.* ***Voilà ce que c'est que de*** (+ inf.), telles sont les conséquences d'une action : *Voilà ce que c'est que de sortir sans manteau.*

① **voilage** n.m. (de *1. voile*). Grand rideau de fenêtre, en tissu léger et transparent.

② **voilage** n.m. (de *2. voile*). Fait de se voiler, de se gauchir.

① **voile** n.m. (lat. *velum*). **1.** Étoffe qui sert à couvrir, à protéger, à cacher : *Le maire a tiré le voile qui couvrait la statue.* **2.** Pièce d'étoffe servant de coiffure féminine : *Le voile d'une mariée. Le voile islamique. Un voile de deuil* (**SYN.** voilette). **3.** Tissu léger et fin : *Faire un rideau avec du voile de coton.* **4.** Élément qui cache ou fait paraître plus flou : *La vallée disparaît sous un voile de brouillard. Agir sous le voile de l'anonymat.* **5.** Élément qui modifie la physionomie de qqn : *Je vis un voile de tristesse dans son regard.* **6.** Noircissement accidentel d'un cliché photographique : *Les dernières photos du rouleau ont un voile.* ▸ ***Mettre*** ou ***jeter un voile sur,*** cacher : *Il a jeté un voile sur tout un pan de sa vie.* ***Prendre le voile,*** entrer en religion, pour une femme. ***Voile au poumon,*** diminution anormale de la transparence d'une partie du poumon, visible à la radioscopie. ***Voile du palais,*** cloison musculaire et membraneuse qui sépare les fosses nasales de la bouche (on dit aussi *le palais mou*).

② **voile** n.m. Déformation accidentelle subie par une roue de véhicule, une pièce de bois ou de métal.

③ **voile** n.f. (du lat. *vela,* voiles de navire, de *velum,* voile de navire). **1.** Assemblage de pièces de toile capable de recevoir l'action du vent et de servir à la propulsion d'un navire : *Un bateau à voiles* (= un voilier). *Hisser les voiles.* **2.** Le bateau lui-même : *Signaler une voile à l'horizon.* **3.** Pratique sportive de la navigation à voile : *Faire de la voile.* ▸ *Fam.* ***Avoir du vent dans les voiles,*** être ivre. ***Faire voile,*** naviguer : *Nous faisons voile vers le Canada.* ***Mettre à la voile,*** appareiller. *Fam.* ***Mettre les voiles,*** s'en aller.

① **voilé, e** adj. **1.** Qui est recouvert d'un voile ; qui porte un voile : *Une femme musulmane voilée.* **2.** Qui a été exprimé de manière plus ou moins obscure ou détournée : *Parler en termes voilés* (= à mots couverts). *Des reproches à peine voilés* (= dissimulés ; **CONTR.** 1. direct).

② **voilé, e** adj. Qui est gauchi, courbé, déformé : *Une poutre, une roue voilée.*

voilement n.m. Déformation d'une pièce de bois ou de métal ; gauchissement.

① **voiler** v.t. [conj. 3]. **1.** Couvrir d'un voile : *Voiler un tableau.* **2.** *Litt.* Cacher ; dissimuler : *Voiler sa déception. Des larmes qui voilent le regard* (**SYN.** embrumer). **3.** Provoquer un voile sur un cliché photographique : *Il a ouvert l'appareil à la lumière et a voilé la pellicule.* ◆ **se voiler** v.pr. **1.** Se couvrir la tête, le visage d'un voile. **2.** Perdre de sa netteté, de son éclat : *« Tes yeux se voilent / Écoute les étoiles »* [*Petit Garçon*, G. Allwright]. ▸ ***Se voiler la face,*** se cacher le visage par honte ou pour ne rien voir.

② **voiler** v.t. [conj. 3]. Déformer une pièce, une roue : *L'humidité a voilé la porte* (**SYN.** gauchir ; **CONTR.** redresser). ◆ **se voiler** v.pr. Se déformer : *Des roues de vélo qui se voilent.*

voilerie n.f. Atelier où l'on fabrique ou répare les voiles de bateaux.

voilette n.f. (de *1. voile*). Petit voile transparent, fixé au bord d'un chapeau et qui peut se rabattre sur le visage.

① **voilier** n.m. Bateau à voiles. ▸ ***Oiseau bon, mauvais voilier,*** dont le vol est puissant et soutenu, faible et saccadé.

② **voilier** n.m. Ouvrier qui confectionne ou répare des voiles de bateau.

voilure n.f. **1.** Ensemble des voiles d'un bateau. **2.** Ensemble de la surface portante d'un avion, d'un parachute.

voir v.t. (lat. *videre*) [conj. 62]. **1.** Percevoir par les yeux : *Dans la pénombre, je n'ai vu qu'une silhouette* (**SYN.** apercevoir, distinguer). *L'oiseau s'est envolé, on ne le voit plus.* **2.** Être témoin, spectateur de : *Elle a vu l'accident* (**SYN.** assister à). *Je les ai vus tomber par terre. Tous ces hommes ont vu la montée du fascisme* (**SYN.** connaître, subir, 1. vivre). **3.** Étudier avec attention : *Voyons de plus près ce dossier* (**SYN.** examiner, observer). **4.** Se trouver en présence de qqn : *J'ai vu ton ami à cette soirée* (**SYN.** croiser, rencontrer, tomber sur). *Ses parents lui ont interdit de me voir* (**SYN.** fréquenter). *Ce week-end, je vais voir mon frère* (= lui rendre visite). *Tu devrais voir un dentiste, un avocat* (**SYN.** consulter). **5.** Se rendre dans un lieu : *« J'aimerais tant voir Syracuse, / L'île de Pâques et Kairouan* [*Syracuse*, Henri Salvador]. *J'ai déjà vu plusieurs appartements* (**SYN.** visiter). **6.** Se représenter mentalement : *Je ne vois pas où cela va nous mener* (**SYN.** concevoir). *Je le verrais bien ingénieur* (**SYN.** imaginer). **7.** Percevoir par l'esprit ; constater ; considérer : *Je vois maintenant mon erreur* (**SYN.** s'apercevoir, se rendre compte). *Je vois que tu n'as toujours pas changé d'avis.* **8.** Interpréter avec justesse la signification de qqch : *Je ne vois pas du tout où tu veux en venir* (**SYN.** comprendre, saisir). **9.** Se faire une opinion de ; juger : *À quoi voyez-vous que c'est une imitation ?* (**SYN.** estimer). *Ils ne voient rien de mal à agir ainsi. Elle voit tout en noir.* ▸ ***En faire voir à qqn,*** lui causer des ennuis de toutes sortes. ***Faire voir,*** montrer : *Fais-moi voir la robe que tu viens d'acheter. Je vais te faire voir comment il faut s'y prendre.* ***Laisser voir,*** permettre de regarder : *Laisse-moi voir ce qu'il y a dans ce paquet* ; ne pas dissimuler : *Il a laissé voir sa déception.* ***N'avoir rien à voir avec,*** n'avoir aucun rapport avec : *Ce livre n'a rien à voir avec ceux qu'il a écrits avant.* ***Ne pas pouvoir voir qqn, qqch,*** ne pas les supporter, les détester. ***Pour voir,*** pour essayer : *Elle a fait un peu de step, juste pour voir.* ***Voir d'un bon, d'un mauvais œil,*** apprécier, ne pas apprécier : *Ma famille voit d'un bon œil notre relation.* ***Voir venir qqn,*** deviner ses intentions. ***Voyons,*** formule servant à exhorter, à rappeler à l'ordre : *Un peu de calme, voyons !* ◆ v.t. ind. **[à].** *Litt.* Veiller à ; faire en sorte de : *Voyez à ce qu'ils aient tout ce qui leur est nécessaire.* ◆ **se voir** v.pr. **1.** S'apercevoir ; s'imaginer soi-même ; avoir conscience de son état : *Je me vois dans la glace. Je ne me vois pas lui demander une chose pareille. Il ne se voit pas décliner.* **2.** Se fréquenter : *Des frères qui se voient régulièrement.* **3.** Être apparent, visible : *Cette tour se voit bien de loin. Les différences ne se voient pas tout de suite* (**SYN.** se distinguer). **4.** Se produire ; survenir : *Cela ne se voit pas souvent* (**SYN.** arriver). **5.** Être dans tel état, telle situation : *Je me vois dans l'obligation de refuser* (**SYN.** se trouver). ▸ *Litt.* ***Se voir*** (+ inf.), semi-auxiliaire exprimant que le sujet subit une action : *Elle s'est vu refuser sa demande de mutation. La starlette s'est vue assaillie de toutes parts par les paparazzis.*

voire adv. (du lat. *vera*, de *verus*, vrai). Indique que l'on renchérit sur ce qui précède ; et même : *Un voyage de plusieurs jours, voire plusieurs semaines. Son père est sévère, voire autoritaire.*

voirie n.f. (de *voyer*). **1.** Ensemble du réseau des voies de communication : *Procéder à des travaux de voirie.* **2.** Administration chargée de ce réseau : *Travailler à la voirie.* **3.** Service d'enlèvement des ordures ménagères et de nettoiement des rues.

voisin, e adj. et n. (lat. *vicinus*, de *vicus*, village, quartier). Qui habite à proximité ; qui occupe la place la plus proche : *Ils sont voisins. J'ai sympathisé avec mon voisin de table.* ◆ adj. **1.** Situé à faible distance : *La maison voisine* (**SYN.** proche). *Les chambres voisines de la salle de bains* (**SYN.** attenant ; **CONTR.** distant, éloigné). *Des rues voisines* (**SYN.** adjacent, avoisinant). **2.** *Litt.* Proche dans le temps : *Les siècles voisins du nôtre.* **3.** Qui présente une analogie, une ressemblance avec qqch : *Ces émissions abordent des thèmes voisins* (**SYN.** analogue, semblable ; **CONTR.** différent).

voisinage n.m. **1.** Proximité dans le temps ou l'espace : *Le voisinage de la mer est agréable. Le voisinage du printemps* (**SYN.** approche ; **CONTR.** éloignement). **2.** Lieux qui se trouvent à proximité : *Les maisons du voisinage* (**SYN.** alentours, environs). **3.** Ensemble des voisins : *Tout le voisinage est au courant* (= tout le quartier).

voisiner v.t. ind. [conj. 3]. **[avec].** Se trouver près de ; être placé à côté de : *Sur son bureau, les dossiers voisinent avec les cédéroms.*

voiture n.f. (du lat. *vectura*, transport, de *vehere*, transporter). **1.** Véhicule servant à transporter des personnes ou des charges : *Une voiture automobile. Une voiture d'enfant* (= landau). *Une voiture à bras.* **2.** Automobile : *Une voiture de fonction. Il conduisait une voiture de sport.* **3.** Véhicule ferroviaire pour le transport des voyageurs (par opp. à wagon, réservé aux marchandises) ; partie d'une rame de métro : *Une voiture de première, de seconde classe. La voiture de tête, de queue.*

voiture-balai n.f. (pl. *voitures-balais*). Voiture qui prend en charge les coureurs contraints à l'abandon, dans les courses cyclistes.

voiture-bar n.f. (pl. *voitures-bars*). Voiture d'un train aménagée en bar.

voiture-lit ou **voiture-lits** n.f. (pl. *voitures-lits*). Voiture d'un train aménagée pour permettre aux voyageurs de dormir dans un lit.

voiture-poste n.f. (pl. *voitures-poste*). Voiture d'un train réservée au service de la poste.

voiturer v.t. [conj. 3]. Transporter des marchandises, des personnes par voiture ; acheminer, véhiculer.

voiture-restaurant n.f. (pl. *voitures-restaurants*). Voiture d'un train aménagée pour le service des repas.

voiturette n.f. Petite automobile de faible puissance.

voiturier n.m. Dans un hôtel, un restaurant, personne chargée de garer les voitures des clients.

voïvode [vɔjvɔd] ou **voïévode** [vɔjevɔd] n.m. (du serbo-croate *voj*, armée, et *voda*, qui conduit). Dans les pays balkaniques et en Pologne, haut dignitaire civil ou militaire.

voix n.f. (lat. *vox, vocis*). **1.** Ensemble des sons émis par l'être humain ; organe de la parole, du chant : *J'ai reconnu votre voix. Une voix grave, aiguë. Un chanteur qui a une voix de baryton.* **2.** Personne qui parle ou chante : *Une des grandes voix de la radio.* **3.** Possibilité d'exprimer son opinion : *Notre comité a une voix consultative. Aucune voix ne s'est élevée pour protester.* **4.** Expression d'une opinion, spécial. par un vote : *Ce candidat a obtenu la majorité des voix* (**SYN.** suffrage). **5.** Conseil, avertissement, appel venu de qqn ou du plus intime de soi-même : *Écouter la voix du peuple, de la raison.* **6.** Forme grammaticale que prend le verbe suivant que l'action est faite ou subie par le sujet : *Dans la phrase « il a été mordu par un chien », le verbe « mordre » est à la voix passive.* **7.** Partie vocale ou instrumentale d'une composition polyphonique : *Un chant, une fugue à trois voix.* ☞ **REM.** Ne pas confondre avec *voie*. ▸ ***Avoir voix au chapitre*** → **chapitre.** ***Être*** ou ***rester sans voix,*** muet d'émotion, d'étonnement. ***Voix de tête*** ou ***de fausset*** → **fausset.**

① **vol** n.m. (de *1. voler*). **1.** Déplacement dans l'air des oiseaux, des insectes, au moyen des ailes : *Le vol des papillons.* **2.** Espace qu'un oiseau peut parcourir sans se reposer : *Le vol des hirondelles peut être très long.* **3.** Groupe d'oiseaux qui volent ensemble : *Un vol de cigognes* (**SYN.** volée). **4.** Déplacement, dans l'air, d'un aéronef ou, dans l'espace, d'un engin spatial ; l'engin lui-même : *Nos hôtesses seront à votre disposition pendant toute la durée du vol* (**SYN.** traversée). *Je prends le premier vol pour Londres* (**SYN.** avion). *Un vol habité* (= un engin spatial emmenant des humains). **5.** *Litt.* Déplacement d'un objet léger dans l'air : *Le vol des flocons de neige.* ▸ ***Au vol,*** en l'air : *Attraper un ballon au vol* ; en courant : *Prendre l'autobus au vol* ; fig., rapidement et avec à-propos : *Il faut saisir l'occasion au vol.* ***À vol d'oiseau*** → **oiseau.** ***De haut vol,*** de grande envergure : *Un trafiquant de haut vol.* ***Vol à voile,*** déplacement d'un planeur grâce aux courants aériens ; sport ainsi pratiqué. ***Vol libre,*** pratiqué avec une aile libre ou un parapente. ***Vol plané*** → **plané.**

② **vol** n.m. (de *2. voler*). **1.** Action de voler, de dérober ce qui appartient à autrui : *Le vol à l'étalage.* **2.** Produit du vol (**SYN.** butin). **3.** Fait de prendre plus que ce qui est dû, de vendre à un prix excessif : *100 euros pour cette veste, c'est du vol* (**SYN.** escroquerie).

volage adj. (du lat. *volaticus*, qui vole, ailé, de *volare*, 1. voler). Dont les sentiments changent souvent ; peu fidèle en amour : *Une épouse volage* (**SYN.** inconstant, infidèle ; **CONTR.** constant).

volaille [vɔlaj] n.f. (bas lat. *volatilia*, oiseaux, de *volare*, voler). **1.** Oiseau de basse-cour : *Plumer une volaille.* **2.** Ensemble des oiseaux d'une basse-cour : *Nourrir la volaille.* **3.** Chair de tels oiseaux : *Manger de la volaille.*

volailler, ère ou **volailleur, euse** n. Marchand ou éleveur de volaille.

① **volant, e** adj. (de *1. voler*). **1.** Qui peut voler : *Une soucoupe volante. Un écureuil volant.* **2.** Se dit de certains objets suspendus et mobiles : *Un trapèze volant.* **3.** Se dit d'objets que l'on peut déplacer facilement : *La police a déployé des barrages volants* (**SYN.** 1. mobile). **4.** Qui exerce sa fonction en divers endroits : *Un secrétariat volant.* ▸ ***Feuille volante,*** qui n'est reliée à aucune autre : *Un étudiant qui écrit sur des feuilles volantes.* ***Poisson volant,*** exocet.

② **volant** n.m. (de *1. voler*). **1.** Organe circulaire servant à orienter les roues directrices d'une automobile ; conduite des automobiles : *Prendre le volant* (= conduire). *Un as du volant.* **2.** Organe de manœuvre d'un mécanisme : *On ferme cette vanne en tournant un volant.* **3.** Petite sphère légère garnie d'une collerette de plumes ou de plastique qu'on lance avec une raquette ; jeu ainsi pratiqué : *On utilise un volant au badminton. Faire une partie de volant.* **4.** Bande de tissu froncée sur un côté et servant de garniture dans l'habillement et l'ameublement : *Une jupe, un rideau à volants.* ▸ ***Volant de sécurité,*** ce qui sert à régulariser un processus ; réserve permettant de faire face à l'imprévu ; marge.

volapük [vɔlapyk] n.m. (altér. de l'angl. *world*, monde, et *pük*, de [*to*] *speak*, parler). Langue artificielle, créée en 1879 par l'Allemand Johann Martin Schleyer et qui fut supplantée par l'espéranto.

volatil, e adj. (du lat. *volatilis*, qui vole, léger, de *volare*, 1. voler). **1.** Qui se vaporise, s'évapore facilement : *Le pétrole est volatil. Cette huile est volatile.* **2.** *Fig.* Très mobile, très fluctuant : *Un électorat très volatil* (**SYN.** versatile ; **CONTR.** constant, stable). *Les marchés financiers sont volatils* (**SYN.** instable). ▸ ***Mémoire volatile,*** en informatique, mémoire dont le contenu s'efface lorsque l'alimentation électrique est coupée.

volatile n.m. (de l'anc. fr. *volatilie*, ensemble des oiseaux, avec l'infl. du lat. *volatilis*, qui vole). Oiseau, en partic. oiseau de basse-cour ; volaille.

volatilisation n.f. Fait de se volatiliser.

volatiliser v.t. [conj. 3]. **1.** *Didact.* Rendre volatil ; transformer en vapeur : *Volatiliser du soufre* (**SYN.** vaporiser). **2.** *Fam.* Faire disparaître ; voler : *Dans le train, on lui a volatilisé sa mallette* (**SYN.** dérober, subtiliser). ◆ **se volatiliser** v.pr. **1.** Se transformer en vapeur : *L'eau se volatilise.* **2.** Disparaître comme en s'évaporant : *Je vais finir par croire que mes clés se sont volatilisées* (**SYN.** s'envoler). **3.** Disparaître brusquement, sans qu'on s'en aperçoive : *Lorsque les invités sont arrivés, il s'est volatilisé* (**SYN.** s'esquiver).

volatilité n.f. Caractère de ce qui est volatil : *La volatilité de l'éther.*

vol-au-vent n.m. inv. (de *voler au vent,* à cause de la légèreté de la pâte). Croûte ronde en pâte feuilletée garnie d'une préparation chaude en sauce.

volcan n.m. (it. *vulcano,* du lat. *Vulcanus,* Vulcain, dieu du Feu). **1.** Montagne conique résultant de l'accumulation de matières issues des entrailles de la Terre, qui montent par une fissure de l'écorce terrestre (*cheminée*) et sortent par une ouverture circulaire (*cratère*) : *Les volcans d'Auvergne. Un volcan éteint, en activité.* **2.** *Litt.* Personne d'une nature ardente, impétueuse. ▸ ***Être sur un volcan,*** être dans une situation qui recèle un danger imminent, mais caché.

volcanique adj. **1.** Relatif aux volcans : *Des projections volcaniques* (= lave, cendres). *Des roches volcaniques* (= issues de l'éruption d'un volcan). **2.** *Litt.* Qui est plein de fougue, de violence, d'ardeur : *Une passion volcanique* (**SYN.** ardent).

volcanisme n.m. Ensemble des manifestations volcaniques.

volcanologie ou **vulcanologie** n.f. Étude des volcans et des phénomènes volcaniques.

volcanologique ou **vulcanologique** adj. Relatif à la volcanologie.

volcanologue ou **vulcanologue** n. Spécialiste de volcanologie.

vole n.f. (de *1. voler*). Aux cartes, coup qui consiste à faire toutes les levées : *Faire la vole.*

volée n.f. (de *1. voler*). **1.** Action de voler : *L'oiseau a pris sa volée* (**SYN.** envol, essor). **2.** Groupe d'oiseaux qui volent ensemble : *Une volée de corbeaux.* **3.** Tir simultané de plusieurs projectiles : *Une volée de flèches* (**SYN.** rafale, salve). **4.** En sports, frappe de la balle, du ballon avant qu'ils n'aient touché terre. **5.** Son d'une cloche mise en branle ; la mise en branle elle-même : *Les cloches sonnent à toute volée.* **6.** *Fam.* Série de coups rapprochés et nombreux : *Une volée de coups de bâton. Son père lui donna une volée* (**SYN.** correction). **7.** Partie d'un escalier comprise entre deux paliers successifs : *Une volée de marches.* **8.** En Suisse, ensemble de personnes qui exercent simultanément la même activité ; ensemble de personnes nées la même année : *La première volée d'ingénieurs* (**SYN.** promotion). ▸ ***À la volée,*** au vol ; en l'air : *Attraper une balle à la volée* ; fig., au passage : *Saisir une allusion à la volée.* ***De haute volée,*** de grande envergure : *Un hypocrite de haute volée.* ***Volée de bois vert,*** série de coups vigoureux ; fig., suite de critiques violentes et acerbes.

① **voler** v.i. (lat. *volare*) [conj. 3]. **1.** Se déplacer, se maintenir dans l'air ou dans l'espace : *Un oiseau qui vole haut dans le ciel.* **2.** En parlant d'un objet, être projeté dans l'air à grande vitesse : *Lorsqu'ils se disputent, les assiettes volent.* **3.** Piloter un avion ou un engin spatial, ou s'y trouver comme passager : *Ce pilote vole depuis cinq ans. Pour revenir de Nouméa, nous volerons de nuit.* **4.** Se déplacer très rapidement : *Je vole chez ma sœur pour la remercier* (**SYN.** courir). *Voler au secours de qqn* (**SYN.** s'élancer, se précipiter). ▸ *Fam.* ***Voler bas,*** être d'un niveau plutôt lamentable, en parlant de propos, de conversations. ***Voler en éclats,*** être détruit, pulvérisé : *La vitrine du magasin a volé en éclats.*

② **voler** v.t. (de *1. voler*) [conj. 3]. **1.** S'emparer frauduleusement de ce qui appartient à un autre ; extorquer : *Voler un bijou à qqn* (**SYN.** dérober). *Ils ont volé les placements de leurs clients* (**SYN.** détourner). **2.** Faire passer pour sienne une création d'un autre : *Des collègues m'ont volé mon idée.* **3.** Déposséder une personne de ce qui lui appartient : *Ce financier vole les petits actionnaires* (**SYN.** détrousser, escroquer). **4.** Faire payer trop cher : *J'ai eu le même vase pour seulement 30 euros, tu t'es fait voler !* **5.** Prendre qqch à la dérobée, subrepticement : *Voler un baiser à qqn.* ▸ *Fam.* ***Ne pas l'avoir volé,*** l'avoir bien mérité : *Cette gifle, tu ne l'a pas volée !* ◆ v.i. Commettre des vols : *Il avait déjà volé dans un autre magasin.*

volet n.m. (de *1. voler* [par analogie avec des ailes]). **1.** Panneau de bois ou de métal servant à fermer une baie de fenêtre ou de porte : *Les volets de la maison étaient tous fermés* (**SYN.** contrevent, persienne). **2.** Partie plane d'un objet pouvant se rabattre sur celle à laquelle elle est reliée : *Les trois volets d'un permis de conduire. Les volets d'un polyptyque.* **3.** Partie d'un ensemble : *Un plan de restructuration en trois volets.* ▸ ***Trier sur le volet,*** choisir, sélectionner avec soin : *Les étudiants qui entrent dans cette école ont été triés sur le volet.*

voleter v.i. [conj. 27]. Voler çà et là, légèrement : *Le papillon volette d'une fleur à l'autre* (**SYN.** voltiger). *Des flocons de neige voletaient* (**SYN.** tournoyer).

voleur, euse adj. et n. Qui a commis un vol ; qui vit de larcins : *La police a arrêté les voleurs. Un hôtelier voleur. Ils sont voleurs avec les touristes* (= ils les escroquent). *Une pie voleuse.* ▸ ***Comme un voleur,*** en essayant de passer inaperçu : *Partir comme un voleur.*

volière n.f. Grande cage où l'on élève et nourrit des oiseaux.

volige n.f. (de *1. voler*). Planche mince sur laquelle on fixe les tuiles ou les ardoises d'une toiture.

volis [vɔli] n.m. (de l'anc. fr. *volaïz,* abattu par le vent). Cime d'un arbre cassée par le vent et tombée à terre.

volition n.f. (du lat. *volo,* je veux). Acte de volonté ; manifestation de la volonté.

volley-ball [vɔlɛbol] ou **volley** n.m. (mot angl. signif. « balle à la volée ») [pl. *volley-balls, volleys*]. Sport opposant deux équipes de six joueurs qui s'affrontent en se renvoyant un ballon avec les mains au-dessus d'un filet.

volleyer [vɔlɛje] v.i. et v.t. [conj. 12]. Au tennis, jouer à la volée.

volleyeur, euse [vɔlɛjœr, øz] n. **1.** Joueur, joueuse de volley-ball. **2.** Spécialiste de la volée, au tennis.

volontaire adj. (lat. *voluntarius*). **1.** Qui agit, décide sans contrainte, selon sa volonté : *Victor Hugo était un exilé volontaire* (**CONTR.** forcé). **2.** Qui marque une volonté ferme : *Un menton volontaire.* **3.** Se dit d'un acte qui résulte d'un choix : *Une erreur volontaire* (**SYN.** délibéré). ◆ adj. et n. **1.** Qui fait preuve de volonté ferme : *Une adolescente volontaire* (**SYN.** décidé, déterminé, résolu ; **CONTR.** hésitant, indécis). **2.** Qui accepte de son plein gré une mission, une tâche : *Cette association cherche des volontaires pour du soutien scolaire* (**SYN.** bénévole).

volontairement adv. **1.** De sa propre volonté : *Il s'est livré volontairement à la police* (**SYN.** spontanément). **2.** Avec intention ; exprès : *Je suis* *volontairement arrivé en retard* (**SYN.** délibérément, intentionnellement ; **CONTR.** involontairement).

volontariat n.m. Participation volontaire à une action, une mission.

volontarisme n.m. Attitude de qqn qui pense modifier le cours des événements par la seule volonté.

volontariste adj. Qui fait preuve de volontarisme : *Une attitude volontariste.*

volonté n.f. (lat. *voluntas,* de *volo,* je veux, de *velle,* vouloir). **1.** Faculté de se déterminer à certains actes et de les accomplir : *Une volonté hésitante.* **2.** Énergie, fermeté avec laquelle on exerce cette faculté : *Elle n'arrive pas à arrêter de fumer, elle manque de volonté* (**SYN.** détermination ; **CONTR.** faiblesse). **3.** Décision prise par qqn, un groupe : *Ne va surtout pas contre la volonté de tes parents* (**SYN.** désir, intention). ▸ ***À volonté,*** autant que l'on veut ; à discrétion : *Vin à volonté.* ***Bonne, mauvaise volonté,*** intention réelle de bien, de mal faire : *Tu y mets de la mauvaise volonté.* ◆ **volontés** n.f. pl. ▸ ***Dernières volontés,*** intentions, désirs formels manifestés avant de mourir. *Fam.* ***Faire les quatre volontés de qqn,*** céder à tous ses caprices.

volontiers [vɔlɔ̃tje] adv. (du lat. *voluntarius,* volontaire). **1.** De bon gré ; avec plaisir : *Je t'accompagnerais volontiers à cette soirée* (**SYN.** 1. bien ; **CONTR.** à contrecœur). **2.** *Sout.* Par une tendance naturelle ou par habitude : *Il est volontiers bavard. Le soleil se montre volontiers à cette époque de l'année* (**SYN.** habituellement).

volt [vɔlt] n.m. (du nom du physicien *Volta*). Unité de mesure de force électromotrice et de différence de potentiel, ou tension électrique (abrév. V).

voltage n.m. *Cour.* (Impropre dans la langue technique). Tension électrique.

voltaïque adj. Se dit de l'électricité développée par les piles.

voltaire n.m. (de *Voltaire,* n.pr.). Fauteuil à dossier haut et légèrement incliné (on dit aussi *un fauteuil Voltaire*).

voltairien, enne adj. et n. Relatif à Voltaire, à sa philosophie : *L'ironie voltairienne.*

voltamètre n.m. (du nom du physicien *Volta*). Tout appareil où se produit une électrolyse.

volte n.f. (de l'it. *volta,* 2. tour). En équitation, mouvement en rond que l'on fait faire à un cheval.

volte-face n.f. inv. (it. *voltafaccia,* de *voltare,* tourner, et *faccia,* visage). **1.** Action de se tourner du côté opposé à celui que l'on regardait : *Faire volte-face* (**SYN.** demi-tour). **2.** Changement subit d'opinion, de manière d'agir ; virevolte : *Les volte-face de l'électorat* (**SYN.** pirouette, retournement, revirement).

voltige n.f. **1.** Exercice d'équitation consistant à sauter de diverses manières sur un cheval arrêté ou au galop. **2.** Exercice d'acrobatie au trapèze volant : *Un numéro de voltige.* **3.** Acrobatie aérienne : *Faire de la voltige.* **4.** Manœuvre ingénieuse mais sujette à caution : *Le convaincre de signer une rallonge de crédits a été de la voltige* ou *de la haute voltige.*

voltiger v.i. (de l'it. *volteggiare,* faire de la voltige, de *volta,* volte) [conj. 17]. **1.** Voler çà et là : *Un moineau qui voltige de branche en branche* (**SYN.** tournoyer, voleter). **2.** Flotter au gré du vent : *De la poussière voltigeait* (**SYN.** tourbillonner).

voltigeur, euse n. Acrobate qui fait des voltiges.

voltmètre n.m. (de *volt*). Appareil qui sert à mesurer une différence de potentiel en volts.

volubile adj. (du lat. *volubilis,* qui tourne, de *volvere,* rouler). Qui parle beaucoup, avec aisance et rapidité : *Elle est très volubile* (**SYN.** bavard, loquace ; **CONTR.** silencieux). ▸ ***Plante volubile,*** dont la tige s'enroule en spirale autour d'un support : *Le haricot est une plante volubile.*

volubilis [vɔlybilis] n.m. (mot lat. signif. « qui tourne »). Liseron d'une espèce ornementale à grandes fleurs colorées.

volubilité n.f. Caractère d'une personne volubile (**SYN.** loquacité).

volucompteur n.m. Appareil de mesure installé sur un distributeur de fluide pour indiquer le débit et le prix du produit distribué : *Le volucompteur d'une pompe à essence.*

volume n.m. (du lat. *volumen,* rouleau, de *volvere,* rouler). **1.** Espace à trois dimensions occupé par un corps ; mesure de cet espace : *Tasser du foin pour qu'il prenne moins de volume. Calculer le volume d'un prisme.* **2.** En géométrie, figure à trois dimensions, limitée par des surfaces : *Le cube et la sphère sont des volumes.* **3.** Masse, quantité de qqch : *Le volume des ventes. Le volume d'eau débité par un fleuve, une fontaine.* **4.** Force, intensité d'un son : *Baisse le volume du téléviseur, je suis au téléphone.* **5.** Livre relié ou broché : *Une encyclopédie en 10 volumes.* ▸ ***Faire du volume,*** être encombrant.

volumétrie n.f. Mesure des volumes.

volumétrique adj. Relatif à la volumétrie.

volumineux, euse adj. **1.** Qui occupe beaucoup de place ; dont le volume est important : *Une valise volumineuse* (**SYN.** embarrassant, encombrant ; **CONTR.** 1. petit). **2.** Qui est constitué de nombreux éléments : *Un volumineux courrier* (**SYN.** abondant, important).

volumique adj. Relatif au volume : *Masse volumique* (= masse de l'unité de volume).

volupté n.f. (lat. *voluptas*). **1.** Plaisir des sens ; plaisir sexuel : *Il mangeait avec volupté* (**SYN.** délectation). **2.** Plaisir, satisfaction intense d'ordre moral ou intellectuel : *La volupté du devoir accompli* (**SYN.** bonheur).

voluptueusement adv. Avec volupté.

voluptueux, euse adj. et n. Qui aime, recherche la volupté : *Un homme voluptueux et bon vivant.* ◆ adj. Qui inspire ou exprime le plaisir : *Une danse voluptueuse* (**SYN.** excitant, lascif, sensuel).

volute n.f. (it. *voluta,* du lat. *volvere,* rouler). Ce qui est en forme de spirale, d'hélice : *Des volutes de fumée.*

volve n.f. (du lat. *volva,* vulve). Membrane épaisse qui entoure le chapeau et le pied de certains champignons : *La volve des amanites.*

vomer [vɔmɛr] n.m. (mot lat. signif. « soc de charrue »). Os qui forme la partie postérieure de la cloison des fosses nasales.

vomi n.m. Matières vomies ; vomissure.

vomique adj. (lat. médiév. *vomica* [*nux*], [noix] qui fait vomir, du lat. *vomere,* vomir). ▸ ***Noix vomique,***

graine toxique du vomiquier, contenant de la strychnine.

vomiquier n.m. Arbre de l'Asie tropicale, dont la graine est la noix vomique.

vomir v.i. (lat. *vomere*). Rejeter par la bouche ce qui était dans l'estomac : *Il a vomi dans la voiture.* ▸ ***Être à vomir,*** être répugnant, physiquement ou moralement. ◆ v.t. **1.** Rejeter par la bouche : *Elle a vomi son petit déjeuner.* **2.** *Litt.* Lancer violemment au-dehors : *Un volcan qui vomit sa lave* (**SYN.** cracher). **3.** *Fig.* Proférer avec violence : *Vomir des injures.* **4.** *Fam.* Détester qqch, qqn, le rejeter avec dégoût : *Je vomis ce genre de musique* (**SYN.** exécrer ; **CONTR.** adorer).

vomissement n.m. Action de vomir ; matières vomies (**SYN.** vomi, vomissure).

vomissure n.f. Matières vomies ; vomi, vomissement.

vomitif, ive adj. et n.m. Se dit d'un médicament qui fait vomir ; émétique.

vomito negro [vɔmitonegro] n.m. (mot esp. signif. « vomissement noir ») [pl. *vomitos negros*]. Vomissement de sang noir qui se produit au cours de la fièvre jaune ; la fièvre jaune elle-même.

vorace adj. (lat. *vorax, voracis,* de *vorare,* dévorer). **1.** Qui dévore ; qui mange avec avidité : *Un nourrisson vorace* (**SYN.** avide, glouton, goulu). **2.** Qui exige une grande quantité de nourriture : *Un appétit vorace* (**SYN.** insatiable). **3.** *Fig.* Qui témoigne d'une grande avidité : *Des baisers voraces.*

voracement adv. De façon vorace ; avidement, goulûment.

voracité n.f. (lat. *voracitas*). **1.** Avidité à manger : *Elle mangea son repas avec voracité* (**SYN.** gloutonnerie). **2.** *Fig.* Avidité à gagner de l'argent : *La voracité de certains bailleurs* (**SYN.** cupidité [litt.]).

vortex [vɔrtɛks] n.m. (mot lat.). En physique, tourbillon creux qui prend naissance, sous certaines conditions, dans un fluide en écoulement.

vos adj. poss. pl. (de *votre*). **1.** Indique la possession, un rapport affectif, social : *Vos vêtements sont mouillés. Racontez vos souvenirs d'enfance.* **2.** Marque le pluriel de politesse : *Vos encouragements m'ont aidé, Madame la Ministre.*

votant, e n. Qui vote ; qui a le droit de voter (**SYN.** électeur).

votation n.f. Au Québec et en Suisse, vote.

vote n.m. (mot angl., du lat. *votum,* vœu). **1.** Acte par lequel les citoyens d'un pays ou les membres d'une assemblée expriment leur opinion : *Un bureau de vote. Procéder à un vote* (**SYN.** élection, scrutin). **2.** Opinion exprimée par chacune des personnes appelées à émettre un avis : *Compter les votes* (**SYN.** suffrage, voix).

voter v.i. [conj. 3]. **1.** Donner sa voix dans une élection : *Dimanche, de nombreux électeurs ne sont pas allés voter* (= ils se sont abstenus). *Elles ont voté pour le même candidat.* **2.** Exprimer son opinion par un vote : *Il a voté contre la peine de mort.* ◆ v.t. Décider ou demander par un vote : *Voter une loi, un budget.*

votif, ive adj. (du lat. *votum,* vœu). Qui témoigne de l'accomplissement d'un vœu : *Une plaque votive* (= un ex-voto).

votre adj. poss. (lat. pop. *voster,* du lat. class. *vester*) [pl. *vos*]. **1.** Correspond à un possesseur de la deuxième personne du pluriel (ou désigné par le *vous* de politesse) pour indiquer un rapport de possession, un rapport d'ordre affectif ou social : *Votre maison. Vos amis. Votre professeur d'anglais sera absent.* **2.** Remplace *ton* ou *ta* dans le pluriel de politesse : *Pourriez-vous me prêter votre stylo ?*

vôtre pron. poss. (de *votre*). (Précédé de l'art. déf. *le, la, les*). Désigne ce qui appartient ou se rapporte à un possesseur de la deuxième personne du pluriel (ou représenté par le *vous* de politesse) : *Son magnétoscope est plus récent que le vôtre. Je m'occupe de mes enfants, occupez-vous des vôtres.* ▸ *Fam.* ***À la vôtre,*** à votre santé. ◆ adj. poss. *Sout.* (En fonction d'attribut). Qui est à vous : *Considérez ma maison comme vôtre.* ▸ ***Faire vôtre qqch,*** se l'approprier : *Ce projet, vous le ferez vôtre* (= vous l'adopterez). ◆ **vôtres** n.m. pl. ▸ ***Être des vôtres,*** faire partie de votre groupe ; partager votre activité : *Je suis des vôtres.* ***Les vôtres,*** vos parents, vos proches ; vos alliés, vos partisans.

vouer v.t. (du lat. *votum,* vœu) [conj. 6]. **1.** Consacrer, par un vœu, qqn, qqch à Dieu, à un saint : *Vouer un enfant à la Vierge.* **2.** Employer activement son temps, ses facultés à l'accomplissement de qqch : *Elle a voué sa vie à la science* (**SYN.** consacrer). **3.** Porter durablement un sentiment à qqn : *La haine que je lui voue depuis des années.* **4.** Orienter vers tel but ; conduire à telle situation, tel état : *Vous êtes voué à vous sacrifier pour qu'ils puissent s'en tirer* (**SYN.** prédestiner). *Sa pusillanimité voue notre projet à l'échec* (**SYN.** condamner). ◆ **se vouer** v.pr. **[à].** Se consacrer à : *Il s'est voué à la musique toute sa vie.* ▸ ***Ne plus savoir à quel saint se vouer,*** ne plus savoir à qui recourir.

vouivre n.f. (du lat. *vipera,* vipère). Serpent fabuleux apparaissant souvent dans le folklore.

① **vouloir** v.t. (lat. pop. *volere,* de *velle*) [conj. 57]. **1.** Appliquer sa volonté, son énergie à obtenir qqch : *Il veut ce poste* (**SYN.** désirer). *Je veux réussir.* **2.** (Sans compl.). Avoir de la volonté : *Quand on veut, on peut.* **3.** Demander avec autorité ; réclamer : *Je veux des résultats* (**SYN.** exiger). *Je veux qu'il vienne tout de suite dans mon bureau.* **4.** Exiger de par sa nature, son autorité : *Le règlement veut que vous ne sortiez pas sans autorisation* (**SYN.** requérir). **5.** Avoir envie de : *Veux-tu de la crème glacée ?* (**SYN.** désirer). *Voulez-vous vous asseoir ?* (**SYN.** souhaiter). **6.** Avoir telle intention, tel projet : *Il voudrait devenir médecin* (**SYN.** ambitionner). *Il veut se faire remarquer* (**SYN.** chercher à). **7.** Attendre qqch de qqn : *Que veut-elle de moi ? Les vacanciers veulent du soleil* (**SYN.** espérer). **8.** Demander comme prix : *Combien voulez-vous de votre maison ?* **9.** Être en état de ; pouvoir : *Cette boîte ne veut pas se fermer. Depuis hier, l'ordinateur ne veut plus démarrer.* **10.** S'emploie dans des formules de politesse, dans l'expression d'ordres, de demandes : *Veuillez agréer l'expression de mes salutations distinguées. Voulez-vous sortir ! Veuillez m'excuser pour ce retard.* ▸ *Fam.* ***En veux-tu, en voilà,*** en grande abondance : *Des jeux vidéo en veux-tu, en voilà* (**SYN.** à profusion). ***Que veux-tu ! Que voulez-vous !,*** exprime la résignation : *Il faut s'y faire, que veux-tu !* ***Sans le vouloir,*** involontairement ; par mégarde. ***Savoir ce que parler veut dire,*** comprendre le sens caché de certaines paroles. ***Vouloir bien,*** accepter qqch, y consentir : *Finalement, je veux bien voir ce film. Je veux bien que tu viennes,* *mais sois sage.* ***Vouloir dire,*** signifier, exprimer : *Que veut dire ce mot ?* ***Vouloir du bien, du mal à qqn,*** avoir de bonnes, de mauvaises intentions à son égard. ◆ v.t. ind. **[de]. 1.** Accepter de prendre qqn en tant que tel : *Il ne voudrait pas d'elle comme secrétaire.* **2.** (Surtout en tournure négative). Accepter de recevoir qqch : *Je ne veux pas de ton aide, de ta bague.* ▸ *Fam.* ***En vouloir,*** être ambitieux ; avoir un tempérament de gagnant : *Un athlète qui s'entraîne dur et qui en veut.* ***En vouloir à qqch,*** avoir des visées sur qqch ; avoir l'intention de le détourner à son profit : *Elle en veut à son argent.* ***En vouloir à qqn,*** lui garder de la rancune, lui reprocher qqch. ◆ **se vouloir** v.pr. Se présenter comme : *Le ministre se voulait rassurant.* ▸ ***S'en vouloir de qqch,*** se reprocher qqch : *Il s'en veut de ne pas l'avoir écoutée* (= il le regrette).

② **vouloir** n.m. (de *1. vouloir*). ▸ *Sout.* ***Bon, mauvais vouloir,*** intentions favorables, défavorables ; bonne, mauvaise volonté : *Notre inscription à ce club dépend de son bon vouloir.*

voulu, e adj. **1.** Qui est fait volontairement : *Une omission voulue* (**SYN.** délibéré, intentionnelle, volontaire ; **CONTR.** involontaire). **2.** Exigé par les circonstances : *Au moment voulu* (**SYN.** opportun ; **CONTR.** inopportun).

vous pron. pers. (lat. *vos*). **1.** Désigne la deuxième personne du pluriel, aux deux genres, dans les fonctions de sujet ou de complément : *Vous êtes mes meilleurs élèves. Elle vous a ignorées toute la soirée. Il vous réunira la semaine prochaine. La plupart d'entre vous ont déjà vu ce film.* **2.** Reprend le sujet de la deuxième personne du pluriel dans les formes verbales pronominales : *Je sais que vous vous ennuyez. Vous vous parlerez plus tard.* **3.** S'emploie en apposition au pronom sujet ou complément dans certaines formules d'insistance : *Vous, vous ferez la vaisselle. Et vous, qu'en pensez-vous ?* **4.** S'emploie en apostrophe : *Vous, là-bas, venez ici !* **5.** Représente, comme complément, une ou des personnes indéterminées : *Ces paysages sont si beaux qu'ils vous enchantent.* **6.** Forme de politesse remplaçant *tu* et désignant la personne à qui l'on s'adresse : *Monsieur, auriez-vous un peu de temps à m'accorder ? Madame, vous êtes venue trop tard.* ▸ ***Dire vous à qqn,*** le vouvoyer.

voussoyer [vuswaje] v.t. → **vouvoyer.**

voussure n.f. (de l'anc. fr. *vous*, voûté). Surface courbe d'une voûte ou d'une arcade.

voûte n.f. (lat. pop. *volvita*, de *volvere*, rouler, faire rouler). **1.** Ouvrage de maçonnerie cintré formé d'un assemblage de pierres taillées qui s'appuient les unes sur les autres : *La voûte d'une cathédrale, d'un pont.* **2.** Partie supérieure concave : *La voûte d'une grotte, d'une cave. Les arbres de l'allée formaient une voûte.* ▸ *Poét.* ***La voûte azurée, étoilée, céleste,*** le ciel. ***Voûte du palais,*** cloison qui forme la paroi supérieure de la bouche et la paroi inférieure des cavités nasales (on dit aussi *le palais dur*). ***Voûte plantaire,*** portion concave de la plante du pied, qui ne repose pas sur le sol.

voûté, e adj. Qui est anormalement courbé : *Avoir le dos voûté.*

voûter v.t. [conj. 3]. **1.** Couvrir d'une voûte : *Voûter une cave.* **2.** Courber anormalement qqn, son dos : *L'âge l'a voûté.* ◆ **se voûter** v.pr. Se courber : *Un homme très grand qui a tendance à se voûter.*

vouvoiement n.m. Action de vouvoyer.

vouvoyer [vuvwaje] ou **voussoyer** [vuswaje] v.t. [conj. 13]. S'adresser à qqn en utilisant, par politesse, le pronom *vous*, et non le pronom *tu*.

vox populi [vɔkspɔpyli] n.f. inv. (mots lat. signif. « voix du peuple »). *Sout.* Opinion du plus grand nombre : *Les politiciens doivent tenir compte de la vox populi* (= l'opinion publique).

voyage [vwajaʒ] n.m. (du lat. *viaticum*, argent pour le voyage, de *via*, chemin, route). **1.** Action de se rendre ou d'être transporté dans un lieu assez éloigné de celui où l'on habite ; trajet ainsi fait : *Un voyage en avion. Aimer les voyages. Ils sont en voyage.* **2.** Déplacement, allées et venues en partic. pour transporter qqch : *Ils ont descendu tous les cartons en un seul voyage.* **3.** *Fam.* État hallucinatoire provoqué par l'usage de certaines drogues. ▸ ***Les gens du voyage,*** les artistes du cirque, les forains ; les populations menant une vie nomade, en partic. les Tsiganes.

voyagement [vwajaʒmɑ̃] n.m. Au Québec, ensemble d'allées et venues.

voyager [vwajaʒe] v.i. [conj. 17]. **1.** Faire un ou des voyages : *Voyager en Italie. Quand ils étaient jeunes, ils ont beaucoup voyagé* (**SYN.** se déplacer). **2.** Faire un parcours, un trajet de telle façon : *Voyager à pied, en train, par bateau.* **3.** Être transporté, en parlant de choses, d'animaux : *Des marchandises qui voyagent par avion* (**SYN.** circuler). **4.** En Afrique, partir en voyage.

voyageur, euse [vwajaʒœr, øz] n. Personne qui voyage : *Les voyageurs attendent leur train sur le quai. C'est une grande voyageuse.* ▸ ***Voyageur de commerce,*** employé d'une maison de commerce chargé de prospecter les clients et d'enregistrer les commandes ; V.R.P. ◆ adj. Qui voyage beaucoup ; qui incite à voyager : *Un tempérament voyageur.* ▸ ***Pigeon voyageur*** → **pigeon.**

voyagiste [vwajaʒist] n.m. Organisateur de voyages touristiques ; tour-opérateur.

voyance [vwajɑ̃s] n.f. Don de ceux qui prétendent lire dans le passé et prédire l'avenir ; divination.

① **voyant, e** [vwajɑ̃, ɑ̃t] adj. et n. (de *voir*). Qui jouit de la vue, qui y voit (par opp. à non-voyant, à aveugle). ◆ adj. Qui attire l'œil : *Une tenue voyante* (**SYN.** tapageur ; **CONTR.** discret). ◆ n. Personne qui possède le don de voyance et en fait son métier.

② **voyant** [vwajɑ̃] n.m. Signal lumineux d'avertissement installé sur divers appareils de contrôle ou tableaux de bord : *Le voyant d'essence s'est allumé.*

voyelle [vwajɛl] n.f. (du lat. *vocalis*, qui rend un son, de *vox*, voix). **1.** Son du langage dont l'articulation est caractérisée par le libre écoulement de l'air à travers la cavité buccale : *Dans « chant », qui se prononce* [ʃɑ̃], [ɑ̃] est une voyelle nasale. **2.** Lettre représentant ce son : *L'alphabet français a six voyelles, qui sont : a, e, i, o, u, y.*

voyer [vwaje] n.m. (du lat. *vicarius*, remplaçant, de *vicis*, 2. tour, succession). Autrefois, officier chargé de l'entretien ou de la police des chemins et des rues. ▸ ***Agent voyer,*** ingénieur chargé de la voirie.

voyeur, euse [vwajœr, øz] n. **1.** Personne qui aime à observer les autres, avec une curiosité malsaine. **2.** Personne qui se plaît à assister, sans être vue, aux ébats sexuels d'autrui.

voyeurisme [vwajœrism] n.m. Attitude d'un voyeur.

voyou [vwaju] n.m. (de *voie*, d'apr. *filou*). **1.** Individu de mœurs crapuleuses faisant partie du milieu (**SYN.** crapule, truand). **2.** Enfant terrible : *Petits voyous !* (**SYN.** chenapan, garnement, vaurien). ◆ adj. inv. en genre Propre aux voyous : *Des allures voyous.* ***État voyou,*** qui enfreint les règles internationales, notamm. en matière de prolifération nucléaire et de terrorisme.

voyoucratie [vwajukrasi] n.f. Pouvoir exercé par des voyous, des personnes corrompues.

V.P.C. ou **VPC** [vepese] n.f. (sigle). ▸ ***Vente par correspondance*** → **vente.**

vrac n.m. (du néerl. *wrac*, mauvais). Marchandise, telle que le charbon, les minerais, qui ne demande pas d'arrimage et qui n'est pas emballée : *Transporter du vrac.* ▸ ***En vrac,*** pêle-mêle ; en désordre : *Elle a posé ses vêtements en vrac sur son lit.*

vrai, e adj. (lat. *verus*). **1.** Conforme à la vérité, à la réalité : *Tout ce qu'il t'a raconté est vrai* (**SYN.** exact, juste, véridique ; **CONTR.** inexact, mensonger). **2.** Qui est réellement ce qu'il paraît être : *Un vrai rubis. Une vraie blonde* (**SYN.** véritable ; **CONTR.** 2. faux). **3.** Qui convient le mieux ; adéquat : *Je n'ai pas encore trouvé la vraie façon d'utiliser cet appareil* (**SYN.** approprié, 1. bon ; **CONTR.** inapproprié, mauvais). **4.** (Après le nom). Qui se comporte avec franchise et naturel : *Elle a gagné la confiance de tous parce qu'elle est vraie* (**SYN.** authentique, sincère, spontané ; **CONTR.** fourbe, hypocrite). ◆ **vrai** n.m. Ce qui est vrai, réel ; la vérité, la réalité : *Distinguer le vrai du faux.* ▸ ***Être dans le vrai,*** avoir raison ; ne pas se tromper. *Fam.* ***Pour de vrai,*** pour de bon ; réellement. ◆ **vrai** adv. **1.** Conformément à la vérité ; de façon franche, sincère : *Les citoyens demandent qu'on leur parle vrai* (**CONTR.** 2. faux). *À dire vrai, à vrai dire*, ou, litt., *au vrai, j'ignore tout de cette histoire* (= en fait). **2.** D'une manière qui donne l'impression du vrai et du naturel : *Un acteur qui joue vrai* (**SYN.** juste).

vrai-faux, vraie-fausse adj. (pl. *vrais-faux, vraies-fausses*). **1.** Se dit de faux documents établis par une autorité compétente. **2.** Se dit de qqn qui se fait passer pour ce qu'il n'est pas : *De vrais-faux plombiers s'étaient introduits dans les locaux du journal.*

vraiment adv. **1.** D'une manière conforme à la vérité : *Je suis vraiment malade* (**SYN.** réellement, véritablement). **2.** Marque un renchérissement : *Vraiment, je ne te comprends pas* (**SYN.** franchement).

vraisemblable [vrɛsɑ̃blabl] adj. et n.m. Qui a l'apparence de la vérité : *Des explications vraisemblables* (**SYN.** crédible, plausible ; **CONTR.** invraisemblable). *Il est vraisemblable que la réunion sera annulée, il est peu vraisemblable que la réunion soit annulée* (**SYN.** probable ; **CONTR.** improbable).

vraisemblablement [vrɛsɑ̃blabləmɑ̃] adv. Sans doute ; selon toute vraisemblance : *La crise va vraisemblablement durer* (**SYN.** probablement).

vraisemblance [vrɛsɑ̃blɑ̃s] n.f. Caractère de ce qui est vraisemblable : *Les prétextes qu'il a invoqués manquaient de vraisemblance* (**SYN.** crédibilité ; **CONTR.** invraisemblance). *Selon toute vraisemblance* (**SYN.** probabilité).

vraquier n.m. (de *vrac*). Navire utilisé pour transporter des produits en vrac.

vreneli [frenəli] n.m. En Suisse, pièce d'or de vingt francs.

vrille [vrij] n.f. (lat. *viticula*, vrille de la vigne, de *vitis*, vigne). **1.** Organe filiforme de certaines plantes, qui s'enroule autour d'un support, leur permettant de s'y fixer : *Les vrilles du volubilis, du pois.* **2.** Figure de voltige aérienne dans laquelle l'avion descend en tournant sur lui-même. **3.** Tige d'acier, dont la tête forme une vis, et qui sert à percer le bois.

vrillé, e [vrije] adj. **1.** En botanique, qui est muni de vrilles. **2.** Qui est enroulé, tordu comme une vrille.

vriller [vrije] v.t. [conj. 3]. Percer avec une vrille : *Vriller une poutre.* ◆ v.i. **1.** S'élever ou descendre en tournoyant : *Un avion qui vrille.* **2.** Être tordu plusieurs fois sur soi-même, en parlant d'objets filiformes : *Le cordon de son combiné téléphonique vrille.*

vrombir v.i. (onomat.) [conj. 32]. Produire un ronflement vibrant, en parlant de certains objets en rotation rapide ou de certains insectes : *Des moteurs qui vrombissent* (**SYN.** ronfler). *Une abeille vrombissait dans la cuisine* (**SYN.** bourdonner).

vrombissement n.m. Bruit de ce qui vrombit : *Le vrombissement d'un avion* (**SYN.** ronflement). *Le vrombissement d'une mouche* (**SYN.** bourdonnement).

V.R.P. ou **VRP** [veɛrpe] n.m. (sigle de *voyageur représentant placier*). Intermédiaire du commerce qui prospecte la clientèle et reçoit les commandes ; voyageur de commerce.

vs [vɛrsys] prép. → **versus.**

V.T.C. ou **VTC** [vetese] n.m. (sigle de *vélo tout chemin*). Vélo proche du V.T.T., mais plus léger ; sport pratiqué avec ce vélo.

① **V.T.T.** ou **VTT** [vetete] n.m. (sigle de *vélo tout-terrain*). Vélo à roues épaisses et crantées, sans suspension ni garde-boue, utilisé sur des parcours accidentés ; sport pratiqué avec ce vélo.

② **V.T.T.** ou **VTT** [vetete] n.m. (sigle). Au Québec, véhicule tout-terrain.

① **vu, e** adj. (p. passé de *voir*). ▸ ***Bien, mal vu,*** bien, mal considéré : *Elle est bien vue du chef de service.* *Fam.* ***C'est tout vu,*** c'est réglé, décidé ; il n'y a pas à revenir dessus. ◆ **vu** n. m. ▸ *Sout.* ***Au vu de qqch,*** après examen, constatation de qqch : *Au vu des résultats obtenus, je préfère abandonner.* ***Au vu et au su de qqn,*** sans se cacher de lui ; ouvertement : *Il revendait des marchandises volées au vu et au su de tout le monde.*

② **vu** prép. (du p. passé de *voir*). **1.** Introduit une explication : *Vu les circonstances, il vaut mieux se taire* (= étant donné, en raison de). **2.** Sert à exposer les références d'un jugement : *Vu les articles 222 et 365 du Code pénal.* ◆ **vu que** loc. conj. Introduit une explication : *Je pensais qu'elle ferait attention vu que je l'avais prévenue* (**SYN.** attendu que, étant donné que).

vue n.f. (de *voir*). **1.** Sens, dont l'organe est l'œil, qui permet de percevoir la lumière, les couleurs, la forme des objets : *Il a des troubles de la vue* (**SYN.** vision). *Perdre la vue* (= devenir aveugle). **2.** Action, fait de regarder ; par ext., le regard : *Elle s'évanouit à la vue du sang. Elle détourna la vue de ce spectacle atroce.* **3.** Ce qui se présente au regard du lieu où l'on est : *On a une belle vue de ce balcon* (**SYN.** panorama, point de vue). *Une chambre avec vue sur la mer.* **4.** Image, représentation d'un lieu, d'un édifice, d'un paysage : *Une vue typique d'Athènes.* **5.** *Fig.* Manière de voir, d'interpréter, de concevoir qqch : *Il a une vue pessimiste de la situation* (**SYN.** conception). *Procéder à un échange de vues* (**SYN.** point de vue). ▸ ***À première vue,*** au premier regard, sans examen approfondi. ***De vue,*** seulement pour l'avoir vu : *Connaître qqn de vue. Fam.* ***En mettre plein la vue*** → **3. plein.** ***En vue*** ou ***bien en vue,*** visible, manifeste ; à portée du regard. ***En vue de,*** dans l'intention de : *Il fait des économies en vue d'acheter une voiture.* ***Être en vue,*** avoir une position de premier plan. ***Garde à vue*** → **1. garde.** ***Naviguer, piloter à vue,*** sans l'aide d'instruments, en se guidant uniquement sur ce que l'on peut voir. ***Seconde vue*** ou ***double vue,*** prétendue faculté de voir des choses qui existent ou se passent dans des lieux éloignés ; par ext., grande perspicacité. ***Vue de l'esprit,*** conception théorique qui ne tient pas compte de la réalité, des faits. ◆ **vues** n.f. pl. Projets ; intentions : *Contrecarrer les vues de qqn* (**SYN.** dessein [sout.]). ▸ ***Avoir des vues sur qqn, qqch,*** les convoiter.

vulcanisation n.f. Opération qui consiste à améliorer le caoutchouc en le traitant par le soufre.

vulcaniser v.t. (angl. *to vulcanize,* de *Vulcain,* dieu romain du Feu) [conj. 3]. Soumettre du caoutchouc à la vulcanisation.

vulcanologie n.f. → **volcanologie.**

vulcanologique adj. → **volcanologique.**

vulcanologue n. → **volcanologue.**

vulgaire adj. (lat. *vulgaris,* de *vulgus,* multitude). **1.** Qui est sans aucune élévation ; qui est ordinaire, commun : *Des préoccupations vulgaires* (**SYN.** 1. bas, prosaïque ; **CONTR.** distingué, noble). **2.** Qui est quelconque, moyen : *C'est une rose des plus vulgaires* (**SYN.** 1. banal, 1. courant, ordinaire ; **CONTR.** extraordinaire, original). *Il m'a répondu que je n'étais qu'une vulgaire secrétaire* (**SYN.** quelconque ; **CONTR.** distingué, éminent). **3.** Qui manifeste un manque d'éducation, de délicatesse : *Une femme vulgaire* (**SYN.** grossier, 2. poli ; **CONTR.** impoli). *Des manières vulgaires* (**CONTR.** raffiné). **4.** Se dit d'un mot, d'une expression qui choque par son caractère ordurier ou obscène (**SYN.** trivial). **5.** Qui appartient à la langue courante (par opp. à scientifique) : *« Laurier » est le nom vulgaire de « Laurus nobilis ».* ▸ ***Le latin vulgaire,*** la langue latine parlée dans l'ensemble des pays qui constituaient l'Empire romain et qui a donné naissance aux différentes langues romanes.

vulgairement adv. **1.** Communément : *La sterne se nomme vulgairement « hirondelle de mer »* (**SYN.** couramment, usuellement). **2.** De façon grossière : *Ils parlent vulgairement* (**SYN.** grossièrement, trivialement).

vulgarisateur, trice n. et adj. Personne qui fait de la vulgarisation.

vulgarisation n.f. Action de mettre des connaissances techniques et scientifiques à la portée des non-spécialistes : *Un ouvrage de vulgarisation.*

vulgariser v.t. [conj. 3]. Rendre des notions spécialisées, des connaissances accessibles au grand public : *Vulgariser des théories scientifiques* (**SYN.** diffuser, propager).

vulgarité n.f. Caractère de qqn ou de qqch qui est vulgaire, grossier : *La vulgarité d'une plaisanterie* (**SYN.** grossièreté ; **CONTR.** délicatesse). ◆ **vulgarités** n.f. pl. Paroles grossières : *Débiter des vulgarités* (**SYN.** obscénité, trivialité).

vulgate n.f. (du lat. *vulgatus,* populaire). *Péjor.* Idéologie, courant de pensée vulgarisés, à l'usage du plus grand nombre : *La vulgate mondialiste.*

vulgum pecus [vylgɔmpekys] n.m. inv. (du lat. *vulgus,* foule, multitude, et *pecus,* troupeau). Le commun des mortels ; la masse des gens, présumée ignorante.

vulnérabiliser v.t. [conj. 3]. Rendre qqn plus vulnérable.

vulnérabilité n.f. Caractère vulnérable de qqch ou de qqn : *La vulnérabilité d'une hypothèse scientifique* (**SYN.** fragilité ; **CONTR.** solidité).

vulnérable adj. (du lat. *vulnerare,* blesser). **1.** Susceptible d'être blessé ; qui peut servir de cible : *Une position vulnérable* (**SYN.** précaire ; **CONTR.** invulnérable). **2.** Qui peut donner prise à une attaque : *La vie personnelle du président le rendait vulnérable* (**SYN.** attaquable ; **CONTR.** inattaquable).

vulnéraire adj. et n.m. (lat. *vulnerarius,* de *vulnerare,* blesser). *Vieilli* Se dit d'un médicament propre à guérir une blessure, ou que l'on administre après un traumatisme.

vulvaire adj. Relatif à la vulve.

vulve n.f. (lat. *vulva*). Ensemble des organes génitaux externes, chez la femme et chez les femelles de certains mammifères.

vumètre n.m. (de l'angl. *volume unit,* unité de volume). Appareil de mesure de l'intensité d'un signal électroacoustique, d'un volume sonore.

W w

w [dublǝve] n.m. inv. Vingt-troisième lettre (consonne) de l'alphabet français.

wagnérien, enne [vagnerjɛ̃, ɛn] adj. et n. Relatif au musicien Richard Wagner.

wagon [vagɔ̃] n.m. (mot angl.). Véhicule ferroviaire, destiné au transport des marchandises et des animaux (par opp. à voiture) ; son contenu.

wagon-citerne [vagɔ̃sitɛrn] n.m. (pl. *wagons-citernes*). Wagon destiné au transport des liquides.

wagon-lit ou **wagon-lits** [vagɔ̃li] n.m. (pl. *wagons-lits*). (Employé abusivement). Voiture-lit.

wagonnet [vagɔnɛ] n.m. Petit wagon génér. à benne basculante.

wagon-poste [vagɔ̃pɔst] n.m. (pl. *wagons-poste*). (Employé abusivement). Voiture-poste.

wagon-restaurant [vagɔ̃rɛstɔrɑ̃] n.m. (pl. *wagons-restaurants*). (Employé abusivement). Voiture-restaurant.

wali [wali] n.m. (mot ar.). En Algérie, fonctionnaire placé à la tête d'une wilaya.

Walkman [wokman] n.m. (nom déposé). Baladeur.

walkyrie [valkiri] ou **valkyrie** n.f. (anc. scand. *valkyria*, de *val*, champ de bataille, et *kyria*, celle qui choisit). Divinité scandinave qui accompagnait les guerriers au combat.

wallaby [walabi] n.m. (mot australien) [pl. *wallabys* ou *wallabies*]. Petit marsupial herbivore d'Australie, voisin du kangourou.

wallingant, e [walɛ̃gɑ̃, ɑ̃t] n. et adj. (de *wall*[*on*] et [*flam*]*ingant*). Wallon partisan de l'autonomie de la Wallonie.

wallon, onne [walɔ̃, ɔn] adj. et n. (lat. médiév. *wallo, wallonis*, d'un mot frq. signif. « les Romains »). Relatif à la Wallonie, à ses habitants. ◆ **wallon** n.m. Dialecte de langue d'oïl, parlé surtout en Wallonie (partie sud de la Belgique).

wallonisme [walɔnism] n.m. Mot, expression, tournure propre au dialecte wallon, et qui s'est introduit dans le français parlé en Belgique.

wap [wap] n.m. (acronyme de l'angl. *wireless application protocol*, protocole d'application sans fil). Protocole adapté à la connexion des téléphones mobiles à Internet.

wapiti [wapiti] n.m. (mot anglo-amér., de l'algonquien). Grand cerf d'Amérique du Nord et d'Asie.

wargame [wargɛm] n.m. (mot angl. signif. « jeu de guerre »). Jeu de société qui simule des batailles historiques ou imaginaires.

warrant [warɑ̃] n.m. (mot angl. signif. « garant »). À la Bourse, droit de souscription préférentiel attaché à un titre d'emprunt.

wasp [wasp] n. inv. et adj. inv. (acronyme de l'anglo-amér. *white anglo-saxon protestant*). Aux États-Unis, citoyen de race blanche, d'origine anglo-saxonne et de religion protestante : *Les wasp constituent les couches dirigeantes du pays.*

wassingue [wasɛ̃g] n.f. (mot flamand). Dans le nord et l'est de la France et en Belgique, toile à laver ; serpillière.

water-closet [watɛrklɔzɛt] n.m. (pl. *water-closets*) ou **waters** n.m. pl. (mot angl., de *water*, eau, et *closet*, cabinet). Lieu où l'on peut satisfaire ses besoins naturels ; toilettes, lieux d'aisances (abrév. W.-C.).

watergang [watœrgɑ̃g] n.m. (du néerl. *water*, eau, et *gang*, voie). Dans le nord de la France et en Belgique, fossé ou canal qui borde un chemin ou un polder.

wateringue [watrɛ̃g] n.f. (mot flamand). Ensemble des travaux d'assèchement des terres ; association de propriétaires pour l'exécution de ces travaux.

water-polo [watɛrpɔlo] n.m. (mot angl., de *water*, eau, et *polo*) [pl. *water-polos*]. Jeu de ballon qui se joue dans l'eau entre deux équipes de sept nageurs.

waterproof [watɛrpruf] adj. inv. (mot angl. signif. « à l'épreuve de l'eau »). **1.** Se dit d'un objet garanti étanche : *Des montres waterproof.* **2.** Se dit d'un produit qui résiste à l'eau : *Un lait solaire waterproof.*

waters [watɛr] n.m. pl. → **water-closet.**

waterzooi ou **waterzoï** [watɛrzoj] n.m. (mot flamand signif. « eau qui bout »). Dans la cuisine flamande, plat de poissons et d'anguilles, ou de volaille, cuits dans un court-bouillon lié à l'œuf et à la crème fraîche : *Ils ont commandé des waterzoois à cette table.*

watt [wat] n.m. (de *Watt*, n.pr.). Unité de mesure de puissance de flux énergétique et de flux thermique (abrév. W).

wattmètre [watmɛtr] n.m. Instrument de mesure de la puissance mise en jeu dans un circuit électrique.

wax [waks] n.m. (mot angl. signif. « cire »). En Afrique, tissu de coton imprimé de qualité supérieure.

W.-C. [vese ou dublǝvese] n.m. Water-closet : *Aller aux W.-C.* (**SYN.** toilettes). *Un W.-C. chimique.*

Web ou **web** [wɛb] n.m. (abrév. de l'angl. *world wide* *web,* réseau mondial). Système hypermédia permettant d'accéder aux ressources du réseau Internet (on dit aussi *la Toile* ou *le www*). ▸ ***Page Web*** → **1. page.**

webcam [wɛbkam] n.f. (de *Web* et *cam*[*era*]). Petite caméra numérique destinée à enregistrer et à diffuser, génér. en direct, des images animées sur un site Internet (**SYN.** netcam).

webcaméra [wɛbkamera] n.f. Au Québec, webcam.

weblog [wɛblɔg] n.m. (mot angl. signif. « journal intime sur le Web »). Blog.

webmestre [wɛbmɛstr] n. (anglo-amér. *webmaster*). Administrateur de site sur l'Internet.

webradio n.f. (de *Web* et *1. radio*). Chaîne de radiodiffusion sonore dont les programmes sont diffusés sur Internet.

webtélé n.f. (de *Web* et *télé*). Chaîne de télévision dont les programmes sont diffusés sur Internet.

week-end [wikɛnd] n.m. (mot angl. signif. « fin de semaine ») [pl. *week-ends*]. Congé de fin de semaine, génér. du samedi au lundi matin. ☞ **REM.** Au Québec, on dit *fin de semaine*.

welche ou **welsche** [vɛlʃ] adj. et n. (de l'all. *Welsch,* étranger, latin). (Souvent péjor.). **1.** Étranger, en partic. Français ou Italien, pour les Allemands. **2.** En Suisse, Romand, pour les Suisses alémaniques.

welter [wɛltɛr] n.m. (de l'angl. *welter* [*weight*], [poids] mi-moyen). En boxe, catégorie de poids immédiatement inférieure à celle des poids moyens ; boxeur appartenant à cette catégorie (on dit aussi *un mi-moyen*).

western [wɛstɛrn] n.m. (mot anglo-amér. signif. « de l'Ouest »). Film dont l'action se situe dans l'Ouest américain à l'époque des pionniers.

wharf [warf] n.m. (mot angl. signif. « quai »). Appontement perpendiculaire à la rive permettant aux navires d'accoster des deux côtés.

whig [wig] n.m. (mot angl.). Membre d'un parti apparu en Angleterre vers 1680, qui s'opposait au parti tory et qui prit le nom de parti libéral en 1832. ◆ adj. Relatif à ce parti.

whiskey [wiski] n.m.Whisky irlandais.

whisky [wiski] n.m. (mot angl., de l'irlandais) [pl. *whiskys* ou *whiskies*]. Eau-de-vie de grain que l'on fabrique surtout en Écosse et aux États-Unis.

whist [wist] n.m. (mot angl.). Jeu de cartes, d'origine britannique, dont le bridge est issu.

white-spirit [wajtspirit] n.m. (mot angl. signif. « essence blanche ») [pl. *white-spirits*]. Solvant minéral utilisé comme diluant des peintures.

wienerli [vinɛrli] n.m. (de l'all. *Wien,* Vienne). En Suisse, petite saucisse allongée dite *de Vienne.*

WiFi ou **Wi-Fi** [wifi] n.m. inv. (abrév. de l'angl. *wi*[*reless*] *fi*[*delity*]). Réseau local hertzien sans fil et à haut débit servant à relier des équipements informatiques.

wigwam [wigwam] n.m. (de l'algonquien). Hutte, génér. de forme conique, des Indiens de l'Amérique du Nord.

wilaya ou **willaya** [vilaja] n.f. (d'un mot ar. signif. « commandement »). Division administrative de l'Algérie.

williams [wiljams] n.f. (du nom de celui qui la fit connaître). Poire d'été à chair fine et juteuse.

Wimax ou **Wi-Max** [wimaks] n.m. (acronyme de l'angl. *worldwide interoperability for microwave access,* interopérabilité mondiale d'accès par micro-ondes). En informatique et en télécommunication, norme de diffusion à très haut débit par voie hertzienne.

Winchester [winʃɛstɛr] n.f. (nom déposé, de F. *Winchester,* nom d'un fabricant d'armes américain). Carabine à répétition, employée au XIXe siècle.

witloof [witlɔf] n.f. (mot flamand signif. « feuille blanche »). Chicorée d'une variété qui fournit l'endive.

witz [vits] n.m. (mot all.). En Suisse, plaisanterie ; histoire drôle.

wok [wɔk] n.m. Sorte de poêle profonde, parfois munie de deux anses, très utilisée dans la cuisine asiatique : *Aujourd'hui, on trouve des woks pour tous les modes de cuisson.*

wolfram [wɔlfram] n.m. (mot all.). Minerai de tungstène.

wolof adj. inv. en genre. Relatif aux Wolofs : *La culture wolof.* ◆ n.m. Langue africaine parlée au Sénégal et en Gambie.

world music [wœrldmjuzik] n.f. (mots angl. signif. « musique du monde ») [pl. *world musics*]. Courant musical de la fin des années 1980, issu du jazz, de la musique pop et de musiques non occidentales.

www [dubləvedubləvedubləve] n.m. (sigle de l'angl. *world wide web,* réseau mondial). Web (on dit aussi *la Toile*).

X x Y y Z z

x [iks] n.m. inv. **1.** Vingt-quatrième lettre (consonne) de l'alphabet français. **2.** Sert à désigner une personne ou une chose qu'on ne veut ou ne peut désigner plus clairement : *Madame X. Déposer une plainte contre X. Pour x raisons.* **3.** En mathématiques, symbole désignant l'inconnue d'une fonction ou la première coordonnée (abscisse) d'un point dans un plan. **4.** Chromosome sexuel présent en un exemplaire chez l'homme, et en deux exemplaires chez la femme. **5.** Objet formé de deux parties croisées comme les barres d'un X. ▸ ***Accouchement sous X,*** préservation de l'anonymat d'une femme qui abandonne son enfant à la naissance. ***Film classé X*** ou ***film X,*** film pornographique. ***Rayons X,*** radiations électromagnétiques traversant plus ou moins facilement les corps matériels. ***X,*** chiffre romain valant dix. ***XXL,*** abréviation écrite, de l'anglais « *extra extra large* », utilisée dans la confection et indiquant une très grande taille : *Des doudounes XXL* ; fig., colossal : *Un auteur au talent XXL.* ◆ n.f. *Arg. scol.* École polytechnique. ◆ n. *Arg. scol.* Élève ou ancien élève de l'École polytechnique.

xanthoderme [gzɑ̃tɔdɛrm] adj. et n. (du gr. *xanthos,* jaune). Se dit d'une personne qui a la peau jaune.

xanthome [gzɑ̃tom] n.m. Tumeur bénigne, cutanée ou sous-cutanée, de couleur jaune.

xénogreffe [gzenogrɛf] n.f. Hétérogreffe.

xénon [gzenɔ̃] n.m. (de l'angl., du gr. *xenon,* chose étrange). Gaz inerte existant en quantité infime dans l'air.

xénophile [gzenɔfil] adj. et n. (du gr. *xenos,* étranger, et *philos,* qui aime). Qui manifeste de la sympathie envers les étrangers (par opp. à xénophobe).

xénophilie [gzenɔfili] n.f. Sympathie pour les étrangers ; ouverture d'esprit envers ce qui est étranger (par opp. à xénophobie).

xénophobe [gzenɔfɔb] adj. et n. Qui manifeste de l'hostilité envers les étrangers (par opp. à xénophile).

xénophobie [gzenɔfɔbi] n.f. Hostilité systématique à l'égard des étrangers, de ce qui vient de l'étranger (par opp. à xénophilie).

xérès [kserɛs] ou **jerez** [xerɛs] n.m. Vin blanc sec et alcoolisé produit en Espagne.

xérographie [gzerɔgrafi ou kserɔgrafi] n.f. Procédé de reproduction ou d'impression sans contact, à sec, avec des poudres spéciales.

xérophyte [gzerɔfit ou kserɔfit] n.f. (du gr. *xêros,* sec, et *phuton,* plante). Plante adaptée à se développer et à survivre dans les régions très sèches, les déserts.

xi [ksi] n.m. inv. → **ksi.**

XML [iksɛmɛl] n.m. (sigle de l'angl. *extensible markup language,* langage de balisage extensible). Langage de balisage destiné à faciliter la définition, la validation et le partage de documents sur le Web.

xylographie [gzilɔgrafi ou ksilɔgrafi] n.f. Impression de textes et d'illustrations au moyen de planches de bois gravées.

xylographique [gzilɔgrafik ou ksilɔgrafik] adj. Relatif à la xylographie ; qui est obtenu par la xylographie.

xylophage [gzilɔfaʒ ou ksilɔfaʒ] adj. et n. Se dit d'un insecte qui se nourrit de bois.

xylophone [gzilɔfɔn ou ksilɔfɔn] n.m. Instrument de musique composé de lames de bois sur lesquelles on frappe avec deux baguettes de bois.

① **y** [igrɛk] n.m. inv. **1.** Vingt-cinquième lettre (voyelle ou consonne) de l'alphabet français. **2.** Chromosome sexuel présent chez l'homme en un seul exemplaire par cellule. **3.** En mathématiques, symbole désignant la seconde coordonnée (ordonnée) d'un point dans un plan.

② **y** [i] adv. (lat. *ibi*). Indique le lieu où l'on se trouve, où l'on va : *Nous y sommes déjà ! Vas-y ! J'y suis, j'y reste.* ▸ ***Il y a,*** il est ; il existe : *Il y a des arbres le long de cette route.* (Voir cette expression à son ordre alphabétique.) ◆ pron. pers. Représente un nom de chose ou de personne qui serait précédé de la préposition *à* : *Ce plat est brûlant, n'y touchez pas* (= ne touchez pas à ce plat). *Pense-t-il encore à Marie ? — Non, il n'y pense plus.*

yacht [jɔt] n.m. (mot angl., du néerl. *jacht*). Navire de plaisance, à voiles ou à moteur.

yacht-club [jɔtklœb] n.m. (pl. *yacht-clubs*). Association ayant pour objet la pratique des sports nautiques, et, partic., du yachting.

yachting [jɔtiŋ] n.m. (mot angl., de *yacht*). Pratique de la navigation de plaisance sous toutes ses formes.

yachtman [jɔtman] (pl. *yachtmans* ou *yachtmen*) ou **yachtsman** [jɔtman] (pl. *yachtsmans* ou *yachtsmen*). n.m. Sportif pratiquant le yachting.

yack ou **yak** n.m. (angl. *yak,* du tibétain). Ruminant à long pelage, vivant au Tibet et utilisé comme bête de somme.

yakuza [jakuza] n.m. (mot jap.). Au Japon, membre du milieu, de la mafia.

yang [jɑ̃g] n.m. (mot chin.). Dans la pensée taoïste chinoise, l'un des deux états de la réalité, comme le versant éclairé de la montagne, le soleil, l'activité, la chaleur (par opp. au yin).

Yankee [jɑ̃ki] n. (mot anglo-amér.). (Avec une majuscule). Sobriquet donné aux habitants anglo-saxons des États-Unis. ◆ **yankee** adj. (Souvent péjor.). *Fam.* Relatif aux États-Unis : *Les capitaux yankees.*

yaourt [jaurt] ou **yogourt** [jogurt] n.m. (du turc). Lait caillé préparé à l'aide de ferments lactiques acidifiants ; pot de cette préparation : *Des yaourts nature.*

yaourtière n.f. Appareil servant à la fabrication domestique des yaourts.

yard [jard] n.m. (mot angl.). Unité de mesure de longueur anglo-saxonne, valant 0,914 mètre.

yass ou **jass** [jas] n.m. (mot all.). En Suisse, jeu de cartes par combinaisons et levées, pratiqué par deux à six joueurs, à l'aide d'un jeu de trente-six cartes.

yassa n.m. (d'un mot créole de Casamance signif. « frire »). ▸ ***Poulet yassa,*** poulet mariné, grillé, puis cuit dans une sauce épicée aux citrons et aux oignons, qui est une spécialité du Sénégal.

yatagan [jatagɑ̃] n.m. (d'un mot turc). Sabre à la lame incurvée en deux sens opposés, autrefois en usage chez les Turcs.

yearling [jœrliŋ] n.m. (mot angl. signif. « d'un an »). Poulain de pur-sang âgé de un an.

yen [jɛn] n.m. Unité monétaire principale du Japon.

yeti [jeti] n.m. (mot tibétain). Animal légendaire de l'Himalaya, appelé aussi *abominable homme des neiges.*

yeuse [jøz] n.f. (prov. *euze,* du lat. *ilex*). Chêne vert.

yeux n.m. pl. → **œil.**

yé-yé adj. inv. et n.m. inv. *Fam., vieilli* Se dit d'un style de musique, de chansons, de danse, en vogue parmi les jeunes dans les années 1960 : *Des chanteuses yé-yé.*

yiddish [jidiʃ] n.m. inv. (mot angl., de l'all. *jüdisch,* juif). Langue germanique parlée par les Juifs ashkénazes (**SYN.** judéo-allemand). ◆ adj. inv. Relatif au yiddish.

yin [jin] n.m. (mot chin.). Dans la pensée taoïste chinoise, l'un des deux états de la réalité, comme l'obscurité, la terre, la passivité (par opp. à yang).

ylang-ylang [ilɑ̃ilɑ̃] n.m. → **ilang-ilang.**

yod [jɔd] n.m. (mot hébr.). En phonétique, semi-consonne [j] (par ex. dans *maillot* [majo], *soleil* [sɔlɛj]).

yodler [jɔdle] v.i. → **iouler.**

yoga n.m. (mot sanskrit signif. « jonction »). Discipline originaire de l'Inde, qui vise à obtenir une maîtrise parfaite du corps et de l'esprit.

yogi [jɔgi] n.m. Personne qui pratique le yoga.

yogourt [jogurt] n.m. → **yaourt.**

yole [jɔl] n.f. (néerl. *jol*). Embarcation légère, étroite et allongée, propulsée à l'aviron.

Yom Kippour [jɔmkipur] ou **Kippour** n.m. inv. (mot hébr. signif. « jour de l'expiation »). Fête juive de pénitence, dite aussi *Grand Pardon.*

yorkshire-terrier [jɔrkʃœrtɛrje] ou **yorkshire** n.m. (de *Yorkshire,* n.pr.) [pl. *yorkshire-terriers, yorkshires*]. Petit chien de compagnie, d'origine anglaise.

youpi [jupi] interj. Sert à marquer la joie, l'enthousiasme : *Youpi, je vais avoir un cadeau !* (**SYN.** hourra).

yourte ou **iourte** [jurt] n.f. (russe *jorta*). Tente en feutre des nomades de l'Asie centrale.

① **youyou** [juju] n.m. (du chin.). Petite embarcation courte et large, manœuvrée à la voile ou à l'aviron.

② **youyou** [juju] n.m. (onomat.). Cri poussé par les femmes arabes à l'occasion de certaines cérémonies.

Yo-Yo [jojo] n.m. inv. (nom déposé). Jouet consistant en deux disques accolés que l'on fait monter et descendre le long d'un fil.

yo-yo [jojo] n.m. inv. (de *Yo-Yo*). *Fam.* Phénomène de hausses et de baisses successives, notamm. dans le domaine économique : *Les yo-yo boursiers.*

ypérite [iperit] n.f. (de *Yper,* nom flamand de *Ypres,* ville de Belgique où ce gaz fut employé pour la première fois en 1917). Gaz de combat (aussi appelé *gaz moutarde*).

ysopet [izɔpɛ] n.m. → **isopet.**

yuan [jɥan] n.m. Unité monétaire principale de la Chine.

yucca [juka] n.m. (mot d'une langue d'Haïti signif. « manioc »). Plante ornementale arborescente ressemblant à l'aloès.

yue [jue] n.m. Autre nom du cantonais (dialecte chinois).

yuppie [jupi] n. (de l'angl. *young,* jeune, *urban,* de la ville, *professional,* professionnel). Dans les pays anglo-saxons, jeune cadre dynamique et ambitieux.

z [zɛd] n.m. inv. Vingt-sixième lettre (consonne) de l'alphabet français. ▸ ***Film de série Z,*** film commercial très médiocre.

Z.A.C. ou **ZAC** [zak] n.f. (sigle). ▸ ***Zone d'aménagement concerté*** → **zone.**

zain [zɛ̃] adj. m. (it. *zaino,* de l'ar.). Se dit d'un cheval dont la robe ne présente aucun poil blanc.

zakouski n.m. pl. (pl. du russe *zakouska*). Dans la cuisine russe, plat composé de petits mets variés, chauds ou froids, servis en assortiment avant le repas.

zanzibar ou **zanzi** n.m. (de *Zanzibar,* île de l'océan Indien). Jeu de hasard qui se joue avec trois dés.

zapateado [sapateado] n.m. (mot esp., de *zapato,* soulier). En danse flamenca, martèlement rythmé du pied sur le sol.

zapper v.i. [conj. 3]. **1.** Pratiquer le zapping : *Il zappe pendant les publicités.* **2.** *Fig.* Passer d'une chose à l'autre : *Des enfants qui zappent d'un jeu à l'autre* (**SYN.** papillonner). ◆ v.t. Éviter qqch ; s'en dispenser : *Elle a zappé les deux dernières réunions.*

zappette ou **zapette** n.f. *Fam.* Télécommande d'un téléviseur.

zappeur, euse n. et adj. Personne qui zappe.

zapping [zapiŋ] n.m. (mot angl., de *to zap,* zapper). Pratique du téléspectateur qui change fréquemment de chaîne à l'aide de son boîtier de télécommande.

zarabe n. À la Réunion, Indien musulman.

zazou n. et adj. (onomat.). *Fam., anc.* Jeune qui, en France, au sortir de la Seconde Guerre mondiale, se distinguait par son amour du jazz et sa tenue excentrique. ☞ **REM.** Au féminin, on rencontre parfois *zazoue*.

zèbre n.m. (port. *zebra*). **1.** Mammifère ongulé d'Afrique, voisin du cheval, à pelage blanchâtre rayé de noir ou de brun. **2.** *Fam.* Individu bizarre : *Quel drôle de zèbre !*

zébrer v.t. [conj. 18]. Marquer de raies, de stries : *Les éclairs zèbrent le ciel.*

zébrure n.f. **1.** (Surtout au pl.). Rayure du pelage d'un animal : *Les zébrures d'un chat.* **2.** Raie, marque d'aspect comparable : *Les coups de fouet laissaient des zébrures sur la peau des prisonniers* (**SYN.** sillon, strie, traînée).

zébu n.m. Mammifère ruminant domestique, dit *bœuf à bosse*, d'Asie et de Madagascar, caractérisé par une bosse graisseuse sur le garrot.

zec [zɛk] n.f. (acronyme de *zone d'exploitation contrôlée*). Au Québec, territoire de chasse et de pêche établi par l'État et destiné au contrôle des ressources de la faune.

zée [ze] n.m. (lat. *zaeus*). Autre nom du *saint-pierre*.

zélateur, trice n. *Litt.* Adepte qui montre un zèle ardent et parfois intempestif : *Les zélateurs de la transgenèse, du porte-parole de l'antimondialisation* (**SYN.** panégyriste, thuriféraire [litt.] ; **CONTR.** détracteur).

zèle n.m. (du gr. *zêlos*, ardeur). Ardeur, dévouement au service d'une personne ou d'une idée : *Il faut tempérer le zèle des nouveaux venus* (**SYN.** application, empressement ; **CONTR.** laisser-aller, négligence, tiédeur). ▸ *Fam.* ***Faire du zèle,*** montrer un empressement excessif.

zélé, e adj. et n. Plein de zèle : *Une employée zélée* (**SYN.** dévouée ; **CONTR.** négligent). *Un zélé défenseur de la justice* (**SYN.** infatigable ; **CONTR.** 1. tiède).

zélote n.m. *Péjor.* Personne animée d'un zèle fanatique : *Les journaux ont désigné ce terroriste comme un zélote.*

zen [zɛn] n.m. (mot jap., du chin. *chan*, d'un mot sanskrit signif. « méditation »). Importante école bouddhiste du Japon, où la méditation a la place principale. ◆ adj. inv. **1.** Relatif au zen : *Les moines zen.* **2.** *Fam.* Calme ; serein : *Ne paniquez pas, restez zen !* (**SYN.** décontracté, détendu ; **CONTR.** affolé).

zénith [zenit] n.m. (de l'ar. *samt*, chemin). **1.** Point de la sphère céleste situé à la verticale au-dessus d'un observateur (par opp. à nadir) : *Le soleil est au zénith.* **2.** *Fig.* Degré le plus élevé de l'évolution d'une personne : *La ministre est à son zénith* (**SYN.** apogée, summum).

zénithal, e, aux [zenital, o] adj. Relatif au zénith.

Z.E.P. ou **ZEP** [zɛp] n.f. (acronyme). ▸ ***Zone d'éducation prioritaire*** → **zone.**

zéphyr n.m. (lat. *zephyrus*, du gr. *zephuros*). **1.** *Litt.* Vent doux et agréable (**SYN.** brise). **2.** Tissu de coton léger et souple, fin et serré.

zéphyrien, enne adj. *Litt.* Doux et léger comme un zéphyr.

zeppelin [zɛplɛ̃] n.m. (du nom de l'inventeur). Ballon dirigeable rigide, fabriqué par les Allemands de 1900 à 1930.

zéro n.m. (it. *zero*, contraction de *zefiro*, d'un mot ar. signif. « vide »). **1.** Signe numérique représentant une valeur nulle ; le chiffre, noté 0, qui représente ce nombre : *Un nombre à plusieurs zéros.* **2.** Valeur, quantité, grandeur numérique nulle : *Dix plus zéro égale dix. Son capital est réduit à zéro* (**SYN.** néant, 1. rien). **3.** *Fam.* Personne dont les capacités sont nulles : *Ces élèves sont des zéros en anglais* (**SYN.** nullité). **4.** Point de départ de l'échelle de graduation d'un instrument de mesure : *La température est tombée à zéro* (= 0 °C). ▸ ***Avoir le moral à zéro,*** aller très mal ; être déprimé. ***Numéro zéro,*** exemplaire d'un journal précédant le lancement du premier numéro (= pilote). ***Partir de zéro,*** commencer en partant de rien avec ses seules capacités. ***Réduire à zéro,*** anéantir : *Mes espoirs ont été réduits à zéro.* ***Repartir de zéro,*** recommencer après un échec complet ; reprendre à la base l'examen de qqch. ***Reprendre à zéro,*** recommencer au début. *Fam.* ***Zéro !,*** indique un rejet total : *Faire ses courses le samedi après-midi ? Zéro pour moi !* ◆ adj. num. **1.** Aucun : *Zéro faute. Inflation zéro.* **2.** Nul en valeur : *Il est zéro heure* (= minuit).

zeste n.m. (onomat.). **1.** Écorce extérieure des agrumes : *Un zeste d'orange, de citron.* **2.** Très petite quantité d'une chose abstraite : *Un zeste de provocation* (**SYN.** pointe, soupçon).

zester v.t. [conj. 3]. Prélever le zeste de : *Zester un citron.*

zêta ou **dzêta** [dzɛta] n.m. inv. Sixième lettre de l'alphabet grec (Z, ζ), correspondant au son [dz].

zeugme ou **zeugma** n.m. (du gr. *zeûgma*, lien). Figure de style consistant à rattacher à un même élément deux énoncés qui ne sont pas sur le même plan syntaxique ou sémantique : *La construction « vêtu de probité candide et de lin blanc »* [Hugo] *est un zeugme.*

zézaiement [zezɛmɑ̃] n.m. Défaut de prononciation de qqn qui zézaie ; zozotement.

zézayer [zezɛje] v.i. (onomat.) [conj. 11]. Prononcer [z] au lieu de [ʒ] et prononcer [s] au lieu de [ʃ] : *Une personne qui zézaie dit « pyzama », « frazile » et « soix », pour « pyjama », « fragile » et « choix »* (**SYN.** zozoter).

Z.I. ou **ZI** [zɛdi] n.f. (sigle). ▸ ***Zone industrielle*** → **zone.**

zibeline n.f. (it. *zibellino*, d'orig. slave). **1.** Mammifère proche de la martre à fourrure soyeuse très recherchée. **2.** Fourrure brun foncé de cet animal : *Un manteau de zibeline.*

zidovudine n.f. A.Z.T.

zieuter ou **zyeuter** v.t. (de *yeux*, avec préfixation du [z] de liaison) [conj. 3]. *Fam.* Regarder, en partic. avec attention, insistance : *Ils passent leur temps à zieuter leurs voisins* (**SYN.** observer).

zig [zig] ou **zigue** n.m. *Fam.* Type ; individu : *C'est un bon zig !* (= un brave homme).

ziggourat [zigurat] n.f. (mot d'Assyrie). Édifice religieux de Mésopotamie, en forme de tour pyramidale : *Une haute ziggourat.*

zigoto n.m. *Fam.* Homme bizarre : *C'est un drôle de zigoto* (**SYN.** individu, personnage). ▸ *Fam.* ***Faire le zigoto,*** faire l'intéressant.

zigouiller v.t. (mot du Poitou) [conj. 3]. *Fam.* Égorger ; tuer ; assassiner.

zigue n.m. → **zig.**

zigzag [zigzag] n.m. (onomat.). Ligne brisée : *Une route qui fait des zigzags* (**SYN.** lacet, sinuosité). *Marcher en zigzag* (par opp. à en ligne droite).

zigzagant, e adj. Qui fait des zigzags ; qui marche en zigzag : *Une démarche zigzagante.*

zigzaguer [zigzage] v.i. [conj. 3]. **1.** Avancer en faisant des zigzags : *Une voiture zigzaguait sur l'autoroute.* **2.** Former des zigzags : *Le sentier zigzague entre les arbres* (**SYN.** serpenter).

zinc [zɛ̃g] n.m. (all. *Zink*). **1.** Métal d'un blanc bleuâtre, peu altérable, susceptible d'un beau poli. **2.** *Fam.* Comptoir d'un bar, d'un café. **3.** *Arg., vieilli* Avion.

zingage ou **zincage** [zɛ̃gaʒ] n.m. Action de zinguer.

zinguer v.t. [conj. 3]. Recouvrir de zinc : *Zinguer un toit.*

zingueur n.m. Ouvrier qui pose des revêtements de zinc.

zinnia n.m. (de *Zinn,* nom d'un botaniste allemand). Plante originaire du Mexique, cultivée pour ses fleurs ornementales.

① **zinzin** n.m. (onomat.). *Fam.* **1.** Appareil, engin bruyant. **2.** Objet, chose quelconque ; bidule, truc, machin. ◆ adj. *Fam.* Bizarre ; un peu fou ; dérangé : *Elles sont complètement zinzins.*

② **zinzin** n.m. (abrév.). *Fam.* Investisseur institutionnel : *Les zinzins ont un rôle particulièrement important sur les cours de la Bourse.*

zinzolin, e adj. (it. *giuggiolino,* d'un mot ar. signif. « sésame »). *Litt.* D'une couleur violacée tirant sur le rougeâtre : *Des étoffes zinzolines.*

Zip n.m. (nom déposé). Fermeture à glissière.

zipper v.t. [conj. 3]. Garnir un sac, un vêtement, une trousse d'un Zip : *Une veste zippée.*

zirable adj. En Acadie, qui lève le cœur ; dégoûtant.

zircon [zirkɔ̃] n.m. (altér. de l'esp. *girgonça,* jacinthe). Gemme naturelle transparente, incolore ou de toutes les couleurs.

zirconium [zirkɔnjɔm] n.m. Métal blanc-gris qui se rapproche du titane.

zire n.f. ▸ ***Faire zire,*** en Acadie, causer de la répugnance ; dégoûter.

zizanie n.f. (lat. *zizania,* ivraie, du gr. *zizanion,* mauvaise herbe). Mésentente, discorde : *Semer la zizanie dans une famille* (**SYN.** brouille, désunion ; **CONTR.** entente).

zizi n.m. (onomat.). Dans le langage enfantin, sexe, en particulier celui des garçons.

Zodiac n.m. (nom déposé). Canot en caoutchouc, pouvant être équipé d'un moteur hors-bord.

zodiacal, e, aux adj. Relatif au zodiaque : *Les signes zodiacaux.*

zodiaque n.m. (lat. *zodiacus,* du gr. *zôdiakos,* de *zôon,* tout être vivant). Zone de la sphère céleste dans laquelle on voit se déplacer le Soleil, la Lune et les planètes principales du système solaire : *Les signes du zodiaque sont le Bélier, le Taureau, les Gémeaux, le Cancer, le Lion, la Vierge, la Balance, le Scorpion, le Sagittaire, le Capricorne, le Verseau et les Poissons.*

zombie ou **zombi** n.m. (créole *zonbi*). **1.** Dans le vaudou, mort sorti du tombeau et qu'un sorcier met à son service. **2.** *Fam.* Personne qui a un air absent, qui est dépourvue de volonté.

zona n.m. (mot lat. signif. « ceinture »). Maladie infectieuse due à un virus du groupe des herpès, caractérisée par une éruption de vésicules et accompagnée de brûlures.

zonage n.m. Répartition en zones selon certains critères : *Le zonage résidentiel, industriel. Le zonage du monde pour les ventes de DVD.*

zonal, e, aux adj. Se dit du climat et des caractéristiques climatiques d'une zone du globe.

zonalité n.f. Disposition des grandes zones climatiques du monde.

zonard, e n. et adj. (de *zone*). *Fam.* Jeune qui ne s'intègre pas à la société et vit plus ou moins en marge ; marginal.

zone n.f. (lat. *zona,* ceinture, du gr. *zônê*). **1.** Étendue de terrain, espace d'une région, d'une ville, d'un pays définis par certaines caractéristiques : *Une zone désertique. Une zone résidentielle, commerciale. Cette zone du jardin est très ensoleillée. Ne pas pénétrer, zone interdite.* **2.** (Précédé de l'art. déf.). Espace, à la limite d'une ville, caractérisé par la misère de son habitat. **3.** Ce qui relève de l'activité, de l'influence de qqn, d'un groupe : *Elle a restreint ses recherches à la zone purement médicale de cette découverte* (**SYN.** domaine). *La zone d'influence d'un politicien* (**SYN.** sphère). **4.** En géographie, espace délimité approximativement par des parallèles et auquel correspond un grand type de climat : *Les zones tropicales, tempérées, polaires.* ▸ ***Zone à urbaniser par priorité*** ou ***Z.U.P.,*** zone conçue pour être urbanisée tout en prévenant la spéculation par l'usage du droit de préemption. ***Zone d'aménagement concerté*** ou ***Z.A.C.,*** zone d'une agglomération qui, après aménagement et équipement, est cédée à des utilisateurs privés ou publics. ***Zone d'éducation prioritaire*** ou ***Z.E.P.,*** aire géographique circonscrite, où l'action éducative est renforcée pour lutter contre l'échec scolaire. ***Zone euro,*** ensemble des seize pays de l'Union européenne ayant adopté l'euro comme monnaie unique. ***Zone franc,*** ensemble de pays africains liés à la France par une coopération monétaire institutionnalisée. ***Zone industrielle*** ou ***Z.I.,*** zone située à la périphérie d'une agglomération et équipée en vue d'accueillir de nombreux établissements industriels.

zoné, e adj. *Didact.* Qui présente des bandes concentriques : *Un coquillage zoné. Une roche zonée.*

① **zoner** v.t. [conj. 3]. Effectuer le zonage de ; déterminer des zones dans : *Zoner la mémoire d'un ordinateur.*

② **zoner** v.i. [conj. 3]. *Fam.* Mener une existence marginale.

zoning [zoniŋ] n.m. En Belgique, zone industrielle.

zoo [zoo ou zo] n.m. (abrév.). Jardin zoologique.

zoologie [zɔɔlɔʒi] n.f. Branche des sciences naturelles qui étudie les animaux.

zoologique [zɔɔlɔʒik] adj. Relatif à la zoologie, aux animaux : *Classification zoologique.* ▸ ***Jardin*** ou ***parc zoologique,*** lieu public où sont présentés aux visiteurs des animaux en captivité ou en semi-liberté (abrév. zoo).

zoologiste [zɔɔlɔʒist] ou **zoologue** [zɔɔlɔg] n. Spécialiste de zoologie.

zoom [zum] n.m. (mot angl., de *to zoom,* se déplacer en bourdonnant). **1.** Objectif photographique à distance focale variable. **2.** Au cinéma, effet obtenu avec cet objectif pendant la prise de vues : *Faire un zoom sur le personnage principal.*

zoomer [zume] v.i. [conj. 3]. Filmer en utilisant un zoom. ◆ v.t. ind. **[sur].** Faire un gros plan sur : *Zoomer sur le visage d'un acteur.*

zoomorphe [zɔɔmɔrf] ou **zoomorphique** [zɔɔmɔrfik] adj. Qui représente un animal : *Des masques zoomorphes.*

zoomorphisme [zɔɔmɔrfism] n.m. Dans le domaine artistique, fait de donner une forme, une apparence animale : *Le zoomorphisme dans la sculpture médiévale.*

zoonose [zɔɔnoz] n.f. Maladie infectieuse atteignant les animaux, et qui peut être transmise à l'homme, comme la peste, la rage.

zoophage [zɔɔfaʒ] adj. et n.m. Se dit d'un animal (insecte, en partic.) qui se nourrit d'autres animaux, vivants ou morts.

zoophile [zɔɔfil] adj. Relatif à la zoophilie. ◆ adj. et n. Qui est atteint de zoophilie.

zoophilie [zɔɔfili] n.f. Déviation sexuelle dans laquelle les animaux sont l'objet du désir.

zoophobie [zɔɔfɔbi] n.f. Crainte pathologique éprouvée par certaines personnes devant des animaux inoffensifs.

zoopsie [zɔɔpsi] n.f. Hallucination visuelle dans laquelle le sujet voit des animaux, en partic. dans le delirium tremens.

zootechnicien, enne [zɔɔtɛknisjɛ̃, ɛn] n. Spécialiste de zootechnie.

zootechnie [zɔɔtɛkni] n.f. Science qui étudie les conditions et les méthodes d'élevage et de reproduction des animaux domestiques.

zootechnique [zɔɔtɛknik] adj. Relatif à la zootechnie : *Des recherches zootechniques.*

zoothèque [zɔɔtɛk] n.f. Collection d'animaux naturalisés ou de squelettes destinés à être présentés au public ou conservés pour les recherches en zoologie.

zoreille n. *Fam.* Aux Antilles, en Nouvelle-Calédonie et à la Réunion, habitant ou résident blanc arrivé de France métropolitaine.

zostérien, enne adj. (du lat. *zoster,* zona). Relatif au zona.

zou interj. (onomat.). Accompagne un geste brusque, vif, invitant à sortir : *Allez ! zou ! dehors !*

zouave n.m. (de *Zwava,* nom d'une tribu berbère). Soldat d'un corps d'infanterie français créé en Algérie en 1830 et dissous en 1962. ▸ *Fam.* ***Faire le zouave,*** faire le clown, le pitre.

zouk n.m. (mot antillais). Danse d'origine antillaise née au début des années 1980, très rythmée et exécutée en couple.

zozo n.m. (altér. enfantine d'*oiseau*). *Fam.* Garçon niais et gauche.

zozotement n.m. *Fam.* Zézaiement.

zozoter v.i. (onomat.) [conj. 3]. *Fam.* Zézayer.

Z.U.P. ou **ZUP** [zyp] n.f. (acronyme). ▸ ***Zone à urbaniser par priorité*** → **zone.**

zut [zyt] interj. (onomat.). *Fam.* Exprime le dépit, le mépris, le refus : *Zut ! je me suis trompé.*

zwanze [swɑ̃z] n.f. ou n.m. (mot de Bruxelles). En Belgique, plaisanterie.

zwanzer [swɑ̃ze] v.i. [conj. 3]. En Belgique, plaisanter.

zwanzeur [swɑ̃zœr] n.m. En Belgique, plaisantin.

zwieback [tsvibak] n.m. (mot all. signif. « deux fois cuit »). En Suisse, biscotte.

zydeco [zideko] n.m. ou n.f. (altér. du fr. *les haricots*). En Louisiane, musique populaire, apparue dans les années 1940, combinant blues, jazz et musique cajun.

zyeuter v.t. → **zieuter.**

zygomatique adj. (du gr. *zugôma,* jonction, de *zugoûn,* joindre). En anatomie, relatif à la pommette. ▸ ***Muscle zygomatique,*** chacun des trois muscles de la pommette qui entrent en jeu lors du sourire (on dit aussi *un zygomatique*).

zygote n.m. (du gr. *zugôtos,* joint, attelé, de *zugoûn,* joindre). En biologie, œuf fécondé non encore divisé, chez l'homme et les animaux.

zyklon [ziklɔ̃] n.m. Acide employé dans les chambres à gaz par les nazis.

zythum [zitɔm] ou **zython** n.m. (mot lat., du gr. *zuthos,* bière). Bière fabriquée dans l'Égypte pharaonique avec de l'orge fermentée.

ORTHOGRAPHE

GRAMMAIRE

CONJUGAISON

Sommaire ORTHOGRAPHE

CONJUGAISON

La **ponctuation**

1 Règles générales

- La ponctuation contribue à assurer la liaison et les rapports entre les mots et les idées.
- Les points d'interrogation et d'exclamation traduisent l'intonation du discours.
- La virgule, le point-virgule, le deux-points et le point marquent des pauses de plus en plus importantes.
- Les points de suspension indiquent que la pensée n'est pas complète. D'autres signes de ponctuation (guillemets, parenthèses, crochets, tirets) servent à marquer un changement de niveau dans le discours : passage du récit au dialogue, commentaire de l'auteur, etc.

2 Les principaux signes de ponctuation

- La **virgule [,]** sert à distinguer des mots, des groupes de mots ou des propositions qu'il est utile de séparer ou d'isoler.

– Les virgules séparent des éléments semblables (mots ou propositions) :

Pierre, Marie, Adrien et Fanny sont déjà là.

Le soleil va se lever, les randonneurs sont prêts à partir.

– On place entre deux virgules les propositions incises :

L'homme, dit-on, est raisonnable.

– La virgule peut aussi lever certaines ambiguïtés :

Il jeta les pommes, qui étaient pourries signifie que toutes les pommes étaient pourries.

– Sans la virgule, le sens de la phrase est différent (parmi les pommes, il jeta seulement celles qui étaient pourries).

– Il peut y avoir une virgule devant *et, ou, mais* :

Nous sommes en été, et il a neigé en montagne.

La trisomie 21, ou mongolisme, est une aberration chromosomique.

Non seulement le fruit, mais l'arbre étaient pourris.

– La virgule peut remplacer un ou plusieurs mots sous-entendus :

Vous avez tout ; moi, rien (moi je n'ai rien).

> **REMARQUE** Dans la langue parlée, la virgule correspond à une pause de courte durée.

- Le **point-virgule [;]** sépare deux membres de phrase indépendants l'un de l'autre, mais entre lesquels il existe une liaison logique et nécessaire :

Nous avons pris le train de dix heures ; celui de midi arrivait trop tard.

– On l'emploie aussi dans les énumérations :

Nous étudierons l'économie des pays suivants :
a) le Mexique ;
b) le Venezuela ;
c) la Colombie.

- Le **deux-points [:]** marque une pause assez faible et sert à introduire une explication, une énumération, une citation, une conséquence. Dans le style direct, il est suivi de guillemets, et le premier mot prend une majuscule :

La principale difficulté est celle-ci : je ne comprends pas l'allemand.

Vous devez fournir les pièces suivantes : une pièce d'identité, une quittance de loyer, un timbre fiscal.

La voilà qui arrive : cachons-nous !

Il dit : « C'est moi. »

- Le **point [.]** sert à marquer la fin d'une phrase, et la phrase qui suit commence par une majuscule.

La pluie commença à tomber. Il ouvrit son parapluie.

REMARQUE Dans la langue parlée, le point correspond à une pause assez longue.

◗ Le **point d'interrogation [?]** se place à la fin de toute phrase d'interrogation directe :

Où allez-vous **?** *Que lui as-tu dit* **?** *Est-ce que tu as mal* **?** *Sera-t-il présent* **?** *voilà la question.*

– Lorsque la phrase n'est pas achevée, le mot qui suit le point d'interrogation prend une minuscule :

Que dois-je faire **?** *dois-je le revoir* **?** *je ne peux prendre de décision.*

◗ Le **point d'exclamation [!]** se met après une phrase exclamative ou une interjection :

Hélas **!** *il est parti à l'étranger. Oh* **!** *le beau gâteau ! Ô mer, ô rivages !.*

– Il sert à marquer l'ordre (*Ouvre la fenêtre* **!**), une injonction (*Allons, un peu de courage* **!**), ou l'expression d'un sentiment, d'une émotion (*Quelle joie de vous revoir* **!**).

– Il est suivi d'une majuscule ou d'une minuscule selon que l'on considère que la phrase est achevée ou non :

Que la campagne est belle **!** *Voyez ces couleurs* **!**

Quelle histoire **!** *murmura-t-il.*

– Quand l'interjection est répétée, le point d'exclamation se place seulement après le dernier mot, et on met une virgule entre chaque occurrence : *Eh, eh* **!** *je vous y prends !*

– Il n'y a pas de point d'exclamation immédiatement après ***ô***.

◗ Les **points de suspension [...]** indiquent qu'une phrase est inachevée :

Elle a acheté des couverts, des assiettes, des serviettes...

– Lorsqu'un énoncé est amputé d'une partie de son contenu, on l'indique par des points de suspension, souvent entre crochets :

Il lui dit quelques mots [...] et disparut.

– Ils remplacent la fin d'un mot dont on ne donne que l'initiale par discrétion, bienséance ou réticence :

On a arrêté un certain T...

Il laissa échapper un m... retentissant.

REMARQUE Il n'y a jamais de points de suspension après *etc.*

3 Autres signes

◗ Les **guillemets [« »]** sont utilisés pour isoler un mot ou un groupe de mots à l'intérieur d'un énoncé.

– Ils servent à introduire dans le texte une citation, un discours direct ou une suite de mots sur laquelle on veut attirer l'attention :

« *Êtes-vous libre ce soir ?* **»**

Il m'a dit : **«** *Je ne t'oublierai jamais.* **»**

Elle assure qu'elle **«** *fut fidèle à sa promesse* **»**.

Ils évoquèrent le passage de la **«** *réclame* **»** *à la* **«** *publicité* **»**.

REMARQUE Les guillemets [“ ”], dits « guillemets anglais », sont utilisés pour enfermer une citation dans une phrase qui comporte déjà des guillemets :

« *Chante-nous “les Feuilles mortes”.* »

◗ Les **parenthèses [( )]** servent à encadrer une référence, une explication ou un commentaire que l'on ne veut pas fondre dans le texte. Il n'y a jamais de signe de ponctuation avant la parenthèse ouvrante ; celui-ci se place, si nécessaire, après la parenthèse fermante :

Mes amis, dit-il (haussant le ton), j'ai une grande nouvelle à vous annoncer.

Il l'embrassa et elle lui pardonna (comme d'habitude) son insouciance.

◗ Le **tiret [—]** se place au commencement d'un alinéa dans une énumération. Dans ce cas, chacun des alinéas intermédiaires se terminent par un point-virgule et le dernier par un point :

L'étude portera sur trois continents :
— l'Asie ;
— l'Europe ;
— l'Afrique.

– Dans les dialogues, il sert à indiquer un changement d'interlocuteur :

« N'avez-vous pas entendu marcher dans la cour ?
— Non, je n'ai rien entendu. »

– Deux tirets peuvent aussi jouer le rôle de parenthèses :

Il n'a rien entendu — il faut dire qu'il avait pris des somnifères — et on l'a laissé dormir.

REMARQUE Ne pas confondre avec le trait d'union ou le tiret de division (-), d'une longueur moindre, qui ne sont pas des signes de ponctuation mais des signes graphiques.

La **coupure** des mots en fin de ligne

4 Règles générales

▸ Lorsque la place manque à la fin d'une ligne pour écrire un mot en entier, on le coupe par un tiret de division et on reporte au début de la ligne suivante la partie du mot qui suit ce signe : *for-[midable* ou *formi-[dable*[1]. Quand on saisit un texte, ces coupures sont évitées en jouant sur l'espacement entre les mots. Toutefois, dans le cas de mots très longs, de textes en colonnes (journaux, dictionnaires, par exemple), des coupures s'avèrent nécessaires.

▸ On garde un minimum de deux lettres en fin de ligne et de trois lettres en début de ligne :

abri-[cot et non *a-/bricot*
sur-[prise et non *surpri-/se*

Un mot de moins de cinq lettres ne peut donc pas être coupé.

▸ La division d'un mot peut être étymologique ou syllabique. Dans la mesure du possible, on privilégie la première :

inter-[national et non *interna-/tional*
porte-[feuille et non *por-/tefeuille*

▸ Les mots composés se coupent toujours après le trait d'union :

arrière-[saison et non *arrière-sai-/son*

▸ Dans tous les autres cas, la division se fait entre deux syllabes, jamais entre deux voyelles :

– *cava-[lière* et non *cavali-/ère*

▸ Si le mot comporte deux consonnes qui se suivent, elle se fait entre ces deux consonnes :

quar-[tier
meil-[leur

REMARQUE Une exception à la règle : on ne sépare pas une consonne autre que *r* et *l* du *r* et du *l* qui suit :
ca-[price et non *cap-/rice ; règle-[ment* et non *règ-/lement.*

5 Coupures et séparations interdites

On ne sépare pas et on ne coupe pas :

▸ les titres de civilité, quand ils sont abrégés, du nom qui les suit :

M./et Mme/Leroy
Dr/Tessier

1. [= *coupure autorisée ;* /= coupure interdite

◗ les adjectifs numéraux exprimés en chiffres et le nom qui les suit ou les précède :
le XVe/siècle *15/mètres* *20/%*
le 12/novembre *Louis/XIV* *14/h/30*

◗ les sigles :
SN-/CF

◗ les noms propres, les initiales d'un prénom et le nom qui les suit :
Jau-/rès
de/Gaulle
J.-S./Bach

◗ les sons *ch*, *ph*, *th*, *gn* :
élé-[phant et non *élép-/hant*
éloi-[gner et non *éloig-/ner*

◗ avant ou après un *x* ou un *y* précédé et suivi d'une voyelle :
to-/x-/ine, tu-/y-/au

REMARQUES

1. Si *x* et *y* sont suivis d'une consonne, la coupure est permise :
pay-[san, ox-[hydrique.

2. On ne laisse jamais une apostrophe en fin de ligne, ni un *t* dit « euphonique » :
pres-[qu'île et non *presqu'-/île*
souhaite-[t-il et non *souhaite-t-/il*

Le **trait d'union**

6 Le trait d'union lexical

Le trait d'union sert à marquer un lien entre deux mots, soit pour former un mot nouveau, soit pour indiquer un rapport syntaxique.

Bien que son emploi dans les composés ne soit pas très cohérent (on écrit *coffre-fort* mais *château fort, bec-de-lièvre* mais *chemin de fer*), on peut dégager quelques grands principes.

◗ On met un trait d'union quand la suite de mots change de nature grammaticale. C'est notamment le cas pour les composés formés d'un verbe et d'un nom, et ceux formés d'une préposition ou d'un adverbe et d'un nom :
un sèche-cheveux
des après-skis
une arrière-pensée

◗ On met un trait d'union dans les composés empruntés et dans les calques de locutions étrangères :
le basket-ball
un week-end
un osso-buco
un fac-similé
le libre-échange
nord-américain

7 Les noms propres composés

◗ On écrit avec un trait d'union les noms composés de monuments, d'établissements publics, de villes, de départements, de régions administratives, et les prénoms doubles :
la basilique Notre-Dame-de-Lourdes
le lycée Louis-le-Grand
Aix-en-Provence
Domrémy-la-Pucelle
le Val-de-Marne
le Languedoc-Roussillon
Jean-Jacques Rousseau

◗ Les noms des rues sont écrits avec un trait d'union :
avenue du Maréchal-Foch
place Henri-Martin

◗ On ne met pas de trait d'union après :

– une apostrophe
rue Jeanne-d'Arc
Saint-Privat-d'Allier

– la particule *de, du, des* (qui prend exceptionnellement une majuscule)
place Charles-De Gaulle

– la particule *Le* ou *La* d'un patronyme
rue La Fayette
avenue Pierre-Le Tellier

8 Le trait d'union syntaxique

◗ On met un trait d'union entre le verbe et le pronom personnel complément ou sujet qui le suit. On met deux traits d'union s'il y a deux compléments :

Sans doute ont-ils eu raison de refuser l'offre.
« Viendras-tu à sa soirée ? – Non ; dis-le-lui de ma part. »
Quand doit-on le prévenir ?

◗ On écrit entre deux traits d'union le *t* euphonique placé entre le verbe et son sujet (à ne pas confondre avec *t'*, pronom élidé de la deuxième personne) :

Se rappelle-t-elle notre rendez-vous ?
Rappelle-t'en.

◗ On relie par un trait d'union, qui marque alors la coordination et remplace la conjonction *et* :

– deux substantifs ou deux adjectifs
un café-restaurant (= un établissement qui est à la fois un café et un restaurant)
aigre-doux (= à la fois aigre et doux)

– les adjectifs de couleur
un feuillage bleu-vert (= d'un ton intermédiaire entre le bleu et le vert)

– les numéraux inférieurs à cent
cinquante-quatre (= cinquante et quatre)

REMARQUE On écrit sans trait d'union :
– les numéraux lorsque le *et* est exprimé :
soixante et onze (et non *soixante-et-onze*)
– les noms de fraction :
les trois cinquièmes

L'abréviation

9 Les mots simples

◗ Le mot est réduit à sa lettre initiale suivie d'un point : *p. (page) ; M. (Monsieur) ; t. (tome).*

REMARQUE Attention : on écrit *M. Duvert*, et non *Mr* qui est l'abréviation de l'anglais *Mister.*

◗ Le mot est réduit à ses premières lettres ; l'abréviation se termine toujours par une consonne (en cas de consonnes doubles, on coupe après la deuxième), jamais par une voyelle, et cette consonne est suivie d'un point : *av. (avant) ; env. (environ) ; hab. (habitants) ; vol. (volume) ; notamm. (notamment).*

◗ Le mot est réduit à sa lettre initiale suivie de la lettre ou des lettres finales écrites en exposant (au-dessus de la ligne) ; dans ce cas, l'abréviation n'est pas suivie d'un point :

Mme (Madame) ; D^{r} (Docteur) ; M^{e} (Maître).

– On peut écrire ces abréviations en gardant les lettres finales sur la ligne, mais on évite de le faire si cela peut prêter à confusion : *Mme, D^{R}*, mais *n^{o}* (*numéro*, plutôt que *no*), *Cie* (*Compagnie*, plutôt que *Cie*).

◗ Certaines abréviations contiennent une lettre intermédiaire du mot abrégé :

– si la dernière lettre de l'abréviation est la lettre intermédiaire, cette lettre est suivie d'un point : *ms.* (*manuscrit*) ;

– en revanche, si la dernière lettre de l'abréviation est aussi la dernière lettre du mot, celle-ci n'est pas suivie d'un point : *tjrs* (*toujours*) ; *bd* (*boulevard*) ; *Mgr* (*Monseigneur*).

- Les abréviations euphémiques sont employées pour éviter d'écrire un mot grossier et sont généralement composées de la première lettre du mot suivie de points de suspension : *et m... !* (*et merde !*).

- Les abréviations de discrétion sont employées pour éviter de gêner une personne en la nommant et sont généralement composées de la première lettre du nom de famille de cette personne suivie d'un point : *il y avait Mme S. et M. B.*

> **REMARQUES**
> 1. On peut aussi écrire *Mme X., M. Y.*
> 2. Lorsqu'une phrase se termine par une abréviation suivie d'un point, le point de l'abréviation est aussi le point final de la phrase :
> *on y vend des pommes, des poires, etc.*

10 Les mots composés ou les locutions

- Pour un mot composé ou une locution, on abrège chacun des mots selon les règles exposées ci-dessus ; les traits d'union sont conservés : *ch.-l. (chef-lieu) ; N.B. (nota bene) ; c.-à-d. (c'est-à-dire) ; ch. de f. (chemin de fer).*

11 Les prénoms

- Pour abréger un prénom, on ne donne que la première lettre, même si elle n'est pas immédiatement suivie d'une voyelle :

V. Hugo ; E. Poe ; A. Camus ; P.-É. Victor ;

– on note les deux premières lettres lorsqu'elles correspondent à un son unique :

Ch. Baudelaire ; Th. Gautier ;

– pour les prénoms commençant par une consonne suivie d'un *l* ou d'un *r*, on donne soit la première lettre, soit les deux premières :

F. Mauriac ou *Fr. Mauriac*

C. Bernard ou *Cl. Bernard.*

12 Les numéraux ordinaux

- Les adjectifs numéraux ordinaux écrits en chiffres arabes s'abrègent en écrivant le chiffre suivi d'une ou plusieurs lettres en exposant (au-dessus de la ligne) et sans point :

– premier, première : *1er, 1re* ; pluriel : *1ers, 1res* ;

– deuxième, troisième, etc. : *2e, 3e*, etc. ; pluriel : *2es, 3es*, etc. ;

– second, seconde : *2^d^, 2de* ; pluriel : *2^ds^, 2des* ;

– dans les composés, vingt et unième, cent unième : *21e, 101e*.

> **REMARQUE** Le *e* abréviatif n'est jamais employé pour les fractions :
> *une échelle au 1/5 000* (et non *au 1/5 000e*).

- Les adjectifs numéraux ordinaux écrits en chiffres romains s'abrègent en écrivant le chiffre suivi d'un ^e^ ou d'un ^er^ sans point : *Napoléon Ier ; les XIXe et XXe siècles.*

- Les adverbes *primo*, *secundo*, *tertio*, etc., employés dans une énumération sont couramment abrégés en : *1°, 2°, 3°*, etc., et servent également d'abréviation à *premièrement*, *deuxièmement*, *troisièmement*, etc.

13 Le pluriel des abréviations

- Quand l'abréviation conserve la dernière lettre du mot, le pluriel s'indique comme s'il s'agissait du mot entier :

Mmes (Mesdames) ; n^os^ (numéros).

- Quand l'abréviation ne garde que la première lettre du mot, on peut marquer le pluriel par redoublement de cette lettre :

MM. (Messieurs) ; pp. (pages).

> **REMARQUE** Les abréviations se prononcent comme le mot qu'elles remplacent :
> *M.* [məsjø] ; *c.-à-d.* [sɛtadir] ; *etc.* [ɛtsetera].

Les **nombres** en chiffres et en lettres

14 L'écriture des nombres en chiffres

▸ C'est dans les domaines scientifique, économique et administratif qu'on écrit plutôt les nombres en chiffres :
360 pages ; 24 × 16 cm ; 20,58 €.

▸ Les nombres composés de plus de trois chiffres, qui ne désignent pas une année (1983) ou en général un rang (page 1453), s'écrivent en regroupant les chiffres par groupes de trois espacés et constitués en partant du chiffre des unités (et du premier chiffre après la virgule par la partie décimale des nombres) : *98 107,023 43*

▸ On écrit toujours les dates en chiffres :
le 18 juin 1940.

▸ On écrit en chiffres romains les numéros qui concernent :

– les millénaires, *le IIIe millénaire* ;

– les années du calendrier républicain, *le 9 thermidor an II* ;

– les arrondissements des grandes villes, *le VIe arrondissement* ;

– les dynasties et les régimes politiques, *la XXe dynastie, la Ve République* ;

– les congrès, festivals et manifestations à caractère périodique, *XXIe congrès du Parti communiste, LIIIe Festival de Cannes, XXIVes jeux Olympiques* ;

– les siècles, *le XXIe siècle* ;

– les divisions d'un ouvrage, *livre II, chapitre III, acte IV, scène V.*

15 L'écriture des nombres en lettres

▸ Dans les textes littéraires, poétiques ou juridiques, on écrit les nombres en toutes lettres :
il a trente-six ans et huit mois.

▸ L'emploi du trait d'union

– Il ne s'emploie que pour lier des éléments constitutifs qui soient l'un et l'autre inférieurs à *cent* :
quatre-vingt-quatre, cent dix-sept, deux mille quatre cent quatre-vingt-dix-neuf

– Les nombres formés avec *et* n'ont pas de trait d'union :
vingt et un, trente et un, etc.

REMARQUES
1. En Belgique, en Suisse, et dans l'est de la France, on dit « septante » pour « soixante-dix », « nonante » pour « quatre-vingt-dix » et aussi parfois « octante » pour « quatre-vingts ».
2. *Quatre-vingts* ne prend pas d'« *s* » s'il est suivi d'un autre nombre ou s'il signifie « quatre-vingtième » :
page quatre-vingt.
3. *Million, milliard, trillion,* etc. s'accordent :
trois millions, cinq milliards, deux trillions, etc.

▸ L'accord

– Les adjectifs numéraux cardinaux, qui indiquent le nombre, sont invariables, à l'exception de :
- **un**, qui peut se mettre au féminin :
une personne, vingt et une personnes ;

- **vingt** et **cent**, qui prennent la marque du pluriel s'ils sont multipliés par un nombre et s'ils ne sont pas suivis d'un autre nombre :
*quatre-vingt**s** euros, six cent**s** dollars,* mais *vingt jours, vingt-trois heures, cent ans, cent cinquante marches, quatre cent deux places.*

REMARQUE Mille est toujours invariable : *mille euros, trois mille dollars, mille deux cents yens.*

– Les adjectifs numéraux ordinaux, qui indiquent le rang, prennent la marque du pluriel : *les cinquièmes, huitièmes, quinzièmes de la liste*.

– L'ordinal correspondant à *un* est *premier*, s'il est simple ; *unième* s'il est composé (*trente et unième*). *Premier* varie en genre et en nombre :
les premières ont eu un prix.

Les **accents** et le **tréma**

16 L'accent aigu

▶ L'accent aigu (´) est le plus employé. Il se place sur la voyelle *e*, qui s'écrit alors *é*.

– C'est un son fermé qui se prononce [e] : *des prés* ne doit pas être confondu avec l'adverbe *près* ou avec l'adjectif *prêt*, un *pécheur* (celui qui commet un péché) avec un *pêcheur* (celui qui va à la pêche).

– Dans certains mots, *é* se prononce [ɛ] comme è :
*je cé**derai**, cé**leri**, cré**merie**.*

REMARQUE Dans de nombreux mots, la voyelle *e* (sans accent) se prononce [e] comme *é* :
*r**e**ssusciter, d**e**scendre, pi**e**d.*
Il en est de même pour les mots empruntés au latin :
*in fin**e**, nota b**e**n**e**, cr**e**do.*

17 L'accent grave

▶ L'accent grave (`) se place surtout sur les voyelles *e* et *a*, plus rarement sur l'*u*.
– Sur l'*e*, il s'écrit è et se prononce [ɛ] :
*fr**è**re, pr**è**s, fid**è**le.*

– Il permet aussi de distinguer des homonymes, comme *des* et *dès*, *à* et *a*, *ça* et *çà* :
*avoir **des** enfants ; partir **dès** l'aube ; donnez-moi **ça** ! Errer **çà** et **là**.*

– Il y a un accent grave sur l'*a* des mots à, çà (adverbe), au-delà, déjà, en deçà, holà, là, voilà, et sur l'*u* de *où*.

REMARQUES
1. Il ne faut pas confondre ***ou*** (conjonction de coordination) et ***où*** (adverbe et pronom relatif) :
*tu viens, oui **ou** non ? **Où** vas-tu ?*
2. Un accent grave sur l'***a*** et sur l'***u*** ne change pas la prononciation de la voyelle.

18 Le tréma

▶ Le tréma (¨) n'est pas un accent proprement dit :

– Il se place sur les voyelles *e* et *i* qui suivent une autre voyelle pour indiquer que ces deux voyelles se prononcent séparément :
*cano**ë**, a**ï**eul, a**ï**eux, ambigu**ï**té, contigu**ï**té, exigu**ï**té, ma**ï**s.*

– Il se place sur les adjectifs terminés par *-gu* au féminin, et l'on prononce alors l'*u* :
*une note aig**uë**, des paroles ambig**uës**, deux pièces contig**uës**, une cuisine exig**uë**, des voix suraig**uës**.*

19 L'accent circonflexe

▶ L'accent circonflexe (^) se place sur les voyelles *a, e, i, o* et *u*. Placé sur un e, il se prononce [ɛ], comme è : *crête, genêt, revêtir*. Placé sur un *a* ou sur un *o*, il permet de distinguer *mâle* et *malle*, *hâle* et *halle*, *pâte* et *patte*, *côte* et *cote*, *hôte* et *hotte*.

– Il rappelle parfois un *s* disparu :
âne s'écrivait *asne* ; *tête* s'écrivait *teste*.

– Il remplace un e dans certains adverbes :

*assid**û**ment, d**û**ment, goul**û**ment.*

– Il permet de distinguer des homonymes, comme ***tache*** (salissure) et ***tâche*** (travail) ; ***foret*** (nom masculin) et ***forêt*** (nom féminin) ; il ***croit*** (verbe croire) et il ***croît*** (verbe croître) ; ***sur*** (préposition, ou adjectif = acide) et ***sûr*** (adjectif = certain).

▸ Il apparaît selon les modes et les temps dans la conjugaison des verbes.

– Au présent de l'indicatif, les verbes *plaire, déplaire* et *se complaire* ont un accent circonflexe sur l'*i* devant le *t* de la 3e personne du singulier :

*elle lui **plaît** ; il me **déplaît** ; il se **complaît** dans la rêverie.*

– Au passé simple, les première et deuxième personnes du pluriel ont un accent circonflexe sur la voyelle de la terminaison :

*nous **allâmes** ; vous **dîtes** ; nous **fûmes**.*

– À l'imparfait du subjonctif, c'est la 3e personne du singulier qui porte l'accent :

*qu'il **allât** ; qu'elle **dît** ; qu'il **fût**.*

REMARQUE Attention au participe passé des formes ***dû, mû*** et ***crû*** : au masculin singulier, il porte un accent circonflexe, mais au féminin et au pluriel, les formes ***due*** (***dus*** et ***dues***), ***mue*** (***mus*** et ***mues***) et ***crue*** (***crus*** et ***crues***) n'en ont pas.

▸ Certains mots ont un accent circonflexe que leurs dérivés n'ont pas :

*ar**ô**me / ar**o**matique ; c**ô**ne / c**o**nifère ; c**ô**te / c**o**teau ; dr**ô**le / dr**o**latique ; d**û** / ind**u** ; fant**ô**me / fant**o**matique ; gr**â**ce / gr**a**cieux, gr**a**cieusement ; imp**ô**t / imp**o**ser ; inf**â**me / inf**a**mie, inf**a**mant ; je**û**ne et je**û**ner / déje**u**ner ; p**ô**le / p**o**laire ; r**â**teau / r**a**tisser ; sympt**ô**me / sympt**o**matique.*

REMARQUE Les majuscules d'imprimerie doivent porter un accent, ce qui évite de faire des contresens comme on peut le constater dans les deux phrases suivantes :
LE SECRETAIRE D'ETAT CHARGE DES ANCIENS COMBATTANTS et *LE SECRÉTAIRE D'ÉTAT CHARGÉ DES ANCIENS COMBATTANTS.*

ORTHOGRAPHE

Les **majuscules**

20 L'emploi dans la phrase

On utilise la majuscule au premier mot d'une phrase et après certains signes de ponctuation :

***L**a pluie commença à tomber. **I**l ouvrit son parapluie.*
***I**l m'a dit : « **J**e ne t'oublierai jamais. »*
*– **N**'avez-vous pas entendu marcher dans la cour ?*
*– **N**on, je n'ai rien entendu.*
***A**h ! **L**es hommes… **J**e ne les comprendrai jamais.*
***C**omment ? **Q**ue dites-vous ?*

21 Les noms propres

▸ **Noms désignant des personnes**

Il s'agit des patronymes, prénoms, noms de dynasties, surnoms :

***M**ax **D**uchemin ; la famille **F**lorent ; les **L**egrand ; les **C**apétiens[1] ; **H**enri IV « le **V**ert-**G**alant » ; **C**harles le **T**éméraire ; l'**A**igle de **M**eaux ; la marquise de **S**évigné ; **A**lfred de **V**igny ; **J**oachim du **B**ellay ; **C**harles de **G**aulle[2] ; Mme de*

1. Les noms de dynasties employés adjectivement prennent une minuscule : *les rois capétiens*.
2. Les particules *de, d', du* et *des* prennent une majuscule lorsque le prénom ou le titre est omis : *les « Mémoires » de **D**e Gaulle*.

La Fayette ; Jean de La Fontaine[1] ; *l'Empereur* (avec une majuscule, désigne soit l'empereur du Saint Empire romain germanique, soit Napoléon Ier, plus rarement Napoléon III). *Le Roi-Soleil ; le président de la République ; le Premier ministre ; le Saint-Père ; les Pères de l'Église.*

REMARQUES

1. Les noms de personnes devenus des noms communs s'écrivent avec une minuscule :
un tartufe, un apollon, un harpagon.

2. On emploie ordinairement la minuscule dans les noms de fonctions :
l'empereur François-Joseph ; le roi Louis XVI ; le ministre de l'Intérieur ; un ministre d'État ; le directeur de l'entreprise ; le père supérieur ; le professeur Durand... sauf lorsqu'on veut exprimer une nuance de respect : Ils se sont battus pour leur Roi ; les notes doivent être signées par votre Directeur ;Veuillez agréer, Monsieur le Préfet, Madame le Professeur...

▶ Noms de lieux et noms d'habitants :

l'Europe ; les États-Unis ; l'Extrême-Orient ; l'Afrique du Nord ; les Pyrénées-Orientales ; le cap Corse ; l'océan Atlantique, Pacifique, Arctique ; les montagnes Rocheuses ; le mont Blanc ; la mer Rouge ; la Région Rhône-Alpes les Nord-Africains ; les Européens ; les Américains.

▶ Noms désignant la divinité, des dieux, des personnages et des livres sacrés, des êtres mythologiques, des symboles, des allégories :

Dieu ; la Vierge ou la Sainte Vierge[2] ; *le Prophète (Mahomet) ; Bouddha ; Vishnou ; la Bible ; les Évangiles ; la Thora ; le Coran ; Zeus ; le dieu Baal ; les trois Grâces ; les neuf Muses ; les Cyclopes ; le Soldat inconnu ; le visage du Destin ; Aquilon, fils de l'Aurore.*

REMARQUES

1. Lorsqu'un nom de lieu se compose d'un nom et d'un terme qui le caractérise, seul ce dernier s'écrit avec une majuscule initiale : *les pays Baltes*. Font exception :
le Bassin aquitain, le Bassin parisien, le Massif central, le Pays basque.

2. Employé seul (pour désigner, en France, l'océan Atlantique, par opposition à la Méditerranée ou la Manche), le mot « océan » s'écrit avec une majuscule :
Biarritz est sur l'Océan.

3. Le mot « région » prend une majuscule lorsqu'il désigne une collectivité territoriale administrée par le conseil régional. Dans les autres sens, il s'écrit avec une minuscule :
habiter dans la région parisienne ; une région boisée, industrielle.

▶ Noms de corps constitués, d'institutions, de sociétés, d'ordres religieux, de périodes et d'événements historiques ou culturels, de fêtes, de manifestations :

la République française ; l'Empire britannique ; l'Assemblée nationale ; le ministère de la Justice ; l'École polytechnique ; l'École nationale des ponts et chaussées ; le Conservatoire national de Paris ; la Faculté ; la Comédie-Française ; l'Académie française ; l'Académie de médecine ; l'Ordre des médecins ; l'Église (pouvoir spirituel ou ensemble des fidèles) ; *l'ordre des Dominicains ; l'Inquisition ; le Moyen Âge ; la Renaissance ; la Révolution française ; le Siècle des lumières* (ou *les Lumières*) ; *la Commune ; le Front populaire ; la Grande Guerre ; la Seconde Guerre mondiale ; la Libération ; Pâques ;*

---

1. Les articles *le* et *la* s'écrivent avec une majuscule.

2. Quand il désigne une personne, le mot *saint* s'écrit avec une minuscule : *saint Pierre, sainte Anne*. Font exception : *la Sainte Vierge, Saint Louis* et *la Sainte Famille*. Il prend une majuscule dans les noms composés, quand il désigne un lieu, un monument : *l'hôpital Saint-Antoine ; la Sainte-Chapelle*, une fête : *la Saint-Jean*, un ordre religieux : *l'ordre de Saint-Benoît*, un organisme, une autorité religieuse : *le Saint-Siège*.

Hanoukka ; Aïd-el-Kébir ; l'Exposition universelle de 1992 ; le Salon du livre ; la Foire de Paris ; les jeux Olympiques (ou les Jeux).

– *État* s'écrit avec une majuscule quand il désigne un pays, son gouvernement, son administration :

*l'**É**tat français*

– Dans les autres emplois, ce mot prend une minuscule :

*le tiers **é**tat, les **é**tats généraux, un **é**tat d'âme, l'**é**tat civil, l'**é**tat-major…*

– « Université » (ensemble du corps enseignant), *et* « Faculté » (ensemble du corps médical) employé seuls s'écrivent avec une majuscule. Mais on écrit *la **f**aculté des sciences, l'**u**niversité de Grenoble*.

– La « bourse » s'écrit avec une majuscule quand ce mot désigne le marché financier (*les cours de la **B**ourse*). Dans les autres sens, il prend une minuscule :

*ouvrir sa **b**ourse ; obtenir une **b**ourse d'études.*

– Lorsqu'il s'agit d'un corps unique, le mot « cour » s'écrit avec une majuscule :

*la **C**our de cassation ; la **C**our des comptes ; la **H**aute **C**our de justice ; la **C**our internationale de La Haye ; la **C**our suprême* (aux États-Unis).

Dans les autres emplois, le mot s'écrit avec une minuscule :

*la **c**our d'appel de Versailles ; la **c**our d'assises de Lyon ; la **c**our martiale…*

– Les noms d'ordres religieux s'écrivent avec une majuscule :

*l'ordre des **F**rères mineurs ou ordre des **F**ranciscains*

Mais les noms de leurs membres prennent une minuscule :

*les **d**ominicains sont des prêcheurs ; les **j**ésuites sont souvent des enseignants.*

– Les doctrines religieuses et leurs adeptes s'écrivent également avec une minuscule :

*le **c**atholicisme, les **c**atholiques ; le **p**rotestantisme, les **p**rotestants ; le **j**udaïsme, les **j**uifs ; les **a**lbigeois.*

Noms déposés

Les marques déposées sont également des noms propres invariables : dans les textes imprimés, ils s'écrivent avec une majuscule et ne prennent pas d'*s* au pluriel sauf accord de la société détentrice de la marque :

*des **R**enault ; des fermetures **É**clair ; des **P**ost-it…*

22 Autres cas

Points cardinaux

– Ils s'écrivent avec une majuscule quand ils sont abrégés :

***N.** (nord) ; **S.** (sud) ; **E.** (est) ; **O.** (ouest) ;*

– Ils prennent une majuscule quand ils sont employés comme noms pour désigner une région, un pôle ou un hémisphère :

*les gens du **N**ord ; le **N**ord canadien ; le dialogue **N**ord/**S**ud ; la gastronomie du **S**ud-**O**uest ; la France de l'**E**st ; l'Afrique du **S**ud ; le pôle **S**ud ; l'hémisphère **N**ord.*

REMARQUE On écrit : *le **n**ord du Brésil, le **s**ud de l'Italie*. Lorsqu'ils sont employés adjectivement, ils s'écrivent avec une minuscule : *la côte **o**uest ; le Pacifique **s**ud.*

Astres, constellations, planètes

*la **T**erre, le **S**oleil, la **L**une, **S**aturne, la **G**rande **O**urse, la **V**oie lactée, l'étoile **P**olaire (ou la **P**olaire), la planète **V**énus, les **G**émeaux.*

REMARQUE *Terre, Soleil* et *Lune* prennent une majuscule dans le langage scientifique. Dans la langue courante, on écrit : *parcourir la **t**erre ; se dorer au **s**oleil ; un soir de pleine **l**une.*

Le **genre** des noms

23 La notion de genre

▸ En français, les noms sont répartis en deux classes grammaticales, correspondant à la notion de genre : le **masculin** et le **féminin**. Le genre grammatical (masculin/féminin) est souvent associé au genre naturel (mâle/femelle) :
__un__ chat/__une__ chatte, __le__ boucher/__la__ bouchère, __mon__ frère/__ma__ sœur.

▸ Le genre des noms est purement conventionnel et surtout déterminé par l'usage (*arbre* est masculin, bien que dérivé du latin *arbor*, qui est féminin). Une même chose peut être d'ailleurs de genre différent d'une langue à une autre : ainsi les mots *soleil* et *lune* sont respectivement masculin et féminin en français, alors qu'en allemand *Sonne* (le soleil) est féminin et *Mond* (la lune) est masculin.

▸ D'autres langues, comme le grec, le latin ou l'allemand, ont trois genres : le masculin, le féminin et le neutre.

24 Les cas particuliers

▸ Certains noms qui désignent indifféremment l'un ou l'autre sexe ont un genre commun et sont dits « épicènes » (*artiste, enfant, élève, snob*...).

▸ Certains noms n'ont pas d'équivalent féminin dans la langue française parlée en France (*assassin, monstre, prédécesseur, successeur, témoin, vainqueur, voyou*...), mais en ont parfois un en français de Belgique, du Canada ou de Suisse (*prédécesseure, successeure*).

▸ Certains noms féminins ne s'appliquent qu'à des hommes :
une estafette, une gouape, une recrue (au sens militaire), *une sentinelle, une vigie*...

▸ Certains noms masculins ne s'appliquent qu'à des femmes :
un bas-bleu, un cordon-bleu, un succube, un tendron (très jeune fille)...

25 Masculin ou féminin ?

Il est fréquent d'hésiter sur le genre d'un nom, notamment lorsque celui-ci se termine par *e* ou par *ée*. Les deux listes ci-dessous présentent les noms qui sont fréquemment objet d'erreurs.

▸ Les noms suivants sont masculins :

un agrume	un astragale	un hémisphère
l'amiante	un augure	un hyménée (litt.)
un antidote	un caducée	un hypogée
un antre	un camée	un météore
un apogée	un cerne	un ovule
un armistice	un emblème	un périgée
un aromate	un équinoxe	un planisphère
un astérisque	un esclandre	un tentacule
un astéroïde	un haltère	un testicule

▸ Les noms suivants sont féminins :

une acné	une caténaire	la nacre
une algèbre	une ébène	une oasis
une amnistie	une échappatoire	une octave
une anagramme	une écritoire	une orbite
une anicroche	une enzyme	une orthographe
une apocalypse	une épithète	la réglisse (plante)
une apostrophe	une escarre	une scolopendre
des arrhes [n.f. pl.]	des immondices [n.f. pl.]	une stalactite
une azalée	une météorite	une stalagmite

26 Le double genre de certains mots

Les noms à double genre proprement dits sont ceux qui ont la même étymologie ; ceux qui sont d'origine différente constituent des mots différents (*un livre/une livre, un manche/une manche*, etc.).
aigle : *un* aigle et *une* aigle [enseigne militaire] : *les aigles romain**es***.
amour est masculin au singulier ; ***un** grand amour*, et féminin au pluriel dans la langue littéraire : *les amours enfantin**es***.
cartouche : *une* cartouche et *un* cartouche [inscription ornementale].
couple : *un* couple [deux êtres] et *une* couple (litt.) [deux choses].
crêpe : *une* crêpe et *un* crêpe [tissu et caoutchouc].
délice est masculin au singulier : *ce gâteau est **un** délice*, et féminin au pluriel dans la langue littéraire : *les délices infini**es** du rêve*.
gens est masculin pluriel quand l'adjectif est placé après : *des gens intelligents*, et féminin pluriel quand il est placé avant : *de vieil**les** gens*.
geste : *un* geste et *la* geste [ensemble d'exploits] : *d'un geste de la main ; chanson de geste*.
gîte : *un* gîte et *la* gîte [terme de marine].
greffe : *une* greffe et *un* greffe [juridiction].
livre : *un* livre et *une* livre [poids et monnaie].
manche : *une* manche et *un* manche.
manœuvre : *une* manœuvre et *un* manœuvre.
mode : *une* mode et *un* mode.
œuvre : *une* œuvre [travail, réalisation] et *un* œuvre [sens en construction et ensemble des productions d'un artiste] : *l'œuvre gravé de Picasso*.
orge : *une* orge [la céréale entière] et *un* orge [grains d'orge sans leur enveloppe] : *orge mond**é**, orge perl**é***.
orgue est masculin au singulier : ***un** orgue de tribune*, et féminin au pluriel : *les grand**es** orgues*.
parallèle : *une* parallèle [une droite] et *un* parallèle [cercle parallèle à l'équateur].
pendule : *une* pendule et *un* pendule [instrument de radiesthésie].
physique : *la* physique et *le* physique.
poste : *une* poste et *un* poste.
tour : *une* tour et *un* tour.
voile : *une* voile et *un* voile.

VOIR AUSSI
Le pluriel des noms et des adjectifs, 70 à 71

REMARQUES

1. Les noms féminins qui désignent une qualité ou un défaut se terminent toujours par **é** : *l'amitié, la beauté, la bonté, etc.* Ceux qui désignent une contenance ou une durée ont toujours leur finale en **ée** : *brassée, cuillerée, pelletée,* etc.

2. Les noms de villes et de localités s'accordent le plus souvent au féminin : *Lille est grande* ; *San Francisco est connue pour la douceur de son climat.* Mais les noms de villes comportant un article défini masculin s'accordent au masculin : *Le Caire est situé sur le Nil* ; *Le Havre a été détruit en 1944.*

Mots en **ac-** ou en **acc-**

27 Les mots en *ac-*

Les mots suivants commençant par *ac-*, devant *a, o, u* s'écrivent avec un seul *c.* (l'astérisque signale l'existence de mots de la même famille) :

a**c**abit	a**c**alculie	a**c**aule	a**c**ouphène
a**c**acia	a**c**alorique	a**c**olyte	a**c**oustique*
a**c**adémie*	a**c**anthe*	a**c**ompte	a**c**uité
a**c**adien	a**c**ariâtre	a**c**onit	a**c**upuncture*
a**c**ajou	a**c**arien*	s'a**c**oquiner*	a**c**utangle...

28 Les mots en *acc-*

Les mots suivants en revanche s'écrrivent avec deux *c* :

a**cc**abler*	a**cc**ompagner*	a**cc**oucher*	a**cc**outumer*
a**cc**almie	a**cc**omplir*	s'a**cc**ouder*	a**cc**ueillir
a**cc**aparer*	a**cc**order*	a**cc**oupler*	a**cc**uler
s'a**cc**ointer	a**cc**ort	a**cc**ourcir	a**cc**ulturation*
a**cc**oler*	a**cc**oster*	a**cc**ourir	a**cc**umuler*
a**cc**ommoder*	a**cc**oter*	a**cc**outrer*	a**cc**user*...

Mots en **-aire** ou en **-ère**

29 Les mots en *-aire*

alimentaire	démissionnaire	involontaire	perpendiculaire	segmentaire
angulaire	dentaire	littéraire	planétaire	similaire
articulaire	disciplinaire	lunaire	polaire	solaire
autoritaire	égalitaire	millénaire	populaire	solitaire
binaire	élémentaire	monétaire	primaire	sommaire
budgétaire	fractionnaire	musculaire	réactionnaire	stationnaire
caniculaire	fragmentaire	nécessaire	rectangulaire	temporaire
capillaire	funéraire	nucléaire	réglementaire	ternaire
célibataire	héréditaire	oculaire	rudimentaire	tributaire
cellulaire	horaire	ordinaire	salutaire	tutélaire
circulaire	humanitaire	parcellaire	sanitaire	utilitaire
débonnaire	impopulaire	pécuniaire	sédentaire	vulgaire...

30 Les mots en *-ère*

argentifère	crucifère	florifère	mellifère	saccharifère
aurifère	délétère	fructifère	mortifère	séminifère
austère	diamantifère	impubère	ombellifère	sévère
carbonifère	éphémère	lanifère	pubère	sincère...

Mots en **-anne** ou en **-ane**

31 Les mots en *-anne*

▸ Les noms féminins suivants sont terminés par *-anne*, avec deux *n* :

br**anne**	fibr**anne**	p**anne**	rou**anne** [outil]	t**anne** [kyste]
c**anne** [bâton]	m**anne**	pyr**anne**	scrib**anne**	v**anne**...

32 Les mots en *-ane*

▸ Les noms féminins et masculins suivants se terminent par *-ane*, avec un seul *n* :

arc**ane**	c**ane** [animal]	f**ane**	ou cleptom**ane**	pav**ane**
artis**ane**	carav**ane**	filigr**ane**	li**ane**	plat**ane**
badi**ane**	chic**ane**	genti**ane**	médi**ane**	prof**ane**
ban**ane**	courtis**ane**	git**ane**	mélom**ane**	sarbac**ane**
béc**ane**	dou**ane**	igu**ane**	membr**ane**	sav**ane**...
cab**ane**	fais**ane**	kleptom**ane**	org**ane**	

VOIR AUSSI
Le genre des noms, 23 à 26

Mots en **ap-** ou en **app-**

33 Les mots en *ap-*

▸ Les verbes suivants et les mots de leurs familles s'écrivent avec un seul *p* :

a**p**aiser	a**p**ercevoir	a**p**itoyer	a**p**ostasier	a**p**ostropher
a**p**lanir	a**p**iquer	a**p**latir	a**p**ostiller	a**p**urer...

34 Les mots en *app-*

▸ Les verbes suivants et les mots de leurs familles s'écrivent avec deux *p* :

a**pp**araître	a**pp**âter	a**pp**liquer	a**pp**réhender	a**pp**rofondir
a**pp**areiller	a**pp**auvrir	a**pp**ointer	a**pp**rendre	a**pp**roprier
s'a**pp**arenter	a**pp**eler	a**pp**orter	a**pp**rêter	a**pp**rouver
a**pp**arier	s'a**pp**esantir	a**pp**oser	a**pp**rivoiser	a**pp**rovisionner
a**pp**artenir	a**pp**laudir	a**pp**récier	a**pp**rocher	a**pp**uyer...

Mots en **-atte** ou en **-ate**

35 Les mots en *-atte*

▸ Les noms féminins suivants se terminent par *-atte*, avec deux *t* :

bar**atte**	ch**atte**	gr**atte**	malmign**atte**	p**atte**
b**atte**	d**atte** [fruit]	j**atte**	m**atte**	r**atte**
bl**atte**	effarv**atte**	l**atte**	n**atte**	

36 Les mots en *-ate*

▸ Les noms masculins et féminins suivants se terminent par *-ate*, avec un seul *t* :

acét**ate**	bor**ate**	glutam**ate**	pir**ate**	sour**ate**
acrob**ate**	bureaucr**ate**	hydr**ate**	prim**ate**	sparti**ate**
ag**ate**	cant**ate**	nitr**ate**	prost**ate**	stigm**ate**
aristocr**ate**	crav**ate**	numism**ate**	prussi**ate**	str**ate**
arom**ate**	d**ate** [jour]	omopl**ate**	r**ate** [organe]	sulf**ate**
astigm**ate**	diplom**ate**	ou**ate**	rég**ate**	suric**ate**
autom**ate**	écarl**ate**	pat**ate**	sav**ate**	tom**ate**...
bicarbon**ate**	frég**ate**	phosph**ate**	son**ate**	

Mots en **-ct**

37 La prononciation des finales *-ct*

▸ Les finales des mots se terminant par *-ct* se prononcent généralement [kt], comme dans :

abject	compact	direct	incorrect	intellect	tact
affect	contact	district	infect	sélect	tract
artefact	correct	impact	intact	strict	verdict...

▸ Dans les mots suivants, la finale ***-ct*** ne se prononcent pas :

aspect [aspɛ]	irrespect [irɛspɛ]	succinct [syksɛ̃]
instinct [ɛ̃stɛ̃]	respect [rɛspɛ]	suspect [syspɛ]

Mots **masculins** en **-e** et en **-ée**

38 Les noms masculins en *-e*

- Un nombre important de noms terminés par *-e* sont des noms masculins :

un agrum**e**	un astragal**e**	un équinox**e**	le lignit**e**	un por**e**
un ambr**e**	un auditoir**e**	un globul**e**	le martyr**e**[1]	le porphyr**e**
l'amiant**e**	un augur**e**	un granul**e**	[supplice]	un poulp**e**
un antidot**e**	un badg**e**	un haltèr**e**	le myrt**e**	un rally**e**
un antipod**e**	un borborygm**e**	un hémisphèr**e**	un météor**e**[2]	un satyr**e**
un antr**e**	un cern**e**	un hémistich**e**	un obélisqu**e**	[mythologi**e**]
un apologu**e**	un cloport**e**	un homonym**e**	un opprobr**e**	un sépal**e**
un apht**e**	un colchiqu**e**	un insign**e**	un opuscul**e**	un sold**e**[3]
un appendic**e**	un effluv**e**	un intermèd**e**	un ovul**e**	un tentacul**e**
un armistic**e**	un élytr**e**	un intervall**e**	un pédoncul**e**	un termit**e**
un aromat**e**	un emblèm**e**	un ivoir**e**	un pétal**e**	un testicul**e**
un astérisqu**e**	un entract**e**	le jad**e**	un pétiol**e**	un trill**e**
un astéroïd**e**	un épilogu**e**	le jut**e**	un planisphèr**e**	un tubercul**e**...

1. Le *martyre* est le supplice : *il souffre le martyre*. Un *martyr* est une personne : *un martyr de la Résistance*.
2. *Météore* est du genre masculin : *un météore*, et *météorite* du genre féminin : *une météorite*.
3. Le *solde* (reliquat d'une somme ou marchandise vendue au rabais) est du genre masculin. La *solde* est le traitement d'un militaire.

39 Les noms masculins en *-ée*

- Un nombre important de noms terminés par *-ée* sont des noms masculins :

un apog**ée**	un écomus**ée**	un lyc**ée**	un périg**ée**	un scarab**ée**
un athén**ée**	un empyr**ée**	un macchab**ée**	un pérин**ée**	un sigisb**ée**
un caduc**ée**	un gynéc**ée**	un mausol**ée**	un propyl**ée**	un spond**ée**
un cam**ée**	un hymén**ée**	un mus**ée**	un prot**ée**	un troph**ée**
un coryph**ée**	un hypog**ée**	un nymph**ée**	un prytan**ée**	un z**ée**...

VOIR AUSSI
Le genre des noms, 23 à 26.

Mots en *-ette* ou en *-ête*

40 Les mots en *-ette*

- Les noms féminins et adjectifs féminins suivants se terminent par *-ette* :

amul**ette**	chou**ette**	gâch**ette**	pip**ette**
assi**ette**	ciboul**ette**	gal**ette**	piqu**ette**
bagu**ette**	claqu**ette**	girou**ette**	plaqu**ette**
banqu**ette**	cloch**ette**	goél**ette**	poch**ette**
barqu**ette**	coqu**ette**	gouttel**ette**	pouss**ette**
bel**ette**	côtel**ette**	hach**ette**	raqu**ette**
b**ette**	crev**ette**	jaqu**ette**	rec**ette**
bicycl**ette**	croqu**ette**	lanc**ette**	ros**ette**
blanqu**ette**	cuv**ette**	langu**ette**	rouss**ette**
bl**ette**	d**ette**	lav**ette**	servi**ette**
brou**ette**	devin**ette**	maisonn**ette**	silhou**ette**
buv**ette**	éprouv**ette**	manch**ette**	sonn**ette**
cach**ette**	épuis**ette**	mi**ette**	sorn**ette**
cad**ette**	fac**ette**	mol**ette**	statu**ette**
carp**ette**	fauv**ette**	moqu**ette**	suc**ette**
casqu**ette**	femmel**ette**	mu**ette**	tromp**ette**
cass**ette**	flu**ette**	nois**ette**	ved**ette**
chansonn**ette**	foss**ette**	omel**ette**	vinaigr**ette**…
chauss**ette**	fourch**ette**	pal**ette**	
chemis**ette**	fris**ette**	pipel**ette**	

41 Les mots en *-ète* ou *-ête*

- Les noms et adjectifs suivants se terminent par *-ète* ou par *-ête* :

arbal**ète**	circa**ète**	f**ête**	requ**ête**
asc**ète**	conqu**ête**	gypa**ète**	secr**ète**
athl**ète**	diab**ète**	honn**ête**	serre-t**ête**
b**ête**	di**ète**	interpr**ète**	temp**ête**
cacahu**ète**	discr**ète**	po**ète**	t**ête**
ou cacahou**ète**	enqu**ête**	préf**ète**	trouble-f**ête**…
casse-t**ête**	épith**ète**	proph**ète**	
centrip**ète**	exég**ète**	qu**ête**	

REMARQUE Parmi les noms en *-ette*, certains sont des diminutifs : *chanson**nette** (petite chanson), fourch**ette** (petite fourche), hach**ette** (petite hache), maisonn**ette**, piéc**ette**, poch**ette**, statu**ette**, etc.*

ORTHOGRAPHE

Mots en -il et en -ille

42 Les mots en *-il*

- On ne prononce pas le *l* final dans les mots suivants :

chen**il**	fourn**il**	grés**il**	pers**il**
cout**il**	fus**il**	nombr**il**	sourc**il**...
fen**il**	gent**il**	out**il**	

REMARQUE Les mots *chenil*, *fenil*, *fournil*, *grésil* et *nombril* ont les deux prononciations : [ʃənil] ou [ʃəni], [fənil] ou [fəni], etc.

43 Les mots en *-ille*

- Les mots suivants se prononcent [-il] :

asperg**ille**	codic**ille**	max**ille**	vaudev**ille**
bac**ille**	colibac**ille**	m**ille**	vex**ille**
bidonv**ille**	decauv**ille**	sc**ille**	vieux-l**ille**
calv**ille**	g**ille**	tranqu**ille**	v**ille**...

- Les mots suivants se prononcent [-ij] :

aigu**ille**	chen**ille**	flott**ille**	pamp**ille**
alchém**ille**	chev**ille**	gerb**ille**	pap**ille**
angu**ille**	cochen**ille**	god**ille**	past**ille**
apost**ille**	coqu**ille**	gor**ille**	peccad**ille**
ar**ille**	coron**ille**	goup**ille**	potent**ille**
bander**ille**	dr**ille**	grém**ille**	pup**ille**
barb**ille**	écout**ille**	grenad**ille**	quadr**ille**
bast**ille**	épont**ille**	gr**ille**	qu**ille**
béqu**ille**	escadr**ille**	guen**ille**	ram**ille**
b**ille**	escarb**ille**	jonqu**ille**	rés**ille**
bisb**ille**	espadr**ille**	lent**ille**	resqu**ille**
brind**ille**	esqu**ille**	mancen**ille**	sapot**ille**
brout**ille**	estamp**ille**	man**ille**	sm**ille**
bulb**ille**	étoup**ille**	mant**ille**	spir**ille**
camom**ille**	étr**ille**	mor**ille**	t**ille**
cannet**ille**	fam**ille**	myrt**ille**	torp**ille**
cantat**ille**	fauc**ille**	n**ille**	tr**ille**
céd**ille**	fibr**ille**	orm**ille**	van**ille**
charm**ille**	f**ille**	pacot**ille**	vr**ille**...

Mots en *-iller* et en *-illier*

44 Les mots en *-iller*

Les noms masculins suivants qui se terminent par *-iller* se prononcent [-je] :

andou**iller**	conse**iller**	éca**iller**	poula**iller**
angu**iller**	cornou**iller**	hou**iller**	vola**iller**...
boute**iller**	ore**iller**	pa**iller**	

45 Les mots en *-illier*

Les noms masculins suivants qui se terminent par *-illier* se prononcent aussi [-je] :

bougainv**illier**	cochen**illier**	jo**aillier**	quinca**illier**
bout**illier**	coqu**illier**	margu**illier**	sapot**illier**
chev**illier**	grose**illier**	méda**illier**	van**illier**...

Mots en *-nisme* ou en *-nnisme*

46 Les mots en *-nisme*

Les noms masculins suivants se terminent par *-nisme*, avec un seul *n* :

africanisme	chama**n**isme	cy**n**isme	paga**n**isme
albi**n**isme	charlata**n**isme	dalto**n**isme	parisia**n**isme
alpi**n**isme	chauvinisme	fémi**n**isme	plato**n**isme
anachro**n**isme	christia**n**isme	huma**n**isme	purita**n**isme
antago**n**isme	commu**n**isme...	modernisme	sio**n**isme
calvi**n**isme	créti**n**isme	opportu**n**isme	synchro**n**isme...

47 Les mots en *-nnisme*

Les noms masculins suivants se terminent par *-nnisme*, avec deux *n* :

abolitio**nn**isme	évolutio**nn**isme	isolatio**nn**isme
abstentio**nn**isme	exhibitio**nn**isme	négatio**nn**isme
annexio**nn**isme	expansio**nn**isme	perfectio**nn**isme
confusio**nn**isme	expressio**nn**isme	protectio**nn**isme
déviatio**nn**isme	illusio**nn**isme	réductio**nn**isme
diffusio**nn**isme	impressio**nn**isme	révisio**nn**isme
divisio**nn**isme	interventio**nn**isme	ségrégatio**nn**isme

Mots en -**olle** ou en -**ole**

48 Les mots en *-olle*

▶ Les mots suivant se terminent par *-olle*, avec deux *l* :

barcarolle	colle	folle	girolle	muserolle
bouterolle	corolle	fumerolle	molle	rousserolle...

49 Les mots en *-ole*

▶ Les mots suivant se terminent par *-ole*, avec un seul *l* :

acropole	bricole	farandole	monopole	rougeole
agricole	cabriole	fiole	nécropole	sole
alvéole	camisole	frivole	parole	sylvicole
auréole	carriole	gaudriole	pétiole	systole
babiole	casserole	girandole	pétrole	variole
banderole	console	gloriole	profiterole	vérole
bénévole	coupole	gondole	protocole	vinicole
bestiole	école	luciole	rigole	viole
boussole	étole	métropole	roséole	virole...

Mots en -**oller** ou en -**oler**

50 Les mots en *-oller*

▶ Le verbe *coller* et ses dérivés (*décoller*, *encoller*, *recoller*) et le verbe *grisoller* sont les seuls verbes qui se terminent par *-oller*.

51 Les mots en *-oler*

▶ Une centaine de verbes, dont ceux listés ci-dessous, se terminent par *-oler*, avec un seul *l* :

accoler	cajoler	étioler	raffoler
affoler	cambrioler	extrapoler	rafistoler
affrioler	consoler	fignoler	survoler
assoler	convoler	flageoler	violer
auréoler	déboussoler	gondoler	vitrioler
barioler	dégringoler	immoler	voler...
bricoler	désoler	isoler	
cabrioler	s'envoler	racoler	

Mots en **-onne** ou en **-one**

52 Les mots en *-onne*

- Les noms féminins suivants se terminent par *-onne*, avec deux *n* :

bobo**nn**e
bonbo**nn**e
ou bombo**nn**e
bo**nn**e
bufflo**nn**e
chaco**nn**e
chiffo**nn**e
colo**nn**e
conso**nn**e
couro**nn**e
creto**nn**e
do**nn**e
drago**nn**e
garço**nn**e
luro**nn**e
maldo**nn**e
no**nn**e
perso**nn**e
pigeo**nn**e
pio**nn**e
rayo**nn**e
to**nn**e…

53 Les mots en *-one*

- Les noms féminins et masculins suivants se terminent par *-one*, avec un seul *n* :

acéto**n**e [-ɔn]
amazo**n**e [-on]
anémo**n**e [-ɔn]
anglopho**n**e,
francopho**n**e… [-ɔn]
autochto**n**e [-ɔn] ou [-on]
bellado**n**e [-ɔn]
carbo**n**e [-ɔn]
cicéro**n**e [-ɔn]
clo**n**e [-on]
cortiso**n**e [-ɔn]
crémo**n**e [-ɔn]
décago**n**e [-on] ou [-ɔn]
dicotylédo**n**e [-ɔn]
Dictapho**n**e [-ɔn]
dodécago**n**e [-on] ou [-ɔn]
électropho**n**e [-ɔn]
épigo**n**e [-ɔn] ou [-on]
evzo**n**e [-ɔn]
go**n**e [-ɔn]
gorgo**n**e [-ɔn]
hémio**n**e [-ɔn]
hexago**n**e [-on]
homopho**n**e [-ɔn]
hormo**n**e [-ɔn]
Hygiapho**n**e [-ɔn]
Interpho**n**e [-ɔn]
mado**n**e [-ɔn]
magnétopho**n**e [-ɔn]
matro**n**e [-ɔn]
mégapho**n**e [-ɔn]
monocotylédo**n**e [-ɔn]
neuro**n**e [-ɔn] ou [-on]
ozo**n**e [-on] ou [-ɔn]
phéromo**n**e
ou phérormo**n**e [-ɔn]
polygo**n**e [-on] ou [-ɔn]
progestéro**n**e [-ɔn]
saxopho**n**e [-ɔn]
silico**n**e [-ɔn]
télépho**n**e [-ɔn]
testostéro**n**e [-ɔn]
trigo**n**e [-on]
trombo**n**e [-ɔn]
vibrapho**n**e [-ɔn]
xylopho**n**e [-ɔn]
zo**n**e [-on]…

REMARQUE Le signe phonétique [ɔ] est un *o* ouvert. Il se prononce comme dans *or*. Le signe [o] est un *o* fermé. Il se prononce comme dans *pot*. La liste des noms en *-onne* est très courte comparée à celle des mots en *-one* On pourrait y inclure les adjectifs formés sur des noms de lieux : *berrichonne, bourguignonne, bretonne*, etc. Tous les noms en *-onne* se prononcent [ɔn].

Mots en **-onner** ou en **-oner**

54 Les verbes en *-onner*

▸ Les verbes suivants se terminent par *-onner*, avec deux *n* :

âno**nn**er	bourdo**nn**er	crayo**nn**er	mâcho**nn**er
badigeo**nn**er	bourgeo**nn**er	déto**nn**er	réso**nn**er
bâillo**nn**er	bouto**nn**er	ento**nn**er	ronro**nn**er
ballo**nn**er	chanto**nn**er	éto**nn**er	statio**nn**er
béto**nn**er	chiffo**nn**er	fonctio**nn**er	tâto**nn**er
boucho**nn**er	coordo**nn**er	fredo**nn**er	savo**nn**er…
bougo**nn**er	couro**nn**er	griffo**nn**er	

55 Les mots en *-oner ou -ôner*

▸ Les verbes suivants se terminent par *-ôner* ou par *-oner*, avec un seul *n* :

asso**n**er	déto**n**er (exploser)	disso**n**er	prô**n**er	télépho**n**er
clo**n**er	détrô**n**er	s'époumo**n**er	ramo**n**er	trô**n**er

Mots en **-oter** ou en **-otter**

56 Les mots en *-oter*

▸ Les verbes suivants se terminent par *-oter*, avec un seul *t* :

anno**t**er	co**t**er	grigno**t**er	rabo**t**er
astico**t**er	déno**t**er	ligo**t**er	ravigo**t**er
barbo**t**er	dorlo**t**er	no**t**er	sanglo**t**er
boursico**t**er	emberlifico**t**er	numéro**t**er	suço**t**er
capo**t**er	emmaillo**t**er	pleuvo**t**er	trico**t**er
cligno**t**er	frico**t**er	pico**t**er	tripo**t**er
cracho**t**er	gigo**t**er	pilo**t**er	vo**t**er…

57 Les mots en *-otter*

▸ Les verbes suivants se terminent par *-otter*, avec deux *t* :

ballo**tt**er	caro**tt**er	déculo**tt**er	garro**tt**er
bo**tt**er	cro**tt**er	émo**tt**er	grelo**tt**er
boulo**tt**er	culo**tt**er	flo**tt**er	marco**tt**er
boyco**tt**er	décalo**tt**er	friso**tt**er	marmo**tt**er
calo**tt**er	décro**tt**er	fro**tt**er	tro**tt**er…

Mots en -otte ou en -ote

58 Les mots en *-otte*

▸ Les noms féminins suivants se terminent par *-otte*, avec deux *t* :

bisco**tt**e	chamo**tt**e	épiglo**tt**e	goulo**tt**e	maro**tt**e
bo**tt**e [chaussure]	charlo**tt**e	flo**tt**e	grio**tt**e	masco**tt**e
bougeo**tt**e	chevio**tt**e	gavo**tt**e	gro**tt**e	meno**tt**e
bouillo**tt**e	chio**tt**e	gélino**tt**e	ho**tt**e	mo**tt**e
cagno**tt**e	chocho**tt**e	*ou* gelino**tt**e	hulo**tt**e	queno**tt**e
caillebo**tt**e	coco**tt**e	gibelo**tt**e	lino**tt**e	quicheno**tt**e
calo**tt**e	co**tt**e [salopette]	glo**tt**e	lo**tt**e *ou* lote[1]	roulo**tt**e
cancoillo**tt**e	cro**tt**e	gnogno**tt**e	marco**tt**e	so**tt**e
caro**tt**e	culo**tt**e	*ou* gnognote[1]	marmo**tt**e	tro**tt**e…

59 Les mots en *-ote*

▸ Les noms et adjectifs suivants se terminent par *-ote*, avec un seul *t* :

anecdo**t**e	compatrio**t**e	gnogno**t**e	matelo**t**e	popo**t**e
antido**t**e	compo**t**e	*ou* gnognotte[1]	monozygo**t**e	po**t**e
asympto**t**e	co**t**e [de coter]	hétérozygo**t**e	no**t**e	pro**t**e
azo**t**e	coyo**t**e	hilo**t**e *ou* ilo**t**e	paillo**t**e	psallio**t**e
belo**t**e	déco**t**e	homozygo**t**e	papillo**t**e	ravigo**t**e
bergamo**t**e	despo**t**e	idio**t**e	parlo**t**e	redingo**t**e
bigo**t**e	dévo**t**e	jugeo**t**e	patrio**t**e	ro**t**e
bo**t**e [fém. de bot]	dizygo**t**e	lépio**t**e	pelo**t**e	tremblo**t**e
camelo**t**e	échalo**t**e	lito**t**e	petio**t**e	vo**t**e
capo**t**e	falo**t**e	lo**t**e *ou* lotte[1]	pilo**t**e	zélo**t**e
chico**t**e	gargo**t**e	loupio**t**e	pleuro**t**e	zygo**t**e…

1. Les mots *gnognotte* et *lotte* ont les deux orthographes.

Mots en **-tial** ou en **-cial**

60 Les mots en *-tial*

- Les adjectifs suivants se terminent par *-tial* qui se prononce [-sjal] :

abba**tial**	mar**tial**
aérospa**tial**	nup**tial**
comi**tial**	pala**tial**
impar**tial**	par**tial**
ini**tial**	spa**tial**…

61 Les mots en *-cial*

- Les adjectifs suivants se terminent par *-cial* :

aso**cial**	provin**cial**
commer**cial**	ra**cial**
cru**cial**	so**cial**
fa**cial**	solsti**cial**
gla**cial**	spé**cial**…

REMARQUE De nombreux adjectifs en *-cial* sont formés sur un nom dont la dernière consonne est un *c* : *commercial (commerce), racial (race), solsticial (solstice),* etc.

Mots en **-tiel** ou en **-ciel**

62 Les mots en *-tiel*

- Les adjectifs suivants se terminent par *-tiel* qui se prononce [-sjɛl] :

caren**tiel**	différen**tiel**	exponen**tiel**	pestilen**tiel**	référen**tiel**
concurren**tiel**	essen**tiel**	fréquen**tiel**	poten**tiel**	residen**tiel**
confiden**tiel**	événemen**tiel**	intersti**tiel**	préféren**tiel**	séquen**tiel**
consubstan**tiel**	excrémen**tiel**	jurispruden**tiel**	présiden**tiel**	substan**tiel**
démen**tiel**	existen**tiel**	par**tiel**	providen**tiel**	torren**tiel**…

63 Les mots en *-ciel*

- Les adjectifs suivants se terminent par *-ciel* :

artifi**ciel**	didacti**ciel**	ludi**ciel**	préjudi**ciel**	sacrifi**ciel**
cicatri**ciel**	indi**ciel**	matri**ciel**	progi**ciel**	superfi**ciel**
circonstan**ciel**	logi**ciel**	offi**ciel**	révéren**ciel**	tendan**ciel**…

Mots en **-tieux** ou en **-cieux**

64 Les mots en *-tieux*

- Les adjectifs suivants se terminent par *-tieux* qui se prononce [-sjø] :

ambi**tieux**	conten**tieux**	fac**tieux**	minu**tieux**	sédi**tieux**
cap**tieux**	facé**tieux**	infec**tieux**	préten**tieux**	supersti**tieux**…

65 Les mots en *-cieux*

- Les adjectifs suivants se terminent par *-cieux* :

artifi**cieux**	conscien**cieux**	judi**cieux**	pré**cieux**	spa**cieux**
astu**cieux**	déli**cieux**	licen**cieux**	révéren**cieux**	spé**cieux**
auda**cieux**	falla**cieux**	mali**cieux**	senten**cieux**	suspi**cieux**
avari**cie**	gra**cieux**	offi**cieux**	silen**cieux**	tendan**cieux**
capri**cieux**	insou**cieux**	perni**cieux**	sou**cieux**	vi**cieux**…

Mots en **-tion**, en **-sion** ou en **-ssion**

66 Les mots en *-tion*

- Les noms féminins suivants se terminent par *-tion* qui se prononce [sjɔ̃] :

aboli**tion**	coali**tion**	dégluti**tion**	dispari**tion**	inhibi**tion**
abrévia**tion**	coerci**tion**	démoli**tion**	disposi**tion**	intercep**tion**
accumula**tion**	compéti**tion**	denti**tion**	ébulli**tion**	interdic**tion**
acquisi**tion**	composi**tion**	déperdi**tion**	édi**tion**	nutri**tion**
addi**tion**	concilia**tion**	déposi**tion**	érudi**tion**	ondula**tion**
ambi**tion**	condi**tion**	déouta**tion**	expédi**tion**	opposi**tion**
apposi**tion**	contri**tion**	destitu**tion**	expira**tion**	proposi**tion**
audi**tion**	défini**tion**	discré**tion**	exposi**tion**	souscrip**tion**…

67 Les mots en *-sion* ou en *-ssion*

- Les noms féminins suivants se terminent par *-sion* [-sjɔ̃], ou par *-ssion* :

acce**ssion**	ascen**sion**	digre**ssion**	inver**sion**	répul**sion**
admi**ssion**	compréhen**sion**	discu**ssion**	obse**ssion**	révul**sion**
agre**ssion**	conce**ssion**	expul**sion**	perver**sion**	suppre**ssion**
appréhen**sion**	conver**sion**	incur**sion**	profe**ssion**	ten**sion**…

Le **pluriel** des noms composés

68 Règles générales

- Un nom composé est constitué de plusieurs mots séparés ou non par des traits d'union :
  à-propos, après-demain, chef-lieu, chasse-neige, pomme de terre, chef d'orchestre, self-made-man.

- Le pluriel d'un nom composé varie en fonction de la catégorie grammaticale de chacun de ses composants.

- Si un nom composé est formé avec un verbe, un adverbe, une préposition ou un préfixe, le verbe, l'adverbe, la préposition et le préfixe sont invariables :
  *des attrap**e**-nigauds, des arrièr**e**-boutiques, des **à**-côtés, des agr**o**-industries, des min**i**-ordinateurs.*

- Si un nom composé est formé avec un nom ou un adjectif, ceux-ci prennent ou non la marque du pluriel selon le sens :
  *des bouton**s**-pressio**n**, des bracelet**s**-montre**s**, des arc**s**-en-cie**l**, des chassé**s**-croisé**s**, des petit**s**-suisse**s**, des petit**s**-beurr**e**.*

69 Les différents cas de noms composés

1 Les noms composés formés d'un adjectif et d'un nom : tous deux prennent la marque du pluriel.

une basse-cour .... des basse**s**-cour**s**
un beau-frère...................................... des beau**x**-frère**s**
un château fort.................................... des château**x** fort**s**
un court-circuit .... des court**s**-circuit**s**
un haut-relief...................................... des haut**s**-relief**s**
une longue-vue .... des longue**s**-vue**s**
un petit déjeuner .... des petit**s** déjeuner**s**
une plate-bande .... des plate**s**-bande**s**...

2 Les noms composés formés de deux noms : tous deux prennent la marque du pluriel.

un chêne-liège..................................... des chêne**s**-liège**s**
un chef-lieu .... des chef**s**-lieu**x**
un chirurgien-dentiste......................... des chirurgien**s**-dentiste**s**
un drap-housse.................................... des drap**s**-housse**s**
une ferme-auberge.............................. des ferme**s**-auberge**s**
une loi-cadre....................................... des loi**s**-cadre**s**
un maître-nageur................................. des maître**s**-nageur**s**
un mot-clé... des mot**s**-clé**s**...

REMARQUE Le mot *volte-face* est invariable pour des raisons étymologiques (*volte* vient du verbe italien *voltare*, tourner.)

3 Les noms composés formés d'un nom et de son complément : le premier nom seul prend la marque du pluriel.

un abri-sous-roche .... des abri**s**-sous-roche
un amour-en-cage .... des amour**s**-en-cage
une année-lumière .... des année**s**-lumière
une assurance-vie .... des assurance**s**-vie
une barbe à papa .... des barbe**s** à papa
un chef-d'œuvre .... des chef**s**-d'œuvre
un chèque-service .... des chèque**s**-service
un fer à cheval .... des fer**s** à cheval
une pomme de terre .... des pomme**s** de terre
un timbre-poste .... des timbre**s**-poste...

REMARQUES
1. Attention à certains pluriels irréguliers : des *œils-de-bœuf, des ciels de lits*.
2. Les mots suivants ne prennent pas d'*s* pour permettre la liaison : *des coq-à-l'âne, des coq au vin, des face-à-face, des pot-au-feu, des tête-à-tête*.

4 Les noms composés formés d'un mot invariable et d'un nom (ou d'un adjectif) : le nom seul prend la marque du pluriel.

un à-coup .... des à-coup**s**
un aéro-club .... des aéro-club**s**
un à-pic .... des à-pic**s**
un après-rasage .... des après-rasage**s**
un ciné-club .... des ciné-club**s**
un en-tête .... des en-tête**s**
un haut-parleur .... des haut-parleur**s**
un micro-ordinateur .... des micro-ordinateur**s**
un nouveau-né .... des nouveau-né**s**
un oligo-élément .... des oligo-élément**s**...

REMARQUES
1. Quelques noms sont invariables en raison du sens :
des après-midi, des sans-abri, des sans-cœur, des sans-gêne.
2. Dans *nouveau-né* et *mort-né*, *nouveau* et *mort* sont considérés comme des adverbes :
des brebis mort-nées, nouveau-nées.

5 Les noms composés formés d'un verbe et de son complément : le verbe est invariable et le nom prend ou ne prend pas la marque du pluriel.

– le nom prend la marque du pluriel s'il peut être compté :
un chauffe-bain .... des chauffe-bain**s**
un couvre-lit .... des couvre-lit**s**
un essuie-glace .... des essuie-glace**s**

un tire-bouchon .... des tire-bouchon**s**
un porte-bébé .... des porte-bébé(**s**)
un presse-citron .... des presse-citron**s**

– le nom reste invariable s'il est unique ou abstrait :
un abat-jour .... des abat-jour
un aide-mémoire .... des aide-mémoire
un casse-croûte .... des casse-croûte
un chasse-neige .... des chasse-neige
un gratte-ciel .... des gratte-ciel
un porte-parole .... des porte-parole…

REMARQUES

1. Certains noms composés admettent les deux orthographes au singulier : *un accroche-cœur* ou *un accroche-cœurs, des accroche-cœurs ; un ouvre-boîte* ou *un ouvre-boîtes, des ouvre-boîtes ; un porte-carte* ou *un porte-cartes, des porte-cartes.*

D'autres admettent les deux formes au pluriel : *un cache-prise, des cache-prise* ou *des cache-prises ; un amuse-gueule, des amuse-gueule* ou *des amuse-gueules ; un trouble-fête, des trouble-fête* ou *des trouble-fêtes.*

2. Certains noms composés gardent toujours la marque du pluriel : *un essuie-mains, des essuie-mains ; un gobe-mouches, des gobe-mouches ; un pare-chocs, des pare-chocs ; un presse-papiers, des presse-papiers.*

6 Les noms composés avec le mot *garde*.

– Si le nom composé désigne une personne, le mot *garde* prend la marque du pluriel.
un (une) garde-barrière .... des garde**s**-barrière(s)
un garde-chasse .... des garde**s**-chasse(s)
un (une) garde-malade .... des garde**s**-malades

– Si le nom composé désigne une chose, le mot *garde* est invariable.
un garde-boue .... des garde-boue
un garde-fou .... des garde-fous
un garde-manger .... des garde-manger...

Dans les deux les cas, le nom qui suit le mot *garde* prend ou non la marque du pluriel, en fonction du sens.

7 Les noms composés formés d'une expression ou de deux verbes : tous les mots sont invariables.

un garde-à-vous .... des garde-à-vous
un je-ne-sais-quoi .... des je-ne-sais-quoi
un rendez-vous .... des rendez-vous
un va-et-vient .... des va-et-vient

8 Principaux noms composés d'origine anglo-américaine :

un after-shave .... des after-shave
un baby-foot .... des baby-foot
un (une) baby-sitter .... des baby-sitter**s**
un best-seller .... des best-seller**s**

un camping-car .... des camping-car**s**
un check-up .... des check-up
un cow-boy .... des cow-boy**s**
un disc-jockey .... des disc-jockey**s**
un eye-liner .... des eye-liner**s**
un fast-food .... des fast-food**s**
un free-shop .... des free-shop**s**
une garden-party .... des garden-party**s**
ou des garden-part**ies**
un happy end .... des happy end**s**
un hold-up .... des hold-up
un hot dog .... des hot dog**s**
un irish (-) coffee .... des irish (-) coffee**s**
un milk-shake .... des milk-shake**s**
un one-man-show .... des one-man-show
un pop-corn .... des pop-corn
un press-book .... .des press-book**s**
un pull-over .... des pull-over**s**
un punching-ball .... des punching-ball**s**
un self-made-man .... des self-made-man**s**
ou des self-made-**men**
une cover-girl .... des cover-girl**s**
un self-service .... des self-service**s**
un soap opera .... des soap opera**s**
une start-up .... des start-up
un steeple-chase .... des steeple-chase**s**
un story-board .... des story-board**s**
un sweat-shirt .... des sweat-shirt**s**
un talk-show .... des talk-show**s**
un talkie-walkie .... des talkie**s**-walkie**s**
un tee-shirt .... des tee-shirt**s**
ou un T-shirt .... des T-shirt**s**
un top (-) model[1] .... des top (-) model**s**
un week-end .... des week-end**s**…

REMARQUE Les mots composés d'origine latine sont le plus souvent invariables :
des a priori, des ex-voto, des post-scriptum, des Te deum, des vade-mecum, etc.
Certains ont été francisés :
des fac-similés.

9 Les noms déposés :

Les noms déposés sont légalement des noms propres invariables :
des Cocotte-Minute, des Coton-Tige… (D'un point de vue grammatical l'accord est cependant correct : *des Cocottes-Minute, des Cotons-Tiges).*

1. On écrit aussi un *top-modèle*, des *top-modèles*.

Le **pluriel** des noms et des adjectifs

70 Règles générales

- Le pluriel des noms communs et des adjectifs se forme en général en ajoutant un *s* au singulier :
  *un avion, des avion**s** ; une voiture, des voiture**s** ; il est aimable, ils sont aimable**s**.*

- Les noms et adjectifs terminés par *s*, *x* et *z* ne changent pas au pluriel :
  *un avis, des avi**s** ; un prix, des pri**x** ; un nez, des ne**z**. Il est mauvais, ils sont mauvai**s**. Il est vieux, ils sont vieu**x**.*

- Les noms et adjectifs en *-al* ont leur pluriel en *-aux* (*un cheval, des chev**aux** ; un journal, des journ**aux** ; un tribunal, des tribun**aux***), sauf les noms suivants qui ont un pluriel régulier en *s* :
  bal, cal, carnaval, cérémonial, chacal, choral, étal[1]*, festival, gavial, idéal, narval, nopal, pal, récital, régal, rorqual, santal, serval, sisal, val.*

- Les noms et adjectifs en *-au*, *-eau* et *-eu* ont leur pluriel en *-aux*, *-eaux* et *-eux*, sauf les mots suivants :
  grau, landau, sarrau, bleu (et ses composés), *émeu, enfeu*[2]*, feu* (l'adjectif), *lieu* (le poisson), *pneu* (et ses composés), *richelieu*[3], qui ont un pluriel régulier en **-s** : *des graus, des landaus*, etc.

- Certains noms en *-ou* ont leur pluriel en *-oux* :
  *un bijou, des bij**oux** ; un caillou, des caill**oux** ; un chou, des ch**oux** ; un genou, des gen**oux** ; un hibou, des hib**oux** ; un joujou, des jouj**oux** ; un pou, des p**oux**.*

  Les autres suivent la règle générale du pluriel :
  *un clou, des clou**s** ; un verrou, des verrou**s***, etc.

- Certains noms en *-ail* ont leur pluriel en *-aux* :
  *un bail, des b**aux** ; un corail, des cor**aux** ; un soupirail, des soupir**aux** ; un vantail, des vant**aux** ; un vitrail, des vitr**aux**.*

  Les autres suivent la règle générale du pluriel en *s* :
  *un épouvantail, des épouvantail**s** ; un gouvernail, des gouvernail**s** ; un rail, des rail**s***, etc.

71 Pluriels particuliers

Les notes de musique

Le nom des notes de musique est invariable (*des **do** bémol, des **fa** dièse).*

Les jours de la semaine

– Au pluriel, le nom des jours de la semaine prend un **s** :

*Il va au cinéma tous les lundi**s**.*

– Mais on écrit :

*Il va au cinéma tous les lundi**s** soir* (« soir » a la fonction d'un adverbe).

Les noms toujours pluriels

Les noms suivants ne s'emploient qu'au pluriel :

accordailles, affres, agissements, aguets, alentours, ambages, annales, appas, appointements, archives, armoiries, arrérages, arrhes, atours, condoléances, confins, décombres, fiançailles, frais, funérailles, honoraires, mœurs, obsèques, ossements, sévices, ténèbres, etc.

L'accord en nombre des adjectifs

– Avec plusieurs noms coordonnés par *et*, par *ou* et par *ni*, avec un nom au pluriel.

– Avec le pronom personnel *on* :
On est un pronom masculin singulier, mais l'accord peut se faire au pluriel quand *on* représente un nom pluriel :

1. Les mots *étal*, *idéal* et *val* ont deux pluriels : *étals* et *étaux*, *idéals* et *idéaux*, *vals* et *vaux*.
2. Un *enfeu* est une niche funéraire.
3. Un *richelieu* est une chaussure basse à lacets.

***on** n'est jamais **sûr** de rien. **On** est tous ég**aux** devant la loi. Marie et moi, **on** est heur**euses** de partir en vacances.*

– Avec *peu de*, l'accord se fait avec le nom qui suit :

*peu de monde est satisfait. Peu d'hommes sont satisfait**s**. Peu de femmes sont satisfait**es**.*

– Avec *plus d'un* :

- si *plus d'un* est suivi d'un nom au singulier, l'accord se fait avec ce nom (*Plus d'un invité était gai*) ;
- si *plus d'un* est suivi d'un nom au pluriel, l'accord se fait soit avec le mot collectif et se met donc au masculin singulier, soit avec le mot complément :

plus d'un de ces hommes m'était inconnu ou *plus d'un de ces hommes m'étai**ent** inconnu**s**.*

– Avec *la totalité de, le plus grand nombre de*, l'accord se fait au singulier :

La totalité des candidats était très émue. Le plus grand nombre de spectateurs demeurait impassible.

– Avec *la plupart (de)*, l'accord se fait au pluriel :

*La plupart des enfants étaient content**s**. La plupart sont déjà guéri**s*** (ou *guéri**es***). *Ces avions sont anciens ; la plupart ont été construit**s** il y a plus de trente ans.*

REMARQUES

1. *La plupart de* suivi d'un nom au singulier est rare et vieilli, sauf dans l'expression *la plupart du temps.*
2. Avec *la plupart,* l'accord se fait avec le complément sous-entendu : *la plupart (des enfants)* ou *la plupart (des personnes).*

Les noms déposés

Les noms déposés sont légalement des noms propres invariables et ne peuvent prendre la marque du pluriel qu'avec l'accord de leurs propriétaires :

des Bonbel, des Coton-Tige, des Escalator, des Peugeot, etc.

Les noms de produits

Les noms des produits prennent un *s* au pluriel :

*des bourgogne**s**, des camembert**s**, des champagne**s**, etc.*

Les noms propres

– Les noms propres sont, en principe, invariables puisqu'ils désignent une personne ou un lieu uniques :

les Goncourt, les Durand, les deux Marie. Il n'y a pas deux Prague mais il existe deux Vienne.

Cependant, l'accord du pluriel, qui se faisait en latin, était de règle jusqu'au XVIIIe siècle. Aujourd'hui, la tendance générale est à l'invariabilité, mais certains noms de familles illustres ou de dynasties prennent la marque du pluriel :

*les Bourbon**s**, les Capet**s**, les César**s**, les Condé**s**, les Constantin**s**, les Curiace**s**, les Guise**s**, les Horace**s**, les Paléologue**s**, les Plantagenêt**s**, les Stuart**s**, les Tudor**s**.*

Mais on écrit sans *s* :

les Hohenzollern, les Romanov, les Habsbourg, les Visconti, les Borgia, les Bonaparte.

– Les noms propres employés comme noms communs prennent la marque du pluriel :

*« J'ai vu des Sophocle**s**, des Archimède**s**, des Platon**s**... »* (P. Valéry).

– Les noms d'artistes utilisés pour désigner leurs œuvres sont en principe invariables :

le musée a acheté des Rembrandt et des Raphaël[1].

– Les noms de personnes ou d'êtres qui désignent des œuvres d'art prennent la marque du pluriel :

*il a admiré plusieurs Diane**s** et plusieurs Apollon**s**.*

– Les noms de journaux, de revues, les titres de romans, de pièces de théâtre sont toujours invariables :

des Figaro, des Officiel des spectacles, des Macbeth.

1. On rencontre parfois l'orthographe avec ***s,*** qui n'est pas considérée comme fautive : *Le musée a acheté des Rembrandts et des Raphaëls.*

REMARQUES

1. Ces noms propres sont employés au pluriel par effet de style. On pourrait dire *des hommes comme Sophocle, Archimède et Platon*. En revanche, lorsqu'un nom propre est précédé d'un article pluriel mais désigne une seule personne, il reste au singulier :

« Ici, les Joffre, les Castelnau, les Fayolle, les Foch, les Pétain » (P. Valéry).

2. Les noms géographiques peuvent prendre la marque du pluriel s'ils s'appliquent à des réalités distinctes :

les Amériques, les Guyanes, les deux Corées.

L'emploi de l'**adjectif**

1 La place de l'adjectif épithète

L' adjectif épithète est placé soit immédiatement avant ou après le nom, soit séparé par une virgule. Quand il est à proximité iimmédiate du nom, il vient le plus souvent après lui :

un pari impossible ; un climat doux et humide,

mais c'est l'usage plus que des règles qui fixe la place de l'épithète.

– Certains adjectifs se placent indifféremment avant ou après le nom :

un vaste terrain ou *un terrain vaste.*

– Avec certains noms, certains adjectifs se placent obligatoirement avant le nom :

j'ai fait un bon repas (et non *un repas bon*).

– Ces adjectifs se placent après le nom s'ils ont un complément :

ce n'est pas un mauvais garçon ; mais *ce n'est pas un garçon plus mauvais qu'un autre.*

– Avec d'autres noms, les adjectifs se placent obligatoirement après le nom :

c'est un homme bon (et non *un bon homme*).

– On peut presque toujours mettre après le nom un adjectif épithète normalement placé avant et réciproquement. C'est un procédé fréquemment utilisé en littérature pour mettre un mot en relief et faire un effet de style :

une douloureuse expérience ; un tragique événement ; un homme vieux.

2 Changement du sens de l'adjectif selon sa place

– Selon qu'il est placé avant ou après le nom, le sens de certains adjectifs peut être légèrement différent :

- *un nouveau film* (un film qui vient de sortir) ;
- *un film nouveau* (ce peut être un film qui apporte quelque chose de neuf à l'art cinématographique).

– Voici des exemples avec les principaux adjectifs qui ont des sens différents selon qu'ils sont placés avant ou après le nom :

- *un* ***ancien*** *pétrin* (qui a perdu sa fonction primitive) ; *un pétrin* ***ancien*** (une antiquité) ;
- *un homme* ***brave*** (courageux) ; *un* ***brave*** *homme* (bon) ;
- *un âge* ***certain*** (avancé) ; *un* ***certain*** âge (moyen) ;
- *ma* ***chère*** *amie* (à qui je tiens) ; *une voiture* ***chère*** (onéreuse) ;
- *un homme* ***grand*** (de taille élevée) ; *un* ***grand*** *homme* (célèbre, qui a réalisé de grandes choses) ;
- *la* ***même*** *semaine ; la semaine* ***même*** ;
- *un* ***pauvre*** *type* (pitoyable) ; *un type* ***pauvre*** (sans argent) ;
- *un* ***sale*** *type* (un voyou) ; *un type* ***sale*** (malpropre) ;
- *un* ***seul*** *enfant* (unique) ; *un enfant* ***seul*** (abandonné) ;
- *un mécanisme* ***simple*** (non complexe) ; *un* ***simple*** *mécanisme* (rien d'autre qu'un mécanisme) ;
- *une forêt* ***sombre*** (obscure) ; *un* ***sombre*** *pressentiment* (funeste) ;
- *un* ***triste*** *personnage* (sans valeur) ; *un personnage* ***triste*** (qui n'est pas gai).

3 La place des adjectifs numéraux ordinaux

- Ils se placent généralement devant le nom :

il habite au ***troisième*** *étage ; c'est leur* ***deuxième*** *fille.*

- *Dernier* est généralement assimilé à un numéral ordinal et on le place également avant le nom :

c'est leur ***dernière*** *fille.*

◗ *Premier* suit le nom lorsqu'il accompagne le nom d'un roi ou quand il signifie « originel, primitif » :

*François **premier** (François Ier) ; des matières **premières**.*

– *Premier* et *dernier* suivent le nom quand ils s'emploient avec *semaine, jour, année*... pour situer un événement par rapport au moment où l'on parle :

*il est venu la semaine **dernière*** ; mais *il est venu la **dernière** semaine de novembre.*

4 Emploi de l'adjectif numéral ordinal ou du déterminant numéral cardinal

◗ Avec les noms de jours, d'années, de rois, on emploie souvent un numéral cardinal *(un, deux, trois...)* au lieu d'employer un numéral ordinal *(premier, deuxième, troisième...)* :

- *le 25 avril*, pour *le vingt-cinquième (jour) d'avril ;*
- *Louis XIV*, pour *Louis le quatorzième.*

◗ Avec les noms désignant des parties d'ouvrages littéraires *(chapitre, tome, acte...)*, on peut employer indifféremment le numéral cardinal ou le numéral ordinal, celui-ci pouvant être placé avant ou après le nom :

j'en suis au chapitre trois ; j'en suis au chapitre troisième ; j'en suis au troisième chapitre.

◗ Quand les cardinaux qui normalement varient *(un, vingt, cent)* ont valeur d'ordinal, ils restent invariables :

ouvrez votre livre page quatre-vingt puis page deux cent ; pour aller à la Bastille, prenez le métro, ligne un.

5 Les adjectifs sans comparatif

◗ Les adjectifs qui sont en eux-mêmes des comparatifs ne peuvent être accompagnés des adverbes de comparaison *plus, moins, aussi.* C'est le cas de :

antérieur, extérieur, inférieur, intérieur, majeur, meilleur, mineur, moindre, pire, postérieur, supérieur, ultérieur.

◗ On peut cependant exprimer l'idée du comparatif à l'aide d'autres adverbes :

*c'est **bien meilleur** ainsi* (et non **c'est plus meilleur) ; c'est **encore pire**.*

◗ De même, on n'emploie pas *plus, moins, aussi* avec des adjectifs qui indiquent une relation (un conseil municipal ne peut pas être *plus municipal* ou *moins municipal* qu'un autre) ou avec des adjectifs dont le sens exclut toute idée de comparaison (un groupe est *entier* ou ne l'est pas ; il ne peut pas l'être *plus* ou *moins*).

◗ Mais, quand ils sont pris dans un sens figuré ou dans un sens atténué, certains de ces adjectifs peuvent être modifiés par un adverbe comparatif :

*Paul était beaucoup **plus entier** il y a quelques années ; il est plus pondéré maintenant.*

6 Le complément du comparatif

◗ Il peut y avoir ellipse du verbe dans la proposition complément introduite par *que*. S'il n'y a pas ellipse, généralement, on reprend la proposition principale par le pronom neutre *le* et on emploie le *ne* explétif dans la proposition complément :

c'est plus difficile que prévu (ou *c'est plus difficile qu'il ne l'avait prévu).*

7 Les adjectifs sans superlatif

Certains adjectifs ne peuvent pas être accompagnés de *le plus, le moins.* Ce sont les mêmes que les adjectifs sans comparatif.

8 Le complément du superlatif

◗ Le complément du superlatif est un nom introduit par *de* (parfois aussi *entre* ou *parmi*) ou une proposition généralement au subjonctif introduite par *que :*

- *Natacha est la plus âgée **de ses filles** ;*
- *c'est le meilleur ami **que je lui connaisse*** (ou *que je lui connais).*

GRAMMAIRE

L'accord de l'**adjectif**

9 L'accord en genre

◗ L'adjectif s'accorde en genre avec le ou les noms auxquels il se rapporte :
*il porte une veste vert**e** ; il porte une veste et une chemise vert**es**.*

– Mais, si un même adjectif qualifie plusieurs noms de genres différents, il se met au masculin pluriel :
*il porte une veste et un pantalon vert**s**.*

◗ L'adjectif peut être employé avec plusieurs noms, mais ne se rapporter qu'à un seul.

– Dans ce cas, l'accord se fait avec ce nom :
*il porte une veste et un pantalon **vert*** (seul le pantalon est vert, la couleur de la veste n'est pas précisée).

10 L'accord en nombre

◗ L'adjectif s'accorde en nombre avec le nom auquel il se rapporte :
*les joueurs les plus sagace**s** ont été récompensés.*

◗ Lorsque l'adjectif est employé avec plusieurs noms coordonnés (qu'ils soient au singulier ou au pluriel), il se met au pluriel :
*il a encore sa grand-mère et son grand-père maternel**s**.*

– Mais, si l'adjectif ne qualifie qu'un seul nom parmi ces noms coordonnés, il s'accorde alors avec ce seul nom :
*les joueurs et l'arbitre **grisonnant** couraient sur le stade.*

◗ Un nom pluriel peut être qualifié par deux (ou plus) adjectifs singuliers :
*le phénomène est apparu aux **dix-neuvième** et **vingtième** siècles.*

◗ Si l'ensemble des noms est constitué de plusieurs noms au singulier désignant la même chose, l'adjectif s'accorde avec le dernier nom :
*ils découvrirent un manoir, un château, une bâtisse **importante.***

◗ Si le nom a un complément introduit par *de*, l'accord de l'adjectif se fait avec le nom ou avec son complément selon que l'adjectif se rapporte à l'un ou à l'autre :
- *les joueurs de l'équipe **néerlandaise*** (c'est l'équipe qui est néerlandaise) ;
- *les joueurs de l'équipe **épuisés*** (ce sont les joueurs qui sont épuisés).

11 L'adjectif employé comme adverbe

◗ On peut employer certains adjectifs comme adverbes. En principe, ils sont alors invariables :
- *des cheveux coupés **court** ;*
- *ces voitures sont vendues beaucoup plus **cher** que l'année dernière.*

– Les principaux adjectifs s'employant fréquemment comme adverbes sont les suivants :

bon	creux	fort	plein
chaud	droit	froid	raide
cher	dru	haut	ras
chic	dur	juste	triste
clair	faux	mauvais	
court	fin	menu	

◗ Certains, comme *bon, frais, grand, large,* sont cependant traditionnellement accordés dans des locutions figées :
- *il avait laissé la fenêtre **grande** ouverte ;*
- *ses invités lui offrirent un bouquet de fleurs **fraîches** écloses.*

12 Les adjectifs de couleur simples

◗ Comme tous les adjectifs, ils s'accordent en nombre et en genre avec le nom auquel ils se rapportent :

une lumière ***blanche*** *; des pommes* ***vertes*** *; les joues* ***rouges****.*

– Outre les adjectifs de couleur très courants tels que *vert, jaune, rouge,* on compte parmi les adjectifs : *beige, vermeil, incarnat, fauve, écru, bai,* etc. :

des roses ***incarnates*** *; une bouche* ***vermeille****.*

◗ Les adjectifs d'origine étrangère restent invariables. C'est notamment le cas de *kaki* et de *auburn :*

des cheveux ***auburn*** *; des tenues de combat* ***kaki.***

◗ *Châtain* est un adjectif qui prend un *s* au pluriel, mais dont le féminin est le plus souvent sous la forme *châtain* (rarement, *châtaine*) :

une jeune fille ***châtain.***

13 Les noms de couleur employés comme adjectifs

◗ Certains noms communs, désignant le plus souvent une plante, un minéral, etc., sont employés adjectivement pour évoquer une couleur. Dans ce cas, ils ne s'accordent pas :

des yeux ***noisette*** *; des tissus* ***paille*** *; une paire de gants* ***crème.***

◗ C'est notamment le cas pour *marron* et *orange* employés très couramment avec une valeur d'adjectif de couleur et qui ne doivent jamais s'accorder :

une veste ***marron*** *; des vestes* ***marron*** *; des complets* ***marron*** *; des dossards* ***orange.***

◗ Les principaux noms qui restent invariables quand ils sont employés comme adjectifs de couleur sont les suivants :

abricot
absinthe
acajou
amarante
améthyste
anthracite
ardoise
argent
aubergine
aurore
azur
banane
bistre
bitume
brique
bronze
cachou
café
café-au-lait
cannelle
capucine
caramel
carmélite
carmin
céladon
cerise
chair
chamois
champagne
chocolat
ciel
citron
cobalt
coquelicot
corail
crème
crevette
cuisse-de-nymphe
cuivre
cyclamen
ébène
émeraude
feuille-morte
framboise
garance
gorge-de-pigeon
grenat
groseille
havane
indigo
isabelle
ivoire
jade
jonquille
kaki
lavande
lie-de-vin
magenta
marengo
marine
marron
mastic
miel
mirabelle
moutarde
nacarat
nacre
noisette
ocre
olive
or
orange
outremer
paille
pastel
pastèque
pêche
perle
pervenche
pétrole
pie
pistache
pivoine
platine
poivre et sel
pomme
ponceau
prune
puce
réséda
rouille
sable
safran
sang-de-bœuf
saphir
saumon
sépia
serin
soufre
tabac
tango
terre-de-Sienne
tête-de-Maure
tête-de-nègre
thé
tilleul
tomate
topaze
turquoise
vanille
ventre-de-biche
vermillon
vert-de-gris…

GRAMMAIRE

14 Le cas de la couleur exprimée par plusieurs mots

Si l'expression de la couleur se fait à l'aide de plusieurs mots, tous restent invariables :

*des rideaux **bleu foncé** ; des affiches **bleu-vert** ; des coussins **jaune citron** ; des bas **caca d'oie** ; de la peinture **vieux rose**.*

Quand des adjectifs de couleur sont coordonnés par *et*, on fait ou non l'accord selon que l'ensemble est constitué de plusieurs couleurs (on fait l'accord) ou que l'ensemble constitue une seule teinte (on laisse invariable) :

- *des drapeaux **bleus, blancs et rouges*** (des drapeaux bleus, des blancs et des rouges) ;
- *des drapeaux **bleu, blanc et rouge*** (des drapeaux tricolores).

L'accord des formes en **-ant**

15 L'adjectif verbal et le participe présent

Pour savoir si l'on doit ou non accorder une forme en *-ant*, il faut distinguer l'adjectif verbal du participe présent. En effet, seuls les adjectifs verbaux s'accordent ; les participes présents sont invariables.

L'adjectif verbal exprime un état, une qualité. Il peut être modifié par des adverbes qui le précèdent :

- *cochez d'une croix la case **correspondante** ;*
- *elle est très **aimante**.*

Le participe présent est un verbe : il exprime une action et peut avoir les mêmes compléments qu'un verbe conjugué, notamment un complément d'objet direct pour les verbes transitifs. Il peut être modifié par des adverbes qui le suivent :

- *cochez d'une croix la case **correspondant** à votre choix ;*
- *les personnes **venant** souvent recevront une carte de fidélité ;*
- *vous vous reporterez au chapitre **précédant** la conclusion.*

L'accord du **participe passé**

16 Le participe passé employé sans auxiliaire

Le participe passé employé sans auxiliaire est considéré comme un adjectif et s'accorde en genre et en nombre avec le nom ou le pronom auquel il se rapporte :

- *confortablement **installée** dans un fauteuil, elle lisait le journal ;*
- *nous savourions ces beaux jours **ensoleillés**.*

Quelques participes employés sans auxiliaire présentent des particularités quant à leur accord. C'est le cas :

– de *approuvé, lu* et *vu* qui sont invariables quand ils figurent au bas d'un document (contrat, lettre, etc.) :

***lu et approuvé** le 15 mars à Paris ;*

– des participes et locutions suivants, qui prennent la valeur d'une préposition lorsqu'ils précèdent immédiatement le nom. Ils sont alors invariables :

approuvé	ci-joint	excepté	passé
attendu	communiqué	lu	reçu
certifié	compris	non compris	supposé
ci-annexé	entendu	ôté	vu
ci-inclus	étant donné	ouï	y compris

- ***approuvé*** *les ajouts en marge ;*
- *elles sont toutes mariées,* ***excepté*** *la cadette ;*
- ***passé*** *les derniers jours de vacances, il n'y a plus un seul touriste ;*
- ***étant donné*** *les circonstances, il a dû s'abstenir ;*

◗ Lorsque ces participes suivent le nom, ils s'accordent normalement :

- *les ajouts en marge* ***approuvés*** *;*
- *elles sont toutes mariées, la cadette* ***exceptée*** *;*
- *les derniers jours de septembre* ***passés****… ;*
- *vous trouverez votre nouvelle police d'assurance* ***ci-jointe*** *;*
- *les explications* ***étant données,*** *il s'est abstenu.*

17 Le participe passé des verbes conjugués avec *être*

◗ Les participes passés conjugués avec être s'accordent en genre et en nombre avec le sujet :

- *Alice, à quelle heure es-tu* ***sortie*** *?*
- *elle était confortablement* ***installée*** *dans son fauteuil et lisait ;*
- *ses parents avaient été* ***ravis*** *de la revoir.*

> **REMARQUE** Cette règle ne s'applique pas aux verbes pronominaux qui, bien que conjugués avec *être,* suivent des règles d'accord particulières (Voir aussi : *Le participe passé des verbes pronominaux*, 19).

◗ Si le sujet est un *nous* de modestie ou un *vous* de politesse (*nous* et *vous* désignent une seule personne), le participe passé reste au singulier :

- *dans cette étude, nous sommes* ***parti*** *d'une simple observation ;*
- *vous serez naturellement tout* ***excusé*** (il s'agit d'un homme).

◗ Le participe passé se met au pluriel s'il a deux sujets, et au masculin si l'un au moins des sujets est au masculin :

- *Pierre et Marie sont* ***partis*** *ce matin ;*
- *la jupe et le jupon sont* ***cousus*** *ensemble.*

18 Le participe passé des verbes conjugués avec *avoir*

◗ Si le verbe n'a pas de complément d'objet direct (COD) ou si le COD est placé après le verbe, le participe reste invariable :

- *tous les enfants ont* ***sauté*** *de joie en apprenant la nouvelle ;*
- *les nouveaux locataires ont* ***emménagé*** *aujourd'hui ;*
- *ils avaient* ***apporté*** *tous les documents nécessaires au dossier.*

◗ Si le verbe est précédé de son COD, le participe passé s'accorde en genre et en nombre avec ce COD :

- *quels problèmes as-tu* ***rencontrés*** *?*
- *ces œuvres, je les ai toutes* ***lues*** *;*
- *je ferai un résumé des œuvres que j'aurai* ***lues*** *;*
- *quelle énergie il aura* ***dépensée*** *pour ce projet !*

◗ Le participe passé des verbes intransitifs, transitifs indirects et impersonnels reste toujours invariable puisque ces verbes n'ont jamais de COD :

quelles tempêtes il y a ***eu*** *dans cette région !*

▶ Les verbes tels que *courir, valoir, coûter, peser*... restent invariables s'ils sont accompagnés d'un complément circonstanciel indiquant une mesure, un poids, une durée... (à ne pas confondre avec un COD) et s'accordent si le complément est un véritable COD :
- *les mille euros qu'a* ***valu*** *cette bague ;*
- *les récompenses que m'ont* ***values*** *ces efforts.*

▶ Le fait que le COD soit accompagné d'un attribut n'empêche pas le participe de s'accorder avec le COD qui le précède :
ces motifs, ils les avaient ***trouvés*** *peu convaincants.*

▶ Lorsque le participe est suivi d'un infinitif, il y a lieu de distinguer deux cas.
– Si le COD qui précède le participe est COD de l'infinitif, il n'y a pas accord :
- *les fruits que j'avais* ***espéré*** *manger* (fruits = COD de manger) ;
- *la pièce que j'ai* ***vu*** *interpréter* (pièce = COD de interpréter) ;
- *les airs qu'elle a* ***choisi*** *de chanter* (airs = COD de chanter).

– Si le COD qui précède le participe est à la fois COD du verbe conjugué et sujet de l'infinitif (dans ce cas, ce COD représente celui qui fait l'action désignée par l'infinitif), il y a accord avec le COD :
- *l'actrice que j'ai* ***vue*** *jouer* (c'est l'actrice qui fait l'action de jouer) ;
- *nous les avions* ***empêchés*** *de commettre une erreur.*

▶ Les participes *dit, supposé, affirmé*... et *cru, jugé, pensé*... sont invariables, car c'est la proposition infinitive qui est leur COD et non le pronom :
- *ces candidats qu'on a* ***supposé*** *être les meilleurs ;*
- *on les avait* ***dit*** *être infaillibles.*

▶ Si l'infinitif est sous-entendu, le participe est invariable :
je lui ai accordé toutes les réductions que j'ai ***pu*** (sous-entendu *lui accorder*).

▶ Le participe passé de *faire* suivi d'un infinitif est toujours invariable.

19 Le participe passé des verbes pronominaux.

L'accord du participe passé des verbes pronominaux dépend de la valeur du pronom réfléchi.

▶ Le pronom des verbes essentiellement pronominaux (c'est-à-dire ceux qui n'auraient aucun sens sans le pronom) et celui des pronominaux de sens passif n'ayant pas de véritable fonction, le participe passé s'accorde en genre et en nombre avec le sujet :
- *elles se sont longtemps* ***souvenues*** *de cette aventure ;*
- *les produits électroménagers se sont mieux* ***vendus*** *cette année.*
– Le participe de *s'arroger* reste invariable si le COD ne le précède pas :
elles se sont ***arrogé*** *certains droits ;* mais *les droits qu'elles se sont* ***arrogés****.*

– Le participe de *se rendre compte* est toujours invariable :
ils ne s'étaient ***rendu compte*** *de rien.*

▶ Pour les pronominaux de sens réciproque (action mutuelle) et pour ceux de sens réfléchi (action sur soi-même), il y a lieu de se demander quelle est la fonction du pronom réfléchi (en transformant éventuellement la phrase à l'aide d'une construction avec *avoir*).

– Si le pronom est complément d'objet direct (COD), le participe s'accorde avec ce pronom (donc avec le sujet, puisque le pronom représente la même personne que le sujet) :
- *les enfants se sont* ***lavés*** *après le dîner* (ils ont lavé « eux ») ;
- *ils ne se sont pas* ***vus*** *depuis très longtemps* (ils ont vu « eux »).

– Si le pronom n'est pas COD, le participe ne s'accorde que si un autre COD le précède.

- *elle s'est **offert** de belles vacances* (elle a offert à elle de belles vacances : *se* n'est pas COD et *de belles vacances,* COD, est placé après le verbe) ;
- *les vacances qu'elle s'est **offertes*** (elle a offert à elle des vacances : *se* n'est pas COD et *les vacances,* COD, est placé avant le verbe).

◗ Les verbes pronominaux suivis d'un infinitif suivent la même règle que celle énoncée pour les verbes conjugués avec *avoir* dont le participe passé est suivi d'un infinitif :
- *Magali s'est **laissée** tomber* (c'est Magali qui fait l'action de tomber) ;
- *Aude s'est **laissé** prendre au piège* (Aude est COD de l'infinitif).

Place du mot dans la phrase

20 Reprise ou omission du pronom personnel sujet

Lorsque plusieurs verbes se succèdent dans une phrase, la reprise ou l'omission du pronom personnel sujet dépend du lien qui existe entre les différentes propositions.

◗ Si les propositions sont juxtaposées, on répète le pronom personnel :
__ils__ ont entendu un bruit, __ils__ sont sortis, __ils__ n'ont rien vu.

– Cependant, si on recherche un effet de style, on peut ne pas reprendre le pronom personnel :
__elle__ s'assit, réfléchit un instant, prit une feuille et se mit à écrire.

◗ Si les propositions sont coordonnées, la reprise du pronom personnel n'est pas obligatoire, sauf avec les conjonctions *car* et *or* :
__ils__ ont entendu un grand vacarme et ont senti la maison trembler ; mais *__ils__ ne se regardaient pas et ne disaient rien car __ils__ avaient peur.*

◗ Si le sujet est un pronom personnel inversé, il est systématiquement répété :
avaient-__ils__ peur ou étaient-__ils__ simplement curieux ?

– On répète également le sujet s'il s'agit de *il* impersonnel ou de *on* :
__il__ pleuvait et __il__ ventait ; __on__ entendit la pluie et __on__ vit des éclairs.

21 Reprise ou omission du pronom personnel complément

◗ Si deux verbes juxtaposés ou coordonnés ont un même pronom complément, la répétition est obligatoire aux temps simples des verbes :
ce magazine, ils __le__ lisent et __le__ jettent.

– Aux temps composés, la répétition du pronom n'est obligatoire que si l'auxiliaire lui-même est répété :
ils __l'__ont lu et jeté ; mais *ils __l'__ont lu et __l'__ont jeté.*

◗ Si les deux mêmes pronoms ont des fonctions différentes dans la phrase, il faut les répéter. Dans l'exemple ci-dessous, le premier *m'* est complément d'objet direct, le second correspond à un complément indirect :
il __m'__a appelé puis __m'__a rendu visite (et non **il m'a appelé puis rendu visite*).

22 Omission du pronom personnel réfléchi avec les verbes pronominaux

◗ Si plusieurs verbes pronominaux sont coordonnés, le pronom est obligatoirement repris :
les enfants __se__ taquinent, __se__ chamaillent et __se__ poursuivent en s'appelant.

◗ Le pronom personnel réfléchi d'un verbe à l'infinitif peut être omis après

les verbes *faire, envoyer, laisser, mener* et *emmener* :
*- j'ai rallumé le feu qu'il a laissé éteindre (ou qu'il a laissé **s**'éteindre) ;*
*- on l'envoyait coucher de bonne heure (ou on l'envoyait **se** coucher...).*

23 Place du pronom personnel complément d'un infinitif

◗ Le pronom personnel complément d'un infinitif se place généralement entre le verbe conjugué et l'infinitif, alors qu'un groupe nominal se place après l'infinitif :
*je passerai **vous** chercher à la gare puis j'irai apporter **le paquet** à la poste.*

◗ Lorsque l'infinitif est construit avec un verbe tel que *faire, envoyer, laisser, entendre, voir, regarder,* le pronom se place avant le verbe conjugué :
*- ce paquet, je **le** ferai porter à la poste ;*
*- il aime beaucoup ce requiem ; il **l'**a entendu interpréter par différents chœurs ;*
*- il **vous** a envoyé chercher, mais vous étiez absent.*

– Cependant, si ce verbe est lui-même construit avec un complément d'objet direct (COD), le pronom est obligatoirement placé après le verbe si le COD est un groupe nominal :
*vous réaliserez l'expérience, puis vous laisserez les enfants **la** décrire.*

– Si le COD est un pronom personnel, l'autre pronom complément peut être placé avant le verbe ; il prend alors la forme *lui, leur* :
*vous **la leur** laisserez décrire* (au lieu de *vous **les** laisserez **la** décrire*).

24 Place du pronom personnel complément d'un impératif

◗ Lorsque l'impératif est à la forme affirmative, les pronoms personnels se placent après le verbe, auquel ils sont joints par un trait d'union. Le pronom complément d'objet direct précède toujours le complément d'objet indirect :
*donne-**le-moi*** (et non **donne-moi-le) ; apporte-**le-lui**.*

◗ Les pronoms *en* et *y* se placent en dernier :
*apporte-**nous-en*** (et non **apportes-en-nous) ; fiez-**vous-y**.*

◗ Devant *en* et *y*, les pronoms des première et deuxième personnes du singulier s'élident :
*donne-**m'en** ; fie-**t'y**.*

◗ Lorsque l'impératif est à la forme négative, les pronoms se placent toujours avant le verbe :
*- ne **me le** donne pas maintenant ;*
*- ne **m'en** donne pas maintenant ;*
*- ne **le lui** apporte pas, je m'en chargerai ;*
*- ne **vous y** fiez pas.*

25 Omission et répétition des prépositions

◗ Lorsque plusieurs compléments introduits par la même préposition sont coordonnés, la préposition est répétée s'il s'agit des prépositions *à*, *de* ou *en* :
*il se consacrait **au** modélisme, **au** jardinage et **à** la pêche.*

◗ S'il s'agit d'une autre préposition, on l'omet généralement dans la coordination :
*- il s'engagea **dans** des enfilades de pièces sombres, des couloirs interminables et des successions d'escaliers sans lumière ;*
*- elle est très appréciée **par** ses collègues et ses supérieurs hiérarchiques.*

– La répétition peut se faire en vue d'obtenir un effet de style, soit pour insister sur chacun des compléments, soit pour marquer une opposition ou une alternative :
*- elle insista **pour** y aller, **pour** s'occuper de tout, **pour** en finir vite ;*
*- allait-il mourir **par** le fer ou **par** le feu ?*

26 Inversion du groupe nominal sujet dans les phrases affirmatives

Dans les phrases affirmatives, le sujet, qui, le plus souvent, précède le verbe, peut être rejeté après celui-ci dans la langue écrite soutenue quand la phrase commence par l'attribut, le verbe, un adverbe ou un complément, ou encore un adjectif épithète détaché :

- *tel fut* ***son étonnement*** *qu'il resta coi ;*
- *« Vienne* ***la nuit****, sonne* ***l'heure*** *»* (Apollinaire) ;
- *en février partiront* ***les oies bernaches ;***
- *seuls seront pris en compte* ***les progrès effectués.***

27 Inversion du groupe nominal sujet dans les phrases interrogatives

◗ Dans les phrases interrogatives totales non introduites par *est-ce que*, le sujet n'est pas inversé, mais il est repris par un pronom personnel placé après le verbe :

le train *partira-t-****il*** *à l'heure ?*

– Quand ces phrases sont introduites par *est-ce que*, le sujet n'est ni inversé ni repris par un pronom personnel :

est-ce que ***le train*** *partira à l'heure ?*

◗ Dans les phrases interrogatives partielles, si la phrase commence par une interrogation portant sur le sujet, le sujet n'est jamais repris :

- ***quel salarié*** *accepterait ces conditions ?* (et non *quel salarié accepterait-il ces conditions ?)*
- ***combien de personnes*** *seront présentes ?* (et non *combien de personnes seront-elles présentes ?)*

– Si la phrase commence par *que* ou *quel* attributs, il y a inversion du sujet :

- *que deviendront tous* ***ces jeunes*** *?*
- *quel est* ***leur avenir*** *?*

– Avec *pourquoi*, le sujet est placé avant le verbe, mais il est repris par un pronom personnel :

pourquoi ***les spectateurs*** *rient-****ils*** *?*

– Avec tous les autres mots introduisant une interrogation partielle, on peut indifféremment faire l'inversion du sujet, ou laisser celui-ci avant le verbe et le reprendre ensuite par un pronom :

où va ***le train*** *? (ou où* ***le train*** *va-t-****il*** *?)*

28 Inversion des pronoms personnels et de *ce* ou *on* sujets

◗ Dans les phrases affirmatives, à l'écrit, on fait généralement l'inversion du pronom quand la phrase commence par *à peine, encore moins, et encore, peut-être, sans doute, tout au plus :*

*peut-être aura-t-****elle*** *oublié notre rendez-vous.*

– L'inversion peut également se faire après *ainsi, aussi, aussi bien, au moins, du moins, pour le moins, à plus forte raison, a fortiori, en vain :*

*il n'aime pas les légumes ; encore moins les supporte-t-****il*** *bouillis.*

◗ L'inversion est obligatoire dans *toujours est-il :*

*toujours est-****il*** *que le temps a passé.*

– Elle est également obligatoire après *encore* quand *encore* a une valeur de restriction :

*elle a le choix ; encore faut-****il*** *qu'elle se décide rapidement.*

◗ Dans les phrases interrogatives, le pronom est normalement inversé, sauf si la phrase est introduite par *est-ce que :*

*veux-****tu*** *y aller ? quand peut-****on*** *partir ? à quelle période est-****ce*** *le mieux ?* mais *est-ce que* ***tu*** *peux y aller ? quand est-ce qu'****on*** *peut partir ? À quelle période est-ce que* ***c****'est le mieux ?*

L'emploi du **verbe**

29 Verbes transitifs qui n'ont pas de passif

Quelques verbes transitifs font exception à la règle et ne se conjuguent pas à la forme passive :

accroire, comporter, dénier, férir, poindre, pouvoir, ravoir, revaloir, valoir.

30 Infinitif sans préposition

Les verbes suivants peuvent se construire avec un infinitif sans préposition :

accourir	faire
adorer	falloir
affirmer	se figurer
aimer	s'imaginer
aller	laisser
apercevoir	mener
assurer	monter
avoir beau	oser
avouer	partir
compter	penser
confesser	pouvoir
courir	préférer
croire	présumer
daigner	prétendre
déclarer	se rappeler
descendre	reconnaître
désirer	regarder
détester	rentrer
devoir	retourner
dire	revenir
écouter	savoir
entendre	sentir
envoyer	supposer
espérer	venir
estimer	voir
être *(au sens de aller)*	vouloir
faillir	...

31 Emploi des temps surcomposés

Les temps surcomposés sont utilisés dans la langue parlée, avec une connotation régionale ou populaire assez sensible, ou, à l'inverse, dans la langue littéraire.

– Les temps surcomposés indiquent que l'action s'est passée avant une autre exprimée elle-même à un temps composé :

*dès que j'**ai eu fini** les travaux, j'ai emménagé.*

32 Emploi du subjonctif dans les propositions principales

◗ Le verbe principal se met au subjonctif :

– à la place de l'impératif, pour exprimer un ordre aux troisièmes personnes du singulier et du pluriel :

qu'ils viennent !

– pour exprimer un souhait, un vœu :

que le temps vous soit clément !

◗ On emploie également le subjonctif pour marquer une condition ou une concession :

*qu'il se **mette** à pleuvoir et je fais un malheur.*

33 Emploi du subjonctif dans les propositions subordonnées conjonctives

◗ L'emploi le plus fréquent du subjonctif se fait dans les subordonnées. Cet emploi est commandé soit par le verbe (ou la locution verbale) de la principale, soit par la conjonction ou la locution conjonctive qui introduit la proposition :

- *il faut que tu y **ailles** ;*
- *j'ai tout prévu afin qu'il n'y **ait** pas d'histoires.*

▸ Lorsque le verbe de la proposition principale est à la forme négative ou interrogative, le subjonctif de la subordonnée exprime une nuance d'incertitude ou de doute :
*– je ne crois pas qu'il **vienne** demain ;*
*– penses-tu que ce **soit** à toi de le lui dire ?*

▸ Certains verbes et locutions sont obligatoirement construits avec le subjonctif (quand ils ne le sont pas avec l'infinitif) :
*ils s'étonnent que ce **soit** si facile ; nous craignons qu'il ne **pleuve**.*
– Il s'agit des verbes suivants :

aimer	falloir
approuver	importer
attendre	interdire
avoir envie	ordonner
craindre	permettre
demander	préférer
déplorer	prendre garde
désirer	refuser
douter	regretter
s'étonner	souhaiter
être d'accord	tenir à
pour exiger	vouloir
faire attention	

▸ Certaines conjonctions et locutions conjonctives entraînent obligatoirement l'emploi du subjonctif :
*il est parti sans que tu **aies été prévenu**.*

– Il s'agit de :

à condition que	encore que
à moins que	jusqu'à ce que
à supposer que	non pas que
afin que	pour éviter que
avant que	pour peu que
bien que	pour que
de crainte que	pourvu que
de façon que	quoique
de peur que	sans que
en admettant que	si tant est que
en attendant que	soit que... soit que...

REMARQUE *Après que,* au contraire de *avant que,* demande l'indicatif et non le subjonctif, puisque l'état ou l'action sont réalisés :
*il a répondu après qu'elle lui **a expliqué** l'ensemble du problème.*

34 Emploi du subjonctif dans les propositions relatives

▸ Le mode utilisé dans la proposition relative dépend du sens de la phrase. Si la relative exprime le souhait, la conséquence, le but, ou toute autre idée non réalisée, la relative est au subjonctif :
*elle cherche quelqu'un qui ne **puisse** pas se tromper.*

– Sinon, elle est à l'indicatif :
*elle connaît quelqu'un qui ne **peut** pas se tromper.*

▸ Dans les propositions relatives compléments de superlatifs ou de mots comparables, comme *le (la) seul(e), l'unique,* le verbe est en général au subjonctif :
*- voici le lac le plus profond que l'on **connaisse** ;*
*-il est le seul qui ne **puisse** pas se tromper.*

35 Emploi du subjonctif dans les propositions sujets

▸ Lorsque le sujet d'un verbe est constitué par une proposition introduite par *que,* le verbe de celle-ci est obligatoirement au subjonctif :
*qu'il ne **sache** pas cela est inconcevable.*

36 Emploi de l'imparfait du subjonctif

L'imparfait du subjonctif s'emploie de moins en moins, tant dans la langue écrite (sauf dans le registre très soutenu) que dans la langue parlée. Si son emploi reste légitime, il est rarement spontané ; on le remarque toujours, alors que son absence passe inaperçue. Il en est de même pour le plus-que-parfait du subjonctif.

GRAMMAIRE

REMARQUE Il indique que l'action de la subordonnée se passe en même temps que ou après celle de la principale. Si on veut l'éviter, il faut le remplacer par le présent du subjonctif :
j'aurais aimé qu'il ***vînt*** (ou, plus courant, *j'aurais aimé qu'il* ***vienne***).

La **concordance** des temps

37 Entre le verbe principal et une subordonnée au subjonctif

▶ Quand le verbe principal est au présent (indicatif ou conditionnel) ou au futur, le verbe de la subordonnée se met au présent :
- *nous souhaitons que le responsable* ***soit*** *présent à la réunion ;*
- *nous souhaiterions que le responsable* ***soit*** *présent à la réunion.*

– Pour exprimer un fait antérieur, on emploie le passé du subjonctif :
le professeur doute que les élèves ***aient appris*** *leurs leçons.*

REMARQUE dans le cas du verbe principal au conditionnel présent, on emploie aussi l'imparfait ou le plus-que-parfait du subonctif :
Nous souhaiterions qu'il ***fût*** *présent à la réunion.*

▶ Quand le verbe principal est à un temps du passé (indicatif ou conditionnel), le verbe de la subordonnée se met en principe à l'imparfait du subjonctif :
- *nous avions souhaité que le responsable* ***fût*** *présent à la réunion ;*
- *nous aurions souhaité que le responsable* ***fût*** *présent à la réunion.*

– Pour exprimer un fait antérieur à celui exprimé par le verbe de la proposition principale, on emploie le plus-que-parfait du subjonctif :
le professeur doutait que les élèves ***eussent appris*** *leurs leçons.*

REMARQUE Dans les deux cas ci-dessus, il est admis d'employer un présent du subjonctif, notamment pour des formes peu courantes :
il voulait que vous **assistiez** *à la réunion* (plus courant que : *que vous assistassiez*).

38 Entre le verbe principal et une subordonnée de condition introduite par *si*

▶ Quand le verbe de la proposition principale est au présent ou au futur, la subordonnée introduite par *si* est au présent de l'indicatif :
nous résorberons le déficit si les ventes ***augmentent.***

▶ Quand il est au conditionnel présent, la subordonnée est à l'imparfait de l'indicatif :
nous résorberions le déficit si les ventes ***augmentaient.***

▶ Quand il est au conditionnel passé (formé avec l'auxiliaire au présent du conditionnel et le participe passé), la subordonnée est au plus-que-parfait de l'indicatif :
nous aurions résorbé le déficit si les ventes ***avaient augmenté.***

REMARQUES

1. La subordonnée de condition introduite par *si* n'est jamais au futur ni au conditionnel : *si j'***avais su** (et non **si j'aurais su*).

2. Les règles ci-dessus peuvent être formulées du point de vue de la proposition subordonnée : quand le verbe de la subordonnée est au présent de l'indicatif, le verbe de la principale est au présent ou au futur, etc.

L'accord du **verbe**

39 Accord du verbe en personne

Lorsqu'un sujet représente deux personnes différentes, le verbe se met toujours au pluriel, en accord avec la personne (1re personne, 2e personne, 3e personne) du rang le plus petit :

- *toi et moi* ***partirons*** (2e et 1re personne → 1re personne) ;
- *lui et moi* ***partirons*** (3e et 1re personne → 1re personne) ;
- *toi et lui* ***partirez*** (2^e^ et 3^e^ personne → 2^e^ personne) ;
- *vous et moi* ***partirons*** (2^e^ et 1re personne → 1re personne) ;
- *eux et moi* ***partirons*** (3^e^ et 1re personne → 1re personne) ;
- *vous et eux* ***partirez*** (2e et 3e personne → 2e personne).

40 Accord du verbe en nombre s'il y a plusieurs sujets

◗ Si le verbe a plusieurs sujets, on le met au pluriel, même si chacun des sujets est au singulier :

ma voisine et son mari ***sont*** *venus nous voir.*

◗ Si le sujet est constitué de plusieurs groupes au singulier désignant la même chose, le verbe reste au singulier :

un air, un chant lointain et inconnu, une mélodie infiniment douce ***s'éleva.***

◗ Après plusieurs sujets introduits chacun par *aucun, chaque, nul* ou *tout* répétés, le verbe s'accorde avec le dernier sujet :

nulle route, nulle bâtisse, nul aménagement ne ***troublait*** *le paysage.*

41 Accord du verbe après un nom collectif

Un nom collectif est un nom singulier qui désigne un ensemble de personnes ou de choses. Il est le plus souvent suivi d'un complément au pluriel.

◗ Quand le sujet est constitué d'un nom collectif précédé de *un, une* (*armada, armée, bataillon, essaim, flopée, flot, foule, foultitude, infinité, kyrielle, légion, masse, multitude, myriade, nuée, paquet, pléiade, quantité, ribambelle, tas, tripotée*), on hésite souvent entre faire l'accord avec le nom (selon la syntaxe, donc au singulier), et le faire avec le complément (selon le sens, donc au pluriel). Les deux accords sont le plus souvent possibles :

- *une douzaine de sacs* ***manquaient*** (ou *une douzaine de sacs* ***manquait****)* ;
- *une foule de touristes* ***se pressaient*** *sur la place* (ou ***se pressait****).*

◗ Quand le nom collectif est précédé de *le, la* ou de *ce, cette,* l'accord se fait généralement au singulier :

la foule des curieux ***se pressait*** *sur la place ; cette foule de curieux* ***fut dispersée*** *par la pluie.*

◗ On fait toujours l'accord avec le complément quand le sujet est construit avec un mot ou une locution exprimant la quantité :

- *nombre de retraités* ***s'ennuient***, *mais la plupart* **ne** ***se sont pas préparés*** *à la retraite ;*
- *force ouvriers* ***furent employés***, *trop y* ***laissèrent*** *leur santé.*

– Voici des mots commandant l'accord avec le complément :

assez (de)	force	quantité (de)
beaucoup (de)	la plupart (des)	tant (de)
bien des	nombre (de)	trop (de)
combien (de)	peu (de)	

L'expression du **but**

42 Avec une préposition, une conjonction, une locution, un pronom relatif

▶ à, pour, contre :

- *j'ai une lettre* ***à*** *poster. Achète une poudre* ***à*** *récurer ;*
- *elle s'entraîne* ***pour*** *le match* (syn. en vue de). *Prends une savonnette* ***pour*** *ta toilette ;*
- *il a voté* ***contre*** *le projet.*

▶ pour, pour que, afin de, afin que, que :

- *il a pris un raccourci* ***pour*** *arriver /* ***afin d'****arriver le premier ;*
- *donne-moi l'heure d'arrivée de ton train* ***pour que*** */* ***afin que*** *j'aille te chercher ;*
- *viens ici* ***que*** *je te prenne en photo !*

– *Pour* et *afin de* s'emploient avec un verbe à l'infinitif qui a le même sujet que le verbe de la proposition principale.

– Les locutions *pour que, afin que* et *que* sont suivies d'un verbe au subjonctif et les deux verbes ont des sujets différents.

▶ pour ne pas, afin de ne pas, pour que... ne... pas, afin que... ne... pas, de peur de, de crainte de, de peur que, de crainte que :

- *nous sommes partis très tôt* ***pour ne pas*** *rouler la nuit ;*
- *elle a fermé la porte de sa chambre* ***pour qu'****on* ***ne*** *voie* ***pas*** *le désordre ;*
- *il ne sort jamais la nuit* ***de peur d'****être agressé /* ***de peur qu'****on ne l'agresse ;*
- *je ne suis pas venue hier* ***de peur de*** *vous déranger ;*
- *elle ne s'est pas présentée* ***de crainte d'****avoir à s'expliquer /* ***de crainte qu'****on lui demande de s'expliquer.*

– Ces locutions introduisent un but à éviter.

– *Pour ne pas, afin de ne pas, de peur de* et *de crainte de* sont suivis de l'infinitif et les deux verbes ont le même sujet

– *Pour que... ne... pas, afin que... ne... pas, de peur que, de crainte que* s'emploient avec le subjonctif et les deux verbes ont des sujets différents.

▶ dans le but de, dans l'intention de, en vue de, à dessein de, à seule fin de, histoire de :

- *ils sont partis à la campagne* ***dans le but d'****être au calme* (syn. pour, afin de) ;
- *il a accompagné sa fille* ***dans l'intention de*** *la surveiller* (syn. pour, en vue de) ;
- *nous travaillons* ***en vue de*** *réussir notre examen ;*
- *je vous contacterai* ***à dessein de*** *vous entretenir d'un sujet important ;*
- *ces déclarations sont faites* ***à seule fin de*** *servir de témoignage ;*
- *elle est sortie dans la rue,* ***histoire de*** *prendre l'air.*

– *À dessein de* appartient à la langue littéraire. *Histoire de* est d'un emploi familier.

– *À seule fin de* est à réserver à la langue administrative et peut être remplacé par *seulement afin de.*

◗ de manière à, de manière que, de façon à, de façon que, en sorte que :
*- il travaille le samedi **de manière à** être libre le lundi ;*
*- écris-moi **de manière (à ce) que** je reçoive ta lettre avant mardi ;*
*- travaillez **de façon à** réussir ;*
*- faites **en sorte qu**'on ne vous entende pas.*

– *De manière à ce que, de façon à ce que* sont des locutions critiquées mais courantes et employées par de nombreux écrivains.
– *De manière que, de façon que, en sorte que* se construisent avec le subjonctif.

◗ qui :
*je cherche un mécanicien **qui** sache réparer ce modèle.*

43 Avec un nom

but, dessein, fin, finalité, idéal, intention, objectif, objet, perspective, point de mire, projet, propos, résolution, résultat, terme, visée, vue... :
*elle s'est fixé un **but**. Il a agi ainsi dans le **dessein** de l'humilier. Qui veut la **fin** veut les moyens* (proverbe). *L'entreprise a défini les **objectifs** de sa politique commerciale. Elle a un nouveau poste en **vue**...*

– *Fin* et *visée* s'emploient le plus souvent au pluriel :
*parvenir à ses **fins** ; avoir des **visées** politiques.*
– *Propos* s'emploie au singulier et appartient à la langue soutenue :
*il n'est pas dans mon **propos** de le critiquer.*

44 Avec un verbe

aboutir à, aspirer à, atteindre, parvenir à, poursuivre, prétendre, se proposer de, tâcher de, tendre à, viser à... :
***aboutir à** un résultat. **Atteindre**, **poursuivre** un objectif. **Parvenir à** un accord. **Tendre à** la perfection. Ces mesures **visent à** satisfaire le public.*

– L'expression *poursuivre un but*, bien que courante, est critiquable (on ne « poursuit », en principe, que ce qui bouge). On dira plutôt *poursuivre un objectif, tendre vers un but* ou *se fixer un but.*

GRAMMAIRE

L'expression de la **cause**

45 Avec une conjonction, une préposition, un adverbe

◗ parce que :
*- je veux vivre avec toi **parce que** je t'aime* ou ***c'est parce que** je t'aime que je veux vivre avec toi.*
*-j'ai préféré vous voir **parce qu**'il m'était difficile de m'expliquer par téléphone.*

– *Parce que* est le plus fréquemment employé.

– Pour mettre la cause en relief, on recourt à *c'est parce que...*

◗ car :
*je veux vivre avec toi **car** je t'aime.*

Car n'est jamais employé en début de phrase.

◗ comme :
*- **comme** je t'aime, je veux vivre avec toi ;*
*- **comme** il m'était difficile de m'expliquer par téléphone, j'ai préféré vous voir.*

– *Comme* peut remplacer *parce que*. La phrase exprimant la cause précède alors celle qui traduit la conséquence :

- *comme il l'aime,* ***il est heureux avec elle ;***
= ***il est heureux avec elle,*** *parce qu'il l'aime.*

◗ en effet :

j'ai préféré vous voir ; ***en effet****, il m'était difficile de m'expliquer par téléphone* ou *j'ai préféré vous voir ; il m'était* ***en effet*** *difficile de...*

REMARQUE Attention à la ponctuation entre les deux membres de la phrase.

◗ non que (nie une cause) :

je vous accompagnerai au concert de rock. ***Non que*** *je sois passionné par ce genre de musique...*

– *Non que* s'emploie avec le subjonctif et évite la lourdeur de *ce n'est pas que je sois...*

◗ puisque :

Je pars, ***puisque*** *tu ne veux pas comprendre* ou ***puisque*** *tu ne veux pas comprendre, je pars.*

REMARQUE L'ordre des propositions est indifférent.

◗ dès lors que :

- ***Dès lors que*** *toute communication devenait impossible, il préféra partir.*
- *Dès lors que* comporte une nuance de temps.

◗ étant donné (que) :

- ***étant donné que*** *les événements nous donnent tort, nous modifierons notre plan ;*
- ***étant donné*** *les circonstances, nous reportons la réunion* (syn. en raison de).

REMARQUE L'ordre des propositions est indifférent.

◗ vu (que) :

- *il faut renoncer à cette dépense,* ***vu que*** *les crédits sont épuisés* (syn. puisque).
- ***vu*** *l'heure tardive, il a fallu ajourner la discussion* (syn. en raison de).

REMARQUE *Étant donné* et *vu* sont invariables devant un nom. Ces prépositions font cependant l'objet de tolérances orthographiques.

◗ attendu (que) :

- ***attendu que*** *le prévenu est reconnu coupable des faits, il est condamné à verser 5 000 € de dommages et intérêts à la partie civile* (syn. étant donné que, vu que) ;
- ***attendu*** *la situation, les élus se sont réunis d'urgence* (syn. étant donné, vu).

– *Attendu* est à réserver au style administratif ou juridique. C'est une préposition et elle reste invariable devant un nom.

◗ sous prétexte que, de :

- ***sous prétexte qu****'il avait un rendez-vous important, il a annulé la réunion.*
- ***sous prétexte de*** *nous indiquer le chemin, elle s'est fait inviter.*

– *Sous prétexte* introduit une raison invoquée pour cacher la cause réelle. L'ordre des propositions est indifférent.

◗ par, pour, de, à cause de, pour cause de :

- ***par*** *amour, elle sacrifia sa carrière ;*
- *il a été condamné* ***pour*** *infraction au code pénal (ou* ***pour*** *avoir enfreint la loi) ;*
- *elle pleurait* ***de*** *bonheur ;*
- *il est fou* ***de*** *joie ;*
- *la réunion est reportée* ***à cause de*** *la grève* (syn. en raison de) ;
- *magasin fermé* ***pour cause de*** *décès.*

– *Pour cause de* s'emploie dans le style administratif ou les annonces.
– *À cause de* introduit toujours une cause défavorable.

- faute de :
faute d'argent, il a renoncé à ce voyage (= à cause du manque d'argent).

– *Faute de* énonce une cause qui est un manque.

- grâce à, en raison de, par suite de :
- ***grâce à*** *votre intervention, j'ai obtenu satisfaction ;*
- ***en raison des*** *circonstances, la cérémonie est annulée* (syn. étant donné, vu) ;
- ***par suite des*** *pluies, la rivière a débordé.*

– *Grâce à* introduit toujours une cause favorable. Ne pas confondre *par suite de* et *à la suite de* qui signifie « après ».

- alors :
il était indécis ; ***alors*** *je lui ai donné d'autres arguments.*

REMARQUE Attention à la ponctuation entre les deux membres de la phrase.

- tellement, tant :
- *on aurait dit qu'elle allait pleurer,* ***tellement*** *elle était émue ;*
- *il a oublié de te prévenir,* ***tant*** *il était occupé.*

– *Tant* est plutôt réservé à la langue littéraire

46 Avec un nom

- pour désigner un fait : *agent, cause, facteur, mobile, motif, origine, point de départ, pourquoi, prétexte, raison...*
les enzymes sont les ***agents*** *des fermentations. Cet événement est la* ***cause*** *de leur brouille. Son intervention a été un* ***facteur*** *de discorde. Le* ***pourquoi*** *de toutes choses.*

- pour désigner un être : *artisan, auteur, créateur (trice), initiateur (trice), inspirateur (trice), instigateur (trice), promoteur, responsable (n. et adj.)...* :
*il a été l'****artisan*** *de la victoire. On recherche l'****auteur*** *de l'attentat. Les* ***instigatrices*** *du complot ont été arrêtées. Pierre est le* ***promoteur*** *de cette réforme* (syn. initiateur, inspirateur). *On a retrouvé le* ***responsable*** *de l'accident.*

REMARQUE *Promoteur* est souvent employé dans un sens favorable et *responsable* dans un sens défavorable.

47 Avec un verbe

amener, attirer, causer, créer, déclencher, déterminer, donner lieu à, engendrer, entraîner, faire naître, motiver, occasionner, procurer, produire, provoquer, susciter... :
*la crise risque d'****amener*** *des problèmes sociaux* (syn. engendrer, entraîner, provoquer). *Cette affaire lui* ***a attiré*** *de graves ennuis. Ses dépenses inconsidérées* ***ont occasionné*** *la ruine de la famille. Cette situation lui* ***procure*** *de nombreux avantages.*

REMARQUE *Occasionner* est souvent employé dans un sens défavorable et *procurer* dans un sens favorable.

L'expression de la **comparaison**

48 Avec une conjonction, une locution, une préposition, un adverbe

- comme, tel (telle) que :
il est rouge ***comme*** *une tomate. Ce livre se lit* ***comme*** *un roman. Tu as agi* ***comme*** *Pierre/****comme*** *lui/****comme*** *il l'a fait/****comme*** *il l'aurait fait. Il ment* ***comme*** *il respire. Un homme* ***tel que*** *lui ne se laisse pas abattre* (syn. comme).

– *Comme* peut introduire un nom, un pronom, un verbe à l'indicatif ou au conditionnel.
– *Tel que* peut aussi exprimer l'idée de conséquence :
le risque n'est pas ***tel qu****'il faille abandonner le projet.*

- ainsi que :
la famille allait se promener au bois, ***ainsi qu****'elle le faisait chaque dimanche* (syn. comme). *Le français* ***ainsi que*** *l'italien dérivent du latin.*

– Le verbe est au singulier quand la comparaison introduite par *ainsi que* est placée entre virgules :
le français, ***ainsi que*** *l'italien, dérive du latin.*

- de même que, aussi bien que :
de même qu*'un siècle influe sur un homme, un homme influe sur un siècle. Cette information concerne les habitants des villes* ***aussi bien que*** *ceux des campagnes* (syn. tout autant que).

- aussi... que, si... que :
elle est ***aussi*** *bavarde* ***que*** *son frère. Elle est* ***aussi*** *gaie* ***que*** *son frère est taciturne. On n'est jamais* ***si*** *malheureux* ***qu****'on l'imagine.*

– Les adverbes *aussi* et *si* en corrélation avec *que* et suivis d'un adjectif sont des comparatifs d'égalité.

- autant que, tant que :
elle lit ***autant que*** *toi. Le cinéma ne m'intéresse pas* ***tant que*** *le théâtre.*

– Les adverbes *autant* et *tant* en corrélation avec *que* et suivis d'un adjectif sont des comparatifs d'égalité. *Tant que* peut aussi exprimer l'idée de temps :
dépêchons-nous donc d'en profiter ***tant qu****'il fait beau (syn. pendant que).*

- plus... que, moins... que :
ils sont ***plus*** *heureux* ***que*** *leurs parents. Il a* ***plus*** *d'argent* ***que*** *moi. Elle travaille* ***moins*** *intensément* ***que*** *ses camarades.*

– Les adverbes *plus* et *moins* en corrélation avec *que* et suivis d'un adjectif sont des comparatifs (de supériorité et d'infériorité).

- comme si :
elle alla travailler ***comme s'****il ne s'était rien passé. Il crie* ***comme si*** *on l'écorchait. Il n'a rien compris mais il fait* ***comme si****.*

– *Comme si* est suivi d'un verbe à l'imparfait de l'indicatif.

- plutôt que, plutôt... que :
allons à la campagne ***plutôt que*** *de rester à Paris.* ***Plutôt*** *mourir* ***que*** *vivre à genoux.*

REMARQUE Ne pas confondre *plutôt* et *plus tôt* qui exprime l'idée de temps :
il est rentré ***plus tôt*** *que d'habitude.*

- aussi :
elle est mince, toi ***aussi****.*

- plus, moins, mieux, autant davantage :
je ne peux pas travailler ***plus****. Il mange* ***moins****. Elle va* ***mieux****. Elle l'aime tou-*

jours ***autant****. Je ne t'en dirai pas* ***davantage****.*

REMARQUE Attention à l'orthographe de *davantage*. Cet adverbe s'écrit en un seul mot.

◗ à côté de, à l'instar de, auprès de, en regard de, en comparaison (de, avec) :
ton malheur n'est rien ***à côté du*** *sien.* ***À l'instar de*** *sa mère, il sera médecin. Le préjudice matériel est peu de chose* ***auprès du*** *préjudice moral.* ***En regard des*** *investissements, les résultats sont médiocres. Cette somme est un apport insignifiant* ***en comparaison des*** *besoins de la famille* (syn. par rapport à). ***En comparaison avec*** *l'ancien directeur, celui-ci est d'un agréable caractère.*

– La locution prépositive *à l'instar de* signifie « à la manière de », « à l'exemple de » et appartient à la langue littéraire.

49 Avec un nom

analogie, association, comparaison, confrontation, correspondance, différence, dissemblance, distinction, imitation, lien, parallèle, rapport, rapprochement, relativité, (mise en) relation, ressemblance, similitude... :
on a relevé de nombreuses ***analogies*** *entre ces deux romans* (syn. ressemblance, similitude). *Il s'exprime par* ***associations*** *d'idées.* ***Comparaison*** *n'est pas raison* (proverbe). *Elle a établi un* ***parallèle*** *entre les deux sujets. Il ne faut pas faire de* ***rapprochement*** *entre ces deux événements...*

50 Avec un adjectif

◗ analogue, autre, comparable, différent, distinct, égal, équivalent, identique, inférieur, meilleur, même, moindre, pareil, pire, proportionnel, relatif, semblable, similaire, supérieur, tel, voisin... :
il a un avis ***analogue*** *au mien. Leurs résultats sont* ***comparables****. Leurs aspirations sont* ***différentes*** (syn. distinct). *Les parts de chacun sont* ***égales*** (syn. équivalent identique). *La recette est* ***inférieure*** *à celle de la semaine dernière. C'est son* ***meilleur*** *match. C'est* ***le meilleur*** *match de l'année. Nous avons les* ***mêmes*** *goûts. Il n'y a pas* ***le moindre*** *doute. Ces deux sacs sont* ***pareils****. Le remède est* ***pire*** *que le mal. C'est encore* ***pire*** *(*ou *bien* ***pire****) que je ne croyais. C'est* ***la pire*** *chose qui puisse m'arriver. Douze est* ***supérieur*** *à huit. Je suis surprise qu'il tienne de* ***tels*** *propos* (syn. pareil)...

◗ Dans la grammaire traditionnelle, un adjectif précédé des adverbes *plus, moins, aussi* (ou *si*) est un comparatif. On distingue :

– les comparatifs d'égalité :
il est ***aussi grand que*** *son frère ;*

– les comparatifs d'infériorité :
il est ***moins grand que*** *son frère ;*

– les comparatifs de supériorité :
il est ***plus grand que*** *son frère.*

◗ Un adjectif précédé de *le plus* est un superlatif relatif :
c'est lui ***le plus grand****.*

◗ Un adjectif modifié par *très* (*fort, extrêmement*, etc.) est un superlatif absolu :
il est ***très grand****.*

51 Avec un verbe

associer, comparer, confronter, différencier, distinguer, égaler, égaliser, (mettre en) parallèle, rapprocher, se ressembler... :
il adore ***associer*** *les mots et les idées. Il* ***compare*** *sa sœur à un volcan. Ils* ***ont confronté*** *les déclarations des témoins. Qu'est-ce qui* ***différencie*** *l'homme de l'animal ?* (syn. distinguer). *Rien n'****égale*** *la beauté de ce lieu. Ils veulent* ***égaliser*** *les salaires. Ce sens est à* ***rapprocher*** *du précédent.*

GRAMMAIRE

L'expression de la **condition**

52 Avec une proposition introduite par une conjonction, une locution, une préposition

◗ si :

- je le ferai encore, ***si*** *j'ai à le faire. Je le ferais encore,* ***si*** *j'avais à le faire ;*
- ***s****'il neige, je n'ai rien à craindre : j'ai l'équipement nécessaire ;*
- ***si*** *demain la température n'a pas baissé, vous me rappellerez ;*
- ***si*** *j'étais à sa place, je partirais à l'étranger ;*
- ***si*** *j'avais eu la parole, j'aurais pu me défendre.*

– La subordonnée peut être à tous les temps de l'indicatif, sauf au futur : une règle interdit en effet d'employer le futur ou le conditionnel après *si*. La subordonnée précède souvent la principale.

◗ à supposer que, si tant est que :

- ***à supposer que*** *l'expérience réussisse, que prouvera-t-elle ?* (syn. en supposant que, en admettant que) ;
- nous déjeunerons sur l'herbe ***si tant est qu****'il fasse beau.*

– Ces locutions sont suivies d'un verbe au subjonctif.

REMARQUE L'ordre des propositions ne peut être inversé.

◗ alors même que, quand bien même, même si :

- ***alors même que*** *vous le jureriez, je ne vous croirais pas ;*
- ***quand bien même*** *il m'aurait suppliée, je n'aurais pas cédé ;*
- ***même s****'il m'avait suppliée, je n'aurais pas cédé.*

– *Alors même que* et *quand bien même* introduisent le conditionnel dans les deux propositions.
– La locution *même si* est suivie d'un temps de l'indicatif et du conditionnel dans la principale.

◗ au cas où, dans l'hypothèse où :

- ***au cas où*** *il pleuvrait, prends ton parapluie ;*
- ***dans l'hypothèse où*** *tu gagnerais à la loterie, que ferais-tu de cet argent ?*

– Ces locutions sont suivies d'un verbe au conditionnel.

◗ à (la) condition que, sous la condition que :

- je lui pardonnerai ***à condition qu****'il fasse des excuses ;*
- j'accepte de faire ce travail ***sous la condition qu****'il me paie /* ***qu****'il me paiera le service rendu.*

– Les locutions *à la condition que, sous la condition que* sont suivies du futur de l'indicatif ou du subjonctif.

◗ à moins que, sauf si :

- ***à moins que*** *vous (ne) soyez pris, nous vous invitons dimanche. Je viendrai vous voir demain,* ***à moins que*** *vous (ne) sortiez ;*
- elle n'acceptera pas de faire ce travail, ***sauf si*** *tu lui donnes une récompense.*

– *Sauf si* introduit un verbe à l'indicatif, *à moins que* un verbe au subjonctif. L'adverbe *ne* n'exprime pas la négation, il est dit « explétif ».

◗ pourvu que :

- ***pourvu que*** *vous ne fassiez pas trop de bruit vous pourrez jouer dans le couloir ;*
- je vous réserverai une place ***pourvu que*** *vous ne soyez pas trop en retard.*

– La conjonction *pourvu que* est suivie du subjonctif et l'ordre des propositions ne peut être inversé.

◗ selon que... ou :

« ***Selon que*** *vous serez puissant* ***ou*** *misérable, Les jugements de cour vous rendront blanc ou noir »* (La Fontaine).

◗ que :
Qu'*il fasse des excuses, et je lui pardonnerai.*

– *Que* est suivi du subjonctif. L'ordre des propositions ne peut être inversé.

◗ avec, sans, sauf, à moins de, en cas de, à condition de :

- ***avec*** *de la chance, tu aurais tiré le bon numéro ;*
- ***sans*** *votre aide, je n'aurais pas pu finir à temps ;*
- ***sauf*** *contrordre, nous nous réunirons lundi prochain ;*
- *il n'acceptera pas,* ***à moins d'****avoir un dédommagement /* ***d'****un dédommagement ;*
- *téléphone-moi* ***en cas de*** *besoin ;*
- *on y arrivera,* ***à condition d'****être patients.*

– Les prépositions *avec* et *sans* commandent un verbe au conditionnel. La locution prépositive *à moins de* peut être suivie d'un infinitif ou d'un nom.
– *À condition de* introduit un infinitif.

53 Avec une proposition participiale, infinitive ou relative

- ***mieux réglée****, ta moto consommerait moins (= si ta moto était mieux réglée...).*
- ***le temps le permettant****, nous serions allés à la plage (= si le temps l'avait permis...).*
- ***en procédant ainsi****, tu réussiras (= si tu procèdes ainsi...).*
- ***en acceptant****, vous me rendriez service (= si vous acceptiez...).*
- *il aura des ennuis,* ***à arriver*** *toujours en retard (= s'il arrive tous les jours en retard...).*
- *« **À vaincre** sans péril, on triomphe sans gloire »* (Corneille).
- *celui* ***qui t'entendrait parler d'elle ainsi*** *douterait de tes sentiments.*
- ***qui veut la fin*** *veut les moyens* (proverbe) *[= si l'on veut la fin...].*

54 Par la juxtaposition ou la coordination de deux propositions

- *« **Fais** un pas, je t'**assomme** ! »* (V. Hugo) *[= si tu fais un pas...].*
- *je le* ***voudrais****, je ne le* ***pourrais*** *pas (= même si je le voulais...).*
- *il* ***faisait*** *un pas de plus, et il* ***tombait*** *dans le vide (= s'il faisait un pas de plus...).*
- *vous* ***seriez arrivée*** *plus tôt, vous l'****auriez vu*** *(= si vous étiez arrivée plus tôt...).*
- *la chaussée* ***eût****-elle* ***été*** *plus sèche /* ***aurait****-elle* ***été*** *plus sèche, l'accident n'****aurait*** *pas* ***eu*** *lieu (= si la chaussée avait été plus sèche...).*

L'expression de la **conséquence**

55 Avec une conjonction, une locution, une préposition, un adverbe

◗ par conséquent, en conséquence, par voie de conséquence, conséquemment :

- *j'ai appris qu'il était malade :* ***par conséquent****, il ne viendra pas à la réunion* (syn. donc, en conséquence) ;
- *il ne fait pas beau ;* ***en conséquence****, nous ne sortirons pas.*
- *« Pouvant tout posséder, et* ***conséquemment*** *blasés, ils se livrent à des efforts énormes pour sortir de leur indifférence »* (Balzac) [syn. par conséquent, par voie de conséquence].

– *Conséquemment* est plutôt réservé au style littéraire. Il s'emploie généralement en tête de phrase ou après une conjonction de coordination.

◗ à la suite de, par suite de :
- *il est resté boiteux* ***à la suite d****'une chute de cheval ;*
- ***par suite*** *d'un refroidissement, il a attrapé une angine.*

REMARQUE Ne pas confondre *à la suite de, par suite de* avec *par la suite*, qui signifie « dans la période qui suit ».

◗ ainsi :
l'affaire est réglée ; ***ainsi****, vous n'avez plus à vous occuper de rien.*
– *Ainsi* peut être renforcé par *donc*.
– L'inversion du sujet est fréquente dans la langue soutenue :
... ***ainsi*** *n'avez-vous plus à vous occuper de rien.*

◗ donc, et :
- *tu ne manges pas,* ***donc*** *tu maigris* (syn. par conséquent) ;
- *la route était barrée* ***et*** *nous avons fait demi-tour* (syn. alors).

◗ alors :
si vous êtes d'accord, ***alors*** *vous pouvez signer cette pétition.*

◗ dès lors :
il a un alibi : ***dès lors****, on peut reconnaître son innocence* (syn. par conséquent, par voie de conséquence).

◗ aussi :
j'étais au courant, ***aussi*** *la nouvelle ne m'a pas surpris* (syn. par conséquent).
– *Aussi* est suivi de l'inversion du sujet dans la langue soutenue :
...aussi *la nouvelle ne m'a-t-elle pas surpris.*

◗ partant :
- *« Plus d'amour,* ***partant*** *plus de joie »* (La Fontaine) ;
- *la crise s'est aggravée,* ***partant****, leurs conditions de vie sont devenues plus difficiles* (syn. aussi, donc, en conséquence).
– *Partant* est plutôt réservé au style littéraire ou à la langue soutenue.

◗ du coup :
elle est partie tôt, ***du coup****, tous les invités sont partis aussi* (syn. en conséquence).
– *Du coup* s'emploie plutôt dans le langage familier.

◗ d'où, de là :
- *je n'avais pas prévu ces encombrements,* ***d'où*** *mon retard ;*
- *il n'a pas assez travaillé ;* ***de là*** *son échec.*

◗ de (telle) sorte que, de (telle) manière que :
- *il a agi* ***de telle sorte que*** *tout le monde l'a félicité ;*
- *il s'est réveillé trop tard,* ***de sorte qu****'il a raté son train ;*
- *elle se conduit* ***de telle manière qu****'elle agace tout le monde.*
– Ces locutions se construisent avec l'indicatif pour exprimer une conséquence de fait, mais avec le subjonctif pour indiquer une conséquence voulue, un but.

◗ au point de, au point que, à tel point que :
- *il est déprimé* ***au point de*** *tout laisser tomber /* ***au point qu****'il laisse tout tomber ;*
- *il était fatigué* ***à tel point qu****'il a dormi douze heures.*

◗ si... que, tant... que, tellement... que :
- *la cave est* ***si*** *humide* ***qu****'on ne peut pas y entreposer de livres ;*
- *il a* ***tant*** */* ***tellement*** *de livres* ***qu****'il ne sait plus où les mettre ;*
- *il a* ***tellement*** *mangé de gâteaux* ***qu****'il a été malade.*
– Ne pas confondre *tant... que* et *tant que* qui signifie « aussi longtemps que » :
tant qu*'il y a de la vie, il y a de l'espoir.*

◗ tel (telle, tels, telles)... que :
- *elle a une* ***telle*** *migraine* ***qu****'elle a dû se coucher ;*

GRAMMAIRE

- le risque n'est pas ***tel qu****'il faille renoncer à l'affaire.*

– La subordonnée de conséquence est à l'indicatif si la proposition principale est affirmative. Si la principale est à la forme négative ou interrogative, la subordonnée est au subjonctif.

◗ si bien que, tant et si bien que :
- la route était glissante, ***si bien que*** *la voiture a dérapé ;*
- il fit ***tant et si bien que*** *personne ne vint plus le voir.*

◗ à (+ inf.) :
cette histoire est ***à*** *mourir de rire.*

– *À* suivi d'un verbe à l'infinitif sert à exprimer une conséquence imaginable (= on rit tant qu'on pourrait en mourir).

◗ sans que :
- approche-toi ***sans qu****'on te voie* (syn. de telle sorte que + ne... pas) ;
- j'ai attendu longtemps ***sans que*** *rien* ***ne*** *se produise.*

– *Sans que* s'emploie avec le subjonctif (parfois accompagné de *ne*) pour exprimer l'absence de conséquence.

◗ assez (suffisamment, insuffisamment, trop)... pour (que) :
- mon petit frère est ***assez*** *grand* ***pour*** *s'habiller tout seul ;*
- la valise est ***trop*** *lourde* ***pour que*** *tu la portes.*

– *Assez, suffisamment, insuffisamment, trop... pour que* entraînent le subjonctif dans la proposition subordonnée.

◗ suffisant pour (que) :
- ces mesures seront-elles ***suffisantes pour*** *enrayer le chômage ?*
- trouvez une raison ***suffisante pour qu****'il vienne.*

– *Suffisant pour que* entraîne le subjonctif dans la proposition subordonnée.

◗ consécutif à :
sa fatigue est ***consécutive à*** *des efforts violents.*

56 Par la juxtaposition de deux propositions

- cette affaire le soucie, il n'en dort plus la nuit.
- j'ai tout vu : je peux témoigner.

57 Avec un nom

conséquence, contrecoup, corollaire, déduction, effet, fruit, implication, incidence, inconvénient onde de choc, portée, rançon, réaction, rejaillissement, répercussion, résultante, résultat, retentissement, retombée, ricochet, sanction, séquelle, suite... :

prévoir les ***conséquences*** *de ses actes. Sa maladie est le* ***contrecoup*** *du choc qu'il a subi à la mort de sa fille. Le droit n'est qu'un* ***corollaire*** *du devoir. Les* ***fruits*** *de la croissance. Les* ***implications*** *sociales de la crise économique. Les* ***retombées*** *politiques d'un scandale. Les* ***séquelles*** *de la guerre du Kosovo.*

– *Contrecoup, rejaillissement, ricochet* impliquent une conséquence indirecte, *corollaire,* une conséquence nécessaire. *Fruit* s'emploie au pluriel et introduit généralement une conséquence positive, *séquelle,* une conséquence négative. *Implication, retombée* et *séquelle* s'emploient le plus souvent au pluriel.

58 Avec un verbe

découler de, déduire de, engendrer, s'ensuivre, entraîner, générer, impliquer, induire, inférer, procéder de, provenir, ressortir, résulter de...

de nombreuses applications ***découlent de*** *cette découverte* (syn. résulter). *On peut* ***déduire de*** *ces résultats que les bénéfices seront nuls cette année. Ce détail n'est pas exact, mais* ***il*** *ne* ***s'ensuit*** *pas* ***que*** *tout le reste soit faux. L'implantation de cette usine* ***a généré*** *la création de centaines d'emplois* (syn. induire). *Cette déci-*

sion ***implique*** *des investissements /* ***implique qu****'on fasse des investissements.* ***Il ressort*** *de votre exposé* ***que*** *nous devons prendre une décision maintenant* (syn. résulter).

– *Impliquer que* entraîne le subjonctif. *Induire, inférer* sont plutôt réservés à la langue soutenue :

que peut-on ***induire*** */* ***inférer*** *de ces constatations ?*

L'expression du **lieu**

59 Avec une préposition, un adverbe, une locution

▸ à, au, aux :

elle est née ***à*** *Montréal. Il habite* ***au*** *Canada. Ils vont* ***aux*** *Canaries. Il est descendu* ***à*** *l'hôtel. Cette entreprise a ouvert plusieurs succursales* ***à*** *Paris* (syn. dans).

– *Au(x)* s'emploie devant les noms de pays, de provinces, d'îles précédés de *le* ou de *les* :

aller ***au*** *Pérou,* ***aux*** *Seychelles.*

▸ pour :

demain, je pars ***pour*** *Marseille. Le train part* ***pour*** *Lyon.*

– *Pour* s'emploie après le verbe *partir* pour indiquer le lieu où l'on va :

partir ***pour*** *Marseille et aller* ***à*** *Marseille.*

▸ dans, en :

- il se promène ***dans*** *la rue. La gomme est* ***dans*** *le tiroir. Cette entreprise a plusieurs filiales* ***dans*** *New York* (syn. à). *La Seine se jette* ***dans*** *la Manche ;*

- ils vont ***en*** *classe. Elle met des rosiers* ***en*** *terre. Ils vivent* ***en*** *Italie. Elle va* ***en*** *Bretagne,* ***en*** *Corse et* ***en*** *Saône-et-Loire. J'apprécie* ***en*** *Jacques sa parfaite loyauté* (syn. chez). *Il y a* ***en*** *lui de grandes qualités.*

– *En* s'emploie devant des noms de pays, de provinces, d'îles précédés de *la* ou de *l'* *(aller* ***en*** *Corse).*

▸ sur, sous :

- il est monté ***sur*** *le toit. Le liège flotte* ***sur*** *l'eau. Montre-moi le village* ***sur*** *la carte. Cette ville est* ***sur*** *ma route. On a institué un impôt* ***sur*** *la fortune. Il a obliqué* ***sur*** *sa droite. Deux fenêtres donnent* ***sur*** *la cour ;*

- mets un oreiller ***sous*** *ta tête. Ils travaillent* ***sous*** *la pluie.*

> **REMARQUE** Attention à l'emploi abusif de la préposition ***sur*** *:* on ne dit pas *j'ai lu* ***sur*** *le journal ; je vais* ***sur*** *Paris ; je me dirige* ***sur*** *Lille,* mais *j'ai lu* ***dans*** *le journal ; je vais* ***à*** *Paris ; je me dirige* ***vers*** *Lille.*

▸ ici, là, là-bas, là-haut :

- installons-nous ***ici****, nous serons mieux. Votre frère sort d'****ici*** *;*

- il n'est pas ***là*** *en ce moment.* ***De là*** *tu verras mieux le panorama ;*

- nous discuterons une fois arrivés ***là-bas*** *;*

. la confiture est ***là-haut****, sur l'étagère.*

▸ çà et là, de-ci de-là, par-ci par-là :

- ils ont erré ***çà et là*** *par les rues ;*

- j'ai tâtonné ***de-ci de-là*** *;*

- j'ai relevé ***par-ci par-là*** *quelques erreurs.*

– *Çà et là* signifie « de côté et d'autre, en divers endroits », avec une idée de dispersion, souvent de rareté.

▸ en deçà, au-delà, par-delà ;

- ils n'ont pas pu franchir le fleuve et ont dû s'arrêter ***en deçà*** *;*

- nous roulerons toute la journée et nous continuerons ***au-delà*** *de Toulouse ;*

- le concert est retransmis ***par-delà*** *les mers.*

◗ vers, du côté de :
*- toutes ces voitures roulent **vers** le Midi. **Vers** 2 000 mètres d'altitude, la végétation se raréfie ;*
*- elle est allée **du côté de** la poste.*

◗ près (de), auprès de, à côté (de), loin :
*- il habite **près de** chez moi. Elle met des lunettes pour voir de **près ;***
*- il est resté **auprès de** sa mère malade ;*
*- elle s'est assise **à côté de** moi ;*
*- ils partent **loin** en vacances. On aperçoit un voilier **au loin**. J'ai vu la scène **de loin**. La voiture est deux kilomètres **plus loin**.*

– Dans la langue de l'administration et du droit, *près* signifie « en délégation auprès de » :
*un expert **près** le tribunal d'instance.*

◗ dessus, dessous, au-dessus, au-dessous, en dessous, par-dessus, par-dessous :
*- prends une chaise et assieds-toi **dessus** ;*
*- ouvre ton parapluie et abrite-toi **dessous** ;*
*- il a neigé **au-dessus** de 1 000 mètres. Marie habite à l'étage **au-dessus ;***
*- il a des poches **au-dessous** des yeux ;*
*- pour réparer la voiture, le mécanicien s'est glissé **en dessous** ;*
*- il porte un pantalon **par-dessus** son short ;*
*- il y a une barrière, passez **par-dessous**.*

– L'emploi de *dessous* comme préposition est vieilli ; on ne dit plus :
*glisser une lettre **dessous** la porte ; enlever la poussière de **dessous** l'armoire, mais glisser une lettre **sous** la porte ; enlever la poussière **sous** l'armoire.*

◗ devant, derrière :
*- elles sont passées **devant** la maison. Tu vois la gare ? Ma maison est juste **devant.** Chloé a perdu deux dents de **devant** ;*
*- **derrière** la photo, il y a une dédicace. Il a surgi de **derrière**.*

◗ (en) avant, (en) arrière, devant, derrière :
*- vous vous arrêterez **avant** le pont. Les pneus **avant** sont neufs. Elle a fait un bond **en avant** ;*
*- ne restez pas **en arrière**.*

– Dans la phrase *les pneus avant (arrière) sont usés*, *avant* et *arrière* sont des adjectifs invariables.

◗ autour (de) :
*la Terre tourne **autour du** Soleil. Elle a préparé un plat de viande avec des pommes de terre **autour**.*

◗ contre :
*l'échelle est dressée **contre** le mur. La mairie est sur la place et l'école est tout **contre**.*

– *Contre* exprime aussi l'idée d'opposition.

◗ autre part, quelque part, nulle part, ailleurs :
*- ce restaurant est fermé, allons **autre part** ;*
*- ce dossier est **quelque part**, cherche bien ;*
*- on ne l'a vu **nulle part** ;*
*- il n'y a pas de place ici, allez voir **ailleurs** ;*
*- il n'est pas d'ici, il vient d'**ailleurs**.*

– *Quelque part* s'emploie familièrement et par euphémisme pour désigner les toilettes ou les fesses :
*- aller **quelque part** ;*
*- recevoir un coup de pied **quelque part**.*

◗ partout :
*tes vêtements traînent **partout**. On vous voit **partout**.*

◗ en haut (de), en bas (de) :
*- tes enfants jouent **en haut**. Grimper **en haut d'**un arbre ;*
*- les parents couchent **en bas**. La boucherie est juste **en bas de** chez moi.*

◗ par, à travers :
*- prenons **par** le plus court chemin. Elle regarde **par** la fenêtre. Passez **par** ici, **par** là. Ils voyagent **par** monts et **par** vaux ;*

*- nous marchons **à travers** champs. Je sens le froid **à travers** mes vêtements.*

– Dans la langue soutenue, on emploie *de par* comme synonyme intensif de *par* :

*nous avons des amis **de par** le monde.*

◗ chez :

*demain, j'irai **chez** le coiffeur. **Chez** nous, les agriculteurs sont de petits propriétaires. C'est **chez** lui une habitude. Il y a **chez** lui un réel désir de nuire* (syn. en). *J'ai lu la même pensée **chez** un autre écrivain.*

– *Chez* introduit un complément animé :

*aller **chez** le dentiste, **chez** le boucher.* (On ne dit pas *aller **au** dentiste, **au** boucher.*)

◗ où :

*dites-moi **où** vous allez, **d'où** vous venez. **Où que** vous alliez, nous vous suivrons.*

– *Où que* signifie « en quelque lieu que » et introduit le subjonctif.

◗ y, en :

*- je vais chez le médecin mardi à dix heures, j'**en** reviendrai vers onze heures ;*

*- je dois **y** retourner mardi prochain. J'**y** suis, j'**y** reste.*

– *Y* signifie « dans cet endroit-là », et *en* « de cet endroit-là ».

60 Avec un préfixe

avant-, arrière-, en-, entre-, extra-, intra-, sous-, sur- :

*l'**avant**-scène d'un théâtre ; l'**en**neigement des cimes ; l'**entre**croisement des allées ; une grossesse **extra**-utérine ; une injection **intra**veineuse ; la chasse **sous**-marine ; **sur**titrer un article.*

61 Avec un nom

abri, berceau, cachette, cadre, domicile, emplacement, endroit, environnement, espace, étape, extérieur, intérieur, lieu, localité, milieu, parages, pays, place, planque, position, région, secteur, site, théâtre, zone... :

*ils se sont réfugiés dans un **abri** souterrain. La Grèce, **berceau** de la civilisation occidentale. Nous vivons dans un **cadre** agréable. Il se promène souvent dans les **parages**. L'entreprise a réparti ses activités sur plusieurs **sites**.*

– *Berceau* est employé dans son sens figuré ; *planque* est réservé au registre familier ; *théâtre*, dans un registre soutenu, désigne un lieu où se déroulent des événements importants, souvent dramatiques :

*cette région a été le **théâtre** de nombreux combats.*

62 Avec un verbe

aboutir à, s'acheminer vers, aller, amener, approcher de, s'approcher, s'arrêter à, arriver, atteindre, descendre, devancer, se diriger, distancer, s'élever, entrer, monter, parcourir, passer par, pénétrer dans, piquer sur, se porter vers, prendre par, progresser, se propulser, se rendre à, suivre, toucher à, traverser, venir de, voler vers... :

*- cette rue **aboutit à** la Seine ;*

*- les promeneurs **s'acheminent vers** le village ;*

*- nous **allons au** marché à pied, à bicyclette, en voiture ;*

*- je **vais en** promenade, à la pêche, à la recherche d'un trésor ;*

*- il **amène** son fils **à** l'école ;*

*- nous **approchons de** la frontière.*

*- ils **sont passés par** Nice ;*

*- **suivez** l'avenue jusqu'au carrefour ;*

*- ils **viennent de** Genève.*

– *S'acheminer* est d'un registre soutenu : dans le langage courant, on dirait « se diriger, se rendre ».

– Le verbe *habiter* s'emploie transitivement ou intransitivement. On peut dire *ils habitent Bruxelles* ou *ils habitent à Bruxelles* ; *nous habitons la campagne, l'Alsace* ou *nous habitons à la campagne, en Alsace*. Le verbe *résider* est surtout employé dans la langue de l'administration et du droit.

L'expression de la **manière** ou du **moyen**

63 Avec une préposition, une conjonction, un adverbe, une locution

◗ à, au :

*il marche **à** grands pas. Elle reconnaît les tissus **au** toucher. Elle trace ses lignes **à** la règle. Ils se chauffent **au** gaz.*

– *À* exprime aussi l'idée de lieu et de temps.

◗ de :

*il pousse la voiture **de** toutes ses forces. Elle le poussa **du** coude. Il regarde le spectacle **d**'un air las.*

– *De* exprime aussi l'idée de cause et de lieu.

◗ en :

*il est **en** colère, **en** deuil. Il est sorti **en** chaussons. Il regarde la scène **en** silence.*

– *En* exprime aussi l'idée de lieu et de temps.

◗ avec, sans :

*elle répond **avec** humour. Nous avançons **avec** peine, **sans** peine. Elle marche **avec** grâce* (syn. gracieusement), ***avec** lenteur* (syn. lentement). *Il creuse le sol **avec** une pioche* (syn. au moyen de).

– L'emploi de *avec* et de *sans* comme adverbes est familier : *il faudra faire **avec** ; on s'est débrouillé **sans**.*

◗ par :

*ils m'ont informé **par** un coup de téléphone. Le kangourou avance **par** bonds. Il a réussi **par** la ruse.*

– *Par* exprime aussi l'idée de lieu.

◗ sur :

*il peut jouer ce morceau **sur** un piano ou **sur** un clavecin* (syn. au). *Elle compte **sur** ses doigts. Il m'a répondu **sur** un drôle de ton.*

– *Sur* exprime aussi l'idée de lieu.

◗ comme :

*faites **comme** vous voulez. Il faut voir **comme** il la traite ! Il parle **comme** un charretier* (syn. à la manière de).

– Dans un registre populaire, *comme* remplace *comment* pour indiquer l'intensité :

*il est sapé faut voir **comme**.*

◗ comment :

*j'ignore **comment** cela s'est passé. **Comment** résoudre ce problème ? **Comment** pourras-tu payer cette somme ?*

◗ de façon, d'une façon :

- *s'habiller **de façon** élégante* (syn. élégamment) ;
- *il a agi **d'une façon** discrète* (syn. discrètement).

– *De façon, d'une façon* suivis d'un adjectif équivalent à un adverbe de manière.

◗ à la manière (de) :

*elle portait une jupe ample **à la manière des** gitanes. Il se tira de ce mauvais pas **à la manière** française, par un calembour.*

– *De manière à, de manière que* expriment l'idée de but.

◗ au moyen de, à l'aide de, grâce à :

*il applique la peinture **au moyen d**'un rouleau* (syn. avec). *Elle marche **à l'aide d**'un déambulateur. Ils se sont rencontrés **grâce à** vous.*

– *Grâce à* exprime aussi l'idée de cause.

◗ moyennant :

***moyennant** de grands efforts, il est arrivé à ce qu'il voulait.*

◗ ainsi :
nous allons procéder ***ainsi****... Si tout s'est passé* ***ainsi****, le doute n'est plus permis* (syn. de cette manière).

◗ ainsi que :
ainsi que *je l'ai expliqué...* (syn. comme).

64 Sans mot de liaison

elle marche la tête haute. Il est sorti bras nus.

65 Avec un gérondif

il m'a accueilli ***en riant****. Il s'excusa* ***en balbutiant****. Vous pouvez participer au concours* ***en téléphonant*** *à ce numéro.*

66 Avec un adverbe en *-ment* ou un autre adverbe de manière

- *il lui parle* ***gentiment****. Elle mange* ***proprement****. Ils marchent* ***silencieusement****.*
- *elle joue* ***bien****. Ils chantent* ***faux****.*

67 Avec un nom

arme, artifice, astuce, atout, biais, combine, détour, disposition, échappatoire, expédient, façon, instrument, manière, manœuvre, mesure, méthode, modalité, mode (n.m.), moyen, outil, palliatif, plan, procédé, recette, recours, remède, ressort, ressource, système, tactique, voie :

- *son humour est sa seule* ***arme*** *;.*
- *elle a fait preuve d'****artifice*** *pour se tirer d'affaire ;*
- *il a trouvé un* ***biais*** *pour annoncer la mauvaise nouvelle ;*
- *elle a une* ***combine*** *pour payer ses places moins cher ;*
- *il a changé de* ***tactique*** *pour qu'elle s'intéresse à lui ;*
- *elle a suivi la* ***voie*** *de la sagesse.*

Un *artifice,* une *astuce,* une *combine,* une *échappatoire,* un *système* sont des manières d'agir habiles, parfois peu scrupuleuses *Artifice* est littéraire et *combine* est familier. Un *biais,* un *détour* sont des moyens d'expression détournés.

GRAMMAIRE

L'expression de l'**opposition** et de la **concession**

68 Avec une conjonction, une préposition, un adverbe

◗ quoique :
quoique *nous soyons à la fin juillet, il y a encore beaucoup de monde à Paris* (syn. bien que).

– *Quoique* exprime la concession et est suivi du subjonctif. Ne pas confondre avec *quoi que.*

◗ quoi que :
quoi qu*'on fasse,* ***quoi qu****'on dise, le résultat sera le même.* ***Quoi qu****'en pensent les autres, il agira comme bon lui semble.*

– *Quoi que* est suivi du subjonctif. Cette locution concessive peut être remplacée par « quelle que soit la chose que ». Ne pas confondre avec *quoique.*

◗ encore que :
admettons ce principe, ***encore qu****'il ne soit pas bien établi* (syn. quoique, bien que).

– *Encore que* est suivi du subjonctif. Cette locution conjonctive introduit une restriction.

◗ bien que :

bien qu*'il soit très inquiet, il n'en laisse rien paraître. La salle,* ***bien que*** *vaste, ne suffisait pas pour une telle assistance.*

– *Bien que* est suivi d'un verbe au subjonctif ou d'un adjectif.

◗ malgré, malgré que.

- *elle est sortie* ***malgré*** *des ordres contraires* (syn. en dépit de) ;
- *je m'entends bien avec lui* ***malgré que*** *nos caractères soient différents* (syn. bien que, quoique).

– *Malgré que* est suivi du subjonctif. Cette locution conjonctive est critiquée sauf dans l'expression *malgré que j'en aie,* qui est littéraire et signifie « bien que cela me contrarie ».

◗ au lieu de, au lieu que, plutôt que (de) :

- *tu ferais mieux de m'aider* ***au lieu de*** *rêvasser ;*
- *«* ***Au lieu que*** *son histoire l'ait calmé, on dirait plutôt qu'il s'aigrit »* (J. Romains) ;
- ***plutôt*** *mourir* ***que de*** *m'avouer vaincu ;*
- *« J'aime mieux tous les malheurs* ***plutôt que*** *vous souffriez par ma faute »* (R. Rolland).

– *Au lieu de* est toujours suivi de l'infinitif.

– *Au lieu que, plutôt que* sont littéraires et introduisent un verbe au subjonctif.

◗ tandis que :

Adrien aime jouer au football ***tandis que*** *Vincent préfère les échecs.*

– *Tandis que* exprime aussi l'idée de temps.

◗ alors que :

ici on grelotte, ***alors que*** *là-bas on étouffe. Vous reculez,* ***alors qu****'il faudrait avancer.*

– *Alors que* s'emploie avec l'indicatif ou le conditionnel.

◗ alors même que :

alors même que *vous me le jureriez, je ne le croirais pas.*

– *Alors même que* est suivi du conditionnel et est réservé à la langue soutenue ou littéraire. Dans la langue courante, on emploie *même si* (avec l'indicatif).

◗ même si :

même si *le fond de l'histoire est vrai, il y a des invraisemblances.* ***Même si*** *tu me le jurais, je ne te croirais pas.*

– *Même si* est suivi de l'indicatif.

◗ quand bien même, quand :

- ***quand bien même*** *on travaillerait sans interruption, on ne pourrait pas respecter ce délai ;*
- ***quand*** *on me le proposerait gratuitement, je n'en voudrais pas* (syn. même si).

– *Quand bien même* et *quand* sont suivis du conditionnel.

– *Quand* s'emploie dans la langue soutenue ou littéraire.

◗ tout... que :

tout *sportif* ***qu****'il est (ou* ***qu****'il soit), il n'a pas pu traverser la rivière à la nage.* ***Tout*** *académiciens* ***qu****'ils sont (ou* ***qu****'ils soient), il leur arrive de parler argot.*

– *Tout* est invariable lorsqu'il est suivi d'un nom ou d'un adjectif masculins pluriels. Il varie avec un nom féminin ou un adjectif féminin commençant par une consonne ou un *h* aspiré :

toute *femme* ***qu****'elle est... ;* ***toutes*** *raisonnables* ***qu****'elles soient...*

◗ si... que, aussi... que :

- ***si*** *petit* ***qu****'il soit, il réussit à ouvrir la porte ;*
- ***aussi*** *surprenant* ***que*** *cela puisse paraître, son nom m'était totalement inconnu.*

– *Si que* et *aussi que* sont suivis du subjonctif. (Il vaut mieux employer la construction *si... que.*)

◗ si peu... que :

si peu *de tête* ***qu****'il ait, il aurait pu penser à mon anniversaire.*

– *Si peu…que* est suivi du subjonctif et indique une concession portant sur une quantité.

◗ quelque... que :
quelques *précautions* ***que*** *vous preniez, on remarquera votre présence.* ***Quelque*** *regrettables* ***que*** *soient ces incidents, ils n'ébranlent pas ma résolution.*
– *Quelque... que* suivi d'un nom est littéraire. Dans l'exemple ci-dessus, on dirait couramment *quelles que soient les précautions...* ou *bien qu'il ait pris toutes les précautions.* Le verbe qui suit *quelque que* est au subjonctif. *Quelque... que* est un adverbe, et par conséquent est invariable, lorsqu'il précède un adjectif non suivi d'un nom. Il a alors le sens de *si.* Il est suivi du verbe être au subjonctif.

◗ quel (quelle, quels, quelles) que :
quels que *soient les inconvénients, je prends le risque* (syn. de quelque nature que).

◗ cependant, en dépit de :
- *la solution était très simple, et* ***cependant*** *personne n'y avait songé* (syn. pourtant). *C'est la règle générale, il y a* ***cependant*** *quelques exceptions* (syn. néanmoins) ;
- en dépit des *erreurs commises, on peut redresser la situation* (syn. malgré).

◗ pourtant, toutefois, néanmoins :
- *il n'est pas encore là, il avait* ***pourtant*** *dit qu'il rentrerait de bonne heure. Il a fait un voyage coûteux mais* ***pourtant*** *utile ;*
- *son opinion semble arrêtée,il a* ***toutefois*** *promis de réfléchir encore ;*
- *cette histoire est ridicule,* ***néanmoins*** *elle est vraie.*

◗ non seulement... mais :
c'est ***non seulement*** *inutile,* ***mais*** *encore dangereux. Les lois nous protègent* ***non seulement*** *contre les autres,* ***mais*** *aussi contre nous-mêmes.*

◗ en revanche, par contre :
- *il est très assidu au cours,* ***en revanche*** *il est assez distrait. « Je suis cruelle avec ce qui me déplaît. Mais,* ***en revanche****, quand quelqu'un me plaît, je suis capable de tout »* (Jean Anouilh) ;
- *les fruits ont baissé ;* ***par contre*** *la viande a augmenté. « Si le jardin se trouvait à l'ombre, la maison,* ***par contre****, était en plein soleil »* (Guy de Maupassant).

– La locution adverbiale *par contre* est critiquée par les puristes. Elle est cependant utilisée par de nombreux écrivains. Elle n'est pas considérée comme fautive, mais il est d'usage d'employer l'un de ses synonymes : *en revanche, au contraire, d'un autre côté, inversement,* etc.

◗ mais, mais bien :
- *il est intelligent,* ***mais*** *paresseux ;*
- *ce n'était pas une simple échauffourée,* ***mais bien*** *une véritable émeute.*

◗ plutôt... que (de) :
plutôt *mourir* ***que de*** *m'avouer vaincu. Allons à la campagne* ***plutôt que de*** *rester à Paris.*

◗ contre :
déposer une plainte ***contre*** *X. Nager* ***contre*** *le courant. Parler* ***contre*** *son intérêt. Partir sur les routes en même temps que tout le monde ? Je suis* ***contre****.*

◗ sauf que, excepté que :
- *les vacances se sont bien passées,* ***sauf que*** *Pierre a dû rentrer précipitamment à Paris ;*
- *le mariage était très réussi,* ***excepté qu****'il a un peu plu en fin d'après-midi.*

◗ autant... autant :
autant *j'approuve ses principes,* ***autant*** *je condamne ses méthodes.*

◗ pour autant :
je ne m'inquiète pas ***pour autant****.*

69 Avec un préfixe

anti-, contre- :
- *un revêtement* ***anti****adhésif. Un mur* ***anti****bruit. Un casque* ***anti****choc.*

GRAMMAIRE

*- nager à **contre**-courant. Une idéologie **contre**-révolutionnaire. On a reçu un **contr**ordre.*

REMARQUE Il existe un autre préfixe *anti-*, qui signifie « avant » : ***anti**dater un témoignage.*

70 Avec un nom

◗ Pour désigner un fait.
adversité, affrontement, antagonisme, antinomie, antipathie, contradiction, contraire, contraste, contre-pied, désaccord, désapprobation, discordance, discorde, dissension, dissentiment, divergence, obstruction, opposition, protestation, réaction, rébellion, refus, réfutation, rejet, réplique, résistance, révolte, riposte, rivalité, veto... :

*il m'a soutenu dans l'**adversité**. La jalousie est une réaction d'**affrontement** à autrui. On constate l'**antagonisme** de leurs caractères. Il y a une **antinomie** entre ces deux théories* (syn. contradiction). *Ils font de l'**opposition** systématique à notre projet. Trois pays ont mis leur **veto** à cette résolution.*

– *Adversité* et *dissentiment* sont littéraires.

◗ Pour désigner un être.
adversaire, antagoniste, combattant, concurrent, contestataire, contradicteur, dissident, ennemi, opposant, rebelle, résistant, révolté, rival... :

*il a riposté aux attaques de son **adversaire**. Elle s'est trouvée face à face avec son **antagoniste*** (syn. contradicteur). *Il a fallu séparer les **combattants**. C'est un **opposant** au régime présidentiel. Ils étaient amis, ils sont devenus **rivaux**.*

71 Avec un verbe

affronter, aller contre, braver, confronter, contrarier, contraster, contre-attaquer, contrecarrer, contredire, défendre, défier, désobéir, diverger, diviser, empêcher, entraver, exclure, faire front, heurter, infirmer, interdire, mettre son veto, opposer, protester, réagir, refuser, réfuter, regimber, rejeter, repousser, résister, se dresser contre, se heurter, s'opposer, se rebiffer, se révolter, se soulever... :

*Ils **ont affronté** de nombreux dangers* (syn. braver). *Peut-on raisonnablement **aller contre** le progrès ? Il se sentait **attaqué** de toutes parts. Il a toujours cherché à **braver** les autorités* (syn. défier). *Elle ne supporte pas qu'on **contrecarre** ses projets. Avez-vous un argument à **objecter** ? Toute petite déjà, elle **se rebiffait** contre ses parents* (syn. regimber, se révolter).

– *Se rebiffer* s'emploie dans la langue familière.

L'expression du **temps**

72 Avec une conjonction, une locution, une préposition, un adverbe

◗ quand, lorsque :

*- **quand** il se met en colère, il devient écarlate* (syn. chaque fois que). *J'étais encore tout enfant **quand** mon père est mort. **De quand** date votre dernière vaccination ?*

*- **lorsque** je serai installé dans ma nouvelle maison, je vous inviterai.*

– *Lorsque* prend une apostrophe seulement devant *il(s), elle(s), on, en, un, une :*

GRAMMAIRE

__lorsqu__'il se fâche, il devient écarlate ;
***lorsque** Anne est triste, elle écrit.*

◗ pendant que, tandis que, alors que, comme :
*- **pendant que** je regardais par la fenêtre, il est sorti ;*
*- nous sommes partis **tandis que** les enfants dormaient ;*
*- je l'ai connu **alors qu**'il était encore étudiant ;*
*- **comme** nous approchions de la plage, il s'est mis à pleuvoir.*

– *Alors que* et *tandis que* expriment aussi l'idée d'opposition.

◗ dès que, aussitôt que, sitôt que :
*- je viendrai **dès que** j'aurai fini. **Dès que** le rideau se lève, le public applaudit ;*
*- **aussitôt que** je l'ai appelé, il est accouru. Nous partirons **aussitôt que** tu seras prêt ;*
*- **sitôt qu**'on l'eut averti de l'accident, il s'est rendu à l'hôpital.*

– La locution conjonctive *dès que* peut être remplacée par la préposition *dès* suivie d'un nom :

*je viendrai **dès que** l'année scolaire sera finie/**dès** la fin de l'année scolaire.*

◗ tant que :
***tant que** vous ne m'aurez pas fourni de preuves, je ne vous croirai pas* (syn. aussi longtemps que). *Dépêchons-nous d'en profiter **tant qu**' il fait beau* (syn. pendant que).

– *Tant que* peut aussi exprimer l'idée de comparaison :

*cette robe rouge ne me plaît pas **tant que** la bleue* (syn. autant que).

◗ avant que, après que :
*- dépêchez-vous d'intervenir **avant qu**'il ne soit trop tard. **Avant qu**'il fasse nuit, nous ferons encore cinq kilomètres ;*
*- je m'occuperai de cela **après que** tu seras parti. **Après qu**'ils eurent tout examiné, ils se retirèrent.*

– La locution conjonctive *avant que* est suivie du subjonctif (et parfois d'un *ne* explétif) parce que l'action n'a pas encore eu lieu par rapport à l'action de la principale. La locution *après que* est suivie de l'indicatif puisque l'action est terminée.

◗ depuis que :
***depuis qu**'il a été accidenté, il s'est mis à boiter* (syn. à partir du moment où). ***Depuis que** je le connais, il écrit des poèmes. Nous l'avons vu à l'anniversaire de Pierre et nous n'avons pas de nouvelles **depuis**.*

– La locution conjonctive *depuis que* peut être remplacée par la préposition *depuis* suivie d'un nom :

***depuis** son accident, il boite.*

◗ à, au :
*il est parti **à** trois heures. Nous sommes **au** printemps. Faire du cent **à** l'heure.*

◗ en :
***en** 1789. **En** janvier. **En** été. **En** automne. **En** hiver. **En** ce moment, il est absent. **En** combien de temps pouvez-vous faire ce travail ? Il a plu une seule fois **en** deux mois.*

– *En* introduit une date, une période, un nom de mois, de saison (sauf *printemps* qui est précédé de *au*).

◗ dans, au cours de, pendant, durant :
*- je ferai cela **dans** la journée. **Dans** sa jeunesse, il était timide. Nous partons en vacances **dans** huit jours* (syn. d'ici) ;
*- il a évolué **au cours de** sa carrière ;*
*- il est resté à son chevet **pendant** toute la nuit ;*
*- **durant** son enfance, il a eu plusieurs maladies graves. Il a plu **durant** trois jours.*

– *Durant* s'emploie le plus souvent avant un nom, sauf dans quelques expressions où il vient après le nom :

*la vie **durant** ; une heure **durant**.*

◗ près (de), loin (de) :
*- nous étions **près de** Noël. Noël est encore tout **près**. Nous étions **près de***

GRAMMAIRE

partir (ou ***près du*** *départ) quand cela s'est produit. Il était* ***près*** *de midi ;*
- le printemps est encore ***loin****. Ce moment est déjà* ***loin de*** *nous.*

– *Près de* et *loin de* expriment aussi l'idée de lieu. Ne pas confondre *près de,* qui signifie « sur le point de » *(il n'est pas* ***près de*** *retravailler avec eux)* et *prêt à***,** qui veut dire « en état de » (*elle est* ***prête à*** *nous aider).*

◗ maintenant, tout de suite :
- il est ***maintenant*** *dix heures, c'est l'heure de la pause. À partir de* ***maintenant****, c'est moi qui décide. Internet est* ***maintenant*** *très répandu* (syn. aujourd'hui, actuellement). *Il savait* ***maintenant*** *à quoi s'en tenir* (syn. désormais) ;
- viens ici ***tout de suite*** *!* (syn. immédiatement).

– *Tout de suite* signifie « sans plus attendre » et ne doit pas être confondu avec *de suite* qui signifie « en se suivant », « sans interruption ». On dit :
je reviens ***tout de suite*** et *j'ai couru deux heures* ***de suite****.*

◗ désormais, dorénavant :
- les derniers opposants ont démissionné : vous avez ***désormais*** *le champ libre ;*
- le TGV relie ces deux villes ; on pourra ***dorénavant*** *faire le voyage en une heure* (syn. à partir de maintenant, à l'avenir).

◗ autrefois, dans le temps, jadis, naguère :
- ***autrefois****, on croyait que le Soleil tournait autour de la Terre. Il paraît qu'il a été danseur* ***autrefois*** *;*
*- d****ans le temps****, peu de gens partaient en vacances.*
- ***jadis*** *nous passions nos vacances chez nos grands-parents. Il y avait ici un château* ***jadis*** *;*
- on trouvait encore des triporteurs ***naguère****.*

– *Naguère,* dans son emploi littéraire, signifie « récemment ». Dans la langue courante, on ne perçoit plus de différence entre *jadis* et *naguère* et on emploie les deux adverbes dans le sens de *autrefois.*

◗ bientôt :
l'affaire sera ***bientôt*** *terminée. Vous serez* ***bientôt*** *payé.*

◗ tôt, tard :
- je me lève ***tôt****. Il a su lire très* ***tôt****. Le plus* ***tôt*** *sera le mieux. Je ne pourrai vous livrer que lundi au plus* ***tôt*** *;*
- il se couche toujours ***tard****. C'est arrivé* ***tard*** *dans la nuit. Mieux vaut* ***tard*** *que jamais ;*
- tôt ou tard*, nous saurons le fin mot de l'histoire.*

◗ avant, auparavant, d'abord :
-nous sommes arrivés ***avant*** *le début du film. J'ai longuement réfléchi* ***avant*** *de me décider ;*
- on va s'occuper de vous, mais, ***auparavant****, veuillez remplir ce questionnaire* (syn. d'abord).

– La préposition *avant* est quelquefois suivie d'un nom sans article :
naître ***avant*** *terme ; faire des soldes* ***avant*** *travaux.*

◗ après, puis, ensuite :
- je passerai vous voir ***après*** *les vacances. Commencez par le dossier prioritaire, vous vous occuperez du reste* ***après*** (syn. plus tard). ;
- on entendit un grand bruit, ***puis*** *un cri ;*
- examinons d'abord cette question, ***ensuite*** *nous passerons à la suivante.*

– La préposition *après* est quelquefois suivie d'un nom sans article :
après *mûre réflexion ;* ***après*** *examen ; on se verra* ***après*** *déjeuner.*

◗ déjà :
les premiers bourgeons commencent ***déjà*** *à éclore. Quand je suis arrivé, il était* ***déjà*** *parti. Tu as* ***déjà*** *fini ?*

◗ quelquefois, parfois, de temps en temps :

GRAMMAIRE

- c'est un homme énergique, ***quelquefois*** *violent.* ***Quelquefois*** *il souriait, mais assez rarement ;*
- ils viennent ***parfois*** *nous voir.*
- il va voir sa grand-mère ***de temps en temps****.*

– Dans un registre familier, on dit aussi *des fois.*

◗ toujours, tout le temps :
- ces abus ont ***toujours*** *existé. Je l'aimerai* ***toujours****. Je ne suis* ***toujours*** *pas satisfait. Quand je suis revenu, il était* ***toujours*** *à la même place* (syn. encore).
- il est ***tout le temps*** *de mauvaise humeur* (syn. sans arrêt).

– *Pour toujours* et *à jamais* sont synonymes ; on peut dire :
il a disparu ***pour toujours*** ou *il a disparu* ***à jamais****.*

◗ jamais :
depuis son accident cardiaque, il n'a ***jamais*** *plus fumé. On ne sait* ***jamais*** *ce qui peut arriver. L'avez-vous déjà rencontré ? –* ***Jamais****. C'est* ***à jamais*** *fini entre nous* (syn. pour toujours).

– *Jamais* peut s'employer sans négation, en particulier dans une comparaison :
je suis ***plus*** *convaincu* ***que jamais****.*

◗ longtemps :
je ne resterai pas ***longtemps*** *ici. Ne soyez pas absent trop* ***longtemps****.* ***Longtemps*** *après, j'ai pensé à sa réflexion.*

– souvent, le plus souvent, la plupart du temps :
- je l'ai ***souvent*** *rencontré chez cet ami. Ils sortent* ***souvent*** *ensemble ;*
- au mois de juin, je suis ***le plus souvent*** *à la campagne ;*
- elle vient ***la plupart du temps*** *avec ses enfants.*

73 Avec un adverbe en *-ment*

il est ***actuellement*** *en voyage. Son accident s'est produit* ***antérieurement*** *à son déménagement. Donner* ***brièvement*** *son point de vue. Être* ***constamment*** *dérangé. Parler, réfléchir* ***longuement****. Être* ***momentanément*** *absent. Toute décision prise* ***postérieurement*** *à la date de la signature sera déclarée nulle. Il a obtenu une augmentation* ***récemment****. Rappelez* ***ultérieurement****.*

74 Avec un gérondif

En sortant*, j'ai vu qu'il neigeait. Il parle* ***en dormant****. C'est* ***en dansant*** *qu'il s'est foulé la cheville.*

75 Avec un préfixe

anté-, anti-, après-, avant-, post-, pré-, sur-, synchro- :
des géants ***anté****diluviens.* ***Anti****dater une lettre.* ***Après****-demain. Une lotion* ***après****-rasage.* ***Avant****-hier. Une* ***avant****-première. Un traitement* ***post****opératoire.* ***Post****dater un témoignage. La* ***pré****histoire.* ***Pré****chauffer un four. Le* ***sur****lendemain.* ***Synchro****niser des opérations.*

Discours **direct** et discours **indirect**

76 L'oral et l'écrit

Le passage de l'oral à l'écrit impose souvent le passage du discours direct (qui consiste à rapporter textuellement les paroles de quelqu'un) au discours indirect (qui rapporte ces paroles au moyen d'un verbe d'énonciation suivi de *que, ce que* ou *ce qui*).

77 Principales règles

Le passage au discours indirect implique un changement de construction de la phrase, du temps, voire du mode des verbes, et le remplacement de certains mots (en italique) :

Discours direct	Discours indirect
Il dit : « Je viendrai demain. »	Il dit ***qu'****il viendra* demain.
Il a dit : « Je viendrai demain. »	Il a dit ***qu'****il viendrait* demain (ou *le lendemain* selon le contexte).
Il a dit : « Je suis venu hier. »	Il a dit ***qu'****il était venu* hier (ou *la veille* selon le contexte).
Il dit : « Je veux mon carnet de timbres. »	Il dit ***qu'****il veut son* carnet de timbres.
Il a dit : « Je veux mon carnet de timbres. »	Il a dit ***qu'****il voulait son* carnet de timbres.
Il me demande : « Qu'est-ce que tu veux dire ? »	Il me demande **ce que** *je veux* dire.
Il m'a demandé : « Qu'est-ce que tu veux dire ? »	Il m'a demandé **ce que** *je voulais dire.*
Elle se demande : « Qu'est-ce qui me fait rire ? »	Elle se demande **ce qui** *la fait* rire.
Elle s'est demandé : « Qu'est-ce qui me fait rire ? »	Elle s'est demandé **ce qui** *la faisait* rire.

– Discours direct et indirect sont parfois appelés « styles direct et indirect ».

GRAMMAIRE

1 AVOIR

INFINITIF

Présent	Passé
avoir	avoir eu

PARTICIPE

Présent	Passé
ayant	eu, eue

IMPÉRATIF

Présent	Passé
aie	aie eu
ayons	ayons eu
ayez	ayez eu

CONDITIONNEL

	Présent	Passé
j'	aurais	aurais eu
tu	aurais	aurais eu
il/elle	aurait	aurait eu
nous	aurions	aurions eu
vous	auriez	auriez eu
ils/elles	auraient	auraient eu

INDICATIF

	Présent	Passé composé	Passé simple	Passé antérieur
j'	ai	ai eu	eus	eus eu
tu	as	as eu	eus	eus eu
il/elle	a	a eu	eut	eut eu
nous	avons	avons eu	eûmes	eûmes eu
vous	avez	avez eu	eûtes	eûtes eu
ils/elles	ont	ont eu	eurent	eurent eu

	Imparfait	Plus-que-parfait	Futur	Futur antérieur
j'	avais	avais eu	aurai	aurai eu
tu	avais	avais eu	auras	auras eu
il/elle	avait	avait eu	aura	aura eu
nous	avions	avions eu	aurons	aurons eu
vous	aviez	aviez eu	aurez	aurez eu
ils/elles	avaient	avaient eu	auront	auront eu

SUBJONCTIF

	Présent	Passé
que j'	aie	aie eu
que tu	aies	aies eu
qu'il/elle	ait	ait eu
que nous	ayons	ayons eu
que vous	ayez	ayez eu
qu'ils/elles	aient	aient eu

	Imparfait	Plus-que-parfait
que j'	eusse	eusse eu
que tu	eusses	eusses eu
qu'il/elle	eût	eût eu
que nous	eussions	eussions eu
que vous	eussiez	eussiez eu
qu'ils/elles	eussent	eussent eu

2 ÊTRE

INFINITIF

Présent	Passé
être	avoir été

PARTICIPE

Présent	Passé
étant	été

IMPÉRATIF

Présent	Passé
sois	aie été
soyons	ayons été
soyez	ayez été

CONDITIONNEL

	Présent	Passé
je/j'	serais	aurais été
tu	serais	aurais été
il/elle	serait	aurait été
nous	serions	aurions été
vous	seriez	auriez été
ils/elles	seraient	auraient été

INDICATIF

	Présent	Passé composé	Passé simple	Passé antérieur
je/j'	suis	ai été	fus	eus été
tu	es	as été	fus	eus été
il/elle	est	a été	fut	eut été
nous	sommes	avons été	fûmes	eûmes été
vous	êtes	avez été	fûtes	eûtes été
ils/elles	sont	ont été	furent	eurent été

	Imparfait	Plus-que-parfait	Futur	Futur antérieur
je/j'	étais	avais été	serai	aurai été
tu	étais	avais été	seras	auras été
il/elle	était	avait été	sera	aura été
nous	étions	avions été	serons	aurons été
vous	étiez	aviez été	serez	aurez été
ils/elles	étaient	avaient été	seront	auront été

SUBJONCTIF

	Présent	Passé
que je/j'	sois	aie été
que tu	sois	aies été
qu'il/elle	soit	ait été
que nous	soyons	ayons été
que vous	soyez	ayez été
qu'ils/elles	soient	aient été

	Imparfait	Plus-que-parfait
que je/j'	fusse	eusse été
que tu	fusses	eusses été
qu'il/elle	fût	eût été
que nous	fussions	eussions été
que vous	fussiez	eussiez été
qu'ils/elles	fussent	eussent été

3 CHANTER

INFINITIF

Présent	Passé
chanter	avoir chanté

PARTICIPE

Présent	Passé
chantant	chanté, e

IMPÉRATIF

Présent	Passé
chante	aie chanté
chantons	ayons chanté
chantez	ayez chanté

CONDITIONNEL

	Présent	Passé
je/j'	chanterais	aurais chanté
tu	chanterais	aurais chanté
il/elle	chanterait	aurait chanté
nous	chanterions	aurions chanté
vous	chanteriez	auriez chanté
ils/elles	chanteraient	auraient chanté

INDICATIF

	Présent	Passé composé	Passé simple	Passé antérieur
je/j'	chante	ai chanté	chantai	eus chanté
tu	chantes	as chanté	chantas	eus chanté
il/elle	chante	a chanté	chanta	eut chanté
nous	chantons	avons chanté	chantâmes	eûmes chanté
vous	chantez	avez chanté	chantâtes	eûtes chanté
ils/elles	chantent	ont chanté	chantèrent	eurent chanté

	Imparfait	Plus-que-parfait	Futur	Futur antérieur
je/j'	chantais	avais chanté	chanterai	aurai chanté
tu	chantais	avais chanté	chanteras	auras chanté
il/elle	chantait	avait chanté	chantera	aura chanté
nous	chantions	avions chanté	chanterons	aurons chanté
vous	chantiez	aviez chanté	chanterez	aurez chanté
ils/elles	chantaient	avaient chanté	chanteront	auront chanté

SUBJONCTIF

	Présent	Passé
que je/j'	chante	aie chanté
que tu	chantes	aies chanté
qu'il/elle	chante	ait chanté
que nous	chantions	ayons chanté
que vous	chantiez	ayez chanté
qu'ils/elles	chantent	aient chanté

	Imparfait	Plus-que-parfait
que je/j'	chantasse	eusse chanté
que tu	chantasses	eusses chanté
qu'il/elle	chantât	eût chanté
que nous	chantassions	eussions chanté
que vous	chantassiez	eussiez chanté
qu'ils/elles	chantassent	eussent chanté

4 BAISSER

INFINITIF

Présent	Passé
baisser	avoir baissé

PARTICIPE

Présent	Passé
baissant	baissé, e

IMPÉRATIF

Présent	Passé
baisse	aie baissé
baissons	ayons baissé
baissez	ayez baissé

CONDITIONNEL

	Présent	Passé
je/j'	baisserais	aurais baissé
tu	baisserais	aurais baissé
il/elle	baisserait	aurait baissé
nous	baisserions	aurions baissé
vous	baisseriez	auriez baissé
ils/elles	baisseraient	auraient baissé

INDICATIF

	Présent	Passé composé	Passé simple	Passé antérieur
je/j'	baisse	ai baissé	baissai	eus baissé
tu	baisses	as baissé	baissas	eus baissé
il/elle	baisse	a baissé	baissa	eut baissé
nous	baissons	avons baissé	baissâmes	eûmes baissé
vous	baissez	avez baissé	baissâtes	eûtes baissé
ils/elles	baissent	ont baissé	baissèrent	eurent baissé

	Imparfait	Plus-que-parfait	Futur	Futur antérieur
je/j'	baissais	avais baissé	baisserai	aurai baissé
tu	baissais	avais baissé	baisseras	auras baissé
il/elle	baissait	avait baissé	baissera	aura baissé
nous	baissions	avions baissé	baisserons	aurons baissé
vous	baissiez	aviez baissé	baisserez	aurez baissé
ils/elles	baissaient	avaient baissé	baisseront	auront baissé

SUBJONCTIF

	Présent	Passé
que je/j'	baisse	aie baissé
que tu	baisses	aies baissé
qu'il/elle	baisse	ait baissé
que nous	baissions	ayons baissé
que vous	baissiez	ayez baissé
qu'ils/elles	baissent	aient baissé

	Imparfait	Plus-que-parfait
que je/j'	baissasse	eusse baissé
que tu	baissasses	eusses baissé
qu'il/elle	baissât	eût baissé
que nous	baissassions	eussions baissé
que vous	baissassiez	eussiez baissé
qu'ils/elles	baissassent	eussent baissé

5 PLEURER

INFINITIF

Présent	Passé
pleurer	avoir pleuré

PARTICIPE

Présent	Passé
pleurant	pleuré, e

IMPÉRATIF

Présent	Passé
pleure	aie pleuré
pleurons	ayons pleuré
pleurez	ayez pleuré

CONDITIONNEL

	Présent	Passé
je/j'	pleurerais	aurais pleuré
tu	pleurerais	aurais pleuré
il/elle	pleurerait	aurait pleuré
nous	pleurerions	aurions pleuré
vous	pleureriez	auriez pleuré
ils/elles	pleureraient	auraient pleuré

INDICATIF

	Présent	Passé composé	Passé simple	Passé antérieur
je/j'	pleure	ai pleuré	pleurai	eus pleuré
tu	pleures	as pleuré	pleuras	eus pleuré
il/elle	pleure	a pleuré	pleura	eut pleuré
nous	pleurons	avons pleuré	pleurâmes	eûmes pleuré
vous	pleurez	avez pleuré	pleurâtes	eûtes pleuré
ils/elles	pleurent	ont pleuré	pleurèrent	eurent pleuré

	Imparfait	Plus-que-parfait	Futur	Futur antérieur
je/j'	pleurais	avais pleuré	pleurerai	aurai pleuré
tu	pleurais	avais pleuré	pleureras	auras pleuré
il/elle	pleurait	avait pleuré	pleurera	aura pleuré
nous	pleurions	avions pleuré	pleurerons	aurons pleuré
vous	pleuriez	aviez pleuré	pleurerez	aurez pleuré
ils/elles	pleuraient	avaient pleuré	pleureront	auront pleuré

SUBJONCTIF

	Présent	Passé
que je/j'	pleure	aie pleuré
que tu	pleures	aies pleuré
qu'il/elle	pleure	ait pleuré
que nous	pleurions	ayons pleuré
que vous	pleuriez	ayez pleuré
qu'ils/elles	pleurent	aient pleuré

	Imparfait	Plus-que-parfait
que je/j'	pleurasse	eusse pleuré
que tu	pleurasses	eusses pleuré
qu'il/elle	pleurât	eût pleuré
que nous	pleurassions	eussions pleuré
que vous	pleurassiez	eussiez pleuré
qu'ils/elles	pleurassent	eussent pleuré

6 JOUER

INFINITIF

Présent	Passé
jouer	avoir joué

PARTICIPE

Présent	Passé
jouant	joué, e

IMPÉRATIF

Présent	Passé
joue	aie joué
jouons	ayons joué
jouez	ayez joué

CONDITIONNEL

	Présent	Passé
je/j'	jouerais	aurais joué
tu	jouerais	aurais joué
il/elle	jouerait	aurait joué
nous	jouerions	aurions joué
vous	joueriez	auriez joué
ils/elles	joueraient	auraient joué

INDICATIF

	Présent	Passé composé	Passé simple	Passé antérieur
je/j'	joue	ai joué	jouai	eus joué
tu	joues	as joué	jouas	eus joué
il/elle	joue	a joué	joua	eut joué
nous	jouons	avons joué	jouâmes	eûmes joué
vous	jouez	avez joué	jouâtes	eûtes joué
ils/elles	jouent	ont joué	jouèrent	eurent joué

	Imparfait	Plus-que-parfait	Futur	Futur antérieur
je/j'	jouais	avais joué	jouerai	aurai joué
tu	jouais	avais joué	joueras	auras joué
il/elle	jouait	avait joué	jouera	aura joué
nous	jouions	avions joué	jouerons	aurons joué
vous	jouiez	aviez joué	jouerez	aurez joué
ils/elles	jouaient	avaient joué	joueront	auront joué

SUBJONCTIF

	Présent	Passé
que je/j'	joue	aie joué
que tu	joues	aies joué
qu'il/elle	joue	ait joué
que nous	jouions	ayons joué
que vous	jouiez	ayez joué
qu'ils/elles	jouent	aient joué

	Imparfait	Plus-que-parfait
que je/j'	jouasse	eusse joué
que tu	jouasses	eusses joué
qu'il/elle	jouât	eût joué
que nous	jouassions	eussions joué
que vous	jouassiez	eussiez joué
qu'ils/elles	jouassent	eussent joué

7 SALUER

INFINITIF

Présent	Passé
saluer	avoir salué

PARTICIPE

Présent	Passé
saluant	salué, e

IMPÉRATIF

Présent	Passé
salue	aie salué
saluons	ayons salué
saluez	ayez salué

CONDITIONNEL

	Présent	Passé
je/j'	saluerais	aurais salué
tu	saluerais	aurais salué
il/elle	saluerait	aurait salué
nous	saluerions	aurions salué
vous	salueriez	auriez salué
ils/elles	salueraient	auraient salué

INDICATIF

	Présent	Passé composé	Passé simple	Passé antérieur
je/j'	salue	ai salué	saluai	eus salué
tu	salues	as salué	saluas	eus salué
il/elle	salue	a salué	salua	eut salué
nous	saluons	avons salué	saluâmes	eûmes salué
vous	saluez	avez salué	saluâtes	eûtes salué
ils/elles	saluent	ont salué	saluèrent	eurent salué

	Imparfait	Plus-que-parfait	Futur	Futur antérieur
je/j'	saluais	avais salué	saluerai	aurai salué
tu	saluais	avais salué	salueras	auras salué
il/elle	saluait	avait salué	saluera	aura salué
nous	saluions	avions salué	saluerons	aurons salué
vous	saluiez	aviez salué	saluerez	aurez salué
ils/elles	saluaient	avaient salué	salueront	auront salué

SUBJONCTIF

	Présent	Passé
que je/j'	salue	aie salué
que tu	salues	aies salué
qu'il/elle	salue	ait salué
que nous	saluions	ayons salué
que vous	saluiez	ayez salué
qu'ils/elles	saluent	aient salué

	Imparfait	Plus-que-parfait
que je/j'	saluasse	eusse salué
que tu	saluasses	eusses salué
qu'il/elle	saluât	eût salué
que nous	saluassions	eussions salué
que vous	saluassiez	eussiez salué
qu'ils/elles	saluassent	eussent salué

8 ARGUER

INFINITIF

Présent	Passé
arguer	avoir argué

PARTICIPE

Présent	Passé
arguant	argué, e

IMPÉRATIF

Présent	Passé
argue	aie argué
arguons	ayons argué
arguez	ayez argué

CONDITIONNEL

	Présent	Passé
j'	arguerais	aurais argué
tu	arguerais	aurais argué
il/elle	arguerait	aurait argué
nous	arguerions	aurions argué
vous	argueriez	auriez argué
ils/elles	argueraient	auraient argué

INDICATIF

	Présent	Passé composé	Passé simple	Passé antérieur
j'	argue	ai argué	arguai	eus argué
tu	argues	as argué	arguas	eus argué
il/elle	argue	a argué	argua	eut argué
nous	arguons	avons argué	arguâmes	eûmes argué
vous	arguez	avez argué	arguâtes	eûtes argué
ils/elles	arguent	ont argué	arguèrent	eurent argué

	Imparfait	Plus-que-parfait	Futur	Futur antérieur
j'	arguais	avais argué	arguerai	aurai argué
tu	arguais	avais argué	argueras	auras argué
il/elle	arguait	avait argué	arguera	aura argué
nous	arguions	avions argué	arguerons	aurons argué
vous	arguiez	aviez argué	arguerez	aurez argué
ils/elles	arguaient	avaient argué	argueront	auront argué

SUBJONCTIF

	Présent	Passé
que j'	argue	aie argué
que tu	argues	aies argué
qu'il/elle	argue	ait argué
que nous	arguions	ayons argué
que vous	arguiez	ayez argué
qu'ils/elles	arguent	aient argué

	Imparfait	Plus-que-parfait
que j'	arguasse	eusse argué
que tu	arguasses	eusses argué
qu'il/elle	arguât	eût argué
que nous	arguassions	eussions argué
que vous	arguassiez	eussiez argué
qu'ils/elles	arguassent	eussent argué

▸ **REMARQUE** Le verbe *arguer* peut se prononcer [arge] ou [argɥe]. Certains mettent un tréma sur l'**e** ou l'**i** qui suivent l'**u** : *j'arguë* [argy], *nous arguïons* [argyjɔ̃]. L'Académie recommande de mettre un tréma sur l'u : *j'argüe.*

9 ÉTUDIER

INFINITIF

Présent	Passé
étudier	avoir étudié

PARTICIPE

Présent	Passé
étudiant	étudié, e

IMPÉRATIF

Présent	Passé
étudie	aie étudié
étudions	ayons étudié
étudiez	ayez étudié

CONDITIONNEL

	Présent	Passé
j'	étudierais	aurais étudié
tu	étudierais	aurais étudié
il/elle	étudierait	aurait étudié
nous	étudierions	aurions étudié
vous	étudieriez	auriez étudié
ils/elles	étudieraient	auraient étudié

INDICATIF

	Présent	Passé composé	Passé simple	Passé antérieur
j'	étudie	ai étudié	étudiai	eus étudié
tu	étudies	as étudié	étudias	eus étudié
il/elle	étudie	a étudié	étudia	eut étudié
nous	étudions	avons étudié	étudiâmes	eûmes étudié
vous	étudiez	avez étudié	étudiâtes	eûtes étudié
ils/elles	étudient	ont étudié	étudièrent	eurent étudié

	Imparfait	Plus-que-parfait	Futur	Futur antérieur
j'	étudiais	avais étudié	étudierai	aurai étudié
tu	étudiais	avais étudié	étudieras	auras étudié
il/elle	étudiait	avait étudié	étudiera	aura étudié
nous	étudiions	avions étudié	étudierons	aurons étudié
vous	étudiiez	aviez étudié	étudierez	aurez étudié
ils/elles	étudiaient	avaient étudié	étudieront	auront étudié

SUBJONCTIF

	Présent	Passé
que j'	étudie	aie étudié
que tu	étudies	aies étudié
qu'il/elle	étudie	ait étudié
que nous	étudiions	ayons étudié
que vous	étudiiez	ayez étudié
qu'ils/elles	étudient	aient étudié

	Imparfait	Plus-que-parfait
que j'	étudiasse	eusse étudié
que tu	étudiasses	eusses étudié
qu'il/elle	étudiât	eût étudié
que nous	étudiassions	eussions étudié
que vous	étudiassiez	eussiez étudié
qu'ils/elles	étudiassent	eussent étudié

10 PRIER

INFINITIF

Présent	Passé
prier	avoir prié

PARTICIPE

Présent	Passé
priant	prié, e

IMPÉRATIF

Présent	Passé
prie	aie prié
prions	ayons prié
priez	ayez prié

CONDITIONNEL

	Présent	Passé
je/j'	prierais	aurais prié
tu	prierais	aurais prié
il/elle	prierait	aurait prié
nous	prierions	aurions prié
vous	prieriez	auriez prié
ils/elles	prieraient	auraient prié

INDICATIF

	Présent	Passé composé	Passé simple	Passé antérieur
je/j'	prie	ai prié	priai	eus prié
tu	pries	as prié	prias	eus prié
il/elle	prie	a prié	pria	eut prié
nous	prions	avons prié	priâmes	eûmes prié
vous	priez	avez prié	priâtes	eûtes prié
ils/elles	prient	ont prié	prièrent	eurent prié

	Imparfait	Plus-que-parfait	Futur	Futur antérieur
je/j'	priais	avais prié	prierai	aurai prié
tu	priais	avais prié	prieras	auras prié
il/elle	priait	avait prié	priera	aura prié
nous	priions	avions prié	prierons	aurons prié
vous	priiez	aviez prié	prierez	aurez prié
ils/elles	priaient	avaient prié	prieront	auront prié

SUBJONCTIF

	Présent	Passé
que je/j'	prie	aie prié
que tu	pries	aies prié
qu'il/elle	prie	ait prié
que nous	priions	ayons prié
que vous	priiez	ayez prié
qu'ils/elles	prient	aient prié

	Imparfait	Plus-que-parfait
que je/j'	priasse	eusse prié
que tu	priasses	eusses prié
qu'il/elle	priât	eût prié
que nous	priassions	eussions prié
que vous	priassiez	eussiez prié
qu'ils/elles	priassent	eussent prié

11 PAYER (1)

INFINITIF

Présent	Passé
payer	avoir payé

PARTICIPE

Présent	Passé
payant	payé, e

IMPÉRATIF

Présent	Passé
paie	aie payé
payons	ayons payé
payez	ayez payé

CONDITIONNEL

	Présent	Passé
je/j'	paierais	aurais payé
tu	paierais	aurais payé
il/elle	paierait	aurait payé
nous	paierions	aurions payé
vous	paieriez	auriez payé
ils/elles	paieraient	auraient payé

INDICATIF

	Présent	Passé composé	Passé simple	Passé antérieur
je/j'	paie	ai payé	payai	eus payé
tu	paies	as payé	payas	eus payé
il/elle	paie	a payé	paya	eut payé
nous	payons	avons payé	payâmes	eûmes payé
vous	payez	avez payé	payâtes	eûtes payé
ils/elles	paient	ont payé	payèrent	eurent payé

	Imparfait	Plus-que-parfait	Futur	Futur antérieur
je/j'	payais	avais payé	paierai	aurai payé
tu	payais	avais payé	paieras	auras payé
il/elle	payait	avait payé	paiera	aura payé
nous	payions	avions payé	paierons	aurons payé
vous	payiez	aviez payé	paierez	aurez payé
ils/elles	payaient	avaient payé	paieront	auront payé

SUBJONCTIF

	Présent	Passé
que je/j'	paie	aie payé
que tu	paies	aies payé
qu'il/elle	paie	ait payé
que nous	payions	ayons payé
que vous	payiez	ayez payé
qu'ils/elles	paient	aient payé

	Imparfait	Plus-que-parfait
que je/j'	payasse	eusse payé
que tu	payasses	eusses payé
qu'il/elle	payât	eût payé
que nous	payassions	eussions payé
que vous	payassiez	eussiez payé
qu'ils/elles	payassent	eussent payé

▸ **REMARQUE** Pour certains grammairiens, le verbe *rayer* garde le **y** dans toute sa conjugaison et ne se conjugue qu'à la façon de **payer (2).**

11 PAYER (2)

INFINITIF

Présent	Passé
payer	avoir payé

PARTICIPE

Présent	Passé
payant	payé, e

IMPÉRATIF

Présent	Passé
paye	aie payé
payons	ayons payé
payez	ayez payé

CONDITIONNEL

	Présent	Passé
je/j'	payerais	aurais payé
tu	payerais	aurais payé
il/elle	payerait	aurait payé
nous	payerions	aurions payé
vous	payeriez	auriez payé
ils/elles	payeraient	auraient payé

INDICATIF

	Présent	Passé composé	Passé simple	Passé antérieur
je/j'	paye	ai payé	payai	eus payé
tu	payes	as payé	payas	eus payé
il/elle	paye	a payé	paya	eut payé
nous	payons	avons payé	payâmes	eûmes payé
vous	payez	avez payé	payâtes	eûtes payé
ils/elles	payent	ont payé	payèrent	eurent payé

	Imparfait	Plus-que-parfait	Futur	Futur antérieur
je/j'	payais	avais payé	payerai	aurai payé
tu	payais	avais payé	payeras	auras payé
il/elle	payait	avait payé	payera	aura payé
nous	payions	avions payé	payerons	aurons payé
vous	payiez	aviez payé	payerez	aurez payé
ils/elles	payaient	avaient payé	payeront	auront payé

SUBJONCTIF

	Présent	Passé
que je/j'	paye	aie payé
que tu	payes	aies payé
qu'il/elle	paye	ait payé
que nous	payions	ayons payé
que vous	payiez	ayez payé
qu'ils/elles	payent	aient payé

	Imparfait	Plus-que-parfait
que je/j'	payasse	eusse payé
que tu	payasses	eusses payé
qu'il/elle	payât	eût payé
que nous	payassions	eussions payé
que vous	payassiez	eussiez payé
qu'ils/elles	payassent	eussent payé

12 GRASSEYER

INFINITIF

Présent	Passé
grasseyer	avoir grasseyé

PARTICIPE

Présent	Passé
grasseyant	grasseyé, e

IMPÉRATIF

Présent	Passé
grasseye	aie grasseyé
grasseyons	ayons grasseyé
grasseyez	ayez grasseyé

CONDITIONNEL

	Présent	Passé
je/j'	grasseyerais	aurais grasseyé
tu	grasseyerais	aurais grasseyé
il/elle	grasseyerait	aurait grasseyé
nous	grasseyerions	aurions grasseyé
vous	grasseyeriez	auriez grasseyé
ils/elles	grasseyeraient	auraient grasseyé

INDICATIF

	Présent	Passé composé	Passé simple	Passé antérieur
je/j'	grasseye	ai grasseyé	grasseyai	eus grasseyé
tu	grasseyes	as grasseyé	grasseyas	eus grasseyé
il/elle	grasseye	a grasseyé	grasseya	eut grasseyé
nous	grasseyons	avons grasseyé	grasseyâmes	eûmes grasseyé
vous	grasseyez	avez grasseyé	grasseyâtes	eûtes grasseyé
ils/elles	grasseyent	ont grasseyé	grasseyèrent	eurent grasseyé

	Imparfait	Plus-que-parfait	Futur	Futur antérieur
je/j'	grasseyais	avais grasseyé	grasseyerai	aurai grasseyé
tu	grasseyais	avais grasseyé	grasseyeras	auras grasseyé
il/elle	grasseyait	avait grasseyé	grasseyera	aura grasseyé
nous	grasseyions	avions grasseyé	grasseyerons	aurons grasseyé
vous	grasseyiez	aviez grasseyé	grasseyerez	aurez grasseyé
ils/elles	grasseyaient	avaient grasseyé	grasseyeront	auront grasseyé

SUBJONCTIF

	Présent	Passé
que je/j'	grasseye	aie grasseyé
que tu	grasseyes	aies grasseyé
qu'il/elle	grasseye	ait grasseyé
que nous	grasseyions	ayons grasseyé
que vous	grasseyiez	ayez grasseyé
qu'ils/elles	grasseyent	aient grasseyé

	Imparfait	Plus-que-parfait
que je/j'	grasseyasse	eusse grasseyé
que tu	grasseyasses	eusses grasseyé
qu'il/elle	grasseyât	eût grasseyé
que nous	grasseyassions	eussions grasseyé
que vous	grasseyassiez	eussiez grasseyé
qu'ils/elles	grasseyassent	eussent grasseyé

13 EMPLOYER

INFINITIF

Présent	Passé
employer	avoir employé

PARTICIPE

Présent	Passé
employant	employé, e

IMPÉRATIF

Présent	Passé
emploie	aie employé
employons	ayons employé
employez	ayez employé

CONDITIONNEL

	Présent	Passé
j'	emploierais	aurais employé
tu	emploierais	aurais employé
il/elle	emploierait	aurait employé
nous	emploierions	aurions employé
vous	emploieriez	auriez employé
ils/elles	emploieraient	auraient employé

INDICATIF

	Présent	Passé composé	Passé simple	Passé antérieur
j'	emploie	ai employé	employai	eus employé
tu	emploies	as employé	employas	eus employé
il/elle	emploie	a employé	employa	eut employé
nous	employons	avons employé	employâmes	eûmes employé
vous	employez	avez employé	employâtes	eûtes employé
ils/elles	emploient	ont employé	employèrent	eurent employé

	Imparfait	Plus-que-parfait	Futur	Futur antérieur
j'	employais	avais employé	emploierai	aurai employé
tu	employais	avais employé	emploieras	auras employé
il/elle	employait	avait employé	emploiera	aura employé
nous	employions	avions employé	emploierons	aurons employé
vous	employiez	aviez employé	emploierez	aurez employé
ils/elles	employaient	avaient employé	emploieront	auront employé

SUBJONCTIF

	Présent	Passé
que j'	emploie	aie employé
que tu	emploies	aies employé
qu'il/elle	emploie	ait employé
que nous	employions	ayons employé
que vous	employiez	ayez employé
qu'ils/elles	emploient	aient employé

	Imparfait	Plus-que-parfait
que j'	employasse	eusse employé
que tu	employasses	eusses employé
qu'il/elle	employât	eût employé
que nous	employassions	eussions employé
que vous	employassiez	eussiez employé
qu'ils/elles	employassent	eussent employé

14 ESSUYER

INFINITIF

Présent	Passé
essuyer	avoir essuyé

PARTICIPE

Présent	Passé
essuyant	essuyé, e

IMPÉRATIF

Présent	Passé
essuie	aie essuyé
essuyons	ayons essuyé
essuyez	ayez essuyé

CONDITIONNEL

	Présent	Passé
j'	essuierais	aurais essuyé
tu	essuierais	aurais essuyé
il/elle	essuierait	aurait essuyé
nous	essuierions	aurions essuyé
vous	essuieriez	auriez essuyé
ils/elles	essuieraient	auraient essuyé

INDICATIF

	Présent	Passé composé	Passé simple	Passé antérieur
j'	essuie	ai essuyé	essuyai	eus essuyé
tu	essuies	as essuyé	essuyas	eus essuyé
il/elle	essuie	a essuyé	essuya	eut essuyé
nous	essuyons	avons essuyé	essuyâmes	eûmes essuyé
vous	essuyez	avez essuyé	essuyâtes	eûtes essuyé
ils/elles	essuient	ont essuyé	essuyèrent	eurent essuyé

	Imparfait	Plus-que-parfait	Futur	Futur antérieur
j'	essuyais	avais essuyé	essuierai	aurai essuyé
tu	essuyais	avais essuyé	essuieras	auras essuyé
il/elle	essuyait	avait essuyé	essuiera	aura essuyé
nous	essuyions	avions essuyé	essuierons	aurons essuyé
vous	essuyiez	aviez essuyé	essuierez	aurez essuyé
ils/elles	essuyaient	avaient essuyé	essuieront	auront essuyé

SUBJONCTIF

	Présent	Passé
que j'	essuie	aie essuyé
que tu	essuies	aies essuyé
qu'il/elle	essuie	ait essuyé
que nous	essuyions	ayons essuyé
que vous	essuyiez	ayez essuyé
qu'ils/elles	essuient	aient essuyé

	Imparfait	Plus-que-parfait
que j'	essuyasse	eusse essuyé
que tu	essuyasses	eusses essuyé
qu'il/elle	essuyât	eût essuyé
que nous	essuyassions	eussions essuyé
que vous	essuyassiez	eussiez essuyé
qu'ils/elles	essuyassent	eussent essuyé

15 CRÉER

INFINITIF

Présent	Passé
créer	avoir créé

PARTICIPE

Présent	Passé
créant	créé, e

IMPÉRATIF

Présent	Passé
crée	aie créé
créons	ayons créé
créez	ayez créé

CONDITIONNEL

	Présent	Passé
je/j'	créerais	aurais créé
tu	créerais	aurais créé
il/elle	créerait	aurait créé
nous	créerions	aurions créé
vous	créeriez	auriez créé
ils/elles	créeraient	auraient créé

INDICATIF

	Présent	Passé composé	Passé simple	Passé antérieur
je/j'	crée	ai créé	créai	eus créé
tu	crées	as créé	créas	eus créé
il/elle	crée	a créé	créa	eut créé
nous	créons	avons créé	créâmes	eûmes créé
vous	créez	avez créé	créâtes	eûtes créé
ils/elles	créent	ont créé	créèrent	eurent créé

	Imparfait	Plus-que-parfait	Futur	Futur antérieur
je/j'	créais	avais créé	créerai	aurai créé
tu	créais	avais créé	créeras	auras créé
il/elle	créait	avait créé	créera	aura créé
nous	créions	avions créé	créerons	aurons créé
vous	créiez	aviez créé	créerez	aurez créé
ils/elles	créaient	avaient créé	créeront	auront créé

SUBJONCTIF

	Présent	Passé
que je/j'	crée	aie créé
que tu	crées	aies créé
qu'il/elle	crée	ait créé
que nous	créions	ayons créé
que vous	créiez	ayez créé
qu'ils/elles	créent	aient créé

	Imparfait	Plus-que-parfait
que je/j'	créasse	eusse créé
que tu	créasses	eusses créé
qu'il/elle	créât	eût créé
que nous	créassions	eussions créé
que vous	créassiez	eussiez créé
qu'ils/elles	créassent	eussent créé

16 PLACER

INFINITIF

Présent	Passé
placer	avoir placé

PARTICIPE

Présent	Passé
plaçant	placé, e

IMPÉRATIF

Présent	Passé
place	aie placé
plaçons	ayons placé
placez	ayez placé

CONDITIONNEL

	Présent	Passé
je/j'	placerais	aurais placé
tu	placerais	aurais placé
il/elle	placerait	aurait placé
nous	placerions	aurions placé
vous	placeriez	auriez placé
ils/elles	placeraient	auraient placé

INDICATIF

	Présent	Passé composé	Passé simple	Passé antérieur
je/j'	place	ai placé	plaçai	eus placé
tu	places	as placé	plaças	eus placé
il/elle	place	a placé	plaça	eut placé
nous	plaçons	avons placé	plaçâmes	eûmes placé
vous	placez	avez placé	plaçâtes	eûtes placé
ils/elles	placent	ont placé	placèrent	eurent placé

	Imparfait	Plus-que-parfait	Futur	Futur antérieur
je/j'	plaçais	avais placé	placerai	aurai placé
tu	plaçais	avais placé	placeras	auras placé
il/elle	plaçait	avait placé	placera	aura placé
nous	placions	avions placé	placerons	aurons placé
vous	placiez	aviez placé	placerez	aurez placé
ils/elles	plaçaient	avaient placé	placeront	auront placé

SUBJONCTIF

	Présent	Passé
que je/j'	place	aie placé
que tu	places	aies placé
qu'il/elle	place	ait placé
que nous	placions	ayons placé
que vous	placiez	ayez placé
qu'ils/elles	placent	aient placé

	Imparfait	Plus-que-parfait
que je/j'	plaçasse	eusse placé
que tu	plaçasses	eusses placé
qu'il/elle	plaçât	eût placé
que nous	plaçassions	eussions placé
que vous	plaçassiez	eussiez placé
qu'ils/elles	plaçassent	eussent placé

17 MANGER

INFINITIF

Présent	Passé
manger	avoir mangé

PARTICIPE

Présent	Passé
mangeant	mangé, e

IMPÉRATIF

Présent	Passé
mange	aie mangé
mangeons	ayons mangé
mangez	ayez mangé

CONDITIONNEL

	Présent	Passé
je/j'	mangerais	aurais mangé
tu	mangerais	aurais mangé
il/elle	mangerait	aurait mangé
nous	mangerions	aurions mangé
vous	mangeriez	auriez mangé
ils/elles	mangeraient	auraient mangé

INDICATIF

	Présent	Passé composé	Passé simple	Passé antérieur
je/j'	mange	ai mangé	mangeai	eus mangé
tu	manges	as mangé	mangeas	eus mangé
il/elle	mange	a mangé	mangea	eut mangé
nous	mangeons	avons mangé	mangeâmes	eûmes mangé
vous	mangez	avez mangé	mangeâtes	eûtes mangé
ils/elles	mangent	ont mangé	mangèrent	eurent mangé

	Imparfait	Plus-que-parfait	Futur	Futur antérieur
je/j'	mangeais	avais mangé	mangerai	aurai mangé
tu	mangeais	avais mangé	mangeras	auras mangé
il/elle	mangeait	avait mangé	mangera	aura mangé
nous	mangions	avions mangé	mangerons	aurons mangé
vous	mangiez	aviez mangé	mangerez	aurez mangé
ils/elles	mangeaient	avaient mangé	mangeront	auront mangé

SUBJONCTIF

	Présent	Passé
que je/j'	mange	aie mangé
que tu	manges	aies mangé
qu'il/elle	mange	ait mangé
que nous	mangions	ayons mangé
que vous	mangiez	ayez mangé
qu'ils/elles	mangent	aient mangé

	Imparfait	Plus-que-parfait
que je/j'	mangeasse	eusse mangé
que tu	mangeasses	eusses mangé
qu'il/elle	mangeât	eût mangé
que nous	mangeassions	eussions mangé
que vous	mangeassiez	eussiez mangé
qu'ils/elles	mangeassent	eussent mangé

18 CÉDER

INFINITIF

Présent	Passé
céder	avoir cédé

PARTICIPE

Présent	Passé
cédant	cédé, e

IMPÉRATIF

Présent	Passé
cède	aie cédé
cédons	ayons cédé
cédez	ayez cédé

CONDITIONNEL

	Présent	Passé
je/j'	céderais	aurais cédé
tu	céderais	aurais cédé
il/elle	céderait	aurait cédé
nous	céderions	aurions cédé
vous	céderiez	auriez cédé
ils/elles	céderaient	auraient cédé

INDICATIF

	Présent	Passé composé	Passé simple	Passé antérieur
je/j'	cède	ai cédé	cédai	eus cédé
tu	cèdes	as cédé	cédas	eus cédé
il/elle	cède	a cédé	céda	eut cédé
nous	cédons	avons cédé	cédâmes	eûmes cédé
vous	cédez	avez cédé	cédâtes	eûtes cédé
ils/elles	cèdent	ont cédé	cédèrent	eurent cédé

	Imparfait	Plus-que-parfait	Futur	Futur antérieur
je/j'	cédais	avais cédé	céderai	aurai cédé
tu	cédais	avais cédé	céderas	auras cédé
il/elle	cédait	avait cédé	cédera	aura cédé
nous	cédions	avions cédé	céderons	aurons cédé
vous	cédiez	aviez cédé	céderez	aurez cédé
ils/elles	cédaient	avaient cédé	céderont	auront cédé

SUBJONCTIF

	Présent	Passé
que je/j'	cède	aie cédé
que tu	cèdes	aies cédé
qu'il/elle	cède	ait cédé
que nous	cédions	ayons cédé
que vous	cédiez	ayez cédé
qu'ils/elles	cèdent	aient cédé

	Imparfait	Plus-que-parfait
que je/j'	cédasse	eusse cédé
que tu	cédasses	eusses cédé
qu'il/elle	cédât	eût cédé
que nous	cédassions	eussions cédé
que vous	cédassiez	eussiez cédé
qu'ils/elles	cédassent	eussent cédé

19 SEMER

INFINITIF

Présent	Passé
semer	avoir semé

PARTICIPE

Présent	Passé
semant	semé, e

IMPÉRATIF

Présent	Passé
sème	aie semé
semons	ayons semé
semez	ayez semé

CONDITIONNEL

	Présent	Passé
je/j'	sèmerais	aurais semé
tu	sèmerais	aurais semé
il/elle	sèmerait	aurait semé
nous	sèmerions	aurions semé
vous	sèmeriez	auriez semé
ils/elles	sèmeraient	auraient semé

INDICATIF

	Présent	Passé composé	Passé simple	Passé antérieur
je/j'	sème	ai semé	semai	eus semé
tu	sèmes	as semé	semas	eus semé
il/elle	sème	a semé	sema	eut semé
nous	semons	avons semé	semâmes	eûmes semé
vous	semez	avez semé	semâtes	eûtes semé
ils/elles	sèment	ont semé	semèrent	eurent semé

	Imparfait	Plus-que-parfait	Futur	Futur antérieur
je/j'	semais	avais semé	sèmerai	aurai semé
tu	semais	avais semé	sèmeras	auras semé
il/elle	semait	avait semé	sèmera	aura semé
nous	semions	avions semé	sèmerons	aurons semé
vous	semiez	aviez semé	sèmerez	aurez semé
ils/elles	semaient	avaient semé	sèmeront	auront semé

SUBJONCTIF

	Présent	Passé
que je/j'	sème	aie semé
que tu	sèmes	aies semé
qu'il/elle	sème	ait semé
que nous	semions	ayons semé
que vous	semiez	ayez semé
qu'ils/elles	sèment	aient semé

	Imparfait	Plus-que-parfait
que je/j'	semasse	eusse semé
que tu	semasses	eusses semé
qu'il/elle	semât	eût semé
que nous	semassions	eussions semé
que vous	semassiez	eussiez semé
qu'ils/elles	semassent	eussent semé

20 RAPIÉCER

INFINITIF

Présent	Passé
rapiécer	avoir rapiécé

PARTICIPE

Présent	Passé
rapiéçant	rapiécé, e

IMPÉRATIF

Présent	Passé
rapièce	aie rapiécé
rapiéçons	ayons rapiécé
rapiécez	ayez rapiécé

CONDITIONNEL

	Présent	Passé
je/j'	rapiécerais	aurais rapiécé
tu	rapiécerais	aurais rapiécé
il/elle	rapiécerait	aurait rapiécé
nous	rapiécerions	aurions rapiécé
vous	rapiéceriez	auriez rapiécé
ils/elles	rapiéceraient	auraient rapiécé

INDICATIF

	Présent	Passé composé	Passé simple	Passé antérieur
je/j'	rapièce	ai rapiécé	rapiéçai	eus rapiécé
tu	rapièces	as rapiécé	rapiéças	eus rapiécé
il/elle	rapièce	a rapiécé	rapiéça	eut rapiécé
nous	rapiéçons	avons rapiécé	rapiéçâmes	eûmes rapiécé
vous	rapiécez	avez rapiécé	rapiéçâtes	eûtes rapiécé
ils/elles	rapiècent	ont rapiécé	rapiécèrent	eurent rapiécé

	Imparfait	Plus-que-parfait	Futur	Futur antérieur
je/j'	rapiéçais	avais rapiécé	rapiécerai	aurai rapiécé
tu	rapiéçais	avais rapiécé	rapiéceras	auras rapiécé
il/elle	rapiéçait	avait rapiécé	rapiécera	aura rapiécé
nous	rapiécions	avions rapiécé	rapiécerons	aurons rapiécé
vous	rapiéciez	aviez rapiécé	rapiécerez	aurez rapiécé
ils/elles	rapiéçaient	avaient rapiécé	rapiéceront	auront rapiécé

SUBJONCTIF

	Présent	Passé
que je/j'	rapièce	aie rapiécé
que tu	rapièces	aies rapiécé
qu'il/elle	rapièce	ait rapiécé
que nous	rapiécions	ayons rapiécé
que vous	rapiéciez	ayez rapiécé
qu'ils/elles	rapiècent	aient rapiécé

	Imparfait	Plus-que-parfait
que je/j'	rapiéçasse	eusse rapiécé
que tu	rapiéçasses	eusses rapiécé
qu'il/elle	rapiéçât	eût rapiécé
que nous	rapiéçassions	eussions rapiécé
que vous	rapiéçassiez	eussiez rapiécé
qu'ils/elles	rapiéçassent	eussent rapiécé

21 ACQUIESCER

INFINITIF

Présent	Passé
acquiescer	avoir acquiescé

PARTICIPE

Présent	Passé
acquiesçant	acquiescé

IMPÉRATIF

Présent	Passé
acquiesce	aie acquiescé
acquiesçons	ayons acquiescé
acquiescez	ayez acquiescé

CONDITIONNEL

	Présent	Passé
j'	acquiescerais	aurais acquiescé
tu	acquiescerais	aurais acquiescé
il/elle	acquiescerait	aurait acquiescé
nous	acquiescerions	aurions acquiescé
vous	acquiesceriez	auriez acquiescé
ils/elles	acquiesceraient	auraient acquiescé

INDICATIF

	Présent	Passé composé	Passé simple	Passé antérieur
j'	acquiesce	ai acquiescé	acquiesçai	eus acquiescé
tu	acquiesces	as acquiescé	acquiesças	eus acquiescé
il/elle	acquiesce	a acquiescé	acquiesça	eut acquiescé
nous	acquiesçons	avons acquiescé	acquiesçâmes	eûmes acquiescé
vous	acquiescez	avez acquiescé	acquiesçâtes	eûtes acquiescé
ils/elles	acquiescent	ont acquiescé	acquiescèrent	eurent acquiescé

	Imparfait	Plus-que-parfait	Futur	Futur antérieur
j'	acquiesçais	avais acquiescé	acquiescerai	aurai acquiescé
tu	acquiesçais	avais acquiescé	acquiesceras	auras acquiescé
il/elle	acquiesçait	avait acquiescé	acquiescera	aura acquiescé
nous	acquiescions	avions acquiescé	acquiescerons	aurons acquiescé
vous	acquiesciez	aviez acquiescé	acquiescerez	aurez acquiescé
ils/elles	acquiesçaient	avaient acquiescé	acquiesceront	auront acquiescé

SUBJONCTIF

	Présent	Passé
que j'	acquiesce	aie acquiescé
que tu	acquiesces	aies acquiescé
qu'il/elle	acquiesce	ait acquiescé
que nous	acquiescions	ayons acquiescé
que vous	acquiesciez	ayez acquiescé
qu'ils/elles	acquiescent	aient acquiescé

	Imparfait	Plus-que-parfait
que j'	acquiesçasse	eusse acquiescé
que tu	acquiesçasses	eusses acquiescé
qu'il/elle	acquiesçât	eût acquiescé
que nous	acquiesçassions	eussions acquiescé
que vous	acquiesçassiez	eussiez acquiescé
qu'ils/elles	acquiesçassent	eussent acquiescé

22 SIÉGER

INFINITIF

Présent	Passé
siéger	avoir siégé

PARTICIPE

Présent	Passé
siégeant	siégé

IMPÉRATIF

Présent	Passé
siège	aie siégé
siégeons	ayons siégé
siégez	ayez siégé

CONDITIONNEL

	Présent	Passé
je/j'	siégerais	aurais siégé
tu	siégerais	aurais siégé
il/elle	siégerait	aurait siégé
nous	siégerions	aurions siégé
vous	siégeriez	auriez siégé
ils/elles	siégeraient	auraient siégé

INDICATIF

	Présent	Passé composé	Passé simple	Passé antérieur
je/j'	siège	ai siégé	siégeai	eus siégé
tu	sièges	as siégé	siégeas	eus siégé
il/elle	siège	a siégé	siégea	eut siégé
nous	siégeons	avons siégé	siégeâmes	eûmes siégé
vous	siégez	avez siégé	siégeâtes	eûtes siégé
ils/elles	siègent	ont siégé	siégèrent	eurent siégé

	Imparfait	Plus-que-parfait	Futur	Futur antérieur
je/j'	siégeais	avais siégé	siégerai	aurai siégé
tu	siégeais	avais siégé	siégeras	auras siégé
il/elle	siégeait	avait siégé	siégera	aura siégé
nous	siégions	avions siégé	siégerons	aurons siégé
vous	siégiez	aviez siégé	siégerez	aurez siégé
ils/elles	siégeaient	avaient siégé	siégeront	auront siégé

SUBJONCTIF

	Présent	Passé
que je/j'	siège	aie siégé
que tu	sièges	aies siégé
qu'il/elle	siège	ait siégé
que nous	siégions	ayons siégé
que vous	siégiez	ayez siégé
qu'ils/elles	siègent	aient siégé

	Imparfait	Plus-que-parfait
que je/j'	siégeasse	eusse siégé
que tu	siégeasses	eusses siégé
qu'il/elle	siégeât	eût siégé
que nous	siégeassions	eussions siégé
que vous	siégeassiez	eussiez siégé
qu'ils/elles	siégeassent	eussent siégé

▶ **REMARQUE** Le verbe *assiéger* se conjugue comme **siéger**, mais son participe passé est variable.

23 DÉNEIGER

INFINITIF

Présent	Passé
déneiger	avoir déneigé

PARTICIPE

Présent	Passé
déneigeant	déneigé, e

IMPÉRATIF

Présent	Passé
déneige	aie déneigé
déneigeons	ayons déneigé
déneigez	ayez déneigé

CONDITIONNEL

	Présent	Passé
je/j'	déneigerais	aurais déneigé
tu	déneigerais	aurais déneigé
il/elle	déneigerait	aurait déneigé
nous	déneigerions	aurions déneigé
vous	déneigeriez	auriez déneigé
ils/elles	déneigeraient	auraient déneigé

INDICATIF

	Présent	Passé composé	Passé simple	Passé antérieur
je/j'	déneige	ai déneigé	déneigeai	eus déneigé
tu	déneiges	as déneigé	déneigeas	eus déneigé
il/elle	déneige	a déneigé	déneigea	eut déneigé
nous	déneigeons	avons déneigé	déneigeâmes	eûmes déneigé
vous	déneigez	avez déneigé	déneigeâtes	eûtes déneigé
ils/elles	déneigent	ont déneigé	déneigèrent	eurent déneigé

	Imparfait	Plus-que-parfait	Futur	Futur antérieur
je/j'	déneigeais	avais déneigé	déneigerai	aurai déneigé
tu	déneigeais	avais déneigé	déneigeras	auras déneigé
il/elle	déneigeait	avait déneigé	déneigera	aura déneigé
nous	déneigions	avions déneigé	déneigerons	aurons déneigé
vous	déneigiez	aviez déneigé	déneigerez	aurez déneigé
ils/elles	déneigeaient	avaient déneigé	déneigeront	auront déneigé

SUBJONCTIF

	Présent	Passé
que je/j'	déneige	aie déneigé
que tu	déneiges	aies déneigé
qu'il/elle	déneige	ait déneigé
que nous	déneigions	ayons déneigé
que vous	déneigiez	ayez déneigé
qu'ils/elles	déneigent	aient déneigé

	Imparfait	Plus-que-parfait
que je/j'	déneigeasse	eusse déneigé
que tu	déneigeasses	eusses déneigé
qu'il/elle	déneigeât	eût déneigé
que nous	déneigeassions	eussions déneigé
que vous	déneigeassiez	eussiez déneigé
qu'ils/elles	déneigeassent	eussent déneigé

24 APPELER

INFINITIF

Présent	Passé
appeler	avoir appelé

PARTICIPE

Présent	Passé
appelant	appelé, e

IMPÉRATIF

Présent	Passé
appelle	aie appelé
appelons	ayons appelé
appelez	ayez appelé

CONDITIONNEL

	Présent	Passé
j'	appellerais	aurais appelé
tu	appellerais	aurais appelé
il/elle	appellerait	aurait appelé
nous	appellerions	aurions appelé
vous	appelleriez	auriez appelé
ils/elles	appelleraient	auraient appelé

INDICATIF

	Présent	Passé composé	Passé simple	Passé antérieur
j'	appelle	ai appelé	appelai	eus appelé
tu	appelles	as appelé	appelas	eus appelé
il/elle	appelle	a appelé	appela	eut appelé
nous	appelons	avons appelé	appelâmes	eûmes appelé
vous	appelez	avez appelé	appelâtes	eûtes appelé
ils/elles	appellent	ont appelé	appelèrent	eurent appelé

	Imparfait	Plus-que-parfait	Futur	Futur antérieur
j'	appelais	avais appelé	appellerai	aurai appelé
tu	appelais	avais appelé	appelleras	auras appelé
il/elle	appelait	avait appelé	appellera	aura appelé
nous	appelions	avions appelé	appellerons	aurons appelé
vous	appeliez	aviez appelé	appellerez	aurez appelé
ils/elles	appelaient	avaient appelé	appelleront	auront appelé

SUBJONCTIF

	Présent	Passé
que j'	appelle	aie appelé
que tu	appelles	aies appelé
qu'il/elle	appelle	ait appelé
que nous	appelions	ayons appelé
que vous	appeliez	ayez appelé
qu'ils/elles	appellent	aient appelé

	Imparfait	Plus-que-parfait
que j'	appelasse	eusse appelé
que tu	appelasses	eusses appelé
qu'il/elle	appelât	eût appelé
que nous	appelassions	eussions appelé
que vous	appelassiez	eussiez appelé
qu'ils/elles	appelassent	eussent appelé

25 PELER

INFINITIF

Présent	Passé
peler	avoir pelé

PARTICIPE

Présent	Passé
pelant	pelé, e

IMPÉRATIF

Présent	Passé
pèle	aie pelé
pelons	ayons pelé
pelez	ayez pelé

CONDITIONNEL

	Présent	Passé
je/j'	pèlerais	aurais pelé
tu	pèlerais	aurais pelé
il/elle	pèlerait	aurait pelé
nous	pèlerions	aurions pelé
vous	pèleriez	auriez pelé
ils/elles	pèleraient	auraient pelé

INDICATIF

	Présent	Passé composé	Passé simple	Passé antérieur
je/j'	pèle	ai pelé	pelai	eus pelé
tu	pèles	as pelé	pelas	eus pelé
il/elle	pèle	a pelé	pela	eut pelé
nous	pelons	avons pelé	pelâmes	eûmes pelé
vous	pelez	avez pelé	pelâtes	eûtes pelé
ils/elles	pèlent	ont pelé	pelèrent	eurent pelé

	Imparfait	Plus-que-parfait	Futur	Futur antérieur
je/j'	pelais	avais pelé	pèlerai	aurai pelé
tu	pelais	avais pelé	pèleras	auras pelé
il/elle	pelait	avait pelé	pèlera	aura pelé
nous	pelions	avions pelé	pèlerons	aurons pelé
vous	peliez	aviez pelé	pèlerez	aurez pelé
ils/elles	pelaient	avaient pelé	pèleront	auront pelé

SUBJONCTIF

	Présent	Passé
que je/j'	pèle	aie pelé
que tu	pèles	aies pelé
qu'il/elle	pèle	ait pelé
que nous	pelions	ayons pelé
que vous	peliez	ayez pelé
qu'ils/elles	pèlent	aient pelé

	Imparfait	Plus-que-parfait
que je/j'	pelasse	eusse pelé
que tu	pelasses	eusses pelé
qu'il/elle	pelât	eût pelé
que nous	pelassions	eussions pelé
que vous	pelassiez	eussiez pelé
qu'ils/elles	pelassent	eussent pelé

26 INTERPELLER

INFINITIF

Présent	Passé
interpeller	avoir interpellé

PARTICIPE

Présent	Passé
interpellant	interpellé, e

IMPÉRATIF

Présent	Passé
interpelle	aie interpellé
interpellons	ayons interpellé
interpellez	ayez interpellé

CONDITIONNEL

	Présent	Passé
j'	interpellerais	aurais interpellé
tu	interpellerais	aurais interpellé
il/elle	interpellerait	aurait interpellé
nous	interpellerions	aurions interpellé
vous	interpelleriez	auriez interpellé
ils/elles	interpelleraient	auraient interpellé

INDICATIF

	Présent	Passé composé	Passé simple	Passé antérieur
j'	interpelle	ai interpellé	interpellai	eus interpellé
tu	interpelles	as interpellé	interpellas	eus interpellé
il/elle	interpelle	a interpellé	interpella	eut interpellé
nous	interpellons	avons interpellé	interpellâmes	eûmes interpellé
vous	interpellez	avez interpellé	interpellâtes	eûtes interpellé
ils/elles	interpellent	ont interpellé	interpellèrent	eurent interpellé

	Imparfait	Plus-que-parfait	Futur	Futur antérieur
j'	interpellais	avais interpellé	interpellerai	aurai interpellé
tu	interpellais	avais interpellé	interpelleras	auras interpellé
il/elle	interpellait	avait interpellé	interpellera	aura interpellé
nous	interpellions	avions interpellé	interpellerons	aurons interpellé
vous	interpelliez	aviez interpellé	interpellerez	aurez interpellé
ils/elles	interpellaient	avaient interpellé	interpelleront	auront interpellé

SUBJONCTIF

	Présent	Passé
que j'	interpelle	aie interpellé
que tu	interpelles	aies interpellé
qu'il/elle	interpelle	ait interpellé
que nous	interpellions	ayons interpellé
que vous	interpelliez	ayez interpellé
qu'ils/elles	interpellent	aient interpellé

	Imparfait	Plus-que-parfait
que j'	interpellasse	eusse interpellé
que tu	interpellasses	eusses interpellé
qu'il/elle	interpellât	eût interpellé
que nous	interpellassions	eussions interpellé
que vous	interpellassiez	eussiez interpellé
qu'ils/elles	interpellassent	eussent interpellé

27 JETER

INFINITIF

Présent	Passé
jeter	avoir jeté

PARTICIPE

Présent	Passé
jetant	jeté, e

IMPÉRATIF

Présent	Passé
jette	aie jeté
jetons	ayons jeté
jetez	ayez jeté

CONDITIONNEL

	Présent	Passé
je/j'	jetterais	aurais jeté
tu	jetterais	aurais jeté
il/elle	jetterait	aurait jeté
nous	jetterions	aurions jeté
vous	jetteriez	auriez jeté
ils/elles	jetteraient	auraient jeté

INDICATIF

	Présent	Passé composé	Passé simple	Passé antérieur
je/j'	jette	ai jeté	jetai	eus jeté
tu	jettes	as jeté	jetas	eus jeté
il/elle	jette	a jeté	jeta	eut jeté
nous	jetons	avons jeté	jetâmes	eûmes jeté
vous	jetez	avez jeté	jetâtes	eûtes jeté
ils/elles	jettent	ont jeté	jetèrent	eurent jeté

	Imparfait	Plus-que-parfait	Futur	Futur antérieur
je/j'	jetais	avais jeté	jetterai	aurai jeté
tu	jetais	avais jeté	jetteras	auras jeté
il/elle	jetait	avait jeté	jettera	aura jeté
nous	jetions	avions jeté	jetterons	aurons jeté
vous	jetiez	aviez jeté	jetterez	aurez jeté
ils/elles	jetaient	avaient jeté	jetteront	auront jeté

SUBJONCTIF

	Présent	Passé
que je/j'	jette	aie jeté
que tu	jettes	aies jeté
qu'il/elle	jette	ait jeté
que nous	jetions	ayons jeté
que vous	jetiez	ayez jeté
qu'ils/elles	jettent	aient jeté

	Imparfait	Plus-que-parfait
que je/j'	jetasse	eusse jeté
que tu	jetasses	eusses jeté
qu'il/elle	jetât	eût jeté
que nous	jetassions	eussions jeté
que vous	jetassiez	eussiez jeté
qu'ils/elles	jetassent	eussent jeté

28 ACHETER

INFINITIF

Présent	Passé
acheter	avoir acheté

PARTICIPE

Présent	Passé
achetant	acheté, e

IMPÉRATIF

Présent	Passé
achète	aie acheté
achetons	ayons acheté
achetez	ayez acheté

CONDITIONNEL

	Présent	Passé
j'	achèterais	aurais acheté
tu	achèterais	aurais acheté
il/elle	achèterait	aurait acheté
nous	achèterions	aurions acheté
vous	achèteriez	auriez acheté
ils/elles	achèteraient	auraient acheté

INDICATIF

	Présent	Passé composé	Passé simple	Passé antérieur
j'	achète	ai acheté	achetai	eus acheté
tu	achètes	as acheté	achetas	eus acheté
il/elle	achète	a acheté	acheta	eut acheté
nous	achetons	avons acheté	achetâmes	eûmes acheté
vous	achetez	avez acheté	achetâtes	eûtes acheté
ils/elles	achètent	ont acheté	achetèrent	eurent acheté

	Imparfait	Plus-que-parfait	Futur	Futur antérieur
j'	achetais	avais acheté	achèterai	aurai acheté
tu	achetais	avais acheté	achèteras	auras acheté
il/elle	achetait	avait acheté	achètera	aura acheté
nous	achetions	avions acheté	achèterons	aurons acheté
vous	achetiez	aviez acheté	achèterez	aurez acheté
ils/elles	achetaient	avaient acheté	achèteront	auront acheté

SUBJONCTIF

	Présent	Passé
que j'	achète	aie acheté
que tu	achètes	aies acheté
qu'il/elle	achète	ait acheté
que nous	achetions	ayons acheté
que vous	achetiez	ayez acheté
qu'ils/elles	achètent	aient acheté

	Imparfait	Plus-que-parfait
que j'	achetasse	eusse acheté
que tu	achetasses	eusses acheté
qu'il/elle	achetât	eût acheté
que nous	achetassions	eussions acheté
que vous	achetassiez	eussiez acheté
qu'ils/elles	achetassent	eussent acheté

29 DÉPECER

INFINITIF

Présent	Passé
dépecer	avoir dépecé

PARTICIPE

Présent	Passé
dépeçant	dépecé, e

IMPÉRATIF

Présent	Passé
dépèce	aie dépecé
dépeçons	ayons dépecé
dépecez	ayez dépecé

CONDITIONNEL

	Présent	Passé
je/j'	dépècerais	aurais dépecé
tu	dépècerais	aurais dépecé
il/elle	dépècerait	aurait dépecé
nous	dépècerions	aurions dépecé
vous	dépèceriez	auriez dépecé
ils/elles	dépèceraient	auraient dépecé

INDICATIF

	Présent	Passé composé	Passé simple	Passé antérieur
je/j'	dépèce	ai dépecé	dépeçai	eus dépecé
tu	dépèces	as dépecé	dépeças	eus dépecé
il/elle	dépèce	a dépecé	dépeça	eut dépecé
nous	dépeçons	avons dépecé	dépeçâmes	eûmes dépecé
vous	dépecez	avez dépecé	dépeçâtes	eûtes dépecé
ils/elles	dépècent	ont dépecé	dépecèrent	eurent dépecé

	Imparfait	Plus-que-parfait	Futur	Futur antérieur
je/j'	dépeçais	avais dépecé	dépècerai	aurai dépecé
tu	dépeçais	avais dépecé	dépèceras	auras dépecé
il/elle	dépeçait	avait dépecé	dépècera	aura dépecé
nous	dépecions	avions dépecé	dépècerons	aurons dépecé
vous	dépeciez	aviez dépecé	dépècerez	aurez dépecé
ils/elles	dépeçaient	avaient dépecé	dépèceront	auront dépecé

SUBJONCTIF

	Présent	Passé
que je/j'	dépèce	aie dépecé
que tu	dépèces	aies dépecé
qu'il/elle	dépèce	ait dépecé
que nous	dépecions	ayons dépecé
que vous	dépeciez	ayez dépecé
qu'ils/elles	dépècent	aient dépecé

	Imparfait	Plus-que-parfait
que je/j'	dépeçasse	eusse dépecé
que tu	dépeçasses	eusses dépecé
qu'il/elle	dépeçât	eût dépecé
que nous	dépeçassions	eussions dépecé
que vous	dépeçassiez	eussiez dépecé
qu'ils/elles	dépeçassent	eussent dépecé

30 ENVOYER

INFINITIF

Présent	Passé
envoyer	avoir envoyé

PARTICIPE

Présent	Passé
envoyant	envoyé, e

IMPÉRATIF

Présent	Passé
envoie	aie envoyé
envoyons	ayons envoyé
envoyez	ayez envoyé

CONDITIONNEL

	Présent	Passé
j'	enverrais	aurais envoyé
tu	enverrais	aurais envoyé
il/elle	enverrait	aurait envoyé
nous	enverrions	aurions envoyé
vous	enverriez	auriez envoyé
ils/elles	enverraient	auraient envoyé

INDICATIF

	Présent	Passé composé	Passé simple	Passé antérieur
j'	envoie	ai envoyé	envoyai	eus envoyé
tu	envoies	as envoyé	envoyas	eus envoyé
il/elle	envoie	a envoyé	envoya	eut envoyé
nous	envoyons	avons envoyé	envoyâmes	eûmes envoyé
vous	envoyez	avez envoyé	envoyâtes	eûtes envoyé
ils/elles	envoient	ont envoyé	envoyèrent	eurent envoyé

	Imparfait	Plus-que-parfait	Futur	Futur antérieur
j'	envoyais	avais envoyé	enverrai	aurai envoyé
tu	envoyais	avais envoyé	enverras	auras envoyé
il/elle	envoyait	avait envoyé	enverra	aura envoyé
nous	envoyions	avions envoyé	enverrons	aurons envoyé
vous	envoyiez	aviez envoyé	enverrez	aurez envoyé
ils/elles	envoyaient	avaient envoyé	enverront	auront envoyé

SUBJONCTIF

	Présent	Passé
que j'	envoie	aie envoyé
que tu	envoies	aies envoyé
qu'il/elle	envoie	ait envoyé
que nous	envoyions	ayons envoyé
que vous	envoyiez	ayez envoyé
qu'ils/elles	envoient	aient envoyé

	Imparfait	Plus-que-parfait
que j'	envoyasse	eusse envoyé
que tu	envoyasses	eusses envoyé
qu'il/elle	envoyât	eût envoyé
que nous	envoyassions	eussions envoyé
que vous	envoyassiez	eussiez envoyé
qu'ils/elles	envoyassent	eussent envoyé

31 ALLER

INFINITIF

Présent	Passé
aller	être allé

PARTICIPE

Présent	Passé
allant	allé, e

IMPÉRATIF

Présent	Passé
va	sois allé(e)
allons	soyons allé(e)s
allez	soyez allé(e)s

CONDITIONNEL

	Présent	Passé
je/j'	irais	serais allé(e)
tu	irais	serais allé(e)
il/elle	irait	serait allé(e)
nous	irions	serions allé(e)s
vous	iriez	seriez allé(e)s
ils/elles	iraient	seraient allé(e)s

INDICATIF

	Présent	Passé composé	Passé simple	Passé antérieur
je/j'	vais	suis allé(e)	allai	fus allé(e)
tu	vas	es allé(e)	allas	fus allé(e)
il/elle	va	est allé(e)	alla	fut allé(e)
nous	allons	sommes allé(e)s	allâmes	fûmes allé(e)s
vous	allez	êtes allé(e)s	allâtes	fûtes allé(e)s
ils/elles	vont	sont allé(e)s	allèrent	furent allé(e)s

	Imparfait	Plus-que-parfait	Futur	Futur antérieur
je/j'	allais	étais allé(e)	irai	serai allé(e)
tu	allais	étais allé(e)	iras	seras allé(e)
il/elle	allait	était allé(e)	ira	sera allé(e)
nous	allions	étions allé(e)s	irons	serons allé(e)s
vous	alliez	étiez allé(e)s	irez	serez allé(e)s
ils/elles	allaient	étaient allé(e)s	iront	seront allé(e)s

SUBJONCTIF

	Présent	Passé
que je/j'	aille	sois allé(e)
que tu	ailles	sois allé(e)
qu'il/elle	aille	soit allé(e)
que nous	allions	soyons allé(e)s
que vous	alliez	soyez allé(e)s
qu'ils/elles	aillent	soient allé(e)s

	Imparfait	Plus-que-parfait
que je/j'	allasse	fusse allé(e)
que tu	allasses	fusses allé(e)
qu'il/elle	allât	fût allé(e)
que nous	allassions	fussions allé(e)s
que vous	allassiez	fussiez allé(e)s
qu'ils/elles	allassent	fussent allé(e)s

▸ **REMARQUE** À l'impératif, le verbe *aller* fait vas dans *vas-y* et *s'en aller* fait *va-t'en, allons-nous-en, allez-vous-en.* (Voir le tableau euphonie.)

32 FINIR

INFINITIF

Présent	Passé
finir	avoir fini

PARTICIPE

Présent	Passé
finissant	fini, e

IMPÉRATIF

Présent	Passé
finis	aie fini
finissons	ayons fini
finissez	ayez fini

CONDITIONNEL

	Présent	Passé
je/j'	finirais	aurais fini
tu	finirais	aurais fini
il/elle	finirait	aurait fini
nous	finirions	aurions fini
vous	finiriez	auriez fini
ils/elles	finiraient	auraient fini

INDICATIF

	Présent	Passé composé	Passé simple	Passé antérieur
je/j'	finis	ai fini	finis	eus fini
tu	finis	as fini	finis	eus fini
il/elle	finit	a fini	finit	eut fini
nous	finissons	avons fini	finîmes	eûmes fini
vous	finissez	avez fini	finîtes	eûtes fini
ils/elles	finissent	ont fini	finirent	eurent fini

	Imparfait	Plus-que-parfait	Futur	Futur antérieur
je/j'	finissais	avais fini	finirai	aurai fini
tu	finissais	avais fini	finiras	auras fini
il/elle	finissait	avait fini	finira	aura fini
nous	finissions	avions fini	finirons	aurons fini
vous	finissiez	aviez fini	finirez	aurez fini
ils/elles	finissaient	avaient fini	finiront	auront fini

SUBJONCTIF

	Présent	Passé
que je/j'	finisse	aie fini
que tu	finisses	aies fini
qu'il/elle	finisse	ait fini
que nous	finissions	ayons fini
que vous	finissiez	ayez fini
qu'ils/elles	finissent	aient fini

	Imparfait	Plus-que-parfait
que je/j'	finisse	eusse fini
que tu	finisses	eusses fini
qu'il/elle	finît	eût fini
que nous	finissions	eussions fini
que vous	finissiez	eussiez fini
qu'ils/elles	finissent	eussent fini

▶ **REMARQUE** Le verbe *bénir* a deux participes passés : *béni, bénie*, et *bénit, bénite*. (Voir dans le dictionnaire.) Les verbes *maudire* et *bruire* se conjuguent comme **finir**, mais le participe passé de *maudire* est *maudit, maudite*, et *bruire* est défectif.

33 HAÏR

INFINITIF

Présent	Passé
haïr	avoir haï

PARTICIPE

Présent	Passé
haïssant	haï, e

IMPÉRATIF

Présent	Passé
hais	aie haï
haïssons	ayons haï
haïssez	ayez haï

CONDITIONNEL

	Présent	Passé
je/j'	haïrais	aurais haï
tu	haïrais	aurais haï
il/elle	haïrait	aurait haï
nous	haïrions	aurions haï
vous	haïriez	auriez haï
ils/elles	haïraient	auraient haï

INDICATIF

	Présent	Passé composé	Passé simple	Passé antérieur
je/j'	hais	ai haï	haïs	eus haï
tu	hais	as haï	haïs	eus haï
il/elle	hait	a haï	haït	eut haï
nous	haïssons	avons haï	haïmes	eûmes haï
vous	haïssez	avez haï	haïtes	eûtes haï
ils/elles	haïssent	ont haï	haïrent	eurent haï

	Imparfait	Plus-que-parfait	Futur	Futur antérieur
je/j'	haïssais	avais haï	haïrai	aurai haï
tu	haïssais	avais haï	haïras	auras haï
il/elle	haïssait	avait haï	haïra	aura haï
nous	haïssions	avions haï	haïrons	aurons haï
vous	haïssiez	aviez haï	haïrez	aurez haï
ils/elles	haïssaient	avaient haï	haïront	auront haï

SUBJONCTIF

	Présent	Passé
que je/j'	haïsse	aie haï
que tu	haïsses	aies haï
qu'il/elle	haïsse	ait haï
que nous	haïssions	ayons haï
que vous	haïssiez	ayez haï
qu'ils/elles	haïssent	aient haï

	Imparfait	Plus-que-parfait
que je/j'	haïsse	eusse haï
que tu	haïsses	eusses haï
qu'il/elle	haït	eût haï
que nous	haïssions	eussions haï
que vous	haïssiez	eussiez haï
qu'ils/elles	haïssent	eussent haï

34 OUVRIR

INFINITIF

Présent	Passé
ouvrir	avoir ouvert

PARTICIPE

Présent	Passé
ouvrant	ouvert, e

IMPÉRATIF

Présent	Passé
ouvre	aie ouvert
ouvrons	ayons ouvert
ouvrez	ayez ouvert

CONDITIONNEL

	Présent	Passé
j'	ouvrirais	aurais ouvert
tu	ouvrirais	aurais ouvert
il/elle	ouvrirait	aurait ouvert
nous	ouvririons	aurions ouvert
vous	ouvririez	auriez ouvert
ils/elles	ouvriraient	auraient ouvert

INDICATIF

	Présent	Passé composé	Passé simple	Passé antérieur
j'	ouvre	ai ouvert	ouvris	eus ouvert
tu	ouvres	as ouvert	ouvris	eus ouvert
il/elle	ouvre	a ouvert	ouvrit	eut ouvert
nous	ouvrons	avons ouvert	ouvrîmes	eûmes ouvert
vous	ouvrez	avez ouvert	ouvrîtes	eûtes ouvert
ils/elles	ouvrent	ont ouvert	ouvrirent	eurent ouvert

	Imparfait	Plus-que-parfait	Futur	Futur antérieur
j'	ouvrais	avais ouvert	ouvrirai	aurai ouvert
tu	ouvrais	avais ouvert	ouvriras	auras ouvert
il/elle	ouvrait	avait ouvert	ouvrira	aura ouvert
nous	ouvrions	avions ouvert	ouvrirons	aurons ouvert
vous	ouvriez	aviez ouvert	ouvrirez	aurez ouvert
ils/elles	ouvraient	avaient ouvert	ouvriront	auront ouvert

SUBJONCTIF

	Présent	Passé
que j'	ouvre	aie ouvert
que tu	ouvres	aies ouvert
qu'il/elle	ouvre	ait ouvert
que nous	ouvrions	ayons ouvert
que vous	ouvriez	ayez ouvert
qu'ils/elles	ouvrent	aient ouvert

	Imparfait	Plus-que-parfait
que j'	ouvrisse	eusse ouvert
que tu	ouvrisses	eusses ouvert
qu'il/elle	ouvrît	eût ouvert
que nous	ouvrissions	eussions ouvert
que vous	ouvrissiez	eussiez ouvert
qu'ils/elles	ouvrissent	eussent ouvert

35 FUIR

INFINITIF

Présent	Passé
fuir	avoir fui

PARTICIPE

Présent	Passé
fuyant	fui, e

IMPÉRATIF

Présent	Passé
fuis	aie fui
fuyons	ayons fui
fuyez	ayez fui

CONDITIONNEL

	Présent	Passé
je/j'	fuirais	aurais fui
tu	fuirais	aurais fui
il/elle	fuirait	aurait fui
nous	fuirions	aurions fui
vous	fuiriez	auriez fui
ils/elles	fuiraient	auraient fui

INDICATIF

	Présent	Passé composé	Passé simple	Passé antérieur
je/j'	fuis	ai fui	fuis	eus fui
tu	fuis	as fui	fuis	eus fui
il/elle	fuit	a fui	fuit	eut fui
nous	fuyons	avons fui	fuîmes	eûmes fui
vous	fuyez	avez fui	fuîtes	eûtes fui
ils/elles	fuient	ont fui	fuirent	eurent fui

	Imparfait	Plus-que-parfait	Futur	Futur antérieur
je/j'	fuyais	avais fui	fuirai	aurai fui
tu	fuyais	avais fui	fuiras	auras fui
il/elle	fuyait	avait fui	fuira	aura fui
nous	fuyions	avions fui	fuirons	aurons fui
vous	fuyiez	aviez fui	fuirez	aurez fui
ils/elles	fuyaient	avaient fui	fuiront	auront fui

SUBJONCTIF

	Présent	Passé
que je/j'	fuie	aie fui
que tu	fuies	aies fui
qu'il/elle	fuie	ait fui
que nous	fuyions	ayons fui
que vous	fuyiez	ayez fui
qu'ils/elles	fuient	aient fui

	Imparfait	Plus-que-parfait
que je/j'	fuisse	eusse fui
que tu	fuisses	eusses fui
qu'il/elle	fuît	eût fui
que nous	fuissions	eussions fui
que vous	fuissiez	eussiez fui
qu'ils/elles	fuissent	eussent fui

36 DORMIR

INFINITIF

Présent	Passé
dormir	avoir dormi

PARTICIPE

Présent	Passé
dormant	dormi

IMPÉRATIF

Présent	Passé
dors	aie dormi
dormons	ayons dormi
dormez	ayez dormi

CONDITIONNEL

	Présent	Passé
je/j'	dormirais	aurais dormi
tu	dormirais	aurais dormi
il/elle	dormirait	aurait dormi
nous	dormirions	aurions dormi
vous	dormiriez	auriez dormi
ils/elles	dormiraient	auraient dormi

INDICATIF

	Présent	Passé composé	Passé simple	Passé antérieur
je/j'	dors	ai dormi	dormis	eus dormi
tu	dors	as dormi	dormis	eus dormi
il/elle	dort	a dormi	dormit	eut dormi
nous	dormons	avons dormi	dormîmes	eûmes dormi
vous	dormez	avez dormi	dormîtes	eûtes dormi
ils/elles	dorment	ont dormi	dormirent	eurent dormi

	Imparfait	Plus-que-parfait	Futur	Futur antérieur
je/j'	dormais	avais dormi	dormirai	aurai dormi
tu	dormais	avais dormi	dormiras	auras dormi
il/elle	dormait	avait dormi	dormira	aura dormi
nous	dormions	avions dormi	dormirons	aurons dormi
vous	dormiez	aviez dormi	dormirez	aurez dormi
ils/elles	dormaient	avaient dormi	dormiront	auront dormi

SUBJONCTIF

	Présent	Passé
que je/j'	dorme	aie dormi
que tu	dormes	aies dormi
qu'il/elle	dorme	ait dormi
que nous	dormions	ayons dormi
que vous	dormiez	ayez dormi
qu'ils/elles	dorment	aient dormi

	Imparfait	Plus-que-parfait
que je/j'	dormisse	eusse dormi
que tu	dormisses	eusses dormi
qu'il/elle	dormît	eût dormi
que nous	dormissions	eussions dormi
que vous	dormissiez	eussiez dormi
qu'ils/elles	dormissent	eussent dormi

▸ **REMARQUE** Le verbe *endormir* se conjugue comme **dormir,** mai son participe passé est variable.

37 MENTIR

INFINITIF

Présent	Passé
mentir	avoir menti

PARTICIPE

Présent	Passé
mentant	menti

IMPÉRATIF

Présent	Passé
mens	aie menti
mentons	ayons menti
mentez	ayez menti

CONDITIONNEL

	Présent	Passé
je/j'	mentirais	aurais menti
tu	mentirais	aurais menti
il/elle	mentirait	aurait menti
nous	mentirions	aurions menti
vous	mentiriez	auriez menti
ils/elles	mentiraient	auraient menti

INDICATIF

	Présent	Passé composé	Passé simple	Passé antérieur
je/j'	mens	ai menti	mentis	eus menti
tu	mens	as menti	mentis	eus menti
il/elle	ment	a menti	mentit	eut menti
nous	mentons	avons menti	mentîmes	eûmes menti
vous	mentez	avez menti	mentîtes	eûtes menti
ils/elles	mentent	ont menti	mentirent	eurent menti

	Imparfait	Plus-que-parfait	Futur	Futur antérieur
je/j'	mentais	avais menti	mentirai	aurai menti
tu	mentais	avais menti	mentiras	auras menti
il/elle	mentait	avait menti	mentira	aura menti
nous	mentions	avions menti	mentirons	aurons menti
vous	mentiez	aviez menti	mentirez	aurez menti
ils/elles	mentaient	avaient menti	mentiront	auront menti

SUBJONCTIF

	Présent	Passé
que je/j'	mente	aie menti
que tu	mentes	aies menti
qu'il/elle	mente	ait menti
que nous	mentions	ayons menti
que vous	mentiez	ayez menti
qu'ils/elles	mentent	aient menti

	Imparfait	Plus-que-parfait
que je/j'	mentisse	eusse menti
que tu	mentisses	eusses menti
qu'il/elle	mentît	eût menti
que nous	mentissions	eussions menti
que vous	mentissiez	eussiez menti
qu'ils/elles	mentissent	eussent menti

▸ **REMARQUE** Le verbe *démentir* se conjugue comme **mentir,** mais son participe passé est variable.

38 SERVIR

INFINITIF

Présent	Passé
servir	avoir servi

PARTICIPE

Présent	Passé
servant	servi, e

IMPÉRATIF

Présent	Passé
sers	aie servi
servons	ayons servi
servez	ayez servi

CONDITIONNEL

	Présent	Passé
je/j'	servirais	aurais servi
tu	servirais	aurais servi
il/elle	servirait	aurait servi
nous	servirions	aurions servi
vous	serviriez	auriez servi
ils/elles	serviraient	auraient servi

INDICATIF

	Présent	Passé composé	Passé simple	Passé antérieur
je/j'	sers	ai servi	servis	eus servi
tu	sers	as servi	servis	eus servi
il/elle	sert	a servi	servit	eut servi
nous	servons	avons servi	servîmes	eûmes servi
vous	servez	avez servi	servîtes	eûtes servi
ils/elles	servent	ont servi	servirent	eurent servi
	Imparfait	**Plus-que-parfait**	**Futur**	**Futur antérieur**
je/j'	servais	avais servi	servirai	aurai servi
tu	servais	avais servi	serviras	auras servi
il/elle	servait	avait servi	servira	aura servi
nous	servions	avions servi	servirons	aurons servi
vous	serviez	aviez servi	servirez	aurez servi
ils/elles	servaient	avaient servi	serviront	auront servi

SUBJONCTIF

	Présent	Passé
que je/j'	serve	aie servi
que tu	serves	aies servi
qu'il/elle	serve	ait servi
que nous	servions	ayons servi
que vous	serviez	ayez servi
qu'ils/elles	servent	aient servi
	Imparfait	**Plus-que-parfait**
que je/j'	servisse	eusse servi
que tu	servisses	eusses servi
qu'il/elle	servît	eût servi
que nous	servissions	eussions servi
que vous	servissiez	eussiez servi
qu'ils/elles	servissent	eussent servi

► **REMARQUE** Les verbes *desservir* et *resservir* se conjuguent comme **servir** ; mais le verbe *asservir* se conjugue comme **finir**.

39 ACQUÉRIR

INFINITIF

Présent	Passé
acquérir	avoir acquis

PARTICIPE

Présent	Passé
acquérant	acquis, e

IMPÉRATIF

Présent	Passé
acquiers	aie acquis
acquérons	ayons acquis
acquérez	ayez acquis

CONDITIONNEL

	Présent	Passé
j'	acquerrais	aurais acquis
tu	acquerrais	aurais acquis
il/elle	acquerrait	aurait acquis
nous	acquerrions	aurions acquis
vous	acquerriez	auriez acquis
ils/elles	acquerraient	auraient acquis

INDICATIF

	Présent	Passé composé	Passé simple	Passé antérieur
j'	acquiers	ai acquis	acquis	eus acquis
tu	acquiers	as acquis	acquis	eus acquis
il/elle	acquiert	a acquis	acquit	eut acquis
nous	acquérons	avons acquis	acquîmes	eûmes acquis
vous	acquérez	avez acquis	acquîtes	eûtes acquis
ils/elles	acquièrent	ont acquis	acquirent	eurent acquis
	Imparfait	**Plus-que-parfait**	**Futur**	**Futur antérieur**
j'	acquérais	avais acquis	acquerrai	aurai acquis
tu	acquérais	avais acquis	acquerras	auras acquis
il/elle	acquérait	avait acquis	acquerra	aura acquis
nous	acquérions	avions acquis	acquerrons	aurons acquis
vous	acquériez	aviez acquis	acquerrez	aurez acquis
ils/elles	acquéraient	avaient acquis	acquerront	auront acquis

SUBJONCTIF

	Présent	Passé
que j'	acquière	aie acquis
que tu	acquières	aies acquis
qu'il/elle	acquière	ait acquis
que nous	acquérions	ayons acquis
que vous	acquériez	ayez acquis
qu'ils/elles	acquièrent	aient acquis
	Imparfait	**Plus-que-parfait**
que j'	acquisse	eusse acquis
que tu	acquisses	eusses acquis
qu'il/elle	acquît	eût acquis
que nous	acquissions	eussions acquis
que vous	acquissiez	eussiez acquis
qu'ils/elles	acquissent	eussent acquis

40 VENIR

INFINITIF

Présent	Passé
venir	être venu

PARTICIPE

Présent	Passé
venant	venu, e

IMPÉRATIF

Présent	Passé
viens	sois venu(e)
venons	soyons venu(e)s
venez	soyez venu(e)s

CONDITIONNEL

	Présent	Passé
je	viendrais	serais venu(e)
tu	viendrais	serais venu(e)
il/elle	viendrait	serait venu(e)
nous	viendrions	serions venu(e)s
vous	viendriez	seriez venu(e)s
ils/elles	viendraient	seraient venu(e)s

INDICATIF

	Présent	Passé composé	Passé simple	Passé antérieur
je	viens	suis venu(e)	vins	fus venu(e)
tu	viens	es venu(e)	vins	fus venu(e)
il/elle	vient	est venu(e)	vint	fut venu(e)
nous	venons	sommes venu(e)s	vînmes	fûmes venu(e)s
vous	venez	êtes venu(e)s	vîntes	fûtes venu(e)s
ils/elles	viennent	sont venu(e)s	vinrent	furent venu(e)s

	Imparfait	Plus-que-parfait	Futur	Futur antérieur
je/j'	venais	étais venu(e)	viendrai	serai venu(e)
tu	venais	étais venu(e)	viendras	seras venu(e)
il/elle	venait	était venu(e)	viendra	sera venu(e)
nous	venions	étions venu(e)s	viendrons	serons venu(e)s
vous	veniez	étiez venu(e)s	viendrez	serez venu(e)s
ils/elles	venaient	étaient venu(e)s	viendront	seront venu(e)s

SUBJONCTIF

	Présent	Passé
que je	vienne	sois venu(e)
que tu	viennes	sois venu(e)
qu'il/elle	vienne	soit venu(e)
que nous	venions	soyons venu(e)s
que vous	veniez	soyez venu(e)s
qu'ils/elles	viennent	soient venu(e)s

	Imparfait	Plus-que-parfait
que je	vinsse	fusse venu(e)
que tu	vinsses	fusses venu(e)
qu'il/elle	vînt	fût venu(e)
que nous	vinssions	fussions venu(e)s
que vous	vinssiez	fussiez venu(e)s
qu'ils/elles	vinssent	fussent venu(e)s

41 CUEILLIR

INFINITIF

Présent	Passé
cueillir	avoir cueilli

PARTICIPE

Présent	Passé
cueillant	cueilli, e

IMPÉRATIF

Présent	Passé
cueille	aie cueilli
cueillons	ayons cueilli
cueillez	ayez cueilli

CONDITIONNEL

	Présent	Passé
je	cueillerais	aurais cueilli
tu	cueillerais	aurais cueilli
il/elle	cueillerait	aurait cueilli
nous	cueillerions	aurions cueilli
vous	cueilleriez	auriez cueilli
ils/elles	cueilleraient	auraient cueilli

INDICATIF

	Présent	Passé composé	Passé simple	Passé antérieur
je	cueille	ai cueilli	cueillis	eus cueilli
tu	cueilles	as cueilli	cueillis	eus cueilli
il/elle	cueille	a cueilli	cueillit	eut cueilli
nous	cueillons	avons cueilli	cueillîmes	eûmes cueilli
vous	cueillez	avez cueilli	cueillîtes	eûtes cueilli
ils/elles	cueillent	ont cueilli	cueillirent	eurent cueilli

	Imparfait	Plus-que-parfait	Futur	Futur antérieur
je/j'	cueillais	avais cueilli	cueillerai	aurai cueilli
tu	cueillais	avais cueilli	cueilleras	auras cueilli
il/elle	cueillait	avait cueilli	cueillera	aura cueilli
nous	cueillions	avions cueilli	cueillerons	aurons cueilli
vous	cueilliez	aviez cueilli	cueillerez	aurez cueilli
ils/elles	cueillaient	avaient cueilli	cueilleront	auront cueilli

SUBJONCTIF

	Présent	Passé
que je	cueille	aie cueilli
que tu	cueilles	aies cueilli
qu'il/elle	cueille	ait cueilli
que nous	cueillions	ayons cueilli
que vous	cueilliez	ayez cueilli
qu'ils/elles	cueillent	aient cueilli

	Imparfait	Plus-que-parfait
que je	cueillisse	eusse cueilli
que tu	cueillisses	eusses cueilli
qu'il/elle	cueillît	eût cueilli
que nous	cueillissions	eussions cueilli
que vous	cueillissiez	eussiez cueilli
qu'ils/elles	cueillissent	eussent cueilli

42 MOURIR

INFINITIF

Présent	Passé
mourir	être mort

PARTICIPE

Présent	Passé
mourant	mort, e

IMPÉRATIF

Présent	Passé
meurs	sois mort(e)
mourons	soyons mort(e)s
mourez	soyez mort(e)s

CONDITIONNEL

	Présent	Passé
je	mourrais	serais mort(e)
tu	mourrais	serais mort(e)
il/elle	mourrait	serait mort(e)
nous	mourrions	serions mort(e)s
vous	mourriez	seriez mort(e)s
ils/elles	mourraient	seraient mort(e)s

INDICATIF

	Présent	Passé composé	Passé simple	Passé antérieur
je	meurs	suis mort(e)	mourus	fus mort(e)
tu	meurs	es mort(e)	mourus	fus mort(e)
il/elle	meurt	est mort(e)	mourut	fut mort(e)
nous	mourons	sommes mort(e)s	mourûmes	fûmes mort(e)s
vous	mourez	êtes mort(e)s	mourûtes	fûtes mort(e)s
ils/elles	meurent	sont mort(e)s	moururent	furent mort(e)s

	Imparfait	Plus-que-parfait	Futur	Futur antérieur
je/j'	mourais	étais mort(e)	mourrai	serai mort(e)
tu	mourais	étais mort(e)	mourras	seras mort(e)
il/elle	mourait	était mort(e)	mourra	sera mort(e)
nous	mourions	étions mort(e)s	mourrons	serons mort(e)s
vous	mouriez	étiez mort(e)s	mourrez	serez mort(e)s
ils/elles	mouraient	étaient mort(e)s	mourront	seront mort(e)s

SUBJONCTIF

	Présent	Passé
que je	meure	sois mort(e)
que tu	meures	sois mort(e)
qu'il/elle	meure	soit mort(e)
que nous	mourions	soyons mort(e)s
que vous	mouriez	soyez mort(e)s
qu'ils/elles	meurent	soient mort(e)s

	Imparfait	Plus-que-parfait
que je	mourusse	fusse mort(e)
que tu	mourusses	fusses mort(e)
qu'il/elle	mourût	fût mort(e)
que nous	mourussions	fussions mort(e)s
que vous	mourussiez	fussiez mort(e)s
qu'ils/elles	mourussent	fussent mort(e)s

43 PARTIR

INFINITIF

Présent	Passé
partir	être parti

PARTICIPE

Présent	Passé
partant	parti, e

IMPÉRATIF

Présent	Passé
pars	sois parti(e)
partons	soyons parti(e)s
partez	soyez parti(e)s

CONDITIONNEL

	Présent	Passé
je	partirais	serais parti(e)
tu	partirais	serais parti(e)
il/elle	partirait	serait parti(e)
nous	partirions	serions parti(e)s
vous	partiriez	seriez parti(e)s
ils/elles	partiraient	seraient parti(e)s

INDICATIF

	Présent	Passé composé	Passé simple	Passé antérieur
je	pars	suis parti(e)	partis	fus parti(e)
tu	pars	es parti(e)	partis	fus parti(e)
il/elle	part	est parti(e)	partit	fut parti(e)
nous	partons	sommes parti(e)s	partîmes	fûmes parti(e)s
vous	partez	êtes parti(e)s	partîtes	fûtes parti(e)s
ils/elles	partent	sont parti(e)s	partirent	furent parti(e)s

	Imparfait	Plus-que-parfait	Futur	Futur antérieur
je/j'	partais	étais parti(e)	partirai	serai parti(e)
tu	partais	étais parti(e)	partiras	seras parti(e)
il/elle	partait	était parti(e)	partira	sera parti(e)
nous	partions	étions parti(e)s	partirons	serons parti(e)s
vous	partiez	étiez parti(e)s	partirez	serez parti(e)s
ils/elles	partaient	étaient parti(e)s	partiront	seront parti(e)s

SUBJONCTIF

	Présent	Passé
que je	parte	sois parti(e)
que tu	partes	sois parti(e)
qu'il/elle	parte	soit parti(e)
que nous	partions	soyons parti(e)s
que vous	partiez	soyez parti(e)s
qu'ils/elles	partent	soient parti(e)s

	Imparfait	Plus-que-parfait
que je	partisse	fusse parti(e)
que tu	partisses	fusses parti(e)
qu'il/elle	partît	fût parti(e)
que nous	partissions	fussions parti(e)s
que vous	partissiez	fussiez parti(e)s
qu'ils/elles	partissent	fussent parti(e)s

44 REVÊTIR

INFINITIF

Présent	Passé
revêtir	avoir revêtu

PARTICIPE

Présent	Passé
revêtant	revêtu, e

IMPÉRATIF

Présent	Passé
revêts	aie revêtu
revêtons	ayons revêtu
revêtez	ayez revêtu

CONDITIONNEL

	Présent	Passé
je/j'	revêtirais	aurais revêtu
tu	revêtirais	aurais revêtu
il/elle	revêtirait	aurait revêtu
nous	revêtirions	aurions revêtu
vous	revêtiriez	auriez revêtu
ils/elles	revêtiraient	auraient revêtu

INDICATIF

	Présent	Passé composé	Passé simple	Passé antérieur
je/j'	revêts	ai revêtu	revêtis	eus revêtu
tu	revêts	as revêtu	revêtis	eus revêtu
il/elle	revêt	a revêtu	revêtit	eut revêtu
nous	revêtons	avons revêtu	revêtîmes	eûmes revêtu
vous	revêtez	avez revêtu	revêtîtes	eûtes revêtu
ils/elles	revêtent	ont revêtu	revêtirent	eurent revêtu

	Imparfait	Plus-que-parfait	Futur	Futur antérieur
je/j'	revêtais	avais revêtu	revêtirai	aurai revêtu
tu	revêtais	avais revêtu	revêtiras	auras revêtu
il/elle	revêtait	avait revêtu	revêtira	aura revêtu
nous	revêtions	avions revêtu	revêtirons	aurons revêtu
vous	revêtiez	aviez revêtu	revêtirez	aurez revêtu
ils/elles	revêtaient	avaient revêtu	revêtiront	auront revêtu

SUBJONCTIF

	Présent	Passé
que je/j'	revête	aie revêtu
que tu	revêtes	aies revêtu
qu'il/elle	revête	ait revêtu
que nous	revêtions	ayons revêtu
que vous	revêtiez	ayez revêtu
qu'ils/elles	revêtent	aient revêtu

	Imparfait	Plus-que-parfait
que je/j'	revêtisse	eusse revêtu
que tu	revêtisses	eusses revêtu
qu'il/elle	revêtît	eût revêtu
que nous	revêtissions	eussions revêtu
que vous	revêtissiez	eussiez revêtu
qu'ils/elles	revêtissent	eussent revêtu

45 COURIR

INFINITIF

Présent	Passé
courir	avoir couru

PARTICIPE

Présent	Passé
courant	couru, e

IMPÉRATIF

Présent	Passé
cours	aie couru
courons	ayons couru
courez	ayez couru

CONDITIONNEL

	Présent	Passé
je/j'	courrais	aurais couru
tu	courrais	aurais couru
il/elle	courrait	aurait couru
nous	courrions	aurions couru
vous	courriez	auriez couru
ils/elles	courraient	auraient couru

INDICATIF

	Présent	Passé composé	Passé simple	Passé antérieur
je/j'	cours	ai couru	courus	eus couru
tu	cours	as couru	courus	eus couru
il/elle	court	a couru	courut	eut couru
nous	courons	avons couru	courûmes	eûmes couru
vous	courez	avez couru	courûtes	eûtes couru
ils/elles	courent	ont couru	coururent	eurent couru

	Imparfait	Plus-que-parfait	Futur	Futur antérieur
je/j'	courais	avais couru	courrai	aurai couru
tu	courais	avais couru	courras	auras couru
il/elle	courait	avait couru	courra	aura couru
nous	courions	avions couru	courrons	aurons couru
vous	couriez	aviez couru	courrez	aurez couru
ils/elles	couraient	avaient couru	courront	auront couru

SUBJONCTIF

	Présent	Passé
que je/j'	coure	aie couru
que tu	coures	aies couru
qu'il/elle	coure	ait couru
que nous	courions	ayons couru
que vous	couriez	ayez couru
qu'ils/elles	courent	aient couru

	Imparfait	Plus-que-parfait
que je/j'	courusse	eusse couru
que tu	courusses	eusses couru
qu'il/elle	courût	eût couru
que nous	courussions	eussions couru
que vous	courussiez	eussiez couru
qu'ils/elles	courussent	eussent couru

46 FAILLIR

INFINITIF

Présent	Passé
faillir	avoir failli

PARTICIPE

Présent	Passé
faillissant	failli

IMPÉRATIF

Présent	Passé
faillis	aie failli
faillissons	ayons failli
faillissez	ayez failli

CONDITIONNEL

	Présent	Passé
je/j'	faillirais	aurais failli
tu	faillirais	aurais failli
il/elle	faillirait	aurait failli
nous	faillirions	aurions failli
vous	failliriez	auriez failli
ils/elles	failliraient	auraient failli

INDICATIF

	Présent	Passé composé	Passé simple	Passé antérieur
je/j'	faillis	ai failli	faillis	eus failli
tu	faillis	as failli	faillis	eus failli
il/elle	faillit	a failli	faillit	eut failli
nous	faillissons	avons failli	faillîmes	eûmes failli
vous	faillissez	avez failli	faillîtes	eûtes failli
ils/elles	faillissent	ont failli	faillirent	eurent failli

	Imparfait	Plus-que-parfait	Futur	Futur antérieur
je/j'	faillissais	avais failli	faillirai	aurai failli
tu	faillissais	avais failli	failliras	auras failli
il/elle	faillissait	avait failli	faillira	aura failli
nous	faillissions	avions failli	faillirons	aurons failli
vous	faillissiez	aviez failli	faillirez	aurez failli
ils/elles	faillissaient	avaient failli	failliront	auront failli

SUBJONCTIF

	Présent	Passé
que je/j'	faillisse	aie failli
que tu	faillisses	aies failli
qu'il/elle	faillisse	ait failli
que nous	faillissions	ayons failli
que vous	faillissiez	ayez failli
qu'ils/elles	faillissent	aient failli

	Imparfait	Plus-que-parfait
que je/j'	faillisse	eusse failli
que tu	faillisses	eusses failli
qu'il/elle	faillît	eût failli
que nous	faillissions	eussions failli
que vous	faillissiez	eussiez failli
qu'ils/elles	faillissent	eussent failli

▸ **REMARQUE** Il existe une seconde conjugaison, rare, de *faillir* qui diffère de celle ci-dessus : participe présent *(faillant)*, impératif *(faux, faillons, faillez)*, indicatif présent *(faux, faux, faut, faillons, faillez, faillent)*, imparfait *(faillais, faillais, faillait, faillions, failliez, faillaient)*, futur *(faudrai, faudras, faudra, faudrons, faudrez, faudront)* et conditionnel présent *(faudrais, faudrais, faudrait, faudrions, faudriez, faudraient)*.

47 DÉFAILLIR

INFINITIF

Présent	Passé
défaillir	avoir défailli

PARTICIPE

Présent	Passé
défaillant	défailli

IMPÉRATIF

Présent	Passé
défaille	aie défailli
défaillons	ayons défailli
défaillez	ayez défailli

CONDITIONNEL

	Présent	Passé
je/j'	défaillirais	aurais défailli
tu	défaillirais	aurais défailli
il/elle	défaillirait	aurait défailli
nous	défaillirions	aurions défailli
vous	défailliriez	auriez défailli
ils/elles	défailliraient	auraient défailli

INDICATIF

	Présent	Passé composé	Passé simple	Passé antérieur
je/j'	défaille	ai défailli	défaillis	eus défailli
tu	défailles	as défailli	défaillis	eus défailli
il/elle	défaille	a défailli	défaillit	eut défailli
nous	défaillons	avons défailli	défaillîmes	eûmes défailli
vous	défaillez	avez défailli	défaillîtes	eûtes défailli
ils/elles	défaillent	ont défailli	défaillirent	eurent défailli

	Imparfait	Plus-que-parfait	Futur	Futur antérieur
je/j'	défaillais	avais défailli	défaillirai	aurai défailli
tu	défaillais	avais défailli	défailliras	auras défailli
il/elle	défaillait	avait défailli	défaillira	aura défailli
nous	défaillions	avions défailli	défaillirons	aurons défailli
vous	défailliez	aviez défailli	défaillirez	aurez défailli
ils/elles	défaillaient	avaient défailli	défailliront	auront défailli

SUBJONCTIF

	Présent	Passé
que je/j'	défaille	aie défailli
que tu	défailles	aies défailli
qu'il/elle	défaille	ait défailli
que nous	défaillions	ayons défailli
que vous	défailliez	ayez défailli
qu'ils/elles	défaillent	aient défailli

	Imparfait	Plus-que-parfait
que je/j'	défaillisse	eusse défailli
que tu	défaillisses	eusses défailli
qu'il/elle	défaillît	eût défailli
que nous	défaillissions	eussions défailli
que vous	défaillissiez	eussiez défailli
qu'ils/elles	défaillissent	eussent défailli

▸ **REMARQUE** On trouve aussi *je défaillerai, tu défailleras, etc.*, pour le futur, et *je défaillerais, tu défaillerais, etc.*, pour le conditionnel, de même pour *tressaillir* et *assaillir*.

48 BOUILLIR

INFINITIF

Présent	Passé
bouillir	avoir bouilli

PARTICIPE

Présent	Passé
bouillant	bouilli, e

IMPÉRATIF

Présent	Passé
bous	aie bouilli
bouillons	ayons bouilli
bouillez	ayez bouilli

CONDITIONNEL

	Présent	Passé
je/j'	bouillirais	aurais bouilli
tu	bouillirais	aurais bouilli
il/elle	bouillirait	aurait bouilli
nous	bouillirions	aurions bouilli
vous	bouilliriez	auriez bouilli
ils/elles	bouilliraient	auraient bouilli

INDICATIF

	Présent	Passé composé	Passé simple	Passé antérieur
je/j'	bous	ai bouilli	bouillis	eus bouilli
tu	bous	as bouilli	bouillis	eus bouilli
il/elle	bout	a bouilli	bouillit	eut bouilli
nous	bouillons	avons bouilli	bouillîmes	eûmes bouilli
vous	bouillez	avez bouilli	bouillîtes	eûtes bouilli
ils/elles	bouillent	ont bouilli	bouillirent	eurent bouilli

	Imparfait	Plus-que-parfait	Futur	Futur antérieur
je/j'	bouillais	avais bouilli	bouillirai	aurai bouilli
tu	bouillais	avais bouilli	bouilliras	auras bouilli
il/elle	bouillait	avait bouilli	bouillira	aura bouilli
nous	bouillions	avions bouilli	bouillirons	aurons bouilli
vous	bouilliez	aviez bouilli	bouillirez	aurez bouilli
ils/elles	bouillaient	avaient bouilli	bouilliront	auront bouilli

SUBJONCTIF

	Présent	Passé
que je/j'	bouille	aie bouilli
que tu	bouilles	aies bouilli
qu'il/elle	bouille	ait bouilli
que nous	bouillions	ayons bouilli
que vous	bouilliez	ayez bouilli
qu'ils/elles	bouillent	aient bouilli

	Imparfait	Plus-que-parfait
que je/j'	bouillisse	eusse bouilli
que tu	bouillisses	eusses bouilli
qu'il/elle	bouillît	eût bouilli
que nous	bouillissions	eussions bouilli
que vous	bouillissiez	eussiez bouilli
qu'ils/elles	bouillissent	eussent bouilli

49 GÉSIR

INFINITIF

Présent
gésir

PARTICIPE

Présent
gisant

INDICATIF

	Présent	Imparfait
je	gis	gisais
tu	gis	gisais
il/elle	gît	gisait
nous	gisons	gisions
vous	gisez	gisiez
ils/elles	gisent	gisaient

50 SAILLIR

INFINITIF

Présent	Passé
saillir	avoir sailli

PARTICIPE

Présent	Passé
saillant	sailli, e

CONDITIONNEL

	Présent	Passé
il/elle	saillerait	aurait sailli
ils/elles	sailleraient	auraient sailli

INDICATIF

	Présent	Passé composé	Passé simple	Passé antérieur
il/elle	saille	a sailli	saillit	eut sailli
ils/elles	saillent	ont sailli	saillirent	eurent sailli

	Imparfait	Plus-que-parfait	Futur	Futur antérieur
il/elle	saillait	avait sailli	saillera	aura sailli
ils/elles	saillaient	avaient sailli	sailleront	auront sailli

SUBJONCTIF

	Présent	Passé
qu'il/elle	saille	ait sailli
qu'ils/elles	saillent	aient sailli

	Imparfait	Plus-que-parfait
qu'il/elle	saillît	eût sailli
qu'ils/elles	saillissent	eussent sailli

▸ **REMARQUE** Le verbe *saillir* a ici le sens de « faire saillie » ; dans le sens de « s'accoupler à », *saillir* se conjugue comme **finir**, et n'est guère usité qu'à l'infinitif, au participe présent et à la troisième personne du masculin singulier ou pluriel.

51 OUÏR

INFINITIF

Présent	Passé
ouïr	avoir ouï

PARTICIPE

Présent	Passé
oyant	ouï, e

IMPÉRATIF

Présent	Passé
ouïs	aie ouï
ouïssons	ayons ouï
ouïssez	ayez ouï

CONDITIONNEL

	Présent	Passé
j'	ouïrais	aurais ouï
tu	ouïrais	aurais ouï
il/elle	ouïrait	aurait ouï
nous	ouïrions	aurions ouï
vous	ouïriez	auriez ouï
ils/elles	ouïraient	auraient ouï

INDICATIF

	Présent	Passé composé	Passé simple	Passé antérieur
j'	ouïs	ai ouï	ouïs	eus ouï
tu	ouïs	as ouï	ouïs	eus ouï
il/elle	ouït	a ouï	ouït	eut ouï
nous	ouïssons	avons ouï	ouïmes	eûmes ouï
vous	ouïssez	avez ouï	ouïtes	eûtes ouï
ils/elles	ouïssent	ont ouï	ouïrent	eurent ouï

	Imparfait	Plus-que-parfait	Futur	Futur antérieur
j'	ouïssais	avais ouï	ouïrai	aurai ouï
tu	ouïssais	avais ouï	ouïras	auras ouï
il/elle	ouïssait	avait ouï	ouïra	aura ouï
nous	ouïssions	avions ouï	ouïrons	aurons ouï
vous	ouïssiez	aviez ouï	ouïrez	aurez ouï
ils/elles	ouïssaient	avaient ouï	ouïront	auront ouï

SUBJONCTIF

	Présent	Passé
que j'	ouïsse	aie ouï
que tu	ouïsses	aies ouï
qu'il/elle	ouïsse	ait ouï
que nous	ouïssions	ayons ouï
que vous	ouïssiez	ayez ouï
qu'ils/elles	ouïssent	aient ouï

	Imparfait	Plus-que-parfait
que j'	ouïsse	eusse ouï
que tu	ouïsses	eusses ouï
qu'il/elle	ouït	eût ouï
que nous	ouïssions	eussions ouï
que vous	ouïssiez	eussiez ouï
qu'ils/elles	ouïssent	eussent ouï

▶ **REMARQUE** Il existait une autre forme de conjugaison : indicatif présent *(ois, ois oit, oyons, oyez, oient)*, imparfait *(oyais, oyions)* et futur *(orrai, orrons)*, impératif présent *(ois, oyons, oyez)*, conditionnel présent *(orrais, orrions)* et subjonctif présent *(oie, oyions)*. (Voir *ouï-dire* à son ordre alphabétique et la remarque sous *ouïr*.)

52 RECEVOIR

INFINITIF

Présent	Passé
recevoir	avoir reçu

PARTICIPE

Présent	Passé
recevant	reçu, e

IMPÉRATIF

Présent	Passé
reçois	aie reçu
recevons	ayons reçu
recevez	ayez reçu

CONDITIONNEL

	Présent	Passé
je/j'	recevrais	aurais reçu
tu	recevrais	aurais reçu
il/elle	recevrait	aurait reçu
nous	recevrions	aurions reçu
vous	recevriez	auriez reçu
ils/elles	recevraient	auraient reçu

INDICATIF

	Présent	Passé composé	Passé simple	Passé antérieur
je/j'	reçois	ai reçu	reçus	eus reçu
tu	reçois	as reçu	reçus	eus reçu
il/elle	reçoit	a reçu	reçut	eut reçu
nous	recevons	avons reçu	reçûmes	eûmes reçu
vous	recevez	avez reçu	reçûtes	eûtes reçu
ils/elles	reçoivent	ont reçu	reçurent	eurent reçu

	Imparfait	Plus-que-parfait	Futur	Futur antérieur
je/j'	recevais	avais reçu	recevrai	aurai reçu
tu	recevais	avais reçu	recevras	auras reçu
il/elle	recevait	avait reçu	recevra	aura reçu
nous	recevions	avions reçu	recevrons	aurons reçu
vous	receviez	aviez reçu	recevrez	aurez reçu
ils/elles	recevaient	avaient reçu	recevront	auront reçu

SUBJONCTIF

	Présent	Passé
que je/j'	reçoive	aie reçu
que tu	reçoives	aies reçu
qu'il/elle	reçoive	ait reçu
que nous	recevions	ayons reçu
que vous	receviez	ayez reçu
qu'ils/elles	reçoivent	aient reçu

	Imparfait	Plus-que-parfait
que je/j'	reçusse	eusse reçu
que tu	reçusses	eusses reçu
qu'il/elle	reçût	eût reçu
que nous	reçussions	eussions reçu
que vous	reçussiez	eussiez reçu
qu'ils/elles	reçussent	eussent reçu

53 DEVOIR

INFINITIF

Présent	Passé
devoir	avoir dû

PARTICIPE

Présent	Passé
devant	dû, due, dus, dues

IMPÉRATIF

Présent	Passé
dois	aie dû
devons	ayons dû
devez	ayez dû

CONDITIONNEL

	Présent	Passé
je/j'	devrais	aurais dû
tu	devrais	aurais dû
il/elle	devrait	aurait dû
nous	devrions	aurions dû
vous	devriez	auriez dû
ils/elles	devraient	auraient dû

INDICATIF

	Présent	Passé composé	Passé simple	Passé antérieur
je/j'	dois	ai dû	dus	eus dû
tu	dois	as dû	dus	eus dû
il/elle	doit	a dû	dut	eut dû
nous	devons	avons dû	dûmes	eûmes dû
vous	devez	avez dû	dûtes	eûtes dû
ils/elles	doivent	ont dû	durent	eurent dû

	Imparfait	Plus-que-parfait	Futur	Futur antérieur
je/j'	devais	avais dû	devrai	aurai dû
tu	devais	avais dû	devras	auras dû
il/elle	devait	avait dû	devra	aura dû
nous	devions	avions dû	devrons	aurons dû
vous	deviez	aviez dû	devrez	aurez dû
ils/elles	devaient	avaient dû	devront	auront dû

SUBJONCTIF

	Présent	Passé
que je/j'	doive	aie dû
que tu	doives	aies dû
qu'il/elle	doive	ait dû
que nous	devions	ayons dû
que vous	deviez	ayez dû
qu'ils/elles	doivent	aient dû

	Imparfait	Plus-que-parfait
que je/j'	dusse	eusse dû
que tu	dusses	eusses dû
qu'il/elle	dût	eût dû
que nous	dussions	eussions dû
que vous	dussiez	eussiez dû
qu'ils/elles	dussent	eussent dû

54 MOUVOIR

INFINITIF

Présent	Passé
mouvoir	avoir mû

PARTICIPE

Présent	Passé
mouvant	mû, mue, mus, mues

IMPÉRATIF

Présent	Passé
meus	aie mû
mouvons	ayons mû
mouvez	ayez mû

CONDITIONNEL

	Présent	Passé
je/j'	mouvrais	aurais mû
tu	mouvrais	aurais mû
il/elle	mouvrait	aurait mû
nous	mouvrions	aurions mû
vous	mouvriez	auriez mû
ils/elles	mouvraient	auraient mû

INDICATIF

	Présent	Passé composé	Passé simple	Passé antérieur
je/j'	meus	ai mû	mus	eus mû
tu	meus	as mû	mus	eus mû
il/elle	meut	a mû	mut	eut mû
nous	mouvons	avons mû	mûmes	eûmes mû
vous	mouvez	avez mû	mûtes	eûtes mû
ils/elles	meuvent	ont mû	murent	eurent mû

	Imparfait	Plus-que-parfait	Futur	Futur antérieur
je/j'	mouvais	avais mû	mouvrai	aurai mû
tu	mouvais	avais mû	mouvras	auras mû
il/elle	mouvait	avait mû	mouvra	aura mû
nous	mouvions	avions mû	mouvrons	aurons mû
vous	mouviez	aviez mû	mouvrez	aurez mû
ils/elles	mouvaient	avaient mû	mouvront	auront mû

SUBJONCTIF

	Présent	Passé
que je/j'	meuve	aie mû
que tu	meuves	aies mû
qu'il/elle	meuve	ait mû
que nous	mouvions	ayons mû
que vous	mouviez	ayez mû
qu'ils/elles	meuvent	aient mû

	Imparfait	Plus-que-parfait
que je/j'	musse	eusse mû
que tu	musses	eusses mû
qu'il/elle	mût	eût mû
que nous	mussions	eussions mû
que vous	mussiez	eussiez mû
qu'ils/elles	mussent	eussent mû

55 ÉMOUVOIR

INFINITIF

Présent	Passé
émouvoir	avoir ému

PARTICIPE

Présent	Passé
émouvant	ému, e

IMPÉRATIF

Présent	Passé
émeus	aie ému
émouvons	ayons ému
émouvez	ayez ému

CONDITIONNEL

	Présent	Passé
j'	émouvrais	aurais ému
tu	émouvrais	aurais ému
il/elle	émouvrait	aurait ému
nous	émouvrions	aurions ému
vous	émouvriez	auriez ému
ils/elles	émouvraient	auraient ému

INDICATIF

	Présent	Passé composé	Passé simple	Passé antérieur
j'	émeus	ai ému	émus	eus ému
tu	émeus	as ému	émus	eus ému
il/elle	émeut	a ému	émut	eut ému
nous	émouvons	avons ému	émûmes	eûmes ému
vous	émouvez	avez ému	émûtes	eûtes ému
ils/elles	émeuvent	ont ému	émurent	eurent ému

	Imparfait	Plus-que-parfait	Futur	Futur antérieur
j'	émouvais	avais ému	émouvrai	aurai ému
tu	émouvais	avais ému	émouvras	auras ému
il/elle	émouvait	avait ému	émouvra	aura ému
nous	émouvions	avions ému	émouvrons	aurons ému
vous	émouviez	aviez ému	émouvrez	aurez ému
ils/elles	émouvaient	avaient ému	émouvront	auront ému

SUBJONCTIF

	Présent	Passé
que j'	émeuve	aie ému
que tu	émeuves	aies ému
qu'il/elle	émeuve	ait ému
que nous	émouvions	ayons ému
que vous	émouviez	ayez ému
qu'ils/elles	émeuvent	aient ému

	Imparfait	Plus-que-parfait
que j'	émusse	eusse ému
que tu	émusses	eusses ému
qu'il/elle	émût	eût ému
que nous	émussions	eussions ému
que vous	émussiez	eussiez ému
qu'ils/elles	émussent	eussent ému

56 PROMOUVOIR

INFINITIF

Présent	Passé
promouvoir	avoir promu

PARTICIPE

Présent	Passé
promouvant	promu, e

IMPÉRATIF

Présent	Passé
promeus	aie promu
promouvons	ayons promu
promouvez	ayez promu

CONDITIONNEL

	Présent	Passé
je/j'	promouvrais	aurais promu
tu	promouvrais	aurais promu
il/elle	promouvrait	aurait promu
nous	promouvrions	aurions promu
vous	promouvriez	auriez promu
ils/elles	promouvraient	auraient promu

INDICATIF

	Présent	Passé composé	Passé simple	Passé antérieur
je/j'	promeus	ai promu	promus	eus promu
tu	promeus	as promu	promus	eus promu
il/elle	promeut	a promu	promut	eut promu
nous	promouvons	avons promu	promûmes	eûmes promu
vous	promouvez	avez promu	promûtes	eûtes promu
ils/elles	promeuvent	ont promu	promurent	eurent promu

	Imparfait	Plus-que-parfait	Futur	Futur antérieur
je/j'	promouvais	avais promu	promouvrai	aurai promu
tu	promouvais	avais promu	promouvras	auras promu
il/elle	promouvait	avait promu	promouvra	aura promu
nous	promouvions	avions promu	promouvrons	aurons promu
vous	promouviez	aviez promu	promouvrez	aurez promu
ils/elles	promouvaient	avaient promu	promouvront	auront promu

SUBJONCTIF

	Présent	Passé
que je/j'	promeuve	aie promu
que tu	promeuves	aies promu
qu'il/elle	promeuve	ait promu
que nous	promouvions	ayons promu
que vous	promouviez	ayez promu
qu'ils/elles	promeuvent	aient promu

	Imparfait	Plus-que-parfait
que je/j'	promusse	eusse promu
que tu	promusses	eusses promu
qu'il/elle	promût	eût promu
que nous	promussions	eussions promu
que vous	promussiez	eussiez promu
qu'ils/elles	promussent	eussent promu

▸ **REMARQUE** Les formes conjuguées du verbe *promouvoir* sont rares.

57 VOULOIR

INFINITIF

Présent	Passé
vouloir	avoir voulu

PARTICIPE

Présent	Passé
voulant	voulu, e

IMPÉRATIF

Présent	Passé
veuille	aie voulu
veuillons	ayons voulu
veuillez	ayez voulu

CONDITIONNEL

	Présent	Passé
je/j'	voudrais	aurais voulu
tu	voudrais	aurais voulu
il/elle	voudrait	aurait voulu
nous	voudrions	aurions voulu
vous	voudriez	auriez voulu
ils/elles	voudraient	auraient voulu

INDICATIF

	Présent	Passé composé	Passé simple	Passé antérieur
je/j'	veux	ai voulu	voulus	eus voulu
tu	veux	as voulu	voulus	eus voulu
il/elle	veut	a voulu	voulut	eut voulu
nous	voulons	avons voulu	voulûmes	eûmes voulu
vous	voulez	avez voulu	voulûtes	eûtes voulu
ils/elles	veulent	ont voulu	voulurent	eurent voulu

	Imparfait	Plus-que-parfait	Futur	Futur antérieur
je/j'	voulais	avais voulu	voudrai	aurai voulu
tu	voulais	avais voulu	voudras	auras voulu
il/elle	voulait	avait voulu	voudra	aura voulu
nous	voulions	avions voulu	voudrons	aurons voulu
vous	vouliez	aviez voulu	voudrez	aurez voulu
ils/elles	voulaient	avaient voulu	voudront	auront voulu

SUBJONCTIF

	Présent	Passé
que je/j'	veuille	aie voulu
que tu	veuilles	aies voulu
qu'il/elle	veuille	ait voulu
que nous	voulions	ayons voulu
que vous	vouliez	ayez voulu
qu'ils/elles	veuillent	aient voulu

	Imparfait	Plus-que-parfait
que je/j'	voulusse	eusse voulu
que tu	voulusses	eusses voulu
qu'il/elle	voulût	eût voulu
que nous	voulussions	eussions voulu
que vous	voulussiez	eussiez voulu
qu'ils/elles	voulussent	eussent voulu

▸ **REMARQUE** À l'impératif présent, on trouve aussi les formes *veux, voulons, voulez,* employées surtout dans les phrases négatives : *ne m'en veux pas, ne lui en voulons pas, ne lui en voulez pas.*

58 POUVOIR

INFINITIF

Présent	Passé
pouvoir	avoir pu

PARTICIPE

Présent	Passé
pouvant	pu

IMPÉRATIF

Présent	Passé
inusité	*inusité*
inusité	*inusité*
inusité	*inusité*

CONDITIONNEL

	Présent	Passé
je/j'	pourrais	aurais pu
tu	pourrais	aurais pu
il/elle	pourrait	aurait pu
nous	pourrions	aurions pu
vous	pourriez	auriez pu
ils/elles	pourraient	auraient pu

INDICATIF

	Présent	Passé composé	Passé simple	Passé antérieur
je/j'	peux/puis	ai pu	pus	eus pu
tu	peux	as pu	pus	eus pu
il/elle	peut	a pu	put	eut pu
nous	pouvons	avons pu	pûmes	eûmes pu
vous	pouvez	avez pu	pûtes	eûtes pu
ils/elles	peuvent	ont pu	purent	eurent pu

	Imparfait	Plus-que-parfait	Futur	Futur antérieur
je/j'	pouvais	avais pu	pourrai	aurai pu
tu	pouvais	avais pu	pourras	auras pu
il/elle	pouvait	avait pu	pourra	aura pu
nous	pouvions	avions pu	pourrons	aurons pu
vous	pouviez	aviez pu	pourrez	aurez pu
ils/elles	pouvaient	avaient pu	pourront	auront pu

SUBJONCTIF

	Présent	Passé
que je/j'	puisse	aie pu
que tu	puisses	aies pu
qu'il/elle	puisse	ait pu
que nous	puissions	ayons pu
que vous	puissiez	ayez pu
qu'ils/elles	puissent	aient pu

	Imparfait	Plus-que-parfait
que je/j'	pusse	eusse pu
que tu	pusses	eusses pu
qu'il/elle	pût	eût pu
que nous	pussions	eussions pu
que vous	pussiez	eussiez pu
qu'ils/elles	pussent	eussent pu

▸ **REMARQUE** À la forme interrogative de la première personne de l'indicatif présent, avec inversion du sujet, on a seulement *puis : puis-je entrer ?*

59 SAVOIR

INFINITIF

Présent	Passé
savoir	avoir su

PARTICIPE

Présent	Passé
sachant	su, e

IMPÉRATIF

Présent	Passé
sache	aie su
sachons	ayons su
sachez	ayez su

CONDITIONNEL

	Présent	Passé
je/j'	saurais	aurais su
tu	saurais	aurais su
il/elle	saurait	aurait su
nous	saurions	aurions su
vous	sauriez	auriez su
ils/elles	sauraient	auraient su

INDICATIF

	Présent	Passé composé	Passé simple	Passé antérieur
je/j'	sais	ai su	sus	eus su
tu	sais	as su	sus	eus su
il/elle	sait	a su	sut	eut su
nous	savons	avons su	sûmes	eûmes su
vous	savez	avez su	sûtes	eûtes su
ils/elles	savent	ont su	surent	eurent su

	Imparfait	Plus-que-parfait	Futur	Futur antérieur
je/j'	savais	avais su	saurai	aurai su
tu	savais	avais su	sauras	auras su
il/elle	savait	avait su	saura	aura su
nous	savions	avions su	saurons	aurons su
vous	saviez	aviez su	saurez	aurez su
ils/elles	savaient	avaient su	sauront	auront su

SUBJONCTIF

	Présent	Passé
que je/j'	sache	aie su
que tu	saches	aies su
qu'il/elle	sache	ait su
que nous	sachions	ayons su
que vous	sachiez	ayez su
qu'ils/elles	sachent	aient su

	Imparfait	Plus-que-parfait
que je/j'	susse	eusse su
que tu	susses	eusses su
qu'il/elle	sût	eût su
que nous	sussions	eussions su
que vous	sussiez	eussiez su
qu'ils/elles	sussent	eussent su

60 VALOIR

INFINITIF

Présent	Passé
valoir	avoir valu

PARTICIPE

Présent	Passé
valant	valu, e

IMPÉRATIF

Présent	Passé
vaux	aie valu
valons	ayons valu
valez	ayez valu

CONDITIONNEL

	Présent	Passé
je/j'	vaudrais	aurais valu
tu	vaudrais	aurais valu
il/elle	vaudrait	aurait valu
nous	vaudrions	aurions valu
vous	vaudriez	auriez valu
ils/elles	vaudraient	auraient valu

INDICATIF

	Présent	Passé composé	Passé simple	Passé antérieur
je/j'	vaux	ai valu	valus	eus valu
tu	vaux	as valu	valus	eus valu
il/elle	vaut	a valu	valut	eut valu
nous	valons	avons valu	valûmes	eûmes valu
vous	valez	avez valu	valûtes	eûtes valu
ils/elles	valent	ont valu	valurent	eurent valu

	Imparfait	Plus-que-parfait	Futur	Futur antérieur
je/j'	valais	avais valu	vaudrai	aurai valu
tu	valais	avais valu	vaudras	auras valu
il/elle	valait	avait valu	vaudra	aura valu
nous	valions	avions valu	vaudrons	aurons valu
vous	valiez	aviez valu	vaudrez	aurez valu
ils/elles	valaient	avaient valu	vaudront	auront valu

SUBJONCTIF

	Présent	Passé
que je/j'	vaille	aie valu
que tu	vailles	aies valu
qu'il/elle	vaille	ait valu
que nous	valions	ayons valu
que vous	valiez	ayez valu
qu'ils/elles	vaillent	aient valu

	Imparfait	Plus-que-parfait
que je/j'	valusse	eusse valu
que tu	valusses	eusses valu
qu'il/elle	valût	eût valu
que nous	valussions	eussions valu
que vous	valussiez	eussiez valu
qu'ils/elles	valussent	eussent valu

61 PRÉVALOIR

INFINITIF

Présent	Passé
prévaloir	avoir prévalu

PARTICIPE

Présent	Passé
prévalant	prévalu, e

IMPÉRATIF

Présent	Passé
prévaux	aie prévalu
prévalons	ayons prévalu
prévalez	ayez prévalu

CONDITIONNEL

	Présent	Passé
je/j'	prévaudrais	aurais prévalu
tu	prévaudrais	aurais prévalu
il/elle	prévaudrait	aurait prévalu
nous	prévaudrions	aurions prévalu
vous	prévaudriez	auriez prévalu
ils/elles	prévaudraient	auraient prévalu

INDICATIF

	Présent	Passé composé	Passé simple	Passé antérieur
je/j'	prévaux	ai prévalu	prévalus	eus prévalu
tu	prévaux	as prévalu	prévalus	eus prévalu
il/elle	prévaut	a prévalu	prévalut	eut prévalu
nous	prévalons	avons prévalu	prévalûmes	eûmes prévalu
vous	prévalez	avez prévalu	prévalûtes	eûtes prévalu
ils/elles	prévalent	ont prévalu	prévalurent	eurent prévalu

	Imparfait	Plus-que-parfait	Futur	Futur antérieur
je/j'	prévalais	avais prévalu	prévaudrai	aurai prévalu
tu	prévalais	avais prévalu	prévaudras	auras prévalu
il/elle	prévalait	avait prévalu	prévaudra	aura prévalu
nous	prévalions	avions prévalu	prévaudrons	aurons prévalu
vous	prévaliez	aviez prévalu	prévaudrez	aurez prévalu
ils/elles	prévalaient	avaient prévalu	prévaudront	auront prévalu

SUBJONCTIF

	Présent	Passé
que je/j'	prévale	aie prévalu
que tu	prévales	aies prévalu
qu'il/elle	prévale	ait prévalu
que nous	prévalions	ayons prévalu
que vous	prévaliez	ayez prévalu
qu'ils/elles	prévalent	aient prévalu

	Imparfait	Plus-que-parfait
que je/j'	prévalusse	eusse prévalu
que tu	prévalusses	eusses prévalu
qu'il/elle	prévalût	eût prévalu
que nous	prévalussions	eussions prévalu
que vous	prévalussiez	eussiez prévalu
qu'ils/elles	prévalussent	eussent prévalu

62 VOIR

INFINITIF

Présent	Passé
voir	avoir vu

PARTICIPE

Présent	Passé
voyant	vu, e

IMPÉRATIF

Présent	Passé
vois	aie vu
voyons	ayons vu
voyez	ayez vu

CONDITIONNEL

	Présent	Passé
je/j'	verrais	aurais vu
tu	verrais	aurais vu
il/elle	verrait	aurait vu
nous	verrions	aurions vu
vous	verriez	auriez vu
ils/elles	verraient	auraient vu

INDICATIF

	Présent	Passé composé	Passé simple	Passé antérieur
je/j'	vois	ai vu	vis	eus vu
tu	vois	as vu	vis	eus vu
il/elle	voit	a vu	vit	eut vu
nous	voyons	avons vu	vîmes	eûmes vu
vous	voyez	avez vu	vîtes	eûtes vu
ils/elles	voient	ont vu	virent	eurent vu

	Imparfait	Plus-que-parfait	Futur	Futur antérieur
je/j'	voyais	avais vu	verrai	aurai vu
tu	voyais	avais vu	verras	auras vu
il/elle	voyait	avait vu	verra	aura vu
nous	voyions	avions vu	verrons	aurons vu
vous	voyiez	aviez vu	verrez	aurez vu
ils/elles	voyaient	avaient vu	verront	auront vu

SUBJONCTIF

	Présent	Passé
que je/j'	voie	aie vu
que tu	voies	aies vu
qu'il/elle	voie	ait vu
que nous	voyions	ayons vu
que vous	voyiez	ayez vu
qu'ils/elles	voient	aient vu

	Imparfait	Plus-que-parfait
que je/j'	visse	eusse vu
que tu	visses	eusses vu
qu'il/elle	vît	eût vu
que nous	vissions	eussions vu
que vous	vissiez	eussiez vu
qu'ils/elles	vissent	eussent vu

63 PRÉVOIR

INFINITIF

Présent	Passé
prévoir	avoir prévu

PARTICIPE

Présent	Passé
prévoyant	prévu, e

IMPÉRATIF

Présent	Passé
prévois	aie prévu
prévoyons	ayons prévu
prévoyez	ayez prévu

CONDITIONNEL

	Présent	Passé
je/j'	prévoirais	aurais prévu
tu	prévoirais	aurais prévu
il/elle	prévoirait	aurait prévu
nous	prévoirions	aurions prévu
vous	prévoiriez	auriez prévu
ils/elles	prévoiraient	auraient prévu

INDICATIF

	Présent	Passé composé	Passé simple	Passé antérieur
je/j'	prévois	ai prévu	prévis	eus prévu
tu	prévois	as prévu	prévis	eus prévu
il/elle	prévoit	a prévu	prévit	eut prévu
nous	prévoyons	avons prévu	prévîmes	eûmes prévu
vous	prévoyez	avez prévu	prévîtes	eûtes prévu
ils/elles	prévoient	ont prévu	prévirent	eurent prévu

	Imparfait	Plus-que-parfait	Futur	Futur antérieur
je/j'	prévoyais	avais prévu	prévoirai	aurai prévu
tu	prévoyais	avais prévu	prévoiras	auras prévu
il/elle	prévoyait	avait prévu	prévoira	aura prévu
nous	prévoyions	avions prévu	prévoirons	aurons prévu
vous	prévoyiez	aviez prévu	prévoirez	aurez prévu
ils/elles	prévoyaient	avaient prévu	prévoiront	auront prévu

SUBJONCTIF

	Présent	Passé
que je/j'	prévoie	aie prévu
que tu	prévoies	aies prévu
qu'il/elle	prévoie	ait prévu
que nous	prévoyions	ayons prévu
que vous	prévoyiez	ayez prévu
qu'ils/elles	prévoient	aient prévu

	Imparfait	Plus-que-parfait
que je/j'	prévisse	eusse prévu
que tu	prévisses	eusses prévu
qu'il/elle	prévît	eût prévu
que nous	prévissions	eussions prévu
que vous	prévissiez	eussiez prévu
qu'ils/elles	prévissent	eussent prévu

64 POURVOIR

INFINITIF

Présent	Passé
pourvoir	avoir pourvu

PARTICIPE

Présent	Passé
pourvoyant	pourvu, e

IMPÉRATIF

Présent	Passé
pourvois	aie pourvu
pourvoyons	ayons pourvu
pourvoyez	ayez pourvu

CONDITIONNEL

	Présent	Passé
je/j'	pourvoirais	aurais pourvu
tu	pourvoirais	aurais pourvu
il/elle	pourvoirait	aurait pourvu
nous	pourvoirions	aurions pourvu
vous	pourvoiriez	auriez pourvu
ils/elles	pourvoiraient	auraient pourvu

INDICATIF

	Présent	Passé composé	Passé simple	Passé antérieur
je/j'	pourvois	ai pourvu	pourvus	eus pourvu
tu	pourvois	as pourvu	pourvus	eus pourvu
il/elle	pourvoit	a pourvu	pourvut	eut pourvu
nous	pourvoyons	avons pourvu	pourvûmes	eûmes pourvu
vous	pourvoyez	avez pourvu	pourvûtes	eûtes pourvu
ils/elles	pourvoient	ont pourvu	pourvurent	eurent pourvu

	Imparfait	Plus-que-parfait	Futur	Futur antérieur
je/j'	pourvoyais	avais pourvu	pourvoirai	aurai pourvu
tu	pourvoyais	avais pourvu	pourvoiras	auras pourvu
il/elle	pourvoyait	avait pourvu	pourvoira	aura pourvu
nous	pourvoyions	avions pourvu	pourvoirons	aurons pourvu
vous	pourvoyiez	aviez pourvu	pourvoirez	aurez pourvu
ils/elles	pourvoyaient	avaient pourvu	pourvoiront	auront pourvu

SUBJONCTIF

	Présent	Passé
que je/j'	pourvoie	aie pourvu
que tu	pourvoies	aies pourvu
qu'il/elle	pourvoie	ait pourvu
que nous	pourvoyions	ayons pourvu
que vous	pourvoyiez	ayez pourvu
qu'ils/elles	pourvoient	aient pourvu

	Imparfait	Plus-que-parfait
que je/j'	pourvusse	eusse pourvu
que tu	pourvusses	eusses pourvu
qu'il/elle	pourvût	eût pourvu
que nous	pourvussions	eussions pourvu
que vous	pourvussiez	eussiez pourvu
qu'ils/elles	pourvussent	eussent pourvu

65 ASSEOIR (1)

INFINITIF

Présent	Passé
asseoir	avoir assis

IMPÉRATIF

Présent	Passé
assieds	aie assis
asseyons	ayons assis
asseyez	ayez assis

CONDITIONNEL

	Présent	Passé
j'	assiérais	aurais assis
tu	assiérais	aurais assis
il/elle	assiérait	aurait assis
nous	assiérions	aurions assis
vous	assiériez	auriez assis
ils/elles	assiéraient	auraient assis

PARTICIPE

Présent	Passé
asseyant	assis, e

INDICATIF

	Présent	Passé composé	Passé simple	Passé antérieur
j'	assieds	ai assis	assis	eus assis
tu	assieds	as assis	assis	eus assis
il/elle	assied	a assis	assit	eut assis
nous	asseyons	avons assis	assîmes	eûmes assis
vous	asseyez	avez assis	assîtes	eûtes assis
ils/elles	asseyent	ont assis	assirent	eurent assis

	Imparfait	Plus-que-parfait	Futur	Futur antérieur
j'	asseyais	avais assis	assiérai	aurai assis
tu	asseyais	avais assis	assiéras	auras assis
il/elle	asseyait	avait assis	assiéra	aura assis
nous	asseyions	avions assis	assiérons	aurons assis
vous	asseyiez	aviez assis	assiérez	aurez assis
ils/elles	asseyaient	avaient assis	assiéront	auront assis

SUBJONCTIF

	Présent	Passé
que j'	asseye	aie assis
que tu	asseyes	aies assis
qu'il/elle	asseye	ait assis
que nous	asseyions	ayons assis
que vous	asseyiez	ayez assis
qu'ils/elles	asseyent	aient assis

	Imparfait	Plus-que-parfait
que j'	assisse	eusse assis
que tu	assisses	eusses assis
qu'il/elle	assît	eût assis
que nous	assissions	eussions assis
que vous	assissiez	eussiez assis
qu'ils/elles	assissent	eussent assis

65 ASSEOIR (2)

INFINITIF

Présent	Passé
asseoir	avoir assis

IMPÉRATIF

Présent	Passé
assois	aie assis
assoyons	ayons assis
assoyez	ayez assis

CONDITIONNEL

	Présent	Passé
j'	assoirais	aurais assis
tu	assoirais	aurais assis
il/elle	assoirait	aurait assis
nous	assoirions	aurions assis
vous	assoiriez	auriez assis
ils/elles	assoiraient	auraient assis

PARTICIPE

Présent	Passé
assoyant	assis, e

INDICATIF

	Présent	Passé composé	Passé simple	Passé antérieur
j'	assois	ai assis	assis	eus assis
tu	assois	as assis	assis	eus assis
il/elle	assoit	a assis	assit	eut assis
nous	assoyons	avons assis	assîmes	eûmes assis
vous	assoyez	avez assis	assîtes	eûtes assis
ils/elles	assoient	ont assis	assirent	eurent assis

	Imparfait	Plus-que-parfait	Futur	Futur antérieur
j'	assoyais	avais assis	assoirai	aurai assis
tu	assoyais	avais assis	assoiras	auras assis
il/elle	assoyait	avait assis	assoira	aura assis
nous	assoyions	avions assis	assoirons	aurons assis
vous	assoyiez	aviez assis	assoirez	aurez assis
ils/elles	assoyaient	avaient assis	assoiront	auront assis

SUBJONCTIF

	Présent	Passé
que j'	assoie	aie assis
que tu	assoies	aies assis
qu'il/elle	assoie	ait assis
que nous	assoyions	ayons assis
que vous	assoyiez	ayez assis
qu'ils/elles	assoient	aient assis

	Imparfait	Plus-que-parfait
que j'	assisse	eusse assis
que tu	assisses	eusses assis
qu'il/elle	assît	eût assis
que nous	assissions	eussions assis
que vous	assissiez	eussiez assis
qu'ils/elles	assissent	eussent assis

▸ **REMARQUE** L'usage tend à écrire avec *-eoi-* les formes *-oi-* : *je m'asseois, il asseoira, que tu asseoies, elles asseoiraient.*

66 SURSEOIR

INFINITIF

Présent	Passé
surseoir	avoir sursis

PARTICIPE

Présent	Passé
sursoyant	sursis, e

IMPÉRATIF

Présent	Passé
sursois	aie sursis
sursoyons	ayons sursis
sursoyez	ayez sursis

CONDITIONNEL

	Présent	Passé
je/j'	surseoirais	aurais sursis
tu	surseoirais	aurais sursis
il/elle	surseoirait	aurait sursis
nous	surseoirions	aurions sursis
vous	surseoiriez	auriez sursis
ils/elles	surseoiraient	auraient sursis

INDICATIF

	Présent	Passé composé	Passé simple	Passé antérieur
je/j'	sursois	ai sursis	sursis	eus sursis
tu	sursois	as sursis	sursis	eus sursis
il/elle	sursoit	a sursis	sursit	eut sursis
nous	sursoyons	avons sursis	sursîmes	eûmes sursis
vous	sursoyez	avez sursis	sursîtes	eûtes sursis
ils/elles	sursoient	ont sursis	sursirent	eurent sursis

	Imparfait	Plus-que-parfait	Futur	Futur antérieur
je/j'	sursoyais	avais sursis	surseoirai	aurai sursis
tu	sursoyais	avais sursis	surseoiras	auras sursis
il/elle	sursoyait	avait sursis	surseoira	aura sursis
nous	sursoyions	avions sursis	surseoirons	aurons sursis
vous	sursoyiez	aviez sursis	surseoirez	aurez sursis
ils/elles	sursoyaient	avaient sursis	surseoiront	auront sursis

SUBJONCTIF

	Présent	Passé
que je/j'	sursoie	aie sursis
que tu	sursoies	aies sursis
qu'il/elle	sursoie	ait sursis
que nous	sursoyions	ayons sursis
que vous	sursoyiez	ayez sursis
qu'ils/elles	sursoient	aient sursis

	Imparfait	Plus-que-parfait
que je/j'	sursisse	eusse sursis
que tu	sursisses	eusses sursis
qu'il/elle	sursît	eût sursis
que nous	sursissions	eussions sursis
que vous	sursissiez	eussiez sursis
qu'ils/elles	sursissent	eussent sursis

67 SEOIR

INFINITIF

Présent
seoir

INDICATIF

	Présent	Imparfait	Futur
il/elle	sied	seyait	siéra
ils/elles	siéent	seyaient	siéront

CONDITIONNEL

	Présent
il/elle	siérait
ils/elles	siéraient

SUBJONCTIF

	Présent
il/elle	siée
ils/elles	siéent

PARTICIPE

Présent
seyant

▸ **REMARQUE** Le verbe *seoir* a ici le sens de « convenir ». Au sens de « siéger, être situé », il ne se rencontre plus qu'au participe présent *séant* et au participe passé *sis, sise*.

68 PLEUVOIR

INFINITIF

Présent	Passé
pleuvoir	avoir plu

PARTICIPE

Présent	Passé
pleuvant	plu

CONDITIONNEL

	Présent	Passé
il/elle	pleuvrait	aurait plu
ils/elles	pleuvraient	auraient plu

INDICATIF

	Présent	Passé composé	Passé simple	Passé antérieur
il/elle	pleut	a plu	plut	eut plu
ils/elles	pleuvent	ont plu	plurent	eussent plu

	Imparfait	Plus-que-parfait	Futur	Futur antérieur
il/elle	pleuvait	avait plu	pleuvra	aura plu
ils/elles	pleuvaient	avaient plu	pleuvront	auront plu

SUBJONCTIF

	Présent	Passé
qu'il/elle	pleuve	ait plu
qu'ils/elles	pleuvent	aient plu

	Imparfait	Plus-que-parfait
qu'il/elle	plût	eût plu
qu'ils/elles	plussent	eussent plu

▸ **REMARQUE** La troisième personne du pluriel ne s'emploie qu'au sens figuré : *les injures pleuvaient.*

69 FALLOIR

INFINITIF

Présent	Passé
falloir	avoir fallu

PARTICIPE

Présent	Passé
inusité	fallu

CONDITIONNEL

	Présent	Passé
il	faudrait	aurait fallu

INDICATIF

	Présent	Passé composé	Passé simple	Passé antérieur
il	faut	a fallu	fallut	eut fallu
	Imparfait	**Plus-que-parfait**	**Futur**	**Futur antérieur**
il	fallait	avait fallu	faudra	aura fallu

SUBJONCTIF

	Présent	Passé
qu'il	faille	ait fallu
	Imparfait	**Plus-que-parfait**
qu'il	fallût	eût fallu

70 ÉCHOIR

INFINITIF

Présent	Passé
échoir	être échu

PARTICIPE

Présent	Passé
échéant	échu, e

IMPÉRATIF

Présent	Passé
inusité	sois échu(e)
	soyons échu(e)s

CONDITIONNEL

	Présent	Passé
il/elle	échoirait	serait échu(e)
ils/elles	échoiraient	seraient échu(e)s

INDICATIF

	Présent	Passé composé	Passé simple	Passé antérieur
il/elle	échoit	est échu(e)	échut	fut échu(e)
ils/elles	échoient	sont échu(e)s	échurent	furent échu(e)s
	Imparfait	**Plus-que-parfait**	**Futur**	**Futur antérieur**
il/elle	échoyait	était échu(e)	échoira	sera échu(e)
ils/elles	échoyaient	étaient échu(e)s	échoiront	seront échu(e)s

SUBJONCTIF

	Présent	Passé
qu'il/elle	échoie	soit échu(e)
qu'ils/elles	échoient	soient échu(e)s
	Imparfait	**Plus-que-parfait**
qu'il/elle	échût	fût échu(e)
qu'ils/elles	échussent	fussent échu(e)s

▶ **REMARQUE** *Échoir* se conjugue aussi avec l'auxiliaire avoir. *Échoir* présente une seconde forme : au présent de l'indicatif *(échet, échéent)*, au futur *(écherra, écherront)*, au conditionnel présent *(écherrait, écherraient)*.

71 DÉCHOIR

INFINITIF

Présent	Passé
déchoir	avoir déchu

PARTICIPE

Présent	Passé
inusité	déchu, e

IMPÉRATIF

Présent	Passé
inusité	aie déchu
inusité	ayons déchu
inusité	ayez déchu

CONDITIONNEL

	Présent	Passé
je/j'	déchoirais	aurais déchu
tu	déchoirais	aurais déchu
il/elle	déchoirait	aurait déchu
nous	déchoirions	aurions déchu
vous	déchoiriez	auriez déchu
ils/elles	déchoiraient	auraient déchu

INDICATIF

	Présent	Passé composé	Passé simple	Passé antérieur
je/j'	déchois	ai déchu	déchus	eus déchu
tu	déchois	as déchu	déchus	eus déchu
il/elle	déchoit	a déchu	déchut	eut déchu
nous	déchoyons	avons déchu	déchûmes	eûmes déchu
vous	déchoyez	avez déchu	déchûtes	eûtes déchu
ils/elles	déchoient	ont déchu	déchurent	eurent déchu
	Imparfait	**Plus-que-parfait**	**Futur**	**Futur antérieur**
je/j'	déchoyais	avais déchu	déchoirai	aurai déchu
tu	déchoyais	avais déchu	déchoiras	auras déchu
il/elle	déchoyait	avait déchu	déchoira	aura déchu
nous	déchoyions	avions déchu	déchoirons	aurons déchu
vous	déchoyiez	aviez déchu	déchoirez	aurez déchu
ils/elles	déchoyaient	avaient déchu	déchoiront	auront déchu

SUBJONCTIF

	Présent	Passé
que je/j'	déchoie	aie déchu
que tu	déchoies	aies déchu
qu'il/elle	déchoie	ait déchu
que nous	déchoyions	ayons déchu
que vous	déchoyiez	ayez déchu
qu'ils/elles	déchoient	aient déchu
	Imparfait	**Plus-que-parfait**
que je/j'	déchusse	eusse déchu
que tu	déchusses	eusses déchu
qu'il/elle	déchût	eût déchu
que nous	déchussions	eussions déchu
que vous	déchussiez	eussiez déchu
qu'ils/elles	déchussent	eussent déchu

▶ **REMARQUE** *Déchoir* se conjugue aussi avec l'auxiliaire *être* et dans ce cas, aux temps composés, le participe passé s'accorde avec le sujet. *Déchoir* présente une seconde forme : au futur (*décherrai, décherras*, etc.) et au conditionnel présent (*décherrais, décherrais*, etc).

72 CHOIR

INFINITIF

Présent	Passé
choir	avoir chu

PARTICIPE

Présent	Passé
inusité	chu, e

IMPÉRATIF

Présent	Passé
chois	aie chu
inusité	ayons chu
inusité	ayez chu

CONDITIONNEL

	Présent	Passé
je/j'	choirais	aurais chu
tu	choirais	aurais chu
il/elle	choirait	aurait chu
nous	choirions	aurions chu
vous	choiriez	auriez chu
ils/elles	choiraient	auraient chu

INDICATIF

	Présent	Passé composé	Passé simple	Passé antérieur
je/j'	chois	ai chu	chus	eus chu
tu	chois	as chu	chus	eus chu
il/elle	choit	a chu	chut	eut chu
nous	*inusité*	avons chu	chûmes	eûmes chu
vous	*inusité*	avez chu	chûtes	eûtes chu
ils/elles	choient	ont chu	churent	eurent chu

	Imparfait	Plus-que-parfait	Futur	Futur antérieur
je/j'	*inusité*	avais chu	choirai	aurai chu
tu	*inusité*	avais chu	choiras	auras chu
il/elle	*inusité*	avait chu	choira	aura chu
nous	*inusité*	avions chu	choirons	aurons chu
vous	*inusité*	aviez chu	choirez	aurez chu
ils/elles	*inusité*	avaient chu	choiront	auront chu

SUBJONCTIF

	Présent	Passé
que j'	*inusité*	aie chu
que tu	*inusité*	aies chu
qu'il/elle	*inusité*	ait chu
que nous	*inusité*	ayons chu
que vous	*inusité*	ayez chu
qu'ils/elles	*inusité*	aient chu

	Imparfait	Plus-que-parfait
que j'	*inusité*	eusse chu
que tu	*inusité*	eusses chu
qu'il/elle	chût	eût chu
que nous	*inusité*	eussions chu
que vous	*inusité*	eussiez chu
qu'ils/elles	*inusité*	eussent chu

▸ **REMARQUE** *Choir* se conjugue aussi avec l'auxiliaire être. Dans ce cas, aux temps composés, le participe passé s'accorde avec le sujet. *Choir* présente une seconde forme : au futur (*cherrai, cherras, cherra*, etc.) et au conditionnel présent (*cherrais, cherrais, cherrait*, etc.).

73 VENDRE

INFINITIF

Présent	Passé
vendre	avoir vendu

PARTICIPE

Présent	Passé
vendant	vendu, e

IMPÉRATIF

Présent	Passé
vends	aie vendu
vendons	ayons vendu
vendez	ayez vendu

CONDITIONNEL

	Présent	Passé
je/j'	vendrais	aurais vendu
tu	vendrais	aurais vendu
il/elle	vendrait	aurait vendu
nous	vendrions	aurions vendu
vous	vendriez	auriez vendu
ils/elles	vendraient	auraient vendu

INDICATIF

	Présent	Passé composé	Passé simple	Passé antérieur
je/j'	vends	ai vendu	vendis	eus vendu
tu	vends	as vendu	vendis	eus vendu
il/elle	vend	a vendu	vendit	eut vendu
nous	vendons	avons vendu	vendîmes	eûmes vendu
vous	vendez	avez vendu	vendîtes	eûtes vendu
ils/elles	vendent	ont vendu	vendirent	eurent vendu

	Imparfait	Plus-que-parfait	Futur	Futur antérieur
je/j'	vendais	avais vendu	vendrai	aurai vendu
tu	vendais	avais vendu	vendras	auras vendu
il/elle	vendait	avait vendu	vendra	aura vendu
nous	vendions	avions vendu	vendrons	aurons vendu
vous	vendiez	aviez vendu	vendrez	aurez vendu
ils/elles	vendaient	avaient vendu	vendront	auront vendu

SUBJONCTIF

	Présent	Passé
que je/j'	vende	aie vendu
que tu	vendes	aies vendu
qu'il/elle	vende	ait vendu
que nous	vendions	ayons vendu
que vous	vendiez	ayez vendu
qu'ils/elles	vendent	aient vendu

	Imparfait	Plus-que-parfait
que je/j'	vendisse	eusse vendu
que tu	vendisses	eusses vendu
qu'il/elle	vendît	eût vendu
que nous	vendissions	eussions vendu
que vous	vendissiez	eussiez vendu
qu'ils/elles	vendissent	eussent vendu

74 RÉPANDRE

INFINITIF

Présent	Passé
répandre	avoir répandu

PARTICIPE

Présent	Passé
répandant	répandu, e

IMPÉRATIF

Présent	Passé
répands	aie répandu
répandons	ayons répandu
répandez	ayez répandu

CONDITIONNEL

	Présent	Passé
je/j'	répandrais	aurais répandu
tu	répandrais	aurais répandu
il/elle	répandrait	aurait répandu
nous	répandrions	aurions répandu
vous	répandriez	auriez répandu
ils/elles	répandraient	auraient répandu

INDICATIF

	Présent	Passé composé	Passé simple	Passé antérieur
je/j'	répands	ai répandu	répandis	eus répandu
tu	répands	as répandu	répandis	eus répandu
il/elle	répand	a répandu	répandit	eut répandu
nous	répandons	avons répandu	répandîmes	eûmes répandu
vous	répandez	avez répandu	répandîtes	eûtes répandu
ils/elles	répandent	ont répandu	répandirent	eurent répandu

	Imparfait	Plus-que-parfait	Futur	Futur antérieur
je/j'	répandais	avais répandu	répandrai	aurai répandu
tu	répandais	avais répandu	répandras	auras répandu
il/elle	répandait	avait répandu	répandra	aura répandu
nous	répandions	avions répandu	répandrons	aurons répandu
vous	répandiez	aviez répandu	répandrez	aurez répandu
ils/elles	répandaient	avaient répandu	répandront	auront répandu

SUBJONCTIF

	Présent	Passé
que je/j'	répande	aie répandu
que tu	répandes	aies répandu
qu'il/elle	répande	ait répandu
que nous	répandions	ayons répandu
que vous	répandiez	ayez répandu
qu'ils/elles	répandent	aient répandu

	Imparfait	Plus-que-parfait
que je/j'	répandisse	eusse répandu
que tu	répandisses	eusses répandu
qu'il/elle	répandît	eût répandu
que nous	répandissions	eussions répandu
que vous	répandissiez	eussiez répandu
qu'ils/elles	répandissent	eussent répandu

75 RÉPONDRE

INFINITIF

Présent	Passé
répondre	avoir répondu

PARTICIPE

Présent	Passé
répondant	répondu, e

IMPÉRATIF

Présent	Passé
réponds	aie répondu
répondons	ayons répondu
répondez	ayez répondu

CONDITIONNEL

	Présent	Passé
je/j'	répondrais	aurais répondu
tu	répondrais	aurais répondu
il/elle	répondrait	aurait répondu
nous	répondrions	aurions répondu
vous	répondriez	auriez répondu
ils/elles	répondraient	auraient répondu

INDICATIF

	Présent	Passé composé	Passé simple	Passé antérieur
je/j'	réponds	ai répondu	répondis	eus répondu
tu	réponds	as répondu	répondis	eus répondu
il/elle	répond	a répondu	répondit	eut répondu
nous	répondons	avons répondu	répondîmes	eûmes répondu
vous	répondez	avez répondu	répondîtes	eûtes répondu
ils/elles	répondent	ont répondu	répondirent	eurent répondu

	Imparfait	Plus-que-parfait	Futur	Futur antérieur
je/j'	répondais	avais répondu	répondrai	aurai répondu
tu	répondais	avais répondu	répondras	auras répondu
il/elle	répondait	avait répondu	répondra	aura répondu
nous	répondions	avions répondu	répondrons	aurons répondu
vous	répondiez	aviez répondu	répondrez	aurez répondu
ils/elles	répondaient	avaient répondu	répondront	auront répondu

SUBJONCTIF

	Présent	Passé
que je/j'	réponde	aie répondu
que tu	répondes	aies répondu
qu'il/elle	réponde	ait répondu
que nous	répondions	ayons répondu
que vous	répondiez	ayez répondu
qu'ils/elles	répondent	aient répondu

	Imparfait	Plus-que-parfait
que je/j'	répondisse	eusse répondu
que tu	répondisses	eusses répondu
qu'il/elle	répondît	eût répondu
que nous	répondissions	eussions répondu
que vous	répondissiez	eussiez répondu
qu'ils/elles	répondissent	eussent répondu

76 MORDRE

INFINITIF

Présent	Passé
mordre	avoir mordu

PARTICIPE

Présent	Passé
mordant	mordu, e

IMPÉRATIF

Présent	Passé
mords	aie mordu
mordons	ayons mordu
mordez	ayez mordu

CONDITIONNEL

	Présent	Passé
je/j'	mordrais	aurais mordu
tu	mordrais	aurais mordu
il/elle	mordrait	aurait mordu
nous	mordrions	aurions mordu
vous	mordriez	auriez mordu
ils/elles	mordraient	auraient mordu

INDICATIF

	Présent	Passé composé	Passé simple	Passé antérieur
je/j'	mords	ai mordu	mordis	eus mordu
tu	mords	as mordu	mordis	eus mordu
il/elle	mord	a mordu	mordit	eut mordu
nous	mordons	avons mordu	mordîmes	eûmes mordu
vous	mordez	avez mordu	mordîtes	eûtes mordu
ils/elles	mordent	ont mordu	mordirent	eurent mordu

	Imparfait	Plus-que-parfait	Futur	Futur antérieur
je/j'	mordais	avais mordu	mordrai	aurai mordu
tu	mordais	avais mordu	mordras	auras mordu
il/elle	mordait	avait mordu	mordra	aura mordu
nous	mordions	avions mordu	mordrons	aurons mordu
vous	mordiez	aviez mordu	mordrez	aurez mordu
ils/elles	mordaient	avaient mordu	mordront	auront mordu

SUBJONCTIF

	Présent	Passé
que je/j'	morde	aie mordu
que tu	mordes	aies mordu
qu'il/elle	morde	ait mordu
que nous	mordions	ayons mordu
que vous	mordiez	ayez mordu
qu'ils/elles	mordent	aient mordu

	Imparfait	Plus-que-parfait
que je/j'	mordisse	eusse mordu
que tu	mordisses	eusses mordu
qu'il/elle	mordît	eût mordu
que nous	mordissions	eussions mordu
que vous	mordissiez	eussiez mordu
qu'ils/elles	mordissent	eussent mordu

77 PERDRE

INFINITIF

Présent	Passé
perdre	avoir perdu

PARTICIPE

Présent	Passé
perdant	perdu, e

IMPÉRATIF

Présent	Passé
perds	aie perdu
perdons	ayons perdu
perdez	ayez perdu

CONDITIONNEL

	Présent	Passé
je/j'	perdrais	aurais perdu
tu	perdrais	aurais perdu
il/elle	perdrait	aurait perdu
nous	perdrions	aurions perdu
vous	perdriez	auriez perdu
ils/elles	perdraient	auraient perdu

INDICATIF

	Présent	Passé composé	Passé simple	Passé antérieur
je/j'	perds	ai perdu	perdis	eus perdu
tu	perds	as perdu	perdis	eus perdu
il/elle	perd	a perdu	perdit	eut perdu
nous	perdons	avons perdu	perdîmes	eûmes perdu
vous	perdez	avez perdu	perdîtes	eûtes perdu
ils/elles	perdent	ont perdu	perdirent	eurent perdu

	Imparfait	Plus-que-parfait	Futur	Futur antérieur
je/j'	perdais	avais perdu	perdrai	aurai perdu
tu	perdais	avais perdu	perdras	auras perdu
il/elle	perdait	avait perdu	perdra	aura perdu
nous	perdions	avions perdu	perdrons	aurons perdu
vous	perdiez	aviez perdu	perdrez	aurez perdu
ils/elles	perdaient	avaient perdu	perdront	auront perdu

SUBJONCTIF

	Présent	Passé
que je/j'	perde	aie perdu
que tu	perdes	aies perdu
qu'il/elle	perde	ait perdu
que nous	perdions	ayons perdu
que vous	perdiez	ayez perdu
qu'ils/elles	perdent	aient perdu

	Imparfait	Plus-que-parfait
que je/j'	perdisse	eusse perdu
que tu	perdisses	eusses perdu
qu'il/elle	perdît	eût perdu
que nous	perdissions	eussions perdu
que vous	perdissiez	eussiez perdu
qu'ils/elles	perdissent	eussent perdu

78 ROMPRE

INFINITIF

Présent	Passé
rompre	avoir rompu

PARTICIPE

Présent	Passé
rompant	rompu, e

IMPÉRATIF

Présent	Passé
romps	aie rompu
rompons	ayons rompu
rompez	ayez rompu

CONDITIONNEL

	Présent	Passé
je/j'	romprais	aurais rompu
tu	romprais	aurais rompu
il/elle	romprait	aurait rompu
nous	romprions	aurions rompu
vous	rompriez	auriez rompu
ils/elles	rompraient	auraient rompu

INDICATIF

	Présent	Passé composé	Passé simple	Passé antérieur
je/j'	romps	ai rompu	rompis	eus rompu
tu	romps	as rompu	rompis	eus rompu
il/elle	rompt	a rompu	rompit	eut rompu
nous	rompons	avons rompu	rompîmes	eûmes rompu
vous	rompez	avez rompu	rompîtes	eûtes rompu
ils/elles	rompent	ont rompu	rompirent	eurent rompu

	Imparfait	Plus-que-parfait	Futur	Futur antérieur
je/j'	rompais	avais rompu	romprai	aurai rompu
tu	rompais	avais rompu	rompras	auras rompu
il/elle	rompait	avait rompu	rompra	aura rompu
nous	rompions	avions rompu	romprons	aurons rompu
vous	rompiez	aviez rompu	romprez	aurez rompu
ils/elles	rompaient	avaient rompu	rompront	auront rompu

SUBJONCTIF

	Présent	Passé
que je/j'	rompe	aie rompu
que tu	rompes	aies rompu
qu'il/elle	rompe	ait rompu
que nous	rompions	ayons rompu
que vous	rompiez	ayez rompu
qu'ils/elles	rompent	aient rompu

	Imparfait	Plus-que-parfait
que je/j'	rompisse	eusse rompu
que tu	rompisses	eusses rompu
qu'il/elle	rompît	eût rompu
que nous	rompissions	eussions rompu
que vous	rompissiez	eussiez rompu
qu'ils/elles	rompissent	eussent rompu

79 PRENDRE

INFINITIF

Présent	Passé
prendre	avoir pris

PARTICIPE

Présent	Passé
prenant	pris, e

IMPÉRATIF

Présent	Passé
prends	aie pris
prenons	ayons pris
prenez	ayez pris

CONDITIONNEL

	Présent	Passé
je/j'	prendrais	aurais pris
tu	prendrais	aurais pris
il/elle	prendrait	aurait pris
nous	prendrions	aurions pris
vous	prendriez	auriez pris
ils/elles	prendraient	auraient pris

INDICATIF

	Présent	Passé composé	Passé simple	Passé antérieur
je/j'	prends	ai pris	pris	eus pris
tu	prends	as pris	pris	eus pris
il/elle	prend	a pris	prit	eut pris
nous	prenons	avons pris	prîmes	eûmes pris
vous	prenez	avez pris	prîtes	eûtes pris
ils/elles	prennent	ont pris	prirent	eurent pris

	Imparfait	Plus-que-parfait	Futur	Futur antérieur
je/j'	prenais	avais pris	prendrai	aurai pris
tu	prenais	avais pris	prendras	auras pris
il/elle	prenait	avait pris	prendra	aura pris
nous	prenions	avions pris	prendrons	aurons pris
vous	preniez	aviez pris	prendrez	aurez pris
ils/elles	prenaient	avaient pris	prendront	auront pris

SUBJONCTIF

	Présent	Passé
que je/j'	prenne	aie pris
que tu	prennes	aies pris
qu'il/elle	prenne	ait pris
que nous	prenions	ayons pris
que vous	preniez	ayez pris
qu'ils/elles	prennent	aient pris

	Imparfait	Plus-que-parfait
que je/j'	prisse	eusse pris
que tu	prisses	eusses pris
qu'il/elle	prît	eût pris
que nous	prissions	eussions pris
que vous	prissiez	eussiez pris
qu'ils/elles	prissent	eussent pris

80 CRAINDRE

INFINITIF

Présent	Passé
craindre	avoir craint

PARTICIPE

Présent	Passé
craignant	craint, e

IMPÉRATIF

Présent	Passé
crains	aie craint
craignons	ayons craint
craignez	ayez craint

CONDITIONNEL

	Présent	Passé
je/j'	craindrais	aurais craint
tu	craindrais	aurais craint
il/elle	craindrait	aurait craint
nous	craindrions	aurions craint
vous	craindriez	auriez craint
ils/elles	craindraient	auraient craint

INDICATIF

	Présent	Passé composé	Passé simple	Passé antérieur
je/j'	crains	ai craint	craignis	eus craint
tu	crains	as craint	craignis	eus craint
il/elle	craint	a craint	craignit	eut craint
nous	craignons	avons craint	craignîmes	eûmes craint
vous	craignez	avez craint	craignîtes	eûtes craint
ils/elles	craignent	ont craint	craignirent	eurent craint

	Imparfait	Plus-que-parfait	Futur	Futur antérieur
je/j'	craignais	avais craint	craindrai	aurai craint
tu	craignais	avais craint	craindras	auras craint
il/elle	craignait	avait craint	craindra	aura craint
nous	craignions	avions craint	craindrons	aurons craint
vous	craigniez	aviez craint	craindrez	aurez craint
ils/elles	craignaient	avaient craint	craindront	auront craint

SUBJONCTIF

	Présent	Passé
que je/j'	craigne	aie craint
que tu	craignes	aies craint
qu'il/elle	craigne	ait craint
que nous	craignions	ayons craint
que vous	craigniez	ayez craint
qu'ils/elles	craignent	aient craint

	Imparfait	Plus-que-parfait
que je/j'	craignisse	eusse craint
que tu	craignisses	eusses craint
qu'il/elle	craignît	eût craint
que nous	craignissions	eussions craint
que vous	craignissiez	eussiez craint
qu'ils/elles	craignissent	eussent craint

81 PEINDRE

INFINITIF

Présent	Passé
peindre	avoir peint

PARTICIPE

Présent	Passé
peignant	peint, e

IMPÉRATIF

Présent	Passé
peins	aie peint
peignons	ayons peint
peignez	ayez peint

CONDITIONNEL

	Présent	Passé
je/j'	peindrais	aurais peint
tu	peindrais	aurais peint
il/elle	peindrait	aurait peint
nous	peindrions	aurions peint
vous	peindriez	auriez peint
ils/elles	peindraient	auraient peint

INDICATIF

	Présent	Passé composé	Passé simple	Passé antérieur
je/j'	peins	ai peint	peignis	eus peint
tu	peins	as peint	peignis	eus peint
il/elle	peint	a peint	peignit	eut peint
nous	peignons	avons peint	peignîmes	eûmes peint
vous	peignez	avez peint	peignîtes	eûtes peint
ils/elles	peignent	ont peint	peignirent	eurent peint

	Imparfait	Plus-que-parfait	Futur	Futur antérieur
je/j'	peignais	avais peint	peindrai	aurai peint
tu	peignais	avais peint	peindras	auras peint
il/elle	peignait	avait peint	peindra	aura peint
nous	peignions	avions peint	peindrons	aurons peint
vous	peigniez	aviez peint	peindrez	aurez peint
ils/elles	peignaient	avaient peint	peindront	auront peint

SUBJONCTIF

	Présent	Passé
que je/j'	peigne	aie peint
que tu	peignes	aies peint
qu'il/elle	peigne	ait peint
que nous	peignions	ayons peint
que vous	peigniez	ayez peint
qu'ils/elles	peignent	aient peint

	Imparfait	Plus-que-parfait
que je/j'	peignisse	eusse peint
que tu	peignisses	eusses peint
qu'il/elle	peignît	eût peint
que nous	peignissions	eussions peint
que vous	peignissiez	eussiez peint
qu'ils/elles	peignissent	eussent peint

82 JOINDRE

INFINITIF

Présent	Passé
joindre	avoir joint

PARTICIPE

Présent	Passé
joignant	joint, e

IMPÉRATIF

Présent	Passé
joins	aie joint
joignons	ayons joint
joignez	ayez joint

CONDITIONNEL

	Présent	Passé
je/j'	joindrais	aurais joint
tu	joindrais	aurais joint
il/elle	joindrait	aurait joint
nous	joindrions	aurions joint
vous	joindriez	auriez joint
ils/elles	joindraient	auraient joint

INDICATIF

	Présent	Passé composé	Passé simple	Passé antérieur
je/j'	joins	ai joint	joignis	eus joint
tu	joins	as joint	joignis	eus joint
il/elle	joint	a joint	joignit	eut joint
nous	joignons	avons joint	joignîmes	eûmes joint
vous	joignez	avez joint	joignîtes	eûtes joint
ils/elles	joignent	ont joint	joignirent	eurent joint

	Imparfait	Plus-que-parfait	Futur	Futur antérieur
je/j'	joignais	avais joint	joindrai	aurai joint
tu	joignais	avais joint	joindras	auras joint
il/elle	joignait	avait joint	joindra	aura joint
nous	joignions	avions joint	joindrons	aurons joint
vous	joigniez	aviez joint	joindrez	aurez joint
ils/elles	joignaient	avaient joint	joindront	auront joint

SUBJONCTIF

	Présent	Passé
que je/j'	joigne	aie joint
que tu	joignes	aies joint
qu'il/elle	joigne	ait joint
que nous	joignions	ayons joint
que vous	joigniez	ayez joint
qu'ils/elles	joignent	aient joint

	Imparfait	Plus-que-parfait
que je/j'	joignisse	eusse joint
que tu	joignisses	eusses joint
qu'il/elle	joignît	eût joint
que nous	joignissions	eussions joint
que vous	joignissiez	eussiez joint
qu'ils/elles	joignissent	eussent joint

83 BATTRE

INFINITIF

Présent	Passé
battre	avoir battu

PARTICIPE

Présent	Passé
battant	battu, e

IMPÉRATIF

Présent	Passé
bats	aie battu
battons	ayons battu
battez	ayez battu

CONDITIONNEL

	Présent	Passé
je/j'	battrais	aurais battu
tu	battrais	aurais battu
il/elle	battrait	aurait battu
nous	battrions	aurions battu
vous	battriez	auriez battu
ils/elles	battraient	auraient battu

INDICATIF

	Présent	Passé composé	Passé simple	Passé antérieur
je/j'	bats	ai battu	battis	eus battu
tu	bats	as battu	battis	eus battu
il/elle	bat	a battu	battit	eut battu
nous	battons	avons battu	battîmes	eûmes battu
vous	battez	avez battu	battîtes	eûtes battu
ils/elles	battent	ont battu	battirent	eurent battu

	Imparfait	Plus-que-parfait	Futur	Futur antérieur
je/j'	battais	avais battu	battrai	aurai battu
tu	battais	avais battu	battras	auras battu
il/elle	battait	avait battu	battra	aura battu
nous	battions	avions battu	battrons	aurons battu
vous	battiez	aviez battu	battrez	aurez battu
ils/elles	battaient	avaient battu	battront	auront battu

SUBJONCTIF

	Présent	Passé
que je/j'	batte	aie battu
que tu	battes	aies battu
qu'il/elle	batte	ait battu
que nous	battions	ayons battu
que vous	battiez	ayez battu
qu'ils/elles	battent	aient battu

	Imparfait	Plus-que-parfait
que je/j'	battisse	eusse battu
que tu	battisses	eusses battu
qu'il/elle	battît	eût battu
que nous	battissions	eussions battu
que vous	battissiez	eussiez battu
qu'ils/elles	battissent	eussent battu

84 METTRE

INFINITIF

Présent	Passé
mettre	avoir mis

PARTICIPE

Présent	Passé
mettant	mis, e

IMPÉRATIF

Présent	Passé
mets	aie mis
mettons	ayons mis
mettez	ayez mis

CONDITIONNEL

	Présent	Passé
je/j'	mettrais	aurais mis
tu	mettrais	aurais mis
il/elle	mettrait	aurait mis
nous	mettrions	aurions mis
vous	mettriez	auriez mis
ils/elles	mettraient	auraient mis

INDICATIF

	Présent	Passé composé	Passé simple	Passé antérieur
je/j'	mets	ai mis	mis	eus mis
tu	mets	as mis	mis	eus mis
il/elle	met	a mis	mit	eut mis
nous	mettons	avons mis	mîmes	eûmes mis
vous	mettez	avez mis	mîtes	eûtes mis
ils/elles	mettent	ont mis	mirent	eurent mis
	Imparfait	**Plus-que-parfait**	**Futur**	**Futur antérieur**
je/j'	mettais	avais mis	mettrai	aurai mis
tu	mettais	avais mis	mettras	auras mis
il/elle	mettait	avait mis	mettra	aura mis
nous	mettions	avions mis	mettrons	aurons mis
vous	mettiez	aviez mis	mettrez	aurez mis
ils/elles	mettaient	avaient mis	mettront	auront mis

SUBJONCTIF

	Présent	Passé
que je/j'	mette	aie mis
que tu	mettes	aies mis
qu'il/elle	mette	ait mis
que nous	mettions	ayons mis
que vous	mettiez	ayez mis
qu'ils/elles	mettent	aient mis
	Imparfait	**Plus-que-parfait**
que je/j'	misse	eusse mis
que tu	misses	eusses mis
qu'il/elle	mît	eût mis
que nous	missions	eussions mis
que vous	missiez	eussiez mis
qu'ils/elles	missent	eussent mis

85 MOUDRE

INFINITIF

Présent	Passé
moudre	avoir moulu

PARTICIPE

Présent	Passé
moulant	moulu, e

IMPÉRATIF

Présent	Passé
mouds	aie moulu
moulons	ayons moulu
moulez	ayez moulu

CONDITIONNEL

	Présent	Passé
je/j'	moudrais	aurais moulu
tu	moudrais	aurais moulu
il/elle	moudrait	aurait moulu
nous	moudrions	aurions moulu
vous	moudriez	auriez moulu
ils/elles	moudraient	auraient moulu

INDICATIF

	Présent	Passé composé	Passé simple	Passé antérieur
je/j'	mouds	ai moulu	moulus	eus moulu
tu	mouds	as moulu	moulus	eus moulu
il/elle	moud	a moulu	moulut	eut moulu
nous	moulons	avons moulu	moulûmes	eûmes moulu
vous	moulez	avez moulu	moulûtes	eûtes moulu
ils/elles	moulent	ont moulu	moulurent	eurent moulu
	Imparfait	**Plus-que-parfait**	**Futur**	**Futur antérieur**
je/j'	moulais	avais moulu	moudrai	aurai moulu
tu	moulais	avais moulu	moudras	auras moulu
il/elle	moulait	avait moulu	moudra	aura moulu
nous	moulions	avions moulu	moudrons	aurons moulu
vous	mouliez	aviez moulu	moudrez	aurez moulu
ils/elles	moulaient	avaient moulu	moudront	auront moulu

SUBJONCTIF

	Présent	Passé
que je/j'	moule	aie moulu
que tu	moules	aies moulu
qu'il/elle	moule	ait moulu
que nous	moulions	ayons moulu
que vous	mouliez	ayez moulu
qu'ils/elles	moulent	aient moulu
	Imparfait	**Plus-que-parfait**
que je/j'	moulusse	eusse moulu
que tu	moulusses	eusses moulu
qu'il/elle	moulût	eût moulu
que nous	moulussions	eussions moulu
que vous	moulussiez	eussiez moulu
qu'ils/elles	moulussent	eussent moulu

86 COUDRE

INFINITIF

Présent	Passé
coudre	avoir cousu

PARTICIPE

Présent	Passé
cousant	cousu, e

IMPÉRATIF

Présent	Passé
couds	aie cousu
cousons	ayons cousu
cousez	ayez cousu

CONDITIONNEL

	Présent	Passé
je/j'	coudrais	aurais cousu
tu	coudrais	aurais cousu
il/elle	coudrait	aurait cousu
nous	coudrions	aurions cousu
vous	coudriez	auriez cousu
ils/elles	coudraient	auraient cousu

INDICATIF

	Présent	Passé composé	Passé simple	Passé antérieur
je/j'	couds	ai cousu	cousis	eus cousu
tu	couds	as cousu	cousis	eus cousu
il/elle	coud	a cousu	cousit	eut cousu
nous	cousons	avons cousu	cousîmes	eûmes cousu
vous	cousez	avez cousu	cousîtes	eûtes cousu
ils/elles	cousent	ont cousu	cousirent	eurent cousu

	Imparfait	Plus-que-parfait	Futur	Futur antérieur
je/j'	cousais	avais cousu	coudrai	aurai cousu
tu	cousais	avais cousu	coudras	auras cousu
il/elle	cousait	avait cousu	coudra	aura cousu
nous	cousions	avions cousu	coudrons	aurons cousu
vous	cousiez	aviez cousu	coudrez	aurez cousu
ils/elles	cousaient	avaient cousu	coudront	auront cousu

SUBJONCTIF

	Présent	Passé
que je/j'	couse	aie cousu
que tu	couses	aies cousu
qu'il/elle	couse	ait cousu
que nous	cousions	ayons cousu
que vous	cousiez	ayez cousu
qu'ils/elles	cousent	aient cousu

	Imparfait	Plus-que-parfait
que je/j'	cousisse	eusse cousu
que tu	cousisses	eusses cousu
qu'il/elle	cousît	eût cousu
que nous	cousissions	eussions cousu
que vous	cousissiez	eussiez cousu
qu'ils/elles	cousissent	eussent cousu

87 ABSOUDRE

INFINITIF

Présent	Passé
absoudre	avoir absous

PARTICIPE

Présent	Passé
absolvant	absous, absoute

IMPÉRATIF

Présent	Passé
absous	aie absous
absolvons	ayons absous
absolvez	ayez absous

CONDITIONNEL

	Présent	Passé
j'	absoudrais	aurais absous
tu	absoudrais	aurais absous
il/elle	absoudrait	aurait absous
nous	absoudrions	aurions absous
vous	absoudriez	auriez absous
ils/elles	absoudraient	auraient absous

INDICATIF

	Présent	Passé composé	Passé simple	Passé antérieur
j'	absous	ai absous	absolus	eus absous
tu	absous	as absous	absolus	eus absous
il/elle	absout	a absous	absolut	eut absous
nous	absolvons	avons absous	absolûmes	eûmes absous
vous	absolvez	avez absous	absolûtes	eûtes absous
ils/elles	absolvent	ont absous	absolurent	eurent absous

	Imparfait	Plus-que-parfait	Futur	Futur antérieur
j'	absolvais	avais absous	absoudrai	aurai absous
tu	absolvais	avais absous	absoudras	auras absous
il/elle	absolvait	avait absous	absoudra	aura absous
nous	absolvions	avions absous	absoudrons	aurons absous
vous	absolviez	aviez absous	absoudrez	aurez absous
ils/elles	absolvaient	avaient absous	absoudront	auront absous

SUBJONCTIF

	Présent	Passé
que j'	absolve	aie absous
que tu	absolves	aies absous
qu'il/elle	absolve	ait absous
que nous	absolvions	ayons absous
que vous	absolviez	ayez absous
qu'ils/elles	absolvent	aient absous

	Imparfait	Plus-que-parfait
que j'	absolusse	eusse absous
que tu	absolusses	eusses absous
qu'il/elle	absolût	eût absous
que nous	absolussions	eussions absous
que vous	absolussiez	eussiez absous
qu'ils/elles	absolussent	eussent absous

▶ **REMARQUE** Le passé simple et l'imparfait du subjonctif, bien qu'admis, sont rares.

88 RÉSOUDRE

INFINITIF

Présent	Passé
résoudre	avoir résolu

PARTICIPE

Présent	Passé
résolvant	résolu, e

IMPÉRATIF

Présent	Passé
résous	aie résolu
résolvons	ayons résolu
résolvez	ayez résolu

CONDITIONNEL

	Présent	Passé
je/j'	résoudrais	aurais résolu
tu	résoudrais	aurais résolu
il/elle	résoudrait	aurait résolu
nous	résoudrions	aurions résolu
vous	résoudriez	auriez résolu
ils/elles	résoudraient	auraient résolu

INDICATIF

	Présent	Passé composé	Passé simple	Passé antérieur
je/j'	résous	ai résolu	résolus	eus résolu
tu	résous	as résolu	résolus	eus résolu
il/elle	résout	a résolu	résolut	eut résolu
nous	résolvons	avons résolu	résolûmes	eûmes résolu
vous	résolvez	avez résolu	résolûtes	eûtes résolu
ils/elles	résolvent	ont résolu	résolurent	eurent résolu

	Imparfait	Plus-que-parfait	Futur	Futur antérieur
je/j'	résolvais	avais résolu	résoudrai	aurai résolu
tu	résolvais	avais résolu	résoudras	auras résolu
il/elle	résolvait	avait résolu	résoudra	aura résolu
nous	résolvions	avions résolu	résoudrons	aurons résolu
vous	résolviez	aviez résolu	résoudrez	aurez résolu
ils/elles	résolvaient	avaient résolu	résoudront	auront résolu

SUBJONCTIF

	Présent	Passé
que je/j'	résolve	aie résolu
que tu	résolves	aies résolu
qu'il/elle	résolve	ait résolu
que nous	résolvions	ayons résolu
que vous	résolviez	ayez résolu
qu'ils/elles	résolvent	aient résolu

	Imparfait	Plus-que-parfait
que je/j'	résolusse	eusse résolu
que tu	résolusses	eusses résolu
qu'il/elle	résolût	eût résolu
que nous	résolussions	eussions résolu
que vous	résolussiez	eussiez résolu
qu'ils/elles	résolussent	eussent résolu

▸ **REMARQUE** Le verbe *résoudre* a un participe passé, rarement employé, *résous, résoute* signifiant « transformé » : *un brouillard résous en pluie.*

89 SUIVRE

INFINITIF

Présent	Passé
suivre	avoir suivi

PARTICIPE

Présent	Passé
suivant	suivi, e

IMPÉRATIF

Présent	Passé
suis	aie suivi
suivons	ayons suivi
suivez	ayez suivi

CONDITIONNEL

	Présent	Passé
je/j'	suivrais	aurais suivi
tu	suivrais	aurais suivi
il/elle	suivrait	aurait suivi
nous	suivrions	aurions suivi
vous	suivriez	auriez suivi
ils/elles	suivraient	auraient suivi

INDICATIF

	Présent	Passé composé	Passé simple	Passé antérieur
je/j'	suis	ai suivi	suivis	eus suivi
tu	suis	as suivi	suivis	eus suivi
il/elle	suit	a suivi	suivit	eut suivi
nous	suivons	avons suivi	suivîmes	eûmes suivi
vous	suivez	avez suivi	suivîtes	eûtes suivi
ils/elles	suivent	ont suivi	suivirent	eurent suivi

	Imparfait	Plus-que-parfait	Futur	Futur antérieur
je/j'	suivais	avais suivi	suivrai	aurai suivi
tu	suivais	avais suivi	suivras	auras suivi
il/elle	suivait	avait suivi	suivra	aura suivi
nous	suivions	avions suivi	suivrons	aurons suivi
vous	suiviez	aviez suivi	suivrez	aurez suivi
ils/elles	suivaient	avaient suivi	suivront	auront suivi

SUBJONCTIF

	Présent	Passé
que je/j'	suive	aie suivi
que tu	suives	aies suivi
qu'il/elle	suive	ait suivi
que nous	suivions	ayons suivi
que vous	suiviez	ayez suivi
qu'ils/elles	suivent	aient suivi

	Imparfait	Plus-que-parfait
que je/j'	suivisse	eusse suivi
que tu	suivisses	eusses suivi
qu'il/elle	suivît	eût suivi
que nous	suivissions	eussions suivi
que vous	suivissiez	eussiez suivi
qu'ils/elles	suivissent	eussent suivi

90 VIVRE

INFINITIF

Présent	Passé
vivre	avoir vécu

PARTICIPE

Présent	Passé
vivant	vécu, e

IMPÉRATIF

Présent	Passé
vis	aie vécu
vivons	ayons vécu
vivez	ayez vécu

CONDITIONNEL

	Présent	Passé
je/j'	vivrais	aurais vécu
tu	vivrais	aurais vécu
il/elle	vivrait	aurait vécu
nous	vivrions	aurions vécu
vous	vivriez	auriez vécu
ils/elles	vivraient	auraient vécu

INDICATIF

	Présent	Passé composé	Passé simple	Passé antérieur
je/j'	vis	ai vécu	vécus	eus vécu
tu	vis	as vécu	vécus	eus vécu
il/elle	vit	a vécu	vécut	eut vécu
nous	vivons	avons vécu	vécûmes	eûmes vécu
vous	vivez	avez vécu	vécûtes	eûtes vécu
ils/elles	vivent	ont vécu	vécurent	eurent vécu

	Imparfait	Plus-que-parfait	Futur	Futur antérieur
je/j'	vivais	avais vécu	vivrai	aurai vécu
tu	vivais	avais vécu	vivras	auras vécu
il/elle	vivait	avait vécu	vivra	aura vécu
nous	vivions	avions vécu	vivrons	aurons vécu
vous	viviez	aviez vécu	vivrez	aurez vécu
ils/elles	vivaient	avaient vécu	vivront	auront vécu

SUBJONCTIF

	Présent	Passé
que je/j'	vive	aie vécu
que tu	vives	aies vécu
qu'il/elle	vive	ait vécu
que nous	vivions	ayons vécu
que vous	viviez	ayez vécu
qu'ils/elles	vivent	aient vécu

	Imparfait	Plus-que-parfait
que je/j'	vécusse	eusse vécu
que tu	vécusses	eusses vécu
qu'il/elle	vécût	eût vécu
que nous	vécussions	eussions vécu
que vous	vécussiez	eussiez vécu
qu'ils/elles	vécussent	eussent vécu

▸ **REMARQUE** *Survivre* se conjugue comme *vivre,* mais son participe passé est toujours invariable.

91 CONNAÎTRE

INFINITIF

Présent	Passé
connaître	avoir connu

PARTICIPE

Présent	Passé
connaissant	connu, e

IMPÉRATIF

Présent	Passé
connais	aie connu
connaissons	ayons connu
connaissez	ayez connu

CONDITIONNEL

	Présent	Passé
je/j'	connaîtrais	aurais connu
tu	connaîtrais	aurais connu
il/elle	connaîtrait	aurait connu
nous	connaîtrions	aurions connu
vous	connaîtriez	auriez connu
ils/elles	connaîtraient	auraient connu

INDICATIF

	Présent	Passé composé	Passé simple	Passé antérieur
je/j'	connais	ai connu	connus	eus connu
tu	connais	as connu	connus	eus connu
il/elle	connaît	a connu	connut	eut connu
nous	connaissons	avons connu	connûmes	eûmes connu
vous	connaissez	avez connu	connûtes	eûtes connu
ils/elles	connaissent	ont connu	connurent	eurent connu

	Imparfait	Plus-que-parfait	Futur	Futur antérieur
je/j'	connaissais	avais connu	connaîtrai	aurai connu
tu	connaissais	avais connu	connaîtras	auras connu
il/elle	connaissait	avait connu	connaîtra	aura connu
nous	connaissions	avions connu	connaîtrons	aurons connu
vous	connaissiez	aviez connu	connaîtrez	aurez connu
ils/elles	connaissaient	avaient connu	connaîtront	auront connu

SUBJONCTIF

	Présent	Passé
que je/j'	connaisse	aie connu
que tu	connaisses	aies connu
qu'il/elle	connaisse	ait connu
que nous	connaissions	ayons connu
que vous	connaissiez	ayez connu
qu'ils/elles	connaissent	aient connu

	Imparfait	Plus-que-parfait
que je/j'	connusse	eusse connu
que tu	connusses	eusses connu
qu'il/elle	connût	eût connu
que nous	connussions	eussions connu
que vous	connussiez	eussiez connu
qu'ils/elles	connussent	eussent connu

92 NAÎTRE

INFINITIF

Présent	Passé
naître	être né

PARTICIPE

Présent	Passé
naissant	né, e

IMPÉRATIF

Présent	Passé
nais	sois né(e)
naissons	soyons né(e)s
naissez	soyez né(e)s

CONDITIONNEL

	Présent	Passé
je	naîtrais	serais né(e)
tu	naîtrais	serais né(e)
il/elle	naîtrait	serait né(e)
nous	naîtrions	serions né(e)s
vous	naîtriez	seriez né(e)s
ils/elles	naîtraient	seraient né(e)s

INDICATIF

	Présent	Passé composé	Passé simple	Passé antérieur
je	nais	suis né(e)	naquis	fus né(e)
tu	nais	es né(e)	naquis	fus né(e)
il/elle	naît	est né(e)	naquit	fut né(e)
nous	naissons	sommes né(e)s	naquîmes	fûmes né(e)s
vous	naissez	êtes né(e)s	naquîtes	fûtes né(e)s
ils/elles	naissent	sont né(e)s	naquirent	furent né(e)s

	Imparfait	Plus-que-parfait	Futur	Futur antérieur
je/j'	naissais	étais né(e)	naîtrai	serai né(e)
tu	naissais	étais né(e)	naîtras	seras né(e)
il/elle	naissait	était né(e)	naîtra	sera né(e)
nous	naissions	étions né(e)s	naîtrons	serons né(e)s
vous	naissiez	étiez né(e)s	naîtrez	serez né(e)s
ils/elles	naissaient	étaient né(e)s	naîtront	seront né(e)s

SUBJONCTIF

	Présent	Passé
que je	naisse	sois né(e)
que tu	naisses	sois né(e)
qu'il/elle	naisse	soit né(e)
que nous	naissions	soyons né(e)s
que vous	naissiez	soyez né(e)s
qu'ils/elles	naissent	soient né(e)s

	Imparfait	Plus-que-parfait
que je	naquisse	fusse né(e)
que tu	naquisses	fusses né(e)
qu'il/elle	naquît	fût né(e)
que nous	naquissions	fussions né(e)s
que vous	naquissiez	fussiez né(e)s
qu'ils/elles	naquissent	fussent né(e)s

93 CROÎTRE

INFINITIF

Présent	Passé
croître	avoir crû

PARTICIPE

Présent	Passé
croissant	crû, crue, crus, crues

IMPÉRATIF

Présent	Passé
croîs	aie crû
croissons	ayons crû
croissez	ayez crû

CONDITIONNEL

	Présent	Passé
je/j'	croîtrais	aurais crû
tu	croîtrais	aurais crû
il/elle	croîtrait	aurait crû
nous	croîtrions	aurions crû
vous	croîtriez	auriez crû
ils/elles	croîtraient	auraient crû

INDICATIF

	Présent	Passé composé	Passé simple	Passé antérieur
je/j'	croîs	ai crû	crûs	eus crû
tu	croîs	as crû	crûs	eus crû
il/elle	croît	a crû	crût	eut crû
nous	croissons	avons crû	crûmes	eûmes crû
vous	croissez	avez crû	crûtes	eûtes crû
ils/elles	croissent	ont crû	crûrent	eurent crû

	Imparfait	Plus-que-parfait	Futur	Futur antérieur
je/j'	croissais	avais crû	croîtrai	aurai crû
tu	croissais	avais crû	croîtras	auras crû
il/elle	croissait	avait crû	croîtra	aura crû
nous	croissions	avions crû	croîtrons	aurons crû
vous	croissiez	aviez crû	croîtrez	aurez crû
ils/elles	croissaient	avaient crû	croîtront	auront crû

SUBJONCTIF

	Présent	Passé
que je/j'	croisse	aie crû
que tu	croisses	aies crû
qu'il/elle	croisse	ait crû
que nous	croissions	ayons crû
que vous	croissiez	ayez crû
qu'ils/elles	croissent	aient crû

	Imparfait	Plus-que-parfait
que je/j'	crûsse	eusse crû
que tu	crûsses	eusses crû
qu'il/elle	crût	eût crû
que nous	crûssions	eussions crû
que vous	crûssiez	eussiez crû
qu'ils/elles	crûssent	eussent crû

94 ACCROÎTRE

INFINITIF

Présent	Passé
accroître	avoir accru

PARTICIPE

Présent	Passé
accroissant	accru, e

IMPÉRATIF

Présent	Passé
accrois	aie accru
accroissons	ayons accru
accroissez	ayez accru

CONDITIONNEL

	Présent	Passé
j'	accroîtrais	aurais accru
tu	accroîtrais	aurais accru
il/elle	accroîtrait	aurait accru
nous	accroîtrions	aurions accru
vous	accroîtriez	auriez accru
ils/elles	accroîtraient	auraient accru

INDICATIF

	Présent	Passé composé	Passé simple	Passé antérieur
j'	accrois	ai accru	accrus	eus accru
tu	accrois	as accru	accrus	eus accru
il/elle	accroît	a accru	accrut	eut accru
nous	accroissons	avons accru	accrûmes	eûmes accru
vous	accroissez	avez accru	accrûtes	eûtes accru
ils/elles	accroissent	ont accru	accrurent	eurent accru

	Imparfait	Plus-que-parfait	Futur	Futur antérieur
j'	accroissais	avais accru	accroîtrai	aurai accru
tu	accroissais	avais accru	accroîtras	auras accru
il/elle	accroissait	avait accru	accroîtra	aura accru
nous	accroissions	avions accru	accroîtrons	aurons accru
vous	accroissiez	aviez accru	accroîtrez	aurez accru
ils/elles	accroissaient	avaient accru	accroîtront	auront accru

SUBJONCTIF

	Présent	Passé
que j'	accroisse	aie accru
que tu	accroisses	aies accru
qu'il/elle	accroisse	ait accru
que nous	accroissions	ayons accru
que vous	accroissiez	ayez accru
qu'ils/elles	accroissent	aient accru

	Imparfait	Plus-que-parfait
que j'	accrusse	eusse accru
que tu	accrusses	eusses accru
qu'il/elle	accrût	eût accru
que nous	accrussions	eussions accru
que vous	accrussiez	eussiez accru
qu'ils/elles	accrussent	eussent accru

▸ **REMARQUE** Le verbe *recroître* se conjugue comme **accroître,** mais son participe passé est *recrû, recrue, recrus, recrues.*

95 RIRE

INFINITIF

Présent	Passé
rire	avoir ri

PARTICIPE

Présent	Passé
riant	ri

IMPÉRATIF

Présent	Passé
ris	aie ri
rions	ayons ri
riez	ayez ri

CONDITIONNEL

	Présent	Passé
je/j'	rirais	aurais ri
tu	rirais	aurais ri
il/elle	rirait	aurait ri
nous	ririons	aurions ri
vous	ririez	auriez ri
ils/elles	riraient	auraient ri

INDICATIF

	Présent	Passé composé	Passé simple	Passé antérieur
je/j'	ris	ai ri	ris	eus ri
tu	ris	as ri	ris	eus ri
il/elle	rit	a ri	rit	eut ri
nous	rions	avons ri	rîmes	eûmes ri
vous	riez	avez ri	rîtes	eûtes ri
ils/elles	rient	ont ri	rirent	eurent ri

	Imparfait	Plus-que-parfait	Futur	Futur antérieur
je/j'	riais	avais ri	rirai	aurai ri
tu	riais	avais ri	riras	auras ri
il/elle	riait	avait ri	rira	aura ri
nous	riions	avions ri	rirons	aurons ri
vous	riiez	aviez ri	rirez	aurez ri
ils/elles	riaient	avaient ri	riront	auront ri

SUBJONCTIF

	Présent	Passé
que je/j'	rie	aie ri
que tu	ries	aies ri
qu'il/elle	rie	ait ri
que nous	riions	ayons ri
que vous	riiez	ayez ri
qu'ils/elles	rient	aient ri

	Imparfait	Plus-que-parfait
que je/j'	risse	eusse ri
que tu	risses	eusses ri
qu'il/elle	rît	eût ri
que nous	rissions	eussions ri
que vous	rissiez	eussiez ri
qu'ils/elles	rissent	eussent ri

96 CONCLURE

INFINITIF

Présent	Passé
conclure	avoir conclu

PARTICIPE

Présent	Passé
concluant	conclu, e

IMPÉRATIF

Présent	Passé
conclus	aie conclu
concluons	ayons conclu
concluez	ayez conclu

CONDITIONNEL

	Présent	Passé
je/j'	conclurais	aurais conclu
tu	conclurais	aurais conclu
il/elle	conclurait	aurait conclu
nous	conclurions	aurions conclu
vous	concluriez	auriez conclu
ils/elles	concluraient	auraient conclu

INDICATIF

	Présent	Passé composé	Passé simple	Passé antérieur
je/j'	conclus	ai conclu	conclus	eus conclu
tu	conclus	as conclu	conclus	eus conclu
il/elle	conclut	a conclu	conclut	eut conclu
nous	concluons	avons conclu	conclûmes	eûmes conclu
vous	concluez	avez conclu	conclûtes	eûtes conclu
ils/elles	concluent	ont conclu	conclurent	eurent conclu

	Imparfait	Plus-que-parfait	Futur	Futur antérieur
je/j'	concluais	avais conclu	conclurai	aurai conclu
tu	concluais	avais conclu	concluras	auras conclu
il/elle	concluait	avait conclu	conclura	aura conclu
nous	concluions	avions conclu	conclurons	aurons conclu
vous	concluiez	aviez conclu	conclurez	aurez conclu
ils/elles	concluaient	avaient conclu	concluront	auront conclu

SUBJONCTIF

	Présent	Passé
que je/j'	conclue	aie conclu
que tu	conclues	aies conclu
qu'il/elle	conclue	ait conclu
que nous	concluions	ayons conclu
que vous	concluiez	ayez conclu
qu'ils/elles	concluent	aient conclu

	Imparfait	Plus-que-parfait
que je/j'	conclusse	eusse conclu
que tu	conclusses	eusses conclu
qu'il/elle	conclût	eût conclu
que nous	conclussions	eussions conclu
que vous	conclussiez	eussiez conclu
qu'ils/elles	conclussent	eussent conclu

▶ **REMARQUE** Les verbes *inclure, occlure* et *reclure* se conjuguent comme **conclure,** mais leurs participes passés sont *inclus, incluse ; occlus, occluse ; reclus, recluse.*

97 NUIRE

INFINITIF

Présent	Passé
nuire	avoir nui

PARTICIPE

Présent	Passé
nuisant	nui

IMPÉRATIF

Présent	Passé
nuis	aie nui
nuisons	ayons nui
nuisez	ayez nui

CONDITIONNEL

	Présent	Passé
je/j'	nuirais	aurais nui
tu	nuirais	aurais nui
il/elle	nuirait	aurait nui
nous	nuirions	aurions nui
vous	nuiriez	auriez nui
ils/elles	nuiraient	auraient nui

INDICATIF

	Présent	Passé composé	Passé simple	Passé antérieur
je/j'	nuis	ai nui	nuisis	eus nui
tu	nuis	as nui	nuisis	eus nui
il/elle	nuit	a nui	nuisit	eut nui
nous	nuisons	avons nui	nuisîmes	eûmes nui
vous	nuisez	avez nui	nuisîtes	eûtes nui
ils/elles	nuisent	ont nui	nuisirent	eurent nui

	Imparfait	Plus-que-parfait	Futur	Futur antérieur
je/j'	nuisais	avais nui	nuirai	aurai nui
tu	nuisais	avais nui	nuiras	auras nui
il/elle	nuisait	avait nui	nuira	aura nui
nous	nuisions	avions nui	nuirons	aurons nui
vous	nuisiez	aviez nui	nuirez	aurez nui
ils/elles	nuisaient	avaient nui	nuiront	auront nui

SUBJONCTIF

	Présent	Passé
que je/j'	nuise	aie nui
que tu	nuises	aies nui
qu'il/elle	nuise	ait nui
que nous	nuisions	ayons nui
que vous	nuisiez	ayez nui
qu'ils/elles	nuisent	aient nui

	Imparfait	Plus-que-parfait
que je/j'	nuisisse	eusse nui
que tu	nuisisses	eusses nui
qu'il/elle	nuisît	eût nui
que nous	nuisissions	eussions nui
que vous	nuisissiez	eussiez nui
qu'ils/elles	nuisissent	eussent nui

▶ **REMARQUE** Les verbes *luire* et *reluire* ont aussi une autre forme de passé simple : *je luis, je reluis,* etc.

98 CONDUIRE

INFINITIF

Présent	Passé
conduire	avoir conduit

PARTICIPE

Présent	Passé
conduisant	conduit, e

IMPÉRATIF

Présent	Passé
conduis	aie conduit
conduisons	ayons conduit
conduisez	ayez conduit

CONDITIONNEL

	Présent	Passé
je/j'	conduirais	aurais conduit
tu	conduirais	aurais conduit
il/elle	conduirait	aurait conduit
nous	conduirions	aurions conduit
vous	conduiriez	auriez conduit
ils/elles	conduiraient	auraient conduit

INDICATIF

	Présent	Passé composé	Passé simple	Passé antérieur
je/j'	conduis	ai conduit	conduisis	eus conduit
tu	conduis	as conduit	conduisis	eus conduit
il/elle	conduit	a conduit	conduisit	eut conduit
nous	conduisons	avons conduit	conduisîmes	eûmes conduit
vous	conduisez	avez conduit	conduisîtes	eûtes conduit
ils/elles	conduisent	ont conduit	conduisirent	eurent conduit

	Imparfait	Plus-que-parfait	Futur	Futur antérieur
je/j'	conduisais	avais conduit	conduirai	aurai conduit
tu	conduisais	avais conduit	conduiras	auras conduit
il/elle	conduisait	avait conduit	conduira	aura conduit
nous	conduisions	avions conduit	conduirons	aurons conduit
vous	conduisiez	aviez conduit	conduirez	aurez conduit
ils/elles	conduisaient	avaient conduit	conduiront	auront conduit

SUBJONCTIF

	Présent	Passé
que je/j'	conduise	aie conduit
que tu	conduises	aies conduit
qu'il/elle	conduise	ait conduit
que nous	conduisions	ayons conduit
que vous	conduisiez	ayez conduit
qu'ils/elles	conduisent	aient conduit

	Imparfait	Plus-que-parfait
que je/j'	conduisisse	eusse conduit
que tu	conduisisses	eusses conduit
qu'il/elle	conduisît	eût conduit
que nous	conduisissions	eussions conduit
que vous	conduisissiez	eussiez conduit
qu'ils/elles	conduisissent	eussent conduit

99 ÉCRIRE

INFINITIF

Présent	Passé
écrire	avoir écrit

PARTICIPE

Présent	Passé
écrivant	écrit, e

IMPÉRATIF

Présent	Passé
écris	aie écrit
écrivons	ayons écrit
écrivez	ayez écrit

CONDITIONNEL

	Présent	Passé
j'	écrirais	aurais écrit
tu	écrirais	aurais écrit
il/elle	écrirait	aurait écrit
nous	écririons	aurions écrit
vous	écririez	auriez écrit
ils/elles	écriraient	auraient écrit

INDICATIF

	Présent	Passé composé	Passé simple	Passé antérieur
j'	écris	ai écrit	écrivis	eus écrit
tu	écris	as écrit	écrivis	eus écrit
il/elle	écrit	a écrit	écrivit	eut écrit
nous	écrivons	avons écrit	écrivîmes	eûmes écrit
vous	écrivez	avez écrit	écrivîtes	eûtes écrit
ils/elles	écrivent	ont écrit	écrivirent	eurent écrit

	Imparfait	Plus-que-parfait	Futur	Futur antérieur
j'	écrivais	avais écrit	écrirai	aurai écrit
tu	écrivais	avais écrit	écriras	auras écrit
il/elle	écrivait	avait écrit	écrira	aura écrit
nous	écrivions	avions écrit	écrirons	aurons écrit
vous	écriviez	aviez écrit	écrirez	aurez écrit
ils/elles	écrivaient	avaient écrit	écriront	auront écrit

SUBJONCTIF

	Présent	Passé
que j'	écrive	aie écrit
que tu	écrives	aies écrit
qu'il/elle	écrive	ait écrit
que nous	écrivions	ayons écrit
que vous	écriviez	ayez écrit
qu'ils/elles	écrivent	aient écrit

	Imparfait	Plus-que-parfait
que j'	écrivisse	eusse écrit
que tu	écrivisses	eusses écrit
qu'il/elle	écrivît	eût écrit
que nous	écrivissions	eussions écrit
que vous	écrivissiez	eussiez écrit
qu'ils/elles	écrivissent	eussent écrit

100 SUFFIRE

INFINITIF

Présent	Passé
suffire	avoir suffi

PARTICIPE

Présent	Passé
suffisant	suffi

IMPÉRATIF

Présent	Passé
suffis	aie suffi
suffisons	ayons suffi
suffisez	ayez suffi

CONDITIONNEL

	Présent	Passé
je/j'	suffirais	aurais suffi
tu	suffirais	aurais suffi
il/elle	suffirait	aurait suffi
nous	suffirions	aurions suffi
vous	suffiriez	auriez suffi
ils/elles	suffiraient	auraient suffi

INDICATIF

	Présent	Passé composé	Passé simple	Passé antérieur
je/j'	suffis	ai suffi	suffis	eus suffi
tu	suffis	as suffi	suffis	eus suffi
il/elle	suffit	a suffi	suffit	eut suffi
nous	suffisons	avons suffi	suffîmes	eûmes suffi
vous	suffisez	avez suffi	suffîtes	eûtes suffi
ils/elles	suffisent	ont suffi	suffirent	eurent suffi

	Imparfait	Plus-que-parfait	Futur	Futur antérieur
je/j'	suffisais	avais suffi	suffirai	aurai suffi
tu	suffisais	avais suffi	suffiras	auras suffi
il/elle	suffisait	avait suffi	suffira	aura suffi
nous	suffisions	avions suffi	suffirons	aurons suffi
vous	suffisiez	aviez suffi	suffirez	aurez suffi
ils/elles	suffisaient	avaient suffi	suffiront	auront suffi

SUBJONCTIF

	Présent	Passé
que je/j'	suffise	aie suffi
que tu	suffises	aies suffi
qu'il/elle	suffise	ait suffi
que nous	suffisions	ayons suffi
que vous	suffisiez	ayez suffi
qu'ils/elles	suffisent	aient suffi

	Imparfait	Plus-que-parfait
que je/j'	suffisse	eusse suffi
que tu	suffisses	eusses suffi
qu'il/elle	suffît	eût suffi
que nous	suffissions	eussions suffi
que vous	suffissiez	eussiez suffi
qu'ils/elles	suffissent	eussent suffi

101 CONFIRE

INFINITIF

Présent	Passé
confire	avoir confit

PARTICIPE

Présent	Passé
confisant	confit, e

IMPÉRATIF

Présent	Passé
confis	aie confit
confisons	ayons confit
confisez	ayez confit

CONDITIONNEL

	Présent	Passé
je/j'	confirais	aurais confit
tu	confirais	aurais confit
il/elle	confirait	aurait confit
nous	confirions	aurions confit
vous	confiriez	auriez confit
ils/elles	confiraient	auraient confit

INDICATIF

	Présent	Passé composé	Passé simple	Passé antérieur
je/j'	confis	ai confit	confis	eus confit
tu	confis	as confit	confis	eus confit
il/elle	confit	a confit	confit	eut confit
nous	confisons	avons confit	confîmes	eûmes confit
vous	confisez	avez confit	confîtes	eûtes confit
ils/elles	confisent	ont confit	confirent	eurent confit

	Imparfait	Plus-que-parfait	Futur	Futur antérieur
je/j'	confisais	avais confit	confirai	aurai confit
tu	confisais	avais confit	confiras	auras confit
il/elle	confisait	avait confit	confira	aura confit
nous	confisions	avions confit	confirons	aurons confit
vous	confisiez	aviez confit	confirez	aurez confit
ils/elles	confisaient	avaient confit	confiront	auront confit

SUBJONCTIF

	Présent	Passé
que je/j'	confise	aie confit
que tu	confises	aies confit
qu'il/elle	confise	ait confit
que nous	confisions	ayons confit
que vous	confisiez	ayez confit
qu'ils/elles	confisent	aient confit

	Imparfait	Plus-que-parfait
que je/j'	confisse	eusse confit
que tu	confisses	eusses confit
qu'il/elle	confît	eût confit
que nous	confissions	eussions confit
que vous	confissiez	eussiez confit
qu'ils/elles	confissent	eussent confit

▸ **REMARQUE** Le verbe *circoncire* se conjugue comme **confire**, mais son participe passé est *circoncis, circoncise*.

102 DIRE

INFINITIF

Présent	Passé
dire	avoir dit

PARTICIPE

Présent	Passé
disant	dit, e

IMPÉRATIF

Présent	Passé
dis	aie dit
disons	ayons dit
dites	ayez dit

CONDITIONNEL

	Présent	Passé
je/j'	dirais	aurais dit
tu	dirais	aurais dit
il/elle	dirait	aurait dit
nous	dirions	aurions dit
vous	diriez	auriez dit
ils/elles	diraient	auraient dit

INDICATIF

	Présent	Passé composé	Passé simple	Passé antérieur
je/j'	dis	ai dit	dis	eus dit
tu	dis	as dit	dis	eus dit
il/elle	dit	a dit	dit	eut dit
nous	disons	avons dit	dîmes	eûmes dit
vous	dites	avez dit	dîtes	eûtes dit
ils/elles	disent	ont dit	dirent	eurent dit

	Imparfait	Plus-que-parfait	Futur	Futur antérieur
je/j'	disais	avais dit	dirai	aurai dit
tu	disais	avais dit	diras	auras dit
il/elle	disait	avait dit	dira	aura dit
nous	disions	avions dit	dirons	aurons dit
vous	disiez	aviez dit	direz	aurez dit
ils/elles	disaient	avaient dit	diront	auront dit

SUBJONCTIF

	Présent	Passé
que je/j'	dise	aie dit
que tu	dises	aies dit
qu'il/elle	dise	ait dit
que nous	disions	ayons dit
que vous	disiez	ayez dit
qu'ils/elles	disent	aient dit

	Imparfait	Plus-que-parfait
que je/j'	disse	eusse dit
que tu	disses	eusses dit
qu'il/elle	dît	eût dit
que nous	dissions	eussions dit
que vous	dissiez	eussiez dit
qu'ils/elles	dissent	eussent dit

103 CONTREDIRE

INFINITIF

Présent	Passé
contredire	avoir contredit

PARTICIPE

Présent	Passé
contredisant	contredit, e

IMPÉRATIF

Présent	Passé
contredis	aie contredit
contredisons	ayons contredit
contredisez	ayez contredit

CONDITIONNEL

	Présent	Passé
je/j'	contredirais	aurais contredit
tu	contredirais	aurais contredit
il/elle	contredirait	aurait contredit
nous	contredirions	aurions contredit
vous	contrediriez	auriez contredit
ils/elles	contrediraient	auraient contredit

INDICATIF

	Présent	Passé composé	Passé simple	Passé antérieur
je/j'	contredis	ai contredit	contredis	eus contredit
tu	contredis	as contredit	contredis	eus contredit
il/elle	contredit	a contredit	contredit	eut contredit
nous	contredisons	avons contredit	contredîmes	eûmes contredit
vous	contredisez	avez contredit	contredîtes	eûtes contredit
ils/elles	contredisent	ont contredit	contredirent	eurent contredit

	Imparfait	Plus-que-parfait	Futur	Futur antérieur
je/j'	contredisais	avais contredit	contredirai	aurai contredit
tu	contredisais	avais contredit	contrediras	auras contredit
il/elle	contredisait	avait contredit	contredira	aura contredit
nous	contredisions	avions contredit	contredirons	aurons contredit
vous	contredisiez	aviez contredit	contredirez	aurez contredit
ils/elles	contredisaient	avaient contredit	contrediront	auront contredit

SUBJONCTIF

	Présent	Passé
que je/j'	contredise	aie contredit
que tu	contredises	aies contredit
qu'il/elle	contredise	ait contredit
que nous	contredisions	ayons contredit
que vous	contredisiez	ayez contredit
qu'ils/elles	contredisent	aient contredit

	Imparfait	Plus-que-parfait
que je/j'	contredisse	eusse contredit
que tu	contredisses	eusses contredit
qu'il/elle	contredît	eût contredit
que nous	contredissions	eussions contredit
que vous	contredissiez	eussiez contredit
qu'ils/elles	contredissent	eussent contredit

104 MAUDIRE

INFINITIF

Présent	Passé
maudire	avoir maudit

PARTICIPE

Présent	Passé
maudissant	maudit, e

IMPÉRATIF

Présent	Passé
maudis	aie maudit
maudissons	ayons maudit
maudissez	ayez maudit

CONDITIONNEL

	Présent	Passé
je/j'	maudirais	aurais maudit
tu	maudirais	aurais maudit
il/elle	maudirait	aurait maudit
nous	maudirions	aurions maudit
vous	maudiriez	auriez maudit
ils/elles	maudiraient	auraient maudit

INDICATIF

	Présent	Passé composé	Passé simple	Passé antérieur
je/j'	maudis	ai maudit	maudis	eus maudit
tu	maudis	as maudit	maudis	eus maudit
il/elle	maudit	a maudit	maudit	eut maudit
nous	maudissons	avons maudit	maudîmes	eûmes maudit
vous	maudissez	avez maudit	maudîtes	eûtes maudit
ils/elles	maudissent	ont maudit	maudirent	eurent maudit

	Imparfait	Plus-que-parfait	Futur	Futur antérieur
je/j'	maudissais	avais maudit	maudirai	aurai maudit
tu	maudissais	avais maudit	maudiras	auras maudit
il/elle	maudissait	avait maudit	maudira	aura maudit
nous	maudissions	avions maudit	maudirons	aurons maudit
vous	maudissiez	aviez maudit	maudirez	aurez maudit
ils/elles	maudissaient	avaient maudit	maudiront	auront maudit

SUBJONCTIF

	Présent	Passé
que je/j'	maudisse	aie maudit
que tu	maudisses	aies maudit
qu'il/elle	maudisse	ait maudit
que nous	maudissions	ayons maudit
que vous	maudissiez	ayez maudit
qu'ils/elles	maudissent	aient maudit

	Imparfait	Plus-que-parfait
que je/j'	maudisse	eusse maudit
que tu	maudisses	eusses maudit
qu'il/elle	maudît	eût maudit
que nous	maudissions	eussions maudit
que vous	maudissiez	eussiez maudit
qu'ils/elles	maudissent	eussent maudit

105 BRUIRE

INFINITIF

Présent	Passé
bruire	avoir bruit

PARTICIPE

Présent	Passé
inusité	bruit

IMPÉRATIF

Présent	Passé
inusité	*inusité*
inusité	*inusité*
inusité	*inusité*

CONDITIONNEL

	Présent	Passé
je/j'	bruirais	aurais bruit
tu	bruirais	aurais bruit
il/elle	bruirait	aurait bruit
nous	bruirions	aurions bruit
vous	bruiriez	auriez bruit
ils/elles	bruiraient	auraient bruit

INDICATIF

	Présent	Passé composé	Passé simple	Passé antérieur
je/j'	bruis	ai bruit	*inusité*	*inusité*
tu	bruis	as bruit	*inusité*	*inusité*
il/elle	bruit	a bruit	*inusité*	*inusité*
nous	*inusité*	avons bruit	*inusité*	*inusité*
vous	*inusité*	avez bruit	*inusité*	*inusité*
ils/elles	*inusité*	ont bruit	*inusité*	*inusité*

	Imparfait	Plus-que-parfait	Futur	Futur antérieur
je/j'	bruyais	avais bruit	bruirai	aurai bruit
tu	bruyais	avais bruit	bruiras	auras bruit
il/elle	bruyait	avait bruit	bruira	aura bruit
nous	bruyions	avions bruit	bruirons	aurons bruit
vous	bruyiez	aviez bruit	bruirez	aurez bruit
ils/elles	bruyaient	avaient bruit	bruiront	auront bruit

SUBJONCTIF

	Présent	Passé
que j'	*inusité*	aie bruit
que tu	*inusité*	aies bruit
qu'il/elle	*inusité*	ait bruit
que nous	*inusité*	ayons bruit
que vous	*inusité*	ayez bruit
qu'ils/elles	*inusité*	aient bruit

	Imparfait	Plus-que-parfait
que je/j'	*inusité*	*inusité*
que tu	*inusité*	*inusité*
qu'il/elle	*inusité*	*inusité*
que nous	*inusité*	*inusité*
que vous	*inusité*	*inusité*
qu'ils/elles	*inusité*	*inusité*

▸ **REMARQUE** Le verbe *bruire* ne connaît que les formes de l'indicatif présent, imparfait, futur, et les formes du conditionnel ; *bruisser*, qui se conjugue comme **chanter**, tend de plus en plus à supplanter *bruire*, en particulier dans ses formes défectives.

106 LIRE

INFINITIF

Présent	Passé
lire	avoir lu

PARTICIPE

Présent	Passé
lisant	lu, e

IMPÉRATIF

Présent	Passé
lis	aie lu
lisons	ayons lu
lisez	ayez lu

CONDITIONNEL

	Présent	Passé
je/j'	lirais	aurais lu
tu	lirais	aurais lu
il/elle	lirait	aurait lu
nous	lirions	aurions lu
vous	liriez	auriez lu
ils/elles	liraient	auraient lu

INDICATIF

	Présent	Passé composé	Passé simple	Passé antérieur
je/j'	lis	ai lu	lus	eus lu
tu	lis	as lu	lus	eus lu
il/elle	lit	a lu	lut	eut lu
nous	lisons	avons lu	lûmes	eûmes lu
vous	lisez	avez lu	lûtes	eûtes lu
ils/elles	lisent	ont lu	lurent	eurent lu

	Imparfait	Plus-que-parfait	Futur	Futur antérieur
je/j'	lisais	avais lu	lirai	aurai lu
tu	lisais	avais lu	liras	auras lu
il/elle	lisait	avait lu	lira	aura lu
nous	lisions	avions lu	lirons	aurons lu
vous	lisiez	aviez lu	lirez	aurez lu
ils/elles	lisaient	avaient lu	liront	auront lu

SUBJONCTIF

	Présent	Passé
que je/j'	lise	aie lu
que tu	lises	aies lu
qu'il/elle	lise	ait lu
que nous	lisions	ayons lu
que vous	lisiez	ayez lu
qu'ils/elles	lisent	aient lu

	Imparfait	Plus-que-parfait
que je/j'	lusse	eusse lu
que tu	lusses	eusses lu
qu'il/elle	lût	eût lu
que nous	lussions	eussions lu
que vous	lussiez	eussiez lu
qu'ils/elles	lussent	eussent lu

107 CROIRE

INFINITIF

Présent	Passé
croire	avoir cru

PARTICIPE

Présent	Passé
croyant	cru, e

IMPÉRATIF

Présent	Passé
crois	aie cru
croyons	ayons cru
croyez	ayez cru

CONDITIONNEL

	Présent	Passé
je/j'	croirais	aurais cru
tu	croirais	aurais cru
il/elle	croirait	aurait cru
nous	croirions	aurions cru
vous	croiriez	auriez cru
ils/elles	croiraient	auraient cru

INDICATIF

	Présent	Passé composé	Passé simple	Passé antérieur
je/j'	crois	ai cru	crus	eus cru
tu	crois	as cru	crus	eus cru
il/elle	croit	a cru	crut	eut cru
nous	croyons	avons cru	crûmes	eûmes cru
vous	croyez	avez cru	crûtes	eûtes cru
ils/elles	croient	ont cru	crurent	eurent cru

	Imparfait	Plus-que-parfait	Futur	Futur antérieur
je/j'	croyais	avais cru	croirai	aurai cru
tu	croyais	avais cru	croiras	auras cru
il/elle	croyait	avait cru	croira	aura cru
nous	croyions	avions cru	croirons	aurons cru
vous	croyiez	aviez cru	croirez	aurez cru
ils/elles	croyaient	avaient cru	croiront	auront cru

SUBJONCTIF

	Présent	Passé
que je/j'	croie	aie cru
que tu	croies	aies cru
qu'il/elle	croie	ait cru
que nous	croyions	ayons cru
que vous	croyiez	ayez cru
qu'ils/elles	croient	aient cru

	Imparfait	Plus-que-parfait
que je/j'	crusse	eusse cru
que tu	crusses	eusses cru
qu'il/elle	crût	eût cru
que nous	crussions	eussions cru
que vous	crussiez	eussiez cru
qu'ils/elles	crussent	eussent cru

108 BOIRE

INFINITIF

Présent	Passé
boire	avoir bu

PARTICIPE

Présent	Passé
buvant	bu, e

IMPÉRATIF

Présent	Passé
bois	aie bu
buvons	ayons bu
buvez	ayez bu

CONDITIONNEL

	Présent	Passé
je/j'	boirais	aurais bu
tu	boirais	aurais bu
il/elle	boirait	aurait bu
nous	boirions	aurions bu
vous	boiriez	auriez bu
ils/elles	boiraient	auraient bu

INDICATIF

	Présent	Passé composé	Passé simple	Passé antérieur
je/j'	bois	ai bu	bus	eus bu
tu	bois	as bu	bus	eus bu
il/elle	boit	a bu	but	eut bu
nous	buvons	avons bu	bûmes	eûmes bu
vous	buvez	avez bu	bûtes	eûtes bu
ils/elles	boivent	ont bu	burent	eurent bu

	Imparfait	Plus-que-parfait	Futur	Futur antérieur
je/j'	buvais	avais bu	boirai	aurai bu
tu	buvais	avais bu	boiras	auras bu
il/elle	buvait	avait bu	boira	aura bu
nous	buvions	avions bu	boirons	aurons bu
vous	buviez	aviez bu	boirez	aurez bu
ils/elles	buvaient	avaient bu	boiront	auront bu

SUBJONCTIF

	Présent	Passé
que je/j'	boive	aie bu
que tu	boives	aies bu
qu'il/elle	boive	ait bu
que nous	buvions	ayons bu
que vous	buviez	ayez bu
qu'ils/elles	boivent	aient bu

	Imparfait	Plus-que-parfait
que je/j'	busse	eusse bu
que tu	busses	eusses bu
qu'il/elle	bût	eût bu
que nous	bussions	eussions bu
que vous	bussiez	eussiez bu
qu'ils/elles	bussent	eussent bu

109 FAIRE

INFINITIF

Présent	Passé
faire	avoir fait

PARTICIPE

Présent	Passé
faisant	fait, e

IMPÉRATIF

Présent	Passé
fais	aie fait
faisons	ayons fait
faites	ayez fait

CONDITIONNEL

	Présent	Passé
je/j'	ferais	aurais fait
tu	ferais	aurais fait
il/elle	ferait	aurait fait
nous	ferions	aurions fait
vous	feriez	auriez fait
ils/elles	feraient	auraient fait

INDICATIF

	Présent	Passé composé	Passé simple	Passé antérieur
je/j'	fais	ai fait	fis	eus fait
tu	fais	as fait	fis	eus fait
il/elle	fait	a fait	fit	eut fait
nous	faisons	avons fait	fîmes	eûmes fait
vous	faites	avez fait	fîtes	eûtes fait
ils/elles	font	ont fait	firent	eurent fait

	Imparfait	Plus-que-parfait	Futur	Futur antérieur
je/j'	faisais	avais fait	ferai	aurai fait
tu	faisais	avais fait	feras	auras fait
il/elle	faisait	avait fait	fera	aura fait
nous	faisions	avions fait	ferons	aurons fait
vous	faisiez	aviez fait	ferez	aurez fait
ils/elles	faisaient	avaient fait	feront	auront fait

SUBJONCTIF

	Présent	Passé
que je/j'	fasse	aie fait
que tu	fasses	aies fait
qu'il/elle	fasse	ait fait
que nous	fassions	ayons fait
que vous	fassiez	ayez fait
qu'ils/elles	fassent	aient fait

	Imparfait	Plus-que-parfait
que je/j'	fisse	eusse fait
que tu	fisses	eusses fait
qu'il/elle	fît	eût fait
que nous	fissions	eussions fait
que vous	fissiez	eussiez fait
qu'ils/elles	fissent	eussent fait

110 PLAIRE

INFINITIF		IMPÉRATIF		CONDITIONNEL		
Présent	Passé	Présent	Passé		Présent	Passé
plaire	avoir plu	plais	aie plu	je/j'	plairais	aurais plu
		plaisons	ayons plu	tu	plairais	aurais plu
		plaisez	ayez plu	il/elle	plairait	aurait plu
				nous	plairions	aurions plu
				vous	plairiez	auriez plu
				ils/elles	plairaient	auraient plu

PARTICIPE	
Présent	Passé
plaisant	plu

INDICATIF

	Présent	Passé composé	Passé simple	Passé antérieur
je/j'	plais	ai plu	plus	eus plu
tu	plais	as plu	plus	eus plu
il/elle	plaît	a plu	plut	eut plu
nous	plaisons	avons plu	plûmes	eûmes plu
vous	plaisez	avez plu	plûtes	eûtes plu
ils/elles	plaisent	ont plu	plurent	eurent plu
	Imparfait	**Plus-que-parfait**	**Futur**	**Futur antérieur**
je/j'	plaisais	avais plu	plairai	aurai plu
tu	plaisais	avais plu	plairas	auras plu
il/elle	plaisait	avait plu	plaira	aura plu
nous	plaisions	avions plu	plairons	aurons plu
vous	plaisiez	aviez plu	plairez	aurez plu
ils/elles	plaisaient	avaient plu	plairont	auront plu

SUBJONCTIF

	Présent	Passé
que je/j'	plaise	aie plu
que tu	plaises	aies plu
qu'il/elle	plaise	ait plu
que nous	plaisions	ayons plu
que vous	plaisiez	ayez plu
qu'ils/elles	plaisent	aient plu
	Imparfait	**Plus-que-parfait**
que je/j'	plusse	eusse plu
que tu	plusses	eusses plu
qu'il/elle	plût	eût plu
que nous	plussions	eussions plu
que vous	plussiez	eussiez plu
qu'ils/elles	plussent	eussent plu

111 TAIRE

INFINITIF		IMPÉRATIF		CONDITIONNEL		
Présent	Passé	Présent	Passé		Présent	Passé
taire	avoir tu	tais	aie tu	je/j'	tairais	aurais tu
		taisons	ayons tu	tu	tairais	aurais tu
		taisez	ayez tu	il/elle	tairait	aurait tu
				nous	tairions	aurions tu
				vous	tairiez	auriez tu
				ils/elles	tairaient	auraient tu

PARTICIPE	
Présent	Passé
taisant	tu, e

INDICATIF

	Présent	Passé composé	Passé simple	Passé antérieur
je/j'	tais	ai tu	tus	eus tu
tu	tais	as tu	tus	eus tu
il/elle	tait	a tu	tut	eut tu
nous	taisons	avons tu	tûmes	eûmes tu
vous	taisez	avez tu	tûtes	eûtes tu
ils/elles	taisent	ont tu	turent	eurent tu
	Imparfait	**Plus-que-parfait**	**Futur**	**Futur antérieur**
je/j'	taisais	avais tu	tairai	aurai tu
tu	taisais	avais tu	tairas	auras tu
il/elle	taisait	avait tu	taira	aura tu
nous	taisions	avions tu	tairons	aurons tu
vous	taisiez	aviez tu	tairez	aurez tu
ils/elles	taisaient	avaient tu	tairont	auront tu

SUBJONCTIF

	Présent	Passé
que je/j'	taise	aie tu
que tu	taises	aies tu
qu'il/elle	taise	ait tu
que nous	taisions	ayons tu
que vous	taisiez	ayez tu
qu'ils/elles	taisent	aient tu
	Imparfait	**Plus-que-parfait**
que je/j'	tusse	eusse tu
que tu	tusses	eusses tu
qu'il/elle	tût	eût tu
que nous	tussions	eussions tu
que vous	tussiez	eussiez tu
qu'ils/elles	tussent	eussent tu

112 DISTRAIRE

INFINITIF

Présent	Passé
distraire	avoir distrait

PARTICIPE

Présent	Passé
distrayant	distrait, e

IMPÉRATIF

Présent	Passé
distrais	aie distrait
distrayons	ayons distrait
distrayez	ayez distrait

CONDITIONNEL

	Présent	Passé
je/j'	distrairais	aurais distrait
tu	distrairais	aurais distrait
il/elle	distrairait	aurait distrait
nous	distrairions	aurions distrait
vous	distrairiez	auriez distrait
ils/elles	distrairaient	auraient distrait

INDICATIF

	Présent	Passé composé	Passé simple	Passé antérieur
je/j'	distrais	ai distrait	*inusité*	eus distrait
tu	distrais	as distrait	*inusité*	eus distrait
il/elle	distrait	a distrait	*inusité*	eut distrait
nous	distrayons	avons distrait	*inusité*	eûmes distrait
vous	distrayez	avez distrait	*inusité*	eûtes distrait
ils/elles	distraient	ont distrait	*inusité*	eurent distrait

	Imparfait	Plus-que-parfait	Futur	Futur antérieur
je/j'	distrayais	avais distrait	distrairai	aurai distrait
tu	distrayais	avais distrait	distrairas	auras distrait
il/elle	distrayait	avait distrait	distraira	aura distrait
nous	distrayions	avions distrait	distrairons	aurons distrait
vous	distrayiez	aviez distrait	distrairez	aurez distrait
ils/elles	distrayaient	avaient distrait	distrairont	auront distrait

SUBJONCTIF

	Présent	Passé
que je/j'	distraie	aie distrait
que tu	distraies	aies distrait
qu'il/elle	distraie	ait distrait
que nous	distrayions	ayons distrait
que vous	distrayiez	ayez distrait
qu'ils/elles	distraient	aient distrait

	Imparfait	Plus-que-parfait
que j'	*inusité*	eusse distrait
que tu	*inusité*	eusses distrait
qu'il/elle	*inusité*	eût distrait
que nous	*inusité*	eussions distrait
que vous	*inusité*	eussiez distrait
qu'ils/elles	*inusité*	eussent distrait

113 CLORE

INFINITIF

Présent	Passé
clore	avoir clos

PARTICIPE

Présent	Passé
closant	clos, e

IMPÉRATIF

Présent	Passé
clos	aie clos
inusité	ayons clos
inusité	ayez clos

CONDITIONNEL

	Présent	Passé
je/j'	clorais	aurais clos
tu	clorais	aurais clos
il/elle	clorait	aurait clos
nous	clorions	aurions clos
vous	cloriez	auriez clos
ils/elles	cloraient	auraient clos

INDICATIF

	Présent	Passé composé	Passé simple	Passé antérieur
je/j'	clos	ai clos	*inusité*	eus clos
tu	clos	as clos	*inusité*	eus clos
il/elle	clôt	a clos	*inusité*	eut clos
nous	*inusité*	avons clos	*inusité*	eûmes clos
vous	*inusité*	avez clos	*inusité*	eûtes clos
ils/elles	closent	ont clos	*inusité*	eurent clos

	Imparfait	Plus-que-parfait	Futur	Futur antérieur
je/j'	*inusité*	avais clos	clorai	aurai clos
tu	*inusité*	avais clos	cloras	auras clos
il/elle	*inusité*	avait clos	clora	aura clos
nous	*inusité*	avions clos	clorons	aurons clos
vous	*inusité*	aviez clos	clorez	aurez clos
ils/elles	*inusité*	avaient clos	cloront	auront clos

SUBJONCTIF

	Présent	Passé
que je/j'	close	aie clos
que tu	closes	aies clos
qu'il/elle	close	ait clos
que nous	closions	ayons clos
que vous	closiez	ayez clos
qu'ils/elles	closent	aient clos

	Imparfait	Plus-que-parfait
que j'	*inusité*	eusse clos
que tu	*inusité*	eusses clos
qu'il/elle	*inusité*	eût clos
que nous	*inusité*	eussions clos
que vous	*inusité*	eussiez clos
qu'ils/elles	*inusité*	eussent clos

114 VAINCRE

INFINITIF

Présent	Passé
vaincre	avoir vaincu

PARTICIPE

Présent	Passé
vainquant	vaincu, e

IMPÉRATIF

Présent	Passé
vaincs	aie vaincu
vainquons	ayons vaincu
vainquez	ayez vaincu

CONDITIONNEL

	Présent	Passé
je/j'	vaincrais	aurais vaincu
tu	vaincrais	aurais vaincu
il/elle	vaincrait	aurait vaincu
nous	vaincrions	aurions vaincu
vous	vaincriez	auriez vaincu
ils/elles	vaincraient	auraient vaincu

INDICATIF

	Présent	Passé composé	Passé simple	Passé antérieur
je/j'	vaincs	ai vaincu	vainquis	eus vaincu
tu	vaincs	as vaincu	vainquis	eus vaincu
il/elle	vainc	a vaincu	vainquit	eut vaincu
nous	vainquons	avons vaincu	vainquîmes	eûmes vaincu
vous	vainquez	avez vaincu	vainquîtes	eûtes vaincu
ils/elles	vainquent	ont vaincu	vainquirent	eurent vaincu

	Imparfait	Plus-que-parfait	Futur	Futur antérieur
je/j'	vainquais	avais vaincu	vaincrai	aurai vaincu
tu	vainquais	avais vaincu	vaincras	auras vaincu
il/elle	vainquait	avait vaincu	vaincra	aura vaincu
nous	vainquions	avions vaincu	vaincrons	aurons vaincu
vous	vainquiez	aviez vaincu	vaincrez	aurez vaincu
ils/elles	vainquaient	avaient vaincu	vaincront	auront vaincu

SUBJONCTIF

	Présent	Passé
que je/j'	vainque	aie vaincu
que tu	vainques	aies vaincu
qu'il/elle	vainque	ait vaincu
que nous	vainquions	ayons vaincu
que vous	vainquiez	ayez vaincu
qu'ils/elles	vainquent	aient vaincu

	Imparfait	Plus-que-parfait
que je/j'	vainquisse	eusse vaincu
que tu	vainquisses	eusses vaincu
qu'il/elle	vainquît	eût vaincu
que nous	vainquissions	eussions vaincu
que vous	vainquissiez	eussiez vaincu
qu'ils/elles	vainquissent	eussent vaincu

115 FRIRE

INFINITIF

Présent	Passé
frire	avoir frit

PARTICIPE

Présent	Passé
inusité	frit, e

IMPÉRATIF

Présent	Passé
fris	aie frit
inusité	ayons frit
inusité	ayez frit

CONDITIONNEL

	Présent	Passé
je/j'	frirais	aurais frit
tu	frirais	aurais frit
il/elle	frirait	aurait frit
nous	fririons	aurions frit
vous	fririez	auriez frit
ils/elles	friraient	auraient frit

INDICATIF

	Présent	Passé composé	Passé simple	Passé antérieur
je/j'	fris	ai frit	*inusité*	eus frit
tu	fris	as frit	*inusité*	eus frit
il/elle	frit	a frit	*inusité*	eut frit
nous	*inusité*	avons frit	*inusité*	eûmes frit
vous	*inusité*	avez frit	*inusité*	eûtes frit
ils/elles	*inusité*	ont frit	*inusité*	eurent frit

	Imparfait	Plus-que-parfait	Futur	Futur antérieur
je/j'	*inusité*	avais frit	frirai	aurai frit
tu	*inusité*	avais frit	friras	auras frit
il/elle	*inusité*	avait frit	frira	aura frit
nous	*inusité*	avions frit	frirons	aurons frit
vous	*inusité*	aviez frit	frirez	aurez frit
ils/elles	*inusité*	avaient frit	friront	auront frit

SUBJONCTIF

	Présent	Passé
que j'	*inusité*	aie frit
que tu	*inusité*	aies frit
qu'il/elle	*inusité*	ait frit
que nous	*inusité*	ayons frit
que vous	*inusité*	ayez frit
qu'ils/elles	*inusité*	aient frit

	Imparfait	Plus-que-parfait
que j'	*inusité*	eusse frit
que tu	*inusité*	eusses frit
qu'il/elle	*inusité*	eût frit
que nous	*inusité*	eussions frit
que vous	*inusité*	eussiez frit
qu'ils/elles	*inusité*	eussent frit

Noms propres

Liste des abréviations utilisées dans la partie « noms propres »

affl.	affluent
all.	allemand
alt.	altitude
anc.	ancien, anciennement
apr.	après
ar.	arabe
arr.	arrondissement
auj.	aujourd'hui
autref.	autrefois
av.	avant
cant.	canton
cap.	capitale
ch.-l.	chef-lieu
comm.	commune
dép.	département
E.	Est
esp.	espagnol
fl.	fleuve
germ.	germanique
h.	habitants
hab.	noms d'habitants
ital.	italien
m.	mort, morte
myth. gr.	mythologie grecque
N.	Nord
O.	Ouest
prov.	province
riv.	rivière
s.	siècle
S.	Sud
superf.	superficie
v.	ville, vers, voir
v. pr.	ville principale

A

Aa, fl. côtier du nord de la France ; 80 km.

Aalto (*Alvar*), architecte finlandais (1898-1976).

Aar-Gothard (*massif de l'*), massif des Alpes suisses.

Aaron, frère de Moïse et premier grand prêtre d'Israël.

Abadan, port d'Iran, sur le golfe Persique ; 206 073 h.

Abbado (*Claudio*), chef d'orchestre italien (né en 1933).

Abbassides, dynastie de califes arabes qui régna à Bagdad de 750 à 1258.

Abbeville, v. de la Somme ; 25 439 h. (*Abbevillois*).

ABC (*American Broadcasting Company*), réseau de télévision américain créé en 1943.

Abd Allah II ou **Abdallah II** (né en 1962), roi de Jordanie depuis 1999.

Abd el-Kader, émir arabe (1808-1883). Il dirigea de 1832 à 1847 la résistance à la conquête de l'Algérie par la France.

Abd el-Krim, chef marocain (1882-1963). Il dirigea la révolte du Rif contre les Espagnols et les Français.

Abel, fils d'Adam et d'Ève, tué par son frère aîné Caïn (*Bible*).

Abel (*Niels*), mathématicien norvégien (1802-1829). Il créa la théorie des intégrales elliptiques.

Abélard (*Pierre*), théologien français, célèbre par sa passion malheureuse pour Héloïse (1079-1142).

Aberdeen, port d'Écosse, sur la mer du Nord ; 216 000 h.

Abidjan, v. principale de la Côte d'Ivoire, anc. cap. ; 2,8 millions d'h.

Abkhazie, république autonome de Géorgie, sur la mer Noire ; 538 000 h. (*Abkhazes*). Cap. *Soukhoumi*.

Aboukir, bourg d'Égypte. Victoire de Bonaparte sur les Turcs (1799).

Abou-Simbel, site d'Égypte, en aval de la deuxième cataracte. Temples rupestres élevés sous Ramsès II.

Abraham, patriarche biblique (XIXe s. av. J.-C.). Ancêtre des peuples juif et arabe.

Abruzzes (les), région d'Italie centrale.

Abu Bakr (v. 573-634), beau-père et successeur de Mahomet.

Abu Dhabi, nom du plus important des Émirats arabes unis (942 463 h.) et la ville principale de cet émirat.

Abuja, cap. du Nigeria ; 452 000 h.

Abydos, site de Haute-Égypte. Temples.

Abyssinie, anc. nom de l'Éthiopie.

Académie française, société fondée par Richelieu (1635) ; 40 membres.

Acadie, anc. colonie française du Canada, auj. en Nouvelle-Écosse.

Acapulco, station balnéaire du Mexique sur le Pacifique ; 620 656 h.

Accra, cap. du Ghana ; 949 000 h.

Aceh ou **Atjeh,** région d'Indonésie, dans le nord de Sumatra ; 55 392 km^2 ; 3 847 600 h. ; ch.-l. *Banda Aceh*.

Achéens, peuple grec, fondateur d'une brillante civilisation au IIe millénaire av. J.-C.

Achéménides, dynastie perse fondée par Cyrus (550-330 av. J.-C.).

Achères, v. des Yvelines ; 19 032 h. (*Achérois*). Station d'épuration.

Achéron, fleuve des Enfers (*Myth. gr.*).

Achgabat, anc. **Achkhabad**, cap. du Turkménistan ; 416 000 h.

Achille, héros de *l'Iliade*. Il tua Hector au siège de Troie.

Aconcagua, point culminant des Andes (Argentine) ; 6 959 m.

Açores (les), archipel portugais (Atlantique).

ACP (*pays*), ensemble des pays d'Afrique, des Caraïbes et du Pacifique liés à l'Union européenne par des accords préférentiels.

Acropole, anc. forteresse d'Athènes. Monuments du Ve s. av. J.-C. (Parthénon).

Actes des Apôtres, cinquième livre du Nouveau Testament.

Actium, victoire navale d'Octavien, futur Auguste, sur Antoine, en 31 av. J.-C.

Actors Studio, école d'art dramatique de New York fondée en 1947.

Adam, le premier homme (*Bible*).

Adam de la Halle, trouvère français (v. 1240-v. 1287) : *Jeu de Robin et Marion*.

Adamov (*Arthur*), auteur dramatique français d'origine russe (1908-1970).

Adams (*Ansel*), photographe américain (1902-1984).

Adana, v. du sud de la Turquie ; 1 041 509 h.

Addis-Abeba, capitale de l'Éthiopie, 2 753 000 h.

Adélaïde, port d'Australie ; 978 100 h.

Adélie (*terre*), terre antarctique française.

Aden, port du Yémen ; 400 783 h. dans l'aggl.

Adenauer (*Konrad*), homme politique allemand (1876-1967), chancelier de la RFA de 1949 à 1963.

Ader (*Clément*), précurseur français de l'aviation (1841-1925).

Adieu aux armes (*l'*), roman de E. Hemingway.

Adige, fl. d'Italie (Adriatique) ; 410 km.

Adjani (*Isabelle*), actrice française (née en 1955) : *l'Été meurtrier*.

Adjarie, république autonome de Géorgie, sur la mer Noire ; 393 000 h. Cap. *Batoumi.*

Adonis, dieu de la Végétation (*Myth. gr.*).

Adorno (*Theodor*), philosophe et musicologue allemand (1903-1969).

Adour, fl. du sud-ouest de la France ; 335 km.

Adriatique (*mer*), golfe de la Méditerranée entre l'Italie et la péninsule balkanique.

Adygués, nom sous lequel se reconnaissent trois peuples caucasiens (env. 1 million).

AELE (*Association européenne de libre-échange*), organisation économique créée en 1960. Elle regroupe aujourd'hui l'Islande, le Liechtenstein, la Norvège et la Suisse.

Aetius, général romain, vainqueur d'Attila.

Afghanistan, État d'Asie, entre l'Iran et le Pakistan ; 650 000 km^2 ; 22 474 000 h. (*Afghans*). Cap. *Kaboul.*

AFP (*Agence France-Presse*), agence de presse française, créée en 1944.

Afrique, une des cinq parties du monde ; 30 310 000 km^2 ; 1 milliard d'h. (*Africains*).

Afrique du Sud (*république d'*), État d'Afrique australe, membre du Commonwealth ; 1 221 000 km^2 ; 43 792 000 h. (*Sud-Africains*). Cap. *Pretoria* et *Le Cap* ; v. pr. *Johannesburg.*

Agadir, port du sud du Maroc ; 155 244 h.

Agamemnon, père d'Iphigénie, qu'il sacrifia aux dieux (*l'Iliade*).

Agde, v. de l'Hérault ; 20 303 h. (*Agathois*).

Agen, ch.-l. de Lot-et-Garonne ; 32 180 h. (*Agenais*).

Agésilas, roi de Sparte (399-360 av. J.-C.).

Agneau mystique (*retable de l'*), polyptyque de Hubert et Jan Van Eyck.

Agnon (*Samuel Joseph*), écrivain israélien (1888-1970) : *Contes de Jérusalem.*

Agra, v. de l'Inde ; 1 259 979 h. Tadj Mahall.

Agrigente, v. de Sicile. Temples grecs.

Agrippine, princesse romaine (v. 15-59 apr. J.-C.), mère de Néron, épouse de l'empereur Claude.

Ahern (*Bertie*), homme politique irlandais (né en 1951), Premier ministre de 1997 à 2008.

Ahmadabad, v. de l'Inde du Nord-Ouest ; 3 515 361 h.

Ahriman, principe du Mal, dans le mazdéisme.

Ahura-Mazdâ, principe du Bien, dans le mazdéisme.

Aïcha (v. 614-678), fille d'Abu Bakr et troisième femme de Mahomet.

Aïda, opéra de Verdi.

AIEA (*Agence internationale de l'énergie atomique*), organisation créée en 1957. Elle a pour but de promouvoir les applications pacifiques de l'énergie atomique.

Aigoual, massif des Cévennes.

Aigues-Mortes, v. du Gard, jadis port de mer important ; enceinte médiévale.

Aiguille (*mont*), pic escarpé des Alpes, en Isère, dans le Vercors ; 2 086 m.

Aiguilles (*cap des*), extrémité sud de l'Afrique, à l'est du cap de Bonne-Espérance.

Ain, affl. du Rhône.

Ain, dép. français (01), ch.-l. *Bourg-en-Bresse*, ch.-l. d'arr. *Belley, Gex, Nantua* ; 515 270 h.

Ainsi parlait Zarathoustra, poème philosophique de F. Nietzsche.

Aïr, massif du sud du Sahara (Niger).

Aire-sur-la-Lys, v. du Pas-de-Calais ; 10 011 h. (*Airois*).

Aisne, affl. de l'Oise.

Aisne, dép. français (02) ; ch.-l. *Laon*, ch.-l. d'arr. *Château-Thierry, Saint-Quentin, Soissons, Vervins* ; 535 842 h.

Aix (*île d'*), île et comm. du dép. de la Charente-Maritime ; 195 h.

Aix-en-Provence, v. des Bouches-du-Rhône ; 137 067 h. (*Aixois*).

Aix-la-Chapelle ou **Aachen,** v. d'Allemagne ; 243 825 h. Chapelle du palais de Charlemagne.

Aix-les-Bains, v. de la Savoie, sur le lac du Bourget ; 26 110 h. (*Aixois*).

Ajaccio, ch.-l. de la collectivité territoriale de Corse et de la Corse-du-Sud ; 54 697 h. (*Ajacciens*).

Ajanta (*monts*), massif de l'Inde (Deccan). Peintures rupestres.

Ajax, héros grec (*l'Iliade*).

Ajjer (*tassili des*), massif d'Algérie, dans le Sahara.

Akbar (1542-1605), empereur moghol de l'Inde (1556-1605).

Akhenaton → **Aménophis IV.**

Akihito (né en 1933), empereur du Japon depuis 1989.

Akkad, ville, État et dynastie de la basse Mésopotamie (v. 2325-2160 av. J.-C.).

Aksoum ou **Axoum,** v. du nord de l'Éthiopie ; 19 000 h. Ruines.

Alabama, État du sud des États-Unis. Cap. *Montgomery.*

Alain (*Émile* CHARTIER, dit), philosophe français (1868-1951) : *Propos.*

Alain-Fournier (*Henri Alban* FOURNIER, dit), écrivain français (1886-1914) : *le Grand Meaulnes.*

Alains, barbares qui envahirent la Gaule en 406, puis passèrent en Espagne.

Alamans, tribus germaniques vaincues par Clovis en 506.

Alamein (**El-**), victoire de Montgomery sur Rommel en 1942 (Égypte).

Åland ou **Ahvenanmaa,** archipel finlandais de la Baltique ; 1 505 km^2 ; 25 776 h.

À la recherche du temps perdu, œuvre romanesque de M. Proust.

Alaric II, roi wisigoth (484-507), vaincu par Clovis à Vouillé (507).

Alaska, région du nord-ouest de l'Amérique, formant un État des États-Unis. Cap. *Juneau.*

Álava, prov. basque de l'Espagne ; 286 497 h. ; ch.-l. *Vitoria.*

Albanie, État d'Europe, dans les Balkans ; 29 000 km^2 ; 3 145 000 h. (*Albanais*). Cap. *Tirana.*

Albe (duc D'), général de Charles Quint et de Philippe II (1508-1582).

Albee (*Edward*), auteur dramatique américain (né en 1928) : *Qui a peur de Virginia Woolf?*

Albe la Longue, anc. v. du Latium.

Albéniz (*Isaac*), compositeur espagnol (1860-1909) : *Iberia.*

Albert, v. de la Somme ; 10 380 h. (*Albertins*).

Albert Ier (1848-1922), prince de Monaco.

Albert Ier (1875-1934), roi des Belges à partir de 1909, dit le *Roi-Chevalier.*

Albert II (né en 1934), roi des Belges depuis 1993.

Albert II (né en 1958), prince de Monaco depuis 2005.

Albert (*canal*), canal de Belgique, faisant communiquer l'Escaut et la Meuse, entre Anvers et Liège ; 129 km.

Alberta, prov. du Canada occidental. Cap. *Edmonton.*

Albert le Grand (*saint*), théologien allemand (v. 1200-1280).

Albertville, v. de la Savoie, au confluent de l'Isère et de l'Arly ; 18 190 h. (*Albertvillois*).

Albi, ch.-l. du Tarn ; 49 106 h. (*Albigeois*).

albigeois (*croisade des*) [1209-1244], guerre menée contre des hérétiques du midi de la France.

Albinoni (*Tomaso*), compositeur italien (1671-1750). Le célèbre *Adagio d'Albinoni* est un pastiche composé au XXe s. (R. Giazotto).

Albion (*plateau d'*), plateau du sud-est de la France, base de missiles nucléaires (1971-1996).

Albuquerque (*Afonso* DE), conquistador portugais (1453-1515), vice-roi des Indes.

Alcibiade, général athénien (v. 450-404 av. J.-C.).

Alcools, recueil poétique de G. Apollinaire.

Alcuin, savant anglais, conseiller de Charlemagne (v. 735-804).

Aldrich (*Robert*), cinéaste américain (1918-1983) : *le Grand Couteau.*

Alechinsky (*Pierre*), peintre et graveur belge (né en 1927), membre du mouvement Cobra.

Alembert (*Jean* LE ROND D'), mathématicien et philosophe français, un des fondateurs de l'*Encyclopédie* (1717-1783).

Alena (*Accord de libre-échange nord-américain*), accord économique signé en 1992 entre les États-Unis, le Canada et le Mexique.

Alençon, ch.-l. de l'Orne ; 30 379 h. (*Alençonnais*).

Aléoutiennes (*îles*), archipel du nord-ouest de l'Amérique du Nord.

Alep, v. du nord de la Syrie ; 1 542 000 h.

Alès, v. du Gard ; 41 054 h. (*Alésiens*).

Alésia, place forte gauloise (Côte-d'Or) où César vainquit Vercingétorix (52 av. J.-C.).

Alexandre Ier (1777-1825), empereur de Russie (1801-1825), adversaire de Napoléon Ier.

Alexandre Ier (1888-1934), roi de Yougoslavie de 1921 à 1934, assassiné à Marseille.

Alexandre II (1818-1881), empereur de Russie (1855-1881). Il abolit le servage.

Alexandre III (1845-1894), empereur de Russie de 1881 à 1894.

Alexandre le Grand (356-323 av. J.-C.), roi de Macédoine, fondateur d'un immense empire.

Alexandre Nevski (v. 1220-1263), prince de Novgorod, vainqueur des Suédois et des chevaliers Teutoniques.

Alexandre VI (BORGIA) [1431-1503], pape de 1492 à sa mort. Il vécut en prince de la Renaissance.

Alexandrie, port d'Égypte, sur la Méditerranée ; 3 321 844 h.

Alfieri (*Vittorio*), écrivain italien (1749-1803), auteur de tragédies.

Alfortville, v. du Val-de-Marne, au confluent de la Seine et de la Marne ; 36 392 h. (*Alfortvillais*).

Alfred le Grand (v. 849-899), roi anglo-saxon. Il conquit l'Angleterre.

Alger, cap. de l'Algérie ; 3 060 000 h. dans l'aggl. (*Algérois*).

Algérie, État de l'Afrique du Nord ; 2 380 000 km^2 ; 30,8 millions d'h. (*Algériens*). Cap. *Alger.*

Algonquins ou **Algonkins,** Indiens de l'Amérique du Nord.

Alhambra, palais des rois maures à Grenade.

Ali, époux de Fatima, gendre de Mahomet, quatrième calife (656-661).

Ali (*Cassius* CLAY, puis **Muhammad**), boxeur américain (né en 1942), plusieurs fois champion du monde des poids lourds.

Alicante, port d'Espagne ; 283 243 h.

Alice au pays des merveilles, conte pour enfants de Lewis Carroll.

Aliénor d'Aquitaine (1122-1204), reine de France puis d'Angleterre par ses mariages avec Louis VII, puis Henri II Plantagenêt.

Allah, dieu unique de l'islam.

Allahabad, v. de l'Inde du Nord ; 990 298 h. Pèlerinage.

Allais (*Alphonse*), écrivain français (1854-1905), humoriste : *le Captain Cap.*

Allauch, v. des Bouches-du-Rhône, au nord-est de Marseille ; 19 042 h. (*Allaudiens*).

Allemagne (République fédérale d'), État de l'Europe centrale ; 357 000 km^2 ; 82 007 000 h. (*Alle-*

mands). Cap. *Berlin.* ◆ De 1949 à 1990, l'Allemagne a été divisée entre la RFA (République fédérale d'Allemagne) et la RDA (République démocratique allemande).

Allen (*Woody*), cinéaste et acteur américain (né en 1935) : *Manhattan.*

Allende (*Salvador*), homme politique chilien (1908-1973), président de la République (1970-1973).

Alliance (*Sainte-*), pacte signé entre la Russie, l'Autriche et la Prusse, en 1815.

Allier, affl. de la Loire.

Allier, dép. français (03), ch.-l. *Moulins*, ch.-l. d'arr. *Montluçon, Vichy* ; 344 721 h.

Allobroges, peuple de la Gaule.

Allonnes, v. de la Sarthe, banlieue du Mans ; 12 440 h. (*Allonnais*).

Alma, fl. de Crimée. Victoire franco-anglaise sur les Russes (1854).

Almaty, anc. **Alma-Ata**, v. du Kazakhstan ; 1 115 000 h. Cap. de ce pays jusqu'en 1997.

Almodóvar (*Pedro*), cinéaste espagnol (né en 1949) : *Talons aiguilles.*

Almohades, dynastie berbère qui régna sur le Maghreb et l'Andalousie (1147-1269).

Almoravides, dynastie berbère qui régna sur le Maghreb et l'Andalousie (1061-1147).

Along (*baie d'*), baie du Viêt Nam, au nord-est d'Haiphong, semée de rochers calcaires.

Aloxe-Corton, comm. de la Côte-d'Or, au nord de Beaune ; 173 h. Vins.

Alpe-d'Huez (*l'*), station de sports d'hiver de l'Isère.

Alpes, chaîne de montagnes d'Europe ; point culminant : mont Blanc, 4 810 m.

Alpes (Hautes-), dép. français (05) ; ch.-l. *Gap*, ch.-l. d'arr. *Briançon* ; 121 419 h.

Alpes-de-Haute-Provence dép. français (04) ; ch.-l. *Digne-les-Bains*, ch.-l. d'arr. *Barcelonnette, Castellane, Forcalquier* ; 139 561 h.

Alpes-Maritimes dép. français (06) ; ch.-l. *Nice*, ch.-l. d'arr. *Grasse* ; 1 011 326 h.

Alphonse, nom de plusieurs rois d'Aragon et de Castille.

Alphonse VIII de Castille(1155-1214), roi de Castille, vainqueur des Maures.

Alphonse X de Castille(1221-1284), roi de Castille.

Alphonse XIII (1886-1941), roi d'Espagne de 1896 à 1931.

Alpilles, anc. **Alpines**, chaînon calcaire du sud de la France, au nord de la Crau.

Alsace, Région et anc. prov. de l'est de la France ; ch.-l. *Strasbourg.*

Alsace (*ballon d'*), montagne des Vosges ; 1 247 m.

Alsace-Lorraine, territoires français annexés par l'Allemagne entre 1871 et 1919.

Altaï, massif d'Asie centrale ; 4 506 m.

Altamira, grotte préhistorique d'Espagne ornée de peintures (v. 13 000 av. J.-C.).

Altdorfer (*Albrecht*), peintre et graveur allemand (v. 1480-1538).

Althusser (*Louis*), philosophe français (1918-1990) : *Lénine et la philosophie.*

Altkirch, v. du Haut-Rhin ; 5 501 h. (*Altkirchois*).

Altman (*Robert*), cinéaste américain (1925-2006) : *M.A.S.H.*

Alzheimer (*Aloïs*), psychiatre et neurologue allemand (1864-1915), le premier à avoir décrit les symptômes de la maladie qui porte son nom.

Amado (*Jorge*), écrivain brésilien (1912-2001) : *Bahia de tous les saints.*

Amant de lady Chatterley (*l'*), roman de D.H. Lawrence.

Amarna (*Tell* **al-**), site archéologique d'Égypte, emplacement de l'anc. cap. d'Aménophis IV.

Amazone, fl. de l'Amérique du Sud (7 000 km), premier fl. du monde par son débit, l'Amazone se jette dans l'Atlantique.

Amazones (*les*), peuple fabuleux de femmes guerrières (*Myth. gr.*).

Amazonie, vaste région de l'Amérique du Sud, correspondant au bassin moyen et inférieur de l'Amazone.

Ambarès-et-Lagrave, v. de la Gironde, dans l'Entre-deux-Mers ; 11 488 h.

Ambassadeurs (*les*), tableau de H. Holbein le Jeune.

Ambérieu-en-Bugey, v. de l'Ain ; 11 927 h. (*Ambarrois*).

Ambert, v. du Puy-de-Dôme ; 7 671 h. (*Ambertois*).

Amboise, v. de France (Indre-et-Loire). Château gothique et Renaissance.

Ambon, en fr. **Amboine**, île d'Indonésie, dans l'archipel des Moluques ; v. pr. *Ambon.*

Ambroise (*saint*) [340-397], Père de l'Église latine, évêque de Milan.

Aménophis IV ou **Akhenaton,** roi d'Égypte (1372-1354 av. J.-C.). Avec son épouse Néfertiti, il tenta d'imposer le culte du dieu unique Aton (le Soleil).

America (*coupe de l'*), régate internationale, dont l'origine remonte à 1851.

Américain à Paris (*Un*), comédie musicale de V. Minnelli (1951), sur une musique de G.Gershwin.

Amérique, une des cinq parties du monde, découverte par Colomb au XVe s. ; 42 millions de km^2 ; 930 millions d'h. (*Américains*).

Amérique latine, ensemble des pays de l'Amérique du Sud et de l'Amérique centrale (plus le Mexique) qui ont été des colonies espagnoles ou portugaises (Brésil).

Amiel (*Henri Frédéric*), écrivain suisse de langue française (1821-1881) : *Journal intime.*

Amiens, cap. de la Picardie, ch.-l. du dép. de la Somme ; 139 210 h. (*Amiénois*). Cathédrale gothique.

Amilly, v. du Loiret ; 12 227 h.

Amman, cap. de la Jordanie ; 1 237 000 h.

Amnesty International, organisation humanitaire fondée en 1961.

Amon, dieu égyptien du Soleil.

Amou-Daria, fl. d'Asie ; 2 540 km.

Amour, fl. d'Asie, séparant la Sibérie de la Chine du Nord-Est ; 4 440 km.

Amours, recueil poétique de P. de Ronsard.

Ampère (*André*), physicien français (1775-1836). Théorie de l'électromagnétisme.

Amritsar, v. d'Inde (Pendjab) ; 975 695 h. Temple d'or (XVIe s.).

Amsterdam, cap. des Pays-Bas ; 736 562 h. (1 105 000 avec les banlieues).

Amundsen (*Roald*), explorateur norvégien (1872-1928). Il atteignit le premier le pôle Sud (1911).

Amyot (*Jacques*), humaniste français, traducteur de Plutarque (1513-1593).

Anacréon, poète grec (VIe s. av. J.-C.).

Anatolie, nom actuel de l'Asie Mineure (Turquie d'Asie).

Ancenis, v. de la Loire-Atlantique ; 7 383 h. (*Anceniens*).

Anchorage, v. des États-Unis (Alaska) ; 260 283 h.

Ancien Régime, organisation de la France depuis la disparition du régime féodal (XVe s.) jusqu'à la Révolution de 1789.

Anciens et des Modernes (*querelle des*), polémique littéraire de la fin du XVIIe s. qui opposa les partisans de l'Antiquité et ceux du siècle de Louis XIV.

Ancien Testament → **Bible.**

Ancône, port d'Italie, sur l'Adriatique.

Andalousie, communauté autonome d'Espagne ; 87 268 km^2 ; 7 340 052 h. (*Andalous*) ; cap. *Séville*.

Andaman (*îles*), archipel indien du golfe du Bengale.

Andaman et Nicobar, territoire de l'Inde, dans le golfe du Bengale ; 356 265 h. ; ch.-l. *Port Blair*.

Andelys (Les), v. de l'Eure ; 9 307 h. (*Andelysiens*).

Andersen (*Hans Christian*), écrivain danois (1805-1875), auteur de *Contes*.

Anderson (*Carl David*), physicien américain (1905-1991), il a découvert le positron.

Anderson (*Philip*), physicien américain (né en 1923).

Andes, chaîne de montagnes de l'Amérique du Sud ; 6959 m à l'Aconcagua.

Andhra Pradesh, État du sud-est de l'Inde.

Andorre, principauté des Pyrénées ; 465 km^2 ; 65 800 h. (*Andorrans*). Cap. *Andorre-la-Vieille*.

André (*Maurice*), trompettiste français (né en 1933).

André (*saint*), apôtre et martyr (Ier s.).

Andrésy, v. des Yvelines ; 12 621 h. (*Andrésiens*).

Andromaque, femme d'Hector, modèle d'amour conjugal (*l'Iliade*).

Andromaque, tragédies d'Euripide et de Racine.

Andros ou **Ándhros,** île des Cyclades (Grèce).

Aneto (*pic d'*), point culminant des Pyrénées, en Espagne ; 3 404 m.

Ange bleu (*l'*), film de J. von Sternberg (1930).

Angelico (*Fra*), peintre florentin (v. 1400-1455). Béatifié en 1982.

Angélus (*l'*), tableau de J.-F. Millet.

Angers, ch.-l. du Maine-et-Loire ; 156 327 h. (*Angevins*). Château médiéval.

Angkor, site du Cambodge. Anc. cap. des rois khmers. Monuments (VIIe-XIIIe s.).

Angles, peuple germanique qui envahit l'Angleterre au Ve s.

Anglet, v. des Pyrénées-Atlantiques ; 36 742 h. (*Angloys*).

Angleterre, partie sud de la Grande-Bretagne ; cap. *Londres*.

Anglo-Normandes (*îles*), groupe d'îles britanniques de la Manche : *Jersey, Guernesey, Aurigny, Sercq* ; 147 000 h.

Anglo-Saxons, peuples germaniques qui envahirent l'Angleterre aux Ve-VIe s.

Angola, État du sud-ouest de l'Afrique ; 1 246 700 km^2 ; 13 527 000 h. (*Angolais*). Cap. *Luanda*.

Angoulême, ch.-l. de la Charente ; 46 324 h. (*Angoumoisins*).

Angström (*Anders Jonas*), physicien suédois (1814-1874). Il a déterminé les limites du spectre visible.

Anguilla, île des Petites Antilles britanniques ; 11 300 h.

Anhui, prov. de la Chine orientale ; 140 000 km^2 ; 61 270 000 h. Cap. *Hefei*.

Anjou, anc. prov. de France ; cap. Angers.

Ankara, cap. de la Turquie ; 2 984 099 h.

Annaba, anc. **Bône**, port d'Algérie orientale ; 247 701 h.

Anna Karenine, roman psychologique de L.Tolstoï.

Annam, région centrale du Viêt Nam.

Annamitique (*cordillère*), chaîne montagneuse d'Asie, aux confins du Viêt Nam et du Laos.

Annan (*Kofi*), haut fonctionnaire international ghanéen (né en 1938), secrétaire général de l'ONU de 1997 à 2006.

Annapurna, sommet de l'Himalaya ; 8 078 m.

Anne (*sainte*), mère de la Vierge.

Anne Boleyn (v. 1507-1536), deuxième femme d'Henri VIII, roi d'Angleterre ; accusée d'adultère, elle fut décapitée.

Annecy, ch.-l. de la Haute-Savoie ; 52 100 h. (*Anneciens*).

Annecy (*lac d'*), lac de Haute-Savoie ; 27 km^2.

Annecy-le-Vieux, v. de la Haute-Savoie, banlieue d'Annecy ; 19 596 h.

Anne d'Autriche (1601-1666), reine de France, femme de Louis XIII, mère de Louis XIV, régente de 1643 à 1661.

Anne de Bretagne (1477-1514), reine de France, femme de Charles VIII puis de Louis XII. Elle apporta la Bretagne en dot.

Anne de France ou **de Beaujeu** (1461-1522), fille de Louis XI, régente pendant la minorité de Charles VIII (1483-1491).

Anne Stuart (1665-1714), reine d'Angleterre et d'Irlande, auteur de l'union avec l'Écosse (*Grande-Bretagne*, 1707).

Annemasse, v. de la Haute-Savoie, près de l'Arve ; 27 659 h. (*Annemassiens*).

Annonay, v. du nord de l'Ardèche ; 18 233 h. (*Annonéens*).

Anouilh (*Jean*), auteur dramatique français (1910-1987) : *Antigone*.

Anquetil (*Jacques*), coureur cycliste français (1934-1987), vainqueur notamment de cinq Tours de France.

Anschluss, rattachement de l'Autriche à l'Allemagne, qui fut imposé par Hitler en 1938 et cessa en 1945.

Ansermet (*Ernest*), chef d'orchestre suisse (1883-1969).

Anshan, v. de Chine (Liaoning) ; 2 478 650 h.

Antananarivo, anc. **Tananarive**, cap. de Madagascar ; 1 052 835 h.

Antarctique, continent compris presque entièrement à l'intérieur du cercle polaire austral ; 13 millions de km^2. Stations scientifiques. Parfois le terme désigne globalement le continent et la masse océanique qui l'entoure.

Antarctique (*océan*), partie des océans Atlantique, Pacifique et Indien, près du pôle Sud.

Anti-Atlas, massif du Maroc méridional.

Antibes, v. des Alpes-Maritimes, sur la Côte d'Azur ; 73 383 h.

Anticosti (*île d'*), île du Canada (Québec), à l'entrée du Saint-Laurent ; 8 160 km^2 ; 230 h.

Antigone, fille d'Œdipe, condamnée à mort pour avoir enterré son frère Polynice.

Antigone, tragédie de Sophocle et drame d'Anouilh.

Antigua-et-Barbuda, État des Antilles ; 442 km^2 ; 65 000 h. (*Antiguais-et-Barbudiens*). Cap. *Saint John's*.

Anti-Liban, massif d'Asie occidentale, aux confins de la Syrie et du Liban.

Antilles, archipel américain de l'Atlantique, limitant la *mer des Antilles* (ou des Caraïbes) ; il comprend les *Grandes Antilles* (Cuba, Haïti, Jamaïque, Porto Rico) et les *Petites Antilles*, dont font partie la Guadeloupe, la Martinique, Saint-Barthélemy et Saint-Martin (*Antilles françaises*).

Antilles néerlandaises, possessions néerlandaises des Antilles ; env. 800 km^2 ; 197 000 h. ; ch.-l. *Willemstad*.

Antioche, auj. **Antakya**, v. de Turquie, importante métropole de l'Antiquité.

Antiochos, nom de treize rois séleucides.

Antoine (*Marc*) [83-30 av. J.-C.], général romain. Lieutenant de César, il fut séduit par Cléopâtre et il se brouilla avec Octave ; battu à Actium (31), il se donna la mort.

Antoine de Padoue (*saint*), franciscain portugais (v. 1195-1231).

Antoine le Grand (*saint*), fondateur de la vie cénobitique en Égypte (251-356).

Antonello da Messina, peintre italien (v. 1430-v. 1479).

Antonin le Pieux (86-161), empereur romain (138-161).

Antonins (*les*), nom donné aux empereurs romains Nerva, Trajan, Hadrien, Antonin, Marc Aurèle, Verus, Commode (96-192).

Antonioni (*Michelangelo*), cinéaste italien (1912-2007) : *Blow up*.

Antony, v. des Hauts-de-Seine, au sud de Paris ; 60 420 h. (*Antoniens*).

Anubis, dieu funéraire de l'Égypte ancienne, à tête de chacal.

Anvers, port de Belgique, sur l'Escaut ; 455 148 h. (800 000 avec les banlieues) [*Anversois*].

Anvers (*province d'*), prov. du nord de la Belgique ; 2 867 km^2 ; 1 645 652 h. ; ch.-l. *Anvers*.

Anzin, v. du Nord, banlieue de Valenciennes ; 14 238 h. (*Anzinois*).

Aoste, v. d'Italie, cap. du *Val d'Aoste*. Monuments romains et médiévaux.

Aoste (*Val d'*), en it. **Valle d'Aosta**, région autonome d'Italie, entre la Suisse et la France ; 120 589 h. (*Valdôtains*) ; ch.-l. *Aoste*.

Aozou (*bande d'*), extrémité septentrionale du Tchad.

Apaches, Indiens des États-Unis.

APEC (*Asia Pacific Economic Cooperation*), organisation économique créée en 1989 et regroupant aujourd'hui 21 pays.

Apelle, peintre grec (IVe s. av. J.-C.), portraitiste d'Alexandre le Grand.

Apennin (*l'*) ou **Apennins** (*les*), massif d'Italie centrale.

Aphrodite, déesse grecque de l'Amour, assimilée par les Romains à *Vénus*.

Apis, dieu égyptien adoré sous la forme d'un taureau.

Apocalypse, dernier livre du Nouveau Testament, attribué à saint Jean.

Apocalypse Now, film de F. F. Coppola (1979).

Apollinaire (*Guillaume*), poète français (1880-1918) : *Alcools*.

Apollo, programme spatial américain qui permit les premiers pas de l'homme sur la Lune en 1969.

Apollon, dieu grec de la Beauté et des Arts.

Appalaches (*les*), massif montagneux de l'est des États-Unis.

Appenzell, cant. de Suisse, enclavé dans celui de Saint-Gall ; 415 km^2 ; 68 500 h. (*Appenzellois*).

Appert (*Nicolas*), industriel français (1749-1841), inventeur de la boîte de conserve.

Appienne (*voie*), voie romaine qui allait de Rome vers le sud de l'Italie.

Apple, société américaine de construction de matériel informatique et électronique (iMac, iPod, iPhone...), fondée en 1976 par Steve Jobs et Steve Wozniak.

Apt, v. de Vaucluse, dans le *bassin d'Apt*, au pied du Luberon ; 11 488 h. (*Aptésiens* ou *Aptois*).

Apulée, écrivain latin (125-v. 180) : *les Métamorphoses* ou *l'Âne d'or*.

Aquino (*Corazón*, dite **Cory**), femme politique philippine (1933-2009), présidente de la République de 1986 à 1992.

Aquitaine, Région du sud-ouest de la France ; ch.-l. *Bordeaux*.

Arabie, péninsule d'Asie entre la mer Rouge et le golfe Persique.

Arabie saoudite, État occupant presque toute la péninsule d'Arabie ; 2 150 000 km^2 ; 21 028 000 h. (*Saoudiens*). Cap. *Riyad*.

Arafat (*Yasser*), homme politique palestinien (1929-2004), président de l'OLP (1969-2004) et de l'Autorité nationale palestinienne (1994-2004).

Arago (*François*), physicien et astronome français (1786-1853). Il découvrit la polarisation de la lumière et l'aimantation du fer par le courant électrique.

Aragon, anc. royaume du nord-est de l'Espagne ; cap. *Saragosse*.

Aragon, communauté autonome d'Espagne ; 47 650 km^2 ; 1 189 909 h. (*Aragonais*) ; cap. *Saragosse*.

Aragon (*Louis*), poète et romancier français (1897-1982) : *les Beaux Quartiers*.

Aral (*mer d'*), lac salé d'Asie.

Araméens, peuples sémitiques du Proche-Orient ancien.

Ararat, mont de la Turquie orientale, où, suivant la Bible, s'arrêta l'arche de Noé ; 5 165 m.

Arbois, v. du Jura ; 3 954 h. (*Arboisiens*). Vins.

Arc, affl. de l'Isère ; 150 km.

Arcachon, v. de la Gironde, sur le *bassin d'Arcachon* ; 11 854 h. (*Arcachonnais*).

Arcachon (*bassin* ou *baie d'*), vaste étang des Landes (15 000 ha), ouvert sur l'Atlantique ; région ostréicole.

Arcadie, région de la Grèce ancienne.

Arcand (*Denys*), cinéaste canadien (né en 1941) : *le Déclin de l'empire américain, les Invasions barbares*.

Arc-et-Senans, v. du Doubs ; 1 381 h. Saline royale.

Archimède, savant de l'Antiquité (v. 287-212 av. J.-C.), auteur de travaux de géométrie et fondateur de l'hydrostatique.

Archipel du Goulag (*l'*), essai de A. I. Soljenitsyne.

Arcimboldo ou **Arcimboldi** (*Giuseppe*), peintre italien (1526 ou 1527-1593) : *l'Amiral*.

Arcole, bourg d'Italie près de Vérone. Victoire de Bonaparte sur les Autrichiens en 1796.

Arcs (*les*), station de sports d'hiver de la Savoie.

Arctique, région formée par l'océan Arctique et les îles des régions polaires boréales.

Arctique (*archipel*), ensemble des îles du Canada entre le continent et le Groenland.

Arctique (*océan*), ensemble des mers situées dans la partie boréale du globe, limité par les côtes septentrionales de l'Asie, de l'Amérique et de l'Europe et par le cercle polaire boréal.

Arcueil, v. du Val-de-Marne ; 18 208 h. (*Arcueillais*).

Ardèche, affl. du Rhône.

Ardèche, dép. français (07) ; ch.-l. *Privas*, ch.-l. d'arr. *Largentière*, *Tournon-sur-Rhône* ; 286 023 h. (*Ardéchois*).

Ardenne (*l'*) ou **Ardennes** (*les*), plateaux boisés de France et de Belgique.

Ardennes, dép. français (08) ; ch.-l. *Charleville-Mézières*, ch.-l. d'arr. *Rethel*, *Sedan*, *Vouziers* ; 290 130 h. (*Ardennais*).

Arecibo, v. de la côte nord de Porto Rico. Radiotélescope.

Arendt (*Hannah*), philosophe américaine d'origine allemande(1906-1975) : *les Origines du totalitarisme*.

Arequipa, v. du Pérou méridional, au pied du volcan Misti ; 762 000 h.

Argentan, v. de l'Orne, dans la *plaine*, ou *campagne, d'Argentan* ; 17 448 h. (*Argentanais*).

Argenteuil, v. du Val-d'Oise ; 95 416 h. (*Argenteuillais*).

Argentine, État fédéral de l'Amérique du Sud ; 2 780 000 km^2 ; 36 027 041 h. (*Argentins*). Cap. *Buenos Aires*.

Argerich (*Martha*), pianiste argentine (née en 1941).

Argonautes, héros grecs qui, sur le navire *Argo*, allèrent chercher la Toison d'or.

Argonne, région boisée entre la Champagne et la Lorraine. Combats en 1914-1918.

Argovie, cant. de Suisse ; 1 404 km^2 ; 544 300 h. (*Argoviens*) ; ch.-l. *Aarau*.

Ariane, fille de Minos. Elle aida Thésée à sortir du Labyrinthe (*Myth. gr.*).

Ariane, lanceur spatial européen.

Ariège, affl. de la Garonne.

Ariège, dép. français (09), ch.-l. *Foix*, ch.-l. d'arr. *Pamiers*, *Saint-Girons* ; 137 205 h. (*Ariégeois*).

Arioste (l'), poète italien (1474-1533), auteur du *Roland furieux.*

Aristide, général et homme d'État athénien (v. 540-v. 468 av. J.-C.).

Aristide (*Jean-Bertrand*), homme politique haïtien (né en 1953), président de la République (1991 ; 1994-1996 ; 2001-2004).

Aristophane, poète comique athénien (v. 445-v. 386 av. J.-C.).

Aristote, philosophe grec (384-322), fondateur de la logique et de la métaphysique.

Arizona, État de l'ouest des États-Unis. Cap. *Phoenix.*

Arkansas, État du sud des États-Unis. Cap. *Little Rock.*

Arkhangelsk, port de Russie, sur la mer Blanche ; 355 500 h.

Arlequin, personnage de la comédie italienne.

Arles, v. des Bouches-du-Rhône ; 51 614 h. Vestiges romains.

Armada (*l'Invincible*), flotte envoyée par Philippe II contre l'Angleterre d'Élisabeth Ire, détruite par la tempête (1588).

Armagnac, région du Gers ; v. pr. *Auch.* Vignobles.

Armagnacs (*faction des*), parti opposé aux Bourguignons pendant la guerre de Cent Ans.

Armand (*aven*), gouffre du causse Méjean (Lozère).

Arménie, région historique d'Asie.

Arménie, État du Caucase ; 29 800 km^2 ; 3 788 000 h. (*Arméniens*). Cap. *Erevan.*

Armentières, v. du Nord ; 25 979 h. (*Armentiérois*).

Arminius (v. 18 av. J.-C.-19 apr. J.-C.), chef germain, vainqueur des légions de Varus, battu par Germanicus.

armoricain (*Massif*), massif ancien de l'ouest de la France.

Armorique, partie de la Gaule formant auj. la Bretagne.

Armstrong (*Lance*), coureur cycliste américain (né en 1971), vainqueur de sept Tours de France consécutifs (1999 à 2005).

Armstrong (*Louis*), trompettiste noir américain (1901-1971), initiateur du jazz classique.

Armstrong (*Neil*), astronaute américain (né en 1930), premier homme ayant marché sur la Lune (1969).

Arnauld, famille française liée à l'histoire du jansénisme et de Port-Royal.

Arno, fl. d'Italie, qui arrose Florence et Pise ; 241 km.

Aron (*Raymond*), philosophe et sociologue français (1905-1983).

Arp (*Hans*), peintre et sculpteur français (1886-1966).

Arpajon, v. de l'Essonne ; 9 159 h. (*Arpajonnais*).

Arques, v. du Pas-de-Calais ; 9 457 h. Verrerie.

Arrabal (*Fernando*), écrivain et cinéaste espagnol (né en 1932) : *le Cimetière des voitures.*

Arras, ch.-l. du Pas-de-Calais ; 43 566 h. (*Arrageois*).

Arrau (*Claudio*), pianiste américain d'origine chilienne (1903-1991).

Arrhenius (*Svante*), physicien suédois (1859-1927), auteur de la théorie des ions.

Arrien, historien et philosophe grec (v. 95-v. 175) : *Entretiens.*

Ars (curé D') → **Jean-Marie Vianney.**

Arsacides, dynastie parthe qui régna en Iran de 250 av. J.-C. à 244 apr. J.-C.

Artagnan (comte D'), gentilhomme gascon (1611-1673), rendu célèbre par le roman de A. Dumas, *les Trois Mousquetaires.*

Artaud (*Antonin*), écrivain français (1896-1948).

Artaxerxès Ier, roi perse achéménide (465-424 av. J.-C.).

Arte (*Association relative à la télévision européenne*), chaîne de télévision culturelle européenne opérationnelle depuis 1992.

Artémis, déesse grecque de la Végétation et de la Chasse, la *Diane* des Romains.

Arthaud (*Florence*), navigatrice française (née en 1957), première femme vainqueur d'une course transocéanique en solitaire (*Route du Rhum,* 1990).

Arthur, chef légendaire gallois (V^e^-VIe s.).

Artois, anc. prov. de France ; v. pr. *Arras.*

Art poétique (*l'*), poème didactique de Boileau (1674).

Aruba, île des Antilles, dépendance des Pays-Bas.

Arunachal Pradesh, État du nord-est de l'Inde ; 83 700 km^2 ; 1 091 117 h. Cap. *Itanagar.*

Arvernes, peuple gaulois de l'anc. Auvergne. Vercingétorix en fut roi.

Aryens, tribus d'origine indo-européenne, qui se répandirent en Iran et en Inde du Nord à partir du XVIIIe s. av. J.-C.

Asad (*Hafiz* **al-**) ou **Assad** (*Hafez* **el-**), général et homme politique syrien (1930-2000), président de la République de 1971 à sa mort. ◆ Son fils BACHAR (né en 1965) lui a succédé en 2000.

Asam (les frères *Cosmas Damian* et *Egid Quirin*), artistes baroques allemands (1686-1739 et 1692-1750).

Ascension (*île de l'*), île britannique du sud de l'Atlantique ; 1 100 h.

ASEAN (*Association of Southeast Asian Nations*), organisation économique et politique fondée en 1967 qui regroupe auj. 10 pays de l'Asie du Sud-Est.

Ases, dieux guerriers (*Myth. scandinave*).

Ashoka, souverain de l'Inde du IIIe s. av. J.-C., propagateur du bouddhisme.

Asie, une des cinq parties du monde ; 44 millions de km^2 ; 4,1 milliards d'h. (*Asiatiques*).

Asie du Sud-Est, ensemble continental (Viêt Nam, Laos, Cambodge, Thaïlande, Birmanie,

Malaisie occidentale et Singapour) et insulaire (Indonésie, Timor-Oriental, Malaisie orientale, Brunei et Philippines), correspondant à l'Indochine et à l'Insulinde traditionnelles.

Asie Mineure, péninsule d'Asie, formant la Turquie.

Asimov (*Isaac*), écrivain américain d'origine russe (1920-1992) : *Fondation.*

Asmara, cap. de l'Érythrée ; 556 000 h.

Asnières-sur-Seine, v. des Hauts-de-Seine ; 76 314 h. (*Asniérois*).

Aso, volcan actif du Japon (Kyushu) ; 1 592 m.

Aspe (*vallée d'*), vallée des Pyrénées-Atlantiques, drainée par le *gave d'Aspe.*

Assam, État du nord-est de l'Inde.

Assas (*Louis,* chevalier D'), officier français (1733-1760), mort héroïquement.

Assemblée nationale, l'une des deux assemblées constituant le Parlement français

Assemblée nationale constituante, nom pris par les États généraux le 9 juillet 1789. Elle fut remplacée le 1er octobre 1791 par l'*Assemblée législative.*

Assise, v. d'Italie centrale. Patrie de saint François.

Associated Press, agence de presse américaine fondée en 1848.

Assouan, v. de l'Égypte méridionale ; 220 000 h. Barrage sur le Nil.

Assour, principal dieu assyrien.

Assourbanipal, roi d'Assyrie (669-v. 627 av. J.-C.).

Assyrie, Empire mésopotamien, qui domina l'Orient ancien du XXe au VIIe s. av. J.-C.

Astaire (*Frederick E.* AUSTERLITZ, dit **Fred**), danseur, chanteur et acteur américain (1899-1987). Il joua dans de nombreuses comédies musicales.

Astana, cap. du Kazakhstan ; 312 965 h.

Asti, v. d'Italie (Piémont). Vins.

Astrakhan, port de Russie ; 506 400 h.

Asturias (*Miguel Ángel*), écrivain guatémaltèque (1899-1974) : *Légendes du Guatemala.*

Asturies, communauté autonome d'Espagne ; 10 565 km^2 ; 1 076 567 h. (*Asturiens*).

Asunción, cap. du Paraguay ; 729 000 h.

Atacama, région désertique du nord du Chili.

Atalante (*l'*), film de J. Vigo (1934).

Atatürk (*Mustafa Kemal*), homme politique turc (1881-1938), fondateur de la Turquie moderne.

ATD Quart Monde (*Mouvement*), organisation non gouvernementale créée en 1957 pour lutter contre la grande pauvreté et l'exclusion sociale.

Atget (*Eugène*), photographe français (1856-1927).

Athalie, reine de Juda (841-835 av. J.-C.).

Athalie, tragédie de Racine.

Athéna, fille de Zeus, déesse grecque de la Pensée et des Arts.

Athènes, cap. de la Grèce ; 736 406 h. (*Athéniens*). Acropole.

Athis-Mons, v. de l'Essonne ; 30 010 h. (*Athégiens*).

Athos (*mont*), péninsule du nord de la Grèce. Monastères.

Atlanta, v. des États-Unis, cap. de la Géorgie ; 416 474 h. (4 112 198 avec les banlieues).

Atlantide, continent fabuleux qui aurait été englouti dans l'Atlantique.

Atlantique, océan entre l'Europe, l'Afrique et l'Amérique.

Atlantique (*mur de l'*), ligne de fortifications construite par les Allemands de 1942 à 1944 sur les côtes françaises.

Atlantique Nord (*traité de l'*) → **OTAN.**

Atlas, Titan révolté, condamné par Zeus à porter le ciel sur ses épaules (*Myth. gr.*).

Atlas, montagnes de l'Afrique du Nord.

Aton, dieu égyptien du Soleil, érigé en dieu unique par Aménophis IV.

Atrides, famille maudite de la mythologie grecque.

ATT (*American Telephone and Telegraph*), société américaine de télécommunications fondée en 1885.

Attila, roi des Huns (Ve s.). Il ravagea la Gaule et pilla l'Italie.

Attique, région de la Grèce dont la capitale est Athènes.

Aubagne, v. des Bouches-du-Rhône ; 43 083 h. (*Aubagnais*).

Aube, affl. de la Seine.

Aube, dép. français (10), ch.-l. *Troyes,* ch.-l. d'arr. *Bar-sur-Aube, Nogent-sur-Seine* ; 292 131 h. (*Aubois*).

Aubenas, v. de l'Ardèche ; 12 152 h. (*Albenassiens*).

Aubergenville, v. des Yvelines ; 11 725 h.

Aubervilliers, v. de la Seine-Saint-Denis ; 63 524 h. (*Albertivilliariens*).

Aubière, v. du Puy-de-Dôme ; 10 104 h.

Aubigné (*Agrippa* D'), poète français (1552-1630) : *les Tragiques.*

Aubisque, col des Pyrénées françaises (Pyrénées-Atlantiques) ; 1 709 m.

Aubrac, haut plateau du Massif central (France).

Aubusson, v. de la Creuse. Tapisserie.

Auch, ch.-l. du Gers ; 23 501 h (*Auscitains*).

Auchel, v. du Pas-de-Calais ; 11 525 h. (*Auchellois*).

Auckland, principale ville de Nouvelle-Zélande ; 377 982 h.

Aude, fl. du sud de la France ; 220 km.

Aude, dép. français (11), ch.-l. *Carcassonne,* ch.-l. d'arr. *Limoux, Narbonne* ; 309 770 h. (*Audois*).

Audiberti (*Jacques*), écrivain français(1899-1965) : *Le mal court.*

Audierne (*baie d'*), baie de France (Finistère), entre la pointe du Raz et la pointe de Penmarch.

Audincourt, v. du Doubs ; 15 793 h. (*Audincourtois*).

Auge (*pays d'*), région bocagère de France (Calvados) ; (h. *Augerons*) ; v. pr. *Lisieux*.

Auger (*Pierre Victor*), physicien français (1899-1993).

Augias, roi d'Élide. Hercule nettoya ses écuries en détournant un fleuve.

Augsbourg, v. d'Allemagne (Bavière) ; 257 800 h.

Augsbourg (*confession d'*), profession de foi des luthériens, rédigée par Melanchthon en 1530.

Augsbourg (*ligue d'*), ligue constituée en 1686 entre l'Autriche, l'Espagne et la Suède contre Louis XIV.

Auguste (63 av. J.-C.-14 apr. J.-C.), empereur romain, appelé d'abord *Octave*, puis *Octavien* ; petit-neveu de César, et son héritier.

Augustin (*saint*), docteur de l'Église latine (354-430), évêque d'Hippone en Afrique du Nord, auteur des *Confessions*.

Aulnay-sous-Bois, v. de la Seine-Saint-Denis ; 80 315 h. (*Aulnaisiens*).

Aumale (duc D'), fils de Louis-Philippe, général français (1822-1897). Il participa à la conquête de l'Algérie.

Aung San Suu Kyi, femme politique birmane (née en 1945), opposante au régime militaire en place.

Aunis, anc. prov. française ; cap. *La Rochelle*.

Aurangabad, v. d'Inde (Maharashtra) ; 872 667 h.

Aurangzeb, empereur moghol de l'Inde (1618-1707).

Auray, v. du Morbihan, à la tête de la *rivière d'Auray* (estuaire du Loch) ; 11 322 h. (*Alréens*).

Aurélien (v. 214-275), empereur romain de 270 à 275.

Aurès, massif d'Algérie orientale.

Aurige de Delphes, statue grecque en bronze du Vᵉ s. av. J.-C.

Aurignac, v. de la Haute-Garonne ; 1 087 h. (*Aurignaciens*).

Aurillac, ch.-l. du Cantal ; 32 718 h. (*Aurillacois*).

Auriol (*Vincent*), homme politique français (1884-1966), le premier président de la IVᵉ République (1947-1954).

Auschwitz, v. de Pologne, le plus grand camp d'extermination allemand (1,5 million de victimes entre 1940 et 1945).

Austen (*Jane*), romancière britannique (1775-1817) : *Raison et sentiments*.

Auster (*Paul*), écrivain américain (né en 1947) : *la Cité de verre*.

Austerlitz, v. de Moravie. Victoire de Napoléon (2 déc. 1805).

Austral (*océan*), nom parfois donné à l'océan Antarctique.

Australes et Antarctiques françaises (*terres*), collectivité française comprenant des territoires du sud de l'océan Indien (les *Terres australes* : archipel des Kerguelen, îles Saint-Paul et Amsterdam, archipel Crozet) et de l'*Antarctique* (terre Adélie), inhabités en dehors de quelques bases scientifiques ; env. 400 000 km^2.

Australie, grande île d'Océanie. État fédéral (6 États), membre du Commonwealth. 7 700 000 km^2 ; 19 338 000 h. (*Australiens*). Cap. *Canberra*, v. pr. *Sydney, Melbourne*.

Austrasie, royaume oriental de la Gaule mérovingienne (561-751).

Autant en emporte le vent, film de V. Fleming (1939).

Autant-Lara (*Claude*), cinéaste français (1901-2000) : *la Traversée de Paris*.

Autriche, État de l'Europe centrale ; 84 000 km^2 ; 8 075 000 d'h. (*Autrichiens*). Cap. *Vienne*.

Autriche-Hongrie, État dominé par les Habsbourg (1867-1918).

Autun, v. de Saône-et-Loire. Cathédrale romane.

Auvergne, Région et anc. prov. du centre de la France ; ch.-l. *Clermont-Ferrand*.

Auvers-sur-Oise, v. du Val-d'Oise ; 6 909 h. (*Auversois*). Souvenirs de Van Gogh.

Auxerre, ch.-l. de l'Yonne ; 40 292 h. (*Auxerrois*).

Avallon, v. de l'Yonne ; 8 658 h. (*Avallonnais*).

Avare (*l'*), comédie de Molière.

Avars, peuple venu d'Asie centrale, qui occupa la plaine hongroise au VIIᵉ s.

Avedon (*Richard*), photographe américain (1923-2004).

Avempace, philosophe rationaliste arabe (mort en 1138).

Aventin (*l'*), colline de Rome.

Aventis, groupe pharmaceutique français né en 1999 de la fusion de Rhône-Poulenc et de Hoechst (auj. groupe *Sanofi-Aventis*).

Averroès, médecin et philosophe arabe (1126-1198), commentateur d'Aristote.

Avery (*Tex*), dessinateur et cinéaste d'animation américain (1908-1980), créateur (en collab.) du lapin Bugs Bunny.

Avesnes-sur-Helpe, v. du Nord, dans l'*Avesnois* ; 5 389 h. (*Avesnois*).

Aveyron, riv. du sud de la France.

Aveyron, dép. français (12), ch.-l. *Rodez*, ch.-l. d'arr. *Millau*, *Villefranche-de-Rouergue* ; 263 808 h. (*Aveyronnais*).

Avicébron, philosophe juif espagnol (1021-1058), auteur d'un système panthéiste.

Avicenne, médecin et philosophe iranien (980-1037).

Avignon, ch.-l. du Vaucluse et anc. cap. du Comtat Venaissin, résidence des papes au XIVᵉ s. (palais) ; 88 312 h. (*Avignonnais*).

Ávila, v. d'Espagne (Castille).

Avion, v. du Pas-de-Calais ; 18 422 h.

Avogadro (*Amedeo* di Quaregna, comte), chimiste et physicien italien (1776-1856), auteur de la théorie moléculaire des gaz.

Avranches, v. de la Manche; 9 226 h. (*Avranchinais*).

Avventura (*l'*), film de M. Antonioni (1960).

Aymaras, Indiens d'Amérique du Sud.

Aymé (*Marcel*), écrivain français (1902-1967): *Contes du chat perché*.

Aytré, v. de la Charente-Maritime; 7 914 h.

Azay-le-Rideau, v. d'Indre-et-Loire. Château Renaissance.

Azerbaïdjan, région d'Asie occidentale, auj. partagée entre la république d'Azerbaïdjan et l'Iran.

Azerbaïdjan, État du Caucase; 87 000 km^2; 8 millions d'h. (*Azerbaïdjanais* ou *Azéris*). Cap. *Bakou*.

Azincourt (*bataille d'*), désastreuse défaite française, dans le Pas-de-Calais, pendant la guerre de Cent Ans (1415).

Aznar López (*José María*), homme politique espagnol (né en 1953), président du gouvernement de 1996 à 2004.

Aznavour (*Charles*), chanteur et acteur français et arménien (né en 1924): *la Bohême*.

Azov (*mer d'*), golfe de la mer Noire.

Aztèques, anc. peuple du Mexique qui a dominé le pays (1325-1521).

B

Bâ (*Amadou Hampâté*), écrivain malien de langue française (1901-1991).

Baalbek ou **Balbek,** v. du Liban. Ruines antiques.

Baath ou **Bath,** parti socialiste arabe, au pouvoir en Syrie depuis 1963.

Babbage (*Charles*), mathématicien britannique (1792-1871), inventeur d'une machine à calculer qui peut être considérée comme l'ancêtre de l'ordinateur.

Babel (*tour de*), d'après la Bible, tour élevée par les hommes après le Déluge.

Babeuf (*François*, dit Gracchus), révolutionnaire français (1760-1797).

Babylone, cap. d'un empire chaldéen. Imposants vestiges (xxe-vi^e s. av. J.-C.).

Bacall (*Betty Joan* Perske, dite **Lauren**), actrice américaine (née en 1924): *le Port de l'angoisse*.

Baccarat, v. de Meurthe-et-Moselle; 4 817 h. (*Bachamois*). Cristallerie.

Bacchus, dieu romain du Vin, le *Dionysos* grec.

Bach (*Jean-Sébastien*), compositeur allemand (1685-1750), auteur de cantates, d'oratorios, de musique de chambre: *Concertos brandebourgeois*.

Bachelard (*Gaston*), philosophe français (1884-1962).

Bachkirs, peuple turc de Russie (dans la rép. du Bachkortostan), d'Ukraine et d'Asie centrale (env. 1 350 000).

Bacon (*Francis*), chancelier d'Angleterre et philosophe (1561-1626), précurseur de la méthode expérimentale.

Bacon (*Francis*), peintre britannique (1909-1992), figuratif et expressionniste.

Bacon (*Roger*), philosophe et savant anglais (v. 1220-1292).

Bactriane, pays de l'Asie ancienne, dans l'actuel Turkestan.

Badami, site archéologique de l'Inde (Karnataka). Sanctuaires rupestres.

Baden-Baden, v. d'Allemagne (Bade-Wurtemberg); 52 627 h. Station thermale.

Baden-Powell (*Robert*), général anglais (1857-1941), fondateur du scoutisme.

Bade-Wurtemberg, Land d'Allemagne; 10 692 556 h. Cap. *Stuttgart*.

Badinter (*Robert*), avocat et homme politique français (né en 1928). Il a fait voter l'abolition de la peine de mort en France (9 oct. 1981).

Baez (*Joan*), chanteuse américaine de folk (née en 1941).

Bagdad, cap. de l'Iraq; 3 845 000 h.

Bagnères-de-Bigorre, v. des Hautes-Pyrénées; 8 750 h. (*Bagnérais*). Station thermale.

Bagneux, v. des Hauts-de-Seine; 37 433 h. (*Balnéolais*).

Bagnolet, v. de la Seine-Saint-Denis; 32 761 h. (*Bagnoletais*).

Bagnols-sur-Cèze, v. du Gard; 18 561 h. (*Bagnolais*).

Bahamas, État insulaire de l'Atlantique, au sud-est de la Floride; 13 900 km^2; 308 000 h. (*Bahamiens*). Cap. *Nassau*. Tourisme.

Bahia, État du Brésil. Cap. *Salvador*.

Bahreïn (*îles*), État du golfe Persique; 660 km^2; 652 000 h. (*Bahreïniens*). Cap. *Manama*. Pétrole.

Bahriya ou **Bahariya,** oasis d'Égypte, à 400 km au sud-ouest du Caire.

Baïkal, grand lac de Sibérie; 31 500 km^2.

Baïkonour, base spatiale située dans le Kazakhstan.

Bailleul, v. du Nord; 14 415 h. (*Bailleulois*).

Bajazet → **Bayezid.**

Ba Jin ou **Pa Kin,** écrivain chinois (1904-2005) : *Famille.*

Baker (*Chesney Henry*, dit **Chet**), musicien et chanteur de jazz américain (1929-1988).

Baker (*Joséphine*), chanteuse et animatrice de revues française d'origine américaine (1906-1975).

Bakou ou **Baki,** cap. de l'Azerbaïdjan, sur la Caspienne ; 1 816 000 h. dans l'aggl. Pétrole.

Bakounine (*Mikhaïl*), révolutionnaire russe (1814-1876), théoricien de l'anarchisme.

Balanchine (*Gueorgui Melitonovitch* BALANCHIVADZE, dit **George**), chorégraphe russe naturalisé américain (1904-1983).

Balaton (*lac*), lac de Hongrie ; 596 km^2.

Balboa (*Vasco* NÚÑEZ DE), conquistador espagnol (1475-1517). Il découvrit le Pacifique.

Bâle, v. de Suisse, ch.-l. du *cant. de Bâle* ; 166 009 h. (*Bâlois*).

Bâle (*canton de*), cant. de Suisse ; 555 km^2 ; 447 800 h.

Baléares, îles espagnoles de la Méditerranée, dont les principales sont *Majorque*, *Minorque* et *Ibiza*. Elles forment une communauté autonome (5 014 km^2 ; 845 630 h.). Tourisme.

Bâle-Campagne, demi-cant. du cant. de Bâle (Suisse) ; 518 km^2 ; 250 400 h. ; ch.-l. *Liestal*.

Bâle-Ville, demi-cant. du cant. de Bâle (Suisse) ; 37 km^2 ; 197 400 h. ; ch.-l. *Bâle*.

Balfour (*Arthur James*, comte), homme politique britannique (1848-1930). Il préconisa en 1917 la création d'un « foyer national juif » en Palestine.

Bali, île d'Indonésie ; 3,1 millions d'h. (*Balinais*). Tourisme.

Balkan (*mont*), longue chaîne montagneuse de Bulgarie.

Balkans, péninsule montagneuse du sud-est de l'Europe (Albanie, Serbie, Kosovo, Monténégro, Croatie, Bosnie-Herzégovine, Macédoine, Bulgarie, Turquie d'Europe et Grèce).

Balkhach (*lac*), lac de l'est du Kazakhstan ; 17 300 km^2.

Ballard (*James Graham*, dit **J. G.**), écrivain britannique de science-fiction (1930-2009) : *Crash !*

Ballets russes, compagnie de ballets, créée par Diaghilev en 1909.

Baloutchistan, région partagée entre l'Iran et le Pakistan.

Baltard (*Victor*), architecte français (1805-1874). Anciennes halles de Paris.

Baltes (*pays*), l'Estonie, la Lettonie, la Lituanie.

Balthus (*Balthasar* KLOSSOWSKI DE ROLA, dit), peintre français (1908-2001).

Baltimore, port des États-Unis (Maryland) ; 651 154 h. (2 552 994 avec les banlieues).

Baltique, mer du nord de l'Europe.

Balzac (*Honoré* DE), romancier français (1799-1850), auteur de *la Comédie humaine*.

Balzac (*Jean-Louis* GUEZ DE), écrivain français (1597-1654).

Bamako, cap. du Mali ; 658 300 h.

Bambaras, peuple du Mali et du Sénégal.

Bamberg, v. d'Allemagne (Bavière) ; 69 708 h. Vieille ville.

Bandar Seri Begawan, cap. de Brunei ; 85 000 h.

Bandung, v. d'Indonésie ; 2 368 200 h. Conférence afro-asiatique (1955).

Bangalore, v. de l'Inde ; 4 292 223 h.

Bangkok, cap. de la Thaïlande ; 6 320 174 h.

Bangladesh, État de l'Asie méridionale, correspondant à l'anc. Pakistan oriental ; 142 800 km^2 ; 130 000 000 h. (*Bangladais*). Cap. *Dacca*.

Bangui, cap. de la République centrafricaine ; 698 000 h.

Banjul, anc. **Bathurst**, cap. de la Gambie ; 418 000 h. avec les banlieues (*Banjulais*).

Ban Ki-moon, diplomate et homme politique sud-coréen (né en 1944), secrétaire général de l'ONU depuis 2007.

Banque centrale européenne (BCE), institution européenne mise en place en 1998, chargée de la politique monétaire.

Banque de France, organisme bancaire français créé en 1800.

Banque des règlements internationaux (BRI), organisation créée en 1930 pour faciliter les opérations financières internationales.

Banque mondiale, organisation intergouvernementale créée en 1945 dont le but est d'apporter une aide technique et financière aux pays en développement.

Banquet (*le*), œuvre de Platon.

Bantous, groupe de peuples de l'Afrique australe parlant des langues apparentées.

Banyuls-sur-Mer, v. des Pyrénées-Orientales ; 4 625 h. (*Banyulencs*). Vins.

Baotou, v. de Chine (Mongolie-Intérieure) ; 1 228 772 h.

Baoulé ou **Baule,** peuple du centre de la Côte d'Ivoire.

Bara (*Joseph*), enfant-soldat mort héroïquement pour la République (1779-1793).

Barabbas ou **Barrabas,** agitateur dont les Juifs réclamèrent la libération à la place de Jésus.

Barabudur, immense temple bouddhique de Java (v. 850).

Barak (*Ehoud*), général et homme politique israélien (né en 1942), Premier ministre de 1999 à 2001.

Barbade (*la*), île et État des Petites Antilles ; 431 km^2 ; 268 000 h. (*Barbadiens*). Cap. *Bridgetown*.

Barbara (*Monique* SERF, dite), chanteuse française (1930-1997) : *l'Aigle noir*.

Barbares, nom donné aux peuples qui envahirent l'Empire romain du IIIe au VIe s.

Barberousse, surnom de Frédéric Ier, empereur germanique.

Barberousse, corsaire turc (m. en 1546), qui fut le maître d'Alger.

Barbès (*Armand*), homme politique français (1809-1870), partisan de la République.

Barbey d'Aurevilly (*Jules*), écrivain français (1808-1889) : *les Diaboliques*.

Barbier de Séville (*le*), comédie de Beaumarchais.

Barbier de Séville (*le*), opéra de Rossini.

Barbusse (*Henri*), écrivain français (1873-1935) : *le Feu*.

Barcelone, port d'Espagne, cap. de la Catalogne ; 1 505 325 h. (4 millions avec les banlieues).

Bardot (*Brigitte*), actrice française (née en 1934) : *Et Dieu créa la femme*.

Barenboïm (*Daniel*), pianiste et chef d'orchestre israélien (né en 1942).

Bari, port du sud de l'Italie (Adriatique) ; 316 532 h.

Bar-le-Duc, ch.-l. de la Meuse ; 18 079 h. (*Barisiens*).

Barranquilla, v. de Colombie ; 993 759 h.

Barras (*Paul*, vicomte DE), révolutionnaire français (1755-1829). Il contribua à la chute de Robespierre et fut membre du Directoire.

Barrault (*Jean-Louis*), acteur et metteur en scène de théâtre français(1910-1994).

Barrès (*Maurice*), écrivain français (1862-1923) : *la Colline inspirée*.

Barrière (*Grande*), bande de récifs coralliens bordant la côte nord-est de l'Australie (Queensland) sur près de 2 500 km.

Barry (*Jeanne* BÉCU, comtesse DU), favorite de Louis XV (1743-1793), morte guillotinée.

Bar-sur-Aube, v. de l'Aube ; 6 519 h. (*Baralbins* ou *Barsuraubois*).

Bart (*Jean*), corsaire français (1650-1702).

Barth (*Karl*), théologien calviniste suisse (1886-1968).

Barthélemy (*saint*), un des apôtres.

Barthes (*Roland*), écrivain et critique français (1915-1980) : *le Degré zéro de l'écriture*.

Bartholdi (*Auguste*), statuaire français (1834-1904), auteur de la *Liberté éclairant le monde* (New York).

Bartók (*Béla*), compositeur hongrois (1881-1945).

Baselitz (*Hans-Georg* KERN, dit **Georg**), artiste allemand (né en 1938), faisant partie des « nouveaux expressionnistes ».

Bas-Empire, dernière période de l'Empire romain de 284 à 476.

Basie (*William*, dit **Count**), musicien américain de jazz (1904-1984).

Basilicate, région du sud de l'Italie ; 604 807 h. Cap. *Potenza*.

basque (*Pays*), communauté autonome d'Espagne ; 7 254 km² ; 2 098 596 h. (*Basques*).

basque (*Pays*), région de France, qui occupe l'extrémité occidentale des Pyrénées et la basse vallée de l'Adour.

Basquiat (*Jean-Michel*), peintre américain (1960-1988).

Bassæ, site archéologique grec (Arcadie). Temple dorique (Ve s. av. J.-C.).

Basse-Terre, ch.-l. de la Guadeloupe ; 12 667 h.

Bassora, port de l'Iraq ; 600 000 h.

Bastia, ch.-l. de la Haute-Corse ; 39 016 h. (*Bastiais*).

Bastille (la), prison d'État à Paris, prise par les émeutiers le 14 juillet 1789.

Bastogne, v. de Belgique, ch.-l. d'arr. de la prov. de Luxembourg, dans l'Ardenne ; 13 644 h. (*Bastognards*).

Bataille (*Georges*), écrivain français (1897-1962) : *l'Expérience intérieure*.

Bataves, peuple germanique qui habitait dans le sud de la Hollande actuelle.

Batavia → **Jakarta.**

Bateau-Lavoir (le), nom d'un ancien immeuble de la butte Montmartre à Paris, qui abrita des peintres et des poètes initiateurs du cubisme.

Bath, v. de Grande-Bretagne (Angleterre), sur l'Avon ; 79 900 h. Station thermale.

Baudelaire (*Charles*), poète français (1821-1867) : *les Fleurs du mal*.

Baudouin Ier (1171-1205), un des chefs de la 4e croisade, empereur latin d'Orient en 1204.

Baudouin Ier (1930-1993), roi des Belges de 1951 à sa mort.

Baudricourt (*Robert* DE), capitaine de Vaucouleurs (XVe s.), ami de Jeanne d'Arc.

Baudrillard (*Jean*), sociologue et philosophe français (1929-2007).

Bauges, massif de Savoie et Haute-Savoie.

Bauhaus, école d'architecture et d'arts appliqués allemande. Fondée en 1919 par W. Gropius, elle eut une grande influence sur l'art.

Baule-Escoublac (**La**), station balnéaire de la Loire-Atlantique ; 16 416 h. (*Baulois*).

Baulieu (*Étienne Émile*), médecin et biochimiste français (né en 1926). Il a mis au point la pilule abortive RU 486.

Baume-les-Messieurs, comm. du Jura ; 198 h. Reculée (vallée en cul-de-sac).

Bausch (*Philippine*, dite **Pina**), danseuse et chorégraphe allemande (1940-2009), figure marquante de la danse expressionniste contemporaine : *Café Müller*.

Baux-de-Provence (*Les*), comm. des Bouches-du-Rhône ; cité médiévale.

Bavière, Land d'Allemagne ; 12 423 386 h. (*Bavarois*). Cap. *Munich*.

Bayard (*Pierre* DE), homme de guerre français, dit le *Chevalier sans peur et sans reproche* (1476-1524).

Bayeux, v. du Calvados. « Tapisserie de la reine Mathilde » (fin XIe s.) racontant la conquête de l'Angleterre.

Bayezid Ier, en fr. **Bajazet** (v. 1360-1403), sultan ottoman (1389-1402).

Bayle (*Pierre*), écrivain français (1647-1706) : *Dictionnaire historique et critique*.

Bayonne, port des Pyrénées-Atlantiques ; 41 778 h. (*Bayonnais*).

Bayreuth, v. d'Allemagne (Bavière). Théâtre de Wagner.

Bazaine (*Achille*), maréchal de France (1811-1888). Il capitula à Metz en 1870.

Bazin (*Jean-Pierre* HERVÉ-BAZIN, dit **Hervé**), écrivain français (1911-1996) : *Vipère au poing*.

BBC (*British Broadcasting Corporation*), organisme britannique de radio et de télévision créé en 1922.

Beamon (*Robert*, dit **Bob**), athlète américain (né en 1946), recordman du saut en longueur de 1968 à 1991.

Beardsley (*Aubrey*), dessinateur britannique proche de l'Art nouveau (1872-1898).

Béarn, anc. prov. du sud-ouest de la France ; cap. *Pau*.

Beat generation, mouvement littéraire et culturel américain des années 1950-1960.

Beatles (*The*), groupe britannique de musique pop des années 1960 : *Let it be*.

Béatrice ou **Beatrix** (née en 1938), reine des Pays-Bas depuis 1980.

Beaucaire, v. du Gard ; 13 940 h. (*Beaucairois*).

Beauce, région agricole au S.-O. de Paris ; cap. *Chartres*.

Beaufort (*massif de*) ou **Beaufortin,** massif des Alpes, en Savoie essentiellement.

Beaufort (sir *Francis*), officier de marine britannique (1774-1857), inventeur en 1805 de l'échelle de Beaufort qui sert à mesurer la force du vent.

Beaujolais, région de France (Rhône). Vins.

Beaumarchais (*Pierre Augustin* CARON DE), écrivain français (1732-1799) : *le Barbier de Séville*, *le Mariage de Figaro*.

Beaumont, v. du Puy-de-Dôme ; 10 947 h. (*Beaumontois*).

Beaune, v. de la Côte-d'Or ; vins.

Beausoleil, v. des Alpes-Maritimes ; 12 876 h. (*Beausoleillois*).

Beauvais, ch.-l. de l'Oise ; 57 355 h. (*Beauvaisiens*). Cathédrale gothique.

Beauvoir (*Simone* DE), femme de lettres française (1908-1986) : *le Deuxième Sexe*.

Bécassine, personnage de bande dessinée créé en 1905.

Bechet (*Sidney*), musicien américain de jazz(1897-1959), l'un des représentants du style « Nouvelle-Orléans ».

Beck (*Béatrix*), femme de lettres française d'origine belge (1914-2008) : *Léon Morin, prêtre*.

Beckenbauer (*Franz*), footballeur allemand (né en 1945).

Becker (*Jacques*), cinéaste français (1906-1960) : *Casque d'or*.

Beckett (*Samuel*), écrivain irlandais (1906-1989) : *En attendant Godot*.

Becquerel (*Henri*), physicien français (1852-1908). Il découvrit la radioactivité.

Bédouins, Arabes nomades d'Afrique et d'Arabie.

Beecher-Stowe (*Harriet*), romancière américaine (1811-1896) : *la Case de l'oncle Tom*.

Beethoven (*Ludwig* VAN), compositeur allemand (1770-1827), auteur de 9 symphonies, de concertos, de quatuors, etc.

Begin (*Menahem*), homme politique israélien (1913-1992), Premier ministre de 1977 à 1983.

Bègles, v. de la Gironde ; 22 672 h. (*Béglais*).

Béhanzin (1844-1906), dernier roi du Dahomey (1889-1893).

Béhistoun ou **Behistun,** site du Kurdistan iranien. Bas-reliefs.

Behren-lès-Forbach, v. de la Moselle ; 10 188 h.

Béjart (*Maurice* BERGER, dit **Maurice**), danseur et chorégraphe français et suisse (1927-2007).

Belau → **Palaos.**

Belém, port du Brésil, sur l'Amazone ; 1 279 861 h.

Belfast, cap. de l'Irlande du Nord ; 277 391 h.

Belfort, ch.-l. du territoire du même nom ; 52 521 h. (*Belfortains*).

Belfort (*Territoire de*), dép. de la Région Franche-Comté ; ch.-l. de dép. *Belfort* ; 609 km^2 ; 137 408 h. (*Belfortains*).

Belgique, État d'Europe, au nord de la France ; 30 500 km^2 ; 10 511 000 h. (*Belges*). Cap. *Bruxelles*.

Belgrade, cap. de la Serbie, sur le Danube ; 1 280 000 h.

Bélisaire, général byzantin (v. 500-565).

Belize, anc. **Honduras britannique**, État de l'Amérique centrale ; 23 000 km^2 ; 231 000 h. (*Béliziens*). Cap. *Belmopan*.

Bell (*Alexander Graham*), ingénieur américain (1847-1922). Il fit breveter le téléphone, inventé par Meucci.

Bellay (*Joachim* DU), poète français de la Pléiade (1522-1560) : *les Regrets*.

Belledonne (*massif de*), massif des Alpes, en Isère.

Bellegarde-sur-Valserine, v. de l'Ain ; 11 329 h. (*Bellegardiens*).

Belle-Île, île du Morbihan.

Belle Meunière (*la*), lieder de Schubert.

Belley, v. de l'Ain ; 8 473 h. (*Belleysans*).

Bellini (*Giovanni*), peintre vénitien (v. 1429-1516).

Bellini (*Vincenzo*), compositeur italien (1801-1835) : *Norma*.

Bellmer (*Hans*), artiste surréaliste allemand (1902-1975).

Bellow (*Saul*), écrivain américain (1915-2005) : *Herzog*.

Belmondo (*Jean-Paul*), acteur français (né en 1933) : *Pierrot le fou*.

Belmopan, cap. du Belize ; 9 000 h.

Belo Horizonte, v. du Brésil ; 2 232 747 h. (5 millions avec les banlieues).

Belzébuth, dieu cananéen, devenu le démon dans la Bible.

Ben Ali (*Zine el-Abidine*), homme politique tunisien (né en 1936), président de la République depuis 1987.

Bénarès ou **Varanasi** v. sainte de l'Inde, sur le Gange ; 1 100 748 h.

Ben Bella (*Ahmed*), homme politique algérien (né en 1916). Premier président de la République algérienne, renversé en 1965.

Benda (*Julien*), essayiste français (1867-1956) : *la Trahison des clercs*.

Benelux, union économique rassemblant la Belgique, les Pays-Bas et le Luxembourg.

Beneš (*Edvard*), homme politique tchécoslovaque (1884-1948).

Bengale, région partagée entre l'Inde (*Bengale-Occidental*) et le Bangladesh, sur le *golfe du Bengale*.

Bengale (*golfe du*), golfe de l'océan Indien, entre l'Inde, le Bangladesh et la Birmanie.

Bengale-Occidental, État du nord-est de l'Inde ; 88 700 km^2 ; 68 078 000 h. Cap. *Calcutta (Kolkata)*.

Benghazi, v. de Libye ; 912 000 h.

Ben Gourion (*David*), homme politique israélien (1886-1973), un des fondateurs de l'État d'Israël.

Bénin, anc. royaume de la côte du golfe de Guinée (XIIe-XIXe s.).

Bénin, anc. **Dahomey**, État de l'Afrique occidentale ; 113 000 km^2 ; 6 446 000 h. (*Béninois*). Cap. *Porto-Novo*. V. pr. *Cotonou*.

Benjamin, dernier des douze fils de Jacob, son préféré (*Bible*).

Benjamin (*Walter*), écrivain et philosophe allemand(1892-1940) : *l'Œuvre d'art à l'époque de sa reproductibilité technique*.

Ben Jelloun (*Tahar*), écrivain marocain d'expression française (né en 1944) : *la Nuit sacrée*.

Benoît, nom de seize papes.

Benoît (*saint*), initiateur du monachisme, fondateur de l'ordre bénédictin (v. 480-v. 547).

Benoît XVI (né en 1927), pape depuis 2005.

Bénoué, riv. du Cameroun et du Nigeria, affl. du Niger ; 1 400 km.

Bentham (*Jeremy*), jurisconsulte et philosophe britannique (1748-1832).

Benxi ou **Benqi,** v. de Chine (Liaoning) ; 937 805 h.

Béotie, région de la Grèce ancienne ; cap. *Thèbes*. Hab. *Béotiens*.

Beqaa ou **Bekaa,** haute plaine aride (mais partiellement irriguée) du Liban.

Béranger (*Pierre* DE), chansonnier français (1780-1857).

Berbères, peuple de l'Afrique du Nord.

Berck, v. du Pas-de-Calais ; 15 011 h. (*Berckois*). Station balnéaire et climatique.

Bercy, quartier de l'est de Paris.

BERD (*Banque européenne pour la reconstruction et le développement de l'Europe de l'Est*), organisation bancaire créée en 1991.

Bérénice, princesse juive.

Bérénice, tragédie de Racine.

Berezina (la), riv. de Biélorussie. Retraite de l'armée française (1812).

Berg (*Alban*), compositeur autrichien (1885-1935) : *Wozzeck*, *Lulu*.

Bergame, ville d'Italie (Lombardie) ; 113 143 h. (*Bergamasques*).

Berganza (*Teresa*), mezzo-soprano espagnole (née en 1935).

Bergen, port de Norvège ; 237 430 h.

Berger (*Michel* HAMBURGER, dit **Michel**), chanteur français (1947-1992) : *Starmania*.

Bergerac, v. de la Dordogne ; 27 201 h. (*Bergeracois*).

Bergman (*Ingmar*), cinéaste suédois (1918-2007) : *le Septième Sceau*.

Bergman (*Ingrid*), actrice suédoise (1915-1982) : *Casablanca*.

Bergson (*Henri*), philosophe français (1859-1941) : *la Pensée et le mouvant*.

Béring (*détroit de*), passage entre l'Asie et l'Amérique.

Berio (*Luciano*), compositeur italien (1925-2003) : *Circles*.

Berlin, cap. (et Land) de l'Allemagne ; 3 388 477 h. (*Berlinois*).

Berlioz (*Hector*), compositeur français (1803-1869) : *la Symphonie fantastique*.

Berlusconi (*Silvio*), homme d'affaires et homme politique italien (né en 1936). Président du Conseil en 1994-1995, de 2001 à 2006 et depuis 2008.

Bermudes, îles britanniques de l'Atlantique au nord-est des Antilles. Tourisme.

Bernadette Soubirous (*sainte*), bergère de Lourdes (1844-1879). Ses visions ont donné naissance à un pèlerinage.

Bernadotte (*Jean*), maréchal de France (1763-1844). Roi de Suède sous le nom de Charles XIV en 1818.

Bernanos (*Georges*), écrivain français (1888-1948), d'inspiration catholique.

Bernard (*Claude*), physiologiste français (1813-1878).

Bernard (*Émile*), peintre et écrivain français (1868-

1941). Il influença les peintres de l'école de Pont-Aven.

Bernard (*saint*), fondateur de l'abbaye de Clairvaux, donna un grand développement à l'ordre cistercien (1090-1153).

Bernardin de Saint-Pierre (*Henri*), écrivain français (1737-1814) : *Paul et Virginie.*

Bernay, v. de l'Eure ; 11 620 h. (*Bernayens*).

Berne, cap. (et cant.) de la Suisse ; env. 300 000 h. (*Bernois*).

Berners-Lee (sir *Timothy*), informaticien britannique (né en 1955), inventeur du *Web,* inauguré en 1990.

Bernhard (*Thomas*), écrivain autrichien (1931-1989) : *Place des héros.*

Bernhardt (*Sarah*), tragédienne française (1844-1923).

Bernin (*Gian Lorenzo* BERNINI, dit **le Cavalier**), sculpteur et architecte italien (1598-1680).

Bernoulli, famille de mathématiciens et physiciens suisses des XVIIe et XVIIIe s.

Bernstein (*Leonard*), compositeur et chef d'orchestre américain (1918-1990). Il composa la musique de la comédie musicale *West Side Story.*

Béroul, trouvère anglo-normand du XIIe s.

Berre (*étang de*), étang des Bouches-du-Rhône, site de raffineries.

Berre-l'Étang, v. des Bouches-du-Rhône, sur l'*étang de Berre* ; 13 503 h. (*Berrois* ou *Berratins*). Pétrochimie.

Berry, anc. prov. de France ; cap. *Bourges.* Hab. *Berrichons.*

Berry, région du sud du Bassin parisien (dép. du Cher et de l'Indre), entre la Sologne et le Massif central. Hab. *Berrichons.*

Berry (*Charles,* duc DE), fils de Charles X, héritier du trône, assassiné (1778-1820).

Berry (*Chuck*), chanteur américain de rock (né en 1926).

Berthe, dite « au grand pied » (m. en 783), épouse de Pépin le Bref, mère de Charlemagne.

Berthelot (*Marcelin* ou *Marcellin*), chimiste français (1827-1907).

Berthier (*Louis Alexandre*), maréchal de France (1753-1815).

Berthollet (*Claude,* comte), chimiste français (1748-1822).

Bertolucci (*Bernardo*), cinéaste italien (né en 1941) : *le Dernier Tango à Paris.*

Bérulle (*Pierre* DE), cardinal français (1575-1629).

Berzelius (*Jöns Jacob*), chimiste suédois (1779-1848), créateur de la chimie moderne.

Besançon, ch.-l. de la Franche-Comté, ch.-l. du Doubs ; 122 308 h. (*Bisontins*).

Bessarabie, région partagée entre l'Ukraine et la Moldavie.

Bessemer (sir *Henry*), industriel britannique (1813-1898), inventeur d'un procédé de fabrication de l'acier.

Besson (*Luc*), cinéaste français (né en 1959) : *le Grand Bleu.*

Bethe (*Hans Albrecht*), physicien américain d'origine allemande (1906-2005).

Bethléem, v. de Palestine, où serait né Jésus.

Bethsabée, mère de Salomon (*Bible*).

Béthune, v. du Pas-de-Calais ; 28 522 h. (*Béthunois*) [près de 260 000 h. avec les banlieues].

Bettelheim (*Bruno*), psychanalyste américain d'origine autrichienne (1903-1990) : *la Forteresse vide.*

Beuve-Méry (*Hubert*), journaliste français (1902-1989), fondateur du journal *le Monde.*

Beuys (*Joseph*), artiste allemand d'avant-garde (1921-1986).

Beyrouth, cap. du Liban ; 1 792 000 h. (aggl.)

Bèze (*Théodore* DE), écrivain et théologien protestant (1519-1605).

Béziers, v. de l'Hérault ; 71 428 h. (*Biterrois*).

Bezons, v. du Val-d'Oise ; 26 480 h. Automobile.

Bhagavad-Gita → **Mahabharata.**

Bhopal, v. d'Inde, cap. du Madhya Pradesh ; 1 433 875 h. Fuite de gaz toxique (1984).

Bhoutan, État d'Asie, dans l'Himalaya ; 47 000 km^2 ; 2 141 000 h. (*Bhoutanais*). Cap. *Thimbu.*

Bhutto (*Zulfikar Ali*), homme politique pakistanais (1928-1979). Président de la République (1971-1973), puis Premier ministre jusqu'en 1977, exécuté. ◆ Sa fille BENAZIR (1953-2007), Premier ministre de 1988 à 1990, puis de 1993 à 1996, a été tuée dans un attentat.

Bianciotti (*Hector*), écrivain argentin naturalisé français (né en 1930) : *Ce que la nuit raconte au jour.*

Biarritz, station balnéaire des Pyrénées-Atlantiques ; 30 739 h. (*Biarrots*).

Bible, recueil des livres saints juifs et chrétiens, constitué par l'Ancien Testament et le Nouveau Testament.

Bibliothèque nationale de France (BNF), bibliothèque publique parisienne.

Bichat (*Xavier*), anatomiste et physiologiste français (1771-1802).

Bichkek, anc. **Frounze**, cap. du Kirghizistan ; 806 000 h.

Bidassoa (la), riv. du Pays basque qui sépare la France et l'Espagne.

Biélorussie, État de l'Europe orientale ; 208 000 km^2 ; 10 147 000 h. (*Biélorusses*). Cap. *Minsk.*

Bigorre (la), région de France ; cap. *Tarbes.*

Bihar, État du nord-est de l'Inde.

Bikini, atoll des îles Marshall où eurent lieu des expériences nucléaires américaines.

Bilal (*Enki*), dessinateur et scénariste de bandes dessinées français d'origine yougoslave (né en 1951).

Bilbao, port d'Espagne (Pays basque), près de

l'Atlantique ; 353 943 h. (plus de 800 000 avec les banlieues).

Billère, v. des Pyrénées-Atlantiques ; 13 668 h.

Binet (*Alfred*), psychologue français (1857-1911), créateur de tests de niveau.

Biot (*Jean-Baptiste*), astronome et physicien français (1774-1862).

BIRD (*Banque internationale pour la reconstruction et le développement*), organisation créée en 1946. Elle fait partie de la Banque mondiale.

Bir Hakeim, localité de Libye. Défense des Français en 1942 contre les Allemands et les Italiens.

Birmanie ou **Myanmar,** État de l'Asie méridionale ; 678 000 km^2 ; 48 364 000 h. (*Birmans*). Cap. *Nay Pyi Taw*.

Birmingham, v. du centre de l'Angleterre ; 934 900 h. (2 500 400 avec les banlieues).

Biscaye, prov. basque d'Espagne.

Bischheim, v. du Bas-Rhin ; 16 964 h. (*Bischheimois*).

Bischwiller, v. du Bas-Rhin ; 11 753 h. (*Bischwillerois*).

Bismarck (*archipel*), archipel de la Mélanésie, au nord-est de la Nouvelle-Guinée.

Bismarck (*Otto* VON), homme d'État prussien (1815-1898). Il réalisa l'unité allemande.

Bissau, cap. de la Guinée-Bissau ; 274 000 h. (*Bissaliens*).

Bitola ou **Bitolj,** anc. **Monastir**, v. de Macédoine ; 86 176 h.

Bizerte, port de Tunisie ; 98 865 h.

Bizet (*Georges*), compositeur français (1838-1875) : *Carmen*.

Bjørnson (*Bjørnstjerne*), écrivain norvégien (1832-1910) : *Au-delà des forces*.

Black Panthers, mouvement noir américain formé en 1966 et revendiquant le « pouvoir noir ».

Blagnac, v. de la Haute-Garonne ; 20 806 h. (*Blagnacais*). Aéroport.

Blair (*Anthony*, dit **Tony**), homme politique britannique (né en 1953). Premier ministre travailliste de 1997 à 2007.

Blake (*William*), poète et peintre romantique britannique (1757-1827).

Blanc (**Le**), v. de l'Indre, sur la Creuse ; 7 475 h. (*Blancois*).

Blanc (*Louis*), historien et homme politique français, d'inspiration socialiste (1811-1882).

Blanc (*mont*), point culminant des Alpes : 4 810 m. Tunnel routier.

Blanche (*mer*), mer de l'océan Arctique, au nord-ouest de la Russie.

Blanche de Castille (1188-1252), reine de France, mère de Saint Louis.

Blanche-Neige, personnage d'un conte des frères Grimm qui a inspiré un dessin animé à W. Disney : *Blanche-Neige et les sept nains*.

Blanchot (*Maurice*), écrivain français (1907-2003) : *le Livre à venir*.

Blanc-Mesnil (**Le**), v. de la Seine-Saint-Denis ; 47 079 h. (*Blanc-Mesnilois*).

Blanquefort, v. de la Gironde ; 14 734 h.

Blanqui (*Louis Auguste*), révolutionnaire français d'inspiration socialiste (1805-1881).

Blantyre, v. pr. du Malawi ; 403 000 h.

Blaue Reiter (Der), en fr. **le Cavalier bleu,** mouvement artistique (1911-1914) formé à Munich par Kandinsky et d'autres peintres.

Blériot (*Louis*), aviateur français (1872-1936), le premier à traverser la Manche (1909).

Bleuler (*Eugen*), psychiatre suisse (1857-1939).

Blier (*Bernard*), acteur français (1916-1989) : *Le jour se lève*.

Blin (*Roger*), metteur en scène de théâtre et acteur français (1907-1984).

Blixen (*Karen*), femme de lettres danoise (1885-1962) : *la Ferme africaine*.

Blocus continental, ensemble des mesures prises entre 1806 et 1808 par Napoléon Ier contre le commerce anglais.

Blois, ch.-l. de Loir-et-Cher ; 51 832 h. (*Blésois*). Château.

Bloy (*Léon*), écrivain français d'inspiration chrétienne (1846-1917).

Blücher (*Gebhard Leberecht*), maréchal prussien (1742-1819).

Blum (*Léon*), homme politique français (1872-1950), chef du Front populaire.

Boas (*Franz*), anthropologue américain d'origine allemande (1858-1942).

Bobet (*Louis*, dit **Louison**), coureur cycliste français (1925-1983), champion du monde en 1954.

Bobigny, ch.-l. de la Seine-Saint-Denis ; 44 318 h. (*Balbyniens*).

Boccace, écrivain italien (1313-1375) : *le Décaméron*.

Bochimans, peuple de Namibie.

Böcklin (*Arnold*), peintre suisse (1827-1901).

Bocuse (*Paul*), cuisinier français (né en 1926).

Bodh-Gaya, site d'Inde (Bihar), le plus important lieu de pèlerinage du bouddhisme.

Boeing Company, société de constructions aéronautiques américaine.

Boers, colons hollandais de l'Afrique australe, qui luttèrent contre l'Angleterre de 1899 à 1902 (*guerre des Boers*).

Bogart (*Humphrey*), acteur américain (1899-1957) : *le Faucon maltais*.

Boğazköy, site de Turquie, en Cappadoce, sur l'emplacement de l'anc. Hattousa. Vestiges.

Bogotá, cap. de la Colombie ; 4 921 264 h.

Bohême, partie occidentale de la République tchèque ; cap. *Prague.*

Böhm (*Karl*), chef d'orchestre autrichien (1894-1981).

Bohr (*Niels*), physicien danois (1885-1962), l'un des fondateurs de la physique quantique. ◆ Son fils Aage (1922-2009), physicien.

Boileau (*Nicolas*), poète français (1636-1711) : *Satires, l'Art poétique.*

Bois-Colombes, v. des Hauts-de-Seine ; 24 048 h.

Boissy-Saint-Léger, v. du Val-de-Marne ; 15 393 h.

Bolbec, v. de la Seine-Maritime ; 12 801 h. (*Bolbécais*).

Bolívar (*Simón*), général sud-américain (1783-1830), qui affranchit l'Amérique latine de la domination espagnole.

Bolivie, État de l'Amérique du Sud ; 1 100 000 km^2 ; 8 516 000 h. (*Boliviens*). Cap. *La Paz* et *Sucre.*

Böll (*Heinrich*), écrivain allemand (1917-1985) : *l'Honneur perdu de Katharina Blum.*

Bollène, v. de Vaucluse, dans le Comtat ; 14 288 h. (*Bollénois*).

Bologne, v. d'Italie du Nord, cap. de l'Émilie ; 371 217 h.

Bolt (*Usain*), athlète jamaïquain (né en 1986), champion olympique, champion et recordman du monde des 100 m, 200 m et 4 × 100 m.

Boltanski (*Christian*), artiste français (né en 1944).

Boltzmann (*Ludwig*), physicien autrichien (1844-1906), créateur de la théorie cinétique des gaz.

Bombard (*Alain*), médecin et biologiste français (1924-2005), il a expérimenté les conditions de survie en mer.

Bombay ou **Mumbai,** port de l'ouest de l'Inde ; 11 914 398 h.

Bonaparte, famille corse, d'origine italienne.

Bonaparte (*Jérôme*) [1784-1860], roi de Westphalie (1807-1813).

Bonaparte (*Joseph*) [1768-1844], roi de Naples (1806), roi d'Espagne de 1808 à 1813.

Bonaparte (*Louis*) [1778-1846], roi de Hollande (1806-1810) et père de Napoléon III.

Bonaparte (*Lucien*) [1775-1840], président du Conseil des Cinq-Cents.

Bonaparte (*Napoléon*) → **Napoléon Ier.**

Bonaparte (*Pauline*) [1780-1825], épouse du prince Borghèse.

Bonaventure (*saint*), théologien italien (1221-1274), franciscain.

Bond (*Edward*), auteur dramatique britannique (né en 1934) : *Bingo.*

Bond (*James*), agent secret, héros des romans d'espionnage de Ian Fleming (1908-1964).

Bondy, v. de la Seine-Saint-Denis ; 47 084 h.

Bône → **Annaba.**

Bongo (*Omar*), homme politique gabonais (1935-2009), président de la République de 1967 à sa mort. ◆ Son fils Ali (né en 1959) lui a succédé.

Boniface, nom de plusieurs papes.

Boniface VIII (v. 1235-1303), pape de 1294 à 1303. Il se heurta à Philippe le Bel.

Bonifacio, v. de la Corse-du-Sud, au nord des *bouches de Bonifacio* (détroit entre la Corse et la Sardaigne) ; 2 705 h. (*Bonifaciens*).

Bonn, v. d'Allemagne (Rhénanie-du-Nord-Westphalie) ; 301 048 h.

Bonnard (*Pierre*), peintre français (1867-1947), grand coloriste.

Bonne-Espérance (*cap de*), cap du sud de l'Afrique.

Bonnefoy (*Yves*), poète français (né en 1923) : *Du mouvement et de l'immobilité de Douve.*

Bonneuil-sur-Marne, v. du Val-de-Marne ; 16 352 h. (*Bonneuillois*).

Bonneville, v. de la Haute-Savoie ; 10 868 h. (*Bonnevillois*).

Book of Common Prayer (*The*), recueil officiel des prières et de la liturgie de l'Église anglicane.

Boole (*George*), mathématicien britannique (1815-1864), créateur de la logique mathématique moderne.

Boorman (*John*), cinéaste britannique (né en 1933) : *Excalibur.*

Bora Bora, île de la Polynésie française ; 7 295 h.

Bordeaux, ch.-l. de l'Aquitaine et de la Gironde, port sur la Garonne ; 218 948 h. (*Bordelais*). Vins.

Bordelais, région viticole de l'Aquitaine.

Borg (*Björn*), joueur de tennis suédois (né en 1956).

Borges (*Jorge Luis*), écrivain argentin (1899-1986).

Borghèse (*villa*), grand parc de Rome ; musées.

Borgia, famille italienne d'où sont issus Alexandre VI, pape, son fils César et sa fille, Lucrèce, célèbres par leurs crimes (XVe s.).

Borinage, anc. bassin houiller de Belgique.

Boris Godounov (v. 1552-1605), tsar de Russie après 1598.

Boris Godounov opéra de Moussorgski.

Born (*Max*), physicien britannique d'origine allemande (1882-1970). Il est à l'origine de l'interprétation probabiliste de la mécanique quantique.

Bornéo, île d'Asie du Sud-Est partagée entre la Malaisie, Brunei et l'Indonésie ; 750 000 km^2.

Bornes, massif des Préalpes françaises, entre l'Arve et le lac d'Annecy.

Borodine (*Aleksandr*), compositeur russe (1834-1887) : *le Prince Igor.*

Borromini (*Francesco*), architecte italien (1599-1667), maître du baroque romain.

Bosch (*Jérôme*), peintre hollandais (m. en 1516) : *le Jardin des délices.*

Bose (*Satyendranath*), physicien indien (1894-1974).

Il a élaboré une théorie statistique applicable aux photons.

Bosnie-Herzégovine, État d'Europe ; 51 100 km^2 ; 4 067 000 h. (*Bosniens* ou *Bosniaques*). Cap. *Sarajevo.*

Bosphore, détroit entre l'Europe et l'Asie, reliant la mer Noire et la mer de Marmara.

Bossuet (*Jacques Bénigne*), prélat et écrivain français (1627-1704) : *Oraisons funèbres.*

Boston, port des États-Unis ; 589 141 h. (2 870 669 avec les banlieues) [*Bostoniens*].

Botero (*Fernando*), peintre et sculpteur colombien (né en 1932).

Botha (*Pieter Willem*), homme politique sud-africain (1916-2006), président de la République de 1984 à 1989.

Botnie (*golfe de*), extrémité nord de la Baltique.

Botswana, anc. **Bechuanaland**, État de l'Afrique australe ; 570 000 km^2 ; 1 554 000 h. (*Botswanais*). Cap. *Gaborone.*

Botta (*Mario*), architecte suisse (né en 1943) : musée d'Art moderne de San Francisco.

Botticelli (*Sandro*), peintre italien (1444-1510) : *le Printemps.*

Boubat (*Édouard*), photographe français (1923-1999).

Boucher (*François*), peintre français (1703-1770).

Bouches-du-Rhône, dép. français (13) ; ch.-l. *Marseille,* ch.-l. d'arr. *Aix-en-Provence, Arles, Istres* ; 1 835 719 h.

Boucourechliev (*André*), compositeur français d'origine bulgare (1925-1997).

Bouddha (l'« Illuminé »), fondateur du bouddhisme (v. 525 av. J.-C.).

Boudon (*Raymond*), sociologue français (né en 1934).

Boug, parfois **Bug** ou **Boug méridional,** fl. d'Ukraine ; 806 km.

Boug, parfois **Bug** ou **Boug occidental,** riv. de Biélorussie et de Pologne ; 810 km.

Bougainville (*Louis Antoine* DE), navigateur français (1729-1811).

Boukhara, v. d'Ouzbékistan ; 228 000 h. Monuments islamiques.

Boukharine (*Nikolaï*), économiste et homme politique soviétique (1888-1938), exécuté sous Staline.

Boulanger (*Georges*), général et homme politique français (1837-1891), qui menaça la République d'un coup d'État (1889).

Boulez (*Pierre*), compositeur français (né en 1925).

Boulgakov (*Mikhaïl Afanassievitch*), écrivain russe (1891-1940) : *le Maître et Marguerite.*

Boulle (*André Charles*), ébéniste français (1642-1732).

Boulogne (*bois de*), parc de l'ouest de Paris, aménagé sous le second Empire. Hippodromes.

Boulogne-Billancourt, v. des Hauts-de-Seine ; 107 042 h. (*Boulonnais*).

Boulogne-sur-Mer, port du Pas-de-Calais ; 45 508 h. (*Boulonnais*). Pêche.

Boumediene (*Houari*), militaire et homme politique algérien (1932-1978). Président de la République (1965-1978).

Bourbaki (*Nicolas*), pseudonyme d'un groupe de mathématiciens créé dans les années 1930.

Bourbon (*maison de*), famille à laquelle appartinrent les rois de France, de Henri IV à Charles X, et qui s'est éteinte en 1883 avec le comte de Chambord. La branche cadette (*Bourbon-Orléans*) a donné à la France le roi Louis-Philippe. Philippe V, petit-fils de Louis XIV, a été la souche des *Bourbons d'Espagne.*

Bourbon (*Palais-*), édifice occupé par l'Assemblée nationale, à Paris.

Bourbonnais, anc. prov. du centre de la France.

Bourdelle (*Antoine*), sculpteur français (1861-1929).

Bourdieu (*Pierre*), sociologue français (1930-2002) : *la Distinction.*

Bourg-de-Péage, v. de la Drôme ; 10 080 h. (*Péageois*).

Bourg-en-Bresse, ch.-l. de l'Ain ; 43 008 h. (*Burgiens*).

Bourgeois (*Louise*), sculpteur américain d'origine française (née en 1911).

Bourgeois gentilhomme (*le*), comédie de Molière.

Bourges, ch.-l. du Cher ; 76 075 h. (*Berruyers*).

Bourget (*lac du*), lac de Savoie.

Bourget (**Le**), v. de la Seine-Saint-Denis ; 12 151 h. Musée de l'Air et de l'Espace.

Bourg-la-Reine, v. des Hauts-de-Seine ; 18 497 h. (*Réginaburgiens*).

Bourg-lès-Valence, v. de la Drôme ; 18 910 h. (*Bourcains*).

Bourgogne, Région et anc. prov. de France, rattachée à la mort de Charles le Téméraire (1477) ; ch.-l. *Dijon.* Vins réputés.

Bourgoin-Jallieu, v. de l'Isère ; 23 517 h. (*Berjalliens*).

Bourguiba (*Habib*), homme politique tunisien (1903-2000). Président de la République de 1957 à 1987.

Bourguignons, faction du duc de Bourgogne, alliée des Anglais et opposée aux Armagnacs pendant la guerre de Cent Ans.

Bouriates, peuple mongol de Russie (surtout en Bouriatie) et de Mongolie (env. 490 000).

Bournonville (*August*), chorégraphe danois (1805-1879).

Bourvil (*André* RAIMBOURG, dit), acteur et chanteur français (1917-1970) : *la Grande Vadrouille.*

Bouscat (**Le**), v. de la Gironde ; 22 669 h. (*Bouscatais*).

Bouteflika (*Abdelaziz*), homme politique algérien (né en 1937), président de la République depuis 1999.

Bouthoul (*Gaston*), sociologue français (1896-1980), spécialiste de l'étude des guerres ou « polémologie ».

Boutros-Ghali (*Boutros*), homme politique égyptien (né en 1922). Secrétaire général de l'ONU de 1992 à 1996.

Bouvard et Pécuchet, roman (inachevé) de Flaubert.

Bouvines (*bataille de*), victoire remportée, près de Lille, par Philippe Auguste sur l'empereur Otton IV (1214).

Bowie (*David Robert* JONES, dit **David**), chanteur britannique de rock (né en 1947) : *Ziggy Stardust.*

Boxers, société secrète chinoise qui lança en 1900 une émeute xénophobe.

BP (*British Petroleum*), groupe pétrolier international dont l'origine remonte à 1909.

Brabançonne (*la*), hymne national belge.

Brabant, anc. prov. du centre de la Belgique ; auj. Brabant flamand, Brabant wallon et Région de Bruxelles-Capitale.

Brabant, prov. du sud des Pays-Bas (*Brabant-Septentrional*).

Brabant flamand, prov. de Belgique ; 2 119 km^2 ; 1 018 403 h. ; ch.-l. *Louvain.*

Brabant wallon, prov. de Belgique ; 1 097 km^2 ; 352 018 h. ; ch.-l. *Wavre.*

Bradbury (*Ray Douglas*), écrivain américain de science-fiction (né en 1920) : *Fahrenheit 451.*

Bragance (*maison de*), famille qui régna sur le Portugal (1640-1910) et sur le Brésil (1822-1889).

Brahe (*Tycho*), astronome danois (1546-1601).

Brahma, dieu du panthéon hindou.

Brahmapoutre (le), fl. d'Asie qui se jette, avec le Gange, dans le golfe du Bengale ; 2 900 km.

Brahms (*Johannes*), compositeur allemand (1833-1897).

Braille (*Louis*), inventeur français de l'alphabet pour les aveugles (1809-1852).

Bramante (*Donato*), architecte italien (1444-1514), maître de la Renaissance à Milan, puis à Rome.

Brancusi (*Constantin*), sculpteur roumain (1876-1957), pionnier de l'art moderne.

Brandebourg, en all. **Brandenburg** Land d'Allemagne ; 29 059 km^2 ; 2 601 207 h. Cap. *Potsdam.*

Brando (*Marlon*), acteur américain (1924-2004) : *Un tramway nommé Désir.*

Branly (*Édouard*), physicien français (1844-1940), inventeur d'un dispositif pour la réception des ondes radio.

Brantôme (*Pierre* DE BOURDEILLE, seigneur DE), écrivain français (1535-1614).

Braque (*Georges*), peintre français (1882-1963), l'un des créateurs du cubisme.

Brasília, cap. du Brésil ; 2 043 169 h.

Brassaï (*Gyula* HALÁSZ, dit), photographe français d'origine hongroise (1899-1984).

Brassempouy, comm. des Landes. Gisements du paléolithique (grotte du Pape).

Brassens (*Georges*), chanteur français (1921-1981) : *Chanson pour l'Auvergnat.*

Brasseur (*Pierre* ESPINASSE, dit **Pierre**), acteur français (1905-1972) : *les Enfants du paradis.*

Bratislava, anc. **Presbourg** cap. de la Slovaquie, sur le Danube. 428 672 h.

Braudel (*Fernand*), historien français (1902-1985), il ouvrit l'histoire à l'étude des grands espaces et des phénomènes de longue durée.

Braun (*Karl Ferdinand*), physicien allemand (1850-1918), inventeur de l'oscillographe cathodique.

Braun (*Wernher* VON), ingénieur allemand naturalisé américain (1912-1977), spécialiste des lanceurs spatiaux.

Brauner (*Victor*), peintre français d'origine roumaine (1903-1966), apparenté au surréalisme.

Brave Soldat Chvéïk (*le*), roman de J. Hašek.

Bray (*pays de*), région de Haute-Normandie (Seine-Maritime).

Brazza (*Pierre* SAVORGNAN DE), explorateur français (1852-1905). Colonisateur du Congo.

Brazzaville, cap. de la république du Congo ; 1 080 000 h.

Brecht (*Bertolt*), auteur dramatique allemand (1898-1956) : *l'Opéra de quat'sous, Mère Courage.*

Breda, v. des Pays-Bas ; 162 308 h.

Bregenz, v. d'Autriche, cap. du Vorarlberg ; 27 097 h.

Breguet (*Louis*), ingénieur français, pionnier de l'aéronautique (1880-1955).

Brejnev (*Leonid Ilitch*), homme politique soviétique (1906-1982) au pouvoir de 1964 à sa mort.

Brel (*Jacques*), chanteur belge (1929-1978) : *Ne me quitte pas.*

Brême, port (541 000 h.) d'Allemagne, près de la mer du Nord, cap. du *Land de Brême.*

Brême (*Land de*), Land d'Allemagne ; 404 km^2 ; 663 065 h.

Brendel (*Alfred*), pianiste autrichien (né en 1931).

Brenne, région du Berry. Parc naturel (étangs).

Brescia, v. d'Italie, en Lombardie ; 187 567 h.

Brésil, État d'Amérique du Sud ; 8 512 000 km^2 ; 186 770 000 h. (*Brésiliens*). Cap. *Brasília*, v. pr. *São Paulo* et *Rio de Janeiro.*

Breslau → **Wroclaw.**

Bresse, région de l'est de la France, entre la Saône et le Jura.

Bresson (*Robert*), cinéaste français (1901-1999) : *Mouchette.*

Bressuire, v. des Deux-Sèvres ; 19 356 h. (*Bressuirais*).

Brest, port du Finistère ; 156 217 h. (*Brestois*).

Brest, anc. **Brest-Litovsk**, v. de Biélorussie ; 291 000 h. Traité de paix germano-russe en 1918.

Bretagne, Région et anc. prov. de l'ouest de la France ; ch.-l. *Rennes.* Hab. : *Bretons.*

Brétigny, hameau de Beauce où Jean le Bon conclut un traité humiliant avec les Anglais (1360).

Brétigny-sur-Orge, v. de l'Essonne ; 22 114 h. (*Brétignolais*). Centre d'essais en vol.

Breton (*André*), écrivain français (1896-1966), fondateur du surréalisme.

Bretton Woods (*accords de*), accords conclus en 1944 entre 44 pays et instaurant un système monétaire international.

Breughel → **Bruegel.**

Briançon, v. des Hautes-Alpes, dans le *Briançonnais* ; 11 287 h. (*Briançonnais*).

Briand (*Aristide*), homme politique français (1862-1932).

Brie, région du Bassin parisien ; v. pr. *Melun* et *Meaux.*

Brie-Comte-Robert, v. de Seine-et-Marne ; 13 828 h. (*Briards*).

Brière ou **Grande Brière,** région marécageuse de la Loire-Atlantique. Hab. *Briérons.*

Briey, v. de Meurthe-et-Moselle ; 5 230 h. (*Briotins*).

Brigades internationales, groupes militaires de volontaires étrangers qui combattirent avec les républicains durant la guerre civile espagnole (1936-1939).

Brighton, port anglais sur la Manche ; 247 820 h.

Brignoles, v. du Var ; 13 326 h. (*Brignolais*).

Brillat-Savarin (*Anthelme*), gastronome et écrivain français (1755-1826).

Brioude, v. de la Haute-Loire, dans la *Limagne de Brioude* ; 7 223 h. (*Brivadois*).

Brisbane, port d'Australie ; 1 627 535 h.

Brissot de Warville (*Jacques*), homme politique français (1754-1793). Un des chefs des Girondins, il fut guillotiné.

Bristol, port d'Angleterre ; 380 615 h.

Britannicus, fils de Claude et de Messaline.

Britannicus, tragédie de Racine.

Britanniques (*îles*), ensemble formé par la Grande-Bretagne et l'Irlande.

British Museum, musée de Londres, créé en 1753.

Britten (*Benjamin*), compositeur britannique (1913-1976) : *The Turn of the Screw.*

Brive-la-Gaillarde, v. de la Corrèze ; 51 586 h. (*Brivistes*).

Brno, v. de la République tchèque (Moravie) ; 379 185 h.

Broadway, avenue de New York (Manhattan) : salles de spectacles.

Broca (*Paul*), chirurgien français (1824-1880). Il étudia la localisation cérébrale du langage.

Broglie (*Louis,* duc DE), physicien français (1892-1987), créateur de la mécanique ondulatoire.

Bron, v. du Rhône ; 38 058 h. (*Brondillants*).

Brontë (*Charlotte*), femme de lettres britannique (1816-1855) : *Jane Eyre.* Sa sœur EMILY (1818-1848) a écrit *les Hauts de Hurlevent.*

Brook (*Peter*), metteur en scène de théâtre et cinéaste britannique (né en 1925) : *le Mahabharata.*

Brooks (*Louise*), actrice américaine (1906-1985) : *Loulou.*

Brotonne (*forêt de*), forêt de la Seine-Maritime.

Brouckère (*Charles* DE), homme politique belge (1796-1860).

Brousse, en turc **Bursa**, v. de Turquie ; 1 066 559 h. Cap. de l'Empire ottoman (de 1326 à 1402). Monuments islamiques.

Brown (*Gordon*), homme politique britannique (né en 1951), Premier ministre travailliste depuis 2007.

Brown (*James*), chanteur américain de soul (1933 ? - 2006).

Browning (*Robert*), poète britannique (1812-1889), romantique.

Bruay-la-Buissière, anc. **Bruay-en-Artois** v. du Pas-de-Calais ; 24 552 h. (*Bruaysiens*).

Brücke (Die), groupe artistique à l'origine de l'expressionnisme allemand.

Bruegel ou **Breughel,** famille de peintres flamands, dont le plus célèbre est PIETER LE VIEUX (v. 1525-1569) : *les Chasseurs dans la neige.*

Bruges, v. de Belgique ; 117 025 h. Monuments médiévaux.

Bruit et la Fureur (*le*), roman de W. Faulkner.

brumaire an VIII (*coup d'État du* **18**), coup d'État par lequel Bonaparte renversa le Directoire (9 novembre 1799).

Brune (*Guillaume*), maréchal de France (1763-1815).

Brunehaut (v. 534-613), reine d'Austrasie, femme de Sigebert. Elle lutta contre Frédégonde.

Brunei, État du nord de Bornéo ; 5765 km^2 ; 335 000 h. (*Brunéiens*). Cap. *Bandar Seri Begawan.*

Brunelleschi (*Filippo*), architecte florentin (1377-1446), initiateur de la Renaissance.

Bruno (*Giordano*), philosophe italien (1548-1600). Il fut brûlé pour hérésie.

Bruno (*saint*), fondateur de l'ordre des Chartreux (v. 1030-1101).

Brunoy, v. de l'Essonne ; 23 937 h. (*Brunoyens*).

Brunswick (*Charles Guillaume,* duc DE), général prussien, vaincu à Valmy (1735-1806).

Brutus, consul romain légendaire qui aurait institué la république (509 av. J.-C.).

Brutus, homme politique romain, l'un des assassins de César (v. 85-42 av. J.-C.).

Bruxelles, cap. de la Belgique ; 141 312 h. (1 million avec les banlieues) [*Bruxellois*].

Bruz, v. d'Ille-et-Vilaine ; 13 522 h. (*Bruzois*).

Bry-sur-Marne, v. du Val-de-Marne ; 15 066 h. Institut national de l'audiovisuel.

Buber (*Martin*), philosophe israélien d'origine autrichienne (1878-1965).

Bubka (*Sergueï*), athlète ukrainien (né en 1963), six fois champion du monde de saut à la perche.

Bucarest, cap. de la Roumanie ; 1 926 334 h.

Buchenwald, camp de concentration allemand.

Büchner (*Georg*), auteur dramatique allemand (1813-1837) : *Woyzeck*.

Buckingham Palace, palais de Londres, résidence des souverains de Grande-Bretagne.

Budapest, cap. de la Hongrie, sur le Danube ; 1 756 796 h.

Budé (*Guillaume*), humaniste et helléniste français (1467-1540).

Buenos Aires, cap. de l'Argentine ; 2 776 138 h. (13 047 000 avec les banlieues).

Buffalo Bill (*William* CODY, dit), pionnier américain (1846-1917).

Buffon (*Georges Louis* LECLERC, comte DE), naturaliste français (1707-1788).

Bugeaud (*Thomas Robert*), maréchal de France (1784-1849), gouverneur de l'Algérie.

Bugey, région de France, correspondant à l'extrémité méridionale des monts du Jura (dép. de l'Ain).

Bujumbura, cap. du Burundi ; 378 000 h.

Bulawayo, v. du Zimbabwe ; 621 742 h.

Bulgarie, État du sud-est de l'Europe ; 111 000 km^2 ; 7,8 millions d'h. (*Bulgares*). Cap. *Sofia*.

Bundestag, assemblée législative de la République fédérale d'Allemagne.

Bundeswehr, armée de l'Allemagne fédérale créée en 1956.

Bunsen (*Robert Wilhelm*), chimiste et physicien allemand (1811-1899).

Buñuel (*Luis*), cinéaste espagnol (1900-1983) : *l'Âge d'or*.

Buren (*Daniel*), artiste français (né en 1938).

Burgondes, peuple germanique établi au Vᵉ s. dans la Bourgogne actuelle.

Burgos, v. d'Espagne ; 166 251 h. Art gothique.

Burkina, anc. **Haute-Volta**, État d'Afrique occidentale ; 275 000 km^2 ; 11 856 000 h. (*Burkinabés*). Cap. *Ouagadougou*.

Burne-Jones (sir *Edward*), peintre préraphaélite britannique (1833-1898).

Burroughs (*William*), écrivain américain de la Beat generation (1914-1997) : *le Festin nu*.

Bursa, en fr. **Brousse**, v. de Turquie ; 1 066 559 h.

Burundi, anc. **Urundi**, État de l'Afrique centrale ; 28 000 km^2 ; 6 502 000 h. (*Burundais*). Cap. *Bujumbura*.

Bush (*George*), homme politique américain (né en 1924). Républicain, président des États-Unis de 1988 à 1993. ◆ Son fils GEORGE WALKER (né en 1946), républicain, a été président des États-Unis de 2001 à 2009.

Butor (*Michel*), écrivain français (né en 1926), membre du « nouveau roman » : *la Modification*.

Buzzati (*Dino*), écrivain italien (1906-1972) : *le Désert des Tartares*.

Byron (*George Gordon*, lord), poète britannique (1788-1824), romantique.

Byzance, anc. nom de Constantinople.

byzantin (*Empire*), empire chrétien qui succéda en Orient à l'Empire romain (330-1453). Cap. *Constantinople*.

C

Caballé (*Montserrat*), soprano espagnole (née en 1933).

Cabinda, territoire de l'Angola, sur l'Atlantique, entre les deux républiques du Congo ; 7 270 km^2 ; 152 100 h. ; ch.-l. *Cabinda*. Pétrole.

Cabot, famille de navigateurs italiens, dont les membres les plus connus sont JEAN (v. 1450-v. 1500) et SÉBASTIEN (v. 1480-1557).

Cachan, v. du Val-de-Marne ; 25 327 h. (*Cachanais*).

Cachemire, région partagée entre l'Inde et le Pakistan.

Cadarache, site des Bouches-du-Rhône (comm. de Saint-Paul-lès-Durance). Centre de recherches nucléaires. Site du futur réacteur ITER.

Cadix, port d'Espagne (Andalousie) ; 137 971 h.

Cadoudal (*Georges*), chef chouan (1771-1804), guillotiné.

Caen, ch.-l. du Calvados ; 117 157 h. (*Caennais*).

Cage (*John*), compositeur américain (1912-1992).

Cagliari, cap. de la Sardaigne ; 164 249 h.

Cagnes-sur-Mer, v. des Alpes-Maritimes ; 44 207 h. (*Cagnois*). Hippodrome au *Cros-de-Cagnes*.

Cahors, ch.-l. du Lot ; 21 432 h. (*Cadurciens*).

Caillaux (*Joseph*), homme politique français (1863-1944).

Caillié (*René*), explorateur français (1799-1838), il visita Tombouctou.

Caillois (*Roger*), écrivain et anthropologue français (1913-1978) : *l'Homme et le Sacré*.

Caïn, fils d'Adam et d'Ève, assassin de son cadet Abel (*Bible*).

Caire (**Le**), cap. de l'Égypte, sur le Nil ; 6 800 992 h. (10 millions avec les banlieues).

Calabre, région de l'Italie du Sud.

Calais, port du nord de la France ; 78 170 h. (*Calaisiens*).

Calais (*pas de*), détroit entre la France et l'Angleterre, franchi par un tunnel.

Calcutta ou **Kolkata,** v. de l'est de l'Inde (Bengale) ; 4 580 544 h. (13 millions avec les banlieues).

Calder (*Alexander*), sculpteur américain (1898-1976).

Calderón (*Pedro*), auteur dramatique espagnol (1600-1681).

Calgary, v. du Canada (Alberta) ; 878 866 h.

Cali, v. de Colombie ; 1 666 468 h.

Californie, État le plus peuplé des États-Unis ; 33 871 648 h. (*Californiens*). Cap. *Sacramento*. V. pr. *Los Angeles, San Francisco.*

Caligula (12-41), empereur romain en 37, cruel et excentrique.

Callao, port du Pérou ; 637 755 h.

Callas (*Maria* KALOGHEROPOÚLOS, dite **la**), soprano américaine et grecque (1923-1977).

Callot (*Jacques*), graveur et peintre français (1592-1635) : *Misères et malheurs de la guerre.*

Calmette (*Albert*), médecin français (1863-1933), l'un des inventeurs du BCG.

Caluire-et-Cuire, v. du Rhône ; 41 667 h.

Calvados, dép. français (14) ; ch.-l. *Caen*, ch.-l. d'arr. *Bayeux, Lisieux, Vire* ; 648 385 h.

Calvi, v. de la Haute-Corse ; 5 275 h. (*Calvais*).

Calvin (*Jean*), réformateur français (1509-1564) : *Institution de la religion chrétienne.*

Calvino (*Italo*), écrivain italien (1923-1985) : *le Baron perché.*

Camargue, région formée par le delta du Rhône. Parc naturel.

Cambacérès (*Jean-Jacques* DE), jurisconsulte français (1753-1824), l'un des principaux rédacteurs du Code civil.

Cambodge, État de la péninsule indochinoise ; 181 000 km^2 ; 13 441 000 h. (*Cambodgiens*). Cap. *Phnom Penh.*

Cambrai, v. du Nord, sur l'Escaut ; 34 993 h. (*Cambrésiens*). Toiles, dentelles.

Cambridge, v. universitaire d'Angleterre ; 108 879 h.

Cambronne (*Pierre*), général français (1770-1842).

Cameron (*James*), cinéaste canadien (né en 1954) : *Titanic, Avatar.*

Cameroun, État de l'Afrique équatoriale ; 475 000 km^2 ; 15 203 000 h. (*Camerounais*). Cap. *Yaoundé*. V. pr. *Douala.*

Camillus (*Marcus Furius*), général romain (fin du Ve s.-365 ? av. J.-C.). Il libéra Rome des Gaulois (390).

Camões ou **Camoens** (*Luís* DE), poète portugais (1524-1580) : *les Lusiades.*

Campanella (*Tommaso*), philosophe et dominicain italien (1568-1639) : *la Cité du soleil.*

Campanie, région d'Italie ; cap. *Naples.*

Camp David (*accords de*), accords-cadres conclus en 1978 à Washington entre les États-Unis, l'Égypte et Israël. Ils prévoyaient la signature d'un traité de paix israélo-égyptien (signé en 1979).

Campinas, v. du Brésil (État de São Paulo) ; 968 172 h.

Campine, région du nord de la Belgique.

Campoformio, village de Vénétie. Traité entre la France et l'Autriche (1797).

Campo Grande, v. du Brésil, cap. du Mato Grosso do Sul ; 662 534 h.

Camus (*Albert*), écrivain français (1913-1960) : *l'Étranger.*

Cana, ville de Galilée. Jésus y aurait transformé l'eau en vin.

Canaan (*terre de*), nom biblique de la Terre promise par Dieu aux Hébreux.

Canada, État du nord de l'Amérique, membre du Commonwealth ; 9 975 000 km^2 ; 31 081 900 h. (*Canadiens*). Cap. *Ottawa*. V. pr. *Toronto, Montréal.*

Canadian River, riv. des États-Unis, qui rejoint l'Arkansas (affl. du Mississipi) ; 1 544 km.

Canal + (*Canal Plus*), chaîne française de télévision à péage née en 1984.

Canaletto (*Giovanni Antonio* CANAL, dit **il**), peintre et graveur italien (1697-1768).

Cananéens, peuples sémitiques installés au Proche-Orient au IIIe millénaire av. J.-C.

Canaries (*îles*), archipel espagnol, à l'ouest de l'Afrique. Il constitue une communauté autonome (7 351 km^2 ; 1 716 276 h. ; cap. *Las Palmas* et *Santa Cruz de Tenerife*).

Canaveral (*cap*), principale base de lancement d'engins spatiaux des États-Unis.

Canberra, cap. de l'Australie ; 298 847 h.

Cancún, station balnéaire du Mexique (Yucatán).

Candide ou l'Optimisme, conte philosophique de Voltaire.

Candie → **Crète ; Héraklion.**

Canet-en-Roussillon, v. des Pyrénées-Orientales ; 10 299 h. (*Canétois*).

Canigou, massif des Pyrénées-Orientales ; 2 784 m.

Cannes, v. des Alpes-Maritimes ; 68 214 h. (*Cannois*). Festival de cinéma.

Cannes (*bataille de*), victoire d'Hannibal sur les Romains (216 av. J.-C.).

Cannet (**Le**), v. des Alpes-Maritimes ; 42 492 h. (*Cannettans*).

Canossa, château d'Italie où l'empereur Henri IV s'humilia devant le pape Grégoire VII (1077).

Canova (*Antonio*), sculpteur italien (1757-1822), maître du néoclassicisme.

Cantabrique, communauté autonome d'Espagne ; 5 289 km^2 ; 531 159 h. Cap. *Santander.*

Cantabriques (*monts*), prolongement occidental des Pyrénées en Espagne.

Cantal, massif d'Auvergne.

Cantal, dép. français (15), ch.-l. *Aurillac*, ch.-l. d'arr. *Mauriac*, *Saint-Flour* ; 150 778 h. (*Cantaliens* ou *Cantalous*).

Cantatrice chauve (*la*), pièce de théâtre de E. Ionesco.

Canterbury, v. d'Angleterre. Cathédrale gothique (XIIe-XVe s.).

Cantique des cantiques (le), livre biblique, recueil de chants d'amour.

Canton, port de Chine méridionale ; 3 893 000 h.

Cantons de l'Est, partie orientale de la province de Liège (Belgique), principalement de langue allemande.

Cantor (*Georg*), mathématicien allemand (1845-1918), créateur de la théorie des ensembles.

Cap (**Le**), cap. et port de l'Afrique du Sud ; 2 993 000 h. dans l'aggl.

Capa (*Robert*), photographe américain d'origine hongroise (1913-1954).

Čapek (*Karel*), écrivain tchèque (1890-1938).

Capet, surnom de Hugues, roi de France.

Capétiens, dynastie qui régna sur la France de 987 (Hugues Capet) à 1328.

Capital (*le*), ouvrage de K. Marx (1867).

Capitole, colline de Rome.

Capote (*Truman*), écrivain américain (1924-1984) : *Petit Déjeuner chez Tiffany*.

Capoue, v. de Campanie, prise par Hannibal en 215 av. J.-C.

Cappadoce, région d'Anatolie, centre de l'Empire hittite (IIIe-IIe millénaire av. J.-C.).

Capra (*Frank*), cinéaste américain (1897-1991) : *Arsenic et vieilles dentelles*.

Capri, île du golfe de Naples.

Cap-Vert (*îles du*), archipel à l'ouest du Sénégal, autref. portugais ; 4 000 km^2 ; 437 000 h. (*Cap-Verdiens*). Cap. *Praia*. État indépendant depuis 1975.

Caracalla (188-217), empereur romain après 211.

Caracas, cap. du Venezuela ; 3,2 millions d'h. dans l'aggl.

Caractères (*les*), ouvrage de La Bruyère.

Caraïbes, anc. peuple des Petites Antilles.

Caraïbes (*mer des*), autre nom de la mer des Antilles.

Caravage (*il Caravaggio*, en fr. **le**), peintre italien (1573-1610).

Carcassonne, ch.-l. de l'Aude ; 42 216 h. (*Carcassonnais*). Remparts médiévaux.

Carco (*Francis*), écrivain français (1886-1958) : *Jésus la Caille*.

Cardan (*Jérôme*), médecin, mathématicien et philosophe italien (1501-1576).

Cardiff, port de Grande-Bretagne (*pays de Galles*) ; 305 340 h.

Cardinale (*Claudia*), actrice italienne (née en 1938) : *le Guépard*.

Cardoso (*Fernando Henrique*), sociologue et homme politique brésilien (né en 1931), président de la République de 1995 à 2003.

Carélie, région du nord de l'Europe, partagée entre la Russie et la Finlande.

Carélie, république de la Russie.

Carême (*Marie-Antoine*), cuisinier français (1784-1833), auteur d'ouvrages d'art culinaire.

Carême (*Maurice*), poète belge de langue française (1899-1978).

Carinthie, prov. d'Autriche.

Carlos (don), infant d'Espagne (1788-1855), responsable des « guerres carlistes » contre Isabelle II.

Carlson (*Carolyn*), danseuse et chorégraphe américaine (née en 1943), elle a joué un rôle essentiel dans le développement de la danse moderne.

Carmagnole (*la*), chant révolutionnaire postérieur à la chute du roi.

Carmaux, v. du Tarn ; 10 417 h. (*Carmausins*).

Carmel (le), ordres religieux des Carmes et des Carmélites.

Carmel (mont), montagne d'Israël.

Carmen, nouvelle de Mérimée, transposée à l'opéra-comique par Bizet.

Carnac, comm. du Morbihan. Alignements mégalithiques (v. 3000 av. J.-C.).

Carné (*Marcel*), cinéaste français (1906-1996) : *les Enfants du paradis*.

Carnot (*Lazare*), conventionnel et mathématicien français (1753-1823), organisateur des victoires de la République. ◆ Son fils SADI, physicien (1796-1832), créa la thermodynamique. ◆ Son petit-fils SADI (1837-1894), président de la République en 1887, fut assassiné.

Caroline du Nord (cap. *Raleigh*) et **Caroline du Sud** (cap. *Columbia*) États du sud des États-Unis.

Carolines (*îles*), archipel d'Océanie, anc. mandat japonais (1919-1945).

Carolingiens, famille franque qui succéda aux Mérovingiens (751) et ressuscita l'Empire d'Occident (Charlemagne, 800). Elle régna en France jusqu'en 987.

Carpaccio (*Vittore*), peintre vénitien (v. 1460-v. 1525).

Carpates, chaîne de montagnes de l'Europe centrale.

Carpeaux (*Jean-Baptiste*), sculpteur français (1827-1875) : *la Danse*.

Carpentier (*Alejo*), écrivain cubain (1904-1980) : *le Siècle des lumières*.

Carpentier (*Georges*), boxeur français (1894-1975).

Carpentras, v. de Vaucluse ; 27 249 h. (*Carpentrassiens*).

Carquefou, v. de la Loire-Atlantique ; 15 684 h. (*Carquefolliens*).

Carrache, nom de trois peintres italiens de Bologne, fin du XVIe s. : *Louis, Augustin* et *Annibal* (1560-1609) qui a peint les *Amours des dieux* au palais Farnèse à Rome.

Carrare, v. d'Italie, en Toscane. Marbres.

Carroll (*Charles* DODGSON, dit **Lewis**), mathématicien et écrivain britannique (1832-1898) : *Alice au pays des merveilles.*

Carros, v. des Alpes-Maritimes ; 10 762 h.

Carter (*James,* dit **Jimmy**), homme politique américain (né en 1924). Démocrate, président des États-Unis de 1977 à 1981.

Carthage, v. d'Afrique, fondée selon la tradition v. 814 av. J.-C. par les Phéniciens, et longtemps rivale de Rome, qui la détruisit en 146 av. J.-C.

Carthagène, v. d'Espagne, sur la Méditerranée ; 179 939 h.

Cartier (*Jacques*), explorateur français (1491-1557). Il prit possession du Canada.

Cartier-Bresson (*Henri*), photographe français (1908-2004).

Cartouche (*Louis*), voleur célèbre (1693-1721).

Carvin, v. du Pas-de-Calais ; 17 891 h. (*Carvinois*).

Casablanca, port du Maroc, sur l'Atlantique ; 2 500 000 h.

Casals (*Pablo*), violoncelliste, compositeur et chef d'orchestre espagnol (1876-1973).

Casamance (la), région du sud du Sénégal, entre la Gambie et le *fleuve Casamance* (320 km).

Casanova (*Giovanni Giacomo*), aventurier et écrivain italien (1725-1798), célèbre par ses aventures galantes.

Caspienne (*mer*), grand lac, entre l'Europe et l'Asie.

Cassandre, fille de Priam, qui avait reçu le don de prévoir l'avenir, mais qui n'était jamais crue (*Myth. gr.*).

Cassavetes (*John*), cinéaste et acteur américain (1929-1989) : *Une femme sous influence.*

Cassin (*mont*), montagne de l'Italie du Sud, berceau de l'ordre bénédictin.

Cassin (*René*), juriste français (1887-1976). Il fit adopter la Déclaration universelle des droits de l'homme par l'ONU en 1948.

Cassini, famille d'astronomes et de géodésiens français (XVIIe-XIXe s.).

Cassirer (*Ernst*), philosophe allemand (1874-1945) : *la Philosophie des formes symboliques.*

Castanet-Tolosan, v. de la Haute-Garonne ; 10 396 h. (*Castanéens*).

Castel Gandolfo, comm. d'Italie ; résidence d'été des papes.

Castelnaudary, v. de l'Aude ; 11 613 h. (*Chauriens*).

Castelnau-le-Lez, v. de l'Hérault ; 14 594 h.

Castelsarrasin, v. de Tarn-et-Garonne ; 12 221 h. (*Castelsarrasinois*).

Castille, région du centre de l'Espagne. V. pr. *Madrid.* Hab. *Castillans.*

Castille-La Manche, communauté autonome d'Espagne ; 79 225 km^2 ; 1 734 261 h. Cap. *Tolède.*

Castille-León, communauté autonome d'Espagne ; 94 010 km^2 ; 2 479 118 h. Cap. *Valladolid.*

Castor et **Pollux,** dits **les Dioscures**, jumeaux, fils de Zeus et de Léda (*Myth. gr.*). Identifiés à la constellation des Gémeaux.

Castres, v. du Tarn ; 45 413 h.

Castro (*Fidel*), homme politique cubain (né en 1926), au pouvoir de 1959 à 2008. ◆ Son frère RAÚL (né en 1931) lui a succédé.

Catalauniques (*bataille des champs*), victoire des Romains sur Attila (451).

Catalogne, communauté autonome d'Espagne ; 32 100 km^2 ; 6 261 999 h. (*Catalans*). Cap. *Barcelone.*

Catane, port d'Italie, en Sicile ; 313 110 h.

Cateau-Cambrésis (*traités du*), traités de paix mettant fin aux guerres d'Italie (1559).

Catherine Ire (v. 1684-1727), impératrice de Russie de 1725 à 1727, veuve et successeur de Pierre le Grand.

Catherine II la Grande (1729-1796), impératrice de Russie de 1762 à 1796.

Catherine d'Aragon (1485-1536), femme d'Henri VIII, répudiée par lui.

Catherine de Médicis (1519-1589), reine de France, femme d'Henri II, régente pendant la minorité de Charles IX (1560).

Catherine de Sienne (*sainte*), religieuse italienne (1347-1380).

Catherine Labouré (*sainte*), religieuse française (1806-1876).

Catilina, patricien et conspirateur romain (v. 108-62 av. J.-C.), dénoncé par Cicéron.

Caton d'Utique, adversaire de Pompée puis de César (95-46 av. J.-C.), stoïcien.

Caton l'Ancien, homme d'État romain, censeur des mœurs (234-149 av. J.-C.).

Catulle, poète latin (v. 87-v. 54 av. J.-C.).

Caucase, chaîne de montagnes qui s'étend entre la mer Noire et la Caspienne ; 5642m à l'Elbrous.

Cauchon (*Pierre*), évêque de Beauvais, il présida au procès de Jeanne d'Arc (1371-1442).

Cauchy (baron *Augustin*), mathématicien français (1789-1857). Rénovateur de l'analyse mathématique.

Caudebec-lès-Elbeuf, v. de la Seine-Maritime ; 10 001 h. (*Caudebecquais*).

Causses (les), plateaux calcaires du sud du Massif central.

Caux (*pays de*), région de Normandie. Hab. *Cauchois.*

Cavaillès (*Jean*), mathématicien et philosophe français (1903-1944).

Cavaillon, v. de Vaucluse ; 25 058 h.

Cavendish (*Henry*), physicien et chimiste britannique (1731-1810).

Cavour (*Camille*, comte DE), homme politique italien (1810-1861), artisan de l'unité de l'Italie.

Cayenne, ch.-l. de la Guyane française ; 50 675 h.

Cayman ou **Caïmans** (*îles*), archipel britannique des Antilles, au sud de Cuba ; 260 km^2 ; 33 600 h. ; ch.-l. *George Town*.

Cazaux, site de la Gironde (comm. de La Teste-de-Buch) sur le *lac* (ou *étang*) *de Cazaux et de Sanguinet*.

CBS (*Columbia Broadcasting Systems*), réseau américain de télévision créé en 1927.

CEA (*Commissariat à l'énergie atomique*), établissement public français de recherche nucléaire créé en 1945.

Ceauşescu (*Nicolae*), homme politique roumain (1918-1989), au pouvoir de 1965 à 1989.

CECA (*Communauté européenne du charbon et de l'acier*), organisation créée en 1951 pour instaurer un marché commun du charbon et de l'acier, qui disparut en 2002.

CEI (*Communauté d'États indépendants*), organisation, créée en 1991, regroupant la majorité des Républiques de l'ancienne URSS.

Célèbes ou **Sulawesi,** île de l'Indonésie ; 14 946 488 h.

Céline (*Louis-Ferdinand*), écrivain français (1894-1961) : *Voyage au bout de la nuit*.

Celle-Saint-Cloud (**La**), v. des Yvelines ; 21 761 h. (*Cellois*).

Cellini (*Benvenuto*), orfèvre et sculpteur florentin (1500-1571) : *Persée*.

Celsius (*Anders*), physicien suédois (1701-1744), créateur de l'échelle thermométrique centésimale.

Celtes, groupe de peuples parlant une langue indo-européenne, originaires du S.-O. de l'Allemagne, individualisés vers le IIe millénaire.

Cendrars (*Blaise*), écrivain français (1887-1961) : *Moravagine*.

Cendrillon, personnage de contes de fées qui inspira notamment C. Perrault et les frères Grimm.

Cène (*la*), tableau de Léonard de Vinci.

Cenis (*mont*), massif des Alpes ; 3 610 m.

Cenon, v. de la Gironde ; 21 533 h. (*Cenonnais*).

Cent Ans (*guerre de*), série de conflits qui ont opposé la France et l'Angleterre, entre 1337 et 1453.

Cent ans de solitude, roman de G. García Márquez.

Centaures, monstres fabuleux, mi-hommes, mi-chevaux (*Myth. gr.*).

Cent-Jours (les), période du 20 mars au 22 juin 1815, entre le retour de Napoléon et sa seconde abdication, après Waterloo.

centrafricaine (*République*), État de l'Afrique équatoriale ; 620 000 km^2 ; 3,7 millions d'h. (*Centrafricains*). Cap. *Bangui*.

Central Park, grand parc de New York (Manhattan).

Centre, Région de France. Ch.-l. *Orléans*.

Centre national d'art et de culture Georges-Pompidou, établissement public parisien créé en 1977 ; bibliothèque, musée. Il a une antenne à Metz.

Cerbère, chien monstrueux à trois têtes, gardien des Enfers (*Myth. gr.*).

Cerdagne, région des Pyrénées.

Cerdan (*Marcel*), boxeur français (1916-1949).

Cérès, déesse romaine des Moissons, la *Déméter* grecque.

Céret, v. des Pyrénées-Orientales ; 7 549 h. (*Céretans*).

Cergy, v. du Val-d'Oise ; 55 162 h. (*Cergyssois*).

Cergy-Pontoise, agglomération du Val-d'Oise.

Cerisaie (*la*), pièce de théâtre de A.Tchekhov.

Cern, organisme européen pour la recherche nucléaire créé en 1952.

Cernay, v. du Haut-Rhin ; 10 790 h. (*Cernéens*).

Certains l'aiment chaud, film de B. Wilder (1959).

Cervantès (*Miguel* DE), écrivain espagnol (1547-1616) : *Don Quichotte de la Manche*.

Cerveteri, nécropole étrusque (Latium).

Cervin (*mont*), sommet des Alpes suisses ; 4 478 m.

Césaire (*Aimé*), écrivain et homme politique français (1913-2008), martiniquais, défenseur de la négritude.

César (*César* BALDACCINI, dit), sculpteur français (1921-1998), apparenté au « nouveau réalisme ».

César (*Jules*) [100 ou 101-44 av. J.-C.], homme d'État romain. Conquérant des Gaules, en lutte contre Pompée et le Sénat, il fut assassiné.

Cesson-Sévigné, v. d'Ille-et-Vilaine ; 15 522 h. (*Cessonnais*).

Ceuta, v. d'Espagne, située sur la côte d'Afrique du Nord, en face de Gibraltar ; 75 241 h.

Cévennes, montagnes du sud-est du Massif central. Parc national.

Ceylan → **Sri Lanka.**

Cézallier, plateau basaltique d'Auvergne.

Cézanne (*Paul*), peintre français (1839-1906), impressionniste et précurseur du cubisme : *les Joueurs de cartes*.

CFDT (*Confédération française démocratique du travail*), organisation syndicale française issue, en 1964, de la majorité de la CFTC.

CFE-CGC (*Confédération française de l'encadrement-Confédération générale des cadres*), organisation syndicale française des cadres créée en 1944.

CFTC (*Confédération française des travailleurs chrétiens*), organisation syndicale française créée en 1919.

CGT (*Confédération générale du travail*), organisation syndicale française créée en 1895.

Chablais, massif de Haute-Savoie.

Chabrier (*Emmanuel*), compositeur français (1841-1894) : *l'Étoile*.

Chaco, steppe de l'Amérique du Sud.

Chadli (*Chadli* BEN DJEDID, dit), militaire et homme politique algérien (né en 1929). Président de la République de 1979 à 1992.

Chadwick (sir *James*), physicien britannique (1891-1974).

Chagall (*Marc*), peintre français d'origine russe (1887-1985). Musée « Message biblique » à Nice.

Chahine (*Youssef*) ou **Chahin** (*Yusuf*), cinéaste égyptien (1926-2008).

Chalcidique, presqu'île grecque formant trois péninsules, dont celle du mont Athos.

Chaldée, autre nom de la Babylonie, partie inférieure de la Mésopotamie.

Chalette-sur-Loing, v. du Loiret ; 14 359 h.

Chaliapine (*Fiodor*), chanteur d'opéra (baryton-basse) russe (1873-1938).

Challans, v. de la Vendée ; 16 781 h. (*Challandais*).

Châlons-en-Champagne, ch.-l. de la Région Champagne-Ardenne et du dép. de la Marne ; 50 338 h. (*Châlonnais*).

Chalon-sur-Saône, v. de Saône-et-Loire ; 52 260 h. (*Chalonnais*).

Chamalières, v. du Puy-de-Dôme ; 18 802 h. (*Chamaliérois*).

Chamberlain (*Joseph*), homme politique britannique (1836-1914).

Chambéry, ch.-l. de la Savoie ; 57 592 h. (*Chambériens*).

Chambon-Feugerolles (**Le**), v. de la Loire ; 14 202 h. (*Chambonnaires*).

Chambord, château de la vallée de la Loire construit pour François Ier.

Chambray-lès-Tours, v. d'Indre-et-Loire ; 10 576 h.

Chamfort (*Sébastien Roch* NICOLAS, dit), écrivain français (1740-1794).

Chamonix-Mont-Blanc, v. de Haute-Savoie, au pied du mont Blanc. Tourisme.

Champagne, anc. prov. de France ; cap. *Troyes*. Vins.

Champagne-Ardenne, Région du nord-est de la France ; ch.-l. *Châlons-en-Champagne*.

Champaigne (*Philippe* DE), peintre français d'origine flamande (1602-1674).

Champ-de-Mars, à Paris, vaste jardin public entre l'École militaire et la Seine.

Champigny-sur-Marne, v. du Val-de-Marne ; 74 658 h. (*Campinois*).

Champlain (*Samuel* DE), colonisateur français du Canada (v. 1567-1635).

Champollion (*Jean-François*), égyptologue français (1790-1832). Il a déchiffré les hiéroglyphes.

Champs Élysées, séjour des âmes vertueuses dans l'au-delà (*Myth. gr.*).

Champs-Élysées, avenue de Paris, aboutissant à l'Arc de triomphe de l'Étoile.

Champs-sur-Marne, v. de Seine-et-Marne ; 24 858 h.

Chanchán, site archéologique, sur la côte nord du Pérou, près de Trujillo. Vestiges (XIIe-XVe s.).

Chandernagor, v. de l'Inde, anc. comptoir français.

Chandigarh, v. du nord de l'Inde (Pendjab), construite par Le Corbusier ; 808 796 h.

Chandler (*Raymond Thornton*), écrivain américain (1888-1959), auteur de romans noirs : *Adieu ma jolie*

Chanel (*Gabrielle* CHASNEL, dite **Coco**), couturière française (1883-1971), elle a donné à la mode un tour nouveau.

Changchun, v. de la Chine du Nord-Est, cap. du Jilin ; 2 980 870 h.

Chang-hai → **Shanghai.**

Changsha, v. de Chine ; 1 328 950 h. Nécropole du Ve-IIIe s. av. J.-C.

Chans, peuple de la Birmanie.

Chanson de Roland (*la*), la plus ancienne chanson de geste française (fin XIe s.).

Chantilly, v. de l'Oise. Château.

Chantons sous la pluie, comédie musicale de S. Donen et G. Kelly (1952).

Chants de Maldoror (*les*), œuvre poétique de Lautréamont.

Chapelle-Saint-Luc (**La**), v. de l'Aube ; 14 628 h.

Chapelle-sur-Erdre (**La**), v. de la Loire-Atlantique ; 16 805 h. (*Chapelains*).

Chaplin (*Charles*), acteur et cinéaste britannique, créateur du personnage de *Charlot* (1889-1977).

Chappe (*Claude*), ingénieur français (1763-1805), créateur du télégraphe aérien.

Chaptal (*Jean*), chimiste français (1756-1832), inventeur de la *chaptalisation* des vins.

Char (*René*), poète français (1907-1988).

Charcot (*Jean Martin*), neurologue français (1825-1893). ◆ Son fils JEAN (1867-1936) explora les régions polaires.

Chardin (*Jean-Baptiste*), peintre français (1699-1779).

Charente, fl. de l'ouest de la France ; 360 km.

Charente, dép. français (16), ch.-l. *Angoulême*, ch.-l. d'arr. *Cognac*, *Confolens* ; 339 628 h. (*Charentais*).

Charente-Maritime, dép. français (17) ; ch.-l. *La Rochelle*, ch.-l. d'arr. *Jonzac*, *Rochefort*, *Saintes*, *Saint-Jean-d'Angély* ; 557 024 h.

Charenton-le-Pont, v. du Val-de-Marne ; 26 706 h. (*Charentonnais*).

Charette (*François* DE), chef vendéen (1763-1796).

Chari, fl. d'Afrique, qui rejoint le lac Tchad ; 1 200 km.

Charlemagne ou **Charles Ier le Grand** (742

ou 747-814), roi des Francs (768-814), couronné empereur d'Occident à la Noël 800.

Charleroi, v. de Belgique, sur la Sambre ; 200 608 h. Défaite française (1914).

Charles (*Ray Charles* ROBINSON, dit **Ray**), chanteur et pianiste américain de jazz (1930-2004).

Charles Ier (1600-1649), roi d'Angleterre (en 1626). Vaincu par Cromwell, il fut décapité.

Charles II le Chauve (823-877), roi de France après 843 et empereur d'Occident après 875.

Charles III le Gros (839-888), empereur d'Occident (881-887), roi de France (884-887). Il fut déposé.

Charles III le Simple (879-929), roi de France après 898.

Charles IV le Bel (v. 1295-1328), roi de France après 1322.

Charles V, dit **Charles Quint** (1500-1558), roi d'Espagne (Charles Ier) [1516-1556], empereur germanique (1519-1556). Il lutta contre François Ier.

Charles V le Sage (1338-1380), roi de France après 1364.

Charles VI le Bien-Aimé (1368-1422), roi de France après 1380.

Charles VII (1403-1461), roi de France après 1422.

Charles VIII (1470-1498), roi de France après 1483.

Charles IX (1550-1574), roi de France après 1560.

Charles X (1757-1836), roi de France en 1824, renversé par la révolution de 1830.

Charles XII (1682-1718), roi de Suède en 1697. Il lutta victorieusement contre le Danemark, mais échoua devant la Russie.

Charles XIV → **Bernadotte.**

Charles XVI Gustave, roi de Suède depuis 1973 (né en 1946).

Charles le Téméraire (1433-1477), dernier duc de Bourgogne, adversaire de Louis XI.

Charles Martel (v. 688-741), maire du palais d'Austrasie et de Neustrie, vainqueur des Arabes à Poitiers en 732.

Charleville-Mézières, ch.-l. des Ardennes ; 58 092 h. (*Carolomacériens*).

Charlot, personnage de vagabond créé par Ch. Chaplin.

Charolais ou **Charollais,** région au nord-est du Massif central. Bovins.

Charon, nocher des Enfers (*Myth. gr.*).

Charpak (*Georges*), physicien français (né en 1924), il a conçu de nombreux détecteurs de particules.

Charpentier (*Marc Antoine*), compositeur français (1643-1704) : *Médée.*

Chartres, ch.-l. du dép. d'Eure-et-Loir ; 42 059 h. (*Chartrains*). Cathédrale gothique.

Chartreuse ou **Grande-Chartreuse** (*massif de la*), massif d'Isère et de Savoie.

Chartreuse de Parme (*la*), roman de Stendhal.

Charybde, tourbillon du détroit de Messine, voisin de l'écueil de *Scylla.*

Chasles (*Michel*), mathématicien français (1793-1880), auteur de travaux de géométrie.

Chastel (*André*), historien d'art français (1912-1990).

Chateaubriand (*François René* DE), écrivain français (1768-1848) : *Mémoires d'outre-tombe.*

Châteaubriant, v. de la Loire-Atlantique ; 12 807 h. (*Castelbriantais*).

Château-Chinon, v. de la Nièvre ; 2 719 h. (*Château-Chinonais*).

Châteaudun, v. d'Eure-et-Loir ; 15 378 h. (*Dunois*).

Château-Gontier, v. de la Mayenne ; 11 702 h. (*Castrogontériens*).

Châteauguay, riv. des États-Unis et du Canada, affl. du Saint-Laurent ; 81 km.

Châteaulin, v. du Finistère, dans le *bassin de Châteaulin* ; 5 797 h. (*Castellinois* ou *Châteaulinois*).

Châteauneuf-les-Martigues, v. des Bouches-du-Rhône ; 11 538 h.

Châteaurenard, v. des Bouches-du-Rhône ; 13 131 h. Marché de fruits et légumes.

Châteauroux, ch.-l. de l'Indre ; 52 345 h. (*Castelroussins*).

Château-Thierry, v. de l'Aisne ; 15 729 h. (*Castelthéodoriciens* ou *Castrothéodoriciens*).

Châtellerault, v. de la Vienne ; 35 795 h. (*Châtelleraudais*).

Châtenay-Malabry, v. des Hauts-de-Seine ; 30 919 h. (*Châtenaisiens*).

Châtillon, v. des Hauts-de-Seine ; 28 788 h. (*Châtillonnais*).

Chatou, v. des Yvelines ; 28 889 h. (*Catoviens*).

Châtre (**La**), v. de l'Indre ; 4 758 h. (*Castrais*).

Chatt al-Arab, fl. d'Iraq, formé par la réunion du Tigre et de l'Euphrate.

Chaucer (*Geoffrey*), poète anglais (v. 1340-1400) : *Contes de Cantorbéry.*

Chaudière, riv. du Canada (Québec), affl. du Saint-Laurent ; env. 200 km.

Chaumont, ch.-l. de la Haute-Marne ; 28 365 h. (*Chaumontais*).

Chauny, v. de l'Aisne ; 13 109 h. (*Chaunois*).

Chaussée des Géants, site du nord de l'Irlande. Roches basaltiques.

Chauvet (*grotte*), grotte à peintures préhistoriques de l'Ardèche.

Chávez (*Hugo*), homme politique vénézuélien (né en 1954), président de la République depuis 1999.

Chaville, v. des Hauts-de-Seine ; 18 136 h. (*Chavillois*).

Chavín de Huantar, site archéologique dans le nord du Pérou. Ruines (IXe-IIIe av. J.-C.).

Chedid (*Andrée*), femme de lettres française et égyptienne, d'origine libanaise (née en 1920).

Chelles, v. de Seine-et-Marne ; 45 711 h. (*Chellois*).

Chemin des Dames, crête dans le dép. de l'Aisne, théâtre de violents combats (1917 et 1918).

Chengdu, v. de Chine, cap. du Sichuan ; 3 483 834 h.

Chénier (*André* DE), poète français (1762-1794) : *la Jeune Captive*.

Chennevières-sur-Marne, v. du Val-de-Marne ; 17 919 h. (*Canavérois*).

Chenonceaux, comm. d'Indre-et-Loire. Château Renaissance (*Chenonceau*).

Chenôve, v. de la Côte-d'Or ; 16 454 h. (*Cheneveliers*).

Chéops → **Kheops.**

Chéphren → **Khephren.**

Cher, affl. de la Loire.

Cher, dép. français (18) ; ch.-l. *Bourges*, ch.-l. d'arr. *Saint-Amand-Montrond, Vierzon* ; 314 428 h.

Cherbourg-Octeville, port du dép. de la Manche ; 44 108 h. (*Cherbourgeois-Octevillais*).

Chéreau (*Patrice*), metteur en scène de théâtre, d'opéra et cinéaste français (né en 1944) : *la Reine Margot*.

Cherrapunji ou **Tcherrapoundji,** v. du nord-est de l'Inde (Meghalaya). Fortes pluies annuelles.

Chesnay (**Le**), v. des Yvelines ; 28 942 h. (*Chesnaysiens*).

Chesterton (*Gilbert Keith*), écrivain britannique (1874-1936).

Chevalier (*Maurice*), chanteur et acteur de cinéma français (1888-1972).

Chevalier à la rose (*le*), opéra de R. Strauss.

Chevauchée fantastique (*la*), film de J. Ford (1939).

Cheverny, château de la première moitié du XVIIe s., près de Blois.

Chevilly-Larue, v. du Val-de-Marne ; 18 288 h.

Chevreul (*Eugène*), chimiste français (1786-1889), spécialiste des corps gras.

Chevreuse (*Marie*, duchesse DE) [1600-1679], elle complota contre Mazarin pendant la Fronde.

Chevreuse (*vallée de*), vallée de l'Yvette (Yvelines), de part et d'autre de Chevreuse.

Cheyennes, Indiens des plaines (États-Unis).

Chhattisgarh ou **Chattisgarh,** État du centre de l'Inde ; 135 100 km^2 ; 20 795 956 h. Cap. *Raipur*.

Chiapas, État du Mexique ; 3 920 892 h. Cap. *Tuxtla Gutiérrez*.

Chiba, port du Japon (Honshu), sur la baie de Tokyo ; 856 878 h.

Chicago, v. des États-Unis, sur le lac Michigan ; 2 896 016 h. (8 272 768 dans l'aggl.).

Chichén Itzá, anc. cité maya du Mexique.

chien andalou (*Un*), film de L. Buñuel (1928).

Chihuahua, v. du Mexique septentrional ; 657 876 h. Mines.

Childéric Ier (v. 436-481), roi franc, père de Clovis.

Childéric III (m. en 754), dernier roi mérovingien (743-751). Il fut déposé.

Chili, État de l'Amérique du Sud en bordure du Pacifique ; 757 000 km^2 ; 15 402 000 h. (*Chiliens*). Cap. *Santiago*.

Chilly-Mazarin, v. de l'Essonne ; 17 868 h. (*Chiroquois*).

Chilpéric Ier (539-584), roi de Neustrie en 561, époux de Frédégonde, assassiné.

Chimborazo, volcan des Andes (Équateur) ; 6 310 m.

Chine, État d'Asie ; 9 600 000 km^2 ; 1 323 345 000 d'h. (*Chinois*). Cap. *Pékin*. Pays le plus peuplé du monde.

Chinon, v. d'Indre-et-Loire ; 9 117 h. (*Chinonais*).

Chio, île grecque de la mer Égée.

Chippendale (*Thomas*), ébéniste britannique (1718-1779), auteur d'un recueil de modèles.

Chirac (*Jacques*), homme politique français (né en 1932). Gaulliste, il a été président de la République de 1995 à 2007.

Chiraz, v. de l'Iran ; 1 053 025 h.

Chirico (*Giorgio* DE) → **De Chirico.**

Chişinău, anc. **Kichinev**, cap. de la Moldavie ; 662 000 h.

Chittagong, port du Bangladesh ; 1 430 785 h.

Chlef, anc. **Orléansville**, v. d'Algérie ; 146 157 h.

Chleuhs, tribus berbères du Maroc.

Choderlos de Laclos → **Laclos.**

Choiseul (*Étienne-François*, duc DE), ministre de Louis XV (1719-1785).

Choisy-le-Roi, v. du Val-de-Marne ; 34 574 h. (*Choisyens*).

Cholet, v. de Maine-et-Loire ; 56 540 h.

Chomsky (*Noam*), linguiste américain (né en 1928), fondateur de la grammaire générative.

Chongqing, v. de Chine (Sichuan) sur le Yangzi-Jiang ; 3 122 704 h.

Chopin (*Frédéric*), pianiste et compositeur polonais (1810-1849) : valses, polonaises.

Chostakovitch (*Dmitri*), compositeur russe (1906-1975).

Chou En-lai → **Zhou Enlai.**

Chrétien de Troyes, poète français (v. 1135-v. 1183), auteur de romans de chevalerie.

Christian, nom de dix rois du Danemark.

Christie (*Agatha*), femme de lettres britannique (1890-1976), auteur de romans policiers : *Dix Petits Nègres*.

Christie's, maison de ventes aux enchères fondée à Londres en 1766.

Christine (1626-1689), reine de Suède (1632-1654), protectrice des lettres.

Christo et Jeanne-Claude, artistes américains, *Christo* JAVACHEFF (né en 1935), d'origine bulgare, et *Jeanne-Claude* Denat de Guillebon (1935-2009), d'origine française, célèbres pour leurs « empaquetages » de monuments.

Christophe (*Georges* Colomb, dit) écrivain et dessinateur français (1856-1945), pionnier de la bande dessinée : *la Famille Fenouillard.*

Chroniques (*livres des*), livre de la Bible.

Chung Myung-whun, pianiste et chef d'orchestre sud-coréen (né en 1953).

Churchill (*Winston*), homme politique britannique (1874-1965), conservateur, deux fois Premier ministre, il fut l'animateur de l'effort de guerre britannique.

Churriguera, famille de sculpteurs et d'architectes espagnols, actifs au XVIIIe s. à Madrid et à Salamanque.

Chypre, État insulaire de la Méditerranée orientale ; 9 251 km^2 ; 790 000 h. (*Chypriotes* ou *Cypriotes*). Cap. *Nicosie.*

CIA (*Central Intelligence Agency*), service d'espionnage et de contre-espionnage des États-Unis.

Cicéron, orateur, homme politique et écrivain latin (103-43 av. J.-C.).

Cid (le), chevalier espagnol du XIe s.

Cid (*le*), tragédie de Corneille.

Cimabue, peintre italien de la fin du XIIIe s.

Cincinnati, v. des États-Unis (Ohio) ; 331 285 h. (1 646 395 avec les banlieues).

Cincinnatus, homme d'État romain du Ve s. av. J.-C., réputé pour sa vertu.

Cinecittà, studios de cinéma italiens (Rome).

Cinémathèque française, association de sauvegarde et de promotion du cinéma créée à Paris en 1936.

Cinna, conspirateur romain, adversaire d'Auguste.

Cinna, tragédie de Corneille.

Cinq-Mars (marquis de), favori de Louis XIII (1620-1642), il conspira contre Richelieu et fut exécuté.

Ciotat (**La**), v. des Bouches-du-Rhône ; 31 923 h. (*Ciotadens*).

Circé, magicienne de *l'Odyssée.*

Cisalpine (*Gaule*), l'Italie du Nord, pour les Romains.

Cisjordanie, région située à l'ouest du Jourdain.

Cité (la), île de la Seine, berceau de Paris.

Cîteaux, abbaye bénédictine de la Côte-d'Or (v. 1100), berceau de la réforme cistercienne.

Cité de Dieu (*la*), ouvrage de saint Augustin.

Cité des sciences et de l'industrie, établissement public parisien ; espaces d'exposition, salle de cinéma hémisphérique (la *Géode*), médiathèque, planétarium.

Cité interdite, palais impérial de Pékin, édifié en 1406.

Citroën (*André*), ingénieur et industriel français (1878-1935), constructeur d'automobiles.

Ciudad Juárez, v. du Mexique, sur la frontière américaine ; 1 187 275 h.

Cixi → **Tseu-hi.**

Clair (*René*), cinéaste français (1898-1981) : *Un chapeau de paille d'Italie, les Grandes Manœuvres.*

Claire (*sainte*), fondatrice de l'ordre féminin de saint François (1193-1253).

Clairvaux, anc. abbaye cistercienne (Aube) ; auj. prison.

Clamart, v. des Hauts-de-Seine ; 49 131 h. (*Clamartois* ou *Clamariots*).

Clamecy, v. de la Nièvre ; 5 105 h. (*Clamecycois*).

Clapton (*Eric*), guitariste et chanteur britannique de pop (né en 1945), également compositeur.

Claude Ier (10 av. J.-C.-54 apr. J.-C.), empereur romain après 41, empoisonné par Agrippine, sa seconde femme.

Claudel (*Paul*), écrivain français (1868-1955) : *le Soulier de satin.* ◆ Sa sœur Camille (1864-1943), sculpteur.

Clausewitz (*Carl* von), général et théoricien prussien (1780-1831) : *De la guerre.*

Clemenceau (*Georges*), homme politique français (1841-1929), animateur de l'effort de guerre français.

Clément, nom de quatorze papes.

Clément (*René*), cinéaste français (1913-1996) : *Jeux interdits.*

Clément V (m. en 1314), pape en 1305. Il s'établit à Avignon.

Clément VII (1478-1534), pape en 1523. Il se heurta à Charles Quint et à Henri VIII.

Cléopâtre VII (69-30 av. J.-C.), dernière reine d'Égypte (après 51). Elle séduisit César, puis Antoine, et se tua après Actium.

Clermont, v. de l'Oise ; 9 923 h. (*Clermontois*).

Clermont-Ferrand, ch.-l. de la Région Auvergne et du Puy-de-Dôme ; 141 004 h. (*Clermontois*).

Cleveland, v. des États-Unis (Ohio) ; 478 403 h. (2 250 871 avec les banlieues).

Cleveland (*Stephen*), homme politique américain (1837-1908). Démocrate, président des États-Unis (1885-1889 et 1893-1897).

Clichy, v. des Hauts-de-Seine ; 50 420 h. (*Clichois*).

Clichy-sous-Bois, v. de la Seine-Saint-Denis ; 28 379 h. (*Clichois*).

Clinton (*William*, dit **Bill**), homme politique américain (né en 1946). Démocrate, président des États-Unis de 1993 à 2001.

Clipperton, îlot français inhabité du Pacifique.

Clisthène, homme d'État athénien de la fin du Ve s. av. J.-C.

Clooney (*George*), acteur et cinéaste américain (né en 1961) : *Good Night, and Good Luck.*

Clotaire Ier (v. 407-561), fils de Clovis, roi franc (v. 511-561).

Clotilde (*sainte*), femme de Clovis Ier (v. 475-545).

Clouet, famille de peintres français de la Renaissance.

Clouzot (*Henri Georges*), cinéaste français (1907-1977) : *Quai des Orfèvres.*

Clovis Ier (465-511), roi des Francs après 481, baptisé à Reims par saint Remi.

Cluny, v. de Saône-et-Loire. Vestiges d'une prestigieuse abbaye bénédictine.

Cluses, v. de la Haute-Savoie ; 18 126 h. (*Clusiens*).

Clytemnestre, épouse d'Agamemnon, qu'elle tua à son retour de Troie (*Myth. gr.*).

CNES (*Centre national d'études spatiales*), agence spatiale française, créée en 1961.

CNN (*Cable News Network*), chaîne américaine de télévision, créée en 1980.

Cnossos, principale cité de la Crète antique dès le XXIe s. av. J.-C.

CNRS (*Centre National de la Recherche Scientifique*), organisme public français.

CNUCED (*Conférence des Nations unies pour le commerce et le développement*), organe de l'ONU créé en 1964.

Coblence, v. d'Allemagne (*Koblenz*) ; 107 700 h. Lieu de ralliement des émigrés français en 1792.

Cobra (de *COpenhague, BRuxelles, Amsterdam*), mouvement artistique européen (1948-1951).

Cochabamba, v. de Bolivie, à plus de 2 500 m d'alt. ; 616 222 h.

Cochereau (*Pierre*), organiste français (1924-1984).

Cochin, port d'Inde (Kerala), sur la côte de Malabar ; 596 473 h.

Cochinchine, région du Viêt Nam méridional.

Cocos ou **Keeling** (*îles*), archipel australien de l'océan Indien, au sud-ouest de Java.

Cocteau (*Jean*), écrivain et cinéaste français (1889-1963) : *les Enfants terribles.*

Cognac, v. de la Charente. Eaux-de-vie.

Cohen (*Albert*), écrivain suisse de langue française (1895-1981) : *Belle du seigneur.*

Cohen (*Leonard*), écrivain et chanteur canadien de langue anglaise (né en 1934) : *Suzanne, Halleluja.*

Cohen-Tannoudji (*Claude*), physicien français (né en 1933), spécialiste de physique atomique.

Coimbatore, v. d'Inde (Tamil Nadu) ; 923 085 h.

Coimbra, v. du Portugal ; 96 142 h. Vieille université.

Coiron ou **Coirons,** plateau basaltique de l'Ardèche ; 1 061 m.

Colbert (*Jean-Baptiste*), ministre de Louis XIV (1619-1683). Il favorisa l'industrie et le commerce.

Coleridge (*Samuel*), poète britannique (1772-1834), précurseur du romantisme.

Colette (*Sidonie Gabrielle*), romancière française (1873-1954) : *Claudine.*

Coligny (*Gaspard* DE), chef protestant, tué à la Saint-Barthélemy (1519-1572).

Colisée, amphithéâtre antique de Rome (fin du Ier s.), le plus vaste du monde romain.

Collège de France, établissement d'enseignement créé à Paris en 1530 par François Ier.

Collier (*affaire du*), escroquerie dans laquelle la reine Marie-Antoinette fut injustement mise en cause (1785-1786).

Colmar, ch.-l. du Haut-Rhin ; 67 163 h. (*Colmariens*).

Cologne, v. d'Allemagne, sur le Rhin ; 967 900 h. Cathédrale.

Colomb (*Christophe*), marin génois au service de l'Espagne (v. 1451-1506). Il découvrit l'Amérique en 1492.

Colombes, v. des Hauts-de-Seine ; 77 184 h.

Colombie, État de l'Amérique du Sud ; 1 140 000 km^2 ; 42 803 000 h. (*Colombiens*). Cap. *Bogotá.*

Colombie-Britannique, prov. du Canada ; cap. *Victoria* ; v. pr. *Vancouver.*

Colombo, cap. commerciale du Sri Lanka ; 648 000 h.

Colomiers, v. de la Haute-Garonne ; 28 988 h.

Colorado, fleuve des États-Unis, qui rejoint le golfe de Californie, au Mexique ; 2 250 km.

Colorado, État du centre des États-Unis. Cap. *Denver.*

Colorado (*rio*), fl. des États-Unis, qui rejoint le golfe du Mexique ; 1 560 km.

Coltrane (*John*), compositeur et saxophoniste américain de jazz (1926-1967).

Columbia, fl. d'Amérique du Nord, né au Canada et qui rejoint le Pacifique ; 1 930 km.

Columbia (*district de*), district fédéral des États-Unis ; 175 km^2 ; 572 059 h. Cap. *Washington.*

Columbia (*université*), université de New York.

Columbus, v. des États-Unis, cap. de l'Ohio ; 711 470 h. (1 540 157 h. avec les banlieues).

Comanches, Indiens des États-Unis.

Comaneci (*Nadia*), gymnaste roumaine et américaine (née en 1961), championne olympique en 1976 et en 1980.

Combarelles (*les*), grotte à peintures préhistoriques de la Dordogne.

Combes (*Émile*), homme politique français (1835-1921). Il mena une politique anticléricale.

Combs-la-Ville, v. de Seine-et-Marne ; 21 092 h.

Côme, v. d'Italie, en Lombardie, sur le *lac de Côme* ; 78 680 h.

Comecon, organisme de coopération économique ayant regroupé de 1949 à 1991, autour de l'URSS, divers pays d'économie dirigée.

Comédie-Française, théâtre fondé à Paris en 1680.

Comédie humaine (*la*), ensemble des romans de Balzac.

Comité de salut public, organisme de surveillance et d'action créé par la Convention (1793-1795).

Commercy, v. de la Meuse ; 7 163 h. (*Commerciens*).

Commission européenne, institution de l'Union européenne chargée de l'exécution des politiques communautaires.

Commode (161-192), empereur romain après 180. Fou et cruel, il fut assassiné.

Commonwealth, ensemble formé par la Grande-Bretagne et divers États qui acceptent, en toute indépendance, un lien avec la Couronne britannique.

Communauté économique européenne (CEE), association conclue en 1957 par six pays européens. Devenue en 1993 la *Communauté européenne* (CE), elle sert de cadre institutionnel à l'*Union européenne* jusqu'à ce que cette dernière, dotée de la personnalité juridique, la supplante (2009).

Commune (la), gouvernement insurrectionnel, constitué à Paris (mars-mai 1871).

communes (*Chambre des*) ou **Communes,** chambre basse du Parlement britannique.

communiste français (*Parti*) ou **PCF,** parti politique français né en 1920.

Commynes (*Philippe* DE), historien français (1447-1511).

Comnène, famille byzantine dont sont issus plusieurs empereurs d'Orient.

Comores, État insulaire de l'océan Indien, près de Madagascar ; 1 900 km^2 ; 727 000 h. (*Comoriens*). Cap. *Moroni*. Anc. possession française.

Compiègne, v. de l'Oise ; 44 380 h. (*Compiégnois*).

Compiègne (*forêt de*), forêt domaniale entre les vallées de l'Aisne, de l'Oise et de l'Automne (env. 14 500 ha).

Comtat Venaissin, domaine papal, avec Avignon (1274-1791).

Comte (*Auguste*), philosophe français (1798-1857), à l'origine du positivisme.

Conakry, cap. de la Guinée ; 1 092 936 h.

Concarneau, v. du Finistère ; 20 021 h. (*Concarnois*). Station balnéaire.

Concertos brandebourgeois ou **Concerts brandebourgeois,** série des six *Concerts pour plusieurs instruments* de J. S. Bach.

Conciergerie, anc. prison dans le Palais de Justice de Paris.

Concini (*Concino*), favori de Marie de Médicis et ministre de Louis XIII (v. 1575-1617).

Concorde (*place de la*), à Paris, anc. place Louis-XV et place de la Révolution de 1792 à 1795, entre le jardin des Tuileries et les Champs-Élysées.

Condé (*Louis II*, prince DE), dit **le Grand Condé**, général français (1621-1686), vainqueur de l'Espagne à Rocroi.

Condé-sur-l'Escaut, v. du Nord ; 10 607 h.

Condillac (*Étienne* BONNOT DE), philosophe français (1714-1780) : *Traité des sensations*.

Condom, v. du Gers ; 7 555 h. (*Condomois*).

Condorcet (*Antoine* DE), philosophe et homme politique français (1743-1794).

Confédération européenne des syndicats (CES), organisation syndicale européenne créée en 1973.

Confédération germanique, union politique des États allemands (1815-1866).

Confessions, ouvrage de saint Augustin.

Confessions (*les*), ouvrage de J.-J. Rousseau.

Conflans-Sainte-Honorine, v. des Yvelines ; 33 948 h. (*Conflanais*).

Confolens, v. de la Charente ; 3 065 h. (*Confolentais*).

Confucius, philosophe et moraliste chinois (v. 551-479 av. J.-C.).

Congo, fl. d'Afrique, tributaire de l'Atlantique ; 4 700 km.

Congo (*République démocratique du*) [de 1971 à 1997 Zaïre], anc. **Congo belge**, État de l'Afrique centrale ; 2 345 000 km^2 ; 47 069 000 h. (*Congolais*). Cap. *Kinshasa*.

Congo (*république du*), État de l'Afrique équatoriale ; 342 000 km^2 ; 3 110 000 h. (*Congolais*). Cap. *Brazzaville*.

Connecticut, État du nord-est des États-Unis. Cap. *Hartford*.

Connery (sir *Thomas*, dit **Sean**), acteur britannique (né en 1930) : *James Bond 007 contre Docteur No*.

Conrad, nom de cinq rois et empereurs germaniques.

Conrad (*Joseph*), romancier britannique (1857-1924) : *Lord Jim*.

Conseil constitutionnel, organe juridictionnel français créé en 1958 pour veiller au respect de la Constitution.

Conseil de l'Europe, organisation européenne créée en 1949. Elle réunit aujourd'hui 47 États.

Conseil d'État, instance consultative et juridictionnelle suprême de l'administration française créée en 1799.

Conseil économique, social et environnemental, assemblée consultative française, créée en 1958.

Conseil européen, institution de l'Union européenne créée en 1974, chargée des orientations politiques générales.

Constable (*John*), peintre paysagiste britannique (1776-1837).

Constance, nom de plusieurs empereurs romains du Bas-Empire.

Constance (*lac de*), lac formé par le Rhin supérieur.

Constant (*Benjamin*), homme politique et écrivain français (1767-1830) : *Adolphe*.

Constanţa, port de Roumanie, sur la mer Noire; 350 581 h.

Constantine ou **Qacentina,** v. d'Algérie; 481 947 h.

Constantin Ier le Grand (entre 270 et 288-337), empereur romain après 306. Il favorisa le christianisme et fonda Constantinople.

Constantinople → **Istanbul.**

Consulat, gouvernement de la France (1799-1804) qui précéda l'Empire.

Contemplations (*les*), œuvre poétique de V. Hugo.

Contes, recueil de contes d'Andersen: *le Vilain Petit Canard, la Petite Sirène.*

Contes, recueil de contes de C. Perrault: *la Belle au bois dormant, Cendrillon.*

Contes de la lune vague après la pluie (*les*), film de K. Mizoguchi (1953).

contrat social (*Du*), traité de J.-J. Rousseau.

Contre-Réforme ou **Réforme catholique,** mouvement de réforme au XVIe s. au sein de l'Église catholique.

Contrexéville, station thermale des Vosges.

Convention nationale, assemblée qui gouverna la France de 1792 à 1795, et créa la Ire République.

Cook (*îles*), archipel d'Océanie, entre les îles Tonga et Tahiti, à 1 600 km au nord-est de la Nouvelle-Zélande, dont il constitue un territoire associé; 241 km²; 18 904 h.; ch.-l. *Avarua,* dans l'île de Rarotonga.

Cook (*James*), marin britannique (1728-1779). Il explora l'Océanie.

Cooper (*Fenimore*), romancier américain (1789-1851): *le Dernier des Mohicans.*

Cooper (*Gary*), acteur américain (1901-1961): *Le train sifflera trois fois.*

Copeau (*Jacques*), acteur, metteur en scène de théâtre et écrivain français (1879-1949).

Copenhague, cap. et port du Danemark; 501 664 h. (1 066 000 avec les banlieues).

Copernic (*Nicolas*), astronome polonais (1473-1543). Il fit l'hypothèse du mouvement des planètes autour du Soleil.

Copi (*Raúl* DAMONTE, dit), auteur dramatique et humoriste argentin (1939-1987): *la Femme assise.*

Coppens (*Yves*), paléontologue français (né en 1934).

Coppi (*Fausto*), coureur cycliste italien (1919-1960), champion du monde en 1953.

Coppola (*Francis Ford*), cinéaste américain (né en 1939): *Apocalypse Now.*

Corail (*bataille de la mer de*), bataille aéronavale de la Seconde Guerre mondiale (4-8 mai 1942), marquée par la victoire américaine sur les Japonais.

Coran, livre sacré des musulmans, écrit en arabe, parole révélée d'Allah.

Corbeil-Essonnes, v. de l'Essonne; 39 951 h. (*Corbeillessonnois*).

Corbières, bordure nord des Pyrénées orientales; vignobles.

Corday (*Charlotte* DE), révolutionnaire française (1768-1793), elle poignarda Marat.

Cordeliers, club révolutionnaire fondé en 1790. Il disparut en 1794.

Córdoba, v. d'Argentine; 1 284 582 h.

Cordoue, v. d'Espagne (Andalousie); 314 034 h. (*Cordouans*). Grande Mosquée.

Corée, péninsule d'Asie séparée en deux États: la *Corée du Nord* et la *Corée du Sud.* Hab.: *Coréens.*

Corée (*république de*) ou **Corée du Sud,** État d'Asie orientale, occupant la partie sud de la péninsule coréenne; 99 000 km²; 47 201 900 h. (*Sud-Coréens*). Cap. *Séoul.*

Corée (*République populaire démocratique de*), ou **Corée du Nord,** État d'Asie orientale, occupant la partie nord de la péninsule coréenne; 120 500 km²; 22 428 000 h. (*Nord-Coréens*). Cap. *Pyongyang.*

Corelli (*Arcangelo*), violoniste et compositeur italien (1653-1713).

Corfou, une des îles Ioniennes.

Corinthe, v. de Grèce, sur un isthme.

Coriolan, général romain semi-légendaire du Ve s. av. J.-C.

Coriolis (*Gaspard*), physicien français (1792-1843). Il a mis en évidence la *force de Coriolis.*

Cormeilles-en-Parisis, v. du Val-d'Oise; 19 822 h. (*Cormeillais*).

Corne de l'Afrique, extrémité orientale de l'Afrique, sur l'océan Indien.

Corneille (*Pierre*), poète dramatique français (1606-1684), auteur de tragédies: *le Cid, Horace, Cinna, Polyeucte, Nicomède.*

Cornouailles, en angl. **Cornwall,** extrémité sud-ouest de l'Angleterre.

Corot (*Camille*), peintre français (1796-1875), paysagiste et portraitiste.

Corrège (*il Correggio,* en fr. **le**), peintre italien (v. 1489-1534).

Corrèze, dép. français (19); ch.-l. *Tulle,* ch.-l. d'arr. *Brive-la-Gaillarde, Ussel*; 232 576 h. (*Corréziens*).

Corse, île de la Méditerranée, formant une collectivité territoriale (ch.-l. *Ajaccio*), divisée en deux dép.: la *Corse-du-Sud* et la *Haute-Corse.*

Corse (**Haute-**), dép. de la Corse; ch.-l. de dép. *Bastia*; ch.-l. d'arr. *Calvi, Corte*; 4 666 km²; 141 603 h.

Corse-du-Sud, dép. de la Corse; ch.-l. de dép. *Ajaccio*; ch.-l. d'arr. *Sartène*; 4 014 km²; 118 593 h.

Corte, v. de la Haute-Corse; 6 693 h. (*Cortenais*).

Cortés (*Hernán*), conquistador espagnol (1485-1547), conquérant du Mexique.

Corto Maltese, série de bandes dessinées de H. Pratt.

Cortot (*Alfred*), pianiste français (1877-1962).

Corvin → **Mathias Ier.**

Cosaques, population de paysans-soldats du sud de la Russie.

Cosne-Cours-sur-Loire, v. de la Nièvre ; 11 834 h. (*Cosnois*).

Cosquer (*grotte*), grotte sous-marine à peintures préhistoriques, près de Marseille.

Costa Brava, littoral de la Catalogne.

Costa del Sol, littoral de l'Espagne, sur la Méditerranée, de part et d'autre de Málaga.

Costa-Gavras (*Konstandínos* GAVRAS, dit), cinéaste français d'origine grecque (né en 1933) : *l'Aveu*.

Costa Rica, État de l'Amérique centrale ; 51 000 km^2 ; 4 112 000 h. (*Costaricains*). Cap. *San José*.

Côte d'Amour, littoral atlantique de la région de La Baule-Escoublac.

Côte d'Argent, littoral atlantique, de l'embouchure de la Gironde à celle de la Bidassoa.

Côte d'Azur, littoral français de la Méditerranée de Cassis à Menton.

Côte d'Émeraude, littoral de la Manche, vers Dinard et Saint-Malo.

Côte d'Ivoire, État de l'Afrique occidentale ; 322 000 km^2 ; 16 349 000 h. (*Ivoiriens*). Cap. *Yamoussoukro*. V. pr. *Abidjan*.

Côte d'Opale, littoral français, de la baie de Somme à Dunkerque.

Côte-d'Or, dép. français (21) ; ch.-l. *Dijon*, ch.-l. d'arr. *Beaune*, *Montbard* ; 506 755 h.

Cotentin (le), presqu'île normande.

Côtes-d'Armor, dép. français (22) ; ch.-l. *Saint-Brieuc*, ch.-l. d'arr. *Dinan*, *Guingamp*, *Lannion* ; 542 373 h.

Côte Vermeille, littoral français de la Méditerranée, de Collioure à Cerbère.

Cotonou, port du Bénin ; 828 000 h.

Cotopaxi, volcan actif des Andes (Équateur) ; 5 897 m.

Cotte (*Robert* DE), architecte français (1656-1735), un des créateurs du style « Régence ».

Coty (*René*), homme politique français (1882-1962). Président de la République (1954-1959).

Coubertin (*Pierre* DE), rénovateur des jeux Olympiques (1863-1937).

Coudekerque-Branche, v. du Nord ; 24 487 h. (*Coudekerquois*).

Coulomb (*Charles* DE), physicien français (1736-1806). Il établit les lois du magnétisme et de l'électrostatique.

Coulommiers, v. de Seine-et-Marne ; 14 191 h. (*Columériens*).

Couperin (*François*), compositeur français (1668-1733).

Coupole du Rocher (la), mosquée de Jérusalem érigée en 691, à l'architecture byzantine.

Cœur (*Jacques*), négociant de Bourges, argentier de Charles VII (v. 1395-1456).

Courbet (*Gustave*), peintre français (1819-1877), maître du réalisme.

Courbevoie, v. des Hauts-de-Seine ; 70 105 h. (*Courbevoisiens*).

Cour de cassation, juridiction suprême de l'ordre judiciaire français.

Cour de justice de l'Union européenne, juridiction communautaire.

Cour européenne des droits de l'homme, organe judiciaire du Conseil de l'Europe créé en 1959.

Courier (*Paul-Louis*), écrivain français (1772-1825), auteur de pamphlets.

Cour internationale de justice, organe juridictionnel des Nations unies créé en 1945.

Courneuve (*La*), v. de la Seine-Saint-Denis ; 35 608 h. (*Courneuviens*). Parc départemental.

Cournon-d'Auvergne, v. du Puy-de-Dôme ; 19 292 h. (*Cournonnais*).

Couronnement de la Vierge (*le*), grand retable de E. Quarton.

Cour pénale internationale (CPI), juridiction internationale.

Courrières, v. du Pas-de-Calais ; 10 682 h.

Cour suprême des États-Unis, juridiction fédérale américaine la plus élevée.

Courteline (*Georges*), écrivain français (1858-1929), auteur de comédies : *Messieurs les ronds-de-cuir*.

Cousteau (*Jacques-Yves*), océanographe et cinéaste français (1910-1997).

Coustou, nom de trois sculpteurs français (fin XVIIe-XVIIIe s.).

Coutances, v. de la Manche ; 11 479 h. (*Coutançais*).

Coyzevox (*Antoine*), sculpteur français (1640-1720). Il participa à la décoration de Versailles.

Cracovie, v. de Pologne méridionale ; 758 500 h. Centre monumental.

Cranach (*Lucas*), peintre et graveur allemand (1472-1553).

Crassus, homme politique romain (115-53 av. J.-C.).

Crau (la), plaine des Bouches-du-Rhône.

Crau (**La**), v. du Var ; 14 844 h. (*Craurois*).

Création (*la*), oratorio de Haydn.

Crébillon (*Prosper*), poète tragique français (1674-1762).

Creil, v. de l'Oise ; 31 947 h. (*Creillois*).

Crépuscule des dieux (*le*), drame musical de Wagner.

Crépy-en-Valois, v. de l'Oise ; 14 704 h. (*Crépynois*).

Crespin (*Régine*), soprano française (1927-2007).

Crésus, roi de Lydie (v. 560-546 av. J.-C.), immensément riche, vaincu par Cyrus.

Crète, anc. **Candie**, île grecque de la Méditerranée ; 601 159 h. (*Crétois*).

Créteil, ch.-l. du Val-de-Marne ; 82 630 h. (*Cristoliens*).

Creuse, riv. de France.

Creuse, dép. français (23) ; ch.-l. *Guéret*, ch.-l. d'arr. *Aubusson* ; 124 470 h. (*Creusois*).

Creusot (**Le**), v. de Saône-et-Loire ; 26 758 h. (*Creusotins*).

Creys-Malville, anc. centrale nucléaire équipée du surgénérateur Super-Phénix, sur la comm. de Creys-et-Pusignieu (Isère), sur le Rhône.

Crick (*Francis Harry Compton*), biologiste britannique (1916-2004), l'un des découvreurs de la structure en double hélice de l'ADN.

Crimée, presqu'île d'Ukraine.

Crime et châtiment, roman de Dostoïevski.

Cris et Chuchotements, film de I. Bergman (1972).

Critique de la raison pure, œuvre de Kant.

Croatie, État d'Europe ; 56 500 km^2 ; 4 655 000 h. (*Croates*). Cap. *Zagreb*.

Croce (*Benedetto*), philosophe, historien et homme politique italien (1866-1952).

Crockett (*David*, dit **Davy**), pionnier américain (1786-1836), mort à Fort Alamo.

croisades, expéditions militaires entreprises pour arracher les Lieux saints aux musulmans. Il y eut huit croisades (XIe-XIIIe s.).

Croissant-Rouge, organisation humanitaire des pays musulmans.

Croix, v. du Nord ; 20 832 h. (*Croisiens*).

Croix-Rouge, organisation internationale à vocation humanitaire, fondée en 1863 par H. Dunant.

Cro-Magnon (*homme de*), race d'homme préhistorique (env. – 40 000 ans).

Cromwell (*Olivier*), homme d'État anglais (1599-1658), lord-protecteur d'Angleterre, d'Écosse et d'Irlande, il fit exécuter Charles Ier.

Crookes (*William*), chimiste et physicien anglais (1832-1919). Il découvrit la nature des rayons cathodiques.

Crozet (*îles*) ou **archipel Crozet** archipel français de l'océan Indien méridional, au sud de Madagascar ; 500 km^2 env.

Crumb (*Robert*), dessinateur américain de bandes dessinées « underground » (né en 1943).

CSA (*Conseil supérieur de l'audiovisuel*), autorité administrative chargée de la communication audiovisuelle en France.

Cuba, État insulaire des Antilles ; 111 000 km^2 ; 11 237 000 h. (*Cubains*). Cap. *La Havane*.

Cuello, site archéologique maya du nord du Belize (v. 1000 av. J.-C.).

Cukor (*George*), cinéaste américain (1899-1983) : *My Fair Lady*.

Cunningham (*Merce*), danseur et chorégraphe américain (1919-2009).

Cupidon, dieu romain de l'Amour, l'*Éros* grec.

Curaçao, île des Antilles néerlandaises.

Curiaces (les) → **Horaces.**

Curie (*Pierre*) [1859-1906], et sa femme *Marie* (1867-1934) physiciens français, étudièrent la radioactivité.

Curien (*Hubert*), physicien français (1924-2005). Ses travaux concernent la minéralogie et la cristallographie.

Curitiba, v. du Brésil, cap. du Paraná ; 1 586 848 h.

Curnonsky (*Maurice Edmond* SAILLAND, dit), journaliste et écrivain français (1872-1956).

Cussac (*grotte de*), grotte à peintures préhistoriques de la Dordogne.

Cusset, v. de l'Allier ; 13 975 h. (*Cussétois*).

Cuvier (*Georges*), naturaliste français (1769-1832), fondateur de l'anatomie comparée et de la paléontologie.

Cuzco, v. du Pérou à 3500 m d'alt. ; 257 751 h. Anc. cap. des Incas.

Cybèle, déesse phrygienne de la Fertilité.

Cyclades, îles grecques de la mer Égée.

Cyclopes, géants forgerons et bâtisseurs n'ayant qu'un œil au milieu du front (*Myth. gr.*).

Cyrano de Bergerac, pièce de E. Rostand.

Cyrano de Bergerac (*Savinien* DE), écrivain français (1619-1655).

Cyrénaïque, partie nord-est de la Libye.

Cyrille (*saint*), nom de plusieurs saints.

Cyrille et Méthode (*saints*), évangélisateurs des Slaves au IXe s.

Cyrus (m. v. 530 av. J.-C.), fondateur de l'Empire perse, maître de l'Asie occidentale.

Cythère, île grecque de la mer Égée.

Czestochowa, v. de Pologne ; 251 400 h. Pèlerinage.

D

Dacca, cap. du Bangladesh ; 6 105 160 h.

Dachau, camp de concentration allemand (1938-1945).

Dacie, anc. pays de l'Europe correspondant à la Roumanie actuelle.

Dagobert Ier, roi des Francs (629-638).

Daguerre (*Jacques*), inventeur français (1787-1851), pionnier de la photographie.

Dahomey → **Bénin.**

Daimler, groupe allemand de construction automobile.

Dakar, cap. du Sénégal ; 2 167 000 h.

Dakota du Nord (cap. *Bismarck*) et **Dakota du Sud** (cap. *Pierre*), États du centre des États-Unis.

Daladier (*Édouard*), homme politique français (1884-1970).

Dalí (*Salvador*), peintre surréaliste espagnol (1904-1989).

Dalian, anc. **Dairen**, port de Chine (Liaoning) ; 2 628 000 h.

Dalila, femme qui livra Samson aux Philistins (*Bible*).

Dallas, v. des États-Unis (Texas) ; 1 188 580 h. (3 519 176 avec les banlieues).

Dalmatie, région de Croatie bordant l'Adriatique.

Dalton (*John*), physicien et chimiste britannique (1766-1844), créateur de la théorie atomique.

Daman-et-Diu, territoire de l'Inde ; 112 km^2 ; 158 059 h. ; ch.-l. *Daman.*

Damas, cap. de la Syrie ; 1 497 000 h. Grande Mosquée fondée en 705.

Dame aux camélias (*la*), roman (1848) et pièce de théâtre (1852) d'Alexandre Dumas fils.

Damiens (*Robert*), domestique français (1715-1757), écartelé pour avoir tenté d'assassiner Louis XV.

Dammarie-les-Lys, v. de Seine-et-Marne ; 20 816 h.

Damoclès, courtisan de Denys l'Ancien (IVe s. av. J.-C.). Celui-ci fit suspendre un jour sur sa tête une épée pendue à un fil.

Danaïdes, sœurs qui tuèrent leurs époux et furent condamnées à remplir un tonneau sans fond (*Myth. gr.*).

Da Nang, port du Viêt Nam central ; 382 674 h.

Danemark, État de l'Europe septentrionale ; 43 000 km^2 ; 5 333 000 h. (*Danois*). Cap. *Copenhague.*

Daniel, héros de la Bible, qui fut jeté dans la fosse aux lions et en sortit indemne.

D'Annunzio (*Gabriele*), écrivain italien (1863-1938).

Dante Alighieri, poète italien (1265-1321) : *la Divine Comédie.*

Danton (*Georges Jacques*), conventionnel français (1759-1794).

Dantzig → **Gdańsk.**

Danube, fl. d'Europe, né en Allemagne, tributaire de la mer Noire ; 2 850 km.

Da Ponte (*Emanuele* CONEGLIANO, dit **Lorenzo**), librettiste italien (1749-1838), auteur de livrets pour Mozart.

Daqing, v. de la Chine du Nord-Est (Heilongjiang) ; 996 866 h.

Dard (*Frédéric*), écrivain français (1921-2000), auteur de romans policiers animés par le célèbre commissaire San-Antonio.

Dardanelles (les), détroit entre la mer Égée et la mer de Marmara.

Dar es-Salaam, capitale de la Tanzanie ; 2 441 000 h.

Darfour, région montagneuse de l'ouest du Soudan.

Darios ou **Darius,** nom de trois rois de Perse (du VIe au Ve s. av. J.-C.).

Darios Ier (m. en 486), fondateur de Persépolis, fut vaincu par les Grecs à Marathon.

Darjeeling ou **Darjiling,** v. d'Inde (Bengale-Occidental), à 2 185 m d'alt. Théiers.

Darwin (*Charles Robert*), naturaliste britannique (1809-1882). Fondateur de la doctrine évolutionniste.

Datong, v. de Chine (Shanxi) ; 1 277 310 h.

Dauberval (*Jean*), danseur et chorégraphe français (1742-1806) : *la Fille mal gardée.*

Daudet (*Alphonse*), romancier français (1840-1897) : *Tartarin de Tarascon, Lettres de mon moulin.*

Daumier (*Honoré*), peintre, lithographe satirique et sculpteur français (1808-1879).

Dauphiné, anc. prov. de France ; cap. *Grenoble.*

Dausset (*Jean*), médecin français (1916-2009). Il a découvert le système HLA (groupes tissulaires et leucocytaires).

Davao, port des Philippines (Mindanao), sur le *golfe de Davao* ; 1 147 116 h.

David, roi hébreu (m. v. 970 av. J.-C.). Tout jeune, il vainquit avec sa fronde le géant Goliath. Fondateur de Jérusalem.

David, statue colossale sculptée par Michel-Ange.

David (*Louis*), peintre français (1748-1825), maître du néoclassicisme.

David Copperfield, roman autobiographique de C. Dickens (1849-1850), histoire d'un orphelin.

Davis (*coupe*), épreuve internationale annuelle de tennis.

Davis (*sir Colin*), chef d'orchestre britannique (né en 1927).

Davos, v. de Suisse (Grisons) ; 12 013 h.

Dax, v. des Landes ; 20 649 h. (*Dacquois*).

Dayaks, peuple de Bornéo.

Dayan (*Moshe*), général et homme politique israélien (1915-1981).

Dean (*James*), acteur américain (1931-1955) : *la Fureur de vivre.*

Deauville, station balnéaire du Calvados ; 4 518 h.

Debord (*Guy*), écrivain et cinéaste français (1931-1994), animateur de l'Internationale situationniste : *la Société du spectacle.*

Debussy (*Claude*), compositeur français (1862-1918) : *Pelléas et Mélisande.*

Décaméron, recueil de nouvelles de Boccace (1349-1351), peintures des mœurs au XIVe s.

Decazes (*Élie, duc*), homme politique français (1780-1860), ministre de Louis XVIII, au pouvoir de 1815 à 1819.

Deccan ou **Dekkan,** partie méridionale de l'Inde.

De Chirico (*Giorgio*), peintre italien (1888-1978), précurseur du surréalisme.

Décines-Charpieu, v. du Rhône ; 24 324 h.

De Coster (*Charles*), écrivain belge de langue française (1827-1879) : *la Légende et les aventures d'Ulenspiegel et de Lamme Goedzak.*

Dédale, architecte du Labyrinthe de Crète, dont il s'échappa en se fabriquant des ailes de plumes et de cire (*Myth. gr.*).

Défense (la), quartier d'affaires de la banlieue ouest de Paris. La *Grande Arche* (1989) termine la perspective Louvre-Tuileries-Champs-Élysées.

Défense et illustration de la langue française, ouvrage de Du Bellay (1549), manifeste pour le renouvellement de la langue et des genres poétiques.

Defoe (*Daniel*), écrivain anglais (v. 1660-1731) : *Robinson Crusoé.*

Degas (*Edgar*), peintre français (1834-1917), proche de l'impressionnisme.

Déjeuner sur l'herbe (*le*), grande toile de Manet.

De Klerk (*Frederik Willem*), homme politique sud-africain (né en 1936). Président de la République de 1989 à 1994, il a contribué à l'abolition de l'apartheid.

Delacroix (*Eugène*), peintre romantique français (1798-1863) : *Massacres de Scio.*

Delalande (*Michel Richard*), compositeur français (1657-1726).

Delaunay (*Robert*) [1885-1941], et sa femme *Sonia* (1885-1979) peintres français.

Delaware, État des États-Unis, sur l'Atlantique ; 783 600 h. Cap. *Dover.*

Deleuze (*Gilles*), philosophe français (1925-1995) : *l'Anti-Œdipe.*

Delft, v. des Pays-Bas ; 96 588 h. Faïences.

Delhi, v. de l'Inde qui englobe la capitale fédérale, *New Delhi* ; 9 817 439 h.

Delibes (*Léo*), compositeur français (1836-1891) : *Lakmé.*

Della Francesca (*Piero*), peintre italien (v. 1416-1492) : *la Légende de la Croix.*

Della Robbia (*Luca*), sculpteur et céramiste italien (1400-1482).

Delon (*Alain*), acteur français (né en 1935) : *le Samouraï.*

Délos, îlot des Cyclades, centre politique, économique et religieux (Apollon) dans l'Antiquité. Ensemble archéologique.

Delphes, centre religieux de la Grèce antique, célèbre pour l'oracle d'Apollon. Ensemble archéologique.

Delvaux (*Paul*), peintre belge (1897-1994) : *Pygmalion.*

Demavend, volcan formant le point culminant de l'Elbourz et de l'Iran ; 5 671 m.

Déméter, déesse grecque de la Fertilité. (C'est la *Cérès* romaine.)

De Mille (*Cecil Blount*), cinéaste américain (1881-1959), spécialiste des reconstitutions historiques : *les Dix Commandements.*

Démocrite, philosophe matérialiste grec (Ve s. av. J.-C.).

Demoiselles d'Avignon (*les*), grande toile de Picasso qui a annoncé le cubisme.

Démosthène, homme politique et orateur athénien (IVe s. av. J.-C.).

Dempsey (*William* HARRISON DEMPSEY, dit **Jack**), boxeur américain (1895-1983).

Demy (*Jacques*), cinéaste français (1931-1990) : *les Parapluies de Cherbourg.*

Denain, v. du Nord ; 20 584 h. (*Denaisiens*).

Deneuve (*Catherine* DORLÉAC, dite **Catherine**), actrice française (née en 1943) : *le Dernier Métro.*

Denfert-Rochereau (*Pierre Philippe*), officier français (1823-1878). Il défendit Belfort en 1870-71.

Deng Xiaoping, homme politique chinois (1904-1997), responsable des nouvelles orientations de la Chine à partir de 1977.

De Niro (*Robert*), acteur américain (né en 1943) : *Taxi Driver.*

Denis (*Maurice*), peintre français (1870-1943), théoricien du mouvement nabi.

Denis (*saint*), premier évêque de Paris (IIIe s.). Il serait mort décapité.

Denver, v. des États-Unis (Colorado) ; 554 636 h. (2 109 282 avec les banlieues).

Denys l'Ancien (v. 430-367 av. J.-C.), tyran de Syracuse après 405.

Depardieu (*Gérard*), acteur français (né en 1948) : *les Valseuses.*

Depardon (*Raymond*), photographe et cinéaste français (né en 1942).

De Quincey (*Thomas*), écrivain britannique (1785-1859) : *Confessions d'un mangeur d'opium anglais.*

Derain (*André*), peintre français (1880-1954).

Derrida (*Jacques*), philosophe français (1930-2004) : *l'Écriture et la différence.*

Desaix (*Louis*), général français (1768-1800), tué à Marengo.

Descartes (*René*), philosophe français (1596-1650). Il créa la méthode scientifique : *Discours de la méthode*, 1637.

Deschanel (*Paul*), homme politique français (1855-1922), président de la République en 1920.

De Sica (*Vittorio*), acteur et cinéaste italien (1901-1974), chef de file du néoréalisme : *le Voleur de bicyclette.*

Desmoulins (*Camille*), conventionnel français (1760-1794).

Desnos (*Robert*), poète français (1900-1945), d'abord surréaliste : *Corps et biens.*

Detroit, v. des États-Unis (Michigan) ; 951 270 h. (4 441 551 avec les banlieues). Automobiles.

Deuil-la-Barre, v. du Val-d'Oise ; 20 292 h. (*Deuillois*).

Deutéronome, cinquième livre du Pentateuque.

Deux-Roses (*guerre des*), guerre civile anglaise, entre les maisons d'York et de Lancastre (1455-1485).

Deux-Siciles, anc. royaume d'Italie (Naples et Sicile).

De Valera (*Eamon*), homme politique irlandais (1882-1975), acteur de l'indépendance irlandaise et président de la République de 1959 à 1973.

Dévolution (*guerre de*), guerre entreprise par Louis XIV, qui réclamait les Pays-Bas au nom de Marie-Thérèse (1667-68).

Dévoluy, massif des Alpes, dans les Hautes-Alpes principalement.

Devos (*Raymond*), artiste comique et acteur français (1922-2006).

Dhaulagiri, sommet de l'Himalaya, au Népal ; 8 172 m.

Diaghilev (*Serge* DE), chorégraphe russe (1872-1929), créateur des Ballets russes.

Diane, déesse romaine de la Chasse, l'*Artémis* des Grecs.

Diane de Poitiers, favorite du roi Henri II (1499-1566).

Dias (*Bartolomeu*), navigateur portugais (v. 1450-1500). Il contourna l'Afrique.

Diaspora, ensemble des communautés juives établies hors de Palestine, surtout après l'Exil (VIe s.) ou qui demeurent hors d'Israël depuis la création de cet État.

Dickens (*Charles*), romancier britannique (1812-1870) : *les Aventures de M. Pickwick, David Copperfield.*

Dictateur (*le*), film de C. Chaplin (1940).

Diderot (*Denis*), écrivain français, directeur de l'*Encyclopédie* (1713-1784).

Didon, princesse tyrienne aimée d'Énée. Abandonnée par lui, elle se suicida.

Die, v. de la Drôme ; 4 668 h. (*Diois*). Vins.

Diên Biên Phu, village du Viêt Nam. Défaite française (1954).

Dieppe, port de la Seine-Maritime ; 35 694 h. (*Dieppois*).

Diesel (*Rudolf*), ingénieur allemand (1858-1913), inventeur d'un moteur.

Dietrich (*Marie Magdalene*, dite **Marlene**), actrice américaine d'origine allemande (1901-1992), incarnation de la femme fatale : *l'Ange bleu.*

Digne-les-Bains, ch.-l. des Alpes-de-Haute-Provence ; 17 680 h. (*Dignois*).

Dijon, ch.-l. de la Bourgogne et de la Côte-d'Or ; 153 813 h. (*Dijonnais*). Palais des ducs de Bourgogne.

Dili, cap. du Timor-Oriental ; 56 000 h.

Dinan, v. des Côtes-d'Armor ; 11 833 h. (*Dinannais*).

Dinard, station balnéaire d'Ille-et-Vilaine ; 10 988 h. (*Dinardais*).

Dioclétien (245-313), empereur romain de 284 à 305. Il abdiqua.

Diogène le Cynique, philosophe grec (Ve s. av. J.-C.).

Dion (*Céline*), chanteuse canadienne (née en 1968).

Dionysos, dieu grec de la Végétation, de la Vigne et du Vin, le *Bacchus* des Romains.

Dior (*Christian*), couturier français (1905-1957), créateur du style « new look », en 1947.

Dirac (*Paul*), physicien britannique (1902-1984), l'un des créateurs de la mécanique quantique.

Directoire, régime qui gouverna la France de 1795 à 1799.

Discours de la méthode, ouvrage de R. Descartes.

Disney (*Walt*), cinéaste américain (1901-1966), réalisateur de dessins animés : *Mickey.*

Disneyland, parc de loisirs créé par la société Walt Disney.

Disraeli (*Benjamin*), homme politique britannique (1804-1881), conservateur.

Di Stefano (*Alfredo*), footballeur espagnol d'origine argentine (né en 1926).

Divine Comédie (*la*), poème de Dante.

Dix Commandements (*les*), film de C. B. De Mille (1923, 1956).

Diyarbakir, v. de Turquie ; 511 640 h.

Djakarta → **Jakarta.**

Djedda, port d'Arabie saoudite sur la mer Rouge ; 560 000 h.

Djem (**el-**), localité de Tunisie. Vestiges romains.

Djerba, île du sud de la Tunisie.

Djibouti (*république de*), anc. **Côte française des Somalis**, État de l'Afrique du Nord-Est ; 23 000 km^2 ; 651 000 h. (*Djiboutiens*). Cap. *Djibouti* (542 000 h.).

Dniepr, fl. de Russie, de Biélorussie et d'Ukraine ; 2 200 km.

Dniestr, fl. d'Ukraine et de Moldavie (mer Noire) ; 1 411 km.

Dnipropetrovsk, v. d'Ukraine, sur le Dniepr ; 1 065 008 h.

Döblin (*Alfred*), écrivain allemand naturalisé français (1878-1957) : *Berlin Alexanderplatz.*

Dobroudja, région de Roumanie entre la mer Noire et le Danube.

Docteur Jekyll et M. Hyde, roman fantastique de R. L. Stevenson.

Docteur Jivago (*le*), roman de B. Pasternak qui a inspiré un film à D. Lean (1965).

Dodécanèse, nom de douze îles grecques de la mer Égée (dont Rhodes).

Dodoma, capitale désignée de la Tanzanie.

Dogons, peuple du Mali.

Doha, en ar. **al-Dawha**, cap. du Qatar, sur le golfe Persique ; 285 000 h. avec les banlieues.

Doisneau (*Robert*), photographe français (1912-1994).

Dole, v. du Jura ; 26 015 h. (*Dolois*).

Dolet (*Étienne*), imprimeur et humaniste français (1509-1546), brûlé pour hérésie.

Dollfuss (*Engelbert*), homme politique autrichien (1892-1934), assassiné par les nazis.

Dolomites, massif calcaire des Alpes italiennes orientales.

Dolto (*Françoise*), psychiatre et psychanalyste française (1908-1988) : *Psychanalyse et Pédiatrie.*

Dombasle (*Christophe Joseph* MATHIEU DE), agronome français (1777-1843).

Dombes, région argileuse du dép. de l'Ain. Étangs (pisciculture).

Domingo (*Placido*), ténor espagnol (né en 1941).

dominicaine (*République*), État de l'est de l'île d'Haïti ; 48 400 km^2 ; 8 507 000 h. (*Dominicains*). Cap. *Saint-Domingue.*

Dominique, État des Antilles ; 751 km^2 ; 71 000 h. (*Dominiquais*). Cap. *Roseau.*

Dominique (*saint*), fondateur de l'ordre dominicain (1170-1221).

Domitien (51-96), empereur romain de 81 à 96.

Domont, v. du Val-d'Oise ; 15 051 h. (*Domontois*).

Domrémy-la-Pucelle, village des Vosges, patrie de Jeanne d'Arc.

Don (le), fl. de Russie ; 1 870 km.

Donatello, sculpteur italien (1386-1466), maître de la Renaissance florentine.

Donen (*Stanley*), cinéaste américain (né en 1924) : *Chantons sous la pluie, Charade.*

Donetsk, de 1924 à 1961 **Stalino**, v. d'Ukraine ; 1 121 000 h.

Dongguan, v. de Chine (Guangdong) ; 1 736 869 h.

Donizetti (*Gaetano*), compositeur italien (1797-1848), auteur d'opéras.

Don Juan, personnage légendaire espagnol, type du libertin débauché. Héros d'une comédie de Molière, d'un opéra de Mozart, etc.

Donon, sommet des Vosges ; 1 009 m.

Don Quichotte de la Manche, roman de Cervantès.

Doors (*The*), groupe américain de rock (1965-1973).

Doppler (*Christian*), physicien autrichien (1803-1853).

Dordogne, riv. du S.-O. de la France.

Dordogne, dép. français (24), ch.-l. *Périgueux*, ch.-l. d'arr. *Bergerac, Nontron, Sarlat-la-Canéda* ; 388 293 h.

Doré (*Gustave*), dessinateur et peintre français (1832-1883).

Dore (*monts*) ou parfois **Mont-Dore** (*massif du*), massif volcanique d'Auvergne.

Doriens, peuple indo-européen, qui envahit la Grèce v. 1000 av. J.-C.

Doriot (*Jacques*), homme politique français (1898-1945). Il collabora avec l'Allemagne.

Dortmund, v. d'Allemagne ; 590 213 h.

Dos Passos (*John*), romancier américain (1896-1970) : *Manhattan Transfer.*

Dostoïevski (*Fedor*), romancier russe (1821-1881) : *Crime et châtiment, l'Idiot, les Frères Karamazov.*

Douai, v. du Nord ; 44 742 h. (*Douaisiens*).

Douala, port du Cameroun ; 1 900 000 h.

Douarnenez, v. du Finistère, sur la *baie de Douarnenez* ; 16 330 h. (*Douarnenistes*).

Douaumont, anc. village de la Meuse. Violents combats en 1916.

Doubs, affl. de la Saône.

Doubs, dép. français (25), ch.-l. *Besançon*, ch.-l. d'arr. *Montbéliard, Pontarlier* ; 499 062 h.

Douchanbe, capitale du Tadjikistan ; 554 000 h.

Dougga, village de Tunisie septentrionale. Vestiges antiques.

Douillet (*David*), judoka français (né en 1969), il a été, en 1995, le premier non-Japonais à remporter le titre de champion du monde à la fois en lourds et en toutes catégories.

Doumer (*Paul*), homme politique français (1857-1932). Président de la République en 1931, il fut assassiné.

Doumergue (*Gaston*), homme politique français (1863-1937), radical-socialiste. Président de la République de 1924 à 1931.

Douro (le), fl. d'Espagne et du Portugal ; 850 km. Il passe à Porto.

D'où venons-nous ? Que sommes-nous ? Où allons-nous ?, grande peinture tahitienne de Gauguin.

Douvres, port d'Angleterre sur le pas de Calais.

Dovjenko (*Aleksandr Petrovitch*), cinéaste soviétique (1894-1956) : *la Terre*.

Doyle (sir *Arthur Conan*), romancier britannique (1859-1930), créateur de Sherlock Holmes.

Drac, affl. de l'Isère ; 150 km.

Dracula, personnage romanesque qui a notamment inspiré un film à F. F. Coppola(1992).

Draguignan, v. du Var ; 34 814 h. (*Dracénois*).

Drake (*Francis*), marin et corsaire anglais (v. 1540-1596).

Drancy, v. de la Seine-Saint-Denis ; 62 624 h. (*Drancéens*).

Drave, riv. d'Europe, née dans les Alpes italiennes, affl. du Danube ; 700 km.

Draveil, v. de l'Essonne ; 28 384 h. (*Draveillois*).

Dresde, v. de l'Allemagne, cap. de la Saxe ; 478 600 h.

Dreux, v. d'Eure-et-Loir ; 32 565 h. (*Drouais*). Chapelle royale.

Dreyer (*Carl Theodor*), cinéaste danois (1889-1968) : *la Passion de Jeanne d'Arc*.

Dreyfus (*affaire*), scandale qui divisa la France de 1894 à 1906, à la suite de la condamnation injuste du capitaine Alfred Dreyfus (1859-1935), de confession israélite.

droits de l'homme (*Déclaration universelle des*), texte adopté par l'ONU en 1948.

droits de l'homme et du citoyen (*Déclaration des*), déclaration votée par l'Assemblée constituante le 26 août 1789.

Drôme, affl. du Rhône.

Drôme, dép. français (26), ch.-l. *Valence*, ch.-l. d'arr. *Die*, *Nyons* ; 437 778 h.

Druon (*Maurice*), écrivain français (1918-2009) : *les Rois maudits*.

Druzes, peuple du Proche-Orient, adeptes d'une secte issue du chiisme.

Dubai ou **Dubayy,** l'un des Émirats arabes unis, sur le golfe Persique ; 689 420 h. Cap. *Dubai (Dubayy)* [669 181 h.].

Dubček (*Alexander*), homme politique tchécoslovaque (1921-1992). Il prit la tête du « printemps de Prague » (1968).

Du Bellay → **Bellay.**

Dubillard (*Roland*), homme de théâtre français (né en 1923).

Dublin, cap. de la république d'Irlande ; 495 781 h. (1 015 000 avec les banlieues).

Dubrovnik, anc. **Raguse**, port de Croatie.

Dubuffet (*Jean*), peintre et sculpteur français (1901-1985), théoricien de l'art brut.

Duby (*Georges*), historien français (1919-1996) : *le Temps des cathédrales 980-1420*.

Duccio, peintre italien (v. 1260-1318/19), maître de l'école de Sienne.

Duchamp (*Marcel*), peintre français (1887-1968), proche du dadaïsme avec ses objets « ready-made ».

Dufy (*Raoul*), peintre français (1877-1953).

Duguay-Trouin (*René*), corsaire français (1673-1736).

Duhamel (*Georges*), romancier français (1884-1966).

Duisburg, v. d'Allemagne, sur la Ruhr ; 512 000 h. Centre industriel.

Dukas (*Paul*), compositeur français (1865-1935) : *Ariane et Barbe-Bleue*.

Dulcinée, personnage du *Don Quichotte* de Cervantès.

Dulles (*John Foster*), homme politique américain (1888-1959), l'artisan de la politique étrangère américaine pendant la guerre froide.

Dullin (*Charles*), acteur et metteur en scène de théâtre français (1885-1949).

Dumas (*Alexandre*), romancier français (1802-1870) : *les Trois Mousquetaires*, *le Comte de Monte-Cristo*. ◆ Son fils, Alexandre, dit Dumas fils, auteur dramatique (1824-1895) : *la Dame aux camélias*.

Dumas (*Jean-Baptiste*), chimiste français (1800-1884).

Dumézil (*Georges*), historien français (1898-1986) : *l'Idéologie tripartie des Indo-Européens*.

Dumont (*René*), agronome français (1904-2001).

Dumont d'Urville (*Jules*), marin français (1790-1842).

Dumouriez (*Charles François*), général français (1739-1823), passé aux Autrichiens.

Dunant (*Henry* ou *Henri*), philanthrope suisse (1828-1910), fondateur de la Croix-Rouge.

Duncan (*Isadora*), danseuse et chorégraphe américaine (1878-1927), elle a ouvert la voie à la modern dance américaine.

Dundee, v. de Grande-Bretagne (Écosse) ; 145 663 h.

Dunkerque, port français, sur la mer du Nord ; 72 333 h. (*Dunkerquois*).

Dunlop (*John*), ingénieur écossais (1840-1921), créateur du pneumatique.

Duns Scot (*John*), théologien écossais (v. 1266-1308).

Dupleix (*Joseph François*), gouverneur français de l'Inde (1696-1763).

Dupuytren (*Guillaume*), chirurgien français (1777-1835).

Duquesne (*Abraham*), marin français (1610-1688).

Durance (la), affl. du Rhône ; 305 km.

Duras (*Marguerite*), femme de lettres et cinéaste française (1914-1996) : *l'Amant*.

Durban, port de l'Afrique du Sud (Kwazulu-Natal) ; 982 000 h.

Durendal ou **Durandal,** l'épée de Roland.

Dürer (*Albrecht*), peintre et graveur allemand (1471-1528), maître de la Renaissance.

Durkheim (*Émile*), sociologue français (1858-1917).

Durrell (*Lawrence*), écrivain britannique (1912-1990) : *le Quatuor d'Alexandrie.*

Dürrenmatt (*Friedrich*), écrivain suisse de langue allemande (1921-1990).

Düsseldorf, v. d'Allemagne, sur le Rhin ; 570 800 h.

Dutilleux (*Henri*), compositeur français (né en 1916) : *Métaboles ; Tout un monde lointain.*

Dutronc (*Jacques*), chanteur et acteur français (né en 1943) : *Il est 5 heures, Paris s'éveille.*

Duvalier (*François*), dit **Papa Doc**, homme politique haïtien (1907-1971). Au pouvoir de 1957 à sa mort, il instaura un régime dictatorial.

Duvivier (*Julien*), cinéaste français (1896-1967) : *Pépé le Moko.*

Dvina occidentale, en let. **Daugava**, fl. d'Europe orientale qui traverse la Russie, la Biélorussie et la Lettonie, et qui rejoint la Baltique ; 1 020 km.

Dvořák (*Antonín*), compositeur tchèque (1841-1904) : *Symphonie du Nouveau Monde.*

Dylan (*Robert* ZIMMERMAN, dit **Bob**), chanteur américain de folk et de rock (né en 1941).

E

Eastman (*George*), industriel américain (1854-1932), inventeur du film photographique.

Eastwood (*Clint*), acteur et cinéaste américain (né en 1930) : *Sur la route de Madison.*

Eaubonne, v. du Val-d'Oise ; 23 026 h. (*Eaubonnais*).

Ebert (*Friedrich*), homme politique allemand (1871-1925), socialiste, président de la République allemande en 1921.

Èbre (*l'*), fl. d'Espagne ; 928 km.

Ecclésiaste (*livre de l'*), livre de la Bible.

Échirolles, v. de l'Isère ; 33 169 h. (*Échirollois*).

Eckart (*Johann*, dit **Maître**), dominicain allemand (v. 1260-1327), mystique.

Eco (*Umberto*), écrivain italien (né en 1932) : *le Nom de la rose.*

École des femmes (*l'*), comédie de Molière.

Écosse, partie nord de la Grande-Bretagne ; 78 800 km^2 ; 5 062 011 h. (*Écossais*) ; cap. *Édimbourg.*

Écouves (*forêt d'*), forêt de Normandie (Orne) ; 15 000 ha.

Écrins (*massif des*) ou **Pelvoux** (*massif du*), massif des Alpes, en Isère et dans les Hautes-Alpes. Parc national.

Eden (*Anthony*, comte d'Avon), homme politique britannique (1897-1977), Premier ministre conservateur de 1955 à 1957.

Édesse, ancienne ville de Mésopotamie.

Edfou, v. d'Égypte, sur le Nil ; grand temple d'Horus.

Édimbourg, cap. de l'Écosse ; 448 624 h.

Edirne, anc. **Andrinople**, v. de la Turquie d'Europe ; 115 083 h. Mosquée.

Edison (*Thomas*), ingénieur américain (1847-1931) inventeur du phonographe et de la lampe à incandescence.

Edmonton, v. du Canada, cap. de l'Alberta ; 666 104 h.

Édouard, nom de plusieurs rois d'Angleterre.

Édouard III (1312-1377), roi d'Angleterre après 1327. Il entreprit la guerre de Cent Ans.

Édouard VII (1841-1910), roi d'Angleterre après 1901.

Édouard VIII (1894-1972), roi d'Angleterre en 1936. Il abdiqua la même année (*duc de Windsor*).

Édouard le Confesseur (*saint*) [v. 1003-1066], roi d'Angleterre après 1042.

Édouard le Prince Noir (1330-1376), prince de Galles et duc d'Aquitaine. Il fit prisonnier Jean le Bon.

Éducation sentimentale (*l'*), roman de G. Flaubert.

Éduens, peuple de la Gaule celtique.

Edwards (*William Blake* MCEDWARDS, dit **Blake**), cinéaste américain (né en 1922) : *la Panthère rose.*

Égée (*mer*), partie de la Méditerranée entre la Grèce et la Turquie.

Égine, île de la Grèce, dans le *golfe d'Égine* ; 10 000 h. (*Éginètes*), dont 5 440 dans la ville homonyme.

Égypte, État du nord-est de l'Afrique ; 1 million de km^2 ; 69 080 000 h. (*Égyptiens*). Cap. *Le Caire.*

Eiffel (*Gustave*), ingénieur français (1832-1923), constructeur notamm. de la *tour Eiffel* à Paris.

Eiffel (*tour*), monument métallique, érigé par G. Eiffel sur le Champ-de-Mars, à Paris, pour l'Exposition universelle de 1889 (haut. : 324 m).

Einstein (*Albert*), physicien allemand naturalisé américain (1879-1955), auteur de la théorie de la relativité.

Einthoven (*Willem*), physiologiste néerlandais (1860-1927), inventeur de l'électrocardiographie.

Éire, nom gaélique de l'Irlande.

Eisenhower *(Dwight)*, général et homme politique américain (1890-1969). Il fut chef des armées alliées en Europe (1944-45) et président des États-Unis (1953-1961).

Eisenstein *(Sergueï)*, cinéaste soviétique (1898-1948) : *le Cuirassé « Potemkine »*.

Élam, anc. État du S.-O. de l'Iran actuel (la Susiane des Grecs). Apogée aux XIIIe-XIIe s. av. J.-C.

Élancourt, v. des Yvelines ; 26 983 h. (*Élancourtois*).

Elbe, fl. de l'Europe centrale ; 1 100 km.

Elbe, île à l'est de la Corse, où Napoléon fut relégué en 1814.

Elbeuf, v. de la Seine-Maritime, sur la Seine ; 16 944 h. (*Elbeuviens*).

Elbourz, massif de l'Iran.

Elbrous ou **Elbrouz,** sommet du Caucase ; 5 642 m.

Eldorado, pays fabuleux d'Amérique, dont rêvaient les conquistadores.

Électre, fille d'Agamemnon et de Clytemnestre qui fit tuer sa mère pour venger son père. Cette histoire a inspiré Eschyle, Sophocle, Euripide et Giraudoux.

Elephanta, île indienne au centre du golfe de Bombay. Grottes ornées (VIIe s.).

Éléphantine *(île)*, île du Nil, en face d'Assouan. Ruines.

Éleusis, v. d'Attique. On y célébrait des mystères liés au culte de Déméter.

Élie, prophète juif (IXe s. av. J.-C.).

Eliot *(George)*, romancière britannique (1819-1880) : *le Moulin sur la Floss*.

Eliot *(Thomas Stearns)*, poète britannique d'origine américaine (1888-1965).

Élisabeth (1709-1762), impératrice de Russie après 1742, fille de Pierre le Grand et de Catherine Ire.

Élisabeth *(sainte)*, mère de saint Jean-Baptiste, femme du prêtre Zacharie.

Élisabeth Ire (1533-1603), reine d'Angleterre après 1558, fille d'Henri VIII.

Élisabeth II (née en 1926), reine du Royaume-Uni de Grande-Bretagne et d'Irlande du Nord et chef du Commonwealth depuis 1952.

Élisabeth de Hongrie *(sainte)*, princesse hongroise (1207-1231).

Ellington *(Duke)*, compositeur et chef d'orchestre américain de jazz (1899-1974).

Ellora, site archéologique de l'Inde. Temples rupestres (VIe-IXe s.).

Éloge de la folie *(l')*, ouvrage d'Érasme.

Éloi *(saint)*, ministre de Dagobert (v. 588-660).

El País, quotidien espagnol créé en 1976.

El Paso, v. des États-Unis (Texas), sur le Rio Grande ; 563 662 h.

Elseneur, v. danoise où se passe *Hamlet*.

Eltsine ou **Ieltsine** *(Boris Nikolaïevitch)*, homme politique russe (1931-2007), président de la Russie de 1991 à 1999.

Éluard *(Paul)*, poète français (1895-1952).

Élysée *(palais de l')*, à Paris, résidence du président de la République française.

Elzévir, famille d'imprimeurs hollandais des XVIe et XVIIe s.

Emerson *(Ralph)*, philosophe américain (1803-1882), idéaliste et panthéiste.

Émile ou De l'éducation, roman pédagogique de J.-J. Rousseau.

Émilie, région d'Italie du Nord ; cap. *Bologne*.

Eminescu *(Mihai)*, écrivain et poète roumain (1850-1889).

Émirats arabes unis, fédération d'États, sur le golfe Persique ; 80 000 km^2 ; 2 654 000 h. (*Émiriens*). Cap. *Abu Dhabi*. Pétrole.

Emmaüs, bourg de Judée. Jésus y apparut à deux disciples après sa résurrection.

Empédocle, philosophe grec d'Agrigente (Ve s. av. J.-C.).

Empire (premier), régime établi par Napoléon Ier (1804-1814, et mars-juin 1815).

Empire (second), régime établi par Napoléon III (1852-1870).

Ems, station thermale d'Allemagne où fut rédigée en 1870 la dépêche qui fit éclater la guerre franco-allemande.

En attendant Godot, pièce de théâtre de S. Beckett.

Encyclopédie, publication collective sur les sciences, les arts et les techniques, dirigée par d'Alembert et Diderot (1751-1772).

Énée, prince légendaire troyen, héros de *l'Énéide* de Virgile.

Énéide *(l')*, poème épique de Virgile.

Enfants du paradis *(les)*, film de M. Carné (1945).

Enfers, séjour des morts, dans la mythologie.

Engadine, partie suisse (Grisons) de la vallée de l'Inn.

Engels *(Friedrich)*, philosophe allemand, ami de Marx (1820-1895).

Enghien (duc D'), dernier des CONDÉ, fusillé par ordre de Bonaparte (1772-1804).

Enghien-les-Bains, v. du Val-d'Oise, sur le *lac d'Enghien* ; 10 468 h. (*Enghiennois*). Station thermale.

Enseigne de Gersaint *(l')*, grande toile de Watteau.

Ensor *(James)*, peintre et graveur belge (1860-1949), au talent visionnaire.

Entente cordiale, nom donné au rapprochement politique entre la France et la Grande-Bretagne sous Louis-Philippe et en 1904.

enterrement à Ornans *(Un)*, grande toile de Courbet.

Enterrement du comte d'Orgaz (*l'*), grande toile du Greco.

Éole, dieu des Vents, en Grèce et à Rome.

Éoliennes ou **Lipari** (*îles*), archipel italien de la mer Tyrrhénienne.

Épaminondas, général et homme d'État thébain (v. 418-362 av. J.-C.).

Épée (*Charles-Michel*, abbé DE L'), éducateur français des sourds-muets (1712-1789).

Épernay, v. de la Marne ; 27 738 h. (*Sparnaciens*). Vins de Champagne.

Éphèse, v. anc. d'**Ionie.** Temple d'Artémis.

Épictète, philosophe latin stoïcien (Ier s.).

Épicure, philosophe grec (341-270 av. J.-C.).

Épidaure, v. de la Grèce antique, célèbre pour le culte d'Asclépios. Théâtre.

Épinal, ch.-l. des Vosges ; 38 207 h. (*Spinaliens*).

Épinay-sous-Sénart, v. de l'Essonne ; 12 873 h. (*Spinoliens*).

Épinay-sur-Seine, v. de la Seine-Saint-Denis ; 46 593 h.

Épire, région aux confins de la Grèce et de l'Albanie. Apogée au IIIe s. av. J.-C.

Épîtres du Nouveau Testament ou **Épîtres des Apôtres,** lettres des Apôtres (Nouveau Testament).

Epsom, v. d'Angleterre. Courses de chevaux.

Équateur, État de l'Amérique du Sud, sur le Pacifique ; 270 670 km^2 ; 12 880 000 h. (*Équatoriens*). Cap. *Quito*. V. pr. *Guayaquil*.

Érasme, humaniste hollandais (v. 1469-1536) : *Éloge de la folie*.

Ératosthène, mathématicien, astronome et philosophe grec d'Alexandrie (IIIe s. av. J.-C.).

Erckmann (*Émile*) et **Chatrian** (*Alexandre*), romanciers français (1822-1899 et 1826-1890) : *l'Ami Fritz*.

Erebus, volcan de l'Antarctique ; 3 794 m.

Érechthéion, temple sur l'Acropole d'Athènes (421-406 av. J.-C.)

Erevan, cap. de l'Arménie ; 1 103 488 h.

Erfurt, v. de l'Allemagne, cap. de la Thuringe ; 200 100 h.

Érié (*lac*), grand lac américain, entre les lacs Huron et Ontario ; 25 900 km^2.

Erik, nom de plusieurs rois de Suède et du Danemark.

Erik le Rouge, explorateur norvégien (v. 940-v. 1010), découvreur du Groenland.

Érinyes (les), déesses grecques de la Vengeance, les *Furies* romaines.

Ermitage (*l'*), palais de Saint-Pétersbourg. Riche musée.

Ermont, v. du Val-d'Oise ; 27 696 h. (*Ermontois*).

Ernst (*Max*), peintre français d'origine allemande (1891-1976), surréaliste.

Éros, dieu grec de l'Amour.

Érythrée, État d'Afrique orientale ; 120 000 km^2 ; 3,8 millions d'h. (*Érythréens*). Cap. *Asmara*.

ESA (*European Space Agency*), agence spatiale européenne, créée en 1975.

Esaü, frère aîné de Jacob. Il lui vendit son droit d'aînesse pour un plat de lentilles.

Escaut, fl. de France, de Belgique et des Pays-Bas ; 430 km.

Eschine, orateur grec, rival de Démosthène (v. 390-314 av. J.-C.).

Eschyle, créateur de la tragédie grecque (v. 525-456 av. J.-C.) : *les Perses*, *l'Orestie*.

Esclaves (*Grand Lac des*), lac du Canada (Territoires du Nord-Ouest), alimenté par la *rivière des Esclaves* (section du fleuve Mackenzie) ; 28 930 km^2.

Esculape, dieu romain de la Médecine.

Escurial (*l'*), palais et monastère d'Espagne, au N.-O. de Madrid, construit par Philippe II.

ESO (*European Southern Observatory*), organisation européenne de recherches astronomiques dans l'hémisphère Sud, créée en 1962.

Ésope, fabuliste grec (VIIe-VIe s. av. J.-C.).

Espagne, État du sud-ouest de l'Europe ; 505 000 km^2 ; 40 millions d'h. (*Espagnols*). Cap. *Madrid*.

Espagne (*guerre d'*), guerre civile qui opposa les républicains aux nationalistes dirigés par Franco, de 1936 à 1939.

Espoir (*l'*), roman de A. Malraux.

esprit des lois (*De l'*), œuvre de Montesquieu.

Esquilin (*mont*), colline de Rome.

Esquimaux, peuple des terres arctiques de l'Amérique et du Groenland.

Essais (*les*), œuvre de Montaigne.

Essen, v. d'Allemagne, sur la Ruhr ; 591 900 h. Industrie métallurgique.

Essex, comté d'Angleterre.

Essonne, riv. de France.

Essonne, dép. français (91) ; ch.-l. *Évry*, ch.-l. d'arr. *Étampes*, *Palaiseau* ; 1 134 238 h.

Este, v. d'Italie (Vénétie) ; 16 987 h. Château.

Este (*maison d'*), famille princière d'Italie, qui gouverna en particulier Ferrare.

Esterel, massif montagneux de Provence.

Esther, juive qui épousa le roi perse Assuérus, et obtint la grâce des Juifs persécutés.

Esther, tragédie de Racine.

Estienne (*Robert* et *Henri*), imprimeurs et humanistes français (1503-1559 et v. 1531-1598).

Estonie, État de l'Europe septentrionale ; 45 000 km^2 ; 1 377 000 h. (*Estoniens*). Cap. *Tallinn*.

Estoril, v. du Portugal. Circuit automobile.

Estrées (*Gabrielle* D'), favorite d'Henri IV (1571-1599).

Estrémadure, région de la péninsule Ibérique (Espagne et Portugal).

Estrémadure, communauté autonome d'Espagne ; 41 602 km^2 ; 1 069 420 h. Cap. *Mérida.*

ETA (*Euskadi ta Askatasuna*), mouvement basque créé en 1959, qui réclame l'indépendance du Pays basque.

Étaix (*Pierre*), cinéaste et acteur français (né en 1928).

Étampes, v. de l'Essonne ; 22 114 h. (*Étampois*).

Étaples, v. du Pas-de-Calais ; 11 316 h. (*Étaplois*).

État français, régime établi par le maréchal Pétain le 10 juillet 1940. Il prit fin à la Libération, en août 1944.

États de l'Église ou **États pontificaux,** partie de l'Italie qui fut soumise aux papes (756-1870).

États-Unis, en angl. *United States of America* (*USA*), État fédéral de l'Amérique du Nord ; 9 364 000 km^2 ; 300 millions d'h. (*Américains*). Cap. *Washington.*

Éthiopie, État d'Afrique orientale ; 1 100 000 km^2 ; 64 459 000 h. (*Éthiopiens*). Cap. *Addis-Abeba.*

Éthique (*l'*), ouvrage de Spinoza.

Éthique à Nicomaque, traité d'Aristote.

Étienne (*saint*), diacre et premier martyr chrétien (m. v. 37), mort lapidé.

Étienne Ier (*saint*) [v. 970-1038], roi de Hongrie en 1000. Il propagea le christianisme.

Etna, volcan de Sicile ; 3 345 m.

Étolie, région de l'ancienne Grèce.

Eton, v. universitaire d'Angleterre.

Étranger (*l'*), roman de A. Camus.

Être et le Néant (*l'*), ouvrage de J.-P. Sartre (1943), où il fonde sa philosophie existentialiste.

Étrurie, ancienne région italienne, correspondant à la Toscane.

Étrusques, peuple d'Étrurie, soumis par Rome du Ve au IIIe s. av. J.-C.

Euclide, mathématicien grec (IIIe s. av. J.-C.), créateur de la géométrie.

Eugène de Savoie, dit **le Prince Eugène,** général des armées impériales (1663-1736). Il se battit contre Louis XIV.

Eugénie de Montijo (1826-1920), femme de Napoléon III (1853).

Euler (*Leonhard*), mathématicien suisse (1707-1783). En analyse, il introduisit le concept de fonction.

Euphrate, fl. de Mésopotamie ; 2 780 km.

Eurasie, ensemble de l'Europe et de l'Asie.

Euratom, autre nom de la Communauté européenne de l'énergie atomique.

Eure, affl. de la Seine.

Eure, dép. français (27), ch.-l. *Évreux,* ch.-l. d'arr. *Les Andelys, Bernay* ; 541 054 h.

Eure-et-Loir, dép. français (28), ch.-l. *Chartres,* ch.-l. d'arr. *Châteaudun, Dreux, Nogent-le-Rotrou* ; 407 665 h.

Euripide, poète tragique grec (480-406 av. J.-C.) : *Iphigénie en Tauride.*

Euronews, chaîne européenne de télévision d'informations en continu, diffusée depuis 1993.

Europe, une des cinq parties du monde ; 10 millions de km^2 ; 732 millions d'h. (*Européens*).

Europe, jeune fille aimée de Zeus, mère de Minos (*Myth. gr.*).

Europoort, avant-port de Rotterdam.

Eurovision, organisme qui coordonne les échanges de programmes télévisés entre les pays de l'Europe occidentale et du bassin méditerranéen.

Eurydice, femme d'Orphée (*Myth. gr.*).

Eustache (*Jean*), cinéaste français (1938-1981) : *la Maman et la Putain.*

Évangiles, récits de la vie du Christ par Matthieu, Marc, Luc et Jean.

Evans (*Walker*), photographe américain (1903-1975).

Ève, la première femme (*Bible*).

Everest (*mont*), point culminant du globe, dans l'Himalaya ; 8 848 m.

Évian-les-Bains, station thermale de Haute-Savoie, sur le lac Léman. – Les *accords d'Évian* mirent fin à la guerre d'Algérie (1962).

Evora (*Cesaria*), chanteuse capverdienne (née en 1941).

Évreux, ch.-l. de l'Eure ; 54 076 h. (*Ébroïciens*).

Évry, ch.-l. de l'Essonne ; 50 013 h. (*Évryens*). Anc. ville nouvelle.

Exode (*l'*), livre de la Bible qui raconte la sortie des Hébreux d'Égypte.

Extrême-Orient, la Chine, les deux Corées, le Japon, le Viêt Nam, le Laos et le Cambodge.

Exxon Mobil Corporation ou **ExxonMobil,** groupe pétrolier américain (connu, hors des États-Unis, sous la marque *Esso*) né en 1999 de la fusion de plusieurs sociétés.

Eylau (*bataille d'*), bataille indécise entre Napoléon Ier et les Russes.

Eyzies-de-Tayac-Sireuil (**Les**), comm. de Dordogne ; musée de la Préhistoire.

Ézéchiel, prophète biblique.

F

Fables, recueil de La Fontaine en 12 livres.

Fabre (*Jean Henri*), entomologiste français (1823-1915).

Fabre d'Églantine (*Philippe*), poète et homme politique français (1750-1794). Il donna leurs noms aux mois du calendrier républicain. Il fut guillotiné.

Fachoda (*affaire de*), incident qui obligea la France à reconnaître l'autorité anglaise sur le Soudan et le bassin du Nil (1898).

Fagnes (*Hautes*), plateau de l'Ardenne belge.

Fahrenheit (*Daniel Gabriel*), physicien allemand (1686-1736), inventeur d'une graduation thermométrique.

Fahrenheit 451, roman de R. D. Bradbury qui a inspiré un film à F. Truffaut (1966).

Faidherbe (*Louis*), général français (1818-1889), gouverneur du Sénégal.

Faisalabad, anc. **Lyallpur**, v. du Pakistan (Pendjab) ; 1 977 000 h.

Falachas, peuple juif d'Éthiopie, auj. installé en Israël.

Falkland, anc. **Malouines**, îles britanniques au sud-est de l'Argentine.

Falla (*Manuel* DE), compositeur espagnol (1876-1946) : *l'Amour sorcier.*

Fallières (*Armand*), homme politique français (1841-1931). Président de la République de 1906 à 1913.

Falloux (*Frédéric*, comte DE), homme politique français (1811-1886), auteur d'une loi sur la liberté de l'enseignement.

Falstaff, personnage de Shakespeare.

Fameck, v. de la Moselle ; 12 822 h. (*Fameckois*).

Fangio (*Juan Manuel*), coureur automobile argentin (1911-1995), cinq fois champion du monde.

FAO (*Food and Agriculture Organization*), organisation de l'ONU pour l'alimentation et l'agriculture, créée en 1945.

Farabi (**al-**), philosophe musulman (v. 870-950).

Faraday (*Michael*), physicien britannique (1791-1867). Il découvrit l'induction électromagnétique.

Fargue (*Léon-Paul*), poète français (1876-1947) : *le Piéton de Paris.*

Farnèse (*Alexandre*), général de Philippe II d'Espagne (1545-1592).

Farnèse (*palais*), palais du XVIe s., à Rome.

Far West, au XIXe s., territoires de l'ouest des États-Unis.

Fassbinder (*Rainer Werner*), cinéaste et metteur en scène de théâtre allemand (1945-1982) : *le Mariage de Maria Braun.*

Fatah, mouvement palestinien lié à l'OLP.

Fátima, v. du Portugal. La Vierge y serait apparue en 1917. Pèlerinage.

Fatima, fille de Mahomet, épouse d'Ali.

Fatimides, dynastie musulmane qui domina le Maghreb et l'Égypte (X^e^-XIIe s.).

Faucon maltais (*le*), film de J. Huston (1941).

Faulkner (*William*), romancier américain (1897-1962) : *Sanctuaire.*

Faure (*Félix*), homme politique français (1841-1899). Président de la République de 1895 à 1899.

Fauré (*Gabriel*), compositeur français (1845-1924) : *Requiem.*

Faust, magicien qui vendit son âme au Diable ; héros d'un drame de Goethe et d'opéras de Berlioz et de Gounod.

Fayoum, région d'Égypte, au sud-ouest du Caire.

Faysal Ier (1906-1975), roi d'Arabie saoudite après 1964. Mort assassiné.

FBI (*Federal Bureau of Investigation*), police fédérale des États-Unis.

Febvre (*Lucien*), historien français (1878-1956).

Fécamp, port de la Seine-Maritime ; 21 479 h. (*Fécampois*).

Federer (*Roger*), joueur de tennis suisse (né en 1981). Il détient le record des victoires en tournois du Grand Chelem (16).

Félix le Chat, personnage de dessin animé américain créé en 1919.

Fellini (*Federico*), cinéaste italien (1920-1993) : *la Dolce Vita.*

Femina (*prix*), prix littéraire fondé en 1904.

Fénelon (*François* DE SALIGNAC DE LA MOTHE), prélat et écrivain français (1651-1715) : *les Aventures de Télémaque.*

Ferdinand, nom de plusieurs rois de Castille, d'Aragon et d'Espagne.

Ferdinand II ou **V le Catholique** (1452-1516), roi d'Aragon, époux d'Isabelle de Castille.

Ferdinand VII (1784-1833), roi d'Espagne. Détrôné par Napoléon en 1808, Il fut rétabli en 1814.

Ferdowsi ou **Firdusi,** poète persan (v. 932-1020) : *le Livre des rois.*

Fergana ou **Ferghana,** région partagée entre l'Ouzbékistan, le Kirghizistan et le Tadjikistan, dans le bassin du Syr-Daria ; v. pr. *Fergana.*

Fermat (*Pierre* DE), mathématicien français (1601-1665).

Fermi (*Enrico*), physicien italien (1901-1954), auteur de la première pile à uranium.

Fernandel (*Fernand* CONTANDIN, dit), acteur français (1903-1971) : *le Petit Monde de Don Camillo.*

Féroé (*îles*), archipel danois, au nord de l'Écosse.

Ferrare, v. d'Italie (Émilie) ; 130 992 h.

Ferrassie (la), grotte et abris-sous-roche (comm. de Savignac-de-Miremont, Dordogne).

Ferrat (*Jean*), chanteur français (né en 1930) : *la Montagne.*

Ferré (*Léo*), chanteur français (1916-1993) : *Avec le temps.*

Ferry (*Jules*), homme politique français (1832-1893). Il réforma l'enseignement primaire et soutint l'expansion coloniale.

Fès, v. du Maroc ; 448 823 h.

Feuillants, club révolutionnaire partisan d'une monarchie constitutionnelle (1791-92).

Feydeau (*Georges*), écrivain français (1862-1921), auteur de vaudevilles.

Feyder (*Jacques* FRÉDÉRIX, dit **Jacques**), cinéaste français d'origine belge (1885-1948) : *le Grand Jeu.*

Feynman (*Richard P.*), physicien américain (1918-1988).

Fezzan, région du sud de la Libye.

FFI (*Forces Françaises de l'Intérieur*), formations militaires de la Résistance (1944).

Fiat, société italienne de construction automobile fondée en 1899.

Fichte (*Johann Gottlieb*), philosophe allemand (1762-1814).

Fictions, recueil de nouvelles de J. L. Borges.

Fidji (*îles*), archipel et État de Mélanésie ; 18 300 km^2 ; 823 000 h. (*Fidjiens*). Cap. *Suva.*

Fielding (*Henry*), romancier anglais (1707-1754) : *Tom Jones.*

Fields (*médaille*), la plus haute distinction internationale en mathématiques, décernée tous les 4 ans.

Figaro, personnage du *Barbier de Séville* et du *Mariage de Figaro* de Beaumarchais.

Figaro (*le*), quotidien français d'informations créé en 1854.

Figeac, v. du Lot ; 10 482 h. (*Figeacois*).

Finistère, dép. français (29), ch.-l. *Quimper*, ch.-l. d'arr. *Brest, Châteaulin, Morlaix* ; 852 418 h. (*Finistériens*).

Finisterre (*cap*), extrémité nord-ouest de l'Espagne.

Finlande, État de l'Europe du Nord ; 338 000 km^2 ; 5 181 115 h. (*Finlandais*). Cap. *Helsinki.*

Finlande (*golfe de*), golfe formé par la Baltique, entre la Finlande, la Russie et l'Estonie.

Firdusi → **Ferdowsi.**

Firminy, v. de la Loire ; 19 557 h.

Fischer (*Emil*), chimiste allemand (1852-1919). Il a réalisé la synthèse de nombreux sucres.

Fischer-Dieskau (*Dietrich*), baryton allemand (né en 1925).

Fischer von Erlach (*Johann Bernhard*), architecte autrichien (1656-1723) : église St-Charles-Borromée, à Vienne.

Fitzgerald (*Ella*), chanteuse de jazz américaine (1917-1996).

Fitzgerald (*Francis Scott*), écrivain américain (1896-1940) : *Gatsby le Magnifique.*

Fiume, anc. nom de Rijeka.

Flaherty (*Robert*), cinéaste américain (1884-1951), créateur du film documentaire : *Nanouk l'Esquimau.*

Flammarion (*Camille*), astronome français (1842-1925).

Flanagan (*Barry*), sculpteur britannique (1941-2009).

Flandre ou **Région flamande,** Région néerlandophone de la Belgique ; 13 523 km^2 ; 5 952 552 h.

Flandre (*la*) ou **Flandres** (*les*), anc. prov. et région de France et de Belgique ; v. pr. *Lille, Gand* et *Bruges.* Hab. : *Flamands.*

Flandre-Occidentale, prov. de Belgique, sur la mer du Nord ; 3 134 km^2 ; 1 130 040 h. ; ch.-l. *Bruges.*

Flandre-Orientale, prov. de Belgique, traversée par l'Escaut ; 2 982 km^2 ; 1 363 672 h. ; ch.-l. *Gand.*

Flaubert (*Gustave*), écrivain français (1821-1880) : *Madame Bovary.*

Flaviens, dynastie romaine : Vespasien, Titus et Domitien (69-96).

Flavius Josèphe, historien juif (v. 37-100) : *la Guerre des Juifs.*

Flèche (**La**), v. de la Sarthe ; 16 900 h. (*Fléchois*). Prytanée militaire.

Flémalle (*Maître de*), nom donné à un peintre des Pays-Bas du Sud (1er tiers du XVe s.), auteur de panneaux religieux.

Fleming (*Alexander*), médecin britannique (1881-1955). Il découvrit la pénicilline.

Fleming (*Victor*), cinéaste américain (1883-1949) : *Autant en emporte le vent.*

Flers, v. de l'Orne ; 17 552 h. (*Flériens*).

Fleurs du mal (*les*), recueil poétique de Baudelaire.

Fleurus, v. de Belgique. Victoires françaises en 1690 et 1794.

Fleury (*André Hercule,* cardinal DE), ministre de Louis XV (1653-1743).

Fleury-les-Aubrais, v. du Loiret ; 20 875 h. (*Fleuryssois*).

FLN (*Front de libération nationale*), mouvement nationaliste fondé en 1954, puis parti politique algérien.

Floirac, v. de la Gironde ; 16 284 h. (*Floiracais*).

Florange, v. de la Moselle ; 10 900 h. (*Florangeois*).

Flore, déesse des Fleurs et des Jardins.

Florence, v. d'Italie (Toscane) ; 356 118 h. (*Florentins*). Brillant foyer de la Renaissance, sous les Médicis.

Florian (*Jean-Pierre* CLARIS DE), écrivain français (1755-1794), auteur de fables.

Floride, État du sud-est des États-Unis. Cap. *Tallahassee.* V. pr. *Miami.*

Flûte enchantée (*la*), opéra de Mozart.

Fluxus, mouvement artistique américain et européen né dans les années 1960.

FMI (*Fonds Monétaire International*), organisme

international créé en 1945 pour favoriser la stabilité monétaire.

Fo (*Dario*), homme de théâtre italien (né en 1926), auteur et acteur d'un théâtre comique et engagé.

FO (*Force ouvrière*), appellation courante de la Confédération générale du travail-Force ouvrière, issue d'une scission de la CGT en 1948.

Foch (*Ferdinand*), maréchal de France (1851-1929), commandant en chef des troupes alliées en 1918.

Foix, ch.-l. du dép. de l'Ariège ; 9 708 h. (*Fuxéens*).

Foix (*comté de*), région et anc. prov. de France.

Fokine (*Michel*), danseur et chorégraphe russe (1880-1942).

Fonds mondial pour la nature → **WWF.**

Fontaine, v. de l'Isère ; 23 586 h. (*Fontainois*).

Fontaine (*Pierre*), architecte français (1762-1853). Un des créateurs, avec Charles Percier (1764-1838), du style Empire.

Fontainebleau, v. de Seine-et-Marne ; 17 811 h. (*Bellifontains*). Château, forêt.

Fontenay-aux-Roses, v. des Hauts-de-Seine ; 23 849 h. (*Fontenaisiens*).

Fontenay-le-Comte, v. de la Vendée ; 15 419 h. (*Fontenaisiens*).

Fontenay-sous-Bois, v. du Val-de-Marne ; 51 264 h. (*Fontenaysiens*).

Fontenelle (*Bernard* LE BOVIER DE), écrivain français (1657-1757).

Fontenoy (*bataille de*), victoire du maréchal de Saxe sur les Anglo-Hollandais, en Belgique, le 11 mai 1745.

Forbach, v. de la Moselle ; 23 281 h. (*Forbachois*).

Forcalquier, v. des Alpes-de-Haute-Provence ; 4 375 h. (*Forcalquiérens*).

Ford (*Harrison*), acteur américain (né en 1942) : *Indiana Jones.*

Ford (*Henry*), industriel américain (1863-1947), pionnier de l'automobile.

Ford (*John*), auteur dramatique anglais (1586-v. 1639) : *Dommage qu'elle soit une putain.*

Ford (*John*), cinéaste américain (1895-1973) : *la Chevauchée fantastique.*

Ford Motor Company, société américaine de construction automobile fondée en 1903 par Henry Ford.

Forêt-Noire, massif boisé d'Allemagne, en face des Vosges.

Forez, région du Massif central.

Forman (*Miloš*), cinéaste américain d'origine tchèque (né en 1932) : *Amadeus.*

Formose → **Taïwan.**

Forrester (*Maureen*), contralto canadienne (née en 1930).

Forsythe (*William*), chorégraphe américain (né en 1949).

Fortaleza, port du Brésil ; 2 138 234 h.

Fort-de-France, ch.-l. de la Martinique ; 94 778 h.

Fosse (*Robert Louis*, dit **Bob**), danseur, chorégraphe et cinéaste américain (1927-1987) : *Cabaret.*

Fos-sur-Mer, port des Bouches-du-Rhône, sur le golfe de Fos, près de Marseille ; 14 732 h. Raffinerie.

Foster (lord *Norman*), architecte britannique (né en 1935).

Foucauld (*Charles* DE), explorateur et missionnaire français (1858-1916).

Foucault (*Léon*), physicien français (1819-1868), inventeur du gyroscope.

Foucault (*Michel*), philosophe français (1926-1984).

Fouché (*Joseph*, duc D'OTRANTE), conventionnel français (1759-1820), ministre de la Police sous Napoléon Ier.

Fougères, v. d'Ille-et-Vilaine ; 22 819 h. (*Fougerais*).

Foulbés → **Peuls.**

Fouquet (*Jean*), peintre et miniaturiste français (v. 1415-1420 - v. 1480).

Fouquet ou **Foucquet** (*Nicolas*), ministre de Louis XIV (1615-1680) qui le fit emprisonner. Il fut un grand mécène.

Fouquier-Tinville (*Antoine Quentin*), accusateur public sous la Terreur (1746-1795), mort exécuté.

fourches Caudines, défilé d'Italie centrale où une armée romaine, vaincue, dut défiler sous le joug (321 av. J.-C.).

Fourier (*Charles*), philosophe socialiste français (1772-1837).

Fourier (*Joseph*, baron), mathématicien français (1768-1830), découvreur des séries trigonométriques.

Fournaise (*piton de la*), volcan actif du sud-est de La Réunion ; 2 631 m.

Fournier (*Pierre*), violoncelliste français (1906-1986).

Fourons, en néerl. **Voeren**, v. francophone de Belgique (Limbourg) ; 4 327 h.

Fourvière, colline de Lyon, dominant la Saône.

Fouta-Djalon, massif de Guinée.

Fra Angelico → **Angelico.**

Fragonard (*Jean Honoré*), peintre français (1732-1806), exubérant et savoureux.

France, État de l'Europe occidentale ; 549 000 km^2 ; 65 400 000 h. (*Français*). Cap. *Paris* ; v. pr. *Marseille, Lyon, Toulouse, Nice, Bordeaux, Nantes, Strasbourg, Saint-Étienne, Lille, Le Havre, Rennes.*

France (*Anatole*), écrivain français (1844-1924).

France Télévisions, société de télévision du service public français qui regroupe les chaînes France 2, France 3, France 4, France 5 et France Ô (de Réseau France Outre-mer).

Francfort, v. d'Allemagne, sur le Main. 641 100 h. Traité franco-allemand en 1871. Aéroport. Centre financier. Foire du livre.

Francfort (*école de*), école philosophique allemande.

Franche-Comté, Région et anc. prov. de l'est de la France ; ch.-l. *Besançon*.

Franck (*César*), compositeur français d'origine belge (1822-1890).

Franco (*Francisco*), général et homme politique espagnol (1892-1975). Chef de l'État (Caudillo) de 1939 à sa mort.

François (*Claude*), chanteur français (1939-1978) : *Comme d'habitude*.

François (*Samson*), pianiste français (1924-1970).

François Ier (1494-1547), roi de France après 1515, adversaire de Charles Quint.

François II (1544-1560), fils d'Henri II. Roi de France en 1559-1560.

François II (1768-1835), empereur germanique (1792-1806), empereur d'Autriche (François Ier) [1804-1835].

François d'Assise (*saint*), fondateur de l'ordre des Franciscains (v. 1182-1226).

François de Paule (*saint*), fondateur de l'ordre des Minimes (v. 1416-1507).

François de Sales (*saint*), évêque de Genève (1567-1622), auteur de l'*Introduction à la vie dévote*.

François-Ferdinand de Habsbourg, archiduc héritier d'Autriche (1863-1914). Son assassinat, à Sarajevo, prélude à la Première Guerre mondiale.

François-Joseph Ier (1830-1916), empereur d'Autriche (1848-1916), roi de Hongrie (1867-1916).

François Xavier (*saint*), jésuite, apôtre des Indes et du Japon (1506-1552).

Franconie, région d'Allemagne (Bavière).

Franconville, v. du Val-d'Oise ; 33 665 h. (*Franconvillois*).

Francs, peuple germanique qui conquit la Gaule romaine aux Ve-VIe s.

Franju (*Georges*), cinéaste français (1912-1987) : *la Tête contre les murs*.

Frank (*Anne*), jeune Allemande juive (1929-1945), auteur d'un célèbre *Journal*.

Frank (*Robert*), photographe et cinéaste américain d'origine suisse (né en 1924).

Frankenstein, personnage du roman fantastique de Mary Shelley *Frankenstein ou le Prométhée moderne* qui a inspiré de nombreux films.

Franklin (*Aretha*), chanteuse américaine de rhythm and blues (née en 1942).

Franklin (*Benjamin*), savant et homme politique américain (1706-1790), un des fondateurs de l'Indépendance et inventeur du paratonnerre (1752).

Frascati, v. d'Italie (Latium) ; 20 758 h. Vins.

Fraser, fl. du Canada, qui rejoint le Pacifique ; 1 200 km.

Fraser (*Dawn*), nageuse australienne (née en 1937).

Frazer (sir *James George*), anthropologue écossais (1854-1941).

Frédégonde (545-597), femme de Chilpéric Ier, roi de Neustrie. Elle est célèbre par sa lutte contre Brunehaut.

Frédéric, nom de neuf rois de Danemark.

Frédéric Ier Barberousse (1122-1190), empereur germanique (1155-1190). Il lutta contre le pape et les Lombards, mourut en croisade.

Frédéric II de Hohenstaufen (1194-1250), roi de Sicile après 1197, empereur germanique (1220). Il obtint des musulmans la cession de Jérusalem, mais se heurta toute sa vie à la papauté.

Frédéric II le Grand (1712-1786), roi de Prusse après 1740, despote éclairé.

Frédéric-Guillaume Ier, dit **le Roi-Sergent** (1688-1740), roi de Prusse après 1713, mena une politique centralisatrice.

Freetown, cap. de la Sierra Leone ; 921 000 h.

Fréhel (*cap*), cap de la Bretagne.

Fréhel (*Marguerite* Boulch, dite), chanteuse et actrice française (1891-1951).

Freinet (*Célestin*), pédagogue français (1896-1966).

Fréjus, v. du Var ; 47 897 h. (*Fréjusiens*).

Frères Karamazov (*les*), roman de Dostoïevski.

Frescobaldi (*Girolamo*), compositeur et organiste italien (1583-1643).

Fresnel (*Augustin*), physicien français (1788-1827). Il développa la théorie ondulatoire de la lumière.

Fresnes, v. du Val-de-Marne. Prison.

Freud (*Sigmund*), médecin autrichien (1856-1939). Fondateur de la psychanalyse.

Freund (*Gisèle*), photographe française d'origine allemande (1912-2000).

Freyming-Merlebach, v. de la Moselle ; 14 691 h. (*Freyming-Merlebachois*).

Fribourg, v. de Suisse, ch.-l. du *cant. de Fribourg* ; 31 691 h. (*Fribourgeois*).

Fribourg (*canton de*), cant. de Suisse ; 1 671 km^2 ; 236 300 h. ; ch.-l. *Fribourg*.

Fribourg-en-Brisgau, ville d'Allemagne ; 208 300 h.

Friedland (*bataille de*), victoire de Napoléon sur les Russes (1807).

Friedrich (*Caspar David*), peintre romantique allemand (1774-1840).

Frioul, région partagée entre l'Italie et la Slovénie.

Frisch (*Karl* von), zoologiste et éthologiste autrichien (1886-1982).

Frisch (*Max*), romancier et auteur dramatique suisse de langue allemande (1911-1991) : *Biedermann et les incendiaires*.

Frise, région partagée entre les Pays-Bas et l'Allemagne.

Froissart (*Jean*), chroniqueur français (1333-apr. 1404).

Fromentin (*Eugène*), peintre et romancier français (1820-1876) : *Dominique*.

Fronde (*la*), soulèvement contre Mazarin sous la minorité de Louis XIV (1648-1652).

Frontignan, v. de l'Hérault ; 19 293 h. (*Frontignanais*). Vins.

Front populaire (mai 1936-avril 1938), coalition de partis français de gauche que les élections de mai 1936 portèrent au pouvoir. Il mena une politique sociale.

Frounze → **Bichkek.**

Fuégiens, peuple de la Terre de Feu.

Fugger, famille de banquiers d'Augsbourg XVe-XVIe s.

Fujian, prov. du sud-est de la Chine ; 32 820 000 h. Cap. *Fuzhou.*

Fuji-Yama, volcan et point culminant du Japon ; 3 776 m.

Fukuoka, port du Japon ; 1 341 470 h.

Fulton (*Robert*), ingénieur américain (1765-1815), pionnier de la navigation à vapeur.

Fundy (*baie de*), baie du Canada et des États-Unis, sur l'Atlantique.

Funès (*Louis* DE), acteur français (1914-1983) : *la Grande Vadrouille.*

Furet (*François*), historien français (1927-1997) : *Penser la Révolution française.*

Furetière (*Antoine*), écrivain français (1619-1688) : *Dictionnaire universel.*

Fureur de vivre (*la*), film américain de N.Ray (1955).

Furies → **Érinyes.**

Furtado (*Celso*), économiste brésilien (1920-2004), spécialiste des problèmes de développement.

Furtwängler (*Wilhelm*), chef d'orchestre allemand (1886-1954).

Fushun, v. de Chine (Liaoning) ; 1 388 011 h.

Füssli (*Johann Heinrich*), peintre suisse (1741-1825) : *le Cauchemar.*

Fustel de Coulanges (*Numa Denis*), historien français (1830-1889).

Futuna, île française de la Mélanésie → **Wallis-et-Futuna.**

Futuroscope, parc d'attractions ouvert en 1987 près de Poitiers.

Fuxin, v. de Chine (Liaoning) ; 743 165 h.

Fuzhou, v. de Chine, cap. du Fujian ; 1 395 739 h.

G

G7 (*Groupe des 7*), groupe des sept pays les plus industrialisés du monde, devenu G8 (Groupe des 8) avec la participation fréquente de la Russie aux sommets annuels du groupe, consacrés aux questions économiques.

G20 (*Groupe des 20*), forum économique rassemblant les pays du G8, dix pays émergents, l'Australie et l'Union européenne.

Gabès, port de Tunisie ; 98 935 h.

Gabin (*Jean Alexis* MONCORGÉ, dit **Jean**), acteur français (1904-1976) : *le Quai des brumes.*

Gable (*Clark*), acteur américain (1901-1960) : *Autant en emporte le vent.*

Gabon, État d'Afrique équatoriale ; 268 000 km^2 ; 1 262 000 h. (*Gabonais*). Cap. *Libreville.*

Gaborone, cap. du Botswana ; 186 007 h.

Gabriel, archange de l'Annonciation (*Nouveau Testament*).

Gabriel, famille d'architectes français, dont les plus connus sont JACQUES (1667-1742) et son fils JACQUES ANGE (1698-1782), auteur d'édifices classiques à Paris, Versailles, etc.

Gabrieli, famille de compositeurs et d'organistes italiens (XVIe-XVIIe s.), précurseurs du style concertant.

Gadamer (*Hans Georg*), philosophe allemand (1900-2002), promoteur de l'herméneutique moderne.

Gadda (*Carlo Emilio*), écrivain italien (1893-1973) : *l'Affreux Pastis de la rue des Merles.*

Gafsa, v. de Tunisie méridionale ; 71 107 h. Phosphates.

Gagarine (*Iouri*), cosmonaute soviétique (1934-1968), premier homme à effectuer un vol spatial.

Gagny, v. de la Seine-Saint-Denis ; 36 876 h.

Gaia → **Gê.**

Gaillac, v. du Tarn ; 11 461 h. (*Gaillacois*). Vins.

Gainsborough (*Thomas*), peintre, portraitiste et paysagiste anglais (1727-1788).

Gainsbourg (*Lucien* GINSBURG, dit **Serge**), chanteur, acteur et cinéaste français (1928-1991) : *la Javanaise.*

Galápagos (*îles*), archipel du Pacifique, dépendance de l'Équateur.

Galbraith (*John Kenneth*), économiste américain (1908-2006), collaborateur de F. Roosevelt : *le Nouvel État industriel.*

Galibier, col routier des Alpes, entre Briançon et la Maurienne ; 2 645 m.

Galice, communauté autonome d'Espagne ; 29 734 km^2 ; 2 731 900 h. (*Galiciens*). Cap. *Saint-Jacques-de-Compostelle.*

Galicie, région de Pologne et d'Ukraine.

Galien (*Claude*), médecin grec du IIe s.

Galilée, région de la Palestine.

Galilée, physicien et astronome italien (1564-1642), l'un des fondateurs de la mécanique moderne.

Gallé (*Émile*), verrier, céramiste et ébéniste français (1846-1904), maître de l'Art nouveau.

Galles (*pays de*), région de l'ouest de la Grande-Bretagne.

Galles (*prince de*), titre donné au fils aîné du souverain britannique.

Gallien (v. 218-268), empereur romain en 253.

Gallieni (*Joseph*), maréchal de France et administrateur colonial (1849-1916).

Gallup (*George*), statisticien américain (1901-1984), pionnier des sondages d'opinion.

Galois (*Évariste*), mathématicien français (1811-1832). Il joua un rôle important dans l'étude des équations algébriques.

Galsworthy (*John*), écrivain britannique (1867-1933) : *la Saga des Forsyte.*

Galvani (*Luigi*), physicien et médecin italien (1737-1798).

Gama (*Vasco* DE), navigateur portugais (v. 1469-1524). Le premier, il doubla le cap de Bonne-Espérance (1497).

Gambetta (*Léon*), homme politique français (1838-1882).

Gambie, fl. de Guinée, du Sénégal et de Gambie, qui rejoint l'Atlantique ; 1 100 km.

Gambie, État de l'Afrique occidentale ; 11 300 km^2 ; 1 337 000 h. (*Gambiens*). Cap. *Banjul.*

Gamow (*George*), physicien américain d'origine russe (1904-1968).

Gance (*Abel*), cinéaste français (1889-1981) : *Napoléon.*

Gand, port de Belgique, sur l'Escaut ; 229 344 h. (*Gantois*).

Gandhi (*Indira*), femme politique indienne (1917-1984), fille de Nehru. Premier ministre de 1967 à 1977 et de 1980 à 1984, assassinée. ◆ Son fils RAJIV (1944-1991) lui a succédé à la tête du gouvernement de 1984 à 1989, et a aussi été assassiné.

Gandhi (*le Mahatma*), apôtre national et religieux de l'Inde (1869-1948), assassiné.

Gange (le), fl. sacré de l'Inde ; 3 090 km.

Gansu, prov. de la Chine du Nord ; 24 940 000 h. Cap. *Lanzhou.*

Gao Xingjian, écrivain et peintre français d'origine chinoise (né en 1940) : *la Montagne de l'âme.*

Gap, ch.-l. des Hautes-Alpes ; 38 612 h. (*Gapençais*).

Garabit (*viaduc de*), pont-rail métallique, au-dessus de la Truyère (Cantal).

Garbo (*Greta Lovisa* GUSTAFSSON, dite **Greta**), actrice suédoise naturalisée américaine (1905-1990), archétype de la star : *Ninotchka.*

Garches, v. des Hauts-de-Seine ; 18 320 h.

García Lorca (*Federico*), poète et dramaturge espagnol (1898-1936).

García Márquez (*Gabriel*), écrivain colombien (né en 1928) : *Cent Ans de solitude.*

Gard, affl. du Rhône.

Gard, dép. français (30) ; ch.-l. *Nîmes,* ch.-l. d'arr. *Alès, Le Vigan* ; 623 125 h. (*Gardois*).

Gard (*pont du*), aqueduc romain du Ier s. apr. J.-C.

Gardanne, v. des Bouches-du-Rhône ; 19 679 h. (*Gardannais*).

Garde (**La**), v. du Var ; 25 637 h.

Garde (*lac de*), le plus oriental des grands lacs de l'Italie du Nord ; 370 km^2.

Gardel (*Charles* GARDÉS, dit **Carlos**), chanteur de tango argentin, d'origine française (1890-1935).

Gardner (*Ava*), actrice américaine (1922-1990) : *la Comtesse aux pieds nus.*

Garenne-Colombes (**La**), v. des Hauts-de-Seine ; 24 181 h. (*Garennois*).

Gargantua (*Vie inestimable du grand*), roman de Rabelais.

Garges-lès-Gonesse, v. du Val-d'Oise ; 40 213 h. (*Gargeois*).

Garibaldi (*Joseph*), patriote italien (1807-1882). Il lutta pour l'unification de l'Italie.

Garigliano, fl. d'Italie ; 38 km.

Garland (*Frances* GUMM, dite **Judy**), actrice américaine (1922-1969) : *le Magicien d'Oz.*

Garmisch-Partenkirchen, station de sports d'hiver d'Allemagne (Bavière) ; 26 448 h.

Garnier (*Charles*), architecte français (1825-1898) : Opéra de Paris.

Garonne, fl. de France qui naît dans les Pyrénées et rejoint l'Atlantique ; 650 km.

Garonne (Haute-), dép. français (31) ; ch.-l. *Toulouse,* ch.-l. d'arr. *Muret, Saint-Gaudens* ; 1 046 338 h.

Garouste (*Gérard*), peintre français (né en 1946), un des chefs de file du postmodernisme.

Gary (*Romain* KACEW, dit **Romain**), écrivain français (1914-1980) : *les Racines du ciel.* Il écrivit aussi sous le nom d'ÉMILE AJAR : *la Vie devant soi.*

Gascogne, anc. prov. du sud-ouest de la France ; cap. *Auch.*

Gascogne (*golfe de*), golfe de l'Atlantique, entre la France et l'Espagne.

Gaspé, v. du Canada (Québec), au fond de la *baie de Gaspé,* à l'extrémité est de la *Gaspésie* ; 16 517 h. (*Gaspésiens*).

Gaspésie, péninsule du Canada (Québec), entre le golfe du Saint-Laurent et la baie des Chaleurs.

Gassendi (*Pierre*), philosophe matérialiste français (1592-1655).

Gassman (*Vittorio*), acteur italien (1922-2000) : *Parfum de femme.*

Gaston III de Foix, dit **Phébus** (1331-1391), comte de Foix et vicomte de Béarn, il s'entoura d'une cour fastueuse.

Gâtinais, région de France ; v. pr. *Montargis.*

Gatsby le Magnifique, roman de F. S. Fitzgerald.

GATT (*General Agreement on Tariffs and Trade*, en fr. *accord général sur les tarifs douaniers et le commerce*), accord, signé en 1947 à Genève, qui a fourni le cadre des grandes négociations commerciales internationales, mises en œuvre, depuis 1995, par l'Organisation mondiale du commerce (OMC).

Gatti (*Dante*, dit **Armand**), homme de théâtre français (né en 1924).

Gaudí (*Antoni* ou *Antonio*), architecte espagnol (1852-1926) : église de la *Sagrada Familia* à Barcelone.

Gauguin (*Paul*), peintre français (1848-1903). Exécutées en Bretagne, puis en Polynésie, ses œuvres annoncent l'art du XXe s.

Gauhati, v. d'Inde (Assam) ; 808 021 h.

Gaule, nom donné dans l'Antiquité à la région correspondant à la France, la Belgique et l'Italie du Nord.

Gaulle (*Charles* DE), homme politique français (1890-1970). Organisateur de la résistance française contre l'Allemagne (1940), président de la République de 1959 à 1969.

Gaultier (*Jean-Paul*), couturier français (né en 1952).

Gaumont (*Léon*), inventeur et industriel français (1863-1946), l'un des pionniers du cinéma.

Gauss (*Carl Friedrich*), astronome, mathématicien et physicien allemand (1777-1855), auteur de travaux en mécanique céleste, sur l'électromagnétisme et l'optique.

Gautier (*Théophile*), poète et romancier français (1811-1872).

Gavarnie (*cirque de*), site touristique des Hautes-Pyrénées.

Gavrinis, île de Bretagne. Dolmen du IVe millénaire.

Gavroche, personnage des *Misérables* de V. Hugo, type du gamin de Paris.

Gay-Lussac (*Louis Joseph*), chimiste et physicien français (1778-1850).

Gaza, v. et territoire de Palestine (dit bande de Gaza) ; 1 001 569 h.

Gaziantep, v. de Turquie ; 712 800 h.

Gbagbo (*Laurent*), homme politique ivoirien (né en 1945), président de la République depuis 2000.

Gdańsk, en all. **Danzig**, port de Pologne ; 461 300 h.

Gê ou **Gaia,** divinité de la Terre, mère des Titans (*Myth. gr.*).

Gehry (*Frank*), architecte et designer américain (né en 1929) : musée Guggenheim à Bilbao.

Gell-Mann (*Murray*), physicien américain (né en 1929), auteur de travaux en physique nucléaire.

Gemara, texte (IVe-VIe s.) qui, avec la Mishna, constitue le Talmud.

Gémier (*Firmin*), acteur et directeur de théâtre français (1869-1933), fondateur du Théâtre national populaire (1920), qu'il dirigea jusqu'en 1933.

General Motors, société américaine de construction automobile fondée en 1908.

Gênes, port d'Italie ; 610 307 h. (*Génois*).

Genèse, premier livre de la Bible.

Genet (*Jean*), écrivain français (1910-1986) : *les Bonnes*.

Genève, v. de Suisse, sur le lac Léman, ch.-l. du *cant. de Genève* ; 174 999 h. (*Genevois*).

Genève (*accords de*), accords (juill. 1954) qui mirent fin à la guerre d'Indochine.

Genève (*canton de*), cant. de Suisse ; 282 km^2 ; 408 800 h.

Geneviève (*sainte*), patronne de Paris, qu'elle défendit contre Attila (v. 422 - v. 502).

Gengis Khan, conquérant tartare (v. 1167-1227). Il fonda l'Empire mongol.

Genji monogatari, roman de Murasaki Shikibu (début XIe s.).

Gennes (*Pierre-Gilles* DE), physicien français (1932-2007), spécialiste de la physique de la matière condensée.

Gennevilliers, port des Hauts-de-Seine, sur la Seine ; 42 733 h.

Genséric, roi vandale d'Afrique (Ve s.).

Geoffroy Saint-Hilaire (*Étienne*), naturaliste français (1772-1844).

George, nom de plusieurs rois d'Angleterre.

George V (1865-1936), roi d'Angleterre après 1910.

George VI (1895-1952), roi d'Angleterre après 1936.

Georges (*saint*), martyr (IVe s.). Il aurait terrassé un dragon.

Georges Ier (1845-1913), roi de Grèce après 1863, mort assassiné.

Georges II (1890-1947), roi de Grèce de 1922 à 1924 et de 1935 à 1947.

Georgetown, cap. de la Guyana ; 188 000 h.

Géorgie, État du Caucase, sur la mer Noire ; 70 000 km^2 ; 5 239 000 h. (*Géorgiens*). Cap. *Tbilissi*.

Géorgie, État du sud des États-Unis. Cap. *Atlanta*.

Géorgiques (*les*), poème en quatre chants de Virgile.

Gerbier-de-Jonc, mont du sud de la France (Ardèche), dans le Vivarais ; 1 551 m. Sources de la Loire.

Gergovie, oppidum gaulois (Puy-de-Dôme), que Vercingétorix défendit avec succès.

Géricault (*Théodore*), peintre français (1791-1824) : *le Radeau de la « Méduse »*.

Germain (*Sophie*), mathématicienne française (1776-1831), auteur de travaux sur la théorie de l'élasticité.

Germains, peuple indo-européen venu de Scandinavie, qui envahit l'Europe centrale au Ier millénaire av. J.-C.

Germanicus (15 av. J.-C.-19 apr. J.-C.), général romain, vainqueur des Germains.

Germanie, région entre Rhin et Vistule, peuplée par les Germains, dans l'Antiquité.

germano-soviétique (*pacte*), traité de non-agression signé entre l'Allemagne et l'URSS le 23 août 1939.

Germinal, roman de É. Zola.

Geronimo, chef apache (1829-1908).

Gers, affl. de la Garonne.

Gers, dép. français (32) ; ch.-l. *Auch*, ch.-l. d'arr. *Condom, Mirande* ; 172 335 h. (*Gersois*).

Gershwin (*George*), compositeur américain (1898-1937) : *Porgy and Bess*.

Gerson (*Jean* DE), théologien français (1363-1429), mystique.

Gestapo, police de sûreté du IIIe Reich. Elle fut de 1936 à 1945 l'instrument du régime nazi.

Gethsémani, jardin au pied du mont des Oliviers, où Jésus pria la nuit de son arrestation.

Gettysburg, v. des États-Unis. Victoire des nordistes pendant la guerre de Sécession (1863).

Getz (*Stanley*, dit **Stan**), saxophoniste américain de jazz (1927-1991).

Gévaudan (*bête du*), monstre (probablement un loup de très grande taille) apparu, vers 1765, dans les forêts du Gévaudan (Lozère).

Gex, v. de l'Ain ; 7 844 h. (*Gexois*).

Ghana, État de l'Afrique occidentale ; 240 000 km^2 ; 19 734 000 h. (*Ghanéens*). Cap. *Accra*.

Ghardaïa, oasis du Sahara algérien ; 87 599 h.

Ghiberti (*Lorenzo*), sculpteur florentin (1378-1455), maître de la Renaissance.

Ghirlandajio (*Domenico* BIGORDI, dit **Domenico**), peintre italien (1449-1494).

Giacometti (*Alberto*), sculpteur et peintre suisse (1901-1966).

Giambologna (*Jean* BOULOGNE, dit), sculpteur flamand (1529-1608) installé à Florence.

Giap → **Vo Nguyên Giap.**

Gibbs (*Willard*), physicien américain (1839-1903). Il fonda la chimie physique.

Gibraltar, port britannique du sud de l'Espagne, sur le *détroit de Gibraltar*.

Gibraltar (*détroit de*), détroit entre l'Espagne et le Maroc, unissant la Méditerranée et l'Atlantique (15 km de large).

Gide (*André*), écrivain français (1869-1951) : *les Faux-Monnayeurs*.

Gien, v. du Loiret ; 16 125 h. (*Giennois*). Château.

Gif-sur-Yvette, v. de l'Essonne ; 21 715 h. (*Giffois*).

Gil (*Gilberto*), chanteur brésilien (né en 1942).

Gilbert (*Kenneth*), claveciniste et organiste canadien (né en 1931).

Gil Blas de Santillane (*Histoire de*), roman de A. R. Lesage (1715-1735).

Gilgamesh, roi légendaire d'Ourouk, héros d'une épopée mésopotamienne (v. XVIIIe s. av. J.-C.).

Gillespie (*John* BIRKS, dit **Dizzy**), musicien américain de jazz (1917-1993), l'un des créateurs du style bebop.

Ginsberg (*Allen*), poète américain (1926-1997) de la Beat generation.

Giono (*Jean*), romancier français (1895-1970). Chantre de la Provence.

Giorgione (*Giorgio* DA CASTELFRANCO, dit), peintre vénitien (v. 1477-1510) : *la Tempête*, ou *l'Orage*.

Giotto di Bondone, peintre florentin (1266-1337), un des initiateurs de l'art d'Occident : fresques de la *Vie de la Vierge et du Christ* à Padoue.

Girard (*René*), essayiste français (né en 1923) : *la Violence et le Sacré*.

Girardin (*Émile* DE), journaliste français (1806-1881), il lança la presse à bon marché.

Girardon (*François*), sculpteur français (1628-1715), représentant du classicisme fastueux de Versailles.

Girardot (*Annie*), actrice française (née en 1931) : *Rocco et ses frères*.

Giraud (*Jean*), auteur français de bandes dessinées (né en 1938). Il dessine sous les pseudonymes de GIR et MOEBIUS.

Giraudoux (*Jean*), romancier et auteur dramatique français (1882-1944).

Gironde, estuaire de France, sur l'Atlantique, formé par la confluence de la Garonne et de la Dordogne ; 75 km.

Gironde, dép. français (33) ; ch.-l. *Bordeaux*, ch.-l. d'arr. *Blaye, Langon, Lesparre-Médoc, Libourne* ; 1 287 334 h. (*Girondins*).

Girondins, groupe politique modéré de la Révolution française, né en 1791 autour du député Brissot, éliminé en 1793.

Giscard d'Estaing (*Valéry*), homme politique français (né en 1926), président de la République de 1974 à 1981.

Gisors, v. de l'Eure ; 11 115 h. (*Gisorsiens*).

Gitans, tsiganes vivant principalement dans le sud de l'Europe.

Giulini (*Carlo Maria*), chef d'orchestre italien (1914-2005).

Givors, v. du Rhône ; 18 562 h. (*Givordins*).

Gizeh ou **Guizèh,** v. d'Égypte près du Caire. Grandes pyramides. Sphinx et vaste nécropole.

Glace (*mer de*), glacier des Alpes françaises, dans le massif du Mont-Blanc.

Gladstone (*William*), homme politique britannique (1809-1898). Libéral, il fut trois fois Premier ministre entre 1868 et 1894.

Glanum, ville gallo-romaine, près de Saint-Rémy-de-Provence.

Glaris (*canton de*), cant. de Suisse ; 685 km^2 ; 38 500 h. (*Glaronnais*) ; ch.-l. *Glaris*.

Glasgow, port d'Écosse ; 577 869 h.

Glass (*Philip*), compositeur américain (né en 1937), il illustre le courant de la musique répétitive.

Glénan (*îles de*), petit archipel, au large de la côte sud du Finistère.

Glorieuses (*les Trois*), les trois jours de la révolution de 1830.

Gluck (*Christoph Willibald*), compositeur allemand (1714-1787) : *Orphée*.

Goa, État de la côte ouest de l'Inde, anc. possession portugaise.

Gobelins (les), manufacture royale, puis nationale de tapisseries, sise à Paris.

Gobi, désert de l'Asie centrale.

Gobineau (*Joseph*, comte DE), écrivain français (1816-1882).

Godard (*Jean-Luc*), cinéaste français et suisse (né en 1930), pionnier de la nouvelle vague : *À bout de souffle*.

Godefroi de Bouillon (v. 1061-1100), chef de la 1re croisade, fondateur du royaume de Jérusalem (1099).

Gödel (*Kurt*), logicien et mathématicien américain d'origine autrichienne (1906-1978).

Godounov → **Boris Godounov.**

Godoy (*Manuel*), ministre de Charles IV d'Espagne (1767-1851).

God save the King (the Queen), hymne national britannique.

Goebbels (*Joseph*), homme politique allemand (1897-1945), ministre de la Propagande nazie. Il se suicida.

Goethe (*Johann Wolfgang* VON), écrivain allemand (1749-1832) : *Faust*, *Werther*.

Gogol (*Nikolaï*), écrivain russe (1809-1852) : *les Âmes mortes*.

Goiânia, v. du Brésil central, cap. de l'État de Goiás ; 1 090 737 h.

Golan (*plateau du*), plateau du sud-ouest de la Syrie, dominant le Jourdain.

Golconde, v. de l'Inde dont la richesse fut proverbiale ; ruinée par Aurangzeb (1687).

Goldman (*Jean-Jacques*), chanteur français (né en 1951) : *Quand la musique est bonne*.

Goldoni (*Carlo*), écrivain italien (1707-1793), auteur de comédies.

Goldsmith (*Oliver*), écrivain britannique (1728-1774) : *le Vicaire de Wakefield*.

Golem (*le*), roman fantastique de G. Meyrink.

Golfe (*guerre du*), conflit opposant en 1991 l'Iraq (qui a envahi le Koweït en 1990) à une coalition de pays conduite par les États-Unis.

Golgi (*Camillo*), médecin et histologiste italien (1843-1926).

Golgotha ou **Calvaire,** colline où Jésus-Christ fut supplicié.

Goliath, guerrier géant tué par David.

Gombrowicz (*Witold*), écrivain polonais (1904-1969) : *Ferdydurke*.

Gomel, v. du sud-est de la Biélorussie ; 487 000 h.

Gomorrhe → **Sodome.**

Gomułka (*Wladyslaw*), homme politique polonais (1905-1982), au pouvoir de 1956 à 1970.

Goncourt (*Edmond* DE), écrivain français (1822-1896), auteur avec son frère *Jules* (1830-1870) de romans naturalistes ; créateur de l'Académie Goncourt.

Gondwana, continent de l'ère primaire qui réunissait l'Inde, l'Amérique du Sud, l'Afrique, l'Australie et l'Antarctique.

Gonesse, v. du Val-d'Oise ; 24 974 h. (*Gonessiens*).

Gonfreville-l'Orcher, v. de la Seine-Maritime ; 10 004 h. (*Gonfrevillais*). Raffinerie.

Góngora (*Luis* DE), poète espagnol (1561-1627), au style précieux.

Goodman (*Benny*), clarinettiste et chef d'orchestre américain de jazz (1909-1986).

Gorakhpur, v. d'Inde (Uttar Pradesh) ; 624 570 h.

Gorbatchev (*Mikhaïl Sergueïevitch*), homme politique russe (né en 1931), à la tête de l'URSS de 1985 à 1991.

Gorée, île des côtes du Sénégal, en face de Dakar.

Gorgones, monstres ailés au corps de femme et à la chevelure de serpent : Méduse, Euryale et Sthéna (*Myth. gr.*).

Göring (*Hermann*), maréchal et homme politique allemand (1893-1946), créateur de la Luftwaffe.

Gorki → **Nijni Novgorod.**

Gorki (*Maxime*), écrivain russe (1868-1936) : *la Mère*.

Goscinny (*René*), dessinateur et scénariste français de bandes dessinées (1926-1977) : *Astérix*.

Göteborg, port de Suède ; 479 242 h.

Goths, anc. peuple germain, établi sur la Vistule au Ier s. av. J.-C.

Gotlib (*Marcel* GOTLIEB, dit), dessinateur et scénariste français de bandes dessinées (né en 1934).

Göttingen, v. d'Allemagne ; 123 800 h.

Goujon (*Jean*), sculpteur et architecte français (v. 1510-v. 1565).

Gould (*Glenn*), pianiste canadien (1932-1982).

Gounod (*Charles*), compositeur français (1818-1893), auteur d'opéras : *Faust*.

Goussainville, v. du Val-d'Oise ; 27 540 h. (*Goussainvillois*).

Goya (*Francisco* DE), peintre espagnol (1746-1828) : *les Désastres de la guerre*.

Graal, coupe qui aurait servi à Jésus le soir de la Cène.

Gracchus (*Tiberius* et *Caïus*), nom de deux frères romains (les Gracques), tués pour avoir lutté contre l'aristocratie (IIe s. av. J.-C.).

Grâces (les), divinités gréco-romaines de la Beauté : Aglaé, Thalie, Euphrosyne.

Gracq (*Louis* Poirier, dit **Julien**), écrivain français (1910-2007) : *le Rivage des Syrtes.*

Gradignan, v. de la Gironde ; 22 834 h. (*Gradignanais*).

Graf (*Steffi*), joueuse de tennis allemande (née en 1969).

Graham (*Martha*), danseuse et chorégraphe américaine (1894-1991), l'une des principales figures de la modern dance.

Gramme (*Zénobe*), électricien belge (1826-1901). Il inventa la dynamo.

Gramsci (*Antonio*), philosophe et homme politique communiste italien (1891-1937).

Grand Ballon, anc. **ballon de Guebwiller**, point culminant des Vosges ; 1 424 m.

Grand Canyon, gorges du Colorado, aux États-Unis.

Grande (*rio*), riv. du Brésil ; 1 500 km.

Grande-Bretagne, île formant avec l'Irlande du Nord le Royaume-Uni. Elle regroupe l'Angleterre, le pays de Galles et l'Écosse ; 243 500 km^2 ; 59 542 000 h. (*Britanniques*). Cap. *Londres.*

Grande-Grèce, ou **Grèce d'Occident :** l'Italie du Sud et la Sicile, dans l'Antiquité.

Grande Illusion (*la*), film de J. Renoir (1937).

Grande Rivière, fl. du Canada (Québec), qui rejoint la baie James, dans la baie d'Hudson ; 893 km.

Grandes Baigneuses (*les*), tableau de Cézanne.

Grande-Synthe, v. du Nord ; 23 560 h. (*Grand-Synthois*).

Grand Lac Salé, en angl. **Great Salt Lake**, marécage salé des États-Unis (Utah), près de Salt Lake City.

Grand Meaulnes (*le*), roman d'Alain-Fournier.

Grand-Quevilly (**Le**), v. de Seine-Maritime ; 26 893 h. (*Grand-Quevillais*).

Grands Lacs, nom des cinq grands lacs américains : Supérieur, Michigan, Huron, Érié, Ontario.

Grand Sommeil (*le*), film de H. Hawks (1946).

Grant (*Archibald Alexander* Leach, dit **Cary**), acteur américain d'origine britannique (1904-1986) : *la Mort aux trousses.*

Grant (*Ulysses*), général américain (1822-1885). Vainqueur des sudistes, président des États-Unis de 1868 à 1876.

Granville, station balnéaire de la Manche ; 13 486 h. (*Granvillais*).

Grappelli (*Stéphane*), violoniste de jazz français (1908-1997).

Grass (*Günter*), écrivain allemand (né en 1927) : *le Tambour.*

Grasse, v. des Alpes-Maritimes ; 44 790 h. (*Grassois*). Parfumerie.

Graulhet, v. du Tarn ; 12 982 h. (*Graulhetois*).

Gravelines, v. du Nord ; 12 769 h. (*Gravelinois*).

Graz, v. d'Autriche ; 226 244 h.

Grèce, État du sud-est de l'Europe ; 132 000 km^2 ; 10 939 605 h. (*Grecs*). Cap. *Athènes.*

Greco (*Domenikos* Theotokopulos, dit **le**), peintre espagnol d'origine grecque (1541-1614), chantre de la spiritualité religieuse de sa ville d'adoption, Tolède.

Gréco (*Juliette*), chanteuse et actrice française (née en 1927).

Green (*Julien*), écrivain américain d'expression française, (1900-1998) : *Adrienne Mesurat.*

Greene (*Graham*), écrivain britannique (1904-1991) : *la Puissance et la Gloire.*

Greenpeace, mouvement écologiste et pacifiste créé en 1971.

Greenwich, faubourg de Londres. Méridien d'origine des longitudes.

Grégoire, nom de divers saints.

Grégoire, nom de seize papes.

Grégoire (*Henri*, dit **l'abbé**), prêtre français (1750-1831), chef de l'Église constitutionnelle.

Grégoire Ier le Grand (*saint*) [v. 540-604], pape de 590 à 604, auquel on doit la liturgie de la messe et le rite *grégorien.*

Grégoire VII (*saint*) [v. 1020-1085], pape de 1073 à 1085, adversaire de l'empereur Henri IV dans la querelle des Investitures.

Grégoire XIII (1502-1585), pape de 1572 à 1585, qui réforma le calendrier.

Grégoire de Nazianze (*saint*), théologien (IVe s.).

Grégoire de Nysse (*saint*), théologien (IVe s.).

Grégoire de Tours (*saint*), prélat et historien français (v. 538-v. 594).

Grémillon (*Jean*), cinéaste français (1901-1959) : *Remorques.*

Grenade, v. d'Espagne ; 243 341 h. Palais mauresque de l'Alhambra.

Grenade, île et État des Antilles ; 344 km^2 ; 94 000 h. (*Grenadiens*). Cap. *Saint George's.*

Grenoble, ch.-l. de l'Isère ; 156 203 h. (*Grenoblois*).

Greuze (*Jean-Baptiste*), peintre français (1725-1805).

Grève (*place de*), anc. nom de l'actuelle place de l'Hôtel-de-Ville, à Paris.

Grevisse (*Maurice*), grammairien belge (1895-1980) : *le Bon Usage.*

Grévy (*Jules*), homme politique français (1807-1891). Président de la République de 1879 à 1887, démissionnaire.

Griaule (*Marcel*), ethnologue français (1898-1956).

Grieg (*Edvard*), compositeur norvégien (1843-1907) : *Peer Gynt.*

Griffith (*David*), cinéaste américain (1875-1948) : *Naissance d'une nation.*

Grigny, v. de l'Essonne ; 24 620 h. (*Grignois*).

Grimaldi (*maison de*), famille d'origine génoise régnant sur Monaco depuis le XVe s.

Grimault *(Paul)*, cinéaste français d'animation (1905-1994) : *le Roi et l'Oiseau.*

Grimm *(Wilhelm)*, écrivain allemand (1786-1859) auteur de *Contes*, avec son frère *Jacob* (1785-1863), fondateur de la philologie allemande.

Grimod de La Reynière, gastronome français (1758-1838), initiateur de la presse gastronomique.

Gris *(Juan)*, peintre cubiste espagnol (1887-1927).

Gris-Nez *(cap)*, promontoire à l'entrée du pas de Calais, limite traditionnelle entre la Manche et le détroit.

Grisons, cant. de Suisse ; 7 106 km^2 ; 186 700 h. *(Grisons)* ; ch.-l. *Coire.*

Grock *(Adrien* WETTACH, dit), artiste de cirque suisse (1880-1959).

Groenland, vaste île danoise (avec un statut de large autonomie) au nord-est de l'Amérique, recouverte de glaciers ; 2 186 000 km^2.

Groix, île du Morbihan.

Gromyko *(Andreï)*, homme politique soviétique (1909-1989).

Groningue, en néerl. **Groningen**, prov. du nord des Pays-Bas ; 566 489 h. ; ch.-l. *Groningue.*

Gropius *(Walter)*, architecte allemand (1883-1969), établi aux États-Unis en 1937.

Grossglockner, point culminant de l'Autriche, dans les Hohe Tauern ; 3 796 m.

Grouchy *(Emmanuel* DE), maréchal de France (1766-1847).

Groznyï, v. de Russie, cap. de la Tchétchénie ; 401 000 h. (en 1989).

Grünewald *(Matthias)*, peintre allemand (m. en 1528) : retable d'Issenheim.

Gruss, famille française d'artistes de cirque.

Gruyères, v. de Suisse, cant. de Fribourg, dans la *Gruyère* (fromages) ; 1 512 h. *(Gruériens* ou *Gruyériens)*.

Gstaad, station estivale et de sports d'hiver de Suisse (cant. de Berne).

Guadalajara, v. du Mexique ; 1 646 183 h.

Guadalcanal, île du Pacifique. Combats entre les Japonais et les Américains (1942-43).

Guadalquivir, fl. de l'Espagne méridionale (Atlantique) ; 630 km.

Guadalupe, v. d'Espagne (Estrémadure), dans la *sierra de Guadalupe* ; 2 365 h. Monastère.

Guadeloupe, dép. français (971) des Antilles ; ch.-l. *Basse-Terre* ; ch.-l. d'arr. *Pointe-à-Pitre, Marigot* ; 422 496 h. *(Guadeloupéens)*.

Guam, île principale de l'archipel des Mariannes, en Micronésie ; 156 302 h. ; ch.-l. *Agana* (ou *Hagtña*).

Guangdong, prov. de la Chine du Sud ; 70 510 000 h. Cap. *Canton.*

Guangxi, région autonome de la Chine du Sud ; 46 330 000 h. Cap. *Nanning.*

Guantánamo, v. de Cuba ; 207 796 h. Sur la baie, base navale concédée aux États-Unis en 1903 (lieu de détention, depuis 2001, de personnes soupçonnées de terrorisme).

Guardi *(Francesco)*, peintre italien (1712-1793).

Guatemala, État de l'Amérique centrale ; 109 000 km^2 ; 11 687 000 h. *(Guatémaltèques)*. Cap. *Guatemala.*

Guayaquil, v. principale et port de l'Équateur ; 1 985 379 h.

Guebwiller, v. du Haut-Rhin ; 11 883 h. *(Guebwillerois)*.

Guebwiller *(ballon de)* → **Grand Ballon.**

Guérande, v. de la Loire-Atlantique ; 14 296 h. *(Guérandais)*. Marais salants.

Guéret, ch.-l. de la Creuse ; 15 286 h. *(Guérétois)*.

Guernesey, une des îles Anglo-Normandes.

Guernica, v. du Pays basque espagnol. Son bombardement par l'aviation allemande en 1937 a inspiré à Picasso une grande toile.

Guerre *(Grande)* ou **Première Guerre mondiale,** guerre qui, de 1914 à 1918, opposa les pays de l'Europe centrale (Allemagne, Autriche-Hongrie, Bulgarie, Turquie) aux pays de la Triple-Entente (France, Grande-Bretagne, Russie) et à leurs alliés (Belgique, Italie, États-Unis, Portugal, Serbie, Roumanie). Elle se termina par la victoire des seconds.

guerre de 1870-1871, guerre entre la France et la Prusse. La France, défaite, y perdit l'Alsace-Lorraine. L'Empire allemand fut proclamé à Versailles.

Guerre des étoiles *(la)*, film de science-fiction de G. Lucas (1977).

Guerre et Paix, roman de L. Tolstoï.

guerre froide, tension qui opposa les États-Unis et l'URSS de 1948 à 1963.

Guerre mondiale *(Seconde)*, guerre qui, de 1939 à 1945, opposa l'Allemagne, l'Italie, le Japon et leurs alliés (l'« Axe ») à la France, la Grande-Bretagne, l'URSS, les États-Unis, la Chine et leurs alliés. Ces derniers furent victorieux.

Guesclin *(Bertrand* DU), connétable de France (v. 1320-1380). Il mena la guerre contre les Anglais.

Guesde *(Jules)*, homme politique français (1845-1922), marxiste.

Guevara *(Ernesto*, dit **Che**), homme politique cubain (1928-1967). Il développa la guérilla en Amérique latine.

Guggenheim *(musées)*, musées à New York, Bilbao, Berlin et Venise (musée *Peggy Guggenheim*).

Guggenheim *(Solomon R.)*, industriel et collectionneur d'art américain (1861-1949).

Guignol, personnage principal des marionnettes lyonnaises.

Guillaume *(Paul)*, psychologue français (1878-1962).

Guillaume Ier (1797-1888), roi de Prusse en 1861, empereur allemand après 1871.

Guillaume Ier le Conquérant (v. 1028-1087), duc de Normandie, roi d'Angleterre à partir de 1066.

Guillaume II (1859-1941), empereur allemand en 1888. Il abdiqua en 1918.

Guillaume III (1650-1702), à la tête des Provinces-Unies après 1672, roi d'Angleterre en 1689.

Guillaume de Lorris, poète français (v. 1200/1210-apr. 1240), auteur de la première partie du *Roman de la Rose.*

Guillaume de Machaut ou **de Machault,** poète et musicien français (v. 1300-1377) : *Messe de Notre-Dame.*

Guillaume d'Occam, philosophe anglais (1285-1349).

Guillaume Tell, héros légendaire de l'indépendance helvétique (XIVe s.).

Guillem (*Sylvie*), danseuse française (née en 1965).

Guimard (*Hector*), architecte français (1867-1942), maître de l'Art nouveau.

Guinée, État de l'Afrique occidentale ; 250 000 km^2 ; 8 274 000 h. (*Guinéens*). Cap. *Conakry.*

Guinée-Bissau, anc. **Guinée portugaise**, État de l'Afrique au sud du Sénégal ; 36 125 km^2 ; 1,2 million d'h. (*Bissau-Guinéens*). Cap. *Bissau.*

Guinée équatoriale, anc. **Guinée espagnole**, État de l'Afrique équatoriale ; 28 100 km^2 ; 470 000 h. (*Équato-Guinéens*). Cap. *Malabo.*

Guinness (sir *Alec*), acteur britannique (1914-2000) : *le Pont de la rivière Kwaï.*

Guipavas, v. du Finistère ; 12 862 h. (*Guipavasiens*). Aéroport.

Guipúzcoa, prov. basque d'Espagne ; 679 370 h. ; ch.-l. *Saint-Sébastien.*

Guise (*maison de*), famille française dont les membres les plus importants sont FRANÇOIS, *duc* DE GUISE, chef catholique, au début des guerres de Religion (1519-1563).

Guitry (*Sacha*), acteur, auteur dramatique et cinéaste français (1885-1957) : *le Roman d'un tricheur.*

Guiyang, v. de Chine, cap. du Guizhou ; 1 664 709 h.

Guizèh → **Gizeh.**

Guizhou, prov. de la Chine du Sud ; 36 060 000 h. Cap. *Guiyang.*

Guizot (*François*), homme politique et historien français (1787-1874), ministre de Louis-Philippe de 1840 à 1848.

Gujerat, État du nord-ouest de l'Inde.

Gujranwala, v. du Pakistan ; 1 132 000 h.

Gulf Stream, courant chaud de l'Atlantique septentrional.

Gulliver (*les Voyages de*), roman de Swift.

Guomindang, parti nationaliste chinois fondé en 1912 par Sun Yat-sen.

Gupta, dynastie indienne (vers 270 ?-550) qui atteignit son apogée à la charnière des IVe et Ve s.

Gustave II Adolphe (1594-1632), roi de Suède en 1611.

Gustave V (1858-1950), roi de Suède en 1907.

Gustavia, ch.-l. de l'île de Saint-Barthélemy.

Gutenberg (*Johannes*), inventeur allemand de l'imprimerie (v. 1399-1468).

Guyana, anc. **Guyane britannique**, État de l'Amérique du Sud ; 215 000 km^2 ; 763 000 h. (*Guyaniens*). Cap. *Georgetown.*

Guyancourt, v. des Yvelines ; 25 444 h.

Guyane, dép. français d'outre-mer (973) ; ch.-l. *Cayenne*, ch.-l. d'arr. *Saint-Laurent-du-Maroni* ; 157 213 h. (*Guyanais*).

Guyenne, anc. prov. de France et autre nom de l'Aquitaine ; cap. *Bordeaux.*

Guynemer (*Georges*), aviateur français (1894-1917).

Gwalior, v. d'Inde (Madhya Pradesh) ; 826 919 h. Temples (IXe et XIe s., palais fortifié).

H

Haakon, nom de sept rois de Norvège.

Haarlem, v. des Pays-Bas ; 147 097 h.

Haber (*Fritz*), physicien et chimiste allemand (1868-1934).

Habermas (*Jürgen*), philosophe allemand (né en 1929), membre de l'école de Francfort.

Habré (*Hissène*), homme politique tchadien (né en 1936), président de la République de 1982 à 1990.

Habsbourg, dynastie qui régna sur le Saint Empire romain germanique, sur l'Autriche (1278-1918), sur l'Espagne (1516-1700) et sur la Bohême et la Hongrie (1526-1918).

Hachette, société française d'édition (groupe Lagardère) dont l'origine remonte au XIXe s.

Hachette (*Jeanne*), héroïne française (née en 1456). Elle défendit Beauvais en 1472 contre Charles le Téméraire.

Hadès, dieu grec des Enfers, le *Pluton* romain.

Hadrien (76-138), empereur romain après 117.

Haeckel (*Ernst*), zoologiste allemand (1834-1919), inventeur du terme « écologie ».

Hafez ou **Hafiz,** poète persan (v. 1325-1390).

Hague (la), cap du nord-ouest du Cotentin.

Haguenau, v. du Bas-Rhin, au sud de la *forêt de Haguenau* (13 400 ha) ; 33 943 h. (*Haguenoviens*).

Hahn (*Otto*), chimiste et physicien allemand (1879-1968), découvreur de la fission de l'uranium.

Hahnemann (*Samuel*), médecin allemand (1755-1843), fondateur de l'homéopathie.

Haicheng, v. de Chine (Liaoning) ; 992 000 h.

Haïfa, port d'Israël ; 270 800 h.

Haigneré (*Claudie* André-Deshays, puis) [née en 1957] et son mari *Jean-Pierre* (né en 1948), spationautes français.

Hailé Sélassié Ier (1892-1975), empereur d'Éthiopie (1930-1974), renversé par l'armée.

Hainaut, prov. de Belgique ; 3 787 km^2 ; 1 279 823 h. (*Hainuyers* ou *Hennuyers*) ; ch.-l. *Mons*.

Haiphong, port du Viêt Nam ; 449 747 h.

Haïti, une des Antilles, partagée entre la *république d'Haïti* (27 750 km^2 ; 8 270 000 h. [*Haïtiens*] ; cap. *Port-au-Prince*) et la République dominicaine.

Haitink (*Bernard*), chef d'orchestre néerlandais (né en 1929).

HALDE (*Haute Autorité de lutte contre les discriminations et pour l'égalité*), autorité administrative française, créée en 2004 pour veiller à l'égalité de traitement des citoyens.

Halladj (*Abu* **al-**), théologien, mystique et martyr islamique (858-922), un des initiateurs du soufisme.

Halley (*Edmund*), astronome britannique (1656-1742). Il étudia les comètes.

Hallstatt ou **Hallstadt,** village d'Autriche, site du premier âge du fer (900-450 av. J.-C.).

Hallyday (*Jean-Philippe* Smet, dit **Johnny**) chanteur français de rock (né en 1943) : *l'Idole des jeunes*.

Hals (*Frans*), peintre néerlandais (v. 1580-1666), portraitiste.

Hambourg, en all. **Hamburg**, port et Land d'Allemagne, sur l'Elbe ; 753 km^2 ; 1 704 735 h.

Hamilcar, chef carthaginois (v. 290-229 av. J.-C.), père d'Hannibal.

Hamilton, v. du Canada ; 553 679 h.

Hamlet, drame de Shakespeare.

Hammourabi (1793-1750 av. J.-C.), fondateur du premier Empire babylonien et auteur du premier Code de lois écrit.

Hampi → **Vijayanagar.**

Hamsun (*Knut*), écrivain norvégien (1859-1952) : *la Faim*.

Han, dynastie impériale chinoise (206 av. J.-C.-220 apr. J.-C.).

Han (*grottes de*), grottes de Belgique (prov. de Namur), formant un réseau de 3 km de long.

Handan, v. de Chine (Hebei) ; 1 769 315 h.

Händel ou **Haendel** (*Georg Friedrich*), compositeur allemand (1685-1759) : *le Messie*.

Handke (*Peter*), écrivain autrichien (né en 1942) : *le Malheur indifférent*.

Hangzhou, v. de Chine, cap. du Zhejiang ; 2 589 504 h. Anc. cap. (XIIe-XIIIe s.). Pagode.

Hannibal, homme d'État carthaginois (247-183 av. J.-C.). Il déclencha la deuxième guerre punique.

Hanoi, cap. du Viêt Nam ; 3 977 000 h.

Hanovre, région et v. d'Allemagne ; 516 400 h.

Hanovre (*dynastie de*), dynastie qui a régné sur le Hanovre à partir de 1692 et sur la Grande-Bretagne de 1714 à 1837. Actuelle maison de Windsor.

Hanse, ligue commerciale des villes allemandes (XIIe-XVIe s.).

Hantaï (*Simon*), peintre français d'origine hongroise (1922-2008).

Haoussas, peuple du Nigeria et du Niger.

Harare, anc. **Salisbury**, cap. du Zimbabwe ; 1 469 000 h.

Harbin, v. de Chine du Nord-Est ; 3 597 404 h.

Hardy (*Thomas*), écrivain britannique (1840-1928) : *Tess d'Urberville*.

Harlem, quartier de New York, habité par une importante communauté noire.

Harnes, v. du Pas-de-Calais ; 13 797 h. (*Harnésiens*).

Harnoncourt (*Nikolaus*), chef d'orchestre et violoncelliste autrichien (né en 1929).

Harold II (v. 1022-1066), roi des Anglo-Saxons (1066), vaincu et tué à Hastings par Guillaume le Conquérant.

Harpagon, personnage de *l'Avare* de Molière.

Harpies, divinités grecques, mi-femmes, mi-oiseaux, pourvoyeuses des Enfers.

Hartung (*Hans*), peintre allemand (1904-1989) naturalisé français, pionnier de l'abstraction.

Harun al-Rachid (766-809), calife de Bagdad, héros des *Mille et Une Nuits*.

Harvard, université américaine (Massachusetts).

Harvey (*William*), médecin anglais (1578-1657). Il découvrit la circulation du sang.

Haryana, État du nord de l'Inde ; 44 200 km^2 ; 21 082 989 h. Cap. *Chandigarh*.

Hasdrubal, nom de plusieurs généraux carthaginois.

Hašek (*Jaroslav*), écrivain tchèque (1883-1923) : *le Brave Soldat Chvéïk*.

Haskil (*Clara*), pianiste roumaine (1895-1960).

Hassan ou **Hasan II** (1929-1999), roi du Maroc de 1961 à sa mort.

Hastings, port d'Angleterre. Victoire de Guillaume le Conquérant en 1066.

Haubourdin, v. du Nord ; 15 086 h. (*Haubourdinois*).

Haussmann (*baron*) [1809-1891], préfet de la Seine, responsable des grands travaux de Paris.

hautes études (*École pratique des*), établissement public d'enseignement supérieur français créé en 1868. Sa VIe section est devenue (1975) l'**École des hautes études en sciences sociales**.

Haute-Volta → **Burkina.**

Hautmont, v. du Nord ; 16 201 h. (*Hautmontois*).

Hauts de Hurlevent (*les*), roman de E. Brontë.

Hauts-de-Seine, dép. français (92) ; ch.-l. *Nanterre,* ch.-l. d'arr. *Antony, Boulogne-Billancourt* ; 1 428 881 h.

Haüy (*Valentin*), pédagogue français (1745-1822), fondateur de l'Institut national des jeunes aveugles.

Havane (**La**), cap. de Cuba ; 2 189 000 h.

Havas (*Charles Louis*), publicitaire français (1783-1858), créateur de l'Agence Havas (1835).

Havel (*Václav*), auteur dramatique et homme politique tchèque (né en 1936), président de la Tchécoslovaquie de 1989 à 1992 et de la République tchèque de 1993 à 2003.

Havre (**Le**), port de la Seine-Maritime ; 197 219 h. (*Havrais*).

Hawaii (*îles*), archipel de l'Océanie formant un État des États-Unis. Cap. *Honolulu.*

Hawkes (*Howard*), cinéaste américain (1896-1977) : *le Grand Sommeil.*

Hawkins (*Coleman*), saxophoniste américain de jazz (1904-1969).

Hawthorne (*Nathaniel*), écrivain américain (1804-1864) : *la Lettre écarlate.*

Hayange, v. de la Moselle ; 15 459 h. (*Hayangeois*).

Haydn (*Joseph*), compositeur autrichien (1732-1809) : *la Création.*

Haye (**La**), v. des Pays-Bas. Résidence des pouvoirs publics ; 463 826 h.

Haÿ-les-Roses (**L'**), v. du Val-de-Marne ; 29 816 h. Roseraie.

Hayworth (*Margarita Carmen* CANSINO, dite **Rita**), actrice américaine (1918-1987) : *la Dame de Shanghai.*

Hazebrouck, v. du Nord ; 22 114 h. (*Hazebrouckois*).

HCR (*Haut-Commissariat des Nations unies pour les réfugiés*), organisation internationale à caractère humanitaire créée en 1951.

Hearst (*William Randolph*), homme d'affaires américain (1863-1951), propriétaire de journaux.

Hebei, prov. de la Chine du Nord, sur le golfe de Bohai ; 65 250 000 h. Cap. *Shijiazhuang.*

Hébert (*Jacques*), révolutionnaire français (1757-1794). Il mena la lutte contre les modérés et fut éliminé par Robespierre.

Hébreux, le peuple juif, dont l'histoire ancienne est racontée dans la Bible.

Hébrides (*îles*), archipel d'Écosse.

Hector, chef troyen, tué par Achille (*l'Iliade*).

Hedjaz, région de l'Arabie saoudite ; v. pr. *La Mecque.*

Hefei, v. de Chine, cap. de la prov. d'Anhui ; 1 099 523 h.

Hegang, v. de Chine (Heilongjiang) ; 647 021 h.

Hegel (*Friedrich*), philosophe allemand (1770-1831), auteur d'une philosophie fondée sur la dialectique : *Phénoménologie de l'Esprit.*

Heidegger (*Martin*), philosophe allemand (1889-1976) : *Être et temps.*

Heidelberg, v. d'Allemagne ; 141 500 h. Université.

Heifetz (*Jascha*), violoniste américain d'origine lituanienne (1899-1987).

Heilongjiang, prov. de la Chine du Nord-Est ; 37 510 000 h. Cap. *Harbin.*

Heine (*Heinrich*), poète allemand (1797-1856).

Heisenberg (*Werner*), physicien allemand (1901-1976), l'un des fondateurs de la mécanique quantique.

Hélène, femme de Ménélas. Son enlèvement par Pâris provoqua la guerre de Troie (*l'Iliade*).

Helgoland, île allemande de la mer du Nord.

Héliopolis, v. de l'Égypte ancienne.

Helmholtz (*Hermann* VON), physicien allemand (1821-1894), a énoncé le principe de conservation de l'énergie.

Helsinki, cap. de la Finlande ; 555 474 h.

Hemingway (*Ernest*), écrivain américain (1899-1961) : *le Vieil Homme et la mer.*

Henan, prov. de Chine ; 92 430 000 h. Cap. *Zhengzhou.*

Hendaye, station balnéaire des Pyrénées-Atlantiques ; 12 966 h. (*Hendayais*).

Hendricks (*Barbara*), soprano américaine naturalisée suédoise (née en 1948).

Hendrix (*James* MARSHALL, dit **Jimi**), guitariste américain de rock (1942-1970).

Hénin-Beaumont, v. du Pas-de-Calais ; 25 610 h. (*Héninois*).

Hennebont, v. du Morbihan ; 13 842 h. (*Hennebontais*).

Henri, *duc* DE GUISE, rival d'Henri III, assassiné à Blois (1550-1588).

Henri, nom de huit rois d'Angleterre.

Henri, nom de sept rois et empereurs germaniques.

Henri, grand-duc de Luxembourg depuis 2000 (né en 1955).

Henri Ier (v. 1008-1060), roi de France après 1031.

Henri Ier Beauclerc (1069-1135), roi d'Angleterre après 1100 et duc de Normandie.

Henri Ier l'Oiseleur (v. 875-936) roi de Germanie de 919 à 936.

Henri II (*saint*) [973-1024], empereur d'Occident de 1002 à 1024.

Henri II (1519-1559), roi de France après 1547.

Henri II Plantagenêt (1133-1189), roi d'Angleterre en 1154, duc de Normandie et duc d'Aquitaine.

Henri III (1017-1056), empereur germanique de 1039 à 1056.

Henri III (1207-1272), roi d'Angleterre après 1216.

Henri III (1551-1589), roi de France après 1574. Il mourut assassiné.

Henri IV (v. 1050-1106), empereur germanique de 1056 à 1106. Il lutta contre Grégoire VII.

Henri IV (1553-1610), roi de France après 1589. Il fut assassiné par Ravaillac.

Henri V (1081-1125), empereur germanique de 1106 à 1125.

Henri V (1387-1422), roi d'Angleterre après 1413, vainqueur des Français à Azincourt.

Henri VI (1421-1471), roi d'Angleterre de 1422 à 1461.

Henri VI le Cruel (1165-1197), empereur germanique de 1191 à 1197.

Henri VII (1457-1509), roi d'Angleterre après 1485.

Henri VIII (1491-1547), roi d'Angleterre à partir de 1509, marié six fois, fondateur de l'anglicanisme.

Henri le Navigateur, prince portugais (1394-1460). Il favorisa les voyages de découverte le long des côtes de l'Afrique.

Henriette d'Angleterre (1644-1670), fille du roi d'Angleterre Charles Ier, épouse de Philippe d'Orléans, frère de Louis XIV.

Henriette Marie de France (1609-1669), reine d'Angleterre, fille du roi de France Henri IV et épouse du roi Charles Ier.

Henry (*Pierre*), compositeur français (né en 1927), représentant de la musique concrète, puis électroacoustique.

Hepburn (*Audrey*), actrice américaine (1929-1993) : *My Fair Lady*.

Hepburn (*Katharine*), actrice américaine (1907-2003) : *l'Impossible Monsieur Bébé*.

Héra, déesse grecque du Mariage, la *Junon* des Romains.

Héraclès, héros de la mythologie grecque identifié à l'*Hercule* latin. Il exécuta douze exploits : *les douze travaux d'Hercule*.

Héraclite, philosophe présocratique grec (v. 550-v. 480 av. J.-C.).

Héraklion, anc. **Candie**, v. de Crète ; 137 766 h.

Hérault, fl. du sud de la France ; 160 km.

Hérault, dép. français (34) ; ch.-l. *Montpellier*, ch.-l. d'arr. *Béziers, Lodève* ; 896 441 h. (*Héraultais*).

Herbiers (**Les**), v. de la Vendée ; 14 608 h. (*Herbretais*).

Herblay, v. du Val-d'Oise ; 23 631 h. (*Herblaysiens*).

Herculanum, v. de l'Italie anc., près de Naples, ensevelie par le Vésuve en 79.

Hercule → **Héraclès.**

Heredia (*José Maria* DE), poète français (1842-1905) : *les Trophées*.

Hergé (*Georges* REMI, dit), dessinateur et scénariste belge de bandes dessinées (1907-1983), auteur des aventures de *Tintin et Milou*.

Héricourt, v. de la Haute-Saône ; 10 433 h. (*Héricourtois*).

Hermès, dieu grec du Commerce, messager de l'Olympe, identifié au *Mercure* latin.

Hermosillo, v. du Mexique, cap. de l'État de Sonora ; 545 928 h.

Hernani, drame de Victor Hugo.

Hérode (73-4 av. J.-C.), roi de Judée en 40 av. J.-C. Les Évangiles lui attribuent le massacre des Innocents.

Hérode Antipas (v. 20 av. J.-C.-apr. 39 apr. J.-C.), tétrarque de Galilée. Il fit décapiter Jean-Baptiste et jugea Jésus-Christ.

Hérodiade, princesse juive (7 av. J.-C.-39 apr. J.-C.), femme d'Hérode Antipas.

Hérodote, historien grec (Ve s. av. J.-C.).

Hérouville-Saint-Clair, v. du Calvados ; 24 374 h. (*Hérouvillais*).

Herriot (*Édouard*), homme politique français (1872-1957).

Herschel (sir *William*), astronome anglais (1738-1822). Il découvrit la planète Uranus.

Hertz (*Heinrich*), physicien allemand (1857-1894). Il réussit, le premier, à émettre des ondes radio (1887).

Hertzsprung (*Ejnar*), astrophysicien danois (1873-1967), il distingua les étoiles géantes et les étoiles naines.

Herzl (*Theodor*), écrivain hongrois (1860-1904), promoteur du sionisme.

Hésiode, poète grec (VIIIe s. av. J.-C.) : *les Travaux et les jours*.

Hespérides, nymphes gardiennes d'un verger où poussaient des pommes d'or (*Myth. gr.*).

Hesse, Land d'Allemagne ; 6 089 428 h. Cap. *Wiesbaden*. V. pr. *Francfort*.

Hesse (*Hermann*), écrivain suisse d'origine allemande (1877-1962) : *le Loup des steppes*.

Higashiosaka, v. du Japon (Honshu) ; 517 232 h.

Highlands, région du nord de l'Écosse.

Hilbert (*David*), mathématicien allemand (1862-1943), l'un des créateurs de la méthode axiomatique.

Hildebrandt (*Lukas* VON), architecte baroque autrichien (1668-1745).

Hillary (*Edmund*), alpiniste néo-zélandais (1919-2008), vainqueur de l'Everest.

Himachal Pradesh, État du nord de l'Inde ; 55 700 km^2 ; 6 077 248 h. Cap. *Simla*.

Himalaya, chaîne de montagnes de l'Asie, où se trouvent les plus hauts sommets du monde (Everest : 8848 m).

Himes (*Chester*), écrivain américain (1909-1984), auteur de romans policiers : *la Reine des pommes*.

Himmler (*Heinrich*), homme politique allemand (1900-1945), chef de la Gestapo, organisateur des camps de concentration.

Hinault (*Bernard*), coureur cycliste français (né en 1954), cinq fois vainqueur du Tour de France.

Hindenburg (*Paul* VON), maréchal allemand (1847-1934), général en chef pendant la Première Guerre mondiale, président du Reich après 1925.

Hindu Kuch, chaîne de montagnes de l'Asie centrale.

Hipparque, astronome grec du IIᵉ s. av. J.-C.

Hippocrate, médecin grec (v. 460-v. 377 av. J.-C.).

Hirohito (1901-1989), empereur du Japon de 1926 à sa mort.

Hiroshima, port du Japon ; 1 126 239 h. Première bombe atomique le 6 août 1945.

Hiroshima mon amour, film de A. Resnais (1959).

Hirson, v. de l'Aisne ; 10 775 h. (*Hirsonnais*).

Histoire de France, œuvre de J. Michelet.

Histoire naturelle, ouvrage rédigé par Buffon et ses collaborateurs (1749-1789), qui a ouvert la voie à l'évolutionnisme.

Histoires extraordinaires, recueil de nouvelles de E. A. Poe.

Hitchcock (*Alfred*), cinéaste britannique naturalisé américain (1899-1980), maître du suspense : *Psychose*.

Hitler (*Adolf*), dictateur allemand, chef du parti nazi (1889-1945). Au pouvoir en 1933, il déclencha la Seconde Guerre mondiale par sa politique expansionniste.

Hittites, peuple anc. d'Anatolie. Apogée aux XIVᵉ-XIIIᵉ s. av. J.-C.

Hobbes (*Thomas*), philosophe matérialiste anglais (1588-1679) : *le Léviathan*.

Hoche (*Lazare*), général français de la Révolution (1758-1797). Il pacifia la Vendée.

Hô Chi Minh, homme politique vietnamien (1890-1969), communiste, artisan de l'indépendance.

Hô Chi Minh-Ville, anc. **Saigon**, v. principale du Viêt Nam ; 4 900 000 h.

Hockney (*David*), peintre britannique (né en 1937), l'un des créateurs du pop'art.

Hoffman (*Dustin*), acteur américain (né en 1937) : *Little Big Man*.

Hoffmann (*Ernst Theodor Amadeus*), écrivain allemand (1776-1822) : *Contes des frères Sérapion*.

Hogarth (*William*), graveur et peintre de mœurs britannique (1697-1754).

Hoggar, massif volcanique du Sahara.

Hohenzollern, dynastie qui régna en Prusse de 1701 à 1918, ainsi que sur l'Empire allemand et la Roumanie.

Hokkaido, île septentrionale du Japon.

Hokusai, dessinateur et graveur japonais (1760-1849), maître de l'estampe.

Holbein le Jeune (*Hans*), peintre allemand (1497/98-1543), portraitiste de la cour d'Angleterre : *Érasme*.

Hölderlin (*Friedrich*), poète allemand (1770-1843) : *Hyperion*.

Holiday (*Billie*), chanteuse américaine de jazz (1915-1959).

Hollande, région la plus peuplée des Pays-Bas.

Hollywood, quartier de Los Angeles. Studios de cinéma.

Holocauste (l') → **Shoah.**

Homère, poète épique grec du IXᵉ s. av. J.-C., auteur supposé de *l'Iliade* et de *l'Odyssée*.

Home Rule, régime autonome réclamé par l'Irlande après 1870, appliqué en 1914.

Homme sans qualités (*l'*), roman de R. Musil.

Homs, v. de Syrie, près de l'Oronte ; 558 000 h.

Honduras, État de l'Amérique centrale ; 112 000 km^2 ; 6 575 000 h. (*Honduriens*). Cap. *Tegucigalpa*.

Honduras britannique → **Belize.**

Honecker (*Erich*), homme politique allemand (1912-1994), président du Conseil d'État de la RDA de 1976 à 1989.

Honegger (*Arthur*), compositeur suisse (1892-1955) : *Jeanne d'Arc au bûcher*.

Hongkong, anc. territoire britannique et port du sud-est de la Chine ; 6 927 000 h.

Hongrie, État de l'Europe centrale ; 93 000 km^2 ; 9 917 000 h. (*Hongrois*). Cap. *Budapest*.

Honolulu, cap. des îles Hawaii ; 371 657 h. Tourisme.

Honshu, anc. **Hondo**, la plus grande île du Japon.

Hopis, Indiens d'Amérique du Nord.

Hopkins (sir *Anthony*), acteur britannique et américain (né en 1937) : *Elephant Man*.

Hopkins (sir *Frederick Gowland*), biochimiste britannique (1861-1947). Il comprit le premier l'importance des vitamines.

Hopper (*Edward*), peintre et graveur américain (1882-1967), d'un réalisme épuré.

Horace, poète latin (65-8 av. J.-C.).

Horaces, nom de trois frères romains légendaires qui vainquirent les Curiaces, champions de la ville d'Albe.

Horde d'Or, État mongol (XIIIᵉ s.-1502).

Horkheimer (*Max*), philosophe et sociologue allemand (1895-1973), membre de l'école de Francfort.

Horn (*cap*), extrémité de la Terre de Feu.

Horowitz (*Vladimir*), pianiste russe naturalisé américain (1904-1989).

Horta (*Victor*), architecte belge (1861-1947), maître de l'Art nouveau.

Hortense de Beauharnais, reine de Hollande (1783-1837), épouse de Louis Bonaparte, mère de Napoléon III.

Horus, dieu solaire de l'ancienne Égypte.

Hottentots, peuple de Namibie.

Houdon (*Jean Antoine*), sculpteur français (1741-1828).

Houhehot ou **Hohhot,** v. de Chine, cap. de la Mongolie-Intérieure ; 938 470 h.

Houilles, v. des Yvelines ; 30 163 h. (*Ovillois*).

Houphouët-Boigny (*Félix*), homme politique ivoirien (1905-1993). Président de Côte d'Ivoire de 1960 jusqu'à sa mort.

Houston, port des États-Unis (Texas) ; 1 953 631 h. (4 177 646 avec les banlieues).

Hoxha ou **Hodja** (*Enver*), homme politique albanais (1908-1985). Fondateur et dirigeant du parti communiste albanais, il fut président du Conseil de 1945 à 1954.

Huainan, v. de Chine (Anhui) ; 1 228 052 h.

Huang He ou **Houang-ho** ou **fleuve Jaune,** fl. de la Chine du Nord ; 4 845 km.

Hubble (*Edwin Powell*), astrophysicien américain (1889-1953), pionnier de l'étude des galaxies.

Hubei, prov. du centre-est de la Chine ; 58 730 000 h. Cap. *Wuhan*.

Hubert (*saint*), évêque de Liège, patron des chasseurs (m. en 727).

Hubli, v. d'Inde (Karnataka) ; 786 018 h.

Hudson, fl. des États-Unis, qui se jette dans l'Atlantique à NewYork ; 500 km.

Hudson (*baie d'*), golfe du Canada, ouvert sur l'Atlantique par le *détroit d'Hudson*.

Huê, v. du Viêt Nam central ; 219 149 h.

Hugo (*Victor*), écrivain français (1802-1885), chef de l'école romantique, auteur de poésies (*la Légende des siècles*), de romans (*Notre-Dame de Paris, les Misérables*) et de drames (*Ruy Blas, Hernani*).

Hugues Ier Capet (v. 941-996), roi de France après 987. Il fonda la dynastie des Capétiens.

Huis clos, drame de J.-P. Sartre.

Huit et demi, film de F. Fellini (1963).

Hu Jintao, homme politique chinois (né en 1942), président de la République depuis 2003.

Humboldt (*Wilhelm* VON), linguiste allemand (1767-1835). Son frère ALEXANDRE fut un naturaliste et un explorateur (1769-1859).

Hume (*David*), philosophe britannique (1711-1776).

Humphrey (*Doris*), danseuse et chorégraphe américaine (1895-1958), pionnière de la modern dance.

Hunan, prov. de la Chine du Sud ; 64 650 000 h. Cap. *Changsha*.

Hundertwasser (*Friedrich* STOWASSER, dit **Friedensreich**) peintre autrichien (1928-2000).

Hunjiang, v. de Chine, en Mandchourie (Jilin) ; 721 841 h.

Huns, peuple nomade d'Asie qui envahit l'Europe, conduit par Attila (Ve s.).

Huppert (*Isabelle*), actrice française (née en 1953) : *Violette Nozière*.

Huron (*lac*), lac de l'Amérique du Nord, entre le Canada et les États-Unis ; 59 800 km^2.

Hurons, peuple indien de l'Amérique du Nord.

Hus (*Jan*), réformateur tchèque (1371-1415), brûlé comme hérétique.

Husayn ou **Hussein,** troisième imam des chiites, fils d'Ali (626-680), tué par les Omeyyades.

Husayn ou **Hussein** (1765-1838), dernier dey d'Alger.

Husayn ou **Hussein** (1935-1999), roi de Jordanie de 1952 à sa mort.

Husayn ou **Hussein** (*Saddam*), homme politique irakien (1937-2006), au pouvoir de 1979 à 2003.

Husserl (*Edmund*), philosophe allemand (1859-1938).

Huston (*John*), cinéaste américain (1906-1987) : *le Faucon maltais*.

Hutton (*James*), géologue britannique (1726-1797), l'un des fondateurs de la géologie moderne.

Huxley (*Aldous*), écrivain britannique (1894-1963) : *le Meilleur des mondes*.

Huy, v. de Belgique (prov. de Liège) ; 19 034 h. (*Hutois*).

Huygens (*Christiaan*), physicien et astronome hollandais (1629-1695). Il établit la théorie du pendule et une théorie ondulatoire de la lumière.

Huysmans (*Joris-Karl*), écrivain français (1848-1907) : *À rebours*.

Huzhou, v. de Chine (Zhejiang) ; 1 027 570 h.

Hyderabad, v. de l'Inde ; 3 449 000 h.

Hyderabad, v. du Pakistan ; 1 167 000 h.

Hyères, v. du Var ; 53 258 h. (*Hyérois*).

Hyères (*îles d'*), archipel près de Toulon : Porquerolles, Port-Cros, île du Levant.

Hyksos, peuples sémites qui envahirent l'Égypte de 1730 à 1580 av. J.-C.

Hymette (*mont*), montagne au sud d'Athènes.

I

Iakoutes, peuple de Sibérie (Iakoutie).

Iaroslavl, v. de Russie ; 613 200 h.

Ibadan, v. du Nigeria ; 1 228 663 h.

Ibères, peuple installé dans la péninsule Ibérique à la fin du néolithique.

Ibérique (*péninsule*), ensemble constitué par l'Espagne et le Portugal.

Ibiza, une des îles Baléares (Espagne) ; 89 611 h. ; ch.-l. *Ibiza*. (33 223 h.)

IBM (*International Business Machines*), société américaine d'informatique fondée en 1911.

Ibn al-Arabi, philosophe et mystique arabe (1165-1240).

Ibn Battuta, voyageur et géographe arabe (1304-v. 1370).

Ibn Khaldun, philosophe et historien arabe (1332-1406).

Ibn Sa`ud (v. 1887-1953), roi de l'Arabie saoudite après 1932.

Ibos, peuple du Nigeria.

Ibsen (*Henrik*), auteur dramatique norvégien (1828-1906) : *Maison de poupée*.

Icare, fils de Dédale. Il s'envola du Labyrinthe avec des ailes fixées avec de la cire, qui fondit au soleil (*Myth. gr.*).

Idaho, État du nord-ouest des États-Unis. Cap. *Boise*.

Iekaterinbourg, anc. **Sverdlovsk,** v. de Russie, dans l'Oural ; 1 293 000 h.

Ieltsine → **Eltsine.**

Iéna (*bataille d'*), victoire de Napoléon sur les Prussiens, en Allemagne (1806).

Ienisseï, fl. de Sibérie ; 3 354 km.

IFOP (*Institut français d'opinion publique*), institut français de sondages, créé en 1938.

Ignace de Loyola (*saint*), fondateur de l'ordre des Jésuites (1491-1556).

Iguaçu, en esp. **Iguazú**, riv. d'Amérique du Sud, affl. du Paraná ; 1 045 km. Chutes.

Ijevsk, v. de Russie, cap. de l'Oudmourtie ; 653 174 h.

Île au trésor (*l'*), roman d'aventures de R. L. Stevenson.

Île-aux-Moines (**L'**), comm. du Morbihan, formée par la principale île du golfe du Morbihan ; 619 h.

Île-de-France, Région et anc. prov. de France ; ch.-l. *Paris*.

Iliade (*l'*), poème attribué à Homère : récit de la guerre de Troie (ou *Ilion*).

Ill, affl. du Rhin ; 208 km.

Ille-et-Vilaine, dép. français (35) ; ch.-l. *Rennes*, ch.-l. d'arr. *Fougères, Redon, Saint-Malo* ; 867 533 h.

Illinois, État du centre des États-Unis. Cap. *Springfield*. V. pr. *Chicago*.

Illkirch-Graffenstaden, v. du Bas-Rhin ; 25 183 h.

Illuminations, recueil poétique de A.Rimbaud.

Illyrie, anc. nom de la région balkanique.

Illzach, v. du Haut-Rhin ; 15 449 h.

Ilorin, v. du sud-ouest du Nigeria ; 576 429 h.

Imamura Shohei, cinéaste japonais (1926-2006) : *la Ballade de Narayama*.

Impression, soleil levant, tableau de C. Monet, à l'origine du terme « impressionnisme ».

Incas, anc. peuple du Pérou. Empire, dont l'apogée se situe au XVe s. et qui fut détruit par les Espagnols en 1532.

Inchon, port de Corée du Sud ; 2 203 102 h.

Inde (*république de l'*), État fédéral de l'Asie méridionale ; 3 268 000 km^2 ; 1 103 371 000 h. (*Indiens*). Cap. *New Delhi*.

Indépendance américaine (*guerre de l'*), guerre qui opposa les colons américains à l'Angleterre, et s'acheva par la création des États-Unis (1775-1782).

Indes occidentales, nom donné à l'Amérique par Colomb.

Indiana, État du centre des États-Unis. Cap. *Indianapolis*.

Indianapolis, v. des États-Unis, cap. de l'Indiana ; 791 926 h.

Indien (*océan*), océan entre l'Afrique, l'Asie et l'Australie.

Indiens, nom donné aux habitants de l'Inde et aux premiers habitants de l'Amérique.

Indochine, péninsule d'Asie comprenant la Birmanie, la Thaïlande, la Malaisie, le Viêt Nam, le Cambodge et le Laos.

Indo-Gangétique (*plaine*), région d'Asie (Inde et Pakistan) formée par les plaines de l'Indus et du Gange.

Indonésie, État groupant les anc. possessions hollandaises de l'Asie du Sud-Est, dont Java ; 1 885 126 km^2 ; 214 811 000 h. (*Indonésiens*). Cap. *Jakarta*.

Indore, v. de l'Inde centrale ; 1 597 441 h.

Indra, divinité hindouiste.

Indre, affl. de la Loire.

Indre, dép. français (36) ; ch.-l. *Châteauroux*, ch.-l. d'arr. *Le Blanc, La Châtre, Issoudun* ; 231 139 h.

Indre-et-Loire, dép. français (37) ; ch.-l. *Tours*, ch.-l. d'arr. *Chinon, Loches* ; 554 003 h.

Indulgences (*querelle des*), conflit religieux entre Luther, qui attaqua les indulgences dans ses « 95 thèses » (1517), et Rome, qui condamna celles-ci en 1519.

Indus, grand fleuve de l'Asie du Sud (Pakistan); 3 040 km. Sur ses rives, civilisation florissante entre le IIIe et le IIe millénaire.

Indy (*Vincent* D'), compositeur français (1851-1931).

Ingouches, peuple caucasien de Russie (Tchétchénie, Ingouchie et Ossétie du Nord-Alanie principalement) [env. 240 000].

Ingres (*Jean-Auguste*), peintre français (1780-1867), néoclassique.

Inn, riv. d'Europe centrale (Suisse, Autriche et Allemagne), affl. du Danube; 510 km.

Innocent, nom de treize papes.

Innocent III (1160-1216), pape de 1198 à sa mort. Il se heurta à Philippe Auguste et Jean sans Terre, prêcha la 4^{e}croisade et la croisade des albigeois et réunit le concile de Latran.

Innocent X (1574-1655), pape de 1644 à sa mort. Il condamna le jansénisme.

Innsbruck, v. d'Autriche (Tyrol); 113 392 h.

Inönü (*Ismet*), général et homme politique turc (1884-1973), au pouvoir de 1923 à 1950.

Inquisition, tribunal ecclésiastique qui jugeait les hérétiques (XIIIe-XVIIIe s).

INRA (*Institut national de la recherche agronomique*), établissement public français créé en 1946.

In Salah, oasis du Sahara algérien; 19 000 h.

INSEE (*Institut national de la statistique et des études économiques*), organisme public français créé en 1946.

INSERM (*Institut national de la santé et de la recherche médicale*), organisme français créé en 1964.

Institut (*palais de l'*), édifice parisien du XVIIe s. où ont lieu les séances des Académies de l'Institut de France.

Institut de France, ensemble des cinq Académies: française, des inscriptions et belles-lettres, des sciences, des beaux-arts, des sciences morales et politiques.

Insulinde, partie insulaire de l'Asie méridionale (Indonésie et Philippines).

Intelsat, société internationale de télécommunications par satellites créée en 1964.

Interlaken, v. de Suisse, cant. de Berne; 5 079 h. Tourisme.

Internationale, association internationale rassemblant les travailleurs. Il y a eu quatre Internationales.

Internationale (*l'*), chant révolutionnaire de E. Pottier et P. Degeyter (1871).

International Herald Tribune, quotidien de langue anglaise. Fondé en 1887, il est publié à Paris.

Interpol, organisation internationale de police criminelle, créée en 1923.

Interprétation des rêves (*l'*), ouvrage de S. Freud.

Intifada, soulèvement populaire palestinien, déclenché en 1987 dans les territoires occupés par Israël.

Introduction à l'étude de la médecine expérimentale, ouvrage de C. Bernard.

Inuits, nom que se donnent les Esquimaux.

Invalides (*hôtel des*), monument de Paris construit à la fin du XVIIe s. par J. H.-Mansart.

Io, mortelle changée par Zeus en génisse.

Ionesco (*Eugène*), auteur dramatique français d'origine roumaine (1912-1994). Il a dénoncé l'absurdité de l'existence: *les Chaises*.

Ionie, partie centrale de la côte d'Asie Mineure antique; v. pr. *Éphèse, Milet*.

Ionienne (*mer*), partie de la Méditerranée entre l'Italie du Sud et la Grèce où se trouvent les *îles Ioniennes* (Corfou, Zante, Céphalonie, Leucade, Ithaque, Cythère).

Ioniennes (*îles*), archipel de Grèce, dans la mer Ionienne; 214 274 h. (principales îles : Corfou, Leucade, Ithaque, Céphalonie, Zante et Cythère).

Iowa, État du centre des États-Unis. Cap. *Des Moines*.

Iphigénie, fille d'Agamemnon, qui la sacrifia aux dieux pour permettre le départ de la flotte (*Myth. gr.*).

Ipoh, v. du nord de la Malaisie; 566 211 h.

Ipsos, société française d'études et de conseil (sondages d'opinion) fondée en 1975.

IRA (*Irish Republican Army*), force paramilitaire irlandaise qui fut le fer de lance de la lutte contre le pouvoir britannique pour obtenir la réunification de l'île.

Iráklion ou **Héraklion,** anc. **Candie**, v. de Grèce (Crète); 117 167 h.

Iran, anc. *Perse*, État de l'Asie occidentale; 1 650 000 km^2; 71 369 000 h. (*Iraniens*). Cap. *Téhéran*.

Iraq ou **Irak,** État de l'Asie occidentale, 434 000 km^2; 23 584 000 h. (*Irakiens* ou *Iraquiens*). Cap. *Bagdad*.

IRD (*Institut de recherche pour le développement*), établissement public français de recherche scientifique et technologique.

Irène (752-803), impératrice d'Orient (797-802).

Irkoutsk, v. de Russie (Sibérie); 593 400 h.

Irlande, la plus occidentale des îles Britanniques (84 000 km^2), divisée en *Irlande du Nord*, partie du Royaume-Uni, et en *république d'Irlande*, ou Éire.

Irlande (*république d'*), en angl. **Ireland**, en gaél. **Éire**, État d'Europe occidentale: 70 000 km^2; 3 841 000 h. (*Irlandais*); cap. *Dublin*.

Irlande du Nord, partie du Royaume-Uni, dans le nord-est de l'île d'Irlande; 14 000 km^2; 1 690 000 h. Cap. *Belfast*.

Iroquois, anc. peuple indien de l'Amérique du Nord.

Irrawaddy ou **Ayeyarwady,** fl. de Birmanie, qui rejoint l'océan Indien; 2 100 km.

Irtych, riv. de Russie, en Sibérie; 4 248 km.

Irving (*Washington*), écrivain américain (1783-1859).

Isaac, fils d'Abraham qui manqua de le sacrifier à Dieu, et père de Jacob (*Bible*).

Isabeau de Bavière, reine de France (1371-1435), régente pendant la folie de Charles VI, son époux.

Isabelle Ire la Catholique (1451-1504), reine de Castille après 1474. Elle épousa Ferdinand d'Aragon.

Isaïe, prophète hébreu (740-687 av. J.-C.).

Iseran, col routier des Alpes (Savoie), entre les hautes vallées de l'Arc et de l'Isère ; 2 762 m.

Isère, affl. du Rhône.

Isère, dép. français (38) ; ch.-l. *Grenoble*, ch.-l. d'arr. *La Tour-du-Pin, Vienne* ; 1 094 006 h.

Ishtar ou **Ashtart** ou **Astarté,** déesse principale de la Mésopotamie.

Isis, déesse égyptienne, sœur et femme d'Osiris.

Islamabad, cap. du Pakistan ; 529 000 h.

Islande, État insulaire de l'Atlantique nord ; 103 000 km^2 ; 281 000 h. (*Islandais*). Cap. *Reykjavik*.

Isle-Adam (**L'**), v. du Val-d'Oise ; 11 307 h. (*Adamois*).

Isle-sur-la-Sorgue (**L'**), v. de Vaucluse ; 17 443 h. (*L'Islois*).

Ismaël, fils d'Abraham et de sa servante Agar. Il serait l'ancêtre des Arabes.

Ispahan, v. d'Iran, 1 266 072 h. Mosquée.

Israël, État de l'Asie occidentale ; 21 000 km^2 ; 6 172 000 h. (*Israéliens*). Cap. *Jérusalem* (selon le Parlement israélien [*Knesset*].

Israël (*royaume d'*), royaume (931-721 av. J.-C.) formé au nord de la Palestine à la mort de Salomon.

israélo-arabes (*guerres*), conflits ouverts ayant opposé les pays arabes à l'État d'Israël : 1948-49 ; 1956 (*Suez*) ; 1967 (*guerre des Six-Jours*) ; 1973 (*guerre du Kippour*).

Issenheim (*retable d'*), polyptyque de Grünewald.

Issoire, v. du Puy-de-Dôme, dans la *Limagne d'Issoire* ; 14 778 h. (*Issoiriens*).

Issoudun, v. de l'Indre ; 14 166 h. (*Issoldunois*).

Issy-les-Moulineaux, v. des Hauts-de-Seine ; 53 152 h. (*Isséens*).

Istanbul, anc. **Constantinople**, v. principale et port de Turquie sur le Bosphore ; 8 260 438 h. Église Sainte-Sophie, mosquée Süleymaniye.

Istres, v. des Bouches-du-Rhône ; 40 290 h. (*Istréens*). Base aérienne.

Istrie, presqu'île de l'Adriatique.

Itaipú, barrage construit sur le Paraná par le Brésil et le Paraguay.

Italie, État de l'Europe méridionale ; 301 000 km^2 ; 57 844 017 h. (*Italiens*). Cap. *Rome*. V. pr. *Milan, Naples, Venise, Florence*.

Italie (*guerres d'*), expéditions menées par les rois de France en Italie, de 1494 à 1559.

Ithaque, île de Grèce, une des îles Ioniennes ; 5 000 h. Patrie d'Ulysse.

Ivan IV le Terrible (1530-1584), premier tsar de Russie (1547).

Ives (*Charles*), compositeur américain (1874-1954).

Ivry-sur-Seine, v. du Val-de-Marne ; 51 425 h. (*Ivryens*).

Iwo Jima, île japonaise du Pacifique, au nord des Mariannes.

Izmir, anc. **Smyrne**, port de Turquie sur la mer Égée ; 2 081 556 h.

Izoard (*col de l'*), col routier des Alpes (Hautes-Alpes), entre le Queyras et le Briançonnais ; 2 361 m.

J

Jabalpur ou **Jubbulpore,** v. de l'Inde centrale (Madhya Pradesh) ; 951 469 h.

Jackson (*Andrew*), homme politique américain (1767-1845). Démocrate, président des États-Unis de 1829 à 1837.

Jackson (*Mahalia*), chanteuse américaine de gospel (1911-1972).

Jackson (*Michael*), chanteur de pop américain (1958-2009) : *Thriller, Bad*.

Jacksonville, v. des États-Unis (Floride) ; 735 617 h.

Jacob, le dernier patriarche hébreu. Ses douze fils fondèrent les douze tribus (*Bible*).

Jacob, nom de deux menuisiers et ébénistes français : *Georges* (1739-1814) et son fils *François Honoré* (1770-1841).

Jacob (*François*), médecin et généticien français (né en 1920).

Jacob (*Max*), écrivain français (1876-1944), précurseur du surréalisme.

Jacobins, club révolutionnaire fondé en 1789, animé par Robespierre après 1792.

Jacquard (*Joseph-Marie*), inventeur d'un métier à tisser (1752-1834).

Jacques Ier (1566-1625), fils de Marie Stuart, roi d'Écosse après 1567, roi d'Angleterre après 1603.

Jacques II (1633-1701), roi d'Angleterre (1685-1688), qui fut détrôné.

Jacques le Fataliste et son maître, roman de Diderot (1796).

Jacques le Majeur (*saint*), apôtre qui évangélisa l'Espagne.

Jacques le Mineur (*saint*), apôtre qui mourut lapidé.

Jaffa → **Tel-Aviv-Jaffa.**

Jagellons, dynastie qui régna sur la Pologne de 1384 à 1572, ainsi qu'en Lituanie, en Hongrie et en Bohême.

Jaipur, v. de l'Inde, cap. du Rajasthan ; 2 324 319 h.

Jakarta ou **Djakarta,** anc. **Batavia,** cap. de l'Indonésie ; 12 296 000 h. avec les banlieues.

Jakobson (*Roman*), linguiste américain d'origine russe (1896-1982) : *Essais de linguistique générale.*

Jamaïque (la), État insulaire des Antilles ; 11 425 km^2 ; 2 598 000 h. (*Jamaïquains* ou *Jamaïcains*). Cap. *Kingston.*

James (*Henry*), romancier britannique d'origine américaine (1843-1916). ◆ Son frère WILLIAM (1842-1910), philosophe américain, fondateur du pragmatisme.

Jammu-et-Cachemire, État le plus septentrional de l'Inde ; 101 000 km^2 ; 10 069 917 h. ; cap. *Jammu* et *Srinagar.*

Jamshedpur, v. d'Inde (Jharkhand) ; 570 349 h.

Janequin (*Clément*), compositeur français (v. 1485-1558), maître de la chanson polyphonique parisienne.

Janicule, colline de Rome.

Jansénius (*Corneille* JANSEN, dit), théologien hollandais (1585-1638) dont les thèses sont à l'origine du jansénisme.

Janus, très ancien dieu de Rome, gardien des portes, à deux visages (*Myth.*).

Japon, État d'Extrême-Orient, formé d'îles ; 373 000 km^2 ; 127 335 000 h. (*Japonais*). Cap. *Tokyo.*

Jardin des délices (*le*), grand retable de J. Bosch.

Jardin des Plantes, jardins publics autour du Muséum national d'histoire naturelle, à Paris.

Jarrett (*Keith*), pianiste et compositeur américain de jazz (né en 1945).

Jarry (*Alfred*), écrivain français (1873-1907) : *Ubu roi.*

Jarville-la-Malgrange, v. de Meurthe-et-Moselle ; 10 087 h. (*Jarvillois*).

Jason, conquérant de la Toison d'or avec les Argonautes (*Myth. gr.*).

Jaspers (*Karl*), philosophe et psychiatre allemand (1883-1969), représentant de l'existentialisme chrétien.

Jaune (*fleuve*) → **Huang He.**

Jaune (*mer*), mer entre la Chine et la Corée.

Jaurès (*Jean*), homme politique socialiste français (1859-1914). Pacifiste, il fut assassiné.

Java, île de l'Indonésie ; 121 millions d'h.

Jean, nom de vingt-trois papes.

Jean Ier, roi de France qui ne vécut que quelques jours (1316).

Jean Ier le Grand (1357-1433), roi de Portugal après 1385.

Jean II (1397-1479), roi de Navarre après 1425, et roi d'Aragon après 1458.

Jean II le Bon (1319-1364), roi de France après 1350. Prisonnier des Anglais, il mourut en captivité.

Jean III Sobieski (1624-1696), roi de Pologne après 1674. Il lutta contre les Turcs.

Jean XXIII (1881-1963), pape de 1958 à sa mort, qui convoqua le concile de Vatican II.

Jean-Baptiste (*saint*), cousin de Jésus. Il se retira au désert, baptisa Jésus dans le Jourdain, fut décapité (m. v. 28).

Jean Bosco (*saint*), prêtre italien (1815-1888), fondateur de l'ordre salésien.

Jean Chrysostome (*saint*), ou **« Bouche d'or »,** docteur de l'Église, évêque de Constantinople (v. 344-407).

Jean de la Croix (*saint*), mystique espagnol (1542-1591).

Jean de Meung ou **Jean de Meun,** écrivain français (v. 1240-v. 1305), auteur de la seconde partie du *Roman de la Rose.*

Jean l'Évangéliste (*saint*), apôtre (m. v. 100). Auteur présumé du quatrième Évangile et de l'Apocalypse.

Jean-Marie Vianney (*saint*), prêtre français (1786-1859), curé d'Ars.

Jeanne d'Arc (*sainte*), héroïne française, née à Domrémy (1412-1431). Elle obligea les Anglais à lever le siège d'Orléans (1429), et fit sacrer Charles VII à Reims. Elle fut brûlée à Rouen par les Anglais.

Jeanne III d'Albret (1528-1572), reine de Navarre, mère d'Henri IV, calviniste.

Jeanne la Folle (1479-1555), reine de Castille après 1504, mère de Charles Quint.

Jean Paul → **Richter (Johann Paul Friedrich).**

Jean-Paul II (1920-2005), pape de 1978 à sa mort. Il contribua à la chute du communisme en Europe de l'Est.

Jean sans Peur (1371-1419), duc de Bourgogne après 1404. Il fut assassiné.

Jean sans Terre (1167-1216), roi d'Angleterre en 1199, déchu de ses fiefs français par Philippe Auguste.

Jefferson (*Thomas*), homme politique américain (1743-1826). Président des États-Unis de 1801 à 1809.

Jéhovah, autre nom de Yahvé.

Jemmapes, victoire de Dumouriez sur les Autrichiens en 1792 (Belgique).

Jenner (*Edward*), médecin anglais (1749-1823). Il découvrit la vaccine.

Jérémie, prophète biblique.

Jerez de la Frontera → **Xeres.**

Jéricho, v. de Palestine.

Jérôme *(saint)*, Père de l'Église latine (v. 347-419 ou 420), auteur de la Vulgate.

Jersey, une des îles Anglo-Normandes.

Jérusalem, v. de Palestine, proclamée cap. d'Israël par le Parlement israélien en 1980 ; 680 500 h. Ville sainte pour les juifs, les chrétiens et les musulmans. Mur des lamentations, Coupole du Rocher.

Jérusalem délivrée *(la)*, poème épique du Tasse.

Jésus ou **Jésus-Christ,** fondateur du christianisme. Le Messie et le Fils de Dieu selon les chrétiens, né à Bethléem, mort crucifié v. 30 de notre ère.

Jeu d'Adam, drame en vers d'inspiration biblique (XIIe s.).

Jeu de l'amour et du hasard *(le)*, comédie de Marivaux.

Jeu de paume *(serment du)*, serment que prêtèrent, le 20 juin 1789, les députés du tiers état « de ne pas se séparer avant d'avoir donné une constitution à la France ».

Jeu de Robin et Marion, pastorale dramatique d'Adam de la Halle.

Jeunes-Turcs, groupe d'officiers qui dominèrent la vie politique de l'Empire ottoman au début du XXe s.

Jharkhand, État du nord-est de l'Inde ; 79 700 km^2 ; 21 843 911 h. *Ranchi.*

Jiamusi, v. de Chine (Heilongjiang) ; 744 584 h.

Jiang Jieshi → Tchang Kaï-chek.

Jiang Qing, femme politique chinoise (1914-1991). Épouse de Mao Zedong, elle participa à la Révolution culturelle.

Jiangsu, prov. de la Chine centrale ; 100 000 km^2 ; 71 480 000 h. Cap. *Nankin.*

Jiangxi, prov. de la Chine méridionale ; 164 800 km^2 ; 41 500 000 h. Cap. *Nanchang.*

Jiaxing, v. de Chine (Zhejiang) ; 655 000 h.

Jilin, prov. de la Chine du Nord-Est ; 26 280 000 h. Cap. *Changchun.*

Jinan, v. de Chine du Nord ; 2 403 946 h.

Jingmen, v. de Chine (Hebei) ; 1 017 021 h.

Jinhua, v. de Chine (Zhejiang) ; 865 000 h.

Jinnah *(Muhammad Ali)*, homme politique pakistanais (1876-1948), créateur du Pakistan.

Jinzhou, v. de Chine (Liaoning) ; 736 297 h.

Jivaros, Indiens d'Amazonie.

Jixi, v. de Chine (Heilongjiang) ; 835 496 h.

Joachim *(saint)*, père de la Vierge Marie.

João Pessoa, v. du Brésil, cap. du Paraíba, sur le Paraíba ; 595 429 h.

Job, personnage de la Bible. Il accepta tous les maux que Dieu voulut lui faire subir.

Jobim *(Antonio Carlos)*, compositeur brésilien (1927-1994), inventeur de la bossa-nova.

Joconde *(la)*, portrait de la Florentine Monna Lisa, par Léonard de Vinci, v. 1503-1506.

Jodhpur, v. d'Inde (Rajasthan) ; 846 408 h.

Joffre *(Joseph)*, maréchal de France (1852-1931), colonisateur, héros de la guerre de 1914-1918 (victoire de la Marne).

Johannesburg, v. de l'Afrique du Sud ; 1 916 000 h.

John (sir *Elton*), chanteur britannique de pop (né en 1947) : *Candle in the Wind.*

Johns *(Jasper)*, peintre américain (1930).

Johnson *(Earvin*, dit **Magic**), joueur de basket-ball américain (né en 1959).

Johnson *(Lyndon)*, homme politique américain (1908-1973). Démocrate, président des États-Unis de 1963 à 1969.

Johnson *(Michael)*, athlète américain (né en 1967), neuf fois champion du monde.

Joigny, v. de l'Yonne ; 10 737 h. *(Joviniens).*

Joinville *(Jean,* sire DE), chroniqueur français (v. 1224-1317), historien de Saint Louis.

Joinville-le-Pont, v. du Val-de-Marne ; 17 348 h. *(Joinvillais).*

Joliot-Curie *(Irène)*, fille de Pierre et de Marie Curie (1897-1956), et son mari, *Frédéric Joliot-Curie* (1900-1958), physiciens français, découvrirent la radioactivité artificielle.

Jonas, personnage biblique qui aurait passé trois jours dans le ventre d'une baleine.

Jonas *(Hans)*, philosophe allemand (1903-1993). Il analysa les conséquences du progrès scientifique.

Jones *(Inigo)*, architecte anglais (1573-1652), intendant des bâtiments royaux.

Jonson *(Ben)*, auteur dramatique anglais (1572 ?-1637), ami et rival de Shakespeare : *Volpone ou le Renard.*

Jooss *(Kurt)*, danseur et chorégraphe allemand naturalisé britannique (1901-1979).

Joplin *(Janis)*, chanteuse américaine de rock et de blues (1943-1970) : *Try.*

Joplin *(Scott)*, compositeur et pianiste américain de ragtime (1868-1917).

Jorasses (**Grandes**), sommets du massif du Mont-Blanc (France) ; 4 208 m à la pointe Walker.

Jordaens *(Jacob)*, peintre flamand (1593-1678).

Jordan *(Michael)*, joueur de basket-ball américain (né en 1963).

Jordanie, État de l'Asie occidentale ; 92 000 km^2 ; 5 051 000 h. *(Jordaniens).* Cap. *Amman.*

Jos, v. du Nigeria, sur le *plateau de Jos* ; 650 839 h. avec les banlieues.

Joseph, patriarche biblique, fils de Jacob, vendu par ses frères.

Joseph *(saint)*, époux de la Vierge Marie.

Joseph II (1741-1790), empereur germanique après 1765, fils de Marie-Thérèse. Despote éclairé.

Joséphine de Beauharnais (1763-1814), première femme de Napoléon Ier. Répudiée en 1809.

Josquin des Prés, compositeur français (v. 1440-v. 1521).

Josué, successeur de Moïse (*Bible*).

Joué-lès-Tours, v. d'Indre-et-Loire ; 37 126 h. (*Jocondiens*).

Joueurs de cartes, tableau de P. Cézanne.

Jouffroy d'Abbans (*Claude François,* marquis DE), ingénieur français (1751-1832). Il est le premier à avoir fait fonctionner un bateau à vapeur (1783).

Jouhaux (*Léon*), syndicaliste français (1879-1954).

Joukov (*Gueorgui*), maréchal soviétique (1896-1974). Vainqueur à Moscou (1941) et à Leningrad (1943).

Joule (*James Prescott*), physicien britannique (1818-1889), l'un des fondateurs de la thermodynamique.

Jourdain (le), fl. de Palestine ; 360 km.

Jourdan (*Jean-Baptiste,* comte), maréchal de France (1762-1833), vainqueur à Fleurus.

Journal officiel de la République française (JO), publication officielle des lois, des décrets et des arrêtés.

Jouvet (*Louis*), acteur et directeur de théâtre français (1887-1951).

Jouy-le-Moutier, v. du Val-d'Oise ; 17 979 h. (*Jocassiens*).

Joyce (*James*), écrivain irlandais (1882-1941) : *Ulysse.*

József (*Attila*), poète hongrois (1905-1937). Lyrique, d'inspiration populaire.

Juan Carlos Ier (né en 1938), roi d'Espagne depuis 1975.

Juda, fils de Jacob (*Bible*).

Juda (*royaume de*), royaume qui se forma au sud de la Palestine à la mort de Salomon (931-587 av. J.-C.).

Judas, Iscariote, apôtre qui trahit Jésus.

Judée, anc. nom du sud de la Palestine.

Judith, héroïne juive qui tua Holopherne, général assyrien.

Juges (*livre des*), livre biblique qui relate l'histoire des Juges, chefs des Hébreux.

Juglar (*Clément*), économiste français (1819-1905), il a découvert le cycle économique qui porte son nom.

Jugurtha (v. 160-104 av. J.-C.), roi de Numidie en 118, vaincu par Rome.

Juifs, peuple de religion et de tradition judaïques vivant en Israël et de manière dispersée dans le monde (env. 12 millions).

Juillet (14), fête nationale française commémorant la prise de la Bastille (1789).

Juillet (*monarchie de*), régime de la France sous le roi Louis-Philippe (1830-1848).

Juin (*Alphonse*), maréchal de France (1888-1967).

juin 1940 (*appel du 18*), discours du général de Gaulle à la radio de Londres (BBC), appelant les Français à poursuivre le combat contre les Allemands.

Jules II (1443-1513), pape après 1503.

Juliana (1909-2004), reine des Pays-Bas de 1948 à 1980. Elle abdiqua.

Julien l'Apostat (331-363), empereur romain après 361. Il revint au paganisme.

Julio-Claudiens, première dynastie impériale romaine, de César à Néron.

Jullundur, v. d'Inde (Pendjab) ; 701 223 h.

Jung (*Carl*), psychanalyste suisse (1875-1961), à l'origine du concept d'inconscient collectif.

Jünger (*Ernst*), écrivain allemand (1895-1998) : *Orages d'acier.*

Jungfrau, sommet des Alpes bernoises (Suisse) ; 4 158 m.

Junon, épouse de Jupiter, l'*Héra* grecque (*Myth. rom.*).

Junot (*Andoche*), général français (1771-1813).

Jupiter, père des dieux (*Myth. rom.*), le *Zeus* grec.

Jupiter, planète du Système solaire.

Jura, montagne de France et de Suisse.

Jura, dép. français (39), ch.-l. *Lons-le-Saunier*, ch.-l. d'arr. *Dole, Saint-Claude* ; 250 857 h. (*Jurassiens*).

Jura (*canton du*), cant. de Suisse ; 837 km^2 ; 68 600 h. (*Jurassiens*) ; ch.-l. *Delémont.*

Jussieu (*Antoine Laurent* DE), botaniste français (1748-1836).

Justinien Ier (482-565), empereur byzantin après 527. Grand législateur.

Juvarra ou **Juvara** (*Filippo*), architecte et décorateur baroque italien (1678-1736).

Juvénal, poète latin (v. 60-v. 130).

Juvisy-sur-Orge, v. de l'Essonne ; 12 003 h. (*Juvisiens*).

Jylland ou **Jütland,** presqu'île danoise.

K

K2, deuxième sommet du monde, dans l'Himalaya ; 8 611 m.

Kaaba, édifice sacré au centre de la Grande Mosquée de La Mecque.

Kabardes, peuple caucasien de Russie, vivant surtout en Kabardino-Balkarie (env. 400 000).

Kaboul, cap. de l'Afghanistan ; 2 956 000 h.

Kabylie, région montagneuse d'Algérie.

Kádár (*János*), homme politique hongrois (1912-1989), au pouvoir de 1956 à 1988.

Kadaré (*Ismaïl*), écrivain albanais (né en 1936).

Kadhafi (*Muammar* **al-**), homme politique libyen (né en 1942), au pouvoir depuis 1969.

Kafka (*Franz*), écrivain tchèque de langue allemande (1883-1924) : *la Métamorphose.*

Kagera, riv. d'Afrique orientale, qui rejoint le lac Victoria ; 400 km.

Kagoshima, port du Japon (Kyushu) ; 546 282 h.

Kahlo (*Frida*), peintre mexicaine d'inspiration surréaliste (1907-1954).

Kahnweiler (*Daniel Henry*), marchand de tableaux et écrivain d'art d'origine allemande (1884-1979).

Kaifeng, v. de Chine (Henan) ; 693 148 h. Pagode (XIe).

Kairouan, v. de Tunisie centrale ; 102 734 h. Grande Mosquée.

Kalahari, désert d'Afrique australe.

Kalgan, en ch. **Zhangjiakou**, v. de Chine (Hebei) ; 719 672 h.

Kaliningrad, v. de Russie, sur la Baltique (enclave entre la Pologne et la Lituanie) ; 416 547 h.

Kalmouks, peuple mongol vivant principalement en Russie (rép. de Kalmoukie) [env. 190 000].

Kama, riv. de Russie, affl. de la Volga ; 2 032 km.

Kama-sutra, traité indien de l'art d'aimer (v. l'an 500).

Kampala, cap. de l'Ouganda ; 774 241 h.

Kamtchatka, presqu'île de Sibérie.

Kanaks, peuple mélanésien de la Nouvelle-Calédonie.

Kandinsky (*Vassily*), peintre français d'origine russe (1866-1944), pionnier de l'art abstrait.

Kangchenjunga, troisième sommet du monde, dans l'Himalaya, entre le Népal et l'Inde ; 8 586 m.

Kano, v. du Nigeria ; 699 900 h.

Kanpur, v. de l'Inde centrale ; 2 532 138 h.

Kansas, État du centre des États-Unis. Cap. *Topeka.*

Kansas City, v. des États-Unis, sur le Missouri ; 441 545 h.

Kant (*Emmanuel*), philosophe allemand (1724-1804) : *Critique de la raison pure.*

Kantor (*Tadeusz*), artiste et homme de théâtre polonais (1915-1990).

Kaohsiung, port de Taïwan ; 1 475 505 h.

Karachi, port du Pakistan ; 9 269 000 h.

Karadjordjević, dynastie serbe qui régna de 1842 à 1858 et de 1903 à 1945, rivale des Obrenović.

Karagandy, anc. **Karaganda**, v. du Kazakhstan, dans le *bassin houiller de Karagandy* ; 596 000 h.

Karajan (*Herbert* VON), chef d'orchestre autrichien (1908-1989). Il fut chef à vie de l'Orchestre philharmonique de Berlin (1954-1989).

Karakorum, chaîne de montagnes du Cachemire.

Karen, peuple vivant principalement en Birmanie et en Thaïlande (env. 3 millions).

Karlsruhe, v. d'Allemagne ; 279 600 h.

Karnak ou **Carnac,** site d'Égypte sur les ruines de l'anc. Thèbes. Temple d'Amon.

Karnataka, État du sud de l'Inde.

Karpov (*Anatoli Ievguenievitch*), joueur d'échecs russe (né en 1951).

Karst, en slovène **Kras**, nom allemand d'une région de plateaux calcaires de Slovénie.

Kasparov (*Garri* WEINSTEIN, dit **Garry**), joueur d'échecs russe (né en 1963), devenu un homme politique (opposant au pouvoir en place dans son pays).

Kastler (*Alfred*), physicien français (1902-1984), spécialiste de l'optique physique.

Kästner (*Erich*), écrivain allemand (1899-1974) : *Émile et les détectives.*

Katanga, anc. **Shaba**, région du sud de la Rép. dém. du Congo (anc. Zaïre). Mines.

Kateb (*Yacine*), écrivain algérien d'expression française et arabe (1929-1989) : *Nedjma.*

Katmandou, cap. du Népal ; 741 000 h.

Katowice, v. de Pologne ; 327 200 h.

Katyn, village de Russie où furent retrouvés les cadavres de 4500 officiers polonais abattus en 1940-41 par les Soviétiques.

Kaunas, v. de Lituanie ; 381 300 h.

Kawabata Yasunari, écrivain japonais (1899-1972) : *Pays de neige.*

Kawasaki, port du Japon ; 1 249 905 h.

Kayseri, v. de Turquie, au sud-est d'Ankara ; 498 233 h.

Kazakhstan, État de l'Asie centrale ; 2 717 000 km^2 ; 16 095 000 h. (*Kazakhs*). Cap. *Astana.*

Kazan, v. de Russie, sur la Volga ; 1 105 300 h.

Kazan (*Elia* KAZANJOGLOUS, dit **Elia**), cinéaste américain (1909-2003) : *America, America.*

Keaton (*Buster*), acteur et cinéaste américain (1896-1966) : *le Cameraman.*

Keats (*John*), poète romantique anglais (1795-1821).

Kellermann (*François*), maréchal de France (1735-1820). Vainqueur à Valmy.

Kelly (*Eugene Curran*, dit **Gene**), chorégraphe, acteur et cinéaste américain (1912-1996) : *Chantons sous la pluie.*

Kelvin → **Thomson.**

Kemal → **Atatürk.**

Kemerovo, v. de Russie, en Sibérie occidentale ; 500 772 h.

Kennedy (*centre spatial J. F.*), base de lancement d'engins spatiaux américaine, située au cap Canaveral.

Kennedy (*John*), homme politique américain (1917-1963). Démocrate, président des États-Unis à partir de 1961, il fut assassiné.

Kent, comté du sud-est de l'Angleterre.

Kentucky, État des États-Unis. Cap. *Frankfort.*

Kenya, État de l'Afrique équatoriale ; 583 000 km^2 ; 31 293 000 h. (*Kenyans*). Cap. *Nairobi*.

Kenya (*mont*), sommet du centre du Kenya ; 5 199 m.

Kenyatta (*Jomo*), homme politique kenyan (v. 1893-1978), à la tête du pays de l'indépendance (1963) à sa mort.

Kepler (*Johannes*), astronome allemand (1571-1630). Il établit les lois du mouvement des planètes.

Kerala, État du sud-ouest de l'Inde.

Kerenski (*Aleksandr*), homme politique russe (1881-1970), renversé par les bolcheviks (1917).

Kerguelen (*îles*), archipel français du sud de l'océan Indien.

Kermanchah, v. d'Iran, dans le Kurdistan ; 692 986 h.

Kerouac (*Jack*), écrivain américain de la Beat generation (1922-1969) : *Sur la route*.

Kertész (*André*), photographe américain d'origine hongroise (1894-1985).

Kertész (*Imre*), écrivain hongrois (né en 1929) : *Être sans destin*.

Kessel (*Joseph*), écrivain français (1898-1979) : *le Lion*.

Keynes (*John Maynard*), économiste britannique (1883-1946).

KGB, services secrets de l'URSS de 1954 à 1991.

Khabarovsk, v. de Russie, en Sibérie, sur l'Amour ; 616 291 h.

Khajuraho, site de l'Inde centrale (Madhya Pradesh). Temples hindous et jaïna (Xe-XIe s.).

Khakasses, peuple de Russie qui vit en Khakassie (env. 80 000).

Kharg (*île de*), île iranienne du golfe Persique. Terminal pétrolier.

Kharkiv, v. d'Ukraine ; 1 470 902 h.

Khartoum, cap. du Soudan ; 600 000 h.

Khaybar ou **Khyber** (*passe de*), défilé entre le Pakistan et l'Afghanistan.

Khayyam (*Omar* ou *Umar*), poète et mathématicien persan (v. 1047-v. 1122).

Kheops ou **Chéops,** roi d'Égypte (v. 2600 av. J.-C). Il fit construire la plus grande pyramide de Gizeh.

Khephren ou **Chéphren,** roi d'Égypte (v. 2500 av. J.-C.). Il fit construire la deuxième pyramide de Gizeh.

Khmers, peuple du Cambodge.

Khomeyni (*Ruhollah*), chef religieux et homme politique iranien (1912-1989), porté au pouvoir par la révolution islamique de 1979.

Khrouchtchev (*Nikita*), homme politique soviétique (1894-1971), au pouvoir de 1958 à 1964.

Khulna, v. du Bangladesh ; 1 426 000 h. avec les banlieues.

Kichinev → **Chişinău.**

Kiel, port d'Allemagne ; 233 795 h.

Kierkegaard (*Sören*), philosophe et théologien danois (1813-1855).

Kieślowski (*Krzysztof*), cinéaste polonais (1941-1996) : *le Décalogue*.

Kiev, cap. de l'Ukraine ; 2 611 327 h. Cathédrale Sainte-Sophie.

Kigali, cap. du Rwanda ; 369 000 h.

Kikuyus, peuple bantou du Kenya.

Kilimandjaro, auj. **pic Uhuru**, point culminant de l'Afrique ; 5 895 m.

Killy (*Jean-Claude*), skieur français (né en 1943), triple champion olympique en 1968.

Kim Dae-jung, homme politique sud-coréen (1924 ou 1925-2009), président de la République de 1998 à 2003.

Kim Il-sung, maréchal et homme politique nord-coréen (1912-1994), chef de l'État de 1972 à sa mort.

Kim Jong-il, homme politique nord-coréen (né en 1942). Fils et successeur désigné de Kim Il-sung, il est au pouvoir depuis 1998.

Kimura Motoo, généticien japonais (1924-1994), auteur d'une théorie évolutionniste.

King (*Martin Luther*), pasteur noir américain (1929-1968) qui lutta pour l'intégration des Noirs. Mort assassiné.

King (*Riley Ben* KING, dit **B.B.**), chanteur et guitariste américain de blues (né en 1925).

Kingston, cap. de la Jamaïque ; 575 000 h.

Kinshasa, anc. **Léopoldville**, cap. de la Rép. dém. du Congo (anc. Zaïre) ; 5 277 000 h.

Kipling (*Rudyard*), romancier britannique (1865-1936) : *le Livre de la jungle*.

Kirchhoff (*Gustav*), physicien allemand (1824-1887). Il inventa le spectroscope.

Kirghizistan, État de l'Asie centrale ; 199 000 km^2 ; 4 986 000 h. (*Kirghiz*). Cap. *Bichkek*.

Kiribati, État de l'Océanie ; 900 km^2 ; 84 000 h. (*Kiribatiens*). Cap. *Tarawa*.

Kisangani, v. de la Rép. dém. du Congo (anc. Zaïre) ; 577 000 h.

Kissinger (*Henry*), homme politique américain (né en 1923). Secrétaire d'État de 1973 à 1977, il négocia la paix avec le Viêt Nam.

Kita-Kyushu, port du Japon, dans le nord de Kyushu ; 1 011 471 h.

Kitchener (lord *Herbert*), maréchal britannique (1850-1916).

Klaipėda, en all. **Memel**, port de Lituanie, sur la Baltique ; 194 400 h.

Kléber (*Jean-Baptiste*), général français (1753-1800), assassiné en Égypte.

Klee (*Paul*), peintre allemand (1879-1940).

Klein (*Melanie*), psychanalyste britannique d'origine autrichienne (1882-1960).

Klein (*Yves*), peintre français (1928-1962) : « monochromes » bleus.

Kleist (*Heinrich* VON), poète et auteur dramatique allemand (1777-1811).

Klemperer (*Otto*), chef d'orchestre d'origine allemande naturalisé israélien (1885-1973).

Klimt (*Gustav*), peintre autrichien (1862-1918), figure importante de l'Art nouveau.

Klondike, riv. du Canada, affl. du Yukon ; 150 km. Gisements d'or exploités au XIXe s.

Klopstock (*Friedrich*), poète allemand (1724-1803).

Knock ou le Triomphe de la médecine, comédie satirique de J. Romains (1923).

Knox (*John*), réformateur écossais (1505-1572), fondateur du presbytérianisme.

Knut le Grand (995-1035), roi d'Angleterre (1016), de Danemark (1018), de Norvège (1028).

Kobe, port du Japon ; 1 493 398 h.

Koch (*Robert*), médecin allemand (1843-1910), découvreur du bacille de la tuberculose.

Kœnig (*Marie Pierre*), maréchal de France (1898-1970), vainqueur à Bir Hakeim en 1942.

Koestler (*Arthur*), écrivain hongrois naturalisé britannique (1905-1983) : *le Zéro et l'Infini.*

Kohl (*Helmut*), homme politique allemand (né en 1930), chancelier de 1982 à 1998.

Kokoschka (*Oskar*), peintre et écrivain autrichien (1886-1980).

Kola (*presqu'île de*), péninsule de Russie, au nord de la Carélie ; v. pr. Mourmansk.

Koltès (*Bernard-Marie*), auteur dramatique français (1948-1989) : *Dans la solitude des champs de coton.*

Kolyma, fl. de Russie, en Sibérie, qui rejoint l'océan Arctique ; 2 129 km.

Komintern (*le*), nom russe de la IIIe Internationale (1919-1943).

Komis, peuple de Russie vivant principalement dans la rép. des Komis (env. 340 000).

Kondratiev (*Nikolaï Dmitrievitch*), économiste russe (1892-1931 ?), il a mis en valeur l'existence des cycles économiques de longue durée qui portent son nom.

Konya, v. de Turquie ; 623 333 h.

Kopa (*Raymond*), footballeur français (né en 1931).

Korda (*Sándor*, devenu sir *Alexander*), cinéaste et producteur britannique d'origine hongroise (1893-1956) : *la Vie privée de Henry VIII.*

Kosciuszko (*Tadeusz*), patriote polonais (1746-1817).

Kosovo, État d'Europe, dans les Balkans ; 10 908 km^{2} ; 2 126 000 h. (*Kosovars*). Cap. *Priština.*

Kossuth (*Lajos*), patriote hongrois (1802-1894), chef de la révolution de 1848.

Kota, v. d'Inde (Rajasthan) ; 695 899 h.

Kotor, en it. **Cattaro**, port du Monténégro, sur l'Adriatique ; 6 000 h. Tourisme (bouches de Kotor).

Koufra, oasis de Libye.

Kouïbychev → **Samara.**

Kouo-min-tang → **Guomindang.**

Kouriles (*îles*), archipel d'Asie (Russie).

Kourou, comm. de la Guyane. Base de lancement des fusées européennes.

Koutouzov (*Mikhaïl*), général russe (1745-1813), adversaire de Napoléon.

Koweït, État d'Arabie ; 17 800 km^{2} ; 1 971 000 h. (*Koweïtiens*). Cap. *Koweït.*

Koyré (*Alexandre*), philosophe français d'origine russe (1882-1964).

Krakatoa ou **Krakatau,** île d'Indonésie. Explosion meurtrière de son volcan en 1883.

Krasnodar, anc. **Iekaterinodar**, v. de Russie (nord du Caucase) ; 640 646 h.

Krasnoïarsk, v. de Russie, en Sibérie orientale ; 868 571 h.

Krebs (*Hans Adolf*), biochimiste britannique (1900-1981).

Kreisky (*Bruno*), homme politique autrichien (1911-1990), chancelier de 1970 à 1983.

Kremer (*Gidon*), violoniste russe (né en 1947).

Kremlin, anc. forteresse de Moscou.

Kremlin-Bicêtre (**Le**), v. du Val-de-Marne ; 23 900 h. (*Kremlinois*).

Krishna ou **Krichna,** dieu hindou.

Krk, île croate de l'Adriatique.

Kruger (*Paul*), homme politique sud-africain (1825-1904). Président du Transvaal, il dirigea la guerre des Boers.

Krupp (*Alfred*), industriel allemand (1812-1887).

Kryvyï Rih, v. d'Ukraine ; 724 000 h.

Kuala Lumpur, cap. de la Malaisie ; 1 352 000 h.

Kubilay Khan (1214-1294), empereur mongol après 1260.

Kubrick (*Stanley*), cinéaste américain (1928-1999) : *Orange mécanique.*

Ku Klux Klan, société secrète nord-américaine fondée en 1867, dirigée contre l'intégration des Noirs.

Kumamoto, v. du Japon (Kyushu) ; 650 341 h.

Kundera (*Milan*), écrivain tchèque naturalisé français (né en 1929) : *l'Insoutenable Légèreté de l'être.*

Kunming, v. de Chine, cap. du Yunnan ; 1 611 969 h.

Kupka (*František*, dit **Frank**), peintre et dessinateur tchèque (1871-1957), initiateur d'un art abstrait symbolique et géométrique.

Kurdistan, région d'Asie habitée par les *Kurdes*, partagée entre la Turquie, l'Iran, l'Iraq et la Syrie.

Kurosawa Akira, cinéaste japonais (1910-1998) : *les Sept Samouraïs.*

Kuroshio, courant marin chaud de l'océan Pacifique.

Kuznets (*Simon*), économiste américain (1901-

1985). Ses travaux statistiques ont permis d'approfondir la théorie des cycles longs.

Kwangju, v. de la Corée du Sud ; 1 236 312 h.

Kyoto, v. du Japon ; 1 467 785 h. Ville-musée.

Kyoto (*protocole de*), protocole de la conférence internationale de décembre 1997 qui prévoit la réduction des émissions de gaz à effet de serre.

Kyushu, île méridionale du Japon.

L

Laban (*Rudolf* VON), chorégraphe autrichien d'origine hongroise (1879-1958), l'un des initiateurs de la danse expressionniste.

Labé (*Louise*), poétesse française (1524-1566).

Labiche (*Eugène*), écrivain français (1815-1888), auteur de comédies de mœurs.

Laborit (*Henri*), biologiste et pharmacologue français (1914-1995), connu pour ses travaux sur le stress.

La Bourdonnais (*Bertrand François* MAHÉ DE), administrateur français (1699-1753). Il contribua à l'implantation de la France en Inde.

Labrador, presqu'île du Canada.

Labrador (*courant du*), courant marin froid de l'Atlantique.

La Bruyère (*Jean* DE), moraliste français (1645-1696) : *les Caractères.*

Labyrinthe, palais édifié en Crète par Dédale pour le Minotaure.

Lacan (*Jacques*), psychanalyste français (1901-1981).

Lac des cygnes (*le*), ballet de Tchaïkovski.

Lacédémone → **Sparte.**

Lacépède ou **Lacepède** (*Étienne* DE), naturaliste français (1756-1825).

Laclos (*Pierre* CHODERLOS DE), romancier français (1741-1803) : *les Liaisons dangereuses.*

Laconie, anc. région du Péloponnèse dont Sparte était le centre.

Lacordaire (*Henri*), prédicateur dominicain français (1802-1861).

Lacoste (*René*), joueur de tennis français (1904-1996).

Lacroix (*Christian*), couturier français (né en 1951).

Ladakh, région du Cachemire ; ch.-l. *Leh.*

Laennec (*René*), médecin français (1781-1826). Il découvrit l'auscultation.

La Fayette ou **Lafayette** (MADAME DE), romancière française (1634-1693) : *la Princesse de Clèves.*

La Fayette (*Marie Joseph,* marquis DE), général français (1757-1834). Il prit part à la guerre de l'Indépendance américaine et aux révolutions de 1789 et de 1830.

La Fontaine (*Jean* DE), poète français (1621-1695) : *Fables.*

Laforgue (*Jules*), poète symboliste français (1860-1887).

Lagarce (*Jean-Luc*), auteur dramatique et metteur en scène de théâtre français (1957-1995) : *le Pays lointain.*

Lagerlöf (*Selma*), romancière suédoise (1858-1940) : *la Saga de Gösta Berling.*

Lagides, dynastie qui a régné sur l'Égypte antique de 305 à 30 av. J.-C.

Lagny-sur-Marne, v. de Seine-et-Marne ; 19 579 h. (*Latignaciens* ou *Laniaques*).

Lagos, port et ville principale du Nigeria ; 4 500 000 h.

Lagrange (*Louis,* comte DE), mathématicien français (1736-1813).

Lahore, ville du Pakistan (Pendjab) ; 5 063 000 h.

Lakanal (*Joseph*), homme politique français (1762-1845). Conventionnel, il s'occupa surtout de l'instruction publique.

Lalique (*René*), joaillier et verrier français (1860-1945), de style Art nouveau.

Lally (*Thomas* DE, baron DE TOLLENDAL), gouverneur de l'Inde française (1702-1766).

Lalo (*Édouard*), compositeur français d'inspiration romantique (1823-1892).

Lamarck (*Jean-Baptiste* DE), naturaliste français (1744-1829).

Lamartine (*Alphonse* DE), poète et homme politique français (1790-1869) : *les Méditations poétiques, Jocelyn.*

Lamballe, v. des Côtes-d'Armor ; 11 187 h. (*Lamballais*).

Lambersart, v. du Nord ; 28 369 h. (*Lambersartois*).

La Mennais ou **Lamennais** (*Félicité* DE), philosophe français (1782-1854).

Lamentin (**Le**), v. de la Martinique ; 35 951 h. Aéroport.

Lamoricière (*Louis* DE), général français (1806-1865). Il reçut l'abdication d'Abd el-Kader.

Lampedusa, île italienne de la Méditerranée, entre Malte et la Tunisie.

Lancashire, anc. comté d'Angleterre.

Lancaster (*Burton Stephen,* dit **Burt**), acteur américain (1913-1994) : *le Guépard.*

Lancastre, famille royale anglaise rivale de la maison d'York.

Lancelot du Lac, un des chevaliers de la Table ronde.

Landau (*Lev Davidovitch*), physicien soviétique (1908-1968), auteur d'une théorie de la superfluidité.

Landerneau, v. du Finistère ; 15 141 h. (*Landernéens*).

Landes, région forestière du sud-ouest de la France.

Landes, dép. français (40) ; ch.-l. *Mont-de-Marsan,* ch.-l. d'arr. *Dax* ; 327 334 h. (*Landais*).

Landru (*Henri Désiré*), criminel français accusé du meurtre de dix femmes (1869-1922), exécuté.

Lanester, v. du Morbihan ; 23 144 h. (*Lanestériens*).

Lang (*Fritz*), cinéaste américain d'origine autrichienne (1890-1976) : *Metropolis.*

Langevin (*Paul*), physicien français (1872-1946), auteur de travaux sur le magnétisme, la relativité et les ultrasons.

Langlois (*Henri*), cofondateur de la Cinémathèque française (1914-1977).

Langon, v. de la Gironde ; 6 627 h. (*Langonais*).

Langres, v. de la Haute-Marne, sur le *plateau de Langres* ; 10 392 h. (*Langrois*).

Languedoc, région et anc. prov. de France ; v. pr. *Toulouse.* Hab. : *Languedociens.*

Languedoc-Roussillon, Région de France ; ch.-l. *Montpellier.*

Lannion, v. des Côtes-d'Armor ; 19 351 h. (*Lannionnais*).

Lanzarote, l'une des îles Canaries (Espagne) ; 96 310 h.

Lanzhou, v. de Chine, sur le Huang He ; 1 617 761 h.

Lanzmann (*Claude*), cinéaste et écrivain français (né en 1925) : film documentaire *Shoah.*

Laon, ch.-l. de l'Aisne ; 27 878 h. (*Laonnois*).

Laos, État d'Indochine ; 236 000 km^2 ; 5 403 000 h. (*Laotiens*). Cap. *Vientiane.*

Laozi ou **Lao-tseu,** philosophe chinois (Ve s. av. J.-C.), initiateur du taoïsme.

Lapérouse (*Jean François* DE), navigateur français (1741-1788), mort en mer.

Laplace (*Pierre Simon* DE), mathématicien, astronome et physicien français (1749-1827).

Laponie, région du nord de la Scandinavie. Hab. : *Lapons.*

La Quintinie (*Jean* DE), agronome français (1626-1688).

Largentière, v. de l'Ardèche ; 2 046 h. (*Largentiérois*).

La Rochefoucauld (*François* DE), moraliste français (1613-1680) : *Maximes.*

La Rochejaquelin (*Henri,* comte DE), chef vendéen (1772-1794), tué au combat.

Larousse (*Pierre*), lexicographe et éditeur français (1817-1875) : *Grand Dictionnaire universel du XIXe siècle.*

Lartigue (*Jacques-Henri*), photographe français (1894-1986).

Larzac (*causse du*), plateau calcaire du sud du Massif central.

La Salle (*Robert* CAVELIER DE), explorateur français du Mississippi (1643-1687).

Las Casas (*Bartolomé* DE), religieux espagnol (1474-1566). Il défendit les Indiens.

Lascaux, grotte à peintures préhistoriques de la Dordogne (v. 15000 av. J.-C.).

Laskine (*Lily*), harpiste française (1893-1988).

Lassus (*Roland* DE), musicien de l'école franco-allemande (v. 1532-1594).

Las Vegas, v. des États-Unis (Nevada) ; 478 434 h. Tourisme (jeux de hasard).

Latins, habitants du Latium.

Latium, région de l'Italie centrale ancienne.

La Tour (*Georges* DE), peintre français (1593-1652).

La Tour (*Maurice* QUENTIN DE), pastelliste français (1704-1788), auteur de portraits.

La Tour d'Auvergne (*Théophile* CORRET DE), officier français (1743-1800), héros des guerres de la Révolution.

Latran, palais de Rome, longtemps résidence des papes.

Latran (*accords du*), accords passés entre le Saint-Siège et Mussolini (fév. 1929). Ils reconnaissent la souveraineté du pape sur le Vatican.

La Trémoille (*Georges* DE), chambellan de Charles VII (1382-1446).

Lattes, v. de l'Hérault ; 13 852 h. (*Lattois*).

Lattre de Tassigny (*Jean* DE), maréchal de France (1889-1952).

Laugerie-Haute, gisement paléolithique situé près des Eyzies-de-Tayac-Sireuil (Dordogne).

Laughton (*Charles*), acteur britannique naturalisé américain (1899-1962), réalisateur de *la Nuit du chasseur.*

Laurel et Hardy, acteurs de cinéma américains qui formèrent un tandem comique des années 1920 aux années 1950.

Laurent (*saint*), martyr du IIIe s., mort sur un gril.

Laurentides, région administrative du Québec (Canada), au nord de Montréal ; 21 521 km^2 ; 463 091 h. ; v. pr. Saint-Jérôme.

Lausanne, v. de Suisse, sur le lac Léman ; 114 889 h.

Lautréamont, écrivain français (1846-1870) : *les Chants de Maldoror.*

Laval, ch.-l. de la Mayenne : 54 379 h. (*Lavallois*).

Laval (*Pierre*), homme politique français (1883-1945). Premier ministre du maréchal Pétain en 1942. Fusillé.

La Vallière (*Louise,* duchesse DE), favorite de Louis XIV (1644-1710).

Laver (*Rodney,* dit **Rod**), joueur de tennis australien (né en 1938).

Lavigerie (*Charles*), cardinal français (1825-1892). Fondateur des Pères blancs.

Lavisse (*Ernest*), historien français (1842-1922) : *Histoire de France.*

Lavoisier (*Antoine Laurent* DE), chimiste français (1743-1794), l'un des créateurs de la chimie moderne.

Law (*John*), financier écossais (1671-1729). Il provoqua une banqueroute effroyable.

Lawrence (*David Herbert*), écrivain britannique (1885-1930) : *l'Amant de lady Chatterley.*

Lawrence (*Ernest Orlando*), physicien américain (1901-1958), inventeur d'un accélérateur de particules, le « cyclotron ».

Lawrence (*Thomas Edward*), dit **Lawrence d'Arabie**, officier et écrivain britannique (1888-1935).

Laxou v. de Meurthe-et-Moselle ; 15 898 h. (*Laxoviens*).

Lazare (*saint*), frère de Marthe et de Marie, ressuscité par Jésus.

Lazareff (*Pierre*), journaliste français (1907-1972), directeur de *France-Soir* de 1945 à sa mort.

Lean (sir *David*), cinéaste britannique (1908-1991), auteur de productions prestigieuses : *le Docteur Jivago.*

Léautaud (*Paul*), écrivain français (1872-1956) : *Journal littéraire.*

Lebrun (*Albert*), homme politique français (1871-1950). Président de la République de 1932 à 1940.

Le Brun ou **Lebrun** (*Charles*), peintre français (1619-1690), grand ordonnateur des décors de Versailles.

Le Carré (*John*), écrivain britannique de romans d'espionnage (né en 1931) : *l'Espion qui venait du froid.*

Leclerc (*Philippe* DE HAUTECLOCQUE, dit), maréchal de France (1902-1947). Il entra le premier dans Paris libéré.

Le Clézio (*Jean-Marie Gustave*, dit **J.M.G.**), écrivain français (né en 1940) : *Désert.*

Leconte de Lisle (*Charles*), poète français (1818-1894) : *Poèmes antiques.*

Le Corbusier (*Charles Édouard* JEANNERET, dit), architecte et urbaniste français d'origine suisse (1887-1965).

Léda, mère de Castor et Pollux, qu'elle conçut de Zeus métamorphosé en cygne (*Myth. gr.*).

Ledoux (*Claude Nicolas*), architecte français (1736-1806).

Ledru-Rollin (*Alexandre Auguste*), homme politique français (1807-1874), républicain.

Lee (*Robert Edward*), général américain (1807-1870). Chef des armées sudistes.

Leeds, v. d'Angleterre ; 715 404 h.

Lefebvre (*François Joseph*), maréchal de France (1755-1820).

Lefèvre d'Étaples (*Jacques*), humaniste et théologien français (v. 1450-1536). Il traduisit la Bible en français.

Légende des siècles (*la*), recueil de poèmes épiques de V. Hugo.

Léger (*Fernand*), peintre français (1881-1955).

Légion d'honneur, ordre national français institué en 1802 par Bonaparte.

Le Goff (*Jacques*), historien français (né en 1924), spécialiste de l'histoire du Moyen Âge : *la Civilisation de l'Occident médiéval.*

Legrand (*Michel*), compositeur français (né en 1932) : *les Parapluies de Cherbourg, les Demoiselles de Rochefort.*

Leibniz (*Gottfried Wilhelm*), philosophe et mathématicien allemand (1646-1716).

Leipzig, v. d'Allemagne ; 493 100 h.

Leiris (*Michel*), écrivain et ethnologue français (1901-1990) : *l'Âge d'homme.*

Lelouch (*Claude*), cinéaste français (né en 1937) : *Un homme et une femme.*

Lemaître (*Frédérick*), acteur français (1800-1876).

Lemaître (Mgr *Georges*), astrophysicien et mathématicien belge (1894-1966), auteur d'un modèle relativiste de l'Univers en expansion.

Léman, lac de Suisse et de France ; 582 km^2.

Lemmon (*Jack*), acteur américain (1925-2001) : *Certains l'aiment chaud.*

LeMond (*Greg*), coureur cycliste américain (né en 1960).

Lena (la), fl. de Sibérie (océan Arctique) ; 4 270 km.

Le Nain (*Antoine, Louis* et *Mathieu*), peintres français du XVIIe s.

Lénine (*Vladimir Ilitch* OULIANOV, dit), homme politique russe (1870-1924). Fondateur de l'État soviétique.

Leningrad → **Saint-Pétersbourg.**

Le Nôtre (*André*), dessinateur français de jardins (1613-1700) : *Versailles.*

Lens, v. du Pas-de-Calais ; 36 823 h. Victoire de Condé en 1648.

León, prov. du nord-ouest de l'Espagne.

Léon, nom de treize papes.

Léon, nom de six empereurs byzantins.

León, v. du Mexique central ; 1 020 818 h.

Léonard de Vinci, peintre, sculpteur, architecte et savant italien (1452-1519), type du génie universel de la Renaissance.

Leone (*Sergio*), cinéaste italien (1929-1989), maître du « western-spaghetti » : *Il était une fois dans l'Ouest.*

Leonhardt (*Gustav*), claveciniste, organiste et chef d'orchestre néerlandais (né en 1928), spécialiste de Bach.

Léonidas, roi de Sparte (Ve s. av. J.-C.), héros des Thermopyles.

Léon Ier le Grand (*saint*), pape de 440 à 461, qui contraignit Attila à la retraite.

Léon II (*saint*) [750-816], pape de 795 à 816, qui couronna Charlemagne empereur.

Léon IX (*saint*) [1002-1054], pape de 1048 à 1054,

à l'époque de la rupture définitive avec l'Église grecque.

Léon X (1475-1521), pape de 1513-1521, à l'époque de Luther.

Léon XIII (1810-1903), pape de 1878 à 1903.

Leontief (*Wassily*), économiste américain d'origine russe (1906-1999).

Leopardi (*Giacomo*), poète romantique italien (1798-1837).

Léopold Ier (1640-1705), empereur germanique en 1658.

Léopold Ier (1790-1865), roi des Belges de 1831 à 1865.

Léopold II (1747-1792), empereur germanique en 1790.

Léopold II (1835-1909), roi des Belges de 1865 à 1909, créateur du Congo belge.

Léopold III (1901-1983), roi des Belges de 1934 à 1951.

Lépante, port de Grèce. Victoire navale de don Juan d'Autriche sur les Turcs (1571).

Lépine (*Pierre*), médecin français (1901-1989). Il découvrit le vaccin contre la poliomyélite.

Lérins, groupe d'îles de la Méditerranée, au large de Cannes.

Lermontov (*Mikhaïl*), poète russe (1814-1841).

Leroi-Gourhan (*André*), préhistorien français (1911-1985).

Leroux (*Gaston*), écrivain et journaliste français (1868-1927) : *le Mystère de la chambre jaune.*

Le Roy Ladurie (*Emmanuel*), historien français (né en 1929) : *Histoire du climat depuis l'an mil.*

Lesage (*Alain René*), romancier français (1668-1747) : *Gil Blas, le Diable boiteux.*

Lesbos ou **Mytilène,** île grecque de la mer Égée, près du littoral turc ; 1 631 km^2 ; 105 194 h. (*Lesbiens*) ; ch.-l. *Mytilène* (25 440 h.).

Lescot (*Pierre*), architecte français (v. 1515-1578), maître de la Renaissance.

Leshan, v. de Chine (Sichuan) ; 958 000 h.

Lesotho, anc. **Basutoland**, État de l'Afrique australe ; 30 355 km^2 ; 2 057 000 h. (*Lesothans*). Cap. *Maseru.*

Lesparre-Médoc, v. de la Gironde ; 5 044 h. (*Lesparrains*).

Lesseps (*Ferdinand* DE), diplomate français (1805-1894). Il fit percer le canal de Suez et commença celui de Panamá.

Lessing (*Doris*), femme de lettres britannique (née en 1919) : *le Carnet d'or.*

Lessing (*Gotthold Ephraim*), écrivain allemand (1729-1781) : *Nathan le Sage.*

Le Tellier (*Michel*), homme d'État français (1603-1685). Secrétaire d'État à la guerre sous Louis XIV. Père de Louvois.

Léthé, fl. des Enfers (*Myth. gr.*).

Lettonie, État de l'Europe septentrionale, sur la Baltique ; 64000 km^2 ; 2 406 000 h. (*Lettons*). Cap. *Riga.*

Lettres, correspondance de la marquise de Sévigné, en majorité destinée à sa fille.

Lettres persanes, roman philosophique de Montesquieu.

Levallois-Perret, v. des Hauts-de-Seine ; 54 994 h. (*Levalloisiens*).

Levant, côte orientale de la Méditerranée.

Levant (*île du*), une des îles d'Hyères.

Le Vau (*Louis*), architecte français (1612-1670), actif à Paris (Institut), Vaux-le-Vicomte, Versailles (château).

Le Verrier (*Urbain*), astronome français (1811-1877).

Lévi, fils de Jacob (*Bible*).

Levi (*Primo*), écrivain italien (1919-1987) : *Si c'est un homme.*

Léviathan, monstre de la Bible, symbole du paganisme.

Léviathan (*le*), ouvrage de Hobbes (1651).

Levinas (*Emmanuel*), philosophe français d'origine lituanienne (1905-1995). Il a contribué au renouveau de la pensée juive.

Lévi-Strauss (*Claude*), anthropologue français (1908-2009). Il a appliqué le concept de structure aux phénomènes humains.

Lévitique (*le*), livre de la Bible.

Lévy-Bruhl (*Lucien*), philosophe français (1857-1939) : *la Mentalité primitive.*

Lewis (*Joseph* LEVITCH, dit **Jerry**), acteur comique et cinéaste américain (né en 1926) : *Dr. Jerry et Mr. Love.*

Lewis (*Sinclair*), écrivain américain (1885-1951) : *Babbitt.*

Leyde, v. des Pays-Bas ; 117 689 h.

Lhassa, cap. du Tibet (Chine) ; 139 822 h. Potala, anc. résidence du dalaï-lama.

L'Herbier (*Marcel*), cinéaste français (1888-1979) : *l'Argent.*

L'Hospital (*Michel* DE), homme d'État français (v. 1505-1573). Il s'efforça de calmer les haines religieuses.

Lhotse, quatrième sommet du monde, dans l'Himalaya, aux confins de la Chine et du Népal ; 8 545 m.

Liaisons dangereuses (*les*), roman épistolaire de Choderlos de Laclos.

Liaocheng, v. de Chine (Shandong) ; 838 309 h.

Liaoning, prov. de la Chine du Nord-Est ; 41 380 000 h. Cap. *Shenyang.*

Liaoyang, v. de Chine (Liaoning) ; 639 553 h.

Liban, État de l'Asie occidentale ; 10 400 km^2 ; 3 556 000 h. (*Libanais*). Cap. *Beyrouth.*

Libération, quotidien français créé en 1973.

Libération (*campagnes de la*), actions des forces alliées (1943-1945) pour libérer les territoires occupés par les Allemands.

Liberia, État d'Afrique occidentale ; 110000 km^2 ; 3 108 000 h. (*Libériens*). Cap. *Monrovia.*

Liberté éclairant le monde (*la*), statue gigantesque dans la rade de New York, réalisée par Bartholdi.

Liberté guidant le peuple (*la*), grande toile de Delacroix.

Libourne, v. de la Gironde, au confluent de la Dordogne et de l'Isle ; 22 457 h. (*Libournais*).

Libreville, cap. du Gabon ; 611 000 h.

Libye, État du nord de l'Afrique ; 1 760 000 km^2 ; 5 408 000 h. (*Libyens*). Cap. *Tripoli.*

Libye (*désert de*), partie orientale du Sahara.

Lichtenstein (*Roy*), peintre américain (1923-1997), représentant du pop art.

Lichuan, v. de Chine (Hebei) ; 764 267 h.

LICRA (*Ligue internationale contre le racisme et l'antisémitisme*), association fondée en 1927.

Liechtenstein, principauté d'Europe centrale ; 160 km^2 ; 33 000 h. (*Liechtensteinois*). Cap. *Vaduz.*

Liège, v. de Belgique, ch.-l. de la *province de Liège* ; 184 550 h. (*Liégeois*).

Liège (*province de*), prov. de l'est de la Belgique ; 3 876 km^2 ; 1 020 042 h. ; ch.-l. *Liège.*

Liévin, v. du Pas-de-Calais ; 33 943 h. (*Liévinois*).

Lifar (*Serge*), danseur et chorégraphe français d'origine russe (1905-1986).

Ligeti (*György*), compositeur hongrois naturalisé autrichien (1923-2006).

Ligue (*Sainte*) ou **Ligue,** mouvement religieux et politique catholique (1576-1594) fondé par le duc de Guise.

Ligue arabe, organisation créée en 1945 et qui regroupe auj. 21 États arabes et l'OLP.

Ligures, anc. peuple du sud-est de la Gaule et du nord de l'Italie.

Ligurie, région d'Italie, en bordure du golfe de Gênes.

Lilas (**Les**), v. de la Seine-Saint-Denis ; 20 484 h. (*Lilasiens*).

Lilienthal (*Otto*), ingénieur allemand (1848-1896), précurseur du vol à voile.

Lille, ch.-l. de la Région Nord-Pas-de-Calais et du dép. du Nord ; 219 597 h. (*Lillois*).

Lilongwe, cap. du Malawi ; 440 000 h.

Lima, cap. du Pérou ; 5 759 676 h.

Limagne, plaine d'Auvergne.

Limay, v. des Yvelines ; 15 799 h.

Limbourg, provinces de Belgique et des Pays-Bas.

Limbourg, prov. du nord-est de la Belgique ; 2 421 km^2 ; 794 785 h. ; ch.-l. *Hasselt.*

Limbourg (les frères *Pol, Herman* et *Jean* DE), enlumineurs néerlandais du début du XVe s. : *Très Riches Heures.*

Limoges, ch.-l. de la Région Limousin et de la Haute-Vienne ; 137 502 h. (*Limougeauds*).

Limousin, Région et anc. prov. de France ; ch.-l. *Limoges.*

Limoux, v. de l'Aude ; 10 169 h. (*Limouxins*).

Limpopo, fl. d'Afrique australe (océan Indien) ; 1 600 km.

Linchuan, v. de Chine (Jiangxi) ; 872 657 h.

Lincoln (*Abraham*), homme politique américain (1809-1865). Président républicain des États-Unis en 1860. Il abolit l'esclavage (1863) et fut assassiné.

Lindbergh (*Charles*), aviateur américain (1902-1974). Il réussit le premier la traversée de l'Atlantique nord sans escale en 1927.

Linné (*Carl* VON), naturaliste suédois (1707-1778).

Lion (*golfe du*), golfe de la Méditerranée, au sud de la France.

Lipari (*île*), la principale des îles Éoliennes (Italie), qui donne parfois son nom à l'archipel.

Lipatti (*Constantin*, dit **Dinu**), compositeur et pianiste roumain (1917-1950).

Lipchitz (*Jacob*, dit **Jacques**), sculpteur d'origine lituanienne (1891-1973).

Lippi (*Fra Filippo*), peintre italien (1406-1469). Son fils *Filippino* (1457-1504), peintre italien.

Lisbonne, cap. du Portugal à l'embouchure du Tage ; 559 248 h.

Lisieux, v. du Calvados ; 24 080 h. (*Lexoviens*). Pèlerinage.

Lissitzky (*Lazar*, dit **El**), peintre, designer et théoricien russe (1890-1941).

Liszt (*Franz*), compositeur et pianiste hongrois (1811-1886).

Little Richard (*Richard* PENNIMAN dit), chanteur et pianiste américain (né en 1935), pionnier du rock.

Littré (*Émile*), lexicographe français (1801-1881).

Lituanie, État de l'Europe septentrionale ; 65 000 km^2 ; 3 700 000 h. (*Lituaniens*). Cap. *Vilnius.*

Liverpool, port d'Angleterre ; 439 476 h.

Livingstone (*David*), explorateur écossais de l'Afrique centrale (1813-1873).

Livourne, port d'Italie (Toscane) ; 156 274 h.

Livradois, région montagneuse d'Auvergne, entre les vallées de l'Allier et de la Dore.

Livre de la jungle (*le*), récit de R. Kipling.

Livre des merveilles du monde (*le*), récit de voyage de Marco Polo.

Livre des morts, ensemble de recueils d'incantations de l'Égypte antique.

Livry-Gargan, v. de la Seine-Saint-Denis ; 37 415 h.

Ljubljana, cap. de la Slovénie ; 265 881 h.

Llívia, village d'Espagne, enclavé dans les Pyrénées-Orientales ; 12 km^2 ; 1 013 h.

Lloyd (*Harold*), acteur américain (1893-1971).

Lloyd George (*David*), homme politique britannique (1863-1945).

Loach (*Kenneth*, dit **Ken**), cinéaste britannique (né en 1936), auteur de films à sujets sociaux : *Riff Raff*.

Lobatchevski (*Nikolaï Ivanovitch*), mathématicien russe (1792-1856). Il élabora une géométrie non euclidienne.

Locke (*John*), philosophe anglais (1632-1704).

Lodi, v. d'Italie. Victoire de Bonaparte en 1796.

Łódz, v. de Pologne ; 789 300 h.

Loewy (*Raymond*), designer industriel américain d'origine française (1893-1986).

Lofoten (*îles*), archipel de Norvège.

Loing, affl. de la Seine ; 166 km.

Loir (le), affl. de la Sarthe.

Loire (*châteaux de la*), ensemble d'édifices prestigieux (fin du Moyen Âge et Renaissance) bâtis dans le Val de Loire : Amboise, Azay-le-Rideau, Blois, Chambord, Chenonceau(x), etc.

Loire (Haute-), dép. français (43) ; ch.-l. *Le Puy-en-Velay*, ch.-l. d'arr. *Brioude*, *Yssingeaux* ; 209 113 h.

Loire (la), fl. français ; 1 020 km.

Loire (la), dép. français (42) ; ch.-l. *Saint-Étienne*, ch.-l. d'arr. *Montbrison*, *Roanne* ; 728 524 h.

Loire (*Pays de la*), Région de France ; ch.-l. *Nantes*.

Loire-Atlantique, dép. français (44) ; ch.-l. *Nantes*, ch.-l. d'arr. *Ancenis*, *Châteaubriant*, *Saint-Nazaire* ; 1 134 266 h.

Loiret, dép. français (45) ; ch.-l. *Orléans*, ch.-l. d'arr. *Montargis*, *Pithiviers* ; 618 126 h.

Loir-et-Cher, dép. français (41) ; ch.-l. *Blois*, ch.-l. d'arr. *Romorantin-Lanthenay*, *Vendôme* ; 314 968 h.

Lombardie, région de l'Italie du Nord ; cap. *Milan*.

Lombards, peuple germanique qui envahit l'Italie au VIe s. Ils furent battus par Charlemagne (774).

Lomé, cap. du Togo ; 799 000 h.

Loménie de Brienne (*Étienne* DE), prélat et homme d'État français (1727-1794). Ministre des Finances sous Louis XVI.

London (*Jack*), romancier américain (1876-1916) : *Croc-Blanc*.

Londres, cap. de la Grande-Bretagne, sur la Tamise ; 2 765 975 h. (7172036 avec les banlieues) [*Londoniens*].

Londres (*Albert*), journaliste et grand reporter français (1884-1932).

Longfellow (*Henry Wadsworth*), poète romantique américain (1807-1882).

Longjumeau, v. de l'Essonne ; 20 158 h. (*Longjumellois*).

Longo (*Jeannie*), cycliste française (née en 1958) : 56 titres de championne de France et 13 titres de championne du monde.

Longue (*île*), bande de terre de la partie nord de la presqu'île de Crozon (Finistère), sur la rade de Brest. Base des sous-marins nucléaires.

Longue Marche (la), retraite stratégique des communistes chinois (1934-1935) devant les nationalistes.

Longwy, v. de Meurthe-et-Moselle ; 14 890 h. (*Longoviciens*).

Lons-le-Saunier, ch.-l. du Jura ; 19 966 h. (*Lédoniens*).

Loos, v. du Nord ; 21 447 h. (*Loossois*).

Lope de Vega (*Félix*), écrivain espagnol (1562-1635).

lords (*Chambre des*), chambre haute du Parlement britannique.

Loren (*Sophia*), actrice italienne (née en 1934) : *la Ciociara*.

Lorentz (*Hendrik Antoon*), physicien néerlandais (1853-1928), principal créateur de la théorie électronique de la matière.

Lorenz (*Konrad*), zoologiste autrichien (1903-1989).

Lorenzetti (les frères *Pietro* et *Ambrogio*), peintres italiens de la 1re moitié du XIVe s., actifs à Sienne et Assise.

Lorette, v. d'Italie. Pèlerinage.

Lorient, port du Morbihan ; 61 844 h. (*Lorientais*).

Lormont, v. de la Gironde ; 21 765 h.

Lorrain (*Claude* GELLÉE, dit **le**), peintre français (1600-1682), installé à Rome, maître du paysage classique.

Lorraine, Région et anc. prov. de l'est de la France ; ch.-l. *Metz*.

Los Alamos, localité des États-Unis (Nouveau-Mexique). Centre de recherches nucléaires.

Los Angeles, v. des États-Unis (Californie) ; 3 694 820 h. (9519338 dans l'agglomération).

Lot, affl. de la Garonne.

Lot, dép. français (46) ; ch.-l. *Cahors*, ch.-l. d'arr. *Figeac*, *Gourdon* ; 160 197 h. (*Lotois*).

Lot-et-Garonne, dép. français (47) ; ch.-l. *Agen*, ch.-l. d'arr. *Marmande*, *Nérac*, *Villeneuve-sur-Lot* ; 305 380 h.

Loth ou **Lot,** personnage biblique. Homme juste, il échappa à la destruction de Sodome. Sa femme fut changée en un bloc de sel.

Lothaire (941-986), roi de France en 954.

Lothaire Ier (795-855), empereur d'Occident en 840.

Loti (*Pierre*), romancier français (1850-1923) : *Pêcheur d'Islande*.

Lotto (*Lorenzo*), peintre italien (1480-1556).

Loubet (*Émile*), homme politique français (1839-1929). Président de la République de 1899 à 1906.

Loudéac, v. des Côtes-d'Armor ; 10 134 h. (*Loudéaciens*).

Louhans, v. de Saône-et-Loire ; 6 851 h. (*Louhannais*).

Louhansk, anc. **Lougansk**, de 1935 à 1990 **Vorochilovgrad**, v. d'Ukraine ; 504 000 h.

Louis, nom de rois de Germanie (IXe-Xe s.),

d'empereurs d'Occident, de rois de Bavière et de rois de France.

Louis Ier le Pieux ou le Débonnaire (778-840), fils de Charlemagne, empereur d'Occident et roi des Francs (814-840).

Louis II le Bègue (846-879), roi des Francs de 877 à 879.

Louis III (v. 863-882), roi des Francs de 879 à 882.

Louis IV d'Outremer (v. 921-954), roi de France de 936 à 954.

Louis V (v. 967-987), dernier Carolingien, roi de France de 986 à 987.

Louis VI le Gros (v. 1081-1137), roi de France de 1108 à 1137. Il s'opposa à Henri Ier d'Angleterre.

Louis VII le Jeune (v. 1120-1180), roi de France de 1137 à 1180. Son divorce d'avec Aliénor d'Aquitaine fut à l'origine de la guerre de Cent Ans.

Louis VIII le Lion (1187-1226), roi de France de 1223 à 1226.

Louis IX ou **Saint Louis** (1215-1270), roi de France de 1226 à 1270. Il organisa les deux dernières croisades.

Louis X le Hutin (1289-1316), roi de France de 1314 à 1316.

Louis XI (1423-1483), roi de France de 1461 à 1483. Il agrandit son royaume et se montra bon administrateur.

Louis XII (1462-1515), roi de France de 1498 à 1515.

Louis XIII le Juste (1601-1643), roi de France de 1610 à 1643. Il lutta avec Richelieu contre la noblesse et les protestants.

Louis XIV le Grand (1638-1715), roi de France de 1643 à 1715. Il mena une active politique extérieure pour imposer la prédominance française. Son règne se signala par une admirable floraison des lettres et des arts.

Louis XV le Bien-Aimé (1710-1774), roi de France de 1715 à 1774. Son règne se caractérisa par les abus et le désordre financier à l'intérieur.

Louis XVI (1754-1793), roi de France de 1774 à 1792. Jugé par la Convention, il fut décapité en 1793.

Louis XVII (1785-1795), fils de LOUIS XVI. Il est mort à la prison du Temple, à Paris.

Louis XVIII (1755-1824), frère de LOUIS XVI, roi de France de 1814 à 1824.

Louise de Marillac (*sainte*), fondatrice des Filles de la Charité (1591-1660).

Louise de Savoie (1476-1531), épouse de Charles d'Orléans et mère de François Ier.

Louisiane, État du sud des États-Unis. Cap. *Baton Rouge.* V. pr. *La Nouvelle-Orléans.*

Louis-Philippe Ier (1773-1850), roi des Français de la révolution de 1830 à celle de 1848.

Louksor, v. d'Égypte, sur les ruines de Thèbes. Temple d'Amon.

Loulou, film de G. W. Pabst (1929).

Lourdes, v. des Hautes-Pyrénées. Pèlerinage.

Louvain, v. de Belgique. Université.

Louverture → Toussaint Louverture.

Louviers, v. de l'Eure ; 18 937 h. (*Lovériens*).

Louvois (*Michel* LE TELLIER, marquis DE), homme d'État français, ministre de la Guerre de Louis XIV (1639-1691).

Louvre, à Paris, anc. palais royal, devenu musée national.

Lovecraft (*Howard Phillips*), écrivain américain (1890-1937), l'un des précurseurs de la science-fiction.

Lowry (*Malcolm*), écrivain britannique (1909-1957) : *Au-dessous du volcan.*

Lozère (*mont*), montagne des Cévennes.

Lozère, dép. français (48), ch.-l. *Mende,* ch.-l. d'arr. *Florac* ; 73 509 h. (*Lozériens*).

Luanda, cap. de l'Angola ; 1 460 000 h.

Lübeck, port d'Allemagne ; 213 500 h.

Luberon ou **Lubéron,** chaîne calcaire du sud de la France (Vaucluse), au nord de la Durance ; 1 125 m.

Lubitsch (*Ernst*), cinéaste américain d'origine allemande (1892-1947) : *la Folle Ingénue.*

Lublin, v. de Pologne ; 357 100 h.

Lubumbashi, v. de la Rép. dém. du Congo (anc. Zaïre) ; 564 830 h. Cuivre.

Luc (*saint*), un des quatre évangélistes.

Lucain, poète latin (39-65) : *la Pharsale.*

Lucas (*George*), cinéaste et producteur américain (né en 1944) : *Star Wars.*

Lucé, v. d'Eure-et-Loir ; 18 134 h. (*Lucéens*).

Lucerne, v. de Suisse, ch.-l. du *cant. de Lucerne* ; 57 023 h.

Lucerne (*canton de*), cant. de Suisse ; 1 493 km^2 ; 335 400 h. ; ch.-l. *Lucerne.*

Lucien de Samosate, écrivain grec (v. 125-v. 192) : *Dialogues des morts.*

Lucifer, Satan, le prince des démons.

Lucknow, v. de l'Inde du Nord ; 2 400 000 h.

Luçon ou **Luzon,** la plus grande et la plus peuplée des îles des Philippines ; 108 172 km^2 ; 35 836 788 h. ; v. pr. *Manille.*

Lucques, v. d'Italie centrale ; 81 862 h.

Lucrèce, femme romaine. Elle se tua après avoir été outragée par un fils de Tarquin (VIe s. av. J.-C.).

Lucrèce, poète latin (v. 98-55 av. J.-C.) : *De natura rerum.*

Lucullus, général romain célèbre par son raffinement gastronomique (Ier s. av. J.-C.).

Lucy, nom donné à un squelette d'australopithèque de 3,3 millions d'années trouvé en 1974 dans la Rift Valley (Éthiopie).

Ludendorff (*Erich*), général allemand (1895-1937). Il a été l'adjoint de Hindenburg en 1917-1918.

Ludhiana, v. d'Inde (Pendjab) ; 1 395 053 h.

Luftwaffe, l'aviation militaire allemande.

Lugné-Poe (*Aurélien Marie* LUGNÉ, dit), acteur et metteur en scène français (1869-1940).

Lula da Silva (*Luíz Inácio*), homme politique brésilien (né en 1945). Il est président de la République depuis 2003.

Lulle (bienheureux *Raymond*), théologien et poète catalan (v. 1235-1315), il a élevé le catalan au rang de langue littéraire.

Lully ou **Lulli** (*Jean-Baptiste*), violoniste et compositeur français d'origine florentine (1632-1687), créateur de l'opéra français.

Lumière (*Auguste* et *Louis*), industriels français (1862-1954 et 1864-1948), inventeurs du cinématographe (1895).

Lumières (les), mouvement intellectuel et philosophique qui se développa en Europe au XVIIIe s.

Lumumba (*Patrice*), homme politique congolais (1925-1961). Assassiné.

Lunel, v. de l'Hérault ; 22 582 h. (*Lunellois*).

Lunéville, v. de Meurthe-et-Moselle ; 21 112 h. (*Lunévillois*).

Luoyang, v. de Chine (Henan) ; 1 202 192 h. Temple et pagode.

Lupin (*Arsène*), héros des romans policiers de M. Leblanc.

Lurçat (*Jean*), artiste français (1892-1966), connu pour ses cartons de tapisserie.

Lure, v. de la Haute-Saône ; 9 143 h. (*Lurons*).

Lusaka, cap. de la Zambie ; 1 394 000 h.

Lusitanie, province de l'Espagne romaine, l'actuel Portugal.

Lutèce, ville de Gaule correspondant au cœur de Paris.

Luther (*Martin*), théologien allemand (1483-1546). Promoteur de la Réforme.

Luxembourg, province du sud de la Belgique ; ch.-l. *Arlon*.

Luxembourg, cap. du grand-duché de Luxembourg, sur l'Alzette ; 79 000 h. (*Luxembourgeois*).

Luxembourg, à Paris, palais du XVIIe s., devenu palais du Sénat ; jardin public.

Luxembourg (duc DE), maréchal de France (1628-1695), vainqueur à Fleurus, Steinkerque et Neerwinden.

Luxembourg (*grand-duché de*), État de l'Europe occidentale ; 2 586 km^2 ; 442 000 h. (*Luxembourgeois*). Cap. *Luxembourg* (79 000 h.).

Luzon → **Luçon.**

Lviv, v. d'Ukraine ; 732 818 h.

Lyautey (*Hubert*), maréchal de France (1854-1934), créateur du protectorat du Maroc.

Lycie, anc. région de l'Asie Mineure.

Lycurgue, législateur légendaire de Sparte.

Lydie, anc. royaume de l'Asie Mineure.

Lynch (*David*), cinéaste américain (né en 1946) : *Elephant Man*.

Lyon, ch.-l. de la Région Rhône-Alpes et du dép. du Rhône, au confluent du Rhône et de la Saône ; 453 187 h. (*Lyonnais*).

Lyonnais, anc. prov. de France ; cap. *Lyon*.

Lyonnais (*monts du*), massif de l'est du Massif central.

Lys dans la vallée (*le*), roman de Balzac.

Lysippe, sculpteur grec (v. 390 av. J.-C.).

M

M6 (*Métropole 6*), chaîne de télévision française.

Maastricht, v. des Pays-Bas ; 122 070 h. Traité (févr. 1992, entré en vigueur en nov. 1993) qui institua l'Union européenne.

Maazel (*Lorin*), chef d'orchestre américain (né en 1930).

Macao, territoire de la côte sud de la Chine ; 459 000 h. Ancienne possession portugaise.

MacArthur (*Douglas*), général américain (1880-1964), vainqueur du Japon.

Macbeth, roi d'Écosse (XIe s.), célèbre par ses crimes.

Macbeth, drame de Shakespeare.

Maccabées, famille de patriotes juifs (167 av. J.-C.).

McCarey (*Leo*), cinéaste et producteur américain (1898-1969) : *l'Extravagant M. Ruggles*.

McCarthy (*Joseph*), homme politique américain (1908-1957). Il mena une virulente campagne anticommuniste.

Macédoine, région historique, auj. partagée entre la Rép. de Macédoine, la Grèce et la Bulgarie.

Macédoine, État d'Europe ; 25700 km^2 ; 2 044 000 h. (*Macédoniens*). Cap. *Skopje*.

Maceió, port du Brésil, sur l'Atlantique ; 796 842 h.

Mach (*Ernst*), physicien autrichien (1838-1916).

Machiavel (*Nicolas*), homme politique et philosophe florentin (1469-1527).

Machu-Picchu, anc. cité inca du Pérou.

Mackenzie (le), fl. du Canada ; 4 600 km.

Mackenzie (*William Lyon*), homme politique canadien (1795-1861).

McKinley (*mont*), point culminant de l'Amérique du Nord (Alaska) ; 6 194 m.

McLuhan (*Herbert Marshall*), sociologue canadien (1911-1980) : *la Galaxie Gutenberg.*

Mac-Mahon (*Patrice* DE), maréchal de France (1808-1893). Président de la République de 1873 à 1879.

Mâcon, ch.-l. de Saône-et-Loire ; 36 068 h. (*Mâconnais*).

Mac Orlan (*Pierre* DUMARCHEY, dit **Pierre**), écrivain français (1882-1970) : *le Quai des brumes.*

Madagascar, île et État de l'océan Indien, à l'est de l'Afrique ; 587000 km^2 ; 16 437 000 h. (*Malgaches*). Cap. *Antananarivo.*

Madame Bovary, roman de G. Flaubert.

Madeira, riv. d'Amérique du Sud (Bolivie et surtout Brésil), affl. de l'Amazone ; 3 350 km.

Madeleine (**La**), v. du Nord ; 22 696 h. (*Madeleinois*).

Madeleine (*sainte*) → **Marie-Madeleine.**

Madeleine à la veilleuse (*la*), tableau de G. de La Tour.

Madère, île portugaise de l'Atlantique ; ch.-l. *Funchal.* Vins.

Madhya Pradesh, État du centre de l'Inde.

Madonna (*Madonna Louise Veronica* CICCONE, dite), chanteuse et actrice américaine (née en 1958).

Madras, v. de l'Inde du Sud ; 4 216 268 h.

Madrid, cap. de l'Espagne (2 938 723 h. [*Madrilènes*]) et de la *communauté autonome de Madrid* (7 995 km^2 ; 5 205 408 h.).

Madurai, v. de l'Inde, 922 913 h. Pèlerinage et grand temple brahmanique.

Maeterlinck (*Maurice*), écrivain belge (1862-1949), d'inspiration symboliste.

Magellan (*détroit de*), bras de mer entre l'extrémité sud de l'Amérique et la Terre de Feu.

Magellan (*Fernand* DE), navigateur portugais (1480-1521). Il entreprit le premier tour du monde.

Magenta, v. du Milanais. Victoire française sur les Autrichiens en 1859.

Maghreb, l'Afrique du Nord (Tunisie, Algérie, Maroc).

Maginot (*ligne*), système fortifié construit sur la frontière de l'est de la France et contourné par les Allemands en 1940.

Magnani (*Anna*), actrice italienne (1908-1973) : *Rome, ville ouverte.*

Magritte (*René*), peintre surréaliste belge (1898-1967).

Magyars, peuple de Hongrie.

Mahabharata, épopée sanskrite en vers contenant la *Bhagavad-Gita*, principal ouvrage religieux indien.

Maharashtra, État de l'ouest de l'Inde.

Mahfuz (*Nadjib*), romancier égyptien (1911-2006) : *le Palais du désir.*

Mahler (*Gustav*), compositeur autrichien (1860-1911).

Mahomet, en arabe **Muhammad**, fondateur (prophète) de la religion musulmane (v. 570-632).

Maïakovski (*Vladimir*), poète et auteur dramatique russe (1893-1930).

Maiduguri, v. du nord-est du Nigeria ; 653 401 h. avec les banlieues.

Mailer (*Norman*), écrivain américain (1923-2007) : *les Nus et les Morts.*

Maillol (*Aristide*), sculpteur français (1861-1944), d'inspiration classique.

Maimonide (*Moïse*), philosophe, théologien et médecin juif (1138-1204) : *Guide des égarés.*

Main (le), affl. allemand du Rhin.

Maine, État du nord-est des États-Unis. Cap. *Augusta.*

Maine (la), affl. de la Loire, formé par la Sarthe, le Loir et la Mayenne.

Maine (le), anc. prov. française ; cap. *Le Mans.*

Maine-et-Loire, dép. français (49) ; ch.-l. *Angers*, ch.-l d'arr. *Cholet, Saumur, Segré* ; 732 942 h.

Maintenon (*Françoise* D'AUBIGNÉ, marquise DE) [1635-1719], unie par un mariage secret à Louis XIV.

Mainvilliers, v. d'Eure-et-Loir ; 10 268 h.

Maison-Blanche (la), résidence du président des États-Unis à Washington.

Maisons-Alfort, v. du Val-de-Marne ; 51 749 h. (*Maisonnais*).

Maisons-Laffitte, v. des Yvelines, sur la Seine, en bordure de la forêt de Saint-Germain ; 22 258 h. (*Mansonniens*). Hippodrome.

Maistre (*Joseph*, comte DE), écrivain savoyard (1753-1821), théoricien de la contre-révolution, ultramontain.

Maja nue (*la*), tableau de Goya.

Majeur (*lac*), lac de la bordure sud des Alpes, entre l'Italie et la Suisse ; 216 km^2.

Majorelle (*Louis*), décorateur et ébéniste français (1859-1926), maître de l'Art nouveau.

Majorque, la plus grande des Baléares.

Makalu, sommet de l'Himalaya central, aux confins de la Chine et du Népal ; 8 515 m.

Makarios III, prélat et homme politique cypriote (1913-1977), président de la République de Chypre (1959-1977).

Malabo, anc. **Santa Isabel**, cap. de la Guinée équatoriale, sur l'île de Bioko ; 31 000 h.

Malade imaginaire (*le*), comédie de Molière.

Maladeta (la), massif des Pyrénées, 3404m au *pic d'Aneto.*

Málaga, port d'Espagne ; 534 207 h.

Malaisie, État fédéral de l'Asie méridionale ;

330 000 km^2 ; 22 633 000 h. (*Malaisiens*). Cap. *Kuala Lumpur* et *Putrajaya*.

Malakoff, v. des Hauts-de-Seine ; 29 644 h. (*Malakoffiots*).

Malang, v. d'Indonésie (Java), au pied du volcan Semeru ; 763 400 h.

Malaparte (*Curzio*), écrivain italien (1898-1957) : *Kaputt*.

Malawi, anc. **Nyassaland**, État de l'Afrique orientale ; 118 000 km^2 ; 11 572 000 h. (*Malawites*). Cap. *Lilongwe*.

Malawi (*lac*), anc. lac **Nyassa**, grand lac de l'Afrique orientale, à l'ouest du Mozambique ; 30 800 km^2.

Maldives, État insulaire de l'océan Indien ; 300 km^2 ; 300 000 h. (*Maldiviens*). Cap. *Malé*.

Malé, cap. des Maldives, sur l'*île de Malé* ; 72 000 h.

Malebranche (*Nicolas* DE), philosophe français (1638-1715).

Malesherbes (*Chrétien Guillaume* DE LAMOIGNON DE), magistrat français (1721-1794). Il défendit Louis XVI devant la Convention.

Malevitch (*Kazimir*), peintre abstrait russe (1878-1935).

Malherbe (*François* DE), poète lyrique français (1555-1628). Il réforma la langue.

Mali, anc. **Soudan français**, État de l'Afrique occidentale ; 1 240 000 km^2 ; 11 677 000 h. (*Maliens*). Cap. *Bamako*.

Malines, v. de Belgique ; 76 981 h.

Malinowski (*Bronisław*), anthropologue britannique d'origine polonaise (1884-1942).

Mallarmé (*Stéphane*), poète symboliste français (1842-1898) : *l'Azur, Hérodiade*.

Malle (*Louis*), cinéaste français (1932-1995) : *les Amants*.

Mallet-Stevens (*Robert*), architecte français (1886-1945).

Malmö, port de la Suède méridionale ; 267 834 h.

Malot (*Hector*), écrivain français (1830-1907) : *Sans famille*.

Malraux (*André*), écrivain et homme politique français (1901-1976) : *la Condition humaine*.

Malte, île et État de la Méditerranée ; 316 km^2 ; 392 000 h. (*Maltais*). Cap. *La Valette*.

Malte (*ordre souverain de*), ordre religieux et militaire créé v. 1070 ; auj., organisation caritative.

Malthus (*Thomas Robert*), économiste britannique (1766-1834).

Mamelouks, dynastie qui régna sur l'Égypte et la Syrie (1290-1517).

Mamers, v. de la Sarthe ; 6 359 h. (*Mamertins*).

Man (*île de*), île de la mer d'Irlande, dépendance de la Couronne britannique ; 572 km^2 ; 69 788 h.

Managua, cap. du Nicaragua ; 1 098 000 h.

Manama, cap. de Bahreïn, dans l'île de Bahreïn ; 151 500 h. (*Manaméens*).

Manaudou (*Laure*), nageuse française (née en 1986), championne olympique et trois fois championne du monde.

Manche, bras de mer entre la France et l'Angleterre. Tunnel ferroviaire.

Manche, dép. français (50) ; ch.-l. *Saint-Lô*, ch.-l. d'arr. *Avranches, Cherbourg, Coutances* ; 481 471 h.

Manche, région aride de l'Espagne (Castille).

Manchester, v. d'Angleterre ; 392 819 h. (2 482 352 avec les banlieues).

Mandalay, v. de Birmanie ; 533 000 h.

Mandchourie, anc. nom de la Chine du Nord-Est. Hab. : *Mandchous*.

Mandela (*Nelson*), homme politique sud-africain (né en 1918), président de la République de 1994 à 1999.

Mandelbrot (*Benoît*), mathématicien français d'origine polonaise (né en 1924).

Mandelieu-la-Napoule, v. des Alpes-Maritimes ; 18 038 h.

Mandés ou **Mandingues,** groupe de peuples d'Afrique occidentale.

Mandrin (*Louis*), aventurier français (1724-1755).

Manet (*Édouard*), peintre français (1832-1883), précurseur de l'impressionnisme.

Manhattan, île constituant la partie centrale de New York.

Manhattan, film de W. Allen (1979).

Manicouagan, riv. du Canada (Québec), qui rejoint l'estuaire du Saint-Laurent ; env. 200 km à partir du *réservoir Manicouagan*.

Manifeste du parti communiste, texte de Karl Marx et Friedrich Engels exposant les thèses du marxisme.

Manille, capitale et port des Philippines ; 1 581 052 h. (10 352 000 dans l'aggl.).

Manipur, État du nord-est de l'Inde ; 22 300 km^2 ; 2 388 634 h. Cap. *Imphal*.

Manitoba, prov. du Canada.

Mankiewicz (*Joseph Leo*), cinéaste américain (1909-1993) : *la Comtesse aux pieds nus*.

Mann (*Thomas*), écrivain allemand (1875-1955) : *la Montagne magique*.

Mannerheim (*Gustav Carl*, baron), maréchal et homme politique finlandais (1869-1951).

Manon Lescaut, roman de l'abbé Prévost.

Manosque, v. des Alpes-de-Haute-Provence ; 20 309 h. (*Manosquins*).

Man Ray, peintre et photographe américain (1890-1976), apparenté au surréalisme.

Mans (**Le**), ch.-l. de la Sarthe ; 150 605 h. (*Manceaux*). Cathédrale gothique.

Mansart (*François*), architecte français (1598-1666) : château de Maisons. ◆ Son petit-neveu *Jules Hardouin*, dit Hardouin-Mansart (1646-1708), a construit le dôme des Invalides et agrandi le château de Versailles.

Mantegna (*Andrea*), peintre italien (1431-1506), initiateur de la Renaissance.

Mantes-la-Jolie, v. des Yvelines ; 44 031 h. (*Mantais*).

Mantes-la-Ville, v. des Yvelines ; 19 363 h. (*Mantevillois*).

Mantoue, v. d'Italie (Lombardie) ; 47 790 h.

Manuce, famille d'imprimeurs italiens des XVe et XVIe s.

Manzoni (*Alessandro*), écrivain italien (1785-1873) : *les Fiancés*.

Maoris, peuple de la Nouvelle-Zélande.

Mao Zedong ou **Mao Tsé-toung,** homme politique chinois (1893-1976), il dirigea la Chine de 1949 à 1976 et lança la Révolution culturelle à partir de 1966.

Maputo, cap. du Mozambique ; 966 837 h.

Maracaibo, v. du Venezuela ; 1 249 670 h.

Maradona (*Diego Armando*), footballeur argentin (né en 1960).

Marais (le), anc. quartier de Paris (IIIe et IVe arr.).

Marais breton ou **Marais vendéen,** région de France, sur le littoral de la Loire-Atlantique et de la Vendée.

Marais poitevin, région de France, partagée principalement entre la Vendée et la Charente-Maritime.

Marañón, cours supérieur de l'Amazone.

Marat (*Jean-Paul*), révolutionnaire français (1743-1793). Il fut tué par Ch. Corday.

Marathes, peuple de l'Inde.

Marathon, village d'Attique. Victoire de Miltiade sur les Perses (Ve s. av. J.-C.).

Marc (*saint*), un des quatre évangélistes.

Marc Aurèle (121-180), empereur romain de 161 à 180.

Marceau (*François Séverin*), général français (1769-1796). Il s'illustra à Fleurus.

Marceau (*Marcel* MANGEL, puis **Marcel**), mime français (1923-2007). Il a renouvelé l'art de la pantomime.

Marcel (*Étienne*), prévôt des marchands de Paris (v. 1316-1358).

Marchand (*Jean-Baptiste*), général et explorateur français (1863-1934). Il dut évacuer Fachoda (1898).

Marche (la), anc. prov. de France ; cap. *Guéret*.

Marches (les), région d'Italie centrale.

Marciano (*Rocco Francis* MARCHEGIANO, dit **Rocky**), boxeur américain (1923-1969).

Marconi (*Guglielmo*), physicien italien (1874-1937). Il réalisa les premières liaisons par ondes hertziennes.

Marcoule, lieu-dit du Gard (comm. de Codolet et de Chusclan), sur le Rhône. Centre de recherches nucléaires.

Marcq-en-Barœul, v. du Nord ; 37 679 h.

Marcuse (*Herbert*), philosophe américain d'origine allemande (1898-1979), membre de l'école de Francfort.

Mar del Plata, port d'Argentine, sur l'Atlantique ; 519 800 h.

Mardouk, dieu babylonien.

Mare au diable (*la*), roman de G. Sand.

Marengo (*bataille de*), victoire de Bonaparte sur les Autrichiens (1800).

Marey (*Étienne Jules*), physiologiste et inventeur français (1830-1904). Son procédé photographique d'analyse du mouvement est à l'origine du cinéma.

Margeride (*monts de la*), massif d'Auvergne.

Marguerite d'Angoulême (1492-1549), reine de Navarre, sœur de François Ier, auteur de nouvelles et de poésies.

Marguerite d'Autriche (1480-1530), fille de Maximilien Ier et de Marie de Bourgogne, régente des Pays-Bas.

Marguerite de Valois, première femme d'Henri IV (1553-1615).

Marguerite Valdemarsdotter (1353-1412), reine de Danemark, de Norvège et de Suède.

Mari, anc. cité de Mésopotamie, sur le moyen Euphrate, prospère entre le IVe millénaire et le XVIIIe s. av. J.-C.

Mariage de Figaro (*le*), comédie de Beaumarchais.

Mariannes (*fosse des*), fosse très profonde (11 034 m) du Pacifique.

Mariannes (*îles*), archipel du Pacifique.

Mariannes du Nord (*Commonwealth des*), dépendance américaine du Pacifique occidental ; 464 km^2 ; 43 345 h. Cap. *Garapan* (sur l'île de Saipan).

Marie (*sainte*), **la Vierge**, mère de Jésus.

Marie-Antoinette (1755-1793), reine de France, femme de Louis XVI. Morte sur l'échafaud.

Marie-Christine de Habsbourg-Lorraine (1858-1929), régente d'Espagne de 1885 à 1902.

Marie d'Angleterre (1496-1533), fille d'Henri VII Tudor, femme de Louis XII.

Marie de Bourgogne (1457-1482), fille de Charles le Téméraire, femme de Maximilien d'Autriche.

Marie de Médicis (1573-1642), seconde femme d'Henri IV, régente pendant la minorité de Louis XIII (1610-1614).

Mariée mise à nu par ses célibataires, même (*la*), grande peinture sur verre de M. Duchamp.

Marie Leszczyńska (1703-1768), reine de France, femme de Louis XV.

Marie-Louise (1791-1847), fille de François II d'Autriche, seconde femme de Napoléon Ier.

Marie-Madeleine (*sainte*), pécheresse convertie par Jésus-Christ.

Marie Stuart (1542-1587), reine d'Écosse, puis

de France, femme de François II, décapitée par ordre d'Élisabeth d'Angleterre.

Marie-Thérèse (1717-1780), impératrice d'Autriche (1740), reine de Hongrie (1741) et de Bohême (1743).

Mariette (*Auguste*), égyptologue français (1821-1881).

Marie Tudor (1516-1558), reine d'Angleterre de 1553 à 1558. Elle persécuta les protestants.

Marignan, v. du Milanais. Victoire de François Ier sur les Suisses (1515).

Marignane, v. des Bouches-du-Rhône ; 34 238 h. (*Marignanais*). Aéroport.

Marinetti (*Filippo Tommaso*), écrivain italien (1876-1944), initiateur du futurisme.

Marino ou **Marini** (*Giambattista*), dit le Cavalier Marin, poète italien (1569-1625), un des maîtres de la préciosité.

Mariotte (*Edme*), physicien français (v. 1620-1684). Il énonça la loi de compressibilité des gaz.

Maris, peuple finno-ougrien de Russie vivant dans les rép. des Maris, du Bachkortostan et du Tatarstan (env. 670 000).

Marius (*Caius*), général romain (157-86 av. J.-C.), adversaire de Sulla.

Marivaux (*Pierre* DE), auteur dramatique français (1688-1763), auteur de comédies : *le Jeu de l'amour et du hasard.*

Marlborough (duc DE), général anglais (1650-1722).

Marley (*Robert Nesta,* dit **Bob**), chanteur jamaïquain de reggae (1945-1981), adepte du mouvement rasta.

Marlowe (*Christopher*), dramaturge anglais (1564-1593) : *la Tragique Histoire du Dr Faust.*

Marly-le-Roi, v. des Yvelines ; 16 931 h. (*Marlychois*).

Marmande, v. de Lot-et-Garonne ; 18 103 h. (*Marmandais*).

Marmara, mer entre la mer Noire et la mer Égée.

Marne, affl. de la Seine.

Marne, dép. français (51) ; ch.-l. *Châlons-en-Champagne,* ch.-l. d'arr. *Épernay, Reims, Sainte-Menehould, Vitry-le-François* ; 565 229 h. (*Marnais*).

Marne (*batailles de la*), victoires des Français en 1914 et en 1918.

Marne (Haute-), dép. français (52) ; ch.-l. *Chaumont,* ch.-l. d'arr. *Langres, Saint-Dizier* ; 194 873 h.

Marne-la-Vallée, v. nouvelle à l'est de Paris (Seine-et-Marne). Parc d'attractions.

Maroc, État d'Afrique du Nord ; 710000 km^2 ; 30 430 000 h. (*Marocains*). Cap. *Rabat,* v. pr. *Casablanca, Fès, Marrakech.*

Maromme, v. de la Seine-Maritime ; 12 510 h.

Maroni, fl. d'Amérique du Sud ; 680 km.

Marot (*Clément*), poète français (1496-1554).

Marquenterre, région de Picardie (Somme surtout).

Marquises (*îles*), archipel français de Polynésie.

Marrakech, v. du Maroc ; 549 000 h.

Mars, dieu romain de la Guerre, l'*Arès* des Grecs.

Mars, planète du Système solaire.

Marseillaise (*la*), hymne national français, créé par Rouget de Lisle (1792).

Marseille, port et ch.-l. de la Région Provence-Alpes-Côte d'Azur et des Bouches-du-Rhône ; 807 071 h. (*Marseillais*).

Marshall (*George*), général et homme politique américain (1880-1959).

Marshall (*îles*), État insulaire de la Micronésie ; 181 km^2 ; 52 000 h. (*Marshallais*). Cap. *Majuro.*

Martel (*Édouard*), spéléologue français (1859-1938), créateur de la spéléologie.

Marthe (*sainte*), sœur de Lazare.

Martí (*José*), écrivain et patriote cubain (1853-1895).

Martial, poète latin (v. 40 - v. 104).

Martigues, port des Bouches-du-Rhône ; 44 256 h. (*Martégaux*). Raffinerie.

Martin, nom de plusieurs papes.

Martin (*saint*), évêque de Tours (v. 316-397). Il aurait partagé son manteau avec un pauvre.

Martin du Gard (*Roger*), écrivain français (1881-1958) : *les Thibault.*

Martinique, dép. français (972) des Antilles ; ch.-l. *Fort-de-France,* ch.-l. d'arr. *Le Marin, La Trinité, Saint-Pierre* ; 381 427 h. (*Martiniquais*).

Martin V (1368-1431), pape de 1417 à 1431. Son élection mit fin au grand schisme.

Marx (*Karl*), philosophe allemand et théoricien du socialisme (1818-1883) : *le Capital.* Fondateur de la Ire Internationale.

Marx Brothers, groupe d'acteurs comiques américains : *Une nuit à l'Opéra.*

Maryland, État de l'est des États-Unis. Cap. *Annapolis.* V. pr. *Baltimore.*

Masaccio, peintre florentin (1401-1428), un des protagonistes de la Renaissance.

Masaïs ou **Massaïs,** peuple du Kenya et de Tanzanie.

Masaryk (*Tomáš Garrigue*), homme politique tchécoslovaque (1850-1937). Président de la République de 1918 à 1935.

Mascate, cap. de l'Oman ; 638 000 h.

Mas-d'Azil (*Le*), station préhistorique de l'Ariège.

Maseru, cap. du Lesotho ; 271 000 h. avec les banlieues (*Masérois*).

Masinissa (v. 238-148), roi de Numidie, allié des Romains.

Massachusetts, État du nord-est des États-Unis. Cap. *Boston.*

Massachusetts Institute of Technology

(MIT), établissement américain d'enseignement supérieur et de recherche créé en 1861.

Massada, forteresse de Palestine, lieu de résistance juive face aux Romains (66-73 apr. J.-C.).

Masséna (*André*), maréchal de France (1758-1817).

Massenet (*Jules*), compositeur français (1842-1912) : *Manon*.

Massif central, région montagneuse du centre de la France.

Masson (*André*), peintre et dessinateur surréaliste français (1896-1987).

Massy, v. de l'Essonne ; 38 209 h. (*Massicois*).

Mastroianni (*Marcello*), acteur italien (1924-1996) : *La Dolce Vita*.

Mata Hari (*Margaretha Geertruida* ZELLE, dite), danseuse et aventurière néerlandaise (1876-1917). Convaincue d'espionnage en faveur de l'Allemagne, elle fut fusillée.

Matanza, v. d'Argentine ; 1 121 164 h.

Mathias Ier Corvin (1440 ou 1443-1490), roi de Hongrie de 1458 à 1490.

Mathilde ou **Mahaut de Flandre** (m. en 1083), femme de Guillaume Ier le Conquérant.

Mathusalem, patriarche biblique. Il aurait vécu 969 ans (*Bible*).

Matignon (*accords*), accords conclus en 1936 entre le patronat et les syndicats : droit syndical, semaine de 40 heures, congés payés.

Matisse (*Henri*), peintre, graveur et sculpteur français (1869-1954).

Mato Grosso, plateau de l'ouest du Brésil.

Matta (*Roberto*), peintre surréaliste chilien (1911-2002).

Matthieu (*saint*), apôtre et évangéliste.

Maubeuge, v. du Nord ; 34 051 h. (*Maubeugeois*).

Mauguio, v. de l'Hérault, près de *l'étang de Mauguio* (ou étang de l'Or) ; 14 974 h. (*Melgoriens*).

Mauna Kea, volcan éteint, point culminant de l'île d'Hawaii ; 4 205 m. Observatoire astronomique.

Maupassant (*Guy* DE), écrivain français (1850-1893), auteur de contes, de nouvelles et de romans : *Bel Ami*.

Maupeou (*René Nicolas* DE), chancelier de France (1714-1792).

Maurepas, v. des Yvelines ; 19 829 h.

Maures (les), massif montagneux du Var.

Mauriac, v. du Cantal ; 4 414 h. (*Mauriacois*).

Mauriac (*François*), écrivain français (1885-1970) : *le Nœud de vipères*.

Maurice (*île*), État insulaire de l'océan Indien ; 2 040 km^2 ; 1 171 000 h. (*Mauriciens*). Cap. *Port-Louis*.

Maurice (*saint*), légionnaire romain, martyr (fin du IIIe s.).

Maurienne, région des Alpes, en Savoie, correspondant à la vallée de l'Arc.

Mauritanie, dans l'Antiquité, l'ouest de l'Afrique du Nord.

Mauritanie, État de l'Afrique occidentale ; 1 080 000 km^2 ; 2 747 000 h. (*Mauritaniens*). Cap. *Nouakchott*.

Maurois (*André*), écrivain français (1885-1967) : *Climats*.

Maurras (*Charles*), écrivain et homme politique français (1868-1952), monarchiste.

Mauss (*Marcel*), sociologue et anthropologue français (1872-1950).

Maximilien (*Ferdinand Joseph*) [1832-1867], archiduc d'Autriche. Empereur du Mexique en 1864, il fut fusillé.

Maximilien Ier (1459-1519), empereur germanique (1493-1519).

Maxwell (*James Clerk*), physicien britannique (1831-1879). Il a établi les lois générales de l'électromagnétisme (1873).

Mayas, Indiens de l'Amérique centrale, créateurs d'une brillante civilisation (IIIe-Xe s.).

Mayence, ville d'Allemagne, sur le Rhin ; 185 300 h.

Mayenne, v. de la Mayenne, sur la *Mayenne* ; 14 627 h. (*Mayennais*).

Mayenne (la), riv. formant la Maine avec la Sarthe.

Mayenne (la), dép. français (53) ; ch.-l. *Laval*, ch.-l. d'arr. *Château-Gontier*, *Mayenne* ; 285 338 h. (*Mayennais*).

Mayenne (*Charles* DE LORRAINE, duc DE), frère d'Henri de Guise (1554-1611).

Mayflower, nom du vaisseau des premiers colons anglais de l'Amérique du Nord.

Mayotte, île française de l'archipel des Comores ; 160 265 h. (*Mahorais*).

Mazamet, v. du Tarn ; 11 259 h. (*Mazamétains*).

Mazarin (*Jules*), homme d'État français (1602-1661). Il termina la guerre de Trente Ans, triompha de la Fronde et imposa à l'Espagne le traité des Pyrénées (1659).

Mazeppa ou **Mazepa,** chef des cosaques de l'Ukraine (1639 ou 1644-1709).

Mazzini (*Giuseppe*), patriote italien (1805-1872).

Mbabane, cap. du Swaziland ; 73 000 h. (*Mbabanais*).

Mbuji-Mayi, v. de la Rép. démocratique du Congo, ch.-l. de la région du Kasaï-Oriental ; 486 000 h.

Mead (*Margaret*), anthropologue américaine (1901-1978).

Méandre (le), fl. de l'Asie Mineure antique au cours très sinueux. N. actuel : *Menderes*.

Meaux, v. de Seine-et-Marne ; 50 913 h. (*Meldois*).

Mécano de la « General » (*le*), film de B. Keaton (1926).

Mécène, chevalier romain, protecteur des arts et des lettres (v. 69-8 av. J.-C.).

Mechhed, v. d'Iran oriental ; 1 887 405 h. Pèlerinage chiite.

Mecklembourg-Poméranie-Occidentale, Land d'Allemagne ; 1 732 226 h. Cap. *Schwerin.*

Mecque (La), ville d'Arabie saoudite ; 1 400 000 h. Patrie de Mahomet. Pèlerinage.

Medan, port d'Indonésie, dans l'île de Sumatra, sur le détroit de Malacca ; 1 909 700 h.

Médée, magicienne qui égorgea ses enfants (*Myth. gr.*).

Medellín, v. de Colombie ; 1 630 009 h.

Médicis, famille qui dirigea Florence.

Médicis (*Alexandre* DE) [mort en 1537], premier duc de Florence, assassiné par Lorenzaccio.

Médicis (*Cosme Ier* DE) [1519-1574], premier grand-duc de Toscane.

Médicis (*Laurent Ier* DE), dit **Laurent le Magnifique,** prince florentin (1449-1492), protecteur des lettres et des arts.

Médicis (*villa*), demeure du milieu du XVIe s., à Rome, occupée par l'Académie de France.

Médie, région de l'Asie ancienne.

Médine, v. d'Arabie saoudite ; 885 000 h.

médiques (*guerres*), guerres entre la Grèce et la Perse au Ve s. av. J.-C.

Méditerranée, mer intérieure entre l'Europe, l'Afrique et l'Asie.

Médoc, région viticole du Bordelais.

Méduse, une des trois Gorgones.

Medvedev (*Dmitri Anatolievitch*), homme politique russe (né en 1965), président de la Russie depuis 2008.

Meerut, v. d'Inde (Uttar Pradesh) ; 1 074 229 h.

Mée-sur-Seine (Le), v. de Seine-et-Marne ; 21 325 h.

Meghalaya, État du nord-est de l'Inde ; 22 400 km^2 ; 2 306 069 h. Cap. *Shillong.*

Méhémet Ali (1769-1849), vice-roi d'Égypte (1805-1848).

Mehmed, nom de six sultans de Turquie.

Mehmed II (1429-1481), sultan de Turquie. Il prit Constantinople en 1453.

Meije, montagne des Alpes (Isère) ; 3 983 m.

Meiji tenno, nom posthume de *Mutsuhito* (1852-1912), empereur du Japon de 1867 à 1912, créateur du Japon moderne.

Meilleur des mondes (*le*), roman de science-fiction de A. Huxley.

Meitner (*Lise*), physicienne autrichienne (1878-1968), théorisa la fission de l'uranium.

Meknès, v. du Maroc ; 320 000 h.

Mékong (le), fl. de la Chine et de la péninsule indochinoise ; 4 200 km.

Melanchthon (*Philipp*), réformateur allemand (1497-1560), ami de Luther.

Mélanésie, partie de l'Océanie comprenant la Nouvelle-Guinée, la Nouvelle-Calédonie, les îles Fidji, etc. (Hab. *Mélanésiens.*)

Melbourne, port d'Australie ; 3 366 542 h.

Méliès (*Georges*), cinéaste français (1861-1938), pionnier du cinéma.

Melilla, v. d'Espagne, sur la côte méditerranéenne de l'Afrique du Nord. 75 241 h.

Melun, ch.-l. de Seine-et-Marne, sur la Seine ; 36 998 h. (*Melunais*).

Melville (*Herman*), écrivain américain (1819-1891) : *Moby Dick.*

Memling (*Hans*), peintre flamand (v. 1433-1494), actif à Bruges.

Mémoires d'outre-tombe, recueil poétique de Chateaubriand.

Memphis, v. de l'anc. Égypte.

Memphis, v. des États-Unis, sur le Mississippi ; 650 100 h.

Mencius ou **Mengzi,** philosophe chinois (v. 371-289 av. J.-C.), disciple de Confucius.

Mende, ch.-l. de la Lozère ; 13 103 h. (*Mendois*).

Mendel (*Gregor*), botaniste autrichien (1822-1884), fondateur de la génétique.

Mendeleïev (*Dmitri Ivanovitch*), chimiste russe (1834-1907), auteur de la classification périodique des éléments.

Mendelssohn (*Félix*), compositeur allemand (1809-1847).

Mendelssohn (*Moses*), philosophe allemand (1729-1786).

Mendès France (*Pierre*), homme politique français (1907-1982).

Ménélas, héros de la guerre de Troie, frère d'Agamemnon, époux d'Hélène.

Ménélik II (1844-1913), négus d'Éthiopie de 1889 à 1907. Vainqueur des Italiens à Adoua.

Ménines (*les*), grande toile de Velázquez.

Mennecy, v. de l'Essonne ; 12 962 h.

Menton, v. des Alpes-Maritimes, sur la Méditerranée ; 29 266 h. (*Mentonnais*).

Mentor, ami d'Ulysse et précepteur de son fils Télémaque (*Myth. gr.*).

Menuhin (lord *Yehudi*), violoniste et chef d'orchestre américain et britannique d'origine russe (1916-1999).

Meos → **Miaos.**

Méphistophélès, autre nom du diable.

Mercalli (*Giuseppe*), sismologue italien (1850-1914), inventeur de l'échelle sismologique qui porte son nom.

Mercantour, massif des Alpes-Maritimes. Parc national.

Mercator (*Gerard*), géographe flamand (1512-1594), inventeur d'un système de projection cartographique.

Merckx (*Eddy*), coureur cycliste belge (né en 1945), cinq fois vainqueur du Tour de France.

Mercosur, marché commun de l'Amérique du Sud.

Mercure, dieu romain du Commerce, des Voyageurs et des Voleurs, l'*Hermès* des Grecs.

Mercure, planète du Système solaire.

Mérida, v. du Mexique, cap. du Yucatán ; 662 530 h.

Mérignac, v. de la Gironde ; 63 300 h.

Mérimée (*Prosper*), écrivain français (1803-1870) : *Carmen, Colomba.*

Merkel (*Angela*), femme politique allemande (née en 1954), chancelière depuis 2005.

Merleau-Ponty (*Maurice*), philosophe français (1908-1961) : *Phénoménologie de la perception.*

Merlin, dit **l'Enchanteur,** personnage légendaire du *cycle de la Table ronde.*

Mermoz (*Jean*), aviateur français (1901-1936).

Méroé, v. du Soudan, sur le Nil. Vestiges.

Mérovingiens, première dynastie de rois francs, qui régna jusqu'en 751.

Mersin, port de Turquie, sur la Méditerranée ; 501 398 h. Raffinerie.

Mertens (*Pierre*), écrivain belge d'expression française (né en 1939) : *Terre d'asile.*

Méru, v. de l'Oise ; 12 901 h.

Merveilles du monde (*les Sept*), les sept ouvrages les plus remarquables de l'Antiquité : les pyramides d'Égypte, les jardins suspendus de Sémiramis à Babylone, la statue de Zeus Olympien par Phidias, le temple d'Artémis à Éphèse, le mausolée d'Halicarnasse, le colosse de Rhodes, le phare d'Alexandrie.

Mésopotamie, région de l'Asie ancienne, entre le Tigre et l'Euphrate, auj. en Iraq.

Messaline, première femme de l'empereur Claude, mère de Britannicus (v. 25-48).

Messiaen (*Olivier*), compositeur français (1908-1992).

Messie (*le*), oratorio de Händel.

Messine, v. de Sicile ; 252 026 h.

Messine (*détroit de*), bras de mer séparant l'Italie péninsulaire et la Sicile.

Messner (*Reinhold*), alpiniste italien (né en 1944), il a gravi les quatorze sommets de plus de 8 000 m entre 1970 et 1986.

Métamorphoses (*les*), poème mythologique d'Ovide.

Metchnikov (*Élie*), zoologiste et microbiologiste russe (1845-1916).

Météores, en gr. **Metéora,** cité monastique de Grèce (Thessalie), fondée au XIIe s.

Méthode → **Cyrille.**

Metro-Goldwyn-Mayer, société américaine de production cinématographique fondée en 1924.

Metropolis, film de F. Lang (1927).

Metropolitan Museum of Art, à New York, musée consacré aux beaux-arts.

Metsys, famille de peintres flamands des XVe-XVIe s., actifs à Anvers.

Metternich (*Klemens,* prince DE), homme d'État autrichien (1773-1859).

Metz, ch.-l. de la Région Lorraine et du dép. de la Moselle ; 127 498 h. (*Messins*).

Meucci (*Antonio*), ingénieur américain (1808-1889), véritable inventeur du téléphone.

Meudon, v. des Hauts-de-Seine ; 44 372 h. (*Meudonnais*). Observatoire.

Meurthe, riv. de France, affl. de la Moselle.

Meurthe-et-Moselle, dép. français (54) ; ch.-l. *Nancy,* ch.-l. d'arr. *Briey, Lunéville, Toul* ; 713 779 h.

Meuse, fl. de France, de Belgique et des Pays-Bas (mer du Nord).

Meuse, dép. français (55) ; ch.-l. *Bar-le-Duc,* ch.-l. d'arr. *Commercy, Verdun* ; 192 198 h. (*Meusiens*).

Mexicali, v. du Mexique, à la frontière des États-Unis ; 549 873 h.

Mexico, cap. du Mexique ; 9 800 000 h. (18 660 000 avec les banlieues).

Mexique, État fédéral de l'Amérique du Nord ; 1 970 000 km^2 ; 18 660 000 h. (*Mexicains*). Cap. *Mexico.*

Mexique (*golfe du*), golfe de l'extrémité occidentale de l'océan Atlantique, entre les États-Unis, le Mexique et Cuba.

Meyerbeer (*Giacomo*), compositeur allemand (1791-1864), auteur d'opéras.

Meyerhold (*Vsevolod Emilievitch*), metteur en scène de théâtre russe (1874-1940).

Meylan, v. de l'Isère ; 19 044 h. (*Meylanais*).

Meyrink (*Gustav*), écrivain autrichien (1868-1932) : *le Golem.*

Meyzieu, v. du Rhône ; 28 238 h.

Mezzogiorno, ensemble des régions de l'Italie du Sud, de la Sicile et de la Sardaigne, relativement sous-développées.

Miami, v. du sud des États-Unis (Floride) ; 362 470 h. (2 253 362 avec les banlieues).

Mianyang, v. de Chine (Sichuan) ; 769 000 h.

Miaos ou **Méos,** peuple de Chine, de Thaïlande, du Laos et du Viêt Nam.

Michaux (*Henri*), poète et peintre français d'origine belge (1899-1984).

Michel, nom de neuf empereurs byzantins.

Michel (*saint*), le plus grand des anges.

Michel-Ange (*Michelangelo* BUONARROTI, en fr.), sculpteur, peintre, architecte et poète italien (1475-1564). Son œuvre, grandiose, incarne la Renaissance.

Michelet (*Jules*), historien français (1798-1874) : *Histoire de France.*

Michelson (*Albert*), physicien américain (1852-1931), auteur avec E. W. Morley (1858-1923) d'expériences sur la vitesse de la lumière.

Michigan, État du nord-est des États-Unis. Cap. *Lansing.* V. pr. *Detroit.*

Michigan (*lac*), un des cinq Grands Lacs de l'Amérique du Nord ; 58 300 km^2.

Mickey Mouse, personnage de dessin animé créé par Walt Disney en 1928.

Mickiewicz (*Adam*), poète polonais (1798-1855).

Micronésie, partie de l'Océanie.

Micronésie (*États fédérés de*), État insulaire du Pacifique ; 707 km^2 ; 126 000 h. (*Micronésiens*). Cap. *Palikir.*

Microsoft, société américaine d'informatique, fondée en 1975 par Bill Gates.

Midas, roi de Phrygie du VIIIe s. av. J.-C., qui changeait en or tout ce qu'il touchait.

Middle West, plaine du centre des États-Unis, entre les Appalaches et les Rocheuses.

Midi (*aiguille du*), sommet du massif du Mont-Blanc ; 3 842 m.

Midi (*canal du*), canal reliant l'Atlantique à la Méditerranée, par la Garonne (et le canal latéral à la Garonne), appelé aussi *canal du Languedoc* ou *canal des Deux-Mers* ; 241 km.

Midi de Bigorre (*pic du*), sommet des Pyrénées françaises (Hautes-Pyrénées) ; 2 872 m. Observatoire.

Midi-Pyrénées, Région de France. Ch.-l. *Toulouse.*

Midlands, région du centre de l'Angleterre.

Midway (*bataille de*), bataille navale (juin 1942) qui opposa les États-Unis au Japon dans le Pacifique.

Mies van der Rohe (*Ludwig*), architecte américain d'origine allemande (1886-1969), pionnier de la construction en acier et verre.

Mignard (*Pierre*), peintre français (1612-1695), auteur de portraits.

Milan, v. d'Italie (Lombardie) ; 1 256 211 h. (*Milanais*).

Milet, v. de l'Asie Mineure antique.

Milhaud (*Darius*), compositeur français (1892-1974).

Mill (*John* STUART), philosophe et économiste britannique (1806-1873).

Millau, v. de l'Aveyron, sur le Tarn ; 22 280 h. (*Millavois*).

Millau (*viaduc de*), viaduc autoroutier au-dessus de la vallée du Tarn (Aveyron), à l'ouest de Millau.

Mille et Une Nuits (*les*), recueil de contes arabes.

Miller (*Arthur*), auteur dramatique américain (1915-2005) : *Mort d'un commis voyageur.*

Miller (*Henry*), écrivain américain (1891-1980) : *Tropique du Cancer.*

Millerand (*Alexandre*), homme politique français (1859-1943). Président de la République de 1920 à 1924.

Millet (*Jean-François*), peintre français (1814-1875) : *l'Angélus, les Glaneuses.*

Millevaches (*plateau de*), haut plateau du centre de la France (Limousin) ; 977 m.

Milly-la-Forêt, v. de l'Essonne ; 4 640 h.

Milne-Edwards (*Henri*), naturaliste et physiologiste français (1800-1885).

Milo, île grecque de la mer Égée où fut découverte la *Vénus de Milo.*

Milo (*Vénus de*), statue grecque en marbre (fin du IIe s. av. J.-C.).

Milon de Crotone, athlète grec (VIe s. av. J.-C.), célèbre pour ses victoires aux jeux Olympiques.

Miltiade, général athénien (Ve s. av. J.-C.). Vainqueur des Perses à Marathon.

Milton (*John*), poète anglais (1608-1674) : *le Paradis perdu.*

Milwaukee, v. des États-Unis (Wisconsin) ; 596 974 h. (1 500 741 h. avec les banlieues).

Mindanao, île des Philippines.

Minerve, déesse protectrice de Rome et des artisans, l'*Athéna* grecque.

Ming, dynastie impériale chinoise (1368-1644).

Mingus (*Charles*, dit **Charlie**), compositeur et contrebassiste américain de jazz (1922-1979).

Minneapolis, v. des États-Unis, sur le Mississippi ; 382 618 h. Elle forme avec *Saint Paul,* sur l'autre rive du fleuve, une agglomération de 2 968 806 h.

Minnelli (*Vincente*), cinéaste américain (1910-1986), spécialiste de la comédie musicale filmée : *Un Américain à Paris.*

Minnesota, État du centre des États-Unis. Cap. *Saint Paul.*

Minorque, une des îles Baléares.

Minos, roi légendaire de Crète, devenu juge des Enfers (*Myth. gr.*).

Minotaure, monstre mi-homme, mi-taureau, qui habitait le Labyrinthe, tué par Thésée (*Myth. gr.*).

Minsk, cap. de la Biélorussie ; 1 677 137 h.

Miquelon, île de l'archipel français de Saint-Pierre-et-Miquelon.

Mirabeau (*Honoré Gabriel,* comte DE), homme politique français (1749-1791).

Mirador (**El**), site archéologique du Guatemala, au nord-ouest de Tikal (Petén). Vestiges mayas.

Miramas, v. des Bouches-du-Rhône ; 22 997 h. (*Miramasséens*).

Mirande, v. du Gers ; 4 040 h. (*Mirandais*).

Mirbeau (*Octave*), écrivain français (1848-1917) : *Journal d'une femme de chambre.*

Miró (*Joan*), peintre et sculpteur surréaliste espagnol (1893-1983).

Miron (*Gaston*), poète canadien de langue française (1928-1996) : *l'Homme rapaillé.*

Misanthrope (*le*), comédie de Molière.

Misérables (*les*), roman de V. Hugo.

Mishima Yukio, écrivain japonais (1925-1970) : *le Pavillon d'or.*

Mishna ou **Michna,** ensemble des commentaires de la Torah qui constituent la base du Talmud.

Mississippi (le), fl. de l'Amérique du Nord ; 3 780 km.

Mississippi (le), État des États-Unis. Cap. *Jackson.*

Missouri (le), affl. du Mississippi.

Missouri (le), État des États-Unis. Cap. *Jefferson City.*

Mistinguett (*Jeanne* BOURGEOIS, dite), artiste française de music-hall (1875-1956).

Mistral (*Frédéric*), poète provençal (1830-1914) : *Mireille.*

Mitchell (*Claude* MOINE, dit **Eddy**), chanteur français de rock (né en 1942).

Mithra, dieu iranien dont le culte se répandit dans l'Empire romain au Ier s. av. J.-C.

Mithridate, nom de sept rois du Pont dont : Mithridate VI Eupator (v. 132-63 av. J.-C.), adversaire des Romains.

Mithridate, tragédie de Racine.

Mitidja, plaine de l'Algérie centrale.

Mitla, centre cérémoniel des Zapotèques (Mexique, État d'Oaxaca), qui l'ont occupé de 900 à 1200. Vestiges.

Mitterrand (*François*), homme politique français (1916-1996). Socialiste, il a été président de la République de 1981 à 1995.

Mixtèques, Indiens du Mexique.

Mizoguchi Kenji, cinéaste japonais (1898-1956) : *la Vie d'Oharu femme galante.*

Mizoram, État du nord-est de l'Inde ; 21 000 km^2 ; 891 058 h. Cap. *Aijal.*

M le Maudit, film de F. Lang (1931).

Mnouchkine (*Ariane*), metteur en scène de théâtre français (née en 1939), elle a renouvelé le rapport entre comédien et texte.

Möbius (*August Ferdinand*), mathématicien allemand (1790-1868), pionnier de la topologie.

Mobutu (*Sese Seko*), homme politique zaïrois (1930-1997). Président de 1965 à 1997.

Moby Dick, roman de H. Melville.

Moctezuma ou **Montezuma** (1466-1520), dernier empereur aztèque (1502-1520).

Modène, v. d'Italie (Émilie) ; 175 502 h.

Modiano (*Patrick*), écrivain français (né en 1945) : *Rue des boutiques obscures.*

Modigliani (*Amedeo*), peintre italien (1884-1920) : portraits de *Jeanne Hébuterne.*

Mogadiscio → **Muqdisho.**

Moghols (*Grands*), dynastie qui régna sur l'Inde de 1526 à 1857.

Mohammed VI → **Muhammad VI.**

Mohenjo-Daro, site archéologique du Pakistan (Sind). Vestiges.

Mohicans, Indiens d'Amérique.

Moholy-Nagy (*László*), plasticien hongrois (1895-1946), maître du Bauhaus.

Moire, divinité grecque du Destin.

Moïse, libérateur et législateur des Hébreux. Il fit sortir ceux-ci d'Égypte et Dieu lui dicta les tables de la Loi (XIIIe s. av. J.-C.).

Moïse, statue de Michel-Ange.

Moissac, v. de Tarn-et-Garonne ; 12 744 h. (*Moissagais*). Abbatiale.

Moldavie, région de Roumanie.

Moldavie, État de l'Europe orientale ; 34 000 km^2 ; 4 285 000 h. (*Moldaves*). Cap. *Chişinău.*

Molène (*île*), île et comm. du Finistère, entre Ouessant et la pointe Saint-Mathieu ; 271 h.

Molière (*Jean-Baptiste* POQUELIN, dit), acteur et auteur dramatique français (1622-1673) : *Dom Juan, le Misanthrope, l'Avare, Tartuffe, le Bourgeois gentilhomme, les Fourberies de Scapin, les Femmes savantes, le Malade imaginaire.*

Molise, région de l'Italie péninsulaire ; 327 177 h. Cap. *Campobasso.*

Mollet (*Guy*), homme politique socialiste français (1905-1975).

Moloch, divinité cananéenne et phénicienne à qui étaient offerts des sacrifices humains.

Molotov, homme politique soviétique (1890-1986).

Molsheim, v. du Bas-Rhin ; 9 497 h.

Moltke (*Helmuth,* comte VON), maréchal prussien (1800-1891), général en chef pendant la guerre franco-allemande de 1870.

Moluques (*îles*), archipel d'Indonésie.

Mombasa ou **Mombassa,** port du Kenya, dans l'*île de Mombasa* ; 426 000 h.

Monaco, principauté enclavée dans les Alpes-Maritimes ; 2 km^2 ; 34 000 h. (*Monégasques*). Cap. *Monaco.*

Monbazillac, comm. de la Dordogne ; 1 044 h. Vins.

Monde (*le*), quotidien français du soir fondé en 1944.

Mondrian (*Piet*), peintre néerlandais (1872-1944), promoteur de l'abstraction géométrique.

Monet (*Claude*), peintre français (1840-1926), maître de l'impressionnisme.

Monge (*Gaspard*), mathématicien français (1746-1818), créateur de la géométrie descriptive.

Mongie (la), station de sports d'hiver des Hautes-Pyrénées.

Mongolie, État au nord de la Chine ; 1 565 000 km^2 ; 2 559 000 h. (*Mongols*). Cap. *Oulan-Bator.*

Mongolie-Intérieure, prov. de Chine.

Monk (*Thelonious Sphere*), compositeur et pianiste américain de jazz (1917-1982).

Monnet (*Jean*), économiste français (1888-1979), pionnier de l'union européenne.

Monod (*Jacques*), biochimiste et généticien français (1910-1976), prix Nobel de médecine en 1965.

Monory (*Jacques*), peintre français (né en 1934), représentant de la « nouvelle figuration ».

Monreale, v. d'Italie (Sicile) ; 29 885 h. Cathédrale.

Monroe (*James*), homme politique américain (1758-1831). Président des États-Unis de 1817 à 1825.

Monroe (*Norma Jean* BAKER, dite **Marilyn**), actrice américaine (1926-1962), star hollywoodienne : *Les hommes préfèrent les blondes.*

Monrovia, cap. du Liberia ; 572 000 h.

Mons, v. de Belgique (Hainaut) ; 91 185 h.

Mons-en-Barœul, v. du Nord ; 23 135 h. (*Monsois*).

Montagnards, groupe de conventionnels français qui connut son apogée en 1793, et qui s'opposait aux Girondins.

Montagne noire, massif du sud du Massif central.

Montagnier (*Luc*), médecin français (né en 1932). Il a découvert en 1983, avec son équipe de l'Institut Pasteur, le virus VIH associé au sida.

Montaigne (*Michel* DE), écrivain français (1533-1592) : *Essais.*

Montalembert (*Charles* DE), écrivain et homme politique français (1810-1870), défenseur du catholicisme libéral.

Montana, État du nord des États-Unis. Cap. *Helena.*

Montana, station climatique et de sports d'hiver de Suisse (Valais).

Montand (*Ivo* LIVI, dit **Yves**), chanteur et acteur français d'origine italienne (1921-1991) : *le Salaire de la peur.*

Montargis, v. du Loiret ; 16 427 h. (*Montargois*) [plus de 50 000 h. avec les banlieues].

Montataire, v. de l'Oise ; 12 173 h. (*Montatairiens*).

Montauban, ch.-l. du dép. de Tarn-et-Garonne ; 54 421 h. (*Montalbanais*).

Montbard, v. de la Côte-d'Or ; 6 643 h. (*Montbardois*).

Montbéliard, v. du Doubs ; 28 766 h. (*Montbéliardais*) [près de 120 000 h. avec les banlieues].

Mont-Blanc (*massif du*), massif des Alpes françaises et italiennes, culminant à 4 810 m au mont Blanc.

Montbrison, v. de la Loire ; 15 143 h. (*Montbrisonnais*).

Montcalm (*Louis*, marquis DE), général français (1712-1759). Il défendit le Canada contre les Anglais.

Montceau-les-Mines, v. de Saône-et-Loire ; 21 200 h. (*Montcelliens*).

Mont-de-Marsan, ch.-l. des Landes ; 32 234 h. (*Montois*).

Monte Albán, centre religieux, puis urbain, des Zapotèques, près d'Oaxaca (Mexique), florissant entre 500 av. J.-C. et 800 apr. J.-C. Vestiges de nécropoles.

Montebello, village de Lombardie. Victoires françaises sur les Autrichiens (1800 et 1859).

Monte-Carlo, quartier de Monaco.

Montélimar, v. de la Drôme ; 32 896 h. (*Montiliens*).

Monténégro, État d'Europe, dans les Balkans ; 13 812 km^2 ; 658 000 h. (*Monténégrins*). Cap. *Podgorica.*

Montereau-Fault-Yonne, v. de Seine-et-Marne ; 17 903 h. (*Monterelais*).

Monterrey, v. du Mexique ; 1 110 909 h.

Montespan (*Françoise*, marquise DE), favorite de Louis XIV (1640-1707).

Montesquieu (*Charles* DE SECONDAT, baron DE), écrivain français (1689-1755) : *Lettres persanes, De l'esprit des lois.*

Monteux (*Pierre*), violoniste et chef d'orchestre français naturalisé américain (1875-1964).

Monteverdi (*Claudio*), compositeur italien (1567-1643), un des créateurs de l'opéra.

Montevideo, cap. de l'Uruguay ; 1 341 000 h.

Montezuma → **Moctezuma.**

Montfermeil, v. de la Seine-Saint-Denis ; 24 199 h. (*Montfermeillois*).

Montfort (*Simon* DE), seigneur français (v. 1150-1218), chef de la croisade contre les albigeois. ◆ Son fils *Simon* (v. 1208-1265) fut le chef de la révolte des barons contre Henri III d'Angleterre (1258).

Montgeron, v. de l'Essonne ; 22 102 h. (*Montgeronnais*).

Montgolfier (les frères *Joseph* et *Étienne* DE), industriels français (1740-1810 et 1745-1799), inventeurs du ballon à air chaud ou *montgolfière* (1783).

Montgomery of Alamein (vicomte), maréchal britannique (1887-1976). Vainqueur de Rommel.

Montherlant (*Henry* DE), écrivain français (1895-1972) : *la Reine morte.*

Montigny-en-Gohelle, v. du Pas-de-Calais ; 10 638 h.

Montigny-le-Bretonneux, v. des Yvelines, partie de Saint-Quentin-en-Yvelines ; 35 568 h.

Montigny-lès-Metz, v. de la Moselle ; 24 420 h.

Montivilliers, v. de la Seine-Maritime ; 16 805 h.

Montluçon, v. de l'Allier ; 44 074 h. (*Montluçonnais*).

Montmartre, quartier de Paris sur une colline. Basilique du Sacré-Cœur (fin du XIXe s.).

Montmaurin, comm. de la Haute-Garonne ; 201 h. Vestiges gallo-romains.

Montmorency, v. du Val-d'Oise, en bordure de la *forêt de Montmorency* (3 500 ha) ; 20 797 h. (*Montmorencéens*).

Montmorency, illustre famille française (XIIe-XVIIe s.).

Montmorency (*Anne* DE), gentilhomme français (1493-1567), conseiller de François Ier et Henri II.

Montmorency (*Henri II* DE), (1595-1632), maréchal de France. Révolté avec Gaston d'Orléans contre Richelieu, il fut décapité.

Montmorillon, v. de la Vienne ; 7 587 h. (*Montmorillonnais*).

Montparnasse, quartier de Paris.

Montpellier, ch.-l. de l'Hérault; 229 055 h. (*Montpelliérains*).

Montpensier (duchesse DE, dite **la Grande Mademoiselle**), héroïne de la Fronde (1627-1693).

Montréal, v. du Canada (Québec), sur le Saint-Laurent; 1 030 678 h. (env. 3,4 millions avec les banlieues) [*Montréalais*].

Montreuil ou **Montreuil-sous-Bois,** v. de la Seine-Saint-Denis; 91 146 h. (*Montreuillois*).

Montreux, v. de Suisse (Vaud); 21 969 h. (*Montreusiens*).

Montrouge, v. des Hauts-de-Seine; 38 005 h. (*Montrougiens*).

Mont-Saint-Aignan, v. de la Seine-Maritime; 21 761 h. (*Montsaintaignanais*).

Mont-Saint-Michel (**Le**), îlot de la Manche. Abbaye construite aux XIe-XVIe s.

Montserrat, une des Antilles britanniques; 102 km^2; 12 000 h.; ch.-l. *Plymouth*.

Monza, v. d'Italie (Lombardie); 120 900 h. Circuit automobile.

Moore (*Henry*), sculpteur britannique (1898-1986).

Moore (*Thomas*), poète irlandais (1779-1852): *Mélodies irlandaises*.

Moradabad, v. d'Inde (Uttar Pradesh); 641 240 h.

Morat, v. de Suisse. Victoire des Suisses sur Charles le Téméraire (1476).

Moravia (*Alberto*), écrivain italien (1907-1990): *l'Ennui*.

Moravie, région de la République tchèque.

Morbihan, dép. français (56); ch.-l. *Vannes*, ch.-l. d'arr. *Lorient, Pontivy*; 643 873 h. (*Morbihannais*).

Morbihan (*golfe du*), golfe du dép. du Morbihan.

Mordves, peuple finno-ougrien de Russie (Mordovie, Bachkortostan, Tatarstan), d'Ukraine et d'Asie centrale (env. 1,3 million).

More → **Thomas More (saint).**

Moreau (*Gustave*), peintre symboliste français (1826-1898).

Moreau (*Jeanne*), actrice française (née en 1928): *le Journal d'une femme de chambre*.

Moreau (*Jean Victor*), général français (1763-1813), rival de Bonaparte.

Morelia, v. du Mexique; 549 996 h.

Moreno (*Jacob*), psychologue américain (1892-1974).

Moreno (*Roland*), industriel français (né en 1945), inventeur de la carte à puce (1975).

Morgan, famille de financiers américains des XIXe et XXe s.

Morgan (*Simone* ROUSSEL, dite **Michèle**), actrice française (née en 1920): *le Quai des brumes*.

Morgan (*Thomas Hunt*), biologiste américain (1866-1945), créateur de la théorie chromosomique de l'hérédité.

Morgenstern (*Oskar*), économiste américain d'origine autrichienne (1902-1977), spécialiste de l'étude mathématique des comportements économiques.

Morin (*Edgar*), sociologue français (né en 1921).

Morisot (*Berthe*), peintre impressionniste française (1841-1895): *le Berceau*.

Morlaix, v. du Finistère, sur la *rivière de Morlaix*; 16 978 h. (*Morlaisiens*).

Morny (duc DE), frère naturel de Napoléon III (1811-1865), un des organisateurs du coup d'État de 1851.

Moroni, cap. des Comores, sur l'île de Ngazidja; 44 000 h. (*Moronais*).

Morphée, dieu grec des Songes.

Morricone (*Ennio*), compositeur italien de musiques de films (né en 1928): *Pour une poignée de dollars*.

Morrison (*Toni*), romancière américaine (née en 1931): *Beloved*.

Morsang-sur-Orge, v. de l'Essonne; 19 468 h.

Morse (*Samuel*), inventeur américain (1791-1872) d'un système de télégraphie électrique.

Mort (*Vallée de la*), en angl. **Death Valley**, profonde dépression aride des États-Unis, en Californie.

Mortagne-au-Perche, v. de l'Orne; 4 877 h. (*Mortagnais*).

Mort aux trousses (*la*), film de A. Hitchcock (1959).

Mort à Venise, film de L. Visconti (1971) inspiré d'un roman de T. Mann.

Morte (*manuscrits de la mer*), manuscrits bibliques (IIe s. av. J.-C.-Ier s. apr. J.-C.) découverts entre 1946 et 1956 dans des grottes, près du site de Qumran.

Morte (*mer*), lac très salé de Palestine.

Morton (*Ferdinand Joseph* LEMOTT, dit **Jelly Roll**), musicien américain de jazz (1885 ou 1890-1941).

Morvan, massif du centre de la France.

Moscou, cap. de la Russie, sur la Moskova; 10469000 h. dans l'aggl. (*Moscovites*).

Moselle, affl. du Rhin.

Moselle, dép. français (57); ch.-l. *Metz*, ch.-l. d'arr. *Boulay-Moselle, Château-Salins, Forbach, Sarrebourg, Sarreguemines, Thionville*; 1 023 447 h. (*Mosellans*).

Moskova, riv. qui passe à Moscou. Victoire française en 1812.

Mossad, service de renseignements israélien, fondé en 1951.

Mossis, peuple du Burkina.

Mossoul, v. de l'Iraq; 664 221 h.

Mostar, v. de Bosnie-Herzégovine; 126 067 h. Monuments anciens.

Motherwell (*Robert*), peintre américain (1915-1991), l'un des principaux expressionnistes abstraits.

Motte-Servolex (**La**), v. de la Savoie; 11 551 h. (*Motterains*).

Moubarak (*Hosni*), homme politique égyptien

(né en 1928), président de la République depuis 1981.

Mougins, v. des Alpes-Maritimes ; 16 287 h.

Moule (**Le**), v. de la Guadeloupe, sur la Grande-Terre ; 20 917 h.

Moulin (*Jean*), patriote français (1899-1943). Premier président du Conseil national de la Résistance (1943), arrêté par la Gestapo.

Moulins, ch.-l. de l'Allier ; 22 667 h. (*Moulinois*).

Mounier (*Emmanuel*), philosophe français (1905-1950).

Mourmansk, port de Russie, sur la mer de Barents ; 410 234 h.

Moussorgski (*Modest*), compositeur russe (1839-1881) : *Boris Godounov*.

Moustaki (*Georges*), chanteur français d'origine grecque (né en 1934) : *le Métèque, Ma liberté.*

Moyen-Orient, ensemble formé par l'Égypte et par les États d'Asie occidentale.

Mozambique, État de l'Afrique orientale ; 785 000 km^2 ; 18 644 000 h. (*Mozambicains*). Cap. *Maputo.*

Mozambique (*canal de*) ou **canal du Mozambique,** bras de mer de l'océan Indien, entre l'Afrique (Mozambique) et Madagascar.

Mozambique (*courant du*), courant marin chaud de l'océan Indien.

Mozart (*Wolfgang Amadeus*), compositeur allemand (1756-1791), auteur des *Noces de Figaro*, de *Don Giovanni*, de *la Flûte enchantée*, d'un *Requiem*, de symphonies, etc.

Mozi, philosophe chinois du Ve s. av. J.-C.

Mucha (*Alfons*), peintre et dessinateur tchèque (1860-1939), figure importante de l'Art nouveau.

Mudanjiang, v. de Chine (Heilongjiang) ; 750 585 h.

Muhammad VI ou **Mohammed VI** (né en 1963), roi du Maroc depuis 1999.

Mulhouse, v. du Haut-Rhin ; 112 002 h. (*Mulhousiens*).

Muller (*Herman Joseph*), biologiste américain (1890-1967).

Müller (*Karl Alexander*), physicien suisse (né en 1927).

Mulliken (*Robert Sanderson*), chimiste américain (1896-1986).

Multan, v. du Pakistan ; 1 197 000 h.

Munch (*Charles*), violoniste et chef d'orchestre français (1891-1968).

Munch (*Edvard*), peintre et graveur norvégien (1863-1944), précurseur de l'expressionnisme : *le Cri.*

Munich, v. d'Allemagne, cap. de la Bavière ; 1 228 000 h. (*Munichois*). Bières.

Münster, v. d'Allemagne ; 267 200 h.

Müntzer ou **Münzer** (*Thomas*), réformateur allemand (1489-1525), un des fondateurs de l'anabaptisme.

Muqdisho, anc. **Mogadiscio**, cap. de la Somalie ; 1 175 000 h.

Muraille (**la Grande**), muraille de 6 250 km, entre la Chine et la Mongolie.

Murasaki Shikibu, femme de lettres japonaise (v. 978-v. 1014) : *Genji monogatari.*

Murat (*Joachim*), maréchal de France (1767-1815). Beau-frère de Napoléon Ier, il fut roi de Naples (1808-1815).

Murcie, v. d'Espagne du Sud (367 189 h.), cap. de la *communauté autonome de Murcie* (11 317 km^2 ; 1 046 561 h.).

Mur des lamentations, vestiges du Temple bâti par Hérode à Jérusalem, lieu de prières pour les juifs.

Mureaux (**Les**), v. des Yvelines ; 32 100 h. (*Muriautins*).

Muret, v. de la Haute-Garonne ; 21 446 h. (*Murétains*).

Murillo (*Bartolomé*), peintre espagnol (1618-1682).

Murnau (*Friedrich Wilhelm*), cinéaste expressionniste allemand (1888-1931) : *Nosferatu le vampire.*

Mururoa, atoll de la Polynésie française, dans l'archipel des Tuamotu.

Muses (les), les neuf filles de Zeus, déesses des Sciences, des Arts et des Lettres : Clio, Euterpe, Thalie, Melpomène, Terpsichore, Érato, Polymnie, Uranie, Calliope.

Muséum national d'histoire naturelle, établissement public français à caractère scientifique, culturel et professionnel, fondé à Paris en 1793.

Museum of Modern Art ou **MOMA,** musée d'art moderne et contemporain, à New York.

Musil (*Robert*), écrivain autrichien (1880-1942) : *l'Homme sans qualités.*

Musset (*Alfred* DE), écrivain romantique français (1810-1857) : *Lorenzaccio, les Caprices de Marianne.*

Mussolini (*Benito*), dictateur italien (1883-1945). Fondateur du fascisme. Au pouvoir (*duce*) après 1925, il s'allia à Hitler pendant la Seconde Guerre mondiale.

Muti (*Riccardo*), chef d'orchestre italien (né en 1941).

Mutsuhito → **Meiji tenno.**

Myanmar → **Birmanie.**

Mycènes, anc. cap. de l'Argolide, foyer de la civilisation mycénienne.

My Fair Lady, film de G. Cukor (1964).

Mykolaïv, anc. **Nikolaïev**, port d'Ukraine, sur la mer Noire ; 512 000 h.

Mýkonos, île grecque de la partie nord-est des Cyclades ; 3 000 h. Tourisme.

Myrmidons, anc. peuple de Thessalie.

Mysore, v. d'Inde (Karnataka) ; 742 261 h.

Mytilène → **Lesbos.**

N

Naberejnyie Tchelny, v. de Russie (Tatarstan) ; 529 642 h.

Nabeul, v. de Tunisie ; 49 469 h.

Nabokov (*Vladimir*), écrivain américain d'origine russe (1899-1977) : *Lolita*.

Nabuchodonosor, roi de Babylone (605-562 av. J.-C.). Il détruisit le royaume de Juda.

Nadar (*Félix* TOURNACHON, dit), photographe français (1820-1910).

Nadja, récit de A. Breton.

Nagaland, État du nord-est de l'Inde ; 15 500 km^2 ; 1 988 636 h. Cap. *Kohima*.

Nagasaki, port du Japon ; 419 901 h. Deuxième bombe atomique le 9 août 1945.

Nagoya, port du Japon ; 2 171 557 h.

Nagpur, v. de l'Inde ; 2 051 320 h.

Nairobi, cap. du Kenya ; 2 575 000 h.

Naissance d'une nation, film de D. W. Griffith (1915).

Nakhon Pathom, v. de Thaïlande ; 45 000 h. Stupa.

Namib (*désert du*), région côtière aride de la Namibie.

Namibie, État du sud-ouest de l'Afrique ; 825 000 km^2 ; 1 788 000 h. (*Namibiens*). Cap. *Windhoek*.

Namur, v. de Belgique, cap. de la Région wallonne et ch.-l. de la *province de Namur* ; 105 248 h. (*Namurois*).

Namur (*province de*), prov. du sud de la Belgique ; 3 660 km^2 ; 445 824 h. ; ch.-l. *Namur*.

Nançay, comm. du Cher ; 814 h. Radioastronomie.

Nancy, anc. cap. de la Lorraine et ch.-l. de Meurthe-et-Moselle ; 105 830 h. (*Nancéiens*).

Nanga Parbat, sommet de l'ouest de l'Himalaya (Pakistan) ; 8 126 m.

Nankin, v. de Chine, port sur le Yangzi Jiang ; 2 610 594 h.

Nanning, v. de Chine, cap. du Guangxi ; 1 159 099 h.

Nansen (*Fridtjof*), explorateur norvégien de l'Arctique (1861-1930).

Nanterre, ch.-l. des Hauts-de-Seine ; 86 219 h. (*Nanterrois*).

Nantes, ch.-l. des Pays de la Loire et du dép. de la Loire-Atlantique ; 277 728 h. (*Nantais*).

Nantes (*édit de*), édit de tolérance, promulgué par Henri IV (1598), et révoqué par Louis XIV (1685).

Nantong, v. de Chine (Jiangsu) ; 1 602 029 h.

Napier ou **Neper** (*John*), mathématicien écossais (1550-1617), inventeur des logarithmes (1614).

Naples, v. d'Italie du Sud, sur le *golfe de Naples* ; 1 004 500 h. (*Napolitains*).

Naplouse, en ar. **Nābulus**, v. de Cisjordanie ; 100 231 h.

Napoléon, film de A. Gance (1927).

Napoléon Ier (BONAPARTE) [1769-1821], empereur des Français de 1804 à 1815. Il s'illustra, à Toulon, en Italie et en Égypte avant d'accomplir le coup d'État du 18-Brumaire (1799). Empereur en 1804, il rétablit la paix intérieure. Après les campagnes de Russie, d'Allemagne et de France, il dut abdiquer (1814). De retour en France (les Cent-Jours), il fut vaincu à Waterloo et dut s'exiler à Sainte-Hélène (1815).

Napoléon II (1811-1832), fils de Napoléon Ier et de Marie-Louise, roi de Rome. Il vécut en Autriche sous le nom de *duc de Reichstadt*.

Napoléon III (*Charles Louis Napoléon* BONAPARTE) [1808-1873], neveu de Napoléon Ier. Président de la République de 1848 à 1852, puis empereur des Français de 1852 à 1870. Il déclara la guerre à la Prusse en 1870.

Nara, v. du Japon ; 364 411 h. Anc. cap. du pays (710-784). Temples bouddhiques.

Narbonne, v. de l'Aude ; 48 020 h. (*Narbonnais*).

Narcisse, jeune homme amoureux de sa propre image, reflétée dans l'eau (*Myth. gr.*).

Narvik, port de la Norvège septentrionale ; 18 577 h.

NASA (*National Aeronautics and Space Administration*), organisme américain chargé de la recherche aéronautique et spatiale.

Nashville, v. des États-Unis, cap. du Tennessee ; 569 891 h.

Nasik, v. d'Inde (Maharashtra) ; 1 076 967 h. Sanctuaires bouddhiques (Ier-IIe s. apr. J.-C.).

Nassau, cap. des Bahamas ; 214 000 h.

Nasser (*Gamal Abdel*), homme politique égyptien (1918-1970), président de la République de 1958 à sa mort, champion de l'unité arabe.

Nat (*Yves*), compositeur et pianiste français (1890-1956).

Natal, anc. prov. de l'Afrique du Sud (auj. *Kwazulu-Natal*).

National Gallery, riche musée de peintures des écoles européennes, à Londres.

National Gallery of Art, musée de peintures des écoles européennes et d'art contemporain, à Washington.

Nauman (*Bruce*), artiste américain (né en 1941).

Nauru, atoll et État d'Océanie ; 21 km^2 ; 13 000 h. (*Nauruans*). Cap. *Yaren*.

Navajos, Indiens des États-Unis.

Navarin, port de Grèce. Défaite navale des Turcs en 1827.

Navarre, anc. royaume, à cheval sur les Pyrénées. La *Navarre française* fut rattachée à la France par Henri IV.

Navarre, communauté autonome d'Espagne ; 10 421 km^2 ; 543 757 h. Cap. *Pampelune.*

Navas de Tolosa (*bataille de Las*), victoire des rois d'Aragon, de Castille, de León et de Navarre sur les musulmans (1212).

Navratilova (*Martina*), joueuse de tennis tchèque et américaine (née en 1956), elle a notamment remporté neuf fois le tournoi de Wimbledon.

Naxos, la plus grande des Cyclades.

Nazareth, v. de Galilée, où vécut Jésus enfant avec Joseph et Marie.

Nazca, site archéologique précolombien (200 av. J.-C.-600 apr. J.-C.) de la côte sud du Pérou. Nécropoles et énigmatiques dessins tracés sur le sol.

NBC (*National Broadcasting Company*), réseau de télévision américain créé en 1926.

N'Djamena, anc. **Fort-Lamy**, cap. du Tchad ; 797 000 h.

Neandertal (*homme de*), squelette humain préhistorique découvert en 1856.

Nebraska, État du centre des États-Unis. Cap. *Lincoln.*

Neckar, riv. d'Allemagne, affl. du Rhin ; 367 km.

Necker (*Jacques*), banquier et ministre français (1732-1804). Il fut directeur général des finances à la veille de la Révolution.

Néel (*Louis*), physicien français (1904-2000).

Néfertiti, reine d'Égypte (XIVe s. av. J.-C.).

Nehru (*Jawaharlal*), homme politique indien (1889-1964), Premier ministre de 1947 à 1964.

Nelson, fl. du Canada central, qui rejoint la baie d'Hudson ; 650 km.

Nelson (*Horace*), amiral anglais (1758-1805). Victorieux à Trafalgar sur les Français.

Némésis, déesse grecque de la Vengeance.

Nemours, v. de Seine-et-Marne ; 13 001 h.

Nemrod, roi mésopotamien, grand chasseur (*Bible*).

Nenni (*Pietro*), homme politique italien (1891-1980), socialiste.

Népal, État d'Asie au nord de l'Inde ; 140 000 km^2 ; 23 593 000 h. (*Népalais*). Cap. *Katmandou.*

Neper → **Napier.**

Neptune, dieu romain de la Mer, le *Poséidon* des Grecs.

Neptune, planète du Système solaire.

Nérac, v. de Lot-et-Garonne ; 7 451 h. (*Néracais*).

Nernst (*Walther*), physicien et chimiste allemand (1864-1941), il a découvert de nouveaux types de magnétisme.

Néron (37-68), empereur romain (54-68), célèbre par ses cruautés.

Neruda (*Pablo*), poète chilien (1904-1973).

Nerval (*Gérard* DE), poète français (1808-1855) : *les Chimères.*

Ness (*loch*), lac d'Écosse, célèbre par le *monstre du loch Ness* qu'il abriterait dans ses eaux.

Nessus, centaure tué par Héraclès (*Myth.*).

Nestlé, groupe industriel suisse créé en 1867, spécialisé dans la production alimentaire.

Nestor, le plus sage des princes qui assiégèrent Troie (*l'Iliade*).

Nestorius, hérétique du Ve s.

Neuchâtel, v. de Suisse, ch.-l. du *cant. de Neuchâtel*, sur le *lac de Neuchâtel* ; 31 639 h. (*Neuchâtelois*).

Neuchâtel (*canton de*), cant. de Suisse ; 803 km^2 ; 165 700 h. ; ch.-l. *Neuchâtel.*

Neufchâteau, v. des Vosges ; 8 040 h. (*Néocastriens*).

Neuilly-Plaisance, v. de la Seine-Saint-Denis ; 18 300 h. (*Nocéens*).

Neuilly-sur-Marne, v. de la Seine-Saint-Denis ; 32 875 h. (*Nocéens*).

Neuilly-sur-Seine, v. des Hauts-de-Seine ; 60 364 h. (*Neuilléens*).

Neumann (*Johann Balthasar*), architecte baroque allemand (1687-1753).

Neumann (*Johann* VON), mathématicien américain d'origine hongroise (1903-1957), auteur d'une théorie des jeux.

Neustrie, royaume mérovingien de l'ouest de la France.

Neva (*la*), fl. de Russie, qui passe à Saint-Pétersbourg.

Nevada, État de l'ouest des États-Unis. Cap. *Carson City.*

Nevada (*sierra*), massif du sud de l'Espagne.

Nevada (*sierra*), montagnes de Californie.

Nevers, ch.-l. de la Nièvre ; 43 082 h. (*Nivernais*).

Neveu de Rameau (*le*), roman satirique de Diderot, publié après sa mort (1821).

New Deal, réformes économiques et sociales mises en œuvre aux États-Unis par Roosevelt à partir de 1933.

New Delhi, cap. fédérale de l'Inde, englobée dans la ville de Delhi.

New Hampshire, État du nord-est des États-Unis. Cap. *Concord.*

New Jersey, État du nord-est des États-Unis. Cap. *Trenton.*

Newman (*John Henry*), cardinal et théologien anglais (1801-1890).

Newton (*Isaac*), physicien, mathématicien et astronome anglais (1642-1727). Il découvrit la loi de l'attraction universelle et inventa le télescope.

New York, v. et port des États-Unis, sur

l'Atlantique ; 9 314 235 h. (18 976 456 avec les banlieues) [*New-Yorkais*].

New York, État du nord-est des États-Unis ; 18 976 457 h. Cap. *Albany* ; v. pr. *New York, Buffalo, Rochester.*

New York-Miami, film de F. Capra (1934).

New York Times, quotidien américain, fondé en 1851.

Ney (*Michel*), maréchal de France (1769-1815). Il fut fusillé sous la Restauration.

Niagara, section du Saint-Laurent entre les États-Unis et le Canada. Chutes de 50 m de hauteur.

Niamey, cap. du Niger ; 360 000 h.

Niaux, grotte à peintures préhistoriques de l'Ariège.

Nibelungen (*Chanson des*), épopée allemande du début du XIIIe s.

Nicaragua, État de l'Amérique centrale ; 148 000 km^2 ; 5 208 000 h. (*Nicaraguayens*). Cap. *Managua.*

Nice, ch.-l. des Alpes-Maritimes ; 345 892 h. (*Niçois*).

Nicée, anc. v. de l'Asie Mineure où se réunirent deux conciles (325 et 787).

Nicholson (*Jack*), acteur américain (né en 1937) : *Vol au-dessus d'un nid de coucou.*

Nicolas, nom de cinq papes.

Nicolas Ier (1796-1855), empereur de Russie (1825-1855), vaincu lors de la guerre de Crimée.

Nicolas II (1868-1918), empereur de Russie (1894-1917). Il fut exécuté par les révolutionnaires.

Nicosie, cap. de Chypre ; 47 832 h.

Nicot (*Jean*), diplomate français (v. 1530-1600). Il introduisit le tabac en France.

Nidwald, demi-cant. de Suisse ; 276 km^2 ; 38 000 h. (*Nidwaldiens*) ; ch.-l. *Stans.*

Niémen, fl. de Biélorussie et de Lituanie ; 937 km.

Niemeyer (*Oscar*), architecte brésilien (né en 1907).

Niépce (*Nicéphore*), physicien français (1765-1833), inventeur de la photographie.

Nietzsche (*Friedrich*), philosophe allemand (1844-1900). Il prône la volonté de puissance : *Ainsi parlait Zarathoustra.*

Nièvre, affl. de la Loire.

Nièvre, dép. français (58) ; ch.-l. *Nevers*, ch.-l. d'arr. *Château-Chinon, Clamecy, Cosne-Cours-sur-Loire* ; 225 198 h. (*Nivernais*).

Niger, fl. d'Afrique ; 4 200 km.

Niger, État de l'Afrique occidentale ; 1 267 000 km^2 ; 11 227 000 h. (*Nigériens*). Cap. *Niamey.*

Nigeria, État de l'Afrique occidentale ; 924 000 km^2 ; 116 929 000 h. (*Nigérians*). Cap. *Abuja*, v. pr. *Lagos, Ibadan.*

Niigata, port du Japon (Honshu) ; 494 769 h.

Nijinski (*Vaslav*), danseur russe d'origine polonaise (1890-1950).

Nijni Novgorod, anc. **Gorki**, v. de Russie, sur la Volga ; 1 311 200 h.

Nikolais (*Alwin*), chorégraphe et compositeur américain (1912-1993), figure importante de la modern dance.

Nil, fl. d'Afrique (Méditerranée) ; 6 700 km.

Nimègue, v. des Pays-Bas ; 156 198 h. Traités (1678 et 1679) entre la France, la Hollande, l'Espagne, le Saint Empire.

Nîmes, ch.-l. du Gard ; 137 740 h. (*Nîmois*). Monuments romains.

Ningbo, port de Chine (Zhejiang) ; 479 000 h.

Ningxia, région autonome de la Chine du Nord-Ouest ; 5 300 000 h. Cap. *Yinchuan.*

Ninive, anc. cap. de l'Assyrie.

Niño (El), phénomène climatique dû à un réchauffement anormal de l'océan, dans l'est du Pacifique.

Ninotchka, film de E. Lubitsch (1939).

Niort, ch.-l. des Deux-Sèvres ; 59 346 h. (*Niortais*).

Niue, île du Pacifique (259 km^2 ; 2 239 h.).

Nivernais, anc. prov. française ; cap. *Nevers.*

Nixon (*Richard*), homme politique américain (1913-1994). Républicain, président des États-Unis de 1969 à 1974, il dut démissionner.

Nkrumah (*Kwame*), homme politique ghanéen (1909-1972).

Noailles (*Anna*, comtesse DE), femme de lettres française (1876-1933).

Nobel (*Alfred*), industriel suédois (1833-1896). Il inventa la dynamite et fonda les prix qui portent son nom.

Noces de Cana (*les*), grande toile de Véronèse.

Nocturnes, compositions pour piano de Chopin.

Nodier (*Charles*), écrivain romantique français (1780-1844).

Noé, patriarche hébreu, sauvé par Dieu du Déluge, et le premier vigneron.

Nœux-les-Mines, v. du Pas-de-Calais ; 12 069 h.

Nogent-le-Rotrou, v. d'Eure-et-Loir ; 12 484 h. (*Nogentais*).

Nogent-sur-Marne, v. du Val-de-Marne ; 28 416 h. (*Nogentais*).

Nogent-sur-Oise, v. de l'Oise ; 19 659 h. (*Nogentais*).

Nogent-sur-Seine, v. de l'Aube ; 6 073 h. (*Nogentais*). Centrale nucléaire.

Noire (*mer*), anc. **Pont-Euxin**, mer intérieure entre l'Europe et l'Asie.

Noiret (*Philippe*), acteur français (1930-2006) : *l'Horloger de Saint-Paul.*

Noirmoutier, île française (Vendée).

Noisiel, v. de Seine-et-Marne ; 15 593 h.

Noisy-le-Grand, v. de la Seine-Saint-Denis ; 58 460 h. (*Noiséens*).

Noisy-le-Sec, v. de la Seine-Saint-Denis ; 37 460 h.

Nono (*Luigi*), compositeur italien (1924-1990).

Nontron, v. de la Dordogne ; 3 646 h. (*Nontronnais*). Château.

Nord, dép. français (59) ; ch.-l. *Lille*, ch.-l. d'arr. *Avesnes-sur-Helpe, Cambrai, Douai, Dunkerque, Valenciennes* ; 2 555 020 h.

Nord (*cap*), le point le plus septentrional de l'Europe (Norvège).

Nord (*mer du*), mer du nord-ouest de l'Europe, formée par l'Atlantique.

Nord-Pas-de-Calais, Région de France ; ch.-l. *Lille*.

Norman (*Jessye*), soprano américaine (née en 1945).

Normandie, anc. prov. de France ; cap. *Rouen*. Régions de *Haute-Normandie* et de *Basse-Normandie*.

Normandie (**Basse-**), Région de France ; 17 589 km^2 ; 1 422 193 h. (*Bas-Normands*) ; ch.-l. *Caen*.

Normandie (**Haute-**), Région de France ; 12 317 km^2 ; 1 780 192 h. (*Hauts-Normands*) ; ch.-l. *Rouen*.

Normandie (*pont de*), pont routier enjambant l'estuaire de la Seine, près de Honfleur.

Normands, navigateurs scandinaves, qui firent au Moyen Âge de nombreuses invasions en Europe. Ils s'installèrent en Angleterre (IXe s.), puis en Normandie (Xe s.).

Norodom Sihanouk, homme politique cambodgien, né en 1922. Roi (1941-1955 et 1993-2004) et chef de l'État (1960-1970).

Norvège, État de l'Europe du Nord (Scandinavie) ; 325 000 km^2 ; 4 503 000 h. (*Norvégiens*). Cap. *Oslo*.

Nosferatu le vampire, film de F. W. Murnau (1922).

Nostradamus (*Michel*), astrologue français (1503-1566) dont les prophéties sont restées célèbres.

Notre-Dame de Paris, église gothique, dans l'île de la Cité. Elle a donné son nom à un roman historique de V. Hugo.

Nouadhibou, anc. **Port-Étienne**, port de Mauritanie ; 102 600 h.

Nouakchott, cap. de la Mauritanie ; 600 000 h. dans l'agglomération.

Nougaro (*Claude*), chanteur français (1929-2004) : *Toulouse*.

Nouméa, ch.-l. de la Nouvelle-Calédonie ; 76 293 h.

Noureïev (*Rudolf*), danseur d'origine russe, naturalisé autrichien (1938-1993).

Nourritures terrestres (*les*), roman d'A. Gide.

Nouveau-Brunswick, prov. de l'est du Canada. Cap. *Fredericton*.

Nouveau-Mexique, État du sud des États-Unis. Cap. *Santa Fe*.

nouveau roman, tendance littéraire française, apparue dans les années 1950, en réaction contre le roman traditionnel.

Nouveau Testament → **Bible.**

Nouvel (*Jean*), architecte français (né en 1945) : Institut du monde arabe, à Paris.

Nouvelle-Angleterre, région du nord-est des États-Unis correspondant aux anciennes colonies anglaises.

Nouvelle-Calédonie, île française de la Mélanésie ; 196 836 h. (*Néo-Calédoniens*). Cap. *Nouméa*.

Nouvelle-Écosse, prov. de l'est du Canada ; cap. *Halifax*.

Nouvelle-Galles du Sud, État d'Australie. Cap. *Sydney*.

Nouvelle-Guinée, grande île de l'Océanie (800 000 km^2), partagée entre l'Indonésie et l'État de Papouasie-Nouvelle-Guinée.

Nouvelle-Orléans (**La**), principale ville de Louisiane (États-Unis) ; 484 674 h. (1 238 816 avec les banlieues).

Nouvelles-Hébrides → **Vanuatu.**

nouvelle vague, courant cinématographique français des années 1950.

Nouvelle-Zélande, État de l'Océanie, membre du Commonwealth ; 270 000 km^2 ; 3 808 000 h.(*Néo-Zélandais*). Cap. *Wellington* ; v. pr. *Auckland*.

Nouvelle-Zemble, archipel russe de l'océan Arctique.

Novalis (*Friedrich*), poète romantique allemand (1772-1801).

Noverre (*Jean Georges*), danseur et chorégraphe français (1727-1810).

Novgorod → **Veliki Novgorod.**

Novokouznetsk, de 1932 à 1961 **Stalinsk**, v. de Russie, en Sibérie ocidentale ; 574 890 h.

Novossibirsk, v. de Russie, en Sibérie ; 1 425 600 h.

Noyon, v. de l'Oise ; 14 879 h. (*Noyonnais*).

Nubie, région du sud de l'Égypte.

Nuit du chasseur (*la*), film de C. Laughton (1955).

Nukualofa, cap. des Tonga, sur l'île de Tongatapu ; 20 000 h.

Numance, anc. ville d'Espagne, détruite par les Romains (133 av. J.-C.).

Numa Pompilius, deuxième roi légendaire de Rome.

Numidie, contrée de l'anc. Afrique du Nord.

Nunavut, territoire du nord du Canadacréé en 1999 ; 24 665 h., dont 17500 Inuits. Cap. *Iqaluit*.

Nuremberg, v. d'Allemagne (Bavière) ; 491 300 h. Siège du procès des grands criminels de guerre nazis (1945-1946).

Nyiragongo, volcan actif de l'est de la Rép. démocratique du Congo, dans la chaîne des Virunga ; 3 470 m.

Nymphéas, titre et sujet de nombreuses peintures de Monet.

Nyon, v. de Suisse (Vaud) ; 15 964 h. (*Nyonnais*).

Nyons, v. de la Drôme ; 6 948 h. (*Nyonsais*).

O

OAS (*Organisation armée secrète*), organisation clandestine française opposée à l'indépendance de l'Algérie (1961-1962).

Oates (*Joyce Carol*), femme de lettres américaine (née en 1938).

Ob, fl. de Sibérie ; 4 345 km.

Obama (*Barack Hussein*), homme politique américain (né en 1961). Démocrate, président des États-Unis depuis 2009. Il est le premier Afro-Américain à accéder à cette fonction.

Oberkampf (*Christophe Philippe*), industriel français (1738-1815).

Obernai, v. du Bas-Rhin ; 11 070 h.

Obrenović, dynastie serbe qui a régné de 1815 à 1842 et de 1858 à 1903, rivale des Karadjordjević.

Obwald, demi-cant. de Suisse ; 491 km^2 ; 32 400 h. (*Obwaldiens*) ; ch.-l. *Sarnen*.

O'Casey (*Sean*), auteur dramatique irlandais (1880-1964).

Occam → **Guillaume d'Occam.**

Occident (*Empire d'*), partie de l'Empire romain, de 395 à 476, issue du partage de l'Empire à la mort de Théodose ; cap. *Rome*.

Occitanie, régions de langue d'oc.

OCDE (*Organisation de coopération et de développement économiques*), organisation internationale créée en 1961 qui regroupe auj. 31 États.

Océanie, une des parties du monde (Australie et îles du Pacifique).

Ockeghem ou **Okeghem** (*Johannes*), compositeur flamand (v. 1410-1497).

Octave → **Auguste.**

Octavie, femme de Néron, qui l'accula au suicide (62).

Octavien → **Auguste.**

Oder ou **Odra,** fl. formant la frontière entre la Pologne et l'Allemagne ; 848 km.

Odessa, port d'Ukraine ; 1 029 049 h.

Odin → **Wotan.**

Odoacre, roi barbare (v. 434-493) qui mit fin à l'Empire romain d'Occident (476).

Odyssée (*l'*), poème attribué à Homère, qui retrace les voyages d'Ulysse.

OEA (*Organisation des États américains*), organisation intergouvernementale fondée en 1948.

Œdipe, fils de Laïos, roi de Thèbes, et de Jocaste. Il tua son père, épousa sa mère et se creva les yeux par punition (*Myth. gr.*).

Oe Kenzaburo, écrivain japonais (né en 1935) : *le Jeu du siècle*.

Œrsted (*Hans Christian*), physicien danois (1777-1851). Il découvrit l'électromagnétisme.

Offenbach (*Jacques*), compositeur français d'origine allemande (1819-1880), auteur d'opérettes : *la Vie parisienne*.

Offices, riche musée de peinture à Florence.

Ogaden, plateau steppique d'Éthiopie, à la frontière de la Somalie.

Ohio, riv. des États-Unis.

Ohio, État du nord des États-Unis. Cap. *Columbus*.

Ohm (*Georg Simon*), physicien allemand (1789-1854). Il découvrit les lois fondamentales des courants électriques (1827).

Oisans, massif de l'Isère.

Oise, affl. de la Seine.

Oise, dép. français (60) ; ch.-l. *Beauvais*, ch.-l. d'arr. *Clermont, Compiègne, Senlis* ; 766 441 h.

Oïstrakh (*David Fiodorovitch*), violoniste soviétique (1908-1974).

Okayama, v. du Japon (Honshu) ; 615 757 h.

Okinawa, principale île des Ryukyu (Japon).

Oklahoma, État du sud des États-Unis. Cap. *Oklahoma City*.

Oléron, île de la Charente-Maritime.

Olier (*Jean-Jacques*), ecclésiastique français (1608-1657), fondateur de l'ordre des Sulpiciens.

Olivares (duc D'), homme d'État espagnol (1587-1645). Il s'opposa à Richelieu.

Oliveira (*Manoel* DE), cinéaste portugais (né en 1908).

Oliver (*Joe*, dit **King**), musicien américain de jazz (1885-1938), il popularisa le style « Nouvelle-Orléans ».

Oliver Twist, roman de C. Dickens (1838).

Olivet, v. du Loiret ; 20 450 h. (*Olivetains*).

Olivier (sir *Laurence*), acteur, metteur en scène de théâtre et cinéaste britannique (1907-1989) : *Richard III*.

Oliviers (*mont des*), colline à l'est de Jérusalem, où Jésus pria la veille de sa mort.

Ollioules, v. du Var ; 12 336 h.

Olmèques, peuple ancien du Mexique.

Oloron-Sainte-Marie, v. des Pyrénées-Atlantiques ; 11 740 h. (*Oloronais*).

OLP (*Organisation de libération de la Palestine*), organisation de la résistance palestinienne.

Olympe, montagne de Grèce (2 917m), séjour des dieux (*Myth. gr.*).

Olympia, grande toile de Manet.

Olympie, v. de Grèce où se célébraient les jeux Olympiques.

olympique (*Commission internationale*) ou **CIO**, organisme chargé de l'organisation des jeux Olympiques, fondé en 1894.

Oman (*mer d'*), partie nord-ouest de l'océan

Indien, parfois appelée aussi « mer Arabique » ou « mer d'Arabie ».

Oman (*sultanat d'*), État de l'Arabie sur la *mer d'Oman* ; 212 000 km^2 ; 2 622 000 h. (*Omanais*). Cap. *Mascate*. Pétrole.

Ombrie, région de l'Italie centrale.

OMC (*Organisation mondiale du commerce*), organisation créée en 1995 pour veiller à l'application des accords commerciaux internationaux.

Omeyyades, dynastie de califes arabes qui régna à Damas de 661 à 750 et à Cordoue de 756 à 1031.

Omo, riv. du sud de l'Éthiopie. Fossiles d'hominidés.

OMS (*Organisation mondiale de la santé*), organisation internationale créée en 1946.

Omsk, ville de Russie (Sibérie occidentale) ; 1 133 900 h.

O'Neill (*Eugene*), auteur dramatique américain (1888-1953) : *l'Empereur Jones*.

On ne badine pas avec l'amour, pièce de théâtre de A. de Musset.

Ontario (*lac*), lac de l'Amérique du Nord, entre le Canada et les États-Unis.

Ontario, prov. du Canada. Cap. *Toronto*.

ONU (*Organisation des Nations unies*), organisation internationale constituée en 1945, en vue du maintien de la paix.

Oparine (*Aleksandr Ivanovitch*), chimiste et biologiste soviétique (1894-1980).

OPEP (*Organisation des pays exportateurs de pétrole*), organisation créée en 1960 et regroupant aujourd'hui 12 États.

Opéra (*théâtre de l'*), théâtre lyrique national construit à Paris au XIXe s.

Opéra de quat'sous (*l'*), pièce de théâtre de B. Brecht.

Ophuls (*Max* OPPENHEIMER, dit **Max**), cinéaste et metteur en scène de théâtre français d'origine allemande (1902-1957) : *la Ronde*.

Oppenheimer (*Robert*), physicien américain (1904-1967), spécialiste de la physique nucléaire.

Opus Dei, institution catholique fondée en Espagne en 1928.

Oradour-sur-Glane, village de la Haute-Vienne, dont les habitants furent massacrés par les Allemands en 1944.

Oran, port d'Algérie ; 634 112 h. (*Oranais*).

Orange, fl. d'Afrique centrale.

Orange, anc. prov. de la république d'Afrique du Sud.

Orange, v. de Vaucluse ; 28 889 h. (*Orangeois*). Théâtre romain.

Orcades, en angl. **Orkney**, archipel de Grande-Bretagne, au nord de l'Écosse ; 19 300 h. ; ch.-l. *Kirkwall*.

Orcades du Sud, archipel britannique de l'Atlantique sud.

Oregon, État de l'ouest des États-Unis. Cap. *Salem*. V. pr. *Portland*.

Orenbourg, v. de Russie, sur l'Oural ; 527 803 h.

Orénoque, fl. de l'Amérique du Sud ; 2 160 km.

Oreste, frère d'Électre. Il tua sa mère pour venger son père Agamemnon (*Myth. gr.*).

Organisation de l'aviation civile internationale (OACI), organisation créée en 1944. Institution de l'ONU depuis 1947.

Organisation internationale du travail (OIT), organisation créée en 1919 pour promouvoir la justice sociale et l'amélioration des conditions de travail dans le monde. Institution de l'ONU depuis 1946.

Orgnac-l'Aven, grotte de l'Ardèche.

Oribase, médecin grec (325-403).

Orient (*Églises chrétiennes d'*), ensemble des grandes communautés chrétiennes orientales.

Orient (*Empire d'*), autre nom de l'Empire byzantin, issu du partage de l'Empire romain à la mort de Théodose (395).

origine des espèces par voie de sélection naturelle (*De l'*), ouvrage de C. Darwin.

Orissa, État de l'est de l'Inde.

Orizaba, v. du Mexique, dominée par le *volcan d'Orizaba*, ou Citlaltépetl (5 700 m), point culminant du Mexique ; 118 552 h.

Orléanais, anc. prov. de France ; cap. *Orléans*.

Orléans, ch.-l. de la Région Centre et du Loiret ; 116 559 h. (*Orléanais*).

Orléans (*île d'*), île du Canada (Québec), au milieu du Saint-Laurent, en aval de la ville de Québec.

Orléans, nom de quatre familles princières de France : 1° La première est représentée par PHILIPPE Ier, cinquième fils de Philippe VI de Valois ; 2° La deuxième eut pour chef LOUIS Ier (1372-1407), frère de Charles VI, assassiné par les partisans de Jean sans Peur, et pour représentants : CHARLES Ier (1394-1465), poète, chef des Armagnacs, sous Charles VI ; LOUIS II, roi de France sous le nom de LOUIS XII ; 3° La troisième commence et finit avec GASTON (1608-1660), frère de Louis XIII ; 4° La quatrième a pour représentants PHILIPPE II (1640-1701), frère de Louis XIV ; PHILIPPE III, *le Régent* (1674-1723), qui gouverna pendant la minorité de Louis XV ; LOUIS-PHILIPPE JOSEPH (1747-1793), connu sous le nom de *Philippe Égalité* ; LOUIS-PHILIPPE, son fils, qui devint roi des Français sous le nom de *Louis-Philippe*.

Orly, aéroport au sud de Paris.

Ormuz ou **Hormuz** (*détroit d'*), détroit reliant le golfe Persique au golfe d'Oman et utilisé pour le trafic pétrolier.

Orne, fl. de France.

Orne, dép. français (61) ; ch.-l. *Alençon*, ch.-l. d'arr. *Argentan*, *Mortagne-au-Perche* ; 292 337 h. (*Ornais*).

Oronte, fl. du Moyen-Orient (Liban, Syrie, Turquie), qui rejoint la Méditerranée ; 570 km.

Orphée, fils d'Apollon, musicien. Il descendit aux Enfers pour tenter d'en ramener son amante Eurydice (*Myth. gr.*).

Orsay, v. de l'Essonne ; 16 397 h. (*Orcéens*).

Orsay (*musée d'*), musée national installé dans l'anc. gare d'Orsay, à Paris.

Orthez, v. des Pyrénées-Atlantiques ; 10 936 h. (*Orthéziens*).

Orvault, v. de la Loire-Atlantique ; 24 218 h.

Orvieto, v. d'Italie (Ombrie) ; 20 684 h. Cathédrale.

Orwell (*George*), romancier britannique (1903-1950), auteur de *1984*.

Osaka, port du Japon ; 2 598 774 h.

Osborne (*John*), auteur dramatique britannique (1929-1994) : *la Paix du dimanche*.

OSCE (*Organisation pour la sécurité et la coopération en Europe*), organisation créée en 1995 qui regroupe auj. 56 États.

Oshima Nagisa, cinéaste japonais (né en 1932) : *l'Empire des sens*.

Osiris, dieu de l'anc. Égypte.

Oslo, cap. de la Norvège ; 521 886 h.

Oslo (*accord d'*) → **Washington (accord de).**

Osny, v. du Val-d'Oise ; 14 510 h.

Ossau (*vallée d'*), vallée des Pyrénées, parcourue par le *gave d'Ossau* (branche mère du gave d'Oloron) [80 km].

Ossètes, peuple de Russie (Ossétie du Nord-Alanie) et de Géorgie (Ossétie du Sud).

Ossétie du Nord-Alanie, république de Russie, limitrophe de l'*Ossétie du Sud* ; 673 800 h. Cap. *Vladikavkaz*.

Ossétie du Sud, prov. autonome du nord de la Géorgie ; 100 000 h. Cap. *Tskhinvali*.

Ossian, barde écossais légendaire (IIIe s.).

Ostende, port de Belgique ; 68 273 h.

Ostie, port de la Rome antique.

Ostrava, v. de la République tchèque ; 319 293 h.

Ostrogoths, peuple germanique qui fonda un royaume en Italie (Ve s.-VIe s.).

OTAN (*Organisation du traité de l'Atlantique Nord*), traité d'alliance signé en 1949 entre les États-Unis et de nombreux pays d'Europe occidentale, puis étendu à partir de 1999 à des pays d'Europe de l'Est et de l'ex-URSS (auj. 28 États au total).

OTASE (*Organisation du traité de l'Asie du Sud-Est*), alliance défensive conclue en 1954 et dissoute en 1977.

Othello, tragédie de Shakespeare.

Ottawa, cap. du Canada ; 774 072 h. (1094000 avec les banlieues).

Ottawa (*convention d'*), convention internationale (déc. 1997) contre la production et l'utilisation de mines antipersonnel.

ottoman (*Empire*), ensemble des territoires sur lesquels le sultan exerçait son autorité (XIIIe s.-1922).

Otton, nom de quatre empereurs d'Occident, dont Otton Ier le Grand (912-973), roi de Germanie en 936 et premier empereur germanique en 962.

Ouagadougou, cap. du Burkina ; 821 000 h.

Ouarzazate, v. du Maroc, ch.-l. de prov. ; 39 203 h. Tourisme.

Oudinot (*Nicolas*), maréchal de France (1767-1847).

Oudmourtes, peuple finno-ougrien de Russie, vivant principalement en Oudmourtie (env. 750 000).

Oudong, localité du Cambodge. Nécropole.

Oudry (*Jean-Baptiste*), peintre et décorateur français (1686-1755).

Ouessant, île de Bretagne.

Oufa, v. de Russie, cap. du Bachkortostan, au confluent de la Bielaïa et de l'*Oufa* (918 km) ; 1 090 644 h.

Ouganda, État de l'Afrique orientale ; 237 000 km^2 ; 24 023 000 h. (*Ougandais*). Cap. *Kampala*.

Ougarit ou **Ugarit,** cité commerciale antique (IIe millénaire) de la côte syrienne.

Oulan-Bator, capitale de la Mongolie ; 812 000 h.

Oulan-Oude, v. de Russie, cap. de la Bouriatie ; 672 240 h.

Oulipo (*OUvroir de LIttérature POtentielle*), groupe d'écrivains créé par le mathématicien François Le Lionnais et R. Queneau en 1960.

Oullins, v. du Rhône ; 25 478 h.

Oum Kalsoum (*Fatima* Ibrahim, dite), chanteuse égyptienne (1898 ?-1975).

Ouolofs, peuple du Sénégal et de la Gambie.

Our, cité de Mésopotamie, florissante au IIIe millénaire av. J.-C.

Oural, fl. de Russie et du Kazakhstan, né dans l'Oural et qui rejoint la Caspienne ; 2 428 km.

Oural, massif de Russie, limite entre l'Europe et l'Asie.

Ouranos, dieu grec personnifiant le Ciel, époux de Gê.

Ourartou, royaume de l'Orient ancien (IXe-VIIe s. av. J.-C.).

Ourcq, affl. de la Marne ; 80 km.

Ourmia, anc. **Rezaye**, v. du nord-ouest de l'Iran, sur le *lac d'Ourmia* ; 435 200 h.

Ourouk, cité antique de Mésopotamie (fin du IVe millénaire).

Ouroumtsi, en ch. **Wulumuqi**, v. de Chine, cap. du Xinjiang ; 1 160 775 h.

Ours (*Grand Lac de l'*), lac du Canada septentrional (Territoires du Nord-Ouest) ; 31 100 km^2.

Ousmane dan Fodio, lettré musulman (1754-1817), fondateur d'un empire peul (Sokoto).

Outaouais (*rivière des*), riv. du Canada, affl. du Saint-Laurent ; 1 120 km.

Outreau, v. du Pas-de-Calais ; 15 442 h.

Ouzbékistan, État de l'Asie centrale ; 447 000 km^2 ; 25 257 000 h. (*Ouzbeks*). Cap. *Tachkent*.

Ovide, poète latin (43 av. J.-C.-v. 17 apr. J.-C.) : *les Métamorphoses.*

Owen (*Robert*), théoricien socialiste britannique (1771-1858).

Oxford, v. universitaire d'Angleterre ; 134 248 h.

Oyonnax, v. de l'Ain ; 24 636 h. (*Oyonnaxiens*).

Ozawa Seiji, chef d'orchestre japonais (né en 1935).

Ozoir-la-Ferrière, v. de Seine-et-Marne ; 20 817 h. (*Ozoiriens*).

Ozu Yasujiro, cinéaste japonais (1903-1963) : *Voyage à Tokyo.*

P

Pabst (*Georg Wilhelm*), cinéaste autrichien (1885-1967) : *Loulou.*

PAC (*politique agricole commune*), politique agricole de l'Union européenne.

Pachtouns, peuple de l'Afghanistan.

Pacifique, grand océan entre l'Amérique, l'Asie et l'Australie.

Padang, port d'Indonésie (Sumatra) ; 721 500 h.

Paderewski (*Ignacy*), homme politique et musicien polonais (1860-1941).

Padoue, v. d'Italie (Vénétie) ; 204 870 h.

Paestum, v. anc. de l'Italie du Sud. Temples.

Paganini (*Niccolo*), violoniste italien (1782-1840).

Pagnol (*Marcel*), écrivain et cinéaste français (1895-1974) : *Topaze, la Gloire de mon père.*

Pahlavi, dynastie fondée par *Reza Chah*, qui régna sur l'Iran de 1925 à 1979.

Paik (*Nam June*), artiste coréen (1932-2006), pionnier de l'utilisation de l'électronique et de la vidéo.

Painlevé (*Paul*), mathématicien et homme politique français (1863-1933).

Paix (*rivière de la*), riv. du Canada, qui rejoint la rivière des Esclaves (section du fl. Mackenzie) ; env. 1 600 km.

Pakanbaru, v. d'Indonésie, dans l'intérieur de Sumatra ; 558 200 h.

Pakistan, État de l'Asie méridionale ; 803 900 km^2 ; 144 971 008 h. (*Pakistanais*). Cap. *Islamabad*, v. pr. *Karachi.*

Paladru, comm. de l'Isère, sur le *lac de Paladru* (390 ha) ; 875 h.

Palaiseau, v. de l'Essonne ; 30 158 h. (*Palaisiens*).

Palais idéal (*le*), édifice situé à Hauterives (Drôme), construit et décoré par le facteur des postes Joseph Ferdinand Cheval entre 1879 et 1912.

Palais-Royal, ensemble de bâtiments (XVIIe s.) et de jardins, à Paris.

Palaos, Palau ou **Belau,** État d'Océanie ; 487 km^2 ; 20 000 h. (*Palaosiens, Palauans* ou *Paluans*). Cap. *Melekeok.*

Palatin (*mont*), colline de Rome.

Palatinat, région d'Allemagne, sur la rive gauche du Rhin.

Palembang, port d'Indonésie, dans le sud de Sumatra ; 1 352 300 h.

Palenque, cité maya du Mexique.

Paléologue, famille byzantine qui régna sur l'Empire byzantin de 1261 à 1453.

Palerme, v. d'Italie, en Sicile ; 686 722 h.

Palestine, région de l'Asie occidentale, la *Terre promise* des Hébreux, divisée en 1947 en un État juif (Israël) et une zone arabe.

Palestrina, compositeur italien (1525-1594), auteur de messes et de motets.

Palissy (*Bernard*), potier et savant français (v. 1510-v. 1589) célèbre pour ses terres cuites émaillées.

Palladio (*Andrea*), architecte italien (1508-1580). Ses chefs-d'œuvre se trouvent à Vicence et à Venise.

Palma, cap. des îles Baléares ; 333 801 h.

Palmas (**Las**), ch.-l. des Canaries et ch.-l. de prov., sur la Grande Canarie ; 358 518 h.

Palmerston (*Henry* TEMPLE, *vicomte*), homme politique anglais (1784-1865).

Palmyre, anc. v. de Syrie. Ruines romaines.

Palomar (*mont*), observatoire astronomique situé en Californie.

Paluel, comm. de la Seine-Maritime ; 426 h. Centrale nucléaire.

Pamiers, v. de l'Ariège ; 15 013 h. (*Appaméens*).

Pamir, massif de l'Asie centrale.

Pampa (*la*), plaine d'Argentine.

Pampelune, ville d'Espagne (Navarre) ; 186 245 h.

Pamukkale, site archéologique de Turquie, à l'emplacement de l'anc. Hiérapolis, ville de Phrygie.

Pan, dieu grec des Bergers et des Troupeaux.

Panamá, isthme de l'Amérique centrale, traversé par le *canal de Panamá* (79,6 km).

Panamá, État de l'Amérique centrale ; 77 000 km^2 ; 2 899 000 h. (*Panaméens*). Cap. *Panamá* (413 505 h.).

Panchir (*vallée du*), vallée de l'Hindu Kuch, parcourue par le *Panchir*, dans le nord-est de l'Afghanistan.

Pandore, la première femme, qui ouvrit un vase contenant tous les maux de l'humanité (*Myth. gr.*).

Pangée, continent unique de la fin du paléozoïque.

Pankhurst (*Emmeline* GOULDEN, Mrs), suffragette britannique (1858-1928), qui milita pour le vote des femmes.

Pantagruel (*les Horribles et Épouvantables Faits et Prouesses du très renommé*), roman de Rabelais.

Panthéon, temple de Rome, fondé en 27 av. J.-C. et reconstruit sous Hadrien.

Panthéon, monument de Paris construit par Soufflot, dédié aux grands hommes.

Pantin, v. de la Seine-Saint-Denis ; 50 070 h.

Panurge, un des personnages de *Pantagruel*, de Rabelais.

Paoli (*Pascal*), patriote corse (1725-1807).

Papandhréou (*Andhréas*), homme politique grec (1919-1996), Premier ministre de 1981 à 1989, puis de 1993 à 1996. ◆ Son fils GHEÓRGHIOS (né en 1952) est Premier ministre depuis 2009.

Papeete, v. de Tahiti, ch.-l. de la Polynésie française ; 26 181 h.

Papin (*Denis*), physicien français (1647-1714). Il étudia la force de la vapeur.

Papouasie-Nouvelle-Guinée, État d'Océanie ; 463 000 km^2 ; 4 902 000 h. (*Papouans-Néo-Guinéens*). Cap. *Port Moresby*.

Papous, groupe de peuples d'Océanie.

Pâques (*île de*), île du Pacifique, à l'ouest du Chili. Statues géantes monolithes.

Paracel (*îles*), groupe d'îlots de la mer de Chine méridionale, au large du Viêt Nam.

Paracelse, médecin suisse (v. 1493-1541).

Paradis perdu (*le*), poème biblique de J. Milton.

Paraguay, État de l'Amérique du Sud ; 407 000 km^2 ; 5 636 000 h. (*Paraguayens*). Cap. *Asunción*.

Paraguay, riv. de l'Amérique du Sud, affluent du Paraná ; 2 500 km.

Paraná, fl. de l'Amérique du Sud qui, avec l'Uruguay, forme le Río de la Plata ; 3 300 km.

Paravents (*les*), pièce de théâtre de J. Genet.

Paré (*Ambroise*), chirurgien français (v. 1509-1590), père de la chirurgie moderne.

Pareto (*Vilfredo*), sociologue et économiste italien (1848-1923).

Paris, cap. de la France, sur la Seine, ch.-l. du dép. du même nom (75) et de la Région Île-de-France ; 2 147 857 h. (*Parisiens*) [9 794 000 avec les banlieues].

Pâris, prince troyen, fils de Priam et ravisseur d'Hélène (*Myth. gr.*).

parisien (*Bassin*), région sédimentaire de France.

Parker (*Charles Christopher*, dit **Charlie**), saxophoniste et compositeur américain de jazz, surnommé BIRD (1920-1955).

Parlement européen, institution communautaire composée de députés élus dans chacun des États membres de l'Union européenne.

Parme, v. d'Italie ; 163 457 h. (*Parmesans*).

Parménide, philosophe présocratique grec (v. 515-v. 440 av. J.-C.).

Parmentier (*Antoine Augustin*), agronome français (1737-1813). Il propagea la culture de la pomme de terre.

Parnasse, mont de la Grèce, consacré aux Muses et à Apollon (*Myth. gr.*).

Paros, une des Cyclades. Marbre.

Parques, divinités latines qui président à la destinée, de la naissance à la mort.

Parrain (*le*), film de F. F. Coppola (1972).

Parsifal, opéra de Wagner.

Partage de midi, drame de P. Claudel.

Parthenay, v. des Deux-Sèvres ; 11 168 h. (*Parthenaisiens*).

Parthénon, temple d'Athéna, sur l'Acropole d'Athènes (Ve s. av. J.-C.).

Parthes, anc. peuple apparenté aux Scythes, qui constitua un royaume (v. 250 av. J.-C.-224 apr. J.-C.).

Pascal (*Blaise*), savant, philosophe et écrivain français (1623-1662) : *Pensées*.

Pas-de-Calais, dép. français (62) ; ch.-l. *Arras*, ch.-l. d'arr. *Béthune*, *Boulogne-sur-Mer*, *Calais*, *Lens*, *Montreuil*, *Saint-Omer* ; 1 441 568 h.

Pasiphaé, épouse de Minos (*Myth. gr.*).

Pasolini (*Pier Paolo*), écrivain et cinéaste italien (1922-1975) : *Théorème*.

Passion de Jeanne d'Arc (*la*), film de C. T. Dreyer (1928).

Passion selon saint Matthieu (*la*), oratorio de J. S. Bach.

Pasternak (*Boris*), écrivain soviétique (1890-1960) : *le Docteur Jivago*.

Pasteur (*Institut*), fondation scientifique créée en 1887-1888. Centre de recherche et d'enseignement ; production de vaccins et de sérums.

Pasteur (*Louis*), chimiste et biologiste français (1822-1895). Il a étudié les fermentations et les microbes et découvert le vaccin contre la rage.

Patagonie, sud de l'Amérique du Sud.

Pataud, abri-sous-roche situé aux Eyzies-de-Tayac-Sireuil (Dordogne).

Patay, village du Loiret. Victoire de Jeanne d'Arc sur les Anglais (1429).

Pathelin (*la Farce de Maître*), farce du XVe s.

Patinir ou **Patenier** (*Joachim*), peintre des anciens Pays-Bas du Sud (v. 1480-1524) : *Paysage avec la fuite en Égypte*.

Pátmos ou **Pathmos,** l'une des îles Sporades, où, selon la tradition chrétienne, Jean écrivit l'Apocalypse (v. 96).

Patna, v. de l'Inde (Bihar) ; 1 376 950 h.

Patras, port de Grèce (Péloponnèse) ; 164 534 h.

Patrick ou **Patrice** (*saint*), apôtre de l'Irlande (v. 385-v. 461).

Patrocle, héros troyen, ami d'Achille, tué par Hector (*Myth. gr.*).

Pattadakal, site archéologique de l'Inde, dans le Deccan. Temple (VIIIᵉ s.).

Patton (*George*), général américain (1885-1945), spécialiste des chars. Il participa à la Libération (1944-1945).

Pau, ch.-l. des Pyrénées-Atlantiques, anc. cap. du Béarn ; 80 610 h. (*Palois*).

Pau (*gave de*), affl. de l'Adour ; 120 km.

Paul, nom de plusieurs papes.

Paul (*saint*), dit l'*Apôtre des Gentils* (m. en 62 ou 67), évangélisateur de la Grèce et de l'Asie Mineure, auteur d'épîtres.

Paul Iᵉʳ, empereur de Russie (1796-1801), assassiné.

Paul VI (1897-1978), pape après 1963.

Paul Émile, consul romain, tué à la bataille de Cannes (216 av. J.-C.)

Paul Émile le Macédonique (v. 228-160 av. J.-C.), général romain, fils de Paul Émile. Il vainquit Persée, roi de Macédoine.

Paulhan (*Jean*), écrivain et critique français (1884-1968).

Pauli (*Wolfgang*), physicien américain et suisse d'origine autrichienne (1900-1958), l'un des créateurs de la théorie quantique des champs.

Pavarotti (*Luciano*), ténor italien (1935-2007).

Pavese (*Cesare*), écrivain italien (1908-1950) : *le Bel Été*.

Pavie, v. de Lombardie. François Iᵉʳ y fut battu par Charles Quint (1525).

Pavillons-sous-Bois (**Les**), v. de la Seine-Saint-Denis ; 18 559 h.

Pavlov (*Ivan*), physiologiste russe (1849-1936). Il découvrit les réflexes conditionnés.

Paxton (sir *Joseph*), jardinier et architecte britannique (1801-1865), pionnier de l'architecture du fer et de la préfabrication.

Pays-Bas, État d'Europe, au nord de la Belgique ; 34 000 km^2 ; 15,9 millions d'h. (*Néerlandais*). Cap. *Amsterdam* et *La Haye*.

Paz (**La**), cap. de la Bolivie ; 793 293 h.

Paz (*Octavio*), écrivain mexicain (1914-1998) : *l'Arc et la Lyre*.

Peano (*Giuseppe*), logicien et mathématicien italien (1858-1932).

Pearl Harbor, port des îles Hawaii. Attaque japonaise en 1941.

Peary (*Robert*), explorateur américain (1856-1920). Il conquit le pôle Nord.

Pech-Merle, site préhistorique du Lot. Grotte ornée du paléolithique.

Peck (*Eldred Gregory*, dit **Gregory**), acteur américain (1916-2003) : *la Maison du Dʳ Edwardes*.

Pecq (**Le**), v. des Yvelines ; 16 509 h.

Peel (sir *Robert*), homme politique britannique, conservateur et libre-échangiste (1788-1850).

Peenemünde, anc. base militaire (lancement de V1 et V2) d'Allemagne (Mecklembourg-Poméranie-Occidentale).

Peer Gynt, drame d'Ibsen, musique de scène de Grieg (1867).

Pégase, cheval ailé, symbole de l'inspiration poétique (*Myth. gr.*).

Péguy (*Charles*), écrivain français (1873-1914).

Pei Ieoh Ming, architecte et urbaniste américain d'origine chinoise (né en 1917) : pyramide de verre du Louvre.

Pékin, cap. de la Chine ; 10 848 000 h.

Pelé (*Edson Arantes* DO NASCIMENTO, dit), footballeur brésilien (né en 1940), il a remporté trois fois la Coupe du monde.

Pelée (*montagne*), volcan de la Martinique ; éruption en 1902.

Pèlerinage à l'île de Cythère ou **l'Embarquement pour Cythère,** grande toile de Watteau.

Pèlerin de Maricourt (*Pierre*), philosophe français du XIIIᵉ s.

Pèlerins d'Emmaüs (*les*), tableau de Rembrandt.

Pelléas et Mélisande, drame de M. Maeterlinck qui inspira un opéra à C. Debussy.

Pellico (*Silvio*), écrivain italien (1789-1854) : *Mes prisons*.

Péloponnèse, presqu'île du sud de la Grèce.

Penderecki (*Krzysztof*), compositeur polonais (né en 1933).

Pendjab, région de l'Inde et du Pakistan.

Pendjab, État du nord de l'Inde ; 50 362 km^2 ; 24 289 296 h. Cap. *Chandigarh*.

Pénélope, femme d'Ulysse, modèle de fidélité conjugale (*Myth. gr.*).

Péninsule acadienne, péninsule de l'est du Canada, sur l'Atlantique.

Penn (*Arthur*), cinéaste américain (né en 1922) : *Bonnie and Clyde*.

Pennes-Mirabeau (**Les**), v. des Bouches-du-Rhône ; 19 247 h.

Pennsylvanie, État de l'est des États-Unis. Cap. *Harrisburg*. V. pr. *Philadelphie*.

Pensées, ouvrage de Pascal.

Pentagone (le), édifice qui abrite à Washington le secrétariat à la Défense et l'état-major des forces armées des États-Unis.

Pentateuque, les cinq premiers livres de la Bible.

Penzias (*Arno*), astronome américain d'origine allemande (né en 1933).

Pépin le Bref (v. 715-768), fils de Charles Martel. Roi des Francs en 751. Il inaugura la dynastie carolingienne.

Percé *(rocher)*, falaise, creusée d'arches naturelles, du littoral atlantique du Canada (Québec), en Gaspésie.

Perceval ou le Conte du Graal, roman inachevé de Chrétien de Troyes.

Perche, rég. de l'ouest du Bassin parisien.

Percier *(Charles)* → **Fontaine.**

Perec *(Georges)*, écrivain français (1936-1982), membre de l'Oulipo : *les Choses*.

Pérec *(Marie-José)*, athlète française (née en 1968).

Peres *(Shimon)*, homme politique israélien (né en 1923), Premier ministre de 1984 à 1986, puis de 1995 à 1996, et président d'Israël depuis 2007.

Pérez de Cuéllar *(Javier)*, diplomate et homme politique péruvien (né en 1920), secrétaire général de l'ONU de 1982 à 1991.

Pergame, v. de l'Asie Mineure, capitale du royaume hellénistique de Pergame (v. 282-133 av. J.-C.).

Pergolèse *(Jean-Baptiste)*, compositeur italien (1710-1736).

Péribonka, riv. du Canada (Québec) ; 547 km.

Périclès, homme d'État athénien (v. 495-429 av. J.-C.). Il démocratisa la vie politique.

Perier *(Casimir)*, banquier et homme politique français (1777-1832).

Pérignon (dom *Pierre*), bénédictin français (1638 ou 1639-1715). Il améliora les techniques de fabrication du champagne.

Périgord, région du sud-ouest de la France ; v. pr. *Périgueux*.

Périgueux, ch.-l. de la Dordogne ; 32 294 h. (*Périgourdins*).

Perlemuter *(Vlado)*, pianiste français d'origine polonaise (1904-2002).

Perm, v. de Russie ; 1 000 100 h.

Permeke *(Constant)*, peintre belge (1886-1952), maître de l'expressionnisme.

Pernes-les-Fontaines, v. de Vaucluse ; 10 309 h.

Perón *(Juan Domingo)*, homme politique argentin (1895-1974). Président de la République de 1946 à 1955 et de 1973 à 1974.

Péronne, v. de la Somme ; 8 963 h. (*Péronnais*). Entrevue entre Charles le Téméraire et Louis XI (1468).

Pérou, État de l'Amérique du Sud ; 1 285 000 km^2 ; 26 millions d'h. (*Péruviens*). Cap. *Lima*.

Pérouse, en it. **Perugia**, v. d'Italie, cap. de l'Ombrie et ch.-l. de prov. ; 158 282 h.

Perpignan, ch.-l. des Pyrénées-Orientales ; 107 241 h. (*Perpignanais*).

Perrault *(Charles)*, écrivain français (1628-1703), auteur de contes. ◆ Son frère CLAUDE (1613-1688) serait l'auteur de la « colonnade » du Louvre à Paris.

Perret *(Auguste)*, architecte français (1874-1954). Il a dirigé la reconstruction du Havre.

Perret *(Pierre)*, chanteur français (né en 1934) : *Ouvrez la cage aux oiseaux*.

Perreux-sur-Marne (**Le**), v. du Val-de-Marne ; 30 227 h.

Perrin *(Jean)*, physicien français (1870-1942). Il détermina le *nombre d'Avogadro*.

Perse, anc. n. de l'Iran. Les Perses constituèrent deux empires, les Achéménides et les Sassanides.

Persée, héros qui coupa la tête de Méduse (*Myth. gr.*).

Persépolis, une des cap. des Achéménides. Ruines d'un vaste complexe palatial.

Pershing *(John Joseph)*, général américain (1860-1948).

Persique ou **Arabique** *(golfe)*, golfe entre l'Iran et l'Arabie. Pétrole.

Perth, v. de l'ouest de l'Australie ; 43 450 h.

Pertuis, v. de Vaucluse ; 18 078 h.

Pérugin (*Pietro* VANNUCI, dit **le**), peintre italien (v. 1448-1523), maître de Raphaël.

Peshawar, v. du Pakistan ; 983 000 h.

Pessac, v. de la Gironde ; 56 851 h.

Pessoa *(Fernando)*, poète portugais (1888-1935) : *Poésies d'Álvaro de Campos*.

Peste noire ou **Grande Peste,** épidémie qui ravagea l'Europe entre 1346 et 1351-1352 et tua environ 25 millions de personnes, soit le tiers de la population.

Pétain *(Philippe)*, maréchal de France (1856-1951). Vainqueur à Verdun en 1916. Chef de l'État français à Vichy pendant l'occupation allemande (1940-44). Condamné à mort en 1945.

Peterson *(Oscar)*, pianiste et compositeur canadien de jazz (1925-2007).

Petipa *(Marius)*, danseur et chorégraphe français (1818-1910) : *la Bayadère*.

Petit *(Roland)*, danseur et chorégraphe français (né en 1924).

Petit Prince *(le)*, conte de Saint-Exupéry.

Petit-Quevilly (**Le**), v. de la Seine-Maritime ; 22 601 h. (*Quevillais*).

Petöfi *(Sándor)*, poète hongrois (1823-1849), héros de la lutte révolutionnaire de 1848-49.

Pétra, anc. capitale d'un royaume d'Arabie (auj. en Jordanie). Architecture rupestre.

Pétrarque, poète italien (1304-1374).

Petrograd → **Saint-Pétersbourg.**

Pétrone, écrivain latin (m. en 66 apr. J.-C.) : *le Satiricon*.

Peugeot, société française de construction automobile créée au début du XIXe s.

Peuls ou **Foulbés,** peuples d'Afrique de l'Ouest.

Pevsner *(Antoine)*, peintre et sculpteur français d'origine russe (1886-1962).

Phaéton, fils du Soleil, dont il essaya de conduire le char (*Myth. gr.*).

Phaistos, site archéologique de Crète.

Pharos, île de l'Égypte ancienne, près d'Alexandrie, où se dressait un phare célèbre.

Pharsale, anc. v. de Thessalie. Victoire de César sur Pompée (48 av. J.-C.).

Phébus, autre nom d'Apollon.

Phèdre, épouse de Thésée. (*Myth. gr.*).

Phèdre, tragédie de Racine.

Phèdre, fabuliste latin (v. 10 av. J.-C.-v. 54 apr. J.-C.).

Phelps (*Michael*), nageur américain (né en 1985). Il a remporté six titres olympiques en 2004 et huit en 2008 (record de tous les JO).

Phénicie, anc. région du littoral syro-palestinien.

Phénix, oiseau mythique, renaissant de ses cendres, symbole d'immortalité.

Phidias, sculpteur grec (v. 490-431 av. J.-C.), maître du classicisme attique.

Philadelphie, port du nord-est des États-Unis ; 1 517 550 h. (5,1 millions dans l'aggl.).

Philae, île du Nil, en amont d'Assouan. Monuments (IVe s. av. J.-C.-Ve s. apr. J.-C.).

Philémon et **Baucis,** couple légendaire, modèle de l'amour conjugal (*Myth. gr.*).

Philipe (*Gérard* PHILIP, dit **Gérard**), acteur français (1922-1959) : *Fanfan la Tulipe.*

Philippe, nom de deux saints du Ier s., l'un apôtre, l'autre diacre.

Philippe, nom de trois ducs de Bourgogne dont PHILIPPE III LE BON (1396-1467).

Philippe, nom de plusieurs rois d'Espagne.

Philippe Ier (1053-1108), roi de France en 1060.

Philippe II (v. 382-336 av. J.-C.), roi de Macédoine en 356, père d'Alexandre le Grand.

Philippe II (1527-1598), roi d'Espagne en 1556. Il se fit le champion du catholicisme en Europe.

Philippe II Auguste (1165-1223), roi de France en 1180. Il agrandit considérablement le domaine royal, et entreprit la troisième croisade.

Philippe III le Hardi (1245-1285), roi de France en 1270.

Philippe IV le Bel (1268-1314), roi de France en 1285. Il lutta contre les Flamands, entra en conflit avec le pape Boniface VIII.

Philippe V (1683-1746), petit-fils de Louis XIV, roi d'Espagne en 1700.

Philippe V le Long (1293-1322), roi de France en 1316.

Philippe VI de Valois (1293-1350), roi de France en 1328. Il commença la guerre de Cent Ans.

Philippe Égalité → **Orléans** (*Louis-Philippe Joseph,* DUC D').

Philippe Neri (*saint*), prêtre italien (1515-1595), fondateur des oratoriens.

Philippines, archipel et État de l'Asie du Sud-Est ; 300 000 km^2 ; 77 131 000 h. (*Philippins*). Cap. *Manille.*

Philips, société néerlandaise d'éclairage et d'électronique, fondée en 1891.

Philistins, anc. peuple palestinien.

Philon d'Alexandrie, philosophe juif (v. 20 av. J.-C.-v. 50 apr. J.-C.).

Phnom Penh, cap. du Cambodge ; 1 157 000 h.

Phocée, anc. v. d'Ionie, cité mère de Marseille.

Phoenix, v. des États-Unis (Arizona) ; 1 321 045 h. (3 251 876 avec les banlieues).

Phrygie, anc. pays de l'Asie Mineure.

Piaf (*Édith Giovanna* GASSION, dite **Édith**), chanteuse française (1915-1963) : *l'Hymne à l'amour.*

Piaget (*Jean*), psychologue suisse (1896-1980), spécialiste de l'enfant.

Pialat (*Maurice*), cinéaste français (1925-2003) : *À nos amours.*

Piana, v. de la Corse-du-Sud ; 433 h. Calanques.

Piano (*Renzo*), architecte italien (né en 1937) : Centre national d'art et de culture Georges-Pompidou (avec R. Rogers).

Piazza Armerina, v. d'Italie (Sicile) ; 22 199 h. Villa romaine (mosaïques du IVe s.).

Picabia (*Francis*), peintre français (1879-1953), l'un des animateurs du mouvement dada.

Picardie, Région et anc. prov. de France ; ch.-l. *Amiens.* Hab. *Picards.*

Picart le Doux (*Jean*), artiste décorateur et graphiste français (1902-1982), auteur de cartons de tapisserie.

Picasso (*Pablo*), peintre espagnol (1881-1973), promoteur du cubisme : *les Demoiselles d'Avignon, Guernica.*

Piccard (*Auguste*), physicien suisse (1884-1962), explorateur de la stratosphère et des profondeurs sous-marines.

Piccoli (*Michel*), acteur français (né en 1925) : *le Mépris, Belle de jour, la Grande Bouffe.*

Pic de La Mirandole (*Jean*), humaniste italien (1463-1494), d'une immense érudition.

Pichegru (*Charles*), général français (1761-1804).

Pictes, peuple de l'Écosse ancienne.

Pie, nom de douze papes.

Pie IX (1792-1878), pape après 1846, qui promulgua le dogme de l'infaillibilité pontificale.

Piémont, région du nord de l'Italie ; cap. *Turin.* Hab. *Piémontais.*

Pierre, nom de cinq rois de Portugal, dont : PIERRE Ier, *le Justicier* (1320-1367), roi en 1357, époux d'Inès de Castro.

Pierre (*Henri* GROUÈS, dit **l'abbé**), prêtre français (1912-2007). Il s'est consacré à la défense des sans-logis.

Pierre (*saint*), apôtre et premier pape, martyrisé à Rome (m. entre 64 et 67).

Pierre Ier (1798-1834), empereur du Brésil de 1821 à 1831 et roi de Portugal sous le nom de Pierre IV.

Pierre Ier Karadjordjević (1844-1921), roi de Serbie à partir de 1903 et de Yougoslavie de 1919 à 1921.

Pierre Ier le Cruel (1334-1369), roi de Castille de 1350 à 1369.

Pierre Ier le Grand (1672-1725), empereur de Russie de 1682 à 1725. Il modernisa son État et fonda Saint-Pétersbourg.

Pierre II (1923-1970), roi de Yougoslavie de 1934 à 1945.

Pierre III (1728-1762), empereur de Russie en 1762, assassiné à l'instigation de sa femme, Catherine II.

Pierrefitte-sur-Seine, v. de la Seine-Saint-Denis ; 25 939 h.

Pierrefonds, v. de l'Oise ; 2 150 h. Château fort (XIVe s., reconstruit au XIXe s.).

Pierrelatte, v. de la Drôme ; 12 166 h.

Pierre l'Ermite (v. 1050-1115), prédicateur français de la première croisade.

Pierre le Vénérable, abbé et réformateur de Cluny (v. 1092-1156).

Pierre-Saint-Martin (la), gouffre très profond (1 358 m) des Pyrénées occidentales, à la frontière espagnole.

Pietermaritzburg, v. du Kwazulu-Natal (Afrique du Sud) ; 229 000 h.

Pie VII (1742-1823), pape après 1800. Il s'opposa à Napoléon.

Pie XII (1876-1958), pape après 1939.

Pigalle (*Jean-Baptiste*), sculpteur français (1714-1785).

Pilate (*Ponce*), procurateur de Judée, qui prononça la sentence de mort de Jésus.

Pilat-Plage, station balnéaire de la Gironde, au pied de la *dune du Pilat* (103 m).

Pilâtre de Rozier (*François*), aéronaute français (1756-1785), auteur du premier vol humain en montgolfière (1783).

Pilcomayo, riv. d'Amérique du Sud, affl. du Paraguay ; 2 500 km.

Pilon (*Germain*), sculpteur français (v. 1528-1590).

Piłsudski (*Józef*), homme politique polonais (1867-1935), au pouvoir de 1918 à 1935.

Pinatubo, volcan des Philippines.

Pincevent, site préhistorique de la vallée de la Seine (- 15 000).

Pindare, poète grec (518-438 av. J.-C.).

Pinde (le), massif de la Grèce ; 2 636 m.

Pinel (*Philippe*), médecin français (1745-1826), fondateur de la psychiatrie.

Pingxiang, v. de Chine (Jiangxi) ; 1 388 427 h.

Pink Floyd, groupe britannique de pop, fondé en 1966 : *The Wall*.

Pinocchio, personnage d'un roman pour la jeunesse écrit par l'écrivain italien Carlo Collodi (1826-1890).

Pinochet Ugarte (*Augusto*), général et homme politique chilien (1915-2006), président de la République de 1974 à 1990.

Pinter (*Harold*), acteur et auteur dramatique britannique (1930-2008) : *le Retour*.

Piquet (*Nelson*), coureur automobile brésilien (né en 1952), trois fois champion du monde des conducteurs.

Pirandello (*Luigi*), romancier et dramaturge italien (1867-1936) : *Chacun sa vérité*.

Piranèse (*Giovanni Battista*), graveur italien (1720-1778) : *Prisons*.

Pirée (**Le**), port d'Athènes ; 176 733 h.

Pisanello, peintre et médailleur italien (av. 1395-v. 1455).

Pisano, nom de plusieurs sculpteurs italiens du Moyen Âge, actifs à Pise, Sienne ou Florence : Nicola et son fils Giovanni (XIIIe s.), Andrea et son fils Nino (XIVe s.).

Pise, v. de Toscane (Italie) ; 896 940 h. Monuments romans et gothiques (Tour penchée).

Pisistrate, tyran d'Athènes (v. 600-527 av. J.-C.), continuateur de l'œuvre de Solon.

Pissarro (*Camille*), peintre impressionniste français (1830-1903).

Pithiviers, v. du Loiret ; 9 506 h. (*Pithivériens*).

Pitoëff (*Georges*), acteur et metteur en scène de théâtre français d'origine russe (1884-1939).

Pitt (*William*), homme politique anglais (1708-1778). ◆ Son fils, WILLIAM, lutta contre la Révolution et Napoléon (1759-1806).

Pittsburgh, v. des États-Unis ; 334 563 h. (2 358 695 avec les banlieues). Acier.

Pizarro (*Francisco*), conquistador espagnol (v. 1475-1541). Il conquit le Pérou.

Plagne (**La**), station de sports d'hiver de Savoie.

Plaisir, v. des Yvelines ; 31 342 h.

Planchon (*Roger*), metteur en scène et auteur dramatique français (1931-2009).

Planck (*Max*), physicien allemand (1858-1947), créateur de la théorie quantique (1900).

Plantagenêt, famille des comtes d'Anjou, qui régna sur l'Angleterre de Henri II à Richard III (1154-1485).

Plata (**La**), v. d'Argentine, ch.-l. de la prov. de Buenos Aires, près du *Río de la Plata* ; 542 567 h.

Plata (*Río de la*), estuaire commun de l'Uruguay et du Paraná.

Platées, anc. v. de Grèce. Défaite des Perses face aux Grecs unis (479 av. J.-C.).

Platini (*Michel*), footballeur français (né en 1955).

Platon, philosophe grec (428-v. 348 av. J.-C.), disciple de Socrate et auteur d'un système idéaliste : *le Banquet, la République*.

Plaute, poète comique latin (254-184 av. J.-C.) : *Amphitryon*.

Pléiade (la), groupe de poètes dirigé par Ronsard (XVIe s.).

Plérin, v. des Côtes-d'Armor ; 12 988 h.

Plessis-Robinson (**Le**), v. des Hauts-de-Seine ; 21 759 h.

Pline l'Ancien, naturaliste et écrivain latin (23-79) : *Histoire naturelle*. Il est mort lors de l'éruption du Vésuve.

Pline le Jeune, écrivain latin (62-v. 114), neveu du précédent.

Ploemeur, v. du Morbihan ; 19 169 h.

Plomb du Cantal, point culminant du massif du Cantal ; 1 855 m.

Plotin, philosophe alexandrin (v. 205-v. 270).

Ploufragan, v. des Côtes-d'Armor ; 11 041 h.

Plutarque, écrivain et moraliste grec (v. 50-v. 125) : *Vies parallèles*.

Pluton, autre nom d'Hadès.

Pluton, planète naine du Système solaire.

Plymouth, port militaire anglais ; 240 718 h.

Plzeň, v. de la République tchèque (Bohême) ; 166 274 h. Brasseries.

PNUD (*Programme des Nations unies pour le développement*), organisme de l'ONU créé en 1966.

Pô (le), fl. de l'Italie du Nord ; 652 km.

Podgorica, anc. **Titograd**, cap. du Monténégro ; 135 000 h.

Poe (*Edgar Allan*), écrivain américain (1809-1849) : *Histoires extraordinaires*.

Poincaré (*Henri*), mathématicien français (1854-1912), fondateur de la topologie algébrique. ◆ Son cousin, RAYMOND (1860-1934), fut président de la République de 1913 à 1920.

Pointe-à-Pitre, port et v. pr. de la Guadeloupe ; 21 080 h. (*Pointus*).

Pointe-Noire, port du Congo ; 185 000 h.

Poiret (*Paul*), couturier et décorateur français (1879-1944), le premier à avoir libéré la femme du corset.

Poirot (*Hercule*), personnage de certains romans policiers de A. Christie.

Poisson (*Siméon Denis*), mathématicien français (1781-1840), l'un des créateurs de la physique mathématique.

Poissy, v. des Yvelines ; 36 101 h. (*Pisciacais*).

Poitiers, ch.-l. de la Région Poitou-Charentes et de la Vienne, sur le Clain ; 87 012 h. (*Poitevins*). Victoire de Charles Martel sur les Arabes (732).

Poitou, anc. prov. de France ; cap. *Poitiers*.

Poitou-Charentes, Région de France. Ch.-l. *Poitiers*.

Polaire (*étoile*) ou **la Polaire,** étoile proche du pôle céleste Nord.

polaires (*régions*), régions proches des pôles.

Polanski (*Roman*), cinéaste polonais naturalisé français (né en 1933) : *le Pianiste*.

Poliakoff (*Serge*), peintre français d'origine russe (1900-1969).

Polichinelle, personnage comique des théâtres de marionnettes.

Polignac (*Jules-Armand*, prince DE), homme politique français (1780-1847).

Pollack (*Sydney*), cinéaste américain (1934-2008) : *Out of Africa*.

Pollini (*Maurizio*), pianiste italien (né en 1942).

Pollock (*Jackson*), peintre abstrait américain (1912-1956).

Pollux → **Castor.**

Polo (*Marco*), voyageur vénitien (1254-1324). Il séjourna en Chine.

Pologne, État de l'Europe orientale ; 313 000 km^2 ; 38 577 000 h. (*Polonais*). Cap. *Varsovie*.

Poltava, v. d'Ukraine ; 317 998 h. Défaite de Charles XII en 1709 devant Pierre le Grand.

Polybe, historien grec du IIe s. av. J.-C.

Polyclète, sculpteur grec du Ve s. av. J.-C.

Polyeucte, tragédie de Corneille.

Polyeucte (*saint*), officier romain, martyrisé v. 250.

Polynésie, ensemble d'archipels de l'Océanie à l'est de l'Australie. Hab. *Polynésiens*.

Polynésie française, collectivité d'outre-mer du Pacifique ; 245 516 h. Ch.-l. *Papeete*.

Pombal (*Sebastião*, marquis DE), homme politique portugais (1699-1782).

Poméranie, région d'Allemagne et de Pologne, sur la Baltique.

Pomerol, comm. de la Gironde ; 866 h. Vins.

Pommard, comm. de la Côte-d'Or ; 599 h. Vins.

Pompadour (*Antoinette* POISSON, marquise DE), favorite de Louis XV (1721-1764), elle protégea philosophes, artistes et écrivains.

Pompée, général romain (106-48 av. J.-C.), triumvir avec César et Crassus. Il fut vaincu par César à Pharsale (48).

Pompéi, v. anc. de Campanie. Détruite par le Vésuve en 79.

Pompidou (*Georges*), homme politique français (1911-1974). Président de la République de 1969 à sa mort.

Pondichéry, v. de l'Inde ; 220 749 h. Anc. comptoir français.

Ponge (*Francis*), poète français (1899-1988) : *le Parti pris des choses*.

Poniatowski (*Joseph*), général polonais et maréchal de France (1763-1813).

Ponson du Terrail (*Pierre Alexis*), romancier français (1829-1871) : *Rocambole*.

Pont, anc. royaume de l'Asie Mineure, en bordure du Pont-Euxin.

Pont-à-Mousson, v. de Meurthe-et-Moselle ; 15 018 h. (*Mussipontains*).

Pontarlier, v. du Doubs ; 19 321 h. (*Pontissaliens*).

Pontault-Combault, v. de Seine-et-Marne; 33 019 h. (*Pontellois-Combalusiens*).

Pont-Aven (*école de*), mouvement pictural français (v. 1886-1891) créé autour de P. Gauguin.

Pont-Euxin, anc. nom de la mer Noire.

Pontins (*marais*), région d'Italie (Latium), auj. asséchée.

Pontivy, v. du Morbihan; 15 044 h. (*Pontivyens*).

Pontoise, ch.-l. du Val-d'Oise; 28 661 h. (*Pontoisiens*).

Pontresina, station de sports d'hiver de Suisse (Grisons); 1 828 h.

Pont-Sainte-Maxence, v. de l'Oise; 12 587 h. (*Pontois* ou *Maxipontins*).

Ponts-de-Cé (**Les**), v. de Maine-et-Loire; 12 038 h.

Poona → **Pune.**

Pope (*Alexander*), écrivain britannique (1688-1744), théoricien du classicisme.

Popeye, personnage de bande dessinée créé en 1929 aux États-Unis.

Popocatepetl, volcan du Mexique; 5 452 m.

Popov (*Aleksandr Stepanovitch*), ingénieur russe (1859-1906), inventeur de l'antenne radioélectrique.

Popper (sir *Karl Raimund*), philosophe et épistémologiste britannique d'origine autrichienne (1902-1994): *la Logique de la découverte scientifique.*

Pornic, station balnéaire de la Loire-Atlantique; 12 146 h. (*Pornicais*).

Portal (*Michel*), clarinettiste et compositeur français (né en 1935).

Port-Arthur, auj. **Lüshun**, v. de Chine (Mandchourie), cédée aux Russes en 1896.

Port-au-Prince, cap. de la république d'Haïti; 1 961 000 h. dans l'aggl.

Port-Cros, une des îles d'Hyères; 6,4 km^2. Parc national.

Portel (**Le**), v. du Pas-de-Calais; 10 866 h.

Port Elizabeth, port d'Afrique du Sud, sur l'océan Indien; 585 000 h.

Porter (*Cole*), compositeur américain de jazz et de musique de film (1891 ?-1964).

Portes de Fer, défilé du Danube dans les Carpates.

Portland, v. des États-Unis (Oregon); 529 121 h. (1 918 009 h. avec les banlieues).

Port Louis, cap. de l'île Maurice; 172 000 h. (*Port-Louisiens*).

Port Moresby, cap. de la Papouasie-Nouvelle-Guinée; 193 000 h.

Porto, port du Portugal; 263 131 h. Vins.

Porto Alegre, v. du Brésil; 1 360 590 h.

Port of Spain, cap. de Trinité-et-Tobago; 49 031 h.

Porto-Novo, cap. du Bénin; 238 000 h.

Porto Rico, une des Antilles, État libre associé aux États-Unis; 8 897 km^2; 3 808 610 h. (*Portoricains*). Cap. *San Juan.*

Porto-Vecchio, v. de la Corse-du-Sud, sur le *golfe de Porto-Vecchio*; 10 586 h.

Portrait de Dorian Gray (*le*), roman de O. Wilde.

Port-Royal, abbaye, près de Chevreuse, démolie en 1710, foyer du jansénisme.

Port-Saïd, port d'Égypte, sur la Méditerranée, à l'entrée du canal de Suez; 460 000 h.

Portsmouth, port du sud de l'Angleterre; 186 704 h.

Portugal, État de l'Europe du Sud, à l'ouest de l'Espagne; 92 000 km^2; 10 355 824 h. (*Portugais*). Cap. *Lisbonne.*

Port-Vila ou **Vila,** cap. de Vanuatu (Éfaté); 26 000 h. avec les banlieues (*Port-Vilais*).

Portzamparc (*Christian* URVOY DE), architecte français (né en 1944): Cité de la musique, à Paris.

Poséidon, dieu grec de la Mer, le *Neptune* des Romains.

Potala → **Lhassa.**

Potemkine, cuirassé de la flotte russe dont l'équipage se mutina en 1905.

Potocki (*Jan*), écrivain polonais (1761-1815): *le Manuscrit trouvé à Saragosse.*

Potsdam, v. d'Allemagne, cap. du Brandebourg; 130 400 h. Châteaux des rois de Prusse.

Pouchkine (*Aleksandr*), écrivain russe (1799-1837), fondateur de la littérature russe moderne: *Boris Godounov.*

Poudovkine (*Vsevolod*), cinéaste soviétique (1893-1953): *la Mère.*

Pougatchev (*Iemelian*), chef d'une révolte populaire russe contre Catherine II (v. 1742-1775).

Pouilles (les), région de l'Italie du Sud.

Poulbot (*Francisque*), dessinateur français (1879-1946).

Poulenc (*Francis*), compositeur français (1899-1963).

Pound (*Ezra Loomis*), poète américain (1885-1972): *Cantos.*

Poussin (*Nicolas*), peintre français (1594-1665). Installé à Rome, il fut un grand maître du classicisme.

Poutine (*Vladimir Vladimirovitch*), homme politique russe (né en 1952), président (1999-2008) puis Premier ministre (depuis 2008) de la Russie.

Powell (*Earl*, dit **Bud**), pianiste et compositeur américain de jazz (1924-1966), chef de file du piano bop au cours des années 1940.

Poznań, v. de Pologne; 578 900 h.

Prades, v. des Pyrénées-Orientales; 6 315 h. (*Pradéens*).

Pradier (*Jean-Jacques*, dit **James**), sculpteur genevois de l'école française (1790-1852).

Prado, riche musée de peinture, à Madrid.

Prague, cap. de la République tchèque (Bohême) ; 1 178 576 h.

Praia, cap. du Cap-Vert ; 76 000 h. (*Praïens*).

Pra-Loup, station de sports d'hiver des Alpes-de-Haute-Provence.

Pratt (*Hugo*), dessinateur et scénariste italien de bandes dessinées (1927-1995) : *Corto Maltese*.

Praxitèle, sculpteur grec (IVe s. av. J.-C.).

Préalpes, montagnes calcaires qui bordent les Alpes à l'ouest et au nord.

Preljocaj (*Angelin*), danseur et chorégraphe français d'origine albanaise (né en 1957).

Preminger (*Otto*), cinéaste américain d'origine autrichienne (1906-1986) : *Laura*.

Presley (*Elvis*), chanteur de rock et acteur américain (1935-1977).

Pretoria, cap. de l'Afrique du Sud ; 525 583 h.

Prévert (*Jacques*), poète français (1900-1977) : *Paroles*. Scénariste de M. Carné.

Prévost (*abbé*), écrivain français (1697-1763) : *Manon Lescaut*.

Priam, dernier roi de Troie (*Iliade*).

Priape, dieu grec et romain de la Fécondité.

Priestley (*Joseph*), chimiste anglais (1733-1804). Il isola l'oxygène.

Prigogine (*Ilya*), chimiste et philosophe belge d'origine russe (1917-2003), auteur de travaux en thermodynamique.

Primatice (*Francesco* PRIMATICCIO, en fr. **le**), peintre et architecte italien (1504-1570).

Prince (*le*), œuvre de Machiavel.

Prince-Édouard (*île du*), province de l'est du Canada. Ch.-l. *Charlottetown*.

Prince-Édouard (*îles du*), archipel du sud de l'océan Indien, dépendance de l'Afrique du Sud.

Prince Noir (le) → **Édouard.**

Printemps (*le*), grand panneau peint par Botticelli.

Pripiat ou **Pripet,** riv. de Biélorussie et d'Ukraine, affl. du Dniepr ; 775 km.

Priština, cap. du Kosovo ; 500 000 h. avec les banlieues.

Privas, ch.-l. de l'Ardèche ; 9 628 h. (*Privadois*).

Prjevalski (*Nikolaï Mikhaïlovitch*), officier et voyageur russe (1839-1888), découvreur de la dernière espèce de cheval sauvage (*cheval de Prjevalski*).

Procès (*le*), récit de F. Kafka.

Proche-Orient, ensemble des pays bordant la Méditerranée orientale.

Prokofiev (*Sergueï*), compositeur et pianiste russe (1891-1953).

Prométhée, Titan puni par Zeus pour avoir donné le feu aux hommes (*Myth. gr.*).

Properce, poète latin du Ier s. av. J.-C.

Prost (*Alain*), coureur automobile français (né en 1955), quatre fois champion du monde des conducteurs.

Proudhon (*Joseph*), théoricien socialiste français (1809-1865).

Proust (*Joseph Louis*), chimiste français (1754-1826). Il énonça la loi des proportions définies.

Proust (*Marcel*), romancier français (1871-1922) : *À la recherche du temps perdu*.

Prout ou **Prut,** riv. d'Europe orientale, née en Ukraine, affl. du Danube ; 989 km.

Provence, anc. prov. de France ; cap. *Aix-en-Provence*.

Provence-Alpes-Côte d'Azur, Région de France. Ch.-l. *Marseille*.

Provinces maritimes, ensemble de trois provinces orientales du Canada.

Provinces-Unies, partie septentrionale des Pays-Bas espagnols, noyau de l'actuel royaume des Pays-Bas.

Provinciales (*les*), lettres de Blaise Pascal (1656-1657), défendant les jansénistes et attaquant les jésuites.

Provins, v. de Seine-et-Marne ; 12 091 h. (*Provinois*).

Prusse, anc. État de l'Allemagne du Nord.

Psaumes (*livre des*), livre biblique rassemblant 150 psaumes de la religion d'Israël.

Psyché, jeune fille aimée d'Éros, qui devint immortelle (*Myth. gr.*).

Psychose, film de A. Hitchcock (1960).

Ptolémée, nom de seize rois d'Égypte (Ve s. av. J.-C.-Ier s. apr. J.-C.).

Ptolémée (*Claude*), astronome, géographe et mathématicien grec (v. 100-v. 170).

Puccini (*Giacomo*), compositeur italien (1858-1924) : *la Bohème*.

Puebla, v. du Mexique ; 1 271 673 h.

Pueblos, Indiens du sud-ouest des États-Unis.

Puget (*Pierre*), sculpteur français (1620-1694) : *Milon de Crotone*.

Puget Sound, fjord de la côte ouest des États-Unis (État de Washington).

Puligny-Montrachet, comm. de la Côte-d'Or ; 473 h. Vins.

Pulitzer (*prix*), prix américains qui récompensent chaque année des journalistes, des écrivains et des compositeurs.

Pune ou **Poona,** v. de l'Inde ; 2 540 069 h.

puniques (*guerres*), guerres qui opposèrent Rome et Carthage (264-146 av. J.-C.).

Purana, épopées anonymes indiennes (IVe-XVe s.).

Purcell (*Henry*), compositeur anglais (1659-1695) : *Didon et Énée*.

Purus, riv. du Pérou et du Brésil, affl. de l'Amazone ; 2 948 km.

Pusan, port de Corée du Sud ; 3 600 000 h.

Puskas (*Ferenc*), footballeur espagnol d'origine hongroise (1927-2006).

Puteaux, v. des Hauts-de-Seine ; 40 950 h. (*Putéoliens*).

Putrajaya, cap. administrative de la Malaisie, à 25 km au sud de Kuala Lumpur ; 7 500 h.

puy de Dôme, sommet volcanique d'Auvergne ; 1 465 m.

Puy-de-Dôme, dép. français (63) ; ch.-l. *Clermont-Ferrand*, ch.-l. d'arr. *Ambert, Issoire, Riom, Thiers* ; 604 266 h.

Puy du Fou (*château du*), situé près des Herbiers. Grand parc de loisirs et spectacles historiques (dont la célèbre « Cinéscénie », nocturne).

Puy-en-Velay (**Le**), ch.-l. de la Haute-Loire ; 22 010 h. (*Ponots*).

Puys (*chaîne des*), groupe de volcans anciens de France, en Auvergne (Puy-de-Dôme), au-dessus de la Limagne ; 1 465 m au puy de Dôme.

Pygmalion, roi légendaire de Chypre. Il sculpta une statue de femme qui devint vivante (*Myth. gr.*).

Pygmées, populations de petite taille vivant dans la forêt équatoriale africaine.

Pyla-sur-Mer, station balnéaire de la Gironde.

Pýlos, anc. **Navarin**, port de Grèce, dans le Péloponnèse, sur la mer Ionienne ; 2 014 h. Ruines d'un palais.

Pyongyang, cap. de la Corée du Nord ; 3 228 000 h.

Pyrénées, montagnes entre la France et l'Espagne.

Pyrénées (Hautes-), dép. français (65) ; ch.-l. *Tarbes*, ch.-l. d'arr. *Argelès-Gazost, Bagnères-de-Bigorre* ; 222 368 h.

Pyrénées (*parc national des*), parc national créé en 1967 (près de 50 000 ha), dans les Pyrénées françaises, le long de la frontière espagnole.

Pyrénées (*traité des*), traité conclu entre la France et l'Espagne en 1659.

Pyrénées-Atlantiques, dép. français (64) ; ch.-l. *Pau*, ch.-l. d'arr. *Bayonne, Oloron-Sainte-Marie* ; 600 018 h.

Pyrénées-Orientales, dép. français (66) ; ch.-l. *Perpignan*, ch.-l. d'arr. *Céret, Prades* ; 392 803 h.

Pyrrhos II ou **Pyrrhus** (v. 318-272 av. J.-C.), roi d'Épire, vaincu par les Romains.

Pythagore, philosophe et mathématicien grec (v. 570-v. 480 av. J.-C.).

Q

Qacentina → **Constantine.**

Qaida (**al-**), organisation terroriste islamiste créée en 1988 en Afghanistan.

Qatar, État de l'Arabie, sur le golfe Persique ; 11 400 km^2 ; 575 000 h. (*Quatariens*). Cap. *Doha (al-Dawha)*. Pétrole.

Qingdao, port de Chine (Shandong) ; 2 316 000 h.

Qinghai, prov. de la Chine de l'Ouest ; 720 000 km^2 ; 4 960 000 h. Cap. *Xining*.

Qin Shi Huangdi (259-210 av. J.-C.), empereur chinois et unificateur du pays.

Qiqihar ou **Tsitsihar,** v. de Chine (Heilongjiang) ; 1 400 591 h.

Qom ou **Qum,** v. d'Iran ; 777 677 h. Pèlerinage chiite.

Quai des Brumes (*le*), film de M. Carné (1938).

Quarton ou **Charonton** (*Enguerrand*), peintre français (mentionné en Provence de 1444 à 1466) : *Couronnement de la Vierge* de Villeneuve-lès-Avignon.

Quatre-Cantons (*lac des*) ou **lac de Lucerne,** lac de Suisse, traversé par la Reuss, entre les cant. d'Uri, Unterwald, Schwyz et Lucerne ; 114 km^2.

Quatre Cents Coups (*les*), film de F. Truffaut (1959).

Quatre Saisons (*les*), concerto de Vivaldi.

Québec, province de l'est du Canada habitée par les Canadiens français ; 1 540 680 km^2 ; 7 138 795 h. (*Québécois*). Cap. *Québec*, v. pr. *Montréal*.

Quechuas, Indiens d'Amérique du Sud.

Queensland, État du nord-est de l'Australie. Cap. *Brisbane*.

Quemoy, en ch. **Kinmen**, île taïwanaise, très proche du continent ; 45 000 h.

Queneau (*Raymond*), écrivain français (1903-1976) : *Zazie dans le métro*.

Quercy (*le*), région de France (Tarn-et-Garonne et Lot).

Querétaro, v. du Mexique, cap. d'État, au nord-ouest de Mexico ; 536 463 h.

Quetta, v. du Pakistan, cap. du Baloutchistan ; 560 000 h.

Quetzalcóatl, dieu précolombien (Mexique) de la Végétation.

Queyras, région et vallée des Hautes-Alpes.

Quezon City, anc. cap. des Philippines ; 2 173 831 h.

Qufu, v. de Chine (Shandong) ; 545 000 h.

Quiberon, v. du Morbihan, à l'extrémité de la *presqu'île de Quiberon* ; 5 193 h. (*Quiberonnais*).

Quichés, peuple maya du Guatemala.

Quimper, ch.-l. du Finistère ; 67 127 h. (*Quimpérois*).

Quimperlé, v. du Finistère ; 11 532 h. (*Quimperlois*).

Quinault (*Philippe*), poète français (1635-1688), auteur des livrets d'opéra de Lully.

Quinet (*Edgar*), historien et homme politique français (1803-1875).

Quintilien, orateur latin du Ier s.

Quirinal (*mont*), une des collines de Rome.

Quito, cap. de l'Équateur ; 1 399 378 h.

Qumran, site archéologique de Cisjordanie où ont été découverts les *manuscrits de la mer Morte*.

Quzhou, v. de Chine (Zhejiang) ; 727 256 h.

R

Râ → **Rê.**

Rabat, cap. du Maroc ; 520 000 h.

Rabelais (*François*), écrivain français (1494-1553) : *Gargantua* et *Pantagruel*.

Rabin (*Yitzhak*), général et homme politique israélien (1922-1995). Premier ministre de 1974 à 1977, puis à partir de 1992, il relança les négociations israélo-arabes. Il fut assassiné.

Rachel, épouse de Jacob (*Bible*).

Rachi ou **Rashi** (Salomon ben Isaac, dit), rabbin et commentateur de la Bible et du Talmud (1040-1105).

Rachmaninov (*Sergueï*), pianiste et compositeur russe (1873-1943).

Racine (*Jean*), poète dramatique français (1639-1699), maître du classicisme : *Andromaque, Britannicus, Bérénice, Bajazet, Mithridate, Phèdre, Esther, Athalie.*

Radcliffe-Brown (*Alfred Reginald*), anthropologue britannique (1881-1955).

Radeau de la Méduse (*le*), peinture de Géricault (1818-1819).

Radiguet (*Raymond*), écrivain français (1903-1923) : *le Diable au corps.*

Radio France, société nationale de programmes de radiodiffusion, créée en 1974.

Raguse → **Dubrovnik.**

Raimondi (*Ruggero*), chanteur (basse) italien (né en 1941).

Raimu (*Jules* Muraire, dit), acteur français (1883-1946) : *Marius.*

Raincy (**Le**), v. de la Seine-Saint-Denis ; 13 179 h.

Rainier III (1923-2005), prince de Monaco (1949-2005).

Raipur, v. d'Inde, cap. du Chhattisgarh ; 605 131 h.

Rais ou **Retz** (*Gilles* de), maréchal de France (v. 1400-1440), ancien compagnon de Jeanne d'Arc. Meurtrier d'enfants, il fut exécuté.

Raisins de la colère (*les*), roman de J. Steinbeck.

Rajasthan, État du nord-ouest de l'Inde.

Rajkot, v. d'Inde (Gujerat) ; 966 642 h.

Ramayana, épopée indienne (premiers siècles av. J.-C. ?).

Rambouillet, v. des Yvelines, dans la *forêt de Rambouillet* (13 200 ha) ; 25 424 h. (*Rambolitains*). Château.

Rameau (*Jean-Philippe*), compositeur français (1683-1764) : *les Indes galantes.*

Ramón y Cajal (*Santiago*), médecin et biologiste espagnol (1852-1934). Il découvrit la structure neuronale du système nerveux.

Rampal (*Jean-Pierre*), flûtiste français (1922-2000).

Ramsès, nom de onze pharaons, dont Ramsès II (1301-1235 av. J.-C.), qui lutta contre les Hittites.

Ramuz (*Charles-Ferdinand*), écrivain suisse (1878-1947).

Ranavalona III (1862-1917), dernière reine de Madagascar.

Rance, fl. de l'ouest de la France ; 100 km. Usine marémotrice.

Ranchi, v. d'Inde, cap. du Jharkhand ; 846 454 h.

Rangoun ou **Rangoon** v. principale et port de la Birmanie, anc. cap. ; 3 874 000 h.

Raphaël, archange.

Raphaël (*Raffaello* Sanzio, en fr.), peintre italien (1483-1520), maître du classicisme : fresques des *Chambres* du Vatican.

Raspail (*François*), chimiste et homme politique français (1794-1878).

Raspoutine (*Grigori Iefimovitch*), aventurier russe (1864 ou 1865-1916). Assassiné.

Rastatt ou **Rastadt,** v. d'Allemagne. Congrès en 1713-1714 (guerre de la Succession d'Espagne) et en 1797-1799.

Ratisbonne, v. d'Allemagne (Bavière) ; 127 200 h.

Rauschenberg (*Robert*), peintre américain (1925-2008), représentant du pop art.

Ravaillac (*François*) [1578-1610], assassin d'Henri IV en 1610.

Ravel (*Maurice*), compositeur français (1875-1937) : *Boléro.*

Ravenne, v. d'Italie (Émilie) ; 134 631 h. Monuments byzantins, mosaïques.

Rawalpindi, v. du nord du Pakistan ; 1 410 000 h.

Ray (*Nicholas*), cinéaste américain (1911-1979) : *la Fureur de vivre.*

Ray (*Satyajit*), cinéaste indien (1921-1992) : *le Salon de musique.*

Raz (*pointe du*), cap du Finistère.

RDA → **Allemagne.**

Ré, île en face de La Rochelle.

Rê ou **Râ,** dieu solaire de l'ancienne Égypte.

Reagan (*Ronald*), homme politique américain (1911-2004). Républicain, président des États-Unis de 1981 à 1988.

Réaumur (*René Antoine* DE), physicien et naturaliste français (1683-1757). Il fonda la métallographie (1722).

Rébecca, femme d'Isaac (*Bible*).

Récamier (Mme), femme célèbre par sa beauté et son esprit (1777-1849).

Recife, port du nord-est du Brésil ; 1 422 905 h. (3 400 000 avec les banlieues).

Reclus (*Élisée*), géographe français (1830-1905) : *Géographie universelle.*

Reconquista, reconquête de la péninsule Ibérique par les chrétiens sur les musulmans (milieu du VIIIe s.-1492).

Redding (*Otis*), chanteur américain de soul music (1941-1967).

Redford (*Robert*), acteur et cinéaste américain (né en 1937) : *les Hommes du président.*

Redon, v. d'Ille-et-Vilaine ; 10 545 h. (*Redonnais*).

Redon (*Odilon*), peintre et dessinateur symboliste français (1840-1916).

Red River, fl. des États-Unis, qui rejoint le golfe du Mexique ; 1 638 km.

Red River, riv. des États-Unis et du Canada (*rivière Rouge*) ; 860 km.

Reed (sir *Carol*), cinéaste britannique (1906-1976) : *le Troisième Homme.*

Reeves (*Hubert*), astrophysicien canadien (né en 1932), il contribue à la vulgarisation de l'astronomie.

Réforme (la), mouvement religieux qui donna naissance au protestantisme (XVIe s.).

Réforme catholique → **Contre-Réforme.**

Régence (la), en France, gouvernement de Philippe d'Orléans pendant la minorité de Louis XV (1715-1723).

Reggiani (*Serge*), acteur et chanteur français (1922-2004).

Règle du jeu (*la*), film de J. Renoir (1939).

Regnard (*Jean-François*), poète comique français (1655-1709) : *le Légataire universel.*

Régnier (*Mathurin*), poète satirique français (1573-1613).

Regrets (*les*), recueil poétique de J. du Bellay.

Reich, empire allemand. ◆ On distingue le Ier Reich, ou Saint Empire romain germanique (962-1806), le IIe Reich (1871-1918), réalisé par Bismarck, et le IIIe Reich (1933-1945), régime national-socialiste dirigé par Hitler.

Reich (*Steve*), compositeur américain (né en 1936), l'un des initiateurs de la musique répétitive.

Reich (*Wilhelm*), médecin et psychanalyste autrichien (1897-1957), il tenta une synthèse entre marxisme et psychanalyse.

Reims, v. de la Marne ; 191 325 h. (*Rémois*). Cathédrale gothique. Vins de Champagne.

Reims (*Montagne de*), plateau du dép. de la Marne, entre Reims et Épernay. Vignobles.

Reine-Charlotte (*îles de la*), archipel canadien (Colombie-Britannique) du Pacifique.

Reine-Élisabeth (*îles de la*), partie de l'archipel Arctique canadien, au nord des détroits de Lancaster et du Vicomte-Melville.

Reinhardt (*Jean-Baptiste,* dit **Django**), musicien français de jazz (1910-1953).

Reisz (*Karel*), cinéaste britannique d'origine tchèque (1926-2002) : *Samedi soir et dimanche matin.*

Religion (*guerres de*), luttes entre catholiques et protestants français (1562-1598).

Rembrandt, peintre et graveur hollandais (1606-1669), maître du clair-obscur : *la Ronde de nuit, le Reniement de saint Pierre.*

Remi (*saint*), évêque de Reims (v. 437-v. 533). Il baptisa Clovis.

Remus, frère jumeau de Romulus.

Renaissance, période de floraison littéraire, artistique et scientifique (XVe s. en Italie, XVIe dans le reste de l'Europe).

Renan (*Ernest*), écrivain français (1823-1892) : *Histoire des origines du christianisme.*

Renard (*Jules*), écrivain français (1864-1910) : *Poil de carotte.*

Renaud (*Madeleine*), actrice française de théâtre et de cinéma (1900-1994) : *le Plaisir.*

Renaudot (*Théophraste*), médecin français (1586-1653), fondateur du premier journal, *la Gazette de France* (1631). Son nom a été donné à un prix littéraire.

Renault, société française de construction automobile et de matériels agricoles dont l'origine remonte à la fin du XIXe s.

René d'Anjou, dit **le bon roi René** (1409-1480). Duc d'Anjou et comte de Provence.

Reni (*Guido,* dit en fr. **le Guide**), peintre italien (1575-1642) : *le Massacre des Innocents.*

Rennes, ch.-l. de la Région Bretagne et du dép. d'Ille-et-Vilaine ; 212 494 h. (*Rennais*).

Renoir (*Auguste*), peintre impressionniste français (1841-1919). Son fils JEAN (1894-1979) fut un cinéaste : *la Grande Illusion, la Règle du jeu.*

Renqiu, v. de Chine (Hebei) ; 591 000 h.

République (*la*), dialogue de Platon.

République française, régime politique de la France pendant cinq périodes : Ire RÉPUBLIQUE, de 1792 à 1804 ; IIe RÉPUBLIQUE, de 1848 à 1851 ; IIIe RÉPUBLIQUE, de 1870 à 1940 ; IVe RÉPUBLIQUE, de 1944 à 1958 ; Ve RÉPUBLIQUE, depuis 1958.

Requiem, composition musicale religieuse de Mozart.

Requiem allemand, composition musicale de J. Brahms.

Résistance, action clandestine menée par des organisations civiles et militaires au cours de la Seconde Guerre mondiale pour s'opposer à l'occupation allemande.

Resnais (*Alain*), cinéaste français (né en 1922) : *Hiroshima mon amour*.

Restauration, régime politique de la France de 1814 (Louis XVIII) à 1830 (abdication de Charles X).

Restif ou **Rétif de la Bretonne** (*Nicolas*), écrivain français (1734-1806).

Rethel, v. des Ardennes ; 8 679 h.

Rethondes, comm. de l'Oise où furent signés les armistices de 1918 et 1940.

Retz → Rais.

Retz (*Paul* DE GONDI, cardinal DE), homme politique et écrivain français (1613-1679), auteur de *Mémoires*.

Réunion (**La**), île de l'océan Indien, dép. et Région français d'outre-mer (974) ; 706 300 h. (*Réunionnais*) ; ch.-l. *Saint-Denis*.

Reuss, riv. de Suisse, affl. de l'Aar ; 160 km.

Reuters, agence de presse britannique, créée en 1851.

Révolution française (1789-1799), période de l'histoire de France qui mit fin à la royauté (1792) et à l'Ancien Régime.

révolution française de 1830 (27, 28, 29 juillet 1830), mouvement révolutionnaire qui mit fin à la Restauration et instaura la monarchie de Juillet.

révolution française de 1848 (22, 23, 24 févr. 1848), mouvement révolutionnaire qui aboutit à l'abdication de Louis-Philippe et à l'instauration de la IIe République.

révolution russe de 1917, ensemble des mouvements révolutionnaires qui amenèrent l'abdication de Nicolas II et la prise du pouvoir par les bolcheviks.

révolutions d'Angleterre, mouvements antimonarchistes du XVIIe s. La *première révolution d'Angleterre* (1642-1649) aboutit à la victoire de Cromwell et à l'exécution du roi Charles Ier. La *seconde révolution d'Angleterre* (1688-1689) aboutit au départ de Jacques II au profit d'une monarchie constitutionnelle.

révolutions de 1848, ensemble des mouvements libéraux et nationaux qui agitèrent l'Europe en 1848 et en 1849.

Reykjavik, cap. de l'Islande ; 120 000 h.

Reynolds (*Joshua*), peintre portraitiste britannique (1723-1792).

Rezé, v. de la Loire-Atlantique ; 36 455 h. (*Rezéens*).

RFA → Allemagne.

Rhadamanthe, juge des Enfers (*Myth.*).

Rhénan (*Massif schisteux*), massif d'Allemagne, de part et d'autre du Rhin.

Rhénanie, région de l'Allemagne, le long du Rhin.

Rhénanie-du-Nord-Westphalie, Land d'Allemagne ; 18 079 686 h. Cap. *Düsseldorf*.

Rhénanie-Palatinat, Land d'Allemagne ; 4 058 682 h. Cap. *Mayence*.

Rhin, fl. d'Europe, né dans les Alpes. Il se jette dans la mer du Nord ; 1 320 km.

Rhin (Bas-), dép. français (67) ; ch.-l. *Strasbourg*, ch.-l. d'arr. *Haguenau, Molsheim, Saverne, Sélestat, Wissembourg* ; 1 026 120 h.

Rhin (Haut-), dép. français (68) ; ch.-l. *Colmar*, ch.-l. d'arr. *Altkirch, Guebwiller, Mulhouse, Ribeauvillé, Thann* ; 708 025 h.

Rhode Island, État du nord-est des États-Unis. Cap. *Providence*.

Rhodes, île grecque de la mer Égée.

Rhodes (*Cecil*), homme politique britannique (1853-1902), colonisateur de l'Afrique.

Rhodes (*Colosse de*), statue détruite par un séisme en 227 av. J.-C., l'une des Sept Merveilles du monde.

Rhodes-Extérieures, demi-cant. de Suisse ; 243 km^2 ; 53 500 h. ; ch.-l. *Herisau*.

Rhodésie du Nord → Zambie.

Rhodésie du Sud → Zimbabwe.

Rhodes-Intérieures, demi-cant. de Suisse ; 172,5 km^2 ; 15 000 h. ; ch.-l. *Appenzell*.

Rhône, fl. de Suisse et de France, né dans les Alpes et qui rejoint la Méditerranée ; 812 km.

Rhône, dép. français (69) ; ch.-l. *Lyon*, ch.-l. d'arr. *Villefranche-sur-Saône* ; 1 578 869 h.

Rhône-Alpes, Région de France. Ch.-l. *Lyon*.

Riazan, v. de Russie, au S.-E. de Moscou ; 528 241 h.

Ribeauvillé, v. du Haut-Rhin ; 5 086 h. (*Ribeauvilléens*).

Ribeirão Preto, v. du Brésil (État de São Paulo) ; 504 923 h.

Ribera (*José de*), peintre espagnol installé à Naples (1591-1652).

Ribot (*Théodule*), psychologue français (1839-1916).

Ricardo (*David*), économiste britannique (1772-1823).

Rich (*Claude*), acteur français (né en 1929).

Richard Ier Cœur de Lion (1157-1199), roi d'Angleterre de 1189 à 1199. Il prit part à la 3e croisade et lutta contre Philippe Auguste.

Richard II (1367-1400), roi d'Angleterre de 1377 à 1399.

Richard III (1452-1485), roi d'Angleterre de 1483 à 1485. Il fut vaincu et tué par Henri VII Tudor.

Richard III, film de L. Olivier (1955).

Richardson (*Cecil Antonio*, dit **Tony**), cinéaste britannique (1928-1991) : *la Solitude du coureur de fond*.

Richardson (*Samuel*), romancier anglais (1689-1761) : *Clarisse Harlowe*.

Richelieu (*Armand Jean* DU PLESSIS, cardinal DE), prélat et homme d'État français (1585-1642). Premier ministre de Louis XIII, il lutta contre les protestants et la maison d'Autriche, et s'efforça de soumettre la noblesse. Il a fondé l'Académie française.

Richter (*Charles Francis*), géophysicien américain (1900-1985), créateur de l'échelle sismologique qui porte son nom.

Richter (*Johann Paul Friedrich*), dit **Jean Paul**, écrivain romantique allemand (1763-1825).

Richter (*Sviatoslav*), pianiste russe (1915-1997).

Ricœur (*Paul*), philosophe français (1913-2005), représentant majeur de l'herméneutique.

Riefenstahl (*Leni*), cinéaste allemande (1902-2003) : *les Dieux du stade*.

Riemann (*Bernhard*), mathématicien allemand (1826-1866). Il développa une géométrie non euclidienne.

Rif, montagne du Maroc.

Rift Valley, grande fracture de l'écorce terrestre, de l'Asie occidentale à l'Afrique méridionale.

Riga, cap. de la Lettonie, port sur la Baltique ; 733 000 h.

Rigi ou **Righi,** montagne de Suisse, entre les lacs des Quatre-Cantons et de Zoug ; 1 798 m.

Rijeka, anc. **Fiume**, port croate sur l'Adriatique ; 144 043 h.

Rilke (*Rainer Maria*), poète et romancier autrichien (1875-1926).

Rillieux-la-Pape, v. du Rhône ; 28 740 h. (*Rilliards*).

Rimbaud (*Arthur*), poète français (1854-1891) : *le Bateau ivre, Illuminations, Une saison en enfer.*

Rimini, v. d'Italie (Émilie-Romagne) ; 131 705 h.

Rimski-Korsakov (*Nikolaï*), compositeur russe (1844-1908) : *Shéhérazade.*

Rio Bravo, film de H. Hawks (1959).

Rio de Janeiro, anc. cap. du Brésil, port ; 5 857 904 h. (11 200 000 avec les banlieues) [*Cariocas*].

Rio Grande ou **Rio Bravo,** fl. d'Amérique du Nord, frontière entre les États-Unis et le Mexique ; 3 060 km.

Rio Grande ou **Río Bravo** ou **Río Bravo del Norte,** fl. d'Amérique du Nord, né dans les Rocheuses et qui rejoint le golfe du Mexique ; 3 060 km. Il sert de frontière entre les États-Unis et le Mexique.

Rioja (La), communauté autonome d'Espagne ; 5 034 km^2 ; 264 178 h. Cap. *Logroño.*

Riom, v. du Puy-de-Dôme ; 19 324 h. (*Riomois*).

Riopelle (*Jean-Paul*), peintre canadien (1923-2002).

Riquewihr, v. du Haut-Rhin ; 1 228 h. Maisons anciennes.

Ris-Orangis, v. de l'Essonne ; 24 612 h.

Risorgimento, mouvement d'unification et de démocratisation de l'Italie (milieu du XVIIIe s.-1860).

Rivarol (*Antoine* DE), écrivain et journaliste français (1753-1801).

Rive-de-Gier, v. de la Loire ; 14 568 h. (*Ripagériens*).

Rivera (*Diego*), peintre mexicain (1886-1957).

Riviera (la), littoral de la Méditerranée entre Nice et La Spezia.

Rivoli, village d'Italie. Victoire de Bonaparte sur les Autrichiens en 1797.

Riyad, cap. de l'Arabie saoudite ; 5 126 000 h.

Rizhao, v. de Chine (Shandong) ; 1 027 724 h.

Roanne, v. de la Loire, dans la *plaine de Roanne* ou *Roannais* ; 40 121 h. (*Roannais*).

Robbe-Grillet (*Alain*), écrivain français (1922-2008), membre du « nouveau roman » : *les Gommes.*

Robert II le Pieux (v. 970-1031), roi de France (996-1031), fils d'Hugues Capet.

Roberval (*Gilles* DE), physicien et mathématicien français (1602-1675), inventeur d'une balance.

Robespierre (*Maximilien* DE), homme politique français (1758-1794). Jacobin, il dirigea le Comité de salut public à partir de 1793. Renversé le 9-Thermidor, il fut guillotiné.

Robin des Bois, héros légendaire saxon, type du bandit au grand cœur.

Robinson (*Walker* SMITH, dit **Ray Sugar**), boxeur américain (1920-1989), plusieurs fois champion du monde.

Robinson Crusoé, roman de Daniel Defoe.

Rocamadour, comm. du Lot ; 631 h. (*Amadouriens*). Site pittoresque.

Rochambeau (*Jean-Baptiste* DE), maréchal français (1725-1807). Il commanda les troupes françaises pendant la guerre d'Amérique.

Rochechouart, v. de la Haute-Vienne ; 3 815 h. (*Rochechouartais*). Château.

Rochefort, v. de la Charente-Maritime ; 27 544 h. (*Rochefortais*).

Rochelle (**La**), port et ch.-l. de la Charente-Maritime ; 80 055 h. (*Rochelais*).

Rochester, v. des États-Unis (État de New York) ; 219 773 h. (1 098 201 h. avec les banlieues).

Roche-sur-Yon (**La**), ch.-l. de la Vendée ; 52 947 h. (*Yonnais*).

Rocheuses (*montagnes*), chaîne de montagnes de l'Amérique du Nord.

Rockefeller (*John*), industriel américain (1839-1937).

Rocroi, v. des Ardennes. Victoire de Condé sur les Espagnols en 1643.

Rodez, ch.-l. de l'Aveyron ; 26 367 h. (*Ruthénois*).

Rodin (*Auguste*), sculpteur français (1840-1917), maître d'un lyrisme puissant : *le Baiser, les Bourgeois de Calais, Balzac, le Penseur.*

Rodolphe Ier de Habsbourg (1218-1291), roi des Romains (1273-1291), il fonda la puissance des Habsbourg.

Rodríguez Zapatero (*José Luis*), homme politique espagnol (né en 1960), président du gouvernement depuis 2004.

Rohan (*Édouard*, prince DE), cardinal français (1734-1803), compromis dans l'affaire du Collier de la reine (1785-86).

Rohmer (*Jean-Marie* SCHÉRER, dit **Éric**), cinéaste français (1920-2010), pionnier de la « nouvelle vague » : *Ma nuit chez Maud*.

Roi et l'Oiseau (*le*), dessin animé de P. Grimault (1980).

Rois (*livre des*), livres bibliques (VIIe-fin du VIe s. av. J.-C.).

Rois (*Vallée des*), vallon d'Égypte en face de Louksor, abritant les sépultures des pharaons du Nouvel Empire.

Roissy-en-Brie, v. de Seine-et-Marne ; 19 762 h.

Roissy-en-France, aéroport au nord de Paris (Charles-de-Gaulle).

Rojas (*Fernando* DE), auteur dramatique espagnol (v. 1465-1541), à qui l'on attribue *la Célestine, ou Tragi-comédie de Calixte et Mélibée*.

Roland, héros du cycle légendaire de Charlemagne, tué à Roncevaux.

Roland furieux, poème épique de l'Arioste.

Rolland (*Romain*), écrivain français (1866-1944) : *Jean-Christophe*.

Rolling Stones (*The*), groupe britannique de rock, fondé en 1962.

Rollon, chef normand (m. v. 930/932), premier duc de Normandie.

Romainmôtier-Envy, comm. de Suisse (cant. de Vaud) ; 413 h. Église.

Romains (*Jules*), écrivain français (1885-1972) : *les Hommes de bonne volonté*.

Romainville, v. de la Seine-Saint-Denis ; 24 010 h.

Romanches, population des Grisons (Suisse) parlant le *romanche*.

Roman de la rose, poème allégorique et didactique du XIIIe s.

Roman de Renart, série de récits en vers (XIIe et XIIIe s.).

Romanov, dynastie russe fondée en 1613, qui régna jusqu'en 1917.

Romans-sur-Isère, v. de la Drôme ; 33 665 h.

Rombas, v. de la Moselle ; 10 837 h.

Rome, cap. de l'Italie, sur le Tibre ; 2 655 970 h. (*Romains*). Fondée vers le VIIIe s. av. J.-C., Rome fut la capitale de l'Empire romain, puis la résidence des papes. Nombreux monuments antiques (Forum, Colisée, Panthéon), médiévaux, de la Renaissance (basilique St-Pierre) et baroques.

Rome (*traité de*), traité (mars 1957) qui a créé la Communauté économique européenne (CEE), auj. Union européenne (UE).

Roméo et Juliette, drame de Shakespeare.

Roméo et Juliette, symphonie dramatique de Berlioz, opéra de Gounod, partition de ballet de Prokofiev.

Romilly-sur-Seine, v. de l'Aube ; 15 004 h. (*Romillons*).

Rommel (*Erwin*), maréchal allemand (1891-1944). Il se suicida sur l'ordre de Hitler.

Romorantin-Lanthenay, v. de Loir-et-Cher ; 19 077 h. (*Romorantinais*).

Romulus, fondateur et premier roi de Rome, qu'il aurait fondée en 753 av. J.-C.

Roncevaux, col des Pyrénées où l'arrière-garde de l'armée de Charlemagne, commandée par Roland, fut écrasée par les Vascons alliés aux Sarrasins (778).

Ronchamp, comm. de Haute-Saône. Chapelle par Le Corbusier (1950-1955).

Ronde de nuit (*la*), surnom d'une grande toile de Rembrandt.

Ronis (*Willy*), photographe français (1910-2009).

Ronsard (*Pierre* DE), poète français, chef de la Pléiade (1524-1585) : *Odes*, *Amours*.

Röntgen (*Wilhelm*), physicien allemand (1845-1923). Il découvrit les rayons X.

Roosevelt (*Franklin Delano*), homme politique américain (1882-1945). Démocrate, président des États-Unis de 1933 à sa mort.

Roosevelt (*Theodore*), homme politique américain (1858-1919). Républicain, président des États-Unis de 1901 à 1909.

Roquefort-sur-Soulzon, comm. de l'Aveyron ; 702 h. Fromages.

Rosario, v. de l'Argentine ; 1 121 441 h.

Rose (*mont*), massif des Alpes centrales ; 4 634 m.

Rosette (*pierre de*), stèle gravée qui permit à Champollion de déchiffrer les hiéroglyphes.

Rosi (*Francesco*), cinéaste italien (né en 1922) : *Main basse sur la ville*.

Rosny-sous-Bois, v. de la Seine-Saint-Denis ; 39 499 h. (*Rosnéens*).

Rossellini (*Roberto*), cinéaste italien (1906-1977) : *Rome, ville ouverte*.

Rossetti (*Dante Gabriel*), peintre et poète britannique (1828-1882), initiateur du mouvement préraphaélite.

Rossini (*Gioacchino*), compositeur italien (1792-1868) : *le Barbier de Séville*.

Rosso (*Giovanni Battista* DE ROSSI, dit **le**), peintre italien (1494-1540), décorateur du château de Fontainebleau.

Rostand (*Edmond*), auteur dramatique français (1868-1918) : *Cyrano de Bergerac*.

Rostand (*Jean*), biologiste et écrivain français (1894-1977), fils d'Edmond Rostand.

Rostov-sur-le-Don, ville de Russie ; 1 070 200 h.

Rostropovitch (*Mstislav Leopoldovitch*), violoncelliste et chef d'orchestre russe (1927-2007).

Rota (*Nino*), compositeur italien (1911-1979), auteur notamm. de la musique des films de Fellini.

Roth (*Philip*), romancier américain (né en 1933) : *Portnoy et son complexe*.

Rothéneuf, station balnéaire d'Ille-et-Vilaine.

Rothko (*Mark*), peintre américain d'origine russe (1903-1970).

Rothschild (*Meyer Amschel*), banquier allemand de confession israélite (1743-1812), fondateur d'une dynastie financière de rayonnement international.

Rotterdam, grand port des Pays-Bas ; 599 651 h. (1 040 000 avec les banlieues).

Rouault (*Georges*), peintre expressionniste français (1871-1958).

Roubaix, v. du dép. du Nord au nord-est de Lille ; 98 039 h. (*Roubaisiens*).

Roubaud (*Jacques*), écrivain et poète français (né en 1932), membre de l'Oulipo.

Rouch (*Jean*), ethnologue et cinéaste français (1917-2004). Il a renouvelé la technique du film documentaire.

Rouen, ch.-l. de la Haute-Normandie et du dép. de la Seine-Maritime ; 108 758 h. (*Rouennais*).

Rouergue, pays de l'Aveyron.

Rouffignac (*grotte de*), grotte à peintures préhistoriques de la Dordogne.

Rouge (*fleuve*), en viet. **Sông Hông** ou **Sông Nhi Ha**, fl. du Viêt Nam, né en Chine, qui rejoint le golfe du Tonkin en un vaste delta ; 1 200 km.

Rouge (*mer*), long golfe de l'océan Indien entre l'Afrique et l'Arabie.

Rouge et le Noir (*le*), roman de Stendhal.

Rouget de Lisle (*Claude*), officier français (1760-1836), auteur de *la Marseillaise*.

Rougon-Macquart (*les*), cycle romanesque d'Émile Zola.

Roumanie, État de l'Europe orientale ; 237 500 km^2 ; 22 388 000 h. (*Roumains*). Cap. *Bucarest*.

Rousseau (*Henri*, dit **le Douanier**), peintre naïf français (1844-1910).

Rousseau (*Jean-Jacques*), écrivain genevois de langue française (1712-1778) : *Du contrat social*, *Émile*, *la Nouvelle Héloïse*, *Confessions*.

Roussel (*Albert*), compositeur français (1869-1937).

Roussel (*Raymond*), écrivain français (1877-1933) : *Impressions d'Afrique*.

Roussillon, partie orientale, la plus peuplée, du dép. des Pyrénées-Orientales ; v. pr. *Perpignan*.

Roux (*Émile*), médecin français (1853-1933).

Royal Dutch-Shell, groupe pétrolier international dont l'origine remonte à 1890.

Royan, v. de la Charente-Maritime ; 17 932 h. (*Royannais*).

Royaume-Uni de Grande-Bretagne et d'Irlande du Nord → **Grande-Bretagne.**

Royaumont, abbaye cistercienne (Val-d'Oise). Auj. centre culturel.

Rub al-Khali, désert du sud de l'Arabie saoudite.

Rubbia (*Carlo*), physicien italien (né en 1934).

Rubens (*Petrus Paulus*), peintre flamand (1577-1640), maître de l'art baroque.

Rubicon (*le*), riv. d'Italie que César franchit malgré la défense du sénat.

Rubinstein (*Artur*), pianiste polonais (1887-1982).

Rude (*François*), sculpteur français (1784-1855) : *la Marseillaise*.

Ruée vers l'or (*la*), film de C. Chaplin (1925).

Rueil-Malmaison, v. des Hauts-de-Seine ; 74 671 h.

Rugby, v. de Grande-Bretagne (Angleterre) ; 59 000 h. Collège où naquit le rugby.

Ruhlmann (*Émile*), ébéniste et décorateur français (1879-1933), maître de l'Art déco.

Ruhr, riv. d'Allemagne (affl. du Rhin). Anc. bassin houiller, industries.

Ruisdael ou **Ruysdael** (*Jacob* VAN), peintre paysagiste néerlandais (1628/29-1682).

Ruiz (*Nevado del*), volcan des Andes de Colombie ; 5 400 m.

Rungis, v. du Val-de-Marne ; 5 446 h. Marché.

Rushmore (*mont*), site des États-Unis (Dakota du Sud) où sont sculptés dans le granit les visages des présidents Washington, Jefferson, Lincoln et T. Roosevelt.

Ruska (*Ernst*), physicien allemand (1906-1988), constructeur du premier microscope électronique.

Ruskin (*John*), critique d'art et sociologue britannique (1819-1900).

Russell (*Bertrand*), philosophe et logicien britannique (1872-1970).

Russell (*Henry Norris*), astrophysicien américain (1877-1957). Il établit une classification des étoiles, le *diagramme de Hertzsprung-Russell*.

Russie, autref. l'empire des tsars, auj. État d'Europe et d'Asie ; 17 075 000 km^2 ; 144 664 000 h. (*Russes*). Cap. *Moscou*.

Russie Blanche → **Biélorussie.**

Rutebeuf, poète français du XIIIe s.

Rutherford of Nelson (*Ernest*, lord), physicien britannique (1871-1937), pionnier de l'étude du noyau des atomes.

Ruwenzori, massif d'Afrique entre la Rép. démocratique du Congo et l'Ouganda.

Ruy Blas, drame de Victor Hugo.

Ruyter (*Michel* DE), amiral néerlandais, rival de Duquesne (1607-1676).

Rwanda, État de l'Afrique centrale ; 26 338 km^2 ; 7 949 000 h. (*Rwandais*). Cap. *Kigali*.

Ryswick, village de Hollande. Traité de 1697 qui mit fin à la guerre de la ligue d'Augsbourg.

Ryukyu, archipel japonais.

S

Saale, riv. d'Allemagne, affl. de l'Elbe ; 427 km.

Saarinen (*Eero*), architecte et designer américain d'origine finlandaise (1910-1961).

Saas Fee, station de sports d'hiver de Suisse (Valais) ; 1 604 h.

Saba (*reine de*), reine légendaire d'Arabie, qui rendit visite au roi Salomon.

Sabah, anc. **Bornéo-Septentrional**, territoire de la Malaisie.

Sabatier (*Paul*), chimiste français (1854-1941), il a réalisé la synthèse de nombreux hydrocarbures.

Sabato (*Ernesto*), écrivain argentin (né en 1911) : *le Tunnel*.

Sabins, anc. peuple d'Italie centrale.

Sablé-sur-Sarthe, v. de la Sarthe ; 13 560 h. (*Saboliens*).

Sacré-Cœur (*basilique du*), église construite sur la butte Montmartre à Paris, de 1876 à 1912, d'après les plans de l'architecte Paul Abadie.

Sacre du printemps (*le*), composition musicale de I. Stravinsky.

Sadate (*Anouar* **el-**), homme politique égyptien (1918-1981). Il signa un traité de paix avec Israël (1979). Il fut assassiné.

Sade (*Donatien*, marquis DE), écrivain français (1740-1814).

Sadi ou **Saadi,** poète persan (v. 1213-1292).

Sadowa, bourg de Bohême. Victoire des Prussiens sur les Autrichiens (1866).

Sagamihara, v. du Japon (Honshu) ; 570 597 h.

Sagan (*Françoise*), femme de lettres française (1935-2004) : *Bonjour tristesse, Aimez-vous Brahms ?*

Sagesse (*livre de la*), livre de l'Ancien Testament.

Saguenay, riv. du Canada (Québec), affl. du Saint-Laurent ; 200 km.

Sahara, désert de l'Afrique ; 8 millions de km^2.

Sahara occidental, anc. **Sahara espagnol**, auj. uni au Maroc.

Sahel (le), région sèche qui borde le Sahara au sud.

Saigon → **Hô Chi Minh-Ville.**

Sailer (*Toni*), skieur autrichien (1935-2009), triple champion olympique en 1956.

Saint-Amand-les-Eaux, v. du Nord ; 17 331 h. (*Amandinois*).

Saint-Amand-Montrond, v. du Cher ; 11 950 h. (*Saint-Amandois*).

Saint-Amant (*Marc Antoine* GIRARD, sieur DE), poète français (1594-1661).

Saint-André, v. de La Réunion ; 43 577 h.

Saint-Avertin, v. d'Indre-et-Loire ; 14 368 h. (*Saint-Avertinois*).

Saint-Avold, v. de la Moselle ; 17 473 h. (*Saint-Avoldiens* ou *Naboriens*).

Saint-Barthélemy, une des Antilles françaises ; 25 km^2 ; 6 858 h. ; ch.-l. *Gustavia*.

Saint-Barthélemy (la), massacre des protestants sous Charles IX (1572).

Saint-Benoît, v. de La Réunion ; 31 873 h.

Saint-Bernard (Grand-), col des Alpes Pennines, entre la Suisse et l'Italie ; 2 469 m. Bonaparte le franchit en 1800.

Saint-Bernard (Petit-), col des Alpes entre la France et l'Italie ; 2 188 m.

Saint-Bertrand-de-Comminges, comm. de la Haute-Garonne ; 248 h. Cathédrale.

Saint-Brévin-les-Pins, station balnéaire de la Loire-Atlantique ; 9 790 h.

Saint-Brieuc, ch.-l. des Côtes-d'Armor ; 48 895 h. (*Briochins*).

Saint-Chamond, v. de la Loire ; 37 919 h. (*Saint-Chamonais* ou *Couramiauds*).

Saint Clair, fl. et lac (1 270 km^2) de l'Amérique du Nord, séparant le Canada (Ontario) et les États-Unis (Michigan).

Saint-Claude, v. du Jura ; 12 798 h. (*Sanclaudiens*).

Saint-Cloud, v. des Hauts-de-Seine ; 28 395 h. (*Clodoaldiens*). Parc. Hippodrome.

Saint-Cyr-Coëtquidan, ensemble des écoles militaires installées, depuis 1945, au camp de Coëtquidan (Morbihan).

Saint-Cyr-l'École, v. des Yvelines ; 15 429 h. (*Saint-Cyriens*). Collège militaire.

Saint-Cyr-sur-Loire, v. d'Indre-et-Loire ; 16 421 h. (*Saint-Cyriens*).

Saint-Denis, ch.-l. de La Réunion ; 132 573 h. (*Dionysiens*).

Saint-Denis, v. de la Seine-Saint-Denis ; 86 871 h. (*Dionysiens*). Basilique (tombeaux royaux).

Saint Denis (*Ruth* DENNIS, dite **Ruth**), danseuse américaine (v. 1877-1968).

Saint-Dié-des-Vosges, anc. **Saint-Dié**, v. des Vosges ; 23 699 h. (*Déodatiens*).

Saint-Dizier, v. de la Haute-Marne ; 32 707 h. (*Bragards*).

Saint-Domingue, cap. de la République dominicaine ; 1 865 000 h.

Sainte-Beuve (*Charles Augustin*), écrivain et critique français (1804-1869).

Sainte-Chapelle (*la*), chapelle gothique (XIIIe s.) auj. dans l'enceinte du Palais de Justice, à Paris.

Sainte-Foy-lès-Lyon, v. du Rhône ; 21 449 h.

Sainte-Geneviève-des-Bois, v. de l'Essonne ; 32 324 h. (*Génovéfains*).

Saint-Égrève, v. de l'Isère ; 15 691 h.

Sainte-Hélène, île anglaise de l'Atlantique. Napoléon y fut interné (1815-1821).

Sainte-Lucie, État des Antilles ; 616 km^2 ; 149 000 h. (*Saint-Luciens*). Cap. *Castries*.

Sainte-Ménehould, v. de la Marne ; 5 231 h. (*Ménehildiens*).

Saint-Émilion, v. de la Gironde ; 2 444 h. (*Saint-Émilionnais*). Vins.

Saint Empire romain germanique, empire fondé en 962 par Otton Ier le Grand, et dissous en 1806.

Saintes, v. de la Charente-Maritime ; 27 723 h. (*Saintais*).

Sainte-Savine, v. de l'Aube ; 10 531 h.

Saintes-Maries-de-la-Mer, v. des Bouches-du-Rhône ; 2 509 h. Pèlerinage.

Sainte-Sophie, église de Constantinople (532-537), devenue mosquée, puis musée.

Saint-Étienne, ch.-l. de la Loire ; 183 522 h. (*Stéphanois*).

Saint-Étienne-du-Rouvray, v. de la Seine-Maritime ; 29 561 h. (*Stéphanais*).

Sainte-Victoire (*chaîne de la*), massif de Provence.

Saint-Évremond (*Charles* DE), écrivain français (v. 1614-1703).

Saint-Exupéry (*Antoine* DE), écrivain français (1900-1944) : *Vol de nuit, le Petit Prince*.

Saint-Flour, v. du Cantal ; 7 570 h. (*Sanflorains*).

Saint-Fons, v. du Rhône ; 15 730 h. (*Saint-Foniards*).

Saint-Gall, v. de Suisse, ch.-l. du *cant. de Saint-Gall* ; 69 836 h. (*Saint-Gallois*). Cathédrale, anc. abbatiale reconstruite au XVIIIe s.

Saint-Gall (*canton de*), cant. de Suisse ; 2 025 km^2 ; 449 400 h. (*Saint Gallois*) ; ch.-l. *Saint-Gall*.

Saint-Gaudens, v. de la Haute-Garonne ; 11 587 h. (*Saint-Gaudinois*).

Saint-Genis-Laval, v. du Rhône ; 19 790 h.

Saint-Germain-en-Laye, v. des Yvelines ; 40 162 h. Musée d'Archéologie nationale.

Saint-Gilles, v. du Gard, sur la *Costière de Saint-Gilles* ; 12 201 h. (*Saint-Gillois*). Église.

Saint-Gothard, massif des Alpes suisses. Tunnel.

Saint-Gratien, v. du Val-d'Oise ; 19 333 h. (*Gratiennois*).

Saint-Guilhem-le-Désert, comm. de l'Hérault ; 249 h. Église.

Saint Helens (*mont*), volcan actif des États-Unis (État de Washington) ; 2 549 m.

Saint-Herblain, v. de la Loire-Atlantique ; 44 822 h. (*Herblinois*).

Saint-Jacques-de-Compostelle, v. d'Espagne, cap. de la Galice. Pèlerinage.

Saint-Jean-d'Angély, v. de la Charente-Maritime ; 8 385 h. (*Angériens*). Beffroi médiéval.

Saint-Jean-de-Braye, v. du Loiret ; 18 395 h. (*Abraysiens*).

Saint-Jean-de-la-Ruelle, v. du Loiret ; 17 010 h.

Saint-Jean-de-Luz, station balnéaire des Pyrénées-Atlantiques, sur la Nivelle ; 13 632 h. (*Luziens*).

Saint-Jean-de-Maurienne, v. de la Savoie ; 9 373 h. (*Saint-Jeannais*).

Saint-John Perse (*Alexis* LEGER, dit), poète français (1887-1975).

Saint John's, cap. d'Antigua-et-Barbuda, sur l'île d'Antigua ; 25 000 h.

Saint-Julien-en-Genevois, v. de la Haute-Savoie ; 9 272 h. (*Saint-Juliennois*).

Saint-Junien, v. de la Haute-Vienne ; 11 080 h. (*Saint-Juniauds*). Église.

Saint-Just (*Louis* DE), homme politique français (1767-1794). Membre de la Convention, puis du Comité de salut public (1793), il fut l'ami de Robespierre. Exécuté.

Saint-Just-Saint-Rambert, v. de la Loire ; 13 344 h. (*Pontrambertois*).

Saint-Kitts-et-Nevis, État des Antilles ; 261 km^2 ; 38 000 h. (*Kittitiens et Néviciens*). Cap. *Basseterre*.

Saint-Laurent, fl. du Canada qui passe à Montréal et Québec ; 1 140 km.

Saint Laurent (*Yves*), couturier français (1936-2008).

Saint-Laurent-du-Maroni, port de la Guyane ; 19 416 h.

Saint-Laurent-du-Var, v. des Alpes-Maritimes ; 27 252 h.

Saint-Leu-la-Forêt, v. du Val-d'Oise ; 15 243 h.

Saint-Lô, ch.-l. de la Manche ; 21 585 h. (*Saint-Lois*).

Saint Louis, v. des États-Unis, au confluent du Mississippi et du Missouri ; 348 189 h. (2 603 067 avec les banlieues).

Saint-Louis, port du Sénégal ; 132 499 h.

Saint-Louis, v. du Haut-Rhin ; 20 321 h. (*Ludoviciens*).

Saint-Malo, port d'Ille-et-Vilaine ; 52 737 h. (*Malouins*). Remparts.

Saint-Mandé, v. du Val-de-Marne ; 19 979 h. (*Saint-Mandéens*).

Saint-Marc (*place*), la grand-place de Venise : basilique, campanile, palais des Doges.

Saint-Marin, petite république enclavée en Italie, à l'est de Florence ; 61 km^2 ; 27 000 h. (*Saint-Marinais*). Cap. *Saint-Marin*.

Saint-Martin-d'Hères, v. de l'Isère ; 35 927 h.

Saint-Maur-des-Fossés, v. du Val-de-Marne ; 73 613 h. (*Saint-Mauriens*).

Saint-Maurice, riv. du Canada (Québec), qui rejoint le Saint-Laurent ; 520 km.

Saint-Maximin-la-Sainte-Baume, v. du Var ; 12 633 h.

Saint-Médard-en-Jalles, v. de la Gironde ; 25 938 h.

Saint-Michel-l'Observatoire ou **Saint-Michel-de-Provence,** comm. des Alpes-de-Haute-Provence ; 911 h. Observatoire.

Saint-Michel-sur-Orge, v. de l'Essonne ; 20 543 h.

Saint-Moritz, station de sports d'hiver de Suisse (Grisons) ; 5 045 h.

Saint-Nazaire, port de la Loire-Atlantique ; 68 616 h. (*Nazairiens*). Chantiers navals.

Saint-Nectaire, comm. du Puy-de-Dôme ; 685 h. Fromages. Église.

Saint-Omer, v. du Pas-de-Calais ; 16 595 h. (*Audomarois*). Basilique.

Saintonge, anc. province de l'ouest de la France ; cap. *Saintes.*

Saint-Ouen, v. de la Seine-Saint-Denis ; 40 015 h. (*Audoniens*). Marché aux puces.

Saint-Ouen-l'Aumône, v. du Val-d'Oise ; 19 904 h.

Saint Paul → **Minneapolis.**

Saint-Pétersbourg, anc. **Petrograd** (de 1914 à 1924), et **Leningrad** (de 1924 à 1991), anc. cap. de la Russie fondée par Pierre le Grand ; 4 669 000 h.

Saint-Pierre, basilique de Rome (Vatican), la plus vaste de la chrétienté (XVe-XVIe s.).

Saint-Pierre-des-Corps, v. d'Indre-et-Loire ; 16 236 h. (*Corpopétrussiens*).

Saint-Pierre-et-Miquelon, archipel français, voisin de Terre-Neuve ; 6 316 h.

Saint-Pol-sur-Mer, v. du Nord ; 23 618 h.

Saint-Priest, v. du Rhône ; 41 213 h. (*San-Priots*).

Saint-Quentin, v. de l'Aisne ; 61 092 h. (*Saint-Quentinois*).

Saint-Quentin-en-Yvelines, agglomération (anc. v. nouvelle) au S.-O. de Paris.

Saint-Raphaël, station balnéaire du Var ; 31 196 h. (*Raphaëlois*).

Saint-Rémy-de-Provence, v. des Bouches-du-Rhône ; 10 007 h. (*Saint-Rémois*). Vestiges antiques.

Saint-Saëns (*Camille*), compositeur français (1835-1921) : *Samson et Dalila.*

Saint-Sébastien, port d'Espagne (Pays basque), sur le golfe de Gascogne ; 181 064 h.

Saint-Sébastien-sur-Loire, v. de la Loire-Atlantique ; 26 024 h.

Saint-Sépulcre, sanctuaire chrétien de Jérusalem, sur le lieu où Jésus aurait été enseveli.

Saint-Simon (*Claude Henri,* comte DE), théoricien socialiste français (1760-1825).

Saint-Simon (*Louis,* duc DE), écrivain français (1675-1755) : *Mémoires.*

Saint-Tropez, station balnéaire du Var.

Saint-Véran, comm. des Hautes-Alpes (Queyras) ; 271 h. Tourisme d'été et d'hiver.

Saint-Vincent-et-les-Grenadines, État des Antilles ; 388 km^2 ; 114 000 h. (*Saint-Vincentais-et-Grenadins*). Cap. *Kingstown.*

Saint-Vrain, v. de l'Essonne ; 2 823 h. Parc zoologique.

Saint-Vulbas, comm. de l'Ain ; 814 h. Centrale nucléaire du Bugey.

Saint-Yorre, v. de l'Allier ; 2 897 h. Eaux minérales.

Sakai, v. du Japon (Honshu) ; 802 993 h.

Sakhaline, île russe à l'est de l'Asie.

Sakharov (*Andreï*), physicien soviétique (1921-1989), défenseur des droits de l'homme.

Sakkarah → **Saqqarah.**

Saladin, sultan d'Égypte et de Syrie (1138-1193). Il lutta contre les croisés.

Salado (*río*), riv. d'Argentine, affl. du Paraná ; 2 000 km.

Salam (*Abdus*), physicien pakistanais (1926-1996).

Salamanque, v. d'Espagne ; 158 523 h. Monuments des XIe-XVIIIe s.

Salamine, île de la Grèce. Victoire de Thémistocle sur la flotte perse (480 av. J.-C.).

Salazar (*Antonio*), homme politique portugais (1889-1970), au pouvoir de 1932 à 1968.

Salem, v. d'Inde (Tamil Nadu) ; 693 236 h.

Salers, v. du Cantal ; 404 h. (*Sagraniers*). Tourisme. Fromages.

Salette-Fallavaux (**La**), comm. de l'Isère ; 77 h. Pèlerinage.

Salieri (*Antonio*), compositeur italien (1750-1825), auteur d'opéras (*Falstaff*) et de musique religieuse.

Salinger (*Jerome David*), écrivain américain (1919-2010) : *l'Attrape-cœurs.*

Salisbury → **Harare.**

Sallanches, v. de la Haute-Savoie ; 14 853 h. Tourisme.

Salluste, historien latin (86-v. 35 av. J.-C.).

Salomé, princesse juive, responsable de l'exécution de saint Jean-Baptiste.

Salomon, fils de David, troisième roi des Hébreux (970-931 av. J.-C.) [*Bible*].

Salomon (*îles*), État de la Mélanésie ; 30 000 km^2 ; 463 000 h. (*Salomonais*). Cap. *Honiara.*

Salon-de-Provence, v. des Bouches-du-Rhône ; 38 137 h. (*Salonais*). École de l'air.

Salonique → **Thessalonique.**

Salouen fl. d'Asie du Sud-Est, né au Tibet et qui rejoint l'océan Indien ; 2 800 km.

SALT (*Strategic Arms Limitation Talks*), négociations américano-soviétiques (1969-1979) sur la limitation des armements stratégiques.

Saltillo, v. du Mexique, cap. d'État ; 562 587 h.

Salt Lake City, v. des États-Unis, cap. de l'Utah, près du Grand Lac Salé ; 181 743 h.

salut *(Armée du)*, association religieuse d'origine méthodiste.

Salut *(îles du)*, petit archipel de la Guyane, au nord de Cayenne (île du Diable, etc.).

Salvador, État de l'Amérique centrale; 21 000 km²; 6 400 000 h. (*Salvadoriens*). Cap. *San Salvador*.

Salvador, anc. **Bahia**, port du Brésil; 2 443 107 h.

Salvador *(Henri)*, chanteur français (1917-2008): *Le lion est mort ce soir, Syracuse, Zorro est arrivé.*

Salzbourg, v. d'Autriche; 142 662 h. Patrie de Mozart. Festival de musique.

Samara, anc. **Kouïbychev**, v. de Russie, sur la Volga; 1 158 100 h.

Samarie, région de l'anc. Palestine. Hab. *Samaritains*.

Samarinda, port d'Indonésie, dans l'est de Bornéo; 536 100 h.

Samarkand, v. d'Ouzbékistan; 370 000 h. Anc. cap. de Tamerlan.

Sambre, affl. de la Meuse.

Samnites, anc. peuple de l'Italie centrale.

Samoa, archipel et État de Polynésie; 2 842 km²; 159 000 h. (*Samoans*). Cap. *Apia*.

Samoa américaines, parfois **Samoa orientales**, partie orientale et dépendance américaine de l'archipel des Samoa (197 km²; 57 291 h.).

Samos, île grecque de la mer Égée.

Samothrace, île grecque de la mer Égée où fut découverte une statue de Victoire.

Samoyèdes, peuple de Sibérie.

Sampras *(Pete)*, joueur de tennis américain (né en 1971).

Samson, chef des Hébreux, célèbre par sa force, que Dalila lui ravit en lui coupant les cheveux (*Bible*).

Samuelson *(Paul Anthony)*, économiste américain (1915-2009). Il a développé la théorie économique statique et dynamique.

Sanaa, cap. du Yémen; 1 469 000 h.

San Andreas *(faille de)*, fracture de l'écorce terrestre allant du golfe de Californie au nord de San Francisco.

San Antonio, v. des États-Unis (Texas); 1 144 646 h.

Sancerre, v. du Cher; 1 952 h. Vins.

Sancho Pança, écuyer de Don Quichotte, dans le roman de Cervantès.

Sancy *(puy de)*, point culminant du Massif central; 1 885 m.

Sand *(Aurore* DUPIN, dite **George**), romancière française (1804-1876): *la Mare au diable*.

Sander *(August)*, photographe allemand (1876-1964).

San Diego, port des États-Unis (Californie); 1 223 400 h. (2 813 833 avec les banlieues).

Sandouville, comm. de la Seine-Maritime; 761 h. Automobiles.

San Francisco, port des États-Unis (Californie) sur le Pacifique; 776 733 h. (1 603 678 avec les banlieues).

Sangallo, famille d'architectes florentins, maîtres de la Renaissance (fin du XVᵉ-XVIᵉ s.).

Sanguinaires *(îles)*, îles de Corse, à l'entrée du golfe d'Ajaccio.

San José, cap. du Costa Rica; 297 000 h.

San Jose, v. des États-Unis (Californie); 894 943 h. (1 682 585 h. avec les banlieues).

San Juan, cap. de Porto Rico; 421 958 h.

San Luis Potosí, v. du Mexique, cap. de l'*État de San Luis Potosí*; 629 208 h.

San Martín *(José* DE), général et homme politique argentin (1778-1850). Libérateur du Chili et du Pérou.

Sannois, v. du Val-d'Oise, au pied des *buttes de Sannois*; 25 887 h.

San Salvador, cap. du Salvador; 1 424 000 h avec ses banlieues.

Santa Cruz, v. de Bolivie; 1 034 070 h.

Santiago, cap. du Chili; 4 311 133 h.

Santiago ou **Santiago de los Caballeros,** v. de la République dominicaine; 690 548 h.

Santorin, une des Cyclades; volcan actif.

Santos-Dumont *(Alberto)*, aviateur brésilien (1873-1932). Il effectua le premier vol propulsé (1906).

São Francisco, fl. du Brésil, qui rejoint l'Atlantique; env. 3100 km.

São Luís ou **São Luís do Maranhão,** v. du nord du Brésil, cap. de l'État de Maranhão, sur l'Atlantique; 870 028 h.

Saône, affl. du Rhône; 480 km.

Saône (Haute-), dép. français (70); ch.-l. *Vesoul*, ch.-l. d'arr. *Lure*; 229 732 h.

Saône-et-Loire, dép. français (71); ch.-l. *Mâcon*, ch.-l. d'arr. *Autun, Chalon-sur-Saône, Charolles, Louhans*; 544 893 h.

São Paulo, v. du Brésil; cap. de *l'État de São Paulo*; 10 434 252 h. (17 857 000 avec les banlieues) [*Paulistes*].

São Tomé-et-Príncipe, État insulaire du golfe de Guinée; 964 km²; 140 000 h. (*Santoméens*). Cap. *São Tomé*.

Sapho ou **Sappho,** poétesse grecque du VIᵉ s. av. J.-C.

Sapporo, v. du Japon, ch.-l. de Hokkaido; 1 822 368 h.

Saqqarah ou **Sakkarah,** village d'Égypte près de l'anc. Memphis. Pyramide à degrés (XXVIIIᵉ s. av. J.-C.).

Sara ou **Sarah,** femme d'Abraham (*Bible*).

Saragosse, ville d'Espagne (Aragon); 610 976 h.

Sarajevo, cap. de la Bosnie-Herzégovine;

522 000 h. Le meurtre, dans cette ville, de l'archiduc d'Autriche préluda à la Première Guerre mondiale (1914).

Saratoga, v. des États-Unis (New York). Sa capitulation, en 1777, assura l'indépendance des États-Unis.

Saratov, v. de Russie, sur la Volga ; 873 500 h.

Sarawak, partie de la Malaisie.

Sarcelles, v. du Val-d'Oise ; 58 241 h. (*Sarcellois*).

Sardaigne, île italienne, au sud de la Corse ; 1 631 880 h. (*Sardes*). Cap. *Cagliari.*

Sardanapale, roi légendaire d'Assyrie.

Sardou (*Victorien*), auteur dramatique français (1831-1908) : *la Tosca, Madame Sans-Gêne.*

Sargasses (*mer des*), région de l'Atlantique nord, couverte d'algues.

Sargon II, roi d'Assyrie (722-705 av. J.-C.), il détruisit le royaume d'Israël (721).

Sarkozy (*Nicolas*), homme politique français (né en 1955), président de la République depuis 2007.

Sarlat-la-Canéda, anc. **Sarlat** v. de la Dordogne ; 10 423 h. (*Sarladais*). Maisons anciennes.

Sarraute (*Nathalie*), femme de lettres française (1900-1999), membre du nouveau roman : *Tropismes.*

Sarre, affl. de la Moselle. Bassin houiller.

Sarre, land d'Allemagne ; 1 061 376 h. (*Sarrois*). Cap. *Sarrebruck* (183 836 h.).

Sarrebourg, v. de la Moselle ; 14 044 h. (*Sarrebourgeois*).

Sarreguemines, v. de la Moselle ; 23 774 h. (*Sarregueminois*).

Sartène, v. de la Corse-du-Sud ; 3 574 h. (*Sartenais*).

Sarthe, riv. de France, affl. de la Maine.

Sarthe, dép. français (72) ; ch.-l. *Le Mans,* ch.-l. d'arr. *La Flèche, Mamers* ; 529 851 h.

Sartre (*Jean-Paul*), philosophe et écrivain français (1905-1980) : *l'Être et le Néant, la Nausée, Huis clos.*

Sartrouville, v. des Yvelines ; 50 560 h. (*Sartrouvillois*).

Saskatchewan, prov. du centre du Canada. Cap. *Regina.*

Saskatchewan, riv. du Canada ; 550 km.

Sassanides, dynastie perse qui régna de 224 à la conquête arabe (651).

Sassari, v. d'Italie, en Sardaigne.

Satan, le prince des démons (*Bible*).

Satie (*Erik*), compositeur français (1866-1925) : *Gymnopédies.*

Satires, poèmes satiriques de Boileau.

Saturne, dieu latin, fils d'Uranus, père de Jupiter, Neptune, Pluton et Junon (*Myth.*).

Saturne, planète du Système solaire entourée d'un vaste système d'anneaux.

Saül, premier roi d'Israël (*Bible*).

Saumur, v. de Maine-et-Loire, dans le *Saumurois* ; 31 700 h. (*Saumurois*). Vins. Château. École nationale d'équitation (Cadre noir).

Saura (*Carlos*), cinéaste espagnol (né en 1932) : *Ana et les loups.*

Saussure (*Ferdinand* DE), linguiste suisse (1857-1913). Précurseur du structuralisme.

Saussure (*Horace Bénédict* DE), physicien et naturaliste suisse (1740-1799). Il réalisa la deuxième ascension du mont Blanc (1787).

Sauternes, comm. de la Gironde ; 601 h. Vins.

Sautet (*Claude*), cinéaste français (1924-2000) : *les Choses de la vie.*

Sauveur (*Joseph*), mathématicien et physicien français (1653-1716).

Sauvy (*Alfred*), démographe et économiste français (1898-1990).

Savall (*Jordi*), musicien espagnol (né en 1941), spécialiste de musique ancienne et baroque.

Savary (*Jérôme*), metteur en scène de théâtre français (né en 1942).

Save, riv. de France, affl. de la Garonne ; 150 km.

Save, riv. d'Europe, née en Slovénie, affl. du Danube ; 945 km.

Saverne, v. du Bas-Rhin, près du *col de Saverne* (410 m, seuil entre la Lorraine et l'Alsace) ; 11 534 h. (*Savernois*).

Savigny-le-Temple, v. de Seine-et-Marne ; 22 445 h.

Savigny-sur-Orge, v. de l'Essonne ; 36 612 h. (*Saviniens*).

Savoie, anc. prov. italienne, rattachée à la France (1860).

Savoie, dép. français (73) ; ch.-l. *Chambéry,* ch.-l. d'arr. *Albertville, Saint-Jean-de-Maurienne* ; 373 258 h.

Savoie (Haute-), dép. français (74) ; ch.-l. *Annecy,* ch.-l. d'arr. *Bonneville, Saint-Julien-en-Genevois, Thonon-les-Bains* ; 631 679 h.

Savonarole (*Jérôme*), dominicain florentin (1452-1498), excommunié et brûlé vif.

Savorgnan de Brazza (*Pierre*), explorateur français d'origine italienne (1852-1905).

Saxe, région et Land d'Allemagne ; 4 321 437 h. Cap. *Dresde.*

Saxe (Basse-), Land d'Allemagne ; 7 993 415 h. Cap. *Hanovre.*

Saxe (*Maurice,* maréchal DE), général français (1696-1750). Vainqueur à Fontenoy.

Saxe-Anhalt, Land d'Allemagne ; 2 522 941 h. Cap. *Magdebourg.*

Saxons, peuple germanique soumis par Charlemagne.

Say (*Jean-Baptiste*), économiste français (1767-1832). Théoricien du libre-échange.

Scandinavie, ensemble formé par la Suède, la Norvège, le Danemark et la Finlande.

Scanie, extrémité méridionale et partie la plus fertile de la Suède ; v. pr. *Malmö.*

Scarlatti (*Alessandro*), compositeur italien (1660-1725).

Scarpe, affl. de l'Escaut (rive gauche) ; 100 km.

Scarron (*Paul*), écrivain français (1610-1660) : *le Roman comique.*

Sceaux, v. des Hauts-de-Seine ; 19 850 h. (*Scéens*). Château et parc.

Scève (*Maurice*), poète français de l'école lyonnaise (1501-v. 1560).

Schaffhouse, v. de Suisse, ch.-l. du *cant. de Schaffhouse* ; 33 274 h. (*Schaffhousois*).

Schaffhouse (*canton de*), cant. de Suisse ; 298,5 km^2 ; 73 300 h. ; ch.-l. *Schaffhouse.*

Schelling (*Friedrich*), philosophe idéaliste allemand (1775-1854).

Schengen (*accords de*), accords signés en 1985 et 1990, ouvrant sur l'instauration d'un espace communautaire européen de libre circulation des personnes (*espace Schengen*).

Schiele (*Egon*), peintre et dessinateur expressionniste autrichien (1890-1918).

Schiller (*Friedrich* VON), poète tragique allemand (1759-1805).

Schiltigheim, v. du Bas-Rhin ; 30 991 h. (*Schilikois*).

schisme d'Occident (*grand*), scission dans l'Église catholique (1378-1417).

schisme d'Orient, rupture entre les Églises orientales et l'Église romaine (1054).

Schleswig-Holstein, Land du nord de l'Allemagne ; 2 823 171 h. Cap. *Kiel.*

Schliemann (*Heinrich*), archéologue allemand (1822-1890), découvreur des ruines de Troie et de Mycènes.

Schnabel (*Artur*), pianiste autrichien naturalisé américain (1882-1951).

Schneider (*Rosemarie* ALBACH-RETTY, dite **Romy**), actrice autrichienne (1938-1982) : *les Choses de la vie.*

Schnitzler (*Arthur*), écrivain autrichien (1862-1931) : *la Ronde.*

Schoenberg ou **Schönberg** (*Arnold*), compositeur autrichien naturalisé américain (1874-1951) : *Pierrot lunaire.*

Schœlcher (*Victor*), homme politique français (1804-1893). Il prépara le décret d'abolition de l'esclavage (1848).

Schongauer (*Martin*), graveur et peintre alsacien (v. 1450-1491).

Schopenhauer (*Arthur*), philosophe allemand (1788-1860).

Schröder (*Gerhard*), homme politique allemand (né en 1944), chancelier de 1998 à 2005.

Schrödinger (*Erwin*), physicien autrichien (1887-1961).

Schubert (*Franz*), compositeur autrichien (1797-1828), auteur de lieder, de symphonies.

Schumacher (*Michael*), coureur automobile allemand (né en 1969), seul pilote sacré sept fois champion du monde des conducteurs.

Schuman (*Robert*), homme politique français (1886-1963), initiateur de la réconciliation franco-allemande.

Schumann (*Robert*), compositeur allemand (1810-1856), un des maîtres de la mélodie et de la musique de piano.

Schumpeter (*Joseph*), économiste autrichien (1883-1950).

Schwartz (*Laurent*), mathématicien français (1915-2002), créateur de la théorie des distributions.

Schwarzkopf (*Elisabeth*), soprano allemande naturalisée britannique (1915-2006).

Schweitzer (*Albert*), pasteur et médecin français (1875-1965).

Schwitters (*Kurt*), peintre dada, sculpteur et écrivain allemand (1887-1948).

Schwyz (*canton de*), cant. de Suisse ; 908 km^2 ; 130 200 h. ; ch.-l. *Schwyz.*

Sciascia (*Leonardo*), écrivain italien (1921-1989) : *les Oncles de Sicile.*

Scipion l'Africain, général romain (235-183 av. J.-C.). Vainqueur d'Hannibal à Zama (202). ◆ Son petit-fils, SCIPION ÉMILIEN (184 ou 185-129 av. J.-C.), détruisit Carthage.

Scola (*Ettore*), cinéaste italien (né en 1931) : *Nous nous sommes tant aimés.*

Scorsese (*Martin*), cinéaste américain (né en 1942) : *Taxi Driver.*

Scot Érigène (*Jean*), théologien et philosophe irlandais (v. 810-v. 877).

Scotland Yard, siège de la police londonienne.

Scott (*Robert Falcon*), explorateur britannique de l'Antarctique (1868-1912).

Scott (*Walter*), romancier britannique (1771-1832) : *Ivanhoé.*

Scudéry (*Madeleine* DE), romancière française (1607-1701) : *Clélie.*

Scythes, anc. peuple de langue iranienne (XIIe-IIe s. av. J.-C.).

SDN ou **Société des Nations,** organisme créé en 1920 par les signataires du traité de Versailles, remplacé en 1946 par l'ONU.

Seattle, port du nord-ouest des États-Unis ; 563 374 h. (2 414 616 avec les banlieues).

Sébastopol, port d'Ukraine (Crimée) ; 342 451 h. Siège en 1855 par les Français et les Britanniques.

Sécession (*guerre de*), guerre civile qui opposa, aux États-Unis, le Nord et le Sud, à propos de l'esclavage (1861-1865).

Seclin, v. du Nord ; 12 192 h. (*Seclinois*).

Sedan, v. des Ardennes, sur la Meuse ; 21 117 h. Napoléon III y capitula en 1870.

Sefer ha-Zohar ou **Zohar,** ouvrage fondamental de la kabbale (XIIIe s.).

Séfévides ou **Safavides,** dynastie qui régna sur l'Iran de 1501 à 1736.

Segalen (*Victor*), écrivain français (1878-1919), auteur de poèmes (*Stèles*) et de romans.

Ségou, v. du Mali ; 90 898 h. Cap. d'un anc. royaume bambara.

Ségur (*Sophie* Rostopchine, comtesse de), romancière française (1799-1874) : *les Malheurs de Sophie.*

Sein, île de la côte du Finistère.

Seine, fl. de France qui passe à Paris et se jette dans la Manche ; 776 km.

Seine-et-Marne, dép. français (77) ; ch.-l. *Melun,* ch.-l. d'arr. *Fontainebleau, Meaux, Provins, Torcy* ; 1 193 767 h.

Seine-Maritime, dép. français (76) ; ch.-l. *Rouen,* ch.-l. d'arr. *Dieppe, Le Havre* ; 1 239 138 h.

Seine-Saint-Denis, dép. français (93) ; ch.-l. *Bobigny,* ch.-l. d'arr. *Le Raincy, Saint-Denis* ; 1 382 861 h.

Sei Shonagon, femme de lettres japonaise (v. 965-v. 1020) : *Notes de chevet.*

Seldjoukides, dynastie turque qui domina l'Orient musulman du XIe au XIIIe s.

Sélestat, v. du Bas-Rhin ; 17 514 h. (*Sélestadiens*).

Séleucides, dynastie hellénistique qui régna en Asie de 312 à 64 av. J.-C.

Selim Ier le Terrible (1467-1520), sultan ottoman (1512-1520).

Sellars (*Peter*), metteur en scène américain de théâtre et d'opéra (né en 1957).

Sem, fils aîné de Noé, ancêtre des Sémites.

Semarang, v. d'Indonésie, sur la côte nord de Java ; 1 366 500 h.

Sembène (*Ousmane*), cinéaste et écrivain sénégalais (1923-2007).

Sémiramis, reine légendaire d'Assyrie.

Semois ou, en France, **Semoy,** riv. de Belgique et de France, affl. de la Meuse ; 198 km.

Sénart, anc. **Melun-Sénart**, v. nouvelle, au sud-est de Paris.

Sénat, l'une des deux assemblées constituant le Parlement français.

Sendai, v. du Japon (Honshu) ; 971 297 h. Temple (XVIIe s.).

Sénégal, fl. d'Afrique ; 1 700 km.

Sénégal, État de l'Afrique occidentale ; 197 000 km^2 ; 9 662 000 h. (*Sénégalais*). Cap. *Dakar.*

Sénèque, philosophe latin (v. 4 av. J.-C.-65 apr. J.-C.), précepteur de Néron.

Senghor (*Léopold Sédar*), homme politique et écrivain sénégalais (1906-2001), président du Sénégal de 1960 à 1980.

Senlis, v. de l'Oise ; 17 192 h. (*Senlisiens*). Vieille ville.

Senna (*Ayrton*), coureur automobile brésilien (1960-1994), trois fois champion du monde des conducteurs.

Senne, riv. de Belgique, affl. de la Dyle ; 103 km.

Sénoufo ou **Senufo,** peuple de Côte d'Ivoire, du Mali et du Burkina.

Sens, v. de l'Yonne ; 27 952 h. (*Sénonais*). Cathédrale.

Séoul, cap. de la Corée du Sud ; 9 714 000 h.

Sept Ans (*guerre de*), guerre qui opposa Louis XV et Marie-Thérèse d'Autriche à Frédéric II de Prusse et à l'Angleterre (1756-1763).

Septante (*version des*), la plus ancienne des versions grecques de la Bible hébraïque (250-130 av. J.-C.).

Septime Sévère (146-211), empereur romain de 193 à 211.

Sérapis, dieu guérisseur de l'Égypte hellénistique.

Serbie, État d'Europe, dans les Balkans ; 77 474 km^2 ; 7 411 000 h. (*Serbes*). Cap. *Belgrade.*

Serbie-et-Monténégro, nom porté de 2003 à sa disparition, en 2006, par la république fédérale de Yougoslavie.

Serein, affl. de l'Yonne ; 186 km.

Serengeti (*parc national du*), grand parc national de Tanzanie.

Serre-Chevalier, station de sports d'hiver des Hautes-Alpes.

Serre-Ponçon, barrage et lac de la vallée de la Durance (France).

Serres (*Olivier* de), agronome français (1539-1619).

Sérusier (*Paul*), peintre nabi français (1864-1927).

Servet (*Michel*), médecin et théologien espagnol (1511-1553). Il fut brûlé vif à Genève.

Sète, port de l'Hérault ; 40 220 h. (*Sétois*).

Seth, frère cadet de Caïn et Abel (*Bible*).

Sétif, v. d'Algérie ; 239 195 h.

Seurat (*Georges*), peintre français (1859-1891), maître du divisionnisme : *le Cirque.*

Severn, fl. du sud de la Grande-Bretagne, qui rejoint par un estuaire l'océan Atlantique ; 290 km.

Severnaïa Zemlia, archipel arctique de la Russie, entre la mer de Kara et la mer des Laptev.

Seveso v. d'Italie (Lombardie) ; 18 799 h. Pollution par la dioxine en 1976.

Sévigné (*Marie* de Rabutin-Chantal, marquise de), écrivain français (1626-1696).

Séville, ville d'Espagne (Andalousie) ; 702 520 h. (*Sévillans*). Cathédrale.

Sevran, v. de la Seine-Saint-Denis ; 47 215 h. (*Sevranais*).

Sèvre Nantaise, affl. de la Loire ; 126 km.

Sèvre Niortaise, fl. de l'ouest de la France ; 150 km.

Sèvres, v. des Hauts-de-Seine ; 22 754 h. (*Sévriens*). Manufacture de porcelaine.

Sèvres (Deux-), dép. français (79) ; ch.-l. *Niort,* ch.-l. d'arr. *Bressuire, Parthenay* ; 344 392 h.

Seychelles (les), État insulaire de l'océan Indien au nord de Madagascar ; 410 km^2 ; 81 000 h. (*Seychellois*). Cap. *Victoria.*

Seyne-sur-Mer (**La**), v. du Var ; 60 968 h. (*Seynois*).

Seynod, v. de la Haute-Savoie ; 16 765 h. (*Seynodiens*).

Sfax, port de Tunisie ; 230 855 h.

Sforza, illustre famille de Milan, dont fut membre Ludovic *le More* (1452-1508).

SFP (*Société française de production*), société qui fournit des prestations pour l'audiovisuel et le cinéma.

Shaanxi, prov. de la Chine du Nord; 35 700 000 h. Cap. *Xi'an*.

Shaba → **Katanga.**

Shakespeare (*William*), poète dramatique anglais (1564-1616), auteur de drames (*Roméo et Juliette, Hamlet, Othello, Macbeth, le Roi Lear*), de comédies (*la Mégère apprivoisée*) et de féeries (*le Songe d'une nuit d'été*).

Shakyamuni, autre nom de Bouddha.

Shandong, prov. de la Chine orientale; 87 850 000 h. Cap. *Jinan*.

Shanghai ou **Chang-hai,** port de Chine, au débouché du Yangzi Jiang; 12 887 000 h.

Shankar (*Ravi*), compositeur indien (né en 1920), virtuose du sitar.

Shannon, fl. d'Irlande, qui rejoint l'Atlantique; 368 km.

Shannon (*Claude Elwood*), mathématicien américain (1916-2001), à l'origine, avec W. Weaver, de la théorie de la communication.

Shantou, port de Chine (Guangdong); 884 543 h.

Shanxi, prov. de la Chine du Nord; 31 410 000 h. Cap. *Taiyuan*.

Shaoxing, v. de Chine (Zhejiang); 1 271 268 h.

SHAPE (*Supreme Headquarters Allied Powers Europe*), quartier général des forces alliées de l'OTAN en Europe, installé à Mons.

Sharon (*Ariel*), homme politique israélien (né en 1928), Premier ministre de 2001 à 2006.

Shaw (*George Bernard*), écrivain irlandais (1856-1950): *Pygmalion*.

Sheffield, v. d'Angleterre; 513 234 h.

Shelley (*Percy Bysshe*), poète romantique britannique (1792-1822).

Shenyang, anc. **Moukden**, v. de Chine, cap. du Liaoning; 4 828 000 h. Palais impériaux du XVIe s.

Sherbrooke, v. du Canada (Québec); 143 045 h. (*Sherbrookois*).

Sheridan (*Richard*), auteur dramatique britannique (1751-1816).

Shetland, archipel du nord de l'Écosse.

Shijiazhuang, v. de Chine, cap. du Hebei; 1 372 109 h.

Shikoku, une des îles du Japon.

Shiva, dieu hindou.

Shoah (*la*), génocide des Juifs par les nazis.

Sholapur, v. d'Inde (Maharashtra); 873 037 h.

Sian → **Xi'an.**

Sibelius (*Jean*), compositeur finlandais (1865-1957). Auteur de symphonies.

Sibérie, région de l'Asie septentrionale.

Si c'est un homme, récit autobiographique de P. Levi.

Sichuan, prov. de Chine; 83 290 000 h.

Sicile, île italienne de la Méditerranée; 4 968 991 h. (*Siciliens*); cap. *Palerme*.

Sidobre, plateau granitique du Massif central (Tarn).

Sidon, anc. port de Phénicie.

Siegfried, héros des *Nibelungen*.

Siemens, famille d'ingénieurs et d'industriels allemands du XIXe s.

Siemens, société allemande de constructions électriques fondée en 1847.

Sienkiewicz (*Henryk*), romancier polonais (1846-1916): *Quo vadis ?*

Sienne, v. d'Italie (Toscane); 52 625 h. Monuments médiévaux.

Sierra Leone, État de l'Afrique occidentale; 72 000 km^2; 4 587 000 h. (*Sierra-Léonais*). Cap. *Freetown*.

Sieyès (*Emmanuel Joseph*, abbé), homme politique français (1748-1836).

Sigebert, nom de trois rois d'Austrasie.

Sigismond, nom de trois rois de Pologne.

Signac (*Paul*), peintre néo-impressionniste français (1863-1935).

Sikkim, État du nord de l'Inde.

Silésie, région industrielle de la Pologne, autref. allemande.

Silicon Valley, région industrielle des États-Unis (Californie).

Sillitoe (*Alan*), écrivain britannique (né en 1928): *Samedi soir, dimanche matin, la Solitude du coureur de fond*.

Sillon alpin, dépression comprise entre les Préalpes françaises du Nord et les massifs centraux.

Sima Qian, écrivain chinois (v. 145-v. 86 av. J.-C.), auteur de Mémoires historiques (*Shiji*).

Simbirsk, de 1924 à 1991 **Oulianovsk**, v. de Russie; 656 000 h.

Simenon (*Georges*), écrivain belge (1903-1989), auteur de nombreux romans policiers.

Simmel (*Georg*), philosophe et sociologue allemand (1858-1918).

Simon (*Claude*), écrivain français (1913-2005), membre du nouveau roman: *la Route des Flandres*.

Simon (*Michel*), acteur français d'origine suisse (1895-1975): *l'Atalante*.

Simon (*saint*), apôtre de Jésus.

Simone (*Nina*), pianiste et chanteuse américaine (1933-2003).

Simplon, col des Alpes suisses, entre le Valais et le Piémont.

Sinaï, massif d'Égypte, à l'E. de Suez. Dieu y aurait donné sa loi à Moïse.

Sinatra (*Frank*), chanteur de charme et acteur américain (1915-1998).

Singapour, État insulaire de la péninsule malaise ; 618 km^2 ; 4 108 000 h. (*Singapouriens*). Cap. *Singapour.*

Singer (*Isaac Bashevis*), écrivain américain d'expression yiddish (1904-1991).

Sin-kiang → **Xinjiang.**

Sinn Féin, mouvement nationaliste et républicain irlandais créé en 1902. Il milite pour la création d'une république d'Irlande unie.

Sinuiju, v. de Corée du Nord ; 500 000 h.

Sion, colline de Jérusalem.

Sion, v. de Suisse, ch.-l. du Valais, sur le Rhône ; 27 145 h. (*Sédunois*). Cathédrale.

Sioule, affl. de l'Allier ; 150 km.

Sioux, Indiens de l'Amérique du Nord.

Sisley (*Alfred*), peintre anglais établi en France (1839-1899), impressionniste.

Sisyphe, roi légendaire de Corinthe, condamné à remonter sans arrêt un rocher sur une montagne (*Myth. gr.*).

Six-Fours-les-Plages, v. du Var ; 33 232 h. (*Six-Fournais*).

Six Personnages en quête d'auteur, pièce de théâtre de L. Pirandello.

Sixte, nom de cinq papes.

Sixte IV (*saint*) [1414-1484], pape en 1471. Il fit bâtir la chapelle Sixtine.

Sixte V ou **Sixte Quint** (1520-1590), pape après 1585. Il fut un pape de la Contre-Réforme.

Sixtine (*chapelle*), grande chapelle du Vatican construite sur l'ordre de Sixte IV. Fresques, notamment de Michel-Ange.

Sjöström (*Victor*), cinéaste et acteur suédois (1879-1960).

Skopje, cap. de la Macédoine ; 447 000 h.

Slaves, branche de la famille indo-européenne (Russes, Ukrainiens, Biélorusses, Polonais, Tchèques, Slovaques, Sorabes, Bulgares, Serbes, Croates, Slovènes, Macédoniens).

Slovaquie, État d'Europe ; 49 000 km^2 ; 5 403 000 h. (*Slovaques*). Cap. *Bratislava.*

Slovénie, État d'Europe ; 20 226 km^2 ; 1 985 000 h. (*Slovènes*). Cap. *Ljubljana.*

Sluter (*Claus*), sculpteur néerlandais de la fin du XIVe s., fixé en Bourgogne.

Smetana (*Bedřich*), compositeur romantique tchèque (1824-1884) : *la Moldau.*

Smith (*Adam*), économiste britannique (1723-1790), partisan du libre-échange.

Smith (*Bessie*), chanteuse américaine de jazz (1894-1937), surnommée « l'Impératrice du blues ».

Smith (*Joseph*), fondateur du mouvement religieux des mormons (1805-1844).

Smith (*William Eugene*), photographe américain (1918-1978).

Smyrne → **Izmir.**

Snake River, riv. des États-Unis, affl. de la Columbia ; 1 600 km.

Snijders ou **Snyders** (*Frans*), peintre flamand (1579-1657).

Snorri Sturluson, écrivain islandais (v. 1179-1241) : *Edda prosaïque.*

Snowdon, massif du pays de Galles.

Sochaux, v. du Doubs ; 4 552 h. (*Sochaliens*). Automobile.

Société (*îles de la*), principal archipel de la Polynésie française ; 1 647 km^2 ; 214 445 h. ; ch.-l. *Papeete.*

Socrate, philosophe grec (v. 470-399 av. J.-C.), maître de Platon, il fut condamné à boire la ciguë.

Sodome, anc. v. cananéenne, détruite avec Gomorrhe par le feu du ciel (*Bible*).

Sofia, cap. de la Bulgarie ; 1 076 000 h.

Sofres, société française de sondages et d'études de marché créée en 1963.

Sogdiane, anc. contrée d'Asie centrale.

Sognefjord, le plus long fjord de Norvège ; 200 km env.

soie (*route de la*), voie de commerce qui reliait la Chine à l'Europe (IIe s. av. J.-C.-XIIIe s.).

Soissons, v. de l'Aisne ; 30 672 h. (*Soissonnais*).

Soisy-sous-Montmorency, v. du Val-d'Oise ; 16 888 h. (*Soiséens*).

Soldat inconnu (le), soldat français d'identité inconnue, inhumé sous l'Arc de Triomphe, à Paris, et qui symbolise le sacrifice des Français morts à la guerre.

Soleure, v. de Suisse, ch.-l. du *cant. de Soleure* ; 15 074 h. (*Soleurois*).

Soleure (*canton de*), cant. de Suisse ; 791 km^2 ; 244 000 h. ; ch.-l. *Soleure.*

Solferino, village d'Italie. Victoire des Français sur les Autrichiens (1859).

Solidarność, syndicat polonais créé en 1980, opposé au régime communiste et présidé par Lech Wałęsa de 1981 à 1990.

Soliman le Magnifique (1494-1566), sultan ottoman en 1520, allié de François Ier contre Charles Quint.

Soljenitsyne (*Aleksandr*), écrivain russe (1918-2008) : *l'Archipel du Goulag.*

Sollers (*Philippe*), écrivain français (né en 1936).

Solliès-Pont, v. du Var ; 10 919 h. (*Solliès-pontois*).

Sologne, région au sud de la Loire.

Solon, homme d'État athénien (v. 640-v. 558 av. J.-C.), fondateur de la démocratie.

Solow (*Robert Merton*), économiste américain (né en 1924), il a étudié les relations entre croissance et progrès technique.

Solti (sir *Georg*), chef d'orchestre hongrois naturalisé britannique (1912-1997).

Solutré (*roche de*), éperon rocheux de Saône-et-Loire (gisement préhistorique).

Somalie, État de l'Afrique orientale ; 638 000 km^2 ; 9 157 000 h. (*Somaliens*). Cap. *Muqdisho.*

Somme, fl. côtier du nord de la France.

Somme, dép. français (80) ; ch.-l. *Amiens,* ch.-l. d'arr. *Abbeville, Montdidier, Péronne* ; 555 551 h.

Sommerfeld (*Arnold*), physicien allemand (1868-1951), il proposa un modèle d'atome avec des orbites elliptiques.

Sonde, archipel de l'Indonésie.

Song, dynastie chinoise (960-1279).

Songhaïs ou **Sonrhaïs,** peuple du Mali et du Niger (env. 700 000).

Songnam, v. de Corée du Sud ; 540 754 h.

Sony Corporation, société japonaise fondée en 1946, spécialisée dans l'électronique, la vidéo, l'électroacoustique et la bureautique.

Sophocle, poète tragique grec (v. 495-406 av. J.-C.) : *Antigone, Œdipe roi, Électre.*

Sorbonne (la), site d'universités à Paris.

Sorel (*Georges*), théoricien politique français (1847-1922). Ses thèses ont influencé le fascisme italien.

Sorgue de Vaucluse, affl. de l'Ouvèze, qui sort de la *fontaine de Vaucluse* ; 36 km.

Sotheby and Co. ou **Sotheby's,** entreprise mondiale de vente aux enchères fondée à Londres en 1733.

Sotteville-lès-Rouen, v. de la Seine-Maritime ; 30 124 h. (*Sottevillais*).

Souabe, région d'Allemagne.

Soubise (*Charles* DE ROHAN, prince DE), maréchal de France (1715-1787).

Souchon (*Alain*), chanteur français (né en 1944) : *Ya d'la rumba dans l'air, la Ballade de Jim.*

Soudan, État d'Afrique orientale au sud de l'Égypte ; 2 506 000 km^2 ; 31 809 000 h. (*Soudanais*). Cap. *Khartoum.*

Soufflot (*Germain*), architecte français (1713-1780), constructeur du Panthéon.

Soufrière (*la*), volcan actif de la Guadeloupe ; 1 467 m.

Soulages (*Pierre*), peintre abstrait français (né en 1919).

Soulier de satin (*le*), drame de P. Claudel.

Soult (*Jean de Dieu Nicolas*), maréchal de France (1769-1851), ministre de la Guerre sous Louis-Philippe.

Sounion ou **Colonne** (*cap*), promontoire de l'extrémité sud-est de l'Attique (Grèce). Temple de Poséidon (Vᵉ s. av. J.-C.).

Soupault (*Philippe*), écrivain surréaliste français (1897-1990).

Sousse, en ar. **Sūsa**, port de Tunisie ; 124 990 h. Tourisme.

Southampton, port d'Angleterre, sur la Manche ; 217 478 h.

Soutine (*Chaïm*), peintre expressionniste français d'origine lituanienne (1893-1943).

Souvorov (*Aleksandr*), général russe (1729-1800), adversaire des Français en Italie.

Soyaux, v. de la Charente ; 10 762 h. (*Sojaldiciens*).

Soyinka (*Wole*), écrivain nigérian d'expression anglaise (né en 1934).

Spaak (*Paul Henri*), homme politique belge (1899-1972).

Spallanzani (*Lazzaro*), biologiste italien (1729-1799).

Spartacus, chef d'esclaves révoltés contre Rome (m. en 71 av. J.-C.).

Sparte ou **Lacédémone,** v. de la Grèce ancienne, rivale d'Athènes.

Spencer (*Herbert*), philosophe évolutionniste britannique (1820-1903).

Spiegelman (*Art*), dessinateur et scénariste américain de bandes dessinées (né en 1948) : *Maus.*

Spielberg (*Steven*), cinéaste américain (né en 1946) : *E.T.*

Spinoza (*Baruch*), philosophe rationaliste hollandais (1632-1677) : *Éthique.*

Spirou, personnage de bande dessinée créé en 1938.

Spitz (*Mark*), nageur américain (né en 1950), il conquit sept titres olympiques en 1972.

Spitzberg, archipel norvégien de l'Arctique.

Split, en it. **Spalato**, port de Croatie, sur l'Adriatique ; 189 388 h. Palais de Dioclétien (IVᵉ s.).

Spoerri (*Daniel*), artiste néoréaliste suisse d'origine roumaine (né en 1930).

Spot (*Satellite Pour l'Observation de la Terre*), nom des satellites français lancés depuis 1986.

Spoutnik, nom des premiers satellites artificiels soviétiques.

Spratly (*îles*), archipel de la mer de Chine méridionale, entre les Philippines et le Viêt Nam.

Sri Jayawardenepura Kotte, cap. administrative et législative du Sri Lanka ; 115 826 h.

Sri Lanka, anc. **Ceylan**, État insulaire de l'Asie ; 66 000 km^2 ; 19 104 000 h. (*Sri-Lankais*). Cap. *Colombo* et *Sri Jayawardenepura Kotte.*

Srinagar, v. du nord de l'Inde (Cachemire) ; 894 940 h.

SS, police militarisée du parti nazi créée en 1925.

Stabat Mater, œuvre musicale religieuse de Pergolèse.

Staël (*Germaine* NECKER, baronne DE), écrivain français (1766-1817).

Staël (*Nicolas* DE), peintre français d'origine russe (1914-1955).

Stains, v. de la Seine-Saint-Denis ; 33 076 h. (*Stanois*).

Staline (*Joseph*), homme politique soviétique (1878 [officiellement 1879]-1953). Il succéda à Lénine en 1924.

Stalingrad, auj. **Volgograd,** v. de Russie. Défaite des Allemands (1943).

Stamitz (*Johann Wenzel*), compositeur et violoniste tchèque (1717-1757).

Stanislas Ier Leszczyński (1677-1766), roi de Pologne en 1704. Souverain des duchés de Bar et de Lorraine en 1738. Beau-père de Louis XV.

Stanislavski (*Konstantine Sergueïevitch* ALEKSEÏEV, dit), acteur et metteur en scène de théâtre russe (1863-1938).

Stanley (sir *Henry* MORTON), explorateur britannique de l'Afrique (1841-1904).

Stanley (*Wendell Meredith*), biochimiste américain (1904-1971).

Starck (*Philippe*), designer français (né en 1949).

START (*STrategic Arms Reduction Talks*), négociations menées à partir de 1982 entre les États-Unis et l'URSS (puis la Russie) sur la réduction des armes stratégiques.

Stein (*Gertrude*), femme de lettres américaine (1874-1946).

Stein (*Peter*), metteur en scène de théâtre et d'opéra allemand (né en 1937).

Steinbeck (*John*), écrivain américain (1902-1968) : *les Raisins de la colère*.

Steinberg (*Saul*), dessinateur américain d'origine roumaine (1914-1999).

Stella (*Frank*), peintre et sculpteur américain (né en 1936).

Stelvio (*col du*), col routier des Alpes italiennes ; 2 757 m.

Stendhal (*Henri* BEYLE, dit), romancier français (1783-1842) : *le Rouge et le Noir*.

Stephenson (*George*), ingénieur britannique (1781-1848), créateur de la locomotive.

Stern (*Isaac*), violoniste américain d'origine ukrainienne (1920-2001).

Sternberg (*Josef* VON), cinéaste américain d'origine autrichienne (1894-1969) : *l'Ange bleu*.

Sterne (*Laurence*), écrivain britannique (1713-1768) : *la Vie et les opinions de Tristram Shandy*.

Stevenson (*Robert Louis*), romancier britannique (1850-1894) : *l'Île au trésor*.

Stewart (*Jackie*), coureur automobile britannique (né en 1939), trois fois champion du monde des conducteurs.

Stewart (*James*), acteur américain (1908-1997) : *Sueurs froides*.

Stieglitz (*Alfred*), photographe américain (1864-1946).

Stiring-Wendel, v. de la Moselle ; 13 255 h. (*Stiringeois*).

Stockhausen (*Karlheinz*), compositeur allemand (1928-2007).

Stockholm, cap. de la Suède et port sur la Baltique ; 762 824 h. (1 697 000 h. avec les banlieues).

Stokowski (*Leopold*), chef d'orchestre britannique naturalisé américain (1882-1977).

Stonehenge, localité de Grande-Bretagne. Monument mégalithique.

Stradivarius (*Antonio*), luthier italien de Crémone (1643-1737).

Strand (*Paul*), photographe et cinéaste américain (1890-1976).

Strasbourg, ch.-l. de la Région Alsace et du Bas-Rhin ; 267 051 h. (*Strasbourgeois*). Cathédrale gothique.

Strauss (*Johann*), compositeur autrichien (1825-1899), auteur de valses.

Strauss (*Richard*), compositeur allemand (1864-1949), auteur de poèmes symphoniques (*Don Juan*) et d'opéras.

Stravinsky (*Igor*), compositeur russe naturalisé américain (1882-1971) : *l'Oiseau de feu*.

Streep (*Meryl*), actrice américaine (née en 1949) : *le Choix de Sophie, Sur la route de Madison*.

Streisand (*Barbra*), chanteuse et actrice américaine (née en 1942) : *Hello Dolly*.

Stresemann (*Gustav*), homme politique allemand (1879-1929).

Strindberg (*August*), écrivain suédois (1849-1912) : *Mademoiselle Julie*.

Stroheim (*Erich* VON) cinéaste et acteur américain d'origine autrichienne (1885-1957) : *les Rapaces*.

Stromboli, volcan des îles Éoliennes.

Strozzi, famille florentine, adversaire des Médicis (XVe-XVIe s.).

Stuart, famille qui a régné sur l'Écosse de 1371 à 1724, et sur l'Angleterre de 1603 à 1688.

Sturm und Drang, mouvement littéraire créé en Allemagne vers 1770, en réaction contre le rationalisme et le classicisme.

Stuttgart, v. d'Allemagne, cap. du Bade-Wurtemberg ; 587 200 h.

Styrie, prov. d'Autriche ; cap. *Graz*.

Styron (*William*), écrivain américain (1925-2006) : *le Choix de Sophie*.

Styx (le), un des fleuves des Enfers (*Myth.*).

Succession d'Autriche (*guerre de la*), guerre qui opposa, de 1740 à 1748, la Prusse, la France, la Bavière, la Saxe et l'Espagne à l'Autriche, doublée d'un conflit colonial opposant la France, alliée de la Russie, à l'Angleterre, alliée de l'Autriche.

Succession d'Espagne (*guerre de la*), guerre causée par l'avènement de Philippe V, petit-fils de Louis XIV, au trône d'Espagne (1701-1713). Elle opposa la France et l'Espagne à une coalition européenne (Autriche, Angleterre, Provinces-Unies).

Sucre, cap. de la Bolivie ; 212 000 h.

Sucre (*Antonio José* DE), patriote vénézuélien (1795-1830), lieutenant de Bolívar.

Sucy-en-Brie, v. du Val-de-Marne ; 25 030 h.

Sudètes (*monts*), bordure nord-est de la Bohême (République tchèque) habitée par des Allemands avant la Seconde Guerre mondiale.

Sue (*Eugène*), romancier français (1804-1857) : *les Mystères de Paris.*

Suède, État de l'Europe du Nord (Scandinavie) ; 450 000 km^2 ; 8 910 559 h. (*Suédois*). Cap. *Stockholm.*

Suétone, historien latin (fin du Ier s.-IIe s.).

Suez (*isthme de*), isthme entre la Méditerranée et la mer Rouge, traversé par un canal de Port-Saïd à Suez.

Suffren (*Pierre André* DE, dit **le bailli de**), marin français (1729-1788). Il combattit aux Indes contre les Anglais.

Suger, moine français (v. 1081-1151), abbé de Saint-Denis, ministre de Louis VI et Louis VII.

Suisse, État de l'Europe centrale ; 41 300 km^2 ; 7 170 000 h. (*Suisses*). Cap. *Berne.*

Sukarno ou **Soekarno,** homme politique indonésien (1901-1970). Il proclama l'indépendance de l'Indonésie (1945).

Sulawesi → **Célèbes.**

Sulla ou **Sylla** (*Lucius Cornelius*), général et homme d'État romain (138-78 av. J.-C.). Rival de Marius, vainqueur de Mithridate (86), il proscrivit ses ennemis et abdiqua en 79.

Sullivan (*Louis*), architecte et théoricien américain (1856-1924).

Sully (*Maximilien*, duc DE), ministre d'Henri IV (1560-1641). Il développa l'économie française.

Sully Prudhomme (*Armand*), poète français (1839-1907).

Sumatra, île de l'Indonésie.

Sumériens, peuple établi au IVe millénaire en basse Mésopotamie. Ils fondèrent les premières cités-États (Ourouk, Our).

Sun Yat-sen, homme politique chinois (1866-1925). Un des chefs de la révolution de 1911, président de la République en 1921.

Superbagnères, station de sports d'hiver de la Haute-Garonne.

Supérieur (*lac*), grand lac de l'Amérique du Nord.

Superman, personnage de bande dessinée créé en 1938 aux États-Unis.

Supervielle (*Jules*), écrivain français (1884-1960) : *Oublieuse Mémoire.*

Supports/Surfaces, nom adopté par un groupe d'artistes français actifs entre 1969 et 1971.

Surabaya, port d'Indonésie (Java) ; 2 421 000 h.

Surakarta, anc. **Solo,** v. d'Indonésie (Java) ; 516 500 h.

Surat, port d'Inde (Gujerat) ; 2 433 787 h. Monuments anciens (XVIe-XVIIe s.).

Surcouf (*Robert*), corsaire français (1773-1827).

Sûre, riv. d'Europe, née en Belgique, affl. de la Moselle ; 170 km.

Suresnes, v. des Hauts-de-Seine ; 40 594 h. (*Suresnois*).

Suriname, État de l'Amérique du Sud ; 163 265 km^2 ; 419 000 h. (*Surinamiens*). Cap. *Paramaribo.* C'est l'anc. *Guyane hollandaise.*

Suse, capitale de l'Élam. Darios Ier en fit la capitale de l'Empire perse (VIe s. av. J.-C.).

Susiane → **Élam.**

Sussex, région d'Angleterre au sud de Londres.

Suva, cap. des îles Fidji, sur l'île de Viti Levu ; 196 000 h.

Suwon, v. de Corée du Sud ; 644 805 h.

Suzhou, v. de Chine (Jiangsu) ; 1 189 000 h. Vieille ville (jardins).

Svalbard, archipel norvégien de l'océan Arctique, à l'est du Groenland ; 62 700 km^2 ; 2 977 h. ; v. pr. *Longyearbyen.*

Sverdlovsk → **Iekaterinbourg.**

Svevo (*Ettore* SCHMITZ, dit **Italo**), écrivain italien (1861-1928) : *la Conscience de Zeno.*

Swaziland, État d'Afrique australe ; 17 363 km^2 ; 938 000 h. (*Swazis*). Cap. *Mbabane.*

Swift (*Jonathan*), écrivain irlandais (1667-1745) : *les Voyages de Gulliver.*

Sydney, port d'Australie ; 3 276 207 h.

Sylla → **Sulla.**

Symphonie « des Mille », œuvre musicale de G. Mahler.

Symphonie fantastique, œuvre musicale de Berlioz.

Symphonie n° 9, composition musicale de Beethoven.

Syracuse, port de Sicile ; 123 657 h. Vestiges grecs et romains.

Syr-Daria, fl. de l'Asie centrale (mer d'Aral) ; 3 019 km.

Syrie, État de l'Asie occidentale ; 185 000 km^2 ; 16 610 000 h. (*Syriens*). Cap. *Damas.*

Syrte (*golfe de*), échancrure du littoral de la Libye, entre Benghazi et Misourata.

T

Tabarly (*Éric*), officier de marine et navigateur français (1931-1998), deux fois vainqueur de la course transatlantique en solitaire.

Table ronde (*romans de la*), cycle de romans courtois en l'honneur du roi Arthur.

Tabqa (**al-**), barrage de Syrie, sur l'Euphrate.

Tabriz, v. de l'Iran ; 1 191 043 h.

Tachkent, capitale de l'Ouzbékistan ; 2 155 000 h. dans l'agglomération.

Tacite, historien latin (v. 55-v. 120) : *Annales* et *Histoires*.

Tadjikistan, État de l'Asie centrale ; 143 000 km^2 ; 6 135 000 h. (*Tadjiks*). Cap. *Douchanbe*.

Tadj Mahall, mausolée en marbre blanc, du XVIIe s., édifié à Agra.

Taegu, v. de Corée du Sud ; 2 255 805 h.

Taejon, v. de Corée du Sud ; 1 182 932 h.

Tage, fl. d'Espagne et du Portugal ; 1 120 km.

Taglioni (les), famille de danseurs italiens des XVIIIe et XIXe s.

Tagore (*Rabindranath*), poète indien (1861-1941).

Tahiti, île de Polynésie française (archipel de la Société) ; 169 674 h. (*Tahitiens*).

Tai'an, v. de Chine (Shandong) ; 1 503 000 h.

Taichung, v. de Taïwan ; 940 589 h.

Tainan, port de Taïwan ; 728 060 h.

Taine (*Hippolyte*), historien et philosophe français (1828-1893).

Taipei, cap. de Taïwan ; 2 500 000 h. (6 130 000 avec les banlieues).

Taïwan, anc. **Formose**, île d'Asie orientale ; 36 000 km^2 ; 22 500 000 h. (*Taïwanais*). Cap. *Taipei*. Province de la Chine, elle est administrée de fait par son propre gouvernement.

Taiyuan, v. de Chine, cap. du Shanxi ; 2 245 580 h. Temple des Ancêtres.

Takla-Makan ou **Taklimakan,** désert de Chine, dans le sud du Xinjiang.

Talence, v. de la Gironde ; 38 421 h.

Talleyrand-Périgord (*Charles Maurice* DE), homme politique français (1754-1838). Il dirigea la diplomatie du Consulat et de l'Empire jusqu'en 1809 et joua un rôle essentiel au congrès de Vienne (1815).

Tallinn, cap. de l'Estonie ; 391 000 h.

Talmud, compilation de commentaires sur la loi judaïque.

Tamanrasset, oasis du Sahara algérien.

Tamerlan ou **Timur Lang,** conquérant turc (1336-1405).

Tamil Nadu, État du sud-est de l'Inde.

Tamise (la), fl. d'Angleterre, qui traverse Londres ; 338 km.

Tamouls, peuple de l'Inde méridionale et du Sri Lanka.

Tananarive → **Antananarivo.**

Tancarville, v. de la Seine-Maritime ; 1 253 h. Pont routier.

Tang, dynastie qui a régné sur la Chine de 618 à 907.

Tanganyika (*lac*), grand lac de l'Afrique orientale, entre la Rép. démocratique du Congo, le Burundi, la Tanzanie et la Zambie ; 31 900 km^2.

Tanger, port du Maroc ; 307 000 h.

Tangshan, v. de Chine (Hebei) ; 1 484 515 h.

Tanlay, comm. de l'Yonne ; 1 190 h. Château.

Tannhäuser, opéra de Wagner.

Tantale, roi condamné par Zeus au supplice de la faim et de la soif (*Myth. gr.*).

Tanzanie, État de l'Afrique orientale ; 940 000 km^2 ; 35 965 000 h. (*Tanzaniens*). Cap. *Dar es-Salaam* et *Dodoma*.

Taormina, v. d'Italie (Sicile) ; 10 697 h. Ruines antiques (théâtre).

Tàpies (*Antoni*), peintre espagnol (né en 1923).

Tarantino (*Quentin*), cinéaste américain (né en 1963) : *Pulp Fiction* ; *Kill Bill*.

Tarare, v. du Rhône ; 10 638 h. (*Katariens*).

Tarascon, v. des Bouches-du-Rhône ; 12 991 h. (*Tarasconnais*).

Tarass Boulba, récit de Gogol.

Tarbes, ch.-l. des Hautes-Pyrénées ; 49 343 h. (*Tarbais*).

Tardieu (*Jean*), poète et auteur dramatique français (1903-1995).

Tarente, port d'Italie (Pouilles) ; 202 033 h.

Tarim, fl. de Chine (Xinjiang), issu du Karakorum ; 2 179 km.

Tarkovski (*Andreï*), cinéaste soviétique (1932-1986) : *Andreï Roublev*, *Solaris*.

Tarn, affl. de la Garonne.

Tarn, dép. français (81) ; ch.-l. *Albi*, ch.-l. d'arr. *Castres* ; 343 402 h.

Tarn-et-Garonne, dép. français (82) ; ch.-l. *Montauban*, ch.-l. d'arr. *Castelsarrasin* ; 206 034 h.

Tarpéienne (*roche*), à Rome, rocher d'où l'on jetait les criminels.

Tarquinia, v. d'Italie. Anc. cité étrusque.

Tarquin l'Ancien, cinquième roi de Rome (619-579 av. J.-C.).

Tarquin le Superbe, septième et dernier roi de Rome (534-509 av. J.-C.).

Tartare, le fond des Enfers (*Myth. gr.*).

Tartarin de Tarascon, roman de A. Daudet.

Tartuffe (*le*), comédie de Molière.

Tarzan, personnage d'une série de romans

américains créé en 1912 qui inspira le cinéma et la bande dessinée.

Tasmanie, île au sud de l'Australie.

Tasse (*Torquato* TASSO, dit **le**), poète italien (1544-1595) : *la Jérusalem délivrée.*

Tassin-la-Demi-Lune, v. du Rhône ; 16 133 h. (*Tassilunois*).

Tatars, peuple d'Asie, d'origine turco-mongole, qui vit principalement en Russie (rép. du Tatarstan et du Bachkortostan) [plus de 6 millions].

Tate (*The*), ensemble de musées de peinture, à Londres.

Tati (*Jacques* TATISCHEFF, dit *Jacques*), cinéaste français (1907-1982) : *les Vacances de M. Hulot.*

Tatras ou **Tatry,** partie la plus élevée des Carpates, aux confins de la Pologne et de la Slovaquie ; 2 655 m.

Tatum (*Arthur*, dit **Art**), pianiste américain de jazz (1910-1956).

Tauride, anc. nom de la Crimée.

Taurus, montagnes de Turquie.

Tautavel, comm. des Pyrénées-Orientales ; 857 h. Grotte de l'Arago.

Tavernier (*Bertrand*), cinéaste français (né en 1941) : *le Juge et l'Assassin.*

Taverny, v. du Val-d'Oise ; 26 092 h. (*Tabernaciens*).

Taviani (les frères), cinéastes italiens, *Paolo* (né en 1931) et *Vittorio* (né en 1929) : *Padre padrone.*

Taxila, site archéologique du Pakistan, sur la route de la soie. Vestiges (VIe av. J.-C.-XIe s. apr. J.-C.).

Taylor (Dame *Elizabeth*, dite **Liz**), actrice américaine d'origine britannique (née en 1932) : *Qui a peur de Virginia Woolf ?*

Taylor (*Frederick Winslow*), ingénieur et économiste américain (1856-1915), à l'origine du taylorisme.

Tazieff (*Haroun*), géologue français d'origine russe (1914-1998), spécialiste de volcanologie.

Tbilissi, anc. **Tiflis**, cap. de la Géorgie ; 1 081 500 h.

Tchad, État de l'Afrique centrale ; 1 284 000 km^2 ; 8 135 000 h. (*Tchadiens*). Cap. *N'Djamena.*

Tchad (*lac*), grand lac de l'Afrique centrale, aux confins du Nigeria, du Niger, du Cameroun et du *Tchad* ; entre 13 000 km^2 et 26 000 km^2.

Tchaïkovski (*Petr*), compositeur russe (1840-1893). Symphonies, ballets, opéras.

Tchang Kaï-chek ou **Jiang Jieshi,** maréchal et homme politique chinois (1887-1975). Il combattit les communistes puis présida le gouvernement de Taïwan.

Tchécoslovaquie, anc. État fédéral de l'Europe centrale partagé, en 1993, en deux États : la République tchèque et la Slovaquie.

Tchekhov (*Anton*), écrivain russe (1860-1904), auteur de nouvelles et de pièces de théâtre (*la Mouette*).

Tcheliabinsk, v. de Russie, dans le sud de l'Oural ; 1 087 609 h.

tchèque (*République*), État d'Europe centrale ; 79000 km^2 ; 10 260 000 h. (*Tchèques*). Cap. *Prague.*

Tchernobyl, v. d'Ukraine. Accident dans la centrale nucléaire en avril 1986 qui provoqua une pollution radioactive importante.

Tchétchènes, peuple caucasien de Russie (env. 900 000).

Tchétchénie, république de Russie ; 573 900 h. Cap. *Groznyï.* Lutte contre le pouvoir central russe pour l'indépendance (guerre 1994-1996 et 1999-2009).

Tchouvaches, peuple vivant en Russie (surtout en Tchouvachie), en Ukraine et au Kazakhstan.

Tebaldi (*Renata*), soprano italienne (1922-2004).

Tegucigalpa, cap. du Honduras ; 1 007 000 h.

Téhéran, cap. de l'Iran ; 7 038 000 h.

Teilhard de Chardin (*Pierre*), paléontologiste et théologien français (1881-1955).

Te Kanawa (Dame *Kiri*), soprano néo-zélandaise (née en 1944).

Tel-Aviv-Jaffa, v. d'Israël ; 360 500 h. (2 900 000 h. avec les banlieues).

Telemann (*Georg Philipp*), compositeur allemand (1681-1767).

Télémaque, fils d'Ulysse (*Myth. gr.*).

Tell → **Guillaume Tell.**

Temple de Jérusalem, temple édifié à Jérusalem par Salomon (v. 969-v. 962 av. J.-C.).

Templiers, ordre militaire et religieux du Moyen Âge (1119-1312).

Tende, v. des Alpes-Maritimes, au sud du *col de Tende* (1 871 m) ; 1 890 h. (*Tendasques*).

Ténéré, région du Sahara nigérien.

Tenerife, la plus grande des îles Canaries.

Tennessee, État des États-Unis. Cap. *Nashville-Davidson.*

Tennyson (*Alfred*), poète britannique (1809-1892) : *Enoch Arden.*

Tenochtitlán, anc. cap. des Aztèques, à l'emplacement de Mexico.

Tentation de saint Antoine (*la*), triptyque de J. Bosch.

Teotihuacán, site du Mexique précolombien, grandes pyramides.

Terechkova (*Valentina Vladimirovna*), cosmonaute russe (née en 1937), première femme astronaute.

Térence, auteur comique latin (v. 190-159 av. J.-C.).

Teresina, v. du Brésil, cap. de l'État de Piauí, sur le Parnaíba ; 715 360 h.

Tergnier, v. de l'Aisne ; 15 289 h.

Terre de Feu, groupe d'îles au sud de l'Amérique du Sud (Chili et Argentine).

Terre-Neuve-et-Labrador, île et prov. du Canada, à l'embouchure du Saint-Laurent.

Terreur (la), période révolutionnaire en France,

de la chute des Girondins au 9-Thermidor (1793-1794).

Tertullien, écrivain chrétien latin (v. 155-v. 222).

Tessin, cant. de Suisse ; 2 813 km^2 ; 310 200 h. (*Tessinois*) ; ch.-l. *Bellinzona*.

Teste-de-Buch (La), station balnéaire de la Gironde, sur le bassin d'Arcachon ; 23 819 h.

Têt, fl. côtier du sud de la France ; 120 km.

Téthys, déesse de la Mer (*Myth. gr.*).

Tétralogie (la), cycle d'opéras de Wagner.

Teutatès, dieu national gaulois.

Teutonique (*ordre*), ordre hospitalier puis militaire du Moyen Âge (1198-1525).

Teutons, anc. peuple germain.

Texas, État du sud des États-Unis ; 690 000 km^2 ; 20 851 820 h. (*Texans*). Cap. *Austin*, v. pr. *Dallas*, *Houston*.

Teyjat, comm. de la Dordogne ; 326 h. (*Teyjatois*). Grotte à gravures préhistoriques.

TF 1 (*Télévision française 1*), chaîne de télévision française.

Thabor (*mont*), sommet des Alpes, en Savoie ; 3 181 m.

Thackeray (*William*), écrivain satirique britannique (1811-1863).

Thaïlande, anc. **Siam**, État d'Asie du Sud-Est ; 514000 km^2 ; 63 584 000 h. (*Thaïlandais*). Cap. *Bangkok*.

Thaïs, peuples de l'Asie du Sud-Est.

Thalès, mathématicien et philosophe présocratique grec (v. 625-v. 547 av. J.-C.).

Thana, v. d'Inde (Maharashtra) ; 1 261 517 h.

Thann, v. du Haut-Rhin ; 8 145 h. (*Thannois*).

Thar (*désert de*), région aride du Pakistan et de l'Inde, entre l'Indus et les monts Aravalli.

Thatcher (*Margaret*), femme politique britannique (née en 1925). Premier ministre conservateur de 1979 à 1990.

Théâtre national populaire (TNP), théâtre fondé par l'État en 1920.

Thébaïde, région d'Égypte refuge des premiers ermites chrétiens.

Thèbes, v. de l'Égypte ancienne, dont il reste les sanctuaires de Louksor et de Karnak. En face, sur l'autre rive du Nil : colosses de Memnon, temple de Deir el-Bahari, Vallée des Rois, des Reines...

Thèbes, anc. cap. de la Béotie (Grèce).

Thélème (*abbaye de*), communauté laïque imaginée par Rabelais dans *Gargantua*. Elle est régie par le précepte : « Fais ce que voudras. »

Thémistocle, général athénien (v. 528-v. 462 av. J.-C.), vainqueur à Salamine.

Théocrite, poète bucolique grec (v. 310-v. 250 av. J.-C.).

Théodora (début du IVe s.-548), impératrice byzantine (527-548), femme de Justinien Ier.

Théodoric le Grand (v. 454-526), roi des Ostrogoths (493-526), il domina l'Italie.

Théodose Ier (v. 347-395), empereur d'Occident de 379 à 395, et de tout l'Empire romain de 394 à 395.

Thérèse d'Ávila (*sainte*), religieuse espagnole (1515-1582). Auteur d'écrits mystiques, elle réforma l'ordre des Carmélites.

Thérèse de l'Enfant-Jésus (*sainte*), carmélite de Lisieux (1873-1897).

Thermidor (9-), journée du 27 juillet 1794, où Robespierre fut renversé.

Thermopyles (les), défilé de Thessalie où Léonidas et 300 Spartiates essayèrent d'arrêter les Perses (480 av. J.-C.).

Thésée, roi légendaire d'Athènes, vainqueur du Minotaure (*Myth. gr.*).

Thessalie, région de Grèce.

Thessalonique, anc. **Salonique**, port du nord de la Grèce ; 355 953 h.

Thiais, v. du Val-de-Marne ; 28 502 h. (*Thiaisiens*).

Thierry, nom de plusieurs rois mérovingiens.

Thiers, v. du Puy-de-Dôme ; 13 950 h. (*Thiernois*).

Thiers (*Adolphe*), homme politique et historien français (1807-1877), président de la République de 1871 à 1873.

Thimbu ou **Thimphu,** cap. du Bhoutan ; 30 000 h.

Thionville, v. de la Moselle ; 42 205 h.

Thoiry, comm. des Yvelines ; 974 h. Château. Parc zoologique.

Thom (*René*), mathématicien français (1923-2002), auteur de la théorie des catastrophes.

Thomas (*Dylan Marlais*), poète britannique (1914-1953) : *Portrait de l'artiste en jeune chien*.

Thomas (*saint*), un des Apôtres, modèle de l'incrédulité.

Thomas Becket (*saint*), prélat anglais (1118-1170). Archevêque de Canterbury, assassiné par ordre du roi.

Thomas d'Aquin (*saint*), théologien italien (1225-1274) : *Somme théologique*.

Thomas More ou **Morus** (*saint*), chancelier d'Angleterre et philosophe (1478-1535), auteur de l'*Utopie*.

Thomson (sir *Joseph John*), physicien britannique (1856-1940).

Thomson (sir *William*), lord **Kelvin**, physicien britannique (1824-1907).

Thonon-les-Bains, station thermale de la Haute-Savoie ; 29 952 h. (*Thononais*).

Thor, dieu guerrier scandinave.

Thoreau (*Henry David*), écrivain américain (1817-1862) : *Walden ou la Vie dans les bois*.

Thot, dieu égyptien du Savoir et de l'Écriture, représenté avec une tête d'ibis.

Thouars, v. des Deux-Sèvres ; 11 158 h. (*Thouarsais*). Fortifications médiévales.

Thrace, région du nord de la Grèce.

Thucydide, historien grec (v. 465-v. 395 av. J.-C.) : *Histoire de la guerre du Péloponnèse.*

Thulé, île légendaire du nord de l'Europe.

Thulé (*culture de*), culture préhistorique des Inuits.

Thurgovie, cant. de Suisse ; 991 km^2 ; 227 300 h. (*Thurgoviens*) ; ch.-l. *Frauenfeld.*

Thuringe, région et Land d'Allemagne ; 2 373 157 h. Cap. *Erfurt.*

Tian'anmen, grande place publique de Pékin. Manifestations d'étudiants violemment réprimées par l'armée en 1989.

Tianjin ou **T'ien-tsin,** port de Chine du Nord ; 5 855 044 h.

Tian Shan, chaîne montagneuse de Chine (Xinjiang) et du Kirghizistan ; 7 439 m au pic Pobedy.

Tibère (v. 42 av. J.-C.-37 apr. J.-C.), empereur romain en 14 apr. J.-C.

Tibériade (*lac de*), lac de Palestine.

Tibesti, massif du Sahara (Tchad) ; 3 415 m.

Tibet, région de Chine, au nord de l'Himalaya ; 1 221 000 km^2 ; 2 620 000 h. (*Tibétains*). Cap. *Lhassa.*

Tibre (le), fl. d'Italie, qui passe à Rome.

Tiepolo (*Giambattista*), peintre et graveur vénitien (1696-1770).

Tiffany (*Louis Comfort*), décorateur et verrier américain (1848-1933). Il influença l'Art nouveau européen.

Tiflis → **Tbilissi.**

Tignes, station de sports d'hiver de la Savoie, la plus haute commune d'Europe (2 100 m) ; 2 238 h.

Tigre (le), fl. d'Asie occidentale, qui forme, avec l'Euphrate, le Chatt al-Arab.

Tijuana, v. du Mexique (Basse-Californie) ; 1 148 681 h.

Tikal, anc. cité maya du Guatemala.

Tilden (*William Tatem*), joueur de tennis américain (1893-1953), il a remporté sept fois la Coupe Davis.

Tilsit, v. de Lituanie. Traité entre Napoléon Ier et Alexandre Ier (1807).

Times (*The*), quotidien britannique fondé en 1785.

Timgad, v. d'Algérie ; 10 937 h. Vestiges romains.

Timor-Oriental ou **Timor-Leste,** État insulaire d'Asie du Sud-Est ; 14 874 km^2 ; 779 000 h. (*Est-Timorais*). Cap. *Dili.*

Timur Lang → **Tamerlan.**

Tinbergen (*Nikolaas*), éthologiste britannique d'origine néerlandaise (1907-1988), l'un des fondateurs de l'éthologie moderne.

Tinguely (*Jean*), sculpteur suisse (1925-1991), l'un des « nouveaux réalistes ».

Tintin, personnage de bande dessinée créé en 1929 par Hergé.

Tintoret (*Iacopo* Robusti, dit **le**), peintre vénitien (1518-1594).

Tirana, cap. de l'Albanie ; 367 000 h.

Tirpitz (*Alfred* von), amiral allemand (1849-1930).

Tirso de Molina, auteur dramatique espagnol (v. 1583-1648).

Tiruchirapalli, anc. **Trichinopoly**, v. de l'Inde méridionale (Tamil Nadu) ; 746 062 h. Pèlerinage et grand temple hindouiste (x^e-xvie s.).

Tisza, riv. d'Europe, née en Ukraine, qui traverse la Hongrie, et rejoint le Danube en Serbie ; 966 km.

Titanic, paquebot transatlantique britannique qui fit naufrage (1912).

Titans, fils du Ciel et de la Terre, vaincus par Zeus (*Myth. gr.*).

Tite-Live, historien latin (59 av. J.-C.-17 apr. J.-C.) : *Histoire de Rome.*

Titicaca, grand lac des Andes.

Titien (*Tiziano* Vecellio, dit en fr.), peintre vénitien (1488/89-1576).

Tito (*Josip* Broz, dit), maréchal et homme politique yougoslave (1892-1980). Président de la République de 1953 à sa mort.

Titus (39-81), empereur romain (79-81).

Tivoli, v. d'Italie, près de Rome. Jardins.

Tocantins, fl. du Brésil, qui rejoint l'Atlantique ; 2 416 km.

Tocqueville (*Charles Alexis* Clérel de), écrivain et homme politique français (1805-1859) : *De la démocratie en Amérique.*

Togo, État de l'Afrique occidentale ; 56 600 km^2 ; 4 657 000 h. (*Togolais*). Cap. *Lomé.*

Toison d'or, toison d'un bélier fabuleux, enlevée par Jason et les Argonautes (*Myth.*).

Tokaj ou **Tokay,** v. de Hongrie ; 5 358 h. Vins.

Tokyo, cap. du Japon ; 8 134 688 h.

Tolbiac, v. de Gaule, près de Cologne. Victoire de Clovis sur les Alamans (496).

Tolède, v. d'Espagne, sur le Tage ; 69 450 h.

Toliatti ou **Togliatti,** anc. **Stavropol**, v. de Russie (Samara) ; 694 550 h.

Tolkien (*John Ronald Reuel*), écrivain britannique (1892-1973) : *le Seigneur des anneaux.*

Tolstoï (*Léon*, comte), romancier russe (1828-1910) : *Guerre et Paix.*

Toltèques, anc. peuple indien du Mexique.

Tombouctou, v. du Mali.

Tonga, État insulaire d'Océanie ; 700 km^2 ; 99 000 h. (*Tonguiens*). Cap. *Nukualofa.*

Tonghua, v. de Chine (Jilin) ; 1 199 382 h.

Tonkin, région du nord du Viêt Nam.

Topkapı, palais construit du xve au xixe s. à Istanbul, devenu un musée d'art islamique.

Torah (la), les cinq premiers livres de la Bible, ou Pentateuque. Désigne aussi la Loi juive.

Torcy, v. de Seine-et-Marne ; 21 693 h.

Toronto, v. du Canada, cap. de l'Ontario ; 2 481 494 h. (4 651 000 avec les banlieues).

Torquemada (*Tomás* DE), dominicain espagnol (1420-1498). Grand inquisiteur.

Torreón, v. du Mexique ; 502 964 h.

Torricelli (*Evangelista*), physicien italien (1608-1647), inventeur du baromètre.

Tortelier (*Paul*), violoncelliste et chef d'orchestre français (1914-1990).

Toscane, région de l'Italie centrale ; v. pr. *Florence*. Hab. *Toscans*.

Toscanini (*Arturo*), chef d'orchestre italien (1867-1957).

Total, groupe pétrolier et gazier international dont l'origine remonte à 1924.

Touareg, peuple nomade du Sahara.

Toucouleurs, peuple du Sénégal.

Touggourt, oasis du Sahara algérien ; 32 940 h.

Toul, v. de Meurthe-et-Moselle, l'un des Trois-Évêchés.

Toula, v. de Russie, au sud de Moscou ; 530 333 h.

Toulon, ch.-l. du Var, port militaire ; 166 442 h. (*Toulonnais*).

Toulouse, ch.-l. de la Région Midi-Pyrénées et de la Haute-Garonne ; 398 423 h. (*Toulousains*).

Toulouse-Lautrec (*Henri* DE), peintre français (1864-1901).

Toungouska, nom de trois riv. de Russie, en Sibérie, affl. de l'Ienisseï.

Touquet-Paris-Plage (**Le**), station balnéaire du Pas-de-Calais ; 5 640 h.

Touraine, région et anc. prov. de France, traversée par la Loire ; v. pr. *Tours*.

Touraine (*Alain*), sociologue français (né en 1925).

Tourcoing, v. du dép. du Nord ; 94 204 h. (*Tourquennois*).

Tour de France, course cycliste annuelle par étapes créée en 1903.

Tour-du-Pin (**La**), v. de l'Isère ; 6 787 h. (*Turripinois*).

Touré (*Sékou*), homme politique guinéen (1922-1984). Président de 1958 jusqu'à sa mort, il exerça un pouvoir dictatorial.

Tourfan, oasis de la Chine (Xinjiang), anc. étape sur la route de la soie.

Tourgueniev (*Ivan*), romancier et auteur dramatique russe (1818-1883).

Tourlaville, v. de la Manche ; 17 918 h.

Tourmalet (*col du*), col routier des Pyrénées françaises (Hautes-Pyrénées) ; 2 115 m.

Tournai, v. de Belgique ; 67 341 h.

Tournefeuille, v. de la Haute-Garonne ; 22 983 h.

Tournesols, tableau de Van Gogh.

Tourneur (*Cyril*), auteur dramatique anglais (v. 1575-1626), représentant du théâtre élisabéthain : *la Tragédie du vengeur*.

Tournier (*Michel*), écrivain français (né en 1924) : *le Roi des Aulnes*.

Tournon-sur-Rhône, anc. **Tournon** v. de l'Ardèche ; 10 607 h. (*Tournonais*). Château.

Tournus, v. de Saône-et-Loire ; 6 745 h. (*Tournusiens*). Église romane.

Tours, ch.-l. d'Indre-et-Loire ; 137 046 h. (*Tourangeaux*).

Tourville (*Anne* DE COTENTIN, comte DE), marin français (1642-1701).

Toussaint Louverture, homme politique haïtien (1743-1803).

Toussus-le-Noble, comm. des Yvelines ; 717 h. (*Nobeltussois*). Aéroport.

Toutankhamon, pharaon égyptien du XIVe s. av. J.-C.

Touvas ou **Tivas,** peuple de Russie, vivant principalement dans la rép. de Touva.

Toyota, v. du Japon ; 341 079 h. Industrie automobile.

Tozeur, v. de Tunisie, dans une oasis, au bord du chott el-Djérid ; 28 979 h. Tourisme.

Trafalgar (*bataille de*), victoire navale de Nelson sur la flotte française (1805).

Trafalgar Square, place de Londres.

Traité du désespoir, œuvre de Kierkegaard.

Trajan (53-117), empereur romain en 98, vainqueur des Daces et des Parthes.

Trajane (*colonne*), colonne érigée en 113 à Rome, pour commémorer les victoires de l'empereur Trajan sur les Daces.

Transnistrie, région de la république de Moldavie, sur la rive est du Dniestr.

Transoxiane, région d'Asie centrale dont la ville principale fut Samarkand.

Transsibérien, voie ferrée de Russie, reliant Moscou à Vladivostok.

Transvaal, anc. prov. de la république d'Afrique du Sud.

Transylvanie, région de Roumanie.

Trappe (la), abbaye cistercienne fondée en 1140 dans l'Orne.

Trappes, v. des Yvelines ; 28 956 h. (*Trappistes*).

Trasimène (*bataille du lac*), victoire d'Hannibal sur les Romains.

Trasimène (*lac*), lac d'Italie (Ombrie).

Travaux et les Jours (*les*), poème didactique d'Hésiode.

Trébie, en it. **Trebbia**, riv. d'Italie, affl. du Pô (rive droite) ; 115 km.

Trébizonde, port de Turquie, sur la mer Noire ; 182 552 h.

Treblinka, camp d'extermination allemand (1942-1945), au nord-est de Varsovie.

Tremblay-en-France, anc. **Tremblay-lès-Gonesse**, v. de la Seine-Saint-Denis ; 34 018 h. (*Tremblaysiens*).

Trenet (*Charles*), chanteur français (1913-2001) : *Douce France.*

Trente, v. d'Italie (Vénétie). Le concile de Trente y siégea de 1545 à 1563.

Trente Ans (*guerre de*), guerre entre luthériens et catholiques qui ravagea l'Europe entre 1618 et 1648.

Trentin-Haut-Adige, en it. **Trentino-Alto Adige**, région autonome du nord-est de l'Italie ; 943 123 h. ; ch.-l. *Trente*.

Trèves, v. d'Allemagne ; 100 000 h. Vestiges romains.

Triangle d'or, région de l'Asie du Sud-Est aux confins de la Birmanie, de la Thaïlande et du Laos.

Trianon (*le Grand* et *le Petit*), châteaux bâtis dans le parc de Versailles.

Tribunal pénal international pour l'ex-Yougoslavie, juridiction internationale créée en 1993 par l'ONU et dont le siège est à La Haye.

Triel-sur-Seine, v. des Yvelines ; 11 189 h. (*Triellois*).

Trier (*Lars* VON), cinéaste danois (né en 1956) : *Dancer in the Dark.*

Trieste, port d'Italie, sur l'Adriatique ; 211 184 h.

Trinité-et-Tobago, État des Antilles ; 5 128 km^2 ; 1 300 000 h. (*Trinidadiens*). Cap. *Port of Spain.*

Trintignant (*Jean-Louis*), acteur français (né en 1930) : *Vivement dimanche !*

Tripoli, cap. de la Libye ; 2 006 000 h.

Tripoli, port du Liban ; 240 000 h.

Tripolitaine, région de Libye.

Tripura, État du nord-est de l'Inde ; 10 500 km^2 ; 3 191 168 h. Cap. *Agartala.*

Tristan da Cunha, archipel britannique de l'Atlantique sud.

Tristan et Iseut, héros d'une légende du Moyen Âge.

Tristan et Iseut, opéra de Wagner.

Trivandrum, v. d'Inde, cap. du Kerala ; 744 739 h.

Trnka (*Jiří*), cinéaste tchécoslovaque d'animation (1912-1969).

Troie, anc. **Ilion**, cité antique d'Asie Mineure assiégée par les Grecs pendant dix ans (*l'Iliade*).

Trois-Évêchés (*les*), les villes de Verdun, Metz et Toul, qui constituaient un gouvernement particulier sous l'Ancien Régime.

Trois-Gorges (*barrage des*), barrage sur le Yangzi Jiang, dans la région de Yichang.

Trois Mousquetaires (*les*), roman de A. Dumas.

Trois-Rivières, v. du Canada (Québec), au confluent du Saint-Laurent et du Saint-Maurice ; 131 724 h. (*Trifluviens*).

Tronçais (*forêt de*), forêt de l'Allier ; 10 400 ha.

Trotski (*Lev Davidovitch* BRONSTEIN, dit **Léon**), révolutionnaire russe (1879-1940). Il fut l'adversaire de Staline.

Troyes, anc. cap. de la Champagne, ch.-l. de l'Aube ; 62 612 h. (*Troyens*).

Truffaut (*François*), cinéaste français (1932-1984), le plus populaire de la nouvelle vague : *les Quatre Cents Coups.*

Trujillo, port du Pérou ; 509 000 h.

Truman (*Harry*), homme politique américain (1884-1972). Démocrate, président des États-Unis de 1945 à 1953.

Truyère, affl. du Lot ; 160 km.

Tsaritsyne → **Volgograd.**

Tseu-hi ou **Cixi,** impératrice de Chine (1834-1908).

Tsiganes, peuple nomade d'Europe.

Tübingen, v. d'Allemagne (Bade-Wurtemberg) ; 81 128 h. Monuments médiévaux.

Tudor, dynastie galloise qui régna sur l'Angleterre de 1485 à 1603.

Tuileries, anc. résidence des souverains français, à Paris, détruite en 1871.

Tulle, ch.-l. de la Corrèze ; 16 906 h. (*Tullistes*).

Tunis, cap. de la Tunisie ; 774 000 h. (*Tunisois*).

Tunisie, État de l'Afrique du Nord ; 164 000 km^2 ; 9 562 000 h. (*Tunisiens*). Cap. *Tunis.*

Tupis, groupe de peuples de l'Amazonie.

Turenne (*Henri* DE LA TOUR D'AUVERGNE, vicomte DE), maréchal de France (1611-1675).

Turgot (*Anne Robert Jacques*), économiste français (1727-1781). Contrôleur général des Finances (1774-1776).

Turin, v. d'Italie (Piémont), sur le Pô ; 865 263 h. (*Turinois*).

Turing (*Alan Mathison*), mathématicien britannique (1912-1954). Il conçut une machine à calculer « universelle » (*machine de Turing*).

Turkestan, région de l'Asie centrale.

Turkménistan, État de l'Asie centrale ; 488 000 km^2 ; 4 835 000 h. (*Turkmènes*). Cap. *Achgabat.*

Turner (*Tina*), chanteuse américaine de musique soul (née en 1938 ou 1939).

Turner (*William*), peintre paysagiste britannique (1775-1851).

Turquie, État de l'Asie occidentale ; 780 000 km^2 ; 67 632 000 h. (*Turcs*). Cap. *Ankara*, v. pr. *Istanbul.*

Tutu (*Desmond*), évêque noir sud-africain (né en 1931). Il lutta contre l'apartheid.

Tuvalu, État insulaire d'Océanie ; 24 km^2 ; 10 000 h. (*Tuvaluans*). Cap. *Funafuti.*

Twain (*Mark*), écrivain américain (1835-1910) : *les Aventures de Tom Sawyer.*

Twickenham, agglomération de la banlieue sud-ouest de Londres. Stade de rugby.

Tyr, anc. port de Phénicie.

Tyrol, région alpestre, partagée entre l'Autriche et l'Italie.

Tyrrhénienne (*mer*), partie de la Méditerranée

comprise entre l'Italie, la Corse, la Sardaigne et la Sicile.

Tzara (*Tristan*), écrivain français d'origine roumaine (1896-1963), l'un des fondateurs du mouvement dada : *l'Homme approximatif.*

Tziganes → Tsiganes.

U

Ubu roi, comédie burlesque de A. Jarry.

Uccello (*Paolo*), peintre florentin (1397-1475), maître de la Renaissance.

Ueda Akinari, écrivain japonais (1734-1809) : *Contes de pluie et de lune.*

UICN-Union mondiale pour la nature, organisation internationale fondée en 1948 sous l'égide de l'ONU.

Ujung Pandang, anc. **Macassar**, port d'Indonésie, sur le *détroit de Macassar* (qui sépare les îles de Bornéo et de Célèbes) ; 1 091 800 h.

Ukraine, État de l'Europe orientale ; 604 000 km^2 ; 49 112 000 h. (*Ukrainiens*). Cap. *Kiev.*

Ulbricht (*Walter*), homme politique allemand (1893-1973), président du Conseil d'État de la RDA de 1960 à sa mort.

Ulis (Les), v. de l'Essonne ; 25 947 h. (*Ulissiens*).

Ullmann (*Liv*), actrice norvégienne (née en 1938) : *Scènes de la vie conjugale.*

Ulm, v. d'Allemagne ; 118 300 h.

Ulsan, port de Corée du Sud ; 682 411 h.

Ulster, région du nord de l'Irlande ; v. pr. *Belfast.*

Uluru ou **Ayers Rock,** montagne sacrée des Aborigènes, au centre de l'Australie ; 867 m.

Ulysse, héros grec de la guerre de Troie, roi d'Ithaque, époux de Pénélope et père de Télémaque (*l'Iliade* et *l'Odyssée*).

Unamuno (*Miguel* DE), écrivain espagnol (1864-1936), auteur d'essais, de romans et de poésie.

Unesco, organisation de l'ONU pour l'éducation, la science et la culture.

Unicef (*United Nations International Children's Emergency Fund*), organisme humanitaire de l'ONU pour l'enfance institué en 1946.

Union européenne, union économique et politique, instituée en 1992-1993 dans le prolongement du processus de construction européenne engagé peu après la Seconde Guerre mondiale (traité de Rome, 1957). Elle regroupe auj. 27 États (Allemagne, Autriche, Belgique, Bulgarie, Chypre, Danemark, Espagne, Estonie, Finlande, France, Grande-Bretagne, Grèce, Hongrie, Irlande, Italie, Lettonie, Lituanie, Luxembourg, Malte, Pays-Bas, Pologne, Portugal, République tchèque, Roumanie, Slovaquie, Slovénie, Suède).

Union sud-africaine, anc. nom de la république d'Afrique du Sud.

Unterwald, cant. de Suisse, formé des demi-cant. de *Nidwald* et d'*Obwald.*

Upanishad, textes sacrés hindous (entre 700 et 300 av. J.-C.).

Updike (*John*), écrivain américain (1932-2009) : *Couples, les Sorcières d'Eastwick.*

Uppsala, v. de Suède ; 181 231 h. Université.

Ur → Our.

Uranus, planète du Système solaire.

Urbain, nom de huit papes.

Urfé (*Honoré* D'), écrivain français (1567-1625) : *l'Astrée.*

Uri, cant. de Suisse ; 1 077 km^2 ; 35 200 h. ; ch.-l. *Altdorf.*

URSS ou **Union des républiques socialistes soviétiques,** anc. État fédéral (1922-1991), composé de 15 républiques (à partir de 1945). Il couvrait 22 400 000 km^2 et comptait 292 millions d'h. (*Soviétiques*). Cap. *Moscou.*

Uruguay, fl. d'Amérique du Sud, qui, avec le Paraná, forme le Río de la Plata ; 1 580 km.

Uruguay, État de l'Amérique du Sud ; 1 775 00 km^2 ; 3 361 000 h. (*Uruguayens*). Cap. *Montevideo.*

USA (*United States of America*), nom anglais des États-Unis d'Amérique.

Ussel, v. de la Corrèze ; 11 316 h. (*Ussellois*).

Utah, État de l'ouest des États-Unis. Cap. *Salt Lake City.*

Utamaro Kitagawa, graveur japonais (1753-1806).

Utique, anc. v. d'Afrique (Tunisie).

Utrecht, v. des Pays-Bas ; 265 151 h. Traités mettant fin à la guerre de la Succession d'Espagne (1713).

Utrillo (*Maurice*), peintre français (1883-1955), bohème et sensible : vues de Montmartre.

Uttarakhand, État de l'Inde ; 55 850 km^2 ; 8 479 562 h. Cap. *Dehra Dun.*

Uttar Pradesh, État du nord de l'Inde.

Uxmal, site archéologique du Mexique (Yucatán), au sud de Mérida. Vestiges mayas (VIIe-Xe s.).

V

Vacances de M. Hulot *(les)*, film de J. Tati (1953).

Vaccarès *(étang de)*, le plus grand étang (6 000 ha) de la Camargue (Bouches-du-Rhône).

Vadodara, anc. **Baroda**, v. d'Inde (Gujerat) ; 1 306 035 h.

Vaduz, cap. du Liechtenstein ; 7 000 h.

Vaires-sur-Marne, v. de Seine-et-Marne ; 11 842 h.

Vaison-la-Romaine, v. de Vaucluse ; 5 986 h. (*Vaisonnais*). Ruines romaines (théâtre).

Valachie, région de Roumanie.

Valais, cant. de Suisse ; 5 225 km^2 ; 276 200 h. (*Valaisans*) ; ch.-l. *Sion*.

Val-de-Marne, dép. français (94) ; ch.-l. *Créteil*, ch.-l. d'arr. *L'Haÿ-les-Roses*, *Nogent-sur-Marne* ; 1 227 250 h.

Val-de-Reuil, anc. **Le Vaudreuil** v. de l'Eure ; 13 796 h. (*Rolivalois*).

Val-d'Isère, station de sports d'hiver de Savoie ; 1 660 h. (*Avalins*).

Val-d'Oise, dép. français (95) ; ch.-l. *Pontoise*, ch.-l. d'arr. *Argenteuil*, *Sarcelles* ; 1 105 464 h.

Valence, port espagnol de la Méditerranée (746 612 h.), cap. de la *communauté autonome de Valence* (23 646 km^2 ; 3 898 241 h.).

Valence, ch.-l. de la Drôme ; 66 568 h. (*Valentinois*).

Valencia, v. du Venezuela ; 903 621 h.

Valenciennes, v. du dép. du Nord ; 42 343 h. (*Valenciennois*).

Valentigney, v. du Doubs ; 12 741 h. (*Boroillots*).

Valenton, v. du Val-de-Marne ; 11 489 h.

Valérien, empereur romain de 253 à 260, fait prisonnier et exécuté par les Perses.

Valéry *(Paul)*, écrivain et poète français (1871-1945) : *le Cimetière marin*.

Valette (La), cap. de Malte ; 9 000 h. (102 000 h. avec les banlieues).

Valette-du-Var (La), v. du Var ; 21 990 h.

Valladolid, v. d'Espagne ; 318 293 h.

Vallauris, v. des Alpes-Maritimes ; 25 931 h. (*Vallauriens*). Céramiques. Château-musée.

Vallès *(Jules)*, écrivain et journaliste français (1832-1885), membre de la Commune.

Valloton *(Félix)*, peintre et graveur français d'origine suisse (1865-1925), lié aux nabis.

Valmy *(bataille de)*, victoire de Dumouriez et Kellermann sur les Prussiens (1792).

Valois, branche des Capétiens qui régna sur la France de 1328 à 1389.

Valois, région de l'Île-de-France historique (Oise principalement et Aisne).

Valparaíso, port du Chili ; 282 840 h.

Val-Thorens, station de sports d'hiver de Savoie.

Van *(lac de)*, lac de la Turquie orientale (alt. 1 646 m) ; 3 700 km^2.

Van Allen *(James Alfred)*, physicien américain (1914-2006).

Vancouver, port du Canada, sur le Pacifique ; 545 671 h. (2 033 000 avec les banlieues).

Vandales, peuple germanique, qui envahit la Gaule, l'Espagne, l'Afrique du Nord (V^e-VIe s.).

Van de Graaff *(Robert Jemison)*, physicien américain (1901-1967). Il a réalisé les premières grandes machines électrostatiques, destinées à l'accélération des particules

Van der Weyden *(Rogier)*, peintre flamand (v. 1400-1464) : retable du *Jugement dernier*.

Vandœuvre-lès-Nancy, v. de Meurthe-et-Moselle ; 32 473 h. (*Vandopériens*).

Van Dyck *(Antoine)*, peintre flamand (1599-1641), actif à Anvers, Gênes, Londres.

Van Eyck *(Jan)*, peintre flamand (v. 1390-1441) : retable de *l'Agneau mystique*.

Van Gogh *(Vincent)*, peintre néerlandais (1853-1890), dont les toiles peintes en Provence et en Île-de-France, à partir de 1886, ont révolutionné l'art occidental.

Vannes, ch.-l. du Morbihan ; 54 773 h.

Vanoise *(massif de la)*, massif de Savoie. Parc national.

Vanuatu, anc. **Nouvelles-Hébrides**, État d'Océanie ; 14 760 km^2 ; 202 000 h. (*Vanuatuans*). Cap. *Port-Vila*.

Vanves, v. des Hauts-de-Seine ; 25 712 h.

Var, fl. côtier de la Méditerranée.

Var, dép. français (83) ; ch.-l. *Toulon*, ch.-l. d'arr. *Brignoles*, *Draguignan* ; 898 441 h. (*Varois*).

Varda *(Agnès)*, cinéaste française (née en 1928) : *Sans toit ni loi*.

Varennes-en-Argonne, bourg de la Meuse, où Louis XVI fut arrêté (1791).

Varèse *(Edgard)*, compositeur français naturalisé américain (1883-1965), auteur de musique électroacoustique.

Vargas Llosa *(Mario)*, écrivain péruvien (né en 1936) : *la Ville et les Chiens*.

Varsovie, cap. de la Pologne, sur la Vistule ; 1 671 700 h.

Vasaloppet, course annuelle de ski nordique disputée en Suède.

Vasarely *(Victor)*, peintre français d'origine hongroise (1906-1997), maître de l'art cinétique « virtuel » (op art).

Vassieux-en-Vercors, village de la Drôme, dont les habitants furent massacrés par les Allemands en 1944.

Vatican, palais des papes à Rome.

Vatican (*État de la Cité du*), territoire dont la souveraineté a été reconnue au pape par le traité du Latran (1929). Basilique St-Pierre. Chapelle Sixtine. Musées. Deux conciles y siégèrent, l'un en 1869-1870, le second en 1962-1965.

Vauban (*Sébastien* LE PRESTRE DE), ingénieur militaire français et maréchal de France (1633-1707), il en fortifia les frontières.

Vaucanson (*Jacques* DE), ingénieur français (1709-1782), créateur d'automates.

Vaucluse, dép. français (84) ; ch.-l. *Avignon*, ch.-l. d'arr. *Apt*, *Carpentras* ; 499 685 h.

Vaucluse (*fontaine de*), source abondante, dans le Vaucluse, à l'est d'Avignon (comm. de *Fontaine-de-Vaucluse*).

Vaud, cant. de Suisse ; 3 212 km^2 ; 620 300 h. (*Vaudois*) ; ch.-l. *Lausanne*.

Vaugelas (*Claude* FAVRE DE), grammairien français (1585-1650).

Vaulx-en-Velin, v. du Rhône ; 39 466 h. (*Vaudais*).

Vauvenargues (*Luc*, marquis DE), moraliste français (1715-1747).

Vauvert, v. du Gard ; 10 392 h.

Vaux-le-Vicomte, château près de Melun, construit par Le Vau pour Fouquet.

Veda, livres sacrés des hindous.

Vega → **Lope de Vega.**

Veil (*Simone*), femme politique française (née en 1927). Ministre de la Santé (1974-1979), elle fit voter la loi sur l'interruption volontaire de grossesse (1975).

Velay, rég. du Massif central ; v. pr. *Le Puy-en-Velay*.

Velázquez (*Diego*), peintre espagnol (1599-1660) : *les Ménines*.

Vél'd'Hiv (*rafle du*), arrestation de Juifs étrangers (12 884 personnes) qui eut lieu à Paris les 16 et 17 juill. 1942, sur ordre des autorités allemandes, avec la collaboration de la police parisienne.

Veliki Novgorod, anc. **Novgorod**, v. de Russie ; 209 500 h. Églises médiévales.

Vélizy-Villacoublay, v. des Yvelines ; 21 076 h. (*Véliziens*).

Veloso (*Caetano*), chanteur brésilien (né en 1942).

Vence, v. des Alpes-Maritimes ; 17 184 h. (*Vençois*).

Venceslas (*saint*), duc de Bohême et saint patron de la Bohême (v. 907-985).

Vendée, dép. français (85) ; ch.-l. *La Roche-sur-Yon*, ch.-l. d'arr. *Fontenay-le-Comte*, *Les Sables-d'Olonne* ; 539 664 h.

Vendôme, v. de Loir-et-Cher ; 18 510 h. (*Vendômois*).

Vendôme (*place*), place du Ier arr. de Paris.

Vénètes, peuple indo-européen, qui s'installa au Ier millénaire av. J.-C. en Italie du Nord et en Bretagne.

Vénétie, région de l'Italie du Nord ; cap. *Venise*.

Venezuela, État de l'Amérique du Sud ; 912 050 km^2 ; 24 632 000 h. (*Vénézuéliens*). Cap. *Caracas*.

Venise, v. d'Italie, port de l'Adriatique bâti sur des lagunes ; 271 073 h. (*Vénitiens*). Basilique St-Marc, palais des Doges.

Vénissieux, v. du Rhône ; 56 487 h. (*Vénissians*).

Venizélos (*Eleftherios*), homme politique grec (1864-1936).

Venta (**La**), site archéologique du Mexique (État de Tabasco). Vestiges olmèques (X^e-VIIe s. av. J.-C.).

Ventoux (*mont*), sommet des Préalpes du Sud ; 1 909 m.

Ventura (*Angiolino*, dit **Lino**), acteur italien installé en France (1919-1987) : *Classe tous risques*.

Vénus, déesse romaine de l'Amour, l'*Aphrodite* des Grecs.

Vénus, planète du Système solaire.

Vêpres siciliennes, massacre des Français en Sicile (1282).

Veracruz, port du Mexique ; 411 582 h.

Vercingétorix, chef gaulois (72-46 av. J.-C.). Il souleva la Gaule contre César.

Vercors (*Jean* BRULLER, dit), écrivain français (1902-1991) : *le Silence de la mer*.

Vercors (le), massif calcaire des Préalpes.

Verdi (*Giuseppe*), compositeur italien (1813-1901), auteur d'opéras : *la Traviata*, *le Trouvère*.

Verdon, affl. de la Durance ; 175 km. Gorges.

Verdun, v. de la Meuse.

Verdun (*bataille de*), bataille de la Première Guerre mondiale (1916), la plus meurtrière de ce conflit.

Verdun (*traité de*), traité de partage de l'Empire carolingien (843).

Vergennes (*Charles* GRAVIER, comte DE), diplomate français (1717-1787).

Verhaeren (*Émile*), poète symboliste belge (1855-1916).

Verlaine (*Paul*), poète français (1844-1896) : *Poèmes saturniens*, *Jadis et naguère*.

Vermeer de Delft (*Johannes*), peintre hollandais (1632-1675), grand maître de l'intimisme bourgeois.

Vermont, État du nord-est des États-Unis. Cap. *Montpelier*.

Vernant (*Jean-Pierre*), philosophe et historien français (1914-2007), spécialiste de la Grèce antique.

Verne (*Jules*), écrivain français (1828-1905), auteur de romans d'aventures.

Vernon, v. de l'Eure ; 25 003 h. (*Vernonnais*).

Vérone, v. d'Italie (Vénétie) ; 253 208 h.

Véronèse (*Paolo* CALIARI, dit), peintre vénitien (1528-1588).

Verrocchio (*Andrea* DEL), sculpteur, peintre et orfèvre florentin (1435-1488).

Versailles, ch.-l. des Yvelines ; 88 476 h. (*Versaillais*). Domaine royal (château, jardins, dépendances) d'une ampleur et d'un luxe voulus par Louis XIV.

Versailles (*traité de*), traité qui mit fin en 1919 à la Première Guerre mondiale.

Vertou, v. de la Loire-Atlantique ; 20 773 h. (*Vertaviens*).

Vésale (*André*), anatomiste flamand (v. 1515-1564).

Vésinet (**Le**), v. des Yvelines ; 16 223 h. (*Vésigondins*).

Vesle, affl. de l'Aisne ; 143 km.

Vesoul, ch.-l. de la Haute-Saône ; 18 882 h. (*Vésuliens*).

Vespasien (9-79), empereur romain de 69 à 79.

Vespucci (*Amerigo*), navigateur florentin (1454-1512). Son prénom fut utilisé pour désigner l'Amérique.

Vesta, déesse romaine du Foyer.

Vésuve (le), volcan d'Italie, près de Naples. Il ensevelit Pompéi en 79.

Vexin, région aux confins de l'Eure (*Vexin normand*) et du Val-d'Oise (*Vexin français*), qui constitue un parc naturel régional, couvrant env. 65 000 ha), débordant sur l'Oise.

Vézelay, v. de l'Yonne. Saint Bernard y prêcha la croisade. Anc. abbatiale romane.

Vézère, affl. de la Dordogne ; 192 km. Gorges.

Viala (*Joseph Agricol*), jeune héros de la Révolution (1780-1793).

Vian (*Boris*), écrivain français (1920-1959) : *l'Écume des jours.*

Viau (*Théophile* DE), poète français (1590-1626).

Viaur, affl. de l'Aveyron ; 155 km. Viaduc ferroviaire.

Vicence, en it. **Vicenza**, v. d'Italie (Vénétie), ch.-l. de prov. ; 110 454 h. (*Vicentins*). Palais (XIIe-XVIe s.).

Vichy, ch.-l. d'arr. de l'Allier ; 26 915 h. (*Vichyssois*). Station thermale. Siège du gouvernement du maréchal Pétain (1940-1944).

Victoire de Samothrace, sculpture grecque en marbre du début du IIe s. av. J.-C.

Victor (*Paul-Émile*), explorateur français des régions polaires (1907-1995).

Victor-Emmanuel II (1820-1878), roi d'Italie en 1861, créateur, avec Cavour, de l'unité italienne.

Victor-Emmanuel III (1869-1947), dernier roi d'Italie de 1900 à 1946.

Victoria (1819-1901), reine de Grande-Bretagne et d'Irlande (1837-1901) et impératrice des Indes (1876-1901).

Victoria, État du sud-est de l'Australie

Victoria, cap. de la Colombie-Britannique (Canada).

Victoria, cap. des Seychelles, sur l'île de Mahé ; 28 000 h. avec les banlieues.

Victoria (*chutes*), chutes du Zambèze (108 m), aux confins du Zimbabwe et de la Zambie.

Victoria (*lac*), lac de l'Afrique équatoriale, d'où sort le Nil ; 68 100 km^{2}.

Victoria and Albert Museum, musée des arts décoratifs et des beaux-arts de Londres, fondé en 1852.

Vidor (*King*), cinéaste américain (1894-1982) : *Duel au soleil.*

vie est un songe (*La*), pièce de théâtre de P. Calderón.

Vie, mode d'emploi (*la*), récit de G. Perec.

Vienne, cap. de l'Autriche, sur le Danube ; 1 550 123 h. (*Viennois*).

Vienne, affl. de la Loire.

Vienne, dép. français (86), ch.-l. *Poitiers*, ch.-l. d'arr. *Châtellerault, Montmorillon* ; 399 024 h.

Vienne, ch.-l. d'arr. de l'Isère ; 30 749 h. (*Viennois*).

Vienne (*cercle de*), groupe d'intellectuels d'entre les deux guerres.

Vienne (*congrès de*), congrès qui, en 1814-15, réorganisa l'Europe après la chute de Napoléon.

Vienne (Haute-), dép. français (87) ; ch.-l. *Limoges*, ch.-l. d'arr. *Bellac, Rochechouart* ; 353 893 h.

Vientiane, cap. du Laos ; 716 000 h.

Vierge (*la Sainte*) → **Marie (sainte).**

Vierge aux rochers (*la*), tableau de Léonard de Vinci.

Vierges (*îles*), en angl. **Virgin Islands**, archipel des Petites Antilles, partagé entre la Grande-Bretagne (Tortola, Anegada, Virgin Gorda, etc.) et les États-Unis (Saint Thomas, Sainte-Croix et Saint John).

Vierzon, v. du Cher ; 30 743 h. (*Vierzonnais*).

Viêt Nam ou **Vietnam,** État de l'Indochine orientale ; 335 000 km^{2} ; 79 175 000 h. (*Vietnamiens*). Cap. *Hanoi.*

Viêt Nam (*guerre du*), conflit qui opposa, de 1954 à 1975, le Viêt Nam du Nord au Viêt Nam du Sud soutenu par les États-Unis.

Vigan (**Le**), v. du Gard ; 4 536 h. (*Viganais*).

Vigée-Lebrun (*Élisabeth* VIGÉE, Mme), peintre portraitiste français (1755-1842).

Vigneault (*Gilles*), chanteur canadien d'expression française (né en 1928) : *Mon pays, Tam ti delam.*

Vigneux-sur-Seine, v. de l'Essonne ; 25 776 h. (*Vigneusiens*).

Vigny (*Alfred* DE), écrivain romantique français (1797-1863).

Vigo (*Jean*), cinéaste français (1905-1934) : *Zéro de conduite.*

Vijayavada ou **Bezwada,** v. d'Inde (Andhra Pradesh) ; 825 436 h.

Vikings, navigateurs scandinaves qui entreprirent des expéditions de la Russie à l'Atlantique (VIIIe-XIe s.).

Vilaine (la), fl. côtier qui passe à Rennes.

Vilar (*Jean*), acteur et metteur en scène de théâtre

français (1912-1971), directeur du Théâtre national populaire (1951-1963).

Vilioui, riv. de Sibérie, affl. de la Lena ; 2 650 km.

Villa (*Pancho*), révolutionnaire mexicain (1878-1923).

Villandry, comm. d'Indre-et-Loire ; 928 h. (*Colombiens*). Château et jardin.

Villars (*Claude*, duc DE), maréchal de France (1653-1734). Vainqueur des Autrichiens à Denain (1712).

Villefontaine, v. de l'Isère ; 18 034 h. (*Villards*).

Villefranche-de-Rouergue, v. de l'Aveyron ; 13 078 h. (*Villefranchois*).

Villefranche-sur-Saône, v. du Rhône ; 31 213 h. (*Caladois*).

Villehardouin (*Geoffroi* DE), chroniqueur français (v. 1150-v. 1213).

Villejuif, v. du Val-de-Marne ; 47 613 h. (*Villejuifois*).

Villèle (*Jean-Baptiste*, comte DE), homme politique français (1773-1854).

Villemomble, v. de la Seine-Saint-Denis ; 27 230 h. (*Villemomblois*).

Villenave-d'Ornon, v. de la Gironde ; 27 846 h.

Villeneuve-d'Ascq, v. du Nord ; 65 706 h.

Villeneuve-la-Garenne, v. des Hauts-de-Seine ; 22 438 h. (*Villénogarennois*).

Villeneuve-le-Roi, v. du Val-de-Marne ; 18 376 h. (*Villeneuvois*).

Villeneuve-lès-Avignon, v. du Gard ; 12 078 h. (*Villeneuvois*).

Villeneuve-Saint-Georges, v. du Val-de-Marne ; 28 942 h. (*Villeneuvois*).

Villeneuve-sur-Lot, v. de Lot-et-Garonne ; 24 134 h. (*Villeneuvois*).

Villeparisis, v. de Seine-et-Marne ; 21 493 h. (*Villeparisiens*).

Villepinte, v. de la Seine-Saint-Denis ; 33 902 h. (*Villepintois*).

Villerest, v. de la Loire ; 4 384 h. Barrage.

Villers-Cotterêts, v. de l'Aisne ; 10 123 h. (*Cotteréziens*). Château.

Villers-lès-Nancy, v. de Meurthe-et-Moselle ; 16 039 h.

Villeurbanne, v. du Rhône ; 127 299 h. (*Villeurbannais*).

Villiers de L'Isle-Adam (*Auguste*, comte DE), écrivain français (1838-1889).

Villiers-le-Bel, v. du Val-d'Oise ; 26 330 h. (*Beauvillésois*).

Villiers-sur-Marne, v. du Val-de-Marne ; 26 757 h.

Villon (*François* DE MONTCORBIER, OU DES LOGES, dit **François**), poète français (1431-apr. 1463) : *Petit* et *Grand Testament ; Épitaphe Villon* (dite *Ballade des pendus*).

Vilnius, cap. de la Lituanie ; 554 800 h.

Vincennes, v. du Val-de-Marne ; 43 937 h. (*Vincennois*). Anc. château fort.

Vincennes (*bois de*), bois appartenant à la Ville de Paris (parc zoologique, parc floral, hippodrome, etc.).

Vincent de Paul (*saint*), prêtre français (1581-1660), aumônier des galères. Il fonda les Filles de la Charité et les Lazaristes.

Vinci → **Léonard de Vinci.**

Vingt Mille Lieues sous les mers, roman de J. Verne.

Vinson (*mont*), point culminant de l'Antarctique ; 4 897 m.

Viollet-le-Duc (*Eugène Emmanuel*), architecte français (1814-1879), restaurateur d'édifices médiévaux.

Vire, v. du Calvados, sur la *Vire* ; 13 861 h. (*Virois*).

Virgile, poète latin (v. 70-19 av. J.-C.) : *les Bucoliques, l'Énéide, les Géorgiques*.

Virginie (cap. *Richmond*) et **Virginie-Occidentale** (cap. *Charleston*), États de l'est des États-Unis.

Viroflay, v. des Yvelines ; 15 365 h. (*Viroflaysiens*).

Viry-Châtillon, v. de l'Essonne ; 30 529 h. (*Castelvirois*).

Visakhapatnam ou **Vishakhapatnam,** port d'Inde (Andhra Pradesh), sur le golfe du Bengale ; 969 608 h.

Visconti, famille italienne qui régna à Milan de 1277 à 1447.

Visconti (*Luchino*), cinéaste italien (1906-1976) : *le Guépard*.

Vishnu, divinité hindouiste.

Viso (*mont*), massif des Alpes, aux confins de la France et de l'Italie ; 3 841 m.

Vistule (la), fl. de Pologne qui arrose Varsovie (Baltique) ; 1 068 km.

Vitez (*Antoine*), metteur en scène de théâtre français (1930-1990).

Vitré, v. d'Ille-et-Vilaine ; 15 908 h. (*Vitréens*).

Vitrolles, v. des Bouches-du-Rhône ; 37 087 h. (*Vitrollais*).

Vitruve, architecte romain (Ier s. av. J.-C.).

Vitry-le-François, v. de la Marne ; 17 234 h. (*Vitryats*).

Vitry-sur-Seine, v. du Val-de-Marne ; 79 322 h. (*Vitriots*).

Vittel, station thermale des Vosges ; 6 267 h. (*Vittellois*). Eaux minérales.

Vivaldi (*Antonio*), compositeur italien (1678-1741) : *les Quatre Saisons*.

Vivarais, région montagneuse de la bordure orientale du Massif central (surtout en Ardèche).

Vix, comm. de la Côte-d'Or ; 107 h. Trésor gaulois (Ve s. av. J.-C.).

Vladivostok, port de Russie en Extrême-Orient ; 591 800 h.

Vlaminck (*Maurice* DE), peintre français (1876-1958), un des maîtres du fauvisme.

VLT *(Very Large Telescope)*, ensemble de 4 télescopes européens de grand diamètre, au Chili.

Vltava, en all. **die Moldau**, riv. de la République tchèque, en Bohême, affl. de l'Elbe ; 434 km.

Voiron, v. de l'Isère ; 20 442 h. *(Voironnais)*.

Voiture *(Vincent)*, écrivain français (1597-1648).

Vojvodine, prov. de la Serbie.

Volga, fl. de Russie, tributaire de la mer Caspienne ; 3 690 km.

Volgograd, anc. **Tsaritsyne**, puis de 1925 à 1961, **Stalingrad**, v. de Russie sur la Volga ; 1 012 800 h.

Volkswagen, société allemande de construction automobile, fondée en 1937.

Vollard *(Ambroise)*, marchand de tableaux français (1868-1939). Il fit connaître Cézanne, Picasso, Gauguin.

Volnay, comm. de la Côte-d'Or ; 331 h. Vins.

Volta, fl. du Ghana.

Volta *(Alessandro)*, physicien italien (1745-1827). Il inventa la pile électrique.

Voltaire *(François Marie* Arouet, dit), écrivain français (1694-1778), auteur de tragédies *(Zaïre)*, d'ouvrages historiques *(le Siècle de Louis XIV)*, de contes philosophiques *(Candide)*.

Volubilis, site du Maroc. Ruines romaines.

Volvic, v. du Puy-de-Dôme ; 4 412 h. *(Volvicois)*. Eaux minérales.

Vo Nguyên Giap, général vietnamien (né en 1912). Il mena la guerre contre les Français, puis contre les Américains.

Voronej, v. de Russie ; 848 700 h.

Vosges, massif de l'est de la France, partagé entre la Lorraine et l'Alsace.

Vosges, dép. français (88) ; ch.-l. *Épinal*, ch.-l. d'arr. *Neufchâteau, Saint-Dié-des-Vosges* ; 380 952 h.

Vosne-Romanée, comm. de la Côte-d'Or ; 467 h. Vins.

Vougeot, comm. de la Côte-d'Or ; 196 h. Vins.

Vouziers, v. des Ardennes ; 5 047 h. *(Vouzinois)*.

Voyage dans la Lune *(le)*, film de G. Méliès (1902).

Vue de Delft, toile de Vermeer.

Vuillard *(Édouard)*, peintre français (1868-1940), membre du groupe des nabis.

Vulcain, dieu romain du Feu et du Travail des métaux, l'*Héphaïstos* grec.

Vulcania, parc européen du volcanisme inauguré en 2002, situé dans le parc naturel régional des Volcans d'Auvergne.

Vulgate, traduction latine de la Bible, œuvre de saint Jérôme.

W

Wagner *(Richard)*, compositeur allemand (1813-1883), auteur d'opéras : *le Vaisseau fantôme, Tannhäuser, la Tétralogie*.

Wagram, village d'Autriche. Victoire de Napoléon (1809).

Wajda *(Andrzej)*, cinéaste polonais (né en 1926) : *l'Homme de marbre*.

Wałęsa *(Lech)*, homme politique polonais (né en 1943), fondateur du syndicat Solidarnosc, président de la République de 1990 à 1995.

Walhalla, paradis des guerriers *(Myth. germ.)*.

Walkyrie, divinité funèbre *(Myth. germ.)*.

Walkyrie, drame musical de Wagner.

Wallenstein ou **Waldstein,** général d'origine tchèque (1583-1634), au service de l'Empire pendant la guerre de Trente Ans.

Wallis-et-Futuna, collectivité française d'outre-mer.

Wallon *(Henri)*, psychologue français (1879-1962).

Wallonie, région du sud de la Belgique, francophone ; ch.-l. *Namur*. Hab. *Wallons*.

Wall Street, rue de New York où est située la Bourse.

Walpole *(Robert)*, homme politique britannique (1676-1745), chef du parti whig.

Walpurgis *(sainte)*, religieuse anglaise (v. 710-779), moniale en Allemagne.

Walter *(Bruno)*, chef d'orchestre allemand naturalisé américain (1876-1962).

Wannsee *(conférence de)* [20 janv. 1942], conférence de hauts responsables du régime nazi qui organisèrent la mise en application de la « solution finale » en Europe.

Warangal, v. d'Inde (Andhra Pradesh) ; 528 570 h. Temple (XIIe s.).

Warhol *(Andy)*, peintre américain (1928-1987), l'un des représentants du pop art.

Warta, riv. de Pologne, affl. de l'Oder ; 808 km.

Washington, capitale fédérale des États-Unis ; 606 900 h.

Washington, État des États-Unis, sur la côte du Pacifique. Cap. *Olympia*.

Washington *(accord de)*, accord israélo-palestinien signé à Washington en sept. 1993.

Washington *(George)*, général et homme politique américain (1732-1799), héros de l'indépendance des États-Unis dont il devint le premier président (1789).

Washington Post (*The*), quotidien américain créé en 1877.

Wassy, bourg de la Haute-Marne. Massacre des protestants en 1562.

Watergate (*scandale du*), affaire américaine d'espionnage politique (1972-1974) qui contraignit le président Nixon à démissionner.

Waterloo, village de Belgique. Défaite de Napoléon Ier face aux Anglais et aux Prussiens (1815).

Watson (*James*), biologiste américain (né en 1928). Il découvrit la structure de l'ADN.

Watson (*John Broadus*), psychologue américain (1878-1958), fondateur du béhaviorisme.

Watson-Watt (sir *Robert Alexander*), physicien britannique (1892-1973).

Watt (*James*), ingénieur écossais (1736-1819). Il perfectionna la machine à vapeur.

Watteau (*Antoine*), peintre français (1684-1721), créateur du genre des fêtes galantes : « *Pèlerinage à Cythère* ».

Wattignies-la-Victoire, village du Nord. Victoire de Jourdan sur les Autrichiens (1793).

Wattrelos, v. du Nord ; 42 984 h. (*Wattrelosiens*).

Wayne (*Marion* MORRISON, dit **John**), acteur américain (1907-1979) : *la Chevauchée fantastique*.

Weaver (*Warren*), mathématicien américain (1894-1978), auteur, avec C. Shannon, de la théorie de la communication.

Weber (*Carl Maria* VON), compositeur et chef d'orchestre allemand (1786-1826), auteur d'opéras.

Weber (*Max*), sociologue et économiste allemand (1864-1920).

Webern (*Anton* VON), compositeur autrichien (1883-1945), pionnier du dodécaphonisme.

Wedekind (*Frank*), auteur dramatique allemand (1864-1918), précurseur de l'expressionnisme : *Lulu*.

Wegener (*Alfred*), géophysicien allemand (1880-1930), théoricien de la dérive des continents.

Weifang, v. de Chine (Shandong) ; 1 287 000 h.

Weil (*Simone*), philosophe française (1909-1943) : *la Pesanteur et la Grâce*.

Weill (*Kurt*), compositeur allemand naturalisé américain (1900-1950) : *l'Opéra de quat'sous*.

Weimar, v. d'Allemagne ; 63 500 h.

Weimar (*République de*), régime politique de l'Allemagne de 1919 à l'arrivée de Hitler au pouvoir (1933).

Weinberg (*Steven*), physicien américain (né en 1933).

Weismann (*August*), biologiste allemand (1834-1914).

Weiss (*Pierre*), physicien français (1865-1940), théoricien du ferromagnétisme.

Weissmuller (*Johnny*), nageur américain (1904-1984). Cinq fois champion olympique, il interpréta Tarzan à l'écran.

Welles (*Orson*), cinéaste et acteur américain (1915-1985) : *Citizen Kane*.

Wellington, cap. de la Nouvelle-Zélande ; 167 190 h.

Wellington (*Arthur* WELLESLEY, duc DE), général anglais (1769-1852). Vainqueur de Napoléon à Waterloo en 1815.

Wells (*Herbert George*), écrivain britannique de science-fiction (1866-1946) : *l'Homme invisible*.

Wenders (*Wim*), cinéaste allemand (né en 1945) : *les Ailes du désir*.

Wenzhou, port de Chine (Zhejiang) ; 1 650 419 h.

Werner (*Abraham Gottlob*), naturaliste allemand (1749-1817), l'un des créateurs de la minéralogie.

Werner (*Alfred*), chimiste suisse (1866-1919).

Werther (*les Souffrances du jeune*), roman épistolaire de Goethe.

Wesley, nom de deux frères, *John* (1703-1791) et *Charles* (1707-1788), fondateurs du méthodisme.

Wessex, royaume saxon (Ve-Xe s.).

Westminster, église abbatiale de Londres (XIIIe-XVe s.). Sépulture royale.

Westminster (*palais de*), siège du Parlement britannique, à Londres.

Westphalie, anc. région de l'ouest de l'Allemagne ; cap. *Münster*.

Westphalie (*traités de*), traités qui mirent fin à la guerre de Trente Ans (1648).

West Point, académie militaire des États-Unis (État de New York).

West Side Story, comédie musicale de Jerome Robbins (1957).

Weygand (*Maxime*), général français (1867-1965).

Whistler (*James*), peintre américain (1834-1903).

Whitman (*Walt*), poète américain (1819-1892) : *Feuilles d'herbe*.

Wieland (*Christoph Martin*), écrivain allemand (1733-1813).

Wiener (*Norbert*), savant américain (1894-1964), fondateur de la cybernétique.

Wiesel (*Elie*), écrivain américain d'expression française (né en 1928) : *le Mendiant de Jérusalem*.

Wight (*île de*), île et comté anglais de la Manche ; 381 km^2 ; 126 600 h. ; v. pr. *Newport*.

Wilde (*Oscar*), écrivain irlandais (1854-1900) : *le Portrait de Dorian Gray*.

Wilder (*Samuel*, dit **Billy**), cinéaste américain d'origine autrichienne (1906-2002) : *Certains l'aiment chaud*.

Wilhelmine (1880-1962), reine des Pays-Bas de 1890 à 1948.

Williams (*Tennessee*), auteur dramatique américain (1911-1983) : *Un tramway nommé Désir*.

Wilson (*Edward Osborne*), biologiste américain (né en 1929), père des études sur la biodiversité.

Wilson (*Georges*), acteur et metteur en scène de théâtre français (1921-2010).

Wilson (*Harold*), homme politique britannique

(1916-1995). Premier ministre travailliste (1964-1970 ; 1974-1976).

Wilson (*John Tuzo*), physicien canadien (1908-1993), spécialiste de la théorie de la tectonique des plaques.

Wilson (*Robert*, dit **Bob**), metteur en scène de théâtre et d'opéra américain (né en 1941) : *le Regard du sourd*.

Wilson (*Robert Woodrow*), physicien américain (né en 1936).

Wilson (*Thomas Woodrow*), homme politique américain (1856-1924). Démocrate, président des États-Unis de 1913 à 1921.

Wimbledon, quartier de la banlieue de Londres. Championnat international de tennis créé en 1877.

Windhoek, cap. de la Namibie ; 202 000 h. avec les banlieues.

Windsor, v. d'Angleterre, sur la Tamise ; 30 000 h. Château royal.

Winnicott (*Donald Woods*), pédiatre et psychanalyste britannique (1896-1971).

Winnipeg, v. du Canada, cap. du Manitoba ; 619 544 h.

Wisconsin, État du nord des États-Unis. Cap. *Madison*.

Wisigoths, Goths qui se fixèrent en Aquitaine et en Espagne au Ve s.

Wissembourg, v. du Bas-Rhin ; 8 397 h. (*Wissembourgeois*).

Witkiewicz (*Stanisław*), écrivain et peintre polonais (1885-1939) : *l'Inassouvissement*.

Witt (*Jean* DE), homme d'État hollandais (1625-1672).

Wittenberg, v. d'Allemagne. Luther y afficha ses 95 thèses en 1517, déclenchant la Réforme.

Wittenheim, v. du Haut-Rhin ; 15 159 h.

Wittgenstein (*Ludwig*), logicien autrichien (1889-1951).

Witz (*Konrad*), peintre allemand (v. 1400-v. 1445) : *Pêche miraculeuse*.

Wöhler (*Friedrich*), chimiste allemand (1800-1882), il réalisa la première synthèse de chimie organique, celle de l'urée.

Woippy, v. de la Moselle ; 13 867 h.

Wölfflin (*Heinrich*), historien d'art suisse (1864-1945), il a renouvelé l'étude stylistique de l'œuvre.

Wonder (*Stevie*), chanteur de pop américain (né en 1950) : *Happy Birthday*.

Woods (*Eldrick*, dit **Tiger**), joueur de golf américain (né en 1975), champion précoce, il est le premier à réaliser le grand chelem.

Woodstock (*Festival de*), festival de rock qui rassembla plus de 400 000 personnes près de Woodstock (État-Unis) en 1969.

Woodward (*Robert Burns*), chimiste américain (1917-1979), il a réalisé la synthèse de diverses substances naturelles, la chlorophylle, notamment.

Woolf (*Virginia*), romancière britannique (1882-1941) : *Mrs. Dalloway*.

Wordsworth (*William*), poète romantique britannique (1770-1850).

Worth (*Charles Frédéric*), couturier français (1825-1895), il fut le premier à délivrer la femme de la crinoline.

Wotan ou **Odin,** dieu germanique de la Guerre et du Savoir.

Wren (*Christopher*), architecte britannique (1632-1723). Il a reconstruit la cathédrale St Paul de Londres.

Wright, nom de deux frères, *Wilbur* (1867-1912) et *Orville* (1871-1948), pionniers américains de l'aviation.

Wright (*Frank Lloyd*), architecte américain (1867-1959) : musée Guggenheim à New York, de structure hélicoïdale.

Wright (*Richard*), écrivain américain (1908-1960) : *Black Boy*.

Wrocław, en all. **Breslau**, v. de Pologne (Silésie) ; 640 400 h.

Wuhan, v. de Chine centrale ; 5 169 000 h.

Wuhu, port fluvial de Chine (Anhui), sur le Yangzi Jiang ; 552 932 h.

Wurtemberg, anc. État d'Allemagne. → **Bade-Wurtemberg.**

Wurtz (*Adolphe*), chimiste français (1817-1884), il fut le promoteur de la théorie atomique en France.

Wuxi, v. de Chine (Jiangsu) ; 1 127 000 h. Parc (XVIIIe s.).

WWF (*World Wide Fund for Nature*), organisation internationale de protection de la nature, fondée en 1961.

Wycliffe (*John*), théologien anglais, précurseur de la Réforme (v. 1330-1384).

Wyler (*William*), cinéaste américain d'origine suisse (1902-1981) : *Ben Hur*.

Wyoming, État des États-Unis. Cap. *Cheyenne*.

X

Xenakis *(Yannis)*, compositeur français d'origine grecque (1922-2001).

Xénophon, général et historien athénien (v. 430-v. 355) : *l'Anabase*.

Xeres, en esp. **Jerez de la Frontera,** v. d'Espagne (Andalousie). Vins.

Xerxès Ier, roi de Perse (486-465 av. J.-C.), vaincu par les Grecs à Salamine.

Xiamen ou **Amoy,** port de Chine (Fujian), dans une île en face de Taïwan ; 639 436 h.

Xi'an ou **Sian,** v. de Chine, cap. du Shaanxi ; 2 872 539 h. Monuments anciens et nécropoles (armée de terre cuite).

Xianyang, v. de Chine (Shaanxi), au nord-ouest de Xi'an ; 736 869 h. Nécropoles.

Xingu, riv. du Brésil, affl. de l'Amazone ; 2 266 km.

Xining, v. de Chine, cap. du Qinghai ; 697 780 h. Monastère du Kumbum.

Xinji, v. de Chine, à l'est de Shijiazhuang ; 593 451 h.

Xinjiang ou **Sin-kiang** *(région autonome ouïgoure du)*, région du nord-ouest de la Chine ; 1 646 800 km^2 ; 17 180 000 h. Cap. *Ouroumtsi*.

Xinyu, v. de Chine (Jiangxi) ; 608 213 h.

Xuzhou, v. de Chine (Jiangsu) ; 1 827 306 h.

Y

Yahvé, nom du Dieu d'Israël (*Bible*).

Yale, université américaine (Connecticut), fondée en 1701.

Yalta, v. d'Ukraine, en Crimée. Accords entre Staline, Roosevelt et Churchill (1945).

Yamoussoukro, cap. de la Côte d'Ivoire depuis 1983 ; 155 803 h.

Yangquan, v. de Chine (Shanxi) ; 574 832 h.

Yangzi Jiang ou **Yang-tseu-kiang,** fl. de Chine ; 5 980 km.

Yantai, port de Chine (Shandong) ; 3 050 000 h.

Yaoundé, cap. du Cameroun ; 1 616 000 h.

Yeats *(William Butler)*, écrivain irlandais (1865-1939) : *Deirdre*.

Yellowstone, riv. des États-Unis. Elle traverse le *parc national de Yellowstone*.

Yémen, État d'Arabie ; 485000 km^2 ; 19 114 000 h. (*Yéménites*). Cap. *Sanaa*.

Yepes *(Narciso)*, guitariste et compositeur espagnol (1927-1997) : *Jeux interdits*.

Yerres, v. de l'Essonne, sur l'*Yerres* ; 27 744 h. (*Yerrois*).

Yeu *(île d')*, île de l'Atlantique (Vendée), formant la commune et le cant. de *L'Île-d'Yeu* (85350) ; 23 km^2 ; 4 868 h. ; ch.-l. *Port-Joinville*.

Yibin, v. de Chine (Sichuan) ; 685 192 h.

Yichun, v. de Chine (Heilongjiang) ; 882 236 h.

Yinchuan, v. de Chine, cap. du Ningxia ; 502 080 h.

Yingcheng, v. de Chine (Hebei) ; 583 805 h.

Yingkou, port de Chine (Liaoning) ; 571 513 h.

Yokohama, port principal du Japon, sur la baie de Tokyo ; 3 426 651 h.

Yonne, affl. de la Seine.

Yonne, dép. français (89) ; ch.-l. *Auxerre*, ch.-l. d'arr. *Avallon*, *Sens* ; 333 221 h. (*Icaunais*).

York, comté d'Angleterre.

York, nom d'une branche des Plantagenêts qui s'opposa aux Lancastres.

Yoroubas, peuple du Nigeria, du Togo et du Bénin.

Yosemite National Park, parc national des États-Unis (Californie).

Yougoslavie, nom porté par l'État fédéral de l'Europe méridionale formé, de 1945-1946 à 1991, de six républiques (Bosnie-Herzégovine, Croatie, Macédoine, Monténégro, Serbie et Slovénie), puis, de 1992 à 2003, par les seules républiques de Serbie et du Monténégro (fédération dénommée Serbie-et-Monténégro de 2003 à son éclatement, 2006).

Young *(Edward)*, poète romantique anglais (1683-1765) : *les Nuits*.

Young *(Thomas)*, médecin, physicien et philologue britannique (1773-1829), il fut l'un des premiers à déchiffrer les hiéroglyphes.

Yourcenar *(Marguerite)*, femme de lettres française (1903-1987) : *Mémoires d'Hadrien*.

Yport, station balnéaire de la Seine-Maritime ; 1 033 h.

Ypres, v. de Belgique ; 35 021 h.

Ys, cité bretonne légendaire qu'aurait engloutie la mer au IVe s.

Yser, fl. côtier de Belgique.

Yssingeaux, v. de la Haute-Loire ; 7 063 h. (*Yssingelais*).

Yuan, dynastie mongole qui régna en Chine de 1279 à 1368.

Yucatán, péninsule du Mexique.

Yueyang, v. de Chine (Hunan) ; 1 077 721 h.

Yukawa Hideki, physicien japonais (1907-1981).

Yukon, fl. du Canada et de l'Alaska ; 3 185 km.

Yunnan, prov. du sud de la Chine.

Yutz, v. de la Moselle ; 14 867 h.

Yvelines, dép. français (78) ; ch.-l. *Versailles*, ch.-l. d'arr. *Mantes-la-Jolie, Rambouillet, Saint-Germain-en-Laye* ; 1 354 304 h.

Yvetot, v. de la Seine-Maritime ; 11 038 h. (*Yvetotais*).

Yzeure, v. de l'Allier ; 13 262 h. (*Yzeuriens*).

Z

Zaffarines (*îles*), en esp. **Chafarinas**, îles espagnoles de la côte méditerranéenne du Maroc.

Zagreb, cap. de la Croatie ; 779 145 h.

Zagros, chaîne de l'Iran, dominant la Mésopotamie irakienne et le golfe Persique.

Zaïre, nom porté par la République démocratique du Congo de 1971 à 1997.

Zákros, site archéologique de Crète orientale. Ville et palais minoens (XVIe s. av. J.-C.).

Zama, victoire de Scipion l'Africain sur Hannibal (202 av. J.-C.).

Zambèze, fl. de l'Afrique australe ; 2 660 km.

Zambie, anc. **Rhodésie du Nord**, État de l'Afrique australe ; 746 000 km^2 ; 10 649 000 h. (*Zambiens*). Cap. *Lusaka*.

Zamboanga, port des Philippines (Mindanao) ; 601 794 h.

Zamenhof (*Lejzer*), linguiste polonais (1859-1917), créateur de l'espéranto.

Zanzibar, île de l'océan Indien (Tanzanie).

Zaozhuang, v. de Chine (Shandong) ; 2 048 000 h.

Zapata (*Emiliano*), révolutionnaire mexicain (v. 1879-1919), il fut assassiné.

Zapatero → **Rodríguez Zapatero.**

Zaporijjia, anc. **Zaporojie**, port fluvial d'Ukraine, sur le Dniepr ; 897 000 h.

Zapotèques, anc. peuple du Mexique.

Zarathushtra, Zarathoustra ou **Zoroastre,** réformateur du mazdéisme et fondateur du zoroastrisme (628-551 av. J.-C.).

Zátopek (*Emil*), athlète tchèque (1922-2000).

Zazie dans le métro, roman de R. Queneau qui a inspiré un film à L. Malle (1960).

Zeeman (*Pieter*), physicien néerlandais (1865-1943), il découvrit l'action des champs magnétiques sur l'émission de la lumière (*effet Zeeman*).

Zénon d'Élée, philosophe présocratique grec (v. 490-v. 430 av. J.-C.).

Zeppelin (*Ferdinand* VON), industriel allemand (1838-1917). Il construisit de grands dirigeables.

Zermelo (*Ernst*), mathématicien et logicien allemand (1871-1953), il développa la théorie des ensembles.

Zeus, dieu principal de la mythologie grecque, le *Jupiter* des Romains.

Zhang Yimou, cinéaste chinois (né en 1950) : *Épouses et concubines*.

Zhanjiang, port de Chine (Guangdong) ; 1 048 720 h.

Zhejiang, prov. du sud-est de la Chine ; 44 350 000 h. Cap. *Hangzhou*.

Zhengzhou, v. de Chine, cap. du Henan ; 1 752 374 h.

Zhou Enlai ou **Chou En-lai,** homme politique chinois (1898-1976).

Zibo, v. de Chine (Shandong) ; 2 484 206 h.

Zidane (*Zinedine*), footballeur français (né en 1972).

Zigong, v. de Chine (Sichuan) ; 977 147 h.

Zimbabwe, site d'une ancienne ville du sud de l'actuel Zimbabwe. Ruines de la capitale du Monomotapa.

Zimbabwe, anc. **Rhodésie du Sud**, État de l'Afrique australe ; 390 000 km^2 ; 12 852 000 h. (*Zimbabwéens*). Cap. *Harare*.

Žižka (*Jan*), héros national de la Bohême (v. 1370-1424), chef militaire des hussites.

Zohar → **Sefer ha-Zohar.**

Zola (*Émile*), romancier naturaliste français (1840-1902) : *les Rougon-Macquart*.

Zoroastre → **Zarathushtra.**

Zoug, v. de Suisse, ch.-l. du *cant. de Zoug*, sur le *lac de Zoug* ; 22 710 h.

Zoug (*canton de*), cant. de Suisse ; 239 km^2 ; 99 300 h. ; ch.-l. *Zoug*.

Zoulous, peuple bantou de l'Afrique australe.

Zsigmondy (*Richard*), chimiste autrichien (1865-1929).

Zugspitze, sommet des Alpes, à la frontière de l'Autriche et de l'Allemagne ; 2 963 m.

Zuiderzee, anc. golfe des Pays-Bas. Lac intérieur (IJsselmeer). Polders.

Zurbarán (*Francisco* DE), peintre espagnol (1598-1664), grand fournisseur des couvents.

Zurich, v. de Suisse, ch.-l. du *cant. de Zurich*; 337 900 h. (plus de 900 000 avec les banlieues) [*Zurichois*].

Zurich (*canton de*), cant. de Suisse; 1 729 km^2; 1 211 600 h.; ch.-l. *Zurich*.

Zweig (*Stefan*), écrivain autrichien (1881-1942) : *la Confusion des sentiments*.

Zwicky (*Fritz*), astrophysicien suisse (1898-1974), il a notamment dressé un catalogue photographique des galaxies.

Zwingli (*Ulrich*), chef de la Réforme en Suisse (1484-1531).

Crédits photographiques

Couverture : ht g : Ph. © ESA-m g : Dessin - Ph. © Archives Larousse-m d : Musée national du Château de Versailles, Versailles - Ph. © Archives Nathan-mil et reprise en 4e de couverture : Ph. © M. Harvey/ Corbis-bas : Ph. © ESA-dos de couv. et reprise en 4e de couv. : Ph. © Historical Picture Archive/Corbis

Photocomposition : IGS-CP
Imprimé en Italie par « La Tipografica Varese S.p.A. »
Dépôt légal : mai 2010
N° projet : 11010257 - 304111
mai 2010